PONS Großwörterbuch
für Experten und Universität

Französisch – Deutsch
Deutsch – Französisch

PONS

Großwörterbuch
für Experten
und Universität

Französisch – Deutsch

Ernst Klett Verlag
Stuttgart · Düsseldorf · Leipzig

PONS Großwörterbuch für Experten und Universität Französisch

Französisch – Deutsch
Konzeption und Projektleitung: Büro für Lexikographie, Veronika Schnorr
Französischer Ausgangstext: Jean Chassard, Jean-Marc Chassard, Jean-Noël Chassard, Bernard Gillmann, Claudie Gratias-Schmidt, Marie-Claude Jadin, Estelle Melcer-Diop
Idiomatiksammlung: Alain Raymond
Übersetzung und Bearbeitung des französischen Ausgangstextes für das Deutsche:
Marianne Frischmann-Chautard, Bertold Galli, Brigitte Goulame-Schirrmann, Brigitte Herzfeld-Buss, Barbara Krüger, Bettina Lorenz, Sabine Lorenz-Baucks, Christiane Müller, Brigitte Poloni, Kirsten Praller, Franz Schneider
Endredaktion: Gilles Floret, Marianne Frischmann-Chautard, Bertold Galli, Stéphanie Gehrke, Bernard Gillmann, Brigitte Goulame-Schirrmann, Dominique Hamels, Brigitte Herzfeld-Buss, Barbara Krüger, Bernard Poloni, Brigitte Poloni, Kirsten Praller
Redaktionsassistenz: Stéphanie Gehrke, Dominique Hamels, Raphaëlle-Nadine Mourey, Kirsten Praller, Sabine Vatter, Beate Wengel
Sprachdatenverarbeitung: Andreas Lang, conTEXT AG für Informatik und Kommunikation, Zürich

Neubearbeitung 1999 – Rechtschreibreform: Katja Meister

Deutsch – Französisch
Konzeption und Projektleitung: Büro für Lexikographie, Veronika Schnorr
Deutscher Ausgangstext: Christian Nekvedavičius, bearbeitet vom Büro für Lexikographie, Veronika Schnorr
Übersetzung und Bearbeitung des deutschen Ausgangstextes für das Französische:
Jean Chassard, Jean-Marc Chassard, Jean-Noël Chassard, Gilles Floret, Bernard Gillmann, Claudie Gratias-Schmidt, Marie-Claude Jadin, Bernadette Poltorak-Pfenning, Alain Salmain
Endredaktion: Jean-Marc Chassard, Jean-Noël Chassard, Gilles Floret, Stéphanie Gehrke, Claudie Gratias-Schmidt, Michaela Heinz, Marie-Claude Jadin, Barbara Krüger, Bernadette Poltorak-Pfenning, Kirsten Praller
Redaktionsassistenz: Stéphanie Gehrke, Kirsten Praller, Alain Raymond, Beate Wengel
Übersetzung der Erläuterungen: Stéphanie Gehrke
Sprachdatenverarbeitung: Andreas Lang, conTEXT AG für Informatik und Kommunikation, Zürich

Durchgeführt im Auftrag der Redaktion PONS Wörterbücher

Neubearbeitung 1999 – Rechtschreibreform: Karin Löscher

Die Deutsche Bibliothek – Cip -Einheitsaufnahme

Ein Titeldatensatz dieser Publikation ist
bei der Deutschen Bibliothek erhältlich

1. Auflage 1999 – Nachdruck 2000

Internet: http://www.pons.de
e-mail: info@pons.de

Redaktion: Barbara Krüger
Einbandentwurf: Ira Häußler, Stuttgart; Logoentwurf: Erwin Poell, Heidelberg
Satz: Dörr + Schiller, Stuttgart   Druck: Partenaires Fabrication, Malesherbes   Printed in France
ISBN 3-12-517258-6

Inhaltsverzeichnis

Table des Matièrs

Vorwort

Information ist einer der Schlüsselbegriffe unserer Zeit. Information ist gleichzeitig Motor einer sich zunehmend global verstehenden und multimedial agierenden Gesellschaft.

Doch zunächst ist Information Rohstoff; erst ihre fundiert recherchierte Sammlung und kompetente Aufbereitung lässt sie nutzbar werden: Aus dem Rohstoff entsteht ein Werkzeug für den Menschen in seiner alltäglichen Lebens- und Arbeitsumgebung.

Information über Sprache nutzbar zu machen, ist die traditionelle Domäne der Wörterbücher. Ausgerüstet mit dem theoretischen Handwerkszeug der Linguistik, versuchen die Lexikographen, die sprachlichen Gegebenheiten einfühlsam zu beschreiben und darzustellen – die Sprache, das eigentlich Ungreifbare, greifbar zu machen.

Das Zusammenspiel zweier Sprachen mit all ihren historischen und kulturellen Unterschieden zu beschreiben, „dem Volk aufs Maul zu schauen", ist heute das oberste Ziel eines modernen zweisprachigen Wörterbuchs. Es soll nicht nur das Verständnis der fremden Sprache fördern, sondern den kommunikativen Austausch ermöglichen.

In Politik, Wissenschaft, Kultur und im Wirtschaftsleben ist enge internationale Zusammenarbeit längst zum Alltag geworden. Die Überwindung der Sprachbarrieren war und ist hierfür eine wesentliche Voraussetzung. Moderne Wörterbücher tragen dieser Entwicklung Rechnung, indem sie der „Alltagssprache" ebenso Raum gewähren wie der Vielzahl der Fachsprachen, von den Informationstechnologien über Recht, Wirtschaft, Medizin bis hin zu Kunst, Musik und Literatur, um nur einige wenige zu nennen. Das Wörterbuch will dem Benutzer ein zuverlässiger Ratgeber für eine Vielzahl von Verwendungszwecken sein.

Mit diesem vollständig neu entwickelten PONS Großwörterbuch Französisch legen wir das erste Werk einer neuen Generation von Wörterbüchern für das Französische vor, ein Wörterbuch, das mit Hilfe modernster Technik und unter Berücksichtigung der jüngsten Sprachentwicklungen und wissenschaftlichen Erkenntnisse der Lexikographie für die neunziger Jahre erstellt wurde.

Klarheit und Übersichtlichkeit in der Darstellung der sprachlichen Elemente sind ein wesentliches Kriterium für einen schnellen und treffsicheren Zugriff auf den großen Reichtum an Informationen. Hierfür bedarf es eines gut durchdachten und vom Benutzer leicht nachvollziehbaren Ordnungsprinzips, dem jeder einzelne Wörterbucheintrag konsequent folgt. Wo, zum Beispiel, unter welchem Stichwort, findet man einen idiomatischen Ausdruck, eine feststehende Redewendung? Diese viel diskutierte Frage ist bisher in vielen Wörterbüchern uneinheitlich beantwortet worden. Beim Großwörterbuch Französisch haben wir einen innovativen Ansatz gewählt, der dieses Problem mit einem einfachen und logischen Prinzip löst. Langwieriges Nachschlagen entfällt.

Auf der Suche nach einer treffenden Übersetzung ist der Benutzer umfangreicher Wörterbücher in der Regel mit langen Einträgen zum Stichwort konfrontiert. Das Großwörterbuch Französisch liefert deutliche Wegweiser zum Auffinden der für den jeweiligen Sprachzusammenhang richtigen Übersetzung gleich mit. Und so bleibt die rasche Orientierung auch bei komplexeren Wörterbucheinheiten immer gewährleistet. Das Wörterbuch ist reich an Redewendungen und Beispielsätzen, die dem Benutzer die Arbeit beim Produzieren von zusammenhängenden Texten deutlich erleichtern. Ein besonderes Augenmerk wurde darauf gelegt, wie Wörter in den verschiedenen Domänen des Gebrauchs verwendet werden. Darüber hinaus machen Angaben zur Konstruktion dem Benutzer transparent, wie ein Wort in einer bestimmten Bedeutung in seinem Zusammenhang benutzt wird.

Ein großes Projektteam aus erfahrenen deutschen und französischen Lexikographinnen und Lexikographen hat beide Sprachrichtungen des Wörterbuchs in enger Abstimmung erarbeitet. Dieses Muttersprachlerprinzip bei der Textentwicklung gewährleistet authentische und idiomatische Sprache. Die konsequente Sprachbeobachtung und Auswertung vielfältiger Quellen bis zum Redaktionsschluss stellt sicher, dass auch jüngste Phänomene unserer Welt, die sich in der Sprache als sogenannte „Neuwörter" präsentieren, in das Wörterbuch eingeflossen sind.

Wir legen dieses Wörterbuch in der Hoffnung vor, dass es seinem hohen Anspruch, Bewährtes fortzuführen und zu verbessern und gleichzeitig Wegweisendes für die Fortentwicklung der praktischen Lexikographie zu leisten, gerecht wird. Dieses Werk soll dem Benutzer eine zuverlässige Brücke sein, die es ihm erlaubt, sich souverän zwischen dem Deutschen und dem Französischen zu bewegen. Und – die Arbeit mit diesem Wörterbuch soll nicht nur die Verständigung erleichtern, sondern auch Spaß machen.

Stuttgart, im Januar 1996

Michael Klett
Verleger

Préface

L'information est l'un des concepts-clés de notre époque. Elle est en même temps le moteur d'une société qui se conçoit d'une manière de plus en plus globale, et qui agit de plus en plus souvent sur le terrain multimédia.

Cependant, l'information représente avant tout une matière première; ce n'est qu'après avoir accumulé cette dernière dans un esprit de recherche bien étayée et après l'avoir affinée de manière compétente, qu'elle devient utilisable. De la matière brute émerge un outil destiné à l'individu inséré dans son environnement quotidien, qu'il soit privé ou professionnel.

Rendre utilisable l'information sur la langue, représente le domaine traditionnel des dictionnaires. Dotés de l'outil théorique de la linguistique, les lexicographes tentent de décrire et d'exposer de manière intuitive les phénomènes linguistiques et de rendre saisissable l'insaisissable, c'est-à-dire la langue.

Décrire l'interaction de deux langues avec tout ce que cela représente de différences historiques et culturelles, observer les habitudes langagières du peuple, représente aujourd'hui le but suprême d'un dictionnaire bilingue moderne. Un dictionnaire ne doit pas simplement favoriser la compréhension d'une langue étrangère, il doit aussi rendre possible la communication.

Dans le domaine de la politique, des sciences, de la culture et dans la vie économique, l'étroite coopération internationale fait depuis longtemps partie du quotidien. Le dépassement des barrières linguistiques en représentait et en représente encore aujourd'hui la condition essentielle. Les dictionnaires modernes rendent compte de cette évolution en accordant une place tout aussi bien à «la langue de tous les jours» qu'aux nombreuses langues de spécialité, de la téléinformatique à l'art, la musique et la littérature, en passant par le droit, l'économie et la médecine, pour n'en citer que quelques-unes. Le dictionnaire se veut un guide pratique sûr, pour une multitude d'usages différents.

Avec le grand dictionnaire d'allemand qui répond à une conception entièrement nouvelle, nous présentons le premier ouvrage d'une nouvelle génération de dictionnaires d'allemand; un dictionnaire qui a été conçu pour les années quatre-vingt-dix, grâce aux dernières évolutions de la technique et en rendant compte des dernières évolutions linguistiques et scientifiques en matière de lexicographie.

La clarté et la transparence de la présentation des entrées sont des critères essentiels pour un accès rapide et sûr à cette profusion d'informations. Pour ce faire il est nécessaire de respecter un ordonnancement savamment élaboré, facilement compréhensible par l'utilisateur et que chaque entrée puisse suivre de manière conséquente. Où chercher, par exemple, sous quelle entrée, une tournure idiomatique, une expression figée? Cette question, maintes fois débattue, n'a été abordée jusqu'ici, dans de nombreux dictionnaires, que de manière hétérogène. En ce qui concerne le présent ouvrage, nous avons opté pour une formule innovatrice qui soit en mesure de résoudre ce problème grâce à un principe simple et logique. Il n'est plus nécessaire d'entreprendre de longues recherches pour trouver ce que l'on cherche.

L'utilisateur de grands dictionnaires, en quête d'une traduction idéale, se heurte en général à la longueur des informations contenues dans l'entrée en question. Le grand dictionnaire d'allemand offre immédiatement des indications permettant de trouver la traduction correcte pour le contexte lexical correspondant. Ainsi, une orientation rapide est toujours garantie, même pour des entrées lexicales complexes. Le présent ouvrage est riche en tournures et en exemples idiomatiques qui facilitent la tâche de l'utilisateur dans sa production de textes cohérents. Une attention toute particulière a été prêtée à la manière dont les mots sont employés dans les différents domaines de l'usage. En outre, les indications concernant la construction syntaxique permettent à l'utilisateur de mieux comprendre la manière dont un mot est utilisé dans une certaine acception et dans un certain contexte.

Les deux parties du dictionnaire ont été élaborées par une vaste équipe de lexicographes allemands et français expérimentés, et ce, en parfaite intelligence. Ce principe du recours à la langue maternelle lors de l'élaboration des manuscrits est la garantie d'une langue authentique et idiomatique. L'observation systématique des phénomènes langagiers, ainsi que le dépouillement de sources d'origines diverses jusqu'au terme du travail de rédaction, permettent de s'assurer que même les phénomènes les plus récents du monde d'aujourd'hui, et qui dans la langue se dissimulent sous le terme de „néologismes", fassent leur entrée dans le dictionnaire.

Nous présentons ce dictionnaire dans l'espoir qu'il satisfasse aux exigences ambitieuses qu'il s'est fixées, c'est-à-dire: poursuivre et améliorer ce qui a fait ses preuves et en même temps, accomplir un travail de pionnier en ce qui concerne l'évolution de la lexicographie au quotidien. Cet ouvrage doit représenter pour l'utilisateur une passerelle sûre qui lui permette de se mouvoir avec aisance entre l'allemand et le français. Il n'en reste pas moins que l'utilisation de cet ouvrage ne doit pas simplement faciliter la communication, elle doit également être un plaisir.

Stuttgart, janvier 1996

Michael Klett
Editeur

Vorwort zur Neubearbeitung

Das PONS-Großwörterbuch Französisch hat sich seit seinem Erscheinen vor dreieinhalb Jahren, im Januar 1996, schnell durchgesetzt. Als äußerst umfassendes und zuverlässiges Werk ist es ein unverzichtbares Nachschlagewerk für alle, die sich sehr eingehend mit der französischen Sprache beschäftigen, vor allem für Studierende, Dozentinnen und Dozenten, Übersetzerinnen und Übersetzer. Dies liegt zum einen an dem reichhaltigen Wortschatz. Das Werk umfasst Begriffe aus den verschiedensten Fachgebieten und berücksichtigt alle sprachlichen Register (Stilebenen). Es enthält eine große Anzahl von Austriazismen und Helvetismen und führt viele Begriffe aus dem belgischen und kanadischen Französisch auf.

Zum anderen enthält es – und das ist seine Besonderheit – sogenannte Konstruktionen. Diese kurzen, formelartigen Angaben geben detailliert Aufschluss über die Kombinationsmöglichkeiten des Stichworts in einem Satz.

Der Anlass für die Neubearbeitung des Werks war die deutsche Rechtschreibreform. Zusätzlich zu den neuen Schreibungen wurden zahlreiche neue Begriffe aufgenommen, vor allem aus den im Hinblick auf Wortneuschöpfungen so produktiven Bereichen wie EDV, Internet und Euro. Somit liegt ein aktuelles und zeitgemäßes Wörterbuch vor, das auf bewährte Weise den Brückenschlag zwischen der deutschen und der französischen Sprache ermöglicht.

Ihre
Ernst Klett Verlag GmbH
Redaktion PONS
Wörterbücher und Selbstlernen — Juli 1999

Préface de la nouvelle édition

Depuis sa parution il y a trois ans et demi, en janvier 1996, le grand dictionnaire d'allemand de PONS s'est vite imposé. Ouvrage extrêment riche et fiable, il est un outil indispensable pour tous ceux qui font une étude approfondie de la langue allemande : des étudiants et étudiantes, des enseignants et enseignantes, des traducteurs et traductrices.

D'un côté, cette réussite vient de la richesse de son vocabulaire. L'ouvrage englobe des termes de spécialistes puisés dans les domaines les plus divers et tient compte de tous les niveaux linguistiques. Il comporte un grand nombre de mots et expressions autrichiens, d'helvétismes, de même qu'une multitude de belgicismes et de québécismes. D'autre part, il renferme de véritables particularités : les constructions. Indications concises sous forme de formules, ces dernières donnent des renseignements détaillés au sujet des combinaisons potentielles de l'entrée au sein de la phrase.

Le remaniement de cet ouvrage est dû à la réforme de l'orthographe allemande. Outre la nouvelle orthographe, un nombre considérable de mots nouveaux ont été intégrés, mots tirés pour la plupart des domaines de l'informatique, de l'Internet et de l'euro qui sont riches en néologismes. Ainsi, le présent dictionnaire est un ouvrage actuel et moderne qui a déjà fait ses preuves en permettant d'établir un pont entre le français et l'allemand.

Votre
maison d'édition Ernst Klett Verlag GmbH
rédaction PONS
Dictionnaires et matériel autodidactique — juillet 1999

Erläuterungen

1. Schriftarten

Fettdruck	für Stichwörter, Unterstichwörter und Komposita im Französischen, für Verweise zu einem anderen Stichwort, wenn keine Übersetzung angegeben wird;
Grundschrift	in [...] für die Lautschrift und in <...> für Genitiv Singular und Nominativ Plural bei deutschen Substantiven, für die umgelautete Steigerung deutscher Adjektive, für die Formen der starken deutschen Verben, für die Angabe des Konjugationsmusters der französischen Verben;
Halbfettdruck	für die Angabe der Konstruktionen, für idiomatische Wendungen, für römische und arabische Ziffern, für Verweise zu einem anderen Stichwort, bei dem sich zusätzliche Informationen finden;
Halbfette Kursivschrift	für Anwendungsbeispiele;
Kursivschrift	für Angabe von Wortarten und Genus, für grammatische Angaben, für Wegweiser zur richtigen Übersetzung, für die Bezeichnung von Stilebenen, Alter und rhetorischem Mittel, für erklärende Zusätze;
KAPITÄLCHEN	für die Angabe von Sachgebieten und Regionalismen;
Grundschrift	für die Entsprechungen in der Zielsprache (Übersetzungen)

Notes explicatives

1. Caractères d'imprimerie

Caractères gras	pour les entrées, les sous-entrées et les composés français, pour les renvois à une autre entrée en l'absence de traduction ;
romain maigre	entre [...] pour la phonétique et entre <...> pour le génitif singulier et le nominatif pluriel des substantifs allemands, pour les formes infléchies des degrés de comparaison de l'adjectif allemand, pour les formes primitives des verbes forts allemands, pour l'indication du modèle de conjugaison des verbes français ;
Caractères demi-gras	pour les constructions syntaxiques, les locutions et tournures idiomatiques, les chiffres arabes et romains, les renvois à une autre entrée contenant des informations supplémentaires ;
italique demi-gras	pour les exemples d'emploi ;
italique	pour la signalisation des catégories grammaticales et le genre, pour les données grammaticales, pour les balises sémantiques guidant l'utilisateur à la traduction exacte, pour les marques concernant les niveaux de langue, la délimitation de l'emploi dans le temps et les informations d'ordre rhétorique, pour les explications complémentaires ;
PETITES MAJUSCULES	pour les indications de domaines et de régionalismes ;
romain maigre	pour les équivalents de la langue cible (traductions)

kneifen <kniff, gekniffen> **I.** *vt* ■ **jd kneift jdn** qn pince qn; ■ **jd kneift jdn** [*o* **jdm**] **in etw** (*akk*) qn lui pince qc
II. *vi* **1.** (*zwicken*) ■ **etw kneift** [**irgendwo**] qc serre [quelque part]
2. *fam* (*zurückscheuen*) ■ **jd kneift** [**vor jdm**] qn se dégonfle [devant qn] *fam*; ■ **jd kneift** [**vor etw** (*dat*)] *vor einer Aufgabe* qn se défile [face à qc] *fam*
III. *vi, vt impers* ■ **es kneift** [**jdn**] [**irgendwo**] *im Bauch etc* ça [é]lance/qn a des élancements [quelque part]

accoster <1> [akɔste] **I.** *vi* ■ **qn/qc accoste** jd/etw legt an, jd/etw landet
II. *vt* **1.** (*aborder*) ■ **qn accoste qn** jd spricht jdn an; (*de façon cavalière*) jd quatscht jdn an *fam*; ***je me suis fait ~ dans la rue par quelqu'un*** ich bin auf der Straße von jemandem angesprochen worden
2. NAUT ■ **qc accoste qc** *quai* etw legt an etw (*dat*) an; *bateau* etw legt sich längsseits einer S. (*gen*)
3. ESPACE ■ **qc accoste qc** etw dockt an etw (*dat*) an

2. Aufbau des Wörterbuchs

2.1 Grundform

Verben werden in der Infinitivform als Stichwort aufgeführt, deutsche Adjektive in ihrer undeklinierten Form; falls eine solche nicht vorhanden ist, in der Form besondere(r, s). Französische Adjektive und Substantive mit mehreren Geschlechtern werden alphabetisch bei der Maskulinform eingeordnet. Substantive werden im Singular aufgeführt mit Ausnahme von Wörtern, die nur im Plural gebraucht werden, z. B.:

2. Composition du dictionnaire

2.1 Forme de base

Les verbes qui font l'objet d'une entrée sont présentés à l'infinitif, les adjectifs allemands, sous leur forme non déclinée ; si une telle forme n'existe pas, ils sont suivis de (r, s) entre parenthèses, par ex. : besonde(r, s). Les adjectifs et les substantifs français assortis de plusieurs genres sont classés dans l'ordre alphabétique sous la forme masculine. Les substantifs sont mentionnés au singulier, à l'exception des mots qui ne sont employés qu'au pluriel, tels que par ex. :

Kosten *pl*, **abats** *mpl*

2.2 Femininformen

Nach der Maskulinform wird, wo immer vorhanden, im französisch-deutschen Teil die Femininform aufgeführt. In den Fällen, in denen die Femininform an die Maskulinform angehängt wird, steht Komma und Femininform, z. B.:

2.2 Formes féminines

Dans la partie français-allemand, la forme masculine est systématiquement suivie de la forme féminine, dès que cette dernière existe. Lorsqu'il suffit d'accoler la marque du féminin à la forme masculine pour obtenir la forme féminine, la terminaison féminine est indiquée immédiatement après l'entrée et séparée de celle-ci par une virgule. Exemple :

citadin, e [sitadɛ̃, in] **I.** *adj* städtisch; ***la vie ~e*** das Leben in der Stadt
II. *m, f* Städter(in) *m(f)*, Stadtbewohner(in) *m(f)*

Hier gilt die Femininform „citadine" sowohl für das Adjektiv als auch für das Substantiv.

Wird die Maskulinendung durch eine Femininendung ersetzt, steht nach dem Komma die Femininform mit einem Bindestrich, z. B.:

La forme féminine «citadine» vaut tant pour l'adjectif que pour le substantif.

Lorsque la forme féminine implique un changement partiel de la terminaison masculine, la marque du féminin est indiquée après une virgule et introduite par un trait d'union, comme suit :

collecteur, -trice [kɔlɛktœʀ, -tʀis] **I.** *adj* Sammel-; ***barre ~trice*** Sammelschiene *f*
II. *m, f* (*personne*) Sammler(in) *m(f)*
III. *m* **1.** AUT: ~ ***d'échappement*** Auspuffsammler *m*, Auspuffkopf *m*
2. ELEC Kollektor *m*
3. RADIO: ~ ***d'ondes*** Empfangsantenne *f*
4. (*égout*) Hauptkanal *m*, Sammler *m*

Hier trifft die Femininform beim Adjektiv und beim ersten Substantiv zu, bei dem *m, f* für die Formen le collecteur, la collectrice steht. Für das mit **III.** *m* gekennzeichnete Substantiv trifft nur die Maskulinform zu, also le collecteur.

Bei Stichwörtern, bei denen Maskulin- und Femininform aufgeführt sind, ein Substantivgebrauch aber nur als Femininum vorkommt, wird die volle Femininform aufgeführt, z. B.:

La forme féminine vaut dans ce cas pour l'adjectif et le premier substantif, à la suite duquel l'indication du genre *m, f* fait référence aux formes «le collecteur, la collectrice». Pour le substantif affecté des balises **III.** *m*, seule la forme masculine «le collecteur» est possible.

Lorsqu'au sein d'un même article, il existe plusieurs catégories grammaticales aux formes masculine et féminine, dont un substantif spécifiquement au féminin, la forme féminine complète de ce mot est indiquée. Exemple :

moissonneur, -euse [mwasɔnœʀ, -øz] **I.** *m, f* Landarbeiter(in) *m(f)*
II. *f* ■ **moissonneuse** Mähmaschine *f*

2.3 Wortbildungseinträge

Der Möglichkeit im Deutschen, Wörter zu neuen Begriffen zu kombinieren, wird dadurch Rechnung getragen, dass möglichst oft Kompositabildungsmuster aufgezeigt werden, wobei sowohl das erste als auch das letzte Wortbildungselement als Stichwort aufgeführt sein können, z. B.:

2.3 Entrées consacrées aux éléments de formation des composés

La possibilité, en allemand, de combiner des mots pour former de nouveaux termes a bénéficié d'un traitement privilégié. On a ainsi tenu à présenter le plus grand nombre de modèles de formation de composés que possible. Tant les préfixes que les suffixes ont en l'occurence fait l'objet d'une entrée. Exemples :

-leder *nt Kalbs-, Rinds-* cuir *m* de; *Schweins-, Schlangen-, Ziegen-* peau *f* de; ***Krokodil~*** du crocodile; ***Hirsch~*** du daim

Leder- **1.** (*aus Leder gefertigt*) de [*o* en] cuir; ***~tuch*** peau *f* de chamois **2.** (*mit Leder befasst*) de peaux, de cuir; ***ein ~geschäft*** une maroquinerie **Lederband** *m* **1.** <-bänder> [*Armbanduhr*] bracelet *m* en cuir **2.** <-bände> (*Buch*) volume *m* relié [en] cuir **Lederfett** *nt* graisse *f* pour cuirs **Lederhose** *f* **1.** (*Trachtenhose*) culotte *f* de peau **2.** (*lange Hose*) pantalon *m* de cuir **Lederjacke** *f* veste *f* en [*o* de] cuir

-los **1.** *zukunfts-, zuversichts-, richtungs- adverbial* sans; *adjektivisch a.* dépourvu(e) de
2. TECH *knopf-, tasten- adverbial* sans; *adjektivisch a.* dépourvu(e) de
3. *adjektivisch vater-, mutter-* privé(e) de; *geschwister-* sans; *adverbial* sans
4. *berührungs-, verschleiß-* sans

los- *präf + vb* **1.** (*etwas zu tun beginnen*) *-kichern, -rollen, -ballern, -schimpfen* se mettre à + *infin*; ***jd hustet los*** qn se met à tousser
2. (*von etw ab-*): ***jd kratzt etw los*** qn gratte pour enlever qc; ***jd schneidet jdn los*** qn délivre qn en coupant ses liens; ***er hat den Hund losgekettet*** il a détaché le chien

2.4 Stichwortanordnung

Alle fetten Stichwörter, die als ein Wort oder mit Bindestrich geschrieben werden, sind alphabetisch angeordnet. Wo zwei verschiedene Schreibweisen alphabetisch benachbart sind, werden die Einträge zusammen abgehandelt, wo sie nicht unmittelbar benachbart sind, werden sie am jeweiligen alphabetischen Ort aufgeführt und zu der ausführlich behandelten Variante verwiesen.

In eckigen Klammern stehende, fakultative Buchstaben werden bei der alphabetischen Anordnung berücksichtigt, z. B. **wack[e]lig** an der Stelle von wackelig. Das Stichwort ohne den geklammerten Buchstaben wird als eigenes Stichwort aufgeführt und verwiesen, wenn andere Stichwörter in der alphabetischen Reihenfolge dazwischenkommen, z. B. **wacklig** *adj s.* **wackelig**.

In runden Klammern stehende Buchstaben werden bei der alphabetischen Anordnung nicht berücksichtigt, so findet man z. B. **Beamte(r)** an der Stelle von Beamte, **höchste(r, s)** an der Stelle von höchste.

Stichwörter, die aus mehreren einzelnen Wörtern bestehen, sind auf der deutsch-französischen Seite alphabetisch in der entsprechenden Abfolge ihrer Buchstaben eingeordnet, z. B. **in puncto** bei inpu... Im französisch-deutschen Teil werden Komposita, die aus mehreren nicht verbundenen Wörtern bestehen, am Ende des Eintrags des ersten Elements zusammengefasst abgehandelt. Diese Komposita sind alphabetisch geordnet, z. B.:

2.4 Disposition des entrées

Toutes les entrées en gras, écrites en un seul mot ou avec un trait d'union, sont présentées dans l'ordre alphabétique. Si deux variantes orthographiques se suivent dans l'ordre alphabétique, elles sont traitées dans un seul et même article ; si elles ne se suivent pas immédiatement du point de vue alphabétique, elles sont présentées séparément, à leur place alphabétique respective, et accompagnées d'un renvoi à la variante traitée de façon détaillée.

Les lettres facultatives mentionnées entre crochets ont été prises en compte pour le classement alphabétique. Exemple : **wack[e]lig** est traité sous l'entrée wackelig. L'entrée sans lettre entre crochets fait l'objet d'une entrée à part suivie d'un renvoi si d'autres entrées ont été intercalées dans le classement alphabétique. Exemple : **wacklig** *adj s.* **wackelig**.

Les lettres indiquées entre parenthèses n'ont pas été alphabétisées. L'entrée **Beamte(r)** occupe donc la place de Beamte dans l'ordre alphabétique général et l'entrée **höchste(r, s)**, celle de höchste.

Les entrées composées de plusieurs éléments non reliés sont classées, du côté allemand-français, dans l'ordre alphabétique en fonction de la suite alphabétique des lettres qui les constituent. Exemple : **in puncto** est classé sous inpu... Dans la partie français-allemand, les composés formés de plusieurs mots non reliés sont regroupés à la fin de l'article consacré au premier élément. Ces composés sont classés dans l'ordre alphabétique. Exemples :

◆ **chambre à air** Schlauch *m;* **chambre à coucher** (*pièce*) Schlafzimmer *nt;* (*mobilier*) Schlafzimmer[möbel *pl*] *nt;* **chambre à gaz** Gaskammer *f;* **chambre de chauffe** NAUT Heizraum *m,* Kesselraum *m;* **chambre de combustion** TECH Brennkammer *f;* **chambre de compensation** FIN Girozentrale ['ʒiːro-] *f;* **chambre d'enfant** (*pièce*) Kinderzimmer *nt;* (*mobilier*) Kinderzimmer[möbel *pl*] *nt;* **chambre des cartes** NAUT Kartenhaus *nt;* **Chambre des communes** Unterhaus *nt;* **Chambre des députés** Abgeordnetenkammer *f,* Abgeordnetenhaus *nt;* **Chambre des lords** Oberhaus *nt;* **chambre des machines** NAUT Maschinenraum *m;* **Chambre des pairs** Oberhaus *nt*

Abkürzungen, Akronyme und Kurzwörter sind in alphabetischer Ordnung im Wörterverzeichnis zu finden.

Hochgestellte Ziffern werden verwendet, um zwischen Wörtern gleicher Schreibung und grundlegend verschiedener Bedeutung zu unterscheiden:

Les abréviations, sigles, acronymes et mots tronqués ont été intégrés dans la nomenclature comme des entrées à part entière et présentés dans l'ordre alphabétique.

Les exposants sont destinés à établir une distinction entre les homographes sans rapport sémantique :

schleifen¹ I. *vt + haben* 1. (*ziehen*) ...
schleifen² <schliff, geschliffen> *vt* 1. (*schärfen*) ...

serre¹ [sɛʀ] *f* 1. AGR ...
serre² [sɛʀ] *f* (*griffe*) Fang *m*

2.5 Die Rechtschreibreform

Dieses Wörterbuch berücksichtigt die im Juli 1996 in Wien beschlossene Neuregelung der deutschen Rechtschreibung.

In den nächsten Jahren werden die alten und die neuen Schreibungen nebeneinander existieren, denn die Buch- und Zeitungsverlage werden sich unterschiedlich schnell umstellen. Aus diesem Grund führt das Wörterbuch die von der Rechtschreibreform betroffenen Wörter sowohl in der alten als auch in der neuen Schreibung auf. Die Benutzer haben somit die Möglichkeit, die ihnen jeweils vorliegende Form eines Worts nachzuschlagen.

Um zu vermeiden, dass sich das Wörterbuch durch diese notwendigen doppelten Nennungen zu sehr aufbläht, wurde ein umfassendes Verweissystem eingearbeitet, das die Benutzer von der alten zur neuen Schreibung führt (sofern alt und neu alphabetisch nicht unmittelbar aufeinanderfolgen). Bei der neuen Schreibung finden sie dann die gesuchte Übersetzung.

Die alte Schreibung wird durch eine graue Rasterung kenntlich gemacht, die neue durch das hochgestellte Zeichen ᴿᴿ für Rechtschreibreform.

2.5 La réforme de l'orthographe

Ce dictionnaire prend en compte la nouvelle réglementation de la réforme de l'orthographe allemande, adoptée à Vienne en juillet 1996.

En raison de la réforme orthographique, l'ancienne et la nouvelle orthographe allemande vont coexister dans les prochaines années. Les maisons d'édition vont devoir s'adapter plus ou moins rapidement à cette nouvelle réglementation. Pour cette raison, le dictionnaire présente aussi bien les nouvelles que les anciennes orthographes des mots concernés par la réforme. L'utilisateur a ainsi la possibilité de se reporter à la forme appropriée.

Afin d'éviter toute surcharge dans la présentation des deux orthographes, un système de renvoi a été mis au point. Il conduit l'utilisateur de l'ancienne à la nouvelle orthographe d'un mot (dans la mesure où les deux orthographes ne se suivent pas directement dans l'alphabet). La traduction recherchée se trouve alors sous l'entrée nouvellement orthographiée.

L'ancienne orthographe est marquée d'une trame grise, la nouvelle par le signe ᴿᴿ (Rechtschreibreform = réforme de l'orthographe).

aufwendig *s.* **aufwändig**
aufwändigᴿᴿ I. *adj* 1. *Ausstattung, Komfort, Luxus, Material* coûteux(-euse); *Lebensführung* dispendieux(-euse)
2. (*umfangreich*) de longue haleine; ■ **etw ist** ~ c'est qc de longue haleine; ***etw ist zu*** ~ qc demande un trop gros investissement
II. *adv ausstatten, sich einrichten* à grands frais; ***jd stattet ein Auto ~ aus*** qn équipe luxueusement une voiture

Alte Schreibungen werden nur bei einfachen, nicht bei zusammengesetzten Wörtern (Komposita) gekennzeichnet.

Das „alte“ Kompositum „Glimmstengel“ wird nicht mehr als Stichwort aufgeführt, sondern nur die neue Schreibung „Glimmstängel“.

Seuls les mots simples de l'ancienne orthographe seront marqués. Les mots composés n'ont aucune marque de reconnaissance.

L'ancien mot composé « Glimmstengel » n'apparaîtra plus. Seules sa nouvelle orthographe « Glimmstängel » figurera dorénavant.

GlimmstängelRR *m hum fam* sèche *f fam*

Wenn die Benutzer Schwierigkeiten haben, ein zusammengesetztes Wort in seiner neuen Schreibung aufzufinden, können sie auf das Grundwort in seiner alten Schreibung (also „Stengel“) zurückgehen; dort finden sie den Verweis auf die neue Schreibung.

Si les utilisateurs ont des difficultés à trouver un mot composé dans sa nouvelle orthographe, ils peuvent se reporter au mot de base (par ex « Stengel ») dans son ancienne orthographe, et ainsi trouver l'indication de renvoi à la nouvelle orthographe.

Stengel *s.* **Stängel**

Eine der wichtigsten Veränderungen, die die Rechtschreibreform im Hinblick auf ein Wörterbuch bringt, betrifft die Zusammen- und Getrenntschreibung. In zahlreichen Fällen wird aus einem bisher zusammengeschriebenen Wort – also aus einem Stichwort, das einen Wörterbucheintrag einleitet – ein kleines Syntagma, d. h. eine Fügung aus mehreren Wörtern, die *in* dem Eintrag steht. Das Auffinden solch einer Fügung wird dadurch erleichtert, dass bei dem Stichwort alter Schreibung ein präziser Verweis die genaue Position der Fügung angibt.

L'une des modifications les plus importantes que la réforme apporte à ce dictionnaire concerne la décomposition des mots jusqu'alors composés. Dans de nombreux cas, une entrée devient une courte expression qui apparaît *sous* l'entrée d'un des éléments qui la composaient. Afin de faciliter la recherche, l'utilisateur trouvera sous l'ancienne entrée une indication exacte de renvoi à la locution nouvellement orthographiée.

Allgemeinbefinden *nt* état *m* général **allgemeinbildend** *s.* **allgemein I.►. Allgemeinbildung** *f ∅* culture *f* générale **allgemein-**

allgemein I. *adj* **1.** (*global*) *Kenntnisse, Informationen, Sätze* général(e)
2. (*für alle gültig*) *Feiertag* légal(e); *Regelung* qui s'applique à tous; *Wahlrecht* universel(le); *Wehrpflicht* obligatoire
3. (*öffentlich*) *Interesse, Meinung, Wohl* général(e)
4. (*gemeinsam*) *Ablehnung, Überraschung, Zustimmung* général(e)
► ~ **bildend** *Schule* d'enseignement général; *Unterricht* général(e); ~ **gültig** universel(le); ~ **verständlich** *Sprache, Wort* intelligible à tous; *Buch, Vortrag a.* à la portée de tous; **im A~en** (*normalerweise*) en général, généralement; (*insgesamt*) en général, dans l'ensemble
II. *adv* **1.** (*überall*) *üblich* généralement; *verbreitet* communément; ***es ist ~ bekannt, dass*** tout le monde sait que + *indic*

Umgekehrt werden durch die Rechtschreibreform bisherige Syntagmen, also getrennt geschriebene Fügungen, in neue Stichwörter umgewandelt. Hier findet eine Verschmelzung statt. Die „alte“ Fügung wird nicht durch Rasterung gekennzeichnet, weil diese Markierung, wie bereits gesagt, nur auf der Ebene der Stichwörter verwendet wird.

Inversement, du fait de la réforme de l'orthographe, les anciennes locutions – c'est-à-dire les expressions composées de mots séparés – deviennent des entrées. Il s'agit donc ici d'une fusion. L'ancienne expression ne sera pas marquée d'une trame grise, car comme nous l'avons vu plus haut, cette signalisation n'apparaît que dans les entrées mêmes.

groß|schreibenRR *vt irreg* ■ **jd schreibt etw groß** (*mit großem Anfangsbuchstaben*) qn écrit qc avec une majuscule; (*mit Großbuchstaben*) qn écrit qc en majuscules [*o* en capitales] …

2.6 Nester

Bei Komposita, die semantisch miteinander in Verbindung stehen, werden die Stichwörter in einem Nest fortlaufend angeordnet, solange die alphabetische Abfolge es zulässt.

2.6 Blocs

Les mots composés de même famille sémantique sont regroupés au sein d'un même bloc ; les entrées y sont présentées les unes à la suite des autres, tant que l'ordre alphabétique le permet.

Lebensmittel- *-bestrahlung* des aliments; *-farbe, -zusatz, -kette* alimentaire; *-aufbewahrung, -kennzeichnung* des aliments, des denrées alimentaires; *-vorräte* de denrées alimentaires; *-versorgung* en vivres, en denrées alimentaires; *-abteilung* [de l']alimentation **Lebensmittelchemie** *f* chimie *f* alimentaire **Lebensmittelgeschäft** *nt* épicerie *f,* magasin *m* d'alimentation **Lebensmittelkarte** *f* carte *f* de rationnement [*o* de ravitaillement] **Lebensmittelvergiftung** *f* intoxication *f* alimentaire

maître-assistant, maîtresse-assistante <~s-~s> [mɛtʀasistɑ̃, mɛtʀɛsasistɑ̃t] *m, f* Dozent(in) *m(f)* **maître-autel** <~s-~s> [mɛtʀotɛl] *m* Hauptaltar *m,* Hochaltar *m* **maître-chien** <~s-~s> [mɛtʀəʃjɛ̃] *m* Hundeführer(in) *m(f)*

2.7 Zuordnung von Redewendungen

Feststehende Redewendungen sind nach einem konsequenten Zuordnungssystem im Wörterbuch aufgeführt. Das Kriterium für die Zuordnung einer Wendung zu einem bestimmten Stichwort ist die Wortklasse der in der Wendung vorkommenden Wörter. Die Wortklassen sind hierarchisch geordnet:

Substantiv

Adjektiv/Adverb

Verb

Präposition

Rest

Kommt also in einer Redewendung ein Substantiv vor, wird die Redewendung im Eintrag dieses Substantivs aufgeführt, z. B. jd stinkt vor Faulheit beim Stichwort **Faulheit**, haut les mains! beim Stichwort **main**. Kommen in einer Redewendung mehrere Substantive vor, wird die Wendung im Eintrag des ersten Substantivs abgehandelt, z. B. jd fällt mit der Tür ins Haus im Eintrag **Tür**; les mains en l'air im Eintrag **main**. Wenn die Redewendung kein Substantiv beinhaltet, kommt als Nächstes das Adjektiv bzw. das Adverb zum Tragen. So ist: jd schlägt jdn grün und blau beim Stichwort **grün** abgehandelt, qn voit rouge beim Stichwort **rouge** (Vorsicht, jd sieht rot ist beim Stichwort **rotsehen**!) Bei Unsicherheiten bezüglich der Wortart oder der Schreibung wird empfohlen, auch an einem anderen Ort weiterzusuchen.

Ausnahmen werden im französisch-deutschen Teil gemacht bei Wendungen mit bout de, coup de, crise de, état de, esprit de, fois, mentalité de, mise en, da es schwer fällt, klar zu bestimmen, ob es sich um ein Kompositum, eine Redewendung oder eine beliebig veränderbare Konstruktion handelt. Wenn man bei diesen Wörtern die gesuchte Kombination nicht im Block der Redewendungen des Stichworts bout, coup etc. findet, sollte man außerdem bei den Konstruktionen im oberen Teil des Eintrags, im Block der Komposita im unteren Teil des Eintrags oder im Eintrag des zweiten Substantivs suchen.

2.7 Classement des locutions et tournures idiomatiques

Les syntagmes figés sont traités dans le dictionnaire selon un ordre hiérarchique systématique. Le critère utilisé pour le classement d'une expression figée sous une entrée donnée est la catégorie grammaticale des termes qui la composent. Ces catégories grammaticales obéissent en effet à une certaine hiérarchie :

substantif

adjectif/adverbe

verbe

préposition

reste

Autrement dit, si l'expression figée comporte un substantif, elle sera traitée sous l'entrée consacrée à ce substantif. Exemple : jd stinkt vor Faulheit sera classé sous l'entrée **Faulheit**, haut les mains ! sous l'entrée **main**. Si l'expression idiomatique comporte plusieurs substantifs, elle sera traitée sous l'entrée consacrée au premier substantif. Exemple : jd fällt mit der Tür ins Haus sera classé sous l'entrée **Tür**, les mains en l'air, sous l'entrée **main**. Si le syntagme figé ne comporte pas de substantif, le second élément à prendre en compte est l'adjectif ou l'adverbe. Ainsi, jd schlägt jdn grün und blau est traité sous l'entrée **grün**, qn voit rouge, sous l'entrée **rouge** (attention : jd sieht rot est traité sous l'entrée **rotsehen** !). En cas d'incertitude quant à la catégorie grammaticale ou l'orthographe, il est conseillé de chercher à plusieurs endroits.

Font exception à cette règle dans la partie français-allemand les syntagmes comprenant « bout de », « coup de », « crise de », « état de », « esprit de », « fois », « mentalité de », « mise en », car il est particulièrement difficile, dans ces cas précis, de déterminer s'il s'agit de composés, de locutions figées ou de constructions tout à fait variables. Lorsque, pour ces mots, on ne trouve pas la combinaison souhaitée dans le bloc phraséologique de l'entrée « bout », « coup », etc., il convient de chercher également parmi les constructions situées dans la première partie de l'article, dans le bloc des composés en fin d'article ou sous l'entrée du deuxième substantif.

3. Aufbau der Einträge

3.1 Römische Ziffern

Römische Ziffern untergliedern einen Eintrag in verschiedene Wortarten und Verben in transitiven, intransitiven und pronominalen bzw. reflexiven Gebrauch.

3. Composition des articles

3.1 Les chiffres romains

Les chiffres romains subdivisent un article en différentes catégories grammaticales et les verbes, en leurs emplois transitif, intransitif et pronominal (ou réfléchi).

fẹrn I. *adj* 1. (*räumlich*) *Gegend, Land, Geräusch, Summen, Lachen* lointain(e); *Gewitter, Donnern* au loin
2. (*zeitlich*) *Tag, Zeit, Zukunft* lointain(e), éloigné(e), loin *attribut;* ***der Tag ist nicht mehr ~, an dem ...*** le jour n'est plus loin où ...; ■ **~er** *Zeiten* futur(e); *Zukunft* plus éloigné(e); ***in ~eren Zeiten*** dans un futur très éloigné
II. *adv* loin; ■ **~ von jdm/etw** loin de qn/qc
▶ **von ~ betrachtet** avec du recul; **jd hält jdn von jdm/etw ~** qn tient qn éloigné(e) de qn/qc; **jd/etw hält Tiere [von jdm/etw] ~** qn/qc éloigne des animaux [de qn/qc]; ***jd hält jdn vom Kontakt mit der Außenwelt ~*** qn coupe qn du contact avec l'extérieur; **jd hält sich von jdm ~** *von Grippepatienten* qn ne s'approche pas de qn; *von bösen Leuten* qn évite de fréquenter qn; **jd hält sich von etw ~** qn tient à garder ses distances par rapport à qc; *von Veranstaltung, Lokal* qn ne fréquente pas qc; *von Politik, Diskussion* qn ne se mêle pas de qc; *von Feierlichkeiten* qn ne prend pas part à qc; **etw liegt jdm ~** qc ne viendrait pas à l'esprit de qn; **es liegt jdm ~ etw zu tun** il n'est pas dans les intentions de qn de faire qc; ***nichts liegt mir ~er als etw zu tun*** loin de moi l'idée de faire qc, je suis à cent lieues de vouloir faire qc; **etw liegt nicht ~** (*ist nicht abwegig*) qc s'impose; */Verdacht, Vermutung, Schluss, Gedanke/* qc s'impose fatalement; **das sei ~ von mir!** tu n'y penses pas!/vous n'y pensez pas!; **jd steht jdm ~** *geh* qn est étranger(-ère) à qn; **jd steht einer S.** (*dat*) **~** qn n'a rien à voir avec qc; **von ~[e]** de loin
III. *präp + dat* ■ **~ einem Menschen/einer S.** loin de qn/qc

basque [bask] **I.** *adj* baskisch; ***Pays*** ~ Baskenland *nt*
II. *mf* ■ **Basque** Baske/Baskin *m/f*
III. *f* Schößchen *nt*
▶ **qn est [toujours] pendu(e) aux ~s de qn** *fam* jd hängt [ständig] an jds Rockschößen (*dat*)

3.2 Arabische Ziffern

Arabische Ziffern untergliedern grundlegend verschiedene Bedeutungen eines Stichworts innerhalb einer Wortart.

3.2 Les chiffres arabes

Les chiffres arabes subdivisent une entrée en ses différents sens au sein d'une même catégorie grammaticale.

Läufer <-s, -> *m* **1.** SCHACH fou *m*
2. (*Teppich*) tapis *m* de couloir; (*auf der Treppe*) chemin *m* d'escalier
coiffure [kwafyʀ] *f* **1.** (*façon d'être peigné*) Frisur *f*
2. (*chapeau*) Kopfbedeckung *f*
3. (*métier*) Frisörhandwerk *nt*

3.3 Konstruktionen

Da die traditionelle Beschreibung von Verben mit intransitiv, transitiv und reflexiv sehr wenig über ihren eigentlichen Gebrauch aussagt, wird in diesem Wörterbuch konsequent angegeben, wie sich ein Verb in einer bestimmten Bedeutung im Satzgefüge verhält; wir nennen diese Angaben, die jeweils mit dem Zeichen ■ eingeleitet werden, Konstruktionen. Konstruktionen werden in einer abstrakten Form angeführt, wobei „qn/jd" ein Stellvertreter für Menschen, Institutionen und staatliche Organe wie die Polizei ist; „qc/etw" steht für unbelebte Dinge, „un animal/ein Tier" steht für Tiere im weitesten Sinn, also auch für Vögel, Reptilien, Fische und Insekten. Ortsangaben werden mit „quelque part/irgendwo" bzw. „irgendwohin" gemacht. Für Zeitangaben steht „à un certain moment" bzw. „à un moment donné" bzw. „à une certaine date/heure/un certain jour/irgendwann". Eine adverbiale Bestimmung der Art und Weise wird mit „d'une certaine manière/irgendwie" oder durch drei Auslassungspunkte angegeben. In den meisten Fällen steht pro arabisch untergliederter Bedeutung eine eigene Konstruktionsangabe. So kann man im Zusammenspiel von Wegweiser und Konstruktion genau erkennen, wie das Verb in einer bestimmten Bedeutung verwendet wird.

Steht eine Konstruktion am Anfang des Eintrags vor den arabisch untergliederten Bedeutungen, gilt diese Konstruktion für alle Bedeutungen.

3.3 Constructions

La description traditionnelle des verbes au moyen de qualificatifs tels qu'intransitif, transitif et pronominal ne renseignant pas beaucoup sur leur emploi réel, ce dictionnaire indique systématiquement comment, dans un sens donné, un verbe se comporte au sein d'une phrase ; nous appelons ce type d'informations, introduites par le signe ■, des «constructions». Les constructions sont présentées sous une forme abstraite, «qn/jd» remplaçant tout type de personnes, d'institutions et d'organes étatiques, tels que la police ; «qc/etw» représentent des choses, «un animal/ein Tier» remplacent les animaux au sens large, c.-à-d. les oiseaux, reptiles, poissons et insectes. Les compléments de lieu sont représentés par «quelque part/irgendwo» ou «irgendwohin». Les compléments de temps sont symbolisés par la formule «à un certain moment» ou «à un moment donné», ou encore «à une certaine date/heure/un certain jour/irgendwann». Les compléments de manière prennent la forme : «d'une certaine manière/irgendwie» ou sont remplacés par trois points de suspension. Dans la plupart des cas, toute subdivision sémantique numérotée par un chiffre arabe est assortie d'une construction propre. L'association balise sémantique/construction permet de cerner avec exactitude l'emploi du verbe dans un sens donné.

Si une construction est placée en tête d'article, avant les subdivisions sémantiques affectées des chiffres arabes, elle est valable pour l'ensemble des sens de l'entrée.

zählen **I.** *vi* **1.** (*Zahlen aufsagen*) ■ **jd zählt [bis etw]** qn compte [jusqu'à qc]
2. (*addieren*) ■ **jd zählt [...]** qn compte [...]
3. (*gehören*) ■ **jd/etw zählt zu jdm/etw** qn/qc fait partie de qn/qc
4. (*sich verlassen*) ■ **jd zählt auf jdn/etw** qn compte sur qn/qc
5. SPORT, SPIEL ■ **etw zählt** qc compte; ***dieser Sprung zählt nicht*** ce saut n'est pas valable
II. *vt* **1.** (*addieren*) ■ **jd zählt etw** qn compte qc
2. *geh* (*als gesamte Anzahl aufweisen*) ■ **etw zählt etw** qc compte qc
3. *geh* (*dazurechnen*) ■ **jd zählt jdn/sich zu etw** qn compte qn/se compte au nombre de qc
4. SPORT, SPIEL ■ **etw zählt etw** qc vaut qc

In der Konstruktion werden alle die Konstruktionselemente aufgeführt, die das Verb in der angegebenen Bedeutung aufweisen muss, mögliche typische Erweiterungen werden in eckigen Klammern angegeben. Das heißt beim Eintrag „zählen" Folgendes: Als intransitives Verb in der Bedeutung (*Zahlen aufsagen*) muss mindestens eine Person als Subjekt und das Verb vorkommen, erweitert werden kann mit „bis", man kann also sagen, „das Kind zählt" und „ich zähle bis drei". In der Bedeutung (*addieren*) stehen Person und Verb mit einer möglichen Erweiterung der Art und Weise „er hat gezählt", „er hat zweimal/richtig gezählt". In der Bedeutung (*gehören*) muss die Ergänzung „zu" stehen, Subjekt als auch Objekt können sowohl Mensch wie Ding sein, „sie zählt zu den besten Schriftstellerinnen", „das Gedicht zählt zu ihren besten"

In der 5. Bedeutung im Bereich Sport/Spiel wird das Verb absolut gebraucht, Subjekt ist ein Ding, „der Wurf zählt/zählt nicht". Die positive Form der Konstruktion beinhaltet, dass auch eine Verneinung möglich ist. In den Fällen, in denen das Verb nur verneint verwendet wird, steht die Konstruktion in der verneinten Form.

Es kann vorkommen, dass das Subjekt der Quellsprache durch die Übersetzung zum Objekt der Zielsprache wird. Das wird aus den Konstruktionen ersichtlich. Statt zweimal (nämlich für Subjekt und Objekt) „qn/jd" bzw. „qc/etw" aufzuführen, wird jeweils eines der beiden Elemente durch „une personne/ein Mensch" bzw. „une chose/eine S." ersetzt, z. B. ■ **qn adjuge qc à une personne** ein Mensch erhält etw von jdm.

La construction comporte tous les éléments qui accompagnent obligatoirement le verbe dans un sens donné; les extensions facultatives les plus typiques sont indiquées entre crochets. L'entrée «zählen» est donc traitée comme suit : lorsque le verbe est pris dans son emploi intransitif et son sens *(Zahlen aufsagen)*, c.-à-d. énoncer des chiffres, la construction ne comporte que le verbe et au moins une personne en sujet. Elle peut être complétée par l'extension facultative «bis» ; on pourra donc dire : «das Kind zählt» et «ich zähle bis drei». Dans le sens *(addieren)*, c.-à-d. additionner, personne et verbe peuvent être suivis d'un complément de manière : «er hat gezählt», «er hat zweimal/richtig gezählt». Dans le sens *(gehören)*, c.-à.-d. appartenir, l'extension «zu» est indispensable, sujet et complément d'objet peuvent être une personne ou une chose : «sie zählt zu den besten Schriftstellerinnen», «das Gedicht zählt zu ihren besten».

Dans la 5ème acception du verbe, liée aux domaines du sport/jeu, l'emploi est absolu ; le sujet est une chose : «der Wurf zählt/zählt nicht». La forme positive de la construction implique qu'une forme négative est également possible. Toutes les fois où le verbe n'est employé qu'à la forme négative, la construction est elle aussi donnée à la forme négative. Il arrive que dans la traduction, le sujet de la langue source devienne le complément d'objet de la langue cible. Ce phénomène est mis en évidence par les constructions. Dans ce cas, en effet, on a évité de répéter «qn/jd» ou «qc/etw» en choisissant de remplacer l'un des deux éléments par «une personne/ein Mensch» ou «une chose/eine S.». Exemple : ■ **qn adjuge qc à une personne** ein Mensch erhält etw von jdm.

Da die Konstruktionen ein äußerst geeignetes Mittel sind, das syntaktische Verhalten des Stichworts in einer bestimmten Bedeutung aufzuzeigen, wurde auch bei anderen Wortarten bei Bedarf diese Darstellungsform gewählt.

Les constructions représentant un moyen tout à fait approprié pour illustrer le comportement syntaxique d'une entrée dans une acception donnée, cette présentation a été également adoptée pour les autres catégories grammaticales lorsque cela paraissait nécessaire.

fier, fière [fjɛʀ] **I.** *adj* **1.** (*content*) ■ **qn est** ~ jd ist stolz; ***il n'y a pas de quoi être*** ~ das ist kein Grund, stolz zu sein; ■ ~ **de qn/qc** stolz auf jdn/etw; ■ **qn est** ~ **de faire qc/que** + *subj* jd ist stolz, etw zu tun/dass
2. (*arrogant*) stolz, hochmütig; ***devant le danger, il n'est plus si*** ~ wenn es gefährlich wird, wird er ganz klein
3. *littér âme, cœur* edel; *allure, démarche* stolz, vornehm; ***il avait fière allure dans son smoking*** in seinem Smoking machte er eine gute Figur
4. *antéposé vieilli* (*fameux*) *imbécile, canaille* ausgesprochen, gewaltig; ***il a un*** ~ ***culot*** [*o* ***toupet***]***!*** *fam* der ist ganz schön dreist [*o* unverfroren]! *fam*
II. *m, f* ► **qn fait le/la** ~ (**fière**) [**avec qn**] (*crâne*) jd tut sich [jdm gegenüber] wichtig, jd spielt [*o* plustert] sich [jdm gegenüber] auf; (*est méprisant*) jd gibt sich hochnäsig, jd tut überheblich [*o* eingebildet] [jdm gegenüber]

Die Angabe der Konstruktion in der ersten Bedeutung des Wortes „fier" gibt Aufschluss darüber, dass das Adjektiv hier nicht attributiv gebraucht wird, während dies in den anderen Bedeutungen möglich ist. Wenn beim Adjektiv keine Konstruktion angegeben ist, heißt das, dass das Adjektiv sowohl prädikativ wie attributiv gebraucht werden kann; vgl. 2. (*arrogant*).

Die Angabe von „qn/qc" bzw. „jd/etw" schließt ein Subjekt oder Objekt im Plural ein. In den Fällen, in denen ein Singular nicht möglich ist, steht statt „qn" bzw. „jd" „des personnes" bzw. „Menschen" und statt „qc" bzw. „etw" „des choses" bzw. „Dinge". Konstruktionen beim Substantiv zeigen ihren präpositionalen Anschluss auf, z. B.:

La construction associée au premier sens du mot «fier» montre bien que l'adjectif ne peut pas être employé ici comme épithète, alors que cela est possible dans ses autres acceptions. Lorsqu'une entrée consacrée à un adjectif ne comporte aucune construction, cela signifie que ce terme peut être utilisé tant comme attribut que comme épithète ; cf 2. *(arrogant)*.

L'indication «qn/qc» peut représenter un sujet ou un complément d'objet au pluriel. Lorsqu'un singulier n'est pas possible, «des personnes» ou «Menschen» se substituent à «qn» ou «jd», et «des choses» ou «Dinge» à «qc» ou «etw». Dans le cas du substantif, la construction est destinée à mettre en évidence sa valence (c.-à-d. avec quelle préposition il se construit). Exemple :

Mangel[1] <-s, ⸚> *m* **1.** (*Fehler*) [*Ware*] défaut *m;* [*Bauwerk, Mietwohnung a.*] malfaçon *f,* vice *m;* ***ein entscheidender*** ~ un vice rédhibitoire
2. *∅* (*Knappheit*) ■ ~ **an etw** (*dat*) manque *m* de qc; *an Kalzium, Vitaminen, roten Blutkörperchen a.* insuffisance *f* [*o* carence *f*] en qc; *an Lebensmitteln a.* pénurie *f* de qc; ~ ***an Hormonen*** carence *f* [*o* insuffisance *f*] hormonale
3. *∅* (*Defizit*) ■ **ein** ~ **an etw** (*dat*) *an Charakterstärke, Zuwendung* un manque de qc
► **wegen** ~**s an <u>Beweisen</u>** (*dat*) faute de preuves; **es <u>besteht</u>** [*o* **<u>herrscht</u>**] ~ **an etw** (*dat*) il y a pénurie de qc; **jd <u>hat</u>** ~ **an etw** (*dat*) qn manque de qc; **jd <u>leidet</u> keinen** ~ qn ne manque de rien; **<u>aus</u>** ~ **an etw** (*dat*) *an Beweisen, Medikamenten* par manque de qc, faute de qc

parenté [paʀɑ̃te] *f* **1.** (*lien familial*) Verwandtschaft *f;* ■ ~ **entre des personnes** Verwandtschaftsverhältnis *nt* zwischen Menschen (*dat*); JUR Verwandtschaftsgrad *m* zwischen Menschen (*dat*)
2. (*analogie*) Ähnlichkeit *f;* ■ ~ **entre des personnes/choses** *entre personnes, caractères, langues* Verwandtschaft *f* [*o* Ähnlichkeit] zwischen Menschen/Dingen (*dat*)
3. (*ensemble des parents*) Verwandtschaft *f*

Konstruktionen werden im französisch-deutschen Teil auch häufig benutzt, um Wortbildungsmöglichkeiten durchsichtig zu machen. Wo im Französischen Komposita durch Verknüpfung von Substantiven mit Partikeln gebildet werden, entsteht im Deutschen ein zusammengeschriebenes Wort.

Les constructions sont fréquemment utilisées dans la partie français-allemand pour illustrer les possibilités de formation de composés. Alors que les mots composés français sont formés de plusieurs substantifs reliés entre eux par des particules, les composés allemands sont eux constitués d'éléments soudés et s'écrivent en un seul mot.

professeur [pʀɔfesœʀ] *mf* SCOL Lehrer(in) *m(f);* UNIV (*avec chaire*) Professor(in) *m(f);* (*sans chaire*) Dozent(in) *m(f);* ■ ~ **de** *d'allemand, anglais, de latin, mathématiques, chant, piano, danse* -lehrer(in); *de lettres classiques, sciences naturelles, diction* Lehrer(in) für; *de droit, médecine* (*avec chaire*) -professor(in), Professor(in) für; (*sans chaire*) -dozent(in), Dozent(in) für; ~ ***de lycée*** Gymnasiallehrer(in); ~ ***de collège*** *Lehrer für die Sekundarstufe 1,* ≈ Realschullehrer(in); ~ ***titulaire*** *festangestellter Lehrer;* ~ ***adjoint*** *Lehrer ohne feste Anstellung*
► ~ **<u>agrégé</u>/<u>certifié</u>** *Titel für Lehrer, die die „Agrégation"/das „CAPES" erlangt haben;* **qn <u>a</u> qn comme** ~ jd hat jdn als Lehrer(in)

So ergibt der „professeur de latin" im Deutschen den „Lateinlehrer" bzw. die „Lateinlehrerin" und der „professeur de médecine" den „Medizinprofessor" bzw. die „Medizinprofessorin", aber auch den „Professor für Medizin".

Le «professeur de latin» donne donc en allemand «Lateinlehrer» ou «Lateinlehrerin» et le «professeur de médecine», «Medizinprofessor» ou «Medizinprofessorin», mais aussi «Professor für Medizin».

3.4 Sonderzeichen

3.4.1 Phraseologischer Block

► steht zu Beginn des Blocks der feststehenden Redewendungen. Feststehende Redewendungen werden immer am Ende der Wortart abgehandelt. Der Block der Redewendungen ist nach derselben Hierarchie angeordnet, die bei der Zuordnung einer Redewendung zu einem bestimmten Stichwort gilt. Das heißt, dass zuerst alle Wendungen aufgeführt sind, in denen das Stichwort in Verbindung mit einem Substantiv vorkommt, dann diejenigen, in denen das Stichwort in Verbindung mit einem Adjektiv/Adverb auftritt etc. Das betreffende „Ordnungswort" ist unterstrichen. Die Anordnung der Redewendungen ist also:

Stichwort + Substantiv
Stichwort + Adjektiv/Adverb
Stichwort + Verb
Stichwort + Präposition
Rest

3.4 Symboles

3.4.1 Bloc phraséologique

► introduit le bloc phraséologique réservé aux locutions et tournures idiomatiques. Les syntagmes figés sont toujours traités à la fin des catégories grammaticales ou verbales (= catégories romaines). Le bloc phraséologique est régi par la même hiérarchie que celle adoptée pour le classement d'un syntagme figé sous une entrée donnée. Cela signifie qu'on a choisi de placer en tête de bloc toutes les locutions et tournures idiomatiques combinant entrée et substantif. Puis viennent les syntagmes figés associant entrée et adjectif/adverbe, etc. Le «mot d'ordre» est souligné, facilitant ainsi l'orientation. Le classement des locutions et tournures idiomatiques est donc le suivant :

entrée + substantif
entrée + adjectif/adverbe
entrée + verbe
entrée + préposition
reste

Tür <-, -en> *f* porte *f;* [*Auto, Zug*] portière *f*
►**zwischen ~ und Angel** *fam* entre deux portes, à la va-vite; **jd fällt mit der ~ ins Haus** *fam* qn annonce tout de but en blanc, qn met les pieds dans le plat; **jd macht** [*o* **schlägt**] **jdm die ~ vor der Nase zu** *fam* qn ferme [*o* claque] la porte au nez de qn; **jd/etw öffnet einer S.** (*dat*) **~ und Tor** qn ouvre la porte [*o* laisse le champ libre] à qc/qc est la porte ouverte à qc; **jd rennt [mit etw] offene ~en ein** [avec qc,] qn enfonce une porte ouverte; **jd rennt bei jdm offene ~en ein** qn prêche un(e) convaincu(e); **hinter verschlossenen ~en** à huis clos; **ein Mensch rennt jdm [fast] die ~ ein** *fam* qn est [littéralement] assiégé(e) par une personne; **jd geht an die ~** qn va [voir] à la porte; **du kriegst die ~ nicht zu!** *fam* on en reste baba [*o* comme deux ronds de flanc]! *fam;* **jd setzt jdn vor die ~** *fam* qn fiche qn à la porte *fam;* **etw steht vor der ~** qc est imminent(e), on est à la veille de qc, qc approche à grands pas; **jd weist jdm die ~** *geh* qn montre la porte à qn; **~ an ~** porte à porte; ***N. und ich wohnen ~ an ~*** N. habite la porte à côté; **in der ~** à la porte

goutte [gut] *f* **1.** Tropfen *m*
2. ∅ (*très petite quantité*) [*essence*] Tropfen *m;* [*alcool a.*] Schluck *m*
3. *pl* PHARM Tropfen *pl;* ***~s pour le nez*** Nasentropfen
4. *fam* (*eau-de-vie*) Schnaps *m;* ***vous prendrez bien une petite ~?*** Sie trinken doch ein Schnäpschen mit mir?
5. MED Gicht *f;* ***~ articulaire*** Gicht in den Gelenken
►**c'est la ~ d'eau qui fait déborder le vase** *prov* das bringt das Fass zum Überlaufen; **des personnes se ressemblent comme deux ~s d'eau** Menschen gleichen sich wie ein Ei dem anderen; **c'est une ~ d'eau dans la mer** das ist nur ein Tropfen auf den heißen Stein; **qn a la ~ au nez** *fam* jdm läuft [*o* trieft *fam*] die Nase; **à grosses ~s** in dicken [*o* großen] Tropfen; ***il pleut à grosses ~s*** es regnet große [*o* dicke] Tropfen; ***qn sue à grosses ~s*** jd trieft vor Schweiß; **qn passe entre les ~s** jd laviert sich durch; **qn prend une ~ de qc** jd trinkt einen Schluck von etw; **~ à ~** tropfenweise, tröpfchenweise; ***l'eau coule ~ à ~*** das Wasser tropft [*o* tröpfelt]; ***qn verse qc ~ à ~ [dans qc]*** jd träufelt etw in etw (*akk*)

3.4.2 Kompositablock

◆ steht zu Beginn des Blocks der französischen Komposita, die aus mehreren einzelnen Wörtern bestehen. Dieser Kompositablock befindet sich am Ende des Eintrags.

3.4.2 Bloc des composés

◆ introduit le bloc des composés français constitués de plusieurs mots. Ce bloc de composés est situé en fin d'article.

ciseau <x> [sizo] *m* **1.** *pl* (*instrument pour couper*) Schere *f;* ***une paire de ~x*** eine Schere
2. (*outil*) Meißel *m;* ***qn taille qc au ~*** jd meißelt etw aus
3. SPORT Schere *f*
►**~x [à bouts] pointus** Spitzeisen *nt;* **~x [à bouts] ronds** Rundeisen *nt;* **qn fait des ~x** jd grätscht die Beine; **qn saute [*o* fait un saut] en ~x** jd macht einen Scherensprung
◆**ciseau à bois** Stechbeitel *m;* **ciseau de menuisier** Stemmeisen *nt,* Stechbeitel *m;* **ciseau de sculpteur** Stechbeitel *m;* **ciseaux à ongles** Nagelschere *f;* **ciseaux de brodeuse** Stickschere *f;* **ciseaux de chirurgien** chirurgische Schere; **ciseaux de couturière** Schneiderschere *f;* **ciseaux de jardinier** Gartenschere *f,* Heckenschere *f*

4. Wegweiser zur richtigen Übersetzung

Übersetzungen, die mit Kommas nebeneinander stehen, sind austauschbar verwendbar. Nicht austauschbare Übersetzungen werden mit entsprechenden Wegweisern versehen, die zur zutreffenden Übersetzung für einen bestimmten Kontext führen. Diese Wegweiser können einzeln oder kombiniert vorkommen und Folgendes darstellen:

4. Balises de différenciation sémantique guidant l'utilisateur à la bonne traduction

Les traductions séparées par des virgules sont interchangeables. Les traductions qui ne sont pas interchangeables sont précédées d'éléments d'indication d'emploi destinés à guider l'utilisateur à la traduction appropriée pour un contexte donné. Ces balises sémantiques peuvent apparaître seules ou en combinaison avec d'autres. Les différentes acceptions de l'entrée peuvent être définies par les éléments suivants :

4.1 Sachgebietsangaben

Sachgebietsangaben (z.B. INFORM, MED, PHYS) geben einen Hinweis darauf, auf welchen Wissensbereich sich eine bestimmte Übersetzung bezieht. Ihre Funktion ist es, die Orientierung zu erleichtern, nicht aber den Begriff als Fachterminus auszuweisen (Fachausdrücke werden, wenn sie nur von Fachleuten benutzt werden, mit *spec* bzw. *spéc* gekennzeichnet).

4.1 Indications de domaines

Les indications de domaines (ex.: INFORM, MED, PHYS) signalent de quel domaine du savoir relève une traduction donnée. Elles sont destinées à faciliter l'orientation de l'utilisateur et non à caractériser un emploi didactique, technique ou scientifique (les termes techniques ou spécialisés, lorsqu'ils ne sont employés que par des spécialistes, sont marqués par l'indication *spec* ou *spéc*).

4.2 Synonyme oder Antonyme

Synonyme oder Antonyme stehen in runden Klammern, bei Antonymen steht *opp*:

4.2 Synonymes et antonymes

Les synonymes et les antonymes figurent entre parenthèses ; les antonymes sont précédés de l'indication *opp* :

mobil *adj* **1.** (*opp: ortsgebunden*) itinérant(e); (*beweglich*) *Besitz, Habe, Vermögen* mobilier(-ière); ■ **jd ist** ~ qn est mobile; ***der Rollstuhl machte sie wieder*** ~ le fauteuil roulant lui a rendu sa mobilité
2. *fam* (*munter*) en train
▸ **jd macht** ~ MIL qn mobilise; **jd macht jdn/etw** ~ qn mobilise qn/qc

maladroit, e [maladʀwa, wat] **I.** *adj* **1.** (*opp: habile, leste*) *geste, ouvrage, personne* ungeschickt; *caresses, expression, style* unbeholfen
2. (*inopportun*) *intervention, parole, remarque* unangebracht, unpassend, taktlos; *zèle, obséquiosité* übertrieben; (*peu diplomate*) *personne* ungeschickt; ■ **il est** ~ **de faire qc** es ist taktlos [*o* unangebracht], etw zu tun
3. (*peu assuré*) unbeholfen
II. *m, f* **1.** (*personne malhabile*) Schussel *m fam,* Tollpatsch *m fam*
2. (*gaffeur*) Tölpel *m*

Dazu gehören auch synonym gebrauchte erweiterte Formen des Stichworts:

Ils incluent les extensions de l'entrée qui ont valeur de synonymes :

fädeln *vt* **1.** (*ein~*) ■ **jd fädelt etw in etw** (*akk*) *in Nadel, Öhr* qn fait passer qc dans qc; ***jd fädelt den Faden in die Nadel*** qn enfile une aiguille
2. (*auf~*) ■ **jd fädelt etw auf etw** (*akk*) *Perlen etc* qn enfile qc sur qc

nocturne [nɔktyʀn] **I.** *adj* nächtlich; *oiseau, papillon, rapace, vie* Nacht-
II. *m* **1.** (*oiseau*) Nachtvogel *m*
2. MUS Notturno *nt,* Nokturne *f*
III. *f* (*manifestation* ~) Abendveranstaltung *f;* (*ouverture* ~) verlängerte [Laden]öffnungszeiten *pl* [am Abend]
▸ **en** ~ am [späten] Abend; ***match en*** ~ Flutlichtspiel *nt*

4.3 Kurzdefinitionen

Kurzdefinitionen stehen in runden Klammern.

4.3 Définitions succinctes

Les définitions succinctes sont présentées entre parenthèses.

entrümpeln * *vt* **1.** (*von Gerümpel befreien*) ■ **jd entrümpelt etw** qn débarrasse qc
2. (*von Unnützem befreien*) ■ **jd entrümpelt etw** *Lehrpläne* qn allège qc; *Vorschriften* qn débarrasse qc de ce qui l'encombre

malfaçon [malfasɔ̃] *f* (*à l'usine*) Fabrikationsfehler *m;* (*mauvais travail*) mangelhafte [*o* unsachgemäße] Ausführung

4.4 Typische Subjekte des Verbs

Typische Subjekte des Verbs stehen zwischen Schrägstrichen.

4.4 Sujets typiques du verbe

Les sujets typiques du verbe sont encadrés par deux barres obliques.

lecken[1] *vi* ■ **etw leckt** */Schiff/* qc fait eau, qc a une voie d'eau; */Behälter, Rohr, Tank, Ventil/* qc fuit, qc a une fuite

obséder <5> [ɔpsede] *vt* **1.** (*hanter*) ■ **qc obsède qn** etw verfolgt jdn; */idée, peur a./* etw beherrscht jdn; */problème, souci, souvenir, remords a./* etw lässt jdm keine Ruhe; ■ **[qn est] obsédé(e) par qc** [jd ist] von etw besessen; ***qn est obsédé(e) par l'argent*** jd hat nur [das] Geld im Kopf; ***il est obsédé par ce voyage*** er hat nur noch diese Reise im Kopf
2. *vieilli* (*importuner*) ■ **qn/qc obsède qn [de qc]** jd/etw setzt jdm [mit etw] zu

4.5 Kollokatoren

Kollokatoren werden ohne Klammern und Striche angegeben. Hierbei kann es sich handeln um:

4.5.1 Objekte, bzw. direkte oder indirekte Ergänzungen des Verbs oder einer Konstruktion

4.5 Collocateurs

Les collocateurs sont donnés sans parenthèses ni barres obliques. Il peut s'agir de :

4.5.1 compléments d'objet ou compléments directs ou indirects d'un verbe ou d'une construction

mähen¹ I. *vt* ■ **jd mäht etw** *Gras, Wiese* qn fauche qc; *Getreide* qn moissonne qc; *Rasen* qn tond qc
II. *vi* ■ **jd mäht** qn tond; ■ **das M~** la tonte; ***ich finde nur am Wochenende Zeit zum M~*** je ne trouve le temps pour tondre que le week-end

Mangel¹ <-s, ¨-> *m* 1. (*Fehler*) [*Ware*] défaut *m;* [*Bauwerk, Mietwohnung a.*] malfaçon *f,* vice *m;* ***ein entscheidender ~*** un vice rédhibitoire
2. Ø (*Knappheit*) ■ **~ an etw** (*dat*) manque *m* de qc; *an Kalzium, Vitaminen, roten Blutkörperchen a.* insuffisance *f* [*o* carence *f*] en qc; *an Lebensmitteln a.* pénurie *f* de qc; ~ ***an Hormonen*** carence *f* [*o* insuffisance *f*] hormonale
3. Ø (*Defizit*) ■ **ein ~ an etw** (*dat*) *an Charakterstärke, Zuwendung* un manque de qc
▶ **wegen ~s an Beweisen** (*dat*) faute de preuves; **es besteht** [*o* **herrscht**] **~ an etw** (*dat*) il y a pénurie de qc; **jd hat ~ an etw** (*dat*) qn manque de qc; **jd leidet keinen ~** qn ne manque de rien; **aus ~ an etw** (*dat*) *an Beweisen, Medikamenten* par manque de qc, faute de qc

lisser <1> [lise] I. *vt* ■ **qn/un animal lisse qc** jd/ein Tier streicht etw glatt; *papier, plumes* jd/ein Tier glättet etw
II. *vpr* ■ **qn/un animal se lisse qc** jd/ein Tier glättet sich (*dat*) etw; *moustache* jd streicht sich (*dat*) etw glatt

manquement [mɑ̃kmɑ̃] *m* Vergehen *nt;* ■ **~ à qc** *à la discipline, la loi, au devoir* Verstoß *m* gegen etw, Verletzung *f* einer S. (*gen*)

4.5.2 Kombinationswörter bei Wortbildungseinträgen, die zusammen mit dem Stichwort ein neues Wort ergeben:

4.5.2 dans les entrées consacrées à un élément de formation de composés, des termes qui, combinés avec l'entrée, permettent de constituer un mot nouveau :

Psycho- *-effekt, -folter, -gruppe, -krieg, -störung, -stress, -schocker, -stück, -thriller, -trick, -wrack* psychologique; *-drama, -dynamik, -linguistik, -pille, p-sexuell, p-sozial, -technik* psycho-; *-sekte, -szene, -kult* branché(e) sur la psychologie; ***~onkologe*** oncologue *m* spécialisé en psychologie; ***~ratgeber*** conseiller *m* en psychologie **Psychoanalyse** [-ana'ly:zə] *f* psychanalyse

Das kleingeschriebene p vor -sexuell und -sozial weist darauf hin, dass es sich in diesen Fällen um eine kleingeschriebene Zusammensetzung mit Psycho handelt, also psychosexuell und psychosozial zu lesen ist.

Le p minuscule précédant -sexuell et -sozial indique que le terme formé avec l'entrée Psycho s'écrit avec une minuscule. Il convient donc de lire psychosexuell et psychosozial.

4.5.3 Typische Substantive, die in Verbindung mit einem Adjektiv vorkommen:

4.5.3 substantifs typiques fréquemment associés à l'adjectif en question :

mächtig I. *adj* 1. (*einflussreich*) *Herrscher, Staat* puissant(e); *Mann, Organisation a.* influent(e); ■ **die M~en** les puissants *mpl*
2. (*gewaltig*) *Schlag, Gewitter* violent(e); *Stimme* puissant(e), fort(e)
3. *fam* (*enorm*) *Hitze, Durst, Glück* sacré(e) *antéposé fam*
4. *geh* (*kundig*) ■ **jd ist einer S.** (*gen*) ~ *einer Kunst, Sprache, des Deutschen* qn maîtrise qc, qn possède qc; ***er war der Kunst der Verstellung ~*** il était maître dans l'art de la dissimulation
▶ **jd ist seiner selbst nicht mehr ~** *geh* qn ne se maîtrise plus
II. *adv fam* (*sehr*) drôlement *fam,* vachement *fam*

scandaleux, -euse [skɑ̃dalø, -øz] *adj* 1. (*honteux*) skandalös; *comportement a., personne* unmöglich; *prix, propos a.* unerhört, unverschämt; *vie* skandalumwittert; ■ **il est ~ que** + *subj* es ist skandalös [*o* ein Skandal], dass
2. (*qui exploite le scandale*) *chronique, littérature* Skandal-

4.5.4 Typische Adjektive und Verben, die in Verbindung mit einem Adverb vorkommen:

4.5.4 adjectifs et verbes typiques fréquemment associés à l'adverbe en question :

maßlos I. *adj* immodéré(e), démesuré(e); *Wut* sans borne[s]; ■ **jd ist ~ [in etw** (*dat*)**]** *im Essen, Trinken* qn ne sait pas se limiter [quand il fait qc], qn fait des excès [de qc]
II. *adv* 1. (*äußerst*) *bedauerlich, eifersüchtig, traurig* excessivement
2. (*unerhört*) *sich aufregen, sich ärgern, übertreiben* de façon incroyable; ***etw macht jdn ~ wütend*** qc met qn dans une rage incroyable [*o* folle]

scandaleusement [skɑ̃daløzmɑ̃] *adv* 1. (*honteusement*) skandalös; *se comporter a.* unmöglich; ***qn vit*** ~ jd führt ein skandalumwittertes Leben
2. (*outrageusement*) unerhört; ***exagéré, sous-estimé*** maßlos

4.6 Kombinationen des Substantivs

Kombinationen des Substantivs mit einem weiteren Substantiv, wobei es sich hier meist um Genitivattribute handelt. Sie stehen – in verkürzter Form – in eckigen Klammern.

Niederlegung <-, -er> *f* **1.** [*Amt, Mandat, Vorsitz, Kommando*] démission *f;* [*Arbeit*] cessation *f;* ***ich habe mich zur ~ meines Mandats entschlossen*** j'ai décidé de démissionner de mon mandat
2. (*schriftliche Fixierung*) mise *f* par écrit
3. [*Kranz, Schriftstück*] dépôt *m;* ***jd wird die ~ des Kranzes übernehmen*** qn va déposer la gerbe [*o* couronne]

scénario <s *o* -rii> [senaʀjo, ʀi] *m* **1.** (*script*) [*film*] Drehbuch *nt;* [*pièce de théâtre*] Gerüst *nt;* [*bande dessinée*] Story *f;* [*roman*] Aufbau *m*
2. (*déroulement prévu*) [Handlungs]ablauf *m;* [*attentat, hold-up*] Plan *m;* [*opération de police*] Vorgehensweise *f;* ***selon le ~ habituel*** wie immer;

5. Beschreibende Angaben zu Quell- und Zielsprache

5.1 Stilangaben

Es wird grundsätzlich angegeben, wenn ein Wort oder ein Ausdruck von der neutralen Stilebene abweicht. Die Angaben erfolgen sowohl in der Quell- als auch in der Zielsprache. Stilangaben zu Beginn eines Eintrags oder einer Kategorie beziehen sich auf alle Bedeutungen und Wendungen innerhalb dieses Eintrags oder dieser Kategorie.

poet, poét — bezeichnet einen poetischen Sprachgebrauch, wie er nur in Lyrik vorkommt.

liter, littér — bezeichnet einen literarischen Sprachgebrauch, wie er nur in Romanen zu finden ist.

geh, soutenu — bezeichnet einen gehobenen Sprachgebrauch, sowohl in der gesprochenen wie in der geschriebenen Sprache, wie er gepflegt wird, wenn Menschen sich gewählt ausdrücken.

form — bezeichnet einen förmlichen Sprachgebrauch, wie er im amtlichen Schriftverkehr, auf Formularen oder in formellen Ansprachen verwendet wird.

fam — bezeichnet umgangssprachlichen Sprachgebrauch, wie er zwischen Familienmitgliedern und Freunden in zwangloser Unterhaltung und in privaten Briefen verwendet wird. In formelleren Situationen und förmlichem Schriftverkehr wäre dieser Stil unangebracht.

pop — bezeichnet ein sehr umgangssprachliches Französisch, das nur unter Menschen verwendet wird, die einen familiären Umgangston miteinander pflegen.

sl, arg — bezeichnet einen sehr saloppen Sprachgebrauch, der nur von meist jüngeren Sprechern untereinander verwendet wird. Dieser Stil wirkt leicht flapsig und kann daher Anstoß erregen.

vulg — bezeichnet Wörter, die allgemein als vulgär gelten und daher tabu sind. Ihr Gebrauch erregt meist Anstoß.

5.2 Altersangaben

Es wird in beiden Sprachen grundsätzlich angegeben, wenn ein Wort oder Ausdruck nicht mehr dem heutigen Sprachgebrauch entspricht.

veraltend — weißt darauf hin, dass das Wort oder die Wendung zwar noch gebraucht wird, aber etwas altmodisch klingt.

veraltet, vieilli — bezeichnet ein Wort oder einen Ausdruck, der heutzutage nicht benutzt aber durchaus noch verstanden wird.

alt, vieux — bezeichnet veraltete Wörter, die man im Allgemeinen nur noch in der klassischen Literatur antrifft.

4.6 Compléments du nom

Association du substantif avec un autre substantif. Il s'agit là le plus souvent d'un complément du nom. Sous forme raccourcie, ces substantifs associés figurent entre crochets.

5. Éléments descriptifs de la langue source et de la langue cible

5.1 Niveaux de langue

Le dictionnaire signale systématiquement si un mot ou une expression s'écarte du niveau de langue neutre. Ces indications sont effectuées tant dans la langue source que dans la langue cible. Les niveaux de langue indiqués en tête d'article ou de catégorie s'appliquent à l'ensemble des significations et des emplois de ce même article ou de cette même catégorie.

poet, poét — désigne un langage poétique, utilisé seulement en poésie.

liter, littér — désigne un langage littéraire, utilisé seulement en littérature.

geh, soutenu — désigne un langage soutenu, tel qu'il est utilisé, tant dans la langue écrite que dans la langue parlée, par les personnes s'exprimant en termes choisis.

form — désigne un langage administratif, utilisé seulement dans la correspondance administrative, sur des formulaires ou lors d'allocutions officielles.

fam — désigne un langage familier, utilisé seulement entre membres d'une même famille et entre amis au cours d'une conversation détendue et dans une correspondance privée. Dans les situations plus strictes et dans la correspondance formelle, ce style serait déplacé.

pop — désigne un français populaire, utilisé uniquement par des personnes ayant l'habitude de se parler sur un ton très familier.

sl, arg — désigne un langage très familier, employé seulement entre locuteurs généralement jeunes. Ce style peut paraître cavalier et donc choquer.

vulg — désigne des termes considérés généralement comme vulgaires et donc tabous. Leur emploi choque généralement.

5.2 Délimitation de l'emploi dans le temps

Le dictionnaire signale systématiquement dans les deux langues si un mot ou une expression ne s'utilisent plus dans le langage actuel.

veraltend — indique que le mot ou l'expression sont bien toujours utilisés, mais qu'ils font un peu démodés.

veraltet, vieilli — désigne un mot ou une expression qui ne s'emploient plus de nos jours, mais qui sont encore compréhensibles.

alt, vieux — qualifie des termes vieillis ou archaïques qui ne se rencontrent plus que dans la littérature classique.

5.3 Rhetorische Angaben

Viele Wörter und Wendungen können von der ursprünglichen Bedeutung abgesehen in einer bestimmten Sprechabsicht verwendet werden. In diesen Fällen wird bei der Quellsprache ein entsprechender Vermerk gemacht. Es kann davon ausgegangen werden, dass die Übersetzung dieselbe rhetorische Absicht widerspiegelt.

euph	bezeichnet einen verhüllenden Sprachgebrauch; anstatt des eigentlichen Wortes wird stellvertretend dieser Ausdruck gebraucht.
fig	bezeichnet einen übertragenen Sprachgebrauch. Das Wort oder die Wendung dient (in einem übertragenen Sinn) als Bild für das, was man ausdrücken will.
hum	bezeichnet einen scherzhaften Sprachgebrauch.
iron	bezeichnet einen ironischen Sprachgebrauch. Der Sprecher meint eigentlich das Gegenteil dessen, was er sagt.
pej, péj	bezeichnet einen abwertenden Sprachgebrauch. Der Sprecher drückt damit seine abschätzige Haltung aus.

5.4 Sonstige Angaben

Weitere Angaben werden zu beiden Sprachen gemacht, wenn der Gebrauch eines Wortes auf eine bestimmte Region, Altersgruppe, Sprechsituation oder Zeit beschränkt ist.

AUS	nur in Österreich gebrauchter Ausdruck.
BELG	nur in Belgien üblicher französischer Ausdruck.
BRD	bezeichnet einen Ausdruck, der in der Bundesrepublik vor der Wiedervereinigung gebraucht wurde, oder auch eine Einrichtung, die es nur in der Bundesrepublik gibt.
CAN	nur in Kanada üblicher französischer Ausdruck.
CH	deutscher bzw. französischer Ausdruck, der in der Schweiz gebraucht wird.
DIAL	regional begrenzt gebrauchter Ausdruck.
Kindersprache, enfantin	bezeichnet einen Ausdruck, der nur im Gespräch mit kleinen Kindern benutzt wird.
MIDI	im Süden Frankreichs gebrauchter Ausdruck.
NDEUTSCH	im Norden Deutschlands gebrauchter Ausdruck.
NORD	im Norden Frankreichs gebrauchter Ausdruck.
NS	nationalsozialistisches Sprachgut.
SDEUTSCH	im Süden Deutschlands gebrauchter Ausdruck.
spec, spéc	bezeichnet einen von Laien nicht benutzten Fachausdruck.
SUD-EST	im Südosten Frankreichs gebrauchter Ausdruck.

5.3 Informations rhétoriques

Il est souvent possible d'attribuer à un mot ou une expression une connotation rhétorique qui les éloigne de leur sens premier. Si ce type de connotation existe, elle sera signalée dans la langue source par une marque correspondante. On peut partir du principe que la traduction reflète la même intention rhétorique.

euph	désigne un emploi euphémique destiné à remplacer un terme plus cru.
fig	désigne un emploi figuré. Ce mot ou cette expression permettent de s'exprimer de façon imagée.
hum	désigne un emploi humoristique.
iron	désigne un emploi ironique. Le locuteur pense et veut laisser entendre le contraire de ce qu'il dit.
pej, péj	désigne un emploi péjoratif. Le locuteur exprime ainsi son mépris.

5.4 Autres indications

Le dictionnaire précise également pour les deux langues si l'emploi d'un mot est restreint à une certaine région, un certain groupe d'âge, un certain type d'expression orale ou une certaine époque.

AUS	terme utilisé uniquement en Autriche.
BELG	terme français utilisé uniquement en Belgique.
BRD	désigne un terme utilisé en Allemagne fédérale avant la réunification ou une institution qui n'existe qu'en République fédérale d'Allemagne.
CAN	terme français uniquement utilisé au Canada.
CH	expression allemande ou française utilisée en Suisse.
DIAL	expression dont l'emploi est restreint à une région précise (dialecte).
Kindersprache, enfantin	désigne une expression issue du langage des jeunes enfants que des adultes peuvent également employer en s'adressant à eux.
MIDI	expression employée dans le sud de la France.
NDEUTSCH	expression employée dans le nord de l'Allemagne.
NORD	expression employée dans le nord de la France.
NS	terme du langage national-socialiste.
SDEUTSCH	expression employée dans le sud de l'Allemagne.
spec, spéc	désigne un terme de spécialiste qui n'est pas employé par le profane.
SUD-EST	expression employée dans le sud-est de la France.

6. Satzzeichen und Symbole

, steht zwischen gleichwertigen, alphabetisch aufeinander folgenden Stichwortvarianten; es steht im französisch-deutschen Teil zwischen Maskulin- und Femininform des Stichworts; es steht zwischen zwei Wendungen oder Konstruktionen, wenn diese dasselbe bedeuten; es steht zwischen austauschbar benutzbaren Übersetzungen.

; zwischen Übersetzungen zeigt einen Bedeutungsunterschied an, der durch einen entsprechenden Wegweiser erläutert ist, außer, wenn die Unterscheidung innerhalb des Eintrags schon gemacht worden ist; es steht zwischen zwei Übersetzungssätzen, bei denen ein Komma Bestandteil der Übersetzung ist, wenn keine andere sichtbare Abgrenzung zwischen den zwei Übersetzungssätzen existiert, z. B.:

tout passe, tout casse, tout lasse *prov* alles ist vergänglich; es geht alles vorüber, es geht alles vorbei

, nicht aber bei

le tout qc *théâtre, cinéma* die Crème de la crème einer S. (*gen*), alles, was bei etw Rang und Namen hat

, da hier die Kasusangabe eine sichtbare Abgrenzung darstellt.

: zwischen Stichwort und Wendung zeigt an, dass das Stichwort im Allgemeinen nur in dieser Wendung vorkommt.

/ zeigt an, dass es sich um analoge Strukturen, aber verschiedene Bedeutungen handelt, z. B.:

qn se sent bien/mal jdm geht es gut/schlecht.

( ) In runden Klammern stehen
- Femininformen;
- Maskulin- und Neutrumendung bei deutschen Adjektiven, die keine Grundform haben, z. B. besondere(r, s);
- die mit dem unbestimmten Artikel gebrauchten Formen bei deutschen Substantiven, die wie Adjektive dekliniert werden, z. B. Reisende(r) = der Reisende, ein Reisender; Gute(s) = das Gute, ein Gutes;
- Synonyme oder definitorische Wegweiser;
- Kasusangaben.

< > In Spitzklammern stehen Angaben zu Verbformen und Verbmustern, Angaben zu Genitiv- und Pluralformen von Substantiven, Angaben zu Steigerungsformen von Adjektiven.

[ ] In eckigen Klammern stehen
- phonetische Angaben;
- fakultative Buchstaben bei Schreibvarianten eines Wortes;
- fakultative Bestandteile einer Wendung;
- zusammen mit der Abkürzung *o* Alternativen zu einem Teil einer Wendung.

~ Die Tilde ersetzt in Konstruktionen, Anwendungsbeispielen und Redewendung das fett gedruckte Stichwort. Beim Wechsel von Groß- und Kleinschreibung wird zusätzlich der Anfangsbuchstabe wiederholt. Deklinationsendungen und Pluralendungen werden an die Tilde angehängt

6. Signes de ponctuation et symboles

, est placée entre deux variantes orthographiques d'une même mot-clé qui se suivent dans l'ordre alphabétique ; elle figure dans la partie français-allemand entre la forme masculine et la forme féminine de l'entrée ; elle sépare deux expressions ou deux constructions lorsque celles-ci ont la même signification ; elle est placée entre deux traductions interchangeables.

; Placé entre deux traductions, il indique une différence de sens qui sera également explicitée par une balise sémantique, sauf si cette différence a déjà été établie dans la partie qui précède ; il sépare deux phrases de traduction lorsque l'une d'elle contient déjà une virgule et qu'aucun autre élément ne vient délimiter clairement les deux traductions. Exemples :

, mais pas pour

, dans la mesure où l'indication du cas représente ici une séparation bien visible.

: Placés entre une entrée et une locution ou un exemple, ils indiquent que l'entrée ne se rencontre que dans cette expression.

/ indique qu'il s'agit de structures analogues, mais de significations différentes. Exemple :

( ) Sont présentés entre parenthèses :
- les formes féminines;
- les terminaisons masculines et neutres pour les adjectifs allemands qui ne possèdent pas de forme de base, comme par ex.: besondere(r, s) ;
- les formes employées avec l'article indéfini pour les substantifs allemands qui se déclinent comme des adjectifs. Exemples : Reisende(r) = der Reisende, ein Reisender ; Gute(s) = das Gute, ein Gutes
- les synonymes ou définitions utilisés comme balise sémantique ;
- les indications de cas.

< > Les indications concernant les formes primitives et les modèles de conjugaison des verbes sont encadrées par des chevrons, de même que les marques du génitif et du pluriel des substantifs, les informations sur le comparatif et le superlatif des adjectifs.

[ ] Figurent entre crochets :
- les indications phonétiques ;
- les lettres facultatives lorsqu'un mot possède plusieurs variantes orthographiques ;
- les éléments facultatifs d'une expression ;
- et sont précédées de l'abréviation *o*, les variantes susceptibles de remplacer une partie d'une expression.

~ Le tilde remplace l'entrée en gras dans les constructions, les exemples, les locutions et les tournures idiomatiques. En cas de transformation de la majuscule en minuscule ou inversement, la première lettre est en outre répétée. Les désinences et les marques du pluriel sont soudées au tilde.

abenteuerlich **I.** *adj* **1.** *Reise* plein(e) d'aventures, riche en aventures; *Leben* aventureux(-euse); ***ein ~es Erlebnis*** une aventure; ***eine ~e Erzählung*** un récit d'aventures; ■ **A~es** des aventures *fpl*
2. (*fantastisch*) *Geschichte, Vorfall* rocambolesque
3. (*wild-romantisch*) *Gestalten, Kleidung* extravagant(e)
4. *Ausrede, Forderung* loufoque, farfelu(e); *Preis* exorbitant(e)
II. *adv* **1.** (*fantastisch*) *sich anhören, klingen:* ***etw hört sich ~ an/klingt ~*** qc semble [*o* paraît] extravagant(e)
2. (*wildromantisch*) *gekleidet sein* de manière extravagante

Bei Stichwörtern, die aus mehr als einem Wort bestehen, steht pro Wort eine Tilde. Bei Stichwörtern, die mit einem Bindestrich geschrieben werden, steht im deutsch-französischen Teil eine Tilde für das ganze Stichwort, im französisch-deutschen Teil steht pro Wort eine Tilde, wobei die Tilden mit Bindestrichen verbunden sind. Dies gilt auch für die Angabe der Pluralformen bei französischen Substantiven.

Pour les entrées composées de plusieurs mots, on a remplacé chaque mot par un tilde. Les entrées qui s'écrivent avec un trait d'union ne sont représentées que par un seul tilde dans la partie allemand-français. Dans la partie français-allemand, chaque terme du mot composé a été remplacé par un tilde, les tildes étant reliés entre eux par un trait d'union. Il en va de même pour l'indication du pluriel des substantifs français.

> **anglo-normand, e** <~-~s> [ɑ̃glonɔʀmɑ̃, ɑ̃d] **I.** *adj* **1.** GEOG: ***les îles A~-N~es*** die Kanalinseln, die Normannischen Inseln **2.** ZOOL anglonormannisch **II.** *m* (*dialecte*) Anglonormannisch *nt*, Anglofranzösisch *nt*

Im französisch-deutschen Teil steht beim Adjektiv in Konstruktionen und in Redewendungen die Tilde sowohl für die Maskulin- als auch für die Femininform, in Anwendungsbeispielen steht sie für die Maskulinform. Femininformen werden in den Anwendungsbeispielen an die Tilde angehängt. Beim Substantiv steht die Tilde immer nur für die Maskulinform, die Femininform wird angehängt oder, wenn Maskulin- und Femininform existieren, in Klammern angehängt.

Côté français-allemand, le tilde utilisé pour les constructions et les locutions ou tournures idiomatiques dans le traitement des adjectifs remplace non seulement la forme masculine, mais aussi la forme féminine ; dans les exemples, le tilde ne remplace que la forme masculine : les marques du féminin sont en effet accolées au tilde. Pour les substantifs, le tilde ne remplace que la forme masculine : la marque du féminin est alors accolée au tilde ; si la forme masculine et la forme féminine sont possibles, la marque du féminin est accolée entre parenthèses au tilde.

> **bourgeois, e** [buʀʒwa, waz] **I.** *adj* **1.** (*relatif à la bourgeoisie*) bürgerlich; ***il habite une maison ~e*** er bewohnt ein Bürgerhaus; ***elle a fait un mariage ~*** sie hat ins Bürgertum eingeheiratet [*o* einen Bürgerlichen geheiratet]; ***la classe ~e*** das Bürgertum
> **2.** *péj* (*étroitement conservateur*) spießbürgerlich; ***qn mène une petite vie ~e*** jd führt ein recht kleinkariertes [*o* spießbürgerliches] Leben
> **II.** *m, f* **1.** (*personne appartenant à la bourgeoisie*) Bürgerliche(r) *f(m)*; ***une riche ~e*** eine reiche Bürgerliche
> **2.** *péj* Spießbürger(in) *m(f)*, Herr/Frau Biedermann
> **3.** HIST (*citoyen*) Bürger(in) *m(f)*
> ▸ **grand(e) ~(e)** Großbürger(in) *m(f)*; **petit(e) ~(e)** Kleinbürger(in) *m(f)*; *péj* kleinbürgerlicher Typ
> **III.** *f* ▸ **ma/ta/sa bourgeoise** *pop* meine/deine/seine Alte *fam*

~̈ steht im deutsch-französischen Teil für die Form des Stichworts mit Umlaut.

Sie wird nicht verwendet, wenn das Stichwort mehr als einen Vokal hat, der umgelautet werden kann.

~̈ remplace dans la partie allemand-français la forme infléchie de l'entrée.

Il n'est pas utilisé si l'entrée a plus d'une voyelle qui peut être infléchie.

> **Acker** <-s, -̈> *m* champ *m*
> ▸ **jd bestellt den ~/die ~̈** qn cultive son champ/sa terre

\- steht im deutsch-französischen Teil in den Angaben zu Genitiv Singular und Nominativ Plural für das Stichwort oder einen Teil des Stichworts, z. B.:

\- remplace l'entrée ou une partie d'elle dans les indications du génitif singulier et du nominatif pluriel, du côté allemand-français. Exemples :

> **Ader** <-, -n> *f* **1.** ANAT veine *f*
> **2.** MIN veine *f*, filon *m*
> **3.** ELEC fil *m*
> **4.** BOT nervure *f*
> ▸ **jd hat eine … ~** (*Veranlagung*) *eine künstlerische, musikalische, poetische, schriftstellerische* qn a un don …; **jd hat eine ~ für etw** qn a un don pour qc; **etw ist jds ~** qn est féru(e) de qc; ***das ist eben meine ~*** c'est justement ma spécialité; **jd lässt jdn zur ~** *veraltet* qn fait une saignée à qn; **jd lässt jdn [mit etw] zur ~** *fam* qn fait cracher qn [en réclamant qc] *fam*; **jd schneidet sich** (*dat*) **die ~n auf** qn s'ouvre les veines

(Genitiv Singular: der Ader; Nominativ Plural: die Adern)

(génitif singulier : der Ader; nominatif pluriel : die Adern)

> **Aderlass**[RR] <-es, -lässe>, **Aderlaß** <-lasses, -lässe> *m* **1.** *geh* (*Verlust*) hémorragie *f*
> **2.** MED *veraltet* saignée *f*

(Genitiv Singular: des Aderlasses; Nominativ Plural: die Aderlässe)

(génitif singulier : des Aderlasses; nominatif pluriel : die Aderlässe)

-̈ steht im deutsch-französischen Teil für die umgelautete Form des Stichworts, z. B.:

-̈ remplace dans la partie allemand-français la forme infléchie de l'entrée. Exemple :

> **Acker** <-s, -̈> *m* champ *m*
> ▸ **jd bestellt den ~/die ~̈** qn cultive son champ/sa terre

(Genitiv Singular: des Ackers; Nominativ Plural: die Äcker)

(génitif singulier : des Ackers; nominatif pluriel : die Äcker)

– trennt bei einem Dialog die Äußerungen der beiden Sprecher.

– sépare dans un dialogue les propos des deux locuteurs.

≈ weist darauf hin, dass es sich bei der Übersetzung zwar um eine Entsprechung handelt, dass aber aufgrund kultureller Unterschiede Deckungsgleichheit nicht in allen Aspekten gegeben ist.

≈ indique que la traduction correspond bien à une équivalence, mais qu'en raison des différences culturelles, elle ne couvre pas tous les aspects de l'entrée.

* zeigt auf der deutsch-französischen Seite an, dass das Partizip des Verbs ohne *ge-* gebildet wird, z. B.:

* indique dans la partie allemand-français que le participe passé du verbe se forme sans *ge-*. Exemple :

> **entsorgen** * *vt* **1.** (*wegschaffen*) ■ **jd entsorgt etw** qn évacue qc
> **2.** (*von Abfallstoffen befreien*) ■ **jd entsorgt etw** *Stadt, Stadtteil* qn nettoie qc

(Partizip: entsorgt)

(participe passé : entsorgt)

| zeigt auf der deutsch-französischen Seite an, an welchen Stellen zusammengesetzte Verben getrennt werden, z. B.:

| Indique dans la partie allemand-français l'endroit où il est possible de séparer le verbe composé de ses particules séparables, par ex. :

> **ein|lenken** *vi* ■ **jd lenkt [in etw** (*dat*)**] ein** qn lâche du lest [dans qc], qn se montre plus conciliant(e) [dans qc]; ■ **das E~** attitude *f* plus conciliante
> ▶ **jd bringt jdn zum E~** qn amène qn à lâcher du lest [*o* faire des concessions]

(ich lenke ein)

(ich lenke ein)

∅ weist darauf hin, dass das Stichwort nicht im Plural gebraucht wird; steht es nach einer arabischen Ziffer, bezieht sich diese Angabe nur auf die entsprechende Kategorie.

∅ Indique que l'entrée n'est pas employée au pluriel ; placé après un chiffre arabe, ce symbole ne s'applique qu'à la catégorie correspondante.

■ leitet eine Konstruktion ein.

■ introduit une construction.

▶ leitet den Block der feststehenden Redewendungen ein

▶ introduit le bloc phraséologique des locutions et tournures idiomatiques.

◆ leitet den Block der französischen Komposita ein.

◆ introduit le bloc des composés français.

o steht für *oder* bzw. *ou;* es wird verwendet, um anzuzeigen, dass ein Teil des Satzes durch den mit eckigen Klammern und *o* bezeichneten Teil ersetzt werden kann.

o signifie *oder* ou *ou* ; toute proposition (ou terme) entre crochets introduite par ce *o* peut remplacer une partie de la phrase qui précède.

a. steht für *auch* bzw. *aussi*; es wird verwendet, wenn nach einer bereits aufgeführten Übersetzung weitere Wegweiser angeführt werden, die zu einer zusätzlichen Übersetzung führen; es bedeutet, dass außer der Übersetzung, die nach dem betreffenden Wegweiser steht, auch die Übersetzung an erster Stelle im Eintrag oder der arabisch nummerierten Kategorie verwendet werden kann, z. B.:

a. signifie *auch* ou *aussi* ; cette abréviation est utilisée lorsqu'une première traduction est suivie de nouvelles balises de différenciation sémantique introduisant une traduction supplémentaire ; cette abréviation signifie qu'outre la traduction proposée à la suite des balises sémantiques, il est également possible de choisir la traduction occupant la première position dans l'article ou dans la catégorie numérotée par un chiffre arabe. Exemples :

> **epileptisch** *adj Veranlagung* épileptique; *Anfall, Symptom a.* d'épilepsie

man kann also sagen: symptôme épileptique oder symptôme d'épilepsie;

on peut donc dire : symptôme épileptique ou symptôme d'épilepsie ;

> **blessure** [blesyʀ] *f* **1.** (*~ physique*) Verletzung *f;* MIL *a.* Verwundung *f*

man kann also in militärischen Kontexten sowohl von Verletzung als auch von Verwundung sprechen.

dans un contexte militaire, on peut donc aussi bien parler de Verletzung que de Verwundung.

Grammatikhinweise

Indications grammaticales

Substantive

Es werden grundsätzlich Angaben zu Genus oder Numerus gemacht, nur bei Wiederholung des gleichen Substantivs innerhalb einer arabisch nummerierten Kategorie wird darauf verzichtet. Bei deutschen Übersetzungen, die aus einem Adjektiv und einem Substantiv bestehen, lässt sich das Geschlecht an der deklinierten Form des Adjektivs erkennen.

Substantifs

Le genre et le nombre sont systématiquement indiqués, sauf si le terme revient plusieurs fois au sein d'une même catégorie numérotée par un chiffre arabe. Pour les traductions allemandes constituées d'un adjectif et d'un substantif, il conviendra de déduire le genre du substantif de la forme déclinée de l'adjectif.

Deutsche Substantive

Bei allen nicht zusammengesetzten Stichwörtern stehen Angaben zu Genitiv Singular und Nominativ Plural in Spitzklammern. Bei Komposita, deren zweiter Teil ein eigenes Stichwort ist, wird auf die Angabe verzichtet. Femininformen auf *-in* bilden Genitiv und Plural nach dem Muster -in, -innen, z. B.

Substantifs allemands

Le génitif et le pluriel des entrées non composées sont indiqués entre des chevrons < >. Ces indications ne sont pas données pour les mots composés dont le deuxième élément fait lui-même l'objet d'une entrée. Les substantifs féminins en *-in* forment leur génitif et leur pluriel sur le modèle -in, -innen. Exemple :

die Lehrerin, der Lehrerin, die Lehrerinnen

Das Zeichen ∅ bedeutet, dass das Wort nicht im Plural gebraucht wird.

Le signe ∅ indique que le mot n'est pas employé au pluriel.

Bei Eigennamen, Ländern und Städten wird die Genitivform angegeben, die beim Gebrauch ohne Artikel steht, z. B.

La marque du génitif indiquée pour les noms propres, les noms de pays et de villes est celle de l'emploi sans article. Exemples :

Wilhelms Buch, Frankreichs Städte, Aachens Altstadt

Dieses *s* entfällt, wenn ein bestimmter Artikel steht, z. B.

Ce *s* disparaît en cas de formation du génitif avec un article. Exemples :

des klugen Wilhelm, des schönen Frankreich,
des alten Aachen

Bei Namen, die auf *-s, -ß, -x* oder *-z* enden, wird beim Gebrauch ohne Artikel ein Apostroph angefügt, z. B.

Le génitif des noms qui se terminent en *-s, -ß, -x ou -z* est formé comme suit, en cas d'emploi sans article :

Aristoteles' Poetik, Honduras' Hauptstadt,
Vaduz' Bewohner

Substantive des Typs **Beauftragte(r)** *f(m) decl wie adj* werden wie Adjektive dekliniert, z. B.

Les substantifs du type **Beauftragte(r)** *f(m) decl wie adj* se déclinent comme des adjectifs. Exemples :

der Beauftragte, ein Beauftragter
die Beauftragte, eine Beauftragte
die Beauftragten
Gute(s) *nt decl wie adj*
das Gute, ein Gutes

Französische Substantive

Der Plural wird im Französischen durch ein angefügtes *s* gebildet. Wo dies nicht der Fall ist, erfolgt eine entsprechende Angabe in Spitzklammern. Bei Substantiven, die auf *-al* enden, erfolgt grundsätzlich die Angabe des Plurals, da die Pluralbildung auf *-s* eine Ausnahme ist. Substantive, die auf *-s, -x, -z* enden, bleiben im Plural unverändert. Bei Bindestrichwörtern steht immer eine Angabe zur Pluralbildung.

Der Zusatz *inv* bedeutet, dass die Singularform unverändert auch im Plural verwendet wird.

Die Angabe ∅ bedeutet, dass das Wort nicht im Plural gebraucht wird.

Substantifs français

Au pluriel, les substantifs français prennent généralement un *s*. Lorsque ce n'est pas le cas, le pluriel est spécifié entre des chevrons < >. Le pluriel des substantifs en *-al* est systématiquement indiqué, dans la mesure où le pluriel en *-s* constitue une exception. Les substantifs en *-s, -x, -z* sont invariables. Le pluriel des mots composés avec trait d'union est toujours signalé.

La mention *inv* signifie que le substantif est invariable.

Le signe ∅ indique que le mot n'est pas employé au pluriel.

Femininformen

In beiden Sprachen werden Femininformen, soweit vorhanden, grundsätzlich aufgeführt. Es gibt Fälle, wo ein grammatisches Geschlecht für beide natürlichen Geschlechter angewendet werden kann, z. B.:

Formes féminines

Les formes féminines sont systématiquement indiquées dans les deux langues lorsqu'elles existent. Dans certains cas, un seul genre grammatical est utilisé pour les deux sexes. Exemples :

sie ist ein Dummkopf, er ist eine Heulsuse;
le témoin Madame Dupont, le juge était une femme.

Wenn in diesen Fällen das natürliche Geschlecht wichtig ist, kann man sich im Französischen durch ein Zufügen von madame, femme oder Ähnlichem behelfen, z. B.:

Lorsqu'on veut préciser le sexe de l'être désigné, on peut notamment avoir recours en français à l'ajout de madame ou de femme. Exemples :

die Richterin madame le juge; ***in Englisch haben wir eine Lehrerin*** notre professeur d'anglais est une femme; ***ich möchte lieber von einer Ärztin als einem Arzt behandelt werden*** je préfère être soignée par une femme médecin que que par un homme.

Bestimmter/unbestimmter Artikel

Sportarten werden im Deutschen ohne, im Französischen mit dem bestimmten Artikel benutzt, z. B.:

Articles définis/indéfinis

Les noms de sports sont employés sans article en allemand et avec article défini en français. Exemple :

Golf ist ein schöner Sport le golf est un beau sport.

Beim Spielen von Musikinstrumenten steht im Deutschen ebenfalls kein Artikel, während im Französischen der bestimmte Artikel steht, z. B.:

Employés avec le verbe «jouer/spielen», les noms d'instruments de musique sont précédés en français d'un article défini, alors qu'il ne le sont pas en allemand.

sie spielt Klavier elle joue du piano.

Materialien werden im Deutschen ohne Artikel, im Französischen mit dem bestimmten Artikel gebraucht, z. B.:

Les noms de matériaux sont employés sans article en allemand, alors qu'ils sont précédés d'un article défini en français.

Eisen rostet leicht le fer a tendance à rouiller

Bei deutschen Wortbildungseinträgen wird die französische Übersetzung in einer allgemeinen Form angegeben, z. B.:

La traduction française des éléments de formation des composés allemands est indiquée sous une forme générale :

Produktions- de production

Diese Übersetzung trifft in allgemeinen Äußerungen zu wie:

Cette traduction s'applique dans les expressions telles que :

aufgrund der hohen Produktionsqualität in diesem Land
en raison d'une qualité de production élevée dans ce pays

In den Fällen, in denen es sich um eine ganz bestimmte Produktion handelt, ist der bestimmte Artikel einzusetzen, z. B.:

Lorsqu'il s'agit d'une production bien précise, il convient d'utiliser un article défini. Exemple :

die Produktionsqualität dieser Autos ist gestiegen
la qualité de la production de ces voitures a augmenté

Wird als Übersetzung *de/du* bzw. *de/de la* angegeben, sollte der Benutzer nach demselben Kriterium vorgehen. Bei einer allgemeinen Aussage steht *de*, einem speziellen Fall *du* bzw. *de la*, z. B.:

Au cas où la traduction est donnée sous la forme *de/du* ou *de/de la*, il convient de procéder selon le même critère. Dans le cas d'une affirmation générale, on emploie *de* ; dans un cas précis, on emploie *du* ou *de la*. Exemples :

Ablösesumme montant de/du transfert: ***im Fußball werden hohe Ablösesummen bezahlt*** au foot, on paie des montants de transfert élevés; ***die Ablösesumme für diesen Spieler...***
le montant du transfert payé pour ce joueur...

Bei Übersetzungen mit *de* ist außerdem im Zusammenhang mit dem Personalpronomen eine entsprechende Anpassung vorzunehmen, z. B.:

Il convient d'adapter les traductions comportant la préposition *de* lorsque celles-ci sont employées avec un adjectif possessif. Exemple :

Ausflugsziel *nt* but *m* d'excursion; ***unser Ausflugsziel*** le but de notre excursion.

Länder und Städte

Länder werden im Deutschen mit wenigen Ausnahmen ohne Artikel gebraucht, während im Französischen der Artikel steht, z. B.:

Pays et villes

Les noms de pays sont employés sans article en allemand, à part quelques exceptions, alors qu'ils sont précédés d'un article en français. Exemple :

Frankreich ist ein schönes Land la France est un beau pays

Ausnahme hierzu ist Israel, das ohne Artikel gebraucht wird, z. B.:

A l'exception d'Israël, employé sans article :

le président d'Israël oder aber/ou ***le président de l'État d'Israël***

Bei Ortsangaben entfällt im Französischen der Artikel, z. B.:

Dans les compléments de lieu, l'article est omis en français. Exemples :

ich fahre nach Frankreich je vais en France; ***sie lebt in Frankreich*** elle vit en France.

Städte sind im Deutschen meist Neutra, im Französischen lässt sich mit wenigen Ausnahmen keine Aussage zum Genus machen, da im Gebrauch meist kein Artikel steht. Im Zweifelsfall kann man sich mit der Umschreibung „la ville de ..." helfen, z. B.:

Les noms de villes sont généralement neutres en allemand. En français, aucun genre n'est indiqué dans la mesure où ces noms sont rarement précédés d'un article en contexte. Dans le doute, on peut s'aider de la périphrase « la ville de ... ». Exemple :

das schöne Paris la belle ville de Paris

Sprachen

Im Deutschen steht bei Sprachen meist kein Artikel, während im Französischen der bestimmte Artikel steht, z. B.:

Langues

En français, les noms de langues sont précédés d'un article défini, alors qu'en allemand, l'article est omis.

ich lerne Französisch j'apprends le français.

Es gibt im Deutschen immer zwei Formen, nämlich [das] Französisch und das Französische, z. B.:

En allemand, il existe toujours deux formes : [das] Französisch et das Französische. Exemples :

das Französisch, das heutzutage gesprochen wird le français tel qu'il est parlé aujourd'hui; ***übersetzen Sie diesen Satz ins Französische*** traduisez cette phrase en français.

Im Zusammenhang mit sprechen und verstehen wird die Sprache im Deutschen meist großgeschrieben, z. B.:

Employés avec les verbes « sprechen » et „verstehen", les noms de langues s'écrivent normalement en majuscules. Exemples :

sprechen Sie Französisch? parlez-vous français? ; ***sie versteht Französisch nicht*** elle ne comprend pas le français; ***wir haben uns auf Französisch unterhalten*** nous avons parlé français.

Maß- und Mengenangaben

Bei Maß- und Mengenangaben steht im Deutschen nach der Zahl die Singularform des Substantivs, im Französischen die Pluralform, z. B.:

Mesures et quantités

Pour les indications de mesure ou de quantité, les chiffres sont suivis en allemand d'un substantif au singulier, en français, d'un substantif au pluriel. Exemples :

drei Kaffee	trois cafés
50 Franc	50 francs
100 Gramm	100 grammes

Eine Besonderheit ist bei Maßangaben mit -breit zu beachten, z. B.:

Dans le cas des indications de mesure avec -breit, il convient de souligner la particularité suivante :

eine Handbreit une largeur de main
die Handbreit la largeur de la main.

Adjektive

Adjectifs

Deutsche Adjektive

Auf beiden Seiten werden deutsche Adjektive in der unflektierten Grundform angegeben, wie sie prädikativ gebraucht wird, z. B.:

Adjectifs allemands

Dans les deux parties, les adjectifs allemands sont donnés sous leur forme de base attributive non déclinée. Exemple :

klug: der Mann ist klug, die Frau ist klug, das Kind ist klug; diese Menschen sind klug.

Bei Adjektiven, die keine unflektierte Form haben, wird das Adjektiv in der Form ...e(r, s) angegeben. Diese Adjektive werden nur attributiv gebraucht, z. B.:

Les adjectifs qui ne possèdent pas de forme non déclinée sont présentés sous la forme ...e(r,s). Ces adjectifs ne sont employés que comme épithètes. Exemple :

besondere(r, s): der besondere Mann, die besondere Frau, das besondere Kind; ein besonderer Mann, eine besondere Frau, ein besonderes Kind; die besonderen Menschen, besondere Menschen.

Adjektive, die vom Verb abgeleitet und mit „zu" verbunden gebraucht werden, sind in der Form des prädikativen Gebrauchs angegeben; beim attributiven Gebrauch wird ein zusätzliches *-d* angefügt, z. B.:

Les adjectifs qui sont dérivés du verbe et utilisés avec la particule « zu » sont présentés sous leur forme attribut ; si l'on désire les employer comme épithètes, il convient de leur accoler un *-d*. Exemple :

incoercible nicht zu bändigen: mein Verlangen ist nicht zu bändigen, ich verspüre ein nicht zu bändigendes Verlangen.

Bei Adjektiven, die auf *-el* und *-er* enden, entfällt in der flektierten Form das *-e* der Endung, z. B.:

Les adjectifs qui se terminent en *-el* et *-en* perdent leur *-e* terminal à la forme déclinée. Exemples :

blamabel: dieser blamable Fehler; **plausibel**: eine plausible Erklärung; **teuer**: ein teures Auto; **eitel**: eitle Menschen

Deutsche Adjektive werden gesteigert, indem *-er*, *-ste* an die Grundform angehängt wird, z. B.:

Pour mettre les adjectifs allemands au comparatif ou au superlatif, il convient d'accoler *-er* ou *-ste* à la forme de base. Exemples :

dieses Auto ist schöner/teurer; das schönste/teuerste Auto.

Der adverbiale Gebrauch des Superlativs wird mit *am* gebildet, z. B.:

L'emploi adverbial du superlatif est formé avec *am*. Exemple :

dieses Auto fährt am schnellsten.

Adjektive, bei denen in den Steigerungsformen der Vokal umgelautet wird, sind mit einer entsprechenden Angabe beim Stichwort versehen, z. B.:

Les adjectifs dont les formes comparative ou superlative comportent une voyelle infléchie font l'objet au mot-clé de l'indication suivante :

dumm <¨er, ¨ste>

Französische Adjektive

Auf beiden Seiten werden französische Adjektive in der Maskulinform und Femininform angegeben, wobei die Femininform in runden Klammern an die Maskulinform angehängt ist. Steht die Femininform ohne Bindestrich, wird sie so hinzugefügt:

Adjectifs français

Dans les deux parties, les adjectifs français sont présentés sous leurs formes masculine et féminine. La forme féminine est elle donnée entre parenthèses et accolée à la forme masculine. Si la forme féminine est présentée sans trait d'union, elle sera simplement ajoutée à la forme masculine :

bon(ne): une bonne femme.

In den Fällen, in denen die Femininform mit Bindestrich angegeben ist, wird die Maskulinendung durch die Femininendung ersetzt, z. B.:

Lorsque la forme féminine est présentée avec un trait d'union, il convient de remplacer la terminaison masculine par la terminaison féminine. Exemple :

heureux(-euse): une femme heureuse.

Der Plural wird durch Anhängen eines *-s* gebildet. In den Fällen, wo dies nicht zutrifft, erfolgt eine Angabe der Pluralform in Spitzklammern. Adjektive, die auf *-s*, *-x* und *-z* enden, bleiben im Plural unverändert.

Das Adjektiv steht im Französischen normalerweise nach dem Substantiv, wobei eine Stellung vor dem Substantiv meist auch möglich ist, aber einen literarischen Beiklang hat. In den Fällen, in denen das Adjektiv immer vorgestellt wird, erfolgt die Angabe „antéposé" beim Stichwort. In den Fällen, in denen je nach Bedeutung das Adjektiv vor- bzw. nachgestellt wird, erfolgt eine entsprechende Angabe bei der arabisch nummerierten Kategorie. Wird im deutsch-französischen Teil durch Auslassungspunkte angegeben, dass an dieser Stelle ein Adjektiv steht, werden die Auslassungspunkte nach dem französischen Substantiv angegeben, was jedoch nicht ausschließt, dass manche Adjektive vorgestellt werden, z. B.:

Au pluriel, les adjectifs français prennent généralement un *-s*. Lorsque ce n'est pas le cas, le pluriel est indiqué entre des chevrons < >. Les adjectifs en *-s*, *-x*, et *-z* sont invariables.

En français, l'adjectif se place généralement après le substantif ; il est toutefois possible, dans la plupart des cas, de le placer avant le substantif, l'expression prenant alors un caractère littéraire. Lorsque l'adjectif se place toujours devant le substantif, l'entrée est accompagnée de l'indication „antéposé". Lorsque l'emplacement de l'adjectif varie en fonction du sens, on trouvera une indication correspondante au début de chaque catégorie numérotée par un chiffre arabe. Si, dans la partie allemand-français, des points de suspension indiquent la présence éventuelle d'un adjectif, ces points de suspension seront placés, dans la traduction française, après le substantif, ce qui n'exclut pas la possibilité de placer certains adjectifs avant le substantif. Exemple :

Redner: ***jd ist ein … Redner*** qn est un orateur …, aber/mais qn est un mauvais orateur

Verben

Deutsche Verben

Vergleiche dazu Angaben auf S. 766 ff des deutsch-französischen Teils.

Französische Verben

Vergleiche dazu Angaben auf S. 821 ff des französisch-deutschen Teils.

Verbes

Verbes allemands

Voir à ce sujet les informations données à la page 766 ff de la partie allemand-français.

Verbes français

Voir à ce sujet les informations données à la page 821 ff de la partie français-allemand.

Besonderheiten

Gebrauch von ist/wird

Im französisch-deutschen Teil wird bei manchen Konstruktionen die Übersetzung mit „ist/wird“ angegeben. Der Benutzer sollte hier je nach Kontext die passende Form auswählen, z. B.:

qn est gâté(e) jd ist/wird verwöhnt.

So ist zum Beispiel der Satz **elle est très gâtée par son mari** zu übersetzen mit „sie wird von ihrem Mann sehr verwöhnt“, während der Satz **cet enfant est vraiment trop gâté** übersetzt wird mit „dieses Kind ist wirklich zu verwöhnt“; **qn a une syncope** jd ist/wird ohnmächtig ist im Zusammenhang **au secours, il a une syncope** zu übersetzen mit „Hilfe, er ist ohnmächtig“, während **elle a souvent des syncopes** zu übersetzen ist mit „sie wird häufig ohnmächtig“.

In beiden Teilen des Wörterbuchs kann davon ausgegangen werden, dass Adjektive im prädikativen Gebrauch, falls dieser nicht ausgeschlossen ist oder extra aufgeführt wird, sich genau gleich verhalten, d. h. dass

qn/qc est ... mit/par : jd/etw ist ... und/et
jd/etw wird ... mit/par : qn/qc devient ...

übersetzt wird.

Gebrauch von lui

In vielen Fällen ist es im Französischen nicht möglich, ein „jdm“ oder „jdn“ mit „qn“ wiederzugeben, da in der französischen Konstruktion nur ein Personalpronomen stehen kann. In diesen Fällen wird das „jdm“ oder „jdn“ mit „lui“ angegeben, z. B.:

abputzen ■ jd putzt jdm etw ab qn lui nettoie qc

Konkret umgesetzt heißt das, dass man z. B. den Satz **ich habe dem Kind den Mund abgeputzt** entweder übersetzen muss „... l'enfant, je lui ai nettoyé la bouche“ oder „j'ai nettoyé la bouche de l'enfant“. Die Angabe von „lui“ beinhaltet also auch immer die Möglichkeit des Genitivanschlusses.

Gebrauch von Mensch/personne

In manchen Fällen kann eine Übersetzung nur in der umschreibenden Form mit „Mensch, der“ bzw. „personne qui“ gegeben werden. Hier kann kontextbezogen Mensch/personne ersetzt werden durch Mann/Frau/Mädchen/Junge, bzw. homme/femme/jeune fille/garçon usw., z. B.:

Schwarzhaarige(r) personne aux cheveux noirs: ***er hat eine Schwarzhaarige geheiratet*** il s'est marié avec une femme aux cheveux noirs
entraîneur(-euse) d'hommes Mensch, der andere begeistern kann: ***Monsieur Mugnier est un entraîneur d'hommes*** Herr Mugnier ist ein Mann, der andere begeistern kann.

Particularités

Emploi de ist/wird

Dans la partie français-allemand, la traduction de certaines constructions se présente sous la forme « ist/wird ». L'utilisateur est amené à choisir la forme appropriée en fonction du contexte. Exemple :

Il convient notamment de traduire la phrase **elle est très gâtée par son mari** par : « sie wird von ihrem Mann sehr verwöhnt », alors qu'on traduira **cet enfant est vraiment trop gâté** par : « dieses Kind ist wirklich zu verwöhnt » ; **qn a une syncope** jd ist/wird ohnmächtig doit être traduit dans le contexte **au secours, il a une syncope** par : « Hilfe, er ist ohnmächtig », alors que : **elle a souvent des syncopes** se traduira : « sie wird häufig ohnmächtig ».

Dans les deux parties du dictionnaire, on peut partir du principe que les adjectifs attributs se comportent exactement de la même façon, sauf si, bien sûr, l'emploi attributif est exclu ou s'il fait l'objet d'un traitement spécial. Autrement dit, on traduira :

Emploi de lui

Dans de nombreux cas, il n'est pas possible, en français, de traduire « jdm » ou « jdn » par « qn » dans la mesure où la construction française implique l'emploi d'un pronom personnel. « jdm » ou « jdn » est alors traduit par « lui ». Exemple :

Autrement dit, **ich habe dem Kind den Mund abgeputzt** se traduira soit « ... l'enfant, je lui ai nettoyé la bouche », soit « j'ai nettoyé la bouche de l'enfant ». L'utilisation de « lui » implique donc toujours la possibilité d'employer un complément du nom.

Emploi de Mensch/personne

Dans certains cas, on ne peut traduire que par la périphrase : « Mensch, der » ou « personne qui ». Mensch/personne peut alors être remplacé, selon le contexte, par Mann/Frau/Mädchen/Junge ou homme/femme/jeune fille/garçon etc. Exemples :

Prononciation de l'allemand

La prononciation allemande suit généralement des règles claires que nous supposons connues.

Accentuation

L'accentuation a été indiquée pour toutes les entrées allemandes. Dans le cas des entrées qui ne présentent pas de particularité phonétique, la voyelle accentuée est signalée par un point, lorsqu'elle est brève, comme par exemple pour :

kụrz, besịtzen

et par un trait, lorsqu'elle est longue ou lorsqu'il s'agit d'une diphtongue/voyelle double accentuée. Exemples :

hoch, naiv, Haus, Meer

Le symbole ['] est placé devant la syllabe accentuée de toutes les entrées dont on a indiqué la phonétique. Exemples :

Naivität [naivi'tɛ:t], **Statue** ['ʃta:tuə, st-]

Phonétique

Une transcription phonétique complète est indiquée pour les emprunts dont la prononciation ne peut se déduire des règles de prononciation de l'allemand, par ex.:

Newcomer <-s, -> ['nju:kamɐ],
recyceln * [ri'saikln]
Rechaud <-s, -s> [re'ʃo:],

et pour les sigles et abréviations, tels que :

UN <-> [u:'ˀɛn], **USA** [u:ˀɛs'ˀa:].

Pour les acronymes, seule la voyelle accentuée est signalée, dans la mesure où ils se prononcent comme des mots normaux :

UNO, **TÜV**

Particularités

Pour les mots étrangers qui ne sont pas empruntés à une langue vivante, les règles de prononciation suivantes sont supposées connues :

-tion	se prononce [-tsio:n]. Exemples : **Emotion** [emo'tsio:n], **Ration** [ra'tsio:n], **Auktion** [auk'tsio:n]. Il en va de même des dérivés. Exemples : **emotional** [emotsio'na:l], **rationell** [ratsio'nɛl], **Aktionär** [aktsio'nɛ:ɐ]
-tiell	se prononce [-tsiɛl]. Exemples : **existentiell** [ɛksɪstɛn'tsiɛl], **partiell** [par'tsiɛl].
-tio, -tia-	se prononcent [-tsio-] et [-tsia-]. Exemples : **Nation** [na'tsio:n], **Ratio** [ra'tsio:n], **Differential** [dɪfɛrɛn'tsia:l], **Existentialismus** [ɛksɪstɛntsia'lɪsmʊs], **Lizentiat** [litsɛn'tsia:t].
-tius	se prononce [-tsiʊs]. Exemple : **Pontius** ['pɔntsiʊs].
-tient	se prononce [-tsiɛnt]. Exemples : **Patient** [pa'tsiɛnt], **Quotient** [kvo'tsiɛnt]
ph	se prononce [f]. Exemples : **Phon** [fo:n], **Euphorie** [ɔɪfo'ri:], **Apostroph** [apo'stro:f].
qu	se prononce [kv]. Exemple : **Quelle** ['kvɛlə]; lorsque ce n'est pas le cas, la phonétique est indiquée.
th	se prononce [t]. Exemples : **Thema** ['te:ma], **synthetisch** [zʏn'te:tɪʃ]
y	se prononce comme un ü. Exemples : **System** [zʏs'te:m], **Synagoge** [zyna'go:gə], **polygam** [pɔly'ga:m].
aa, ee, oo	Les voyelles doubles se prononcent comme une voyelle longue. Exemples : **Haar** [ha:ɐ], **Meer** [me:ɐ], **Boot** [bo:t].

Difficultés

Pour les lettres ou combinaisons de lettres dont la prononciation n'est pas toujours identique, il convient d'appliquer les règles suivantes :

c	se prononce comme k. Exemple : **Cafeteria** [kafetə'ria]. Lorsque ce n'est pas le cas, une indication correspondante sera donnée : **Calcium** ['kaltsɪʊm].
ch	se prononce [ç] après ä-, e-, i-, ö-, ü-, y-, ai-, ei-, äu- et eu-, ainsi qu'après une consonne. Exemples : **mich** [mɪç], **Kelch** [kɛlç]. se prononce [x] après a-, o- et u-. Exemples : **machen** ['maxn], **kochen** ['kɔxn], **Kuchen** ['ku:xn]. Tous les mots commençant par Ch sont assortis d'une indication de prononciation.

chs — se prononce [-ks] en fin de mot. Exemple :
Dachs [daks].
Lorsque cette suite de lettres se prononce [-ks-] à l'intérieur d'un mot, la prononciation est indiquée :
Wechsel ['vɛksl].

ng — se prononce [ŋ]. Exemple :
singen ['zɪŋən].
Lorsque le premier élément d'un mot composé se termine par un « n » et que le deuxième commence par un « g », il conviendra de prononcer [ng]. Exemples :
angenehm ['angəne:m], **Eingabe** ['ainga:bə].

sp, st — se prononcent [-sp-] et [-st-] à l'intérieur ou à la fin d'un mot. Exemples :
Test [tɛst], **beste** ['bɛstə], **Wespe** ['vɛspə].
Au début d'un mot ou du deuxième élément d'un composé, ils se prononceront [ʃp-] et [ʃt-]. Exemples :
Sporn [ʃpɔrn], **Ansporn** [anʃpɔrn].
Toute exception à cette règle fait l'objet d'une indication correspondante. Exemples :
stylen ['stailən], **Statue** ['ʃta:tuə, 'st]

v — se prononce généralement [f]. Exemples :
Vater ['fa:tɐ], **Naivling** [na'iflɪŋ], **negativ** ['ne:gatif].
Toutes les fois où le v se prononce [v], on trouvera une indication correspondante. Exemples :
Velo ['ve:lo], **Advent** [-'vɛnt], **Agave** [-və].
Lorsqu'un mot se termine en -iv, on prononce [-i:f] dans le cas de la forme non déclinée. Dans le cas de la forme déclinée, le [f] se transforme en [v]. Exemple :
die negative Folge ['ne:gativə]

-ig — en fin de mot, se prononce [ɪç]. Exemple :
ständig ['ʃtɛndɪç],
Lorsqu'on accole à ce mot une terminaison commençant par une voyelle, le [ç] se transforme en [g]. Exemple :
ihr ständiger Begleiter ['ʃtɛndɪgɐ].

-ie — se prononce [i:] dans une syllabe accentuée et est alors soulignée comme suit : **lieben**.
Elle se prononce [-iə] dans une syllabe non accentuée. Dans ce cas, la phonétique sera indiquée. Exemples :
Mumie ['mu:miə], **Phobie** <-, -n> [-'bi:ən].

Des indications phonétiques complètes ou partielles sont données dans tous les cas où un mot peut se prononcer de plusieurs façons. On a utilisé les signes de l'alphabet phonétique international [A.P.I.]. Une liste de ces symboles est donnée à la page suivante.

Indication de la prononciation portant sur la traduction dans la partie français-allemand

Les mots étrangers empruntés à une langue vivante, notamment les anglicismes, sont assortis d'une indication phonétique lorsque leur prononciation diffère de la prononciation française usuelle. Lorsque les mots étrangers ne sont pas suivis d'une indication phonétique, cela signifie que le mot se prononce selon les règles de prononciation allemandes ou que sa prononciation est identique dans les deux langues. Dans le doute, il conviendra de consulter la partie allemand-français.

Lautschriftzeichen für Französisch
Alphabet phonétique français

Vokale
Voyelles

[a]	bac [bak]
[ɑ]	classe [klɑs]
[e]	école [ekɔl]
[ɛ]	caisse [kɛs]
[ə]	premier [pʀəmje]
[i]	diplôme [diplom]
[o]	autodidacte [otodidakt]
[ɔ]	obtenir [ɔbtəniʀ]
[ø]	européen [øʀɔpeɛ̃]
[œ]	profondeur [pʀɔfɔ̃dœʀ]
[u]	ouvert [uvɛʀ]
[y]	maturité [matyʀite]

Nasale
Nasales

[ɑ̃]	grand [gʀɑ̃]
[ɛ̃]	point [pwɛ̃]
[ɔ̃]	monde [mɔ̃d]
[œ̃]	parfum [paʀfœ̃]

Halbvokale
Semi-voyelles

[j]	pièce [pjɛs]
[w]	boîte [ɔwat]
[ɥ]	produit [pʀɔdɥi]

Konsonanten
Consonnes

[b]	bébé [bebe]
[d]	vide [vid]
[dʒ]	adjectif [adʒɛktif]
[f]	fana [fana]; photo [fɔto]
[g]	gaga [gaga]
[ʒ]	jeune [ʒœn]; génial [ʒenjal]
[k]	caduque [kadyk]
[l]	la [la]
[m]	maman [mamɑ̃]
[n]	nana [nana]
[ɲ]	digne [diɲ]
[ŋ]	marketing [maʀketiŋ]
[p]	papa [papa]
[ʀ]	règle [ʀɛgl]
[s]	soleil [sɔlɛj]
[ʃ]	charge [ʃaʀʒ]
[v]	visite [vizit]
[z]	zèbre [zɛbʀ]; rose [ʀoz]
[ˊ]	behauchtes H h aspiré

Lautschriftzeichen für Deutsch
Alphabet phonétique allemand

Vokale
Voyelles

[a]	matt [mat]; Tat [taːt]
[ʌ]	Headhunter ['hɛdhʌntɐ]
[ɐ]	Mutter ['mʊtɐ]
[e]	Etappe [e'tapə]; Seele ['zeːlə]
[ɛ]	Mensch [mɛnʃ]; Zähne ['tsɛːnə]
[ə]	backe ['bakə]; bequem [bə'kveːm]
[ɪ]	bitte ['bɪtə]
[i]	privat [privaːt]; Biene ['biːnə]
[o]	Produkt [pro'dʊkt]; Hose ['hoːzə]
[ɔ]	Gott [gɔt]; Callboy ['kɔːlbɔɪ]
[ø]	Ökologie [økolo'giː]; Öl [øːl]
[œ]	öffnen ['œfnən]
[u]	zumute [tsu'muːtə]
[ʊ]	zum [tsʊm]
[y]	Büro [by'roː]; Zypern ['tsyːpɐn]
[ʏ]	System [zʏs'teːm]

Diphthonge
Diphtongues

[ai]	breit [brait]; Saite ['zaitə]
[au]	Haus [haus]
[eɪ]	Pay-TV ['peɪtiːviː]
[ɔɪ]	heute ['hɔɪtə]

Nasale
Nasales

[ã]	Arrangement [arãʒə'mãː]
[ɛ̃]	Interieur [ɛ̃te'rjøːɐ]; Bassin [ba'sɛ̃ː]
[õ]	Bonbon [bõ'bõː]

Konsonanten
Consonnes

[b]	Bombe ['bɔmbə]
[ç]	mich [mɪç]; echt [ɛçt]
[d]	dadurch ['daːdʊrç]
[dʒ]	Jeans [dʒiːns]; Budget [bʏ'dʒeː]
[f]	Fisch [fɪʃ]; viel [fiːl]
[g]	gegen ['geːgən]
[ʒ]	Genie [ʒe'niː]; Charge ['ʃarʒə]
[h]	Hut [huːt]; aha [a'haː]
[j]	Jahr [jaːɐ]; Brillant [brɪl'jant]
[k]	Koffer ['kɔfɐ]; Charakter [ka'raktɐ]
[kv]	Qual [kvaːl]
[l]	Lümmel ['lʏml]
[m]	Mama ['mama]
[n]	nennen ['nɛnən]
[ŋ]	lang [laŋ]; Finger ['fɪŋɐ]
[p]	Papa ['papa]
[r]	rühren ['ryːrən]
[s]	das [das]; Masse ['masə]
[ʃ]	Schaf [ʃaːf]; stur [ʃtuːɐ]
[t]	Tüte ['tyːtə]
[θ]	Thriller ['θrɪlɐ]
[ts]	Zimmer ['tsɪmɐ]; Blitz [blɪts]
[v]	Vase ['vaːzə]; wann [van]
[w]	Workaholic [wøːɐkə'hɔlɪk]
[x]	hoch [hoːx]; Bach [bax]
[z]	Sonne ['zɔnə]; Rose ['roːzə]
[']	Betonung Accent
[ˀ]	Knacklaut Coup de glotte

A

A, a [ɑ] *m* A *nt,* a *nt*
► **a accent circonflexe/grave** A Accent circonflexe/grave, A Zirkumflex/Gravis; **a comme Anatole** A wie Anton; **a tréma** Ä *nt,* A-Umlaut *nt,* umgelautetes A; **qn prouve** [*o* **démontre**] **qc par a + b** jd beweist etw unwiderlegbar [*o* klipp und klar *fam*]; **de** [*o* **depuis**] **A jusqu'à Z, de A à Z** von A bis Z *fam;* ***il a construit sa maison de A à Z*** beim Bau seines Hauses hat er absolut alles selbst gemacht

a [a] *indic prés de* **avoir**

à [a] <au, à la, aux> *prép* **1.** (*introduit un complément de temps*) ■ **à ... 8/10/... heures** um ...; *la Saint-Jean, la Chandeleur, la Trinité* an ... (+ *dat*); *l'arrivée, au départ* bei (+ *dat*); ***à quelle heure viennent-ils?*** um wie viel Uhr kommen sie?; ***le cinq juin au matin/au soir*** am fünften Juni morgens/abends; ***à Noël/Pâques/au Nouvel An/à la Toussaint*** [an] Weihnachten/Ostern/Neujahr/Allerheiligen [*o* zu]
2. (*indique une époque*) in (+ *dat*); ***au printemps*** im Frühling; ***aux premiers beaux jours*** an den ersten schönen Tagen
3. (*indique une date ultérieure*) in (+ *dat*); ***on se verra aux prochaines vacances*** wir werden uns in den nächsten Ferien sehen; ***on se verra à l'automne prochain/à la mi-septembre*** wir werden uns nächsten Herbst/Mitte September sehen; ***à mon retour*** bei meiner Rückkehr; ***elle a reporté la réunion au lundi*** sie hat die Sitzung auf Montag verlegt; ***j'ai hâte d'être à lundi*** ich wollte es wäre schon Montag
4. (*pour prendre date*) bis; ***à demain!*** bis morgen!; ***à lundi!*** bis Montag!
5. (*jusque*) (*temps*) bis; (*mesure*) bis zu (+ *dat*), bis an (+ *akk*); ***de 2 à 8 heures*** von 2 bis 8 Uhr; ***elle lui arrive à la poitrine*** sie reicht ihm bis zur Brust
6. (*introduit un complément de lieu*) (*pour indiquer une direction*) in (+ *akk*); ***qn va à l'école/à la piscine/au théâtre*** jd geht in die Schule/ins Schwimmbad/ins Theater; ***qn va à la boulangerie/boucherie*** jd geht in die Bäckerei/Metzgerei; ***qn va à la poste*** jd geht auf die Post [*o* zur Post]; ***je vais à Paris/Londres*** ich fahre nach Paris/London; ***je vais à l'île de Ré/à la mer/à la montagne*** ich fahre auf die Insel Ré/ans Meer/ins Gebirge; ***je vais au Japon/aux États-Unis*** ich fahre nach Japan/in die Vereinigten Staaten; ***il monte au troisième étage*** er geht in den dritten Stock; ***il s'assied à son bureau*** er setzt sich an seinen Schreibtisch; ***mets-toi à l'ombre*** setz dich in den Schatten
7. (*indique le lieu où l'on est*) in (+ *dat*); ***ils sont à l'école/à la piscine/au théâtre*** sie sind in der Schule/im Schwimmbad/im Theater; ***qn est à la poste*** jd ist auf der Post; ***ma robe est au nettoyage*** mein Kleid ist in der Reinigung; ***ils habitent à Paris/Londres*** sie wohnen in Paris/London; ***ils habitent à l'île de Ré/à la montagne*** sie wohnen auf der Insel Ré/im Gebirge; ***ils habitent aux États-Unis/au Japon*** sie wohnen in den Vereinigten Staaten/in Japan; ***ils habitent au troisième étage*** sie wohnen im dritten Stock; ***qn est assis(e) à son bureau*** jd sitzt an seinem Schreibtisch; ***qn est assis(e) à l'ombre*** jd sitzt im Schatten; ***qc se trouve au coin de la rue/au carrefour*** etw befindet sich an der Straßenecke/an der Kreuzung; ***je suis à la page 36 de mon livre*** ich bin auf Seite 36 in meinem Buch; ***assise, le dos au feu, elle tricotait*** sie saß mit dem Rücken zum Feuer und strickte; ***c'est à cinq minutes/trois kilomètres d'ici*** es ist fünf Minuten/drei Kilometer von hier entfernt; ***Heidelberg est à 110 km de Stuttgart*** Heidelberg ist 110 km von Stuttgart entfernt; ***à la télévision/à la radio/au cinéma*** im Fernsehen/im Radio/im Kino; ***j'ai mal à la tête/au dos/au ventre*** ich habe Kopf-/Rücken-/Bauchschmerzen; ***j'ai froid aux pieds/mains*** ich friere an den Füßen/Händen; ***blessé à l'épaule/au genou*** an der Schulter/am Knie verletzt; ***le sourire aux lèvres*** mit einem Lächeln auf den Lippen; ***les larmes aux yeux*** mit Tränen in den Augen
8. (*indique l'usage*) ■ **qc à qc:** ***boîte à pain*** Brotbüchse *f;* ***cuillère à soupe*** Suppenlöffel *m;* ***pot à lait*** Milchtopf *m;* ***seau à glace*** Sektkühler *m;* ***tasse à thé/café*** Tee-/Kaffeetasse *f;* ***verre à vin*** Weinglas *nt*
9. (*indique le nombre de personnes*) ■ **à 2/3/12** zu zweit/dritt/zwölft; ***on peut tenir à 50 dans cette salle*** in diesen Saal passen 50 Leute
10. (*par*): ***à la seconde/minute/à l'heure*** in der [*o* pro] Sekunde/Minute/Stunde; ***mille pièces à la journée*** tausend Stück am [*o* pro] Tag; ***le moteur consomme 7 litres aux 100*** der Motor verbraucht 7 Liter pro 100 Kilometer; ***qn est payé(e) à la journée/la pièce/la tâche*** jd wird pro Tag/pro Stück bezahlt/jd bekommt einen Akkordlohn; ***qn achète au poids/kilo/à la douzaine*** jd kauft nach Gewicht/im Kilo/im Dutzend ein; ***qn vend qc au mètre*** jd verkauft etw meterweise
11. (*cause*) bei; ***à cette nouvelle, elle éclata en sanglots*** bei dieser Nachricht brach sie in Tränen aus
12. (*conséquence*) zu; ***à ma plus grande surprise*** zu meiner größten Überraschung
13. (*d'après*): ***à la demande de qn*** auf jds Wunsch (*akk*); ***à son expression, on voyait que*** + *indic* man konnte ihm/ihr vom Gesicht ablesen, dass
14. *abusif* (*chez*): ***qn va au docteur/coiffeur*** jd geht zum Arzt/Friseur
15. (*introduit un complément d'attribution*): ***elle ne parle à personne*** sie spricht mit niemandem; ***à mon épouse bien-aimée*** meiner geliebten Frau; ***c'est à toi que je m'adresse*** dich meine ich!
16. (*indique une appartenance*): ***qc est à qn*** etw gehört jdm; ***un ami à eux*** ein Freund von ihnen; ***ils n'ont pas de maison à eux*** sie haben kein eigenes Haus; ***notre désir à tous les deux*** unser beider Wunsch; ***votre devoir à tous*** euer aller Aufgabe
17. (*introduit un complément d'accompagnement*) mit; ***canard à l'orange/aux olives*** Ente mit Orange/Oliven; ***tarte aux pommes*** Apfelkuchen *m;* ***crème à la vanille*** Vanillecreme *f*
18. (*indique la manière*): ***pâtes à l'italienne*** Nudeln auf italienische Art; ***blanquette à l'ancienne*** Frikassee nach herkömmlicher Art; ***des moustaches à la Guillaume II*** ein Schnurrbart wie [*o* à la *fam*] Wilhelm II.; ***qn fait qc à sa façon/son idée*** jd tut etw auf seine Weise/nach seinen Vorstellungen; ***qn est à genoux/quatre pattes*** jd ist auf den Knien/auf allen vieren
19. (*à peu près*) bis; ***qc pèse 4 à 5 kilos*** etw wiegt 4 bis 5 Kilo
20. (*indique le moyen*): ***qn coud/écrit qc à la machine*** jd näht/schreibt etw auf [*o* mit] der Maschine; ***travail à la main*** Handarbeit *f;* ***je me chauffe au gaz/au charbon/à l'électricité*** ich heize mit Gas/Kohle/Strom; ***je cuisine au beurre*** ich koche mit Butter; ***à la loupe/au microscope*** durch die Lupe/unter dem Mikroskop; ***qn joue un morceau au piano/violon*** jd spielt etw auf dem Klavier/auf der Geige
21. (*à partir de*): ***il boit au biberon/verre*** er trinkt aus dem Fläschchen/Glas; ***qn prend de l'eau au puits/à la rivière/à la source*** jd holt am Brunnen/im Fluss/an der Quelle Wasser
22. (*introduit un superlatif*) ■ **au plus ...** + *adj/adv* sehr + *adj/adv,* äußerst + *adj/adv;* ***elle est au plus mal*** es geht ihr sehr schlecht; ***qn s'entend au plus mal avec qn*** jd versteht sich sehr [*o* äußerst] schlecht mit jdm; ***viens au plus tôt!*** komm möglichst bald!
23. (*muni de, avec*) mit (+ *dat*); ***pneus à clous*** Spike[s]reifen ['ʃpaik(s)-, 'sp-] *pl;* ***roue à dents*** Zahnrad *nt;* ***à manches courtes/longues*** mit kurzen/langen Ärmeln, kurz-/langärmelig; ***aux yeux verts/cheveux bouclés*** mit grünen Augen [*o* grünäugig]/lockigen Haaren; ***la dame au chapeau vert*** die Dame mit dem grünen Hut
24. (*au point de*) ■ **... à faire qc:** ***je m'ennuie à mourir*** ich langweile mich zu Tode; ***c'est à rendre fou/mourir de rire*** das ist zum Verrücktwerden/Totlachen
25. (*introduit un complément indirect*) ■ **... à qn/qc:** ***je le donne à mon frère*** ich gebe es meinem Bruder; ***qn rêve à qc*** jd träumt von etw; ***qn pense à qn/qc*** jd denkt an jdn/etw; ***qn participe à qc*** jd nimmt an etw (*dat*) teil
26. (*introduit une locution verbale*) ■ **... à faire qc ...** [etw] [zu] tun; ***je prends plaisir à faire qc*** es macht mir Spaß etw zu tun; ***il se met à pleuvoir*** es fängt an zu regnen; ***facile à faire*** leicht [zu machen]; ***rien à faire*** nichts zu tun; ***aptitude à faire qc*** Fähigkeit etw zu tun; ***maison à vendre*** Haus zu verkaufen; ***il n'est pas homme à mentir*** er ist nicht ein Mensch, der lügt; ***ils sont deux à avoir fait qc*** zwei Menschen haben etw getan; ■ **à ce que** + *indic* soviel; ***à ce que je comprends, tu as ...*** soviel ich verstehe, hast du ...; ■ **à ce que** + *subj:* ***je consens à ce qu'il passe la nuit chez vous*** ich bin damit einverstanden, dass er bei uns übernachtet; ***il s'attend à ce que je revienne*** er erwartet, dass ich zurückkomme
27. (*remplace un gérondif*) ■ **à faire qc** wenn man etw tut; ***à y bien réfléchir, je crois qu'il a raison*** wenn ich es mir richtig überlege, glaube ich, dass er recht hat; ***à ressasser sans cesse ses problèmes il est devenu dépressif*** dadurch, dass er sich ständig mit seinen Problemen beschäftigt, ist er depressiv geworden

abaissable [abɛsabl] *adj* in der Höhe verstellbar; ***ces vitres sont ~s par commande électrique*** diese Fenster sind elektrisch verstellbar

abaissant, e [abɛsɑ̃, ɑ̃t] *adj punition, situation* erniedrigend, demütigend; *rôle, tâche, travail* entwürdigend

abaisse [abɛs] *f* [ausgerollter] Teig (*für einen Kuchenboden*)

abaisse-langue <~-~[s]> [abɛslɑ̃g] *m* Spatel *m o f*

abaissement [abɛsmɑ̃] *m* **1.** (*action de faire descendre*) [*vitre, volet roulant*] Herunterlassen *nt;* [*plateau, niveau, plaque, siège*] Niedrigerstellen *nt;* [*manette*] Herunterdrücken *nt;* ***les spectateurs ont applaudi l'~ du rideau*** die Zuschauer haben Beifall gespendet, während der Vorhang fiel
2. (*action de diminuer*) [*âge de la retraite*] Herabsetzen *nt;* [*charges, taux, impôt*] Senkung *f*
3. (*baisse*) [*température, niveau d'eau*] Sinken *nt*
4. (*humiliation*) Erniedrigung *f*

abaisser <1> [abese] **I.** *vt* **1.** (*faire descendre*) ■ **qn/qc abaisse qc** *vitre, volet roulant, rideau* jd/etw lässt etw herunter; *plateau, siège, plaque* jd/etw stellt etw niedriger; *manette* jd/etw drückt etw herunter
2. (*faire diminuer*) ■ **qn/qc abaisse qc** *température, charges, taux, impôt, nombre* jd/etw senkt etw; *âge de la retraite* jd/etw setzt etw herab; ***la sé-***

cheresse a abaissé le niveau des cours d'eau wegen der Trockenheit ist der Wasserstand der Fließgewässer gesunken
3. (*avilir*) ■ **qn/qc abaisse qn** jd/etw erniedrigt jdn; ***ça l'abaisserait de faire le premier pas*** es wäre unter seiner/ihrer Würde, den ersten Schritt zu tun; ***qn abaisse ses collègues auprès du patron*** jd setzt seine Kollegen in den Augen des Chefs herab
II. *vpr* **1.** (*descendre*) ■ **qc s'abaisse** /*vitre, plateau, rideau*/ etw senkt sich; /*rideau de théâtre*/ etw fällt; /*niveau de l'eau*/ etw sinkt
2. (*s'humilier*) ■ **qn s'abaisse** jd erniedrigt sich; ■ **qn s'abaisse à qc/à faire qc** jd lässt sich zu etw herab/dazu herab, etw zu tun; ***ils ont l'impression qu'ils s'abaisseraient à négocier avec nous*** sie glauben, es sei unter ihrer Würde, mit uns zu verhandeln

abandon [abɑ̃dɔ̃] *m* **1.** (*désertion*) ■ **~ de qc** *d'une maison, d'un village* Verlassen *nt* einer S. (*gen*); *d'un lieu stratégique a.* Aufgabe *f* einer S. (*gen*)
2. (*délaissement*) [*femme, maîtresse, enfant*] Verlassen *nt;* ***l'~ de son enfant devant l'église*** das Aussetzen ihres/seines Kindes vor der Kirche; ***l'~ d'un enfant*** [***à l'adoption***] die Freigabe eines Kindes zur Adoption
3. (*fait de laisser derrière soi*) ■ **~ d'un animal** [**quelque part**] Aussetzen *nt* eines Tieres [irgendwo]; ■ **~ de qc** [**quelque part**] *de déchets, matériel, vivres* Zurücklassen *nt* [*o* Liegenlassen *nt*] einer S. (*gen*) [irgendwo]; *d'un véhicule* Stehenlassen *nt* einer S. (*gen*) [irgendwo]
4. (*fait de renoncer à*) ■ **~ de qc** *des études, de la lutte, d'une hypothèse, piste* Aufgabe *f* einer S. (*gen*); *des recherches* Einstellung *f* [*o* Abbruch *m*] einer S. (*gen*); *d'un procédé, d'une méthode* Verzicht *m* auf etw (*akk*); ***cette méthode coûteuse est vouée à l'~*** man kann nicht anders, als [in Zukunft] auf diese teure Methode zu verzichten
5. (*oubli*) ■ **~ de qc** *de sa réserve, timidité, de toute prudence* Verzicht *m* auf etw (*akk*)
6. (*renonciation*) ■ **~ de qc** *du pouvoir, d'une charge, d'un fauteuil de député* Verzicht *m* auf etw (*akk*); ■ **~ de qc à qn** *de ses biens, de sa fortune* Abtretung *f* einer S. (*gen*) an jdn; *d'une fonction, charge, du pouvoir a.* Verzicht *m* auf etw (*akk*) zu jds Gunsten
7. SPORT Aufgabe *f;* ***vainqueur par ~*** Sieger *m* durch Aufgabe *f* [des Gegners]; ***il y a eu de nombreux ~s*** zahlreiche Teilnehmer haben aufgegeben
8. (*nonchalance*) Ungezwungenheit *f,* ungezwungene Haltung; ***qn parle avec ~*** jd spricht ungezwungen; ***une attitude d'~*** eine ungezwungene Haltung
▸ **qn laisse qc à l'~** jd lässt etw verkommen; **à l'~**: ***maison à l'~*** verlassenes Haus; ***jardin à l'~*** verwilderter Garten
◆ **abandon d'enfant** Kindesaussetzung *f;* **abandon de famille** Vernachlässigung *f* der Unterhaltspflicht

abandonné, e [abɑ̃dɔne] *adj maison, village, coin, femme, mari* verlassen; *enfant* ausgesetzt; *chat, chien* herrenlos

abandonner <1> [abɑ̃dɔne] **I.** *vt* **1.** (*déserter*) ■ **qn abandonne qc** *maison, village, poste* jd verlässt etw; *lieu stratégique a.* jd gibt etw auf
2. (*quitter*) ■ **qn abandonne qn** *femme, mari, famille, enfant* jd verlässt jdn; *enfant* (*dans un lieu public*) jd setzt jdn aus; ***qn abandonne son enfant*** [***à l'adoption***] jd gibt sein Kind zur Adoption frei; ***je vous abandonne quelques instants*** ich muss Sie/euch einen Augenblick allein lassen; ***ses amis l'ont abandonné*** seine Freunde haben ihn im Stich gelassen; ***la vieille dame se sent abandonnée*** die alte Frau fühlt sich allein gelassen
3. (*laisser derrière soi*) ■ **qn abandonne un animal** jd setzt ein Tier aus; ■ **qn abandonne qc** [**quelque part**] *véhicule* jd lässt etw [irgendwo] stehen; *matériel, vivres, déchets* jd lässt etw [irgendwo] liegen [*o* zurück]; ***ils ont abandonné des déchets nucléaires en pleine mer*** sie haben Atommüll im Meer versenkt
4. (*renoncer à*) ■ **qn abandonne qc** *combat, études, lutte, partie* jd gibt etw auf; *hypothèse a.* jd lässt etw fallen; *piste* jd verfolgt etw nicht weiter; *méthode, procédé* jd verzichtet auf etw (*akk*), jd kommt von etw ab; ***les sauveteurs ont abandonné les recherches*** die Rettungsmannschaft hat die Suche aufgegeben; ***cette méthode a été rapidement abandonnée*** von dieser Methode ist man schnell [wieder] abgekommen
5. (*oublier*) ■ **qn abandonne qc** *réserve, timidité, fierté* jd vergisst etw
6. (*abdiquer*) ■ **qn abandonne qc** *pouvoir, fonction, fauteuil de député* jd verzichtet auf etw (*akk*)
7. (*céder*) ■ **qn abandonne qc à qn** [*o* **en faveur de qn**] *biens, fortune* jd überlässt jdm etw; *pouvoir, fonction, fauteuil de député a.* jd tritt etw an jdn ab, jd verzichtet zu jds Gunsten auf etw (*akk*)
8. (*laisser*) ■ **qn abandonne qn à qc** *à ses pensées, son sort* jd überlässt jdn einer S. (*dat*)
9. (*faire défaut*) ■ **qc abandonne qn** /*forces, courage*/ etw verlässt jdn
II. *vi* SPORT ■ **qn abandonne** jd gibt auf
▸ **j'abandonne!** ich geb's auf!
III. *vpr* **1.** (*se détendre*) ■ **qn s'abandonne** jd sinkt entspannt [*o* gelöst] nieder; (*couché*) jd liegt entspannt [*o* gelöst] da; ***le bébé s'abandonna bientôt dans mes bras et s'endormit*** das Baby schlief bald entspannt [*o* gelöst] in meinen Armen ein
2. (*se laisser aller à*) ■ **qn s'abandonne à qc** *à la colère, au désespoir* jd lässt einer S. (*dat*) freien Lauf, jd überlässt sich einer S. (*dat*); *à la paresse* jd frönt einer S. (*dat*) *geh; au rythme* jd gibt sich einer S. (*dat*) hin; ***qn s'abandonne aux confidences*** jd schüttet sein Herz aus

abaque [abak] *m* (*boulier*) Abakus *m,* Rechenbrett *nt*

abasourdir <8> [abazuʀdiʀ] *vt* **1.** (*stupéfier*) ■ **qn/qc abasourdit qn** etw verblüfft jdn, jd/etw macht jdn sprachlos; /*mauvaise nouvelle*/ etw bestürzt jdn; ■ [**qn est**] **abasourdi(e)** [jd ist] verblüfft [*o* sprachlos]; (*consterné*) [jd ist] bestürzt
2. (*assourdir*) ■ **qn/qc abasourdit qn** jd/etw betäubt jdn, etw macht jdn [völlig] benommen; ■ [**qn est**] **abasourdi(e)** [jd ist] betäubt, [jd ist] [völlig] benommen

abasourdissant, e [abazuʀdisɑ̃, ɑ̃t] *adj bruit, ovation, vacarme* ohrenbetäubend; *nouvelle* bestürzend

abasourdissement [abazuʀdismɑ̃, abasuʀdismɑ̃] *m* (*stupéfaction*) Verblüffung *f,* Sprachlosigkeit *f;* (*consternation*) Bestürzung *f;* ***quand ils ont vu cela, ça a été l'~*** als sie dies sahen, waren sie sprachlos

abâtardir <8> [abɑtaʀdiʀ] **I.** *vt* ■ **qc abâtardit qc** *race* etw bewirkt, dass etw degeneriert; etw führt zur Degeneration einer S. (*gen*); ■ **qn/qc abâtardit qn/qc** (*altérer*) jd/etw verdirbt jdn/etw
II. *vpr* ■ **qc s'abâtardit** /*race*/ etw degeneriert; /*génie*/ etw verkümmert

abâtardissement [abɑtaʀdismɑ̃] *m* [*race*] Degeneration *f;* [*génie*] Verkümmerung *f;* ***il trouve que la photographie est un ~ de la peinture*** er findet, dass die Fotografie eine verkümmerte Form der Malerei ist

abat-jour [abaʒuʀ] *m inv* **1.** [*lampe*] [Lampen]schirm *m*
2. ARCHIT Lichtöffnung *f*

abats [aba] *mpl* Innereien *pl*

abattage [abataʒ] *m* **1.** [*mur, maison*] Abreißen *nt,* Niederreißen *nt;* [*cloison*] Einreißen *nt;* [*arbre, chêne*] Fällen *nt*
2. [*animal de boucherie*] Schlachten *nt;* ***l'~ a lieu le mardi*** dienstags wird geschlachtet; ***jour d'~*** Schlachttag *m*
3. MIN Hauen *nt*
▸ **qn a de l'~** *fam* jd ist mit [viel] Schwung bei der Sache

abattant [abatɑ̃] *m* Klappe *f;* [*secrétaire*] herunterklappbare Schreibplatte; [*W.-C.*] Klosettdeckel *m*

abattement [abatmɑ̃] *m* **1.** (*lassitude*) Mattigkeit *f;* (*découragement*) Niedergeschlagenheit *f*
2. (*rabais*) Ermäßigung *f*
3. FISC Freibetrag *m;* ***on m'a fait un ~ de 1250 F*** ich habe eine Steuerermäßigung von 1250 F bekommen

abattis [abati] *mpl* **1.** GASTR Klein *nt;* [*poule*] Hühnerklein *nt;* [*oie*] Gänseklein *nt*
2. *fam* (*bras et jambes*) Extremitäten *pl*
▸ **qn peut numéroter ses ~** *fam* jd kann sich (*dat*) die Knochen nummerieren lassen *fam*

abattoir [abatwaʀ] *m* Schlachthof *m*

abattre <*irr*> [abatʀ] **I.** *vt* **1.** (*faire tomber*) ■ **qn abat qc** *mur, maison* jd reißt etw ab [*o* nieder]; *cloison* jd reißt etw ein; *arbre, forêt* jd fällt etw; *avion* jd schießt etw ab; *quilles* jd wirft etw um; ■ **qn abat qn** jd wirft jdn zu Boden
2. (*tuer*) ■ **qn abat qn** jd tötet jdn; (*avec une arme à feu*) jd erschießt jdn; ■ **qn abat un animal** *animal de boucherie* jd schlachtet ein Tier; *animal blessé* jd tötet ein Tier; /*chasseur*/ jd schießt [*o* erlegt] ein Tier
3. (*affaiblir*) ■ **qc abat qn** /*fièvre, maladie*/ etw schwächt jdn; /*temps*/ etw macht jdn matt
4. (*décourager*) ■ **qc abat qn** /*souci*/ etw macht jdn niedergeschlagen, etw drückt jdn nieder; /*tâche, travail*/ etw lässt jdn verzagen, etw macht jdn mutlos; ***ne te laisse pas ~ par tes soucis*** lass dich von deinen Sorgen nicht unterkriegen *fam*
5. (*travailler vite et beaucoup*) ■ **qn abat qc**: ***il a abattu sa besogne en très peu de temps*** er hat seine Arbeit sehr flott erledigt; ***qn abat le travail de deux jours en un seul*** jd arbeitet an einem einzigen Tag so viel weg, wie sonst an zweien *fam;* ***il abat seul le travail de deux personnes*** er macht die Arbeit von zweien; er arbeitet so viel, wie zwei zusammen; ***elle en a abattu de la besogne*** [***o du travail***] ***en trois jours!*** sie hat die Arbeit in drei Tagen erledigt [*o* weggeschafft]
6. (*rabattre*) ■ **qc abat qc** [**quelque part**] /*vent, tornade*/ etw treibt etw [irgendwohin]
▸ **qn ne se laisse pas ~** (*démoraliser*) jd lässt sich nicht unterkriegen *fam;* ***ne te laisse pas ~*** *fam* (*à table*) lass es dir trotzdem schmecken!; ***eh bien! tu ne te laisses pas ~!*** *fam* du haust ja ganz schön rein! *fam*
II. *vpr* **1.** (*tomber*) ■ **qc s'abat** /*arbre, statue*/ etw stürzt um; ■ **qn/qc s'abat quelque part** jd/etw fällt [*o* stürzt] irgendwohin; ***qn s'abat sur le sol*** jd fällt zu Boden
2. (*tomber brutalement*) ■ **qc s'abat** [**quelque part**] /*pluie*/ etw prasselt [auf etw (*akk*)] nieder; /*vagues*/ etw schlägt heftig [*o* brandet] [an etw (*akk*)]; ***des rafales de vent s'abattaient sur la lande*** Windstöße fegten über die Heide
3. (*fondre sur*) ■ **qn s'abat sur qn/qc** jd stürzt sich auf jdn/etw; ■ **un animal s'abat sur un animal/qc** /*aigle, buse*/ ein Tier schießt herab und stürzt sich auf ein Tier/etw; ■ **des animaux s'abattent sur qc** /*criquets, fourmis*/ Tiere fallen über etw (*akk*) her; ■ **qc s'abat sur qn/qc** /*injures*/ etw prasselt auf jdn nieder; /*malheur*/ etw bricht über jdn/etw herein

abattu, e [abaty] **I.** *pp de* **abattre**
II. *adj* ■ **qn est ~** (*physiquement*) jd ist geschwächt [*o* matt]; (*moralement*) jd ist niedergeschlagen

abat-vent <~-~[s]> [abavɑ̃] *m* Schornsteinkappe *f* **abat-voix** [abavwɑ] *m inv* Schalldeckel *m*

abbatial, e <-aux> [abasjal, jo] **I.** *adj église* Abtei-; (*de l'abbé*) Abts-; (*de l'abbesse*) Äbtissinnen-; ***ville ~e*** zu einer Abtei gehörige Stadt; ***qn assure la charge ~e*** jd leitet eine Abtei
II. *f* ■ **abbatiale** Abteikirche *f*

abbaye [abei] *f* Abtei *f*

abbé [abe] *m* **1.** (*prêtre*) [katholischer] Pfarrer (*ohne Pfründe*); ***bonjour, monsieur l'~*** guten Tag, Herr Pfarrer
2. (*supérieur d'une abbaye*) Abt *m*

abbesse [abɛs] *f* Äbtissin *f*

a b c [ɑbese] *m inv* Abc *nt,* Einmaleins *nt;* ***l'~ de la pédagogie*** das Einmaleins der Pädagogik, die pädagogischen Grundkenntnisse
▸ **qc est l'~ du métier** etw ist die Grundlage des Berufs; **qc est l'~ de qc** etw gehört zum Einmaleins einer S. (*gen*); **qn en est toujours à l'~** jd steht

[immer] noch ganz am Anfang; **qn reste à l'~ de qc** jd kommt in etw (*dat*) nicht über den Anfang hinaus, jd ist in etw (*dat*) ein Anfänger; **qn en reste à l'~** jd kommt über den Anfang nicht hinaus; ***je [o j'en] suis restée à l'~ du tricot*** ich bin im Stricken eine Anfängerin geblieben [*o* nicht über den Anfang hinausgekommen]

abcès [apsɛ] *m* Abszess *m*
▸ **qn crève [o vide] l'~** (*prend des mesures énergiques*) jd greift energisch durch; (*dit ce qu'il pense*) jd bringt die Dinge offen zur Sprache

abdication [abdikasjɔ̃] *f* Abdankung *f*

abdiquer <1> [abdike] I. *vi* 1. ■ **qn abdique** /*souverain*/ jd dankt ab
2. (*renoncer*) ■ **qn abdique** jd gibt auf, jd kapituliert
II. *vt* ■ **qn abdique qc** *couronne, trône* jd verzichtet auf etw (*akk*), jd entsagt einer S. (*dat*) *geh*

abdomen [abdɔmɛn] *m* 1. ANAT Bauch *m*
2. ZOOL Hinterleib *m*

abdominal, e <-aux> [abdɔminal, o] *adj* Bauch-

abdominaux [abdɔmino] *mpl* Bauchmuskeln *pl*
▸ **qn fait des ~** jd macht Bauchgymnastik

abécédaire [abesedɛʀ] *m* (*livre*) Fibel *f*; (*tableau*) gemaltes Alphabet

abeille [abɛj] *f* Biene *f*

Abel [abɛl] *m* Abel *m*

aberrant, e [abeʀɑ̃, ɑ̃t] *adj* gestört *fam*; *idée* abwegig; *prix* irrsinnig; ***c'est complètement ~ de faire ça*** das ist doch völlig gestört, so was zu tun *fam*

aberration [abeʀasjɔ̃] *f* 1. (*non-sens*) Unsinnigkeit *f*; ***qc est une ~*** etw ist absurd [*o* eine Absurdität]
2. ASTRON, OPT Aberration *f spec*
▸ **~ chromosomique** Chromosomenaberration *f spec*

abêtir <8> [abetiʀ] I. *vt* ■ **qc abêtit qn** (*rendre bête*) etw verdummt jdn, etw macht jdn dumm; (*abrutir*) etw macht jdn stumpfsinnig
II. *vpr* ■ **qn s'abêtit** jd verdummt, jd wird dumm

abêtissant, e [abetisɑ̃, ɑ̃t] *adj travail, activité, occupation* stumpfsinnig, geisttötend; *émission* stumpfsinnig, verdummend

abêtissement [abetismɑ̃] *m* Verdummung *f*

abhorrer <1> [abɔʀe] *vt littér* ■ **qn abhorre qn/qc** jd verabscheut jdn/etw

abîme [abim] *m* 1. *soutenu* (*gouffre*) Abgrund *m*
2. (*divergence*) Abgrund *m*, [tiefe] Kluft; ***un ~ se creuse*** eine [tiefe] Kluft tut sich auf; ***un ~ nous sépare*** uns trennen Welten; ■ **un ~ de qc** *littér*: ***qn est un ~ de bêtise*** jd ist unglaublich dumm; ***qn est un ~ de science*** jd ist eine [große] Leuchte der Wissenschaft; ***qn est plongé(e) dans un ~ de réflexion*** jd ist völlig in Gedanken versunken; ***qn se heurte à un ~ d'incompréhension*** jd stößt auf völliges Unverständnis; ***qn est plongé(e) dans un ~ d'irrésolution*** jd ist völlig unentschlossen

abîmer <1> [abime] I. *vt* (*détériorer*) ■ **qn abîme qc** jd beschädigt etw, jd ramponiert etw *fam*; ■ **qc abîme qc** durch etw wird etw beschädigt; ***la pollution abîme les pierres des édifices*** durch die Umweltverschmutzung werden die Steine der Gebäude zerfressen; ■ **qc est abîmé(e)** etw ist beschädigt, etw ist ramponiert *fam*
II. *vpr* 1. (*se détériorer*) ■ **qc s'abîme** etw nutzt sich ab, etw geht kaputt; /*fruits, légumes*/ etw verdirbt
2. (*détériorer*) ■ **qn s'abîme qc** *yeux* jd verdirbt sich (*dat*) etw; ***qn s'abîme la vue*** jd verdirbt sich (*dat*) die Augen; ***qn s'abîme la santé*** jd ruiniert seine Gesundheit; ***elle s'est abîmé les mains à faire qc*** ihre Hände sind [ganz] lädiert, weil sie etw getan hat
3. *littér* (*sombrer*) ■ **qc s'abîme quelque part** etw versinkt irgendwo

abiotique [abjɔtik] *adj lac* [biologisch] abgestorben; ***les grands fonds marins ne sont pas ~s*** in den Tiefen der Meere ist [durchaus] Leben möglich

abject, e [abʒɛkt] *adj comportement, agissements, propos* verabscheuungswürdig; *personne* niederträchtig, gemein; *goût* widerlich; ***qn a un comportement ~ [envers qn]*** jd verhält sich [jdm gegenüber] niederträchtig [*o* gemein]

abjection [abʒɛksjɔ̃] *f* 1. ∅ (*avilissement*) Verworfenheit *f*; ***qn vit dans l'~*** jd führt ein verabscheuungswürdiges Leben
2. (*acte méprisable*) Schandtat *f*

abjuration [abʒyʀasjɔ̃] *f* Abschwörung *f*; [*doctrine*] Widerruf *m*

abjurer <1> [abʒyʀe] I. *vi* ■ **qn abjure** jd schwört ab
II. *vt* ■ **qn abjure qc** jd schwört einer S. (*dat*) ab

ablatif [ablatif] *m* Ablativ *m*

ablation [ablasjɔ̃] *f* [*kyste, tumeur*] operative Entfernung; [*membre, sein a.*] Amputation *f*

ablette [ablɛt] *f* Ukelei *m*

ablution [ablysjɔ̃] *f* REL [rituelle] Waschung
▸ **qn fait ses ~s** jd wäscht sich

abnégation [abnegasjɔ̃] *f* Selbstverleugnung *f*, Entsagung *f*; ***esprit d'~*** Opfergeist *m*, Opferbereitschaft *f*

aboiement [abwamɑ̃] *m* Bellen *nt*, Gebell *nt*; ***des ~s*** das Bellen, das Gebell

abois [abwa] *mpl* ▸ **[qn est] aux ~** [jd ist] in Bedrängnis [*o* in einer verzweifelten Lage]; **[un animal est] aux ~** [ein Tier ist] von der Meute umstellt

abolir <8> [abɔliʀ] *vt* ■ **qn abolit qc** *peine capitale, esclavage, loi* jd schafft etw ab; *frontières* jd hebt etw auf, jd beseitigt etw

abolition [abɔlisjɔ̃] *f* [*peine capitale, esclavage, loi*] Abschaffung *f*; [*frontières*] Aufhebung *f*, Beseitigung *f*

abolitionnisme [abɔlisjɔnism] *m* (*contre l'esclavage*) Bewegung *f* der Gegner der Sklaverei, Abolitionismus *m spec*; (*contre la peine de mort*) Bewegung zur Abschaffung der Todesstrafe

abolitionniste [abɔlisjɔnist] I. *adj* (*contre l'esclavage*) gegen die Sklaverei, abolitionistisch *spec*; (*contre la peine de mort*) gegen die Todesstrafe
II. *mf* Gegner(in) *m(f)* der Sklaverei, Abolitionist(in) *m(f) spec*; Gegner(in) der Todesstrafe

abominable [abɔminabl] *adj* 1. (*horrible*) abscheulich; *scène de film a.* scheußlich; *action a.* grässlich; ***acte ~*** Gräueltat *f*
2. (*très mauvais*) *odeur, goût, nourriture* scheußlich, widerlich; *temps* scheußlich, grässlich *fam*
3. (*insupportable*) *enfant, personne* scheußlich, grässlich *fam*

abominablement [abɔminabləmɑ̃] *adv* 1. + *vb* (*très mal*) miserabel, schauderhaft; ***je cuisine ~*** ich koche erbärmlich schlecht [*o* miserabel]
2. (*très*) + *adj/adv* grässlich *fam*; ***qn est ~ jaloux(-ouse)*** jd ist entsetzlich eifersüchtig

abomination [abɔminasjɔ̃] *f* 1. (*dégoût*) Abscheu *m*
2. (*fait horrible*) abscheuliche Tat, Schandtat *f*; (*lors d'une guerre*) Gräuel *m*, Gräueltat *f*
▸ **qn a qn/qc en ~** jd verabscheut jdn/etw

abondamment [abɔ̃damɑ̃] *adv* reichlich; ***il en a parlé ~*** er hat sich wortreich darüber ausgelassen

abondance [abɔ̃dɑ̃s] *f* 1. (*profusion*) ■ **l'~ de qc** die Fülle einer S. (*gen*); ***une ~ de qc*** eine Fülle von etw; ***l'~ du lait*** der Überfluss an Milch (*dat*)
2. (*opp: pénurie*) Überfluss *m*; ***qn vit dans l'~*** jd lebt im Überfluss
▸ **~ de biens ne nuit pas** *prov* lieber zu viel als zu wenig, von manchen Dingen kann man nie zu viel haben; **qn nage dans l'~** jd hat viel Geld, jd schwimmt im Geld *fam*; **qn parle d'~** *littér* jd spricht fließend aus dem Stegreif; **en ~** reichlich, in Hülle und Fülle; ***nous en avons en ~*** wir haben [davon] reichlich [*o* mehr als genug]; ***les fleurs poussent/il y a des fruits en ~*** die Blumen sprießen/es gibt Obst in Hülle und Fülle

abondant, e [abɔ̃dɑ̃, ɑ̃t] *adj nourriture* üppig, reichhaltig; *erreurs* zahlreich; ***des pluies ~es*** ergiebige Regenfälle *pl*; ***d'~es chutes de neige*** starke Schneefälle *pl*; ***l'écoulement de sang est ~*** der Blutverlust ist stark

abonder <1> [abɔ̃de] *vi* 1. (*exister en grande quantité*) ■ **qc abonde [quelque part]** etw ist [irgendwo] reichlich vorhanden; ***le gibier abonde en Sologne*** die Sologne ist reich an Wild (*dat*); ***les endroits de la rivière où le poisson abonde*** die fischreichen Stellen des Flusses; ***les erreurs abondent dans ce texte*** dieser Text ist voller Fehler; ***les fruits abondent cette année*** dieses Jahr gibt es reichlich Obst
2. (*regorger en grande quantité*) ■ **qc abonde en qc** *en gibier* etw ist reich an etw (*dat*); ***cette rivière abonde en poissons*** dieser Fluss ist fischreich; ***le verger abonde en fruits*** der [Obst]garten ist voller Obst; ***cette époque abonde en événements majeurs*** in dieser Epoche häufen sich wichtige Ereignisse; ***ce texte abonde en erreurs/citations*** in dem Text wimmelt es von Fehlern/Zitaten

abonné, e [abɔne] I. *adj* 1. (*qui a un abonnement*): ***lecteur ~*** Abonnent *m*, Bezieher *m*; ***les lecteurs ~s à ce journal*** die Abonnenten [*o* Bezieher] dieser Zeitschrift; ***spectateur ~*** [Theater]abonnent; ■ **qn est ~ à qc** *à un journal* jd hat etw abonniert, jd ist auf etw (*akk*) abonniert, jd bezieht etw; ***les personnes ~es à un club de loisirs*** die Mitglieder eines Freizeitclubs
2. *fam* (*coutumier*) ■ **qn est ~ à qc** jd ist auf etw (*akk*) abonniert; ***moi, les amendes, j'y suis ~!*** ich glaube wirklich, ich bin auf Strafzettel abonniert!
II. *m, f* [*théâtre*] Abonnent(in) *m(f)*; [*magazine, journal a.*] Bezieher(in) *m(f)*; [*club*] Mitglied *nt*
▸ **qn est aux ~s absents** *fam* (*ne se manifeste pas*) man kann jdn lang[e] suchen, jd ist auf Tauchstation *fam*
◆ **abonné(e) au [o du] téléphone** Fernsprechteilnehmer(in) *m(f)*

abonnement [abɔnmɑ̃] *m* Abonnement *nt*; ■ **~ à** *à un journal, magazine* -abonnement; *au théâtre, concert a.* -miete *f*; *au téléphone* -anschluss *m*; *à un club* -mitgliedschaft *f*; ***~ hebdomadaire/mensuel/annuel*** Wochen-/Monats-/Jahreskarte *f*; ***qn renouvelle son ~*** jd verlängert sein Abonnement
▸ **qn prend [o souscrit] un ~ à qc** *à un journal* jd abonniert etw; ***qn prend [o souscrit] un ~ au théâtre*** jd nimmt ein Theaterabonnement; **qn résilie son ~** (*au journal, au magazine*) jd kündigt sein Abonnement; (*au téléphone*) jd meldet seinen Telefonanschluss [*o* sein Telefon] ab

abonner <1> [abɔne] I. *vpr* ■ **qn s'abonne à qc** *à un journal* jd abonniert etw; *à un club* jd wird Mitglied in etw (*dat*), jd tritt einer S. (*dat*) bei; ***qn s'abonne au théâtre*** jd nimmt ein Theaterabonnement; ***qn s'abonne au téléphone*** jd lässt sich (*dat*) einen Telefonanschluss legen
II. *vt* ■ **qn abonne qn à qc** *à un journal* jd abonniert jdn bei etw; *au théâtre* jd kauft jdm ein Abonnement für etw; *à un club* jd schreibt jdn in etw (*dat*) als Mitglied ein

abord [abɔʀ] *m* 1. (*alentours*) ■ **les ~s [de qc]** *d'une ville, forêt, maison* die unmittelbare Umgebung [einer S. (*gen*)]; ***aux ~s de la maison*** in unmittelbarer Nähe des Hauses
2. (*attitude*): ***son ~ froid m'a glacée*** seine/ihre abweisend-kühle Haltung ließ mich erstarren; ***selon son ~, je déciderai ...*** je nachdem, wie er/sie mir begegnet, werde ich entscheiden ...; ***sous des ~s sévères, il est très gentil*** er wirkt streng, ist aber in Wirklichkeit sehr nett
▸ **qn est d'un ~ facile/difficile** jd ist umgänglich [*o* zugänglich]/schwer zugänglich; **qc est d'un ~ facile/difficile** etw ist leicht/schwer verständlich; **au premier ~, de prime ~** *littér* (*dès la première rencontre*) gleich zu Beginn [schon]; (*à première vue*) auf den ersten Blick, zunächst; ***il est assez déroutant au premier ~*** er bringt einen zunächst ziemlich aus der Fassung; ***j'ai senti de prime ~ que*** + *indic* ich habe gleich zu Beginn [schon] gespürt, dass; **qn est d'un ~ ...** *agréable, froid* jd wirkt ...; **[tout] d'~** (*temporel*) zuerst, zuallererst; (*avant tout*) in [aller]erster Linie; **d'~** *fam*: ***d'~ t'avais qu'à le lui dire, toi!*** also, du hättest es ihm/ihr einfach nur sagen müssen!; ***et d'~, qui est-ce qui t'a dit ça?*** und überhaupt, wer hat dir das gesagt?; **dès l'~** von Anfang an, vom ersten Moment an

abordable [abɔʀdabl] *adj* 1. (*bon marché*) erschwinglich; ***qc n'est pas ~*** etw ist unerschwinglich
2. *littér* (*affable*) zugänglich; ***ton père n'est pas ~ aujourd'hui*** dein Vater ist heute nicht ansprechbar

abordage [abɔʀdaʒ] *m* **1.** (*assaut*) Entern *nt,* Enterung *f*
2. (*collision*) [Schiffs]kollision *f;* ***l'~ a fracassé la coque du bateau*** bei der Kollision ist der Schiffsrumpf zertrümmert worden
▶ **à l'~!** entert das Schiff!

aborder <1> [abɔʀde] **I.** *vt* **1.** (*accoster*) ■ **qn aborde qn** jd spricht [*o* redet] jdn an
2. (*appréhender*) ■ **qn aborde qn/qc** *solitude* jd sieht einer S. (*dat*) entgegen; *vie a.* jd geht an etw (*akk*) heran; *épreuve* jd packt etw an; *auteur, écrivain, texte* jd geht an jdn/etw heran
3. (*évoquer*) ■ **qn aborde qc** *sujet, problème* jd spricht etw an, jd bringt etw zur Sprache; *question* jd schneidet etw an
4. (*amorcer*) ■ **qn/qc aborde qc** *carrefour, ligne droite* jd/etw nähert sich einer S. (*gen*); */automobiliste, voiture/* jd/etw fährt auf etw (*akk*) zu; *virage* jd/etw biegt in etw (*akk*) ein; ***le conducteur aborda prudemment le carrefour dangereux*** der Fahrer fuhr vorsichtig an die gefährliche Kreuzung heran; ***qn aborde une montagne par la face sud*** jd besteigt einen Berg über die Südwand
5. (*approcher*) ■ **qn aborde qc** *la trentaine, quarantaine etc* jd geht auf etw (*akk*) zu; ***elle aborde la cinquantaine*** sie geht auf die fünfzig zu
6. NAUT (*donner l'assaut*) ■ **qn aborde qc** */pirates/* jd entert etw; ■ **qc aborde qc** */navire/* etw macht an etw (*dat*) fest
7. NAUT (*heurter*) ■ **qc aborde qc** etw kollidiert mit etw, etw stößt mit etw zusammen
▶ **qn se fait ~ [par qn]** jd wird [von jdm] angesprochen
II. *vi* ■ **qn/qc aborde [quelque part]** jd/etw legt [irgendwo] an
III. *vpr* ■ **des personnes s'abordent** Menschen kommen miteinander ins Gespräch, Menschen gehen aufeinander zu

aborigène [abɔʀiʒɛn] **I.** *adj peuple* eingeboren; *plante* einheimisch
II. *mf* Eingeborene(r) *f(m),* Ureinwohner(in) *m(f)*

abortif, -ive [abɔʀtif, -iv] *adj* Abtreibungs-; ***risque*** ~ Risiko, das zu einer Fehlgeburt führen kann

aboucher <1> [abuʃe] **I.** *vt* ■ **qn abouche deux choses** *tuyaux, conduits, vaisseaux sanguins* jd verbindet zwei Dinge an den Enden [miteinander], jd steckt zwei Dinge ineinander
II. *vpr littér* ■ **qn s'abouche avec qn** jd nimmt Kontakt mit jdm auf

abouler <1> [abule] *vt arg* ■ **qn aboule qc** *fric, pognon, oseille* jd rückt etw raus *fam;* ***allez, aboule le fric!*** los, rück den Zaster raus! *sl,* los, her mit dem Zaster! *sl*

aboulie [abuli] *f* krankhafte Entschlussunfähigkeit

aboulique [abulik] **I.** *adj* krankhaft entschlussunfähig
II. *mf* krankhaft entschlussunfähiger Mensch

about [abu] *m* Endstück *nt*

abouter <1> [abute] *vt* ■ **qn aboute deux choses** jd verbindet zwei Dinge [an den Enden] miteinander; ***qn aboute deux baguettes*** jd verbindet zwei Stäbe [an den Enden] miteinander

abouti, e [abuti] *adj projet* erfolgreich abgeschlossen [*o* zu Ende geführt]; *expérience, tentative* gelungen, geglückt

aboutir <8> [abutiʀ] *vi* **1.** (*réussir*) ■ **qc aboutit** etw hat Erfolg; */projet/* etw wird erfolgreich abgeschlossen [*o* zu Ende geführt]; ***qc n'aboutit pas/n'a pas abouti*** etw ist erfolglos/erfolglos geblieben
2. (*conduire à*) ■ **qc aboutit à/dans qc** */rue, galerie, escalier/* etw führt zu etw; ***cette rue aboutit dans une autre rue*** diese Straße mündet in eine andere Straße
3. (*se terminer par*) ■ **qc aboutit à qc** */démarche, enquête, demande/* etw führt zu etw

aboutissants [abutisɑ̃] *v.* **tenant**

aboutissement [abutismɑ̃] *m* Ergebnis *nt,* Erfolg *m*
▶ **qc est l'~ de qc** etw ist das Ergebnis [*o* der Erfolg] einer S. (*gen*)

aboyer <6> [abwaje] *vi* **1.** ■ **un chien aboie** ein Hund bellt
2. *fam* (*crier*) ■ **qn aboie** jd brüllt

abracadabrant, e [abʀakadabʀɑ̃, ɑ̃t] *adj* (*extravagant*) ungewöhnlich; (*invraisemblable*) unglaublich; ***ton récit est*** ~ dein Bericht klingt wie ein Märchen

Abraham [abʀaam] *m* Abraham *m*

abraser <1> [abʀɑze] *vt* ■ **qn abrase qc** jd schleift etw ab; ■ **qc abrase qc** etw dient zum Abschleifen von etw, mit etw schleift man etw ab; ***le papier de verre permet d'~ le bois*** mit Glaspapier kann man Holz abschleifen

abrasif, -ive [abʀɑzif, -iv] **I.** *adj produit, matière, papier* Schleif-; ***qc a des propriétés ~ives*** etw eignet sich zum [Ab]schleifen
II. *m* Schleifmittel *nt*

abrasion [abʀɑzjɔ̃] *f* [Ab]schleifen *nt;* ***le détartrage des dents par*** ~ das Entfernen von Zahnstein durch Polieren *nt;* ***plusieurs ~s ont été nécessaires*** man musste mehrmals [ab]schleifen

abrégé [abʀeʒe] *m* **1.** (*texte réduit*) gekürzte Fassung, Kurzfassung *f*
2. (*ouvrage*) Abriss *m;* ■ **~ de qc** Abriss einer S. (*gen*)
▶ **en** ~ *texte* gekürzt; ***mot en*** ~ abgekürztes Wort, Abkürzung *f;* ***qn écrit/prend qc en*** ~ jd schreibt etw in gekürzter Form/jd schreibt etw in gekürzter Fassung auf

abrègement *m,* **abrégement** [abʀɛʒmɑ̃] *m* [*mot*] Abkürzung *f;* [*entrevue, rencontre, colloque a.*] Verkürzung *f;* [*texte, travail*] Kürzung *f*

abréger <2 a, 5> [abʀeʒe] **I.** *vt* ■ **qn/qc abrège qc** *études, visite, souffrances* jd/etw verkürzt etw; *rencontre, repas, conférence a.* jd/etw kürzt etw ab; *texte, article, thèse* jd kürzt etw; *mot* jd kürzt etw ab
II. *vpr* ■ **qc s'abrège [d'une certaine façon]** etw wird [irgendwie] abgekürzt

abreuver <1> [abʀœve] **I.** *vt* **1.** (*couvrir de*) ■ **qn abreuve qn de qc** *de compliments, reproches, injures* jd überhäuft [*o* überschüttet] jdn mit etw; *de conseils* jd deckt jdn mit etw ein *fam;* ***il m'a abreuvé de détails*** er hat mir unzählige Einzelheiten erzählt
2. ■ **qn abreuve un animal** jd tränkt ein Tier
3. TECH ■ **qn abreuve qc** *mur, plancher* (*un peu*) jd feuchtet etw an; (*beaucoup*) jd durchfeuchtet etw
II. *vpr* **1.** ■ **un animal s'abreuve** ein Tier trinkt [Wasser]
2. (*se nourrir*) ■ **qn s'abreuve de qc** *de romans, de littérature* jd saugt sich mit etw voll *fam; d'air pur* jd tankt etw *fam*

abreuvoir [abʀœvwaʀ] *m* (*lieu*) Tränke *f;* (*auge*) Wassertrog *m;* (*dans l'étable, le poulailler*) Tränkrinne *f;* (*dans une cage*) [kleiner] Trinknapf

abréviatif, -ive [abʀevjatif, -iv] *adj formules* Abkürzungs-, Kurz-; ***signe*** ~ Abkürzungszeichen *nt,* Kürzel *nt*

abréviation [abʀevjasjɔ̃] *f* **1.** (*mot abrégé*) Abkürzung *f*
2. (*action d'abréger*) Abkürzung *f,* Abkürzen *nt*

abri [abʀi] *m* **1.** (*protection naturelle*) Schutz *m,* Unterschlupf *m;* ***cet arbre est un ~ contre la pluie*** dieser Baum bietet Schutz gegen den Regen
2. MIL (*souterrain*) Unterstand *m*
3. (*lieu aménagé contre les intempéries*) Hütte *f;* (*en montagne*) Berghütte, Schutzhütte; (*pour le bétail*) Unterstand *m;* **~ *de plage*** Strandkorb *m;* **~ *de jardin*** kleiner [Geräte]schuppen; ~ ***météorologique*** Wetterbeobachtungsstation *f*
▶ **qn est à l'~ du besoin** jd hat keine finanziellen Sorgen [mehr], jd hat ausgesorgt *fam;* **qn est à l'~ de tout soupçon** jd ist über jeden Verdacht erhaben; ~ **antiaérien** Luftschutzraum *m;* (*cave*) Luftschutzkeller *m;* (*fortification souterraine*) Luftschutzbunker *m;* ~ **antiatomique** (*individuel*) Atomschutzraum *m;* (*collectif*) Atomschutzbunker *m;* ~ **souterrain** Unterstand *m;* **qc est à l'~** etw ist in Sicherheit; **qc est à l'~ [quelque part]** (*ne craint rien*) */vélo/* etw ist [irgendwo] untergestellt; */documents, bijoux/* etw ist [irgendwo] sicher aufbewahrt; **qc est à l'~ de qc** (*est protégé*) etw ist sicher vor etw (*dat*); *des gelées, intempéries* etw ist gegen etw geschützt; **qn est à l'~ de qc** *de la critique, des reproches, regards indiscrets* jd ist vor etw (*dat*) sicher; **qn n'est pas à l'~ de qc** *d'un accident, de la maladie, du chômage* jd ist vor etw (*dat*) nicht sicher, jd ist gegen etw nicht gefeit *geh;* **qn est à l'~ [de qc]** *du vent, de la pluie, des gelées, balles* jd ist [vor etw (*dat*)] sicher; ***quand on est à l'~ du vent*** wenn man vor dem Wind sicher [*o* geschützt] ist; **qn se met à l'~ [de qc]** *des balles* jd bringt sich [vor etw (*dat*)] in Sicherheit; *du froid* jd schützt sich [vor etw (*dat*)]; ***qn se met à l'~ [de la pluie]*** jd stellt sich unter; ***qn se met à l'~ du vent*** jd geht an eine windgeschützte Stelle; ***il est allé se mettre à l'~ en Amérique latine*** er ist nach Südamerika gegangen um sich in Sicherheit zu bringen, er hat sich nach Südamerika abgesetzt *fam;* **qn se met à l'~ de qc** *de la critique, des reproches, regards indiscrets* jd schützt sich vor etw (*dat*); **qc met qn à l'~ de qc** etw bietet jdm Schutz gegen etw; **qn met qc à l'~** jd bringt etw in Sicherheit; **qn met qc à l'~ [quelque part]** *vélo* jd stellt etw [irgendwo] unter; *papiers, bijoux* jd bewahrt etw [irgendwo] sicher auf; **sous** ~ an windgeschützter Stelle; ***des températures sous*** ~ Temperaturen, die an den Wetter[beobachtungs]stationen gemessen wurden

abribus [abʀibys] *m* Wartehäuschen *nt,* überdachte Bushaltestelle

abricot [abʀiko] **I.** *m* Aprikose *f,* Marille *f* AUS
II. *app inv* (*couleur*) aprikosenfarben

abricotier [abʀikɔtje] *m* Aprikosenbaum *m*

abrité, e [abʀite] *adj* windgeschützt

abriter <1> [abʀite] **I.** *vt* **1.** (*protéger*) ■ **qn/qc abrite qn/qc [de qc]** jd/etw schützt jdn/etw [vor etw (*dat*)], etw bietet jdm/einer S. Schutz [vor etw (*dat*)]
2. (*héberger*) ■ **qc abrite des personnes** etw beherbergt Menschen; ■ **qc abrite qc** in etw (*dat*) ist etw untergebracht
II. *vpr* **1.** ■ **qn s'abrite [quelque part]** (*se protéger du danger*) jd geht [irgendwo] in Deckung; */population/* jd sucht [irgendwo] Schutz; (*se protéger de la pluie, neige*) jd stellt sich [irgendwo] unter; ■ **qn s'abrite de qc** (*être à l'abri*) jd schützt sich vor etw (*dat*); (*se mettre à l'abri*) jd sucht Schutz vor etw (*dat*); ***qn s'abrite sous un arbre*** jd stellt sich unter einem Baum unter
2. (*se protéger des critiques, reproches*) ■ **qn s'abrite derrière qn/qc** jd versteckt [*o* verschanzt] sich hinter jdm/etw

abrogatif, -ive [abʀɔgatif, -iv] *adj* aufhebend

abrogation [abʀɔgasjɔ̃] *f* Aufhebung *f,* Außerkraftsetzung *f*

abrogatoire [abʀɔgatwaʀ] *adj v.* **abrogatif**

abroger <2 a> [abʀɔʒe] *vt* ■ **qn abroge qc** jd hebt etw auf, jd setzt etw außer Kraft

abrupt, e [abʀypt] **I.** *adj* **1.** *pente, versant* steil
2. *manières, ton, réponse, personne* schroff
II. *m* (*à-pic*) Steilwand *f*

abruti, e [abʀyti] **I.** *adj* **1.** ■ **qn est ~ [de qc]** *de travail, bruit, fatigue* jd ist [ganz] benommen [von etw], jdm ist [von etw] ganz dumm im Kopf *fam*
2. *fam* (*idiot*) blöd *fam*
II. *m, f fam* Idiot(in) *m(f);* ***espèce d'~!*** du Idiot!, du Trottel! *fam*

abrutir <8> [abʀytiʀ] **I.** *vt* (*étourdir*) ■ **qc abrutit qn** */bruit, soleil, travail, fatigue, paroles/* etw macht jdn [ganz] benommen [*o* dumm im Kopf *fam*], jd wird von etw [ganz] benommen [*o* dumm im Kopf *fam*]; ■ **qn abrutit qn** jd quatscht jdn voll *fam;* ■ **qn abrutit qn de qc** jd überhäuft jdn bis zum Überdruss mit etw; ***qn est abruti(e) de soleil*** jd ist von der Sonne ganz benommen
II. *vpr* ■ **qn s'abrutit [de qc]** jd wird [von etw] stumpfsinnig [*o* benommen]; (*s'abêtir*) jd verdummt [*o* verblödet *fam*] [von etw]; *de musique, bruit, travail* jd betäubt sich [mit etw]

abrutissant, e [abʀytisɑ̃, ɑ̃t] *adj travail* stumpfsinnig; *bruit, musique* [ohren]betäubend; ***le soleil est*** ~ die Sonne macht einen ganz benommen

abrutissement [abʀytismɑ̃] *m* **1.** (*extrême fatigue*) Benommenheit *f,* Betäubung *f;* ***il travaille jusqu'à l'~*** er arbeitet, bis er nicht mehr klar denken kann; ***dans une espèce d'~*** wie benommen; ***qn recherche l'~*** jd sucht

sich zu betäuben
2. (*abêtissement*) Verdummung *f*, Verblödung *f fam*; ***la télé contribue à l'~ des masses*** das Fernsehen trägt zur Massenverdummung bei

ABS [abeɛs] *m abr de* **Antiblockiersystem** ABS *nt*; ***une voiture équipée de l'~*** [*o* ***du système*** ~] ein Auto mit ABS

abscisse [apsis] *f* Abszisse *f*

abscons, e [apskɔ̃, ɔ̃s] *adj littér* schwer verständlich

absence [apsɑ̃s] *f* 1. (*opp: présence*) Abwesenheit *f*; (*fait de manquer a.*) Fehlen *nt*; ***ton ~ me pèse*** es bedrückt mich, dass du nicht da bist; ***nous regrettons son ~ à notre réunion*** wir bedauern, dass er/sie bei unserer Versammlung fehlt; ***les ~s de cet élève sont peu nombreuses*** dieser Schüler fehlt selten
2. (*manque*) ■ **l'~ de qc** das Fehlen einer S. (*gen*); ~ ***d'humour/de volonté*** Humorlosigkeit *f*/Willenlosigkeit *f*; ~ ***de courtoisie*** Unhöflichkeit *f*; ***qc dénote une totale ~ de goût*** etw zeigt, dass jd überhaupt keinen Geschmack hat
3. (*inattention*) Geistesabwesenheit *f*, Unaufmerksamkeit *f*; (*distraction*) Zerstreutheit *f*
▶ **qn a une ~** jd ist geistesabwesend, jd ist zerstreut; ***j'ai dû avoir une ~*** ich bin wohl einen Augenblick geistesabwesend gewesen; **qn a des ~s** jd ist zeitweilig geistesabwesend; **qn brille par son ~** *iron* jd glänzt durch Abwesenheit; **en l'~ de qn** in [*o* während] jds Abwesenheit; **en l'~ de qc** *de directives* mangels einer S. (*gen*); ***en l'~ de preuves*** aus Mangel [*o* wegen Mangels] an Beweisen

absent, e [apsɑ̃, ɑ̃t] I. *adj* 1. (*opp: présent*) abwesend; ***les élèves ~s*** die fehlenden Schüler; ***il est ~ à la réunion*** er fehlt bei der Besprechung; ***il est ~ de la classe/du cours*** er fehlt [in der Schule/im Unterricht]; ***il est ~ de Paris/de chez lui/du bureau*** er ist nicht in Paris/zu Hause/in seinem Büro
2. (*qui manque*) ■ **qc est ~ [de qc]** *d'un dossier* etw fehlt [in etw (*dat*)]
3. (*distrait*) *air, regard, yeux* [geistes]abwesend; ■ **qn est ~** jd ist geistesabwesend
II. *m, f* Abwesende(r) *f(m)*; ***il y a des ~s?*** fehlt [noch] jemand?; ***pourquoi y a-t-il tant d'~s aujourd'hui?*** warum fehlen heute so viele?
▶ **les ~s ont toujours tort** *prov* die Abwesenden haben immer unrecht

absentéisme [apsɑ̃teism] *m* Absentismus *m form*; [*élève*] häufiges Fernbleiben vom Unterricht; [*ouvrier, employé*] häufiges Fernbleiben von der Arbeit; ***qn établit un taux d'~ annuel*** jd errechnet die jährliche Abwesenheitsquote; ***l'~ est beaucoup moins élevé dans ce pays*** in diesem Land bleiben Arbeitnehmer seltener von der Arbeit fern, in diesem Land wird weniger krankgefeiert *fam*, in diesem Land gibt es weniger Absentismus *form*
▶ ~ **parlementaire** Fehlen *nt* der Abgeordneten [bei Parlamentssitzungen]; ~ **scolaire** Schwänzen *nt*

absentéiste [apsɑ̃teist] *mf* Arbeitnehmer(in) *m(f)*, der/die häufig fehlt [*o* der/die oft krankfeiert *fam*]

absenter <1> [apsɑ̃te] *vpr* ■ **qn s'absente** jd geht weg [*o* fort]; ***je ne me suis absenté que deux minutes*** ich war nur zwei Minuten abwesend [*o* nicht da] [*o* weg]

abside [apsid] *f* Apsis *f*

absinthe [apsɛ̃t] *f* 1. (*alcool*) Absinth *m*
2. BOT Wermut *m*

absolu, e [apsɔly] I. *adj* 1. (*total*) *silence, nécessité* absolut; *confiance a.* uneingeschränkt; *amour* unbedingt, bedingungslos; ***leurs caractères sont d'une incompatibilité ~e*** ihre Charaktere sind absolut gegensätzlich
2. (*sans concession*) *jugement* starr, kategorisch; *ton* kategorisch; ***un caractère ~, une nature ~e*** ein Mensch mit einem kompromisslosen Charakter
3. *monarque, pouvoir* absolut
4. GRAM absolut
II. *m* ■ **l'~** das Absolute
▶ **dans l'~** [rein] theoretisch

absolument [apsɔlymɑ̃] *adv* 1. (*à tout prix*) unbedingt
2. + *adj* (*tout à fait*) *remarquable, fantastique* absolut; *nécessaire a.* unbedingt; *vrai a.* vollkommen; *faux* völlig
3. GRAM absolut
▶ ~ **rien** absolut [*o* überhaupt] nichts; ~ **tout** alles, aber auch alles; ~! genau!; ***mais ~!*** aber sicher!

absolution [apsɔlysjɔ̃] *f* 1. REL Absolution *f*; ***qn donne l'~ à qn*** jd erteilt jdm [die] Absolution
2. JUR Strafausschließung *f*

absolutisme [apsɔlytism] *m* Absolutismus *m*

absolutiste [apsɔlytist] I. *adj* absolutistisch
II. *mf* Absolutist(in) *m(f)*, Anhänger(in) *m(f)* des Absolutismus

absorbable [apsɔʀbabl] *adj* ■ **qc est ~ [par qc]** /*liquide*/ etw kann [von etw] aufgesaugt werden; /*médicament*/ etw kann [von etw] aufgenommen [*o* absorbiert] werden

absorbant, e [apsɔʀbɑ̃, ɑ̃t] *adj* 1. *papier, tissu, éponge* saugfähig
2. (*prenant*): ***activité ~e*** Tätigkeit, die einen sehr in Anspruch nimmt; ***lecture ~e*** Lektüre, die einen gefangen nimmt; ***ce travail est ~*** diese Arbeit nimmt einen sehr in Anspruch

absorber <1> [apsɔʀbe] I. *vt* 1. (*consommer*) ■ **qn absorbe qc** *boisson, nourriture* jd nimmt etw zu sich; *médicament* jd nimmt etw ein
2. (*s'imbiber*) ■ **qc absorbe qc** etw saugt etw auf, etw nimmt etw auf; *odeur, fumée* etw absorbiert etw
3. (*faire disparaître*) ■ **qc absorbe qc** *économies* etw braucht etw auf; *rayonnements, lumière* etw absorbiert etw
4. ECON ■ **qn/qc absorbe qn/qc** *concurrent, petit commerce* jd/etw übernimmt jdn/etw, jd/etw schluckt jdn/etw *fam*
5. (*accaparer*) ■ **qc absorbe qn** /*travail, activité, tâche*/ etw nimmt jdn ganz in Anspruch, etw beansprucht jdn sehr; /*lecture*/ jd ist völlig in etw (*akk*) vertieft; /*contemplation, observation de qc*/ etw nimmt jdn gefangen
II. *vpr* ■ **qn s'absorbe dans qc** *dans un travail, une lecture, la contemplation de qc* jd vertieft sich in etw (*akk*); *dans une activité, tâche* jd geht in etw (*dat*) auf

absorption [apsɔʀpsjɔ̃] *f* 1. (*action de manger, boire*) ■ ~ **de qc** *d'une boisson* Trinken *nt* einer S. (*gen*); *d'alcool a.* Genuss *m* einer S. (*gen*); *d'un aliment, de nourriture* Verzehr *m* einer S. (*gen*); *d'un médicament* Einnahme *f* einer S. (*gen*); ***l'~ de toute nourriture est déconseillée*** von jeglicher Nahrungsaufnahme wird abgeraten
2. (*pénétration*) Absorption *f*; [*eau a.*] Aufsaugen *nt*
3. ECON Übernahme *f*

absoudre <irr> [apsudʀ] *vt* 1. REL ■ **qn absout qn** /*prêtre*/ jd erteilt jdm [die] Absolution
2. JUR ■ **qn absout qn** jd erklärt jdn für straflos [*o* straffrei]

abstenir <9> [apstəniʀ] *vpr* 1. ■ **qn s'abstient de faire qc** jd unterlässt es, etw zu tun; jd verzichtet darauf, etw zu tun; ■ **qn s'abstient de qc** jd verzichtet auf etw (*akk*); ***qn s'abstient d'alcool/de café*** jd trinkt keinen Alkohol/Kaffee; ***qn s'abstient de tabac/de viande*** jd raucht nicht/jd isst kein Fleisch
2. (*ne pas voter*) ■ **qn s'abstient** jd enthält sich der Stimme (*gen*)
▶ **qn s'abstient de tout(e)** [*o* **du/de la moindre**] **qc**: ***qn s'abstient de tout*** [*o* ***du moindre***] ***commentaire*** jd enthält sich jedes [*o* jeden] Kommentars, jd verzichtet auf jeden Kommentar

abstention [apstɑ̃sjɔ̃] *f* [Stimm]enthaltung *f*; ***35 voix pour, 23 contre et huit ~s*** 35 Ja-, 23 Neinstimmen und acht Enthaltungen

abstentionnisme [apstɑ̃sjɔnism] *m* Nichtwählen *nt*, Wahlmüdigkeit *f*

abstentionniste [apstɑ̃sjɔnist] I. *adj électorat* wahlmüde; ***tendance ~*** Tendenz *f* zum Nichtwählen
II. *mf* Nichtwähler(in) *m(f)*

abstinence [apstinɑ̃s] *f* 1. (*chasteté*) Enthaltsamkeit *f*
2. (*sobriété*) Abstinenz *f*; ***qn pratique l'~*** jd lebt abstinent

abstinent, e [apstinɑ̃, ɑ̃t] I. *adj* ■ **qn est ~** jd lebt abstinent
II. *m, f* (*qui ne consomme pas d'alcool*) Abstinenzler(in) *m(f)*; (*qui est contre l'alcool*) Antialkoholiker(in) *m(f)*

abstraction [apstʀaksjɔ̃] *f* 1. (*action*) Abstraktion *f*, Abstrahieren *nt*
2. (*idée*) abstrakte Vorstellung; ***la misère est loin d'être une ~ pour lui*** Armut ist für ihn alles andere als ein abstrakter Begriff
3. ART abstrakte Malerei
▶ **qn/qc fait ~ de qc** jd/etw sieht von etw ab, jd/etw lässt etw außer Acht; ~ **faite de qc** abgesehen von etw, wenn man von etw absieht

abstraire <irr> [apstʀɛʀ] I. *vt* (*isoler par la pensée*) ■ **qn abstrait qn/qc** jd sieht von jdm/etw ab, jd lässt jdn/etw außer acht; ***qn abstrait les différents termes d'un sujet*** jd isoliert die verschiedenen Begriffe eines Themas gedanklich
II. *vpr* ■ **qn s'abstrait** jd konzentriert sich auf sich (*akk*) selbst, jd schaltet ab *fam*; ***je n'arrive pas à m'~ dans cette agitation*** inmitten dieser Hektik kann ich mich nicht auf mich selbst konzentrieren

abstrait, e [apstʀɛ, ɛt] I. *adj* abstrakt; ***une idée ~e*** ein abstrakter Begriff
II. *m* 1. ■ **l'~** das Abstrakte
2. ART ■ **l'~** die abstrakte Kunst
3. (*peintre*) ■ ~ abstrakter Maler, Abstrakte(r) *m*
▶ **dans l'~** abstrakt; ***tout cela est intéressant dans l'~, mais en fait …*** rein abstrakt [*o* theoretisch] betrachtet ist das ganz interessant, aber in Wirklichkeit …; ***il parle toujours dans l'~*** er drückt sich immer so abstrakt aus

abstraitement [abstʀɛtmɑ̃] *adv* abstrakt, unanschaulich

absurde [apsyʀd] I. *adj* absurd, unsinnig, widersinnig; ***allons, ne sois pas ~!*** (*en actes*) komm schon, mach keinen Unsinn!; (*en paroles*) komm schon, erzähl keinen Unsinn!; ***tu es ~!*** das ist [doch] Unsinn!
II. *m* ■ **l'~** das Absurde
▶ **par l'~**: ***démonstration/raisonnement par l'~*** indirekter Beweis; ***qn démontre qc par l'~*** jd beweist etw indirekt

absurdité [apsyʀdite] *f* 1. (*caractère absurde*) Absurdität *f*, Widersinnigkeit *f*, Unsinnigkeit *f*
2. (*bêtise*) Unsinn *m kein pl*; ***qn dit/écrit des ~s*** jd redet/schreibt Unsinn

abus [aby] *m* (*consommation excessive*) übermäßiger Genuss; (*usage abusif*) Missbrauch *m*; [*plaisirs*] hemmungsloser Genuss; ~ ***d'alcool/de tabac*** übermäßiger Alkohol-/Tabakgenuss; (*usage abusif*) Alkohol-/Tabakmissbrauch; ~ ***des plaisirs*** Genusssucht *f*; ~ ***dangereux; fumer provoque des maladies graves*** übermäßiger Tabakgenuss ist gefährlich; Rauchen verursacht schwere Krankheiten
▶ ~ **sexuel [sur qn]** sexueller Missbrauch [von jdm]; **[alors là,] il y a de l'~** *fam* [also wirklich,] was zu viel ist, ist zu viel
◆ **abus d'autorité** Überschreitung *f* der Machtbefugnis; (*par un fonctionnaire*) Amtsmissbrauch *m*, Missbrauch *m* der Amtsbefugnis; **abus de biens sociaux** Unterschlagung *f*, Veruntreuung *f*; **abus de confiance** Vertrauensmissbrauch *m*, Vertrauensbruch *m*; **abus de droit** Rechtsmissbrauch *m*; ***qn commet un ~ de droit*** jd missbraucht sein Recht, jd treibt Missbrauch mit seinem Recht; **abus de langage** falscher Sprachgebrauch; **abus de pouvoir** (*par un fonctionnaire*) Amtsmissbrauch *m*; (*par un tyran*) Machtmissbrauch *m*, Missbrauch *m* der Machtbefugnisse

abuser <1> [abyze] I. *vi* 1. (*consommer avec excès*) ■ **qn abuse de qc**: ***qn abuse de l'alcool*** jd trinkt zu viel; ***qn abuse du tabac*** jd raucht zu viel; ***qn abuse des plaisirs*** jd ist genusssüchtig; ***qn abuse des plaisirs de la table*** jd isst [viel] zu viel, jd betreibt Völlerei; ***on peut manger de tout, si on n'abuse pas*** man kann alles essen, wenn man nicht übertreibt; ***il en use et en abuse*** er verbraucht Unmengen davon
2. (*faire un usage excessif*) ■ **qn abuse de qc** *de son pouvoir, de son autorité* jd missbraucht etw; ***je ne veux pas ~ de votre temps*** ich will Sie nicht

länger aufhalten
3. (*exploiter*) ■ **qn abuse de qc** *de la naïveté, gentillesse* jd nützt etw aus; *de la confiance a.* jd missbraucht etw
4. (*violer*) ■ **qn abuse de qn** *d'une femme, jeune fille* jd missbraucht jdn *geh*
II. *vt littér* ■ **qn abuse qn** jd täuscht jdn; ■ **qc abuse qn**: ***elle crut que ses sens l'abusaient*** sie glaubte an eine Sinnestäuschung; ***c'est son maquillage qui t'abuse*** du lässt dich von seiner/ihrer Schminke täuschen
III. *vpr* ▶ **si je ne m'abuse** wenn ich [mich] nicht irre

abusif, -ive [abyzif, -iv] *adj* übermäßig; *emploi d'un mot* falsch, nicht korrekt; *licenciement* ungerechtfertigt, gesetzwidrig; ***consommation ~ive de tranquillisants*** Missbrauch *m* von Beruhigungsmitteln

abusivement [abyzivmɑ̃] *adv* 1. (*incorrectement*) *employer un mot* falsch, nicht korrekt
2. (*exagérément*) übermäßig; ***les Français consomment ~ des tranquillisants*** die Franzosen missbrauchen Beruhigungsmittel

abyssal, e <-aux> [abisal, o] *adj faune* Tiefsee-; *profondeurs* Meeres-

abysse [abis] *m* Tiefseegraben *m*; ***les ~s*** die Tiefsee

acabit [akabi] *m* ▶ **de cet ~** *péj*: ***des gens de cet ~*** Leute *pl* dieses Schlags, diese Sorte Leute *fam*; **de** [*o* **du**] **même ~** *péj* vom gleichen Schlag; ***il n'est pas du même ~ que les autres*** er ist nicht aus dem gleichen Holz geschnitzt [*o* er ist nicht von derselben Sorte] [wie die anderen]; **de tout ~** *péj* jeglichen Schlags (*gen*), jeglicher Couleur (*gen*)

acacia [akasja] *m* Akazie *f*; ***faux ~*** falsche Akazie, Robinie *f*

académicien, ne [akademisjɛ̃, jɛn] *m, f* Mitglied *nt* der Académie française; ***la première*** [***femme***] ***~ne*** das erste weibliche Mitglied der Académie française

académie [akademi] *f* 1. (*société savante*) Akademie *f*; ■ **~ de qc**: ***A~ des sciences/des beaux-arts*** Akademie der Wissenschaften/der Künste; ***~ de médecine/d'architecture/d'agriculture*** Akademie für Medizin/Architektur/Landwirtschaft
2. (*l'Académie française*) ■ **l'A~** die Académie française
3. (*lieu d'exercice d'un art*) ■ **~ de** *de danse, dessin, billard* -akademie *f*, -schule *f*
4. SCOL, UNIV (*circonscription*) ≈ Schulaufsichtsbezirk *m* (*mehrere Départements umfassende regionale Verwaltungseinheit für Schulen und Universitäten*); (*service administratif d'une académie*) ≈ Oberschulamt *nt* (*Schulbehörde einer Académie*); ■ **~ de qc**: ***~ de Marseille*** Schulaufsichtsbezirk Marseille
5. ART (*peinture*) Aktbild *nt*; (*dessin*) Aktzeichnung *f*
▶ **l'A~ française** die Académie française

académique [akademik] *adj* 1. (*d'une société savante*) Akademie-; ***une culture ~*** eine akademische Kultur
2. (*de l'Académie française*) der Académie française; ***fauteuil ~*** Sitz *m* in der Académie française; ***le costume ~*** der Anzug der Mitglieder der Académie française; ***discours ~ de réception*** *Rede eines neuen Mitglieds der Académie française anlässlich seiner feierlichen Aufnahme*
3. SCOL, UNIV der Schulaufsichtsbehörde[n], ≈ des Kultusministeriums
4. *péj* (*conventionnel*) akademisch, nicht originell

académisme [akademism] *m* Akademismus *m*

acajou [akaʒu] I. *m* 1. (*bois*) Mahagoni[holz *nt*] *nt*
2. (*arbre*) Mahagonibaum *m*
II. *adj inv* mahagonifarben, mahagonirot

acalorique [akalɔrik] *adj* kalorienfrei; ***régime ~*** Nulldiät *f*

acanthe [akɑ̃t] *f* 1. BOT Akanthus *m*, Bärenklau *f o m*
2. ARCHIT Akanthus *m*; ***feuille d'~*** Akanthusblatt *nt*

a cap[p]ella [akapela, akapɛlla] *adv* a cappella

acariâtre [akaʀjɑtʀ] *adj* mürrisch, griesgrämig

acarien [akaʀjɛ̃] *m* Milbe *f*

accablant, e [akɑblɑ̃, ɑ̃t] *adj* 1. (*physiquement pénible*) *chaleur* drückend; *douleur* unerträglich, quälend
2. (*psychiquement pénible*) *nouvelle* deprimierend, niederdrückend; *reproche* sehr schwer, erdrückend; ***ce travail est ~*** diese Arbeit ist [sehr] erschöpfend
3. (*accusateur*) *témoignage* belastend; *preuve, indice a.* erdrückend; ***les témoignages sont ~s pour le suspect*** die Zeugenaussagen belasten den Tatverdächtigen

accablement [akɑbləmɑ̃] *m* (*abattement physique*) Erschöpfung *f*; (*abattement moral*) Bedrücktheit *f*, Niedergeschlagenheit *f*

accabler <1> [akɑble] *vt* 1. (*abattre*) ■ **qc accable qn** */chaleur/* etw macht jdm zu schaffen, jd leidet unter etw (*dat*); */douleur/* etw quält jdn; */nouvelle/* etw bedrückt [*o* deprimiert] jdn; */dettes/* jdn drückt etw; */reproches/* etw bedrückt jdn, etw lastet schwer auf jdm; */travail/* etw bringt jdn an den Rand der Erschöpfung; ***qn est accablé(e) de travail*** jd ist mit Arbeit überhäuft [*o* eingedeckt]; ***qn est accablé(e) de fatigue*** jd ist todmüde; ***qn est accablé(e) d'ennui*** jd langweilt sich zu Tode; ■ **qn accable qn de qc** *de travail* jd überhäuft jdn mit etw, jd deckt jdn mit etw ein; *de reproches* jd überhäuft jdn mit etw; *d'injures* jd überschüttet jdn mit etw; ***le roi accable le peuple d'impôts*** der König bürdet dem Volk [viel zu] hohe Steuern auf
2. ■ **qc accable qn** */témoignage, preuve, indice/* etw belastet jdn

accalmie [akalmi] *f* 1. METEO [*pluie*] [vorübergehendes] Nachlassen; [*vent a.*] [kurze] Beruhigung; ***la tempête a fait rage, il n'y a pas eu d'~*** der Sturm hat getobt und einfach nicht nachgelassen
2. (*trêve*) etwas ruhigere Phase; ***en ce moment, nous traversons une ~*** zur Zeit ist wieder etwas Ruhe eingekehrt

accaparant, e [akapaʀɑ̃, ɑ̃t] *adj travail, enfant* anstrengend

accaparement [akapaʀmɑ̃] *m* 1. (*monopolisation*) ■ **~ de qc** *du débat, d'un poste, de la parole* Ansichreißen *nt* einer S. (*gen*); ***l'~ du débat par les spécialistes l'a empêché de placer un mot*** dadurch, dass die Experten die Diskussion an sich rissen, kam er überhaupt nicht zu Wort; ***l'~ des postes-clés par qn est un scandale*** es ist empörend, dass jd die Schlüsselpositionen mit Beschlag belegt
2. (*excès d'occupation*) übermäßige Inanspruchnahme

accaparer <1> [akapaʀe] *vt* 1. (*monopoliser*) ■ **qn accapare qn** jd nimmt jdn [völlig] in Beschlag; ***cet élève cherche à l'~*** dieser Schüler versucht, seine/ihre ganze Aufmerksamkeit auf sich (*akk*) zu lenken; ■ **qn accapare qc** *pouvoir* jd beansprucht etw für sich allein, jd teilt etw mit niemandem; *conversation* jd reißt etw an sich (*akk*); *poste-clé* jd belegt etw mit Beschlag; *attention* jd zieht etw auf sich (*akk*)
2. (*occuper complètement*) ■ **qc accapare qn** etw nimmt jdn völlig in Anspruch; ***les soucis l'accaparent*** er/sie hat den Kopf voller Sorgen

accédant, e [aksedɑ̃, ɑ̃t] *m, f* ▶ **~(e) à la propriété** Erwerber(in) *m(f)* von [Wohnungs]eigentum

accéder <5> [aksede] *vi* 1. (*parvenir à*) ■ **qn/qc accède à qc** jd/etw gelangt zu etw; ***par ce chemin on accède à la forêt*** auf diesem Weg gelangt man zum Wald; ***qc empêche les véhicules d'~ au parking*** etw macht die Zufahrt zum Parkplatz unmöglich
2. (*atteindre*) ■ **qn accède à qc** *à un poste, une haute fonction, la direction de l'usine* jd erlangt etw, jdm wird etw übertragen; *à la tête d'une usine* jd gelangt an etw (*akk*); *à la finale* jd gelangt in etw (*akk*); ***qn accède à la propriété*** jd wird Wohnungseigentümer
3. (*mener à*) ■ **qc accède à qc** *à la forêt, au grenier, aux chambres* etw führt zu etw; *à la ville* etw führt in etw (*akk*)
4. (*consentir à*) ■ **qn accède à qc** jd bewilligt etw, jd gibt einer S. (*dat*) statt; *à une prière, un désir, un vœu* jd erfüllt etw; ***son mari accède à tous ses désirs*** ihr Mann erfüllt ihr jeden Wunsch

accélérateur, -trice [akseleʀatœʀ, -tʀis] I. *adj* beschleunigend; ***qc a un effet ~*** etw wirkt beschleunigend
II. *m* 1. AUT Gaspedal *nt*; ***qn lève le pied de l'~*** jd nimmt den Fuß vom Gaspedal [*o* vom Gas *fam*]
2. CHIM, PHYS Beschleuniger *m*
▶ **qn donne un coup d'~** jd tritt aufs Gaspedal [*o* aufs Gas *fam*]; **qn appuie sur l'~** jd gibt Gas; **qn lâche l'~** jd geht vom Gaspedal [*o* vom Gas *fam*] [weg]
◆ **accélérateur de particules** Teilchenbeschleuniger *m*

accélération [akseleʀasjɔ̃] *f* Beschleunigung *f*; ***en pleine ~*** beim Beschleunigen; ***l'~ du pouls/de la respiration*** die Beschleunigung des Pulses/der Atmung; ***~ de l'histoire*** immer schneller werdender Ablauf der historischen Ereignisse

accéléré [akseleʀe] *m* Zeitraffer *m*
▶ **en ~** im Zeitraffer

accélérer <5> [akseleʀe] I. *vi* ■ **qn/qc accélère** jd beschleunigt [*o* gibt Gas]/etw wird schneller; ***vas-y, accélère!*** mach schon, gib Gas!
II. *vt* ■ **qn/qc accélère qc** jd/etw beschleunigt etw; ***qn accélère le pas*** jd geht schneller, jd beschleunigt seinen Schritt [*o* Gang]; ***qn accélère l'allure/la cadence/le mouvement*** jd beschleunigt das Tempo; ***qc accélère*** [***le cours de***] ***l'histoire*** etw beschleunigt den Ablauf der geschichtlichen Ereignisse
III. *vpr* ■ **qc s'accélère** */pouls, respiration/* etw beschleunigt sich; */événements/* der Ablauf einer S. (*gen*) wird immer schneller; ***les travaux s'accélèrent*** die Arbeiten gehen schneller voran

accent [aksɑ̃] *m* 1. (*signe*) (*pour le français*) Accent *m*; (*dans les autres langues*) Akzent *m*
2. (*manière de prononcer*) Akzent *m*, Tonfall *m*; ***elle a l'~ du Midi*** sie hat einen [*o* spricht in einem] südfranzösischen Tonfall; ***il a perdu son ~*** er hat den Tonfall seiner Heimat abgelegt; ***qn parle avec un fort ~*** jd spricht mit einem starken Akzent
3. PHON (*accentuation*) Akzent *m*, Betonung *f*; ***qc porte l'~*** etw ist betont, der Akzent [*o* die Betonung] liegt auf etw (*dat*)
4. (*intonation expressive*) *amer, douloureux, gouailleur, pathétique* Ton *m*; (*plus faible*) Unterton; ***elle n'en parlait jamais sans un ~ amer*** sie sprach nie ohne einen bitteren Unterton davon; ***il avait l'~ douloureux*** er sprach mit schmerzlichem Unterton; ***qn prend un ~ pathétique*** jd schlägt einen ergreifenden Ton an; ■ **~ de qc**: ***il y a un ~ de sincérité/de franchise/d'innocence dans les propos de qn*** was jd sagt, klingt aufrichtig/ehrlich/naiv
▶ **~ aigu/grave/circonflexe** (*pour le français*) Accent *m* aigu/grave/circonflexe; (*pour les autres langues*) Akut *m*/Gravis *m*/Zirkumflex *m*; **~ pointu** *Art der Aussprache, die Südfranzosen der Pariser Bevölkerung nachsagen*; **~ tonique** Betonung *f*; **qn a un ~** jd hat einen Akzent; **qn parle avec un ~** jd spricht mit einem Akzent; **qn met un ~** (*pour le français*) jd setzt einen Accent; (*pour les autres langues*) jd setzt einen Akzent; **qn/qc met l'~ sur qc** (*insiste sur*) jd/etw betont etw [besonders], jd/etw hebt etw [besonders] hervor

accentuation [aksɑ̃tɥasjɔ̃] *f* 1. (*augmentation*) [*chômage, froid*] Zunahme *f*; [*symptômes, maladie*] Verschlimmerung *f*; ***~ de la délinquance*** Zunahme der Kriminalität
2. GRAM Setzung *f* [*o* Setzen *nt*] der Akzente; ***l'~ française*** die Setzung [*o* das Setzen] der französischen Akzente
3. PHON Betonung *f*

accentué, e [aksɑ̃tɥe] *adj* 1. *syllabe, voyelle* betont
2. *sourcils, traits, menton* markant

accentuer <1> [aksɑ̃tɥe] I. *vt* 1. (*mettre un accent*) ■ **qn accentue qc** (*en écrivant*) jd setzt einen Akzent auf etw (*akk*); (*en parlant*) jd betont etw
2. (*intensifier*) ■ **qn accentue qc** *aspect, effet* jd betont etw, jd akzentuiert etw; *aide, efforts* jd verstärkt etw; *action* jd treibt etw voran, jd forciert etw; ■ **qc accentue qc** *ressemblance, force* etw unterstreicht etw, durch etw wird etw unterstrichen; *impression* etw verstärkt etw; *risque de contamina-*

tion etw erhöht etw; ***l'absence de vent accentue la chaleur*** dadurch, dass kein Wind weht, wird die Hitze [noch] verstärkt
II. *vpr* ■ **qc s'accentue** etw verstärkt sich; */froid/* etw verschärft sich; */risque/* etw erhöht sich

acceptable [aksɛptabl] *adj* akzeptabel; *situation a.* annehmbar

acceptation [aksɛptasjɔ̃] *f* 1. (*le fait d'accepter*) ■ **l'~ de qc** *d'un traité* die Annahme einer S. (*gen*); *d'une condition, proposition* das Akzeptieren einer S. (*gen*); ***après ~ de votre dossier*** nach Annahme *f* [*o* Genehmigung *f*] Ihres Antrags; ***cela signifie l'entière ~ de la volonté d'autrui*** das bedeutet, dass man sich dem Willen eines anderen völlig beugt
2. (*consentement*) Einwilligung *f*, Zustimmung *f*
3. COM Akzept *m*; ***l'~ d'une traite*** der Akzept eines Wechsels

accepter <1> [aksɛpte] I. *vt* 1. (*prendre ce qui est proposé*) ■ **qn accepte qc** *cadeau, poste* jd nimmt etw an; *excuses a.* jd akzeptiert etw; *responsabilité* jd übernimmt etw
2. (*accueillir favorablement*) ■ **qn accepte qc** *demande, requête, proposition, théorie, thèse* jd akzeptiert etw, jd stimmt einer S. (*dat*) zu
3. (*se soumettre à*) ■ **qn accepte qc** *échec, épreuve* jd akzeptiert etw, jd nimmt etw an [*o* hin]; *risque* jd geht etw ein; *destin* jd nimmt etw an [*o* hin]
4. (*supporter*) ■ **qn accepte qn** jd akzeptiert jdn; ***qn n'accepte pas qn*** jd akzeptiert jdn nicht, jd hat etwas gegen jdn; ***qn accepte qn sous son toit*** jd duldet jdn in seinem Haus; ***la chienne a accepté les chatons*** die Hündin hat die Kätzchen angenommen; ■ **qn accepte qc** jd akzeptiert etw; *contradiction, discussion, débat a.* jd duldet etw; ***il n'accepte pas la contradiction/le débat*** er duldet keinen Widerspruch/keine Diskussion[en]
5. INFORM ■ **qc accepte qc** etw ist mit etw kompatibel
II. *vi* 1. (*être d'accord*) ■ **qn accepte** jd akzeptiert, jd nimmt an; ■ **qn accepte de faire qc** jd ist damit einverstanden, etw zu tun [*o* dass er etw tut]; ***j'accepte de t'aider*** ich sage dir meine Hilfe zu
2. ■ **qn accepte que** + *subj* (*tolérer*) jd duldet es, dass; (*permettre*) jd lässt es zu, dass; ***ce que je n'accepte pas, c'est que*** eins dulde ich nicht: dass

acception [aksɛpsjɔ̃] *f* Bedeutung *f*
► **dans toute l'~ du terme** im wahrsten Sinne des Wortes

accès [aksɛ] *m* 1. (*entrée*) Eingang *m*; (*pour piétons*) Zugang *m*; (*pour véhicules*) Zufahrt *f*; ■ **~ à qc** Eingang *m* zu etw; (*pour piétons*) Zugang *m* zu etw; (*pour véhicules*) Zufahrt *f* zu etw
2. (*action d'accéder à un lieu*) ■ **~ à qc** (*à pied*) Zugang *m* zu etw; (*en véhicule*) Zufahrt *f* zu etw; ***l'~ à ce village est difficile*** dieses Dorf ist schwer zu erreichen [*o* schwer zugänglich]
3. (*action d'accéder à une position*) ■ **~ à qc** *à un poste, de hautes fonctions* Zugang *m* zu etw; *à une école* Zulassung *f* zu etw
4. (*crise*) ■ **~ de qc** *de démence, folie, jalousie* Anfall *m* von etw; *de tristesse* Anwandlung *f* von etw; ■ **~ de** *de fièvre, toux, colère, délire* -anfall; ***~ d'humeur*** sonderbare Anwandlung
5. (*fait de comprendre*) ■ **~ à qn/qc** *à un écrivain, auteur, une œuvre, question* Zugang *m* zu jdm/etw; ***cet écrivain est d'un ~ facile*** dieser Schriftsteller schreibt leicht verständlich; ***qc permet l'~ à une œuvre*** etw eröffnet den Zugang zu einem Werk, etw macht ein Werk verständlich
6. (*abord*): ***qn est d'un ~ difficile*** jd ist unnahbar
7. INFORM ■ **~ à qc** Zugriff *m* auf etw (*akk*)
► **~ interdit** kein Zutritt, Zutritt verboten; **qn a ~ à qc** jd hat zu etw Zugang; ***de la cuisine, on a ~ au jardin*** von der Küche aus gelangt [*o* kommt] man in den Garten; **qc donne ~ à qc** */trappe, couloir/* etw führt zu etw; */filière, diplôme/* etw eröffnet den Zugang zu etw
◆ **accès à l'Internet** Internetzugang *m*

accessibilité [aksesibilite] *f* ■ **~ à qc** Erreichbarkeit *f* einer S. (*gen*); *à un emploi, une profession* Zugänglichkeit *f* einer S. (*gen*)

accessible [aksesibl] *adj* 1. (*où l'on peut accéder*) zugänglich; ■ **qc est ~/n'est pas ~ [à qn]** etw ist [für jdn] erreichbar/nicht erreichbar; ***qc est ~ aux voitures*** etw ist mit dem Auto zu erreichen
2. (*compréhensible*) verständlich; ***un livre ~ à un enfant de cet âge*** ein Buch, das ein Kind in diesem Alter verstehen kann; ■ **qn/qc est [*o* reste] ~ à qn** jd kann jdn/etw verstehen
3. *prix* erschwinglich
4. (*ouvert à*) ■ **qn est ~ à qc** jd ist für etw zugänglich

accession [aksesjɔ̃] *f* ■ **~ à qc** Erlangen *nt* [*o* Erlangung *f*] einer S. (*gen*); ***~ au trône*** Thronbesteigung *f*; ***~ aux commandes du pouvoir*** Machtantritt *m*; ***dans ce pays, l'~ à l'indépendance s'est effectuée sans heurts*** dieses Land hat ohne Probleme seine Unabhängigkeit erlangt; ***l'~ des locataires à la propriété*** der Erwerb der Wohnung durch die Mieter
◆ **accession à la propriété** Erwerb *m* von [Wohnungs]eigentum

accessit [aksesit] *m* (*à un élève*) Belobigung *f*; (*à un écrivain*) ehrende [*o* ehrenvolle] Erwähnung

accessoire [akseswaʀ] I. *adj* nebensächlich, unwesentlich; *avantage* zusätzlich; *frais* Neben-
II. *m* 1. (*pièce complémentaire*) Zubehörteil *nt*; ■ **les ~s** das Zubehör; ***~s de chasse*** Jagdgeräte *pl*
2. COUT Accessoire *nt*
3. THEAT, CINE Requisit *nt*; ***magasin des ~s*** Requisite *f*, Requisitenkammer *f*
4. (*opp: l'essentiel*) ■ **l'~** das Unwesentliche, das Nebensächliche

accessoirement [akseswaʀmɑ̃] *adv* nebenbei; ***il est ~ acteur*** er ist [erst] in zweiter Linie Schauspieler; ***le bureau sert ~ de chambre d'amis*** das Arbeitszimmer dient zusätzlich als Gästezimmer

accessoiriste [akseswaʀist] *mf* Requisiteur(in) *m(f)*

accident [aksidɑ̃] *m* 1. (*incident grave*) Unfall *m*; ***~ domestique*** Haushaltsunfall, Unfall im Haushalt; ***un petit ~*** ein kleines Missgeschick [*o* Malheur *fam*]; ***notre petit Luc est un ~*** *hum* unser kleiner Luc ist ein Unfall; ■ **~ de** -unfall, -unglück *nt*
2. PHILOS Zufälligkeit *f*, Akzidens *nt spec*
3. MUS Versetzungszeichen *nt* innerhalb eines Taktes, Akzidens *nt spec*
► **qn a un ~** jd hat einen Unfall, jd verunglückt; **par ~** *littér* zufällig; ***je l'ai vexé par ~*** ich habe ihn ungewollt [*o* unabsichtlich] geärgert
◆ **accident de parcours** ärgerlicher Zwischenfall, Missgeschick *nt*; **accident de terrain** Unebenheit *f* [des Geländes]; **accident du travail** Arbeitsunfall *m*

accidenté, e [aksidɑ̃te] I. *adj* 1. (*inégal*) *terrain* uneben, wellig; *région, endroits* hügelig; *relief* zerklüftet
2. (*qui a eu un accident*) verunglückt; *véhicule, voiture a.* Unfall-
II. *m, f* Verunglückte(r) *f(m)*; ***~ de la circulation*** Opfer *nt* eines Verkehrsunfalls; ***~ du travail*** Opfer *nt* eines Arbeitsunfalls

accidentel, le [aksidɑ̃tɛl] *adj* 1. (*dû à un accident*) Unfall-; ***mort ~le*** Unfalltod *m*, Tod *m* infolge eines Unfalls
2. (*dû au hasard*) zufällig
3. PHILOS zufällig, akzidentell *spec*

accidentellement [aksidɑ̃tɛlmɑ̃] *adv* 1. (*dans un accident*): ***qn est mort(e) ~*** jd ist tödlich verunglückt, jd ist bei einem Unfall ums Leben gekommen
2. (*par hasard*) zufällig

acclamation [aklamasjɔ̃] *f* Jubel *m kein pl*, Beifall *m kein pl*, Beifallskundgebung *f*; ***les ~s du public*** die Beifall[s]rufe [*o* Jubelrufe] des Publikums
► **par ~** durch Zuruf, durch [*o* per] Akklamation *spec*

acclamer <1> [aklame] *vt* ■ **qn acclame qn** jd jubelt jdm zu, jd klatscht jdm Beifall

acclimatable [aklimatabl] *adj*: ***des végétaux ~s sous notre climat*** Pflanzen, die sich hier [bei uns] akklimatisieren [können]; ***une plante difficilement ~ dans nos régions*** eine Pflanze, die in unserer Gegend nur schwer heimisch wird

acclimatation [aklimatasjɔ̃] *f* ■ **~ [à qc]** Akklimatisation *f* [an etw (*akk*)], Akklimatisierung *f* [an etw (*akk*)]; ***~ à nos climats*** Akklimatisation, Anpassung *f* an unser Klima; ***~ à la campagne*** Einleben *nt* [*o* Heimischwerden *nt*] auf dem Land

acclimater <1> [aklimate] I. *vt* ■ **qn acclimate qn/un animal à qc** jd gewöhnt jdn/ein Tier an etw (*akk*); ■ **qn acclimate un animal quelque part** *dans une région, dans un zoo* jd gewöhnt ein Tier irgendwo ein; ■ **qn acclimate qc quelque part** *plante* jd macht etw irgendwo heimisch
II. *vpr* 1. ■ **un animal s'acclimate à qc** ein Tier gewöhnt sich an etw (*akk*); ■ **qc s'acclimate quelque part** etw wird irgendwo heimisch
2. (*s'habituer*) ■ **qn s'acclimate [à qc]** jd gewöhnt sich [in etw (*dat*)] ein; ***qn s'acclimate [difficilement] à la campagne*** jd lebt sich auf dem Land [schwer] ein

accointances [akwɛ̃tɑ̃s] *fpl* ► **qn a des ~ [quelque part]** *péj* jd hat [irgendwo] Beziehungen

accolade¹ [akɔlad] *f* feierliche Umarmung, Akkolade *f*
► **qn donne l'~ à qn** jd umarmt jdn feierlich; **qn reçoit l'~ [de qn]** jd wird [von jdm] feierlich umarmt

accolade² [akɔlad] *f* TYP geschweifte Klammer, Akkolade *f spec*
► **entre ~s** in geschweifte/geschweiften Klammern, in Akkoladen

accoler <1> [akɔle] *vt* 1. (*joindre*) ■ **qn accole qc à qc** *à un nom* jd hängt etw an etw (*akk*) an; ■ **qn accole plusieurs choses** *lignes, mots* jd reiht mehrere Dinge aneinander; ***les maisons sont accolées le long de la route*** in der Straße reiht sich ein Haus an das andere
2. TYP ■ **qn accole plusieurs choses** jd fasst mehrere Dinge mit einer geschweiften Klammer zusammen

accommodant, e [akɔmɔdɑ̃, ɑ̃t] *adj camarade* umgänglich, verträglich; *patron, directeur* entgegenkommend

accommodation [akɔmɔdasjɔ̃] *f* 1. (*adaptation*) ■ **~ [à qc]** *aux circonstances* Anpassung *f* [an etw (*akk*)]; *à une nouvelle vie* Umstellung *f* [auf etw (*akk*)]; ***~ à un nouvel emploi*** Eingewöhnung *f* an einem neuen Arbeitsplatz; ***capacité d'~*** Anpassungsfähigkeit *f*; ***phase d'~*** Eingewöhnungszeit *f*
2. [*œil*] Akkommodation *f spec*; ***mauvaise ~*** geringe Akkommodationsfähigkeit
3. GASTR Zubereitung *f*, Art *f* der Zubereitung; [*restes*] Verwertung *f*

accommodement [akɔmɔdmɑ̃] *m* gütliche Einigung

accommoder <1> [akɔmɔde] I. *vt* GASTR ■ **qn accommode qc [à [*o* avec] qc]** jd bereitet etw [mit etw] zu; *restes* jd verwertet etw; ***des pâtes accommodées au basilic*** Nudeln *pl* mit Basilikum[soße]
II. *vi* PHYSIOL ■ **qn/qc accommode** jd/etw akkommodiert
III. *vpr* 1. *littér* (*s'adapter à*) ■ **qn s'accommode à qc** *aux circonstances, conditions* jd passt sich einer S. (*dat*) an, jd stellt sich auf etw (*akk*) ein; *à une machine* jd stellt sich auf etw (*akk*) ein, jd macht sich mit etw vertraut; ■ **qn s'accommode avec qn** jd stellt sich auf jdn ein; ***qn fait des efforts pour s'~ avec qn*** jd bemüht sich, mit jdm auszukommen; ***je ne pense pas que ces deux-là puissent s'~*** ich glaube nicht, dass diese beiden miteinander auskommen können
2. (*se contenter de*) ■ **qn s'accommode de qc** jd ist mit etw zufrieden; (*supporter qc de désagréable*) jd findet sich mit etw ab; ***je sais m'~ d'un repas simple*** ich kann mich mit einer einfachen Mahlzeit begnügen

accompagnateur, -trice [akɔ̃paɲatœʀ, -tʀis] *m, f* 1. (*guide*) Begleiter(in) *m(f)*, Begleitperson *f*
2. MUS Begleiter(in) *m(f)*

accompagnement [akɔ̃paɲmɑ̃] *m* 1. GASTR Beilage *f*; ***l'~ idéal du gigot*** die ideale Beilage zur Lammkeule
2. MUS Begleitung *f*; ***avec un ~ à la flûte*** mit Flötenbegleitung; ***à l'~, le grand orchestre de Freddy Muller!*** es begleitet Freddy Muller und sein großes Orchester!
3. (*encadrement*) [*personnes, groupe*] Begleitung *f*; ***elle s'est proposée pour l'~ du groupe*** sie hat angeboten, die Begleitung der Gruppe zu übernehmen [*o* die Gruppe zu begleiten]; ***personnel d'~*** Begleitpersonal *nt*, Be-

gleitpersonen *pl*
4. (*soutien moral*) [*malade, mourant*] Begleitung *f;* ~ ***des malades*** [*o* ***des mourants***] ***en phase terminale*** Sterbebegleitung *f,* Begleitung *f* der Sterbenden
5. (*conséquence*) ■ **l'~ de qc** *d'un événement, acte* die Begleiterscheinung einer S. (*gen*)

accompagner <1> [akɔ̃paɲe] **I.** *vt* **1.** (*aller avec*) ■ **qn accompagne qn** [**quelque part**] jd begleitet jdn [irgendwohin]; ***qn accompagne qn à l'école/au cinéma/dans ses voyages*** jd begleitet jdn zur Schule/ins Kino/auf seinen Reisen; ■ [**qn est**] **accompagné(e) de** [*o* **par**] **qn** [jd wird] von jdm begleitet
2. MUS ■ **qn accompagne qn** [**à qc**] jd begleitet jdn [auf etw (*dat*)]
3. MED ■ **qn accompagne qn** *malade, mourant* jd begleitet jdn [beim Sterben]
4. (*être joint à*) ■ **qc accompagne qc** */notice explicative/* etw liegt einer S. (*dat*) bei; */accessoires, enveloppe/* etw ist bei etw dabei
5. GASTR ■ **qc accompagne qc** */vin/* etw wird zu etw getrunken; */crème anglaise, coulis/* etw wird zu etw gegessen; */légumes/* etw wird [als Beilage] zu etw serviert; ***ce vin accompagne merveilleusement le gibier*** dieser Wein passt wunderbar zu[m] Wild
6. (*survenir en même temps*) ■ **qc accompagne qc** etw geht mit etw einher; ***le tonnerre accompagne la foudre*** der Blitz wird vom Donner begleitet
7. (*faire en même temps*) ■ **qn accompagne qc de qc** *d'un geste* jd begleitet etw mit etw; ***elle accompagna son refus d'une mimique boudeuse*** sie lehnte ab und verzog dabei schmollend ihr Gesicht
8. *form* ■ **qc accompagne qn/qc** */vœux, souhaits/* etw begleitet jdn/etw
II. *vpr* **1.** MUS ■ **qn s'accompagne à qc** *à la guitare, au piano etc* jd begleitet sich [selbst] auf etw (*dat*)
2. (*aller avec*) ■ **qc s'accompagne de qc** etw geht mit etw einher

accompli, e [akɔ̃pli] **I.** *adj* perfekt, vollendet
II. *m* ■ **l'~** das vollendete [*o* abgeschlossene] Geschehen; ***un fait de l'~*** ein als vollendet [*o* abgeschlossen] dargestelltes Geschehen; ***un temps de l'~*** ein Tempus, mit dem ein Geschehen als vollendet [*o* abgeschlossen] dargestellt wird

accomplir <8> [akɔ̃pliʀ] **I.** *vt* ■ **qn accomplit qc** **1.** (*s'acquitter de*) *travail* jd erledigt etw; *tâche* jd erfüllt etw; ***qn accomplit son devoir*** jd tut seine Pflicht
2. (*exécuter*) *ordre* jd führt etw aus; *miracle, prodiges* jd vollbringt etw
3. (*réaliser*) *vœu* jd erfüllt etw; *promesse a.* jd löst etw ein; *dessein, projet* jd führt etw aus
II. *vpr* **1.** (*s'épanouir*) ■ **qn s'accomplit** [**dans qc**] jd findet Erfüllung [in etw (*dat*)]
2. (*se produire*) ■ **qc s'accomplit** */prédiction, prophétie/* etw erfüllt sich; */miracle/* etw geschieht

accomplissement [akɔ̃plismɑ̃] *m* **1.** (*réalisation*) [*travail, tâche*] Erledigung *f;* [*projet*] Ausführung *f;* [*miracle*] Vollbringung *f;* [*prédiction, désirs, rêves*] Erfüllung *f*
2. (*épanouissement*) Erfüllung *f*

accord [akɔʀ] *m* **1.** (*consentement*) Zustimmung *f,* Einverständnis *nt*
2. (*convention*) Vereinbarung *f,* Übereinkunft *f;* ***qn rompt un ~*** jd verletzt eine Vereinbarung
3. (*bonne intelligence*) [gutes] Einvernehmen
4. MUS (*association de plusieurs sons*) Akkord *m;* (*action d'accorder*) Stimmen *nt;* ~ ***de base*** Grundakkord; ~ ***parfait*** Dreiklang *m*
5. LING Kongruenz *f spec;* ***faute d'~*** Kongruenzfehler *m*
► ~ **à l'amiable** gütliche Einigung; ***nous avons conclu un ~ à l'amiable*** wir haben uns gütlich geeinigt; **bon pour ~** zur Unterschrift; **des personnes font qc d'un commun ~** Menschen tun etw einmütig; ~ **parfait:** ***entre eux c'est l'~ parfait*** zwischen ihnen herrscht völlige Übereinstimmung; **qn fait qc en parfait ~ avec qn** jd tut etw im besten Einvernehmen mit jdm; **qn/qc donne son ~** [**à qn**] jd/etw gibt [jdm] seine Zustimmung; **qn est d'~** [**avec qn**] [**sur qc**] jd ist [mit jdm] [über etw (*akk*)] einverstanden, jd ist sich (*dat*) mit jdm [über etw (*akk*)] einig; ***je suis d'~ avec toi pour dire que*** + *indic* ich finde genau wie du, dass; **qn est en ~ avec lui-même** jd ist mit sich selbst im Einklang, jd hat seinen Seelenfrieden gefunden; **qc est en ~ avec qc** etw stimmt mit etw überein; **qn se met d'~ avec qn** [**sur qc/pour faire qc**] jd einigt sich mit jdm [auf etw (*akk*)/dahin, dass er etw tut]; **deux/plusieurs personnes se mettent d'~** [**sur qc/pour faire qc**] zwei/mehrere Menschen werden sich (*dat*) [über etw (*akk*)] einig/einigen sich [darauf etw zu tun]; **qn passe** [*o* **conclut**] **un ~ avec qn** jd trifft mit jdm eine Vereinbarung; **deux/plusieurs personnes passent** [*o* **concluent**] **un ~** zwei/mehrere Menschen treffen [untereinander] eine Vereinbarung; ***ils ont passé un ~ pour faire qc*** sie haben untereinander vereinbart etw zu tun; **deux/plusieurs personnes sont d'~** [**pour faire qc**] zwei/mehrere Menschen sind sich (*dat*) einig[, dass sie etw tun]; ***ils sont toujours d'~*** [***ensemble***] sie sind sich (*dat*) immer einig; **qc ne tient pas l'~** etw verstimmt sich dauernd; **qn tombe d'~ avec qn** [**sur qc/pour faire qc**] jd einigt sich mit jdm [auf etw (*akk*)/darauf etw zu tun]; **deux/plusieurs personnes tombent d'~** [**sur qc/pour faire qc**] zwei/mehrere Menschen einigen sich [auf etw (*akk*)/darauf, etw zu tun]; [**c'est**] **d'~!** gut!, einverstanden!, in Ordnung!, okay! *fam;* **qn fait qc en ~ avec qn** jd tut etw in Übereinstimmung [*o* nach Absprache] mit jdm

accord-cadre <~s-~s> [akɔʀkɑdʀ] *m* Rahmenabkommen *nt*

accordéon [akɔʀdeɔ̃] **I.** *m* Akkordeon *nt,* Ziehharmonika *f*
► **en ~** *chaussettes, pantalon* Ziehharmonika-
II. *app* ■ [-]~ *cloison, porte* Falt-

accordéoniste [akɔʀdeɔnist] *mf* Akkordeonspieler(in) *m(f),* Ziehharmonikaspieler(in) *m(f)*

accorder <1> [akɔʀde] **I.** *vt* **1.** (*donner*) ■ **qn accorde qc à qn** *réduction, crédit* jd gewährt jdm etw; *délai a.* jd bewilligt jdm etw; *autorisation, permission* jd erteilt jdm etw, jd räumt jdm etw ein; *faveur* jd erweist jdm etw; *circonstances atténuantes* jd billigt jdm etw zu; *confiance* jd schenkt jdm etw; ***qn accorde la main de sa fille à qn*** jd gibt jdm seine Tochter zur Frau; ***le président accorde la grâce présidentielle à qn*** der Präsident begnadigt jdn
2. (*attribuer*) ■ **qn accorde qc à qc:** ***qn accorde de la valeur à qc*** jd legt einer S. (*dat*) Wert bei; ***qn accorde de l'importance à qc*** jd misst einer S. (*dat*) Gewicht bei, jd nimmt etw wichtig
3. (*admettre*) ■ **qn m'accorde/t'accorde/... que** + *indic* jd gibt mir/dir/... zu, dass; jd gesteht mir/dir/... zu, dass
4. MUS ■ **qn accorde qc** jd stimmt etw
5. GRAM ■ **qn accorde qc avec qc** jd gleicht etw an etw (*akk*) an
6. *form* ■ **qn accorde qc à qn:** ***voulez-vous m'~ cette danse/valse?*** darf ich Sie um diesen Tanz/Walzer bitten?
7. (*faire coïncider*) ■ **qn accorde qc avec** [*o* **et**] **qc** jd bringt etw mit etw in Übereinstimmung; ***elle sait ~ les couleurs entre elles*** sie versteht es, die Farben aufeinander abzustimmen
II. *vpr* **1.** (*se mettre d'accord*) ■ **qn s'accorde avec qn** [**sur qc/pour faire qc**] jd einigt sich mit jdm [auf etw (*akk*)/darauf etw zu tun], jd vereinbart etw mit jdm/vereinbart mit jdm etw zu tun; ■ **deux/plusieurs personnes s'accordent** [**sur qc/pour faire qc**] zwei/mehrere Menschen einigen sich [auf etw (*akk*)/darauf, etw zu tun]
2. (*s'entendre*) ■ **qn s'accorde avec qn** jd versteht sich [gut] mit jdm; ■ **deux/plusieurs personnes s'accordent** zwei/mehrere Menschen verstehen sich [gut]; ***les deux frères s'accordent mal/ne s'accordent pas*** die zwei Brüder vertragen sich nicht gut/nicht
3. (*s'octroyer*) ■ **qn s'accorde qc** *délai, pause, café, repos* jd gönnt sich (*dat*) etw; ***elle ne s'accorde aucun répit*** sie gönnt sich (*dat*) keine Pause
4. GRAM ■ **qc s'accorde avec qc** */verbe, adjectif/* etw richtet sich nach etw; ***les mots invariables ne s'accordent pas*** die unveränderlichen Wörter werden nicht angeglichen

accordeur [akɔʀdœʀ] *m* Stimmer(in) *m(f);* ~ ***de piano*** Klavierstimmer(in)

accostage [akɔstaʒ] *m* **1.** NAUT (*au quai*) Anlegen *nt,* Landung *f;* ***l'accident s'est produit à l'~ des deux bateaux*** der Unfall passierte, als das eine Schiff sich längsseits des anderen legte
2. ESPACE Andocken *nt*

accoster <1> [akɔste] **I.** *vi* ■ **qn/qc accoste** jd/etw legt an, jd/etw landet
II. *vt* **1.** (*aborder*) ■ **qn accoste qn** jd spricht jdn an; (*de façon cavalière*) jd quatscht jdn an *fam;* ***je me suis fait ~ dans la rue par quelqu'un*** ich bin auf der Straße von jemandem angesprochen worden
2. NAUT ■ **qc accoste qc** *quai* etw legt an etw (*dat*) an; *bateau* etw legt sich längsseits einer S. (*gen*)
3. ESPACE ■ **qc accoste qc** etw dockt an etw (*dat*) an

accotement [akɔtmɑ̃] *m* **1.** [*route*] Bankett *nt,* Bankette *f,* Randstreifen *m;* ~***s non stabilisés*** Seitenstreifen [*o* Bankette] nicht befahrbar
2. CHEMDFER Seitenweg *m,* Parallelweg *m*

accoter <1> [akɔte] **I.** *vpr* ■ **qn/qc s'accote à/contre qc** jd lehnt sich an etw (*akk*) [an]/gegen etw/etw lehnt an etw (*dat*); ***accoté(e) contre le mur*** an die Wand gelehnt
II. *vt vieilli* ■ **qn accote qc à/contre qc** *tête* jd lehnt etw an etw (*akk*)/gegen etw; ***on a accoté l'appentis à*** [*o* ***contre***] ***la maison*** man hat den Schuppen an das Haus gebaut

accotoir [akɔtwaʀ] *m* Armlehne *f*

accouchée [akuʃe] *f* Wöchnerin *f*

accouchement [akuʃmɑ̃] *m* **1.** MED Entbindung *f,* Geburt *f;* ***qn déclenche l'~*** jd leitet die Geburt künstlich ein
2. (*élaboration difficile*) hartes Stück Arbeit, schwere Geburt *fam*
► ~ **sans douleur** schmerzlose Geburt; ~ **psychoprophylactique** Geburtsvorbereitung *f* durch seelische Entspannungsübungen

accoucher <1> [akuʃe] **I.** *vi* **1.** MED ■ **qn accouche** jd entbindet; ■ **qn accouche de qn** *d'une fille, d'un garçon* jd bringt jdn zur Welt, jd wird von jdm entbunden; ***qn accouche prématurément*** jd hat eine Frühgeburt
2. *fam* (*parler*) ■ **qn accouche** jd rückt mit der Sprache heraus *fam;* ***allez, accouche!*** los, raus mit der Sprache! *fam;* ***qn réussit à faire ~ qn*** jd bringt jdn zum Reden
II. *vt* ■ **qn accouche qn** jd entbindet jdn, jd leistet [bei] jdm Geburtshilfe

accoucheur, -euse [akuʃœʀ, -øz] **I.** *m, f* Geburtshelfer(in) *m(f)*
II. *app:* ***médecin/gynécologue*** ~ Arzt *m*/Gynäkologe *m* und Geburtshelfer *m*

accouder <1> [akude] *vpr* ■ **qn s'accoude à** [*o* **sur**] **qc** jd stützt sich mit den Ellbogen auf etw (*akk*)

accoudoir [akudwaʀ] *m* Armlehne *f*

accouplement [akupləmɑ̃] *m* **1.** ZOOL Paarung *f,* Begattung *f*
2. *péj* (*sexe*) Nummer *f fam*
3. TECH (*fait d'accoupler*) Ankuppeln *nt;* (*dispositif*) Kupplung *f;* ***l'~ de deux tracteurs*** das Kuppeln zweier Traktoren

accoupler <1> [akuple] **I.** *vpr* **1.** ZOOL ■ **deux animaux s'accouplent** zwei Tiere paaren sich
2. *péj* ■ **deux personnes s'accouplent** zwei Menschen treiben es miteinander *fam*
II. *vt* **1.** ZOOL ■ **qn accouple un animal à** [*o* **et**] **un autre/deux animaux** jd paart ein Tier mit einem anderen/zwei Tiere miteinander
2. (*mettre par deux*) ■ **qn accouple deux animaux** jd spannt [die] Tiere paarweise an; ***qn accouple ses chevaux à la charrue/à l'avant de la diligence*** jd spannt die Pferde paarweise vor den Pflug/vor die Kutsche
3. TECH ■ **qn accouple deux choses** *générateurs, vaisseaux spatiaux* jd

koppelt zwei Dinge; *tracteurs, wagons* jd kuppelt zwei Dinge

accourir *<irr>* [akuʀiʀ] *vi + être o avoir* ■ **qn/un animal accourt** jd eilt herbei/ein Tier eilt herbei [*o* kommt angelaufen] [*o* angerannt]; ***les vaches accourent vers la clôture*** die Kühe kommen zum Zaun gelaufen

accoutrement [akutʀəmɑ̃] *m* Aufmachung *f*, Aufzug *m pej*

accoutrer <1> [akutʀe] **I.** *vpr péj* ■ **qn s'accoutre d'une certaine manière** jd staffiert sich irgendwie aus; ***qn s'accoutre bizarrement/d'une drôle de façon*** jd kleidet sich merkwürdig/komisch, jd läuft in einer merkwürdigen/komischen Aufmachung herum; ***je me demande comment elle va s'~*** ich frage mich, in welcher Aufmachung sie erscheinen wird; ■ **qn est accoutré(e) [d'une certaine manière]** jd ist [in bestimmter Weise] ausstaffiert

II. *vt péj* ■ **qn accoutre qn** jd staffiert jdn aus

accoutumance [akutymɑ̃s] *f* ■ **~ [à qc]** Gewöhnung *f* [an etw (*akk*)]

accoutumé, e [akutyme] *adj* gewohnt; ***ma place ~e*** mein gewohnter Platz, mein Stammplatz; ■ **[qn est] ~ à qc/faire qc** [jd ist] an etw (*akk*) gewöhnt/daran gewöhnt, etw zu tun; ***elle est ~e à se lever très tôt*** sie ist daran gewöhnt [*o* ist es gewohnt], früh aufzustehen

▸ **comme à l'~e** wie gewöhnlich, wie üblich

accoutumer <1> [akutyme] **I.** *vt* ■ **qn accoutume qn à qc/à faire qc** (*faire prendre l'habitude de*) jd gewöhnt jdn an etw (*akk*)/daran, etw zu tun; (*faire perdre la peur*) jd macht jdn mit etw vertraut/damit vertraut, etw zu tun

II. *vpr* ■ **qn s'accoutume à qc/à faire qc** jd gewöhnt sich an etw (*akk*)/daran, etw zu tun

accréditer <1> [akʀedite] **I.** *vt* **1.** (*rendre crédible*) ■ **qc accrédite qc** *thèse, soupçon, rumeur* etw lässt etw glaubwürdig erscheinen, etw bestätigt etw

2. (*donner l'autorité à*) ■ **qn accrédite qn** *ambassadeur, haut fonctionnaire* jd akkreditiert jdn; *médiateur, négociateur* jd bevollmächtigt jdn

3. (*autoriser*) ■ **qn accrédite qn** *journaliste, photographe* jd akkreditiert jdn

II. *vpr* ■ **qc s'accrédite** */bruit, rumeur, soupçons/* etw verstärkt sich; */thèse/* etw erscheint immer glaubwürdiger

accro [akʀo] *abr de* **accroché** **I.** *adj fam* **1.** (*dépendant d'une drogue*) süchtig; ***elle est ~ à la cocaïne*** sie ist kokainsüchtig

2. (*passionné*) ■ **~ de qc** [ganz] verrückt auf etw (*akk*) *fam*; ***maintenant, je suis ~*** jetzt bin ich ganz verrückt darauf *fam*

II. *mf fam* **1.** (*drogué*) [Rauschgift]süchtige(r) *f(m)*, Junkie [ˈdʒaŋki] *m sl*

2. (*passionné*) ■ **~ [de qc]** Fan [fæn] *m*; **~ *du footing/du vélo*** Jogging-/Radfan [ˈdʒɔgɪŋ-] *fam*, Jogging-/Radfreak [-friːk] *m fam*; ***les ~s de musique classique/de sensations fortes*** die Fans der klassischen Musik/des Nervenkitzels *fam*

accroc [akʀo] *m* **1.** (*déchirure*) Riss *m*; ***qn fait un ~ à sa chemise*** jd reißt sich (*dat*) ein Loch ins Hemd

2. (*incident*) [unangenehmer [*o* ärgerlicher]] Zwischenfall; (*querelle*) Streitigkeit *f*, Reiberei *f*

▸ **qc fait un [petit] ~ à la <u>conscience</u> de qn** etw belastet jds Gewissen; **qn/qc fait un [petit] ~ à la <u>réputation</u> de qn** jd/etw beschmutzt jds Ansehen, jd/etw schadet jds Ruf (*dat*); **<u>sans</u> ~** reibungslos, ohne [jeden] Zwischenfall; ***l'opération s'est déroulée sans ~*** die Operation ist glatt [*o* ohne Komplikationen] verlaufen

accrochage [akʀɔʃaʒ] *m* **1.** (*action d'accrocher*) [*tableau, dessin, lustre*] Aufhängen *nt*; [*wagon*] Anhängen *nt*, Ankoppeln *nt*

2. (*collision*) [leichter] Unfall, [leichter] Zusammenstoß

3. (*altercation*) Auseinandersetzung *f*; ***ils ont eu quelques petits ~s*** sie haben ein paar Auseinandersetzungen gehabt, sie sind ein paarmal aneinander geraten

4. MIL Zusammenstoß *m*

accroche [akʀɔʃ] *f* MEDIA Blickfang *m*

accroche-cœur <~-~s> [akʀɔʃkœʀ] *m* Schmachtlocke *f fam* **accroche-plat** <~-~s> [akʀɔʃpla] *m* Wandtellerhalter *m*

accrocher <1> [akʀɔʃe] **I.** *vt* **1.** (*suspendre*) ■ **qn accroche qc [quelque part]** jd hängt etw [irgendwo] auf; ***qn accroche un mobile au-dessus du lit*** jd hängt ein Mobile über das Bett [*o* über dem Bett auf]; ***accroche ton manteau dans la penderie*** häng deinen Mantel in die Garderobe [*o* in der Garderobe auf]; ***qn accroche la caravane [derrière la voiture]*** jd hängt den Wohnwagen an; ■ **qn accroche qc à qc** jd hängt etw an etw (*akk*)

2. (*déchirer*) ■ **qn accroche qc** jd bleibt mit etw hängen

3. (*entrer en collision*) ■ **qn/qc accroche qn/qc** jd/etw streift jdn/etw, jd/etw fährt leicht gegen jdn/etw

4. (*attirer*) ■ **qn/qc accroche qn/qc** *regards* jd/etw zieht etw auf sich (*akk*); *client* etw zieht jdn an

5. (*aborder*) ■ **qn accroche qn** jd spricht jdn an und hält ihn auf

6. (*intéresser*) ■ **qc accroche qn** */film/* etw fesselt jdn

II. *vpr* **1.** (*se retenir*) ■ **qn s'accroche à qn/qc** jd klammert sich an jdn/etw, jd klammert sich an jdm/etw fest; ■ **qc s'accroche à qc** */plantes grimpantes, chardon/* etw hakt sich an etw (*dat*) fest

2. (*se faire un accroc*) ■ **qn s'accroche à qc** jd bleibt an etw (*dat*) hängen

3. (*persévérer*) ■ **qn s'accroche** jd hält durch, jd hält sich ran *fam*; ***parfois, il faut s'~*** manchmal braucht man viel Durchhaltevermögen

4. *fam* (*mettre ses espoirs dans*) ■ **qn s'accroche à qn/qc** jd klammert sich an jdn/etw

5. *fam* (*se disputer*) ■ **qn s'accroche avec qn** jd kriegt sich mit jdm in die Haare *fam*; ■ **deux/plusieurs personnes s'accrochent** zwei/mehrere Menschen kriegen sich in die Haare *fam*

6. MIL ■ **qn s'accroche avec qn** zwischen jdm und jdm kommt es zu einem militärischen Zusammenstoß, jd liefert sich (*dat*) mit jdm einen Kampf

▸ **tu <u>peux</u> te l'~!** *pop* den/die/das kannst du dir abschminken! *sl*; **accroche-<u>toi</u> [Jeannot]!** *fam* na, gute Nacht! *fam*

III. *vi* **1.** *fam* (*bien établir le contact*) ■ **qn accroche avec qn** jd wird mit jdm warm *fam*; ***je n'accroche pas avec ce garçon*** dieser Junge sagt mir einfach nichts; ■ **qn accroche avec/en/sur qc** *en maths, avec les équations* jd kann sich mit etw anfreunden; *sur un thème* etw spricht jdn an; ■ **qn accroche** *fam* jd findet Interesse daran

2. (*plaire*) ■ **qn/qc accroche** jd/etw kommt [gut] an; */livre, nom, titre/* etw lässt aufhorchen, etw macht von sich (*dat*) reden; */emballage, présentation/* etw erregt Aufmerksamkeit; ***qn sait ~*** jd weiß, was man tun muss, um gut anzukommen

3. (*achopper*) ■ **qc accroche sur qc** */conférence, pourparlers, négociations/* etw fährt sich an etw (*dat*) fest

accrocheur, -euse [akʀɔʃœʀ, -øz] *adj*: ***titre ~/publicité ~euse*** Titel, der/Werbung, die Aufmerksamkeit erregt; ***il faut qu'une publicité soit ~euse*** Werbung muss Aufmerksamkeit erregen

accroire *<irr, déf>* [akʀwaʀ] *vt, vi littér* ■ **qn fait [*o* laisse] ~ qc à qn** jd macht jdn etw glauben; ■ **qn fait [*o* laisse] ~ à qn que** *+ indic* jd macht jdn glauben, dass

▸ **qn en <u>fait</u> ~ à qn** *littér* jd führt jdn hinters Licht; **qn s'en <u>laisse</u> ~** *littér* jd lässt sich hinters Licht führen

accroissement [akʀwasmɑ̃] *m* [*chômage, charges*] Anstieg *m*; [*fatigue*] Zunahme *f*; [*chiffre d'affaires*] Steigerung *f*; **~ *de la population*** Zunahme der Bevölkerung, Bevölkerungszunahme; ***qc provoque un ~ de la douleur*** etw bewirkt, dass der Schmerz sich verstärkt [*o* stärker wird]; ***l'~ des exigences*** die steigenden Anforderungen

accroître *<irr>* [akʀwɑtʀ] **I.** *vt* ■ **qn accroît qc** jd erhöht etw; *patrimoine* jd vermehrt etw; ***qn accroît son pouvoir [sur qn/qc]*** jd verstärkt seine Macht [über jdn/etw] [*o* seinen Einfluss [auf jdn/etw]]; ■ **qc accroît qc** *fatigue, impression* etw verstärkt etw; *chances* etw vergrößert etw; *mécontentement* aufgrund einer S. (*gen*) wächst etw [*o* nimmt etw zu]

II. *vpr* ■ **qc s'accroît** */chômage, mécontentement/* etw nimmt zu; */risque/* etw wird größer; */chances de succès/* etw steigt

accroupir <8> [akʀupiʀ] *vpr* ■ **qn s'accroupit** jd geht in die Hocke, jd hockt sich nieder; ***qn s'accroupit derrière qc*** jd hockt sich hinter etw (*akk*); ■ **qn est accroupi(e)** jd hockt auf dem Boden; ***qn est accroupi(e) à côté de qc*** jd hockt neben etw (*dat*) [auf dem Boden]; ***elle a accouché accroupie*** sie hat das Kind hockend [*o* in Hockstellung] geboren

accroupissement [akʀupismɑ̃] *m* Hocke *f*, Hockstellung *f*

accru, e [akʀy] *adj* gesteigert, höher

accu [aky] *m souvent pl fam abr de* **accumulateur** Akku *m fam*; AUT Batterie *f*; ***les ~s sont à plat*** die Batterie ist leer

▸ **qn <u>recharge</u> ses ~s** *fam* jd tankt wieder auf *fam*

accueil [akœj] *m* **1.** (*fait de recevoir*) Empfang *m*; ***dans cet hôtel, l'~ est plutôt froid*** in diesem Hotel wird man ziemlich kühl empfangen

2. (*lieu*) Rezeption *f*, Empfang *m*

▸ **qn fait <u>bon</u>/<u>mauvais</u> ~ à qn** jd empfängt jdn freundlich/unfreundlich; **qn fait <u>bon</u>/<u>mauvais</u> ~ à qc** *à une proposition, demande, à un projet* jd begrüßt etw/reagiert ablehnend auf etw (*akk*); *à une nouvelle* jd nimmt etw freudig auf/reagiert ablehnend auf etw (*akk*); ***qn réserve un bon ~ à qn*** jd nimmt jdn gut auf; **qn <u>réserve</u> un ~ ... à qn/qc**: ***qn réserve un ~ froid à qn*** jd bereitet jdm einen ziemlich kühlen Empfang; ***on a réservé un ~ mitigé à sa proposition*** sein/ihr Vorschlag ist mit mäßiger Begeisterung aufgenommen worden

accueillant, e [akœjɑ̃, jɑ̃t] *adj personne* freundlich, liebenswürdig; *salle, pièce* gastlich; *jardin* einladend

accueillir *<irr>* [akœjiʀ] *vt* **1.** (*recevoir*) ■ **qn accueille qn** jd empfängt jdn; ***qn accueille qn avec un sourire/froidement*** jd empfängt jdn lächelnd/kühl

2. (*héberger*) ■ **qn/qc accueille qn** */hôte/* jd nimmt jdn bei sich auf; */centre, école/* jd/etw nimmt jdn auf; ***la salle des fêtes peut ~ 1000 personnes*** die Festhalle kann 1000 Besucher aufnehmen

3. (*réagir à*) ■ **qn accueille qc d'une certaine façon** *nouvelle, information* jd nimmt etw irgendwie auf; *idée, projet* jd reagiert irgendwie auf etw (*akk*); ***on a bien accueilli son projet*** sein/ihr Projekt ist begrüßt worden; ***il a accueilli bien/mal mes idées*** er hat zustimmend/ablehnend auf meine Einfälle reagiert; ***ils ont accueilli la proposition avec une grande méfiance/circonspection*** sie haben sehr misstrauisch/vorsichtig auf den Vorschlag reagiert

acculer <1> [akyle] *vt* **1.** (*coincer*) ■ **qn accule qn contre qc** *contre un mur* jd drängt jdn gegen etw

2. (*contraindre*) ■ **qn accule qn à qc** *à la faillite, au suicide* jd treibt jdn in etw (*akk*); *aux aveux* jd treibt jdn in die Enge, um ihn zu etw zu zwingen; *au mariage* jd zwingt jdn zu etw; ***il est acculé à la faillite*** er wird in den Konkurs [*o* Bankrott] getrieben

accumulateur [akymylatœʀ] *m* Akkumulator *m*, Akku *m fam*; AUT Batterie *f*; ***les ~s sont à plat*** die Batterie ist leer

▸ **qn <u>charge</u> [*o* <u>recharge</u>] un ~ [de voiture]** jd lädt die Batterie [eines Wagens] [wieder] auf

accumulation [akymylasjɔ̃] *f* **1.** [*marchandises, provisions*] Horten *nt*, Hortung *f*; [*biens, terres, richesses*] Anhäufung *f*, Akkumulation *f*; [*preuves*] Sammeln *nt*; ***l'~ du capital*** die Kapitalanhäufung, die Akkumulation von Kapital

2. ELEC Speicherung *f*

accumuler <1> [akymyle] **I.** *vt* ■ **qn accumule qc** jd häuft etw an; *argent a.* jd sammelt etw an; *preuves, pièces rares* jd sammelt etw, jd trägt etw zusammen; *marchandises* jd hortet etw; *énergie* jd speichert etw; ***qn accumule des fonds*** jd sammelt [*o* häuft] Gelder an; ***qn accumule des erreurs/des sottises*** jd macht einen Fehler nach dem anderen/jd macht [*o* begeht] eine Dummheit nach der anderen; ***qn accumule des rêves*** jd hat einen Traum nach dem anderen; ***les intérêts accumulés pendant 5 ans***

die in 5 Jahren aufgelaufenen Zinsen

II. *vpr* ■ **qc s'accumule quelque part** etw sammelt sich irgendwo; */difficultés/* etw häuft sich irgendwo; ***le sable s'accumule au fond du lac*** der Sand sammelt sich am Boden des Sees; ***les nuages s'accumulent à l'horizon*** die Wolken türmen sich am Horizont; ***la poussière s'accumule aux coins de la fenêtre*** der Staub sammelt sich in den Fensterecken; ■ **qc s'accumule dans qc** etw stapelt sich in etw (*dat*); ■ **qc s'accumule sur qc** *sur le bureau, sol, tapis* etw türmt sich auf etw (*dat*); */intérêts/ sur un compte d'épargne* etw läuft auf etw (*dat*) auf; ***les charges s'accumulent contre l'accusé*** die Beweise gegen den Angeklagten mehren sich

accusateur, -trice [akyzatœʀ, -tʀis] I. *adj regard, doigt* anklagend; *document, preuve* belastend; ***traces ~trices*** belastende Hinweise

II. *m, f* Ankläger(in) *m(f)*

accusatif [akyzatif] *m* Akkusativ *m;* ***qn met qc à l'~*** jd setzt etw in den Akkusativ; ***qc est à l'~*** etw steht im Akkusativ

accusation [akyzasjɔ̃] *f* 1. (*reproche*) Anschuldigung *f,* Beschuldigung *f,* Vorwurf *m;* ***qn rejette/retire une ~*** jd weist/nimmt eine Beschuldigung [*o* eine Anschuldigung] [*o* einen Vorwurf] zurück

2. JUR Klage *f,* Anklage *f*

3. JUR (*personne*) Anklage *f*

► **mise en ~** Anklage *f;* **qn/qc abandonne** [*o* **renonce à**] **l'~** JUR jd/etw lässt die Anklage fallen; **qn fait** [*o* **porte**] **une ~ contre qn** jd erhebt eine Beschuldigung [*o* Anschuldigung] gegen jdn, jd bringt eine Beschuldigung gegen jdn vor; **qn lance des ~s** jd erhebt Beschuldigungen [*o* Anschuldigungen]; **qn se lave d'une ~** jd wäscht sich von einer Beschuldigung [*o* Anschuldigung] rein; **qn met qn en ~** jd klagt jdn an

accusé, e [akyze] I. *m, f* 1. JUR Angeklagte(r) *f(m)*

2. (*responsable*): ***la hausse des salaires est la grande ~e*** der Lohnanstieg trägt die Hauptschuld

► **~(e), levez-vous!** Angeklagte(r), stehen Sie auf [*o* erheben Sie sich]!

II. *adj physique* markant; *traits a.* ausgeprägt; ***qn a les traits ~s par la fatigue*** jd sieht abgespannt [*o* mitgenommen] aus; ***qn a les traits ~s par la maladie*** jd ist von Krankheit gezeichnet

◆ **accusé de réception** Empfangsbestätigung *f,* Empfangsbescheinigung *f*

accuser <1> [akyze] I. *vt* 1. JUR ■ **qn accuse qn de qc** jd klagt jdn einer S. (*gen*) an; ■ **qn accuse qn de faire qc/d'avoir fait qc** jd klagt jdn an etw zu tun/etw getan zu haben

2. (*déclarer coupable*) ■ **qn accuse qn de qc** jd beschuldigt [*o* bezichtigt] jdn einer S. (*gen*); ■ **qn accuse qn de faire qc/d'avoir fait qc** jd beschuldigt [*o* bezichtigt] jdn etw zu tun/etw getan zu haben, jd wirft jdm vor etw zu tun/etw getan zu haben

3. (*rendre responsable*) ■ **qn accuse qn/qc de qc** jd macht jdn/etw für etw verantwortlich, jd gibt jdm/etw die Schuld an etw (*dat*); ■ **qn accuse qn/qc de faire/d'avoir fait qc** jd macht jdn/etw dafür verantwortlich, etw zu tun/etw getan zu haben; jd beschuldigt jdn etw zu tun/etw getan zu haben, jd wirft jdm vor etw zu tun/etw getan zu haben; ■ **qc accuse qn** etw belastet jdn, etw spricht gegen jdn

4. (*souligner*) ■ **qc accuse qc** etw unterstreicht etw, etw betont etw

5. (*montrer*) ■ **qn accuse qc** *fatigue, âge* man sieht jdm etw an; ■ **qc accuse qc** etw lässt etw erkennen; ***son visage accusa la surprise*** sein/ihr Gesicht verriet Erstaunen; ***son visage accuse la fatigue*** er/sie sieht müde aus, die Müdigkeit steht ihm/ihr im Gesicht geschrieben

II. *vpr* 1. (*se déclarer coupable*) ■ **qn s'accuse de qc** jd bezichtigt sich einer S. (*gen*), jd klagt sich einer S. (*gen*) an; ■ **qn s'accuse de faire/d'avoir fait qc** jd bezichtigt sich etw zu tun/etw getan zu haben, jd klagt sich an etw zu tun/etw getan zu haben

2. (*se rendre responsable de*) ■ **qn s'accuse de qc** jd gibt sich (*dat*) die Schuld an etw (*dat*), jd macht sich für etw verantwortlich; ■ **qn s'accuse de faire/d'avoir fait qc** jd klagt sich an etw zu tun/etw getan zu haben; jd klagt sich dafür an, dass er etw tut/etw getan hat; ***elle s'accuse de manquer de courage*** sie klagt sich dafür an, dass sie keinen Mut hat

ace [ɛs] *m* TENNIS Ass *nt*

acerbe [asɛʀb] *adj ton* scharf, hart; *paroles a.* verletzend; *critique a.* beißend; *écrits* bissig, sarkastisch

acéré, e [aseʀe] *adj griffes, couteau* scharf; *traits, piques* bissig, spitz

acétique [asetik] *adj:* ***acide ~*** Essigsäure *f;* ***odeur ~*** Essiggeruch *m,* essigsaurer Geruch; ***fermentation ~*** Essig[säure]gärung *f*

acétone [asetɔn] *f* Azeton *nt,* Aceton *nt*

acétylène [asetilɛn] *m* Azetylen *nt,* Acetylen *nt*

achalandé, e [aʃalɑ̃de] *adj* ► **bien ~** mit großer [*o* reicher] [*o* reichhaltiger] Auswahl, mit reichhaltigem [*o* breit gefächertem] Warenangebot; ***cette épicerie est bien ~e*** dieses Lebensmittelgeschäft hat eine große Auswahl [*o* ein reichhaltiges Warenangebot]

acharné, e [aʃaʀne] *adj travailleur* fanatisch; *combattant a.* erbittert, verbissen; *joueur a.* leidenschaftlich; *adversaire* unerbittlich; *combat, résistance* erbittert, heftig; *poursuite, concurrence* unerbittlich, erbarmungslos; *travail* unermüdlich, zäh; *effort* hartnäckig; ***au prix d'un travail ~*** durch unermüdliches [*o* zähes] Arbeiten; ***au prix d'un effort ~*** durch angestrengte Bemühungen, durch unermüdliche Anstrengung; ***c'est parce qu'il était ~ qu'il gagna son procès*** er hat seinen Prozess gewonnen, weil er hartnäckig war [*o* nicht lockerließ]; ***il est si ~ au poker ...*** er ist ein so besessener Pokerspieler ...; ■ **~ à faire qc** besessen von der Idee etw zu tun; ■ **~ contre qn/qc** verbissen gegen jdn/etw kämpfend; ***un ministre ~ contre les terroristes*** ein Minister, der einen erbitterten Kampf gegen die Terroristen führt

acharnement [aʃaʀnəmɑ̃] *m* [*self-made-man, travailleur*] Hartnäckigkeit *f;* [*concurrent a.*] Unerbittlichkeit *f;* [*combattant, policier*] Verbissenheit *f;* [*joueur*] Leidenschaft *f;* [*plaideur*] Engagement *nt;* ■ **~ de qn à faire qc** Hartnäckigkeit, mit der jd etw tut

► **~ thérapeutique**: ***dans son cas, il s'agit vraiment d'~ thérapeutique*** hier wird wirklich versucht, sein/ihr Leben mit allen Mitteln künstlich zu erhalten; **avec ~** *se battre* erbittert; *travailler* verbissen, unermüdlich; *poursuivre* unerbittlich, erbarmungslos; *résister* hartnäckig; ***qn joue avec ~*** jd spielt verbissen [*o* hartnäckig] weiter

acharner <1> [aʃaʀne] *vpr* 1. (*persévérer*) ■ **qn s'acharne** jd müht sich ab; ***pourquoi tu t'acharnes? tu n'as aucune chance [auprès d'elle]*** warum mühst du dich so ab? du hast doch überhaupt keine Chance [bei ihr]

2. (*être au prises avec*) ■ **qn s'acharne sur qc** *sur une traduction, copie, un devoir* jd bleibt verbissen an etw (*dat*); *sur un problème a.* jd verbeißt sich in etw (*akk*); ■ **qn s'acharne à faire qc** jd versteift sich darauf, etw zu tun

3. (*ne pas lâcher prise*) ■ **un animal s'acharne sur qc/un animal** ein Tier lässt etw/ein Tier nicht los; ■ **qn s'acharne sur qn/un animal** jd lässt nicht von jdm/einem Tier ab

4. (*attaquer physiquement*) ■ **qn/un animal s'acharne sur** [*o* **contre**] **qn** jd/ein Tier geht auf jdn los

5. (*détruire*) ■ **qn s'acharne sur qc** jd zerstört etw blindwütig

6. (*s'opposer à*) ■ **qn s'acharne contre** [*o* **après**] **qn** *contre les terroristes, les délinquants* jd bekämpft jdn, jd führt einen erbitterten Kampf gegen jdn; ■ **qn s'acharne contre qc** jd kämpft [erbittert] gegen etw; *contre l'intolérance, la pornographie, le racisme a.* jd geht gegen etw an, jd führt einen erbitterten Kampf gegen etw

7. (*poursuivre*) ■ **qc s'acharne contre** [*o* **après**] [*o* **sur**] **qn** etw verfolgt jdn, etw sucht jdn heim; ***le sort s'acharne contre*** [*o* ***sur***] ***elle*** das Schicksal verfolgt sie, sie ist vom Schicksal geschlagen; ***la malchance s'acharne contre lui*** er ist vom Pech verfolgt

achat [aʃa] *m* 1. (*action*) Kauf *m;* [*biens durables a.*] Anschaffung *f;* ***ça me paraît cher à l'~*** das scheint mir teuer

2. (*chose achetée*) Kauf *m,* Einkauf; ■ **~s** Einkäufe *pl;* ***un bon ~*** ein guter Kauf

► **qn fait l'~ de qc** jd kauft etw, jd erwirbt etw [käuflich] *form; d'une machine à laver, bibliothèque, voiture a.* jd schafft [sich (*dat*)] etw an; **qn fait des ~s** jd kauft ein, jd macht Einkäufe

acheminement [aʃ(ə)minmɑ̃] *m* [*courrier, voyageurs*] Beförderung *f;* [*marchandises a.*] Transport *m;* [*troupes*] Transport; [*réfugiés*] Transport, Weiterleitung *f*

acheminer <1> [aʃ(ə)mine] I. *vt* 1. (*transporter*) ■ **qn/qc achemine qn/qc** *courrier, voyageurs* jd/etw befördert jdn/etw; *marchandises a.* jd/etw transportiert etw; *réfugiés* jd/etw transportiert jdn, jd/etw leitet jdn weiter

2. (*diriger*) ■ **qn achemine qn/qc quelque part** *train* jd leitet etw irgendwohin um; *troupes* jd leitet jdn irgendwohin; ***les troupes ont été acheminées vers*** [*o* ***sur***] ***le front du sud*** die Truppen wurden an die südliche Front beordert

II. *vpr* 1. (*aller en direction de*) ■ **qn/qc s'achemine vers ...** */train, voiture/ vers Toulouse, Paris* jd/etw bewegt sich in Richtung ...; */personne, groupe a./* jd macht sich auf den Weg nach ..., jd begibt sich nach ...; *vers le centre-ville* jd macht sich auf den Weg in ... (*akk*), jd begibt sich in ... (*akk*); ***elle s'achemina vers le bois/la remise*** sie ging auf den Wald/den Schuppen zu

2. (*aller vers un résultat*) ■ **qn/qc s'achemine vers qc** *vers la destruction* etw geht einer S. (*dat*) entgegen; *vers la ruine, catastrophe* jd/etw steuert in etw (*akk*) [*o* auf etw (*akk*) zu]; *vers une conclusion, solution* jd nähert sich einer S. (*dat*); ***on s'achemine vers la fin de qc*** das Ende einer S. (*gen*) zeichnet sich ab; ***nous nous acheminons vers la fin de ce stage*** unser Praktikum geht dem Ende zu, wir nähern uns dem Ende unseres Praktikums

acheter <4> [aʃ(ə)te] I. *vt* 1. (*acquérir*) ■ **qn achète qc** jd kauft etw; ***achetez français!*** kaufen Sie [nur] französische Waren!; ■ **qn achète qc à qn** [*o* **pour qn**] jd kauft jdm etw, jd kauft etw für jdn; ■ **qn achète qc à qn** [*o* **chez qn**] (*à un particulier*) jd kauft etw von jdm, jd kauft jdm etw ab; (*chez un marchand*) jd kauft etw bei jdm; ***qn achète qc au supermarché/au marché*** jd kauft etw im Supermarkt/auf dem Markt

2. *péj* ■ **qn achète qc** *silence d'un témoin, complicité de qn* jd erkauft sich (*dat*) etw; *votes* jd kauft etw; ■ **qn achète qn** *fonctionnaire, témoin, juge* jd kauft [*o* besticht] jdn; ■ **qn se laisse ~** jd lässt sich kaufen

II. *vpr* ■ **qc s'achète** etw kann man kaufen; ■ **qn s'achète qc** jd kauft sich (*dat*) etw; *biens durables, animal domestique a.* jd schafft sich (*dat*) etw an

acheteur, -euse [aʃtœʀ, -øz] *m, f* 1. (*individuel*) Käufer(in) *m(f);* (*entreprise*) Abnehmer(in) *m(f);* ***gros ~*** Großabnehmer

2. COM (*de profession*) Einkäufer(in) *m(f)*

► **qn est ~** jd ist [am Kauf] interessiert; (*de profession*) jd ist Einkäufer; **qn trouve un ~** jd findet einen Käufer [*o* Abnehmer]

achèvement [aʃɛvmɑ̃] *m* 1. (*fin*) [*immeuble*] Fertigstellung *f;* [*œuvre a.*] Vollendung *f;* [*travaux*] Beendung *f,* Abschluss *m*

2. (*perfection*) Vollendung *f*

achever <4> [aʃ(ə)ve] I. *vt* 1. (*terminer*) ■ **qn achève qc** jd beendet etw, jd schließt etw ab; *discours a.* jd beschließt etw; *œuvre* jd stellt etw fertig, jd vollendet etw; *bouteille* jd trinkt etw aus; ***qn achève son repas*** jd isst zu Ende, jd isst fertig; ***qn achève ses jours/sa vie quelque part*** jd beschließt seine Tage/sein Leben irgendwo; ***qn achève la lecture de qc*** jd liest etw aus [*o* zu Ende]; ■ **qn achève de faire qc** jd tut gerade etw [zu Ende]; ***il achevait de manger/de lire la lettre lorsque ...*** er hatte gerade zu Ende gegessen/den Brief gerade zu Ende gelesen, als ...; ***elle a achevé de ranger [son bureau]*** sie hat [ihr Büro] fertig aufgeräumt, sie ist mit dem Aufräumen [ihres Büros] fertig

2. (*porter à son comble*) ■ **qc achève de faire qc** etw tut etw vollends [*o* endgültig]; ***les critiques achèvent de démoraliser l'écrivain*** die Kritiken demoralisieren den Schriftsteller vollends [*o* endgültig]

3. (*tuer*) ■ **qn achève qn/un animal** jd tötet jdn/ein Tier, jd gibt einem Tier den Gnadenstoß

4. (*épuiser*) ■ **qc achève qn** etw gibt jdm den Rest, etw macht jdn völlig fertig *fam*
II. *vi* ■ **qn achève** jd redet aus, jd redet [*o* spricht] zu Ende

achoppement [aʃɔpmɑ̃] *m v.* **pierre**

acide [asid] I. *adj* 1. *fruit, saveur* sauer; *critique, remarque* bissig, scharf
2. CHIM *solution, milieu* sauer; *fermentation, bactérie* Säure-
II. *m* 1. CHIM Säure *f*
2. *arg* (*drogue*) LSD *nt*
▶ ~ **aminé** Aminosäure *f;* ~ **ascorbique** Ascorbinsäure *f;* ~ **désoxyribonucléique** Desoxyribonukleinsäure *f;* ~ **gras** Fettsäure *f;* ~ **nucléique** Nukleinsäure *f;* ~ **organique** organische Säure; ~ **ribonucléique** Ribonukleinsäure *f*

acidifier <1 a> [asidifje] I. *vt* ■ **qc acidifie qc** etw macht etw sauer; ■ **qn acidifie qc** jd säuert etw; *vin* jd macht etw trockener; CHIM jd wandelt etw in Säure um
II. *vpr* ■ **qc s'acidifie** etw wird sauer; */vin/* etw wird trockener

acidité [asidite] *f* 1. [*fruit*] saurer Geschmack; [*critique, remarque*] Schärfe *f*
2. CHIM Säuregehalt *m;* ~ ***gastrique*** Magensäure *f*

acidulé, e [asidyle] *adj goût, bonbon* säuerlich, leicht sauer; *coloris, ton* grell; ***vert*** ~ Giftgrün *nt,* giftiges Grün

acier [asje] *m* 1. (*métal*) Stahl *m;* ~ ***doux/dur*** weicher Stahl/Hartstahl, kohlenstoffarmer/kohlenstoffreicher Stahl; ***qc est en*** ~ etw ist aus Stahl [*o* stählern]; ***une table en*** ~ ein Stahltisch *m;* ***une monture d'***~ eine Stahlfassung
2. (*industrie*) ■ **l'acier** die Stahlindustrie
▶ ~ **chromé/spécial** Chrom-/Edelstahl *m;* ~ **inoxydable/trempé** nicht rostender [*o* rostfreier]/gehärteter Stahl; **d'**~ (*dur*) *regard* stählern, hart; *muscles, nerfs* stählern, aus Stahl; ***qn a des jarrets d'***~ jd hat stahlharte Waden; ***un moral d'***~ eine ungebrochene Moral

aciérie [asjeʀi] *f* Stahlwerk *nt,* Stahlhütte *f*

acné [akne] *f* Akne *f,* Pickel *pl*
▶ ~ **juvénile** Akne iuvenilis

acolyte [akɔlit] *m* 1. *péj* Komplize *m,* Helfershelfer *m,* Gehilfe *m*
2. REL Akolyth *m*

acompte [akɔ̃t] *m* 1. (*engagement d'achat*) Anzahlung *f;* ***qn paie*** [*o* ***verse***] ***un*** ~ jd macht [*o* leistet] eine Anzahlung
2. (*avance*) Vorschuss *m;* ***un*** ~ ***sur salaire*** ein Lohnvorschuss
3. *fam* (*avant-goût*) Vorgeschmack *m*
▶ ~ **provisionnel** Steuervorauszahlung *f*

acoquiner <1> [akɔkine] *vpr péj* ■ **qn s'acoquine avec qn** jd lässt sich mit jdm ein

Açores [asɔʀ] *fpl* ■ **les Açores** die Azoren

à-côté <~-~s> [akote] *m* 1. (*détail*) Nebensächlichkeit *f,* nebensächliche Frage, nebensächlicher Punkt
2. *pl* (*coulisses*) Begleitumstände *pl,* Begleiterscheinungen *pl;* ***les*** ~-~***s d'une course cycliste*** [das,] was am Rande eines Fahrradrennens geschieht
3. (*gain occasionnel*) Zubrot *nt kein pl*
▶ **qn a** [*o* **se fait**] **des** ~-~**s** jd verdient sich (*dat*) ein Zubrot

à-coup <~-~s> [aku] *m* 1. [*moteur, machine*] Ruck *m,* Stoß *m;* ***le moteur eut quelques*** ~-~***s*** der Motor stotterte
2. ECON (*fluctuation*) Schwankung *f;* ***l'économie subit quelques*** ~-~***s*** die Wirtschaft hat einige Rückschläge erlitten; ***après quelques*** ~-~***s, l'industrie replonge dans la crise*** nach einem kurzen Aufschwung befindet sich die Industrie wieder in einer Krise
▶ **par** ~-~**s** stoßweise; *travailler* unregelmäßig, nicht kontinuierlich; (*saisonnier*) saisonbedingt; ***l'eau jaillissait par*** ~-~***s du robinet*** das Wasser kam nur stoßweise [*o* stotternd] aus dem Hahn

acoustique [akustik] I. *adj* akustisch; ***le nerf*** ~ der [Ge]hörnerv; ***l'isolation*** ~ die Schalldämmung; ***ondes*** ~***s*** Schallwellen *pl*
II. *f* ∅ 1. (*science*) Akustik *f,* Lehre *f* vom Schall
2. [*salle*] Akustik *f;* ***l'***~ ***architecturale*** die Raumakustik; ***qc a une bonne/mauvaise*** ~ etw hat eine gute/schlechte Akustik

acquéreur [akeʀœʀ] *m* Käufer(in) *m(f),* Erwerber(in) *m(f)*
▶ **qn trouve** [**un**] ~ **pour qc** jd findet einen Käufer [*o* Abnehmer] für etw; **qn se porte** [*o* **se rend**] ~ **de qc** jd kauft etw

acquérir <*irr*> [akeʀiʀ] I. *vt* 1. (*devenir propriétaire*) ■ **qn acquiert qc** jd kauft etw, jd erwirbt etw [käuflich] *form;* ***qn acquiert qc par voie d'héritage*** jd erbt etw
2. (*obtenir*) ■ **qn acquiert qc** *manière de travailler, qualités* jd eignet sich (*dat*) etw an; *connaissances a.* jd gewinnt etw; *notoriété, célébrité, faveur de qn, sagesse* jd erlangt etw; *autorité* jd verschafft sich (*dat*) etw; *habileté* jd erwirbt etw; *expérience* jd sammelt etw, jd gewinnt etw; ***qn acquiert la certitude de qc/que*** + *indic* jd erlangt Gewissheit über etw (*akk*)/darüber, dass; ***qn acquiert des certitudes*** jd erlangt Gewissheit; ***avec le temps, il a acquis l'habitude de se lever tôt*** mit der Zeit ist es ihm zur Gewohnheit geworden, früh aufzustehen; ***qn acquiert la preuve de qc/que*** + *indic* jd erhält den Beweis für etw/dafür, dass
3. (*gagner*) ■ **une chose acquiert qc** *importance* einer S. (*dat*) kommt etw zu, eine S. erhält etw; ***ce timbre/ce tableau va*** ~ ***de la valeur*** diese Briefmarke/dieses Gemälde wird an Wert gewinnen [*o* im Wert steigen]
II. *vpr* 1. (*s'obtenir*) ■ **qc s'acquiert** */manière de travailler, qualités/* etw eignet man sich (*dat*) an; */connaissances, habileté/* etw gewinnt man, etw erwirbt man; */richesse/* zu etw gelangt man, etw erwirbt man, etw lässt sich erwerben; */expériences/* etw sammelt man, etw gewinnt man, etw lässt sich sammeln; */notoriété, célébrité, faveur de qn/* etw erlangt man, etw lässt sich erlangen; */autorité/* etw verschafft man sich (*dat*); ***la sagesse s'acquiert avec l'âge*** mit dem Alter kommt die Weisheit; ***l'habitude de se lever à 6 heures du matin s'acquiert difficilement*** man gewöhnt sich nur schwer daran, um 6 Uhr morgens aufzustehen; ***l'intelligence ne s'acquiert pas*** Intelligenz kann man nicht [*o* lässt sich nicht] erwerben
2. (*se procurer*) ■ **qn s'acquiert qc** *amitié, estime* jd erwirbt etw; *appui* jd sichert sich (*dat*) etw; *autorité* jd verschafft sich (*dat*) etw; *animosité* jd zieht sich (*dat*) etw zu

acquiescement [akjɛsmɑ̃] *m* ■ ~ [**à qc**] Zustimmung *f* [zu etw], Einwilligung *f* [in etw (*akk*)], Einverständnis *nt* [mit etw]; ***qn donne son*** ~ ***à qc*** jd stimmt einer S. (*dat*) zu, jd gibt [*o* erteilt] einer S. (*dat*) seine Zustimmung, jd billigt [*o* genehmigt] etw; ***qn refuse son*** ~ ***à qc*** jd verweigert einer S. (*dat*) seine Zustimmung; ***en signe d'***~ als Zeichen der Zustimmung, zustimmend

acquiescer <2> [akjese] *vi* ■ **qn acquiesce** jd stimmt zu [*o* bei]; ***elle acquiesça d'un sourire/d'un signe de tête*** sie lächelte/nickte zustimmend [*o* beipflichtend]

acquis, e [aki, iz] I. *pp de* **acquérir**
II. *adj* 1. (*obtenu*) *fortune, habileté, aptitude* erworben; *droit* wohlerworben; *habitude* angenommen; *connaissances* gewonnen; *célébrité* erlangt; *expérience* gewonnen, gesammelt; *avantages* erkämpft; **caractères** ~ erworbene Merkmale; ***l'habitude de faire qc une fois*** ~***e, l'enfant ...*** wenn es dem Kind erst einmal zur Gewohnheit geworden ist, etw zu tun ...
2. (*reconnu*) gesichert, feststehend, unbestritten; ***c'est une chose*** ~***e*** das ist eine [feststehende] Tatsache; ***c'est maintenant un fait*** ~ das steht jetzt fest
3. (*accordé*) ■ **qc est** ~ **à qn** etw ist jdm sicher; ■ **qn est** ~ **à qn** (*dévoué*) jd ist jdm ergeben; ■ **qn est** ~ **à qc** *à un projet, une cause* jd bekennt sich zu etw, jd steht hinter etw (*dat*)
▶ **qn considère qc comme** ~ jd hält etw für gesichert, jd betrachtet etw als gesichert; **qn tient qc pour** ~ jd hält etw für gesichert [*o* erwiesen]
III. *m* 1. *vieilli* (*savoir*) umfangreiches Wissen; (*expérience*) reicher Erfahrungsschatz
2. *pl* (*avantages sociaux*) Errungenschaften *pl*

acquisition [akizisjɔ̃] *f* 1. (*action*) [*connaissances, langue*] Erwerb *m;* [*maison, terrain a.*] Kauf *m;* [*habitude*] Annehmen *nt;* ***l'***~ ***de cette habitude a été lente*** ich habe/er/sie hat lange dazu gebraucht, mir/sich das zur Gewohnheit zu machen; ***l'***~ ***du langage*** der Spracherwerb
2. (*objet acquis*) Kauf *m,* Anschaffung *f;* ***voici mes dernières*** ~***s*** hier sind meine neuesten Errungenschaften
▶ **nouvelle** ~ Neuzugang *m;* **qn fait l'**~ **de qc** jd schafft [sich (*dat*)] etw an; *d'une maison, d'un terrain, tableau* jd erwirbt etw

acquit [aki] *m* Quittung *f,* Zahlungsbescheinigung *f*
▶ **par** ~ **de conscience** um ganz sicherzugehen; **pour** ~ Zahlung [*o* Betrag] [dankend] erhalten

acquittement [akitmɑ̃] *m* 1. [*accusé*] Freispruch *m*
2. (*règlement*) [*dette*] Tilgung *f,* Bezahlung *f;* [*dette morale*] Begleichung *f;* [*facture, note*] Bezahlung, Begleichung; [*taxe*] Entrichtung *f,* Zahlung *f;* [*impôt*] [Be]zahlung
3. (*exécution*) [*promesse*] Einlösung *f,* Erfüllung *f;* [*obligation, tâche*] Erfüllung; [*fonction*] Ausübung *f;* [*mission*] Ausführung *f*

acquitter <1> [akite] I. *vt* 1. ■ **qn acquitte qn** *accusé* jd spricht jdn frei
2. (*payer*) ■ **qn acquitte qc** *dettes, facture, note* jd bezahlt etw, jd begleicht etw; *impôts* jd [be]zahlt etw; *taxe* jd entrichtet etw; (*signer*) *facture* jd quittiert etw
II. *vpr* ■ **qn s'acquitte de qc** *d'une dette* jd bezahlt etw, jd begleicht etw, jd tilgt etw; *d'une dette morale* jd trägt etw ab, jd begleicht etw; *d'une promesse* jd hält etw, jd löst etw ein; *d'une obligation* jd kommt einer S. (*dat*) nach, jd erfüllt etw; *d'une tâche* jd erfüllt etw; *d'une mission* jd führt etw aus; *d'une fonction* jd übt etw aus

âcre [ɑkʀ] *adj fumée* beißend; *odeur a.* streng; *saveur* herb, scharf; *vin* herb; *jus* sauer

âcreté [ɑkʀəte] *f* 1. [*odeur*] Schärfe *f;* [*saveur a., vin*] Herbheit *f;* [*fumée*] beißender Geruch; [*parfum*] strenger Geruch
2. [*ironie*] Schärfe *f;* **avec** ~ in scharfem Ton

acrimonie [akʀimɔni] *f* Groll *m*

acrobate [akʀɔbat] *mf* Akrobat(in) *m(f)*
▶ ~ **de la finance** Finanzakrobat(in) *m(f)*

acrobatie [akʀɔbasi] *f* 1. (*tour*) Akrobatenstück *nt*
2. *pl* (*prouesses*) akrobatische Kunststücke *pl*
3. (*procédé*) Akrobatik *f;* ***il rétablit le budget par quelques*** ~***s*** er besserte das Budget mit einigen Kunstgriffen [*o* Tricks] auf
▶ ~ **aérienne** (*discipline*) Kunstflug *m;* (*figure*) [Kunstflug]figur *f;* ~ **intellectuelle** Gedankenakrobatik *f,* geistige Klimmzüge *fam;* **qn fait des** ~**s** jd vollführt [*o* macht] Kunststücke, jd stellt sich auf den Kopf *fam*

acrobatique [akʀɔbatik] *adj* akrobatisch; ***qc est*** ~ *fig* etw ist ein akrobatischer Akt

acronyme [akʀɔnim] *m* Akronym *nt*

acrylique [akʀilik] I. *adj* Acryl-; ***fibre*** ~ Acrylfaser *f*
II. *m* Acryl *nt*

acte [akt] *m* 1. (*action*) Tat *f,* Handlung *f;* ***un*** ~ ***d'agression*** eine Aggressionshandlung, ein aggressiver Akt; ~ ***d'autorité*** Autoritätshandlung; ~ ***de bravoure*** [*o* ***courage***] mutige Tat; ~ ***de charité*** Akt *m* der Nächstenliebe; ~ ***de cruauté*** Gräueltat; ***un*** ~ ***de folie*** die Tat eines Wahnsinnigen; ~ ***d'hostilité*** feindlicher Akt, feindliche Handlung; ~ ***de terrorisme/violence*** Terror-/Gewaltakt; ~ ***de vandalisme*** Akt blinder Zerstörungswut; ~ ***criminel/prémédité*** verbrecherische/vorsätzliche Handlung; ~ ***délictueux*** strafbare Handlung, Vergehen *nt;* ~ ***désespéré*** Verzweiflungstat; ~ ***instinctif*** Instinkthandlung; ***assez parlé, des*** ~***s!*** genug geredet, es muss gehandelt werden [*o* lass/lasst Taten sehen]!; ***je préfère juger les gens sur leurs*** ~***s*** ich ziehe es vor, Menschen nach ihren Taten zu beurteilen
2. JUR (*manifestation de volonté*) Rechtsgeschäft *nt;* (*document*) Urkunde *f,* Schriftstück *nt,* Dokument *nt;* (*contrat*) Vertrag *m;* ***qn signe un*** ~ ***devant notaire*** jd unterzeichnet einen Vertrag vor dem Notar, jd schließt einen Vertrag vor dem Notar ab

3. THEAT Akt *m;* ~ ***II, scène III*** zweiter Akt, dritte Szene
▶ ~ **authentique** beglaubigte Urkunde; ~ **gratuit** unmotivierte Handlung; ~ **héroïque** Heldentat *f;* ~ **judiciaire/extra-judiciaire** Rechtshandlung *f*/außergerichtliche Handlung; ~ **juridique** (*manifestation de volonté*) Rechtsgeschäft *nt;* (*document*) Urkunde *f,* Schriftstück *nt,* Dokument *nt;* ~ **manqué** Fehlleistung *f;* ~ **médical** ärztliche Leistung; ~ **notarié** notariell beglaubigte Urkunde; ~ **réflexe** Reflex *m;* ~ **sexuel** Geschlechtsakt *m;* **A**~ **unique** [**européen**] Einheitliche [Europäische] Akte; **qn demande** ~ [**à qn**] **de qc/que** + *indic* jd bittet [jdn] etw zu Protokoll zu nehmen/jd bittet [jdn] zu Protokoll zu nehmen, dass; **qn donne** ~ [**à qn**] **de qc/que** + *indic* jd bestätigt [jdm] etw/, dass; **qn fait** ~ **de qc** jd legt etw an den Tag; ***qn fait*** ~ ***d'énergie/ de bonne volonté*** jd zeigt Energie/guten Willen, jd legt Energie/guten Willen an den Tag; ***qn fait*** ~ ***d'autorité*** jd greift durch; (*en paroles*) jd spricht ein Machtwort; ***qn fait*** ~ ***de candidature*** [***à qc***] jd kandidiert [für etw]; ***qn fait*** ~ ***de présence*** jd lässt sich [kurz] sehen [*o* blicken]; **qn passe** [*o* **dresse**] **un** ~ jd stellt [*o* fertigt] eine Urkunde aus; **qn passe à l'**~ [*o* **aux** ~**s**] jd handelt, jd schreitet zur Tat; **qn prend** ~ **de qc/que** + *indic* (*écrit*) jd nimmt etw zu Protokoll/jd nimmt zu Protokoll, dass; (*prend connaissance de*) jd nimmt etw zur Kenntnis/jd nimmt zur Kenntnis, dass; **qn traduit qc en** ~ jd setzt etw in die Tat um; **dont** ~ in Ordnung; JUR ausgefertigt; **en** ~ PHILOS in Wirklichkeit
◆ **acte d'accusation** Anklageschrift *f;* **acte des apôtres** Apostelgeschichte *f;* **acte de baptême** Taufschein *m;* **acte de commerce** Handelsgeschäft *nt;* **acte de constitution de société** Gesellschaftsgründungsvertrag *m;* **acte de décès** Sterbeurkunde *f,* Totenschein *m;* **acte de l'état civil** standesamtliche Urkunde, Personenstandsurkunde *f;* **acte de foi** Glaubensakt *m;* **acte de guerre** kriegerischer Akt, kriegerische Handlung; **acte de mariage** Heiratsurkunde *f,* Trauschein *m;* **acte de naissance** Geburtsurkunde *f,* Geburtsschein *m;* **acte sous seing privé** Privaturkunde *f,* privatschriftlicher Vertrag; **acte de succession** Erbvertrag *m;* **acte de vente** Kaufvertrag *m,* Kaufurkunde *f*

acteur, -trice [aktœʀ, -tʀis] *m, f* 1. THEAT, CINE Schauspieler(in) *m(f)*
2. (*auteur*) Akteur(in) *m(f)*

actif, -ive [aktif, -iv] I. *adj* 1. (*dynamique*) aktiv; BOURSE *marché* lebhaft; ***le marché est devenu très*** ~ der Markt hat sich stark belebt; ***méthode*** ~***ive*** aktiver Unterricht; ***qn prend une part*** ~***ive à qc*** jd leistet einen aktiven Beitrag bei etw
2. ECON *population* erwerbstätig; *âge* erwerbsfähig
3. (*efficace*) *produit, médicament* wirksam; *poison* schnell wirkend
4. PHYS aktiv
5. LING *verbe* im Aktiv stehend, aktivisch; *forme verbale a.* aktiv; ***la voix*** [*o* ***forme***] ~***ive*** das Aktiv; ***qn conjugue un verbe à la voix*** [*o* ***forme***] ~***ive*** jd konjugiert ein Verb aktivisch [*o* im Aktiv]
II. *m* 1. FIN Aktivseite *f,* Aktivbestand *m,* Aktivvermögen *nt,* Aktiva *pl;* ***l'***~ ***d'une succession*** das Nachlassvermögen
2. (*travailleur*) Erwerbstätige(r) *f(m)*
3. LING Aktiv *nt,* Tätigkeitsform *f,* Tatform *f*
▶ ~ **circulant** Umlaufvermögen *nt;* ~**s corporels** materielle Anlagewerte; **qn a qc à son** ~ *victoires, records* jd kann etw für sich verbuchen; *cambriolages, crimes* etw geht auf jds Konto [*o* Kappe *fam*] (*akk*); **qn met qc à l'**~ **de qn** jd hält jdm etw zugute; ***sa générosité est à mettre à son*** ~ man muss ihm/ihr seine/ihre Großzügigkeit zugute halten; man muss [allerdings] zugeben, dass er/sie großzügig ist; **à l'**~ LING aktivisch, im Aktiv; ***un verbe est à l'***~ ein Verb steht im Aktiv; ***qn inscrit*** [*o* ***fait figurer***] [*o* ***passe***] [*o* ***porte***] ***qc à l'***~ ***de qn/ qc*** *fig* jd hält jdm etw zugute/jd verbucht etw auf der Aktivseite einer S. (*gen*); ***j'inscris cette somme à l'***~ ***de votre compte*** ich schreibe Ihnen diese Summe gut; ***qc figure à l'***~ [***de qc***] FIN etw wird auf der Aktivseite [einer S. (*gen*)] verbucht
III. *f* ■ **active** MIL aktive Truppe

action [aksjɔ̃] *f* 1. (*acte*) Tat *f*
2. ∅ (*fait d'agir*) Handeln *nt,* Handlung *f;* (*démarche*) Vorgehen *nt,* Aktion *f;* ***moi, il me faut de l'***~ ich muss aktiv [*o* in Aktion] sein; ***elle aime l'***~ sie hat es gern, wenn viel los ist; ***assez de paroles, de l'***~! genug geredet, es muss gehandelt werden!; ***l'***~ ***du gouvernement s'est concentrée sur les prix*** die Maßnahmen der Regierung konzentrierten sich auf die Preise; ***les électeurs jugeront l'***~ ***du gouvernement*** die Wähler werden über die Politik der Regierung urteilen; ***il faudrait mener une*** ~ ***d'ensemble*** man sollte flächendeckend vorgehen
3. (*effet*) Wirkung *f;* [*médicament*] Wirkung; [*soleil*] Einwirkung, Einstrahlung *f;* [*loi*] [Aus]wirkung; [*piston*] Tätigkeit *f;* (*intervention*) [*gouvernement, ministre*] Eingreifen *nt;* ***l'***~ ***du sodium permet ...*** das Natrium bewirkt ...; ***l'***~ ***de la pluie, du vent et du gel a été fatale à l'arbre*** Regen, Wind und Frost haben dem Baum verheerenden Schaden zugefügt; ***l'***~ ***du vent a brisé la cime de l'arbre*** durch den Wind [*o* infolge des Windes] ist der Baumwipfel abgebrochen
4. (*péripéties*) [*pièce*] Handlung *f;* [*film a.*] Action ['ækʃn] *f fam;* (*intrigue*) Handlung; ***il y a beaucoup d'***~ ***dans ce film*** in diesem Film passiert sehr viel, der Film hat viel Action *fam;* ***ce film manque d'***~ in diesem Film passiert nicht genug, dieser Film hat nicht genug Action *fam;* ***l'***~ ***du film/ de la pièce se passe en Espagne*** der Film/das Stück spielt in Spanien
5. (*lutte*) Kampf *m;* (*mesure ponctuelle*) Aktion *f;* ***l'***~ ***syndicale*** der Kampf der Gewerkschaft/Gewerkschaften; ***qn engage l'***~ (*politique*) jd nimmt den [politischen] Kampf auf; (*syndicale*) jd ergreift Kampfmaßnahmen
6. JUR Verfahren *nt,* Klage *f;* ***qn/ qc entrave l'***~ ***de la justice*** jd/etw behindert das Gerichtsverfahren
7. FIN, BOURSE Aktie *f,* Anteilschein *m*
▶ **un homme/une femme d'**~ ein Mann/eine Frau der Tat; **qn accomplit** [*o* **fait**] **une bonne** ~ jd vollbringt [*o* tut] eine gute Tat; ~ **civile** Privatklage *f;* (*en même temps que l'action publique*) Nebenklage *f;* ~ **commerciale** Verkaufsaktion *f;* **une** ~ **cotée** [**en Bourse**] eine [an der Börse] notierte Aktie; ~ **directe** [*syndicat*] konkrete Kampfmaßnahmen; [*terroristes*] [offener] Kampf; ~ **judiciaire** [*o* **en justice**] Gerichtsverfahren *nt;* ~ **nominative** Namensaktie *f,* auf den Namen laufende Aktie; ~ **publique** öffentliche Klage; ~ **revendicative** [*syndicat, ouvriers*] Kampfmaßnahmen *pl;* [*étudiants*] Protestaktion *f;* **les** ~**s de qn baissent** [*o* **sont en baisse**] *fam* jds Aktien fallen *fam,* jd sinkt im Kurs *fam;* **qn cote des** ~**s en Bourse** jd notiert Aktien an der Börse; **qn émet des** ~**s** jd gibt Aktien aus; **qn entre en** ~ jd tritt in Aktion; **qn est en** ~ jd ist in Aktion, jd ist im Einsatz; **qc est en** ~ / *machine*/ etw ist in Betrieb; ***la machine judiciaire est en*** ~ die Maschinerie der Justiz ist in Gang; **qn intente** [*o* **introduit**] **une** ~ [**en justice**] [**contre qn**] jd erhebt Klage [gegen jdn], jd strengt eine Klage [gegen jdn] an; **qn met qc en** ~ *machine* jd setzt etw in Gang [*o* in Betrieb]; *projet, intention, conseil* jd setzt etw in die Tat um; **les** ~**s de qn montent** [*o* **sont en hausse**] *fam* jds Aktien steigen *fam,* jd steigt im Kurs *fam;* **qn passe à l'**~ jd schreitet zur Tat *geh,* jd wird aktiv, jd unternimmt etwas; **qn souscrit des** ~**s** jd zeichnet Aktien; **sous** [*o* **par**] **l'**~ **de qc** durch etw, infolge einer S. (*gen*); ***sous l'***~ ***de l'humidité/ du gel/ du soleil*** durch die Feuchtigkeit/den Frost/die Sonne[neinstrahlung]
◆ **action au porteur** Inhaberaktie *f,* auf den Namen des Inhabers laufende Aktie; **action de dommages-intérêts** Schaden[s]ersatzklage *f,* Klage *f* auf Schaden[s]ersatz; **action d'éclat** Glanzleistung *f,* Glanzstück *nt;* **action en diffamation** Beleidigungsklage *f,* Klage *f* auf Beleidigung

actionnaire [aksjɔnɛʀ] *mf* Aktionär(in) *m(f);* ***les petits/ gros*** ~***s*** die Klein-/Großaktionäre

actionnement [aksjɔnmɑ̃] *m* [*levier*] Betätigen *nt,* Betätigung *f;* [*moteur, machine*] Ingangsetzen *nt,* Ingangsetzung *f*

actionner <1> [aksjɔne] *vt* 1. (*mettre en mouvement*) ■ **qn actionne qc** *levier* jd betätigt etw; *moteur, machine* jd setzt etw in Gang
2. (*faire fonctionner*) ■ **qc actionne qc** etw treibt etw an
3. JUR ■ **qn actionne qn** jd verklagt jdn, jd belangt jdn gerichtlich
4. *fam* (*faire agir*) ■ **qn actionne qn** jd aktiviert jdn

activation [aktivasjɔ̃] *f* Aktivierung *f*

activement [aktivmɑ̃] *adv* aktiv; *rechercher qn* intensiv; ***l'enquête se poursuit*** ~ die Untersuchung wird tatkräftig [*o* eifrig] fortgeführt; ***qn mène*** ~ ***les préparatifs de qc*** jd trifft tatkräftig Vorbereitungen für etw

activer <1> [aktive] I. *vt* 1. (*accélérer*) ■ **qc active qc** *circulation sanguine* etw regt etw an; *incendie* etw facht etw an, etw schürt etw; ■ **qn/qc active qc** *processus* jd/etw beschleunigt etw; *travaux* jd/etw treibt etw voran; ***prière de faire*** ~ ***ce dossier*** bitte diese Akte schnellstens bearbeiten lassen
2. CHIM, INFORM ■ **qn active qc** jd aktiviert etw
II. *vi fam* ■ **qn active** jd macht ein bisschen schneller [*o* voran *fam*]; ***allez, les enfants, activons, activons!*** also, meine Lieben, los, los!; ■ **qn fait** ~ **qn** jd treibt jdn an
III. *vpr* 1. (*s'affairer*) ■ **qn s'active** jd saust geschäftig hin und her; ■ **qn s'active à faire qc** jd ist eifrig dabei, etw zu tun
2. *fam* (*se dépêcher*) ■ **qn s'active** jd beeilt sich, jd macht voran *fam*
3. (*bouger*) ■ **qn s'active** jd betätigt sich körperlich, jd bewegt sich

activiste [aktivist] I. *adj* aktivistisch
II. *mf* Aktivist(in) *m(f)*

activité [aktivite] *f* 1. ∅ (*fait d'être actif*) Aktivität *f;* [*volcan*] Tätigkeit *f;* (*agitation dans un lieu*) geschäftiges Treiben, Betriebsamkeit *f;* (*dynamisme d'une personne*) Tätigkeitsdrang *m,* Betriebsamkeit; (*animation physique, intellectuelle*) Betätigung *f;* ***l'***~ ***de la rue*** das geschäftige Treiben der Straße; ***qn déploie une*** ~ ***fébrile*** jd entfaltet Aktivität, jd stürzt sich in Aktivität, jd wird ganz geschäftig; ***qn n'a plus la même*** ~ ***qu'avant*** jd ist nicht mehr so aktiv wie vorher
2. (*occupation*) Betätigung *f,* Tätigkeit *f,* Aktivität *f;* (*profession*) [berufliche] Tätigkeit; ***qn exerce une*** ~ ***commerciale*** (*est commerçant*) jd betreibt ein Handelsgewerbe; (*travaille dans une société*) jd übt eine kaufmännische Tätigkeit aus; ~ ***libérale*** selbständige Tätigkeit; ~ ***manuelle/ de plein air*** handwerkliche Tätigkeit/Aktivität [*o* Betätigung] im Freien; ~ ***physique/ intellectuelle/ sportive*** körperliche/geistige/sportliche Betätigung; ~ ***professionnelle*** berufliche Tätigkeit; ~ ***salariée*** Tätigkeit als Angestellte(r) *f(m);* ***qn exerce une*** ~ ***salariée*** jd ist angestellt, jd steht im Angestelltenverhältnis; ***qn pratique une*** ~ ***sportive*** jd treibt [*o* macht *fam*] Sport, jd übt eine Sportart aus; ***elle a plusieurs*** ~***s*** sie geht verschiedenen Beschäftigungen nach; ***l'entreprise a cessé toutes ses*** ~***s*** die Firma hat sämtliche Geschäftstätigkeiten eingestellt, die Firma hat den Betrieb ganz eingestellt; ***le passage de l'***~ ***à la retraite est délicat*** der Wechsel vom Berufsleben in den Ruhestand ist schwierig
3. ∅ (*ensemble d'actes*) Tätigkeit *f;* *politique* Aktivität *f;* ***l'***~ ***syndicale*** die Aktivitäten der Gewerkschaft/Gewerkschaften, die gewerkschaftlichen Aktivitäten; ***l'***~ ***économique*** die Wirtschaftstätigkeit; ***le gouvernement relance l'***~ ***économique*** die Regierung kurbelt die Wirtschaft an; [***intense***] ~ ***diplomatique*** [rege] diplomatische Bemühungen; ~ ***industrielle/ commerciale*** produzierendes Gewerbe/Handelsgewerbe *nt;* ***cette société a des*** ~***s industrielles/ commerciales*** diese Gesellschaft produziert/treibt Handel
▶ ~ **dirigée** [*schulische*] *Aufgabe/Übung nach genauen Vorgaben;* **en pleine** ~ florierend; *affaires a.* gutgehend; ***l'industrie pharmaceutique est en pleine*** ~ die Pharmaindustrie floriert [*o* läuft auf vollen Touren *fam*]; **en** ~ *personne* [noch] beruflich tätig; MIL aktiv; **en** ~/**hors d'**~ *machine* in Betrieb/außer Betrieb; *mine, centrale a.* stillgelegt; *industrie* aktiv/nicht mehr aktiv, tätig/nicht mehr tätig; *volcan* tätig/nicht mehr tätig, erloschen; ***qc entre en*** ~ etw wird in Betrieb genommen; / *volcan*/ etw bricht aus
◆ **activité d'éveil** *kreatives Arbeiten/Spiel im Kindergarten/in der Vorschule*

actrice [aktʀis] *f v.* **acteur**

actuaire [aktɥɛʀ] *mf* Versicherungsmathematiker(in) *m(f)*
actualisation [aktɥalizasjɔ̃] *f* Aktualisierung *f*
actualiser <1> [aktɥalize] *vt* 1. (*mettre à jour*) ■ **qn actualise qc** jd aktualisiert etw; *chiffres a., dette* jd bringt etw auf den neuesten Stand
2. LING ■ **qc actualise qc** etw aktualisiert etw
actualité [aktɥalite] *f* 1. ∅ (*modernité*) [*sujet, livre*] Aktualität *f*
2. ∅ (*événements*) Zeitgeschehen *nt*; ***l'~ économique*** das Neueste aus der Wirtschaft; ***l'~ médicale*** das Neueste aus dem Bereich der Medizin; ***l'~ politique*** das politische Tagesgeschehen [*o* Zeitgeschehen]; ***l'~ quotidienne*** das Tagesgeschehen, die Tagesereignisse; ***l'~ sociale*** das gesellschaftliche Zeitgeschehen; ***l'~ sportive*** die Sportnachrichten; ***l'~ universitaire*** die aktuellen Ereignisse [*o* das aktuelle Geschehen] an der Uni/den Unis; ***qc est d'une ~ brûlante*** etw ist brandaktuell [*o* von außerordentlicher Aktualität]
3. *pl* TV, RADIO, PRESSE Nachrichten *pl*; CINE Wochenschau *f*
► **les ~s <u>télévisées</u>** die Fernsehnachrichten; **<u>d'</u>~** aktuell
actuariel, le [aktɥaʀjɛl] *adj* versicherungsmathematisch; ***taux ~*** Rendite *f*, Effektivverzinsung *f*; ***taux ~ brut*** Bruttozinssatz *m*
actuel, le [aktɥɛl] *adj* 1. (*présent*) *régime* herrschend; *directeur* derzeitig, jetzig; ***dans l'état ~ des choses*** beim gegenwärtigen Stand der Dinge; ***dans les circonstances ~les*** unter den gegenwärtigen [*o* augenblicklichen] Umständen; ***le monde ~*** die Welt von heute
2. (*d'actualité*) aktuell; *mode a.* aktuell, heutig
3. PHILOS, REL wirklich; *péché* tatsächlich begangen
actuellement [aktɥɛlmɑ̃] *adv* im Moment, zur Zeit, gegenwärtig
acuité [akɥite] *f* 1. [*douleur*] Heftigkeit *f*; [*son a.*] Intensität *f*; ***l'~ du froid était telle que*** + *indic* es war so eiskalt [*o* bitterkalt], dass
2. (*sensibilité*) Schärfe *f*; ***~ visuelle*** Sehschärfe *f*; ***le chat a une très grande ~ visuelle*** die Katze hat sehr gute Augen; ***~ de l'ouïe*** feines Gehör; ***~ de l'odorat*** feine Nase, feiner Geruchssinn; ***qn entend un bruit avec une telle ~ que*** jd hört ein Geräusch in einer solchen Intensität, dass
3. (*gravité*) [*crise, situation*] Ernst *m*; ***l'~ de la crise économique est telle que*** die Wirtschaftskrise hat sich so zugespitzt [*o* ist so ernst], dass; ***les oppositions sociales gardent leur ~*** die sozialen Gegensätze bleiben ausgeprägt [*o* extrem]
4. [*jugement*] -schärfe *f*, Schärfe *f*; ***~ d'esprit*** Scharfsinn *m*
acuponcteur, -trice *m, f*, **acupuncteur, -trice** [akypɔ̃ktœʀ, -tʀis] *m, f* Akupunkteur/Akupunkteuse *m/f*
acuponcture *f*, **acupuncture** [akypɔ̃ktyʀ] *f* Akupunktur *f*
adage [adaʒ] *m* geflügeltes Wort, Lebensweisheit *f*
Adam [adɑ̃] *m* Adam *m*
adaptable [adaptabl] *adj* passend; ■ **qc est ~ à qc** etw eignet sich für etw, etw passt auf etw (*akk*), etw ist passend für etw
adaptateur, -trice [adaptatœʀ, -tʀis] I. *m, f* CINE THEAT Bearbeiter(in) *m(f)*
II. *m* TECH Adapter *m*; ELEC Zwischenstecker *m*
adaptation [adaptasjɔ̃] *f* 1. ∅ (*action d'adapter*) Anpassung *f*
2. ∅ (*action de s'adapter*) Anpassung *f*, Adapt[at]ion *f*; ***qn fait un effort d'~*** jd versucht, sich anzupassen; ***il lui faut un certain temps d'~ à la lumière*** er/sie braucht eine gewisse Zeit um sich wieder an das Licht zu gewöhnen
3. CINE, THEAT Bearbeitung *f*, Adapt[at]ion *f*
adapter <1> [adapte] I. *vt* 1. (*rattacher*) ■ **qn adapte qc [à qc]** *robinet, douche* jd bringt etw [an etw (*dat*)] an; *carburateur* jd setzt etw [in etw (*akk*)] ein
2. (*faire concorder*) ■ **qn adapte qc à qc** jd passt etw einer S. (*dat*) an; ■ **qn adapte qc [à qn/pour qc]** *roman, pièce* jd bearbeitet [*o* adaptiert] etw [für jdn/etw]; ***qn adapte un roman à l'écran/au cinéma*** jd verfilmt einen Roman [fürs Fernsehen/fürs Kino]
II. *vpr* 1. (*s'habituer à*) ■ **qn s'adapte [à qn/qc]** jd passt sich [jdm/einer S.] an; ***tu t'es enfin adapté à ton nouveau boulot?*** hast du dich schon an deinen neuen Job gewöhnt?; ***qn a du mal à s'~ à un pays*** jd lebt sich nur schwer in einem Land ein; jdm fällt es schwer, sich in einem Land einzuleben
2. (*s'ajuster à*) ■ **qc s'adapte à qc** /*tuyau*/ etw passt auf etw (*akk*); /*clé*/ etw passt in etw (*akk*); ■ **qc s'adapte sur qc** /*tuyau*/ etw passt auf etw (*akk*)
additif, -ive [aditif, -iv] I. *adj* MATH *loi* Additions-
II. *m* 1. (*supplément*) ■ **un ~ [à qc]** ein Zusatz *m* [zu etw], ein Nachtrag *m* [zu etw]; ***un ~ au budget*** ein Nachtragshaushalt *m*
2. CHIM Zusatz[stoff *m*] *m*, Additiv *nt spec*; ***~ alimentaire*** Lebensmittelzusatz
addition [adisjɔ̃] *f* 1. (*somme*) Addition *f*; (*action a.*) Addieren *nt*, Zusammenzählen *nt*; ***l'~ de tous ces problèmes*** die Anhäufung all dieser Probleme
2. (*facture*) Rechnung *f*; ***garçon, l'~!*** Herr Ober, zahlen bitte [*o* die Rechnung bitte]!; ***l'~ de cette catastrophe sera lourde*** diese Katastrophe wird einen hohen Preis haben
3. (*ajout*) ■ **l'~ de qc [à qc]** das Hinzufügen einer S. (*gen*) [zu etw]; ***l'~ d'un s au pluriel*** das Anhängen eines -s im Plural; ***qn fait une ~ de quelques lignes à un éditorial*** jd ergänzt einen Leitartikel um einige Zeilen
► **<u>par</u> ~ de qc [à qc]** unter Zusatz [*o* Beimischung] von etw [zu etw]
additionner <1> [adisjɔne] I. *vt* 1. (*faire l'addition de*) ■ **qn additionne plusieurs choses** jd addiert mehrere Dinge, jd zählt [*o* rechnet] mehrere Dinge zusammen; ■ **qn additionne qc et qc** jd addiert etw und etw, jd zählt [*o* rechnet] etw und etw zusammen
2. (*ajouter*) ■ **qn additionne qc à qc** jd setzt einer S. (*dat*) etw zu, jd mengt einer S. (*dat*) etw bei, jd fügt einer S. (*dat*) etw hinzu [*o* bei]; ■ **qn additionne qc de qc** jd versetzt etw mit etw; ***jus de fruit additionné de sucre*** Obstsaft mit Zuckerzusatz
II. *vpr* ■ **des choses s'additionnent** /*complications, erreurs*/ Dinge summieren sich; ***ces chiffres s'additionnent très facilement de tête*** diese Zahlen lassen sich leicht im Kopf addieren; ■ **qc s'additionne à qc** /*charges, difficultés*/ etw kommt zu etw hinzu
adduction [adyksjɔ̃] *f* TECH Zuleitung *f*, Zufuhr *f*, Zuführung *f*; ***l'~ d'eau*** die Wasserversorgung
adepte [adɛpt] *mf* [*religion, secte*] Anhänger(in) *m(f)*; [*sport*] Fan [fæn] *m*
► **qn <u>fait</u> des ~s** jd gewinnt Anhänger
adéquat, e [adekwa, at] *adj* passend; ■ **~ à qc** *tenue, réponse* einer S. (*dat*) angemessen; *endroit* geeignet für etw; ***l'expression doit être ~e à l'idée*** die Worte müssen den Gedanken widerspiegeln
adhérence [adeʀɑ̃s] *f* 1. [*colle*] Klebekraft *f*; ***cette colle a une très bonne ~*** dieser Klebstoff klebt sehr gut
2. [*pneu*] [Boden]haftung *f*; [*voiture a.*] Straßenlage *f*; [*semelle*] Halt *m*; ***l'~ au sol*** die Bodenhaftung; ***l'~ de la voiture/des pneus à la route*** die Straßenlage des Autos/die Bodenhaftung der Reifen
adhérent, e [adeʀɑ̃, ɑ̃t] I. *adj* ■ **~ [à qc]** [auf etw (*dat*)] haftend; ***les pneus sont très ~s [à la route]*** die Reifen haben eine sehr gute Bodenhaftung
II. *m, f* Mitglied *nt*; ***carte d'~*** Mitgliedskarte *f*
adhérer <5> [adeʀe] *vi* 1. (*coller*) ■ **qc adhère [à qc]** etw klebt [an etw (*dat*)] fest, etw haftet [an etw (*dat*)]; /*pneu*/ etw haftet auf etw (*dat*); ***avec cette poêle, rien n'adhère*** in dieser Pfanne bleibt nichts haften; ***cette voiture/ce pneu adhère bien dans les virages*** dieser Wagen liegt gut in der Kurve/dieser Reifen hat in der Kurve gute Bodenhaftung
2. (*approuver*) ■ **qn adhère à qc** *à une proposition* jd stimmt einer S. (*dat*) zu, jd pflichtet einer S. (*dat*) bei; *à un point de vue a.* jd teilt etw
3. (*reconnaître*) ■ **qn adhère à qc** *à un idéal, concept, à une idée* jd ist Anhänger(in) *m(f)* einer S. (*gen*), jd hängt einer S. (*dat*) an
4. (*devenir membre de*) ■ **qn adhère à qc** *à un parti, une association* jd tritt in etw (*akk*) ein, jd tritt einer S. (*dat*) bei, jd wird Mitglied in etw (*dat*), jd wird Mitglied einer S. (*gen*); (*être membre de*) *à un parti, une association* jd gehört einer S. (*dat*) an, jd ist Mitglied in etw (*dat*), jd ist Mitglied einer S. (*gen*)
adhésif, -ive [adezif, -iv] I. *adj ruban* Klebe-; ***pansement ~*** Heftpflaster *nt*; ***ce pansement est très ~*** dieses Pflaster haftet [*o* klebt] sehr gut
II. *m* (*substance*) Klebstoff *m*; (*pansement*) Heftpflaster *nt*; (*papier collant*) Klebeband *nt*
adhésion [adezjɔ̃] *f* 1. (*approbation*) Zustimmung *f* (*à* zu)
2. (*inscription*) ■ **~ [à qc]** Beitrittserklärung *f*, Beitritt *m* [in etw (*akk*)], Eintritt *m* [in etw (*akk*)]; (*fait d'être membre*) Mitgliedschaft *f* [in etw (*dat*)]; ***un bulletin d'~*** eine Beitrittserklärung; ***formule d'~*** Beitrittsmodus *m*; ***une campagne d'~*** eine Mitgliederwerbeaktion; ***l'~ d'un pays au pacte de Varsovie/à l'Union européenne*** der Beitritt eines Landes zum [*o* in den] Warschauer Pakt/in die Europäische Union
adieu <x> [adjø] I. *m* 1. (*prise de congé*) Abschied *m* (*à* von); ***lettre/visite/baiser d'~*** Abschiedsbrief *m*/-besuch *m*/-kuss *m*
2. *pl* (*séparation*) Abschied *m*, Lebewohl *nt*
► **qn <u>dit</u> ~ à qn** jd verabschiedet sich von jdm; **qn <u>dit</u> ~ à qc** jd schreibt etw ab *fam*; ***qn peut dire ~ à qc*** jd kann etw vergessen [*o* abschreiben] *fam*, jd kann sich (*dat*) etw abschminken *fam*; **qn <u>fait</u> ses ~x [à qn]** jd nimmt [von jdm] Abschied, jd verabschiedet sich [von jdm]
II. *interj* leb[e] wohl!/leben Sie wohl!; ~, ***la belle vie/les beaux jours*** ade, du schönes Leben/du schöne Zeit; ~, ***la tranquillité*** jetzt ist's aus mit der Ruhe *fam*, jetzt ist die Ruhe dahin, vorbei ist's mit der Ruhe
adipeux, -euse [adipø, -øz] *adj* Fett-; ***tissu ~*** Fettgewebe *nt*
adiposité [adipozite] *f* Fettpolster *nt*, Fettablagerung *f*
adjacent, e [adʒasɑ̃, ɑ̃t] *adj maison, pays* Nachbar-; *rue* Neben-; ■ **~ à qc** an etw (*akk*) angrenzend; ***angle ~*** Nebenwinkel *m*
adjectif, -ive [adʒɛktif, -iv] I. *adj* adjektivisch; *locution a.* adjektivisch [*o* als Adjektiv] gebraucht
II. *m* Adjektiv *nt*, Eigenschaftswort *nt*; ***~ substantivé/verbal*** substantiviertes Adjektiv/Verbaladjektiv *nt*; ***~ démonstratif/possessif*** Demonstrativ-/Possessivbegleiter *m*
► **~ <u>déterminatif</u>** Determinativbegleiter *m*; **~ <u>épithète</u>** attributives Adjektiv; **~ <u>qualificatif</u>** Adjektiv *nt*, Eigenschaftswort *nt*
adjectivé, e [adʒɛktive] *adj* adjektiviert, als Adjektiv gebraucht
adjoindre *<irr>* [adʒwɛ̃dʀ] I. *vt* 1. (*ajouter*) ■ **qn adjoint qc à qc** jd fügt etw zu etw hinzu, jd fügt einer S. (*dat*) etw hinzu; *bâtiment* jd baut etw an etw (*akk*) an; GRAM jd hängt [*o* fügt] etw an etw (*akk*) an; *surnom* jd fügt etw zu etw hinzu; ***qn adjoint un réservoir spécial à une voiture*** jd baut einen Spezialtank in ein Auto ein; ***qn adjoint un s à un substantif*** jd hängt [*o* fügt] ein -s an ein Substantiv an
2. (*associer*) ■ **qn adjoint une personne à qn** jd teilt [*o* weist] jdm einen Menschen zu, jd stellt jdm einen Menschen zur Seite
II. *vpr* ■ **qn s'adjoint qn** jd nimmt sich (*dat*) jdn, jd holt sich (*dat*) jdn zur Hilfe
adjoint, e [adʒwɛ̃, wɛ̃t] I. *adj* stellvertretend
II. *m, f* Assistent(in) *m(f)*, Gehilfe/Gehilfin *m/f*; (*remplaçant*) Stellvertreter(in) *m(f)*; ***le deuxième ~ au maire*** der zweite Stellvertreter des Bürgermeisters; ***un ~ à la direction*** ein Direktionsassistent
III. *m* LING Beifügung *f*
◆ **adjoint(e) d'enseignement** *Lehrer(in), der/die auch eine Aufsichtspflicht hat*
adjonction [adʒɔ̃ksjɔ̃] *f* 1. (*association*) ■ **~ de qn [à qc]** *d'une personne* jds Zuteilung *f* [zu etw], jds Zuweisung *f* [zu etw]; ***l'~ de deux nouveaux membres au comité directeur*** die Erweiterung des Vorstandes um zwei neue Mitglieder
2. (*ajout*) ■ **~ de qc [à qc]** TECH *d'un bâtiment* Anbau *m* einer S. (*gen*) [an etw (*akk*)], Anbauen *nt* einer S. (*gen*) [an etw (*akk*)]; *d'un dispositif* (*à l'exté-*

rieur) Anbringen *nt* einer S. (*gen*) [an etw (*dat*)], Anbringung *f* einer S. (*gen*) [an etw (*dat*)]; (*à l'intérieur*) Einbau *m* einer S. (*gen*) [in etw (*akk*)], Einbauen *nt* einer S. (*gen*) [in etw (*akk*)]; CHIM *de sucre, conservateur, colorant* Zusatz *m* einer S. (*gen*) [*o* von etw] [zu etw]; LING *d'un article, chapitre, appendice* Hinzufügen *nt* einer S. (*gen*) [zu etw], Hinzufügung *f* einer S. (*gen*) [zu etw]; ***sans ~ de sucre*** ohne Zuckerzusatz
3. (*chose ajoutée*) Zusatz *m,* Ergänzung *f*

adjudant [adʒydɑ̃] *m* **1.** MIL Oberfeldwebel *m*
2. *péj* Feldwebel *m;* ***bien, mon ~!*** jawohl [*o* zu Befehl], Herr Feldwebel!

adjudant-chef <~s-~s> [adʒydɑ̃ʃɛf] *m* MIL Stabsfeldwebel *m,* Hauptfeldwebel *m*

adjudication [adʒydikasjɔ̃] *f* **1.** (*vente aux enchères*) Versteigerung *f;* ***~ forcée*** Zwangsversteigerung
2. (*appel d'offres*) [öffentliche] Ausschreibung; ***~ administrative*** öffentliche Ausschreibung; ***par voie d'~*** durch [öffentliche] Ausschreibung
3. (*attribution*) Zuschlag *m,* Zuerkennung *f;* [*meuble, tableau*] Zuschlag; [*travaux publics, contrat, marché*] Vergabe *f,* Verdingen *nt spec;* ***qn obtient l'~ de qc*** jd erhält den Zuschlag für etw
▶ **qn met qc en ~** jd schreibt etw öffentlich aus

adjuger <2 a> [adʒyʒe] **I.** *vt* ■ **qn adjuge qc à qn** *tableau, maison* jd spricht [*o* schlägt] jdm etw zu; *travaux* jd vergibt etw an jdn, jd schlägt jdm etw zu; ■ **qn adjuge qc à une personne** *prix, récompense* jd spricht einem Menschen etw zu, ein Mensch erhält etw von jdm; ■ **qc est adjugé(e) à qn** */tableau, maison/* etw wird jdm zugesprochen [*o* zugeschlagen]; */travaux/* etw wird an jdn vergeben, etw wird jdm zugeschlagen; */prix, récompense/* etw geht an jdn, jd erhält etw; ***qc est adjugé(e) pour une certaine somme*** etw wird für eine bestimmte Summe verkauft
▶ **une fois, deux fois, trois fois, adjugé[, vendu]!** zum Ersten, zum Zweiten, zum Dritten!
II. *vpr* **1.** (*obtenir*) ■ **qn s'adjuge qc** jd kann sich (*dat*) etw sichern
2. (*s'approprier*) ■ **qn s'adjuge qc** jd eignet sich (*dat*) etw an, jd nimmt sich (*dat*) etw

adjurer <1> [adʒyʀe] *vt littér* ■ **qn adjure qn de faire qc** jd beschwört jdn, etw zu tun; jd bittet jdn inständig, [*o* flehentlich *geh*] etw zu tun

adjuvant [adʒyvɑ̃] *m* **1.** (*médicament*) unterstützendes Mittel, Adjuvans *nt spec*
2. (*expédient*) Behelf *m;* ***le blocage des salaires n'est qu'un ~*** der Lohnstopp ist nur ein vorläufiger Behelf
3. (*additif*) Zusatz *m*
4. *soutenu* (*stimulant*) Anregung *f,* Stimulans *nt geh*

admettre <*irr*> [admɛtʀ] *vt* **1.** (*laisser entrer*) ■ **qn admet qn/un animal** jd lässt jdn/ein Tier hinein [*o* rein *fam*]; ***l'administration n'admet de visites que le matin*** die Verwaltung erlaubt Besuche nur morgens; ■ **qn admet qn/un animal quelque part** jd lässt jdn/ein Tier irgendwohin, jd gewährt jdm irgendwo Zutritt [*o* Zugang]; ***ils n'admettent pas de chiens sur cette plage/dans ce café*** sie erlauben keine Hunde auf diesem Strand/in diesem Café, sie lassen keine Hunde auf diesen Strand/in dieses Café; ■ **qn/un animal est admis(e) [quelque part]** jd hat [irgendwo] Zutritt, jd/ein Tier darf [irgendwo] hinein [*o* rein *fam*]; ***les Noirs n'étaient pas admis dans certains lieux publics*** Schwarze hatten zu bestimmten öffentlichen Orten keinen Zutritt, Schwarzen wurde der Zutritt zu bestimmten öffentlichen Orten verwehrt; ***les mineurs ne sont pas admis*** kein Zutritt für Minderjährige, Minderjährige haben keinen Zutritt; ***les visites ne sont admises que le matin*** Besucher sind nur morgens zugelassen, Besuche sind nur morgens erlaubt; ■ **qc admet des personnes** */salle/* etw fasst Menschen
2. TECH ■ **qc est admis(e) dans qc** etw wird einer S. (*dat*) zugeführt, etw wird in etw (*akk*) eingelassen
3. (*recevoir*) ■ **qn admet qn quelque part** jd empfängt jdn irgendwo; ■ **qn est admis(e) chez qn** jd wird von jdm empfangen
4. (*accueillir*) ■ **qn/qc admet qn [quelque part]** jd/etw nimmt jdn [irgendwo] auf; ***il l'a admis parmi ses intimes/ses amis*** er hat ihn in seinen engsten Freundeskreis/in seinem Freundeskreis aufgenommen; ***ce club a admis un nouveau membre en son sein*** der Club hat ein neues Mitglied aufgenommen; ■ **qn se fait ~ dans qc** jd wird in etw (*akk*) aufgenommen
5. (*agréer*) ■ **qn/qc est admis(e) à qc** jd ist zu etw zugelassen; ***la société XY a été admise à la Bourse/à la cotation*** die Gesellschaft XY ist zur Börse/zur Notierung zugelassen worden; ***qn est admis(e) au barreau*** jd wird als Anwalt zugelassen
6. SCOL, UNIV (*accepter*) ■ **qn admet qn [en qc]** jd lässt jdn [zu etw] zu; ***elle est admise en doctorat/en classe supérieure*** sie ist zur Doktorprüfung zugelassen/in die nächsthöhere Klasse[nstufe] versetzt [*o* aufgenommen]; ***qn est admis(e) à l'oral*** jd ist zur mündlichen Prüfung zugelassen; ***qn a été admis(e) aux Beaux-Arts*** jd ist an der Kunstakademie aufgenommen worden; ***30 personnes ont été admises à passer le concours*** 30 Personen sind zu dem [*o* zur Teilnahme an dem] Auswahlverfahren zugelassen worden
7. SCOL, UNIV (*avoir réussi*) ■ **qn est admis(e) [à qc]** *à un examen* jd hat [etw] bestanden; ***qn est admis(e) à un concours*** jd wird bei einem Auswahlverfahren genommen; ***elle a été admise quatrième à l'examen d'entrée*** sie hat die Aufnahmeprüfung als Viertbeste bestanden
8. (*reconnaître*) ■ **qn admet qc** jd gibt etw zu; *défaite a.* jd räumt etw ein; ■ **qn admet avoir fait qc** jd gibt zu, etw getan zu haben; jd räumt ein, etw getan zu haben; ■ **qn admet que** + *indic* jd gibt zu, dass; jd räumt ein, dass; ■ **il est admis que** es ist bekannt, dass; ***c'est une chose admise que*** es ist eine allgemein anerkannte Tatsache, dass
9. (*accepter*) ■ **qn admet qc** *ton, attitude, indiscipline, protestation, tenue, retard* jd duldet etw; *exception a.* jd lässt etw zu; *excuse, raison* jd lässt etw gelten; ***elle n'admet pas la réplique/la contradiction*** sie duldet keine Widerworte/keinen Widerspruch; ■ **qn admet que** + *subj* jd lässt zu, dass; jd erlaubt [*o* gestattet], dass; ■ **qc n'admet pas qc:** ***ce ton n'admet pas de réplique*** dieser Ton lässt keine Widerrede zu [*o* verbietet jede Widerrede]; ***cette règle n'admet pas d'exception*** diese Regel duldet keine Ausnahme; ***cette affaire n'admet aucun retard*** bei dieser Sache darf es zu keiner Verzögerung kommen [*o* verbietet sich jegliche Verzögerung]
10. JUR (*déclarer recevable*) ■ **qn/qc admet qc** jd/etw gibt einer S. (*dat*) statt, jd/etw entspricht einer S. (*dat*); ■ **qn admet qn à faire qc** (*autoriser*) jd gestattet jdm etw zu tun; ■ **qn est admis(e) à faire qc** jd darf etw tun, jd hat das Recht etw zu tun
11. (*supposer*) ■ **qn admet que** + *indic o subj* jd nimmt an, dass; ***admettons que*** angenommen, dass; nehmen wir einmal an, dass; gehen wir davon aus, dass; ***en admettant que*** angenommen, dass; vorausgesetzt, dass
12. (*laisser place à*) ■ **qc admet qc** etw lässt etw zu; ***ce texte admet plusieurs interprétations*** dieser Text lässt verschiedene Interpretationen zu

administrateur, -trice [administʀatœʀ, -tʀis] *m, f* **1.** (*gestionnaire*) Verwalter(in) *m(f),* Geschäftsführer(in) *m(f);* (*judiciaire*) [gerichtlich bestellter] Verwalter/[gerichtlich bestellte] Verwalterin *m/f;* (*légal*) Nachlassverwalter(in) *m(f);* (*civil*) (*de 1ère classe*) ≈ Ministerialdirektor(in) *m(f);* (*de 2ème classe*) ≈ Ministerialrat/-rätin *m/f;* THEAT [General]intendant(in) *m(f)*
2. (*membre d'un conseil d'administration*) Mitglied *nt* des Verwaltungsrats
▶ **~ délégué** geschäftsführendes [*o* mit der Geschäftsführung beauftragtes] Mitglied des Verwaltungsrats; **~ judiciaire** Konkursverwalter *m*
◆ **administrateur(-trice) de banque de données** INFORM Datenbankadministrator(in) *m(f);* **administrateur(-trice) de biens** Vermögensverwalter(in) *m(f);* **administrateur de société** Mitglied *nt* des Verwaltungsrats

administratif, -ive [administʀatif, -iv] *adj* Verwaltungs-; *disposition, démarche* behördlich, administrativ; *fonction* administrativ, verwaltungstechnisch; ***la capitale ~ive*** der Sitz der Behörden; ***la cité ~ive*** das Behördenviertel; ***contrat ~*** mit einer Behörde abgeschlossener Vertrag; ***elle travaille dans les services ~s*** sie arbeitet in der Verwaltung; ***la lenteur ~ive*** die Langsamkeit der Behörden

administration [administʀasjɔ̃] *f* **1.** ∅ (*gestion*) Verwaltung *f;* [*entreprise*] Leitung *f,* Führung *f;* ***~ de biens*** Vermögensverwaltung
2. ∅ (*service public*) ■ **l'A~** die Verwaltung; ***qn est/travaille/entre dans l'A~*** jd ist in der Verwaltung tätig/jd arbeitet in der Verwaltung/jd geht in den Verwaltungsdienst [*o* in die Verwaltung]
3. (*secteur du service public*) [Verwaltungs]behörde *f;* ***l'~ des Douanes*** die Zollbehörde, das Zollamt; ***l'~ locale/départementale*** die Gemeinde-/Departementsverwaltung; ***l'~ des impôts*** die Steuerbehörde; ***l'~ pénitentiaire*** die Gefängnisverwaltung; ■ **les ~s** die Verwaltungsbehörden
4. ∅ [*médicament*] Verabreichung *f;* [*sacrement*] Erteilen *nt*
▶ **qc est placé(e) sous ~ judiciaire** etw wird unter gerichtliche Zwangsverwaltung gestellt; **~ légale** gesetzliche Vermögenssorge [*o* Vermögensverwaltung] [bei Kindern/Geschäftsunfähigen]; **~ privée** privater Träger; **~ publique** öffentliche Verwaltung

administrativement [administʀativmɑ̃] *adv* **1.** (*du point de vue administratif*) vom verwaltungstechnischen Standpunkt aus
2. (*par la voie administrative*) auf dem Verwaltungsweg

administrer <1> [administʀe] *vt* **1.** (*gérer*) ■ **qn administre qc** *affaires* jd führt etw; *entreprise a.* jd leitet etw; *biens, commune, département* jd verwaltet etw; *pays* jd regiert etw
2. (*fournir*) ■ **qn administre qc** *preuve* jd liefert etw, jd erbringt etw; ***le roi administrait la justice*** der König sprach Recht
3. (*donner*) ■ **qn administre qc à qn** *remède* jd verabreicht jdm etw, jd gibt jdm etw; *sacrement* jd erteilt jdm etw; ■ **qn administre qc à qn** *fam gifle* jd verpasst jdm etw *fam;* ***qn administre un coup à qn*** jd verpasst jdm eins *fam,* jd versetzt jdm einen Schlag

admirable [admiʀabl] *adj* bewundernswert, bewundernswürdig; ***ton égoïsme est vraiment ~!*** *iron* dein Egoismus ist wirklich einmalig!

admirablement [admiʀabləmɑ̃] *adv* bewundernswert, ausgesprochen gut; *se conduire a.* vorbildlich; *parler* sehr gut; ***qc est ~ conservé(e)*** etw ist erstaunlich gut erhalten

admirateur, -trice [admiʀatœʀ, -tʀis] *m, f* Bewunderer/Bewund[r]erin *m/f,* Verehrer(in) *m(f)*

admiratif, -ive [admiʀatif, -iv] *adj regard* bewundernd; *murmure* der Bewunderung; ***elle est très ~ive pour tout ce qu'il dit ou fait*** sie bewundert alles, was er sagt und tut, sehr; ***qn reste ~ devant qc*** jd bleibt voller Bewunderung vor etw (*dat*) stehen

admiration [admiʀasjɔ̃] *f* ∅ Bewunderung *f;* ***qn pousse un cri d'~*** jd stößt einen Ausruf der Bewunderung aus; ***qn porte une vive ~/une ~ sincère à qn*** jd bringt jdm eine lebhafte/aufrichtige [*o* ehrliche] Bewunderung entgegen; ***qc excite*** [*o* ***soulève***] [*o* ***suscite***] ***l'~ de qn*** etw erregt jds Bewunderung; ***qn est pénétré(e) d'~ devant qn/qc*** jd ist voller Bewunderung für jdn/etw, jd ist von Bewunderung für jdn/etw erfüllt; ***avec ~*** voller Bewunderung; ***qc remplit qn d'~*** etw erfüllt jdn mit Bewunderung
▶ **qn est/reste/tombe en ~ devant qc** jd bewundert etw andächtig [*o* betrachtet etw voller Bewunderung]/jd steht voller Bewunderung vor etw (*dat*)/jd bleibt voller Bewunderung vor etw (*dat*) stehen; **qn est/tombe en ~ devant qn** jd bewundert jdn sehr [*o* zollt jdm tiefe Bewunderung *geh*]/jd bleibt voller Bewunderung vor jdm stehen; **qn/qc fait l'~ de qn** jd/etw erregt jds Bewunderung, jd/etw löst bei jdm Bewunderung aus; ***ta persévérance fait mon ~*** ich bewundere deine Ausdauer

admirer <1> [admiʀe] *vt* **1.** ■ **qn admire qc** jd bewundert etw; ■ **qn admire qn [pour qc]** jd bewundert jdn [wegen etw]; ■ **qn admire qn de faire qc** jd bewundert jdn, weil er etw tut; ■ **qn admire qn pour avoir fait qc** jd bewundert jdn, weil er etw getan hat
2. *iron soutenu* (*trouver étrange*) ■ **qn admire qc** jd bewundert etw; ■ **qn admire que** + *subj* jd bewundert [es], wie; jd ist erstaunt, wie

admissible [admisibl] **I.** *adj* **1.** (*tolérable*) akzeptabel, annehmbar;

(*concevable*) vorstellbar, denkbar
2. SCOL, UNIV ■ **qn est** ~ **[à qc]** jd ist [zu etw] zugelassen; ■ **qn est** ~ **à qc** (*peut revendiquer*) jdm steht etw offen
II. *mf* [zur mündlichen Prüfung] zugelassener Kandidat/zugelassene Kandidatin

admission [admisjɔ̃] *f* **1.** ∅ ■ ~ **[dans/à qc]** *au Marché Commun, dans une association, un club* Aufnahme *f* [in etw (*akk*)]; *dans une discothèque, à une conférence* Zutritt *m* [zu etw]
2. SCOL, UNIV ■ ~ **de qn [à/dans/en qc]** jds Zulassung *f* [zu etw]; *à une école a.* jds Aufnahme *f* [an etw (*dat*)]; ■ ~ **de qn [à qc]** (*réussite*) jds Bestehen *nt* [einer S. (*gen*)]
3. AUT ■ **l'**~ das Einsaugen; ■ ~ **de qc [dans qc]** *du gaz, de la vapeur* Einlass *m* einer S. (*gen*) [*o* von etw] [in etw (*akk*)]
▸ ~ **temporaire** vorübergehende Einfuhr

ADN [ɑdeɛn] *m abr de* **acide désoxyribonucléique** DNS *f*

ado [ado] *mf abr de* **adolescent** *fam* Heranwachsende(r) *f(m)*, Jugendliche(r) *f(m)*

adolescence [adɔlesɑ̃s] *f* Jugend *f*; ***ses années d'***~ seine/ihre Jugend

adolescent, e [adɔlesɑ̃, ɑ̃t] **I.** *adj* Jugend-, jugendlich; ***à cette époque, il était*** ~ ***et tout gauche*** damals war er jung und unbeholfen; ***il a gardé un esprit très*** ~ er ist noch sehr kindlich
II. *m, f* Jugendliche(r) *f(m)*, Heranwachsende(r) *f(m)*; ***qn a une mentalité d'***~ jd hat ein kindliches Gemüt

Adonis [adɔnis] *m* Adonis *m*

adonner <1> [adɔne] *vpr* ■ **qn s'adonne à qc** *à une passion, la prière* jd gibt sich einer S. (*dat*) hin; *à un vice a.* jd frönt einer S. (*dat*); *à l'étude de qc, à un art, hobby, travail, sport a.* jd widmet sich einer S. (*dat*); ***qn s'adonne à la boisson/au jeu*** jd ergibt sich [*o* verfällt] dem Alkohol/dem Spiel, jd gibt sich dem Alkohol/dem Spiel hin; ***qn s'adonne à la lecture*** jd widmet sich der Lektüre

adopter <1> [adɔpte] *vt* **1.** ■ **qn adopte qn/un animal** jd adoptiert jdn/nimmt ein Tier auf; (*accepter*) jd akzeptiert jdn/ein Tier
2. ■ **qn adopte qc** *attitude, point de vue* jd nimmt etw ein; *religion, nom* jd nimmt etw an; *mesure* jd ergreift etw; *cause* jd setzt sich für etw ein, jd verficht etw; *produit* etw kommt bei jdm an; *procédé, système, norme* jd führt etw ein; *projet* jd stimmt einer S. (*dat*) zu, jd entscheidet sich für etw; ***cette année, les couturiers ont adopté le vert*** dieses Jahr haben die Modemacher Grün zur Modefarbe auserkoren; ***qn adopte l'idée de faire qc*** jd fasst den Entschluss, etw zu tun
3. POL ■ **qn adopte qc** *motion* jd nimmt etw an; *loi a.* jd verabschiedet etw

adoptif, -ive [adɔptif, -iv] *adj enfant, parents* Adoptiv-; *patrie* Wahl-

adoption [adɔpsjɔ̃] *f* **1.** (*action d'adopter qn*) Adoption *f*
2. (*action d'adopter qc*) [*projet, motion*] Annahme *f*; [*religion, nom a.*] Annehmen *nt*; [*loi a.*] Verabschiedung *f*; [*cause*] Verfechtung *f*; [*mesure*] Ergreifen *nt*; [*procédé, système, norme*] Einführung *f*
▸ **d'**~: ***un pays/un Parisien d'***~ eine Wahlheimat/ein Wahlpariser

adorable [adɔʀabl] *adj enfant* goldig *fam*, süß; (*gentil*) *enfant* [sehr] lieb; *personne* sehr nett; (*joli*) hübsch; *sourire, geste* nett, reizend; *endroit, coin* hübsch, nett; *objet* hübsch

adoration [adɔʀasjɔ̃] *f* ∅ Verehrung *f*, Vergötterung *f*, REL Anbetung *f*; ***l'***~ ***de l'enfant pour sa mère*** die [abgöttische] Liebe des Kindes für seine Mutter; ***un peuple voue une*** ~ ***excessive à qn*** ein Volk vergöttert jdn; ***l'Adoration des Mages*** die Anbetung der Drei Könige
▸ **qn est en** ~ **devant qn** jd betet jdn an, jd vergöttert jdn; *devant un amant, son épouse* jd liebt jdn abgöttisch

adorer <1> [adɔʀe] *vt* **1.** (*aimer*) ■ **qn adore qn/qc** jd mag jdn/etw sehr; *femme, mari, enfant a.* jd hat jdn sehr gern; *plat, sucrerie a.* jd isst etw schrecklich [*o* furchtbar] gern *fam*; *boisson a.* jd trinkt etw schrecklich [*o* furchtbar] gern *fam*; *musique classique a.* jd hört etw schrecklich [*o* furchtbar] gern *fam*, jd schwärmt für etw; *théâtre, cinéma a.* jd geht sehr gern in etw (*akk*); *façon d'agir* jd findet etw bewundernswert [*o* toll *fam*]; ***elle est adorée de ses filles*** ihre Töchter mögen sie sehr [*o* haben sie sehr gern]; ■ **qn adore faire qc** jd tut etw sehr [*o* furchtbar *fam*] gern
2. REL ■ **qn adore qn/qc** jd betet jdn/etw an, jd verehrt jdn/etw

adosser <1> [adose] **I.** *vt* ■ **qn adosse qc à qc** [*o* **contre qc**] jd stellt etw an etw (*akk*) [*o* gegen etw]; *échelle* jd lehnt etw an etw (*akk*); *bâtiment* jd baut etw an etw (*akk*) an; ***j'ai adossé l'armoire au mur*** ich habe den Schrank an die Wand gestellt; ■ **qc est adossé(e) à qc** [*o* **contre qc**] /*meuble*/ etw steht an etw (*dat*); /*échelle*/ etw lehnt an etw (*dat*) [*o* gegen etw]; /*bâtiment*/ etw ist an etw (*akk*) gebaut; ■ **qn est adossé(e) à qc** [*o* **contre qc**] jd lehnt an etw (*dat*) [*o* gegen etw], jd ist an etw (*akk*) [*o* gegen etw] gelehnt
II. *vpr* ■ **qn s'adosse à qc** jd lehnt sich [mit dem Rücken] an etw (*akk*); ■ **qc s'adosse à qc** /*bâtiment*/ etw ist an etw (*akk*) gebaut, etw schmiegt sich an etw (*akk*) *liter*

adoucir <8> [adusiʀ] **I.** *vt* **1.** ■ **qn/qc adoucit qc** *acidité, saveur, dureté* jd/etw mildert etw; *vinaigrette, vin* jd/etw macht etw milder; *linge* jd/etw macht etw weich; *peau* etw macht etw weich [*o* geschmeidig]; *voix* jd dämpft etw; *couleur* jd/etw schwächt etw ab, jd/etw dämpft etw; *température* durch etw wird etw milder; *contraste* jd/etw schwächt etw ab; *aspérités, surface* jd/etw glättet etw; *chagrin, peine* jd/etw lindert etw, jd/etw mildert etw; *conditions pénibles, épreuve* jd/etw erleichtert etw; ***sa nouvelle coiffure lui adoucit les traits du visage*** die neue Frisur macht sein/ihr Gesicht weicher; ***de vivre avec elle lui a adouci le caractère*** das Zusammenleben mit ihr hat ihn umgänglicher gemacht, durch das Zusammenleben mit ihr ist er umgänglicher geworden; ***qn adoucit ses manières*** jd wird umgänglicher [*o* freundlicher]; ***qn adoucit ses remarques*** jd mäßigt seine Worte; ***le jury a adouci la condamnation de l'accusé*** die Geschworenen haben das Urteil über den Angeklagten milder ausfallen lassen; ■ **qn/qc adoucit qn** jd/etw besänftigt jdn
2. CHIM ■ **qn/qc adoucit qc** *eau* jd/etw enthärtet etw
II. *vpr* ■ **qn s'adoucit** jd wird milder; ■ **qc s'adoucit** /*saveur, acidité, vin*/ etw wird milder; /*voix*/ etw wird sanft; /*couleur*/ etw wird gedämpfter; /*peau*/ etw wird weich [*o* geschmeidig]; ***la pente s'adoucit vers le sommet*** die Steigung nimmt zum Gipfel hin ab [*o* wird zum Gipfel hin geringer]; ***son caractère ne s'est pas adouci avec le temps*** er/sie ist mit der Zeit nicht umgänglicher geworden; ***la température s'est très nettement adoucie*** es ist eindeutig milder [*o* wärmer] geworden

adoucissant [adusisɑ̃] *m* Weichspüler *m*

adoucissement [adusismɑ̃] *m* [*acidité, saveur*] Mildern *nt*; [*vin, vinaigrette*] Mildermachen *nt*; [*peau*] Weichermachen *nt*; [*voix*] Dämpfen *nt*; [*couleurs, contraste*] Abschwächung *f*; [*surface, aspérités*] Glätten *nt*; [*consonne*] Abschwächung; [*peine*] Milderung *f*; [*linge*] Weichmachen *nt*; [*eau*] Weichmachen, Enthärten *nt*; ***qn apporte quelque*** ~ ***à ses reproches*** jd mäßigt sich in seinen Vorwürfen

adoucisseur [adusisœʀ] *m* (*appareil*) ■ ~ **[d'eau]** Wasserenthärtungsanlage *f*

adrénaline [adʀenalin] *f* Adrenalin *nt*

adressage [adʀɛsaʒ] *m* Adressierung *f*

adresse[1] [adʀɛs] *f* **1.** (*domicile*) Adresse *f*, Anschrift *f*
2. [*dictionnaire*] Eintrag *m*; INFORM Adresse *f*
▸ **une bonne** ~ eine gute Adresse; **qn change d'**~ jd zieht um; **qn part sans laisser d'**~ jd verschwindet spurlos *fam*; **qn se trompe d'**~ *fig* jd gerät an die falsche Adresse; **à l'**~ **de qn** an jdn [*o* an jds Adresse] gerichtet
◆ **adresse de messagerie** INFORM E-Mail-Adresse ['iːmeɪl-] *f*

adresse[2] [adʀɛs] *f* ∅ (*habileté*) Geschick *nt*; [*prestidigitateur, artisan a.*] Geschicklichkeit *f*; (*tact*) Feingefühl *nt*; ***exercice d'***~ Geschicklichkeitsübung *f*; ***jeu d'***~ Geschicklichkeitsspiel *nt*

adresser <1> [adʀese] **I.** *vt* **1.** (*envoyer*) ■ **qn adresse qc à qn** jd schickt etw an jdn, jd schickt [*o* sendet] jdm etw; *compliment, reproche* jd macht jdm etw; *regard* jd wirft jdm etw zu; ***qn adresse un sourire à qn*** jd lächelt jdm zu; ***qn adresse la parole à qn*** jd richtet das Wort an jdn, jd spricht jdn an; ***qn adresse une remarque à qn*** jd macht jdm gegenüber eine Bemerkung
2. (*diriger*) ■ **qn/qc adresse qn à qn/qc** jd/etw schickt jdn zu jdm/etw; ***son médecin habituel l'adressa à un spécialiste*** sein Arzt hat ihn an einen Spezialisten überwiesen [*o* zu einem Spezialisten geschickt]
II. *vpr* **1.** (*adresser la parole à*) ■ **qn s'adresse à qn** jd wendet sich an jdn; ***c'est à toi que je me suis adressé, pas à ta voisine*** ich habe dich angesprochen [*o* gefragt], nicht deine Nachbarin
2. (*aller trouver*) ■ **qn s'adresse à qn** jd wendet sich an jdn
3. (*être destiné à*) ■ **qc s'adresse à qn** /*remarque*/ etw gilt jdm, etw ist für jdn bestimmt; /*publicité*/ etw richtet sich an jdn; ***un argument qui s'adresse au cœur*** ein Argument, das das Herz [*o* Gefühl] anspricht

Adriatique [adʀijatik] *f* ■ **l'**~ die Adria, das Adriatische Meer

adroit, e [adʀwa, wat] *adj* **1.** (*habile*) geschickt, gewandt
2. (*subtil*) geschickt

adroitement [adʀwatmɑ̃] *adv* geschickt

adulation [adylasjɔ̃] *f littér* Vergötterung *f*

adulte [adylt] **I.** *adj personne* erwachsen; *animal* ausgewachsen; *âge* Erwachsenen-; ***elle est arrivée à l'âge*** ~ sie ist jetzt erwachsen
II. *mf* Erwachsene(r) *f(m)*; ***réservé aux*** ~***s*** nur für Erwachsene; ***c'est un film réservé aux*** ~***s*** dieser Film ist erst ab 18 freigegeben; ***un club réservé aux*** ~***s*** ein Club, zu dem Minderjährige keinen Zutritt haben

adultère [adyltɛʀ] **I.** *adj* ehebrecherisch; ***femme*** ~ Ehebrecherin *f*; ***homme*** ~ Ehebrecher *m*
II. *m* Ehebruch *m*; ***qn commet un*** ~ jd begeht Ehebruch

advenir <9> [advəniʀ] **I.** *vi* ■ **qc advient** etw geschieht; ***les événements/incidents advenus ces derniers jours*** die Ereignisse/Vorfälle der letzten Tage
▸ **advienne que pourra** komme, was wolle; mag kommen, was kommen mag [*o* will]
II. *vi impers* **1.** (*arriver*) ■ **il advient qc [à qn]** etw geschieht [*o* passiert] [jdm]; ■ **il advient que** + *indic soutenu* es geschieht, dass
2. (*devenir, résulter de*) ■ **il advient qc de qn/qc** es wird etw aus jdm/einer S.
▸ **quoi qu'il advienne [à qn]** was [jdm] auch immer geschehen mag

adverbe [advɛʀb] *m* Adverb *nt*, Umstandswort *nt*

adverbial, e <-aux> [advɛʀbjal, jo] *adj* adverbial; *locution a.* als Adverb gebraucht

adversaire [advɛʀsɛʀ] *mf* **1.** MIL, SPORT Gegner(in) *m(f)*
2. (*opposant*) Gegner(in) *m(f)*; (*opposant personnel a.*) Widersacher(in) *m(f)*; (*contradicteur*) Opponent(in) *m(f)*, Kontrahent(in) *m(f)*

adverse [advɛʀs] *adj forces, camp* feindlich; *parti* oppositionell, Oppositions-, in der Opposition; *partie* Gegen-; *blocs, équipe* gegnerisch

adversité [advɛʀsite] *f* ∅ *littér* (*fatalité*) Schicksal *nt*; *soutenu* (*détresse*) Unglück *nt*, Not *f*; ***qn fait face à l'***~ jd bietet dem Schicksal die Stirn; ***dans l'***~ im Unglück

aération [aeʀasjɔ̃] *f* ∅ **1.** [*literie*] Lüften *nt*; [*pièce a.*] Belüftung *f*; [*terre, racine*] Belüftung, Belüften
2. (*circulation d'air*) Belüftung *f*, Ventilation *f*; ***cette pièce manque d'***~ dieses Zimmer ist schlecht gelüftet

aéré, e [aeʀe] *adj* **1.** *pièce, appartement* gelüftet; (*clair*) luftig; ***qc est bien/mal*** ~ etw ist gut/schlecht gelüftet, in etw (*dat*) ist gute/schlechte Luft
2. *page* aufgelockert; *mise en page* großzügig [gestaltet]

aérer <5> [aeʀe] **I.** *vt* **1.** ■ **qn aère qc** *pièce* jd lüftet etw [durch]; *literie* jd lüftet etw [aus]; ■ **qn aère qc** *terre, racine* jd belüftet etw
2. (*alléger*) ■ **qn aère qc [par qc]** *exposé, démonstration, copie, texte* jd lo-

ckert etw [durch etw] auf
II. *vpr* ■ **qn s'aère** (*prendre l'air*) jd schnappt [*o* tankt] frische Luft *fam;* (*changer d'air*) jd nimmt einen Tapetenwechsel vor; ***aérez-vous un peu l'esprit!*** schalten Sie ein wenig ab!

aérien, ne [aeʀjɛ̃, jɛn] *adj* **1.** AVIAT Luft-; *transport a.* Flug-; *ligne* Luftverkehrs-, Flug-; *carte* Luftfahrt-; *compagnie* Luftfahrt-, Flug-, Luftverkehrs-; *attaque* Luft-, Flieger-; ***vue/photographie ~ne*** Luftbild *nt,* Luftaufnahme *f*
2. (*en l'air*) *racine* Luft-; METEO *courant* Luft-
3. ***ligne ~ne, circuit ~*** TELEC Freileitungslinie *f;* ***ligne ~ne*** ELEC Freileitung *f,* oberirdische Leitung; ***métro ~*** Hochbahn *f*

aérobic [aeʀɔbik] *f* Aerobic [ɛ'rɔbɪk] *nt*

aéro-club <~-~s> [aeʀoklœb] *m* Aeroklub *m*

aérodrome [aeʀodʀom] *m* Flugplatz *m*

aérodynamique [aeʀodinamik] **I.** *adj* **1.** *véhicule, carrosserie* aerodynamisch, stromlinienförmig; ***ligne ~*** Stromlinienform *f*
2. *laboratoire* aerodynamisch; ***soufflerie ~*** Windkanal *m*
II. *f* Aerodynamik *f*

aérodynamisme [aeʀodinamism] *m* Aerodynamik *f*

aérofrein [aeʀofʀɛ̃] *m* Druckluftbremse *f*

aérogare [aeʀogaʀ] *f* **1.** (*à l'aéroport*) (*ensemble de bâtiments*) Flughafen[gebäude *nt*] *m,* Abfertigungsgebäude [für Fluggäste]; (*bâtiment*) Terminal ['tø:ɐminl] *nt o m*
2. (*en ville*) [Stadt]terminal *nt o m*

aéroglisseur [aeʀoglisœʀ] *m* Luftkissenfahrzeug *nt,* Hovercraft ['ho:vɐkra:ft] *nt*

aéronaute [aeʀonot] *mf* Aeronaut(in) *m(f),* Ballonfahrer(in) *m(f)*

aéronautique [aeʀonotik] **I.** *adj* aeronautisch, Luftfahrt-; ***le secteur ~*** der Flugzeugbau
II. *f* ∅ Luftfahrt *f;* ***école nationale supérieure de l'A~ et de l'Espace*** Technische Hochschule für Luft- und Raumfahrtingenieure

aéronaval, e <s> [aeʀonaval] **I.** *adj forces* Marineluftstreit-
II. *f* ■ **l'aéronavale** die Marineflieger[truppe], die Marineluftwaffe

aérophagie [aeʀofaʒi] *f* [krankhaftes] Luftschlucken, Aerophagie *f spec;* ■ **il a** [*o* **fait**] **de l'~** er schluckt Luft, er leidet an [krankhaftem] Luftschlucken

aéroport [aeʀopɔʀ] *m* Flughafen *m*

aéropostal, e <-aux> [aeʀopɔstal, o] **I.** *adj* Luftpost-
II. *f* ■ **l'Aéropostale** *ehemalige französische Luftpostgesellschaft* (*1927 - 1933*)

aérosol [aeʀosɔl] *m* **1.** (*pulvérisateur*) Sprühdose *f,* Spray ['spre:, 'ʃpre:] *nt o m,* Spraydose *f;* ***bombe ~*** Spray[dose *f*] *nt o m*
2. PHYS Aerosol *nt*
▸ **déodorant/laque en ~** Deospray *nt*/Sprühlack *m*

aérospatial, e <-aux> [aeʀospasjal, jo] **I.** *adj recherche* Weltraum-; *industrie* Luft- und Raumfahrt-; ***les véhicules ~aux*** die Raumfahrzeuge, die Raumflugkörper
II. *f* ■ **l'aérospatiale** die Luft- und Raumfahrtindustrie

affabilité [afabilite] *f* Freundlichkeit *f,* Liebenswürdigkeit *f*

affable [afabl] *adj* freundlich, liebenswürdig

affabulation [afabylasjɔ̃] *f* Lügenmärchen *nt;* ***tout n'est que mensonges et ~s*** alles ist erstunken und erlogen *fam,* das sind alles Lügenmärchen
▸ **c'est de l'~/ce sont des ~s** das ist ein/das sind [Lügen]märchen, das ist [reine] Erfindung

affacturage [afaktyʀaʒ] *m* Factoring ['fæktərɪŋ] *nt*

affadir <8> [afadiʀ] **I.** *vt* ■ **qc affadit qc** *aliment* etw macht etw fade; *style, roman* etw lässt etw farblos werden; *histoire, pièce* etw lässt etw langweilig [*o* fade] werden; *personnage* etw lässt etw farblos [*o* fade] werden
II. *vpr* ■ **qc s'affadit** */aliment/* etw wird fade; */style, critique, personnage/* etw wird farblos; */histoire/* etw wird langweilig [*o* fade]

affaiblir <8> [afebliʀ] **I.** *vt* ■ **qc affaiblit qn** */fièvre/* etw schwächt [*o* entkräftet] jdn; */épreuve/* etw schwächt jdn; ■ **qn est affaibli(e) par qc** jd ist von etw geschwächt; ■ **qc affaiblit qc** *bruit* etw dämpft etw; *État* etw schwächt etw; *pensée* etw entkräftet etw
II. *vpr* ■ **qn s'affaiblit** jd wird schwächer; ■ **qc s'affaiblit** etw lässt nach; */autorité a./* etw schwindet; */vent a./* etw wird schwächer, etw legt sich; */monnaie a./* etw fällt; */mémoire, intérêt/* etw lässt nach; */résolution/* etw wird unbestimmter; */sens/* etw verblasst, etw schwächt sich ab; ***sa vue s'affaiblissait*** seine/ihre Sehkraft nahm ab [*o* wurde geringer]

affaiblissement [afeblismɑ̃] *m* Schwächung *f;* [*malade a.*] Entkräftung *f;* [*vue, ouïe, mémoire*] Nachlassen *nt;* [*bruit*] Abnahme *f;* [*monnaie, cours*] Abschwächung *f;* [*conjoncture*] Rückgang *m,* Abschwung *m;* [*autorité*] Schwund *m;* [*esprit civique*] Schwinden *nt;* [*valeurs morales*] Verfall *m;* [*liens sociaux*] Lockerung *f;* [*intérêt*] Nachlassen *nt,* Abnehmen *nt;* [*sens*] Verblassen *nt;* **~ *intellectuel*** geistiges Nachlassen

affaire [afɛʀ] *f* **1.** ∅ (*problème*) Sache *f,* Angelegenheit *f;* ***qn embarque*** [*o* ***empêtre***] ***qn dans une ~*** jd verwickelt jdn in eine Angelegenheit [*o* Sache], jd zieht jdn in eine Angelegenheit [*o* Sache] hinein; ■ **l'~** die Sache; ***qn fait avancer l'~*** jd treibt [*o* bringt] die Sache voran; ■ **une ~ de ...** (*question*) eine Frage der/des ...; ***une ~ de conscience/de cœur/d'honneur/de mode*** eine Gewissensfrage/Gefühlssache/Ehrensache/Frage der Mode; ***c'est une ~ de goût*** das ist Geschmackssache [*o* eine Frage des Geschmacks]
2. (*scandale*) Affäre *f,* Sache *f;* ***une sale ~*** eine schmutzige Sache; ■ **une ~ de** *de sexe* eine -affäre; ***une ~ de pots-de-vin*** eine Schmiergeldaffäre; ***l'~ du sang contaminé/des fausses factures*** der Blutkonservenskandal/die Affäre der gefälschten Rechnungen; ***qn étouffe une ~*** jd vertuscht eine Angelegenheit; ***qn trempe dans une ~*** jd ist in eine Sache verwickelt
3. JUR Fall *m;* ***qn démêle une ~*** jd bringt Licht in eine Angelegenheit; ***qn résout une ~*** jd löst einen Fall; ***qn plaide une ~*** jd vertritt eine Sache vor Gericht; ***qn s'occupe d'une ~ de trafic de drogue*** jd ist mit einem Rauschgiftfall [*o* einer Rauschgiftsache] befasst, jd bearbeitet einen Rauschgiftfall; ***l'~ Dreyfus*** der Fall Dreyfus; ***une ténébreuse ~*** ein undurchsichtiger Fall, eine undurchsichtige Sache
4. COM (*transaction*) Geschäft *nt;* ***une ~ s'annonce*** [*o* ***part***] [*o* ***démarre***] ***très mal*** eine Sache lässt sich sehr schlecht an *fam;* ***qn réalise une très bonne ~*** jd macht ein sehr gutes Geschäft; ***qn remporte l'~*** jd macht das Geschäft; ***c'est une grosse ~*** das ist eine große Sache [*o* eine Riesensache] *fam;* ***qn fait de grosses ~s*** jd macht große [*o* gute] Geschäfte
5. ∅ COM (*entreprise*) Geschäft *nt,* Betrieb *m,* Unternehmen *nt;* ***il est gérant d'une ~ d'import-export*** er ist Geschäftsführer eines Import-Export-Unternehmens; ***mon ~ marche bien*** mein Geschäft geht [*o* läuft] gut; ***qn renfloue/reprend l'~ familiale*** jd saniert/übernimmt den Familienbetrieb [*o* das Familienunternehmen]; ***c'est une ~ prospère*** das ist ein gutgehendes Geschäft
6. *pl* COM (*commerce*) Geschäft *nt,* Geschäfte *pl;* ***augmentation des ~s*** Absatzsteigerung *f;* ***diminution/accroissement des ~s*** Geschäftsflaute *f*/Geschäftszunahme *f;* ***marasme des ~s*** Flaute *f;* ***stagnation des ~s*** Stagnation *f* der Geschäfte, Geschäftsstockung *f;* ***je préfère parler ~s tout de suite*** ich möchte sofort über das Geschäftliche reden; ***qn se retire des ~s*** jd steigt aus dem Geschäft aus; ■ **d'~s** *milieu, lettre, voyage, repas* Geschäfts-; *relations a., rendez-vous* geschäftlich; ***réunion d'~s*** Geschäftstreffen *nt*
7. *pl* POL: ***un ancien président revient aux ~s*** ein ehemaliger Präsident kehrt in die Politik zurück; ***le Premier ministre dirige les ~s du pays*** der Premierminister führt die Staatsgeschäfte; ***~s culturelles et sociales*** kulturelle und soziale Angelegenheiten; ***qn s'immisce*** [*o* ***s'ingère***] ***dans les ~s intérieures d'un pays*** jd mischt sich in die inneren Angelegenheiten eines Landes ein
8. *pl* (*habits, effets personnels*) Sachen *pl*
▸ **c'est une ~ d'hommes** das ist Männersache; **une ~ en or** (*contrat*) ein sehr günstiges [*o* vorteilhaftes] Geschäft, ein Bombengeschäft *fam;* (*entreprise*) eine Goldgrube; **qn met de l'ordre dans ses ~s** jd bringt Ordnung in seine Sachen; *fig* jd bringt seine Angelegenheiten in Ordnung; **qn a ~ à forte partie** jd hat einen schweren Stand; SPORT *a.* jd hat es mit einem starken Gegner zu tun, jd trifft auf einen ernstzunehmenden Gegner; **l'~ est dans la poche** [*o* **dans le sac**] *fam* die Sache ist geritzt [*o* unter Dach und Fach] *fam;* **c'est l'~ du siècle** das ist das Geschäft des Jahrhunderts; **c'est une autre ~** das ist etwas [ganz] Anderes; **la belle ~!** was soll's! *fam;* **qn est carré(e) en ~s** jd ist in geschäftlichen Dingen gradlinig, jd spricht in geschäftlichen Dingen eine unmissverständliche Sprache; **toutes ~s cessantes** umgehend, unverzüglich; **qn tire une ~ au clair** jd bringt Licht in eine Sache; **c'est une ~ classée** das ist erledigt, die Sache ist erledigt [*o* vom Tisch *fam*]; ***c'est une ~ classée!*** vergessen wir die Sache!, die Sache ist vergessen [*o* gegessen *fam*]; **pour ~ vous concernant** *form* wegen einer Sie betreffenden Angelegenheit *form;* **les ~s courantes** die laufenden Geschäfte; **une ~ entendue** eine beschlossene Sache; **les A~s étrangères** die auswärtigen Angelegenheiten; (*ministère*) das Auswärtige Amt, das Außenministerium; **l'~ est conclue/faite!** das Geschäft ist abgeschlossen/gemacht!; **qn n'est pas facile en ~s** jd ist ein [knall]harter Geschäftsmann/eine [knall]harte Geschäftsfrau; **ce n'est pas une petite** [*o* **mince**] **~** das ist keine Kleinigkeit [*o* keine einfache Sache]; **les ~s publiques** die Staatsgeschäfte; **c'est toute une ~** [**que de faire qc**] das ist vielleicht ein Riesenakt *fam* [*o* eine Staatsaktion][etw zu tun]; **qn en fait toute une ~** [*o* **en fait une ~**] *fam* jd macht daraus eine Staatsaffäre [*o* Staatsaktion]; **qn a ~ à qn/qc** jd hat es mit jdm/etw zu tun; **qn aura ~ à qn** jd bekommt [*o* kriegt *fam*] es mit jdm zu tun; **qn classe une ~/l'~** JUR jd legt eine/die Sache ad acta [*o* zu den Akten] *fam;* **c'est une** [**bonne**] **~** das ist ein gutes Geschäft; **c'est ~ de ...** (*question*) das ist eine Frage des/der ...; ***c'est ~ de cœur/de générosité*** das ist eine Gefühlssache [*o* eine Frage des Gefühls]/eine Frage der Großzügigkeit; **c'est l'~ de ...** *de quelques minutes, d'un instant* das ist eine Sache von ..., das dauert ...; ***c'est l'~ d'un ou de deux coups de marteau ...*** ein oder zwei Schläge mit dem Hammer und ...; **qn est dans les ~s** jd ist Geschäftsmann/-frau; **qn est à son ~** jd ist mit vollem Eifer bei der Sache, jd ist in seinem Element; **c'est mon/ton/son/... ~** das ist meine/deine/seine/ihre/... Sache [*o* Angelegenheit]; **ce n'est pas mon/ton/son/... ~** das geht mich/dich/ihn/sie/... nichts an; **qn est sur une ~** jd ist an einer Sache dran *fam;* **qn est en ~ avec qn** jd wird mit jdm handelseinig; **qn fait ~ avec qn** jd steht in Geschäftsverbindung mit jdm; **qn fait une ~/des ~s** jd macht ein [gutes] Geschäft/gute Geschäfte; **qn/qc fait l'~** [**de qn**] jd/etw tut es *fam,* jd/etw ist der/die/das Richtige [für jdn]; ***ce pull fera bien l'~*** der Pullover wird es schon tun [*o* ist schon in Ordnung] *fam;* ***pensez-vous que je puisse faire l'~?*** glauben sie, dass ich der/die Richtige bin [*o* dass ich geeignet bin]?; ***ça fera l'~ de tes concurrents*** das wird deinen Konkurrenten zugute kommen [*o* deinen Konkurrenten nützen]; **qn fait** [*o* **règle**] **son ~ à qn** *pop* jd rechnet mit jdm ab; (*tue qn*) jd bringt jdn um; **cela/qc ne fait** [*o* **n'apporte**] **rien à l'~** das/etw tut nichts zur Sache, das/etw spielt keine Rolle; **qn fait son ~ de qc** jd kümmert sich um etw; ***j'en fais mon ~*** ich kümmere mich darum; **qn se mêle** [*o* **s'occupe**] **des ~s d'autrui** jd mischt sich in fremde Angelegenheiten; **mêle-toi** [*o* **occupe-toi**] **de tes ~s** kümmere dich um deine eigenen Angelegenheiten; **l'~ presse** die Sache drängt; **les ~s sont les ~s** *prov* Geschäft ist Geschäft; **~ à suivre** eine Sache, die es weiter zu verfolgen gilt [*o* die weiter zu verfolgen bleibt]; **qn se tire** [*o* **se sort**] **d'~** jd zieht sich aus der Affäre; **qn tire** [*o* **sort**] **qn d'~** jd hilft jdm aus der Klemme *fam;* **toute l'~ tourne autour de qc** bei dieser Angelegenheit [*o* Sache] dreht es sich [*o* geht es] um etw; **dans l'~ X contre Y** in Sachen X gegen Y; **en ~s:** ***il/elle est impitoyable en ~s*** er ist ein eiskalter Geschäftsmann/sie ist eine eiskalte Geschäftsfrau; ***qn est sûr(e) en ~s*** jd versteht etwas vom Geschäft; **en voilà une ~!** *fam* das ist doch kein Beinbruch [*o* Weltuntergang]! *fam,* was für ein Theater!; **hors d'~** außer Gefahr; **pour ~s** geschäftlich, in einer geschäftlichen Angelegenheit

◆ **affaire de cœur** Herzensangelegenheit *f;* (*liaison*) Liebschaft *f;* **affaire de mœurs** (*scandale*) Sittenskandal *m;* (*délit*) Sittlichkeitsverbrechen *nt;* **affaire d'État** [wichtige] Staatsangelegenheit ▸**qn en fait une ~ d'État** *fam* jd macht daraus eine Staatsaffäre [*o* Staatsaktion]

affairement [afɛʀmɑ̃] *m* Geschäftigkeit *f,* geschäftiges Treiben; ***dans l'~ du départ*** in der Hektik des Aufbruchs

affairer <1> [afeʀe] *vpr* ▪ **qn s'affaire** jd eilt geschäftig hin und her; ▪ **qn s'affaire auprès** [*o* **autour**] **de qn** jd bemüht sich um jdn, jd ist um jdn bemüht; ▪ **qn s'affaire à faire qc** jd ist damit beschäftigt [*o* ist dabei] etw zu tun

affairiste [afeʀist] *m, f péj* [gewissenloser] Geschäftemacher/[gewissenlose] Geschäftemacherin *m/f*

affaissement [afɛsmɑ̃] *m* [*route*] Senkung *f,* Absacken *nt;* [*immeuble, plancher*] Senkung, Absenkung; [*poutre*] Absacken; [*forces, intelligence*] Verfall *m;* **un ~ du sol** [*o* **de terrain**] eine Bodensenkung

affaisser <1> [afese] *vpr* **1.** (*baisser de niveau*) ▪ **qc s'affaisse** /*immeuble*/ etw senkt sich; /*route, sol a.*/ etw sackt ab; /*poutre*/ etw hängt durch, etw sackt durch; /*plancher*/ etw senkt sich, etw gibt nach; /*corps*/ etw wird schlaff [*o* gebeugt]; ***ma colonne vertébrale s'est affaissée*** meine Wirbelsäule hat einen Knick bekommen [*o* ist krumm geworden] *fam;* ▪ **qn s'affaisse** jd fällt in sich (*dat*) zusammen, jd wird krumm *fam*
2. (*s'écrouler*) ▪ **qn s'affaisse** jd bricht zusammen

affaler <1> [afale] *vpr* ▪ **qn s'affale quelque part** jd lässt sich irgendwo[hin] fallen [*o* plumpsen *fam*]; ***affalé(e) dans un fauteuil*** in einem Sessel zusammengesunken; ***ils restent tous affalés sur leur chaise*** sie sitzen alle zusammengesunken auf ihren Stühlen

affamé, e [afame] *adj* hungrig, ausgehungert; ***une population ~e*** eine hungernde Bevölkerung; ▪ **~ de qc** süchtig nach etw, begierig nach etw; ***qn est ~ de gloire*** jd dürstet nach Ruhm

affamer <1> [afame] *vt* ▪ **qn affame qn** jd lässt jdn [ver]hungern; ▪ **qn affame qc** MIL jd hungert etw aus

affectation [afɛktasjɔ̃] *f* **1.** ∅ (*imputation*) ▪ **l'~ de qc** [**à qc**] *de moyens, d'une somme* die Verwendung einer S. (*gen*) [für etw]; (*mise à disposition*) die Bereitstellung einer S. (*gen*) [für etw]; *d'un immeuble* die Zweckbestimmung einer S. (*gen*), die Bestimmung einer S. (*gen*) für etw; MATH *d'un signe, coefficient* das Voranstellen einer S. (*gen*) [vor etw (*akk*)], die Zuweisung einer S. (*gen*)
2. ADMIN (*nomination*) ▪ **l'~ de qn** [**à qc/quelque part**] (*nomination à un poste*) *d'un fonctionnaire* das Einsetzen eines Menschen [in etw (*akk*)/irgendwo]; *d'un militaire* jds Abkommandierung *f* [*o* Abberufung *f*] [auf etw (*akk*)/irgendwohin]; *d'un professeur d'université* jds Berufung *f* [auf etw (*akk*)/irgendwohin]; (*dans une région, un pays*) *d'un fonctionnaire* ds Versetzung *f* [in etw (*akk*)/irgendwohin]; *d'un militaire* jds Abkommandierung [*o* Einsatz *m*] [in etw (*akk*)/irgendwohin]; ***ce prof a demandé son ~ à Toulouse/dans une autre ville/école*** dieser Lehrer hat seine Versetzung nach Toulouse/in eine andere Stadt/an eine andere Schule beantragt
3. (*manque de naturel*) Affektiertheit *f,* Unnatürlichkeit *f;* ***qn fait qc avec/sans ~*** jd tut etw affektiert/ganz natürlich; ***il parle avec ~*** er redet affektiert [*o* geziert] [*o* geschraubt]
▸**qn rejoint son ~** jd findet sich auf seinem Posten ein

affecté, e [afɛkte] *adj* **1.** (*feint*) *sentiment* geheuchelt unecht, unaufrichtig; *attitude* geheuchelt, vorgetäuscht; ***qn témoigne une joie ~e*** jd heuchelt Freude
2. (*maniéré*) *personne* affektiert; *prononciation a.* geziert, geschraubt; *comportement* unnatürlich, geziert, gekünstelt; ***il parle d'un ton ~*** er spricht affektiert [*o* gekünstelt] [*o* geschraubt]

affecter <1> [afɛkte] *vt* **1.** (*feindre*) ▪ **qn affecte qc** *sentiment, attitude* jd täuscht etw vor, jd heuchelt etw; ***elle affecte de grands airs*** sie tut sehr vornehm; ▪ **qn affecte de faire qc** jd tut so, als ob er etw tun würde [*o* als würde er etw tun], jd gibt sich (*dat*) den Anschein, als ob er etw tun würde [*o* als würde er etw tun]; ***elle affectait d'être émue de leur retour*** sie tat so, als sei sie über ihre Rückkehr gerührt; sie tat, als ob sie über ihre Rückkehr gerührt sei
2. ADMIN (*nommer*) ▪ **qn affecte qn à qc** (*à un poste*) *fonctionnaire* jd weist jdm etw zu; *professeur d'université* jd beruft jdn auf etw (*akk*); *militaire* jd teilt jdn einer S. (*dat*) zu; ▪ **qn affecte qn quelque part** jd setzt jdn irgendwo ein; *militaire* jd überstellt jdn irgendwohin, jd kommandiert jdn irgendwohin ab; (*dans une région, un pays*) jd schickt jdn irgendwohin
3. (*émouvoir*) ▪ **qc affecte qn** etw geht jdm nahe, etw macht jdn betroffen
4. (*concerner*) ▪ **qc affecte qn/qc** etw trifft jdn/etw; /*épidémie*/ etw befällt jdn; /*résultat*/ etw wirkt sich auf etw (*akk*) aus
5. (*imputer*) ▪ **qn affecte qc à une chose** *somme* jd stellt etw für eine S. bereit; MATH jd stellt etw einer S. (*dat*) voran

affectif, -ive [afɛktif, -iv] **I.** *adj vie* Gefühls-; *état* Gemüts-; *réaction* emotional, gefühlsbetont; *nuance, valeur, connotation* affektiv ***un traumatisme ~*** ein seelischer Schock, ein psychisches Trauma; ***sur le plan ~*** gefühlsmäßig, was die Gefühle angeht; ***comment ça va sur le plan ~?*** (*amoureux*) was macht die Liebe [*o* das Liebesleben]?; ***qn fait un blocage ~*** jd sperrt sich gegen seine Gefühle
II. *m* Affekt *m*

affection [afɛksjɔ̃] *f* **1.** (*tendresse*) Zuneigung *f*
2. MED Erkrankung *f;* ***qn souffre d'une ~ de la gorge/cardiaque*** jd hat Probleme mit dem Hals/ein Herzleiden
3. PSYCH Gemütsbewegung *f,* Gefühlsregung *f*
▸**qn gagne l'~ de qn** jd gewinnt jds Zuneigung; **qn prend qn en ~** jd gewinnt jdn lieb

affectionner <1> [afɛksjɔne] *vt* **1.** (*préférer*) ▪ **qn affectionne qc** jd bevorzugt etw, jd hat eine Vorliebe für etw
2. *vieilli* (*aimer*) ▪ **qn affectionne qn** jd mag jdn sehr [gern], jd hat eine große Zuneigung zu jdm

affectivité [afɛktivite] *f* ∅ Emotionalität *f,* Gefühle *pl,* Affektivität *f spec;* ***un enfant a des problèmes d'~*** ein Kind erhält nicht genug Zuneigung

affectueusement [afɛktɥøzmɑ̃] *adv* liebevoll, zärtlich; ***je vous embrasse ~*** liebe Grüße [und Küsse]

affectueux, -euse [afɛktɥø, -øz] *adj* liebevoll, zärtlich; ***je vous adresse mes ~euses pensées*** herzliche Grüße

afférent, e [afeʀɑ̃, ɑ̃t] *adj* **1.** ADMIN *form* ▪ **~ à qc** *à une affaire* etw betreffend; *à une charge, fonction* mit etw verbunden [*o* verknüpft]; *à des frais* mit etw verbunden, für etw anfallend; ***les questions ~es*** die damit zusammenhängenden [*o* verbundenen] Fragen; ***y ~*** dazugehörig
2. JUR ▪ **~ à qn** auf jdn entfallend, auf jdn zukommend
3. MED *vaisseau* zuführend

affermage [afɛʀmaʒ] *m* [Ver]pachten *nt,* Verpachtung *f*

affermir <8> [afɛʀmiʀ] **I.** *vt* **1.** (*consolider*) ▪ **qn affermit qc** *position* jd festigt etw; *pouvoir* jd baut etw aus; ***qn cherche à ~ son autorité*** jd sucht seiner Autorität mehr Nachdruck zu verleihen; ▪ **qc affermit qc** *courage* etw stärkt etw; *résolution a.* etw festigt etw; *paix* etw sichert etw; ▪ **qc affermit qn dans qc** etw bestärkt jdn in etw (*dat*)
2. (*poser*) ▪ **qn affermit qc** *voix* jd gibt einer S. (*dat*) einen festen [*o* energischen] Klang, jd verleiht einer S. (*dat*) Festigkeit
3. (*rendre plus stable*) ▪ **qn affermit qc** *pont* jd befestigt etw
4. (*rendre plus ferme*) ▪ **qc affermit qc** *chairs* etw festigt etw, etw stärkt etw; *muscles* etw kräftigt etw; *peau* etw strafft etw
II. *vpr* ▪ **qc s'affermit** /*santé*/ etw stabilisiert sich; /*autorité*/ etw festigt sich, etw wächst

affermissement [afɛʀmismɑ̃] *m* [*caractère, position, résolution*] Festigung *f;* [*autorité a.*] Stärkung *f;* [*État*] Erstarken *nt*

affichage [afiʃaʒ] *m* **1.** ∅ (*action de poser des affiches*) Aushängen *nt,* Anschlagen *nt;* ***l'~ est interdit sur les murs*** das Ankleben von Plakaten auf den Mauern ist verboten; ***l'~ publicitaire*** die Plakatwerbung; ***l'~ sauvage*** unerlaubtes Plakatieren; ***qc est de l'~ sauvage*** etw ist unerlaubt plakatiert; ***~ électoral*** Plakatierung *f* für die Wahl; ***certains films sont interdits d'~*** für bestimmte Filme darf keine Plakatwerbung gemacht werden; ***une campagne d'~ publicitaire/électoral*** eine Plakatwerbekampagne/Wahlplakatkampagne
2. (*moyen de renseigner*) Bekanntgabe *f* [*o* Bekanntmachung *f*] durch Aushang; ***l'~ des résultats est fixé à jeudi*** die Ergebnisse hängen am Donnerstag aus [*o* werden am Donnerstag durch Aushang bekanntgegeben]; ***l'~ des départs d'avions*** die Anzeigetafel für die Abflüge; ***l'~ des prix*** die Preisauszeichnung
3. INFORM Anzeige *f*
▸**l'~ électronique** die elektronische Anzeigetafel, die elektronische [Informations]anzeige; **~ numérique** Digitalanzeige *f;* ***une montre à ~ numérique*** eine Digitaluhr; **qc est à l'~** SPORT etw wird angezeigt
◆ **affichage à cristaux liquides** Flüssigkristallanzeige *f,* LCD-Anzeige *f*

affiche [afiʃ] *f* **1.** Plakat *nt;* (*poster a.*) Poster *nt;* ADMIN Aushang *m,* Anschlag *m;* (*avis officiel*) [amtliche] Bekanntmachung; ***~ électorale/publicitaire*** Wahl-/Werbeplakat; ***colleur d'~s*** Plakatkleber *m*
2. ∅ (*programme théâtral*) [Theater]programm *nt;* (*distribution*) Besetzung *f;* ***qn espère être un jour en tête d'~*** jd hofft, einmal eine Hauptrolle zu bekommen
▸**qc est à l'~** etw wird gespielt, etw wird aufgeführt, etw steht auf dem Spielplan; **qn met qc à l'~** jd kündigt etw an; THEAT jd setzt etw auf den Spielplan; **qc quitte l'~** etw wird nicht mehr aufgeführt, etw wird [vom Spielplan] abgesetzt; **qc tient l'~** etw wird lange gespielt [*o* aufgeführt], etw steht lange auf dem Spielplan; ***cette pièce tient l'~ depuis 5 mois*** das Stück wird schon seit 5 Monaten gespielt

afficher <1> [afiʃe] **I.** *vt* **1.** ▪ **qn affiche qc** *poster* jd hängt etw auf, jd bringt etw an; *affiche publicitaire, électorale a.* jd klebt etw; *avis, résultats d'un examen* jd hängt etw aus, jd gibt etw durch Anschlag [*o* Aushang] bekannt; ▪ **qc est affiché(e)** [**quelque part**] (*a été posé*) etw hängt [irgendwo] aus, etw hängt irgendwo; /*poster, affiche a.*/ etw klebt irgendwo; ***qc est affiché(e) électroniquement*** etw wird auf der elektronischen Anzeigetafel bekanntgegeben
2. THEAT ▪ **qc affiche qc** etw spielt etw, etw führt etw auf, etw gibt etw
3. INFORM, TECH ▪ **qc affiche qc** etw zeigt etw an; /*écran*/ etw macht etw sichtbar; ***les renseignements sont affichés sur l'écran*** die Angaben erscheinen auf dem Bildschirm
▸**défense d'~** Plakate ankleben verboten
II. *vpr* **1.** ▪ **qn s'affiche** jd stellt sich zur Schau; ▪ **qn s'affiche avec qn** jd lässt sich [ostentativ] mit jdm öffentlich sehen
2. ▪ **qc s'affiche** etw wird angezeigt

afficheur [afiʃœʀ] *m* (*colleur d'affiches*) Plakatkleber(in) *m(f);* (*société d'affichage*) Firma *f* für Außenwerbung

affichiste [afiʃist] *mf* Plakatmaler(in) *m(f);* (*graphiste*) Werbegrafiker(in) *m(f)*

affilé, e [afile] *adj* scharf; ***qn a un esprit ~*** jd hat einen scharfen Verstand

affilée [afile] *f* ▸**d'~** (*sans interruption*) ununterbrochen, ohne Pause, ohne Unterbrechung; (*l'un après l'autre*) hintereinander; ***il a parlé dix heures d'~*** er hat zehn Stunden pausenlos [*o* ununterbrochen] geredet; ***elle a travaillé douze heures d'~*** sie hat zwölf Stunden ohne Pause gearbeitet; ***il a bu cinq scotchs d'~*** er hat fünf Scotch hintereinander getrunken

affiler <1> [afile] *vt* ▪ **qn affile qc** *rasoir* jd schärft etw; *outil, couteau a.* jd schleift etw

affiliation [afiljasjɔ̃] *f* ▪ **l'~** [**à qc**] (*action de se joindre*) *à un parti, club* der Eintritt [in etw (*akk*)]; *à une fédération* der Beitritt [zu etw]; (*admission*) die Aufnahme [in etw (*akk*)]; *à une fédération* der Anschluss [*o* die Angliederung] [an etw (*akk*)]; (*fait d'être membre*) die Mitgliedschaft [in etw (*dat*)]; *à* *un syndicat* die Zugehörigkeit [zu etw], die Mitgliedschaft in etw (*dat*); ***de quand date votre ~ à la Sécurité sociale?*** seit wann sind Sie sozialversichert?

affilié, e [afilje] I. *adj* ■ ~ **[à qc]** *à un réseau, une fédération* [an etw (*akk*)] angeschlossen, [einer S. (*dat*)] angegliedert; *à la Sécurité sociale* [bei etw] versichert; ***qn est ~ à un parti*** jd gehört einer Partei an; ***tous les membres ~s*** alle Mitglieder; ***qn est ~ à la Sécurité sociale*** jd ist sozialversichert; ***~ à la Sécurité sociale, j'ai droit à ...*** als Mitglied der Sozialversicherung habe ich Anspruch auf ...
II. *m, f* Mitglied *nt*

affilier <1 a> [afilje] I. *vt* ■ **qn affilie qn à qc** jd nimmt jdn als Mitglied in etw (*akk*) auf; ***un ami l'affilia à la franc-maçonnerie*** ein Freund ermöglichte ihm den Beitritt zu den Freimaurern [*o* sorgte für seine Aufnahme bei den Freimaurern]
II. *vpr* ■ **qn s'affilie à qc** *à un club, parti, syndicat* jd wird Mitglied in etw (*dat*), jd tritt in etw (*akk*) ein; *à la Sécurité sociale* jd versichert sich bei etw; ■ **qc s'affilie à qc** *à une fédération* etw gliedert [*o* schließt] sich einer S. (*dat*) an

affinage [afinaʒ] *m* 1. [*métal*] Raffination *f*, Reinigung *f*; [*verre*] Läutern *nt*, Läuterung *f*
2. [*fromage*] Reifung[sprozess *m*] *f*

affiner <1> [afine] I. *vt* 1. ■ **qn affine qc** *métal* jd reinigt etw, jd raffiniert etw; *verre* jd läutert etw
2. ■ **qn/qc affine qc** *fromage* jd/etw lässt jdn etw reifen
3. (*rendre plus fin*) ■ **qn affine qc** *style* jd verfeinert etw; *mœurs a.* jd kultiviert etw; *esprit, jugement* jd schärft etw; *définition, hypothèse* jd fasst etw genauer, jd formuliert etw genauer [*o* präziser]; *odorat, ouïe* jd bildet etw aus; ***qn affine la description de qn/qc*** jd beschreibt jdn/etw genauer
II. *vpr* ■ **qc s'affine** /*style, mœurs, goût*/ etw verfeinert sich; /*odorat a., ouïe*/ etw bildet sich aus; /*intrigue d'un roman*/ etw wird subtiler; /*jugement, esprit*/ etw schärft sich

affinité [afinite] *f* 1. (*ressemblance*) Gemeinsamkeit *f*, Affinität *f*; ■ ~ **entre qn et qn/qc et qc** [Wesens]verwandtschaft *f* zwischen jdm und jdm/etw und etw; ***il y a entre eux une ~ intellectuelle*** zwischen ihnen besteht eine geistige Verwandtschaft [*o* Geistesverwandtschaft]; ***il y a entre eux des ~s de goût*** ihr Geschmack ist ähnlich; ***j'ai un certain nombre d'~s avec mon frère*** es gibt einige Affinitäten [*o* Gemeinsamkeiten] zwischen meinem Bruder und mir; ***les ~s électives*** die Wahlverwandtschaften
2. BIO, CHIM Affinität *f*
3. LING Affinität *f*, Ähnlichkeit *f*

affirmatif, -ive [afiʀmatif, -iv] I. *adj* 1. *réponse* positiv; *geste, sourire* zustimmend; ***il a été ~ à ce sujet*** er hat das bejaht
2. *ton* entschieden, bestimmt; ***le témoin est très ~, il n'a jamais vu cette personne*** der Zeuge ist sich ganz sicher: er hat diese Person noch nie gesehen
3. LING *proposition* bejahend, affirmativ
II. *adv fam* ja[wohl], jawoll *hum*
III. *f* ∅ ■ **l'affirmative** eine positive Antwort; ***je pencherais plutôt pour l'~ive*** ich würde eher ja sagen; ich wäre eher dazu geneigt, ja zu sagen
▸ **qn répond par l'~ive** jd antwortet mit ja [*o* bejahend]; **dans l'~ive** wenn ja, im Falle einer positiven Antwort

affirmation [afiʀmasjɔ̃] *f* 1. (*déclaration*) Behauptung *f*; ***en dépit de vos ~s*** trotz Ihrer Beteuerungen; ***une ~ gratuite*** eine bloße Behauptung; ***qn avance une ~*** jd stellt eine Behauptung auf
2. GRAM bejahender Aussagesatz, affirmativer Aussagesatz, Bejahung *f*
3. ∅ (*manifestation*) ■ ~ **de qc** Bekräftigung *f* einer S. (*gen*) [*o* von etw], Bestätigung *f* einer S. (*gen*) [*o* von etw]; ***avec ce nouveau livre on assiste à l'~ de sa personnalité*** mit diesem neuen Buch festigt sich seine Persönlichkeit

affirmativement [afiʀmativmɑ̃] *adv* mit ja, positiv

affirmer <1> [afiʀme] I. *vt* 1. (*soutenir*) ■ **qn affirme qc** jd behauptet etw; ***vous dites que vous reconnaissez cette personne: pouvez-vous l'~?*** Sie sagen, dass Sie die Person erkennen: sind Sie sich (*dat*) Ihrer Sache absolut sicher?; ***pour l'instant, on ne peut rien ~ de sûr*** im Augenblick können wir noch nichts Genaues sagen; ■ **qn affirme avoir fait qc** jd behauptet, etw getan zu haben; ■ **qn affirme que** jd behauptet, dass; ***elle affirme [solennellement] que*** sie beteuert, dass; ***j'affirme sur l'honneur ...*** ich [be]schwöre bei meiner Ehre ...
2. (*manifester*) ■ **qn affirme qc** *personnalité* jd stellt etw unter Beweis; *originalité, autorité a.* jd beweist etw; *position* jd festigt etw; ***qn a une personnalité affirmée*** jd hat eine starke Persönlichkeit
3. *soutenu* (*proclamer*) ■ **qn affirme qc** jd betont etw
II. *vpr* ■ **qc s'affirme** /*autorité, personnalité*/ etw festigt sich; /*originalité, talent*/ etw wird [deutlich] erkennbar [*o* sichtbar], etw zeigt sich [klar]; ■ **qn/qc s'affirme en faveur de qc/contre qc** jd spricht sich für/gegen etw aus/etw zeichnet sich [klar] zugunsten/zuungunsten von etw ab

affixe [afiks] *m* Affix *nt*

affleurer <1> [aflœʀe] I. *vi* ■ **qc affleure** etw kommt zum Vorschein; /*récif, roche a.*/ etw schaut heraus, etw ragt hervor; /*filon, couche a.*/ etw tritt zutage; /*sentiment a.*/ etw offenbart sich; /*sensualité*/ etw wird sichtbar, etw tritt zutage
II. *vt* ■ **qn affleure des choses** jd gleicht Dinge aus [*o* ab], jd bringt Dinge auf [die] gleiche Höhe

affliction [afliksjɔ̃] *f littér* Betrübnis *f geh*

affligé, e [afliʒe] *adj littér* ■ **qn est ~ de qn/qc** jd ist mit jdm/etw gestraft; *d'un mal chronique* jd leidet an etw (*dat*), jd wird von etw geplagt; ***elle est ~e d'un mari volage/d'un long nez/d'une mauvaise mémoire*** sie hat zu ihrem Unglück einen treulosen Ehemann/eine lange Nase/ein schlechtes Gedächtnis, sie leidet unter ihrem treulosen Ehemann/ihrer langen Nase/ihrem schlechten Gedächtnis

affligeant, e [afliʒɑ̃, ʒɑ̃t] *adj* 1. (*désespérant*) traurig, betrüblich
2. (*lamentable*) erbärmlich, miserabel

affliger <2 a> [afliʒe] I. *vt* 1. *littér* (*désoler*) ■ **qc afflige qn** /*nouvelle, événement*/ etw betrübt [*o* bekümmert] jdn, etw macht [*o* stimmt] jdn traurig; ■ **qn afflige qn** jd macht jdm das Herz schwer, jd bereitet jdm Kummer
2. *littér* (*accabler*) ■ **qn afflige qn de qc** jd lässt jdn von etw heimsuchen; ***la nature l'a affligé d'un long nez*** zu seinem Gram *geh* [*o* Kummer] hat die Natur ihn mit einer langen Nase bedacht
II. *vpr littér* ■ **qn s'afflige de faire qc** es betrübt [*o* bekümmert] jdn, etw zu tun; ***je m'afflige de ne pouvoir vous aider*** es betrübt mich, Ihnen nicht helfen zu können [*o* dass ich Ihnen nicht helfen kann]

affluence [aflyɑ̃s] *f* ∅ Andrang *m*, Ansturm *m*; ■ ~ **de[s] personnes** *de clients, de vacanciers* Andrang von Menschen, Ansturm von Menschen; *de visiteurs a.* -strom *m*, Strom von Menschen; ***une ~ record de visiteurs*** ein Besucherrekord *m*; ■ ~ **de[s] choses** *de lettres, voitures* Strom von Dingen; ***une ~ de dons*** ein Spendenfluss *m*, ein Zulauf *m* von Spenden

affluent [aflyɑ̃] *m* Zufluss *m*, Nebenfluss *m*

affluer <1> [aflye] *vi* 1. (*arriver en grand nombre*) ■ **des personnes affluent [quelque part/de quelque part]** Menschen strömen zusammen, Menschen strömen irgendwohin/irgendwoher; ***les volontaires affluaient de toutes parts*** die Freiwilligen strömten von überall her; ***les manifestants affluaient vers la place*** die Demonstranten strömten auf den Platz; ***à 9h du matin, les clients affluaient déjà*** um 9 Uhr morgens herrschte bereits ein großer Kundenandrang; ***la foule afflue dans le métro*** die Menge strömt in die U-Bahn; ■ **qc afflue [quelque part/de quelque part]** /*argent*/ etw fließt [irgendwohin/von irgendwoher zusammen]; ***les dons affluaient de toutes les régions*** eine Flut von Spenden ging von überall her ein
2. (*couler en abondance*) ■ **qc afflue à qc** /*sang*/ etw strömt in etw (*akk*); ***la colère fait ~ le sang au visage de qn*** der Zorn treibt jdm das Blut ins Gesicht

afflux [afly] *m* ∅ 1. [*clients*] Ansturm *m*, Andrang *m*; [*touristes, visiteurs, réfugiés*] Strom *m*; [*capitaux*] Zustrom, Zufluss *m*; [*produits étrangers*] Zufuhr *f*
2. [*sang*] Fluss *m*, Zufuhr *f*; ***le bandage empêche l'~ du sang*** der Verband verhindert den Blutfluss; ***un ~ de sang au visage la rendit écarlate*** das Blut stieg ihr ins Gesicht und ließ sie puterrot werden
3. ELEC Fluss *m*

affolant, e [afɔlɑ̃, ɑ̃t] *adj* 1. (*effrayant*) beängstigend, erschreckend; *fam* (*incroyable*) verrückt; ***des nouvelles ~es*** Schreckensnachrichten *pl*; ***c'est ~!*** das ist zum Verrücktwerden!
2. *littér* (*troublant*) beängstigend, beunruhigend

affolé, e [afɔle] *adj* 1. (*paniqué*) *personne, foule* von panischer Angst ergriffen; *animal* zu Tode erschrocken; ***elle était complètement ~e*** sie war total in Panik *fam*
2. *boussole, aiguille* wild ausschlagend

affolement [afɔlmɑ̃] *m* ∅ Panik *f*
▸ **pas d'~!** nur keine Panik [*o* Aufregung]!

affoler <1> [afɔle] I. *vt* 1. (*effrayer*) ■ **qc affole qn** /*nouvelle*/ etw erschreckt jdn sehr, etw versetzt jdn in großen Schrecken; /*cris, bruit*/ etw jagt jdm Angst ein, etw macht jdm angst; (*inquiéter*) /*hausse des prix*/ etw beunruhigt jdn, etw macht jdm Angst; ***la peur des attentats affolait la population*** die Angst vor Attentaten versetzte die Bevölkerung in Panik; ■ **un animal affole qn** ein Tier erschreckt jdn furchtbar, ein Tier erschreckt jdn zu Tode
2. *littér* (*rendre fou*) ■ **qn/qc affole qn** /*personne, parfum*/ jd/etw betört jdn
II. *vpr* ■ **qn s'affole** jd gerät in Panik
▸ **ne nous affolons pas!, on ne s'affole pas!** nur keine Panik!, bloß nicht durchdrehen! *fam*

affranchi, e [afʀɑ̃ʃi] I. *adj esclave, serf* freigelassen; *attitude* freizügig; ***esprit ~*** Freigeist *m*
II. *m, f* 1. (*esclave libéré*) Freigelassene(r) *f(m)*
2. *fam* (*émancipé*): ***qn joue les [o aux] ~s*** jd macht einen auf locker und unabhängig *fam*, jd tut selbstbewusst *fam*
III. *m arg* (*homme du milieu*) Ganove *m*

affranchir <8> [afʀɑ̃ʃiʀ] I. *vt* 1. (*avec des timbres*) ■ **qn affranchit qc** jd frankiert etw
2. (*libérer*) ■ **qn/qc affranchit qn/qc de qc** jd/etw befreit jdn/etw von etw; ***les philosophes ont contribué à ~ les esprits de toute superstition*** die Philosophen haben dazu beigetragen, den Aberglauben aus den Köpfen der Menschen zu vertreiben [*o* die Menschen von ihrem Aberglauben zu befreien]
3. HIST (*émanciper*) ■ **qn affranchit qn** *esclave* jd lässt jdn frei
4. *fam* (*mettre au courant*) ■ **qn affranchit qn** jd setzt jdn ins Bild
5. CARTES ■ **qn affranchit qc** jd zieht etw von oben
II. *vpr* ■ **qn s'affranchit [de qc]** *de la timidité, des traditions, de sa famille* jd macht sich [von etw] frei, jd befreit sich [von etw]; *des lois* jd setzt sich über etw (*akk*) hinweg

affranchissement [afʀɑ̃ʃismɑ̃] *m* 1. POST (*action*) Frankieren *nt*; (*frais de port*) Porto *nt*, Postgebühr *f*; ***les tarifs d'~*** die Postgebühren
2. (*libération*) [*pays*] Befreiung *f*; [*esclave*] Freilassung *f*; [*esprit*] Aufklärung *f*

affrètement [afʀɛtmɑ̃] *m* 1. (*mise en location*) Vermietung *f*, Verleih *m*
2. (*prise en location*) Mieten *nt*; [*bateau, avion*] Chartern *nt*, Mieten *nt*

affréter <5> [afʀete] *vt* ■ **qn affrète qc** 1. (*donner en location*) jd vermietet etw, jd verleiht etw
2. (*prendre en location*) jd mietet etw, jd leiht etw; *bateau, avion* jd chartert etw, jd mietet etw

affreusement [afʀøzmɑ̃] *adv* 1. (*horriblement*) furchtbar, schrecklich; *souffrir a.* entsetzlich; ***il a été ~ blessé dans la bataille*** er ist in der

Schlacht sehr schwer verwundet worden
2. (*extrêmement*) furchtbar; *vexé* zutiefst; ***elle est ~ inquiète*** sie ist äußerst beunruhigt

affreux, -euse [afʀø, -øz] *adj* 1. (*laid*) furchtbar hässlich
2. (*horrible*) *cauchemar* schrecklich, furchtbar; *mort* grauenvoll, grauenhaft
3. (*désagréable*) furchtbar, schrecklich, fürchterlich; *temps a.* scheußlich

affront [afʀɔ̃] *m soutenu* Beleidigung *f*, Kränkung *f*, Affront *m geh;* ***qn fait*** [*o* ***inflige***] ***un ~ à qn*** jd beleidigt [*o* kränkt] jdn; ***qn essuie*** [*o* ***subit***] ***un ~*** jd wird beleidigt, jd erlebt einen Affront *geh*
▶ **qn fait l'~ de qc à qn** jd beleidigt jdn mit etw; ***il m'a fait l'~ de ne pas venir*** er hat mich gekränkt, indem er nicht gekommen ist; sein Nichtkommen war ein Affront gegen mich *geh*

affrontement [afʀɔ̃tmɑ̃] *m* 1. MIL Zusammenstoß *m*, Auseinandersetzung *f*
2. POL Konfrontation *f*

affronter <1> [afʀɔ̃te] I. *vt* ■ **qn affronte qn** jd tritt jdm gegenüber; SPORT jd trifft auf jdn; ■ **qn affronte qc** jd trotzt einer S. (*dat*); *danger a.* jd bietet einer S. (*dat*) die Stirn; *situation difficile* jd wird mit etw konfrontiert, jd steht vor etw (*dat*); ***pour bien ~ l'hiver*** um gut für den Winter gerüstet zu sein; ***nous allons ~ les chaleurs tropicales*** wir werden tropischer Hitze ausgesetzt sein
II. *vpr* ■ **des personnes s'affrontent** Menschen stehen sich (*dat*) gegenüber, Menschen treffen aufeinander

affubler <1> [afyble] I. *vt* 1. *péj* (*habiller*) ■ **qn affuble qn de qc** jd putzt jdn mit etw heraus; ■ **qn est affublé(e) de qc** jd ist mit etw ausstaffiert, jd ist mit etw herausgeputzt
2. *péj* (*surnommer*) ■ **qn affuble qn de qc** jd verpasst jdm etw *pej fam*, jd gibt jdm etw; ■ **qn est affublé(e) de qc** jdm wird etw verpasst *pej fam*, jdm wird etw gegeben
II. *vpr péj* ■ **qn s'affuble de qc** jd putzt sich mit etw heraus

affût [afy] *m* 1. CHASSE (*endroit*) Anstand *m*, Ansitz *m*; (*attente*) Warten *nt*, Ansitz *spec*
2. [*canon*] Lafette *f*
▶ **qn chasse à l'~** jd sitzt an, jd geht auf den Anstand [*o* Ansitz]; **qn est à l'~ [de qc]** jd lauert einer S. (*dat*) auf; *fig* jd liegt auf der Lauer [nach etw]; ***elle était à l'~ derrière la porte*** sie lag hinter der Tür auf der Lauer; ***ce journaliste est toujours à l'~ d'un scoop*** dieser Journalist ist immer hinter einer heißen Story her; ***il est toujours à l'~ d'idées nouvelles*** er ist immer auf neue Ideen aus; ***le correcteur/le patron est à l'~ de la moindre erreur*** der Korrektor spürt dem geringsten Fehler nach/der Chef lauert auf den geringsten Fehler

affûter <1> [afyte] *vt* ■ **qn affûte qc** jd schärft etw

afghan, e [afgɑ̃, an] I. *adj* afghanisch
II. *m* (*langue*) Afghanisch *nt*
III. *m, f* ■ **Afghan(e)** Afghane/Afghanin *m/f*

Afghanistan [afganistɑ̃] *m* ■ **l'Afghanistan** Afghanistan *nt*

afin [afɛ̃] *prép* ■ **~ de** + *infin* um zu + *infin;* ***~ de maigrir*** um abzunehmen; ***~ de gagner la course*** um das Rennen zu gewinnen; ■ **~ que** + *subj* damit; ***~ qu'on puisse vous prévenir*** damit wir Ihnen Bescheid geben können

AFNOR [afnɔʀ] *f abr de* **Association Française de Normalisation** Französischer Normenverband

a fortiori [afɔʀsjɔʀi] *adv soutenu* um so mehr, erst recht; ***il n'aura jamais terminé, ~ ~ si vous …*** er wird nie zum Ende kommen vor allem [*o* und erst recht nicht] wenn Sie …

AFP [aɛfpe] *f abr de* **Agence France Presse** *französische Nachrichtenagentur*

africain, e [afʀikɛ̃, ɛn] I. *adj* afrikanisch
II. *m, f* ■ **Africain(e)** Afrikaner(in) *m(f)*

africanisation [afʀikanizasjɔ̃] *f* Afrikanisierung *f*

afrikaans [afʀikɑ̃s] *m v.* **afrikans**

afrikan[d]er [afʀikanɛʀ, afʀikɑ̃dɛʀ] *mf* Afrik[a]ander(in) *m(f)*

afrikans [afʀikɑ̃s] *m* ■ **l'~** Afrikaans *nt*

Afrique [afʀik] *f* ■ **l'Afrique** Afrika *nt*
▶ **l'~ du Nord** Nordafrika; **l'~ du Sud** Südafrika; **l'~ australe** das Afrika südlich des Äquators; **l'~ noire** Schwarzafrika

afro [afʀo] *adj* Afro-

afro- [afʀo] *préf* afro-

after-shave [aftɛʀʃɛv] *m inv* After-shave ['a:ftɐʃe:v] *nt*

AG [aʒe] *f abr de* **Assemblée Générale** Hauptversammlung *f*, Generalversammlung *f*

agaçant, e [agasɑ̃, ɑ̃t] *adj* äußerst ärgerlich; ***c'est ~ d'être sans arrêt contredit*** es ist äußerst ärgerlich, wenn einem ständig widersprochen wird

agacement [agasmɑ̃] *m* Ärger *m;* ***un soupir d'~*** ein gereiztes Stöhnen; ***qn provoque l'~ de qn*** jd verärgert jdn; ***qn éprouve une sorte d'~*** jd ist verärgert, jd ärgert sich; ***qn manifeste son ~*** jd bringt seinen Ärger zum Ausdruck

agacer <2> [agase] *vt* 1. (*énerver*) ■ **qn/qc agace qn** jd/etw geht jdm auf die Nerven *fam*, jd/etw tötet jdm den Nerv *fam;* ■ **qn est agacé(e) de qc** jd ist von etw genervt *fam*, etw geht jdm auf die Nerven *fam*
2. (*taquiner*) ■ **qn agace qn** jd ärgert jdn

agave [agav] *m* Agave *f*

âge [ɑʒ] *m* 1. [*personne, chose*] Alter *nt;* ***l'~ ne fait rien à l'affaire*** das Alter tut nichts zur Sache; ***~ requis pour …*** erforderliches Mindestalter für …; ***20 ans, c'est le bel ~*** 20, das ist ein schönes Alter; ***pour son ~*** für sein/ihr Alter
2. (*ère*) Zeitalter *nt;* ***les premiers ~s de l'humanité*** die Anfänge der Menschheit; ***à l'~ de l'ordinateur*** im Computerzeitalter [kɔm'pju:tɐ-]
▶ **l'~ adulte** das Erwachsenenalter; ***qn parvient*** [*o* ***arrive***] ***à l'~ adulte*** jd wird erwachsen; ***il est arrivé à l'~ adulte*** er hat jetzt Reife erlangt, er ist reif geworden; ***la vidéo est arrivée à l'~ adulte*** die Videotechnik ist den Kinderschuhen entwachsen [*o* ist jetzt ausgereift]; **d'un autre ~** vorsintflutlich *fam;* ***qn est d'un autre ~*** jd ist seiner Zeit hinterher, jd ist nicht ganz auf dem laufenden; **qn est d'un ~ avancé** jd ist bejahrt [*o* betagt], jd ist in vorgerücktem Alter; **en bas ~** im Babyalter ['be:bi-]; ***elle est encore en bas ~*** sie ist noch ein Baby [*o* noch im Babyalter]; ***des enfants en bas ~*** Babys ['be:bis] *pl;* **l'~ bête** die Flegeljahre; **un ~ canonique:** ***qn/qc/un animal a atteint un ~ canonique*** jd/etw/ein Tier ist uralt, jd/ein Tier ist steinalt; ***à un ~ canonique*** in hohem Alter; **il/elle est d'un ~ certain** er/sie ist wirklich nicht mehr der/die Jüngste; **qn est d'un certain ~** jd ist nicht mehr ganz jung, jd ist schon etwas älter; **l'~ critique** (*ménopause*) die Wechseljahre; **un ~ critique** ein kritisches Alter; **entre deux ~s** mittleren Alters; **grand ~** hohes Alter; **l'~ ingrat** die Flegeljahre; **jeune ~:** ***dans son jeune ~, il/elle a …*** in seinen/ihren jungen Jahren hat er/sie …, als er/sie jung war, hat er/sie …; **l'~ légal** das [gesetzlich] vorgeschriebene Alter; **qn a l'~ légal** jd ist volljährig, jd ist mündig; **ils sont du même ~** sie sind gleichaltrig; **~ mental** Intelligenzalter, Entwicklungsalter, geistige Reife; **d'~ moyen** in den mittleren Jahren, mittleren Alters; **l'~ mûr** das reife Alter; ***arrivé à l'~ mûr, …*** als er Reife erlangt hatte, …; ***une femme d'~ mûr*** eine reife Frau; **le quatrième ~** das hohe Alter; **~ scolaire** schulpflichtiges Alter; **l'~ tendre** die Kindheit [und frühe Jugend]; **des gens de tout ~** Menschen jeden Alters [*o* aller Altersstufen]; **le troisième ~** das Pensionsalter; (*les personnes*) die Senioren; ***un club du troisième ~*** ein Seniorenclub; **qn est vieux avant l'~** jd ist frühzeitig gealtert; **l'~ viril** das Mannesalter; **quel ~ as-tu/a-t-il/avez-vous?** wie alt bist du/ist er/sind Sie?; **on ne te/lui/vous/… donnerait pas ton/son/votre/… ~** man würde dich/ihn/sie/Sie/… für jünger halten; **quel ~ tu me/lui/… donnes?** für wie alt hältst du mich/ihn/sie/…?, wie alt schätzt du mich/ihn/sie/…?; **qn est en ~ de faire qc** jd ist alt genug etw zu tun; **qn est en ~ de se marier** jd ist im Heiratsalter; (*assez âgé*) jd ist alt genug um zu heiraten; JUR jd ist im heiratsfähigen Alter; **c'est de ton/son/votre/… ~** das entspricht deinem/seinem/ihrem/eurem/… Alter; ***amusez-vous, c'est de votre ~!*** amüsiert euch nur, das gehört sich so [*o* das ist richtig so] in eurem Alter!; ***les minijupes, c'est bien de son ~!*** Miniröcke, das trägt man in ihrem Alter!; **ce n'est pas de ton/son/votre/… ~** das entspricht nicht deinem/seinem/ihrem/eurem/… Alter; **ce n'est plus de son ~ [de faire qc]** das entspricht nicht mehr seinem/ihrem Alter, er/sie ist aus dem Alter heraus etw zu tun; ***les minijupes, ce n'est plus de ton ~*** Miniröcke kannst du in deinem Alter nicht mehr tragen; ***le rock, ce n'est plus de mon ~*** Rockmusik kann ich in meinem Alter nicht mehr hören; **qn est sans ~**, **qn n'a pas d'~** jds Alter ist schwer zu bestimmen; **qn fait plus vieux/plus jeune que son ~** jd sieht älter/jünger aus als er ist, jd wirkt älter/jünger als er ist; **qn fait** [*o* **paraît**] [*o* **porte**] **[bien] son ~** man sieht jdm sein Alter an; jd sieht so alt aus, wie er ist; ***elle avait 50 ans; elle faisait bien son ~*** sie war 50 Jahre alt und sah auch aus wie 50 [*o* und sah auch so aus]; **qn ne fait** [*o* **paraît**] [*o* **porte**] **pas son ~** man sieht jdm sein Alter nicht an; **qn a passé l'~ de le faire/de faire qc** jd ist zu alt dazu/zu alt [dazu], etw zu tun; **qn a pris de l'~** jd ist älter geworden; **à l'~ de 5/8/… ans** im Alter von 5/8/… Jahren; **d'~ en ~** von Generation zu Generation
◆ **âge de [la] pierre** Steinzeit *f;* **âge de la retraite** Pensionsalter *nt;* **âge de raison** Alter *nt*, in dem man zu verstehen beginnt [*o* vernünftig wird], Alter *nt* der Vernunft; **âge d'or** goldenes Zeitalter, Blütezeit *f;* **âge du bronze** Bronzezeit *f;* **âge du fer** Eisenzeit *f*

âgé, e [ɑʒe] *adj* alt, älter; ***les personnes ~es*** die alten Menschen [*o* Leute], die Alten, die Senioren
▶ **qn est ~** jd ist alt; **qn est ~ de 10/20/30 ans** jd ist 10/20/30 Jahre alt; ***elle a trois enfants ~s de 10, 7 et 2 ans*** sie hat drei Kinder im Alter von 10, 7 und 2 Jahren

agence [aʒɑ̃s] *f* 1. (*succursale bancaire*) [Bank]niederlassung *f*, Filiale *f*, Zweigstelle *f*
2. (*représentation commerciale*) [Handels]vertretung *f;* (*de services*) Geschäftsstelle *f;* [*voyagiste*] Agentur *f*
3. (*organisme*) Organisation *f;* (*intermédiaire*) Agentur *f;* ***~ de contre-espionnage*** Spionageabwehr *f;* ***qn passe par une ~ pour trouver un appartement/une jeune fille au pair*** jd wendet sich an eine Agentur [*o* ein Vermittlungsbüro], um eine Wohnung/ein Au-pair-Mädchen zu finden; ***~ photo*** Fotoagentur *f;* ***~ de mannequins*** Modelagentur *f*
▶ **l'A~ nationale pour l'emploi** Arbeitsamt *nt*, ≈ Bundesanstalt *f* für Arbeit; **l'A~ internationale pour l'énergie atomique** Internationale Atomenergiebehörde; **~ immobilière** Maklerbüro *nt*, Immobilienbüro *nt;* **~ matrimoniale** Heiratsinstitut *nt*, Eheanbahnungsinstitut *nt*
◆ **agence de location** THEAT Vorverkaufsstelle *f*, Vorverkaufskasse *f;* **agence de placement** Arbeitsvermittlungsstelle *f*, Stellenvermittlungsbüro *nt;* **agence de presse** Presseagentur *f*, Nachrichtenagentur *f;* **agence de publicité** Werbeagentur *f;* **agence de relations publiques** PR-Agentur *f;* **agence de renseignements** Auskunftei *f;* **agence de tourisme, agence de voyages** Reisebüro *nt*

agencement [aʒɑ̃smɑ̃] *m* 1. (*ordonnancement*) [*éléments*] Zusammenfügen *nt*, Zusammensetzen *nt;* (*enchaînement*) [*faits*] Aneinanderreihung *f*, Aneinanderfügen *nt*
2. (*structure*) [*roman, récit, phrase*] Aufbau *m;* (*ordre*) [*mots*] Stellung *f*
3. ART [*couleurs*] Zusammenstellung *f*, Komposition *f*
4. (*aménagement*) [*local, magasin*] [Raum]aufteilung *f;* [*appartement a.*] Schnitt *m*
5. (*équipement*) [*cuisine*] Einrichtung *f;* ***l'~ du magasin est fait de telle sorte que le client achète les produits les plus chers*** der Laden ist so eingerichtet [*o* angelegt], dass der Kunde die teuersten Produkte kauft

agencer <2> [aʒɑ̃se] I. *vt* 1. (*ordonner*) ■ **qn agence des choses** *éléments* jd setzt Dinge zusammen, jd fügt Dinge zusammen
2. (*structurer*) ■ **qn agence qc** *phrase* jd baut etw [auf], jd konstruiert etw;

roman jd baut etw auf; ***qc est bien/ mal agencé(e)*** */phrase/* etw ist gut/schlecht [auf]gebaut, etw ist gut/schlecht konstruiert; */roman/* etw ist gut/schlecht aufgebaut; ■ **qn agence des choses** *mots* jd reiht Dinge aneinander

3. (*combiner*) ■ **qn agence qc avec qc** *couleurs* jd stimmt etw auf etw (*akk*) ab; ***des couleurs sont bien/ mal agencées*** Farben sind aufeinander/nicht aufeinander abgestimmt

4. (*aménager*) ■ **qn agence qc** *local* jd teilt etw auf; ***qc est bien/ mal agencé(e)*** */local, magasin/* etw ist gut/schlecht geschnitten; */appartement a./* etw ist gut/schlecht aufgeteilt; ■ **qc est agencé(e) en qc** */appartement/* etw ist als etw angelegt

5. (*équiper*) ■ **qn agence qc avec qc** *cuisine* jd richtet etw mit etw ein

II. *vpr* ■ **des choses s'agencent [en qc]** */pièces d'un puzzle/* Dinge passen zusammen [*o* ineinander], Dinge fügen sich zusammen; */mots/* Dinge setzen sich [zu etw] zusammen; ***les motifs de ce tableau s'agencent en un ensemble harmonieux*** die Motive dieses Bildes ergeben ein harmonisches Ganzes [*o* fügen sich zu einem harmonischen Ganzen zusammen]

agenda [aʒɛ̃da] *m* [Taschen]kalender *m;* ~ ***de poche/ de bureau*** Taschen-/Terminkalender; ~ ***électronique*** elektronischer Kalender, Organizer [ˈɔ:gənaizɐ] *m spec*

agenouiller <1> [aʒ(ə)nuje] *vpr* ■ **qn s'agenouille** jd kniet sich hin; ***il s'agenouille [sur un prie-Dieu] pour prier*** er kniet [auf einem Gebetsstuhl] nieder um zu beten; ***il s'agenouille sur sa valise pour la fermer*** er kniet sich auf seinen Koffer um ihn zu schließen; ■ **qn est agenouillé(e) [sur qc]** jd kniet [auf etw (*dat*)]

agent [aʒɑ̃] *m* 1. (*policier*) Polizist(in) *m(f)*

2. CHIM [Wirk]stoff *m,* Substanz *f;* ~***s de fermentation*** Gärstoffe *pl,* Gärmittel *pl;* ~ ***de texture*** Bindemittel *nt;* ~ ***de surface*** Tensid *nt*

3. GRAM Agens *nt o m,* Träger *m* des Geschehens

4. ECON: ~***s économiques*** Wirtschaftssubjekte *pl*

5. COM (*représentant*) Vertreter(in) *m(f)*

6. POL (*représentant*) Vertreter(in) *m(f); **les ~s diplomatiques*** die diplomatischen Vertreter; ~ ***consulaire*** konsularischer Vertreter/konsularische Vertreterin, Konsularagent(in) *m(f);* ~ ***de l'étranger*** *péj* ausländischer Agent/ausländische Agentin

7. (*espion*) Agent(in) *m(f),* Spitzel *m*

8. SCI: ~***s naturels*** Naturkräfte *pl,* Naturgewalten *pl;* ~***s atmosphériques*** atmosphärische Faktoren; ~ ***thérapeutique*** Heilfaktor *m,* Heilkraft *f;* ~ ***pathogène*** Krankheitserreger *m*

9. ADMIN Bedienstete(r) *f(m),* Angestellte(r) *f(m);* ~ ***administratif*** Verwaltungsangestellte(r) *f(m),* Verwaltungsbeamte(r)/-beamtin *m/f; **les ~s du fisc*** die Finanzbeamten

► ~ artistique Agent(in) *m(f);* ~ commercial Handelsvertreter(in) *m(f);* ~ comptable Buchhalter(in) *m(f),* Buchhaltungsangestellte(r) *f(m);* ~ contractuel Vertragsangestellte(r) *f(m),* Vertragsbedienstete(r) *f(m);* ~ double Doppelagent(in) *m(f);* ~ ennemi feindlicher Agent [*o* Spion]; ~ immobilier Immobilienhändler(in) *m(f),* [Immobilien]makler(in) *m(f);* ~ littéraire Literaturagent(in) *m(f);* ~ secret Geheimagent(in) *m(f);* ~ technique Techniker(in) *m(f),* technische(r) Angestellte(r) *f(m),* technische Fachkraft; ~ technico-commercial Industriekaufmann/-kauffrau *m/f*

◆ **agent d'affaires** (*administrateur*) Verwalter(in) *m(f);* (*intermédiaire*) Vermittler(in) *m(f)* [in geschäftlichen Angelegenheiten]; **agent d'assurances** Versicherungsagent(in) *m(f),* Versicherungsvertreter(in) *m(f);* **agent de change** *vieilli* Börsenmakler(in) *m(f);* **agent de conduite** Fahrer(in) *m(f);* **agent de la circulation** Verkehrspolizist(in) *m(f);* **agent de la force publique** Polizeibeamte(r)/-beamtin *m/f;* **agent de liaison** Verbindungsmann/-frau *m/f;* **agent de maîtrise** Angestellte(r) *f(m)* im mittleren Tarifgruppenbereich; (*qui encadre des techniciens*) leitende(r) technische(r) Angestellte(r) *f(m);* **agent de ménage** [*o* **d'entretien**] Reinigungskraft *f;* (*dans les bureaux*) Raumpfleger(in) *m(f);* **agent de police** Polizist(in) *m(f);* **agent de production** Arbeiter(in) *m(f);* **agent de publicité** Werbeagent(in) *m(f);* **agent de renseignements** Geheimagent(in) *m(f);* **agent de service** Amtsgehilfe/-gehilfin *m/f;* **agent de transmission** Meldefahrer(in) *m(f);* **agent d'exécution** Sachbearbeiter(in) *m(f);* **agent du gouvernement** Regierungsvertreter(in) *m(f)*

agglomération [aglɔmeʀasjɔ̃] *f* 1. (*localité*) Ortschaft *f,* [An]siedlung *f;* (*zone urbaine*) Ballungsraum *m;* ~ ***rurale*** ländliche Ansiedlung

2. (*ville et banlieue*) Großraum *m*

3. (*assemblage*) [*idées*] Wust *m;* [*peuples*] Gemisch *nt;* [*matériaux*] Agglomeration *f,* Verdichtung *f;* TECH Agglomerieren *nt,* Verdichten *nt*

aggloméré [aglɔmeʀe] *m* CONSTR Pressstoff *m,* gepresstes Material; (*bois*) Pressholz *nt;* (*briquette*) Brikett *nt;* ~ ***de béton*** Betonformstein *m*

agglomérer <5> [aglɔmeʀe] I. *vt* 1. (*amonceler*) ■ **qc agglomère qc** etw häuft etw an, etw weht etw zusammen; ***le vent a aggloméré la neige contre le mur*** der Wind hat den Schnee an die Wand geweht, durch den Wind hat sich der Schnee an der Wand angesammelt

2. TECH ■ **qc agglomère qc** etw presst etw; *bois a.* etw verdichtet etw; *charbon a.* etw brikettiert etw; ***bois aggloméré*** Pressholz *nt*

II. *vpr* 1. (*se regrouper*) ■ **des personnes/des animaux s'agglomèrent** Menschen/Tiere sammeln sich; ***les mouches s'aggloméraient sur le bord du pot de confitures*** ein Schwarm von Fliegen saß auf dem Rand des Marmeladenglases; ***les nouveaux venus se sont agglomérés dans le nord de la ville*** die Neuankömmlinge konzentrierten sich im Norden der Stadt

2. (*s'amonceler*) ■ **qc s'agglomère** etw sammelt sich an, etw häuft sich an

3. TECH ■ **qc s'agglomère** etw agglomeriert

agglutiner <1> [aglytine] I. *vt* ■ **qc agglutine des choses** */chaleur/* Dinge verkleben durch etw, Dinge kleben durch etw zusammen; ■ **des personnes/des animaux sont agglutiné(e)s [quelque part]** Menschen/Tiere haben sich [irgendwo] [an]gesammelt, Menschen drängen sich [irgendwo]; ***des moules agglutinées les unes contre les autres sur un rocher*** auf einem Felsen aneinander klebende Muscheln; ***les guêpes sont agglutinées sur le couvercle*** die Wespen kleben auf dem Deckel

II. *vpr* ■ **des personnes/animaux s'agglutinent [quelque part]** Menschen/Tiere sammeln sich [irgendwo], Menschen drängen sich irgendwo; *sur une tartine* Tiere kleben irgendwo; ■ **des choses s'agglutinent** */globules/* Dinge agglutinieren *spec,* Dinge verklumpen

aggravant, e [agʀavɑ̃, ɑ̃t] *adj* erschwerend

aggravation [agʀavasjɔ̃] *f* [*crise*] Zuspitzung *f;* [*conflit a., tensions*] Verschärfung *f;* [*situation*] Verschlechterung *f;* [*mal, maladie*] Verschlimmerung *f;* [*gelées, intempéries*] Zunahme *f;* [*impôt*] Erhöhung *f;* [*chômage*] Zunahme, Anstieg *m*

aggraver <1> [agʀave] I. *vt* 1. (*faire empirer*) ■ **qc aggrave qc** *mal* etw verschlimmert etw, etw macht etw schlimmer; *situation a.* etw verschlechtert etw, etw erschwert etw; *crise, tensions* etw verschärft etw; *difficultés* etw vergrößert etw; *chômage* etw lässt etw ansteigen [*o* anwachsen]

2. (*renforcer*) ■ **qn/qc aggrave qc** durch jdn/etw wird etw größer; *colère a.* jd/etw steigert etw; *mécontentement a.* durch jdn/etw steigt [*o* wächst] etw; *peine* jd/etw verschärft etw; ***je n'ai réussi qu'à ~ sa colère par mes excuses*** ich habe ihn/sie mit meinen Entschuldigungen nur noch wütender gemacht

II. *vpr* ■ **qc s'aggrave** etw wird schlimmer; */mal, maladie a./* etw verschlimmert sich; */état a./* etw verschlechtert sich, etw wird schlechter [*o* ernster]; */situation a./* etw spitzt sich zu, etw verschärft sich; */pollution a./* etw nimmt zu; */conflit, crise/* etw spitzt sich zu; */conditions sociales/* etw wird schlechter, etw verschlechtert sich; */difficultés/* etw wird größer; */chômage/* etw steigt an, etw nimmt zu

agile [aʒil] *adj geste* geschickt, flink; *doigts a.* gelenkig, beweglich; *personne a.* gewandt, agil; ***elle a un esprit ~*** sie ist geistig rege

agilité [aʒilite] *f* ∅ 1. [*personne*] Gelenkigkeit *f,* Beweglichkeit *f;* [*doigts a.*] Flinkheit *f*

2. [*esprit*] Regheit *f,* Wendigkeit *f;* ***il a conservé une grande ~ d'esprit*** er ist geistig sehr rege [*o* beweglich] [*o* rüstig] geblieben

agio [aʒjo] *m* 1. FIN (*commission*) Bankspesen *pl,* Bankprovision *f*

2. BOURSE Aufgeld *nt*

agir <8> [aʒiʀ] I. *vi* 1. (*faire, être actif*) ■ **qn agit** jd handelt

2. (*se comporter*) ■ **qn agit d'une certaine manière** jd handelt auf eine bestimmte Art und Weise; *comme qn, très mal, bien* jd verhält sich irgendwie; ***qn agit en toute liberté*** jd handelt frei; ***elle a agi en amie*** sie hat als Freundin gehandelt; ***il a agi de son plein gré*** er hat aus freien Stücken gehandelt

3. (*exercer une influence*) ■ **qn/qc agit sur qn/qc** jd/etw übt Einfluss auf jdn/etw aus, jd/etw beeinflusst jdn/etw, jd/etw wirkt auf jdn/etw ein; ■ **qc agit sur qc** BOURSE etw beeinflusst etw

4. (*opérer*) ■ **qc agit** */médicament, poison/* etw wirkt; ***laissez ~ la nature*** lassen Sie der Natur ihren Lauf

II. *vpr impers* 1. (*il est question de*) ■ **il s'agit de qn/qc** es geht um jdn/etw, es handelt [*o* dreht] sich um jdn/etw; ***de quoi s'agit-il?*** worum geht es?, worum handelt [*o* dreht] es sich?; ***il ne s'agit pas de ça!*** darum geht es [ja gar] nicht!

2. (*il faut*) ■ **il s'agit de faire qc** man muss etw tun; ***quand il s'agit de travailler, il n'y a plus personne*** wenn es ans [*o* ums] Arbeiten geht, drücken sich alle [*o* sind sie alle ganz still] *fam;* ■ **il s'agit de ne pas faire qc** man darf etw nicht tun; ■ **il s'agit que qn fasse/ne fasse pas qc** *fam* jd muss etw tun/darf etw nicht tun; ***il s'agit que tu n'échoues pas*** fall bloß nicht durch die Prüfung

agissant, e [aʒisɑ̃, ɑ̃t] *adj médicament* wirksam; *solidarité* tätig, tatkräftig; *minorités* militant

agissements [aʒismɑ̃] *mpl péj* 1. (*machinations*) Machenschaften *pl;* ~ ***étranges*** seltsame [*o* dunkle] Machenschaften

2. POL (*intrigues*) Machenschaften *pl;* (*menées subversives*) Umtriebe *pl*

► **qn surveille les ~ de qn** jd überwacht jds Tun und Treiben

agitateur, -trice [aʒitatœʀ, -tʀis] *m, f* Agitator(in) *m(f),* Aufwiegler(in) *m(f)*

agitation [aʒitasjɔ̃] *f* 1. (*animation*) [*rue*] geschäftiges Treiben; [*lieu de travail*] [hektische] Betriebsamkeit

2. (*excitation*) [*personne*] Aufregung *f; **pourquoi es-tu dans une telle ~?*** warum bist du so aufgeregt?; ***qn est en pleine ~/ dans une ~ perpétuelle*** jd ist in heller/in ständiger Aufregung

3. POL (*troubles*) Unruhe *f;* (*mécontentement*) gärende Unruhe, Aufruhrstimmung *f; **l'~ politique a gagné la capitale*** die politischen Unruhen sind bis in die Hauptstadt vorgedrungen; ***l'~ populaire augmente*** im Volk gärt es immer mehr

◆ **agitation d'esprit** innere Unruhe

agité, e [aʒite] I. *adj* 1. (*animé de mouvements*) unruhig; *mer, vie a.* bewegt; ***qn/ un animal est ~ de soubresauts*** jds Körper/ein Tier zuckt

2. (*nerveux*) unruhig

3. (*excité*) aufgeregt, erregt

4. (*troublé*) unruhig; *situation, vie* unbeständig; ***nous vivons une époque ~e*** wir leben in unruhigen Zeiten

II. *m, f* tobsüchtige(r) Geisteskranke(r); ***pavillon des ~s*** geschlossene Abteilung

agiter <1> [aʒite] I. *vt* 1. (*secouer*) ■ **qn agite qc** *drapeau, bras* jd schwenkt etw; *mouchoir* jd winkt mit etw; *bouteille, liquide* jd schüttelt etw; ***qn agite la main*** jd winkt; [***bien***] ~ ***avant l'emploi!*** vor Gebrauch [gut] schütteln!; ■ **un animal agite qc** *ailes, queue* ein Tier schlägt mit etw; ***le chien agite la queue*** der Hund wedelt [mit dem Schwanz]; ■ **qc agite qc** etw bewegt etw; ***les vagues agitent le bateau*** die Wellen werfen das Boot

hin und her; *des soubresauts agitent encore le poisson* der Fisch zuckt noch
2. (*émouvoir*) ■ **qc agite qn** etw bewegt jdn; /*soif de pouvoir, vanité*/ etw treibt jdn um; *une grande colère agite la foule* heftige Wut wogt durch die Menge
3. (*faire planer*) ■ **qn agite qc:** *qn agite la menace* [**de qc**] jd droht [mit etw]; *qn agite le spectre de la guerre* jd droht mit dem Schreckgespenst des Krieges
4. (*examiner*) ■ **qn agite qc** *idée, question* jd überdenkt etw
5. (*débattre*) ■ **des personnes agitent qc** *idée, question* Menschen erörtern etw
II. *vpr* 1. (*se mouvoir*) ■ **qn/qc s'agite** jd/etw bewegt sich
2. (*s'énerver*) ■ **qn/un animal s'agite** jd/ein Tier ist/wird unruhig; *ne vous agitez pas pour si peu!* regen Sie sich wegen dieser Kleinigkeit doch nicht auf!
3. (*s'affairer*) ■ **qn s'agite** jd eilt [geschäftig] hin und her; *arrête de t'~ comme ça!* hör auf, so herumzurennen!; *toute la rédaction s'agite autour du téléscripteur* die ganze Redaktion schart sich aufgeregt um den Fernschreiber
4. POL ■ **qn s'agite:** *le peuple s'agite* im Volk brodelt [*o* gärt] es

agneau, -elle <x> [aɲo, aɲɛl] *m, f* 1. ZOOL Lamm *nt*
2. GASTR Lamm[fleisch *nt*] *nt; côtelette/gigot d'~* Lammkotelett *nt*/-keule *f*
3. (*fourrure*) Lamm[fell *nt*] *nt; veste en ~* Lammfelljacke *f*
4. (*personne douce*) Lamm *nt iron*
▸ **doux**(**douce**) [*o* **tendre**] **comme un ~:** [*qn est*] *doux*(*douce*) *comme un ~* [jd ist] sanft wie ein Lamm; [*un animal est*] *doux comme un ~* [ein Tier ist] lammfromm; **innocent**(**e**) **comme l'~ qui vient de naître** *fam* unschuldig wie ein Lamm; ~ **pascal** Osterlamm *nt;* **mes ~x** *iron* (*adresse*) meine Lieben; *attendez, mes ~x!* (*menace*) na wartet, Freunde!
◆ **agneau de lait** Milchlamm *nt*

agnelage [aɲ(ə)laʒ] *m* 1. (*mise bas*) Lammen *nt; l'~ aura lieu cette semaine* das Schaf wird diese Woche lammen
2. (*période*) Lamm[ungs]zeit *f*

agneler <3> [aɲ(ə)le] *vi: une brebis agnelle* ein Schaf lammt

agnostique [agnɔstik] I. *adj* agnostizistisch
II. *mf* Agnostiker(in) *m(f)*

agonie [agɔni] *f* 1. MED Todeskampf *m,* Agonie *f spec*
2. (*règne, régime*) Untergang *m*
▸ **longue** [*o* **lente**] **~:** *sa vie n'est plus qu'une longue* [*o lente*] *~* sein/ihr Leben ist nur noch ein zähes Ringen mit dem Tod; **qn est à l'~** jd liegt im Sterben; **qc est à l'~** *hum* etw gibt den Geist auf *fam*

agonisant, e [agɔnizɑ̃, ɑ̃t] *adj* 1. (*mourant*) dahinscheidend *geh*
2. (*à son déclin*) dem Untergang geweiht

agoniser <1> [agɔnize] *vi* 1. (*mourir*) ■ **qn agonise** jd scheidet dahin *geh,* jd ringt mit dem Tode
2. (*décliner*) ■ **qc agonise** /*État*/ etw geht unter; /*économie*/ etw liegt darnieder *geh*

agrafage [agʀafaʒ] *m* 1. (*feuilles de papier*) Zusammenheften *nt*
2. MED Klammern *nt*

agrafe [agʀaf] *f* 1. (*papiers*) Heftklammer *f; tu veux bien mettre une ~ là?* heftest du mir das bitte da zusammen?
2. (*vêtement*) Haken *m* [und Öse *f*]; *qn ferme qc par une ~* jd hakt etw zu
3. MED Klammer *f*

agrafer <1> [agʀafe] *vt* 1. ■ **qn agrafe qc** *feuilles de papier* jd heftet etw zusammen
2. ■ **qn agrafe qc** *vêtement* jd hakt etw zu, jd schließt Haken und Öse/die Haken und Ösen einer S. (*gen*)
3. *fam* (*intercepter*) ■ **qn agrafe qn** jd passt jdn ab; ■ **qn se fait ~** [**par qn**] jd wird [von jdm] geschnappt *fam*

agrafeuse [agʀaføz] *f* Hefter *m*

agraire [agʀɛʀ] *adj* Agrar-; *réforme a.* Boden-; *mesures ~s* Feldmaße *pl*

agrandir <8> [agʀɑ̃diʀ] I. *vt* 1. (*rendre plus grand*) ■ **qn/qc agrandit qc** jd/etw vergrößert etw, jd/etw macht etw größer; (*en largeur*) jd/etw erweitert etw, jd/etw verbreitert etw; /*miroir*/ etw lässt etw größer wirken
2. (*développer*) ■ **qn agrandit qc** *entreprise* jd vergrößert etw
3. PHOT ■ **qn/qc agrandit qc** jd/etw vergrößert etw
II. *vpr* 1. (*se creuser, s'élargir*) ■ **qc s'agrandit** etw wird größer; /*passage a.*/ etw wird breiter; *l'écart s'agrandit* der Abstand vergrößert sich
2. (*se développer*) ■ **qc s'agrandit** /*entreprise*/ etw vergrößert sich; /*ville, domaine*/ etw dehnt sich [weiter] aus
3. (*devenir plus nombreux*) ■ **un groupe s'agrandit de qn** eine Gruppe wird um jdn reicher; ■ **qc s'agrandit de qc** etw wird um etw reicher
4. *fam* (*se loger plus spacieusement*) ■ **qn s'agrandit** jd vergrößert sich *fam*

agrandissement [agʀɑ̃dismɑ̃] *m* 1. (*action*) Vergrößerung *f;* (*passage a.*) Verbreiterung *f; qn procède à l'~ de qc* jd vergrößert etw; *qn fait des travaux d'~ d'une maison* jd vergrößert ein Haus, jd baut an
2. PHOT (*fait d'agrandir*) Vergrößern *nt,* Vergrößerung *f;* (*image agrandie*) Vergrößerung

agrandisseur [agʀɑ̃disœʀ] *m* Vergrößerungsapparat *m*

agréable [agʀeabl] *adj* angenehm; *personne* sympathisch; *situation* erfreulich; *sourire* gewinnend; *une parole ~* ein nettes [*o* freundliches] Wort; *qn passe une ~ soirée* jd verbringt einen angenehmen Abend; *qc est ~ à l'oreille/à l'œil* etw ist wohlklingend/eine Wohltat für das Auge; *par une ~ journée d'été* eines schönen Sommertags; ■ [**qn/qc est**] **~ à + infin:** *qn est ~ à regarder* jd hat ein angenehmes Äußeres; *qc est ~ à sentir/à toucher* etw riecht angenehm/fühlt sich angenehm an; *voilà qui est ~ à entendre/à voir!* so etwas hört/sieht man gerne!; ■ **il est ~ de faire qc** es tut gut etw zu tun; ■ **il est ~ à qn de faire qc** jd tut etw gern
▸ **~ à vivre:** *qn est ~ à vivre* mit jdm kann man gut auskommen, jd ist umgänglich

agréablement [agʀeabləmɑ̃] *adv* angenehm; *l'après-midi s'est passé ~* der Nachmittag ist nett verlaufen

agréé, e [agʀee] *adj expert, homme de loi* zugelassen; *garage, vendeur* Vertrags-; *fournisseur* autorisiert; *médecin ~* Kassenarzt *m*

agréer <1> [agʀee] *vt soutenu* ■ **qn agrée qc** *excuses, remerciements* jd nimmt etw an; *demande* jd gibt einer S. (*dat*) statt, jd entspricht einer S. (*dat*); *veuillez ~, Monsieur/Madame, ...* mit vorzüglicher Hochachtung

agrég [agʀɛg] *f fam v.* **agrégation**

agrégat [agʀega] *m* 1. GEOL Aggregat *nt*
2. CONSTR Aggregat *nt,* Zuschlagstoffe *pl*
3. *péj* (*idées, raisonnements*) Konglomerat *nt*

agrégation [agʀegasjɔ̃] *f Staatsprüfung für Gymnasiallehrer in Form eines „Concours", mit deren Bestehen die Lehrerlaubnis an höheren Schulen und gleichzeitig das Anrecht auf Verbeamtung erworben werden*

agrégé, e [agʀeʒe] I. *adj: elle est professeur ~* sie hat die „Agrégation"
II. *m, f* (*au lycée*) Gymnasiallehrer(in), der/die die „Agrégation" hat; (*à l'université*) Dozent(in), der/die die „Agrégation" hat

agrément [agʀemɑ̃] *m* 1. *form* (*approbation*) Zustimmung *f*
2. (*plaisir*) Vergnügen *nt; jardin/voyage d'~* Ziergarten *m*/Vergnügungsreise *f; qn trouve de l'~ à qc/à faire qc* jd findet Gefallen an etw (*dat*)/daran, etw zu tun; *un animal familier n'est pas un simple objet d'~* ein Haustier ist [doch] nicht nur zum Vergnügen da; *qn donne à son personnel davantage d'~* jd bietet seinen Mitarbeitern bessere [*o* angenehmere] Arbeitsbedingungen
3. *vieilli littér* (*attrait*) Reiz *m,* Charme *m; l'~ de sa conversation* seine/ihre reizende Art Konversation zu machen; *qc est dépourvu(e) de tout ~* etw ist vollkommen reizlos [*o* eintönig]

agrémenter <1> [agʀemɑ̃te] *vt* ■ **qn agrémente qc de** [*o* **avec**] **qc** jd verschönert etw mit etw; *vêtement* jd verziert etw mit etw; *un récit agrémenté de mensonges* ein mit Lügen gespickter Bericht

agrès [agʀɛ] *mpl* 1. AVIAT Tauwerk *nt;* NAUT Takelage *f*
2. SPORT [Turn]geräte *pl; les exercices aux ~* das Geräteturnen

agresser <1> [agʀese] I. *vi* (*provoquer*) ■ **qc agresse** /*musique, tableau*/ etw ist/wirkt aggressiv; /*style, jeu d'un acteur a.*/ etw ist/wirkt herausfordernd
II. *vt* 1. (*attaquer*) ■ **qn agresse qn** jd überfällt jdn; ■ **qn se fait ~** jd wird überfallen
2. (*insulter*) ■ **qn agresse qn** jd greift jdn an
3. PSYCH ■ **qn agresse qn** jd bedroht jdn; *qn se sent agressé(e)* [*par qc*] jd fühlt sich [von etw] bedroht

agresseur [agʀesœʀ] I. *m* (*personne*) Angreifer(in) *m(f);* (*État*) Aggressor(in) *m(f); son ~ était une femme* er/sie wurde von einer Frau angegriffen
II. *app: État/pays ~* Aggressor *m,* Angreiferstaat *m*/-land *nt*

agressif, -ive [agʀesif, -iv] *adj* 1. (*violent, provocant*) aggressiv; *couleur a.* grell
2. PSYCH aggressiv

agression [agʀesjɔ̃] *f* 1. (*violences*) Überfall *m; ~ nocturne* nächtlicher Überfall; *qn a été victime d'une ~* jd ist überfallen worden
2. (*insulte*): *~ verbale* Beleidigung *f,* verbaler Angriff
3. PSYCH Aggression *f; instinct d'~* Aggressionstrieb *m*
4. POL Angriff *m,* Überfall *m; ~ contre un pays* Angriff gegen [*o* Überfall auf] ein Land; *acte d'~* Angriff, Überfall

agressivité [agʀesivite] *f* Aggressivität *f*

agricole [agʀikɔl] *adj* landwirtschaftlich; *machine a., ouvrier, population* Land-; *région* Agrar-, [überwiegend] landwirtschaftlich genutzt; *travaux ~s* Feldarbeit *f; ingénieur ~* Diplomlandwirt(in) *m(f)*

agriculteur, -trice [agʀikyltœʀ, -tʀis] *m, f* Landwirt(in) *m(f)*

agriculture [agʀikyltyʀ] *f* Landwirtschaft *f; région d'~* Agrargebiet *nt,* [überwiegend] landwirtschaftlich genutztes Gebiet; *ministre de l'A~* Landwirtschaftsminister *m*

agripper <1> [agʀipe] I. *vt* ■ **qn agrippe qn/qc** jd packt jdn/etw; *il m'a agrippé le bras* er hat meinen Arm [*o* mich am Arm] gepackt
II. *vpr* ■ **qn s'agrippe à qn/qc** jd klammert sich an jdn/etw, jd klammert sich an jdm/etw fest

agroalimentaire [agʀoalimɑ̃tɛʀ] I. *adj industrie* Lebensmittel-; *société, usine* Nahrungsmittel-
II. *m* Lebensmittelsektor *m*

agronome [agʀɔnɔm] *app: ingénieur ~* Diplomlandwirt(in) *m(f)*

agronomie [agʀɔnɔmi] *f* Agronomie *f,* Landwirtschaftswissenschaft *f*

agrume [agʀym] *m* Zitrusfrucht *f*

aguerrir <8> [ageʀiʀ] I. *vt* 1. (*habituer à la guerre*) ■ **qn/qc aguerrit qn** jd/etw gewöhnt jdn an den Krieg; ■ **qn est aguerri(e)** jd ist kampferprobt
2. (*endurcir*) ■ **qn/qc aguerrit qn** [**contre qc**] jd/etw härtet jdn [gegen etw] ab
II. *vpr* ■ **qn s'aguerrit** [**à qc**] jd härtet sich [gegen etw] ab

aguets [agɛ] *loc* ▸ **aux ~:** *qn/un animal est aux ~* jd/ein Tier liegt auf der Lauer

aguicher <1> [agiʃe] *vt* ■ **qn aguiche qn** jd macht jdn an *fam*

ah [ˈɑ] *interj* 1. (*réaction*) ■ **~!** (*de joie, d'admiration*) ah!, oh!; (*de sympathie, de déception*) ach!; **~ ~!** (*d'ironie*) ach ja?
2. *interrog* (*étonnement*) ■ **~?** ach ja?, so?
▸ **~ bon** (*résignation*) na ja; (*polémique*) aha, soso; (*étonnement*) ach ja, wirklich; **~ non** ach nein; *~ non alors!* o nein!; **~ oui** (*confirmation*) doch, doch; (*polémique*) soso

ahuri, e [ayʀi] I. *adj* 1. (*stupéfait*) verblüfft, sprachlos
2. (*stupide*) begriffsstutzig; *ma parole, tu es ~ ce matin* meine Güte, hast du heute Morgen ein Brett vor dem Kopf *fam*

II. *m, f péj fam* Blödmann *m fam,* blöder Kerl/blöde Kuh *fam*

ahurissant, e [ayʀisɑ̃, ɑ̃t] *adj* **1.** (*qui stupéfie*) verblüffend; ~ ***de vérité*** verblüffend wahrheitsgetreu
2. (*qui scandalise*) unverschämt; ***il ment avec un aplomb*** ~ er lügt mit unverschämter Dreistigkeit

ai [e] *indic prés de* **avoir**

aide [ɛd] **I.** *f* **1.** (*assistance*) Hilfe *f;* ***sans*** ~ ***extérieure*** ohne fremde Hilfe; ***qn vient en*** ~ ***à qn*** jd kommt jdm zu Hilfe, jd hilft jdm
2. (*secours financier*) [finanzielle] Unterstützung, [Bei]hilfe *f;* ■ ~ **à qn** finanzielle Unterstützung für jdn
▶ ~ **contextuelle** INFORM kontextsensitive Hilfe; ~ **médicale** [**gratuite**] [kostenlose] medizinische Versorgung; ~ **sociale** Sozialhilfe *f;* **qn appelle qn à son** ~ [*o* **à l'**~] jd ruft jdn zu Hilfe; **qn appelle** [*o* **crie**] **à l'**~ jd ruft [*o* schreit] um Hilfe; **qn apporte son** ~ **à qn** jd leistet jdm Hilfe; **qn demande de l'**~ [**à qn**] jd bittet [jdn] um Hilfe; **qn reçoit de l'**~ [**de qn**] (*secours financier*) jd bekommt [von jdm] eine finanzielle Unterstützung; **qn vient en** ~ **à qn** (*secours financier*) jd unterstützt jdn finanziell; **à l'**~! [zu] Hilfe!; **à l'**~ **de qc** mit Hilfe einer S. (*gen*); **avec/sans l'**~ **de qn** mit/ohne jds Hilfe; ***avec l'***~ ***de Dieu*** mit Gottes Hilfe [*o* Beistand *m*]; ***avec l'***~ ***de tous*** mit der Hilfe aller; ***sans l'***~ ***de quiconque*** ohne jegliche Hilfe, ganz allein
II. *mf* (*assistant*) Aushilfe *f,* Aushilfskraft *f;* ~ ***de laboratoire*** Laborgehilfe/-gehilfin *m/f*
▶ ~ **familiale** Haushaltshilfe *f;* ~ **maternelle** Tagesmutter *f*
◆ **aide de camp** Adjutant *m*

aide- <~s-> [ɛd] *préf* (*assistant*): ~-***chimiste*** Laborant(in) *m(f)* **aide-comptable** <~s-~s> [ɛdkɔ̃tabl] *mf* Buchhaltungsgehilfe/-gehilfin *m/f* **aide-mémoire** [ɛdmemwaʀ] *m inv* (*mémento*) kurzer Abriss; (*feuille*) Merkzettel *m;* (*cahier*) Merkheft *nt;* ***le logiciel est livré avec un*** ~~ die Software wird mit einem [kurzgefassten] Handbuch geliefert **aide-ménagère** <~s-~s> [ɛdmenaʒɛʀ] *f* Haushaltshilfe *f*

aider <1> [ede] **I.** *vi* **1.** (*participer*) ■ **qn aide** jd hilft [mit]; ***va*** ~ ***à la cuisine!*** geh und hilf in der Küche [mit]!; ***j'ai aidé du mieux que j'ai pu*** ich habe [mit]geholfen, so gut ich konnte
2. (*rendre plus facile*) ■ **qc aide** etw macht die Sache leichter
3. (*contribuer*) ■ **qc aide à qc** etw fördert etw, etw trägt zu etw bei; ■ **qc aide à faire qc** etw hilft etw zu tun
4. ■ **qc aidant:** ***le temps aidant*** mit der Zeit; ***l'alcool/ la fatigue aidant, il s'endormit*** der Alkohol/die Müdigkeit trug dazu bei, dass er einschlief
II. *vt* **1.** (*prêter assistance*) ■ **qn aide qn** jd ist jdm behilflich, jd hilft jdm; ■ **qn aide qn à faire qc** jd hilft jdm, etw zu tun; ***qn aide qn à traverser la rue*** jd hilft jdm, die Straße zu überqueren; jd hilft jdm über die Straße; ***qn aide qn à monter l'escalier*** jd hilft jdm beim Treppensteigen, jd ist jdm beim Treppensteigen behilflich
2. (*financièrement*) ■ **qn aide qn** jd unterstützt jdn [finanziell]
3. (*soutenir*) ■ **qn/Dieu aide qn** jd/Gott steht jdm bei; ***que Dieu vous aide!*** Gott stehe Ihnen/euch bei!
4. (*favoriser*) ■ **qn aide qc:** ***qn aide la chance*** jd hilft dem Glück ein wenig nach
5. (*être utile*) ■ **qc aide qn** etw hilft jdm
6. (*opp: empêcher*) ■ **qc aide qc** etw fördert etw; ■ **qc aide qn à faire qc** etw hilft jdm, etw zu tun; ***cela m'aidera à m'endormir*** das wird mir beim Einschlafen helfen; ***qc aide à passer le temps*** mit etw kann man sich (*dat*) die Zeit vertreiben
7. (*faciliter la tâche de*) ■ **qn/qc aide qn** jd/etw ist jdm eine große Hilfe, jd/etw hilft jdm; ***tu m'aiderais bien si tu ...*** es wäre mir eine große Hilfe [*o* es würde mir sehr helfen], wenn du ...; ■ **qn/qc aide qc** [**à faire qc**] jd/etw macht es einer S. (*dat*) leichter, etw zu tun; ***on aide le moteur à démarrer en faisant qc*** der Motor springt leichter an, wenn man etw tut
III. *vpr* **1.** (*se servir*) ■ **qn s'aide de qc** jd nimmt etw zu Hilfe
2. (*s'entraider*) ■ **des personnes s'aident** Menschen helfen sich (*dat*) [gegenseitig]

aide-soignante <~s-~s> [ɛdswaɲɑ̃t] *f* Schwesternhelferin *f*

aie [ɛ] *subj prés de* **avoir**

aïe [aj] *interj* **1.** (*douleur*) au[tsch], aua *fam*
2. (*problème, imprévu*) ach [herr]je, oje
▶ ~ ~ ~! *fam* auwei[a] *fam*

aïeux [ajø] *mpl littér* Vorfahren *pl,* Ahnen *pl*
▶ **mes** ~! *fam* beim Zeus!

aigle [ɛgl] **I.** *mf* ZOOL Adler/Adlerweibchen *m/f*
▶ ~ **royal** Steinadler *m;* **ce n'est pas un** ~ *fam* er/sie ist keine große Leuchte *fam*
II. *f* **1.** ■ **une** ~ ein Adler *m;* ~ ***à deux têtes*** Doppeladler *m*
2. MIL Adler *m;* ***l'***~ ***impériale*** der napoleonische Adler; ***les*** ~***s romaines*** die römischen Adler

aiglefin [ɛgləfɛ̃] *m* Schellfisch *m*

aiglon, ne [ɛglɔ̃, ɔn] *m, f* **1.** ZOOL Adlerjunge(s) *nt,* junger Adler/junges Adlerweibchen
2. HIST ■ **l'A**~ Napoleon II.

aigre [ɛgʀ] **I.** *adj* **1.** (*acide*) sauer; ***un peu*** ~ säuerlich; ***une odeur de sueur*** ~ [ein] säuerlicher Schweißgeruch
2. (*devenu acide*) sauer
3. (*criard et perçant*) schrill; *voix a.* kreischend; ***le son de cet instrument est*** ~ dieses Instrument klingt schrill
4. (*acerbe*) scharf, bissig; *ton a.* schneidend; ***des paroles*** ~***s*** bittere Worte
5. (*vif*) *froid, vent* schneidend
II. *m* ▶ **qc tourne à l'**~ der Ton einer S. (*gen*) wird immer schärfer

aigre-doux, aigre-douce <~s-~> [ɛgʀədu, dus] *adj* **1.** GASTR süßsauer
2. (*mi-figue mi-raisin*) süßsauer *fam*

aigrelet, te [ɛgʀəlɛ, ɛt] *adj* **1.** (*un peu acide*) säuerlich
2. (*qui a des nuances criardes*) leicht schrill

aigrement [ɛgʀəmɑ̃] *adv* bissig

aigreur [ɛgʀœʀ] *f* **1.** (*acidité*) Säure *f*
2. (*saveur aigre*) saurer Geschmack
3. (*animosité*) [*remarque*] Bissigkeit *f*
▶ **qn a des** ~ [**d'estomac**] jd hat Sodbrennen *nt*

aigri, e [egʀi] *adj* verbittert; ***qn est d'un naturel*** ~ jd ist [von Haus aus] verbittert

aigrir <8> [egʀiʀ] **I.** *vt* ■ **qc aigrit qn** etw verbittert jdn; ***qc lui a aigri le caractère*** etw hat ihn/sie verbittert
II. *vpr* **1.** (*devenir acide*) ■ **qc s'aigrit** etw wird sauer
2. (*devenir amer*) ■ **qn s'aigrit** jd wird verbittert; ***son caractère s'aigrit de jour en jour*** er/sie verbittert immer mehr

aigu, ë [egy] **I.** *adj* **1.** (*pointu*) spitz; *pointe* scharf
2. (*coupant*) scharf
3. (*strident*) schrill; *note, ton* hoch
4. (*vif*) *intelligence, perception* scharf; *douleur* (*violent*) heftig; (*pénétrant*) stechend; ***qn a un sens*** ~ ***de qc*** jd hat einen [scharf] ausgeprägten Sinn für etw
5. (*qui est à son paroxysme*) akut; ***crise d'appendicite*** ~***ë*** akute Blinddarmentzündung
II. *mpl* hohe Töne *pl,* Höhen *pl*

aigue-marine <~s-~s> [ɛgmaʀin] *f* Aquamarin *m*

aiguillage [egɥijaʒ] *m* **1.** CHEMDFER (*dispositif*) Weiche *f*
2. CHEMDFER (*manœuvre*) Weichenstellen *nt*
3. (*orientation*) Weiterleitung *f*

aiguille [egɥij] *f* **1.** COUT Nadel *f;* ■ ~ **à** -nadel
2. (*mécanisme*) Zeiger *m;* [*boussole, gramophone*] Nadel *f;* ~ ***aimantée*** Magnetnadel; ~ ***du compteur de vitesse*** Tachonadel
3. MED [*seringue*] [Injektions]nadel *f;* [*acupuncteur*] Nadel
4. GEOG [spitzer Berg]gipfel
5. ARCHIT [Turm]spitze *f*
6. CHEMDFER (*aiguillage*) Weiche *f;* (*lame d'*~) Weichenzunge *f*
▶ **autant** [*o* **cela revient à**] **chercher une** ~ **dans une meule** [*o* **une botte**] **de foin** ebenso gut könnte man ein Stecknadel in einem Heuhaufen suchen
◆ **aiguille à broder** Sticknadel *f;* **aiguille à coudre** Nähnadel *f;* **aiguille à repriser** Stopfnadel *f;* **aiguille à tricoter** Stricknadel *f;* **aiguille de pin** Kiefernnadel *f;* **aiguille de sapin** Tannennadel *f*

aiguiller <1> [egɥije] *vt* **1.** (*orienter*) ■ **qn/qc aiguille qn/qc** [**vers/sur qc**] *police* jd/etw führt jdn [auf etw (*akk*)]; *élève* jd/etw führt jdn zu etw hin; ***qn aiguille la conversation sur un autre sujet*** jd bringt [*o* lenkt] die Unterhaltung auf ein anderes Thema; ***qn aiguille mal qn*** (*dans la rue*) jd schickt jdn in die falsche Richtung
2. CHEMDFER ■ **qn aiguille qc** jd setzt etw um, jd stellt die Fahrstraße[n] [für etw] ein

aiguilleur [egɥijœʀ] *m* Weichenwärter(in) *m(f) veraltet,* Stellwerksleiter(in) *m(f)*
◆ **aiguilleur du ciel** Fluglotse/-lotsin *m/f*

aiguillon [egɥijɔ̃] *m* **1.** [*abeille, guêpe*] Stachel *m*
2. (*baguette*) Treibstock *m*

aiguillonner <1> [egɥijɔne] *vt* **1.** (*piquer*) ■ **qn aiguillonne un animal** jd treibt ein Tier [mit dem Treibstock] an
2. (*stimuler*) ■ **qn/qc aiguillonne qn/qc** jd/etw stachelt jdn/etw an

aiguiser <1> [egize] *vt* **1.** (*affiler*) ■ **qn aiguise qc** jd wetzt etw, jd schleift etw; ■ **qc est aiguisé(e)** etw ist geschärft [*o* gewetzt] [*o* geschliffen]
2. (*stimuler*) ■ **qc aiguise qc** *appétit, sens* etw regt etw an; *désir, sentiment* etw verstärkt etw; *ouïe, toucher* etw schärft etw
3. (*affiner*) ■ **qn/qc aiguise qc** *esprit, intelligence* jd/etw schärft etw; *style* jd gibt einer S. (*dat*) Schliff

aiguisoir [egizwaʀ] *m* Wetzstahl *m*

aïkido [aikido] *m* Aikido *nt*

ail [aj] *m* Knoblauch *m*

aile [ɛl] *f* **1.** ANAT, GASTR, POL Flügel *m*
2. [*moulin*] Flügel *m*
3. [*avion, aéronef*] [Trag]flügel *m*
4. [*véhicule*] Kotflügel *m*
5. ARCHIT [Seiten]flügel *m*
▶ ~ **delta** Deltaflügel *m;* **qn vole de ses propres** ~**s** jd steht auf eigenen Füßen, jd ist flügge *fam;* **qn/qc bat de l'**~ mit jdm/etw geht es bergab; **qn se brûle les** ~**s** jd verbrennt sich (*dat*) die Finger; **qn prend qn sous son** ~ [**protectrice**] jd nimmt jdn unter seine Fittiche
◆ **ailes du nez** Nasenflügel *pl*

ailé, e [ele] *adj* geflügelt

aileron [ɛlʀɔ̃] *m* **1.** ANAT [*oiseau*] Flügelspitze *f;* [*requin*] [Rücken]flosse *f*
2. GASTR [*dinde*] Flügelstück *nt;* [*requin*] Flosse *f;* ***potage aux*** ~***s*** [***de requin***] Haifischflossensuppe *f*
3. [*avion, aéronef*] Querruder *nt*
4. AUT Heckflosse *f*
5. NAUT Hilfsruder *nt,* Wellenhose *f*

ailette [ɛlɛt] *f* **1.** (*empennage*) [*missile*] [Stabilisierungs]flosse *f;* [*fléchette*] Steuerfeder *f;* [*vis*] Flügel *m;* ***torpille à*** ~***s*** Flügeltorpedo *m*
2. [*radiateur*] Rippe *f*
3. [*turbine*] Schaufel *f;* [*ventilateur*] Flügel *m,* Blatt *nt*
◆ **ailette de refroidissement** AUT Kühlrippe *f*

ailier [elje] *m* Flügelstürmer(in) *m(f),* Außenstürmer(in) *m(f);* ~ ***droit/gauche*** Rechts-/Linksaußen *m*

aille [aj] *subj prés de* **aller**

ailleurs [ajœʀ] *adv* woanders; ***qn cherche*** ~ jd sucht woanders; ***qn regar-***

de ~ jd schaut woandershin; ***nulle part*** ~ nirgendwo anders; ***partout*** ~ überall sonst; ***ces oranges viennent d'~ que du Maroc*** diese Orangen kommen nicht aus Marokko, sondern von woanders her [*o* aus einem anderen Land]; ***je ne peux pas être à la fois ici et*** ~ ich kann nicht überall gleichzeitig sein
► **qn est** ~ jd ist mit seinen Gedanken woanders; **va te/allez vous faire pendre** ~! *fam* scher' dich/scheren Sie sich doch zum Teufel [*o* Henker]! *fam;* **qu'il/elle aille se faire pendre** ~! *fam* er/sie soll sich doch zum Teufel [*o* zum Henker] scheren! *fam;* **va voir** ~ **si j'y suis** *fam* du kannst mich mal *fam;* **d'**~ übrigens, im Übrigen; ***lui non plus d'***~ er übrigens auch nicht; ***cette explication, d'~ excellente, ...*** diese Erklärung, die übrigens [*o* nebenbei bemerkt] ausgezeichnet ist, ...; **par** ~ (*sinon* sonst, ansonsten *fam;* (*en outre*) außerdem
ailloli [ajɔli] *m* Knoblauchmajonäse *f*
aimable [ɛmabl] *adj* **1.** (*attentionné*) zuvorkommend, aufmerksam; ***trop*** ~! *iron* tausend Dank! *fam*
2. (*sociable*) liebenswürdig, nett
3. (*amical*) freundlich, nett
► **c'est bien** ~ **à qn de faire qc** es ist sehr freundlich von jdm etw zu tun
aimablement [ɛmabləmɑ̃] *adv* **1.** (*avec tact*) höflich
2. (*avec cordialité*) freundlich
aimant [ɛmɑ̃] *m* Magnet *m*
► **qc attire qn comme un** ~ etw zieht jdn wie ein Magnet an, etw wirkt auf jdn wie ein Magnet
aimanté, e [ɛmɑ̃te] *adj* Magnet-; ***corps*** ~ Magnet *m*
aimanter <1> [ɛmɑ̃te] *vt* ■ **qn/qc aimante qc** jd/etw magnetisiert etw, jd/etw macht etw magnetisch
aimer <1> [eme] **I.** *vi* (*être amoureux*) ■ **qn aime** jd liebt; (*apprécier*) jdm gefällt es; ***tu aimes?*** gefällt es dir?; ***moi, j'aime*** mir gefällt's
► **qui aime bien châtie bien** *prov* ≈ wer sein Kind liebt, straft [*o* züchtigt] es
II. *vt* **1.** (*éprouver de l'amour pour*) ■ **qn aime qn** jd liebt jdn
2. (*éprouver de l'affection pour*) ■ **qn aime qn** jd mag jdn [gern]; ***elle est aimée de tous ses élèves*** alle ihre Schüler mögen sie
3. (*apprécier*) ■ **qn aime qn/qc** jd mag jdn/etw, jdm gefällt jd/etw
4. (*prendre plaisir à*) ■ **qn aime qc** *l'art, la musique, la nature, le risque, la vitesse,* jd liebt etw; ***qn aime la chasse/le cinéma/les romans*** jd geht gern auf die Jagd/ins Kino/jd liest gern Romane; ***qn aime le sport*** jd treibt gern Sport; ***qn aime la lecture/les voyages*** jd liest/reist gern; ■ **qn aime faire qc** jd tut etw gern; ***qn aime chanter*** jd singt gern
5. (*trouver bon*) ■ **qn aime qc** jd mag etw; *nourriture* jd isst etw gern; *boisson* jd trinkt etw gern; ***j'aime le poulet/le vin*** ich mag Hähnchen/Wein, ich esse gern Hähnchen/trinke gern Wein
6. (*avoir besoin de*) ■ **qc aime qc** */plante/* etw liebt etw
7. (*désirer*) ■ **qn aimerait faire qc** jd würde gern etw tun
8. (*souhaiter*) ■ **qn aime que qn fasse qc/qc se fasse** jd hat es gern, wenn jd etw tut/wenn etw getan wird; ***il aime que le travail aille vite*** er hat es gern, wenn die Arbeit schnell vonstatten geht; ***il aimerait tant que tu le comprennes*** er wünscht sich (*dat*) so sehr, dass du ihn verstehst
► **qn aime autant qc** jd mag etw lieber, etw gefällt jdm besser; ***ah bon! j'aime autant cela!*** aha! [das ist [*o* gefällt mir]] schon besser!; **qn aime autant faire qc** jd möchte [*o* würde] lieber etw tun; **qn aimerait autant que qn fasse qc** jd hätte es lieber [*o* jdm wäre es lieber], wenn jd etw täte; **qn aimerait autant que qc se fasse:** ***j'aimerais autant que tout se passe bien*** ich kann nur hoffen, dass alles gut geht; **qn aime bien** [*o* **assez**] **qc/faire qc** jd mag etw/tut etw gern; ***j'aime bien*** [*o* ***assez***] ***le café*** ich mag Kaffee, ich trinke gern Kaffee; **qn aimerait bien** [*o* **assez**] **que qn fasse qc** jd möchte [gern], dass jd etw tut; **qn aimerait bien** [*o* **assez**] **que qc se fasse:** ***il aimerait assez que son projet aboutisse*** er hätte gern, dass sein Projekt Erfolg hat; **qn aime mieux qc** [**que qc**] jd mag etw lieber [als etw], etw gefällt jdm besser [als etw]; ***tu aimes mieux le football ou le tennis?*** magst du lieber Fußball oder Tennis?; ***j'aimerais mieux du fromage*** ich hätte lieber [etwas] Käse; **qn aime mieux faire qc** [**que faire qc**] jd tut lieber etw[, als dass er etw tut]; ***j'aime mieux partir qu'entendre ça*** da gehe ich ja lieber, als dass ich mir das anhöre; **qn aimerait mieux que qn fasse qc** es wäre jdm lieber, wenn jd etw täte [*o* tun würde]; **qn aimerait mieux que qc se fasse:** ***j'aimerais mieux que Noël tombe un lundi*** mir wäre es lieber, wenn Weihnachten auf einen Montag fiele; **qui m'aime me suive** *prov* mir nach!
III. *vpr* **1.** (*se plaire*) ■ **qn s'aime** [**dans qc**] jd gefällt sich (*dat*) [in etw (*dat*)]
2. ■ **des personnes s'aiment** (*d'amour*) Menschen lieben sich; (*d'amitié*) Menschen mögen sich; ***ces deux-là ne s'aiment guère*** diese beiden mögen sich nicht sehr
aine [ɛn] *f* Leiste *f;* ***pli de l'***~ Leistenbeuge *f;* ***qn a des douleurs à l'***~ jd hat Schmerzen in der Leistengegend
aîné, e [ene] **I.** *adj* **1.** (*plus âgé*) (*de deux*) ältere(r, s); (*parmi plusieurs*) älteste(r, s)
2. (*premier né*) älteste(r, s)
II. *m, f* **1.** (*plus âgé*) (*de deux*) Ältere(r, s); (*parmi plusieurs*) Älteste(r, s); ***elle est mon*** ~***e*** [***de 3 ans***] sie ist [3 Jahre] älter als ich
2. (*premier-né*) Älteste(r) *f(m)*
III. *mpl littér* ■ **nos ~s** unsere Ahnen *geh*
ainsi [ɛ̃si] *adv* **1.** (*de cette manière*) so; ***s'il en est*** ~ wenn dem so ist; ***il en sera ~, et pas autrement*** so und nicht anders wird es gemacht; ***c'est ~ qu'il faut procéder: ...*** so muss man das machen: ...
2. (*par exemple*) so
3. ■ ~ **que** (*comme*) wie; (*tout comme*) und [auch]; (*et aussi*) sowie
► **pour** ~ **dire** *fam* sozusagen; ~ **donc** dann ... also; ~ ***donc, tu pars?*** dann gehst du also?
aïoli [ajɔli] *m v.* **ailloli**

air[1] [ɛʀ] *m* **1.** ∅ (*gaz*) Luft *f;* ~ ***frais*** frische Luft; ***on manque d'~ ici*** hier bekommt [*o* kriegt *fam*] man keine Luft; ***va te mettre un peu à l'***~! geh ein bisschen an die [frische] Luft!
2. ∅ (*atmosphère*) ■ **l'**~ *de la campagne, mer, ville* die -luft
3. ∅ (*brise*) Lüftchen *nt;* ***il n'y a pas un souffle d'***~ es regt sich kein Lüftchen; ***il fait*** [*o* ***il y a***] ***de l'***~ es geht ein leiser Wind [*o* ein Lüftchen]
4. *pl* (*ciel*) Luft *f,* Lüfte *pl geh*
5. AVIAT Luft *f;* ***par la voie des ~s*** auf dem Luftwege; ***Ministère de l'A***~ Luftfahrtministerium *nt;* ***armée de l'***~ Luftwaffe *f*
6. ∅ (*ambiance*) [gespannte] Atmosphäre, [gereizte] Stimmung
► **qn vit de l'**~ **du temps** jd lebt von nichts [*o* von Luft und Liebe]; ~ **comprimé** Pressluft *f;* ~ **conditionné** Klimaanlage *f;* **grand** ~ frische Luft; ***au grand*** ~ an der frischen Luft, im Freien; **à l'**~ **libre**: ***qn remonte à l'~ libre*** jd klettert wieder ins Freie; **qn est libre comme l'**~ jd ist frei wie der Vogel in der Luft; ~ **liquide** flüssige Luft; **plein** ~: ***des activités de plein*** ~ [Freizeit]aktivitäten, denen man im Freien nachgeht; **en plein** ~ im Freien; ~ **pulsé** Gebläseluft *f;* **il y a qc dans l'**~ etw liegt in der Luft, es liegt etw in der Luft; **qn change d'**~: ***il lui faudrait changer d'***~ er/sie hätte einen Tapetenwechsel nötig; **c'est comme si qn crachait en l'**~ *fam* jd kann sagen, was er will; das ist alles für die Katz *fam,* das ist alles in den Wind geredet *fam;* **qn dit ça en l'**~ jd sagt das nur so; **qn fiche** [*o* **flanque**] [*o* **fout**] **qc/tout en l'**~ *fam* jd schmeißt etw weg/jd wirft alles hin *fam;* ***qn a envie de tout flanquer en l'***~ jd würde am liebsten alles hinwerfen *fam;* **qn se fiche** [*o* **flanque**] [*o* **fout**] **en l'**~ *fam* (*a un accident*) jd baut einen Unfall *fam;* (*se suicide*) jd bringt sich um; **qn ne manque pas d'**~ *fam* jd ist ganz schön dreist *fam;* **qn met qc/tout en l'**~ *fam* jd stellt etw/alles auf den Kopf *fam;* **qn parle en l'**~ jd redet einfach drauflos; **qn pompe l'**~ **à qn** *fam* jd geht jdm auf die Nerven [*o* auf den Geist *fam*]; **qn prend l'**~ jd schnappt ein wenig frische Luft; **en l'**~ (*vers le ciel*) in die Luft; (*sans consistance, vain*) leer; (*en désordre*) durcheinander; ***qn saute en l'***~ jd macht einen Luftsprung; ***qn tire en l'***~ jd schießt in die Luft; ***ce sont des paroles/promesses en l'***~ das sind leere Worte/Versprechungen; ***des projets en l'***~ Luftschlösser *pl*
air[2] [ɛʀ] *m* **1.** (*allure*) Aussehen *nt;* ***qn a l'~ distingué/d'un clochard*** jd sieht vornehm/wie ein Penner aus
2. (*expression*) Miene *f,* Gesichtsausdruck *m;* ***qn prend un ~ grave*** jd macht eine ernste Miene [*o* ein ernstes Gesicht]
3. (*manière*) Art *f* [und Weise *f*]; ***d'un ~ décidé*** entschieden, mit Entschiedenheit; ***qn dit qc d'un ~ décidé*** jd sagt etw in entschiedenem Ton
► **qn a l'**~ **d'un chien battu** *fam* jd sieht aus [*o* läuft herum] wie ein geprügelter Hund; **qn a l'**~ **tout chose** jd sieht [ganz] verstört aus; **qn a [toujours] l'**~ **de tomber du ciel** [*o* **des nues**] *fam* (*est ahuri*) jd guckt [immer] verdutzt aus der Wäsche *fam;* (*ne comprend rien*) jd guckt [immer] dumm aus der Wäsche *fam;* **il y a [comme] un** ~ **de famille entre qn et qn** jd hat [eine gewisse] Ähnlichkeit mit jdm, jd sieht jdm [ein bisschen] ähnlich; ***il y a un ~ de famille entre vous deux*** Sie beide sehen sich (*dat*) ein bisschen ähnlich; **qn a l'**~ **d'avoir avalé son parapluie** [*o* **sa canne**] *fam* jd tut, als sei er wer weiß wer *fam;* **qn a un drôle d'**~ *fam* jd sieht [ganz] merkwürdig aus; **qn a/prend un** ~ **entendu** jd macht ein wissendes Gesicht/setzt eine wissende Miene auf; **un faux** ~ **de qn** eine entfernte Ähnlichkeit mit jdm; **un faux** ~ **de qc:** ***ce marchand avec son faux ~ de serviabilité!*** dieser Händler, der [immer] so zuvorkommend tut!; **qn a l'**~ **fin** *fam* jd macht eine komische Figur, jd gibt eine komische Figur ab; **qn/qc/un animal a l'**~ ... + *adj* (*semble être*) *timide, triste, malheureux* jd/etw/ein Tier scheint ... zu sein, jd/etw/ein Tier wirkt ...; (*offre un aspect ...*) jd/etw/ein Tier sieht ... aus; ***pourquoi as-tu l'~ triste?*** warum machst du so ein trauriges Gesicht?, warum blickst [*o* schaust] du so traurig drein?; ***qn a l'~ idiot*** (*est stupéfait*) jd macht ein dummes Gesicht; (*offre un aspect ridicule*) jd sieht unmöglich [*o* verboten *fam*] aus; ***cette proposition a l'~ idiote*** dieser Vorschlag mutet dumm an [*o* kommt einem/mir/... dumm vor]; ***qn a l'~ sûr de soi*** (*se comporte avec assurance*) jd tritt selbstsicher auf; (*semble être sûr de ne pas se tromper*) jd scheint [sich (*dat*)] seiner Sache (*gen*) sicher zu sein; **qn/qc a l'**~ **de qn/qc** jd/etw sieht aus wie jd/etw; ***elle a l'~ et les manières d'une reine*** sie hat das Aussehen und die Art einer Königin; ***ça m'a tout l'~ d'un mensonge*** das sieht mir doch ganz nach einer Lüge aus; ***qn a un ~ de déterré*** (*est très pâle*) jd ist leichenblass; (*offre un aspect effrayant*) jd sieht aus wie der leibhaftige Tod; ***qn a l'~ d'un pantin*** jd sieht lächerlich aus; ***qn a l'~ d'une bête traquée*** jd macht einen gehetzten Eindruck; **qn/qc a l'**~ **de faire qc** jd/etw scheint etw zu tun; es sieht so aus, als tue [*o* täte] jd/etw etw; ***ce tiroir a l'~ d'avoir été visité*** diese Schublade scheint durchsucht worden zu sein; es sieht so aus, als sei diese Schublade durchsucht worden; ***tu as l'~ de ne pas me croire*** du glaubst mir wohl nicht, du scheinst mir nicht zu glauben; **qn/qc n'a l'**~ **de rien**[**, mais ...**] *fam* jd/etw sieht nach nichts aus[, aber ...]; **qn a l'**~ [**bien/très**] **comme il faut** *fam* jd/etw sieht [ganz/sehr] anständig aus, jd/etw macht einen [ganz/sehr] anständigen Eindruck; **qn a tout l'**~ **de qn** es sieht ganz so aus, als sei jd jd; **qc a tout l'**~ **de qc** etw scheint etw zu sein, etw sieht ganz nach etw aus; ***ça m'en a tout l'***~ es sieht [mir] ganz danach aus; **de quoi ai-je/aurions-nous/... l'**~ wie stehe ich/stünden wir/... denn da; **sans en avoir l'**~ *fam* obwohl man es [gar] nicht vermuten würde, obwohl es gar nicht so den Anschein hat; **qn se donne** [*o* **qn prend**] **de**[**s**] [**grands**] **~s** *fam* jd spielt [*o* bläst] sich auf *fam;* **l'**~ **de ne pas y toucher** harmloses Getue *fam;* ***lui, avec son ~ de ne pas y toucher!*** er, der [immer] so harmlos tut!; **sans avoir l'**~ **d'y toucher** *fam* (*en cachant son jeu*) so nebenbei; (*hypocritement*) mit Unschuldsmiene; **sous cet** ~ hinter dieser Fassade
air[3] [ɛʀ] *m* **1.** (*mélodie*) Melodie *f;* ~ ***populaire*** Volksweise *f*
2. (*aria*) Arie *f;* ~ ***d'opéra/de concert*** Opern-/Konzertarie
3. *péj* (*discours*) Leier *f fam;* ***je connais cet ~-là par cœur*** ich kenne diese Leier zur Genüge *fam*

▶ **qn connait l'~ et la chanson** *fam* jdm kann man nichts [mehr] vormachen; **sur l'~ des lampions** im Sprechchor; **l'~ ne fait pas la chanson** der Schein trügt

airbag [ɛʀbag] *m* Airbag ['æ:ɐbæk] *m,* Prallsack *m*

airbus® [ɛʀbys] *m* Airbus *m*

aire [ɛʀ] *f* **1.** (*emplacement*) Platz *m;* ■ ~ **de** -platz; ~ ***de jeu*** (*pour enfants*) Spielplatz; (*pour faire du sport*) Sportplatz; ~ ***de stationnement*** Parkplatz; ~ ***d'atterrissage*** Landeplatz; ~ ***de lancement d'une fusée*** Raketenabschussbasis *f;* ~ ***de repos*** [*o* ***pique-nique***] Rastplatz; ~ ***de service*** Tankstelle *f*
2. (*domaine*) Bereich *m;* ~ ***d'influence/ d'activité*** Einfluss-/Tätigkeitsbereich
3. ANAT Bereich *m;* ***l'~ cérébrale gauche*** der Bereich der linken Hirnhälfte
4. MATH Flächeninhalt *m*
5. (*nid*) Horst *m*

airelle [ɛʀɛl] *f* **1.** BOT (*à baies noires*) Heidelbeere *f,* Blaubeere *f;* (*à baies rouges*) Preiselbeere *f*
2. (*baie*) Preiselbeere *f*

aisance [ɛzɑ̃s] *f* **1.** (*richesse*) Wohlstand *m*
2. (*facilité*) Leichtigkeit *f*
3. (*habileté*) Geschicktheit *f*
▶ **qn vit dans l'~** jd lebt im Wohlstand; **avec ~** (*avec facilité*) gewandt, geschickt; (*avec naturel*) ungezwungen; ***avec une rare ~*** äußerst gewandt [*o* geschickt]

aise [ɛz] *f* ▶ **qn est** [*o* **se sent**] **mal à l'~** jd fühlt sich nicht wohl; **qn aime ses ~s** jd liebt seine Bequemlichkeit, jd ist bequem; **un animal aime ses ~s** ein Tier macht es sich (*dat*) gern behaglich; **qn est** [*o* **se sent**] **à l'~** [*o* **à son ~**] jd fühlt sich wohl; **qn/qc met qn à l'~** jd sorgt dafür/etw trägt dazu bei, dass jd sich wohl fühlt; **qc met qn à l'~** dank etw fühlt jd sich rasch wohl; **qn se met à l'~** (*s'installe confortablement*) jd macht es sich (*dat*) bequem; (*enlève sa veste*) jd legt ab; **qn en parle à son ~** jd hat gut reden; **qn prend ses ~s** jd ist ganz ungeniert; *iron* jd fühlt sich ganz zu Hause; **qn en prend** [*o* **y va**] **à son ~** [**avec qn/qc**] jd kennt keine Rücksicht, jd nimmt keine Rücksicht auf jdn/etw; ***t'y vas à ton ~ avec mon argent*** du gehst ja ganz schön großzügig mit meinem Geld um; **à l'~** *fam* ganz leicht, mit links *fam;* **à ton/votre ~** bitte [schön], wie du willst/wie Sie wollen

aisé, e [eze] *adj* **1.** *soutenu* (*facile*) einfach, leicht; ■ **~ à/de** + *infin* leicht [*o* einfach] zu + *infin;* ***il est ~ de faire cela*** es ist leicht [*o* einfach], das zu tun; ***un dictionnaire ~ à consulter*** ein leicht zu benutzendes Wörterbuch
2. (*fortuné*) wohlhabend
3. (*naturel*) *style* flüssig; *ton* ungezwungen
4. (*souple*) beschwingt

aisément [ezemɑ̃] *adv soutenu* (*sans peine*) ohne weiteres

aisselle [ɛsɛl] *f* Achselhöhle *f;* ***qn se rase les ~s*** jd rasiert sich (*dat*) die Achselhaare

Aix-la-Chapelle [ɛkslaʃapɛl] Aachen *nt*

ajonc [aʒɔ̃] *m* Stechginster *m*

ajouré, e [aʒuʀe] *adj* durchbrochen

ajournement [aʒuʀnəmɑ̃] *m* **1.** [*élection, examen, réunion*] Verschiebung *f;* [*débat, procès, séance*] Vertagung *f;* [*paiement, remboursement*] Aufschub *m,* Stundung *f*
2. [*candidat, conscrit*] Zurückstellung *f*

ajourner <1> [aʒuʀne] *vt* **1.** (*reporter*) ■ **qn ajourne qc** *réunion, voyage, rendez-vous* jd verschiebt etw; *élection a.* jd verlegt etw; *paiement, remboursement* jd stundet etw; *débat, procès, séance* jd vertagt etw; *décision* jd schiebt etw auf
2. (*renvoyer*) ■ **qn est ajourné(e)** jd wird zurückgestellt

ajout [aʒu] *m* Zusatz *m,* ergänzende Anmerkung

ajouter <1> [aʒute] **I.** *vt* **1.** (*mettre en plus*) ■ **qn ajoute qc** jd fügt etw hinzu; ***ajoute deux assiettes!*** stell noch zwei Teller auf den Tisch!; ■ **qn ajoute qc à qc** jd fügt einer S. (*dat*) etw hinzu; ■ **qc ajoute qc** [**à qc**] etw bringt etw [in etw (*akk*)]
2. (*additionner*) ■ **qn ajoute qc** [**à qc**] jd rechnet etw [zu etw] dazu
3. (*dire en plus*) ■ **qn ajoute qc** jd fügt etw hinzu; ***sans ~ un mot*** ohne ein weiteres Wort; ***je n'ai rien à ~*** ich habe [dem] nichts hinzuzufügen; ■ **qn ajoute que** + *indic* jd fügt hinzu, dass; ***il faut ~ que*** ich/man muss hinzufügen, dass
▶ **ajoutez à cela qc/que** + *indic* hinzu kommt noch etw/, dass
II. *vpr* ■ **qc s'ajoute** [*o* **vient s'~**] **à qc** etw kommt zu etw [noch] hinzu

ajustage [aʒystaʒ] *m* Justierung *f*

ajusté, e [aʒyste] *adj vêtement* auf Taille gearbeitet, tailliert

ajustement [aʒystəmɑ̃] *m* **1.** (*retouche*) [*texte*] [Ab]änderung *f;* [*jupe*] Änderung
2. TECH Passung *f*
3. ECON Anpassung *f;* ~ ***des prix*** Preisanpassung
4. STATIST Ausgleichung *f*

ajuster <1> [aʒyste] **I.** *vt* **1.** (*régler, adapter*) ■ **qn ajuste qc** [**à qc**] jd macht etw passend; *ceinture de sécurité, étrier* jd stellt etw auf die richtige Länge ein; *tuyau d'arrosage* jd passt etw [in etw (*akk*)] ein; *vêtement* jd ändert etw, damit es passt; ***j'ai dû ~ la robe à la taille*** ich musste das Kleid an der Taille ändern
2. (*viser*) ■ **qn ajuste qn/un animal/qc** jd zielt auf jdn/ein Tier/etw, jd nimmt jdn/ein Tier/etw aufs Korn
3. (*concilier*) ■ **qn ajuste des choses** jd stimmt Dinge aufeinander ab
II. *vpr* **1.** (*s'emboîter*) ■ **qc s'ajuste sur qc** etw passt auf etw (*akk*); ■ **des choses s'ajustent entre elles** Dinge passen ineinander/aufeinander
2. (*s'adapter*) ■ **qc s'ajuste à qc:** ***ce gant-ci s'ajuste très bien à ma main*** dieser Handschuh sitzt gut; ***la robe s'ajuste bien à sa taille*** das Kleid passt [*o* sitzt] [bei ihr] genau richtig in der Taille

ajusteur, -euse [aʒystœʀ, -øz] *m, f* Schlosser(in) *m(f);* ~ ***outilleur*** Werkzeugschlosser *m*

alambic [alɑ̃bik] *m* Destillierkolben *m,* Retorte *f*

alambiqué, e [alɑ̃bike] *adj discours* kompliziert; *style* gewunden, verschlungen; ***qn a un esprit drôlement ~*** jd ist ein Gehirnakrobat *fam*

alanguir <8> [alɑ̃giʀ] **I.** *vt* **1.** (*affaiblir*) ■ **qc alanguit qn/un animal** etw ermattet jdn/ein Tier
2. (*amollir*) ■ **qc alanguit qn** /*paresse, plaisir*/ etw lässt jdn träge werden
II. *vpr* ■ **qn s'alanguit** (*moralement*) jd wird träge; (*physiquement*) jd wird schwach [*o* kraftlos]

alarmant, e [alaʀmɑ̃, ɑ̃t] *adj* alarmierend; *symptômes, état physique a.* besorgniserregend

alarme [alaʀm] *f* **1.** (*signal*) Alarm *m,* Alarmsignal *nt*
2. (*dispositif*) Alarmanlage *f;* ***système d'~ automatique*** automatische Alarmanlage; ***qc déclenche l'~*** etw löst die Alarmanlage aus
▶ **c'est une** [*o* **ce n'est qu'une**] **fausse ~** das ist blinder Alarm; **à la première** [*o* **moindre**] **~:** ***à la première ~, tu siffles!*** beim geringsten Anzeichen *nt* einer Gefahr pfeifst du!; ***ce chien se met à aboyer à la moindre ~*** dieser Hund fängt beim geringsten Anlass an zu bellen; **qn donne** [*o* **sonne**] **l'~** jd gibt [*o* schlägt] Alarm; **qc jette l'~** etw sorgt für Unruhe

alarmer <1> [alaʀme] **I.** *vt* ■ **qn/qc alarme qn** jd/etw alarmiert jdn
II. *vpr* ■ **qn s'alarme** [**pour** [*o* **de**] **qc**] jd ängstigt sich [wegen etw]; ***elle s'alarme d'un rien*** die geringste Kleinigkeit versetzt sie in Angst und Schrecken

alarmiste [alaʀmist] *adj* dramatisierend

Alaska [alaska] *m* ■ **l'Alaska** Alaska *nt*

albanais, e [albanɛ, ɛz] **I.** *adj* albanisch
II. *m* (*langue*) Albanisch *nt;* ***qn parle l'~*** jd spricht albanisch
III. *m, f* ■ **Albanais(e)** Albaner(in) *m(f)*

Albanie [albani] *f* ■ **l'Albanie** Albanien *nt*

albâtre [albɑtʀ] *m* **1.** (*matière*) Alabaster *m;* ***d'~*** aus Alabaster
2. *poét* (*blanc éclatant*): ***d'~*** alabastern *poet*

albatros [albatʀos] *m* Albatros *m*

albinos [albinos] **I.** *adj* Albino-
II. *mf* Albino *m;* ***c'est une ~*** sie ist ein Albino

album [albɔm] *m* **1.** (*cahier*) Album *nt;* ■ ~ **de** *de photos, timbres* -album
2. (*volume illustré*) Bildband *m*
3. (*bande dessinée*) Band *m*
4. (*disque*) Album *nt*
◆ **album à colorier** Malbuch *nt*

albumen [albymɛn] *m* Eiklar *nt,* Albumen *nt spec;* ***l'~ de l'œuf*** das Weiße des Eis

albumine [albymin] *f* Albumin *nt spec*
▶ **qn a** [*o* **fait**] **de l'~** *fam* jd hat Eiweiß im Urin

albuminurie [albyminyʀi] *f* Albuminurie *f spec*

alcalin, e [alkalɛ̃, in] *adj* alkalisch; *métal, sel, pile* Alkali-; ***roche ~e*** Alkaligestein *nt*

alcalinité [alkalinite] *f* alkalische Beschaffenheit

alchimie [alʃimi] *f* Alchimie *f*

alchimiste [alʃimist] *mf* Alchimist(in) *m(f)*

alcool [alkɔl] *m* **1.** CHIM Alkohol *m;* ~ ***à 60°*** 60-prozentiger [*o* 60 %iger]; ***teneur en ~*** Alkoholgehalt *m*
2. (*boisson alcoolisée*) alkoholhaltiges Getränk; ***qn ne boit pas d'~*** jd trinkt keinen Alkohol
3. (*spiritueux*) Spirituose *f;* ***puis-je vous offrir un*** [***petit***] ~? darf ich Ihnen einen Schnaps anbieten?; ■ ~ **de** -geist *m*
4. (*alcoolisme*) Alkohol *m;* ***l'~ tue lentement*** [der] Alkohol tötet langsam
▶ ~ **absolu** reiner Alkohol; ~ **camphré** Kampferspiritus *m;* **qn tient/ne tient pas l'~** jd ist trinkfest/jd verträgt keinen Alkohol
◆ **alcool à brûler** [Brenn]spiritus *m;* **alcool de menthe** Minztinktur *f*

alcoolémie [alkɔlemi] *f* Blutalkohol[spiegel *m*] *m*

alcoolique [alkɔlik] **I.** *adj* **1.** (*qui contient de l'alcool*) alkoholisch, alkoholhaltig
2. (*qui souffre d'alcoolisme*) alkoholabhängig, trunksüchtig
II. *mf* Alkoholiker(in) *m(f);* ***son père est un ~*** sein Vater ist Alkoholiker

alcoolisé, e [alkɔlize] *adj* alkoholisch, alkoholhaltig; ***ce cocktail est ~*** dieser Cocktail enthält Alkohol

alcoolisme [alkɔlism] *m* Alkoholismus *m,* Trunksucht *f*

alcootest® [alkɔtɛst] *m* (*appareil*) Alkoholteströhrchen *nt,* Röhrchen *nt fam*
▶ **qn fait subir un ~ à qn** jd lässt jdn [ins Röhrchen/in die Tüte] blasen *fam*

alcôve [alkov] *f* Alkoven *m*
▶ **d'~** *histoire, secret* Bett-, Schlafzimmer-

aléas [alea] *mpl* Zufälligkeiten *pl,* Zufälle *pl;* [*métier*] Risiken *pl*

aléatoire [aleatwaʀ] *adj* **1.** (*incertain*) [rein] zufällig, zufallsbedingt
2. MATH, INFORM Zufalls-

alémanique [alemanik] **I.** *adj* alemannisch; ***la Suisse ~*** die deutschsprachige Schweiz
II. *m* (*langue*) ■ **l'~** Alemannisch *nt,* das Alemannische

alentour [alɑ̃tuʀ] *adv* ringsumher; ***qn regarde ~*** jd blickt ringsumher
▶ **d'~** umliegend, im Umkreis

alentours [alɑ̃tuʀ] *mpl* Umgebung *f;* ***dans les ~*** [hier/dort] in der Umgebung; ***personne dans les ~!*** weit und breit niemand [zu sehen]!
▶ **aux ~ de** (*spatial*) in der Umgebung von; (*temporel*) gegen, ungefähr um; (*quantitatif*) ungefähr, um die; ***aux ~ de 5.000 F*** [so] ungefähr [*o* um die] 5.000 F

alerte [alɛʀt] **I.** *adj* schwungvoll; *vieillard* rüstig; *style* lebendig; ***qn a l'esprit ~*** jd ist geistig rege
II. *f* **1.** (*alarme*) Alarm *m*

2. (*signes inquiétants*) Anzeichen *nt* einer Gefahr; ***en cas d'~*** beim geringsten Anzeichen einer Gefahr
▸ ~ **aérienne** Luftalarm *m*, Fliegeralarm *m*; **l'~ a été chaude** das ist [gerade] noch einmal gut gegangen, das war ziemlich brenzlig *fam*; **fausse** ~ (*vérification du système*) Probealarm *m*; (*erreur*) falscher [*o* blinder] Alarm **à la première** [*o* **moindre**] ~ beim geringsten [*o* ersten] Anzeichen *nt* einer Gefahr; **qn donne l'~** jd gibt Alarm, jd löst den Alarm aus
◆ **alerte à la bombe** Bombenalarm *m*

alerter <1> [alɛʀte] *vt* 1. (*donner l'alarme*) ■ **qn alerte qn** jd alarmiert jdn
2. (*informer*) ■ **qn alerte qn** jd verständigt jdn
3. (*prévenir*) ■ **qn alerte qn de qc** jd warnt jdn vor etw (*dat*)

aléser <5> [aleze] *vt* ■ **qn alèse qc** jd bohrt etw aus

alevin [alvɛ̃] *m* Setzling *m*

aleviner <1> [alvine] *vt* ■ **qn alevine qc** jd besetzt etw [mit Jungfischen [*o* Setzlingen]]

alexandrin [alɛksɑ̃dʀɛ̃] *m* Alexandriner *m*

alezan, e [alzɑ̃, an] I. *adj* fuchsrot, rötlichbraun
II. *m* [Rot]fuchs *m*

algèbre [alʒɛbʀ] *f* Algebra *f*; ***l'~ linéaire*** die lineare Algebra

algébrique [alʒebʀik] *adj* algebraisch

Alger [alʒe] Algier *nt*

Algérie [alʒeʀi] *f* ■ **l'Algérie** Algerien *nt*

algérien, ne [alʒeʀjɛ̃, jɛn] I. *adj* algerisch
II. *m* (*langue*) Algerisch *nt*
III. *m, f* ■ **Algérien(ne)** Algerier(in) *m(f)*

algue [alg] *f* Alge *f*

alias [aljas] *adv* alias

alibi [alibi] *m* 1. JUR Alibi *nt*; ***qn fournit un ~*** jd bringt ein Alibi bei
2. (*prétexte*) Alibi *nt*, Ausrede *f*

aliénant, e [aljenɑ̃, ɑ̃t] *adj travail* entfremdend; ***le mariage n'est-il pas ~?*** macht die Ehe nicht unfrei?

aliénation [aljenasjɔ̃] *f* 1. (*perte*) ■ ~ **de qc** Verlust *m* einer S. (*gen*)
2. PHILOS [Selbst]entfremdung *f*
3. JUR Übertragung *f*; ~ ***à titre onéreux*** entgeltliche Veräußerung
▸ ~ **mentale** Geistesgestörtheit *f*; ***qn souffre d'~ mentale*** jd ist geistesgestört

aliéné, e [aljene] *m, f* Geistesgestörte(r) *f(m)*, Geisteskranke(r) *f(m)*; ***les ~s mentaux*** die Geistesgestörten [*o* Geisteskranken]

aliéner <5> [aljene] I. *vt* 1. (*renoncer à*) ■ **qn aliène qc** jd verzichtet auf etw (*akk*)
2. (*rendre hostile*) ■ **qc aliène qn/qc à qn** wegen etw wendet sich jd/etw von jdm ab, etw entfremdet jdn jdm/einer S.; ***qn aliène l'opinion publique contre lui*** jd nimmt die Öffentlichkeit gegen sich ein
3. JUR ■ **qn aliène qc** (*donner*) jd überträgt etw; (*vendre*) jd veräußert etw
II. *vpr* ■ **qn s'aliène qn** jd nimmt jdn gegen sich ein; ■ **qn s'aliène qc** jd verscherzt sich (*dat*) etw

alignement [aliɲ(ə)mɑ̃] *m* 1. (*action*) Aufstellen *nt* [*o* Anordnen *nt*] in einer Reihe; (*rangée*) [schnurgerade] Reihe; ***un ~ de maisons*** eine [schnurgerade] Reihe Häuser [*o* von Häusern], eine Häuserzeile; ***qn/qc sort de l'~*** jd/etw steht nicht genau in der Reihe
2. ARCHIT Flucht[linie *f*] *f*; ***plan d'~*** Fluchtlinienplan *m*; ~ ***d'un mur/d'une rue*** Mauer-/Straßenflucht
3. (*soumission*) ■ ~ **sur qc** Ausrichtung *f* nach etw, Anpassung *f* an etw (*akk*)
▸ ~ **monétaire** Währungsangleichung *f*, Wechselkursangleichung *f*; **qc est frappé(e) d'~** /*quartier, rue*/ in etw (*dat*) werden die Baufluchtlinien neu festgesetzt; /*maison*/ etw wird den Fluchtlinien angepasst; **à l'~**: ***maisons à l'~*** Häuser, die alle in einer Flucht stehen; ***les soldats se mettent à l'~*** die Soldaten stellen sich in einer Reihe [*o* in Reih und Glied] auf

aligner <1> [aliɲe] I. *vt* 1. (*mettre en ligne*) ■ **qn aligne des personnes/choses** jd stellt Menschen/Dinge in einer Reihe auf; *soldats, troupes* jd lässt Menschen in Reih und Glied antreten; ***aligne bien tes chiffres!*** schreibe deine Zahlen ordentlich untereinander!
2. (*disposer selon un repère*) ■ **qn aligne qc sur qc** jd richtet etw nach etw aus
3. *péj* (*énoncer mécaniquement*) ■ **qn aligne qc** jd leiert etw herunter *fam*; ***cet acteur ne fait qu'~ des mots*** dieser Schauspieler spult einfach nur seinen Text ab *fam*
4. ***qn aligne des chiffres toute la journée*** jd schreibt den ganzen Tag nichts als Zahlen
II. *vpr* 1. (*se mettre en rang*) ■ **des personnes s'alignent** Menschen stellen sich [in einer Reihe] auf; ***soldats, alignez-vous!*** Soldaten, richt' euch!
2. (*être en ligne*) ■ **des choses s'alignent** Dinge stehen in einer Reihe [*o* aufgereiht]
3. (*se conformer à*) ■ **qn s'aligne sur qn/qc** jd richtet sich nach jdm/etw
4. POL ■ **qn/qc s'aligne sur qn/qc** jd/etw passt sich jdm/etw an
▸ **tu peux** [**toujours**] **t'~** *fam* (*tu n'es pas de taille*) [du kannst es ja versuchen, aber] das kann leicht ins Auge gehen *fam*; (*tu n'auras pas ce que tu veux*) [du kannst es ja versuchen, aber] daraus wird nichts; **qn les aligne** *fam* jd blecht ganz schön *fam*; ***il va te falloir les ~*** da wirst du eine Menge [Geld] hinblättern müssen *fam*

aliment [alimɑ̃] *m* Nahrungsmittel *nt*; (*pour animaux*) Futter[mittel *nt*] *nt*; ***il est important de bien mâcher les ~s*** es ist wichtig die Nahrung [*o* die Speisen *pl*] gut zu kauen; ~ ***pour chiens/chats*** Hunde-/Katzenfutter
▸ ~ **complet** vollwertiges Nahrungsmittel; ~ **liquide/solide** flüssiges/festes Nahrungsmittel; ***~s liquides/solides*** flüssige/feste Nahrung

alimentaire [alimɑ̃tɛʀ] *adj industrie* Nahrungsmittel-; *ration a.* Lebensmittel-; ***denrées ~s*** Lebensmittel *pl*; ***besoins ~s*** Bedarf *m* an Nahrungsmitteln; ***régime ~*** Diät *f*; ***qn respecte un régime ~ strict*** jd lebt streng Diät

alimentation [alimɑ̃tasjɔ̃] *f* 1. (*régime*) [*personne*] Ernährung *f*; [*animal*] Fütterung *f*; ~ ***équilibrée*** ausgewogene Ernährung; ***qn change d'~*** jd ändert seine Ernährungsweise; ~ ***lactée pour nourrissons*** Milchnahrung *f* für Säuglinge; ***le bétail a une bonne ~*** das Vieh wird gut gefüttert [*o* bekommt gutes Futter]
2. (*commerce*) Lebensmittelhandel *m*; (*industrie*) Nahrungsmittelindustrie *f*; ***magasin d'~*** Lebensmittelgeschäft *nt*; ***rayon ~*** Lebensmittelabteilung *f*; ~ ***animale*** (*commerce*) Futtermittelhandel *m*; (*industrie*) Futtermittelindustrie *f*
3. (*approvisionnement*) ■ ~ **en qc** Versorgung *f* mit etw; ***l'~ de la ville en eau/en courant*** die Wasser-/Stromversorgung der Stadt
▸ ~ **générale** (*magasin*) Lebensmittelgeschäft *nt*; (*enseigne*) Lebensmittel *pl*
◆ **alimentation de base** Grundnahrungsmittel *pl*

alimenter <1> [alimɑ̃te] I. *vt* 1. (*nourrir*) ■ **qn alimente qn/un animal** [**avec qc**] jd ernährt jdn/jd füttert ein Tier [mit etw]; ***qn alimente légèrement un malade*** jd gibt [*o* verabreicht] einem Kranken leichte Kost
2. (*approvisionner*) ■ **qn/qc alimente qc** [**en qc**] jd/etw versorgt etw [mit etw]; ***qn alimente le congélateur*** jd füllt die Tiefkühltruhe [wieder] auf; ***qn alimente le feu avec des brindilles*** jd unterhält das Feuer mit dürren Zweigen
3. (*entretenir*) ■ **qn/qc alimente qc** *animosité, haine* etw findet [*o* bekommt] durch jdn/etw neue Nahrung; ***qn alimente la conversation*** jd sorgt dafür, dass das Gespräch nicht versiegt; ***qc alimente la conversation*** etw sorgt für Gesprächsstoff
II. *vpr* ■ **qn/un animal s'alimente** jd nimmt Nahrung/ein Tier nimmt Futter zu sich; ***qn s'alimente normalement*** jd ernährt sich normal; ***le malade doit s'~ légèrement*** der Kranke darf nur leichte Kost zu sich nehmen

alinéa [alinea] *m* 1. (*renfoncement*) eingerückte [*o* eingezogene *spec*] [Anfangs]zeile, Einzug *m spec*; ***fais un ~!*** rücke ein!
2. (*paragraphe*) Absatz *m*

aliter <1> [alite] I. *vt* ■ **qn est alité(e)** jd muss das Bett hüten; ***qn doit rester alité*** jd muss im Bett bleiben
II. *vpr* ■ **qn s'alite** jd legt sich ins Bett

alizé [alize] *m* Passat[wind *m*] *m*

Allah [a(l)la] *m* Allah *m*

allaitement [alɛtmɑ̃] *m* [*enfant*] Stillen *nt*; [*animal*] Säugen *nt*; ~ ***au biberon*** Ernähren *nt* mit der Flasche [*o* dem Fläschchen]; ~ ***des petits en captivité*** Füttern *nt* der gefangenen Jungtiere mit der Flasche
▸ ~ **artificiel** [*nourrisson*] Ernährung *f* mit der Flasche; [*animal*] Aufzucht *f* mit der Flasche; ~ **maternel** Stillen *nt*; ~ **mixte** gemischte [Säuglings]ernährung

allaiter <1> [alete] I. *vi* ■ **qn allaite** jd stillt
II. *vt* ■ **qn allaite qn**: ***elle allaite son enfant*** sie stillt ihr Kind; ■ **un animal allaite un animal**: ***la mère allaite son petit*** das Muttertier säugt ihr Junges

allant [alɑ̃] *m* 1. (*envie d'entreprendre*) Tatendrang *m*
2. (*entrain*) Schwung *m*
▸ **avec** ~ mit Elan

alléchant, e [aleʃɑ̃, ɑ̃t] *adj* 1. (*appétissant*) verlockend
2. (*attirant*) verlockend; *proposition a.* reizvoll; ***qn peint un tableau ~ de qc*** jd entwirft ein verlockendes Bild von etw

allécher <5> [aleʃe] *vt* 1. (*mettre en appétit*) ■ **qc allèche qn/un animal** etw lockt jdn/ein Tier an
2. (*tenter*) ■ **qn/qc allèche qn** jd/etw ködert jdn

allée [ale] *f* 1. (*chemin*) Weg *m*
2. (*chemin bordé d'arbres*) Allee *f*
3. (*voie urbaine*) Weg *m*, Allee *f*; ***elle habite*** [***au***] ***3, ~ des Acacias*** sie wohnt [in der] Allée des Acacias [Nummer] 3; ~ ***latérale*** Seitenallee
4. (*passage*) [*autobus, cinéma*] [Mittel]gang *m*; ~ ***centrale/latérale d'une église*** Mittelgang/Gang im Seitenschiff einer Kirche
▸ **~s et venues** *pl* (*trajets répétés*) Laufereien *pl fam*; (*agitation dans un lieu*) Kommen und Gehen *nt*; ***qn fait des ~s et venues en voiture*** jd fährt mit dem Auto hin und her

allégation [a(l)legasjɔ̃] *f* 1. (*citation*) Anführung *f*
2. (*affirmation*) Angabe *f*
3. (*assertion douteuse*) Behauptung *f*; ***des ~s mensongères*** Unterstellungen *pl*

allégé, e [aleʒe] I. *adj* ■ [**qc est**] ~ [etw ist] fettreduziert [*o* fettarm]
II. *mpl* fettreduzierte Nahrungsmittel *pl*

allégement *m*, **allègement** [alɛʒmɑ̃] *m* [*charges*] Entlastung *f*; [*impôt*] Erleichterung *f*, Ermäßigung *f*; ~ ***des programmes scolaires*** Verringerung *f* der in den Lehrplänen gestellten Anforderungen
▸ ~ **fiscal** Steuererleichterung *f*

alléger <2 a, 5> [aleʒe] *vt* 1. (*rendre moins lourd*) ■ **qn allège qc** jd macht etw leichter; *véhicule a.* jd verringert das Gewicht einer S. (*gen*); ***qn doit ~ sa valise de 10 kg*** jd muss seinen Koffer um 10 kg leichter machen; ■ **allégé(e) de qc** ohne etw
2. (*réduire*) ■ **qn allège qc** *impôts* jd senkt etw; ***qn allège les programmes scolaires*** jd gestaltet die Lehrpläne leichter
3. (*soulager*) ■ **qc allège qc** etw lindert etw; ■ **qn se sent allégé(e)** jd fühlt sich erleichtert

allégorie [al(l)egɔʀi] *f* Allegorie *f*

allégorique [a(l)legɔʀik] *adj* allegorisch

allègre [a(l)lɛgʀ] *adj* munter, fröhlich; *musique* beschwingt; *démarche* schwungvoll; ***il marcha d'un pas ~*** er schritt munter [*o* kräftig] aus

allègrement *adv*, **allégrement** [a(l)lɛgʀəmɑ̃] *adv* 1. (*avec entrain*) beschwingt; *marcher a.* flott
2. *péj* (*sans se causer d'embarras*) frisch-fröhlich, ungeniert

allégresse [a(l)legʀɛs] *f* Freude *f*

► ~ **générale** allgemeiner Jubel

alléguer <5> [a(l)lege] *vt* **1.** (*se prévaloir de*) ■ **qn allègue qc** *témoignage, texte* jd führt etw an; *autorité* jd beruft sich auf etw (*akk*); ***qn allègue un problème de santé*** jd führt ein gesundheitliches Problem zu seiner Entschuldigung an

2. (*prétexter*) ■ **qn allègue qc** jd schützt etw vor

3. (*prétendre*) ■ **qn allègue que** + *indic* jd behauptet, dass; ***un ouvrage qui allègue que*** ein Werk, in dem behauptet wird, dass

Allemagne [almaɲ] *f* ■ **l'Allemagne** Deutschland *nt*; ***la réunion des deux ~s*** die [Wieder]vereinigung Deutschlands [*o* der beiden deutschen Staaten]

► **l'~ fédérale** die Bundesrepublik Deutschland

◆ **l'Allemagne de l'Est** Ostdeutschland *nt*; **l'Allemagne de l'Ouest** Westdeutschland *nt*

allemand, e [almɑ̃, ɑ̃d] **I.** *adj* deutsch

II. *m* (*langue*) Deutsch *nt*; ***qn parle [l']~*** jd spricht Deutsch; ***en ~*** auf Deutsch; ***qn traduit qc en ~*** jd übersetzt etw ins Deutsche

► **le bas/haut ~** Nieder-/Hochdeutsch *nt*, das Nieder-/Hochdeutsche

III. *m, f* ■ **Allemand(e)** Deutsche(r) *f(m)*

aller[1] <*irr*> [ale] **I.** *vi* + *être* **1.** (*se déplacer*) ■ **qn va quelque part** + *compl de moyen*: ***qn y va à pied/à bicyclette/à cheval*** jd geht [zu Fuß]/fährt mit dem Rad/reitet [dorthin]; ***qn y va en voiture/en bateau*** jd fährt mit dem Auto/Schiff [dorthin]; ***qn y va en avion*** jd fliegt [dorthin]; ***on y va en métro, ou en autobus?*** fahren wir mit der U-Bahn oder mit dem Bus [dorthin]?; ■ **qn/qc va [quelque part]** + *compl de manière*: ***qn/qc va vite/lentement*** jd geht/fährt/... schnell/langsam/etw fährt/fliegt schnell/langsam; ***qn va à grands/à petits pas*** jd macht große/kleine Schritte; ***qn va à reculons*** jd geht rückwärts; ***qn va à quatre pattes*** jd kriecht auf allen vieren; */bébé/* jd krabbelt; ***qn y va en nageant/courant*** jd schwimmt/läuft hin; ***ils vont deux par deux/ensemble/en groupe*** sie gehen zu zweien [*o* je zwei und zwei]/zusammen/in einer Gruppe

2. (*se rendre quelque part*) ■ **qn va quelque part** jd geht/fährt/fliegt/reitet/... irgendwohin; (*faire un voyage*) jd reist irgendwohin; ***qn va en Irlande/en vacances*** jd fährt/fliegt/... nach Irland/in den Urlaub; ***nous allons en ville/en forêt*** wir gehen/fahren in die Stadt/in den Wald; ***on a sonné; peux-tu y ~?*** es hat geklingelt; kannst du mal hingehen?; ■ **qn va à qc** *au cinéma, musée, lit, à une exposition, à l'église* jd geht in etw (*akk*); *au bal* jd geht auf etw (*akk*); *à la boulangerie, à l'école, au travail* jd geht/fährt zu etw; ***tu iras à la mer ou à la montagne?*** fährst du ans Meer oder in die Berge?; ***qn va à la rencontre de qn*** jd geht/fährt/... jdm entgegen; ■ **qn va chez qn** jd geht/fährt/reist/... zu jdm; ■ **qc va quelque part** */véhicule/* etw fährt irgendwohin; ***ce train va à Varsovie via Berlin*** dieser Zug fährt über Berlin nach Warschau

3. (*progresser*) ■ **qn/qc va** + *adv de vitesse* jd kommt + *adv*/etw geht + *adv* voran; */nouvelles/* etw spricht sich + *adv* herum; ***malheureusement, je vais très lentement*** ich komme leider nur sehr langsam voran

4. (*mener*) ■ **qc va quelque part** */route, sentier/* etw führt irgendwohin; ***l'affaire pourrait ~ loin*** die Sache könnte [üble] Folgen haben

5. (*être dirigé vers*) ■ **qc va quelque part** */courrier/* etw geht irgendwohin, etw wird irgendwohin gebracht; */[édition d'un] journal/* etw geht irgendwohin, etw wird irgendwohin geliefert

6. (*se porter*) ■ **qn/qc va** + *adv de manière*: ***qn va bien/mal/mieux*** jdm geht es gut/schlecht/besser; ***je vais comme ci comme ça*** mir geht's so lala *fam*; ***comment va la santé?*** was macht die Gesundheit?

7. *fam* (*marcher*) ■ **qc va [...]** */affaires/* etw geht [*o* läuft] [...]; ***comment vont les affaires?*** wie gehen [*o* laufen] die Geschäfte?, was machen die Geschäfte?; ***cela ira tout seul!*** das wird [schon] klappen! *fam*; ***tout va bien à l'atelier?*** geht in der Werkstatt alles klar? *fam*; ***tout va de mal en pis*** es wird alles immer schlimmer; ■ **qn laisse qc ~** *affaire* jd lässt etw laufen *fam*; ***tu appuies sur le bouton et tu laisses ~ la machine*** du drückst nur auf den Knopf, den Rest macht die Maschine [allein]

8. (*fonctionner*) ■ **qc va [...]** */appareil, machine/* etw funktioniert [...]; ***ma montre va bien [o juste]*** meine Uhr geht richtig [*o* genau]; ***la clé ne va pas sur cette serrure*** der Schlüssel passt nicht in dieses Schloss

9. (*se passer*) ■ **ça/qc va** + *adv de manière*: ***ça va mieux maintenant*** jetzt geht es besser; ***les événements vont de mal en pis*** es passieren immer schlimmere Dinge; ***ça va très mal à la maison*** zu Hause gibt es ständig Ärger; ***ça va mieux pour lui à l'école maintenant*** in der Schule geht es ihm jetzt besser; ***ça va mal ~ si tu ...*** du wirst Ärger bekommen [*o* es wird Ärger geben], wenn du ...; ***ça va comme ci comme ça*** es geht so lala *fam*; ***tout va bien/mal*** alles geht [*o* läuft] gut/schief; ***la finale n'ira pas sans difficulté*** das Finale wird nicht ganz einfach werden

10. (*être seyant*) ■ **ça/qc va [...] à qn** das/etw steht jdm [...]

11. (*convenir*) ■ **ça/qc va** das/etw ist gut, das/etw ist in Ordnung; ***ça ira*** das passt schon, das ist okay *fam*; ***ce sac ira en toute circonstance*** diese Tasche eignet sich für jeden Zweck; ■ **qc va à qn** etw entspricht jdm; ***ça vous va?*** [seid ihr/sind Sie damit] einverstanden?; ***ça me va!*** *fam* einverstanden!, okay! *fam*; ***est-ce que ce modèle vous va?*** entspricht dieses Modell Ihren Vorstellungen?; ■ **qc va avec qc** etw passt zu etw

12. (*faire un tout*) ■ **qc va avec qc** etw gehört zu etw, etw und etw gehören zusammen; ■ **des choses vont ensemble** Dinge gehören zusammen

13. (*s'étendre*) ■ **qc va de ... à ...** */texte/* etw geht von ... bis ...; */vacances a./* etw dauert von ... bis ...

14. (*aller chercher*) ■ **qn va à qc**: ***qn va aux renseignements*** jd geht sich erkundigen; ***nous irons aux champignons*** wir gehen Pilze sammeln, wir gehen in die Pilze *fam*

► **ça lui va bien [o mal] de critiquer les autres!** *iron fam* ausgerechnet er/sie muss andere [*o* die anderen] kritisieren! *fam*; **cela va sans dire/il va sans dire que** + *indic* das/es versteht sich von selbst, dass; **va te faire foutre!** *fam* du kannst mich mal! *fam*; **qn laisse ~** jd lässt die Zügel schleifen; **qn se laisse ~** (*se néglige*) jd lässt sich gehen; (*s'abandonne*) jd gibt auf, jd wirft die Flinte ins Korn; (*se décontracte*) jd entspannt sich; **qn se laisse ~ contre/dans qc** jd lässt sich gegen etw/in etw (*akk*) sinken; **ça peut ~** es geht schon; **allez/va savoir!** tja!; **~ et venir**: ***arrête d'~ et venir!*** lauf doch nicht so hin und her!; ***qn empêche qn d'~ et venir*** jd hindert jdn daran, ständig hin und her zu laufen; **qn va au-devant de qc** *d'un échec* jd muss sich auf etw (*akk*) gefasst machen; *de difficultés a.* auf jdn kommt etw zu; ***qn va au-devant des désirs [o souhaits] de qn*** jd liest jdm jeden Wunsch von den Augen ab; **il y va de qc** es geht um etw; **qn y va de qc** *fam de son porte-monnaie* jd zückt etw; ***chaque fois il y va de sa petite chanson/de sa petite larme*** jedes Mal bringt er die alte Leier/fängt er zu weinen an; **cela va de soi** [das ist doch] selbstverständlich [*o* klar]; **qn/qc va jusqu'à qc** jds Verhalten/etw grenzt an etw (*akk*); **qn va jusqu'à qn** *fam* jd geht bis zu jdm; **qn va jusqu'à faire qc** jd tut sogar etw; ***j'irais jusqu'à voler*** ich würde sogar stehlen; **va pour qc!** (*bon, d'accord*) also gut, dann ...; (*passe pour*) für etw geht das noch; ***alors, va pour le ciné!*** also gut, dann gehen wir eben ins Kino!; ***eh bien ... va pour une voiture rouge!*** na gut, dann also ein rotes Auto!; ***va pour un début*** für den Anfang geht das noch; **qn va sur ses** + *âge* jd geht auf die + *Zahl* zu; ***bébé va sur ses douze mois*** der/die Kleine ist bald zwölf Monate alt; **ça va?** (*tu te portes/vous vous portez bien?*) wie geht's [dir/Ihnen/euch]?; (*t'en sors-tu?/vous en sortez-vous?*) geht's? *fam*, kommst du/kommen Sie/kommt ihr zurecht?; ***ça va? si tu es fatigué, tu le dis*** geht's noch? sag mir, wenn du müde bist; **ça va [comme ça]!** *fam* das reicht!, jetzt hör schon damit auf!; **ça va pas la tête?** *fam* du hast sie wohl nicht alle [beisammen]! *fam*, sonst geht's dir [wohl] danke! *fam*; **ça va [encore]** + *vb fam*: ***ça va encore barder/chauffer*** es wird ganz schön was geben *fam*; **comme vous y allez/tu y vas** *fam* sonst noch was! *fam*, Sie sind/du bist [vielleicht] gut! *fam*; **comment [ça] va?** *fam* wie geht's? *fam*; **allons/allez donc!** *iron fam* (*c'est évident!*) natürlich!; (*vraiment?*) ach komm/kommen Sie! *fam*; ***allez donc lui faire comprendre ça*** bringen Sie ihm das mal bei!; ***et allez donc, ne vous gênez pas*** nur weiter so!; **il en va**: ***il en va de même pour toi*** dasselbe gilt auch für dich; ***il en va de la solitude comme du reste*** mit der Einsamkeit verhält es sich genauso wie mit allem anderen; **où allons-nous?** wo soll/wird das [noch] enden?; **rien ne va plus!** (*au casino*) rien ne va plus!; (*les dés sont jetés*) da lässt sich nichts mehr machen; **on y va?** *fam* packen wir's an? *fam*; **on y va!** *fam* auf geht's! *fam*; **vas-y/allez-y!** *fam* (*dépêche-toi/dépêchez-vous*) los!, mach/macht schon! *fam*; (*à table*) nimm dir/nehmt euch nur!, nur zu!; **allons-y!** (*signal de départ*) los!; (*commençons*) [na] dann wollen wir mal! *fam*; **ça y va [à la manœuvre]** *fam* da geht es hoch her *fam*; **allez!** *fam* (*étonnement*) [ach] komm!; ***allez, presse-toi un peu!*** komm, beeil dich ein bisschen!; ***allez, au revoir!*** also dann, auf Wiedersehen!; ***allez, allez, circulez!*** los, weitergehen/weiterfahren!; **allons!** Kopf hoch!, nur Mut!; ***un peu de calme, allons!*** etwas Ruhe, bitte!; **allons, allons** jetzt [mach/macht] mal langsam; **va!** *fam* (*crois-moi!*) das kannst du mir glauben!

II. *aux* + *être* **1.** (*se proposer de*) ■ **qn va faire qc** jd wird etw tun; ***je vais voir ce qui se passe*** ich werde nachsehen, was los ist

2. (*être sur le point de*) ■ **qn/qc va faire qc** jd/etw wird [gleich] etw tun; ***il va pleuvoir d'un moment à l'autre*** es wird jeden Moment zu regnen anfangen; ***le train va partir*** der Zug fährt gleich ab; ***il va être midi*** es ist fast Mittag; ■ **qn allait faire qc** jd wollte gerade [*o* soeben] etw tun; ***nous allions partir sans toi*** wir wollten schon ohne dich losgehen/losfahren

3. (*rendre visite*) ■ **qn va voir qn** jd geht jdn besuchen

► **qn va chercher qn [quelque part]** jd holt jdn [irgendwo ab]; **allez y comprendre quelque chose [o quoi que ce soit]** wie soll man daraus klug werden!, das verstehe nun einer!; **qn va se coucher** jd geht ins Bett; **qn va se promener** jd geht spazieren; **[et] si qn allait faire qc?** [und] wenn jd nun etw tut?; ***et si elle allait tout leur raconter?*** und wenn sie ihnen nun alles erzählt?; **n'allez pas faire qc** tut etw bloß nicht; ***n'allez pas croire que*** glaubt bloß [*o* nur] nicht, dass

III. *vpr* + *être* **1.** (*partir*) ■ **qn s'en va** jd geht [weg]; ***va-t'en d'ici*** geh hier weg!, scher dich hier weg [*o* fort]! *fam*; ■ **qn s'en va quelque part** jd geht/fährt irgendwohin; ■ **qn s'en va [quelque part]** + *compl de moyen*: ***ils s'en vont à pied*** sie gehen [zu Fuß] fort [*o* weg]; ***ils s'en vont à bicyclette/en voiture*** sie fahren mit dem Fahrrad/dem Auto fort; ***ils s'en vont à cheval/en avion*** sie reiten/fliegen fort

2. (*disparaître*) ■ **qc s'en va** */années, héritage/* etw schwindet dahin *geh*; */fatigue/* etw geht weg; */tache/* etw geht heraus

3. (*déménager*) ■ **qn s'en va quelque part** jd zieht irgendwohin; ***elle s'en va du quartier*** sie zieht aus diesem Viertel fort [*o* weg]

4. (*quitter*) ■ **qn s'en va** jd geht [fort [*o* weg]]; ***qn s'en va en retraite*** jd geht in den Ruhestand

aller[2] [ale] *m* **1.** (*trajet*) Hinweg *m*/Hinfahrt *f*/Hinflug *m*; (*voyage*) Hinreise *f*

2. (*billet*) einfache Fahrkarte; ***un ~ pour Grenoble, s'il vous plaît*** bitte einmal Grenoble einfach

► **~ retour** Rückfahrkarte *f*; ***deux ~s retours Lyon, s'il vous plaît*** bitte zwei Rückfahrkarten nach Lyon; **~ simple** einfache Fahrkarte; ***trois ~s simples pour Grenoble, s'il vous plaît*** bitte dreimal Grenoble einfach; **à l'~** hinwärts

◆ **aller [et] retour** **1.** (*voyage*): ***il n'eut que le temps de faire l'~ retour*** er konnte nur schnell hin- und herfahren; ***après deux ~s et retours, nous ...*** nachdem wir zweimal hin- und hergefahren waren, ... **2.** *fam* (*gifle*): ***un ~ retour*** ein paar hinter die Löffel *pl fam*; ***qn flanque un ~ et retour à qn*** jd haut jdm rechts und links eine runter *fam*

allergie [alɛʀʒi] *f* Allergie *f*

► **qn fait une ~ à qc** *fam* jd leidet an einer Allergie gegen etw, jd ist gegen etw allergisch; (*ne supporte pas*) jd ist gegen etw allergisch

allergique [alɛʀʒik] *adj* allergisch; ■ **qn/un animal est ~ à qc** jd/ein Tier ist gegen etw allergisch
allergologiste [alɛʀɡɔlɔʒist] *mf,* **allergologue** [alɛʀɡɔlɔɡ] *mf* Allergologe/-login *m/f*
alliage [aljaʒ] *m* Legierung *f*
▶ ~ **léger** Leichtmetallegierung *f*
alliance [aljɑ̃s] *f* **1.** (*engagement mutuel*) Bündnis *nt,* Allianz *f;* ***traité d'~*** Bündnisvertrag *m*
2. (*union*) ■ ~ **entre des personnes** Verbindung *f* zwischen Menschen
3. (*combinaison*) Verbindung *f*
4. (*anneau*) Ehering *m,* Trauring *m*
5. BIBL Bund *m*
▶ **qn/Dieu conclut une ~ avec qn** jd schließt ein Bündnis/Gott schließt einen Bund mit jdm; **qn fait ~ avec qn** jd verbündet sich mit jdm; **par ~** angeheiratet; ***nous sommes [des] parents par ~*** wir sind verschwägert
allié, e [alje] **I.** *adj* **1.** POL verbündet, alliiert; ■ ~ **à qn** mit jdm verbündet
2. JUR ■ ~ **à qn** mit jdm verschwägert
II. *m, f* **1.** POL Bündnispartner(in) *m(f),* Verbündete(r) *f(m)*
2. (*ami*) Verbündete(r) *f(m)*
3. *pl* HIST ■ **les A~s** die Alliierten
▶ **qn trouve un ~/une ~e en qn** jd findet in jdm einen Verbündeten/eine Verbündete
allier <1 a> [alje] **I.** *vt* **1.** (*unir*) ■ **des personnes allient des personnes/des choses:** ***ils allièrent leurs deux nations*** sie schlossen ihre beiden Nationen in einem Bündnis zusammen; ***ils ont allié leurs efforts*** sie haben gemeinsame Anstrengungen unternommen
2. (*associer*) ■ **qn allie qc à qc** jd verbindet [*o* vereint *geh*] etw mit etw; ***alliez donc vos efforts aux nôtres!*** lasst uns doch gemeinsame Anstrengungen unternehmen!; ***qn allie la bêtise à l'orgueil*** jd ist dumm und überheblich zugleich
3. JUR ■ **qn est allié(e) à qn** jd ist mit jdm verschwägert
4. CHIM ■ **qn allie qc à** [*o* **et**] **qc** jd legiert etw mit [*o* und] etw; ***qn allie l'or et l'argent*** jd legiert Gold und Silber [*o* Gold mit Silber]
II. *vpr* **1.** POL ■ **des personnes s'allient [à des personnes]** Menschen verbünden sich [mit Menschen]; (*conclure une alliance avec*) Menschen schließen ein Bündnis [mit Menschen]
2. (*s'associer*) ■ **qc s'allie à** [*o* **avec**] **qc** etw verbindet sich mit etw; */couleur/* etw passt zu etw; ***nos forces s'alliant aux vôtres, nous réussirons!*** wenn wir mit vereinten Kräften kämpfen, werden wir es schaffen!
3. (*se liguer*) ■ **des personnes s'allient contre qn** Menschen verbünden sich gegen jdn
4. JUR ■ **qn s'allie à qc** *à une famille* jd heiratet in etw (*akk*) ein
allô [alo] *interj* hallo
allocataire [alɔkatɛʀ] *mf* Beihilfeberechtigte(r) *f(m),* Leistungsberechtigte(r) *f(m)*
allocation [alɔkasjɔ̃] *f* (*somme*) Beihilfe *f,* Unterstützung *f;* ■ ~ **[de]** -geld *nt,* -[bei]hilfe; ~ **[de]** ***chômage/logement*** Arbeitslosen-/Wohngeld; ~ ***de maternité*** Mutterschaftshilfe; ~ ***vieillesse*** Altersbeihilfe
▶ **~s familiales** (*prestation*) Kindergeld *nt,* Familienbeihilfe *f* AUS; (*bureau*) *für das Kindergeld zuständige Behörde;* **les ~s** (**~s** *familiales*) (*prestation*) das Kindergeld; (*bureau*) *die für das Kindergeld zuständige Behörde*
allocution [alɔkysjɔ̃] *f* Ansprache *f;* ***qn prononce une ~*** jd hält eine Ansprache
allongement [alɔ̃ʒmɑ̃] *m* **1.** (*fait de s'allonger*) Längerwerden *nt;* [*muscle*] Streckung *f;* [*métaux*] [Längs]dehnung *f;* [*voyelle*] Längung *f;* ~ ***de la durée de la vie*** zunehmende Lebensdauer; ~ ***des jours en été*** Längerwerden der Tage im Sommer; ~ ***des études*** immer länger dauernde Schulzeit/zunehmende Studiendauer
2. (*action d'allonger*) Verlängerung *f;* [*réseau de transport*] Ausbau *m*
allonger <2 a> [alɔ̃ʒe] **I.** *vi* (*devenir plus long*) ■ **qc allonge** */jours/* etw wird [wieder] länger
II. *vt* **1.** (*rendre plus long*) ■ **qn allonge qc** jd verlängert etw, jd macht etw länger; ■ **qc allonge qc** etw macht etw länger, durch etw wird etw länger; *silhouette, visage* etw lässt etw länger erscheinen; ***cette robe allonge sa silhouette*** in diesem Kleid wirkt sie größer, dieses Kleid macht sie größer
2. (*étendre*) ■ **qn allonge qc** *cou* jd streckt etw; *bras, jambe a.* jd streckt etw aus; ***qn allonge le pas*** jd geht schneller; ■ **qn allonge qn quelque part** jd legt jdn [ausgestreckt] irgendwohin; ■ **qn est allongé(e)** jd liegt [ausgestreckt]; ***qn est allongé(e) sur le dos/à plat ventre*** jd liegt [ausgestreckt] auf dem Rücken/Bauch
3. (*diluer*) ■ **qn allonge qc** jd streckt etw, jd verlängert etw
III. *vpr* **1.** ■ **qn/qc s'allonge** */personne/* jd wächst sehr schnell, jd schießt in die Höhe; */ombres, taille/* etw wird länger; */métaux/* etw dehnt sich; ***le visage de qn s'allonge*** jd macht ein langes Gesicht
2. (*se prolonger*) ■ **qc s'allonge** */jours/* etw wird [wieder] länger; */durée moyenne de la vie/* etw nimmt zu
3. (*s'éterniser*) ■ **qc s'allonge** etw zieht sich in die Länge
4. (*s'étendre*) ■ **qn s'allonge** jd legt sich hin; ***qn s'allonge dans l'herbe/sur le dos*** jd legt sich ins Gras/auf den Rücken; ■ **qc s'allonge** */route/* etw zieht sich [dahin]
allopathie [alɔpati] *f* Allopathie *f*
allostop [alostɔp] *m* Mitfahr[er]zentrale *f*
allouer <1> [alwe] *vt* **1.** (*attribuer*) ■ **qn alloue qc [à qn]** *crédit, indemnité* jd gewährt [*o* bewilligt] [jdm] etw; *gratification* jd bezahlt [jdm] etw aus, jd zahlt [jdm] etw
2. (*octroyer*) ■ **qc est alloué(e) à qn** */temps/* jdm ist/wird etw vorgegeben
allumage [alymaʒ] *m* **1.** [*feu*] Anzünden *nt,* Entfachen *nt geh;* [*poêle*] Anheizen *nt;* [*appareil de chauffage*] Anstellen *nt,* Einschalten *nt;* ***l'~ du radiateur se fait ici*** der Heizkörper wird hier eingeschaltet [*o* angemacht]
2. AUT Zündung *f;* (*système*) Zündanlage *f;* ~ ***automatique*** automatische Zündung; ***qn règle l'~*** jd stellt die Zündung ein; ***avance/retard à l'~*** Früh-/Spätzündung
allume-cigare <~-~s> [alymsigaʀ] *m* Zigarettenanzünder *m* **allume-feu** <~-~[x]> [alymfø] *m* Ofen-/Kaminfeuer-/Grillanzünder *m*
allumer <1> [alyme] **I.** *vt* **1.** (*faire brûler*) ■ **qn allume qc** *feu* jd zündet etw an, jd entfacht etw *geh;* ■ **qc est allumé(e)** */feu/* etw brennt
2. (*enflammer*) ■ **qn allume qc** *cigare, cigarette, pipe* jd zündet etw an; *briquet, gaz* jd macht etw an; *four* jd schaltet etw ein; *poêle* jd heizt etw an
3. (*faire de la lumière*) ■ **qn allume qc** *bougie* jd zündet etw an; *lampe, lumière* jd macht etw an; *projecteur* jd schaltet etw ein; *pièce* jd macht in etw (*dat*) Licht [*o* das Licht an]; ***qn allume l'électricité*** jd macht das Licht an, jd macht Licht; ■ **qc est allumé(e)** */pièce, bureau/* in etw (*dat*) brennt Licht; ***qn laisse une pièce allumée*** jd lässt in einem Raum das Licht brennen [*o* Licht an]
4. (*mettre en marche*) ■ **qn allume qc** jd macht etw an, jd schaltet etw ein
II. *vi* ■ **qn allume** jd macht das Licht an; ***où est-ce qu'on allume?*** wo macht man das Licht an?, wo ist der Lichtschalter?
III. *vpr* **1.** (*s'enflammer*) ■ **qc s'allume** */bûches, bois/* etw brennt [an]; */briquet/* etw zündet
2. (*devenir lumineux*) ■ **qc s'allume** */lumière, lampe, projecteur/* etw geht an; */regard, yeux/* etw leuchtet auf; ***la lumière*** [*o* ***l'électricité***] ***s'allume*** das Licht geht an; ***sa fenêtre s'allume*** sein/ihr Fenster wird hell; ***les lampes se sont allumées chez eux*** bei ihnen brennt jetzt Licht
3. (*se mettre en marche*) ■ **qc s'allume** etw schaltet sich ein
4. (*être mis en marche*) ■ **qc s'allume** */moteur, chauffage/* etw wird angemacht [*o* eingeschaltet]
5. (*prendre naissance*) ■ **qc s'allume** etw flammt auf, etw lodert auf; */querelle/* etw entzündet sich; ***une grande curiosité s'alluma dans ses yeux*** in seinen/ihren Augen leuchtete große Neugierde auf
allumette [alymɛt] *f* **1.** Streichholz *nt,* Zündholz *nt;* ***boîte d'~s*** (*contenu*) Schachtel *f* Streichhölzer [*o* Zündhölzer]; (*contenant*) Streichholzschachtel, Zündholzschachtel
2. GASTR Blätterteigstängchen *nt;* ~ ***au fromage*** Käsestängchen *nt,* Käsegebäck *nt kein pl*
▶ ~ **suédoise** Sicherheitszündholz *nt;* **qn frotte** [*o* **gratte**] **une ~** jd zündet ein Streichholz an
◆ **allumette de sûreté** Sicherheitszündholz *nt*
allumeur [alymœʀ] *m* **1.** AUT [Zünd]verteiler *m*
2. TECH Zünder *m,* Zündvorrichtung *f*
◆ **allumeur de réverbères** Laternenanzünder *m*
allumeuse [alymøz] *f péj fam* Anmacherin *f fam,* Vamp *m*
allure [alyʀ] *f* **1.** ∅ (*vitesse*) Geschwindigkeit *f,* Tempo *nt;* ***à cette ~*** bei diesem Tempo; ***qn ralentit l'~*** jd nimmt das Tempo zurück; ***si tu continues à rouler à cette ~, …*** (*aussi vite*) wenn du weiterhin so rast, …; (*aussi lentement*) wenn du weiterhin so kriechst, …
2. ∅ (*rythme*) Tempo *nt;* ***qn soutient l'~*** jd hält das Tempo
3. ∅ (*apparence*) Aussehen *nt;* ***qn a piètre ~/l'~ d'un paysan*** jd sieht armselig/wie ein Bauer aus
4. *pl* (*airs*) Gebaren *nt,* Verhalten *nt;* ***qn prend*** [*o* ***a***] ***des ~s de conspirateur*** jd gebärdet [*o* verhält] sich [auf einmal] wie ein Verschwörer
5. *pl* [*cheval*] Gangart *f*
6. [*voilier*] Segeln *nt*
▶ **qn/qc a bonne** [*o* **belle**] **~** jd/etw sieht elegant aus, jd ist eine elegante Erscheinung; **qn a une bonne** [*o* **belle**] **~ avec qc** *iron* jd sieht mit etw unmöglich aus; **qn a une drôle d'~** jd sieht unmöglich aus; **qc prend une drôle d'~** etw nimmt eine merkwürdige Entwicklung; **qn/qc a fière** [*o* **grande**] **~ [avec qc]** jd sieht [mit etw] sehr elegant [*o* schick] aus/etw sieht [mit etw] sehr vornehm aus; **qn/qc a de l'~** jd hat Stil/etw wirkt elegant; ***cette robe a de l'~ sur toi*** dieses Kleid wirkt elegant an dir; **à toute ~** mit voller Geschwindigkeit, in vollem Tempo; ***qn roule/court à toute ~*** jd fährt/rennt, so schnell er kann; **à [une] ~ …:** ***à une ~ modérée/à vive ~*** mit mäßiger Geschwindigkeit/schnell; ***à grande ~*** mit hohem Tempo; ***à quelle ~?*** mit welcher Geschwindigkeit?; **à l'~ où qn fait qc** so schnell/langsam, wie jd etw tut; ***à l'~ où tu vas, …*** bei deinem Tempo …
allusif, -ive [a(l)lyzif, -iv] *adj:* ***parole/phrase ~ive*** Anspielung *f;* ■ **qn est ~** jd macht Anspielungen
allusion [a(l)lyzjɔ̃] *f* **1.** (*sous-entendu*) Anspielung *f;* ***l'~ m'échappe*** ich verstehe diese Anspielung nicht
2. (*référence*) Anspielung *f;* ■ ~ **à qc** Anspielung auf etw (*akk*); ~ ***discrète/transparente*** versteckte/deutliche Anspielung
▶ **qn fait ~ à qn/qc** jd macht eine Anspielung auf jdn/etw, jd spielt auf jdn/etw an; **par ~s:** ***qn ne procède que par ~s*** jd spricht nur in Anspielungen; **par ~ à qc** in Anspielung auf etw (*akk*)
alluvial, e <-aux> [a(l)lyvjal, jo] *adj* angeschwemmt, alluvial *spec;* ***terrains ~aux*** Schwemmland *nt*
alluvions [a(l)lyvjɔ̃] *fpl* Schwemmlandböden *pl*
almanach [almana] *m* Kalender *m*
aloi [alwa] *m* ▶ **de bon ~** *argument* gut, hieb- und stichfest; *succès* verdient; *gaieté* echt; **de mauvais ~** schlecht, geschmacklos
alors [alɔʀ] **I.** *adv* **1.** (*à ce moment-là*) damals; ***jusqu'~*** bis dahin, bis zu diesem Zeitpunkt
2. (*par conséquent*) da; ***ma voiture était en panne, ~ j'ai pris l'autobus*** mein Auto war kaputt, da habe ich den Bus genommen
3. (*dans ce cas*) ja dann; ~, ***je comprends!*** ja dann verstehe ich das!; ~, ***qu'est-ce qu'on fait?*** ja, was machen wir denn da?; ***mais ~, vous aviez raison!*** dann hatten Sie ja doch recht!
4. *fam* ■ ~, …? (*impatience*) na, …?, also, …?; (*indignation*) ja, sag/sagen Sie/sagt mal, …?; ~, ***tu viens?*** also, kommst du jetzt?; ~, ***c'est comme ça***

qu'on parle à son père? ja, sag mal [*o* na, hör mal]! redet man so mit seinem Vater?
▶ **et** ~? (*la belle affaire!*) na und?; (*suspense*) und dann?; (*perplexité*) [ach Gott,] und jetzt [*o* was nun]?; ~ **là!** tja, dann!; ~ ***là, qu'est-ce qu'il a pris!*** also, da hat er vielleicht was zu hören gekriegt!; **non, mais** ~! nein, also wirklich!
II. *conj* ■ ~ **que** + *indic* **1.** (*pendant que*) während
2. (*tandis que*) wohingegen, während
3. (*bien que*) obwohl

alouette [alwɛt] *f* Lerche *f*
▶ **qn attend que les ~s lui tombent toutes rôties [dans le bec]** *prov* jd erwartet, dass ihm alles in den Schoß fällt

alourdir <8> [aluʀdiʀ] I. *vt* (*rendre [plus] pesant*) ■ **qn/qc alourdit qc** jd/etw macht etw schwer[er], etw ist/wird durch jdn/etw schwer[er]; ■ **qn alourdit qc** *charges, impôts* jd erhöht etw; *texte* jd formuliert etw schwerfällig; ■ **qc alourdit qc** etw macht etw schwerfällig; *atmosphère* etw drückt auf etw (*akk*); ***sa grossesse alourdit sa silhouette*** die Schwangerschaft macht sie fülliger; ***qn a la tête alourdie de sommeil/par le vin*** jd hat einen vor Müdigkeit/vom Wein schweren Kopf
II. *vpr* ■ **qc s'alourdit** /*paupières*/ etw wird schwer; /*démarche a.*/ etw wird schwerfällig; /*temps*/ etw wird drückend [*o* schwül]; ***sa silhouette s'alourdit*** er/sie wird fülliger

alourdissement [aluʀdismɑ̃] *m* **1.** (*action*) Schwerermachen *nt*; ***l'~ des impôts/charges*** Erhöhung *f* der Steuer-/Abgabenlast
2. (*lourdeur*) Schwere *f*; ***une sensation d'~*** ein Gefühl der Schwere

alpe [alp] *f* **1.** Alm *f*
2. *pl* ■ **les A~s** die Alpen

alphabet [alfabɛ] *m* Alphabet *nt*, Abc *nt*; ***qn récite l'~*** jd sagt das Alphabet [*o* Abc] auf; ~ ***des aveugles*** Blindenschrift *f*
▶ ~ **phonétique [international]** [internationale] Lautschrift, [internationale] phonetische Umschrift

alphabétique [alfabetik] *adj* alphabetisch; ***classement*** ~ alphabetische Anordnung; ***par ordre*** ~ in alphabetischer Reihenfolge; ***écriture*** ~ Buchstabenschrift *f*

alphabétisation [alfabetizasjɔ̃] *f* Alphabetisierung *f*; ***campagne d'~*** Alphabetisierungskampagne *f*

alphabétiser <1> [alfabetize] *vt* ■ **qn alphabétise qn** jd alphabetisiert jdn, jd lehrt jdn lesen und schreiben

alphanumérique [alfanymeʀik] *adj* alphanumerisch

alpin, e [alpɛ̃, in] *adj* **1.** GEOG *plante, chaîne* Alpen-
2. (*relatif à la montagne*) [Hoch]gebirgs-; ***chalet*** ~ Chalet *nt*
3. (*relatif à l'alpinisme*): ***club*** ~ Alpenverein *m*

alpinisme [alpinism] *m* Bergsteigen *nt*; ***qn pratique l'~*** jd ist Bergsteiger(in)

alpiniste [alpinist] *mf* Bergsteiger(in) *m(f)*

Alsace [alzas] *f* ■ **l'Alsace** das Elsass; ***vin d'~*** Wein *m* aus dem Elsass, Elsässer *m*

alsacien, ne [alzasjɛ̃, jɛn] I. *adj* elsässisch; ***ville ~ne*** elsässische Stadt, Stadt *f* im Elsass
II. *m* (*langue*) ■ **l'~** Elsässisch *nt*, das Elsässische; ***qn parle l'~*** jd spricht elsässisch
III. *m, f* ■ **Alsacien(ne)** Elsässer(in) *m(f)*

altérable [alteʀabl] *adj* [leicht] verderblich; ***qc est ~ à l'air*** an etw (*akk*) darf keine Luft kommen

altération [alteʀasjɔ̃] *f* **1.** (*détérioration*) [*aliments*] Verderben *nt*; [*qualité*] Minderung *f*; [*relations*] Verschlechterung *f*; [*caractère*] [negative] Veränderung; ~ ***de la santé*** Verschlechterung des Gesundheitszustandes
2. (*décomposition*) [*traits*] Entstellung *f*; ***l'~ de son visage*** sein/ihr entstelltes Gesicht; ***l'~ de sa voix*** seine/ihre befremdlich veränderte Stimme
3. (*falsification*) [*texte*] sinnentstellende Veränderung, Verfälschung *f*; [*faits, vérité a.*] Verdrehung *f*; ~ ***des monnaies*** Münzfälschung *f*
4. MUS Versetzungszeichen *nt*

altercation [altɛʀkasjɔ̃] *f* Wortwechsel *m*, Auseinandersetzung *f*

altérer <5> [alteʀe] I. *vt* **1.** (*détériorer*) ■ **qn/qc altère qc** *amitié, relation, santé, sentiment* jd/etw beeinträchtigt etw; *couleur, métal* jd/etw verändert etw; *qualité* jd/etw mindert etw; *goût* jd/etw verfälscht etw; ***l'alcool altère le caractère*** Alkohol verändert den Charakter [*o* beeinflusst den Charakter nachteilig]; ***la chaleur altère ces aliments*** diese Lebensmittel verderben [leicht], wenn es warm ist
2. (*décomposer*) ■ **qc altère qc** *visage, traits* etw entstellt etw; *voix* etw verändert etw befremdlich
3. (*falsifier*) ■ **qn altère qc** *sens* jd entstellt etw; *texte* jd verfälscht etw, jd verändert etw sinnentstellend; *faits, vérité* jd verfälscht [*o* verdreht *fam*] etw
II. *vpr* **1.** (*se détériorer*) ■ **qc s'altère** /*qualité*/ etw wird beeinträchtigt [*o* gemindert]; /*aliments*/ etw verdirbt; /*vin*/ etw wird sauer [*o* schlecht]; /*relations*/ etw verschlechtert sich; /*caractère*/ etw verändert sich zu seinem Nachteil; /*couleurs, matière*/ etw verändert sich; /*sentiment*/ etw erkaltet, etw wird schwächer; ***sa santé s'altère*** sein/ihr Gesundheitszustand verschlechtert sich
2. (*se décomposer*) ■ **qc s'altère** /*visage, traits*/ etw verzerrt sich; /*voix*/ etw klingt [befremdlich] verändert

alternance [altɛʀnɑ̃s] *f* **1.** (*succession*) Abfolge *f*, Aufeinanderfolge *f*; ~ ***des cultures*** Fruchtwechsel *m*
2. POL [Macht]wechsel *m*, [Regierungs]wechsel
▶ **en** ~ [**avec**] im Wechsel [mit]; **par** ~: ***nous procéderons par*** ~ wir werden uns abwechseln

alternateur [altɛʀnatœʀ] *m* [Wechselstrom]generator *m*; [*voiture*] Lichtmaschine *f*

alternatif, -ive [altɛʀnatif, -iv] *adj* **1.** TECH: ***courant*** ~ Wechselstrom *m*; ***mouvement*** ~ ***du piston*** Auf und Ab *nt* des Kolbens
2. (*qui offre un choix*) *solution* alternativ; ***qn donne deux propositions ~ives*** jd macht alternativ zwei Vorschläge
3. POL alternativ

alternative [altɛʀnativ] *f* Alternative *f*; ***qn se trouve*** [*o* ***est placé(e)***] ***dans une fâcheuse*** ~ jd steht vor einer unangenehmen Alternative

alternativement [altɛʀnativmɑ̃] *adv* abwechselnd

alterné, e [altɛʀne] *adj* alternierend; ***rimes ~es*** Kreuzreim *m*

alterner <1> [altɛʀne] I. *vi* ■ **des choses alternent** Dinge wechseln einander ab; ■ **qc alterne avec qc** etw und etw wechseln einander ab, auf etw (*akk*) folgt etw
II. *vt* AGR ■ **qn alterne qc** jd baut etw abwechselnd an; ***on y alterne les cultures*** dort wird Fruchtwechselwirtschaft *f* betrieben

altesse [altɛs] *f* Hoheit *f*
▶ **Son A~ Royale** *form* Seine/Ihre Königliche Hoheit; **votre A~** *form* [Eure] Hoheit

altimètre [altimɛtʀ] *m* Höhenmesser *m*

altiste [altist] *mf* Bratschist(in) *m(f)*

altitude [altityd] *f* **1.** GEOG Höhe *f* [über dem Meeresspiegel]; ***qn/qc se trouve*** [*o* ***est***] ***à 400 mètres d'~*** jd/etw befindet sich in 400 m Höhe; /*village, plaine a.*/ etw liegt in 400 m Höhe [*o* 400 m hoch]; ***l'~ de qc est de 400 mètres*** *d'un mont* etw ist 400 m hoch; *d'un village, d'une plaine* etw liegt in 400 m Höhe [*o* 400 m hoch]; ***Paris a une faible*** ~ Paris liegt niedrig
2. AVIAT Höhe *f*; ***l'avion vole à une ~ de 10.000 mètres*** das Flugzeug fliegt in einer Höhe von 10.000 m; ***qc descend à une ~ de moins de 9.000 mètres*** etw unterschreitet eine Flughöhe von 9.000 m
▶ **qn/qc vole à basse** [*o* **faible**]/**haute** ~ jd/etw fliegt in geringer/großer Höhe, etw fliegt tief/hoch; **qc perd/prend de l'~** etw verliert/gewinnt an Höhe; **en** ~ (*en montagne*) im Gebirge; METEO in Hochlagen, in höheren Lagen; ***l'air en*** ~ die Höhenluft; ***qc est en*** ~ (*à une hauteur élevée*) etw ist hoch oben, etw befindet sich in großer Höhe; ***qc s'élève en*** ~ etw steigt auf
◆ **altitude de vol** Flughöhe *f*

alto [alto] I. *m* **1.** (*instrument*) Bratsche *f*, Viola *f*
2. (*musicien*) Bratschist(in) *m(f)*
II. *f* (*voix, partie*) Alt[stimme *f*] *m*
III. *app inv* Alt-

altruiste [altʀɥist] I. *adj* altruistisch
II. *mf* Altruist(in) *m(f)*

alu [aly] *m abr de* **aluminium** Alu *nt*

aluminium [alyminjɔm] *m* CHIM Aluminium *nt*

alunir <8> [alyniʀ] *vi* ■ **qn/qc alunit** jd/etw landet auf dem Mond

alunissage [alynisaʒ] *m* Mondlandung *f*; ***l'~ de la fusée*** die Landung der Rakete auf dem Mond

alvéole [alveɔl] *f* **1.** (*cavité d'une ruche*) Wabe[nzelle *f*] *f*; ***en forme d'~*** wabenförmig; ***des emballages en*** ~ Luftpolster[folie *f*] *nt*; ***texture en*** ~ Porenstruktur *f*
2. (*cavité d'une roche*) Höhle *f*
▶ ~ **dentaire** Alveole *f*, Zahnfach *nt*; ~ **pulmonaire** Lungenbläschen *nt*, Alveole *f*

alvéolé, e [alveɔle] *adj texture, filtre* Poren-; ***carton*** ~ Wellpappe *f*

amabilité [amabilite] *f* **1.** (*gentillesse*) Liebenswürdigkeit *f*, Freundlichkeit *f*; ***qn est d'une ~ extrême*** jd ist äußerst liebenswürdig [*o* zuvorkommend]; ***qn fait un effort d'~*** jd bemüht sich, so freundlich wie möglich zu sein; ***j'ai été surprise de l'~ de son accueil*** ich war überrascht, von ihm/ihr so liebenswürdig [*o* freundlich] empfangen zu werden
2. *pl* (*politesses*) Höflichkeiten *pl*; ***qn fait des ~s à qn*** jd zeigt sich [*o* ist] jdm gegenüber zuvorkommend
▶ **qn est plein(e) d'~ envers qn** jd ist jdm gegenüber besonders liebenswürdig [*o* zuvorkommend]; **qn a l'~ de faire qc** jd ist so liebenswürdig [*o* freundlich] etw zu tun; ***ayez l'~ de faire qc*** wären Sie so freundlich etw zu tun, würden Sie bitte etw tun, hätten Sie die Güte etw zu tun *geh*

amadouer <1> [amadwe] *vt* **1.** (*gagner à ses fins*) ■ **qn/qc amadoue qn** jd/etw stimmt jdn um; ■ **qn/qc amadoue qn pour qu'il fasse qc** jd/etw bringt jdn dazu, etw zu tun [*o* dass er etw tut]; ***qn n'est pas facile à*** ~ jd lässt sich nicht so leicht erweichen
2. (*apaiser*) ■ **qn/qc amadoue qn** jd/etw besänftigt jdn, jd/etw stimmt jdn milde
3. (*apprivoiser*) ■ **qn/qc amadoue qn/un animal** jd/etw zähmt jdn/ein Tier

amaigrir <8> [amegʀiʀ] *vt* **1.** (*rendre maigre*) ■ **qc amaigrit qn** jd magert durch etw ab; ■ **qc est amaigri(e) par qc** etw ist durch etw abgemagert [*o* abgezehrt]; /*joues*/ etw ist durch etw eingefallen
2. (*faire diminuer*) ■ **qc amaigrit qc** *chances* etw schmälert etw; *portefeuille, revenus* etw zehrt an etw (*dat*)

amaigrissant, e [amegʀisɑ̃, ɑ̃t] *adj* gewichtsreduzierend; *régime* Schlankheits-; ***médicament*** ~ Schlankheitsmittel *nt*

amaigrissement [amegʀismɑ̃] *m* **1.** [*personne*] Gewichtsverlust *m*; [*visage*] Abmagerung *f*, Abmagern *nt*; ***pour obtenir un ~ de 3 kilos*** um 3 kg abzunehmen; ***une cure d'~*** eine Abmagerungskur, eine Schlankheitskur
2. (*diminution rapide*) Schwund *m*, Abnahme *f*

amalgame [amalgam] *m* **1.** *péj* ■ ~ **de personnes/choses** Gemisch *nt* [*o* Mischung *f*] von Menschen/Dingen; *d'objets, idées* Durcheinander *nt* von Dingen
2. MED Amalgam *nt*; ***mon dentiste m'a fait un*** ~ mein Zahnarzt hat mir eine Amalgamfüllung gemacht
3. [*matières, matériaux*] Gemisch *nt*; [*métaux*] Amalgam *nt*

amalgamer <1> [amalgame] I. *vt* ■ **qn amalgame qc** jd verschmilzt etw; ■ **qn amalgame des choses/qc à** [*o* **et**] **qc** *éléments, matières* jd vermischt [*o* vermengt] Dinge/etw mit etw

II. *vpr* 1. (*se mélanger*) ■ **des personnes/des choses s'amalgament** Menschen/Dinge vermischen sich; ■ **qc s'amalgame avec** [*o* **à**] **qc** etw mischt sich mit etw
2. (*se regrouper*) ■ **des personnes s'amalgament autour de qn/qc** Menschen drängen sich um jdn/etw; /*foule a.*/ Menschen scharen sich um jdn/etw zusammen

amande [amɑ̃d] I. *f* 1. Mandel *f;* ~ ***amère*** Bittermandel; ~ ***douce*** Süßmandel; ~ ***salée*** Salzmandel
2. [*noyau*] Kern *m*
▶ ~ **pralinée** gebrannte Mandel; **en** ~ mandelförmig
II. *app inv:* ***vert*** ~ zartgrün

amandier [amɑ̃dje] *m* Mandelbaum *m*

amanite [amanit] *f* Wulstling *m* (*Pilz der Gattung Amanita*)
▶ ~ **phalloïde** grüner Knollenblätterpilz
◆ **amanite tue-mouche[s]** Fliegenpilz *m*

amant [amɑ̃] *m* Liebhaber *m;* (*extraconjugal*) Geliebte(r) *m;* ■ **les ~s** die Liebenden
▶ **qn a/prend un** ~ jd hat/nimmt sich (*dat*) einen Liebhaber

amarre [amaʀ] *f* 1. NAUT Halteleine *f,* Trosse *f;* ***qn fixe l'~ d'une barque*** jd belegt die Halteleine eines Bootes, jd vertäut ein Boot
2. AVIAT Seil *nt,* Leine *f;* [*cerf-volant*] Schnur *f*
▶ **qn largue les ~s** jd wirft die Leinen [*o* Trossen] los; *fig* jd macht sich aus dem Staub; ***larguez les ~s!*** Leinen los!

amarrer <1> [amaʀe] *vt* 1. NAUT ■ **qn amarre qc** *bateau* jd vertäut etw, jd macht etw fest; *cordage* jd belegt etw
2. (*fixer*) ■ **qn amarre qc sur qc** *chargement* jd macht [*o* zurrt] etw auf etw (*dat*) fest; (*avec une corde*) jd bindet etw auf etw (*dat*) fest; (*avec une chaîne*) jd kettet etw auf etw (*dat*) fest

amaryllis [amaʀilis] *f* Amaryllis *f*

amas [amɑ] *m* 1. (*tas*) [*objets, pierres*] Haufen *m;* [*papiers a.*] Berg *m*
2. (*multitude*) Menge *f,* Haufen *m fam*
▶ **tout un ~ de choses** eine ganze Sammlung von Dingen, ein ganzer Haufen von Dingen *fam*

amasser <1> [amɑse] I. *vt* 1. (*accumuler*) ■ **qn amasse qc** *objets, fortune* jd häuft etw an; *réserves, nourriture, argent a.* jd hortet etw
2. (*rassembler*) ■ **qn amasse des choses** *preuves, documents* jd sammelt Dinge, jd häuft Dinge an
II. *vi* ■ **qn amasse** jd hortet Geld
III. *vpr* ■ **des personnes/des choses s'amassent** /*personnes, foule*/ Menschen drängen sich; /*problèmes, preuves*/ Dinge häufen sich, Dinge sammeln sich an

amateur [amatœʀ] I. *m* 1. (*non professionnel*) Amateur(in) *m(f);* ***entre ~s*** zum Vergnügen [*o* Spaß]
2. *sans art* (*connaisseur*) ■ ~ **de** -liebhaber(in) *m(f);* ~ ***d'art*** Kunstliebhaber(in); ***qn est ~ de belle musique*** jd liebt [*o* mag] schöne Musik; ***qn est ~ de mots croisés*** jd löst gerne Kreuzworträtsel; ***qn est ~ de films*** jd sieht gerne Filme; ***qn est ~ de bons vins*** jd trinkt gerne gute Weine
3. *péj* (*dilettante*) Stümper(in) *m(f);* ***qn fait du travail d'~*** jd arbeitet stümperhaft, jd macht Pfusch[arbeit] *fam*
▶ **qn n'est pas** ~ *fam* jd ist nicht daran interessiert; **en** ~ aus Liebhaberei, als Hobby; SPORT als Amateur; *péj* stümperhaft
II. *app* Amateur-; *peintre, photographe* Hobby-

amateurisme [amatœʀism] *m* 1. SPORT Amateursport *m*
2. *péj* (*dans l'art*) Dilettantismus *m;* (*dans le travail*) Stümperei *f,* Pfusch *m fam*

amazone [amazon] *f* 1. (*cavalière*) Reiterin *f*
2. (*femme guerrière*) Amazone *f*
▶ **en** ~ im Damensitz

ambassade [ɑ̃basad] *f* 1. (*institution, bâtiment, personnel*) Botschaft *f;* ***l'~ de France/d'Allemagne*** die französische/deutsche Botschaft; ***d'~*** Botschafts-
2. (*mission*) Mission *f,* Auftrag *m*
3. (*charge diplomatique*) Gesandtschaft *f,* Delegation *f*
▶ **en** ~ [**auprès de qn**] als Unterhändler [bei jdm]; *envoyer* als Unterhändler [zu jdm]; ***qn va voir qn en ~*** jd geht als Unterhändler zu jdm, jd verhandelt mit jdm

ambassadeur, -drice [ɑ̃basadœʀ, -dʀis] I. *m, f* 1. POL Botschafter(in) *m(f);* ***l'~ de France/d'Allemagne*** der französische/deutsche Botschafter
2. (*représentant*) Repräsentant(in) *m(f),* Vertreter(in) *m(f)*
3. (*porte-parole*) Vermittler(in) *m(f);* ***qn est l'~ de qn auprès de qn*** jd vermittelt für jdn bei jdm
▶ ~**(-drice) extraordinaire** Sonderbotschafter(in) *m(f)*
II. *f* ■ **ambassadrice** *vieilli* (*femme d'~*) Frau *f* [*o* Gattin *f*] eines Botschafters; ***l'ambassadeur de France était accompagné de Madame l'ambassadrice*** der französische Botschafter wurde von seiner Gattin begleitet

ambiance [ɑ̃bjɑ̃s] *f* (*environnement*) Atmosphäre *f,* Klima *nt;* (*entre personnes*) Atmosphäre *f,* Stimmung *f;* ***il y a une mauvaise/bonne ~ dans mon quartier*** in meinem Viertel herrscht eine schlechte/gute Stimmung [*o* ein schlechtes/gutes Klima]; ***l'~ est à l'orage*** es herrscht eine gespannte Atmosphäre [*o* dicke Luft *fam*]; ***l'~ de famille*** die familiäre Atmosphäre; ***il évolue dans une ~ calme*** er lebt in einem ruhigen Umfeld
▶ **il y a de l'~** *fam* es herrscht [eine tolle] Stimmung; **qn met de l'~ dans qc** jd bringt Stimmung in etw (*akk*); **qc met de l'~** etw macht Stimmung; **qn/qc met qn dans l'~** jd/etw stimmt jdn ein; **d'~** *musique, lumière* gedämpft

ambiant, e [ɑ̃bjɑ̃, jɑ̃t] *adj température* herrschend, Umgebungs-; *idées, enthousiasme, atmosphère* allgemein, herrschend; ***à l'air ~*** an der Luft; ***ce vin se boit à [la] température ~e*** dieser Wein wird bei Zimmertemperatur getrunken; ***les idées ~es de la discussion*** die in der Diskussion vorherrschenden Ansichten

ambidextre [ɑ̃bidɛkstʀ] *adj* ■ **qn est** ~ jd ist beidhändig, jd ist mit beiden Händen gleich geschickt

ambigu, ë [ɑ̃bigy] *adj* 1. (*équivoque*) (*deux possibilités*) zweideutig, doppeldeutig; (*plus de deux possibilités*) mehrdeutig, vieldeutig
2. (*louche*) undurchsichtig, zwielichtig

ambiguïté [ɑ̃bigɥite] *f* 1. (*deux possibilités*) Zweideutigkeit *f,* Doppeldeutigkeit *f;* (*plus de deux possibilités*) Mehrdeutigkeit *f,* Vieldeutigkeit *f;* ***il n'y a pas d'~*** es ist alles klar; ***cette phrase est pleine d'~s*** dieser Satz ist doppeldeutig/mehrdeutig
2. LING Mehrdeutigkeit *f,* Vieldeutigkeit *f,* Ambiguität *f*
▶ **sans** ~ *comportement* eindeutig, unmissverständlich; *réponse a.* unzweideutig; *répondre, parler* klar und deutlich, unmissverständlich

ambitieux, -euse [ɑ̃bisjø, -jøz] I. *adj* ehrgeizig
II. *m, f* ehrgeiziger Mensch, Ehrgeizling *m pej*

ambition [ɑ̃bisjɔ̃] *f* 1. (*désir de réussite*) Ehrgeiz *m;* (*prétention*) Ambition *f;* ***qn a des ~s [d'écrivain]*** jd hat [schriftstellerische] Ambitionen
2. *euph* (*désir*) Wunsch *m,* Ziel *nt;* ***qn n'a pas d'autre ~ que de faire qc*** jds einziger Wunsch [*o* einziges Ziel] ist [es], etw zu tun
▶ **qn a l'~ de faire qc** jd hat die Absicht etw zu tun; **qn met toute son ~ à faire qc** jd setzt seinen ganzen Ehrgeiz daran, etw zu tun; **qn nourrit des ~s/de grandes ~s** jd hat Ambitionen/große Ambitionen [*o* hochfliegende Pläne]

ambitionner <1> [ɑ̃bisjɔne] *vt* 1. (*convoiter*) ■ **qn ambitionne qc** *poste, prix* jd strebt nach etw, jd strebt etw an; *titre a., couronne* jd trachtet nach etw
2. (*souhaiter*) ■ **qn ambitionne de faire qc** jd hat den Ehrgeiz, etw zu tun; jd will etw tun

ambre [ɑ̃bʀ] *m* (*couleur*) Bernsteingelb *nt;* ***qc a l'aspect de l'~*** etw sieht aus wie Bernstein; ***qc a une couleur d'~*** etw ist bernsteinfarben
▶ ~ **gris** Amber *m,* Ambra *f;* ~ **jaune** Bernstein *m*

ambré, e [ɑ̃bʀe] *adj* 1. (*couleur*) bernsteinfarben; *teint* gebräunt
2. (*parfum*) nach Ambra duftend; ***qc exhale une odeur ~e*** etw duftet nach Ambra

ambulance [ɑ̃bylɑ̃s] *f* Krankenwagen *m*

ambulancier, -ière [ɑ̃bylɑ̃sje, -jɛʀ] *m, f* 1. (*conducteur*) Krankenwagenfahrer(in) *m(f)*
2. (*infirmier*) Sanitäter(in) *m(f)*

ambulant, e [ɑ̃bylɑ̃, ɑ̃t] *adj troupe théâtrale, cirque* Wander-; ***comédien ~*** fahrender Schauspieler; ***musicien ~*** Straßenmusikant; HIST fahrender Sänger; ***marchand ~*** fliegender Händler; ***bibliothèque ~e*** Bibliobus *m;* ***cinéma ~*** Kinomobil *nt;* ***poste ~e*** mobiles Postbüro, Postbüro auf Rädern

ambulatoire [ɑ̃bylatwaʀ] *adj* ambulant; ***en service ~*** ambulant; ***le service ~*** die Ambulanz

âme [ɑm] *f* 1. REL, PHILOS Seele *f;* ***qn prie pour le repos de l'~ de qn*** jd betet für jds Seelenheil
2. (*qualité morale*) Seele *f,* Wesen *nt;* ***par grandeur d'~*** aus Großmut, aus edler Gesinnung
3. (*sensibilité*) Seele *f,* Herz *nt;* ***jusqu'au plus profond de son ~*** zutiefst, bis ins Mark; ***qc blesse qn jusqu'au plus profond de son ~*** etw schneidet jdm in die Seele [*o* ins Herz]; ***qn met toute son ~ à faire qc*** jd tut etw mit Leib und Seele
4. PSYCH (*esprit, conscience*) Seele *f,* Psyche *f,* Gemüt *nt*
5. (*habitant*) Seele *f;* ***un village de 300 ~s*** ein Dorf mit [*o* von] 300 Seelen
6. TECH Seele *f;* [*violon a.*] Stimmstock *m*
▶ **en mon/son ~ et conscience** nach bestem Wissen und Gewissen; **qn vend son ~ au diable** jd vermacht dem Teufel seine Seele; **qn recommande son ~ à Dieu** jd befiehlt Gott seine Seele; **qn erre comme une ~ en peine** jd irrt umher wie eine verlorene Seele; **une bonne ~** eine gute Seele, ein netter Mensch; **qn est l'~ damnée de qn** *fam* jd geht für jdn durch die Hölle; **de toute son ~** aus tiefster Seele; ***qn aime de toute son ~*** jd liebt von ganzem Herzen; ***qn fait qc de toute son ~*** jd legt seine ganze Seele [*o* sein ganzes Herz] in etw (*akk*); ***qn chante de toute son ~*** jd singt aus voller Kehle [*o* Brust]; **qn a une ~ de qc** jd ist zu etw geboren; ***elle a une ~ de chef/de dirigeant*** sie ist die geborene Chefin/Führungskraft; **qn est l'~ de qc** jd ist die Seele [*o* treibende Kraft] einer S. (*gen*); **qn est qc dans l'~** jd ist etw mit Leib und Seele, jd ist durch und durch etw *fam;* **qc fend l'~ à qn** etw zerreißt jdm das Herz; ***un cri à fendre l'~*** ein herzzerreißender Schrei; **qn rend l'~** *soutenu* jd haucht seine Seele aus *geh;* **qc rend l'~** *iron fam* etw gibt den Geist auf *fam;* ~ **qui vive**: ***il n'y a pas ~ qui vive*** es ist keine Menschenseele da
◆ **âme sœur** *fam* verwandte Seele; ***chercher/trouver/rencontrer l'~ sœur*** eine verwandte Seele suchen/finden/treffen

amélioration [ameljɔʀasjɔ̃] *f* 1. (*modification*) Verbesserung *f;* ***travaux d'~*** Verbesserungsarbeiten *pl;* (*pour embellir*) Verschönerungsarbeiten *pl;* ***qn fait des ~s [dans qc]*** jd baut [etw innen] um; ***qn apporte des ~s à qc*** jd nimmt Verbesserungen an etw (*dat*) vor; *à une maison a.* jd bringt Verbesserungen an etw (*dat*) an
2. (*mieux*) [*santé*] Besserung *f;* [*relations, conditions, trafic*] Verbesserung *f;* METEO Wetterbesserung; ***sa santé est en nette ~*** sie/er befindet sich eindeutig auf dem Wege der Besserung; ***il y a des ~s dans qc*** etw [ver]bessert sich

améliorer <1> [ameljɔʀe] I. *vt* 1. (*modifier*) ■ **qn/qc améliore qc** jd/etw verbessert etw; (*embellir*) jd/etw verschönert etw; ***il a amélioré son immeuble en y installant le chauffage central*** er hat sein Haus durch den Einbau einer Zentralheizung aufgewertet
2. (*rendre meilleur*) ■ **qn/qc améliore qc** *conditions de travail* jd/etw verbessert etw; *sort, vie a.* jd/etw verändert etw positiv; *qualité, production a.* jd steigert etw, jd erhöht etw; *budget* jd bessert etw auf
II. *vpr* ■ **qn s'améliore** jd wird besser; (*dans son comportement, caractère*)

jd bessert sich; ■ **qc s'améliore** etw wird besser; */temps a., santé, situation/* etw bessert sich
▸ **qn/qc ne s'améliore pas** *hum* jd/etw wird auch nicht besser; ***ça ne s'améliore pas ici*** es wird auch nicht besser hier
amen [amɛn] *adv* amen
▸ **qn dit** ~ **à qn/qc** jd sagt ja und amen [zu jdm/etw]
aménagement [amenaʒmɑ̃] *m* **1.** *(équipement)* Einrichtung *f*
2. *(modification)* Umbau *m;* *(extension)* Ausbau *m;* ***l'~ de qc en qc*** der Umbau von etw in etw *(akk)*/der Ausbau von etw als etw
3. *(création)* *[quartier, usine]* Bau *m,* Errichtung *f;* *[jardin, parc, espace vert]* Anlegen *nt;* ***l'~ du jardin a été fait par un paysagiste*** der Garten ist von einem Landschaftsarchitekten angelegt [*o* gestaltet] worden
4. *(adaptation)* Anpassung *f*
5. *(réorganisation)* Umstellung *f;* ***~s fiscaux*** Steueränderungen *pl*
6. ADMIN Planung *f;* ***l'~ du territoire*** die Raumordnung; ***l'~ rural*** die landwirtschaftliche Raumordnung; ***l'~ d'un quartier à urbaniser*** die Urbanisierung eines Stadtviertels
7. POL *[texte de loi, décret]* [Ab]änderung *f,* Modifikation *f*
◆ **aménagement du temps de travail** Arbeitszeitregelung *f,* Regelung *f* der Arbeitszeit
aménager <2 a> [amenaʒe] *vt* **1.** *(équiper)* ■ **qn aménage qc [avec qc]** *pièce* jd richtet etw [mit etw] ein, jd stattet etw mit etw aus; *étagère* jd stellt etw auf; *placard* jd richtet etw ein
2. *(modifier)* ■ **qn aménage qc [en qc]** *local* jd baut etw [zu etw] um, jd wandelt etw [in etw *(akk)*] um; ***qn aménage une chambre en bureau*** jd richtet ein Zimmer als Büro ein
3. *(créer)* *jardin, parc, espace vert* jd legt etw an; *quartier a.* jd schafft etw
4. *(adapter)* ■ **qn aménage qc** *finances* jd passt etw an; *horaire a.* jd stellt etw um
5. ADMIN ■ **qn aménage qc** jd führt eine Planung für etw durch; ***qn aménage une ville*** jd führt Stadtplanungsmaßnahmen durch; ***qn aménage le territoire*** jd führt Raumordnungsmaßnahmen durch; ~ ***une ville/ le territoire consiste à …*** Stadtplanung/Raumordnung bedeutet …
6. POL ■ **qn aménage qc** *texte de loi, décret* jd ändert etw [ab], jd modifiziert etw
amendable [amɑ̃dabl] *adj* **1.** POL modifizierbar, abänderbar; ***qc est*** ~ etw kann [ab]geändert [*o* modifiziert] werden
2. AGR: ***qc est*** ~ etw kann verbessert [*o* angereichert] werden; ***qn rend qc*** ~ jd reichert etw an, jd verbessert etw
amende [amɑ̃d] *f* *(contravention)* Geldstrafe *f,* Geldbuße *f;* *(p.-v.)* gebührenpflichtige Verwarnung; *(somme)* Bußgeld *nt;* ***qn a 500 francs d'~*** jd bekommt eine Geldstrafe [*o* ein Bußgeld] von 500 F, jd wird mit 500 F Geldstrafe [*o* Bußgeld] belegt; ***encore une*** ~! noch ein Bußgeldbescheid [*o* Strafzettel *fam*]
▸ **sous peine d'**~ bei Strafe; **qn fait** ~ **honorable** jd leistet Abbitte; **qn met qn à l'**~ *fam* jd bestraft jdn, jd brummt jdm eine Strafe auf *fam;* ***si tu continues comme ça, je te mets à l'~*** wenn du so weitermachst, bist du dran *fam*
amendement [amɑ̃dmɑ̃] *m* **1.** POL *[loi]* [Ab]änderungsantrag *m,* Amendement *nt form*
2. AGR *(amélioration)* [Boden]verbesserung *f,* Meliorierung *f spec,* Melioration *f spec;* *(substance)* Bodenverbesserer *m*
amender <1> [amɑ̃de] **I.** *vt* **1.** POL ■ **qn/qc amende qc** jd/etw ändert etw [ab], jd/etw modifiziert etw
2. AGR ■ **qn/qc amende qc** jd/etw verbessert etw, jd/etw reichert etw an, jd/etw melioriert etw *spec*
II. *vpr* ■ **qn s'amende** jd bessert sich
amener <4> [am(ə)ne] **I.** *vt* **1.** *(emmener, apporter)* ■ **qn amène qn/qc** jd bringt jdn/etw mit; ■ **qn amène qn à/chez qn** jd bringt jdn zu jdm; ■ **qn amène qc à qn** jd bringt jdm etw [mit]
2. *(acheminer)* ■ **qc amène qn/qc [quelque part]** etw bringt [*o* befördert] jdn/etw [irgendwohin]; *gaz, liquide* etw leitet etw irgendwohin; ***qc est amené(e) de quelque part*** etw kommt von irgendwoher
3. *(provoquer)* ■ **qc amène qc** etw bringt etw mit sich, etw führt zu etw; ***le vent amène la pluie*** der Wind bringt Regen [mit]; ***un malheur en amène un autre*** ein Unglück kommt selten allein; ■ **qn amène qc à qn** *difficultés, ennuis, problèmes* jd bringt jdm etw; ***elle ne vous amènera que des ennuis*** sie wird Sie/euch nur in Schwierigkeiten bringen; ■ **qn/qc amène qn à faire qc** */circonstance/* etw veranlasst jdn, etw zu tun; jd/etw bringt jdn dazu, etw zu tun; ***la maladie l'a amené à arrêter son travail*** aufgrund [*o* wegen] seiner Krankheit musste er seine Arbeit aufgeben
4. *(introduire)* ■ **qn amène qc** *transition, thème, conclusion* jd bringt etw; *citation, plaisanterie* jd bringt etw an; ***qn amène [dans son discours] le thème de la violence*** jd kommt [in seiner Rede] auf das Thema Gewalt [zu sprechen]
5. *(diriger)* ■ **qn amène qc sur qc** *conversation* jd bringt [*o* lenkt] etw auf etw *(akk);* ***qn amène la conversation sur un sujet*** jd bringt die Sprache auf ein Thema; ■ **qn amène qn à qc** *à l'avis général, à ses idées* jd überzeugt jdn von etw
▸ **c'est bien amené!** gut gemacht!; **qu'est-ce qui t'amène/vous amène [ici]** was führt dich/euch/Sie [hier]her?
II. *vpr fam* ■ **qn s'amène** jd taucht [*o* kreuzt *fam*] auf; ***amène-toi*** komm [schon] her!
amenuisement [amənɥizmɑ̃] *m* Schwinden *nt;* *[chances a.]* Verringerung *f;* *[forces a.]* Nachlassen *nt;* *[ressources a.]* Abnahme *f,* Schwund *m;* ***l'~ de ses forces était tel que*** seine/ihre Kräfte ließen so sehr nach, dass; ***sa maladie est la cause de l'~ de ses chances*** wegen ihrer/seiner Krankheit schwinden [*o* verringern sich] ihre/seine Chancen
amenuiser <1> [amənɥize] **I.** *vt* **1.** *(affaiblir)* ■ **qc amenuise qc** etw schwächt etw
2. *(réduire)* ■ **qc amenuise qc** *espoir* etw verringert [*o* vermindert] etw; *chances a.* etw schmälert etw
II. *vpr* ■ **qc s'amenuise** etw schwindet; */espoir a./* etw verringert [*o* vermindert] sich; */forces a./* etw lässt nach; */provisions, ressources a./* etw geht zur Neige, etw schrumpft; */valeur/* etw verringert sich, etw wird geringer
amer, amère [amɛʀ] *adj* **1.** *(aigre)* bitter; ***qn a la bouche amère*** jd hat einen bitteren Geschmack im Mund
2. *parole, sourire, reproche, ironie* bitter; *déception a.* herb; *souvenir* schmerzlich; *critique* herb, beißend; ***ses paroles étaient amères*** sie/er hatte nur bittere Worte, sie/er klang verbittert
amèrement [amɛʀmɑ̃] *adv* bitter; *critiquer* scharf, hart
américain, e [ameʀikɛ̃, ɛn] **I.** *adj* amerikanisch
▸ **à l'~e** GASTR [auf] amerikanisch[e Art]
II. *m* *(langue)* amerikanisches Englisch, Amerikanisch *nt*
III. *m, f* ■ **Américain(e)** Amerikaner(in) *m(f);* ***un A~ du Nord/ du Sud*** ein Nord-/Südamerikaner
américaniser <1> [ameʀikanize] **I.** *vt* ■ **qn/qc américanise qn/qc** jd/etw amerikanisiert jdn/etw
II. *vpr* ■ **qc s'américanise** etw amerikanisiert sich; */mode de vie a./* etw gleicht sich amerikanischen Verhältnissen an
américanisme [ameʀikanism] *m* Amerikanismus *m*
américium [ameʀisjɔm] *m* CHIM Americium *nt*
Amérique [ameʀik] *f* ■ **l'Amérique** Amerika *nt;* ***en*** ~ in Amerika; ***l'~ latine/ du Nord/ du Sud*** Latein-/Nord-/Südamerika; ***l'~ centrale*** Zentralamerika, Mittelamerika
amerrir <8> [ameʀiʀ] *vi* ■ **qn/qc amerrit** jd/etw wassert
amerrissage [ameʀisaʒ] *m* Wasserung *f,* Wassern *nt*
amertume [amɛʀtym] *f* **1.** *(tristesse)* Bitterkeit *f,* Bitternis *f;* ***la vie et ses ~s*** das Leben mit seiner ganzen Bitterkeit [*o* mit all seinen Bitternissen]
2. *(goût amer)* Bitterkeit *f,* bitterer Geschmack
▸ **qn/qc est plein(e) d'**~ jd/etw ist voll[er] Bitterkeit; */personne a./* jd ist [ganz] verbittert; ***des reproches pleins d'~*** bittere Vorwürfe
améthyste [ametist] **I.** *f* Amethyst *m*
II. *app inv* amethystfarben
ameublement [amœbləmɑ̃] *m* *(meubles)* Möbel *pl,* Möblierung *f;* *(avec tapis, rideaux etc)* Einrichtung *f;* ***l'~ de son salon est de style Louis XVI*** sein/ihr Salon ist im Louis-seize-Stil möbliert [*o* eingerichtet]; ***les articles d'~*** das Mobiliar; *(avec tapis, rideaux etc)* die Einrichtungsgegenstände; ***le magasin d'~*** das Einrichtungshaus; ***le rayon ~*** die Abteilung Raumausstattung; ***le tissu d'~*** der Deko[rations]stoff; ***pour tout ~, il n'y avait que des coussins*** die einzige Einrichtung waren Kissen, die Einrichtung bestand nur aus Kissen
ameuter <1> [amøte] *vt* **1.** *(provoquer l'attroupement)* ■ **qn/qc ameute des personnes** jd/etw alarmiert Menschen, etw lässt Menschen zusammenlaufen; ***tais-toi, tu vas ~ toute la rue*** sei still, sonst läuft die ganze Straße zusammen
2. *(soulever)* ■ **qn ameute des personnes contre qn/qc** jd wiegelt [*o* hetzt] Menschen gegen jdn/etw auf
ami, e [ami] **I.** *m, f* Freund(in) *m(f);* ***un ~ d'enfance/ de la famille*** ein Jugendfreund/ein Freund der Familie; ■ ~ **de** -freund(in) *m(f);* ***un ~ des bêtes/ arts*** ein Tierfreund/Kunstfreund; ***un ~ de la nature*** ein Naturfreund
▸ **mon cher [*o* bon] ~/ma chère [*o* bonne] ~e** mein Lieber/meine Liebe; *iron* mein lieber Freund/meine Liebe; ***mes chers ~s*** meine lieben Freunde, liebe Freunde; **un faux ~** ein Faux ami *m* *(Wort einer Fremdsprache, das in Schrift- und/oder Lautbild einem [Fremd]wort der Muttersprache ähnlich ist, aber eine andere Bedeutung hat)*; **mon pauvre** ~! mein Lieber!, mein [lieber] Freund!; **un(e) petit(e)** ~(e) ein [fester] Freund/eine [feste] Freundin; **qn fait ~-~ [avec qn]** jd verträgt sich wieder [mit jdm]; **qn se fait des ~s** jd findet [*o* gewinnt] Freunde; **qn se fait un ~ de qn** jd freundet sich mit jdm an; **en** ~(e) als Freund(in); **entre ~s** unter Freunden; ***nous sommes entre ~s*** wir sind [ja] unter uns
II. *adj regard, parole* freundschaftlich; *pays* befreundet
▸ **qn est très ~ [avec qn]** jd ist [mit jdm] eng [*o* sehr [gut]] befreundet
amiable [amjabl] *adj* gütlich, einvernehmlich
▸ **à l'~:** ***qn s'arrange à l'~*** jd einigt sich gütlich [*o* einvernehmlich]; ***qn fait un arrangement à l'~*** jd trifft eine gütliche Einigung, jd einigt sich gütlich [*o* einvernehmlich]; ***qn fait un partage à l'~*** jd vereinbart eine gütliche Teilung; ***ils ont divorcé à l'~*** sie haben sich gütlich getrennt
amiante [amjɑ̃t] *m* Asbest *m;* ■ **d'~** Asbest-
amical, e <-aux> [amikal, o] **I.** *adj* **1.** *rencontre, relation, conseil* freundschaftlich; *attitude a.* freundlich; *sourire* herzlich; ***qn est très ~ avec qn*** jd ist sehr freundlich [*o* nett] zu jdm; ***qn a une attitude ~e*** jd ist sehr freundlich [*o* herzlich] [*o* nett]
2. SPORT Freundschafts-
II. *f* ■ **amicale** Vereinigung *f;* ***l'~e des anciens élèves*** der Freundeskreis der ehemaligen Schüler; ***l'~e des anciens combattants*** der Veteranenverein; ***l'~e sportive*** die Sportvereinigung
amicalement [amikalmɑ̃] *adv* **1.** freundschaftlich; *recevoir a.* herzlich
2. *(formule de fin de lettre)*: **[bien]** ~ mit herzlichen Grüßen, herzliche Grüße, herzlichst; ~ ***vôtre*** herzliche Grüße
amidon [amidɔ̃] *m* Stärke *f;* *(pour le linge a.)* [Wäsche]stärke
amidonner <1> [amidɔne] *vt* ■ **qn amidonne qc** jd stärkt etw
amincir <8> [amɛ̃siʀ] **I.** *vt* ■ **qc amincit qn** etw macht jdn schlanker; ■ **qc amincit qc** etw lässt etw schlanker aussehen [*o* [er]scheinen]
II. *vi* ■ **qn amincit** jd wird schlanker, jd nimmt ab
III. *vpr* ■ **qn s'amincit** jd wird schlanker, jd nimmt ab; ■ **qc s'amincit** */tissu, couche/* etw wird dünner

amincissement [amɛ̃sismɑ̃] *m* [*corps, taille*] Schlank[er]werden *nt;* [*couche de glace*] Dünnerwerden *nt;* ***cette robe met en valeur l'~ de sa taille*** dieses Kleid bringt gut zur Geltung, wie schlank ihre Taille geworden ist; ***l'accident est dû à l'~ de la couche de glace*** es kam zu dem Unfall, weil die Eisdecke dünn[er] geworden war

aminé, e [amine] *adj* Amino-

amiral <-aux> [amiʀal, o] **I.** *m* Admiral *m;* ***le vice-/contre-~*** der Vize-/Konteradmiral

II. *app:* ***un vaisseau ~*** ein Flaggschiff

amitié [amitje] *f* **1.** (*affection*) Freundschaft *f;* (*sympathie*) Zuneigung *f;* ***ils sont liés par une profonde ~*** eine enge [*o* tiefe] Freundschaft verbindet sie, sie sind in enger [*o* tiefer] Freundschaft verbunden; ***qn a*** [***beaucoup***] ***d'~ pour qn*** jd mag jdn [sehr], jd empfindet [viel] Zuneigung für jdn

2. (*entente*) Freundschaft *f;* ***l'~ franco-allemande*** die deutsch-französische Freundschaft

3. *pl* (*formule de fin de lettre*): ***~s de Bernadette*** herzliche [*o* liebe] Grüße [von] Bernadette; alles Liebe, Bernadette

► **~s particulières** *vieilli* gleichgeschlechtliche Beziehungen; **qn fait l'~ à qn de faire qc** *form* jd tut jdm den Gefallen, etw zu tun; ***nous ferez-vous l'~ de venir chez nous ce soir?*** würden Sie uns die Freude machen, heute Abend zu uns zu kommen? [*o* und heute Abend zu uns kommen?]; **qn fait** [*o* **transmet**] [*o* **présente**] [**toutes**] **ses ~s** [**à qn**] *form* jd lässt [jdn] grüßen; ***présente*** [***toutes***] ***mes ~s à tes parents*** [***pour moi***] grüß deine Eltern [herzlich] von mir; **qn lie ~** [*o* **se lie d'~**] **avec qn** jd freundet sich mit jdm an, jd schließt mit jdm Freundschaft; **qn prend qn en ~** jd schließt jdn ins Herz; **qn se prend d'~ pour qn** jd fasst Zuneigung zu jdm; [**qn fait qc**] **par ~ pour qn** [jd tut etw] aus Freundschaft zu jdm

ammoniac, -aque [amɔnjak] **I.** *adj sel* Ammonium-; *gomme* Ammoniak-

II. *m* Ammoniak *nt*

III. *f* ■ **ammoniaque** Salmiakgeist *m*

ammoniacal, e <-aux> [amɔnjakal, o] *adj* Ammoniak-; *sel* Ammonium-

amnésie [amnezi] *f* Amnesie *f,* Gedächtnisschwund *m*

amnésique [amnezik] **I.** *adj* an Amnesie [*o* Gedächtnisschwund] leidend, amnesisch *spec;* ***qn est*** [***devenu***] ***~*** jd leidet an Amnesie [*o* Gedächtnisschwund]; ***qn devient ~*** jd beginnt an Amnesie [*o* Gedächtnisschwund] zu leiden

II. *mf* an Amnesie Leidende(r) *f(m),* Patient(in) *m(f)* mit Amnesie

► **qn fait l'~** *hum fam* jd spielt den Ahnungslosen, jd macht auf Gedächtnisschwund *fam*

amniocentèse [amnjosɛ̃tɛz] *f* Fruchtwasseruntersuchung *f*

amniotique [amnjɔtik] *adj* amniotisch; ***la cavité ~*** die Amnionhöhle; ***le liquide ~*** das Fruchtwasser

amnistie [amnisti] *f* Amnestie *f,* Begnadigung *f;* ***qn accorde l'~ à qn*** jd gewährt jdm Amnestie, jd amnestiert [*o* begnadigt] jdn; ***l'~ de qn*** jds Begnadigung

amnistier <1 a> [amnistje] *vt* ■ **qn amnistie qn** jd amnestiert [*o* begnadigt] jdn

amocher <1> [amɔʃe] **I.** *vt pop* **1.** (*abîmer*) ■ **qn/qc amoche qc** *objet, véhicule* jd/etw demoliert etw *fam;* / *personne a.*/ jd ramponiert etw *fam*

2. (*blesser*) ■ **qn amoche qn** jd richtet jdn [übel [*o* schlimm]] zu

II. *vpr pop* ■ **qn s'amoche** es erwischt jdn übel [*o* schlimm] [*o* bös] *fam*

amoindrir <8> [amwɛ̃dʀiʀ] **I.** *vt* **1.** (*diminuer*) ■ **qn/qc amoindrit qc** *forces* jd/etw schwächt etw; *autorité a.* etw beeinträchtigt etw; *confiance en soi a.* jd/etw kratzt etw an *fam; mérite* jd/etw schmälert etw; ■ **qc amoindrit qn** etw schwächt jdn; ■ **qn est amoindri(e) par qc** jd ist von etw geschwächt

2. (*rendre plus petit*) ■ **qn/qc amoindrit qc** jd/etw verkleinert etw

II. *vpr* ■ **qc s'amoindrit** /*forces, facultés*/ etw schwindet, etw wird geringer, etw nimmt ab; *fortune a.* etw verringert sich, etw wird [immer] weniger

amollir <8> [amɔliʀ] **I.** *vt* **1.** (*rendre mou*) ■ **qc amollit qc** etw macht etw weich; *cire, beurre a.* etw lässt etw schmelzen; *asphalte* etw weicht etw auf

2. (*rendre moins énergique*) ■ **qc amollit qn** (*physiquement*) etw macht jdn träge [*o* schlapp *fam*] [*o* schlaff *fam*]; (*moralement*) etw verweichlicht jdn; ■ **qc amollit qc** *volonté* etw schwächt etw; *résolution* etw bringt etw ins Wanken; ***l'émotion a amolli mes jambes*** vor Aufregung bekam ich weiche Knie [*o* wurden mir die Knie weich]

II. *vpr* **1.** (*devenir mou*) ■ **qc s'amollit** etw wird weich; *beurre, cire a.* etw schmilzt

2. (*s'affaiblir*) ■ **qc s'amollit** /*énergie*/ etw lässt nach, etw erlahmt; ***son courage s'amollit*** er/sie verliert den Mut, sein/ihr Mut sinkt *geh;* ***ses jambes s'amollissent*** er/sie bekommt weiche Knie

3. (*perdre courage*) ■ **qn s'amollit** jd verliert den Mut, jd lässt den Mut sinken

amonceler <3> [amɔ̃s(ə)le] **I.** *vt* **1.** (*entasser*) ■ **qn amoncelle qc** [**sur qc**] jd häuft [*o* türmt] etw [auf etw (*dat*)] auf; *feuilles mortes* jd fegt etw [zu etw] zusammen

2. (*accumuler*) ■ **qn amoncelle qc** *richesses* jd häuft etw an, jd hortet etw; *documents, preuves* jd sammelt etw, jd trägt etw zusammen; ***qn amoncelle les difficultés*** jd schafft sich (*dat*) Probleme

II. *vpr* **1.** ■ **qc s'amoncelle** /*choses, neige*/ etw türmt sich [auf]; /*courrier, demandes a.*/ etw häuft sich an; /*nuages a.*/ etw zieht [*o* ballt] sich zusammen

2. *fig* ■ **qc s'amoncelle** /*preuves*/ etw häuft sich

amont [amɔ̃] **I.** *m* [*cours d'eau*] Oberlauf *m;* ***qn va vers l'~ d'un fleuve*** jd geht/fährt flussaufwärts

► **en ~** flussaufwärts, gegen die Strömung; **en ~ de qc** oberhalb von etw; ***Vienne se trouve en ~ de Valence sur le Rhône*** Vienne liegt von Valence aus rhoneaufwärts

II. *app inv:* ***le ski ~*** der Bergski

amoral, e <-aux> [amɔʀal, o] *adj* amoralisch

amorçage [amɔʀsaʒ] *m* [*hameçon, ligne*] Beködern *nt;* [*explosif*] (*action*) Scharfmachen *nt;* (*dispositif*) Zündung *f,* Zünder *m;* [*siphon, pompe*] Vorpumpen *nt*

amorce [amɔʀs] *f* **1.** (*hameçon*) Köder *m*

2. (*explosif*) [*cartouche*] Zündhütchen *nt;* [*obus, mine*] Zünder *m;* [*pistolet d'enfant*] Zündblättchen *nt;* ***un pistolet à ~s*** eine Knallpistole

3. (*début*) [*route, voie ferrée*] erstes Teilstück, erster Bauabschnitt; [*film, pellicule*] [Film]anfang *m;* ***qn fait l'~*** [***d'un trou***] jd bohrt [ein Loch] vor

4. (*phase initiale*) [*conversation, négociations, projet*] Beginn *m,* Anfang *m;* [*idée*] Ansatz *m,* Keim *m;* ***l'~ d'une réforme*** ein Reformansatz, der Ansatz zu einer Reform; ***il y a une ~ dans l'évolution de qc*** es kommt Bewegung in etw (*akk*)

5. INFORM Ladeprogramm *nt*

amorcer <2> [amɔʀse] **I.** *vt* **1.** ■ **qn amorce qc** *hameçon, ligne* jd beködert etw; *explosif* jd macht etw scharf; *syphon* jd macht etw betriebsbereit; ***qn amorce une pompe*** jd pumpt vor

2. (*commencer*) ■ **qn amorce qc** *réformes, évolution, changement* jd leitet etw ein [*o* in die Wege]; *route, tunnel* jd beginnt mit dem Bau einer S. (*gen*); *travaux, construction* jd beginnt [mit] etw; *trou* jd bohrt etw vor; ***la construction est amorcée depuis deux mois*** die Bauarbeiten sind seit zwei Monaten im Gange; ■ **qn/qc amorce qc** *virage* jd/etw geht in etw (*akk*)

3. (*engager*) ■ **qn amorce qc** *négociation, conversation* jd nimmt etw auf, jd leitet etw in die Wege

II. *vpr* ■ **qc s'amorce** /*dialogue*/ etw kommt in Gang; /*détente, baisse*/ etw zeichnet sich ab, etw beginnt; ***la baisse du prix du pétrole s'amorce*** der Ölpreis beginnt zu fallen

amorphe [amɔʀf] *adj* **1.** (*sans énergie*) *personne* energielos, schlaff *fam; esprit* träge

2. (*sans réaction*) *attitude, foule, opinion publique* teilnahmslos; *personne a.* apathisch; ***l'opinion publique est restée ~ à cette nouvelle*** die Öffentlichkeit blieb bei dieser Nachricht unbeteiligt [*o* teilnahmslos]

3. (*sans personnalité*) willensschwach, willenlos; ***qn a un caractère ~*** jd ist willensschwach [*o* willenlos]

amortir <8> [amɔʀtiʀ] *vt* **1.** ■ **qc amortit qc** *bruit* etw dämpft etw; *coup, choc a.* etw fängt etw auf; *chute* etw bremst etw

2. FIN ■ **qn amortit qc** *dette* jd tilgt etw, jd zahlt etw zurück; *machine, équipement, immeuble, voiture* (*rentabiliser*) jd amortisiert etw; (*inscrire au bilan*) jd schreibt etw ab

amortissement [amɔʀtismɑ̃] *m* **1.** [*choc, coup, bruit*] Dämpfung *f;* [*coup, choc a.*] Auffangen *nt;* [*bruit a.*] Dämmung *f;* [*chute*] Abbremsen *nt*

2. FIN [*dette*] Tilgung *f;* [*actions*] Ablösung *f*

3. [*matériel, équipement*] (*rentabilisation*) Amortisation *f,* Amortisierung *f;* (*inscription au bilan*) Abschreibung *f;* ***l'~ des machines se fera en trois ans*** die Maschinen werden über drei Jahre abgeschrieben

amortisseur [amɔʀtisœʀ] *m* Stoßdämpfer *m*

amour [amuʀ] **I.** *m f si poétique* **1.** (*sentiment*) Liebe *f;* ***qn éprouve de l'~ pour qn*** jd liebt jdn; ***l'~ qu'elle a pour lui*** ihre Liebe zu ihm; ***qn parle d'~ à qn*** jd macht jdm eine Liebeserklärung/Liebeserklärungen; ***qn aime qn d'un ~ platonique*** jd liebt jdn platonisch; ***qn fait un mariage d'~*** jd heiratet aus Liebe, jd schließt eine Liebesehe; ***l'~ maternel*** mütterliche Liebe, Mutterliebe; ***l'~ paternel*** väterliche Liebe; ***l'~ filial*** die Liebe der Kinder [*o* von Kindern] zu ihren Eltern; ***l'~ fraternel*** (*entre frères*) brüderliche Liebe; (*entre frères et sœurs*) geschwisterliche Liebe

2. (*acte*) Liebe *f;* ***pendant l'~*** bei der Liebe, während sie sich liebten; ***l'acte d'~*** *vieilli* der Liebesakt

3. (*personne*) Liebe *f;* ***son ~ de jeunesse*** ihre/seine Jugendliebe; ***un ~ de vacances*** ein Urlaubsflirt, ein Ferienflirt

4. (*affection vive*) ■ **l'~ de qn/qc** die Liebe zu jdm/etw; ***l'~ du prochain*** [*o* ***d'autrui***]/ ***de l'humanité/ de la justice*** Nächsten-/Menschen-/Gerechtigkeitsliebe; ***l'~ de la nature*** die Liebe zur Natur, Naturliebe; ***l'~ du sport*** die Liebe zum Sport, die Sportbegeisterung; ***l'~ des voyages*** die Freude am Reisen, die Reiselust; ***qn a l'~ de qc*** jd liebt etw

5. (*terme d'affection*): ***mon ~*** [mein] Liebling, [mein] Schatz

► **qn fait qc pour l'~ de l'art** jd tut etw aus Liebe zur Sache [*o* aus reiner Liebe]; **pour l'~ de Dieu** um Gottes willen; **qn vit d'~ et d'eau fraîche** jd lebt von Luft und Liebe; **qn est fou(folle) d'~ pour qn** jd ist verrückt nach jdm; **~ fou** leidenschaftliche Liebe; ***c'était l'~ fou entre eux*** sie liebten sich leidenschaftlich [*o* wahnsinnig]; **le grand ~** die große Liebe; **qn est joli(e) comme un ~** jd ist bildhübsch; **~ libre** freie Liebe; **qn file le parfait ~** jd schwebt im siebten Himmel; **qn est un ~** *fam* jd ist ein [richtiger] Schatz; /*enfant a.*/ jd ist ein richtiger Goldschatz; **qn/qc est un ~ de qn/qc:** ***c'est un ~ de bébé/ d'enfant*** das ist aber ein süßes [*o* niedliches] [*o* goldiges] Baby/Kind; ***quel ~ de robe!*** *fam* das ist aber ein reizendes [*o* süßes] Kleid!; ***il est un ~ de mari*** er ist ein reizender Ehemann; **qn est un ~ de faire qc** jd ist ein Schatz, wenn er etw tut; ***tu serais un ~ de rapporter quelques fruits*** sei ein Schatz [*o* sei so lieb] und bring etwas Obst mit; **qn fait l'~** [**avec qn**] jd schläft mit jdm; ***ils font l'~*** sie schlafen miteinander; ***ça fait longtemps qu'il n'a pas fait l'~*** er hat schon lange keinen Sex mehr gehabt *fam* [*o* mit niemandem mehr geschlafen]; ***faites l'~, pas la guerre*** make love, not war [meɪk 'lav nɔt 'wɔː]; **qn fait qc avec ~** jd tut etw mit Liebe; **qn fait qc pour l'~ de qn/qc** *form* jd tut etw um einer S. willen/jdm zuliebe

II. *fpl* Liebschaften *pl;* ***comment vont tes ~s?*** was macht die Liebe?, wie steht's mit der Liebe?; ***elle n'a pas de chance dans ses ~s*** sie hat kein Glück in der Liebe [*o* mit ihren Liebschaften]; ***les ~s enfantines*** Kinderfreundschaften *pl,* Sandkastenfreundschaften *pl*

► **qn revient toujours à ses premières ~s** [*o* **son premier ~**] (*à la personne aimée*) alte Liebe rostet nicht; (*aux choses aimées*) jd kommt immer wieder auf das zurück, was er gerne gemacht hat; **à tes/vos ~s** *hum* Gesundheit!

amouracher <1> [amuʀaʃe] *vpr péj* ■ **qn s'amourache de qn** jd vernarrt sich in jdn

amourette [amuʀɛt] *f vieilli* Liebelei *f*, Flirt [flœrt] *m*

amoureusement [amuʀøzmɑ̃] *adv* **1.** (*avec amour*) liebevoll, voll[er] Liebe; ***il lui a pris la taille*** ~ er legte liebevoll den Arm um sie
2. (*avec soin*) liebevoll, mit Liebe

amoureux, -euse [amuʀø, -øz] **I.** *adj personne, regard* verliebt; ***la vie ~euse de qn*** jds Liebesleben *nt;* ■ **qn est ~ de qn** jd ist in jdn verliebt; ■ **qn est ~ de qc** jd liebt etw; ***qn est ~ de la gloire*** jd ist ruhmsüchtig
▸ **qn tombe ~ [de qn]** jd verliebt sich [in jdn]
II. *m, f* **1.** *pl* (*personnes*) Verliebte *pl*, Liebende *pl;* ***les deux*** ~ die beiden Verliebten, das Liebespaar, das [Liebes]pärchen
2. *hum vieilli* (*soupirant*) Verehrer(in) *m(f)*
3. (*qui est passionné de qc*) ■ ~ **de** -liebhaber(in) *m(f);* ***un ~ des arts/de la musique*** ein Kunst-/Musikliebhaber; ***un ~ de la nature*** ein Naturfreund
▸ ~ **transi** unglücklich Verliebter; *hum* schmachtender Verehrer; **en** ~ in trauter Zweisamkeit

amour-propre <~s-~s> [amuʀpʀɔpʀ] *m* Selbstachtung *f*, Selbstwertgefühl *nt;* ***on a quand même son ~~*** schließlich hat man noch einen Rest Selbstwertgefühl [*o* Selbstachtung]; ***qn n'a pas d'~~/aucun ~~*** jd hat keinen Stolz/überhaupt keinen Stolz

amovible [amɔvibl] *adj* **1.** *chose* abnehmbar; *doublure* herausnehmbar; (*par boutons*) ausknöpfbar; *roue* demontierbar
2. (*qui peut être déplacé*) *fonctionnaire, magistrat* versetzbar; (*qui peut être révoqué*) absetzbar; *fonction* widerruflich, auf Widerruf

ampère [ɑ̃pɛʀ] *m* Ampere *nt*

amphétamine [ɑ̃fetamin] *f* Amphetamin *nt*

amphi [ɑ̃fi] *m* UNIV *fam abr de* **amphithéâtre** Hörsaal *m;* ***le grand*** ~ das Audimax

amphithéâtre [ɑ̃fiteɑtʀ] *m* **1.** ARCHIT Amphitheater *nt*
2. UNIV Hörsaal *m*, Auditorium *nt;* ***le grand*** ~ das Auditorium maximum
3. THEAT Galerie *f*, dritter Rang
4. GEOL Halbkessel *m;* ***qc s'élève en*** ~ etw steigt im Halbkreis [*o* halbkreisförmig] an

ample [ɑ̃pl] *adj a. antéposé* **1.** (*large*) *vêtement* weit; *geste, mouvement* weit ausholend, ausladend
2. (*vaste*) *projet, sujet* umfangreich; *problème, affaire* groß, weitreichend; *récit, information* umfassend, ausführlich; *voix* weithin hörbar, sonor; *vue* weit; ***c'est un sujet si ~ que*** das ist ein so weites Feld, dass; ***une ~ vue de la situation*** ein umfassender Überblick über die Situation; ***de plus ~s informations vous seront données*** Sie erhalten nähere [*o* eingehendere] Informationen

amplement [ɑ̃pləmɑ̃] *adv* ausführlich; ***il a fait ~ ce qu'on voulait de lui*** er hat mehr getan, als man von ihm verlangt hat; ***qc est ~ suffisant*** etw reicht völlig [*o* vollauf]; ***qn gagne ~ sa vie*** jd hat sein reichliches Auskommen, jd verdient seinen Lebensunterhalt reichlich

ampleur [ɑ̃plœʀ] *f* **1.** [*vêtement*] Weite *f;* [*voix*] Tragweite, Reichweite; ***l'~ de sa voix était telle que*** er/sie hatte eine so sonore [*o* weit hörbare] Stimme, dass; ***l'~ de ses gestes*** seine/ihre ausladenden [*o* weit ausholenden] Gesten
2. (*étendue*) [*récit*] Ausführlichkeit *f;* [*sujet, projet, problème*] Umfang *m;* [*vue*] Weite *f;* [*catastrophe, crise*] Umfang *m*, Ausmaß *nt;* ***l'~ de ses projets est inimaginable*** seine/ihre Vorhaben gehen weit über das normale Vorstellungsvermögen hinaus
▸ **qc prend de l'~** /*événement*/ etw gewinnt an Bedeutung

ampli [ɑ̃pli] *m fam abr de* **amplificateur** Verstärker *m*

amplificateur [ɑ̃plifikatœʀ] *m* PHYS, RADIO Verstärker *m;* PHOT Vergrößerungsapparat *m;* ***des ~s de 30 watts*** 30-Watt-Verstärker *pl;* ***un ~ basse fréquence/haute fréquence*** ein Niederfrequenz-/Hochfrequenzverstärker

amplification [ɑ̃plifikasjɔ̃] *f* **1.** (*développement exagéré*) [*idée, thème*] Entfaltung *f*, Weiterentwicklung *f;* [*catastrophe, mouvement*] Ausweitung *f;* *péj* [*texte, discours*] Weitschweifigkeit *f;* ***l'~ médiatique de qc*** das Aufbauschen einer S. (*gen*) durch die Medien
2. TECH [*son*] Verstärkung *f*, Verstärken *nt;* [*image*] Vergrößerung *f*, Vergrößern *nt*

amplifier <1 a> [ɑ̃plifje] **I.** *vt* **1.** (*développer*) ■ **qn/qc amplifie qc** *texte* jd/etw erweitert etw, jd bläht etw auf *péj; thème a.* jd führt etw weiter aus; *idée* jd/etw verbreitet etw; *tendance* jd/etw verstärkt etw; *mouvement, manifestation* durch etw weitet sich etw aus [*o* bekommt etw Zulauf]; *échanges, coopération* jd erweitert [*o* verstärkt] etw, jd baut etw aus
2. (*exagérer*) ■ **qn/qc amplifie qc** *incident* jd/etw bauscht etw auf
3. TECH ■ **qn/qc amplifie qc** *son, courant* jd/etw verstärkt etw; *image* jd/etw vergrößert etw
II. *vpr* ■ **qc s'amplifie** /*idée*/ etw verbreitet sich, etw breitet sich aus; /*tendance*/ etw nimmt zu, etw verstärkt sich; /*bruit*/ etw schwillt an; /*mouvement*/ etw weitet sich aus; /*échange*/ etw intensiviert sich, etw wird ausgebaut

amplitude [ɑ̃plityd] *f* **1.** PHYS, GEOM, METEO Amplitude *f;* ***l'~ thermique*** die Temperaturamplitude; ***l'~ d'un arc*** die Bogenweite, die Spannweite eines Bogens
2. *fig* (*ampleur*) Umfang *m*, Ausmaß *nt*

ampoule [ɑ̃pul] *f* **1.** ELEC [Glüh]birne *f;* ~ ***à baïonnette*** [Glüh]birne mit Bajonettfassung; ~ ***de flash*** Blitzlichtbirne; ***une ~ électrique de 40 watts*** eine 40-Watt-Birne; ***l'~ est grillée*** die Birne ist durchgebrannt
2. PHARM Ampulle *f;* ***une ~ autocassable*** eine Knickampulle; ***une ~ buvable [autocassable]*** eine Trinkampulle [mit Sollbruchstelle]; ***trois ~s d'hormones*** drei Ampullen Hormone [*o* mit Hormonen]
3. (*aux mains, pieds*) Blase *f;* ***qn attrape des ~s aux mains/aux pieds*** jd bekommt Blasen an den Händen/an den Füßen
▸ **qn n'attrape pas [*o* ne se fait pas] des ~s aux mains** *iron* jd macht keinen Finger krumm *fam*, jd reißt sich (*dat*) kein Bein aus *fam*

amputation [ɑ̃pytasjɔ̃] *f* **1.** ANAT Amputation *f;* ***le chirurgien a procédé à l'~ de la jambe*** der Chirurg hat das Bein amputiert [*o* eine Beinamputation vorgenommen]
2. *fig* (*diminution*) [*texte, roman*] Kürzung *f;* [*budget a.*] Beschneidung *f;* [*fortune, capital*] Minderung *f;* [*pays*] Abtrennung *f*, Verkleinerung *f;* ***voilà une ~ sensible de son budget/de sa fortune*** das reißt ein beträchtliches Loch in sein/ihr Budget/Vermögen; ***l'auteur proteste contre l'~ de son roman*** der Autor protestiert gegen die Verstümmelung seines Romans

amputer <1> [ɑ̃pyte] *vt* **1.** ANAT ■ **qn ampute qn de qc** jd amputiert jdm etw; ***le chirurgien l'a amputé de sa jambe*** der Chirurg hat ihm das Bein amputiert [*o* abgenommen]; ***il est amputé d'un bras*** er hat einen amputierten Arm, er ist armamputiert
2. *fig* ■ **qn ampute qc [de qc]** *texte, roman* jd kürzt etw [um etw]; *pays* jd verkleinert etw [um etw]; *fortune* jd reißt ein Loch in etw (*akk*); ***le pays a été amputé d'une partie de son territoire*** das Land musste einen Teil seines Gebietes abtreten

amulette [amylɛt] *f* Amulett *nt*

amusant, e [amyzɑ̃, ɑ̃t] *adj* **1.** (*divertissant*) unterhaltsam; *jeu a.* vergnüglich; *travail, vacances a.* abwechslungsreich
2. (*drôle*) *film, spectacle, remarque, personne* amüsant, lustig
3. (*curieux*) witzig
▸ **l'~, c'est que** das Amüsante [*o* Witzige] [an der Sache] ist, dass; der Witz ist, dass; **l'~, c'est de faire qc** der Spaß besteht darin, etw zu tun; **qn n'est pas très ~** jd ist nicht sehr [*o* besonders] amüsant [*o* lustig]; (*difficile à vivre*) jd ist nicht sehr umgänglich; **cela n'a rien d'~** das ist alles andere als lustig, das ist [ganz und gar] nicht zum Lachen

amuse-gueule [amyzgœl] *m inv fam* Knabbereien *pl;* (*petit sandwich*) Appetithäppchen *nt*

amusement [amyzmɑ̃] *m* **1.** (*divertissement*) Zeitvertreib *m*, Vergnügen *nt;* ***les jouets servent à l'~ des enfants*** Spielzeug dient den Kindern zum Zeitvertreib
2. (*plaisir*) Vergnügen *nt*, Spaß *m;* ***qn fait qc pour son ~ [personnel]*** jd tut etw zu seinem [persönlichen] Vergnügen, jd tut etw zum [eigenen] Vergnügen; ***qc est un ~ pour qn*** etw macht jdm Spaß; ***faire qc est un ~ pour qn*** es macht jdm Spaß, etw zu tun
3. (*moquerie*) Belustigung *f*, Erheiterung *f;* ***qn écoute qn avec ~*** jd hört jdm amüsiert [*o* belustigt] zu
▸ **qn prend de l'~ à faire qc** es macht jdm Spaß, etw zu tun; es bereitet jdm Vergnügen, etw zu tun; **[qn fait qc] par ~** [jd tut etw] zum Vergnügen

amuser <1> [amyze] **I.** *vt* **1.** (*divertir*) ■ **qn amuse qn** jd unterhält jdn; ■ **qc amuse qn** /*activité*/ etw macht jdm Spaß [*o* Vergnügen]
2. (*faire rire*) ■ **qn amuse qn** jd bringt jdn zum Lachen; ■ **qc amuse qn** /*histoire drôle, plaisanterie*/ etw amüsiert [*o* belustigt] [*o* erheitert] jdn; /*remarque*/ jd findet etw lustig [*o* witzig] [*o* zum Lachen]; ***ça ne m'amuse pas du tout*** ich finde das gar nicht witzig; ■ **qn/qc amuse qn** (*non intentionnellement*) jd/etw belustigt jdn, jd/etw erregt jds Heiterkeit
3. (*détourner l'attention*) ■ **qn amuse qn** jd lenkt jdn ab
II. *vpr* **1.** (*jouer*) ■ **qn s'amuse** jd spielt, jd vergnügt sich *geh;* ■ **qn s'amuse avec qn** jd spielt mit jdm; ■ **qn/un animal s'amuse avec qc** jd/ein Tier spielt mit etw
2. (*se divertir*) ■ **qn s'amuse** jd amüsiert sich; ■ **qn s'amuse à faire qc** es macht jdm Spaß, etw zu tun; (*pour rigoler*) jd tut etw zum Spaß
3. *fig* (*batifoler*) ■ **qn s'amuse** jd amüsiert sich, jd vergnügt sich
4. (*traîner, lambiner*) ■ **qn s'amuse** jd trödelt [herum]
▸ **qn s'amuse comme un(e) petit(e) fou(folle) [à faire qc]** es macht jdm wahnsinnig Spaß [etw zu tun]; **qn/un animal s'amuse d'un rien** jd/ein Tier ist verspielt; ***cet enfant n'est pas compliqué, il s'amuse d'un rien*** dieses Kind ist nicht schwierig, es findet immer [leicht] etwas zum Spielen; **qn s'amuse bien** jd amüsiert sich gut, jd hat viel Spaß; (*à une soirée*) jd unterhält sich gut; **amuse-toi/amusez-vous bien!** viel Spaß!; **si ça t'/l'/vous amuse** wenn's dir/ihm/Ihnen Spaß macht

amuseur, -euse [amyzœʀ, -øz] *m, f* amüsanter [*o* unterhaltsamer] Mensch, Spaßmacher(in) *m(f);* ***c'est une ~euse*** sie ist sehr amüsant
▸ **~(-euse) public(-ique)** Alleinunterhalter(in) *m(f)*, Entertainer(in) [ˈɛntɐteːnɐ] *m*

amygdale [amidal] *f* Mandel *f;* ***il a les ~s enflammées*** seine Mandeln sind entzündet, er hat entzündete Mandeln

amygdalite [amidalit] *f* Mandelentzündung *f*

an [ɑ̃] *m* **1.** (*durée*) Jahr *nt;* ***après cinq ~s de vie commune*** nachdem sie fünf Jahre [lang] zusammengelebt hatten, nach fünfjährigem Zusammenleben; ***une amitié de vingt ~s*** eine zwanzigjährige Freundschaft; ***six ~s de travail*** sechs Jahre Arbeit; ***il n'a pas payé son loyer pendant trois ~s*** er hat drei Jahre [lang] seine Miete nicht bezahlt
2. (*âge*) Jahr *nt;* ***il a cinq ~s*** er ist fünf [Jahre alt]; ***à quarante ~s*** mit vierzig [Jahren]; ***un homme de cinquante ~s*** ein fünfzigjähriger Mann, ein Mann von fünfzig Jahren; ***elle a fêté ses vingt ~s*** sie hat ihren zwanzigsten Geburtstag gefeiert
3. (*point du temps*) Jahr *nt;* ***l'~ dernier*** letztes Jahr; ***l'~ prochain*** nächstes Jahr; ***en l'~ 200 avant Jésus-Christ*** [im Jahr] 200 vor Christus; ***le premier de l'~*** Neujahr, der Neujahrstag; ***tous les ~s*** jedes Jahr; ***par ~*** im Jahr, jährlich
▸ **bon ~, mal ~** im Durchschnitt, durchschnittlich; **qn se moque de qc comme de l'~ quarante** etw lässt jdn [völlig] kalt, etw interessiert jdn nicht die Bohne [*o* nicht für fünf Pfennig] *fam;* **cent sept ~s:** ***ça ne va pas durer cent sept ~s, tout de même!*** das wird wohl [hoffentlich] nicht ewig [*o* kei-

ne Ewigkeit] dauern!; **qn n'a plus vingt ~s** jd ist keine zwanzig mehr *fam,* jd ist nicht mehr so jung; **nouvel** ~ Neujahr *nt; au nouvel ~* an [o zu] Neujahr, zum neuen Jahr
anachronisme [anakʀɔnism] *m* Anachronismus *m; il y a un ~ dans qc* etw ist anachronistisch; *faire qc est un ~* es ist altmodisch [o nicht [mehr] zeitgemäß] etw zu tun
anagramme [anagʀam] *f* Anagramm *nt*
anal, e <-aux> [anal, o] *adj* anal
analgésique [analʒezik] I. *adj* schmerzstillend, schmerzbetäubend
II. *m* Schmerzmittel *nt,* Analgetikum *nt spec*
analogie [analɔʒi] *f* Analogie *f; il y a une ~ entre deux choses* zwei Dinge weisen eine Analogie auf, es besteht eine Analogie zwischen zwei Dingen; *il y a une ~ de caractères chez ces deux enfants* die beiden Kinder sind sich (*dat*) charakterlich [o vom Charakter her] ähnlich; *il y a une ~ dans la conjugaison de ces verbes* diese Verben werden analog konjugiert
▸ **par** ~ analog; *qn raisonne par ~* jd zieht einen Analogieschluss *qn pense par ~* jd denkt in Analogien
analogue [analɔg] I. *adj* analog, ähnlich, vergleichbar; *les propriétés de ces deux médicaments sont ~s* diese beiden Medikamente haben vergleichbare [o analoge] Eigenschaften; *il a eu une idée ~ à la mienne* er hatte eine ähnliche Idee wie ich
II. *m* Entsprechung *f; sans ~* einzigartig, einmalig
analphabète [analfabɛt] I. *adj* des Lesens und Schreibens unkundig; ■ **qn est** ~ jd kann nicht lesen und schreiben
II. *mf* Analphabet(in) *m(f)*
analphabétisme [analfabetism] *m* Analphabetismus *m; le taux d'~* die Analphabetismusrate, der Anteil an Analphabeten
analysable [analizabl] *adj* analysierbar, [genauer] bestimmbar; ■ **qc est** ~ etw lässt sich bestimmen [o analysieren]
analyse [analiz] *f* 1. Analyse *f; qn fait l'~ [psychologique] de qc* jd analysiert etw [psychologisch]; ■ **~ de qc** ECON -analyse; *~ de marché/du travail* Markt-/Arbeitsanalyse [o Jobanalyse]
2. MED Untersuchung *f; une ~ de sang/d'urine [o des urines]* eine Blut-/Urinuntersuchung; *le laboratoire d'~s* das [Untersuchungs]labor; *qn se fait faire des ~s* jd lässt Laboruntersuchungen [o Labortests] machen [o vornehmen]
3. CHIM Analyse *f*
4. PSYCH [Psycho]analyse *f*
5. MATH Analysis *f*
6. PHILOS Analyse *f; qn a l'esprit d'~* jd kann analytisch vorgehen [o denken]
▸ **~ grammaticale/logique** LING grammatische/logische Analyse [o Satzanalyse]; **qn est en ~** [o **en cours d'~**] jd ist in psychoanalytischer Behandlung; **qn fait une ~** PSYCH jd macht eine Analyse
analyser <1> [analize] *vt* ■ **qn analyse qc** jd analysiert etw; GRAM *a.* jd bestimmt etw; MATH jd untersucht etw; ■ **qn se fait ~** PSYCH jd macht eine Analyse
analyste [analist] I. *mf* 1. Analytiker(in) *m(f); ~ financier* Bilanzanalytiker(in)
2. PSYCH [Psycho]analytiker(in) *m(f)*
II. *app* MATH, CHIM: *un mathématicien ~* ein auf Analysis spezialisierter Mathematiker, ein Analysisexperte *m; un chimiste ~* ein auf Analysen spezialisierter Chemiker, ein Experte *m* für chemische Analysen
analyste-programmeur, -euse <~s-~s> [analistpʀɔgʀamœʀ, -øz] *m, f* Systemanalytiker(in) *m(f)*
analytique [analitik] *adj* analytisch; *qn a l'esprit ~* jd ist ein Analytiker/eine Analytikerin, jd kann analytisch vorgehen [o denken]; *comptabilité ~* internes Rechnungswesen
▸ **la table** ~ das Inhaltsverzeichnis
anamnèse [anamnɛz] *f* MED Anamnese *f*
ananas [anana(s)] *m* Ananas *f; des ~ en boîte* Dosenananas, Ananas aus der Dose
anarchie [anaʀʃi] *f* 1. POL, PHILOS Anarchie *f; c'est l'~* es herrscht Anarchie; *qc est dans l'~* etw versinkt in Anarchie
2. *fig* (*pagaïe*) Anarchie *f,* Chaos *nt; quelle ~ dans ce service!* in dieser Abteilung herrscht die reinste Anarchie [o das reinste Chaos]!
anarchique [anaʀʃik] *adj* chaotisch, anarchisch
anarchisme [anaʀʃism] *m* 1. (*anarchie*) Anarchie *f*
2. PHILOS, POL Anarchismus *m*
anarchiste [anaʀʃist] I. *adj* 1. anarchistisch; ■ **qn est** ~ jd ist ein Anarchist/eine Anarchistin
2. (*marginal*) anarchistisch; *elle est ~* sie ist [o verhält sich] anarchistisch, sie ist Anarchistin
II. *mf* Anarchist(in) *m(f); un ~ de droite/de gauche* ein rechter/linker Anarchist
anathème [anatɛm] I. *m* Exkommunikation *f,* Anathem[a] *nt spec;* HIST Kirchenbann *m;* ■ **qn prononce l'~ contre qn** jd exkommuniziert jdn, jd schließt jdn aus der Kirche aus; HIST jd belegt jdn mit dem Kirchenbann, jd verhängt den Kirchenbann über jdn
▸ **qn jette l'~ sur qn/qc** *fig* jd verflucht jdn/etw, jd verdammt jdn [in Grund und Boden], jd bricht den Stab über jdn/etw
II. *m, f* (*excommunié*) Exkommunizierte(r) *f(m);* HIST Gebannte(r) *f(m)*
anatomie [anatɔmi] *f* 1. Anatomie *f; il fait des études d'~ générale* er studiert allgemeine Anatomie; *l'~ humaine/animale* die menschliche Anatomie/die Anatomie der Tiere
2. *fam* (*corps*) Körperbau *m; elle a une belle ~* sie ist gut gebaut
anatomique [anatɔmik] *adj* anatomisch
anatomiste [anatɔmist] *mf* Anatom(in) *m(f)*
ancestral, e <-aux> [ɑ̃sɛstʀal, o] *adj form* alt [überliefert], der Vorfahren
ancêtre [ɑ̃sɛtʀ] I. *mf* 1. (*aïeul*) Vorfahr(in) *m(f),* Ahn(in) *m(f)*
2. *fig* (*précurseur*) [*littérature, arts*] Vorläufer(in) *m(f);* [*objet, instrument a.*] Vorgänger *m*
3. *fam* (*vieillard*) alter Mann/alte Frau; *les ~s* die alten Leute, die Alten
II. *mpl* ■ **les ancêtres** die Vorfahren
anchois [ɑ̃ʃwa] *m* Sardelle *f,* An[s]chovis *f; une pizza aux ~* eine Pizza mit Sardellen, eine Sardellenpizza; *le beurre d'~* [die] Sardellenbutter
ancien, ne [ɑ̃sjɛ̃, jɛn] I. *adj* 1. (*vieux*) *bâtiment, coutume* alt; *objet d'art a.* antik; *un livre ~* (*d'occasion, de collection*) ein antiquarisches Buch
2. *antéposé* (*précédent*) ehemalig, früher
3. *antéposé* (*d'autrefois*) ehemalig, alt; SCOL, UNIV ehemalig; *une ~ne élève* eine ehemalige Schülerin, eine Ehemalige
4. (*antique*) *époque, temps, peuple* antik, alt; *dans des temps très ~s* in grauer Vorzeit
5. ■ **qn est ~ quelque part** *employé, collaborateur* jd ist schon lange irgendwo; *il est plus ~ que moi* er ist [schon] länger dabei als ich, er gehört [schon] länger dazu als ich
II. *m* (*mobilier antique*) Antiquitäten *pl; j'aime l'~ et le moderne* ich mag das Antike und das Moderne
III. *m, f* 1. (*personne très âgée*) alter Mann/alte Frau; *les ~s* die alten Leute, die Alten; *il faut respecter les ~s* man muss das Alter ehren
2. (*collaborateur de longue date*): *qn fait partie des ~s* jd gehört zu den Dienstältesten [o den Alten]; *qn est un(e) ~(ne) dans l'entreprise* jd gehört schon lange zum Unternehmen
IV. *mpl* HIST Völker [o Menschen] des Altertums [o im Altertum]; *les ~ et les modernes* LITTER die Alten und die Modernen
anciennement [ɑ̃sjɛnmɑ̃] *adv* früher, ehemals
ancienneté [ɑ̃sjɛnte] *f* (*fonction publique*) Dienstalter *nt;* (*dans une entreprise*) Betriebszugehörigkeit *f; il a 8 ans d'~ dans la maison* er gehört seit 8 Jahren zur Firma; *à l'~* dem Dienstalter/der Betriebszugehörigkeit nach
ancre [ɑ̃kʀ] *f* Anker *m*
▸ **qc est à l'~** etw liegt vor Anker; **qn/qc jette l'~** jd/etw geht vor Anker; *fig fam* jd geht vor Anker *fam,* jd lässt sich nieder; **qn/qc lève l'~** jd/etw lichtet den Anker; *fig fam* jd macht sich auf, jd bricht auf
ancrer <1> [ɑ̃kʀe] I. *vt* 1. ■ **qn ancre qc** jd verankert etw; *qc est ancré(e) dans la rade* etw liegt auf Reede [vor Anker]
2. *fig* (*être enraciné*) ■ **qc est ancré(e) dans qc** etw ist in etw (*dat*) [fest] verankert; *il a cette idée ancrée dans la tête* diese Idee hat sich in seinem Kopf verankert [o festgesetzt], er hat sich (*dat*) diese Idee in den Kopf gesetzt
II. *vpr* 1. (*s'insinuer*) ■ **qc s'ancre dans qc** etw setzt sich in etw (*dat*) fest, etw nistet sich in etw (*dat*) ein
2. *fam* (*s'incruster*) ■ **qn s'ancre** jd nistet sich ein, jd schlägt Wurzeln *fam*
Andorre [ɑ̃dɔʀ] *f* Andorra *nt*
andouille [ɑ̃duj] *f* 1. GASTR *Wurst aus Innereien von Schwein und Kalb*
2. *fam* (*imbécile*) Rindvieh *nt fam,* Trottel *m fam*
▸ **une triple ~** ein ausgemachtes Rindvieh *fam,* ein ausgemachter Trottel *fam;* **qn fait l'~** *fam* jd macht Unsinn [o Blödsinn]; (*qn feint l'ignorance*) jd stellt sich [noch] dümmer [o dämlicher] an, als er [schon] ist *fam*
andouillette [ɑ̃dujɛt] *f Würstchen aus Innereien*
androgène [ɑ̃dʀɔʒɛn] I. *adj* androgen
II. *m* Androgen *nt*
androgyne [ɑ̃dʀɔʒin] I. *adj* androgyn
II. *mf* Zwitter *m*
âne [ɑn] *m* 1. ZOOL Esel *m; v. a.* **ânesse**
2. (*imbécile*) Esel *m; quel ~!* so ein Esel!
▸ **il y a plus d'un ~ qui s'appelle Martin** so heißen viele Leute, das ist ein Allerweltsname; **qn fait l'~ pour avoir du son** jd stellt sich dumm um etwas herauszubringen; **qn est un ~ bâté** jd ist ein ausgemachter Esel; **qn est têtu(e) comme un ~** jd ist störrisch wie ein Esel
anéantir <8> [aneɑ̃tiʀ] I. *vt* 1. (*détruire*) ■ **qn/qc anéantit qn** *ennemi* jd/etw vernichtet jdn; ■ **qn/qc anéantit qc** *armée* jd/etw vernichtet etw, jd/etw reibt etw auf; *ville* jd/etw macht etw dem Erdboden gleich, jd/etw zerstört etw völlig; *effort* jd/etw macht etw zunichte; *espoir* jd/etw zerstört etw, jd/etw macht etw zunichte; *tous mes espoirs ont été anéantis* all[e] meine Hoffnungen sind dahin
2. (*déprimer, accabler*) ■ **qn anéantit qn** jd macht jdn fertig *fam;* ■ **qc anéantit qn** /*chaleur*/ jd ist von etw [ganz] erschöpft [o erledigt *fam*]; /*fatigue a.*/ jd ist vor etw [ganz] erschöpft [o erledigt *fam*]; /*mauvaise nouvelle*/ etw schmettert jdn nieder, etw erschüttert jdn; /*chagrin*/ jd ist vor etw am Boden zerstört
II. *vpr* ■ **qc s'anéantit** etw schwindet, etw lässt nach; /*volonté a.*/ etw gerät ins Wanken
anéantissement [aneɑ̃tismɑ̃] *m* 1. Vernichtung *f,* Zerstörung *f; ça a entraîné l'~ de mes espoirs* das hat meine Hoffnungen zunichte gemacht
2. *form* (*fatigue*) Erschöpfung *f;* (*abattement*) Niedergeschlagenheit *f; qn est pris d'un subit ~* jd ist plötzlich völlig erschöpft; *il est dans un état d'~ complet* er ist völlig am Boden zerstört
anecdote [anɛkdɔt] *f* Anekdote *f*
▸ **pour l'~** als Anekdote
anecdotique [anɛkdɔtik] *adj* 1. anekdotisch
2. *péj* (*peu important*) anekdotisch, belanglos, nebensächlich; *portrait ~* Genrebild *nt; peinture ~* Genremalerei *f*
anémie [anemi] *f* 1. MED Anämie *f,* Blutarmut *f*
2. *fig* (*crise*) Flaute *f,* Depression *f; l'~ de la production de charbon* die Flaute bei [o die Depression in] der Kohleförderung
anémié, e [anemje] *adj* 1. MED ■ **qn est ~** jd ist geschwächt
2. *fig* ■ **qc est ~** etw ist geschwächt [o ausgeblutet]
anémier <1 a> [anemje] *vt* ■ **qc anémie qn/qc** etw schwächt jdn/etw; *pays a.* etw blutet etw aus
anémone [anemɔn] *f* Anemone *f*

◆ **anémone de mer** ZOOL Seeanemone *f*

ânerie [ɑnʀi] *f* Eselei *f fam*, Dummheit *f*, Blödsinn *m*; ***qn ne dit que des ~s*** jd redet [*o* erzählt] nur dummes Zeug [*o* Blödsinn]; ***qn fait des ~s*** jd macht Dummheiten [*o* Blödsinn]; (*ne sait pas se conduire*) jd benimmt sich daneben
▸ **qn est d'une ~!** jd ist vielleicht ein Esel! *fam*; **qc est d'une ~!** etw ist vielleicht ein Blödsinn! *fam*

ânesse [ɑnɛs] *f* Eselin *f*; ***le lait d'~*** die Eselsmilch; *v. a.* âne

anesthésie [anɛstezi] *f* Anästhesie *f*, Narkose *f*; ***on lui a fait une ~ péridurale*** sie hat eine Periduralanästhesie [*o* epidurale Anästhesie] bekommen; ***à l'~*** in der Narkose
▸ **~ générale/locale** Vollnarkose/Lokalanästhesie [*o* örtliche Betäubung]; ***qn pratique une ~ locale de qc*** jd betäubt etw örtlich; **sous ~** unter Narkose; ***qn est encore sous ~*** jd ist [*o* liegt] noch in Narkose; ***qc est encore sous ~*** etw ist noch betäubt

anesthésier <1 a> [anɛstezje] *vt* ■ **qn anesthésie qn/qc** jd anästhesiert [*o* betäubt] jdn/etw; ***on l'a anesthésié à 8 heures*** um 8 Uhr hat er seine Narkose bekommen; ***il a peur d'être anesthésié*** er hat Angst vor der Narkose; ■ **qc anesthésie qc** etw betäubt etw

anesthésiste [anɛstezist] **I.** *mf* Anästhesist(in) *m(f)*, Narkosearzt/-ärztin *m/f*
II. *app* Narkose-, Anästhesie-; ***un médecin ~*** ein Narkosearzt/eine Narkoseärztin, ein Anästhesist/eine Anästhesistin; ***un infirmier/une infirmière ~*** ein Anästhesiepfleger/eine Narkoseschwester; ***un assistant ~*** ein Anästhesieassistent

ange [ɑ̃ʒ] *m* **1.** Engel *m*; ***un bon/mauvais ~*** ein guter/böser Engel
2. (*personne parfaite*) Engel *m*; ***c'est un ~*** er/sie ist ein Engel
▸ **qn est le bon ~ de qn** jd ist jds guter Geist; **~ déchu** der gefallene Engel; **~ gardien** Schutzengel *m*; *fig* (*garde du corps*) Leibwächter *m*; **qn est le mauvais ~ de qn** jd ist jds böser Geist, jd ist ein schlechter Einfluss für jdn; **qn est sage comme un ~** jd ist der reinste Engel; **qn dort comme un ~** jd schläft friedlich [wie ein Engel]; **qn est aux ~s** jd ist im siebten Himmel; **qn est un ~ de qc**: ***qn est un ~ de bonté*** jd ist von engelhafter Güte; ***qn est un ~ de patience*** jd hat eine Engelsgeduld; **un ~ passe** großes Schweigen!; **qn rit aux ~s** jd strahlt über das ganze Gesicht; **qn serait un ~ [de faire qc]**: ***tu serais un ~ de passer à la boulangerie*** sei [doch] so lieb [*o* nett] und gehe beim Bäcker vorbei; ***tu serais un ~!*** das wäre lieb [*o* nett] von dir!; **qn sourit aux ~s** jd lächelt ganz entrückt [*o* verzückt]; **mon ~** mein Engel [*o* Schätzchen]

angélique[1] [ɑ̃ʒelik] *adj* **1.** REL Engel-; ***hiérarchie ~*** Hierarchie der Engel
2. *fig* (*parfait*) engelhaft

angélique[2] [ɑ̃ʒelik] *f* **1.** BOT Engelwurz *f*, Angelika *f*
2. GASTR Angelika *f*, kandierte Engelwurz

angine [ɑ̃ʒin] *f* **1.** (*amygdalite*) Angina *f*, Mandelentzündung *f*
2. (*pharyngite*) Angina *f*, Halsentzündung *f*
▸ **~ blanche** eitrige Angina; **~ rouge** Halsentzündung *f*
◆ **angine de poitrine** Angina pectoris *f*

anglais, e [ɑ̃glɛ, ɛz] **I.** *adj* englisch
▸ **à l'~e** GASTR englisch, [auf] englische Art; ART *ameublement* im englischen Stil; ***des pommes de terre à l'~e*** Dampfkartoffeln; **qn file** [*o* **part**] [*o* **se sauve**] **à l'~e** jd verabschiedet [*o* empfiehlt] sich auf Französisch
II. *m* (*langue*) Englisch *nt*; ***qn parle [l']~ couramment*** jd spricht fließend Englisch; ***la langue du commerce est l'~*** die Handelssprache ist Englisch [*o* das Englische]
III. *m, f* ■ **Anglais(e)** Engländer(in) *m(f)*

angle [ɑ̃gl] *m* **1.** (*coin*) Ecke *f*; ***allez à l'~ de la rue Napoléon*** gehen Sie bis zur Ecke Napoleonstraße; ***qc fait l'~ de la rue*** etw ist an der Ecke
2. MATH Winkel *m*; ***un ~ droit/aigu/obtus*** ein rechter/spitzer/stumpfer Winkel
3. (*point de vue*) Blickwinkel *m*, Aspekt *m*; [*vu*] ***sous cet ~*** aus dieser Sicht [*o* unter diesem Gesichtspunkt] [gesehen] [*o* unter diesem Aspekt]; ***sous cet ~ ..., sous un autre ~*** so gesehen ..., andererseits; ***sous l'~ de la légitime défense*** unter dem Aspekt der Notwehr; ***vu(e) sous un certain ~*** in gewisser Hinsicht
▸ **~ adjacent** Nebenwinkel *m*; **~ complémentaire** Komplementwinkel *m*; **grand ~** Weitwinkelobjektiv *nt*; **~ interne** Innenwinkel *m*; **~ mort** toter Winkel; **~ saillant** Vorsprung *m*; **~ visuel** Gesichtswinkel *m*, Sehwinkel *m*; **qn arrondit les ~s** jd sorgt für einen Ausgleich, jd wirkt ausgleichend
◆ **angle de braquage** [maximaler] Einschlagswinkel; **angle de couverture** Bildwinkel *m*; **angle de réfraction** Brechungswinkel *m*

Angleterre [ɑ̃glətɛʀ] *f* ■ **l'Angleterre** England *nt*

anglicisme [ɑ̃glisism] *m* Anglizismus *m*

angliciste [ɑ̃glisist] *mf* Anglist(in) *m(f)*; (*étudiant a.*) Anglistikstudent(in) *m(f)*

anglo [ɑ̃glo] *préf* anglo- **anglo-américain** [ɑ̃gloameʀikɛ̃] *m* amerikanisches Englisch **anglo-canadien, ne** <~-~s> [ɑ̃glokanadjɛ̃, jɛn] **I.** *adj* anglokanadisch **II.** *m, f* ■ **Anglo-canadien(ne)** Anglokanadier(in) *m(f)* **anglo-normand, e** <~-~s> [ɑ̃glonɔʀmɑ̃, ɑ̃d] **I.** *adj* **1.** GEOG: ***les îles A~-N~es*** die Kanalinseln, die Normannischen Inseln **2.** ZOOL anglonormannisch **II.** *m* (*dialecte*) Anglonormannisch *nt*, Anglofranzösisch *nt* **anglophile** [ɑ̃glɔfil] **I.** *adj* anglophil; *politique* englandfreundlich, proenglisch **II.** *mf* Anglophile(r) *f(m)*, Englandfreund(in) *m(f)*; ***c'est une ~*** sie ist anglophil **anglophobe** [ɑ̃glɔfɔb] **I.** *adj* anglophob, antienglisch; *politique* englandfeindlich **II.** *mf* Englandgegner(in) *m(f)*; ***depuis, les sportifs français sont des ~s*** seitdem sind die französischen Sportler antienglisch eingestellt **anglophone** [ɑ̃glɔfɔn] **I.** *adj* anglophon, Englisch sprechend; (*dont l'anglais est la langue maternelle*) anglophon, englischsprachig **II.** *mf* jd, der Englisch spricht; Englisch Sprechende(r) *f(m)*; (*dont l'anglais est la langue maternelle*) Englischsprachige(r) *f(m)*; ***un ~ d'Afrique*** ein anglophoner [*o* englischsprachiger] Afrikaner **anglo-saxon, ne** <~-~s> [ɑ̃glosaksɔ̃, ɔn] **I.** *adj* angelsächsisch **II.** *mf* (*personne*) Angelsachse/-sächsin *m/f*; (*langue*) Angelsächsisch *nt*

angoissant, e [ɑ̃gwasɑ̃, ɑ̃t] *adj situation, question* beängstigend; *silence a.* beklemmend; *moments, jours* bang, voll[er] Angst, der Angst

angoisse [ɑ̃gwas] *f* **1.** (*grande inquiétude*) Angst *f*; ***qn vit des moments d'~*** jd macht angstvolle Augenblicke [*o* bange Minuten] durch; ***qn sent monter/venir l'~*** jd fühlt die Angst in sich (*dat*) aufsteigen
2. PHILOS Angst *f*; ***l'~ métaphysique*** metaphysische [*o* existenzielle] Angst, Lebensangst; ***l'~ de la mort*** die Angst vor dem Tod, die Todesangst
3. (*peur, malaise, étouffement*) Angst[zustand *m*] *f*; ***qn est pris d'~*** jd bekommt Angstzustände; ***qn a l'~ de qc*** jd hat eine Phobie gegen etw, jd hat [panische] Angst vor etw (*dat*)
▸ **qn vit dans l'~** jd lebt in ständiger Angst

angoissé, e [ɑ̃gwase] **I.** *adj geste, visage, voix, regard* angstvoll, angsterfüllt; (*craintif*) ängstlich; *personne* verängstigt, angsterfüllt; ***un cri ~*** ein Angstschrei
II. *m, f* ängstlicher Mensch; ***c'est un/une ~(e)*** er/sie hat Ängste

angoisser <1> [ɑ̃gwase] *vt* (*inquiéter*) ■ **qn/qc angoisse qn [beaucoup]** jd/etw macht jdm [große] Angst, jd/etw versetzt jdn in Angst [und Schrecken]; /*personne a.*/ jd jagt jdm [große] Angst ein; /*situation, nouvelle, regard, silence a.*/ etw ängstigt jdn [sehr]

angora [ɑ̃gɔʀa] **I.** *m* **1.** (*chat*) Angorakatze *f*; (*lapin*) Angorahase *m*; (*chèvre*) Angoraziege *f*
2. (*laine*) Angorawolle *f*; ***un pull en ~*** ein Pulli *m* aus Angorawolle, ein Angorapulli
II. *app inv* (*race, laine*) Angora-

anguille [ɑ̃gij] *f* **1.** ZOOL Aal *m*
2. GASTR Aal *m*; ***les ~s fumées*** die Räucheraale, die geräucherten Aale
▸ **il y a ~ sous roche** da ist irgendetwas im Busch *fam*, da steckt [doch] etwas dahinter *fam*; **qn se faufile comme une ~** jd schlängelt sich durch
◆ **anguille de mer** [*o* **de roche**] Meeraal *m*; **anguille de sable** Sandaal *m*

angulaire [ɑ̃gylɛʀ] *adj* Winkel-

anguleux, -euse [ɑ̃gylø, -øz] *adj menton, visage* eckig, kantig; *coude* spitz

anicroche [anikʀɔʃ] *f* [kleiner] Zwischenfall; ***sans ~*** ohne Zwischenfall [*o* Zwischenfälle]; ***qc se déroule*** [*o* ***se passe***] ***sans ~*** etw verläuft ohne Zwischenfälle, etw geht glatt über die Bühne *fam*

animal, e <-aux> [animal, o] **I.** *adj* **1.** ZOOL, BIO tierisch; *chaleur, matières a.* animalisch; *fonctions* animalisch; *règne, espèce, psychologie* Tier-; ***l'anatomie ~e*** die Tieranatomie, die Anatomie der Tiere
2. (*rapporté à l'homme*) *instinct, comportement* tierisch, tierhaft; *confiance* instinktiv
3. *péj* (*bestial*) animalisch, tierisch
II. *m* **1.** BIO, ZOOL Tier *nt*; ***un ~ domestique*** ein Haustier; ***les ~aux sauvages*** die wilden [*o* wild lebenden] Tiere
2. *fig* (*personne*) [Lebe]wesen *nt*; ***l'homme est un ~ sociable*** der Mensch ist ein soziales Wesen [*o* ein Gesellschaftstier]
3. *péj* (*personne stupide*) Rindvieh *nt*; (*personne brutale*) Rüpel *m*

animalier, -ière [animalje, -jɛʀ] **I.** *m, f* [Versuchs]tierpfleger(in) *m(f)*
II. *app*: ***un peintre ~*** ein Tiermaler; ***un sculpteur ~*** ein Tierbildhauer

animateur, -trice [animatœʀ, -tʀis] *m, f* **1.** (*spécialiste de l'animation*) [*groupe*] Betreuer(in) *m(f)*; [*camp de vacances a.*] Animateur(in) *m(f)*; [*club de danse, de sport*] Leiter(in) *m(f)*; ***~(-trice) socioculturel(le)*** Freizeitbetreuer(in); ***~(-trice) de maison de jeunes*** Jugendhausbetreuer(in), Jugendhausmitarbeiter(in) *m(f)*
2. [*débat*] Diskussionsleiter(in) *m(f)*; RADIO, TV Moderator(in) *m(f)*; [*jeu*] Spielleiter(in) *m(f)*
3. (*personne dynamique*) [*projet, tentative*] Triebfeder *f*, Motor *m*
4. (*boute-en-train*) [*réunion, fête*] Stimmungsmacher(in) *m(f)*, Betriebsnudel *f fam*; ***qn est l'~ de qc*** jd bringt Schwung in etw (*akk*)
5. CINE [*dessins animés, film*] Animator(in) *m(f)*

animation [animasjɔ̃] *f* **1.** (*grande activité*) [*bureau*] [lebhafter [*o* reger]] Betrieb; [*quartier, rue a.*] Belebtheit *f*, lebhaftes [*o* reges] Treiben; ***il y a beaucoup d'~ dans ce quartier/cette rue*** dieses Viertel/diese Straße ist sehr belebt
2. (*éclat*) [*visage, regard*] Lebhaftigkeit *f*, Lebendigkeit *f*; ***l'~ de son visage*** ihr/sein lebhafter [*o* wacher] Gesichtsausdruck; ***qn a de l'~ dans le regard*** jd hat einen wachen [*o* lebhaften] [*o* lebendigen] Blick
3. (*vivacité*) [*discussion*] Lebhaftigkeit *f*, Lebendigkeit *f*; ***avec ~*** lebhaft
4. (*conduite de groupe*) Betreuung *f*, Leitung *f*; ***l'~ culturelle*** die Organisation kultureller Veranstaltungen
5. (*excitation*) Aufregung *f*, Aufgeregtheit *f*; ***qc provoque une grande ~*** etw verursacht große Aufregung
6. (*dessin animé*) Animation *f*; ***un film d'~*** ein [Zeichen]trickfilm, ein Animationsfilm; ***le cinéma d'~*** der Zeichentrickfilm, der Animationsfilm
▸ **qn met de l'~** jd macht Stimmung, jd bringt Leben in die Bude *fam*; ***qn met de l'~ dans qc*** jd bringt Leben [*o* Schwung] in etw (*akk*)

animé, e [anime] *adj* lebhaft; *regard, visage a.* wach; *discussion, débat a.* angeregt; *bourse a.* betriebsam, rege; *rue, quartier* belebt
▸ **dessin ~** Zeichentrickfilm *m*; **être ~** Lebewesen *nt*

animer <1> [anime] **I.** *vt* **1.** (*mener*) ■ **qn anime qc** *entreprise, débat, discussion* jd leitet etw; *groupe a.* jd betreut etw; *spectacle, émission* jd führt durch etw, jd moderiert etw
2. (*mouvoir*) ■ **qc anime qc** *fusée, balancier* etw bewegt etw; ***qc est animé(e) d'un mouvement ascendant/régulier*** etw bewegt sich nach oben/gleichmäßig; /*fusée*/ etw steigt nach oben; /*balancier d'une pendule*/ etw schwingt gleichmäßig hin und her

3. (*égayer*) ■ **qn/qc anime qc** *regard* etw belebt etw; *ville, quartier, conversation a.* jd/etw bringt Leben in etw (*akk*); *soirée a.* jd bringt Schwung in etw (*akk*)
II. *vpr* ■ **qn/qc s'anime** /*personne, foule*/ in jdn/etw kommt Leben; /*objet a.*/ etw wird lebendig; /*rue, regard, yeux, traits*/ etw belebt sich; /*conversation*/ etw wird lebhaft

animisme [animism] *m* Animismus *m*

animosité [animozite] *f* Feindseligkeit *f*, Animosität *f geh*; ***avec*** ~ feindselig; ***plein d'***~ voll[er] Feindseligkeit [*o* Animosität *geh*]; ***sans*** ~ ohne Feindseligkeit; ***qn a*** [*o* ***éprouve***] ***de l'***~ ***contre qn/qc*** jd empfindet Abneigung gegen jdn/etw, jd lehnt jdn/etw ab; ***il y avait trop d'***~ ***dans la discussion*** es lag zu viel Feindseligkeit in der Diskussion

anis [anis] *m* 1. BOT Anis *m*
2. GASTR Anis *m*; (*parfum*) Anisaroma *nt*, Anisgeschmack *m*; (*bonbons*) Anisbonbons *pl*; ***à l'***~ mit Anisgeschmack; ***des bonbons à l'***~ Anisbonbons; ***parfumé à l'***~ mit Anisaroma
3. (*boisson alcoolisée*) Anis *m*; ***la liqueur d'***~ der Anislikör

anisette [anizɛt] *f* Anisette *m*, Anislikör *m*

ankylose [ɑ̃kiloz] *f* Versteifung *f*, Ankylose *f spec*

ankyloser <1> [ɑ̃kiloze] I. *vt* 1. ■ **qc ankylose qn/qc** etw lässt jdn/etw steif werden, jd/etw wird durch etw steif; *membre a.* etw führt zur Versteifung einer S. (*gen*); ***une jambe ankylosée/un bras ankylosé*** ein steifes Bein/ein steifer Arm; ***j'ai les jambes ankylosées*** meine Beine sind ganz steif
2. *fig* ■ **qc ankylose qn/qc** jd/etw wird durch etw steif [*o* unbeweglich]; *personne a.* jd rostet durch etw ein *fam*
II. *vpr* 1. (*devenir raide*) ■ **qn/qc s'ankylose** jd/etw wird steif; /*personne a.*/ jd wird [völlig] ungelenkig; ***tu vas t'***~ ***dans cette position*** in dieser Haltung wirst du ja völlig steif
2. *fig* (*devenir inactif*) ■ **qn s'ankylose** jd rostet ein *fam*

annales [anal] *fpl* 1. (*chronique*) Annalen *pl*; ***qn fait les*** ~ ***de la Révolution*** jd schreibt die Annalen der Revolution
2. (*revue*) Annalen *pl*, Jahrbücher *pl*, Hefte *pl* (*Titel periodisch erscheinender Zeitschriften*)
► **qc reste dans les** ~ *hum* etw geht in die Annalen [*o* Geschichte] ein

anneau <x> [ano] *m* 1. (*cercle, boucle*) Ring *m*; ***les*** ~***x de rideaux*** die Vorhangringe; ***l'***~ ***d'un porte-clés*** der Schlüsselring
2. (*bague*) Ring *m*; ***un*** ~ ***de mariage*** [***en or***] ein [goldener] Ehering [*o* Trauring]; ***le doigt qui porte l'***~ der Ringfinger
3. (*maillon*) Glied *nt*
4. ZOOL [*ver*] Segment *nt*, [Körper]glied *nt*
5. *pl* SPORT Ringe *pl*; ***qn fait des exercices aux*** ~***x*** jd macht Übungen an den Ringen, jd turnt an den Ringen
6. ASTRON Ring *m*; ***les*** ~***x de Saturne/de Jupiter*** die Saturn-/Jupiterringe
► ~ **sphérique** GEOM Kugelzone *f*
◆ **anneau de vitesse** AUT [ovale] Rennstrecke

année [ane] *f* 1. (*durée*) Jahr *nt*; ***six*** ~***s de bonheur*** sechs glückliche Jahre, sechs Jahre des Glücks; ***deux*** ~***s de perdues*** zwei verlorene Jahre; ***une*** ~ ***de travail/de réserves/...*** ein Jahr Arbeit/Vorräte/..., Arbeit/Vorräte für ein Jahr; ***pendant une*** ~ ein Jahr [lang]; ***tout au long de l'***~ das ganze Jahr [lang [*o* über]]; ***cela fait des*** ~***s que qn fait qc*** jd macht etw [schon] seit Jahren; ***c'est ma deuxième*** ~ ***de collaboration avec elle*** ich arbeite im zweiten Jahr mit ihr zusammen
2. (*âge*) Lebensjahr *nt*; ***qn entre dans sa 20***[e] ~ jd kommt ins zwanzigste Lebensjahr; ***dans sa quatre-vingtième*** ~ im achtzigsten Lebensjahr
3. [*service, ancienneté*] [Dienst]jahr *nt*; SCOL, UNIV [Studien]jahr; ***il commence sa cinquième*** ~ ***dans la maison*** er ist jetzt dann im fünften Jahr bei der Firma; ***il a cinq*** ~***s de service chez un médecin*** er hat fünf Jahre bei einem Arzt gearbeitet
4. (*point du temps*) Jahr *nt*; ***chaque*** ~ ***à Pâques*** jedes Jahr an [*o* zu] Ostern; ***l'***~ ***prochaine/dernière*** nächstes/letztes Jahr; ***d'une*** ~ ***à l'autre*** von einem Jahr aufs andere [*o* zum anderen]
5. (*date*) Jahr *nt*; ***en début/en fin d'***~ am Jahresanfang/Jahresende, [am] Anfang/Ende des Jahres; ***l'***~ ***1789*** das Jahr 1789, 1789; ***les*** ~***s 30*** [*o* ***trente***] die dreißiger Jahre; ***1985, c'est une bonne*** ~ ***pour le Bordeaux*** 1985 ist beim Bordeaux ein guter Jahrgang
6. SCOL, UNIV Jahr *nt*; THEAT Saison *f*; ***l'***~ ***scolaire*** das Schuljahr; ***l'***~ ***universitaire*** das Hochschuljahr, das akademische Jahr; ***il a fait une bonne*** ~ [***scolaire***] das Schuljahr ist für ihn gut gelaufen; ***l'***~ ***théâtrale*** die Spielzeit, die Theatersaison
► **les** ~**s de plomb** (1970–1980: vom Terrorismus geprägte, bedrückende Jahre); ~ **bissextile** Schaltjahr *nt*; **bonne** ~! ein gutes neues Jahr!; **bonne** ~, ***bonne santé!*** ein gesundes neues Jahr!; ***qn souhaite la bonne*** ~ ***à qn*** jd wünscht jdm ein gutes neues Jahr [*o* alles Gute zum neuen Jahr] [*o* viel Glück zum neuen Jahr]; ~ **civile** Kalenderjahr *nt*; ~ **sabbatique** (*à l'université*) einjähriger Forschungsurlaub [*o* akademischer Urlaub], vorlesungsfreies Jahr; (*dans une entreprise, une administration*) ein Jahr [unbezahlter] [Bildungs]urlaub; REL Sabbatjahr *nt*; **d'**~ **en** ~ von Jahr zu Jahr
◆ **année de naissance** Geburtsjahr *nt*; **année de référence** FIN, JUR Bezugsjahr *nt*, Basisjahr *nt*

année-lumière <~s-~> [anelymjɛʀ] *f* Lichtjahr *nt*

annexe [anɛks] I. *adj* 1. (*secondaire*) Neben-; *considérations, fait* nebensächlich, zweitrangig; *remarque* beiläufig, nebensächlich; (*supplémentaire*) Zusatz-, zusätzlich; ***il l'a trompée, c'est un fait*** ~ dazu kommt noch, dass er sie betrogen hat
2. (*attaché à*) *bâtiment* Neben-; *document* beigefügt; ***les pièces*** ~***s d'un dossier*** die Anlagen eines Dossiers; ***le concierge habite dans un logement*** ~ der Hausmeister wohnt in einer Wohnung nebenan; ***l'école*** ~ die Pilotschule, die Modellschule (*Grundschule, die einer Pädagogischen Hochschule angeschlossen ist und in der die künftigen Lehrer Praktika absolvieren*)
II. *f* 1. CONSTR Nebengebäude *nt*
2. (*document additif*) ■ ~ [**de qc**] Annex *m* [einer S. (*gen*)], Anhang *m* [zu etw]; *d'un contrat, traité a.* Zusatz *m* [zu etw], Zusatzartikel *pl* [zu etw]
► **en** ~ [**à** [*o* **de**] **qc**] als Anlage [*o* in der Anlage] [zu etw]; ***nous joignons en annexe de la présente ...*** als Anlage [zum vorliegenden Brief] fügen wir ... bei; ***vous trouverez en*** ~ ... im Anhang finden Sie ...

annexer <1> [anɛkse] *vt* 1. (*s'approprier*) ■ **qn annexe qc** *territoire, pays* jd annektiert etw
2. (*ajouter*) ■ **qn annexe qc à une chose** *document* jd fügt einer S. (*dat*) etw bei; ***il avait annexé ce territoire à son État*** er hatte dieses Gebiet seinem Staatsgebiet einverleibt
► **ci-annexé(e)** *form* anbei; *documents, pièces* beigefügt

annexion [anɛksjɔ̃] *f* Annexion *f*, Annektierung *f*

annihiler <1> [aniile] *vt* ■ **qc annihile qc** *efforts* etw macht etw zunichte; *espoir, vie a.* etw zerstört etw; /*chagrin, émotion*/ *volonté* etw zerstört [*o* bricht] etw; ***le chagrin a annihilé sa volonté de*** [***sur***]***vivre*** der Kummer hat seinen/ihren Lebenswillen gebrochen [*o* ihm/ihr den Lebenswillen genommen]; ■ **qc annihile qn** etw schmettert jdn nieder, jd ist vor etw (*dat*) am Boden zerstört

anniversaire [anivɛʀsɛʀ] I. *adj jour* Gedenk-; *cérémonie, service a.* anlässlich des Jahrestages, zum Jahrestag; ***la cérémonie*** ~ ***de l'armistice*** die Feier[lichkeiten] anlässlich des Jahrestages [*o* zum Jahrestag] des Waffenstillstands; ***le jour*** ~ ***de leurs 50 ans de mariage*** ihr fünfzigster Hochzeitstag
II. *m* 1. [*naissance*] Geburtstag *m*; ***aujourd'hui, c'est mon*** ~ heute habe ich Geburtstag [*o* ist mein Geburtstag]; ***qn fête*** [*o* ***célèbre***] ***son cinquantième*** ~ jd feiert seinen fünfzigsten Geburtstag
2. [*événement, mariage, mort*] Jahrestag *m*; ***l'***~ ***de mariage*** der Hochzeitstag; ***l'***~ ***de la mort*** der Todestag
► **bon** ~ herzlichen Glückwunsch [*o* alles Gute] zum Geburtstag

annonce [anɔ̃s] *f* 1. (*information officielle*) ■ ~ [**de qc**] Bekanntgabe *f* [einer S. (*gen*)], Mitteilung *f* [über etw (*akk*)]; (*transmise par les médias*) Meldung *f* [einer S. (*gen*)]; *d'un événement imminent* Ankündigung *f* [einer S. (*gen*)]; ***l'***~ ***de son licenciement nous a surpris*** wir waren erstaunt, als wir von seiner/ihrer Entlassung hörten [*o* als wir erfuhren, dass er/sie entlassen worden war]
2. COM Anzeige *f*; (*petite annonce a.*) Annonce *f*; (*non publicitaire a.*) Inserat *nt*
3. CARTES Ansage *f*
► **petites** ~**s** Kleinanzeigen *pl*, Anzeigenteil *m*; ~ **publicitaire** PRESSE Anzeige *f*; RADIO, TV Werbung *f*, Reklame *f*; ***qn fait une*** ~ ***publicitaire par affiches/par prospectus*** jd macht Werbung mit Plakaten/mit Prospekten, jd macht Plakat-/Prospektwerbung; **qc est l'**~ **de qc** etw kündigt etw an, etw ist Vorbote für etw; **qn met** [*o* **passe**] **une** [**petite**] ~ [**dans un journal**] jd gibt eine [Klein]anzeige [*o* eine Annonce] [*o* ein Inserat] [in einer Zeitung] auf, jd setzt eine [Klein]anzeige [*o* eine Annonce] [*o* ein Inserat] in eine Zeitung

annoncer <2> [anɔ̃se] I. *vt* 1. (*informer*) ■ **qn annonce qc** [**à qn**] *fait, nouvelle, décision* jd gibt etw bekannt, jd teilt [jdm] etw mit; (*à la radio, la TV*) jd meldet [jdm] etw; *événement imminent* jd kündigt [jdm] etw an; ***on nous annonce un ralentissement sur la N 7*** es wird zähfließender Verkehr auf der N 7 gemeldet
2. (*prédire*) ■ **qn/qc annonce qc** *pluie, chômage, catastrophe* jd/etw kündigt etw an; /*personne a.*/ jd sagt etw vorher; ***on annonce un chômage croissant*** es wird eine Zunahme der Arbeitslosigkeit angekündigt [*o* vorhergesagt]
3. CARTES ■ **qn annonce qc** jd sagt etw an
4. (*signaler*) ■ **qc annonce qn/qc** etw kündigt jdn/etw an; *chose a.* etw ist Vorbote für etw; /*signal a.*/ etw verkündet etw; ***cela n'annonce rien de bon*** das verheißt nichts Gutes, das lässt nichts Gutes ahnen; ***ces pas dans l'entrée annoncent son arrivée*** an den Schritten in der Diele hört man, dass er/sie kommt
II. *vpr* 1. (*se présenter*) ■ **qc s'annonce ...**: ***qc ne s'annonce pas facile*** etw scheint nicht einfach zu werden; ***qc s'annonce bien/mal*** etw fängt gut/schlecht an, etw lässt sich gut/schlecht an *fam*; ***ça s'annonce bien*** es sieht gut [*o* viel versprechend] aus
2. (*arriver*) ■ **qc s'annonce** etw kündigt sich an, etw steht bevor; /*saison a.*/ etw kommt, etw steht vor der Tür

annonceur [anɔ̃sœʀ] *m* 1. RADIO, TV Sprecher(in) *m(f)*; ***il est*** ~ ***à la radio/à la télévision*** er ist Rundfunksprecher/Fernsehansager
2. (*bénéficiaire d'une publicité*) Werbekunde/-kundin *m/f*; PRESSE *a.* Anzeigenkunde/-kundin *m/f*; (*privé, dans un journal*) Inserent(in) *m(f)*; (*sponsor*) Sponsor(in) *m(f)*; ***les radios privées ont besoin d'***~***s*** die privaten Rundfunksender brauchen Werbeaufträge; ***il est*** ~ ***pour la vente de sa voiture*** er hat sein Auto zum Verkauf inseriert

annonciateur, -trice [anɔ̃sjatœʀ, -tʀis] *adj* ■ [**qc est**] ~ **de qc** [etw ist ein] [Vor]zeichen *nt* für etw, etw kündigt etw an, etw deutet auf etw (*akk*) hin; ***des nuages*** ~***s de pluie*** Regenwolken *pl*, regenschwere Wolken *geh*; ***un signe*** ~ ***de qc*** ein Vorzeichen für etw

Annonciation [anɔ̃sjasjɔ̃] *f* ■ **l'**~ Mariä Verkündigung *f*

annotation [anɔtasjɔ̃] *f* 1. (*note critique ou explicative*) Anmerkung *f*
2. (*note personnelle*) Anmerkung *f*, Notiz *f*; ***des*** ~***s en marge d'un texte*** Anmerkungen am Rand eines Textes, Randnotizen

annoter <1> [anɔte] *vt* ■ **qn annote qc** jd versieht etw mit Anmerkungen

annuaire [anɥɛʀ] *m* Jahrbuch *nt*; ***qc est un*** ~ etw erscheint einmal im Jahr [*o* jährlich]
► ~ **téléphonique** Telefonbuch *nt*; ***consultez l'***~ schauen Sie im Telefonbuch nach

annuel, le [anɥɛl] *adj* 1. jährlich; *rente, congé* Jahres-; ***une visite*** ~***le chez***

le dentiste ein jährlicher Zahnarztbesuch
2. (*qui dure un an*) einjährig

annuité [anɥite] *f* **1.** [*dette*] Jahresrate *f*
2. (*paiement annuel*) jährliche Zahlung; ***qn paye à qn une ~ de 1000 F*** jd zahlt jdm 1000 F im Jahr [*o* jährlich]
3. (*une année de service*) [*pension, retraite*] Beitragsjahr *nt;* ***qn a toute ses ~s*** jd hat seine Wartezeit erfüllt; ***qc est pris(e) en compte dans le calcul des ~s*** etw wird auf die Wartezeit [*o* Beitragszeit] angerechnet

annulaire [anylɛʀ] **I.** *m* Ringfinger *m*
II. *adj* ringförmig

annulation [anylasjɔ̃] *f* **1.** [*voyage*] Stornierung *f,* Storno *nt o m;* [*commande a.*] Abbestellung *f;* [*rendez-vous*] Absage *f*
2. JUR [*traité, élection, examen, résultat, contrat*] Annullierung *f,* Ungültigkeitserklärung *f;* [*jugement, mariage a.*] Aufhebung *f*

annuler <1> [anyle] **I.** *vt* **1.** JUR ■ **qn/qc annule qc** jd/etw annulliert etw, jd erklärt etw für ungültig [*o* nichtig]; *mariage, jugement a.* jd hebt etw auf
2. (*supprimer*) ■ **qn/qc annule qc** jd/etw macht etw rückgängig; *dette* etw bereinigt etw; */personne/ voyage a.* jd storniert etw; *commande a.* jd bestellt etw ab; *rendez-vous* jd sagt etw ab
3. INFORM ■ **qn annule qc** jd bricht etw ab
II. *vpr* ■ **deux choses s'annulent** zwei Dinge heben sich gegenseitig auf

anoblir <8> [anɔbliʀ] *vt* ■ **qn anoblit qn** jd adelt jdn

anodin, e [anɔdɛ̃, in] *adj personne* unbedeutend; *détail a.* unwichtig, geringfügig; *critique, propos, mensonge, plaisanterie* harmlos; *blessure* harmlos, ungefährlich; *remède, médicament* wirkungslos

anomalie [anɔmali] *f* **1.** (*irrégularité*) Anomalie *f;* [*grammaire a.*] Regelwidrigkeit *f;* [*comportement a.*] (*caractère inhabituel*) Ungewöhnliche(s) *nt,* Seltsamkeit *f;* (*caractère déviant*) Abnormität *f;* ***les ~s dans son comportement*** sein/ihr anomales [*o* ungewöhnliches] Verhalten; (*déviance*) sein/ihr abnormes Verhalten
2. BIO Anomalie *f,* Abweichung *f* von der Norm; ***il y a eu une ~ dans qc*** bei etw tritt eine Anomalie auf
3. TECH Defekt *m*

ânonner <1> [anɔne] **I.** *vi* ■ **qn ânonne** jd spricht stockend; ***qn ânonne quand on l'interroge*** jd gerät ins Stocken [*o* Stottern], wenn man ihn fragt
II. *vt* ■ **qn ânonne qc** jd stottert etw her, jd spricht etw stockend; *poésie, leçon* jd sagt etw stotternd [*o* stockend] auf; (*en lisant*) jd liest etw stockend

anonymat [anɔnima] *m* Anonymität *f;* ***qn/qc reste dans l'~*** jd/etw bleibt anonym; ***qn garde l'~*** jd wahrt seine Anonymität; ***sous le couvert de l'~*** anonym, ohne Namensnennung

anonyme [anɔnim] *adj* anonym; *foule, administration a.* unpersönlich; *meuble, décor, vêtement* unpersönlich, ohne persönliche Note; ***son mobilier est plutôt ~*** seine/ihre Einrichtung hat keine persönliche Note

anorak [anɔʀak] *m* Anorak *m*

anorexie [anɔʀɛksi] *f* Magersucht *f,* Anorexie *f spec;* (*perte d'appétit*) Appetitlosigkeit *f*
▶ **~ mentale** Magersucht *f,* [psychogene] Anorexie *spec;* **qn fait de l'~** jd hat Magersucht, jd ist magersüchtig

anormal, e <-aux> [anɔʀmal, o] **I.** *adj* **1.** (*insolite*) anormal, nicht normal; *comportement a.* seltsam; ***l'évolution de sa maladie est ~e*** seine/ihre Krankheit verläuft nicht normal; ***qn est d'une pâleur ~e*** jd ist ungewöhnlich blass
2. (*inhabituel*) ungewöhnlich; ***quelque chose d'~*** etwas Ungewöhnliches
3. (*injuste*) anormal, nicht normal
II. *m, f* **1.** (*déséquilibré*) [psychisch] Gestörte(r) *f(m);* ***c'est un ~*** der ist [psychisch] gestört [*o* nicht normal]
2. (*enfant arriéré*) entwicklungsgestörtes [*o* zurückgebliebenes] Kind

anormalement [anɔʀmalmɑ̃] *adv* ungewöhnlich; ***qn agit*** [*o* ***se conduit***] **~** jd verhält sich anormal [*o* nicht normal]

A.N.P.E. [aɛnpeø] *f abr de* **agence nationale pour l'emploi** (*organisme national*) nationale Arbeitsvermittlung (*entspricht der Bundesanstalt für Arbeit*); (*agence locale*) Arbeitsamt *nt*

anse [ɑ̃s] *f* Henkel *m*
◆ **anse** [**de panier**] ARCHIT Korbbogen *m*

antagoniste [ɑ̃tagɔnist] **I.** *adj* antagonistisch; *désirs, propositions a.* gegensätzlich; *force, parti a.* gegnerisch; ***les muscles ~s*** die Antagonisten
II. *mf* Gegner(in) *m(f);* [*personne a.*] Antagonist(in) *m(f),* Widersacher(in) *m(f)*

Antarctide [ɑ̃taʀktid] *f* ■ **l'~** [die] Antarktika, der antarktische Kontinent

antarctique [ɑ̃taʀktik] **I.** *adj* antarktisch
II. *m* ■ **l'A~** die Antarktis

antécédent, e [ɑ̃tesedɑ̃, ɑ̃t] **I.** *adj* ■ **~ à qc** einer S. (*dat*) vorausgehend [*o* vorangehend]; ***les faits ~s à qc*** die Vorgeschichte von etw
II. *m* **1.** GRAM Beziehungswort *nt,* Bezugswort *nt*
2. PHILOS Grund *m,* Ursache *f,* Antezedens *nt spec;* ***la cause est l'~ d'un fait*** die Ursache geht einem Faktum voraus
3. *pl* MED Vorgeschichte *f,* Anamnese *f*
4. *pl* (*actes du passé*) [*affaire*] Vorgeschichte *f;* [*personne*] Vorleben *nt,* Vergangenheit *f;* ***qn a de bons/ mauvais ~s*** jd hat ein anständiges/übles Vorleben [*o* eine anständige/üble Vergangenheit]

antémémoire [ɑ̃tememwaʀ] *f* INFORM Cache[speicher] ['kæʃ-] *m*

antenne [ɑ̃tɛn] *f* **1.** RADIO, TV, AUT (*pour capter*) Antenne *f;* ***qn débranche l'~ de radio*** jd zieht den Antennenstecker des Radios heraus; ***l'~ d'un radar/ autoradio*** eine Radar-/Autoradioantenne; ***une ~ télescopique/ parabolique*** eine Teleskop-/Parabolantenne
2. RADIO, TV (*écoute, émission*) Sendung *f;* ***une heure d'~*** eine Stunde Sendezeit; ***qn garde l'~*** jd bleibt auf Sendung; ***qn passe l'~ à qn*** jd schaltet zu jdm um
3. ZOOL Fühler *m,* Antenne *f*
4. MIL (*poste avancé*) Vorposten *m;* ***une ~ chirurgicale*** eine vorgeschobene Sanitätseinheit
▶ **qn a des ~s** jd hat einen [*o* den] sechsten Sinn; ***qn a des ~s au ministère de l'Intérieur*** jd hat seine Informationsquellen im [*o* hat [seine] Verbindungen zum] Innenministerium; **à l'~** am Mikrofon; */invité/* im Studio; */correspondant/* auf Sendung; **hors ~** außerhalb der Sendung, inoffiziell; ***une déclaration hors ~*** eine inoffizielle Erklärung; **sur notre ~/vos ~s** auf unserem/Ihrem Sender; ***sur l'~ de RTL*** bei [*o* auf] RTL

antéposé, e [ɑ̃tepoze] *adj* vorangestellt

antérieur, e [ɑ̃teʀjœʀ] **I.** *adj* **1.** frühere(r, s); ***qc est ~ à qc*** etw liegt vor etw (*dat*); ***cette œuvre est ~e à 1900*** dieses Werk ist vor 1900 entstanden; ***l'époque ~e à qc*** die Zeit vor etw (*dat*); ***cela s'est passé à une époque ~e à notre mariage*** das war vor unserer Ehe
2. PHILOS: ***une vie ~e*** ein früheres Leben
3. ANAT Vorder-; ***le membre ~*** das vordere Glied
4. PHON palatal
II. *m* Vorderbein *nt*

antérieurement [ɑ̃teʀjœʀmɑ̃] *adv* früher, zuvor; ■ **~ à qc** vor etw (*dat*)

antériorité [ɑ̃teʀjɔʀite] *f* **1.** Vorrang *m,* Priorität *f;* (*dans le temps*) [zeitlich] früheres Vorhandensein, Priorität; ***l'~ d'un droit par rapport à l'autre*** die Priorität eines Rechts vor einem anderen; ***l'~ de cette découverte est prouvée*** es ist bewiesen, dass diese Entdeckung älter ist [*o* vorher gemacht wurde]; ***il y a ~ dans ce cas*** in diesem Fall gibt es [*o* herrschen] klare Prioritäten
2. GRAM Vorzeitigkeit *f*

anthologie [ɑ̃tɔlɔʒi] *f* Anthologie *f*

anthracite [ɑ̃tʀasit] **I.** *m* Anthrazit *m*
II. *app inv* anthrazitfarben; ***gris ~*** anthrazitgrau

anthropologiste [ɑ̃tʀɔpɔlɔʒist] *mf* Anthropologe/-login *m/f*

anthropophage [ɑ̃tʀɔpɔfaʒ] **I.** *adj* kannibalisch; ***une tribu ~*** ein Kannibalenstamm *m;* ***qn est ~*** jd ist Kannibale [*o* Menschenfresser]
II. *mf* Kannibale/Kannibalin *m/f,* Menschenfresser(in) *m(f)*

anti [ɑ̃ti] *préf* **1.** (*opposé à*) anti-, Anti-; ***qn est ~monarchiste*** jd ist Antimonarchist, jd ist gegen [die] Monarchie; ***qn est ~nucléaire*** jd ist gegen Atomkraft, jd ist Atomkraftgegner; ***mesures ~grèves*** Anti-Streik-Maßnahmen *pl;* ***campagne ~bruit*** Anti-Lärm-Kampagne *f,* Lärmbekämpfungskampagne; ***campagne ~pollution*** Kampagne gegen [die] Umweltverschmutzung, Umweltschutz-Kampagne; ***campagne ~voitures*** Kampagne gegen den Autoverkehr; ***propagande ~tabac*** Propaganda *f* gegen das Rauchen
2. (*contraire*) + *adj* un-; + *subst* anti-, Anti-; ***~rationnel*** unvernünftig, irrational; ***l'~-art*** die alternative Kunst; ***l'~-théâtre*** das Anti-Theater, das alternative Theater; ***une ~-école*** eine alternative Schule
3. (*protection*) Anti-, -schutz *m;* ***~moustiques*** Mückenschutz-; ***médicament ~dépresseur*** Antidepressivum *nt;* ***~éblouissant*** blendfrei; ***~transpirant*** schweißhemmend; ***traitement ~corrosion*** Rostschutzbehandlung *f,* Korrosionsschutzbehandlung *f;* ***bombe ~crevaison*** Pannen-Spray [-ʃpreː, sp-] *nt;* ***~-inflationniste*** anti-inflationistisch; ***mesures ~natalistes*** Maßnahmen zur Geburtenkontrolle [*o* zur Senkung der Geburtenrate]; ***~radiation*** Strahlenschutz-

antiadhésif, -ive [ɑ̃tiadesif, -iv] *adj* antihaftbeschichtet

antiaérien, ne [ɑ̃tiaeʀjɛ̃, jɛn] *adj* Flugabwehr-; *canon, missile, fusée a.* Fliegerabwehr-; *abri* Luftschutz-; ***avion ~*** Abfangjäger *m;* ***défense ~ne*** Luftabwehr *f*

antialcoolique [ɑ̃tialkɔlik] *adj* Antialkohol-

antiatomique [ɑ̃tiatɔmik] *adj* Strahlenschutz-, Atomschutz-; ***protection ~*** Strahlenschutz *m*

antibiotique [ɑ̃tibjɔtik] **I.** *adj* antibiotisch
II. *m* Antibiotikum *nt*

antibrouillard [ɑ̃tibʀujaʀ] **I.** *adj phare, projecteur* Nebel-
II. *m* Nebelscheinwerfer *m*

antibruit [ɑ̃tibʀɥi] *adj inv* Lärmschutz-; *campagne a.* Anti-Lärm-

antibuée [ɑ̃tibɥe] *adj inv dispositif, liquide, bombe* Antibeschlag-

anticancéreux, -euse [ɑ̃tikɑ̃seʀø, -øz] *adj centre* Krebs-; *substance* krebsbekämpfend; ***laboratoire de recherche ~euse*** Krebsforschungsinstitut *nt,* Krebsforschungsanstalt *f;* ***hôpital ~*** Spezialklinik *f* für Krebskranke

antichambre [ɑ̃tiʃɑ̃bʀ] *f* Vorzimmer *nt*
▶ **qn court les ~s** jd putzt die Klinken *fam;* **qn fait ~** jd wartet [im Vorzimmer]

antichar [ɑ̃tiʃaʀ] *adj* panzerbrechend

antichoc [ɑ̃tiʃɔk] *adj* stoßfest, stoßsicher

anticipation [ɑ̃tisipasjɔ̃] *f* ∅ **1.** (*prévision*) [gedankliche] Vorwegnahme, [gedanklicher] Vorgriff; ***comment a-t-il su ça? – Simple ~ de sa part*** wie konnte er das wissen? – Er hat es einfach geahnt
2. THEAT, LITTER, CINE Science-fiction ['saiənsˈfikʃn] *f*
3. FIN: ***~ de paiement*** Vorauszahlung *f*
▶ **par ~** im Voraus; ***un versement par ~*** eine Vorauszahlung

anticiper <1> [ɑ̃tisipe] **I.** *vi* **1.** (*devancer les faits*) ■ **qn anticipe** jd greift vor
2. (*se représenter à l'avance*) ■ **qn anticipe** jd versetzt sich in die Zukunft; (*prévoir*) jd sieht [*o* schaut] voraus; SPORT jd sieht vorher; ■ **qn/qc anticipe sur qc** *suite, avenir* jd/etw nimmt etw vorweg, jd/etw greift einer S. (*dat*) vor
▶ **n'anticipons pas!** wir wollen nicht vorgreifen!
II. *vt* **1.** *soutenu* (*prévoir*) ■ **qn anticipe qc** *avenir, événement* jd sieht etw vorher; SPORT *trajectoire d'une balle* jd kalkuliert etw voraus
2. (*être fait par avance*) ■ **qc est anticipé(e)** */paiement/* etw wird im Voraus geleistet; */remboursement/* etw wird vorzeitig geleistet; */vœux/* etw wird im Voraus ausgesprochen; */remerciements/* etw wird im Voraus gesagt;

avec mes remerciements anticipés mit [bestem] Dank im Voraus
3. FIN ■ **qn anticipe qc** *paiement* jd leistet etw im Voraus [*o* vor Fälligkeit]
anticlérical, e <-aux> [ɑ̃tiklerikal, o] I. *adj* antiklerikal, kirchenfeindlich
II. *m, f* Antiklerikale(r) *f(m)*, Kirchenfeind(in) *m(f)*
anticoagulant, e [ɑ̃tikɔagylɑ̃, ɑ̃t] I. *adj* blutgerinnungshemmend, antikoagulierend *spec*
II. *m* blutgerinnungshemmendes Mittel, Antikoagulans *nt spec*
anticolonialiste [ɑ̃tikɔlɔnjalist] I. *adj* antikolonialistisch
II. *mf* Gegner(in) *m(f)* des Kolonialismus
anticommuniste [ɑ̃tikɔmynist] I. *adj* antikommunistisch
II. *mf* Antikommunist(in) *m(f)*
anticonceptionnel, le [ɑ̃tikɔ̃sɛpsjɔnɛl] *adj moyens* Verhütungs-; *information* zur Empfängnisverhütung; *produit* empfängnisverhütend; *pilule* Antibaby- [-ˈbeːbi-]
anticonformiste [ɑ̃tikɔ̃fɔrmist] I. *adj* nonkonformistisch
II. *mf* Nonkonformist(in) *m(f)*
anticonstitutionnel, le [ɑ̃tikɔ̃stitysjɔnɛl] *adj* verfassungswidrig, nicht verfassungsgemäß
anticonstitutionnellement [ɑ̃tikɔ̃stitysjɔnɛlmɑ̃] *adv* verfassungswidrig, nicht verfassungsgemäß
anticorps [ɑ̃tikɔr] *m* Antikörper *m*
anticyclone [ɑ̃tisiklon] *m* Hoch[druckgebiet *nt*] *nt*
antidater <1> [ɑ̃tidate] *vt* ■ **qn antidate qc** jd datiert etw zurück; ■ **qc est antidaté(e) [par qn]** etw wird [von jdm] [zu]rückdatiert
antidémocratique [ɑ̃tidemɔkratik] *adj* 1. (*peu démocratique*) undemokratisch
2. (*opposé à la démocratie*) antidemokratisch, demokratiefeindlich
antidépresseur [ɑ̃tidepresœr] I. *adj* antidepressiv, gegen Depressionen
II. *m* Antidepressivum *nt*
antidérapant, e [ɑ̃tiderapɑ̃, ɑ̃t] *adj skis, semelles* rutschfest; *pneus* rutschsicher; ***chaîne ~e*** Schneekette *f*
antidiphtérique [ɑ̃tidifterik] *adj sérum, vaccination* Diphtherieschutz-; ***sérum*** ~ Diphtherieimpfstoff *m;* ***substance*** ~ Diphtherietoxin *nt*
antidopage [ɑ̃tidɔpaʒ] *adj,* **antidoping** [ɑ̃tidɔpiŋ] *adj lutte* gegen das Doping; *contrôle* Doping-
antidote [ɑ̃tidɔt] *m* 1. MED (*contrepoison*) Gegengift *nt*, Gegenmittel *nt*
2. *fig* (*remède*) ■ **un ~ à [*o* contre] qc** ein Mittel gegen etw
antifasciste [ɑ̃tifaʃist, ɑ̃tifasist] I. *adj* antifaschistisch
II. *mf* Antifaschist(in) *m(f)*
antigel [ɑ̃tiʒɛl] *m* Frostschutzmittel *nt*
antigouvernemental, e <-aux> [ɑ̃tiguvɛrnəmɑ̃tal, o] *adj* regierungsfeindlich
antihéros [ɑ̃tiero] *m* Antiheld *m*
anti-inflammatoire [ɑ̃tiɛ̃flamatwar] *adj* entzündungshemmend
antillais, e [ɑ̃tijɛ, jɛz] I. *adj* antillisch, der Antillen
II. *m, f* ■ **Antillais(e)** Bewohner(in) *m(f)* der Antillen
antilope [ɑ̃tilɔp] *f* Antilope *f*
antimilitariste [ɑ̃timilitarist] I. *adj* antimilitaristisch
II. *mf* Antimilitarist(in) *m(f)*
antimissile [ɑ̃timisil] *adj* Raketenabwehr-, Antiraketen-
antimite [ɑ̃timit] I. *adj traitement* Mottenschutz-; ***poudre*** ~ Mottenpulver *nt*
II. *m* Mottenschutzmittel *nt*
antimoine [ɑ̃timwan] *m* CHIM Antimon *nt*
antimonarchique [ɑ̃timɔnarʃik] *adj* monarchiefeindlich
antimonarchiste [ɑ̃timɔnarʃist] I. *adj* antimonarchistisch
II. *mf* Antimonarchist(in) *m(f)*, Gegner(in) *m(f)* der Monarchie
antiparasite [ɑ̃tiparazit] I. *adj* RADIO: ***dispositif*** ~ Entstörvorrichtung *f*
II. *m* Entstörer *m*
antipathie [ɑ̃tipati] *f* 1. (*aversion*) Abneigung *f*, Antipathie *f;* ***il m'inspire de l'~*** er ist mir unsympathisch
2. ∅ (*incompatibilité*) ■ **l'~ entre deux choses** die Unvereinbarkeit [*o* Gegensätzlichkeit] zweier Dinge
▶ **qn a [*o* éprouve] de l'~ pour qn/qc** jd empfindet [*o* hat] eine Abneigung [*o* Antipathie] gegen jdn/etw
antipathique [ɑ̃tipatik] *adj personne, visage* unsympathisch; *comportement* unfreundlich, unliebenswürdig; ■ **qn est ~ à qn** jd ist jdm unsympathisch; ■ **qc est ~ à qn** etw ist jdm unangenehm [*o* zuwider]
antipatriotique [ɑ̃tipatrijɔtik] *adj* 1. *acte, parole, discours* vaterlandsfeindlich, gegen das Vaterland
2. *personne, comportement* unpatriotisch
antipelliculaire [ɑ̃tipelikylɛr] *adj* gegen Schuppen
antiphrase [ɑ̃tifrɑz] *f* Antiphrase *f spec*
▶ **par** ~ ironisch
antipode [ɑ̃tipɔd] *m* 1. GEOG Ort *m*, der sich an einem entgegengesetzten Punkt der Erdkugel befindet; ***Sydney est l'~ de Berlin*** Sydney liegt Berlin auf der Erdkugel diametral gegenüber
2. ∅ *fig rare* (*l'opposé*) Gegenteil *nt;* ***ce récit est l'~ d'une plaisanterie*** diese Geschichte ist alles andere als spaßig
▶ **qc est à l'~ [*o* aux ~s] de qc** (*du point de vue géographique*) etw liegt einer S. (*dat*) auf der Erdkugel diametral gegenüber; **qn/qc est à l'~ [*o* aux ~s] [de qn/qc]** (*est à l'opposé*) /*personne*/ jd ist das genaue Gegenteil [von jdm]; /*chose*/ etw ist genau das Gegenteil [von etw]; **aux ~s** (*dans un lieu éloigné*) weit weg, am anderen Ende der Welt
antipoison [ɑ̃tipwazɔ̃] *adj inv:* ***centre*** ~ *Spezialklinik für Vergiftungen*
antipolio [ɑ̃tipɔljo] *adj inv abr de* **antipoliomyélitique** *vaccination* Polioschutz-
antiquaire [ɑ̃tikɛr] *mf* Antiquitätenhändler(in) *m(f)*
▶ **qn fait les ~s** *fam* jd klappert die Antiquitätenläden ab *fam*
antique [ɑ̃tik] *adj* 1. (*de l'antiquité*) *œuvre, objet d'art, style, art, monument* antik; *lieu* der Antike; ***la Grèce*** ~ das antike [*o* alte] Griechenland
2. *littér* (*très ancien*) *tradition, coutume, objet* [sehr] alt, uralt
3. *péj, iron véhicule, vêtement* uralt
antiquité [ɑ̃tikite] I. *f* ∅ 1. ■ **l'A~** (*ancienne civilisation*) das Altertum; (*civilisation gréco-romaine*) die Antike
2. (*période très reculée*) Altertum *nt;* ***cette œuvre remonte à la plus haute*** ~ dieses Werk ist uralt; ***elle nous vient de l'~ la plus reculée*** sie stammt aus grauer Vorzeit; ***basse*** ~ jüngere Vorzeit
II. *fpl* 1. (*œuvres d'art antiques*) antike Kunstgegenstände, Altertümer *pl*
2. (*objets, meubles anciens*) Antiquitäten *pl*
antireflet [ɑ̃tirəflɛ] *adj couche* Antireflex-; *surface vitrée, verre de lunettes* entspiegelt
antirides [ɑ̃tirid] *adj* Anti-Falten-
antirouille [ɑ̃tiruj] I. *adj inv* Rostschutz-
II. *m* Rostschutzmittel *nt*
antisèche [ɑ̃tisɛʃ] *f fam* Spickzettel *m fam*
antisémite [ɑ̃tisemit] I. *adj opinions, propagande* antisemitisch, judenfeindlich; *blague* Juden-
II. *mf* Antisemit(in) *m(f)*
antisémitisme [ɑ̃tisemitism] *m* Antisemitismus *m*
antiseptique [ɑ̃tisɛptik] I. *adj* antiseptisch
II. *m* Antiseptikum *nt*
antisocial, e <-aux> [ɑ̃tisɔsjal, jo] *adj* unsozial
antispasmodique [ɑ̃tispasmɔdik] I. *adj* krampflösend, krampflindernd
II. *m* krampflösendes Mittel, Spasmolytikum *nt spec*
antistatique [ɑ̃tistatik] *adj* antistatisch
anti-subversif, -ive [ɑ̃tisybvɛrsif, -iv] *adj* gegen subversive Kräfte gerichtet
antitabac [ɑ̃titaba] *adj inv* gegen das Rauchen; ***campagne*** ~ Nichtraucherkampagne *f*
antitétanique [ɑ̃titetanik] *adj sérum* Tetanus-; *vaccination* Tetanusschutz-
antithèse [ɑ̃titɛz] *f* 1. PHILOS Antithese *f*
2. (*l'opposé*) ■ **l'~** das Gegenteil, der Gegensatz; ***ce discours constitue l'~ de tous mes idéaux*** diese Rede widerspricht all meinen Idealen
antitrust [ɑ̃titrœst] *adj* Antitrust- [-trast]
antituberculeux, -euse [ɑ̃titybɛrkylø, -øz] *adj* Tuberkuloseschutz-
antitussif, -ive [ɑ̃titysif, -iv] I. *adj sirop, remède* Husten-; *propriétés* hustenlindernd
II. *m* Hustenmittel *nt*
anti-virus [ɑ̃tivirys] I. *adj* INFORM Antiviren-
II. *m* INFORM Antivirenprogramm *nt*, Virensuchprogramm *nt*
antivol [ɑ̃tivɔl] I. *adj inv dispositif, système* Sicherheits-, gegen Diebstahl; ***alarme*** [*o* ***sirène***] ~ Alarmanlage *f*
II. *m* [*voiture*] Lenkradschloss *nt;* [*vélo*] [Fahrrad]schloss *nt*
antonyme [ɑ̃tɔnim] *m* Antonym *nt*
antre [ɑ̃tr] *m* 1. [*animal sauvage*] Höhle *f*
2. *fig littér* [*conscience*] tiefste(s) Innere(s) *nt;* [*personne, écrivain*] Allerheiligste(s) *nt*, Refugium *nt;* [*sorcier*] Höhle *f*, Schlupfwinkel *m*
▶ **l'~ du lion** *fig* die Höhle des Löwen
anus [anys] *m* After *m*, Anus *m spec*
Anvers [ɑ̃vɛr] Antwerpen *nt*
anxiété [ɑ̃ksjete] *f* ∅ 1. (*peur*) Angst *f;* (*trait de caractère*) Ängstlichkeit *f*
2. MED, PSYCH innere Unruhe; ***un état d'~*** ein Angstzustand *m*
▶ **qn est dans l'~** jd ist in großer Sorge; **avec** ~ ängstlich, angstvoll, bang
anxieusement [ɑ̃ksjøzmɑ̃] *adv* ängstlich, beklommen, bang
anxieux, -euse [ɑ̃ksjø, -jøz] I. *adj personne* ängstlich; *regard a.* angsterfüllt; *attente* bang; ***état*** ~ Angstzustände *pl;* ***crises ~euses*** plötzlich auftretende Angstgefühle; ■ **qn est ~ de faire qc** *de connaître, savoir, voir qc* jd wartet mit ängstlicher Spannung [*o* ist ängstlich gespannt] darauf, etw zu tun
II. *m, f* ängstlicher Mensch
AOC [ɑose] *abr de* **appellation d'origine contrôlée** aus bestimmtem Anbaugebiet
aorte [aɔrt] *f* Aorta *f*, Hauptschlagader *f*
août [u(t)] *m* ∅ August *m;* ***en ~, au mois d'~*** im August; ***Karlsruhe, le 14 ~*** Karlsruhe, den 14. August
▶ **le quinze** ~ Mariä Himmelfahrt; *v. a.* **janvier**
aoûtien, ne [ausjɛ̃, jɛn] *m, f* Augusturlauber(in) *m(f)*
apache [apaʃ] *mf* Apatsche/Apatschin *m/f*
apaisant, e [apɛzɑ̃, ɑ̃t] *adj* 1. (*qui calme*) *silence* wohltuend; *paroles, musique, influence* beruhigend
2. (*qui ramène la paix*) *paroles, discours* beschwichtigend
apaisement [apɛzmɑ̃] *m* ∅ 1. (*retour au calme*) Beruhigung *f*, Entspannung *f;* [*conscience*] Beruhigung; [*douleur*] Linderung *f*
2. [*vent*] Nachlassen *nt*, Sichlegen *nt;* [*passion*] Abflauen *nt*
3. [*conflit*] Entspannung *f;* [*querelle*] Sichlegen *nt*
apaiser <1> [apeze] I. *vt* 1. (*calmer*) ■ **qn/qc apaise qn/qc** jd/etw beruhigt jdn/etw; *douleur* jd/etw lindert etw; ■ **qn/qc est apaisé(e) [par qc]** jd/etw wird [durch etw] beruhigt [*o* besänftigt]; ***les dieux sont ~s par des sacrifices*** die Götter werden durch Opfergaben versöhnlich gestimmt
2. (*assouvir*) ■ **qn/qc apaise qc** *faim, désir, passion* jd/etw stillt etw; *soif a.* jd/etw löscht etw; *curiosité a.* jd/etw befriedigt etw
3. (*arrêter*) ■ **qn/qc apaise qc** *protestations* jd/etw bringt etw zur Ruhe [*o* zum Erliegen]; *colère* jd/etw dämpft etw, jd/etw mildert etw; *excitation* jd/etw mildert etw
4. (*endormir*) ■ **qn/qc apaise qc** *conscience* jd/etw beruhigt etw; *scrupules, craintes* jd/etw zerstreut etw
II. *vpr* 1. (*se calmer*) ■ **qn s'apaise** jd beruhigt sich, jd wird ruhiger
2. (*décroître*) ■ **qc s'apaise** /*douleur, désir*/ etw lässt nach; /*passion a.*/

etw flaut ab; */colère, excitation, tempête, vent a., querelle/* etw legt sich; */craintes, scrupules/* etw verflüchtigt sich; */vagues/* etw glättet sich

apanage [apanaʒ] *m* Vorrecht *nt,* Privileg *nt*
▶ **qn a l'~ de qc** etw ist jdm vorbehalten; ***avez vous l'~ de l'intelligence?*** haben Sie die Weisheit für sich gepachtet? *fam;* ***vous n'avez pas l'~ du cœur*** Sie haben die Menschlichkeit nicht für sich gepachtet *fam,* Sie sind nicht der einzige, der [menschliche] Gefühle hat; **qc est l'~ de qn** etw ist jds Vorrecht

aparté [apaʀte] *m (entretien)* vertrauliches Gespräch; THEAT beiseite Gesprochene(s) *nt*
▶ **en ~** beiseite

apartheid [apaʀtɛd] *m* ∅ Apartheid *f;* ***la politique de l'~*** die Apartheidpolitik

apathie [apati] *f* ∅ Apathie *f*

apathique [apatik] *adj* apathisch

apatride [apatʀid] *mf* Staatenlose(r) *f(m)*

apercevoir <12> [apɛʀsəvwaʀ] I. *vt* 1. *(entrevoir)* ■ **qn aperçoit qn/qc** jd sieht jdn/etw flüchtig [*o* undeutlich], jd nimmt jdn/etw flüchtig wahr
2. *(remarquer)* ■ **qn aperçoit qn/qc** jd bemerkt [*o* sieht] jdn/etw
3. *(distinguer)* ■ **qn aperçoit qc** jd erkennt etw, jd wird etw [*o* einer S. *(gen)*] gewahr *geh;* ***le marin aperçoit la terre*** der Seemann sichtet das Land
▶ **sans être aperçu(e) [de qn]** unbemerkt [*o* unerkannt] [von jdm]
II. *vpr* 1. *(se voir)* ■ **deux personnes s'aperçoivent** zwei Menschen sehen sich; ***qn s'aperçoit dans un miroir*** jd sieht sich in einem Spiegel
2. *(se rendre compte)* ■ **qn s'aperçoit de qc** *d'une erreur, omission* jd bemerkt etw, jd wird sich *(dat)* einer S. *(gen)* bewusst; *d'une présence* jd bemerkt etw, jd wird einer S. *(gen)* gewahr *geh; des manigances* jd durchschaut etw; ■ **qn s'aperçoit que** + *indic* jd erkennt, dass; jd wird sich *(dat)* darüber klar, dass
▶ **sans s'en ~** versehentlich, ohne es zu merken

aperçu [apɛʀsy] *m* ∅ 1. *(idée générale)* ■ **un ~ de qc** ein genereller Überblick über etw *(akk)*
2. *(exposé sommaire)* ■ **un ~ de qc** eine kurze Darstellung einer S. *(gen),* ein kurzer [*o* grober] Überblick über etw *(akk)*
3. INFORM Seitenansicht *f*
▶ **qn/qc donne un ~ de qc** jd/etw vermittelt eine Vorstellung von etw, jd/etw gibt einen kurzen Einblick in etw *(akk)*

apéritif [apeʀitif] *m* Aperitif *m;* ***qu'est-ce que je te sers comme ~?*** was möchtest du als [*o* zum] Aperitif?; ***vous prendrez bien un petit ~?*** Sie nehmen [*o* trinken] doch einen kleinen Aperitif?
▶ **qn offre l'~ [à qn]** jd lädt [jdn] zum Aperitif ein; **qn prend l'~** jd trinkt einen Aperitif

apéro [apeʀo] *m fam abr de* **apéritif** Aperitif *m*

apesanteur [apəzɑ̃tœʀ] *f* Schwerelosigkeit *f*
▶ **en état d'~** im Zustand der Schwerelosigkeit

à-peu-près [apøpʀɛ] *m inv* 1. *(approximation)* Halbheit *f;* ***je ne me contenterai pas d'~-~-~*** ich werde mich nicht mit Halbheiten zufrieden geben; ***elle ne répond que par des ~-~-~*** sie antwortet nur ungenau [*o* vage]; ■ **de l'~-~-~** Unfertige(s) *nt;* ***c'est de l'~-~-~*** das ist nichts Halbes und nichts Ganzes
2. *(travail peu soigné)* ■ **de l'~-~-~** eine halbe Sache, Pfuscharbeit *f,* Stümperei *f*

apeuré, e [apœʀe] *adj* erschrocken, verängstigt; *regard* ängstlich

aphasique [afazik] I. *adj* an Aphasie leidend
II. *mf* Aphasiker(in) *m(f)*

aphone [afɔn, afon] *adj* stimmlos, ohne Stimme; ***il est presque ~ à force d'avoir crié*** er hat vor lauter Schreien fast keine Stimme mehr

aphorisme [afɔʀism] *m* 1. *(maxime)* Aphorismus *m*
2. *péj (formule prétentieuse)* weiser Spruch

aphrodisiaque [afʀɔdizjak] I. *adj* aphrodisisch
II. *m* Aphrodisiakum *nt*

aphte [aft] *m* Aphthe *f*

à-pic <~-~s> [apik] *m (en bord de mer)* Kliff *nt,* Klippe *f; (à l'intérieur du pays)* Steilhang *m,* Steilwand *f*

apiculteur, -trice [apikyltœʀ, -tʀis] *m, f* Imker(in) *m(f),* Bienenzüchter(in) *m(f)*

apiculture [apikyltyʀ] *f* ∅ Bienenzucht *f*

apitoiement [apitwamɑ̃] *m* Mitleid *nt,* Mitgefühl *nt;* ■ **~ sur qn** Mitleid mit jdm; ***l'~ sur soi-même*** das Selbstmitleid

apitoyer <6> [apitwaje] I. *vt* ■ **qn/qc apitoie qn** jd/etw erregt jds Mitleid; ***ne vois-tu pas qu'il cherche à t'~?*** siehst du nicht, dass er nur dein Mitleid erregen will?; ■ **qn apitoie qn sur qc** jd erweckt jds Mitleid für etw; ■ **qn apitoie qn par qc** jd erweckt jds Mitleid durch etw
II. *vpr* ■ **qn s'apitoie sur qn/qc** jd bemitleidet jdn/etw, jd hat Mitleid [*o* Erbarmen] mit jdm/etw; ***arrête de t'~ sur ton propre sort*** [*o* ***sur toi-même***] hör auf, dich selbst zu bemitleiden

aplanir <8> [aplaniʀ] I. *vt* 1. *(niveler)* ■ **qn/qc aplanit qc** jd/etw ebnet etw ein, jd/etw planiert etw; ***qn aplanit la voie à qn*** jd ebnet jdm den Weg
2. *(faire disparaître)* ■ **qn/qc aplanit qc** *obstacles, difficultés* jd/etw räumt etw aus dem Weg, jd/etw beseitigt etw
II. *vpr (disparaître)* ■ **qc s'aplanit** etw wird behoben, etw wird aus dem Weg geräumt; ***les difficultés s'aplanissent d'elles-mêmes*** die Probleme lösen sich wie von selbst

aplati, e [aplati] *adj* platt [gedrückt]; ■ **qc est aplati(e) à qc** [*o* **sur qc**] etw ist an etw *(dat)* abgeflacht; ***qc est ~ sur le dessus*** etw ist oben abgeflacht

aplatir <8> [aplatiʀ] I. *vt* ■ **qn/qc aplatit qc** *surface* jd/etw flacht etw ab; *pli* jd streicht etw glatt, jd glättet etw; *cheveux* jd streicht etw glatt/etw drückt etw platt; *pièce de métal* jd schlägt [*o* hämmert] etw platt [*o* flach]; ***qn aplatit une couture au fer*** jd bügelt eine Naht aus; ■ **qn/qc est aplati(e) [par qn/qc] contre qc** jd/etw wird [von jdm/etw] platt gegen etw gedrückt; ***des cheveux aplatis*** anliegende Haare; ***le nez aplati contre la vitre*** die Nase platt gegen die Scheibe gedrückt
II. *vpr* 1. *(se plaquer)* ■ **qn s'aplatit sur qc** jd legt sich platt [*o* flach] auf etw *(akk);* ■ **qn s'aplatit contre qc** jd drückt sich flach gegen [*o* an] *(akk)* etw; ***qn s'aplatit à terre*** jd legt sich flach auf den Boden
2. *(devenir plat)* ■ **qc s'aplatit** etw wird flach[er] [*o* platt[er]]; ***qc s'aplatit aisément au fond d'une valise*** etw kann leicht flach [zusammengelegt] in einem Koffer verstaut werden
3. *(être rendu plat)* ■ **qc s'aplatit** etw wird flach gedrückt; ***la pâte à pizza s'aplatit à la main*** der Pizzateig wird von Hand ausgezogen
4. *(s'écraser)* ■ **qn/qc s'aplatit contre qc** [*o* **sur qc**] jd/etw prallt gegen etw
▶ **qn s'aplatit devant qn** *fam* jd kriecht vor jdm *sl*

aplomb [aplɔ̃] *m* ∅ 1. *(équilibre)* Gleichgewicht *nt; (verticalité)* Lot *nt,* Senkrechte *f*
2. *(assurance)* Selbstsicherheit *f*
3. *(effronterie)* Frechheit *f,* Unverfrorenheit *f*
▶ **qn n'a pas l'air d'~** jd sieht nicht so aus als gehe es ihm gut; **qn a de l'~** *(effronterie)* jd ist ganz schön frech [*o* dreist]; *(assurance)* jd ist selbstsicher; **qn a l'~ de faire qc** *(a l'effronterie)* jd besitzt die Frechheit [*o* Dreistigkeit] etw zu tun; **qn est de nouveau d'~ [sur ses jambes]** jd ist wieder auf der Höhe *fam* [*o* auf den Beinen]; *(psychologiquement)* jd ist wieder im Gleichgewicht; **qn/qc remet qn d'~** jd/etw bringt jdn wieder auf die Beine; *(psychologiquement)* jd/etw bringt jdn wieder ins Gleichgewicht; **qn remet qc d'~** jd hängt [*o* rückt] etw wieder gerade; **qn est remis(e) d'~** jd ist wieder auf den Beinen; **qn se sent d'~** jd fühlt sich fit *fam;* **à l'~** im Lot, lotrecht; **avec ~** selbstsicher; **d'~** senkrecht, gerade

apnée [apne] *f* MED Atemstillstand *m;* SPORT Tauchen *nt* ohne Atemgerät [*o* Sauerstoffgerät]
▶ **en ~** *plonger, descendre* ohne Atemgerät, ohne Sauerstoffgerät

apocalypse [apɔkalips] *f* 1. BIBL ■ **l'A~** die Apokalypse, die Offenbarung des Johannes
2. *fig* Apokalypse *f,* Weltuntergang *m*
▶ **une vision** [*o* **un tableau**] **d'~** eine apokalyptische Vision, ein Bild *nt* des Grauens

apocalyptique [apɔkaliptik] *adj* apokalyptisch

apogée [apɔʒe] *m* ∅ 1. *(sommet)* Höhepunkt *m*
2. ASTRON Erdferne *f,* Apogäum *m spec*
▶ **qc est à son ~** etw hat seinen Höhepunkt erreicht; **qn est à l'~ de qc** jd ist auf dem Höhepunkt [*o* Gipfel] einer S. angelangt *(gen);* ***qn est à l'~ de sa carrière*** jd steht auf dem Höhepunkt seiner Laufbahn

apolitique [apɔlitik] *adj* unpolitisch

apollon [apɔlɔ̃] *m* 1. MYTH ■ **A~** Apoll[on] *m*
2. *(bel homme)* schöner Mann [*o* Jüngling], Apoll[o] *m*

apologie [apɔlɔʒi] *f (éloge)* Verherrlichung *f; (justification)* Verteidigung *f,* Rechtfertigung *f,* Apologie *f*
▶ **qn fait l'~ de qn/qc** *(fait l'éloge)* jd verherrlicht jdn/etw; *(justifie)* jd verteidigt [*o* rechtfertigt] jdn/etw; *d'un crime* jd rechtfertigt etw

apoplexie [apɔplɛksi] *f* Schlaganfall *m,* Gehirnschlag *m,* Apoplexie *f spec;* ***elle a eu une crise d'~*** sie hatte einen Schlaganfall

a posteriori [a pɔsteʀjɔʀi] I. *adv* 1. *(après coup)* im Nachhinein, nachträglich
2. PHILOS a posteriori, aus Erfahrung
II. *adj inv notion, concept, raisonnement, conclusion* auf Erfahrung gründend, aposteriorisch *spec*

apostolat [apɔstɔla] *m* 1. REL *(ministère d'apôtre)* Apostelamt *nt,* Apostolat *nt*
2. *(propagation de la foi)* Verkündung *f;* ■ **~ de qc** *(prosélytisme)* Bekehrung *f* zu etw
3. *(mission)* Berufung *f*

apostrophe[1] [apɔstʀɔf] *f* 1. *(figure de style)* Anrede *f,* Apostrophe *f*
2. *(interpellation brusque ou impolie)* barsche Anrede, barscher Zuruf
▶ **en ~** LING als Anrede gebraucht; ***mot mis en ~*** als Anrede gebrauchtes Wort

apostrophe[2] [apɔstʀɔf] *f* Apostroph *m,* Auslassungszeichen *nt*

apostropher <1> [apɔstʀɔfe] *vt* ■ **qn apostrophe qn** jd fährt jdn an, jd herrscht jdn an

apothéose [apɔteoz] *f* 1. *(consécration)* Krönung *f,* glanzvolle Bestätigung; ■ **l'~ de qc** *(sommet)* der Höhepunkt [*o* die Apotheose *geh*] einer S. *(gen)*
2. *(partie finale)* krönender Abschluss, großes Finale; THEAT Apotheose *f geh*

apôtre [apotʀ] *m* 1. REL, HIST Jünger *m,* Apostel *m;* ***les douze ~s de Jésus*** die zwölf Jünger Jesu, die zwölf Apostel
2. *(propagateur d'une idée)* Verfechter(in) *m(f)*
▶ **qn fait** [*o* **joue**] **le bon ~** *fam* jd tut scheinheilig *fam;* **qn se fait l'~ de qc** jd macht sich zum Verfechter/zur Verfechterin einer S. *(gen)*

apparaître <*irr*> [apaʀɛtʀ] I. *vi* + *être* 1. *(se montrer, se manifester)* ■ **qn/qc apparaît** jd/etw erscheint; */personne a., maison, silhouette, animal/* jd/etw taucht auf; */être surnaturel, fantôme, esprit a./* jd/etw zeigt sich; */acteur/* jd tritt auf; */étoile/* etw erscheint, etw zeigt sich; ■ **qn/qc apparaît à qn** jd/etw erscheint jdm; ■ **qn fait ~ qn/qc** jd lässt jdn/etw erscheinen
2. *(surgir, survenir)* ■ **qc apparaît** */idée/* etw kommt auf; */signe, difficulté, fièvre/* etw tritt auf; */obstacle/* etw taucht auf; */vérité/* etw tritt zutage, etw kommt ans Licht
3. *(se révéler)* ■ **qc apparaît à qn** */vérité/* etw wird jdm bewusst; ■ **qn/qc laisse ~ qc** jd/etw lässt etw erkennen

4. (*sembler*) ■ **qn/qc apparaît** + *adj* [**à qn**] jd/etw scheint [jdm] + *adj*; ***la difficulté*** [***lui***] ***apparaissait insurmontable*** die Schwierigkeit schien [ihm/ihr] unüberwindlich
5. (*se présenter*) ■ **qn/qc apparaît comme qc** [**à qn**] jd/etw erscheint [jdm] wie etw, jd/etw kommt [jdm] wie etw vor
II. *vi impers* + *être* 1. (*survenir, surgir*) ■ **il apparaît qn/qc** jd/etw taucht auf; ***il apparut un jour des étrangers*** eines Tages tauchten Fremde auf
2. (*devenir évident*) ■ **il apparaît que** + *indic* es zeigt sich, dass; es ist [*o* wird] offensichtlich, dass

apparat [apaʀa] *m* ∅ Pomp *m*, Prunk *m*, Gepränge *nt geh*
▶ **en grand** ~ [*o* **avec** ~] mit großem Gepränge [*o* Prunk] [*o* Pomp]; **d'**~ *costume, discours* Fest-; *dîner* Gala-; ***habit d'***~ Festgewand *nt*, Prachtgewand *nt*

apparatchik [apaʀatʃik] *m* Apparatschik *m*

appareil [apaʀɛj] *m* 1. (*machine, instrument*) Gerät *nt*, Apparat *m*; PHOT Kamera *f*, [Foto]apparat; ~ [***de***] ***radio*** Radio[gerät] *nt*, Radio[apparat] *m*; ~ ***de télévision*** Fernsehgerät, Fernsehapparat; *v. a.* **appareil photo**
2. MED (*prothèse*) Prothese *f*; (*appareil dentaire*) Zahnspange *f*, Zahnklammer *f*; (*dentier*) Gebiss *nt*; (*attelle*) Schiene *f*
3. (*avion*) Maschine *f*
4. ANAT (*ensemble d'organes*) Apparat *m*, System *nt*
5. (*ensemble structuré*) Apparat *m*; ***l'***~ ***syndical*** der Gewerkschaftsapparat; ***l'***~ ***d'État*** der Staatsapparat; ***l'***~ ***du parti*** der Parteiapparat
6. *pl* SPORT Geräte *pl*
▶ ~ **auditif** Hörgerät *nt*; ~ **circulatoire** Kreislaufsystem *nt*; ~ **critique** kritischer Apparat, kritische Anmerkungen; ~ **digestif** Verdauungsapparat *m*; ~**s ménagers** Haus- und Küchengeräte *pl*; ~ **orthopédique** orthopädisches Hilfsmittel; ~ **photographique** Fotoapparat *m*, Kamera *f*; ~ **policier** Polizeiapparat *m*; ~ **respiratoire** Atmungsorgane *pl*, Atmungssystem *nt*; [**qn est**] **dans le plus simple** ~ [jd ist] nackt [*o* im Adams-/Evaskostüm]; ~ **téléphonique** Telefon[apparat *m*] *nt*; **qn a qc dans un** ~ *bras, jambe* jd hat etw in einer Schiene; **qn porte un** ~ (*appareil dentaire*) jd trägt eine Zahnspange [*o* Zahnklammer]; (*dentier*) jd trägt ein Gebiss *nt*; **qn pose un** ~ **à qc** *à un bras, à une jambe* jd schient etw; **à l'**~ (*au téléphone*) am Telefon, am Apparat; ***qui est à l'***~? wer ist am Apparat? [*o* mit wem spreche ich?]; ***Pierre à l'***~ [hier spricht] Pierre
◆ **appareil à sous** Spielautomat *m*; **appareil d'écoute** Abhörgerät *nt*; **appareil de levage** Hebemaschine *f*; **appareil de mesure** Messgerät *nt*; **appareil de projection** Vorführgerät *nt*, Projektor *m*

appareillage [apaʀɛjaʒ] *m* 1. NAUT (*départ*) Auslaufen *nt*, Inseestechen *nt*; (*manœuvres de départ*) Ablegemanöver *pl*, Ablegen *nt*
2. ELEC (*ensemble de dispositifs*) Apparatur *f*

appareiller <1> [apaʀeje] I. *vi* ■ **qn/qc appareille** jd/etw läuft aus, jd/etw legt ab, jd/etw sticht in See
II. *vt* 1. NAUT ■ **qn appareille qc** jd macht etw klar, jd takelt etw auf
2. (*assortir*) ■ **qn appareille des choses** jd stellt Dinge passend zusammen
3. (*accoupler*) ■ **qn appareille des animaux** jd paart Tiere

appareil photo <~s ~> [apaʀɛjfɔto] *m* Fotoapparat *m*, Kamera *f*

apparemment [apaʀamɑ̃] *adv* anscheinend, scheinbar; (*vraisemblablement*) offenbar, offensichtlich

apparence [apaʀɑ̃s] *f* 1. ∅ (*aspect*) Anblick *m*; ***le quartier avait une*** ~ ***misérable*** das Viertel bot einen elenden Anblick
2. (*ce qui semble être*) [An]schein *m*, [äußerer] Eindruck; ~ ***physique*** Erscheinungsbild *nt*, Äußere(s) *nt*; ***toutes les*** ~***s sont contre moi*** alle äußeren Anzeichen sprechen gegen mich
3. PHILOS: ***le monde des*** ~***s*** die Scheinwelt, die Welt des Scheins
▶ **qn prend l'**~ **pour la réalité** jd kann Sein und Schein nicht unterscheiden; **les** ~**s sont parfois trompeuses** der Schein trügt [*o* täuscht] manchmal; **qn s'arrête aux** ~**s** jd begnügt sich mit dem äußeren Eindruck; **qn ne se fie pas aux** ~**s** jd lässt sich durch den Schein nicht täuschen; **qn garde** [*o* **sauve**] **les** ~**s** jd wahrt den Schein; **qn juge qn/qc sur les** ~**s** jd beurteilt jdn/etw nach dem Äußeren [*o* dem Aussehen]; **qn sacrifie les** ~**s** jd gibt nichts auf das Gerede der Leute; **contre toute** ~ allem Anschein zum Trotz, entgegen allem Anschein; **d'**~ aussehend; ***un homme de belle*** ~ ein stattlich aussehender Mann, eine stattliche Erscheinung; **en** ~ scheinbar, nach außen hin; **malgré les** ~**s** allem Anschein zum Trotz, entgegen allem Anschein; **selon toute** ~ allem Anschein nach; **sous une** ~ **de**: ***sous une*** ~ ***d'honnêteté, il est capable de …*** obwohl es den Anschein hat, als sei er ehrlich, ist er imstande, …; ***sous ces*** ~***s*** hinter dieser Fassade

apparent, e [apaʀɑ̃, ɑ̃t] *adj* 1. (*visible*) sichtbar; ■ **qc est** ~ etw ist zu erkennen [*o* sehen]
2. (*évident, manifeste*) offensichtlich; *anxiété a.* offenkundig; *ruse* plump, leicht durchschaubar
3. (*supposé, trompeur*) scheinbar; ***son*** ~***e anxiété*** seine/ihre scheinbare Ängstlichkeit

apparenté, e [apaʀɑ̃te] *adj* 1. POL *listes* verbunden; ***un candidat/député*** ~ ***socialiste*** ein den Sozialisten nahe stehender Kandidat/Abgeordneter
2. (*ressemblant*) ■ ~ **à qc** einer S. (*dat*) ähnlich [*o* verwandt]
3. (*parent*) verwandt; ■ ~ **à qn/qc** mit jdm/etw verwandt

apparenter <1> [apaʀɑ̃te] *vpr* 1. POL ■ **qn/qc s'apparente à qc** jd/etw geht mit etw eine Verbindung ein
2. (*avoir des traits communs avec*) ■ **qc s'apparente à qc** etw kommt einer S. (*dat*) gleich, etw trägt die Züge einer S. (*gen*)
3. (*se lier par mariage*) ■ **qn s'apparente à qc** jd heiratet in etw (*akk*) ein

apparition [apaʀisjɔ̃] *f* 1. (*action de paraître*) [*personne*] Erscheinen *nt*; [*acteur*] Auftritt *m*; ***tes*** ~***s se font rares, ces derniers temps!*** du tauchst in letzter Zeit selten auf *fam*
2. ∅ (*fait de devenir visible*) [*phénomène, symptôme, signe, fièvre, boutons*] Auftreten *nt*; [*tendance a.*] Aufkommen *nt*; [*maladie a.*] Ausbruch *m*; [*étoile*] Erscheinen *nt*
3. (*manifestation d'un être surnaturel*) Erscheinung *f*, Erscheinen *nt*
4. (*fantôme*) Gespenst *nt*, Geist *m*
▶ **qn ne fait qu'une courte** [*o* **brève**] ~ jd lässt sich nur kurz sehen [*o* blicken], jd macht eine Stippvisite; **qn a des** ~**s** *fam* (*est victime d'une illusion*) jd träumt, jd sieht Gespenster *fam*; (*a des visions mystiques*) jd hat Erscheinungen; **qn fait son** ~ *fam* jd taucht auf, jd erscheint auf der Bildfläche *fam*

appart [apaʀt] *m fam abr de* **appartement** Wohnung *f*

appartement [apaʀtəmɑ̃] *m* 1. (*habitation*) Wohnung *f*
2. (*dans un hôtel*) Suite *f*, Appartement *nt*
◆ **appartement de fonction** Dienstwohnung *f*

appartenance [apaʀtənɑ̃s] *f* ∅ 1. ■ **l'**~ **à qc** *à une race, classe, famille, un pays* Zugehörigkeit *f* zu etw; *à un parti* Mitgliedschaft *f* in etw (*dat*)
2. MATH ■ **l'**~ **à qc** Enthaltensein *nt* in etw (*dat*)

appartenir <9> [apaʀtəniʀ] I. *vi* 1. (*être la propriété de*) ■ **qn/qc appartient à qn** jd/etw gehört jdm
2. (*faire partie de*) ■ **qn/qc appartient à qc** *à une race, classe, famille, un pays* jd/etw gehört einer S. (*dat*) an; *à un parti a.* jd ist Mitglied in etw (*dat*)
3. MATH ■ **qc appartient à qc** etw ist in etw (*dat*) enthalten
II. *vi impers* ■ **il appartient à qn de faire qc** es ist jds Sache [*o* Aufgabe], etw zu tun; es obliegt jdm, etw zu tun *geh*; ***il ne m'appartient pas de faire qc*** es steht mir nicht zu, etw zu tun
▶ **qc appartient en propre à qn** JUR etw ist jds [Allein]eigentum; ***ce terrain ne m'appartient pas en propre*** dieses Land gehört mir nicht allein

appât [apɑ] *m* CHASSE, PECHE Köder *m*
▶ **l'**~ **du gain** die Verlockung des Geldes; **qn/qc mord à l'**~ PECHE etw beißt an; *fig* jd beißt an *fam*; **qn se laisse prendre à l'**~ jd lässt sich ködern

appâter <1> [apɑte] *vt* 1. CHASSE, PECHE ■ **qn appâte un animal** *poisson* jd ködert ein Tier; *oiseaux, gibier* jd lockt ein Tier an; ■ **qn appâte qc** (*garnir d'un appât*) jd versieht etw mit einem Köder
2. (*allécher*) ■ **qn/qc appâte qn** [**par** [*o* **avec**] **qc**] jd/etw lockt jdn [mit [*o* durch] etw], jd/etw ködert jdn mit etw *fam*

appauvrir <8> [apovʀiʀ] I. *vt* 1. (*rendre pauvre*) ■ **qn/qc appauvrit qn/qc** *personne, pays* jd/etw macht jdn/etw arm
2. (*diminuer la vigueur*) ■ **qn/qc appauvrit qc** *terre* jd/etw laugt etw aus, durch etw verarmt etw, durch etw wird etw unfruchtbar; *langue* jd/etw lässt etw verarmen; *intelligence* jd/etw lässt etw verkümmern; ***qc appauvrit le sang*** etw vermindert die Zahl der roten Blutkörperchen
II. *vpr* 1. (*devenir pauvre*) ■ **qn/qc s'appauvrit** jd/etw wird arm, jd/etw verarmt
2. (*perdre de sa vigueur*) ■ **qc s'appauvrit** /*terre*/ etw wird unfruchtbar; /*langue*/ etw verarmt; /*intelligence*/ etw verkümmert

appauvrissement [apovʀismɑ̃] *m* [*famille, pays, langue*] Verarmung *f*; [*terre a.*] Auslaugung *f*, Unfruchtbarwerden *nt*; [*intelligence, esprit*] Verkümmerung *f*; ***l'***~ ***du sang*** der allmähliche Verlust [*o* die allmähliche Verminderung] der roten Blutkörperchen

appel [apɛl] *m* 1. (*cri*) Ruf *m*, Rufen *nt*
2. (*signal*) Zeichen *nt*, Signal *nt*
3. (*demande*) Appell *m*, Aufruf *m*
4. (*exhortation*) Aufforderung *f*, Aufruf *m*; ■ **l'**~ **à qc** *au calme, à la prière* die Aufforderung zu etw; *à l'insurrection, à la révolte, désobéissance, résistance, au meurtre a.* der Aufruf zu etw; ~ ***à la grève*** Streikaufruf
5. (*vérification de présence*) [Namens]aufruf *m*, Namensverlesung *f*; MIL Appell *m*
6. (*communication téléphonique*) [Telefon]anruf *m*
7. SPORT (*élan*) Absprung *m*
8. INFORM Aufruf *m*
▶ **un** ~ **du pied** *fam* ein Wink *m* mit dem Zaunpfahl *fam*; ***qn fait un*** ~ ***du pied à qn*** jd gibt jdm einen Wink mit dem Zaunpfahl; **qn fait un** ~ **du regard** [**à qn**] jd gibt [jdm] ein[en] Wink; **qn est absent(e)/présent(e) à l'**~ jd ist bei der Namensverlesung ab-/anwesend; *fig* jd ist [für jdn] da/nicht da; ***n'ai-je pas toujours été présent à l'***~? war ich nicht immer für dich da?; ~ **téléphonique** [Telefon]anruf *m*; **qn devance l'**~ MIL jd meldet sich vorzeitig; **qn fait** ~ JUR jd legt Berufung ein; **qn fait l'**~ jd ruft die Namen auf, jd verliest die Namen; MIL jd hält den Appell ab; **qn fait** ~ **à qn/qc** jd appelliert an jdn/etw; *à une personne a.* jd wendet sich an jdn; *à l'armée, aux pompiers* jd ruft jdn/etw, jd alarmiert jdn/etw; ***qn fait*** ~ ***à son courage*** jd nimmt seinen Mut zusammen; ***qn fait*** ~ ***à ses souvenirs*** jd besinnt sich, jd kramt seine Erinnerungen hervor *fam*; **qn interjette** ~ jd legt Berufung ein; **qn juge** [**qc**] **sans** ~ jd urteilt gnadenlos [über etw (*akk*)]; **qn juge qn sans** ~ jd verurteilt jdn gnadenlos; **qn lance un** ~ [**à qn**] jd lässt einen Appell ergehen, jd richtet einen Appell [*o* Aufruf] an jdn; **qn manque à l'**~ jd fehlt; SCOL jd fehlt beim [Namens]aufruf; MIL jd fehlt beim Appell; **qn se pourvoit en** ~ jd legt Berufung ein; **qn prend** [**son**] ~ **sur le pied droit/gauche** SPORT jd springt mit dem rechten/linken Fuß ab; **qn répond à l'**~ SCOL jd meldet sich, jd antwortet auf den [Namens]aufruf; MIL jd meldet sich beim Appell; (*réagit*) jd folgt dem Aufruf [*o* Appell]; (*propose son aide*) jd erklärt sich bereit zu helfen, jd folgt dem Aufruf zu helfen; **à l'**~ **de qn** jds Aufruf folgend, auf jds Aufruf hin; **sans** ~ endgültig, unwiderruflich
◆ **appel aux armes** Ruf *m* zu den Waffen; **appel d'air** Luftzufuhr *f*; **appel de fonds** FIN Zahlungsaufforderung *f*; **appel de note** TYP Zeichen *nt*, das auf eine Fußnote verweist; **appel de phares** Lichthupe *f* ▶ **qn fait un** ~ **de phares** jd betätigt die Lichthupe; **appel d'offres** ADMIN Ausschreibung *f*; ***qn lance un*** ~ ***d'offres*** jd macht eine Ausschreibung

appelé, e [aple] *m, f* 1. MIL Einberufene(r) *m*
2. REL Berufene(r) *f(m)*
▶ **il y a beaucoup d'**~**s, mais peu d'élus** viele sind berufen, aber wenige sind auserwählt

appeler [aple] I. *vt* 1. (*interpeller*) ■ **qn appelle qn/un animal** jd ruft

jdn/ein Tier; ***présentez-vous lorsqu'on appellera votre nom*** kommen Sie, wenn man Ihren Namen aufruft
2. (*faire venir*) ▪ **qn appelle qn/qc** *docteur, taxi, police, pompiers, ascenseur* jd ruft jdn/etw [herbei]
3. (*téléphoner à*) ▪ **qn appelle qn/qc** jd ruft jdn/etw an
4. (*nommer*) ▪ **qn appelle qn ...** jd nennt [*o* ruft] jdn ..., jd redet jdn mit ... an; ***vous permettez que je vous appelle Octave/par votre prénom?*** erlauben Sie mir, dass ich Sie Octave nenne/mit Ihrem Vornamen anrede?; ▪ **qn appelle qc** + *infin* jd nennt etw + *infin;* ***c'est ce que j'appelle vivre*** das nenne ich leben
5. (*réclamer*) ▪ **qn/qc appelle qn/qc** /*situation, conduite*/ etw macht etw erforderlich [*o* notwendig], etw erfordert etw; /*affaire, devoir*/ etw ruft jdn; ***ses affaires l'appellent à Paris*** seine Geschäfte rufen ihn nach Paris; ***sa conduite appelle une punition sévère*** sein Benehmen verlangt nach einer gehörigen Strafe; ***qn appelle l'attention de qn sur qc*** jd macht jdn auf etw (*akk*) aufmerksam; ▪ **qn fait appeler qn** jd lässt jdn rufen
6. (*désigner*) ▪ **qn appelle qn à qc** *charge, fonction* jd beruft jdn in etw (*akk*); *poste* jd beruft jdn auf etw (*akk*); ▪ **qn appelle qn à faire qc** jd fordert jdn dazu auf, etw zu tun; ▪ **qc appelle qn à qc** etw beruft jdn zu etw, etw macht jdn für etw geeignet; ▪ **qc appelle qn à faire qc** etw beruft jdn dazu, etw zu tun
7. ▪ **qn est appelé(e) à faire qc** jd wird dazu berufen [*o* bestimmt], etw zu tun
8. ▪ **qn en appelle à qc** jd appelliert an etw (*akk*); ▪ **une chose en appelle une autre** eine S. zieht eine andere nach sich
II. *vi* ▪ **qn appelle** (*héler*) jd ruft; (*téléphoner*) jd ruft an
III. *vpr* (*avoir pour nom/prénom*) ▪ **qn/qc s'appelle** + *subst* jd/etw heißt + *subst;* ***comment t'appelles-tu?*** wie heißt du?; ***Octavie et Auguste s'appellent Leneuf*** Octavie und August heißen Leneuf; ***comment s'appelle cette plante?*** wie heißt diese Pflanze?
▸ **..., mais il/elle s'appelle <u>reviens</u>** *fam* ..., aber da steht drauf: Wiedersehen macht Freude! *fam;* **<u>cela</u>** [*o* **voilà <u>qui</u>**] **s'appelle** [**<u>faire</u>**] **qc** das nennt man etw [tun]; ***voilà qui s'appelle faire une belle gaffe*** *fam* das nennt man einen Bock schießen *fam* [*o* Fauxpas begehen]

appellation [apelasjɔ̃, apɛllasjɔ̃] *f* Bezeichnung *f,* Benennung *f*
◆ **appellation d'origine** Herkunftsbezeichnung *f;* **appellation** [**d'origine**] **contrôlée** aus bestimmtem Anbaugebiet

appendice [apɛ̃dis] *m* **1.** (*texte annexe*) Anhang *m*
2. ANAT Blinddarm *m,* Wurmfortsatz *m* [des Blinddarms], Appendix *m spec;* ***une inflammation de l'~*** eine Blinddarmentzündung; ***on lui a enlevé l'~*** man hat ihm den Blinddarm rausgenommen
3. ZOOL Schwanz *m*
▸ **<u>en</u>** ~ im Anhang

appendicite [apɛ̃disit] *f* Blinddarmentzündung *f,* Appendizitis *f spec*
▸ **qn <u>a</u> l'~** jd hat eine Blinddarmentzündung; **qn fait** [*o* **a**] **une <u>crise</u> d'~** jd hat eine akute Blinddarmentzündung; **qn est <u>opéré</u>(e) de l'~** jd wird am Blinddarm operiert

appesantir <8> [apəzɑ̃tiʀ] **I.** *vt* ▪ **qn/qc est appesanti(e) par qc** jd/etw wird durch etw schwerfällig; /*tête*/ etw wird durch etw schwer; ▪ **qc appesantit qn/qc** etw macht jdn/etw schwerer, etw lässt jdn/etw schwerer werden
II. *vpr* **1.** (*devenir lourd*) ▪ **qc s'appesantit** /*tête*/ etw wird schwer; /*esprit*/ etw wird träge; /*geste, pas*/ etw wird langsam [*o* schwerfällig]
2. (*trop insister*) ▪ **qn s'appesantit sur qc** jd verweilt zu lange bei [*o* mit] etw, jd hält sich zu lange bei [*o* mit] etw auf
3. (*accabler*) ▪ **qc s'appesantit sur qn/qc** etw lastet schwer auf jdm/etw

appétissant, e [apetisɑ̃, ɑ̃t] *adj* **1.** (*alléchant*) *nourriture, mets* verlockend, appetitanregend, appetitlich
2. *fam* appetitlich *fam;* *femme* zum Anbeißen *fam*

appétit [apeti] *m ∅* Appetit *m;* ***il a déjà retrouvé tout son ~*** er isst schon wieder wie früher; ***qn a de l'~*** jd hat Appetit; ▪ **~ de qc** *de richesses* Gier *f* nach etw; *de gloire* Begierde *f* nach etw, -begierde; **~ *de vengeance/pouvoir*** Rachegelüste *pl* [*o* Rachgier]/Machtgelüste; **~ *de savoir*** Wissensdurst *m,* Wissensdrang *m*
▸ **un ~ de <u>loup</u>** [*o* **d'<u>ogre</u>**] *fam* ein Bärenhunger [*o* Riesenhunger] *m;* **qn a un ~ d'<u>oiseau</u>** *fam* jd isst wie ein Spatz *fam;* **<u>bon</u> ~!** guten Appetit!; (*entre collègues de travail*) Mahlzeit!; **qn <u>a</u> bon ~** jd hat einen guten [*o* gesunden] Appetit; **qn <u>a</u> de l'~** *fam* (*est cupide*) jd ist geldgierig; **qn <u>coupe</u> l'~ à qn** jd verdirbt jdm den Appetit; **qc <u>donne</u> de l'~ à qn** etw macht jdm Appetit; **qn <u>mange</u> de bon ~** jd langt kräftig zu *fam;* **qc <u>met</u>** [**qn**] **en ~** etw macht [jdm] Appetit; *fig* etw bringt jdn auf den Geschmack; **qc <u>ouvre</u> l'~** etw regt den Appetit an; ***la promenade lui a ouvert l'~*** der Spaziergang hat seinen/ihren Appetit angeregt; **qn <u>perd</u> l'~** jd verliert den Appetit, jd hat keinen Appetit mehr; **l'~ <u>vient</u> en mangeant** *prov* der Appetit kommt beim [*o* mit dem] Essen; **<u>avec</u>/<u>sans</u> ~** mit/ohne Appetit

applaudimètre [aplodimɛtʀ] *m* Applausmesser *m*

applaudir <8> [aplodiʀ] **I.** *vi* **1.** ▪ **qn applaudit** jd klatscht [Beifall], jd applaudiert; ▪ **qn n'applaudit pas** jd klatscht [*o* applaudiert] nicht, jd spendet keinen Beifall
2. *fig* (*approuver*) ▪ **qn applaudit à qc** jd begrüßt etw
▸ **qn applaudit à tout <u>rompre</u>** jd spendet tosenden Beifall
II. *vt* ▪ **qn applaudit qn/qc** jd spendet jdm/einer S. Beifall, jd applaudiert jdm

applaudissements [aplodismɑ̃] *mpl* Beifall *m,* Applaus *m*
▸ **des ~ <u>nourris</u>** anhaltender Beifall; **qc <u>soulève</u> des ~** etw löst Beifall aus

applicable [aplikabl] *adj* ▪ **~ à qn/qc** *théorie* anwendbar auf jdn/etw; *loi a.* geltend für jdn/etw; *découverte* brauchbar für jdn/etw, verwendbar für jdn/etw

applicateur [aplikatœʀ] **I.** *adj bouchon, tampon, pinceau* zum Auftragen
II. *m* (*dispositif*) Applikator *m;* [*tampon hygiénique a.*] Einführhülse *f*

application [aplikasjɔ̃] *f* **1.** (*pose*) ▪ **l'~ de qc** [**sur qc**] *d'un vernis, enduit* das Auftragen einer S. (*gen*) [auf etw (*akk*)]; *d'une peinture a.* das Aufstreichen einer S. (*gen*) [auf etw (*akk*)]; *d'un tampon* das Aufdrücken einer S. (*gen*) [auf etw (*akk*)]; *d'un papier peint* das Ankleben einer S. (*gen*) [auf etw (*akk*)], das Anbringen einer S. (*gen*) [auf etw (*dat*)]
2. (*utilisation*) ▪ **l'~ de qc à qc** *d'une théorie, méthode, d'un traitement* die Anwendung einer S. (*gen*) auf etw (*akk*); *d'une découverte* die Verwendung einer S. (*gen*) für etw; *d'un remède* die Anwendung[smöglichkeit] einer S. (*gen*) auf etw (*akk*)
3. (*mise en pratique*) [*idée*] Umsetzung *f;* [*décision a.*] Ausführung *f;* [*règle, loi*] Anwendung *f*
4. (*zèle*) ▪ **~ à qc** Eifer *m* bei etw, Fleiß *m* bei etw; ***j'admire ton ~ à faire ce travail/à tricoter*** ich bewundere deinen Eifer bei dieser Arbeit/beim Stricken
5. INFORM Anwendung *f*
▸ **qc <u>entre</u> en ~** etw tritt in Kraft; **qn <u>lance</u> une ~** INFORM jd startet eine Anwendung; **qn <u>met</u> qc en ~** jd wendet etw praktisch an; *paroles, idées, principes* jd setzt etw in die Praxis [*o* Tat] um; **<u>avec</u> ~** mit großem Eifer [*o* Fleiß]

applique [aplik] *f* Wandleuchte *f*

appliqué, e [aplike] *adj* **1.** (*attentif et studieux*) fleißig, eifrig
2. (*soigné*) *écriture* sorgfältig, akkurat
3. *mathématiques, recherche, sciences, langues étrangères* angewandt
▸ **<u>bien</u> ~** *coup, gifle* gut gezielt; *baiser* fest

appliquer <1> [aplike] **I.** *vt* **1.** (*poser*) ▪ **qn applique qc** *peinture, vernis* jd trägt etw auf; *revêtement* jd bringt etw an; *pansement* jd legt etw an; ▪ **qn applique qc contre** [*o* **sur**] **qc** *échelle* jd lehnt etw an [*o* gegen] etw (*akk*); *baiser* jd drückt etw auf etw (*akk*); *oreille* jd hält etw an etw (*akk*), jd drückt etw gegen etw
2. (*mettre en pratique*) ▪ **qn applique qc** *théorie, méthode, exemple, loi, recette* jd wendet etw [praktisch] an; *remède* jd verabreicht etw; *règlement, décision* jd führt etw aus [*o* durch]; *mode d'emploi* jd hält sich an etw (*akk*), jd befolgt etw; ***je ne fais qu'~ le règlement*** ich halte mich nur an [*o* ich befolge nur] die Vorschriften; ▪ **qn applique qc à qn/qc** jd wendet etw auf jdn/etw an
3. (*attribuer*) ▪ **qn applique qc à qn/qc** *peine* jd verurteilt jdn zu etw, jd erlegt jdm etw auf; **~ *à cette voiture le qualificatif de "révolutionnaire" paraît exagéré*** dieses Auto als revolutionär zu bezeichnen [*o* diesem Auto das Attribut revolutionär zuzuschreiben], scheint übertrieben
II. *vpr* **1.** (*se poser*) ▪ **qc s'applique sur qc** /*vernis, peinture*/ etw lässt sich auf etw (*akk*) auftragen; ***cette pièce de bois s'applique exactement sur l'autre*** dieses Holzstück passt genau auf das andere
2. (*correspondre à*) ▪ **qc s'applique à qn/qc** /*remarque*/ etw trifft für jdn/etw zu, etw gilt für jdn/etw; /*nom, titre*/ etw passt zu jdm/etw
3. (*s'efforcer de*) ▪ **qn s'applique à qc** jd gibt sich (*dat*) bei etw Mühe, jd bemüht sich bei etw; ▪ **qn s'applique à faire qc** jd gibt sich (*dat*) Mühe [*o* bemüht sich] etw zu tun; ▪ **qn s'applique** jd ist fleißig, jd gibt sich Mühe

appoint [apwɛ̃] *m* (*aide*) [zusätzliche] Hilfe, Unterstützung *f;* (*financière*) Zubrot *nt*
▸ **qn <u>fait</u> l'~** [**à qn**] jd gibt [jdm] eine Geldsumme passend; ***j'ai l'~*** ich hab's passend; **<u>d'</u>~** *chauffage, salaire, lit* zusätzlich

appointements [apwɛ̃tmɑ̃] *mpl* Gehalt *nt,* Bezüge *pl;* ***quels sont vos ~, actuellement?*** welches Gehalt bekommen Sie momentan?

appontement [apɔ̃tmɑ̃] *m* Landungsbrücke *f,* Pier *m o f*

apponter <1> [apɔ̃te] *vi* ▪ **qc apponte** etw landet auf dem Flugdeck [eines Flugzeugträgers]

apport [apɔʀ] *m* **1.** (*contribution*) ▪ **l'~ de qn à qc** jds Beitrag *m* zu etw, jds Mithilfe *f* bei etw; ▪ **l'~ de qc à qc** der Beitrag einer S. (*gen*) zu etw
2. ▪ **~ de** [*o* **en**] *de vitamines, chaleur, d'air frais, eau potable* -zufuhr *f*
3. FIN Einlage *f;* ▪ **~ en** *en devises* -einfuhr *f;* **~ *en capitaux*** Kapitaleinlage; **~ *en espèces*** [*o* ***en numéraire***] Bareinlage; **~ *en nature*** Sacheinlage
▸ **qc <u>est</u> d'un ~ + *adj* à qn** etw ist jdm eine + *adj* Hilfe; ***tes remarques m'ont été d'un ~ considérable*** deine Anmerkungen waren mir eine große Hilfe
◆ **apports en communauté** in die Ehe eingebrachtes Gut; **apports en société** [Gesellschafter]einlage *f;* (*à une S.A.R.L.*) Stammeinlage *f*

apporter <1> [apɔʀte] *vt* **1.** (*porter quelque part*) ▪ **qn apporte qc** [**à qn**] jd bringt [jdm] etw
2. (*porter avec soi en un lieu*) ▪ **qn apporte qc** jd bringt etw mit; ▪ **qn/qc apporte qc** [**à qn**] *fig* jd/etw bringt [jdm] etw; ***la vieillesse apporte ses infirmités*** das Alter bringt seine Gebrechen mit sich
3. (*fournir*) ▪ **qn/qc apporte qc** [**à qn/qc**] *contribution* jd/etw leistet etw [zu etw]; *concours* jd wirkt [bei etw] mit; *preuve, solution, raison* jd/etw liefert etw [für jdn/etw]; *argent* jd bringt etw [in etw (*akk*)] ein; ***ça m'apporte la réponse à de nombreuses questions*** das erklärt so manches; ***ton explication n'apporte rien de nouveau*** deine Erklärung bringt [*o* sagt uns] nichts Neues
4. (*procurer*) ▪ **qc apporte qc à qn** etw gibt jdm etw; *repos a.* etw bringt jdm etw; *sensation a.* etw vermittelt jdm etw; *satisfaction a.* etw verschafft jdm etw; *consolation* etw spendet jdm etw; *ennuis* etw bereitet jdm etw; *soulagement* etw bringt [*o* verschafft] jdm etw
5. (*produire*) ▪ **qn/qc apporte qc à** [*o* **dans**] **qc** *modification* jd nimmt etw an etw (*dat*) vor; *changement* etw bringt etw für etw mit sich; *progrès* etw bringt etw für etw; ***ceci apporterait encore plus de retard à nos projets*** das würde unsere Projekte noch mehr verzögern
6. (*mettre*) ▪ **qn apporte qc à qc** *soin* jd legt bei etw etw an den Tag; *précaution* jd läßt bei etw etw walten; *énergie* jd bringt [*o* bietet] bei etw etw auf, jd steckt etw in etw (*akk*) *fam;* *passion* jd legt [*o* steckt *fam*] etw in etw

(*akk*); ***qn apporte beaucoup de soin à faire qc*** jd tut etw mit großer Sorgfalt
7. (*faire beaucoup pour*) ■ **qc apporte beaucoup à qn/qc** etw gibt [*o* bringt] jdm/einer S. viel; ***le cubisme a beaucoup apporté à l'art contemporain*** der Kubismus hat viel für die moderne Kunst getan; ■ **qn apporte beaucoup à qn** *fam* jd gibt jdm viel

apposer <1> [apoze] *vt* 1. (*appliquer*) ■ **qn appose qc [sur qc]** jd bringt etw [an etw (*dat*)] an; *affiche* jd klebt etw [an etw (*akk*)]; *sceau* jd drückt etw [auf etw (*akk*)]; *timbre* jd klebt etw [auf etw (*akk*)]; *signature* jd setzt etw [unter etw (*akk*)]
2. JUR ■ **qn appose qc [à qc]** *clause* jd fügt etw [in etw (*akk*)] ein jd nimmt etw [in etw (*akk*)] auf; *condition* jd fügt [einer S. (*dat*)] etw hinzu

apposition [apozisjɔ̃] *f* 1. GRAM Apposition *f*, Beifügung *f*
2. (*fait d'être apposé*) Anbringen *nt*; [*affiche*] Ankleben *nt*; [*sceau*] Aufdrücken *nt*; [*timbre*] Aufkleben *nt*; ***l'~ de signature*** das Unterzeichnen, das Unterschreiben
▸ **en** ~ GRAM als Apposition stehend, appositionell *spec*
◆ **apposition des scellés** gerichtliche [*o* amtliche] Versiegelung

appréciable [apʀesjabl] *adj* 1. (*sensible*) *changement, progrès* spürbar
2. (*important*) beachtlich; *nombre, somme, distance a.* beträchtlich; *avantage, bénéfice a.* deutlich; ***c'est ~, non?*** das ist nicht schlecht, was? *fam*

appréciation [apʀesjasjɔ̃] *f* 1. Ø (*évaluation*) ■ **l'~ de qc** *d'une distance* das Abschätzen [*o* die Abschätzung] einer S. (*gen*); *d'une situation* die Beurteilung [*o* die Einschätzung] einer S. (*gen*); *d'un objet de valeur* die Schätzung einer S. (*gen*); ■ **l'~ de qn sur qc** jds Einschätzung *f* einer S. (*gen*)
2. (*commentaire*) Bemerkung *f*; (*jugement*) Beurteilung *f*
▸ ~ **du professeur** Beurteilung *f* des Lehrers; **qn laisse qc à l'~ de qn** jd überläßt etw jds Ermessen (*dat*); **qn porte une ~ sur qn/qc** jd gibt ein Urteil *nt* über jdn/etw ab, jd beurteilt jdn/etw

apprécier <1 a> [apʀesje] I. *vt* 1. (*évaluer*) ■ **qn apprécie qc** *distance, vitesse* jd schätzt etw ab; *grandeur, objet, valeur* jd schätzt etw; *importance* jd schätzt etw ein
2. (*aimer*) ■ **qn apprécie qn/qc** jd mag [*o* schätzt] jdn/etw; ***il savait ~ un bon repas*** er wusste ein gutes Essen zu schätzen; ■ **qn/qc est apprécié(e) [de qn/par qc]** jd/etw wird [von jdm/etw] geschätzt; ■ **qn apprécie que** + *subj* jd weiß es zu schätzen, dass; ■ **qn n'apprécie pas que** + *subj* es missfällt jdm, dass; es gefällt jdm nicht, dass
3. (*juger*) ■ **qn laisse qn ~ qc** jd lässt jdn etw beurteilen, jd lässt jdn selbst über etw (*akk*) urteilen
II. *vi fam* ■ **qn apprécie** jdm gefällt das; ***là, il n'a pas apprécié!*** also das hat ihm gar nicht gefallen!; ■ **qn laisse qn ~** jd lässt jdn selbst urteilen, jd lässt jdn sein/ihr eigenes Urteil bilden; ■ **qn se fait ~ [de qn]** jd setzt sich [bei jdm] durch
III. *vpr* ■ **des personnes s'apprécient** Menschen schätzen sich

appréhender <1> [apʀeɑ̃de] *vt* 1. (*arrêter*) ■ **qn appréhende qn** jd ergreift [*o* fasst] jdn, jd nimmt jdn fest
2. (*redouter*) ■ **qn appréhende qc** jd hat Angst vor etw (*dat*), jd fürchtet etw; ■ **qn appréhende de faire qc** jd hat Angst [*o* fürchtet sich] davor, etw zu tun; ■ **qn appréhende que ne** + *subj* jd befürchtet, dass

appréhension [apʀeɑ̃sjɔ̃] *f* Befürchtung *f*, Besorgnis *f*; ***qn éprouve une certaine ~*** jd ist etwas besorgt, jd hat gewisse Befürchtungen; ■ **l'~ de qc** die Furcht vor etw (*dat*); ■ **l'~ de faire qc** die Furcht etw zu tun
▸ **avec** ~ mit ängstlicher Sorge, beklommen

apprendre <13> [apʀɑ̃dʀ] I. *vt* 1. (*être informé de*) ■ **qn apprend qc [par qn/qc]** *secret* jd erfährt etw [durch jdn/etw]; *nouvelle a.* jd hört etw [durch jdn/etw]; *événement* jd erfährt [*o* hört] von etw [durch jdn/etw]; ■ **qn apprend que** + *indic* jd erfährt [*o* hört], dass
2. (*annoncer*) ■ **qn apprend qc à qn** jd teilt jdm etw mit; ***c'est moi qui lui ai appris la bonne nouvelle*** von mir hat er/sie die gute Nachricht erfahren; ■ **qc apprend qc à qn** jd erfährt [*o* hört] durch etw von etw; ■ **qn apprend à qn que** + *indic* jd lässt jdn wissen, dass; jd teilt jdm mit, dass; ***on m'apprend à l'instant que*** ich höre gerade, dass; ■ **qc apprend à qn que** jd erfährt [*o* hört] durch etw, dass
3. (*étudier*) ■ **qn apprend qc** *leçon, texte, langue* jd lernt etw; *science, art, métier, technique* jd erlernt etw
4. (*devenir capable de*) ■ **qn apprend à faire qc** jd lernt etw zu tun; ***il a appris à faire du ski*** er hat Skilaufen gelernt
5. (*enseigner*) ■ **qn/qc apprend qc à qn** *science, art, métier, technique, langue* jd/etw lehrt jdn etw, jd/etw bringt jdm etw bei; ***ce livre ne m'a rien appris de nouveau*** durch dieses Buch habe ich nichts Neues erfahren; ■ **qn/qc apprend à qn à faire qc** jd/etw lehrt jdn, etw zu tun; jd bringt jdm bei, etw zu tun; durch etw lernt jd, etw zu tun; ***l'instituteur apprend à lire et à écrire aux enfants*** der Lehrer bringt den Kindern Lesen und Schreiben bei; ■ **qn/qc apprend à qn que** + *indic* jd/etw bringt jdm bei, dass; jd/etw lehrt jdn, dass; ***l'histoire nous apprend que*** die Geschichte lehrt uns, dass
▸ **qn apprend à vivre à qn** *fam* jd bringt jdm Manieren [*o* [die] Flötentöne *fam*] bei, jd knöpft sich (*dat*) jdn vor *fam*; **qc apprend à vivre à qn** etw ist jdm eine Lehre
II. *vi* ■ **qn apprend** jd lernt
III. *vpr* ■ **qc s'apprend** etw lässt sich erlernen, etw ist zu erlernen; ***c'est une technique qui s'apprend facilement*** das ist eine leicht zu erlernende Technik; ***le talent, ça ne s'apprend pas*** Talent lässt sich nicht erlernen

apprenti, e [apʀɑ̃ti] *m, f* 1. (*élève*) Lehrling *m*, Lehrjunge *m*/-mädchen *nt*, Auszubildende(r) *f(m)*; ■ **un(e) ~(e)** … ein …lehrling, ein …[lehr junge/…[lehr]mädchen; ***il est ~ maçon*** er ist Maurerlehrling; ***elle est ~e couturière*** sie ist Schneiderlehrmädchen [*o* Schneiderlehrling]
2. (*novice*) Anfänger(in) *m(f)*
◆ **apprenti sorcier** Zauberlehrling *m*; *péj* Hexenmeister *m* ▸ **qn joue les ~s sorciers** jd spielt den Hexenmeister

apprentissage [apʀɑ̃tisaʒ] *m* 1. (*formation professionnelle*) [*métier*] Lehre *f*; (*durée de la formation*) Lehrzeit *f*
2. (*acquisition*) [*langue, technique*] [Er]lernen *nt*; [*art*] Erlernen; ***l'~ de mon métier de comédien ne s'est pas fait du jour au lendemain*** ich bin nicht von heute auf morgen Komödiant geworden
▸ **qn entre en ~ [chez qn]** jd tritt [*o* fängt] [bei jdm] eine Lehre an; **qn est en ~ [chez qn]** jd geht [bei jdm] in die Lehre, jd ist [bei jdm] in der Lehre; **qn fait son ~ [de …]** jd macht eine Lehre [als …], jd macht eine […]lehre; ***il fait son ~ de menuisier*** er macht eine Tischlerlehre; **qn fait son ~ chez qn** jd macht seine Lehre bei jdm

apprêt [apʀɛ] *m* 1. TECH (*opération*) Appretur *f*; [*cuir a.*] Zurichtung *f*; [*textile a.*] Ausrüstung *f*; [*papier a.*] Satinieren *nt*, Glätten *nt*; (*matière*) Appretur[mittel *nt*] *f*
2. (*enduit de base*) Grundierfarbe *f*, Grundiermittel *nt*; (*action*) Grundanstrich *m*, Grundieren *nt*
▸ **sans** ~ *esprit, style* natürlich, ungekünstelt

apprêté, e [apʀete] *adj péj manière, style* affektiert, gekünstelt

apprêter <1> [apʀete] I. *vt* 1. TECH ■ **qn apprête qc** jd appretiert etw; *cuir a.* jd richtet etw zu; *textile a.* jd rüstet etw aus; *papier a.* jd satiniert etw
2. ■ **qn apprête qn** *mariée* jd kleidet jdn [für die Hochzeit] an, jd schmückt jdn [für die Hochzeit]
II. *vpr* (*se préparer*) ■ **qn s'apprête à faire qc** jd trifft Vorbereitungen um etw zu tun; (*être sur le point de*) jd ist im Begriff etw zu tun, jd schickt sich an etw zu tun; ***nous nous apprêtons à sortir*** wir sind gerade im Begriff zu gehen

apprivoisé, e [apʀivwaze] *adj animal* zahm, gezähmt

apprivoiser <1> [apʀivwaze] I. *vt* 1. (*dresser*) ■ **qn apprivoise un animal** jd zähmt ein Tier
2. (*rendre plus doux*) ■ **qn apprivoise qn** jd zähmt jdn, jd macht jdn umgänglicher
3. (*vaincre*) ■ **qn apprivoise qc** jd bezwingt etw; *vertige a.* jd bezähmt etw; *douleur a.* jd besiegt etw
II. *vpr* (*devenir moins sauvage*) ■ **qn s'apprivoise** jd wird zugänglich[er]; /*enfant*/ jd wird zutraulich[er]; ■ **un animal s'apprivoise** ein Tier wird zahm

approbateur, -trice [apʀɔbatœʀ, -tʀis] *adj* zustimmend, beifällig

approbation [apʀɔbasjɔ̃] *f* 1. (*accord*) Billigung *f*, Zustimmung *f*
2. (*jugement favorable*) Anerkennung *f*, Beifall *m*
▸ **l'~ générale** allgemeiner Beifall; **une ~ tacite** ein stillschweigendes Einverständnis; **qn donne son ~ [à qn/qc]** jd gibt [jdm] seine Zustimmung, jd stimmt [jdm/einer S.] zu, jd billigt etw; **qn soumet qc à l'~ de qn** jd legt jdm etw zur Genehmigung vor

approchable [apʀɔʃabl] *adj* zugänglich, umgänglich; ***qn n'est pas ~*** jd ist unzugänglich; ***qn est difficilement ~*** jd ist schwer zugänglich

approche [apʀɔʃ] *f* 1. (*arrivée*) [*personne, véhicule, navire*] Näherkommen *nt*, Herankommen *nt*
2. (*proximité*) [*événement, danger, période*] [Heran]nahen *nt*, Näherkommen *nt*, Näherrücken *nt*
3. (*manière d'aborder un sujet*) Herangehensweise *f*, Betrachtungsweise *f*; ***l'~ du problème*** der Problemansatz; ***nous allons tenter une ~ un peu différente*** wir werden versuchen, die Sache ein wenig anders anzugehen
▸ **qn/qc est d'[une] ~ facile/difficile** jd/etw ist leicht/schwer zugänglich; **à l'~ de qn/qc** *d'une personne, d'un lieu* bei jds Näherkommen/beim Näherkommen einer S., wenn sich jd nähert; *d'un événement a.* beim Näherrücken einer S., wenn etw näher rückt; *d'un danger a.* beim [Heran]nahen einer S., wenn etw im Anzug ist; ***à l'~ du printemps*** beim Herannahen des Frühlings; ***à l'~ de la date prévue, il hésitait encore*** als das vorgesehene Datum näher kam, zögerte er noch; ***à l'~ de la cinquantaine, il se demandait …*** als er auf die fünfzig zuging, fragte er sich …; **aux ~s de qn/qc** *d'un lieu* in der Nähe von etw; *d'une période* wenn etw naht; *de la cinquantaine, soixantaine* um etw herum; ***aux ~s de Noël, il se demandait …*** als Weihnachten nahte [*o* vor der Tür stand], fragte er sich …

approcher <1> [apʀɔʃe] I. *vi* 1. (*venir plus près*) ■ **qn approche** jd kommt näher; ■ **qn laisse ~ qn** jd lässt jdn näher treten
2. (*arriver*) ■ **qc approche** /*saison*/ etw naht; /*orage*/ etw zieht [her]auf; /*moment, date, jour*/ etw kommt [*o* rückt] näher; /*nuit*/ etw bricht herein
3. (*être près d'atteindre*) ■ **qn/qc approche de qc** *d'un lieu* jd/etw nähert sich einer S. (*dat*); *d'un but, résultat a.* jd/etw kommt einer S. (*dat*) näher; *d'un âge* jd geht auf etw (*akk*) zu; ***lorsqu'on l'a arrêté, l'aiguille du compteur approchait des 120 km/h*** als man ihn anhielt, stand die Tachonadel fast auf 120 km/h; ***il approchait du moment où …*** er steuerte auf den Augenblick zu, in dem …
II. *vt* 1. (*mettre plus près, avancer*) ■ **qn approche qc [de qn/qc]** *chaise, table, tabouret* jd rückt [*o* schiebt] etw näher [an jdn/etw] [heran]; ***il approcha le verre de ses lèvres*** er führte das Glas an die Lippen; ***elle approcha son visage du sien*** sie näherte ihr Gesicht dem seinen/ihren
2. (*venir près de*) ■ **qn approche qn** jd nähert sich jdm; ***ne m'approche pas*** komm mir nicht zu nahe; ***il a réussi à ~ le ministre*** es gelang ihm, nahe an den Minister heranzukommen
III. *vpr* 1. (*venir plus près*) ■ **qn s'approche** jd tritt [*o* kommt] näher [heran]; ***approchez-vous, que je vous voie*** kommen Sie näher, damit ich Sie sehe; ■ **qn/qc s'approche de qn/qc** jd/etw nähert sich jdm/einer S.
2. (*arriver près de*) ■ **qn/qc s'approche de qc** jd/etw nähert sich einer S. (*dat*)

approfondi, e [apʀɔfɔ̃di] *adj* gründlich; *examen, étude a.* eingehend; *connaissance a.* fundiert

approfondir <8> [apʀɔfɔ̃diʀ] *vt* 1. (*creuser*) ■ **qn/qc approfondit qc** jd/etw vertieft etw; *trou a.* jd/etw bohrt etw tiefer; *fossé a.* jd/etw hebt etw

tiefer aus; *puits a.* jd/etw gräbt etw tiefer
2. (*étudier*) ■ **qn approfondit qc** *connaissances, question* jd vertieft etw; *étude a.* jd dringt tiefer in etw (*akk*) ein
► **sans** ~ nur oberflächlich

approfondissement [apʀɔfɔ̃dismɑ̃] *m* **1.** (*creusement*) Vertiefen *nt;* [*canal a.*] Ausbau *m;* [*port a.*] Ausbaggern *nt;* [*puits a.*] Ausheben *nt*
2. (*développement*) ■ **l'~ de qc** *d'un problème* die Vertiefung einer S. (*gen*); *d'une question a.* die eingehende Erörterung einer S. (*gen*); *d'une étude a.* die eingehende Beschäftigung mit etw; *d'une connaissance a.* die Erweiterung einer S. (*gen*)

approprié, e [apʀɔpʀije] *adj* geeignet; *réponse* passend; *style* angemessen; ■ **~ à qc** passend [*o* geeignet] für etw, einer S. (*dat*) angemessen

approprier <1 a> [apʀɔpʀije] **I.** *vt* (*adapter*) ■ **qn approprie qc à qc** jd passt etw einer S. (*dat*) an
II. *vpr* ■ **qn s'approprie qc** *bien, propriété* jd eignet sich (*dat*) etw [widerrechtlich] an, jd bemächtigt sich einer S. (*gen*) *geh; héritage* jd erschleicht sich (*dat*) etw; *droit* jd erwirbt etw [unrechtmäßig]; *pouvoir* jd eignet sich (*dat*) etw [unrechtmäßig] an; *pensée, idée* jd macht sich (*dat*) etw zu eigen

approuver <1> [apʀuve] *vt* **1.** (*donner raison*) ■ **qn approuve qn** jd stimmt jdm zu, jd pflichtet jdm bei; ***il s'est senti approuvé par des milliers de gens*** er fühlte, dass Tausende von Menschen hinter ihm standen
2. (*juger louable*) ■ **qn approuve qc** jd findet [*o* heißt] etw gut, jd begrüßt etw; ■ **qn approuve que** + *subj* jd findet es gut, dass; jd begrüßt es, dass
3. (*ratifier, autoriser*) ■ **qn approuve qc** *projet de loi* jd nimmt etw an, jd stimmt einer S. (*dat*) zu; JUR *acte* jd zeichnet etw gegen; *contrat* jd nimmt etw an; *nomination* jd bestätigt etw; *procès-verbal* jd erkennt etw an, jd genehmigt etw; *ouvrage, film* jd gibt etw frei; *médicament* jd lässt etw zu, jd erkennt etw an

approvisionnement [apʀɔvizjɔnmɑ̃] *m* **1.** (*ravitaillement*) Versorgung *f;* ■ **l'~ de qc en qc** *d'une ville, d'un pays* die Versorgung einer S. (*gen*) mit etw
2. (*réserve*) Vorrat *m;* ■ **l'~ en qc** der Vorrat an etw (*dat*), der -vorrat; ***l'~ du compte en devises était très bas*** der Devisenkontostand war sehr niedrig

approvisionner <1> [apʀɔvizjɔne] **I.** *vt* (*ravitailler*) ■ **qn approvisionne qn/qc [en qc]** *ville* jd versorgt jdn/etw [mit etw]; *marché, magasin, commerçant* jd beliefert jdn/etw [mit etw]; *armée* jd verpflegt jdn/etw [mit etw]; *compte* jd füllt etw [mit etw] auf; ***mon compte est/n'est pas approvisionné*** ich habe Geld/kein Geld auf meinem Konto; ■ **qn/qc est bien approvisionné(e) en qc** /*commerçant, magasin*/ jd/etw verfügt über ein gutes Angebot an etw (*dat*), jd/etw ist gut mit etw ausgestattet
II. *vpr* ■ **qn s'approvisionne [en qc] [chez qn]** jd versorgt sich [bei jdm] [mit etw], jd deckt sich [bei jdm] [mit etw] ein *fam;* ***nous irons nous ~ au marché demain*** wir werden morgen auf dem Markt einkaufen

approximatif, -ive [apʀɔksimatif, iv] *adj résultat, nombre, liste* ungefähr, approximativ *geh; valeur a.* annähernd; MATH *a.* Näherungs-; *calcul, ordre* grob; *termes* vage, ungenau; ***c'est trop ~!*** das ist zu vage [*o* ungenau]!

approximation [apʀɔksimasjɔ̃] *f* [ungefähre] Schätzung; MATH Approximation *f,* Näherung[swert *m*] *f*

approximativement [apʀɔksimativmɑ̃] *adv* ungefähr, etwa

appui [apɥi] *m* **1.** (*support*) Stütze *f,* Halt *m*
2. (*aide, assistance*) Unterstützung *f;* ***qn n'a aucun ~ financier et moral*** jd hat keinerlei finanziellen und moralischen Rückhalt; ***qn demande un ~ financier*** jd bittet um eine finanzielle Unterstützung; ***qn est un ~ pour qn*** jd ist jdm eine Stütze
► ~ **aérien**/**naval** MIL Unterstützung *f* durch Luft-/Seestreitkräfte; ~ **tactique** taktische Unterstützung; **qn perd** ~ jd verliert den Halt; **qn prend ~ sur qc** jd stützt sich auf etw (*akk*); **qc prend ~ sur qc** etw ruht auf etw (*dat*), etw wird von etw getragen; **à l'~ de qc** zum [*o* als] Beweis einer S. (*gen*), um etw zu stützen; ***à l'~ de quoi pouvez-vous affirmez cela?*** auf welcher Grundlage können Sie das behaupten?; **avec qc à l'~** *preuves, documents, témoignages* durch etw gestützt, mit Hilfe von etw; ***avec pièces à l'~*** mit Beweisstücken; ***il a affirmé avec démonstration à l'~ qu'elle se trompait*** er hat gezeigt, dass sie sich täuschte
◆ **appui de balcon** Balkonbrüstung *f;* **appui de fenêtre** Fensterbank *f,* Fensterbrüstung *f*

appui-tête <~s-~> *m,* **appuie-tête** <~-~s> [apɥitɛt] *m* [*voiture*] Kopfstütze *f;* [*fauteuil*] Kopfpolster *nt*

appuyer <6> [apɥije] **I.** *vi* **1.** (*presser*) ■ **qn appuie** jd drückt; ***qn appuie en écrivant*** jd drückt beim Schreiben auf; ■ **qn appuie sur qc** *bouton, détente, sonnette, touche* jd drückt auf etw (*akk*); *frein* jd tritt auf etw (*akk*); *levier* jd drückt etw nieder [*o* runter *fam*], jd zieht etw
2. (*insister sur*) ■ **qn appuie sur qc** *sur un mot, une voyelle, syllabe, note* jd betont etw [besonders stark]; *aspect, caractère, erreur, argument* jd betont etw [nachdrücklich], jd hebt etw [besonders] hervor
II. *vt* **1.** (*poser*) ■ **qn appuie qc contre** [*o* **sur**] **qc** *échelle* jd lehnt etw gegen [*o* an (*akk*)] etw; *coudes* jd stützt etw auf etw (*akk*); *tête* jd lehnt etw an etw (*akk*); *revolver* jd setzt etw auf etw (*akk*); ***elle appuie sa tête sur ses mains*** sie stützt den Kopf auf
2. (*presser*) ■ **qn appuie qc sur qc** jd drückt mit etw auf etw (*akk*); ***qn appuie son pied sur qc*** jd tritt [mit dem Fuß] auf etw (*akk*)
3. (*soutenir*) ■ **qn/qc appuie qn** jd/etw unterstützt jdn; ■ **qn/qc appuie qc** *candidature, proposition, politique* jd/etw unterstützt etw; *demande a.* jd/etw befürwortet etw; *explication* jd/etw untermauert etw
III. *vpr* **1.** (*prendre appui*) ■ **qn s'appuie contre qn/qc** jd lehnt sich an jdn/etw [an], jd lehnt sich gegen jdn/etw; ■ **qn s'appuie sur qn/qc/à qc** jd stützt sich auf jdn/etw; ***elle s'appuya à mon bras*** sie stützte sich auf meinen Arm
2. (*compter sur*) ■ **qn s'appuie sur qn/qc** jd verlässt sich [*o* zählt] auf jdn/etw
3. (*se fonder sur*) ■ **qn/qc s'appuie sur qc** *sur des preuves, une documentation* jd/etw stützt sich auf etw (*akk*)

âpre [ɑpʀ] *adj* **1.** (*rude*) *goût, saveur* herb, streng; *froid* streng, bitter; *vent* rau, schneidend; *hiver* streng, rau; *temps, voix* rau; *sons, vie* hart; *ton* barsch, schroff
2. (*qui racle la gorge*) [unangenehm] herb
3. *soutenu* (*dur, violent*) *discussion* heiß, heftig; *lutte, concurrence* erbittert; *résolution* schwerwiegend; *détermination* eisern; *critique* scharf, heftig

après [apʀɛ] **I.** *prép* **1.** (*postériorité dans le temps*) nach (+ *dat*); ***peu ~ le départ de la famille vers l'Amérique*** kurze Zeit [*o* kurz] nach der Abreise der Familie nach Amerika; ■ **~ faire qc** nachdem jd etw getan hat; ***~ s'être bien reposé*** nachdem er sich ausgeruht hatte
2. (*plus loin que*) nach (+ *dat*); (*derrière*) hinter (+ *dat*); (*derrière, avec mouvement*) hinter jdm/etw her; ***la ferme apparut ~ le virage*** der Bauernhof tauchte hinter der Kurve auf; ***il court ~ l'autobus*** er rennt hinter dem Bus her; ***~ le deuxième croisement*** nach der zweiten Kreuzung
3. (*infériorité dans un ordre*) nach (+ *dat*); ***sa famille passe ~ sa carrière*** seine Familie kommt nach seiner Karriere
4. *fam* (*contre*): ***il criait ~ ses enfants*** er schimpfte mit seinen Kindern; ***le chien aboyait ~ les passants*** der Hund bellte die Passanten an; ***je sens que tu es furieux ~ moi*** ich merke, dass du wütend auf mich bist; ***~ qui en a-t-il aujourd'hui?*** mit wem hat er's denn heute? *fam*
5. ■ **chose ~ chose** *jour, nuit, semaine, mois, page …* für …, … um …; ***jour ~ jour*** Tag für Tag
► **d'~ qn/qc** (*selon*) nach jdm/etw, einer S. (*dat*) zufolge; (*selon le modèle de*) nach [dem Vorbild von] etw; (*par*) anhand von etw, an etw (*dat*); ***d'~ moi*** meiner Meinung nach; ***ce film a été fait d'~ un roman de Victor Hugo*** dieser Film wurde nach einem Roman von Victor Hugo gedreht; ***je compris d'~ son regard qu'il …*** schon an seinem Blick erkannte ich, dass er …; ~ **toi**/**vous!** [bitte] nach dir/nach Ihnen!
II. *adv* **1.** (*plus tard, ensuite*) danach, darauf, später; (*par la suite*) hinterher, nachher; ***vingt ans ~*** zwanzig Jahre später; ***tu fais quelque chose, ~?*** hast du hinterher [*o* danach] schon etwas vor?
2. (*plus loin, derrière*) dahinter; ***vous voyez l'église? ma maison est juste ~*** sehen Sie die Kirche? mein Haus liegt direkt dahinter
3. (*ensuite, dans l'ordre d'importance*): ***d'abord la carrière, le reste vient ~*** die Karriere geht vor, der Rest kommt danach; ***voici une très jolie robe à 6 000 F; ~, nous avons également des articles un peu moins chers*** hier sehen Sie ein sehr schönes Kleid zu 6000 F; ansonsten haben wir auch etwas billigere Artikel
4. *fam* (*à la suite de quoi*) hinterher; ***ne me demande pas mon avis; ~, tu iras dire que c'est moi qui t'influence*** frage mich nicht nach meiner Meinung; hinterher sagst du noch, dass ich dich beeinflusse
► **aussitôt** ~ gleich danach; **longtemps** ~ viel später, lange [Zeit] danach; **peu** ~ bald [*o* kurz] darauf; **d'~** (*qui suit*) danach, darauf; ***la page d'~ était elle aussi déchirée*** die Seite danach [*o* die nächste Seite] war auch zerrissen; ***nous prendrons le train d'~*** wir nehmen den Zug danach [*o* den nächsten Zug]; ***l'instant d'~*** im nächsten Moment; ***le jour d'~*** am Tag darauf [*o* danach], am nächsten Tag; ***la semaine d'~*** in der Woche darauf [*o* danach], in der nächsten Woche; ***le mois/l'année d'~*** im Monat/Jahr darauf [*o* danach], im nächsten Monat/Jahr; **et ~?** *fam* na und? *fam,* was ist schon dabei? *fam,* und? *fam;* **~ tout** schließlich; ***~ tout, ce n'est qu'un enfant*** schließlich ist er noch ein Kind
III. *conj* ■ **~ que** + *indic o subj* nachdem; ***des mois ~ qu'il l'eut*** [*o* ***~ qu'il l'ait***] ***rencontrée*** Monate nachdem er sie getroffen hatte

après-demain [apʀɛdmɛ̃] *adv* übermorgen **après-guerre** <~-~s> [apʀɛgɛʀ] *m* Nachkriegszeit *f;* ■ **d'~-~** Nachkriegs-; ***l'économie d'~-~*** die Nachkriegswirtschaft

après-midi [apʀɛmidi] **I.** *m o f inv* Nachmittag *m*
► **l'autre ~-~** neulich nachmittag[s]; **cet[te] ~-~** heute Nachmittag; ***à cet[te] ~-~!*** bis heute Nachmittag!; ***notre réunion de cet[te] ~-~*** unsere Sitzung heute Nachmittag; **chaque ~-~** nachmittags; **tou[te]s les ~-~** jeden Nachmittag; **tout[e] l'~-~** den ganzen Nachmittag [über]; **dans l'~-~** am Nachmittag; ***demain dans l'~-~*** morgen im Laufe des Nachmittags; **de l'~-~** Nachmittags-; ***4 heures de l'~-~*** 4 Uhr nachmittags, 16 Uhr; ***équipe de l'~-~*** Nachmittagsschicht *f;* **l'~-~** nachmittags, am Nachmittag
II. *adv:* ***mardi ~-~*** [am] Dienstagnachmittag; ***tou[te]s les lundis ~-~*** jeden Montagnachmittag, Montag nachmittags; ***hier/demain ~-~*** gestern/morgen Nachmittag

après-rasage [apʀɛʀɑzaʒ] **I.** *m inv* Rasierwasser *nt,* After-shave ['a:ftəʃe:v] *nt* **II.** *adj inv* ■ **[d']~** *lotion* After-shave- **après-ski** [apʀɛski] *m inv* Schneestiefel *m,* Moonboots ['mu:nbu:ts] *pl* **après-vente** [apʀɛvɑ̃t] *m inv* Kundendienst *m*

âpreté [ɑpʀəte] *f* **1.** (*rudesse*) [*goût, saveur*] Herbheit *f;* [*froid*] Strenge *f;* [*vent, paysage, voix*] Rauheit *f;* [*hiver*] Strenge, Härte *f,* Rauheit; [*sons, vie*] Härte
2. (*goût qui râcle la gorge*) Herbheit *f*
3. (*dureté, violence*) [*caractère*] Schroffheit *f;* [*discussion*] Heftigkeit *f,* Verbissenheit *f;* [*lutte*] Verbissenheit; [*concurrence*] Härte *f;* [*critique*] Schärfe *f,* Heftigkeit; [*reproche*] Heftigkeit
► **avec** ~ verbissen, hart

a priori [apʀijɔʀi] **I.** *adj inv* apriorisch, a priori *nachgestellt*
II. *adv* (*au premier abord*) von vornherein, auf den ersten Blick; (*en principe*) a priori; ***~ ~, il m'est plutôt antipathique*** auf den ersten Blick ist er mir eher unsympathisch
III. *m inv* Apriori *nt*

à-propos [apʀɔpo] *m* ***esprit d'~-~*** Sinn *m* fürs Passende; ***qn répond avec ~-~*** jd gibt eine passende [*o* treffende] Antwort; ***qn fait preuve de beaucoup d'~-~*** (*dans ses réponses*) jd beweist Schlagfertigkeit; (*dans une

situation imprévue) jd beweist Geistesgegenwart; ***manque d'~~*** (*dans ses réponses*) mangelnde Schlagfertigkeit; (*dans une situation imprévue*) mangelnde Geistesgegenwart; ***sans aucun ~~*** ohne jeglichen Bezug
▸ **avec** ~~ (*au bon moment*) zur rechten Zeit

apte [apt] *adj* **1.** (*capable*) ■ ~ **à qc** geeignet für etw; ■ ~ **à faire qc** fähig [*o* geeignet] etw zu tun
2. MIL ■ ~ **à qc** tauglich zu etw; ***qn est ~ au service*** jd ist wehrdiensttauglich
3. JUR ■ ~ **à faire qc** fähig etw zu tun; ***être ~ à hériter*** erbfähig sein

aptitude [aptityd] *f* **1.** Eignung *f*, Fähigkeit *f*; ***cet enfant a de grandes ~s*** dieses Kind ist sehr begabt; ■ ~ **à** [*o* **pour**] **qc** Begabung *f* für etw, Eignung zu etw; ***des ~s pour la musique*** eine musikalische Begabung; ■ ~ **à** [*o* **pour**] **faire qc** Fähigkeit [*o* Begabung] etw zu tun
2. JUR Fähigkeit *f*

aquaplanage [akwaplanaʒ] *m*, **aquaplaning** [akwaplaniŋ] *m* Aquaplaning *nt*

aquarelle [akwaʀɛl] *f* **1.** ∅ (*technique*) Aquarellmalerei *f*; ***qn fait de l'~*** jd malt Aquarelle, jd malt in Aquarell; ***qn peint à l'~*** jd aquarelliert, jd malt mit Aquarellfarben
2. (*tableau*) Aquarell *nt*

aquarelliste [akwaʀelist] *mf* Aquarellmaler(in) *m(f)*

aquarium [akwaʀjɔm] *m* **1.** (*réservoir*) Aquarium *nt*
2. (*collection*) Aquarium *nt*, Aquarienhaus *nt*

aquatique [akwatik] *adj* Wasser-

aqueduc [akdyk] *m* Aquädukt *m o nt*

aquilin [akilɛ̃] *adj nez* Adler-

Aquitaine [akitɛn] *f* ∅ ■ **l'~** Aquitanien *nt*

A.R. *abr de* **Altesse royale** Kgl. Hoheit

ara [aʀa] *m* Ara *m*

arabe [aʀab] **I.** *adj* arabisch
II. *m* (*langue*) Arabisch *nt*
▸ ~ **dialectal** gesprochenes [*o* dialektales] Arabisch, arabische Sprechsprache; ~ **littéral** arabische Schriftsprache, geschriebenes [*o* klassisches] Arabisch
III. *mf* ■ **Arabe** Araber(in) *m(f)*; ***l'A~*** [**du coin**] *fam* (*commerçant*) das arabische Lebensmittelgeschäft [um die Ecke]

arabesque [aʀabɛsk] *f* **1.** (*ligne sinueuse*) Arabeske *f*, Schnörkel *m*
2. ART, ARCHIT Arabeske *f*
3. (*figure chorégraphique*) Arabesque *f*

Arabie [aʀabi] *f* ■ **l'~** Arabien *nt*
▸ **l'~ Saoudite** [*o* **Séoudite**] Saudi-Arabien *nt*

arabiser <1> [aʀabize] *vt* ■ **qn arabise qn/qc** jd arabisiert jdn/etw

arable [aʀabl] *adj terre* Acker-

arachide [aʀaʃid] *f* Erdnuss *f*

araignée [aʀeɲe] *f* Spinne *f*
▸ **qn a une ~ au plafond** [*o* **dans le plafond**] *fam* jd hat einen Vogel *fam*, bei jdm ist eine Schraube locker *fam*
◆ **araignée de mer** Meerspinne *f*

arbalète [aʀbalɛt] *f* Armbrust *f*

arbitrage [aʀbitʀaʒ] *m* **1.** (*juridiction*) Schiedsgerichtsbarkeit *f*, schiedsgerichtliche Erledigung von Streitfällen; (*médiation*) Schlichtung *f*
2. (*sentence*) Schiedsspruch *m*; ***ils ont décidé de soumettre leur différend à l'~ de la justice*** sie haben beschlossen, ihren Streit vor ein Schiedsgericht zu bringen
3. SPORT (*fonction*) Schiedsrichteramt *nt*; (*acte*) Ausübung *f* des Schiedsrichteramtes, Schiedsrichtern *nt fam*; ***l'~ du match a été partial*** das Spiel ist parteiisch gepfiffen worden
4. FIN Arbitrage *f*
▸ **qn recourt à l'~** [**de qn/qc**] jd ruft jds Schiedsgerichtbarkeit/die Schiedsgerichtsbarkeit [einer S. (*gen*)] an

arbitraire [aʀbitʀɛʀ] *adj* **1.** (*non motivé*) *choix, classification* willkürlich, arbiträr *geh*; *valeur* beliebig, arbiträr *geh*; *interprétation* willkürlich, eigenwillig
2. (*qui dépend du bon plaisir de qn*) willkürlich; *autorité, pouvoir* auf Willkür beruhend; *acte* Willkür-

arbitrairement [aʀbitʀɛʀmɑ̃] *adv* willkürlich

arbitral, e <-aux> [aʀbitʀal, o] *adj jugement, décision* schiedsrichterlich; ***sentence ~e*** Schiedsspruch *m*

arbitre[1] [aʀbitʀ] *mf* **1.** SPORT Schiedsrichter(in) *m(f)*; FBALL *a.* Unparteiische(r) *f(m)*; BOXE Ringrichter(in) *m(f)*
2. *seulement m* (*conciliateur*) Schlichter(in) *m(f)*, Vermittler(in) *m(f)*
▸ **qn/qc prend qn pour ~** jd/etw ruft jdn als Schiedsrichter an

arbitre[2] [aʀbitʀ] *m* ∅ PHILOS ▸ **libre ~** freier Wille, Willensfreiheit *f*; **qn a son libre ~** jd hat seinen freien Willen, jd hat seine Willensfreiheit

arbitrer <1> [aʀbitʀe] *vt* **1.** (*servir d'arbitre*) ■ **qn arbitre qc** *différend, conflit, litige* jd wird als Schlichter [*o* Schiedsrichter] einer S. (*gen*) tätig, jd schlichtet [*o* vermittelt] bei etw
2. SPORT ■ **qn arbitre qc** jd ist Schiedsrichter(in) bei etw; *match a.* jd pfeift etw *fam*; *compétition a.* jd pfeift bei etw

arborer <1> [aʀbɔʀe] *vt* **1.** (*hisser*) ■ **qn arbore qc** *drapeau* jd hängt etw heraus, jd hisst etw; *bannière, pancarte* jd stellt etw auf
2. (*porter ostensiblement*) ■ **qn arbore qc** *insigne, médaille, décoration* jd trägt etw zur Schau, jd trägt etw [stolz [*o* für alle sichtbar]]; *vêtement* jd protzt mit etw; *chapeau* jd führt etw vor; *sourire* jd trägt etw auf den Lippen; *air* jd setzt etw auf
3. PRESSE ■ **qc arbore qc** *gros titre, manchette* etw trägt etw, etw bringt etw

arborescence [aʀbɔʀesɑ̃s] *f* INFORM Baumstruktur *f*

arbre [aʀbʀ] *m* **1.** BOT Baum *m*
2. LING Baum *m*
3. TECH Welle *f*
▸ **entre l'~ et l'écorce il ne faut pas mettre le doigt** *prov* man soll sich nicht in fremde Angelegenheiten mischen; **les ~s cachent** [*o* **masquent**] **la forêt** [**à qn**] man sieht den Wald vor lauter Bäumen nicht, jd sieht den Wald vor lauter Bäumen nicht; **c'est au fruit qu'on connaît l'~** *littér* an den Früchten sollt ihr sie erkennen; ~ **fruitier** Obstbaum *m*; ~ **généalogique** Stammbaum *m*
◆ **arbre à aiguilles** Nadelbaum *m*; **arbre à cames** Nockenwelle *f*; **arbre à feuilles persistantes** immergrüner Baum; **arbre à pain** Brot[frucht]baum *m*; **arbre d'agrément** Zierbaum *m*; **arbre de Noël** Weihnachtsbaum *m*; **arbre d'entraînement** Antriebswelle *f*; **arbre de transmission** Übertragungswelle *f*; **arbre de vie** Baum *m* des Lebens; **arbre d'hélice** Schraubenwelle *f*; **arbre moteur** Antriebswelle *f*

arbuste [aʀbyst] *m* Strauch *m*, Busch *m*

arc [aʀk] *m* **1.** (*arme*) Bogen *m*
2. GEOM Bogen *m*
▸ ~ **électrique** [*o* **voltaïque**] Lichtbogen *m*; **qn tire à l'~** jd schießt mit dem Bogen
◆ **arc de cercle** Kreisbogen *m* ▸ **en ~ de cercle** halbkreisförmig; *s'asseoir, se placer, être assis* im Halbkreis; **arc de triomphe** Triumphbogen *m*; **arc en ogive** Spitzbogen *m*; **arc en plein cintre** Rundbogen *m*, romanischer Bogen

arcade [aʀkad] *f* Arkade *f*
▸ ~ **sourcilière** ANAT Augenbrauenbogen *m*; ***il s'est ouvert l'~ sourcilière*** er hat sich die Augenbraue aufgeschlagen

arc-boutant <~s-~s> [aʀkbutɑ̃] *m* Strebebogen *m*

arc-bouter <1> [aʀkbute] **I.** *vt* ■ **qn arc-boute qc** *mur, voûte* jd stützt etw durch Strebebögen ab, jd verstrebt etw; ■ **qc arc-boute une chose** eine S. wird durch etw abgestützt
II. *vpr* ■ **qn s'arc-boute contre qc** [*o* **à qc**] jd stemmt sich gegen etw; ■ **qn s'arc-boute sur qc** jd stützt sich auf etw (*akk*)

arceau <x> [aʀso] *m* **1.** ARCHIT kleiner Bogen
2. (*arc*) kleiner Bogen; (*cadenas*) Bügel *m*; (*au croquet*) Tor *nt*
◆ **arceau de protection** AUT Sturzbügel *m*; **arceau de sécurité** AUT Überrollbügel *m*

arc-en-ciel <~s-~-~> [aʀkɑ̃sjɛl] *m* Regenbogen *m*

archaïque [aʀkaik] *adj style, art* archaisch; *mot, tournure a.* veraltet; *période, époque a.* frühzeitlich

archaïsme [aʀkaism] *m* **1.** (*caractère désuet*) veralteter [*o* vorsintflutlicher] Charakter *fam*, Vorsintflutlichkeit *f fam*
2. LING, LITTER Archaismus *m*

arche [aʀʃ] *f* Bogen *m*
◆ **arche d'alliance** Bundeslade *f*; **arche de Noé** Arche *f* Noah ▸ **c'est l'~ de Noé** *hum* das ist ja eine ganze Menagerie [*o* richtige Tierschau]

archéologie [aʀkeɔlɔʒi] *f* Archäologie *f*

archéologue [aʀkeɔlɔg] *mf* Archäologe/-login *m/f*

archer, -ère [aʀʃe, -ɛʀ] *m* Bogenschütze/-schützin *m/f*

archet [aʀʃɛ] *m* Bogen *m*; ~ ***de violon*** Geigenbogen

archétype [aʀketip] *m* **1.** (*type idéal*) Archetyp[us] *m*
2. PHILOS Archetyp[us] *m*, Urbild *nt*
3. BIO Archetyp[us] *m*, Urform *f*

archevêché [aʀʃəveʃe] *m* **1.** (*territoire*) Erzbistum *nt*, Erzdiözese *f*
2. (*charge*) Amt *nt* des Erzbischofs
3. (*siège, palais*) erzbischöfliches Palais

archevêque [aʀʃəvɛk] *m* Erzbischof *m*
▸ **Son Excellence l'A~** Seine Exzellenz, der Erzbischof

archi- [aʀʃi] *préf + adj* total *fam*; ***elle est toujours ~maquillée*** sie ist immer stark geschminkt **archibondé, e** [aʀʃibɔ̃de] *adj* brechend voll **archicomble** [aʀʃikɔ̃bl] *adj* brechend voll **archiconnu, e** [aʀʃikɔny] *adj* überall bekannt; ***elle est ~e*** jeder kennt sie; ***mais c'est ~!*** aber das weiß doch jeder!, das ist doch allgemein bekannt! **archidifficile** [aʀʃidifisil] *adj* äußerst schwierig *fam*

archiduc, -duchesse [aʀʃidyk, -dyʃɛs] *m, f* Erzherzog(in) *m(f)*

archifaux, -fausse [aʀʃifo, -fos] *adj* total falsch *fam* **archimillionnaire** [aʀʃimiljɔnɛʀ] **I.** *adj* superreich *fam*, steinreich *fam* **II.** *mf fam* steinreicher Mann/steinreiche Frau *fam*

archipel [aʀʃipɛl] *m* Archipel *m*, Inselgruppe *f*

archiplein, e [aʀʃiplɛ̃, ɛn] *adj fam* total [*o* brechend] voll *fam*

architecte [aʀʃitɛkt] *mf* **1.** Architekt(in) *m(f)*
2. *fig* (*créateur*) ■ **l'~ de qc** der Schöpfer [*o* Begründer] einer S. (*gen*)
◆ **architecte d'intérieur** Innenarchitekt(in) *m(f)*

architectonique [aʀʃitɛktɔnik] **I.** *adj* architektonisch
II. *f* Architektonik *f*

architectural, e <-aux> [aʀʃitɛktyʀal, o] *adj* architektonisch

architecture [aʀʃitɛktyʀ] *f* **1.** ∅ (*art, technique*) Architektur *f*, Baukunst *f*; (*style*) Architektur, Baustil *m*; ***cette cathédrale est une merveille d'~*** diese Kathedrale ist ein Wunder der Baukunst
2. (*texte*) Aufbau *m*; (*visage*) Form *f*, Schnitt *m*
3. INFORM Architektur *f*

archive [aʀʃiv] *f* INFORM Archiv *nt*

archiver <1> [aʀʃive] *vt* ■ **qn archive qc** jd archiviert etw

archives [aʀʃiv] *fpl* **1.** (*collection de documents classés*) (*personne, famille*) Sammlung *f* von persönlichen Akten [*o* Urkunden], Privatarchiv *nt*; (*collectivité*) Sammlung von Dokumenten [*o* Urkunden], Archiv *nt*; (*entreprise*) Registratur *f*; (*ville, département*) Archiv
2. (*lieu*) Archiv *nt*
▸ **Les A~ nationales** das Nationalarchiv; **qc restera dans les ~** *iron* etw wird in die Geschichte eingehen *iron*

archiviste [aʀʃivist] *mf* Archivar(in) *m(f)*

arçon [aʀsɔ̃] *m* Sattelbogen *m*

▶ **qn est** [*o* **reste**] **ferme sur ses ~s** (*se tient bien en selle*) jd sitzt fest im Sattel; *vieilli* (*est ferme dans ses opinions*) jd lässt sich nicht in seiner Meinung erschüttern [*o* verunsichern]; **qn vide les ~s** jd fällt aus dem Sattel, jd wird aus dem Sattel gehoben

arctique [aʀktik] I. *adj région, terres* Nordpolar-; *pôle* Nord-; *expédition* Nordpol-; *steppe* arktisch, Kälte-; *faune* arktisch; *air* arktisch, Nordpolar-; *front* Polar-
II. *m* ■ **l'A~** die Arktis

ardemment [aʀdamɑ̃] *adv* sehnlichst, brennend, glühend

ardent, e [aʀdɑ̃, ɑ̃t] *adj* **1.** *tisons, charbons, chaleur* glühend; *soleil* glühend [heiß], stechend; *brasier, feu, bûcher* lodernd, brennend; *fièvre* heftig; *soif* brennend; ■ **qc est ~ de qc** */yeux/ de désir* etw glüht vor etw (*dat*); */regard/ de colère* etw ist erfüllt von etw
2. (*violent*) *curiosité* brennend; *désir, haine a.* glühend; *vœu a.* sehnlichst; *imagination* lebhaft, blühend *fam; passion* glühend, verzehrend; *amour* glühend, heiß; *foi* inbrünstig; *lutte* heiß; *discours* leidenschaftlich; *roux* flammend, feurig; *conviction* felsenfest, ganz fest; *piété* inbrünstig; ***une prière ~e*** (*oraison*) ein inbrünstiges Gebet; (*demande*) eine inständige Bitte
3. (*fougueux*) *personne, nature, caractère, sensibilité* leidenschaftlich, hitzig; *jeunesse* ungestüm; *cheval* feurig; *amant* feurig, heißblütig; *tempérament* feurig; *antéposé partisan* leidenschaftlich, glühend
4. (*zélé*): ***~ au travail*** arbeitseifrig; ***~ au combat*** kampfeslustig

ardeur [aʀdœʀ] *f* **1.** (*chaleur*) Glut *f*, glühende Hitze
2. (*force vive*) [*passion, amour, désir*] Glut *f*; [*foi, conviction, piété*] Inbrunst *f*; [*discours*] Leidenschaftlichkeit *f*; [*jeunesse*] (*fougue*) Feuer *nt*, Ungestüm *nt*; (*ferveur*) Leidenschaftlichkeit; ***l'~ de sa prière*** (*demande*) die Inständigkeit seiner/ihrer Bitte; REL die Inbrunst seines/ihres Gebetes
3. (*zèle*) [*personne, partisan*] Begeisterung *f*, Leidenschaftlichkeit *f*; [*combat*] Hitze *f*, Heftigkeit *f*; [*jeu*] Leidenschaftlichkeit; ■ **~ à qc** Eifer *m* bei etw; ***son ~ au travail fait plaisir à voir*** seinen/ihren Arbeitseifer sieht man gern; ■ **~ à faire qc** Eifer etw zu tun
▶ **dans l'~ du combat** in der Hitze [*o* im Eifer] des Gefechts; **avec l'~ du désespoir** mit dem Mut der Verzweiflung; **les ~s de l'été** *littér* die Glut des Sommers *geh*; **plein(e) d'~** *personne* voller Schwung [*o* Elan]; *cheval* feurig; **avec ~** mit Leidenschaft [*o* Begeisterung]

ardoise [aʀdwaz] I. *f* **1.** Ø GEOL Schiefer *m*
2. (*plaques d'ardoise*) Schiefer *m*, Schieferplatte *f*; ***qn couvre un toit d'~[s]*** jd deckt ein Dach mit Schiefer[platten]
3. SCOL [Schiefer]tafel *f*; (*commerçant*) schwarze [Preis]tafel
▶ **qn a une ~** [**quelque part/chez qn**] (*doit de l'argent*) jd steht [irgendwo/bei jdm] in der Kreide *fam*, jd hat [irgendwo/bei jdm] Schulden; (*achète*) jd lässt [irgendwo/bei jdm] anschreiben
II. *adj inv* (*couleur*) schieferfarben; *bleu, gris* schiefer-

ardu, e [aʀdy] *adj* **1.** *problème, question* schwierig, kniffl[e]lig *fam; épreuve* schwer; *travail* anstrengend, mühselig; ***voilà une entreprise ~e*** das ist ein schwieriges Unterfangen
2. *rare chemin* steil

are [aʀ] *m* Ar *nt*

arène [aʀɛn] *f* **1.** (*piste*) Arena *f*
2. *pl* (*lieu de corrida*) Stierkampfarena *f*; (*amphithéâtre romain*) Amphitheater *nt*
3. GEOL Sand *m*; ***l'~ granitique*** der Quarzsand
▶ **l'~ politique** die politische Arena [*o* Bühne]; **qn descend dans l'~** jd nimmt den Kampf auf [*o* die Herausforderung an]

arête [aʀɛt] *f* **1.** [*poisson*] Gräte *f*
2. [*cube, pierre, rocher, ski*] Kante *f*; [*toit*] Grat *m*; [*nez*] Rücken *m*; [*montagne*] Grat, Kamm *m*

argent [aʀʒɑ̃] I. *m* **1.** Ø (*métal*) Silber *nt*; ■ **d'~** (*en argent*) Silber-, aus Silber, silbern; (*argenté*) silb[e]rig; ***vaisselle d'~*** Silbergeschirr *nt*; ***pièces d'~*** Silbermünzen *pl*; ***bijoux d'~*** Silberschmuck *m*; ***elle a des reflets d'~ dans sa chevelure sombre*** ihr dunkles Haar hat einen silbrigen Glanz; ***déjà, il a quelques fils d'~ aux tempes*** er ist schon etwas weiß an den Schläfen
2. Ø FIN Geld *nt*; ■ **de l'~** Geld
▶ **l'~ ne fait pas le bonheur** *prov* Geld macht nicht glücklich *prov*; **qn flanque** [*o* **jette**] **l'~ par les fenêtres** *fam* jd wirft [*o* schmeißt] das Geld zum Fenster raus *fam*; **l'~ fond dans les mains** [*o* **entre les doigts**] **de qn** jdm rinnt das Geld durch die Finger *fam*; **l'~ mène** [*o* **dirige**] [*o* **conduit**] **le monde** Geld regiert die Welt *prov*; **l'~ n'a pas d'odeur** *prov* Geld stinkt nicht *prov*; **qn paie en ~ comptant** jd zahlt bar [*o* mit barem Geld]; **qn prend qc pour ~ comptant** jd nimmt etw für bare Münze *fam*; **de l'~ frais** neues Kapital; **~ liquide** Bargeld *nt*; **qn a de l'~** (*est riche*) jd hat [viel] Geld; **qn a de l'~ à la pelle** *fam* jd hat Geld wie Heu *fam*, jd schwimmt im Geld; **qn en a pour son ~** *fam* jd bekommt [wirklich] etw für sein Geld *fam*; **qn amasse** [*o* **entasse**] **de l'~** [*o* **beaucoup d'~**] *fam* jd hortet Geld *fam*; **l'~ brûle les doigts de qn** jd kann das Geld nicht zusammenhalten; **qn en est pour son ~** *fam* jd ist sein Geld los *fam*, jd hat sein Geld umsonst ausgegeben; **qn se vend pour de l'~** jd verkauft sich für Geld; (*est corrompu*) jd lässt sich [für Geld] kaufen, jd lässt sich bestechen; **qn en veut pour son ~** jd will etwas für sein Geld haben; (*lors d'une représentation*) jd will etwas für sein Geld sehen; **qn a de l'~ devant soi** jd verfügt über finanzielle Rücklagen, jd hat Geld auf der hohen Kante *fam*; **en ~** (*en métal*) aus Silber; (*en espèces*) mit Geld; ***qn paye en ~ et en nature*** jd bezahlt in Geld und Naturalien; **qn fait qc pour de l'~** jd macht etw für Geld
II. *adj inv* (*couleur*) Silber-, silb[e]rig; ***de magnifiques cheveux blonds aux reflets ~*** wunderschöne blonde Haare mit silbrigem Glanz
◆ **argent de poche** Taschengeld *nt*

argenté, e [aʀʒɑ̃te] *adj* **1.** *couleur, barbe* silbern, silbrig; *gris, reflets a.* Silber-; *cheveux* silbergrau
2. *couvert, objet* versilbert
3. *fam* (*riche*) betucht *fam*; ***il n'est pas très ~ en ce moment*** er ist im Moment nicht gut bei Kasse *fam*

argenterie [aʀʒɑ̃tʀi] *f* Ø Silberwaren *pl*, Silbersachen *pl*; (*vaisselle*) Silbergeschirr *nt*; (*couverts*) Silberbesteck *nt*

argentin, e [aʀʒɑ̃tɛ̃, in] I. *adj* argentinisch
II. *m, f* ■ **Argentin(e)** Argentinier(in) *m(f)*

Argentine [aʀʒɑ̃tin] *f* ■ **l'Argentine** Argentinien *nt*

argile [aʀʒil] *f* Ton *m*; ***~ rouge*** [rote] Tonerde; ***~ jaune*** Lehm *m*; ***statue d'~*** Tonfigur *f*

argileux, -euse [aʀʒilø, -øz] *adj terrain* tonig, lehmig; *terre a.* tonhaltig; ***des sols ~*** Lehmböden *pl*

argon [aʀgɔ̃] *m* CHIM Argon *nt*

argot [aʀgo] *m* **1.** Ø (*langue populaire*) Argot *m o nt*, Slang [slæŋ] *m*; ***l'~ des malfrats*** die Milieusprache, der Milieujargon
2. (*jargon d'initiés*) Jargon [ʒarˈgõ:, -gɔŋ] *m*

argotique [aʀgɔtik] *adj* **1.** (*de la langue populaire*) Argot-, Slang- [slæŋ-]
2. (*du jargon d'initiés*) Jargon- [ʒarˈgõ:-, -gɔŋ-]
3. (*populaire*) *façon de parler, tournure* salopp

Argovie [aʀgɔvi] *f* ■ **l'Argovie** der Aargau

arguer <1> [aʀgɥe] *vt littér* ■ **qn argue que** + *indic* jd führt [als Argument] an, dass; jd macht geltend, dass; ***qn fait qc en arguant que*** jd tut etw mit dem Argument [*o* mit der Begründung], dass; ■ **qn argue de qc** [**pour faire qc**] jd macht etw geltend [um etw zu tun], jd führt etw an [um etw zu tun]

argument [aʀgymɑ̃] *m* **1.** (*raisonnement, preuve*) Argument *nt*
2. (*moyen*) Mittel *nt*, Weg *m*
3. THEAT, LITTER Prolog *m*; (*grandes lignes*) grobe Züge *pl*
4. MATH Argument *nt*; [*fonction a.*] unabhängige Variable
▶ **~ massue** schlagkräftiges Argument; **qn tire ~ de qc** [**pour faire qc**] jd führt etw als Argument an [um etw zu tun]
◆ **argument de vente** Verkaufsargument *nt*

argumentaire [aʀgymɑ̃tɛʀ] *m* Argumentationshilfe *f*

argumentation [aʀgymɑ̃tasjɔ̃] *f* Argumentation *f*, Beweisführung *f*

argumenter <1> [aʀgymɑ̃te] *vi* ■ **qn argumente** [**sur qc**] jd argumentiert [bezüglich einer S. (*gen*)], jd diskutiert [über etw (*akk*)] rum *pej fam*; ***difficile de l'arrêter quand il argumente*** schwierig, ihn zu bremsen, wenn er einmal am Diskutieren ist *fam*; ***un article bien argumenté*** ein argumentativ guter Artikel, ein von der Argumentation her gesehen guter Artikel; ■ **qn argumente contre qn/qc** jd argumentiert gegen jdn/etw

Argus [aʀgys] *m* Zeitwerttabelle *f*, ≈ Schwackeliste *f*, ≈ DAT-Liste *f* (*offizielle Preisliste für Gebrauchtwagen*); ***ma voiture est cotée 20 000 F à l'~*** mein Auto hat 20.000 F als Zeitwert [*o* einen Listenpreis von 20.000 F]

aria [aʀja] *f* Arie *f*

aride [aʀid] *adj* **1.** (*sec*) trocken; *climat a.* regenarm, arid; *sol a.* karg, dürr
2. *style, sujet, matière* (*sec*) trocken; (*incompréhensible*) schwer verständlich *attr*, schwer verständlich *pred*; *travail* öde
3. *littér* (*insensible*) *cœur* kalt; *personnage* verknöchert; ***un cœur ~*** ein Herz aus Stein; ***qn a une intelligence ~*** jd ist verknöchert [*o* geistig unbeweglich]; ***qn a un esprit ~*** jd ist unkreativ

aridité [aʀidite] *f* Ø **1.** [*climat*] Trockenheit *f*, Aridität *f*; [*sol a.*] Kargheit *f*, Dürre *f*
2. (*caractère rébarbatif*) [*sujet, matière*] Trockenheit *f*; [*travail*] Stumpfsinn *m*; (*incompréhensibilité*) Unverständlichkeit *f*
3. *littér* [*cœur*] Kälte *f*; [*personnage*] geistige Armut; ***~ de son esprit/son intelligence*** seine/ihre geistige Armut

aristo [aʀisto] *mf fam abr de* **aristocrate** Adlige(r) *f(m)*, Aristokrat(in) *m(f)*

aristocrate [aʀistɔkʀat] *mf* **1.** (*noble de naissance*) Adlige(r) *f(m)*, Aristokrat(in) *m(f)*
2. (*privilégié*) Privilegierte(r) *f(m)*, Bevorrechtigte(r) *f(m)*
3. (*membre d'une élite*) führender Kopf; ***les ~s*** die Elite; ***des manières d'~*** vornehme Manieren *pl*; ***on sent chez lui l'~*** er ist ganz Aristokrat; ***c'était une ~ de cœur*** sie war edelmütig [*o* edelherzig]; ***qn/qc fait*** [***très***] ***~*** jd/etw wirkt [sehr] vornehm

aristocratie [aʀistɔkʀasi] *f* **1.** (*caste*) Aristokratie *f*, Adel *m*
2. (*élite*) Elite *f*
3. (*régime*) Aristokratie *f*, Adelsherrschaft *f*

Aristote [aʀistɔt] *m* Aristoteles *m*

arithmétique [aʀitmetik] I. *f* **1.** SCOL (*discipline, calcul*) Rechnen *nt*; ***devoir d'~*** Rechenaufgaben *pl*
2. (*science*) Arithmetik *f*; ***les quatre opérations élémentaires de l'~*** die vier Grundrechenarten
II. *adj* arithmetisch
▶ **c'est ~!** *vieilli fam* [das] ist doch logisch!, [das] ist doch ganz klar!

arlequin [aʀləkɛ̃] *m* Harlekin *m*

arlésienne [aʀlezjɛn] *f* ▶ **c'est l'~!** (*personne*) das ist ein Phantom!; **qn joue l'~** [*o* **les ~s**] jd macht sich rar

armada [aʀmada] *f* Heer *nt*; ■ **une ~ de personnes/choses** ein [ganzes] Heer von Menschen/Dingen, ein Pulk *m* von Menschen/Dingen
▶ **l'Invincible A~** die unüberwindliche Armada

armagnac [aʀmaɲak] *m* Armagnac *m* (*französischer Weinbrand*)

armateur [aʀmatœʀ] *m* Reeder(in) *m(f)*

armature [aʀmatyʀ] *f* **1.** (*charpente*) Gerüst *nt*; [*tente*] Gestänge *nt*; [*abat-jour, parapluie*] Gestell *nt*; [*maison*] Gerippe *nt*; [*béton*] Armierung *f*; ***~ du vitrail*** Bleifassung *f* des Kirchenfensters; ***une ~ de corset*** Korsettstangen *pl*; ***un soutien-gorge à ~*** ein Büstenhalter *m* mit Bügeln, ein Bügel-BH *m*
2. (*assise*) Basis *f*
3. MUS Vorzeichnung *f*, Vorzeichen *pl*

arme [aʀm] *f* **1.** (*instrument*) Waffe *f*
2. (*moyen d'action*) Waffe *f*; ***l'~ du crime*** die Tatwaffe
3. *pl* MIL *littér*: ***la carrière des ~s*** die militärische Laufbahn; ***le métier des***

~*s* der Soldatenberuf; ***compagnon d'~s*** Waffenbruder *m,* Waffengefährte *m*
▶ **avec ~s et bagages** *fam partir* mit Sack und Pack; ***qn capitule*** [*o* ***se rend***] ***avec ~s et bagages*** jd kapituliert bedingungslos; **qn passe l'~ à gauche** jd beißt ins Gras *fam;* **une ~ à double tranchant** ein zweischneidiges Schwert; **l'~ absolue** die ultimative Waffe; **~ atomique** [*o* **nucléaire**] Atomwaffe *f;* **~ bactériologique** bakteriologische Waffe; **qn met bas les ~s** jd gibt auf; MIL *a.* jd streckt die Waffen; **~ biologique** biologische Waffe; **les ~s blanches** Hieb-, Stich- und Stoßwaffen *pl;* **~ chimique** chemische Waffe; **à ~s égales** mit gleichen Waffen; **qn fait ses premières ~s** [**dans qc**] jd sammelt seine ersten Erfahrungen [in etw (*dat*)] [*o* bei etw]; **~ psychologique** psychologische Waffe; **qn est appelé(e) sous les ~s** jd wird einberufen, jd wird zu den Waffen gerufen; **qn dépose les ~s** [**devant qn**] jd streckt die Waffen [vor jdm]; **qn est sous les ~s** jd steht unter [den] Waffen; **qn fait des ~s** SPORT jd ficht; **qn passe qn par les ~s** jd erschießt jdn standrechtlich; **qn est passé(e) par les ~s** jd wird von einem Erschießungskommando erschossen; **qn porte les ~s** [**contre qn**] jd kämpft als Soldat [gegen jdn]; **portez ~!** das Gewehr über!; **qn prend les ~s** [**contre qn**] jd erhebt die Waffen [gegen jdn]; **présentez ~!** präsentiert das Gewehr!; **qn rend les ~s** (*capitule*) jd streckt die Waffen, jd ergibt sich; (*cède*) jd gibt sich geschlagen; **aux ~s!** zu den Waffen!; **en ~s** bewaffnet; **par les ~s:** ***qn prend le pouvoir par les ~s*** jd übernimmt die Macht mit Waffengewalt; ***qn règle un différend par les ~s*** jd regelt eine Streitigkeit mit Waffen
◆ **arme à feu** Feuerwaffe *f;* **arme de jet** Wurfwaffe *f;* **arme de poing** Faustfeuerwaffe *f*

armé, e [aʀme] *adj* bewaffnet; ■ **~ de qc** mit etw bewaffnet; *d'un dictionnaire* mit etw ausgestattet; *d'une trousse de médecin* mit etw ausgerüstet; ***~ de sa bonne volonté*** guten Willens
▶ **qn est bien ~ contre qc** jd ist gut gegen etw gewappnet; **qn est bien ~ pour qc/pour faire qc** jd ist gut für etw gewappnet/gut gewappnet um etw zu tun

armée [aʀme] *f* **1.** (*institution*) ■ **l'~** die Armee
2. (*troupes*) Armee *f,* Heer *nt,* Truppe *f;* ***à la tête de la deuxième ~*** an der Spitze der zweiten Armee; ***théâtre aux ~s*** Soldatentheater *nt*
3. (*foule*) Heer *nt*
▶ **~ active** aktive Truppe; **les ~s alliées** die alliierten Streitkräfte; **la Grande A~** *Bezeichnung der napoleonischen Armee;* **~ régulière** stehendes Heer; **l'A~ rouge** die Rote Armee; **qn est à l'~** jd macht seinen Militärdienst; **qn est dans l'~** jd ist [Berufs]soldat; **qn fait l'~** jd macht seinen Militärdienst
◆ **armée de l'air** Luftwaffe *f;* **armée de libération** Befreiungstruppen *pl,* Befreiungsarmee *f;* **armée de mer** Marine *f;* **armée de mercenaires** Söldnerheer *nt;* **armée de réserve** Reserveheer *nt,* Reservearmee *f;* **armée de terre** Heer *nt;* **armée d'occupation** Besatzungsmacht *f;* **Armée du Salut** Heilsarmee *f*

armement [aʀməmɑ̃] *m* **1.** ∅ (*action*) [*pays, armée*] Aufrüstung *f,* Rüstung *f;* [*navire*] Ausrüstung; [*personne*] Bewaffnung *f;* [*fusil*] Laden *nt;* [*appareil photo*] Spannen *nt;* ***l'~ d'un avion/navire de guerre*** die Bestückung eines Kampfflugzeugs/Kriegsschiffs mit Waffen
2. (*armes*) [*soldat, troupe*] Bewaffnung *f;* [*pays*] Rüstung *f,* Waffen *pl;* [*avion, navire de guerre*] Bordwaffen *pl*

Arménie [aʀmeni] *f* ■ **l'Arménie** Armenien *nt*

arménien, ne [aʀmenjɛ̃, jɛn] **I.** *adj* armenisch
II. *m* (*langue*) Armenisch *nt*
III. *m, f* ■ **Arménien(ne)** Armenier(in) *m(f)*

armer <1> [aʀme] **I.** *vt* **1.** ■ **qn arme qn/qc** [**de qc**] (*avec une arme*) jd bewaffnet jdn/etw [mit etw]; (*avec de l'armement*) jd rüstet jdn/etw [mit etw] aus; *navire, forteresse* jd rüstet etw [mit etw] aus, jd bestückt etw [mit etw]; ***ce pays est bien armé*** dieses Land ist gut bewaffnet [*o* gut mit Waffen ausgerüstet]
2. (*exciter*) ■ **qn arme qn/qc contre qn/qc** jd stachelt [*o* hetzt] jdn/etw gegen jdn/etw auf; ■ **qn arme qn contre qc** (*aguerrir*) jd sorgt dafür, dass jd gegen etw gewappnet ist
3. ■ **qn arme qc** *fusil* jd lädt etw; *appareil photo* jd spannt etw
4. (*renforcer*) ■ **qn arme qc** [**de qc**] *béton, poutre* jd armiert etw [mit etw]; *bâton, canne* jd verstärkt etw [mit etw]
II. *vpr* **1.** (*se munir de*) ■ **qn s'arme de qc** jd bewaffnet sich mit etw; *d'un dictionnaire* jd rüstet sich mit etw aus; *de courage, patience* jd wappnet sich mit etw
2. (*se munir d'armes*) ■ **qn s'arme contre qn/qc** jd bewaffnet sich gegen jdn/etw; ■ **qc s'arme contre qn/qc** etw rüstet gegen jdn/etw auf
3. (*se protéger de*) ■ **qn s'arme contre qc** *contre le froid, danger* jd rüstet sich gegen etw

armistice [aʀmistis] *m* Waffenstillstand *m;* ■ **l'A~** *französischer Feiertag am 11. November anlässlich des Waffenstillstands 1918*

armoire [aʀmwaʀ] *f* Schrank *m;* (*pour les vêtements*) Kleiderschrank; ***~ frigorifique*** Kühlregal *nt,* Kühlschrank
◆ **armoire à glace** (*meuble*) Spiegelschrank *m; fam* (*costaud*) [Kleider]schrank *m fam;* **armoire à linge** Wäscheschrank *m;* **armoire à pharmacie** Arzneischränkchen *nt;* **armoire de toilette** Toilettenschrank *m*

armoiries [aʀmwaʀi] *fpl* Wappen *pl*

armure [aʀmyʀ] *f* **1.** MIL Rüstung *f;* ***elle s'est constituée une véritable ~ d'indifférence*** sie hat sich einen richtigen Panzer der Gleichgültigkeit zugelegt
2. TEXTIL Bindung *f,* Bindungsart *f;* ***~ satin*** Satinbindung

armurier [aʀmyʀje] *m* **1.** (*marchand*) Waffenhändler(in) *m(f);* (*fabricant*) Waffenfabrikant(in) *m(f),* Waffenhersteller(in) *m(f);* HIST Waffenschmied(in) *m(f)*
2. MIL Waffenmeister *m*

ARN [ɑɛʀɛn] *m abr de* **acide ribonucléique** RNS *f*

arnaque [aʀnak] *f fam* Betrug *m;* ***qn est un véritable spécialiste de l'~*** jd ist ein wahrer Meister [*o* ein Spezialist] im Betrügen
▶ **c'est de l'~!** das ist Betrug [*o* Beschiss *fam*]!

arnaquer <1> [aʀnake] *vt fam* **1.** (*escroquer*) ■ **qn arnaque qn** jd haut jdn übers Ohr *fam;* ■ **qn se fait ~** [**par qn**] jd wird [von jdm] übers Ohr gehauen *fam*
2. (*arrêter*) ■ **qn se fait ~ par qn** jd wird von jdm geschnappt *fam*

arnaqueur, -euse [aʀnakœʀ, -øz] *m, f fam* Betrüger(in) *m(f)*

arnica [aʀnika] *f* Arnika *f*

arobas [aʀɔba(z)] *m* INFORM *v.* **arrobas**

aromate [aʀɔmat] *m* **1.** GASTR Gewürz *nt*
2. MED Riechstoff *m*
3. (*en parfumerie*) natürlicher Duftstoff

aromathérapie [aʀomateʀapi] *f* Aromatherapie *f*

aromatiser <1> [aʀɔmatize] *vt* ■ **qn aromatise qc** [**de qc**] *aliment* jd würzt etw [mit etw]; *vinaigre* jd aromatisiert etw [mit etw]; *savon, produit* jd parfümiert etw [mit etw]

arôme *m,* **arome** [aʀom] *m* **1.** (*odeur*) [*plat, café, fleur*] Duft *m;* [*vin*] Bouquet *nt,* Blume *f*
2. (*additif alimentaire*) Aroma *nt;* ***~ de fraise*** Erdbeeraroma

arpège [aʀpɛʒ] *m* Arpeggio [ar'pɛdʒo] *nt*

arpégé, e [aʀpeʒe] *adj accord* [als] Arpeggio gespielt [ar'pɛdʒo]

arpent [aʀpɑ̃] *m:* ***ils se sont disputés pour quelques ~s de terre*** sie haben sich um ein paar Quadratmeter Land gestritten

arpentage [aʀpɑ̃taʒ] *m* Vermessung *f*

arpenter <1> [aʀpɑ̃te] *vt* **1.** (*parcourir*) ■ **qn arpente qc** *pièce* jd eilt mit großen Schritten durch etw, jd durchschreitet etw mit großen Schritten *geh; trottoir* jd eilt mit großen Schritten über etw (*akk*); *rue* jd eilt mit großen Schritten etw entlang; ***elle arpentait sa chambre de long en large*** sie schritt [mit großen Schritten] im Zimmer auf und ab
2. (*mesurer*) ■ **qn arpente qc** jd vermisst etw

arpenteur [aʀpɑ̃tœʀ] *m* Vermesser(in) *m(f)*

arqué, e [aʀke] *adj jambes* krumm; *sourcils* geschwungen; *dos* gebeugt, gekrümmt; ***il a les jambes ~es*** er hat O-Beine; ***des branches ~es sous le poids des fruits*** sich unter dem Gewicht der Früchte biegende Äste

arrachage [aʀaʃaʒ] *m* [*broussailles, mauvaises herbes*] Herausreißen *nt;* [*arbre, souche*] Entwurzeln *nt;* [*cheveu, poil*] Ausreißen *nt;* [*carottes, pommes de terre, betteraves*] Herausmachen *nt;* [*clou*] Herausziehen *nt; fam* [*dent*] Ziehen *nt*

arrache-clou <~-~s> [aʀaʃklu] *m* Geißfuß *m,* Nagelklaue *f* **arrache-pied** [aʀaʃpje] *adv* ▶ **d'~-~** *travailler* unablässig; *lutter* unermüdlich

arracher <1> [aʀaʃe] **I.** *vt* **1.** (*extraire*) ■ **qn/qc arrache qc** jd/etw reißt etw heraus; *broussailles, mauvaises herbes a.* jd/etw reißt etw aus; *arbre* jd/etw entwurzelt etw; *poil, cheveu* jd/etw reißt etw aus; *croûte* jd kratzt etw ab [*o* auf]; *pommes de terre, carottes, betteraves* jd/etw macht etw heraus; *clou* jd/etw zieht etw heraus; ■ **qn arrache qc à qn** *dent* jd zieht jdm etw; ***je dois me faire ~ une dent*** ich muss mir einen Zahn ziehen lassen
2. (*déchirer*) ■ **qn/qc/un animal arrache qc à qn** *partie du corps, vêtement, peau* jd/etw/ein Tier reißt jdm etw auf; *vêtement a.* jd/etw/ein Tier zerreißt jdm etw; */obus/* etw reißt jdm etw ab; */chien/* ein Tier beißt jdm etw ab; ***les barbelés lui ont arraché la chemise et la peau*** der Stacheldraht hat ihm/ihr das Hemd zerrissen und die Haut aufgerissen; ■ **qn/qc arrache qc** [**de qc**] *affiche* jd reißt etw [von etw] ab [*o* herunter]; *page, feuille* jd reißt etw [aus etw] heraus; ***le vent a arraché les feuilles des arbres*** der Wind hat die Blätter von den Bäumen gefegt
3. (*enlever*) ■ **qn arrache qc à qn/un animal** *portefeuille, arme* jd entreißt jdm etw; *ailes, membres, plume* jd reißt jdm/einem Tier etw aus; ***qn arrache la victoire à qn*** jd entreißt jdm den Sieg; ***je lui arrache les yeux!*** dem/der kratz' ich die Augen aus! *fam;* ***qn arrache qc des mains de qn*** jd reißt jdm etw aus den Händen; (*par un effort soutenu*) jd entwindet jdm etw; ■ **qn arrache qn de qc** *des crocs, des griffes d'un animal* jd entreißt jdn einer S. (*dat*); ***qn arrache qn des mains de qn*** jd entreißt jdn jds Händen; ■ **qn arrache qn à qc** *à la mort, misère* jd bewahrt jdn vor etw (*dat*); ■ **qn arrache qn à qn** jd nimmt jdn jdm weg
4. (*soutirer*) ■ **qn arrache qc à qn** *argent, augmentation de salaire, décision, consentement* jd ringt jdm etw ab; ■ **qn/qc arrache qc à qn** *aveu, promesse, secret, sourire, mot gentil, parole apaisante, applaudissements, larmes* jd/etw entlockt jdm etw; ***chaque mouvement lui arrachait des gémissements déchirants*** bei jeder Bewegung stöhnte er/sie vor Schmerz auf
5. (*soustraire*) ■ **qc arrache qn à qc** */événement, travail, providence, bruit/* etw reißt jdn aus etw heraus; *à sa léthargie, ses rêves, à son sommeil, sa méditation* etw reißt jdn aus etw; ***la mort l'a arrachée à notre affection*** der Tod hat sie aus unserer Mitte gerissen
II. *vpr* **1.** (*se déchirer*) ■ **qn s'arrache qc** *peau* jd reißt sich (*dat*) etw auf; ***qn s'arrache les vêtements*** jd zerreißt sich (*dat*) die Kleider; (*s'enlever*) jd reißt sich (*dat*) die Kleider vom Leib; ■ **qn s'arrache à qc** *à un souvenir* jd reißt sich von etw los
2. (*se disputer*) ■ **des personnes s'arrachent qn/qc** Menschen reißen sich um jdn/etw; ***on se l'arrache*** (*une chose*) man reißt sich darum; ***on se les arrache*** (*personnes*) man reißt sich um sie
3. *fam* (*partir*) ■ **qn s'arrache** jd haut ab *fam;* ***allez, faut qu'on s'arrache!*** los, wir müssen los [*o* abhauen]! *fam*

arracheur [aʀaʃœʀ] *m* ▶ **qn ment comme un ~ de dents** jd lügt wie gedruckt *fam*

arrangeant, e [aʀɑ̃ʒɑ̃, ʒɑ̃t] *adj* (*de caractère*) umgänglich, verträglich; (*dans une négociation*) entgegenkommend

arrangement [aʀɑ̃ʒmɑ̃] *m* **1.** (*action*) [*fleurs*] Zusammenstellen *nt;* [*coiffure*] Zurechtmachen *nt;* [*entrevue*] Organisation *f,* Durchführung *f*
2. (*agencement*) [*mobilier*] Zusammenstellung *f;* [*pièce*] Einrichtung *f;* [*mai-*

son] Aufteilung *f;* (*aménagement*) Einrichtung; [*mots*] Stellung *f;* [*toilette*] Zusammenstellung *f;* [*fleurs*] Arrangement *nt geh;* ***l'~ des pièces sur le plan des couleurs*** die farbliche Abstimmung der einzelnen Räume
3. (*accord*) Vereinbarung *f,* Übereinkunft *f;* ***conclure un ~*** eine Vereinbarung treffen; ***parvenir à un ~*** zu einer Übereinkunft gelangen; ***~ de famille*** JUR Familienunterhaltsregelung *f*
4. MUS Arrangement *nt;* ***un ~ pour piano*** ein Arrangement für Klavier

arranger <2 a> [aʀɑ̃ʒe] **I.** *vt* **1.** (*disposer*) ■ **qn arrange qc** jd ordnet etw; *fleurs a.* jd arrangiert etw; *pièce* (*aménager*) jd richtet etw her; (*mettre des meubles*) jd richtet etw ein; *coiffure* jd macht etw zurecht; *chemise, cravate* jd bringt etw in Ordnung; *dossiers* jd ordnet etw; *table* jd deckt [*o* richtet] etw; ***il a arrangé l'histoire à sa façon*** er hat die Geschichte so dargestellt [*o* hingebogen *fam*], wie es ihm gelegen kam; ***il a arrangé le grenier en salle de jeux*** er hat den Speicher als Spielzimmer eingerichtet
2. (*organiser*) ■ **qn arrange qc** *voyage, réunion* jd organisiert etw; *rencontre, réunion* jd arrangiert etw; *affaires* jd regelt etw
3. (*régler*) ■ **qn arrange qc** jd bringt etw in Ordnung, jd regelt etw; ***tout est arrangé*** alles ist geregelt [*o* in Ordnung]; ***je vais vous ~ l'affaire*** ich werde die Sache für Sie in Ordnung bringen [*o* regeln]
4. (*contenter*) ■ **qc arrange qn** etw kommt jdm gelegen, etw ist jdm recht, etw passt jdm; ***ça m'arrange vraiment!*** das ist wunderbar so!, das kommt mir sehr gelegen!; ***si ça vous arrange*** wenn es Ihnen recht ist!; ***il a agi comme ça parce que ça l'arrangeait*** er hat so gehandelt, weil es ihm gelegen kam [*o* weil es ihm in den Kram gepasst hat *fam*]; ■ **ça arrange qn de faire qc** es passt jdm [*o* es ist jdm recht] etw zu tun, es kommt jdm gelegen etw zu tun; ■ **ça arrange qn que** + *subj* es passt jdm [*o* kommt jdm gelegen], dass; ***que vous ne soyez pas là ne m'arrange pas*** dass Sie nicht da sind, passt mir gar nicht [*o* ist mir gar nicht recht]
5. (*réparer*) ■ **qn arrange qc/fait ~ qc** *voiture* jd repariert etw/lässt etw reparieren; *robe* jd ändert etw/lässt etw ändern; *texte* jd überarbeitet etw/lässt etw überarbeiten
6. *fam* (*malmener*) ■ **qn arrange qn** jd richtet jdn übel zu; ■ **qn se fait ~ [par qn]** jd wird [von jdm] über zugerichtet
▸ **te voilà bien arrangé(e)!** na du siehst vielleicht aus! *fam;* (*sale a.*) na du bist vielleicht verdreckt! *fam;* (*blessé*) du siehst ja übel [zugerichtet] aus!
II. *vpr* **1.** (*se mettre d'accord*) ■ **qn s'arrange avec qn [pour faire qc]** jd einigt sich mit jdm [etw zu tun]; ***ils se sont arrangés entre eux*** sie haben sich untereinander geeinigt; ***pourquoi ne pas vous ~ à l'amiable?*** warum einigt ihr euch nicht gütlich?; ***arrange-toi avec lui!*** arrangier dich mit ihm!, einige dich mit ihm!
2. (*s'améliorer*) ■ **qc s'arrange** /*problème*/ etw regelt sich; /*situation, état de santé*/ etw bessert sich; /*temps*/ etw wird wieder besser; /*querelle, dispute*/ etw wird beigelegt; ***tout s'arrange*** es lässt sich alles regeln, das gibt sich alles; ***tout va s'~*** es wird alles gut werden, es wird sich alles finden; ***les choses s'arrangent d'elles-mêmes*** die Dinge regeln sich von selbst; ***leur dispute s'est arrangée*** sie haben ihren Streit beigelegt
3. (*se débrouiller*) ■ **qn s'arrange [pour faire qc]** jd richtet es so ein[, dass er etw tun kann]; ***arrangez-vous comme vous voudrez, mais …*** machen Sie das, wie Sie wollen, aber …; ***tu t'arranges pour être à l'heure*** richte es [so] ein, dass du pünktlich bist; ***je ne sais pas comment il s'arrange, mais …*** ich weiß nicht, wie er es anstellt, aber …; ■ **qn s'arrange pour que** + *subj* jd richtet es so ein, dass
4. (*s'ajuster*) ■ **qn s'arrange** jd macht sich zurecht; ***je suis allée m'~ chez le coiffeur*** ich habe mich beim Friseur ein wenig zurechtmachen lassen; ***elle sait s'~*** sie hat Geschmack, sie weiß sich zurechtzumachen *fam;* ■ **qn s'arrange qc** *cheveux, maquillage* jd macht sich (*dat*) etw zurecht; ***il est toujours en train de s'~ la moustache*** er zupft ständig an seinem Schnurrbart herum
▸ **qn s'est bien arrangé(e)** *fam* (*s'est sali*) jd sieht vielleicht aus *fam;* (*s'est blessé*) jd hat sich übel zugerichtet; **qn ne s'est pas arrangé(e)** *fam* (*a enlaidi*) jd hat sich nicht zu seinem Vorteil verändert; (*ses défauts ont empiré*) jd hat sich nicht gebessert

arrérages [aʀeʀaʒ] *mpl* fällige Rente

arrestation [aʀɛstasjɔ̃] *f* **1.** (*action*) Verhaftung *f,* Festnahme *f*
2. (*état*) Haft *f;* ***vous êtes en état d'~*** Sie sind verhaftet!
▸ **~ arbitraire** willkürliche Verhaftung; **~ illégale** widerrechtliche Verhaftung; **~ préventive** Vorbeugehaft *f,* Schutzhaft *f;* **~ provisoire** vorläufige Festnahme

arrêt [aʀɛ] *m* **1.** (*interruption*) [*machine, moteur*] Abstellen *nt;* [*véhicule, automobiliste*] Anhalten *nt;* [*négociations, hostilités, poursuites, affaires*] Einstellen *nt,* Einstellung *f;* [*croissance*] Stillstand *m;* [*production*] Einstellung; [*compte à rebours*] Abbrechen *nt;* [*fièvre, hémorragie*] Aufhören *nt;* [*cœur, hémorragie*] Stillstand; [*centrale nucléaire*] Abschalten *nt;* ***~ des essais nucléaires*** Atomteststopp *m;* ***qc entraîne l'~ de la fuite des cerveaux*** etw führt dazu, dass die Abwanderung der Intelligenz gestoppt wird; ***le bouton d'~ d'une machine*** der Abstellknopf einer Maschine
2. (*halte*) [*bus, train, métro, automobiliste*] Halt *m;* ***dix minutes d'~ à Nancy*** zehn Minuten Halt [*o* Aufenthalt] in Nancy; ***vous devriez faire quelques ~s au cours de votre voyage [en voiture]*** Sie sollten auf Ihrer Fahrt ein paar Mal anhalten [*o* ein paar Pausen einlegen]
3. TRANSP (*station*) Haltestelle *f*
4. TECH (*taquet*) [*machine*] Sperre *f,* Sperrvorrichtung *f;* ***l'~ d'une serrure*** der Riegel eines Schlosses; ***l'~ d'un fusil*** der Sicherungshebel eines Gewehrs; ***l'~ d'un couteau*** die Arretierung eines Messers
5. JUR (*décision*) Beschluss *m,* Entscheid *m*
▸ **un ~ d'autobus** eine Bushaltestelle; **~ cardiaque** Herzstillstand *m;* **~ facultatif** Bedarfshaltestelle *f;* **~ fixe** feste Haltestelle; **qn/qc est à l'~** jd/etw steht; **un animal est à l'~** ein Tier steht vor; **qn est aux ~s** MIL jd steht unter Arrest; **qc est sans ~ de … à …:** ***le train est sans ~ de Paris à Lyon*** der Zug fährt von Paris nach Lyon durch, der Zug fährt ohne Aufenthalt von Paris nach Lyon; **qn/qc fait un ~** jd hält an/etw hält; /*gardien de but*/ jd hält [den Schuss]; **qn met qn aux ~s** MIL jd stellt jdn unter Arrest; **qn/un animal reste [*o* tombe] en ~** jd/ein Tier bleibt stehen; CHASSE ein Tier steht vor; **sans ~** (*sans interruption*) unaufhörlich, ununterbrochen; (*fréquemment*) ständig
◆ **arrêt de jeu** SPORT [Spiel]unterbrechung *f;* **arrêt de maladie** (*congé*) Beurlaubung *f* wegen Krankheit; (*certificat*) Arbeitsunfähigkeitsbescheinigung *f;* ***le docteur m'a prescrit un ~ de maladie de 15 jours*** der Arzt hat mich für zwei Wochen krank geschrieben; ***je suis en ~ de maladie*** ich bin krank geschrieben; **arrêt de mort** Todesurteil *nt* ▸ **qc signe l'~ de mort de qn/qc** etw bedeutet das Todesurteil für jdn/etw; **qn signe son ~ de mort** jd unterzeichnet sein [eigenes] Todesurteil; **arrêt de [*o* du] travail** (*grève*) Arbeitsniederlegung *f;* (*congé de maladie*) Beurlaubung *f* wegen Krankheit; (*certificat*) Arbeitsunfähigkeitsbescheinigung *f;* ***qn est en ~ de travail*** jd ist krank geschrieben; ***qn signe/accorde des ~s de travail*** jd stellt Arbeitsunfähigkeitsbescheinigungen aus; **arrêt pipi** *fam* Pinkelpause *f fam*

arrêté, e [aʀete] **I.** *adj décision, volonté, idée, opinion* fest; *péj* festgefahren, festgelegt; ***sa décision n'est pas encore ~e*** seine/ihre Entscheidung steht noch nicht fest; ***c'est une chose ~e [que*** + *indic o subj*] das/es ist beschlossene Sache[, dass]
II. *m* Erlass *m;* ***par ~ préfectoral/du ministre des transports*** durch Erlass des Präfekten/des Verkehrsministeriums
◆ **arrêté d'expropriation** Enteignungsbeschluss *m;* **arrêté d'expulsion** (*d'un étranger*) Ausweisungsverfügung *f;* (*d'un locataire*) Räumungsbefehl *m*

arrêter <1> [aʀete] **I.** *vi* **1.** (*stopper*) ■ **qn/qc arrête** /*conducteur, véhicule*/ jd/etw hält [an]; ***le bus arrête à Vavin*** der Bus hält in Vavin
2. (*cesser*) ■ **qc arrête** etw hört auf; ■ **qn arrête [de faire qc]** jd hört auf [etw zu tun]; ***arrête! arrête! je ne te crois pas …*** hör auf! hör auf! ich glaub' dir [doch] nicht …; ***voulez-vous ~, les enfants?*** wollt ihr wohl aufhören, Kinder?; ***il arrête un instant de parler/lire/d'écrire*** er hält [einen Augenblick] beim Reden/Lesen/Schreiben inne, er hört einen Augenblick auf zu reden/lesen/schreiben; ***il a toujours dit des mensonges et il n'y a pas de raison qu'il arrête aujourd'hui*** er hat immer Lügen erzählt und es gibt keinen Grund, warum er ausgerechnet heute damit aufhören sollte; ■ **qn/qc n'arrête pas de faire qc** jd/etw hört nicht auf etw zu tun; ***Jean n'arrête pas de me prendre mes jouets*** Jean nimmt mir dauernd meine Spielsachen weg; ***elle n'arrête pas de grandir*** sie hört nicht auf zu wachsen, sie wächst ständig weiter; ***cette rengaine n'arrête pas de me tourner dans la tête*** dieser Schlager geht mir nicht aus dem Kopf; ***son souvenir n'arrête pas de me hanter*** ich werde die Erinnerung an ihn/sie nicht los
II. *vt* **1.** (*stopper, immobiliser*) ■ **qn arrête qn/qc** jd hält jdn/etw an; *moteur, machine* jd stellt etw ab; *chauffage* jd dreht [*o* stellt] etw ab; *télévision, radio* jd macht etw aus; (*garer*) *voiture* jd stellt etw ab; ***au voleur, arrêtez-le!*** haltet den Dieb!; ***elle arrête la porte avec son pied*** sie hält mit dem Fuß die Tür auf; ■ **qc est arrêté(e)** /*circulation, trafic*/ etw ist/wird eingestellt; /*production*/ etw steht still; ***le trafic est arrêté sur les lignes 8 et 10*** die Linien 8 und 10 haben den Verkehr eingestellt
2. (*déposer*) ■ **qn arrête qn quelque part** jd setzt jdn irgendwo ab, jd lässt jdn irgendwo aussteigen [*o* raus *fam*]
3. (*terminer*) ■ **qn arrête qc** jd hört mit etw auf; *cours, travail* jd beendet etw
4. (*interrompre*) ■ **qn arrête qc** *travail, conférence* jd unterbricht etw; ***qn arrête le travail*** (*faire grève*) jd legt die Arbeit nieder; ***il a fait ~ les applaudissements*** er hat dem Applaus Einhalt geboten; ■ **qn arrête qn** jd unterbricht jdn; ***il n'y a pas moyen de l'~ quand il est lancé*** unmöglich, ihn zu bremsen, wenn er einmal in Fahrt gekommen ist
5. (*bloquer*) ■ **qn arrête qn** *foule* jd hält jdn auf; *troupes, ennemi* jd stoppt jdn; ■ **qn arrête qc** *hémorragie* jd bringt etw zum Stillstand; *frais* jd schränkt etw ein; ■ **qc arrête qn** etw hält jdn zurück; ***les difficultés l'ont arrêté dans sa recherche*** die Schwierigkeiten haben ihn bei seinen Nachforschungen aufgehalten; ***qu'est-ce qui l'arrête, la timidité?*** was hält ihn/sie denn zurück, seine/ihre Schüchternheit?; ■ **qc arrête qc** etw hält etw auf; ***aucun obstacle n'arrêtera mon ambition*** kein Hindernis wird meinen Ehrgeiz bremsen
6. (*abandonner*) ■ **qn arrête qc** *études, tennis* jd gibt etw auf, jd hört mit etw auf; *exploitation d'une ligne, fabrication d'un produit, réalisation d'un projet, production* jd stellt etw ein; ***j'ai arrêté la cigarette*** ich habe mit dem Rauchen aufgehört
7. (*faire prisonnier*) ■ **qn arrête qn** jd verhaftet jdn; ■ **qn se fait ~** jd wird verhaftet
8. (*fixer*) ■ **qn arrête qc** *détails, date, jour* jd legt etw fest, jd setzt etw fest
9. (*diriger*) ■ **qn arrête qc sur qn/qc** *attention, regards* jd richtet etw auf jdn/etw; ***il a arrêté ses soupçons sur elle*** sein Verdacht richtet sich gegen sie; ***qn arrête son choix sur qn/qc*** jd entscheidet sich für jdn/etw
III. *vpr* **1.** (*s'immobiliser*) ■ **qn s'arrête** jd hält an; (*séjourner*) jd macht Station, jd hält sich auf; ***nous nous arrêterons quelques jours en Auvergne*** wir werden einige Tage in der Auvergne Station machen; ***les Huns se sont arrêtés aux portes de Paris*** die Hunnen haben an den Toren von Paris haltgemacht; ***où va-t-il s'~, ce bus?*** wo wird der Bus halten?; ■ **qc s'arrête** /*machine, moteur, montre*/ etw bleibt stehen; /*train*/ etw hält; /*voiture*/ etw hält [an]
2. (*s'interrompre*) ■ **qn/qc s'arrête [de faire qc]** jd/etw hört auf [etw zu tun]
3. (*cesser*) ■ **qc s'arrête** /*développement, croissance*/ etw geht zu Ende; /*épidémie, inflation*/ etw kommt zum Stillstand; /*pluie, hémorragie, bruit*/

etw hört auf; */travail, production/* etw kommt zum Erliegen; ***la télé/la radio s'est arrêtée*** das Fernsehen/das Radio ist ausgegangen; ***la production s'est arrêtée*** die Produktion ist zum Erliegen gekommen; ■ **qn s'arrête [de faire qc]** jd hört auf [etw zu tun]; ***je me suis arrêté de fumer*** ich habe aufgehört zu rauchen, ich habe mit dem Rauchen aufgehört; ***à quelle page du roman t'es-tu arrêté?*** bis zu welcher Seite des Romans bist du gekommen?

arrêt-maladie <~s-~> [aʀɛmaladi] *m* (*congé*) Beurlaubung *f* wegen Krankheit; (*certificat*) Arbeitsunfähigkeitsbescheinigung *f*; ***je suis en ~ ~*** ich bin krank geschrieben

arrhes [aʀ] *fpl* Anzahlung *f*; ***qn verse des ~s*** jd macht eine Anzahlung

arrière [aʀjɛʀ] **I.** *m* **1.** *∅* (*partie postérieure*) [*train*] hinterer Teil, hinteres Teil; [*voiture a., bateau, avion*] Heck *nt*; ***à l'~ de la voiture*** (*sur le siège arrière*) auf dem Rücksitz des Wagens; ***une voiture avec le moteur à l'~*** ein Auto mit Heckmotor
2. SPORT (*joueur*) Abwehrspieler(in) *m(f)*, Verteidiger(in) *m(f)*; RUGBY Schluss[spieler *m*] *m*; ***il joue ~ central/droit*** er spielt Vorstopper/rechter Verteidiger
3. *∅* MIL ■ **l'~** (*territoire, population*) das Hinterland; (*troupes*) die Etappe
► **qn <u>protège</u> [*o* <u>assure</u>] ses ~s [contre qn/qc]** MIL jd sichert die Nachhut [gegen jdn/etw]; **qn <u>protège</u> [*o* <u>assure</u>] ses ~s [en faisant qc]** (*évite les risques*) jd sichert sich ab[, indem er etw tut]; ***il protège toujours ses ~s en demandant l'avis de ses supérieurs*** er sichert sich immer ab, indem er zuerst seine Vorgesetzten nach ihrer Meinung fragt; **qn <u>revient</u> en ~** (*dans sa mémoire*) jd erinnert sich zurück, jd denkt zurück; */orateur, conférencier, conteur/* jd kommt auf das vorher [*o* zuvor] Gesagte zurück; ***il faut que je revienne un peu en ~*** ich muss etwas zurückgreifen; **qc <u>revient</u> en ~** */pays, civilisation/* etw fällt zurück, etw macht einen Rückschritt; */cassette/* etw läuft zurück; ***la civilisation est revenue de 1000 ans en ~ le jour où ...*** die Zivilisation ist um 1000 Jahre zurückgefallen [*o* hat einen Rückschritt von 1000 Jahren gemacht] an dem Tag, als ...; ***qn fait revenir la cassette en ~*** jd spult die Kassette zurück; ***la cassette est revenue en ~*** die Kassette ist zurückgespult; **<u>en</u> ~** nach hinten; *rester* hinten; ***qn est resté(e) en ~*** jd ist zurückgeblieben; ***qn regarde/se penche en ~*** jd sieht/beugt sich zurück [*o* nach hinten]; ***qn se balance d'avant en ~*** jd schaukelt vor und zurück; ***en ~, tout le monde!*** alle zurück[treten]!; **<u>en</u> ~ de qc** hinter etw (*dat*); ***elle était en ~ de la foule qui avançait*** sie blieb hinter der sich vorwärts bewegenden Menge zurück
II. *adj inv roue, pneu* Hinter-; *siège* Rück-; ***la partie/la façade ~ du bâtiment*** der hintere Teil/die Rückfront des Gebäudes; ***les feux ~*** die Rücklichter *pl*

arriéré, e [aʀjeʀe] **I.** *adj* **1.** *enfant, personne* zurückgeblieben
2. (*en retard*) *région, pays* rückständig
3. *péj* (*rétrograde*) *idées, méthode, personne* rückständig, rückschrittlich
4. FIN rückständig
II. *m* **1.** FIN Rückstand *m*, Außenstände *pl*; ***qn règle l'~ de sa dette*** jd begleicht seine rückständigen Schulden [*o* seine Außenstände]; ***des ~s d'impôt*** rückständige Steuern *pl*
2. (*choses à faire*) Rückstand *m*; ***il a beaucoup d'~ dans son travail*** er ist mit seiner Arbeit sehr im Rückstand
III. *m, f* PSYCH [geistig] Zurückgebliebene(r) *f(m)*

arrière-ban <~-~s> [aʀjɛʀbɑ̃] *m* HIST Heerbann *m* **arrière-bouche** <~-~s> [aʀjɛʀbuʃ] *f* Schlund *m*, Rachen *m* **arrière-boutique** <~-~s> [aʀjɛʀbutik] *f* Hinterzimmer *nt* [des Ladens] **arrière-cour** <~-~s> [aʀjɛʀkuʀ] *f* Hinterhof *m* **arrière-cuisine** <~-~s> [aʀjɛʀkɥizin] *f* Hinterzimmer *nt* **arrière-garde** <~-~s> [aʀjɛʀgaʀd] *f* Nachhut *f* **arrière-goût** <~-~s> [aʀjɛʀgu] *m* Nachgeschmack *m*; ***un ~-~ de chimie*** ein Nachgeschmack von Chemie **arrière-grand-mère** <~-~s-~s> [aʀjɛʀgʀɑ̃mɛʀ] *f* Urgroßmutter *f* **arrière-grand-père** <~-~s-~s> [aʀjɛʀgʀɑ̃pɛʀ] *m* Urgroßvater *m* **arrière-grands-parents** [aʀjɛʀgʀɑ̃paʀɑ̃] *mpl* Urgroßeltern *pl* **arrière-pays** [aʀjɛʀpei] *m inv* Hinterland *nt* **arrière-pensée** <~-~s> [aʀjɛʀpɑ̃se] *f* Hintergedanke *m*; (*réserves, doute*) Vorbehalt *m*; ***sa sympathie cache des ~-~s*** hinter seiner Freundlichkeit stecken Hintergedanken; ***avec l'~-~ que*** + *indic* mit [*o* unter] dem Vorbehalt, dass ► **<u>sans</u> ~-~** ohne Hintergedanken; ***qn accepte qc sans ~-~*** jd akzeptiert etw rückhaltslos [*o* ohne Vorbehalt] **arrière-petite-fille** <~-~s-~s> [aʀjɛʀpətitfij] *f* Urenkelin *f* **arrière-petit-fils** <~-~s-~> [aʀjɛʀpətifis] *m* Urenkel *m* **arrière-petits-enfants** [aʀjɛʀpətizɑ̃fɑ̃] *mpl* Urenkel *pl* **arrière-plan** <~-~s> [aʀjɛʀplɑ̃] *m* Hintergrund *m* ► **qc <u>est</u> à l'~-~** (*est secondaire*) etw ist zweitrangig; ***dans les négociations, le côté culturel est à l'~-~*** in den Verhandlungen bleibt die kulturelle Seite wie immer im Hintergrund; **qc <u>passe</u> à l'~-~** etw rückt [*o* gerät] in den Hintergrund; **qc est <u>relégué</u>(e) à l'~-~** etw wird zurückgestellt; **<u>à</u> l'~-~ [de qc]** im Hintergrund [einer S. (*gen*)]; **<u>en</u> ~-~** im Hintergrund **arrière-saison** <~-~s> [aʀjɛʀsɛzɔ̃] *f* Nachsaison *f* **arrière-salle** <~-~s> [aʀjɛʀsal] *f* Hinterzimmer *nt* **arrière-train** <~-~s> [aʀjɛʀtʀɛ̃] *m* Hinterteil *nt*; *fam* (*fesses*) Hintern *m fam*

arrimer <1> [aʀime] *vt* **1.** (*fixer*) ■ **qn arrime qc** *colis, marchandise* jd macht [*o* bindet] etw fest; ***le chargement est solidement arrimé*** die Ladung ist gut befestigt [*o* verstaut]; ***l'économie de l'Allemagne est solidement arrimée à l'Occident*** Deutschlands Wirtschaft ist fest an den Westen gebunden
2. NAUT ■ **qn arrime qc** *cargaison* jd verstaut etw

arrivage [aʀivaʒ] *m* **1.** (*arrivée*) [*marchandises*] Ankunft *f*; *iron* [*touristes*] frische Ladung
2. (*marchandises*) Lieferung *f*

arrivant, e [aʀivɑ̃, ɑ̃t] *m, f* Ankommende(r) *f(m)*; ***le nouvel ~/la nouvelle ~e*** der Neuankömmling; ***les premiers ~s avaient le choix*** die zuerst Angekommenen hatten die Wahl; ***les premiers ~s ont le choix*** die zuerst Ankommenden [*o* diejenigen, die zuerst ankommen,] haben die Wahl

arrivée [aʀive] *f* **1.** (*action*) Ankunft *f*; [*personne, courrier a.*] Eintreffen *nt*; SPORT *a.* Finish ['fɪnɪʃ] *nt*
2. (*lieu*) [*course*] Ziel *nt*; [*gare, aéroport*] Ankunftshalle *f*
3. TECH (*robinet*) Anschluss *m*; (*processus*) Zufuhr *f*; ***~ d'air/de gaz/d'eau*** Luftzutritt *m*/Gasanschluss/Wasseranschluss
► **qn <u>figure</u> à l'~** SPORT jd kommt ins Ziel

arriver <1> [aʀive] **I.** *vi* + *être* **1.** (*approcher*) ■ **qn/qc arrive** jd/etw kommt; */nuit/* etw bricht herein; ***j'arrive!*** ich komme!
2. (*venir débarquer*) ■ **qn/qc arrive [quelque part]** jd/etw kommt [irgendwo] an; ***il arrive chez sa tante/à destination*** er trifft bei seiner Tante/am Zielort ein, er kommt zu seiner Tante/zum Zielort; ***elle vient d'~ de France/Paris*** sie kommt gerade aus Frankreich/Paris [an]; ***j'arrive à Berlin à 14 heures*** ich komme um 14 Uhr in Berlin an; ***elle est arrivée en Bavière*** sie ist in Bayern angekommen; ***comment arrive-t-on chez eux?*** wie kommt man zu ihnen?; ***il est arrivé à la réunion en smoking*** er ist im Smoking zu der Versammlung gekommen; ***ce produit va bientôt ~ sur le marché*** das Produkt wird bald auf den Markt kommen; ***une odeur agréable arrive de la cuisine*** ein angenehmer Duft kommt aus der Küche
3. (*être acheminé*) ■ **qn/qc arrive ...** *en moto, par le train* jd/etw kommt ...; ***elle est arrivée en avion/à moto*** sie ist mit dem Flugzeug [an]gekommen/mit dem Motorrad gekommen; ***les marchandises arrivent par bateau*** die Waren kommen per Schiff
4. (*au terme d'une course, à une réunion*) ■ **qn/qc arrive ...**: ***il est arrivé le premier/[le] dernier*** er ist als Erster/Letzter angekommen; ***elle est arrivée en tête/en bonne place*** sie ist als Erste angekommen/hat einen guten Platz erreicht; ***la chanson est arrivée en tête du hit-parade*** das Lied ist an die Spitze der Hitparade gerückt [*o* auf den ersten Platz der Hitparade gekommen]
5. (*progresser*) ■ **qn arrive ...**: ***qn arrive en courant/à grands pas/sans se presser*** jd kommt angelaufen/kommt mit großen Schritten an/kommt an, ohne sich zu beeilen
6. (*atteindre*) ■ **qn arrive à qc** jd erreicht etw; ***il est arrivé à un âge avancé*** er hat ein fortgeschrittenes Alter erreicht; ***elle est arrivée au terme de son existence*** sie ist am Ende ihres Lebens angelangt; ***il est arrivé au grade de capitaine*** er hat es zum Rang eines Hauptmanns gebracht; ***elle va ~ à ses fins*** sie wird ihr Ziel erreichen; ***elle est arrivée à la conclusion/au résultat que*** + *indic* sie ist zu der Schlussfolgerung/zu dem Ergebnis gelangt [*o* gekommen], dass; ***il n'arrivera jamais à rien*** er wird es niemals zu etwas bringen, er wird niemals etwas zustande bringen; ■ **qc arrive à qc** etw reicht [*o* geht] bis an etw (*akk*) [*o* bis zu etw]; ***une robe qui arrive aux mollets/à la cheville*** ein Kleid, das bis an die Waden/Knöchel reicht [*o* geht]; ■ **qn/qc lui arrive à qc** */eau, personne/* jd/etw reicht jdm bis zu etw; */vêtement/* etw reicht [*o* geht] jdm bis an etw (*akk*); ***il m'arrive à l'épaule*** er reicht [*o* geht] mir bis zur Schulter; ***ses cheveux lui arrivent aux épaules*** die Haare reichen ihm/ihr bis an die Schultern [*o* fallen ihm/ihr bis auf die Schultern]; ■ **qc arrive [jusqu']à qn/qc** */nouvelle/* etw gelangt [bis] zu jdm/etw; */bruit/* etw kommt bis zu jdm/etw; ***pour faire ~ l'eau jusqu'à la maison*** um das Wasser bis zum Haus zu leiten; ***la nouvelle est arrivée jusqu'à nos oreilles*** die Neuigkeit ist bis zu uns gelangt [*o* durchgedrungen]
7. (*réussir*) ■ **qn arrive à faire qc** es gelingt jdm, etw zu tun
8. (*réussir socialement*) ■ **qn arrive** jd bringt es zu etwas, jd hat Erfolg
9. (*survenir*) ■ **qc arrive [à qn]** etw passiert [jdm]; ■ **cela/ça arrive [à qn]** das passiert [jdm]; ***ça peut ~ à n'importe qui*** das kann jedem passieren; ***ça devait [lui] ~!*** das musste [ihm/ihr] ja passieren!
10. (*se situer*) ■ **qn/qc arrive ...** *avant, après, devant, derrière qn/qc* jd/etw liegt [*o* kommt] ...; ***l'équipe italienne arrive devant/derrière l'équipe danoise*** die italienische Mannschaft liegt vor/hinter der dänischen; ***sur le plan financier, les Français arrivent avant les Polonais*** in finanzieller Hinsicht sind die Franzosen bessergestellt als die Polen
► **... en ~ <u>là</u>:** ***il faudra bien en ~ là*** das wird wohl notwendig sein, das wird wohl sein müssen; ***mais qu'a-t-il bien pu faire pour en ~ là?*** wie konnte es nur soweit mit ihm kommen?; ***comment peut-on en ~ là?*** wie kann man nur so tief sinken?, wie kann man es nur soweit kommen lassen?; **qn en arrive <u>à</u> qc** *à la conclusion* jd kommt zu etw; ***j'en suis arrivé à la conclusion que*** + *indic* ich bin zu dem Schluss gekommen, dass; **qn en arrive <u>à</u> faire qc** jd tut schließlich etw; jd kommt soweit, etw zu tun
II. *vi impers* + *être* **1.** (*survenir*) ■ **il arrive qc [à qn]** */malheur, accident/* es passiert [jdm] etw, etw passiert [jdm]; ***s'il arrive un ennui, prévenez-moi*** wenn es Schwierigkeiten gibt, sagen Sie mir Bescheid; ***il m'est arrivé une tuile*** mir ist [et]was Blödes passiert *fam*; ***il lui arrivera des ennuis s'il ...*** er wird Unannehmlichkeiten haben [*o* Ärger bekommen], wenn er ...; ***il m'arrive toujours quelque chose!*** irgendetwas [*o* irgendwas] passiert mir immer!; ***qu'est-ce qui est arrivé?*** was ist passiert?; ***qu'est-ce qu'il t'est arrivé?*** was ist dir denn passiert?
2. (*se produire de temps en temps*) ■ **il arrive à qn de faire qc** es kommt vor, dass jd etw tut; ***il lui arrive de sortir le soir*** es kommt vor, dass er/sie abends weggeht; ■ **il arrive que** + *subj* es kommt vor, dass
3. (*parvenir*) ■ **il arrive ...**: ***il est arrivé une lettre*** ein Brief ist [an]gekommen; ***il est arrivé plusieurs lettres*** mehrere Briefe sind [an]gekommen
► **<u>quoi</u> qu'il arrive** egal, was passiert

arriviste [aʀivist] *mf* Karrierist(in) *m(f)*, Karrieretyp/Karrierefrau *m/f*

arrobas [aʀɔba(z)] *m* INFORM at [æt] *nt spec*, Klammeraffe *m fam*

arrogance [aʀɔgɑ̃s] *f* Arroganz *f*

arrogant, e [aʀɔgɑ̃, ɑ̃t] *adj* arrogant, hochnäsig

arroger <2 a> [aʀɔʒe] *vpr* ■ **qn s'arroge qc** *pouvoir* jd beansprucht etw zu Unrecht [für sich]; *prérogatives* jd nimmt etw zu Unrecht [für sich] in Anspruch; *titre* jd legt sich (*dat*) etw widerrechtlich zu; *droit* jd maßt sich (*dat*) etw an, jd nimmt sich (*dat*) etw heraus; ***elle s'arroge le droit de nous critiquer*** sie maßt sich (*dat*) an [*o* sie nimmt sich (*dat*) das Recht heraus], uns zu kritisieren

arrondir <8> [aʀɔ̃diʀ] I. *vt* 1. (*rendre rond*) ■ **qn/qc arrondit qc** jd/etw macht etw rund, jd/etw rundet etw; (*avec un tour*) jd dreht etw; *galets* etw poliert etw; /*embonpoint/ visage* etw macht etw rund, etw lässt etw rund erscheinen; *lèvres* jd spitzt [*o* rundet] etw; ***qn arrondit le dos*** jd macht einen runden Rücken; ***la bière a arrondi son ventre*** er hat vom Biertrinken einen Bauch bekommen; ***elle avait les yeux arrondis par la surprise*** sie machte große Augen [vor Überraschung]; ***des formes arrondies*** runde Formen *pl*
2. (*rendre moins anguleux*) ■ **qn arrondit qc** *contours, formes, bords* jd rundet etw; *rebord, angle* jd rundet etw ab; *phrase* jd feilt etw
3. (*accroître*) ■ **qn arrondit qc** [**par qc/en faisant qc**] *capital, fins de mois, fortune, revenus* jd bessert etw [durch etw] auf; jd bessert etw auf, indem er etw tut
4. (*simplifier*) ■ **qn arrondit qc** [**à qc**] (*vers le haut*) jd rundet etw [auf etw (*akk*)] auf; (*vers le bas*) jd rundet etw [auf etw (*akk*)] ab; ~ ***une somme à la centaine supérieure/ inférieure*** eine Summe auf die nächsthöhere Hunderterzahl auf-/abrunden
II. *vpr* 1. ■ **qc s'arrondit** /*relief, passage*/ etw wird sanfter
2. (*augmenter*) ■ **qc s'arrondit** /*fortune*/ etw vermehrt sich
3. (*grossir*) ■ **qn/qc s'arrondit** /*ventre, taille, joues, personne*/ jd/etw wird immer runder; ***qn/ qc s'est arrondi(e)*** jd/etw ist [ganz schön] rund geworden

arrondissement [aʀɔ̃dismɑ̃] *m* Arrondissement *nt* (*Verwaltungsbezirk eines französischen Departements bzw. Stadtbezirk einer Großstadt*)

arrosage [aʀozaʒ] *m* [*voie publique*] Sprengen *nt;* [*pelouse, jardin a., plantes*] Spritzen *nt;* (*à l'arrosoir*) [*fleurs, plantes*] Gießen *nt*

arroser <1> [aʀoze] *vt* 1. (*répandre un liquide*) ■ **qn arrose qc** *plantes, jardin* jd gießt etw; (*avec un tuyau*) jd spritzt etw, jd sprengt etw; (*avec un désinfectant*) jd besprüht etw, jd bespritzt etw; ***qn arrose le trottoir au jet*** jd spritzt den Bürgersteig ab; ***qn arrose qc d'essence*** jd übergießt etw mit Benzin; ■ **qc arrose qc** etw besprengt etw
2. (*mouiller*) ■ **qc arrose qn/qc** /*pluie*/ etw macht jdn/etw nass; ***on s'est fait bien*** ~ *fam* wir sind ganz schön nass geworden; ***il faudrait que la pluie arrose la terre*** die Erde bräuchte Regen; ***la Belgique est un pays très arrosé*** [***par les pluies***] Belgien ist ein sehr regenreiches Land
3. GEOG ■ **qc arrose qc** /*fleuve*/ etw fließt durch etw, etw durchfließt etw; ***c'est une région bien arrosée*** das ist eine flussreiche Gegend
4. GASTR ■ **qn arrose qc** [**d'une chose**] *poulet, rôti, gâteau* jd begießt etw [mit einer S.], jd gießt eine S. über etw (*akk*)
5. *fam* (*fêter*) ■ **qn arrose qc** [**à qc**] *événement, succès* jd begießt etw [mit etw]; ***on va ~ ça!*** darauf werden wir anstoßen!, das werden wir begießen! *fam*
6. (*boire*) ■ **qn arrose qc** [**de qc**] *repas, plat* jd trinkt [etw] zu etw; ***un pâté de lapin arrosé d'un bon vin rouge*** eine Kaninchenpastete und dazu ein guter Rotwein; ***ça a été un repas bien arrosé*** es wurde reichlich getrunken bei dem Essen; ■ **qn arrose qc** (*mélanger avec de l'alcool*) *café* jd gießt Schnaps in etw (*akk*); ***je n'aime pas les cafés arrosés*** ich mag keinen Kaffee mit Schnaps
7. AUDIOV ■ **qc arrose qc** [**d'une chose**] /*satellite*/ etw versorgt etw [mit einer S.], etw strahlt eine S. in etw (*dat*) aus
▶ **ça s'arrose!** *fam* das müssen wir begießen! *fam*

arroseur [aʀozœʀ] *m* 1. (*appareil*) [Rasen]sprenger *m;* ~ ***rotatif*** Drehsprenger
2. (*personne*): ***les ~s sont passés ce matin*** der Sprengwagen ist heute Morgen durchgefahren
▶ **l'~ arrosé**: ***c'est l'~ arrosé*** er/sie ist jetzt selbst der/die Gelackmeierte *fam,* der Schuss ging nach hinten los!

arrosoir [aʀozwaʀ] *m* Gießkanne *f*

arsenal <-aux> [aʀsənal, o] *m* 1. (*stock d'armes*) Waffenlager *nt,* Waffenarsenal *nt;* ***tout un ~ de revolvers*** ein ganzes Arsenal Revolver; ***la voiture renfermait un véritable ~*** in dem Auto befand sich ein richtiges Waffenarsenal [*o* Waffenlager]
2. (*équipement*) ■ ~ [**de choses**] *de médicaments, d'outils* Sortiment *nt* [von Dingen]; *d'appareils photo* Kollektion *f* [von Dingen]

arsenic [aʀsənik] *m* CHIM Arsen *nt*

art [aʀ] *m* 1. ∅ (*discipline*) Kunst *f;* ***ville d'~*** Stadt *f* mit vielen Kunstdenkmälern
2. ∅ (*style*) Kunst *f;* ***l'~ de Rembrandt*** der Stil Rembrandts
3. *souvent pl* (*catégorie*) Künste *pl*
4. ∅ (*technique, talent*) Kunst *f;* ***l'~ de se taire*** die Kunst zu schweigen [*o* des Schweigens]; ***il est passé maître dans l'~ de faire rire les gens*** er ist ein wahrer Meister darin, die Leute zum Lachen zu bringen; ***qn a l'~ de faire qc*** jd beherrscht die Kunst etw zu tun; ***il a l'~ du compromis*** er versteht es meisterhaft, Kompromisse zu schließen
▶ **... [d']~ et [d']essai**: ***cinéma [d']~ et [d']essai*** Programmkino *nt;* ***des films [d']~ et [d']essai*** Experimentalfilme *pl;* **l'~ de la guerre** die Kriegskunst; **les ~s appliqués** die angewandte Kunst, das Kunsthandwerk, das Kunstgewerbe; **l'~ culinaire** die Kochkunst; **les ~s décoratifs** das Kunsthandwerk, das Kunstgewerbe, die angewandte Kunst; **l'~ dramatique** die Schauspielkunst, die Bühnenkunst; **l'~ expérimental** die experimentelle Kunst; **c'est du grand ~!** das ist eine Kunst!; **les ~s libéraux** ANTIK die freien Künste; **les ~s martiaux** die Kampfsportarten; **les ~s ménagers** (*techniques*) Hauswirtschaft[slehre *f*] *f;* ***le Salon des ~s ménagers*** die Haushaltswarenmesse; **l'~ nouveau** der Jugendstil; **l'~ oratoire** die Redekunst; **les ~s plastiques** die bildenden Künste; ~ **poétique** Poetik *f;* **l'~ populaire** die Volkskunst, die volkstümliche Kunst; **le septième ~** die Filmkunst; **c'est tout un ~ [que] de faire qc** es ist eine Kunst, etw zu tun; **l'~ de vivre** die Lebenskunst; **l'~ pour L'~** l'art pour l'art *nt geh*

◆ **art déco** Art déco *m o nt*

Artaban [aʀtabɑ̃] ▶ **qn est fier(fière) comme ~** jd ist stolz wie ein Pfau

artère [aʀtɛʀ] *f* 1. ANAT Arterie *f*
2. (*voie de communication*) (*en ville*) Hauptverkehrsstraße *f;* (*dans un pays*) [Haupt]verkehrsader *f;* ***une ~ commerçante*** eine Hauptgeschäftsstraße, eine Haupteinkaufsstraße

artériel, le [aʀteʀjɛl] *adj* arteriell

artériosclérose [aʀteʀjoskleʀoz] *f* Arteriosklerose *f*

artérite [aʀteʀit] *f* Arterienentzündung *f*

arthrite [aʀtʀit] *f* Arthritis *f*

arthrose [aʀtʀoz] *f* Arthrose *f*

artichaut [aʀtiʃo] *m* Artischocke *f*

article [aʀtikl] *m* 1. (*marchandise*) Artikel *m;* ***un magasin d'~s de sport*** ein Sportgeschäft *nt,* ein Geschäft *nt* für Sportartikel; ***~s de bureau*** Büroartikel *pl,* Bürobedarf *m;* ***~s de mercerie*** Kurzwaren *pl*
2. PRESSE Artikel *m;* ~ ***de journal*** [*o* ***presse***] Zeitungsartikel; ~ ***de dictionnaire*** Wörterbucheintrag *m*
3. JUR [*loi, traité, contrat*] Artikel *m*
4. GRAM Artikel *m;* ~ ***défini/ indéfini*** bestimmter/unbestimmter Artikel; ***l'~ partitif*** der Teilungsartikel
5. INFORM Artikel *m;* (*données*) [Daten]satz *m,* Aufzeichnung[ssatz *m*] *f*
6. (*point*) Punkt *m;* ***sur l'~ de l'exactitude*** in Sachen Pünktlichkeit; ~ ***par*** ~ Punkt für Punkt
▶ **à l'~ de la mort** im Sterben liegend; ***qn est à l'~ de la mort*** jd liegt im Sterben; **qn fait l'~** COM jd preist seine Ware an; **qn fait l'~ de qn/qc** *péj* (*faire de la publicité pour*) jd rühmt [*o* preist] jdn/etw; **sur** [*o* **pour**] **cet ~** in diesem Punkt
◆ **article de fin de série** Auslaufmodell *nt;* **article de foi** Glaubensartikel *m* ▶ **qn prend qc pour ~ de foi** jd nimmt etw für bare Münze; **article de fond** Leitartikel *m*

articulaire [aʀtikylɛʀ] *adj* Gelenk-; ***affection*** ~ Gelenkentzündung *f*

articulation [aʀtikylasjɔ̃] *f* 1. ANAT Gelenk *nt;* ***qn a mal aux ~s*** jd hat Schmerzen in den Gelenken, jd hat Gelenkschmerzen; ***qn fait craquer les ~s de ses doigts*** jd knackt mit den Fingern
2. (*enchaînement*) logischer Aufbau; ***la mauvaise ~ [des parties] de son discours/ de son raisonnement*** seine/ihre schlecht aufgebaute [*o* strukturierte] Rede/unlogische Argumentation
3. (*combinaison*) Zusammenspiel *nt*
4. (*prononciation*) Aussprache *f*
5. JUR [*faits*] Anführung *f,* Aufzählung *f;* [*demande en justice*] Begründungen *pl;* ~ ***des griefs*** Darlegung *f* der Klagegründe

articuler <1> [aʀtikyle] I. *vt* 1. (*prononcer*) ■ **qn articule** [**qc**] *son* jd artikuliert [etw]; ■ **qn articule qc** *mot, phrase* jd sagt etw, jd bringt etw hervor; ***articule, s'il te plaît!*** sprich deutlich, bitte!; ***il articule bien/ mal*** er spricht deutlich/undeutlich; ***elle a eu peine à ~ quelques phrases de bienvenue*** sie hatte Mühe einige Sätze zur Begrüßung zu sagen [*o* hervorzubringen]
2. TECH (*joindre*) ■ **qc est articulé(e)** [**sur qc**] etw ist beweglich [mit etw] verbunden, etw ist beweglich [auf etw (*dat*)] angebracht; ***le métro est composé de voitures articulées*** die Metro besteht aus Gelenkwagen [*o* miteinander verbundenen Waggons]; ***jouet articulé*** Spielzeug *nt* mit beweglichen Teilen; ***poupée articulée*** Gliederpuppe *f;* ■ **deux choses sont articulées par qc** zwei Dinge sind durch etw beweglich miteinander verbunden
II. *vpr* 1. ANAT, TECH ■ **qc s'articule sur qc** etw sitzt beweglich auf etw (*dat*), etw ist durch ein Gelenk mit etw verbunden; ■ **qc s'articule à** [*o* **avec**] **qc** /*os*/ etw ist durch ein Gelenk mit etw verbunden
2. (*se construire*) ■ **qc s'articule autour de qc** /*bâtiments*/ etw ist um etw herum angeordnet; /*défense d'un avocat*/ etw ist auf etw (*dat*) aufgebaut; /*conflit*/ etw beruht auf etw (*dat*)

artifice [aʀtifis] *m* 1. (*moyen ingénieux*) Trick *m,* Kniff *m;* ***un ~ de calcul*** ein Rechentrick, ein Rechenkniff; ***les ~s du cinéma*** Filmtricks *pl;* ~ ***de mise en scène*** Bühnentrick; ~ ***de style*** stilistischer Kunstgriff
2. *souvent pl* (*tromperie*) List *f,* Tücke *f;* ***qn use d'~s pour faire qc*** *littér* jd greift auf eine List [*o* Tücke] zurück um etw zu tun

artificiel, le [aʀtifisjɛl] *adj* 1. (*fabriqué*) künstlich; *fibre, soie* Kunst-; *bijou, diamant* unecht; *parfum* synthetisch
2. (*factice*) künstlich; *besoin, plaisir a.* unnatürlich, unecht; *sourire a.* gezwungen; *style, vie en société* gekünstelt; *enthousiasme* gespielt, geheuchelt; *gaieté* unecht, gespielt; *raisonnement* willkürlich

artificiellement [aʀtifisjɛlmɑ̃] *adv* künstlich

artificier [aʀtifisje] *m* 1. (*fabricant, organisateur*) Feuerwerker(in) *m(f)*
2. (*spécialiste du désamorçage*) [Bomben]entschärfer(in) *m(f)*

artillerie [aʀtijʀi] *f* Artillerie *f;* ~ ***navale*** [*o* ***marine***] Schiffsartillerie; ~ ***sol-air*** Boden-Luft-Artillerie; ~ ***antichar/ antiaérienne*** Panzerabwehr-/Flugabwehrartillerie [*o* Flak *f*]; ***matériel d'~*** Artillerieausrüstung *f;* ***pièce d'~*** Geschütz *nt;* ***tir d'~*** Artilleriefeuer *nt;* ~ ***de campagne*** Feldartillerie; ~ ***légère/ lourde*** leichte/schwere Artillerie
▶ **la grosse ~** schwere Geschütze *pl;* **qn fait donner l'~** *fam* jd schlägt los

artimon [aʀtimɔ̃] *m* 1. (*mât*) Besanmast *m*
2. (*voile*) Besan[segel *nt*] *m*

artisan, e [aʀtizɑ̃, an] *m, f* 1. (*de profession*) Handwerker(in) *m(f);* ~ ***boulanger/ maçon*** Bäcker-/Maurermeister(in) *m(f);* ~ ***d'art*** Kunsthandwerker(in) *m(f)*
2. (*auteur*) Urheber(in) *m(f);* ***elle a été l'~ de son propre malheur*** sie hat ihr Unglück selbst verschuldet; ***il a été l'~ d'un changement politique majeur*** er hat einschneidende politische Veränderungen in Gang gebracht

artisanal, e <-aux> [aʀtizanal, o] *adj* 1. (*d'artisan*) handwerklich; *métier a.* Handwerks-; ***entreprise*** ~ Handwerksbetrieb *m,* handwerklicher Betrieb;

travail ~ handwerkliche Arbeit; ***des produits ~aux*** handgearbeitete Produkte
2. (*peu industrialisé*) handwerklich; (*rudimentaire*) rudimentär, einfach; ***de fabrication ~e*** Handarbeit, handgearbeitet; ***cette entreprise est encore très ~e*** diese Fabrik arbeitet noch sehr handwerklich

artisanat [aʀtizana] *m* 1. (*métier*) Handwerk *nt;* ***l'~ d'art*** das Kunsthandwerk
2. (*classe sociale*) Handwerkerschaft *f,* Handwerker *pl*

artiste [aʀtist] I. *mf* 1. (*créateur*) Künstler(in) *m(f);* ~ ***de la scène*** Bühnenkünstler(in); ~ ***de cinéma/dramatique*** Film-/Bühnenschauspieler(in) *m(f);* ~ ***de cirque*** Zirkusartist(in) *m(f);* ~ ***de variétés*** Varietéekünstler(in); ***elle est ~ peintre*** sie ist Kunstmalerin
2. (*personne non-conformiste*) Lebenskünstler(in) *m(f)*
► **salut, l'~!** *fam* (*à un fantaisiste*) na, du Luftikus!; (*adieu respectueux*) Hut ab [vor dem Künstler]!
II. *adj peuple, milieu* Künstler-; ***elle est née ~*** sie wurde zur Künstlerin geboren; ***un style ~*** ein kunstvoller Stil

artistique [aʀtistik] *adj* künstlerisch; *arrangement* kunstvoll; ***patrimoine ~ d'un pays*** Kunstschätze *pl* eines Landes

arum [aʀɔm] *m* Aronstab *m*

aryen, ne [aʀjɛ̃, jɛn] I. *adj* arisch
II. *m, f* ■ **Aryen(ne)** Arier(in) *m(f)*

as [a] *indic prés de* **avoir**

as [ɑs] *m* 1. CARTES Ass *nt;* JEUX [*dé, domino*] Eins *f;* (*table n° 1*) Tisch *m* eins, Eins *f;* ***l'~ de cœur*** das Herzass
2. (*champion*) Ass *nt;* ***un ~ du volant/de l'aviation*** ein Ass im Fahren [*o* am Steuer]/im Fliegen; ***un ~ du sport*** eine Sportskanone; ***un ~ en calcul mental*** ein Ass im Kopfrechnen
► **qn est habillé(e)** [*o* **ficelé(e)**] [*o* **fichu(e)**] **comme l'~ de pique** *fam* jd ist bescheuert *fam* [*o* unmöglich] angezogen; **c'est/tu es un ~** *fam:* ***t'es vraiment un ~ pour ce qui est de mettre les pieds dans le plat!*** wenn es darum geht ins Fettnäpfchen zu treten bist du wirklich ein Ass!; ***ce n'est pas vraiment un ~ quand il s'agit de se débrouiller*** es ist nicht gerade seine/ihre Stärke, sich selber zu helfen; **qn est [plein(e)] aux ~** *fam* jd hat Geld wie Heu *fam;* **qc passe à l'~** *fam* (*tombe à l'eau*) etw fällt ins Wasser *fam;* (*est négligé, escamoté*) etw geht unter, etw wird vernachlässigt; **l'~ des ~** das Spitzenass

AS [ɑɛs] *f abr de* **association sportive** SV *m*

ASA [aza] *m inv abr de* **American standards association** ISO *f,* ASA *f*

asbeste [asbɛst] *m spéc* Asbest *m*

ascendance [asɑ̃dɑ̃s] *f* ∅ 1. (*origine*) Abstammung *f;* ***je suis d'~ bourgeoise*** ich stamme aus bürgerlichem Haus, ich bin bürgerlicher Abstammung; ***je suis d'~ bretonne*** ich bin bretonischer Abstammung; ***mon ~ maternelle/paternelle*** meine Vorfahren mütterlicherseits/väterlicherseits
2. ASTRON Aufgang *m;* METEO Aufwind *m;* ~ ***thermique*** Wärmeaufwind

ascendant, e [asɑ̃dɑ̃, ɑ̃t] I. *adj mouvement* Aufwärts-; *air chaud* aufsteigend; *mélodie* ansteigend; ***vent ~*** Aufwind *m;* ***sa marche ~e vers le pouvoir*** sein/ihr Weg nach oben an die Macht; ***la tendance ~e de l'activité économique*** der Aufwärtstrend der Wirtschaft; ***mouvement ~ du soleil*** Aufgehen *nt* der Sonne; ***mouvement ~ d'un oiseau/avion*** Aufsteigen *nt* eines Vogels/Flugzeugs; ***progression ~e*** MATH steigende Reihe
II. *m* 1. ∅ (*influence*) [starker] Einfluss (*sur* auf + *akk*); ***qn use de son ~ sur qn pour faire qc*** jd nützt seinen Einfluss auf jdn aus um etw zu tun
2. ∅ ASTROL Aszendent *m*
3. *pl* JUR (*parents*) Vorfahren *pl*
► **qn a/exerce de l'~ sur qn** jd hat Einfluss auf jdn/übt Einfluss auf jdn aus; **qn subit l'~ de qn** jd steht unter jds Einfluss (*dat*)

ascenseur [asɑ̃sœʀ] *m* Aufzug *m,* Fahrstuhl *m;* ***qn monte/descend par l'~*** jd fährt mit dem Aufzug hoch/runter; ***appelle l'~*** ruf [*o* hol *fam*] [mal] den Aufzug!
► **qn prend l'~** jd nimmt den Fahrstuhl [*o* Aufzug]; **qn renvoie l'~** *fam* jd revanchiert sich

ascension [asɑ̃sjɔ̃] *f* 1. (*montée*) [*ballon*] Aufsteigen *nt;* [*montgolfière, fusée a.*] Aufstieg *m;* [*monnaie, devise*] Anstieg *m;* [*homme politique*] Aufstieg; ***les ~s de ballons*** die Ballonstarts; ***il rêve d'~ sociale*** er träumt vom sozialen Aufstieg
2. ∅ REL ■ **l'A~** (*fête*) Christi Himmelfahrt; ***l'A~ du Christ*** die Himmelfahrt Christi
3. ALPIN Aufstieg *m;* ***une ~ difficile*** ein schwieriger Aufstieg; ■ ~ **de qc** *d'un sommet, de l'Everest* Besteigung *f* einer S. (*gen*); ***il a fait l'~ de cette montagne*** er hat diesen Berg bestiegen

ascèse [asɛz] *f* Askese *f*

ascète [asɛt] *mf* Asket(in) *m(f);* ***elle mène une vie d'~*** sie führt ein asketisches Leben

ascétique [asetik] *adj* asketisch

ASCII [aski] *m abr de* **American Standard Code for Information Interchange** *v.* **code**

ascorbique [askɔʀbik] *adj* Ascorbin-

aseptique [asɛptik] *adj* aseptisch, keimfrei

aseptisé, e [asɛptize] *adj* 1. MED *instrument* sterilisiert; *pansement a.* keimfrei; *chambre, plaie* desinfiziert
2. *vocabulaire, ambiance, décor, quartier, monde* steril

aseptiser <1> [asɛptize] *vt* ■ **qn aseptise qc** *chambre, plaie* jd desinfiziert etw; *instrument* jd sterilisiert etw; *pansement* jd macht etw keimfrei

asexué, e [asɛksɥe] *adj* 1. BIO ungeschlechtlich
2. *personne* geschlechtslos

Asiate [azjat] *mf* Asiat(in) *m(f)*

asiatique [azjatik] I. *adj* asiatisch
II. *mf* ■ **Asiatique** Asiat(in) *m(f)*

Asie [azi] *f* ■ **l'Asie** Asien *nt*
► **l'~ du Sud-Est** Südostasien *nt;* **l'~ centrale** Zentralasien *nt;* **l'~ Mineure** Kleinasien *nt*

asile [azil] *m* 1. REL, JUR, POL Asyl *nt;* ***qn demande l'~ politique à qn*** jd bittet jdn um politisches Asyl
2. (*refuge*) Zufluchtsort *m,* Unterschlupf *m;* ***qn offre un ~ à qn*** jd gewährt jdm Unterschlupf; ***il a trouvé un ~ provisoire*** er hat vorübergehend Unterschlupf [*o* Zuflucht] gefunden
3. *vieilli* (*institution*) (*de vieillards*) Altersheim *nt;* (*d'aliénés*) Irrenanstalt *f fam*
► **qn est bon(ne)** [*o* **mûr(e)**] **pour l'~** *fam* jd ist reif für die Irrenanstalt *fam;* **qn cherche/trouve ~ auprès de qn/qc/quelque part** jd sucht/findet bei jdm/etw/irgendwo Zuflucht [*o* Unterschlupf]; **qn demande ~ à qn/qc** jd bittet jdn/etw um Asyl, jd sucht bei jdm/etw um Asyl nach *form;* **qn/qc donne ~** [*o* **accorde l'~**] **à qn** POL jd/etw gewährt jdm Asyl; **qn donne l'~ à qn** jd gewährt jdm Unterschlupf
◆ **asile de nuit** Nachtasyl *nt*

asocial, e <-aux> [asɔsjal, jo] I. *adj personne, comportement* unsozial, asozial; *enfant* verhaltensgestört
II. *m, f* Asoziale(r) *f(m)*

asparagus [aspaʀagys] *m* Asparagus *m*

aspartam(e) [aspaʀtam] *m* Süßstoff *m,* Aspartam *nt*

aspect [aspɛ] *m* 1. ∅ [*personne*] (*apparence*) Aussehen *nt;* (*spectacle*) Anblick *m;* [*objet, paysage*] Anblick; ***il a un ~ peu engageant*** er hat ein wenig ansprechendes Äußeres; ***il présente un ~ sinistre*** er hat ein düsteres Aussehen; ***il offre un ~ misérable*** er bietet einen elenden Anblick; ***une femme d'~ fatigué/misérable*** eine müde/elend aussehende Frau; ***ce paysage a un ~ sauvage*** diese Landschaft sieht wild aus; ***la bombe est d'~ inoffensif*** die Bombe sieht harmlos [*o* ungefährlich] aus; ***la situation se présente sous un ~ favorable*** die Situation ist günstig
2. (*côté*) [*personne*] Seite *f;* ***il a un ~ sympathique*** er hat eine sympathische Seite; ***elle apparaît sous un ~ nouveau*** sie zeigt sich von einer neuen Seite
3. (*point*) Gesichtspunkt *m,* Aspekt *m;* (*angle*) Blickwinkel *m;* ***il y a différents ~s à considérer*** verschiedene Gesichtspunkte müssen betrachtet werden; ***vu sous cet ~*** unter diesem Aspekt [*o* Gesichtspunkt]/aus diesem Blickwinkel betrachtet; ***qn envisage une question sous tous ses ~s*** jd betrachtet eine Frage unter allen Gesichtspunkten, jd betrachtet alle Aspekte einer Frage; ***vu sous l'~ pédagogique*** unter pädagogischen Gesichtspunkten [betrachtet], vom pädagogischen Gesichtspunkt aus betrachtet
4. ∅ LING Aspekt *m*
5. ASTROL Aspekt *m,* Stellung *f*
► **au premier ~** vom ersten Eindruck her; **à l'~ de qc** beim Anblick einer S. (*gen*)

asperge [aspɛʀʒ] *f* 1. BOT, GASTR Spargel *m*
2. *fam* (*personne*) Bohnenstange *f*

asperger <2 a> [aspɛʀʒe] I. *vt* 1. (*répandre*) ■ **qn/qc asperge qc sur qc** jd/etw spritzt etw auf etw (*akk*); (*légèrement*) jd/etw sprüht etw auf etw (*akk*); ***elle asperge un insecticide sur les rosiers*** sie spritzt die Rosensträucher mit einem Insektenbekämpfungsmittel
2. (*mouiller*) ■ **qn/qc asperge qn/qc [de qc]** jd/etw spritzt jdn/etw [mit etw] nass, jd/etw bespritzt jdn/etw [mit etw]; ***aspergez d'eau le rôti pour qu'il ne dessèche pas*** beträufeln Sie den Braten mit Wasser, damit er nicht austrocknet; ■ **qn se fait ~ [par qc]** jd wird [von etw] bespritzt
II. *vpr* ■ **qn s'asperge [qc] de qc** *de parfum* jd besprüht sich mit etw; ***il s'asperge [le visage] d'eau froide pour se réveiller*** er spritzt sich (*dat*) kaltes Wasser ins Gesicht um wach zu werden

aspérité [aspeʀite] *f gén pl* Unebenheit *f;* (*rugosité*) Rauheit *f,* raue Beschaffenheit; ***les ~s du sol*** die Unebenheit des Bodens, die Unebenheiten im Boden

asphalte [asfalt] *m* Asphalt *m*

asphalter <1> [asfalte] *vt* ■ **qn asphalte qc** jd asphaltiert etw; ***une route asphaltée*** eine asphaltierte Straße, eine Asphaltstraße

asphyxiant, e [asfiksjɑ̃, jɑ̃t] *adj* 1. *air, fumée* erstickend; *chaleur* erdrückend; ***l'air ~ des villes*** die völlig verschmutzte [*o* vergiftete] Luft der Städte
2. *mesures* lähmend; *ambiance, atmosphère* erdrückend; ***une famille ~e/un milieu ~*** eine Familie/Umgebung, in der man erstickt

asphyxie [asfiksi] *f* ∅ 1. MED, BOT Ersticken *nt,* Erstickung *f;* ***il est mort par ~*** er ist erstickt
2. [*vie intellectuelle, économie, entreprise*] Lähmung *f*

asphyxier <1 a> [asfiksje] I. *vt* 1. (*intoxiquer, incommoder*) ■ **qn/qc asphyxie qn** jd/etw erstickt jdn; ***elle a été asphyxiée par les émanations du poêle*** sie ist an den Gasen erstickt, die aus dem Ofen ausströmten; ***il est mort asphyxié*** er ist erstickt
2. (*paralyser*) ■ **qn/qc asphyxie qc** *vie intellectuelle, politique* jd/etw erstickt etw; *économie, secteur industriel* jd/etw lähmt etw
II. *vpr* 1. (*s'intoxiquer*) ■ **qn s'asphyxie** jd erstickt; (*ne plus pouvoir respirer a.*) jd bekommt [*o* kriegt *fam*] keine Luft mehr, jd erstickt; (*mourir*) jd erstickt; ■ **qn s'asphyxie à** [*o* **avec**] **qc** (*se suicider*) jd bringt sich mit etw um, jd nimmt sich (*dat*) mit etw das Leben
2. (*être paralysé*) ■ **qc s'asphyxie** /*vie politique*/ etw erlahmt; /*industrie, économie*/ etw wird lahm gelegt, mit etw geht es bergab

aspic [aspik] *m* 1. GASTR Aspik *m,* Sulz *f* AUS; ~ ***de volaille*** Geflügel *nt* in Aspik
2. ZOOL Natter *f,* Otter *f*
3. BOT Speik *m*

aspirant, e [aspiʀɑ̃, ɑ̃t] I. *adj* saugend, Saug-
II. *m, f vieilli* Anwärter(in) *m(f);* ~***(e) ministre*** Anwärter(in) auf den Ministerposten

III. *m* MIL Offiziersanwärter(in) *m(f)*

aspirateur [aspiʀatœʀ] *m* Staubsauger *m; **je vais passer l'~*** [*o* ***un coup d'~***] ich werde staubsaugen; ~ ***de voiture*** Autostaubsauger

aspirateur-balai <~s-~s> [aspiʀatœʀbalɛ] *m* Handstaubsauger *m*

aspirateur-traîneau <~s-~x> [aspiʀatœʀtʀɛno] *m* Bodenstaubsauger *m*

aspiration [aspiʀasjɔ̃] *f* **1.** ∅ (*respiration*) Einatmung *f*, Einatmen *nt;* (*avec une paille*) Saugen *nt*, Ziehen *nt*
2. LING Aspiration *f*, Behauchung *f*
3. TECH Saugen *nt*, Ansaugen; ***tuyau d'~ d'une pompe*** Saugrohr *nt* einer Pumpe; ***nettoyage par*** ~ Staubsaugen; ***conduite d'~*** Saugleitung *f;* ■ ~ **de qc de quelque part** *de l'eau, l'huile, du gaz* Absaugen einer S. (*gen*) aus etw; *de la poussière, de miettes* Absaugen einer S. (*gen*) von etw
4. MED Absaugen *nt;* (*technique d'avortement*) Saugkürettage *f*, Vakuumkürettage *f*
5. ∅ (*élan*) Streben *nt; **l'~ à la liberté*** das Streben nach Freiheit, das Freiheitsstreben
6. *pl* (*désirs*) Sehnsüchte *pl*, [sehnsüchtiges] Verlangen

aspiré, e [aspiʀe] **I.** *adj* LING aspiriert, behaucht
II. *f* ■ **aspirée** LING aspirierter Konsonant

aspirer <1> [aspiʀe] **I.** *vt* **1.** ■ **qn aspire** [**qc**] *air, gaz* jd atmet [etw] ein; ***elle aspire à pleins poumons*** sie atmet tief durch; ■ **qn aspire qc** *liquide* jd saugt etw ein; *odeurs* jd schnuppert etw
2. LING ■ **qn aspire qc** jd aspiriert etw, jd spricht etw mit Behauchung aus
3. TECH ■ **qc aspire qc** [**de qc**] / *pompe, machine/ poussière, miettes* etw saugt etw [von etw] ab; *eau, huile, gaz* etw saugt etw [aus etw] ab
II. *vi* ■ **qn aspire à qc** (*désirer*) *à la tranquillité, au bonheur, repos* jd sehnt sich nach etw; (*chercher à obtenir*) *à une médaille, un titre, la gloire* jd strebt nach etw; ■ **qn aspire à faire qc** jd sehnt sich danach/strebt danach, etw zu tun; ***qn aspire à se venger*** jd trachtet nach Rache

aspirine [aspiʀin] *f* Aspirin® *nt; **prends de l'~/un cachet d'~*** nimm Aspirin/ein Aspirin [*o* eine Aspirintablette]; ~ ***effervescente*** Aspirin-Brausetablette *f*

assagir <8> [asaʒiʀ] **I.** *vt* ■ **qc assagit qn/qc** etw macht jdn ruhiger [*o* gelassener]; *passion* etw zähmt etw
II. *vpr* ■ **qn/qc s'assagit** jd/etw wird ruhiger, jd wird gelassener; / *passion/* etw legt sich; ***elle s'est assagie*** sie ist ruhiger geworden

assaillant, e [asajɑ̃, jɑ̃t] *m, f* Angreifer(in) *m(f)*

assaillir <*irr*> [asajiʀ] *vt* **1.** (*attaquer*) ■ **qn/qc assaille qn/qc** jd greift jdn/etw an; *forteresse a.* jd bestürmt etw; / *vagues/ bateau* etw schlägt gegen etw; *jetée* etw brandet gegen etw
2. (*harceler*) ■ **qn assaille qn de qc** jd bestürmt jdn mit etw; ***il était assailli de questions*** er wurde mit Fragen bestürmt
3. (*se ruer sur*) ■ **des personnes assaillent qn** Menschen stürzen sich auf jdn

assainir <8> [aseniʀ] *vt* ■ **qn/qc assainit qc** *entreprise, finances, économie, marché* jd/etw saniert etw; *marécage* jd legt etw trocken; *eau, air* jd/etw reinigt etw; *quartier* jd saniert etw; (*rendre plus sûr*) jd säubert etw/durch etw wird etw gesäubert; *monnaie* jd stabilisiert etw/durch etw wird etw stabilisiert; *atmosphère, situation* jd/etw bereinigt etw; *mœurs* jd bessert etw/durch etw bessert sich etw; *climat social* jd/etw verbessert etw, durch etw verbessert sich etw; (*désinfecter*) jd entseucht etw

assainissement [asenismɑ̃] *m* Sanierung *f;* [*marécage*] Trockenlegung *f;* [*eau, air*] Reinigung *f;* [*monnaie*] Stabilisierung *f;* [*atmosphère, situation*] Bereinigung *f*, Besserung *f;* [*climat social*] Verbesserung *f;* (*désinfection*) Entseuchung *f*

assaisonnement [asɛzɔnmɑ̃] *m* **1.** ∅ (*action*) Würzen *nt;* (*à la vinaigrette*) [*salade*] Anmachen *nt*
2. (*résultat*): ***l'~ de cette salade est excellent*** der Salat ist hervorragend angemacht, die Salatsoße ist hervorragend; ***l'~ de ce plat est excellent*** dieses Gericht ist hervorragend zubereitet
3. (*ingrédient*) Würze *f; **cette salade/ce plat manque d'~*** der Salat/dieses Gericht ist nicht genug gewürzt, an dem Salat/Gericht fehlt noch etwas

assaisonner <1> [asɛzɔne] *vt* **1.** (*épicer*) ■ **qn assaisonne qc** [**à** [*o* **avec**] **qc**] jd würzt etw [mit etw]; *salade* jd macht etw [mit etw] an; ***cette salade est trop assaisonnée*** der Salat ist zu stark gewürzt
2. (*relever*) ■ **qc assaisonne qc** etw macht etw schmackhaft
3. (*agrémenter*) ■ **qn assaisonne qc de qc** jd würzt etw mit etw
4. *vieilli fam* (*disputer*) ■ **qn assaisonne qn** jd schnauzt [*o* meckert] jdn an *fam;* ■ **qn se fait** ~ **par qn** jd wird von jdm angeschnauzt *fam*

assassin, e [asasɛ̃, in] **I.** *m* (*meurtrier*) Mörder(in) *m(f); **cette femme est un*** ~ diese Frau ist eine Mörderin
II. *adj* (*séducteur*) *regard, œillade* unwiderstehlich; (*qui tue*) *main* mörderisch; *regard* vernichtend

assassinat [asasina] *m* (*résultat*) Mord *m;* (*action*) Ermordung *f; **l'~ de toute une famille*** die Ermordung einer ganzen Familie

assassiner <1> [asasine] *vt* **1.** (*tuer*) ■ **qn/qc assassine qn** jd/etw ermordet jdn, jd/etw bringt jdn/etw um; ***la guerre assassine tous les jours*** der Krieg fordert täglich Todesopfer; ■ **qn/qc assassine qc**: ***la dictature assassine la démocratie/ nos libertés*** die Diktatur ist der Untergang der Demokratie/unserer Freiheit [*o* bedeutet den Tod für die Demokratie/unsere Freiheit]; ***on assassine notre patrie*** man tötet unser Vaterland
2. *fam* (*ruiner*) ■ **qn assassine qn** jd ruiniert jdn
3. (*accabler*) ■ **qn assassine qn de qc** *de reproches* jd bombardiert jdn mit etw *fam*

assaut [aso] *m* **1.** MIL ■ **l'~** [**de qc**] *d'une forteresse, position* die Erstürmung [einer S. (*gen*)], der Angriff [auf etw (*akk*)], der Sturm [auf etw (*akk*)]; ~ ***final*** Sturmangriff; ***l'armée a repoussé l'~*** die Armee hat den Angriff zurückgeschlagen; ***l'~ de la Bastille*** der Sturm auf die Bastille; ***les troupes d'~*** die Sturmtrupps, die Angriffstruppen
2. SPORT [*montagne*] Erstürmung *f; **un ~ de boxe*** ein Boxangriff *m; **qn fait un ~ d'armes en escrime*** jd ficht auf Stoß
3. [*marché*] Erstürmung *f;* [*personnes, admirateurs*] Ansturm *m; **les ~s de la fatigue/ maladie*** *soutenu* die Müdigkeits-/Krankheitsattacken [*o* Krankheitsschübe]; ***cette firme a résisté aux ~s d'une autre société*** diese Firma ist bisher der Übernahme durch eine andere Gesellschaft entgangen; ***qn/qc subit l'~ des journalistes*** jd/etw wird von Journalisten bestürmt
▶ **qn donne l'~** [**à qc**] jd greift [etw] an, jd [er]stürmt etw; **des personnes font ~ de qc** *de politesse* Menschen übertreffen sich in etw (*dat*); **qn monte à l'~** [**de qc**] jd setzt zum Sturm [auf etw (*akk*)] an; **qn part à l'~ de qc** *d'une forteresse, d'un marché* jd stürmt etw; *de préjugés* jd greift etw an; **qn prend d'~ qc** [*o* **qc d'~**] jd nimmt etw im Sturm, jd stürmt etw; **qc est pris**(**e**) **d'~** etw wird gestürmt; ***les librairies sont prises d'~*** die Buchhandlungen werden gestürmt; **qn va à l'~ de qc** jd geht zum Angriff auf etw (*akk*) über; **à l'~!** zum Angriff!

assèchement [asɛʃmɑ̃] *m* Trockenlegung *f;* [*canal, terrain a.*] Entwässerung *f*

assécher <5> [aseʃe] *vt* **1.** (*mettre à sec*) ■ **qn/qc assèche qc** *marais* jd/etw legt etw trocken; *terrain, canal, rivière a.* jd entwässert etw; / *vent, évaporation, canicule/ terre, champ* etw trocknet etw aus
2. (*vider*) ■ **qn assèche qc** *lac, piscine* jd lässt das Wasser aus etw laufen; *réservoir* jd lässt etw leerlaufen; *citerne* jd leert etw

ASSEDIC [asedik] *fpl abr de* **Associations pour l'emploi dans l'industrie et le commerce** (*organisme*) *für die Zahlung der Arbeitslosenversicherung in Frankreich zuständige Organisation;* (*régime d'assurance*) ≈ Arbeitslosenversicherung *f;* (*cotisation*) ≈ Beitrag *m* für die Arbeitslosenversicherung; (*indemnités*) ≈ Arbeitslosengeld *nt; **qn touche les*** ~ jd bekommt [*o* bezieht] Arbeitslosengeld

assemblage [asɑ̃blaʒ] *m* **1.** (*action*) [*charpente*] Aufbau *m;* [*parties d'une machine*] Zusammenbau *m*, Zusammenbauen *nt*, Montage [mɔn'ta:ʒə] *f;* [*pièces d'un meuble*] Zusammenfügen *nt;* [*automobile, plans d'un film*] Montage; [*pièces d'une robe*] Zusammennähen *nt;* [*feuilles, feuillets*] (*regroupement*) Zusammenstellen *nt;* (*classement*) Einordnen *nt;* (*reliure*) Binden *nt*
2. (*résultat*) [*feuilles, feuillets, cahiers*] Sammlung *f;* (*mélange*) [*meubles, couleurs*] Zusammenstellung *f;* [*personnes*] Mischung *f*
3. TECH Verbindung *f;* ~ ***de poutres*** Balkenwerk *nt;* ~ ***de charpente*** Verbindung; ~ ***à tenon et mortaise*** Verzapfung *f;* ~ ***à rainure et languette*** Nut- und Federverbindung

assemblée [asɑ̃ble] *f* **1.** (*réunion de personnes*) Versammlung *f*
2. JUR: ~ ***générale*** [***ordinaire/ extraordinaire***] [ordentliche/außerordentliche] Generalversammlung [*o* Hauptversammlung]; ~ ***constitutive*** Gründungsversammlung, konstituierende Versammlung; ~ ***annuelle/ plénière*** Jahres-/Vollversammlung [*o* Plenarversammlung]; ~ ***des créanciers*** Gläubigerversammlung; ~ ***législative/ constituante/ délibérante*** gesetzgebende/verfassunggebende/beratende Versammlung; ***qn convoque une*** ~ jd beruft eine Versammlung ein; ***des personnes tiennent une*** ~ Menschen halten eine Versammlung ab; ***à une*** ~ auf [*o* in] einer Versammlung
3. POL ■ **l'A~** die Nationalversammlung
▶ **l'A~ nationale** die Nationalversammlung

assembler <1> [asɑ̃ble] **I.** *vt* **1.** (*réunir*) ■ **qn assemble qc** *pièces, parties, puzzle* jd setzt etw zusammen; *meuble, machine, moteur a., maquette* jd baut etw zusammen; *feuilles* jd fügt etw zusammen; (*relier*) jd bindet etw; *couleurs* jd stellt etw zusammen; COUT jd näht etw zusammen; ***qn est incapable d'~ ses idées*** jd kann seine Gedanken nicht sammeln; ■ **qn assemble qc et** [*o* **avec**] **qc** *couleurs* jd stellt etw und etw zusammen; ***des couleurs mal assemblées*** schlecht zusammenpassende [*o* aufeinander abgestimmte] Farben
2. (*recueillir*) ■ **qn assemble qc** *pièces, vieux papiers* jd sammelt etw; *données, matériaux, idées* jd trägt etw zusammen
II. *vpr* ■ **des personnes s'assemblent** Menschen versammeln sich; ***la foule s'est assemblée quelque part*** die Menge hat sich irgendwo versammelt

assembleur [asɑ̃blœʀ] *m* INFORM Assembler [ə'sɛmblɐ] *m*

assener <4> *vt*, **asséner** <5> [asene] *vt* ■ **qn assène qc** [**à qn**] *coup, gifle* jd teilt etw aus *fam*, jd verpasst jdm etw *fam; injures, réplique* jd lässt etw los *fam*, jd wirft jdm etw an den Kopf *fam; vérités, conception, idioties* jd gibt etw von sich, jd wirft jdm etw an den Kopf *fam;* ■ **qc est assené**(**e**) [*o* **asséné**(**e**)] **par qn/qc** / *propagande, vérités, idioties/* etw wird von jdm/etw verbreitet

assentiment [asɑ̃timɑ̃] *m* Zustimmung *f; **qn donne/ refuse son ~ à qc*** jd gibt/verweigert seine Zustimmung zu etw; ***il a demandé/ obtenu l'~ de la famille*** er bat um die/erhielt die Zustimmung der Familie; ***il a marqué son ~ par un geste*** er gab seine Zustimmung durch eine Geste zu verstehen; ***il a hoché la tête en signe d'~*** er nickte mit dem Kopf als Zeichen der Zustimmung, er nickte zustimmend

asseoir <*irr*> [aswaʀ] **I.** *vt* **1.** ■ **qn assoit** [*o* **assied**] **qn** [**sur qc/contre qc/dans qc**] jd setzt jdn [auf etw (*akk*)/an etw (*akk*)/in etw (*akk*)]; ■ **qn fait ~ qn** jd bittet jdn [*o* fordert jdn auf] sich zu setzen; ***fais-le ~, il est épuisé*** lass ihn sich setzen, er ist erschöpft; ■ **qn est assis**(**e**) jd sitzt; ***qn reste assis(e)*** jd bleibt sitzen; ***assis! on ne voit rien!*** hinsetzen! man sieht nichts!; ***on est bien/ mal assis sur ces chaises*** man sitzt gut/schlecht auf diesen Stühlen
2. *littér* (*fonder*) ■ **qn assoit qc** *autorité, réputation* jd verschafft sich (*dat*) etw; *jugement* jd bildet sich (*dat*) etw; ***qn assoit son autorité*** jd verschafft sich Autorität
3. FIN ■ **qn assoit qc** *impôt, taxe* jd setzt etw fest
▶ **assis!** (*ordre à un chien*) sitz!
II. *vpr* ■ **qn s'assoit**, ■ **qn s'assied** jd setzt sich; ***asseyez-vous!*** setzt

euch!/setzen Sie sich!; ***il n'y a rien pour s'~*** man kann sich nirgendwo [hin]setzen

assermenté, e [asɛʀmɑ̃te] *adj* vereidigt; ***je vous rappelle que vous êtes ~*** ich mache Sie darauf aufmerksam, dass Sie unter Eid stehen

assertion [asɛʀsjɔ̃] *f* Behauptung *f*

asservir <8> [asɛʀviʀ] *vt* **1.** (*rendre esclave*) ■ **qn asservit qn/qc** jd unterwirft jdn/etw; *peuple a., presse* jd unterdrückt jdn/etw; ***l'homme asservi par le système*** der dem System unterworfene Mensch; ■ **qn est asservi(e) à qc** jd ist Sklave/Sklavin einer S. (*gen*); ■ **qc est asservi(e) à qc** etw ist einer S. (*dat*) unterworfen
2. (*maîtriser*) ■ **qn asservit qc** *éléments, nature, forces de la nature, passions* jd bezwingt etw

asservissement [asɛʀvismɑ̃] *m* **1.** (*dépendance*) ■ ~ [**à qc**] Unterwerfung *f* [unter etw (*akk*)]; *à une habitude, drogue* Abhängigkeit *f* [von etw]; ***il est difficile de comprendre un tel ~ à la mode*** es ist schwer zu verstehen, wie man sich so der Mode unterwerfen kann; ***elle a critiqué leur ~ au travail*** sie hat kritisiert, dass sie sich so sklavisch der Arbeit widmen [*o* unterwerfen]
2. POL ■ ~ [**à qc**] *à des intérêts, une dictature, un exécutif* Unterwerfung *f* [durch etw], Knechtung *f* [durch etw]; ***l'État tient son peuple dans l'~*** der Staat unterdrückt [*o* knechtet *liter*] das Volk; ***on a assisté à l'~ de la presse aux intérêts des lobbys/à l'~ du peuple à la dictature*** man konnte mitverfolgen, wie die Presse sich den Interessen der Lobbies unterworfen hat/wie das Volk der Diktatur unterworfen wurde; ***on redoute l'~ du pouvoir judiciaire à l'exécutif*** man befürchtet, dass die richterliche Gewalt der Exekutive unterworfen wird
3. TECH: ***dispositif d'~, mécanisme d'~*** Servomechanismus *m*

assesseur [asesœʀ] *m* Beisitzer(in) *m(f)*

assez [ase] *adv* **1.** (*suffisamment*) genug; ***vous avez bien ~ travaillé*** Sie haben wirklich genug gearbeitet; ***je l'ai ~ vu!*** ich kann ihn nicht mehr sehen!; ***~ parlé, il faut agir*** genug geredet [*o* genug der Worte], jetzt muss gehandelt werden; ■ **~ pour faire qc** genug um etw zu tun; ■ **~ pour que** + *subj* so viel, dass; ***elle gagne ~ pour qu'ils ne manquent de rien*** sie verdient so viel, dass es ihnen an nichts fehlt; ***j'ai ~ travaillé pour que ça marche*** ich habe so viel gearbeitet, dass es klappen müsste; ■ **~ de ...** genug ...; ***j'ai ~ de beurre/timbres*** ich habe genug Butter/Briefmarken; ***~ de toutes ces histoires!*** [ich hab' jetzt] genug von all diesen Geschichten!; ■ **~ de ... pour faire qc** genug ... um etw zu tun; ***j'ai ~ de farine pour faire un gâteau*** ich habe genug Mehl, um einen Kuchen zu backen; ■ **~ de ... pour que** + *subj* genug ..., so dass; ***il y a ~ de place pour que tout le monde puisse s'asseoir*** es ist genug Platz da, so dass alle sitzen können; es ist für alle Platz zum Sitzen da; ***il y a ~ d'accidents sur les routes pour qu'on insiste sur la sécurité*** es passieren so viele Unfälle auf den Straßen, so dass man auf die Sicherheit besonderen Nachdruck legen muss; ■ **qn/qc est ~ ...** *riche, bête, grand etc* jd/etw ist ... genug; ***il est ~ riche comme ça*** er ist schon reich genug; ***ce n'est pas ~ intéressant!*** das ist nicht interessant genug!; ■ **qn/qc fait qc ~ ...** *souvent* jd/etw tut etw ... genug; ***elle pleure ~ souvent comme ça*** sie weint so schon oft genug; ***elle ne vient pas ~ régulièrement à la maison*** sie kommt nicht regelmäßig genug nach Hause; ■ **qn/qc est ~ ... pour faire qc** jd/etw ist ... genug, um etw zu tun; ***il n'était pas ~ maigre pour passer par la fenêtre*** er war nicht dünn genug, um durch das Fenster zu passen; ■ **qn/qc est ~ ... pour que** + *subj* jd/etw ist ... genug, so dass; jd/etw ist so ..., dass; ***la maison est ~ grande pour que tout le monde puisse dormir*** das Haus ist groß genug, so dass [*o* ist so groß, dass] jeder hier übernachten kann; ■ **qn/qc fait qc ~ ... pour** + *infin vite, bien, souvent etc* jd/etw tut etw so ..., dass; jd/etw tut etw ... genug, um; ***je vais ~ vite pour arriver à l'heure*** ich bin so schnell, dass ich pünktlich ankommen werde; ich bin schnell genug, um pünktlich anzukommen; ■ **qn/qc fait qc ~ ... pour que** + *subj vite, bien, souvent etc* jd/etw tut etw so ..., dass; ***elle vient ~ régulièrement pour qu'on ne l'oublie pas*** sie kommt so regelmäßig, dass man sie gar nicht vergessen kann; sie kommt viel zu regelmäßig, als dass man sie vergessen könnte; ■ **qn/qc n'est pas ~ ... pour que** + *subj* jd/etw ist nicht ... genug, als dass; jd/etw ist nicht so ..., dass; ***il n'est pas ~ gentil pour que je lui donne mes jouets*** er ist nicht nett genug, als dass [*o* er ist nicht so nett, dass] ich ihm meine Spielsachen geben würde; ■ **qn/qc ne fait pas qc ~ ... pour faire qc/pour que** + *subj vite, bien, souvent etc* jd/etw tut etw nicht ... genug, um etw zu tun/nicht so ..., dass; ***il n'a pas travaillé ~ vite pour terminer à temps*** er hat nicht schnell genug gearbeitet um rechtzeitig fertig zu werden; ***il n'a pas expliqué ~ clairement pour qu'elle comprenne*** er hat es nicht so klar erklärt, dass sie es verstanden hätte; er hat es nicht klar genug erklärt, als dass sie es verstanden hätte
2. (*plutôt*) ziemlich; ***elle est ~ jolie*** sie ist ziemlich [*o* ganz] hübsch; ***je les aime ~, les films de Bergman*** ich sehe die Filme von Bergman ganz gerne; ***c'est ~ vraisemblable*** das ist ziemlich wahrscheinlich; ***il pleut ~ souvent*** es regnet ziemlich oft
3. (*en quantité suffisante*) ■ **c'est/ce n'est pas ~** es reicht/reicht nicht; ***5 F, c'est ~?*** 5 Franc, reicht das?
4. (*de préférence, dans l'ensemble*): ***je suis ~ pour ce projet*** ich bin schon [einigermaßen] für das Projekt *fam*
► **~ bien** (*note, mention*) befriedigend; **qn en a ~ [de qn/qc]** jd hat genug [von jdm/etw]; ***j'en ai ~!*** jetzt reicht's mir [aber]! *fam*, jetzt hab' ich aber genug!; ***j'en ai ~ de toi/de tes bêtises!*** jetzt reicht's mir aber mit dir/mit deinen Dummheiten!; **qn en a plus qu'~ [de qn/qc]** jd hat mehr als genug [von jdm/etw]; **c'est ~!, c'en est ~!, en voilà ~!** genug jetzt!, jetzt reicht's!, jetzt ist es aber genug!; **~!** genug!, das reicht!

assidu, e [asidy] *adj* **1.** (*régulier*) *présence* regelmäßig; *élève, étudiant, employé* immer anwesend; *lecteur* eifrig, emsig; *travail, effort, soins* beharrlich; ***qn est ~ aux cours*** jd nimmt regelmäßig am Unterricht teil; ***qn est ~ à sa tâche*** jd macht beharrlich seine Arbeit
2. (*empressé*) *amoureux* eifrig; *ami* bemüht; ***il est très ~ auprès de Madame ...*** er ist sehr eifrig um Frau ... bemüht

assiduité [asidɥite] *f* **1.** ∅ (*régularité*) [*étudiant, élève*] regelmäßige Anwesenheit, regelmäßige Teilnahme; [*employé*] regelmäßiges Erscheinen; ***l'~ de qn à travailler*** jds beharrliches Arbeiten; ***qn fréquente qc avec ~*** jd ist ein eifriger Besucher einer S. (*gen*); ***il la fréquentait avec ~*** er stattete ihr beharrlich Besuche ab; ***son ~ dans le travail*** seine/ihre Beharrlichkeit bei der Arbeit; ■ **~ à qc** *au travail* jds regelmäßiges Erscheinen bei etw; *aux cours a.* jds regelmäßige Teilnahme an etw (*dat*)
2. *pl vieilli* (*empressement*) ■ **~s de qn [auprès d'une personne]** jds Werben *nt*, jds Umwerben eines Menschen; ***qn poursuit une femme de ses ~s*** jd umwirbt eine Frau beharrlich, jd ist eifrig um eine Frau bemüht

assidûment [asidymɑ̃] *adv fréquenter* regelmäßig, eifrig; *travailler* beharrlich; ***qn accomplit ~ sa tâche*** jd führt seine Arbeit gewissenhaft aus; ***il pratique ~ ce sport*** er übt diese Sportart beharrlich aus; ***il fréquente ~ les musées*** er ist ein eifriger Museumsbesucher; ***il la fréquente ~*** er stattet ihr beharrlich Besuche ab

assiéger <2 a, 5> [asjeʒe] *vt* **1.** MIL ■ **qn assiège qn/qc** jd belagert jdn/etw; (*encercler*) *armée, garnison* jd schließt jdn/etw ein
2. (*entourer*) ■ **des personnes assiègent qn/qc** *guichets, porte* Menschen belagern jdn/etw; *personne, hôtel a.* Menschen umlagern jdn/etw; ■ **qn est assiégé(e) [par des personnes]** jd wird [von Menschen] belagert [*o* umlagert]; ■ **des choses assiègent qn** /*maux, fléaux*/ Dinge verfolgen jdn; /*eaux, flammes*/ Dinge umgeben jdn, Dinge schließen jdn ein

assiette [asjɛt] *f* **1.** (*vaisselle, contenu*) Teller *m*; ***~ en carton*** Pappteller; ***~ plate/creuse*** flacher/tiefer Teller; ***~ à soupe/à dessert*** Suppen-/Dessertteller; ***~ de soupe/crudités*** Teller Suppe/Rohkost; ***mange ce qui est dans l'~!*** iss, was auf dem Teller ist!; ***finis ton ~!*** iss deinen Teller leer!
2. ADMIN (*base de calcul*) ■ ~ [**de qc**] Grundlage *f* [für etw]; *d'une pension, d'un impôt, des cotisations sociales* Bemessungsgrundlage [für etw]; *d'une hypothèque, de la T.V.A.* Berechnungsgrundlage [für etw]; ***~ de l'impôt*** steuerliche Veranlagung; ***~ d'imposition*** Besteuerungsgrundlage
► **c'est l'~ au beurre** (*poste, activité*) das ist eine lukrative Sache; (*affaire profitable a.*) das ist eine Goldgrube; **~ anglaise** gemischte Platte mit Schinken und kaltem Braten; **qn n'est pas dans son ~** *fam* jd ist nicht auf dem Damm *fam*; (*a mal au cœur*) jdm ist schlecht

assignation [asiɲasjɔ̃] *f* **1.** (*citation*): ~ [***à comparaître en justice***] gerichtliche Ladung, Vorladung; ***~ comme témoin*** Zeugenvorladung
2. (*attribution*) [*parts d'héritage*] Zuteilung *f*, Zuweisung *f*; [*crédits*] Vergabe *f*; [*mission*] Übertragung *f*, Überantwortung *f*
◆ **assignation à résidence** gerichtliche Anweisung des Aufenthaltsortes; **assignation en justice** Ladung *f* [vor Gericht], gerichtliche Ladung, Vorladung *f*

assigner <1> [asiɲe] *vt* **1.** JUR (*citer*) ■ **qn/qc assigne qn à faire qc** jd/etw weist jdn an etw zu tun; ***le tribunal assigne le témoin à comparaître*** das Gericht lädt den Zeugen vor; ***le plaignant a assigné Monsieur Dupont en justice*** der Kläger hat Herrn Dupont vor Gericht zitiert; ■ **qn assigne qn** (*confiner dans un lieu*) jd weist jdm einen Aufenthaltsort zu
2. (*affecter*) ■ **qn/qc assigne qc à une chose** jd/etw teilt [*o* weist] einer S. (*dat*) etw zu; *crédit a.* jd vergibt etw an eine S. (*akk*); *somme a.* jd bestimmt etw für eine S.
3. (*donner*) ■ **qn assigne qc à une chose** *valeur, importance* jd misst einer S. (*dat*) etw bei; *cause, origine* jd schreibt einer S. (*dat*) etw zu; *rôle* jd weist einer S. (*dat*) etw zu; *terme, limite* jd setzt [*o* legt] etw für eine S. fest; ***on assigne une cause*** [***o origine***] ***historique à ce conflit*** man schreibt diesem Konflikt eine historische Ursache zu
4. (*attribuer*) ■ **qn/qc assigne qc à qn** *rôle, emploi, poste* jd/etw weist jdm etw zu; *part, lot a.* jd/etw teilt [*o* weist] jdm etw zu

assimilable [asimilabl] *adj* (*comparable*) vergleichbar (*à* mit)

assimilation [asimilasjɔ̃] *f* **1.** BIO [*aliments*] Umwandlung *f*, Verarbeitung *f*, Assimilation *f spec*; ***~ chlorophyllienne*** Photosynthese *f*
2. [*leçon, technique, connaissances, règles, savoir*] Aneignen *nt*
3. POL (*intégration*) Eingliederung *f* (*à* in + *akk*); ***politique d'~*** Politik *f* der Eingliederung, Eingliederungspolitik, Assimilierungspolitik
4. (*comparaison*) Vergleich *m* (*à* mit); (*mise sur le même plan*) Gleichsetzung *f* (*à* mit)

assimilé [asimile] *m*: ***les fonctionnaires et les ~s*** die Beamten und die ihnen gleichgestellten Personen

assimiler <1> [asimile] **I.** *vt* **1.** BIO ■ **qn/qc assimile qc** jd/etw assimiliert etw *spec*; *aliments a.* jd verdaut etw; ***les plantes assimilent la lumière du soleil*** die Pflanzen assimilieren das Sonnenlicht *spec*, die Pflanzen absorbieren das Sonnenlicht und wandeln es um
2. (*apprendre*) ■ **qn assimile qc** jd eignet sich (*dat*) etw an
3. POL (*intégrer*) ■ **qn/qc assimile qn** jd/etw gliedert jdn ein, etw assimiliert jdn *spec*; ***des étrangers assimilés depuis longtemps*** schon seit langem integrierte Ausländer
4. (*comparer*) ■ **qn/qc assimile qn à qn** jd/etw setzt jdn mit jdm gleich; ■ **qn assimile qc à qc** jd setzt etw mit etw gleich; ■ **qn assimile qn à qc** jd vergleicht jdn mit etw, jd bringt jdn in Verbindung mit etw; ***on ne peut ~ ces gens à ce que vous en dites*** [***o au portrait que vous en faites***] man kann diese Leute nicht so sehen, wie Sie sie beschreiben
II. *vi* ■ **qn assimile ...** *lentement, rapidement etc* jd nimmt ... auf; ***elle assimile très bien*** sie ist sehr aufnahmefähig
III. *vpr* **1.** (*être absorbé*) ■ **qc s'assimile ...** /*aliments*/ *facilement, rapidement etc* etw ist ... verdaulich
2. (*s'apprendre*) ■ **qc s'assimile** /*connaissances, notions*/ etw kann man sich (*dat*) aneignen
3. (*s'intégrer*) ■ **qn s'assimile [à qc]** /*étranger*/ jd integriert sich [in etw

(*akk*)], jd passt sich [an etw (*akk*)] an
4. (*s'identifier*) ■ **qn s'assimile à qn** jd betrachtet sich als jdn
assis, e [asi, iz] I. *pp de* **asseoir**
II. *adj* 1. (*position*) sitzend; ***qn met ~ un malade*** jd setzt einen Kranken auf; ■ **qn est ~** jd sitzt
2. (*affermi*): [***qc est***] ***bien*** [*o* ***solidement***] ~ /*autorité*/ [etw ist] gefestigt; *bases a.* [etw ist] solid[e]; *régime politique a.* etw sitzt fest im Sattel; *positions, raisonnement* [etw ist] wohl begründet; *calme* [etw ist] unerschütterlich; ***qc n'est pas bien*** ~ /*positions, raisonnement*/ etw ist nicht gut begründet; /*calme*/ etw ist leicht zu erschüttern; ***sa situation est bien*** [*o* ***solidement***] ~ er/sie hat eine gesicherte Position [*o* Stellung]; [***qn est***] ***bien*** [*o* ***solidement***] ~ [jd hat sich] gut etabliert, jd sitzt fest im Sattel
► **qn reste** ~ jd bleibt sitzen
assise [asiz] *f* 1. *souvent pl* (*soubassement*) [*temple, monument*] Fundament *nt;* [*doctrine, civilisation, société*] Grundlage *f;* GEOL Grundschicht *f*
2. CONSTR (*rang*) Schicht *f;* GEOL (*niveau*) Schicht, Platte *f*
3. (*appui du corps*) Stand *m*
assises [asiz] *fpl* 1. JUR *fam* (*cour*) Schwurgericht *nt,* Geschworenengericht *nt;* (*séance*) Schwurgerichtssitzung *f*
2. (*réunion*) Tagung *f,* Kongress *m;* [*parti politique*] Parteitag *m*
3. *hum:* ~ ***familiales*** Familienrat *m*
► **qn est envoyé(e) aux** ~ jd wird vor das Schwurgericht [*o* Geschworenengericht] gestellt; **qn tient ses** ~ jd hält eine Tagung [*o* einen Kongress] ab; /*parti politique*/ jd hält einen Parteitag ab; *hum* /*famille*/ jd hält Familienrat
assistanat [asistana] *m* 1. UNIV, SCOL Assistenz *f*
2. (*prise en charge*) Unterstützung *f;* ***qn tombe dans l'~*** jd gerät in wirtschaftliche Abhängigkeit
assistance [asistɑ̃s] *f* 1. (*public*) Publikum *nt;* [*conférence, concert a.*] Zuhörer *pl,* Zuhörerschaft *f;* [*manifestation sportive a.*] Zuschauer *pl*
2. (*aide*) Hilfe *f,* Beistand *m geh;* (*type d'assurance*) [Versicherungs]schutz *m*
3. (*organisme*) ■ **A~** [**publique**] Fürsorge *f;* ***enfant de l'A~*** Fürsorgekind *nt;* ***établissement de l'A~*** Fürsorgeheim *nt,* Fürsorgeanstalt *f;* ***qn met qn à l'A~*** jd übergibt jdm der Fürsorge, jd steckt jdn in ein Heim *fam*
► ~ **éducative** Fürsorgeerziehung *f;* ~ **judiciaire** Armenrecht *nt;* ~ **juridique** Rechtsschutzversicherung *f;* ~ **médicale** Krankenfürsorge *f;* ~ **respiratoire** künstliche Beatmung; ***qn est sous ~ respiratoire*** jd wird künstlich beatmet; ~ **technique** Entwicklungshilfe *f;* **qn demande** ~ [**à qn**], **qn demande à qn son** ~ jd bittet [jdn] um Hilfe [*o* Beistand *geh*]; /*naufragé, survivant d'une catastrophe*/ jd ruft [jdn] um Hilfe; ***il demande ~ à la société d'assurance*** er belangt die Versicherung; **qn donne** [*o* **prête**] ~ [**à qn**], **qn donne** [*o* **prête**] **à qn son** ~ jd leistet [jdm] Hilfe [*o* Beistand *geh*]; (*par des dons*) jd hilft [jdm]; *à un naufragé* jd kommt [jdm] zu Hilfe; /*mécène*/ jd fördert jdn
◆ **assistance freinage** Bremskraftverstärker *m*
assistant, e [asistɑ̃, ɑ̃t] *m, f* 1. MED Helfer(in) *m(f),* Assistent(in) *m(f)*
2. AUDIOV, UNIV, SCOL Assistent(in) *m(f)*
3. (*auditoire*) ■ **les ~s** die Anwesenden
► ~ **graphique** INFORM Diagramm-Assistent *m;* ~ **personnel** INFORM digitaler Assistent, Organizer ['ɔ:gənaizɐ] *m spec;* ~(**e**) **social**(**e**) Sozialarbeiter(in) *m(f)*
◆ **assistant**(**e**) **du metteur en scène** Regieassistent(in) *m(f);* **assistant**(**e**) **de prise de son** Tonassistent(in) *m(f);* **assistant**(**e**) **du réalisateur** Regieassistent(in) *m(f)*
assisté, e [asiste] I. *adj* 1. ***personne ~e*** Sozialhilfeempfänger(in) *m(f);* ***pays*** ~ Land, das Wirtschaftshilfe bekommt; ***familles ~es*** Familien, die Sozialhilfe bekommen [*o* von der Sozialhilfe leben]
2. AUT: ***direction ~e*** Servolenkung *f*
II. *m, f péj* Fürsorgeempfänger(in) *m(f);* (*entreprise*) Subventionsempfänger(in) *m(f)*
► **mentalité d'**~ Versorgungsmentalität *f,* Anspruchsdenken *nt*
assister <1> [asiste] I. *vi* ■ **qn assiste à qc** *à une audience* jd ist bei etw anwesend [*o* zugegen *geh*], jd wohnt einer S. (*dat*) bei *geh; à une conférence* jd nimmt an etw (*dat*) teil; *à un spectacle, match* jd sieht sich (*dat*) etw an; *à une scène* jd erlebt etw mit
II. *vt* 1. (*aider*) ■ **qn assiste qn** [**dans qc**] jd hilft jdm [bei etw], jd unterstützt jdn [in etw (*dat*)]; *chirurgien* jd assistiert jdm [bei etw]; ■ **qn se fait** ~ **de qn** jd lässt sich (*dat*) von jdm helfen
2. (*être aux côtés de*) ■ **qn assiste qn** *mourant* jd steht jdm bei; ***assisté(e) de qn*** im Beisein von jdm, in jds Beisein (*dat*)
3. JUR ■ **qn assiste qn** /*curateur*/ jd vertritt jdn rechtlich; ***il l'a assisté d'office*** er hat seine Pflichtverteidigung übernommen; ■ **qn se fait** ~ **de qn** jd lässt sich von jdm rechtlich vertreten
associatif, -ive [asɔsjatif, -iv] *adj* 1. Vereins-
2. *mémoire* assoziativ
3. MATH assoziativ
association [asɔsjasjɔ̃] *f* 1. (*action de s'associer*) Zusammenschluss *m;* ***en ~ avec un ami*** gemeinsam mit einem Freund; ***liberté d'~*** Assoziationsfreiheit *f*
2. (*action d'associer*) Vereinigung *f;* [*couleurs, alcool et tabac*] Verbindung *f;* ■ ~ **de qn à qc** jds Beteiligung *f* an etw (*dat*); ■ ~ **de qc à qc** Verbindung von etw mit etw
3. JUR (*opp: société*) Verein *m*
4. (*union d'associations*) Dachverband *m*
5. (*institution*) Organisation *f*
► ~ **reconnue d'utilité publique** gemeinnütziger Verein, gemeinnützige Vereinigung; ~ **déclarée** eingetragener Verein; ~ **économique** Wirtschaftsverband *m;* ~ **politique**/**religieuse** politischer/kirchlicher Verein, politische/kirchliche Vereinigung; ~ **sportive** Sportverein *m*
◆ **association à but non lucratif, association loi de 1901** nicht kommerziell ausgerichteter Verein; **association de malfaiteurs** kriminelle Vereinigung; **association d'idées** PSYCH Ideenassoziation *f,* Gedankenverbindung *f*
associativité [asɔsjativite] *f* MATH Assoziativität *f*
associé, e [asɔsje] I. *m, f* 1. (*partenaire*) Partner(in) *m(f)*
2. JUR (*dans une société*) Teilhaber(in) *m(f),* Gesellschafter(in) *m(f)*
II. *adj gérant* teilhabend; *membre* Ehren-
associer <1 a> [asɔsje] I. *vt* 1. (*faire participer*) ■ **qn associe qn à qc** jd lässt jdn an etw (*dat*) teilhaben; *aux bénéfices* jd beteiligt jdn an etw (*dat*)
2. (*unir*) ■ **qn associe qc à** [*o* **avec**] **qc** jd verbindet etw mit etw; ***les objets associés à son souvenir*** Gegenstände, die an ihn/sie erinnern; ***il associe le courage à*** [*o* ***avec***] ***la prudence*** bei ihm kommt Mut und Überlegtheit zusammen; ■ **qn associe plusieurs choses** jd verbindet mehrere Sachen miteinander; *couleurs* jd stellt mehrere Sachen zusammen, jd kombiniert mehrere Sachen miteinander; ***ils ont associé leurs destinées*** *littér* sie haben den Bund fürs Leben geschlossen
3. (*lier*) ■ **qc associe qn et qn** etw verbindet jdn und jdn; ■ **qc associe des personnes** etw verbindet Menschen miteinander
II. *vpr* 1. (*s'allier*) ■ **qn s'associe à** [*o* **avec**] **qn** jd tut sich mit jdm zusammen; ■ **des personnes s'associent** [**pour faire qc**] Menschen tun [*o* schließen] sich zusammen [um etw zu tun]; ■ **des pays s'associent** [**pour faire qc**] Länder schließen sich zusammen [um etw zu tun]
2. (*s'adjoindre*) ■ **qn s'associe qn** jd zieht jdn hinzu
3. (*s'accorder*) ■ **qc s'associe à qc** etw gesellt sich zu etw, etw ist mit etw gepaart; ■ **des choses s'associent** Dinge fügen sich zusammen; ■ **qc et qc s'associent** etw ist mit etw gepaart
assoiffé, e [aswafe] I. *adj* 1. (*qui a soif*) [sehr] durstig
2. (*avide*) ■ ~ **de qc:** ~ ***de sang*** *littér* blutdürstig *geh,* blutrünstig; ~ ***de plaisirs/de vengeance*** vergnügungssüchtig/rachsüchtig; ~ ***de pouvoir/d'amour/de lectures*** machthungrig/liebeshungrig/lesehungrig; ~ ***de gloire*** ruhmsüchtig, ruhmbegierig; ***il est ~ de sang*** *littér* er lechzt [*o* dürstet *geh*] nach Blut; ***elle est ~e de pouvoir/vengeance/d'amour*** sie schreit nach Macht/Rache/Liebe
II. *m, f* 1. *hum* (*personne*) Verdurstende(r) *f(m)*
2. (*personne avide*) ■ **un**(**e**) ~(**e**) **de qc** jd, der nach etw lechzt [*o* dürstet *geh*], jd, der auf etw (*akk*) aus ist; ~(***e***) ***d'aventure*** Abenteuerlustige(r) *f(m);* ~(***e***) ***de culture*** Bildungshungrige(r) *f(m)*
assolement [asɔlmɑ̃] *m* AGR Fruchtfolge *f,* Rotation *f*
assombri, e [asɔ̃bʀi] *adj* 1. dunkel; *lieu a.* finster; *ciel a.* düster; *campagne* in Dunkel[heit] gehüllt [*o* getaucht] *geh*
2. *littér regard* finster; *front* umwölkt *liter; futur, avenir* düster; *jour* dunkel
assombrir <8> [asɔ̃bʀiʀ] I. *vt* ■ **qc assombrit qc** *ciel* etw verdunkelt [*o* verfinstert] [*o* verdüstert] etw; *pièce* etw macht etw dunkel; *vie* etw verdüstert etw *geh; horizon* etw verfinstert [*o* verdüstert] etw; *situation* etw verschlechtert [*o* verschlimmert] etw; *âme* etw bedrückt etw; ***qc assombrit le caractère de qn*** etw macht aus jdm einen trübsinnigen Menschen; ■ **qc assombrit qn** etw macht jdn trübsinnig
II. *vpr* ■ **qc s'assombrit** etw verdüstert sich; /*ciel a.*/ etw verdunkelt [*o* verfinstert] sich; /*horizon, visage a.*/ etw verfinstert sich; /*couloir*/ etw wird dunkel; /*front*/ etw umwölkt sich *liter;* /*situation*/ etw verschlechtert [*o* verschlimmert] sich; ***la campagne s'assombrit brusquement*** das Land war plötzlich in Dunkel[heit] gehüllt [*o* getaucht] *geh;* ***tout s'assombrit pour les personnes âgées*** für alte Menschen stellt sich alles in einem dunklen Licht dar; ■ **qn s'assombrit** jd wird trübsinnig
assombrissement [asɔ̃bʀismɑ̃] *m* 1. (*fait d'assombrir*) [*pièce*] Verdunk[e]lung *f;* [*ciel a.*] Verfinsterung *f*
2. (*fait de s'assombrir*) Verfinsterung *f;* [*front*] Sichumwölken *nt liter;* [*personne*] Trübsinnigwerden *nt;* [*prunelles*] Dunkelwerden *nt;* [*relations, humeur*] Verschlechterung *f;* [*situation*] Verschlechterung *f,* Verschlimmerung *f;* [*drame*] Zuspitzung *f;* ***l'~ progressif de son caractère*** seine zunehmend pessimistischer werdende Lebenseinstellung
assommant, e [asɔmɑ̃, ɑ̃t] *adj fam personne* nervtötend *fam; blagues* todlangweilig *fam*
assommer <1> [asɔme] I. *vt* 1. (*étourdir*) ■ **qn assomme qn** jd schlägt jdn bewusstlos; ■ **qn assomme un animal** jd betäubt ein Tier; ■ **qc assomme qn/un animal** jd/ein Tier wird durch etw bewusstlos
2. (*abasourdir*) ■ **qn/qc assomme qn** jd/etw macht jdn sprachlos
3. (*abrutir*) ■ **qc assomme qn** /*soleil, bruit*/ etw macht jdn benommen
4. *fam* (*ennuyer*) ■ **qn/qc assomme qn** jd/etw langweilt jdn zu Tode [*o* tödlich], jd/etw ödet jdn an *fam*
II. *vpr* 1. ■ **qn s'assomme** jd holt sich (*dat*) eine Gehirnerschütterung
2. ■ **des personnes s'assomment** Menschen schlagen sich halbtot
Assomption [asɔ̃psjɔ̃] *f* Mariä Himmelfahrt *f*
assonance [asɔnɑ̃s] *f* Assonanz *f*
assorti, e [asɔʀti] *adj* 1. ■ ~ [**à qc**] *couleurs, formes* passend [zu etw]; ***qc est ~ à qc*** etw passt zu etw
2. *magasin, étal* ■ ~ [**en qc**]: ***le supermarché est ~ en vins fins*** der Supermarkt hat eine Auswahl erlesener Weine
3. (*accompagné*) ■ ~ **de qc** versehen mit etw
4. *pl* (*variés*) ■ ~(**e**)**s** verschiedene, diverse
► **des personnes**/**choses sont bien**/**mal** ~**es** Menschen/Dinge passen gut/schlecht zusammen; **qc est bien**/**mal** ~ /*magasin*/ etw hat eine große Auswahl/wenig Auswahl, etw hat ein reichhaltiges/begrenztes Angebot
assortiment [asɔʀtimɑ̃] *m* 1. (*mélange*) Sortiment *nt;* ~ ***de charcuterie*** Wurstplatte *f;* ~ ***de gâteaux*** Gebäckmischung *f;* ~ ***de couleurs*** Farbenpalette *f;* ***j'ai tout un ~ de crayons*** ich habe ein ganzes Sortiment Bleistifte [*o* an Bleistiften]
2. COM Auswahl *f*

3. (*arrangement*): ~ ***de couleurs*** Farbzusammenstellung *f*

assortir <8> [asɔʀtiʀ] I. *vt* 1. (*associer*) ■ **qn assortit qc à qc** jd stimmt etw auf etw (*akk*) ab; ■ **qn assortit des choses** jd stellt Dinge zusammen
2. (*réunir*) ■ **qn assortit des personnes** jd bringt Menschen zusammen
3. (*accompagner*) ■ **qn assortit une chose de qc** jd fügt einer S. (*dat*) etw hinzu
4. COM ■ **qn assortit qc de qc** jd stattet etw mit etw aus
II. *vpr* 1. ■ **des personnes/des choses s'assortissent** Menschen/Dinge passen zueinander
2. (*s'accompagner*) ■ **qc s'assortit de qc** */texte/ d'enluminures* etw ist mit etw versehen; */discours/ d'allusions à l'actualité* etw enthält etw

assoupi, e [asupi] *adj* 1. (*somnolent*) dösend, halb eingeschlafen; ***qn est ~ par la chaleur*** jd ist ganz benommen von der Hitze
2. (*affaibli*) abgekühlt; ***les douleurs ~es se réveillent*** die alten Wunden reißen wieder auf

assoupir <8> [asupiʀ] I. *vt* 1. (*endormir*) ■ **qc assoupit qn** etw macht jdn schläfrig
2. ■ **qc assoupit qc** *sens, sensualité* etw trübt [*o* schwächt] etw; *douleur* etw lindert etw; *haine* etw baut etw ab; ■ **qn/qc assoupit qc** *querelle* jd/etw legt etw bei; ***un peu d'argent a assoupi ses remords*** etwas Geld hat sein Gewissen beruhigt
II. *vpr* 1. ■ **qn s'assoupit** jd döst
2. *littér* ■ **qc s'assoupit** etw lässt nach; */douleur, haine, intelligence a., pensée/* etw schwindet *geh*; */mer/* etw beruhigt sich; */volcan/* etw erlischt

assoupissement [asupismɑ̃] *m* 1. (*somnolence*) Schläfrigkeit *f*; ***un court*** ~ eine vorübergehende Müdigkeit; ~ ***profond*** starke Benommenheit; ***le voyageur sentait l'~ le gagner*** der Reisende merkte, dass er müde wurde
2. *littér* [*passion, sensation, haine*] Nachlassen *nt*; [*douleur*] Milderung *f*

assouplir <8> [asupliʀ] I. *vt* 1. (*rendre plus souple*) ■ **qc assouplit qc** *cheveux* etw macht etw geschmeidig; *cuir a., linge* etw macht etw weich; *muscles* etw lockert etw; ***membres assouplis*** biegsame [*o* gelenkige] Glieder
2. (*rendre moins rigoureux*) ■ **qn/qc assouplit qc** *règlement* jd/etw lockert etw; ***qc assouplit le caractère de qn*** etw macht jdn umgänglich[er] [*o* nachgiebig[er]]
II. *vpr* 1. (*devenir moins raide*) ■ **qc s'assouplit** */chaussures/* etw wird weich[er]; */cuir a./* etw wird geschmeidig[er]; ■ **qn s'assouplit** jd wird gelenkig[er]
2. (*devenir moins rigide*) ■ **qn s'assouplit** jd wird umgänglich[er] [*o* nachgiebig[er]]; ***son caractère s'est assoupli*** er/sie ist umgänglich[er] [*o* nachgiebig[er]] geworden

assouplissant, e [asuplisɑ̃, ɑ̃t] I. *adj*: ***produit*** ~ Weichspüler *m*, Weichspülmittel *nt*; ***ce produit a une action ~e sur vos cheveux*** dieses Mittel macht Ihre Haare geschmeidig[er]
II. *m* Weichspüler *m*, Weichspülmittel *nt*

assouplissement [asuplismɑ̃] *m* 1. (*action de rendre moins raide*) [*linge*] Weichmachen *nt*; [*cuir a.*] Geschmeidigmachen *nt*; [*articulation*] Lockerung *f*; ***exercices d'~*** Lockerungsübungen *pl*
2. (*action de rendre moins rigide*) [*loi, système, règlement*] Lockerung *f*; [*caractère*] Nachgiebig[er]machen *nt*, Gefügig[er]machen *nt*

assourdir <8> [asuʀdiʀ] I. *vt* 1. (*abasourdir*) ■ **qn/qc assourdit qn** jd/etw macht jdn halbtaub
2. (*abrutir*) ■ **qc assourdit qn** etw macht jdn benommen
3. (*rendre moins sonore*) ■ **qc assourdit qc** *bruit, pas* etw dämpft etw
4. PHON ■ **qc assourdit qc** etw macht etw stimmlos
II. *vpr* 1. ■ **qc s'assourdit** */bruit/* etw wird schwächer
2. PHON ■ **qc s'assourdit** */sonore/* etw wird stimmlos

assourdissant, e [asuʀdisɑ̃, ɑ̃t] *adj* [ohren]betäubend

assourdissement [asuʀdismɑ̃] *m* 1. (*surdité passagère*) Benommenheit *f*, Betäubung *f*
2. (*état de surdité*) Taubheit *f*, Taubsein *f*; ***risque d'~*** Gefahr *f* eines Hörschadens
3. (*amortissement*) [*pas*] Dämpfung *f*, Dämpfen *nt*; PHON Entsonorisierung *f*

assouvir <8> [asuviʀ] I. *vt* ■ **qn assouvit qc** *faim, vengeance* jd stillt etw; *curiosité a., gourmandise, instinct* jd befriedigt etw; *appétit, passion* jd stillt etw; *désir* jd erfüllt etw
II. *vpr* ■ **qc s'assouvit** */faim/* etw wird gestillt; */passion/* etw wird ausgelebt; */curiosité/* etw wird befriedigt

assujetti, e [asyʒeti] I. *adj* ■ **qn est ~ à qn** */paysan/ au seigneur* jd ist von jdm abhängig, jd ist jdm unterworfen; ■ **qn est ~ à qc**: ***l'homme est ~ à sa pensée*** der Mensch ist auf sein Denkvermögen angewiesen; ***qn est ~ à l'impôt*** jd ist steuerpflichtig; ■ **qc est ~ à qc** */admission dans une école/ aux conditions* etw unterliegt einer S. (*dat*)
II. *m, f* ADMIN (*à l'impôt*) Steuerpflichtige(r) *f(m)*; (*à la sécurité sociale*) Beitragspflichtige(r) *f(m)*

assujettir <8> [asyʒetiʀ] I. *vt* 1. ■ **qn assujettit qn à qc** jd unterwirft jdn einer S. (*dat*); */État/ à l'impôt* jd auferlegt jdm etw; ■ **qc assujettit qn à qc** */métier/ à une présence constante* etw verpflichtet jdn zu etw
2. *littér* (*asservir*) ■ **qn assujettit qn/qc** *pays, peuple, personne* jd unterwirft jdn/etw, jd unterjocht jdn/etw
3. *soutenu* (*fixer*) ■ **qn assujettit qc** jd befestigt etw, jd macht etw fest; *poutre* jd verkeilt etw; *porte* jd macht etw zu; *volet* jd sichert etw
II. *vpr* 1. (*se plier*) ■ **qn s'assujettit à qc** *aux règles, à la discipline* jd unterwirft sich einer S. (*dat*); *à un régime alimentaire, au devoir, travail* jd unterzieht sich einer S. (*dat*)
2. (*conquérir*) ■ **qn s'assujettit qn/qc** *peuple, pays* jd unterwirft jdn/etw, jd unterjocht jdn/etw

assujettissement [asyʒetismɑ̃] *m* 1. (*état de servitude*) Unterwerfung *f*, Unterjochung *f*; ***il maintient le peuple dans l'~*** er unterdrückt [*o* unterjocht] das Volk
2. (*état de soumission*) Anpassung *f*; ~ ***à la mode*** Modezwang *m*
◆ **assujettissement à l'impôt** Steuerpflicht *f*

assumer <1> [asyme] I. *vt* 1. (*exercer*) ■ **qn assume qc** *responsabilité* jd trägt etw; *rôle* jd erfüllt etw; ***qn assume une fonction*** jd bekleidet ein Amt; ***qn assume un poste*** jd füllt eine Stelle aus
2. (*prendre en charge*) ■ **qn assume qc** *tâche, fonction, responsabilité, rôle, commandement* jd übernimmt etw; *poste* jd nimmt etw an
3. (*accepter les conséquences de*) ■ **qn assume qc** *condition* jd akzeptiert etw, jd nimmt etw an; *instincts* jd steht zu etw
4. (*supporter*) ■ **qn assume qc** *risque* jd nimmt etw auf sich (*akk*); *douleur* jd erträgt [*o* erduldet] etw
II. *vpr* 1. ■ **qn s'assume [comme qc]** jd nimmt sich [als etw] an, jd akzeptiert sich [als etw]
2. ■ **qc s'assume difficilement** mit etw wird man schwer fertig; ■ **qc s'assume facilement** über etw (*akk*) kommt man leicht hinweg
III. *vi fam* ■ **qn assume** jd steht dazu

assurance [asyʀɑ̃s] *f* 1. ∅ (*aplomb*) [Selbst]sicherheit *f*, Selbstbewusstsein *nt*; ***il a beaucoup d'~*** er ist sehr selbstsicher [*o* selbstbewusst]
2. (*promesse*) Zusicherung *f*, Versprechen *nt*
3. (*contrat*) Versicherung *f*
4. (*société*) Versicherung[sgesellschaft *f*] *f*; ***je travaille dans les ~s*** ich arbeite [*o* bin] bei einer Versicherung
5. ALPIN Sicherung *f*, Sichern *nt*
▸ **veuillez agréer, Monsieur, l'~ de ma considération distinguée/mes sentiments distingués** mit freundlichen Grüßen, hochachtungsvoll *form*; ~ **sociale** Sozialversicherung *f*; **qn a l'~ que** + *indic* jd ist [sich (*dat*)] sicher, dass; **qn conserve son ~** jd bewahrt seine [Selbst]sicherheit [*o* sein Selbstbewusstsein]; **qn donne l'~ de faire qc/que** + *indic* jd gibt die Zusicherung [*o* verspricht] etw zu tun/, dass; **qn donne des ~s [à qn] [sur qc]** jd macht [jdm] Zusicherungen [*o* Versprechungen], jd sichert [jdm] etw zu; **qn perd son ~** jd verliert sein Selbstbewusstsein, jd wird unsicher; **qn prend de l'~** jd wird sicherer, jd gewinnt an [Selbst]sicherheit; **qn prend [*o* souscrit] une ~ [contre qc]** jd schließt eine Versicherung [gegen etw] ab; **qn fait qc avec ~** jd tut etw selbstsicher
◆ **assurance automobile** Kraftfahrzeugversicherung *f*, Autoversicherung *f*; **assurance au tiers** Autohaftpflichtversicherung *f*; **assurance chômage** Arbeitslosenversicherung *f*; **assurance contre l'incendie, assurance incendie** Feuerversicherung *f*; **assurance contre le vol** Diebstahlversicherung *f*; **assurance décès** Versicherung *f* auf den Todesfall; **assurance de responsabilité civile** Haftpflichtversicherung *f*; **assurance invalidité-vieillesse** Invalidenpensionsversicherung *f*; **assurance maladie** Krankenversicherung *f*; **assurance multirisques** Universalversicherung *f*; **assurance rapatriement** Rückführversicherung *f*; **assurance tierce collision** Kaskoversicherung *f*; **assurance tous risques** Vollkaskoversicherung *f*; **assurance vieillesse** Altersversicherung *f*; **assurance voyage** Reiseversicherung *f*

assurance-dépendance <~s-~> [asyʀɑ̃sdepɑ̃dɑ̃s] *f* Pflegeversicherung *f* **assurance-vie** <~s-~> [asyʀɑ̃svi] *f* Lebensversicherung *f*

assuré, e [asyʀe] I. *adj* 1. (*opp: hésitant*) *démarche* sicher; *regard* fest; ***qn a un air ~*** jd hat ein sicheres Auftreten, jd wirkt selbstsicher; ***qn prend un air ~*** jd setzt eine selbstsichere Miene auf
2. (*garanti*) sicher
▸ **qn tient qc pour ~** jd hält etw für sicher; ***tenez pour ~ qu'il viendra*** seien Sie sicher, dass er kommt
II. *m, f* Versicherte(r) *f(m)*, Versicherungsnehmer(in) *m(f)*
▸ **~e social(e)** Sozialversicherte(r) *f(m)*

assurément [asyʀemɑ̃] *adv soutenu* sicher[lich], bestimmt, gewiss *geh*

assurer <1> [asyʀe] I. *vt* 1. (*certifier*) ■ **qn assure à qn que** + *indic* jd versichert jdm, dass
2. (*garantir*) ■ **qn/qc assure qn de qc** jd/etw überzeugt jdn von etw; *de sa bonne foi* jd versichert jdn einer S. (*gen*) *geh*
3. (*par un contrat d'assurance*) ■ **qn assure qn/qc [auprès de qn/qc [*o* à qc]]** jd versichert jdn/etw [bei jdm/etw]; ***un Boeing 747 est assuré pour 160 millions de francs*** eine Boeing 747 ist für 160 Millionen Franc versichert; ■ **qn assure qn/qc [contre qc]** jd versichert jdn/etw [gegen etw]; ■ **qn est assuré(e) auprès de qn/qc [*o* à qc]** jd ist bei jdm/etw versichert
4. (*se charger de*) ■ **qn/qc assure qc** *protection, service après-vente, garde* jd/etw gewährleistet etw; ***qn assure l'intérim de qn*** jd übernimmt jds Vertretung, jd vertritt jdn
5. (*faire*) ■ **qn assure qc**: ***il assure le travail de deux personnes*** er arbeitet für zwei
6. (*rendre sûr*) ■ **qn/qc assure qc** *avenir, fortune, pouvoir, position* jd/etw sichert etw
7. (*accorder*) ■ **qn/qc assure qc à qn** *rente, retraite* jd/etw sichert jdm etw zu; ***qn/qc assure la priorité à qn*** jd/etw räumt jdm Priorität ein; ***sa souplesse lui assure un énorme avantage sur son adversaire*** er ist aufgrund seiner Gelenkigkeit seinem Gegner gegenüber sehr im Vorteil
8. ALPIN ■ **qn assure qn** jd sichert jdn
▸ **je t'assure!/vous assure!** das kannst du/können Sie/könnt ihr mir glauben!, das garantiere ich dir!/Ihnen/euch!, unter Garantie! *fam*
II. *vpr* 1. (*contracter une assurance*) ■ **qn s'assure [contre qc]** jd versichert sich [gegen etw]; ***auprès de qui t'es-tu assuré(e)?*** bei wem hast du dich versichert?; ***elle s'est assurée à la société X*** sie hat sich bei der Gesellschaft X versichert
2. ■ **qn s'assure de qc/que [*o* si]** + *indic* jd überzeugt sich von etw/, dass [*o* ob], jd vergewissert sich einer S. (*gen*)/, dass [*o* ob]; ***les journalistes s'assurent de l'exactitude de l'information*** die Journalisten vergewissern

sich [*o* verschaffen sich (*dat*) Gewissheit darüber], ob die Information stimmt
3. ■ **qn s'assure qc** *faveur* jd sichert sich (*dat*) etw; *appui* jd versichert sich einer S. (*gen*)
III. *vi fam* ■ **qn assure** jd weiß [*o* erkennt] [*o* sieht], wo's langgeht *fam*
assureur [asyʀœʀ] *m* Versicherer *m*, Versicherungsträger *m*
aster [astɛʀ] *m* Aster *f*
astérisque [asteʀisk] *m* Sternchen *nt*, Asterisk *m*
► **marqué(e) d'un** ~ mit Sternchen versehen
astéroïde [asteʀɔid] *m* Asteroid *m*
asthénie [asteni] *f* allgemeine Köperschwäche, Kraftlosigkeit *f*; ***il éprouve une sensation d'***~ er fühlt sich kraftlos
asthénique [astenik] I. *adj* asthenisch *spec*
II. *mf* MED Astheniker(in) *m(f)* *spec*
asthmatique [asmatik] I. *adj* asthmatisch
II. *mf* Asthmatiker(in) *m(f)*
asthme [asm] *m* Asthma *nt*; ***crise d'***~ Asthmaanfall *m*
asticot [astiko] *m* 1. (*ver*) Made *f*
2. *fam* Kerlchen *nt fam*
asticoter <1> [astikɔte] *vt fam* ■ **qn asticote qn** jd nervt jdn *fam*
astigmate [astigmat] I. *adj* astigmatisch
II. *mf* jd, der an Astigmatismus leidet
astigmatisme [astigmatism] *m* Astigmatismus *m*
astiquer <1> [astike] *vt* ■ **qn astique qc** *chaussures* jd putzt etw, jd reibt etw blank; *meubles, pomme* jd poliert etw; *maison, voiture* jd bringt etw auf Hochglanz; ***elle passe son temps à*** ~ sie verbringt ihre Zeit mit Putzen
astrakan [astʀakɑ̃] *m* Persianer *m*
astral, e <-aux> [astʀal, o] *adj*: ***influence*** ~***e*** Einfluss *m* der Sterne; ***signe*** ~ Sternzeichen *nt*; ***thème*** ~ Geburtshoroskop *nt*
astre [astʀ] *m* 1. ASTRON Gestirn *nt*
2. ASTROL Stern *m*
► **qn est beau(belle) comme un** ~ *hum* jd ist hinreißend schön; **qn consulte les** ~**s** jd befragt die Sterne; **qn lit dans les** ~**s** jd liest in den Sternen
◆ **l'astre de la nuit** *poét* das Nachtgestirn *liter*; **l'astre du jour** *poét* das Tagesgestirn *liter*
astreignant, e [astʀɛɲɑ̃, ɑ̃t] *adj travail, emploi* anstrengend; *horaire, règle* wenig Freiraum lassend; ***les enfants, c'est*** ~! Kinder nehmen einen voll und ganz in Anspruch!
astreindre *<irr>* [astʀɛ̃dʀ] I. *vt* ■ **qn/qc astreint qn à qc/à faire qc** jd/etw nötigt [*o* zwingt] jdn zu etw/etw zu tun; ***le médecin a astreint son patient à un régime sévère*** der Arzt hat seinem Patienten eine strenge Diät verordnet; ■ **qn est astreint(e) à qc** *à une discipline sévère* jdm wird etw auferlegt
II. *vpr* ■ **qn s'astreint à qc/à faire qc** jd zwingt sich zu etw/, etw zu tun
astreinte [astʀɛ̃t] *f* 1. Zwang *m*; ***quelle*** ~! wie lästig!
2. JUR Zwangsgeld *nt*
astringent, e [astʀɛ̃ʒɑ̃, ʒɑ̃t] I. *adj* adstringierend
II. *m* adstringierendes Mittel, Adstringens *nt*
astrologie [astʀɔlɔʒi] *f* Astrologie *f*
astrologique [astʀɔlɔʒik] *adj* astrologisch
astrologue [astʀɔlɔg] *mf* Astrologe/-login *m/f*
astronaute [astʀonot] *mf* Astronaut(in) *m(f)*
astronautique [astʀonotik] *f* Raumfahrt *f*, Astronautik *f*
astronef [astʀonɛf] *m* Raumschiff *nt*
astronome [astʀɔnɔm] *mf* Astronom(in) *m(f)*
astronomie [astʀɔnɔmi] *f* Astronomie *f*
astronomique [astʀɔnɔmik] *adj* 1. ASTRON astronomisch; ***année*** ~ Sternjahr *nt*; ***lunette*** ~ astronomisches Fernrohr, Keplersches Fernrohr
2. *chiffre, nombre* astronomisch [hoch] *fam*
astrophysique [astʀofizik] *f* Astrophysik *f*
astuce [astys] *f* 1. Ø (*qualité*) Schlauheit *f*, Raffiniertheit *f*
2. *souvent pl* (*truc*) Trick *m*, Kniff *m*
3. *gén pl fam* (*plaisanterie*) Witz *m*; ***il fait*** [*o* ***dit***] ***des*** ~***s*** er reißt [*o* macht] Witze
► **il y a une** ~, **y a une** ~ *fam* da ist doch ein Trick dabei; **qn trouve l'**~ jd findet den Trick [*o* Kniff] heraus
◆ **astuces du métier**: ***il connaît toutes les*** ~***s du métier*** er versteht sein Handwerk, er kennt alle Kniffe; ***elle a vite compris toutes les*** ~***s du métier*** sie hat ihr Handwerk schnell gelernt
astucieusement [astysjøzmɑ̃] *adv éviter, défendre* geschickt; *répondre* klug, schlau
astucieux, -euse [astysjø, -jøz] *adj* 1. *personne* schlau, raffiniert
2. *réponse* klug; *idée a.* schlau; *raisonnement a.* taktisch geschickt
► **c'est** ~! das ist clever *fam*; ***c'est*** ~, ***ça, comme idée!*** das ist 'ne clevere Idee! *fam*
asymétrie [asimetʀi] *f* Asymmetrie *f*
asymétrique [asimetʀik] *adj* asymmetrisch; *jambes* ungleich
atchoum [atʃum] *interj* hatschi, hatzi
atelier [atəlje] *m* 1. (*lieu de travail*) Werkstatt *f*; ■ ~ **de** -werkstatt; ~ ***de bobinage*** Spulerei *f*; ~ ***de composition*** Setzerei *f*; ~ ***de concassage*** Schotterwerk *nt*; ~ ***de cordonnier*** Schuhmacherwerkstatt
2. [*artiste, peintre etc*] Atelier *nt*; ~ ***de sculpture/ sculpteur*** Bildhaueratelier
3. IND [*usine*] [Produktions]anlage *f*; ~ ***de montage*** Montagehalle *f*
4. (*ensemble des ouvriers*) Belegschaft *f*
5. (*groupe de réflexion*) Arbeitsgruppe *f*
► ~ **flexible** computergesteuerte Anlage [kɔmˈpjuːtɐ-]; ~ **protégé** beschützende Werkstatt; **qn fonctionne/travaille par** [*o* **en**] ~**s** jd arbeitet in Arbeitsgruppen
◆ **atelier de couture** Schneiderwerkstatt *f*; **atelier de fabrication** Produktionsstätte *f*; **atelier de théâtre** Theaterwerkstatt *f*
atermoiement [atɛʀmwamɑ̃] *m* 1. *gén pl* (*hésitation*): ***des*** ~***s*** Ausflüchte; ***après bien des*** ~***s*** nach langem Zögern [*o* Zaudern] [*o* Hin und Her]; ***l'événement a montré la sagesse de cet*** ~ das Ereignis hat gezeigt, wie klug es war abzuwarten
2. JUR [Zahlungs]aufschub *m*, Stundung *f*
athée [ate] I. *adj* atheistisch; ***il est*** ~ er ist Atheist
II. *mf* Atheist(in) *m(f)*
athéisme [ateism] *m* Atheismus *m*
Athènes [atɛn] Athen *nt*
athlète [atlɛt] *mf* 1. SPORT Leichtathlet(in) *m(f)*; (*dans une compétition*) Wettkämpfer(in) *m(f)*; (*dans l'Antiquité*) Athlet *m*
2. (*personne musclée*) Kraftmensch *m*, Athlet *m*; ***corps d'***~ athletischer Körper
athlétique [atletik] *adj* 1. *corps, musculature* athletisch; *personne* athletisch gebaut
2. SPORT *discipline* leichtathletisch; ***jeux*** ~***s*** Leichtathletikwettkämpfe *pl*; (*dans l'Antiquité*) Sportspiele *pl*; ***sports*** ~***s*** Leichathletiksportarten
athlétisme [atletism] *m* Leichtathletik *f*; ***championnat d'***~ Leichtathletikmeisterschaft *f*
atlantique [atlɑ̃tik] I. *adj* atlantisch; ***côte*** ~ Atlantikküste *f*; ***l'Alliance*** ~ das Nordatlantische Bündnis, die Nordatlantische Allianz
II. *m* 1. GEOG ■ **l'A**~ der Atlantik, der Atlantische Ozean
2. POL: ***Pacte de l'A~ Nord*** Nordatlantikpakt *m*
atlantisme [atlɑ̃tism] *m amerika- und natofreundliche Politik*
atlas [atlɑs] *m* GEOG, ANAT Atlas *m*
atmosphère [atmɔsfɛʀ] *f* 1. (*couche de gaz*) Atmosphäre *f*
2. METEO Atmosphäre *f*; ***degré d'humidité de l'***~ Luftfeuchtigkeitsgrad *m*
3. (*air*) Luft *f*
4. (*ambiance*) Atmosphäre *f*, Stimmung *f*; ■ ~ **de qc**: ~ ***de vacances*** Ferienstimmung; ~ ***de travail*** Arbeitsatmosphäre
5. *vieilli* [*personne*] (*rayonnement*) Ausstrahlung *f*; (*entourage*) Umgebung *f*, Dunstkreis *m geh*; ***il se dégage de cette jeune fille une*** ~ ***de fraîcheur*** das junge Mädchen strahlt Frische aus
6. PHYS Atmosphäre *f*
► **l'**~ **devient irrespirable** (*vicié*) die Luft ist stickig; (*invivable*) die Atmosphäre ist unerträglich, es herrscht dicke Luft *fam*; ~ **joyeuse** fröhliche Stimmung; ~ **studieuse** Atmosphäre geistiger Anspannung; **qn/qc détend l'**~ jd/etw löst die Spannung; **qn doit changer d'**~ *fam* jd braucht einen Tapetenwechsel; ***ça fait du bien de changer d'***~ ein Tapetenwechsel tut gut
atmosphérique [atmɔsfeʀik] *adj* atmosphärisch; ***conditions*** ~***s*** Wetterlage *f*, Witterungsverhältnisse *pl*; ***pression*** ~ Luftdruck *m*; ***phénomènes*** ~***s*** meteorologische Phänomene
atome [atom] *m* 1. PHYS Atom *nt*; ■ ~ **de** -atom; ~ ***d'oxygène*** Sauerstoffatom
2. (*petite parcelle*) Winzigkeit *f*; ***que suis-je? un*** ~ ***pensant!*** was bin ich? ein winziges denkendes Etwas!
► **qn n'a pas un** ~ **de bon sens** jd hat nicht einen Funken gesunden Menschenverstand; **il n'y a pas un** ~ **de vrai** daran ist kein Körnchen Wahrheit; ~**s crochus** Affinitäten *pl*; ***il n'y a pas d'***~***s crochus entre ces deux personnes*** die beiden Menschen haben keinerlei Berührungspunkte miteinander
atomique [atɔmik] *adj* 1. PHYS Atom-; *énergie a.* Kern-; *armes, guerre a.* atomar; ***résidus*** ~***s*** Atommüll *m*
2. CHIM: ***masse*** ~ Atommasse *f*; ***structure*** ~ Struktur *f* eines Atoms; ***numéro*** ~ Ordnungszahl *f*
atomisation [atɔmizasjɔ̃] *f* Aufsplitterung *f*
atomisé, e [atɔmize] I. *adj* in einer Nuklearkatastrophe umgekommen; (*survivant*) strahlengeschädigt
II. *m, f* Opfer *nt* einer Nuklearkatastrophe; (*survivant*) Strahlengeschädigte(r) *f(m)*; ***les*** ~***s d'Hiroshima*** die Atombombenopfer von Hiroshima
atomiser <1> [atɔmize] I. *vt* 1. (*pulvériser*) ■ **qn/qc atomise qc** jd/etw zerstäubt etw
2. (*détruire*) ■ **qn/qc atomise qn/qc** *œuvre, décret* jd/etw macht etw zunichte; *adversaire, œuvre d'art* jd/etw vernichtet jdn/etw
II. *vpr* ■ **qc s'atomise** /*responsabilité*/ etw teilt sich auf; /*classe ouvrière a.*/ etw splittert sich auf
atomiseur [atɔmizœʀ] *m* Zerstäuber *m*
atomiste [atɔmist] I. *adj*: ***physicien*** ~ Atomphysiker *m*
II. *mf* Atomwissenschaftler(in) *m(f)*, Atomforscher(in) *m(f)*, Atomphysiker(in) *m(f)*
atonal, e <-aux> [atɔnal, o] *adj* atonal
atone [aton] *adj* 1. *regard, œil* ausdruckslos; *personne* energielos, lahm *fam*; *assemblée* träge; *vie* eintönig, langweilig
2. MED *intestin* träge
3. PHON unbetont
atours [atuʀ] *mpl* ► **dans ses plus beaux** ~ *hum* in seinem/ihrem Sonntagsstaat; ***qn se pare de ses plus beaux*** ~ jd zieht seinen Sonntagsstaat an, jd wirft sich in Schale *fam*
atout [atu] *m* 1. CARTES Trumpf *m*
2. (*avantage*) Trumpf *m*; (*qualité*) Pluspunkt *m*; ***ses connaissances en informatique sont de bons*** ~***s*** seine Informatikkenntnisse sind ein Pluspunkt
► **qn a tous les** ~**s dans son jeu** [*o* **de son côté**] jd hat [*o* hält] alle Trümpfe in der Hand; **qn met tous les** ~**s dans son jeu** [*o* **de son côté**] jd bringt alle seine Trümpfe ins Spiel; **qn a des** ~**s** jd hat Trümpfe; **c'est un** ~ das ist ein Vorteil [*o* Plus[punkt]]; **qn joue** ~ jd spielt Trumpf; **qn joue ses** ~**s** jd spielt seine Trümpfe aus; **d'**~ Trumpf-; ***as d'***~ Trumpf-Ass *nt*
◆ **atout maître** höchster Trumpf

atoxique [atɔksik] *adj* ungiftig, atoxisch

âtre [ɑtʀ] *m* Feuerstelle *f,* Kamin *m*

atroce [atʀɔs] *adj* **1.** (*horrible*) grauenhaft; *crime a.* scheußlich; *image a.* furchtbar; *vengeance* furchtbar, fürchterlich; *peur* furchtbar, unbeschreiblich, entsetzlich; ***souffrances ~s*** unsagbare Schmerzen
2. *fam* (*affreux*) *musique, film, manteau* furchtbar, fürchterlich; *temps, repas, boisson* scheußlich, grässlich; *personne* schrecklich; ***ton café est ~*** dein Kaffee schmeckt grässlich; ***il est d'une bêtise ~/laideur ~*** er ist furchtbar [*o* entsetzlich] dumm/hässlich

atrocement [atʀɔsmɑ̃] *adv* **1.** (*horriblement*) *faire mal, souffrir* unsagbar, furchtbar, entsetzlich; ***j'ai ~ mal aux dents*** ich habe furchtbare [*o* entsetzliche] Zahnschmerzen; ***qn est ~ mutilé(e)*** jd ist grässlich [*o* entsetzlich] [*o* furchtbar] verstümmelt
2. *fam* (*affreusement*) *ennuyeux, chaud, pénible* fürchterlich, furchtbar, entsetzlich; ***il louche ~*** er schielt fürchterlich [*o* furchtbar] [*o* entsetzlich]

atrocité [atʀɔsite] *f* **1.** (*cruauté*) [*action*] Scheußlichkeit *f,* Abscheulichkeit *f;* [*crime a.*] Grauenhaftigkeit *f;* [*supplice*] Unbeschreiblichkeit *f*
2. *pl* (*action*) Gräuel[taten *pl*] *pl,* Schandtaten *pl;* ***~s de la guerre*** Kriegsgräuel *pl*
3. (*calomnie*): ***des ~s*** Gräuelmärchen *pl,* abscheuliche [*o* furchtbare] Dinge

atrophie [atʀɔfi] *f* **1.** MED Rückbildung *f,* Verkümmerung *f,* Atrophie *f spec;* ***~ musculaire*** Muskelschwund *m,* Muskelatrophie *spec*
2. *littér* [*sentiment*] Schwinden *nt;* ***~ intellectuelle*** (*dans la vieillesse*) geistiger Verfall; ***~ de pensée*** (*par paresse*) geistige Verarmung

atrophié, e [atʀɔfje] *adj* verkümmert

atrophier <1 a> [atʀɔfje] **I.** *vpr* **1.** (*diminuer*) ■ **qc s'atrophie** etw verkümmert; /*membre, organe a.*/ etw bildet sich zurück
2. *littér* (*s'étioler*) ■ **qc s'atrophie** etw verkümmert; ***qn laisse s'~ qc en soi*** jd lässt etw in sich (*dat*) verkümmern
II. *vt* **1.** (*faire dépérir*) ■ **qc atrophie qc** *muscle* etw lässt etw verkümmern; ***des arbres atrophiés*** verkümmerte Bäume
2. *littér* (*détruire*) ■ **qc atrophie qc** *qualité, esprit* etw lässt etw verkümmern; ***la mort de sa femme a atrophié en lui toute volonté*** der Tod seiner Frau hat in ihm jegliche Willenskraft ausgelöscht [*o* erstickt]

attabler <1> [atable] *vpr* ■ **des personnes s'attablent** Menschen setzen sich zu Tisch; ***ils étaient attablés autour d'une bouteille de vin*** sie saßen bei einer Flasche Wein

attachant, e [ataʃɑ̃, ɑ̃t] *adj personne, personnalité* fesselnd; *film, roman a.* spannend; *région* reizvoll; *enfant* reizend

attache [ataʃ] *f* **1.** (*ustensile pour attacher*) Befestigung *f,* Halter *m,* Halterung *f;* (*pour des animaux*) Anbindevorrichtung *f;* (*pour des feuilles de papier*) Büroklammer *f;* (*pour des plantes, des arbres*) Schnur *f;* (*pour un cadre*) Aufhänger *m;* ***~s de tubes*** Rohrbefestigungen *pl;* ***~ de sol*** Zeltspannring *m;* ***~ du patin*** Kappenblech *nt*
2. *gén pl* (*relations*) Verbindungen *pl,* Beziehungen *pl;* ***libre et sans ~s*** frei und ungebunden
3. BOT Ranke *f*
4. ANAT Handgelenk *nt;* [*pied*] Fußgelenk *nt;* ***qn a des ~s fines*** jd hat schmale Handgelenke/Fußgelenke
▸ **~ métallique** Verbindungsbeschlag *m;* **qn a des ~s [à qc]** *au ministère, parti* jd hat Verbindungen [*o* Kontakte] [*o* Beziehungen] [zu etw]; **qn a des ~s avec qn/qc** jd hat Verbindungen zu jdm/etw; **qn conserve ses ~s avec qc** jd bewahrt seine Bindungen an etw (*akk*); ***il s'est séparé de sa femme mais il a gardé des ~s avec sa belle-famille*** er hat sich von seiner Frau getrennt, aber den Kontakt zu ihrer Familie hat er aufrechterhalten; **qn rompt ses ~s** jd bricht alle Beziehungen [*o* jede Verbindung] ab; **qn rompt** [*o* **tranche**] **toutes ses ~s avec qn/qc** jd bricht mit jdm/etw; **qn tient un chien à l'~** jd führt einen Hund an der Leine; **à l'~** angeleint
◆ **attache de bureau** Büroklammer *f;* **attache de sécurité** Sicherheitsriemen *m;* SKI Fangriemen *m*

attaché, e [ataʃe] **I.** *adj* **1.** (*lié d'affection*) ■ **qn est ~ à qn/qc** jd hängt an jdm/etw; *à une coutume a.* jd hält an etw (*dat*) fest; ■ **qn reste ~ à qc** jd bleibt einer S. (*dat*) verbunden
2. (*associé*) ■ **qc est ~ à qc** /*avantage, rétribution*/ etw ist mit etw verbunden [*o* verknüpft]; /*bonheur a.*/ etw ist von etw abhängig, etw ist an etw (*akk*) gebunden
3. (*soumis*) ■ **qn est ~ à qc** *à la glèbe* jd ist mit etw verwachsen; /*serf*/ jd ist an etw (*akk*) gebunden; *à la règle* jd ist an etw (*akk*) gebunden
4. (*ligoté*) ■ **qn est ~ à qc** jd ist an etw (*akk*) gefesselt
II. *m, f* Attaché *m*
▸ **~(e) commercial(e)** Handelsvertreter(in) *m(f);* **~(e) culturel(le)** Kulturattaché/Botschaftsrätin *f* in Sachen Kultur *m/f;* **~(e) militaire** Militärattaché *m*
◆ **attaché(e) d'ambassade** [Botschafts]rat/-rätin *m/f,* [Gesandtschafts]rat/-rätin *m/f;* **attaché(e) de direction** Direktionsmitarbeiter(in) *m(f);* **attaché(e) de presse** Pressesprecher(in) *m(f)*

attaché-case <~s-~s> [ataʃekɛz] *m* Aktenkoffer *m*

attachement [ataʃmɑ̃] *m* **1.** ■ **~ [à qn/qc]** Anhänglichkeit *f* [an jdn/etw]
2. CONSTR [*tägliche*] *Aufstellung der ausgeführten Bauarbeiten und entstandenen Kosten*
▸ **qn a de l'~ pour qn/qc** jd hängt an jdm/etw

attacher <1> [ataʃe] **I.** *vt* **1.** (*fixer*) ■ **qn attache qn/qc à** [*o* **sur**] **qc** jd macht jdn/etw an etw (*dat*) fest, jd befestigt etw an etw (*dat*); (*avec une corde, ficelle*) jd bindet jdn/etw an etw (*akk*) an; ■ **qn attache un animal à qc** jd bindet ein Tier an etw (*dat*) fest; ■ **qn attache qn sur qc** (*avec une corde, ficelle*) jd fesselt jdn an etw (*akk*); (*avec des clous*) jd nagelt jdn an etw (*akk*); ■ **qn attache qc à** [*o* **derrière**] **qc** *caravane* jd hängt etw an etw (*akk*) an
2. (*mettre ensemble*) ■ **qn attache des choses** jd bringt Dinge zusammen; *feuilles de papier* jd bündelt [*o* heftet] Dinge; ***qn lui attache les mains*** jd bindet jdm die Hände [zusammen]; ***le prisonnier avait les mains attachées derrière le dos*** dem Gefangenen waren die Hände auf den Rücken gebunden
3. (*fermer*) ■ **qn attache qc** *lacets, tablier* jd bindet etw; *montre, bracelet, collier, ceinture, bouton* jd macht etw zu; ***qn attache sa ceinture de sécurité*** jd schnallt sich an
4. (*faire tenir*) ■ **qn attache qc avec/par/au moyen de qc** jd befestigt etw mit etw; *paquet* (*avec de la ficelle*) jd bindet etw mit etw zu; (*avec du ruban adhésif*) jd klebt etw mit etw zu; *cheveux* jd bindet etw mit etw zusammen
5. (*maintenir*) ■ **qc attache qc/qn/un animal** etw hält etw/jdn/ein Tier [fest]; *cheveux* etw hält etw [zusammen]; ***des pinces à linge attachent les dessins à la ficelle*** die Zeichnungen werden mit Wäscheklammern an der Schnur befestigt
6. (*lier affectivement*) ■ **qc attache qn à qn/qc** etw bindet jdn an jdn/etw; ***une grande affection les attache l'un à l'autre*** eine große Zuneigung verbindet sie; ***qc attache qn à un pays*** etw verbindet jdn mit einem Land, etw bindet jdn an ein Land
7. (*attribuer*) ■ **qn attache qc à qc:** ***qn attache de l'importance à qc*** jd misst einer S. (*dat*) Bedeutung bei; ***qn attache du prix*** [*o* ***de la valeur***] ***à qc*** jd legt Wert auf etw (*akk*); ***quel sens attaches-tu à ce mot?*** was verbindest du mit diesem Wort?
II. *vi fam* ■ **qc attache** /*aliment, gâteau*/ etw hängt [*o* haftet] an; ***cette poêle attache*** in der Pfanne hängt [*o* haftet] alles an
III. *vpr* **1.** (*~ sa ceinture de sécurité*) ■ **qn s'attache** jd schnallt sich an
2. (*être attaché*) ■ **qn s'attache à qn/qc:** ***qn s'attache à un câble*** jd seilt sich an; ***qn s'attache à un guide*** ein Führer seilt jdn an; ***les alpinistes se sont attachés entre eux*** [***avec une corde***] die Bergsteiger seilten sich an; ■ **qc s'attache à qc** etw ist mit etw [fest] verbunden; /*lierre*/ etw rankt sich an etw (*dat*) fest
3. (*se fermer*) ■ **qc s'attache avec/par qc** etw wird mit etw zugemacht; ***cette ceinture/ce tablier s'attache par derrière*** dieser Gürtel wird hinten zugemacht/diese Schürze wird hinten gebunden
4. (*être lié d'affection*) ■ **qn s'attache à qn** jd gewinnt jdn lieb, jd fasst Zuneigung zu jdm; ■ **qn s'attache à qc** jd hängt sich an etw (*akk*); *à un pays* jd bindet sich gefühlsmäßig an etw (*akk*)
5. (*prendre en compte*) ■ **qn s'attache à qc** jd befasst [*o* beschäftigt] sich mit etw, jd gibt sich mit etw ab
6. (*s'appliquer*) ■ **qn s'attache à faire qc** jd bemüht sich [*o* ist bestrebt], etw zu tun
7. (*aller de pair avec*) ■ **qc s'attache à une chose** /*avantages*/ *à un poste* eine S. ist mit etw verbunden; *au statut de fonctionnaire* eine S. bringt etw mit sich

attaquable [atakabl] *adj* **1.** MIL angreifbar
2. JUR *jugement, testament* anfechtbar; ***ce forfait n'est pas ~*** gegen diese Untat kann man nicht vorgehen

attaquant, e [atakɑ̃, ɑ̃t] *m, f* Angreifer(in) *m(f)*

attaque [atak] *f* **1.** MIL ■ **~ [de qn]** [jds] Angriff *m;* ***l'~ de la Bastille/de la forteresse*** der Sturm auf die Bastille/der Angriff auf die Festung
2. (*acte de violence*) Überfall *m;* ■ **~ [contre qn/qc]** Angriff *m* [auf jdn/etw]; ■ **~ de qc** Überfall auf etw (*akk*)
3. MED (*crise*) Anfall *m;* ■ **~ de** -anfall; ***~ d'apoplexie*** Schlaganfall; ***~ d'épilepsie*** epileptischer Anfall
4. SPORT Angriff *m;* (*joueurs*) Angriff *m*
5. MUS Einsetzen *nt,* Einsatz *m;* (*jazz*) Attacke *f*
6. PHON Ansatz *m*
▸ **~ aérienne** Luftangriff *m;* **~ nocturne** nächtlicher Überfall; **qn a une ~** (*~ cardiaque*) jd bekommt [*o* hat] einen Herzanfall; (*~ cérébrale*) jd bekommt [*o* hat] einen Schlaganfall; **qn est** [*o* **se sent**] **d'~** *fam* jd ist in Form [*o* fit]; **qn mène une ~** jd führt einen Angriff; **qn passe à l'~** jd geht zum Angriff über; **en ~** FBALL *équipe* offensiv; ***joueur en ~*** Angriffsspieler *m;* **à l'~!** zum Angriff!
◆ **attaque à main armée** bewaffneter Überfall

attaquer <1> [atake] **I.** *vt* **1.** (*porter un coup*) ■ **qn attaque qn/qc** /*armée, pays*/ jd greift jdn/etw an; (*pour voler*) *banque, personne, supermarché* jd überfällt jdn/etw; ■ **un animal attaque qn/un animal** ein Tier greift jdn/ein Tier an
2. SPORT ■ **qn attaque qn** jd greift jdn an
3. (*critiquer*) ■ **qn/qc attaque qn [sur qc]** jd/etw greift jdn [wegen etw] an, jd attackiert jdn [wegen etw]; ■ **qn/qc attaque qc** jd/etw greift etw an [*o* attackiert etw]
4. JUR: ***qn attaque qn en justice*** jd belangt jdn gerichtlich, jd verklagt jdn; ■ **qn attaque qc** *décret, loi* jd wendet sich gegen etw; *jugement, testament, acte* jd ficht etw an
5. (*ronger*) ■ **qc attaque qc** *paroi de l'estomac* etw greift etw an; *fer a.* etw frisst etw an; *falaise* etw wäscht etw aus; ***l'épidémie de choléra a attaqué toute la ville*** die ganze Stadt ist von der Choleraepidemie befallen
6. (*commencer*) ■ **qn attaque qc** jd beginnt etw; *chapitre a.* jd liest etw an; *travail a.* jd nimmt etw in Angriff, jd macht sich an etw (*akk*); *sujet* jd schneidet etw an
7. *fam* (*commencer à manger*) ■ **qn attaque qc** jd fällt [*o* macht sich] über etw (*akk*) her; ***allez, Dédé, attaque!*** los, Dédé, hau rein [*o* lang zu]! *fam*
8. MUS ■ **qn attaque qc** *morceau* jd beginnt etw zu spielen
9. (*chercher à surmonter*) ■ **qn attaque qc** *difficulté, problème* jd geht [*o* packt] etw an; ***il faut ~ le mal à sa racine*** man muss das Übel bei [*o* an] der Wurzel packen
II. *vpr* **1.** (*affronter*) ■ **qn s'attaque à qn/qc** jd greift jdn/etw an; ***il ne faut pas s'~ à plus fort que soi*** man sollte sich nicht mit Stärkeren anlegen
2. (*chercher à résoudre*) ■ **qn s'attaque à qc** *à une difficulté, un problème*

jd geht [*o* packt] etw an
3. (*commencer*) ■ **qn s'attaque à qc** jd nimmt etw in Angriff
attardé, e [ataʀde] **I.** *adj* **1.** (*en retard*) verspätet
2. PSYCH [geistig] zurückgeblieben
II. *m, f péj* [geistig] Zurückgebliebene(r) *f(m)*; ***ce sont des ~s!*** die sind [geistig] zurückgeblieben!
attarder <1> [ataʀde] **I.** *vt* ■ **qn/qc attarde qn** jd/etw hält jdn auf
II. *vpr* **1.** (*se mettre en retard*) ■ **qn s'attarde** jd verspätet sich; ***ne t'attarde pas en route!*** halte dich unterwegs nicht zu lange auf!, trödele unterwegs nicht! *fam;* ***Paul et Robert s'attardaient à boire*** Paul und Robert tranken gemächlich etwas
2. (*continuer de faire qc*) ■ **qn s'attarde sur** [*o* **à**] **qc** *sur un sujet* jd verweilt bei etw; *à un détail* jd hält sich an etw (*dat*) auf
atteindre <irr> [atɛ̃dʀ] **I.** *vt* **1.** (*parvenir à toucher*) ■ **qn atteint qc** jd erreicht etw; *cible* jd trifft etw; (*difficilement*) jd kommt [*o* reicht] an etw (*akk*) heran
2. (*rattraper*) ■ **qn atteint qn** jd holt jdn ein; ***qn atteint le peloton*** jd schließt zum Hauptfeld auf, jd holt das Hauptfeld ein; ***ce n'est qu'en suivant l'exemple des hommes célèbres qu'on peut espérer les ~*** nur wenn man dem guten Beispiel berühmter Menschen folgt, kann man hoffen es ihnen gleichzutun
3. (*toucher*) ■ **qn/qc atteint qn/qc** jd/etw trifft jdn/etw; ***qn atteint qn à la jambe*** jd trifft jdn am Bein; ***la balle l'a atteint en plein cœur/en plein centre*** die Kugel traf ihn/sie mitten ins Herz/voll
4. (*blesser moralement*) ■ **qc atteint qc** etw trifft etw; ■ **qc atteint qn** [**dans qc**] etw trifft jdn [in etw (*dat*)]; ***cette critique l'atteignit dans son amour-propre*** diese Kritik traf ihn/sie in seinem/ihrem Selbstwertgefühl
5. (*troubler intellectuellement*) ■ **qc atteint qn** [**dans qc**] etw irritiert jdn, etw macht jdn [in Bezug auf etw (*akk*)] unsicher
6. (*frapper*) ■ **qc atteint qn** etw befällt jdn; ■ **qn est atteint(e) de qc** jd ist an etw (*dat*) erkrankt; ■ **qc est atteint(e) de qc** *littér* /*âme, sens*/ etw wird von etw heimgesucht *liter*
7. ■ **qc atteint qc** /*gelée, mildiou*/ etw befällt etw
8. (*gagner*) ■ **qn atteint qc** *rivage, terre, sommet de la montagne* jd erreicht etw
9. (*parvenir à*) ■ **qn/qc atteint qc** *objectifs* jd/etw erreicht etw; ***il venait d'atteindre ses cinquante ans*** er war soeben 50 Jahre alt geworden; ***vous atteignez là le cœur du problème*** Sie stoßen hier auf den Kern des Problems
10. (*toucher psychologiquement*) ■ **qn/qc atteint des personnes** jd/etw spricht Menschen an
11. (*joindre*) ■ **qn atteint qn**: ***j'ai cherché à l'~ [par téléphone] toute la journée*** ich habe den ganzen Tag versucht ihn/sie [telefonisch] zu erreichen
II. *vi littér* ■ **qc atteint à qc** *à la mesure* etw erreicht etw; *au sublime* etw grenzt an etw (*akk*)
atteint, e [atɛ̃, ɛ̃t] *adj* **1.** (*touché par la maladie*): ***qn est très ~*** jd ist schwer krank; ***Paul a la varicelle, je vois qu'il est bien ~*** Paul hat Windpocken, ich sehe, es hat ihn ganz schön erwischt
2. *fam* (*fou*) übergeschnappt *fam*
3. (*endommagé*): ***le foie est ~*** die Leber ist [stark] angegriffen
atteinte [atɛ̃t] *f* **1.** (*dommage causé*) ■ **~ à qc** Beeinträchtigung *f* einer S. (*gen*); ~ ***à l'indépendance*** Einschränkung *f* der Unabhängigkeit; ***c'est une ~ à ma réputation/mon honneur*** das schadet meinem Ansehen/meiner Ehre
2. *pl* (*effet pénible*) [*âge*] Spuren *pl;* [*froid*] Beeinträchtigung *f;* [*mal*] Folgeerscheinung *f;* ***~s du temps*** Witterungsschäden *pl*
▸ **qn se met hors d'~** jd bringt sich in Sicherheit; **qn porte ~ à qc** *à l'autorité, au crédit, au prestige* jd schädigt [*o* beeinträchtigt] etw; ***rien ne porte ~ à la lucidité de son regard*** nichts trübt seinen/ihren Scharfblick; **hors d'~** *fuyard* außer Reichweite; *réputation* unantastbar; ***ils sont hors d'~ des balles*** sie sind außer Schussweite
◆ **atteinte à la liberté individuelle** Beeinträchtigung *f* der persönlichen Freiheit; **atteinte à la sûreté de l'État** Gefährdung *f* der Staatssicherheit, Hochverrat *m*
attelage [at(ə)laʒ] *m* **1.** (*dispositif*) [*chevaux, chiens*] Geschirr *nt;* [*véhicule de chemin de fer*] Kupplung *f;* ~ ***de chevaux*** Pferdegeschirr; ~ ***à deux chevaux*** Doppelgeschirr
2. (*action*) [*cheval*] Anspannen *nt,* Anschirren *nt;* [*bœuf*] Einspannen *nt;* [*wagon*] Anhängen *nt,* Ankuppeln *nt*
atteler <3> [at(ə)le] **I.** *vt* **1.** (*attacher*) ■ **qn attelle un animal/qc** *voiture* jd spannt ein Tier/etw an; *cheval a.* jd schirrt ein Tier an; *bœuf* jd spannt ein Tier ein; ***qn attelle le cheval à la charrette*** jd spannt das Pferd vor den Karren; ***qn attelle des animaux en paire ou en file*** jd spannt Tiere nebeneinander oder hintereinander an; ***qn fait ~*** jd lässt anspannen
2. (*mettre qn à*) ■ **qn attelle qn à qc** *à un travail* jd zieht jdn zu etw heran, jd spannt jdn zu etw ein *fam*
II. *vpr* ■ **qn s'attelle à qc** *à une tâche* jd macht sich an etw (*akk*); *à un travail a.* jd kniet sich in etw (*akk*) hinein; ***je vais m'~ au rangement de la cave*** ich werde mich daranmachen, den Keller aufzuräumen
attelle [atɛl] *f* Schiene *f*
attenant, e [at(ə)nɑ̃, ɑ̃t] *adj* angrenzend; ***le terrain ~*** das Nachbargrundstück; ■ **~ à qc** *pièce, terrain* angrenzend an etw (*akk*); ***qc est ~ à qc*** etw grenzt an etw (*akk*)
attendre <14> [atɑ̃dʀ] **I.** *vt* **1.** (*guetter, compter sur*) ■ **qn attend qn/qc** jd wartet auf jdn/etw, jd erwartet jdn/etw; *moment favorable* jd wartet [*o* passt] etw ab; *occasion favorable* jd wartet etw ab; ***ne nous attendez pas avant 6 heures du soir*** erwartet uns nicht vor 6 Uhr abends; ***j'attends les soldes*** ich warte auf den Ausverkauf [*o* den Ausverkauf ab]; ***j'ai dû ~ l'ouverture du magasin*** ich musste warten, bis das Geschäft öffnete; ■ **qn attend qn/qc pour faire qc** jd wartet auf jdn/etw um etw zu tun; ■ **qn n'attend plus que qn/qc pour faire qc** jd wartet nur noch auf jdn/etw um etw zu tun
2. (*espérer*) ■ **qn attend qn/qc** jd erwartet jdn/etw; ***cet enfant est arrivé à un moment où on ne l'attendait plus*** dieses Kind kam zu einem Zeitpunkt, als man nicht mehr mit ihm gerechnet hatte; ***qn attend un enfant*** jd erwartet ein Kind; ■ **qn attend qc de qn** jd erwartet etw von jdm; ***j'attendais mieux de cet élève*** ich hätte mehr von diesem Schüler erwartet
3. (*être préparé pour*) ■ **qc attend qn** /*voiture*/ etw wartet auf jdn; ■ **qc attend qn quelque part/à un certain moment** /*surprise*/ etw wartet [irgendwo/irgendwann] auf jdn; /*accident, expérience*/ etw steht jdm [irgendwo/irgendwann] bevor
4. (*ne rien faire avant de*) ■ **qn attend de** + *infin* jd wartet ab, bis; ***il attend d'en savoir plus*** er wartet [ab], bis er mehr weiß; ***j'attends d'avoir mon bac*** ich warte [ab], bis ich mein Abitur habe; ich warte mein Abitur ab; ■ **qn attend que** + *subj* jd wartet, bis
5. *fam* (*se montrer impatient avec*) ■ **qn attend après qn** jd wartet auf jdn
6. *fam* (*avoir besoin de*) ■ **qn attend après qc** jd wartet auf etw (*akk*)
▸ **qn attend une chose/n'attend qu'une chose** jd wartet auf eins/wartet nur auf eins; **en attendant mieux** in Erwartung eines Besseren, bis sich etwas Besseres findet; **qn attend que ça passe** jd wartet einfach ab; ***la machine est en panne? et vous attendez que ça passe?*** ist die Maschine kaputt? und ihr wartet darauf, dass sie von ganz alleine wieder läuft, was?; **qn attend de voir** [**pour y croire**] jd glaubt's nicht so richtig; ***attends/j'attends de voir pour y croire!*** wer's glaubt wird selig!; [**mais**] **en attendant** (*temporel*) [doch] bis dahin [*o* bis es soweit ist]; **en attendant de faire qc** [so lange] bis man etw tut; ***le jeune homme travaille à l'usine en attendant de trouver un emploi*** der junge Mann arbeitet in der Fabrik, [so lange] bis er eine Stelle gefunden hat; **en attendant que** + *subj* [so lange] bis; **qn n'attend que ça** jd wartet [ja] nur darauf
II. *vi* ■ **qn attend** jd wartet; ***j'ai attendu [pendant] 3 heures*** ich habe 3 Stunden [lang] gewartet; ■ **qn fait ~ qn** jd lässt jdn warten; ■ **qn se fait ~** jd lässt auf sich (*akk*) warten; ■ **qc attend** etw wartet; ***dépêche-toi, le train n'attend pas*** beeil dich, der Zug wartet nicht
▸ **ça peut ~** es eilt nicht; ***les impôts, ça peut ~!*** die Steuern, die können [noch] warten!; **tu peux toujours ~!** da kannst du lange warten [*o* warten, bis du schwarz wirst]! *fam;* **sans ~** sofort, unverzüglich; **attends!/attendez!** (*pour interrompre*) warte mal!/wartet mal!/waren Sie!, [einen] Augenblick [*o* Moment] [mal]!; (*pour menacer*) na, warte!/na, wartet!/na, warten Sie!; (*pour réfléchir*) warte mal!/wartet mal!
III. *vpr* ■ **qn s'attend à qc** jd erwartet etw, jd rechnet mit etw; *à une remontrance, à des licenciements, à tout* jd ist auf etw (*akk*) gefasst; ■ **qn s'attend à faire qc** jd erwartet [*o* rechnet damit] etw zu tun; *à être grondé* jd ist darauf gefasst, etw zu tun; ***il s'est attendu à recevoir une mauvaise nouvelle*** er war auf eine schlechte Nachricht gefasst; ■ **qn s'attend à ce que** + *subj* jd erwartet [*o* rechnet damit], dass; (*en cas de chose désagréable*) jd ist darauf gefasst, dass; ***il faut s'~ à ce que*** + *subj* es ist zu erwarten, dass; es steht zu erwarten, dass *geh*
▸ **comme il fallait s'y ~** wie zu erwarten war; **je m'y attendais** das hatte ich erwartet, darauf war ich gefasst, damit hatte ich gerechnet
attendri, e [atɑ̃dʀi] *adj* gerührt; ***qn pose un regard ~ sur qc*** jd betrachtet etw gerührt; ***qn regarde qn d'un air ~*** jd sieht jdn liebevoll an
attendrir <8> [atɑ̃dʀiʀ] **I.** *vt* **1.** (*émouvoir*) ■ **qn/qc attendrit qn** jd/etw rührt jdn; (*toucher de compassion*) jd/etw erregt jds Mitleid; ■ **qc attendrit qc** *cœur* etw erweicht etw
2. GASTR ■ **qn/qc attendrit qc** jd/etw macht etw weich; ***il fait mariner la viande pour l'~*** er legt das Fleisch in eine Marinade, damit es weich [*o* zart] wird
II. *vpr* ■ **une personne s'attendrit sur qn** [*o* **sur le sort de qn**] jds Schicksal rührt einen Menschen; (*éprouver de la compassion*) ein Mensch hat [*o* empfindet] Mitleid mit jdm; ***arrête de t'~ sur toi-même*** hör auf dich selbst zu bemitleiden; ■ **qn se laisse ~** jd lässt sich erweichen
attendrissant, e [atɑ̃dʀisɑ̃, ɑ̃t] *adj* rührend; *spectacle a.* ergreifend
attendrissement [atɑ̃dʀismɑ̃] *m* Rührung *f;* ***larmes d'~*** Tränen *pl* der Rührung
attendu, e [atɑ̃dy] **I.** *pp de* **attendre**
II. *adj* **1.** (*espéré*) erwartet; ***le jour tant ~*** der lang ersehnte Tag
2. JUR ■ **~ que** in Erwägung, dass
III. *mpl* JUR Urteilsbegründung *f*
attentat [atɑ̃ta] *m* ■ **~** [**contre qn/qc**] Attentat *nt* [*o* Anschlag *m*] [auf [*o* gegen] jdn/etw]
◆ **attentat à la bombe** Bombenanschlag *m;* **attentat à la liberté** JUR Freiheitsberaubung *f;* **attentat au plastic** Sprengstoffanschlag *m;* **attentat à la pudeur** JUR Sittlichkeitsvergehen *nt,* Sittlichkeitsdelikt *nt*
attente [atɑ̃t] *f* ■ **l'~ de qn/qc** das Warten auf jdn/etw
▸ **contre toute ~** wider Erwarten, entgegen allen Erwartungen; **qn/qc déçoit l'~ de qn** jd/etw enttäuscht jds Erwartungen; **qn/qc répond** [*o* **correspond**] **à l'~ de qn** jd/etw entspricht jds Erwartung (*dat*); **qn vit dans l'~ de qc** jd lebt in der Erwartung einer S. (*gen*); **d'~** *solution* vorübergehend, Übergangs-; *liste, salle* Warte-; ***file d'~*** Warteschlange *f;* **dans l'~ de qc** in Erwartung einer S. (*gen*); ***dans cette ~*** in dieser Erwartung; **en ~**: ***les voyageurs en ~ du vol …*** Passagiere *pl* des Fluges …; ***qn laisse qc en ~*** jd lässt etw liegen; ***qn a qc en ~*** jd hat etw fertig
attenter <1> [atɑ̃te] *vi* ■ **qn attente à qc** *à la dignité, liberté, propriété, l'honneur* jd tastet etw an; *à la sûreté de l'État* jd gefährdet etw; ***qn attente à la vie de qn*** jd trachtet jdm nach dem Leben; POL jd verübt einen Anschlag auf [*o* gegen] jdn; ***qn attente à sa vie [o à ses jours]*** jd verübt Selbstmord, jd bringt sich um
attentif, -ive [atɑ̃tif, -iv] *adj* **1.** (*vigilant*) aufmerksam; ***d'un air ~*** auf-

merksam
2. (*veillant soigneusement*) ■ **qn est ~ à qc** *aux tendances sociales* jd verfolgt etw aufmerksam; *aux différences* jd achtet auf etw (*akk*); ■ **~ à faire qc** darauf bedacht, etw zu tun
3. (*prévenant*) aufmerksam; *soins a.* sorgfältig; ***qn entoure qn d'une amitié ~ive*** jd ist jdm ein sehr aufmerksamer Freund

attention [atɑ̃sjɔ̃] *f* **1.** (*concentration*) Aufmerksamkeit *f;* ***ce travail requiert une grande ~*** diese Arbeit erfordert hohe Konzentration
2. *souvent pl* (*prévenance*) Aufmerksamkeit *f;* ***merci de votre délicate ~*** haben Sie Dank für Ihre nette Aufmerksamkeit
▶ **~, danger!** Vorsicht, Gefahrstelle!; **~, sortie de chantier/camions** Achtung, Baustellenausfahrt/Lastwagenverkehr!; **qn est plein(e) d'~s pour qn** *pour le patron* jd ist jdm gegenüber aufmerksam [*o* zuvorkommend]; *pour l'enfant* jd ist um jdn rührend bemüht [*o* besorgt]; **qn a des ~s pour qn** jd erweist jdm Aufmerksamkeiten; **qn/qc attire** [*o* **éveille**] **l'~ de qn** jd/etw erregt jds Aufmerksamkeit; **qn/qc attire l'~ de qn sur qc/sur le fait que** jd/etw lenkt jds Aufmerksamkeit auf etw (*akk*)/bringt jdn darauf, dass; **qn entoure qn d'~s** jd überhäuft jdn mit Aufmerksamkeiten; **qn fait ~ à ce que** + *indic* jd passt auf, was; **qn fait ~** [**à ce**] **que** + *subj* jd passt auf, dass; **qn fait ~ à qn/qc** jd gibt auf jdn/etw acht, jd passt auf jdn/etw auf, jd achtet auf jdn/etw; ***tu ne peux pas faire ~, non?*** kannst du nicht aufpassen?; ***fais ~!*** pass doch auf!; **qn fixe son ~** [**sur qn/qc**] jd konzentriert sich [auf jdn/etw]; **qn/qc mérite** [**toute**] **l'~ de qn** jd/etw verdient jds [ganze] Aufmerksamkeit [*o* Beachtung]; **qn prête ~ à qn/qc** jd schenkt jdm/einer S. Aufmerksamkeit [*o* Beachtung], jd nimmt von jdm/etw Notiz; **qn ne prête** [*o* **ne donne**] **aucune ~ à qn/qc** jd schenkt jdm/einer S. überhaupt keine Aufmerksamkeit [*o* Beachtung], jd nimmt von jdm/etw überhaupt keine Notiz; **à l'~ de qn** zu jds Händen; **alors là, ~** [**les vélos**] *fam* aber hallo *fam;* **avec ~** aufmerksam; **~!** Vorsicht!, Achtung!, aufgepasst!; **~ *à la voiture!*** Vorsicht [*o* pass auf/passen Sie auf], [da ist [*o* steht]/kommt] ein Auto!; **~ *à la marche!*** Vorsicht Stufe!; [***mais***] **~!** (*avertissement*) [aber] ich warne dich/ Sie/euch!; (*appel à la prudence*) nicht so voreilig!

attentionné, e [atɑ̃sjɔne] *adj* ■ **~ envers** [*o* **pour**] **qn** [sehr] aufmerksam [*o* zuvorkommend] jdm gegenüber; ■ **qn est très ~ envers** [*o* **pour**] **qn** jd ist rührend um jdn bemüht

attentiste [atɑ̃tist] **I.** *adj personne* eine abwartende Haltung einnehmend, sich abwartend verhaltend; *position* abwartend
II. *mf* jd, der sich abwartend verhält

attentivement [atɑ̃tivmɑ̃] *adv* aufmerksam

atténuation [atenɥasjɔ̃] *f littér* [*douleur, sentiments*] (*action d'atténuer*) Milderung *f;* (*fait de s'atténuer*) Nachlassen *nt;* [*souffrance*] Erleichterung *f,* Linderung *f;* [*discipline*] Lockerung *f;* ***Paul a apporté quelques ~s à ses reproches*** Paul hat sich in seinen Vorwürfen etwas gemäßigt
◆ **atténuation de peine** JUR Strafmilderung *f*

atténuer <1> [atenɥe] **I.** *vt* ■ **qc atténue qc** *passion* etw dämpft etw; *couleurs a.* etw schwächt etw ab; *faute* etw verniedlicht [*o* verharmlost] etw; *douleur* etw lindert [*o* mildert] etw; *amertume, termes* etw schwächt etw ab, etw mildert etw
II. *vpr* ■ **qc s'atténue** etw mildert sich; /*douleurs a.*/ etw lässt nach; /*amertume a.*/ etw schwächt sich ab; /*secousse sismique*/ etw wird schwächer

atterrant, e [atɛʀɑ̃, ɑ̃t] *adj* bestürzend

atterré, e [ateʀe] *adj* ganz betroffen, [auf höchste] bestürzt, am Boden zerstört *fam;* ***je suis ~ par sa bêtise*** ich bin bestürzt [*o* erschüttert] über seine/ihre Dummheit

atterrer <1> [ateʀe] *vt* ■ **qc atterre qn** /*nouvelle*/ etw bestürzt jdn, etw macht jdn sehr betroffen

atterrir <8> [ateʀiʀ] *vi* **1.** AVIAT, NAUT ■ **qc atterrit** [**quelque part**] /*avion*/ etw landet [irgendwo]; /*bateau*/ etw legt [irgendwo] an; ■ **qn atterrit** [**quelque part**] /*passager d'un bateau*/ jd geht [irgendwo] an Land; /*passager d'un avion*/ jd landet [irgendwo]
2. *fam* (*se retrouver*) ■ **qn/qc atterrit** [**quelque part**] jd/etw landet [irgendwo] *fam*
3. *fam* (*revenir sur terre*) ■ **qn atterrit** bei jdm dämmert's *fam;* ***c'est maintenant que tu atterris?*** merkst du das erst jetzt?; ***atterrissez/atterris*** wacht auf/wach auf

atterrissage [ateʀisaʒ] *m* Landen *nt;* [*avion a.*] Landung *f;* [*bateau*] Anlegen *nt;* **~ *sur le ventre*** Bauchlandung
▶ **~ forcé** Notlandung *f*
◆ **atterrissage en catastrophe** Bruchlandung *f*

attestation [atɛstasjɔ̃] *f* Bescheinigung *f,* Nachweis *m*
◆ **attestation d'activité salariée/employeur** Arbeitsbescheinigung *f;* **attestation d'assurance** Versicherungsbescheinigung *f,* Versicherungsbestätigung *f;* **attestation de domicile** Wohnungsnachweis *m*

attester <1> [atɛste] *vt* **1.** (*certifier*) ■ **qn atteste qc/que** + *indic* jd bestätigt etw/, dass; (*par écrit*) jd bescheinigt etw/, dass
2. (*être la preuve*) ■ **qc atteste qc/que** + *indic* etw ist ein Beweis *m* für etw/dafür, dass
3. LING ■ **qc est attesté(e) quelque part** etw ist [irgendwo] belegt

attiédir <8> [atjediʀ] **I.** *vt* **1.** (*rendre tiède*) ■ **qn/qc attiédit qc** (*en refroidissant*) jd/etw kühlt etw ab; (*en réchauffant*) jd/etw erwärmt etw; ***le vent attiédit les saisons brûlantes*** durch den Wind werden die heißen Jahreszeiten erträglicher
2. (*rendre moins vif*) ■ **qc attiédit qc** *sentiment* etw kühlt etw ab; *zèle* etw dämpft etw, etw lässt etw erlahmen *geh*
II. *vpr* **1.** (*devenir tiède*) ■ **qc s'attiédit** (*en se refroidissant*) etw kühlt ab; (*en se réchauffant*) etw erwärmt sich; ***les jours s'attiédissaient peu à peu*** die Tage wurden allmählich wärmer
2. (*devenir moins vif*) ■ **qc s'attiédit** /*désir*/ etw kühlt ab; /*sentiment, amour a.*/ etw erkaltet, etw lässt nach

attiédissement [atjedismɑ̃] *m* [*zèle*] Nachlassen *nt;* [*foi a.*] Schwinden *nt;* [*sentiment*] Erkalten *nt*

attifé, e [atife] *adj fam* herausgeputzt, ausstaffiert; ***mal ~*** furchtbar angezogen

attifer <1> [atife] **I.** *vt fam* ■ **qn attife qn** jd staffiert jdn aus, jd putzt jdn heraus
II. *vpr fam* ■ **qn s'attife** jd putzt sich heraus, jd staffiert sich aus; ***il ne sait pas s'~*** er hat keinen Geschmack für Klamotten *fam;* ***elle dépense tout son fric à s'~*** sie gibt ihre ganze Kohle für Klamotten aus *fam*

attiger <2 a> [atiʒe] *vi vieilli fam* ■ **qn attige** jd trägt dick auf

attirail [atiʀaj] *m* **1.** (*équipement*) Ausrüstung *f;* ■ **~ de** *de camping, pêche* -ausrüstung; **~ *de maquillage*** Schminkzeug *nt*
2. *iron* (*équipement compliqué*) Utensilien *pl*

attirance [atiʀɑ̃s] *f* Anziehungskraft *f;* ■ **~ envers** [*o* **pour**] [*o* **vers**] **qn/qc:** ***l'~ vers les littératures étrangères*** der Reiz, der [*o* die Anziehungskraft, die] von der ausländischen Literatur ausgeht; ***il éprouve une certaine/de l'~ pour*** [*o* ***envers***] ***elle*** er fühlt sich zu ihr hingezogen [*o* von ihr angezogen]

attirant, e [atiʀɑ̃, ɑ̃t] *adj personne, physionomie* anziehend; *proposition* verlockend; *publicité* ansprechend; ***il y avait dans son regard quelque chose d'~*** sein/ihr Blick hatte etwas Anziehendes [*o* Faszinierendes]; ***la couverture de notre magazine doit être ~e*** die Titelseite unserer Zeitschrift muss ansprechen

attirer <1> [atiʀe] **I.** *vt* **1.** PHYS ■ **qc attire qc** etw zieht etw an
2. (*retenir*) ■ **qc attire qc:** ***le tableau attire l'attention/le regard*** das Bild erregt Aufmerksamkeit/Aufsehen; ■ **qn attire qc** [**sur soi-même**]: ***elle attire le regard/l'attention/les foules*** sie lenkt den Blick/die Aufmerksamkeit/die Aufmerksamkeit der Menge auf sich (*akk*)
3. (*susciter*) ■ **qn attire qc sur soi** [*o* **sur sa tête**] jd zieht etw auf sich (*akk*); ***elle a attiré sur elle la colère de toute la ville*** sie hat sich den Zorn der ganzen Stadt zugezogen
4. (*plaire*) ■ **qc attire qn** etw spricht jdn an
5. (*faire venir*) ■ **qn attire un animal** jd lockt ein Tier an; ■ **qc attire un animal** [**quelque part**] etw lockt ein Tier an, etw lockt ein Tier irgendwohin; ■ **qc attire qn** [**quelque part**] etw zieht jdn an, etw lockt jdn irgendwohin
6. (*allécher*) ■ **qn/qc attire qn par qc** jd/etw ködert [*o* lockt] jdn [mit etw]
7. (*procurer*) ■ **qc lui attire qc** *sympathie* etw bringt jdm etw ein; ***sa modestie lui attire la bienveillance de l'auditoire*** seine/ihre Bescheidenheit weckt das Wohlwollen des Publikums
8. (*valoir*) ■ **qc lui attire qn** etw verschafft jdm jdn; ***cela lui attire des amis*** damit schafft er sich Freunde; ■ **qc lui attire qc** etw beschert jdm etw; ***cela lui attire des ennuis*** das bringt ihn in Schwierigkeiten; ***sa réputation lui a attiré une nombreuse clientèle*** sein/ihr guter Ruf brachte ihm/ihr eine große Kundschaft
9. (*tirer à soi*) ■ **qn attire qn** jd zieht jdn an sich (*akk*); ***qn attire qn dans un coin*** jd zieht jdn in eine stille Ecke; ***qn attire qn dans ses bras*** jd schließt jdn in seine Arme
10. (*faire monter*) ■ **qc attire qc quelque part:** ***la colère attire le sang à la tête*** durch die Wut steigt das Blut in den Kopf
II. *vpr* **1.** ■ **des personnes/choses s'attirent** Menschen/Dinge ziehen sich an
2. (*susciter*) ■ **qn s'attire qc** *méchante affaire* jd handelt sich (*dat*) etw ein; *compliment* jd bekommt etw; *inimitié* jd zieht sich (*dat*) etw zu; *amitié* jd gewinnt etw; ■ **qn s'attire qn** (*se concilier*) jd gewinnt jdn; ***il s'est attiré de nombreux ennemis/amis*** er hat sich (*dat*) viele Feinde/Freunde geschaffen

attiser <1> [atize] *vt* **1.** (*raviver*) ■ **qn attise qc** *feu, fourneau* jd schürt etw; ***pour ~ la flamme*** um das Feuer anzufachen
2. *littér* (*exciter*) ■ **qn attise qc** jd schürt etw, jd facht etw an *geh*

attitré, e [atitʀe] *adj promoteur* beauftragt; ***fournisseur ~ de la cour*** Hoflieferant *m;* ***médecin ~*** Hausarzt *m;* ***mon amoureux ~*** mein ständiger Verehrer

attitude [atityd] *f* **1.** (*du corps*) [Körper]haltung *f;* **~ *de base*** Grundhaltung
2. (*disposition*) [innere] Haltung; **~ *de l'esprit*** Geisteshaltung; ■ **~ à l'égard de** [*o* **envers**] **qn/qc** Haltung gegenüber jdm/etw
3. *souvent pl péj* (*affectation*) Pose *f,* Attitüde *f;* ***elle m'énerve avec ses ~s!*** sie geht mir mit ihrem Getue auf die Nerven! *fam*
▶ **qn prend** [*o* **se donne**] **des ~s** jd posiert

attractif, -ive [atʀaktif, -iv] *adj* **1.** (*séduisant*) ansprechend; *plat a.* verlockend; *épargne, prix, programme* interessant; ***centre ~*** [Haupt]anziehungspunkt *m,* Magnet *m*
2. PHYS: ***force ~ive*** Anziehungskraft *f*

attraction [atʀaksjɔ̃] *f* **1.** (*séduction*) Anziehungskraft *f*
2. (*divertissement*) Attraktion *f;* ***la principale ~*** die Hauptattraktion
3. *souvent pl* [*kermesse*] Attraktionen *pl;* [*boîte de nuit*] Darbietungen *pl*
4. PHYS Anziehungskraft *f*
5. GRAM Angleichung *f*
▶ **~ magnétique** magnetische Anziehung; **~ universelle** Gravitation *f;* ***loi de l'~*** Gravitationsgesetz *nt;* **qn/qc exerce une ~ sur qn** jd/etw übt eine Anziehungskraft auf jdn aus, jd/etw zieht jdn an; **qc exerce une ~ sur qc** etw zieht etw an

attrait [atʀɛ] *m* **1.** (*ce qui attire*) Reiz *m*
2. *littér* ■ **les ~s de qn** jds Reize
▶ **qc a beaucoup d'~**[**s**] [*o* **de l'~**] **pour qn** /*proposition*/ etw ist sehr verlockend für jdn; ***la Toscane a beaucoup d'~ pour moi*** ich finde die Toskana sehr reizvoll; **qn éprouve un ~/de l'~ pour qn/qc** jd fühlt sich von jdm/

etw angezogen [*o* zu jdm/etw hingezogen]; **qc fait** [**tout**] **l'~ de qc** etw macht den [ganzen] Reiz einer S. (*gen*) aus

attrape [atʀap] *f* Scherzartikel *m*

attrape-mouche <~-~s> [atʀapmuʃ] *m* Fliegenfänger *m* **attrape--nigaud** <~-~s> [atʀapnigo] *m* Bauernfängerei *f*, Schwindel *m*, fauler Zauber *fam*; ***des ~-~s*** faule [*o* plumpe] Tricks *fam*

attraper <1> [atʀape] **I.** *vt* **1.** (*capturer*) ■ **qn/un animal attrape un animal** jd/ein Tier fängt ein Tier; ***il a attrapé du gibier*** er hat Wild erlegt; ***qn attrape un animal avec un collet/ à la main*** jd fängt ein Tier mit einer Schlinge/mit der Hand

2. (*saisir*) ■ **qn attrape qn** jd fängt jdn; ***au voleur! attrapez-le!*** Hilfe, ein Dieb! haltet ihn!; ■ **qn/un animal attrape qn/un animal par qc** *par les jambes, la peau du dos* jd/ein Tier packt jdn/ein Tier an etw (*dat*); [***gare à toi***] ***si je t'attrape!*** [wehe,] wenn ich dich erwische [*o* in die Finger kriege *fam*]!

3. (*prendre sur le fait*) ■ **qn attrape qn à faire qc** jd ertappt [*o* erwischt] jdn dabei, wie er etw tut *fam*; ***je t'attrape à dire des mensonges*** ich ertappe [*o* erwische] dich beim Lügen *fam*; ***que je t'y attrape!*** lass dich ja nicht von mir dabei erwischen! *fam*

4. (*tromper*) ■ **qn attrape qn** jd führt jdn an der Nase herum, jd legt jdn rein *fam*; ■ **qn est** [**bien**] **attrapé(e)** jd ist [schön] hereingefallen [*o* reingefallen *fam*]; ***tu es bien attrapé, maintenant!*** das hast du jetzt davon! *fam*

5. *fam* (*gronder*) ■ **qn attrape qn** jd hält jdm eine Standpauke *fam*; */ patron/ employé* jd gibt jdm einen Rüffel *fam*; ***pourquoi tu m'attrapes, moi? j'ai rien fait!*** warum ranzt du mich an? ich hab' doch gar nichts gemacht! *fam*; ■ **qn se fait ~ par qn** jd bekommt von jdm eine Standpauke [*o* einen Rüffel] *fam*

6. (*au vol*) ■ **qn attrape qc** jd fängt etw [auf]; ■ **un animal attrape qc** *chien* ein Tier fängt etw

7. (*atteindre*) ■ **qn attrape qc** jd kommt an etw (*akk*) heran

8. (*monter dans*) ■ **qn attrape qc** *bus, train, avion* jd erreicht etw, jd erwischt [*o* kriegt] etw *fam*

9. (*comprendre*) ■ **qn attrape qc** *bribes, paroles* jd versteht etw, jd bekommt [*o* kriegt] etw mit *fam*

10. (*savoir reproduire*) ■ **qn attrape qc** *comportement, style* jd macht sich (*dat*) etw zu eigen; *accent* jd nimmt etw an

11. (*avoir*) ■ **qn attrape qc** *maladie, coup de soleil* jd holt sich (*dat*) etw, jd bekommt etw, jd kriegt etw *fam*

12. (*recevoir*) ■ **qn attrape qc** *punition, amende, peine, contravention* jd bekommt etw, jd kriegt etw [verpasst] *fam*; ***il a attrapé un an de prison*** er hat ein Jahr Gefängnis bekommen, er hat ein Jahr Gefängnis [aufgebrummt [*o* verpasst]] gekriegt *fam*

II. *vpr* **1.** (*se transmettre*) ■ **qc s'attrape** */sida/* etw überträgt sich; ***l'anorexie, ça ne s'attrape pas*** Magersucht, die ist nicht ansteckend; ***les mycoses s'attrapent souvent dans les piscines*** Pilzkrankheiten holt man sich (*dat*) oft in Schwimmbädern; ***un coup de soleil s'attrape facilement*** einen Sonnenbrand holt man sich (*dat*) leicht

2. (*s'assimiler*) ■ **qc s'attrape**: ***l'accent anglais, ça ne s'attrape qu'en Angleterre!*** den englischen Akzent bekommt man nur in England!; ***les mauvaises manières s'attrapent plus facilement que les bonnes*** schlechte Manieren eignet man sich (*dat*) leichter an als gute

3. *fam* ■ **des personnes s'attrapent** Menschen streiten sich, Menschen schnauzen sich an *fam*

attrayant, e [atʀɛjɑ̃, jɑ̃t] *adj travail* attraktiv; *paysage* reizvoll; *personne* anziehend; ***un livre qui est d'une lecture ~e*** ein unterhaltsames Buch

attribuer <1> [atʀibɥe] **I.** *vt* **1.** (*donner*) ■ **qn attribue qc à qn** *logement, travail* jd weist [*o* teilt] jdm etw zu; *prix* jd verleiht jdm etw, jd erkennt jdm etw zu; *bourse d'études* jd gibt [*o* gewährt] jdm etw

2. (*considérer comme propre à*) ■ **qn attribue qc à qn** *œuvre, mérite, invention* jd schreibt jdm etw zu; *faculté* jd traut jdm etw zu; *rôle, faute* jd weist jdm etw zu; *arrière-pensées* jd unterstellt jdm etw; *culpabilité* jd schiebt jdm etw zu; ***qn attribue un accident à qn*** jd gibt jdm die Schuld an einem Unfall; ■ **qn attribue qc à qc** *importance, valeur* jd misst einer S. (*dat*) etw bei; ***qn attribue à un mot un sens qu'il n'a pas*** jd gibt einem Wort eine Bedeutung, die es nicht hat; ***qn attribue la responsabilité de qc à qn/ qc*** jd macht jdn/etw für etw verantwortlich; ***qn attribue une considération à qn/ qc*** jd bringt jdm/etw [Hoch]achtung entgegen; ***qn attribue un échec à qc*** jd führt einen Misserfolg auf etw (*akk*) zurück

II. *vpr* ■ **qn s'attribue qc** *mérite* jd schreibt sich (*dat*) etw zu, jd nimmt etw für sich in Anspruch; *prix* jd holt sich (*dat*) etw; ***il s'attribue toujours ce qui ne lui appartient pas*** er nimmt sich (*dat*) immer, was ihm nicht gehört

attribut [atʀiby] **I.** *m* **1.** (*propriété*) Attribut *nt*

2. (*symbole*) Attribut *nt*

3. LING prädikative Ergänzung

II. *adj* LING: ***adjectif ~*** prädikatives Adjektiv; ***nom ~*** Substantiv *nt* als Prädikatsnomen

◆ **attribut du sujet** prädikative Ergänzung zum Subjekt

attribution [atʀibysjɔ̃] *f* **1.** (*action*) ■ **~ de qc** [*appartement*] Zuweisung *f* [*o* Zuteilung *f*] [*o* Vergabe *f*] einer S. (*gen*); [*indemnité, secours*] Gewährung *f* einer S. (*gen*); [*prix*] Verleihung *f* [*o* Zuerkennung *f*] einer S. (*gen*)

2. *pl* (*compétences*) Zuständigkeit[sbereich *m*] *f*, Kompetenz[bereich *m*] *f*; ***qc fait partie des ~s de qn*** etw fällt in jds Zuständigkeit[sbereich] (*akk*); ***qn empiète sur les ~s de qn*** jd greift in jds Kompetenz[bereich] (*akk*) ein

attrister <1> [atʀiste] **I.** *vt* ■ **qn/qc attriste qn** jd/etw macht jdn traurig, jd/etw betrübt [*o* bekümmert] jdn

II. *vpr* ■ **qn s'attriste devant qc** jd ist traurig [*o* bekümmert] [*o* betrübt] angesichts einer S. (*gen*); ■ **qn s'attriste de faire qc** es macht jdn traurig, etw zu tun; ***maman s'attriste de voir qu'il vient si peu cette année*** es macht Mutter traurig, dass er dieses Jahr so selten kommt; ***elle s'attriste de constater que*** + *indic* sie stellt bekümmert [*o* betrübt] fest, dass

attroupement [atʀupmɑ̃] *m* Menschenauflauf *m*

attrouper <1> [atʀupe] *vpr* ■ **des personne s'attroupent** Menschen laufen [*o* strömen] zusammen; ***les enfants s'attroupèrent autour de leur camarade blessé*** die Kinder bildeten eine Traube um ihren verletzten Freund

atypique [atipik] *adj* atypisch

au [o] = à le *v.* **à**

aubaine [obɛn] *f* Geschenk *nt* des Himmels; ***tu parles d'une ~!*** *iron* na das ist vielleicht ein Pech!; ***qn cherche son ~*** jd sucht sein Glück

▸ **c'est une ~!** das ist eine einmalige Gelegenheit!; **qn profite de l'~** [*o* **la bonne ~**] jd nutzt die/die günstige Gelegenheit; **quelle** [**bonne**] **~!** was für ein Glück[sfall]!

aube¹ [ob] *f* **1.** (*point du jour*) Morgengrauen *nt*, Morgendämmerung *f*, Tagesanbruch *m*

2. *littér* ■ **l'~ de qc** der Beginn [*o* Anfang] einer S. (*gen*), der Anbeginn einer S. (*gen*) *geh*; ***l'~ chrétienne*** das aufkommende Christentum

▸ **à** [*o* **dès**] **l'~** bei Tagesanbruch, im Morgengrauen, in der Morgendämmerung; **à l'~ de qc** am Anfang [*o* Beginn] einer S. (*gen*); ***qc est à l'~ de qc*** etw steht am Anfang [*o* Beginn] einer S. (*gen*)

aube² [ob] *f* TECH Schaufel *f*

▸ **à ~s**: ***bateau*** [*o* ***navire***] ***à ~s*** Raddampfer *m*; ***roue à ~s*** Schaufelrad *nt*

aubépine [obepin] *f* [eingriffeliger] Weißdorn

auberge [obɛʀʒ] *f* [Land]gasthof *m*, [Land]gasthaus *nt*

▸ **on n'est pas sorti de l'~** *fam* uns steht noch allerhand bevor *fam*; **c'est l'~** [*o* **comme dans une ~**] **espagnole** (*institution*) das ist der reinste Saftladen *fam*; (*dans une œuvre*) das ist ein Sammelsurium *fam*

◆ **auberge de** [**la**] **jeunesse** Jugendherberge *f*

aubergine [obɛʀʒin] **I.** *f* **1.** (*légume*) Aubergine *f*, Melanzani *pl* AUS

2. *vieilli fam* (*contractuelle*) Politesse *f*

II. *app inv* (*couleur*) aubergine[farben]

aubergiste [obɛʀʒist] *mf* [Gast]wirt(in) *m(f)*

aubier [obje] *m* Splint[holz *nt*] *m*

auburn [obœʀn] *adj inv* kastanienbraun

aucun, e [okœ̃, yn] **I.** *adj antéposé* **1.** ■ **ne ... ~ ...,** ■ **~ ... ne ...** kein(e); ***~ humain n'échappera à la mort*** kein Mensch entgeht dem Tod; ***il n'y a plus ~e souris au grenier*** es gibt keine [einzige] Maus mehr auf dem Dachboden; ***il n'a ~e preuve*** er hat gar [*o* überhaupt] keinen Beweis; ***en ~e façon*** keineswegs, in keiner Weise

2. + *comp* jede(r, s); ***il lit plus qu'~ autre enfant*** er liest mehr als jedes andere Kind

3. *dans une question* irgendein(e); ***croyez-vous qu'~ auditeur aurait osé le contredire?*** glauben Sie irgendein Zuhörer hätte gewagt zu widersprechen?

▸ **qn fait qc sans ~(e)** ... *effort, difficulté* jd tut etw ohne jede(n, s) ..., jd tut etw ohne den geringsten/die geringste/das geringste ...; ***sans ~e hésitation*** ohne jedes [*o* das geringste] Zögern; ***nous avons trouvé le chemin sans ~ mal*** wir haben den Weg ohne jede [*o* die geringste] Mühe gefunden; ***qn fait qc sans faire ~ bruit*** jd tut etw ohne jeden [*o* den geringsten] Lärm; ***qn fait qc sans renverser ~e goutte*** jd tut etw ohne einen Tropfen zu vergießen

II. *pron* **1.** ■ **ne ... ~,** ■ **~ ne ...** keine(r, s), kein einziger/keine einzige/kein einziges; ***il n'aime ~ de ces romans*** er mag keinen dieser Romane; ***aimes-tu la brune ou la blonde? – A~e des deux*** liebst du die Dunkelhaarige oder die Blonde? – Keine von beiden; ***~ d'entre nous/ vous*** keiner von uns/euch

2. + *comp* jede(r, s); ***il travaille plus qu'~ de ses collègues*** er arbeitet mehr als alle seine Kollegen

3. *dans une question* irgendeine(r, s); ***pensez-vous qu'~ ait compris vos explications?*** glauben Sie, irgendjemand hätte Ihre Erklärungen verstanden?

▸ **d'~s** *littér* einige

aucunement [okynmɑ̃] *adv* keineswegs, in keiner Weise, gar nicht; ***je n'ai ~ envie*** ich habe überhaupt [*o* gar] keine Lust; ***accepteriez-vous une telle offre? – A~!*** würden Sie ein solches Angebot akzeptieren? – Nie und nimmer!

audace [odas] *f* (*témérité*) Kühnheit *f*, Wagemut *m*; (*effronterie*) Dreistigkeit *f*, Unverschämtheit *f*; ***des défis pleins d'~*** Herausforderungen, die große Kühnheit [*o* großen Wagemut] erfordern; ***des ~s de style*** gewagter [*o* kühner] Stil; ***les ~s de la mode*** die Extravaganzen der Mode

▸ **qn a de l'~** jd ist kühn [*o* wagemutig]; (*effronterie*) jd ist dreist [*o* unverschämt]; **qn a l'~ de faire qc** jd besitzt die Dreistigkeit [*o* Unverfrorenheit], etw zu tun; **qn ne manque pas d'~** jd ist reichlich [*o* ganz schön *fam*] kühn [*o* wagemutig]; (*effronterie*) jd ist reichlich [*o* ganz schön *fam*] frech [*o* dreist]; **qn paye** [*o* **use**] **d'~** jd tritt kühn [*o* dreist] auf

audacieux, -euse [odasjø, -jøz] **I.** *adj* kühn; *personne a.* wagemutig; (*effronté*) dreist, frech; *projet a., mode* gewagt

II. *m, f* Kühne(r) *f(m)*; *vieilli* Wagemutige(r) *f(m)*; ***c'est un ~!*** er ist waghalsig!

au-dedans [odədɑ̃] **I.** *adv* (*intérieurement*) drinnen, im Inner[e]n; ***il paraît calme, mais ~-~ il est bouleversé*** er macht einen ruhigen Eindruck, aber innerlich ist er aufgewühlt **II.** *prép* (*à l'intérieur de*) ■ **~-~ de qc** (*sans mouvement*) innerhalb [*o* im Innern] einer S. (*gen*); (*avec mouvement*) ins Innere einer S. (*gen*), in etw (*akk*) [hinein] **au-dehors** [odəɔʀ] **I.** *adv* **1.** (*à l'extérieur*) *laisser, faire beau, vivre* draußen; *sortir, se répandre* nach [dr]außen **2.** (*dans l'apparence extérieure*) äußerlich **II.** *prép* (*à l'extérieur de*) ■ **~-~ de qc** (*sans mouvement*) außerhalb einer S. (*gen*); (*avec mouvement*) aus etw [heraus] **au-delà** [od(ə)la] **I.** *adv* (*plus loin*) *être* weiter [hinten]; *aller, voir* weiter [nach hinten] **II.** *prép* **1.** (*de l'autre côté de*) ■ **~-~ de qc** (*sans mouvement*) jenseits [*o* auf der anderen Seite] einer S.

(*gen*); (*avec mouvement*) auf die andere Seite einer S. (*gen*); ~-~ ***de la mort*** nach dem Tod[e] **2.** (*dépassant*) ■ ~-~ **de qc** über etw (*akk*) hinaus; ***le succès a été ~-~ de toutes nos espérances*** der Erfolg übertraf alle unsere Erwartungen; ***le roman est ~-~ de toute vraisemblance*** der Roman geht über alles Wahrscheinliche hinaus **III.** *m* (*vie après la mort*) Jenseits *nt* **au-dessous** [od(ə)su] **I.** *adv* darunter **II.** *prép* ■ ~-~ **de qc** unter etw (*dat*); ■ ~-~ **de qc** (*plus au sud*) unterhalb von etw **au-dessus** [od(ə)sy] **I.** *adv* darüber ▶ **il n'y a rien** ~-~ (*rien de mieux*) das ist das Höchste der Gefühle **II.** *prép* ■ ~-~ **de qc** (*sans mouvement*) über etw (*dat*); (*avec mouvement*) über etw (*akk*); (*plus au nord*) oberhalb von etw ▶ **qn est** ~-~ **de qc** (*être supérieur à*) jd steht [*o* schwebt] über etw (*dat*); **qn est** ~-~ **de qn** jd ist jdm überlegen **au-devant** [od(ə)vɑ̃] *prép* (*à la rencontre de*) ■ ~-~ **de qn** jdm entgegen

audible [odibl] *adj* **1.** (*qu'on peut entendre*) hörbar
2. (*agréable à entendre*): ***qn trouve qc*** ~ jd findet, dass man sich (*dat*) etw anhören kann; ***ce n'est pas ~!*** das kann man ja nicht mit anhören!

audience [odjɑ̃s] *f* **1.** (*entretien*) Audienz *f*
2. JUR Gerichtsverhandlung *f*
3. (*auditoire*) Publikum *nt,* [Zu]hörerschaft *f*
4. (*attention*) Anklang *m,* Beachtung *f;* ***qc trouve ~ auprès de qn*** etw findet bei jdm Anklang [*o* Beachtung]; ***qc a l'~ de qn*** etw wird von jdm beachtet; ***qc mériterait plus d'~*** etw verdient mehr Beachtung
5. (*indice d'écoute*) Einschaltquote *f*
▶ **qn demande [une] ~ à qn** jd bittet jdn um eine Audienz; **qn donne [une] ~ à qn** jd gewährt [*o* gibt] jdm eine Audienz; **qn est reçu(e) en ~ par qn** jd wird von jdm in Audienz empfangen; **qn/qc tient ~** jd/etw hält eine Sitzung ab; JUR jd/etw tagt

audimat® [odimat] *m,* **audimètre** [odimɛtʀ] *m* **1.** (*appareil*) Messgerät *nt* für die Einschaltquote
2. (*taux d'écoute*) Einschaltquote *f*

audiomètre [odjɔmɛtʀ] *m* Hörmessgerät *nt,* Audiometer *nt* **audionumérique** [odjonymeʀik] *adj* digital **audioprothésiste** [odjopʀɔtezist] *mf* Hörgeräteakustiker(in) *m(f)* **audiotex** [odjotɛks] *m* *telefonisches Nachrichtensystem* **audiovisuel, le** <~-~s> [odjovizɥɛl] **I.** *adj* audiovisuell **II.** *m* Audio-Video-Technik *f,* audiovisuelle Arbeitsmittel

audit [odit] *m* (*procédure*) Revision *f;* (*de la comptabilité*) Rechnungsprüfung *f,* Buchprüfung *f;* (*personne*) Wirtschaftsprüfer(in) *m(f)*

auditeur, -trice [oditœʀ, -tʀis] *m, f* **1.** Zuhörer(in) *m(f);* [*radio*] Hörer(in) *m(f);* [*télévision*] Zuschauer(in) *m(f)*
2. ECON (*métier*) Rechnungsprüfer(in) *m(f),* Buchprüfer(in) *m(f)*
▶ **~(-trice) libre** Gasthörer(in) *m(f)*
◆ **auditeur(-trice) au Conseil d'État** *untere Charge im französischen Staatsrat;* **auditeur(-trice) à la Cour des Comptes** *Kommissar(in) am französischen Rechnungshof*

auditif, -ive [oditif, -iv] **I.** *adj:* ***appareil*** ~ Hörgerät *nt,* Hörapparat *m;* ***conduit*** ~ Gehörgang *m;* ***acuité ~ive*** Hörschärfe *f;* ***mémoire ~ive*** auditives Gedächtnis
II. *m, f* Akustiker(in) *m(f),* auditiver Typ

audition [odisjɔ̃] *f* **1.** (*sens*) Hören *nt;* ***déficience de l'~*** Hörschwäche *f;* ***test d'~*** Hörtest *m;* ***problèmes d'~*** Hörprobleme *pl*
2. (*écoute*) ■ ~ **de qn/qc** Hören *nt* eines Menschen/einer S.; ***après plusieurs ~s*** nach mehrmaligem Hören; ***qc nous permet l'~ de notre propre voix*** etw ermöglicht uns, unsere eigene Stimme zu hören; ~ ***des témoins*** Anhörung *f* der Zeugen, Zeugenvernehmung *f*
3. THEAT, CINE [*acteur*] Vorsprechen *nt;* [*chanteur*] Vorsingen *nt;* [*musicien*] Vorspielen *nt;* [*artiste de cirque*] Probevorstellung *f*
4. (*concert*) Konzert *nt*

auditionner <1> [odisjɔne] **I.** *vt* ■ **qn auditionne qn** *acteur* jd lässt jdn vorsprechen; *musicien* jd lässt jdn vorspielen; *chanteur* jd lässt jdn vorsingen
II. *vi* ■ **qn auditionne** /*acteur*/ jd spricht vor; /*musicien*/ jd spielt vor; /*chanteur*/ jd singt vor

auditoire [oditwaʀ] *m* Publikum *nt*

auge [oʒ] *f* **1.** (*mangeoire*) [*porcs*] Futtertrog *m,* Schweinetrog *m;* [*bêtes du parc*] Futterkrippe *f;* ~ ***extérieure*** Offenfressstand *m;* ***chaque soir, les chevaux boivent dans l'~*** jeden Abend saufen die Pferde aus der Tränke
2. *pop* (*assiette*) Teller *m*
3. (*récipient*): ~ ***à mortier*** Mörtelkasten *m,* Mörtelkübel *m*
▶ **à ~s:** ***roue à ~s*** Mühlrad *nt,* Wasserrad *nt*

augmentation [ɔgmɑ̃tasjɔ̃] *f* **1.** (*action*) [*production*] Steigerung *f;* [*vitesse a.*] Erhöhung *f;* [*pouls cardiaque*] Beschleunigung *f;* [*coût de la vie*] Anstieg *m;* ■ ~ **de qc:** ~ ***de salaire*** Gehalts-/Lohnerhöhung; ~ ***de prix*** Preiserhöhung, Preissteigerung *f;* ***je demande une ~*** ich will eine Gehalts-/Lohnerhöhung
2. (*au tricot*) Zunehmen *nt*
▶ **qn fait une ~/deux ~s** jd nimmt eine Masche/zwei Maschen zu
◆ **augmentation de capital** Kapitalerhöhung *f*

augmenter <1> [ɔgmɑ̃te] **I.** *vt* **1.** (*accroître*) ■ **qn augmente qc** *salaires, force, quantité* jd erhöht etw; *impôts, prix a.* jd setzt etw herauf; *le nombre a.* jd vergrößert etw; *intensité de la lumière* jd verstärkt etw; ***on augmente la hauteur de qc*** jd macht etw höher, jd erhöht etw; ***qn augmente la longueur de qc*** jd verlängert etw, jd macht etw länger; ***il augmente ses revenus en faisant des heures supplémentaires*** er bessert sein Einkommen auf, indem er Überstunden macht; ***vous augmentez vos chances*** eure Chancen werden größer; ■ **qc augmente qc** *misère* etw vergrößert etw; ***la fatigue augmentait son découragement*** die Müdigkeit machte ihn/sie noch mutloser
2. (*accroître le salaire*) ■ **qn/qc augmente qn [de qc]** jd/etw erhöht jds Gehalt/Lohn [um etw], jd bessert jds Gehalt/Lohn [um etw] auf; ■ **qn est augmenté(e)** jd bekommt eine Gehalts-/Lohnerhöhung ***il a été augmenté de 50 F*** er hat eine Gehalts-/Lohnerhöhung um 50 F bekommen
II. *vi* **1.** (*s'accroître*) ■ **qc augmente** etw wächst; /*production, population a.*/ etw nimmt zu; /*difficulté, inquiétude, quantité a.*/ etw wird größer; /*nombre a.*/ etw erhöht sich, etw steigt; /*salaire*/ etw steigt; /*douleur*/ etw wird stärker, etw nimmt zu
2. (*devenir plus cher*) ■ **qc augmente** /*impôts*/ etw wird erhöht; /*prix, loyer a.*/ etw steigt [an], etw geht herauf; /*marchandise*/ etw wird teurer, etw verteuert sich; ***la vie augmente*** das Leben wird teurer
III. *vpr* ■ **qc s'augmente de qc** etw wird um etw erweitert

augure¹ [ogyʀ] *m* ▶ **qc est de bon/mauvais ~** etw verheißt Gutes/nichts Gutes, etw ist ein gutes/schlechtes Vorzeichen; (*porte bonheur/malheur*) etw bringt Glück/Unglück; **qn accepte l'~** *littér:* ***j'en accepte l'~*** ich will hoffen, dass die Vorhersage stimmt; ich will hoffen, dass es so wird

augure² [ogyʀ] *m* **1.** ANTIK Augur *m*
2. (*devin*) Augur *m geh,* Prophet *m*
▶ **qn consulte les ~s** jd lässt sich (*dat*) wahrsagen; ***j'ai consulté les ~s*** ich bin bei mehreren Wahrsagern gewesen

augurer <1> [ogyʀe] *vt* ■ **qn augure qc de qc** jd schließt etw aus etw; ***qn augure de qc que*** + *indic* jd schließt aus etw [*o* deutet etw dahin], dass; ■ **qc laisse ~ qc** etw lässt auf etw (*akk*) schließen; ***cela ne laisse rien ~ de bon*** das lässt nichts Gutes erahnen

auguste [ogyst] *m* dummer August

aujourd'hui [oʒuʀdɥi] *adv* **1.** (*opp: hier, demain*) heute; ***quel jour sommes-nous ~?*** den Wievielten haben wir heute?, der Wievielte ist heute?; ***à compter/dater/partir d'~*** ab heute, von heute an, vom heutigen Tag[e] an; ***il y a ~ huit jours/un an que*** + *indic* heute vor acht Tagen/einem Jahr
2. (*actuellement*) heute; ***le conflit des générations, cela ne date pas d'~!*** den Generationskonflikt, den gibt es schon lange !
▶ **c'est pour ~ ou pour demain?** *fam* wird's bald? *fam;* **ça ne date pas d'~** das ist nicht neu; **ce n'est pas d'~ que** + *indic:* ***ce n'est pas d'~ que le le sais*** das weiß ich nicht erst seit heute, das weiß ich schon lange; **c'est tout pour ~** das ist alles für heute, das wär's für heute; **d'~** *pain* von heute; *exercice, mœurs a.* heutig; ***les jeunes d'~*** die jungen Leute [*o* Jugend] von heute, die heutige Jugend; ***au jour d'~*** *fam* (*actuellement*) heutzutage; (*jusqu'à maintenant*) bis heute; **dès ~** schon [*o* gleich] heute; **~ en huit** heute in acht Tagen

aulne [o(l)n] *m* Erle *f*

aumône [omon] *f littér* (*don*) Almosen *nt,* milde Gabe
▶ **qn demande l'~** jd bittet um [ein] Almosen [*o* eine milde Gabe]; ***je ne vous demande pas l'~!*** ich will keine Almosen von Ihnen!; **qn fait l'~ à qn** [*o* **accorde**] jd gibt jdm ein Almosen; **qn fait l'~ de qc à qn** *regard, sourire* jd schenkt jdm [gütigst] etw; **qn vit d'~** jd lebt von Almosen

aumônier [omonje] *m:* ~ ***d'un lycée*** Religionsunterricht *m* erteilender Geistlicher; ~ ***d'une prison*** Gefängnisgeistliche(r) *m,* Gefängnispfarrer *m;* ~ ***d'un régiment*** Militärgeistliche(r) *m,* Militärpfarrer *m;* ~ ***d'un hôpital*** Krankenhausgeistliche(r) *m,* Krankenhauspfarrer *m*

aune¹ [on] *m v.* **aulne**

aune² [on] *f* ▶ **qn juge** [*o* **mesure**] **une personne/une chose à l'~ de qn/qc** *littér* jd nimmt jdn/etw zum Maßstab für einen Menschen/eine S.; ***il mesure les autres à son ~*** er beurteilt die anderen nach seinen Maßstäben; **qn sait ce qu'en vaut l'~** *vieilli* jd kann ein Lied[chen] davon singen, jd weiß Bescheid; **[long(longue)] d'une ~:** ***qn fait un nez [long] d'une ~*** jd macht ein langes Gesicht; ***qn tire une langue [longue] d'une ~*** jd ist ganz außer Atem, jdm hängt die Zunge zum Hals[e] raus *fam*

auparavant [opaʀavɑ̃] *adv* vorher, zuvor; ■ **une heure/un mois ~** eine Stunde/einen Monat vorher [*o* zuvor]

auprès de [opʀɛ də] *prép* **1.** *locatif* ■ **[qn est] ~ ~ qn** [jd ist] bei jdm; ***l'enfant se réfugia ~ ~ sa mère*** das Kind suchte bei seiner Mutter Zuflucht; ***vient ~ ~ moi*** komm zu mir; ***viens t'asseoir ~ ~ moi*** komm, setz dich zu mir; ■ **~ ~ qc** *littér* (*sans mouvement*) neben etw (*dat*), in der Nähe einer S. (*gen*); (*avec mouvement*) neben etw (*akk*), in die Nähe einer S. (*gen*)
2. (*comparaison*) ■ **~ ~ qn/qc** im Vergleich zu jdm/etw
3. (*aux yeux de*) ■ **~ ~ qn** bei jdm; ***il est fort bien vu ~ ~ ses chefs*** er ist bei seinen Vorgesetzten recht gut angesehen
4. ADMIN ■ **~ ~ qn/qc** bei jdm/etw; ~ ***du ministre/du gouvernement*** beim Minister/bei der Regierung

auquel [okɛl] = **à lequel** *v.* **lequel**

aura [ɔʀa] *f* Aura *f geh*

aurai [ɔʀɛ] *fut de* **avoir**

auréole [ɔʀeɔl] *f* **1.** [*saint*] Heiligenschein *m*
2. (*halo*) [*astre*] Hof *m,* Aureole *f*
3. *littér* Nimbus *m geh;* ~ ***de gloire*** Glorienschein *m,* Gloriole *f geh;* ~ ***du martyre*** Märtyrerkrone *f;* ***qc répand une ~ autour de qn*** etw verleiht [*o* gibt] jdm einen Nimbus *geh;* ***une ~ de mystère flotte autour de la star*** ein geheimnisvoller Nimbus umgibt den Star *geh*
4. (*tache*) Rand *m*
▶ **qn est entouré(e)** [*o* **paré(e)**] **d'une ~** jd ist mit einem Nimbus umgeben *geh*

auréoler <1> [ɔʀeɔle] **I.** *vt* **1.** (*parer de*) ■ **qn auréole qn [de qc]** *de toutes les vertus* jd umgibt jdn mit dem Nimbus einer S. (*gen*) *geh;* *de beauté* jd umgibt jdn mit dem Glanz einer S. (*gen*); ***il l'auréole de gloire/prestige*** er umgibt ihn/sie mit einem Nimbus *geh,* er verleiht ihm/ihr einen Nimbus *geh;* ■ **qn est auréolé(e) de qc** *de toutes les vertus* jd ist vom Nimbus einer S. (*gen*) umgeben *geh;* *de beauté* jd steht im Glanz einer S. (*gen*); ***qn est auréolé(e) de gloire/prestige*** jd ist von einem Nimbus umgeben *geh*
2. (*entourer*) ■ **qc auréole qc** etw rahmt etw ein; ■ **qc est auréolé(e) de qc** /*tête*/ etw ist von etw umkränzt; ■ **qn/qc est auréolé(e) de qc** jd/etw ist von etw umgeben; ***elle avait la tête auréolée de soleil*** ihr Kopf war von Sonnenstrahlen umgeben

3. (*magnifier*) ■ **qc auréole qc** / *légende*/ etw verherrlicht etw
II. *vpr* ■ **qn s'auréole de qc** *de toutes les vertus* jd umgibt sich mit dem Nimbus einer S. (*gen*) *geh; de beauté* jd umgibt sich mit dem Glanz einer S. (*gen*); ***elle s'auréole de gloire/ prestige*** sie umgibt sich mit einem Nimbus *geh;* ■ **qc s'auréole de qc** / *paysage*/ etw hüllt sich in etw (*akk*)

auriculaire [ɔʀikylɛʀ] *adj:* ***pavillon*** ~ Ohrmuschel *f;* ***maladie*** ~ Ohrenkrankheit *f;* ***témoin*** ~ *littér* Ohrenzeuge/-zeugin *m/f*

aurore [ɔʀɔʀ] *f* Morgenrot *nt,* Morgenröte *f;* (*heure du jour*) Tagesanbruch *m,* Morgengrauen *nt;* ***il travaille dès l'~*** er arbeitet schon beim [*o* im] Morgengrauen [*o* bei Tagesanbruch]; ■ **l'~ de qc** *littér* der Beginn [*o* Anfang] einer S. (*gen*), der Anbeginn einer S. (*gen*) *geh;* ***dès l'~ de qc*** gleich zu Anfang [*o* Beginn] einer S. (*gen*), von Anbeginn einer S. (*gen*) *geh*
► ~ **australe** Südlicht *nt;* ~ **boréale** Nordlicht *nt;* ~ **polaire** Polarlicht *nt;* **qn fait qc aux ~s** *hum* jd tut etw beim [*o* mit dem] ersten Hahnenschrei; ***qn se lève aux ~s*** jd steht mit den Hühnern [*o* beim ersten Hahnenschrei] [*o* in aller Herrgottsfrühe] auf

auscultation [ɔskyltasjɔ̃] *f* Abhorchen *nt,* Abhören *nt*

ausculter <1> [ɔskylte] *vt* ■ **qn ausculte qn/qc** jd horcht [*o* hört] jdn/etw ab; ***qn ausculte la respiration de qn*** jd hört jds Lunge ab

auspices [ɔspis] *mpl* ► **sous de bons** [*o* **d'heureux**]**/de mauvais** [*o* **fâcheux**] ~ unter guten/schlechten Vorzeichen; **sous les ~ de qn** unter jds Schutz (*dat*); ***la fête a été organisée sous les ~ de la municipalité*** die Leitung des Festes stand unter der Schirmherrschaft der Stadt

aussi [osi] **I.** *adv* **1.** (*élément de comparaison*) ■ ~ **... que** so ... wie; ***il est ~ grand que moi*** er ist [genau]so [*o* ebenso] groß wie ich; ***il est ~ grand qu'il est bête*** [*o* ***que bête***] er ist so dumm wie er lang ist; ***d'~ loin qu'il nous voit, il nous salue*** sobald er uns in der Ferne sieht, grüßt er uns; ~ ***grand que ça*** so groß
2. (*également*) auch; ***bon appétit! – Merci, vous*** ~! guten Appetit! – Danke, gleichfalls!; ***dormez bien! – Vous*** ~! schlafen Sie gut! – Sie auch!; ***ça peut tout ~ bien être faux!*** das kann genauso gut [*o* ebenso gut] falsch sein!; ***c'est ~ mon avis*** das ist auch [*o* ebenfalls] meine Meinung
3. (*en plus*) auch noch, außerdem [*o* obendrein] [noch]; ■ **non seulement ... mais** ~ nicht nur ... sondern auch [noch]
4. *fam* (*non plus*): ***moi ~, je ne suis pas d'accord*** ich bin auch nicht einverstanden
5. (*bien que*) ■ ~ **...** [**que** + *subj*]: ~ ***riche soit-il*** so reich er auch sein mag; ~ ***vite qu'il conduise*** so schnell er auch fahren mag
6. (*en loc conj*) ■ ~ **bien que** + *subst/pron* wie [*o* als] auch, [eben]so wie
7. ■ [**mais**] ~ **...?** [aber] auch ...?; ***mais ~, qu'allait-il faire dans cette galère?*** was hatte er [aber] auch da zu suchen?
II. *conj* ■ ~ [**bien**] daher, deshalb

aussitôt [osito] **I.** *adv* **1.** (*tout de suite*) sofort, gleich
2. + *pp* gleich nach[dem]; ~ ***arrivé, il s'allongea*** gleich nachdem er angekommen war, legte er sich hin
3. + *subst* gleich [*o* sofort] nach
► ~ **dit,** ~ **fait** gesagt, getan; ~ **après** gleich [*o* sofort] danach; ~ **après** + *subst/pron* gleich nach; ~ **après que** + *indic* gleich nachdem
II. *conj* ■ ~ **que** + *indic* sobald, sowie

austère [ostɛʀ] *adj* streng; *style, monument a.* nüchtern, schmucklos; *vie* enthaltsam, asketisch; ***l'aspect ~ de leur vie*** ihre strenge Lebensform; ***l'enveloppe ~ de Pierre*** *littér* die raue Schale von Peter

austérité [osteʀite] *f* **1.** (*caractère*) [*personne, éducation*] Strenge *f;* [*style, monument a.*] Nüchternheit *f,* Schmucklosigkeit *f;* ~ ***des mœurs*** Sittenstrenge
2. *pl* REL *littér* ■ **les ~s** Bußübungen *pl,* Kasteiungen *pl*
► **d'~**: ***mesure d'~*** Sparmaßnahme *f;* ***politique d'~*** Sparpolitik *f;* ***période d'~*** harte Zeiten *pl*

austral, e <s> [ɔstʀal] *adj hémisphère* südlich; *terres, régions* Südpolar-; ***pôle*** ~ Südpol *m*

Australie [ostʀali] *f* ■ **l'Australie** Australien *nt;* ***Sydney est une ville d'~*** Sydney ist eine Stadt in Australien

australien, ne [ostʀaljɛ̃, jɛn] **I.** *adj* australisch
II. *m, f* ■ **Australien(ne)** Australier(in) *m(f)*

autant [otɑ̃] *adv* **1.** + *vb* (*grandes quantités*) so viel; ***comment peut-il dormir*** ~? wie kann er nur so viel schlafen?; ■ ~ **de** + *subst* so viel; ~ ***d'argent*** so viel Geld
2. (*égalité*) ■ **qc ~ que qc** etw ebenso viel wie etw; ***son aisance le surprenait ~ que sa beauté*** seine/ihre Gewandtheit überraschte ihn ebenso sehr wie seine/ihre Schönheit; ■ ~ **que** *donner, travailler* ebenso viel [*o* genauso viel] wie; *surprendre, valoir, aimer* ebenso [sehr] [*o* genauso [sehr]] wie; ***je travaille ~ que lui*** ich arbeite genauso viel [*o* ebenso viel] wie er; ***il peut crier ~ qu'il veut*** er kann so viel schreien, wie er will; ***il travaille ~ qu'il peut*** er arbeitet, so viel er kann; ■ ~ **de qc que de qc** genauso viel [*o* ebenso viel]/genauso [*o* ebenso] viele etw wie etw; ***pourquoi partir, quand il y a ~ de soleil ici qu'ailleurs*** warum wegfahren, wenn hier die Sonne genauso scheint wie woanders; ***ils ont ~ de talents l'un que l'autre*** der eine ist ebenso begabt wie der andere; ***il n'y a pas ~ de neige que l'année dernière*** es liegt nicht so viel Schnee wie im letzten Jahr
3. + *infin* ebenso gut, genauso gut; ~ ***parler à un sourd!*** ebenso gut könnte man zu einem Tauben sprechen!
4. (*totalité*) ■ **ces personnes/ces choses sont ~ de** + *subst* diese Menschen/Dinge sind alle [ausnahmslos] [*o* lauter]; ***ces gens sont ~ de chômeurs*** diese Leute sind alle arbeitslos
5. ■ ~ **...,** ~ **...** sosehr ..., sosehr ... + *vb,* so ..., so ... + *adj;* ~ ***j'aime la mer, ~ je déteste la montagne*** sosehr ich das Meer liebe, sosehr hasse ich die Berge; ~ ***il est gentil avec elle, ~ il est désagréable avec nous*** so nett er zu ihr ist, so unfreundlich ist er zu uns
6. *en loc conj* ■ **d'~ moins ... que** + *indic* um so weniger ... als; ■ **d'~ plus:** ***il leur en est d'~ plus reconnaissant*** er ist ihnen um so dankbarer dafür; ■ **d'~** [**plus**] **que** + *indic* zumal; ■ [**pour**] ~ **que** + *subj* vorausgesetzt, dass; [in]sofern; insoweit, als; ~ ***que je sache*** soviel ich weiß, meines Wissens; ~ ***que je m'en souvienne*** soweit ich mich erinnere; ■ **qn/qc ne fait qc qu'~ que** + *indic* jd/etw tut etw nur, wenn; ***cela n'a d'intérêt qu'~ qu'on en profite*** das ist nur insofern [*o* insoweit] von Interesse, als man davon profitieren kann; ■ **qn/qc n'est qn/qc qu'~ que** jd/etw ist etw [in]soweit, als
► **c'est ~ de gagné/pris** das ist immerhin [*o* wenigstens] etwas, besser als nichts; **c'est ~ de fait** was weg ist, ist weg; ~ **que possible** [*o* **qu'il est possible**] [*o* **que faire se peut**] soweit wie [*o* als] möglich, soweit das möglich ist; ~ **dire** (*presque*) so gut wie, praktisch, im Grunde; ~ **dire que** + *indic* das heißt soviel wie, dass; man kann [also] ebenso gut sagen, dass; demnach ist es klar, dass; **tu ne peux pas en dire** ~! das[selbe] kannst du von dir nicht sagen!; **j'en aurais dit** ~ das hätte ich auch gesagt; **tous ~ que vous êtes** alle, die ihr da seid; **qn en fait** ~ jd tut dasselbe, macht es genauso [*o* ebenso]; ***essayez donc un peu d'en faire*** ~ machen Sie mir das mal nach; **d'~** ebenso viel, in gleichem Maße; **d'~ mieux/moins/plus** um so besser/weniger/mehr; ***Pierre s'applique maintenant; et il réussit d'~ mieux*** Peter strengt sich jetzt an; und er hat um so größeren Erfolg [*o* um so mehr Erfolg] [*o* ist um so erfolgreicher]; **pour** ~ trotzdem; ***il va mieux; il n'est pas remis pour*** ~ es geht ihm besser; deswegen ist er aber noch lange nicht wieder gesund; ~ **pour moi!** *fam* das war mein Fehler, ich habe mich geirrt

autarcie [otaʀsi] *f* Autarkie *f,* wirtschaftliche Unabhängigkeit [eines Landes]
► **en** ~ in wirtschaftlicher Unabhängigkeit [*o* Autarkie]; ***qn vit en*** ~ jd ist autark

autarcique [otaʀsik] *adj régime, vie* wirtschaftlich unabhängig, autark; *politique* autarkisch

autel [otɛl] *m* Altar *m;* ANTIK *a.* Opfertisch *m*
► **qn conduit/suit qn à l'~** *soutenu* jd führt jdn/folgt jdm zum Altar *geh;* **qn dresse** [*o* **élève**] **des ~s à qn/à la gloire de qn** *littér* jd hebt jdn in den Himmel; **qn sacrifie qn/qc sur l'~ de qc** *soutenu* jd opfert jdn/etw auf dem Altar einer S. (*gen*) *geh*

auteur [otœʀ] *m* **1.** (*écrivain*) [*livre, bande dessinée, film*] Autor(in) *m(f);* [*manuscrit, poème, mémoire, article*] Verfasser(in) *m(f);* ***qn cite un ~/ses ~s*** jd zitiert einen Autor/die von ihm benutzten Autoren; ***qn étudie un ~/les ~s*** jd studiert einen Autor/die großen Autoren, jd studiert das Werk eines Autors/die Werke der großen Autoren
2. (*responsable, inventeur*) Urheber(in) *m(f);* [*accident, dommage, infraction*] Verursacher(in) *m(f);* [*œuvre, système*] Schöpfer(in) *m(f);* ~ ***du crime*** Täter(in) *m(f);* ~ ***de l'attentat*** Attentäter(in); ~ ***d'une découverte/invention*** Entdecker(in) *m(f)*/Erfinder(in) *m(f)*; ***l'~ de ce tableau*** der Maler dieses Bildes; ***qui est l'~ de cette plaisanterie?*** wer hat sich diesen Scherz ausgedacht?
► **l'~ de mes/tes/ses/... jours** *hum* mein/dein/sein/ihr/... Erzeuger, mein/dein/sein/ihr/... [ehrenwerter] Herr Vater

auteur-compositeur <~s-~s> [otœʀkɔ̃pozitœʀ] *m,* **auteur-compositeur-interprète** <~s-~s-~s> [otœʀkɔ̃pozitœʀɛ̃tɛʀpʀɛt] *m* Liedermacher(in) *m(f)*

authenticité [otɑ̃tisite] *f* **1.** (*validité, véracité*) [*acte, document, écrit, œuvre d'art, signature*] Echtheit *f,* Authentizität *f geh;* ***je doute de l'~ de cet événement*** ich bezweifle, dass sich das wirklich [*o* tatsächlich] so abgespielt hat
2. (*sincérité*) [*comédien, interprétation*] Echtheit *f,* Glaubwürdigkeit *f*

authentifier <1 a> [otɑ̃tifje] *vt* ■ **qn authentifie qc** jd beglaubigt etw, jd bezeugt die Echtheit einer S. (*gen*)

authentique [otɑ̃tik] *adj* **1.** (*véritable*) authentisch *geh; tableau a.* echt; *texte a.* ursprünglich, eigentlich; *acte* beglaubigt, öffentlich beurkundet; ***le tableau*** ~ das Original
2. (*sincère*) unverfälscht, glaubwürdig, natürlich
► ~! genau so [wie ich's sage]!, ja wirklich!

authentiquement [otɑ̃tikmɑ̃] *adv* wirklich

autisme [otism] *m* Autismus *m*

autiste [otist] **I.** *adj* autistisch
II. *mf* Autist(in) *m(f)*

auto [oto] *f abr de* **automobile** Auto *nt*
► ~ **tamponneuse** Boxauto *nt,* Autoskooter [-sku:tɐ] *m*

auto[-] [oto] *préf* **1.** (*de soi-même, sans intervention extérieure*) + *subst* Selbst-; *analyse a.* eigene(r, s); *propulsion* Eigen-; + *adj* selbst-; + *vb* sich selbst; ***cette machine s'~détruira*** diese Maschine wird sich selbst zerstören
2. (*concernant l'automobile*) Auto-

autoadhésif, -ive [otoadezif, -iv] *adj* selbstklebend, selbsthaftend

autoallumage [otoalymaʒ] *m* Selbstzündung *f;* (*par point chaud*) Glühzündung *f*
► **qc fait de l'~** etw erzeugt Selbstzündungen, es kommt zu Selbstzündungen in etw (*dat*)

autoberge [otobɛʀʒ] *f* Uferstraße *f*

autobiographie [otobjɔgʀafi] *f* Autobiografie *f*

autobiographique [otobjɔgʀafik] *adj* autobiografisch

autobus [otobys] *m* [Auto]bus *m,* Omnibus *m*
► **qn prend l'~** jd fährt mit dem [Omni]bus, jd nimmt den [Omni]bus; **en** ~ mit dem [Omni]bus, im [Omni]bus
◆ **autobus à impériale** doppelstöckiger Omnibus, Doppeldecker *m fam*

autocar [otokaʀ] *m* [Fern]reisebus *m*
► **qn prend l'~** jd fährt mit dem Reisebus; **en** ~ mit dem Reisebus, im Reisebus
◆ **autocar de ligne régulière** Überlandbus *m;* **autocar de luxe** Luxusreisebus *m;* **autocar pullman** Pullmanreisebus *m;* **autocar de tourisme**

Reisebus *m*
autocariste [otokaʀist] *mf* Busunternehmer(in) *m(f)*
autocensure [otosɑ̃syʀ] *f* [freiwillige] Selbstzensur
autochtone [otokton] I. *adj* einheimisch; (*indigène*) eingeboren
II. *mf* Einheimische(r) *f(m)*; Eingeborene(r) *f(m)*
autocollant, e [otokɔlɑ̃, ɑ̃t] I. *adj* selbstklebend
II. *m* Aufkleber *m*; ~ ***publicitaire*** Reklameaufkleber
auto-couchettes [otokuʃɛt] *adj inv train* Autoreise-
autocrate [otokʀat] *mf* Autokrat(in) *m(f) geh*, Alleinherrscher(in) *m(f)*
▶ **en** ~ wie ein Alleinherrscher, selbstherrlich, autokratisch *geh*; *régner* unumschränkt
autocritique [otokʀitik] *f* Selbstkritik *f*
▶ **qn fait son** ~ jd übt Selbstkritik
autocuiseur [otokɥizœʀ] *m* Schnellkochtopf *m*
autodafé [otodafe] *m* Autodafé *nt geh*
▶ **qn fait un [grand]** ~ **de qc** jd verbrennt etw öffentlich, jd übergibt etw öffentlich den Flammen *geh*
autodéfense [otodefɑ̃s] *f* Selbstverteidigung *f*; (*prévention*) Selbstschutz *m*
autodestruction [otodɛstʀyksjɔ̃] *f* Selbstzerstörung *f*
autodétermination [otodetɛʀminasjɔ̃] *f* Selbstbestimmung *f*
autodidacte [otodidakt] I. *adj* autodidaktisch; ***c'est une étudiante*** ~ sie eignet sich (*dat*) ihre Kenntnisse im Selbststudium an, sie betreibt ein autodidaktisches Studium
II. *mf* Autodidakt(in) *m(f)*
autodiscipline [otodisiplin] *f* Selbstdisziplin *f*
▶ **en** ~ ohne Aufsicht, in eigener Regie, selbständig
autoécole *f*, **auto-école** <~-~s> [otoekɔl] *f* Fahrschule *f*
autofinancement [otofinɑ̃smɑ̃] *m* Eigenfinanzierung *f*, Selbstfinanzierung *f*
autofinancer <2> [otofinɑ̃se] I. *vt* ■ **qn autofinance qc** jd finanziert etw selbst
II. *vpr* ■ **qn s'autofinance** jd finanziert sich selbst
autofocus [otofɔkys] I. *adj* mit Autofokus
II. *m* Automatikkamera *f*
autogérer <5> [otoʒeʀe] *vpr* ■ **qn s'autogère** jd verwaltet sich selbst
autogestion [otoʒɛstjɔ̃] *f* Selbstverwaltung *f* [durch die Belegschaft], Arbeiterselbstverwaltung
▶ **en** ~ in [Arbeiter]selbstverwaltung
autographe [otogʀaf] *m* Autogramm *nt*; ***il aime bien distribuer des ~s*** er gibt gern[e] Autogramme
auto-intoxication <~-~s> [otoɛ̃tɔksikasjɔ̃] *f* 1. MED Selbstvergiftung *f*, Autointoxikation *f spec*
2. *fig*: ***ils font de l'~~***, ***c'est de l'~~*** sie schmoren in ihrem eigenen Saft
automate [otomat] *m* (*dans tous les sens*) Automat *m*
▶ **comme un** ~ wie ein Automat
automatique [otomatik] I. *adj* 1. TECH automatisch; ***le fonctionnement de l'appareil est*** ~ das Gerät wird automatisch betrieben [*o* läuft automatisch]
2. (*machinal*) automatisch; ***avancement*** ~ automatische Beförderung, Regelbeförderung *f*
▶ **c'est** ~ *fam* das ist ganz klar *fam*; ***dès qu'il me voit, c'est ~, il se met à rire*** sobald er mich sieht, fängt er automatisch [*o* unwillkürlich] an zu lachen
II. *m* 1. TELEC Selbstwählapparat *m*
2. (*pistolet*) Selbstladepistole *f*, Automatik *f fam*
automatiquement [otomatikmɑ̃] *adv* 1. (*d'une manière automatique*) automatisch
2. *fam* (*forcément*) automatisch, unweigerlich; ***chaque fois qu'ils se voient, ~, ils se disputent*** jedes Mal, wenn sie sich sehen, streiten sie sich automatisch [*o* unwillkürlich]
automatisation [otomatizasjɔ̃] *f* Automatisierung *f*; (*état*) Automation *f*
automatiser <1> [otomatize] *vt* ■ **qn automatise qc** jd automatisiert etw
automatisme [otomatism] *m* 1. PHYSIOL Automatismus *m*
2. TECH Automatik *f*, Automatismus *m*
▶ **qn acquiert/crée un ~/des ~s** jd erwirbt/entwickelt Automatismen
automédication [otomedikasjɔ̃] *f* Selbstmedikation *f*
automitrailleuse [otomitʀajøz] *f* Radpanzer[fahrzeug *nt*] *m*
automnal, e <-aux> [otɔnal, o] *adj* herbstlich; *couleurs a.*, *brume*, *fleurs* Herbst-
automne [otɔn] *m* Herbst *m*; ***cet*** ~ diesen [*o* in diesem] Herbst; ***en*** ~ im Herbst; ***nous étions en ~, c'était l'~*** es war Herbst; ***l'~, …*** im Herbst …; ***l'~ dernier*** [im] letzten Herbst; ***il fait un temps d'~*** es ist [ein richtiges] Herbstwetter
▶ **l'~ de la vie** *vieilli littér* der Herbst des Lebens *poet*
automobile [otomɔbil] I. *adj* 1. TECH mit Motorantrieb, selbstfahrend; *canot* Motor-; ***voiture*** [*o* ***véhicule***] ~ Kraftwagen *m*
2. (*relatif à la voiture*) *circuit*, *circulation*, *course* Auto-; *industrie*, *salon* Automobil-; *assurance* Kraftfahrzeug-; ***coureur*** ~ Rennfahrer *m*; ***sport*** ~ Motorsport *m*
II. *f* 1. (*voiture*) Auto *nt*, Automobil *nt veraltet*
2. (*sport*) Motorsport *m*
automobiliste [otomɔbilist] *mf* Autofahrer(in) *m(f)*, Kraftfahrer(in) *m(f) form*
automutilation [otomytilasjɔ̃] *f* Selbstverstümmelung *f*
autonome [otonom] I. *adj* 1. (*indépendant*) unabhängig; *état*, *république a.*, *province* autonom; *politique* eigenständig; *gestion* selbständig; *port* mit Selbstverwaltung, sich selbst verwaltend
2. (*responsable*) *vie* selbständig, eigenständig; *personne a.* selbstverantwortlich; *existence* eigen
3. INFORM offline ['ɔflain]
II. *mf vieilli* Anhänger(in) *m(f)* einer Unabhängigkeitsbewegung
autonomie [otonomi] *f* 1. (*indépendance*) Autonomie *f*; (*sur le plan financier*) Unabhängigkeit *f*; [*individu*] finanzielle Unabhängigkeit [*o* Selbständigkeit]; ~ ***administrative*** Selbstverwaltung *f*; ~ ***financière*** [*administration*] Finanzhoheit *f*; [*entreprise*] finanzielle Selbständigkeit; ~ ***politique*** politische Autonomie [*o* Unabhängigkeit]
2. TECH [*automobile*] Aktionsradius *m*, Reichweite *f*; [*machine*] Betriebsdauer *f* [ohne Nachfüllen von Treibstoff]; [*pile*, *batterie*] Betriebsdauer [ohne Nachladen]
▶ **qc a une** ~ **de …** /*voiture, avion, navire*/ etw hat einen Aktionsradius [*o* eine Reichweite] von …; /*machine, batterie, pile, appareil*/ etw hat eine Betriebsdauer von …
◆ **autonomie de vol** Aktionsradius *m* [*o* Reichweite *f*] beim Fliegen
autonomiste [otonomist] I. *adj personne*, *province* nach Unabhängigkeit strebend; *mouvement* Unabhängigkeits-
II. *mf* Anhänger(in) *m(f)* einer Unabhängigkeitsbewegung
autopompe [otopɔ̃p] *f* [Feuer]löschfahrzeug *nt*
autoportrait [otopɔʀtʀɛ] *m* Selbstporträt *nt*, Selbstbildnis *nt*
▶ **qn fait son** ~ jd zeichnet ein Selbstbildnis; (*se décrit*) jd liefert [*o* gibt] eine Selbstdarstellung
autopsie [otɔpsi] *f* 1. MED Autopsie *f*, Leichenöffnung *f*; (*ordonnée par un tribunal*) Obduktion *f*
2. (*analyse*) genaue Untersuchung, Inaugenscheinnahme *f*
▶ **qn fait** [*o* **pratique**] **l'~ de qn** jd macht bei jdm eine Autopsie/Obduktion, jd nimmt bei jdm eine Autopsie/Obduktion vor; **qn fait l'~ de qc** *littér d'un dossier, moteur* jd untersucht etw genau; *d'un meurtre a.* jd untersucht [eingehend] die Hintergründe einer S. (*gen*); *d'une catastrophe, faillite* jd untersucht eingehend die Ursachen einer S. (*gen*)
autopsier <1 a> [otɔpsje] *vt* ■ **qn autopsie qn** /*médecin*/ jd öffnet jds Leiche; /*médecin légiste*/ jd obduziert jdn
autopunition [otopynisjɔ̃] *f* Selbstbestrafung *f*
autoradio [otoʀadjo] *m* Autoradio *nt*
▶ ~ **extractible** herausnehmbares Autoradio
autorail [otoʀaj] *m* Schienenbus *m*, Triebwagen *m*
autoreverse [otoʀivœʀs] *adj inv* mit Autoreverse
autorisation [otoʀizasjɔ̃] *f* 1. (*permission*) Erlaubnis *f*, Genehmigung *f*, Ermächtigung *f form*; ***sans*** ~ unbefugt, unberechtigt, ohne Genehmigung; ■ **l'~ de faire qc** die Erlaubnis [*o* Genehmigung] etw zu tun; ■ **l'~ de qn** jds Erlaubnis [*o* Genehmigung]
2. (*permis*) schriftliche Erlaubnis, Erlaubnisschreiben *nt*
◆ **autorisation de sortie** Ausgangserlaubnis *f*; **autorisation de sortie du territoire** Ausreisegenehmigung *f* (*für Minderjährige*)
autorisé, e [otoʀize] *adj* 1. (*compétent*) *milieux*, *source* maßgeblich; *avis*, *personne a.* maßgebend; (*responsable*) zuständig; (*ayant pouvoir*) befugt
2. (*permis*) *stationnement* zulässig, erlaubt; *tournure* akzeptiert
autoriser <1> [otoʀize] I. *vt* 1. (*permettre*) ■ **qn/qc autorise qn à faire qc** jd gestattet jdm [*o* autorisiert jdn *geh*], etw zu tun; ■ **qc autorise qn à faire qc** etw berechtigt jdn [*o* gibt jdm das Recht], etw zu tun
2. (*rendre licite*) ■ **qn/qc autorise qc** *stationnement* jd/etw lässt etw zu, jd/etw erlaubt etw; (*accepter*) *manifestation*, *sortie* jd/etw genehmigt etw
3. (*donner lieu à*) ■ **qc autorise qc** *abus*, *excès* etw erlaubt etw; *espoir* etw gibt zu etw Anlass
▶ **tout nous/les/… autorise à penser que** + *indic* alle Anzeichen berechtigen [*o* eine Reihe von Gründen berechtigt] uns/sie/… zu der Annahme, dass
II. *vpr* ■ **qn s'autorise de qc [pour faire qc]** jd beruft sich auf etw (*akk*) [um etw zu tun]
autoritaire [otoʀitɛʀ] *adj* autoritär; *caractère*, *personne*, *ton a.* herrisch
autoritarisme [otoʀitaʀism] *m* besonders autoritäre [*o* herrische] Art [*o* Vorgehensweise]
autorité [otoʀite] *f* 1. (*pouvoir*) Autorität *f*, Macht *f*; ***qn agit avec*** ~ jd handelt bestimmt [*o* souverän]; ***fais donc enfin preuve*** [*o* ***acte***] ***d'~!*** sprich doch endlich ein Machtwort!; ***l'enfant est soumis à l'~ de ses parents*** das Kind untersteht der elterlichen Gewalt; ***l'~ de la loi*** die Gesetzesgewalt, die gesetzliche Gewalt; ***l'~ maritale*** die eheliche Gewalt; ***l'~ parentale*** [*o* ***paternelle***] die elterliche Gewalt; ***l'~ patronale*** Weisungsbefugnis *f*; ■ ~ **sur qn** Macht [*o* Gewalt] über jdn
2. *souvent pl* (*organisme*) Behörde *f*; ***l'~ compétente*** die zuständige Behörde [*o* [Amts]stelle]; ***l'~ administrative/civile/judiciaire/locale/militaire*** die Verwaltungs-/Zivil-/Gerichts-/Lokal-/Militärbehörde; ***l'~ législative*** das gesetzgebende Organ; ***l'~ politique/les ~s politiques*** die politische Macht/die politischen Organe; ***l'~ religieuse/les ~s religieuses*** die geistliche Obrigkeit/die Vertreter der geistlichen Obrigkeit
3. (*considération*) Ansehen *nt*; ***elle jouit d'une grande*** ~ sie genießt großes Ansehen; ***il a acquis une certaine ~ sur ses confrères*** er hat sich (*dat*) bei seinen Kollegen ein gewisses Ansehen verschafft
4. (*personne influente*) Autorität *f*, Kapazität *f*
▶ **de sa propre** ~ eigenmächtig, auf eigene Faust *fam*; **l'~ suprême** die oberste Gewalt; **qn a ~ pour qc/faire qc** jd hat das Recht zu etw/[dazu,] etw zu tun; jd ist zu etw befugt/jd ist [dazu] befugt, etw zu tun; **qn a de l'~ [sur qn]** jd hat Gewalt [*o* Macht] über jdn; **qn est déchu(e) de son ~** jdm wird die Gewalt [*o* Befugnis] entzogen; **qn est sous l'~ de qn** jd untersteht jdm [*o* jds Befehlsgewalt]; **qn exerce une/l'~** jd übt eine/die Macht aus; **qn/qc fait ~** jd gilt als Autorität [*o* Kapazität], jd/etw ist maßgebend; **qn use d'~** jd macht von seiner Autorität Gebrauch; **d'~** eigenmächtig; **sous l'~ de qn** unter jds Regie (*dat*)
◆ **autorité de tutelle** Aufsichtsbehörde *f*

autoroute [otoʀut] *f* Autobahn *f; **qn prend l'~*** jd nimmt die Autobahn
▸ ~ **urbaine** [gebührenfreie] kommunale Autobahn
◆ **autoroute à péage** gebührenpflichtige Autobahn; **autoroute de contournement** [*o* **de dégagement**] Ringautobahn *f;* **autoroute de liaison** Verbindungsautobahn *f;* **autoroute de l'information** Datenautobahn *f;* **autoroute du Soleil** *Autobahn Paris-Marseille*
autoroutier, -ière [otoʀutje, -jɛʀ] *adj* Autobahn-
autosatisfaction [otosatisfaksjɔ̃] *f* Selbstzufriedenheit *f,* Selbstgefälligkeit *f; **qn cultive l'~*** jd kultiviert seine Selbstgefälligkeit
autostop *m,* **auto-stop** [otostɔp] *m* ∅ Autostop[p] *m,* Trampen *nt*
▸ **qn pratique** [*o* **fait de**] **l'~-~** jd fährt [*o* reist] per Anhalter, jd trampt; **qn prend qn en ~-~** jd nimmt jdn [als Anhalter/Anhalterin] mit; **en ~-~** per Anhalter
autostoppeur, -euse *m, f,* **auto-stoppeur, -euse** <~-~s> [otostɔpœʀ, -øz] *m, f* Anhalter(in) *m(f),* Tramper(in) *m(f)*
▸ **qn prend un ~-~** jd nimmt einen Anhalter mit
autosuggestion [otosygʒɛstjɔ̃] *f* Autosuggestion *f*
▸ **c'est de l'~** das ist Einbildung
autour [otuʀ] I. *adv* darum [herum]; ***tout ~*** rundherum, ringsum; ***la maison est bien protégée, il y a une clôture électrique ~*** das Haus ist gut geschützt, es ist von einem elektrischen Zaun umgeben; ***elle marche/flâne/traîne/rôde ~*** sie geht/spaziert/treibt sich/lungert dort herum
II. *prép* 1. (*sur le pourtour de*) ■ **~ de qn/qc** um jdn/etw herum; ***tout ~ de qn/qc*** ringsherum um jdn/etw
2. (*à proximité de*) ■ **~ de qn/qc** in der Umgebung von jdm/etw; ***ils vivent ~ de nous*** sie leben in unserer Umgebung
3. (*environ*) ■ **~ de ...** so um die ... [herum]; ***ça va coûter ~ de 100 F*** es wird um die 100 F [herum] kosten
autre [otʀ] I. *adj antéposé* 1. (*différent*) andere(r, s); (*supérieur*) ganz andere(r, s); ***son avis est tout ~*** er/sie ist völlig anderer Meinung; ***un tout ~ monde*** eine ganz andere Welt; ***tu préfères ~ chose?*** willst du etwas anderes?; ■ **un ~ ...** [**que ...**] ein(e) andere(r, s) ... [als]; ***d'une ~ manière*** anders, auf eine andere Art; ■ **d'~s ...** [**que ...**] andere ... [als ...]
2. (*supplémentaire*) weitere(r, s); ***je voudrais une ~ glace/d'~s pistaches*** ich möchte noch ein [weiteres] Eis/noch weitere [*o* mehr] Pistazien; ***sans ~ précision*** ohne weitere Angaben
3. (*second des deux*) ■ **l'~ ...** der/die/das andere ...
4. (*second qui égale le premier*) Zweite(r, s); ***un ~ moi-même*** mein zweites Ich
▸ **nous/vous ~s** wir/ihr dagegen [*o* jedenfalls]
II. *pron indéf* 1. (*personne différente*) andere(r); ***quelques ~s*** [irgendwelche] anderen; ■ **un(e) ~** [**que**] ein anderer/eine andere [als]; ■ **... d'~:** ***qui d'~?*** wer sonst?; ***quelqu'un d'~*** jemand anders, irgendjemand anderes; ■ **tout ~ ... que** ein ganz anderer/eine ganz andere ... als; ■ **l'~/les ~s** der/die andere/die ander[e]n; ***évidemment ce sont les ~s qui sont responsables!*** natürlich sind die ander[e]n verantwortlich!
2. (*chose différente*) andere(r, s); ***quelques ~s*** ein paar andere; ■ **un/une ~** ein anderer/eine anderer/ein anderes; ■ **... d'~:** ***rien d'~*** nichts anderes; ***quelque chose d'~*** etwas anderes; ***quoi d'~?*** was sonst?; ***cet ordinateur me convient, je n'en veux pas d'~*** dieser Computer genügt mir, ich will keinen anderen; ■ **d'~s** andere; ***j'en sais encore bien d'~s*** [***à son sujet***]! ich weiß noch ganz andere Dinge [über ihn/sie]!; ***vos arguments sont mauvais; trouvez-en d'~s!*** eure/Ihre Argumente sind nicht stichhaltig; lasst euch/lassen Sie sich andere einfallen!; ■ **l'~/les ~s** der/die/das andere/die anderen
3. (*personne supplémentaire*) weitere(r, s); ***vous êtes un imbécile! – Vous en êtes un ~!*** Sie sind ein Erzdummkopf! – Sie ebenfalls!; ***j'en connais*** [***encore***] ***d'~s/deux ~s*** [***qui ...***] ich kenne noch andere/noch zwei weitere[, die ...]
4. (*chose supplémentaire*) weitere(r, s); ***donnez-m'en deux ~s!*** geben Sie mir [noch] zwei weitere; ***j'en aimerais un ~/d'~s*** ich hätte gern[e] noch einen weiteren/eine weitere/ein weiteres/noch mehr davon
5. (*opp: l'un*): ***l'un l'~*** einander, sich gegenseitig
▸ **à d'~s!** wer's glaubt [wird selig]! *fam;* **entre ~s** unter anderem; **une ~!** Zugabe!
autrefois [otʀəfwa] *adv* früher, einst *geh;* ***la vie d'~*** das frühere [*o* einstige] Leben, das Leben in früheren Zeiten
autrement [otʀəmɑ̃] *adv* 1. (*différemment*) anders; ***je ne pouvais pas faire ~*** mir blieb nichts anderes übrig; ***il ne peut en être ~*** alles andere ist unwahrscheinlich; ■ **~ que** + *indic* anders als
2. (*sinon, sans quoi*) sonst, andernfalls
3. (*à part cela*) sonst, ansonsten *fam*
▸ **~ dit** mit anderen Worten; **qn fait ~** jd macht es anders; ***on ne peut pas faire ~*** es geht nicht anders; ***comment faire ~?*** wie soll man es anders machen?; ***il va falloir faire ~*** wir müssen das anders machen, wir müssen uns was einfallen lassen; **~ plus** *fam* bedeutend, viel; ***c'est ~ plus difficile qu'hier*** es ist bedeutend [*o* viel] schwieriger als gestern; **tout ~** ganz anders; **pas ~** nicht sonderlich, nicht besonders
Autriche [otʀiʃ] *f* ■ **l'Autriche** Österreich *nt*
autrichien, ne [otʀiʃjɛ̃, jɛn] I. *adj* österreichisch
II. *m, f* ■ **Autrichien(ne)** Österreicher(in) *m(f)*
autruche [otʀyʃ] *f* Strauß *m*
▸ **qn fait l'~** jd steckt den Kopf in den Sand
autrui [otʀɥi] *pron inv* ein anderer/eine andere; (*les autres*) andere; ***la misère d'~*** das Elend anderer; ***au nom d'~*** im Namen anderer; ***pour le compte d'~*** auf fremde Rechnung; ***l'amour d'~*** die Nächstenliebe; ***le bien d'~*** fremdes [Hab und] Gut
auvent [ovɑ̃] *m* Vordach *nt;* ***toit en ~*** [abgestütztes] Vordach
Auvergne [ovɛʀɲ] *f* ■ **l'Auvergne** die Auvergne

aux [o] = à les *v.* **à**
auxiliaire [ɔksiljɛʀ] I. *adj* 1. (*annexe*) Hilfs-; *armée, troupe a., navire, service* Ersatz-; *contrôle, recettes* zusätzlich; *raison* sekundär, zweitrangig; ***bureau ~*** Nebenstelle *f*
2. (*non titulaire*) Hilfs-; ***personnel ~*** Hilfspersonal *nt,* Hilfskräfte *pl;* (*temporaire*) Aushilfspersonal, Aushilfskräfte; ***infirmière ~*** Schwesternhelferin *f;* ***maître ~*** Hilfslehrer(in) *m(f)*
II. *mf* (*personne*) Hilfskraft *f;* ***il est pour moi un ~ précieux*** er ist eine wertvolle Hilfe für mich
III. *m* GRAM (*verbe*) Hilfsverb *nt*
◆ **auxiliaire de justice** Rechtsvertreter(in) *m(f);* **auxiliaire de mode** Modalverb *nt*
av *f abr de* **avenue**
avachi, e [avaʃi] *adj* 1. (*amorphe*) *attitude* schlaff, lasch; *air a.* lustlos; *personne a.* energielos, saft- und kraftlos *fam*
2. (*déformé*) *chaussures* ausgetreten, ausgeweitet; *pantalon, sac, vêtement* ausgebeult
avachir <8> [avaʃiʀ] *vpr* 1. (*s'affaisser*) ■ **qc s'avachit** */muscles, traits, visage/* etw erschlafft, etw wird schlaff; */silhouette/* etw fällt zusammen; */chaussures/* etw leiert aus
2. *fam* (*devenir amorphe*) ■ **qn s'avachit** jd wird träge [*o* schlaff], jd wird saft- und kraftlos *fam*
avachissement [avaʃismɑ̃] *m* (*action*) Erschlaffen *nt,* Erschlaffung *f;* (*état*) Schlaffheit *f;* [*personne*] Energielosigkeit *f,* Schlaffheit
avais [avɛ] *imparf de* **avoir**
aval [aval] *m* 1. (*opp: amont*) (*partie inférieure*) Unterlauf *m,* unterer Wasserlauf; (*direction*) Talrichtung *f;* SKI Talhang *m;* ***le bateau se laissait glisser vers l'~*** das Boot ließ sich flussabwärts [*o* stromabwärts] treiben; ***vous devez transférer le poids*** [***du corps***] ***de l'~ vers l'amont*** Sie müssen das Gewicht vom Talski zum Bergski verlagern
2. IND [*production*] Weiterführung *f,* Fortführung *f*
3. (*garantie*) Bürge *m*
4. (*soutien*) Unterstützung *f*
▸ **qn a l'~ d'une personne** (*a la garantie de qn*) für jdn wird durch einen Menschen gebürgt; (*a le soutien de qn*) jd hat die Unterstützung eines Menschen; **qn donne son ~ à qn/qc** (*garantit*) jd bürgt für jdn/etw; (*apporte son soutien*) jd unterstützt jdn/etw; **avec/sans l'~ de qn** (*la garantie*) mit/ohne jds Bürgschaft; (*le soutien*) mit/ohne jds Unterstützung [*o* Zustimmung]; **en ~** stromabwärts, flussabwärts; IND in einer späteren Phase, später; **en ~ de qc** unterhalb [von], unterhalb (+ *gen*), weiter unterhalb; IND *de la production* im Fortgang einer S. (*gen*), in der Weiterführung einer S. (*gen*); ***qc crée*** [*o* ***entraîne***] ***qc en ~*** etw bringt etw mit sich; ***de nombreux secteurs dépendent en ~ de la pétrochimie*** der Petrochemie sind zahlreiche Sektoren nachgelagert
avalanche [avalɑ̃ʃ] *f* 1. (*masse de neige*) Lawine *f*
2. (*accumulation*) ■ **une ~ de choses** eine Lawine [*o* Flut] von Dingen; *de coups* ein Hagel *m* von Dingen; ***qn croule sous une ~ de lettres*** jd versinkt in einem Berg von Briefen
▸ **qn est pris(e) sous une ~** [**de qc**] jd wird von/ist unter einer Lawine [von etw] verschüttet; ***le ministre a été pris sous une ~ de revendications*** der Minister wurde mit einer wahren Flut von Forderungen überschüttet
avaler <1> [avale] I. *vt* 1. (*faire descendre*) ■ **qn avale qc** jd schluckt etw [hinunter]; (*par inattention*) jd verschluckt etw; ■ **qc avale qc** */distributeur/* etw schluckt etw
2. (*manger*) ■ **qn avale qc** jd nimmt etw zu sich; ***cela fait deux jours que je n'ai quasiment rien avalé*** seit zwei Tagen habe ich so gut wie nichts mehr in den Bauch gekriegt *fam;* ***le malade n'avale plus rien*** der Kranke kann nichts mehr zu sich nehmen; (*refuse de manger*) der Kranke will nichts mehr zu sich nehmen
3. (*dévorer*) ■ **qn avale qc** jd verschlingt etw, jd schlingt etw hinunter; *liquide* jd stürzt [*o* schüttet] etw hinunter; *fig roman, livre* jd verschlingt etw; *kilomètres, route* jd reißt etw herunter *fam;* ■ **qn avale qn** jd frisst jdn auf *fam;* ***il ne va tout de même pas t'~!*** er wird dich schon nicht fressen! *fam;* ***on dirait/j'ai l'impression que tu vas m'~*** [***tout(e) cru(e)***] man könnte meinen/ich habe den Eindruck, du willst mich in der Luft zerreißen *fam*
4. (*encaisser*) ■ **qn avale qc** jd akzeptiert etw; *affront* jd steckt etw ein, jd nimmt etw hin; ***ce genre de remarque est difficile à ~*** diese Art von Bemerkung ist schwer hinzunehmen [*o* zu schlucken *fam*]
5. (*croire*): ***tu ne me feras pas ~ de telles histoires*** diese Geschichten nehme ich dir nicht ab *fam*
▸ **qn veut tout ~** jd will alles auf einmal [sehen/erreichen/haben]
II. *vi* ■ **qn avale** jd schluckt; ***elle a du mal à ~*** sie hat Mühe zu schlucken, sie hat Beschwerden beim Schlucken
avaleur [avalœʀ] *m* ◆ **avaleur de sabres** Schwertschlucker *m*
avance [avɑ̃s] *f* 1. (*progression*) Vormarsch *m,* Vorrücken *nt*
2. (*opp: retard*) (*sur des concurrents*) Vorsprung *m;* (*sur un horaire, planning a.*) Verfrühung *f;* ***pourquoi le train est-il arrivé avec une telle ~?*** warum ist der Zug so früh angekommen?; ■ **~ sur qn/qc** Vorsprung vor [*o* gegenüber] jdm/etw; ***~ sur l'horaire*** Verfrühung
3. (*somme*) ■ **~** [**sur qc**] *sur un achat* Anzahlung *f* [auf etw (*akk*)]; *sur un salaire* Vorschuss *m* [auf etw (*akk*)]; *sur un loyer, paiement* Teil[betrag *m*] *m* [einer S. (*gen*)]; (*totale*) Vorauszahlung *f*
4. *pl* (*démarches auprès de qn*) Avancen *pl geh,* Annäherungsversuche *pl*
▸ **la belle ~!** das hat er/sie nun davon!; **~ rapide, accélérée** Schnellvorlauf *m;* **qn a de l'~** [**sur qn/qc**] jd hat einen Vorsprung [vor jdm/etw]; **qn est en ~ sur qn/qc** jd ist früher da als jd/etw, jd ist vor jdm/etw da; (*plus développé*) jd ist jdm/einer S. voraus; ***le train n'est pas encore en gare; je suis en ~*** der Zug ist noch nicht eingetroffen; ich bin zu früh [*o* ich habe mich verfrüht]; ***nous sommes en ~ sur l'horaire prévu*** wir sind dem Zeitplan

voraus; **qn fait une ~ à qn** (*verse une somme*) jd zahlt jdm einen Abschlag; (*sur un achat a.*) jd macht jdm eine Anzahlung; (*sur un paiement*) jd zahlt jdm [im Voraus] einen Teilbetrag; (*sur un salaire*) jd gibt jdm einen Vorschuss; **qn fait des ~s à qn** jd macht jdm Avancen *geh*, jd macht bei jdm Annäherungsversuche; **qn/qc prend de l'~ [sur qn/qc]** *sur ses concurrents* jd/etw gewinnt einen Vorsprung [vor jdm/etw]; *sur un planning, horaire* jd/etw gewinnt einen Vorsprung [in Bezug auf etw (*akk*)]; **à l'~/d'~/par ~** im Voraus, vorher; ***qn prend/a une heure d'~ sur qn/qc*** jd gewinnt/hat eine Stunde Vorsprung vor jdm/einer S.; ***avec une minute d'~*** mit einer Minute Vorsprung; **en ~ /train/** zu früh; ***l'enfant est en ~ pour son âge*** das Kind ist seinem Alter voraus; ***certains pays sont en ~ sur les autres*** manche Länder sind den anderen voraus; ***il est en ~ dans son programme*** er ist weiter in seinem Programm als vorgesehen; ***le train est/est arrivé en ~ de cinq minutes*** der Zug ist fünf Minuten früher/zu früh angekommen
◆ **avance papier** Papiervorschub *m*

avancé, e [avɑ̃se] *adj* **1.** (*en avant*) vorspringend; MIL *poste* vorgeschoben; ***le nez est la partie la plus ~e du visage*** die Nase ist der am weitesten vorspringende Gesichtsteil
2. (*en avance, poussé*) vorgeschritten; *âge, travail, végétation a., nuit* fortgeschritten; *âge a.* vorgerückt; *civilisation, technique* hoch entwickelt; *idées, opinions* fortschrittlich; ***un enfant ~*** ein für sein Alter weit entwickeltes Kind; ***il est rentré à une heure ~e de la nuit*** er ist zu vorgerückter [*o* vorgeschrittener] Stunde nach Hause gekommen; ■ **~ dans qc** weit in etw (*dat*) [vorangekommen]; ***je ne suis guère ~ dans mon travail*** ich bin in meiner Arbeit kaum vorangekommen [*o* weitergekommen]; ■ **~ pour qc** *pour son âge, la saison* weit entwickelt für etw
▶ **qn n'est pas plus ~** jd ist nicht viel weiter als vorher; **te/me/le voilà bien [o drôlement] ~!** jetzt bist du/bin ich/ist er genauso weit wie vorher!

avancée [avɑ̃se] *f* **1.** (*partie en saillie*) Vorsprung *m*
2. (*progression*) [*ennemi*] Vormarsch *m*; [*salaires*] Anhebung *f*; [*monnaie*] Anstieg *m*; (*proposition positive*) Entgegenkommen *nt kein pl*
▶ **qn/qc fait une ~ ...** jds Vormarsch/der Vormarsch einer S. (*gen*) ist ...; ***la drogue a fait une ~ inquiétante aux États-Unis*** die Zunahme des Drogenkonsums in den Vereinigten Staaten ist besorgniserregend; ***le capitalisme a fait une ~ spectaculaire dans les pays de l'Est*** der Kapitalismus befindet sich auf einem spektakulären Vormarsch in den Ländern des Ostens

avancement [avɑ̃smɑ̃] *m* **1.** (*progression dans la réalisation*) Fortgang *m*, Fortschreiten *nt*, Vorankommen *nt*; ***il n'y a pratiquement pas eu d'~ depuis six mois*** seit sechs Monaten sind praktisch keine Fortschritte erzielt worden; ***le beau temps a favorisé l'~ de la moisson*** durch das schöne Wetter kam man mit der Ernte schnell voran; ***si l'~ des travaux le permet*** wenn die Arbeiten weiterhin so gut vorangehen
2. (*promotion*) Aufstieg *m*, Beförderung *f*; ***qn demande/réclame de l'~*** jd möchte befördert werden/verlangt eine Beförderung
▶ **qn a [o reçoit] [o obtient] de l'~** jd steigt auf, jd wird befördert; **qn va avoir de l'~!** *iron* jd kann etwas erleben *fam*
◆ **avancement à l'ancienneté** Beförderung *f* nach dem Dienstalter; (*dans une entreprise*) Beförderung nach der Betriebszugehörigkeit; **avancement au choix** Beförderung *f* nach dem Leistungsprinzip

avancer <2> [avɑ̃se] **I.** *vt* **1.** (*changer l'heure, la date*) ■ **qn avance qc [de qc]** *montre* jd stellt etw [um etw] vor; *l'heure du repas, date du départ* jd verlegt etw [um etw] vor
2. (*pousser, porter en avant*) ■ **qn avance qc [de qc]** jd rückt [*o* schiebt] etw [um etw] vor; ■ **qn avance qc [à qn]** jd rückt [*o* schiebt] [jdm] etw vor; ***la voiture de Monsieur est avancée!*** der Wagen des [gnädigen] Herrn ist vorgefahren [*o* steht bereit]!
3. ■ **qn avance qc** *fait, idée, opinion, thèse* jd trägt [*o* bringt] etw vor
4. (*faire progresser*) ■ **qn/qc avance qn/qc** jd/etw bringt jdn/etw voran [*o* weiter], jd/etw hilft jdm weiter
5. (*payer par avance*) ■ **qn avance qc** jd [be]zahlt etw im Voraus; ■ **qn avance qc à qn** (*prêter*) jd streckt jdm etw vor
▶ **ça m'/t'/nous avance à quoi?** [und] was hab' ich/hast du/haben wir davon?, [und] was bringt mir/dir/uns das [ein]?; **ça ne m'/t'/nous avance à rien!** das bringt mir/dir/uns gar nichts [ein]!
II. *vi* **1.** (*se porter en avant*) ■ **qn/qc avance [de qc]** jd/etw rückt [um etw] vor; */conducteur, voiture/* jd/etw fährt [etw] weiter vor; ■ **qn avance sur qn/qc** *sur les troupes ennemies* jd rückt gegen jdn vor; *sur une ville* jd rückt auf etw (*akk*) vor; *sur une rivière, frontière* jd rückt zu etw vor; ■ **qn/qc avance en direction de qc**: ***l'ennemi se mit à ~ en direction de Paris/la rivière/la frontière*** der Feind begann in Richtung Paris/Fluss/Grenze vorzurücken; ■ **qn avance vers qn/qc** jd geht näher zu jdm/etw [hin]; ***avance vers moi!*** komm näher her [*o* zu mir]!
2. (*être en avance*) ■ **qc avance [de qc]** etw geht [etw (*nomin*)] vor; */nuit, journée/* etw schreitet voran; ***ma montre avance/j'avance de 5 minutes*** meine Uhr geht 5 Minuten vor
3. (*former une avancée, une saillie*) ■ **qc avance** etw springt [*o* ragt] vor, etw ragt hinaus/hinein; ***les rochers avancent dans la mer*** die Felsen springen ins Meer vor [*o* ragen ins Meer hinaus/hinein]; ***le balcon avance [d'un mètre] sur la rue*** der Balkon ragt [einen Meter] in die Straße hinein/hinaus
4. (*progresser*) ■ **qn/qc avance [dans qc]** jd kommt [bei etw] voran [*o* vorwärts] [*o* weiter]/etw geht voran; ■ **qn avance en qc** *en âge, sagesse* jd nimmt an etw (*dat*) zu; ***à mesure que l'on avance en âge*** mit zunehmendem Alter; ***elle avance en âge/sagesse*** sie wird älter/weiser; ***j'espère bientôt ~ en grade*** ich hoffe bald befördert zu werden; ■ **qn fait ~ qc** jd bringt etw voran
▶ **ça avance à quoi?** [und] was bringt das [ein]?, [und] was hat man davon?; **ça n'avance à rien** das bringt [*o* nützt] gar nichts
III. *vpr* **1.** (*se porter en avant*) ■ **qn/un animal s'avance** (*pour sortir d'un rang*) jd tritt/kommt vor; (*pour continuer son chemin*) jd schreitet voran, jd/ein Tier bewegt sich vorwärts/weiter; (*pour s'approcher*) jd/ein Tier kommt näher; ■ **qn s'avance vers qn/qc** jd geht auf jdn/etw zu
2. (*prendre de l'avance*) ■ **qn s'avance** jd kommt voran [*o* weiter]
3. (*se hasarder en anticipant*) ■ **qn s'avance** jd wagt sich weit vor, jd stellt eine kühne Behauptung auf; ***qn s'avance trop*** jd behauptet zu viel

avanie [avani] *f vieilli* Schmach *f*, Schimpf *m geh*; ***on lui a fait subir des ~s*** man hat ihm [eine] Schmach angetan

avant [avɑ̃] **I.** *prép* **1.** (*temps*) vor (+ *dat*); ■ **~ de faire qc** bevor jd etw tut, vor dem Tun einer S. (*gen*)
2. (*lieu*) vor (+ *dat*); ***~ cette sortie d'autoroute*** vor dieser Autobahnausfahrt
3. (*priorité*) vor (+ *dat*); ***le travail passe ~ les loisirs*** die Arbeit kommt vor dem Vergnügen [*o* geht dem Vergnügen vor]
▶ **bien ~ qc** lange vor etw (*dat*); **peu ~ qc** kurz [*o* unmittelbar] vor etw (*dat*); **~ tout** vor allem; **dès ~ qc** schon [*o* bereits] vor etw (*dat*); **en ~ de qn/qc** vor jdm/etw, jdm/einer S. voraus
II. *adv* **1.** (*d'abord, en premier*) vorher; ***vous voyez l'église? ma maison est juste ~*** sehen Sie die Kirche? mein Haus ist genau davor; ***ma tranquillité passe ~*** meine Ruhe geht vor [*o* hat Vorrang]
2. (*plus tôt*) vorher, zuvor; ***deux jours ~*** zwei Tage vorher [*o* zuvor]
▶ **aussitôt/juste/bien [o longtemps]/peu ~** unmittelbar/kurz/lange/wenig vorher [*o* zuvor]; **plus/trop ~** weiter vor [*o* nach vorn[e]]/zu weit vor [*o* nach vorn[e]]; **d'~** vorher, davor, zuvor; ***le jour/l'année d'~*** am Tag[e]/das Jahr davor [*o* zuvor]; **en ~ [marche]!** nun los!; MIL vorwärts [marsch]!; **en ~**: ***je préfère marcher en ~*** ich gehe lieber vorn[e] [*o* voran] [*o* vorneweg]; ***il vaut mieux être en ~ pour voir quelque chose*** es ist besser vorn[e] zu sitzen/stehen um etwas zu sehen; ***ne te penche pas en ~*** beug[e] dich nicht vor [*o* nach vorne] [*o* vornüber]; ***il faut regarder en ~*** wir müssen nach vorwärts [*o* nach vorn[e]] blicken; ***il a mis en ~ les difficultés*** er hat die Schwierigkeiten vorgebracht [*o* angeführt]; ***il aime se mettre en ~*** er stellt sich gerne heraus, er schiebt sich gerne in den Vordergrund
III. *conj* ■ **~ que** + *subj* bevor
▶ **bien [o longtemps]/juste [o peu] ~ que** lange/kurz bevor
IV. *m* **1.** (*partie antérieure*) Vorderteil *nt o m*
2. SPORT (*joueur*) Stürmer(in) *m(f)*
▶ **qn joue à l'~** SPORT jd spielt im Sturm [*o* vorn[e]]; **qn va de l'~** jd geht unbeirrt seinen Weg; **à l'~** vorn[e]; ***installez-vous à l'~*** setzen Sie sich vorne hin [*o* nach vorn]; **à l'~ de qc** im vorderen Teil einer S. (*gen*); *du peloton* im vorderen Feld einer S. (*gen*); ***à l'~ du bateau*** auf dem Vorschiff; **vers l'~** nach vorn, vornhin; **vers l'~ de qc** zum/in den vorderen Teil einer S. (*gen*)
V. *adj inv* (*opp: arrière*) Vorder-; ***traction ~*** Frontantrieb *m*, Vorderradantrieb *m*; ***le clignotant ~ droit*** der Blinker vorne rechts

avantage [avɑ̃taʒ] *m* **1.** (*intérêt*) Vorteil *m*
2. *souvent pl* (*gain*) Vorteil *m*, Vergünstigung *f*
3. (*supériorité*) Vorteil *m*, Trumpf *m*, Plus[punkt *m*] *nt*; ***avec l'~ du terrain, Nancy devrait gagner*** mit Heimvorteil [*o* Platzvorteil] müsste Nancy gewinnen; ***ils ont l'~ du nombre [sur eux]*** sie sind [ihnen] zahlenmäßig überlegen, sie sind [ihnen] [gegenüber] zahlenmäßig im Vorteil; ***elle a l'~ de la naissance/l'intelligence*** sie ist begünstigt durch ihre Herkunft/sie ist in Bezug auf auf ihre Intelligenz überlegen; ***il a l'~ de la fortune*** er ist durch sein Vermögen im Vorteil, sein Vermögen begünstigt ihn; ***il a conservé [o gardé] son ~*** er hat seinen Vorteil gewahrt; ■ **~ sur qn/qc** Vorteil gegenüber jdm/etw; ***elle a l'~ de l'expérience sur lui*** sie hat ihm gegenüber die Erfahrung voraus; ***le boxeur a pris/perdu l'~ sur son adversaire*** der Boxer hat die Oberhand über seinen Gegner gewonnen/verloren
4. *soutenu* (*plaisir, privilège*) Vergnügen *nt*, Ehre *f*; ***je crois que je n'ai pas encore eu l'~ de vous connaître*** ich hatte noch nicht das Vergnügen, Ihre Bekanntschaft zu machen; ***qu'est-ce qui me vaut l'~ de votre visite?*** was verschafft mir die Ehre Ihres Besuchs?
▶ **~ service/dehors/Monsieur Untel** TENNIS Vorteil Aufschläger/Rückschläger/Herr Soundso; **~s sociaux** soziale Vergünstigungen; **qn a l'~** (*est supérieur*) jd ist im Vorteil; SPORT (*mène à la marque*) jd führt; **qn a ~ à faire qc** jd tut gut daran [*o* es ist für jdn von Vorteil] [*o* es ist gut für jdn], etw zu tun; ***si tu viens à Paris, tu as ~ à prendre l'autoroute*** wenn du nach Paris kommst, nimmst du besser die Autobahn; **qn a l'~ sur qn/qc** jd ist jdm/einer S. gegenüber im Vorteil, jd hat jdm/einer S. etwas voraus; ***il a sur moi l'~ d'avoir des parents fortunés*** er hat mir gegenüber den Vorteil, vermögende Eltern zu haben; **qc a [o offre] [o présente] l'~ de faire qc** etw hat [*o* bietet] den Vorteil, etw zu tun; ***cette maison a l'~ d'avoir un grand jardin*** dieses Haus bietet den Vorteil eines großen Gartens; **qn change à son ~** jd verändert sich zu seinem Vorteil; **qn est à son ~** jd sieht vorteilhaft aus; **qn tire ~ de qc** jd zieht Vorteil [*o* Nutzen] aus etw; **qc tourne à l'~ de qn/qc** etw wendet sich zu jds Gunsten; **à son ~** zu seinem/ihrem Vorteil; **à l'~ de qn/qc** zugunsten jds/einer S.
◆ **avantage en nature** Sachleistung *f*, Sachvergütung *f*

avantager <2 a> [avɑ̃taʒe] *vt* **1.** (*favoriser*) ■ **qn/qc avantage qn [par rapport à qn/au détriment de qn]** jd/etw begünstigt jdn [jdm gegenüber/zu jds Nachteil]; ***la nature l'a avantagé*** die Natur hat ihn reich bedacht
2. (*mettre en valeur*) ■ **qc avantage qn** etw ist vorteilhaft für jdn, etw steht jdm gut; */vêtement a./* etw kleidet jdn gut

avantageusement [avɑ̃taʒøzmɑ̃] *adv* günstig, vorteilhaft; *vendre a.* mit Gewinn; ***qn/qc remplace ~ qn/qc*** jd/etw ist ein guter Ersatz für jdn/etw

avantageux, -euse [avɑ̃taʒø, -øz] *adj* **1.** (*intéressant*) *occasion, situation* günstig; *prix a.* vorteilhaft
2. (*favorable*) *portrait* vorteilhaft, günstig; *termes* gefällig, freundlich; *opinion, idée* positiv; ***qn présente qc sous un jour ~*** jd stellt etw in rosigem Licht hin
3. *péj* (*fat*) eingebildet, dünkelhaft

▸**qn fait l'~(-euse)** jd spielt sich auf

avant-bras <~-~> [avɑ̃bʀɑ] *m* Unterarm *m* **avant-centre** <~s-~s> [avɑ̃sɑ̃tʀ] *m* Mittelstürmer(in) *m(f)* **avant-coureur** <~-~s> [avɑ̃kuʀœʀ] *adj bruit* ankündigend, vorauseilend; ***signe ~-~*** Vorzeichen *nt*, Anzeichen *nt*, Vorbote *m*; ***des frissons ~-~s de la grippe*** die Grippe ankündigende Kälteschauer **avant-dernier, -ière** <~-~s> [avɑ̃dɛʀnje, -jɛʀ] **I.** *adj* vorletzte(r, s), zweitletzte(r, s) **II.** *m, f* Vorletzte(r) *f(m)* **avant-garde** <~-~s> [avɑ̃gaʀd] *f* **1.** MIL Vorhut *f* **2.** *(groupe de tête, précurseur)* Avantgarde *f*; ***l'~-~ du peloton*** die Spitze des Feldes ▸**à l'~-~ de qc** an der Spitze einer S. *(gen)*; **à l'~-~ de qn:** ***le compositeur est à l'~-~ de ses confrères européens*** der Komponist übernimmt für seine europäischen Kollegen eine Vorreiterrolle; **d'~-~** avantgardistisch **avant-goût** <~-~s> [avɑ̃gu] *m* Vorgeschmack *m* *(de* von) ▸**qn/qc a/donne à qn un ~ de qc** jd/etw hat [*o* bekommt]/gibt jdm einen Vorgeschmack von etw **avant-guerre** <~-~s> [avɑ̃gɛʀ] *f* Vorkriegszeit *f* ▸**d'~-~** Vorkriegs- **avant-hier** [avɑ̃tjɛʀ] *adv* vorgestern **avant-poste** <~-~s> [avɑ̃pɔst] *m* Vorposten *m* ▸**aux ~-~s** an vorderster [*o* der vordersten] Front **avant-première** <~-~s> [avɑ̃pʀəmjɛʀ] *f* Voraufführung *f* ▸**en ~-~** als Voraufführung; ***la pièce a été jouée en ~-~*** das Stück wurde voraufgeführt **avant-projet** <~-~s> [avɑ̃pʀɔʒɛ] *m* Vorentwurf *m* **avant-propos** <~-~> [avɑ̃pʀɔpo] *m* Vorwort *nt* **avant-scène** <~-~s> [avɑ̃sɛn] *f* Proszeniumsloge *f*, Proszenium *nt* **avant-veille** <~-~s> [avɑ̃vɛj] *f* zwei Tage zuvor; ▪ **l'~-~ de qc** zwei Tage vor etw *(dat)*

avare [avaʀ] **I.** *adj* geizig; ▪ **qn est ~ de qc** jd geizt mit etw, jd ist geizig mit etw; ***il n'est vraiment pas ~ d'efforts*** ihm ist wirklich nichts zu viel; ***il est ~ de paroles*** er ist wortkarg
II. *mf* Geizhals *m*, Geizkragen *m fam*

avarice [avaʀis] *f* Geiz *m*

avarie [avaʀi] *f* Schaden *m*, Havarie *f spec*

avarié, e [avaʀje] *adj* **1.** *nourriture, viande* verdorben
2. *bateau* beschädigt, havariert *spec*

avarier <1 a> [avaʀje] *vpr* ▪ **qc s'avarie** etw verdirbt, etw wird schlecht

avatar [avataʀ] *m* **1.** *gén pl (mésaventures)* unangenehme Überraschung, Misslichkeit *f*; ***les ~s de mon frère avec la concierge*** die unangenehmen Erlebnisse meines Bruders mit der Concierge
2. *(transformation)* Missgeschick *nt*, Widrigkeit *f*
▸**qn connaît** [*o* **subit**] **des ~s** jd erlebt einige unangenehme Überraschungen, jd macht einiges mit *fam*

avec [avɛk] **I.** *prép* **1.** *(accompagnement)* mit (+ *dat*); ***j'ai emporté trois valises ~ moi*** ich habe drei Koffer mitgenommen
2. *(contre) se battre, combat* mit (+ *dat*); ***il est fâché ~ moi*** er ist böse auf mich [*o* verärgert über mich]
3. *(à cause de)* infolge (+ *gen*), wegen (+ *gen*); ~ ***la pluie qui est tombée hier, les champignons ont dû pousser*** bei dem gestrigen Regen sind die Pilze sicherlich aus dem Boden geschossen; ~ ***toutes ces histoires, j'ai oublié d'acheter du lait*** wegen all dieser Geschichten habe ich vergessen Milch zu kaufen
4. *(au moyen de, grâce à)* mit (+ *dat*); ~ ***le temps, tout s'oublie*** mit der Zeit vergisst man alles
5. *(manière)* mit (+ *dat*); ***agis ~ précaution*** handle vorsichtig
6. *(envers, à l'égard de)* mit (+ *dat*), zu (+ *dat*); ***sois poli ~ la dame!*** sei freundlich zur [*o* mit der] Dame!
7. *(en ce qui concerne, lorsqu'on écoute qn)*: ~ ***ma sœur, il faudrait croire à toutes ces histoires*** nach meiner Schwester müsste man die Geschichten glauben; ~ ***moi, vous pouvez avoir confiance*** auf mich können Sie vertrauen, zu mir können Sie Vertrauen haben; ~ ***ces gens on n'est jamais sûr de rien*** bei diesen Leuten ist man nie sicher
8. *(en même temps que)* bei (+ *dat*), mit (+ *dat*); ***ils sont arrivés ~ la nuit*** sie sind bei Nacht angekommen; ***elle se lève ~ le jour/soleil*** sie steht bei Tagesanbruch/mit der Sonne auf
9. *(malgré)* trotz (+ *gen o dat*); ~ ***la meilleure bonne volonté du monde ...*** beim besten Willen ...
10. *(qui possède)* mit (+ *dat*); ***chambre ~ vue sur la mer*** Zimmer mit Blick aufs Meer [*o* mit Meeresblick]
▸**et ~ ça ...** und ... noch dazu, und noch ... dazu; ***il boit, il est paresseux, et ~ ça il est violent*** er trinkt, ist faul und noch gewalttätig dazu; ~ **tout ça** *fam* bei all[e]dem; **et ~ cela** [*o* **ça**] [**Madame/Monsieur**]? sonst noch etwas?, darf's sonst noch etwas sein?
II. *adv fam* mit, damit; ***je pose mes lunettes; je ne veux pas me baigner ~*** ich ziehe meine Brille aus, ich möchte nicht damit baden; ***attends, je pars/viens ~!*** warte, ich fahre/komme mit!
▸**qn fait ~** jd muss [eben] sehen, wie er zurechtkommt; *(si quantifiable a.)* es muss eben reichen; ***il ne reste que ça; tant pis, on fera ~*** das ist alles; nun ja, wir werden schon damit hinkommen

aven [avɛn] *m* Karsthöhle *f*

avenant, e [av(ə)nɑ̃, ɑ̃t] **I.** *adj* ansprechend, gefällig
II. *m* ▸**qn/qc est à l'~** jd/etw ist [dem]entsprechend

avènement [avɛnmɑ̃] *m* **1.** *(accession au trône, pouvoir)* Thronbesteigung *f*; *(régime)* Machtergreifung *f*; *(percée)* *(politique, idée)* Durchbruch *m*; REL *(Messie)* Ankunft *f*, Kommen *nt*
2. *(instauration, début)* Beginn *m*; *(époque, ère a.)* Anbruch *m geh*

avenir [av(ə)niʀ] *m* **1.** *(période future)* Zukunft *f*
2. *(situation future)* ▪ **l'~ de qn/qc** jds Zukunft/die Zukunft einer S. *(gen)*, jds zukünftige Entwicklung/die zukünftige Entwicklung einer S. *(gen)*; ***l'~ de cette réforme me paraît bien compromis*** um die zukünftige Entwicklung dieser Reform scheint es mir schlecht bestellt zu sein
▸**qn/qc a un bel ~ devant soi** jd/etw hat schöne Zukunftsaussichten [*o* eine schöne Zukunft vor sich *(dat)*]; **qn se prépare un bel ~** *iron* jd verscherzt sich *(dat)* seine ganze Zukunft, jd brockt sich *(dat)* etwas Schönes ein *fam*; **qn/qc est promis(e) à un bel ~** jd hat sehr gute Zukunftsaussichten/die Zukunftsaussichten für etw sind sehr gut, man prophezeit jdm/einer S. eine große Zukunft; **qn/qc a de l'~/n'a aucun ~** jd/etw hat Zukunft/hat keine Zukunft; **qc engage l'~ de qc** etw hat entscheidende Auswirkungen auf etw *(akk)*; **qn prédit l'~** jd sagt die Zukunft vorher; **à l'~** in Zukunft, zukünftig; **d'~** mit Zukunft, mit sehr guten Aussichten; **dans un ~ lointain** in ferner Zukunft, in der Ferne; **dans un proche ~** [*o* **~ proche**] in naher Zukunft; **sans ~** ohne Zukunft

avent [avɑ̃] *m* Advent *m*, Adventszeit *f*; ***durant*** [*o* ***pendant***] ***l'~*** in [*o* während] der Adventszeit, im Advent

aventure [avɑ̃tyʀ] *f* Abenteuer *nt*; *(liaison)* [Liebes]abenteuer; ***il m'est arrivé une ~*** mir ist etwas Unerwartetes [*o* Abenteuerliches] passiert; ***esprit d'~*** Abenteu[r]erlust *f*; ***il a l'esprit d'~*** er ist abenteuerlustig
▸**qn dit la bonne ~** [**à qn**] jd sagt [jdm] die Zukunft voraus; ***elle voulait me dire la bonne ~*** sie wollte mir die Zukunft wahrsagen; **qn a une ~** [**avec qn**] jd hat ein [Liebes]abenteuer [mit jdm]; ***j'ai eu une drôle d'~/une fâcheuse ~*** mir ist [da] etwas Merkwürdiges/Ärgerliches passiert; **qn cherche** [**l'**]**~** jd sucht [das] Abenteuer, jd ist auf Abenteuer aus; **qn court l'~** jd ist auf der Jagd nach Abenteuern; **qn tente l'~** jd geht das Wagnis ein; **à l'~** ins Blaue *fam*, aufs Geratewohl; ***j'aime aller à l'~*** ich fahre gern ins Blaue; ***nous sommes partis à l'~*** wir sind aufs Geratewohl losgefahren/losgegangen; **si d'~** *littér* sollte es der Zufall wollen, dass; ***si d'~ je commets une erreur*** sollte ich einen Fehler machen

aventurer <1> [avɑ̃tyʀe] **I.** *vt* ▪ **qn aventure qc** *argent, réputation* jd setzt etw aufs Spiel, jd riskiert etw; *réflexion, explication* jd wagt etw
II. *vpr* ▪ **qn s'aventure quelque part** jd wagt sich irgendwohin; ***je ne vais pas m'~ dans cette affaire!*** ich werde mich doch nicht auf diese gefährliche [*o* riskante] Sache einlassen!; ***ne t'aventure pas en terrain/sur un chemin glissant!*** begib dich nicht auf unsicheres Terrain/schwankenden [*o* unsicheren] Boden!

aventureusement [avɑ̃tyʀøzmɑ̃] *adv* in waghalsiger [*o* abenteuerlicher] Weise, auf waghalsige [*o* abenteuerliche] Weise

aventureux, -euse [avɑ̃tyʀø, -øz] *adj* **1.** *(qui recherche l'aventure) personne* abenteuerlustig; *vie* abenteuerlich; ***esprit ~*** Wagemut *m*
2. *(qui comporte des risques) entreprise, projet* abenteuerlich, waghalsig

aventurier, -ière [avɑ̃tyʀje, -jɛʀ] *m, f* **1.** *(qui recherche l'aventure)* Abenteurer(in) *m(f)*; ***âme d'~*** Abenteurernatur *f*
2. *(intrigant)* skrupellose [*o* rücksichtslose] Person

avenue [av(ə)ny] *f* Avenue *f*, Prachtstraße *f*

avéré, e [aveʀe] *adj* erwiesen; ***il est ~ que*** + *indic* es ist erwiesen, dass; ***c'est un fait ~*** das ist einwandfrei erwiesen

avérer <5> [aveʀe] *vpr* ▪ **qn/qc s'avère** [**être**] **qn/qc** jd/etw erweist sich als jd/etw, jd/etw stellt sich als jd/etw heraus; ▪ **qn/qc s'avère ...** jd/etw erweist sich als ..., jd/etw stellt sich als ... heraus; ***qc s'avère exact(e)/faux(fausse)*** etw erweist sich als wahr/falsch, etw stellt sich als wahr/falsch heraus; ▪ **il s'avère que** + *indic* es erweist sich, dass; es stellt sich heraus, dass

averse [avɛʀs] *f* [Regen]schauer *m*, Regenguss *m*; ▪ **~ de** *de grêle, neige* -schauer; *d'injures, invectives, de reproches* Flut *f* von
▸**né(e) de la dernière ~** *fam* frisch vom Himmel gefallen; **~ orageuse** Gewitterschauer *m*; **qn essuie** [*o* **reçoit**] **une ~** jd bekommt einen Regenguss ab; **qn est pris(e) sous une ~** jd gerät [*o* kommt] in einen [Regen]schauer

aversion [avɛʀsjɔ̃] *f* *(répulsion)* Abneigung *f*, Widerwille *m*; ***ces pratiques m'inspirent l'~ la plus profonde*** diese Praktiken widern mich zutiefst an; ▪ **~ pour qn/qc** Abneigung [*o* Widerwille] gegen jdn/etw
▸**qn prend qn/qc en ~** *littér* jd bekommt eine Abneigung gegen jdn/etw

averti, e [avɛʀti] *adj* kompetent, gut informiert; ▪ **qn est ~ de qc** jd ist gut informiert über etw *(akk)*; ***je suis très ~ du problème*** ich bin sehr gut über das Problem informiert, ich weiß sehr gut Bescheid über das Problem
▸**qn se tient pour ~** jd ist gewarnt; ***tiens-toi pour ~!*** damit du Bescheid weißt!, lass dir das gesagt sein!

avertir <8> [avɛʀtiʀ] *vt* **1.** *(prévenir, informer)* ▪ **qn/qc avertit qn** jd/etw benachrichtigt jdn, jd sagt jdm Bescheid; ▪ **qn/qc avertit qn de qc** jd/etw setzt jdn von etw in Kenntnis, jd/etw unterrichtet jdn über etw *(akk)* [*o* von etw]; ▪ **qn/qc avertit qn que** + *indic* jd/etw setzt jdn davon in Kenntnis, dass; jd/etw unterrichtet jdn darüber [*o* davon], dass
2. *(mettre en garde)* ▪ **qn avertit qn** jd warnt jdn; ▪ **qn avertit qn que** + *indic* jd warnt jdn, dass; ***je t'avertis que ça va aller mal*** ich warne dich, da kommt nichts Gutes dabei heraus

avertissement [avɛʀtismɑ̃] *m* **1.** *(mise en garde)* Warnung *f*
2. *(signal)* Warnsignal *nt*, Warnung *f*; ***il m'a donné un ~ charitable*** er hat mir einen Wink gegeben, er hat mich gewarnt; ***elle n'a pas écouté*** [*o* ***suivi***] ***cet ~*** sie hat nicht auf die Warnung gehört
3. SPORT *(sanction)* Verwarnung *f*; SCOL *a.* Warnung *f*, Mahnung *f*; ***au deuxième ~*** bei der zweiten Verwarnung; ***au bout de deux ~s*** nach zwei Verwarnungen
▸**~ sans frais** *fig* gutgemeinte Warnung, Warnung im Guten; **~ au lecteur** Hinweis *m* für den Leser, kurzes Vorwort; **~ du percepteur** Steuer[mahn]bescheid *m*; **dernier ~** letzte Mahnung

avertisseur [avɛʀtisœʀ] *m* Hupe *f*, Horn *nt*
▸**~ sonore** Alarmsignal *nt*
◆ **avertisseur d'incendie** Feueralarm *m*

aveu <x> [avø] *m* Geständnis *nt*, Eingeständnis *nt*
▸**de son propre ~** nach eigenem Bekunden; **qn arrache** [*o* **extorque**] **un ~ à qn** jd nötigt jdm ein Geständnis ab, jd erpresst von jdm ein Geständnis; **qn fait l'~ de qc à qn** jd gesteht jdm etw [ein]; **qn fait un ~** [**à qn**] jd macht jdm ein Geständnis; **qn fait des ~x** [**complets/spontanés/tardifs**] jd legt ein [volles/freiwilliges/spätes] Geständnis ab; **qn passe aux ~x** jd wird geständig; **qn reçoit les ~x de qn** jd bekommt von jdm ein Geständnis zu hö-

ren; **de** l'~ **de qn** nach jds eigenen Aussagen
◆ **aveu d'impuissance** Eingeständnis *nt* der eigenen Schwäche

aveuglant, e [avœglɑ̃, ɑ̃t] *adj* **1.** (*qui éblouit*) *lumière, soleil* grell; ***la lumière est ~e*** das Licht blendet
2. (*évident*) in die Augen springend; ***bien que la vérité soit ~e, il nie*** obwohl die Wahrheit auf der Hand liegt, leugnet er
3. (*qui rend aveugle*) *passion* blind machend; ***l'amour est particulièrement ~*** Liebe macht blind

aveugle [avœgl] **I.** *adj* **1.** (*privé de la vue*) blind; ■ **qn est ~ de qc** *d'un œil, des deux yeux* jd ist auf etw (*dat*) blind
2. (*privé de discernement, de raison*) *confiance, obéissance, passion* blind; *personne* verblendet, blind *pred; attentat* ungezielt
3. (*sans ouverture*) *fenêtre* blind; *arcade a.* Blend-; *façade, mur* ohne Fenster, fensterlos
▶ **je ne suis pas ~!** ich bin [doch [*o* ja]] nicht blind!
II. *mf* Blinde(r) *f(m)*
▶ **en ~** unüberlegt, blindlings *fam*
◆ **aveugle de naissance** **1.** *adj* blind geboren, von Geburt an blind
2. *subst* Blindgebor[e]ne(r) *f(m)*

aveuglement [avœgləmɑ̃] *m* Blindheit *f*, Verblendung *f*; ***comment peut-on pousser l'~ à ce point!*** wie kann man nur so blind sein!

aveuglément [avœglemɑ̃] *adv* **1.** (*en toute confiance*) blind[lings]
2. (*sans discernement*) unüberlegt, unbesonnen

aveugler <1> [avœgle] **I.** *vt* **1.** (*éblouir*) ■ **qc aveugle qn** etw blendet jdn
2. (*priver de discernement*) ■ **qc aveugle qn** etw macht jdn blind, etw verblendet jdn
II. *vpr* ■ **qn s'aveugle sur qc** jd verschließt vor etw (*dat*) die Augen

aveuglette [avœglɛt] *loc* ▶ **à l'~** (*à tâtons*) wie ein Blinder [tastend]; (*au hasard*) aufs Geratewohl; ***dans cette histoire je vais à l'~*** in dieser Geschichte tappe ich im Dunkeln; ***il a pris cette décision à l'~*** er hat diese Entscheidung ohne jede Überlegung [*o* aufs Geratewohl] getroffen

avez [ave] *indic prés de* **avoir**

aviateur, -trice [avjatœʀ, -tʀis] *m, f* Flieger(in) *m(f)*

aviation [avjasjɔ̃] *f* **1.** TRANSP Luftfahrt *f*, Flugwesen *nt*; (*sport*) Flugsport *m*; ***compagnie d'~*** Fluggesellschaft *f*
2. MIL Luftwaffe *f*
▶ **~ civile** zivile Luftfahrt, Zivilluftfahrt *f*; **~ commerciale** Handelsluftfahrt *f*; **~ militaire** Militärluftfahrt *f*; **~ privée** private Luftfahrt
◆ **aviation de bombardement** Bomberflotte *f*; **aviation de chasse** Jagdflotte *f*; **aviation de combat** Kampfflotte *f*

aviculteur, -trice [avikyltœʀ, -tʀis] *m, f* (*éleveur de volailles*) Geflügelzüchter(in) *m(f)*; (*éleveur d'oiseaux*) Vogelzüchter(in) *m(f)*

aviculture [avikyltyʀ] *f* (*élevage de volailles*) Geflügelzucht *f*; (*élevage d'oiseaux*) Vogelzucht *f*

avide [avid] *adj personne, regard, yeux* gierig, begierig; *curiosité* brennend; *lèvres* sinnlich; ***il nous écoutait d'une oreille ~*** er lauschte uns neugierig; ■ **~ de qc** [be]gierig nach etw [*o* auf etw (*akk*)]; **~ *d'argent/de pouvoir*** geldgierig/machthungrig; **~ *de connaissances*** [*o* ***savoir***] wissbegierig, wissensdurstig; **~ *de plaisirs*** vergnügungssüchtig; **~ *d'honneurs*** ehrsüchtig; **~ *de vengeance*** rachsüchtig, rachgierig; **~ *de lectures*** lesehungrig; ***ils étaient ~s de nourriture*** sie lechzten nach Nahrung; sie wünschten begierig, etwas zu essen; ■ **~ de faire qc** begierig [danach [*o* darauf]], etw zu tun; ***elle est ~ d'apprendre*** sie ist lernbegierig

avidement [avidmɑ̃] *adv* (*avec une avidité physique*) gierig; (*avec une avidité intellectuelle*) begierig

avidité [avidite] *f* (*désir physique*) Gier *f*, Begierde *f*; (*cupidité*) Geldgier *f*; ■ **~ de qc** Gier [*o* Begierde] nach etw; **~ *de savoir*** [*o* ***connaissances***] Wissensdurst *m*, Wissbegier[de] *f*; **~ *de lectures*** Lesehunger *m*, Lesewut *f*; **~ *de plaisirs*** Vergnügungssucht *f*; **~ *d'honneurs*** Ehrsucht *f*
▶ **avec ~** [be]gierig, voller Gier, voll Begierde

avilir <8> [aviliʀ] **I.** *vt* ■ **qn/qc avilit qn** jd/etw erniedrigt [*o* entwürdigt] jdn
II. *vpr* ■ **qn s'avilit** jd erniedrigt [*o* entwürdigt] sich

avilissant, e [avilisɑ̃, ɑ̃t] *adj* entwürdigend, erniedrigend

aviné, e [avine] *adj personne* [durch Wein] betrunken; *voix* versoffen, Säufer-; ***qn a une haleine ~e*** jd hat eine Weinfahne

avion [avjɔ̃] *m* Flugzeug *nt*
▶ **~ commercial** Transportflugzeug *nt*; **~ furtif** Tarnkappenbomber *m*; **~ militaire** Militärflugzeug *nt*; **~ postal** Flugzeug *nt* für Luftposttransporte; **~ privé** Privatflugzeug *nt*; **~ renifleur** Aufklärungsflugzeug *nt*; **~ sanitaire** Flugzeug *nt* für Krankentransporte; **~ supersonique** Überschallflugzeug *nt*; **qn prend l'~** jd nimmt das Flugzeug; **en ~** im Flugzeug; ***voyage en ~*** Flugreise *f*, Reise *f* mit dem Flugzeug; ***qn monte en ~*** jd steigt in ein Flugzeug; ***qn voyage en ~*** jd fliegt, jd reist mit dem Flugzeug; ***qn survole qc en ~*** jd fliegt mit dem Flugzeug über etw (*akk*); ***il est souvent malade en ~*** ihm wird beim Fliegen oft übel; **par ~** POST per [*o* mit] Luftpost
◆ **avion à hélice** Propellermaschine *f*, Propellerflugzeug *nt*; **avion à réaction** Düsenmaschine *f*, Düsenflugzeug *nt*; **avion charter** Chartermaschine *f*, Charterflugzeug *nt*; **avion de chasse** Jagdflugzeug *nt*; **avion de combat** Kampfflugzeug *nt*; **avion de ligne** Linienflugzeug *nt*, Linienmaschine *f*; **avion de reconnaissance** Aufklärungsflugzeug *nt*, Aufklärer *m*; **avion de tourisme** Privatflugzeug *nt*; **avion de transport** Transportflugzeug *nt*, Transportmaschine *f*

avion-cargo <~s-~s> [avjɔ̃kaʀgo] *m* Frachtflugzeug *nt* **avion-citerne** <~s-~s> [avjɔ̃sitɛʀn] *m* Tankflugzeug *nt*, Tankmaschine *f* **avion-taxi** <~s-~s> [avjɔ̃taksi] *m* Lufttaxi *nt*, Lufttaxe *f*

aviron [aviʀɔ̃] *m* **1.** (*rame*) Ruder *nt*, Riemen *m spec*
2. (*sport*) Rudern *nt*, Rudersport *m*; ***course d'~*** Ruderregatta *f*; ***qn fait de l'~, qn pratique l'~*** jd rudert, jd betreibt Rudersport; ***championnat du monde d'~*** Weltmeisterschaft *f* im Rudern
▶ **à l'~** rudernd; ***nous remontons/descendons la rivière à l'~*** wir rudern den Fluss hinauf/hinunter

avis [avi] *m* **1.** (*opinion*) Ansicht *f*, Auffassung *f*, Meinung *f*; ***j'ai dit mon ~ sur le problème*** ich habe meine Ansicht [*o* Meinung] über das Problem geäußert; ***il a donné son ~*** er hat seine Meinung abgegeben; ***donne-moi ton ~*** sag mir deine Meinung; ***il s'est rangé à mon ~*** er hat sich meiner Meinung [*o* Auffassung] angeschlossen; ***les ~ sont partagés*** die Meinungen sind geteilt
2. (*notification*) Mitteilung *f*, Bescheid *m*; (*affiche officielle*) Bekanntmachung *f*
▶ **~ aux amateurs!** falls es jemanden interessiert; **qn change d'~ comme de chemise** jd wechselt seine Meinung[en] wie sein [*o* das] Hemd; **~ au lecteur** Hinweis *m* für den Leser; **~ à la population** [*o* **au public**] (*titre d'une affiche*) öffentliche Bekanntmachung; (*au haut-parleur*) allgemeine Durchsage; **sauf ~ contraire** sofern keine gegenteilige Mitteilung ergeht *form*, sofern nichts anderes entschieden wird; **deux ~ valent mieux qu'un** es kann nicht schaden, eine zweite Meinung dazu zu hören; **jusqu'à nouvel ~** bis auf weiteres; **qn change d'~** jd ändert seine Meinung; (*se ravise*) jd überlegt es sich (*dat*) anders; **m'est ~ que** + *indic fam*: ***m'est ~ qu'il [ne] restera pas longtemps ici*** meiner Meinung nach bleibt er nicht lange hier; **qn est d'~ de faire qc** jd hält es für gut, etw zu tun; **qn est d'~ que** + *subj* jd ist der Meinung, dass; **qn est de l'~ de qn** jd ist jds Meinung; ***je suis de ton ~*** ich bin deiner Meinung; **qn est du même ~ [que qn]/d'un autre ~ [que qn]** jd ist der gleichen Meinung [wie jd]/anderer Meinung [als jd]; **qn est d'un ~ différent/opposé/n'est pas du même ~ [que qn]** jd ist anderer Meinung [als jd]/entgegengesetzter Meinung/nicht der gleichen Meinung [wie jd]; **si tu veux mon ~** wenn du mich fragst; **à mon [humble]/son/... ~** meiner [bescheidenen]/seiner/ihrer/... Meinung nach; **de l'~ de qn** nach jds Meinung [*o* Auffassung] [*o* Ansicht]; ***de l'~ de tous*** nach allgemeiner Auffassung [*o* Ansicht]; ***de l'~ de tous il est très compétent*** er gilt allgemein als sehr kompetent
◆ **avis de crédit/débit** Gutschrift[sbeleg *m*] *f*/Lastschrift[beleg *m*] *f*; **avis de décès** Todesanzeige *f*; **avis de livraison** Lieferschein *m*; **avis de mariage** Heiratsanzeige *f*; **avis de passage** Benachrichtigung[sschein *m*] *f*, Abholschein *m*; **avis de réception** Empfangsbestätigung *f*; **avis de recherche** (*écrit*) Suchanzeige *f*; (*radiodiffusé/télédiffusé*) Suchmeldung *f*; **avis d'expédition** Versandanzeige *f*

avisé, e [avize] *adj* klug, gescheit
▶ **qn est bien/mal ~ de faire qc** jd ist gut/schlecht beraten etw zu tun

aviser <1> [avize] **I.** *vt* **1.** (*prévenir*) ■ **qn avise qn** jd benachrichtigt jdn, jd setzt jdn in Kenntnis *form*; ■ **qn avise qn de qc** jd teilt jdm etw mit, jd benachrichtigt jdn von etw; ■ **qn avise qn que** + *indic* jd teilt jdm mit, dass; jd benachrichtigt jdn, dass
2. *littér* (*remarquer*) ■ **qn avise qn/qc** jd erblickt jdn/etw
II. *vpr* **1.** (*avoir l'audace*) ■ **qn s'avise de faire qc** jd untersteht sich, etw zu tun
2. (*remarquer*) ■ **qn s'avise de qc** jd bemerkt etw; ■ **qn s'avise que** + *indic* jd bemerkt, dass
▶ **ne t'avise pas de faire qc** untersteh[e] dich [ja [*o* nur] [*o* bloß]] nicht, etw zu tun; lass dir [ja [*o* nur] [*o* bloß]] nicht einfallen, etw zu tun
III. *vi* ■ **qn avise** jd lässt sich (*dat*) etwas einfallen; ***nous aviserons plus tard*** das werden wir später sehen; ***il sera toujours temps d'~*** das können wir immer noch sehen; ***il est grand temps d'~*** wir müssen uns endlich etwas einfallen lassen

aviso [avizo] *m* Geleitschiff *nt*

avitaminose [avitaminoz] *f* Vitaminmangel *m*

aviver <1> [avive] *vt* ■ **qn/qc avive qc** *couleur, éclat, teint* jd/etw frischt etw auf; *souvenir a.* jd/etw lässt etw lebendig werden [*o* aufleben]; *plaie* jd/etw reißt etw [wieder] auf; *douleur, regrets, blessure* jd/etw erneuert etw; *feu, querelle* jd/etw facht etw wieder an, jd/etw lässt etw wieder aufflammen

avocat [avɔka] *m* (*fruit*) Avocado *f*, Avocato *f*

avocat, e [avɔka, at] *m, f* [Rechts]anwalt/-anwältin *m/f*, Advokat(in) *m(f)* AUS, CH
▶ **qn se fait l'~ du diable** jd spielt den Advocatus Diaboli; **~ général** [Ober]staatsanwalt/-anwältin *m/f*; **~ marron** Winkeladvokat(in) *m(f)*; **qn consulte son ~** *iron* (*réfléchit*) jd überlegt es sich (*dat*) noch; **qn se fait l'~ de qn/qc** jd macht sich zu jds Anwalt [*o* Fürsprecher]/zum Anwalt [*o* Fürsprecher] einer S. (*gen*)
◆ **avocat(e) de la défense** Anwalt/Anwältin *m/f* der Verteidigung; **avocat(e) de la partie civile** Zivilverteidiger(in) *m(f)*; **avocat(e) sans cause** Anwalt/Anwältin *m/f* ohne Mandanten

avoine [avwan] *f* Hafer *m*

avoir <*irr*> [avwaʀ] **I.** *vt* **1.** (*posséder, disposer de*) ■ **qn a qn/qc** *argent, enfants, maison, loisirs, temps* jd hat jdn/etw; ■ **qn a qc à faire,** ■ **qn a à faire qc** (*doit*) jd hat etw zu tun, jd muss etw tun; ***j'ai des cachets à prendre*** ich muss Tabletten [ein]nehmen; ■ **qn n'a pas à faire qc** (*ne doit pas*) jd soll etw nicht tun, jd hat etw nicht zu tun; (*n'a pas besoin de*) jd braucht etw nicht zu machen; ***tu n'as pas à t'occuper de ça, ce sont mes affaires*** darum hast du dich nicht zu kümmern, das sind meine Angelegenheiten; ***tu n'auras pas à prendre le taxi, je viendrai te chercher*** du brauchst kein Taxi zu nehmen, ich hole dich ab; ■ **qn n'a qu'à faire qc** jd braucht nur etw zu tun
2. (*obtenir, attraper*) ■ **qn a qc** *communication, prix, renseignement, train* jd bekommt [*o* kriegt *fam*] etw; ***il n'a pas eu son examen*** er hat seine Prüfung nicht bestanden; ***il est devenu difficile d'~ des subventions/un logement*** es ist schwierig geworden, Unterstützung/eine Wohnung zu be-

kommen; ***pouvez-vous m'~ ce livre?*** können Sie mir dieses Buch besorgen?

3. (*souffrir de*) ■ **qn a qc** *crise, fièvre, maladie* jd hat etw; ***j'ai eu des vertiges*** mir wurde ganz schwindlig; ***il a une syncope*** er wird/ist ohnmächtig

4. (*porter sur soi ou avec soi*) ■ **qn a qc** *canne, pipe* jd hat etw; *chapeau* jd hat etw auf; *vêtement* jd hat etw an

5. (*être doté de*) ■ **qn/qc a qc** *ambition, couleur, courage, forme* jd/etw hat etw; ***quel âge as-tu?*** wie alt bist du?; ***qn a 15 ans*** jd ist 15 Jahre alt; ***qc a 2 mètres de haut/large*** etw ist 2 Meter hoch/breit; ***qc a des dimensions raisonnables*** etw hat vernünftige Maße; ***la maison a quatre étages*** das Haus hat [*o* besitzt] vier Stockwerke; ***quel tour de taille avez-vous?*** welche Taillenweite haben Sie?; ■ **qn/qc a qn/qc comme qn/qc** *fam* jd/etw hat jdn/etw als jdn/etw; ***qu'est-ce que tu as comme voiture/métier*** *fam?* was für ein Auto/einen Beruf hast du?; ***comme voiture, j'ai un break*** ich habe einen Kombi; ***j'ai un imbécile comme collaborateur*** ich habe einen Schwachsinnigen als [*o* zum] Mitarbeiter

6. (*éprouver*) ■ **qn a qc**: ***j'ai faim*** ich habe Hunger, ich bin hungrig; ***j'ai froid*** mir ist kalt; ***j'ai honte*** ich schäme mich; ***j'ai peur/des scrupules*** ich habe Angst/Skrupel; ■ **qn a quelque chose contre qn** jd hat etwas gegen jdn; ***je n'ai rien contre vous*** ich habe nichts gegen Sie; ■ **qn/qc a que** + *indic fam:* ***qu'est-ce que tu as? – J'ai que je suis malade!*** was hast du denn? – Na, was wohl? Krank bin ich!; ■ **qu'est-ce que tu as/vous avez/ils ont à faire qc?** wieso [*o* warum] tust du/tut ihr/tun sie [eigentlich [*o* denn]] etw?; ***qu'est-ce que tu as à toujours rouspéter?*** *fam* warum meckerst du eigentlich immer?

7. (*recevoir* [*chez soi*]) ■ **qn a qn** *amis, peintres* jd hat jdn bei sich; ■ **qn a qc** *visite* jd hat etw

8. (*assister, participer à*) ■ **qn a qc** *cours, sport* jd hat etw; ***demain, on n'a pas français, le prof est malade*** morgen haben wir kein Französisch, der Lehrer ist krank

9. *fam* (*rouler*) ■ **qn a qn** jd kriegt jdn dran *fam,* jd legt jdn rein *fam;* ***vous m'avez bien eu!*** Sie haben mich ganz schön reingelegt [*o* drangekriegt]! *fam*

10. *fam* (*attraper, vaincre*) ■ **qn a qn** jd kriegt jdn *fam;* ***on les aura!*** wir kriegen sie schon noch! *fam*

► **qn n'a que <u>faire</u> de qn/qc** jd kann mit jdm/etw nichts anfangen; **on ne <u>peut</u> pas tout ~!** man kann nicht alles haben!; **qn en a <u>après</u>** *fam* [*o* **<u>à</u>**] [*o* **<u>contre</u>**] **qn** jd hat es mit jdm *fam,* jd hat einen Groll auf jdn, jd hat es auf jdn abgesehen; ***il en a toujours après moi!*** er hat es immer mit mir! *fam,* er hat es immer auf mich abgesehen!; **qn en a <u>jusque-là</u>** [**de qc**] *fam* etw/es steht jdm bis da *fam,* jd hat die Nase voll [von etw] *fam;* **qn en a <u>pour</u> qc** [**à faire qc**] jd braucht etw [um etw zu machen]; (*doit payer*) jd muss etw bezahlen [*o* hinlegen] *fam;* ***j'en ai pour deux minutes!*** ich brauche zwei Minuten!; **qn <u>en</u> a** *vulg* jd ist ein Pfundskerl *fam;* **j'ai!** JEUX es kann losgehen!; SPORT lasst mich spielen!; **<u>malgré</u> que qn en ait** *littér* (*malgré soi*) ob jd will oder nicht, nolens volens *geh;* **<u>qu'est-ce que</u> qn a?** was hat jd denn?, was ist denn mit jdm [los]?; **<u>qu'est-ce que</u> qc a?** was ist denn mit etw [los]?

II. *aux* ■ **qn/qc a** + *pp* jd/etw hat/ist + *pp;* ***il n'a rien dit*** er hat nichts gesagt; ***elle a couru/marché deux heures*** sie ist zwei Stunden gelaufen/gegangen; ***la soirée a été agréable*** der Abend ist angenehm gewesen; ■ **qn/qc a été** + *pp* jd/etw ist + *pp* worden, jd/etw wurde + *pp;* ***l'Italie a été battue par le Brésil*** Italien wurde von Brasilien geschlagen [*o* ist von Brasilien geschlagen worden]

III. *vt impers* **1.** (*on trouve, il existe*) ■ **il y a qn/qc,** ■ **y a qn/qc** *fam* es gibt jdn/etw, es ist/sind jd/etw; ***en France, il y a 57 millions d'habitants*** Frankreich hat 57 Millionen Einwohner; ***il y a une plume à son chapeau*** an seinem Hut steckt eine Feder; ***il y a des jours où …*** es gibt Tage, an denen …; ***il y a 300 km de Nancy à Paris*** von Nancy nach Paris sind es 300 km; ■ **il y a** [*o* **y a** *fam*] **qn/qc et qn/qc**: ***il y a champagne et champagne*** Champagner ist nicht gleich Champagner; ■ **il n'y a pas** [*o* **y a pas** *fam*] **que qn/qc** es gibt nicht nur jdn/etw, jd ist nicht der/die einzige/etw ist nicht alles; ***il n'y a pas que l'argent dans la vie*** Geld ist nicht alles im Leben; ■ **il y a** [*o* **y a** *fam*] **que** + *indic wird nicht übersetzt;* ***qu'y a-t-il? – Il y a que j'ai faim!*** was ist denn los? – Na, was denn wohl, ich habe Hunger!; ■ **il y a** [*o* **y a** *fam*] **qc à faire** (*il faut*) es ist etw zu tun; ***il n'y a rien à faire en math pour demain*** für morgen haben wir keine Aufgaben in Mathe; ■ **il n'y a pas** [*o* **y a pas** *fam*] **à faire qc** (*ce n'est pas le moment de*) jetzt wird etw nicht getan; ***il n'y a pas à discuter*** jetzt wird nicht diskutiert; ■ **il n'y a** [*o* **y a** *fam*] **qu'à faire qc** wir müssen [*o* brauchen]/ihr müsst [*o* braucht] nur etw machen; ■ **il n'y a** [*o* **y a** *fam*] **que qn pour faire qc** (*il est le seul à savoir/pouvoir*) etw tun, das kann nur jd [*o* das bringt nur jd fertig]; ***il n'y a que toi pour faire cela!*** das bringt nur du fertig!

2. (*temporel*) ■ **il y a,** ■ **y a** *fam* vor; (*durée*) schon [seit], seit; ***l'accident a eu lieu il y a 4 ans*** der Unfall ereignete sich vor 4 Jahren; ***il y a 2 ans que nous sommes mariés*** wir sind seit 2 Jahren verheiratet

► **il n'y a pas à <u>dire</u>** *fam* da gibt's nichts *fam,* da gibt es nichts zu rütteln *fam;* **il n'y a plus rien à <u>faire</u>** da ist nichts mehr zu machen; **il n'y en a que <u>pour</u> qn/qc** alles dreht sich [*o* es geht] nur [noch] um jdn/etw; **il y <u>en</u> a, …** *péj* Leute gibt es, …; **<u>qu'est-ce qu</u>'il y a?** was ist [denn] los?, was ist denn?; **il n'y a pas de <u>quoi</u>** keine Ursache!, nichts zu danken!

IV. *m* **1.** (*crédit, bien*) Guthaben *nt*

2. (*bon d'achat*) Gutschein *m,* Gutschrift *f*

► **~ <u>fiscal</u>** (*en France*) Steuernachlass *m,* Steuervergünstigung *f;* (*en Allemagne*) Steuerguthaben *nt*

avoisinant, e [avwazinɑ̃, ɑ̃t] *adj* benachbart; *rue, village a.* Nachbar-

avoisiner <1> [avwazine] *vt* (*approcher*) ■ **qc avoisine qc** etw kommt einer S. (*dat*) nahe

avons [avɔ̃] *indic prés de* **avoir**

avortement [avɔʀtəmɑ̃] *m* Schwangerschaftsabbruch *m;* (*provoqué*) Abtreibung *f;* (*spontané*) Fehlgeburt *f,* Abort *m spec;* **~ *thérapeutique*** indizierter Schwangerschaftsabbruch

avorter <1> [avɔʀte] **I.** *vi* **1.** ■ **qn avorte** (*de façon volontaire*) jd treibt ab; (*de façon spontanée*) jd hat eine Fehlgeburt [*o* einen Abort *spec*]; ■ **qn fait ~ qn** jd nimmt eine Abtreibung an [*o* bei] jdm vor; (*persuade*) jd überredet jdn zu einer Abtreibung; ■ **qn se fait ~** jd lässt eine Abtreibung vornehmen, jd lässt abtreiben

2. (*échouer*) ■ **qc avorte** etw schlägt fehl; ■ **qn fait ~ qc** jd bringt etw zu Fall

II. *vt* ■ **qn avorte qn** jd nimmt eine Abtreibung an [*o* bei] jdm vor; ***il vaut mieux être avortée par un médecin*** es ist besser, eine Abtreibung durch einen Arzt vornehmen zu lassen; ***elle a été avortée par ce médecin*** dieser Arzt hat bei [*o* an] ihr eine Abtreibung vorgenommen

avorteur, -euse [avɔʀtœʀ, -øz] *m, f péj* Engelmacher(in) *m(f)*

avorton [avɔʀtɔ̃] *m péj* Gnom *m;* ***misérable*** **~!** elende Missgeburt!

avouable [avwabl] *adj* redlich

avoué, e [avwe] **I.** *adj* erklärt; *bénéfice, revenu* eingestanden, zugestanden

II. *m* [nichtplädierender] [Rechts]anwalt

avouer <1> [avwe] **I.** *vt* ■ **qn avoue qc** [**à qn**] jd gesteht [jdm] etw; *crime a.* jd gibt [jdm] etw zu; *erreur, défaut, méprise, faiblesse* jd gesteht [jdm] etw [ein], jd gibt [jdm gegenüber] etw zu; ■ **qn avoue faire qc** jd gibt zu etw zu tun; ■ **qn avoue/doit ~ que** + *indic* jd gibt zu/muss gestehen [*o* zugeben], dass; ***je dois vous ~ que*** ich muss Ihnen gestehen, dass

► **il <u>faut</u>** [**<u>bien</u>**] **~ que** + *indic* man muss [offen [*o* schon]] zugeben, dass

II. *vi* **1.** (*passer aux aveux*) ■ **qn avoue** jd gesteht

2. (*admettre*) ■ **qn avoue** jd gibt es zu

III. *vpr* ■ **qn s'avoue** + *adj coupable* jd bekennt sich + *adj;* ***il s'est avoué vaincu*** er hat sich geschlagen gegeben; ***je dois m'~ déçu*** ich muss [Ihnen] meine Enttäuschung gestehen

avril [avʀil] *m* April *m;* ***au mois d'~,*** ***en ~*** im April; ***Toulouse, le 7 ~*** Toulouse, den 7. April

► **en ~ ne te découvre pas d'un <u>fil</u>**[**, en mai, fais ce qu'il te plaît**]**!** *prov* im April sollte man sich nicht zu leicht anziehen [im Mai kann man machen, was man will]; *v. a.* **janvier**

axe [aks] *m* **1.** ANAT, ASTRON, BOT, PHYS, MATH Achse *f*

2. (*tige, pièce*) [*roue, pédale*] Achse *f;* [*engrenage, aiguille*] Welle *f;* [*ciseaux*] Bolzen *m*

3. (*ligne directrice*) [*discours, ouvrage, pensée, politique*] allgemeine Richtung [*o* Linie]

4. (*voie de circulation*) [Verkehrs]achse *f*

► **l'~ <u>central</u>** die Hauptachse, die zentrale Achse; **~ <u>ferroviaire</u>** Hauptverkehrsstrecke *f* [der Bahn]; **<u>grand</u> ~** (*route importante*) Hauptverkehrsachse *f,* Hauptverkehrsstrecke *f;* **les <u>grands</u> ~s** (*les grandes tendances*) die Grundtendenzen; **~ <u>routier</u>** Verkehrsader *f;* **<u>dans</u> l'~** [**de qc**] auf der Verlängerungsachse [einer S. (*gen*)], in der gedachten Verlängerung [einer S. (*gen*)]; ***restez bien dans l'~*** [***de la cible***]! bleiben Sie in der Richtung [zum Ziel]!; ***il n'est plus dans l'~ du parti*** er liegt nicht mehr auf der Parteilinie

◆ **axe de rotation** [*o* **révolution**] Drehachse *f,* Rotationsachse *f;* **axe de roue** Radachse *f;* **axe de symétrie** Symmetrieachse *f*

axer <1> [akse] *vt* ■ **qn/qc axe qc sur qc** jd/etw richtet etw auf etw (*akk*) aus

axiome [aksjom] *m* **1.** (*postulat, principe évident*) Grundsatz *m,* allgemeingültige Wahrheit; ***la nécessité de l'énergie nucléaire n'est pas un ~*** die Behauptung, dass die Atomenergie notwendig ist, ist anfechtbar

2. PHILOS, MATH Axiom *nt,* Lehrsatz *m*

ayant [ɛjɑ̃] *ppr és de* **avoir**

ayant droit <~s ~> [ɛjɑ̃dʀwa] *m* Anspruchsberechtigte(r) *f(m);* ■ **l'~ ~ de qn** jds anpruchsberechtigte(r) Angehörige(r)

azalée [azale] *f* Azalee *f*

azimut [azimyt] *m* ASTRON Azimut *m o nt*

► **l'~ <u>magnétique</u>** Abweichungswinkel *m* der Magnetnadel; **<u>dans</u> tous les ~s** *fam* (*avec mouvement*) in alle Himmelsrichtungen; (*sans mouvement*) in allen Himmelsrichtungen; **qc <u>tous</u> ~s** *fam:* ***une offensive tous ~s de l'automobile japonaise*** eine weltweite Offensive des japanischen Automobils; ***une défense tous ~s*** eine Rundumverteidigung, eine Verteidigung nach allen Seiten; ***une campagne tous ~s contre la drogue*** eine umfassende Kampagne gegen den Drogenmissbrauch

azote [azɔt] *m* CHIM Stickstoff *m*

azoté, e [azɔte] *adj* stickstoffhaltig, Stickstoff-

aztèque [astɛk] **I.** *adj* aztekisch; ***l'art ~*** die Kunst der Azteken

II. *mf* ■ **Aztèque** Azteke/Aztekin *m/f*

azur [azyʀ] *m* **1.** (*couleur*) [*ciel*] Azurblau *nt,* leuchtendes Blau; [*yeux a.*] Himmelblau *nt*

2. *littér* (*ciel*) Azur *m poet*

B

B, b [be] *m* B *nt*, b *nt*
▶ **b comme Berthe** B wie Berta
B.A. [bea] *f* Ø *abr de* **bonne action** gute Tat
▶ **qn fait une/sa ~** jd tut eine/seine gute Tat
baba[1] [baba] *m* GASTR ≈ Savarin *m* (*mit Rum und Sirup übergossener Hefekuchen*)
◆ **baba au rhum** ≈ Rum-Savarin *m*
baba[2] [baba] **I.** *m* ▶ **qn l'a dans le ~** *fam* (*est bien roulé*) jd ist der/die Gelackmeierte *fam*; (*s'est trompé*) jd hat sich gewaltig verhauen *fam*
II. *adj fam* baff *fam*
▶ **qn en est** [*o* **reste**] **~** jd ist baff *fam*
B.A.-BA [beaba] *m* Ø Einmaleins *nt*
baba [**cool**] <~s ~> [babakul] *m fam* Alternativler(in) *m(f) fam*
babeurre [babœʀ] *m* Buttermilch *f*
babil [babil] *m* Geplapper *nt*, Plappern *nt*
babillage [babijaʒ] *m* Geplauder *nt fam*
babiller <1> [babije] *vi* ■ **qn babille** /*bébé, enfant*/ jd brabbelt; (*bavarde*) jd plappert; /*adulte*/ jd plaudert
babines [babin] *fpl* [*animal*] Lefzen *pl*
▶ **qn se lèche** [*o* **se pourlèche**] **les ~s** jd schmatzt zufrieden; **qn s'en lèche les ~s** jdm läuft das Wasser im Mund zusammen; ***l'opposition s'en lèche les ~s*** die Opposition reibt sich (*dat*) die Hände
babiole [babjɔl] *f* **1.** (*petit cadeau*) Kleinigkeit *f*
2. *pl* (*bibelots*) Nippes *pl*, Nippsachen *pl*
3. (*vétille*) Kleinigkeit *f*, Bagatelle *f*
bâbord [bɑbɔʀ] *m* Backbord *nt*
▶ **à ~** backbord[s]/nach Backbord
babouche [babuʃ] *f* Schnabelschuh *m*
babouin [babwɛ̃] *m* Pavian *m*
baby-boom [bebibum] *m* Babyboom ['be:bibu:m] *m*
baby-foot® [babifut] *m inv* Tischfußball[spiel *nt*] *m*
Babylone [babilɔn] Babylon *nt*
baby-sitter <~-~s> [babisitœʀ] *mf* Babysitter ['be:bizɪtɐ] *m*
baby-sitting [bebisitiŋ, babisitiŋ] *m* Ø Babysitting ['be:bizɪtɪŋ] *nt*, Babysitten ['be:bizɪtən] *nt*
▶ **qn fait du ~** jd babysittet
bac[1] [bak] *m* **1.** (*récipient*) [*évier*] [Spül]becken *nt*; HORT Behälter *m*; ~ ***à eau*** Wasserbehälter; ~ ***à herbe*** [*tondeuse*] Grasfangbox *f*; ~ ***à plantes*** Pflanzenbehälter; ~ ***à correspondance*** Ablagekorb *m*
2. (*bateau*) Fähre *f*, Fährboot *nt*; ~ ***à moteur*** Motorfähre
▶ **qn prend le ~** jd nimmt die Fähre
◆ **bac à glace** Eiswürfelbehälter *m*; **bac à légumes** Gemüseschale *f*; **bac à sable** Sandkasten *m*
bac[2] [bak] *m fam abr de* **baccalauréat** Abi *nt fam*
▶ **qn a le ~** jd hat das Abi *fam*; **qn passe le/son ~** jd macht [das]/sein Abi *fam*
baccalauréat [bakalɔʀea] *m* Abitur *nt*
bâche [bɑʃ] *f* Plane *f*
bachelier, -ière [baʃəlje, -jɛʀ] *m, f* Abiturient(in) *m(f)*
bâcher <1> [bɑʃe] *vt* ■ **qn bâche qc** jd deckt etw [mit einer Plane] ab
bachotage [baʃɔtaʒ] *m* Büffelei *f fam*, Paukerei *f fam*
bachoter <1> [baʃɔte] *vi* ■ **qn bachote** jd büffelt *fam*, jd paukt *fam*
bacille [basil] *m* Bazillus *m*, Bazille *f fam*; ~ ***de Koch*** Tuberkelbazillus *m*, Koch-Bazillus *m*
background [bakgʀaund] *m* Background ['bækgraunt] *m*
bâcler <1> [bɑkle] *vt fam* ■ **qn bâcle qc** *travail* jd schludert [*o* schlampt] bei etw *fam*; *devoir* jd schludert etw hin *fam*; ***c'est du travail bâclé*** das ist schlampige Arbeit [*o* Pfusch *m fam*]
bacon [bekɔn] *m* Lachsschinken *m*
bactéricide [bakteʀisid] **I.** *adj* bakterizid; ***produit*** ~ bakterizides Mittel, Bakterizid *nt*
II. *m* Bakterizid *nt*, bakterizides Mittel
bactérie [bakteʀi] *f* Bakterie *f*
bactériologique [bakteʀjɔlɔʒik] *adj* bakteriologisch
badaboum [badabum] *interj* bums *fam*
badaud [bado] *m* **1.** (*curieux*) Schaulustige(r) *f(m)*, Gaffer(in) *m(f)*
2. (*promeneur*) Spaziergänger(in) *m(f)*, Bummler(in) *m(f)*
Bade-Wurtemberg [badvyʀtɑ̃bɛʀg] *m* Baden-Württemberg *nt*
badge [badʒ] *m* Button ['batn] *m*
badigeonner <1> [badiʒɔne] *vt* ■ **qn badigeonne qc** **1.** (*mettre du badigeon*) jd tüncht etw
2. (*peindre*) jd streicht etw [an]
3. MED jd pinselt etw ein
badin, e [badɛ̃, in] *adj* scherzhaft; ***d'humeur ~e*** zum Scherzen [*o* zu Späßen] aufgelegt; ***qn dit qc d'un ton*** ~ jd sagt etwas scherzend
badinage [badinaʒ] *m* Scherzen *nt*, Spaßen *nt*
badiner <1> [badine] *vi* ■ **qn ne badine pas avec** [*o* **sur**] **qc**: ***qn ne badine pas avec*** [*o* ***sur***] ***la ponctualité*** jd versteht in puncto Pünktlichkeit keinen Spaß, jd lässt in puncto Pünktlichkeit nicht mit sich spaßen
▶ **il ne faut pas ~ avec qc** mit etw ist nicht zu scherzen [*o* spaßen]
badminton [badmintɔn] *m* Federball *m*; (*discipline*) Badminton ['bætmɪntən] *nt*
baffe [baf] *f fam* Ohrfeige *f*
▶ **qn colle une ~ à qn** jd wischt [*o* klebt] jdm eine *fam*; **tu veux une ~?** soll ich dir eine wischen [*o* kleben]? *fam*
baffle [bafl] *m* Lautsprecherbox *f*
bafouer <1> [bafwe] *vt* ■ **qn bafoue qn/qc** jd verspottet jdn/etw, jd macht jdn/etw lächerlich; *règlement* jd zieht etw ins Lächerliche
bafouillage [bafujaʒ] *m fam* **1.** (*bredouillage*) Gestammel *nt*, Gestotter *nt*
2. (*propos oiseux*) Gefasel *nt fam*
bafouiller <1> [bafuje] **I.** *vi fam* ■ **qn bafouille** jd stammelt, jd stottert
II. *vt fam* ■ **qn bafouille qc** jd stammelt etw
bâfrer <1> [bɑfʀe] **I.** *vt fam* ■ **qn bâfre qc** jd verschlingt etw, jd verdrückt etw *fam*
II. *vi fam* ■ **qn bâfre** jd stopft sich (*dat*) den Bauch voll *fam*; ***il mange pas, il bâfre!*** der isst nicht, der frisst *sl*
bagage [bagaʒ] *m* **1.** Gepäck *nt kein pl*
2. (*connaissances*) Rüstzeug *nt*; ***le ~ musical de cet enfant*** das musikalische Können dieses Kindes
▶ **~ accompagné** Begleitgepäck *nt*; **~ littéraire/scientifique** Literaturkenntnisse *pl*/wissenschaftliches Rüstzeug; **qn a qc pour tout ~** jds ganzes Gepäck besteht aus etw; ***avec le brevet pour tout ~*** nur mit der mittleren Reife in der Tasche *fam*; **qn défait ses ~s** jd packt seine Koffer aus; **qn fait ses ~s** jd packt [seine Koffer]; **qn plie ~** jd bricht auf
◆ **bagages à main** Handgepäck *nt*
bagarre [bagaʀ] *f* **1.** (*pugilat*) Schlägerei *f*, Rauferei *f*
2. (*compétition*) Konkurrenzkampf *m*
▶ **qn aime la ~** jd rauft [sich] gern, jd ist ein Raufbold; **qn cherche la ~** jd sucht Streit
bagarrer <1> [bagaʀe] **I.** *vi fam* ■ **qn bagarre** [**pour qc/pour faire qc**] jd kämpft [für etw/um etw zu tun]; ■ **des personnes bagarrent** Menschen ringen miteinander
II. *vpr fam* ■ **qn se bagarre** [**avec qn**] /*enfant*/ jd rauft [sich] [mit jdm]; /*adulte*/ jd prügelt sich [mit jdm]; ***ils se sont bagarrés avec la police*** sie haben sich mit der Polizei angelegt
bagarreur, -euse [bagaʀœʀ, -øz] **I.** *adj fam*: ***qn a un tempérament ~*** /*enfant*/ jd rauft [sich] gern; /*adulte*/ jd prügelt sich gern; ■ **qn est ~** (*aime se battre*) jd rauft/prügelt sich gern; (*a de la volonté*) jd ist eine Kämpfernatur
II. *m, f fam* **1.** (*querelleur*) Raufbold *m*, Kampfhahn *m*
2. (*battant*) Kämpfernatur *f*
bagatelle [bagatɛl] *f* **1.** (*chose de peu de prix*) Kleinigkeit *f*; ***des ~s*** Krimskrams *m fam*
2. (*petite somme*) Kleinigkeit *f*
3. (*vétille*) Bagatelle *f*, Lappalie *f*
4. *iron* ▶ **la ~ de** die Kleinigkeit von; **pour une ~** (*petite somme*) für einen Pappenstiel *fam*; (*détail sans importance*) wegen einer Lappalie
bagnard [baɲaʀ] *m* [Bagno]sträfling *m*; ***travail de ~*** Zwangsarbeit *f*
bagne [baɲ] *m* HIST Bagno ['banjo] *nt* (*Straflager*)
▶ **c'est un vrai ~** [*o* **le ~**] das ist die reinste Hölle; **quel ~!**: ***quel ~ ce boulot!*** die reinste Sklavenarbeit, dieser Job! *fam*
bagnole [baɲɔl] *f fam* Schlitten *m fam*, Karre *f fam*
bagou[**t**] [bagu] *m fam* Redegewandtheit *f*, Mundwerk *nt fam*
▶ **qn a du ~** jd [kann] quasseln *fam*, jd hat ein tüchtiges Mundwerk *fam*
bague [bag] *f* **1.** (*bijou*) Ring *m*
2. [*oiseau*] [Fuß]ring *m*; ***qn met une ~ à un oiseau*** jd beringt einen Vogel
3. [*cigare*] Bauchbinde *f*
4. TECH Ring *m*; ~ ***intérieure*** Innenring; ~ ***extérieure*** Außenring
▶ **qn lui met** [*o* **passe**] **la ~ au doigt** *fam* jd heiratet jdn
◆ **bague de fiançailles** Verlobungsring *m*; **bague de frein** Bremsring *m*; **bague de mise au point** [*o* **de réglage**] PHOT Scharfeinstellungsring *m*; **bague de serrage** Schwindring *m*, Schrumpfring *m*; **bague d'homme** Herrenring *m*
baguer <1> [bage] *vt* ■ **qn bague un animal** jd beringt ein Tier
baguette [bagɛt] *f* **1.** (*pain*) Baguette *f*, Stangenweißbrot *nt*
2. (*bâton*) [kleiner] Stock, Stab *m*; [*tambour*] Schlegel *m*; ~ ***d'un chef d'orchestre*** Taktstock *m* eines Dirigenten
3. (*couvert chinois*) [Ess]stäbchen *nt*
4. TECH [Profil]leiste *f*, [Zier]leiste *f*; ~ ***de recouvrement*** Abdeckstab *m*
▶ **~ magique** Zauberstab *m*; **qn marche à la ~** jd gehorcht aufs Wort; **qn**

mène [*o* **fait marcher**] **qn à la** ~ jd hält [*o* hat] jdn an der Kandare [*o* kurzen Leine]
◆ **baguette de fée** Zauberstab *m*

bah [bɑ] *interj* pah, ach komm

bahut [bay] *m* **1.** (*buffet bas*) [rustikales] Büfett, [rustikale] Anrichte
2. (*coffre*) Truhe *f*
3. *fam* (*lycée*) Penne *f fam*
4. *fam* (*camion*) Brummer *m fam,* Brummi *m fam*

bai, e [bɛ] *adj* [rot]braun

baie [bɛ] *f* **1.** GEOG [Meeres]bucht *f,* Bai *f*
2. (*fenêtre*): ~ ***vitrée*** großes [Glas]fenster
3. BOT Beere *f*

baignade [bɛɲad] *f* **1.** (*fait de se baigner*) Baden *nt*
2. (*lieu où se baigner*) Badeplatz *m,* Badestelle *f*
▶ ~ **interdite** Baden verboten

baigner <1> [beɲe] **I.** *vt* **1.** (*donner un bain*) ■ **qn baigne qn/un animal/qc** jd badet jdn/ein Tier/etw
2. (*border*) ■ **qc baigne qc** /*cours d'eau*/ etw durchfließt etw; /*mer*/ etw umspült etw *geh;* ***la Seine baigne Paris*** Paris liegt an den Ufern der Seine
3. (*tremper*) ■ [**qc est**] **baigné**(**e**) **de qc**: ***une chemise baignée de sang/sueur*** ein blutgetränktes/schweißnasses Hemd; ***qn a le visage baigné de larmes/de sueur*** jd hat ein tränen-/schweißüberströmtes Gesicht
II. *vi* ■ **qc baigne dans qc** etw schwimmt [*o* liegt] in etw (*dat*)
▶ **qn baigne dans son sang** jd schwimmt in seinem Blut; **tout** [*o* **ça**] **baigne** [**dans l'huile**] *fam* alles ist in Butter *fam*
III. *vpr* ■ **qn se baigne** jd badet; (*dans une piscine*) jd schwimmt

baigneur, -euse [bɛɲœʀ, -øz] **I.** *m, f* Badende(r) *f(m)*
II. *m* (*poupée*) Babypuppe ['be:bi-] *f*

baignoire [bɛɲwaʀ] *f* **1.** Badewanne *f*
2. THEAT Parterreloge [-lo:ʒə] *f*
◆ **baignoire sabot** Sitzbadewanne *f*

bail <-aux> [baj, bo] *m* **1.** (*loyer*) [*local commercial*] Pacht *f;* [*maison, appartement*] Miete *f*
2. (*contrat*) [*local commercial*] Pachtvertrag *m;* [*maison, appartement*] Mietvertrag *m*
▶ ~ **commercial** (*loyer*) Geschäftsraummiete *f;* (*contrat*) Mietvertrag *m* für gewerbliche Räume; **qn conclut** [*o* **passe**] **un** ~ jd schließt einen Miet-/Pachtvertrag ab; **ça fait un** ~ [**que** + *indic*] *fam* es ist eine Ewigkeit her[, dass]

bâillement [bɑjmɑ̃] *m* Gähnen *nt*

bâiller <1> [bɑje] *vi* ■ **qn bâille** [**de qc**] jd gähnt [vor etw (*dat*)]; ■ **qc bâille** /*col*/ etw steht ab; /*porte*/ etw steht offen; ***sa chemise bâillait sur sa poitrine*** sein Hemd sprang über der Brust auf; ■ **qn bâille de qc** jd gähnt vor etw (*dat*)

bailleur, -eresse [bajœʀ, -ʀɛs] *m, f* (*à ferme*) Verpächter(in) *m(f);* (*à loyer*) Vermieter(in) *m(f)*
◆ **bailleur de fonds** Geldgeber(in) *m(f)*

bâillon [bɑjɔ̃] *m* Knebel *m*
▶ **qn met un** ~ **à qn** jd knebelt jdn

bâillonner <1> [bɑjɔne] *vt* ■ **qn bâillonne qn** **1.** (*mettre un bâillon*) jd knebelt jdn
2. (*censurer*) jd macht jdn mundtot

bain [bɛ̃] *m* **1.** (*action*) Bad *nt;* ***le*** ~ ***est trop chaud*** das [Bade]wasser ist zu heiß
2. (*solution chimique*) Bad *nt;* ~ ***de teinture*** Färbeflotte *f;* ~ ***d'acide*** Ätzbad
▶ **qn jette l'enfant avec l'eau du** ~ jd schüttet das Kind mit dem Bade aus; **grand/petit** ~ Schwimmer-/Nichtschwimmerbecken *nt;* ~ **linguistique** Sprachbad *nt;* **on est tous dans le même** ~ wir sitzen alle in einem Boot; ~ **moussant** Schaumbad *nt;* ~**s municipaux/publics** städtisches/öffentliches Bad; ~ **turc** türkisches Bad, Heißluftbad *nt;* **qn est dans le** ~ (*est au courant*) jd ist auf dem Laufenden; (*est compromis*) jd ist in die Sache verwickelt [*o* mit hineingezogen]; **qn met qn dans le** ~ (*informe*) jd setzt jdn ins Bild; (*compromet*) jd zieht jdn in eine Sache mit hinein; (*dénonce*) jd verpfeift jdn *fam;* **qn prend un** ~ jd nimmt ein Bad, jd badet; **qn se remet dans le** ~ jd arbeitet sich wieder ein; **qn sort du** ~ jd steigt aus der Wanne
◆ **bain de bouche** Mundspülung *f;* **bain de boue** Schlammbad *nt,* Moorbad *nt;* **bain de fixage** Fixierbad *nt;* **bain de foule** Bad *nt* in der Menge; **bain de jouvence** Verjüngungsbad *nt;* **bain de mer** Bad[en] *nt* im Meer; **bain de pieds** Fußbad *nt;* **bain de sang** Blutbad *nt;* **bain de siège** Sitzbad *nt;* **bain de soleil** Sonnenbad *nt;* ***robe*** ~ ***de soleil*** Strandkleid *nt;* **bain de vapeur** Dampfbad *nt*

bain-marie <~s-~> [bɛ̃maʀi] *m* Wasserbad *nt*
▶ **au** ~-~ im Wasserbad

baïonnette [bajɔnɛt] *f* Bajonett *nt*
◆ **baïonnette au canon** mit aufgepflanztem Bajonett

baisemain [bɛzmɛ̃] *m* Handkuss *m*
▶ **qn fait le** ~ **à qn** jd küsst jdm die Hand, jd gibt jdm einen Handkuss

baiser¹ [beze] *m* Kuss *m;* ***elle lui envoya un*** ~ sie warf ihm einen Kuss [*o* eine Kusshand] zu
▶ **bons** ~**s** liebe Grüße; **qn cueille** [*o* **vole**] **un** ~ **à qn** jd stiehlt [*o* raubt] jdm einen Kuss; **qn dépose un** ~ **quelque part** jd drückt einen Kuss irgendwohin
◆ **baiser de Judas** Judaskuss *m*

baiser² <1> **I.** [beze] *vt* **1.** *soutenu* (*embrasser*) ■ **qn baise qn/qc** jd küsst jdn/etw; ***il lui baisa la main*** er küsste ihm/ihr die Hand
2. *fam* (*coucher avec*) ■ **qn baise qn** jd bumst jdn *fam*
3. *fam* (*tromper*) ■ **qn baise qn** jd legt jdn [he]rein *fam;* ■ **qn se fait** ~ jd wird [he]reingelegt *fam*
II. *vi fam* ■ **qn baise** jd bumst *fam*

baisse [bɛs] *f* **1.** (*diminution*) Fallen *nt,* Sinken *nt;* [*température, prix a.*] Rückgang *m;* [*pouvoir, influence*] Schwinden *nt,* Abnahme *f;* ~ ***brutale de la température*** Temperatursturz *m;* ~ ***de popularité*** Popularitätseinbuße *f,* Popularitätsverlust *m*
2. BOURSE Baisse *f*
▶ **qn est en** ~ jd verschlechtert sich; ***qn est en*** ~ ***dans les sondages*** laut Meinungsumfragen sinkt jds Popularität; **qc est en** ~ BOURSE etw fällt; /*thermomètre, baromètre a.*/ etw sinkt; /*température a.*/ etw geht zurück; /*rivière*/ etw sinkt; **qn joue à la** ~ jd spekuliert auf Baisse
◆ **baisse de niveau** SCOL Leistungsabfall *m;* ~ ***de niveau des eaux*** Fallen *nt* [*o* Sinken *nt*] des Wasserspiegels; **baisse de pression** Druckabfall *m;* **baisse de régime** Absinken *nt* [*o* Abfallen *nt*] der Drehzahl; **baisse des eaux** Wasserrückgang *m;* **baisse des prix** Preisrückgang *m,* Preissenkung *f;* **baisse de température** Temperaturrückgang *m;* **baisse de tension** ELEC Spannungsabfall *m;* MED Blutdruckabfall *m*

baisser <1> [bese] **I.** *vt* ■ **qn baisse qc** **1.** (*faire descendre*) *store, rideau* jd lässt etw herunter; *vitre d'une voiture a.* jd kurbelt [*o* dreht] etw herunter; *col* jd schlägt etw herunter
2. (*fixer plus bas*) jd hängt etw tiefer
3. (*orienter vers le bas*) *tête* jd senkt etw; *yeux a.* jd schlägt etw nieder
4. (*rendre moins fort*) jd dreht etw zurück; *son* jd macht [*o* stellt] etw leiser; *phare* jd blendet etw ab; ***qn baisse la voix*** jd spricht leiser, jd senkt die Stimme *geh;* ***baisse le ton!*** nicht so laut!, mäßige deine Stimme! *geh*
5. (*réviser à la baisse*) *prix* jd senkt etw, jd setzt etw herab; *devis* jd setzt etw niedriger an
II. *vi* **1.** (*diminuer de niveau, d'intensité*) ■ **qc baisse** /*forces, mémoire, vue*/ etw lässt nach; /*vent a.*/ etw flaut ab, etw legt sich; /*niveau, rivière*/ etw sinkt; /*baromètre*/ etw fällt; /*température*/ etw geht zurück; /*jour*/ etw neigt sich *geh;* ***les jours baissent*** die Tage werden kürzer; ***la mer baisse*** das Wasser geht zurück; ***sa popularité a beaucoup baissé*** er/sie hat viel an Popularität eingebüßt
2. ECON, BOURSE ■ **qc baisse** etw fällt; /*prix a.*/ etw sinkt, etw gibt nach
3. (*s'affaiblir*) ■ **qn baisse** jd lässt nach, jd baut ab
III. *vpr* ■ **qn se baisse** jd bückt sich; (*pour esquiver*) jd duckt sich
▶ **il n'y a qu'à** [*o* **on n'a qu'à**] **se** ~ **pour ramasser qc** *fam* man braucht sich nur nach etw zu bücken

bajoues [baʒu] *fpl* [*personne*] Hängebacken *pl*

bal <s> [bal] *m* Ball *m;* ~ ***de la Saint-Sylvestre*** Sylvesterball
▶ ~ **musette** Tanzlokal *nt;* ~ **champêtre** Tanz *m* im Freien; ~ **costumé** [*o* **masqué**] [*o* **travesti**] Maskenball *m,* Kostümball *m* (*für die unteren Gesellschaftsschichten*); ~ **populaire** öffentlicher Tanz; **qn ouvre le** ~ jd eröffnet den Ball; **qn va au** ~ jd geht tanzen

balade [balad] *f fam* **1.** (*excursion*) Ausflug *m*
2. (*promenade*) Spaziergang *m,* Bummel *m fam;* (*en voiture*) Spazierfahrt *f;* ~ ***à cheval*** Ausritt *m*
▶ **qn fait une** ~ jd macht einen Spaziergang [*o* Bummel *fam*]/eine Spazierfahrt; ***qn fait une*** ~ ***à cheval*** jd macht einen Ausritt [*o* Spazierritt]

balader <1> [balade] **I.** *vt fam* ■ **qn balade qn/un animal** jd geht mit jdm/einem Tier spazieren
▶ **qn envoie** ~ **qn** jd schickt jdn fort [*o* weg], jd schickt jdn zum Teufel *fam*
II. *vpr fam* **1.** (*se promener*) ■ **qn se balade** jd geht/fährt spazieren; ***qn se balade à cheval*** jd reitet aus
2. (*traîner*) ■ **des choses se baladent quelque part** Dinge liegen irgendwo herum

baladeur [baladœʀ] *m* Walkman® ['wɔːkmæn] *m*

baladeuse [baladøz] *f* Handlampe *f*

balafre [balɑfʀ] *f* **1.** (*blessure*) Schmiss *m;* (*en se rasant*) Schnittwunde *f*
2. (*cicatrice*) Narbe *f,* Schmiss *m*

balafré, e [balɑfʀe] *adj* mit einem Schmiss/mit Schmissen

balai [balɛ] *m* **1.** (*ustensile de nettoyage*) Besen *m*
2. ELEC [*dynamo*] Bürste *f;* [*commutateur téléphonique*] Kontaktarm *m*
▶ **qn donne un coup de** ~ **quelque part** jd fegt irgendwo [mal schnell] aus, jd kehrt irgendwo [schnell mal] zusammen; **qn est con comme un** ~ *fam* jd ist total bescheuert *fam;* ~ **mécanique** Teppichkehrer *m;* **qn est raide comme un** ~ *fam* jd ist steif wie ein Brett [*o* Besenstiel] *fam;* **qn passe le** ~ jd fegt [*o* kehrt] [mal schnell]
◆ **balai d'essuie-glace** [Scheiben]wischerblatt *nt*

balai-brosse <~s-~s> [balɛbʀɔs] *m* Schrubber *m*

balaise [balɛz] *adj v.* **balèze**

balalaïka [balalaika] *f* Balalaika *f*

balance [balɑ̃s] *f* (*instrument*) Waage *f*
▶ ~ **automatique** Neigungswaage *f,* Schnellwaage *f;* (*dans un hall de gare*) automatische Zeigerwaage; ~ **commerciale** Handelsbilanz *f;* **qn maintient** [*o* **tient**] **la** ~ **égale entre des personnes/choses** jd nimmt eine unparteiische [*o* neutrale] Haltung zwischen Menschen/Dingen (*dat*) ein; ***je tiens toujours la*** ~ ***égale entre mes enfants*** ich behandle meine Kinder immer gleich; **qn jette** [*o* **met**] **qc dans la** ~ jd wirft etw in die Waagschale; **qn met qc et qc en** ~ jd wägt etw und etw gegeneinander ab; **la** ~ **penche en faveur de qn/qc** die Waagschale senkt sich zugunsten jds/einer S.; **qn/qc fait pencher la** ~ **en faveur de qn/qc** jd/etw gibt für jdn/etw den Ausschlag; **qn/qc pèse dans la** ~ jd ist ausschlaggebend/etw fällt ins Gewicht [*o* in die Waagschale]; **des personnes/choses sont en** ~ Menschen/Dinge kommen in Betracht
◆ **balance de ménage** Küchenwaage *f;* **balance de précision** Präzisionswaage *f;* **balance des forces** Gleichgewicht *nt* der Kräfte; **balance des paiements** Zahlungsbilanz *f;* **balance des pouvoirs** Gleichgewicht *nt* der Gewalten; **balance du commerce** [**extérieur**] [Außen]handelsbilanz *f*

Balance [balɑ̃s] *f* ASTROL Waage *f*

▸ **qn est** [**du signe de la**] ~ jd ist [eine] Waage, jd ist im Zeichen der Waage geboren

balancé, e [balɑ̃se] *adj* ▸ **bien** ~ *phrase* ausgewogen; *fam personne* gut gebaut; ***elle est bien ~e*** sie hat eine tolle Figur *fam*

balancelle [balɑ̃sɛl] *f* Hollywoodschaukel ['hɔlɪwʊd-] *f*

balancement [balɑ̃smɑ̃] *m* **1.** (*mouvement*) [*hanches*] Wiegen *nt;* [*cabine téléphérique*] Schaukeln *nt;* [*pendule*] Schwingen *nt;* ***le léger ~ des branches*** das leichte Hin- und Herschwingen der Zweige
2. (*rythme*) [*phrase*] Gleichmaß *nt,* Ebenmaß *nt*

balancer <2> [balɑ̃se] **I.** *vt* **1.** (*ballotter*) ■ **qn balance qn** jd schaukelt jdn; ■ **qn balance qc** jd schwenkt etw; *bras* jd schlenkert mit etw; ***il balançait ses jambes*** er baumelte mit den Beinen; ***elle balance les hanches*** sie wiegt sich in den Hüften; ■ **qc balance qc** etw schaukelt etw, etw bewegt etw hin und her
2. *fam* (*lancer*) ■ **qn balance qc** [**quelque part**] jd schmeißt etw [irgendwohin] *fam;* ***qn balance qc à la tête*** [*o* ***à la figure***] ***de qn*** jd wirft jdm etw an den Kopf
3. *fam* (*se débarrasser de*) ■ **qn balance qc** jd schmeißt etw weg *fam;* ■ **qn balance qn** *employé* jd schmeißt [*o* wirft] jdn raus *fam,* jd feuert jdn *fam;* ***il s'est fait ~ de l'école*** er ist von der Schule geflogen *fam*
▸ **qn a envie de** [*o* **veut**] **tout** ~ *fam* (*veut abandonner*) jd würde am liebsten alles hinwerfen [*o* hinschmeißen *fam*]
II. *vi* ■ **qc balance** etw schaukelt hin und her; /*cime de l'arbre*/ etw schwankt
III. *vpr* ■ **qc se balance** etw schaukelt hin und her; /*cime de l'arbre*/ etw schwankt; ■ **qn se balance** [**sur qc**] *sur une balançoire* jd schaukelt [auf etw (*dat*)]; *sur une bascule* jd wippt [auf etw (*dat*)]; *sur une chaise* jd schaukelt [mit etw]; ***qn se balance d'un pied sur l'autre*** jd tritt von einem Fuß auf den anderen; ***qn se balance sur ses jambes*** jd tritt von einem Bein auf das andere
▸ **qn s'en balance** *fam* das ist jdm piepegal [*o* völlig schnuppe] *fam*

balancier [balɑ̃sje] *m* [*pendule*] Pendel *nt;* [*montre*] Unruh *f;* [*funambule*] Balancierstange *f*

balançoire [balɑ̃swaʀ] *f* **1.** (*escarpolette*) Schaukel *f;* ~ ***à pneu*** Reifenschaukel
2. (*bascule*) Wippe *f*
▸ **qn fait de la** ~ jd schaukelt/wippt

balayage [balɛjaʒ] *m* **1.** (*nettoyage*) Kehren *nt,* Fegen *nt*
2. INFORM Scannen ['skænən] *nt*
3. [*cheveux*]: ***elle se fait faire un*** ~ sie lässt sich (*dat*) Strähnchen machen

balayer <7> [baleje] *vt* **1.** (*ramasser*) ■ **qn balaie qc** jd fegt [*o* kehrt] etw zusammen
2. (*nettoyer*) ■ **qn balaie qc** jd fegt [*o* kehrt] etw
3. (*passer sur*) ■ **qc balaie qc** /*faisceau lumineux*/ etw gleitet über etw (*akk*) hin; /*vent*/ etw fegt über etw (*akk*); /*vague*/ etw überspült etw; /*tir d'artillerie*/ etw bestreicht etw; ***son manteau balayait le sol*** sein/ihr Mantel schleifte über den Boden
4. INFORM ■ **qn/qc balaie qc** jd/etw scannt etw [skænt]
5. (*chasser*) ■ **qn balaie qn** *employé* jd wirft jdn hinaus; ■ **qc balaie qc** /*vent*/ *feuilles* etw treibt etw vor sich (*dat*) her; *nuages* etw verjagt [*o* vertreibt] etw; /*vague*/ etw spült [*o* fegt] etw hinweg; ■ **qn/qc balaie qc** *obstacle* jd/etw räumt etw aus dem Weg, jd/etw beseitigt etw; *objection, argument* jd wischt etw vom Tisch *fam;* *doute* jd/etw räumt etw aus, jd/etw zerstreut etw

balayette [balɛjɛt] *f* Handfeger *m,* Handbesen *m,* Bartwisch *m* AUS; (*dans les W.-C.*) Klo[sett]bürste *f*

balayeur, -euse [balɛjœʀ, -jøz] **I.** *m, f* Straßenkehrer(in) *m(f),* Straßenfeger(in) *m(f)*
II. *f* ■ **balayeuse** [Straßen]kehrmaschine *f*

balayures [balejyʀ] *fpl* Kehricht *m*

balbutiement [balbysimɑ̃] *m* **1.** (*fait de balbutier*) Stammeln *nt,* Stottern *nt;* [*bébé*] Brabbeln *nt*
2. *pl* (*début*) Anfänge *pl;* ***qc en est à ses premiers ~s*** etw steckt in den Kinderschuhen; ***les premiers ~s du cinéma parlant*** die ersten Gehversuche des Tonfilms

balbutier <1> [balbysje] **I.** *vi* ■ **qn balbutie** **1.** (*bredouiller*) jd stammelt, jd stottert; /*bébé*/ jd brabbelt
2. (*marmotter*) jd spricht undeutlich, jd nuschelt *fam*
II. *vt* ■ **qn balbutie qc** **1.** (*bredouiller*) jd stammelt etw; /*bébé*/ jd brabbelt etw
2. (*marmotter*) jd murmelt etw [vor sich hin]

balcon [balkɔ̃] *m* **1.** ARCHIT Balkon *m*
2. THEAT Balkon *m,* Rang *m*

balconnet [balkɔnɛ] *m* **1.** (*soutien-gorge*) Formbügel-BH *m,* Stütz-BH *m*
2. [*réfrigérateur*] Türfach *nt*

Bâle [bal] Basel *nt*

Baléares [baleaʀ] *fpl* ■ **les** [**îles**] **Baléares** die Balearen

baleine [balɛn] *f* **1.** ZOOL Wal *m;* ***pêche à la*** ~ Walfang *m*
2. (*renfort*) [*corset, parapluie*] Fischbein *nt;* [*col a.*] Kragenstäbchen *nt*

baleinière [balenjɛʀ] *f* Walfangboot *nt*

balèze [balɛz] **I.** *adj fam* **1.** (*musclé*) kräftig; ***il est drôlement*** ~ der hat ganz schöne Muckis *fam*
2. (*doué*) beschlagen; ***qn est ~ en math*** jd ist in Mathe [gut] beschlagen
II. *m fam* stämmiger [*o* muskulöser] Kerl, Kleiderschrank *m fam;* ***grand*** ~ Muskelpaket *nt fam*

balisage [balizaʒ] *m* **1.** (*fait de baliser*) Markieren *nt;* [*piste d'atterrissage*] Befeuern *nt;* [*chenal*] Bebaken *nt,* Betonnen *nt*
2. (*signaux*) [*piste de ski*] Markierung *f;* [*route*] Leitpfosten *pl;* [*chenal*] Baken *pl,* Bojen *pl*

balise [baliz] *f* **1.** AVIAT, NAUT Bake *f;* (*signal lumineux*) Leuchtfeuer *nt*
2. AUT Leitpfosten *m*
3. INFORM Textsortenmarkierung *f,* Tag [tæk] *m spec*

baliser <1> [balize] *vt* ■ **qn balise qc** **1.** (*signaliser*) jd markiert etw
2. AVIAT, NAUT jd markiert etw mit Baken; (*avec des signaux lumineux*) jd befeuert etw
3. INFORM *texte* jd markiert etw

balistique [balistik] **I.** *adj* ballistisch
II. *f* Ballistik *f*

baliverne [balivɛʀn] *f* Unsinn *m kein pl,* Geschwätz *nt kein pl fam;* ***qn raconte des ~s*** jd erzählt Unsinn [*o* dummes Zeug *fam*]; ~***s*** [***que tout ça***]! [so ein] Unsinn [*o* dummes Zeug *fam*]!

balkanique [balkanik] *adj* Balkan-

balkanisation [balkanizasjɔ̃] *f* Balkanisierung *f,* Kleinstaaterei *f*

Balkans [balkɑ̃] *mpl* ■ **les Balkans** der Balkan; ***dans les*** ~ auf dem Balkan

ballade [balad] *f* Ballade *f*

ballant, e [balɑ̃, ɑ̃t] *adj* [herab]hängend; *jambes a.* baumelnd; ***qn reste les bras ~s*** jd steht untätig herum

ballast [balast] *m* Schotter[bett *nt*] *m*

balle [bal] *f* **1.** (*projectile*) Kugel *f*
2. JEUX, SPORT Ball *m*
3. (*ballot*) Ballen *m*
4. *pl fam* (*francs*) Franc *pl;* ***100 ~s*** 100 Eier *fam*
▸ **qn saisit la ~ au bond** jd fasst [*o* ergreift] die Gelegenheit beim Schopf[e]; **la ~ est dans le camp de qn** jd ist am Zug; **qn reçoit douze ~s dans la peau** jd wird standrechtlich erschossen; **belle** ~ schöner Ball [*o* Schlag]; **qn/qc est criblé(e) de ~s** jd/etw ist von Kugeln durchlöchert, jd/etw ist von Kugeln durchsiebt *fam;* ~ **explosive** Sprenggeschoss *nt;* ~ **perdue** verirrte Kugel, Irrläufer *m;* ~ **traçante** Leuchtspurgeschoss *nt;* **qn fait des** [*o* **quelques**] ~**s** jd schlägt ein paar Bälle; **qn joue à la** ~ jd spielt Ball; **qn renvoie la** ~ jd kehrt [*o* dreht] den Spieß um *fam;* **des personnes se renvoient la** ~ Menschen schieben sich gegenseitig die Verantwortung [*o* den schwarzen Peter *fam*] zu
◆ **balle de fusil** Gewehrkugel *f;* **balle de golf** Golfball *m;* **balle de match** Matchball ['mætʃ-] *m;* **balle de ping-pong** Tischtennisball *m,* Pingpongball *m;* **balle de revolver** Revolverkugel *f;* **balle de tennis** Tennisball *m*

ballerine [balʀin] *f* **1.** (*danseuse*) Ballerina *f,* Balletttänzerin *f*
2. (*chaussure*) Ballerina[schuh *m*] *m*

ballet [balɛ] *m* Ballett *nt*

ballon [balɔ̃] *m* **1.** JEUX, SPORT Ball *m;* ***jeux de*** ~ Ballspiele *pl*
2. (*baudruche*) Luftballon [-ba'lɔŋ, -ba'lõ:] *m*
3. (*aérostat*) Ballon *m;* ~ ***à gaz*** Gasballon; ~ ***à air*** Heißluftballon
4. GEOG Belchen *m*
5. (*verre*) bauchiges Rotweinglas; (*contenu*) Glas *nt*
▸ ~ **dirigeable** Zeppelin *m,* Luftschiff *nt;* **le ~ ovale** Rugby ['rakbi] *nt;* **le ~ rond** Fußball *m;* **qn joue au** ~ jd spielt Ball; **qn monte en** ~ jd steigt mit einem Ballon auf
◆ **ballon d'eau chaude** [Warmwasser]boiler *m;* **ballon de basket-ball** Basketball *m;* **ballon de football** Fußball *m;* **ballon de plage** Wasserball *m;* **ballon de rugby** Rugbyball *m;* **ballon d'essai** Versuchsballon *m;* **ballon d'oxygène** (*bouteille*) Sauerstoffflasche *f;* (*vessie*) Atembeutel *m;* ***c'est un véritable ~ d'oxygène pour l'entreprise*** dadurch bekommt das Unternehmen wieder etwas Luft

ballonnement [balɔnmɑ̃] *m* [*ventre*] Aufgeblähtsein *nt;* ***qc donne des ~s à qn*** etw führt bei jdm zu Blähungen

ballonner <1> [balɔne] *vt* ■ **qc ballonne qn/un animal/qc** etw bläht jdn/ein Tier/etw auf; ***qn se sent ballonné(e)*** jd fühlt sich aufgebläht

ballon-sonde <~s-~s> [balɔ̃sɔ̃d] *m* Messballon [-balɔŋ, -balõ:] *m*

ballot [balo] *m* **1.** (*paquet*) Packen *m*
2. *vieilli fam* (*nigaud*) Dummkopf *m fam,* Esel *m fam*

ballottage [balɔtaʒ] *m* ▸ **il y a** ~ die Wahl ist unentschieden; **il y a ~ entre qn et qn** es gibt eine Stichwahl zwischen jdm und jdm; **qn est en** ~ jd kommt in die Stichwahl; ***qn est en ~ favorable/défavorable*** jd hat gute/schlechte Aussichten, die Stichwahl für sich zu entscheiden

ballotter <1> [balɔte] **I.** *vi* ■ **qc ballotte** etw rutscht hin und her; /*bouteille*/ etw rollt hin und her; /*tête*/ etw fällt von einer Seite auf die andere
II. *vt* ■ **qc ballotte qn/qc** etw wirft jdn/etw hin und her; /*voiture a.*/ etw rüttelt [*o* schüttelt] jdn durch; ***il a été ballotté d'une école à l'autre*** er wurde von einer Schule zur anderen geschoben; ***elle est ballottée entre l'amour et la haine*** sie ist zwischen Liebe und Hass hin und her gerissen

ball-trap <~-~s> [baltʀap] *m* **1.** (*sport*) Wurftaubenschießen *nt*
2. (*lieu*) Wurftaubenanlage *f*

balluchon [balyʃɔ̃] *m* Bündel *nt*
▸ **qn fait son** ~ jd schnürt sein Bündel

balnéaire [balneɛʀ] *adj:* ***station*** ~ Seebad *nt*

balourd, e [baluʀ, uʀd] **I.** *adj* plump, unbeholfen; ***que tu es*** ~! was für ein Tollpatsch du doch bist!
II. *m* Tollpatsch *m*

balourdise [baluʀdiz] *f* **1.** (*caractère*) Unbeholfenheit *f,* Ungeschicklichkeit *f*
2. (*acte ou propos*) Fauxpas *m,* Schnitzer *m fam*

balte [balt] *adj* baltisch; ***les États ~s*** die Baltischen Staaten

Baltique [baltik] *f* Ostsee *f*

baluchon [balyʃɔ̃] *m v.* **balluchon**

balustrade [balystʀad] *f* (*en bois, métal*) Geländer *nt;* (*en maçonnerie*) Brüstung *f*

bambin [bɑ̃bɛ̃] *m* kleines Kind, kleiner Junge

bambou [bɑ̃bu] *m* Bambus[rohr *nt*] *m*

bamboula [bãbula] *f fam* Fete *f fam*
► **qn fait la ~** jd haut auf die Pauke *fam*

ban [bã] *m* **1.** *pl:* **~s** [**de mariage**] Aufgebot *nt*
2. *fam* (*applaudissements*) rhythmisches Klatschen, rhythmischer Beifall [*o* Applaus]
► **qn convoque** [*o* **invite**] **le ~ et l'arrière-ban:** ***qn convoque le ~ et l'arrière-ban des parents/ de l'université*** jd lädt die ganze Sippschaft/Unibelegschaft ein; **qn fait un ~ pour qn** *fam* jd lässt jdn hochleben, jd bringt ein Hoch auf jdn aus; **qn publie les ~s** [**de mariage**] jd hängt das Aufgebot aus; **un ~ pour qn!** *fam* ein Hoch auf jdn!
◆ **ban de la société** ► **qn met qn au ~ de la société** jd stößt jdn aus der Gesellschaft aus, jd ächtet jdn; **qn se met au ~ de la société** jd schließt sich aus der Gesellschaft aus; **ban de l'Empire** HIST Reichsacht *f* ► **qn met qn au ~ de l'Empire** jd spricht über jdn die Reichsacht aus; **ban des nations** ► **qn met qn au ~ des nations** jd schließt jdn aus dem Kreis der Nationen aus

banal, e <s> [banal] *adj* banal; *choses, idée, affaire a., aliment* alltäglich, gewöhnlich; *roman a.* nichts sagend; *personne* gewöhnlich, durchschnittlich; ***c'est trop ~*** das ist zu einfallslos; ***il n'y a là rien que de très ~*** daran ist nichts Außergewöhnliches
► **c'est pas ~** *fam* das ist wirklich 'n Ding *fam*

banalement [banalmã] *adv* einfach; ***tout ~*** ganz einfach

banalisation [banalizasjɔ̃] *f* Banalisierung *f;* [*tourisme*] Vermassung *f*

banaliser <1> [banalize] *vt* ■ **qn banalise qc** jd banalisiert etw; ***voiture banalisée*** Zivilstreife *f*

banalité [banalite] *f* **1.** ■ **la ~** [**de qc**] die Banalität [einer S. (*gen*)]; [*vie a.*] die Stumpfsinnigkeit [einer S. (*gen*)]; [*propos a.*] die Abgedroschenheit [einer S. (*gen*)]; [*livre a.*] die Trivialität [*o* Belanglosigkeit] [einer S. (*gen*)]; ***quelle ~!*** wie einfallslos!
2. (*propos*) Banalität *f,* Gemeinplatz *m;* ***c'est une ~ de dire que*** + *indic* es ist banal zu sagen, dass

banane [banan] *f* **1.** (*fruit*) Banane *f*
2. (*pochette*) Gürteltasche *f*

bananeraie [bananʀɛ] *f* Bananenpflanzung *f,* Bananenplantage *f*

bananier [bananje] *m* **1.** (*plante*) Bananenstaude *f*
2. (*bateau*) Bananendampfer *m*

banc [bã] *m* **1.** (*meuble*) Bank *f;* ***petit ~*** Fußbank; ***nous nous sommes connus sur les ~s de l'école*** wir haben gemeinsam die Schulbank gedrückt
2. GEOL Bank *f*
3. (*colonie*) [*poissons*] Schwarm *m;* ***~ d'huîtres*** Austernbank *f*
► **~ public** Parkbank *f*
◆ **banc de menuisier** Hobelbank *f,* Werkbank *f;* **banc de sable** Sandbank *f;* **banc des accusés** Anklagebank *f;* **banc d'essai** Prüfstand *m;* (*épreuve*) Prüfstein *m*

bancaire [bãkɛʀ] *adj* Bank-

bancal, e <s> [bãkal] *adj* **1.** (*instable*) *meuble* wack[e]lig; ***qn est ~*** jd hinkt; ***il était devenu tout ~*** er war ganz krumm geworden; ***la table est ~e*** der Tisch wackelt
2. (*illogique*) *raisonnement* nicht stichhaltig; ***idée ~e*** Schnapsidee *f fam*

bandage [bãdaʒ] *m* **1.** (*action*) Verbinden *nt*
2. (*bande*) Verband *m*
3. TECH: ***~s métalliques*** [Bandeisen]bereifung *f*

bande¹ [bãd] *f* **1.** (*ruban*) Streifen *m;* [*métal, tissu a.*] Band *nt;* (*en papeterie, imprimerie*) Bahn *f;* CINE Film[streifen] *m;* [*magnétophone*] [Ton]band
2. (*bandeau*) [*journal*] Streifband *nt;* [*livre*] [Einband]streifen *m*
3. MED Binde *f;* ***~ de gaze*** Mullbinde
4. (*dessin, motif*) Streifen *m;* ***tissu à ~s*** gestreifter Stoff; ***~ ornementale*** Zierband *nt*
► **~ blanche** weiße Linie; (*au milieu de la route*) Mittellinie *f;* **~ continue** durchgezogene Linie; **~ dessinée** Comic [strip] ['kɔmɪk('strɪp)] *m;* **~ discontinue** unterbrochene Linie; **~ magnétique** Magnetband *nt;* [*magnétophone*] Tonband *nt;* **~ molletière** Wickelgamasche *f;* **~ perforée** Lochstreifen *m;* **~ sonore** Tonspur *f;* **par la ~** hintenherum, auf Umwegen
◆ **bande** [**d'arrêt**] **d'urgence** Standspur *f;* **bande de fréquence** Frequenzband *nt,* Frequenzbereich *m;* **bande de roulement** Lauffläche *f;* **bande de terrain** [*o* **terre**] Streifen *m* Land; **bande Velpeau®** elastische Binde

bande² [bãd] *f* **1.** (*groupe*) [*personnes*] Gruppe *f;* [*loups, chiens*] Rudel *nt;* [*oiseaux*] Schar *f,* Flug *m spec;* ***~ d'enfants*** Kinderschar *f,* Schar *f* Kinder; ***les enfants rentrent chez eux en ~s*** die Kinder gehen in Gruppen nach Hause; ■ **~ de:** ***~ de crétins/ d'idiots!*** [ihr] Dummköpfe [*o* Blödmänner *fam*]/Idioten!; ***une ~ de fainéants*** ein Haufen *m* Nichtstuer; ***quelle ~ d'ânes vous faites!*** was für Esel ihr doch seid! *fam*
2. (*groupe constitué*) Bande *f;* ***~ rebelle*** Aufrührerbande; ***~ de gamins/ d'adolescents*** Kinder-/Jugendbande; ***une ~ d'amis*** eine Clique
► **qn fait ~ à part** jd sondert sich ab, jd geht seine eigenen Wege

bande³ [bãd] *f* ► **qc donne de la ~** NAUT etw hat Schlagseite

bande-annonce <~s-~s> [bãdanɔ̃s] *f* Trailer ['treɪlɐ] *m,* Voranzeige *f*

bandeau <x> [bãdo] *m* **1.** (*dans les cheveux*) [Haar]band *nt*
2. (*serre-tête*) Stirnband *nt*
3. (*sur un œil*) Binde *f;* ***avec un ~ sur les yeux*** mit einer Augenbinde, mit verbundenen Augen; ***qn met à qn un ~ sur les yeux*** jd verbindet jdm die Augen
► **qn a un ~ sur les yeux** *fig* jd ist [wie] mit Blindheit geschlagen

bandelette [bãdlɛt] *f* schmaler Stoffstreifen

bander <1> [bãde] **I.** *vt* ■ **qn bande qc** **1.** (*panser*) jd verbindet etw
2. (*tendre*) jd spannt etw
II. *vi fam* ■ **qn bande** jd hat [*o* kriegt] einen Ständer *fam*

banderille [bãdʀij] *f* Banderilla *f*

banderole [bãdʀɔl] *f* **1.** (*petite bannière*) Wimpel *m,* Fähnchen *nt*
2. (*calicot*) Spruchband *nt,* Transparent *nt;* ***~ publicitaire*** Reklamespruchband

bande-son <~s-~> [bãdsɔ̃] *f* **1.** (*sur la pellicule*) Tonstreifen *m*
2. (*son*) Ton *m*

bande-vidéo <~s-~> [bãdvideo] *f* Videoband *nt*

bandit [bãdi] *m* **1.** (*malfaiteur*) Gangster ['gæŋstɐ] *m,* Verbrecher *m,* Bandit *m*
2. (*personne malhonnête*) Gauner *m,* Halsabschneider *m*
3. *fam* (*affectif*) Schlingel *m fam,* Racker *m fam*
► **~ de grand chemin** Straßenräuber *m;* **petit ~!** *fam* du kleiner Schlingel [*o* Racker]! *fam*

banditisme [bãditism] *m* Verbrechertum *nt,* Gangstertum ['gæŋstɐ-] *nt*
► **le grand ~** das Schwerverbrechertum

bandoulière [bãduljɛʀ] *f* [Schulter]riemen *m*
► **en ~** umgehängt, über die Schulter gehängt; ***le fusil en ~*** mit umgehängtem Gewehr

bang [bãg] **I.** *interj* päng!, peng!
II. *m inv* Knall *m*
► **le big ~** ASTRON der Urknall

Bangkok [bãkɔk] Bangkok *nt*

Bangladesh [bãgladɛʃ, bɛ̃gladɛʃ] *m* ■ **le Bangladesh** Bangladesh *nt*

banlieue [bãljø] *f* [*ville*] Vororte *pl,* Stadtrand[gebiet *nt*] *m;* ***Munich et sa ~*** Groß-München *nt,* München und seine Vororte; ■ **la ~** [**de Paris**] die Vororte von Paris, die Pariser Vororte, der Stadtrand von Paris
► **la grande ~** das Umland [einer Großstadt]; **la proche ~** der Stadtrand; **qn habite dans la ~** [*o* **en ~**] jd wohnt in einem Vorort [*o* am Stadtrand]; **de ~** *ligne* Vorort-; *train a.* Nahverkehrs-; *logement* Stadtrand-

banlieusard, e [bãljøzaʀ, aʀd] *m, f* Vorortbewohner(in) *m(f);* (*qui fait la navette*) Pendler(in) *m(f)*

banni, e [bani] *m, f* **1.** (*exilé*) Verbannte(r) *f(m)*
2. (*exclu*) Ausgestoßene(r) *f(m)*

bannière [banjɛʀ] *f* Banner *nt;* [*club de football*] [Vereins]fahne *f;* REL Kirchenfahne, Prozessionsfahne
► **la ~ du Soleil Levant** das Sonnenbanner; **la ~ étoilée** das Sternenbanner; **qn combat/marche sous la ~ de qn** jd kämpft/marschiert unter jds Banner [*o* Fahne] (*dat*); **qn se range** [*o* **se met**] **sous la ~ de qn** jd schließt sich jdm an

bannir <8> [baniʀ] *vt* **1.** (*mettre au ban*) ■ **qn bannit qn** [**de qc**] *d'un pays* jd verbannt jdn [aus etw]; *de la communauté, société* jd ächtet jdn, jd stößt jdn [aus etw] aus; *de la maison* jd verjagt jdn [aus etw]; *du Paradis* jd vertreibt jdn [aus etw]
2. (*rejeter*) ■ **qn bannit qc** jd ächtet etw; ***qn bannit un mot de son vocabulaire*** jd verbannt ein Wort aus seinem Wortschatz

bannissement [banismã] *m* Verbannung *f*

banque [bãk] *f* **1.** FIN Bank *f*
2. JEUX Bank *f,* Tischkasse *f*
3. MED ■ **~ de** -bank *f;* ***~ d'organes*** Organbank; ***~ du sperme*** Samenbank
► **~ centrale** Zentralbank *f;* **B~ centrale européenne** Europäische Zentralbank; **B~ centrale nationale indépendante** unabhängige nationale Zentralbank; **~ commerciale** Geschäftsbank *f;* **B~ européenne d'investissement** Europäische Investitionsbank; **~ universelle** Universalbank *f;* **qn fait sauter la ~** jd sprengt die Bank; **qn tient la ~** jd ist Bankhalter; **en ~, à la ~** auf der Bank
◆ **banque d'affaires** Investitionskreditbank *f,* Industriekreditbank *f;* **banque de crédit** Kreditbank *f;* **banque de données** Datenbank *f;* **Banque de France** Bank *f* von Frankreich; **banque d'émission** Notenbank *f;* **banque de terminologie** Terminologiedatenbank *f*

banquer <1> [bãke] *vi fam* ■ **qn banque** jd blecht *fam*

banqueroute [bãkʀut] *f* Bankrott *m;* ***qn est au bord de la ~*** jd steht [kurz] vor dem Bankrott
► **qn fait ~** jd macht Bankrott, jd geht Bankrott

banquet [bãkɛ] *m* Bankett *nt geh,* [Fest]essen *nt;* ***~ d'adieu*** Abschiedsessen
► **qn donne** [*o* **offre**] **un ~** jd gibt ein Bankett *geh,* jd gibt ein [Fest]essen

banquette [bãkɛt] *f* **1.** (*siège*) [Sitz]bank *f;* ***~ rembourrée*** Polsterbank
2. ARCHIT [Fenster]bank *f*
3. (*chemin*) schmaler Gehweg; [*route, voie*] Bankett[e *f*] *nt;* ***~ de halage*** Treidelweg *m*
4. (*muret*) [*digue*] Absatz *m;* [*manège*] Bande *f*
► **~ avant/arrière** vordere/hintere Sitzbank; AUT Vorder-/Rücksitz *m;* **~ circulaire** umlaufende Sitzbank; **~ convertible** Schlafcouch *f;* **~ double** Doppelsitzbank *f;* **~ irlandaise** Rasenböschung *f;* **qn joue devant** [*o* **pour**] **les ~s** jd spielt vor leerem Haus
◆ **banquette d'angle** [*o* **de coin**] Eckbank *f;* **banquette de piano** Klavierbank *f;* **banquette de sûreté** erhöhtes Bankett, erhöhte Bankette

banquier, -ière [bãkje, -jɛʀ] *m, f* **1.** FIN Bankier *m*
2. JEUX Bankhalter(in) *m(f)*

banquise [bãkiz] *f* Packeis *nt*

baobab [baɔbab] *m* Affenbrotbaum *m*

baptême [batɛm] *m* Taufe *f;* [*promotion*] [Einstands]feier *f;* ***cérémonie du ~*** Taufe
► **qn administre** [*o* **confère**] [*o* **donne**] **le ~ à qn** jd tauft jdn; **qn reçoit le ~** jd empfängt die Taufe
◆ **baptême de l'air** Jungfernflug *m;* ***hier ça a été mon ~ de l'air*** gestern bin ich zum ersten Mal geflogen; **baptême de la ligne** [*o* **du tropique**] Äquatortaufe *f;* **baptême du feu** Feuertaufe *f;* **baptême du sang** Bluttaufe *f*

baptiser <1> [batize] *vt* **1.** (*donner le sacrement*) ■ **qn baptise qn/qc** jd

tauft jdn/etw; ■ **qn se fait** ~ jd lässt sich taufen
2. (*appeler*) ■ **qn baptise qn/qc** + *nom propre* jd tauft jdn/etw + *Eigenname*; ***je te baptise Pierre*** ich taufe dich [auf den Namen] Peter
3. (*surnommer*) ■ **qn baptise qn/qc** + *nom* jd tauft jdn/etw [*o* gibt jdm/einer S. den Spitznamen] + *Name*
4. *fam* ■ **qn baptise qc** *vin* jd verdünnt etw [mit Wasser], jd tauft etw *fam*
baptismal, e <-aux> [batismal, o] *adj v.* **fonts**
Baptiste [batist] *m* ▸ **qn est tranquille comme** ~ jd ist seelenruhig
baptistère [batistɛʀ] *m* 1. (*fonts baptismaux*) Taufbecken *nt*
2. (*édifice*) Taufkapelle *f*, Baptisterium *nt spec*
baquet [bakɛ] *m* Bottich *m*; ~ ***à vendanges*** [Sammel]bütte *f*
bar¹ [baʀ] *m* 1. (*café*) Stehkneipe *f*
2. (*comptoir*) Bar *f*
3. (*meuble*) Bar *f*; (*avec mini-comptoir*) [Haus]bar *f*
bar² [baʀ] *m* PECHE Wolfsbarsch *m*, Seebarsch *m*
bar³ [baʀ] *m* PHYS Bar *nt*
baragouin [baʀagwɛ̃] *m fam* Kauderwelsch *nt*
baragouinage [baʀagwinaʒ] *m fam* Kauderwelsch *nt*
baragouiner <1> [baʀagwine] I. *vt fam* ■ **qn baragouine qc** 1. (*parler mal*) *langue* jd radebrecht etw; ***il baragouine un peu le français*** er kann ein paar Brocken Französisch
2. (*marmonner*) jd murmelt etw [in seinen Bart]
II. *vi fam* ■ **qn baragouine** jd redet Kauderwelsch
baraka [baʀaka] *f inv fam* Glück *nt*
▸ **qn a la** ~ jd hat Glück [*o* Schwein *fam*]
baraque [baʀak] *f* 1. (*cabane*) [Holz]baracke *f*, [Holz]bude *f*; (*pour les outils de jardinage*) Schuppen *m*
2. *fam* (*maison*) Haus *nt*, Bude *f fam*; (*somptueuse*) Nobelhütte *f fam*
3. *fam* (*maison délabrée*) Bruchbude *f fam*
▸ ~ **foraine** Jahrmarktsbude *f*; **qn casse la** ~ *fam* jd hat einen Riesenerfolg *fam*; ***il voulait casser la*** ~ ***mais …*** er wollte ganz groß rauskommen, aber … *fam*; **qn casse la** ~ **à qn** *fam* jd vermasselt jdm die Chose ['ʃo:zə] *fam*
◆ **baraque de chantier** Baubude *f*; **baraque de foire** Jahrmarktsbude *f*
baraqué, e [baʀake] I. *adj fam* breitschultrig, kräftig
II. *m* ▸ **un grand/gros/petit** ~ *fam* ein großer/gedrungener/kleiner breitschultriger Typ [*o* Kerl] *fam*
baraquement [baʀakmɑ̃] *m* Barackenlager *nt*, Baracken *pl*
baratin [baʀatɛ̃] *m fam* Geschwätz *nt fam*; ***c'est du*** ~ das ist doch alles nur Gewäsch [*o* Blabla] *fam*; ***qn débite son*** ~ jd leiert seinen Spruch herunter *fam*
▸ **qn a du** ~ jd hat ein großes Mundwerk *fam*; ***il faut avoir du*** ~ man darf nicht auf den Mund gefallen sein *fam*; **qn fait du** [*o* **son**] ~ **à qn** jd versucht, jdn zu bequatschen [*o* jdn einzuwickeln] *fam*; (*drague*) jd macht jdn an *fam*
baratiner <1> [baʀatine] I. *vt fam* ■ **qn baratine qn** 1. (*bonimenter*) jd redet auf jdn ein, jd liegt jdm in den Ohren *fam*
2. (*s'efforcer de persuader*) jd bequasselt [*o* bequatscht] jdn *fam*
3. (*draguer*) jd macht jdn an *fam*
II. *vi fam* ■ **qn baratine** jd erzählt Schmus *fam*; ***arrête de*** ~! mach [*o* erzähl] nicht so viel Schmus! *fam*
baratineur, -euse [baʀatinœʀ, -øz] I. *adj fam*: ***qn est*** ~ jd quasselt *fam*, jd ist ein Schwätzer; ***elle est*** ~***euse*** sie ist eine Quasselstrippe *fam*
II. *m, f fam* Schwätzer(in) *m(f)*; (*flatteur*) Süßholzraspler(in) *m(f) fam*
baratte [baʀat] *f* HIST Butterfass *nt*
barbant, e [baʀbɑ̃, ɑ̃t] *adj fam* langweilig, geisttötend *fam*
barbaque [baʀbak] *f fam* [mieses] Fleisch *fam*
barbare [baʀbaʀ] I. *adj* 1. HIST barbarisch; *invasion, migration a.* der Barbaren
2. (*cruel*) barbarisch, unmenschlich, roh
3. (*grossier*) primitiv, unkultiviert
II. *m* 1. HIST Barbar *m*
2. (*personne cruelle*) Barbar *m*, Unmensch *m*, Rohling *m*
3. (*béotien*) Barbar *m*, [Kultur]banause *m*
▸ **qn se comporte** [*o* **se conduit**] **comme un** ~ jd wütet [*o* haust] wie die Barbaren
barbarie [baʀbaʀi] *f* 1. (*opp: civilisation*) Barbarei *f*
2. (*cruauté*) Barbarei *f*; ***des monstres de*** ~ barbarische [*o* unmenschliche] Monster; ***un acte de*** ~ ein Akt *m* der Barbarei
3. (*grossièreté*) Geschmacklosigkeit *f*; [*propos, idées*] Derbheit *f*
barbarisme [baʀbaʀism] *m* Barbarismus *m*
barbe [baʀb] *f* 1. (*poils*) Bart *m*; ***qn a la*** ~ ***dure*** jd hat hartes Barthaar; ***une*** ~ ***de huit jours*** ein 8 Tage alter Bart
2. ZOOL Bart *m*; [*chat a.*] Schnurrhaare *pl*; [*poisson*] Knorpelflosse *f*; [*dard*] Widerhaken *m*; [*plume*] Fahne *f*
3. BOT Granne *f*
4. *pl* TECH Widerhaken *pl*, Zacken *pl*
▸ **un B**~ **bleue** ein Blaubart *m*; **fausse** ~ falscher Bart ~ **fleurie** weißer Bart; ~ **naissante** Flaum *m*; **vieille** ~ *péj* alter Griesgram, alter Muffel *fam*; **qn fait** [*o* **taille**] **la** ~ **à qn** jd stutzt jdm den Bart; **qn se fait faire** [*o* **tailler**] **la** ~ jd lässt sich (*dat*) den Bart stutzen; **qn se fait** [*o* **taille**] **la** ~ jd stutzt sich (*dat*) den Bart; **qn se rase la** ~ jd rasiert sich (*dat*) den Bart ab; **qn se fait raser la** ~ jd lässt sich den Bart abrasieren; **qn porte la** ~ jd trägt [*o* hat] einen Bart; **à la** ~ **de qn** vor jds Augen (*dat*); ***à la*** ~ ***des médecins*** den Ärzten zum Trotz; **dans sa** ~ *marmonner, parler* in seinen Bart; ***qn rit dans sa*** ~ jd lacht heimlich [*o* versteckt], jd lacht sich (*dat*) [eins] ins Fäustchen *fam*; **la** ~! *fam* jetzt langt's [*o* reicht's]!; ***oh, la*** ~ ***avec tes histoires!*** hör endlich mit deinen Geschichten auf; **quelle** ~! so'n Mist! *fam*; ***quelle*** ~, ***ce mec!*** das reinste Schlafmittel, dieser Typ! *fam*
◆ **barbe à papa** Zuckerwatte *f*; **barbe en pointe** Spitzbart *m*
barbeau <x> [baʀbo] *m* 1. PECHE Barbe *f*
2. BOT Kornblume *f*
barbecue [baʀbəkju] *m* Holzkohlengrill *m*
▸ **qn fait un** [*o* **du**] ~ jd grillt
barbelé, e [baʀbəle] I. *adj* Stacheldraht-; ***fil de fer*** ~ Stacheldraht *m*
II. *m* Stacheldraht *m*; ***derrière les*** ~***s*** hinter Stacheldraht
barber <1> [baʀbe] I. *vt fam* ■ **qn/qc barbe qn** jd/etw langweilt jdn, jd/etw ödet jdn an *fam*; ***qu'est-ce que ça me barbe d'aller au boulot!*** ich hab' vielleicht Bock arbeiten zu gehen! *fam*
II. *vpr fam* ■ **qn se barbe** jd langweilt sich, jd mopst sich *fam*
barbet [baʀbɛ] *m* Wasserspaniel *m*
▸ **comme un** ~ *suivre qn* auf Schritt und Tritt, wie ein Schatten; ***mouillé(e)/crotté(e) comme un*** ~ tropfnass/völlig verdreckt
barbiche [baʀbiʃ] *f* Spitzbart *m*, Ziegenbart *m fam*
barbichette [baʀbiʃɛt] *f fam* Spitzbärtchen *nt*, Ziegenbärtchen *nt fam*
barbier [baʀbje] *m* Barbier *m*
barbiturique [baʀbityʀik] *m* Schlafmittel *nt*, Barbiturat *nt*; ***il s'est suicidé aux*** ~***s*** er hat sich mit Schlaftabletten umgebracht
barbon [baʀbɔ̃] *m hum* Graubart *m fam*
▸ **vieux** ~ alter Knacker *fam*
barboter <1> [baʀbɔte] I. *vi* ■ **qn/un animal barbote** [**dans qc**] jd/ein Tier planscht [in etw (*dat*)]; (*en éclaboussant*) jd planscht [in etw (*dat*)] herum
II. *vt fam* ■ **qn barbote qc** [**à qn**] jd klaut [jdm] etw *fam*
barboteuse [baʀbɔtøz] *f* Spielhöschen *nt*, Spielanzug *m*
barbouillage [baʀbujaʒ] *m* Gekleckse *nt*, Kleckserei *f*
barbouiller <1> [baʀbuje] I. *vt* 1. (*enduire*) ■ **qn/qc barbouille qn/qc de qc** jd/etw beschmiert jdn/etw mit etw, jd/etw schmiert jdn/etw mit etw voll *fam*; ***les mains barbouillées de boue/chocolat*** dreck-/schokoladenverschmierte Hände
2. (*peindre grossièrement*) ■ **qn barbouille qc** *mur* jd bepinselt etw *fam*; *toile* jd schmiert [*o* kleckst] etw voll *fam*
3. *péj* (*écrire*) ■ **qn barbouille qc** *papier, page* jd kritzelt etw voll; *article* jd schmiert etw hin *fam*
4. *fam* (*donner mal au cœur*) ■ **qc barbouille qc**: ***qc*** [***lui***] ***barbouille l'estomac*** etw schlägt [jdm] auf den Magen; ***qn a l'estomac barbouillé*** jd hat einen verdorbenen [*o* verkorksten *fam*] Magen
II. *vpr* ■ **qn se barbouille de qc** *de mousse à raser* jd seift sich mit etw ein; *de noir* jd malt sich mit etw an; ***qn se barbouille qc de qc*** *le visage* jd beschmiert sich (*dat*) etw mit etw; *la bouche* jd schmiert sich (*dat*) etw mit etw voll *fam*
barbouze [baʀbuz] *f fam* Geheimagent *m*
barbu, e [baʀby] I. *adj* bärtig; ***qn est*** ~ jd trägt [*o* hat] einen Bart
II. *m* Bartträger *m*, Mann *m* mit Bart; ***le grand*** ~ der große Bärtige
barbue [baʀby] *f* Glattbutt *m*
barda [baʀda] *m* 1. *arg* (*paquetage*) [Marsch]gepäck *nt*
2. *fam* (*affaires*) Kram *m fam*, Zeug[s] *nt fam*
▸ **avec tout le** ~ mit dem ganzen Krimskrams *fam*
barde¹ [baʀd] *f* Speckscheibe *f*
◆ **barde de lard** Speckscheibe *f*
barde² [baʀd] *m* Barde *m*
barde³ [baʀd] *loc* ▸ **à toute** ~ *fam faire qc* im Eiltempo *fam*; *rouler* mit einem Affenzahn *fam*, mit vollem Karacho *fam*
bardé, e [baʀde] *adj* ■ [**qn/qc est**] ~ **de qc** *de ferrures* [etw ist] mit etw beschlagen; *de décorations* [jd/etw ist] mit etw behangen; */discours/ de mots pompeux* [etw ist] mit etw gespickt; ~ ***de fer*** eisengepanzert
barder <1> [baʀde] I. *vt* 1. GASTR ■ **qn barde qc** jd umwickelt etw mit Speck[scheiben]
2. (*garnir*) ■ **qn barde qn de qc** jd behängt jdn mit etw; ■ **qn barde qc de qc**: ***il barde son discours de mots latins*** er spickt seine Rede mit lateinischen Vokabeln
II. *vi fam* ▸ **ça barde** es ist dicke Luft *fam*; **ça va** ~ dann gibt's [*o* setzt's] was *fam*
barème [baʀɛm] *m* Tabelle *f*; ~ ***de conversion*** Umrechnungstabelle; ~ ***des prix*** Preisliste *f*; SCOL Bewertungsmaßstab *m*
▸ **qn applique un** ~ */artisan/* jd richtet sich nach den allgemein gültigen Tarifen; */professeur/* jd legt einen Bewertungsmaßstab an
baril [baʀil] *m* 1. (*récipient*) Fass *nt*; [*lessive*] Tonne *f*
2. (*unité de mesure*) Barrel ['bærəl] *nt*; ~ ***de pétrole*** Barrel [Roh]öl
◆ **baril de poudre** Pulverfass *nt* ▸ **qn est assis(e) sur un** ~ **de poudre** jd sitzt auf einem Pulverfass
barillet [baʀijɛ] *m* [*horloge, montre*] Federhaus *nt*, Federgehäuse *nt*; [*objectif*] Tubus *m*; [*pistolet*] Trommel *f*
bariolé, e [baʀjɔle] *adj* [sehr] bunt, buntscheckig; *mur* bunt bekleckst; ***des palissades*** ~***es d'affiches*** bunt überklebte Bretterzäune
barioler <1> [baʀjɔle] *vt* ■ **qn bariole qc** jd kleckst etw bunt an
barjo [baʀʒo] *adj inv fam* total verrückt *fam*
barmaid [baʀmɛd] *f* Bardame *f*
barman <s *o* -men> [baʀman, -mɛn] *m* Barkeeper ['ba:ɐki:pɐ] *m*
baromètre [baʀɔmɛtʀ] *m* Barometer *nt*; ~ ***de la popularité des hommes politiques*** Politbarometer
▸ **le** ~ **est au beau/à la pluie** das Barometer steht auf schön/auf Regen; **le** ~ **descend/monte** das Barometer fällt/steigt
◆ **baromètre enregistreur** selbstschreibendes Barometer
baron, ne [baʀɔ̃, ɔn] I. *m, f* 1. (*noble*) Baron(in) *m(f)*
2. *seulement m* ■ ~ **de** *de la finance, la presse, l'industrie* -baron *m*
II. *m*: ~ [**d'agneau**] Lammbraten *m* (*Keulen mit Lendenstück*)
baroque [baʀɔk] I. *adj* 1. barock; *église, musique, style a.* Barock-
2. (*foisonnant*) barock
3. (*bizarre*) seltsam, verschroben, barock *geh*

II. *m* Barock *m o nt*

baroud d'honneur [baʀudɔnœʀ] *m* letztes Ehrengefecht, Scheingefecht *nt*

baroudeur [baʀudœʀ] *m fam* Haudegen *m;* ***qn a un esprit de*** ~ jd ist ein Kämpfer [*o* eine Kämpfernatur]

barouf [baʀuf] *m fam* Heidenlärm *m fam*

▸ **qn/qc fait du** ~/**un sacré** ~ jd/etw macht Lärm/einen Mordskrach [*o* Höllenlärm] *fam*

barque [baʀk] *f* Boot *nt,* Kahn *m;* ~ ***de pêcheur*** Fischerboot *nt*

▸ **qn conduit** [*o* **dirige**] [*o* **mène**] **la** ~ jd hat das Heft in der Hand *geh,* jd schmeißt den Laden *fam;* **qn mène bien** [*o* **sait mener**] **sa** ~ jd macht seine Sache gut, jd versteht seine Sache [*o* sein Geschäft]; **qn mène qn en** ~ *fam* jd nimmt jdn auf den Arm *fam*

barquette [baʀkɛt] *f* **1.** (*tartelette*) *kleines Gebäck in Form eines Schiffchens*

2. (*récipient*) Rechteckbecher *m;* ~***s en aluminium*** Alu[minium]behälter *m*

barrage [baʀaʒ] *m* **1.** (*obstacle*) Sperre *f;* (*sur la route*) Straßensperre; ■ ~ de -sperre

2. ELEC [Stau]damm *m*

3. FBALL: ***les*** ~***s*** die Abstiegsrunde; ***match de*** ~ Ausscheidungsspiel *nt*

▸ ~ **réservoir** Staubecken *nt,* Stausee *m;* ~ **hydroélectrique** Wasserkraftwerk *nt;* **qn fait** ~ **à** [*o* **contre**] **qn/à qc** jd schiebt jdm/einer S. einen Riegel vor

◆ **barrage de gendarmes** [*o* **de police**] Polizeisperre *f;* **barrage de régulation** [Stau]wehr *nt;* **barrage de rivière** Flussdamm *m;* **barrage de vallée** Talsperre *f*

barragiste [baʀaʒist] *m:* ***qn se retrouve*** ~ jd ist in der Abstiegsrunde

barre [baʀ] *f* **1.** (*pièce*) Stange *f;* ~ ***de bois/fer*** Holz-/Eisenstange

2. (*trait*) Strich *m;* ~ ***oblique*** Schrägstrich

3. NAUT [Ruder]pinne *f*

4. JUR Gerichtsschranke *f*

5. SPORT (*à la danse*) Stange *f;* (*en athlétisme*) [Sprung]latte *f*

6. MUS Notenbalken *m*

7. (*vague*) Brandung[szone *f*] *f*

8. (*haut-fond*) Barre *f*

9. (*douleur*) [schmerzender] Druck

10. [*cheval*] Kinnlade *f*

▸ **qn donne un coup de** ~ NAUT jd wirft das Ruder herum; ***qn donne un violent coup de*** ~ jd reißt das Ruder herum; ***le gouvernement donna un coup de*** ~ ***à droite*** die Regierung machte einen Rechtsruck; ~**s asymétriques** Stufenbarren *m;* **double** ~ Schlussstrich *m;* ~ **fixe** Reck *nt;* ~**s parallèles** [gleichholmiger] Barren; ~ **transversale** Querlatte *f;* **qn a** ~ **sur qn** /*joueur*/ jd ist jdm gegenüber im Vorteil; (*domine*) jd hat ein Druckmittel gegen jdn, jd hat jdn in der Hand; **qn a une** ~ **quelque part:** ***qn a une*** ~ ***sur l'estomac/le front/derrière la nuque*** jd hat Magendrücken/Kopf-/Nackenschmerzen; **qn baisse/relève la** ~ jd setzt die Mindestanforderungen herab/hinauf; **qn est à la** ~ NAUT jd führt das [*o* steht am] Ruder; (*dirige*) jd ist am Ruder; ***qn est à la*** ~ ***de qc*** jd steht an der Spitze einer S. (*gen*); **qn met la** ~ **à gauche/à droite** NAUT jd legt das Ruder nach links/rechts um; **qn met la** ~ **à 5/6/... mètres** SPORT jd legt die Latte auf 5/6/... Meter; **qn met la** ~ **à huit sur vingt** jd setzt die Mindestanforderungen auf 8 von 20 fest; **qn met la** ~ **trop haut** jd überspannt den Bogen; **qn prend la** ~ jd übernimmt das Ruder; (*dans une entreprise*) jd übernimmt die Leitung; **qn tient la** ~ NAUT jd führt das [*o* steht am] Ruder; (*dirige*) jd hat das Ruder [fest] in der Hand; **à la** ~ **[des témoins]** *appeler* in den Zeugenstand; *se présenter* im Zeugenstand; ***qn [com]paraît à la*** ~ ***[des témoins]*** jd erscheint als Zeuge/Zeugin vor Gericht

◆ **barre à mine** Stoßbohrer *m,* Bohrstange *f;* **barre d'accouplement** Spurstange *f;* **barre de chocolat** Riegel *m* Schokolade, Schokoladenriegel *m;* **barre de fraction** Bruchstrich *m;* **barre de défilement** INFORM Bildlaufleiste *f;* **barre d'espacement** Leertaste *f;* **barre de menu** INFORM Menüleiste *f;* **barre de mesure** Taktstrich *m;* **barre de protection** Sicherheitsbügel *m;* **barre de reprise** Wiederholungszeichen *nt;* **barre de seuil** Übergangsleiste *f;* **barre de sélection** INFORM Auswahlmenü *nt;* **barre des tâches** INFORM Taskleiste *f;* **barre des témoins** Zeugenstand *m;* **barre de titre** INFORM Titelleiste *f;* **barre de torsion** Panhardstab [pã'a:r-] *m;* **barre de traction** Zugstange *f;* **barre d'or** Goldbarren *m*

barré, e [baʀe] **I.** *adj* ■ [qc est] ~ **de qc:** ***ciel*** ~ ***de nuages*** mit Wolkenstreifen überzogener Himmel; ***sa poitrine était*** ~***e de décorations*** auf seiner Brust reihten sich die Auszeichnungen; ***sa joue est*** ~***e d'une balafre*** über seine/ihre Wange zieht sich ein Schmiss

▸ **qn/qc est mal** ~ *fam* für jdn/etw sieht es schlecht aus *fam*

II. *m* Barré *nt*

▸ **qn fait les** ~**s** jd greift Barré

barreau <x> [baʀo] *m* **1.** (*petite barre*) [*grille*] [Gitter]stab *m;* [*échelle*] Sprosse *f*

2. JUR Anwaltschaft *f;* ***le*** ~ ***de Paris*** die Pariser Anwaltskammer

▸ **qn est inscrit(e) au** ~ jd ist in die Anwaltskammer aufgenommen, jd ist bei einem Landgericht zugelassen; **qn est rayé(e) du** ~ jd ist aus der Anwaltsliste gestrichen; **qn entre au** ~ jd wird als Anwalt [*o* Verteidiger] [vor Gericht] zugelassen; **qn est/reste derrière les** ~**x** jd sitzt/bleibt hinter Gittern; **qn met qn derrière les** ~**x** jd bringt jdn hinter Gitter

◆ **barreau de chaise** Steg *m;* (*cigare*) dicke Zigarre

barrer <1> [baʀe] **I.** *vt* **1.** (*entraver*) ■ **qn/qc barre qc** jd sperrt etw/etw versperrt etw; ***qn/qc barre le chemin/la vue à qn*** jd/etw versperrt jdm den Weg/die Aussicht

2. (*empêcher*) ■ **qn/qc barre qn** jd/etw durchkreuzt jds Pläne

3. NAUT ■ **qn barre qc** jd steuert etw

4. (*biffer*) ■ **qn barre qc** jd streicht etw durch; ***qn barre un chèque*** jd stellt einen Verrechnungsscheck aus

5. (*être placé en travers*) ■ **qc barre qc** etw verläuft quer über etw (*akk*); ***l'ombre des arbres barre la route*** der Schatten der Bäume fällt [quer] über die Straße; ***de nombreuses décorations barraient sa poitrine*** zahlreiche Orden steckten an seiner Brust

II. *vi* ■ **qn barre** jd steuert, jd steht am Ruder

III. *vpr fam* ■ **qn se barre** jd verzieht sich *fam,* jd verdünnisiert sich *fam*

barrette [baʀɛt] *f* **1.** (*pince*) [Haar]spange *f*

2. (*bijou*) Anstecknadel *f*

3. (*décoration*) Ordensspange *f*

barreur, -euse [baʀœʀ, -øz] *m, f* Steuermann/-frau *m/f*

▸ **un quatre avec/sans** ~ (*aviron*) ein Vierer mit/ohne Steuermann

barricade [baʀikad] *f* Barrikade *f*

▸ **qn dresse** [*o* **élève**] **une** ~ jd errichtet eine Barrikade; **qn monte sur les** ~**s** jd geht [*o* steigt] auf die Barrikaden

barricader <1> [baʀikade] **I.** *vt* **1.** ■ **qn barricade qc** jd verbarrikadiert etw

2. ■ **qn barricade qn/un animal** jd sperrt jdn/ein Tier ein; *voleur* jd schließt jdn ein

II. *vpr* ■ **qn se barricade quelque part** **1.** (*derrière une barricade*) jd verbarrikadiert sich irgendwo

2. (*s'enfermer*) jd schließt sich irgendwo ein; ***qn se barricade dans le mutisme*** jd verschanzt sich hinter seinem Schweigen

barrière [baʀjɛʀ] *f* **1.** (*fermeture*) Barriere [ba'rie:rə] *f,* Absperrung *f;* [*clôture*] Gatter *nt;* (*en haut d'un escalier*) Treppenschutzgitter *nt;* CHEMDFER Schranke *f*

2. (*clôture*) Zaun *m*

3. SPORT Hindernis *nt*

4. (*gêne entre des personnes*) Schranke *f,* Barriere *f;* ~ ***psychologique*** [seelische] Hemmung; ***la différence d'âge met une*** ~ ***entre eux*** der Altersunterschied wirkt wie eine Schranke zwischen ihnen

▸ ~ **douanière** Zollschranke *f;* ~ **linguistique** Sprachbarriere *f;* ~ **montagneuse** natürliche Gebirgsschranke; ~ **naturelle** natürliches Hindernis, natürlicher Schutzwall; ~ **sociale** soziale Schranke; **qn est de l'autre côté de la** ~ jd steht auf der anderen Seite [*o* im anderen Lager]

◆ **barrière de dégel** Sperrung *f* der Straße [für schwere Fahrzeuge] wegen Frostaufbruch; **barrière de passage à niveau** Bahnschranke *f;* **barrière de péage** Mautstelle *f*

barrique [baʀik] *f* Fass *nt*

▸ **qn est gros(se) comme une** ~ *fam* jd ist ein richtiges Fass [*o* dick wie ein Fass] *fam;* **qn est plein(e) comme une** ~ *fam* jd ist total blau *fam*

barrir <8> [baʀiʀ] *vi* ■ **un éléphant barrit** ein Elefant trompetet

bar-tabac <~s-~> [baʀtaba] *m* Bistro *nt* mit Tabakwarenverkauf

baryton [baʀitɔ̃] *m* Bariton *m*

baryum [baʀjɔm] *m* CHIM Barium *nt*

bas[1] [bɑ] *m* **1.** (*partie inférieure*) unterer Teil, untere Hälfte; [*maison*] Erdgeschoss *nt;* ~ ***du visage*** untere Gesichtshälfte

2. *fig* (*trivial*) Niedrige(s) *nt,* Gemeine(s) *nt*

▸ **le** ~ **du dos** der verlängerte Rücken; **de** ~ **en haut** [**et de haut en** ~] von unten nach oben [und von oben nach unten]; **du** ~ **jusqu'en haut** von Kopf bis Fuß; **qc vole** ~ *fam* etw ist platt *fam,* etw ist niveaulos; (*est vulgaire*) etw liegt unterhalb der Gürtellinie; **au** ~ **de qc** *de la page* unten auf etw (*akk o dat*); *de l'échelle des salaires* am unteren Ende einer S. (*gen*)

◆ **bas de casse** Kleinbuchstaben *pl;* **bas de gamme** *produit* Billig-, von minderer Qualität; *voiture* der unteren Preisklasse; **bas de page** TYP, INFORM Seitenende *nt*

bas[2] [bɑ] *m* (*vêtement*) Strumpf *m;* ***qn met des*** ~ ***de laine/nylon/soie*** jd zieht Woll-/Nylon-/Seidenstrümpfe an

▸ **mon** ~ **file** mein Strumpf hat [*o* ich habe] eine Laufmasche

◆ **bas de laine** Sparstrumpf *m;* ***le*** ~ ***de laine des Français*** die Ersparnisse der Franzosen

bas, se [bɑ, bɑs] **I.** *adj* **1.** (*de peu de hauteur*) niedrig; *stature* klein

2. (*à faible hauteur*) *branche, ciel, nuage* tiefhängend; *plafond* niedrig; ***le soleil est*** ~ die Sonne steht tief

3. (*inférieur*) niedrig; *ville* Unter-; ~***ses eaux*** Niedrigwasser *nt,* niedriger Wasserstand; ***le fleuve est*** ~ der Fluss führt wenig Wasser; ***le*** ~ ***Rhin*** der Niederrhein; ***la*** ~***se Seine*** die untere Seine, der Unterlauf der Seine; ***la*** ~***se vallée de la Romanche*** das untere Tal des Romantsch; ***les*** ~ ***quartiers*** die Unterstadt

4. (*opp: aigu*) tief

5. (*peu intense*) leise; ***qn parle sur un ton*** ~ jd spricht leise; ***à voix*** ~***se*** leise, mit leiser Stimme

6. (*dans une échelle*) niedrig; *salaire* Niedrig-; *morceaux de viande* zweiter Qualität [*o* Wahl]; ~***se pression*** Tiefdruck *m;* ***zone de*** ~***se pression*** Tiefdruckgebiet *nt*

7. (*dans la hiérarchie sociale*) niedrig; *peuple a.* einfach, gemein; ***qn est de*** ~***se condition*** jd kommt aus einfachen Verhältnissen

8. (*dans l'échelle des valeurs*) niedrig; *sentiment a.* erbärmlich; *attaques* niederträchtig, gemein; *besogne* schmutzig; ~***se complaisance*** Kriechertum *nt*

II. *adv* **1.** tief; *être assis a.* niedrig; ***un étage plus*** ~ eine Etage tiefer; ***le thermomètre est tombé très*** ~ das Thermometer ist stark gefallen; ***ils habitent trois maisons plus*** ~ sie wohnen drei Häuser weiter unten

2. (*opp: aigu*) tief

3. (*doucement*) leise

▸ **qn met** [*o* **jette**] **qc à** ~ jd wirft etw nieder; *maisons* jd reißt etw ab [*o* nieder]; *statue* jd stürzt etw um [*o* vom Sockel]; **qn met qc à** ~ *armes* jd legt etw nieder, jd streckt etw; *monarchie* jd wirft etw nieder; **un animal met** ~ ein Tier wirft; **qn est tombé(e) bien** ~ jd ist sehr tief gesunken; **voir plus** ~ siehe unten; **qc vole** ~ etw geht unter die Gürtellinie; **à** ~ **qn/qc!** nieder mit jdm/etw!; **qn est au plus ~/bien ~** (*démoralisé*) jd ist sehr/recht niedergeschlagen; (*affaibli*) mit jdm steht es sehr schlecht/ziemlich schlecht; **qc est au plus ~** etw hat den absoluten Tiefstand/einen Tiefstand erreicht; **en ~** (*vers le bas*) nach unten; *regarder a.* hinunter-, hinab-; (*au premier niveau*) unten, im Erdgeschoss; **en ~ de qc** am Fuße einer S. (*gen*), unten an etw (*dat*); **par en ~** *venir* von unten her[auf]

basalte [bazalt] *m* Basalt *m*

basané, e [bazane] I. *adj* 1. (*bronzé*) braun [gebrannt], [sonnen]gebräunt
2. (*de couleur*) dunkel[häutig]
II. *m, f péj* Ausländer(in) *m(f)*

bas-bleu <~-~s> [bablø] *m péj* Blaustrumpf *m*

bas-côté <~-~s> [bakote] *m* 1. [*route*] [Straßen]rand *m;* [*autoroute*] Seitenstreifen *m,* Randstreifen *m*
2. [*église*] Seitenschiff *nt*

bascule [baskyl] *f* 1. (*balançoire*) Wippe *f*
2. (*balance*) Waage *f*
▶ ~ **automatique** automatische Zeigerwaage; ~ **publique** öffentliche Waage; **à** ~ *cheval, fauteuil* Schaukel-; *wagonnet* Kipp-; **de** ~ *pendule* Pendel-; ***politique de*** ~ Schaukelpolitik *f*

basculer <1> [baskyle] I. *vi* ■ **qn/qc bascule [dans qc]** 1. (*tomber*) jd/etw kippt um, jd/etw kippt hintenüber/vornüber in etw (*akk*)
2. (*sombrer*) jd/etw gleitet in etw (*akk*) ab
II. *vt* 1. (*faire pivoter*) ■ **qn bascule qc** jd kippt etw [um]
2. (*mettre*) ■ **qn bascule qc dans qc** jd kippt etw in etw (*akk*)
3. ELEC ■ **qn bascule qc** jd legt etw um

base [baz] *f* 1. (*pied*) Basis *f;* [*colonne a., colline, montagne*] Fuß *m;* [*statue a.*] Sockel *m;* [*monument a.*] Fundament *nt*
2. (*principe*) Grundlage *f,* Basis *f;* ***qn jette*** [*o* ***pose***] ***les ~s de qc*** jd schafft [*o* legt] die Grundlage[n] [*o* Basis] für etw
3. (*connaissances élémentaires*) ■ **la ~,** ■ **les ~s** die Grundlagen
4. (*composant principal*) Basis *f*
5. (*thème*): ***qc a qc pour*** ~ etw basiert [*o* beruht] auf etw (*dat*)
6. (*groupe de personnes*) Basis *f*
7. MIL [Militär]basis *f,* Stützpunkt *m*
8. SPORT Base *f,* Mal *nt*
9. [*maquillage*] Grundierungscreme *f;* [*vernis*] Grundierung *f*
10. GEOM Basis *f;* (*dans le plan a.*) Grundlinie *f;* (*dans l'espace a.*) Grundfläche *f*
11. MATH Grundzahl *f,* Basis *f*
12. LING [Wort]stamm *m*
13. CHIM Base *f,* Lauge *f*
▶ ~ **aérienne/navale** Luftwaffen-/Flottenstützpunkt *m;* ~ **arrière** rückwärtige Basis; **qc pèche par la** ~ etw ist im Ansatz falsch [angelegt], etw geht von falschen Voraussetzungen aus; **qn renverse** [*o* **sape**] **les ~s de qc** etw erschüttert etw in den Grundfesten [*o* bis in seine Grundfeste]; **qn se replie sur ses ~s** jd zieht sich auf seine Ausgangsposition zurück; **à** ~ **de** auf ...-basis; **de** ~ Grund-; ***camp de*** ~ Basislager *nt;* ***militant de*** ~ einfaches militantes Mitglied; ***ouvrage de*** ~ Standardwerk *nt;* **sur la ~ de qc** auf der Basis [*o* Grundlage] von etw; ***vous serez payé sur la ~ de 25 F de l'heure*** Sie werden mit 25 F die Stunde bezahlt
◆ **base de données** INFORM Datenbank *f;* ~ ***de données relationnelles*** relationale Datenbank; **base d'écoute** Abhörposten *m;* **base de départ** Ausgangsbasis *f;* **base de données** Datenbasis *f;* **base de lancement** Abschussrampe *f;* **base de loisirs** Freizeitanlage *f;* **base de maquillage** Grundierungscreme *f;* **base de ravitaillement** Versorgungsbasis *f;* **base de registres** INFORM Registerdatenbank *f;* **base de temps** Zeitbasis *f;* **base d'imposition** Besteuerungsgrundlage *f;* **base d'opérations** Operationsbasis *f*

base-ball [bɛzbol] *m* Baseball ['beɪsbo:l] *m*

baser <1> [baze] I. *vt* 1. ■ **qn base sur qc** jd stützt etw auf etw (*akk*); ■ **qc est basé(e) sur qc** etw stützt sich auf etw (*akk*); / *roman* / etw beruht [*o* basiert] auf etw (*dat*)
2. MIL ■ **qn est basé(e) quelque part** jd ist irgendwo stationiert
II. *vpr* ■ **qn/qc se base sur qc** jd/etw stützt sich auf etw (*akk*); ***il ne faut pas se ~ sur ce que disent les gens*** man soll sich nicht auf das verlassen, was die Leute so reden

bas-fond <~-~s> [bafɔ̃] *m* 1. (*endroit*) Untiefe *f*
2. *pl* [*ville*] Elendsviertel *pl;* [*société*] Abschaum *m pej*

basilic [bazilik] *m* Basilikum *nt*

basilique [bazilik] *f* Basilika *f*

basique [bazik] *adj* basisch, alkalisch

basket [baskɛt] *f* Basketballschuh *m*
▶ **lâche-moi les ~s!** *fam* lass mich in Ruhe! *fam;* **à l'aise** [*o* **bien**] **dans ses ~s** *fam* mit sich und der Welt zufrieden, rundherum zufrieden

basket[-ball] [baskɛt(-bol)] *m* Basketball *m*

basketteur, -euse [basketœʀ, -øz] *m, f* Basketballspieler(in) *m(f)*

basque [bask] I. *adj* baskisch; ***Pays*** ~ Baskenland *nt*
II. *mf* ■ **Basque** Baske/Baskin *m/f*
III. *f* Schößchen *nt*
▶ **qn est [toujours] pendu(e) aux ~s de qn** *fam* jd hängt [ständig] an jds Rockschößen (*dat*)

bas-relief <~-~s> [baʀəljɛf] *m* Basrelief ['barelɪɛf] *nt*

basse [bas] *f* 1. (*chanteur*) Bass *m,* Bassist *m*
2. (*voix*) Bass *m*
▶ ~ **chantante** hoher Bass; ~ **continue** Generalbass *m,* Basso continuo *m spec;* **doucement les ~s** *fam* sachte, sachte *fam*

basse-cour <~s-~s> [baskuʀ] *f* 1. (*lieu*) Hühnerhof *m*
2. (*animaux*) Kleinvieh *nt*

Basse-Saxe [bassaks] *f* ■ **la Basse-Saxe** Niedersachsen *nt*

bassesse [basɛs] *f* Niederträchtigkeit *f,* Gemeinheit *f;* [*sentiment, caractère*] Niedrigkeit *f,* Erbärmlichkeit *f*
▶ **qn commet une ~** jd begeht eine Niederträchtigkeit [*o* Gemeinheit]; **qn/qc est d'une ~ inimaginable/répugnante** jd/etw ist von unvorstellbarer/abstoßender Gemeinheit [*o* Niederträchtigkeit], jd ist unvorstellbar/widerlich gemein [*o* niederträchtig]

bassin [basɛ̃] *m* 1. (*pièce d'eau*) [*parc*] Bassin *nt;* [*fontaine a., piscine*] Becken *nt;* [*jardin d'agrément*] [Garten]teich *m;* ~ ***de remous*** Whirlpool ['wø:ɐlpu:l] *m*
2. (*dans un port*) Hafenbecken *nt*
3. GEOG [*fleuve*] Flussgebiet *nt,* Stromgebiet *nt*
4. GEOL Becken *nt*
5. MIN Gebiet *nt,* Revier *nt*
6. ANAT Becken *nt*
7. (*récipient*) [*évier*] -becken *nt;* [*roulette*] -kessel *m*
▶ ~ **ferrifère/houiller/minier** Eisenerz-/[Stein]kohlen-/Bergbaurevier *nt;* ~ **flottant** Schwimmdock *nt;* **grand/petit** ~ Schwimmer-/Nichtschwimmerbecken *nt;* ~ **hygiénique, plat** ~ Bettpfanne *f*
◆ **bassin à flots** Dock *nt;* **bassin de décantation** Klärbecken *nt;* **bassin d'emploi** Potenzial *nt* an Arbeitsplätzen/-kräften; **bassin de radoub** Trockendock *nt;* **bassin d'inondation** Überschwemmungsbecken *nt*

bassine [basin] *f* [große] Schüssel, Wanne *f*
◆ **bassine à confiture** Topf *m* zum Marmeladekochen, Einmachtopf *m;* **bassine à friture** Frittiertopf *m*

bassiner <1> [basine] *vt* 1. (*préchauffer*) ■ **qn bassine qc** jd wärmt etw [mit dem Bettwärmer] an [*o* vor]
2. (*humecter*) ■ **qn bassine qc** jd betupft [*o* benetzt] etw [mit Wasser]; *plante* jd besprüht etw
3. *fam* (*ennuyer*) ■ **qn bassine qn** jd geht [*o* fällt] jdm auf den Nerv *fam*

bassinet [basinɛ] *m* ▶ **qn crache au ~** *fam* jd rückt Geld heraus *fam*

bassiste [basist] *mf* Bassist(in) *m(f)*

basson [basɔ̃] *m* 1. (*instrument*) Fagott *nt*
2. (*musicien*) Fagottist(in) *m(f)*

bastille [bastij] *f* (*château-fort*) Zwingburg *f;* ■ **la B~** die Bastille

bastingage [bastɛ̃gaʒ] *m* Reling *f*

bastion [bastjɔ̃] *m* 1. (*fortification*) Bastion *f*
2. (*haut lieu*) Bastion *f,* Bollwerk *nt;* [*parti politique, mouvement*] Hochburg *f*

bastringue [bastʀɛ̃g] *m fam* 1. (*attirail*) Plunder *m fam,* Krempel *m fam*
2. (*vacarme*) Heidenlärm *m fam,* Getöse *nt fam*
3. (*bal*) einfaches Tanzlokal
▶ **et tout le** ~ und so weiter, und so fort

bas-ventre <~-~s> [bavɑ̃tʀ] *m* Unterleib *m*

bât [ba] *m* Packsattel *m*
▶ **c'est là que** [*o* **où**] **le ~ blesse** da drückt der Schuh, da hapert's *fam*

bataclan [bataklɑ̃] *m fam* Plunder *m fam,* Krempel *m fam*
▶ **et tout le** ~ und was sonst noch so dazugehört; (*pour abréger*) und so weiter, und so fort

bataille [bataj] *f* 1. (*pendant une guerre*) Schlacht *f;* ***la ~ d'Angleterre*** die Schlacht um England; ***la ~ de Waterloo*** die Schlacht bei Waterloo; ***qn gagne/perd une*** ~ jd gewinnt/verliert eine Schlacht; ***qn engage la*** ~ jd eröffnet den Kampf [*o* das Gefecht]; ***qn engage*** [*o* ***jette***] ***toutes ses forces dans la*** ~ jd wirft all seine Kräfte in die Schlacht
2. (*épreuve de force*) Kampf *m;* (*joute oratoire*) Wortgefecht *nt;* ***la ~ d'Hernani*** die Hernani-Schlacht
3. (*bagarre*) Schlägerei *f*
4. (*jeu*) *Kartenspiel, bei dem der gewinnt, der zuletzt alle Karten hat*
▶ ~ **de rue** Straßenschlacht *f;* ~ **aérienne** Luftschlacht *f;* ~ **électorale** Wahlschlacht *f;* ~ **juridique** Rechtsstreit *m;* ~ **navale** MIL Seeschlacht *f;* (*jeu*) Schiffe *pl* versenken; ~ **rangée** Schlägerei *f,* Handgemenge *nt;* **qn arrive après la** ~ jd kommt zu spät; **qn livre** ~ MIL jd nimmt den Kampf auf, jd liefert [*o* schlägt] eine Schlacht; **qn va à la** ~ jd geht in die Schlacht, jd zieht in den Kampf; **en** ~: ***les cheveux en*** ~ mit zerzausten Haaren
◆ **bataille de boules de neige** Schneeballschlacht *f;* **bataille de l'avant** Präventivschlag *m;* **bataille de polochons** Kissenschlacht *f;* **bataille d'experts** Expertenschlacht *f*

batailler <1> [bataje] *vi* 1. (*se battre*) ■ **qn bataille [pour qc]** jd kämpft [um etw]
2. (*argumenter*) ■ **qn et qn/des personnes bataillent** jd und jd/Menschen streiten
3. *fam* (*faire des efforts*) ■ **qn bataille** jd müht sich ab; ***qn bataille avec qn/qc*** jd schlägt sich mit jdm/etw herum *fam*

batailleur, -euse [batajœʀ, -jøz] I. *adj:* ***il est*** ~ er ist ein Raufbold
II. *m, f* Kämpfer(in) *m(f),* Kämpfernatur *f*

bataillon [batajɔ̃] *m* 1. MIL Bataillon [batal'jo:n] *nt;* ~ ***d'infanterie*** Infanteriebataillon *nt*
2. [*spectateurs*] Heer *nt*
▶ ~ **disciplinaire** Strafbataillon *nt;* **inconnu(e) au ~** *fam* völlig unbekannt; **des personnes sont rangées en ~** Menschen stehen in Reih und Glied

bâtard, e [bataʀ, aʀd] I. *adj* 1. *enfant* unehelich; *chien* nicht reinrassig; ***solution ~e*** Kompromisslösung *f*
2. ***pain*** ~ Stangenbrot *nt* (*250 g schwer*)
II. *m, f* 1. (*enfant*) uneheliches Kind, Bastard *m pej*
2. (*chien*) Promenadenmischung *f*
III. *m* (*pain*) Stangenbrot *nt* (*250 g schwer*)

batavia [batavja] *f* Batavia[salat *m*] *m*

bateau <x> [bato] I. *adj fam* abgedroschen, abgenutzt
II. *m* 1. (*embarcation*) Schiff *nt,* Boot *nt;* ■ **qn voyage par ~** jd reist [*o* fährt] mit dem Schiff

2. (*sortie de garage*) Ausfahrt *f*

▶ ~ **gonflable** Schlauchboot *nt;* **des personnes sont dans le même** ~ Menschen sitzen in einem [*o* im gleichen] Boot *fam;* **qn monte un** ~ **à qn, qn mène qn en** ~ *fam* jd bindet jdm einen Bären auf *fam,* jd nimmt jdn auf den Arm *fam;* **qn prend le** ~ jd fährt [*o* reist] mit dem Schiff

◆ **bateau à moteur** Motorboot *nt;* **bateau à vapeur** Dampfschiff *nt,* Dampfer *m;* **bateau à voiles** Segelboot *nt;* **bateau de plaisance** [Motor]jacht *f,* [Segel]jacht *f;* **bateau de sauvetage** Rettungsboot *nt*

bateau-citerne <~x~s> [batositɛʀn] *m* Tanker *m* **bateau-école** <~x~s> [batoekɔl] *m* Schulschiff *nt* **bateau-mouche** <~x~s> [batomuʃ] *m kleines Vergnügungsschiff auf der Seine* **bateau-phare** <~x~s> [batofaʀ] *m* Feuerschiff *nt* **bateau-pilote** <~x~s> [batopilɔt] *m* Lotsenboot *nt* **bateau-pompe** <~x~s> [batopɔ̃p] *m* Feuerlöschboot *nt*

batellerie [batɛlʀi] *f* Flussschifffahrt *f,* Binnenschifffahrt *f*

bâti, e [bɑti] **I.** *adj* bebaut; **non** ~ unbebaut

▶ [**qn est**] **bien/mal** ~ [jd ist] gut/nicht gut gebaut, [jd hat] eine eine/keine gute Figur

II. *m* **1.** COUT Heftstiche *pl;* ***qn enlève le*** ~ jd entfernt die Heftstiche

2. TECH Gestell *nt,* Rahmen *m*

batifoler <1> [batifɔle] *vi fam* ■ **qn/un animal batifole** jd/ein Tier tollt [*o* tobt] herum; (*flirter*) jd schäkert mit jdm [herum]

bâtiment [bɑtimɑ̃] *m* **1.** (*édifice*) Gebäude *nt*

2. ECON Baugewerbe *nt,* Bauwesen *nt*

3. NAUT [großes] Schiff

▶ ~ **public** öffentliches Gebäude; **qn est dans le** ~ jd ist im Baugeschäft; **qn est du** ~ *fam* jd ist vom Bau [*o* Fach] *fam;* **quand le** ~ **va, tout va** *prov* wenn es der Bauwirtschaft gut geht, geht es allen gut; **du** ~: ***entreprise du*** ~ Bauunternehmen *nt;* ***les ouvriers du*** ~ die Bauhandwerker

bâtir <8> [bɑtiʀ] *vt* **1.** (*construire*) ■ **qn/un animal bâtit qc** jd/ein Tier baut etw; ***qn se fait*** ~ ***une maison*** jd lässt sich (*dat*) ein Haus bauen, jd baut sich (*dat*) ein Haus

2. (*fonder*) ■ **qn bâtit qc sur qc** *théorie* jd stützt etw auf etw (*akk*); *fortune* jd [be]gründet etw auf etw (*dat*)

3. COUT ■ **qn bâtit qc** jd heftet etw

bâtisse [bɑtis] *f* Kasten *m fam*

bâton [bɑtɔ̃] *m* **1.** (*canne*) Stock *m,* Stab *m;* ■ ~ **de** -stock; *de gymnastique* -stab

2. (*bâtonnet*) Stiel *m*

3. (*stick*) Stift *m;* ~ ***de colle*** Klebestift; ~ ***de craie*** [Stück *nt*] Kreide *f*

4. [*agent de police*] Stab *m*

5. (*trait vertical*) [senkrechter] Strich

6. *fam* (*10 000 francs*) zehn Riesen *fam*

▶ **coup de** ~ Stockschlag *m;* ~ **de gymnastique** Gymnastikstab *m;* **qn met à qn des** ~**s dans les roues** jd wirft jdm Knüppel zwischen die Beine; **à** ~**s rompus** über dieses und jenes; **qn cherche le** ~**/les** ~**s pour se faire battre** jd schaufelt sich selbst sein Grab; **qn joue du** ~ jd lässt den Knüppel tanzen *fam*

◆ **bâton de berger** Hirtenstab *m;* **bâton de chaise** Steg *m;* **bâton de maréchal** Marschallstab *m* ▶ **c'est son** ~ **de maréchal** das ist das höchste, was er/sie erreichen kann; **bâton de pèlerin** Pilgerstab *m* ▶ **qn prend son** ~ **de pèlerin** REL jd geht auf Pilgerfahrt; /*homme politique*/ jd macht sich zu einer Mission auf; (*fait un voyage*) jd macht sich auf den Weg; **bâton de rouge à lèvres** Lippenstift *m;* **bâton de ski** Skistock *m;* **bâton de vieillesse** Altersstütze *f*

bâtonnet [bɑtɔnɛ] *m* Stöckchen *nt,* Stäbchen *nt;* (*pour examiner la gorge*) Spatel *m;* ~***s d'encens*** Räucherstäbchen *pl;* ~ ***de poisson*** Fischstäbchen *nt*

bâtonnier [bɑtɔnje] *m* Präsident(in) *m(f)* der Anwaltskammer

batracien [batʀasjɛ̃] *m* Amphibie *f,* Lurch *m*

battage [bataʒ] *m* **1.** (*fait de battre*) Dreschen *nt;* ***aire de*** ~ Dreschboden *m,* Tenne *f*

2. (*tapage*) Rummel *m fam,* Trara *nt fam*

▶ **qn fait du** ~ [**pour qn/qc**] jd macht Trara [um jdn/etw] *fam;* ***c'est pas la peine d'en faire tout un*** ~ deswegen brauchst du doch kein derartiges Trara zu machen *fam*

battant, e [batɑ̃, ɑ̃t] **I.** *adj* einsatzfreudig

II. *m* **1.** [*cloche*] Klöppel *m*

2. [*fenêtre, porte*] Flügel *m;* ***à deux*** ~***s*** zweiflügelig; ***porte à deux*** ~***s*** Flügeltür *f*

III. *m, f* Kämpfernatur *f*

batte [bat] *f* Schläger *m;* ~ ***de base-ball*** Baseballschläger

battement [batmɑ̃] *m* **1.** (*bruit*) Schlagen *nt;* [*tambour a.*] Schlag *m;* [*pluie*] Prasseln *nt;* ~[*s*] ***de mains/de pieds*** Klatschen *nt*/Trampeln *nt*

2. (*mouvement*) ■ ~ **de** -schlag *m;* ~ ***de jambes/d'ailes*** Bein-/Flügelschlag

3. (*rythme*) [*pouls*] Schlagen *nt;* [*cœur a.*] Klopfen *nt,* Pochen *nt;* [*horloge*] Ticken *nt;* ***les*** ~***s*** [***de son cœur***] ***sont de plus en plus faibles*** sein/ihr Puls[schlag] wird immer schwächer

4. (*temps disponible*) [verfügbare] Zeit; (*entre deux cours a.*) Pause *f;* ***cela me laisse un*** ~ ***de deux heures*** dadurch habe ich zwei Stunden Spielraum

5. (*mouvement de danse*) Battement *nt*

▶ **il y a du** ~ wir haben Zeit; **qn fait des** ~**s** jd macht Beinschläge

◆ **battement de cils/paupières** Lidschlag *m;* (*à cause des projecteurs*) Blinzeln *nt;* (*d'une femme*) Klimpern *nt* mit den Wimpern; **battement de cœur** Herzschlag *m* ▶ **qn a des** ~**s de cœur** jd hat Herzklopfen

batterie [batʀi] *f* **1.** AUT Batterie *f;* ***la*** ~ ***est à plat*** die Batterie ist leer

2. MUS Schlagzeug *nt;* ***à la*** ~, ***Marcel*** am Schlagzeug: Marcel

3. MIL Batterie *f*

4. (*groupe*) ■ ~ **de** *de projecteurs, spots, chaudières* -batterie *f; de tests* -reihe *f,* -serie *f;* ***élevage en*** ~ (*de poules*) Batteriehaltung *f;* (*de veaux*) Massenaufzucht *f;* ***poule de*** ~ Batteriehuhn *nt*

▶ **qn dévoile ses** ~**s** jd legt seine Absichten offen, jd legt die Karten auf den Tisch; **qn recharge ses** ~**s** *fam* jd tankt auf *fam*

◆ **batterie de cuisine** Topf- und Pfannenset *nt* (*einschließlich Kelle, Schaumlöffel und evtl. Durchschlag*)

batteur [batœʀ] *m* **1.** (*mixeur*) [Hand]rührgerät *nt,* Handmixer *m*

2. MUS Schlagzeuger(in) *m(f)*

batteuse [batøz] *f* Dreschmaschine *f*

battre <*irr*> [batʀ] **I.** *vt* **1.** (*frapper fort*) ■ **qn bat qn/un animal** jd schlägt jdn/ein Tier, jd [ver]prügelt jdn/ein Tier; ***qn bat qn à mort*** jd prügelt jdn zu Tode; ■ **qn bat qn/un animal de** [*o* **avec**] **qc** jd verprügelt jdn/ein Tier mit etw, jd schlägt auf jdn/etw mit etw ein; ■ **qn bat qc de qc:** ***l'enfant battait la table de ses poings*** das Kind hämmerte mit den Fäusten auf den Tisch

2. (*vaincre*) ■ **qn bat qn** jd schlägt jdn, jd besiegt jdn; ***qn bat qn par trois à un*** jd schlägt jdn drei [zu] eins; ***une équipe n'est battue que d'un point*** eine Mannschaft wird nur um einen Punkt geschlagen

3. (*travailler en tapant*) ■ **qn bat qc** *blé* jd drischt etw; *fer* jd schmiedet etw; *or, argent* jd schlägt etw, jd treibt etw; *tapis, matelas* jd klopft etw [aus]

4. (*mélanger, mixer*) ■ **qn bat qc** *blanc d'œuf, crème, pâte* jd schlägt etw; *œuf entier* jd verquirlt etw; ***qn bat le beurre*** jd buttert; ~ ***les blancs en neige*** das Eiweiß zu Schnee schlagen; ***des œufs battus en neige*** Eischnee *m*

5. (*heurter*) ■ **qc bat qc** etw schlägt gegen etw; /*pluie*/ etw trommelt gegen etw [*o* an etw] (*akk*); /*vagues, flots a., mer*/ etw brandet gegen etw; /*vent, tempête*/ etw peitscht etw

6. (*parcourir en cherchant*) ■ **qn bat qc** *buissons, campagne, région* jd sucht etw ab, jd durchkämmt etw

7. MUS ■ **qn bat qc** *mesure* jd schlägt etw; *tambour a.* jd rührt etw; ***qn bat la mesure des mains/des pieds/de la tête*** jd klatscht/stampft/nickt im Takt

II. *vi* **1.** ■ **qc bat** etw schlägt; /*porte, volet a.*/ etw klappert; ***qc bat au vent*** etw schlägt [*o* klappert] im Wind; ***on entendait au loin*** ~ ***le tambour*** man hörte den fernen Schlag der Trommel

2. (*heurter*) ■ **qc bat contre qc** etw schlägt gegen etw; /*pluie a.*/ etw trommelt gegen etw [*o* an etw (*akk*)]; /*vagues a., mer*/ etw brandet gegen etw [*o* an etw (*akk*)]

3. ■ **qn/un animal bat de qc** *des ailes* jd/ein Tier schlägt mit etw; ***qn bat des mains/des cils*** jd klatscht [in die Hände]/jd blinzelt [*o* zwinkert]

III. *vpr* **1.** ■ **qn se bat** jd kämpft; ***il s'est bien battu*** er hat sich gut geschlagen; ***elle se battra jusqu'au bout*** sie wird bis zum Schluss kämpfen; ■ **qn se bat avec qn** jd schlägt sich mit jdm; (*se chamailler*) jd rauft [sich] mit jdm; ■ **qn se bat contre qn** jd kämpft mit jdm [*o* gegen jdn]; ***le gouvernement a dû se*** ~ ***contre sa propre majorité*** die Regierung musste gegen ihre eigene Mehrheit ankämpfen; ■ **qn se bat avec qc** jd schlägt sich mit etw herum; ■ **qn se bat** [**avec qn**] **pour qc** (*se disputer*) jd streitet sich [mit jdm] um etw; (*militer pour qc*) jd streitet für etw *geh;* ■ **des personnes se battent** Menschen [ver]prügeln sich, Menschen schlagen sich; ■ **des personnes se battent pour qc** (*se disputer*) Menschen streiten [sich] um etw; (*essayer d'obtenir qc*) Menschen streiten für etw *geh*

2. ■ **qn se bat à qc** jd kämpft mit etw; (*en duel*) *à l'épée, au pistolet* jd duelliert sich mit etw

battu, e [baty] **I.** *pp de* **battre**

II. *adj* (*vaincu*) geschlagen, besiegt

battue [baty] *f* Suchaktion *f,* systematische Suche; CHASSE Treibjagd *f;* ***une*** ~ ***au sanglier*** eine Treibjagd auf Wildschweine, eine Wildschwein[treib]jagd

baud [bo] *m* TELEC, INFORM Baud [boːt] *nt*

baudet [bodɛ] *m fam* Esel *m,* Grautier *nt fam*

▶ **qn est chargé(e) comme un** ~ jd ist beladen wie ein Packesel [*o* bepackt wie ein [Last]esel]

baudruche [bodʀyʃ] *f* **1.** ***ballon de*** ~ Luftballon *m*

2. (*personne sans caractère*) Waschlappen *m*

bauge [boʒ] *f* Schweinekoben *m;* (*taudis*) Schweinestall *m*

baume [bom] *m* Balsam *m*

▶ **qc m'a/lui a/… mis du** ~ **au cœur** etw ist Balsam für meine/ihre/seine/… Seele

baux [bo] *v.* **bail**

bauxite [boksit] *f* Bauxit *m*

bavard, e [bavaʀ, aʀd] **I.** *adj* **1.** (*qui parle beaucoup*) redselig, gesprächig, geschwätzig *pej*

2. (*indiscret*) geschwätzig, schwatzhaft

II. *m, f* **1.** (*qui parle beaucoup*) Schwätzer(in) *m(f);* ***Pierre, c'est un*** ~ ***en classe*** Pierre redet [*o* schwatzt] [*o* schwätzt SDEUTSCH] ständig im Unterricht

2. (*indiscret*) Klatschbase *f fam,* Waschweib *nt fam*

bavardage [bavaʀdaʒ] *m* **1.** (*papotage*) Plauderei *f,* Schwatz *m fam,* Plausch *m fam;* ***qn perd ses journées en*** ~ jd vertratscht den ganzen Tag *fam;* ***qn est puni pour*** ~ jd wird wegen Schwatzens [*o* Schwätzens SDEUTSCH] [im Unterricht] bestraft *fam;* ***assez de*** ~***s!*** genug geplaudert!

2. (*propos vides*) Gewäsch *nt fam,* Gequassel *nt fam*

3. (*commérages*) Klatsch *m fam,* Gerede *nt fam*

bavarder <1> [bavaʀde] *vi* **1.** (*parler*) ■ **qn bavarde** [**avec qn**] jd unterhält sich [mit jdm], jd plaudert [mit jdm]; /*élève*/ jd schwatzt [*o* schwätzt SDEUTSCH] [mit jdm] *fam*

2. (*divulguer un secret*) ■ **qn bavarde** jd redet, jd plaudert [aus], jd hält nicht dicht *fam*

bavarois, e [bavaʀwa, waz] **I.** *adj* bay[e]risch; *dialecte a.* bairisch

II. *m* (*langue*) Bairisch *nt*

III. *m, f* ■ **Bavarois(e)** Bayer(in) *m(f)*

IV. *m* GASTR Bayerische Creme

bave [bav] *f* **1.** [*mammifère*] Speichel *m;* [*animal enragé*] Geifer *m,* Schaum *m; **un filet de** ~* ein Speichelfaden; ***la ~ sort de la gueule du chien*** dem Hund trieft der Speichel aus dem Maul, der Hund speichelt [*o* sabbert *fam*]
2. [*gastéropodes*] Schleim *m*
3. (*calomnie*) Geifer *m; **qn étale sa ~ sur qn/qc*** jd gießt seinen Geifer über jdn/etw aus

baver <1> [bave] *vi* **1.** ■ **qn/un animal bave** jd/ein Tier speichelt [*o* geifert], jd/ein Tier sabbert *fam;* / *escargot, limace*/ ein Tier sondert Schleim ab
2. ■ **qc bave** / *stylo, crayon à bille*/ etw läuft aus; / *pinceau*/ etw tropft
3. (*médire*) ■ **qn bave sur qn/qc** jd geifert gegen jdn/etw
▶ **qn en fait ~ à qn** *fam* jd macht jdm das Leben schwer *fam;* **qn en bave** [**avec qn/qc**] *fam* jd müht sich [mit jdm/etw] ab; ***j'en ai bavé*** das war ganz schön happig *fam;* **qn en bave pour faire qc** *fam* jd plagt sich, um etw zu tun; **qn en bave de qc** *d'admiration, étonnement, de surprise* jdm bleibt vor etw (*dat*) der Mund offen stehen; ***qn en bave d'envie*** jd macht Stielaugen *fam;* ***qn en bave de jalousie*** jd vergeht vor Neid

bavette [bavɛt] *f* **1.** [*bébé*] Latz *m,* Lätzchen *nt;* [*vêtement*] Latz
2. (*viande*) *Steakfleisch aus dem oberen Teil des Bauchlappens;* ***bavette à l'échalote*** Rindersteak *nt* mit gebräunten Schalotten
▶ **qn taille une ~** *fam* jd hält einen [kleinen] Schwatz *fam*

baveux, -euse [bavø, -øz] *adj personne, animal* speichelnd, sabbernd *fam; escargot, limace* schleimig; ***omelette ~euse*** nicht ganz gares [*o* glibberiges *fam*] Omelett

Bavière [bavjɛʀ] *f* ■ **la Bavière** Bayern *nt*

bavoir [bavwaʀ] *m* Latz *m,* Lätzchen *nt*

bavure [bavyʀ] *f* **1.** (*tache*) verwischte [*o* verkleckste] Stelle
2. (*erreur*) Irrtum *m,* Schnitzer *m fam;* ~ ***policière/judiciaire*** Irrtum [*o* Fehler *m*] der Polizei/der Justiz
▶ [**net**(**te**) **et**] **sans ~**[**s**] *fam* einwandfrei, tadellos; ***une victoire nette et sans ~*[*s*]** ein perfekter Sieg

bayer <7> [baje] *vi v.* **corneille**

bazar [bazaʀ] *m* **1.** (*magasin*) Gemischtwarenhandlung *f;* (*plus grand*) Kaufhalle *f*
2. (*souk*) Basar *m*
3. *fam* (*effets personnels*) Siebensachen *pl fam*
4. *fam* (*désordre*) Durcheinander *nt,* Kuddelmuddel *nt fam;* (*amas d'objets hétéroclites*) Sammelsurium *nt fam*

bazarder <1> [bazaʀde] *vt fam* ■ **qn bazarde qc** (*jeter*) jd wirft [*o* schmeißt *fam*] etw weg [*o* fort]; (*vendre*) jd verramscht [*o* verscherbelt] etw *fam*

bazooka [bazuka] *m* Panzerfaust *f*

B.C.B.G. [besebeʒe] *adj abr de* **bon chic bon genre** super adrett *fam,* geschniegelt und gebügelt

BCE [beseø] *f abr de* **Banque centrale européenne** EZB *f*

B.C.G. [beseʒe] *m abr de* **bacille Bilié de Calmette et Guérin** (*vaccin*) BCG-Impfstoff *m;* (*vaccination*) Tbc-[Schutz]impfung *f,* BCG-Impfung *f*

bd *abr de* **boulevard**

B.D. [bede] *f fam abr de* **bande dessinée** Comic *m*

béant, e [beɑ̃, ɑ̃t] *adj bouche, yeux* [weit] aufgerissen; *blessure* klaffend; *gouffre, trou* gähnend; ***bouche ~e*** mit offenem Mund; ***[les] yeux ~s, l'œil ~*** die Augen [weit] aufgerissen, mit weit aufgerissenen Augen

béarnaise [bearnɛz] **I.** *f* Sauce béarnaise *f,* Bearner Soße *f*
II. *app* mit Sauce béarnaise, mit Bearner Soße

béat, e [bea, at] *adj air, sourire* (*heureux*) [glück]selig; (*content de soi*) selbstgefällig; (*niais*) dümmlich; *admiration, optimisme* naiv; ***qn témoigne d'une admiration ~e à l'égard de*** [*o* ***pour***] ***qn*** jd himmelt jdn an; ***qn est ~ d'admiration*** [***devant qn/qc***] jdm verschlägt es vor Bewunderung die Sprache [angesichts jds/einer S.]

béatement [beatmɑ̃] *adv* (*heureux*) [glücks]selig; (*content de soi*) selbstgefällig; (*niaisement*) dümmlich

béatification [beatifikasjɔ̃] *f* Seligsprechung *f*

béatifier <1> [beatifje] *vt* ■ **qn béatifie qn** jd spricht jdn selig

béatitude [beatityd] *f* Glücksgefühl *nt,* [Glück]seligkeit *f*

beatnik [bitnik] *mf* Beatnik *m; péj* Gammler(in) *m(f)*

beau, bel, belle <x> [bo, bɛl] **I.** *adj antéposé* **1.** (*qui plaît aux sens*) schön; *homme a.* gut aussehend; *voiture a.* edel; ■ **qn est ~** jd ist schön; / *femme a.*/ jd ist hübsch
2. (*qui plaît à l'esprit*) schön; *travail a.* gut; *discours a.* gut, wohlgesetzt; ***son ~ discours n'a convaincu personne*** seine schönen Reden [*o* Worte] haben niemanden überzeugt
3. (*agréable*) schön; *voyage a.* angenehm; ***la mer est belle*** das Meer [*o* die See] ist ruhig; ***quand revient la belle saison ...*** wenn es wieder wärmer wird ...
4. (*intensif*) schön, ordentlich; *appétit a.* gesund; ***une belle gifle*** eine saftige Ohrfeige *fam;* ***belle bête, ce chien*** so ein Riesenhund; ***tu nous as fait une belle peur*** du hast uns ganz schön Angst gemacht; ***elle a hérité d'une belle somme*** sie hat ein schönes [*o* hübsches] Sümmchen geerbt
5. *iron* schön; ***c'est un ~ gâchis!*** das ist ja eine schöne Bescherung! *fam;* ***il m'a renvoyé de la belle manière*** er hat mich ganz schön abblitzen lassen *fam*
▶ **c'est trop ~ pour être vrai** das ist zu schön um wahr zu sein; **bel et bien** tatsächlich, wirklich und wahrhaftig; **qn a ~ faire qc** jd kann etw tun, soviel er will; soviel jd auch etw tut; (*plusieurs fois*) jd kann etw tun, sooft er will; sooft jd auch etw tut; ***il aura ~ faire*** er kann machen, was er will; ***on a ~ dire*** man kann sagen, was man will; ***j'ai ~ chercher*** ich kann suchen, soviel ich will; soviel ich auch suche; ***il eut ~ essayer*** sooft er es auch versuchte; **qn l'a belle** jd hat es schön [*o* leicht]; **qn l'échappe belle** jd hat gerade noch mal Glück; **c'est ~ de faire qc** es ist lobenswert etw zu tun; **ce n'est pas ~ de faire qc** *enfantin* es ist sehr hässlich [*o* gar nicht schön] etw zu tun; **c'est/ce n'est pas ~ de la part de qn de faire qc** es ist sehr schön/unschön von jdm etw zu tun; **il fait ~** es ist schön[es Wetter]; **il fait ~ faire qc** *littér* es ist leicht etw zu tun; ***il ferait ~ voir!*** das wollen wir doch mal sehen!; ***il fait ~ parler de la sorte*** man hat gut reden, es redet sich leicht; **qn se fait ~**(**belle**) jd macht sich fein; / *femme a.*/ jd macht sich schön; **un chien fait le beau** ein Hund macht Männchen; **qn porte ~** jd ist eine gute Erscheinung; **de belles** schöne Geschichten [*o* Sachen]; **de plus belle** um so schlimmer, erst richtig
II. *m* **1.** (*beauté*) ■ **le ~** das Schöne; ***les conceptions du ~*** der Schönheitsbegriff; ***le culte du ~*** der Schönheitskult; ***les Grecs avaient le culte du ~*** die Griechen verehrten das Schöne
2. METEO: ***le temps se met au ~*** das Wetter wird schön; ***le baromètre est au ~ fixe*** das Barometer steht auf Schön [*o* auf Hoch]
▶ **qc est au ~ fixe** / *baromètre*/ etw steht auf Schön; / *relations*/ etw ist ungetrübt [*o* bestens]; / *temps*/ etw ist beständig [schön]; ***l'atmosphère est au ~ fixe dans l'équipe*** in der Mannschaft herrscht Hochstimmung; **vieux ~** alter Beau; **c'est du ~!** das ist ja reizend!
III. *f* ■ **belle** (*conquête*) Schöne *f;* (*petite amie*) Freundin *f*
▶ **la Belle et la Bête** die Schöne und das Biest; **la Belle au bois dormant** Dornröschen *nt;* **ma belle!** *fam* Schätzchen!

beaucoup [boku] *adv* **1.** + *vb* (*quantité*) viel; (*intensité*) sehr; (*fréquence*) [sehr] oft
2. ■ **~ de** + *subst* (*plein de*) viel; (*de nombreux*) viele; ***~ de neige*** viel Schnee; ***~ de voitures*** viele Autos
3. *employé seul* (*~ de personnes*) viele; (*~ de choses*) viel; ***~ pensent la même chose*** viele glauben dasselbe; ***il y a encore ~ à faire*** es gibt noch viel zu tun
4. + *comp* viel; ***~ plus rapide/petit*** viel schneller/kleiner
5. + *adv* viel; ***c'est ~ trop*** das ist viel zu viel
▶ **à ~ près** bei weitem nicht; **qn en demande ~** jd verlangt wirklich viel; ***là, tu en demandes ~*** da verlangst du aber wirklich viel; **c'est ~ dire** das ist zu viel gesagt; **c'est déjà ~** das ist schon viel [*o* allerhand *fam*]; **qn/qc est** [*o* **compte**] **pour ~ dans qc** jd/etw spielt eine große Rolle für etw, jd/etw trägt viel zu etw bei; **qn a ~ à faire** jd kann tun [*o* machen], was er will; jd kann sich noch so sehr anstrengen; **il s'en faut de ~ que** + *subj* ... bei weitem [noch] nicht; ***il s'en faut de ~ que le stade soit plein*** das Stadion ist bei weitem [noch] nicht voll; **de ~** weitaus, mit Abstand

beauf [bof] *m fam* **1.** (*beau-frère*) Schwager *m*
2. (*pauvre type*) Blödmann *m fam*

beau-fils <~x-~> [bofis] *m* **1.** (*gendre*) Schwiegersohn *m* **2.** (*fils du conjoint*) Stiefsohn *m* **beau-frère** <~x-~s> [bofʀɛʀ] *m* Schwager *m* **beau-père** <~x-~s> [bopɛʀ] *m* **1.** (*père du conjoint*) Schwiegervater *m* **2.** (*conjoint de la mère*) Stiefvater *m*

beauté [bote] *f* **1.** Schönheit *f*
2. (*personne*) Schönheit *f;* ***les ~s du village*** die Dorfschönheiten, die Dorfschönen; ***ce n'est pas vraiment une ~*** er/sie ist nicht unbedingt eine Schönheit
▶ **qn a la ~ du diable** jd ist betörend schön; (*n'a que sa jeunesse pour plaire*) jd ist jung und frisch; **qn/qc est de toute ~** jd/etw ist wunderschön; ***c'est une femme de toute ~*** sie ist eine bildschöne [*o* bildhübsche] Frau; **qn se** [**re**]**fait une ~** *fam* jd macht sich [noch etwas] zurecht; [**qn est**] **en ~** / *femme*/ [jd ist] besonders hübsch [*o* schön]; **qn fait qc en ~** *réussir* jd tut etw mit Glanz [*o* glänzend]; *finir, gagner, terminer a.* jd tut etw mit Erfolg [*o* erfolgreich]; ***elle a gagné en ~*** sie hat haushoch gewonnen; *iron perdre, rater* jd tut etw mit Glanz und Gloria

beaux-arts [bozaʀ] *mpl* ■ **les ~-~** die schönen Künste **beaux-enfants** [bozɑ̃fɑ̃] *mpl* Stiefkinder *pl* **beaux-parents** [bopaʀɑ̃] *mpl* (*parents du conjoint*) Schwiegereltern *pl;* (*parents sans lien de sang*) Stiefeltern *pl*

bébé [bebe] *m* Baby ['be:bi] *nt;* ***elle a donné le jour à un beau ~*** sie hat einem kräftigen Kind das Leben geschenkt; ***un ~ phoque/singe/tigre*** ein Robben-/Affen-/Tigerbaby
▶ **qn fait le ~** jd benimmt sich wie ein Baby [*o* Kleinkind]; **qn reste ~** jd ist noch ein richtiges Baby, jd ist noch sehr kindlich [*o* kindisch *pej*]

bébé-éprouvette <~s-~s> [bebeepʀuvɛt] *m* Retortenbaby [-be:bi] *nt*

bébête [bebɛt] **I.** *adj fam* bisschen doof *fam*
II. *f enfantin fam* Tierchen *nt*

bec [bɛk] *m* **1.** [*oiseau*] Schnabel *m*
2. *fam* (*bouche*) Schnabel *m fam*
3. [*casserole, pot*] Ausgießer *m;* [*cafetière, théière*] Schnabel *m,* Tülle *f*
4. [*plume*] Spitze *f*
5. [*clarinette, flûte*] Mundstück *nt,* Schnabel *m*
▶ **qn se retrouve** [*o* **est**] **le ~ dans l'eau** *fam* jd hängt in der Luft *fam,* jd weiß nicht weiter; **qn arrive le ~ enfariné** jd kreuzt einfach so auf; **~ fin** *fam* Feinschmecker(in) *m(f);* **~ verseur** [*casserole, pot*] Ausgießer *m,* Schnäuzchen *nt fam;* [*paquet de sucre*] Schütttülle *f,* Streutülle *f;* **qn cloue** [*o* **ferme**] **le ~ à qn** *fam* jd stopft jdm den Schnabel *fam;* **qc cloue** [*o* **ferme**] **le ~ à qn** *fam* etw verschlägt jdm die Sprache; **qn ouvre/ferme le ~** *fam* jd macht [*o* tut] den Schnabel auf/jd hält den Schnabel *fam;* **qn tombe sur un ~** *fam* jd trifft auf eine harte Nuss
◆ **bec Bunsen** Bunsenbrenner *m;* **bec de gaz** Gaslaterne *f*

bécane [bekan] *f fam* **1.** (*bicyclette*) [Fahr]rad *nt;* (*moto*) Maschine *f fam*
2. (*machine, ordinateur*) Kiste *f fam*

bécarre [bekaʀ] *m* MUS Auflösungszeichen *nt;* ***do ~*** C mit Auflösungszeichen

bécasse [bekas] *f* **1.** ORN [Wald]schnepfe *f*
2. *fam* dumme Gans

bécasseau <x> [bekaso] *m* Strandläufer *m*

bécassine [bekasin] *f* **1.** ORN Sumpfschnepfe *f,* Bekassine *f spec*
2. *fam* (*fille*) Gänschen *nt*

bec-de-cane <~s-~-~> [bɛkdəkan] *m* (*béquille*) [Tür]klinke *f,* Türgriff *m;* (*bouton*) Türknauf *m,* Türknopf *m* **bec-de-lièvre** <~s-~-~> [bɛkdəljɛvʀ] *m* Hasenscharte *f*

béchamel [beʃamɛl] *f* Béchamelsauce *f,* Béchamelsoße *f*

bêche [bɛʃ] *f* Spaten *m*

bêcher <1> [beʃe] I. *vt* 1. AGR ■ **qn bêche qc** jd gräbt [*o* sticht] etw um
2. *fam* ■ **qn bêche qn** jd macht jdn schlecht, jd zieht über jdn her *fam*
II. *vi* 1. ■ **qn bêche** jd gräbt um, jd sticht um
2. *fam* (*être fier*) ■ **qn bêche** jd ist hochnäsig *fam,* jd sitzt auf dem hohen Roß

bêcheur, -euse [bɛʃœʀ, -øz] *m, f péj* (*homme*) eingebildeter Schnösel [*o* Fatzke *fam*]; (*femme*) eingebildete [*o* hochnäsige] Pute *fam; **qn est ~(euse) avec qn*** jd behandelt jdn von obenherab

bécoter <1> [bekɔte] I. *vt fam* ■ **qn bécote qn** jd knutscht jdn ab *fam*
II. *vpr fam* ■ **deux personnes se bécotent** zwei Menschen knutschen *fam*

becquée [beke] *f* ► **un oiseau <u>donne</u> la ~ à un oisillon** ein Vogel füttert ein Junges; ***qn donne la ~ à qn*** jd füttert jdn

becquerel [bɛkʀɛl] *m* Becquerel *nt*

becquet [bekɛ] *m* AUT Spoiler *m*

becqueter <3> [bɛkte] I. *vt* ORN ■ **un oiseau becquette qc** ein Vogel pickt etw auf
II. *vi* 1. ORN ■ **un oiseau becquette** ein Vogel pickt; ***un oiseau venait ~ dans sa main*** ein Vogel pickte ihm/ihr aus der Hand
2. *fam* (*bouffer*) /*personne*/ jd futtert *fam; **il est en train de ~*** er futtert gerade *fam,* er ist beim Futtern *fam*

becter <1> [bɛkte] *vi fam* ■ **qn becte** jd futtert *fam; **quand c'est qu'on becte?*** wann gibt's was zu futtern? *fam*

bedaine [bədɛn] *f fam* Bauch *m,* Wampe *f fam;* [*enfant, bébé*] Bäuchlein *nt*

bédé [bede] *f fam* Comic *m*

bedeau <x> [bədo] *m* Kirchendiener *m,* Küster(in) *m(f),* Mesner(in) *m(f)* SDEUTSCH

bedonnant, e [bədɔnɑ̃, ɑ̃t] *adj fam* dick[bäuchig]; ***qn devient ~*** jd bekommt einen Bauch [*o* eine Wampe *fam*], jd setzt einen Bauch an

bedonner <1> [bədɔne] *vi* ■ **qn bedonne** jd bekommt einen Bauch [*o* eine Wampe *fam*], jd setzt einen Bauch an

bédouin, e [bedwɛ̃, in] *m, f* Beduine/Beduinin *m/f*

bée [be] *adj v.* **bouche**

beefsteak [biftɛk] *v.* **bifteck**

beffroi [befʀwa] *m* [Wacht]turm *m,* Wachturm; [*église*] Kirchturm; ***l'horloge du ~*** die Turmuhr

bégaiement [begɛmɑ̃] *m* 1. (*défaut de prononciation*) Stottern *nt*
2. [*bébé*]: ***les premiers ~s*** die ersten Sprechversuche
3. *pl* (*débuts*): ***les premiers ~s d'une nouvelle technologie*** die ersten Gehversuche einer neuen Technik

bégayer <7> [begeje] I. *vi* ■ **qn bégaie** jd stottert
II. *vt* ■ **qn bégaie qc** jd stottert [*o* stammelt] etw

bégonia [begɔnja] *m* Begonie *f*
► **qn <u>charrie</u> dans les ~s** *fam* jd übertreibt, jd trägt ziemlich dick auf

bègue [bɛg] I. *adj* stotternd; ■ **qn est ~** jd stottert
II. *mf* Stotterer/Stotterin *m/f*

bégueule [begœl] *adj* prüde

béguin [begɛ̃] *m* (*bonnet*) [*femme*] Haube *f;* [*enfant*] Häubchen *nt*
► **qn <u>a</u> le ~ pour qn/qc** *fam* jd ist in jdn verknallt *fam*/jd hat eine Schwäche für etw; ***ils ont eu le ~ pour cette maison*** sie haben sich auf den ersten Blick in dieses Haus verliebt

behaviorisme [bievjɔʀism, beavjɔʀism] *m* Behaviorismus [bihɛɪvjəˈrɪsmʊs] *m*

beige [bɛʒ] I. *adj* beige
II. *m* Beige *nt; **le ~ te va très bien*** Beige steht dir sehr gut

beigne [bɛɲ] *f fam* Ohrfeige *f; **qn donne une ~ à qn*** jd langt [*o* wischt] jdm eine *fam*

beignet [bɛɲɛ] *m* Krapfen *m,* Berliner *m,* Buchtel *f* AUS; ■ **~ de** -beignet *m;* ***~ aux pommes*** Apfelkrapfen *m,* Apfelküchle *nt* SDEUTSCH

bel [bɛl] *v.* **beau**

bel canto [bɛlkɑ̃to] *m* Belkanto *m,* Belcanto *m*

bêler <1> [bele] *vi* 1. ■ **un animal bêle** /*mouton*/ ein Tier blökt; /*chèvre*/ ein Tier meckert
2. *péj* ■ **qn bêle** jd winselt *fam*

belette [bəlɛt] *f* Wiesel *nt*

belge [bɛlʒ] I. *adj* belgisch
II. *mf* ■ **Belge** Belgier(in) *m(f)*

belgicisme [bɛlʒisism] *m* belgischer Ausdruck

Belgique [bɛlʒik] *f* ■ **la Belgique** Belgien *nt*

Belgrade [bɛlgʀad] Belgrad *nt*

bélier [belje] *m* 1. ZOOL Widder *m,* Schafbock *m*
2. MIL Rammbock *m,* Widder *m*
► **~ <u>hydraulique</u>** Stoßheber *m,* hydraulischer Widder

Bélier [belje] *m* ASTROL Widder *m*
► **qn <u>est</u> [du signe du] ~** jd ist [ein] Widder, jd ist im Zeichen des Widders geboren

belladone [bɛladɔn] *f* Tollkirsche *f,* Belladonna *f spec*

belle [bɛl] I. *adj/subst v.* **beau**
II. *f* SPORT Entscheidungsspiel *nt; **qn joue la ~*** jd spielt um die Entscheidung, jd macht ein Entscheidungsspiel

belle-de-jour <~s-~-~> [bɛldəʒuʀ] *f* 1. (*liseron*) Winde *f*
2. (*prostituée*) Prostituierte *f*

belle-doche <~s-~s> [bɛldɔʃ] *f péj fam* Schwiegermutter *f* **belle-fille** <~s-~s> [bɛlfij] *f* 1. (*bru*) Schwiegertochter *f* 2. (*fille du conjoint*) Stieftochter *f* **belle-mère** <~s-~s> [bɛlmɛʀ] *f* 1. (*mère du conjoint*) Schwiegermutter *f* 2. (*conjointe du père*) Stiefmutter *f* **belle-sœur** <~s-~s> [bɛlsœʀ] *f* Schwägerin *f*

belligérant, e [beliʒeʀɑ̃, ɑ̃t] I. *adj* Krieg führend
II. *mpl* Krieg führende Mächte *pl*

belliqueux, -euse [belikø, -øz] *adj* 1. (*guerrier*) kriegerisch; *discours a.* militant, aggressiv; *peuple a.* kriegslustig
2. (*querelleur*) streitlustig; *tempérament a.* hitzig; *personne a.* streitsüchtig

belote [bəlɔt] *f dem Schafkopf ähnliches französisches Kartenspiel*
► **qn <u>fait</u> une ~** jd spielt [eine Partie [*o* Runde]] Belote

belvédère [bɛlvedɛʀ] *m* 1. (*édifice*) Belvedere *nt*
2. (*point de vue*) Aussichtspunkt *m*

bémol [bemɔl] *m* b *nt,* Erniedrigungszeichen *nt; **do/ré/mi/fa/... ~ majeur*** Ces/Des/Es/Fes/...-Dur *nt; **do/ré/mi/fa/... ~ mineur*** ces/des/es/fes/...-Moll *nt; **le do/ré/mi/fa/... est ~*** das C/D/E/F/... [*o* das c/d/e/f/...] ist erhöht
► **un ~/deux ~s à la <u>clé</u>** ein vorgezeichnetes b/zwei vorgezeichnete b; ***il y a six ~s à la clé*** es sind sechs b vorgezeichnet; **<u>double</u> ~** Doppel-B *nt;* **qn <u>met</u> un ~** *fam* (*parle moins fort*) jd spricht leiser; (*est moins arrogant, exigeant*) jd macht halblang *fam*

ben [bɛ̃] *adv fam:* ***eh ~!*** Mensch Meier! *fam; **~ ça alors!*** na, so was!; ***ah ~ dis donc!*** sag bloß! *fam; **~ quoi?*** ist was? *fam; **~ non*** nö *fam; **~ voyons!*** also; ~, ***mon vieux!*** Junge, Junge! *fam*

bénédicité [benedisite] *m* Tischgebet *nt*

bénédictin, e [benediktɛ̃, in] I. *adj* Benediktiner-
II. *m, f* (*moine*) Benediktiner(in) *m(f); **l'ordre des ~s*** der Orden der Benediktiner, der Benediktinerorden
III. *f* (*liqueur*) ■ **la Bénédictine** der Benediktiner (*Kräuterlikör*)

bénédiction [benediksj ɔ̃] *f* 1. (*grâce*) Segen *m; **qn implore la ~ de Dieu [sur qn]*** jd erbittet den Segen Gottes [*o* Gottes Segen] [für jdn]; ***une terre de ~*** ein gelobtes Land
2. (*action*) [*fidèle*] Segnung *f;* [*cloche, église, navire a.*] Weihe *f; **qn donne la ~ [à qn]*** jd gibt [*o* spendet] [*o* erteilt] [jdm] den Segen, jd segnet jdn
3. (*assentiment*) Segen *m; **tu as ma ~, je te donne ma ~*** meinen Segen hast du
► **~ <u>nuptiale</u>** kirchliche Trauung; **~ <u>urbi</u> et orbi** Segen urbi et orbi, päpstlicher Segen

bénef [benɛf] *m fam abr de* **bénéfice** Profit *m,* Gewinn *m; **on a fait du ~ aujourd'hui*** heute ist was [dabei] rausgesprungen *fam; **c'est tout ~*** das bringt's *fam*

bénéfice [benefis] *m* 1. COM Profit *m,* Gewinn *m; **une entreprise fait des ~s*** ein Unternehmen erzielt Gewinne
2. (*avantage*) Vorteil *m,* Nutzen *m*
► **au ~ de l'<u>âge</u>** mit Altersvorrecht (*Entscheidungskriterium für die Wahl eines Kandidaten bei Stimmengleichheit*); **le ~ des <u>circonstances</u> atténuantes** die Zubilligung mildernder Umstände; **au ~ du <u>doute</u>** aus Mangel an Beweisen; **sous ~ d'<u>inventaire</u>** unter Vorbehalt der Inventarerrichtung, Beneficium *nt* inventarii *spec;* **qn <u>tire</u> ~ de qc** jd zieht Nutzen aus etw; **<u>au</u> ~ de qn/qc** zugunsten jds/einer S.

bénéficiaire [benefisjɛʀ] I. *mf* 1. [*allocation, chèque, legs*] Empfänger(in) *m(f); **~ d'une bourse*** Stipendiat(in) *m(f),* Empfänger(in) eines Stipendiums
2. [*mesure, réforme*] Nutznießer(in) *m(f); **qn est le ~ de qc*** jd ist [der] Nutznießer einer S. (*gen*), jd profitiert von etw
II. *adj entreprise* mit Gewinn arbeitend; *opération* einträglich; ***marge ~*** Gewinnspanne *f; **une entreprise est ~*** ein Unternehmen arbeitet mit Gewinn [*o* erwirtschaftet Gewinne]; ***les étudiants ~s d'une bourse*** die Stipendiaten

bénéficier <1 a> [benefisje] *vi* ■ **qn/qc bénéficie de qc** jd/etw profitiert von etw; *d'un avantage matériel, fiscal* jd kommt in den Genuss einer S. (*gen*); *d'une allocation, prestation* jd bezieht etw; ***qn bénéficie de circonstances atténuantes*** jd bekommt mildernde Umstände [zugebilligt]; ***qn bénéficie d'un non-lieu*** das Verfahren gegen jdn wird eingestellt

bénéfique [benefik] *adj* günstig, vorteilhaft; ■ **qc est ~ à qn/qc** etw wirkt sich günstig auf jdn/etw aus

Benelux [benelyks] *m* ■ **le Benelux** die Benelux[staaten]

benêt [bənɛ] *m* Dummkopf *m,* Dussel *m fam; **quel ~ tu es!*** was für ein Dummkopf [*o* Dussel *fam*] du doch bist!

bénévolat [benevɔla] *m* Freiwilligkeit *f;* [*fonction*] Ehrenamtlichkeit *f;* (*activité*) ehrenamtliche Tätigkeit

bénévole [benevɔl] I. *adj* 1. (*volontaire*) freiwillig; ***qn est ~ pour faire qc*** jd tut etw freiwillig [*o* aus freien Stücken]; ***qn offre son aide ~*** jd bietet freiwillig seine Hilfe an
2. (*gratuit*) kostenlos, unentgeltlich; *fonction* ehrenamtlich; ***qn reçoit une aide ~*** jdm wird kostenlos geholfen
II. *mf* Freiwillige(r) *f(m);* (*dans une fonction*) Ehrenamtliche(r) *f(m)*

bénévolement [benevɔlmɑ̃] *adv* (*volontairement*) freiwillig; (*gratuitement*) unentgeltlich; (*dans une fonction*) ehrenamtlich

bengali [bɛ̃gali] *m* ORN Prachtfink *m*

Bengladesh [bɑ̃gladɛʃ] *v.* **Bangladesh**

bénin, -igne [benɛ̃, beniɲ] *adj* harmlos; *tumeur* gutartig; *punition* mild[e]

Bénin [benɛ̃] *m* ■ **le Bénin** Benin *nt*

béni-oui-oui [beniwiwi] *m inv fam* Jasager(in) *m(f)*

bénir <8> [beniʀ] *vt* 1. REL ■ **qn bénit qn/qc** jd segnet jdn/etw; *cloche* jd weiht etw; ***qn bénit le mariage de qn*** jd traut jdn
2. (*remercier*) ■ **qn bénit qn/qc** jd benedeit jdn/etw, jd ist jdm ewig dankbar

bénit, e [beni, it] *adj* geweiht; ***eau ~e*** Weihwasser *nt*

bénitier [benitje] *m* Weihwasserbecken *nt,* Weihwasserkessel *m*

benjamin, e [bɛ̃ʒamɛ̃, in] *m, f* 1. Jüngste(r) *f(m),* jüngstes Kind

2. SPORT ■ **les ~s** die D-Jugend

benne [bɛn] *f* 1. TECH (*chariot*) Mulde *f;* [*charbon, minerai*] Lore *f*
2. (*container*) Kübel *m;* [*camion*] Mulde *f;* ~ ***à béton*** Betonkübel; ***camion à ~*** Kipper *m*
3. [*téléphérique*] Kabine *f*
▶ ~ **basculante** Kippmulde *f;* ~ **roulante** Lore *f;* ~ **suspendue** Wagenkasten *m,* Kippkasten *m*
◆ **benne à ordures** Müll[abfuhr]wagen *m*

benzine [bɛ̃zin] *f* Reinigungsbenzin *nt*

béotien, ne [beɔsjɛ̃, jɛn] *m* (*sans culture*) [Kultur]banause *m;* (*profane*) Laie *m*

B.E.P.C. [beøpese] *m abr de* **brevet d'études du premier cycle** *Abgangszeugnis,* ≈ Mittlere Reife

béquée [beke] *f v.* **becquée**

béquet [bekɛ] *v.* **becquet**

béqueter <3> [bekte] *v.* **becqueter**

béquille [bekij] *f* 1. (*canne*) Krücke *f;* ***qn marche avec des ~s*** jd geht an Krücken
2. (*support*) [*moto, vélo*] Ständer *m;* [*remorque*] [Deichsel]stütze *f;* [*bateau*] Stützbalken *m;* ***qn met une voiture sur ~s*** jd bockt ein Auto auf
3. (*bec-de-cane*) Klinke *f*

berbère [bɛʀbɛʀ] I. *adj* berberisch
II. *m* (*langue*) Berberisch *nt*
III. *mf* ■ **Berbère** Berber(in) *m(f)*

bercail [bɛʀkaj] *m* ▶ **qn ramène qn au** ~ REL jd führt jdn in den Schoß der [Mutter] Kirche zurück; **qn rentre** [*o* **revient**] **au** ~ *hum* jd kehrt in den Schoß der Familie [*o* ins [warme] Nest] zurück, jd kehrt heim; REL jd kehrt in den Schoß der Gemeinde [*o* der [Mutter] Kirche] zurück

berceau <x> [bɛʀso] *m* 1. [*bébé*] Wiege *f;* (*à roues*) Stubenwagen *m;* ~ ***en osier*** [Baby]körbchen [('be:bi-)] *nt,* Korbwagen *m;* ***des enfants au*** ~ Wickelkinder *pl*
2. (*lieu d'origine*) [*idée, technique*] Geburtsstätte *f,* Wiege *f;* [*personne a.*] Heimat *f;* [*royaume*] Kernland *nt;* ***ce village est le ~ de sa famille*** seine Familie stammt aus diesem Dorf
3. ARCHIT Rundbogen *m;* ***voûtes en*** ~ Tonnengewölbe *nt*
4. HORT Laubendach *nt,* Pergola *f*
▶ **qn est encore au** ~ jd ist noch ein [halbes] Kind, jd ist kaum aus den Windeln [heraus] *fam;* **qn prend qn au** ~ *fam* jd kann jdm nicht jung genug sein; ***ses copines, il les prend au*** ~ seine Freundinnen können ihm nicht jung genug sein; **dès le** ~ von klein auf, von Kindesbeinen an; ***les enfants étaient promis l'un à l'autre dès le*** ~ schon in der Wiege hatte man die Kinder einander versprochen

bercement [bɛʀsəmɑ̃] *m* Schaukeln *nt,* Wiegen *nt*

bercer <2> [bɛʀse] I. *vt* ■ **qn berce qn** jd wiegt jdn; ***qn berce qn pour l'endormir*** jd wiegt jdn in den Schlaf; ■ **qc berce qn** etw wiegt jdn [hin und her], jd lässt sich von etw [hin und her] wiegen; ***la mouette se laisse ~ par les vagues*** die Möwe lässt sich auf den Wellen treiben
II. *vpr* ■ **qn se berce de qc** *d'illusions* jd wiegt sich in etw (*dat*); *de promesses* jd lässt sich von etw einlullen *fam;* ***qn se berce d'illusions sur le compte de qn*** jd wiegt sich in Illusionen [*o* macht sich (*dat*) Illusionen] über jdn

berceuse [bɛʀsøz] *f* 1. (*mélodie*) Wiegenlied *nt;* MUS *a.* Berceuse *f*
2. (*fauteuil*) Schaukelstuhl *m*

béret [beʀɛ] *m* Tellermütze *f;* [*uniforme*] Tellerkappe *f*
▶ ~ **basque** Baskenmütze *f*
◆ **béret de marin** Matrosenmütze *f*

bérézina [beʀezina] *f fam* ■ **la** ~ der Wahnsinn; ***c'est la ~!*** das ist echt die Katastrophe! *fam*

bergamote [bɛʀgamɔt] *f* Bergamotte *f;* ***l'essence de*** ~ das Bergamottöl

berge [bɛʀʒ] *f* 1. [*rivière, canal*] Ufer *nt;* ***voie*** [***exprès***] ***sur*** ~ Ufer[schnell]straße *f*
2. *pl fam* (*années*) Jahre *pl;* ***elle a bien 40 ~s*** sie ist gut 40

berger, -ère [bɛʀʒe, -ʒɛʀ] I. *m, f* Hirte/Hirtin *m/f;* [*moutons a.*] Schafhirt(in), Schäfer(in) *m(f);* [*chèvres a.*] Ziegenhirt(in)
II. *m* (*chien*) *belge, picard* Hirtenhund *m,* Hütehund *m;* ~ ***allemand*** Deutscher Schäferhund
III. *f* (*fauteuil*) ■ **bergère** Ohrensessel *m*
◆ **berger des Pyrénées** Pyrenäen-Schäferhund *m*

bergerie [bɛʀʒəʀi] *f* Schafstall *m*

bergeronnette [bɛʀʒəʀɔnɛt] *f* Bachstelze *f*

béribéri [beʀibeʀi] *m* Beriberi *f*

berk [bɛʀk] *interj fam* bäh *fam*

berkélium [bɛʀkeljɔm] *m* CHIM Berkelium *nt*

Berlin [bɛʀlɛ̃] *m* Berlin *nt;* ~-***Est/Ouest*** Ost-/West-Berlin; ***le mur de*** ~ die Berliner Mauer

berline [bɛʀlin] *f* 1. AUT Limousine *f*
2. MIN Lore *f*

berlingot [bɛʀlɛ̃go] *m* 1. (*bonbon*) *tetraederförmiges, weißgestreiftes Frucht-/Gewürzbonbon*
2. (*emballage*) Tetra Pak® *m*

berlinois, e [bɛʀlinwa, az] I. *adj* aus Berlin, Berliner; ■ **qn est** ~ jd ist [*o* kommt] aus Berlin, jd ist Berliner(in) *f(m)*
II. *m, f* ■ **Berlinois(e)** Berliner(in) *m(f)*

berlue [bɛʀly] *f* ▶ **qn a la** ~ *fam* jd sieht nicht richtig *fam;* ***si je n'ai pas la*** ~ wenn mich nicht alles täuscht

bermuda [bɛʀmyda] *m* Bermudas *pl,* Bermudashorts *pl*

bernard-l'[h]ermite [bɛʀnaʀlɛʀmit] *m inv* Einsiedlerkrebs *m*

berne [bɛʀn] *loc* ▶ **qc est en** ~ etw ist auf halbmast [gesetzt]; **qn met qc en** ~ jd setzt etw auf halbmast; ***qn met son pavillon en*** ~ jd flaggt halbmast, jd setzt seine Flagge auf halbmast

Berne [bɛʀn] Bern *nt*

berner <1> [bɛʀne] *vt* ■ **qn berne qn** jd führt jdn an der Nase herum, jd hält jdn zum Narren [*o* zum Besten]

beryllium [beʀiljɔm] *m* CHIM Beryllium *nt*

berzingue [bɛʀzɛ̃g] *loc fam* ▶ **à toute** ~ (*vitesse*) mit vollem Karacho *fam;* (*niveau sonore*) mit voller Lautstärke

besace [bəzas] *f* Schultertasche *f,* Umhängetasche *f*

bésef [bezɛf] *loc fam* ▶ **ça fait** [*o* **y en a**] [*o* **c'est**] **pas** ~ das ist lausig wenig *fam;* ***y avait pas ~ de monde*** es waren lausig wenig Leute da *fam*

besogne [bəzɔɲ] *f* (*tâche*) Aufgabe *f,* Pflicht *f;* (*travail*) Arbeit *f*
▶ **qn a fait de la belle** [*o* **bonne**] ~ *iron* jd hat etwas Schönes angerichtet; ***t'en as fait de la belle ~!*** das hast du ja mal wieder toll hingekriegt! *fam;* **qn va vite en** ~ jd macht keine langen Umstände, jd fackelt nicht lange *fam;* ***tu vas un peu vite en*** ~ du bist ein bisschen voreilig; ***n'allons pas trop vite en*** ~ nur nichts überstürzen, immer schön der Reihe nach; **qn abat de la** ~ jd arbeitet flink, jd arbeitet was weg *fam;* **qn se met à la** ~ jd macht sich an die Arbeit

besogneux, -euse [bəzɔɲø, -øz] *adj* 1. (*nécessiteux*) bedürftig, arm
2. (*affecté à de petits travaux*) bescheiden, klein; ***un employé de bureau*** ~ ein kleiner Büroangestellter

besoin [bəzwɛ̃] *m* 1. ■ **le ~ de qn/le ~ de qc** (*besoin constant*) jds Bedarf an etw (*dat*)/der Bedarf an etw (*dat*); (*besoin momentané*) das/[jds] Bedürfnis nach etw; ■ **le ~ de qn de faire qc** jds Drang *m* [*o* Bedürfnis *nt*] etw zu tun *m*
2. *pl* ■ **les ~s** + *adj* **de qn** *alimentaires, financiers, sexuels* jds … Bedürfnisse *pl;* ~***s énergétiques*** Energiebedarf; ■ **les ~s de qn/qc en qc** *en eau, papier, vitamines* jds Bedarf *m*/der Bedarf einer S. (*gen*)
▶ **pour les ~s de la cause** notgedrungen; ~ **naturel** *euph* Notdurft *f geh,* Geschäft *nt fam;* ***qn va satisfaire un ~ naturel*** jd verrichtet sein Geschäft [*o* seine Notdurft *geh*]; **qn a de petits/grands** [*o* **gros**] **~s** [**d'argent**] jd braucht wenig/viel [Geld]; **qn fait un petit** ~ *euph* jd verrichtet [*o* erledigt] sein kleines Geschäft, jd macht klein *fam;* ***maman, je dois faire un petit ~*** Mama, ich muss mal [klein]; **qn a ~ de qc** jd braucht etw; ***n'avez-vous ~ de rien?*** haben Sie alles, was Sie brauchen?; **qn a ~ de faire qc** jd muss etw tun; ***nous avons ~ de nous reposer*** wir müssen uns erholen, wir brauchen Erholung; ***tu n'avais pas ~ de lui dire tout ça*** das musstest du ihm/ihr doch [wirklich] nicht alles sagen; **qn/un animal fait ses ~s** [**quelque part**] jd/ein Tier verrichtet [*o* erledigt] sein Geschäft [irgendwo], jd/ein Tier macht irgendwohin; **qn subvient aux ~s de qn** jd kommt für jds Unterhalt auf; **au** ~ bei Bedarf, wenn nötig; **dans le** ~ Not leidend, bedürftig; ***qn est*** [*o* ***vit***] ***dans le*** ~ jd lebt in Armut, jd leidet Not *geh;* ***qc plonge qn dans le*** ~ etw stürzt jdn in Armut

bestial, e <-aux> [bɛstjal, jo] *adj* brutal; *instinct, avidité* tierisch

bestialement [bɛstjalmɑ̃] *adv* brutal; *copuler* wie ein Tier; *manger* wie ein Schwein

bestialité [bɛstjalite] *f* Bestialität *f;* ***avec*** ~ bestialisch

bestiaux [bɛstjo] *mpl* Vieh *nt;* ***les gros*** ~ das Großvieh; ***wagon à*** ~ Viehwaggon *m;* ***la foire aux*** ~ der Viehmarkt; ***on était tassés comme des*** ~ wir saßen/standen [zusammengequetscht] wie die Heringe *fam*

bestiole [bɛstjɔl] *f fam* Tier[chen] *nt,* Viecherl *nt fam*

best-seller <~-~s> [bɛstsɛlœʀ] *m* Bestseller *m*

bêta, -asse [bɛta, ɑs] I. *adj fam* dumm, dämlich *fam*
II. *m, f fam* Dussel *m fam,* Dummkopf *m;* ***mon gros*** ~ mein Dummerchen *nt;* ***ne fais pas le ~/la ~asse*** benimm dich nicht so doof *fam*

bétabloquant [bɛtablɔkɑ̃] *m* Beta[rezeptoren]blocker *m*

bétail [betaj] *m* ∅ Vieh *nt;* ***une vingtaine de têtes de*** ~ etwa zwanzig Stück Vieh
▶ **gros** ~ Großvieh *nt;* **petit** ~ Kleinvieh *nt* (*inklusive Schafe und Ziegen*)

bétaillère [betajɛʀ] *f* Viehtransporter *m*

bête [bɛt] I. *f* 1. (*animal*) Tier *nt;* ■ **les ~s** (*bétail*) Vieh *nt;* ***la cave est infectée de ~s*** der Keller ist voller Ungeziefer; ***une ~ féroce/fauve*** ein wildes Tier/Raubtier; ***une petite*** ~ ein Tierlein; ***une ~ nuisible*** ein Schädling; ***des peaux de ~s*** Tierhäute *pl;* (*fourrure*) Tierfelle *pl*
2. (*être humain*) Bestie *f,* Unmensch *m;* ***une véritable ~ humaine*** eine menschliche Bestie
3. (*animalité*) ■ **la** ~ das Animalische
▶ **qn est une bonne** [*o* **brave**] ~ jd ist eine gute Haut *fam* [*o* Seele]; **qn regarde qn comme une ~ curieuse** jd starrt [*o* glotzt *fam*] jdn an; **grande** ~ Dummerchen *nt;* (*garçon a.*) Dummerjan *m;* (*fille a.*) dumme Liese; **qn est malade comme une** ~ jd fühlt sich hundeelend; **qn est la ~ noire de qn** jd ist für jdn ein rotes Tuch; **qn cherche la petite** ~ jd sucht ein Haar in der Suppe *fam,* jd mäkelt [an allem] herum *fam;* **sale** ~! *fam* (*personne*) gemeines [*o* fieses] Stück! *fam;* (*animal*) Mistvieh! *fam;* ~ **sauvage** wildes Tier; **qn fait la** ~ jd stellt sich dumm; **qn travaille comme une ~ [de somme]** jd arbeitet wie ein Pferd
II. *adj* 1. *personne* dumm, blöd[e] *fam,* dämlich *fam;* ***qu'est-ce que tu peux être ~*** Mensch, bist du dämlich [*o* blöd] *fam;* ***il est ~ celui-là, ou quoi?*** der ist wohl nicht ganz bei Trost, oder was? *fam;* ***comme tu es ~ de faire qc*** wie dumm von dir etw zu tun
2. *idée, histoire, question* dumm, blöd *fam,* dämlich *fam;* ***à question ~, réponse ~!*** auf eine dumme Frage bekommt man eine dumme Antwort; ***qn prend l'air*** ~ jd stellt sich dumm
▶ **qn a oublié d'être** ~ jd ist gar nicht so dumm, wie er aussieht *fam;* **c'est tout** ~ es ist ganz einfach, es ist kinderleicht *fam;* **ce n'est** [*o* **c'est** *fam*] **pas** ~ das ist gar nicht so dumm, [das ist] gar keine schlechte Idee
◆ **bête à bon Dieu** *fam* Marienkäfer *m,* Glückskäfer *m;* **bête à cornes** Horntier *m; pl* Hornvieh *nt;* **bête de somme** Lasttier *m;* **bête de trait** Zugtier *nt*

bêtement [bɛtmɑ̃] *adv* 1. (*sans intelligence*) dumm, blöd *fam*, dämlich *fam*
2. (*malencontreusement*) dummerweise
▸ **tout** ~ ganz einfach
bêtifier <1 a> [betifje] *vi* ■ **qn bêtifie** [**avec qn**] jd tut [*o* plappert] albern [mit jdm]
bêtise [betiz] *f* 1. (*stupidité*) Dummheit *f*; ***par*** ~ aus [lauter] Dummheit; ***il est d'une*** ~ ***incroyable*** er ist unglaublich dumm
2. (*parole*) Unsinn *m kein pl*, dummes Zeug *kein pl fam*, Blödsinn *m kein pl fam*; ***arrête de dire des*** ~***s!*** hör auf, solchen Unsinn [*o* Blödsinn *fam*] [*o* so dummes Zeug *fam*] zu erzählen!; ***je viens de dire une*** ~ ich habe da gerade etwas Dummes [*o* Blödes *fam*] gesagt
3. (*acte*) Dummheit *f*; ***qn fait une grosse*** ~ jd macht eine große Dummheit; ***c'était une*** ~ ***de ma part*** das war dumm von mir
4. (*peccadille*) Lappalie *f*
▸ **qn a la** ~ **de faire qc** jd ist so dumm und tut etw; **qn fait une** ~ jd macht [*o* begeht] eine Dummheit
◆ **bêtises de Cambrai** ≈ Pfefferminzbonbons *pl*
béton [betɔ̃] *m* Beton *m*
▸ ~ **armé** Stahlbeton *m*; ~ **cellulaire** Porenbeton *m*
bétonner <1> [betɔne] **I.** *vt* ■ **qn bétonne qc** jd betoniert etw
II. *vi* SPORT ■ **qn bétonne** jd mauert, jd betoniert
bétonnière [betɔnjɛʀ] *f* 1. Betonmischmaschine *f*, Betonmischer *m*
2. (*camion*) Transportmischer *m*
bette [bɛt] *f* Mangold *m*; ***les*** ~***s, ce n'est pas mauvais*** Mangold schmeckt [gar] nicht schlecht
betterave [bɛtʀav] *f* Rübe *f*; (*betterave rouge*) Rote Bete [*o* Beete], Rote Rübe
▸ ~ **fourragère** Futterrübe *f*, Runkelrübe *f*; ~ **potagère**, ~ **rouge** Rote Rübe, Rote Bete [*o* Beete]; ~ **sucrière** Zuckerrübe *f*
◆ **betterave à sucre** Zuckerrübe *f*
beuglement [bøgləmɑ̃] *m* [*vache, veau*] Muhen *nt*; [*taureau, bœuf*] Brüllen *nt*, Gebrüll *nt fam*; [*personne*] Gejohle *nt fam*; [*chanteur*] Gegröle *nt fam*; [*radio, télé*] Dröhnen *nt*, Gedröhn *nt fam*
beugler <1> [bøgle] *vi* 1. ■ **un animal beugle** /*vache, veau*/ ein Tier muht; /*taureau, bœuf*/ ein Tier brüllt
2. ■ **qc beugle** etw dröhnt; ■ **qn beugle** *fam* jd grölt *fam*; ***qn fait*** ~ ***sa télé/radio*** jd dreht seinen Fernseher/sein Radio voll auf
beur, e [bœʀ] *m, f fam in Frankreich geborenes Kind maghrebinischer Einwanderer*
beurk [bœʀk] *v.* **berk**
beurre [bœʀ] *m* Butter *f*
▸ **qn/qc met du** ~ **dans les épinards** *fam* jd verdient sich ein nettes Zubrot/etw ist ein nettes Zubrot; ~ **blanc** weiße Buttersoße; ~ **demi-sel** leicht gesalzene Butter; ~ **doux** [ungesalzene] Süßrahmbutter; ~**-frais** (*couleur*) hellgelb; ~ **laitier** Molkereibutter *f*; ~ **noir** [dunkel]braune Butter; **pur** ~ mit reiner Butter [gebacken]; **qn fait son** ~ *fam* jd verdient ganz schön [*o* verdient seine Brötchen] *fam*; ***qn a fait son*** ~ jd hat ausgesorgt; **qc rentre dans qc comme dans du** ~ etw geht in etw (*akk*) wie in Butter *fam*; /*couteau*/ etw schneidet etw wie Butter; **au** ~ Butter-; **pour du** ~ *fam* ohne dass es zählt; ***qn/qc compte pour du*** ~ jd/etw zählt nicht
◆ **beurre d'anchois** Sardellenbutter *f*; **beurre de cacahuète** Erdnussbutter *f*; **beurre de cacao** Kakaobutter *f*; **beurre d'écrevisses** Krebsbutter *f*; **beurre d'escargot** Schneckenbutter *f*
beurré, e [bœʀe] *adj fam* blau *fam*; ***complètement*** ~ blau wie ein Veilchen *fam*, sternhagelvoll *fam*
beurrer <1> [bœʀe] *vt* ■ **qn beurre qc** jd buttert etw; *pain, tartine, toast a.* jd bestreicht etw mit Butter; *moule a.* jd fettet etw [mit Butter] ein; ***tartine beurrée*** Butterbrot *nt*
beurrier, -ière [bœʀje, -jɛʀ] **I.** *adj* Butter-; *industrie a.* Butter erzeugend
II. *m* Butterdose *f*
beuverie [bœvʀi] *f* Trinkgelage *nt*, Zechgelage *nt fam*
bévue [bevy] *f* Fehler *nt*, Schnitzer *m fam*; ***qn accumule les*** ~***s*** jd macht Fehler um Fehler [*o* Schnitzer um Schnitzer *fam*]
bézef [bezɛf] *v.* **bésef**
bi [bi] *préf* zwei-; ~***caméralisme*** Zweikammersystem *nt*; ~***partition*** Zweiteilung *f*; ~***phasé*** zweiphasig; ~***céphal*** dizephal *spec*; ~***chromate*** zweifarbig, bichromatisch *spec*
biais [bjɛ] *m* 1. (*détour*) Umweg *m*; (*échappatoire*) Ausweg *m*; ***par des*** ~ auf Umwegen; ***qn cherche un*** ~ jd sucht einen Ausweg
2. COUT Schrägband *nt*, Schrägstreifen *m*
▸ **dans le** ~ schräg zum Fadenlauf; **de** ~ schräg; ***qn tourne qc de*** ~ jd dreht etw zur Seite; ***qn regarde qn de*** ~ jd schaut jdn schräg [*o* von der Seite] an; **en** ~ schräg; ***qn traverse la rue en*** ~ jd geht schräg über die Straße; ***en*** ~ ***par rapport à qc*** schräg zu etw; **par le** ~ **de qn/qc** über jdn/etw
biaiser <1> [bjeze] *vi* 1. (*louvoyer*) ■ **qn biaise** jd weicht aus
2. *littér* (*obliquer*) ■ **qn biaise vers qc** jd biegt in Richtung auf etw (*akk*) ab
biathlon [biatlɔ̃] *m* Biathlon *nt*
bibelot [biblo] *m* Nippfigur *f*; ***des*** ~***s*** Nippes *pl*, Nippsachen *pl*
biberon [bibʀɔ̃] *m* Flasche *f*, Fläschchen *nt*
▸ **au** ~ mit der Flasche, mit dem Fläschchen; ***qn élève un enfant/un animal au*** ~ jd zieht sein Kind/ein Tier mit der Flasche auf [*o* groß]
bibi [bibi] *pron pers fam* ich, meine Wenigkeit *fam*; ***ce parapluie est à*** ~ dieser Regenschirm gehört mir
bibine [bibin] *f fam* übles Gesöff *fam*
bible [bibl] *f* Bibel *f*; ■ **la** [**Sainte**] **B**~ die Bibel
bibliobus [biblijobys] *m* Bücherbus *m*
bibliographie [biblijɔgʀafi] *f* Bibliographie *f*
bibliographique [biblijɔgʀafik] *adj* bibliographisch; ***la notice*** ~ die bibliographischen Angaben
bibliophile [biblijɔfil] *mf* Bücherliebhaber(in) *m(f)*, Bibliophile(r) *f(m)*
bibliothécaire [biblijɔtekɛʀ] *mf* Bibliothekar(in) *m(f)*
bibliothèque [biblijɔtɛk] *f* 1. (*salle*) Bibliothek *f*; (~ *publique a.*) Bücherei *f*
2. (*meuble*) (*étagère*) Bücherregal *nt*; (*armoire*) Bücherschrank *m*
3. (*kiosque*) Bücherstand *m*
4. (*collection*) Büchersammlung *f*, Bibliothek *f*; ***une*** ~ ***musicale*** eine Musiksammlung
▸ ~ **municipale** Stadtbücherei *f*, Stadtbibliothek *f*; **B**~ **nationale** Nationalbibliothek *f*; ~ **universitaire** Universitätsbibliothek *f*, Unibibliothek *f fam*
◆ **bibliothèque de prêt** Leihbücherei *f*, Leihbibliothek *f*
biblique [biblik] *adj* biblisch; *personnage a.* der Bibel; *auteur* Bibel-
bicarbonate [bikaʀbɔnat] *m* Hydrogenkarbonat *nt*, Bikarbonat *nt veraltet*; ~ ***de soude*** Natron *nt*
bicentenaire [bisɑ̃tnɛʀ] *m* zweihundertster Jahrestag, zweihundertjähriges Jubiläum; (*festivités*) Zweihundertjahrfeier *f*
biceps [bisɛps] *m* Bizeps *m*
▸ **qn a des** ~ jd hat Muskeln, jd ist stark
biche [biʃ] *f* Hirschkuh *f*, Ricke *f*
▸ **ma** ~ mein Schatz, mein Mäuschen *fam*
bichette [biʃɛt] *f* ▸ **ma** ~ mein Häschen
bichonner <1> [biʃɔne] **I.** *vt* ■ **qn bichonne qn/un animal** jd putzt jdn/ein Tier heraus, jd macht jdn/ein Tier fein; (*prendre bien soin de*) jd [ver]hätschelt jdn/ein Tier; ■ **qn bichonne qc** jd bringt etw auf Hochglanz *fam*
II. *vpr* ■ **qn se bichonne** jd macht sich fein, jd macht Toilette
bicolore [bikɔlɔʀ] *adj* zweifarbig
biconcave [bikɔ̃kav] *adj* bikonkav
biconvexe [bikɔ̃vɛks] *adj* bikonvex
bicoque [bikɔk] *f péj* Schuppen *m*, Bruchbude *f fam*
bicorne [bikɔʀn] *m* Zweispitz *m*
bicot [biko] *m péj* Kameltreiber *m*
bicross [bikʀɔs] *m* 1. (*bicyclette*) BMX[-Rad] *nt*; (*V.T.T.*) Mountainbike ['mauntɪnbaik] *nt*
2. (*sport*) Mountainbiking ['mauntɪnbaikɪŋ] *nt*
bicyclette [bisiklɛt] *f* [Fahr]rad *nt*; ■ ~ **de** -[fahr]rad; ~ ***d'homme/de femme/d'enfant*** Herren-/Damen-/Kinder[fahr]rad; ~ ***de course*** Renn[sport]rad; ~ ***de cyclotourisme*** Tourenrad
▸ **qn fait de la** ~ jd fährt Rad; **qn va à** ~ [**quelque part**] jd fährt mit dem Rad [*o* radelt *fam*] [irgendwohin]
bidasse [bidas] *m fam* [einfacher] Soldat
bide [bid] *m fam* 1. (*ventre*) Bauch *m*, Wampe *f fam*; ***qn prend du*** ~ jd bekommt [*o* kriegt] einen Bauch
2. (*échec*) Reinfall *m*, Flop *m fam*
▸ **qn/qc fait un** ~ [**complet**] jd/etw ist ein [totaler] Flop *fam*
bidet [bidɛ] *m* 1. [*salle de bains*] Bidet *nt*
2. *fam* (*cheval*) Pferdchen *nt*
bidon [bidɔ̃] **I.** *m* 1. (*récipient*) Kanister *m*; [*lait*] Kanne *f*; (*gourde*) [Trink]flasche *f*; MIL Feldflasche *f*; ~ ***de 2 litres*** Zweiliterkanister
2. *fam* (*ventre*) Bauch *m*, Bäuchlein *nt*
▸ **c'est du** ~ *fam* [das ist] alles nur Märchen [*o* Schwindel] *fam*
II. *app inv fam attentat, attaque* Schein-; *élections* manipuliert; ***c'est un aveugle*** ~ er tut so, als wäre er blind
◆ **bidon à lait** Milchkanne *f*
bidonnant, e [bidɔnɑ̃, ɑ̃t] *adj fam* spaßig, drollig
bidonner <1> [bidɔne] *vpr fam* ■ **qn se bidonne** jd lacht sich schief [*o* tot] *fam*
bidonville [bidɔ̃vil] *m* Slum[siedlung *f*] *m*, Elendsviertel *nt*, Bidonville *nt*
bidouiller <1> [biduje] *vt fam* ■ **qn bidouille qc** jd bastelt an etw (*dat*) herum
bidule [bidyl] *m fam* 1. Dings[bums] *nt fam*, Ding[sda] *nt fam*
2. (*matraque*) [Gummi]knüppel *m*
bielle [bjɛl] *f* [*voiture*] Pleuel[stange *f*] *m*; [*locomotive a.*] Pleuelgestänge *nt*
▸ **qn coule une** ~ jds Pleuellager ist ausgeschlagen
bien [bjɛ̃] **I.** *adv* 1. (*beaucoup*) ■ ~ **des** viele; ~ ***des gens/problèmes/années*** viele Leute/Probleme/Jahre; ■ ~ **du/de la** viel; ~ ***du souci/de la chance*** viel Sorge/Glück; ***qn a*** ~ ***du mal à faire qc*** jdm fällt es sehr schwer etw zu tun
2. (*au moins*) gut, mindestens; ***ils étaient*** ~ ***une dizaine*** es waren mindestens [*o* gut [und gern *fam*]] zehn
3. (*très*) sehr; *malheureux, triste a.* recht; (*trop*) *jeune, fatigué* [noch] recht; ***un pain*** ~ ***cuit*** ein dunkles Brot
4. + *adv* sehr; *mieux, trop* viel; ~ ***assez*** mehr als genug
5. (*de manière satisfaisante*) gut; ***le patient se porte aussi*** ~ ***que possible*** dem Patienten geht es den Umständen entsprechend [gut]; ***c'était*** ~ ***joué de sa part*** das hat er gut gemacht; ***on n'est vraiment pas*** ~ ***assis sur cette chaise*** auf diesem Stuhl sitzt man wirklich nicht gut; ***je vois*** [*o* ***comprends***] ~ ***ce que tu veux dire*** ich verstehe schon, was du meinst; ***qn fait*** ~ ***de faire qc*** jd tut gut daran, etw zu tun; ***tu as*** ~ ***fait*** das war richtig, [das war] gut so; ***j'ai cru*** ~ ***faire*** ich habe es gut gemeint; ***tu ferais*** ~ ***de me le dire*** du sagst es mir wohl besser; ***vous avez*** ~ ***fait de me le signaler*** Sie haben gut daran getan, mich darauf hinzuweisen
6. (*comme il se doit*) *agir, se conduire, se tenir* richtig; *s'asseoir a.* anständig
7. (*vraiment*) sehr; *vouloir* gerne; *rire a.* viel; *boire* eine Menge, ganz schön *fam*; *imaginer, voir* gut; *avoir l'intention* sehr wohl; *compter sur* ganz bestimmt, sicher; ***qn aime*** ~ ***qn/qc*** jd hat jdn/etw gern; ***je veux*** ~, ***merci!*** gern, danke!; ***j'y compte*** ~ ich nehme es an
8. (*à la rigueur*) schon; ***moi, je veux*** ~, ***mais …*** meinetwegen [schon] [*o* ich

habe nichts dagegen], aber …; ***je veux ~ qu'il y aille*** ich habe nichts dagegen, dass er hingeht; meinetwegen kann er gerne hingehen; ***qn a ~ voulu faire qc*** jd war so nett [*o* freundlich] und hat etw getan, jd hat netterweise [*o* freundlicherweise] etw getan; ***qc a ~ voulu faire qc*** *iron* etw hat freundlicherweise etw getan, etw war so nett und hat etw getan; ***je vous prie de ~ vouloir faire qc*** ich bitte Sie etw zu tun; ***j'espère ~!*** das will ich hoffen!; ***j'espère ~! mais je ne peux rien promettre*** ich hoffe schon! aber ich kann nichts versprechen

9. (*pourtant*) doch; ***il pouvait ~ penser que*** er konnte sich doch [gleich] denken, dass

10. (*en effet*) ja; ***il faut ~ s'occuper*** irgendetwas muss man ja tun; ■ **qn fait ~ qc, mais** jd tut ja etw, aber; ***il me l'a ~ dit, mais j'ai oublié*** er hat es mir ja gesagt, aber ich habe es vergessen; ■ **qn ferait ~ qc, mais** jd täte etw ja gerne, aber; jd würde ja gerne etw tun, aber

11. (*aussi*) [doch] auch; ***tu l'as ~ fait, toi!*** du hast es doch auch gemacht!

12. (*effectivement*) wirklich; doch [..., oder?]; ***es-tu ~ certaine que ...?*** bist du wirklich sicher, dass ...?; ***c'est ~ à toi que j'ai prêté ce roman?*** ich habe doch dir den Roman geliehen[, oder]?

13. (*sans le moindre doute*) [sehr] wohl; ***elle était ~ dans son bureau*** sie war sehr wohl in ihrem Arbeitszimmer

14. (*typiquement*): ***c'est ~ [de] toi*** das ist typisch für dich, das sieht dir ähnlich; ***c'est ~ une Parisienne*** sie ist eine typische Pariserin

15. (*probablement*) wohl, [wohl] schon; (*sûrement*) bestimmt; ***il te prêtera ~ son vélo*** er wird dir wohl schon/bestimmt sein Fahrrad leihen

▶ **qn a ~ eu qn** *fam* jd hat jdn ganz schön hereingelegt [*o* reingelegt *fam*]; **qn a ~ fait** das war richtig von jdm, etw zu tun; jd hat richtig gehandelt; **qn se fait ~ avoir** jd lässt sich [von jdm] ganz schön hereinlegen [*o* reinlegen] *fam;* **ça commence ~!** das fängt ja gut an; **ça commence à ~ faire!** *fam* das geht nun wirklich zu weit!, jetzt wird es mir aber zu bunt! *fam;* ***ses effronteries, ça commence à ~ faire!*** ihre/seine Unverschämtheiten gehen allmählich zu weit!; **qn/qc commence à ~ faire** *fam* jd geht allmählich zu weit, jd treibt es zu bunt/etw wird zu bunt *fam;* **je [te/vous] l'avais ~ dit** ich habe es dir/Ihnen doch gesagt; **qn entend ~ faire qc** jd hat die feste Absicht, etw zu tun; ***j'entends ~ ne pas le faire*** ich habe nicht die geringste Absicht, das zu tun; **c'est ~ ce que qn pensait** [*o* **craignait**] das hat sich jd doch gleich gedacht, das hat jd [doch] gleich befürchtet; **pour ~ faire, il faudrait faire qc** es wäre am besten etw zu tun, das Beste wäre etw zu tun; ***pour ~ faire, il faudrait partir très tôt*** das Beste wäre [*o* es wäre am besten], sehr früh loszufahren; **qn fait ~** jd tut gut daran, jd handelt richtig; **ça fait ~** das macht sich gut; *iron a.* das passt; **ça fait ~ de faire qc** es macht sich gut, etw zu tun; **[c'est] ~ fait [pour lui/elle]!** [das] geschieht ihm/ihr [ganz] recht!; **qn ferait ~ de faire qc** jd täte gut daran, etw zu tun; es wäre gut, wenn jd etw täte [*o* tun würde]; **il faut ~!** was sein muss, muss sein!; **il faut ~ faire qc:** ***il faut ~ admettre*** [*o* ***reconnaître***] ***que*** man muss wohl zugeben, dass; ***il faut ~ le dire*** das muss man [schon] sagen; **qn se met ~** *fam* jd lässt es sich (*dat*) gut gehen; **qn se met ~ avec qn** jd stellt sich gut mit jdm; **je pense ~** das will ich meinen; **mais** [*o* **et**] **qn le sait ~!** aber das weiß jd doch!, und das weiß jd wohl!, wie jd sehr wohl weiß!; ***et vous le savez ~!*** und das wissen Sie sehr wohl!, wie Sie sehr wohl wissen!; **il semble ~ que qn/qc fait qc** anscheinend tut jd/eine S. etw; **il semble ~ que qn/qc fasse qc** es scheint ganz so, als täte jd/eine S. etw; **il me/lui/... semble ~ que** + *indic* es scheint mir/ihm/ihr/... [ganz so], als; ***il me semble ~ qu'elle est guérie/qu'elle l'a dit*** es scheint mir [ganz so], als wäre sie geheilt/als hätte sie das gesagt; **ça tombe ~!** das trifft sich gut; *iron* das trifft sich ja gut; **qn tombe ~** jd kommt gerade recht; **qn va ~** jdm geht es gut; ***comment allez-vous? – B~ merci*** wie geht es Ihnen? – Gut, danke [*o* danke, gut]; **qn verra ~, qn va ~ voir** jd wird schon sehen; **eh ~!** na!; (*menace*) na warte! *fam;* (*surprise*) [na *fam*] so was!; (*accord*) na gut (*incitation*) na [los]!; ***eh ~, qu'est-ce que tu attends?*** na [los], worauf wartest du denn?; **ou ~** oder [lieber]; **~ plus** schlimmer noch; **~ que** obwohl, obgleich *geh,* obzwar *geh;* **[tant et] si ~ que** so dass [letztendlich]; **tant ~ que mal** mehr schlecht als recht

II. *adj inv* **1.** (*satisfaisant*) ■ **qn/qc est ~** jd/etw ist gut; ***ce sera très ~ ainsi*** es geht sehr gut so

2. (*en forme*) ■ **qn est ~** jdm geht es gut; ***qn se sent ~*** jd fühlt sich wohl

3. (*à l'aise*) ■ **qn est ~** jd hat es bequem; ***est-ce que tu es ~?*** hast du es bequem?; ■ **qn est ~ avec qn** jd versteht sich gut mit jdm; ■ **qc est ~** (*confortable*) etw ist bequem

4. (*joli*) schön; *femme a.* hübsch; *homme a.* gut aussehend; ■ **qn est ~** jd sieht gut aus; ***il est ~ pour son âge*** er sieht [noch] gut aus für sein Alter

5. (*louable*) schön, richtig; ***c'est ~ de faire cela*** es ist schön [*o* richtig] das zu tun

6. (*sympathique*) nett, in Ordnung, prima *fam;* ***[c'est] un gars/une fille ~*** [er/sie ist] ein feiner [*o* prima *fam*] Kerl, er/sie ist in Ordnung

7. (*comme il faut*) anständig, achtbar; ***ils ont l'air ~*** sie scheinen anständige [*o* achtbare] Leute zu sein

8. (*qui présente bien*) vornehm, fein

III. *m* **1.** (*capital physique ou moral*) Gut *nt;* ***le ~ le plus cher*** das höchste Gut; ***le ~ général*** das [All]gemeinwohl

2. (*capital matériel*) Eigentum *nt,* Habe *f; pl* Hab *nt* und Gut *nt;* ***qn a du ~*** jd hat Vermögen, jd ist vermögend; ***mon seul ~*** mein einziger Besitz, meine einzige Habe

3. (*qualité morale*) ■ **le ~** das Gute; ***le ~ et le mal*** das Gute und das Böse; ***un homme de ~*** ein guter [*o* edler] Mensch

▶ **en tout ~ tout honneur** in allen Ehren; **qn rend le ~ pour le mal** jd vergilt Böses mit Gutem; **~s collectifs** Kollektivgüter *pl,* öffentliche Güter *pl;* **grand ~ lui/vous fasse!** *iron* meinen Segen hat er/sie/haben Sie; **qn dit grand ~ de qn/qc** jd lobt jdn/etw in den höchsten Tönen; ***on m'a dit grand ~ de son dernier livre*** ich habe viel Gutes über sein/ihr letztes Buch gehört; **qn pense grand ~ de qn/qc** jd hält viel von jdm/einer S. [*o* jd hält große Stücke auf jdn/etw *fam*]; **~s mobiliers/immobiliers** bewegliche Güter [*o* bewegliches Vermögen]/Immobilien; **qn a du ~** jd ist vermögend [*o* begütert]; **qn a du ~ au soleil** jd besitzt Ländereien; **~ mal acquis ne profite jamais** *prov* unrecht Gut gedeiht nicht; **qn change en ~** jd verändert sich zu seinem Vorteil, jd bessert sich; **qn change qc en ~** jd ändert etw zum Besseren, jd verbessert etw; **qn dit du ~ de qn/qc** jd sagt jdm/einer S. Gutes nach; ***on m'a dit beaucoup de ~ de qn/sur*** [*o* ***de***] ***qc*** ich habe viel Gutes über jdn/etw gehört; **c'est pour le ~ de qn** es ist [nur] zu jds Bestem; **qn fait le ~** jd tut Gutes; **qc fait du ~ [à qn]** etw tut [jdm] gut; ***ça fait du ~ par où ça passe*** das tut gut!; **qn mène qc à ~** jd bringt [*o* führt] etw zu einem guten Ende [*o* Abschluss]; **qn parle en ~ de qn/qc** jd spricht gut über jdn/etw, jd erzählt nur Gutes über jdn/etw; ***on m'a parlé en ~ de qn/qc*** ich habe viel Gutes über jdn/etw gehört; **qn pense du ~ de qn/qc** jd hält viel von jdm/etw [*o* jd hat eine gute Meinung von jdm/einer S.]; **qn veut du ~ à qn** jd meint es gut mit jdm, jd ist jdm wohlgesonnen *geh;* ***je ne veux que ton ~*** ich meine es doch nur gut mit dir, ich will [doch] nur dein Bestes; ***un ami qui vous veut du ~*** ein wohlmeinender Freund

◆ **biens de consommation** Konsumgüter *pl;* **biens de famille** Familienbesitz *m;* **biens d'investissement** Investitionsgüter *pl;* **biens d'équipement** Ausrüstungsgüter *pl;* **biens de production** Produktionsgüter *pl*

bien-aimé, e <~-~s> [bjɛ̃neme] **I.** *adj* geliebt; ***le disciple ~~*** der Lieblingsjünger

II. *m, f* Geliebte(r) *f(m),* [Herzaller]liebste(r) *f(m);* ***Louis XV, dit le B~~*** Ludwig XV., genannt der Vielgeliebte

bien-être [bjɛ̃nɛtʀ] *m ∅* **1.** (*sensation*) Wohlbefinden *nt,* Wohlbehagen *nt;* ***une sensation de ~~*** ein wohliges Gefühl

2. (*confort*) Wohlstand *m*

bienfaisance [bjɛ̃fəzɑ̃s] *f* Wohltätigkeit *f;* ***une association*** [*o* ***œuvre***] ***de ~*** ein Wohlfahrtsverband, eine karitative Einrichtung; ***au profit d'une œuvre de ~*** für wohltätige [*o* karitative] Zwecke

bienfaisant, e [bjɛ̃fəzɑ̃, ɑ̃t] *adj personne* wohltätig, mildtätig; *climat, pluie* wohltuend; ■ **qc est ~ [à qn]** etw ist eine Wohltat [für jdn]

bienfait [bjɛ̃fɛ] *m* **1.** (*action généreuse*) Wohltat *f;* [*ciel, dieux a.*] Geschenk *nt*

2. *pl* (*effet*) [*science, civilisation*] Errungenschaften *pl,* Wohltaten *pl,* Segnungen *pl iron;* [*traitement, paix, manière de vivre*] wohltuende Wirkung, Wohltat *f*

bienfaiteur, -trice [bjɛ̃fɛtœʀ, -tʀis] *m, f* Wohltäter(in) *m(f);* (*mécène a.*) Gönner(in) *m(f),* Spender(in) *m(f)*

bien-fondé <~-~s> [bjɛ̃fɔ̃de] *m* Richtigkeit *f;* [*réclamation, revendication*] Berechtigung *f;* [*argument*] Stichhaltigkeit *f;* ***nous examinons le ~~ de votre réclamation*** wir prüfen, ob Ihre Reklamation berechtigt ist

bienheureux, -euse [bjɛ̃nœʀø, -øz] **I.** *adj littér* glücklich; *nouvelle a.* sehr gut; REL *personne* selig

II. *m, f* Selige(r) *f(m)*

▶ **qn dort comme un ~** *fam* jd schläft den Schlaf der Gerechten, jd schläft [sanft und] selig

biennal, e <-aux> [bjenal, o] **I.** *adj* (*bisannuel*) zweijährlich; (*qui dure deux ans*) zweijährig; ■ **qc est ~** */événement/* etw findet alle zwei Jahre statt; */publication/* etw erscheint alle zwei Jahre

II. *f* ■ **biennale** Biennale *f*

bien-pensant, ~-~e <~-~s> [bjɛ̃pɑ̃sɑ̃, ɑ̃t] **I.** *adj* konformistisch

II. *m, f* Konformist(in) *m(f)*

bienséance [bjɛ̃seɑ̃s] *f* Anstand *m,* Schicklichkeit *f;* ***qn apprend la ~*** jd lernt, was sich schickt; ***les règles de la ~*** die Regeln des Anstands, die Anstandsregeln; THEAT die Regeln der Bienseance

bientôt [bjɛ̃to] *adv* **1.** (*prochainement*) bald, demnächst

2. (*rapidement*) bald, in Kürze

▶ **c'est pour ~** es ist bald soweit; ***c'est pour ~, les vacances?*** sind bald Ferien?; **à ~** bis [*o* auf] bald

bienveillance [bjɛ̃vɛjɑ̃s] *f* Wohlwollen *nt;* **avec ~** wohlwollend; ***qn témoigne de la ~ à qn*** jd bringt jdm Wohlwollen entgegen

bienveillant, e [bjɛ̃vɛjɑ̃, jɑ̃t] *adj* wohlwollend; *comportement a.* entgegenkommend; ***qn se montre ~ envers qn*** jd begegnet jdm mit Wohlwollen

bienvenu, e [bjɛ̃v(ə)ny] **I.** *adj* willkommen; ■ **qc est ~** etw ist willkommen; (*arrive à point nommé*) etw kommt gelegen; ***une lettre de toi serait ~e*** ich würde mich über einen Brief von dir freuen

II. *m, f* ■ **qn/qc est le/la ~(e) [pour qn/qc]** jd/etw kommt [jdm/einer S.] gelegen, jd/etw ist jdm/einer S. willkommen

▶ **sois/soyez le/la ~(e)** [sei/seid/seien Sie] [herzlich] willkommen

III. *f* ▶ **qn souhaite la ~e à qn** jd heißt jdn [herzlich] willkommen

bière[1] [bjɛʀ] *f* (*boisson*) Bier *nt;* **~ *en boîte/en bouteille*** Dosen-/Flaschenbier

▶ **~ blonde/brune** helles/dunkles Bier

◆ **bière [à la] pression** Bier vom Fass *nt,* Fassbier *nt*

bière[2] [bjɛʀ] *f* (*cercueil*) Sarg *m;* ***la mise en ~*** das Einsargen, die Einsargung

▶ **qn met qn en ~** jd sargt jdn ein, jd legt jdn in den Sarg

biffer <1> [bife] *vt* ■ **qn biffe qc** jd streicht etw [durch]

bifidus [bifidys] *m* Bifidusbakterium *nt* (*zur Milchfermentierung benützt*)

bifocal, e <-aux> [bifɔkal, o] *adj* Bifokal-

bifteck [biftɛk] *m* [Beef]steak *nt*

▶ **qn défend son ~** *fam* jd verteidigt seine [eigenen] Interessen; **qn gagne son ~** *fam* jd verdient seine Brötchen *fam*

bifurcation [bifyʀkasjɔ̃] *f* **1.** [*route, chemin*] Gabelung *f,* Abzweigung *f;* [*voie ferrée*] Abzweigstelle *f;* ***à la ~ du chemin*** an der Weggabelung; ***le chemin fait une ~*** der Weg gabelt sich

2. BOT, ANAT Gabelung *f;* [*tige a.*] Verzweigung *f;* [*artère a.*] Bifurkation *f spec;* ***à la ~ de la tige principale et des feuilles*** in den Blattachseln

bifurquer <1> [bifyʀke] *vi* **1.** (*se diviser*) ■ **qc bifurque** etw gabelt [*o* teilt] sich
2. (*changer de direction*) ■ **qn/qc bifurque** [**vers qc**] etw biegt [nach etw] ab; ***qn/qc bifurque vers la droite/la gauche*** jd/etw biegt nach rechts/links ab
3. (*changer d'occupation*) ■ **qn bifurque vers qc** jd sattelt [*o* orientiert sich] auf etw (*akk*) um
bigamie [bigami] *f* Bigamie *f*
bigarré, e [bigaʀe] *adj tissu* bunt [gemustert]; *foule, langue, société* bunt gemischt
bigarreau <x> [bigaʀo] *m* Knorpelkirsche *f*
big-bang [bigbɑ̃g] *m* Urknall *m*
bigleux, -euse [biglø, -øz] *adj fam* kurzsichtig; ■ **qn est** ~ (*louche*) jd schielt; (*voit mal*) jd sieht schlecht
bigophone [bigɔfɔn] *m fam* Telefon *m*
▸ **qn passe un coup de** ~ jd klingelt an *fam*
bigorneau <x> [bigɔʀno] *m* Strandschnecke *f*
bigot, e [bigo, ɔt] **I.** *adj* bigott
II. *m, f* Frömmler(in) *m(f)*, Betbruder/-schwester *m/f fam*, Bigotte(r) *f(m)*
bigoudi [bigudi] *m* Lockenwickler *m*
▸ **en** ~**s** mit Lockenwicklern; ***qn est en ~s*** jd hat Lockenwickler im Haar
bigrement [bigʀəmɑ̃] *adv fam* wahnsinnig *fam*, verdammt *fam*
bihebdomadaire [biɛbdɔmadɛʀ] *adj journal, revue* zweimal wöchentlich erscheinend; *émission* zweimal wöchentlich ausgestrahlt; *événement* zweimal wöchentlich stattfindend; ■ **qc est** ~ /*journal, revue*/ etw erscheint zweimal in der Woche [*o* wöchentlich]; /*émission*/ etw wird zweimal in der Woche [*o* wöchentlich] gesendet; /*événement*/ etw findet zweimal in der Woche [*o* wöchentlich] statt
bijou <x> [biʒu] *m* **1.** (*joyau*) Schmuckstück *nt; pl* Schmuckstücke *pl*, Schmuck *m*; ***un ~ de famille*** ein ererbtes Schmuckstück; ***des ~x fantaisie*** Modeschmuck; ***les ~x de famille*** der Familienschmuck; ***les ~x de la couronne*** [***britannique***] die [englischen] Kronjuwelen
2. (*chef-d'œuvre*) Juwel *nt*, Kleinod *nt*; ***un ~ de l'art baroque*** ein Juwel [*o* Kleinod] barocker Kunst
▸ **mon** [**petit**] ~ mein [kleiner] [Gold]schatz
◆ **bijoux de famille** *fam* (*testicules*) Gehänge *nt sl*
bijouterie [biʒutʀi] *f* **1.** (*boutique*) Juweliergeschäft *nt*
2. (*art*) Goldschmiedekunst *f*
3. (*commerce*) Schmuckgeschäft *nt*
4. (*objets*) Schmuck[waren *pl*] *m*; ***catalogue de*** ~ Schmuck[waren]katalog *m*
bijoutier, -ère [biʒutje, -jɛʀ] *m, f* Juwelier(in) *m(f)*
bikini® [bikini] *m* Bikini *m*
bilan [bilɑ̃] *m* **1.** FIN [Geschäfts]bilanz *f*; ***qn/qc arrête*** [*o* ***dresse***] [*o* ***établit***] ***le*** ~ jd/etw stellt eine Bilanz auf, jd/etw erstellt eine Bilanz
2. (*résultat*) Bilanz *f*; ***le ~ de qc s'est soldé par qc*** die Bilanz einer S. (*gen*) besteht in etw (*dat*)
3. MED Untersuchung *f*; ***un ~ sanguin*** eine Blutuntersuchung
▸ **qn dépose le** ~ jd meldet Konkurs an; **qn fait le** ~ **de qc** jd zieht Bilanz aus etw, jd wertet etw aus
◆ **bilan de santé** Check-up *m*, [allgemeine] Vorsorgeuntersuchung
bilatéral, e <-aux> [bilateʀal, o] *adj* **1.** (*des deux côtés*) beidseitig; *stationnement* auf beiden Seiten; ***le stationnement ~ est interdit*** es ist nicht erlaubt, auf beiden [Straßen]seiten zu parken
2. MED *paralysie, strabisme* doppelseitig
3. JUR, POL bilateral, gegenseitig
bilboquet [bilbɔkɛ] *m* (*jouet*) Fangbecherspiel *nt*
bile [bil] *f* **1.** ANAT Galle *f*
2. (*amertume*) Verbitterung *f*
▸ **qn décharge sa** ~ *fam* jd reagiert sich ab, jd lässt Dampf ab *fam*; **qn échauffe la** ~ **à qn** *vieilli* jd bringt jdn auf die Palme *fam*; ***tu commences à m'échauffer la*** ~! du fällst mir langsam auf die Nerven!; **qn se fait de la** ~/**beaucoup de** ~ [**pour qc**] jd macht sich (*dat*) Sorgen/große Sorgen [wegen etw]
bileux, -euse [bilø, -øz] *adj fam* besorgt; ***qn n'est pas ~ pour deux sous*** jd lässt sich durch nichts aus der Ruhe bringen
biliaire [biljɛʀ] *adj* Gallen-
bilingue [bilɛ̃g] **I.** *adj* zweisprachig
II. *mf* Zweisprachige(r) *f(m)*; ***ce sont des ~s*** sie sind zweisprachig
bilinguisme [bilɛ̃gɥism] *m* Zweisprachigkeit *f*
billard [bijaʀ] *m* **1.** (*jeu*) Billard[spiel *nt*] *nt*
2. (*lieu*) Billardzimmer *nt*; (*table*) Billardtisch *m*
▸ ~ **électrique** Flipper[automat *m*] *m*; ~ **russe** Lochbillard *nt*; **qc est un vrai** ~ /*route, chemin*/ etw ist eine richtige Kegelbahn *fam*; **c'est du** ~ *fam* das ist ein Kinderspiel [*o* ein Klacks] *fam*; **qn fait un** ~ jd spielt [eine Partie] Billard; **qn passe sur le** ~ *fam* jd kommt unters Messer *fam*
bille [bij] *f* **1.** (*petite boule*) Murmel *f*; (*au billard*) [Billard]kugel *f*; ***des ~s en terre/en verre*** Ton-/Glasmurmeln *pl*
2. (*bois*) [Holz]klotz *m*, [Holz]block *m*; ***une ~ de tilleul/de chêne*** ein Lindenholz-/Eichenklotz, ein Lindenholz-/Eichenblock
3. *pl fam* (*yeux*) Glotzer *pl fam*
4. *fam* (*figure*) Visage *f sl*
▸ ~ **en tête** *annoncer, arriver, attaquer* Knall auf Fall *fam*; *foncer* schnurstracks *fam*; **qn joue aux** ~**s** jd spielt [mit] Murmeln; **qn place ses** ~**s** jd bringt sich in eine gute Position; **qn reprend ses** ~**s** jd steigt aus; **qn roule des** ~**s** *fam* jd macht große Augen *fam*; **à** ~[**s**] Kugel-; ***crayon*** [*o* ***stylo***] ***à*** ~ Kugelschreiber *m*; ***roulement à ~s*** Kugellager *nt*; ***déodorant à*** ~ Deoroller *m*, Roll-on-Deodorant *nt*
◆ **bille de billard** *fam* (*crâne*) Glatzkopf *m fam*

billet [bijɛ] *m* **1.** (*billet d'entrée*) Eintrittskarte *f*; ***~ de cinéma/théâtre*** Kino-/Theaterkarte *f*
2. (*titre de transport*) [*autobus*] Fahrschein *m*; [*train a.*] Fahrkarte *f*; [*avion*] Ticket *nt*, Flugschein *m*
3. [*loterie*] Los *nt*; ***un ~ de loterie*** ein [Lotterie]los, ein Lotterieschein
4. (*argent*) [Geld]schein *m*, [Bank]note *f*; ***en ~s de 50/100 DM*** in Fünfzig-/Hundertmarkscheinen
5. (*message*) Zettel *m*, Briefchen *nt*; ■ ~ **de**: ***un ~ d'absence/d'excuse*** eine Entschuldigung; ***un ~ d'invitation*** [***à qc***] eine Einladung [zu etw]
▸ ~ **aller/aller-retour** Einzel-/Rückfahrkarte *f*, Einzel-/Rückfahrschein *m*; ~ **circulaire** Rundfahrkarte *f*, Rundfahrschein *m*; ~ **doux** Liebesbrief *m*; **faux** ~ (*argent*) falsche Banknote, Blüte *f fam*; (*ticket*) falsche Eintrittskarte; ~ **vert** [amerikanischer] Dollar; **je te donne** [*o* **fiche**] **mon** ~ **que** *vieilli fam* ich gehe jede Wette ein, dass; ich kann dir das schriftlich geben, dass *fam*; ***je t'en/vous en fiche mon*** ~! *fam* wetten?!
◆ **billet à ordre** Eigenwechsel *m*; **billet au porteur** an den Inhaber zahlbarer Wechsel; **billet de banque** Banknote *f*; **billet de commerce** Schuldschein *m*; **billet d'entrée** Eintrittskarte *f*; **billet** [**en**] **euro** Euro-Banknote *f*, Euro-Schein *m*
billetterie [bijɛtʀi] *f* **1.** (*caisse*) Kasse *f*
2. (*distributeur de billets*) Geldautomat *m*, Bankomat *m*
▸ ~ **automatique** Fahrkartenautomat *m*; (*pour billets de banque*) Geld[ausgabe]automat *m*
bimensuel, le [bimɑ̃sɥɛl] *adj journal, revue* zweimal im Monat [*o* alle zwei Wochen] erscheinend; *émission* zweimal im Monat [*o* alle zwei Wochen] ausgestrahlt; *événement* zweimal im Monat [*o* alle zwei Wochen] stattfindend; ***ce journal est*** ~ diese Zeitung erscheint zweimal im Monat
bimestriel, le [bimɛstʀijɛl] *adj journal, revue* alle zwei Monate erscheinend; *émission* alle zwei Monate ausgestrahlt; *événement* alle zwei Monate stattfindend; ***ce journal est*** ~ diese Zeitung erscheint alle zwei Monate
bimoteur [bimɔtœʀ] **I.** *adj inv avion, bateau* zweimotorig
II. *m* zweimotoriges Flugzeug, zweimotorige Maschine
binaire [binɛʀ] **I.** *adj* INFORM binär; *données* Binär-; ***nombre*** ~ binäre Zahl, Binärzahl *f*; ***numération*** ~ binäres System, Dualsystem *nt*
II. *m* INFORM Binärdatei *f*
biner <1> [bine] *vt* ■ **qn bine qc** jd hackt etw [durch]; *allée, chemin* jd harkt etw
binette [binɛt] *f* **1.** (*outil*) Hacke *f*
2. *fam* (*visage*) Gesicht *nt*
▸ **qn fait une drôle de/une sacrée** ~ *fam* jd macht ein komisches Gesicht; ***t'en fais une*** [***sacrée***] ~ du machst ja vielleicht ein [*o* was machst du denn für ein] [komisches] Gesicht
bing [biŋ] *interj* peng, päng
biniou [binju] *m* [bretonischer] Dudelsack, [bretonische] Sackpfeife
binz *m*, **bin's** [bins] *m fam* (*désordre*) Chaos *nt*; (*affaire compliquée*) Zirkus *m fam*; ***c'est tout un ~ pour aller chez elle*** das ist vielleicht ein Zirkus, bis man zu ihr kommt *fam*; ***je ne sais pas comment je vais me sortir de ce*** ~ keine Ahnung, wie ich aus dem Schlamassel rauskomme *fam*
bio [bjo] *préf + adj* bio-; + *subst* Bio-
biochimie [bjoʃimi] *f* Biochemie *f*
biochimiste [bjoʃimist] *mf* Biochemiker(in) *m(f)*
biodégradable [bjodegʀadabl] *adj détergents* biologisch abbaubar; *sachet, matière plastique* kompostierbar
bioénergie [bjoenɛʀʒi] *f* Bioenergetik *f*
biographie [bjɔgʀafi] *f* Biografie *f*
biographique [bjɔgʀafik] *adj* biografisch
biologie [bjɔlɔʒi] *f* Biologie *f*
biologique [bjɔlɔʒik] *adj* **1.** *conditions* biologisch; ***les sciences ~s*** die Biologie
2. *agriculture* biologisch; ***aliments ~s*** Biokost *f*
biologiste [bjɔlɔʒist] *mf* Biologe/-login *m/f*
biopsie [bjɔpsi] *f* Biopsie *f*
biosphère [bjosfɛʀ] *f* Biosphäre *f*
biosynthèse [bjosɛ̃tɛz] *f* Biosynthese *f*
biotechnologie [bjotɛknɔlɔʒi] *f* Biotechnik *f*
biotope [bjɔtɔp] *m* Biotop *nt*
bip [bip] *m* (*signal*) Tonzeichen *nt*; *fam* (*appareil*) Piepser *m*
▸ ~ **sonore** Pfeifton *m*
biparti, e [bipaʀti] *adj*, **bipartite** [bipaʀtit] *adj gouvernement, système* Zweiparteien-; *accord* bilateral; *comité* aus Vertretern beider Seiten [zusammengesetzt]; *portillon* zweiteilig
bipède [bipɛd] **I.** *adj* zweifüßig
II. *m* Zweifüßer *m*; *hum* (*homme*) Zweibeiner *m*
biplace [biplas] **I.** *adj* zweisitzig
II. *m* Zweisitzer *m*
biplan [biplɑ̃] *m* Doppeldecker *m*
bique [bik] *f fam* Ziege *f*
▸ **grande** ~ *péj* lange Latte, Bohnenstange *f*, Hopfenstange *f*; **vieille** ~ *péj* alte [Zimt]ziege [*o* [Zimt]zicke] *fam*
biquet, te [bikɛ, ɛt] *m, f fam* ▸ **mon** ~/**ma** ~**te** Schätzchen
biréacteur [biʀeaktœʀ] *m* zweistrahliges Flugzeug, zweistrahlige Maschine
bis [bis] **I.** *adv* MUS da capo; ***c'est marqué*** ~ hier steht ein Wiederholungszeichen
▸ ~! Zugabe!, da capo! *geh*
II. *m* Dakapo *nt*; ***le public demanda un*** ~ das Publikum wünschte eine Zugabe
III. *app numéro, 20, 11 etc* a; ***n° 12*** ~ Nr. 12a
bis, e [bi, biz] *adj* graubraun; ***pain*** ~ Mischbrot *nt*, Graubrot *nt*

bis [bi, biz, bis] *v.* **bi**
bisaïeul, e [bizajœl] *m, f* Urgroßvater/-mutter *m/f; pl* Urgroßeltern *pl*
bisannuel, le [bizanɥɛl] *adj plante* zweijährig; (*biennal*) zweijährlich
biscornu, e [biskɔʀny] *adj forme* bizarr, absonderlich; *idée, esprit a.* verschroben, verrückt
biscotte [biskɔt] *f* Zwieback *m*
biscuit [biskɥi] *m* **1.** (*gâteau sec*) Keks *m;* ■ **~ à** *à la noix de coco, aux amandes* -keks
2. (*pâtisserie*) Biskuit *m;* ~ ***roulé*** Biskuitrolle *f*
3. (*céramique*) Biskuit[porzellan *nt*] *nt;* ~ ***de Sèvres*** Sèvresbiskuit
► **~ à la cuiller** Löffelbiskuit *m,* Biskotte *f* AUS; ~ **fourré** [**à qc**] [mit etw] gefüllter Keks; **~s salés** Salzgebäck *nt;* ~ **sec** Keks *m*
◆ **biscuit de chien** Hundekuchen *m;* **biscuit de Savoie** Biskuit *m*
bise¹ [biz] *f* (*vent du Nord*) kalter Nordwind; ***une ~ glaciale*** ein eisiger Nordwind
bise² [biz] *f fam* (*baiser*) Küsschen *nt,* Bussi *nt fam;* ***grosses ~s!*** viele Grüße und Küsse!
► **qn fait** [*o* **donne**] **la ~ à qn** jd gibt jdm ein Küsschen [*o* Bussi] *fam;* **des personnes se font la ~** Menschen küssen sich auf die Wange, Menschen geben sich Küsschen; ***allez, on se fait la ~!*** komm, gib Küsschen!
biseau <x> [bizo] *m* [abgeschrägte] Kante, Schrägkante *f*
► **qc est taillé(e) en ~** etw ist abgeschrägt; */plaque de verre a., miroir, glace/* etw ist facettiert
biseauter <1> [bizote] *vt* ■ **qn biseaute qc** **1.** TECH jd schrägt etw ab; *miroir, glace, diamant* jd facettiert etw
2. CARTES jd zinkt etw
bisexualité [bisɛksɥalite] *f* **1.** BOT, ZOOL Doppelgeschlechtlichkeit *f,* Zweigeschlechtlichkeit *f*
2. [*être humain*] Bisexualität *f*
bisexuel, le [bisɛksɥɛl] *adj* bisexuell
bismuth [bismyt] *m* CHIM Wismut *m,* Bismutum *nt spec*
bison [bizɔ̃] *m* (*d'Amérique*) Bison *m;* (*d'Europe*) Wisent *m*
► **B~ futé** *Informationen zum Vermeiden/Umfahren von Staus*
bisou [bizu] *f fam* Bussi *nt fam,* Küsschen *nt*
bisque [bisk] *f:* ~ ***de homard/ de crevettes/ d'écrevisses*** feine Hummer-/Garnelen-/Krebssuppe
bissectrice [bisɛktʀis] *f* Winkelhalbierende *f*
bisser <1> [bise] *vt* ■ **qn bisse qn** jd fordert eine Zugabe von jdm; ■ **qn bisse qc** jd wiederholt etw
bissextile [bisɛkstil] *adj:* ***année*** ~ Schaltjahr *nt*
bistouri [bistuʀi] *m* Skalpell *nt*
► **~ électrique** Operationselektrode *f*
bistro[t] [bistʀo] *m fam* (*café*) Kneipe *f fam,* Bistro *nt;* (*restaurant*) Lokal *nt*
bit [bit] *m* INFORM *abr de* **BInary digiT** Bit *nt*
B.I.T. [beite] *m abr de* **bureau international du travail** IAO *f*
bite [bit] *f fam* Schwanz *m sl*
bitte [bit] *f* **1.** NAUT Poller *m*
2. *fam* (*pénis*) *v.* **bite**
◆ **bitte d'amarrage** Poller *m* (*am Kai*); **bitte d'enroulement** Poller *m* (*auf dem Schiff*)
bitume [bitym] *m* **1.** Asphalt *nt*
2. *fam* (*trottoir*) Bürgersteig *m,* Trottoir *m*
bitumer <1> [bityme] *vt* ■ **qn bitume qc** jd asphaltiert etw
bivouac [bivwak] *m* Biwak *nt;* ***qn établit*** [*o* ***installe***] ***son*** ~ jd schlägt ein Biwak auf, jd errichtet ein Biwak
bivouaquer <1> [bivwake] *vi* ■ **qn bivouaque** [**quelque part**] jd biwakiert [irgendwo]
bizarre [bizaʀ] **I.** *adj* seltsam, merkwürdig; *personne, objet, idée, temps a.* eigenartig, komisch
II. *m* Bizarre(s) *nt;* ***le ~ dans tout cela/ de la situation ...*** das Seltsame [*o* Merkwürdige] [*o* Eigenartige] [*o* Komische] daran/an der Situation ...
bizarrement [bizaʀmɑ̃] *adv* seltsam, komisch, eigenartig, merkwürdig
bizarrerie [bizaʀʀi] *f* [*personne*] seltsame [*o* komische] [*o* eigenartige] [*o* merkwürdige] Art; [*idée, initiative*] Seltsamkeit *f,* Eigenartigkeit *f,* Merkwürdigkeit *f;* ***la ~ de cet accoutrement*** diese seltsame [*o* komische] Aufmachung; ***la ~ de la situation me mettait mal à l'aise*** die Situation hatte etwas so Eigenartiges [*o* Seltsames] [*o* Merkwürdiges], dass ich mich unwohl fühlte
bizarroïde [bizaʀɔid] *adj fam forme* bizarr; *point de vue* merkwürdig, seltsam, eigenartig, komisch
bizutage [bizytaʒ] *m arg Brauch an den Grandes Écoles, die Neulinge zu schikanieren*
bizuter <1> [bizyte] *vt arg* ■ **qn bizute qn** jd schikaniert jdn
bizut[h] [bizy(t)] *m arg Student(in) im ersten Studienjahr einer Grande École*
blablabla [blablabla] *m fam* Blabla *nt fam,* Geschwafel *nt fam*
blackbouler <1> [blakbule] *vt* POL ■ **qn blackboule qn** *candidat* jd wählt jdn ab; ■ **qn se fait ~** jd wird abgewählt
black-out [blakaut] *m inv* Blackout ['blæk'aut] *m*
blafard, e [blafaʀ, aʀd] *adj teint, visage* blass, bleich; *lumière, aube, lueur* fahl *geh*
blague [blag] *f fam* **1.** (*histoire drôle*) Witz *m*
2. (*farce*) Streich *m;* ***qn fait une ~ à qn*** jd spielt jdm einen Streich
3. (*~ à tabac*) Tabaksbeutel *m*
► **qn fait une bonne/sale ~ à qn** jd spielt jdm einen gelungenen/üblen Streich; **~ à part** Scherz [*o* Spaß] beiseite; **sans ~!** im Ernst!; **pas de ~s!** keine Scherze! *fam;* (*bêtises*) keine Dummheiten!; ***ne me raconte pas de ~s!*** erzähl mir nichts! *fam*
blaguer <1> [blage] *vi* ■ **qn blague** jd macht Witze, jd scherzt
blagueur, -euse [blagœʀ, -øz] **I.** *adj sourire, air* spöttisch, schelmisch; ***qn est ~*** jd macht immer Witze [*o* Scherze]
II. *m, f* Witzbold *m fam,* Spaßvogel *m*
blaireau <x> [blɛʀo] *m* **1.** (*animal*) Dachs *m*
2. (*pour la barbe*) Rasierpinsel *m*
blairer <1> [bleʀe] *vt fam* ■ **qn ne peut pas ~ qn** jd kann jdn nicht ausstehen [*o* riechen *fam*]
blâmable [blɑmabl] *adj* tadelnswert
blâme [blɑm] *m* **1.** (*désapprobation*) Tadel *m,* Rüge *f;* ***qn s'attire*** [*o* ***encourt***] ***le ~ de qn*** jd zieht sich (*dat*) jds Tadel [*o* Missbilligung] (*akk*) zu
2. (*sanction*) [*élève*] Verweis *m;* [*fonctionnaire a.*] Verwarnung *f;* ***qn adresse*** [*o* ***inflige***] ***un ~ à qn*** *à un élève* jd erteilt jdm einen Verweis; *à un fonctionnaire a.* jd erteilt jdm eine Verwarnung, jd verwarnt jdn; ***qn a*** [*o* ***reçoit***] ***un ~*** */élève/* jd erhält [*o* bekommt] einen Verweis; */fonctionnaire a./* jd erhält [*o* bekommt] eine Verwarnung
blâmer <1> [blɑme] *vt* **1.** (*désapprouver*) ■ **qn blâme qn** jd tadelt jdn, jd rügt jdn, jd weist jdn zurecht; ■ **qn blâme qc** jd verurteilt etw; ***il est plus à plaindre qu'à ~*** er ist eigentlich mehr zu bedauern als zu verurteilen
2. (*condamner moralement*) ■ **qn blâme qn** jd gibt jdm die Schuld; ■ **qn blâme qn de faire qc** jd wirft jdm vor, etw zu tun
3. (*sanctionner*) ■ **qn blâme qn** *élève* jd erteilt jdm einen Verweis; *fonctionnaire a.* jd erteilt jdm eine Verwarnung, jd verwarnt jdn; ■ **qn est blâmé(e)** */élève/* jd erhält einen Verweis, jdm wird ein Verweis erteilt; */fonctionnaire a./* jd erhält eine Verwarnung, jd wird verwarnt
blanc, blanche [blɑ̃, blɑ̃ʃ] **I.** *adj* **1.** (*de couleur blanche*) weiß; *verre a.* ungefärbt; *viande* weiß; (*pâle*) *personne a.* blaß; (*non bronzé*) *peau a.* hell; (*vierge, non écrit*) *bulletin de vote* leer; *feuille* unbeschrieben, leer; (*propre, net*) *draps* sauber; ***je préfère un bronzage sans marques blanches*** ich werde lieber nahtlos braun; ***qn est ~ de colère/ peur*** jd ist weiß [*o* blass] vor Zorn/Angst; ***du pain ~*** Weißbrot *nt;* ***du vin ~*** Weißwein *m;* ***des raisins ~s*** grüne Weintrauben, helle Trauben; ***une femme de race blanche*** eine Weiße
2. (*innocent*) rein, unschuldig; ***il n'est pas tout ~ dans cette histoire*** eine ganz weiße [*o* reine] [*o* saubere] Weste hat er bei dieser Geschichte auch nicht
3. (*fictif*): ***mariage ~*** Scheinheirat *f,* Scheinehe *f;* ***examen ~*** Prüfung/Klausur, die nicht zählt; Probeklausur *f*
II. *adv* ***qc lave plus ~*** etw wäscht weißer
► **qn dit tantôt ~, tantôt noir** jd sagt mal so, mal so; **il gèle ~** es reift, es fällt [Rau]reif; **qn vote ~** jd gibt einen leeren Stimmzettel ab
III. *m* **1.** (*couleur*) Weiß *nt*
2. (*espace vide*) freie Stelle, freier Raum; TYP, INFORM Leerschritt *m,* Blank [blæŋk] *m spec;* ***laisse un ~ pour écrire la réponse*** lass etwas Platz [frei], damit du die Antwort hinschreiben kannst; ***ne laisse pas de ~s dans ta traduction*** lass keine Lücken [*o* unausgefüllten Stellen] in deiner Übersetzung; ***il y a trop de ~s sur la cassette*** es sind zu viele unbespielte Stellen [*o* zu viele Pausen] auf der Kassette
3. (*vin*) Weißwein *m,* Weiße(r) *m fam*
4. (*linge*) Weißwäsche *f;* ***la quinzaine du ~*** die weiße Woche
5. COSMETIQUE weiße Schminke
6. GASTR: ~ ***de l'œuf*** Eiweiß *nt;* ***qn bat*** [*o* ***monte***] ***les ~s en neige*** jd schlägt Eiweiß zu Schnee; ~ ***de poulet*** Hähnchenbrust *f*
7. ANAT: ***le ~ de l'œil*** das Weiße im Auge
8. TYP (*liquide*) Tipp-Ex® *nt,* Korrekturflüssigkeit *f*
9. BOT (*maladie*) Mehltau *m*
► **qn regarde qn dans le ~ des yeux** jd sieht jdm gerade [*o* tief] [*o* fest] in die Augen; ~ **cassé** leicht getöntes Weiß, gebrochenes Weiß; ***qc est ~ cassé*** etw ist gebrochen weiß; **à ~:** ***des cartouches à ~*** Platzpatronen *pl;* ***qn chauffe à ~ un public*** jd heizt das Publikum an; ***qn tire à ~*** jd schießt mit Platzpatronen; ***le métal avait été chauffé à ~*** das Metall war auf Weißglut erhitzt [*o* war weiß glühend]; ***qn saigne un animal à ~*** jd lässt ein Tier völlig ausbluten; **en ~** *vêtu, habillé, peint* weiß; ***chèque en ~*** Blankoscheck *m;* ***tu laisses la marge en ~*** lass den Rand frei, schreib nichts auf den Rand; ***je me suis mariée en ~*** ich habe in Weiß geheiratet
IV. *m, f* (*concernant la race*) ■ **Blanc(Blanche)** Weiße(r) *f(m)*
V. *f* ■ **blanche** **1.** MUS halbe Note
2. *arg* (*cocaïne*) Schnee *m sl,* Kokain *nt*
3. (*boule de billard*) weiße Kugel
◆ **blanc de blanc[s]** Blanc de Blanc[s] *m;* **blanc de chaux** Tünche *f,* Kalkfarbe *f*
blanc-bec <~s-~s> [blɑ̃bɛk] *m fam* Grünschnabel *m fam;* (*homme a.*) grüner Junge *fam* **blanc-cassis** <~s-~> [blɑ̃kasis] *m* Weißwein *m* mit Cassis
blanchâtre [blɑ̃ʃatʀ] *adj* weißlich
blanche [blɑ̃ʃ] *v.* **blanc. Blanche-Neige** [blɑ̃ʃnɛʒ] *f* Schneewittchen *nt*
blancheur [blɑ̃ʃœʀ] *f* Weiß *nt,* Weiße *f;* [*peau a.*] Helligkeit *f;* [*visage, teint*] Blässe *f*
blanchiment [blɑ̃ʃimɑ̃] *m* [*argent sale*] Wäsche *f;* ~ ***de l'argent*** Geldwäsche
blanchir <8> [blɑ̃ʃiʀ] **I.** *vt* **1.** ■ **qn blanchit qc** jd macht etw weiß; *mur* jd weißt etw, jd tüncht etw; *linge* jd bleicht etw; ***qn blanchit qc à la chaux*** jd kalkt etw; ■ **qc blanchit qc** etw lässt etw weiß werden; ***l'eau de Javel blanchit le linge*** Javel-Wasser bleicht die Wäsche; ***la neige blanchit les sommets*** der Schnee hüllt die Gipfel in ein weißes Gewand *geh*
2. (*nettoyer*) ■ **qn blanchit qc** jd wäscht etw; ***qn donne son linge à ~*** [***à qn***] jd gibt [jdm] seine Wäsche zum Waschen, jd lässt seine Wäsche [bei jdm] waschen; ***qn est nourri(e), logé(e) et blanchi(e) chez qn*** jd hat Unterkunft, Verpflegung und Wäsche bei jdm frei

3. *fig* (*disculper*) ■ **qn blanchit qn** [**de qc**] jd wäscht jdn [von etw] rein
4. (*légaliser*): ***qn blanchit de l'argent*** jd wäscht Geld
5. GASTR ■ **qn blanchit qc** *légumes* jd blanchiert etw
II. *vi* ■ **qn blanchit** jd wird weiß, jd bekommt weiße Haare; ■ **qc blanchit** etw wird hell; /*cheveux*/ etw wird weiß; ***qc blanchit sous l'effet de la lumière/ au lavage*** etw bleicht im [*o* durch das] Licht/durch das Waschen
III. *vpr* ■ **qn se blanchit** [**de qc**] jd wäscht sich [von etw] rein

blanchissage [blɑ̃ʃisaʒ] *m* [*linge*] Waschen *nt;* (*avec un produit blanchissant*) Bleichen *nt;* ***qn donne son linge au ~*** jd gibt seine Wäsche zum Waschen [in die Wäscherei]

blanchisserie [blɑ̃ʃisʀi] *f* Wäscherei *f*

blanc-seing <~s-~s> [blɑ̃sɛ̃] *m* Blankounterschrift *f*
▸ **qn donne un ~ à qn** jd gibt [*o* erteilt] jdm Blankovollmacht

blanquette [blɑ̃kɛt] *f* 1. (*plat*) Frikassee *nt;* ***~ de veau*** Kalbsfrikassee
2. (*vin*): ***~ de Limoux*** *Schaumwein nach dem Champagnerverfahren aus dem Languedoc*

blasé, e [blɑze] I. *adj* blasiert; ■ **qn est ~ de qc** jd ist einer S. (*gen*) überdrüssig
II. *m, f* blasierter Mensch
▸ **qn fait le/la ~(e)** jd macht einen auf blasiert [*o* gleichgültig] *fam;* ***allez, fais pas la ~e*** meine Güte, spiel dich bloß nicht so auf *fam*

blaser <1> [blɑze] I. *vt* ■ **qc a blasé qn** jd ist einer S. (*gen*) überdrüssig [geworden]; ***la vie m'a blasé(e)*** das Leben hat mich abgestumpft; ■ **qn est blasé(e)** jd ist gelangweilt; ■ **qn est blasé(e) de qc** *de la vie, de l'argent, l'amour* jd ist einer S. (*gen*) überdrüssig
II. *vpr* ■ **qn se blase de qc** jd wird einer S. (*dat*) überdrüssig

blason [blɑzɔ̃] *m* Wappen *nt*
▸ **qn/qc redore son ~** jd poliert seine Finanzen auf *fam,* jd kommt wieder zu Geld; (*se refait une image*) jd/etw wertet [*o* poliert *fam*] sein Image auf

blasphématoire [blasfematwaʀ] *adj* blasphemisch; (*en religion a.*) gotteslästerlich

blasphème [blasfɛm] *m* Blasphemie *f;* (*en religion a.*) Gotteslästerung *f*

blasphémer <5> [blasfeme] I. *vi* ■ **qn blasphème** jd lästert Gott; ***qn blasphème contre le Ciel*** jd verflucht den Himmel; ***c'est ~ que de faire qc*** es grenzt schon an Blasphemie etw zu tun
II. *vt* ■ **qn blasphème qc** jd verflucht etw; *soutenu* (*porter préjudice à*) jd höhnt etw *geh*

blatte [blat] *f* Schabe *f*

blazer [blazɛʀ, blɛzœʀ] *m* Blazer *m*

blé [ble] *m* 1. (*plante*) Weizen *m;* (*grain*) Getreide *nt,* Korn *nt*
2. *arg* (*argent*) Knete *f fam,* Schotter *m sl*
▸ **qn mange son ~ en herbe** jd braucht sein Geld [*o* seine Ersparnisse] auf; ***~ dur*** Hartweizen *m;* ***~ noir*** Buchweizen *m*

bled [blɛd] *m péj fam* Kaff *nt fam,* Nest *nt fam*

blême [blɛm] *adj* blass; *visage a.* bleich; *lumière* fahl *geh;* ***qn est ~ de peur/ d'horreur/ de colère*** jd ist kreidebleich [*o* ganz blass] vor Angst/ Schreck/jd ist ganz weiß vor Wut

blêmir <8> [blemiʀ] *vi* ■ **qn blêmit** jd wird blass, jd erbleicht *geh;* ■ **qn blêmit** [**de qc**] (*de peur, d'épouvante*) jd wird blass [*o* [kreide]bleich] [*o* totenblass] [vor etw (*dat*)]; (*de rage*) jd wird blass [*o* weiß] [vor etw (*dat*)]; ■ **qc blêmit** /*horizon*/ etw wird hell, etw erhellt sich; ***son visage blêmit*** er/sie wurde [kreide]bleich [im Gesicht]

blennorragie [blenɔʀaʒi] *f* Gonorrhö[e] *f,* Tripper *m*

blessant, e [blesɑ̃, ɑ̃t] *adj* verletzend, kränkend

blessé, e [blese] I. *adj* 1. verletzt; *soldat a.* verwundet; ■ **~ à qc** an etw (*dat*) verletzt/verwundet
2. (*offensé*) verletzt, gekränkt, beleidigt; ■ **~ dans qc** *dans son orgueil* in etw (*dat*) verletzt [*o* gekränkt]
II. *m, f* Verletzte(r) *f(m);* MIL *a.* Verwundete(r) *f(m)*
▸ **grand ~, ~ grave** Schwerverletzte(r) *f(m);* MIL *a.* Schwerverwundete(r) *f(m);* **~ léger** Leichtverletzte(r) *f(m);* MIL *a.* Leichtverwundete(r) *f(m);* **qc fait un ~/plusieurs ~s** /*accident*/ bei etw gibt es einen Verletzten/mehrere Verletzte; /*bombardement*/ bei etw gibt es einen Verwundeten/mehrere Verwundete
◆ **blessé(e) de guerre** Kriegsbeschädigte(r) *f(m),* Kriegsversehrte(r) *f(m)*

blesser <1> [blese] I. *vt* 1. ■ **qn/qc blesse qn** jd/etw verletzt jdn; MIL jd/etw verwundet jdn; ***qn a été grièvement blessé(e) dans un accident*** jd ist bei einem Autounfall schwer verletzt worden; ***qn a été blessé(e) au bras*** jd ist am Arm verletzt/verwundet worden
2. (*meurtrir*) ■ **qc blesse qn** /*chaussures*/ etw drückt jdn; ***les courroies du sac à dos blessent mes épaules*** die Riemen des Rucksacks reiben [*o* scheuern] mir die Schultern auf
3. (*offenser*) ■ **qn/qc blesse qn** jd/etw verletzt [*o* kränkt] jdn; ***un rien la blesse*** sie ist leicht gekränkt [*o* verletzt]; ■ **qc blesse qc** *oreille* etw beleidigt etw; ***qc blesse la vue*** etw beleidigt das Auge; ***qn/ qc blesse l'amour-propre de qn*** jd/etw verletzt jds Eitelkeit; ■ **qn/qc blesse qn dans qc** *dans son amour-propre, orgueil* jd/etw verletzt [*o* kränkt] jdn in etw (*dat*)
II. *vpr* ■ **qn se blesse** jd verletzt sich, jd tut sich (*dat*) weh

blessure [blesyʀ] *f* 1. (*~ physique*) Verletzung *f;* MIL *a.* Verwundung *f;* (*plaie*) Wunde *f;* ***qn a succombé à ses ~s*** jd ist seinen Verletzungen erlegen, jd ist an seinen Verletzungen gestorben
2. *soutenu* (*~ morale*) Wunde *f;* ***une ~ oubliée*** eine alte Wunde
▸ **~ d'amour-propre** verletzte Eitelkeit *kein pl;* **qn se fait une ~** [**à qc**] jd zieht sich (*dat*) eine Verletzung [an etw (*dat*)] zu, jd verletzt sich [an etw (*dat*)]; **qn reçoit une ~** jd wird verletzt/verwundet; ***la ~ qu'il a reçue*** die Verletzung/Verwundung, die er davongetragen hat; **qn/qc rouvre** [*o* **ravive**] **une ~** jd/etw reißt eine alte Wunde auf

blet, te [blɛ, blɛt] *adj fruit* überreif, ganz weich

blette [blɛt] *f* Mangold *m;* ***les ~s, ce n'est pas mauvais*** Mangold schmeckt [gar] nicht schlecht

bleu, e [blø] I. *adj* 1. (*de couleur bleue*) blau
2. *steak* sehr blutig, englisch
▸ **qn a qc ~** [**de froid**]: ***qn a les mains/ lèvres ~es*** [***de froid***] jds Hände/ Lippen sind blau [vor Kälte] [*o* blau gefroren]
II. *m* 1. (*couleur*) Blau *nt;* ***~ pâle/ foncé*** Blass-/Dunkelblau
2. (*marque*) blauer Fleck; ***qn s'est fait un ~*** jd hat sich (*dat*) einen blauen Fleck geholt *fam;* ***qn est couvert(e) de ~s*** jd hat überall blaue Flecken
3. (*vêtement*) blauer Arbeitsanzug, Overall *m,* blauer Anton *fam*
4. (*fromage*) Blauschimmelkäse *m*
5. (*nouveau venu*) Neuling *m;* (*nouveau membre a.*) Frischling *m*
▸ **~ acier** Stahlblau *nt;* **~ ciel** [*o* **horizon**] Himmelblau *nt;* **~ marine** Marineblau *nt;* ***une jupe ~ marine*** ein marineblauer Rock; **~ nuit** Nachtblau *nt;* ***ce tissu est ~ nuit*** dieser Stoff ist nachtblau; **~ roi** Königsblau *nt;* **~ vert** Blaugrün *nt;* **qn n'y voit que du ~** jd bekommt [*o* kriegt] überhaupt nichts mit *fam;* **au ~** blau; ***truite au ~*** Forelle blau; **en ~** blau
III. *f* ▸ **la grande ~e** das Mittelmeer
◆ **bleu de chauffe** blaue Heizermontur; **bleu de méthylène** Methylenblau *nt;* **bleu de Prusse** Preußischblau *nt;* **bleu de travail** Overall *m,* blauer Anton *fam*

bleuâtre [bløɑtʀ] *adj* bläulich

bleuet [bløɛ] *m* Kornblume *f*

bleuir <8> [bløiʀ] I. *vt* ■ **qc bleuit qc**: ***le froid lui bleuit le visage*** sein/ ihr Gesicht ist durch die [*o* von der] Kälte ganz blau; ***qn a les mains/ les lèvres toutes bleuies par le froid*** jd hat von der Kälte ganz blaue Hände/ Lippen, jd hat ganz blau gefrorene Hände/Lippen; ***il avait les bras et les jambes bleuis par des coups*** er hatte ganz blau geschlagene Arme und Beine, seine Arme und Beine waren blau geschlagen
II. *vi* ■ **qc bleuit** etw wird blau; /*visage a.*/ etw läuft blau an

bleuté, e [bløte] *adj* bläulich; *verres* blau getönt

blindage [blɛ̃daʒ] *m* Panzerung *f*

blindé, e [blɛ̃de] I. *adj* 1. *porte, voiture* gepanzert; ***division/ colonne ~e*** Panzerdivision *f*/-kolonne *f;* ***unités ~es*** Panzerverbände *pl;* ***engins ~s*** Panzer[fahrzeuge *pl*] *pl,* Panzerwagen *pl*
2. *fam* (*endurci*) ■ **qn est ~** [**contre qc**] jd hat ein dickes Fell *fam,* jd ist [gegen etw] abgehärtet
II. *m* Panzer[fahrzeug *nt*] *m,* Panzer[wagen *m*] *m*

blinder <1> [blɛ̃de] *vt* 1. ■ **qn blinde qc** *véhicule, porte* jd panzert etw
2. *fam* (*endurcir*) ■ **qc blinde qn** [**contre qc**] etw härtet jdn [gegen etw] ab

blister [blistɛʀ] *m* Blisterpackung *f*

blizzard [blizaʀ] *m* Blizzard *m*

bloc [blɔk] *m* 1. (*masse de matière*) Block *m;* ■ **~ de qc** *de marbre, glace, pierre* -block; ***un ~ de roche*** ein Felsbrocken *m,* ein Felsblock; ***qc est fait(e) d'un seul ~*** etw ist aus einem Stück
2. (*cahier, carnet*) Block *m;* ***un ~ de correspondance*** [***o de papier à lettres***] ein Schreibblock, ein Block Briefpapier; ***un ~*** [***de sténo***] ein Steno[gramm]block
3. (*élément d'un ensemble*) Gruppe *f;* (*pâté de maisons*) [Häuser]block *m;* (*immeuble*) [Wohn]block *m;* ***un ~ de mots*** eine Gruppe von Wörtern; ***un ~ de maisons*** ein Häuserblock
4. (*union*) Block *m;* ***le ~ de l'Est*** der Ostblock; ***le ~ des gauches*** der Block der Linken
5. *fam* (*prison*) Bau *m fam;* ***deux jours de ~*** zwei Tage Bau *fam*
▸ **~ électrique** Stromanlage *f;* **~ monétaire** Währungsblock *m;* **~ opératoire** Operationstrakt *m;* **~ sanitaire** Sanitäranlage *f;* **qn fait ~ avec qn** jd schließt sich mit jdm zusammen; **des personnes font ~** [**contre qc**] Menschen bilden einen Block [*o* eine geschlossene Front] [gegen etw]; **à ~** (*au maximum*) ganz; *gonfler a., charger* voll; *visser, fermer, serrer, tourner* ganz fest; ***qn appuie à ~ sur la pédale*** jd tritt das Pedal durch; ***il a freiné à ~*** er hat eine Vollbremsung gemacht; ***qn est gonflé(e) à ~*** *fig fam* jd ist voller Power *fam* [*o* Energie] ['pauɐ]; **d'un** [**seul**] **~, tout d'un ~** *se retourner* mit einem Ruck *fam;* ***j'ai tiré sur le clou et le mur est venu tout d'un ~*** ich habe [nur] am Nagel gezogen und plötzlich kam mir die ganze Wand entgegen *fam;* **en ~** en bloc, im ganzen; ***il faut considérer l'affaire en ~*** man muss die Sache als Ganzes betrachten; ***les invités sont arrivés en ~*** die Gäste kamen alle auf einmal an
◆ **bloc de culasse** Zylinderblock *m*

blocage [blɔkaʒ] *m* 1. [*roues, freins*] Blockieren *nt;* [*pièce mobile, boulon*] Feststellen *nt;* [*écrou*] Anziehen *nt;* [*vis*] Festdrehen *nt;* [*porte*] Versperren *nt;* (*avec une cale*) Verkeilen *nt;* ***~ de l'accélérateur*** Gashebelsperre *f*
2. ECON [*prix, salaire*] Stopp *m;* [*crédit, commandes*] Sperre *f*
3. PSYCH innerliche Sperre, innerer Widerstand; ***cet élève fait un véritable ~*** dieser Schüler ist innerlich wie blockiert [*o* sperrt sich innerlich]

bloc-cuisine <~s-~s> [blɔkkɥizin] *m* Küchenzeile *f* **bloc-cylindres** <~s-~> [blɔksilɛ̃dʀ] *m* Zylinderblock *m* **bloc-évier** <~s-~s> [blɔkevje] *m* Spülzeile *f*

blockhaus [blɔkos] *m* Bunker *m*

bloc-moteur <~s-~s> [blɔkmɔtœʀ] *m* Motorgetriebeblock *m;* [*aspirateur*] Motoraggregat *nt;* [*voiture*] Motorblock *m* **bloc-notes** <~s-~> [blɔknɔt] *m* Notizblock *m,* Schreibblock *m*

blocus [blɔkys] *m* Blockade *f;* ***qn fait le ~ de qc*** jd verhängt eine Blockade über etw (*akk*); ***qn force/ lève le ~*** jd bricht die Blockade/jd hebt die Blockade auf
▸ **~ continental** Kontinentalsperre *f;* **~ économique** Wirtschaftsblockade *f,* Handelsblockade *f*

blond, e [blɔ̃, blɔ̃d] I. *adj* blond; *tabac, bière, cigarette* hell
II. *m* (*couleur*) Blond *nt*
▸ **~ argenté** Silberblond; **~ cendré** Aschblond; **~ doré** Goldblond; **~ foncé** Dunkelblond; ***des cheveux d'un ~ foncé*** dunkelblonde Haare; **~ roux** Rot-

blond; ~ **vénitien** rötliches Blond
III. *m, f* (*personne*) Blonde(r) *f(m)*, Blondhaarige(r) *f(m)*; (*femme a.*) Blondine *f*; ***c'est une fausse blonde*** sie ist keine echte Blondine *fam*
IV. *f* ■ **blonde** (*bière*) helles Bier, Helle(s) *nt*; (*cigarette*) helle Zigarette
blondinet, te [blɔ̃dinɛ, ɛt] *m* Blondkopf *m*, Blondschopf *m*
blondir <8> [blɔ̃diʀ] *vi* ■ **qn/qc blondit** /*cheveux*/ jd/etw wird blond, etw wird hell
bloquer <1> [blɔke] I. *vt* 1. ■ **qn/qc bloque qc** jd/etw blockiert etw; *passage, route, porte a.* jd/etw versperrt etw; *circulation a.* jd/etw legt etw lahm *fam*; *vis* jd dreht etw fest; *écrou* jd zieht etw fest an; *pièce mobile, boulon* jd stellt etw fest; (*avec une cale*) *roue, porte* jd legt einen Keil unter etw (*akk*); (*serrer les écrous*) jd zieht die Schrauben an etw (*dat*) an; ***qn bloque qn contre un mur*** jd drückt [*o* presst] jdn an [*o* gegen] eine Wand; ***qn est bloqué(e) dans un tunnel/dans l'ascenseur*** jd sitzt in einem Tunnel/im Fahrstuhl fest; ***un avion est bloqué au sol*** ein Flugzeug kann nicht starten; ***qn bloque les freins*** jd bremst scharf, jd tritt die Bremse durch, jd macht eine Vollbremsung; ***les manifestants ont bloqué le train en gare de Paris/l'avion au sol*** die Demonstranten haben den Zug im Bahnhof von Paris aufgehalten/das Flugzeug am Start gehindert; ***la neige/l'accident a bloqué la route*** wegen des Schnee[fall]s/Unfalls war die Straße gesperrt [*o* blockiert]; ***la route est bloquée par la neige/un accident*** die Straße ist wegen des Schnee[fall]s/eines Unfalls gesperrt [*o* blockiert]; ***qc bloque les négociations/l'évolution*** etw bringt die Verhandlungen/die Entwicklung zum Stillstand [*o* zum Stocken]
2. ECON ■ **qn bloque qc** jd friert etw ein; *compte en banque, crédits* jd sperrt etw
3. (*regrouper*) ■ **qn bloque des choses** *jours de congés, débats* jd legt Dinge zusammen; *paragraphes* jd fasst Dinge zusammen; ***j'ai bloqué mes cours en début de semaine*** ich habe alle meine Kurse auf den Wochenanfang gelegt
4. SPORT *balle* ■ **qn bloque qc** jd stoppt etw, jd bringt etw unter Kontrolle
II. *vpr* 1. ■ **qc se bloque** etw klemmt, etw verklemmt sich; /*roues, freins*/ etw blockiert; ***qc s'est bloqué(e)*** etw klemmt; /*roues, freins*/ etw blockiert; ***la clé s'est bloquée dans la serrure*** der Schlüssel sitzt im Schloss fest [*o* klemmt im Schloss]
2. INFORM ■ **qc se bloque** etw stürzt ab *fam*
3. PSYCH ■ **qn se bloque** jd sperrt sich innerlich, jd macht zu *fam*
III. *vi* PSYCH *fam* ■ **qn bloque** jd blockiert *fam*, jd blockt ab *fam*
blottir <8> [blɔtiʀ] *vpr* ■ **qn se blottit contre qn** jd kuschelt [*o* schmiegt] sich an jdn; /*enfant effrayé*/ jd presst [*o* drückt] sich an jdn; ***ils se blottissent les uns contre les autres*** sie kuscheln sich aneinander; ***qn se blottit sous une couverture*** jd kuschelt sich in eine Decke; ***qn/un animal se blottit dans un coin pour se protéger*** jd/ein Tier kauert [*o* duckt] sich in eine Ecke, um sich zu schützen; ***certains animaux se blottissent pour dormir*** einige Tiere rollen sich zum Schlafen zusammen
blouse [bluz] *f* 1. (*tablier*) [Arbeits]kittel *m*
2. (*corsage*) Bluse *f*
blouson [bluzɔ̃] *m* (*vêtement*) Jacke *f*, Blouson *m o nt*; ~ **de** [*o* **en**] ***cuir*** Lederjacke *f*; ~ ***d'aviateur*** Bomberjacke *f*
► ~ **noir** Rocker *m*, Halbstarke(r) *m*
blue-jean <~-~s> [bludʒin] *m* [Blue]jeans *f*
blues [bluz] *m* Blues *m*
bluff [blœf] *m* Bluff *m*
► **c'est du** ~ das ist ein Bluff
bluffer <1> [blœfe] I. *vi* ■ **qn bluffe** jd blufft
II. *vt* ■ **qn bluffe qn** jd blufft jdn, jd führt jdn irre
bluffeur, -euse [blœfœʀ, -øz] *m, f* Bluffer(in) *m(f)*
boa [bɔa] *m* 1. ZOOL Boa *f*
2. (*écharpe*) [Feder]boa *f*
► ~ **constricteur** [*o* **constrictor**] Boa constrictor
bob [bɔb] *m* 1. SPORT Bob *m*; ***piste de*** ~ Bobbahn *f*
2. (*chapeau*) Stoffhut *m* (*gegen Sonne und Regen*)
bobard [bɔbaʀ] *m fam* [Lügen]märchen *nt*
bobinage [bɔbinaʒ] *m* Wicklung *f*
bobine [bɔbin] *f* 1. Spule *f*; [*fil a.*] Rolle *f*
2. *fam* (*mine*) Flunsch *m fam*; ***tu fais une de ces ~s, aujourd'hui*** du machst heute vielleicht ein Gesicht! *fam*, du ziehst heute vielleicht einen Flunsch! *fam*; ***il a une sale*** ~ der hat vielleicht 'ne [dreckige] Visage *sl*
◆ **bobine d'allumage** Zündspule *f*; **bobine d'induction** Induktionsspule *f*; **bobine de pellicule** Filmspule *f*
bobiner <1> [bɔbine] *vt* ■ **qn/qc bobine qc** [**sur qc**] jd/etw spult etw [auf etw (*akk*)]
bobo [bobo] *m* 1. *enfantin* Aua *nt fam*
2. *fam* Wehwehchen *nt fam*
► **qn a** ~ jd hat Aua *fam*; **ça fait** ~ das tut weh; **qn se fait** ~ jd tut sich (*dat*) weh
bobsleigh [bɔbslɛg] *m v.* **bob**
bocage [bɔkaʒ] *m* Bocage *m* (*Landschaftstyp im Westen Frankreichs*)
bocager, -ère [bɔkaʒe, -ʒɛʀ] *adj* mit Hecken durchzogen
bocal <-aux> [bɔkal, o] *m* Glas *nt*; ~ ***du poisson rouge*** Goldfischglas
► **qn met qc en bocaux** jd macht etw ein
boche [bɔʃ] I. *adj péj avion* der Boches *fam*
II. *mf péj* ■ **Boche** Boche *mf fam* (*abwertende Bezeichnung für Deutsche*)
bock [bɔk] *m* (*verre*) Bierglas *nt*; (*contenu*) Glas *nt* Bier; ***deux ~s s'il vous plaît!*** zwei [Glas] Bier, bitte!
body [bɔdi] *m* Body *m*
bœuf [bœf, bø] I. *m* 1. Rind *nt*
2. (*opp: taureau, vache*) Ochse *m*
3. (*viande*) Rindfleisch *nt*
► ~ **bourguignon** Rindergulasch *nt o m* in Rotwein, Bœuf Bourguignon *nt*; **qn est fort(e) comme un** ~ jd ist bärenstark [*o* bullenstark] *fam*, jd ist stark wie ein Bulle; **qn saigne comme un** ~ jd blutet wie ein Schwein *sl*; **qn souffle comme un** ~ jd schnauft wie ein Gaul [*o* eine Lokomotive] *fam*; **qn travaille comme un** ~ jd arbeitet wie ein Pferd *fam*, jd schuftet [wie ein Pferd] *fam*
II. *app inv*: ***effet*** ~ Bombeneffekt *m fam*, Bombenwirkung *f fam*; ***qn fait un effet*** ~ jd macht einen Rieseneindruck *fam*, jd hat [einen] Riesenerfolg *fam*; ***succès*** ~ Bombenerfolg *m fam*, Riesenerfolg *m fam*
◆ **bœuf mode** Rinderschmorbraten *m* in Rotweinsoße
bof [bɔf] *interj* na ja
bohème [bɔɛm] I. *adj* unkonventionell, unbürgerlich; ***il a toujours eu l'esprit un peu*** ~ er ist immer ein kleiner Bohemien gewesen
II. *mf* Bohemien *m*; ***qn vit en*** ~ jd führt ein Bohemeleben
III. *f* Boheme *f*
Bohême [bɔɛm] *f* ■ **la Bohême** Böhmen *nt*
bohémien, ne [bɔemjɛ̃, jɛn] *m, f* Zigeuner(in) *m(f)*
boire <irr> [bwaʀ] I. *vt* 1. ■ **qn/un animal boit qc** jd/ein Tier trinkt etw, ein Tier säuft etw; (*finir de boire*) jd trinkt etw aus; ■ **qn boit** [**qc**] **à** [*o* **dans**] **qc** jd trinkt [etw] aus etw
2. (*s'imprégner de*) ■ **qc boit qc** etw saugt etw auf; ***qu'est-ce qu'elle boit, cette plante!*** wie viel Wasser diese Pflanze braucht [*o* schluckt *fam*]!
II. *vi* 1. ■ **qn/un animal boit** jd/ein Tier trinkt, ein Tier säuft; **à** ~! ich will/wir wollen was zu trinken haben! *fam*; ***le fermier mène ses vaches*** ~ ***à l'abreuvoir*** der Bauer führt seine Kühe zur Tränke [*o* tränkt seine Kühe]; ***quand il fait très chaud, il ne faut pas*** ~ ***glacé*** wenn es sehr heiß ist, soll man nichts Eiskaltes trinken; ■ **qn boit à qc** (*porter un toast*) jd trinkt auf etw (*akk*); ~ ***au succès de qn/à la santé de qn*** auf jds Erfolg/Gesundheit [*o* Wohl] trinken; ■ **qn fait** ~ **qn/un animal** jd gibt jdm/einem Tier zu trinken, jd tränkt ein Tier
2. (*être alcoolique*) jd trinkt, jd säuft *fam*
► **qui a bu boira** *prov* die Katze lässt das Mausen nicht; **il y a à** ~ **et à manger là-dedans** (*vérités et mensonges*) das ist mit Vorsicht zu genießen; (*du bon et du moins bon*) das ist sehr gemischt
III. *vpr* ■ **qc se boit** etw lässt sich trinken; ***ça se boit, ça?*** kann man das trinken?; ■ **qc se boit d'une certaine manière** etw trinkt man irgendwie, etw wird irgendwie getrunken; ***qc se boit à l'apéritif/au dessert*** etw trinkt man als Aperitif/zum Nachtisch, etw wird als Aperitif/zum Nachtisch getrunken; ***qc se boit frais(fraîche)/chambré(e)/frappé(e)*** etw wird kalt/temperiert/[eis]gekühlt getrunken; ***les vins blancs secs se boivent avec les poissons*** zu Fisch trinkt man trockenen Weißwein; ***un vin rouge se boit chambré*** [ein] Rotwein sollte Zimmertemperatur haben
bois [bwa] I. *m* 1. (*forêt*) Wald *m*; ***qn se promène dans les*** ~ jd geht im Wald spazieren
2. (*matériau*) Holz *nt*; ***qn se chauffe au*** ~ jd heizt mit Holz; ***je vais chercher du*** ~ ich gehe Holz holen; ***c'est quoi, comme*** ~? was für ein Holz ist das?; ~ ***dur/tendre*** Hart-/Weichholz; ***qc est en*** ~ etw ist aus Holz; ***une table en*** ~ ein Holztisch *m*; ***une croix de*** ~ ein Holzkreuz *nt*
3. (*gravure*) Holzschnitt *m*
► **qn est du** ~ **dont on fait les flûtes** jd ist aus weichem [*o* feinem] Holz geschnitzt; ***je ne suis pas du*** ~ ***dont on fait les flûtes!*** ich lass nicht alles mit mir machen!; **qn est du** ~ **dont on fait les héros/militants** jd ist aus dem Holz [*o* Stoff], aus dem man Helden/Kämpfer macht; ~ **blanc** helles Holz; ~ **exotique** exotisches Holz, Tropenholz *nt*; ~ **mort** dürres [*o* trockenes] Holz; **du petit** ~ Reisig *nt*; (*petites bûches*) Kleinholz *nt*; ***qn fait du petit*** ~ ***pour allumer le feu*** jd macht Kleinholz [*o* macht Holz klein] um das Feuer anzuzünden; ~ **vert** grünes Holz; **je vais lui montrer de quel** ~ **je me chauffe!** ich werde ihm/ihr zeigen, mit wem er/sie es zu tun hat!, der/die soll mich [noch] kennen lernen; **qn n'est pas de** ~ jd ist nicht aus Holz; **qn touche du** ~ jd klopft [dreimal] auf Holz; toi, toi, toi; **de** ~ unbewegt; ***qn reste de*** ~ jd verzieht keine Miene, jd ist ohne Regung
II. *mpl* 1. MUS Holzblasinstrumente *pl*
2. [*cervidés*] Geweih *nt*
◆ **bois de chauffage** Brennholz *nt*; **bois de construction** Bauholz *nt*; **bois de lit** Bettgestell *nt*; **bois de rose** Rosenholz *nt*; **bois des îles** exotisches Holz, Tropenholz *nt*
boisé, e [bwaze] *adj* bewaldet, waldbedeckt; ***région*** ~***e*** Waldgebiet *nt*
boiser <1> [bwaze] *vt* ■ **qn boise qc** jd forstet etw auf, jd bewaldet etw
boiserie [bwazʀi] *f* [Holz]täfelung *f*, Paneel *nt*
boisson [bwasɔ̃] *f* 1. Getränk *nt*; ***un distributeur automatique de ~s*** ein Getränkeautomat *m*; ***~s alcoolisées/non alcoolisées*** alkoholische/alkoholfreie Getränke; ***tu t'occupes de la*** ~? kümmerst du dich um die Getränke?
2. (*alcoolisme*) Alkoholismus *m*; ***il s'adonne à la*** ~ er trinkt
boîte [bwat] *f* 1. (*récipient*) Schachtel *f*; (*en carton a.*) Karton *m*; (*en bois*) Kiste *f*; (*cylindrique*) Dose *f*; (*en plastique*) Behälter *m*; ***une*** ~ ***de petits pois*** eine Dose Erbsen
2. *fam* (*discothèque*) Disko *f fam*
3. *fam* (*entreprise*) Laden *m fam*; (*école a.*) Kasten *m fam*; ***elle travaille dans une grosse*** ~ sie arbeitet in einem großen Laden *fam*
4. AUT Getriebe *nt*
► ~ **crânienne** Schädel *m*; ~ **noire** Flugschreiber *m*; ~ **postale** Postfach *nt*; **qn met qc en** ~ jd dost etw ein; **qn met qn en** ~ *fam* jd nimmt jdn auf den Arm [*o* auf die Schippe] *fam*, jd veräppelt jdn *fam*; (*réfute*) jd nimmt jdn auseinander *fam*; **en** ~ *légumes, fruits* aus der Dose, Dosen-; ***viande en*** ~ Büchsenfleisch *nt*
◆ **boîte à biscuits** Keksdose *f*; **boîte à chaussures** Schuhschachtel *f*; **boîte à couture** Nähkasten *m*, Nähkästchen *nt*; **boîte à gants** Handschuhfach *nt*; **boîte à** [*o* **aux**] **lettres** Briefkasten *m* ► **qn sert de** ~ **à let-**

tres jd fungiert als Mittelsmann; **boîte aux lettres** [**électronique**] INFORM Mailbox ['meɪlbɔks] *f; qn relève sa ~ aux lettres* [*électronique*] jd leert seine Mailbox; **boîte à malice** Trickkiste *f; qn sort qc de sa ~ à malice* jd holt etw aus der Trickkiste; **boîte à musique** Spieluhr *f;* **boîte à outils** Werkzeugkasten *m;* **boîte à ouvrage** Nähkasten *m,* Nähkästchen *nt;* **boîte à sardines** *fig fam* Sardinenbüchse *f;* **boîte à savon** Seifendose *f;* **boîte d'allumettes** Streichholzschachtel *f;* **boîte de chocolats** Schachtel *f* Pralinen; **boîte de conserves** Konservendose *f,* Konservenbüchse *f;* **boîte de couleurs** Malkasten *m,* Farbkasten *m;* **boîte de dialogue** INFORM Dialogfeld *nt;* **boîte de nuit** Nachtklub *m,* Nightclub *m,* Nachtlokal *nt;* **boîte de réception** INFORM Posteingang *m;* **boîte de vitesses** [Schalt]getriebe *nt* ►~ **de vitesse automatique** Automatikgetriebe *nt*

boiter <1> [bwate] *vi* ■ **qn boite** jd hinkt; (*temporairement a.*) jd humpelt; *de quelle jambe boite-t-il?* mit [*o* auf] welchem Bein hinkt er?; ■ **qc boite** /*raisonnement*/ etw ist nicht stichhaltig [*o* wenig überzeugend], etw steht auf schwachen Beinen; /*comparaison*/ etw hinkt

boiteux, **-euse** [bwatø, -øz] *adj personne* hinkend; (*temporairement a.*) humpelnd; *meuble* wack[e]lig; *explication* schwach, wenig überzeugend; *raisonnement* nicht stichhaltig, wenig überzeugend; *paix* unsicher, wack[e]lig *fam; elle est ~euse de naissance* sie hinkt von Geburt an; *leur mariage est ~* ihre Ehe steht auf wack[e]ligen Beinen *fam*

boîtier [bwatje] *m* Gehäuse *nt;* (*pour des instruments*) Kasten *m;* (*pour des cassettes*) Hülle *f*

◆ **boîtier de mixage** kleines Mischpult; **boîtier de télécommande** Fernbedienung *f*

boitiller <1> [bwatije] *vi* ■ **qn boitille** jd hinkt leicht; (*temporairement*) jd humpelt leicht

bol [bɔl] *m* **1.** Schale *f,* Bol *nt; un ~ de lait* eine Schale [*o* Schüssel] [voll] Milch

2. *fam* (*chance*) Glück *nt,* Schwein *nt fam; qc est une question de ~* etw ist reine Glückssache; *le ~, ça n'existe pas, il faut travailler!* Glück [haben] [*o* Schwein haben *fam*] gibt's nicht, man muss arbeiten!

► **qn prend un ~ d'air** jd schnappt [*o* tankt] [ein bisschen] frische Luft *fam; j'ai pris un bon ~ d'air aujourd'hui* ich habe heute ordentlich [*o* anständig] frische Luft getankt *fam;* **qn en a ras le ~** *fam* jd hat die Schnauze [*o* Nase] voll *fam;* **qn a du ~** jd hat Glück, jd hat Schwein *fam;* **au ~**: *des cheveux coupés au ~* ein Topfschnitt *m fam; ses cheveux sont coupés au ~* er/sie hat einen Topfschnitt *fam*

bolet [bɔlɛ] *m* Röhrenpilz *m,* Röhrling *m*

bolide [bɔlid] *m* Rennwagen *m*

► **comme un ~** *voiture* rasend schnell *fam,* mit Höchstgeschwindigkeit; *personne* [schnell] wie der Blitz *fam*

bombance [bɔ̃bɑ̃s] *f* ► **qn fait ~** *fam* jd macht ein großes Ess- und Trinkgelage

bombardement [bɔ̃baʀdəmɑ̃] *m* **1.** MIL Bombardierung *f* (*de qc* einer S. (*gen*)), Bombenangriff *m* (*de qc* auf etw (*akk*)), Bombardement *nt* (*de qc* einer S. (*gen*)); (*par obus*) Granatfeuer *nt* (*de qc* auf etw (*akk*)), Granatbeschuss *m* (*de qc* einer S. (*gen*))

2. *fig: le match se termina par un ~ de projectiles divers* zum Spielende flogen Wurfgeschosse der unterschiedlichsten Art durch die Gegend; *qn soumet qn à un ~ de tomates et d'œufs pourris* jd bewirft jdn mit Tomaten und faulen Eiern

3. PHYS Beschuss *m* [des Atomkerns mit Elementarteilchen]

► ~ **aérien** Luftangriff *m,* Fliegerangriff *m;* ~ **atomique** Atomangriff *m,* Angriff *m* mit Atomwaffen

bombarder <1> [bɔ̃baʀde] *vt* **1.** ■ **qn/qc bombarde qn/qc** jd/etw bombardiert jdn/etw; ■ **qn bombarde qn de qc** *de projectiles* jd bewirft jdn mit etw; *de questions* jd bombardiert jdn mit etw, jd bestürmt jdn mit etw; *de lettres* jd bombardiert jdn mit etw, jd überhäuft jdn mit etw

2. PHYS ■ **qn bombarde qc** [**de qc**] jd beschießt etw [mit etw]

3. *fam* (*nommer à un poste*): *qn bombarde qn directeur* jd katapultiert jdn auf den Posten des Direktors; *on le bombarda directeur* man beförderte ihn unerwartet zum Direktor

bombardier [bɔ̃baʀdje] *m* Bomber *m,* Bombenflugzeug *nt*

bombe [bɔ̃b] *f* **1.** MIL Bombe *f; un attentat à la ~* ein Bombenattentat *nt,* ein Bombenanschlag *m*

2. (*atomiseur*) Spray[dose *f*] *m o nt*

3. (*casquette*) Reitkappe *f*

► ~ **aérosol** Spray[dose *f*] *m o nt;* ~ **antigel** Enteiser[spray *m o nt*] *m;* ~ **atomique** Atombombe *f;* ~ **déodorante** Deodorant[spray *m o nt*] *nt;* ~ **désodorisante** Spray zum Desodorieren [*o* Desodorisieren]; ~ **glacée** Eisbombe *f;* ~ **incendiaire** Brandbombe *f;* ~ **insecticide** Insektenspray *m o nt;* ~ **lacrymogène** Tränengas *nt;* ~ **thermonucléaire** H-Bombe *f,* Wasserstoffbombe *f;* **qc éclate comme une ~** /*nouvelle*/ etw schlägt ein wie eine Bombe; **qn fait la ~** *fam* jd macht ordentlich [*o* anständig] einen drauf *fam*

◆ **bombe A** Atombombe *f;* **bombe à hydrogène, bombe H** H-Bombe *f,* Wasserstoffbombe *f;* **bombe à retardement** Bombe *f* mit Zeitzünder; **bombe au cobalt** Kobaltbestrahlungsapparatur *f,* Kobaltbombe *f fam;* **bombe de laque** Haarlack *m;* **bombe de peinture** Farbspray[dose *f*] *m o nt,* [Farb]sprühdose *f*

bombé, **e** [bɔ̃be] *adj* gewölbt

bomber <1> [bɔ̃be] **I.** *vt* **1.** (*gonfler*) ■ **qn bombe qc** /*personne*/ *poitrine, torse* jd streckt etw [he]raus *fam;* ■ **qc bombe qc** /*vent*/ *voiles, rideau* etw bläht [*o* bauscht] [*o* schwellt] etw

2. *fam* (*peindre*) ■ **qn bombe qc sur qc** jd sprüht etw an [*o* auf] etw (*akk*)

3. (*passer un insecticide*) ■ **qn bombe qc** jd sprüht etw aus

II. *vi* **1.** (*gondoler*) ■ **qc bombe** /*bois*/ etw verzieht sich, etw wirft sich; /*mur, planche*/ etw wölbt sich; *l'humidité a fait ~ le parquet* durch die Feuchtigkeit hat sich das Parkett verzogen

2. *fam* (*foncer*) ■ **qn bombe** jd rast *fam*

bon [bɔ̃] *m* (*formulaire*) Schein *m,* Zettel *m;* (*coupon d'échange*) Gutschein *m,* Bon *m*

◆ **bon d'achat** Gutschein *m;* **bon de caisse** Kassenzettel *m,* Kassenbeleg *m,* Kassenbon *m;* **bon de commande** Bestellschein *m;* **bon de garantie** Garantieschein *m;* **bon de livraison** Lieferschein *m;* **bon de réduction** Preisnachlassschein *m,* Ermäßigungsschein *m,* Verbilligungsschein *m;* **bon d'essence** Benzingutschein *m;* **bon du Trésor** Schatzanweisung *f*

bon, **ne** <meilleur> [bɔ̃, bɔn] **I.** *adj antéposé* **1.** (*opp: mauvais*) gut; ■ **qn est ~ en qc** jd ist gut in etw (*dat*); *Bertrand est ~ en latin* Bertrand ist gut in Latein; *qn est ~ avec les autres* jd ist gut zu anderen; *qn fait de la ~ne cuisine* jd kocht gut

2. (*adéquat, correct*) richtig; *moment a.* passend, günstig; *remède, conseil* gut; *la ~ne/une ~ne solution* die richtige/eine gute Lösung; *la ~ne adresse* die richtige Adresse; *pour un ~ fonctionnement de l'appareil, veuillez …* wenn dieses Gerät richtig funktionieren soll, müssen Sie …; *tous les moyens sont ~s* alle Mittel sind recht; *ce traducteur est ~ pour tout ce qui est textes techniques* dieser Übersetzer ist für alle technischen Texte geeignet; ■ **qc est ~ pour qc** etw ist gut für etw; *qc est ~ pour la santé/le foie* etw ist gut für die Gesundheit/Leber

3. (*valable*) *billet, ticket* gültig; *mes pneus sont encore ~s* meine Reifen sind noch gut [genug], auf meinen Reifen ist noch genug Profil

4. (*agréable*) gut; *soirée, surprise* schön, nett; *moment, vacances, week-end* schön; *eau* toll *fam,* schön warm; *que c'est ~, un bain!* so ein Bad tut gut!

5. (*délicieux*) gut; (*comestible*) gut; *nourriture a.* essbar; *qc est très ~/n'est pas ~* etw schmeckt sehr gut/schmeckt nicht [gut]; *qc a ~ goût* etw schmeckt gut; *ces fruits ne sont pas encore ~s à manger* die Früchte sind noch nicht reif; *ces surgelés ne sont plus ~s* diese Tiefkühlkost kann man nicht mehr essen [*o* ist nicht mehr gut]; *l'eau de la fontaine est ~ne* das Wasser aus dem Brunnen kann man trinken; *ces champignons sont ~s* diese Pilze kann man essen [*o* sind essbar]

6. (*dans un souhait*): *~ne année!* ein gutes [*o* schönes] neues Jahr!; *~ anniversaire!* herzlichen Glückwunsch zum Geburtstag!; *~ne chance!* viel Glück!; (*succès a.*) viel Erfolg!; *~ne continuation!* alles Gute [für die Zukunft]!, weiter[hin] alles Gute!; *~ courage!* mach's gut! *fam,* halt/haltet die Ohren steif! *fam; tu dois encore faire tout ça? – Alors, ~ courage!* das musst du alles noch machen? – Na dann viel Erfolg!; *~ne nuit!* gute Nacht!; *~ rétablissement!* gute Besserung!; *~nes vacances!* schöne Ferien!; *~ week-end!* schönes Wochenende!

7. (*intensif de quantité*) gut; (*intensif de qualité*) ordentlich *fam,* anständig *fam; un ~ kilo* ein gutes Kilo; *qc a duré une ~ne heure* etw hat eine gute Stunde [*o* hat gut eine Stunde] gedauert; *jusqu'à l'école il y a un ~ kilomètre* bis zur Schule ist es gut ein Kilometer; *une ~ne moitié de la population* gut [*o* mehr als] die Hälfte der Bevölkerung; *une ~ne pincée de sel* eine ordentliche [*o* anständige] Prise Salz *fam; la grille aurait besoin d'une ~ne couche de peinture* der Zaun muss mal ordentlich [*o* anständig] gestrichen werden *fam; ce matin, il y avait une ~ne couche de neige partout* heute Morgen lag überall dick Schnee; *un ~ coup de balai suffit* es reicht, wenn wir einmal ordentlich den Besen schwingen [*o* einmal kräftig durchkehren] *fam; qn tient une ~ne cuite* jd hat ganz schön einen sitzen *fam,* jd ist ganz schön zu *fam; une ~ne paire de gifles* eine ordentliche [*o* tüchtige] Ohrfeige *fam,* ein Satz heiße Ohren *fam*

8. (*être fait pour*) ■ **qn/qc est ~ à faire qc**: *elle n'est ~ne qu'à jouer, le travail l'ennuie* sie ist nur fürs Spielen zu haben, die Arbeit langweilt sie *fam; qc est ~ à jeter* etw taugt nur noch [*o* ist reif] für den Mülleimer *fam,* etw kann man wegwerfen; *c'est tout juste ~ à nous créer des ennuis* das wird uns nur Ärger machen [*o* einbringen]; *tout n'est pas ~ à dire* einige Dinge sollten besser ungesagt bleiben; *c'est* [*toujours*] *~ à prendre* das ist [immer noch] besser als gar nichts; *c'est ~ à savoir* das ist gut zu wissen; gut, dass ich das weiß; *puis-je vous être ~ à quelque chose?* kann ich Ihnen helfen?, kann ich Ihnen behilflich sein?, kann ich etwas für Sie tun?; *le vin est ~ à tirer* der Wein kann abgefüllt werden; *ce texte est ~ à être imprimé* der Text ist druckreif; *qn est ~ à marier* jd eignet sich für die Ehe; ■ **qc est ~ pour qc** (*être destiné à*) etw ist reif für etw *fam; cette voiture est ~ne pour la casse fam* dieser Wagen gehört auf den Schrott [*o* ist reif für den Schrottplatz] *fam;* ■ **qn est ~ pour qc** (*ne pouvoir échapper à*) jd ist reif für etw *fam; qn est ~ pour une contravention* jd ist reif für einen Strafzettel *fam; elle est ~ne pour un séjour à la mer/une cure* sie ist reif für einen Aufenthalt am Meer/eine Kur *fam,* sie hat einen Aufenthalt am Meer/eine Kur nötig; ■ **qn est ~ pour faire qc** jd kann zusehen, wie er etw tut *fam; tu es ~ pour ranger ta chambre tout seul!* jetzt kannst du zusehen, wie du dein Zimmer allein aufräumst!

9. (*moralement*) gut; *il n'a pas de ~nes lectures/fréquentations* er liest nichts Anständiges/er hat keine anständigen Freunde

► **qn en a de ~nes** *fam* jd ist vielleicht gut *fam,* jd macht Witze *fam;* **qn a une personne à la ~ne** *fam* ein Mensch ist bei jdm gut angeschrieben; **allons ~!** was ist denn nun schon wieder!, verflixt noch mal! *fam;* **qn croit ~ de faire qc** jd meint, es sei richtig, etw zu tun; **t'es ~, toi** *fam* du bist vielleicht gut *fam;* **qn est ~ à rien** jd taugt zu nichts, jd ist zu nichts zu gebrauchen, jd ist zu nichts nütze; **qn est bien** [*o* **trop**] **~** jd ist schön dumm *fam;* **c'est ~** (*a bon goût*) das ist [*o* schmeckt] gut; (*fait du bien*) das tut gut; (*ça ira comme ça*) das reicht, das ist o.k. so *fam;* (*tant pis*) egal *fam,* macht nichts; **c'est ~ de faire qc** (*agréable*) es tut gut, etw zu tun; (*sain*) es ist gut [*o* gesund], etw zu tun; **il est ~ de faire qc** es empfiehlt sich [*o* es ist angebracht], etw zu tun; *pendant les vacances, il est ~ de réserver à l'avance* während der Ferien sollte man im Voraus reservieren; **elle est bien ~ne, celle-là!** *fam* der ist gut!, das ist vielleicht ein guter Witz!; [**cette fois**], **on est ~s!** *fam* jetzt sind wir dran *fam,* jetzt haben sie uns erwischt *fam;* **qn ne fait**

rien de ~ jd tut nichts Gutes; ***cet élève ne fait plus rien de*** ~ dieser Schüler bringt keine [guten] Leistungen mehr; **qn juge** [*o* **trouve**] ~ **de faire qc** jd hält es für gut [*o* richtig] etw zu tun; **il serait** ~ **de faire qc** es wäre ratsam [*o* angebracht] etw zu tun; **il serait** ~ **que qn fasse qc** es wäre ratsam [*o* angebracht], wenn jd etw tun würde; **comme/quand/si** ~ **vous semble** wie/wann/wenn Sie es für angebracht [*o* richtig] halten, wie/wann/wenn Sie meinen; **qn en tient une** ~**ne!** (*est ivre*) jd hat ganz schön einen sitzen *fam,* jd hat anständig [*o* ordentlich] einen getankt *fam;* (*est stupide*) jd ist ganz schön dumm [*o* dämlich] *fam;* **à quoi** ~? wozu [noch]?, wozu [eigentlich]?; **pour de** ~? wirklich?, im Ernst?; **qn fait qc pour de** ~ jd tut etw ernsthaft; ***qn joue pour de*** ~ jd spielt um Punkte; ***c'est pour de*** ~, ***on compte*** jetzt gilt es, wir zählen; ***je vais me mettre en colère pour de*** ~ ich werde mich ernsthaft aufregen; **ah** ~? ach ja?, ach was?, wirklich?; **[en] voilà une** ~**ne!** du bist [mir] vielleicht einer/eine! *fam;* ~! gut!, schön!; ~, ***il faudrait peut-être*** [***songer à***] ***se mettre au travail*** so, jetzt geht's aber an die Arbeit!; ~, [***ça va***], ***je n'insiste pas*** [ist ja] schon gut, ich hör ja schon auf

II. *adv sentir* gut; **qn/qc sent** ~ jd/etw duftet

▸ **il fait** ~: ***il fait très*** ~ ***ce soir*** heute Abend ist es angenehm mild; ***il fait*** ~ ***ici*** hier ist es schön warm [*o* angenehm warm]; **il ne fait pas** ~ **faire qc** man sollte etw lieber nicht tun, es ist nicht ratsam etw zu tun; **qn tient** ~ jd bleibt hart [*o* standhaft], jd gibt nicht nach; (*dans un effort*) jd hält durch; **il fait** ~ **vivre** das Leben ist schön; ***en France, il fait*** ~ ***vivre*** in Frankreich lässt es sich gut leben

III. *m* **1.** (*ce qui est* ~) Gute(s) *nt*

2. (*personne*) Gute(r) *f(m);* ***les*** ~***s et les méchants*** die Guten und die Bösen

▸ **ça a du** ~ das hat etwas Gutes, das hat etwas für sich; **qn/qc a du** ~ jd/etw hat seine Vorzüge [*o* seine guten Seiten], etw hat etwas für sich; **il y a du** ~ **et du mauvais/et du moins** ~ **dans qc** etw hat gute und schlechte/weniger gute Seiten; *v. a.* **bonne**

bonbon [bɔ̃bɔ̃] *m* Bonbon *m o nt;* ■ ~ **à qc** *à la menthe, l'anis, au chocolat, citron* -bonbon

▸ ~ **acidulé** Drops *m o nt,* saures [*o* saurer] Bonbon; ~ **fourré** gefüllter [*o* gefülltes] Bonbon

bonbonne [bɔ̃bɔn] *f* [bauchige] Korbflasche

bonbonnière [bɔ̃bɔnjɛʀ] *f* Bonbonniere *f*

bond [bɔ̃] *m* **1.** [*personne, animal*] Sprung *m,* Satz *m;* SPORT Sprung *m;* ***qn franchit qc d'un*** ~ jd macht einen Satz über etw (*akk*), jd setzt über etw (*akk*); ***d'un*** ~ ***elle a franchi la fenêtre/ le mur*** mit einem Satz ist sie aus dem Fenster/über die Mauer gesprungen

2. (*rebond*): ***le ballon fit plusieurs*** ~***s*** der Ball sprang mehrmals hoch [*o* auf]; ***la voiture a fait un*** ~ ***de plusieurs mètres*** das Auto wurde mehrere Meter hoch in die Luft geschleudert

▸ **qn fait faux** ~ **à qn** jd versetzt jdn *fam,* jd lässt jdn im Stich; **qn ne fait qu'un** ~ [**jusqu'à qc**] jd springt herbei [*o* herzu], jd stürzt herbei; ***le téléphone sonna; elle ne fit qu'un*** ~ ***et décrocha*** das Telefon klingelte; sie sprang hin und nahm den Hörer ab; ***apprenant la nouvelle, il ne fit qu'un*** ~ ***jusqu'à la cabine téléphonique*** nachdem er die Neuigkeit erfahren hatte, hastete er in die nächste Telefonzelle; **qn fait des** ~**s** (*de joie*) jd tut [*o* macht] [Freuden]sprünge; **qc fait un** ~ etw schnellt in die Höhe; /*prix a.*/ etw steigt sprunghaft an; /*monnaie a.*/ etw steigt sprunghaft; **qn se lève d'un** ~ jd springt auf, jd fährt in die Höhe; **qn/qc progresse par** ~**s** /*rééducation, rétablissement*/ etw geht schubweise [*o* in Schüben] voran; /*intelligence*/ etw entwickelt sich schubweise [*o* in Phasen]; **qn saisit qc au** ~ *occasion* jd ergreift etw, jd packt etw beim Schopfe; *affaire* jd lässt sich (*dat*) etw nicht entgehen; *propos* jd versteht etw sofort

◆ **bond en avant** ECON Sprung *m* nach vorn

bonde [bɔ̃d] *f* **1.** (*trou*) [*tonneau*] Spundloch *nt;* [*évier, baignoire*] Abflussloch *nt,* Abflussöffnung *f*

2. (*bouchon*) [*tonneau*] Spund *m;* [*évier, baignoire*] Stöpsel *m*

bondé, e [bɔ̃de] *adj* überfüllt, proppenvoll *fam*

bondieuserie [bɔ̃djøzʀi] *f* religiöser Schnickschnack *fam*

bondir <8> [bɔ̃diʀ] *vi* **1.** (*sauter*) ■ **qn/un animal bondit** jd/ein Tier springt [hoch]; /*lapin a.*/ ein Tier hoppelt; ***les chamois bondissaient dans les rochers*** die Gämsen sprangen zwischen den Felsen umher; ■ **qn bondit hors de qc** jd springt aus etw [heraus]; ■ **qn bondit** [**jusqu'**]**à qc** *à la porte* jd stürzt zu etw [hin]; *au téléphone* jd stürzt an etw (*akk*); ■ **qn/un animal bondit sur qn/qc** jd/ein Tier stürzt auf jdn/etw; ■ **qn bondit vers qn/qc** jd stürzt jdm entgegen/zu etw [hin]

2. *fig* (*sursauter*) ■ **qn bondit** jd ist empört, jd ist geschockt *fam;* ***comment ne pas*** ~ ***quand on entend ça!*** wie soll man da ruhig bleiben, wenn man so was hört! *fam;* ■ **qn bondit de qc** *de colère* jd kocht vor etw (*dat*) *fam;* ***qn bondit de joie*** jd macht Freudensprünge, jd springt an die Decke vor Freude *fam;* ■ **qc fait** ~ **qn** etw empört jdn, etw macht jdn rasend

bonheur [bɔnœʀ] *m* **1.** (*état*) Glück *nt;* ***qc trouble le*** ~ ***de qn*** etw trübt jds Glück

2. (*chance*) Glück *nt*

▸ **au petit** ~ [**la chance**] *fam* auf gut Glück, aufs Geratewohl; **qn a le** ~ **de faire qc** (*joie*) jd hat die [große] Freude etw zu tun; (*chance*) jd hat das [große] Glück etw zu tun; **le** ~ **d'aimer** das Glück zu lieben; **qn ne connaît pas son** ~ jd weiß nicht, wie glücklich er sich schätzen kann [*o* was für ein Glück er hat] [*o* wie gut er es hat]; **qc peut faire le** ~ **de qn** jd kann etw gebrauchen; ***si ce stylo peut faire ton*** ~! wenn du diesen Kuli gebrauchen kannst *fam* [*o* wenn ich dir mit diesem Kuli weiterhelfen kann], dann nimm ihn]!; **qn/qc fait le** ~ **de qn** jd/etw macht jdn glücklich, jd ist jds Glück; **chacun fait son** ~ **soi-même** jeder ist seines Glückes Schmied *prov;* **qn/qc porte** ~ [**à qn**] jd/etw bringt [jdm] Glück; **le** ~ **de vivre** die Lebensfreude; **avec** ~ auf glückliche Weise; ***ce roman allie avec*** ~ ***l'humour et la tendresse*** dieser Roman ist eine gelungene Mischung aus Humor und Zärtlichkeit; **par** ~ zum Glück, glücklicherweise

bonhomie [bɔnɔmi] *f* selbstverständliche Freundlichkeit, Herzlichkeit *f*

bonhomme <bonshommes> [bɔnɔm, bɔ̃zɔm] *m* **1.** *fam* (*homme*) (*neutre*) Mann *m;* (*plutôt laudatif*) toller Kerl; (*plutôt négatif*) Kerl *m,* Typ *m fam;* ***un drôle de*** ~ ein komischer Kerl; ***le*** ~ ***me fait peur/ est en pleine forme*** der gute Mann macht mir Angst/ist noch topfit *fam*

2. (*dessin*) Männchen *nt;* ***un enfant dessine des*** ~***s*** ein Kind zeichnet [*o* malt] Männchen

▸ **qn va son petit** ~ **de chemin** jd geht ruhig [*o* unbeirrt] seinen Weg, jd verfolgt sein Ziel; **petit** ~ kleiner Mann; ***quel âge a votre petit*** ~? wie alt ist Ihr Junge [*o* der kleine Mann]?; ***Julien est un adorable petit*** ~ ***de 2 ans*** Julien ist ein süßer kleiner Knirps von 2 Jahren; **mon** [**petit**] ~ kleiner Mann *fam*

◆ **bonhomme de neige** Schneemann *m*

boni [bɔni] *m* Gewinn *m,* Einnahmen *pl*

boniche [bɔniʃ] *f péj fam* Dienstmädchen *nt*

bonification [bɔnifikasjɔ̃] *f* **1.** [*vin*] Verbesserung *f;* [*terres a.*] Amelioration *f*

2. (*bonus*) Bonus *m,* Pluspunkt *m;* SPORT Zeitgutschrift *f,* Punktegutschrift *f*

bonifier <1 a> [bɔnifje] **I.** *vt* ■ **qn bonifie qc** *terres* jd verbessert etw, jd amelioriert etw; ■ **qc bonifie une chose** *terres* eine S. wird durch etw verbessert, eine S. wird durch etw amelioriert

II. *vpr* ■ **qn/qc se bonifie** jd macht sich *fam;* /*vin*/ etw wird besser; ***je suis comme le bon vin, je me bonifie en vieillissant!*** ich bin eben wie guter Wein, der mit dem Alter besser wird

boniment [bɔnimɑ̃] *m* [*vendeur, camelot*] Anpreisen *nt* der Ware, Marktschreierei *f;* (*mensonges*) Lügengeschichte *f,* Humbug *m fam;* ***pas de*** ~***s!*** erzähl [mir/uns doch] keine Märchen! *fam*

▸ **qn raconte des** ~**s** jd erzählt Märchen, jd erzählt Lügengeschichten

bonjour [bɔ̃ʒuʀ] **I.** *interj* guten Tag/Morgen; ~ ***tout le monde!*** Tag/Morgen zusammen! *fam;* ***"bien le*** ~***" dit-il en arrivant*** „einen schönen guten Tag/Morgen", sagte er, als er ankam

▸ **qn dit** ~ [**à qn**] jd sagt [jdm] guten Tag

II. *m* ▸ **c'est** ~ **bonsoir** man grüßt sich; **qc est simple comme** ~ etw ist ganz einfach [*o* kinderleicht *fam*]; **qn donne** [**bien**] **le** ~ **à qn** [**de la part de qn**] jd grüßt jdn [schön] [von jdm], jd bestellt jdm [von jdm] einen [schönen] Gruß [*o* [schöne] Grüße], jd richtet jdm [von jdm] einen [schönen] Gruß [*o* [schöne] Grüße] aus; ***allez salut! donne bien le*** ~ ***à ta femme*** mach's gut und bestell deiner Frau einen Gruß [von mir] [*o* und grüß deine Frau [von mir]]; **qn a un** ~ **à donner à qn** [**de la part de qn**] jd soll jdn [von jdm] [schön] grüßen, jd soll jdm [von jdm] einen [schönen] Gruß [*o* [schöne] Grüße] bestellen, jd soll jdm [von jdm] einen [schönen] Gruß [*o* [schöne] Grüße] ausrichten

bonne [bɔn] *f* [Haus]mädchen *nt,* Hausangestellte *f,* Dienstmädchen *nt*

◆ **bonne à tout faire** Mädchen *nt* für alles; **bonne d'enfants** Kindermädchen *nt; v. a.* **bon**

bonnement [bɔnmɑ̃] *adv* ▸ **tout** ~ ganz einfach

bonnet [bɔnɛ] *m* **1.** (*coiffure*) Mütze *f;* [*nourrisson*] Häubchen *nt;* [*bébé*] Mützchen *nt*

2. [*soutien-gorge*] Körbchen *nt*

▸ **qc est** ~ **blanc et blanc** ~ etw ist Jacke wie Hose *fam,* etw ist gehupft wie gesprungen *fam;* **gros** ~ *fam* [*industrie, politique*] hohes Tier *fam;* ***les gros*** ~***s de la drogue/finance*** die Drogenbosse/Finanzhaie *fam;* ~ **phrygien** phrygische Mütze, Jakobinermütze *f;* **qn prend qc sous son** ~ jd nimmt etw auf seine Kappe *fam*

◆ **bonnet d'âne** *Papierhut, den man früher dem schlechtesten Schüler aufsetzte;* **bonnet de bain** Bademütze *f,* Badekappe *f;* **bonnet de nuit** **1.** (*coiffure*) Nachtmütze *f;* (*pour les femmes*) Nachthaube *f* **2.** (*personne ennuyeuse*) Miesmacher(in) *m(f) fam,* Spielverderber(in) *m(f);* **bonnet de ski** Skimütze *f*

bonneterie [bɔnɛtʀi, bɔn(ə)tʀi] *f* (*articles*) Wirk- und Strickwaren *pl;* (*fabrication*) Wirk- und Strickwarenindustrie *f;* (*commerce*) Wirk- und Strickwarenhandel *m;* (*usine*) Wirk- und Strickwarenfabrik *f;* (*magasin*) Wirk- und Strickwarengeschäft *nt*

bonniche [bɔniʃ] *f v.* **boniche**

bonsoir [bɔ̃swaʀ] *interj* (*en arrivant*) guten Abend; (*en partant*) auf Wiedersehen; (*avant le coucher*) gute Nacht

▸ **qn dit** ~ [**à qn**] jd sagt [jdm] guten Abend/auf Wiedersehen/gute Nacht

bonté [bɔ̃te] *f* Güte *f;* ***avec*** ~/***avec une grande*** ~ gütig [*o* mit Güte]/mit großer Güte; ***la*** ~ ***se lit sur son visage*** die Güte steht ihm/ihr im Gesicht geschrieben

▸ **qn fait qc par** [**pure**] ~ **d'âme** jd tut etw aus reiner [*o* purer] Menschenliebe; ~ **divine!** du lieber Himmel!, du liebe Zeit!; **qn est d'une grande** ~ jd ist sehr gütig; **qn a la** ~ **de faire qc** jd ist so freundlich [*o* nett] etw zu tun; *iron* jd besitzt die Güte [*o* jd ist so gütig] etw zu tun; ***ayez la*** ~ ***de téléphoner à Monsieur X*** seien Sie bitte so gut [*o* freundlich] und rufen Sie Herrn X an; ***quand je parle, auriez-vous la*** ~ ***de vous taire?*** wenn ich rede, würden Sie dann wohl bitte die Güte besitzen, Ihren Mund zu halten?

bonus [bɔnys] *m* Bonus *m* für unfallfreies Fahren, Schadenfreiheitsrabatt *m*

bonze [bɔ̃z] *m* **1.** REL Bonze *m*

2. *péj fam* Bonze *m;* ***les*** ~***s du parti*** die Parteibonzen

boom [bum] *m* Boom *m;* ***qc connaît un*** ~ etw erlebt einen Boom; ~ ***démographique*** Bevölkerungsexplosion *f*

▸ **qn est en plein** ~ (*a beaucoup de travail*) jd hat alle Hände voll zu tun; **qc est en plein** ~ (*en plein essor*) etw boomt

boomerang [bumʀɑ̃g] *m* Bumerang *m;* ***effet de*** ~ Bumerangwirkung *f,* Bumerangeffekt *m;* ***qc fait*** ~ etw erweist sich als Bumerang

boot [but] *m* Booten ['bu:tən] *nt*

booter <1> [bute] *vi* ■ **qc boote** etw bootet [hoch] ['bu:tət]

boots [buts] *fpl* Boots *pl*

bord [bɔʀ] *m* Rand *m;* [*table, trottoir*] Kante *f;* [*lac, rivière*] Ufer *nt;* [*chapeau*] Krempe *f;* ***le ~ du quai*** die Bahnsteigkante; ***le ~ des manches de ton manteau est abîmé*** die Ärmel deines Mantels sind an den Rändern abgescheuert; ***le ~ du drap est brodé*** die Betttuchkante ist bestickt, das Betttuch ist am Rand bestickt; ***un chapeau à larges ~s*** ein breitkrempiger Hut
▸ **qn est du même ~ [que qn]** jd hat [*o* vertritt] die gleichen Anschauungen [wie jd]; (*en politique*) jd steht im gleichen Lager [wie jd]; **qn remplit qc à ras ~** jd macht etw randvoll [*o* bis zum Rand voll]; **qn est au ~ de qc** jd steht am Rande einer S. (*gen*); *des larmes* jd ist einer S. (*dat*) nahe; ***il est au ~ de la tombe*** er steht am Rande des Grabes, er ist dem Tod nahe; **qn est du ~ de qn** jd steht auf jds Seite (*dat*); **qn jette qn/qc par-dessus ~** jd wirft jdn/etw über Bord; **qn monte à ~ [de qc]** *d'un navire, avion* jd geht an Bord [einer S. (*gen*)]; *d'une voiture* jd steigt [in etw (*akk*)] ein; **qn/qc passe par-dessus ~** jd/etw geht über Bord; **qn prend qn à [son] ~** (*dans la voiture*) jd lässt jdn einsteigen; (*sur le bateau*) jd nimmt jdn an Bord; **qc est rempli(e) jusqu'au ~** etw ist randvoll [*o* bis zum Rand voll]; **qn/qc vire de ~** jd/etw wendet; *fig* jd schwenkt um; **à ~** an Bord; ***les 4 personnes qui sont à ~ de la voiture*** die 4 Insassen des Wagens; **à ~ de qc** an Bord einer S. (*gen*); **~ à ~** Seite an Seite; **au ~ de qc** am Rande einer S. (*gen*); *du lac* am Ufer einer S. (*gen*); ***je vois bien que tu as quelque chose au ~ des lèvres*** ich sehe doch, dass du etwas sagen willst; ***j'ai le mot au ~ des lèvres*** mir liegt das Wort auf der Zunge; **sur les ~s** *fam tapette, radin* so ein bisschen; *fou, con a.* leicht; ***il est un peu marlou sur les ~s*** er ist ein kleiner Zuhälter
◆ **bord de [la] mer** Meer[esstrand *m*] *nt,* Küste *f;* ***au ~ de la mer*** am Meer, an der See

bordeaux [bɔʀdo] **I.** *m* Bordeaux[wein *m*] *m*
II. *app inv* weinrot, bordeaux[rot]

bordée [bɔʀde] *f* **1.** (*salve*) Breitseite *f,* [Geschütz]salve *f*
2. *fig fam* ■ **une ~ de qc** *d'injures* ein Hagel *m* [*o* ein Schwall *m*] [*o* eine Flut] von etw; ***une ~ d'applaudissements*** ein Beifallssturm *m*

bordel [bɔʀdɛl] **I.** *m* **1.** *vulg* (*maison close*) Bordell *nt,* Puff *m fam*
2. *fam* (*désordre*) Chaos *nt,* Saustall *m fam,* heilloses Durcheinander
3. *fam* (*tapage*) Krach *m*
▸ **et tout le ~** *fam* (*et tout le reste*) und der ganze Mist *fam;* **ça va être le ~ pour faire qc** *fam* es wird ganz schön beschissen, etw zu tun *fam;* **qn fait le** [*o* **du**] **~** *fam* (*tapage*) jd macht Krach [*o* Lärm]; ***les voisins ont fait le ~ toute la nuit!*** die Nachbarn haben die ganze Nacht die Sau rausgelassen! *sl;* **qn met le ~ [dans qc]** *fam* jd richtet ein wüstes Durcheinander [*o* ein furchtbares Chaos] [in etw (*dat*)] an *fam;* ***il a mis le ~ dans mes affaires*** er hat meine Sachen auf den Kopf gestellt [*o* durcheinander gebracht]
II. *interj fam* Scheiße! *sl,* verdammt noch mal! *fam*

bordélique [bɔʀdelik] *adj fam* chaotisch; *personne a.* schlampig *fam*

border <1> [bɔʀde] *vt* **1.** (*longer*) ■ **qc borde qc** *rivière, rue* etw säumt etw *geh;* ■ **qc est bordé(e) de qc** */route, rivière/* etw ist mit [*o* von] etw gesäumt *geh;* */place/* etw ist von etw eingesäumt *geh;* */terrasse/* etw ist von etw umsäumt *geh;* ***la terrasse est bordée de jardinières*** die Terrasse ist von Blumenkästen umgeben
2. COUT ■ **qn/qc borde qc de qc** jd/etw fasst etw mit etw ein, jd besetzt etw am Rand mit etw; *de fourrure a.* jd verbrämt etw mit etw; ■ **qc est bordé(e) de qc** */mouchoir/ de dentelle* etw ist am Rand mit etw besetzt
3. (*couvrir*) ■ **qn borde qn** jd deckt jdn zu; ***qn borde son lit*** jd macht sein Bett (*indem er die Laken unter die Matratze einschlägt*)
4. NAUT ■ **qn borde qc** *voile* jd holt etw ein

bordereau <x> [bɔʀdəʀo] *m* (*formulaire*) Zettel *m,* Schein *m;* (*liste*) Liste *f;* (*facture*) Rechnung *f*
◆ **bordereau d'achat** [Kauf]beleg *m;* **bordereau de caisse** Kassenzettel *m,* Kassenbon *m;* **bordereau de compte** Kontoauszug *m;* **bordereau de livraison** Lieferschein *m;* **bordereau d'envoi** Begleitschein *m;* **bordereau de[s] salaires** Lohnliste *f;* **bordereau de vente** Verkaufsbeleg *m*

bordure [bɔʀdyʀ] *f* **1.** (*bord*) Rand *m;* [*quai, trottoir*] Kante *f;* (*pièce rapportée*) Bordüre *f;* ***éloignez-vous de la ~ du quai*** [von der Bahnsteigkante] zurückbleiben; ***la ~ d'un champ/d'une forêt*** der Feldrand/Waldrand; ***~ brodée*** Stickereisaum *m;* ***~ de fourrure*** Pelzverbrämung *f,* Pelzbesatz *m;* ***la ~ du gilet est faite au crochet*** der Rand der Weste ist gehäkelt; ***~ d'un chapeau*** Hutkrempe *f*
2. (*rangée*): ***une ~ de rosiers délimite la terrasse*** die Terrasse ist von Rosenstöcken eingerahmt; ***une ~ de peupliers*** eine Reihe von Pappeln
3. (*rangée de pavés*) Einfassung *f,* Umrandung *f;* (*pavé singulier*) Steinplatte *f;* ***~ d'allée*** Wegeinfassung *f*
▸ **en ~ de qc** *d'une voie de chemin de fer, voie rapide* am Rande einer S. (*gen*), entlang einer S. (*gen*); *d'une rivière* am Ufer einer S. (*gen*); ***en ~ de forêt*** am Waldrand; ***une villa en ~ de mer*** eine Villa an der Küste
◆ **bordure de fleurs** Blumenrabatte *f;* **bordure de trottoir** Bordstein *m,* Rinnstein *m*

boréal, e <s *o* -aux> [bɔʀeal, o] *adj* nördlich

borgne [bɔʀɲ] *adj* **1.** *personne* einäugig, auf einem Auge blind
2. *pièce* ohne Fenster; *fenêtre* ohne Ausblick
3. (*mal famé*) *hôtel, rue* verrufen, anrüchig

borne [bɔʀn] *f* **1.** (*pierre*) Grenzstein *m*
2. (*protection*) Steinpfosten *m*
3. *pl* (*limite*) Grenzen *pl*
4. *fam* (*distance de 1 km*) Kilometer *m*
5. ELEC [Anschluss]klemme *f*
▸ **~ hectométrique** Hundertmeter[markierungs]stein *m;* **~ kilométrique** Kilometerstein *m;* **qn reste planté(e) comme une ~** jd hält Maulaffen feil; **qc a des ~s** */patience, indulgence, intelligence/* etw hat Grenzen; **il n'y a pas de ~s à qc** etw kennt keine Grenzen; **qn dépasse** [*o* **franchit**] [*o* **passe**] **les ~s** jd geht zu weit, jd übertreibt; **qc dépasse** [*o* **franchit**] [*o* **passe**] **les ~s** etw ist grenzenlos; */ignorance, bêtise, arrogance a./* etw kennt keine Grenzen; */punition/* etw geht zu weit; ***cela dépasse les ~s*** das geht zu weit; **qc dépasse les ~s de qc** etw überschreitet die Grenzen einer S. (*gen*), etw geht über etw (*akk*) hinaus; ***cela dépasse les ~s de la raison/de l'entendement*** das geht gegen alle [Regeln der] Vernunft/das ist völlig unbegreiflich; **qn recule les ~s de qc** jd geht [immer wieder] über die Grenzen einer S. (*gen*) hinaus; ***qn recule chaque jour les ~s de la connerie/du courage*** jd treibt die Dummheit/den Mut immer weiter, jds Dummheit/Mut wird von Tag zu Tag größer; ***les nazis ont reculé les ~s de l'horreur*** die Nazis haben die Grenzen des Grauens überschritten [*o* sind in ihrer Grausamkeit immer weiter gegangen]; **sans ~[s]** grenzenlos
◆ **borne d'appel d'urgence** Notrufsäule *f;* **borne d'incendie** [Überflur]hydrant *m*

borné, e [bɔʀne] *adj* beschränkt; *intelligence a.* begrenzt; *personne* borniert, engstirnig; *politique, enseignement* schmalspurig, Schmalspur- *fam;* ***qn a un esprit ~*** jd ist engstirnig

borner <1> [bɔʀne] **I.** *vt* **1.** ■ **qc borne qc** etw begrenzt etw; *terrain a.* etw bildet die Grenze zu etw [*o* einer S. (*gen*)]
2. ■ **qn borne qc à qn/à qc/à faire qc** *ambition, enquête* jd beschränkt etw auf jdn/auf etw/darauf, etw zu tun
II. *vpr* ■ **qn se borne à qc/à faire qc** (*se limiter à*) jd beschränkt sich auf etw (*akk*)/darauf, etw zu tun; (*se contenter de*) jd begnügt sich mit etw/damit, etw zu tun; ■ **qc se borne à qc** etw beschränkt sich auf etw (*akk*)

bosquet [bɔskɛ] *m* Baumgruppe *f*

boss [bɔs] *m fam* Boss *m fam*

bosse [bɔs] *f* **1.** (*accidentelle*) [*personne, objet, voiture*] Beule *f*
2. [*chameau*] Höcker *m*
3. (*difformité*) Buckel *m*
4. (*accident de terrain*) Buckel *m*
▸ **qn a la ~ de qc** *fam* jd hat was drauf in etw (*dat*) *fam,* jd hat's in etw (*dat*) voll drauf *sl;* ***qn a la ~ du commerce*** jd hat ein Händchen fürs Geschäft *fam;* **qn se fait une ~ à qc** jd holt sich (*dat*) an etw (*dat*) eine Beule; **qn roule sa ~** *fam* jd kommt herum *fam;* ***il a roulé sa ~ dans le monde entier*** er ist ganz schön in der Welt herumgekommen *fam*

bosseler <3> [bɔsle] *vt* ■ **qn bosselle qc** **1.** (*déformer*) jd verbeult etw, jd zerbeult etw ein
2. (*en orfèvrerie*) jd treibt etw; ***qc est en argent/or bosselé*** etw ist aus getriebenem Silber/Gold

bosser <1> [bɔse] **I.** *vi fam* ■ **qn bosse** jd arbeitet; (*travailler dur*) jd schuftet [wie ein Blöder/eine Blöde] *fam;* (*bûcher*) jd lernt, jd büffelt *fam*
II. *vt fam* ■ **qn bosse qc** *matière* jd lernt etw, jd büffelt etw *fam; examen* jd lernt für etw, jd büffelt für etw *fam*

bosseur, -euse [bɔsœʀ, -øz] *m, f fam* Arbeitstier *nt fam*

bossu, e [bɔsy] **I.** *adj* buck[e]lig; (*voûté*) krumm; ***redresse-toi un peu, tu es tout ~*** setz dich gerade hin, du machst ja einen ganz krummen Rücken [*o* du bist ja ganz krumm *fam*]
II. *m, f* Buck[e]lige(r) *f(m)*
▸ **qn rit comme un ~** jd lacht sich schief *fam*

botanique [bɔtanik] **I.** *adj* botanisch, pflanzenkundlich; ***géographie ~*** Pflanzengeographie *f,* Geobotanik *f*
II. *f* Botanik *f,* Pflanzenkunde *f*

botaniste [bɔtanist] *mf* Botaniker(in) *m(f)*

botte [bɔt] *f* **1.** (*chaussure*) Stiefel *m*
2. [*végétaux, légumes*] Bund *nt;* [*fleurs*] Strauß *m;* [*foin, paille*] (*en gerbe*) Bund *nt,* Bündel *nt;* (*au carré*) Ballen *m*
3. (*en escrime*) Stoß *m*
▸ **qn en a plein les ~s [de qc]** *fam* jd ist es leid/jd ist etw leid; **~ secrète** Geheimrezept *nt,* eigene Methode; **qn a qn à sa ~**: ***il est [entièrement] à ta ~, tu l'as [entièrement] à ta ~*** er tut [alles], was du willst; er ist dir [völlig] ergeben, er ist dir [ganz] hörig; **qn lèche les ~s de qn** *fam* jd kriecht vor jdm *sl;* (*flatte*) jd schmiert jdm Honig ums Maul *fam;* **qn porte** [*o* **pousse**] **une ~ à qn** jd führt einen Stoß aus; *fig* jd überlistet jdn, jd trickst jdn aus *fam;* **[qn est] à la ~ de qn** [jd ist] jdm ergeben [*o* untertan]; **[qn est] sous la ~ de qn** [jd ist] unter jds Gewaltherrschaft (*dat*)
◆ **botte de caoutchouc** Gummistiefel *m;* **botte d'équitation** Reitstiefel *m;* **bottes de sept lieues** Siebenmeilenstiefel *pl*

botté, e [bɔte] *adj* gestiefelt; ***des motards ~s et casqués*** Motorradfahrer mit Stiefeln und Helmen

botter <1> [bɔte] *vt* **1.** ■ **qn botte qc à qn** *derrière* jd gibt [*o* versetzt] jdm einen Tritt/Tritte in etw (*akk*), jd tritt jdn in etw (*akk*)
2. *fam* (*plaire*) ■ **qc me/le/la/nous botte** etw gefällt mir/ihm/ihr/uns, etw macht mich/ihn/sie/uns an *fam;* ***ça te botterait de venir au cinoche ce soir?*** hättest du Lust [*o* Bock *fam*], heute Abend mit ins Kino zu kommen?; ***ça [ne] me botte pas*** das sagt mir nichts *fam,* das macht mich nicht an *fam;* ***ça me botterait, mais …*** ich würde schon gerne [*o* ich hätte schon Lust], aber …

bottier [bɔtje] *m* Maßschuhmacher(in) *m(f)*

bottillon [bɔtijɔ̃] *m* Halbstiefel *m*

bottin® [bɔtɛ̃] *m* Telefonbuch *nt*

bottine [bɔtin] *f* Damenhalbstiefel *m,* Stiefelette *f*

bouc [buk] *m* **1.** (*animal*) Ziegenbock *m*
2. (*barbe*) Spitzbart *m,* Ziegenbart *m fam*
▸ **~ émissaire** Sündenbock *m;* **ça pue le ~** hier stinkt's *fam,* hier mieft's *fam,* hier müffelt's ganz schön *fam*

boucan [bukɑ̃] *m fam* Lärm *m,* Krach *m*
▸ **qn fait du ~** jd macht Lärm [*o* Krach]; (*proteste*) jd schlägt Krach *fam*

bouche [buʃ] *f* **1.** [*personne*] Mund *m;* [*animal*] Maul *nt*
2. [*volcan*] Kraterloch *nt;* [*tuyau*] Öffnung *f;* [*canon*] Mündung *f*

3. *pl* GEOG: *les ~s du Rhône/ de l'Escaut* die Mündung der Rhone/Schelde
▸ **qn a** [*o* **fait**] **la ~ en cœur** jd tut scheinheilig [*o* unschuldsvoll], jd setzt eine unschuldsvolle Miene auf; **qn a/fait la ~ en cul de poule** *fam* jd hat/ macht einen spitzen Mund; ***la ~ en cul de poule, elle me demanda ...*** mit spitzen Lippen fragte sie mich ...; **qn ouvre une ~ comme un four** jd hat den Mund sperrangelweit offen, jd reißt den Mund auf; ~ ***bée*** bass erstaunt; ***qn regarde*** [*o* ***est***] [*o* ***reste***] ~ ***bée*** jd staunt Bauklötze *fam*, jd reißt Mund und Augen auf; ***qn reste ~ bée devant qc*** jdm bleibt bei etw der Mund [vor Staunen] offen stehen; ***j'en suis resté(e) ~ bée!*** ich war ganz platt! *fam*; **pour la bonne ~** als krönender Abschluss; ***qn garde qc pour la bonne ~*** jd hebt [*o* spart] etw für den Schluss auf; [**motus et**] **~ cousue** Mund halten!, kein Sterbenswort [*o* Sterbenswörtchen] darüber!, nichts verraten!; **qn est une fine ~** jd ist ein Feinschmecker; **qn fait la fine ~** jd ist wählerisch; **~ inutile** unnützer Esser; **qn a la ~ pâteuse** jd hat einen pappigen Geschmack im Mund *fam*; **qn en a plein la ~ de qn/qc** jd kommt immer wieder auf jdn/etw zu sprechen, jd fängt immer wieder von jdm/von [*o* mit] etw an; (*en est pénétré*) jd geht ganz in etw (*dat*) auf, jd ist ganz von etw überzeugt; **qn parle la ~ pleine** jd spricht mit vollem Mund; **à pleine ~** *mordre* kraftvoll; ***s'embrasser à pleine ~*** sich einen Zungenkuss/Zungenküsse geben; ***manger à pleine ~*** kräftig zulangen *fam*; **qn a la ~ sèche** jd hat einen trockenen Mund; **qn n'a que qc à la ~** jd spricht [*o* redet] ständig [*o* nur noch] von etw; ***il a toujours les mêmes histoires à la ~*** er erzählt ständig die gleichen Geschichten; **qc emporte la ~** /*met épicé*/ etw brennt [auf der Zunge]; /*alcool*/ etw brennt [in der Kehle]; **qc est dans** [*o* **sur**] **toutes les ~s** etw ist in aller Munde; **qn ferme la ~ à qn** jd bringt jdn zum Schweigen, jd stopft jdm das Maul *fam*; **qn a cinq/huit/... ~s à nourrir** jd hat fünf/acht/... Kinder zu versorgen, jd hat fünf/acht/... hungrige Mäuler zu stopfen *fam*; **qn ouvre la ~/qn n'ouvre pas la ~** jd macht den Mund auf/jd macht den Mund nicht auf; **dans la ~** im Munde; ***un mot qui revient souvent dans la ~ de qn*** ein Wort, das jd häufig in den Mund nimmt; ***ce mot n'a pas le même sens dans la ~ d'un fasciste ou d'un libéral*** dieses Wort klingt aus dem Munde eines Faschisten anders als aus dem eines Liberalen; **de ~ en ~** von Mund zu Mund; ***la nouvelle passe de ~ en ~*** die Neuigkeit geht von Mund zu Mund [*o* spricht sich herum]
◆ **bouche à oreille** *m* Flüsterpropaganda *f*, Mund-zu-Mund-Propaganda *f*; **bouche d'aération** Lüftungsöffnung *f*, Öffnung *f* des Belüftungsschachts; **bouche de chaleur** [Warm]luftschacht *m*; **bouche d'égout** Gully *m*, Sielschacht *m*; **bouche de métro** Metroeingang *m*; **bouche d'incendie** [Unterflur]hydrant *m*

bouché, e [buʃe] *adj* **1.** *temps* trüb[e]; *ciel* bewölkt, bedeckt, verhangen
2. (*sans avenir*) ohne Zukunft; ***cette carrière/ la médecine est complètement ~e*** dieser Beruf[sweg]/die Medizin bietet keine Aussichten [*o* ist total zu *fam*]
3. *fam personne* blöd[e] *fam*, dumm; ***mais tu es ~ ou quoi?*** kapierst du immer noch nicht? *fam*, bist du schwer von Begriff oder was? *fam*

bouche-à-bouche [buʃabuʃ] *m* ∅ Mund-zu-Mund-Beatmung *f*
▸ **qn fait** [*o* **pratique**] **le ~-~-~ à qn** jd macht bei jdm Mund-zu-Mund-Beatmung

bouchée [buʃe] *f* **1.** (*petit morceau*) Bissen *m*; (*ce qui est dans la bouche*) Mundvoll *m*
2. ~ ***au chocolat*** Praline *f*; ~ ***à la liqueur*** Weinbrandbohne *f*
▸ **pour une ~ de pain** für ein Butterbrot *fam*, für einen Appel und ein Ei *fam*; **qn met les ~s doubles** jd beeilt sich, jd legt einen Zahn zu *fam*, jd arbeitet doppelt so schnell; **qn ne fait qu'une ~ de qc** jd verdrückt [*o* verschlingt] etw in Windeseile *fam*; **qn ne fait qu'une ~ de qn** jd macht mit jdm kurzen Prozess *fam*
◆ **bouchée à la reine** Königinpastete *f*, Königinpastetchen *nt*

boucher <1> [buʃe] **I.** *vt* ■ **qn bouche qc** *bouteille* jd verkorkt etw, jd korkt etw zu; *pots de confiture* jd verschließt etw; *trou* jd macht etw zu; *fente* jd macht etw zu, jd schmiert etw zu; ***qn bouche les trous du mur/ de la route*** jd macht die Löcher in der Wand/Straße zu, jd stopft die Löcher in der Wand zu/jd schüttet die Löcher in der Straße zu; ■ **qn/qc bouche qc** *toilettes, évier* jd/etw verstopft etw; ■ **qc est bouché(e)** [**par qc**] etw ist [mit etw] verstopft; /*bouteille*/ etw ist [mit etw] verschlossen; /*rue*/ etw ist [von etw] blockiert; ***qn a le nez bouché*** jd hat eine verstopfte Nase; ***j'ai les oreilles bouchées!*** meine Ohren sind zu!
II. *vpr* ■ **qc se bouche** /*évier*/ etw verstopft; ***le temps se bouche*** es bewölkt sich, es zieht sich zu; ■ **qn se bouche qc** *oreilles, nez* jd hält sich (*dat*) etw zu; *fig yeux* jd verschließt etw

boucher, -ère [buʃe, -ɛʀ] **I.** *m, f* **1.** Fleischer(in) *m(f)*, Metzger(in) *m(f)* SDEUTSCH, Schlachter(in) *m(f)* NDEUTSCH
2. *péj* (*chirurgien*) Metzger *m*
II. *f* ■ **bouchère** (*femme du boucher*) Fleischersfrau *f*, Metzgersfrau *f* SDEUTSCH

boucherie [buʃʀi] *f* **1.** (*magasin*) Metzgerei *f*, Fleischerei *f*
2. (*métier*) Metzgerhandwerk *nt*, Fleischerhandwerk *nt*; ***le syndicat de la ~*** die Fleischerinnung; ***les animaux de ~*** Schlachtvieh *nt*
3. (*massacre*) Gemetzel *nt*; ***envoyer des soldats à la ~*** Soldaten zur Schlachtbank führen
▸ **~ chevaline** Pferdemetzgerei *f*

boucherie-charcuterie <~s-~s> [buʃʀiʃaʀkytʀi] *f* Fleisch- und Wurstwarengeschäft *nt*

bouche-trou <~-~s> [buʃtʀu] *m* (*personne*) Lückenbüßer(in) *m(f)*; (*article de journal*) [Lücken]füller *m*

bouchon [buʃɔ̃] *m* **1.** [*bouteille*] Korken *m*; [*carafe, évier*] Stöpsel *m*; [*bidon, tube, radiateur*] Verschluss *m*; [*réservoir*] Deckel *m*, Verschluss *m*; ~ ***de champagne*** Sektkorken; ~ ***en plastique*** Plastikkorken, Plastikverschluss ***qn fait sauter les ~s de champagne*** jd lässt die Sektkorken knallen
2. PECHE Schwimmer *m*, Flöße *f*
3. (*embouteillage*) [Verkehrs]stau *m*; ***un ~ de 2 km s'est formé*** es hat sich ein 2 km langer Stau gebildet, es hat sich ein Stau von 2 Kilometern gebildet
▸ **~ antivol** verschließbarer Tankdeckel; **~ doseur** Verschlusskappe *f* zum Dosieren; **c'est plus fort que de jouer au ~** *fam* das ist einfach nicht zu fassen, das ist schon ein starkes Stück *fam*; **qn pousse le ~ un peu** [**trop**] **loin** (*exagère*) jd geht ein bisschen [zu] weit; **qc sent le ~** /*vin*/ etw schmeckt nach [*o* hat] Korken
◆ **bouchon de liège** [echter] Korken; **bouchon de paille** Strohwisch *m*; **bouchon de radiateur** Kühlerverschluss *m*; **bouchon de réservoir** Tankverschluss *m*, Tankdeckel *m*; **bouchon de vidange** [*moteur*] Ölablassschraube *f*

bouchonné, e [buʃɔne] *adj*: ***un vin ~*** ein Wein, der nach Korken schmeckt [*o* der Kork[en] hat]

bouchonner <1> [buʃɔne] **I.** *vt* ■ **qn bouchonne qc/un animal** jd reibt etw/ein Tier [mit einem Strohwisch] ab
II. *vi fam* ■ **ça bouchonne** da gibt's Stau *fam*
III. *vpr fig* ■ **qn se bouchonne qc** *visage, nuque* jd reibt sich (*dat*) über etw (*akk*)

boucle [bukl] *f* **1.** (*anneau*) [*soulier, harnais, sangle*] Schnalle *f*; [*ceinture a.*] Schließe *f*
2. (*en forme d'anneau*) Schleife *f*; [*rivière a.*] Windung *f*; [*cheveux*] Locke *f*; ***qn fait une ~ à son lacet*** jd macht eine Schleife in den Schnürsenkel
3. INFORM Schleife *f*
4. AVIAT Looping ['lu:pɪŋ] *m*; SPORT [*auto, moto, course à pied*] Rundkurs *m*, Rundstrecke *f*; (*en patinage*) (*figure imposée*) Schlinge *f*; (*saut*) Rittberger *m*; ***double/ triple ~*** doppelter/dreifacher Rittberger
▸ **la grande ~** (*tour de France*) Frankreichrundfahrt *f*; **qn boucle la ~** jd befindet sich [*o* steht] wieder am Ausgangspunkt
◆ **boucle de rappel** Abseilschlinge *f*; **boucle de programme** [Programm]schleife *f*; **boucle d'oreille** Ohrring *m*, Flinserl *nt* AUS

bouclé, e [bukle] *adj cheveux, poils* gelockt, lockig; ***la tête ~e de son enfant*** der Lockenkopf seines/ihres Kindes

boucler <1> [bukle] **I.** *vt* **1.** (*fermer au moyen d'une boucle*) ■ **qn boucle qc** jd schnallt etw zu
2. *fam* (*fermer*) ■ **qn boucle qc** *magasin, porte* jd schließt etw zu; ***qn boucle ses valises*** [*o* ***malles***] jd packt die Koffer, jd macht sich [reise]fertig; ***les jours fériés, les magasins sont bouclés*** *fam* an Feiertagen sind die Geschäfte zu; ***elle a bouclé sa porte*** sie hat sich eingeschlossen
3. (*terminer*) ■ **qn/qc boucle qc** jd/etw beendet etw; *affaire, enquête* jd schließt etw ab; *journal, revue* jd schließt die Redaktion einer S. (*gen*) ab; ***tout paraissait bouclé*** alles schien festzustehen
4. (*mettre en équilibre*) ■ **qn boucle qc** *budget* jd gleicht etw aus; (*joindre les deux bouts*) jd kommt mit etw aus [*o* über die Runden *fam*]
5. (*établir de façon définitive*) ■ **qn boucle qc** *comptes, dossier* jd schließt etw ab
6. POL, MIL (*encercler*) ■ **qn boucle qc** jd riegelt etw ab
7. *fam* (*enfermer*) ■ **qn boucle qn/qc** jd sperrt jdn ein; *objet* jd schließt etw weg
8. (*donner la forme d'une boucle*) ■ **qn boucle qc** *cheveux* jd lockt etw, jd macht sich (*dat*) Locken [in die Haare]
▸ **qn la boucle** *fam* jd hält den Mund [*o* die Klappe *fam*]
II. *vi* **1.** (*friser*) ■ **qn/qc boucle** jds Haar/etw lockt sich; ***ses cheveux bouclent naturellement*** er/sie hat Naturlocken
2. INFORM ■ **qc boucle** etw macht eine Schleife
III. *vpr* **1.** (*se faire des boucles*) ■ **qn se boucle** jd dreht sich (*dat*) die Haare ein
2. (*s'enfermer*) ■ **qn se boucle quelque part** jd schließt sich irgendwo ein

bouclette [buklɛt] *f* [Ringel]löckchen *nt*

bouclier [buklije] *m* **1.** MIL Schild *m*; ***un ~ rond*** ein Rundschild
2. (*protection*) Schutz[schild *m*] *m*; ***le ~ d'ozone*** die Ozonschicht; ***qn joue les ~s devant qn/ qc*** jd stellt sich schützend vor jdn/etw
▸ **qn fait un ~ de son corps à qn** jd stellt sich schützend vor jdn; **~ atomique** Atomschild *m*; **~ thermique** Hitzeschild *m*; **qn se fait un ~ de qc** jd verschanzt sich hinter etw (*dat*)

Bouddha [buda] *m* **1.** REL Buddha *m*
2. (*statuette*) ■ **b~** Buddha *m*

bouddhisme [budism] *m* Buddhismus *m*

bouder <1> [bude] **I.** *vi* ■ **qn boude** jd schmollt
II. *vt* ■ **qn boude qn** jd schmollt mit jdm; ■ **qn boude qc** jd bleibt einer S. (*dat*) fern; *film, œuvre* jd lässt etw unbeachtet

bouderie [budʀi] *f* Schmollen *nt*; ***ce n'est qu'une petite ~*** er/sie schmollt nur ein wenig

boudeur, -euse [budœʀ, -øz] **I.** *adj* beleidigt, eingeschnappt *fam*; ***sa sœur est très ~euse*** seine/ihre Schwester schmollt immer gleich [*o* ist immer gleich eingeschnappt *fam*]
II. *m, f* Schmoller/Schmollsuse *m/f fam*; ***je n'aime pas les ~s*** ich mag es nicht, wenn jemand immer gleich schmollt [*o* eingeschnappt ist *fam*], ich mag keine beleidigten Leberwürste *fam*

boudin [budɛ̃] *m* **1.** (*charcuterie*) ≈ Blutwurst *f*
2. *fam* (*fille*) Pummel *m fam*, Mops *m fam*
▸ **~ blanc** *aus Geflügelfleisch, Milch, Ei und Brotkrume hergestellte Wurst*; **~ noir** ≈ Blutwurst *f*, ≈ Blunze[n] *f* AUS; **qn fait du ~** jd schmollt

boudiné, e [budine] *adj* **1.** (*en forme de boudin*) *doigt* Wurst- *fam*
2. (*à l'étroit*) beengt; ***il est ~ dans sa veste*** er ist in sein Jackett eingezwängt

boudiner <1> [budine] **I.** *vt fam* ■ **qc boudine qn** /*vêtement*/ etw beengt jdn
II. *vpr fam* ■ **qn se boudine** [**dans qc**] *vêtement* jd zwängt sich in etw (*akk*); ■ **qc se boudine** /*doigts*/ etw wird dicker

boudoir [budwaʀ] *m* **1.** (*salon*) Boudoir *nt*
2. (*gâteau*) Löffelbiskuit *m*

boue [bu] *f* Schlamm *m*, Schmutz *m*, Gatsch *m* AUS; ***des chaussures pleines de ~*** völlig verschmutzte [*o* dreckige] Schuhe
► **~s actives** Aktivschlamm *m*; **~s industrielles** Industrieschlamm *m*; **~s rouges** Rotschlamm *m*; **qn couvre qn de ~** jd bewirft jdn mit Schmutz; **qn traîne qn dans la ~** jd zieht jdn durch [*o* in] den Schmutz; **qn se vautre dans la ~** *fig* jd wälzt sich im Dreck *fam*, jd suhlt sich

bouée [bwe] *f* **1.** (*balise*) Boje *f*
2. (*protection gonflable*) Schwimmreifen *m*
► **~ lumineuse/sonore** Leucht-/Heulboje *f*, Leucht-/Heultonne *f*
◆ **bouée de sauvetage** Rettungsring *m*; *fig* Rettungsanker *m*

boueux, -euse [bwø, -øz] *adj chaussures, chemin, eau* schmutzig, dreckig; ***des coulées ~euses*** Schlammströme *pl*

bouffant, e [bufɑ̃, ɑ̃t] *adj* bauschig; *cheveux* füllig; ***des manches ~es*** Puffärmel *pl*; ***pantalon ~*** Pluderhose *f*

bouffarde [bufaʀd] *f fam* Stummelpfeife *f*

bouffe[1] [buf] *adj v.* **opéra**

bouffe[2] [buf] *f fam* Essen *nt*; ***il ne pense qu'à la ~*** er denkt nur ans Futtern *fam*
► **qn se fait/s'offre** [*o* **se paie**] **une bonne** [**petite**] **~** jd macht/leistet sich (*dat*) was Ordentliches [*o* Gescheites] zu essen *fam*

bouffée [bufe] *f* **1.** (*souffle*): ***une ~ de vent*** ein Windstoß *m*; ***il respirait par ~s*** er atmete stoßweise, sein Atem ging stoßweise; ***en tirant des ~s de sa pipe*** seine/ihre Pfeife paffend; ***une ~ d'air frais/chaud*** ein frischer Luftzug [*o* eine frische Brise]/ein Schwall *m* heißer Luft
2. (*haleine*) ■ **~ de** *de vin, d'ail* -fahne *f*
3. (*poussée*): **~ *de chaleur/fièvre*** [Hitze]wallung *f*/Fieberanfall *m*
► **qn a une ~ d'orgueil** jd hat eine Anwandlung von Stolz

bouffer <1> [bufe] **I.** *vi* **1.** *fam* (*manger*) ■ **qn bouffe** jd isst
2. (*se gonfler*) ■ **qc bouffe** etw bauscht sich; ***elle fait ~ ses cheveux*** sie toupiert sich (*dat*) die Haare
II. *vt fam* **1.** (*manger*) ■ **qn bouffe qc** jd isst etw, jd futtert etw *fam*; ***je n'ai rien à ~ à la maison*** ich habe nichts Essbares im Haus
2. (*consommer*) ■ **qn/qc bouffe qc** *essence, huile, kilomètres* etw frisst etw *fam*; ***on en a bouffé des kilomètres*** wir haben Kilometer gefressen [*o* heruntergerissen] *fam*
3. *fam* (*manifester sa colère*) ■ **qn bouffe qn** jd hat jdn gefressen *fam*; ***il bouffe du curé/du communiste*** er hat die Pfaffen/die Kommunisten gefressen *fam*; ■ **qn a envie de ~ qn** jd könnte jdm den Kragen umdrehen *fam*
► **qn veut tout ~** jd ist voller Eifer

bouffi, e [bufi] *adj* **1.** *visage* aufgedunsen; *yeux* verschwollen; *mains* angeschwollen; ***il a le visage ~ de graisses*** er hat ein feistes Gesicht
2. *fig*: ***il est ~ d'orgueil*** [*o* ***de vanité***] jd ist eingebildet [*o* aufgeblasen *fam*]
3. *style* schwülstig

bouffir <8> [bufiʀ] **I.** *vt* ■ **qc bouffit qn/qc**: ***la maladie avait bouffi son visage*** durch die Krankheit war sein/ihr Gesicht aufgedunsen
II. *vi* ■ **qn bouffit** jd nimmt [krankhaft] zu; ■ **qc bouffit** /*corps*/ etw quillt auf; /*yeux*/ etw schwillt an

bouffon, ne [bufɔ̃, ɔn] **I.** *adj* spaßig, komisch
II. *m, f* Spaßvogel *m*
► **qn est le ~ de qn** jd wird von jdm ständig gehänselt, jd ist die Zielscheibe jds Spotts; ***j'en ai marre d'être ton ~!*** ich habe es satt, ständig von dir wie ein Depp [*o* Idiot] behandelt zu werden! *fam*; **qn fait le ~** jd spielt den Clown, jd blödelt herum *fam*
◆ **bouffon de cour** Hofnarr *m*; **bouffon du roi** Hofnarr *m*

bouffonnerie [bufɔnʀi] *f* Drolligkeit *f*, Spaßigkeit *f*; [*scène, pièce*] [derbe] Komik; *souvent pl* (*propos, comportement*) Spaß *m*, Scherz *m*, Blödelei *f*; ***ces ~s ne me font pas rire*** über solche Späße [*o* Scherze] kann ich nicht lachen; ***ne fais pas tant de ~s*** blödle nicht so herum *fam*

bougainvillée [bugɛ̃vile] *f*, **bougainvillier** [bugɛ̃vilje] *m* Bougainvillea *f*

bouge [buʒ] *m* (*bar mal famé*) Spelunke *f*; ***mais tu habites un ~!*** du lebst ja in einem wahren Loch!

bougeoir [buʒwaʀ] *m* Kerzenleuchter *m* mit Griff

bougeotte [buʒɔt] *f* ► **qn a la ~** *fam* (*ne tient pas en place*) jd hat kein Sitzfleisch *fam*; /*enfant*/ etw ist ein Zappelphilipp *fam*; (*voyage sans cesse*) jdn hat die Reiselust gepackt

bouger <2 a> [buʒe] **I.** *vi* **1.** (*faire un mouvement*) ■ **qn bouge** jd bewegt sich; ***j'étais incapable de ~*** ich war unfähig mich zu rühren, ich war wie gelähmt
2. (*protester*) ■ **qn bouge** [**devant qn/qc**] jd begehrt [*o* muckt *fam*] [gegen jdn/etw] auf
3. (*remuer*) ■ **qc bouge** etw bewegt sich
4. (*s'altérer*) ■ **qc bouge** etw verändert sich; /*couleur*/ etw geht aus [*o* raus *fam*]; /*tissu*/ etw geht ein
5. (*se modifier*) ■ **qc bouge** etw gerät in Bewegung; ***qc ne bouge pas*** etw bleibt unverändert; ■ **qn/qc fait ~ qc** jd/etw bringt etw ins Rollen *fam*; ■ **qn/qc fait ~ qn** jd/etw bringt jdn in Bewegung, jd/etw macht jdm Beine *fam*
► **ça bouge** [**pas mal**]! *fam* (*c'est animé*) da ist ganz schön was los! *fam*, da geht's ganz schön ab! *fam*; **qn ne bouge pas de quelque part** jd ist ständig irgendwo; ***je n'ai pas bougé de chez moi*** ich war ständig zu Hause; ***d'accord, je ne bougerai pas d'ici*** okay, ich bleibe hier [*o* ich rühre mich nicht vom Fleck]
II. *vt* **1.** (*déplacer*) ■ **qn bouge qc** jd verrückt etw; ***ne bouge pas les bagages!*** lass das Gepäck stehen!
2. (*remuer*) ■ **qn bouge qc** *partie du corps* jd bewegt etw
III. *vpr fam* **1.** (*se remuer*) ■ **qn se bouge** jd bewegt sich
2. (*faire un effort*) ■ **qn se bouge** jd strengt sich an, jd tut was *fam*

bougie [buʒi] *f* **1.** Kerze *f*; ***ils s'éclairent encore à la ~*** sie leben noch bei Kerzenlicht; ***qn souffle 10/20/30/... ~s*** jd wird 10/20/30/... Jahre alt, jd feiert seinen 10./20./30./... Geburtstag; ***on souffle les 15 ~s d'un événement*** man begeht den 15. Jahrestag eines Ereignisses, ein Ereignis jährt sich zum 15. Mal
2. AUT Zündkerze *f*

bougnoul, e [buɲul] *m, f péj* Kameltreiber(in) *m(f)*

bougon, ne [bugɔ̃, ɔn] **I.** *adj* mürrisch, griesgrämig
II. *m, f* Griesgram *m*; ***c'est une ~ne*** sie ist ein Griesgram [*o* Miesepeter *fam*]

bougonner <1> [bugɔne] *vi* ■ **qn bougonne** [**contre qn/qc**] jd murrt [über jdn/etw]

bougre, -esse [bugʀ, -ɛs] **I.** *m, f* **1.** *fam* Kerl *m fam*; ***c'est un bon ~/ce n'est pas un mauvais ~*** er ist ein guter/kein schlechter Kerl; ***c'est un pauvre ~*** er/sie ist ein armer Teufel; ***cette ~esse!*** dieses Miststück! *fam*; ***c'est vraiment un bon ~*** *iron* er ist wirklich ein gutmütiger Trottel
2. *péj* ■ **~(-esse) de qc**: **~ *d'idiot/d'imbécile/d'âne!*** du Idiot/Dummkopf/Esel!; ***ce ~ d'enfant/cette ~esse de concierge*** dieses verflixte Kind/diese verflixte Hausmeisterin
II. *interj* ► **~!** *vieux* Mensch! *fam*

bougrement [bugʀəmɑ̃] *adv vieilli fam* unheimlich *fam*, verdammt *fam*

boui-boui <~s-~s> [bwibwi] *m péj fam* miese Kneipe *fam*

bouillabaisse [bujabɛs] *f* Bouillabaisse *f*

bouillant, e [bujɑ̃, jɑ̃t] *adj* **1.** (*qui bout*) kochend
2. (*très chaud*) *boisson* kochend heiß, sehr heiß
3. (*fougueux*) ungestüm, feurig, hitzig; ■ **qn est ~ de qc** *de colère, rage* jd kocht vor etw (*dat*); *d'impatience* jd platzt vor etw (*dat*) *fam*

bouille [buj] *f fam* Gesicht *nt*; ***tu fais*** [*o* ***as***] ***une drôle de ~*** du machst vielleicht ein [komisches] Gesicht; ***elle a une bonne ~*** die sieht aber nett [*o* lieb] aus *fam*

bouillie [buji] *f* **1.** (*aliment*) Brei *m*
2. (*purée*): ***qn met*** [*o* ***réduit***] ***les légumes en ~*** jd püriert das Gemüse
► **qc est de la ~ de chat** [*o* **pour les chats**] *fam* etw ist das reinste Kauderwelsch *fam*; **c'est de la vraie ~** *péj* etw ist die reinste Pampe *fam*; **qn met** [*o* **réduit**] **qn en ~** *fam* jd macht aus jdm Kleinholz [*o* Hackfleisch] *fam*; [**qn a**] **qc en ~** [jd hat] ein [völlig] zerquetschtes etw; ***on l'a ramassé le visage*** [*o* ***la figure***]/***le bras en ~*** man hat ihn mit völlig zerquetschtem Gesicht/Arm aufgelesen

bouillir <*irr*> [bujiʀ] **I.** *vi* **1.** (*être à ébullition*) ■ **qc bout** /*liquide*/ etw kocht, etw siedet
2. (*porter à ébullition*) ■ **qn fait ~ qc** jd bringt etw zum Kochen; (*stérilise*) jd kocht etw ab; ***il nous fallait faire ~ l'eau*** wir mussten das Wasser abkochen
3. (*plonger dans l'eau bouillante*) ■ **qn fait ~ qc** *linge* jd kocht etw; (*stériliser*) jd kocht etw aus
4. (*s'emporter*) ■ **qn bout de qc** *de colère, de rage* jd kocht vor etw (*dat*); *d'impatience* jd brennt [*o* platzt *fam*] vor etw (*dat*); ■ **qn/qc fait ~ qn** jd/etw bringt jdn auf die Palme *fam*
II. *vt* **1.** (*porter à ébullition*) ■ **qn bout qc** *fam linge* jd kocht etw; ***de l'eau bouillie*** abgekochtes Wasser
2. (*cuire à l'eau*) ■ **qn bout qc** *viande, légumes* jd kocht etw

bouilloire [bujwaʀ] *f* [Wasser]kessel *m*

bouillon [bujɔ̃] *m* **1.** (*soupe*) Brühe *f*, Bouillon *f*
2. (*bouillonnement*) Aufkochen *nt*; ***retirer la soupe au premier ~*** die Suppe einmal kurz aufkochen lassen und dann vom Feuer nehmen
► **à gros ~s** stark, heftig; ***l'eau bout/la soupe cuit à gros ~s*** das Wasser/die Suppe brodelt; **qn boit un ~** *fam* jd schluckt [Wasser]; *fig* jd fällt auf die Nase *fam*
◆ **bouillon de culture** BIO Nährbrühe *f*, Nährlösung *f*; *fig* Nährboden *m*; **bouillon de légumes** Gemüsebrühe *f*; **bouillon d'onze heures** *fam* Gifttrank *m*

bouillon-cube <~-~s> [bujɔ̃kyb] *m* Brühwürfel *m*

bouillonnant, e [bujɔnɑ̃, ɑ̃t] *adj* **1.** (*qui bouillonne*) sprudelnd; ***l'eau ~e du torrent*** das gischtende Wildwasser; ***le sang ~ jaillissait de la plaie*** das Blut quoll sprudelnd aus der Wunde; ***des bains ~s*** ein Whirlpool *m*
2. (*imaginatif*) überschäumend; ***il est ~ d'idées*** er schäumt vor Ideen über

bouillonnement [bujɔnmɑ̃] *m* **1.** [*eau, source, liquide*] Sprudeln *nt*
2. [*désirs*] Aufwallen *nt*; [*idées*] Überschäumen *nt*

bouillonner <1> [bujɔne] *vi* **1.** (*produire des bouillons*) ■ **qc bouillonne** etw brodelt
2. (*être énervé*) ■ **qn bouillonne** [**de qc**] jd kocht [vor etw (*dat*)]
3. (*être imaginatif*) ■ **qn/qc bouillonne** [**de qc**] jd/etw schäumt [vor etw (*dat*)] über; ***il bouillonne d'idées*** er schäumt vor Ideen über

bouillotte [bujɔt] *f* Wärmflasche *f*

boulanger, -ère [bulɑ̃ʒe, -ʒɛʀ] **I.** *m, f* Bäcker(in) *m(f)*
II. *f* ■ **boulangère** (*femme d'un boulanger*) Bäckersfrau *f*
III. *app* Bäcker-; ***patron/ouvrier/garçon ~*** Bäckermeister *m*/Bäcker *m*/Bäckerlehrling *m*; ***elle est apprentie ~ère*** sie ist Bäckerlehrling

boulangerie [bulɑ̃ʒʀi] *f* **1.** (*magasin*) Bäckerei *f*
2. (*métier*) Bäckerei *f*; ***son frère est*** [*o* ***travaille***] ***dans la ~*** sein Bruder ist Bäcker
► **~ industrielle** Brotfabrik *f*

boulangerie-pâtisserie <~s-~s> [bulɑ̃ʒʀipatisʀi] *f* Bäckerei-Konditorei *f* **boulanger-pâtissier** <~s-~s> [bulɑ̃ʒepatisje] *m* Brot- und Kuchenbäcker [*o* Feinbäcker] *m*

boule [bul] *f* **1.** (*sphère*) Kugel *f*; ■ **~ de** *de bois, verre, d'ivoire, acier etc* -kugel, Kugel aus; (*élément d'un jeu*) -kugel; ***jeu de ~s*** Boule *nt*
2. (*qc de rond*) ■ **~ de** *de pâte, glace, sable, d'argile* -kugel *f*; *de laine* -knäu-

el *m o nt; de coton* -bausch *m; de feu* -ball *m;* ~ **de chair** Knoten *m*
3. *fam (testicules)* Eier *pl fam*
▶ **qn a une ~ dans la gorge** *fam* jd hat einen Kloß im Hals; **la ~ à zéro** *fam: il a la ~ à zéro* er ist ganz kahl; *on leur a mis la ~ à zéro* man hat sie kahl geschoren; ~ **puante** Stinkbombe *f;* **qn est rond(e) comme une ~** jd ist kugelrund; **qn a les ~s** *fam (a peur)* jd hat Muffe [*o* Schiss] *fam; (est frustré)* jd ist frustriert; *(est déprimé)* jd ist mies drauf *fam; (est en colère, énervé)* jd ist verärgert; *(a honte)* jdm ist das peinlich; **qn est en ~** *fam* jd ist wütend; **ça me/lui fout les ~s** *fam (fait peur)* das macht mir/ihm/ihr Angst; *(frustre)* das frustriert mich/ihn/sie; *(déprime)* das macht mich/ihn/sie fertig *fam; (énerve)* das nervt mich/ihn/sie *fam; (rend honteux)* das ist mir/ihm/ihr peinlich; **qn joue aux ~s** jd spielt Boule; **qn/qc met qn en ~** *fam* jd/etw bringt jdn auf die Palme *fam;* **qn se met en ~** *fam* jd fährt aus der Haut *fam,* jd geht in die Luft *fam;* **qn perd la ~** *fam (devient fou)* jd schnappt über *fam; (s'affole)* jd dreht durch *fam;* **qn roule comme une ~** jd kullert *fam;* **en ~**: *qn/un animal se roule en ~* jd/ein Tier rollt sich zusammen; *qn taille un arbre en ~* jd schneidet einen Baum kugelförmig
◆ **boule à thé** Teeei *nt;* **boule de billard** *fam (crâne chauve)* Glatzkopf *m,* Kahlkopf *m; il a la tête comme une ~ de billard* er hat eine Glatze; **boule de commande** INFORM Trackball ['trækbɔ:l] *m;* **boule de cristal** Kristallkugel *f;* **boule de gomme** [Husten]pastille *f;* **boule de neige** 1. *(pour jouer)* Schneeball *m; (pour faire un bonhomme de neige)* Schneekugel *f* 2. BOT [gemeiner] Schneeball ▶ **qc fait ~ de neige** */capitaux/* etw vermehrt sich lawinenartig, etw nimmt stetig zu; */mouvement, grève/* etw hat einen Schneeballeffekt; *effet ~ de neige* Kettenreaktion *f;* **boule de pain** rundes Brot, Laibbrot *nt;* **boules Quiès®** Ohropax® *nt kein pl*

bouleau <x> [bulo] *m* Birke *f*

bouledogue [buldɔg] *m* Bulldogge *f,* Bullenbeißer *m*
▶ **qn est aimable comme un ~** *iron* jd ist ausgesprochen liebenswürdig, jd ist die Liebenswürdigkeit selbst

bouler <1> [bule] *vi* ▶ **qn envoie qn ~** *fam* jd schmeißt jdn raus

boulet [bulɛ] *m* 1. *(boule de métal)* Eisenkugel *f; (fardeau)* Bürde *f*
2. *(charbon)* Eierbrikett *nt*
▶ **qn s'attache un ~ aux pieds** jd halst sich *(dat)* etw auf; **qn tire à ~s rouges sur qn** jd greift jdn schonungslos an, jd kritisiert jdn heftig; **qn traîne un/son ~** jd trägt sein Kreuz *fam; c'est un ~ à traîner! (personne)* mit dem/der hat man sein Kreuz! *fam;* **quel ~!** was für eine Last!; *(personne a.)* was für ein Klotz am Bein! *fam*
◆ **boulet de canon** Kanonenkugel *f* ▶ **qn arrive comme un ~ de canon** jd kommt angeschossen *fam;* **qn ne fait pas qc pour un ~ de canon** jd tut etw um nichts in der Welt [*o* um keinen Preis]

boulette [bulɛt] *f* 1. *(petite boule)* Kügelchen *nt*
2. GASTR Fleischbällchen *nt,* Frikadelle *f,* Bulette *f*
▶ **qn fait une ~** *fam* jd tritt ins Fettnäpfchen *fam,* jd schießt einen Bock *fam*

boulevard [bulvaʀ] *m* Boulevard *m,* breite [Ring]straße
▶ **les ~s extérieurs** der äußere Ring; **les Grands B~s** die großen Boulevards *(zwischen Place de la Madeleine und Place de la République in Paris);* **le ~ périphérique** die Ringschnellstraße

bouleversant, e [bulvɛʀsɑ̃, ɑ̃t] *adj spectacle, récit* erschütternd; *acteur, rôle* überwältigend

bouleversement [bulvɛʀsəmɑ̃] *m* grundlegende [*o* tief greifende] Veränderung; *[personne]* Erschütterung *f,* Bestürzung *f;* ~ *politique/économique/social* politische/wirtschaftliche/soziale Umwälzung

bouleverser <1> [bulvɛʀse] *vt* 1. *(causer une émotion violente)* ■ **qn/qc bouleverse qn/qc** jd/etw erschüttert jdn/etw [zutiefst]; *elle avait le visage bouleversé par l'angoisse* Angst stand ihr im Gesicht geschrieben
2. *(apporter des changements brutaux)* ■ **qn/qc bouleverse qc** *carrière, vie* jd/etw verändert etw völlig; *emploi du temps, programme a.* jd/etw stößt etw um; ■ **qc est bouleversé(e)** */société/* etw ist im Umbruch
3. *(mettre sens dessus dessous)* ■ **qn/qc bouleverse qc** jd/etw bringt etw völlig durcheinander, jd/etw stellt etw auf den Kopf *fam*

boulier [bulje] *m* Rechenmaschine *f*
◆ **boulier compteur** Rechenmaschine *f*

boulimie [bulimi] *f* Esssucht *f,* Bulimie *f;* ■ ~ **de qc** *fig* Begierde *f* nach etw

boulimique [bulimik] I. *adj* MED bulimisch; *(vorace)* gefräßig; *(insatiable)* unersättlich; *appétit/faim ~* Heißhunger *m; elle lisait avec une curiosité ~* sie las mit unersättlicher Neugier
II. *mf* Esssüchtige(r) *f(m); c'est une ~* sie leidet unter Esssucht, sie ist Bulimikerin [*o* esssüchtig]

bouliste [bulist] *mf* Boulespieler(in) *m(f)*

boulodrome [bulodʀom] *m* Bouleplatz *m*

boulon [bulɔ̃] *m* Schraubenbolzen *m* [mit Mutter]
▶ **qn [res]serre les ~s** *fig* jd zieht die Zügel straffer an

boulonner <1> [bulɔne] I. *vt* ■ **qn boulonne qc** jd schraubt etw zusammen, jd verbolzt etw
II. *vi fam (travailler)* ■ **qn boulonne** jd schuftet *fam; (pour un examen)* jd büffelt [*o* paukt] *fam*

boulot, te [bulo, ɔt] I. *adj fam* pummelig *fam*
II. *m, f (personne)* Mops *m fam; (enfant a.)* Moppel *m fam,* Pummel *m fam*

boulot [bulo] *m fam (travail)* Arbeit *f; (emploi a.)* Job [dʒɔp] *m fam; j'ai trop de ~* ich hab' zu viel zu tun [*o* zu viel Arbeit] *fam; qn va au ~/rentre du ~* jd geht zur Arbeit/kommt von der Arbeit heim; *ce n'est pas mon ~* das ist nicht mein Job *fam*
▶ **qn a un bon ~** jd hat einen tollen Job *fam;* **petit ~** Gelegenheitsjob *m fam; qn a un petit ~* jd jobbt [dʒɔpt] *fam;* **qn fait du sale ~** jd macht schlechte [*o* miese *fam*] Arbeit, jd pfuscht *fam;* **allez, au ~!** hop, an die Arbeit!; **quel ~!** was für eine Heidenarbeit! *fam*

boulotter <1> [bulɔte] I. *vi fam* ■ **qn boulotte** jd futtert *fam,* jd isst; *qu'est-ce qu'il boulotte!* was der reinfuttert! *fam*
II. *vt fam* ■ **qn boulotte qc** jd futtert etw *fam*

boum [bum] I. *interj* bum[s]; *j'ai fait ~* ich habe plumps [*o* bauz] gemacht
II. *m* 1. *(bruit sonore)* Bums *m*
2. *(succès retentissant)* Knüller *m*
▶ ~ **démographique** Bevölkerungsboom *m;* ~ **économique** Wirtschaftsboom *m;* **qn est en plein ~** jd hat alle Hände voll zu tun; **qc fait un ~** etw schlägt ein; *ce roman a fait un vrai ~!* dieser Roman hat echt eingeschlagen!
III. *f fam (surprise-partie)* Fete *f fam,* Party *f fam*

boumer <1> [bume] *vi pop* ■ **ça boume** alles klar *fam,* alles [ist] in Butter [*o* alles okay] [o'keɪ] *fam*

bouquet [bukɛ] *m* 1. *[fleurs]* Strauß *m; [persil, thym]* Bund *nt,* Sträußchen *nt; un ~ d'arbres* ein Wäldchen *nt*
2. *(feu d'artifices)* krönende Schlussgarbe
3. *(parfum) [vin, liqueur]* Blume *f,* Bukett *nt; ce vin a du ~* dieser Wein hat Bukett
4. *(grosse crevette)* [Felsen]garnele *f*
▶ ~ **final** krönender Abschluss; ~ **garni** Kräutersträußchen *nt;* **c'est le ~!** *fam* das ist ja die Höhe [*o* der Gipfel]!
◆ **bouquet de mariée** Brautstrauß *m,* Brautbukett *nt*

bouquetin [buktɛ̃] *m* Steinbock *m*

bouquin [bukɛ̃] *m fam* Buch *nt; il est plongé dans ses ~s* er ist in seine Bücher vertieft

bouquiner <1> [bukine] I. *vt fam* ■ **qn bouquine qc** jd liest etw, jd schmökert etw [*o* in etw *(dat)*] *fam; qu'est-ce que tu bouquines en ce moment?* was liest du zur Zeit?, worin [*o* was] schmökerst du zur Zeit?
II. *vi fam* ■ **qn bouquine** jd liest, jd schmökert *fam*

bouquiniste [bukinist] *mf* Bouquinist(in) *m(f) (Straßenbuchhändler in Paris an den Seineufern)*

bourbe [buʀb] *f* Morast *m,* Schlamm *m*

bourbeux, -euse [buʀbø, -øz] *adj* morastig, schlammig

bourbier [buʀbje] *m* Morast *m,* Morastloch *nt*
▶ **qn se met [o tombe] dans un [sale] ~** jd bringt sich in eine üble Lage [*o* Klemme *fam*]; **qn se tire d'un ~** jd zieht sich aus der Klemme *fam*

bourbon [buʀbɔ̃] *m* Bourbon ['bœ:ɐbən] *m*

Bourbon [buʀbɔ̃] *m* Bourbone *m; les B~s* die Bourbonen

bourbonien, ne [buʀbɔnjɛ̃, jɛn] *adj* bourbonisch; *nez ~* für die Bourbonen typische [Haken]nase

bourde [buʀd] *f fam* 1. *(mensonge)* Lüge *f; arrête de me raconter des ~s!* hör auf, mir etwas vorzuschwindeln!
2. *(bévue)* Schnitzer *m; une grosse ~* ein grober [*o* schwerer] Schnitzer
▶ **qn fait une ~** jd macht einen Schnitzer *fam,* jd schießt einen Bock *fam;* **qn lâche une ~** jd gibt was Dummes von sich *fam*

bourdon [buʀdɔ̃] *m* 1. *(insecte)* Hummel *f*
2. MUS große Glocke; *[orgue]* Bordun *m*
3. *[pèlerin]* Pilgerstab *m*
▶ **qn a le ~** *fam* jd ist deprimiert [*o* down *fam*] [daun]

bourdonnant, e [buʀdɔnɑ̃, ɑ̃t] *adj insecte* summend; *moteur* brummend

bourdonnement [buʀdɔnmɑ̃] *m [insecte]* Brummen *nt; [moteur a.]* Gebrumm *nt; le ~ de toutes ces voix* dieses gedämpfte Gemurmel; *des ~s d'oreilles* Ohrensausen *nt*

bourdonner <1> [buʀdɔne] *vi* ■ **qc/un animal bourdonne** */insecte, moteur/* etw brummt; */petit insecte/* etw summt; *ses oreilles se mirent à ~* er/sie bekam Ohrensausen; *la salle à manger bourdonnait des conversations des convives* das gedämpfte Stimmengewirr der Gäste erfüllte das Esszimmer; *les hélices du ventilateur bourdonnent* die Ventilatorblätter surren [*o* summen]

bourg [buʀ] *m* Marktflecken *m*

bourgade [buʀgad] *f* kleiner Marktflecken

bourgeois, e [buʀʒwa, waz] I. *adj* 1. *(relatif à la bourgeoisie)* bürgerlich; *il habite une maison ~e* er bewohnt ein Bürgerhaus; *elle a fait un mariage ~* sie hat ins Bürgertum eingeheiratet [*o* einen Bürgerlichen geheiratet]; *la classe ~e* das Bürgertum
2. *péj (étroitement conservateur)* spießbürgerlich; *qn mène une petite vie ~e* jd führt ein recht kleinkariertes [*o* spießbürgerliches] Leben
II. *m, f* 1. *(personne appartenant à la bourgeoisie)* Bürgerliche(r) *f(m); une riche ~e* eine reiche Bürgerliche
2. *péj* Spießbürger(in) *m(f),* Herr/Frau Biedermann
3. HIST *(citoyen)* Bürger(in) *m(f)*
▶ **grand(e) ~(e)** Großbürger(in) *m(f);* **petit(e) ~(e)** Kleinbürger(in) *m(f); péj* kleinbürgerlicher Typ
III. *f* ▶ **ma/ta/sa bourgeoise** *pop* meine/deine/seine Alte *fam*

bourgeoisement [buʀʒwazmɑ̃] *adv* 1. bürgerlich; *péj* spießbürgerlich
2. JUR: *qn occupe ~ un local* jd nutzt einen Raum [*o* eine Räumlichkeit] nicht gewerblich

bourgeoisie [buʀʒwazi] *f* 1. Bürgertum *nt*
2. HIST Bürgerstand *m,* Bourgeoisie *f*
▶ **haute [o grande]/moyenne/petite ~** Besitzbürgertum *nt*/gehobener Mittelstand/Kleinbürgertum *nt*

bourgeon [buʀʒɔ̃] *m [arbre, plante]* Knospe *f; les ~s ont éclaté* die Knospen sind aufgebrochen; ~ *à fleurs/à fruits* Blütenauge [*o* Blütenknospe *f*] *nt*/Fruchtauge *nt*
◆ **bourgeon de sapin** Fichtenspitze *f,* Fichtenspross *m (wird zum Inhalieren verwendet)*

bourgeonnant, e [buʀʒɔnɑ̃, ɑ̃t] *adj visage, nez* pick[e]lig

bourgeonnement [buʀʒɔnmɑ̃] *m* 1. *[arbres]* Knospung *f*
2. *[plaie]* Granulom *nt*

bourgeonner <1> [buʀʒɔne] *vi* ■ **qc bourgeonne** 1. */arbre/* etw treibt Knospen, etw setzt Knospen an

2. MED */front, nez/* etw bekommt Pickel; ***son visage bourgeonne*** er/sie bekommt [lauter] Pickel im Gesicht

bourgogne [buʀɡɔɲ] I. *m* (*vin*) Burgunder[wein *m*] *m*
II. *f* ■ **la Bourgogne** Burgund *nt*

bourguignon, ne [buʀɡiɲɔ̃, ɔn] I. *adj* burgundisch; GASTR Burgunder-
II. *m, f* ■ **Bourguignon(ne)** Burgunder(in) *m(f)*

bourlinguer <1> [buʀlɛ̃ɡe] *vi fam* ■ **qn bourlingue** jd reist [viel] herum

bourrade [buʀad] *f* Puff *m;* ***qn donne une*** ~ ***à qn*** jd gibt jdm einen Puff; ***elle reçut une*** ~ ***dans les côtes*** sie erhielt einen Rippenstoß; ***il lui donnait une*** ~ ***amicale*** er puffte ihn/sie freundschaftlich in die Rippen

bourrage [buʀaʒ] *m* [*coussin, matelas*] Füllen *nt;* [*pipe*] Stopfen *nt*
◆ **bourrage de crâne** (*endoctrinement*) Indoktrination *f;* (*gavage intellectuel*) sture [Ein]paukerei, Vollstopfen *nt* mit reinem Faktenwissen; **bourrage de papier** Papierstau *m*

bourrasque [buʀask] *f* 1. [*vent*] Bö *f;* [*neige*] Gestöber *nt;* ***le vent souffle en*** ~***s ce matin*** heute Morgen geht böiger Wind; ***nous avons essuyé une violente*** ~ wir sind in eine Sturmbö geraten; ***des*** ~***s de pluie*** peitschender Regen; ***qn entre comme une*** ~ jd kommt hereingestürmt
2. *fig* ■ **une** ~ **de qc** *d'injures, de mots, paroles* ein Hagel *m* von etw
► **qn tient tête à la** ~ jd zeigt Durchstehvermögen

bourratif, -ive [buʀatif, -iv] *adj fam aliment* schwer, sättigend; ***ce gâteau est*** ~ dieser Kuchen stopft *fam*

bourre [buʀ] *f* 1. (*matière de remplissage*) Füllung *f,* Füllmaterial *nt*
2. (*duvet des bourgeons*) Flaum *m*
3. [*arme*] Pfropfen *m*
► **qn est à la** ~ *fam* jd muss sich beeilen

bourré, e [buʀe] *adj* 1. (*plein à craquer*) randvoll; *portefeuille* prall; ■ **qc est** ~ **[de personnes/choses]** etw ist gerammelt voll [von Menschen]/etw ist [mit Dingen] voll gestopft *fam*
2. (*rempli*) ■ **qn/qc est** ~ **de qc** *de fautes, préjugés, complexes* jd/etw ist [*o* steckt] voller etw (*dat*), etw ist gespickt mit etw *fam;* ***qn est*** ~ ***de fric*** *fam* jd ist stinkreich *fam*
3. (*serré*) ■ **des personnes sont** ~**s [dans qc]** Menschen sind [in etw (*dat*)] zusammengepfercht
4. *pop* (*ivre*) besoffen *fam,* [sternhagel]voll *sl,* [sternhagel]blau *fam*

bourreau <x> [buʀo] *m* 1. Henker *m,* Scharfrichter *m*
2. (*tortionnaire*) Peiniger *m*
◆ **bourreau d'enfants** Kindesmisshandler *m;* **bourreau des cœurs** *iron* Herzensbrecher *m;* **bourreau de travail** Arbeitstier *nt*

bourrelet [buʀlɛ] *m* 1. (*pour isoler*) Abdichtung *f*
2. [*chair, graisse*] Wulst *f*

bourrer <1> [buʀe] I. *vt* 1. (*remplir*) ■ **qn bourre qc [de qc]** *coussin, poêle, valise* jd stopft etw [mit etw] voll; *pipe* jd stopft etw [mit etw]
2. (*gaver*) ■ **qn bourre qn [de qc]** *de nourriture* jd stopft jdn [mit etw] voll, jd überfüttert jdn [mit etw]; *de connaissances* jd stopft jdn mit etw voll; ***ses parents l'ont bourrée de complexes*** wegen ihrer Eltern steckt sie voller Komplexe; ■ **qn bourre qc à qn:** ***qn bourre le crâne à qn*** (*endoctriner*) jd indoktriniert jdn; (*gaver de connaissances*) jd paukt jdm etw ein
II. *vpr* ■ **qn se bourre [de qc]** jd stopft sich [mit etw] voll
III. *vi* ■ **qc bourre** etw sättigt, etw stopft *fam*

bourriche [buʀiʃ] *f* (*panier*) Korb *m* (*ohne Henkel, mit Deckel*); (*contenu*) Korb[voll *m*] *m*

bourrichon [buʀiʃɔ̃] *m fam* ► **qn monte le** ~ **à qn contre qn** jd hetzt [*o* bringt] jdn gegen jdn auf; **qn se monte le** ~ jd gibt sich Illusionen hin; **des personnes se montent le** ~ Menschen stacheln sich gegenseitig auf

bourricot [buʀiko] *m fam* Esel *m*

bourrin [buʀɛ̃] *m pop* Gaul *m fam*

bourrique [buʀik] *f fam* Esel(in) *m(f)*
► **qn est têtu(e) comme une** ~ jd ist störrisch wie ein Esel *fam;* **qn/qc fait tourner qn en** ~ jd/etw macht jdn verrückt [*o* wahnsinnig]; **quelle** ~! so ein sturer Bock!

bourriquot [buʀiko] *m v.* **bourricot**

bourru, e [buʀy] *adj* bärbeißig, mürrisch; ***malgré ses dehors*** ~***s ...*** trotz seiner/ihrer rauen Schale ...

bourse [buʀs] *f* 1. (*porte-monnaie*) [Geld]börse *f,* Geldbeutel *m;* ***il a la*** ~ ***bien garnie/plate*** er hat einen dicken [*o* vollen]/schmalen Geldbeutel, er ist gut/schlecht bei Kasse
2. FIN ■ **la B**~ (*lieu*) die Börse; (*ensemble des cours*) die [Börsen]kurse; ***la B~ monte/descend*** die [Börsen]kurse steigen/fallen; ***qn joue à la B~*** jd spekuliert [an der Börse]; ***cette action est cotée en B~*** diese Aktie ist an der Börse notiert
3. (*aide financière*) [Studien]beihilfe *f,* ≈ Bafög *nt;* (*pour l'étranger, la recherche*) Stipendium *nt*
4. (*braderie*) ■ ~ **de [o à] qc** *de vêtements, disques d'occasion* Secondhandverkauf *m* von etw ['sɛkəndhænd-]; ~ ***de*** [*o* ***aux***] ***livres scolaires*** Bücherbörse *f*
5. ANAT Hodensack *m*
► **la** ~ **ou la vie!** Geld oder Leben!; **des personnes font** ~ **commune/à part** Menschen führen [*o* machen *fam*] gemeinsame Kasse/haben getrennte Kasse; **sans** ~ **délier** ohne einen Pfennig auszugeben [*o* zu zahlen]; **qn ouvre sa** ~ **à qn** jd unterstützt jdn finanziell, jd hilft jdm mit Geld aus
◆ **Bourse de commerce** Handelsbörse *f;* **Bourse du travail** Gewerkschaftshaus *nt;* **Bourse des valeurs** Effektenbörse *f,* Wertpapierbörse *f*

boursicoter <1> [buʀsikɔte] *vi fam* ■ **qn boursicote** jd macht kleine Börsengeschäfte, jd spekuliert ein bisschen an der Börse

boursier, -ière [buʀsje, -jɛʀ] I. *adj* 1. (*bénéficiaire d'une aide financière*): ***étudiant*** ~/***étudiante*** ~***ière*** Empfänger(in) *m(f)* einer Studienbeihilfe, ≈ Bafög-Empfänger(in); (*pour l'étranger, la recherche*) Stipendiat(in) *m(f)*
2. (*relatif à la Bourse*) Börsen-
II. *m, f* 1. (*bénéficiaire d'une aide financière*) Empfänger(in) *m(f)* einer Studienbeihilfe, ≈ Bafög-Empfänger(in); (*pour l'étranger, la recherche*) Stipendiat(in) *m(f)*
2. (*professionnel de la Bourse*) Börsianer(in) *m(f)*

boursouflé, e [buʀsufle] *adj peau, main* [an]geschwollen; *visage a.* verschwollen, aufgedunsen; *style, discours* schwülstig, geschwollen

boursoufler <1> [buʀsufle] I. *vt* ■ **qc boursoufle qn/qc** etw lässt jdn/etw anschwellen
II. *vpr* ■ **qc se boursoufle** */peinture, surface, vernis/* etw wirft sich, etw wirft Blasen; */peau/* etw bildet Blasen

boursouflure [buʀsuflyʀ] *f* 1. [*peau, visage, partie du corps*] Schwellung *f,* geschwollene Stelle; ***des*** ~***s apparaissent sur l'enduit/la peinture*** auf dem Putz/der Farbe bilden sich Blasen
2. [*style*] Schwulst *m,* Bombast *m;* ***ce style plein de*** ~***s*** dieser schwülstige [*o* bombastische] Stil

bousculade [buskylad] *f* 1. (*remous de foule*) Gedränge *nt,* Drängelei *f*
2. (*précipitation*) Hetze *f,* Eile *f;* ***dans la*** ~ ***du départ*** in der Hektik des Aufbruchs; ***c'est la*** ~ alles geht drunter und drüber; ***quelle*** ~! so eine Hetze [*o* Hektik]!

bousculer <1> [buskyle] I. *vt* 1. (*heurter*) ■ **qn bouscule qn/qc** *personne* jd drängt jdn beiseite, jd rempelt jdn an *fam; chose* jd stößt an etw (*akk*)
2. (*infliger une défaite*) ■ **qn bouscule qn** jd überrumpelt jdn
3. (*mettre sens dessus dessous*) ■ **qn bouscule qc** jd bringt etw völlig durcheinander, jd stellt etw auf den Kopf *fam*
4. (*modifier brutalement*) ■ **qn/qc bouscule qc** *conception, idée* jd/etw ändert etw von Grund auf; *projet* jd/etw stößt [*o* wirft] etw um
5. (*exercer une pression sur qn*) ■ **qn bouscule qn** jd drängt jdn; ***je suis tellement bousculé que*** + *indic* ich habe so viel um die Ohren, dass
II. *vpr* 1. (*se pousser mutuellement*) ■ **des personnes se bousculent** Menschen drängen sich [*o* drängeln]
2. (*être en désordre*) ■ **des choses se bousculent:** ***les sentiments les plus divers se bousculaient en elle*** sie war zwischen den verschiedensten Gefühlen hin und her gerissen; ***les idées se bousculaient dans sa tête*** sein/ihr Kopf schwirrte vor Ideen
3. (*se presser*) ■ **qn se bouscule** jd beeilt sich

bouse [buz] *f* [Kuh]fladen *m*

bouseux [buzø] *m péj* Bauerntrampel *m*

bousillage [buzijaʒ] *m fam* 1. (*travail mal fait*) Pfusch *m fam,* Stümperei *f fam*
2. (*mise hors d'usage*) Kaputtgehen *nt;* ***il est responsable du*** ~ ***de sa voiture*** er ist selbst daran schuld, dass sein Auto kaputtgegangen ist

bousiller <1> [buzije] *vt fam* 1. (*mettre hors d'usage*) ■ **qn bousille qc** jd macht etw kaputt
2. (*mal faire*) ■ **qn bousille qc** jd verpfuscht etw *fam;* ***il a bousillé le travail*** er hat die Arbeit verpfuscht *fam,* er hat [bei der Arbeit] gepfuscht [*o* geschlampt] *fam*
3. (*tuer*) ■ **qn bousille qn** jd murkst jdn ab *fam;* ■ **qn se fait** ~ jd geht drauf *sl*

boussole [busɔl] *f* [Magnet]kompass *m,* Bussole *f*
► **qn perd la** ~ *fam* jd dreht durch *fam;* ***qc me/lui fait perdre la*** ~ ich/er/sie dreht wegen etw durch *fam*

boustifaille [bustifaj] *f pop* Fressen *nt sl*

bout [bu] *m* 1. (*extrémité*) [*doigt, oreille, nez*] Spitze *f;* [*objet*] Ende *nt;* ***le*** ~ ***du sein*** die Brustwarze; ***j'ai un poisson au*** ~ ***de ma ligne*** ich habe einen Fisch an der Angel; ***une canne à*** ~ ***ferré*** ein Spazierstock mit Eisenspitze; ***des ciseaux à*** ~***s ronds/pointus*** eine [vorne] abgerundete/spitze Schere; ***des chaussures à*** ~***s carrés*** Schuhe mit eckiger Kappe; **au** ~ **de la table** am Tischende
2. (*limite*) Ende *nt*
3. (*morceau*) Stück[chen *nt*] *nt*
► **à** ~ **de bras** mit gestreckten Armen; ***qn porte qn/qc à*** ~ ***de bras*** *personne, entreprise, économie* jd nimmt sich jds/einer S. an; (*donner un coup de main*) jd greift jdm/einer S. unter die Arme; **à tout** ~ **de champ** alle Augenblicke, alle naselang *fam;* **des personnes font un** ~ **de chemin ensemble** Menschen gehen ein Stück [Weges] zusammen; **qn fait un bon** ~ **de chemin** *fam* jd hat sich ganz schön gemacht *fam;* **qn a fait un bon** ~ **de chemin** jd ist ein gutes Stück vorangekommen; **ça fait un bon** [*o* **sacré**] ~ **de chemin** *fam* das ist ein [ganz] schönes Ende *fam;* **un petit** ~ **de chou** (*petit garçon*) ein Bübchen *nt;* (*petite fille*) ein Mädelchen *nt;* (*femme de petit gabarit*) ein kleines Persönchen; ***un petit*** ~ ***de chou haut comme trois pommes*** ein Dreikäsehoch *m;* ***les*** ~***s de chou*** die Kleinen; **au** ~ **du compte** letztlich, letzten Endes; **qn fait un** ~ **de conduite à qn** *fam* jd geht ein Stück mit jdm; ***il m'a fait un*** ~ ***de conduite*** er hat mich ein Stück begleitet; **qc est à** ~ **de course** */pendule/* etw ist abgelaufen; **qn est à** ~ **de course** jd ist am Ende *fam;* **qn sait qc sur le** ~ **du doigt** [*o* **des doigts**] jd kann [*o* beherrscht] etw im Schlaf [*o* aus dem Effeff *fam*]; **qn est qc jusqu'au** ~ **des doigts** jd ist durch und durch etw; **un petit** ~ **de femme/d'homme** *fam* ein zierliches Persönchen/ein Männlein *nt;* ***il a épousé un beau petit*** ~ ***de femme*** er hat ein hübsches Persönchen geheiratet; **au** ~ **du fil** am Apparat [*o* am anderen Ende]; ***qn est au*** ~ ***du fil*** jd ist am Apparat [*o* am anderen Ende]; ***qn a qn au*** ~ ***du fil*** jd hat jdn am Apparat; **qn a qc sur le** ~ **de la langue** *mot, nom* jdm liegt etw auf der Zunge; **qn fait qc du** ~ **des lèvres** jd tut etw [nur] sehr ungern [*o* widerwillig] [*o* widerstrebend]; ***il ne mange que du*** ~ ***des lèvres*** er isst lustlos [*o* ohne jeden Appetit]; **qn voit** [*o* **regarde**] **les choses par le petit** ~ **de la lorgnette** (*a des vues étroites*) jd betrachtet die Dinge zu einseitig, jd betrachtet die Dinge aus einem eingeschränkten Blickwinkel; (*déforme la réalité*) jd sieht die Dinge verzerrt; **qc est le** ~ **du monde:** ***si tu as 5 F à payer, c'est bien le*** ~ ***du monde*** du

musst allerhöchstens 5 F bezahlen; *si elle a 30 ans, c'est [bien] le ~ du monde* sie ist allerhöchstens 30; **qc n'est pas le ~ du monde** etw ist [doch] nicht die Welt; **au ~ du monde** am Ende der Welt; **qn est à ~ de nerfs** jd ist mit den Nerven [völlig] fertig [*o* am Ende] *fam;* **qn montre le ~ de son nez** jd schaut mal kurz herein; **qn ne voit pas plus loin que le ~ de son nez** jd sieht nicht weiter, als seine Nase [reicht] *fam;* **qn se lave [seulement] le ~ du nez** jd macht [nur] Katzenwäsche *fam;* **qn mène qn par le ~ du nez** jd gängelt jdn; *elle le mène par le ~ du nez* sie macht mit ihm, was sie will; **qn a qc jusqu'au ~ des ongles** jd besitzt etw in höchstem Maße; *elle a de l'esprit jusqu'au ~ des ongles* sie ist äußerst geistreich, sie sprüht vor Geist; **qn est ... jusqu'au ~ des ongles** jd ist durch und durch ..; *elle est soignée jusqu'au ~ des ongles* sie ist äußerst [*o* durch und durch] gepflegt; **qn connaît [*o* sait] qc sur le ~ des ongles** jd kennt etw in- und auswendig; **qn montre [*o* laisse voir] le ~ de l'oreille** jd verrät sich [*o* seine wahren Absichten]; **qn est au ~ de ses peines** jd hat es geschafft; **qn est au ~ de son [*o* du] rouleau** *fam* (*est épuisé*) jd ist am Ende *fam;* (*est à la fin de sa vie*) jd lebt nicht mehr lange; **qc est au ~ du rouleau** *fam* etw macht's nicht mehr lange *fam;* **qn est à ~ de souffle** jd ist völlig außer Atem; **[qn passe/reste] un ~ de temps** [jd verbringt/bleibt] eine Zeit lang; *un bon/petit ~ de temps* eine ganze Weile; **qn voit le ~ du tunnel** jd kann das Ende absehen, jd sieht Licht am Ende des Tunnels; **qn prend qn/qc par un autre ~** jd packt jdn/etw anders an *fam;* **qn fait qc d'un ~ à l'autre** jd tut etw ganz; *nous avons parcouru la France d'un ~ à l'autre* wir haben ganz Frankreich bereist; *j'ai lu cet article d'un ~ à l'autre* ich habe diesen Artikel von Anfang bis Ende [*o* von A bis Z] [*o* von vorn bis hinten] gelesen; **d'un ~ [de qc] à l'autre [de qc]**: *d'un ~ de l'année à l'autre/d'un ~ à l'autre de la semaine* das ganze Jahr/die ganze Woche hindurch; *d'un ~ à l'autre de la traversée* während der ganzen Überfahrt; **qn prend [*o* tient] qn/qc par le bon ~** jd packt jdn/etw richtig an *fam;* **qn tient le bon ~** jd hat es bald geschafft; **qn joint les deux ~s** jd kommt über die Runden *fam,* jd kommt mit seinem Geld aus; **qn tire à ~ portant** jd schießt aus nächster Nähe; **qn commence qc par un ~** jd fängt erst einmal irgendwo an; *commençons par un ~!* lasst uns schon mal irgendwo anfangen!; **qn ne sait pas par quel ~ commencer** jd weiß nicht, womit er anfangen soll; **qn en connaît un [bon [*o* drôle de]] ~** *fam* jd kennt sich [gut] aus, jd kennt sich da [recht gut] aus *fam;* **qn/qc est à ~** jd ist am Ende *fam,* jd ist völlig geschafft [*o* fix und fertig] *fam;* *sa patience était à ~* seine/ihre Geduld war erschöpft, er/sie war mit seiner/ihrer Geduld am Ende; **qn/qc est à ~ de qc** jd/etw ist mit etw am Ende; *je suis à ~ de [mes] forces* ich bin mit meinen Kräften am Ende, ich bin am Ende meiner Kräfte; **qc fait un [bon [*o* sacré] [*o* drôle de]] ~ [de chemin]** *fam* etw ist ein [ganz] schönes Ende [*o* Stück] *fam;* **qn mange un ~** jd isst eine Kleinigkeit; **qn met les ~s** *fam* jd zieht Leine *fam,* jd macht sich aus dem Staub *fam;* **qn/qc met [*o* pousse] qn à ~** jd/etw setzt jdm zu; **qn ne sait pas par quel ~ prendre qn** jd weiß nicht, wie er/sie jdn anpacken soll *fam;* **qn tient jusqu'au ~** jd hält durch; **qn va jusqu'au ~ de qc** jd verfolgt etw konsequent bis ans Ende; **qn vient à ~ de qc** jd wird mit etw fertig, jd bringt etw zu Ende; **qn vient [*o* arrive] à ~ de qn** jd wird mit jdm fertig, jd kommt mit jdm zu Rande *fam;* **qn ne voit pas le ~ de qc** jd kann bei etw kein Ende absehen; *on n'en voit pas le ~* da ist kein Ende abzusehen; **~ à ~** aneinander; **[qn/qc est] au ~ de qc** [jd/etw ist] am Ende einer S. (*gen*); *au ~ du chemin/de la rue/du couloir* am Ende des Weges/der Straße/des Ganges; *tout au ~* ganz hinten; **au ~ de qc** + *compl de temps* nach (*dat*); *au ~ d'un moment/d'une année/de trois minutes* nach einer Weile/einem Jahr/drei Minuten; **de ~ en ~** ganz; *j'ai lu ce livre de ~ en ~* ich habe dieses Buch ganz [*o* von der ersten bis zur letzten Seite] gelesen; **jusqu'au ~** bis zum Schluss

◆ **bout d'essai** CINE Probeaufnahmen *pl;* **bout filtre** Filter *m,* Filtermundstück *nt;* *cigarette à ~ filtre* Filterzigarette *f*

boutade [butad] *f* [geistvoller] Scherz, scherzhafte Bemerkung

boute-en-train [butɑ̃tʀɛ̃] *m inv* Stimmungskanone *f fam,* Betriebsnudel *f fam*

bouteille [butɛj] *f* **1.** (*récipient*) Flasche *f;* ~ *consignée/non consignée* Pfandflasche/Einwegflasche; ■ ~ **de** -flasche; *une ~ de vin/de champagne/de lait* eine Wein-/Champagner-/Milchflasche; *les ~s de gaz/d'oxygène sont en métal* Gas-/Sauerstoffflaschen sind aus Metall; *une ~ de 75 cl/d'un litre/de deux litres* eine Dreiviertelliter-/Liter-/Zweiliterflasche; ■ ~ **en qc** *en verre, plastique, métal* -flasche, Flasche aus etw; *il met le vin en ~s* er füllt den Wein in Flaschen ab, er zieht den Wein [auf Flaschen] ab; *j'ai bu à la ~* ich habe aus der Flasche getrunken

2. (*contenu*) Flasche *f;* ■ **une ~ de qc** eine Flasche etw; *une ~ de vin/bière/lait/d'oxygène* eine Flasche Wein/Bier/Milch/Sauerstoff; *nous allons boire une [bonne] ~* wir werden eine [gute] Flasche trinken; *c'est vraiment une bonne ~* das ist wirklich ein guter [*o* edler] Tropfen

► **c'est la ~ à l'encre** das ist sehr undurchsichtig [*o* verworren]; **une ~ de derrière les fagots** ein ganz erlesener Tropfen; **qn a/prend de la ~** (*mûrir*) jd ist erfahren [*o* gereift]/jd wird reifer [*o* erfahrener]; (*vieillir*) jd ist alt/jd altert [*o* wird älter]; **qc a/prend de la ~** etw ist gut abgelagert/etw reift; *il faut que ce vin prenne de la ~* dieser Wein muss noch lagern; **qn aime [*o* caresse] la ~** *fam* jd trinkt gerne einen *fam*

boutique [butik] *f* **1.** *fam* (*petit magasin*) Laden *m,* Geschäft *nt;* ■ ~ **de qn**: *la ~ du boulanger/de l'épicier* der Bäckerladen/das Lebensmittelgeschäft; ■ ~ **de qc**: *la ~ de fruits/légumes/cadeaux/d'antiquités* das Obst-/Gemüsegeschäft/die Geschenkeboutique/der Antiquitätenladen

2. (*magasin de prêt-à-porter*) [Mode]boutique *f*

3. (*magasin mal tenu*) Kramladen *m*

4. *fam* (*travail, entreprise*): *je vais à la ~ vers 7 h* ich gehe etwa um 7 Uhr ins Geschäft [*o* zur Arbeit]; *il représentera notre ~* er wird unsere Sache [*o* unser Haus] vertreten

► **qn est de la ~** jd gehört zum Haus[e]; **qn ouvre/ferme ~** jd eröffnet/jd macht dicht *fam;* **qn parle ~** *fam* jd fachsimpelt *fam;* **qn plie ~** jd macht dicht *fam;* **qn vend toute la ~** *fam* jd schmeißt den Laden hin *fam;* **en voilà une ~!** *fam* das ist mir vielleicht ein Laden! *fam;* **quelle ~!** *fam* so ein mieser Laden! *fam,* so ein Saftladen! *fam*

boutiquier, -ière [butikje, -jɛʀ] *m, f* Ladenbesitzer(in) *m(f),* Ladeninhaber(in) *m(f)*

boutoir [butwaʀ] *m v.* **coup**

bouton [butɔ̃] *m* **1.** [*vêtement, chemise, culotte*] Knopf *m;* *des ~s de nacre/en or* Perlmutt[er]-/Goldknöpfe *pl,* Knöpfe *pl* aus Perlmutt[er]/Gold

2. [*radio, télé, sonnette*] Knopf *m;* [*porte*] Knauf *m;* [*électricité*] Schalter *m*

3. MED [*rougeole, fièvre*] Bläschen *nt;* [*acné*] Pickel *m*

4. BOT Knospe *f;* *les roses sont [toujours] en ~* die Rosen sind [noch] knospig; *un ~ de rose* eine Rosenknospe; *des ~s à feuilles/fleurs* Blatt-/Blütenknospen *pl*

5. INFORM (*sur l'écran*) Schaltfläche *f;* ~ *droit/gauche de la souris* rechte/linke Maustaste

◆ **bouton de manchettes** Manschettenknopf *m*

bouton-d'or <~s-~> [butɔ̃dɔʀ] *m* Butterblume *f,* Hahnenfuß *m*

boutonnage [butɔnaʒ] *m* Knöpfen *nt;* *le ~ de ce corsage se fait dans le dos* diese Bluse wird im Rücken zugeknöpft; *une veste à ~ asymétrique* ein Jackett mit asymmetrischer Knopfleiste

boutonner <1> [butɔne] **I.** *vt* ■ **qn boutonne qc** jd knöpft etw zu

II. *vi* ■ **qc boutonne** etw wird pickelig; *tu as le nez qui boutonne* du bekommst Pickel auf der Nase

III. *vpr* ■ **qc se boutonne** etw wird zugeknöpft; *cette robe se boutonne par derrière/devant* dieses Kleid wird hinten/vorne zugeknöpft; ■ **qn se boutonne** jd macht seine Knöpfe zu; *boutonne-toi!* mach deine Knöpfe zu!

boutonneux, -euse [butɔnø, -øz] *adj* pickelig, voller Pickel

boutonnière [butɔnjɛʀ] *f* Knopfloch *nt*

► **à la ~** im Knopfloch

bouton-poussoir <~s-~s> [butɔ̃puswaʀ] *m* Druckschalter *m* **bouton-pression** <~s-~> [butɔ̃pʀesjɔ̃] *m* Druckknopf *m*

bouture [butyʀ] *f* Steckling *m*

bouturer <1> [butyʀe] *vt* ■ **qn bouture qc** jd setzt Stecklinge von etw

bouvreuil [buvʀœj] *m* Dompfaff *m,* Gimpel *m*

bovidés [bɔvide] *mpl* wiederkäuende Paarhufer *pl*

bovin, e [bɔvɛ̃, in] **I.** *adj* **1.** (*qui concerne le bœuf*) Rinder-

2. *fam* (*inexpressif*) stumpf

II. *mpl* Rinder *pl*

bowling [buliŋ] *m* **1.** (*jeu*) Bowling ['bo:lɪŋ] *nt*

2. (*lieu*) Bowlingbahn *f*

box <es> [bɔks] *m* (*dans une écurie*) Box *f;* (*dans un garage a.*) Stellplatz *m;* (*dans un hôtel, un dortoir*) abgeteilter Raum

◆ **box [des accusés]** Anklagebank *f*

boxe [bɔks] *f* Boxen *nt,* Boxsport *m;* *un match [o combat] de ~* ein Boxkampf *m*

► **la ~ anglaise** [olympischer [*o* internationaler]] Boxsport, Boxen *nt;* **la ~ française** Kickboxen *nt;* **qn fait de la ~** jd boxt

boxer <1> [bɔkse] **I.** *vi* ■ **qn boxe** jd boxt; ■ **qn boxe contre qn** jd boxt gegen jdn, jd tritt gegen jdn an

II. *vt fam* ■ **qn boxe qn/qc** jd bearbeitet jdn/etw mit den Fäusten, jd versetzt jdm Fausthiebe; *si tu ne t'ôtes pas de là, tu vas te faire ~* wenn du nicht verschwindest, kriegst du eins auf die Nase *fam*

boxer[-short] <~s-~s> [bɔksœʀʃɔʀt] *m* Boxershort *pl*

boxeur, -euse [bɔksœʀ, -øz] *m* Boxer(in) *m(f);* ~ *amateur/professionnel* Amateur-/Berufsboxer

box-office <~-~s> [bɔksɔfis] *m* ► **qn/qc est [*o* arrive] en tête du ~** jd hat großen Erfolg/etw ist ein Kassenschlager *fam*

boxon [bɔksɔ̃] *m fam* (*désordre*) Durcheinander *nt*

boy [bɔj] *m* Boy *m*

boyau <x> [bwajo] *m* **1.** ANAT, GASTR Darm *m*

2. [*mine*] Stollen *m*

3. MIL (*tranchée*) Verbindungsgraben *m*

4. (*chambre à air*) Schlauch *m*

5. [*raquette, instrument de musique*] Darmsaite *f*

► **qn a mal aux ~x** *fam* jd hat Bauchschmerzen

boycott [bɔjkɔt] *m,* **boycottage** [bɔjkɔtaʒ] *m* Boykott *m*

► **qn fait le ~ de qc** jd boykottiert etw, jd belegt etw mit Boykott

boycotter <1> [bɔjkɔte] *vt* ■ **qn boycotte qn/qc** jd boykottiert jdn/etw

boy-scout <~s-~s> [bɔjskut] *m* **1.** *vieilli* (*scout*) Pfadfinder *m*

2. *iron fam*: *il a une mentalité de ~-~* er ist wirklich eine gute Seele; *qn a un côté/est un peu ~-~* jd hat etwas Idealistisches/ist ziemlich idealistisch

B.P. [bepe] *loc abr de* **boîte postale**

Brabançonne [bʀabɑ̃sɔn] *f* ■ **la ~** die Brabançonne (*belgische Nationalhymne*)

Brabant [bʀabɑ̃] *m* ■ **le Brabant** Brabant *nt;* *le chef-lieu du ~* die Hauptstadt von Brabant

bracelet [bʀaslɛ] *m* Armband *nt;* (*rigide*) Armreif *m;* *un ~ en or/de perles/de corail* ein Armband aus Gold/Perlen/Koralle, ein Gold-/Perlen-/Korallenarmband

◆ **bracelet de force** Gelenkstütze *f;* **bracelet d'identité** Identitätsband *nt*

bracelet-montre <~s-~s> [bʀaslɛmɔ̃tʀ] *m* Armbanduhr *f*

braconnage [bʀakɔnaʒ] *m* CHASSE Wildern *nt,* Wilderei *f,* Wilddieberei *f;* PECHE Angeln *nt* ohne Angelschein

braconner <1> [bʀakɔne] *vi* ■ **qn braconne** CHASSE jd wildert; PECHE jd angelt ohne Angelschein

braconnier [bʀakɔnje] *m* CHASSE Wilderer *m,* Wilddieb(in) *m(f);* PECHE Schwarzangler(in) *m(f)*

brader <1> [bʀade] *vt* **1.** COM ■ **qn brade qc** jd verkauft etw zu Schleuderpreisen, jd verschleudert etw
2. (*se débarrasser de*) ■ **qn brade qc** jd verscherbelt [*o* verramscht] etw *fam; territoire, colonies* jd schenkt etw geradezu her, jd verschenkt etw geradezu

braderie [bʀadʀi] *f* (*foire*) Trödelmarkt *m;* (*liquidation*) [Straßen]verkauf *m* zu Spottpreisen [*o* Schleuderpreisen]; (*soldes*) Ausverkauf; ***une ~ de vêtements/ livres*** ein Kleider-/Büchertrödelmarkt

braguette [bʀagɛt] *f* Hosenschlitz *m,* Hosenladen *m fam*

braillard, e [bʀɑjaʀ, jaʀd] **I.** *adj fam* plärrend *fam; ivrogne, foule* grölend
II. *m, f fam* Schreihals *m fam*

braille [bʀɑj] *m* Blindenschrift *f,* Brailleschrift *f*

brailler <1> [bʀɑje] **I.** *vi* ■ **qn braille** jd brüllt, jd schreit
II. *vt* ■ **qn braille qc** jd brüllt etw; */ivrogne, foule/* jd grölt etw

braire <*irr*> [bʀɛʀ] *vt* ■ **un animal brait** ein Tier iaht [*o* schreit]; ■ **qn brait** *fam* jd brüllt; ***tu me fatigues à ~ comme un âne*** dein Gebrülle nervt mich *fam*
▶ **qn fait ~ qn** *fam* jd geht jdm auf die Nerven *fam,* jd nervt jdn *fam*

braise [bʀɛz] *f* Glut *f*
▶ **qn est sur la ~** jd sitzt [wie] auf [glühenden] Kohlen; **qn souffle sur la ~** jd gießt Öl ins Feuer

braiser <1> [bʀeze] *vt* ■ **qn braise qc** jd schmort etw

brame [bʀɑm] *m,* **bramement** [bʀɑmmɑ̃] *m* Röhren *nt;* ***la saison du ~*** die Brunftzeit

bramer <1> [bʀɑme] *vi* **1.** ■ **un animal brame** */cerf, daim/* ein Tier röhrt
2. (*se plaindre*) ■ **qn brame** jd jammert

brancard [bʀɑ̃kaʀ] *m* **1.** (*civière*) [Trag]bahre *f*
2. (*bras d'une civière, d'une brouette*) Holm *m*
3. (*pour attacher un cheval*) Deichselstange *f*
▶ **qn rue dans les ~s** jd wird rebellisch

brancardier, -ière [bʀɑ̃kaʀdje, -jɛʀ] *m, f* [Kranken]träger(in) *m(f)*

branchage [bʀɑ̃ʃaʒ] *m* Astwerk *nt,* Geäst *nt*

branche [bʀɑ̃ʃ] *f* **1.** [*arbre*] Ast *m,* Zweig *m;* ***des ~s mortes*** dürre Äste [*o* Zweige] *pl;* ***de ~ en ~*** von Ast zu Ast
2. [*lunettes*] Bügel *m;* [*chandelier*] Arm *m;* [*ciseaux*] Blatt *nt;* [*nerf, artère*] Ast *m;* ***un chandelier à sept ~s*** ein siebenarmiger Leuchter
3. (*famille*) Linie *f,* Zweig *m;* ***la ~ aînée des Bourbons*** die ältere Linie der Bourbonen
4. (*domaine*) [*enseignement, science*] Zweig *m;* [*économie, profession a.*] Branche *f;* ***la ~ dure d'un parti*** der harte Flügel einer Partei; ***par ~s professionnelles*** nach Berufssparten [*o* Branchen]
▶ **vieille ~** *fam* altes Haus *fam;* **qn se rattrape aux ~s** jd rettet gerade noch einmal seine Haut *fam;* **qn scie la ~ sur laquelle il est assis** jd sägt den Ast ab, auf dem er sitzt

branché, e [bʀɑ̃ʃe] *adj fam* ■ **qn est ~** jd ist up to date [aptu'deɪt] *fam,* jd weiß, was in ist *fam;* ***qn est ~ cinéma/ moto*** (*adore*) jd fährt auf Kino/Motorräder ab *sl;* (*s'y connaît*) jd kennt sich mit Kino/Motorrädern aus

branchement [bʀɑ̃ʃmɑ̃] *m* Anschluss *m;* ***~ électrique/ téléphonique*** Strom-/Telefonanschluss *m*
◆ **branchement Internet** Internetanschluss *m;* **branchement de voie** Weiche *f;* **branchement en série** Reihenschaltung *f*

brancher <1> [bʀɑ̃ʃe] **I.** *vt* **1.** (*raccorder*) ■ **qn branche qn/qc [sur qc]** jd schließt jdn/etw [an etw (*akk*)] an; ***la télé n'est pas branchée*** der Stecker des Fernsehers ist nicht eingesteckt
2. (*diriger*) ■ **qn branche qc sur qn/qc** jd lenkt etw auf jdn/etw; ***il a branché la conversation sur un autre sujet*** er hat die Unterhaltung auf ein anderes Thema gebracht [*o* gelenkt]; ■ **qn/qc est branché(e) sur qn/qc:** ***quand il est branché sur le sport, il est intarissable*** wenn es um Sport geht, ist er nicht mehr zu bremsen *fam*
3. *fam* (*allumer*) ■ **qn branche qn** jd macht [*o* baggert] jdn an *fam;* (*aborder*) jd spricht [*o* quatscht *fam*] jdn an
▶ **ça me/le/la/... branche** *fam* dazu habe ich/hat er/sie Lust, das macht mich/ihn/sie an *sl;* ***ta proposition me branche*** deinen Vorschlag finde ich gut; **ça me/le/la/... branche de faire qc** *fam* ich habe/er/sie hat Lust, etw zu tun; ***ça ne me branche pas d'aller au cinéma*** ich habe keine Lust [*o* keinen Bock *fam*], ins Kino zu gehen
II. *vpr* ■ **qn se branche sur qc** jd schaltet etw ein

branchies [bʀɑ̃ʃi] *fpl* Kiemen *pl*

brandade [bʀɑ̃dad] *f* GASTR [*morue*] *provenzalisches Gericht aus zerkleinertem Stockfisch, Knoblauch, Olivenöl und Sahne*

Brandebourg [bʀɑ̃dbuʀ] *m* ■ **le Brandebourg** Brandenburg *nt*

brandebourgeois, e [bʀɑ̃dbuʀʒwa, waz] **I.** *adj* brandenburgisch
II. *m, f* ■ **Brandebourgeois(e)** Brandenburger(in) *m(f)*

brandir <8> [bʀɑ̃diʀ] *vt* **1.** (*agiter agressivement*) ■ **qn brandit qc** *arme* jd schwingt etw; *drapeau a.* jd schwenkt etw; ***en brandissant son épée*** mit hoch erhobener Klinge
2. (*présenter comme une menace*) ■ **qn brandit qc** jd droht mit etw

brandon [bʀɑ̃dɔ̃] *m* (*intentionnel*) Brandfackel *f;* (*accidentel*) Flugfeuer *nt*
▶ **~ de discorde** (*personne*) Unruhestifter(in) *m(f);* (*chose*) Zankapfel *m*

branlant, e [bʀɑ̃lɑ̃, ɑ̃t] *adj* wack[e]lig; *régime, institution* wankend; ***le ministère est tout ~*** das Ministerium steht auf recht wackeligen Beinen

branle [bʀɑ̃l] *m* Schwingen *nt*
▶ **qn/qc donne le ~ à qc** jd/etw gibt den Anstoß zu etw, jd/etw löst etw aus; **qn met qn/qc en ~** *cloche* jd versetzt etw in Schwingung; *personne, foule* jd setzt jdn in Bewegung; **qn/qc se met en ~** jd/etw setzt sich in Bewegung; ***les machines se mettent lentement en ~*** die Maschinen kommen langsam in Schwung [*o* laufen langsam an]

branle-bas [bʀɑ̃lbɑ] *m inv* Trubel *m,* Durcheinander *nt;* ***le ~~ du départ*** im Trubel des Aufbruchs
▶ **qn est en ~~** jd steht kopf *fam;* **qn met qc en ~~** jd stellt etw auf den Kopf
◆ **branle-bas de combat** MIL (*remue-ménage*) hektisches Durcheinander; (*exclamation*) auf in den Kampf!; MIL (*manœuvre*) Klarmachen *nt* zum Gefecht; (*ordre*) klar Schiff!; (*mobilisation*) Kampfsignal *nt*

branler <1> [bʀɑ̃le] **I.** *vi* ■ **qc branle** etw wackelt
▶ **qn n'en branle pas lourd** [*o* **une**] *arg* jd macht keinen Finger krumm *fam*
II. *vpr vulg* ■ **qn se branle** jd wichst *sl,* jd holt sich (*dat*) einen runter *sl*
▶ **qn s'en branle** *pop* jdm ist das scheißegal *sl*

braquage [bʀakaʒ] *m* **1.** [*roues*] Einschlagen *nt*
2. *arg* (*attaque*) bewaffneter Überfall

braque [bʀak] *m* Bracke *m o f*

braquer <1> [bʀake] **I.** *vt* **1.** AUT ■ **qn braque [qc]** jd schlägt ein; ***braque [le volant] à droite*** schlag nach rechts ein
2. (*diriger*) ■ **qn braque qc** *arme* jd bringt etw in Anschlag; ■ **qn braque qc sur qn/qc** *arme* jd richtet etw auf jdn/etw; *attention* jd widmet etw jdm/etw; ***elle avait le regard braqué/ les yeux braqués sur lui*** ihr Blick/ihre Augen waren auf ihn geheftet [*o* gerichtet]
3. *pop* (*attaquer*) ■ **qn braque qc** jd überfällt etw
4. (*provoquer l'hostilité*) ■ **qn/qc braque qn [contre qn/qc]** jd/etw bringt jdn [gegen jdn/etw] auf; ***il est braqué contre cette idée*** er ist gegen diese Idee [eingenommen]
II. *vi* **1.** AUT ■ **qc braque:** ***la voiture braque bien/ mal*** der Wagen hat einen kleinen/großen Wendekreis; ***depuis l'accident, la voiture braque mal*** seit dem Unfall lässt sich das Lenkrad schlecht einschlagen
2. ■ **qn braque** jd schlägt ein
III. *vpr* ■ **qn se braque [contre qn/qc]** jd sperrt sich [gegen jdn/etw], jd wird starrköpfig, jd schaltet auf stur *fam;* ***il s'est braqué contre mon projet*** er widersetzt sich stur meinem Plan, er lehnt meinen Plan stur ab

braquet [bʀakɛ] *m* Übersetzung *f;* ***change de ~!*** nimm einen anderen Gang!

bras [bʀa] *m* **1.** (*partie du corps*) Arm *m;* ***elle allongea [o tendit] le ~ vers lui*** sie streckte den Arm nach ihm aus; ***il [lui] tendit [o ouvrit] les ~*** er breitete die Arme aus; ***il ferma les ~ sur son cadeau*** er umschloss sein Geschenk [mit beiden Armen]; ***elle portait l'enfant dans ses ~*** sie hatte das Kind auf den Arm genommen; ***qn serre qn dans [o entre] ses ~*** jd schließt jdn in seine [*o* in die] Arme
2. (*travailleur*) Arbeitskraft *f*
3. [*levier, ancre, pelleteuse*] Arm *m;* [*croix a.*] Schenkel *m;* [*électrophone*] Tonarm; [*fauteuil*] Armlehne *f;* [*brancard*] Holm *m*
4. GEOG Arm *m;* ***un ~ mort du Danube*** ein toter Arm der Donau; ***un ~ de mer*** ein Meeresarm
▶ **~ en l'air!** Hände hoch!; ***il se tenait les ~ en l'air*** er stand mit erhobenen Händen; **qn est en ~ de chemise** jd ist in Hemdsärmeln *fam;* ***il se mit en ~ de chemise*** er zog sein Jackett/seinen Pullover aus; **qn jette [o lève] les ~ au ciel** jd schlägt die Hände über dem Kopf zusammen; **qn fait un ~ d'honneur à qn** jd zeigt jdm den Stinkfinger *sl;* **le ~ de la justice** der Arm des Gesetzes; **qn est dans les ~ de Morphée** jd schläft [*o* ruht] in Morpheus' Armen; **qn cogne [o tape] qn à tour de ~** jd schlägt wie wild auf jdn ein, jd verprügelt jdn; **qn reste les ~ ballants [o croisés]** jd sitzt/steht untätig herum; **qn est le ~ droit de qn** *fam* jd ist jds rechte Hand; **gros(se) [o long(longue)] comme le ~** armdick/-lang; ***des compliments gros [o longs] comme le ~*** *iron* ganz plumpe Komplimente; **gros ~** Muskelpaket *nt;* **qn joue les gros ~** jd spielt den starken Mann; **qn a le ~ long** jd hat einen langen Arm; **qn accueille [o reçoit] qn à ~ ouverts** jd empfängt jdn mit offenen Armen; **qn ramasse qc à pleins ~:** ***il a ramassé des fleurs à pleins ~*** er hat [ganze] Arme voll Blumen gepflückt; **à ~ raccourcis** mit voller Wucht; ***il l'a tapé [o cogné] à ~ raccourcis*** er hat ihn brutal verprügelt, er hat mit voller Gewalt [*o* Kraft] auf ihn eingeschlagen; **qn arme le ~ de qn** jd stärkt jds Position; **qn baisse les ~** jd gibt auf, jd gibt sich geschlagen, jd wirft das Handtuch *fam;* **qc coupe les ~ à qn, qc coupe ~ et jambes à qn** (*épuise*) etw erschöpft jdn völlig, etw macht jdn total fertig *fam;* (*stupéfie*) etw verblüfft jdn völlig, etw macht jdn völlig sprachlos [*o* total baff *fam*]; **qn se croise les ~** jd sitzt/steht untätig herum, jd dreht Däumchen *fam;* **qn donne le ~ à qn** jd gibt jdm den [*o* seinen] Arm; **deux personnes se donnent le ~** zwei Menschen haken sich unter; ***ils marchaient en se donnant le ~*** sie gingen untergehakt [*o* Arm in Arm]; **qn se jette dans les ~ de qn** jd wirft sich jdm in die Arme; **qn laisse qc à qn sur les ~** jd lässt jdn mit etw sitzen; **qn offre le ~ à qn** jd reicht jdm den [*o* seinen] Arm, jd bietet jdm den [*o* seinen] Arm an; **qn ouvre les ~ à qn** jd empfängt jdn mit offenen Armen, jd nimmt jdn mit offenen Armen auf; **qn/qc pousse qn dans les ~ de qn** jd/etw treibt jdn in jds Arme (*akk*); **qn prend le ~ de qn** jd nimmt jds Arm; **qn/qc tombe sur les ~ de qn** jd hat es plötzlich mit jdm/etw zu tun; ***il nous est tombé sur les ~ avec un problème insoluble*** er kam mit einem unlösbaren Problem an; **deux personnes tombent dans les ~ l'un de l'autre** zwei Menschen fallen sich (*dat*) in die Arme; **les ~ m'en/lui en/... tombent** ich/er/sie/... kann es kaum fassen, da bin ich/ist er/sie/... sprachlos [*o* baff *fam*]; **qn ne vit que de ses ~** jd lebt nur von seiner Hände Arbeit; **à ~** mit Muskelkraft; **au ~ [de qn]** am Arm [eines Menschen]; ***au ~ de son fiancé*** am Arm ihres Verlobten; **dans les ~** in den Armen/in die Arme; ***elle tenait son bébé dans les ~*** sie hielt ihr Baby in den Armen; ***il lui mit la pile de dossiers dans les ~*** er drückte ihm/ihr den Stoß Akten in die Arme; **~ dessus ~ dessous** Arm in Arm, untergefasst, untergehakt; **sous le ~** unter dem/den Arm; ***sa sacoche sous le ~*** seine/ihre Mappe unter dem Arm [*o* unter den Arm geklemmt]; **[qn a qn/qc] sur les ~** [jd hat jdn/etw] am Hals
◆ **bras de fer** Armdrücken *nt; fig* Kraftprobe *f,* Tauziehen *nt*

brasier [bʀɑzje] *m* **1.** (*feu, incendie*) Flammenmeer *nt,* Feuersbrunst *f; fig*

Inferno *nt*
2. (*ardeur passionnée*): ***son cœur était un*** ~ sein Herz stand in Flammen; ***sa passion pour elle avait fait de son cœur un*** ~ sein Herz war in Leidenschaft für sie entbrannt *liter*

bras-le-corps [bʀaləkɔʀ] *loc* ▸ **qn prend** [*o* **saisit**] **qn/qc à ~-~-~**: ***il saisit l'enfant à ~-~-~*** er riss das Kind in seine Arme; ***il saisit le problème à ~-~-~*** er ging [*o* packte] das Problem beherzt an

brassage [bʀasaʒ] *m* 1. [*bière*] Brauen *nt;* [*eau*] Umwälzen *nt*
2. (*mélange*) [Ver]mischung *f;* ***le ~ des peuples/races*** das Völkergemisch/die Rassenmischung; ***le ~ social à l'école*** die Vermengung der sozialen Schichten in der Schule
3. AUT [*gaz*] Gemisch *nt*

brassard [bʀasaʀ] *m* Armbinde *f;* ***~ de deuil*** Trauerbinde *f*

brasse [bʀas] *f* Brustschwimmen *nt;* ***il nage la ~*** er schwimmt Brust
▸ **~ papillon** Delphinschwimmen *nt;* ***elle nage la ~ papillon*** sie schwimmt Delphin

brassée [bʀase] *f* Armvoll *m;* ***une ~/deux ~s de fleurs/de bois mort*** ein/zwei Armvoll Blumen/Reisig; ***des ~s de fleurs/de bois mort*** Arme voll Blumen/Reisig

brasser <1> [bʀase] *vt* 1. (*mélanger*) ■ **qn/qc brasse qc** jd/etw mischt etw; *pâte* jd/etw arbeitet etw durch; ***le vent brasse les feuilles mortes*** der Wind wirbelt das welke Laub durcheinander
2. *fig* ■ **qn brasse qc:** ***elle brasse des affaires/de l'argent*** sie macht große Geschäfte/geht mit großen Summen um
3. (*fabriquer*) ■ **qn brasse qc** *bière* jd braut etw

brasserie [bʀasʀi] *f* 1. (*restaurant*) Gaststätte *f*
2. (*industrie*) Braugewerbe *nt;* (*entreprise*) Brauerei *f*

brasseur [bʀasœʀ] *m* [Bier]brauer *m*

brassière [bʀasjɛʀ] *f* (*sous-vêtement*) Hemdchen *nt;* (*chandail*) Jäckchen *nt*
◆ **brassière de sauvetage** Schwimmweste *f,* Rettungsweste *f*

bravade [bʀavad] *f* Provokation *f,* dreiste Herausforderung
▸ **par ~** um zu imponieren, aus reinem Imponiergehabe

brave [bʀav] I. *adj* 1. (*courageux*) mutig; *soldat a.* tapfer
2. *antéposé* (*honnête*) anständig, brav; (*naïf*) [lieb und] gut; ***c'est vraiment un ~ type*** er ist wirklich ein lieber, guter Kerl
▸ **qn est bien ~** (*gentil*) jd ist wirklich liebenswürdig [*o* nett]; (*naïf*) jd ist lieb und nett; ***il est bien ~, mais ...*** er ist ja lieb und nett, aber ... **mon ~ [homme]/ma ~ [dame]** mein Guter/meine Gute
II. *mf* (*personne courageuse*) mutiger Mann/mutige Frau; (*soldat*) tapferer Soldat; (*guerrier indien*) tapferer Krieger; ***c'est un/une ~*** er/sie ist mutig

bravement [bʀavmɑ̃] *adv* 1. (*avec bravoure*) tapfer, mutig
2. (*résolument*) beherzt, wacker

braver <1> [bʀave] *vt* 1. (*défier*) ■ **qn/qc brave qn/qc** *père, mère, autorité, mode* jd/etw bietet jdm/einer S. die Stirn; *censure, danger, mort, froid* jd/etw trotzt einer S. (*dat*)
2. (*ne pas respecter*) ■ **qn brave qc** jd setzt sich über etw (*akk*) hinweg

bravo [bʀavo] I. *interj* bravo; ***tu as cassé mon beau vase!*** ~! du hast meine schöne Vase zerbrochen! bravo!
II. *m* Bravo *nt,* Bravoruf *m;* ***des ~s enthousiastes*** begeisterte Bravorufe

bravoure [bʀavuʀ] *f* Mut *m,* Schneid *m fam;* ***il a fait preuve de ~*** er hat Mut bewiesen; ***morceau de ~*** Bravourstück *nt,* Glanzstück *nt*

break [bʀɛk] *m* 1. AUT Kombi[wagen *m*] *m*
2. TENNIS Break [bʀeɪk] *m o nt;* ***qn fait le ~*** jd nimmt seinem Gegner/seiner Gegnerin den Aufschlag ab, jdm gelingt ein Break
3. *fam* (*pause*) Pause *f*

breakfast [bʀɛkfœst] *m* [reichhaltiges] Frühstück (*nach englischer Art*); ***le dimanche, nous prenons un ~*** sonntags frühstücken wir sehr ausgiebig [nach englischer Art]

brebis [bʀəbi] *f* [Mutter]schaf *nt*
▸ **~ égarée** *fig* verlorenes Schaf; **~ galeuse** *fig* schwarzes Schaf; ***il est traité comme une ~ galeuse*** er wird wie ein Aussätziger behandelt; ***c'est la ~ galeuse de la famille*** er/sie ist das schwarze Schaf der Familie

brèche [bʀɛʃ] *f* [*clôture, haie, mur*] Öffnung *f;* [*coque*] Loch *nt;* [*lame*] Scharte *f;* MIL [*front*] Bresche *f;* ***ces dépenses ont fait une ~ à sa fortune*** diese Ausgaben haben ein großes Loch in seinen/ihren Geldbeutel gerissen
▸ **qn bat qn/qc en ~** (*ruine*) jd ruiniert jdn/jd macht etw zunichte; (*attaque*) jd greift jdn/etw an; *arguments* jd entkräftet etw; MIL jd schlägt eine Bresche in etw (*akk*); **qn/qc colmate une ~** jd/etw schließt ein Loch; **qn est sur la ~** jd ist immer im Einsatz

bredouillage [bʀədujaʒ] *m* Gebrabbel *nt fam*

bredouille [bʀəduj] *adj* (*sans rien*) mit leeren Händen; (*sans succès*) unverrichteter Dinge; ***le chasseur/pêcheur est rentré ~*** der Jäger kehrte ohne Beute/der Fischer kehrte ohne einen einzigen Fang zurück

bredouiller <1> [bʀəduje] I. *vi* ■ **qn bredouille** jd stottert; (*parler confusément*) jd brabbelt wirres Zeug *fam;* ***il bredouillait d'émotion/de peur/de colère*** er verhaspelte sich vor Aufregung/Angst/Wut
II. *vt* ■ **qn bredouille qc** jd murmelt etw; ***que bredouille-t-il entre ses dents?*** was murmelt er in seinen Bart? *fam;* ***gêné, il bredouillait une excuse*** verlegen stammelte er eine Entschuldigung

bref, brève [bʀɛf, bʀɛv] I. *adj* 1. (*court*) kurz; (*concis*) knapp, bündig; ***soyez ~s!*** fassen Sie sich kurz!; ***d'un*** [*o* ***sur un***] ***ton ~*** in scharfem Ton; ***à ~ délai*** kurzfristig; ***à brève échéance*** in Bälde; ***dans les plus ~s délais*** in kürzester Zeit, in Kürze
2. *syllabe, voyelle* kurz
▸ **pour être ~** um mich kurz zu fassen, um es kurz zu machen
II. *adv* ▸ **en ~** kurz, mit einem Wort; **enfin ~** kurz und gut; ~! kurzum

brelan [bʀəlɑ̃] *m* Dreier *m;* ***~ d'as/de rois*** Dreier mit Assen/Königen

breloque [bʀəlɔk] *f* [Armband]anhänger *m*

Brême [bʀɛm] Bremen *nt*

Brésil [bʀezil] *m* ■ **le Brésil** Brasilien *nt*

brésilien, ne [bʀeziljɛ̃, jɛn] I. *adj* brasilianisch
II. *m* (*langue*) brasilianisches Portugiesisch
III. *m, f* ■ **Brésilien(ne)** Brasilianer(in) *m(f)*

Bretagne [bʀətaɲ] *f* ■ **la Bretagne** die Bretagne

bretelle [bʀətɛl] *f* 1. [*pantalon*] Hosenträger *m;* [*soutien-gorge*] Träger *m;* [*sac*] Schulterriemen *m,* Tragriemen *m*
2. (*bifurcation d'autoroute*) Auf-/Abfahrt *f*
▸ **qn porte qc à la ~** *arme* jd trägt etw umgehängt [*o* am Riemen]
◆ **bretelle d'accès** [*autoroute*] Auffahrt *f;* **bretelle de contournement** Umgehung *f;* **bretelle de raccordement** Zubringer *m;* **bretelle de sortie** Ausfahrt *f*

breton, ne [bʀətɔ̃, ɔn] I. *adj* bretonisch
II. *m* (*langue*) Bretonisch *nt*
III. *m, f* ■ **Breton(ne)** Bretone/Bretonin *m/f*

bretzel [bʀɛtzɛl] *m* Brezel *f*

breuvage [bʀœvaʒ] *m* 1. *poét* (*boisson*) Trank *m geh*
2. (*potion*) Arzneitrank *m; péj* Gebräu *nt;* ***~ magique*** Zaubertrank *m*

brève [bʀɛv] *f v.* **bref**

brevet [bʀəvɛ] *m* 1. (*diplôme*) Diplom *nt*
2. (*certificat*) [Abschluss]zeugnis *nt;* MIL, NAUT, AVIAT Schein *m;* ***il a son ~ de capitaine/pilote d'avion/de plongeur*** er hat sein Kapitänspatent *nt*/seinen Piloten-/Tauchschein; ***il doit avoir obtenu un ~ de technicien quelconque*** er muss irgendeinen Abschluss als Techniker haben; ***elle vient d'avoir son ~ de secourisme*** sie hat gerade ihren Erste-Hilfe-Schein gemacht
3. (*brevet d'invention*) Patent *nt*
4. (*garantie*) ■ **~ de qc** Garantie *f* für etw; ***je peux lui décerner*** [*o* ***délivrer***] ***un ~ d'honnêteté/de droiture*** ich kann ihm/ihr Anständigkeit/Aufrichtigkeit bescheinigen
◆ **brevet d'apprentissage** Lehrbrief *m;* **brevet de capacité** Diplom *nt;* **brevet de technicien supérieur** Diplom *nt;* ***il a un ~ de technicien supérieur de comptabilité*** er ist Diplombuchhalter; **brevet d'études du premier cycle** mittlere Reife; **brevet d'invention** Patent *nt;* ***il a déposé/obtenu un ~ d'invention*** er hat ein Patent angemeldet/ihm wurde ein Patent erteilt

brevetable [bʀəv(ə)tabl] *adj* patentfähig, patentierbar

breveté, e [bʀəv(ə)te] I. *adj* 1. *invention* patentiert
2. *technicien, ingénieur, interprète* Diplom-, diplomiert; *officier* patentiert
II. *m, f:* ***il est ~ d'état-major*** er hat mit Erfolg eine Militärakademie besucht

breveter <3> [bʀəv(ə)te] *vt* ■ **qn brevette qc** jd patentiert etw; ■ **qn fait ~ qc** jd lässt etw patentieren, jd meldet etw zum Patent an

bréviaire [bʀevjɛʀ] *m* Brevier *nt*
▸ **qn fait de qn/qc son ~** *auteur* jd macht jdn zu seinem Leitbild; *livre* jd macht etw zu seiner Bibel

bribe [bʀib] *f souvent pl* 1. (*élément épars*) Bruchstück *nt;* [*conversation a.*] Fetzen *m;* [*langue*] Brocken *m;* [*fortune, héritage*] kümmerlicher Rest; ***je n'ai pu saisir que quelques ~s de la conversation*** ich konnte nur ein paar Gesprächsfetzen aufschnappen
2. (*petit morceau*) Stückchen *nt,* Rest *m*
▸ **qn fait qc par ~s** jd tut etw stückweise [*o* nach und nach]

bric [bʀik] *loc* ▸ **de ~ et de broc** von da und dort; ***je me suis meublé de ~ et de broc*** ich habe meine Möbel von überallher zusammengetragen

bric-à-brac [bʀikabʀak] *m inv* 1. (*tas d'objets hétéroclites*) Durcheinander *nt;* [*antiquaire*] Kram *m fam,* Plunder *m fam*
2. (*magasin de brocanteur*) Trödelladen *m fam,* Trödlerladen *m fam*

brick [bʀik] *m* Brigg *f*

bricolage [bʀikɔlaʒ] *m* 1. (*travail d'amateur*) Hobbyhandwerken *nt,* Heimwerken *nt;* (*petits travaux manuels*) Basteln *nt;* ***des articles de ~*** Heimwerkerartikel; ***le rayon "~"*** die Heimwerkerabteilung; ***qn fait du ~*** jd betätigt sich als Heimwerker; (*petits travaux manuels*) jd bastelt; ***il y a toujours du ~ à faire*** irgendeine [Handwerks]arbeit fällt immer an
2. (*mauvais travail*) stümperhafte Arbeit, Stümperei *f,* Pfusch *m fam*

bricole [bʀikɔl] *f* 1. (*objet de peu de valeur*) Kleinigkeit *f;* ***il ne m'a offert qu'une ~*** er hat mir nur eine Kleinigkeit geschenkt; ***jette-moi toutes ces ~s à la poubelle!*** wirf diesen ganzen Kleinkram [*o* Plunder] weg! *fam*
2. (*chose insignifiante*) Bagatelle *f,* Kleinigkeit *f,* Lappalie *f*

bricoler <1> [bʀikɔle] I. *vi* 1. (*effectuer de menus travaux*) ■ **qn bricole** jd bastelt; ***tu sais ~, toi*** du bist doch [handwerklich] geschickt
2. *péj* (*faire du mauvais travail*) ■ **qn bricole** jd pfuscht *fam*
3. (*ne pas avoir de travail fixe*) jd macht mal dies, mal das; jd verrichtet Gelegenheitsarbeiten
II. *vt* 1. (*construire en amateur*) ■ **qn bricole qc** jd bastelt etw [zusammen]
2. (*réparer en amateur*) ■ **qn bricole qc** jd bastelt an etw (*dat*) herum; *budget* jd frisiert etw; ***il a bricolé son moteur pour le rendre plus puissant*** er hat seinen Motor frisiert; ***je vais ~ cette jupe*** ich werde diesen Rock abändern

bricoleur, -euse [bʀikɔlœʀ, -øz] I. *adj* [handwerklich] geschickt; ***son mari est très ~*** (*aime bricoler*) ihr Mann bastelt gern; (*sait bricoler*) ihr Mann ist sehr geschickt
II. *m, f* Bastler(in) *m(f),* Heimwerker(in) *m(f)*

bride [bʀid] *f* 1. (*pièce de harnais*) Zaum *m,* Zaumzeug *nt,* Zügel *m;* ***il tenait son cheval par la ~*** er führte sein Pferd am Zügel
2. (*lien*) [*bonnet, cape*] Band *nt;* [*sac, chaussures*] Riemen *m;* TECH Flansch *m*
▸ **qn a la ~ sur le cou** jd genießt völlige Freiheit; jd kann tun und lassen, was er will; **qn laisse à qn la ~ sur le cou** jd lässt jdm völlige Freiheit; */patron/* jd lässt jdm freie Hand; **à ~ abattue** mit verhängtem Zügel; *fig* (*à toute*

allure) ganz schnell, mit Karacho *fam;* **qn tient la ~ haute à qn/un animal** jd hält jdn/ein Tier kurz, jd hält jdm/einem Tier die Zügel kurz; **qn court à toutes ~s** jd rast; **qn lâche la ~ [à qn/qc]** jd lässt [jdm/einer S.] die Zügel schießen, jd lässt die Zügel schleifen; ***il a lâché la ~ à son imagination*** er ließ seiner Fantasie freien Lauf; **qn serre la ~ [à qn]** jd zieht [bei jdm] die Zügel straffer an, jd zügelt jdn; **qn tient qn/qc en ~** jd hält jdn/etw im Zaum, jd zügelt etw; ***ils tiennent leurs enfants en ~*** sie führen ihre Kinder mit fester Hand; **qn tourne ~** jd macht kehrt [*o* eine Kehrtwendung]

bridé, e [bʀide] *adj: **des yeux ~s*** Schlitzaugen *pl*

brider <1> [bʀide] *vt* **1.** (*mettre la bride*) ■ **qn bride un animal** jd zäumt ein Tier [auf]
2. (*serrer*) ■ **qc bride qn** etw engt jdn ein, etw beengt jdn
3. (*réprimer*) ■ **qn/qc bride qn/qc** jd/etw zügelt etw; ***elle a souvent bridé l'enthousiasme de son fils*** sie hat ihren Sohn oft in seiner Begeisterung gebremst; ***ils brident leur fils*** sie halten ihren Sohn kurz
4. TECH ■ **qn bride qc** jd flanscht etw an
5. GASTR ■ **qn bride qc** jd bridiert [*o* dressiert] etw

bridge [bʀidʒ] *m* **1.** (*jeu de cartes*) Bridge *nt; **jouer au ~*** Bridge spielen; ***ils font un ~*** sie spielen eine Partie Bridge
2. (*prothèse dentaire*) Brücke *f*

bridgeur, -euse [bʀidʒœʀ, -ʒøz] *m, f* Bridgespieler(in) *m(f)*

brie [bʀi] *m* Brie[käse *m*] *m*

briefer <1> [bʀife] *vt* ■ **qn briefe qn** jd instruiert jdn

briefing [bʀifiŋ] *m* Instruktion *f,* Information *f; **qn fait un ~ à qn*** jd instruiert jdn

brièvement [bʀijɛvmɑ̃] *adv* (*de manière succincte*) kurz und bündig; (*pour peu de temps*) kurz, für einen Augenblick; ***le plus ~ possible*** möglichst kurz [*o* knapp]

brièveté [bʀijɛvte] *f* Kürze *f;* (*courte durée a.*) kurze Dauer

brigade [bʀigad] *f* **1.** (*unité militaire*) [*infanterie, cavalerie*] Brigade *f;* [*gendarmerie*] ≈ Brigade (*kleinste Einheit, 4 - 10 Mann, der Gendarmerie nationale*)
2. (*équipe*) ■ **~ de** -kolonne *f,* -trupp *m; **la ~ des balayeurs*** die Kolonne der Straßenkehrer; ***la ~ du matin*** die Frühschicht; ***toute une ~ de supporters*** ein ganzer Trupp Schlachtenbummler
▸ **~ antidrogue** Abteilung *f* für Drogenbekämpfung; **~ antiémeute** Abteilung *f* zur Bekämpfung von Krawallen; **~ antigang** Dezernat *nt* gegen Bandenkriminalität; **~ blindée** Panzerbrigade *f;* **~ criminelle** Kriminalpolizei *f;* **~s internationales** HIST Internationale Brigaden *pl;* **~ mondaine** Sittendezernat *nt;* **les ~s rouges** POL die Roten Brigaden; **~ volante** mobiles Einsatzkommando
◆ **brigade des mineurs** Abteilung *f* für Jugendschutz; **brigade des mœurs** Sittendezernat *nt;* **brigade des recherches** Fahndungsdezernat *nt;* **brigade des stupéfiants** Rauschgiftdezernat *nt*

brigadier [bʀigadje] *m* [*gendarmerie*] Brigadeführer *m;* [*balayeurs, cantonniers etc*] Kolonnenführer *m,* Truppführer *m;* [*artillerie, cavalerie*] Gefreite(r) *m*

brigadier-chef <~s-~s> [bʀigadjeʃɛf] *m* Obergefreite(r) *f(m)*

brigand [bʀigɑ̃] *m* **1.** *vieilli* [Straßen]räuber *m*
2. *péj* Halsabschneider *m,* Betrüger *m; **c'est un vrai ~*** er ist ein ausgemachter Schurke; ***mon ~ de fils*** *iron* mein Schlingel von Sohn
▸ **petit ~** *iron* [du] kleiner Schlingel

briguer <1> [bʀige] *vt* **1.** (*solliciter*) ■ **qn brigue qc** *un emploi, une place* jd bemüht sich um etw
2. *littér* (*s'efforcer de conquérir*) ■ **qn brigue qc** *honneur, amitié* jd bemüht sich um etw; *faveur, amitié* jd buhlt um etw *geh; suffrages, main* jd wirbt um etw

brillamment [bʀijamɑ̃] *adv* hell; (*avec brio*) brillant [brɪl'jant], glänzend; ***la pièce était ~ illuminée*** der Raum war strahlend hell erleuchtet

brillant, e [bʀijɑ̃, jɑ̃t] **I.** *adj* **1.** (*étincelant*) *meubles, yeux* glänzend; *couleurs* leuchtend; *plan d'eau* glitzernd; ***des yeux ~s de fièvre*** fieberglänzende Augen
2. (*qui a de l'allure*) glänzend; *discours, candidat, élève a.* brillant [brɪl'jant]; *cérémonie, représentation* glanzvoll; *victoire* strahlend
▸ **qc n'est pas ~!** etw ist nicht gerade glänzend [*o* überragend]!
II. *m* **1.** (*diamant*) Brillant [brɪl'jant] *m; **une pierre précieuse montée/taillée en ~*** ein Edelstein mit Brillantfassung/-schliff
2. (*aspect brillant*) [*objet*] Glanz *m;* [*propos, langage*] Brillanz [brɪl'jants] *f*
▸ **qn a du ~** jd ist brillant, jd brilliert [brɪl'ji:ɐt]; **qc a du ~** etw sticht ins Auge; **qn donne du ~ à qc** *style* jd poliert etw

brillantine [bʀijɑ̃tin] *f* Brillantine [brɪljan'ti:nə] *f*

briller <1> [bʀije] *vi* **1.** ■ **qc brille** /*soleil, feu, flammes*/ etw scheint; /*diamant, étoile*/ etw funkelt; /*éclair*/ etw leuchtet; /*yeux, visage*/ etw leuchtet, etw strahlt; /*chaussures, cheveux*/ etw glänzt; ■ **qc brille de qc** *de plaisir, joie* etw leuchtet vor etw (*dat*); *de convoitise* etw glitzert vor etw (*dat*); ■ **qn/qc fait ~ qc** jd/etw bringt etw zum Glänzen; *casserole, argenterie, parquet* jd poliert etw auf Hochglanz
2. (*se mettre en valeur*) ■ **qn brille [par qc]** jd glänzt [durch etw], jd brilliert mit etw [brɪl'ji:ɐt]; ***à toute occasion, il cherche à ~*** bei jeder Gelegenheit versucht er zu glänzen
3. (*vanter*) ■ **qn fait ~ qc à qn** jd malt jdm etw in den leuchtendsten Farben aus
▸ **qn ne brille pas par qc** jd glänzt nicht gerade durch etw, jd zeichnet sich nicht gerade durch etw aus

brimade [bʀimad] *f* Schikane *f; **qn fait subir** [**o inflige**] **une ~ à qn*** jd schikaniert jdn

brimer <1> [bʀime] *vt* ■ **qn brime qn** (*faire subir des vexations*) jd schikaniert jdn; (*désavantager*) jd benachteiligt jdn, jd setzt jdn zurück

brin [bʀɛ̃] **I.** *m* **1.** (*mince tige*) Stängel *m;* [*herbe, blé, paille*] Halm *m; **elle mâchonne un ~ d'herbe*** sie kaut auf einem Grashalm
2. (*filament*) [*chanvre, lin*] Faser *f;* [*laine*] [kurzer] Faden
3. (*petite quantité*) ■ **un ~ de qc** ein [klein] wenig etw; ***avec un ~ de chance*** mit etwas [*o* ein wenig] Glück
▸ **qn fait un ~ de causette** *fam* jd hält ein kleines Schwätzchen *fam;* **qn fait un ~ de cour à qn** jd macht jdm ein bisschen den Hof; **un beau ~ de fille** ein hübsches Ding; **qn n'a pas un ~ de bon sens** jd hat kein bisschen [*o* keinen Funken *fam*] Verstand; **qn fait un ~ de toilette** jd macht sich schnell frisch
II. *loc* ■ **un ~** ganz schön *fam*
◆ **brin de muguet**: ***un ~ de muguet*** ein Maiglöckchen *nt;* (*bouquet*) ein Maiglöckchensträußchen *nt*

brindille [bʀɛ̃dij] *f* Reis *nt geh; **un feu de ~s*** ein Reisigfeuer *nt*

bringue [bʀɛ̃g] *f* ▸ **grande ~** *fam* Bohnenstange *f fam,* Hopfenstange *f fam;* **qn fait la ~** *fam,* **qn fait une de ces ~s** [*o* **une ~ à tout casser**] *fam* (*en ville*) jd macht eine Zechtour *fam,* jd macht ordentlich einen drauf *fam;* (*chez soi*) jd feiert ordentlich *fam,* jd feiert, dass die Wände wackeln

bringuebaler, brinquebaler <1> [bʀɛ̃g(ə)bale] **I.** *vi fam* ■ **qc bringuebale** [*o* **bringuebale**] etw wankt [*o* schwankt] [hin und her]; ***sa bagnole est toute brinquebalante*** seine/ihre Kiste ist ganz klapprig *fam*
II. *vt fam* ■ **qn est bringuebalé(e)** [*o* **brinquebalé(e)**] **de qn/qc** jd wird von jdm/etw zu jdm/etw hin- und hergeschoben

brio [bʀijo] *m* ▸ **qn fait qc avec ~** jd tut etw brillant [brɪl'jant]

brioche [bʀijɔʃ] *f* Brioche *f* (*rundes Hefegebäck*)
▸ **qn a/prend de la ~** *iron* jd hat/bekommt ein Bäuchlein [*o* einen Bauch] *fam*

brioché, e [bʀijɔʃe] *adj pâte, pain* Hefe-

brique [bʀik] **I.** *f* **1.** (*matériau*) Ziegel[stein *m*] *m,* Backstein *m; **des ~s creuses/pleines*** Hohl-/Vollziegel *pl; **maison de*** [*o **en***] **~** Backsteinhaus *nt*
2. (*matière ayant cette forme*): ***une ~ de savon/tourbe*** ein Stück Seife/ein Torfbrikett *nt*
3. (*emballage*) Tetra Pak® *m*
4. *fam* (*francs*) 10.000 Franc
▸ **qn bouffe des ~s** *fam* bei jdm ist der Kühlschrank leer [*o* gibt's nichts zu futtern] *fam;* **qc/ça [ne] casse pas des [o les] ~s** *fam* etw/das ist nicht besonders [*o* nicht gerade ein Hit] *fam;* **qn fait qc pour des ~s** *fam* jd tut etw für nichts und wieder nichts [*o* ganz umsonst] *fam*
II. *app inv* (*couleur*) [ziegel]rot

briquer <1> [bʀike] *vt* ■ **qn brique qc** jd poliert etw [auf Hochglanz]; *pont d'un navire* jd schrubbt etw

briquet [bʀikɛ] *m* Feuerzeug *nt; **un ~ à gaz/essence*** ein Gas-/Benzinfeuerzeug; ***un ~ de poche/de bureau*** ein Taschen-/Tischfeuerzeug; ***~ jetable*** Einwegfeuerzeug

briqueterie [bʀik(ə)tʀi, bʀikɛtʀi] *f* Ziegelei *f,* Ziegelbrennerei *f*

briquette [bʀikɛt] *f* Brikett *nt*

bris [bʀi] *m* Bruch *m; **assurance contre le ~ de glaces*** Glasbruchversicherung *f;* ***~ de clôture*** JUR mutwillige Beschädigung [*o* Zerstörung] einer Einfriedung [*o* Umzäunung]; ***~ de scellés*** Siegelbruch

brisant [bʀizɑ̃] *m* **1.** (*rocher*) [Felsen]klippe *f*
2. (*écume*) Gischt *m o f*

briscard [bʀiskaʀ] *m* ▸ **vieux ~** *fam* alter Fuchs

brise [bʀiz] *f* Brise *f,* Lüftchen *nt;* ***~ de mer*** [*o **du large***]/***de terre*** [leichter] See-/Landwind; ***la ~ se lève*** eine Brise kommt auf

brisées [bʀize] *fpl* ▸ **qn va** [*o* **marche**] **sur les ~ de qn** jd kommt [*o* gerät] jdm ins Gehege [*o* in die Quere]

brise-glace [bʀizglas] *m inv* Eisbrecher *m* **brise-jet** [bʀizʒɛ] *m inv* Wasserstrahlregler *m* **brise-lames** [bʀizlam] *m inv* Wellenbrecher *m* **brise-mottes** [bʀizmɔt] *m inv* Schollenbrecher *m*

briser <1> [bʀize] **I.** *vt* **1.** (*casser*) ■ **qn/qc brise qc** (*par mégarde*) *verre* jd/etw zerbricht etw; *collier* jd macht etw kaputt, jd zerreißt etw; *chaîne* jdm reißt etw, jd macht etw kaputt; (*intentionnellement*) *vitre* jd schlägt etw ein; *sceau* jd bricht etw; ***le vase est brisé en mille morceaux*** die Vase ist in tausend Stücke zersprungen
2. (*anéantir*) ■ **qn brise qn** jd macht jdn fertig *fam,* jd bricht jdn; ■ **qc brise qn**: ***le chagrin l'a brisée*** sie ist an ihrem Kummer zerbrochen; ■ **qn/qc brise qc** *amitié, espoir, illusion* jd/etw zerstört etw; *solitude* jd/etw durchbricht etw; *forces, volonté, silence* jd/etw bricht etw; ■ **qn/qc brise qc à qn** *cœur* jd/etw bricht jdm etw; ***d'une voix brisée*** [***par l'émotion/le chagrin/la peur***] mit [vor Erschütterung/Kummer/Angst] gebrochener Stimme; ■ **qn est brisé(e) de qc**: ***qn est brisé(e) de fatigue*** jd ist wie gerädert *fam,* jd ist ganz zerschlagen; ***qn est brisé(e) de chagrin*** jd ist von Gram gebeugt
3. (*mettre fin à*) ■ **qn brise qc** *grève, révolte, blocus* jd bricht etw
II. *vpr* ■ **qc se brise** /*verre, vitre*/ etw zerbricht; /*cœur*/ etw bricht; ***mon cœur se brise*** mir bricht das Herz; ■ **qc se brise [contre/sur qn/qc]** /*résistance, assauts, espoir*/ etw scheitert [an jdm/etw]; /*mer*/ etw brandet [gegen/an etw (*akk*)]; /*vagues*/ etw bricht sich [an etw (*dat*)]

brise-tout [bʀiztu] *m inv* Tollpatsch *m*

briseur, -euse [bʀizœʀ, -øz] *m, f: **un ~ de grève*** ein Streikbrecher *m; **méfie-toi d'elle, c'est une ~euse de ménage*** nimm dich vor ihr in Acht, sie macht alle Ehen kaputt

bristol [bʀistɔl] **I.** *m* **1.** (*carton*) weißer Zeichenkarton, Bristolkarton *m,* Bristolpapier *nt*
2. (*carte de visite*) [Visiten]karte *f*
II. *app inv: **du carton ~*** Bristolkarton *m*

britannique [bʀitanik] **I.** *adj* britisch; ***les îles ~s*** die Britischen Inseln
II. *mf* ■ **Britannique** Brite/Britin *m/f*

broc [bʀo] *m* Krug *m,* Kanne *f; **un ~ d'eau/de vin*** (*récipient*) ein Wasser-/Weinkrug; (*contenu*) ein Krug [voll] Wasser/Wein; ***il lui a fallu trois ~s***

d'eau er hat drei Kannen [*o* Krüge] Wasser gebraucht
brocante [bʀɔkɑ̃t] *f* **1.** (*boutique*) Trödelladen *m;* (*foire*) Trödelmarkt *m;* ***je l'ai acheté à la ~*** ich habe es auf dem Trödelmarkt gekauft
2. (*objets hétéroclites*) Trödelwaren *pl,* Trödel *m*
brocanteur, -euse [bʀɔkɑ̃tœʀ, -øz] *m, f* Trödler(in) *m(f)*
brocarder <1> [bʀɔkaʀde] *vt* ■ **qn brocarde qn** jd spöttelt über jdn
broche [bʀɔʃ] *f* **1.** (*bijou*) Brosche *f,* Anstecknadel *f*
2. GASTR [Brat]spieß *m;* ***faire cuire un mouton à la ~*** einen Hammel am Spieß braten
3. MED Stift *m,* Nagel *m*
brocher <1> [bʀɔʃe] *vt* ■ **qn broche qc** *livre* jd broschiert etw, jd heftet etw; *tissu* jd durchwirkt etw; ***édition brochée*** broschierte Ausgabe; ***livre broché*** Broschur *f,* broschiertes Buch; ***de la soie brochée*** [Seiden]lamé *m*
brochet [bʀɔʃɛ] *m* Hecht *m;* ~ ***au bleu*** Hecht blau
brochette [bʀɔʃɛt] *f* **1.** GASTR Spieß *m;* ***il y a des ~s de bœuf/d'agneau*** es gibt Rindfleisch-/Lammspieße
2. *iron* (*groupe de personnes*) [ganzer] Schwung; ***une belle ~ de personnalités*** ein ganzer Schwung Honoratioren
3. (*petite broche*): ~ ***de décorations*** Ordensspange *f*
brochure [bʀɔʃyʀ] *f* Broschüre *f;* ~ ***de propagande*** Propagandaschrift *f;* ~ ***publicitaire*** Werbebroschüre
brocoli [bʀɔkɔli] *m* Brokkoli *m*
brodequin [bʀɔd(ə)kɛ̃] *m* Bergschuh *m;* ~***s militaires*** Knobelbecher *pl fam*
broder <1> [bʀɔde] **I.** *vt* ■ **qn brode qc** *étoffe, nappe, napperon* jd bestickt etw; *motif, fleurs, fruits* jd stickt etw; ***du linge brodé*** bestickte Wäsche; ***qn fait ~ ses initiales sur qc*** jd lässt sein Monogramm auf etw (*akk*) sticken
II. *vi* **1.** COUT ■ **qn brode** jd stickt
2. (*affabuler*) ■ **qn brode** jd fabuliert; ■ **qn brode sur qc** jd schmückt etw aus; ***il a brodé sur son voyage*** er hat bei seinem Reisebericht etliches dazugedichtet, er hat seinen Reisebericht großzügig ausgeschmückt
broderie [bʀɔdʀi] *f* **1.** (*art*) Stickerei *f,* Sticken *nt;* ***qn fait de la ~*** jd stickt; ***des ~s perlées*** Perlenstickereien *pl;* ~ ***mécanique/au crochet*** Maschinen-/Kettelstichstickerei
2. (*pièce brodée*) Stickerei *f,* Stickarbeit *f*
brodeur, -euse [bʀɔdœʀ, -øz] **I.** *m, f* (*personne*) Sticker(in) *m(f)*
II. *f* (*machine*) ■ **brodeuse** Stickmaschine *f*
brome [bʀom] *m* CHIM Brom *nt*
bromure [bʀɔmyʀ] *m* Bromid *nt;* ~ ***d'argent*** Bromsilber *nt*
bronche [bʀɔ̃ʃ] *f souvent pl* Bronchie *f;* ***les ~s*** die Bronchien; ***il a les ~s fragiles*** er ist schwach auf der Brust *fam*
broncher <1> [bʀɔ̃ʃe] *vi* ■ **qn bronche** jd muckt auf; ***personne n'ose ~*** niemand wagt es aufzumucken
bronchite [bʀɔ̃ʃit] *f* Bronchitis *f,* Bronchialkatarrh *m*
bronchitique [bʀɔ̃ʃitik] *adj:* ***qn est ~*** jd leidet an chronischer Bronchitis, jd ist Bronchitiker(in) *m(f)*
broncho-pneumonie <~-~s> [bʀɔ̃kopnømɔni] *f* Bronchopneumonie *f*
bronchoscopie [bʀɔ̃kɔskɔpi] *f* Bronchoskopie *f*
bronzage [bʀɔ̃zaʒ] *m* [Sonnen]bräune *f;* ***cette crème permet un ~ rapide*** diese Creme ermöglicht schnelles Bräunen [*o* schnelle Bräunung]
bronze [bʀɔ̃z] *m* (*métal, objet*) Bronze ['brõ:sə, 'brɔŋsə] *f;* ■ **de** [*o* **en**] ~ Bronze-, bronzen
bronzé, e [bʀɔ̃ze] *adj* [sonnen]gebräunt, braun [gebrannt]
bronzer <1> [bʀɔ̃ze] **I.** *vt* **1.** (*hâler*) ■ **qc bronze qn/qc** etw bräunt jdn/etw
2. ART, TECH ■ **qn/qc bronze qc** jd/etw bronziert etw
II. *vi, vpr* ■ **qn [se] bronze** jd wird braun
bronzette [bʀɔ̃zɛt] *f* ▶ **qn fait de la ~** *fam* jd sonnt sich
brossage [bʀɔsaʒ] *m* [*cheveux, ongles*] Bürsten *nt;* [*meuble, vêtement*] (Ab)bürsten; ***le ~ des dents*** das Zähneputzen
brosse [bʀɔs] *f* **1.** (*ustensile*) Bürste *f;* [*aspirateur a.*] Bürstendüse *f;* ***une ~ de*** [*o* ***en***] ***chiendent*** eine Wurzelbürste; ~ ***soufflante*** Curler ['kø:ɐlɐ] *m;* ■ ~ **à** -bürste; ~ ***à habits*** Kleiderbürste
2. (*pinceau*) Bürste *f,* Quast *m*
3. (*coupe de cheveux*) Bürsten[haar]schnitt *m*
▶ **qn donne un coup de ~ à qc** jd bürstet etw kurz [ab]; **qn se donne un coup de ~** jd bürstet sich kurz; ~ **métallique** Drahtbürste *f,* Stahlbürste *f;* **qn manie** [*o* **passe**] **la ~ à reluire à qn** jd geht jdm um den Bart; **qn passe qc à la ~** jd bürstet etw ab
◆ **brosse à cheveux** Haarbürste *f;* **brosse à dents** Zahnbürste *f;* **brosse à ongles** Nagelbürste *f,* Handbürste *f*
brosser <1> [bʀɔse] **I.** *vt* **1.** (*épousseter*) ■ **qn brosse qn/qc** jd bürstet jdn/etw ab
2. (*esquisser*) ■ **qn brosse qc** *situation* jd schildert etw; *portrait* jd zeichnet etw; ***qn brosse le tableau/un tableau inquiétant de qc*** jd schildert etw/etw als beunruhigend
3. ART ■ **qn brosse qc** jd malt etw
4. SPORT (*donner de l'effet*) ■ **qn brosse qc** jd gibt einer S. (*dat*) einen Drall, jd schneidet etw an
II. *vpr* ■ **qn se brosse** jd bürstet sich ab; ■ **qn se brosse qc** jd bürstet sich (*dat*) etw; ***qn se brosse les dents*** jd putzt sich (*dat*) die Zähne
▶ **qn peut se ~** *pop:* ***tu peux te ~!*** das kannst du vergessen! *fam,* das kannst du dir abschminken! *fam,* da kannst du lange drauf warten! *fam*
brou [bʀu] *m* [*noix, amande*] grüne Außenschale
◆ **brou de noix** Nussschalenbeize *f*
brouet [bʀuɛ] *m* Schleimsuppe *f*
brouette [bʀuɛt] *f* Schubkarre *f,* Schubkarren *m*
brouettée [bʀuete] *f* Schubkarrenladung *f;* ***une ~ de sable*** eine [Schub]karre voll Sand, eine Schubkarrenladung Sand
brouetter <1> [bʀuete] *vt* ■ **qn brouette qc** jd karrt etw, jd befördert etw mit einem Schubkarren [*o* einer Schubkarre]
brouhaha [bʀuaa] *m* Lärm *m,* Stimmengewirr *nt;* ***un immense ~*** ein gewaltiges Getöse; ***le ~ des voix/des conversations*** das [laute] Stimmengewirr
brouillage [bʀujaʒ] *m* Störung *f*
▶ ~ **sonore/visuel** Ton-/Bildstörung *f*
brouillard [bʀujaʀ] *m* (*épais*) Nebel *m;* (*léger*) Dunst *m;* ***épais ~ sur les routes*** dichter Nebel auf den Straßen; ***il y a du ~*** es ist neb[e]lig [*o* Nebel]; ***il y a beaucoup de ~ ce matin*** heute Morgen ist es sehr neb[e]lig [*o* ist sehr starker Nebel]; ***des nappes de ~*** Nebelfelder *pl*
▶ **un ~ à couper au couteau** sehr dichter Nebel, eine [echte] Waschküche *fam,* eine [furchtbare] Suppe *fam;* **qn a un ~ devant les yeux** jd hat einen Schleier vor den Augen; ~ **givrant** Eisnebel *m;* **qn est dans le ~** jd tappt im Dunkeln; **qn fonce dans le ~** jd stürzt sich ins Ungewisse
brouille [bʀuj] *f* Streit *m,* Zerwürfnis *nt;* ***légère*** [*o* ***petite***] ~ kleine Meinungsverschiedenheit; ***une petite ~ familiale*** ein kleiner Familienzwist; ***les ~s entre voisins sont fréquentes*** unter Nachbarn kommt es oft zu Streitigkeiten
brouillé, e [bʀuje] *adj* **1.** (*fâché*) ■ **qn est ~ avec qn** jd ist [*o* hat sich] mit jdm zerstritten [*o* entzweit]
2. (*nul*) ■ **qn est ~ avec qc** *avec les chiffres, la grammaire, l'orthographe* jd steht mit etw auf Kriegsfuß
3. (*atteint*) ■ **qn a qc ~:** ***il a le teint ~*** er sieht mitgenommen aus; ***qn a les idées ~es*** jd kann nicht klar denken
brouiller <1> [bʀuje] **I.** *vt* **1.** (*rendre trouble*) ■ **qc brouille qc à qn:** ***cet incident lui a brouillé les idées*** dieser Vorfall hat ihn verwirrt [*o* durcheinander gebracht]; ***la buée sur ses lunettes lui brouillait la vue*** wegen seiner beschlagenen Brille sah er alles [nur] undeutlich [*o* verschwommen]
2. (*mettre en désordre*) ■ **qn brouille qc** *dossiers, papiers* jd bringt etw in Unordnung [*o* durcheinander]
3. (*mêler intentionnellement*) ■ **qn brouille qc** *cartes* jd mischt etw; *combinaison d'un coffre* jd verstellt etw; ***qn brouille les pistes*** jd verwischt die Spuren
4. (*rendre inintelligible*) ■ **qn/qc brouille qc** *émissions* jd/etw stört etw
5. (*fâcher*) ■ **qn/qc brouille deux personnes/brouille qn avec qn** jd/etw entzweit zwei Menschen/entzweit jdn mit jdm [*o* jdn und jdn]; ***ses intrigues m'ont brouillé avec mes amis*** seine/ihre Intrigen haben mich und meine Freunde [*o* mich mit meinen Freunden] entzweit
II. *vpr* **1.** (*se fâcher*) ■ **qn se brouille avec qn** jd zerstreitet sich mit jdm; ■ **des personnes se brouillent** Menschen zerstreiten [*o* entzweien] sich
2. (*se troubler*) ■ **qc se brouille:** ***ma vue se brouilla*** plötzlich verschwamm mir alles vor den Augen; ***mes idées se brouillent aujourd'hui*** heute kann ich nicht klar denken
3. (*se couvrir*) ■ **qc se brouille** /*ciel*/ etw bedeckt sich, etw bezieht sich
brouillon, ne [bʀujɔ̃, jɔn] **I.** *adj* **1.** *élève* schlampig *fam*
2. (*peu clair*) wirr; ***il a l'esprit ~*** er ist ein Wirrkopf
II. *m* [erster] Entwurf, Skizze *f;* ***elle ne fait jamais de ~*** sie macht sich (*dat*) nie ein Konzept, sie schreibt nie Konzept; ***papier*** [***de***] ~ Konzeptpapier *nt,* Schmierpapier *nt fam*
broussaille [bʀusɑj] *f* [Dornen]gestrüpp *nt,* Dickicht *nt*
▶ **en ~** *cheveux, barbe* strubbelig; *sourcils a.* buschig; ***il a les cheveux en ~*** seine Haare sind [*o* sein Haar ist] strubbelig [*o* zerzaust]
broussailleux, -euse [bʀusɑjø, -jøz] *adj* **1.** (*couvert de broussaille*) voller Gestrüpp; ***ce jardin ~*** dieser verwahrloste Garten; ***sous-bois ~*** dichtes Unterholz
2. *cheveux, barbe* strubbelig, struppig; *sourcils a.* buschig
brousse [bʀus] *f* **1.** (*contrée tropicale*) Busch *m*
2. *fam* (*région isolée*) Prärie *f,* Pampa *f sl;* ***il passe toutes ses vacances dans la ~*** er verbringt seine ganzen Ferien irgendwo in der Prärie *fam;* ***elle habite en pleine ~*** sie wohnt ganz weit draußen
brouter <1> [bʀute] **I.** *vt* ■ **un animal broute qc** ein Tier weidet etw ab; /*cervidés*/ ein Tier äst etw ab
II. *vi* ■ **un animal broute** ein Tier weidet [*o* grast]; ein Tier äst
broutille [bʀutij] *f* **1.** (*chose insignifiante*) Lappalie *f,* Belanglosigkeit *f;* ***ce n'est qu'une ~!*** das ist doch ganz nebensächlich [*o* belanglos]!
2. (*marchandise*) Schund *m fam,* Schrott *m fam*
broyer <6> [bʀwaje] *vt* **1.** (*écraser*) ■ **qn/qc broie qc** *aliments* jd/etw zerkleinert etw; *tiges textiles* jd/etw bricht etw; *matières colorantes* jd/etw zerstößt etw; ***ne broie pas ton bonbon!*** zerbeiß dein Bonbon nicht!; ***le blé est broyé entre les meules*** der Weizen wird zwischen den Steinen zermahlen
2. (*détruire*) ■ **qc broie qc** *voiture* etw zerdrückt etw völlig; *main* etw zerquetscht etw
3. (*anéantir*) ■ **qn est broyé(e) de qc:** ***qn est broyé(e) de douleur*** jd ist/wird von Schmerz übermannt; ***il est broyé de fatigue*** er ist gerädert [*o* ganz zerschlagen]; ***il a été broyé par la machine judiciaire*** die Mühlen der Justiz haben ihn zermalmt
broyeur, -euse [bʀwajœʀ, -jøz] **I.** *adj insecte, mandibules* beißend-kauend
II. *m, f* (*ouvrier*): ~ ***de lin/de minerai*** Flachs-/Steinbrecher(in) *m(f)*
III. *m* (*machine*) Zerkleinerungsmaschine *f*
brrr [bʀʀ] *interj* brr, hu[ch]
bru [bʀy] *f* Schwiegertochter *f*
Bruges [bʀyʒ] Brügge *nt*
brugnon [bʀyɲɔ̃] *m* Nektarine *f*
bruine [bʀɥin] *f* Nieselregen *m,* Sprühregen *m*
bruiner <1> [bʀɥine] *vi impers* ■ **il bruine** es nieselt

bruire <*irr, déf*> [bʀɥiʀ] *vi* ■ **qc bruit** */vent, feuilles/* etw säuselt; */ruisseau/* etw murmelt [*o* plätschert leise]; */insectes/* etw summt; */papier, tissu/* etw raschelt

bruissement [bʀɥismɑ̃] *m* [*feuilles, vent*] Säuseln *nt;* [*ruisseau*] [leises] Plätschern; [*tissu, papier*] Rascheln *nt;* [*insectes*] Summen *nt*

bruit [bʀɥi] *m* **1.** (*son*) Geräusch *nt;* [*vaisselle*] Geklapper *nt;* [*ferraille*] Geschepper *nt;* ***j'entends du*** ~ ich höre etwas; ***j'entends un*** ~ ***de pas/ des*** ~***s de voix*** ich höre Schritte/Stimmen; ***un*** ~ ***sourd/ suspect*** ein dumpfes/ verdächtiges Geräusch
2. (*vacarme*) Lärm *m,* Krach *m;* ***il y a trop de*** ~ ***ici*** hier ist es zu laut, hier ist zuviel Krach [*o* Lärm]; ***ne faites pas autant de*** ~! macht nicht so viel Krach [*o* Lärm]!, lärmt nicht so!
3. (*intensité sonore*) Lautstärke *f*
4. (*rumeur*) Gerücht *nt*
▶ **qn/un animal fait plus de** ~ **que de** **mal** Hunde, die bellen, beißen nicht; **faux** ~ Falschmeldung *f;* ***qn répand/ émet des faux*** ~***s*** jd verbreitet Gerüchte/setzt Gerüchte in Umlauf; **qn/qc fait grand** ~ jd/etw erregt viel Aufsehen, jd/etw wirbelt viel Staub auf, jd macht viel von sich reden; **qn/qc fait grand** ~ **autour de qc** jd/etw macht viel Aufhebens [*o* Wesens] um etw; **qn fait courir le** ~ **que** jd setzt das Gerücht in Umlauf [*o* jd verbreitet das Gerücht], dass; **le** ~ **court que** es geht das Gerücht [*o* man munkelt] [*o* man erzählt sich], dass; **c'est un** ~ **qui court** das erzählt man sich (*dat*) [zumindest]; **qn/qc fait du** ~ (*est bruyant*) jd/etw macht Lärm [*o* Krach]; (*suscite l'intérêt*) jd/etw erregt Aufsehen, jd/etw wirbelt Staub auf, jd macht von sich reden; **qn fait beaucoup de** ~**/ne fait pas de** ~ **autour de qc** jd macht viel Aufheben[s]/kein Aufheben [*o* viel Wesen[s]/kein Wesen] um etw; **qn fait beaucoup de** ~ **pour rien** jd macht viel Lärm um nichts; **ça va faire du** ~ **dans Landernau** *fam* das wird vielleicht Staub aufwirbeln
◆ **bruit de couloir** Gerücht *nt;* **bruit de fond** Geräusch *nt* im Hintergrund

bruitage [bʀɥitaʒ] *m* Geräuschkulisse *f,* Toneffekte *pl;* ***le*** ~ ***des films*** die akustische Untermalung der Filme

bruiteur, -euse [bʀɥitœʀ, -øz] *m, f* Geräuschtechniker(in) *m(f)*

brûlant, e [bʀylɑ̃, ɑ̃t] *adj* **1.** (*très chaud*) glühend heiß; *plat, liquide* kochend heiß; *soleil a.* stechend
2. (*passionné*) leidenschaftlich; *regard a.* glühend
3. *sujet, question* heiß
▶ **qn/qc est** ~ **[de fièvre]** jd/etw glüht [vor Fieber]; ***ses mains sont*** ~***es de fièvre*** er/sie hat fieberheiße Hände

brûlé, e [bʀyle] **I.** *adj* verbrannt; (*par le soleil a.*) ausgedörrt; (*attaché*) angebrannt
II. *m* Verbrannte(s) *nt;* GASTR Angebrannte(s) *nt;* ***qc a un goût de*** ~ etw schmeckt angebrannt
▶ **grand** ~ Verbrannte(r) *f(m),* Verletzte(r) *f(m)* mit lebensgefährlichen [*o* schweren] Verbrennungen; **qc sent le** ~ etw riecht verbrannt/angebrannt; (*devient dangereux*) etw wird brenzlig *fam*

brûle-gueule [bʀylgœl] *m inv* Stummelpfeife *f* **brûle-parfum** [bʀylpaʀfœ̃] *m inv* Räuchergefäß *nt,* Räucherpfanne *f* **brûle-pourpoint** [bʀylpuʀpwɛ̃] *loc* ▶ **à** ~ ohne Umschweife; *demander a.* rundheraus

brûler <1> [bʀyle] **I.** *vi* **1.** (*se consumer*) ■ **qc brûle** etw brennt; ■ **qc a brûlé** */bougie, feu/* etw ist niedergebrannt; */forêt, maison/* etw ist abgebrannt
2. (*attacher*) ■ **qc brûle** etw brennt an; ■ **qn laisse** ~ **qc** jd lässt etw anbrennen
3. (*être brûlant*) ■ **qc brûle** */figure, front/* etw ist heiß; ***attention, ça brûle!*** Vorsicht, das ist heiß!
4. (*être irrité*) ■ **qc brûle** */bouche, yeux, gorge/* etw brennt; ***l'estomac lui brûle*** er/sie hat Sodbrennen
5. *fig* (*être dévoré*) ■ **qn brûle de qc** *d'amour, impatience, de désir* jd brennt vor etw (*dat*); ■ **qn brûle [d'envie] de faire qc** jd brennt darauf, etw zu tun; jd möchte etw brennend gern tun
6. (*être proche du but*) ■ **qn brûle**: ***recule un peu, tu brûles!*** ein bisschen zurück, [ganz] heiß!; ***ce n'est pas tout à fait la bonne réponse, mais tu brûles*** die Antwort ist nicht ganz richtig, aber du bist ganz nah dran
II. *vt* **1.** (*détruire par le feu*) ■ **qn brûle qc** jd verbrennt etw; *forêt, maison* jd brennt etw nieder; ■ **qn laisse/fait** ~ **qc** *papier* jd lässt etw verbrennen; *encens* jd lässt etw abbrennen
2. (*pour chauffer, éclairer*) ■ **qn brûle qc** *bois, charbon* jd verheizt etw, jd verfeuert etw; *allumette* jd brennt etw ab; ***qn brûle beaucoup d'électricité*** jd verbraucht viel Strom; ■ **qn laisse/fait** ~ **qc** *lumière* jd lässt etw an
3. (*endommager*) ■ **qc brûle qc** */bougie, cigarette, fer à repasser/* etw versengt etw, etw sengt etw an; */liquide bouillant/* etw verbrüht etw; */gel/* etw beschädigt etw; */acide/ métal, peau* etw greift etw an; */soleil/ plante, pelouse* etw verbrennt etw, etw versengt etw; *terre* etw brennt [*o* dörrt] etw aus, etw verbrennt etw, etw versengt etw; ***sa peau était brûlée par le soleil*** seine/ihre Haut war sonnenverbrannt
4. GASTR ■ **qn brûle qc** jd lässt etw anbrennen; ***elle a complètement brûlé le rôti*** sie hat den Braten verbrennen lassen
5. (*causer une* [*sensation de*] *brûlure*) ■ **qn brûle qn** jd verbrennt jdn; ■ **qc brûle qc à qn**: ***l'eau de vie lui brûle le gosier*** der Schnaps brennt ihm/ihr in der Kehle; ***la fumée lui brûle les yeux*** der Rauch beißt [*o* brennt] ihm/ihr in den Augen
6. (*ne pas respecter*) ■ **qn brûle qc** *stop, signal* jd überfährt etw; *arrêt, gare* jd hält nicht an etw (*dat*); *étape* jd überspringt etw; ***qn brûle le feu rouge*** jd fährt bei Rot über die Ampel
▶ **qn est brûlé(e) vif(vive)** (*dans un accident*) jd verbrennt bei lebendigem Leibe; (*par supplice*) jd wird bei lebendigem Leibe verbrannt
III. *vpr* ■ **qn se brûle** jd verbrennt sich; ■ **qn se brûle qc** jd verbrennt sich (*dat*) etw

brûlerie [bʀylʀi] *f* **1.** (*usine*) Kaffeerösterei *f,* Kaffeebrennerei *f*
2. (*boutique*) Kaffeegeschäft *nt,* Kaffeerösterei *f*

brûleur [bʀylœʀ] *m* Brenner *m*

brûlure [bʀylyʀ] *f* **1.** (*blessure*) Verbrennung *f;* (*plaie*) Brandwunde *f;* (*sensation*) Brennen *nt;* ***une sensation de*** ~ ein [schmerzhaftes] Brennen; ~ ***de cigarette*** Brandwunde von einer Zigarette
2. (*tache*) Brandfleck *m;* (*trou*) Brandloch *nt;* ~ ***de cigarette*** Brandfleck *m/* Brandloch *nt* von einer Zigarette
▶ **qn se fait une** ~ jd zieht sich (*dat*) eine Brandwunde zu
◆ **brûlure du premier/deuxième/troisième degré** Verbrennung *f* ersten/zweiten/dritten Grades; **brûlures d'estomac** Sodbrennen *nt*

brume [bʀym] *f* **1.** (*brouillard léger*) [leichter] Nebel, Dunst *m;* ***des nappes de*** ~ Nebelschwaden *pl;* ***une légère*** ~ ein [feiner] Dunstschleier; ***chargé de*** ~***s*** dunstig, diesig
2. (*brouillard de mer*) Nebel *m;* ***signal de*** ~ Nebelsignal *nt*
3. *fig pl:* ***les*** ~***s de l'alcool*** der Alkoholnebel [*o* Alkoholschleier]

brumeux, -euse [bʀymø, -øz] *adj* **1.** dunstig, diesig
2. *fig* (*flou*) unklar, verschwommen; ***Pierre est un esprit*** ~ Pierres Gedanken[gänge] sind unklar [*o* verworren]

brumisateur® [bʀymizatœʀ] *m* Zerstäuber *m*

brun, e [bʀœ̃, bʀyn] **I.** *adj* **1.** (*de couleur brune*) braun; *cheveux a., peau, tabac, bière* dunkel; ~ ***clair*** hellbraun; ***elle est*** ~***e*** sie ist dunkelhaarig [*o* brünett]; ***elle est*** ~***e de peau*** sie ist dunkelhäutig
2. (*bronzé*) braun [gebrannt]
▶ ~ **roux** rotbraun
II. *m* (*couleur*) Braun *nt*
III. *m, f* (*homme, femme*) Dunkelhaarige(r) *f(m);* (*femme a.*) Brünette *f*
IV. *f* **1.** (*cigarette*) ■ **brune** Zigarette *f* aus dunklem Tabak
2. (*bière*) Dunkle(s) *nt,* dunkles Bier

brunâtre [bʀynɑtʀ] *adj* bräunlich

brunch <[e]s> [bʀœnʃ] *m* Brunch [bran(t)ʃ] *m*

brunir <8> [bʀyniʀ] **I.** *vi* ■ **qn/qc brunit** */personne, caramel/* jd/etw wird braun; */peau a./* etw bräunt; */cheveux/* etw wird dunkler, etw dunkelt nach
II. *vt* (*rendre brun*) ■ **qn/qc brunit qn/qc** */soleil/* etw bräunt jdn/etw; *boiserie* jd beizt etw dunkel; ■ **qn est bruni(e)** jd ist braun [gebrannt]

Brunswick [bʀœ̃svik] Braunschweig *nt*

brushing [bʀœʃiŋ] *m* Föhnfrisur *f,* Föhnwelle *f;* ***une coupe et un*** ~ Schneiden und Föhnen

brusque [bʀysk] *adj* **1.** (*soudain*) plötzlich; *départ a.* überstürzt; *virage* scharf
2. (*sec*) *personne, caractère, ton* barsch, schroff; *manières* ungehobelt, grob; *geste* heftig, brüsk; ***d'un ton*** ~ barsch, schroff

brusquement [bʀyskəmɑ̃] *adv* plötzlich, unvermittelt

brusquer <1> [bʀyske] *vt* **1.** (*précipiter*) ■ **qn brusque qc** *affaire, décision, départ* jd überstürzt [*o* übereilt] etw; *dénouement* jd führt etw schneller [*o* eher] als vorgesehen herbei, jd beschleunigt etw; ***ne brusquons pas les choses*** wir wollen nichts überstürzen [*o* übereilen]
2. ■ **qn brusque qn** (*bousculer*) jd drängt jdn; (*parler durement*) jd fährt [*o* herrscht] jdn an

brusquerie [bʀyskəʀi] *f* Barschheit *f,* Schroffheit *f*
▶ **avec** ~ barsch, schroff

brut, e [bʀyt] **I.** *adj* **1.** *laine, minerai, or, soie* Roh-; *métal, pétrole, sucre a.* nicht raffiniert; *diamant a.* ungeschliffen; *toile* ungebleicht; *champagne* brut
2. *fait* nackt, rein; *idée* unausgereift
3. ECON Brutto-
II. *adv* brutto

brutal, e <-aux> [bʀytal, o] *adj* **1.** (*violent*) *personne, jeu* brutal, gewalttätig; *manières* ungeschliffen, rau; *instinct* tierisch; ***avec une force*** ~***e*** mit roher Gewalt
2. (*qui choque*) *langage* unverblümt, deutlich; *franchise, réalisme* brutal, schonungslos; *vérité* ungeschminkt, nackt; *réponse* unmissverständlich
3. (*soudain*) *choc* [sehr] schwer; *coup* [sehr] hart; *mort* plötzlich, unerwartet; *décision* [unerwartet] hart

brutalement [bʀytalmɑ̃] *adv* **1.** (*violemment*) brutal, grob
2. (*sans ménagement*) schonungslos
3. (*soudainement*) [ur]plötzlich

brutaliser <1> [bʀytalize] *vt* ■ **qn brutalise qn** jd behandelt jdn brutal

brutalité [bʀytalite] *f* **1.** ∅ (*violence*) [*personne*] Brutalität *f;* [*paroles, jeu*] Härte *f*
2. *pl* (*actes violents*): ***les*** ~***s policières*** das harte [*o* brutale] Vorgehen der Polizei; ***l'attaquant a été victime de*** ~***s de la part d'un défenseur*** der Stürmer wurde ganz brutal von einem Verteidiger angegriffen
3. ∅ (*soudaineté*) Plötzlichkeit *f*
▶ **avec** ~ brutal; **sans** ~ sanft; *dire la vérité* schonend

brute [bʀyt] *f* **1.** (*personne brutale*) brutaler Kerl, Rohling *m;* ***ce type est une vraie*** ~ dieser Kerl ist ganz schön brutal; ***sale*** ~! (*homme*) gemeiner Kerl!; (*femme*) gemeines Biest!
2. (*personne sans esprit*) Rüpel *m*
▶ **grosse** ~ *fam* (*maladroit*) Tollpatsch *m;* ***arrête de jouer les grosses*** ~***s*** hör auf, den starken Mann zu markieren [*o* spielen] *fam;* ~ **épaisse** *fam* Trottel *m fam,* Vollidiot *m sl;* **qn frappe [*o* tape] sur qn/qc comme une** ~ jd schlägt wie wild [*o* wie ein Wilder] auf jdn/etw ein; ***elle tapait comme une*** ~ ***sur le piano*** sie haute wie eine Wilde in die Tasten *fam*

Bruxelles [bʀy(k)sɛl] Brüssel *nt*

bruyamment [bʀyjamɑ̃, bʀɥijamɑ̃] *adv* **1.** (*avec bruit*) laut
2. (*avec insistance*) lautstark

bruyant, e [bʀyjɑ̃, bʀɥijɑ̃, jɑ̃t] *adj* laut; *joie a.* stürmisch; *rire a.* schallend; *réunion* lärmend; *foule* tobend; ***avec une joie*** ~***e*** mit Freudengeschrei

bruyère [bʀyjɛʀ, bʀɥijɛʀ] *f* Heidekraut *nt*, Erika *f*
B.T.S. [beteɛs] *m abr de* **Brevet de Technicien Supérieur** [höheres] Technikerdiplom, Ingenieurdiplom *nt*
bu, e [by] *pp de* **boire**
buanderie [bɥɑ̃dʀi] *f* Waschküche *f*
Bucarest [bykaʀɛst] Bukarest *nt*
buccal, e <-aux> [bykal, o] *adj* Mund-
buccodentaire [bykodɑ̃tɛʀ] *adj hygiène* Mund- und Zahn-
buccogénital, e <-aux> [bykoʒenital, o] *adj: caresses ~es* (*cunnilingus*) Cunnilingus *m;* (*fellation*) Fellatio *f*
bûche [byʃ] *f* [Holz]scheit *nt*
▶ **qn dort comme une** ~ jd schläft wie ein Klotz; **qn** [**se**] **prend** [*o* [**se**] **ramasse**] **une** ~ *fam* jd fällt hin, jd fliegt hin *fam*
◆ **bûche de Noël** *mit Crème gefüllte Biskuitrolle*
bûcher¹ [byʃe] *m* (*amas de bois*) Scheiterhaufen *m;* (*réserve à bois*) Holzschuppen *m*
▶ **qn condamne qn au** ~ jd verurteilt jdn zum [Tod auf dem] Scheiterhaufen; **qn fait un** ~ **de qc** jd verbrennt etw
bûcher² <1> [byʃe] **I.** *vi fam* ■ **qn bûche** jd lernt, jd büffelt *fam*
II. *vt fam* ■ **qn bûche qc** jd lernt etw, jd büffelt etw *fam*
bûcheron, ne [byʃʀɔ̃, ɔn] *m, f* Holzfäller(in) *m(f)*
bûchette [byʃɛt] *f* **1.** (*petite bûche*) kleines Holzscheit
2. (*bâtonnet*) Holzstäbchen *nt*
bûcheur, -euse [byʃœʀ, -øz] **I.** *adj fam* fleißig
II. *m, f fam* Büffler(in) *m(f) fam*
bucolique [bykɔlik] **I.** *adj poésie* bukolisch; *existence, paysage a.* idyllisch
II. *f* Schäfergedicht *nt*, Hirtengedicht *nt*
Budapest [bydapɛst] Budapest *nt*
budget [bydʒɛ] *m* **1.** FIN Budget *nt*, Etat *m;* [*service public, collectivité a.*] Haushalt *m;* [*entreprise a.*] Finanzplan *m;* **le ~ de l'État** der Staatshaushalt, das Staatsbudget
2. [*famille*] Budget *nt;* **le ~ d'un client/particulier** die finanziellen Mittel [*o* das Budget] eines Kunden/einer Privatperson; **le ~ familial** das Familienbudget; **qn se fait un ~ pour le mois** jd stellt einen Haushaltsplan für den Monat auf; **pour les petits ~s** für den kleinen Geldbeutel; **cela dépasse mon** ~ das übersteigt mein Budget
▶ **qn boucle son** ~ jd kommt mit seinem Geld aus; ***j'ai du mal à boucler mon ~ ce mois-ci*** diesen Monat komme ich kaum mit meinem Geld aus [*o* kaum über die Runden *fam*]; **qn vote le** ~ jd verabschiedet den Haushalt[splan]
budgétaire [bydʒetɛʀ] *adj* Haushalts-; *ressources a.* Budget-; *année a.* Etat-, Budget-
budgétisation [bydʒetizasjɔ̃] *f* Budgetierung *f*, Veranschlagung *f* im Haushalt [*o* Etat]
budgétiser <1> [bydʒetize] *vt* ■ **qn budgétise qc** jd budgetiert etw, jd veranschlagt etw im Haushalt [*o* Etat]
buée [bɥe] *f* [feuchter] Beschlag; ***des vitres couvertes de*** ~ beschlagene Fensterscheiben
▶ **qc se couvre de** ~ etw beschlägt; **qn fait de la ~ sur qc** jd haucht etw an
buffet [byfɛ] *m* **1.** (*meuble*) Büfett *nt*
2. (*table garnie*) Büfett *nt;* **~ froid** kaltes Büfett
▶ **qn danse devant le** ~ *fam* jd hat nichts zu essen [*o* beißen *fam*]
◆ **buffet de cuisine** Küchenbüfett *nt*, Küchenanrichte *f;* **buffet de la gare** Bahnhofsgaststätte *f;* **buffet d'orgue** Orgelgehäuse *nt*
buffle [byfl] *m* Büffel *m*
bug [bœg] *m* INFORM Fehler *m*
buggy [bygi] *m* Buggy ['bagi] *m*
building [b(y)ildiŋ] *m* Hochhaus *nt*
buis [bɥi] *m* ■ **du** ~ Buchs[baum *m*] *m;* **en** [*o* **de**] ~ aus Buchsbaum[holz]
buisson [bɥisɔ̃] *m* Busch *m*, Strauch *m*
▶ ~ **ardent** brennender Dornbusch
buissonneux, -euse [bɥisɔnø, -øz] *adj* mit Büschen [*o* Sträuchern] bewachsen
buissonnière [bɥisɔnjɛʀ] *adj v.* **école**
bulbe [bylb] *m* **1.** BOT Zwiebel *f;* ■ ~ **de** -zwiebel
2. ARCHIT Zwiebel *f;* **clocher à** ~ Zwiebelturm *m*
▶ ~ **pileux** Haarzwiebel *f;* ~ **rachidien** verlängertes Rückenmark
bulbeux, -euse [bylbø, -øz] *adj* Zwiebel-, zwiebelförmig
bulgare [bylgaʀ] **I.** *adj* bulgarisch
II. *m* LING Bulgarisch *nt*
III. *mf* ■ **Bulgare** Bulgare/Bulgarin *m/f*
Bulgarie [bylgaʀi] *f* ■ **la Bulgarie** Bulgarien *nt*
bulgomme® [bylgɔm] *m* Tischschoner *m*
bulldozer [byldɔzɛʀ, buldozœʀ] *m* Planierraupe *f*, Bulldozer *m*
bulle [byl] *f* **1.** Blase *f;* ■ ~ **de** *d'air, de gaz, savon* -blase; **les ~s du verre** die Blasen im Glas
2. [*bande dessinée*] Sprechblase *f;* ~ **pensée** Gedankenblase
3. (*décret*) Bulle *f;* **une ~ du pape** eine päpstliche Bulle; **la ~ d'or de Charles IV** die Goldene Bulle Kaiser Karls IV.
▶ **qn coince la** ~ *fam* jd liegt auf der faulen Haut *fam*
buller <1> [byle] *vi fam* ■ **qn bulle** jd faulenzt
bulletin [byltɛ̃] *m* **1.** (*communiqué*) Bulletin *nt*, Bericht *m;* **un ~ officiel** ein amtlicher [*o* offizieller] Bericht
2. PRESSE (*journal*) Bulletin *nt;* (*rubrique*) Bericht *m;* ~ **de l'étranger** Auslandsbericht *m*
3. POL Stimmzettel *m*
4. SCOL Zeugnis *nt*
5. (*certificat*) Schein *m*, Zettel *m;* **un ~ de garantie** ein Garantieschein
▶ ~ **blanc** leerer Stimmzettel; ~ **météorologique** Wetterbericht *m;* ~ **nul** ungültiger Stimmzettel, ungültige Stimme; ~ **scolaire** [Schul]zeugnis *nt;* **à ~ secret** geheim; ~ **trimestriel** Zeugnis *nt* am Ende eines Trimesters
◆ **bulletin de consigne** Gepäckschein *m;* **bulletin d'enneigement** Schneebericht *m;* **bulletin de notes** [Schul]zeugnis *nt;* **bulletin de paie/salaire** [*ouvrier*] Lohnzettel *m*, Lohnstreifen *m;* [*employé*] Gehaltszettel *m*, Gehaltsstreifen *m;* **bulletin de santé** ärztliches Bulletin; **bulletin de vote** Stimmzettel *m*, Wahlzettel *m;* **bulletin de vote par correspondance** Briefwahlunterlagen *pl;* **bulletin d'information** Nachrichten *pl*
bulletin-réponse <~s-~s> [byltɛ̃ʀepɔ̃s] *m* Teilnahmeabschnitt *m*, Teilnahmeschein *m*
bungalow [bœ̃galo] *m* Bungalow *m*
bunker [bunkœʀ] *m* Bunker *m*
buraliste [byʀalist] *mf* Tabak[waren]händler(in) *m(f)*
bureau <x> [byʀo] *m* **1.** (*meuble*) Schreibtisch *m*
2. (*pièce*) Büro *nt*, Arbeitszimmer *nt*
3. (*service*) Büro *nt*, Abteilung *f;* ~ **des expéditions** Versandabteilung *f*, Expedition *f*
4. MIL Abteilung *f*
5. (*comité*) Vorstand *m;* **réunion/membre du** ~ Vorstandssitzung *f*/-mitglied *nt*
6. INFORM (*sur l'écran*) Arbeitsoberfläche *f*, Desktop ['dɛsktɔp] *m*
▶ **Deuxième B~** militärischer Geheimdienst, Abwehrdienst *m;* ~ **exécutif** Exekutivausschuss *m;* ~ **politique** Präsidium *nt*, Vorstand *m;* ~ **virtuel** INFORM Telearbeitsplatz *m;* **qn va au** [*o* **à son**] ~ jd geht ins Büro
◆ **bureau de bienfaisance** Sozialamt *nt;* **bureau de change** Wechselstube *f;* **bureau de conciliation** Schlichtungsstelle *f;* **bureau de dessin** Zeichenbüro *nt;* **bureau de douane** Zollabfertigung[sstelle *f*] *f*, Zollamt *nt;* **bureau de location** Vorverkaufsstelle *f*, Vorverkaufskasse *f;* **bureau d'enregistrement des bagages** Gepäckabfertigung[sstelle *f*] *f;* **bureau de placement** Stellenvermittlung *f;* **bureau de poste** Postamt *nt;* **bureau de renseignements** Auskunftsbüro *nt*, Auskunftsstelle *f;* **bureau des objets trouvés** Fundbüro *nt;* **bureau de tabac** Tabak[waren]laden *m;* **bureau de tri** Sortierstelle *f;* **bureau d'études** technisches Planungsbüro; (*indépendant*) Konstruktionsbüro *nt*, Ingenieurbüro *nt;* **bureau de vote** Wahllokal *nt*
bureaucrate [byʀokʀat] *mf* Bürokrat(in) *m(f)*
bureaucratie [byʀokʀasi] *f* Bürokratie *f*
bureaucratique [byʀokʀatik] *adj* bürokratisch
bureautique® [byʀotik] *f* Büroautomatisierung *f*, Bürokommunikation *f*
burette [byʀɛt] *f* **1.** [*mécanicien*] Ölkanne *f*, Ölkännchen *nt*
2. CHIM Bürette *f*
3. REL Messkännchen *nt*
4. *pl pop* (*testicules*) Hoden *pl*, Eier *pl sl*
burin [byʀɛ̃] *m* **1.** (*outil pour graver*) [Grab]stichel *m;* **qc est gravé au** ~ etw ist gestochen
2. (*gravure*) [Stahl]stich *m*
3. TECH (*ciseau*) Meißel *m*
buriné, e [byʀine] *adj visage* zerfurcht, von tiefen Falten durchzogen; *traits* scharf
Burkina-Faso [byʀkinafaso] *m* ■ **le Burkina-Faso** Burkina Faso *nt*
burlesque [byʀlɛsk] **I.** *adj* **1.** THEAT, CINE burlesk; **le genre** ~ die Gattung des Burlesken; **une farce** ~ eine Burleske
2. (*extravagant*) grotesk
II. *m* ■ **le** ~ das Burleske; CINE Slapstick ['slæpstɪk] *m*
burnous [byʀnu(s)] *m* (*vêtement arabe*) Burnus *m;* (*vêtement de bébé*) Babycape *nt* mit Kapuze ['be:bike:p]
▶ **qn fait suer le** ~ *fam* (*les indigènes*) jd beutet die Eingeborenen aus; (*les immigrés*) jd beutet die Gastarbeiter aus
bus¹ [bys] *m abr de* **autobus** Bus *m;* **qn prend le** ~ jd fährt mit dem Bus, jd nimmt den Bus
bus² [bys] *m* INFORM Bus *m;* ~ **d'informations** Datenbus *m*
bus³ [by] *p simple de* **boire**
busard [byzaʀ] *m* Weihe *f*
buse¹ [byz] *f* Bussard *m*
▶ **triple** ~ *hum fam* Erzoberdummkopf *m*
buse² [byz] *f* (*conduit*) Düse *f*
◆ **buse d'aération** [Wetter]lutte *f;* **buse de haut fourneau** Düsenstock *m;* **buse d'injection** Einspritzdüse *f*
business [biznɛs] *m* **1.** (*affaires*) Geschäft *nt;* **elle est dans le** ~ sie ist Geschäftsfrau
2. *fam* (*affaire louche*) Deal *m fam*
businessman <s *o* -men> [biznɛsman, -mɛn] *m* Geschäftsmann *m*
busqué, e [byske] *adj nez* Haken-, Habichts-
buste [byst] *m* **1.** (*torse*) Oberkörper *m*
2. (*poitrine de femme*) Brust *f*, Büste *f liter*
3. (*sculpture*) Büste *f*
bustier [bystje] *m* **1.** (*sous-vêtement*) Bustier *nt*, trägerloser langer Büstenhalter
2. (*vêtement*) Korsage *f*
but [by(t)] *m* **1.** (*destination*) Ziel *nt;* **quel sera le ~ de notre promenade?** wohin spazieren wir?
2. (*objectif*) Ziel *nt;* **as-tu un ~ dans la vie?** hast du ein Lebensziel?; **c'était là le ~ de l'opération** das war Sinn und Zweck des Unternehmens; **quel est ton ~?** was bezweckst du?
3. SPORT Tor *nt;* **la ligne de** ~ die Torlinie; **le score est de 1 ~ à 0** es steht 1 zu 0; ■ **les ~s** (*cages*) das Tor
▶ **de ~ en blanc** ohne Umschweife; **qn va droit au** ~ jd kommt sofort [*o* gleich] zur Sache; ~ **égalisateur** Ausgleichstor *nt*, Ausgleichstreffer *m;* **dans**

le ~ **exclusif de faire qc** nur zu dem Zweck [*o* in der Absicht] [*o* mit dem einzigen Ziel], etw zu tun; ~ **final** Endziel *nt;* **à ~ lucratif** zu Erwerbszwecken; **à ~ non lucratif** ohne Gewinnerzielungsabsichten, gemeinnützig; **sans ~ précis** ohne ein bestimmtes Ziel; **qc va à l'encontre du ~ recherché** etw ist kontraproduktiv; **qc a pour ~ de faire qc** etw zielt darauf ab, etw zu tun; etw hat zum Ziel, etw zu tun; **qn atteint son ~** jd erreicht sein Ziel; **qn se donne pour ~ de faire qc** jd hat sich (*dat*) zum Ziel gesetzt, etw zu tun; **le ~ de qn est de faire qc** jds Absicht ist es, etw zu tun; **qn est encore loin du ~** jd ist noch weit vom Ziel entfernt; **qn se fixe un ~** jd setzt [*o* steckt] sich (*dat*) ein Ziel; **qn gagne/perd par trois ~s à deux** jd gewinnt/verliert mit 3 zu 2 [Toren]; **qn/qc manque son ~** jd/etw verfehlt sein Ziel; **qn manque/marque un ~** (*avec le pied*) jd schießt [am Tor] vorbei/schießt [*o* erzielt] ein Tor; (*avec la main*) jd wirft [am Tor] vorbei/wirft [*o* erzielt] ein Tor; **qc passe à côté du ~** / *balle*/ etw geht am Tor vorbei; / *critique*/ etw geht am Ziel vorbei; **qn poursuit un ~** jd verfolgt ein Ziel [*o* eine Absicht]; **qn tire au ~** jd schießt auf das Tor; **qn touche au ~** jd ist nahe am Ziel, jds Ziel ist in greifbare Nähe gerückt; **dans le ~ de faire qc** um etw zu tun; ***il fait du sport dans le ~ de maigrir*** er treibt Sport um abzunehmen; **dans un ~** + *adj:* ***dans un ~ criminel*** mit verbrecherischer Absicht; ***je suis venu dans un ~ bien précis*** ich bin aus einem ganz bestimmten Grund gekommen; ***qn fait qc dans un ~ déterminé*** jd tut etw mit einer festen Absicht [*o* absichtlich]

◆ **but en or** FBALL Golden Goal ['goʊldən 'go:l] *nt*

butane [bytan] *m* ∅ Butan[gas *nt*] *nt;* ***une bouteille de ~*** eine Butangasflasche *f*

buté, e [byte] *adj air, visage* trotzig, bockig *fam; personne a.* verstockt; ***d'un air ~*** trotzig

butée [byte] *f* 1. TECH Anschlag *m*
2. SKI Backen *m*

buter <1> [byte] I. *vi* 1. (*trébucher*) ■ **qn bute contre qc** jd stößt an etw (*akk*), jd stolpert über etw (*akk*)
2. (*heurter*) ■ **qc bute contre qc** etw stößt gegen etw
3. (*se caler*) ■ **qc vient ~ contre qc** etw findet auf etw (*dat*) Halt
4. (*être arrêté par*) ■ **qn bute contre qc** [*o* **sur qc**] *difficulté, problème* jd stößt auf etw (*akk*), jd wird durch etw aufgehalten; ***il bute sur chaque mot*** er bleibt bei jedem Wort hängen, er stolpert über jedes Wort
II. *vt* 1. (*provoquer un blocage*) ■ **qc bute qn** etw macht jdn störrisch
2. *fam* (*tuer*) ■ **qn bute qn** jd legt jdn um *fam*
III. *vpr* (*s'entêter*) ■ **qn se bute** jd wird starrsinnig, jd wird bockig *fam;* / *enfant a.*/ jd bockt *fam;* ■ **qn se bute sur qc** jd besteht [eigensinnig [*o* hartnäckig]] auf etw (*dat*), jd hält [eigensinnig [*o* hartnäckig]] an etw (*dat*) fest

buteur [bytœʀ] *m* Torjäger *m*

butin [bytɛ̃] *m* Beute *f;* [*voleur a.*] Diebesgut *nt;* [*fouille*] Ausbeute *f,* Fund *m;* [*abeille*] Tracht *f spec*
◆ **butin de guerre** Kriegsbeute *f*

butiner <1> [bytine] I. *vi* ■ **un animal butine** ein Tier sammelt Nektar [*o* Blütenstaub]; ***les abeilles butinent de fleur en fleur*** die Bienen fliegen von Blume zu Blume und sammeln Nektar [*o* Blütenstaub]
II. *vt* ■ **qn butine qc** jd sammelt etw

butoir [bytwaʀ] *m* 1. CHEMDFER Prellbock *m*
2. TECH Anschlag *m*
◆ **butoir de porte** Türanschlag *m*

butor [bytɔʀ] *m* 1. ZOOL Rohrdommel *f*
2. *péj* (*grossier personnage*) Flegel *m,* Rüpel *m*

butte [byt] *f* (*monticule*) [Erd]hügel *m;* (*petite colline*) [An]höhe *f*
▶ **qn est en ~ à qc** jd ist die Zielscheibe von etw, jd ist einer S. (*dat*) ausgesetzt
◆ **butte de tir** Kugelfang *m*

butter <1> [byte] *vt* AGR ■ **qn butte qc** jd häufelt etw [an]; *arbuste* jd häuft Erde um etw an

buvable [byvabl] *adj* 1. trinkbar, genießbar; ***des ampoules ~s*** Trinkampullen *pl*
2. *fig* ■ **qn/qc n'est pas buvable** jd/etw ist ungenießbar [*o* unmöglich], jd ist unausstehlich

buvais [byvɛ] *imparf de* **boire**

buvant [byvɑ̃] *ppr**é**s de* **boire**

buvard [byvaʀ] *m* 1. (*papier*) Löschblatt *nt,* Löschpapier *nt*
2. (*sous-main*) Schreibunterlage *f*

buvette [byvɛt] *f* 1. (*comptoir*) Bar *f;* (*en plein air*) Ausschank *m*
2. (*dans une station thermale*) Trinkhalle *f*

buveur, -euse [byvœʀ, -øz] *m, f* 1. (*alcoolique*) Trinker(in) *m(f),* Säufer(in) *m(f) pej;* ~(**-euse**) ***invétéré(e)*** Gewohnheitstrinker(in) *m(f)*
2. (*consommateur*) Gast *m;* ■ **~ de** *de bière, café, d'eau* -trinker(in) *m(f)*

buvez [byve], **buvons** [byvɔ̃] *indic prés de* **boire**

byte [bajt] *m* Byte *nt*

byzantin, e [bizɑ̃tɛ̃, in] *adj* 1. HIST byzantinisch; ***le grec ~*** das Griechische der byzantinischen Epoche
2. (*compliqué*): ***des querelles*** [*o* ***discussions***] ***~es*** Haarspaltereien *pl*

C

C, c [se] *m* C *nt,* c *nt*
▶ **c cédille** C-Cedille *nt;* **c comme Célestin** C wie Cäsar

c' *pron abr de* **ce**

ça[1] [sa] *m* PSYCH Es *nt*

ça[2] [sa] *pron dém* 1. *fam* (*pour désigner*) das; ***~ te plaît?*** gefällt dir das?; ***pour ~*** deshalb, deswegen; ***après ~*** danach; ***qu'est-ce que c'est que ~?*** was ist denn das?; ***elle ne peut pas me faire ~, à moi!*** das kann sie mir doch nicht antun!; ***je ne pense qu'à ~*** ich denke nur daran [*o* an nichts anderes]
2. *fam* (*anaphore*): ***les haricots? si, j'aime ~*** Bohnen? doch, das [*o* die] ess ich gern; ***qu'est-ce que ~ mange, un lapin?*** was frisst so ein Kaninchen eigentlich?; ***~ démoralise, un temps pareil*** so ein Wetter geht einem ganz schön aufs Gemüt; ***le fer, ~ rouille*** Eisen rostet nun eben mal; ***un bébé, ~ pleure*** Babys schreien nun eben mal
3. *péj* (*désignant qn*) so [et]was; ***et ~ vote/conduit!*** und so was wählt/fährt Auto! *fam*
4. (*pour renforcer*): ***qui ~?*** wer/wen?; ***quand ~?*** wann?; ***où ~?*** wo/wohin?; ***comment ~?*** wie das?, wie?; ***il est parti?! comment ~, parti?!*** er ist abgefahren?! wie [*o* was heißt das], abgefahren?!; ***ah ~ non!*** das auf gar keinen Fall!; ***~ oui, pour être en colère, je suis en colère!*** o ja, wütend bin ich ganz bestimmt!; ***~ par exemple, quelle surprise!*** na so was, welch eine Überraschung!; ***~ par exemple, quelle honte!*** nein [wirklich], was für eine Schande!
5. (*pour insister sur la durée*) es, das; ***~ fait quinze jours/longtemps que*** + *indic* es ist jetzt vierzehn Tage/schon lange her, dass
▶ **~ alors!** na, so was!; **c'est toujours ~** immerhin etwas; **c'est ~** [ganz] genau; **c'est comme ~** so ist es [*o* geht's] nun [ein]mal; **c'est pas ~**: ***~ va? – C'est pas ~*** wie geht's? – Nicht gerade toll [*o* so la la] *fam;* **si ce n'est que ~** wenn's weiter nichts ist; **et avec ~?** was darf's sonst noch sein?, und außerdem?; **et ... avec ~** und ... [noch] obendrein, und noch dazu ...; ***et modeste avec ~*** und auch noch bescheiden; ***et menteur avec ~*** und noch dazu ein Lügner, und ein Lügner obendrein; **comme ~**: ***je l'ai dit comme ~*** ich hab's [doch] nur so gesagt; ***et alors, comme ~, tu es au chômage*** so, dann bist du also arbeitslos; **pas de ~!** ausgeschlossen!; **pour ~ oui/non** das kann man wohl sagen/das kann man wirklich nicht behaupten; **sans ~** sonst, ansonsten

çà [sa] *loc* ▶ **~ et là** hier und da; ***qn court ~ et là*** jd läuft hierhin und dorthin; ***qn écoute ~ et là*** jd hört sich um

cabale [kabal] *f* 1. HIST Kabbala *f*
2. (*complot*) Intrige *f,* Komplott *nt;* (*groupe de comploteurs*) Clique *f*
▶ **qn forme une ~ contre qn** jd zettelt eine Intrige gegen jdn an, jd intrigiert gegen jdn

caban [kabɑ̃] *m* Caban *m*

cabane [kaban] *f* 1. (*abri*) (*servant d'habitation*) Hütte *f;* (*pour animaux*) Verschlag *m;* (*remise*) Schuppen *m; péj* [Bruch]bude *f*
2. *fam* (*prison*) Kittchen *nt fam,* Knast *m fam;* ***deux ans de ~*** zwei Jahre Knast
▶ **en ~** *fam* im Kittchen *fam,* im Knast *fam;* ***il est en ~*** er sitzt im Knast [*o* Kittchen] *fam*
◆ **cabane à lapins** 1. (*clapier*) Kaninchenstall *m* 2. *péj* (*H.L.M.*) Hasenstall *m fam*

cabanon [kabanɔ̃] *m* 1. (*petite maison*) kleines Landhaus; (*en bord de mer*) Häuschen *nt*
2. (*petite remise*) Schuppen *m*

cabaret [kabaʀɛ] *m* Nachtlokal *nt,* Nachtbar *f*

cabas [kabɑ] *m* Einkaufstasche *f*

cabillaud [kabijo] *m* Kabeljau *m;* ■ **du ~** Kabeljau

cabine [kabin] *f* 1. (*poste de conduite*) [*train, camion*] Führerhaus *nt;* [*grue a.*] Führerkabine *f;* [*avion, véhicule spatial*] Cockpit *nt*
2. (*compartiment*) [*navire*] Kabine *f,* Kajüte *f;* [*piscine, établissement de soins*] Kabine *f;* ***une ~ de première classe*** eine Kabine erster Klasse; ***une ~ individuelle*** eine Einzelkabine
▶ **~ spatiale** Raumkapsel *f;* **~ téléphonique** Telefonzelle *f*
◆ **cabine à rappel** anrufbare Telefonzelle; **cabine d'aiguillage** Stellwerk *nt;* **cabine d'ascenseur** Fahrstuhl[kabine *f*] *m;* **cabine de bain** Badekabine *f,* Umkleidekabine *f;* **cabine de douche** Duschkabine *f;* **cabine d'enregistrement** Aufnahmekabine *f;* **cabine de pilotage** Cockpit *nt;* **cabine de projection** Vorführraum *m,* Vorführkabine *f;* **cabine d'essayage** Ankleide[kabine *f*] *f,* Umkleidekabine *f;* **cabine de téléphérique** Drahtseilbahnkabine *f*

cabinet [kabinɛ] *m* 1. *pl* (*toilettes*) Toilette *f,* Klo *nt fam;* ***il est aux ~s*** er ist auf der Toilette [*o* dem Klo *fam*]; ***as-tu envie d'aller aux ~s?*** musst du

auf die Toilette [*o* aufs Klo *fam*]?
2. (*local professionnel*) [*médecin, dentiste*] Praxis *f;* [*avocat, notaire*] Kanzlei *f;* [*agent immobilier*] Agentur *f*
3. POL (*gouvernement*) Kabinett *nt;* ***qn forme un*** ~ jd bildet ein Kabinett
4. POL (*service ministériel*) Kabinett *nt*
▶ ~ **particulier** [kleines] Nebenzimmer
◆ **cabinet d'affaires** Büro *nt;* **cabinet de consultation** Sprechzimmer *nt;* **cabinet de toilette** [kleiner] Waschraum; **cabinet de travail** Arbeitszimmer *nt*
cabinet-conseil <~s-~s> [kabinɛkɔ̃sɛj] *m* Beratungsbüro *nt*
câblage [kɑblaʒ] *m* 1. (*fabrication d'un câble*) Seilherstellung *f,* Kabelherstellung *f*
2. ELEC (*ensemble de connexions*) Verdrahtung *f,* Verkabelung *f*
3. (*transmission*) [*dépêche, message*] Kabeln *nt*
4. TV Verkabelung *f*
câble [kɑbl] *m* 1. Seil *nt,* Kabel *nt;* ~ ***métallique*** Drahtseil; ***qn pose un*** ~ jd legt ein Kabel; ~ ***aérien/souterrain*** Luft-/Erdkabel; ~ ***sous-marin*** Unterseekabel; ***le*** ~ ***du téléphone*** das Telefonkabel, die Telefonleitung
2. (*télévision par câble*) Kabelfernsehen *nt;* ***qn n'a pas le*** ~ jd ist nicht verkabelt
▶ ~ **coaxial** Koaxialleitung *f,* Koaxialkabel *nt;* ~ **électrique** elektrisches Kabel, elektrische Leitung; ~ **hertzien** Funkverbindung *f,* Verbindung *f* über elektromagnetische Wellen; ~ **optique** Glasfaserkabel *nt*
◆ **câble à fibre optique** Glasfaserkabel *nt;* **câble d'amarrage** Halteleine *f;* **câble de démarrage** Starthilfekabel *nt;* **câble de frein** Bremsseil *nt;* **câble de remorquage** Abschleppseil *nt;* **câble de transmission** Treibseil *nt*
câbler <1> [kɑble] *vt* 1. ■ **qn câble qc** *dépêche, message* jd kabelt [*o* drahtet] etw *veraltet,* jd telegrafiert etw
2. TV ■ **qn/qc est câblé(e)** jd/etw ist verkabelt
3. TECH ■ **qn câble qc** *torons* jd dreht etw zu einem Kabel zusammen
câblodistribution [kablodistʀibysjɔ̃] *f* Kabelfernsehen *nt*
cabochard, e [kabɔʃaʀ, aʀd] I. *adj fam* eigensinnig, starrköpfig *fam,* dickköpfig *fam*
II. *mf* Dickkopf *m*
caboche [kabɔʃ] *f fam* Kopf *m,* Schädel *m fam;* ***il a une sacrée*** ~! das ist vielleicht ein Dickkopf [*o* Dickschädel]!; ***il n'a rien dans la*** ~ er hat nichts im Kopf
▶ **qn a/se met qc dans la** ~ *fam* jd hat sich (*dat*) etw in den Kopf gesetzt/jd setzt sich (*dat*) etw in den Kopf; ***mets-toi ça dans la*** ~! schreib dir das hinter die Ohren! *fam*
cabosser <1> [kabɔse] *vt* ■ **qn cabosse qc** jd verbeult etw
cabot [kabo] *m fam* 1. *péj* (*chien*) Köter *m fam,* Kläffer *m fam*
2. (*cabotin*) Poseur *m*
cabotage [kabɔtaʒ] *m* Küstenschifffahrt *f*
caboteur [kabɔtœʀ] *m* Küstenschiff *nt*
cabotin, e [kabɔtɛ̃, in] I. *adj fam* affektiert *geh,* manieriert
II. *m, f fam* 1. Schmierenkomödiant(in) *m(f)*
2. (*personne*) Poseur *m geh*
cabrer <1> [kɑbʀe] I. *vt* ■ **qn cabre un animal/qc** *cheval* jd lässt ein Tier steigen; *avion* jd zieht etw hoch; ■ **qn cabre qn** [**contre qn/qc**] jd wiegelt jdn [gegen jdn/etw] auf
II. *vpr* 1. ■ **un animal/qc se cabre** /*cheval*/ etw bäumt sich [auf], etw steigt; /*avion*/ etw steigt
2. (*se révolter*) ■ **qn se cabre** jd lehnt sich auf, jd sträubt sich; ■ **qn/qc se cabre devant qc** /*personne*/ jd sträubt sich gegen etw; /*volonté, fierté*/ etw bäumt sich gegen etw auf; ■ **qn/qc se cabre à ...:** ***qn se cabre à l'idée que*** + *indic*/***à l'idée de faire qc*** jd sträubt sich bei dem Gedanken, dass/bei dem Gedanken, etw zu tun; ***ma fierté se cabre à l'idée d'obéir à ces imbéciles*** bei dem Gedanken, diesen Dummköpfen gehorchen zu müssen, fühle ich mich in meinem Stolz gekränkt; ***sa volonté se cabre à l'idée que*** er/sie sträubt sich bei dem Gedanken, dass
cabri [kabʀi] *m* Zicklein *nt*
▶ **qn saute comme un** ~ jd macht Luftsprünge
cabriole [kabʀijɔl] *f* 1. (*culbute*) [*clown, enfant*] Purzelbaum *m;* [*gymnaste*] Überschlag *m*
2. (*saut*) Kapriole *f*
3. *péj* (*manœuvre*) [*politicien*] Manöver *nt,* Winkelzug *m*
▶ **qn/un animal fait des** ~**s** /*clown*/ jd macht Purzelbäume; /*enfant*/ jd macht Luftsprünge; /*chevreau*/ ein Tier macht Bocksprünge; /*cheval*/ ein Tier macht Kapriolen
cabrioler <1> [kabʀijɔle] *vi* ■ **qn/un animal cabriole** /*enfant*/ jd macht Luftsprünge; /*chevreau*/ ein Tier macht Bocksprünge; /*cheval*/ ein Tier macht Kapriolen
cabriolet [kabʀijɔlɛ] *m* 1. (*automobile*) Cabrio[let] *nt,* Kabrio[lett] *nt*
2. (*voiture à cheval*) Kabriolett *nt,* leichter Einspänner
caca [kaka] *m* Aa *nt;* ***ne touche pas*** [***à ça***], ***c'est*** ~ lang das nicht an, das ist bäbä
▶ **qn fait** ~ *enfantin fam* jd macht Aa
◆ **caca d'oie** *adj inv* gelbgrün
cacahuète *f,* **cacahouète** [kakawɛt] *f* Erdnuss *f*
cacao [kakao] *m* Kakao *m*
cacatoès [kakatɔɛs] *m* Kakadu *m*
cachalot [kaʃalo] *m* Pottwal *m*
▶ **qn souffle comme un** ~ jd schnauft wie ein Walross *fam*
cache¹ [kaʃ] *m* 1. PHOT, CINE Maske *f;* ***qn met un*** ~ ***sur qc*** jd deckt etw ab
2. INFORM Cache[speicher] ['kæʃ-] *m*
cache² [kaʃ] *f* Versteck *nt*
caché, e [kaʃe] *adj lieu, refuge* abgeschieden, abgelegen; *charmes, sens* verborgen; *sentiments* geheim; ***qn vit*** ~ jd hält sich verborgen
cache-cache [kaʃkaʃ] *m inv* Verstecken *nt,* Versteckspiel *nt* ▶ **qn joue à** [*o* **fait une partie de**] ~~~ [**avec qn**] jd spielt [mit jdm] Versteck[en] **cache-col** [kaʃkɔl] *m inv* Halstuch *nt,* Schal *m*
cachemire [kaʃmiʀ] I. *m* (*matière*) Kaschmir *m;* ■ **du** ~ Kaschmir; **de** [*o* **en**] ~ Kaschmir-
II. *app motif, impression, dessin* persisch-indisch
cache-nez [kaʃne] *m inv* Schal *m* **cache-pot** <~-~s> [kaʃpo] *m* (*en céramique*) Übertopf *m;* (*en papier*) Blumentopfmanschette *f* **cache-prise** <~-~[s]> [kaʃpʀiz] *m* Kindersicherung *f* [für Steckdosen]
cacher¹ <1> [kaʃe] I. *vt* 1. (*dissimuler*) ■ **qn cache qn/qc** jd versteckt jdn/etw
2. (*masquer*) ■ **qn/qc cache qc** jd/etw verdeckt etw; (*ne pas laisser voir*) jd/etw verbirgt etw; ***ce rideau cache une porte*** hinter diesem Vorhang ist eine Tür verborgen
3. (*garder secret*) ■ **qn cache qc** [**à qn**] *âge, fait, nouvelle, vérité* jd verheimlicht [jdm] etw, jd hält etw [vor jdm] geheim; *sentiment* jd verbirgt etw [vor jdm]; ***elle n'a pas caché sa déception*** sie hat aus ihrer Enttäuschung kein Geheimnis gemacht; ■ **qn cache à qn que** jd verschweigt jdm, dass; ***je ne te cache pas que*** ich sage dir ganz offen, dass
▶ **qn cache** [**bien/mal**] **son jeu** jd verstellt sich [gut/schlecht]
II. *vpr* 1. (*se dissimuler*) ■ **qn se cache** jd versteckt sich; /*malfaiteur, fuyard a.*/ jd hält sich verborgen; ■ **qc se cache** etw verbirgt sich; ***le soleil s'est caché derrière un nuage*** die Sonne hat sich hinter einer Wolke versteckt [*o* verborgen]
2. (*être introuvable*) ■ **qn/qc se cache** jd/etw ist verschwunden; ***mais où peut bien se*** ~ ***cette facture?*** wo ist denn bloß diese Rechnung hin [verschwunden]?
3. (*tenir secret*) ■ **qn se cache de qc** jd verheimlicht etw, jd gibt etw nicht zu; ■ **qn ne se cache pas de qc** jd tut etw ganz offen, jd macht aus etw kein[en] Hehl
▶ **va te** ~! scher dich fort!, verschwinde!; **qn fait qc sans se** [*o* **s'en**] ~ jd tut etw ganz offen [*o* ohne ein[en] Hehl daraus zu machen]
cacher² [kaʃɛʀ] *adj v.* **casher**
cache-radiateur <~-~s> [kaʃʀadjatœʀ] *m* Heizkörperverkleidung *f* **cache-sexe** <~-~[s]> [kaʃsɛks] *m* Minislip *m*
cachet [kaʃɛ] *m* 1. (*comprimé*) Tablette *f*
2. (*tampon*) Stempel *m,* Siegel *nt;* ~ ***de la poste*** Poststempel *m;* ~ ***officiel*** Dienstsiegel *nt,* Dienststempel *m*
3. (*rétribution*) Honorar *nt;* [*acteur*] Gage *f*
▶ **qc a du** ~ etw hat eine besondere Note; **qn court le** ~ jd bemüht sich um ein Engagement; **qc donne du** ~ **à qc** etw verleiht einer S. (*dat*) eine besondere Note
◆ **cachet d'aspirine** Aspirin[tablette *f*] *nt* ▶ [**qn est**] **blanc(blanche) comme un** ~ **d'aspirine** [jd ist] kreidebleich
cacheter <3> [kaʃte] *vt* ■ **qn cachette qc** *lettre* jd versiegelt etw; *enveloppe* jd klebt etw zu
cachette [kaʃɛt] *f* Versteck *nt*
▶ **en** ~ heimlich; **en** ~ **de qn** (*action répréhensible*) hinter jds Rücken (*dat*); (*action non répréhensible*) ohne jds Wissen
cachot [kaʃo] *m* 1. (*cellule*) Kerker *m*
2. (*punition*) Einzelhaft *f;* ***qn met qn au*** ~ jd steckt jdn in Einzelhaft
cachotterie [kaʃɔtʀi] *f surtout pl* Geheimniskrämerei *f,* Heimlichtuerei *f*
▶ **qn fait des** ~**s** [**à qn**] jd hat Geheimnisse [vor jdm]
cachottier, -ière [kaʃɔtje, -jɛʀ] I. *adj personne* geheimnistuerisch; ***cette enfant est très*** ~***ière*** dieses Mädchen ist eine große Heimlichtuerin
II. *m, f* Heimlichtuer(in) *m(f),* Geheimniskrämer(in) *m(f)*
cachou [kaʃu] *m* Cachou[bonbon] *nt o m*
cacophonie [kakɔfɔni] *f* Missklang *m,* Kakophonie *f;* ***qu'est-ce que c'est que cette*** ~? was ist denn das für eine Katzenmusik?
cactus [kaktys] *m* Kaktus *m*
c.-à-d. *loc abr de* **c'est-à-dire** d. h.
cadastral, e <-aux> [kadastʀal, o] *adj* Kataster-
cadastre [kadastʀ] *m* 1. (*registre*) Kataster *m o nt,* Flurbuch *nt*
2. (*service*) Katasteramt *nt*
cadavérique [kadaveʀik] *adj teint* fahl, leichenblass; ***rigidité*** ~ Leichenstarre *f,* Totenstarre *f;* ***ils étaient d'une pâleur*** [*o* ***lividité***] ~ sie waren leichenblass [*o* totenblass]
cadavre [kadɑvʀ] *m* 1. [*personne*] Leiche *f,* Leichnam *m geh;* [*animal*] Kadaver *m,* [Tier]leiche *f;* ***il était pâle comme un*** ~ er war leichenblass
2. *fam* (*bouteille vide*) geleerte Flasche
▶ **qn est un** ~ **ambulant** [*o* **vivant**] jd ist eine wandelnde [*o* lebende] Leiche *fam*
caddie®[1] [kadi] *m* (*chariot*) Einkaufswagen *m*
caddie² [kadi] *m* SPORT Caddie ['kɛdi] *m,* Golfschlägerträger *m*
cadeau <x> [kado] *m* Geschenk *nt*
▶ **les petits** ~**x entretiennent l'amitié** *prov* kleine Geschenke erhalten die Freundschaft; **qn/qc n'est pas un** ~: ***ton grand frère, ce n'est pas un*** ~ deinen großen Bruder möchte ich nicht einmal geschenkt haben *fam;* **qn fait un** ~ **à qn** jd macht jdm ein Geschenk, jd schenkt jdm etwas; **qn fait** ~ **de qc à qn** jd schenkt jdm etw; **qn ne fait pas de** ~ **à qn** jd schenkt jdm nichts; **en** ~ als Zugabe
◆ **cadeau de mariage** Hochzeitsgeschenk *nt;* **cadeau de Noël** Weihnachtsgeschenk *nt*
cadenas [kadnɑ] *m* Vorhängeschloss *nt*
▶ **qn ferme qc au** ~ jd verschließt etw mit einem Vorhängeschloss
cadenasser <1> [kadnɑse] *vt* ■ **qn cadenasse qc** jd verschließt etw mit einem Vorhängeschloss
cadence [kadɑ̃s] *f* 1. (*rythme*) Rhythmus *m*

2. (*vitesse*) Tempo *nt,* Geschwindigkeit *f;* [*travail à la chaîne*] Takt *m*
▶ **qn force** [*o* **augmente**] [*o* **presse**] **la** ~ jd beschleunigt das Tempo; **qn marque la** ~ jd schlägt den Takt, jd gibt den Takt an; **à la** ~ **de:** ***on produit ces voitures à la*** ~ ***de 20 exemplaires par jour*** von diesen Autos werden pro [*o* am] Tag 20 Stück hergestellt; **à une** ~ + *adj:* ***il travaille à une bonne*** ~ er arbeitet schnell, er legt bei seiner Arbeit ein gutes Tempo vor; ***à une*** ~ ***accélérée*** schneller; **en** ~ im Takt
◆ **cadence de production** Produktionsrhythmus *m;* **cadence de tir** Schussfolge *f,* Feuergeschwindigkeit *f*

cadencé, e [kadɑ̃se] *adj* rhythmisch; ***des personnes défilent au pas*** ~ Menschen gehen im Marschschritt vorbei

cadencer <2> [kadɑ̃se] *vt* ■ **qn cadence qc** *débit, phrases* jd gestaltet etw rhythmisch, jd rhythmisiert etw
▶ **qn cadence son** [*o* **le**] **pas** jd hält Schritt [*o* Tritt]

cadet, te [kadɛ, ɛt] **I.** *adj* **1.** (*le plus jeune*) jüngste(r, s), kleinste(r, s) *fam;* ***mon fils*** ~ / ***ma fille*** ~***te*** mein jüngster Sohn/meine jüngste Tochter
2. (*le plus jeune de deux*) jüngere(r, s), kleinere(r, s) *fam*
3. (*plus jeune que qn*) jüngere(r, s), kleinere(r, s) *fam;* ***l'une de mes sœurs*** ~***tes*** eine meiner jüngeren [*o* kleineren *fam*] Schwestern
II. *m, f* **1.** (*dernier-né*) Jüngste(r) *f(m),* jüngster Sohn, jüngste Tochter; ***le*** ~ ***des garçons*** der jüngste Junge [*o* Sohn]; ***la*** ~***te des filles*** das jüngste Mädchen, die jüngste Tochter
2. (*plus jeune que qn*) (*avec relation de famille*) Jüngere(r) *f(m);* ***c'est ma*** ~***te*** das ist meine jüngere Schwester; ***elle est ma*** ~***te de trois mois*** (*sans relation de famille*) sie ist drei Monate jünger als ich
3. SPORT Jugendspieler(in) *m(f)*
4. MIL, HIST Kadett *m*
▶ **c'est le** ~ **de mes soucis** das ist meine geringste Sorge

cadmium [kadmjɔm] *m* CHIM Kadmium *nt,* Cadmium *nt spec*

cadrage [kɑdʀaʒ] *m* Bildeinstellung *f*

cadran [kadʀɑ̃] *m* [*montre, horloge, boussole*] Zifferblatt *nt;* [*baromètre, compteur, tableau de bord*] Skala *f,* Skalenscheibe *f;* [*téléphone*] Nummernscheibe *f,* Wählscheibe *f*
▶ ~ **lumineux** beleuchtete Skala; [*montre*] Leuchtzifferblatt *nt;* ~ **solaire** Sonnenuhr *f*

cadre [kɑdʀ] *m* **1.** (*encadrement*) Rahmen *m;* ***qn met un*** ~ ***à un tableau*** jd rahmt ein Gemälde [ein]
2. [*bicyclette*] Rahmen *m*
3. (*case*) [*formulaire*] Feld *nt,* Kästchen *nt;* ***ne rien inscrire dans ce*** ~ bitte freilassen [*o* nicht ausfüllen]; ~ ***réservé à l'administration*** wird von der Behörde ausgefüllt
4. (*environnement*) Umgebung *f,* Lage *f;* (*décor*) Rahmen *m;* ***dans un*** ~ ***de verdure*** im Grünen
5. (*limites*) Rahmen *m;* ***cela sort du*** ~ ***de nos possibilités*** das übersteigt unsere Möglichkeiten, das geht über unsere Möglichkeiten hinaus; ***dans le*** ~ ***de la légalité*** im Rahmen der Legalität
6. (*responsable hiérarchique*) leitende(r) Angestellte(r), Leitende(r) *f(m)* mit Weisungsbefugnis; MIL Offizier *m;* ***les*** ~***s d'un régiment*** der [Führungs]stab eines Regiments
7. POL: ~ ***du parti*** Parteifunktionär(in) *m(f),* Parteikader *m*
▶ **jeune** ~ Jungmanager(in) *m(f)* [-mænɪdʒə]; ~ **moyen** mittlere Führungskraft, Leitende(r) *f(m)* im mittleren Management ['mænɪdʒmənt]; ~ **supérieur** obere Führungskraft, Leitende(r) *f(m)* [in Führungspositionen]; **qn passe** ~ jd wird zum leitenden Angestellten/zur leitenden Angestellten befördert; **qn est rayé(e) des** ~**s** jd wird entlassen; **dans le** ~ **de qc** im Rahmen einer S. (*gen*); ***cela entre bien dans le*** ~ ***de ses fonctions*** das fällt genau in seinen Aufgabenbereich; **hors** ~ außerplanmäßig; ***officier hors*** ~ Offizier *m* a. D. in Reservebereitschaft; ***qn met qn hors*** ~ jd enthebt jdn seines Amtes, jd entlässt jdn
◆ **cadre de développement** Entwicklerrahmen *m,* Hänger *m fam;* **cadre de vie** Umgebung *f*

cadrer <1> [kɑdʀe] **I.** *vi* (*coïncider*) ■ **qc cadre avec qc** etw stimmt mit etw überein, etw deckt sich mit etw; ***son profil cadre bien avec ce que nous recherchons*** sein Persönlichkeitsprofil entspricht genau unseren Vorstellungen
II. *vt* PHOT, AUDIOV ■ **qn cadre qc** jd zentriert etw

cadreur [kɑdʀœʀ] *m* Kameramann *m;* ***elle est*** ~ sie ist Kamerafrau

caduc, -uque [kadyk] *adj* **1.** (*périmé*) veraltet, überholt; JUR *acte, loi* [null und] nichtig, unwirksam
2. BOT, ZOOL abwerfbar; ***arbre à feuilles caduques*** sommergrüner Laubbaum

caducée [kadyse] *m* Äskulapstab *m*

cæsium [sezjɔm] *m* CHEM *v.* **césium**

cafard [kafaʀ] *m* **1.** (*blatte*) [Küchen]schabe *f*
2. (*spleen*) Depressionen *pl,* trübe Stimmung
▶ **qn a le** ~ jd ist [total] down [daun] *fam,* jd hängt durch *fam,* jd bläst Trübsal *fam;* **qc donne le** ~ [**à qn**] etw deprimiert [jdn]; ***ça donne le*** ~, ***un temps pareil!*** so ein Wetter ist richtig deprimierend!

cafardage [kafaʀdaʒ] *m* Petzerei *f fam,* Gepetze *nt fam*

cafarder <1> [kafaʀde] **I.** *vi fam* ■ **qn cafarde** jd petzt
II. *vt fam* ■ **qn cafarde qn** jd verpetzt jdn

cafardeur, -euse [kafaʀdœʀ, -øz] *m, f fam* (*rapporteur*) Petzer(in) *m(f) fam,* Petze *f fam*

cafardeux, -euse [kafaʀdø, -øz] *adj:* ***je me sens toute*** ~***euse, aujourd'hui*** ich bin heute total down [daun] *fam;* ***il est d'un tempérament*** ~ er bläst dauernd Trübsal *fam*

café [kafe] *m* **1.** (*boisson*) Kaffee *m;* ***deux tasses de*** ~ zwei Tassen Kaffee; ***qn boit*** [*o* ***prend***] ***un*** ~ jd trinkt einen Kaffee [*o* eine Tasse Kaffee]; ***qn invite qn à prendre le*** ~ jd lädt jdn zum Kaffee ein; ■ **du** ~ Kaffee; ***qn fait du*** ~ jd kocht [*o* macht] Kaffee
2. (*établissement*) Bar *f,* Kneipe *f fam;* ~ ***avec terrasse*** Straßencafé *nt;* ***le matin, je prends un crème au*** ~ ***d'en face*** morgens trinke ich einen Milchkaffee im Café gegenüber; ***il traîne dans les*** ~***s*** er lungert [*o* hängt] in den Kneipen rum *fam*
3. (*plante*) Kaffee *m;* ***les différents*** ~***s*** die verschiedenen Kaffeesorten; ■ **du** ~ Kaffee
4. (*arôme*) ■ **au** ~ Mokka-; ***de la glace au*** ~ Mokkaeis *nt*
5. (*moment du repas*) ■ **au** ~ beim Kaffee
▶ ~ **crème** Milchkaffee *m,* Kaffee *m* mit Milch; ~ **décaféiné** koffeinfreier Kaffee; ~ **express** Espresso *m;* ~ **électronique** INFORM Internet-Café *nt;* ~ **filtre** Filterkaffee *m;* ~ **frappé** Kaffee *m* Frappee; ~ **liégeois** Eiskaffee *m;* ~ **moulu** gemahlener Kaffee; ~ **noir** *inv* schwarzer Kaffee; ***qn prend son*** ~ ***noir*** jd trinkt seinen Kaffee schwarz; ~ **serré** starker Kaffee; ~ **soluble** löslicher Kaffee; ~ **turc** türkischer Kaffee; **c'est** [**un peu**] **fort de** ~ das ist [ja] ein starkes Stück; **le** ~ **passe** der Kaffee läuft durch [den Filter]
◆ **café au lait** **1.** *m* Milchkaffee *m* **2.** *adj inv* (*couleur*) hellbraun; *peau* kaffeebraun; **café en grains** ungemahlener Kaffee

café-bar <~s-~s> [kafebaʀ] *m* kleine Bar, kleines Lokal **café-concert** <~s-~s> [kafekɔ̃sɛʀ] *m* Bar *f* [*o* Kneipe *f fam*] mit Varietee-Darbietungen

caféine [kafein] *f* Koffein *nt*

café-restaurant <~s-~s> [kafeʀɛstɔʀɑ̃] *m* Lokal *nt,* Bar *f* [*o* Kneipe *f*] mit Restaurant *fam* **café-tabac** <~s-~s> [kafetaba] *m* Bar *f* mit Tabakladen

cafétéria [kafeteʀja] *f* Cafeteria *f*

café-théâtre <~s-~s> [kafeteɑtʀ] *m* Kleinkunstbühne *f*

cafetière [kaftjɛʀ] *f* (*récipient*) Kaffeekanne *f*
▶ ~ **électrique** Kaffeemaschine *f*

cafouillage [kafujaʒ] *m fam* [heilloses] Durcheinander, totales Chaos *fam;* ***il y a eu un*** ~ ***au journal télévisé, hier soir*** gestern Abend gab es eine Panne in den Fernsehnachrichten

cafouiller <1> [kafuje] *vi fam* **1.** (*agir avec confusion*) ■ **qn cafouille** jd macht Murks *fam,* jd murkst [herum] *fam*
2. (*s'embrouiller*) ■ **qn/qc cafouille** */candidat/* jd kommt durcheinander, jd verheddert sich *fam; /organisation/* etw funktioniert nicht; */discussion/* etw wird chaotisch *fam;* ***il cafouille dans ses calculs*** er findet sich in seinen eigenen Rechnungen nicht mehr zurecht
3. (*mal fonctionner*) ■ **qc cafouille** */moteur/* etw stottert; */appareil/* etw läuft ungleichmäßig

cafouillis [kafuji] *m fam v.* **cafouillage**

cage [kaʒ] *f* **1.** (*pour enfermer*) Käfig *m;* [*oiseau a.*] Bauer *m;* [*ours, lion*] Zwinger *m;* [*lapin*] Stall *m*
2. SPORT (*buts*) Tor *nt,* Kasten *m fam*
3. TECH Gehäuse *nt*
▶ ~ **thoracique** ANAT Brustkorb *m;* **qn met un animal en** ~ jd sperrt ein Tier in einen Käfig; **qn tourne comme un animal** [*o* **ours**] **en** ~ jd läuft wie ein Löwe im Käfig hin und her
◆ **cage à lapins** (*clapier*) Kaninchenstall *m; péj fam* (*H.L.M.*) Hasenstall *m fam,* Wohnung *f* in einem Wohnsilo; **cage à poules** (*cabane pour les poules*) Hühnerstall *m;* (*jeu pour enfants*) Klettergerüst *nt;* **cage d'ascenseur** Aufzugschacht *m,* Fahrstuhlschacht *m;* **cage d'escalier** Treppenhaus *nt;* **cage d'extraction** Förderkorb *m*

cageot [kaʒo] *m* **1.** (*emballage*) Lattenkiste *f,* Steige *f;* ■ ~ **à** -kiste; ~ ***à fruits*** Obststeige
2. (*quantité*) Kiste *f,* Steige *f;* ***un*** ~ ***de pêches*** eine Steige Pfirsiche

cagette [kaʒɛt] *f* Lattenkiste *f,* Obstkiste *f*

cagibi [kaʒibi] *m* **1.** (*débarras*) Abstellkammer *f*
2. (*petite remise*) Verschlag *m*

cagne [kaɲ] *f v.* **khâgne**

cagneux, -euse [kaɲø, -øz] **I.** *adj genoux* knubbelig *fam;* ***jambes*** ~***euses*** X-Beine *pl*
II. *m, f v.* **khâgneux**

cagnotte [kaɲɔt] *f* **1.** (*caisse commune*) gemeinsame Kasse; ***nous avons constitué une*** ~ wir haben eine gemeinsame Kasse eingerichtet
2. *fam* (*économies*) Notgroschen *m;* ***il s'était fait une petite*** ~ er hatte sich einen Notgroschen zurückgelegt

cagoule [kagul] *f* **1.** (*passe-montagne*) Kapuzenmütze *f*
2. [*bandit*] Maske *f;* ***il portait une*** ~ er war maskiert
3. (*capuchon*) Kapuze *f*

cahier [kaje] *m* **1.** SCOL [Schreib]heft *nt;* ~ ***de calcul*** Rechenheft *nt;* ***qn ramasse les*** ~***s*** jd sammelt die Hefte ein
2. TYP: ~ ***d'imprimerie*** gefalzter Druckbogen
3. *pl* (*publication*) Zeitschrift *f,* Heft *nt*
◆ **cahier de brouillon** Schmierheft *nt,* Konzeptheft *nt;* **cahier de doléances** HIST Beschwerdeheft *nt;* **cahier des charges** Pflichtenheft *nt;* **cahier d'exercices** Übungsheft *nt;* **cahier de textes** Aufgabenheft *nt;* **cahier de travaux pratiques** Arbeitsheft *nt* [für naturwissenschaftliche Fächer]

cahin-caha [kaɛ̃kaa] *adv fam* ▶ **qn/qc va** ~-~ jd schlägt sich so durch *fam;* ***comment vont les affaires? – C***~-~ wie geht das Geschäft? – So[so] lala *fam*

cahot [kao] *m* Stoß *m*

cahotant, e [kaɔtɑ̃, ɑ̃t] *adj route* holp[e]rig; *véhicule* holpernd

cahoter <1> [kaɔte] **I.** *vi* ■ **qc cahote** */véhicule/* etw holpert
II. *vt* (*secouer*) ■ **qc cahote qn/qc** *voyageurs* etw rüttelt [*o* schüttelt] jdn durch; *véhicule* etw wirft etw hin und her; ■ **qn/qc est cahoté(e) par qc** *fig:* ***une existence cahotée par les vicissitudes de la guerre*** ein durch das Auf und Ab des Krieges bewegtes [*o* unruhiges] Leben; ***toute la famille fut cahotée de ville en ville*** die ganze Familie wurde immer wieder in eine

andere Stadt verschlagen
cahute [kayt] *f* Hütte *f*
caïd [kaid] *m* **1.** (*malfaiteur*) [Gangster]boss *m*
2. *fam* (*meneur*) Anführer(in) *m(f)*; ***il joue les ~s*** er spielt den großen Macker *fam*
3. *fam* (*personnage important*) hohes Tier *fam*
caille [kaj] *f* Wachtel *f*
► **gras**(**se**) [*o* **rond**(**e**)] **comme une ~** *fam* gut genährt
caillé, e [kaje] *adj* geronnen; *lait a.* sauer
cailler <1> [kaje] **I.** *vi* **1.** ■ **qc caille** /*sang*/ etw gerinnt; /*lait a.*/ etw wird sauer; ■ **qn laisse/fait ~ qc** *lait* jd lässt etw sauer werden/jd bringt etw zum Gerinnen
2. *fam* ■ **qn caille** jdm ist verdammt kalt *fam*; ***on caille ici!*** hier ist es vielleicht kalt! *fam*; ■ **ça caille** es ist verdammt kalt *fam*
II. *vt* ■ **qc caille qc** *lait* etw bringt etw zum Gerinnen, etw lässt etw gerinnen
III. *vpr* **1.** ■ **qc se caille** /*sang*/ etw gerinnt; /*lait a.*/ etw wird dick, etw wird sauer
2. *fam* ■ **qn se caille** jd friert sich (*dat*) einen ab *fam*, jd erfriert fast
caillot [kajo] *m* [*sang*] Gerinnsel *nt*
caillou <x> [kaju] *m* **1.** (*petite pierre*) [Kiesel]stein *m*, Kiesel *m*
2. *fam* (*pierre précieuse*) Klunker *m fam*
3. *fam* (*crâne*) Kürbis *m fam*
◆ **cailloux d'empierrement** Schotter *m*
caillouteux, -euse [kajutø, -øz] *adj* steinig
caïman [kaimɑ̃] *m* Kaiman *m*
Caïn [kaɛ̃] *m* Kain *m*
Caire [kɛʀ] *m* ■ **le Caire** Kairo *nt*
caisse [kɛs] *f* **1.** (*boîte*) Kiste *f*, Kasten *m*; ***en ~s*** in Kisten; **~ *à claire-voie*** Lattenkiste; ■ **~ à** -kiste; **~ *à fleurs/outils*** Blumen-/Werkzeugkasten; ■ **~ de** (*contenu*) Kiste; ***une ~ d'oranges/de vin*** eine Kiste Apfelsinen/Wein
2. (*coffre dans lequel on dépose de l'argent*) Kasse *f*; **~ *portable*** [Geld]kassette *f*
3. (*guichet*) Kasse *f*; ■ **à la ~** an der Kasse
4. (*réserve monétaire*) Kasse *f*
5. (*organisme de gestion*) Kasse *f*
6. TECH (*boîtier*) [*horloge, mécanisme*] Gehäuse *nt*; [*tambour*] Resonanzkörper *m*; (*châssis*) [*voiture*] Karosserie *f*; ***la ~ d'horloge*** das Uhrgehäuse
7. *fam* (*voiture*) Kiste *f fam*
► **~ claire** MUS kleine [Schnarr]trommel; **~ enregistreuse** Registrierkasse *f*; **grosse ~** große Trommel; **~ noire** Geheimfonds *m*, schwarze Kasse *fam*; [*entreprise*] Reptilienfonds *m*; **qn a qc en ~** jd hat etw in der Kasse; ***je n'ai plus un sou en ~*** ich habe keinen Pfennig [*o* roten] Heller] mehr in der Kasse; **qn est à la ~** jd sitzt [*o* ist] an der Kasse; **qn fait la** [*o* **sa**] **~** jd macht Kasse[nsturz]; **qn part avec la ~** jd brennt [*o* geht] mit der Kasse durch; **qn passe à la ~** (*est renvoyé*) jd ist [fristlos] entlassen; (*paie*) jd geht zur Kasse; **qn tient la ~** jd führt die Kasse; *fig* jd bestimmt über die Finanzen; **à fond la ~** mit vollem Karacho *fam*
◆ **caisse à eau** NAUT Wassertank *m*; **caisse à outils** Werkzeugkasten *m*, Werkzeugkiste *f*; **caisse à savon** *fam* Kasten *m fam*; **caisse complémentaire de retraite** Zusatzversorgungskasse *f*; **caisse d'allocations familiales** Familienausgleichskasse *f*; **caisse d'assurance maladie** Krankenkasse *f*; **caisse d'emballage** Kiste *f*; **caisse d'épargne** Sparkasse *f*; **caisse de prévoyance** Vorsorgekasse *f*; **caisse de résonance** [*piano*] Resonanzboden *m*; [*tambour*] Resonanzkörper *m*; ***qc fait ~ de résonance*** etw wirkt wie ein Resonanzkörper; **caisse de retraite** Rentenkasse *f*; **caisse des dépôts et consignations** [staatliche] Hinterlegungs- und Konsignationskasse; **caisse d'orgue** Orgelgehäuse *nt*; **caisse du tympan** Paukenhöhle *f*; **caisses de l'État** ADMIN Staatskasse *f*
caissette [kɛsɛt] *f* Kistchen *nt*, Kästchen *nt*
caissier, -ière [kesje, -jɛʀ] *m, f* Kassierer(in) *m(f)*
caisson [kɛsɔ̃] *m* **1.** Kiste *f*
2. TECH Caisson *m*, Senkkasten *m*
cajoler <1> [kaʒɔle] *vt* ■ **qn cajole qn** jd herzt [*o* liebkost] jdn, jd hätschelt jdn *fam*; (*pour obtenir qc*) jd umschmeichelt jdn
cajolerie [kaʒɔlʀi] *f surtout pl* Zärtlichkeiten *pl*, Streicheleinheiten *pl hum*
cajoleur, -euse [kaʒɔlœʀ, -øz] *adj* sanft, zärtlich; ***personne ~euse*** Schmuser(in) *m(f) fam*
cajou [kaʒu] *m* Cashewnuss *f*
cake [kɛk] *m* englischer [Tee]kuchen
cal [kal] *m* (*durillon*) Schwiele *f*; (*soudure d'une fracture*) Kallus *m*
calamar [kalamaʀ] *m* Tintenfisch *m*
calamine [kalamin] *f* Ablagerung *f*
calaminer <1> [kalamine] *vpr* ■ **qc se calamine** etw verrußt
calamité [kalamite] *f* Katastrophe *f*; ***cet enfant est une vraie ~!*** *hum fam* dieses Kind ist eine wahre Strafe! *fam*
calancher <1> [kalɑ̃ʃe] *vi pop* ■ **qn calanche** jd gibt den Löffel ab *sl*
calandre [kalɑ̃dʀ] *f* **1.** AUT Kühlergrill *m*
2. TECH (*machine*) Kalander *m*
calanque [kalɑ̃k] *f* [kleine] Felsbucht
calcaire [kalkɛʀ] **I.** *adj* **1.** (*qui contient de la chaux*) kalkig; *eau a., sol, terrain* kalkhaltig; *dépôt* Kalk-
2. GEOL *roche, pierre, plateau* Kalk-; *relief* Kalkstein-
3. CHIM *sels* Kalk-
II. *m* **1.** GEOL Kalk[stein *m*] *m*; **~ *marneux*** Kalkmergel *m*
2. (*carbonate de calcium*) Kesselstein *m*
calcification [kalsifikasjɔ̃] *f* Verkalkung *f*; **~ *des os*** Knochenverkalkung *f*
calciné, e [kalsine] *adj* verkohlt
calciner <1> [kalsine] *vt* ■ **qn calcine qc** jd kalziniert etw
calcium [kalsjɔm] *m* CHIM Kalzium *nt*, Calcium *nt spec*; ***oxyde de ~*** Calciumoxid *nt*; ***qn manque de ~*** jd leidet an Kalziummangel
calcul[1] [kalkyl] *m* **1.** (*fait de calculer*) Berechnung *f*; **~ *des dépenses*** Kosten[be]rechnung *f*; **~ *des bénéfices*** Gewinnermittlung *f*; **~ *du chiffre d'affaires*** Umsatzermittlung *f*; **~ *du bilan*** Bilanzrechnung *f*; ***le ~ du prix de revient*** Selbstkostenberechnung *f*; ***sauf erreur de ~, tu me dois encore 200 F*** wenn ich mich nicht verrechnet habe, schuldest du mir noch 200 F
2. (*arithmétique*) Rechnen *nt*; ***un problème de ~*** eine Rechenaufgabe
3. *pl* (*estimation*) Berechnung *f*; ***d'après mes ~s*** nach meiner Berechnung
4. (*manigance*) Berechnung *f*; ***sans aucun ~*** ohne jede Berechnung
► **~ algébrique** MATH algebraisches Rechnen; ***résoudre une équation par le ~ algébrique*** eine Gleichung nach algebraischen Regeln auflösen; **~ approximatif** Überschlagsrechnung *f*; **~ différentiel/intégral** MATH Differenzial-/Integralrechnung *f*; **faux ~** falsche Berechnung; **~ juste** richtige Berechnung; **mauvais ~**: ***qn fait un mauvais ~*** jd verrechnet sich, jd verkalkuliert sich; **~ mental** Kopfrechnen *nt*; ***il fit un rapide ~ mental*** er rechnete ganz schnell im Kopf; **qc échappe à tout ~** etw entzieht sich jeder Berechnung; **qn fait le ~ de qc** jd berechnet etw, jd kalkuliert etw; **qn fait une erreur de ~** jd macht einen Rechenfehler, jd verrechnet sich; **qn ne fait pas rentrer qc dans ses ~s** jd kalkuliert etw nicht [mit] ein; **qn fait qc par ~** jd tut etw aus Berechnung; **qn se trompe dans ses ~s** jd verrechnet sich, jd verkalkuliert sich; **qn vérifie un ~/les ~s** jd rechnet nach
◆ **calcul des probabilités** MATH Wahrscheinlichkeitsrechnung *f*
calcul[2] [kalkyl] *m* MED Stein *m*; **~ *biliaire/rénal*** Gallen-/Nierenstein
calculable [kalkylabl] *adj* berechenbar
calculateur, -trice [kalkylatœʀ, -tʀis] **I.** *adj* berechnend
II. *f* ■ **calculatrice** Rechner *m*
◆ **calculatrice de poche** Taschenrechner *m*
IV. *m* Rechner *m*
► **~ analogique** Analogrechner *m*; **~ numérique** Digitalrechner *m*
calculé, e [kalkyle] *adj* **1.** (*étudié*) [wohl] kalkuliert, [wohl] berechnet; *attitude, geste a.* [wohl] überlegt; *effet* [genau] berechnet, wohl berechnet; ***il avait pris un risque ~*** er hatte das Risiko einkalkuliert
2. (*intéressé*) kalkuliert, berechnet
calculer <1> [kalkyle] **I.** *vi* **1.** (*faire de l'arithmétique*) ■ **qn calcule** jd rechnet; ***qn calcule mentalement/vite*** jd rechnet im Kopf [aus]/schnell
2. (*compter sou à sou*) ■ **qn calcule** jd rechnet [mit dem Geld]; ***qn calcule au plus juste*** jd kalkuliert ganz knapp; ***ces gens si riches et qui calculent!*** diese Leute sind so reich und drehen jeden Pfennig um! *fam*
II. *vt* **1.** (*déterminer par le calcul*) ■ **qn calcule qc** jd berechnet etw; *somme* jd errechnet etw; *distance, prix a.* jd rechnet etw aus
2. (*évaluer, prévoir*) ■ **qn calcule qc** *risque* jd kalkuliert etw ein; *conséquences* jd bedenkt etw [wohl]; *avantages, inconvénients* jd wägt etw gegeneinander ab; ***qn calcule ses chances*** jd rechnet seine Chancen aus; ***il a mal calculé son élan*** er hat seinen Anlauf falsch berechnet; ■ **qn calcule que** jd schätzt [*o* rechnet], dass
3. (*étudier*) ■ **qn calcule qc** *attitude* jd plant etw; *geste* jd berechnet etw [wohl], jd überlegt etw [wohl]; *effet* jd berechnet etw [genau [*o* wohl]]; *termes* jd wählt etw sorgfältig
► **tout bien calculé** alles in allem; **qn calcule large** jd kalkuliert großzügig
calculette [kalkylɛt] *f* Taschenrechner *m*
cale[1] [kal] *f* (*soute*) Laderaum *m*, Frachtraum *m*
► **en ~ sèche** im Trockendock; ***qn met un navire en ~ sèche*** jd bringt ein Schiff ins Trockendock; ***le navire est en ~ sèche*** das Schiff liegt im Trockendock
◆ **cale de chargement** Verladerampe *f*
cale[2] [kal] *f* (*coin*) Keil *m*; (*au golf*) Wedge [vɛdʒ] *m*; ***qn se sert de qc comme ~*** jd benützt etw als [Unterleg]keil
► **qn met qc sur ~s** jd bockt etw auf
calé, e [kale] *adj fam* **1.** (*fort*) beschlagen; ■ [**qn est**] **~(e)** [**en qc**] [jd ist] gut [in etw (*dat*)]; ***il est ~*** [***en maths***] er ist unheimlich gut [in Mathe] *fam*, er hat [in Mathe] unheimlich was drauf *fam*
2. (*difficile*) ■ **qc est ~** etw ist schwierig; ***c'est trop ~ pour moi*** das ist zu hoch für mich *fam*
calèche [kalɛʃ] *f* Kalesche *f*, leichte Kutsche
caleçon [kalsɔ̃] *m* (*sous-vêtement masculin*) Unterhose *f*; (*collant pour femme*) Leggings *pl*; ***des ~s longs*** lange Unterhosen *pl*
► **qn se retrouve en ~** *fam* jd muss eine Schlappe einstecken *fam*
◆ **caleçon de bain** Badehose *f*
calembour [kalɑ̃buʀ] *m* Kalauer *m*, Wortspiel *nt*
► **qn fait un ~** jd kalauert
calendes [kalɑ̃d] *fpl* Kalenden *pl*
► **qn renvoie qc aux ~ grecques** jd verschiebt etw auf den [Sankt-]Nimmerleinstag
calendos [kalɑ̃dos] *m fam* Camembert *m*
calendrier [kalɑ̃dʀije] *m* **1.** (*système de division du temps*) Kalender *m*
2. (*almanach*) Kalender *m*
3. (*programme*) Zeitplan *m*, Programm *nt*
► **~ perpétuel** immerwährender Kalender; **~ républicain** Revolutionskalender *m*; **qn consulte le ~** jd sieht im Kalender nach; **~ à effeuiller** Abreißkalender *m*; **qn établit un ~** jd stellt ein Programm auf; **qn respecte le ~** jd hält den Zeitplan ein
◆ **calendrier d'amortissement** Abschreibungsplan *m*; **calendrier de l'avent** Adventskalender *m*; **calendrier de travail** Arbeitsprogramm *nt*; **calendrier des examens** Prüfungstermine *pl*; **calendrier des rencontres** Spielplan *m*
cale-pied <~-~s> [kalpje] *m* Rennbügel *m*
calepin [kalpɛ̃] *m* Notizbuch *nt*
caler <1> [kale] **I.** *vi* **1.** AUT ■ **qn/qc cale** /*conducteur*/ jd würgt den Mo-

tor ab; */moteur/* etw stirbt ab
2. *fam* (*être rassasié*) ■ **qn cale** jd kann nicht mehr [weiteressen] *fam*
II. *vt* 1. (*fixer avec une cale*) ■ **qn cale qc** *porte, conteneur* jd verkeilt etw; *véhicule* jd bockt etw auf; *roue* jd legt einen Keil hinter etw (*akk*); *meuble* jd unterlegt etw, jd legt einen Keil unter etw (*akk*)
2. (*maintenir*) ■ **qn cale qn/qc** *malade* jd stützt jdn, jd gibt jdm Halt; ***elle cala sa tête contre le dossier*** sie legte ihren Kopf an die Lehne
3. (*adosser*) ■ **qn cale qc** jd lehnt etw gegen etw
4. AUT ■ **qn cale qc** *moteur* jd würgt etw ab
5. TECH (*rendre fixe*) ■ **qn cale qc** jd stellt etw fest
6. NAUT ■ **qn cale qc** *mât, voile* jd holt etw nieder, jd lässt etw herunter
III. *vpr* ■ **qn se cale quelque part** jd setzt sich irgendwo zurecht

calfeutrage [kalføtʀaʒ] *m* Abdichten *nt*

calfeutrer [kalføtʀe] I. *vt* ■ **qn calfeutre qc** [**avec qc**] jd dichtet etw [mit etw] ab
II. *vpr* (*s'enfermer*) ■ **qn se calfeutre** jd verkriecht sich; (*se mettre au chaud*) jd bleibt im Warmen [*o* in der warmen Stube]

calibre [kalibʀ] *m* 1. (*diamètre*) [*cylindre, instrument de musique, colonne, sphère, câble*] Durchmesser *m;* [*conduit, tuyau a.*] lichte Weite; [*arme, projectile*] Kaliber *nt;* [*fruits, œufs*] Größe *f;* ***un pistolet de gros/petit*** ~ eine groß-/kleinkalibrige Pistole; ***un pistolet de*** ~ ***7,35*** eine 7,35-mm-Pistole
2. TECH [Schub]lehre *f*
3. *fig* (*envergure*) [*personne*] Format *nt*
▸ **de gros** ~ groß, bedeutend; **qn est d'un autre** ~ jd ist aus anderem Holz geschnitzt, jd ist ein anderes Kaliber *fam;* **deux personnes ne sont pas du même** ~ zwei Menschen haben nicht das gleiche Format, zwei Menschen sind nicht zu vergleichen; **un(e) ... de ce** ~ ein(e) ... seines/ihres Schlages

calibrer <1> [kalibʀe] *vt* 1. (*mesurer*) ■ **qn calibre qc** jd kalibriert etw; *conduit, tuyau, cylindre a.* jd misst den Durchmesser [*o* die lichte Weite] von etw; *fusil a.* jd bestimmt das Kaliber von etw
2. (*trier selon le calibre*) ■ **qn calibre qc** *fruits, œufs* jd sortiert etw [nach Gewichtsklasse/Größe]; *charbon* jd klassiert etw
3. (*donner le calibre voulu*) ■ **qn calibre qc** jd kalibriert etw

calice [kalis] *m* 1. BOT [Blüten]kelch *m*
2. REL [Abendmahls]kelch *m*
3. ANAT [*rein*] -kelch *m*
▸ **qn boit le** ~ **jusqu'à la lie** jd leert den Kelch bis zur Neige

calife [kalif] *m* Kalif *m*

califourchon [kalifuʀʃɔ̃] *loc* ▸ **à** ~ rittlings; ***qn monte à*** ~ jd reitet im Herrensitz

câlin, e [kɑlɛ̃, in] I. *adj* 1. (*qui aime les caresses*) anschmiegsam, verschmust *fam*
2. (*caressant*) zärtlich, liebevoll; ***d'un air*** ~ zärtlich, liebevoll
II. *m* 1. (*caresse*) Zärtlichkeit *f,* Liebkosung *f geh;* ***papa, viens me faire un*** ~ *fam* Papa, komm schmus ein bisschen mit mir *fam;* ***j'ai fait un*** ~ ***au chat*** *fam* ich habe die Katze gestreichelt
2. (*acte sexuel*) Quickie *m fam*

câliner <1> [kɑline] *vt* ■ **qn câline qn** jd ist zärtlich zu jdm

câlinerie [kɑlinʀi] *f* Zärtlichkeit *f,* Liebkosungen *pl geh*
▸ **qn fait des** ~**s à qn** jd ist zärtlich zu jdm

calleux, -euse [kalø, -øz] *adj mains, genoux* schwielig; ***peau*** ~***euse*** Hornhaut *f*

call-girl <~-~s> [kolgœʀl] *f* Callgirl ['ko:lgø:ɐl] *nt*

calligraphie [ka(l)ligʀafi] *f* 1. (*technique*) Schönschreibekunst *f,* Kalligraphie *f*
2. (*écriture élégante*) Schönschrift *f*

calligraphier <1> [ka(l)ligʀafje] *vt* ■ **qn calligraphie qc** jd schreibt etw in Schönschrift; ■ **qc est calligraphié(e)** etw ist in Schönschrift geschrieben

callosité [kalozite] *f* Hornhaut *f;* [*main, genoux*] Schwiele *f*

calmant, e [kalmɑ̃, ɑ̃t] I. *adj* 1. (*qui apaise*) beruhigend
2. PHARM (*sédatif*) beruhigend; (*analgésique*) schmerzstillend; ***une tisane*** ~***e*** ein Beruhigungstee; ***cette tisane est*** ~***e*** dieser Kräutertee beruhigt
II. *m* (*sédatif*) Beruhigungsmittel *nt,* Tranquilizer *m;* (*analgésique*) Schmerzmittel *nt,* schmerzstillendes Mittel

calmar [kalmaʀ] *m v.* **calamar**

calme [kalm] I. *adj* 1. (*paisible, réfléchi*) *personne* ruhig, besonnen; *humeur* ruhig; *caractère* besonnen
2. (*opp: troublé, agité*) ruhig; *personne a.* gelassen; *mer a.* unbewegt; *temps a.* windstill; *lieu a.* still, abgelegen; ***restez*** ~ bleiben Sie ruhig [*o* gelassen]
3. (*sans turbulences*) *affaires* ruhig; *marché, bourse a.* zurückhaltend
II. *m* 1. (*sérénité*) Ruhe *f,* Gelassenheit *f*
2. (*tranquillité*) Ruhe *f;* ■ **du** ~ Ruhe
3. (*accalmie*): ***le malade a un moment de*** ~ der Kranke ist im Moment ruhiger
▸ **le** ~ **avant la tempête** die Ruhe vor dem Sturm; ~ **équatorial** äquatorialer Kalmengürtel; ~ **intérieur** innere Ruhe; ~ **olympien** olympische Gelassenheit; ~ **plat** Flaute *f,* völlige Windstille; **c'est le** ~ **plat** *fig* (*on ne fait pas d'affaires*) es herrscht eine allgemeine Flaute; (*rien ne se passe*) es herrscht absolute Ruhe [*o* Funkstille *fam*]; **qn aspire au** ~ jd sehnt sich nach Ruhe; ***je n'aspire plus qu'au*** ~ ich wünsche mir nichts sehnlicher als Ruhe; **qn cherche le** ~ jd sucht Ruhe; **qn se départit de son** ~ jd verliert seine Ruhe; **qn garde son** ~ jd bleibt gelassen, jd behält einen kühlen Kopf; **qn perd son** ~ jd verliert die Beherrschung [*o* seine Ruhe]; **qn/qc ramène le** ~ (*apaise les inquiétudes*) jd/etw beruhigt die Gemüter; (*fait cesser l'agitation*) jd/etw stellt die Ruhe wieder her; **qn reste au** ~ jd hält sich von jeder Aufregung fern; **qn retrouve son** ~ jd beruhigt sich wieder, jd findet seine Ruhe wieder; **qn/qc trouble le** ~ jd/etw stört die Ruhe; **du** ~! (*pas de panique*) bitte Ruhe [bewahren]!; ***les enfants, du*** ~! seid ein bisschen ruhiger, Kinder!

calmement [kalməmɑ̃] *adv* ruhig; ***il nous faut réfléchir*** ~ wir müssen in Ruhe überlegen

calmer <1> [kalme] I. *vt* 1. (*apaiser*) ■ **qn/qc calme qn/qc** *personne, esprits* jd/etw beruhigt jdn/etw; *discussion, polémique* jd entschärft etw; *soulèvement* jd/etw bringt etw zur Ruhe
2. (*soulager*) ■ **qc calme qc** etw lindert [*o* mildert] etw; *colère a., enthousiasme* etw dämpft etw; *fièvre* etw senkt etw; *impatience* etw bremst etw, etw zügelt etw; *nerfs* etw beruhigt etw; *faim* etw stillt etw; *soif* etw löscht etw
▸ **je vais te/vous** ~, **moi** *fam* ich werde dich/euch schon zur Vernunft bringen *fam*
II. *vpr* 1. (*se tenir tranquille*) ■ **qn se calme** jd beruhigt sich
2. (*s'apaiser*) ■ **qn/qc se calme** */personne/* jd beruhigt sich; */sensation/* etw schwächt sich ab, etw lässt nach; */polémique, discussion/* etw verliert an Schärfe; */tempête/* etw lässt nach; */mer/* etw glättet sich; */querelle/* etw legt sich
3. (*diminuer*) ■ **qc se calme** etw lässt nach; */fièvre a./* etw sinkt; */sentiment a./* etw kühlt sich ab, etw schwächt sich ab; */crainte/* etw verflüchtigt sich

calomniateur, -trice [kalɔmnjatœʀ, -tʀis] I. *adj* verleumderisch
II. *m, f* Verleumder(in) *m(f)*

calomnie [kalɔmni] *f* Verleumdung *f;* ***une basse*** ~ eine schändliche [*o* gemeine] Verleumdung

calomnier <1 a> [kalɔmnje] *vt* ■ **qn calomnie qn/qc** jd verleumdet jdn/etw

calomnieux, -euse [kalɔmnjø, -jøz] *adj* verleumderisch

calorie [kalɔʀi] *f* Kalorie *f*
▸ **basses** ~**s** kalorienarm; **pauvre/riche en** ~**s** kalorienarm/kalorienreich

calorifique [kalɔʀifik] *adj* wärmeerzeugend

calorifuge [kalɔʀifyʒ] I. *adj* wärmeisolierend, wärmedämmend
II. *m* Wärmeisolierstoff *m,* Wärmedämmstoff *m*

calorifuger <2 a> [kalɔʀifyʒe] *vt* ■ **qn calorifuge qc** jd dämmt [*o* isoliert] etw [gegen Wärmeverlust]

calorimètre [kalɔʀimɛtʀ] *m* Kalorimeter *nt*

calot [kalo] *m* 1. (*coiffure*) Feldmütze *f,* Schiffchen *nt fam*
2. (*bille*) große Murmel

calotte [kalɔt] *f* 1. (*bonnet*) [Scheitel]käppchen *nt*
2. (*coiffure ecclésiastique*) Kalotte *f,* Priestermütze *f*
3. *péj* (*clergé, partisans du clergé*) Pfaffen *pl pej;* ***à bas la*** ~! nieder mit den Pfaffen! *pej*
4. ARCHIT Kalotte *f*
5. *fam* (*gifle*) Ohrfeige *f*
▸ ~ **crânienne** Schädeldecke *f,* Schädeldach *nt;* ~ **glaciaire** Eiskappe *f;* ~ **sphérique** Kugelhaube *f,* Kalotte *f*
▸ **qn fiche une** ~ **à qn** *fam* jd wischt [*o* langt] jdm eine *fam*

calque [kalk] *m* 1. (*copie*) Pause *f*
2. (*papier*) Pauspapier *nt*
3. *fig* (*imitation*) Nachahmung *f,* Abklatsch *m pej;* (*sosie*) Ebenbild *nt;* ***il est le*** ~ ***de son père*** er ist seinem Vater wie aus dem Gesicht geschnitten [*o* sieht seinem Vater zum Verwechseln ähnlich]
▸ **qn fait un** ~ [**de qc**] jd macht eine Pause [von etw]; **qn prend un** ~ **de qc** jd paust [*o* zeichnet] etw durch

calquer <1> [kalke] *vt* ■ **qn calque qc** jd paust [*o* zeichnet] etw durch; ■ **qn calque qn/qc** *fig* jd ahmt jdn/etw nach, jd kopiert jdn/etw; ■ **qn calque qc sur qc** jd überträgt etw auf etw (*akk*); ■ **qc est calqué(e) de qc** */expression, mot/* etw ist wörtlich übersetzt aus etw

calumet [kalymɛ] *m* Kalumet *nt*
▸ **des personnes fument le** ~ **de la paix** Menschen rauchen die Friedenspfeife

calva [kalva] *m abr de* **calvados** *fam* Calvados *m*

calvados [kalvados] *m* Calvados *m*

calvaire [kalvɛʀ] *m* 1. (*épreuve*) Martyrium *nt,* Leidensweg *m*
2. (*croix*) Bildstock *m,* Marterl *nt*
3. (*peinture*) Kreuzigungsgruppe *f*
▸ **qc est un long** ~ etw ist ein einziges Martyrium

calvinisme [kalvinism] *m* Kalvinismus *m*

calviniste [kalvinist] I. *adj* kalvinistisch
II. *mf* Kalvinist(in) *m(f)*

calvitie [kalvisi] *f* Glatze *f;* (*phénomène*) Kahlköpfigkeit *f;* ***une*** ~ ***précoce*** eine vorzeitige [*o* frühzeitige] Glatze; ***un début de*** ~ eine beginnende Glatze, erste Ansätze einer Glatze

camaïeu <x> [kamajø] *m* monochrome Malerei
▸ **en** ~ Ton in Ton [gehalten], monochrom; ***en*** ~ ***bleu*** Blau in Blau [gehalten], in Blautönen [gehalten]

camarade [kamaʀad] *mf* (*compagnon*) Kamerad(in) *m(f);* (*membre du même parti*) Genosse *m,* Genossin *f;* ***c'est un bon*** ~ ***pour elle, rien de plus*** er ist nur ein guter Freund für sie
◆ **camarade d'école** Schulkamerad(in) *m(f),* Mitschüler(in) *m(f);* **camarade de jeu** Spielkamerad(in) *m(f),* Spielgefährte *m,* Spielgefährtin *f;* **camarade de régiment** Regimentskamerad *m,* Kamerad *m* aus der Militärzeit; **camarade d'études** Studienkollege *m,* Studienkollegin *f,* Kommilitone *m,* Kommilitonin *f*

camaraderie [kamaʀadʀi] *f* Kameradschaft *f*

Camargue [kamaʀg] *f* ■ **la Camargue** die Camargue; ■ **en** ~ in der Camargue; ***aller en*** ~ in die Camargue fahren

Cambodge [kɑ̃bɔdʒ] *m* ■ **le Cambodge** Kambodscha *nt,* Kamputschea *nt*

cambouis [kɑ̃bwi] *m* ■ **du** ~ [gebrauchtes] Schmieröl; ***couvert de*** ~ ölverschmiert; ***des taches de*** ~ Ölflecken *pl*

cambré, e [kɑ̃bʀe] *adj dos* durchgedrückt; *pied* mit hohem Spann, gewölbt; ***elle est très*** ~***e*** sie hat ein starkes Hohlkreuz

cambrer <1> [kɑ̃bʀe] I. *vt* 1. ■ **qn cambre qc** *pied* jd wölbt etw; ***qn cambre la taille*** [*o* ***les reins***] jd macht ein Hohlkreuz; ***qn cambre fièrement la taille*** jd wirft sich stolz in die Brust
2. TECH ■ **qn cambre qc** *pièce de bois, métal, semelle* jd biegt etw; *poutre* jd wölbt etw
II. *vpr* ■ **qn se cambre** jd neigt den Oberkörper nach hinten, jd strafft den Körper

cambriolage [kɑ̃bʀijɔlaʒ] *m* Einbruch *m,* Einbruch[s]diebstahl *m*

cambrioler <1> [kɑ̃bʀijɔle] *vt* ■ **qn cambriole qc** jd bricht in etw (*akk*) ein; ■ **qn se fait ~** bei jdm wird eingebrochen

cambrioleur, -euse [kɑ̃bʀijɔlœʀ, -øz] *m, f* Einbrecher(in) *m(f)*

cambrousse [kɑ̃bʀus] *f fam* Land *nt;* ***il débarque de sa ~*** er kommt gerade aus seinem Kuhdorf *fam*
► **en pleine ~** ganz abgeschieden, in einer abgelegenen Gegend, [mitten] in der Pampa *fam*

cambrure [kɑ̃bʀyʀ] *f* 1. (*courbure*) [*taille, reins*] Wölbung *f*
2. (*forme arquée*) [*pièce de bois*] Biegung *f;* [*poutre, route*] Wölbung *f*
◆ **cambrure du pied** Fußwölbung *f*

came¹ [kam] *f* TECH Nocken *m;* ~ ***de butée*** Anschlagnocken

came² [kam] *f fam* (*drogue*) Stoff *m sl*

camé, e [kame] *m, f fam* Fixer(in) *m(f) sl,* Junkie ['dʒaŋki] *m sl*

caméléon [kameleɔ̃] *m* 1. ZOOL Chamäleon *nt*
2. *fig* (*personne*) Chamäleon *nt;* POL Wendehals *m*

camélia [kamelja] *m* Kamelie *f*

camelot [kamlo] *m* Straßenhändler *m,* Straßenverkäufer *m*

camelote [kamlɔt] *f fam* Ramsch *m fam,* Plunder *m fam*
► **de la belle** [*o* **bonne**] **~** gute Ware

camembert [kamɑ̃bɛʀ] *m* 1. (*fromage*) Camembert *m*
2. (*graphique*) Tortengrafik *f*

camer <1> [kame] *vpr fam* ■ **qn se came** jd fixt *sl,* jd drückt *sl*

caméra [kameʀa] *f* Kamera *f;* CINE [Film]kamera; TV [Fernseh]kamera; ~ ***vidéo*** Videokamera
► **qn regarde la ~** jd schaut [*o* guckt] in die Kamera

caméraman <s *o* -men> [kameʀaman, -mɛn] *m* Kameramann/-frau *m/f*

Cameroun [kamʀun] *m* ■ **le Cameroun** Kamerun *nt*

caméscope [kameskɔp] *m* Kamerarecorder *m,* Camcorder *m*

camion [kamjɔ̃] *m* 1. (*véhicule*) Lastwagen *m,* Lkw *m,* Laster *m fam;* ~ ***de trois tonnes*** Dreitonner *m;* ~ ***bâché*** Planwagen *m*
2. (*chariot*) Rollwagen *m*
◆ **camion** [**à**] **remorque** Lkw *m* mit Anhänger, Lastzug *m;* **camion** [**à**] **semi-remorque** Sattelschlepper *m;* **camion de déménagement** Möbelwagen *m*

camion-citerne <~s-~s> [kamjɔ̃sitɛʀn] *m* Tankwagen *m*

camionnette [kamjɔnɛt] *f* Lieferwagen *m,* Kleintransporter *m*

camionneur [kamjɔnœʀ] *m* 1. (*chauffeur*) Lastwagenfahrer(in) *m(f),* Lkw-Fahrer(in) *m(f)*
2. (*entrepreneur*) Fuhrunternehmer(in) *m(f)*

camisole [kamizɔl] *f* Mieder *nt,* Leibchen *nt*
◆ **camisole de force** Zwangsjacke *f* ► **qn passe la ~ de force à qn** jd steckt jdn in die Zwangsjacke, jd legt jdm die Zwangsjacke an

camomille [kamɔmij] *f* (*fleur*) Kamille *f;* (*tisane*) Kamillentee *m*

camouflage [kamuflaʒ] *m* 1. MIL (*technique*) Tarnen *nt;* (*résultat*) Tarnung *f*
2. (*maquillage*) [*erreur*] Vertuschung *f,* Verschleierung *f;* [*crime*] Tarnung *f*
3. (*dissimulation*) [*argent*] Veruntreuung *f*

camoufler <1> [kamufle] *vt* 1. MIL ■ **qn camoufle qc** jd tarnt etw
2. (*taire*) ■ **qn camoufle qc** jd verheimlicht etw; (*déguiser*) *erreur, faute* jd vertuscht etw; *intentions, sentiment a.* jd verbirgt etw; ■ **qn camoufle qc en qc** jd tarnt etw als etw

camp [kɑ̃] *m* 1. (*campement*) [Zelt]lager *nt;* MIL [Truppen]lager *nt;* ***qn rentre au ~*** jd kehrt ins Lager zurück
2. SPORT Seite *f;* POL Lager *nt*
► **qn passe au** [*o* **dans le**] **~ adverse** jd läuft [*o* wechselt] ins gegnerische Lager [*o* ins Lager des Gegners] über; ~ **retranché** befestigtes Lager; ~ **volant** MIL (*unité légère mobile*) Streifkorps *nt;* ***les ~s volants des nomades*** (*campement non fixe*) die Wanderlager der Nomaden; **qn change de ~** /*soldat*/ jd schlägt sich auf die andere Seite; /*espion*/ jd wechselt ins andere Lager über; /*joueur*/ jd wechselt die Seiten; /*homme politique*/ jd wechselt die Partei; **qn/qc fiche** [*o* **fout**] **le ~** *fam* jd verduftet [*o* haut ab]/etw macht sich selbständig *fam;* **fiche le ~!** hau ab! *fam,* zieh Leine! *fam;* **fiche-moi le ~!** lass mich in Ruhe!; **qn lève le ~** *fam* jd zieht ab; **qn se range dans le ~ de qn** jd schlägt sich auf jds Seite (*akk*) [*o* in jds Lager (*akk*)]
◆ **camp de base** Basislager *nt,* Basiscamp *nt;* **camp de concentration** Konzentrationslager *nt;* **camp de la mort** Vernichtungslager *nt;* **camp de nudistes** FKK-Platz *m;* **camp de prisonniers** [Kriegs]gefangenenlager *nt;* **camp de réfugiés** Flüchtlingslager *nt;* **camp de transit** Durchgangslager *nt;* **camp de travail** Arbeitslager *nt;* **camp de vacances** Ferienlager *nt;* **camp d'extermination** Vernichtungslager *nt*

campagnard, e [kɑ̃paɲaʀ, aʀd] I. *adj accent, manières* ländlich, bäuerlich, bäu[e]risch *pej*
II. *m, f* Landbewohner(in) *m(f),* Bauer *m,* Bäuerin *f;* ***les citadins et les ~s*** die Städter und die Leute vom Land

campagne [kɑ̃paɲ] *f* 1. (*opp: ville*) Land *nt*
2. (*paysage*) Landschaft *f,* Gegend *f;* ***la ~ environnante*** die ländliche Umgebung
3. GEOG (*opp: bocage*) Flur *f liter*
4. MIL Feldzug *m;* ***les ~s de Napoléon*** die Napoleonischen Feldzüge; ***la ~ de Russie*** der Rußlandfeldzug
5. (*opération de propagande*) Kampagne *f,* Feldzug *m;* ■ **une ~ pour/contre qc** eine Kampagne für/gegen etw [*o* ein Feldzug für/gegen etw]
► **~ commerciale** Verkaufskampagne *f,* Verkaufsaktion *f;* ~ **électorale** Wahlkampagne *f,* Wahlkampf *m;* ***en*** [***pleine***] ~ ***électorale*** [mitten] im Wahlkampf; ~ **mensongère** Lügenkampagne; **en pleine ~** weit auf dem Land draußen, weitab von jeder Ortschaft; ~ **publicitaire** Werbekampagne *f,* Werbefeldzug *m;* **en rase ~** auf freiem Feld; ***un train s'arrête en rase ~*** ein Zug hält auf der Strecke; **qn bat la ~** (*parcourt en tous sens*) jd sucht die Gegend ab; *fam* (*divague*) jd ist nicht ganz richtig im Kopf *fam;* (*rêve*) jd träumt; **qn est en ~** jd befindet sich im Wahlkampf; **qn entre en ~** MIL jd zieht ins Feld; **qn entre** [*o* **se met**] **en ~** jd startet seinen Wahlkampf; **qn fait ~ pour qn** jd macht [*o* betreibt] Wahlwerbung für jdn; **qn mène une ~** [**pour/contre qn/qc**] jd führt eine Kampagne [für/gegen jdn/etw]; **à la ~** auf dem Land
◆ **campagne de diffamation** Verleumdungskampagne *f;* **campagne de presse** Pressekampagne *f,* Pressefeldzug *m;* **campagne de sensibilisation** Aufklärungskampagne *f*

campanile [kɑ̃panil] *m* Kampanile *m*

campanule [kɑ̃panyl] *f* Glockenblume *f*

campé, e [kɑ̃pe] *adj* breitbeinig dastehend; ***il était là devant moi, ~ sur ses deux jambes*** er hatte sich breitbeinig vor mir aufgebaut *fam*

campement [kɑ̃pmɑ̃] *m* 1. (*tentes*) Lager *nt;* (*lieu*) Lagerplatz *m;* ***nous cherchons un ~*** wir suchen einen Platz zum Zelten; ***nous y avons établi notre ~*** wir haben unser Lager dort aufgeschlagen
2. (*service hôtelier*) Ferienlager *nt*
◆ **campement de nomades** Nomadenlager *nt*

camper <1> [kɑ̃pe] I. *vi* 1. (*faire du camping*) ■ **qn campe** jd campt, jd zeltet
2. *fam* (*être installé provisoirement*) ■ **qn campe** [**quelque part**] jd kampiert [irgendwo], jd hat sich [notdürftig und] vorübergehend [irgendwo] eingerichtet
II. *vt* ■ **qn campe qn/qc** (*décrire*) jd beschreibt jdn/etw; (*jouer*) jd spielt jdn
III. *vpr* ■ **qn se campe devant qn/qc** jd stellt sich vor jdm/etw auf, jd baut sich vor jdm/etw auf *fam*

campeur, -euse [kɑ̃pœʀ, -øz] *m, f* Camper(in) *m(f)* ['kɛmpɐ], Zelter(in) *m(f)*

camphre [kɑ̃fʀ] *m* Kampfer *m*

camping [kɑ̃piŋ] *m* 1. (*activité*) Zelten *nt,* Campen ['kɛmpn] *nt*
2. (*lieu*) Zeltplatz *m,* Campingplatz ['kɛmpɪŋ-] *m*
► **~ sauvage** wildes Zelten [*o* Campen]; **qn fait du ~** jd zeltet, jd campt [kɛmpt]

camping-car <~-~s> [kɑ̃piŋkaʀ] *m* Wohnmobil *nt,* Campingbus ['kɛmpɪŋ-] *m* **camping-gaz®** [kɑ̃piŋgaz] *m inv* Gaskocher *m*

campus [kɑ̃pys] *m* Unigelände *m,* Universitätsgelände *nt,* Campus *m*

camus, e [kamy, yz] *adj* breit, platt gedrückt

Canada [kanada] *m* ■ **le Canada** Kanada *nt*

canadair® [kanadɛʀ] *m* Löschflugzeug *nt*

canadien, ne [kanadjɛ̃, jɛn] I. *adj* kanadisch
II. *m, f* ■ **Canadien(ne)** Kanadier(in) *m(f)*
► **C~(ne) français(e)** Frankokanadier(in) *m(f)*
III. *f* ■ **canadienne** 1. (*veste*) [lammfellgefütterte] Jacke (*aus Stoff oder Leder*)
2. (*tente*) kleines [Zweimann]zelt
3. (*bateau*) Kanadier *m*

canaille [kanɑj] I. *adj air, manière* ungehobelt, grob; *goût* gewöhnlich, ordinär; ***en public il se donne des airs ~s*** in der Öffentlichkeit gibt er sich plebejisch
II. *f* 1. (*vaurien*) Taugenichts *m,* Halunke *m,* Schurke *m*
2. *hum* (*enfant*) Schlingel *m,* Spitzbub *m*

canal <-aux> [kanal, o] *m* 1. (*cours d'eau*) Kanal *m*
2. TECH (*tuyau, fossé*) Kanal *m;* ***un ~ d'aspiration des poussières*** ein Staubabsaugkanal
3. RADIO, ELEC Kanal *m*
► **~ cholédoque/médullaire** Gallenblasengang *m*/Markhöhle *f;* ~ **déférent** Samenleiter *m;* ~ **maritime** Schifffahrtskanal *m;* **par le ~ de qn/qc** über jdn/etw
◆ **canal d'amenée** Zuleitungskanal *m;* **canal de dérivation** Nebenkanal *m,* Seitenkanal *m;* ***le ~ de dérivation à écluses*** der Schleusenkanal; **canal de Panama/Suez** Panama-/Sueskanal *m;* **canal d'irrigation** Bewässerungskanal *m,* Bewässerungsgraben *m*

canalisation [kanalizasjɔ̃] *f* 1. (*tuyau*) Rohrleitung *f;* (*égouts*) Kanalisation *f;* ***les ~s d'eau et de gaz*** die Wasser- und Gasleitungen
2. (*aménagement*) [*cours d'eau*] Kanalisierung *f*
3. [*informations*] Sammeln *nt;* [*circulation*] Regulierung *f;* [*foule*] Schleusen *nt,* Lotsen *nt,* Dirigieren *nt*

canaliser <1> [kanalize] *vt* 1. (*endiguer*) ■ **qn canalise qc** *cours d'eau* jd kanalisiert etw
2. (*contrôler*) ■ **qn/qc canalise qn/qc** *énergie, mouvement politique* jd/etw lenkt [*o* kanalisiert] etw; *informations* jd/etw sammelt etw; *foule* jd dirigiert [*o* schleust] [*o* lotst] jdn/etw; *circulation* jd/etw reguliert etw

canapé [kanape] *m* 1. (*meuble*) Sofa *nt,* Couch [kautʃ] *f*
2. GASTR Häppchen *nt,* belegtes [Weißbrot]schnittchen, Kanapee *nt*
► **~ convertible** Bettcouch *f,* Schlafcouch *f*

canapé-lit <~s-~s> [kanapeli] *m* Bettcouch [-kautʃ] *f,* Schlafcouch *f*

canaque [kanak] I. *adj* der Kanaken
II. *mf* Kanake/Kanakin *m/f*

canard [kanaʀ] *m* 1. (*oiseau*) Ente *f;* (*opp: cane*) Erpel *m,* Enterich *m*
2. GASTR Ente *f;* (*morceau de sucre*) *mit Alkohol getränktes Stück Würfelzucker*

3. *fam* (*journal*) Blatt *nt*; *péj* Käseblatt *nt*
4. MUS falsche Note
► ~ **boîteux** *fam* (*personne*) lahme Ente; (*entreprise*) marodes Unternehmen; ***des ~s boîteux*** Fußkranke *pl fam*; ~ **laqué** GASTR Pekingente *f*; **mon petit** ~ mein Spatz, mein Schnuckelchen *fam*, mein Schnuckiputz *fam*; ~ **sauvage** Wildente *f*; **qn est trempé(e) comme un** ~ jd ist pudelnass [*o* tropfnass]; **qn fait un** ~ MUS jd spielt falsch [*o* eine falsche Note]; GASTR jd taucht ein Stück Zucker in Alkohol
◆ **canard à l'orange** Ente *f* in Orangensoße; **canard de Barbarie** Moschusente *f*; GASTR Barbarieente *f*

canarder <1> [kanaʀde] *vt fam* ■ **qn/qc canarde qn/qc** jdn/etw nimmt jdn/etw unter Beschuss; ■ **qn/qc canarde qn/qc avec qc** jd/etw befeuert jdn/etw mit etw; ***ça canardait de tous les côtés*** es ballerte von allen Seiten *fam*

canari [kanaʀi] *m* Kanarienvogel *m*
► **jaune** ~ grellgelb

canasson [kanasɔ̃] *m péj* Gaul *m*, Klepper *m*

cancan [kɑ̃kɑ̃] *m* 1. *pl* (*racontars*) Klatsch *m kein pl*, Tratsch *m kein pl*, Gerede *nt kein pl*; ***ce ne sont que des ~s*** das ist doch alles nur Gerede [*o* Klatsch]; ***qn fait courir les pires ~s*** jd setzt die schlimmsten Gerüchte in Umlauf
2. (*danse*) ■ [**french-**]~ [French-]Cancan *m*

cancaner <1> [kɑ̃kane] *vi* ■ **qn cancane** jd klatscht, jd tratscht

cancanier, -ière [kɑ̃kanje, -jɛʀ] I. *adj* klatschhaft, klatschsüchtig
II. *m, f* Schwätzer/Klatschbase *m/f*, Klatschmaul *nt fam*

cancer [kɑ̃sɛʀ] *m* 1. MED Krebs *m*; ***qn meurt du*** [*o* ***d'un***] ~ jd stirbt an Krebs; ~ ***généralisé*** Krebs, der Metastasen gebildet hat; ■ ~ **de** -krebs; ~ ***du sang/ du sein*** Blut-/Brustkrebs
2. (*calamité*) Übel *nt*
► **qn a le** ~ jd hat Krebs, jd ist krebskrank; **qn a un** ~ **de la gorge/du poumon** jd hat Kehlkopf-/Lungenkrebs

Cancer [kɑ̃sɛʀ] *m* ASTROL Krebs *m*
► **qn est** [**du signe du**] ~ jd ist [ein] Krebs, jd ist im Zeichen des Krebses geboren

cancéreux, -euse [kɑ̃seʀø, -øz] I. *adj* Krebs-, bösartig; ***la tumeur n'était pas ~euse*** der Tumor war nicht bösartig [*o* war gutartig]
II. *m, f* Krebskranke(r) *f(m)*

cancérigène [kɑ̃seʀiʒɛn] *adj*, **cancérogène** [kɑ̃seʀɔʒɛn] *adj* Krebs erregend, Krebs erzeugend, kanzerogen *spec*

cancérologie [kɑ̃seʀɔlɔʒi] *f* Krebsforschung *f*, Onkologie *f spec*

cancérologue [kɑ̃seʀɔlɔg] *mf* Krebsforscher(in) *m(f)*, Onkologe/-login *m/f spec*

cancre [kɑ̃kʀ] *m fam* Faulpelz *m fam*, Faulenzer(in) *m(f) fam*

cancrelat [kɑ̃kʀəla] *m* Kakerlak *m*, Küchenschabe *f*

candélabre [kɑ̃delabʀ] *m* [mehrarmiger] Kerzenständer, Kandelaber *m*

candeur [kɑ̃dœʀ] *f* 1. (*ingénuité*) Arglosigkeit *f*, Unverdorbenheit *f*
2. *péj* (*crédulité*) Naivität *f*, Gutgläubigkeit *f*
► **qn est d'une** ~ **d'agneau** jd ist reichlich naiv

candi [kɑ̃di] *adj v.* **sucre**

candidat, e [kɑ̃dida, at] *m, f* 1. (*à un examen*) Kandidat(in) *m(f)*, Prüfling *m*; (*au baccalauréat*) Abiturient(in) *m(f)*
2. (*aux élections*) Kandidat(in) *m(f)*; ~ ***à la députation*** Kandidat bei der Parlamentswahl
3. (*à un poste*) Bewerber(in) *m(f)*, Kandidat(in) *m(f)*; (*fonctionnaire*) Anwärter(in) *m(f)*
► **qn se porte** [*o* **est**] ~**(e) à un poste/des élections** jd bewirbt sich um eine Stelle/kandidiert bei einer Wahl; ***qn n'est pas ~(e) à qc*** (*attiré par*) jd ist für etw nicht zu haben; ***je ne suis pas*** ~ ***au suicide*** ich bin nicht lebensmüde

candidature [kɑ̃didatyʀ] *f* 1. (*aux élections*) Kandidatur *f* (*à* für); ***qn annonce sa*** ~ ***aux prochaines élections*** jd meldet seine Kandidatur für die kommenden Wahlen an
2. (*à un poste*) Bewerbung *f* (*à* um)
► ~ **spontanée** Blindbewerbung *f*; **qn pose sa** ~ **à un poste/aux élections** jd bewirbt sich um eine Stelle/jd kandidiert bei Wahlen; **qn retire sa** ~ jd zieht seine Kandidatur zurück

candide [kɑ̃did] *adj* 1. (*ingénu*) arglos, unverdorben; *question* unbefangen; *regard* ahnungslos
2. *péj* (*crédule*) naiv, gutgläubig

candidement [kɑ̃didmɑ̃] *adv* 1. (*avec ingénuité*) arglos, unbefangen
2. *péj* (*avec crédulité*) naiv

cane [kan] *f* Ente *f*; (*opp: mâle*) Entenweibchen *nt*

caner <1> [kane] *vi* 1. *fam* (*flancher*) ■ **qn cane** (*physiquement*) jd macht schlapp *fam*; (*psychiquement*) jd kneift *fam*
2. *pop* (*mourir*) ■ **qn cane** jd verreckt *vulg*, jd krepiert *fam*

caneton [kantɔ̃] *m* [Enten]küken *nt*

canette [kanɛt] *f* 1. (*bouteille*) Flasche *f*
2. (*bobine*) Spule *f*, Rolle *f*

canevas [kanvɑ] *m* 1. COUT (*toile*) Kanevas *m*, Stramin *m*; (*ouvrage*) Stickerei *f*, gesticktes Bild; ***qn fait du*** ~ jd stickt ein Bild
2. [*livre, discours*] Grundgerüst *nt*, [grober] Rahmen

caniche [kaniʃ] *m* Pudel *m*
► **qn suit qn comme un** ~ jd folgt jdm wie ein treuer Hund [*o* sein Schatten]

caniculaire [kanikylɛʀ] *adj* brütend heiß, unerträglich heiß; ***une chaleur*** ~ eine unerträgliche Hitze, eine Affenhitze *fam*; ***nous avons eu hier une journée*** ~ gestern war es brütend heiß

canicule [kanikyl] *f* Hitze *f*, Hundstage *pl*
► **c'est la** ~ es ist unerträglich heiß; ***ici, c'est la*** ~ hier herrscht eine Affenhitze *fam*

canif [kanif] *m* Taschenmesser *nt*, Feitel *m* AUS

canin, e [kanɛ̃, in] I. *adj* Hunde-
II. *f* ■ **canine** Eckzahn *m*

caniveau <x> [kanivo] *m* Rinnstein *m*

cannabis [kanabis] *m* Cannabis *m*

canne [kan] *f* 1. (*bâton*) [Geh]stock *m*, [Spazier]stock *m*
2. [*verrier*] Glasmacherpfeife *f*
► **qn marche avec une** ~ jd geht am Stock
◆ **canne à pêche** Angelrute *f*; **canne à sucre** Zuckerrohr *nt*

canné, e [kane] *adj* [rohr]geflochten; ***siège*** ~ Rohrstuhl *m*

cannelé, e [kanle] *adj* kanneliert, mit Kanneluren [*o* Kannelüren] versehen

cannelle [kanɛl] *f* Zimt *m*

cannelloni [kanelɔni] *mpl* Cannelloni *pl*

cannelure [kanlyʀ] *f* 1. [*colonne, meuble*] Kannelur *f*, Kannelüre *f*; ***les ~s*** die Kannelierung
2. BOT Riefe *f*; ***les ~s*** die Riefelung

cannibale [kanibal] I. *adj tribu* Menschen fressend, kannibalisch; *animal* Artgenossen fressend
II. *mf* Kannibale/Kannibalin *m/f*

cannibalisme [kanibalism] *m* Kannibalismus *m*

canoë [kanɔe] *m* 1. (*embarcation*) Kanu *nt*
2. (*sport*) Kanufahren *nt*, Kanusport *m*

canoë-kayak <~s-~s> [kanɔekajak] *m* Paddelboot *nt*
► **qn fait du** ~ jd paddelt

canon [kanɔ̃] I. *m* 1. (*arme*) Kanone *f*; ~ ***de 75/125*** [***mm***] 75-/125-[mm-]Geschütz *nt*
2. [*fusil, pistolet*] Lauf *m*
3. (*modèle*) Inbegriff *m*; *soutenu* (*norme*) Kanon *m kein pl*; ***les ~s de la bienséance*** die Anstandsregeln
4. MUS Kanon *m*; ~ ***à quatre entrées successives*** vierstimmiger Kanon
► ~ **antiaérien** Flugabwehrkanone *f*, Flak *f*; ~ **antichar** Panzerabwehrkanone *f*, Pak *f*; **fusil à deux** ~**s** doppelläufiges Gewehr, Gewehr *nt* mit doppeltem Lauf; **fusil à** ~ **scié** Gewehr *nt* mit gestutztem [*o* abgesägtem] Lauf; **qn chante** [**une chanson**] **en** ~ jd singt [ein Lied] im Kanon
II. *adj inv fam* (*mignon*) super *fam*, Spitze *fam*; ***cette fille, elle est*** ~ die Tussi, die ist echt geil *sl*
◆ **canon à deux voix** zweistimmiger Kanon; **canon à eau** Wasserwerfer *m*; **canon à neige** Schneekanone *f*

cañon [kanjɔn] *m* Cañon *m*

canonique [kanɔnik] *adj* kanonisch

canonisation [kanɔnizasjɔ̃] *f* Heiligsprechung *f*, Kanonisierung *f*

canoniser <1> [kanɔnize] *vt* ■ **qn canonise qn** jd spricht jdn heilig, jd kanonisiert jdn

canonnade [kanɔnad] *f* Kanonenfeuer *nt*, [schweres] Geschützfeuer; (*bruit*) Kanonendonner *m*; ***la*** ~ ***de Valmy*** die Kanonade von Valmy

Canossa [kanɔsa] *loc* ► **qn va à** ~ *soutenu* jd geht nach Kanossa *geh*, jd tritt einen Kanossagang an *geh*

canot [kano] *m* Boot *nt*, Kahn *m*; ***une promenade en*** ~ eine Bootsfahrt [*o* Kahnfahrt]
► ~ **pneumatique** Schlauchboot *nt*
◆ **canot à moteur** Motorboot *nt*; **canot de sauvetage** Rettungsboot *nt*

canotage [kanɔtaʒ] *m* Kahnfahren *nt*
► **qn fait du** ~ jd fährt Kahn

canoter <1> [kanɔte] *vi* ■ **qn canote** jd fährt Kahn

canotier [kanɔtje] *m* 1. (*chapeau*) [flacher] Strohhut, Kreissäge *f fam*
2. (*rameur*) Kahnschiffer *m*

cantal <s> [kɑ̃tal] *m* Cantal *m* (*Schnittkäse aus Vollmilch*)

cantate [kɑ̃tat] *f* Kantate *f*

cantatrice [kɑ̃tatʀis] *f* [Opern]sängerin *f*

cantine [kɑ̃tin] *f* Kantine *f*; ***la*** ~ ***était bonne aujourd'hui?*** war das Essen in der Kantine [*o* das Kantinenessen] heute gut?

cantique [kɑ̃tik] *m* 1. (*chant religieux*) [Kirchen]lied *nt*
2. (*chant d'action de grâce*) Loblied *nt*

canton [kɑ̃tɔ̃] *m* (*en France*) ≈ Landkreis *m*, ≈ Stadtkreis *m*; (*en Suisse*) Kanton *m*

cantonade [kɑ̃tɔnad] *f* ► **à la** ~: ***qn crie qc/répond à la*** ~ jd ruft etw/antwortet in den Raum hinein (*ohne mit einer bestimmten Person zu sprechen*)

cantonal, e <-aux> [kɑ̃tɔnal, o] I. *adj* (*en France*) Kreis-; (*en Suisse*) kantonal, Kantons-
II. *fpl* ■ **cantonales** Kreiswahlen *pl*

cantonnement [kɑ̃tɔnmɑ̃] *m* 1. (*action*) Einquartierung *f*
2. (*campement*) Quartier *nt*

cantonner <1> [kɑ̃tɔne] I. *vt* 1. MIL ■ **qn cantonne des personnes dans qc/chez qn** jd quartiert Menschen in etw (*dat*)/bei jdm ein
2. (*isoler*) ■ **qn cantonne qn dans qc** jd schiebt jdn in etw (*akk*) ab; ***dans le passé on cantonnait la femme au foyer*** früher war die Frau an den Herd gefesselt
II. *vi* ■ **qn/qc cantonne quelque part** jd/etw bezieht irgendwo Quartier
III. *vpr* 1. (*s'isoler*) ■ **qn se cantonne quelque part** jd zieht sich irgendwohin zurück; ***qn se cantonne dans le silence*** jd hüllt sich in Schweigen
2. (*se limiter*) ■ **qn se cantonne dans qc** jd beschränkt sich auf etw (*akk*), jd widmet sich ganz einer S. (*dat*)

cantonnier [kɑ̃tɔnje] *m* Straßenarbeiter *m*; CHEMDFER Streckenarbeiter *m*

cantor [kɑ̃tɔʀ] *m* Kantor *m*

canular [kanylaʀ] *m fam* Scherz *m*; [*journal*] [Zeitungs]ente *f*; [*1er avril*] Aprilscherz
► **qn lance/monte un** ~ jd macht einen Scherz, jd bindet jdm einen Bären auf

canule [kanyl] *f* Kanüle *f*, Hohlnadel *f*

canyon [kanjɔn] *m v.* **cañon**

C.A.O. [seao] *loc abr de* **conception assistée par ordinateur** CAD *nt*

caoutchouc [kautʃu] *m* **1.** (*matière*) Gummi *m o nt*, Kautschuk *m*
2. (*élastique*) Gummi[ring *m*] *m*
3. (*plante*) Gummibaum *m*
▸ ~ **naturel/synthétique** Natur-/Kunstkautschuk *m*, natürlicher/synthetischer Kautschuk
◆ **caoutchouc mousse** Schaumgummi *m*

cap [kap] *m* **1.** (*pointe de terre*) Kap *nt*
2. (*direction*) Kurs *m*
▸ **qn/qc met le ~ au large** jd/etw sticht in See; **qn/qc change de ~** AVIAT, NAUT jd/etw ändert den Kurs; POL jd ändert den Kurs, jd schlägt einen neuen Kurs ein; **qn [dé]passe** [*o* **franchit**] **le ~ de ...** (*l'âge de*) jd überschreitet das Alter von ...; (*la quantité de*) jd überschreitet die Grenze von ...; ***il a dépassé le ~ de la trentaine*** er ist über dreißig [Jahre alt], er hat die dreißig überschritten; **qn double un ~** jd umschifft ein Kap; **qn maintient un ~** jd hält den Kurs; **qn met le ~ sur qc** jd nimmt Kurs auf etw (*akk*), jd steuert etw an; **qn passe le ~ de qc** jd nimmt die Hürde einer S. (*gen*), jd bringt etw [gut] hinter sich (*akk*); **qn a passé le ~ /malade/** jd ist über den Berg
◆ **cap de Bonne-Espérance** Kap *nt* der Guten Hoffnung

C.A.P. [seape] *m abr de* **Certificat d'aptitude professionnelle** *Zeugnis über die berufliche Befähigung* (*z. B. Gesellenbrief*)

capable [kapabl] *adj* **1.** (*compétent*) fähig
2. (*apte, susceptible*) ■ **~ de qc** einer S. (*gen*) fähig, zu etw fähig [*o* imstande]; ■ **qn est ~ de faire qc** jd ist fähig [*o* imstande] etw zu tun; ■ **qc est ~ de faire qc** etw kann etw tun
3. JUR rechtsfähig
▸ **qn est ~ de contracter** jd ist vertragsfähig; **qn est ~ de tout** jd ist zu allem fähig

capacité [kapasite] *f* **1.** (*contenance*) Inhalt *m*, Fassungsvermögen *nt*; ***quelle est la ~ de cette bouteille?*** wie viele Liter fasst diese Flasche?
2. ELEC Kapazität *f*
3. INFORM Kapazität *f*; ~ ***d'une mémoire*** Speicherkapazität
4. (*faculté*) ■ **~s de qn** jds Fähigkeiten *pl*; ~ ***professionnelle de qn*** jds berufliches Können, jds berufliche Eignung [*o* Befähigung]; ■ **~ de qc/de faire qc** Fähigkeit *f* zu etw/etw zu tun; ~ ***d'analyse*** Fähigkeit etw zu analysieren, analytische Begabung; ~ ***de concentration*** Konzentrationsfähigkeit, Konzentrationsvermögen *nt*; ***il possède une grande ~ de travail*** er ist sehr leistungsfähig; ■ **la ~ de qn à faire qc** jds Fähigkeit etw zu tun; ***la ~ des Italiens à s'adapter*** die Anpassungsfähigkeit der Italiener
5. (*personne*) Kapazität *f*
▸ ~ **de droit/de jouissance** Rechtsfähigkeit *f*; ~ **d'exercice** Geschäftsfähigkeit *f*; ~ **industrielle** Industriekapazität *f*; **~s intellectuelles** geistige Fähigkeiten *pl*; ~ **juridique** Rechtsfähigkeit *f*; ~ **thoracique** [*o* **vitale**] Vitalkapazität *f*; **qn a de la ~ pour qc, qn a des ~s en qc** jd ist für etw begabt [*o* talentiert]; **qn a ~ pour contracter** jd ist vertragsfähig
◆ **capacité d'accueil** [*hôtel etc*] Aufnahmekapazität *f*; **capacité de production** Produktionskapazität *f*, Produktionskraft *f*; **capacité en droit** *Abschlusszeugnis eines vereinfachten Jurastudiums für Nichtabiturienten*

cape [kap] *f* (*vêtement*) Umhang *m*, Cape [ke:p] *nt*
▸ **roman de ~ et d'épée** Mantel-und-Degen-Roman *m*; **qn rit sous ~** jd lacht sich (*dat*) [eins] ins Fäustchen

capeline [kaplin] *f* Wagenradhut *m*

C.A.P.E.S. [kapɛs] *m abr de* **Certificat d'aptitude pédagogique à l'enseignement secondaire** ≈ *Staatsexamen für das Lehramt an höheren Schulen*

capésien, ne [kapesjɛ̃, jɛn] *m, f Student(in), der/die sich auf das C.A.P.E.S. vorbereitet; Lehrer(in) mit C.A.P.E.S.*

capétien, ne [kapesjɛ̃, jɛn] **I.** *adj* Kapetinger-
II. *m* ■ **Capétien** Kapetinger *m*

capharnaüm [kafaʀnaɔm] *m fam* [heilloses] Durcheinander *fam*, Kuddelmuddel *m o nt fam*; ***ce grenier est un vrai ~!*** dieser Dachboden ist die reinste Rumpelkammer! *fam*

capillaire [kapilɛʀ] **I.** *adj* **1.** (*concernant les cheveux*) Haar-, Haarpflege-; ***lotion ~*** Haarwasser *nt*
2. ANAT: ***vaisseau ~*** Haargefäß *nt*, Kapillargefäß *nt*
3. PHYS: ***tube ~*** Haarröhrchen *nt*, Kapillare *f*
II. *m* Haargefäß *nt*, Kapillargefäß *nt*

capillarité [kapilaʀite] *f* Kapillarität *f*

capitaine [kapitɛn] *m* **1.** MIL Hauptmann *m*
2. NAUT, AVIAT, SPORT [Schiffs-/Flug-/Mannschafts]kapitän *m*
3. *littér* (*chef militaire*) Feldherr *m*
◆ **capitaine au long cours** Kapitän *m* auf großer Fahrt; **capitaine de corvette** Korvettenkapitän *m*; **capitaine de frégate** Fregattenkapitän *m*; **capitaine de gendarmerie** Hauptmann *m* der Gendarmerie; **capitaine de la marine marchande** Kapitän *m* der Handelsmarine; **capitaine de port** Hafenmeister *m*; **capitaine des pompiers** Brandmeister *m*; **capitaine de vaisseau** Kapitän *m* zur See; **capitaine d'industrie** Industriekapitän *m*

capital, e <-aux> [kapital, o] **I.** *adj point, question, rôle* Haupt-, wesentlich; *erreur* grob, schwerwiegend; *œuvre* Haupt-; *vérité* Grund-; ***qn attache une importance ~e à qc*** jd hält etw für überaus wichtig; ■ **il est ~ de faire qc/que qc soit fait** es ist überaus wichtig [*o* von größter Wichtigkeit], etw zu tun/dass etw getan wird
▸ **c'est ~** das ist äußerst wichtig, das ist ausschlaggebend
II. *m* **1.** (*fortune*) Vermögen *nt*, Kapital *nt*; ***qn dilapide son ~*** jd verschwendet sein Vermögen; ***qn entame son ~*** jd greift sein Kapital an; ***qn se constitue un ~*** jd bildet sich (*dat*) ein Vermögen [*o* Kapital]
2. [*entreprise*] Kapital *nt*; ***société anonyme au ~ de 55 millions*** Aktiengesellschaft mit 55 Millionen Grundkapital; ***qn augmente le ~ [de qc]*** jd stockt das Kapital [einer S. (*gen*)] auf, jd erhöht das Kapital einer S. (*gen*)
3. *pl* FIN [Geld]mittel *pl*, Gelder *pl*; ***qn investit des ~aux dans qc*** jd legt Geld in etw (*dat*) an, jd investiert in etw (*dat*)
4. [*dette*] Hauptforderung *f*
5. (*possédants*) Kapital *nt*
▸ ~ **artistique/intellectuel** Kunstschatz *m*/Wissensschatz *m*; **~aux circulants** umlaufendes Kapital, Umsatzkapital *nt*; ~ **constant** konstantes Kapital; **~aux fébriles** [*o* **flottants**] heißes Geld, fluktuierende Gelder *pl*; ~ **fixe** Anlagevermögen *nt*, festliegendes [*o* stehendes] Kapital; ~ **génétique** Erbgut *nt*; **le grand ~** das Großkapital; ~ **humain** menschliche Ressourcen; ~ **initial** Gründungskapital *nt*, Anfangskapital *nt*; **~aux propres** Eigenkapital *nt*, Eigenmittel *pl*; ~ **social** Gesellschaftskapital *nt*; [*S.A.R.L.*] Stammkapital *nt*; [*S.A.*] Grundkapital *nt*; **~aux spéculatifs** Kapital *nt* für Spekulationsgeschäfte; **à ~ variable** mit wechselndem Kapital
◆ **capital décès** Todesfallversicherung *f*; **capital de confiance** Vertrauensvorschuss *m*; **capital de lancement** Startkapital *nt*, Anfangskapital *nt*; **capital d'exploitation** Betriebsvermögen *nt*; **capital risque** Risikokapital *nt*, Wagniskapital *nt*

capitale [kapital] *f* **1.** (*ville*) Hauptstadt *f*
2. (*lettre*) Großbuchstabe *m*
▸ ~ **administrative/économique** politische/wirtschaftliche Hauptstadt; ~ **régionale** ≈ Landeshauptstadt *f*
◆ **capitale de la mode** Modezentrum *nt*; **capitales d'imprimerie** große Druckbuchstaben *pl*; ***en ~s d'imprimerie*** in großen Druckbuchstaben

capitaliser <1> [kapitalize] **I.** *vt* **1.** FIN ■ **qn capitalise qc** jd macht etw zu Geld, jd kapitalisiert etw; *intérêts* jd schlägt etw dem Kapital zu
2. *fig* ■ **qn capitalise qc** jd macht aus etw Kapital
II. *vi* ■ **qn capitalise** jd spart

capitalisme [kapitalism] *m* Kapitalismus *m*

capitaliste [kapitalist] **I.** *adj* kapitalistisch
II. *mf* **1.** (*détenteur de capitaux*) Kapitalist(in) *m(f)*
2. *fam* (*riche*) [Groß]kapitalist(in) *m(f)*; ***gros ~*** Großkapitalist

capiteux, -euse [kapitø, -øz] *adj soutenu parfum, vin* schwer, berauschend; *beauté, femme, regard, sourire* betörend *geh*

capitonnage [kapitɔnaʒ] *m* (*action*) Polstern *nt*; (*résultat*) Polsterung *f*

capitonner <1> [kapitɔne] *vt* ■ **qn capitonne qc** jd polstert etw; ***porte capitonnée*** Polstertür *f*; ***un nid capitonné de plumes*** ein mit Federn ausgepolstertes Nest

capitulation [kapitylasjɔ̃] *f* MIL Kapitulation *f*; ■ **~ devant qn/qc** Kapitulation vor jdm/einer S.; ■ **~ vis-à-vis de qn** *fig* Nachgeben *nt* gegenüber jdm; ■ **~ face à qc** Aufgeben *nt* angesichts einer S.
◆ **capitulation sans conditions** bedingungslose Kapitulation

capituler <1> [kapityle] *vi* **1.** MIL ■ **qn capitule [devant qn/qc]** jd kapituliert [vor jdm/einer S.]
2. *fig* (*renoncer*) ■ **qn capitule [vis-à-vis de qn]** jd gibt [jdm] nach; ■ **qn capitule [face à qc]** jd gibt [angesichts einer S.] auf

caporal <-aux> [kapɔʀal, o] *m* Obergefreite(r) *m*

caporal-chef <~aux-~s> [kapɔʀalʃɛf] *m* Hauptgefreite(r) *m*

capot¹ [kapo] *m* AUT Motorhaube *f*

capot² [kapo] *adj inv* ■ **qn est ~** jd ist Schneider schwarz (*hat keinen einzigen Stich gemacht*)
▸ **qn met qn ~** jd macht jdn Schneider schwarz

capotage [kapɔtaʒ] *m* Überschlagen *nt*; ***si tu ne freines pas à temps, c'est le ~ assuré*** wenn du nicht rechtzeitig bremst, überschlägst du dich ganz sicher

capote [kapɔt] *f* **1.** [*voiture*] Verdeck *nt*; [*landau*] Dach *nt*
2. MIL (*manteau*) Soldatenmantel *m*
▸ ~ **anglaise** *fam* Pariser *m fam*, Verhüterli *nt fam*, Präser *m fam*

capoter <1> [kapɔte] *vi* **1.** (*se retourner*) ■ **qc capote** /*auto, avion*/ etw überschlägt sich
2. (*échouer*) ■ **qc capote** etw scheitert; ■ **qn fait ~ qc** jd bringt etw zum Scheitern

cappucino [kaputʃino] *m* Cappuccino *m*

câpre [kɑpʀ] *f* Kaper *f*

caprice [kapʀis] *m* **1.** (*fantaisie*) Laune *f*; ~ ***de la nature*** Laune der Natur; ***qn fait qc au gré de son ~*** jd tut etw je nach Lust und Laune
2. (*amourette*) Liebschaft *f*
3. *souvent pl* (*changement*) [*hasard, mode, destin, bonheur*] Launen *pl*; [*temps*] Wechsel *m kein pl*; [*terrain, nuages*] stetiger Wechsel; [*lumière, vent*] [launenhaftes] Spiel
4. (*exigence d'un enfant*) Quengelei *f*; ***arrête tes ~s!*** hör auf zu quengeln!
▸ **qn a** [*o* **fait**] **des ~s** jd hat Launen, jd ist launisch; **qn fait un ~** (*se met en colère*) jd hat einen Wutanfall [*o* Zornausbruch]; (*a une envie*) jd gibt einer Laune nach; **qn passe à qn tous ses ~s** jd lässt jdm alles [*o* jeden Mutwillen] durchgehen

capricieusement [kapʀisjøzmɑ̃] *adv* launenhaft, wechselhaft; *jouer* mit launenhafter Willkür

capricieux, -euse [kapʀisjø, -jøz] *adj* **1.** (*instable*) *personne* launisch, kapriziös *geh*, unberechenbar
2. (*changeant*) *chose* launisch, unzuverlässig; *humeur, temps* wechselhaft; *mode, temps* unbeständig; *sentier, rivière* gewunden; *tracé* willkürlich

Capricorne [kapʀikɔʀn] *m* ASTROL Steinbock *m*
▸ **qn est [du signe du] ~** jd ist [ein] Steinbock, jd ist im Zeichen des Steinbocks geboren

capsule [kapsyl] *f* **1.** [*bouteille*] Kron[en]korken *m*
2. ESPACE Raumkapsel *f*
3. (*amorce*) Zündplättchen *nt*

▶ ~ **spatiale** Raumkapsel *f*

captage [kaptaʒ] *m* **1.** *[source]* Fassung *f*
2. *[émission]* Empfang *m*

captateur, -trice [kaptatœʀ, -tʀis] *m, f* Erschleicher(in) *m(f)*
◆ **captateur(-trice) d'héritage** Erbschleicher(in) *m(f)*

captation [kaptasjɔ̃] *f* Erschleichen *nt,* Erschleichung *f; [héritage]* Erbschleichung *f*

capter <1> [kapte] *vt* **1.** *(recevoir)* ■ **qn/qc capte qc** *source* jd/etw fasst etw; *énergie* jd/etw fängt etw ein; *électricité* etw nimmt etw ab; *émission* jd/etw kann etw empfangen; *message* jd bekommt etw mit
2. *soutenu* ■ **qn/qc capte qc** *confiance, faveur, suffrages* jd/etw gewinnt etw; ***qn/qc capte l'attention de qn*** jd/etw fesselt jdn

capteur [kaptœʀ] *m* Sensor *m*
▶ ~ **solaire** Sonnenkollektor *m,* Solarkollektor *m*

captif, -ive [kaptif, -iv] **I.** *adj personne* gefangen; *animal* gefangen [gehalten], eingesperrt; ***les femmes furent emmenées ~ives*** die Frauen wurden als Gefangene mitgeschleppt
II. *m, f* Gefangene(r) *f(m)*

captivant, e [kaptivɑ̃, ɑ̃t] *adj* fesselnd, spannend; *personne (par la personnalité)* fesselnd, faszinierend; *(par le regard, la physionomie)* bezaubernd

captiver <1> [kaptive] *vt* **1.** *(fasciner)* ■ **qn/qc captive qn** jd/etw fasziniert jdn, jd zieht [*o* schlägt] jdn in seinen Bann; */charme, beauté, personne/* jd/etw bezaubert jdn; */film, livre, récit/* jd/etw fesselt jdn; ■ **qn est captivé(e)** [**par qn/qc**] jd ist [von jdm/etw] bezaubert [*o* gefesselt]
2. *soutenu (s'adresser à)* ■ **qn/qc captive qc** *esprit de qn* jd/etw hält etw gefangen; *cœur de qn* jd/etw erobert etw

captivité [kaptivite] *f* [Kriegs]gefangenschaft *f*
▶ **qn est tenu(e) en ~** jd wird gefangen gehalten; **un animal est tenu en ~** ein Tier wird in Gefangenschaft gehalten; **qn/un animal vit en ~** jd/ein Tier lebt in Gefangenschaft

capture [kaptyʀ] *f* **1.** *(action) [animal]* [Ein]fangen *nt; [criminel]* Festnahme *f,* Verhaftung *f; [navire]* Kapern *nt,* Aufbringung *f*
2. *(proie)* Fang *m; (butin a.)* Beute *f*

capturer <1> [kaptyʀe] *vt* ■ **qn capture qn/un animal/qc** *animal* jd fängt ein Tier [ein]; *criminel* jd fasst jdn, jd nimmt jdn fest; *navire* jd kapert etw, jd bringt etw auf

capuche [kapyʃ] *f* Kapuze *f*

capuchon [kapyʃɔ̃] *m* **1.** *(capuche)* Kapuze *f*
2. *[stylo, tube]* [Verschluss]kappe *f*
3. *(pèlerine)* Kapuzenmantel *m*

capucin [kapysɛ̃] *m* **1.** *(singe)* Kapuzineraffe *m*
2. *(religieux)* Kapuziner[mönch *m*] *m*

capucine [kapysin] *f* **1.** BOT Kapuzinerkresse *f*
2. REL Kapuzinernonne *f,* Kapuzinerin *f*

caquelon [kaklɔ̃] *m* Fonduetopf *m*

caquet [kakɛ] *m* Geschwätz *nt,* Geplapper *nt*
▶ **qn/qc rabat** [*o* **rabaisse**] **le ~ à** [*o* **de**] **qn** *fam* jd/etw bringt jdn zum Schweigen, jd/etw stopft jdm den Mund *fam*

caquetage [kaktaʒ] *m* **1.** *[poule]* Gackern *nt*
2. *[personne]* Geschwätz *nt,* Geplapper *nt*

caqueter <3> [kakte] *vi* **1.** ■ **un animal caquette** */poule/* ein Tier gackert
2. ■ **qn caquette** jd schwatzt [*o* schwätzt], jd plappert

car¹ [kaʀ] *m* Bus *m*
◆ **car de police** Mannschaftswagen *m;* **car de ramassage scolaire** Schulbus *m;* **car de reportage** Fernseh-Übertragungswagen *m,* Ü-Wagen *m*

car² [kaʀ] *conj* denn, weil; ***il n'a pas pu venir ~ il était malade*** er konnte nicht kommen, denn er war krank [*o* weil er krank war]

carabine [kaʀabin] *f* Karabiner *m*
◆ **carabine à air comprimé** Luftgewehr *nt*

carabiné, e [kaʀabine] *adj fam grippe, migraine, rhume* gewaltig *fam; amende, engueulade, sanction* gesalzen *fam,* gepfeffert *fam,* saftig *fam*

caracoler <1> [kaʀakɔle] *vi* **1.** ■ **un animal caracole** ein Tier tänzelt
2. ■ **qn caracole** */cavalier/* jd lässt sein Pferd tänzeln
3. *(s'agiter)* ■ **qn/qc caracole** */enfants/* jd tollt herum; ***qn caracole en tête de la course*** jd liegt weit vorn

caractère [kaʀaktɛʀ] *m* **1.** *(tempérament)* Charakter *m,* Wesen *nt*
2. *(fermeté)* Charakter[stärke *f*] *m;* ■ **de ~** charakterstark, mit Charakter
3. *(personne)* [starke] Persönlichkeit
4. LITTER *(type)* Charakter *m*
5. *(caractéristique)* Eigenheit *f,* typisches Merkmal, Charakteristikum *nt geh*
6. *(nature)* Charakter *m;* ***le récit prenait de plus en plus le ~ d'un plaidoyer*** der Bericht ähnelte immer mehr einem Plädoyer; ***le ~ ampoulé de son style*** seine/ihre schwülstige Art zu schreiben, sein/ihr schwülstiger Stil
7. *(cachet)*: ***qc donne du ~ à qc*** etw verleiht einer S. *(dat)* eine besondere Note; ***sans ~*** ohne [eigenen] Charakter, farblos, ohne eigenes Gepräge *geh*
8. *(lettre, signe)* [Schrift]zeichen *nt*
9. TYP *(type)* [Druck]type *f,* Letter *f,* Druckbuchstabe *m; (empreinte)* Schrift *f;* ~ ***italique***/~ ***gothique*** Kursive *f*/Fraktur *f*
10. INFORM Zeichen *nt;* ***taille des ~s*** Schriftgröße *f;* ***en ~s gras/italiques*** fett/kursiv
▶ **qn a un ~ de cochon** *fam (a mauvais caractère)* jd ist unausstehlich; *(est entêté)* jd hat einen Dickschädel *fam;* **qc a** [*o* **présente**] **un ~ de gravité/d'urgence** etw ist ernst/dringlich, etw hat ernsten/dringlichen Charakter; **qn a un ~ en or** jd ist gutwillig, jd ist ein lieber Mensch; **~s acquis/héréditaires** erworbene/ererbte Charakterzüge; **qn a** [**un**] **bon/mauvais ~** jd hat einen guten/schlechten Charakter; **~s chinois/cyrilliques/latins** chinesische/kyrillische/lateinische Schrift; **qc a un ~ confidentiel** etw hat vertraulichen Charakter, etw ist vertraulich; **~ gras/maigre** fetter/magerer Druckbuchstabe; **qn écrit en gros/petits ~s** jd schreibt mit großer/kleiner Schrift; ***faites très attention à ce qui est écrit en petits ~s dans les contrats!*** achten Sie besonders auf das Kleingedruckte in den Verträgen!; **qn a un ~ heureux, qn est [d']un ~ heureux** *soutenu* jd hat ein glückliches Wesen, jd ist eine glückliche Natur; **~ italique** Kursive *f;* **qn est jeune de ~** */adulte/* jd hat ein jugendliches Wesen; *péj /adolescent/* jd ist unreif; **le ~ officiel/privé de qc** der offizielle/private Charakter einer S. *(gen);* **qn a un sale ~** jd ist [reichlich] unausstehlich; **qc a du ~/n'a aucun ~** etw hat [seinen eigenen] Charakter/keinerlei Charakter; **qn n'a pas** [*o* **manque**] **de ~** jd hat keinen Charakter [*o* kein Rückgrat], jdm fehlt es an Charakter; **qn n'a pas un ~ à faire qc** es ist nicht jds Art, etw zu tun; **qc a** [*o* **présente**] **tous les ~s de qc** etw weist alle Merkmale [*o* Eigenschaften] [*o* Charakteristika *geh*] einer S. *(gen)* auf; */maladie/* etw weist alle Anzeichen [*o* Symptome] einer S. *(gen)* auf; **ce n'est pas dans le ~ de qn** [**de faire qc**] es ist nicht in jds Art [etw zu tun]
◆ **caractères d'imprimerie** Druckschrift *f*

caractériel, le [kaʀakteʀjɛl] **I.** *adj* verhaltensgestört; ***des troubles ~s*** Verhaltensstörungen *pl*
II. *m, f* Verhaltensgestörte(r) *f(m)*

caractérisé, e [kaʀakteʀize] *adj insolence, mensonge, désobéissance* grob; *erreur a., inconscience* unverzeihlich; *maladie* ausgeprägt, typisch, symptomatisch *geh;* ***la maladie n'était pas nettement ~e*** die Symptome der Krankheit waren nicht sehr ausgeprägt

caractériser <1> [kaʀakteʀize] **I.** *vt* **1.** *(être typique de)* ■ **qc caractérise qn/qc** etw charakterisiert jdn/etw; ***avec la franchise qui le caractérise*** mit der für ihn charakteristischen [*o* typischen] Offenheit; ■ **qc est caractérisé(e) par qc** */maladie/* für [*o* bei] etw ist etw symptomatisch *geh;* ***la grippe est caractérisée par une forte fièvre*** bei Grippe ist hohes Fieber symptomatisch
2. *(typer)* ■ **qn caractérise qn/qc** *personnage, œuvre littéraire* jd charakterisiert [*o* beschreibt] jdn/etw
II. *vpr* ■ **qc se caractérise par qc** etw zeichnet sich durch etw aus, etw ist durch etw gekennzeichnet

caractéristique [kaʀakteʀistik] **I.** *adj* charakteristisch, typisch; ■ **~ de qn/qc** charakteristisch [*o* typisch] für jdn/etw
II. *f* typisches Merkmal, Charakteristikum *nt geh*
▶ **~s techniques** technische Daten *pl*

carafe [kaʀaf] *f* **1.** *(récipient)* Karaffe *f*
2. *pop (tête)* Birne *f fam,* Rübe *f fam;* ***il n'a rien dans la ~*** er hat nur Stroh im Kopf
▶ **qn laisse qn en ~** *fam* jd versetzt jdn; **qn/qc reste en ~** *fam* jd/etw bleibt stecken

Caraïbes [kaʀaib] *fpl* ■ **les Caraïbes** die Karibik

carambolage [kaʀɑ̃bɔlaʒ] *m* [Massen]karambolage *f,* Auffahrunfall *m*

caramboler <1> [kaʀɑ̃bɔle] **I.** *vt* ■ **qc carambole qc** etw stößt [*o* prallt] mit etw zusammen
II. *vpr* ■ **des choses se carambolent** Dinge stoßen zusammen [*o* prallen aufeinander]

caramel [kaʀamɛl] *m* **1.** *(bonbon)* Karamellbonbon *m o nt,* Karamelle *f*
2. *(substance)* Karamell *m;* ***un gâteau*** [*o* ***flan***] ***au ~/nappé de ~*** ein Karamellpudding/ein mit [flüssigem] Karamell übergossener Pudding
▶ ~ **dur/mou** harte/weiche Karamelle

caraméliser <1> [kaʀamelize] *vt* ■ **qn caramélise qc** jd karamellisiert etw

carapace [kaʀapas] *f* **1.** *[crabe, tortue]* [Rücken]panzer *m*
2. *(protection morale)* [Schutz]panzer *m;* **~ de l'égoïsme de qn** *péj* jds dickhäutiger Egoismus
◆ **carapace de boue** Schlammkruste *f,* Schmutzschicht *f;* **carapace de glace** Eisdecke *f*

carat [kaʀa] *m* Karat *nt*
▶ **or** [**à**] **18 ~s** achtzehnkarätiges Gold

caravane [kaʀavan] *f* **1.** *[nomades]* Karawane *f*
2. *(véhicule)* Wohnwagen *m,* Wohnanhänger *m,* Caravan *m*
3. *(groupe)* Kolonne *f*
▶ ~ **publicitaire** Werbetross *m*

caravanier, -ière [kaʀavanje, -jɛʀ] **I.** *adj* Karawanen-; ***tourisme ~*** Reisen *nt* mit dem Wohnwagen, Caravaning *nt*
II. *m, f* **1.** *[nomade]* Karawanenführer *m*
2. *(touriste)* Caravaner(in) *m(f),* mit dem Wohnwagen Reisende(r) *f(m)*

caravaning [kaʀavaniŋ] *m (tourisme)* Caravaning *nt,* Reisen *nt* mit dem Wohnwagen; *(lieu)* Campingplatz *m* für Wohnwagen ['kɛmpɪŋ-]

caravelle [kaʀavɛl] *f* Karavelle *f*

carbochimie [kaʀbɔʃimi] *f* Kohlechemie *f*

carbonate [kaʀbɔnat] *m* Karbonat *nt*
◆ **carbonate de sodium** Natriumkarbonat *nt,* Soda *nt,* kohlensaures Natron

carbone [kaʀbɔn] *m* **1.** *(substance)* Kohlenstoff *m*
2. *(papier)* Kohlepapier *nt,* Durchschlagpapier *nt; (copie)* Durchschlag *m*
▶ ~ **14** Kohlenstoff 14, C 14

carbonisé, e [kaʀbɔnize] *adj* verkohlt
▶ **qn est mort(e) ~** jd ist verbrannt

carboniser <1> [kaʀbɔnize] *vt* **1.** *(réduire en charbon)* ■ **qn carbonise qc** *os* jd verkohlt etw; *bois a.* jd verschwelt etw; *houille* jd verkokt etw
2. *(détruire)* ■ **qn/qc carbonise qc** jd/etw verwandelt etw zu Asche, jd/etw brennt etw nieder
3. *(trop cuire)* ■ **qn carbonise qc** jd lässt etw verkohlen

carburant [kaʀbyʀɑ̃] *m* Treibstoff *m,* Kraftstoff *m*

carburateur [kaʀbyʀatœʀ] *m* Vergaser *m*

carburation [kaʀbyʀasjɔ̃] *f* Vergasung *f*; ***chambre de*** ~ Mischkammer *f*, Mischraum *m*
carbure [kaʀbyʀ] *m* Karbid *nt*
carburer <1> [kaʀbyʀe] *vi* **1.** ■ **qc carbure** */moteur/* etw läuft
2. *fam (aller)* ■ **ça carbure** es läuft *fam*; ***alors, ça carbure?*** na, läuft's? *fam*, na, alles o.k.? *fam*
3. *fam (travailler)* ■ **qn carbure** jd schuftet *fam*, jd geht ran *fam*, jd packt an *fam*; ■ **ça carbure** es wird geschuftet *fam*
4. *fam (boire)* ■ **qn carbure à qc** *au whisky, à la bière* jd kommt ohne etw nicht über die Runden *fam*
carcan [kaʀkɑ̃] *m* **1.** HIST *(collier)* Halseisen *nt*; *(peine)* Pranger *m*
2. *(contrainte)* drückende Last, Joch *nt geh*
carcasse [kaʀkas] *f* **1.** *[animal]* Gerippe *nt*, Skelett *nt*
2. *fam [personne]*: ***ma*** ~ meine [alten] Knochen
3. *[bateau, avion]* Gerippe *nt*; *[appareil]* Gehäuse *nt*; *[édifice]* Skelett *nt*, Gerüst *nt*
► **pneu à** ~ **radiale/diagonale** Gürtel-/Diagonalreifen *m*
carcéral, e <-aux> [kaʀseʀal, o] *adj* Gefängnis-
cardan [kaʀdɑ̃] *m* Kardan *m*, Kardanwelle *f*; ***suspension à*** ~ kardanische Aufhängung
carder <1> [kaʀde] *vt* ■ **qn carde qc** jd kardet [*o* glättet] etw
cardiaque [kaʀdjak] **I.** *adj* Herz-; ***malaise*** ~ Herzanfall *m*, Herzattacke *f*; ■ **qn est** ~ jd ist herzkrank
II. *mf* Herzkranke(r) *f(m)*; ***qn est un grand ~/une grande*** ~ jd ist schwer herzleidend [*o* herzkrank], jd hat ein schweres Herzleiden
cardinal, e <-aux> [kaʀdinal, o] **I.** *adj* **1.** MATH: ***nombre*** ~ Kardinalzahl *f*
2. *littér (essentiel)* wesentlich, Haupt-
II. *m* Kardinal *m*; *v. a.* **point**
cardiogramme [kaʀdjɔgʀam] *m* Kardiogramm *nt*
cardiologie [kaʀdjɔlɔʒi] *f* Kardiologie *f*
cardiologue [kaʀdjɔlɔg] *mf* Herzspezialist(in) *m(f)*, Kardiologe/-login *m/f*
cardiovasculaire [kaʀdjovaskylɛʀ] *adj* Herz und Gefäße betreffend, kardiovaskulär *spec*
carême [kaʀɛm] *m (jeûne)* Fasten *nt*; *(période)* Fastenzeit *f*; ***le dernier dimanche de*** ~ der letzte Fastensonntag [*o* Sonntag in der Fastenzeit]
► **qn fait** ~ jd hält die Fastenzeit ein
carénage [kaʀenaʒ] *m* **1.** NAUT *(action)* Kielholen *nt*
2. *(carène)* [Schiffs]kiel *m*, [Schiffs]boden *m*
3. *[véhicule]* Stromlinienform *f*
carence [kaʀɑ̃s] *f* **1.** MED Mangel *m*; ~ ***glandulaire*** Drüsenfunktionsstörung *f*, Drüseninsuffizienz *f spec*
2. *(incompétence) [pouvoirs publics]* Versagen *nt*
3. *pl (défauts)* Mängel *pl*, Unzulänglichkeiten *pl*
► ~ **alimentaire** einseitige Ernährung; ~ **en** Mangel *m* an (+ *dat*), -mangel; ~ ***en fer*** Eisenmangel
carène [kaʀɛn] *f* NAUT [Schiffs]kiel *m*, [Schiffs]boden *m*
caréner <5> [kaʀene] *vt* ■ **qn carène qc** jd kielholt etw; *véhicule* jd gibt einer S. (*dat*) Stromlinienform; ■ **qc est caréné(e)** etw ist stromlinienförmig; ***cette voiture de sport est très bien carénée*** der Sportwagen hat eine äußerst windschnittige Linienführung
caressant, e [kaʀesɑ̃, ɑ̃t] *adj personne, animal* anschmiegsam; *regard, voix* sanft, zärtlich
caresse [kaʀɛs] *f (à un animal)* Streicheln *nt*; *(à une personne a.)* Zärtlichkeiten *pl*, Liebkosung *f geh*; ***il a donné une*** ~ ***à son enfant*** er hat sein Kind gestreichelt [*o* geliebkost]
► **qn fait des ~s à qn/un animal** jd streichelt jdn/ein Tier
caresser <1> [kaʀese] *vt* **1.** *(donner des caresses)* ■ **qn caresse qn/un animal** jd streichelt jdn/ein Tier; ■ **qn caresse qc** jd streicht zärtlich über etw (*akk*)
2. *(effleurer)* ■ **qn caresse qc** jd fährt mit der Hand über etw (*akk*), jd lässt seine Finger über etw (*akk*) gleiten; ■ **qc caresse qn/qc** etw berührt jdn/etw sanft, etw streift jdn/etw
3. *(nourrir)* ■ **qn caresse qc** *espoir* jd hegt [*o* nährt] etw; *projet* jd spielt [*o* trägt sich] [*o* liebäugelt] mit etw
car-ferry <~-s o ~-ferries> [kaʀfeʀi] *m* Autofähre *f*
cargaison [kaʀgɛzɔ̃] *f* **1.** *(chargement) [bateau]* Fracht *f*; *[camion]* Ladung *f*; ■ **une** ~ **de** eine Ladung (+ *nomin*); ***une*** ~ ***de légumes frais*** eine Ladung frisches Gemüse
2. *fam* ■ **une** ~ **de qc** eine Wagenladung voll von etw *fam*; ■ **des ~s de qc** Unmengen von etw *fam*
cargo [kaʀgo] *m* Frachtschiff *nt*, Frachter *m*
caricatural, e <-aux> [kaʀikatyʀal, o] *adj* grotesk, lächerlich; *(exagéré)* karikierend, karikaturistisch
caricature [kaʀikatyʀ] *f* **1.** *(dessin)* Karikatur *f*
2. *(description)* Karikatur *f*, Verspottung *f*, Verhohnepipelung *f fam*
► **qc est une** ~ **de qn/qc** *(mauvaise imitation)* etw ist eine Karikatur eines Menschen/einer S. [*o* von jdm/etw]; ***ce n'est qu'une*** ~ ***de procès/d'élections*** dieser Prozess ist/diese Wahlen sind ja die reinste Farce; **qn fait la** ~ **de qn/qc** jd karikiert jdn/etw, jd stellt jdn/etw karikaturistisch dar
caricaturer <1> [kaʀikatyʀe] *vt* **1.** *(dessiner)* ■ **qn caricature qn/qc** jd karikiert jdn/etw
2. *(déformer)* ■ **qn caricature qc** *faits, théorie* jd stellt etw verzerrt dar; *mots, pensée* jd verdreht etw
caricaturiste [kaʀikatyʀist] *mf* Karikaturenzeichner(in) *m(f)*, Karikaturist(in) *m(f)*
carie [kaʀi] *f* Karies *f*; ***qn a des ~s*** jd leidet an Karies
► **qn a une** ~ jd hat einen schlechten Zahn, jd hat ein Loch im Zahn
carié, e [kaʀje] *adj* von Karies befallen; ***j'ai une dent ~e*** ich habe einen schlechten Zahn
carier <1 a> [kaʀje] **I.** *vt* ■ **qc carie qc** etw überträgt die Karies auf etw (*akk*)
II. *vpr* ■ **qc se carie** etw ist von Karies befallen, etw hat Kariesbefall
carillon [kaʀijɔ̃] *m* **1.** *[clocher]* Glockenspiel *nt*
2. *(horloge)* Schlaguhr *f*
3. *(air)* [Glocken]geläute *nt*; ~***s de Pâques*** Osterläuten *nt*
► ~ **électrique** Gong *m*
carillonner <1> [kaʀijɔne] **I.** *vi* **1.** *(résonner)* ■ **qc carillonne** etw läutet, etw schlägt
2. *(sonner)* ■ **qn carillonne** *(à la porte)* jd läutet
II. *vt* ■ **qc carillonne qc** *heure* etw schlägt etw; ***l'horloge carillonne toutes les heures/tous les quarts*** die Uhr schlägt jede [volle] Stunde/Viertelstunde [*o* zu jeder [vollen] Stunde/zu jeder Viertelstunde]; ***les cloches de l'église carillonnaient midi*** die Kirchenglocken schlugen [zu] Mittag [*o* läuteten zu Mittag]; ■ **qc est carillonné(e)** */fête/* etw wird eingeläutet
carillonneur [kaʀijɔnœʀ] *m* Glöckner *m*
cariste [kaʀist] *m* Gabelstaplerfahrer *m*
caritatif, -ive [kaʀitatif, -iv] *adj* karitativ
carlingue [kaʀlɛ̃g] *f* Cockpit *nt*, [Piloten]kanzel *f*, Kabine *f* des Piloten
carmélite [kaʀmelit] *f* Karmelit[er]in *f*
carmin [kaʀmɛ̃] **I.** *adj inv* karm[es]in[rot]
II. *m* **1.** *(colorant)* Karm[es]in *nt*, Koschenille *f*
2. *(couleur)* Karm[es]inrot *nt*
carnage [kaʀnaʒ] *m* **1.** *(tuerie)* Blutbad *nt*, Gemetzel *nt*
2. *fam (désordre)* Durcheinander *nt fam*
carnassier, -ière [kaʀnasje, -jɛʀ] **I.** *adj* Fleisch fressend, karnivor *spec*
II. *m* Fleischfresser *m*
carnaval <s> [kaʀnaval] *m* **1.** *(fête)* Karneval *m*, Fas[t]nacht *f*, Fasching *m* SDEUTSCH
2. *fig (excentricité)*: ***tu as vu sa tenue? un vrai*** ~! hast du gesehen, wie er/sie angezogen ist? wie an Karneval [*o* Fasching]!
◆ **tenue de carnaval** Karnevalskostüm *nt*, Fas[t]nachtskostüm *nt*, Faschingskostüm *nt*
carnavalesque [kaʀnavalɛsk] *adj* **1.** *(de carnaval)* Karnevals-, Fas[t]nachts-, Faschings- SDEUTSCH, karnevalistisch
2. *(grotesque)* närrisch
carne [kaʀn] *f péj fam* **1.** *(viande)*: ***c'est de la*** ~ das ist zäh wie Leder *fam*
2. *(cheval)* Gaul *m*, Klepper *m*
3. *(personne)* Ekel *nt*, Miststück *nt fam*
carnet [kaʀnɛ] *m* **1.** *(cahier)* Heft *nt*
2. *(liasse) [tickets de bus/métro]* Block *m*; *[timbres]* Heftchen *nt*
► **qn a un bon/mauvais** ~ **[de notes]** jd hat ein gutes/schlechtes Zeugnis
◆ **carnet à souches** Abreißblock *m*; **carnet d'adresses** Adressbuch *nt*; **carnet de bord** Fahrtenbuch *nt*; *[avion, bateau]* Bordbuch *nt*; **carnet de chèques** Scheckheft *nt*; **carnet de commandes** Auftragsbuch *nt*; **carnet de maternité** Mutterpass *m*; **carnet de notes** Zeugnisheft *nt*; **carnet de route** Fahrtenbuch *nt*; **carnet de santé** Gesundheitspass *m*; **carnet de textes** Hausaufgabenheft *nt*; **carnet de tickets** Fahrkartenblock *m*, Fahrscheinblock *m*; **carnet de timbres** Briefmarkenheftchen *nt*
carnivore [kaʀnivɔʀ] **I.** *adj* Fleisch fressend; ***l'ours est un animal*** ~ der Bär ist ein Fleischfresser; ***qn est*** ~ *fam* jd gehört zu den Fleischfressern *fam*
II. *m* Fleischfresser *m*
carolingien, ne [kaʀɔlɛ̃ʒjɛ̃, jɛn] **I.** *adj* karolingisch
II. *m, f* ■ **Carolingien(ne)** Karolinger(in) *m(f)*
carotide [kaʀɔtid] *f* Halsschlagader *f*
carotte [kaʀɔt] *f* **1.** *(plante)* Karotte *f*, Möhre *f*, Gelbe Rübe SDEUTSCH
2. *fam (promesse)* Köder *m*
3. *(enseigne)* Ladenschild *nt (über französischen Tabakläden)*
► **qn manie la** ~ **et le bâton** jd behandelt jdn mit Zuckerbrot und Peitsche; **politique de la** ~ **[et du bâton]** Politik *f* mit Zuckerbrot und Peitsche; **les ~s sont cuites** *fam* es ist schon alles gelaufen *fam*
carotter <1> [kaʀɔte] *vt fam* ■ **qn carotte qc [à qn]** *argent, objet* jd klaut [*o* mopst] [jdm] etw *fam*; *une permission* jd holt [*o* beschafft] sich (*dat*) etw [von jdm]; ■ **qn carotte qc sur qc** jd zweigt etw von etw ab; ■ **qn carotte qn de qc** jd beschummelt jdn um etw *fam*; ■ **qn se fait** ~ **[de] qc** jd wird um etw beschummelt *fam*
carpe [kaʀp] *f* Karpfen *m*
► **qn bâille comme une** ~ jd gähnt ununterbrochen; **muet(te) comme une** ~ stumm wie ein Fisch
carpette [kaʀpɛt] *f* **1.** *(tapis)* Läufer *m*
2. *péj fam (personne)* Speichellecker(in) *m(f)*
► **qn s'aplatit comme une** ~ **[devant qn]** jd katzbuckelt [vor jdm]
carquois [kaʀkwa] *m* [Pfeil]köcher *m*
carre [kaʀ] *f [ski]* [Stahl]kante *f*
carré, e [kaʀe] **I.** *adj* **1.** *(en forme de quadrilatère)* quadratisch
2. *(robuste) épaules* breit; *(anguleux) menton* kantig
3. MATH *mètre, kilomètre* Quadrat-
4. *fig (franc) personne* direkt; *réponse a.* klar, eindeutig
II. *m* **1.** *(figure géométrique)* Quadrat *nt*; ~ ***de tissu*** Stück *nt* Stoff
2. MATH ■ **le** ~ **de** das Quadrat von
3. CARTES: ***un*** ~ ***de dix/dames/rois/d'as*** vier Zehner/Damen/Könige/Asse
4. *[jardin]*: ***petit*** ~ kleines Stück Garten, Gärtchen *nt*; ■ ~ **de** -beet *nt*; ~ ***de salade*** Salatbeet
► ~ **magique** magisches Quadrat; **qn élève un nombre au** ~ jd erhebt eine Zahl ins Quadrat, jd quadriert eine Zahl; **quatre/six au** ~ MATH vier/sechs im Quadrat

◆ **carré d'agneau/de porc** Karree *nt* vom Lamm/Schwein; **carré de soie** Seidentuch *nt;* **carré de terrain** Stück *nt* Land

carreau <x> [kaʀo] *m* **1.** (*vitre*) [Fenster]scheibe *f*
2. (*carrelage*) Fliese *f,* Kachel *f;* ~ ***de faïence*** Fayencekachel
3. (*motif sur tissu*) Karo *nt;* (*sur papier*) Kästchen *nt;* ***des feuilles à grands/ petits ~x*** klein/groß karierte Blätter
4. CARTES Karo *nt;* ***as de*** ~ Karoass *nt*
▶ **qn fait les ~x** jd putzt die Fenster; **qn laisse qn sur le** ~ jd setzt jdn außer Gefecht, jd schlägt jdn zu Boden; **qn reste sur le** ~ (*dans une bagarre*) jd bleibt am Boden; *fig* jd bleibt auf der Strecke; **qn se tient à** ~ jd macht sich klein, jd [ver]hält sich ruhig; **à ~x** kariert
◆ **carreau de la mine** Zechenvorplatz *m,* Grubeneingang *m*

carrefour [kaʀfuʀ] *m* **1.** [*routes, rue*] Kreuzung *f*
2. (*point de rencontre*) Treffpunkt *m;* ***Strasbourg, ~ de l'Europe*** Straßburg, Drehscheibe *f* [*o* Angelpunkt *m*] Europas; ***discipline au ~ de plusieurs sciences*** Disziplin *f* als Schnittstelle zwischen mehreren Wissenschaftszweigen
3. (*situation décisive*) [*vie, carrière*] Scheideweg *m;* ***l'Europe se trouve à un ~ historique*** Europa erlebt ein historisches Moment
4. (*forum*) Symposium *nt,* Forum *nt,* Tagung *f*

carrelage [kaʀlaʒ] *m* **1.** (*action*) Fliesen *nt*
2. (*revêtement*) Fliesen *pl*
▶ **qn pose un** ~ jd [ver]legt Fliesen

carreler <3> [kaʀle] *vt* ■ **qn carrelle qc** *mur* jd fliest etw; *sol a.* jd legt etw mit Fliesen aus

carrelet [kaʀlɛ] *m* Scholle *f,* Goldbutt *m*

carreleur, -euse [kaʀlœʀ, -øz] *m* Fliesenleger(in) *m(f)*

carrément [kaʀemɑ̃] *adv* **1.** (*franchement*) ohne Umschweife, geradeheraus; ***tu n'as qu'à répondre ~ que*** + *indic* du brauchst nur einfach zu sagen, dass
2. *fam* (*sans hésiter*): ***qn y va ~*** jd geht drauflos *fam*
3. (*fermement*) richtig, fest, ordentlich
4. *fam* (*marque d'intensification*) einfach *fam,* glatt *fam;* (*avec indication chiffrée*) ganze; ***il lui a ~ tiré dessus*** er hat einfach [*o* glatt] auf ihn/sie geschossen *fam;* ***cela nous fait gagner ~ deux heures*** dadurch gewinnen wir ganze zwei Stunden

carrer <1> [kaʀe] *vpr* ■ **qn se carre dans qc** jd setzt sich [bequem] in etw (*dat*) zurecht

carrière[1] [kaʀjɛʀ] *f* Laufbahn *f;* ***les ~s de l'électronique/ du tourisme*** die Berufe im Bereich der Elektronik/des Fremdenverkehrs
▶ **qn fait** ~ jd macht Karriere; **qn fait ~ dans qc** jd schlägt eine Laufbahn in etw (*dat*) ein; *fig* jd bringt es in etw (*dat*) weit; ***qn fait ~ dans la marine/ la médecine/ la politique*** jd schlägt eine Laufbahn in der Marine/als Arzt/als Politiker ein

carrière[2] [kaʀjɛʀ] *f* [*pierre*] Steinbruch *m;* [*sable*] Sandgrube *f;* ~ ***de marbre*** Marmorbruch *m*

carriérisme [kaʀjeʀism] *m péj* Karrierismus *m*

carriériste [kaʀjeʀist] *mf péj* Karrieremacher(in) *m(f),* Karrierist(in) *m(f);* (*homme a.*) Karrierehengst *m fam;* (*femme a.*) Karrierefrau *f*

carriole [kaʀjɔl] *f* Wagen *m,* Fuhrwerk *nt*

carrossable [kaʀɔsabl] *adj* befahrbar

carrosse [kaʀɔs] *m* [Prunk]kutsche *f,* [Staats]karosse *f*
▶ **qn roule** ~ jd schwimmt im Geld *fam,* jd hat Geld wie Heu *fam*

carrosser <1> [kaʀɔse] *vt* **1.** (*munir d'une carrosserie*) ■ **qn carrosse qc** jd liefert die Karosserie für etw, jd karossiert etw
2. (*dessiner*) ■ **qn carrosse qc** jd entwirft [*o* kreiert] die Karosserie für etw; ***une voiture bien carrossée*** ein Wagen mit formschöner Karosserie

carrosserie [kaʀɔsʀi] *f* **1.** (*partie d'une voiture*) Karosserie *f*
2. (*métier*) Karosserieherstellung *f*

carrossier [kaʀɔsje] *m* **1.** (*mécanicien*) Karosserieklempner(in) *m(f),* Karosserieschlosser(in) *m(f),* Autospengler(in) *m(f)* SDEUTSCH
2. (*dessinateur*) Karosserie-Designer(in) *m(f)* [-dizaine], Karossier [kaʀɔ'sieː] *m*

carrousel [kaʀusɛl] *m* **1.** TECH kreisförmiges Förderband; (*pour des bagages*) Gepäckausgabe *f*
2. *fig* (*circulation intense*) Kreisverkehr *m;* ***qn fait un ~*** jd dreht Runden
▶ ~ **ministériel** ständiger Ministerwechsel, Ministerkarussell *nt*

carrure [kaʀyʀ] *f* **1.** [*personne*] Statur *f*
2. [*vêtement*]: ***qc est trop étroit(e)/ large de ~*** etw ist an den Schultern zu eng/weit
3. (*envergure*) Format *nt*
▶ **qn est d'une [toute] autre** ~ jd hat ein [ganz] anderes Format, jd ist von ganz anderem Format
◆ **carrure d'athlète** Sportlerfigur *f*

cartable [kaʀtabl] *m* Schultasche *f,* [Schul]ranzen *m*
◆ **cartable à bretelles** Ranzen *m;* **cartable à poignée** Schultasche *f*

carte [kaʀt] *f* **1.** GEOG [Land]karte *f;* ~ ***au 25 000***[e] [*o* ***au 1/25 000***] Karte im Maßstab 1:25 000
2. (~ *à jouer*) [Spiel]karte *f;* ■ **les ~s de qn/qc** (*points forts*) jds Trumpfkarten [*o* Trümpfe]/die Trumpfkarten [*o* Trümpfe] einer S. (*gen*)
3. (~ *postale*) [Ansichts]karte *f,* [Post]karte *f*
4. [*restaurant*] [Speise]karte *f*
5. [*visite*] [Visiten]karte *f*
6. INFORM Karte *f;* ~ ***enfichable*** Steckkarte; ~ ***d'extension mémoire*** Speichererweiterungskarte
▶ ~ **eurochèque** Eurocheque-Karte ['ɔɪʀoʃɛk-] *f;* ~ **Inter-rail** Interrailkarte ['ɪntəreɪl-] *f;* **qn a plus d'une ~ dans son jeu** jd hat mehr als nur einen Trumpf in der Hand; **qn a toutes les ~s dans son jeu** jd hat alle Trümpfe in der Hand; ~ **jeune** Junior-Pass *m;* **qn joue ~s sur table** jd spielt mit offenen Karten; **qn met ~s sur table** jd deckt seine Karten auf; ~ **vermeil** Seniorenpass *m;* ~ **administrative** Karte *f* der Verwaltungsgliederung; ~ **bancaire** Kreditkarte *f;* [**qn a**] ~ **blanche** [jd hat] freie Hand [*o* freies Spiel]; **qn donne** [*o* **laisse**] ~ **blanche à qn** jd lässt jdm freie Hand, jd lässt jdn frei gewähren, jd gibt jdm uneingeschränkte Vollmacht; **qn joue sa dernière** ~ jd spielt seine letzte Karte [*o* seinen letzten Trumpf] aus; ~ **graphique** Grafikkarte *f;* ~ **grise** Kraftfahrzeugschein *m;* ~ **marine** Seekarte *f;* ~ **météorologique** Wetterkarte *f;* ~ **orange** TRANSP Verbundpass *m,* Netzkarte *f* (*für die Pariser Verkehrsmittel*); (*mensuelle*) Monats[netz]karte *f;* (*annuelle*) Jahres[netz]karte *f;* ~ **perforée** Lochkarte *f;* ~ **physique/politique** physikalische/politische Karte; ~ **postale** Postkarte *f;* ~ **routière** Straßenkarte *f;* ~ **sonore** Soundkarte ['saunt-] *f;* ~ **verte** grüne Versicherungskarte; ~ **visa**® Visa-Karte® *f;* **qn abat ses ~s** jd deckt seine Karten auf; **qn bat les ~s** jd mischt [die Karten]; **qn brouille les ~s** jd stiftet [bewusst] Verwirrung; **qn coupe les ~s** jd hebt ab; **qn fait les ~s** jd legt Karten; **qn joue une** ~ jd spielt eine Karte aus; **qn joue la ~ de qc** jd setzt auf etw (*akk*); **qn mélange les ~s** jd mischt die Karten; **qn montre ses ~s** jd deckt seine Karten auf; **qn tire les ~s [à qn]** jd legt [jdm die] Karten; **à la** ~ GASTR nach der Karte, à la carte; *horaire* gleitend; *programme* nach Wunsch
◆ **carte à mémoire** Magnetkarte *f;* **carte mère** INFORM Hauptplatine *f,* Motherboard ['mʌθəbɔːt] *nt spec;* **carte à puce** Chipkarte ['tʃɪp-] *f;* **carte client** Kundenkarte *f;* **carte d'abonnement** Zeitkarte *f,* Dauerkarte *f;* **carte d'adhérent** Mitgliedskarte *f,* Mitgliedsausweis *m;* **carte d'alimentation** Lebensmittelkarte *f;* **carte d'anniversaire** Geburtstagskarte *f;* **carte de crédit** Kreditkarte *f;* **carte de famille nombreuse** Ausweis *m* für kinderreiche Familien; **carte de fidélité** Kunden[rabatt]karte *f;* **carte de France** Frankreichkarte *f;* **carte de lecteur** Leserausweis *m;* **carte d'électeur** Wahlschein *m;* **carte d'embarquement** Einsteigekarte *f,* Bordkarte *f;* **carte de membre** Mitgliedskarte *f,* Mitgliedsausweis *m;* **carte de Nouvel An** Neujahrskarte *f;* **carte de paiement** Kundenkreditkarte *f;* **carte de pêche** Angelschein *m;* **carte de rationnement** Lebensmittelkarte *f;* **carte réseau** INFORM Netzwerkkarte *f;* **carte de sécurité sociale** Sozialversicherungskarte *f;* **carte de séjour** Aufenthaltserlaubnis *f;* **carte son** INFORM Soundkarte ['saunt-] *f;* **carte de stationnement** Parkschein *m;* **carte vidéo** INFORM Grafikkarte *f;* **carte des vins** Weinkarte *f;* **carte d'état major** Messtischblatt *nt;* **carte de téléphone** Telefonkarte *f;* **carte de travail** Arbeitsgenehmigung *f;* **carte d'étudiant** Studentenausweis *m;* **carte de visite** Visitenkarte *f;* **carte de vœux** Neujahrskarte *f;* **carte [nationale] d'identité** Personalausweis *m;* **carte d'invitation** Einladung[skarte *f*] *f*

cartel [kaʀtɛl] *m* Kartell *nt*

carter [kaʀtɛʀ] *m* **1.** (*protection*) [*machine*] Schutz *m,* [Schutz]gehäuse *nt,* [Schutz]verkleidung *f;* [*vélo*] Kettenschutz *m*
2. (*boîtier*) [*boîte de vitesse*] Gehäuse *nt;* [*moteur*] Wanne *f;* ***le ~ d'huile*** die Ölwanne

carterie [kaʀtəʀi] *f* Kartengeschäft *nt*

cartésien, ne [kaʀtezjɛ̃, jɛn] *adj* **1.** PHILOS kartesisch, kartesianisch
2. (*rationnel*) *esprit* rational; *personne a.* verstandesbetont

cartilage [kaʀtilaʒ] *m* **1.** ANAT Knorpel *m;* ~ ***articulaire*** Gelenkknorpel
2. [*viande*] Knorpel *m*

cartilagineux, -euse [kaʀtilaʒinø, -øz] *adj* **1.** *poisson, tissu* Knorpel-
2. *viande* knorp[e]lig

cartographe [kaʀtɔgʀaf] *mf* Kartograph(in) *m(f),* Kartenzeichner(in) *m(f)*

cartographie [kaʀtɔgʀafi] *f* Kartographie *f*

cartomancien, ne [kaʀtɔmɑ̃sjɛ̃, jɛn] *m, f* Kartenleger(in) *m(f)*

carton [kaʀtɔ̃] *m* **1.** (*matière*) Pappe *f,* Karton *m;* ■ **de** ~, ■ **en** ~ aus Pappe; *objet, masque a.* Papp-; *boîte* aus Karton, Karton-
2. (*boîte*) Karton *m;* ~ ***de lait*** (*pack*) Milchtüte *f;* (*boîte de plusieurs packs*) Karton mit Milchtüten
▶ ~ **jaune/rouge** gelbe/rote Karte; **qn a qc dans ses ~s** *fam* jd hat etw auf Lager *fam;* **qn fait un** ~ *fam* (*à la fête foraine*) jd schießt; **qn fait un ~ sur qn/qc** *fam* jd schießt auf jdn/etw, jd gebraucht jdn/etw als Zielscheibe; **qc reste dans les ~s** etw bleibt [*o* vermodert] in der Schublade; **qn tape le** ~ *fam* jd klopft einen *fam,* jd spielt Karten
◆ **carton à chapeau** Hutschachtel *f;* **carton à chaussures** Schuhkarton *m,* Schuhschachtel *f;* **carton à dessin** Zeichenmappe *f;* **carton de table** Tischkarte *f;* **carton d'invitation** Einladung[skarte *f*] *f*

cartonnage [kaʀtɔnaʒ] *m* Verpackungsmaterial *nt,* Verpackung *f*

cartonné, e [kaʀtɔne] *adj* kartoniert; ***livre*** ~ Pappband *m,* Buch *nt* mit kartoniertem Einband

carton-pâte [kaʀtɔ̃pɑt] *m* Pappmaché [-maʃeː] *nt,* Papiermaché *nt;* ***personnage de*** ~ Wichtigtuer(in) *m(f)*

cartouche[1] [kaʀtuʃ] *f* **1.** [*fusil*] Patrone *f;* ~ ***à balle*** scharfe Patrone; ~ ***à plomb*** Schrotpatrone; ~ ***à blanc*** Platzpatrone
2. [*cigarettes*] Stange *f;* [*encre*] Patrone *f*
▶ **qn brûle** [*o* **tire**] **ses dernières ~s** *fig* jd verschießt seine letzte Munition; **qn épuise** [*o* **tire**] **toutes ses ~s** *fig* jd braucht seine ganze Munition auf, jd verschießt sein ganzes Pulver

cartouche[2] [kaʀtuʃ] *m* Kästchen *nt;* [*plan*] Legende *f;* (*ornement*) Kartusche *f* (*schildartiges Ornament*)

cartouchière [kaʀtuʃjɛʀ] *f* **1.** (*ceinture*) Patronengürtel *m,* Patronengurt *m*
2. (*sac*) Patronentasche *f*

cas [kɑ] *m* **1.** (*situation*) Fall *m;* *difficile, embarrassant a.* Angelegenheit *f;* ***c'est un ~ un peu particulier*** dieser Fall liegt etwas anders; ***c'est un ~ [assez] rare*** dieser Fall ist [ziemlich] selten; ■ **le ~ de qn** der Fall eines Menschen; ***le ~ des jeunes au chômage est dramatique*** die Lage der arbeitslosen Jugendlichen ist dramatisch; ***comme c'est mon ~*** wie in meinem Fall
2. (*événement*) ■ ~ **de qc** Fall *m* von etw; ***c'est un ~ d'appendicite*** es

handelt sich um einen Fall von Blinddarmentzündung; ***un ~ de faillite frauduleuse*** ein Fall von betrügerischem Konkurs
3. JUR Fall *m;* ***son ~ est difficile à juger*** sein Fall ist schwierig zu beurteilen
4. LING Fall *m,* Kasus *m*
▶ **en ~ d'empêchement** im Verhinderungsfalle *form;* ***en ~ d'empêchement, tu m'appelles*** falls du verhindert bist, [*o* im Falle einer Verhinderung] rufe mich an; **~ d'urgence** Notfall *m;* ***dans les ~ d'extrême urgence*** in dringenden Notfällen; **dans le ~ contraire** andernfalls, sollte dies nicht der Fall sein; **le ~ échéant** wenn nötig, gegebenenfalls; **qn fait grand ~ de qn/qc** jd hält große Stücke auf jdn/etw; **~ grave/désespéré** schwerer/hoffnungsloser Fall; ***son ~ est désespéré*** sein/ihr Fall ist hoffnungslos; ***son ~ est grave*** es steht schlecht um ihn/sie; **en pareil ~** unter derartigen Umständen; **dans le ~ présent** im vorliegenden Fall; **~ social** Sozialfall *m;* **qn aggrave son ~** jd macht seinen Fall nur noch schlimmer, jd verschlimmert seinen Fall; **qn envisage le/un ~** jd zieht die/eine Möglichkeit in Betracht; **c'est le ~ de le dire** das kann man wohl sagen!, wie treffend!, ganz genau!; **qc est [bien] le ~** etw ist [tatsächlich] der Fall; **si tel est le ~** sollte das wirklich der Fall sein, wenn das der Fall [*o* das so] ist; **c'est un ~** das ist [vielleicht] eine Nummer [*o* Marke] *fam;* **qn fait peu de ~ de qn/qc** jd schenkt jdm/einer S. wenig Beachtung; **qn ne fait aucun ~ de qn/qc** jd schenkt jdm/einer S. keinerlei Beachtung, jd macht sich (*dat*) nichts aus jdm/etw; **qn imagine/suppose le ~:** ... jd nimmt an: ...; **qn imagine/suppose le ~ de qn/qc** jd nimmt den Fall eines Menschen/einer S. [an]; **qn prévoit le ~** jd zieht die Möglichkeit in Betracht; **qn soumet un ~ à qn** jd legt jdm einen Fall dar; JUR jd führt jdm einen Fall vor; **au ~ où** + *cond* falls, wenn; für den Fall, dass; ***au ~ où je serais empêché*** falls ich verhindert sein sollte, sollte ich verhindert sein; **auquel ~** in diesem Fall; **dans ce ~** in diesem Fall, dann, wenn dem so ist *fam;* **dans le ~ où** + *cond* falls, wenn; für den Fall, dass; **dans tous les ~** auf alle Fälle, auf jeden Fall; **en aucun ~** keinesfalls, auf keinen Fall, nie und nimmer; **en ~** für alle Fälle, für den Fall eines Falles; **en ~ de qc** im Falle einer S. (*gen*), bei etw; ***en ~ d'absence de qn*** sollte jd nicht anwesend sein; ***en ~ de besoin*** wenn nötig; ***en ~ de doute*** im Zweifelsfall; ***en ~ de pluie*** falls es regnen sollte, bei Regen; **en ce ~** *soutenu* in diesem Fall; **en tout ~** jedenfalls; **pour le ~ où** + *cond* für alle Fälle
◆ **cas de conscience** Gewissensfrage *f;* **cas de divorce** Scheidungsgrund *m;* **cas de figure** Möglichkeit *f;* **cas de force majeure** Fall *m* höherer Gewalt; **cas de légitime défense** Fall *m* von Notwehr; **cas d'espèce** Sonderfall *m,* Einzelfall *m;* **cas limite** Grenzfall *m*

casanier, -ière [kazanje, -jɛʀ] *adj personne* häuslich; *vie* zurückgezogen; ***personne ~ière*** Stubenhocker(in) *m(f) pej;* ***qn prend des habitudes ~ières*** jd wird [recht] bequem

casaque [kazak] *f* Jockeydress *m*
▶ **qn tourne ~** *fam* jd schwenkt um, jd ändert seine Meinung

cascade [kaskad] *f* **1.** (*chute d'eau*) Wasserfall *m*
2. *fig:* **~ *d'applaudissements*** Beifallssturm *m;* **~ *de chiffres*** Zahlenflut *f;* **~ *d'événements*** Abfolge *f* von Ereignissen; **~ *de paroles*** Wortschwall *m;* **~ *de rires*** Lachsalve *f*
▶ **en ~** reihenweise; ***qn a des malheurs en ~*** jd wird vom Pech verfolgt

cascadeur, -euse [kaskadœʀ, -øz] *m, f* **1.** [*film*] Stuntman/-girl *m/f* ['stantmæn, -gøːɐl], Stuntwoman ['stantwʊmən] *f*
2. [*cirque*] Akrobat(in) *m(f)*

case [kɑz] *f* **1.** [*formulaire, tableau, damier, échiquier*] Feld *nt*
2. (*casier*) Fach *nt*
3. (*hutte*) [Eingeborenen]hütte *f*
▶ **qn a une ~ vide** [*o* **en moins**], **il lui manque une ~** *fam* bei jdm ist eine Schraube locker *fam,* jd hat nicht alle Tassen im Schrank *fam*
◆ **case départ** [*jeu de société*] Start *m;* [*négociations*] Ausgangspunkt *m;* ***qn doit revenir à la ~ départ*** jd muss wieder von vorne anfangen

casemate [kazmat] *f* Bunker *m*

caser <1> [kɑze] **I.** *vt* **1.** (*ranger*) ■ **qn case qc quelque part** jd bringt etw irgendwo unter, jd verstaut etw irgendwo
2. (*trouver une place*) ■ **qn case qn [quelque part]** jd bringt jdn [irgendwo] unter; (*trouver un emploi a.*) jd verschafft jdm [irgendwo] eine Stelle; (*marier*) jd verheiratet jdn; *femme* jd bringt jdn unter die Haube, jd bringt jdn an den Mann; *homme* jd bringt jdn an die Frau
II. *vpr* (*se placer*) ■ **qn se case** jd kommt unter; (*trouver un logement a.*) jd findet eine Bleibe [*o* Unterkunft]; (*trouver un emploi*) jd kommt unter; (*se marier*) jd heiratet, jd findet einen Mann/eine Frau

caserne [kazɛʀn] *f* **1.** MIL Kaserne *f*
2. *fam* (*immeuble*) Mietskaserne *f*

casernement [kazɛʀnəmɑ̃] *m* **1.** (*action*) Kasernierung *f,* Unterbringung *f* in Kasernen
2. (*bâtiment*) Kaserne *f*

cash [kaʃ] *adv fam* bar, cash [kæʃ] *sl*

casher [kaʃɛʀ] *adj inv* koscher

cash-flow <~-~s> [kaʃflo] *m* Cashflow [kæʃfloʊ] *m*

casier [kɑzje] *m* **1.** (*compartiment*) Fach *nt*
2. SCOL Tischablage *f*
3. JUR (*casier judiciaire*) Strafregister *nt,* Vorstrafenregister *nt*
4. [*homards, crabes*] Korb *m*
▶ **qn a un ~ judiciaire** jd ist vorbestraft; ***qn a un ~ judiciaire vierge*** jd ist nicht vorbestraft; **qn pose des ~s** PECHE jd legt Körbe aus
◆ **casier à bouteilles** Flaschengestell *nt,* Flaschenregal *nt*

casino [kazino] *m* [Spiel]kasino *nt*

casque [kask] *m* **1.** (*protection*) [Schutz]helm *m;* [*so'dat*] [Stahl]helm *m;* [*motocycliste*] Sturzhelm *m*
2. [*coiffeur*] [Trocken]haube *f*
3. (*~ à écouteurs*) Kopfhörer *m*
▶ **~ bleu** Blauhelm *m;* **~ colonial** Tropenhelm *m;* **~ intégral** Integralhelm *m*
◆ **casque à pointe** Pickelhaube *f*

casqué, e [kaske] *adj* behelmt, mit Helm

casquer <1> [kaske] *vi fam* ■ **qn casque** jd blecht *fam*

casquette [kaskɛt] *f* Schirmmütze *f;* **~ *de marin*** Schiffermütze *f*

cassant, e [kasɑ̃, ɑ̃t] *adj* **1.** (*fragile*) bruchempfindlich, zerbrechlich; ■ **qc est ~** etw bricht leicht
2. (*abrupt*) *ton* scharf; *manières* barsch, schroff, brüsk; *personne* kurz angebunden, schroff

cassation [kasasjɔ̃] *f* **1.** JUR Ungültigkeitserklärung *f,* Nichtigkeitserklärung *f;* ***qn prononce la ~ de qc*** jd erklärt etw für ungültig [*o* nichtig]
2. MIL Degradierung *f*

casse [kɑs] **I.** *f* **1.** (*dégât*) Schaden *m;* (*lors d'un déménagement*) Bruchschaden *m*
2. (*bagarre*): ***il va y avoir de la ~*** *fam* gleich wird es Scherben geben *fam*
3. MIL *fam* (*perte*) Blutvergießen *nt,* Verluste *pl*
4. (*casseur*): ***qn achète qc à la ~*** jd kauft etw beim Schrotthändler
▶ **qc est bon(ne) pour la ~** *fam* etw ist schrottreif; **qn met** [*o* **envoie**]/**vend qc à la ~** *fam* jd gibt etw zum Verschrotten/jd verkauft etw zum Schrottwert; **qn paye la ~** jd kommt für den Schaden auf, jd bezahlt den Schaden
II. *m arg* Bruch *m sl;* ***qn fait un ~*** jd macht einen Bruch *sl*

cassé, e [kɑse] *adj vieillard* gekrümmt; *voix* rau, heiser

casse-cou [kɑsku] *m inv fam* Draufgänger(in) *m(f)* ▶ **qn crie ~-~ à qn** jd warnt jdn; **qn est [un] ~-~** jd ist ein Draufgänger, jd ist waghalsig **casse-croûte** [kɑskʀut] *m inv fam* Imbiss *m,* Zwischenmahlzeit *f;* ***on a mangé un ~-~*** wir haben eine Kleinigkeit gegessen **casse-gueule** [kɑsgœl] *inv* **I.** *adj fam* gefährlich **II.** *m pop:* ***c'est un vrai ~-~*** das ist verdammt gefährlich; *sl* (*c'est glissant*) das ist verdammt glatt *sl* **casse-noisettes** [kɑsnwazɛt] *m inv* Nussknacker *m* **casse-noix** [kɑsnwɑ] *m inv* Nussknacker *m* **casse-pieds** [kɑspje] *inv* **I.** *adj fam* **1.** (*importun*) *personne* lästig, nervtötend, nervig *fam;* ***ce que tu peux être ~-~, bon sang!*** Mensch, kannst du einem auf die Nerven gehen [*o* den Wecker fallen] *fam,* Mensch, kannst du einen nerven *fam* **2.** (*énervant*) nervtötend; (*ennuyeux*) langweilig **II.** *mf fam* Nervensäge *f* **casse-pipe** [kɑspip] *m Ø fam* ▶ **c'est le ~-~ assuré!** das geht sicher total daneben! *fam,* das geht bestimmt in die Hosen! *fam;* **qn envoie qn au ~-~** jd liefert jdn ans Messer *fam;* MIL jd verwendet jdn als Kanonenfutter *fam;* **qn va** [*o* **monte**] **au ~-~** jd läuft [dem Feind] ins Messer; *fig* jd riskiert Kopf und Kragen

casser <1> [kɑse] **I.** *vt* **1.** (*briser*) ■ **qn/qc casse qc** *objet* jd/etw zerbricht etw, jd/etw macht etw kaputt; *appareil* jd/etw macht etw kaputt; *branche* jd/etw bricht [*o* knickt] etw ab; *carreau* (*volontairement*) jd schlägt etw ein, jd wirft etw ein; (*involontairement*) jd/etw macht etw kaputt; *noix* jd knackt etw [auf]; *morceau de sucre* jd zerbricht [*o* zerkleinert] etw; *cailloux* jd klopft etw; ■ **qn casse qc à qn** jd bricht jdm etw; *dent* jd schlägt jdm etw aus; ■ **qn a qc cassé(e)** jd hat sich (*dat*) etw gebrochen; ***elle a un bras cassé*** sie hat einen gebrochenen Arm, sie hat sich (*dat*) den Arm gebrochen
2. (*troubler*) ■ **qn/qc casse qc** *ambiance* jd/etw [zer]stört etw; *habitudes* jd/etw bricht mit etw; *moral* jd/etw untergräbt etw; *rythme* jd/etw [ver]ändert etw
3. ECON ■ **qn/qc casse qc** *consommation, expansion, croissance* jd/etw stoppt etw abrupt, jd/etw bringt etw zum Stillstand; ***qn casse les prix*** (*baisser les prix*) jd senkt die Preise radikal; (*provoquer une chute des prix*) jd verursacht einen Preissturz
4. POL, SOCIOL ■ **qn casse qc** *grève* jd bricht etw; *mouvement syndical* jd zerschlägt etw
5. ADMIN, JUR ■ **qn casse qc** jd erklärt etw für ungültig [*o* nichtig]; *jugement a.* jd kassiert etw
6. MIL ■ **qn casse qn** jd degradiert jdn
▶ **à tout ~** (*au maximum*) höchstens, maximal, wenn es hoch kommt; (*extraordinaire*) *fête, succès* toll, super, fantastisch; *applaudir, conduire* wie verrückt; **qn casse qc en deux** jd halbiert etw, jd teilt etw in zwei Teile; **qn me/lui/... les casse** *fam* jd geht mir/ihm/ihr/... auf die Nerven, jd fällt mir/ihm/ihr/... auf den Wecker *fam;* **qn ne casse rien** jd ist nicht umwerfend; **qc ne casse rien** etw ist nichts Besonderes [*o* Umwerfendes]
II. *vi* ■ **qc casse** /*objet*/ etw geht [leicht] kaputt, etw zerbricht [leicht]; /*branche*/ etw bricht [*o* knickt] ab; /*corde, fil*/ etw reißt [ab]
III. *vpr* **1.** (*se rompre*) ■ **qc se casse** etw zerbricht, etw geht kaputt; /*branche, aiguille*/ etw bricht ab; ***qc se casse en mille morceaux*** etw zerspringt in tausend Stücke; ***qc se casse en deux*** etw bricht entzwei
2. (*être fragile*) ■ **qc se casse** etw ist zerbrechlich; ***certaines matières plastiques ne se cassent pas*** gewisse Kunststoffe sind unzerbrechlich
3. ■ **qn se casse qc** *jambe, bras* jd bricht sich (*dat*) etw; *dent* jd beißt sich (*dat*) etw aus
▶ **qn ne se casse pas [pour faire qc]** *fam* jd bricht sich (*dat*) keinen ab [um etw zu tun] *fam*

casserole [kasʀɔl] *f* **1.** (*ustensile*) [Stiel]kasserolle *f*
2. *péj* (*piano*) Klimperkasten *m fam*
▶ **qn chante comme une ~** *fam* jd singt total daneben *fam;* **un animal passe à la ~** einem Tier geht es an den Kragen *fam;* /*volaille*/ ein Tier wandert in den Kochtopf *fam;* **qn passe à la ~** *fam* (*va être maltraité*) jdm geht es an den Kragen *fam,* jd wird in die Pfanne gehauen *fam;* (*va subir l'acte sexuel*) /*femme*/ jd ist dran [*o* reif] *fam,* jd wird umgelegt *sl;* ***l'équipe adverse va passer à la ~*** die gegnerische Mannschaft wird in die Pfanne gehauen werden *fam*

casse-tête [kɑstɛt] *m inv* **1.** (*problème*) knifflige Aufgabe; ***ce problème est un vrai ~-~*** [***pour moi***] dieses Problem ist sehr knifflig [*o* eine harte Nuss] [*o* bereitet [mir] Kopfzerbrechen]
2. (*jeu*) Geduldsspiel *nt,* Knobelspiel *nt*
▶ **~ chinois** Geduldsspiel *nt*

cassette [kasɛt] *f* **1.** (*support magnétique*) Kassette *f;* ~ ***digitale*** [*o* ***numérique***] Digitalkassette; ~ ***vidéo*** Videokassette
2. *vieux* (*coffret*) Schmuckkästchen *nt,* Schatulle *f geh*
3. HIST [*roi*]: ~ ***particulière*** Privatschatulle *f*
◆ **cassette de nettoyage** Reinigungskassette *f*
casseur, -euse [kɑsœʀ, -øz] *m, f* **1.** (*ferrailleur*) Schrotthändler(in) *m(f)*
2. (*manifestant*) Randalierer(in) *m(f)*
3. *fam* (*bravache*): ***qn affecte des airs de*** ~ jd spielt den Helden [*o* starken Mann]
▸ **qn joue les ~s** jd spielt den starken Mann
◆ **casseur de pierres** Steineklopfer *m*
cassis [kasis] *m* **1.** (*arbuste*) schwarzer Johannisbeerstrauch
2. (*fruit*) schwarze Johannisbeere
3. (*liqueur*) Cassis *m,* schwarzer Johannisbeerlikör
4. *arg* (*tête*) Birne *f fam,* Rübe *f fam*
5. [*route*] Querrinne *f*
cassonade [kasɔnad] *f* brauner Zucker
cassoulet [kasulɛ] *m weißer Bohneneintopf mit Würstchen aus Südwestfrankreich*
cassure [kɑsyʀ] *f* **1.** (*brisure*) Bruch *m,* Bruchstelle *f*
2. GEOL Verwerfung *f,* Verwurf *m*
3. (*difficulté*): ***qc provoque une ~ dans qc*** *dans l'alliance, amitié, la vie* etw führt zu einem Bruch in etw (*dat*)
castagne [kɑstaɲ] *f arg* Prügelei *f*
castagnettes [kastaɲɛt] *fpl* Kastagnetten [kastan'jɛtn] *pl*
▸ **qn a les dents/genoux qui jouent les** ~ *fam* jdm klappern die Zähne/schlottern die Knie
caste [kast] *f* Kaste *f*
casting [kastiŋ] *m* CINE, THEAT Casting *nt,* Rollenverteilung *f,* Besetzung *f*
castor [kastɔʀ] *m* **1.** (*animal*) Biber *m*
2. (*fourrure*) Biberpelz *m*
castrat [kastʀa] *m* Kastrat *m*
castrateur, -trice [kastʀatœʀ, -tʀis] *adj* übermächtig, allzu mächtig [*o* dominierend]
castration [kastʀasjɔ̃] *f* Kastration *f*
castrer <1> [kastʀe] *vt* ■ **qn castre qn/un animal** jd kastriert jdn/ein Tier, jd verschneidet ein Tier
cataclysme [kataklism] *m* **1.** (*catastrophe naturelle*) [Natur]katastrophe *f*
2. (*bouleversement*) [Wirbel]sturm *m*
catacombes [katakɔ̃b] *fpl* Katakomben *pl*
catadioptre [katadjɔptʀ] *m* Rückstrahler *m;* [*auto, bicyclette*] Katzenauge *nt*
catafalque [katafalk] *m* Katafalk *m*
catalogue [katalɔg] *m* Katalog *m*
▸ **qn fait le ~ de qn/qc** jd katalogisiert jdn/etw; *des mérites, défauts, faiblesses* jd zählt [*o* listet] etw auf; ***qn fait le ~ des œuvres d'un auteur*** jd erstellt das Verzeichnis der Werke eines Autors
cataloguer <1> [katalɔge] *vt* **1.** (*classer*) ■ **qn catalogue qc** *articles, objets* (*ajouter à un catalogue*) jd nimmt etw in einen Katalog auf; (*regrouper dans un catalogue*) jd erfasst etw in einem Katalog, jd katalogisiert etw
2. *péj fam* (*porter un jugement*) ■ **qn catalogue qn** jd stempelt jdn ab; ■ **qn est catalogué(e)** jd ist gebrandmarkt
catalyse [kataliz] *f* Katalyse *f*
catalyser <1> [katalize] *vt* **1.** CHIM ■ **qc catalyse qc** etw katalysiert etw
2. (*attirer*) ■ **qn catalyse qc** *attention, regards* jd zieht etw auf sich (*akk*); *opposition, antipathie* jd ruft etw wach
catalyseur [katalizœʀ] *m* **1.** CHIM Katalysator *m;* ~ ***à installation différée*** Beipack-Katalysator
2. *fig:* ***qn/qc joue le rôle de*** ~ jd/etw wirkt als Katalysator
catalytique [katalitik] *adj* mit Katalysator
catamaran [katamaʀɑ̃] *m* Katamaran *m,* Doppelrumpfboot *nt*
cataphote [katafɔt] *m* Rückstrahler *m*
cataplasme [kataplasm] *m* **1.** MED Breiumschlag *m*
2. *fam* (*aliment épais*) Pampe *f fam,* zäher Brei
catapulter <1> [katapylte] *vt* **1.** AVIAT ■ **qn/qc catapulte qn/qc** jd/etw katapultiert jdn/etw
2. (*projeter*): ***qn/qc catapulte qn/qc à plusieurs mètres/hors de la voiture/en l'air*** jd/etw schleudert jdn/etw mehrere Meter weit [durch die Luft]/aus dem Wagen/in die Luft
3. (*nommer*): ***qn catapulte qn à un poste important*** jd katapultiert jdn in eine wichtige Stellung
cataracte¹ [kataʀakt] *f* [*rivière*] Wasserfall *m;* ***une ~ de pluie*** ein Wolkenbruch *m*
cataracte² [kataʀakt] *f* MED grauer Star
catastrophe [katastʀɔf] *f* Katastrophe *f,* schweres Unglück; ***une ~ aérienne/ferroviaire*** ein schweres Flugzeug-/Eisenbahnunglück
▸ **qn court à la** ~ jd läuft ins [*o* in sein] Verderben; **en** ~ Not-; ***atterrissage en*** ~ Notlandung *f;* **qn fait qc en** ~ jd tut etw überstürzt [*o* in größter Eile] [*o* Hals über Kopf]; ***le pilote a été contraint à atterrir/freiner en*** ~ der Pilot musste notlanden/notbremsen; ~! verdammt! *fam*
catastrophé, e [katastʀɔfe] *adj fam air* entsetzt, niedergeschmettert; *personne a.* am Boden zerstört *fam;* ***qn est*** ~ jd ist völlig aus dem Häuschen *fam;* ***qn est vite*** ~ jd verliert leicht die Nerven
catastropher <1> [katastʀɔfe] *vt fam* ■ **qc catastrophe qn** etw versetzt jdn in Katastrophenstimmung [*o* in helle Aufregung] *fam*
catastrophique [katastʀɔfik] *adj* katastrophal, verheerend; *fam résultats, notes, film, livre* miserabel *fam,* sehr schlecht
catastrophisme [katastʀɔfism] *m* Schwarzseherei *f*
catch [katʃ] *m* Catchen ['kætʃn] *nt*
▸ **qn fait du** ~ jd catcht ['kætʃt]
catcheur, -euse [katʃœʀ, -øz] *m, f* Catcher(in) *m(f)* ['kætʃɐ]
catéchiser <1> [kateʃize] *vt* **1.** (*enseigner le catéchisme*) ■ **qn catéchise qn** jd erteilt jdm Religionsunterricht
2. (*endoctriner*) ■ **qn catéchise qn** jd predigt auf jdn ein
3. (*sermonner*) ■ **qn catéchise qn** jd kanzelt jdn ab, jd tadelt [*o* rügt] jdn
catéchisme [kateʃism] *m* **1.** (*enseignement*) Religionsunterricht *m*
2. (*livre*) Katechismus *m*
catégorie [kategɔʀi] *f* **1.** (*groupe*) Kategorie *f,* Art *f;* ***qn classe des prospectus/livres par ~s*** jd ordnet Prospekte/Bücher nach Themenkreisen [*o* Kategorien]
2. SPORT Klasse *f;* ~ ***d'âge*** Altersklasse, Altersgruppe *f*
3. [*hôtel*] Kategorie *f*
4. [*produit alimentaire*] Güteklasse *f,* Handelsklasse *f;* ***de 1ère*** ~ Güteklasse [*o* Handelsklasse] 1
5. ADMIN Lohngruppe *f,* Gehaltsgruppe *f*
6. (*critère*) Bezugspunkt *m;* PHILOS Kategorie *f;* ***les Chinois n'ont pas les mêmes ~s que nous*** die Chinesen haben andere Denkkategorien als wir [*o* denken in anderen Kategorien als wir]
▸ ~ **grammaticale** Wortart *f,* Wortklasse *f;* ~ **sociale/socioprofessionnelle** Gesellschaftsschicht *f*/Berufsstand *m;* **qn est de la ~ de** jd gehört zu; [**qc est**] **de 1ère/2ème** ~ / *hôtel/* [etw ist] erster/zweiter Kategorie [*o* Klasse]; / *aliment/* [etw ist] erstklassig/zweitklassig
catégorique [kategɔʀik] *adj démenti, refus* kategorisch, nachdrücklich, entschieden; *ton* bestimmt, nachdrücklich; ■ **qn est ~ sur qc** jd besteht [*o* beharrt] auf etw (*dat*); ***maintenant il est nettement moins*** ~ nun besteht [*o* beharrt] er schon wesentlich weniger darauf
catégoriquement [kategɔʀikmɑ̃] *adv* kategorisch, nachdrücklich, entschieden
caténaire [katenɛʀ] *f* Oberleitung *f*
cathédrale [katedʀal] *f* Kathedrale *f,* Dom *m,* Münster *nt*
catherinette [katʀinɛt] *f junge Frau, die 25 Jahre alt und nicht verheiratet ist*
cathodique [katɔdik] *adj:* ***la génération*** ~ die Fernsehgeneration; *v. a.* tube
catholicisme [katɔlisism] *m* Katholizismus *m,* katholische Religion, [römisch-]katholischer Glaube; ***qn se convertit au*** ~ jd wird katholisch, jd tritt zum Katholizismus über
catholique [katɔlik] **I.** *adj* katholisch; ***qn élève qn dans la religion*** ~ jd erzieht jdn im katholischen Glauben
▸ **qn/qc n'est pas** [**très**] ~ *fig* jd/etw ist [etwas] zwielichtig [*o* undurchsichtig], jd/etw ist nicht [so] [ganz] koscher *fam;* ***il/ça ne m'a pas l'air très*** ~ er/das kommt mir ziemlich undurchsichtig vor, er/das ist mir nicht so ganz geheuer
II. *mf* Katholik(in) *m(f)*
catimini [katimini] *loc* ▸ **en** ~ [klamm]heimlich; ***qn part en*** ~ jd stiehlt [*o* schleicht] sich davon
cauchemar [koʃmaʀ] *m* **1.** (*rêve*) Alptraum *m;* ***qn fait un*** ~ jd hat einen Alptraum
2. (*épreuve*) Alptraum *m;* ***quel*** ~! das ist ja ein Alptraum!; ***après plusieurs années de*** ~ nach mehreren alptraumhaften Jahren; ***soudain ce fut le*** ~ plötzlich wurde die Szene zum Alptraum
3. (*personne*) Alptraum *m,* Gräuel *m;* ***ce prof, c'est mon*** ~ dieser Lehrer ist für mich ein Alptraum [*o* ist mir ein Gräuel]
cauchemardesque [koʃmaʀdɛsk] *adj impression, vision* alptraumhaft, grauenhaft; ***quelle vision*** ~ was für eine Schreckensvision; ***qc devient*** ~ etw wird zum Alptraum
caudal, e <-aux> [kodal, o] *adj plumes, nageoire* Schwanz-; ***appendice*** ~ Schwanz *m*
causal, e [kozal] *adj* kausal; *conjonction, proposition a.* Kausal-
causalité [kozalite] *f* Kausalität *f;* ***lien de*** ~ Kausalzusammenhang *m,* ursächlicher Zusammenhang
causant, e [kozɑ̃, ɑ̃t] *adj* gesprächig; ***c'est une personne très ~e*** er/sie ist sehr gesprächig
cause [koz] *f* **1.** (*motif, raison*) [*maladie, accident, mort*] Ursache *f;* [*retard a., action, événement, échec, catastrophe, effet négatif*] Grund *m;* ***la ~ de la catastrophe*** der Grund für die Katastrophe; ***la première ~ d'accidents*** die häufigste Unfallursache; ***pour une ~ indéterminée*** aus ungeklärter Ursache; ***qc est la ~ de qc*** etw ist [der] Grund für etw, etw ist an etw (*dat*) schuld; ***qn/qc est ~ de qc*** jd/etw ist an etw (*dat*) schuld; ***qc a sa ~ dans qc*** etw hat seine Ursache in etw (*dat*), etw kommt von etw
2. JUR Fall *m,* [Rechts]sache *f;* ***une ~ civile/criminelle*** eine Zivil-/Strafsache; ***une ~ célèbre*** ein berühmter Fall; ***qn plaide une*** ~ jd vertritt einen Fall [*o* eine Sache]; ***la ~ est entendue/jugée*** die Sache ist erledigt/der Fall ist abgeschlossen
3. (*sujet d'argumentation*) Sache *f;* ***qn plaide sa*** ~ jd vertritt seine Sache, jd tritt für seine Sache ein; ***qn obtient gain de*** ~ jd erreicht das, was er wollte; ***qn gagne une*** ~ jd setzt sich [mit seinen Argumenten] durch
4. (*ensemble d'intérêt*) Sache *f;* *nationale a.* Angelegenheit *f;* ***les grandes ~s*** die großen Dinge; ***la ~ animale/palestinienne/indienne*** die Sache der Tiere/der Palästinenser/der Indianer; ***qn défend/soutient/sert une*** ~ jd setzt sich für eine Sache ein/unterstützt eine Sache/dient einer Sache; ***qn embrasse*** [*o* ***épouse***] ***la ~ de qn*** jd macht jds Sache zu seiner eigenen; ***qn prend fait et ~ pour qn*** jd ergreift für jdn Partei; ***qn est tout acquis à la ~ d'une personne/d'une organisation*** ein Mensch hat jdn auf seiner Seite/eine Organisation hat jds Unterstützung
5. (*situation, fait*) [Sach]lage *f;* ***pour les besoins de la*** ~ in Anbetracht der [Sach]lage; ***en connaissance de*** ~ in Kenntnis der [Sach]lage, in voller Sachkenntnis; ***j'agis toujours en connaissance de*** ~ ich weiß immer, was ich

tue; *en désespoir de* ~ in seiner/ihrer Verzweiflung *en tout état de* ~ wie auch immer, in jedem [*o* auf jeden] Fall
6. PHILOS Ursache *f;* ~ ***première*** Causa prima *f,* erste [*o* oberste] Ursache; ~ ***finale*** Causa finalis, Zielursache, Zweckursache
▸ **à petites ~s, grands effets** *prov* kleine Ursache, große Wirkung; **pour la bonne** ~ für die gute Sache, für den guten Zweck; **qn fait ~ commune avec qn** jd macht mit jdm gemeinsame Sache; **les mêmes ~s produisent les mêmes effets** *prov* gleiche Ursachen haben die gleiche Wirkung; **qn est hors de** ~ jd steht außer Verdacht; **qn met qc hors de** ~ jd lässt etw aus dem Spiel; ***qc peut être mis(e) hors de*** ~ etw kann aus dem Spiel gelassen werden, etw kommt nicht in Frage; **qn/qc met qn hors de** ~ jd/etw entlastet jdn; **qn met qn en** ~ (*accuse*) jd beschuldigt jdn; (*remet les idées de qn en question*) jd stellt jdn in Frage; ***qn est mis(e) en*** ~ [***dans une affaire***] jd wird [in einer Sache] beschuldigt; ***la mise en*** ~ ***de qn*** die Anschuldigungen gegen jdn; **qn met qc en** ~ *politique, existence* jd stellt etw in Frage; *qualités/idées de qn a.* jd bezweifelt etw; *circonstances* jd gibt einer S. (*dat*) die Schuld, jd schiebt die Schuld auf etw (*akk*); **qn plaide sa [propre]** ~ jd verteidigt sich; **à ~ de qc** wegen etw (*gen o dat*), aufgrund einer S. (*gen*), einer S. (*gen*) wegen *geh;* ***à ~ de quelque chose d'autre*** wegen etwas anderem; **à ~ d'une personne** wegen eines [*o* einem] Menschen; ***à ~ de Brigitte/toi/lui/d'elle/...*** wegen Brigitte/dir/ihm/ihr/..., Brigittes wegen *geh*/deinet-/seinet-/ihretwegen/...; ***à ~ des enfants*** wegen der Kinder; ***à ~ d'enfants*** wegen Kindern; **à ~ de ce que** + *indic* aufgrund dessen [*o* wegen dem *fam*], was; **en** ~: ***qn est en*** ~ jd steht unter Verdacht, jd wird verdächtigt; ***il y a qc en*** ~ etw steht [*o* es steht etw] auf dem Spiel; ***qc est en*** ~ etw steht in Frage, etw wird angezweifelt; ***qc n'est nullement en*** ~ etw steht außer Frage [*o* Zweifel]; ***ce qui est en ~, c'est ...*** es geht um ...; ***ce qui est en ~ ce n'est pas tant ... que*** es geht nicht so sehr um ..., sondern um ...; **et pour** ~! und zwar aus gutem Grund [*o* guten Gründen]; ***il n'a pas insisté, et pour*** ~! er hat wohlweislich nicht darauf bestanden!; **pour ~ de qc** wegen etw; ***fermé pour ~ de maladie*** wegen Krankheit geschlossen; **non sans** ~ nicht ohne Grund [*o* grundlos]

causer¹ <1> [koze] *vt* (*provoquer*) ■ **qn/qc cause qc** jd/etw verursacht etw; *dégâts a.* jd/etw richtet etw an; *scandale a.* jd/etw sorgt für etw; ■ **qn/qc cause qc à qn/qc** jd/etw fügt jdm/einer S. etw zu; *joie, souci* jd/etw macht [*o* bereitet] jdm etw

causer² <1> [koze] **I.** *vi* **1.** (*s'exprimer par la parole*) ■ **qn cause** jd redet; (*discourir a.*) jd spricht; (*s'entretenir a.*) jd unterhält sich, jd plaudert; ***des personnes causent [ensemble]*** Menschen reden [*o* unterhalten sich] [*o* plaudern] [miteinander]; ■ **qn cause à qn [de qn/qc]** *fam* jd redet [*o* spricht] mit jdm [über jdn/etw]; ■ **qn cause avec qn** jd redet [*o* unterhält sich] [*o* plaudert] mit jdm
2. *fam* (*médire*) ■ **qn cause sur [le compte de] qn** jd redet [*o* tratscht *pej fam*] über jdn; ***on commence à*** ~ es wird schon getratscht *pej fam,* es gibt schon Gerede; ***on cause beaucoup sur ton compte*** man redet [*o* erzählt [sich]] eine Menge über dich, über dich wird eine Menge getratscht *pej fam*
▸ **qc fait** ~ etw sorgt für Gerede [*o* Gesprächsstoff], man redet über etw (*akk*); **assez causé!** *fam* genug geredet!; **qn ne cause plus à qn** jd redet [*o* spricht] nicht mehr mit jdm; **cause toujours!** *fam* red' du nur!, da kannst du dir den Mund fusselig reden! *fam;* **je te/vous cause!** ich rede mit dir/Ihnen!; **tu causes! tu causes!** *fam* das kannst du deiner Großmutter erzählen! *fam,* wer's glaubt, wird selig! *fam*
II. *vt* ■ **qn cause qc** *politique, littérature* jd redet [*o* unterhält sich] über etw (*akk*); ***qn cause chiffons*** jd redet über Mode [*o* Kleider]

causerie [kozʀi] *f* Unterhaltung *f,* Plauderei *f;* ***une ~ scientifique*** ein zwangloser wissenschaftlicher Vortrag

causette [kozɛt] *f* ▸ **qn entame un brin de** ~ jd kommt ins Gespräch; **qn fait la ~ [o un brin de ~]** *fam* jd hält einen [kleinen] Schwatz *fam*

causeur, -euse [kozœʀ, -øz] *m, f* Unterhalter(in) *m(f),* Gesprächspartner(in) *m(f);* ***c'est une bonne ~euse, mais quand il s'agit d'agir ...*** im Reden ist sie gut, aber wenn es darum geht, etwas zu tun ...

causse [kos] *m* **1.** Kalk[stein]plateau *nt*
2. GEOG ■ **les C~s** *Schichtstufenlandschaft südlich des Zentralmassivs*

causticité [kostisite] *f* **1.** [*acide*] Ätzkraft *f,* Ätzwirkung *f;* ***un produit à forte*** ~ ein Mittel mit starker Ätzwirkung [*o* hoher Ätzkraft]
2. *fig* (*caractère mordant*) Bissigkeit *f;* [*propos a.*] Schärfe *f;* ***qc est [empreint(e)] d'une trop forte*** ~ etw ist zu bissig [*o* sarkastisch]

caustique [kostik] *adj* **1.** (*qui ronge*) ätzend, kaustisch *spec; produit, substance a.* Ätz-; ***soude*** ~ Ätznatron *nt,* kaustisches Soda
2. *fig esprit* bissig, sarkastisch; *propos, verve a.* schneidend; *moquerie a.* beißend; ***c'est un esprit*** ~ er/sie hat eine bissige [*o* sarkastische] Art

cautère [kotɛʀ] *m* ▸ **c'est un ~ sur une jambe de bois** das ist ein sinnloses Unterfangen *nt*

cautérisation [koteʀizasjɔ̃] *f* Kauterisation *f spec*

cautériser <1> [koteʀize] *vt* ■ **qn cautérise qc** jd kauterisiert etw *spec*

caution [kosjɔ̃] *f* **1.** (*garantie*) Sicherheit *f,* Bürgschaft *f;* (*pour une location, mise en liberté*) Kaution *f*
2. (*appui*) Rückhalt *m,* Rückendeckung *f;* ***qn a [reçu] la ~ de qn/qc*** jd hat jds Rückhalt/den Rückhalt einer S., jd bekommt Rückendeckung von jdm/durch etw; ***qn apporte sa ~ [à qn/qc]*** jd gibt jdm/einer S. Rückendeckung
▸ **qc est sujet(te) à** ~ etw ist mit Vorsicht zu genießen; */information, nouvelle a./* etw ist zweifelhaft; */vie privée/* etw ist ziemlich fragwürdig [*o* anrüchig]; **qn se porte ~ pour qn** jd leistet für jdn [eine] Bürgschaft, jd bürgt für jdn; **sous** ~ (*moyennant finances*) gegen [eine] Kaution; (*sans certitude*) unter Vorbehalt (*dat*); *information* unbestätigt, noch nicht offiziell; ***qn est libéré sous*** ~ jd wird gegen [Stellung einer] Kaution freigelassen

cautionnement [kosjɔnmɑ̃] *m* **1.** (*garantie*) Sicherheit[sleistung *f*] *f,* Bürgschaft *f;* (*pour une location*) Kaution[szahlung *f*] *f*
2. JUR (*acte*) Bürgschaft[surkunde *f*] *f*
3. (*somme d'argent*) Kaution *f*
▸ ~ **électoral** Wahlkaution *f,* Wahlbürgschaft *f* (*im französischen Wahlrecht muss ein Kandidat vor der Wahl eine bestimmte Summe hinterlegen*)

cautionner <1> [kosjɔne] *vt* **1.** JUR ■ **qn cautionne qn** jd bürgt für jdn, jd leistet für jdn eine Bürgschaft
2. (*approuver*) ■ **qn cautionne qn/qc** jd unterstützt jdn/etw; *action, politique a., situation* jd heißt etw gut

cavalcade [kavalkad] *f* **1.** (*course tumultueuse*) Rennerei *f,* Gerenne *nt;* [*personnes*] [wilde] Horde; ***des animaux/des enfants font une de ces ~s*** Tiere/Kinder machen [*o* veranstalten] ein Getrappel
2. (*défilé*) [Um]zug *m;* [*chevaliers, chars*] -[um]zug; ***la ~ du Carnaval de Nice*** der Karnevals[um]zug in Nizza

cavale [kaval] *f* **1.** *arg* Ausbruch *m;* ***qn poursuit sa*** ~ jd ist immer noch auf der Flucht
2. *poét* (*cheval*) rassige Stute, Ross *nt geh*
▸ **qn est en** ~ *fam* jd ist auf der Flucht

cavaler <1> [kavale] **I.** *vi* **1.** *fam* (*courir*) ■ **qn cavale** jd rennt; ■ **qn cavale après qn** jd rennt [*o* düst *fam*] hinter jdm her; ***j'ai dû ~ pour le rattraper*** ich musste ganz schön rennen, um ihn einzuholen
2. *arg* (*courir le jupon*) ■ **qn cavale après qn** jd läuft [*o* steigt *fam*] jdm nach
II. *vt fam* (*ennuyer*) ■ **qn cavale qn** jd ödet jdn an *fam*
III. *vpr fam* ■ **qn se cavale** jd türmt *fam,* jd haut ab *fam*

cavalerie [kavalʀi] *f* **1.** MIL Kavallerie *f;* ***la ~ légère/la grosse ~*** die leichte/schwere Kavallerie
2. (*écurie d'un cirque*) Stall *m,* Pferde *pl*
▸ **c'est de la grosse** ~ da werden schwere Geschütze aufgefahren

cavaleur, -euse [kavalœʀ, -øz] **I.** *adj fam* hinter Frauen/Männern her; ***elle a un mari*** ~ ihr Mann ist ein Schürzenjäger; ***il est [un peu]*** ~ er ist ein [kleiner] Schürzenjäger, er ist [schon ein bisschen] hinter Frauen her; ***elle est [un peu] ~euse*** sie ist [schon ein bisschen] hinter Männern her
II. *m, f fam* (*homme*) Schürzenjäger *m,* Ladykiller ['leɪdikɪlɐ] *m fam;* (*femme*) scharfe Frau *fam;* ***c'est une ~euse de première*** sie ist eine ziemlich scharfe Frau; sie ist hinter allem her, was Hosen anhat *fam*

cavalier, -ière [kavalje, -jɛʀ] **I.** *adj* **1.** (*impertinent*) *personne, manières* unverschämt, ungehobelt; *réponse, ton a.* flapsig *fam;* ***il a des manières ~ières*** er hat kein Benehmen [*o* keinen Benimm *fam*]
2. *piste, allée* Reit-, für Reiter [reserviert]
II. *m, f* **1.** SPORT Reiter(in) *m(f)*
2. (*au bal*) Tanzpartner(in) *m(f),* Herr/Dame *m/f*
▸ **les ~s de l'Apocalypse** die Apokalyptischen Reiter; **qn fait ~ seul** jd handelt auf eigene Faust
III. *m* **1.** MIL Kavallerist *m*
2. ECHECS Springer *m,* Pferd *nt,* Rössel *nt*

cavalièrement [kavaljɛʀmɑ̃] *adv* unverschämt, ungehobelt; ***il nous a quittés très ~, sans un mot de remerciement*** er ist wie ein Flegel ohne ein Wort des Dankes gegangen; ***qn agit*** ~ jd benimmt sich ungehobelt [*o* unmöglich]; ***qn agit toujours*** ~ jd hat kein Benehmen

cave¹ [kav] *f* **1.** (*local souterrain*) Keller *m;* ***une ~ voûtée*** ein Kellergewölbe *nt;* ■ **~ à** *à bois, vin* -keller
2. (*provision de vins*) [Wein]keller *m;* ***qn a une bonne*** ~ jd hat einen guten Weinkeller
3. *pl:* ~**s** [*viticoles*] [Wein]kellerei *f*
4. (*bar*) Nachtbar *f;* (*à jazz, cabaret*) Jazzkeller ['dʒɛs-, 'jats-] *m;* (*dancing*) Tanzbar *f*
5. (*coffret*): ~ ***à vins*** Weinschränkchen *nt;* ~ ***à liqueurs*** Likörbox *f*
▸ **de la ~ au grenier** *chercher qc* in allen Ecken; ***qn fouille/nettoie la maison de la ~ au grenier*** jd durchsucht/putzt das Haus von oben bis unten [*o* das ganze Haus]; ***qn range la maison de la ~ au grenier*** jd räumt das Haus von oben bis unten auf, jd räumt das ganze Haus auf

cave² [kav] *adj* (*creux*) hohl; *yeux a.* eingesunken; *joues a.* eingefallen

cave³ [kav] **I.** *adj arg* (*étranger au milieu*): ***ce qu'elle est*** ~! sie blickt's [*o* checkt's] nicht [tʃɛkts] *fam,* sie weiß überhaupt nicht, was läuft! *fam*
II. *mf arg* jemand, der nicht dazugehört (*jd, der nicht zum Unterweltmilieu gehört*)

caveau <x> [kavo] *m* **1.** (*tombeau*) Gruft *f,* Grab *nt;* ***le ~ de famille*** die Familiengruft, das Familiengrab
2. (*bar*) Kellerbar *f;* (*à jazz, cabaret*) Jazzkeller ['dʒɛs-, 'jats-] *m*

caver [kave] <1> *vpr* ■ **qc se cave:** ***ses yeux se sont cavés*** seine/ihre Augen liegen tief in den Höhlen, er/sie ist hohläugig geworden

caverne [kavɛʀn] *f* **1.** (*grotte*) Höhle *f*
2. MED Hohlraum *m,* Kaverne *f spec*
▸ ~ **d'Ali Baba** Schatzhöhle *f;* ~ **de brigands** Räuberhöhle *f*

caverneux, -euse [kavɛʀnø, -øz] *adj* **1.** *voix* hohl
2. MED *poumon, rein* kavernös *spec,* voller Kavernen *spec*

caviar [kavjaʀ] *m* **1.** GASTR Kaviar *m*
2. PRESSE Zensurtinte *f;* ***qn/qc passe qc au*** ~ jd/etw zensiert etw, jd/etw schwärzt etw [ein]
▸ ~ **rouge** roter Kaviar, Lachskaviar *m*

caviarder <1> [kavjaʀde] *vt* ■ **qn caviarde qc** jd zensiert etw, jd schwärzt etw [ein]

caviste [kavist] *m, f* Kellermeister(in) *m(f)*

cavité [kavite] *f* **1.** (*caverne*) Höhle *f;* (*trou*) Hohlraum *m;* (*excavation*) Grube *f*
2. ANAT Höhle *f;* ***la ~ buccale/nasale/crânienne/abdominale*** die Mund-/Nasen-/Schädel-/Bauchhöhle
3. MED Kaverne *f spec;* ~ ***dans une dent*** Loch *nt* in einem Zahn

C.B. [sibi] *f abr de* **Citizen's band** CB-Funk *m*

CD [sede] *m abr de* **compact disc** CD *f,* CD-Platte *f;* ***lecteur de*** ~ CD-Player

[tseːˈdeːpleːɐ] *m*
▸ ~ **audio** Musik-CD *f;* ~ **photo** Foto-CD *f*
C.D.D. [sedede] *m abr de* **contrat à durée déterminée** Zeitvertrag *m*
CD I, CD-I [sedei] *m abr de* **compact disc interactive** INFORM CD-I *f*
CD-ROM [sedeʀɔm] *m abr de* **compact disc read only memory** CD-ROM *f; **qn introduit un ~ dans le lecteur*** jd legt eine CD-ROM in das Laufwerk ein
ce <c'> [sə] *pron dém* **1.** (*désigne un nom*): ***c'est un beau garçon*** das [*o* er] ist ein hübscher Junge; ***c'est*** [*o* ~ ***sont***] ***de bons souvenirs*** das [*o* es] sind schöne Erinnerungen; ***la rigueur, c'est la bonne gestion*** Sparsamkeit[, das] ist die richtige Haushaltspolitik; ***c'est beau, la vie*** das Leben ist schön; ***un hôtel pas cher, c'est difficile à trouver*** ein preiswertes Hotel[, das] ist schwer zu finden; es ist schwierig, ein preiswertes Hotel zu finden
2. (*désigne un pronom*): ***c'est moi/lui/nous/...*** ich/er/wir/...; ***qui est-~? – C'est moi/elle/nous/...*** wer ist es [*o* da]? – Ich [bin es]/Sie [ist es]/Wir [sind es]; ***qui a fait cela? – C'est*** [*o* ~ ***sont***] ***eux/elles*** wer war das? – Sie [waren es] [*o* das waren sie]; ***à qui est ~ livre ? – C'est à lui/à moi/...*** wem gehört das Buch – [Es gehört] ihm/mir/...
3. (*dans une interrogation*): ***qui est-~?, c'est qui?*** *fam* wer ist das?; (*en parlant d'un homme a.*) wer ist er?; (*en parlant d'une femme a.*) wer ist sie?; (*en parlant de plusieurs personnes a.*) wer sind sie?; (*à la porte, au téléphone*) wer ist da?; (*à un tiers*) wer ist es?; ***qui est-~ qui/que*** wer/wen; ***qu'est-~?, c'est quoi?*** *fam* was ist das?; ***qu'est-~ qui/que*** was; ***c'est qui*** [*o* ***qui c'est***] ~ ***Monsieur?*** *fam* wer ist dieser [*o* der] Mann?; ***est-~ vous?, c'est vous?*** *fam* sind Sie es?, sind Sie's? *fam;* ***à qui est cette montre? Est-~ que c'est à vous?*** wem gehört diese Uhr? [Gehört sie] Ihnen?; ***qu'est-~ que c'est?*** was ist das?
4. (*tournure emphatique*): ***c'est à pied que va le pèlerin*** ein Pilger geht schließlich zu Fuß; ***c'est plus d'un mois plus tard qu'elle y songe*** erst mehr als einen Monat später fällt es ihr ein; ***c'est maintenant qu'on en a besoin*** gerade jetzt braucht man es; ***c'est désespérée qu'elle est rentrée chez elle*** sie war verzweifelt, als sie nach Hause ging; verzweifelt ging sie nach Hause; ***c'est en tombant par terre que l'objet a explosé*** [in dem Moment,] als es auf den Boden fiel, explodierte das Ding; ***c'est elle qui s'occupe du jardin et non son mari*** sie kümmert sich um den Garten, nicht ihr Mann; ***c'est vous qui le dites!*** das sagen Sie!; ***c'est bien*** [***là***] ***l'homme dont tu m'as parlé?*** das ist doch der Mann, von dem du mir erzählt hast?; ***c'est une bonne voiture que vous avez là*** das ist ein gutes Auto, das Sie da haben; da haben Sie aber ein gutes Auto; ***c'est avec plaisir que nous acceptons cette invitation*** wir nehmen die Einladung gerne an; ***en math ça va, c'est la géo qu'il n'aime pas*** Mathe geht so, aber Erdkunde mag er nicht; ■ **c'est ...** [**que**] **de faire qc** etw zu tun ist ..., es ist ..., etw zu tun; ***c'est un scandale/scandaleux de voir cela*** es ist ein Skandal/skandalös, das mit ansehen zu müssen; ■ **c'est à qn/qc de faire qc** (*c'est le tour de*) jd/etw ist an der Reihe [*o* dran *fam*] etw zu tun; (*c'est la responsabilité de qn*) jd soll etw tun; es ist an jdm, etw zu tun *geh; qc de désagréable a.* jd/etw muss etw tun; *qc d'agréable a.* jd/etw darf etw tun; ***c'est à vous de prendre cette décision*** diese Entscheidung müssen Sie selbst treffen; ***c'est à mon tour de jouer*** ich bin dran; ■ **c'est à ...** es ist zum ..., da könnte man doch glatt ... *fam;* ***c'est à s'arracher les cheveux!*** *fam* es ist zum Haareraufen!; ***c'est à mourir de rire!*** es ist zum Totlachen!; ***c'est à se taper la tête contre les murs!*** *fam* es ist zum an den Wänden hochgehen! *fam;* ***c'est à se demander si ...*** da fragt man sich doch [*o* muss man sich doch fragen], ob ...; ■ ~ **qui/que/dont** was; ***voilà tout ~ que je sais*** das ist alles, was ich weiß; ***fais-moi la liste de ~ dont tu as besoin*** schreib mir auf, was du brauchst; ~ ***qui ne m'étonne pas de ta part*** was mich bei dir nicht überrascht; ~ ***dont on pouvait fort bien se douter*** wie [nicht anders] zu erwarten [war]; ■ ~ **à/sur quoi**: ~ ***à quoi je ne m'attendais pas*** worauf ich nicht gefasst war; ~ ***à quoi j'ai pensé*** woran ich gedacht habe; ~ ***sur quoi je voudrais insister*** was ich besonders betonen möchte; ■ ~ **pour quoi** weshalb, warum; ■ ~ **que c'est ...!** *fam* (*locution exclamative*) ist das aber ...!, wie ... das ist!; ~ ***que c'est idiot!*** wie idiotisch! *fam,* das ist vielleicht idiotisch! *fam;* ~ ***que tu es/il est ...!*** du bist/er ist aber ...!, wie ... du bist/er ist!; ~ ***que c'est énervant,*** ~ ***bruit!*** *fam* was für ein nervtötender Lärm!; ~ ***que*** [*o* ***qu'est-~ que***] ~ ***paysage est beau!*** *fam* was für eine schöne Landschaft!, ist das aber eine schöne Landschaft!; ~ ***qu'on peut s'amuser!*** *fam* so eine Gaudi! *fam;* ~ ***qu'il parle bien*** *fam* er spricht aber gut; ■ [**voilà**] ~ **que c'est que de faire qc** (*explicatif*) das kommt davon, wenn man etw tut; [***voilà***] ~ ***que c'est que de trop manger!*** das kommt davon, wenn man zu viel isst!
5. (*pour justifier, expliquer*) ■ **c'est que** nämlich; (*dans une réponse*) eigentlich; (*pour préciser la cause, la raison*) das bedeutet, das heißt, dann [wohl]; ***je fais tout moi-même dans la maison; c'est que les artisans, ça coûte cher*** ich mache im Haus alles selber; Handwerker sind nämlich teuer; ***vous venez ~ soir? – C'est que j'ai beaucoup de travail*** kommen Sie heute Abend? – Eigentlich habe ich viel zu tun; ~ ***n'est pas qu'il soit bête, mais il ne travaille pas*** nicht dass er dumm wäre, er tut nur nichts; ***c'est qu'elle ne voit rien, la pauvre!*** sie sieht nämlich nichts, die Arme; ***s'il est malade, c'est qu'il a trop travaillé*** wenn er krank ist, dann hat er [wohl] zu viel gearbeitet
▸ **et** ~ und zwar, und das; **à** ~ **que** + *indic* wie; ***à ~ qu'on dit, l'auteur de l'attentat est connu de la police*** wie es heißt, ist der Attentäter der Polizei bekannt; es heißt, der Attentäter sei der Polizei bekannt; **sur** ~ daraufhin; ***et sur ~, je vous dis au revoir*** und damit verabschiede ich mich
CÉ *abr de* **courrier électronique**
ce, cet, cette <ces> [sə, sɛt, se] *adj dém* **1.** (*pour désigner une personne ou chose proche*) diese(r, s); ***en cette période estivale*** in dieser [*o* der diesjährigen] Sommersaison; ***alors, ce rhume/cette jambe, comment ça va?*** na, wie geht's [mit] deinem/Ihrem Schnupfen/Bein?
2. (*intensif*) (*avec nuance laudative*): ***elle a de ces initiatives!*** sie hat so Einfälle!; ***il a de ces idées!*** er hat vielleicht Ideen!; ***aurait-il vraiment ce courage?*** sollte er wirklich den [*o* so viel] Mut haben?
3. (*intensif*) (*avec une nuance péjorative*) diese(r, s); ***ces gens***[***-là***] diese [Sorte [*o* Art]] Leute, diese Sorte [*o* Art] von Leuten; ***comment peut-il raconter ces mensonges!*** wie kann er nur solche Lügen auftischen!
4. (*avec une nuance d'étonnement*) so ein(e), was für ein(e); ***ce toupet/cette question!*** was für eine Frechheit/Frage!
5. (*formule de politesse*) die; ***si ces dames veulent bien s'asseoir!*** wenn sich die Damen bitte setzen wollten!
6. (*mise en opposition*) ■ **ce ...-ci, ce ...-là,** ■ **cette ...-ci, cette ...-là** der/die/das ... hier, der/die/das ... da [*o* dort], diese(r, s) ... [hier], jene(r, s) ... da [*o* dort]; ***ce livre-ci est illustré, ce livre-là ne l'est pas*** dieses Buch [hier] ist illustriert, jenes [*o* das dort] nicht; das Buch hier ist illustriert, das dort [*o* da] nicht
7. (*pour désigner un temps présent, passé ou futur*) diese(r, s); *matin, midi, après-midi, soir, nuit* heute; (*désignation d'un temps lointain*) jene(r, s), der/die/das; ***ce trimestre-ci*** dieses/in diesem Trimester; ***un de ces jours*** irgendwann [mal]; ***à un de ces jours!*** bis dann!; ***ces jours-ci*** zur Zeit; ***cette nuit-là/cette année-là*** in jener [*o* der] Nacht/in jenem [*o* dem] Jahr
8. (*pour manifester de l'impatience*) ■ **et ce/cet/cette ... qui/que** und dann auch noch dieser/diese/dieses ..., der/die/das; ***et cette lettre qui n'arrive pas!*** und dann auch noch dieser Brief, der nicht ankommt!
9. ■ [**un(e)**] **de ces ...** eine(r, s) dieser ...; ***il n'est pas de ces gens qui ...*** er gehört nicht zu den Leuten [*o* zu denen], die ...
10. (*nuance péjorative*) ■ **ce/cet/cette ... de qn/qc** dieser/diese/dieses ... von einem jd/etw; ~ ***fumier de Martin!*** dieser Mistkerl von Martin! *fam;* ***cette saleté de bagnole*** dieses Mistding *fam* [*o* Scheißding *sl*] von einem Auto, dieses Scheißauto *fam*
11. (*allusion à un sujet dont on a déjà parlé*) ■ **et ce/cet/cette ...?** und der/die/das ...?; ***et ~ journal, ça vient?*** und die [*o* meine] Zeitung, wo bleibt die?, und wo bleibt die [*o* meine] Zeitung?; ***et ces projets de construction, ça marche?*** und was machen deine/Ihre Baupläne?
C.E. [seø] *f abr de* **Communauté européenne** EG *f*
ceci [səsi] *pron dém* dieses [hier], dies hier, das [hier]; ~ ***compense/explique cela*** das eine [*o* eins] wiegt das andere auf/erklärt das andere
▸ **qn/qc a** ~ **de ...**: ***Pierre a ~ d'agréable qu'il est toujours de bonne humeur*** das Sympathische an Pierre ist, dass er immer guter Laune ist; **à** ~ **près que** + *indic* abgesehen davon, dass; außer, dass
cécité [sesite] *f* Blindheit *f;* ***qn est menacé(e) de ~*** jd droht zu erblinden; ***qn est frappé(e)*** [*o* ***atteint(e)***] ***de ~*** jd ist blind; (*à la suite d'un accident, d'une maladie a.*) jd ist erblindet; *fig* jd ist mit Blindheit geschlagen
céder <5> [sede] **I.** *vt* **1.** (*abandonner au profit de qn*) ■ **qn cède qc** [**à qn**] jd gibt etw [an jdn] ab, jd [über]lässt jdm etw; ***qn cède l'antenne à qn*** jd schaltet zu jdm um; ***qn cède son tour à qn*** jd lässt jdm den Vortritt; ***je lui ai cédé mon tour*** ich habe mit ihr/ihm getauscht
2. (*vendre*) ■ **qn cède qc** [**à qn**] *commerce, créance* jd überträgt jdm etw; ***qn cède un bail*** [***pour qc***] ***à qn*** jd vermietet [etw] an jdn
▸ **qn ne le cède à personne en qc** jd steht niemandem an etw (*dat*) nach; **qn/qc ne le cède en rien à qn/qc** jd/etw steht jdm/einer S. in nichts nach
II. *vi* **1.** (*renoncer*) ■ **qn cède** jd gibt nach, jd lenkt ein; (*capituler*) jd gibt auf, jd gibt klein bei; */troupes/* jd weicht zurück; ***j'ai cédé par lassitude*** ich habe aus Überdruss nachgegeben [*o* um des lieben Friedens willen]; ***il ne cède pas sur ce point/dossier*** er gibt in diesem Punkt/was dieses Dossier betrifft nicht nach
2. (*succomber*) ■ **qn cède à qc** *aux caprices* jd gibt einer S. (*dat*) nach; *à des menaces a.* jd lässt sich durch etw einschüchtern; *à des prières* jd lässt sich durch etw erweichen; *à la tentation* jd erliegt einer S. (*dat*)
3. (*se rompre*) ■ **qc cède** etw gibt nach; */digue a./* etw bricht; */branche/* etw bricht [ab]; */chaise/* etw bricht zusammen; */câble, hauban/* etw reißt
4. (*diminuer*) ■ **qc cède** */rancune/* etw legt sich; */colère a./* etw verraucht; ***qc fait ~ qc*** *rancune, colère* etw beschwichtigt etw
cédérom [sedeʀɔm] *m* CD-ROM *f*
CEDEX [sedɛks] *m abr de* **courrier d'entreprise à distribution exceptionnelle** *Sammelpostamt für gesondert zugestellte Firmen- und Behördenpost*
cédille [sedij] *f* Cedille *f* (*kommaähnliches Zeichen unten an einem Buchstaben*)
cèdre [sɛdʀ] *m* **1.** (*arbre*) Zeder *f;* ***les montagnes de ~s*** die mit Zedern bewaldeten Berge
2. (*bois*) Zeder[nholz *nt*] *f;* ***des meubles en ~ blanc*** weiße Zedernmöbel
cégétiste [seʒetist] **I.** *adj* in der Gewerkschaft CGT organisiert
II. *mf* CGT-Mitglied *nt,* Mitglied *nt* in der CGT
C.E.I. [seøi] *f abr de* **Communauté des États indépendants** GUS *f*
ceindre <*irr*> [sɛ̃dʀ] *vt* **1.** (*entourer*) ■ **qn/qc ceint une chose de qc** *de murailles* jd/etw umgibt eine S. mit etw; *d'un bandeau* jd bindet etw um eine S.; ***qn ceint ses épaules d'un châle*** jd legt sich (*dat*) ein Tuch um die Schultern; ***la tête ceinte/le front ceint d'un bandeau*** mit einem Band um den Kopf/die Stirn [*o* mit einem Stirnband]
2. ■ **qn ceint qc** *l'écharpe* jd legt etw an, jd bindet etw um; *l'épée a.* jd schnallt etw um, jd gürtet etw *veraltet;* ***qn ceint la couronne*** jd wird gekrönt; ***qn ceint l'écharpe municipale*** jd wird Bürgermeister; ***ceint(e) de l'écharpe tricolore*** mit der Trikoloreschärpe [geschmückt], mit umgebundener Trikoloreschärpe
ceint, e [sɛ̃, ɛ̃t] *pp de* **ceindre**
ceinture [sɛ̃tyʀ] *f* **1.** (*pour la taille*) Gürtel *m*
2. (*partie d'un vêtement*) Bund *m;* (*robe*) Taille [ˈtaljə] *f;* ***qc est un peu étroit à la ~*** etw ist etwas [zu] eng im Bund/in der Taille

3. ANAT Taille *f;* BOXE Gürtellinie *f;* ***il était trempé de sueur jusqu'à la*** ~ sein ganzer Oberkörper war schweißgebadet; ***les coups au-dessous de la*** ~ ***sont interdits*** Schläge unter die Gürtellinie [*o* Tiefschläge] sind verboten

4. AUT [Sicherheits]gurt *m;* ***qn boucle*** [*o* ***attache***] ***sa*** ~ jd legt den [Sicherheits]gurt an, jd schnallt sich an

5. SPORT (*écharpe*) Gürtel *m;* (*personne*) Träger(in) *m(f)* eines Gürtels; ***qn est*** ~ ***noire*** jd ist Träger(in) des schwarzen Gürtels, jd hat den schwarzen Gürtel

6. (*zone environnante*) Gürtel *m;* ~ ***de forêts/ barbelés/ collines*** Waldgürtel/Stacheldrahtverhau *m*/Hügelkette *f;* ~ ***de protection*** Schutzgürtel, Sicherheitszone *f*

7. (*route périphérique*) Ring[straße *f*] *m;* ***la petite/ grande*** ~ der innere/äußere Ring

▸ ~ **élastique** Gummizug *m;* ~ **herniaire** Bruchband *nt;* ~ **médicale** [*o* **orthopédique**] Stützkorsett *nt;* ~ **verte** Grüngürtel *m;* **attachez vos** ~**s!** legen Sie Ihre Sicherheitsgurte an!; **qn fait** ~ *fam* jd guckt in den Mond [*o* in die Röhre] *fam,* jd geht leer aus; ***pour le dessert,*** ~! der Nachtisch wird dir gestrichen!, Nachtisch gibt es für dich keinen!; **qn se met** [*o* **se serre**] **la** ~ *fam* jd schnallt den Gürtel enger

◆ **ceinture de chasteté** HIST Keuschheitsgürtel *m;* **ceinture de flanelle** Leibbinde *f,* Bauchbinde *f,* Nierenwärmer *m;* **ceinture de grossesse** Schwangerschaftsmieder *nt;* **ceinture de natation** Schwimmgürtel *m;* **ceinture de sauvetage** Rettungsring *m,* Rettungsgürtel *m;* **ceinture de sécurité** Sicherheitsgurt *m;* ***qn met*** [*o* ***attache***] ***sa*** ~ ***de sécurité*** jd schnallt sich an, jd legt seinen Sicherheitsgurt an

ceinturer <1> [sɛ̃tyʀe] *vt* 1. (*prendre à la taille*) ■ **qn ceinture qn** jd umklammert jdn, jd packt jdn; (*pour arrêter qn a.*) jd hält jdn fest

2. (*entourer*) ■ **qn/qc ceinture une chose de qc** *lieu* jd/etw umgibt eine S. mit etw; *ville a.* jd baut etw um eine S.; *de barbelés a.* jd umzäunt eine S. mit etw

ceinturon [sɛ̃tyʀɔ̃] *m* Koppel *nt*

cela [s(ə)la] *pron dém* 1. (*pour désigner*) das; ~ ***te plaît?*** gefällt dir das?; ***pour*** ~ deshalb, deswegen; ***après*** ~ danach; ***c'est*** ~ ***même*** genau [so ist es]; ***on ne s'attendait pas à*** ~ das hatte man nicht erwartet, darauf war man nicht gefasst; ***je ne pense qu'à*** ~ ich denke nur daran [*o* an nichts anderes]

2. (*pour renforcer*): ***qui*** ~? wer/wen [sagst du/sagen Sie]?; ***quand*** ~? wann [sagst du/sagen Sie]?; ***où*** ~? wo/wohin [sagst du/sagen Sie]?; ***comment*** ~? was?, was sagst du/sagen Sie [da]?, wie das?; ***il ne travaille plus? et pourquoi*** ~? er arbeitet nicht mehr? und warum nicht?; ***il travaille toujours? et pourquoi*** ~? er arbeitet immer noch? und warum das?; ***je pars demain en vacances – Où*** ~? ich fahre morgen in Urlaub – Und wohin?

3. (*pour insister sur la durée*) es; ~ ***fait quinze jours/ longtemps que*** + *indic* es ist jetzt [schon] vierzehn Tage/schon lange her, dass

▸ **c'est** ~ [ganz] genau; **si ce n'est que** ~ wenn es weiter nichts ist; **à** ~ **près que** + *indic* außer, dass; abgesehen davon, dass; **avec** ~ **que** *fam* wo doch *fam;* **avec** ~ ***qu'il est inspecteur*** wo er doch Inspektor ist *fam;* **et avec** ~? was darf es sonst noch sein?; **comme** ~ dann also; ***comme*** ~ ***vous allez pouvoir partir en vacances*** dann können Sie jetzt also in Urlaub fahren; **sans** ~ sonst, ansonsten

célébrant, e [selebʀɑ̃, ɑ̃t] *m, f* Zelebrant(in) *m(f)*

célébration [selebʀasjɔ̃] *f* 1. (*fête*) Feier *f,* Feierlichkeiten *pl;* ***la*** ~ ***d'une fête*** die Festlichkeiten; ***la*** ~ ***du mariage*** die Hochzeitsfeier[lichkeiten]; ***la*** ~ ***de notre mariage a eu lieu dans la plus stricte intimité*** wir haben unsere Hochzeit im engsten Kreis gefeiert; ***la*** ~ ***du bicentenaire de la Révolution*** die Zweihundertjahrfeier der Revolution

2. REL [*office*] Zelebration *f;* ***pendant la*** ~ ***de la messe*** während der Messe; ~ ***eucharistique*** Eucharistiefeier *f*

célèbre [selɛbʀ] *adj* berühmt; ~ ***dans le monde entier*** weltberühmt, in der ganzen Welt berühmt; ***qn se rend*** ~ [***par qc***] jd wird [durch etw] berühmt, jd gelangt [durch etw] zu Berühmtheit [*o* zu Ruhm]; ***tristement*** ~ von traurigem Berühmtheit

célébrer <5> [selebʀe] *vt* 1. (*fêter*) ■ **qn/qc célèbre qc** / *poète, poème*/ jd/etw besingt etw; *fête, victoire* jd/etw feiert etw; *exploit* jd/etw rühmt [*o* preist] etw; ***qn célèbre la mémoire de qn*** jd hält eine Gedenkfeier [*o* Gedächtnisfeier] für jdn [*o* zu jds Ehren]

2. REL ■ **qn célèbre qc** *office* jd feiert [*o* hält] etw; ***qn célèbre le mariage de qn*** jd traut jdn

célébrité [selebʀite] *f* 1. (*renommée*) [*site, monument, événement*] Berühmtheit *f;* [*personne, œuvre a.*] Ruhm *m;* ***qn/ qc jouit d'une grande*** ~ jd/etw ist sehr berühmt, jd/etw genießt große Berühmtheit [*o* großen Ruhm]; ***la*** ~ ***de qn/ qc est due à qc*** jd/etw verdankt seine Berühmtheit einer S. (*gen*), jds Berühmtheit/die Berühmtheit einer S. (*gen*) beruht auf etw (*dat*); ***qn parvient*** [*o* ***accède***] ***à la*** ~ jd wird berühmt, jd erlangt Berühmtheit [*o* Ruhm] *geh;* ***qn aspire à la*** ~ jd will berühmt werden, jd trachtet nach Ruhm *geh*

2. (*personne*) Berühmtheit *f,* berühmte Persönlichkeit; ***les*** ~***s du jour*** die Tagesberühmtheiten

▸ ~ **locale** *iron* lokale Größe

C.élec [selɛk] *abr de* **courrier électronique**

celer <4> [səle, sele] *vt littér* ■ **qn cèle qc à qn** jd verhehlt *geh* [*o* verheimlicht] jdm etw

céleri [sɛlʀi] *m* Sellerie *m o f;* ~ ***en branches*** Stangensellerie

▸ ~ **rémoulade** Selleriesalat *m* [mit Remoulade]

céleri-rave <~s-~s> [sɛlʀiʀav] *m* Sellerie[knolle *f*] *m o f,* Knollensellerie, Wurzelsellerie

célérité [seleʀite] *f* Schnelligkeit *f;* [*secours, police a.*] promptes Erscheinen; ***avec*** ~ schnell, prompt

céleste [selɛst] *adj* 1. (*relatif au ciel*) *corps* Himmels-; ***les espaces*** ~***s*** das Weltall; ***voûte*** ~ Himmel[sgewölbe *nt*] *m*

2. (*divin*) *demeure, béatitude, Père* himmlisch; *colère* des Himmels, Gottes, göttlich

3. (*merveilleux*) himmlisch; *beauté a.* überirdisch; *musique, voix a.* wundervoll, wunderbar

célibat [seliba] *m* Ehelosigkeit *f;* [*homme a.*] Junggesellendasein *nt;* [*prêtre*] Zölibat *nt o m;* (*chasteté*) Enthaltsamkeit *f*

célibataire [selibatɛʀ] I. *adj* ledig, nicht verheiratet; *mère, père* allein erziehend

II. *mf* Junggeselle/-gesellin *m/f,* Alleinstehende(r) *f(m),* Single ['sɪŋgl] *m;* ***une vie de*** ~ das Leben eines Singles [*o* eines Junggesellen/einer Junggesellin]; [*homme a.*] ein Junggesellenleben *nt;* ***un club de*** ~***s*** ein Singleclub *m;* ***elle voyage en*** ~ sie reist ohne ihren Partner

▸ **qn est un(e)** ~ **endurci(e)** jd ist ein eingefleischter Junggeselle/eine eingefleischte Junggesellin; ***il mène une vie de*** ~ ***endurci*** er führt das Leben eines eingefleischten Junggesellen, er lebt wie ein eingefleischter Junggeselle

celle [sɛl] *pron déf v.* **celui**

cellier [selje] *m* Vorratsraum *m;* (*cave*) [Vorrats]keller *m*

cellophane® [selɔfan] *f* Zellophan® *nt,* Cellophan® *nt;* (*emballage alimentaire*) Frischhaltefolie *f;* ***des feuilles de*** ~ Zellophanpapier *nt;* ***sous*** ~ in [Frischhalte]folie verpackt

cellulaire [selylɛʀ] *adj* 1. BIO Zell-

2. (*relatif à la prison*): ***le régime*** ~ die Haft; ***le fourgon*** [*o* ***la voiture***] ~ der Gefangenenwagen, der Gefangenentransporter

cellule [selyl] *f* 1. (*local*) Zelle *f;* ***une*** ~ ***d'isolement*** eine Einzelzelle; ***qn est incarcéré dans une*** ~ ***d'isolement*** jd kommt in Einzelhaft; ***un détenu attrape huit jours de*** ~ ein Gefangener bekommt acht Tage Arrest

2. BIO Zelle *f;* ***les*** ~***s sanguines/ nerveuses/ reproductrices*** die Blut-/Nerven-/Keimzellen

3. TECH Zelle *f;* ***une*** ~ ***photoélectrique*** eine Fotozelle; ***la*** ~ ***d'un appareil photo*** der Belichtungsmesser

4. BOT (*gâteau de cire*) Wabe[nzelle *f*] *f*

5. AVIAT Flugzeugzelle *f*

6. POL Zelle *f;* ***une*** ~ ***de crise*** ein Krisenstab *m*

▸ **la** ~ **familiale** die Familie als Kernzelle der Gesellschaft

cellulite [selylit] *f* Zellulitis *f,* Orangenhaut *f;* (*graisse*) Fett[polster *nt*] *nt*

celluloïd [selylɔid] *m* Zelluloid *nt;* ***en*** ~ aus Zelluloid; *peigne, jouet a.* Zelluloid-; ***une poupée de*** ~ eine Zelluloidpuppe

cellulose [selyloz] *f* Zellulose *f,* Cellulose *f*

cellulosique [selylozik] *adj colle, vernis* Zellulose-, Cellulose-

Celte [sɛlt] I. *adj* keltisch

II. *mf* Kelte/Keltin *m/f*

celtique [sɛltik] I. *adj* keltisch

II. *m* Keltisch *nt*

celui, celle <ceux, celles> [səlɥi, sɛl, sø] *pron dém* 1. ■ **celui-ci/celle-ci** diese(r, s); (*avec un geste démonstratif*) diese(r, s) hier, der/die/das hier; ■ **celui-là/celle-là** jene(r, s); (*avec un geste démonstratif*) diese(r, s) da, der/die/das da; ***l'épouse du détenu et le frère de celui-ci*** die Frau des Häftlings und dessen Bruder; ***j'hésite entre les deux chaises; celle-ci est plus élégante, mais on est mieux sur celle-là*** ich kann mich nicht zwischen den beiden Stühlen entscheiden; dieser ist eleganter, aber auf jenem sitzt man besser

2. (*référence à un antécédent*) ■ **celui-ci/celle-ci** der/die/das, diese(r, s); (*pour distinguer l'un de l'autre*) letztere(r, s); ■ **celui-là/celle-là** jene(r, s); (*pour distinguer l'un de l'autre*) erstere(r, s); ***j'ai rendu visite à mon frère et à mon oncle, celui-ci était malade*** ich besuchte meinen Bruder und meinen Onkel, dieser [*o* letzterer] war krank; ***elle est bien bonne celle-là!*** das ist wohl ein bisschen dick aufgetragen!; ***ah! celui-là/ celle-là alors, je le/ la retiens!*** *fam* das werde ich mir merken!, das verzeihe ich ihm/ihr nie!

3. + *prép* der[jenige]/die[jenige]/das[jenige] + *präp;* ***ceux d'entre vous/ nous*** diejenigen von [*o* unter] Ihnen/uns; ***ma voiture est moins rapide que celle de Paul*** mein Auto fährt langsamer als das von Paul [*o* als Pauls]; ***ayant raté le train de 5 heures, il a dû prendre celui de 8 heures*** da er den Zug um 5 Uhr verpasst hatte, musste er den um 8 nehmen

4. + *pron rel* ■ **celui/celle ... qui** der[jenige] ..., der/die[jenige] ..., die/das[jenige] ..., das; ***mets donc ta robe rouge, c'est celle qui te va le mieux*** zieh doch dein rotes Kleid an, das steht dir am besten; ***voilà celui dont je t'ai parlé*** das ist der[jenige], von dem ich dir erzählt habe; ■ **ceux/celles ... qui** die[jenigen] ..., die

5. + *adj/pp/pprés* der/die/das; ***les produits importés sont souvent moins chers que ceux fabriqués en France*** die importierten Waren sind oft preisgünstiger als die, die in Frankreich hergestellt werden

cendre [sɑ̃dʀ] *f* 1. (*résidu de la combustion*) Asche *f;* ~ ***de cigarette*** Zigarettenasche; ***couleur de*** ~ aschgrau; ***goût de*** ~ fader Geschmack

2. *pl* GEOL (~***s volcaniques***) [Vulkan]asche *f*

3. *pl* (*restes d'un mort*) Asche *f;* ***paix à ses*** ~***s!*** Friede ihrer/seiner Asche!

4. *pl* REL ■ **les C**~**s,** ■ **le mercredi des C**~**s** der Aschermittwoch

▸ **qc couve sous la** ~ etw schwelt unter der Oberfläche; /*feu*/ etw schwelt unter der Asche; **qn cuit qc sous la** ~ jd brät etw in der Glut; **qn/qc met** [*o* **réduit**] **qc en** ~**s** jd/etw legt etw in Schutt und Asche; **qn/qc renaît de ses** ~**s** jd/etw steigt wie ein Phönix aus der Asche

cendré, e [sɑ̃dʀe] I. *adj lumière* fahl; *cheveux* aschblond

II. *f* SPORT ■ **cendrée** Aschenbahn *f;* ***sur*** ~***e*** auf einer Aschenbahn

cendrier [sɑ̃dʀije] *m* Asch[en]becher *m;* (*poêle*) Asch[en]eimer *m*

cendrillon [sɑ̃dʀijɔ̃] *f* 1. *péj* Aschenputtel *nt,* Aschenbrödel *nt*

2. ■ **C**~ Aschenputtel *nt,* Aschenbrödel *nt*

cène [sɛn] *f* 1. ■ **la C**~ das letzte Abendmahl

2. (*communion protestante*) Abendmahl *nt*

cénotaphe [senɔtaf] *m* Kenotaph *nt,* Zenotaph *nt*

censé, e [sɑ̃se] *adj* 1. (*présumé en train de faire qc*) ■ **qn/qc est** ~ **faire**

qc jd/etw sollte [eigentlich] etw tun; ***à cette heure-ci elle est ~e faire ses courses*** um diese Zeit ist sie eigentlich immer beim Einkaufen
2. (*présumé capable de*) ■ **qn/qc est ~ faire qc** jd/etw sollte [eigentlich] etw tun; ***vous êtes la seule personne ~e connaître la réponse*** (*qui puisse répondre*) Sie sind der/die einzige, der/die die Antwort wissen könnte; (*qui doive répondre*) Sie sind der/die einzige, der/die die Antwort wissen müsste; ***vous étiez la seule personne ~e connaître la réponse*** (*qui aurait pu répondre*) Sie sind der/die einzige, der/die die Antwort hätte wissen sollen; (*qui aurait dû répondre*) Sie sind der/die einzige, der/die die Antwort hätte wissen müssen; (*qui pouvait savoir*) Sie sind der/die einzige, der/die die Antwort wissen konnte
3. (*présumé devoir faire qc*) ■ **qn/qc est ~ faire qc** jd/etw soll etw tun
▶ **qn n'est pas ~ savoir qc/que qn fait qc** man kann nicht von jdm erwarten, dass er/sie etw weiß/man kann nicht von jdm erwarten, dass er/sie weiß, dass jd etw tut; ***je te le dis, mais tu n'es pas ~ le savoir*** ich sage es dir, aber eigentlich darfst du es gar nicht wissen

censeur [sɑ̃sœʀ] *m* 1. MEDIA (*critique*) Kritiker(in) *m(f)*
2. POL Zensor(in) *m(f)*
3. SCOL ≈ stellvertretender Schulleiter/stellvertretende Schulleiterin (*Beamter, der/Beamtin, die an Gymnasien für die Schulordnung zuständig ist*)

censure [sɑ̃syʀ] *f* 1. CINE, PRESSE Zensur *f*; ***la ~ politique/cinématographique/militaire*** die politische Zensur/Filmzensur/Zensur beim Militär; ***la ~ sur la presse*** die Pressezensur; ***la [commission de] ~*** die Zensur[behörde]; ***une ~ préalable*** eine Vorzensur; ***qc passe [o est soumis(e)] à la ~*** etw unterliegt der Zensur, etw wird zensiert
2. POL (*sanction prononcée par une assemblée*) Misstrauensvotum *nt*; ***qn dépose une motion de ~*** jd stellt einen Misstrauensantrag; ***qn vote la [motion de] ~*** jd gibt ein Misstrauensvotum ab

censurer <1> [sɑ̃syʀe] *vt* 1. CINE, PRESSE ■ **qn censure qc** jd zensiert etw; ***qc a été censuré(e) pendant des années*** etw war jahrelang von der Zensur verboten, etw stand jahrelang auf dem Index
2. POL ■ **qn censure qn/qc** jd spricht jdm/etw das Misstrauen aus

cent¹ [sɑ̃] I. *num* 1. (*cardinal*) [ein]hundert; ***cinq ~s francs*** fünfhundert Franc; ***mille ~ [o onze ~s] francs*** [ein]tausendeinhundert [*o* elfhundert] Franc; ***deux ~ deux jours*** zweihunderzwei Tage
2. (*ordinal*) *inv* [ein]hundert; ***page deux ~*** Seite *f* zweihundert; ***en l'an quinze/dix-neuf ~ [o mille neuf ~]*** im Jahr fünfzehn-/neunzehnhundert
3. *antéposé* (*nombreux mais indéterminé*) hundert; ***c'est ~ fois mieux/pire*** das ist hundertmal besser/schlimmer; ***vous avez ~ fois raison*** Sie haben hundertprozentig [*o* völlig] recht; ***en un mot comme en ~*** kurz gesagt
II. *m inv* 1. (*chiffre*) Hundert *f*; ***il y a ~ contre un à parier que*** [ich wette] hundert zu eins [*o* eins gegen hundert], dass
2. (*numéro*) Nummer *f* hundert, Hundert *f*; ***j'habite [au] 100, rue de l'Église*** ich wohne [in der] Rue de l'Église [Nummer] 100
3. COM (*quantité*) Hundert *nt*; ***au ~*** im Hundert[erpack]; ***un ~ d'œufs*** ein Hundert Eier, einhundert Eier
▶ **pour ~** Prozent *nt*; ***5/10/20 pour ~*** 5/10/20 Prozent; ***cinq pour ~ des Français*** fünf Prozent der Franzosen; ***qn place de l'argent à sept pour ~*** jd legt Geld zu sieben Prozent [Zinsen] an; **qn/qc est ~ pour ~ …** jd/etw ist hundertprozentig …; ***qn est ~ pour ~ breton*** jd ist ein hundertprozentiger [*o* durch und durch [ein]] Bretone; ***produit de fabrication ~ pour ~ française*** ein hundertprozentig französisches Produkt, ein zu hundert Prozent in Frankreich hergestelltes Produkt; ***je suis ~ pour ~ d'accord avec toi*** ich stimme dir hundertprozentig [*o* absolut] zu

cent² [sɛnt] *m* FIN Cent *m*

centaine [sɑ̃tɛn] *f* 1. (*environ cent*) ■ **une ~ [de personnes/choses]** etwa [*o* ungefähr] [*o* um die] hundert [Menschen/Dinge]; (*plutôt moins a.*) an die hundert [Menschen/Dinge] *fam*; ■ **des ~s [de personnes/choses]** Hunderte *pl* [von Menschen/Dingen]; ***plusieurs ~s de manifestants*** mehrere Hunderte [*o* mehrere hundert] Demonstranten; ***des/les ~s de milliers d'Allemands*** Hunderttausende Deutsche/die Hunderttausenden von Deutschen; ***par ~s*** zu Hunderten
2. (*cent unités*) Hunderter *m*; ***dans 648, 6 est le chiffre des ~s*** in 648 sind 6 Hunderter
3. COM Hundert *nt*; ***à la ~*** im Hundert[erpack]

centaure [sɑ̃tɔʀ] *m* Zentaur *m*, Kentaur *m*

centenaire [sɑ̃tnɛʀ] I. *adj* hundert Jahre alt, hundertjährig *attr*; ***qn/qc est plus que ~*** jd/etw ist über hundert Jahre alt
II. *mf* (*personne*) Hundertjährige(r) *f(m)*
III. *m* (*anniversaire*) [*personne, chose*] hundertster Geburtstag; [*événement*] hundertster Jahrestag; (*cérémonie*) Hundertjahrfeier *f*

centésimal, e <-aux> [sɑ̃tezimal, o] *adj* zentesimal, hundertteilig; ***degré ~*** Hundertstelgrad *m*; (*sur un thermomètre*) Grad *m* Celsius

centième [sɑ̃tjɛm] I. *adj antéposé* hundertste(r, s); ***il est entré dans sa ~ année*** er ist jetzt im hundertsten Lebensjahr
II. *mf* ■ **le/la ~** der/die/das Hundertste
III. *f* THEAT hundertste Aufführung
IV. *m* (*fraction*) Hundertstel *nt*, hundertster Teil; ***12 est le ~ de 1200*** 12 ist ein Hundertstel [*o* der hundertste Teil] von 1200; ***un ~ [de seconde]*** eine Hundertstelsekunde, ein Hundertstel

centigrade [sɑ̃tigʀad] *adj* zentesimal, in Hundertstel eingeteilt; *thermomètre* Celsius-; ***moins 42 degrés ~s*** minus 42 Grad Celsius

centigramme [sɑ̃tigʀam] *m* hundertstel Gramm *nt*, Zentigramm *nt*; ***qn pèse qc au ~ près*** jd wiegt etw auf hundertstel Gramm genau ab

centilitre [sɑ̃tilitʀ] *m* hundertstel Liter *m*, Zentiliter *m o nt*; ***25 ~s*** ein viertel Liter [*o* Viertelliter], 0,25 Liter; ***un pichet de 25 ~s de vin*** ein Viertel *nt* Wein

centime [sɑ̃tim] *m* Centime *m*; ***une pièce de 50 ~s*** eine Fünfzigcentimemünze, fünfzig Centime; ***je n'ai pas un ~ sur moi*** ich habe keinen Pfennig [bei mir]; ***je n'ai pas dépensé un seul ~*** ich habe keinen Pfennig ausgegeben; ***sans payer un ~ de plus*** ohne einen Pfennig mehr zu bezahlen

centimètre [sɑ̃timɛtʀ] *m* 1. (*unité*) Zentimeter *m o nt*
2. (*ruban*) Maßband *nt*; ***~ de couturière*** [Schneider]maßband

central, e <-aux> [sɑ̃tʀal, o] I. *adj* 1. (*situé au centre*) zentral; *quartier a.* zentral gelegen; *partie* Mittel-, mittlere(r, s); ***l'Amérique/l'Asie ~e*** Mittelamerika/Zentralasien; ■ **qc est ~** etw ist zentral, etw liegt zentral
2. (*important*) zentral, Haupt-; ***ce passage est ~*** dieser Abschnitt ist von zentraler Bedeutung
3. ADMIN *administration, comité, pouvoir* Zentral-
II. *m* TELEC Fernamt *nt*
III. *f* ■ **centrale** 1. ELEC (*usine*) Kraftwerk *nt*; ***~e électrique*** Kraftwerk, Elektrizitätswerk *nt*, E-Werk *nt*; ***~e atomique/nucléaire/thermique*** Atom-/Kern-/Wärmekraftwerk; ***~e surgénératrice*** schneller Brüter
2. POL (*organisation ouvrière*) [gewerkschaftliche] Organisation, Arbeitnehmerorganisation *f*; ***la ~e syndicale*** die Gewerkschaft
3. COM (*organisme centralisateur*) Zentrale *f*; ***la ~e d'achat*** die Einkaufszentrale
4. (*prison*) Zentralgefängnis *nt* (*Strafvollzugsanstalt zur Verbüßung von Strafen über einem Jahr*)
5. SCOL ■ **C~** *Hochschule für die Ingenieursausbildung in Paris*

centralisateur, -trice [sɑ̃tʀalizatœʀ, -tʀis] *adj* zentralistisch; *politique a.* der Zentralisierung, der Zentralisation; *tendances a.* Zentralisierungs-

centralisation [sɑ̃tʀalizasjɔ̃] *f* 1. (*action de centraliser*) *politique, économique* Zentralisierung *f*, Zentralisation *f*; [*dons, secours*] zentrale Koordinierung [*o* Koordination]; [*renseignements*] zentrale Erfassung; ***la ~ administrative*** die Zentralisierung [*o* Zentralisation] der Verwaltung
2. (*résultat*) Zentralisierung *f*, Zentralisation *f*

centraliser <1> [sɑ̃tʀalize] *vt* ■ **qn/qc centralise qc** *pouvoir, administration, économie* jd/etw zentralisiert etw; *informations* jd/etw erfasst [*o* sammelt] etw [zentral], etw läuft bei jdm/in etw (*dat*) zusammen; *dons, secours* jd koordiniert etw

centralisme [sɑ̃tʀalism] *m* Zentralismus *m*; ***le ~ de l'État*** der staatliche Zentralismus

centre [sɑ̃tʀ] *m* 1. (*milieu*) [*cercle, sphère, globe*] Mittelpunkt *m*; [*place, ville, village*] Mitte *f*, Zentrum *nt*; ***le ~ de la ville*** die Stadtmitte, die Innenstadt; ***j'habite en plein ~*** ich wohne mitten in der [Innen]stadt [*o* im [Stadt]zentrum]
2. POL Mitte *f*; ***le parti se situe au ~ gauche/droit*** die Partei ist in der linken/rechten Mitte angesiedelt, die Partei gehört zur linken/rechten Mitte; ***les Français veulent être gouvernés au ~*** die Franzosen wollen eine Regierung der Mitte
3. (*lieu d'activités*) Zentrum *nt*; ***~ financier/industriel/commercial*** Finanz-/Industrie-/Handelszentrum *nt*; ***~ ferroviaire*** Eisenbahnknotenpunkt *m*; ***les grands ~s urbains*** die großen [städtischen] Ballungszentren; ■ **un ~ de qc** ein Zentrum für etw; ***un grand ~ d'importation de qc*** ein wichtiges Importzentrum für etw; ***le plus grand ~ de pèlerinage*** das wichtigste Wallfahrtsziel
4. (*organisme, locaux*) Zentrum *nt*; ***~ aéré*** Ferien- und Freizeit[betreuungs]zentrum; ***~ culturel*** Kulturzentrum; ***~ hospitalier [régional/universitaire]*** [Landes/Universitäts]klinik *f*; ***~ médical*** Ärztezentrum; ***~ psychothérapique*** Therapiezentrum; ***~ familial ménager*** Familien- und Haushaltsberatung[sstelle *f*] *f*; ***~ social*** Sozialstelle *f*; ***~ national d'enseignement par correspondance*** zentrales staatliches Institut für Fernunterricht, Fernlehrinstitut *nt*; ***le C~ national de la recherche scientifique et technique*** das nationale Forschungszentrum für Wissenschaft und Technik; ***~ spatial/nautique*** Raumfahrt-/Wassersportzentrum; ***~ sportif*** Sportzentrum; ■ **~ de** -zentrum; ***~ des chèques postaux*** Postscheckamt *nt*; ***~ de formation des apprentis [o d'apprentissage]*** Ausbildungszentrum für Lehrlinge; ***~ d'art dramatique*** Theaterwerkstatt *f*; ***~ d'accueil*** Betreuungsstelle *f*; (*pour réfugiés a.*) Aufnahmelager *nt*; ***~ d'accueil de malvoyants*** Sehbehindertenzentrum; ***~ de contrôle*** Kontrollstelle *f*; ***~ de détention [préventive]*** [Untersuchungs]gefängnis *nt*; ***~ d'éducation surveillée*** Erziehungsheim *nt*, Besserungsanstalt *f veraltet*; ***~ d'hébergement*** Gästehaus *nt*; (*pour réfugiés*) Sammelunterkunft *f*; ***~ de médecine préventive*** Zentrum für Vorsorgeuntersuchungen; ***~ de tri*** Sortierstelle *f*; ***~ de transfusion sanguine*** Blut[spende]zentrale *f*, Blutbank *f*; ***~ de vacances*** Ferienlager *nt*
5. SPORT Flanke *f*; ***un joueur fait un ~*** ein Spieler flankt
6. (*point essentiel*) Mittelpunkt *m*; ***le ~ de mes préoccupations, c'est la politique*** mein ganzes Denken kreist um Politik; ***le ~ d'intérêt*** der [Interessen]schwerpunkt; ***des mots groupés par ~s d'intérêt*** thematisch geordneter Wortschatz
▶ **qn se prend pour le ~ du monde** jd hält sich für überaus wichtig [*o* für den Nabel der Welt]; **~ commercial** (*groupe de magasins*) Einkaufszentrum *nt*; **~ nerveux** Nervenzentrum *nt*; *fig* Schaltzentrale *f*; **~s vitaux** lebenswichtige [*o* lebensnotwendige] Organe; *fig* lebenswichtige [*o* lebensnotwendige] Einrichtungen; **qc est au ~ de qc** etw steht im Mittelpunkt einer S. (*gen*) [*o* von etw]; ***qc est au ~ des préoccupations de qn*** etw ist [*o* einer S. (*dat*) gilt] jds Hauptsorge
◆ **centre de gravité** PHYS Schwerpunkt *m*; **centre de rééducation** MED Rehabilitationszentrum *nt*; **centre ville** Stadtmitte *f*, Stadtzentrum *nt*, Innenstadt *f*, City ['sɪti] *f*

centrer <1> [sɑ̃tʀe] *vt* 1. (*placer au centre*) ■ **qn centre qc** jd zentriert etw; *photo a.* jd richtet etw auf den Bildmittelpunkt aus; ***qn centre son discours sur qc*** jd stellt etw in den Mittelpunkt seiner/ihrer Rede, jd konzentriert sich in seiner/ihrer Rede auf etw (*akk*); ■ **qn est centré(e) sur qc** jd ist auf etw (*akk*) fixiert, bei jdm dreht sich alles um etw, für jdn steht etw im Mittelpunkt; ■ **qc est centré(e) sur qc** etw dreht sich um etw
2. SPORT ■ **qn centre [qc]** jd flankt [etw] [zur Mitte]

3. TECH (*fixer le centre*) ■ **qn centre qc** jd zentriert etw
centre-ville <~s-~s> [sɑ̃tʀəvil] *m* Stadtmitte *f*, Stadtzentrum *nt*, Innenstadt *f*, City *f*
centrifuge [sɑ̃tʀifyʒ] *adj* zentrifugal; ***force/pompe*** ~ Zentrifugalkraft *f*/-pumpe *f*; ***une essoreuse*** ~ eine Schleuder
centrifuger <2 a> [sɑ̃tʀifyʒe] *vt* ■ **qn centrifuge qc** jd zentrifugiert etw
centrifugeur [sɑ̃tʀifyʒœʀ] *m* Zentrifuge *f*
centrifugeuse [sɑ̃tʀifyʒøz] *f* Zentrifuge *f*; (*pour produire du jus*) Entsafter *m*
centrisme [sɑ̃tʀism] *m* Politik *f* der Mitte
centriste [sɑ̃tʀist] I. *adj député* der Mitte; *convictions politiques* gemäßigt, in der politischen Mitte angesiedelt
II. *mf* Abgeordnete(r) *f(m)* der Mitte
centuple [sɑ̃typl] I. *adj* hundertfach; ***mille est un nombre ~ de dix*** tausend ist das Hundertfache von zehn
II. *m* Hundertfache(s) *nt*
▸ **qn est récompensé(e) au ~** jd wird tausendfach belohnt, es wird jdm tausendfach gelohnt; **qn rend qc [à qn] au ~** jd gibt [jdm] etw mit Zins und Zinseszins zurück, jd lohnt jdm etw tausendfach
cep [sɛp] *m* Rebstock *m*, Weinstock *m*
cépage [sepaʒ] *m* Rebsorte *f*, Rebe *f*
cèpe [sɛp] *m* Steinpilz *m*, Herrenpilz *m* AUS
cependant [s(ə)pɑ̃dɑ̃] *adv* doch, jedoch; ***c'est incroyable et ~ vrai*** es ist unglaublich, aber [dennoch] wahr; ~, ***en fin de journée ...*** gegen Abend jedoch ...; ***et ~*** und doch; ***il a raté son examen et ~ il avait travaillé*** er ist durch die Prüfung gefallen, obwohl [*o* wo *fam*] er doch gearbeitet hat
céphalo-rachidien, ne [sefalоʀaʃidjɛ̃, jɛn] *adj* zerebrospinal; ***liquide ~~*** Gehirn-Rückenmarksflüssigkeit *f*, Liquor zerebrospinalis *m spec*
céramique [seʀamik] I. *adj* keramisch; ***la production ~*** die Keramikproduktion; ***le grès ~*** der Töpferton
II. *f* 1. (*objet*) Keramik *f*; ***un peintre sur ~*** ein Keramikmaler *m*; ***des carreaux de ~*** Keramikkacheln *pl*; ***un vase en ~*** eine Keramikvase
2. (*art*) Töpferei *f*, Töpferkunst *f*
▸ ~ **dentaire** Zahnkeramik *f*
céramiste [seʀamist] *mf* Keramiker(in) *m(f)*; ***un ~ d'art*** ein Kunstkeramiker
cerceau <x> [sɛʀso] *m* Reifen *m*; [*tonneau a.*] Reif[en] *m*, Band *nt*; *capote, tonnelle*] Bogen *m*
cerclage [sɛʀklaʒ] *m* 1. TECH Bereifen *nt*; [*tonneau a.*] Binden *nt*
2. MED Cerclage *f*
cercle [sɛʀkl] *m* 1. (*forme géométrique*) Kreis *m*; ***un ~ de curieux*** ein Kreis Neugieriger; ***qc décrit des ~s dans le ciel*** etw beschreibt Kreise [*o* kreist] am Himmel
2. (*étendue*) [*personnes*] Kreis *m*; [*connaissances, recherches*] Feld *nt*; ***un ~ d'amis*** ein Freundeskreis; ***le ~ de mes relations*** mein Bekanntenkreis; ***le ~ de famille*** der Kreis der Familie
3. (*club, groupe*) Kreis *m*; *littéraire a.* Zirkel *m*, Gesellschaft *f*; *politique a.* Arbeitskreis; *militaire* Bund *m*; (*sportif*) Club *m*, Klub *m*; ***ils dînent au ~ des officiers*** sie essen im Offizierskasino zu Abend; ***le ~ amical France-Allemagne*** der deutsch-französische Freundeskreis; ***un ~ d'études philologiques*** ein philologischer Studienkreis
▸ ~ **antarctique** südlicher Polarkreis; ~ **arctique** nördlicher Polarkreis; ~ **horaire** Stundenkreis *m*; ~ **polaire** [**arctique/austral**] [nördlicher/südlicher] Polarkreis; ~ **vicieux** Teufelskreis *m*, Circulus vitiosus *m geh*; **qn élargit le ~** jd macht den Kreis größer, jd erweitert den Kreis; ***nous devons élargir le ~ de nos connaissances/clients*** wir müssen unseren Bekannten-/Kundenkreis erweitern; ***nous voulons élargir le ~ de nos relations*** wir wollen unsere Beziehungen ausbauen; **des personnes font ~ autour de qn** Menschen stehen [im Kreis] um jdn herum, Menschen umringen jdn; **des personnes forment un ~** Menschen bilden [*o* schließen] einen Kreis; (*pour un jeu*) Menschen stellen sich im Kreis auf; **un ~ se forme autour de qn** um jdn herum bildet sich ein Kreis, jd wird umringt; **qn resserre le ~** jd macht den Kreis kleiner; *fig* jd beschränkt den Kreis, jd schränkt den Kreis ein; **en ~** im Kreis; ***des personnes se mettent en ~*** Menschen bilden [*o* schließen] einen Kreis; (*debout a.*) Menschen stellen sich im Kreis [herum] auf; (*assis a.*) Menschen setzen sich im Kreis
◆ **cercle de qualité** ECON Qualitätszirkel *m*
cercler <1> [sɛʀkle] *vt* (*munir de cercles*) ■ **qn/qc cercle qc** jd/etw bindet [*o* bereift] etw; (*entourer*) jd/etw fasst etw ein, jd/etw umrandet etw; ***des lunettes cerclées d'or*** eine goldgefasste Brille, eine Brille mit Goldfassung [*o* Goldrand]; ***il a les yeux cerclés de bistre*** er hat dunkle Ringe um die [*o* unter den] Augen
cercueil [sɛʀkœj] *m* Sarg *m*; ***du berceau au ~*** von der Wiege bis zur Bahre
▸ **qn est dans le ~** jd ist unter der Erde
céréale [seʀeal] *f* Getreide *nt*, Getreideart *f*; ■ **les ~s** das Getreide; (*au petit-déjeuner*) *Haferflocken, Cornflakes, Müsli etc*
céréalier, -ière [seʀealje, -jɛʀ] I. *adj* Getreide-
II. *m* (*producteur de céréales*) Getreideproduzent(in) *m(f)*, Getreideanbauer(in) *m(f)*
cérébral, e <-aux> [seʀebʀal, o] I. *adj* 1. ANAT [Ge]hirn-; ***les hémisphères cérébraux*** die Großhirnhälften, die Hemisphären; ***hémorragie ~e*** [Ge]hirnblutung *f*; ***lésion ~e*** [Ge]hirnverletzung *f*, [Ge]hirntrauma *nt*; ***congestion ~e*** Schlaganfall *m*, [Ge]hirnschlag *m*
2. (*intellectuel*) geistig; ***qn est plus manuel que ~*** jd hat mehr handwerkliche [*o* manuelle] als geistige [*o* intellektuelle] Fähigkeiten
II. *m, f* Verstandesmensch *m*; ***qn est un pur ~*** jd ist ein reiner Verstandesmensch, jd ist völlig verkopft *fam*
cérébro-spinal, e <-aux> [seʀebʀospinal, o] *adj* zerebrospinal
cérémonial <s> [seʀemɔnjal] *m* Zeremoniell *nt*
cérémonie [seʀemɔni] *f* Zeremonie *f*, Feier[lichkeiten *pl*] *f*; ***la ~ du mariage*** die Hochzeitsfeier[lichkeiten]; ***la ~ religieuse*** die kirchliche Feier; ***la ~ religieuse du mariage*** die kirchliche Trauung; ***la ~ de clôture*** die Schlussfeier; ***habit de ~*** feierliche Kleidung, Gesellschaftskleidung *f*; [*homme*] Gesellschaftsanzug *m*
▸ **qn fait des ~s** jd macht Umstände; **sans** [**plus de**] **~s** ohne [weitere] Umstände
cérémonieusement [seʀemɔnjøzmɑ̃] *adv* feierlich, gravitätisch, mit großem Zeremoniell; (*sans cordialité*) förmlich, steif, zeremoniell *geh*
cérémonieux, -euse [seʀemɔnjø, -jøz] *adj* (*d'une extrême politesse*) *personne* gravitätisch; *salut, ton, air a., accueil* feierlich; (*sans cordialité*) förmlich, steif, zeremoniell *geh*; ***qn prend des airs ~*** jd wird ganz förmlich
cerf [sɛʀ] *m* Hirsch *m*; ***un ~ [de] dix cors*** ein Zehnender *m*
cerfeuil [sɛʀfœj] *m* Kerbel *m*
cerf-volant <~s-~s> [sɛʀvɔlɑ̃] *m* 1. (*jouet*) Drachen *m*; ***qn fait voler un ~~*** jd lässt einen Drachen steigen
2. ZOOL Hirschkäfer *m*
cerise [s(ə)ʀiz] I. *f* Kirsche *f*; ***rouge comme une ~*** rot wie eine Tomate, knallrot
II. *app rouge* kirsch-; [***rouge***] ~ kirschrot, cerise
cerisier [s(ə)ʀizje] *m* 1. (*arbre*) Kirschbaum *m*
2. (*bois*) Kirschbaum[holz *nt*] *m*, Kirsche *f*; ***une armoire en ~*** ein Schrank aus Kirschbaum[holz] [*o* Kirsche]
cérium [seʀjɔm] *m* CHIM Cer *nt*
cerne [sɛʀn] *m* 1. *pl* (*sous les yeux*) Ringe *pl* [*o* Schatten *pl*] unter den Augen
2. (*cercle coloré*) Ring *m*; [*tache*] Rand *m*; [*lune*] Hof *m*
3. [*arbre*] Jahresring *m*
cerné, e [sɛʀne] *adj*: ***qn a les yeux ~s*** jd hat Ringe [*o* Schatten] unter den Augen
cerneau <x> [sɛʀno] *m* (*noix verte*) grüne [*o* unreife] Nuss; GASTR (*chair*) Nusskern *m*
cerner <1> [sɛʀne] *vt* 1. (*entourer*) ■ **qc cerne qc** etw umschließt [*o* umgibt] etw; ***les coquards qui cernent ses yeux*** die Veilchen um seine/ihre Augen herum
2. (*assaillir*) ■ **qc cerne qn** etw bricht über jdn herein; ***les soucis le cernent de toutes parts*** die Sorgen wachsen ihm über den Kopf
3. (*entourer d'un trait*) ■ **qn cerne qc** jd umreißt etw
4. (*analyser*) ■ **qn cerne qc** *problème, situation* jd erfasst etw; *difficultés* jd schätzt etw ein
5. (*encercler*) ■ **qn cerne qn/qc** jd umstellt jdn/etw, jd kreist jdn/etw ein; *ville, troupes a.* jd umzingelt jdn/etw
6. *fam* (*évaluer*) ■ **qn cerne qn** jd ordnet [*o* schätzt] jdn ein
certain, e [sɛʀtɛ̃, ɛn] I. *adj* 1. (*incontestable*) *fait, événement* sicher; *progrès* unbestreitbar, unzweifelhaft; ■ **qc est ~** etw ist sicher, etw steht fest; ***qc est sûr et ~*** etw ist hundertprozentig [*o* ganz] sicher, etw steht hundertprozentig fest; ■ **il est ~ que** + *indic* es ist sicher [*o* steht fest], dass
2. (*convaincu*) ■ **qn est ~** [**que** + *indic*] jd ist sicher[, dass]; ■ **qn est ~ de qc** jd ist sich (*dat*) einer S. (*gen*) sicher, jd ist von etw überzeugt; ■ **qn est ~ que qn/qc fera qc** jd ist sicher [*o* davon überzeugt], dass jd/etw etw tut
▸ **qn tient qc pour ~** jd hält etw für gesichert, jd ist von etw überzeugt; **qn tient pour ~ que qn/qc fait qc** jd hält es für sicher [*o* jd ist davon überzeugt], dass jd/etw etw tut
II. *adj indéf* 1. *pl antéposé* (*quelques*) gewisse, bestimmte
2. ■ **un(e) ~(e)** ... ein gewisser/eine gewisse/ein gewisses ...; *idée, point de vue a.* eine bestimmte/ein bestimmter/ein bestimmtes ...; ***d'une ~e façon*** in gewisser Weise; ***dans une ~e mesure*** bis zu einem gewissen Grad [*o* Punkt]; ***un homme d'un ~ âge, mais pas d'un âge ~*** ein Mann in einem gewissen Alter, aber kein älterer Mann; ***un ~ temps*** eine ganze Zeit, eine [ganze] Weile; ***à une ~e distance d'ici*** in einer gewissen Entfernung von hier, ein ganzes Stück von hier entfernt
III. *pron pl* (*personnes*) manche [Leute], manch eine(r), gewisse Leute *pej*; (*choses*) einige, manche; ***~s d'entre vous*** manche [*o* einige] unter Ihnen; ***aux yeux de ~s*** in den Augen einiger [*o* gewisser Leute *pej*]; ***parmi ses livres, ~s sont intéressants, d'autres moins*** einige seiner/ihrer Bücher sind interessant, andere weniger
certainement [sɛʀtɛnmɑ̃] *adv* 1. (*selon toute apparence*) sicher, bestimmt; ~ ***que qn fera qc*** jd wird sicher [*o* bestimmt] etw tun
2. (*sans aucun doute*) [ganz] sicher, [ganz] bestimmt, zweifellos; ***tu viendras ce soir? – C~!*** kommst du heute Abend? – [Aber] sicher [*o* ganz bestimmt]!
certes [sɛʀt] *adv* 1. (*pour exprimer une réserve*) sicher, zwar, gewiss *geh*; (*dans une négation a.*) bestimmt; (*au début ou à la fin de la phrase a.*) zugegeben; ***je ne veux ~ pas vous décourager, mais ...*** ich will Sie bestimmt [*o* gewiss *geh*] nicht entmutigen, aber ...; ***c'est le plus doué, ~! mais ...*** er ist sicher [*o* zwar] der Begabteste, aber ..., zugegeben [*o* gewiss *geh*], er ist der Begabteste, aber ...
2. *littér* (*pour renforcer une affirmation*) gewiss *geh*
certificat [sɛʀtifika] *m* 1. (*attestation*) Zeugnis *nt*; [*domestique*] Referenz *f*; ADMIN Bescheinigung *f*; ***qn délivre [o fournit] un ~ à qn*** jd stellt jdm ein Zeugnis/eine Referenz aus; ~ ***de vaccination*** Impfschein *m*; ~ ***de bonne conduite*** Zeugnis über gute Führung; ~ ***de bonne vie et mœurs*** [*o* ***d'honorabilité***] Leumundszeugnis; ***le ~ de décès*** der Totenschein; ***un ~ de résidence*** eine [An]meldebestätigung
2. (*diplôme*) Zeugnis *nt*; (*des études universitaires*) Diplom *nt*; (*licence, maîtrise*) ≈ Schein *m*; ~ ***d'études*** [**primaires**] *Abschlusszeugnis der Grundschule*; ~ ***d'aptitude pédagogique*** *Lehrbefugnis für Grundschullehrer*; ~ ***d'aptitude professionnelle*** *Abschlusszeugnis nach einer Lehre*, ≈ Gesellenbrief *m*; ~ ***d'aptitude professionnelle à l'enseignement du second degré*** *Lehrbefugnis für die Sekundarstufe I und II*, ≈ Staatsexamen *nt*; ~

d'aptitude professionnelle à l'enseignement technique *Lehrbefugnis für technische Fächer der Sekundarstufe I und II;* ~ ***de formation générale*** *Nachweis über Grundschulwissen*
▶ ~ **médical** ärztliche Bescheinigung; (*fiche de maladie*) [ärztliche] Krankmeldung
◆ **certificat de garantie** Garantieschein *m;* **certificat de naissance** Geburtsurkunde *f;* **certificat de navigabilité** Seetüchtigkeitszeugnis *nt;* **certificat de scolarité** Schulbescheinigung *f;* **certificat de travail** Arbeitsbescheinigung *f;* **certificat de visites** NAUT Seetüchtigkeitszeugnis *nt;* **certificat d'investissement** Genussschein *m;* **certificat d'origine** COM Ursprungszeugnis *nt,* Ursprungsnachweis *m*
certifié, e [sɛʀtifje] **I.** *adj professeur* mit CAPES
II. *m, f* Lehrer(in) *m(f)* mit CAPES, ≈ [Ober]studienrat/-rätin *m/f*
certifier <1 a> [sɛʀtifje] *vt* **1.** (*assurer*) ■ **qn certifie qc [à qn]** jd versichert [jdm] etw; ***il n'a pu ~ l'heure du décès*** er konnte nicht mit Sicherheit [*o* nicht sicher] sagen, wann der Tod eingetreten war
2. (*authentifier*) ■ **qn certifie qc** JUR jd beglaubigt etw; *chèque* jd bestätigt etw; ***cette copie est certifiée conforme à l'original*** diese Kopie ist beglaubigt; (*texte sur la copie*) Kopie entspricht dem Original
certitude [sɛʀtityd] *f* **1.** (*fait certain*) Gewissheit *f;* ***avec*** ~ sicher, mit Sicherheit; ***c'est maintenant une ~ [absolue]*** darüber besteht jetzt [absolute] Gewissheit, das ist jetzt [absolut] sicher
2. (*sentiment*) Sicherheit *f,* Gewissheit *f;* ***la ~ d'un échec l'a fait renoncer à ce projet*** die Gewissheit, dass die Sache nicht gut gehen würde, bewog ihn dazu, auf seinen Plan zu verzichten; ***qn a la ~ de qc*** jd ist sich (*dat*) einer S. (*gen*) sicher; ***qn a la ~ d'avoir fait qc/ que*** jd ist sich (*dat*) sicher, etw getan zu haben/jd weiß sicher, dass; ***on a acquis la ~ de qc/ que*** man hat Gewissheit über etw (*akk*) erlangt/die Gewissheit erlangt, dass
cérumen [seʀymɛn] *m* Ohrenschmalz *nt,* Cerumen *nt spec*
cerveau <x> [sɛʀvo] *m* **1.** ANAT Gehirn *nt*
2. (*ensemble des facultés mentales*) [Ge]hirn *nt,* Kopf *m,* Verstand *m;* ***une idée a germé dans le ~ de qn*** eine Idee ist jds Hirn entsprungen
3. (*centre de direction*) [*entreprise, organisation*] Schaltzentrale *f*
4. (*personne*) intelligenter [*o* kluger] Kopf; (*célébrité*) großer Geist
5. (*organisateur*) Kopf *m*
▶ ~ **antérieur/moyen/postérieur** Vorder-/Mittel-/Hinterhirn [*o* Rautenhirn] *nt;* ~ **électronique** Elektronen[ge]hirn *nt;* **qn a le ~ malade** [*o* **dérangé**] [*o* **fêlé**] *fam* jd ist nicht ganz richtig im Kopf *fam,* jd ist nicht ganz bei Verstand *fam,* jd hat nicht alle Tassen im Schrank *fam;* **qn se creuse** [*o* **se fatigue**] **le** ~ jd zerbricht sich (*dat*) den Kopf
cervelas [sɛʀvəla] *m* Zervelatwurst *f*
cervelet [sɛʀvəlɛ] *m* Kleinhirn *nt*
cervelle [sɛʀvɛl] *f* **1.** *fam* (*esprit*) Verstand *m;* ***une tête sans*** ~ ein Hohlkopf [*o* Strohkopf] *m fam;* ***qn n'a rien dans la*** ~ jd hat nichts [*o* keine Grütze] im Kopf *fam,* jd ist völlig hohl *fam*
2. GASTR Hirn *nt;* ~ ***d'agneau/ de veau*** Hirn vom Lamm/vom Kalb, Lammhirn/Kalbshirn
▶ **qn a une ~ d'oiseau** [*o* **de moineau**] jd hat ein Spatzenhirn; **qn a/est une petite** ~ jd ist keine große Leuchte [*o* kein großes Licht] *fam;* **qn a quelque chose dans la** ~ (*est intelligent*) jd hat Köpfchen, jd ist nicht auf den Kopf gefallen; (*pense à quelque chose*) jd hat etwas im Kopf, etwas beschäftigt jdn; (*s'est mis qc dans la tête*) jd hat sich (*dat*) etwas in den Kopf gesetzt; **qn brûle** [*o* **fait sauter**] **la ~ à qn** jd jagt jdm eine Kugel in [*o* durch] den Kopf; **qn se brûle** [*o* **se fait sauter**] **la** ~ jd jagt sich (*dat*) eine Kugel in [*o* durch] den Kopf; **qn se creuse la** ~ jd zerbricht sich (*dat*) den Kopf, jd zermartert sich (*dat*) das Hirn *fam;* **qc lui trotte dans la** ~ *fam* etw geht [*o* spukt] jdm im Kopf herum, etw geht jdm nicht mehr aus dem Kopf
cervical, e <-aux> [sɛʀvikal, o] *adj* Hals-, zervikal *spec; douleurs* Nacken-; ***les [vertèbres] ~es*** die Halswirbel
cervidé [sɛʀvide] *m* Hirsch *m*
Cervin [sɛʀvɛ̃] *m* ■ **le** ~ das Matterhorn
ces [se] *adj dém v.* **ce**
C.E.S. [seøɛs] *m* **1.** *abr de* **Collège d'enseignement secondaire** ≈ Sekundarstufe I; ***il fréquente le*** ~ er ist jetzt in der Sekundarstufe
2. *abr de* **contrat emploi-solidarité** (*emploi*) ≈ ABM-Stelle *f*
césarienne [sezaʀjɛn] *f* Kaiserschnitt *m*
césium [sezjɔm] *m* CHIM Cäsium *nt*
cessant, e [sesɑ̃, ɑ̃t] *adj v.* **affaire**
cessation [sesasjɔ̃] *f* [*hostilités, paiements*] Einstellen *nt,* Einstellung *f;* [*travail a.*] Niederlegung *f;* ***une ~ de travail de deux heures*** eine zweistündige Arbeitsniederlegung; ***en état de ~ de paiements*** zahlungsunfähig
cesse [sɛs] *f* ▶ **qn n'a [pas] de** ~ jd gibt keine Ruhe; **sans** ~ (*sans interruption*) ständig, ununterbrochen, andauernd; (*de manière répétitive*) immer wieder
cesser <1> [sese] **I.** *vt* ■ **qn cesse qc** *activité, parution, paiements, poursuites* jd stellt etw ein; *fabrication, livraison a.* jd stoppt etw; *combat a.* jd gibt etw auf; *discours* jd beendet etw; ***qn cesse le travail*** (*finit de travailler*) jd beendet seine Arbeit; (*se met en grève*) jd stellt die Arbeit ein; ***cessez ces discours/ ces cris!*** hört mit dem Gerede/Geschrei auf!, hört auf herumzureden/herumzuschreien!; ***voilà un an que j'ai cessé toute activité*** seit einem Jahr mache ich überhaupt nichts mehr [*o* habe ich jede Aktivität eingestellt *geh*]; ***il a cessé tout effort*** er hat [alle Bemühungen] aufgegeben, er bemüht sich überhaupt nicht mehr; ■ **qn/qc fait ~ qc** jd/etw beendet etw; *chaos* jd/etw beseitigt etw, jd räumt mit etw auf; *bruits* jd sorgt dafür, dass etw aufhört; ■ **qn/qc cesse de faire qc** jd/etw tut etw nicht mehr, jd/etw hört auf etw zu tun; ***il a cessé de fumer*** er raucht nicht mehr, er hat das Rauchen aufgegeben; ***la pluie a enfin cessé de tomber*** es regnet endlich nicht mehr, der Regen hat endlich aufgehört; ***son influence a cessé de se faire sentir*** sein/ihr Einfluss ist nicht mehr spürbar; ■ **qn/qc ne cesse de faire qc** jd/etw tut etw ständig [*o* ununterbrochen]
II. *vi* ■ **qc cesse** etw hört auf; */combat, travail/* etw wird eingestellt; */conflit/* etw findet ein Ende; */fièvre/* etw fällt; ***si la pluie cesse ...*** wenn der Regen aufhört ..., wenn es aufhört zu regnen ...
cessez-le-feu [seselfø] *m inv* (*arrêt prolongé*) Einstellen *nt* [*o* Einstellung *f*] der Kampfhandlungen, Waffenruhe *f;* (*arrêt momentané*) Feuereinstellung *f,* Waffenpause *f*
cession [sesjɔ̃] *f* Übertragung *f;* [*biens a.*] Überschreibung *f;* [*droits a.*] Abtretung *f,* Zession *f spec*
▶ **qn fait ~ de qc** jd überträgt etw; *de biens a.* jd überschreibt etw; *de droits a.* jd tritt etw ab
cessionnaire [sesjɔnɛʀ] *mf* JUR Zessionar(in) *m(f) spec,* Abtretungsempfänger(in) *m(f),* Abtretungsbegünstigte(r) *f(m);* (*d'un droit*) Rechtsnachfolger(in) *m(f)*
c'est-à-dire [sɛtadiʀ] *conj* **1.** (*à savoir*) das heißt [also], das bedeutet [also]
2. (*justificatif d'une réticence*) eigentlich; die Sache ist die, dass; ***viendras-tu dimanche? – Ben, ~~~ [que] je suis déjà invitée*** kommst du am Sonntag? – Eigentlich bin ich schon eingeladen [*o* die Sache ist die, dass ich schon eingeladen bin]
3. (*en conséquence*) das heißt, das bedeutet
4. (*rectificatif d'une affirmation antérieure*) das heißt, besser gesagt; ***j'ai égaré mes clés! – C~~~ [que] tu les as [plutôt] oubliées au bureau*** ich habe meine Schlüssel verlegt! – Das heißt, du hast sie im Büro vergessen
césure [sezyʀ] *f* Zäsur *f*
cet [sɛt] *adj dém v.* **ce**
C.E.T. [seøte] *m abr de* **Collège d'enseignement technique** ≈ Berufsfachschule *f*
cétacé [setase] *m* Wal *m,* Walfisch *m fam*
ceux [sø] *pron dém v.* **celui**
Cévennes [sevɛn] *fpl* ■ **les** ~ die Cevennen
C.F.A. [seɛfa] *adj abr de* **Communauté financière africaine:** ***franc C.F.A.*** CFA-Franc *m*
C.F.C. [seɛfse] *m abr de* **chlorofluorocarbone** FCKW *m*
C.F.D.T. [seɛfdete] *f abr de* **Confédération française et démocratique du travail** *französische Gewerkschaft, die der sozialistischen Partei nahe steht*
C.F.T.C. [seɛftese] *f abr de* **Confédération française des travailleurs chrétiens** *christliche französische Gewerkschaft*
C.G.C. [seʒese] *f abr de* **Confédération générale des cadres** *französische Gewerkschaft für leitende Angestellte*
C.G.T. [seʒete] *f abr de* **Confédération générale du travail** *der KP nahe stehende französische Gewerkschaft*
Ch [ʃəvo] *abr de* **cheval-vapeur** PS
chacal <s> [ʃakal] *m* Schakal *m*
cha-cha-cha [tʃatʃatʃa] *m inv* Cha-Cha-Cha *m*
chacun, e [ʃakœ̃, ʃakyn] *pron* **1.** (*unité dans un ensemble défini*) jede(r, s) [Einzelne]; (*de deux personnes*) jede(r) von beiden; ~ ***de nous*** jede(r) [Einzelne] von uns; ~ ***d'eux [o d'entre eux]*** jede(r) [Einzelne] von ihnen; ~***e des personnes présentes*** jeder/jede der Anwesenden, jeder/jede Anwesende; ***ils s'en sont retournés ~ de leur côté*** sie sind wieder auseinander gegangen; ~ ***à sa façon*** jeder auf seine Weise; ***retournez ~ à votre place!*** gehen Sie jeder an seinen Platz zurück!; ~ **[à]** ***son tour*** einer nach dem anderen, der Reihe nach; ***elle leur donna [à] ~ 100 F [o 100 F à ~]*** sie gab jedem [von ihnen] 100 F
2. (*toute personne*) jede(r)
▶ ~ **chez soi** am besten bleibt jeder bei sich zu Hause; ~ **pour soi** jeder für sich; ~ **pour tous, tous pour** ~ *prov* einer für alle und alle für einen; **tout un** ~ jede(r) [beliebige]
chagrin[1] [ʃagʀɛ̃] *m* (*peine*) Kummer *m,* Leid *nt,* Gram *m geh;* ~ ***d'amour*** Liebeskummer; ~ ***d'enfant*** Kindersorgen *pl;* ***qn a du/ beaucoup de [o un gros] ~*** jd hat Kummer/viel [*o* großen] Kummer; ***à son départ, j'ai eu un gros ~*** als er/sie wegging, war ich sehr traurig; ***qn fait [o cause] du ~ à qn*** jd macht [*o* bereitet] jdm Kummer; ***qc plonge qn dans un profond ~*** etw stürzt jdn in tiefes Leid, etw macht [*o* bereitet] jdm großen Kummer; ***figé(e) dans le ~*** vor Kummer [wie] versteinert
▶ **qn noie son ~ dans l'alcool** jd ertränkt seinen Kummer im Alkohol
chagrin[2] [ʃagʀɛ̃] *m* (*cuir*) Chagrin[leder *nt*] *nt*
chagrin, e [ʃagʀɛ̃, in] *adj* (*contrarié*) betrübt; *air a.* bekümmert; *humeur* trübe; *esprit* pessimistisch; *enfant* weinerlich; ***qn est tout ~ à l'idée de qc*** jd ist wegen etw ganz betrübt [*o* bekümmert]; ***qn est d'humeur ~e*** jd ist betrübt, jd ist in trüber Stimmung
chagriner <1> [ʃagʀine] *vt* ■ **qn/qc chagrine qn** (*causer de la peine*) jd/etw macht [*o* bereitet] jdm Kummer, etw betrübt jdn; (*contrarier*) jd/etw verärgert jdn; ***je ne voudrais ~ personne, mais ...*** ich möchte niemandem zu nahe treten, aber ...
chah [ʃa] *m v.* **schah**
chahut [ʃay] *m* Aufruhr *m,* Tumult *m,* Spektakel *nt;* (*bruit*) Krach *m,* Radau *m fam;* ***un ~ d'étudiants*** Studentenunsinn *nt;* ***il y a constamment du ~ dans cette classe*** in dieser Klasse herrscht ständig Tumult *fam;* ***l'ambiance dégénère en*** ~ die Stimmung schlägt in einen Tumult um
▶ **qn fait du** ~ jd macht [*o* veranstaltet] ein Spektakel, jd macht Rabatz *fam;* (*bruit*) jd macht Krach [*o* Radau *fam*]
chahuter <1> [ʃayte] **I.** *vi* ■ **qn chahute** */élèves/* jd macht [*o* veranstaltet] ein Spektakel, jd macht Rabatz *fam;* */enfants/* jd tobt herum; (*fait du bruit*) jd macht Krach [*o* Radau *fam*]; ***assez chahuté comme ça!*** macht nicht so ein Spektakel!, hört auf so herumzutoben!
II. *vt* ■ **qn chahute qn** jd macht jdn fertig [*o* nieder] *fam; conférencier a.* jd schreit jdn nieder, jd buht jdn aus *fam; professeur a.* jd stört jds Unterricht; ■ **qn chahute qc** jd stört etw; ■ **qn se fait ~** jd wird fertig gemacht *fam;* */orateur a./* jd wird durch Zwischenrufe gestört, jd wird ausgebuht *fam*

chahuteur, -euse [ʃaytœʀ, -øz] I. *adj* renitent, undiszipliniert; ***c'est un élève ~*** er ist ein Schüler, der immer [den Unterricht] stört
II. *m, f* Unruhestifter(in) *m(f)*; (*homme, garçon a.*) Radaubruder *m fam*

chai [ʃɛ] *m* Lager *nt* (*für Wein und Spirituosen*)

chaîne [ʃɛn] *f* **1.** (*lien fait d'anneaux métalliques*) Kette *f*; ***une ~ en or*** eine Goldkette, eine Kette aus Gold; ***une ~ de montre/bicyclette/sûreté*** eine Uhr-/Fahrrad-/Sicherheitskette; ■ **~s** (*pour les pneus*) Schneeketten *pl*
2. *pl* (*état de dépendance*) Fesseln *pl*; [*esclavage a.*] Ketten *pl*; [*mariage a.*] Band *nt*
3. (*suite d'éléments*) [*personnes*] Kette *f*; [*manifestants a.*] Menschenkette *f*; ***qn forme*** [*o* ***constitue***] ***une ~*** jd bildet eine Kette [*o* Menschenkette]; ***qn rompt la ~*** jd unterbricht die Kette, jd reißt die Kette auseinander; ■ **~ de qc** *des événements* Ablauf *m* einer S. (*gen*), [Ab]folge *f* einer S. (*gen*), Aufeinanderfolge *f* einer S. (*gen*); ***la ~ d'un raisonnement*** die Gedankenfolge, die Argumentationskette; ***qn improvise une ~ de solidarité*** jd stellt eine Reihe von Solidaritätsaktionen auf die Beine
4. IND [Fließ]band *nt*; ***qc sort des ~s*** etw läuft vom Band; ***qc est assemblé(e) dans des ~s*** etw wird am Band zusammengebaut [*o* montiert]
5. RADIO, TV (*émetteur*) Sender *m*; (*programme*) Programm *nt*; ***sur la 3e ~*** im dritten Programm; ***la ~ régionale/culturelle*** der Regional-/Kultursender
6. RADIO (*appareil*) Anlage *f*
7. (*groupement*) [*hôtels, magasins*] Kette *f*
► **~ du froid** Kühlkette *f*; **~ haute-fidélité** [*o* **hi-fi**] [*o* **stéréo**] Hi-Fi-Anlage ['haifi-, hai'fi-] *f*, Stereoanlage *f*; **~ alimentaire** Nahrungskette *f*; **~ câblée** Kabelkanal *m*; **~ compacte** Kompaktanlage *f*; **qn brise** [*o* **secoue**] **ses ~s** jd sprengt seine Ketten [*o* Fesseln], jd schüttelt seine Fesseln [*o* Ketten] ab; **des personnes font la ~** Menschen bilden eine Kette; **à la ~** am laufenden Band, wie am Fließband; *travailler* am [Fließ]band; ***le travail à la ~*** die [Fließ]bandarbeit; **en ~** *réaction* Ketten-; ***des collisions en ~*** eine Unfallserie, eine Massenkarambolage
◆ **chaîne d'arpenteur** Messkette *f*; **chaîne de fabrication** [Fließ]band *nt*; **chaîne de montage** [Montage]band *nt*; **chaîne de montagnes** Gebirgskette *f*; **chaînes de pneus** Schneeketten *pl*; **chaîne sans fin** Endloskette *f*

chaînon [ʃɛnɔ̃] *m* **1.** (*maillon d'une chaîne*) [Ketten]glied *nt*; ***un ~ du raisonnement*** ein Glied in der Kette der Argumente [*o* in der Argumentationskette]
2. (*chaîne de montagnes secondaires*) Vorgebirge *nt*

chair [ʃɛʀ] I. *f* **1.** ANAT Fleisch *nt*; ***qc entre profondément dans la ~*** etw dringt tief ins Fleisch [ein]; ***qc laboure les ~s*** etw reißt eine große [*o* tiefe] Wunde; ***de la ~ fraîche*** rohes Fleisch; ***qc s'est inscrit dans la ~ de qn*** etw hat sich [tief] in jds Gesicht eingegraben
2. GASTR Fleisch *nt*; ***de la ~ de bœuf/de poulet*** Rind-/Hühnerfleisch, Fleisch vom Rind/Huhn; ***~ humaine*** Menschenfleisch
3. (*pulpe des fruits*) [Frucht]fleisch *nt*
4. (*peau, aspect extérieur du corps humain*) Körper *m*
5. REL, LITTER (*corps opposé à esprit*) Fleisch *nt*, Leib *m*; ***ta propre ~*** dein eigen[es] Fleisch und Blut; ***qn souffre dans sa ~*** jd leidet körperlich; ***qn mortifie sa ~*** jd geißelt [*o* kasteit] sich; ***la résurrection de la ~*** die Auferstehung des Leibes
6. (*instinct sexuel*) Fleisch[eslust *f*] *nt*; ***les plaisirs de la ~*** die sinnlichen Freuden, die fleischlichen Genüsse
► **~ à canon** *fam* Kanonenfutter *nt*; **en ~ et en os** leibhaftig; ***Hervé, c'est bien toi? – En ~ et en os*** Hervé, bist du's wirklich? – Höchstpersönlich; **~ à pâté** [*o* **saucisse**] Wurstbrät *nt*; **qn hache qn menu comme** [*o* **réduit qn en**] **~ à pâté** *fam* jd macht Hackfleisch aus jdm *sl*; **qn n'est ni ~ ni poisson** (*indéfinissable*) man kann sich (*dat*) auf jdn keinen Reim machen, jd ist weder Fisch noch Fleisch *fam*, jd ist schwer einzuordnen; (*indécis*) jd ist unentschlossen; **~ de poule** Gänsehaut *f*; ***qn a la ~ de poule*** jd hat [eine] Gänsehaut; ***ça m'a donné la ~ de poule*** da habe ich [eine] Gänsehaut gekriegt *fam*; **qn a les ~s à vif** jd hat eine offene Wunde; **bien en ~** wohlgenährt, gut gepolstert *fam*; *femme a.* mollig, rundlich; *jeune fille a.* pummelig *fam*; **qn aime la ~ fraîche** jd hat es gern jung und knackig *fam*, jd steht auf Frischfleisch *sl*; **la ~ de ma/sa/...** ~ mein/sein/ihr/... eigen[es] Fleisch und Blut
II. *app inv* fleischfarben

chaire [ʃɛʀ] *f* **1.** (*tribune*) Rednerpult *nt*; [*prêtre, prédicateur*] Kanzel *f*; [*professeur*] Pult *nt*; ***qn monte en ~*** jd steigt auf die Kanzel
2. UNIV Lehrstuhl *m*; ***elle est titulaire de la ~ d'histoire moderne*** sie hat den Lehrstuhl für Neuere Geschichte inne

chaise [ʃɛz] *f* Stuhl *m*; **~ pliante** Klappstuhl; ■ **~ de** *de cuisine, camping, bébé, jardin* -stuhl; ***des ~s bistrot*** Bistrostühle *pl*; ***une ~ de bébé transformable*** ein Mehrzweck-Kinderstuhl
► **politique de la ~ vide** Verweigerungshaltung *f*, Politik *f* der Verweigerung; ***qn pratique la politique de la ~ vide*** jd nimmt eine Verweigerungshaltung ein, jd betreibt eine Politik der Verweigerung; **qn est assis(e)** [*o* **a le cul** *fam*] **entre deux ~s** jd sitzt zwischen zwei Stühlen; **~ électrique** elektrischer Stuhl; **~ longue** Liegestuhl *m*; **~ percée** Nachtstuhl *m*; **~ roulante** Rollstuhl *m*
◆ **chaise à porteurs** HIST Sänfte *f*

chaisière [ʃezjɛʀ] *f* Stuhlverleiherin *f*

chaland [ʃalɑ̃] *m* **1.** (*péniche*) Lastkahn *m*, Frachtkahn *m*
2. *vieux* (*client*) Kunde/Kundin *m/f*; ***qn attend vainement le ~*** jd wartet vergeblich auf Kundschaft

châle [ʃɑl] *m* [Schulter]tuch *nt*; ***un ~ à franges*** ein Fransentuch

chalet [ʃalɛ] *m* Chalet *nt*; (*abri*) Hütte *f*

chaleur [ʃalœʀ] *f* **1.** (*température élevée*) Wärme *f*; (*très élevée*) Hitze *f*; ***sous l'effet de la ~*** unter der Wärmeeinwirkung; (*température très élevée*) unter der Hitzeeinwirkung; ***qc conserve sa ~*** etw bleibt warm; (*température très élevée*) etw bleibt heiß; ***il fait une ~ accablante/lourde*** es ist drückend heiß/schwül, es herrscht [eine] drückende Hitze; ***il fait une ~ caniculaire*** es herrscht [eine] hochsommerliche Hitze, es ist hochsommerlich heiß; ***il fait une ~ à crever*** es herrscht [eine] Gluthitze, die Hitze bringt einen noch um *fam*; ***l'époque des grandes ~s*** die heißesten Tage des Jahres, die Hundstage; ***une vague de ~*** eine Hitzewelle
2. PHYSIOL (*température du corps*) Körperwärme *f*
3. ZOOL (*excitation sexuelle*) Brunst *f*; [*chienne, chatte*] Läufigkeit *f*; CHASSE Brunft *f*; ***l'époque des ~s*** die Brunstzeit; CHASSE die Brunftzeit
4. (*ardeur des sentiments*) Wärme *f*; [*accueil, sentiment a.*] Herzlichkeit *f*; [*fête*] Gemütlichkeit *f*; [*discussion*] Hitze *f*, Eifer *m*; ***qc manque de ~*** /*accueil, sentiment*/ etw ist nicht besonders herzlich; ***avec ~*** voller Wärme, herzlich; ***qc dégage beaucoup de ~ humaine*** etw gibt einem viel menschliche Wärme, etw strahlt [menschliche] Wärme aus
► **un animal est en ~** ein Tier ist brünstig; /*chienne, chatte*/ ein Tier ist läufig; CHASSE ein Tier ist brunftig

chaleureusement [ʃaløʀøzmɑ̃] *adv* warm, herzlich; ***qn plaide ~ la cause de qn*** jd setzt sich vehement [*o* mit viel Engagement] für jdn ein; /*avocat a.*/ jd verteidigt jdn vehement [*o* mit viel Engagement]

chaleureux, -euse [ʃalœʀø, -øz] *adj* warm, herzlich; *accueil, mots, sourire a., félicitations* herzlich; ***qn parle de qn en termes ~*** jd spricht herzlich [*o* in warmem Ton] von jdm; ***une soirée ~euse*** ein gemütlicher Abend

challenge [ʃalɑ̃nʒ, tʃalɛndʒ] *m* (*compétition sportive*) Pokal[wettbewerb *m*] *m*; (*défi*) Herausforderung *f*; ***~ d'athlétisme/d'escrime*** Leichtathletikpokal/Fechtturnier *nt*

challenger [tʃalɛndʒœʀ] *m*, **challengeur** [ʃalɑ̃ʒœʀ] *m* Herausforderer *m*; ***qn est le ~ de qn*** SPORT jd fordert jdn heraus; POL *a.* jd tritt gegen jdn an

chaloupe [ʃalup] *f* Beiboot *nt*, Barkasse *f*, Schaluppe *f*

chalumeau <x> [ʃalymo] *m* **1.** (*appareil*) (*pour souder*) Schweißbrenner *m*; (*pour découper*) Schneidbrenner *m*; ***~ oxhydrique*** Knallgasgebläse *nt*; ***~ oxyacétylénique*** Autogenschweißbrenner
2. MUS Schalmei *f*
3. (*paille*) Trinkhalm *m*, Strohhalm *m*, Röhrchen *nt*

chalut [ʃaly] *m* [Grund]schleppnetz *nt*, Trawl [trɔːl] *nt*; ***qc se pêche au ~*** etw wird mit dem Schleppnetz [*o* Trawl] gefischt

chalutier [ʃalytje] *m* **1.** (*bateau*) Fischkutter *m*, Trawler [trɔːlɐ] *m*
2. (*pêcheur*) Trawlerfischer *m*

chamade [ʃamad] *f* ► **qn a le cœur qui bat la ~** jd hat Herzklopfen

chamaille [ʃamaj] *f*, **chamaillerie** [ʃamajʀi] *f fam* Gezanke *nt*, Händel *pl*

chamailler <1> [ʃamaje] *vpr* ■ **des personnes se chamaillent** Menschen zanken sich, Menschen liegen sich (*dat*) in den Haaren

chamailleur, -euse [ʃamajœʀ, -jøz] *adj* streitsüchtig

chamarré, e [ʃamaʀe] *adj* geschmückt, überladen *pej*; ***~ de décorations*** mit Orden bestückt [*o* behängt *pej*]; ***~ de citations*** mit Zitaten gespickt

chambard [ʃɑ̃baʀ] *m* Krawall *m*, Krach *m*, Rabatz *m fam*; ***qn fait du ~*** jd schlägt Krach *fam*, jd macht Rabatz *fam*

chambardement [ʃɑ̃baʀdəmɑ̃] *m fam* Durcheinander *nt*, Tohuwabohu *nt fam*; POL Umwälzung *f*; [*valeurs*] Wandel *m*

chambarder <1> [ʃɑ̃baʀde] *vt fam* **1.** (*bouleverser*) ■ **qn/qc chambarde qc** *projets, habitudes* jd/etw stößt etw um, jd/etw wirft etw über den Haufen *fam*; *maison, pièce* jd/etw stellt etw auf den Kopf; ***il a appris à ~ toutes ses habitudes*** er hat sich völlig umgestellt
2. (*se débarrasser de*) ■ **qn chambarde qc** jd rangiert etw aus *fam*

chambouler <1> [ʃɑ̃bule] *vt fam* ■ **qn/qc chamboule qc** jd/etw stellt etw auf den Kopf; *projets, programme* jd/etw bringt etw durcheinander, jd/etw wirft etw über den Haufen *fam*; POL (*bouleverser*) jd stößt [*o* wirft] etw um; ***il a tout chamboulé dans la maison*** er hat das ganze Haus auf den Kopf gestellt

chambranle [ʃɑ̃bʀɑ̃l] *m* [*porte, fenêtre*] Rahmen *m*; [*cheminée*] (*au-dessus*) Sims *m*; (*autour*) Verkleidung *f*

chambre [ʃɑ̃bʀ] *f* **1.** (*pièce*) Zimmer *nt*; (*à coucher a.*) Schlafzimmer; ***une ~ à un lit/deux lits*** ein Einbett-/Zweibettzimmer; ***une ~ pour une personne/deux personnes*** ein Einzel-/Doppelzimmer; ***qn va dans*** [*o* ***regagne***] ***sa ~*** jd geht auf sein Zimmer; ***elle a une ~ individuelle*** sie hat ein eigenes Zimmer; ***en ~ individuelle*** im Einzelzimmer; ■ **~ de** -zimmer; ***~ d'étudiant*** Studentenbude *f fam*; ***une ~ de bonne*** eine Dienstbotenkammer; (*sous les toits*) eine Dachkammer; ***une ~ d'amis*** ein Gästezimmer
2. POL (*assemblée*) Kammer *f*; ***un système à deux ~s*** ein Zweikammersystem *nt*; ■ **la C~** (*la C~ des députés*) die Kammer, das Abgeordnetenhaus; ***la C~ basse*** das Unterhaus; ***la C~ haute*** das Oberhaus
3. COM (*organisme*) ■ **~ de** -kammer *f*, -verband *m*; ***la ~ d'agriculture*** der Bauernverband; ***la ~ de commerce et d'industrie*** die Industrie- und Handelskammer; ***~ de métiers*** Handwerkerinnung *f*; ***la ~ des propriétaires*** der Eigentümerverband; ***~ syndicale*** [*o* ***patronale***] Arbeitgeberverband
4. JUR (*subdivision d'un tribunal*) Kammer *f*; ■ **~ de** -gericht *nt*, -kammer; ***la ~ d'accusation*** die Anklagekammer, der Anklagesenat; ***la ~ civile/correctionnelle*** [*o* ***criminelle***] die Zivil-/Strafkammer, der Zivil-/Strafsenat
► **ils font ~ commune** sie haben ein gemeinsames Schlafzimmer; **~ forte** Tresorraum *m*, Stahlkammer *f*; **~ froide** [*o* **frigorifique**] Kühlraum *m*; **~ meublée** [à louer] möbliertes Zimmer; **~ noire** [*o* **obscure**] PHOT Dunkelkammer *f*; **qn fait ~ à part** jd schläft getrennt [*o* alleine]; **ils font ~ à part** sie haben getrennte Schlafzimmer, sie schlafen getrennt; **en ~** zu Hause, in der eigenen Wohnung
◆ **chambre à air** Schlauch *m*; **chambre à coucher** (*pièce*) Schlafzimmer *nt*; (*mobilier*) Schlafzimmer[möbel *pl*] *nt*; **chambre à gaz** Gaskammer *f*; **chambre de chauffe** NAUT Heizraum *m*, Kesselraum *m*; **chambre de combustion** TECH Brennkammer *f*; **chambre de compensation** FIN

Girozentrale ['ʒiːro-] *f;* **chambre d'enfant** (*pièce*) Kinderzimmer *nt;* (*mobilier*) Kinderzimmer[möbel *pl*] *nt;* **chambre des cartes** NAUT Kartenhaus *nt;* **Chambre des communes** Unterhaus *nt;* **Chambre des députés** Abgeordnetenkammer *f,* Abgeordnetenhaus *nt;* **Chambre des lords** Oberhaus *nt;* **chambre des machines** NAUT Maschinenraum *m;* **Chambre des pairs** Oberhaus *nt*

chambrée [ʃɑ̃bʀe] *f* (*pièce*) Stube *f;* (*occupants*) Stubengemeinschaft *f*

chambrer <1> [ʃɑ̃bʀe] *vt* **1.** (*tempérer*) ■ **qn chambre qc** jd temperiert etw auf Zimmertemperatur
2. *fam* (*se moquer de*) ■ **qn chambre qn** jd zieht jdn auf *fam,* jd ärgert jdn

chameau <x> [ʃamo] *m* **1.** ZOOL Kamel *nt;* ***un manteau en poil de*** ~ ein Kamelhaarmantel *m*
2. *fam* (*personne*) Biest *nt;* ***c'est un vrai/ sacré*** [*o* ***foutu***] ~ er/sie ist ein richtiges/[ganz] gemeines Biest; (*homme a.*) er ist ein richtiger/ganz gemeiner Hund *fam;* ***quel*** ~, ***ta belle-mère!*** was für ein Biest von einer [*o* eine biestige] Schwiegermutter! *fam*
▶ **qn est sobre comme un** ~ jd trinkt nie

chamelier [ʃaməlje] *m* Kameltreiber(in) *m(f)*

chamelle [ʃamɛl] *f* Kamelstute *f*

chamois [ʃamwa] **I.** *m* **1.** ZOOL Gämse *f*
2. (*cuir*) Gamsleder *nt,* Chamois[leder *nt*] *nt;* ***en*** [*o* ***de***] ~ gamsledern, Gamsleder-, aus Gamsleder; ***une peau de*** ~ ein Fensterleder *nt*
II. *app inv couleur* chamois, gelbbraun

champ [ʃɑ̃] *m* **1.** AGR (*de céréales*) Feld *nt;* (*de trèfle a., de pommes de terre*) Acker *m;* ***qn travaille dans les*** **~s** jd arbeitet auf dem Feld; ***qn coupe à travers*** **~s** jd geht querfeldein [um abzukürzen]; ■ ~ **de** -feld, -acker; ***des*** **~s** ***de blé/ de betteraves*** Weizenfelder/[Zucker]rübenäcker; ***un*** ~ ***de paille*** ein Stoppelfeld, ein Stoppelacker
2. (*campagne*) Land *nt;* ***la vie aux*** **~s** das Landleben; ***des fleurs des*** **~s** Feldblumen *pl,* wilde Blumen *pl*
3. (*domaine*) Feld *nt;* ***un*** ~ ***expérimental*** ein Experimentierfeld; ■ ~ **de** *des hypothèses* Feld (+ *gen*); ~ ***de connaissances*** Wissensbereich *m,* Wissensgebiet *nt;* ***qc agrandit le*** ~ ***de mes connaissances*** etw erweitert meinen Kenntnisstand [*o* meine Kenntnisse]
4. PHYS, ELEC Feld *nt;* ***le*** ~ ***électrique/ magnétique*** das elektrische/magnetische Feld [*o* Magnetfeld *nt*]
5. CINE, PHOT Bild[feld *nt*] *nt;* (*secteur embrassé par le regard*) Blickfeld *nt;* ***qn prend qn dans le*** ~ ***de son objectif*** jd bekommt jdn aufs Bild; [***qn/ qc***] ***est sorti***(***e***) ***du*** ~ [jd/etw ist] nicht mehr im Bild; ***qc est dans le*** ~ ***du regard de qn*** jd hat etw im Blick, jd hat einen Überblick über etw (*akk*)
▶ ~ **clos**: ***en*** ~ ***clos*** hinter verschlossenen Türen; **qn a le** ~ **libre** jd hat freie Bahn; **qn laisse du** ~ **libre à qn** jd lässt jdm freie Hand; **qn laisse le** ~ **libre à qn** jd überlässt jdm das Feld; ~ **opératoire** MED Operationsfeld *nt;* **en pleins** ~**s** auf freiem Feld, mitten in der Pampa *fam; vivre* auf dem flachen [*o* platten] Land; ~ **sémantique** semantisches Feld; ~ **visuel** [*o* **de vision**] Blickfeld *nt,* Gesichtsfeld *nt;* **qn a du** ~ jd hat freie Hand; ***qn n'a pas de/ pas beaucoup de*** ~ jd hat keinen/nicht viel Handlungsspielraum; **qn prend du** ~ [**par rapport à qn/qc**] jd gewinnt Abstand [von jdm/etw]; **aux** ~**s** auf dem Feld; ***qn travaille aux*** ~**s** jd ist [*o* arbeitet] auf dem Feld; **sur le** ~ (*tout de suite*) auf der Stelle, sofort; *répondre, réagir a.* umgehend
◆ **champ d'action** Tätigkeitsbereich *m,* Wirkungsfeld *nt,* Wirkungskreis *m;* **champ d'aviation** Flugfeld *nt;* **champ de bataille** Schlachtfeld *nt;* **champ de courses** Rennbahn *f;* **champ de foire** Festplatz *m;* (*pour des foires commerciales*) Messegelände *nt;* **champ de manœuvre** MIL Truppenübungsplatz *m;* **Champ de Mars** *früher Exerzier- und Paradeplatz, heute Park am Fuß des Eiffelturms in Paris;* **champ de mines** Minenfeld *nt;* **champ de neige** Schneefeld *nt;* **champ de tir** Schießstand *m;* MIL Schießplatz *m;* **champ d'honneur** Feld *nt* der Ehre; ***qn tombe*** [*o* ***meurt***] ***au*** ~ ***d'honneur*** jd fällt auf dem Feld der Ehre

champagne [ʃɑ̃paɲ] *m* (*boisson*) Champagner *m;* ***du*** ~ ***brut/ sec/ demi-sec*** extra trockener/trockener/halbtrockener Champagner; ***qn fête qc au*** ~/ ***sous des flots de*** ~ jd feiert [*o* begießt *fam*] etw mit Champagner/mit Riesenmengen von Champagner

champagne [ʃɑ̃paɲ] *f* (*région*) ■ **la Champagne** die Champagne

champagniser <1> [ʃɑ̃paɲize] *vt* ■ **qn champagnise qc** jd macht Champagner aus etw, jd verarbeitet etw zu Champagner; (*pour faire du vin mousseux*) jd macht Schaumwein aus etw, jd verarbeitet etw zu Schaumwein

champenois, e [ʃɑ̃pənwa, waz] **I.** *adj* der Champagne; (*originaire de la Champagne*) aus der Champagne; ***méthode*** **~e** Champagnerverfahren *nt*
II. *m, f* ■ **Champenois**(**e**) (*originaire*) jemand aus der Champagne; (*habitant*) jemand, der in der Champagne wohnt; ***les C~*** die Leute aus der Champagne
III. *f* (*bouteille*) ■ **champenoise** *Flasche, in die der Champagner abgefüllt wird*

champêtre [ʃɑ̃pɛtʀ] *adj* ländlich; *vie* Land-; *bal, fête* Dorf-; ***les plaisirs*** **~s** die Freuden des Landlebens

champignon [ʃɑ̃piɲɔ̃] *m* **1.** BOT Pilz *m;* ***des*** **~s** ***de couche*** [*o* ***de Paris***] [Zucht]champignons *pl;* ***des*** **~s** ***comestibles/ vénéneux*** essbare/giftige Pilze [*o* Giftpilze]; ***qn va cueillir*** [*o* ***ramasser***] ***des*** **~s** jd geht Pilze sammeln [*o* in die Pilze]
2. *fam* (*accélérateur*) Gaspedal *nt;* ***qn appuie sur le*** ~ jd drückt aufs Gas
▶ ~ **atomique** Atompilz *m;* **des choses poussent comme des** ~ Dinge schießen wie Pilze aus dem Boden; **qn va aux ~s** jd geht Pilze sammeln

champignonnière [ʃɑ̃piɲɔnjɛʀ] *f* Pilzkultur *f,* Champignonkultur *f*

champion, ne [ʃɑ̃pjɔ̃, -jɔn] **I.** *adj fam* ■ **qn est** ~ jd ist [einsame] Spitze *fam,* jd ist [große] Klasse *fam,* jd ist super *fam;* ***pour faire des gaffes, là, tu es*** **~ne!** wenn's drum geht, in ein Fettnäpfchen zu treten, bist du wirklich einsame Spitze! *fam*
II. *m, f* **1.** SPORT (*vainqueur d'un championnat*) Meister(in) *m(f);* (*sportif éminent*) Ass *nt,* Champion ['tʃæmpiən] *m;* ~ ***du monde*** [***de boxe***] [Box]weltmeister; ~ ***de France/ olympique*** [***de boxe***] französischer Meister/Olympiasieger [im Boxen]; ***une*** **~ne** ***d'exception*** eine Ausnahmesportlerin; ***qn est le*** ~ ***du monde de qc*** jd ist Weltmeister in etw (*dat*) *fam;* ***lui, c'est le*** ~ ***de la gaffe!*** *fam* wenn's drum geht, ins Fettnäpfchen zu treten, ist er Weltmeister *fam;* ***ils sont*** **~s** ***de la consommation d'alcool*** sie sind Weltmeister im Alkoholtrinken [*o* im Trinken]
2. (*défenseur*) Vorkämpfer(in) *m(f),* Verfechter(in) *m(f);* ***qn se fait le*** ~ ***de qc*** jd setzt sich für etw ein, jd macht sich für etw stark

championnat [ʃɑ̃pjɔna] *m* Meisterschaft *f;* ***le*** ~ ***d'Europe/ du monde*** die Europa-/Weltmeisterschaft; ***le*** ~ ***du monde de football/ d'échecs*** die Fußball-/Schachweltmeisterschaft; ***les*** **~s** ***de France de parachutisme*** die französischen Meisterschaften im Fallschirmspringen

chance [ʃɑ̃s] *f* **1.** (*bonne fortune*) Glück *nt;* ***manque de*** ~ ...! Pech für mich/ihn/euch/...!
2. (*hasard*) Glück *nt;* ***la*** ~ ***y a aussi sa part*** es gehört auch Glück dazu
3. (*possibilité de succès*) Chance *f;* ***il n'y a plus aucune*** ~ ***de salut*** es gibt keinen Ausweg mehr; ***sa*** ~ ***est que*** seine/ihre Chance besteht darin, dass
▶ **qn met toutes les ~s de son côté** jd überlässt nichts dem Zufall; **coup de** ~ glücklicher Zufall, Glück[sfall *m*] *nt;* ***qn a un*** [***sacré***] ***coup de*** ~ jd hat [unheimliches] Glück; **qn saisit sa** ~ **au vol** jd packt die Gelegenheit beim Schopf[e]; **bonne** ~! viel Glück!; **qn/qc a beaucoup/peu de ~s de faire qc** jd/etw hat gute/kaum Aussichten [*o* große/kaum Chancen] etw zu tun; es bestehen gute Aussichten/kaum Chancen [*o* es besteht kaum Aussicht], dass jd etw tut; **c'est bien ma** ~! *iron* [schon wieder] so ein Pech!; **qn/qc a une** ~ **sur cent/mille/... de faire qc** jds Chancen etw zu tun/die Chancen, dass etw etw tut, stehen eins zu hundert/tausend/...; **il y a une** ~ **sur cent/mille/... pour que qn/qc fasse qc** die Chancen, dass jd/etw etw tut, stehen eins zu hundert/tausend/...; **qc de la dernière** ~ die letzte Chance für etw; ***c'est la thérapie de la dernière*** ~ diese Therapie ist die letzte Chance; **c'est ma/sa/... dernière** ~ es ist meine/seine/ihre/... letzte Chance; **qn/qc a de fortes ~s de faire qc** jd/etw hat große Chancen [*o* gute Aussichten] etw zu tun; **il y a de fortes ~s pour que qn/qc fasse qc** es bestehen gute Aussichten, dass jd/etw etw tut; ***ce projet a de fortes*** **~s** ***de réussir*** dieses Projekt hat gute Erfolgsaussichten; ***ce projet a de fortes*** **~s** ***d'échouer*** es sieht ganz danach aus, als würde das Projekt scheitern; ***il y a de fortes*** **~s** ***pour qu'il pleuve demain*** es sieht ganz so aus, als würde es morgen regnen; **avec un peu de** ~ mit ein wenig [*o* ein bisschen] Glück; **qn/qc n'a** [**plus**] **aucune** ~ **de faire qc** jd hat keine Chance[n] [*o* Aussicht[en]] [mehr] etw zu tun; es besteht keine Chance [*o* Aussicht] [mehr], dass jd etw tut; ***qn/ qc n'a plus aucune*** ~ ***de succès*** jd/etw hat keine Aussicht auf Erfolg mehr; ***elle n'a plus aucune*** ~ ***de marcher*** es besteht keine Aussicht mehr, dass sie wieder laufen wird; **qn a de la** ~ jd hat Glück; (*toujours*) jd ist ein Glückskind [*o* Glückspilz]; ***tu auras de la*** ~ ***si tu arrives à l'heure*** du musst Glück haben, wenn du rechtzeitig dort sein willst; **qn a la** ~ **de faire qc** jd kann [*o* darf] etw tun, jd hat das Glück etw tun zu können; **qn a** [**bien**] **de la** ~ **de faire qc** jd hat [großes] Glück, dass er etw tut; **qn court** [*o* **tente**] **sa** ~ jd versucht sein Glück; **qn donne sa** ~ [*o* **ses** ~**s**] **à qn** jd gibt jdm eine Chance; **c'est une** ~ **que qn/qc fasse qc** es ist ein Glück, dass jd/etw etw tut; zum Glück tut jd/etw etw; ***c'est une*** ~ ***que ta tasse ne se soit pas renversée*** du kannst von Glück sagen [*o* es ist ein Glück], dass deine Tasse nicht umgekippt ist; **qn évalue** [*o* **pèse**] **ses ~s** jd schätzt [*o* wägt] seine Chancen [*o* Erfolgsaussichten] ab; **qn/qc ne laisse aucune** ~ **à une personne** jd lässt einem Menschen keine Chance/ein Mensch hat bei etw keine Chance; ***cette situation/ ce combat ne lui laisse aucune*** ~ in dieser Situation/in diesem Kampf hat er/sie keine Chance; ***les circonstances ne te laissent aucune*** ~ unter diesen Umständen hast du keine Chance; ***ma voiture ne me laisse aucune*** ~ ***de gagner*** mit meinem Auto habe ich keine Chance zu gewinnen; **qn/qc porte** ~ **à qn** jd/etw bringt jdm Glück; **quelles sont mes/ses/... ~s?** wie stehen [*o* wie groß sind] meine/seine/ihre/... Chancen?, welche Chancen habe ich/hat er/sie/...?; **la** ~ **tourne** das Blatt wendet sich; **par** ~ (*heureusement*) zum Glück, glücklicherweise; (*par hasard*) zufälligerweise, [rein] zufällig; **pas de** ~ *fam* [so ein] Pech; ***pas de*** ~ ***pour qn*** Pech für jdn; **quelle** ~! ein Glück!, zum Glück!; ***quelle*** ~ ***de te trouver à la maison!*** ein Glück, dass du zu Hause bist!, zum Glück bist du zu Hause!; [**c'est encore**] **une** ~! dein/Ihr Glück!, da hast du/haben Sie aber noch mal Glück gehabt!

chancelant, e [ʃɑ̃slɑ̃, ɑ̃t] *adj objet* wack[e]lig; *pas, démarche* schwankend, taumelnd; *santé* angegriffen, nicht stabil, wack[e]lig *fam; autorité* wack[e]lig, erschüttert; *foi* wankend; ***qn marche d'un pas*** ~, ***qn avance d'une démarche*** **~e** jd schwankt [*o* taumelt] [beim Gehen]; /*ivrogne a.*/ jd torkelt; ***qc devient*** ~ etw beginnt zu wanken, etw gerät ins Wanken; ***qc est*** [***de plus en plus***] ~ etw wankt [immer mehr]

chanceler <3> [ʃɑ̃s(ə)le] *vi* **1.** (*tituber*) ■ **qn/qc chancelle** jd/etw schwankt, jd wankt, jd taumelt; /*ivrogne a.*/ jd torkelt; ***qn/ qc fait*** ~ ***qc*** jd/etw bringt etw zum Schwanken [*o* zum Wackeln]
2. (*faiblir*) ■ **qc chancelle** /*décision, autorité*/ etw gerät ins Wanken; /*courage*/ etw schwindet; /*santé*/ etw verschlechtert sich

chancelier [ʃɑ̃səlje] *m* **1.** (*Premier ministre en Allemagne et en Autriche*) [Bundes]kanzler(in) *m(f);* HIST [Reichs]kanzler(in)
2. (*garde des Sceaux*) Kanzler(in) *m(f);* ***le Grand*** ~ ***de la Légion d'honneur*** der Großkanzler der Ehrenlegion
3. (*ministre des Finances en Angleterre*) Schatzkanzler(in) *m(f),* Finanzminister(in) *m(f);* ~ ***de l'Échiquier*** Schatzkanzler *m*

chancellerie [ʃɑ̃sɛlʀi] *f* **1.** (*ministère de la Justice*) Justizministerium *nt*
2. (*service du Premier ministre en Allemagne et en Autriche*) [Bundes]kanzleramt *nt*
3. (*consulat, ambassade*) Kanzlei *f*

chanceux, -euse [ʃɑ̃sø, -øz] *adj* ■ **qn est ~** jd hat Glück, jd ist ein Glückspilz; ***tu es plus ~ que moi*** du hast mehr Glück als ich; ***les plus ~*** die, die am meisten Glück haben; die größten Glückspilze

chancre [ʃɑ̃kʀ] *m* MED Schanker *m;* ~ ***mou*** weicher Schanker
▶ **qn mange** [*o* **bouffe**] **comme un ~** *fam* jd frisst wie ein Scheunendrescher *fam*

chandail [ʃɑ̃daj] *m* Pullover *m*

Chandeleur [ʃɑ̃d(ə)lœʀ] *f* ■ **la ~** [Mariä] Lichtmess; ***le jour de la ~*** [an] Lichtmess

chandelier [ʃɑ̃dəlje] *m* Leuchter *m;* (*pour une seule chandelle a.*) Kerzenhalter *m,* Kerzenständer *m;* (*à plusieurs branches a.*) Kandelaber *m;* ***le ~ à sept branches*** der siebenarmige Leuchter

chandelle [ʃɑ̃dɛl] *f* **1.** (*bougie*) Kerze *f;* ***qn dîne aux ~s*** jd speist bei Kerzenlicht; ***qn s'éclaire à la ~*** jd hat nur Kerzenbeleuchtung
2. *fam* (*écoulement nasal*) Rotznase *f*
▶ **qn brûle la ~ par les deux bouts** (*gaspille son argent*) jd schmeißt das Geld zum Fenster raus *fam;* (*vit excessivement*) jd lebt exzessiv; (*gaspille sa santé*) jd treibt mit seiner Gesundheit Raubbau; **qn doit une fière ~ à qn** jd schuldet jdm großen Dank, jd ist jdm zu großem Dank verpflichtet *form;* **qn voit trente-six ~s** jd sieht Sterne [*o* Sternchen] *fam;* **qn fait la ~** SPORT jd macht eine Kerze; **qn fait une ~** SPORT jd spielt einen hohen Ball; FBALL jd schießt eine Kerze; **qn/qc monte en ~** AVIAT jd zieht die Maschine steil nach oben [*o* senkrecht hoch], etw zieht senkrecht nach oben; **qn tient la ~ à qn** *hum* jd ist das dritte Rad am Wagen (*neben einem Liebespaar*)

chanfrein [ʃɑ̃fʀɛ̃] *m* **1.** ARCHIT Fase *f,* Schrägkante *f*
2. [*cheval*] Gesicht *nt*

change [ʃɑ̃ʒ] *m* **1.** (*échange d'une monnaie*) [Geld]wechsel *m;* ***bureau de ~*** Wechselstube *f;* ***cette banque fait le ~*** bei dieser Bank kann man Geld wechseln
2. (*taux du change*) [Wechsel]kurs *m*
3. (*couche*) [wegwerfbares] Windelhöschen
4. (*vêtement de rechange*) etwas zum Wechseln
▶ **qn donne le ~ à qn** jd führt jdn in die Irre; (*trompe*) jd führt jdn hinters Licht; **qn gagne/perd au ~** jd macht einen guten/schlechten Tausch

changeant, e [ʃɑ̃ʒɑ̃, ʒɑ̃t] *adj temps, humeur* wechselhaft; *personne a.* wankelmütig; *couleur, reflets* schillernd; *aspect, forme* wechselnd; ■ **qn est ~ dans qc** jd ändert etw ständig; ***il est d'humeur ~e*** er ist sehr launisch

changement [ʃɑ̃ʒmɑ̃] *m* **1.** (*transformation*) Veränderung *f;* (*évolution a.*) Wandel *m; politique a.* Wechsel *m;* ~ ***structurel*** strukturelle Veränderung, Strukturwandel *m;* ***qn a besoin de ~*** jd braucht Abwechslung
2. ADMIN Versetzung *f;* ~ ***de poste*** Versetzung
3. (*de train, bus, métro*) Umsteigen *nt;* ***il n'y a aucun ~*** man muss kein einziges Mal umsteigen
4. [*avis, habitudes*] Änderung *f;* ~ ***d'idées*** Meinungsänderung *f;* ***ses continuels ~s d'humeur*** seine/ihre ständig wechselnden Launen; ***un ~ d'attitude/de langage*** [*o* ***de ton***] eine veränderte Haltung/ein anderer Ton; ***quel ~ de langage depuis hier*** das klang gestern aber ganz anders
5. (*apparence différente*) Veränderung *f;* ***le ~ de son visage est impressionnant*** sein/ihr Gesicht hat sich stark verändert; ***le ~ de couleur du ciel*** die Verfärbung des Himmels
6. (*substitution*) Wechseln *nt;* ***qn fait le ~ de qc*** *d'une assiette, chemise* jd wechselt etw
7. (*remplacement*) ■ **~ [de]** Änderung *f* (+ *gen*), -änderung *f; de personnel, propriétaire a.* Wechsel *m* (+ *gen*), -wechsel *m;* ~ ***de gouvernement*** Regierungswechsel *m*
8. (*passage d'un lieu à un autre*) ■ **~ de** Wechsel *m* (+ *gen*), Wechseln *nt* (+ *gen*); *de côté, de file a., de logement* -wechsel *m; d'orientation a.* Änderung *f* (+ *gen*), -wechsel *m,* -änderung *f;* ~ ***de trottoir*** Überwechseln *nt* auf die andere Straßenseite
9. (*passage d'un état à un autre*) [*emploi, métier*] Wechsel *m;* [*sens, vie*] Veränderung *f;* ~ ***de société*** gesellschaftlicher Wandel
10. METEO [Ver]änderung *f;* ~ ***de température/climat*** Änderung *f* der Temperatur/Veränderung *f* des Klimas, Temperaturänderung *f*/Klimaveränderung *f;* ***des ~s de température*** Temperaturschwankungen
▶ **~ en bien/mal** Veränderung *f* zum Guten/Schlechten; **~ en mieux/pire** Verbesserung *f*/Verschlechterung *f;* **qn demande son ~** jd beantragt seine Versetzung; **qn obtient son ~** jd wird wunschgemäß versetzt; **avec/sans ~** mit/ohne Umsteigen; ***vous prenez le train de Francfort avec ~ à Strasbourg*** Sie nehmen den Zug nach Frankfurt und steigen in Straßburg um
◆ **changement d'adresse** Adressenwechsel *m,* Adressenänderung *f;* **changement d'air** Tapetenwechsel *m;* **changement de cap** Richtungswechsel *m,* Richtungsänderung *f; fig* Kurswechsel *m,* Neuorientierung *f;* **changement de décor** Szenenwechsel *m;* ***aujourd'hui, ~ de décor*** heute sieht die Sache ganz anders aus; **changement de direction** Richtungswechsel *m;* **changement de programme** Programmänderung *f;* **changement de temps** Wetterwechsel *m;* ***un brusque ~ de temps*** ein Wetter[um]sturz *m;* **changement de vitesse** (*dispositif*) Gangschaltung *f;* (*mouvement*) Schalten *nt*

changer <2 a> [ʃɑ̃ʒe] **I.** *vt* **1.** (*échanger*) ■ **qn change qc [pour** [*o* **contre**] **qc]** jd tauscht etw [gegen etw] aus; *place* jd tauscht etw [gegen etw]; ***je ne changerais pas ma place pour*** [*o* ***contre***] ***la tienne*** ich möchte nicht mit dir tauschen
2. FIN (*convertir*) ■ **qn change qc [contre qc]** *monnaie, devises* jd tauscht etw [gegen etw] um, jd wechselt etw [gegen etw]; ***qn change des marks en francs*** jd tauscht Mark gegen Francs um, jd wechselt Mark in Francs; ■ **qn change qc [en** [*o* **contre**] **qc]** (*faire de la monnaie*) jd wechselt etw [in etw (*akk*)]; ***qn change un billet de 100 F en*** [*o* ***contre de la***] ***petite monnaie*** jd wechselt einen 100-Franc-Schein, jd macht einen 100-Franc-Schein klein *fam;* ***qn change 500 F en billets de 100 F*** jd wechselt einen 500-Franc-Schein in 100-Franc-Scheine
3. (*remplacer*) ■ **qn change qn** *employé* jd ersetzt jdn; ■ **qn change qc** jd wechselt etw [aus]; ***il faut ~ les draps*** die Bettwäsche muss gewechselt werden, die Betten müssen frisch bezogen werden
4. ■ **qn change qn** *bébé* jd wickelt jdn [frisch], jd legt jdn trocken; *malade* jd macht jdn frisch, jd zieht jdn um
5. (*modifier*) ■ **qn/qc change qn/qc** *personne, comportement, apparence* jd/etw verändert jdn/etw; *projet, date, intentions* jd/etw ändert etw; *voix* jd verstellt etw; ***qc change la date de qc*** durch etw ändert sich das Datum einer S. (*gen*); ***qc ne change en rien qc*** etw ändert nichts an etw (*dat*); ■ **qn/qc change qc à qn/qc** jd/etw ändert etw bei jdm/an etw (*dat*); ***tu n'y changeras rien*** du wirst daran nichts ändern [können]; ***cela m'a changé les idées*** das hat mich auf andere Gedanken gebracht
6. (*transformer*) ■ **qn/qc change qn/qc** *société, vie, personne* jd/etw verändert jdn/etw; ■ **qn/qc change qc en qc** jd/etw verwandelt etw in etw (*akk*)
7. (*déplacer*) ■ **qn change qn/qc de qc:** ***qn change qc de place*** *objets, meubles* jd stellt etw um [*o* an einen anderen Platz]; ***qn change qn de place*** (*de chaise*) jd setzt jdn um; (*de poste*) jd versetzt jdn; ***qn change qn d'affectation*** jd versetzt jdn
8. (*divertir*) ■ **qc change qn [de qc]** etw ist für jdn etwas Neues, etw ist [für jdn] mal etwas anderes [als etw], etw ist für jdn eine Abwechslung [von etw]; ■ **qn change qn de qn** jd ist für jdn mal etwas anderes als jd, jd ist für jdn eine Abwechslung von jdm
II. *vi* **1.** (*se transformer*) ■ **qn/qc change** jd/etw verändert sich; /*temps*/ etw ändert sich; (*évoluer*) /*personne*/ jd ändert sich; ***il a beaucoup changé*** er hat sich sehr verändert; ***les temps changent*** die Zeiten ändern sich
2. (*faire un échange*) ■ **qn change [avec qn]** jd tauscht [mit jdm]
3. TRANSP ■ **qn change [quelque part]** jd steigt [irgendwo] um; ***qn change de train/bus/d'avion*** [***quelque part***] jd steigt [irgendwo] [in einen anderen Zug/Bus/ein anderes Flugzeug] um
4. (*adopter une attitude différente*) ■ **qn change de qc** jd ändert etw; *d'habitudes a.* jd stellt etw um; ***qn change de ton*** jd schlägt einen anderen Ton an; ***qn change souvent d'humeur*** jd ist launisch
5. (*prendre une apparence différente*) ■ **qn/un animal/qc change de qc** *de couleur* jd/ein Tier/etw wechselt etw; ***qn a changé de coiffure*** jd hat [*o* trägt] eine neue Frisur; ***qc/un animal change de forme*** etw/ein Tier nimmt eine andere Form an
6. (*substituer*) ■ **qn change de qc** jd wechselt etw; INFORM *de disquette, lecteur, programme* jd wechselt etw; ***qn change de voiture*** jd schafft sich (*dat*) einen neuen Wagen an; ***qn change de chemise*** jd wechselt das Hemd, jd zieht [sich (*dat*)] ein frisches Hemd an
7. (*remplacer*) ■ **qn change de qn/qc** *de médecin, d'école, de boucher, d'amant* jd wechselt jdn/etw; *de personnel a., gouvernement* jd wechselt jdn/etw aus; ***un pays change de gouvernement*** in einem Land wechselt die Regierung
8. (*passer d'un lieu dans un autre*) ■ **qn/qc change de qc** jd/etw wechselt etw; AUDIOV *de chaîne* jd schaltet auf etw (*akk*) um; ***qn change de trottoir*** [*o* ***de côté***] jd geht auf die andere [Straßen]seite, jd wechselt auf die andere [Straßen]seite über; ***qn/qc change de file*** [*o* ***de voie***] jd/etw wechselt die Fahrspur [*o* auf die andere Fahrspur [über]]; ***qn change de place avec qn*** jdn tauscht [den Platz] mit jdm; ***la rivière a changé de cours*** der Fluss hat seinen Lauf verändert; ***qn change de programme*** jd schaltet [auf ein anderes Programm] um
9. (*déménager*) ■ **qn change de qc:** ***qn change d'adresse*** jd zieht um; ***qn change d'appartement/de ville/de quartier*** jd zieht [in eine andere Wohnung/Stadt/in ein anderes Viertel] um
10. (*passer d'un état à un autre*) ■ **qn change de qc** jd wechselt etw; ***qn change d'études/de métier*** jd wechselt das Studienfach/den Beruf, jd sattelt um *fam*
11. AUT: ***qn change de vitesse*** jd schaltet, jd legt einen anderen Gang ein
▶ **pour ~** zur Abwechslung; **pour ne pas ~** *iron* wie üblich; **qn ne changera jamais/pas** jd wird sich niemals/nicht ändern
III. *vpr* ■ **qn se change** jd zieht sich um

changeur, -euse [ʃɑ̃ʒœʀ, -øz] **I.** *m, f* (*personne*) Wechsler(in) *m(f)*
II. *m* (*appareil*) ■ **~ de** -wechsler *m;* ~ ***de monnaie*** Wechselautomat *m;* ***un ~ [automatique] de disques*** ein [automatischer] Plattenwechsler

chanoine [ʃanwan] *m* Domherr *m,* Chorherr *m,* Kanoniker *m*

chanoinesse [ʃanwanɛs] *f* HIST Stiftsdame *f,* Kanonisse *f,* Kanonissin *f*

chanson [ʃɑ̃sɔ̃] *f* **1.** MUS Lied *nt;* ~ ***à la mode*** Schlager *m;* ~ ***à succès*** Hit *m;* ~ ***pour enfants*** Kinderlied *nt;* ***vedette de la ~*** Schlagersänger(in) *m(f);* ***la ~ française*** französische Schlager *pl;* (*chansons plus intellectuelles comme celles de Brassens, Brel etc*) das französische Chanson
2. (*poème lyrique*) Lied *nt;* (*poème épique a.*) Epos *nt;* ***la C~ de Roland*** das Rolandslied
3. (*sons*) [*vent*] Säuseln *nt;* (*plus fort*) Rauschen *nt;* [*eau*] Plätschern *nt,* Geplätscher *nt;* [*insecte*] Zirpen *nt,* Gezirpe *nt;* ***la ~ du rossignol*** der Gesang [*o* der Schlag] der Nachtigall
4. *fam* (*rengaine*) Lied *nt,* Leier *f fam*
▶ **ça, c'est une autre ~!** das steht auf einem anderen Blatt!; **voilà une autre ~!** das sind ja ganz neue Töne!; **~ folklorique** Volkslied *nt;* **c'est toujours la même ~!** *fam* es ist immer das gleiche Lied [*o* die alte Leier *fam*]!; **~ populaire** Schlager *m;* **qn connaît la ~** *fam* jd weiß schon Bescheid, das Lied [*o* die Leier] kennt jd schon *fam;* ***je connais la ~!*** das Lied [*o* die Leier] kenne ich schon *fam;* **comme dit la ~** wie es doch so schön [*o* richtig] heißt; **qn fait des ~s sur qn/qc** jd dichtet Lieder über jdn/etw; **tout finit par des ~s** es löst sich letztlich alles in Wohlgefallen auf; **qn met qn/qc en ~** jd macht über jdn/aus etw ein Lied, jd besingt jdn/etw *geh*

◆ **chanson à boire** Trinklied *nt;* **chanson d'amour** Liebeslied *nt;* **chanson de corps** [*o* **de salle**] **de garde** anzügliches [*o* unanständiges] Lied; **chanson de geste** Heldenepos *nt,* Chanson de geste *f;* **chanson de marin** Seemannslied *nt;* **chanson de Noël** Weihnachtslied *nt*

chansonnette [ʃɑ̃sɔnɛt] *f* Liedchen *nt*
▶ **qn pousse la** ~ jd trällert ein Lied; ***qn pousse à tout moment la*** ~ jd hat immer ein Liedchen auf den Lippen

chansonnier [ʃɑ̃sɔnje] *m* Kabarettist(in) *m(f)*

chant¹ [ʃɑ̃] *m* **1.** (*musique vocale*) Gesang *m;* ***qn apprend le*** ~ jd nimmt Gesangsunterricht; ***qn suit des cours de*** ~ jd nimmt Gesang[s]stunden [*o* Gesangsunterricht]; ***qn enseigne l'art du*** ~ jd gibt Gesangsunterricht, jd unterrichtet Gesang
2. (*chanson*) Lied *nt*
3. (*sons harmonieux*) [*vent*] Säuseln *nt;* (*plus fort*) Rauschen *nt;* [*eau*] Plätschern *nt,* Geplätscher *nt;* [*coq*] Krähen *nt;* [*insecte*] Zirpen *nt,* Gezirpe *nt;* ***le*** ~ ***des oiseaux*** das Zwitschern [*o* Gezwitscher] [*o* der Gesang] der Vögel, das Vogelgezwitscher; ***le*** ~ ***du rossignol*** der Gesang [*o* Schlag] der Nachtigall
4. (*ligne mélodique*) [*violon, piano*] Melodie *f;* ***le*** ~ ***du violon*** die Melodie der Violine, die Violinstimme
5. (*poème lyrique ou épique*) Gesang *m*
▶ **au** ~ **du coq** beim ersten Hahnenschrei; ***qn se lève au*** ~ ***du coq*** jd steht mit den Hühnern auf; ~ **choral** Chorgesang *m;* ~ **funèbre** Grabgesang *m;* ~ **grégorien** Gregorianischer Gesang; ~ **nuptial** Hochzeitslied *nt;* ~ **patriotique** vaterländisches [*o* patriotisches] Lied; ~ **populaire** Volkslied *nt;* ~ **religieux** geistliches Lied, Kirchenlied *nt;* ~ **révolutionnaire** Revolutionslied *nt;* **qn fait du** ~ jd lernt Gesang
◆ **chant de Noël** Weihnachtslied *nt;* **chant du cygne** Schwanengesang *m;* **chant des sirènes** Sirenengesang *m*

chant² [ʃɑ̃] *m* [*brique, pierre*] Schmalseite *f;* ***des briques posées de*** [*o* ***sur***] ~ hochkant gemauerte Ziegel

chantage [ʃɑ̃taʒ] *m* Erpressung *f* (*à qc* mit etw); ***qn obtient qc par*** ~ jd bekommt etw durch Erpressung, jd erpresst sich (*dat*) etw; ***qn subit le*** ~ ***à qc*** jd wird mit etw erpresst
▶ **qn exerce** [*o* **se livre à**] **un** ~ **sur qn** jd erpresst jdn; **qn fait du** ~ [**à qc**] jd erpresst, jd benutzt etw als Erpressungsmittel; */enfant/* jd will etwas erzwingen; ***inutile de faire du*** ~ Erpressung nützt gar nichts, ich lasse mich/er/sie/... lässt sich nicht erpressen

chantant, e [ʃɑ̃tɑ̃, ɑ̃t] *adj accent* singend; *voix, langue* melodisch; *air, musique* eingängig; ***une mélodie*** ~***e*** eine melodische Weise

chanter <1> [ʃɑ̃te] **I.** *vi* **1.** (*produire des sons*) ■ **qn chante** jd singt; ■ **un animal chante** */oiseau/* ein Tier zwitschert [*o* singt]; */rossignol/* ein Tier schlägt [*o* singt]; */coq/* ein Tier kräht; */poule/* ein Tier gackert; */insecte/* ein Tier zirpt; ■ **qc chante** */instrument/* etw klingt; */eau/* etw summt; */rivière/* etw plätschert, etw murmelt; */vent/* etw säuselt; (*plus fort*) etw rauscht; ***qn fait*** ~ ***son violon*** jd bringt seine Geige zum Klingen
2. (*menacer*) ■ **qn fait** ~ **qn** jd erpresst jdn
II. *vt* **1.** (*interpréter*) ■ **qn chante qc** jd singt etw; ■ **qn chante qc à qn** jd singt jdm etw [vor]
2. (*célébrer*) ■ **qn chante qn/qc** jd besingt jdn/etw
3. (*raconter*) ■ **qn chante qc à qn** jd erzählt jdm etw; ***qu'est-ce que tu me/nous chantes là?*** was willst du mir/uns da weismachen?
▶ **comme ça te/vous chante** *fam* wie du willst/Sie wollen/ihr wollt, wie du lustig bist/Sie lustig sind/ihr lustig seid *fam;* **cela ne me chante guère** *fam* das passt mir gar nicht in den Kram *fam;* **si ça te/vous chante** wenn du Lust hast/Sie Lust haben/ihr Lust habt; **qn fait qc si ça le chante** jd tut etw, wenn er Lust dazu hat

chanterelle [ʃɑ̃tʀɛl] *f* **1.** (*champignon*) Pfifferling *m,* Eierschwamm *m,* Eierschwammerl *nt* AUS
2. (*corde*) [*violon, alto*] höchste Saite, E-Saite *f*
▶ **qn appuie sur la** ~ jd insistiert

chanteur, -euse [ʃɑ̃tœʀ, -øz] **I.** *m, f* Sänger(in) *m(f)*
II. *adj oiseau* Sing-
◆ **chanteur de charme** Schnulzensänger *m;* **chanteur(-euse) des rues** Straßensänger(in) *m(f);* **chanteur(-euse) de variétés** Schlagersänger(in) *m(f);* **chanteur(-euse) d'opéra** Opernsänger(in) *m(f)*

chantier [ʃɑ̃tje] *m* **1.** CONSTR Baustelle *f;* ***le coût du*** ~ die Kosten der Bauarbeiten; ***pendant toute la durée du*** ~ während der Bauarbeiten
2. *fam* (*désordre*) Durcheinander *nt;* ***ta chambre est un vrai*** ~ in deinem Zimmer sieht es aus wie nach einem Bombenangriff
▶ ~ **interdit** [**au public**] Betreten der Baustelle verboten!; ~ **naval** [Schiffs]werft *f;* **qn a qc en** ~ jd hat etw in Arbeit; **qc est en** ~ etw ist im Bau; *fam /chambre/* in etw (*dat*) sieht es aus wie nach einem Bombenangriff; **qn met qc en** ~ jd nimmt etw in Angriff; **qn travaille sur un** ~ jd arbeitet auf einer Baustelle [*o* auf dem Bau]; **quel** ~! *fam* was für ein Chaos!
◆ **chantier de construction** Baustelle *f;* **chantier de démolition** Abbruchstelle *f;* **chantier d'exploitation** Bergwerk *nt*

chantilly [ʃɑ̃tiji] *f* geschlagene süße Sahne, Schlagobers *nt* AUS

chantonner <1> [ʃɑ̃tɔne] **I.** *vi* **1.** (*fredonner*) ■ **qn chantonne** jd singt leise, jd summt
2. (*frémir*) ■ **qc chantonne** */bouilloire/* etw summt
II. *vt* ■ **qn chantonne qc** [**à qn**] jd singt leise etw, jd summt etw, jd singt jdm leise etw [vor], jd summt jdm leise etw vor

chantre [ʃɑ̃tʀ] *m* **1.** REL Vorsänger(in) *m(f)*
2. (*poète*) Sänger *m;* ■ ~ **de qc** der Verfechter einer S. (*gen*)
▶ **qn se fait le** ~ **de qc** jd singt ein Loblied auf etw (*akk*); *d'une bonne cause* jd setzt sich für etw ein

chanvre [ʃɑ̃vʀ] *m* Hanf *m*

chaos [kao] *m* Chaos *nt*
▶ **qn/qc met** [*o* **plonge**] **qn/qc dans le** ~ jd/etw stürzt jdn/etw ins Chaos; ***les bombardements avaient plongé la ville dans le*** ~ die Bombardierungen hatten in der Stadt ein Chaos ausgelöst

chaotique [kaɔtik] *adj* chaotisch

chapardage [ʃapaʀdaʒ] *m fam* [kleine] Dieberei

chaparder <1> [ʃapaʀde] *vt, vi fam* ■ **qn chaparde** [**qc**] jd stibitzt [*o* klaut] [etw] *fam*

chapardeur, -euse [ʃapaʀdœʀ, -øz] *m, f* kleiner Dieb/kleine Diebin, Langfinger *m fam*

chape [ʃap] *f* **1.** (*revêtement de béton*) Estrich *m;* (*couche d'asphalte*) Asphaltdecke *f;* (*revêtement de protection*) Überzug *m;* [*pneu*] Profil *nt,* Lauffläche *f;* [*poulie*] Gehäuse *nt*
2. REL Rauchmantel *m,* Pluviale *f*
◆ **chape de plomb** ▶ **qc s'abat/pèse comme une** ~ **de plomb sur qc** etw legt sich/liegt bleiern auf etw (*akk*)

chapeau <x> [ʃapo] *m* **1.** (*couvre-chef*) Hut *m;* ***qn retire son*** ~ jd nimmt seinen [*o* den] Hut ab; ***qn enfonce son*** ~ jd drückt sich (*dat*) den Hut ins Gesicht [*o* in die Stirn]; ■ ~ **à** *à plumes, fleurs* Hut mit, -hut; ■ ~ **de** *de paille, feutre, fourrure, plage, pluie* -hut; ~ ***d'homme/de femme/de soleil*** Herren-/Damen-/Sonnenhut
2. [*champignon*] Hut *m*
3. [*article*] Vorspann *m*
4. GASTR Deckel *m*
▶ **qn donne un coup de** ~ **à qn** jd nimmt vor jdm den Hut ab, jd zieht vor jdm den Hut; ~ **bas!** Hut ab!; **qn s'incline/salue** ~ **bas** jd verneigt sich tief/zieht den Hut; ~ **claque** Chapeau claque *m;* ~ **haut-de-forme** Zylinder *m;* ~ **mou** Schlapphut *m;* ~ **tyrolien** Tirolerhut *m;* **qn porte le** ~ *arg* jd muss seinen Kopf hinhalten; (*volontairement*) jd nimmt etw auf seine Kappe *fam;* **qn fait porter le** ~ **à qn** *arg* jd schiebt die Verantwortung auf jdn; **qn tire son** ~ **à qn** jd zieht vor jdm den Hut; **qn travaille du** ~ *fam* jd spinnt [ein bisschen], jd ist nicht ganz richtig im Oberstübchen *fam;* ~! *fam* Hut ab!, alle Achtung!
◆ **chapeau de cardinal** Kardinalshut *m,* Kardinalswürde *f;* **chapeau cloche** Topfhut *m;* **chapeau de gendarme** Papierhut *m;* **chapeau melon** Melone *f;* **chapeau de roue** Radkappe *f* ▶ **sur les** ~**x de roues** *fam* mit quietschenden Reifen; ***qn part*** [*o* ***démarre***] ***sur les*** ~***x de roues*** (*avec un véhicule*) jd fährt mit quietschenden Reifen an; *fig* (*se dépêche*) jd düst los *fam,* jd legt mit Volldampf los *fam*

chapeauté, e [ʃapote] *adj* mit Hut

chapeauter <1> [ʃapote] *vt* ■ **qn chapeaute qn/qc** jd hat die Aufsicht über jdn/etw; ADMIN *a.* jd/etw untersteht jdm; *un groupement politique* jd steht einer S. (*dat*) vor; ■ **qn est chapeauté(e) par qn** jd steht unter jds Aufsicht (*dat*); ■ **qc est chapeauté(e) par qn/qc** etw untersteht jdm/einer S. (*dat*); ***un événement*** [***est***] ***chapeauté*** [*o* ***une manifestation*** [***est***] ***chapeautée***] ***par qn*** eine Veranstaltung [steht] unter jds Schirmherrschaft (*dat*)

chapelain [ʃaplɛ̃] *m* [Haus]kaplan *m*

chapelet [ʃaplɛ] *m* **1.** REL (*objet*) Rosenkranz *m;* ***qn égrène son*** ~ jd betet den Rosenkranz
2. (*prières*) Rosenkranz[gebete *pl*] *m;* ***qn dit*** [*o* ***récite***] ***son*** ~ jd betet den Rosenkranz
3. (*série*) ■ ~ **de choses** Reihe *f* [*o* Serie *f*] von Dingen; *d'injures* Serie [*o* Hagel *m*] von Dingen; ***des*** ~***s de bombes*** ein Bombenhagel; ~ ***d'îles/de saucisses*** Insel-/Wurstkette *f*
▶ **qn dévide** [*o* **défile**] **son** ~ (*se confie*) jd schüttet sein Herz aus; (*s'énerve*) jd macht sich (*dat*) Luft

chapelle [ʃapɛl] *f* **1.** (*lieu de culte*) Kapelle *f*
2. (*partie d'une église*) Seitenkapelle *f*
3. (*clan*) Klüngel *m pej,* Clique *f;* ***esprit de clan et de*** ~ Cliquengeist und Klüngelei
▶ ~ **ardente** Leichenhalle *f;* **qn prêche pour sa** ~ jd redet in eigener Sache

chapelure [ʃaplyʀ] *f* Semmelmehl *nt,* Paniermehl *nt*

chaperon [ʃapʀɔ̃] *m* **1.** (*personne*) Begleiter/Anstandsdame *m/f,* Anstandsdame *f,* Anstandswauwau *m fam*
2. *vieux* (*capuchon*) Kappe *f*
▶ **le Petit C**~ **rouge** [das] Rotkäppchen

chaperonner <1> [ʃapʀɔne] *vt* **1.** (*servir de chaperon*) ■ **qn chaperonne qn** jd spielt für jdn [die] Anstandsdame [*o* den Anstandswauwau *fam*]
2. (*prendre sous son aile*) ■ **qn chaperonne qn** jd nimmt jdn in seine Obhut [*o* unter seine Fittiche *fam*]

chapiteau <x> [ʃapito] *m* **1.** (*tente*) Festzelt *nt;* ~ ***de cirque*** Zirkuszelt *nt;* ***sous le*** ~ unter der Zirkuskuppel
2. [*colonne*] Kapitell *nt*

chapitre [ʃapitʀ] *m* **1.** [*livre*] Kapitel *nt;* [*traité, loi*] Abschnitt *m;* *fig* [*histoire*] Kapitel *nt;* [*vie a., existence*] Abschnitt *m*
2. (*sujet*) Kapitel *nt*
3. FIN Kapitel *nt;* ***qn inscrit un nouveau*** ~ ***au budget*** jd nimmt ein neues Kapitel in den Haushaltsplan auf
4. (*assemblée de religieux*) Kapitel *nt*
▶ **au** ~ **de ...** unter der Rubrik ...; **sur le** ~ **de qc** was etw betrifft; ***il est très strict sur le*** ~ ***de la discipline*** in puncto Disziplin ist er sehr streng; **sur ce** ~ was dieses Thema betrifft; ***elle est imbattable sur ce*** ~ auf diesem Gebiet ist sie unschlagbar; ***on pourrait dire beaucoup de choses sur ce*** ~ zu diesem Thema [*o* dazu] gäbe es viel zu sagen

chapitrer <1> [ʃapitʀe] *vt* **1.** (*réprimander*) ■ **qn chapitre qn** jd liest jdm die Leviten
2. (*diviser*) ■ **qn chapitre qc** jd teilt etw in Kapitel ein

chapon [ʃapɔ̃] *m* Kapaun *m*

chaque [ʃak] *adj inv, antéposé* **1.** (*qui est pris séparément*) jede(r, s); ~ ***élève*** jeder Schüler/jede Schülerin
2. *fam* (*chacun*) je[weils]; ***un peu de*** ~ ein bisschen von allem; ***ces cravates***

coûtent 100 F ~ diese Krawatten kosten je 100 F [*o* 100 F pro Stück]; ***je voudrais cent grammes de*** ~ ich möchte je[weils] hundert Gramm
3. (*tous les*) alle; ~ ***dix minutes*** alle zehn Minuten
▶ **entre chaque ...** zwischen den einzelnen ...; *mettre* zwischen die einzelnen ...

char [ʃaʀ] *m* **1.** MIL Panzer *m*
2. (*voiture décorée*) Wagen *m*
3. *vieilli* (*voiture rurale*) Karren *m*
4. ANTIK (*charrette*) [Streit]wagen *m*
▶ **arrête ton** ~! *fam* nun mach aber mal einen Punkt *fam*
◆ **char à bancs** Kremser *m;* **char à voile** Strandsegler *m;* (*sport*) Strandsegeln *nt;* **char d'assaut** Sturmpanzer *m;* **char de carnaval** Karnevalswagen *m;* **char de combat** Kampfpanzer *m*

charabia [ʃaʀabja] *m fam* Kauderwelsch *nt*

charade [ʃaʀad] *f* Scharade *f*
▶ **qn parle par** ~**s** jd spricht in Rätseln

charançon [ʃaʀɑ̃sɔ̃] *m* Rüsselkäfer *m;* (*du blé*) Kornkäfer *m;* (*du riz*) Reiskäfer *m*

charbon [ʃaʀbɔ̃] *m* **1.** (*houille, combustible*) Kohle *f*
2. PHARM Kohle[tabletten *pl*] *f*
3. (*fusain*) [Zeichen]kohle *f;* ***dessin au*** ~ Kohlezeichnung *f*
4. MED (*maladie*) Milzbrand *m*
5. ELEC Kohle *f*
▶ ~ **actif** [*o* **activé**] Aktivkohle *f;* ~ **animal** Tierkohle *f;* ~**s ardents** glühende Kohlen; ***qn est sur des*** ~***s ardents*** jd sitzt [wie] auf glühenden Kohlen; ***qn marche sur des*** ~***s ardents*** jd ist in einer brenzligen Lage *fam;* **qc est du vrai** ~ etw ist völlig verkohlt; **qn va au** ~ *fam* jd holt die Kohlen aus dem Feuer
◆ **charbon de bois** Holzkohle *f*

charbonnages [ʃaʀbɔnaʒ] *mpl* Kohlenbergwerke *pl,* Kohlenbergbau *m;* ***les*** ~***s de France*** das staatliche französische Kohlenbergbauunternehmen

charbonner <1> [ʃaʀbɔne] **I.** *vi* **1.** (*fumer*) ■ **qc charbonne** *lampe, poêle* etw rußt
2. (*se calciner*) ■ **qc charbonne** etw verkohlt
II. *vt* ■ **qn charbonne qc** *mur, visage* jd schwärzt etw

charbonneux, -euse [ʃaʀbɔnø, -øz] *adj sourcils, visage* kohlschwarz, pechschwarz; *yeux* kohlschwarz [geschminkt]; (*noirci par le charbon*) geschwärzt

charbonnier, -ière [ʃaʀbɔnje, -jɛʀ] **I.** *adj* Kohlen-; ***industries*** ~***ières et sidérurgiques*** Montanindustrie *f*
II. *m, f* Kohlenhändler(in) *m(f)*
▶ ~ **est maître dans sa maison** [*o* **chez soi**] *prov* jeder ist Herr im eigenen Hause; [**qn est**] **noir**(**e**) **comme un** ~ [jd ist] [kohl]rabenschwarz, jd sieht aus wie ein Schornsteinfeger
III. *m* (*cargo*) Kohlenfrachter *m,* Kohlenfrachtschiff *nt*

charcuter <1> [ʃaʀkyte] *vt péj fam* ■ **qn charcute qn** jd richtet jdn übel zu; ■ **qn se fait** ~ [**par qn**] jd wird [von jdm] übel zugerichtet

charcuterie [ʃaʀkytʀi] *f* **1.** (*boutique*) Fleischerfachgeschäft *nt form,* Fleischerei *f,* Metzgerei *f* SDEUTSCH (*für Fleisch und Wurst vom Schwein*)
2. (*spécialité à base de porc*) Wurst[waren *pl*] *f* (*aus Schweinefleisch*)
3. (*industrie*) Fleisch- und Wurstwarenherstellung *f* (*Fleisch und Wurst vom Schwein*); (*corporation*) Fleischerhandwerk *nt,* Metzgerhandwerk *nt* SDEUTSCH

charcutier, -ière [ʃaʀkytje, -jɛʀ] **I.** *m, f* **1.** (*personne*) Fleischer(in) *m(f),* Metzger(in) *m(f)* SDEUTSCH, Schlachter(in) *m(f)* NDEUTSCH
2. *péj fam* (*chirurgien*) Metzger(in) *m(f)*
II. *f* (*femme du charcutier*) ■ **charcutière** Fleischersfrau *f,* Metzgersfrau *f* SDEUTSCH

chardon [ʃaʀdɔ̃] *m* **1.** (*plante*) Distel *f*
2. (*pointe de fer*) Eisenspitze *f*
3. GASTR: ~***s de Lorraine*** Lothringer Schokoladedisteln *pl*
▶ **qn est aimable comme un** ~ jd ist eine richtige Kratzbürste *fam*

chardonneret [ʃaʀdɔnʀɛ] *m* Distelfink *m,* Stieglitz *m*

charentais, e [ʃaʀɑ̃tɛ, ɛz] **I.** *adj* der Charente; *produit* aus der Charente
II. *m, f* ■ **Charentais**(**e**) Bewohner(in) *m(f)* der Charente
III. *f* ■ **charentaise** Filzhausschuh *m*

charge [ʃaʀʒ] *f* **1.** (*fardeau*) Last *f;* [*camion*] Ladung *f;* [*ascenseur*] Belastung *f;* ~ ***maximale*** höchstzulässige Belastung, Höchstlast; [*ascenseur a.*] Traglast; [*camion*] [Höchst]nutzlast
2. (*responsabilité*) Belastung *f,* Bürde *f geh*
3. (*fonction, poste*) Amt *nt;* ***les plus hautes*** ~***s de l'Etat*** die höchsten Staatsämter; ***qn obtient une*** ~ ***de*** jd bekommt eine Stelle als; ***il occupe une*** ~ ***d'officier ministériel*** er bekleidet das Amt eines Ministerialbeamten
4. *souvent pl* (*obligations financières*) Kosten *pl;* ***les*** ~***s locatives/foncières*** die Nebenkosten/Grundsteuern; ~***s d'habitation*** Instandhaltungskosten; ***loyer sans les*** ~***s*** Miete *f* ohne Nebenkosten; ***les*** ~***s fiscales*** die steuerliche Belastung; ***les*** ~***s financières*** die finanzielle Belastung
5. COM (*dépenses*) ■ ~**s** Ausgaben *pl;* (*cotisations*) Abgaben *pl*
6. JUR (*point d'accusation*) Anklagepunkt *m; pl a.* Belastungsmaterial *nt;* ***témoin/dossier à*** ~ Belastungszeuge/-zeugin *m/f*/-material; ***quelle est la*** ~ ***qui pèse sur lui?*** was wirft man ihm vor?, wessen wird er verdächtigt?; ***qn apporte une nouvelle*** ~ ***contre qn*** jd bringt neues Belastungsmaterial gegen jdn vor
7. MIL (*attaque*) Angriff *m,* Attacke *f;* ~ ***de cavalerie*** Kavallerieattacke
8. (*fusil, arme à feu*) Ladung *f;* ■ ~ **de** *de dynamite, plomb, poudre* -ladung; ~ ***d'explosifs*** Sprengladung; ***une*** ~ ***de plastic*** eine Plastikbombe
9. ELEC Ladung *f*
10. (*caricature*) übertriebene Darstellung, Karikatur *f*
▶ **à** ~ **de revanche** unter der Bedingung, dass ich mich revanchieren darf; gegen eine entsprechende Gegenleistung meinerseits; ~ **affective** Gefühlsbefrachtung *f,* Befrachtung *f* mit Emotionen [*o* Gefühlen]; ***qc a une*** ~ ***affective*** etw ist mit Emotionen [*o* Gefühlen] befrachtet, etw ist gefühlsbefrachtet; ~**s comprises** einschließlich Nebenkosten; ~ **électrique** elektrische Ladung; [**qc est**] **en pleine** ~ [etw ist] voll beladen; ~**s sociales** Sozialabgaben *pl;* ~ **utile** Nutzlast *f;* **qn a** [**pour**] ~ **de faire qc** jd hat den Auftrag etw zu tun; **qn a la** ~ **de faire qc** jd hat die Aufgabe etw zu tun; **qn a la** ~ **de qn/qc** jd ist für jdn/etw verantwortlich; **qn a qn/qc en** ~ jd ist für jdn/etw verantwortlich; **qn bat** [*o* **sonne**] **la** ~ jd bläst zum Angriff; **qc est à** ~ [**de qn**] etw belastet jdn, etw ist [jdm] eine Last, etw ist für jdn eine Last; **qn est à** [**la**] ~ **de qn** jd wird von jdm unterhalten, jdm wird von jdm Unterhalt gewährt; ***personnes à*** ~ unterhaltspflichtige Angehörige; **qc est à la** ~ **de qc** etw geht zulasten einer S. (*dat*); **des/de lourdes** ~**s pèsent sur** [*o* **contre**] **qn** es liegen Verdachtsmomente/schwere Verdachtsmomente gegen jdn vor; **qn prend qn/qc à sa** [*o* **en**] ~ jd sorgt für [*o* betreut] jdn/jd übernimmt etw; ***la Sécurité sociale vous prend en*** ~ die Sozialversicherung übernimmt Ihre Kosten; **qn se prend en** ~ jd stellt sich auf eigene [*o* die eigenen] Füße, jd sorgt für sich selbst; **qn retient une** ~ **contre qn** jd hält eine Anklage gegen jdn aufrecht; **qn revient à la** ~ jd lässt nicht nach [*o* locker *fam*]; **qc tient la** ~ etw bleibt aufgeladen; ***qc ne tient pas la*** ~ etw verliert [die] Ladung; **à la** ~! Attacke!; **à** ~ **pour qn de faire qc** jdm bleibt es überlassen, etw zu tun; **en** ~ beladen; **sous la** ~ unter der Last

chargé, e [ʃaʀʒe] *adj* **1.** (*qui porte une charge*) *personne, animal, véhicule* beladen (*de qc* mit etw); ***un voyageur très*** ~ ein Reisender *m* mit schwerem Gepäck
2. (*bien occupé*) *programme* voll; *journée, soirée* [gut] ausgefüllt; *classe* [zu] groß, überfüllt
3. (*responsable*) ■ ~ **de qn/qc** verantwortlich [*o* zuständig] für jdn/etw; *d'une mission* beauftragt [*o* betraut] mit etw; ■ ~ **de faire qc** damit beauftragt [*o* betraut], etw zu tun; ***le secrétaire d'Etat*** ~ ***de la Jeunesse et des Sports*** der Staatssekretär für Jugend und Sport
4. (*rempli*) ■ ~ **de** voller; ~ ***de nuages*** voller Wolken, bewölkt; ***le ciel restera*** ~ es bleibt bewölkt; ***des nuages*** ~***s de pluie*** regenschwere Wolken
5. *fusil* geladen; *batterie* [auf]geladen; ***mon appareil photo n'est pas*** ~ in meinem Fotoapparat ist kein Film, mein Apparat ist nicht geladen *spec*
6. *conscience* belastet; *passé* bewegt; *casier judiciaire* lang; ***il a une hérédité*** ~***e*** er ist erblich [vor]belastet
7. *estomac* [über]voll; *langue* belegt
8. *style, art* überladen
9. (*riche*) ■ **qc est** ~ **de qc** *fig* etw ist reich an [*o* voller] etw (*dat*); ~ ***d'histoire/de symboles*** geschichts-/symbolträchtig; ***des mots*** ~***s de sens*** bedeutungsvolle [*o* bedeutungsschwere] Worte
◆ **chargé**(**e**) **d'affaires** Geschäftsträger(in) *m(f);* **chargé**(**e**) **de cours** Dozent(in) *m(f),* Lehrbeauftragte(r) *f(m);* **chargé**(**e**) **de famille** Familienoberhaupt *nt;* **chargé**(**e**) **de mission** ADMIN ≈ Referent(in) *m(f);* **chargé**(**e**) **de recherche** Forschungsbeauftragte(r) *f(m)*

chargement [ʃaʀʒəmɑ̃] *m* **1.** (*action*) ■ ~ **de qc** Beladen *nt* einer S. (*gen*); *d'une arme* Laden *nt* einer S. (*gen*); *d'un poêle* [Be]füllen *nt* einer S. (*gen*); *d'une marchandise* Einladen *nt* einer S. (*gen*); *d'un film* Einlegen *nt* einer S. (*gen*); ***le*** ~ ***de qc se fait par le haut*** etw wird von oben beladen/geladen/befüllt/eingeladen/eingelegt
2. (*marchandises*) Ladung *f;* (*fret*) Fracht *f;* ***le*** ~ ***de fruits et de légumes*** die Ladung Obst und Gemüse, die Obst- und Gemüsefracht
3. INFORM Laden *nt*
▶ **qc est en** ~ etw wird beladen

charger <2 a> [ʃaʀʒe] **I.** *vt* **1.** (*effectuer une charge, encombrer*) ■ **qn/qc charge qn/qc** [**de qc**] *de fardeaux, marchandises, colis, paquets* jd/etw belädt jdn/etw [mit etw]; *mémoire* jd belastet etw [mit etw]; *style, ouvrage* jd überlädt etw [mit etw]; ■ **qn charge qc** jd verlädt etw; ■ **qn charge qn/qc sur/dans qc** jd lädt jdn/etw auf etw (*akk*) [auf]/in etw (*akk*) [ein]; ***qn charge qc sur son épaule/qn sur ses épaules*** jd schultert etw/jd nimmt jdn auf die Schultern
2. (*attribuer une fonction à*) ■ **qn charge qn de qc** jd beauftragt jdn mit etw, jd überträgt jdm etw; ***il sera chargé du budget*** er wird für den Haushalt verantwortlich sein; ■ **qn charge qn de faire qc** jd beauftragt jdn [damit], etw zu tun; ***il m'a chargé de vous présenter ses salutations*** er hat mir Grüße für Sie aufgetragen
3. (*imposer*) ■ **qn charge qn** [**de qc**] jd belastet jdn [mit etw]
4. (*accuser*) ■ **qn charge qn** [**de qc**] jd belastet jdn [mit etw]; *d'une infraction a.* jd legt jdm etw zur Last; *d'une faute* jd macht jdn für etw verantwortlich
5. (*attaquer*) ■ **qn/un animal charge qn** jd/ein Tier greift jdn an, jd/ein Tier geht auf jdn los
6. SPORT ■ **qn charge qn** jd greift jdn an
7. TECH (*remplir*) ■ **qn charge qc** *arme* jd lädt etw; *batterie a.* jd lädt etw auf; *appareil photo, caméra* jd legt einen Film in etw (*akk*) ein, jd lädt etw *spec; poêle* jd [be]füllt etw
8. INFORM ■ **qn/qc charge qc** jd/etw lädt etw
9. (*exagérer*) ■ **qn charge qc** *portrait* jd stellt etw übertrieben dar; ***je trouve qu'il a vraiment chargé le trait*** ich finde, er hat wirklich zu dick aufgetragen
10. (*peser sur*) ■ **qc charge qc** etw belastet etw; ***ce que j'ai mangé m'a chargé l'estomac*** das Essen liegt mir [schwer] im Magen
11. *fam* (*prendre en taxi*) ■ **qn/qc charge qn** jd/etw nimmt jdn mit
II. *vi* ■ **qn/un animal charge** jd/ein Tier geht zum Angriff über
III. *vpr* **1.** (*s'occuper de*) ■ **qn se charge de qn/qc** jd kümmert sich um jdn/etw; ***je m'en charge*** ich kümmere mich darum; ■ **qn se charge de faire qc** jd übernimmt es, etw zu tun; jd tut etw
2. (*s'alourdir*) ■ **qn se charge** jd nimmt viel Gepäck mit; ***je ne veux pas***

trop me ~ ich möchte nicht so schwer tragen

chargeur [ʃaʀʒœʀ] *m* **1.** (*docker*) Docker *m*, Schauermann *m*, Stauer *m*
2. [*arme*] Magazin *nt;* [*pile, batterie*] Ladegerät *nt;* PHOT Filmkassette *f*

chariot [ʃaʀjo] *m* **1.** (*véhicule*) Wagen *m;* ~ ***de ferme*** Fuhrwerk *nt*
2. (*appareil de transport*) Wagen *m;* (*à bagages*) Kofferkuli *m;* (*caddy*) Einkaufswagen; GASTR Servierwagen; ■ ~ **à** *à desserts, fromages, liqueurs* -wagen
3. CINE Kamerawagen *m*
4. [*machine à écrire*] Wagen *m;* ***le*** ~ ***d'une machine-outil*** der Werkzeugsupport [-səpoːɐt]
▸ ~ **élévateur** Gabelstapler *m;* (*à plate-forme*) Hubstapler *m;* **Grand/Petit C**~ Großer/Kleiner Wagen

charismatique [kaʀismatik] *adj* charismatisch

charisme [kaʀism] *m* Charisma *nt*

charitable [ʃaʀitabl] *adj personne* wohltätig, mildtätig; *âme* barmherzig; *geste, acte* mildtätig, barmherzig; *conseil* wohl gemeint; ***cet acte*** ~ dieser Akt der Nächstenliebe; ***une œuvre*** ~ ein karitativer Verein

charitablement [ʃaʀitabləmɑ̃] *adv* freundlicherweise; ■ **qn fait qc** ~ jd ist so freundlich etw zu tun; ***plus*** ~ ***encore, …*** und mehr noch, …; ***je te préviens*** ~ *iron* lass dir's im Guten gesagt sein, ich sag's dir in aller Güte

charité [ʃaʀite] *f* **1.** (*amour du prochain*) Nächstenliebe *f*
2. (*geste, action*) Mildtätigkeit *f*, Wohltätigkeit *f*
▸ ~ **bien ordonnée commence par soi-même** *prov* jeder ist sich (*dat*) selbst der Nächste; **qn vit de la** ~ **publique** jd lebt von der Fürsorge [*o* öffentlichen Wohlfahrt *veraltet*]; **qn a la** ~ **de faire qc** jd besitzt die Güte [*o* Freundlichkeit] etw zu tun; **qn demande la** ~ [**à qn**] jd bittet [jdn] um ein Almosen [*o* eine milde Gabe], jd bettelt [jdn an]; **la** ~, **s'il vous plaît!** bitte um eine kleine [*o* milde] Gabe!

charivari [ʃaʀivaʀi] *m* Krach *m*, Tohuwabohu *nt fam*

charlatan [ʃaʀlatɑ̃] *m* Scharlatan *m;* (*guérisseur*) Quacksalber *m;* (*mauvais médecin*) Kurpfuscher *m*

charlatanisme [ʃaʀlatanism] *m* Scharlatanerie *f;* [*guérisseur*] Quacksalberei *f;* [*mauvais médecin*] Kurpfuscherei *f*

Charlemagne [ʃaʀləmaɲ] *m* Karl der Große

charleston [ʃaʀlɛstɔn] *m* Charleston *m*

charlot [ʃaʀlo] *m péj fam* Hanswurst *m*

charlotte [ʃaʀlɔt] *f* Charlotte *f* (*Süßspeise aus Löffelbiskuits, Früchten und Sahnecreme*)

charmant, e [ʃaʀmɑ̃, ɑ̃t] *adj* **1.** (*agréable, affable*) reizend; *personne, attitude, geste a.* charmant; *lieu, cadre a., objet* entzückend, bezaubernd; *séjour* zauberhaft; *humeur* strahlend; ***on a passé un séjour*** ~ ***en Suisse*** es war ganz zauberhaft in der Schweiz
2. (*ravissant*) *garçon* charmant; *jeune fille a.* bezaubernd
3. *antéposé iron* (*désagréable*) entzückend, reizend; ***c'est*** ~! [das ist ja] wirklich reizend [*o* entzückend]!, wie reizend [*o* entzückend]!

charme¹ [ʃaʀm] *m* **1.** [*personne*] Charme *m;* [*lieu, paysage, livre a.*] Zauber *m*, Reiz *m;* [*nouveauté*] Reiz; ***une hôtesse de*** ~ eine bezaubernde [*o* charmante] Gastgeberin
2. *souvent pl* (*beauté*) Reize *pl*
3. (*envoûtement*) Zauber *m*
▸ **qn a du/beaucoup de** ~ jd hat Charme/viel Charme; **qc a du/beaucoup de** ~ etw hat einen gewissen/viel Charme; */paysage/* etw ist reizvoll/sehr reizvoll; **qn/qc a son** ~ jd hat auch seine Reize/etw hat auch seinen Reiz; **qc donne un** [**certain**] ~ **à qn/qc** etw gibt jdm/einer S. (*dat*) ein gewisses Etwas, etw verleiht jdm einen gewissen Charme/einer S. (*dat*) einen gewissen Reiz; **qn est sous le** ~ **de qn/qc** jd ist jds Charme (*dat*) erlegen/jd steht im Bann einer S. (*gen*); **qn/qc exerce un** ~ **sur qn** jd/etw zieht jdn in seinen Bann, jd/etw zieht jdn magisch an; **qn fait du** ~ **à qn** jd versucht, jdn zu bezirzen; **qn/qc ne manque pas de** ~ jd hat einen gewissen Charme/etw hat einen gewissen Reiz; **qn se porte comme un** ~ *fam* jd strotzt vor Gesundheit *fam;* **qn/qc rompt le** ~ jd/etw bricht den Zauber; **le** ~ **est rompu** der Zauber ist verflogen; **qn succombe au** ~ **de qn** jd erliegt jds Charme [*o* Zauber] (*dat*); **qn tient qn sous son** ~ jd hat jdn in seinen Bann gezogen; **qn tombe sous le** ~ **de qn/qc** jd erliegt jds Charme (*dat*)/dem Reiz einer S. (*gen*); **elle vit** [*o* **fait commerce**] **de ses ~s** sie bietet ihren Körper [*o* ihre weiblichen Reize] feil

charme² [ʃaʀm] *m* **1.** (*arbre*) Weißbuche *f*, Hainbuche *f*, Hagebuche *f*
2. (*bois*) Weißbuche[nholz *nt*] *f*

charmé, e [ʃaʀme] *adj* ■ [**qn est**] ~ **de qc** *d'une visite, d'un événement* [jd ist] über etw (*akk*) erfreut, jd freut sich [sehr] über etw (*akk*); *d'un séjour* jdm gefällt etw [sehr]; ■ [**qn est**] ~ **de faire qc** [jd ist] erfreut, etw zu tun; jd freut sich [sehr], etw zu tun; ***j'ai été*** ~ ***de faire votre connaissance*** es hat mich sehr gefreut Sie kennen zu lernen; ***je suis ~e de l'apprendre*** das freut mich sehr
▸ **tu m'en vois/vous m'en voyez** ~ das freut mich sehr

charmer <1> [ʃaʀme] *vt* **1.** (*enchanter*) ■ **qn/qc charme qn** jd/etw bezaubert jdn; *public a.* jd/etw fesselt jdn; ■ **qc charme qc** *œil, oreille* etw schmeichelt einer S. (*dat*); ***qc charme à la fois l'oreille et le regard*** etw ist zauberhaft anzuhören und anzuschauen, etw ist ein Augen- und Ohrenschmaus
2. (*envoûter*) ■ **qn charme qn** jd verzaubert jdn, jd schlägt jdn in seinen Bann; ■ **qn charme un animal** jd beschwört ein Tier

charmeur, -euse [ʃaʀmœʀ, -øz] **I.** *adj sourire, manières* bezaubernd; *voix* einschmeichelnd
II. *m, f* **1.** (*séducteur*) Charmeur/Circe *m/f;* ***cette fille est une*** ~***euse*** dieses Mädchen ist eine richtige kleine Circe
2. (*magicien*) Magier(in) *m(f)*
◆ **charmeur(-euse) de serpents** Schlangenbeschwörer(in) *m(f)*

charmille [ʃaʀmij] *f* **1.** (*arbuste*) Weißbuche *f*, Hainbuche *f*, Hagebuche *f*
2. *vieilli poét* (*allée d'arbres*) Laubengang *m*

charnel, le [ʃaʀnɛl] *adj* **1.** (*corporel, matériel*) fleischlich; ***un être*** ~ ein Wesen aus Fleisch und Blut
2. *vieilli* (*relatif aux plaisirs de la chair*) körperlich; *amour a.* sinnlich; ***acte*** ~ Geschlechtsakt *m*

charnier [ʃaʀnje] *m* **1.** (*fosse commune*) Massengrab *nt*
2. *vieux* (*ossuaire*) Beinhaus *nt*

charnière [ʃaʀnjɛʀ] **I.** *f* **1.** (*pièce métallique*) Scharnier *m*
2. (*point de jonction*) Angelpunkt *m;* (*personne*) Bindeglied *nt;* ■ ~ **entre** Nahtstelle *f* zwischen (+ *dat*)
▸ **à la** ~ **de deux choses** an der Nahtstelle zwischen zwei Dingen; ***qc est*** [*o* ***se situe***] ***à la*** ~ ***de deux époques*** etw findet zwischen zwei Epochen statt
II. *app* (*de transition*) Übergangs-; (*décisif*) entscheidend; *date* bedeutend; ***texte*** ~ Schlüsseltext *m;* ***œuvre*** ~ wegweisendes Werk

charnu, e [ʃaʀny] *adj lèvre* wulstig; *partie du corps* fleischig; *fruit, feuille* fleischig

charognard [ʃaʀɔɲaʀ] *m* **1.** (*animal*) Aasfresser *m;* (*vautour*) [Aas]geier *m*
2. (*personne*) Aasgeier *m fam*

charogne [ʃaʀɔɲ] *f* **1.** (*cadavre*) Aas *nt*
2. *péj fam* (*injure*) gemeines [*o* fieses] Aas *fam*, Mistkerl/Miststück *m/nt fam;* ***quelle*** ~! so ein gemeines [*o* fieses] Aas! *fam*

charpente [ʃaʀpɑ̃t] *f* **1.** (*bâti*) Gerüst *nt;* [*bateau*] Gerippe *nt;* [*lit*] Gestell *nt;* [*maison*] Balkenwerk *nt;* ***la*** ~ ***du toit*** der Dachstuhl
2. [*pièce de théâtre, roman*] Aufbau *m*
3. (*ossature*) [*corps*] Knochengerüst *nt*
4. (*carrure*) [*personne*] Körperbau *m*
▸ ~ **métallique** Stahlgerüst *nt*

charpenté, e [ʃaʀpɑ̃te] *adj* **1.** *personne* kräftig [gebaut]
2. *roman, poème* gut aufgebaut

charpentier [ʃaʀpɑ̃tje] *m* Zimmermann *m*

charpie [ʃaʀpi] *f* ▸ **qc est de la** ~ */viande/* etw ist ganz zerkocht [*o* zerfallen]; */vêtements/* etw ist ganz zerfetzt; **qn met** [*o* **réduit**] **qc en** ~ jd zerfetzt etw, jd [zer]reißt etw in kleine Stücke; *papier, vêtement a.* jd zerreißt etw [in kleine Fetzen]; **qn met** [*o* **réduit**] **qn en** ~ jd schlägt jdn kurz und klein; **qc tombe** [*o* **est réduit**(**e**)] **en** ~ */aliments/* etw ist zerkocht, etw zerfällt

charretée [ʃaʀte] *f* **1.** (*contenu d'une charrette*) Wagenladung *f;* [*foin, paille*] Fuhre *f*
2. [*lettres, injures*] Ladung *f fam*

charretier, -ière [ʃaʀtje, -jɛʀ] **I.** *adj:* ***chemin*** ~ [Feld]weg *m;* ***porte*** ~***ière*** Torweg *m*
II. *m* Fuhrmann *m*
▸ **qn jure comme un** ~ jd flucht wie ein Bierkutscher

charrette [ʃaʀɛt] *f* [zweirädriger] Wagen, Karren *m*
◆ **charrette à bras** Handkarren *m;* **charrette à foin** Heuwagen *m;* **charrette des condamnés** Henkerswagen *m*

charriage [ʃaʀjaʒ] *m* [An]karren *nt*

charrier <1> [ʃaʀje] **I.** *vt* **1.** (*transporter*) ■ **qn charrie qc** jd karrt etw, jd fährt etw; (*à la main, sur le dos*) jd schleppt etw; ■ **qc charrie qc** */rivière/* etw führt etw mit sich; *glaçons a.* etw führt etw; */vent/ nuages* etw treibt etw vor sich (*dat*) her; ***le ciel charrie de gros nuages noirs*** am Himmel treiben dicke schwarze Wolken
2. *fam* (*se moquer*) ■ **qn charrie qn** jd nimmt jdn auf den Arm [*o* die Schippe] *fam;* ■ **qn se fait** ~ **par qn** jd wird von jdm auf den Arm [*o* die Schippe] genommen *fam*
II. *vi fam* ■ **qn charrie** jd übertreibt
▸ [**il ne**] **faut pas** ~! das geht echt zu weit! *fam*

charrue [ʃaʀy] *f* Pflug *m*
▸ **qn met la** ~ **avant les bœufs** jd zäumt das Pferd am Schwanz auf

charte [ʃaʀt] *f* Charta *f*, Urkunde *f;* ~ ***constitutionnelle*** Verfassung[surkunde] *f;* ***qn passe une*** ~ ***avec qn*** jd schließt einen Vertrag mit jdm
◆ **Charte de l'Atlantique** Atlantikcharta *f;* **Charte des droits de l'homme** Menschenrechtscharta *f;* **Charte des Nations Unies** Charta *f* der Vereinten Nationen, UN-Charta *f*

charter [ʃaʀtɛʀ] **I.** *m* (*vol*) Charter[flug *m*] *m;* (*avion*) Charterflugzeug *nt*, Chartermaschine *f*
II. *app inv* Charter-

chartreux, -euse [ʃaʀtʀø, -øz] **I.** *m, f* Kartäuser(in) *m(f)*, Kartäusermönch *m*
II. *f* ■ **chartreuse 1.** (*couvent*) Kartäuserkloster *nt*, Kartause *f*
2. (*liqueur*) Chartreuse® *m* (*Kräuterlikör, der von den Kartäusermönchen hergestellt wird*)

chas [ʃɑ] *m* Öhr *nt*
▸ **c'est pire que de passer par le** ~ **d'une aiguille** eher geht ein Kamel durch ein Nadelöhr

chasse¹ [ʃas] *f* **1.** (*action*) Jagd *f;* ***la*** ~ ***est ouverte/fermée*** die Jagdsaison ist eröffnet/beendet, die Jagd geht auf *spec*/die Schonzeit hat begonnen; ***qn a fait bonne/mauvaise*** ~ jd hat eine gute/schlechte Strecke *spec;* ■ **la** ~ **à** *à un animal* die Jagd auf (+ *akk*), die -jagd; *aux honneurs, occasions* die Jagd nach; ***la*** ~ ***au chamois/ au renard/ aux papillons*** die Jagd auf Gämsen/Füchse/Schmetterlinge, die Gämsen-/Fuchs-/Schmetterlingsjagd; ***la*** ~ ***au gros/ menu gibier*** die Jagd auf Hoch-/Niederwild, die hohe/niedere Jagd; ***la*** ~ ***à la tourterelle*** das Taubenschießen; ~ ***à l'homme/ aux sorcières*** Menschen-/Hexenjagd
2. (*lieu*) Jagd *f*, Jagdrevier *nt*
3. AVIAT Jagdverbände *pl;* ***pilote de*** ~ Jagdflieger *m*
▸ **qn fait la** ~ **à l'homme** jd geht auf Verfolgungsjagd; **qui va à la** ~ **perd sa place** *prov* wer seinen Platz verlässt, verliert ihn; weggegangen - Platz gefangen!; **qn fait la** ~ **aux sorcières** jd veranstaltet eine Hexenjagd; **qn fait**

bonne ~ *fig* jd macht einen guten Fang; ~ **gardée** [*o* **réservée**] privates Jagdrevier; **[c'est]** ~ **gardée!** *fig* Hände weg!; ~ **sous-marine** Unterwasserjagd *f;* **qn donne la** ~ **à qn** jd nimmt jds Verfolgung (*akk*) auf, jd macht Jagd auf jdn; **qn fait la** ~ CYCLISME jd nimmt die Verfolgung auf; **qn fait la** ~ **à qn/un animal** jd macht Jagd auf jdn/ein Tier; ***qn fait la*** ~ ***aux souris/moustiques*** jd macht Jagd auf Mäuse/Mücken, jd geht auf Mäuse-/Mückenjagd; **qn fait la** ~ **à qc** jd macht Jagd auf etw (*akk*), jd ist hinter etw (*dat*) her *fam;* **qn se met en** ~ jd macht sich [ernstlich] auf die Suche; ***qn se met en*** ~ ***pour trouver un appartement*** jd macht sich auf Wohnungssuche; **qn prend en** ~ **qn/qc** jd nimmt jds Verfolgung (*akk*)/die Verfolgung einer S. (*gen*) auf; **qn va à la** ~ jd geht auf die Jagd

◆ **chasse à courre** Hetzjagd *f;* **chasse à l'affût** Ansitz *m spec;* **chasse au trésor** Schnitzeljagd *f*

chasse² [ʃas] *f fam* (*chasse d'eau*) [Wasser]spülung *f*

▶ **qn tire la** ~ jd zieht die [Wasser]spülung, jd spült

◆ **chasse d'eau** Wasserspülung *f*

châsse [ʃɑs] *f* Reliquienschrein *m,* Heiligenschrein *m*

chassé-croisé <~s-~s> [ʃasekʀwaze] *m* Hin und Her *nt;* [*estivants, automobilistes*] Kommen und Gehen *nt*

chasse-mouches [ʃasmuʃ] *m inv* Fliegenklatsche *f,* Fliegenklappe *f*

chasse-neige [ʃasnɛʒ] *m inv* **1.** (*véhicule*) Schneeräumgerät *nt,* Schneepflug *m* **2.** SKI [Schnee]pflug *m* ▶ **qn fait du** ~~ jd fährt [im] [Schnee]pflug

chasser <1> [ʃase] **I.** *vi* **1.** (*aller à la chasse*) ■ **qn chasse** jd jagt, jd geht auf die Jagd

2. CYCLISME ■ **qn chasse** jd nimmt die Verfolgung auf

3. (*déraper*) ■ **qc chasse** etw rutscht weg; (*patiner*) */roue/* etw dreht durch

4. (*passer rapidement*) ■ **qc chasse** */nuage/* etw jagt vorüber; ***les nuages chassent dans le ciel*** die Wolken jagen über den Himmel

5. NAUT ■ **qc chasse** */ancre/* etw treibt; */bateau/* etw treibt vor Anker

II. *vt* **1.** (*aller à la chasse*) ■ **qn chasse qc [à qc]** jd jagt etw [mit etw]

2. (*faire partir*) ■ **qn/qc chasse qn/qc [de qc]** jd/etw vertreibt [*o* verjagt] jdn/etw [aus etw]; *d'un terrain* jd/etw vertreibt jdn von etw; ***je l'ai chassé de là*** ich habe ihn da vertrieben

3. (*pousser*) ■ **qn chasse des animaux quelque part** *troupeaux* jd treibt Tiere irgendwohin; ■ **qc chasse qc [quelque part]** *nuages* etw treibt etw [irgendwohin]; ***le vent chasse les nuages*** der Wind treibt die Wolken über den Himmel

4. (*remplacer*) ■ **qc chasse qc** etw vertreibt etw

chasseur, -euse [ʃasœʀ, -øz] **I.** *m, f* Jäger(in) *m(f);* ■ ~ **de** *de perdrix, renard, sarcelle* -jäger(in)

II. *m* **1.** MIL Jäger *m;* ***le 3ᵉ ~s*** das 3. Jägerregiment

2. (*avion*) Jagdflugzeug *nt,* Jäger *m;* ***les ~s à réaction*** die Düsenjäger

3. (*garçon d'hôtel*) Hotelboy [-bɔɪ] *m,* Hotelpage *m*

▶ ~ **alpin** Gebirgsjäger *m*

◆ **chasseur(-euse) d'autographes** Autogrammjäger(in) *m(f);* **chasseur de primes** Kopfgeldjäger *m;* **chasseur de sous-marins** (*bateau*) U-Bootjäger *m;* **chasseur(-euse) de têtes** Kopfjäger(in) *m(f); fig* Headhunter ['hɛdhʌntə] *m;* **chasseur(-euse) d'images** Motivjäger(in) *m(f)*

chasseur-bombardier <~s-~s> [ʃasœʀbɔ̃baʀdje] *m* Jagdbomber *m*

chassieux, -euse [ʃasjø, -jøz] *adj yeux* verklebt

châssis [ʃɑsi] *m* **1.** TECH Chassis *nt;* AUT *a.* Fahrgestell *nt*

2. [*fenêtre, porte*] Rahmen *m;* [*toile, tableau*] Keilrahmen, Blendrahmen

3. HORT Frühbeet *nt;* (*panneau*) Frühbeetfenster *nt*

4. *fam* (*corps féminin*) Körper *m,* Figur *f;* ***elle a un beau*** ~ sie ist fantastisch gebaut

▶ ~ **intégré** selbsttragende Karosserie; **sous** ~ im Frühbeet

chaste [ʃast] *adj a. antéposé* keusch; *personne a.* züchtig; *amour, baiser a.* unschuldig; *pensées a.* rein; ~***s oreilles*** zarte Ohren *pl*

chastement [ʃastəmɑ̃] *adv* züchtig

chasteté [ʃastəte] *f* Keuschheit *f*

chasuble [ʃazybl] *f* REL Messgewand *nt;* [**robe**] ~ Chasuble *nt*

chat [ʃa] **I.** *m* **1.** (*animal*) Katze *f;* (*mâle*) Kater *m; v. a.* **chatte**

2. (*terme affectueux*): ***mon*** [***petit***] ~ mein kleiner Spatz; (*petite fille*) meine kleine Maus

▶ ~ **échaudé craint l'eau froide** ein gebranntes Kind scheut das Feuer *prov;* **qn a un** ~ **dans la gorge** jd hat einen Frosch im Hals; **qn retombe comme un** ~ **sur ses pattes** jd fällt immer wieder auf die Füße; **il n'y a pas un** ~ **dans la rue** es ist keine Menschenseele auf der Straße; **qn joue au** ~ **et à la souris** jd spielt Katz und Maus; **quand le** ~ **n'est pas là, les souris dansent** *prov* wenn die Katze aus dem Haus ist, tanzen die Mäuse; ~ **angora** Angorakatze *f;* **qn a d'autres** ~**s à fouetter** jd hat andere Sorgen; **le C~ botté** der Gestiefelte Kater; **[qn est] gourmand comme un** ~ [jd ist] eine Naschkatze; ~ **perché** *Fangspiel, bei dem der Wolf die Katzen fangen muss, die durch Klettern zu entkommen versuchen;* ~ **persan** Perserkatze *f;* ~ **sauvage** Wildkatze *f;* ~ **siamois** Siamkatze *f;* **qn appelle un** ~ **un** ~ jd nennt das Kind beim Namen; **il n'y a pas de quoi fouetter un** ~ da ist doch nichts dabei, das ist doch halb so wild *fam;* **il ne faut pas réveiller le** ~ **qui dort** schlafende Hunde soll man nicht wecken

II. *app* ■ ~**(te)** *air, manières* kokett

◆ **chat de gouttière** gewöhnliche Katze

châtaigne [ʃɑtɛɲ] *f* **1.** (*fruit*) Esskastanie *f,* Edelkastanie *f*

2. *fam* (*coup de poing*) Faustschlag *m;* ***je lui ai flanqué une de ces ~s!*** ich hab ihm/ihr vielleicht eine verpasst! *fam*

châtaigneraie [ʃɑtɛɲʀɛ] *f* (*plantation*) Kastanien[an]pflanzung *f;* (*forêt*) Kastanienwald *m*

châtaignier [ʃɑteɲe] *m* **1.** (*arbre*) Kastanie[nbaum *m*] *f*

2. (*bois*) Kastanie[nholz *nt*] *f*

châtain [ʃɑtɛ̃] **I.** *adj pas de forme féminine cheveux* [kastanien]braun; ***elle est*** ~ ***clair*** sie hat hellbraunes Haar; ***cheveux*** ~***s/~ clair*** kastanienbraunes/hellbraunes Haar

II. *m* (*couleur*) [Kastanien]braun *nt*

château <x> [ʃɑto] *m* **1.** (*palais*) Schloss *nt;* ■ **le** ~ **de** *de Versailles, de Fontainebleau etc* das Schloss von; ***les ~x de la Loire*** die Loireschlösser; ***le ~ des Tuileries*** die Tuilerien

2. (*forteresse*) Burg *f*

3. (*belle maison*) Herrensitz *m,* Landschlösschen *nt*

4. (*vin*): ***un ~-Margaux/Lafitte*** ein Château-Margaux/Lafitte *m;* ***C~-la-Pompe*** *hum* Gänsewein *m*

5. NAUT Aufbau *m;* ***le ~ d'arrière*** [*o* ***de poupe***] der hintere [*o* achtere] Aufbau, die Hütte *spec;* ***le ~ d'avant*** [*o* ***de proue***] der vordere Aufbau, das Vorderkastell *alt*

▶ **qn bâtit** [*o* **fait**] **des** ~**x en Espagne** jd baut Luftschlösser; **qn est un** ~ **branlant** jd ist wackelig auf den Beinen; ~ **fort** [*o* **féodal**] Burg *f*

◆ **château d'eau** Wasserturm *m;* **château de cartes** Kartenhaus *nt*

▶ **qc s'écroule comme un** ~ **de cartes** etw fällt in sich (*akk*) zusammen wie ein Kartenhaus; **château de sable** Sandburg *f*

chateaubriand *m,* **châteaubriant** [ʃatobʀijɑ̃] *m* Chateaubriand *nt*

châtelain, e [ʃɑtlɛ̃, lɛn] *m, f* **1.** HIST Schlossherr(in) *m(f);* (*d'un château fortifié*) Burgherr(in) *m(f),* Burggraf/-gräfin *m/f*

2. (*propriétaire d'un manoir*) Gutsherr(in) *m(f)*

chat-huant <~s-~s> [ʃayɑ̃] *m* Waldkauz *m*

châtié, e [ʃɑtje] *adj* gewählt, gepflegt; ***il ne s'exprime que dans un langage*** ~ er drückt sich immer sehr gewählt aus

châtier <1a> [ʃɑtje] *vt* **1.** (*punir*) ■ **qn châtie qn** jd bestraft jdn; (*avec des coups*) jd geißelt [*o* züchtigt] jdn *geh*

2. REL: ***qn châtie son corps*** [*o* ***sa chair***] jd kasteit sich; (*avec des coups*) jd geißelt sich

3. (*soigner*) ■ **qn châtie qc** *style, langage* jd verfeinert etw

chatière [ʃatjɛʀ] *f* **1.** (*pour chat*) Katzentürchen *nt*

2. (*trou d'aération*) Lüftung[söffnung *f*] *f*

châtiment [ʃɑtimɑ̃] *m* Strafe *f;* ***on lui fit subir un ~ exemplaire*** man hat ihn/sie exemplarisch bestraft

▶ ~ **corporel** [körperliche] Züchtigung, Prügelstrafe *f*

chatoiement [ʃatwamɑ̃] *m* Schimmern *nt,* Schillern *nt;* [*diamant a.*] Funkeln *nt;* [*style*] Facettenreichtum *m,* Brillanz *f*

chaton [ʃatɔ̃] *m* **1.** (*jeune chat*) Kätzchen *nt*

2. BOT Kätzchen *nt;* ~ ***de noisetier/de saule*** Hasel-/Weidenkätzchen

3. [*bague*] Fassung *f*

chatouillement [ʃatujmɑ̃] *m* **1.** (*action de chatouiller*) Kitzeln *nt*

2. (*picotement*): ***un ~ dans la gorge*** ein Kratzen *nt* im Hals; ***des ~s dans le nez*** ein Kribbeln *nt* in der Nase

chatouiller <1> [ʃatuje] *vt* **1.** (*exciter par des chatouilles*) ■ **qn/qc chatouille qn** jd/etw kitzelt jdn; ■ **qn lui chatouille qc** jd kitzelt jdn an etw (*dat*)

2. (*flatter*) ■ **qn/qc chatouille qc** jd/etw kitzelt etw; *amour-propre a.* jd/etw schmeichelt einer S. (*dat*); *curiosité* jd/etw reizt etw; ***ça chatouille le palais*** das ist ein Gaumenkitzel; ***la bonne odeur de cuisine chatouille mon nez*** der Küchenduft kitzelt meine [*o* mich in der] Nase

3. (*agacer*) ■ **qn/qc chatouille qn** jd/etw reizt jdn; ■ **qn/qc chatouille qc** jd/etw rührt an etw (*akk*), jd/etw kratzt an etw (*dat*) *fam;* ***tu chatouilles ma fierté*** du triffst mich in [*o* kratzt an *fam*] meinem Stolz

chatouilles [ʃatuj] *fpl* Kitzeln *nt;* ***ce bébé aime les*** ~ das Baby mag es, wenn man es kitzelt; ***je crains les*** ~ ich bin kitz[e]lig

▶ **qn fait des** ~ **à qn** jd kitzelt jdn

chatouilleux, -euse [ʃatujø, -jøz] *adj* **1.** *personne* kitz[e]lig; ■ **qn est** ~ **de qc** jd ist an etw (*dat*) kitz[e]lig

2. (*susceptible*) *caractère* empfindlich; ***qn a l'orgueil/l'amour-propre*** ~ jd hat einen empfindlichen Stolz/ein empfindliches Selbstwertgefühl; ■ **qn est** ~ **sur qc** jd ist empfindlich [*o* heikel SDEUTSCH] in Bezug auf etw (*akk*), jd ist kitzlig, was etw betrifft; ***elle est ~euse sur ce chapitre*** in diesem Punkt ist sie kitzlig

chatouillis [ʃatuji] *m fam* Kitzeln *nt;* ***qn/qc fait des ~ à qn*** jd/etw kitzelt jdn, etw kribbelt jdn

chatoyant, e [ʃatwajɑ̃, jɑ̃t] *adj* schimmernd, schillernd; *pierre précieuse a.* funkelnd; *style* facettenreich, brillant

chatoyer <6> [ʃatwaje] *vi* ■ **qc chatoie** etw schimmert, etw schillert; */bijou a./* etw funkelt; */style/* etw ist facettenreich; ***dans son roman, il fait ~ les images*** in seinem Roman spielt er mit Bildern

châtrer <1> [ʃɑtʀe] *vt* ■ **qn châtre un animal** jd kastriert ein Tier

chatte [ʃat] *f* **1.** (*femelle du chat*) Katze *f; v. a.* **chat**

2. (*terme affectueux*): ***ça va, ma petite*** ~? na, mein kleiner Liebling?

3. *vulg* (*sexe*) Kätzchen *nt sl,* Fotze *f vulg*

▶ **[qn est] gourmande comme une** ~ [jd ist] eine Naschkatze

chatteries [ʃatʀi] *fpl* **1.** (*caresses*) Liebkosungen *pl;* ***qn fait des ~ à qn*** jd streichelt jdn

2. (*friandises*) Leckereien *pl*

chatterton [ʃatɛʀtɔn] *m* Isolierband *nt*

chat-tigre <~s-~s> [ʃatigʀ] *m* Tigerkatze *f*

chaud, e [ʃo, ʃod] **I.** *adj* **1.** (*opp: froid*) warm; (*très chaud*) heiß; ***un repas ~/des plats ~s*** eine warme Mahlzeit/warme Speisen *pl;* ***tu as le front*** ~ du hast eine heiße Stirn; ***une chambre avec eau ~e et froide*** ein Zimmer *nt* mit fließend kaltem und warmem Wasser; ***vin*** ~ Glühwein *m*

2. *couverture, vêtement* warm

3. *antéposé bataille* heiß; *discussion a.* hitzig; *partisan, admirateur* glühend; *défenseur* hitzig, glühend; *félicitations* herzlich; ***avec les plus ~es recommandations*** mit den wärmsten Empfehlungen

4. (*dangereux*) heiß; ***point*** ~ Krisenherd *m;* ***l'automne sera*** ~ es wird ein heißer Herbst; ***l'alerte a été ~e*** es wurde brenzlig *fam*

5. (*qui impressionne la vue, l'ouïe*) warm; ***le rouge est une couleur ~e*** Rot ist eine warme Farbe
6. (*récent*) *information, nouvelle* brandaktuell; *impression* frisch
7. (*sensuel*) *personne* scharf *fam*
8. (*voué à la prostitution*) *quartier* Rotlicht- *fam*
9. (*emballé*) ■ **qn n'est pas très ~ [pour faire qc]** jd ist nicht sehr scharf darauf[, etw zu tun] *fam*
II. *m* ■ **le ~** (*chaleur*) die Wärme; (*chaleur extrême*) die Hitze; ***qn souffre du ~*** jd leidet unter der Hitze; ***qn ne supporte pas le ~*** (*plat chaud*) jd kann nichts Heißes schlucken; ***qc tient ~ [à qn]*** etw hält [jdn] warm, etw gibt warm CH, SDEUTSCH
▶ **qn a eu ~ aux fesses** *fam* jd hatte [ganz schön] Bammel *fam* [*o* Schiss *sl*]; **qn attrape [*o* prend] un ~ et froid** jd verkühlt sich, jd erkältet sich; **qn souffle le ~ et le froid** jd kann schalten und walten wie er will; **qc ne me/lui fait ni ~ ni froid** etw lässt mich/ihn/sie kalt; **qn a ~** jdm ist [es] warm/heiß; **qn crève de ~** *fam* jd kommt vor Hitze um *fam;* **qn a eu ~** *fam* jd ist mit dem Schrecken davongekommen; **il fait ~** es ist warm/heiß; **au ~** im Warmen; ***qn garde [o tient] qn au ~*** jd behält jdn im Warmen, jd lässt jdn nicht ins Freie; ***qn garde [o tient] qc au ~*** *plat* jd hält etw warm
III. *adv* warm; (*très chaud*) heiß; **"~! ~ *les marrons!*"** „Heiße Maroni!"; ***qn mange ~*** jd isst warm; ***qc se mange ~*** etw muss man heiß essen; etw muss gegessen werden, solange es noch heiß ist; ***servir ~*** heiß servieren
▶ **qc à ~** (*après avoir chauffé*) etw in erhitztem Zustand, solange etw heiß ist; (*sur le vif*) unmittelbar, brandaktuell; ***qn fait qc à ~*** (*sur le vif*) jd tut etw ohne Aufschub [*o* unverzüglich]; ***qn fait un reportage à ~ sur qc*** jd macht eine brandaktuelle Reportage über etw (*akk*); ***il ne faut pas écrire cet article à ~*** man sollte diesen Artikel erst mit einer gewissen Distanz [*o* aus einer gewissen Distanz heraus] schreiben; ***il faut prendre une décision à ~*** die Entscheidung muss unverzüglich getroffen werden [*o* duldet keinen Aufschub]; ***qn opère à ~*** jd handelt unverzüglich; ***le malade a été opéré à ~*** der Patient wurde in akutem Zustand operiert

chaudement [ʃodmɑ̃] *adv* **1.** *habiller, couvrir* warm
2. *féliciter* herzlich, von Herzen; *recommander* wärmstens; *appuyer* voll und ganz; *applaudir, acclamer* heftig, begeistert; **~ *disputé*** heiß umkämpft
▶ **[ça va] ~!: *comment ça va? – [Ça va] ~!*** wie geht's? – Gut, heiß ist's heute!

chaudière [ʃodjɛʀ] *f* [*chauffage central*] Heiz[ungs]kessel *m;* [*engin*] Dampfkessel *m;* [*locomotive*] [Lokomotiv]kessel *m;* [*centrale thermique*] Kessel *m;* **~ *à gaz/mazout*** Gas-/[Heiz]ölkessel
▶ **~ électrique** elektrischer Kessel; **~ mixte** Heizungskessel *m* für Mischbetrieb, Allbrandheizkessel *m*

chaudron [ʃodʀɔ̃] *m* [Koch]kessel *m*

chaudronnerie [ʃodʀɔnʀi] *f* **1.** (*industrie, corporation*) Eisen-, Blech- und Metallwarenindustrie *f;* (*usine*) Eisen-, Blech- und Metallwarenfabrik *f*
2. *vieilli* (*objets*) Eisen-, Blech- und Metallwaren *pl;* ***grande/petite ~*** Großbehälter *pl*/Haushaltsbehälter *pl*, Töpfe und Pfannen *pl*
3. (*fabrique de chaudrons*) Kesselschmiede *f;* (**~ *d'art***) Kupferschmiede *f*
▶ **~ industrielle** Kesselbau *m*
◆ **chaudronnerie d'art** (*objets*) [kunstgewerbliche] Kupferwaren; (*artisanat*) Kupferschmiedekunst *f*

chaudronnier [ʃodʀɔnje] *m* (*artisan*) Kupferschmied *m*, Kesselschmied *m veraltet;* (*ouvrier*) Kesselbauer *m*

chauffage [ʃofaʒ] *m* **1.** (*installation*) Heizung *f;* **~ *à air pulsé*** Warmluftheizung, Heißluftheizung; **~ *au bois/au charbon/au mazout/au gaz*** Holz-/Kohle-/Öl-/Gasheizung
2. (*action*) Heizen *nt;* [*métal*] Erhitzen *nt*
▶ **~ par accumulation** Elektrospeicherheizung *f;* **~ par le sol** Fußbodenheizung *f;* **~ central** Zentralheizung *f;* **~ *central au mazout/gaz*** Öl-/Gaszentralheizung *f;* **~ collectif** Sammelheizung *f*, Gebäudezentralheizung *f;* **~ compris** einschließlich Heizkosten; ***le loyer se monte à 2.500 F ~ compris*** die Warmmiete beträgt 2500 F; **~ électrique** elektrische Heizung, Elektroheizung *f;* **~ individuel** eigene Heizanlage (*ohne Anschluss an Fernwärme*); (*dans un HLM*) Etagenheizung *f;* **~ urbain** Fernwärme *f*
◆ **chauffage d'appoint** [Zusatz]heizgerät *nt*

chauffagiste [ʃofaʒist] *mf* Heizungsmonteur(in) *m(f)*

chauffant, e [ʃofɑ̃, ɑ̃t] *adj* Heiz-; ***brosse ~e*** Lockenbürste *f*

chauffard [ʃofaʀ] *m* Verkehrsrowdy [-raudi] *m*

chauffe [ʃof] *f* **1.** (*lieu*) Feuerraum *m;* [*fonderie a.*] Heizraum *m;* [*navire*] Kesselraum *m*
2. (*action*) ■ **la ~ de qc** das Heizen einer S. (*gen*); *d'un moteur* das Warmlaufen einer S. (*gen*); ***allure de ~*** Heizstufe *f*

chauffe-assiette[s] <~-~s> [ʃofasjɛt] *m* Tellerwärmer *m* **chauffe-bain** <~-~s> [ʃofbɛ̃] *m* Boiler *m* **chauffe-biberon** <~-~s> [ʃofbibʀɔ̃] *m* Flaschenwärmer *m*, Fläschchenwärmer *m* **chauffe-eau** [ʃofo] *m inv* Durchlauferhitzer *m;* (*à accumulation*) Boiler *m*, Heißwasserbereiter *m* **chauffe-pieds** [ʃofpje] *m inv* Fußwärmer *m* **chauffe-plat** <~-~s> [ʃofpla] *m* Warmhalteplatte *f*

chauffer <1> [ʃofe] **I.** *vi* **1.** (*être sur le feu*) ■ **qc chauffe** /*aliment, eau*/ etw wird warm, etw erwärmt sich; (*très chaud*) etw wird heiß; ■ **qn fait ~ qc** jd wärmt etw [auf]/jd macht etw heiß; *eau* jd setzt etw auf; *biberon* jd macht etw warm; ***faites ~ l'eau pendant dix minutes/jusqu'à [l']ébullition*** erwärmen [*o* erhitzen] Sie das Wasser für zehn Minuten/bringen Sie das Wasser zum Kochen
2. (*devenir chaud*) ■ **qc chauffe** etw wird warm; (*très chaud*) etw wird heiß; /*moteur*/ etw läuft warm; ■ **qn fait ~ qc** *four* jd heizt etw vor; ***qn fait ~ un bain*** jd macht Badewasser heiß; ***il faut laisser ~ le moteur*** man muss den Motor warm laufen lassen
3. (*devenir trop chaud*) ■ **qc chauffe** /*freins, moteur, roue*/ etw läuft heiß; /*appareil*/ etw überhitzt; /*pneu*/ etw wird heiß
4. (*donner de la chaleur*) ■ **qc chauffe** etw heizt
5. ■ **qn chauffe à qc** *au bois, fioul, gaz* jd heizt mit etw
▶ **qn met qc à ~** jd wärmt etw; *soupe, plat* jd macht etw heiß; *assiettes* jd wärmt etw vor; **ça va ~** *fam* es wird was setzen *fam;* **ça chauffe** es geht heiß her; **tu chauffes** (*tu y es presque*) warm!
II. *vt* **1.** ■ **qc chauffe qn** etw wärmt jdn; ■ **qc chauffe qc** etw erwärmt/erhitzt etw; ■ **qc lui chauffe qc** etw wärmt jdm etw; ■ **qn chauffe qn** jd heizt für jdn; ■ **qn chauffe qc** *maison, pièce* jd heizt etw; *eau* jd macht etw heiß; *biberon* jd macht etw warm; *lit* jd wärmt etw auf
2. TECH ■ **qn chauffe qc** *métal, verre, liquide* jd erhitzt etw; *chaudière* jd heizt etw an, jd heizt etw ein; *locomotive* jd setzt etw unter Dampf
3. (*exciter*) ■ **qn/qc chauffe qn/qc** *auditoire, salle* jd/etw heizt jdn/etw auf
4. *fam* (*stimuler*) ■ **qn chauffe qn** *élève, sportif, candidat* jd drillt jdn
III. *vpr* ■ **qn/un animal se chauffe [à/près de qc]** *au soleil* jd/ein Tier wärmt sich [in etw (*dat*)]; *près du radiateur, poêle* jd/ein Tier wärmt sich [an etw (*dat*)]; ■ **qn se chauffe à qc** *au gaz, charbon etc* jd heizt mit etw; ■ **qn se chauffe qc [à qc]** jd wärmt [sich (*dat*)] etw [an etw (*dat*)]

chaufferie [ʃofʀi] *f* Heizungsraum *m*

chauffeur [ʃofœʀ] *m* Fahrer(in) *m(f);* (*personnel a.*) Chauffeur *m;* (*automobiliste*) Autofahrer(in)
▶ **~ routier** Fernfahrer(in) *m(f)*
◆ **chauffeur d'autobus, chauffeur de bus** Busfahrer(in) *m(f);* **chauffeur de camion** Lastwagenfahrer(in) *m(f)*, Lkw-Fahrer(in) *m(f);* **chauffeur de maître** Chauffeur *m;* **chauffeur de taxi** Taxifahrer(in) *m(f);* **chauffeur du dimanche** *péj* Sonntagsfahrer(in) *m(f)*

chauffeuse [ʃoføz] *f* Sessel *m*

chauler <1> [ʃole] *vt* ■ **qn chaule qc** *terre* jd düngt etw mit Kalk, jd kalkt etw

chaume [ʃom] *m* **1.** (*partie des tiges*) Stoppel *f*
2. *pl* (*champ*) Stoppelfeld *nt*
3. (*paille*) Stroh *nt*

chaumière [ʃomjɛʀ] *f* **1.** [*bûcheron, paysan*] strohgedeckte Hütte, ärmliches Häuschen
2. (*maison d'agrément*) Landhaus *nt* [mit Strohdach]
▶ **on parlera encore longtemps de qc dans les ~s** etw wird die Gemüter noch lange erregen; **qc fait pleurer dans les ~s** etw rührt die Herzen, etw drückt auf die Tränendrüsen *pej fam*

chaussée [ʃose] *f* **1.** (*voie*) Fahrbahn *f;* (*route, rue a.*) Straße *f*, Fahrdamm *m;* ***avant de traverser la ~*** vor dem Überqueren der Fahrbahn [*o* Straße]
2. (*digue*) Damm *m*
▶ **"~ déformée"** „Fahrbahnschäden"; **~ glissante** Straßenglätte *f;* (*panneau*) „Schleudergefahr"

chausse-pied <~-~s> [ʃospje] *m* Schuhlöffel *m*

chausser <1> [ʃose] **I.** *vt* **1.** (*mettre*) ■ **qn chausse qc** *chaussures* jd zieht etw an, jd schlüpft in etw (*akk*); *skis* jd schnallt etw an; *étriers* jd setzt die Füße in etw (*akk*); *fam lunettes* jd setzt etw auf; ***[qn est] chaussé(e) de bottes/baskets*** in Stiefeln/Turnschuhen, jd trägt Stiefel/Turnschuhe
2. (*mettre aux pieds de qn*) ■ **qn chausse qn** jd zieht jdm [die] Schuhe an
3. (*fournir en chaussures*) ■ **qn chausse qn** jd macht jdm die Schuhe; ***ce marchand nous chausse depuis 10 ans*** wir kaufen unsere Schuhe seit 10 Jahren in diesem Geschäft; ***qn se fait ~ sur mesure*** jd lässt sich (*dat*) Schuhe nach Maß [*o* Maßschuhe] anfertigen [*o* machen]
4. (*aller*) ■ **qc chausse qn …** etw passt jdm …
5. (*équiper de pneus*) ■ **qn chausse qc** jd bereift etw [neu]
II. *vi* ■ **qn chausse du …** jd trägt [*o* hat] Schuhgröße …; ***du combien chaussez-vous?*** welche Schuhgröße haben Sie?
▶ **qc chausse grand/large** etw fällt groß/breit aus
III. *vpr* ■ **qn se chausse** jd zieht [sich (*dat*)] Schuhe an; ***qn se chausse chez qn*** jd kauft seine Schuhe bei jdm

chausse-trap[p]e <~-~s> [ʃostʀap] *f* Fallgrube *f; fig* Fallstrick *m*

chaussette [ʃosɛt] *f* Socke *f*, Socken *m* SDEUTSCH; (*mi-bas*) Kniestrumpf *m;* **~*s de sport*** Sportsocken *pl*
▶ **qn a des ~s en accordéon** jds Socken sind heruntergerutscht; **qn se moque de qc comme de sa première ~** etw ist jdm schnurz[piep]egal *fam*, etw interessiert jdn nicht die Bohne *fam;* **qn laisse tomber qn comme une vieille ~** jd lässt jdn fallen wie eine heiße Kartoffel; **en ~s** in Socken

chausseur [ʃosœʀ] *m* **1.** (*marchand*) Schuh[waren]händler(in) *m(f)*
2. (*fabricant*) Schuhfabrikant(in) *m(f)*, Schuhhersteller(in) *m(f)*

chausson [ʃosɔ̃] *m* Hausschuh *m;* ***des ~s pour bébés*** Babyschuhe ['be:bi-] *pl*
▶ **~ fourré** gefütterter Hausschuh
◆ **chausson aux pommes** Apfeltasche *f;* **chausson de danse** Ballettschuh *m*, Spitzenschuh *m*

chaussure [ʃosyʀ] *f* **1.** (*soulier*) Schuh *m;* **~ *basse*** Halbschuh; **~ *habillée*** eleganter Schuh, Abendschuh; ■ **~ à** -schuh; **~ *à boucle/bride/lacets*** Schnallen-/Spangen-/Schnürschuh; **~ *à pattes*** Laschenschuh, Haferlschuh AUS, SDEUTSCH; **~*s à talons [hauts]*** Schuhe mit hohen Absätzen; **~*s montantes*** halbhohe Schuhe; **~*s plates*** flache Schuhe; **~*s vernies*** Lackschuhe; **~*s à crampons*** Spikes [ʃpaiks] *pl;* ■ **~ de** *de sport, ski* -schuh; **~ *de ville/marche*** Straßen-/Wanderschuh
2. (*industrie*) Schuhfabrikation *f;* (*commerce*) Schuhhandel *m*
▶ **qn trouve ~ à son pied** *fig* jd findet den Richtigen/die Richtige; ***chacun trouve ~ à son pied*** jeder Topf findet seinen Deckel *prov*

chauve [ʃov] **I.** *adj* kahl; *homme a.* kahlköpfig; ■ **qn est ~** jd hat eine Glatze
II. *m* Mensch *m* mit einer Glatze, Kahlkopf *m fam*, Glatzkopf *m fam*

chauve-souris <~s-~> [ʃovsuʀi] *f* Fledermaus *f*

chauvin, e [ʃovɛ̃, in] **I.** *adj* (*à propos de son pays*) chauvinistisch; (*à pro-*

pos de sa région/ville) lokalpatriotisch; ■ **qn est** ~ d ist [ein] Chauvinist/[eine] Chauvinistin/[ein] Lokalpatriot/[eine] Lokalpatriotin
II. *m, f* Chauvinist(in) *m(f);* Lokalpatriot(in) *m(f)*

chauvinisme [ʃovinism] *m (patriotisme)* Chauvinismus *m; (admiration exclusive de sa région/ville)* Lokalpatriotismus *m*

chaux [ʃo] *f* Kalk *m*
▶ ~ **éteinte/vive** gelöschter/ungelöschter Kalk; **qn blanchit** [*o* **passe**] **qc à la** ~ jd weißt etw [mit Kalk], jd kalkt etw, jd weißelt etw SDEUTSCH

chavirer <1> [ʃaviʀe] I. *vi* 1. *(se retourner)* ■ **qc chavire** */bateau/* etw kentert; ***ses yeux chaviraient*** er/sie verdrehte die Augen; ■ **qn/qc fait** ~ **qn/qc** jd/etw bringt jdn/etw zum Kentern
2. *(se déstabiliser)* ■ **qn/qc chavire** */valeurs morales/* jd/etw gerät ins Wanken; */gouvernement, entreprise/* jd/etw erleidet Schiffbruch
3. *(s'émouvoir)* ■ **qn chavire [de qc]** jd ist [vor etw *(dat)*] außer sich, jd ist [von etw] überwältigt; *de bonheur a.* jd überschlägt sich vor etw *(dat) fam;* ***mon cœur a chaviré*** ich war im Innersten aufgewühlt; ***mon cœur a chaviré de bonheur/douleur*** mein Herz sprang vor Freude/brach vor Kummer
II. *vt* 1. *(renverser)* ■ **qn chavire qc** *barque, table* jd wirft etw um; *bateau* jd bringt etw zum Kentern; TECH *navire* jd kippt etw
2. *(bouleverser)* ■ **qc chavire qn** etw erschüttert jdn, etw bringt jdn aus der Fassung
▶ [**qn est**] **tout(e) chaviré(e)** [jd ist] ganz [*o* völlig] außer sich

chéchia [ʃeʃja] *f* Fez *m,* Fes *m*

check-list <~-~s> [(t)ʃɛklist] *f* Checklist[e] *f* **check-up** [(t)ʃɛkœp] *m inv* 1. *(bilan de santé)* Checkup *m* 2. *[machine, voiture]* Generalüberprüfung *f*

chef [ʃɛf] *m* 1. *(responsable)* Chef(in) *m(f),* Vorgesetzte(r) *f(m);* ■ **la** ~ *fam* die Chefin; ■ ~ **de** *d'agence, des chœurs, de clinique, dépôt, d'établissement, de projet, rayon, service* -leiter(in) *m(f); du personnel a.* -chef(in), -direktor(in) *m(f); de produit a.* -manager(in) *m(f)* [-mænɪdʒɐ]; *de patrouille, train, troupe* -führer(in) *m(f); de bureau* -vorsteher(in) *m(f);* ~ ***d'atelier*** Werkmeister(in) *m(f);* ~ ***de bataillon*** Bataillonskommandeur *m;* ~ ***de bord*** Chefsteward/-stewardess *m/f;* ~ ***de cabinet*** persönlicher Referent/persönliche Referentin [eines Ministers]; ~ ***de chantier*** Polier *m;* ~ ***de classe*** Klassensprecher(in) *m(f);* ~ ***de cuisine*** Küchenchef(in) *m(f);* ~ ***de famille*** Familienoberhaupt *nt;* ~ ***de gare*** Bahnhofsvorsteher(in) *m(f);* ~ ***de gouvernement/d'État*** Regierungschef(in)/Staatschef(in), Staatsoberhaupt *nt;* ~ ***d'entreprise*** Firmenchef(in); ~ ***d'équipe*** Vorarbeiter(in) *m(f);* ~ ***d'escadron*** *(dans la marine)* Geschwaderkommandeur *m; (dans les blindés)* Major *m; (dans la cavalerie)* Rittmeister *m veraltet;* ~ ***d'état-major*** Stabschef; ~ ***de tribu*** [Stammes]häuptling *m;* ~ ***d'orchestre*** Dirigent(in) *m(f);* ■ ~ + *métier* Chef-; ~ ***boucher/pâtissier*** Leiter(in) der Metzgerei/Konditorei *m;* ~ ***de bande*** Anführer(in) *m(f)* einer Bande
2. *(meneur)* [An]führer(in) *m(f)*
3. *fam (personne remarquable)* Ass *nt fam;* ***il se débrouille comme un*** ~ er macht das fabelhaft *fam*
4. *(sergent~)* Feldwebel *m,* Feld *m spec fam;* ***oui*** ~! zu Befehl!
5. *(cuisinier)* Chefkoch/-köchin *m/f,* Küchenchef(in) *m(f);* ~! Küche
6. *vieux (tête)* Haupt *nt geh*
▶ **le grand** ~ *fam* der Boss *fam;* **qn joue au petit** ~ *fam* jd spielt sich als Chef auf; **au premier** ~ in erster Linie; **de son propre** ~ von selbst; ~ **syndicaliste** Gewerkschaftsführer(in) *m(f),* Gewerkschaftsboss *m fam;* **qn opine du** ~ *fam* jd nickt zustimmend; **qn se prend pour un** ~ jd hält sich für den Größten/die Größte; **en** ~: ***rédacteur/ingénieur en*** ~ Chefredakteur/-ingenieur *m;* ***le commandant en*** ~ der Oberkommandierende; **sous le** ~ **de qc** unter der Anklage einer S. *(gen)*
◆ **chef d'accusation** Hauptanklagepunkt *m;* **chef de file** [führender] Kopf; ***le*** ~ ***de file de l'opposition*** der Oppositionsführer/die Oppositionsführerin; **chef d'inculpation** Anklagepunkt *m*

chef-d'œuvre <~s-~> [ʃɛdœvʀ] *m* Meisterwerk *nt* ▶ **qc est un** ~-~ **de mauvais goût** *iron* etw ist ein Meisterwerk [*o* das Nonplusultra] des schlechten Geschmacks **chef-lieu** <~s-~x> [ʃɛfljø] *m* Hauptstadt *f;* ■ ~-~ **de** Hauptstadt (+ *gen*), -hauptstadt; ~-~ ***de département/de canton*** Hauptstadt des Departements/Kantonshauptstadt

cheftaine [ʃɛftɛn] *f* Führerin *f; iron* Chefin *f*

cheik [ʃɛk] *m* Scheich *m*

chelem [ʃlɛm] *m* Schlemm *m*
▶ **grand** ~ CARTES Großschlemm *m;* TENNIS Grand Slam *m; (en rugby) Sieg in allen Begegnungen des Fünf-Nationen-Turniers*

chemin [ʃ(ə)mɛ̃] *m* 1. *(voie)* Weg *m;* ~ ***muletier/forestier*** Esels-/Waldpfad *m,* Waldweg; ~ ***vicinal*** Gemeindeverbindungsstraße *f;* ■ ~ **de** *de côte* -weg; *de montagne a.* -pfad *m;* ~ ***d'accès à qc*** Zufahrt[sweg *m*] *f* zu etw; ***le*** ~ ***de la vie*** der Lebensweg
2. *(distance à parcourir)* Strecke *f,* Weg[strecke *f*] *m; (d'un point à un autre)* Verbindung *f; (pour réussir)* Weg[strecke]; ***un bon bout de*** ~ eine ganz nette Strecke *fam;* ***deux heures de*** ~ zwei Stunden Weg[s], zwei Wegstunden; *(en voiture a.)* zwei Stunden Fahrt, zwei Autostunden
3. *(méthode, voie)* Weg *m;* ■ **le** ~ **de qc** der Weg zu etw
4. INFORM Pfad *m*
▶ **qn prend le** ~ **des écoliers** jd trödelt herum; **tous les** ~**s mènent à Rome** *prov* viele Wege führen nach Rom; **il y a encore beaucoup de** ~ **à faire** [*o* **à parcourir**] jd hat noch einen weiten Weg vor sich *(dat);* **qn ne s'arrête pas en si bon** [*o* **beau**] ~ jd bleibt nicht auf halbem Weg stehen; **qn est en bon** ~ jd ist auf dem richtigen Weg; **qn est sur le bon/mauvais** ~ jd ist auf dem richtigen/falschen Weg; *fig* jd ist auf dem rechten/falschen Weg; **qn prend le bon/mauvais** ~ jd schlägt den richtigen/falschen Weg ein; *fig* jd schlägt den rechten Weg ein/jd geht krumme Wege; ~ **creux** Hohlweg *m;* **qn est sur** [*o* **dans**] **le droit** ~ jd ist auf der rechten Bahn; **qn s'éloigne du droit** ~ jd kommt vom rechten Weg ab; **qn se met sur** [*o* **dans**] **le droit** ~ jd findet den richtigen Weg; **qn reste dans** [*o* **sur**] **le droit** ~ jd bleibt auf der rechten Bahn [*o* dem rechten Weg]; **qn n'y va pas par quatre** ~**s** *(en parlant)* jd macht keine Umschweife; *(en agissant)* jd fackelt nicht lange *fam;* **qn abat du** ~ jd kommt gut voran; **qn s'arrête en** ~ jd bleibt auf halber Strecke [*o* auf halbem Weg] stehen, jd gibt auf; **qn change de** ~ jd nimmt einen anderen Weg; **qn demande son** ~ **à qn** jd fragt jdn nach dem Weg; **qn/qc détourne qn de son** ~ jd/etw bringt jdn vom Weg ab; **qn s'écarte de son** ~ jd macht einen Umweg; *(accidentellement)* jd kommt vom Weg ab; **qn est sur le** ~ **de qc** jd ist auf dem Weg zu etw; ~ **faisant** unterwegs; **qn fait du/beaucoup de** ~ jd kommt voran/schnell voran; **qn fait un/une ... de** ~ jd legt ein/eine ... [des Wegs] zurück; ***qn fait une partie du*** ~ jd legt einen Teil des Weges [*o* der Strecke] zurück; **qn fait le** ~ **à/en qc** *à bicyclette, en autobus, voiture* jd fährt die Strecke mit etw; ***qn fait le*** ~ ***à pied/cheval*** jd legt die Strecke zu Fuß/Pferd zurück, jd macht den Weg zu Fuß/Pferd; **qc fait son** ~ etw gewinnt an Boden; **qn fait son** ~ [**quelque part**] jd macht seinen Weg [irgendwo]; **qn se met en** ~ jd macht sich auf den Weg; **qn se met en travers du** [*o* **sur le**] ~ **de qn** jd stellt sich jdm in den Weg; **qn montre le** ~ **à qn** jd macht es jdm vor; **qn/qc ouvre le** ~ **à qn** jd/etw weist jdm den Weg; **que de** ~ **parcouru!** was für ein Riesenfortschritt!; **qn passe son** ~ jd geht seiner Wege; **qn prend un** ~ **quelconque** jd nimmt irgendeinen Weg; **qn prend le** ~ **de ...** jd geht in Richtung ...; ***qn prend le*** ~ ***de la gare*** jd geht in Richtung Bahnhof; **qn/qc en prend/n'en prend pas le** ~ jd/etw ist auf dem besten Weg dahin/tut nichts dergleichen; ***ça en prend/n'en prend pas le*** ~ es sieht ganz/nicht danach aus; **qn rebrousse** ~ jd kehrt um, jd macht kehrt; **qn reste en** ~ jd bleibt auf der Strecke; */coureur automobile/* jd bleibt auf der Strecke liegen; **qn revient sur le** ~ **de qc** *fig:* ***qn revient sur le*** ~ ***de la vertu*** jd kehrt auf den Pfad der Tugend zurück; ***qn revient sur le*** ~ ***de la sagesse*** jd besinnt sich; **qn trace le** ~ **à qn** jd ebnet jdm den Weg; **qn se trompe de** ~ *(à pied)* jd verläuft sich; *(en voiture)* jd verfährt sich; **qn trouve qn/qc sur son** ~ jd trifft [auf] jdn/jd stößt auf etw *(akk); fig* **qn se trouve sur le** ~ **de qn** jd steht jdm im Weg; **qn va son** ~ jd lebt sein Leben; **en** ~ unterwegs
◆ **chemin de croix** Kreuzweg *m; fig* Leidensweg *m;* **chemin de fer** Eisenbahn *f;* ***qn voyage en*** ~ ***de fer*** jd reist mit der [Eisen]bahn [*o* per Bahn]; ***les*** ~***s de fer français*** die französische Eisenbahn; **chemin de halage** Treidelweg *m,* Treidelpfad *m;* **chemin de ronde** Wehrgang *m;* **chemin de table** Tischläufer *m;* **chemin de terre** Feldweg *m;* **chemin de traverse** Querfeldeinweg *m*

cheminée [ʃ(ə)mine] *f* 1. *(à l'extérieur) [maison]* Schornstein *m,* Kamin *m; [usine a.]* Schlot *m,* Esse *f; [paquebot, locomotive]* Schornstein
2. *(dans une pièce)* [offener] Kamin
3. *(encadrement du foyer)* Kamin[einfassung *f*] *m;* ***sur la*** ~ auf dem/den Kaminsims
4. *(conduit)* Kamin[schacht] *m*
5. GEOL *[volcan]* Schlot *m;* ALPIN Kamin *m*
◆ **cheminée d'aération** Lüftungsschacht *m,* Luftschacht *m*

cheminement [ʃ(ə)minmɑ̃] *m* 1. *[personne]* Dahinwandern *nt; [eau]* Sickern *nt; [sentier]* Verlauf *m;* ***qn suit le*** ~ ***classique*** jd schlägt den üblichen Weg [*o* die klassische Laufbahn] ein
2. MIL Vorrücken *nt*
3. *fig [pensée]* Entwicklung *f;* ***le*** ~ ***de ta pensée*** deine Gedankengänge

cheminer <1> [ʃ(ə)mine] *vi* 1. ■ **qn chemine** jd schreitet dahin, jd zieht seines Weges; ■ **qn chemine quelque part** jd ist auf dem Weg irgendwohin; ■ **qc chemine quelque part** etw verläuft irgendwo; */eau a./* etw sickert irgendwo; */sentier a./* etw zieht sich irgendwo hin
2. MIL ■ **qn chemine quelque part** jd rückt irgendwohin vor; ■ **qn chemine vers qc** jd rückt in Richtung auf etw *(akk)* vor
3. *fig (progresser lentement)* ■ **qc chemine** */pensée, idée/* etw entwickelt sich; ***sa pensée cheminait de façon tortueuse*** seine/ihre Gedanken folgten gewundenen Pfaden

cheminot [ʃ(ə)mino] *m* Eisenbahner *m*

chemise [ʃ(ə)miz] *f* 1. *(vêtement)* Hemd *nt;* ***il est en*** ~ er ist in Hemdsärmeln; ~ ***d'homme*** Herrenhemd
2. *(dossier)* [Akten]mappe *f; (à deux côtés)* Aktendeckel *m*
3. AUT Ummantelung *f*
▶ ~ **américaine** Unterhemd *nt,* T-Shirt *nt;* ~**s brunes** HIST Braunhemden *pl;* ~ **cartonnée** Aktendeckel *m;* **qn laisse dans qc/y laisse jusqu'à sa dernière** ~ jd verliert bei etw sein letztes Hemd/jd verliert [noch] sein letztes Hemd; **qn se soucie** [*o* **se fiche** *fam*] [*o* **se moque**] **de qc comme de sa première** ~ etw kümmert jdn nicht im Geringsten, etw schert jdn einen Dreck *fam;* **qn change de qn/qc comme de** ~ jd wechselt jdn/etw wie das Hemd
◆ **chemise de cylindre** Zylindermantel *m;* **chemise de nuit** Nachthemd *nt*

chemiserie [ʃ(ə)mizʀi] *f* 1. *(magasin)* Hemdengeschäft *nt*
2. *(rayon)* Hemdenabteilung *f*
3. *(industrie)* Herrenartikelindustrie *f*

chemisette [ʃ(ə)mizɛt] *f* kurzärmeliges Hemd

chemisier [ʃ(ə)mizje] *m* Bluse *f*

chênaie [ʃɛnɛ] *f* Eichenwald *m,* Eichenhain *m*

chenal <-aux> [ʃənal, o] *m* 1. *(passage)* Fahrrinne *f*
2. *(courant)* Kanal *m;* ***un*** ~ ***d'usine/de moulin*** ein Werk[s]-/Mühlkanal, ein Mühlgraben *m*

chenapan [ʃ(ə)napɑ̃] *m* 1. *(vaurien)* Strolch *m,* Taugenichts *m*
2. *hum (enfant)* Frechdachs *m; (garçon a.)* Lausbub *m,* Strolch *m*

chêne [ʃɛn] *m* 1. *(arbre)* Eiche *f*
2. *(bois)* Eiche[nholz *nt*] *f*
▶ **qn est fort(e) comme un** ~ jd ist bärenstark; ~ **vert** Steineiche *f*

chéneau <x> [ʃeno] *m* Dachrinne *f*
chêne-liège <~s-~s> [ʃɛnljɛʒ] *m* Korkeiche *f*
chenet [ʃ(ə)nɛ] *m* Kaminbock *m*
chenil [ʃ(ə)nil] *m* (*lieu d'élevage*) Zwinger *m;* (*lieu de garde*) Tierheim *nt,* Hundeheim *nt;* (*cage*) [Hunde]zwinger *m*
chenille [ʃ(ə)nij] *f* **1.** ZOOL Raupe *f*
2. (*attraction foraine*) Berg-und-Tal-Bahn *f*
3. [*chars, engin de chantier*] Raupe[nkette *f*] *f,* [Gleis]kette *f*
4. TEXTIL Chenille *f*
◆ **chenille du mûrier** Maulbeer[seiden]spinner *m,* Seidenraupe *f*
chenillé, e [ʃ(ə)nije] *adj char, engin* Raupen[ketten]-, [Gleis]ketten-; ■ **qc est** ~ etw hat Raupen[ketten] [*o* [Gleis]ketten]
chenu, e [ʃəny] *adj littér* schlohweiß *geh; personne a.* weißhaarig; *arbre* alt und kahl
cheptel [ʃɛptɛl] *m* Viehbestand *m;* ~ ***bovin/ovin/porcin*** Rinder-/Schaf-/Schweinebestand *m*
► ~ **mort/vif** JUR totes/lebendes Inventar
chèque [ʃɛk] *m* **1.** (*pièce bancaire*) Scheck *m;* ***qn fait un*** ~ [***de 100 DM***] [***à qn***] jd stellt [jdm] einen Scheck [über 100 DM] aus; ***qn émet*** [*o* ***établit***] [*o* ***libelle***] ***un*** ~ [***de 100 DM***] ***à qn*** jd stellt jdm einen Scheck [über 100 DM] aus, jd stellt einen Scheck [über 100 DM] auf jdn aus; ***qn touche un*** ~ jd bekommt einen Scheck; ***qn paie par*** ~ jd zahlt mit [*o* per] Scheck
2. (*bon*) Gutschein *m*
► ~ **sans provision** ungedeckter Scheck; ~ **bancaire** Bankscheck *m;* ~ **barré** Verrechnungsscheck *m;* ~ **postal** Postscheck *m;* ~ **prébarré** bankseitig gekreuzter Scheck
◆ **chèque à ordre** Namensscheck *m,* Orderscheck *m;* **chèque au porteur** Überbringerscheck *m,* Inhaberscheck *m;* **chèque de voyage** Reisescheck *m;* **chèque en blanc** Blankoscheck *m;* **chèque en bois** *fam* ungedeckter Scheck
chèque-cadeau <~s-~> [ʃɛkkado] *m* Geschenkgutschein *m* **chèque-repas** <~s-~> [ʃɛkʀ(ə)pɑ] *m* [Essens]bon *m,* Essensgutschein *m* **chèque-restaurant** <~s-~> [ʃɛkʀɛstɔʀɑ̃] *m* Essensgutschein *m* (*für bestimmte Restaurants*), Restaurantscheck *m* **chèque-vacances** <~s-~> [ʃɛkvakɑ̃s] *m Berechtigungsgutschein für verbilligten Urlaub, zu dem der Arbeitgeber einen Zuschuss als freiwillige Sozialleistung zahlt*
chéquier [ʃekje] *m* Scheckbuch *nt,* Scheckheft *nt*
► **qn est interdit(e) de** ~ jd ist nicht [mehr] scheckfähig, jd ist vom Scheckverkehr ausgeschlossen
cher, chère [ʃɛʀ] **I.** *adj* **1.** (*coûteux*) teuer; *vie a.* kostspielig; ***c'est moins*** ~ ***ici*** hier ist es billiger
2. (*aimé*) lieb; *ami a.* teuer *geh;* ***c'est mon plus*** ~ ***désir*** das ist mein innigster Wunsch; ***des souvenirs*** ~***s/des pensées chères à mon cœur*** lieb gewordene Erinnerungen/Gedanken; ***c'est ce qu'il a de plus*** ~ [***au monde***] das ist das Kostbarste, was er besitzt; das ist sein teuerstes Gut; ■ [**qc est**] ~ **à qn** [etw ist] jdm lieb und teuer, etw bedeutet jdm viel
3. *antéposé* (*formule de politesse*) liebe(r, s); ***chère Élodie,*** ~ ***Gérard*** liebe Élodie, lieber Gérard; ~ ***Monsieur, chère Madame,*** ~***s tous*** lieber Herr X, liebe Frau X, Ihr Lieben; ***Monsieur et*** ~ ***collègue*** lieber Herr Kollege; ***mes*** ~***s auditeurs*** liebe [*o* verehrte *geh*] Zuhörer; ***mes bien*** ~***s frères!*** meine geliebten Brüder!
► **qc est trop** ~ **pour ce que c'est** etw ist seinen Preis nicht wert
II. *m, f* ► **mon** ~**/ma chère** mein Lieber/meine Liebe; **très** ~**/très chère** *soutenu* Teuerster/Teuerste *geh*
III. *adv* teuer; ***qn a acheté qc trop*** ~ jd hat für etw zu viel bezahlt; ***qc vaut*** ~ etw ist teuer, etw ist viel [Geld] wert; ***qn vend trop*** ~ jd ist zu teuer; ***le pain y est vendu moins*** ~ das Brot gibt es dort billiger
► **qn a qc pour pas** ~ *fam* jd ersteht [*o* bekommt] etw billig; **qc coûte** ~ etw ist teuer, etw kostet viel [Geld]; **qc coûte** ~ **à qn** etw kostet jdn viel [Geld], etw kommt jdn teuer *geh; fig* etw kommt jdn teuer zu stehen; **qn ne donne pas** ~ **de qc** jd gibt einer S. (*dat*) keine großen Chancen; **qn donnerait** [*o* **paierait**] ~ **pour qc/pour faire qc** jd würde viel für etw geben/viel dafür geben, etw zu tun; **ça fait** ~ *fam* das ist teuer; **qn paie** ~ **qc** jd bezahlt etw teuer, jd bezahlt viel Geld für etw; *fig* jd zahlt einen hohen Preis für etw, jd erkauft sich (*dat*) etw teuer; ***tu me le paieras*** ~ das wirst du mir schwer büßen; **qc n'est pas** ~ **payé(e)** etw ist geschenkt; **qn fait payer** ~ **à qn** [**pour**] **qc** jd verkauft jdm etw teuer, jd verlangt einen hohen Preis [*o* viel Geld] für etw; *fig* jd lässt jdn etw teuer bezahlen, jd verlangt einen hohen Preis für etw; **qc revient** ~ [**à qn**] etw kostet [jdn] viel; **qn ne vaut pas** ~ jd ist nicht viel wert
chercher <1> [ʃɛʀʃe] **I.** *vt* **1.** (*s'efforcer de trouver*) ■ **qn cherche qn/qc** jd sucht jdn/etw; *personne, objet a., compromis* jd sucht nach jdm/etw; ***qn cherche qc à tâtons*** jd tastet nach etw; ***j'ai cherché le sommeil*** ich habe versucht einzuschlafen; ***elle cherchait son frère des yeux*** [*o* ***du regard***] sie hielt nach ihrem Bruder Ausschau, sie sah sich nach ihrem Bruder um; ***il cherche ses mots*** er sucht nach Worten
2. (*s'efforcer d'obtenir*) ■ **qn cherche qn/qc** *ami, travail* jd sucht jdn/etw; *gloire* jd strebt nach etw; ***qn ne cherche que son avantage*** [*o* ***intérêt***] jd ist nur auf seinen Vorteil bedacht [*o* aus]; ***cherche femme de ménage*** Putzfrau gesucht
3. (*provoquer*) ■ **qn cherche qc** *bagarre* jd sucht etw; *danger* jd fordert etw heraus; ***tu cherches vraiment l'accident*** du lässt es wirklich auf einen Unfall ankommen, du legst es wirklich auf einen Unfall an; ■ **qn cherche qn** *fam* jd sucht mit jdm Streit; ***si tu me cherches, tu va me trouver*** wenn du mit mir streiten willst, dann bitte sehr!
4. (*ramener, rapporter*) ■ **qn va** ~ **qn/qc** [**quelque part**], ■ **qn vient** ~ **qn/qc** [**quelque part**] jd holt jdn/etw [irgendwo] ab; ■ **qn va lui** ~ **qn/qc** jd holt ihm/ihr jdn/etw; ■ **qn envoie qn** ~ **qn/qc** jd schickt jdn jdn/etw holen; ***veux-tu que j'envoie quelqu'un te*** ~ ***le médecin?*** soll ich den Arzt rufen lassen?
► **qu'est-ce que tu vas** ~ [**là**]! wie kommst du denn darauf!; **qn l'a** [**bien**] **cherché!** jd hat es ja so gewollt!
II. *vi* **1.** (*s'efforcer de*) ■ **qn cherche à faire qc** jd versucht etw zu tun; ***il cherche sans cesse à me faire plaisir*** er will mir ständig eine Freude machen; ■ **qn cherche à ce que** + *subj* jd ist bestrebt [*o* bemüht], dass
2. (*essayer de trouver*) ■ **qn cherche** [**dans qc**] jd sucht [in etw (*dat*)]; ■ **qn/un animal cherche** [**dans qc**] (*fouiller*) jd/ein Tier stöbert [in etw (*dat*)] herum; ■ **qn cherche** (*réfléchir*) jd denkt nach; ***cherche un peu dans tes souvenirs*** versuch, dich zu erinnern
► **ça peut aller** ~ **loin!** *fam* das kann teuer werden!; [**il ne**] **faut pas** ~ **à comprendre!** man sollte erst gar nicht versuchen, es zu verstehen!; **cherchez et vous trouverez!** *prov* suchet, so werdet ihr finden; **ça va** ~ **dans les ...** *fam dans les 1000/2000 F* das kommt auf ... *fam; dans les 20 ans de prison* das gibt etwa [*o* ungefähr] ... *fam*
III. *vpr* ■ **qn se cherche** jd sucht sich [selbst], jd ist auf der Suche nach sich selbst
chercheur, -euse [ʃɛʀʃœʀ, -øz] **I.** *adj: esprit* ~ Forschergeist *m;* ***une fusée à tête*** ~***euse*** eine Rakete mit Suchkopf
II. *m, f* **1.** UNIV Forscher(in) *m(f)*
2. ■ ~(-euse) **de** *d'or* -gräber(in) *m(f); de trésors* -sucher(in) *m(f);* ~ ***de champignons*** Pilzesammler *m,* Pilzesucher
III. *m* **1.** TECH: ***des*** ~***s de fuite*** Gasspürgeräte
2. ASTRON Sucher *m*
chère [ʃɛʀ] *f vieux* Essen *nt,* Kost *f*
► **qn fait bonne** ~ *soutenu* jd isst gut
chèrement [ʃɛʀmɑ̃] *adv* **1.** *acquis, payer, vendre* teuer
2. (*pieusement*): ***qn conserve*** ~ ***le souvenir de qn*** jd hält jds Andenken in Ehren, jd bewahrt jdm ein treues Andenken; ***qn aime*** ~ ***qn*** jd liebt jdn von Herzen
chéri, e [ʃeʀi] **I.** *adj* geliebt; ***l'enfant*** ~ ***du public français*** der Liebling des französischen Publikums
II. *m, f* **1.** ■ [**mon/ma**] ~(**e**) [mein] Liebling *m* [*o* Schatz *m*] [*o* Schätzchen *nt*]; ■ **mes** ~(**e**)**s** meine Lieben
2. *péj* (*chouchou*) ■ ~(**e**) **de qn** jds Liebling *m*
3. *fam* (*petit ami*) ■ **ton/ta/son/sa** ~(**e**) dein/sein/ihr Liebling *m* [*o* Schatz *m*] [*o* Schätzchen *nt fam*]
chérir <8> [ʃeʀiʀ] *vt littér* **1.** (*aimer*) ■ **qn chérit qn** jd liebt jdn [zärtlich]
2. (*être attaché*) ■ **qn chérit qc** *mer, liberté* jd liebt etw; ***il chérit la mémoire*** [*o* ***le souvenir***] ***de son père défunt*** er hält die Erinnerung an seinen verstorbenen Vater hoch in Ehren
chérot [ʃeʀo] *adj fam* ► **c'est** ~, **ça fait** [**un peu**] ~ das ist [ganz schön] teuer
cherry <s *o* cherries> [ʃeʀi] *m* Cherry Brandy ['(t)ʃɛri'brændi] *m*
cherté [ʃɛʀte] *f vieilli* hoher Preis; ~ ***de la vie*** hohe Lebenshaltungskosten
chérubin [ʃeʀybɛ̃] *m* **1.** REL Cherub *m;* ***les*** ~***s*** die Cherubinen
2. (*enfant*) Engel *m;* ***mon petit*** ~ mein Engelchen
chétif, -ive [ʃetif, -iv] *adj* **1.** *animal, arbre* kümmerlich; *personne, corps* schwächlich, schmächtig
2. *littér* (*minable*) *insecte* schäbig; *récolte* mager
chevaine [ʃəvɛn] *m v.* **chevesne**
cheval <-aux> [ʃ(ə)val, o] *m* **1.** (*animal*) Pferd *nt;* ***un carrosse à deux/six*** ~***aux*** ein Zweispänner/Sechsspänner *m;* ***qn tombe de*** ~ jd fällt vom Pferd
2. (*personne infatigable*) Pferd *nt fam;* ***Anatole, au boulot, c'est un vrai*** ~ Anatole arbeitet wie ein Pferd *fam*
3. *péj fam* (*femme masculine*) Pferd *nt fam*
4. *péj vieilli* (*rustre*) Bauer *m fam*
5. AUT (*puissance*) Pferdestärke *f,* PS *f;* ***elle fait combien de*** ~***aux, votre voiture?*** wie viel PS hat Ihr Wagen?
6. FISC *Einheit zur Berechnung der Kfz-Steuer;* ***Beate a une deux***[-]~***aux*** Beate hat einen 2 CV [*o* eine Ente *fam*]; ***une quatre*** ~***aux*** *ein Wagen mit Steuerklasse 4 CV*
7. ECHECS Pferd *nt,* Springer *m*
8. SPORT ■ **le** ~ das Reiten
► ~ **arabe** Araber *m;* **qn mise sur le bon/mauvais** ~ *fig* jd setzt auf das richtige/falsche Pferd; **qn change son** ~ **borgne contre** [*o* **pour**] **un** [~] **aveugle** jd kommt vom Regen in die Traufe *fam;* ~ **entier** Hengst *m;* ~ **fiscal** *Kfz-Steuereinheit;* **qn monte sur ses grands** ~**aux** jd braust auf, jd geht hoch *fam;* ~ **marin** *vieux* Seepferdchen *nt;* **ce n'est pas un** [*o* **le**] **mauvais** ~ *fam* er ist kein schlechter Kerl *fam;* **qn joue aux petits** ~**aux** jd spielt Mensch-ärgere-dich-nicht (*mit Pferdefiguren*); ~ **sauvage** Wildpferd *nt;* **qn/qc est à** ~ **sur qc**: ***il est à*** ~ ***sur sa chaise/sur une branche*** er sitzt rittlings auf dem Stuhl/auf dem Ast; ***le village est à*** ~ ***sur deux régions*** das Dorf liegt genau [an der Grenze] zwischen zwei Regionen; ***le paiement de la facture est à*** ~ ***sur deux mois*** die Zahlung der Rechnung erstreckt sich über zwei Monate; **qn est à** ~ **sur qc** *sur le règlement, la discipline* jd nimmt es mit etw peinlich genau; ***le directeur est à*** ~ ***sur les principes*** der Direktor ist ein Prinzipienreiter; **qn fait du** ~ jd reitet; ***qn apprend à faire du*** ~ jd lernt reiten; **qn monte à** ~ jd reitet; **qn va à** ~ jd reitet; **à** ~ *promenade* zu Pferd
◆ **cheval à bascule** Schaukelpferd *nt;* **cheval d'arçons** *inv* SPORT Pferd *nt;* **cheval de bataille** *fig* Lieblingsthema *nt,* bevorzugtes Thema; **cheval de boucherie** Schlachtpferd *nt;* **cheval de cirque** Zirkuspferd *nt;* **cheval de course** Reitpferd *nt;* **cheval de fiacre** Kutschpferd *nt;* **cheval de frise** spanischer Reiter; **cheval de labour** Zugpferd *nt,* Ackergaul *m fam;* **cheval de manège** Dressurpferd *nt;* **cheval de poste** [*o* **relais**] Postpferd *nt;* **cheval de retour** *fig* Rückfällige(r) *f(m),* alte(r) Bekannte(r) der Polizei; **cheval de selle** Reitpferd *nt;* **cheval de trait** Zugpferd *nt;* **cheval de Troie** Trojanisches Pferd; *fig* Danaergeschenk *nt;* **chevaux de bois**

Pferdekarussell *nt*

cheval-d'arçons [ʃ(ə)valdaʀsɔ̃] *m inv* SPORT Pferd *nt*

chevalement [ʃ(ə)valmɑ̃] *m* (*madrier*) Gerüstbock *m*, Abstützung *f*, Verstrebung *f*; MIN Fördergerüst *nt*

chevaleresque [ʃ(ə)valʀɛsk] *adj* (*courtois*) ritterlich; *littérature* höfisch; (*généreux*) ehrenhaft; ***honneur*** ~ Ritterehre *f*

chevalerie [ʃ(ə)valʀi] *f* Rittertum *nt*; ***ordre de*** ~ Ritterorden *m*

chevalet [ʃ(ə)valɛ] *m* [*menuisier*] Sägebock *m*; [*peintre*] Staffelei *f*; [*violon*] Steg *m*

chevalier [ʃ(ə)valje] *m* **1.** HIST Ritter *m*; ~ ***de Malte*** Malteserritter

2. ORN Strandläufer *m*

▶ ~ **errant** fahrender Ritter; ~ **servant** Galan *m*; **qn arme** [*o* **fait**] **qn** ~ jd schlägt jdn zum Ritter; **qn se fait** ~ **de qn/qc** jd macht sich zum Fürsprecher für jdn/etw, jd setzt sich für jdn/etw ein; **qn est nommé** ~ **par qn** jd wird von jdm zum Ritter ernannt

◆ **chevalier de la Légion d'honneur** Ritter *m* der Ehrenlegion ▶ **qn fait** [*o* **nomme**] **qn** ~ **de la Légion d'honneur** jd ernennt jdn zum Ritter der Ehrenlegion; **chevalier de la Table ronde** Ritter *m* der Tafelrunde; **chevalier de l'ordre du Mérite** Ritter *m* des Ordens Pour le Mérite; **chevalier de l'ordre teutonique** Deutschordensritter *m*; **chevalier des palmes académiques** Träger *m* der Auszeichnung für Verdienste um das Bildungswesen; **chevalier du Saint Sépulcre** Ritter *m* vom Heiligen Grab

chevalière [ʃ(ə)valjɛʀ] *f* Siegelring *m*

chevalin, e [ʃ(ə)valɛ̃, in] *adj race, boucherie, regard* Pferde-; *sourire* pferdeähnlich; ***profil*** ~ Pferdegesicht *nt*

cheval-vapeur <~aux-~> [ʃ(ə)valvapœʀ] *m* Pferdestärke *f*, PS *f*

chevauchée [ʃ(ə)voʃe] *f* **1.** (*promenade*) [Spazier]ritt *m*, Ausritt; ~ ***des Walkyries*** Walkürenritt

2. *littér* (*groupe de cavaliers*) Kavalkade *f*

chevauchement [ʃ(ə)voʃmɑ̃] *m* Überschneidung *f*, Überlappung *f*

chevaucher <1> [ʃ(ə)voʃe] **I.** *vt* ■ **qn chevauche qc** jd reitet auf etw (*dat*)

II. *vi, vpr* ■ **des choses [se] chevauchent** /*emplois du temps*/ Dinge überlappen [*o* überschneiden] sich; /*dents*/ Dinge stehen übereinander; /*domaines de compétence*/ Dinge sind teilweise deckungsgleich; ■ **qn fait [se] chevaucher des choses** jd lässt Dinge einander überlappen

III. *vi littér* ■ **qn chevauche** jd reitet

chevelu, e [ʃəvly] **I.** *adj personne, tête* mit langen Haaren; *épis* büschelförmig; *fruits* behaart; ***racine*** ~***e*** Büschelwurzel *f*

II. *m péj* Langhaarige(r) *f(m)*; ***c'était un de ces*** ~***s dépenaillés*** es war einer von diesen schmuddeligen Langhaarigen

chevelure [ʃəvlyʀ] *f* **1.** Haare *pl*, Haar *nt*; ***un homme à la*** ~ ***grisonnante*** ein Mann mit leicht ergrautem Haar [*o* ergrauten Haaren]; ***elle a une abondante*** ~ sie hat volles [*o* dichtes] Haar

2. [*comète*] Schweif *m*

chevesne [ʃ(ə)vɛn] *m* Döbel *m*

chevet [ʃ(ə)vɛ] *m* **1.** (*tête de lit*) Kopfende *nt*; ***table de*** ~ Nachttisch *m*; ***lampe de*** ~ Nachttischlampe *f*

2. [*église*] [Chor]apsis *f*

▶ **qn appelle qn au** ~ **de qn** *d'un malade, d'un mourant* jd ruft jdn an jds Bett (*akk*); **qn appelle qn au** ~ **de qc** *d'une économie malade* jd ruft jdn um etw zu retten; **qn est au** ~ **de qn** jd sitzt [*o* steht] an jds Bett (*dat*); **qn se rend au** ~ **de qn** jd begibt sich an jds Bett (*akk*); **qn est resté(e) ... au** ~ **de qn** *jusqu' au matin, trois jours* jd hat bei jdm ... Bettwache gehalten; **de** ~ Lieblings-

cheveu <x> [ʃ(ə)vø] *m* [Kopf]haar *nt*; ~***x crépus*** Kraushaar, krause Haare, krauses Haar; ***qn perd ses*** ~***x*** jdm gehen die Haare aus; ***qn a les*** ~***x courts/ longs*** jd hat kurze/lange Haare [*o* kurzes/langes Haar]; ***qn porte les*** ~***x courts/ longs*** jd trägt das Haar kurz/lang; ***qn saisit qn par les*** ~***x*** jd packt jdn bei den Haaren

▶ **qn a les** ~**x raides comme des baguettes de tambour** jdm stehen die Haare ab; **qn a les** ~**x en bataille** [*o* **désordre**] jd hat zerzaustes Haar; ~**x en brosse** Bürstenschnitt *m*, Bürste[nfrisur *f*] *f*; **qn a un** ~ **sur la langue** jd lispelt; **qn a mal aux** ~**x** jd hat einen schweren Kopf; **qn arrive** [*o* **vient**]/**qc vient** [*o* **tombe**] **comme un** ~ **sur la soupe** jd/etw kommt völlig ungelegen; **qn n'a plus un** ~ **sur la tête** [*o* **sur le caillou** *fam*] jd ist vollständig kahl, jd hat eine Platte *fam*; **qn/qc fait dresser les** ~**x sur la tête** [**à qn**] jd/etw lässt jdm die Haare zu Berge stehen; ~**x au vent** mit flatternden [*o* wehenden] Haaren; **les** ~**x blancs** das Alter; **qn coupe les** ~**x en quatre** jd betreibt Haarspalterei, jd spaltet Haare; **il y a un** ~ *fam* die Sache hat einen Haken; **qn s'arrache les** ~**x** jd rauft sich (*dat*) die Haare; ***d'une bêtise à s'arracher les*** ~***x*** so dumm, dass man schier verzweifeln möchte; ***il y a vraiment de quoi s'arracher les*** ~***x!*** es ist wirklich zum Auswachsen! *fam*; **c'était à un** ~ **près, il s'en est fallu d'un** ~ um Haaresbreite, um ein Haar *fam*; **qn se fait des** ~**x [blancs]** jd macht sich (*dat*) Sorgen; **des personnes se prennent aux** ~**x** Menschen kriegen [*o* geraten] sich in die Haare; **qc est tiré(e) par les** ~**x** etw ist an den Haaren herbeigezogen [*o* weit hergeholt]; **si tu touches à un** ~ **de cet enfant/mon ami** wenn du dem Kind/meinem Freund auch nur ein Haar krümmst

◆ **cheveux d'ange** (*guirlande*) Engel[s]haar *nt*; (*vermicelles*) feine Fadennudeln

cheville [ʃ(ə)vij] *f* **1.** (*partie du corps*) Knöchel *m*; ***l'eau lui arrivait jusqu'à la*** ~ das Wasser reichte ihm/ihr bis an den Knöcheln

2. (*tige*) (*pour assembler*) Zapfen *m*; (*pour boucher un trou*) Dübel *m*

3. [*violon*] Wirbel *m*

4. (*crochet*) Haken *m*

▶ ~ **ouvrière** treibende Kraft; ***qn est la*** ~ ***ouvrière d'un succès*** jdm ist der Erfolg zuzuschreiben; ***qn est la*** ~ ***ouvrière d'une institution/ d'un club*** jd ist die Seele einer Institution/eines Vereins; **qn n'arrive pas à la** ~ **de qn** jd kann jdm nicht das Wasser reichen *fam*; **qn est en** ~ **avec qn** *fam*: ***je suis en*** ~ ***avec quelqu'un*** ich hab' da so meine Beziehungen zu jemandem *fam*

cheviller <1> [ʃ(ə)vije] *vt* ■ **qn cheville qc** jd verzapft etw

chèvre [ʃɛvʀ] **I.** *f* **1.** (*animal*) Ziege *f*

2. (*femelle*) Geiß *f*

3. (*appareil de levage*) [Seil]aufzug *m*; (*chevalet*) Sägebock *m*

▶ **qn ménage la** ~ **et le chou** jd will es allen Leuten recht machen, jd will es mit niemandem verderben; **qn fait devenir** [*o* **rend**] **qn** ~ jd macht jdn noch verrückt

II. *m* (*fromage*) Ziegenkäse *m*

chevreau <x> [ʃəvʀo] *m* **1.** (*animal*) Zicklein *nt*, Kitz *nt*

2. (*peau*) Ziegenleder *nt*, Glacéleder *nt*

chèvrefeuille [ʃɛvʀəfœj] *m* Geißblatt *nt*, Jelängerjelieber *nt*

chevrette [ʃəvʀɛt] *f* **1.** (*petite chèvre*) Kitz *nt*, Zicklein *nt*, junge Ziege

2. (*femelle du chevreuil*) Reh[geiß *f*] *nt*, Ricke *f*

3. (*peau*) Ziegenfell *nt*

chevreuil [ʃəvʀœj] *m* **1.** ZOOL Reh *nt*; (*mâle*) Rehbock *m*

2. GASTR Reh[fleisch *nt*] *nt*

chevrier, -ière [ʃəvʀije, -jɛʀ] *m, f* Ziegenhirt(in) *m(f)*

chevron [ʃəvʀɔ̃] *m* **1.** (*poutre*) [Dach]sparren *m*

2. MIL (*galon*) Chevron *m*, Winkel *m*

3. (*ornement*) Zackenornament *nt*, Zickzackornament *nt*

4. TYP Spitzklammer *f*

▶ **à** ~**s** mit Fischgrät[en]muster

chevronné, e [ʃəvʀɔne] *adj* erfahren, versiert, routiniert

chevrotant, e [ʃəvʀɔtɑ̃, ɑ̃t] *adj* zitt[e]rig; ***un discours*** ~ eine mit bewegter Stimme gehaltene Rede

chevrotement [ʃəvʀɔtmɑ̃] *m* Zittern *nt*; ***je ne comprends rien à ton*** ~ deine Stimme zittert so sehr, dass ich kein Wort verstehe

chevroter <1> [ʃəvʀɔte] *vi* ■ **qc chevrote** /*voix*/ etw zittert, etw ist zittrig; ■ **qn chevrote** /*vieillard, chanteur*/ jd hat eine zitternde Stimme; ■ **un animal chevrote** /*chèvre*/ ein Tier meckert

chevrotine [ʃəvʀɔtin] *f* Posten *m*; ***fusil chargé de*** [*o* **à**] ~***s*** mit Posten geladenes Gewehr

chewing-gum <~-~s> [ʃwiŋgɔm] *m* Kaugummi *m*

chez [ʃe] *prép* **1.** (*à la maison*) ■ ~ **moi/toi/lui/elle/nous/vous/eux/elles** *être, rester* zu Hause, daheim; *aller, rentrer* nach Hause, heim; ***faites comme*** ~ ***vous!*** fühlt euch/fühlen Sie sich wie zu Hause!; ***on se réunit*** ~ ***soi, entre amis*** man trifft sich zu Hause, unter Freunden; ***on n'est vraiment plus*** ~ ***soi ici!*** man fühlt sich hier nicht mehr zu Hause!; ***elle ne sort plus de*** ~ ***elle*** sie geht nicht mehr aus dem Haus[e]; ***à côté*** [*o* **près**] ***de*** ~ ***moi/ nous*** ganz in der Nähe meiner/unserer Wohnung [*o* meines/unseres Hauses], in meiner/unserer Nähe; ***derrière*** ~ ***moi/ nous*** hinter meiner/unserer Wohnung [*o* meinem/unserem Haus]; ***au-dessus/ au-dessous de*** ~ ***moi/ nous*** [in der Wohnung] über/unter mir/uns; ***ils rentrent*** ~ ***eux, en Italie*** sie sind nach Italien zurückgekehrt; ~ ***lui, c'est petit*** sein Zuhause ist klein; ***c'est comme ça qu'on dit par*** ~ ***nous*** das sagt man bei uns [*o* in unserer Gegend] so

2. (*dans la maison de*) ■ ~ **qn** bei jdm [zu Hause], in jds Haus (*dat*); (*dans l'appartement de*) bei jdm [zu Hause], in jds Wohnung (*dat*); (*dans le pays de*) bei jdm, in jds Land (*dat*); ***veux-tu que j'aille*** ~ ***toi?*** möchtest du, dass ich zu dir komme?; ***il est entré*** ~ ***moi/ Cécile par la fenêtre/ par le toit*** er kam durch das Fenster/Dach zu mir/Cécile; ***elle est passée*** ~ ***vous?*** hat sie bei euch/Ihnen hereingeschaut?; ***en rentrant, nous sommes passés par*** ~ ***nos parents*** auf dem Rückweg sind wir bei den Eltern vorbeigegangen; ***il veut renvoyer sa femme*** ~ ***ses parents*** er will seine Frau zu ihren Eltern zurückschicken; ***je reviens de*** ~ ***mon frère*** ich komme von meinem Bruder

3. (*dans la famille*) ■ ~ **les** + *nom de famille* in der Familie + *Familienname*; ■ ~ **toi/lui/elle/vous/eux/elles** bei dir/ihm/ihr/euch/ihnen zu Hause; ~ ***moi/ nous, nous sommes dix*** bei mir/uns zu Hause sind wir zehn

4. (*dans la boutique de qn*) ■ ~ **qn** bei jdm; ***qn achète qc*** ~ ***le boulanger*** jd kauft etw beim Bäcker; ***qn va*** ~ ***le coiffeur*** jd geht zum Frisör; ***qn revient/ sort de*** ~ ***le boucher*** jd kommt vom Metzger zurück/jd geht vom Metzger weg

5. ■ ~ **qn/qc** *groupe, personne, œuvre* bei jdm/etw; ***les ouvriers de*** ~ ***Renault*** die Arbeiter bei Renault; ~ ***Corneille*** bei Corneille; ***c'est une habitude*** ~ ***lui*** das ist eine Gewohnheit bei [*o* von] ihm

▶ **bien de** ~ **nous** *fam coutume, accent* ganz wie bei uns [in Frankreich]; ***qn est bien de*** ~ ***nous*** jd kommt aus unserer Gegend

chez-moi [ʃemwa] *m inv*, **chez-soi** [ʃeswa] *m inv* eigene vier Wände; ***tu viendras me voir dans mon chez-moi?*** besuchst du mich in meiner Wohnung?

chiadé, e [ʃjade] *adj fam problème* verzwickt *fam*, kniff[e]lig *fam*

chiader <1> [ʃjade] *vt vieilli fam* ■ **qn chiade qc** *exposé* jd rackert sich mit etw ab *fam*

chialer <1> [ʃjale] *vi fam* ■ **qn chiale** jd heult *fam*; ***qn fait*** ~ ***qn*** jd bringt jdn zum Heulen *fam*

chialeur, -euse [ʃjalœʀ, -øz] **I.** *adj fam*: ***des gosses*** ~***s*** Heulsusen *fam*

II. *m, f fam* Heulpeter/-suse *m/f fam*

chiant, e [ʃjɑ̃, ʃjɑ̃t] *adj fam* beschissen *fam*, saublöd *fam*; ***c'est*** ~! das ist zum Kotzen! *fam*

chiasse [ʃjas] *f vulg* Dünnpfiff *m sl*, Dünnschiss *m sl*

▶ **qn a la** ~ (*a une colique*) jd hat Dünnschiss [*o* Dünnpfiff] *sl*; (*a peur*) jd hat Schiss [*o* Bammel] *fam*; **quelle** ~! verdammte Scheiße [*o* Kacke]! *sl*

chic [ʃik] **I.** *m* ∅ Schick *m*

▶ **bon** ~ **bon genre** *iron* super adrett *fam*, popperhaft *fam*, geschniegelt und gebügelt; ***quartier bon*** ~ ***bon genre*** Schickimicki-Viertel *nt*; **qn a un** ~ **fou** jd hat einen unwahrscheinlichen [*o* unheimlichen] Schick *fam;* **qn a beaucoup de ~ dans qc** jd sieht in etw (*dat*) sehr schick aus; **qc a du ~** */ chapeau, robe/* etw hat Schick; */ phrases/* etw ist elegant formuliert; **qn a le ~ de qc/pour faire qc** jd hat ein Händchen für etw *fam*/die seltene Begabung [*o* das seltene Talent] etw zu tun; **avec ~** schick

II. *adj inv* **1.** (*élégant*) schick; *allure* vornehm; ■ **qc est plus ~ que qc** */ façon de parler/* etw hört sich besser an als etw; ***tu es très ~ avec cette robe*** du siehst schick aus in diesem Kleid

2. (*sélect*) *soirée, quartier* vornehm; ***un monsieur ~*** ein feiner Herr, ein vornehm [*o* elegant] aussehender Herr; ***les gens ~*** die feinen Leute

3. *fam* (*gentil*): ***qn a été très ~ avec qn*** jd hat sich jdm gegenüber großartig verhalten; ***c'est ~/ce n'est pas très ~ de sa part*** das ist nett [*o* freundlich]/nicht gerade nett [*o* freundlich] von ihm/ihr; ***un ~ type/une ~ fille*** ein feiner [*o* prima *fam*] Kerl

4. *antéposé fam* (*beau*) *voiture* schick; *voyage, soirée* toll

III. *interj fam* ■ ~ [**alors**]! prima! *fam,* klasse! *fam,* toll! *fam*

chicane [ʃikan] *f* **1.** (*obstacle*) Straßenhindernis *nt* in Zickzackform

2. (*querelle*) Streiterei *f*

► **qn aime la ~** JUR jd ist ein Prozesshansel *fam;* **qn cherche ~ à qn** jd sucht Streit mit jdm; **en ~**: ***un passage en ~*** Zickzackdurchgang *m*

chicaner <1> [ʃikane] I. *vi* (*ergoter*) ■ **qn chicane sur** [*o* **pour**] **qc** jd streitet wegen etw, jd fängt wegen etw Streit an, jd bricht wegen etw Streit vom Zaun; ***ne chicane donc pas sur des détails!*** reite doch nicht auf Einzelheiten herum!

II. *vt* **1.** *fam* (*faire du souci à*) ■ **qc chicane qn** etw liegt jdm schwer im Magen

2. (*chercher querelle à*) ■ **qn chicane qn** [**sur** [*o* **au sujet de**] **qc**] jd maßregelt jdn [wegen etw]

III. *vpr fam* ■ **des personnes se chicanent** Menschen liegen miteinander im Clinch *fam;* */ enfants/* Menschen kabbeln sich *fam*

chicanerie [ʃikanʀi] *f gén pl* (*querelle*) Streiterei *f;* ***c'est pure ~!*** das ist reine Schikane!, **chicaneur, -euse** [ʃikanœʀ, -øz], **chicanier, -ière** [ʃikanje, -jɛʀ] I. *adj* (*querelleur*) streitsüchtig; ***je n'ai pas l'esprit ~*** ich bin kein streitsüchtiger Mensch, ich bin ein friedliebender Mensch

II. *m, f* Streithahn *m,* Zänker(in) *m(f)*

chiche [ʃiʃ] I. *adj* **1.** (*avare de*) ■ **qn est ~ de qc** jd geizt mit etw, jd geht mit etw sehr sparsam um; ■ **qn n'est pas ~ de qc** jd lässt es an etw (*dat*) nicht fehlen; ■ **qn est ~** *vieilli* jd ist geizig

2. (*pas grand-chose*) ■ **c'est un peu/plutôt ~** das ist kümmerlich

► **t'es pas ~ de faire qc!** *fam* (*défi à qn*) du traust dich wohl nicht, etw zu tun!; [**allez,**] **t'es pas ~!** *fam* (*incrédulité*) das ist ja nicht die Möglichkeit! *fam*

II. *interj fam* ► ~ [**que je le fais**]? (*capable*) wetten, dass [ich es tu]?; ~! (*pari accepté*) die Wette gilt!

chichement [ʃiʃmɑ̃] *adv:* ***qn vit ~*** jd lebt kümmerlich [*o* kärglich]

chichi [ʃiʃi] *m gén pl* (*manières*): ***en voilà un ~!*** das ist vielleicht ein Getue!; ***allons, pas tant de ~s! dis ce que tu as à dire!*** los, kein langes Herumreden! sag offen, was du zu sagen hast!

► **qn fait des ~s** [*o* **du ~**] (*en fait de trop*) jd macht einen Wirbel; (*est trop compliqué*) jd macht viele Umstände; **ne fais pas de ~[s]** (*fais comme chez toi*) tu dir keinen Zwang an; (*fais du pas compliqué*) mach keine Umstände; **à ~** *réception, soirée* zeremoniell; ***ce sont des gens à ~*** das sind Leute, die viel Wert auf Etikette legen

chichiteux, -euse [ʃiʃitø, -øz] *adj fam* geziert

chicorée [ʃikɔʀe] *f* **1.** (*plante*) [Salat]zichorie *f;* ***~ frisée*** Endivie[nsalat *m*] *f*

2. (*café*) Kaffeeersatz *m,* Zichorienkaffee *m*

chicot [ʃiko] *m* Zahnstummel *m,* Zahnstumpf *m*

chié, e [ʃje] *adj fam* **1.** (*super*) *voiture, spectacle, fille* super *fam*

2. (*incroyable*) ■ **qn est ~** jd ist saufrech *fam*

chiée [ʃje] *f fam* ■ **une ~** [*o* **des ~s**] **de personnes/choses** ein ganzer Stall von Menschen/eine Latte von Dingen *fam*

chien [ʃjɛ̃] I. *m* **1.** (*animal*) Hund *m; v. a.* **chienne**

2. (*fusil*) Hahn *m,* Hammer *m,* Schlaghebel *m*

► **les ~s aboient, la caravane passe** *prov* man soll sich durch Kritiken und böses Gerede nicht beirren lassen; **qn s'entend** [*o* **vit**] **comme ~ et chat avec qn** jd versteht sich [*o* lebt] mit jdm wie Hund und Katze; **qn garde** [*o* **réserve**] **à qn un ~ de sa chienne** jd wird es jdm heimzahlen; ***je lui garde un ~ de ma chienne!*** das wird er mir büßen!; **des personnes se regardent en ~ de faïence** Menschen starren sich feindselig an; **mieux vaut un ~ vivant qu'un lion mort** *prov* wenig ist besser als gar nichts; **entre ~ et loup** in der Abenddämmerung; **qn arrive comme un ~ dans un jeu de quilles** jd kommt völlig ungelegen; **qn reçoit qn comme un ~ dans un jeu de quilles** jd empfängt jdn sehr kühl; **bon ~ chasse de race** *prov* der Apfel fällt nicht weit vom Stamm; **qui veut noyer** [*o* **tuer**] **son ~ l'accuse de la rage** *prov* wer sich eines anderen entledigen will, findet immer einen Vorwand; **qn n'attache pas son ~ avec des saucisses** *fam* jd sitzt auf seinem Geld *fam,* jd dreht jede Mark [*o* Pfennig] zehn [*o* zig] Mal um; **~ bâtard** nicht reinrassiger Hund, Promenadenmischung *f;* **qn fait le ~ couchant** jd kriecht, jd dienert; **~ courant** Hatzhund *m;* **~s écrasés** unbedeutende Nachrichten, Füller *pl;* ***rubrique des ~s écrasés*** vermischte [Lokal]nachrichten; **~ errant** streunender Hund; **~ fou** närrischer Mensch; **qn fait le ~ fou** [*o* **le jeune ~**] jd spielt verrückt *fam;* **qn traite qn comme un ~ galeux** jd behandelt jdn wie einen räudigen Hund; [**attention**] **~ méchant!** Vorsicht! Bissiger Hund!; **~ polaire** Polarhund *m;* **~ policier** Polizeihund *m;* **~ sauvage** Wildhund *m;* **~ savant** abgerichteter Hund; **qn a du ~** jd hat [so] ein gewisses Etwas; **~ qui aboie ne mord pas** *prov* Hunde, die [viel] bellen, beißen nicht; **qc n'est pas fait(e) pour les ~s** *fam* etw ist da, um benutzt zu werden; etw ist nicht nur zum Angucken da; **qn rompt les ~s** *littér* jd bricht eine Unterredung ab; **comme un ~** wie einen Hund; ***on l'a tué comme un ~*** man hat ihn wie einen Hund abgeknallt *fam;* ***il est mort comme un ~*** er ist verreckt wie ein Hund *fam;* ***j'ai été malade comme un ~*** mir war hundeelend *fam;* **de ~** *vie* Hunde-; *temps a., métier* Sau- *fam;* ***qn a un caractère de ~*** jd ist ein schwieriger Mensch; ***qn est d'une humeur de ~*** jd hat schlechte Laune; ***qn a un mal de ~ pour finir qc*** jdn kostet es wahnsinnige Mühe etw zu beenden

II. *adj inv* (*avare*) geizig; ***qn n'est pas ~ avec qn*** jd ist jdm gegenüber recht großzügig

◆ **chien d'appartement** Haushund *m;* **chien d'arrêt** Vorstehhund *m;* **chien d'avalanche** Lawinensuchhund *m;* **chien d'aveugle** Blindenhund *m;* **chien de berger** Hütehund *m,* Schäferhund *m;* **chien de chasse** Jagdhund *m;* **chien de compagnie** Schoßhund *m;* **chien de fusil** Hahn *m,* Hammer *m,* Schlaghebel *m* ► **en ~ de fusil** *couché, dormir* mit angezogenen Beinen; **chien de garde** Wachhund *m;* **chien de mer** Hundshai *m;* **chien de race** Rassehund *m;* **chien de traîneau** [*o* **d'esquimau**] Schlittenhund *m*

chien-chien <~s-~s> [ʃjɛ̃ʃjɛ̃] *m iron fam* Schoßhündchen *nt*

chiendent [ʃjɛ̃dɑ̃] *m* Quecke *f*

► **qc pousse comme du ~** etw wächst wie Unkraut

chienlit [ʃjɑ̃li] *f* Chaos *nt*

chien-loup <~s-~s> [ʃjɛ̃lu] *m* Wolfshund *m*

chienne [ʃjɛn] *f* (*femelle du chien*) Hündin *f; v. a.* **chien**

► **qn se comporte comme une ~ en chaleur** jd verhält sich wie eine räudige Hündin; **~ de vie** Hundeleben *nt fam*

chier <1 a> [ʃje] *vt, vi vulg* ■ **qn chie** [**qc**] jd scheißt [*o* kackt] [etw] *vulg*

► **y a pas à ~!** *fam* daran ist nicht zu rütteln!, da gibt es nichts zu rütteln!; **qn envoie ~ qn** *fam:* ***envoie-le ~!*** sag ihm, er soll sich verpissen *sl;* ***il l'a envoyé ~*** er hat ihn zum Teufel geschickt *fam;* **qn fait ~ qn** jd geht jdm auf den Wecker [*o* Geist] *fam;* **fais pas ~!** *fam* mach keine Zicken! *fam;* **ça le/la fait ~!** *fam* das geht ihm/ihr auf den Geist [*o* Wecker]! *fam;* **qn se fait ~** *fam* jd ist total angeödet *sl;* **ça va ~!** *fam* das gibt Stunk! *fam*

chiffe [ʃif] *f* Waschlappen *m fam,* Flasche *f fam*

► **il est mou comme une ~** er ist ein Waschlappen [*o* Schlappschwanz] *fam;* **c'est une ~ molle** (*sans volonté*) er/sie ist eine Memme *fam;* (*sans énergie*) er/sie ist eine müde Pflaume *fam*

chiffon [ʃifɔ̃] *m* Fetzen *m,* Lumpen *m;* ***ce devoir est un vrai ~*** diese Hausaufgabe ist hingeschmiert *fam*

► **qn parle** [*o* **cause**] **~s** *fam* (*parle toilette*) jd redet [*o* spricht] über Mode [*o* Klamotten *fam*]; (*parle de choses futiles*) jd spricht über Belanglosigkeiten; **en ~** *robes* zerknittert, zerdrückt *fam,* zerknautscht *fam;* ***ne mets pas tes habits en ~ dans l'armoire!*** knüll deine Sachen nicht so in den Schrank! *fam*

◆ **chiffon à chaussures** Schuhputzlappen *m,* Schuhputztuch *nt;* **chiffon à poussière** Staubtuch *nt;* **chiffon de papier** Fetzen *m* Papier

chiffonné, e [ʃifɔne] *adj visage* zerknittert; *étoffe a.* zerdrückt *fam,* zerknautscht *fam; papier a.* zerknüllt; ***il a la mine ~e*** er sieht angegriffen aus

chiffonner <1> [ʃifɔne] I. *vt* **1.** (*froisser*) ■ **qn chiffonne qc** jd zerknittert etw; *étoffe a.* jd zerdrückt [*o* zerknautscht] etw *fam; papier a.* jd zerknüllt etw; ***elle chiffonne le papier et le jette à la poubelle*** sie knüllt das Papier zusammen und wirft es in den Papierkorb; ■ **qc chiffonne qc** etw macht etw faltig

2. (*chagriner*) ■ **qc chiffonne qn** etw macht jdm Sorgen, etw bedrückt jdn; (*déranger*) etw stört jdn

II. *vpr* ■ **qc se chiffonne** etw knittert, etw knautscht *fam*

chiffonnier, -ière [ʃifɔnje, -jɛʀ] I. *m, f* Lumpensammler(in) *m(f)*

► **des personnes se battent** [*o* **disputent**] **comme des ~s** Menschen schlagen [*o* prügeln] sich heftig; **qn s'habille** [*o* **est habillé(e)**] **comme un ~** jd läuft zerlumpt herum

II. *m* Nähschränkchen *nt*

◆ **Chiffonniers d'Emmaüs** *Organisation, die Kleiderlager unterhält*

chiffrable [ʃifʀabl] *adj:* ***qc est difficilement/n'est pas ~*** etw lässt sich nur schwer/lässt sich überhaupt nicht in Zahlen ausdrücken

chiffrage [ʃifʀaʒ] *m,* **chiffrement** [ʃifʀəmɑ̃] *m* Berechnung *f,* Berechnen *nt,* Ausrechnen *nt*

chiffre [ʃifʀ] *m* **1.** Ziffer *f,* Zahl *f;* ***648 est un nombre de trois ~s*** 648 ist eine dreistellige Zahl; ***taux d'inflation à deux ~s*** zweistellige Inflationsrate; ***des colonnes de ~s*** Zahlenkolonnen *pl*

2. (*montant*) [*dépenses, frais*] Summe *f,* Betrag *m;* (*nombre*) [*naissances*] [An]zahl *f;* ■ **les ~s** (*statistiques*) die Zahlen; ***un bilan en ~s*** eine Zahlenbilanz; ***les ~s du commerce extérieur*** die Außenhandelsdaten; ***les ~s du chômage/de fréquentation*** die Arbeitslosen-/Besucherzahl; ***les ~s prouvent bien que*** + *indic* die Zahlen belegen [*o* zeigen] deutlich, dass

3. (*code*) [*coffre-fort*] [Zahlen]kombination *f;* [*message*] Kode *m,* Code *m,* Chiffreschrift *f,* Geheimschrift *f*

4. (*service d'un ministère*) Chiffrierabteilung *f*

5. (*initiales*) Monogramm *nt*

6. MUS Ziffer *f*

► **~ arabe/romain** arabische/römische Zahl [*o* Ziffer]; **~ brut** Bruttobetrag *m;* **~ net** Nettobetrag *m;* **en ~s ronds** in runden Zahlen; **qn fait du ~** jd macht einen guten Umsatz

◆ **chiffre d'affaires** Umsatz *m;* ***nous avons fait un ~ d'affaires de 100 millions de francs l'année dernière*** letztes Jahr hatten wir einen Umsatz von 100 Millionen Franc

chiffrer <1> [ʃifʀe] I. *vt* ■ **qn chiffre qc** **1.** (*coder*) jd verschlüsselt [*o* chiffriert] etw

2. (*évaluer*) jd beziffert etw; ***bilan chiffré*** zahlenmäßige Bilanz

3. (*numéroter*) jd beziffert [*o* nummeriert] etw

4. (*marquer à son chiffre*): ***qn chiffre qc à ses initiales*** jd versieht etw mit seinem Monogramm

5. MUS jd beziffert etw
II. *vi fam* ■ **ça chiffre** das läppert sich *fam; **ça finit par** ~* da kommt bald einiges zusammen
III. *vpr* ■ **qc se chiffre à** etw beziffert [*o* beläuft] sich auf (+ *akk*); ***qc se chiffre par millions/ milliards*** etw geht in die Millionen/Milliarden
chiffreur, -euse [ʃifʀœʀ, -øz] *m* Chiffrierer(in) *m(f)*
chigner <1> [ʃiɲe] *vi fam* ■ **qn chigne** jd quengelt *fam*
chignole [ʃiɲɔl] *f* 1. (*perceuse*) Handbohrmaschine *f*
2. *péj fam* (*voiture*) [Klapper]kiste *f fam,* Mühle *f fam*
chignon [ʃiɲɔ̃] *m* Hochfrisur *f;* (*en boule*) [Haar]knoten *m,* Chignon *m; **les cheveux relevés en** ~* die Haare zum Knoten gesteckt
▶ **des personnes se crêpent le** ~ *fam* Menschen kriegen sich in die Wolle [*o* Haare] *fam*
chiite [ʃiit] I. *adj* schiitisch
II. *mf* ■ **Chiite** Schiite/Schiitin *m/f*
Chili [ʃili] *m* ■ **le Chili** Chile *nt*
chilien, ne [ʃiljɛ̃, jɛn] I. *adj* chilenisch
II. *m, f* ■ **Chilien(ne)** Chilene/Chilenin *m/f*
chimère [ʃimɛʀ] *f* 1. (*utopie*) Hirngespinst *nt,* Trugbild *nt; **il poursuit des ~s*** er jagt Hirngespinsten nach; ***qn se forge** [o **se crée**] **des ~s*** jd baut Luftschlösser, jd gibt sich Illusionen hin; ***qn se repaît de ~s*** jd lebt in einem Traumland
2. MYTH ■ **la C~** die [S]chimäre
chimérique [ʃimeʀik] *adj imagination* überhitzt; *projet* utopisch; ***rêves ~s*** Hirngespinste *pl,* Fantastereien *pl; **c'est un esprit** ~* er/sie ist ein(e) Fantast(in) [*o* Träumer(in)]
chimie [ʃimi] *f* 1. (*science*) Chemie *f; **des expériences de** ~* chemische Versuche [*o* Experimente]
2. (*élément*) ■ **la ~ de qc** die chemische Zusammensetzung von etw
▶ ~ **appliquée** angewandte Chemie; ~ **biologique** Biochemie *f;* ~ **générale** allgemeine [*o* theoretische] Chemie; ~ **minérale** anorganische Chemie; ~ **nucléaire** Kernchemie *f;* ~ **organique** organische Chemie
chimiothérapie [ʃimjoteʀapi] *f* Chemotherapie *f; **qn suit une** ~* jd ist in chemotherapeutischer Behandlung
chimique [ʃimik] *adj* chemisch; ***traitement** ~* medikamentöse Behandlung; ***engrais** ~* Kunstdünger *m; **produits ~s*** Chemikalien *pl; **guerre** ~* Krieg *m* mit chemischen Waffen
chimiquement [ʃimikmɑ̃] *adv* chemisch; *fabriquer* auf chemischem Wege; ***de l'eau ~ pure*** chemisch reines Wasser
chimiste [ʃimist] *mf* Chemiker(in) *m(f)*
chimpanzé [ʃɛ̃pɑ̃ze] *m* Schimpanse *m*
chinchilla [ʃɛ̃ʃila] *m* 1. (*animal*) Chinchilla [tʃɪnˈtʃɪla] *f o nt*
2. (*fourrure*) Chinchilla[pelz *m*] *nt*
chine[1] [ʃin] *m* 1. (*porcelaine*) chinesisches Porzellan
2. (*papier*) Chinapapier *nt*
chine[2] [ʃin] *f* (*brocante*) Antiquitäten *pl*
Chine [ʃin] *f* ■ **la Chine** China *nt; **la République populaire de** ~* die Volksrepublik China; ***la ~ nationaliste*** Nationalchina
chiner <1> [ʃine] I. *vt* 1. TEXTIL ■ **qn chine qc** jd webt ein buntes Muster in etw (*akk*)
2. (*taquiner*) ■ **qn chine qn** jd zieht jdn auf, jd foppt jdn *fam*
II. *vi* ■ **qn chine** jd sucht nach Antiquitäten, jd sieht sich nach Trödelwaren um; ***j'aime bien ~ dans ce quartier*** ich klappere gern in diesem Viertel die Trödelläden ab *fam*
Chinetoque [ʃintɔk] *mf péj fam* Schlitzauge *nt fam*
chinois, e [ʃinwa, waz] I. *adj* 1. chinesisch
2. *péj* (*pinailleur*) penibel, pingelig *fam*
II. *m* 1. (*langue*) Chinesisch *nt*
2. (*chose incompréhensible*): ***pour moi c'est du** ~* das ist chinesisch für mich *fam; **il parle ~, celui-là*** der spricht chinesisch für mich *fam*
3. GASTR trichterförmiges Sieb
III. *m, f* ■ **Chinois(e)** 1. Chinese/Chinesin *m/f*
2. *péj vieilli* (*type bizarre*) Eigenbrötler(in) *m(f),* wunderlicher [*o* komischer] Kauz; (*pinailleur*) Kleinigkeitskrämer(in) *m(f)*
chinoiser <1> [ʃinwaze] *vi* ■ **qn chinoise** jd ist penibel [*o* pingelig *fam*]; ***tu ne vas tout de même pas ~ pour quelques francs!*** stell dich bitte wegen der paar [lächerlichen] Francs nicht so an *fam*
chinoiserie [ʃinwazʀi] *f* 1. (*bibelot*): ***des ~s*** chinesische Kunstgegenstände
2. *pl* Spitzfindigkeiten *pl; **~s administratives*** Verwaltungsschikanen *pl*
chiot [ʃjo] *m* Welpe *m,* junger Hund
chiotte [ʃjɔt] *m o f fam* 1. *pl* Klo *nt fam; **il faut que j'aille aux ~s*** ich muss aufs Klo *fam*
2. (*voiture*) Schlitten *m fam*
▶ **aux ~s, l'arbitre!** Schiedsrichter, raus!; **aux ~s!** abtreten!
chiper <1> [ʃipe] *vt fam* (*voler*) ■ **qn chipe qc** *idée, portefeuille* jd klaut etw *sl; bonbons* jd maust etw *fam,* jd mopst etw *fam,* jd stibitzt etw *fam; **il lui a chipé le rôle*** er hat ihm/ihr die Rolle weggeschnappt *fam*
chipie [ʃipi] *f* 1. (*femme acariâtre*) zänkische Frau, Drachen *m fam*
2. (*petite fille espiègle*) Biest *nt fam,* Luder *nt fam*
▶ **petite** ~ kleines Luder [*o* Biest] *fam;* **vieille** ~ alter Drachen *fam*
chipoter <1> [ʃipɔte] I. *vi* 1. (*ergoter*) ■ **qn chipote sur qc** jd nörgelt [wegen etw]
2. (*manger sans appétit*) ■ **qn chipote sur qc** jd stochert in etw (*dat*) herum
II. *vt* (*contester*) ■ **qn chipote qc à qn** jd macht jdm etw streitig; ***qn chipote le prix de qc*** jd feilscht um den Preis einer S. (*gen*)
III. *vpr fam* (*se quereller*) ■ **qn se chipote avec qn** jd zankt [*o* streitet] sich mit jdm; ■ **des personnes se chipotent** Menschen zanken [*o* streiten] sich
chips [ʃips] *f gén pl* [Kartoffel]chip [-tʃɪp] *m*
chique [ʃik] *f* 1. (*tabac*) Kautabak *m,* Priem *m; **qn mastique sa** ~* jd kaut seinen Priem
2. *fam* (*enflure*) geschwollene [*o* dicke *fam*] Backe
▶ **qn avale sa** ~ *fam* jd beißt ins Gras *fam;* **ça te coupe la ~, hein!** *fam* da kuckst du, was! *fam;* **ça lui a coupé la** ~ *fam* jdm blieb die Spucke weg *fam,* es hat jdm die Sprache verschlagen *fam;* **qn coupe la ~ à qn** *fam* jd fährt jdm über den Mund; **qn a coupé la ~ à qn** *fam* jd hat jdm die Sprache verschlagen
chiqué [ʃike] *m fam* 1. (*affectation*) Getue *nt fam,* Affentheater *nt fam*
2. (*bluff au catch*) Schau *f,* Mache *f fam*
▶ **c'est du** ~ das ist [nur [*o* reine]] Angabe; (*au catch*) das ist [reine [*o* nur]] Schau; **qn fait du ~, qn fait tout au** ~ jd tut nur so, als ob
chiquenaude [ʃiknod] *f* (*pichenette*) Schubs *m;* (*petite impulsion*) Auslöser *m; **il m'a donné une ~ sur la joue*** er tatschte mir auf die Wange; ***légère** ~* geringer Anlass
chiquer <1> [ʃike] I. *vi* ■ **qn chique** jd kaut Tabak, jd priemt
▶ **y a pas à** ~ *fam* da hilft alles nichts
II. *vt* ■ **qn chique qc** jd kaut etw
chiromancie [kiʀɔmɑ̃si] *f* Chiromantie *f,* Handlesekunst *f*
chiromancien, ne [kiʀɔmɑ̃sjɛ̃, jɛn] *m, f* Chiromant(in) *m(f),* Handleser(in) *m(f)*
chiropracteur [kiʀɔpʀaktœʀ] *m,* **chiropraticien, ne** [ʃiʀɔpʀaktisjɛ̃, jɛn] *m, f* Chiropraktiker(in) *m(f)*
chiropractie [kiʀɔpʀakti] *f,* **chiropraxie** [kiʀɔpʀaksi] *f* Chiropraktik *f*
chirurgical, e <-aux> [ʃiʀyʀʒikal, o] *adj* chirurgisch; ***équipe ~e*** Chirurgenteam [-tiːm] *nt*
chirurgie [ʃiʀyʀʒi] *f* Chirurgie *f; ~ **générale*** allgemeine Chirurgie; *~ **esthétique*** kosmetische Chirurgie [*o* Schönheitschirurgie]; *~ **plastique*** plastische Chirurgie; *~ **cardiovasculaire*** Herz-und-Gefäß-Chirurgie; *~ **orthopédique*** orthopädische Chirurgie; *~ **dentaire*** Zahnheilkunde *f; **il a appris la ~ à l'hôpital de Belfort*** er hat im Krankenhaus von Belfort eine chirurgische Ausbildung gemacht; *~ **du cœur/ des poumons/ des os/ du rein*** Herz-/ Lungen-/Knochen-/Nierenchirurgie
chirurgien, ne [ʃiʀyʀʒjɛ̃, jɛn] *m, f* Chirurg(in) *m(f)*
◆ **chirurgien dentiste** Zahnarzt/-ärztin *m/f*
chiure [ʃjyʀ] *f souvent pl: ~[**s**] **de mouches*** Fliegendreck *m*
chleuh [ʃlø] I. *adj péj fam: **les avions ~s*** die Flugzeuge der Boches *fam*
II. *m, f* Boche *mf fam*
chlinguer <1> [ʃlɛ̃ge] *vi v.* **schlinguer**
chlorate [klɔʀat] *m* Chlorat *nt; ~ **de potassium*** Kaliumchlorat
chlore [klɔʀ] *m* Chlor *nt; **qc contient du** ~* etw ist chlorhaltig
chloré, e [klɔʀe] *adj eau, solution* chlorhaltig; (*après ajout de chlore*) gechlort; ***composé** ~* Chlorverbindung *f*
chlorhydrique [klɔʀidʀik] *adj: **acide** ~* Salzsäure *f*
chlorofluorocarbone [klɔʀoflyɔʀokaʀbɔn] *m* Fluorchlorkohlenwasserstoff *m*
chloroforme [klɔʀɔfɔʀm] *m* Chloroform *nt; **qn a été endormi(e) au** ~* jd wurde mit Chloroform betäubt
chloroformer <1> [klɔʀɔfɔʀme] *vt* ■ **qn chloroforme qn** jd chloroformiert jdn, jd betäubt jdn mit Chloroform
chlorophylle [klɔʀɔfil] *f* Chlorophyll *nt,* Blattgrün *nt*
chlorure [klɔʀyʀ] *m* Chlorid *nt*
◆ **chlorure de chaux** Chlorkalk *m;* **chlorure de sodium** Natriumchlorid *nt,* Kochsalz *nt*
chnoque [ʃnɔk] *m fam v.* **schnock**
chnouf [ʃnuf] *f arg v.* **schnouf**
choc [ʃɔk] I. *m* 1. (*émotion brutale*) Schock *m*
2. (*heurt*) Stoß *m;* (*contre qc*) Aufprall *m;* [*idées*] Aufeinanderprallen *nt,* Aufeinanderstoßen *nt; **le moindre ~ briserait ce vase*** beim geringsten Stoß würde die Vase zerbrechen; ***le** ~ [**contre le poteau**] **a été très violent*** der Aufprall [gegen den Pfosten] war gewaltig; ***le ~ entre les deux passants fut rude*** die beiden Passanten stießen heftig zusammen; ***ce matériau ne résiste pas aux ~s*** dieses Material ist nicht stoßsicher [*o* stoßfest]
3. (*collision*) Zusammenstoß *m; ~ **frontal*** Frontalzusammenstoß
4. (*bruit d'impact*) [*gouttes, grêlons*] Trommeln *nt,* Trommelschlag *m;* [*verres*] Klirren *nt;* [*marteau, billes d'acier*] Schlag *m*
5. (*affrontement*) [*manifestants, troupes*] Zusammenstoß *m; **il y eut un ~ entre la police et les manifestants*** es kam zu einem Zusammenstoß zwischen Polizei und Demonstranten
▶ **qn est en état de** ~ jd befindet sich in einem Schockzustand; ~ **du futur** Schock *m* durch die Neuheiten der Zukunft; ~ **en retour** Gegenschlag *m,* Gegenreaktion *f;* ~ **culturel** Kulturschock *m;* ~ **électrique** elektrischer Schlag; ~ **émotionnel** emotionaler Schock; ~ **nerveux** Nervenschock *m;* ~ **opératoire** Operationsschock *m;* ~ **pétrolier** Ölschock *m;* ~ **politique** politischer Schock; **qn accuse le** ~ *fam* jd reagiert betroffen; **qn est sous le** ~ [**de qc**] jd steht unter dem Schock [einer S. (*gen*)]; **qn tient le** ~ *fam* jd hält stand; **de** ~ *syndicalistes* äußerst engagiert, mit Biss *fam; **troupes de** ~* Stoßtruppen *pl; **unités de** ~* Kampfeinheiten *pl; **professeur de** ~* Vollblutlehrer *m; **remède de** ~* Schockmittel *nt; **traitement de** ~* Schocktherapie *f;* **sous le** ~ (*sous l'effet du* ~) durch den Aufprall; (*au moment du* ~) beim Aufprall
II. *app* ■ [-]~ treffend; *formule a.* prägnant; *argument a.* stichhaltig; *discours* sehr überzeugend; *film, photo, reportage* sensationell, Aufsehen erregend; *mesures* drastisch; *titre* zugkräftig; ***prix~*** Preisknüller *m fam*
chochotte [ʃɔʃɔt] I. *adj fam* (*snob*) ■ **qn est** ~ jd ist hochnäsig, jd tut blasiert *fam*
II. *f fam* ▶ **qn fait la** [*o* **sa**] ~ (*fait son petit mondain*) jd sitzt auf dem hohen Ross; ~[**, va**]! arrogantes Stück! *fam*
chocolat [ʃɔkɔla] I. *m* 1. (*produit*) Schokolade *f; **barre de** ~* Schokola-

denriegel *m;* ***bonbon au*** ~ Schokoladenbonbon *nt;* ***œuf en*** ~ Schokoladenei *nt*
2. (*boisson*) Trinkschokolade *f,* Kakao *m*
3. (*friandise*) Konfekt *nt,* Praline *f*
▶ ~ **blanc** weiße Schokolade; ~ **chaud** heiße Schokolade; ~ **fondant** Schmelzschokolade *f;* ~ **liégeois** *Schokoladeneis mit Schokoladensauce und Schlagsahne;* ~ **noir** bittere Schokolade; ~ **praliné** Nugatschokolade *f*
II. *adj inv* (*couleur*) schokoladenbraun
◆ **chocolat à cuire, chocolat de ménage** Kochschokolade *f,* Blockschokolade *f;* **chocolat au lait** Milchschokolade *f;* **chocolat aux noisettes** Nussschokolade *f;* **chocolat de couverture** Schokoladenüberzugsmasse *f,* Schokoladenglasur *f;* **chocolat en poudre** Kakaopulver *nt*

chocolaté, e [ʃɔkɔlate] *adj:* ***bouillie*** ~***e*** Schokoladenbrei *m;* ***crème*** ~***e*** Schokoladencreme *f;* ***farine*** ~***e*** Pulver *nt* für Schokoladenbrei

chocolaterie [ʃɔkɔlatʀi] *f* Schokoladenfabrik *f*

chocolatier, -ière [ʃɔkɔlatje, -jɛʀ] **I.** *adj:* ***industrie*** ~***ière*** Schokoladenindustrie *f*
II. *m, f* (*producteur*) Schokoladenfabrikant(in) *m(f);* (*commerçant*) Schokoladen[groß]händler(in) *m(f)*

chocottes [ʃɔkɔt] *fpl fam* ▶ **qn a les** ~ jd hat Bammel *fam* [*o* Schiss *sl*]

chœur [kœʀ] *m* **1.** (*chanteurs*) Chor *m;* ■ ~ **de** *d'enfants, de femmes, d'hommes* -chor; ~ ***de l'opéra*** Opernchor
2. MUS, LITTER, ARCHIT Chor *m*
3. ■ ~ **de personnes** *de mécontents, flatteurs* Schar *f* [*o* Gruppe *f*] von Menschen; ~ ***de rieurs*** Schar [*o* Gruppe] lachender Menschen
4. ■ ~ **de choses**: ~ ***de récriminations/ louanges*** allgemeines Nörgeln/ Lob; ~ ***de lamentations/ protestations*** Klage-/Protestgeschrei *nt*
▶ ~ **mixte** gemischter Chor; **des personnes chantent en** ~ Menschen singen im Chor; **des personnes reprennent qc en** ~ Menschen wiederholen etw im Chor; **en** ~ *s'écrier, protester* gemeinsam, im Chor; ***ils déclarèrent en*** ~ sie erklärten einstimmig

choir <*irr*> [ʃwaʀ] *vi* ▶ **qn laisse** ~ **qn** *fam* jd lässt jdn sitzen *fam*

choisi, e [ʃwazi] *adj* **1.** *morceau, œuvre, passage* ausgewählt
2. *langage* gewählt; *société* exklusiv; ***qn s'exprime en termes*** ~***s*** jd drückt sich gewählt aus

choisir <8> [ʃwaziʀ] **I.** *vi* **1.** (*faire son choix*) ■ **qn choisit** [**entre qn et qn/qc et qc**] jd wählt [zwischen jdm und jdm/etw und etw]
2. (*trancher*) ■ **qn choisit** jd entscheidet sich, jd trifft eine Entscheidung; ■ **qn choisit pour qn** jd entscheidet für jdn; ***c'est la vie qui choisit pour nous*** das Leben nimmt uns die Entscheidung ab
II. *vt* **1.** (*faire le choix de*) ■ **qn choisit qn/qc** [**à qn**] jd wählt [*o* sucht] [jdm] jdn/etw aus; *métier* jd wählt etw; ■ **qn choisit qn/qc pour faire qc** jd wählt jdn/etw, um etw zu tun; ■ **qn choisit qc** [**plutôt qu'autre chose**] jd wählt etw [und nicht etw], jd zieht etw [einer S. (*dat*)] vor; ***qn choisit la mort plutôt que l'esclavage*** jd wählt lieber den Tod als ein Leben in Unfreiheit; ■ **de deux choses, qn choisit une chose** jd wählt von zwei Dingen ein Ding; ■ **qn choisit qn entre deux personnes/parmi plusieurs personnes** jd entscheidet sich zwischen zwei Menschen für jdn/jd wählt jdn unter mehreren Menschen aus; ■ **qn choisit qc entre deux choses/ parmi plusieurs choses** jd entscheidet sich für etw von zwei Dingen/jd wählt unter mehreren Dingen etw aus
2. (*se décider à*) ■ **qn choisit de faire qc** jd entscheidet sich, etw zu tun; ■ **qn choisit si/quand/où/comment** jd entscheidet sich, ob/wann/wo/ wie
3. (*élire*) ■ **qn choisit qn** jd wählt jdn; (*désigner*) jd bestimmt jdn; ■ **qn choisit qn comme …** *comme député* jd wählt jdn zu …; *comme avocat, interprète* jd bestimmt jdn zu …; ■ **qn choisit qc comme …** *comme point de départ* jd wählt etw als …
4. (*sélectionner*) ■ **qn choisit qn** *ses amis, ses favoris* jd wählt jdn aus; ■ **qn choisit qc** *ses mots, sa formule* jd wählt etw
III. *vpr* ■ **qn se choisit qn/qc** jd entscheidet sich für jdn/etw

choix [ʃwa] *m* **1.** (*action de choisir*) [*ami, cadeau*] Wahl *f;* ***elle a fait un excellent*** ~ sie hat eine hervorragende Wahl getroffen
2. (*variété*) [*marchandises*] Auswahl *f*
3. (*sélection*) [*lettres*] Auswahl *f;* ~ ***de poèmes*** Gedichtauswahl
▶ **premier/second** ~ erste/zweite Wahl; ***ici nous ne vendons que du premier*** ~ wir verkaufen hier nur Waren erster Wahl; **qn a/n'a pas le** ~ jd hat die Wahl/keine [andere] Wahl; **qn arrête** [*o* **fixe**] [*o* **porte**] **son** ~ **sur qc** jd entscheidet sich für etw; **c'est un** ~ **à faire** das ist eine Entscheidung, die getroffen werden muss; **qn fait** ~ **de qn/qc/de faire qc** jd entscheidet sich für jdn/etw/, etw zu tun; **qn fait un** [**bon/mauvais**]**/son** ~ jd trifft eine [gute/schlechte]/seine Wahl; **qn laisse le** ~ **à qn** jd lässt jdm die Wahl; ***je vous laisse le*** ~ ***du restaurant*** ich überlasse Ihnen die Wahl des Restaurants, ich lasse Sie das Restaurant wählen; **au** ~ zur Auswahl; ***un dessert au*** ~ ein Dessert nach Wahl; ***au*** ~ ***du client*** frei nach Wahl; ***avancement au*** ~ Beförderung *f* auf Vorschlag des Vorgesetzten; **de** ~ erster Wahl, bester Qualität; ***des spectacles de*** ~ erstklassige [*o* großartige] Aufführungen; **de mon/son/…** ~ nach meiner/seiner/ihrer/… Wahl; ***un médecin de mon*** ~ ein Arzt meiner Wahl; **sans** ~ wahllos

choléra [kɔleʀa] *m* Cholera *f;* ***épidémie de*** ~ Choleraepidemie *f*

cholestérol [kɔlɛsteʀɔl] *m* Cholesterin *nt;* ***taux de*** ~ Cholesterinspiegel *m*
▶ **qn a** [*o* **fait**] **du** ~ jd hat einen erhöhten Cholesterinspiegel

chômage [ʃomaʒ] *m* Arbeitslosigkeit *f*
▶ ~ **partiel** Kurzarbeit *f;* ***il a été mis en*** ~ ***partiel*** er musste Feierschichten einlegen; ~ **saisonnier** saisonale [*o* saisonbedingte] Arbeitslosigkeit; ~ **technique** betriebsbedingte Kurzarbeit; **qn est au** [*o* **en**] ~ jd ist arbeitslos; **qn s'inscrit au** ~ jd meldet sich arbeitslos; **qn est mis(e) au** ~ jd wird entlassen; **qc réduit qn au** ~ etw macht jdn arbeitslos; **qn touche le** ~ *fam* jd kriegt Arbeitslosengeld *fam*
◆ **chômage de longue durée** Langzeitarbeitslosigkeit *f*

chômé, e [ʃome] *adj:* ***jour*** ~ arbeitsfreier Tag, Feiertag *m*

chômer <1> [ʃome] *vi* **1.** (*être sans travail*) ■ **qn chôme** jd ist arbeitslos; ***l'usine chôme*** die Arbeit in der Fabrik steht still [*o* ruht]
2. (*ne pas travailler*) ■ **qn chôme** jd arbeitet nicht
▶ **qn n'a pas chômé** *fam* (*a beaucoup travaillé*) jd hat nicht herumgesessen *fam;* **qc ne chôme pas** *fam* (*ne s'arrête pas*) etw findet kein Ende; ***son imagination ne chôme pas*** seine Fantasie kennt keine Grenzen

chômeur, -euse [ʃomœʀ, -øz] *m, f* Arbeitslose(r) *f(m);* ~ ***de longue durée*** Langzeitarbeitslose(r), Dauerarbeitslose(r); ~ ***en fin de droits*** Empfänger *m* von Arbeitslosenhilfe

chope [ʃɔp] *f* **1.** (*verre à bière*) Humpen *m,* Seidel *nt,* Krug *m*
2. (*contenu*) Humpen *m* [*o* Seidel *nt*] [*o* Krug *m*] Bier

choper <1> [ʃɔpe] *vt pop* **1.** (*arrêter*) ■ **qn chope qn** [**en train de faire qc**] jd schnappt [*o* erwischt] jdn [dabei, wie er etw tut] *fam;* ■ **qn se fait** ~ **par qn** jd lässt sich schnappen [*o* erwischen] *fam*
2. (*attraper*) ■ **qn chope qc** *grippe, crève* jd holt sich (*dat*) etw *fam*
3. (*voler*) ■ **qn chope qc** jd klaut etw *fam*

chopine [ʃɔpin] *f fam* Halbliterflasche *f* Wein

choquant, e [ʃɔkɑ̃, ɑ̃t] *adj manières, propos* schockierend; *contraste* schreiend

choquer <1> [ʃɔke] **I.** *vi* ■ **qn/qc choque** jd/etw erregt Aufsehen
II. *vt* **1.** (*scandaliser*) ■ **qn/qc choque qn** jd/etw schockiert jdn, jd/etw stößt jdn vor den Kopf; /*conduite a.*/ etw schockt jdn *fam;* ***qn est choqué(e) de voir/ d'entendre que*** + *indic* es ist für jdn ein Schock zu sehen/ hören, dass
2. (*offusquer*) ■ **qc choque qc** *oreilles* etw beleidigt etw, etw ist eine Beleidigung für etw; *pudeur* etw verletzt etw; *bienséance, bon goût* etw verstößt gegen etw; ***ces couleurs criardes choquent la vue*** diese schreienden Farben tun den Augen weh
3. (*commotionner*) ■ **qc choque qn** etw ist ein schwerer Schock für jdn, etw erschüttert jdn zutiefst
III. *vpr* ■ **qn se choque** [**facilement**] jd ist [leicht [*o* schnell]] schockiert; ***je ne me choque plus de rien*** mich kann nichts mehr erschüttern [*o* schockieren]

choral, e <s> [kɔʀal] **I.** <-aux *o* s> *adj:* ***chants*** ~***s*** Chorgesang *m,* mehrstimmiger Gesang; ***musique*** ~***e*** Chormusik *f*
II. *m* Choral *m*
III. *f* ■ **chorale** Chor *m,* Gesangverein *m*

chorégraphe [kɔʀegʀaf] *mf* Choreograph(in) *m(f)*

chorégraphie [kɔʀegʀafi] *f* Choreographie *f*

chorégraphique [kɔʀegʀafik] *adj* choreographisch

choriste [kɔʀist] *mf* Chorsänger(in) *m(f),* Chormitglied *nt*

chorus [kɔʀys] *m* MUS Chorus *m*
▶ **qn fait** ~ **avec qn** jd pflichtet [*o* stimmt] jdm bei; **des personnes font** ~ Menschen fallen im Chor ein

chose [ʃoz] **I.** *f* **1.** (*objet abstrait*) Sache *f;* (*objet matériel a.*) Ding *nt;* ***une*** ~ ***peu banale*** etwas Außergewöhnliches; ***c'est une*** ~ ***admise que*** + *indic* es ist eine anerkannte Tatsache, dass; ***il a réalisé de grandes*** ~***s dans sa vie*** er hat in seinem Leben Großes [*o* große Dinge] geleistet
2. (*ensemble d'événements, de circonstances*) ■ **les** ~**s** die Dinge; ***ces*** ~***s se passaient il y a bien longtemps*** diese Dinge haben sich vor langer Zeit zugetragen; ***comment les*** ~***s se sont-elles passées?*** wie haben sich die Dinge zugetragen?; ***les*** ~***s étant ce qu'elles sont*** [so] wie die Dinge [nun einmal] stehen [*o* liegen]; ***au point où en sont les*** ~***s, dans l'état actuel des*** ~***s*** [so] wie die Dinge im Moment liegen [*o* stehen]; ***les*** ~***s se gâtent*** [*o* ***vont mal***] [*o* ***tournent mal***] die Sache läuft schief; ***voyons où en sont les*** ~***s!*** lasst uns mal sehen, wie es [*o* die Sache] [so] steht [*o* wie die Dinge [so] stehen]
3. (*ce dont il s'agit*) Sache *f;* ***la*** ~ ***parle d'elle-même*** die Sache spricht für sich selbst; ***la*** ~ ***est décidée*** die Sache [*o* es] ist entschieden; ***comment a-t-il pris la*** ~? wie hat er die Sache [*o* es] aufgenommen?
4. (*paroles*): ***dans ce qu'il raconte, il n'y a pas une seule*** ~ [***de***] ***vraie*** von dem, was er erzählt, ist nichts [*o* nicht ein Wort] wahr; ***j'ai deux/ plusieurs*** ~***s à vous dire*** ich habe Ihnen verschiedenes [*o* einiges] [*o* verschiedene Dinge] zu sagen; ***vous lui direz bien des*** ~***s de ma part*** richten Sie ihm/ihr [bitte] viele Grüße von mir aus, grüßen Sie ihn/sie bitte vielmals [von mir]
5. *péj* (*personne*): ***il en a fait sa*** ~ er machte aus ihm/ihr ein willenloses Geschöpf; ***elle était devenue sa*** ~ sie war ihm/ihr hörig geworden
▶ **il faut regarder les** ~**s en face** man muss den Dingen ins Gesicht sehen; **les meilleures** ~**s ont une fin** alles hat einmal ein Ende; **en mettant les** ~**s au mieux** im besten Fall, bestenfalls; **qn ne fait pas les** ~**s à moitié** jd macht keine halben Sachen; **qn pousse les** ~ **au noir, qn voit les** ~ **en noir** jd sieht alles schwarz; **qn appelle les** ~**s par leur nom** jd nennt die Dinge beim [rechten] Namen; **en mettant les** ~**s au pis** im schlimmsten Fall, schlimmstenfalls; **qn met les** ~**s au point** jd bringt die Dinge auf den Punkt; **chaque** ~ **en son temps** alles zu seiner Zeit; **c'est** [**tout**] **autre** ~ das ist etwas [ganz] anderes; **qn passe à autre** ~ jd geht zu etwas anderem [*o* einem anderen Thema] über, jd geht auf ein anderes Thema über; **voilà une bonne** ~ **de faite** das ist erledigt; **qn fait bien les** ~**s** jd ist großzügig, jd lässt sich nicht lumpen *fam;* **de deux** ~**s l'une** eins von beiden; ~ **dite,** ~ **faite** gesagt, getan; **drôle de** ~ Merkwürdige(s) *nt,* Seltsame(s) *nt;* ***on voit souvent de drôles de*** ~***s*** man sieht oft merkwürdige [*o* seltsame] Dinge [*o* Sachen]; ***quelle drôle de*** ~! nein, so [et]was!; **toutes** ~**s égales d'ailleurs** bei gleich bleibenden Bedingungen; **c'est** ~ **faite** die Sache ist erledigt; ~ **jugée** rechtskräftig entschiedene Sache; **la même** ~ dasselbe, das Gleiche; **c'est/ce n'est pas la même** ~ das ist/ist nicht das gleiche [*o* dasselbe]; ***que tu prennes un chemin ou l'autre, c'est exactement la même*** ~ ob du

nun diesen Weg nimmst oder den anderen, das bleibt sich gleich **à peu de ~s près** so ungefähr; **c'est peu de ~** das ist [doch] nicht der Rede wert; ***c'est peu de ~, mais je vous l'offre de bon cœur*** das ist zwar nicht viel, aber dafür kommt's von Herzen; **~ promise, ~ due** *prov* was man versprochen hat, muss man auch halten; **la ~ publique** das Gemeinwesen; **ce sont des ~s qui arrivent** so was soll vorkommen; **c'est la ~ à ne pas dire!** das sagt man doch nicht laut!, das behält man doch für sich!; **c'est la ~ à ne pas faire** das gehört sich nicht; **qn parle de ~s et d'autres** jd redet [*o* spricht] von diesem und jenem; **qn est porté(e) sur la ~** jd denkt nur an das eine; **qn prend les ~s comme elles viennent** jd nimmt die Dinge so, wie sie sind; **encore une ~** eine Sache noch

II. *pron* ■ **quelque ~** etwas, was *fam;* ***quelque ~ de beau*** etwas Schönes; ***qn apprend quelque ~ au sujet de qc*** jd erfährt etwas über etw (*akk*); ***il t'est arrivé quelque ~?*** ist dir [irgend]etwas passiert?

▶ **qn apporte/donne un petit quelque ~ à qn** *fam* jd bringt jdm eine Kleinigkeit mit/jd schenkt jdm eine Kleinigkeit; **qn prend un petit quelque ~** *fam* (*une collation*) jd isst eine Kleinigkeit [*o* einen Happen *fam*]; (*un petit verre*) jd trinkt einen Schluck; **qn a quelque ~** jd hat etwas; **il y a sûrement quelque ~ entre qn et qn** (*une intrigue amoureuse*) jd und jd haben bestimmt [et]was miteinander *fam;* **il a dû y avoir quelque ~ entre qn et qn** (*une brouille*) zwischen jdm und jdm muss [irgend]etwas vorgefallen sein [*o* muss es irgendwie gekracht haben *fam*]; **qn se croit** [*o* **se prend pour**] **quelque ~** jd hält sich für etwas [*o* was *fam*] Besonderes; **c'est quelque ~!** *fam* das ist [doch] allerhand!; **c'est déjà quelque ~!** das ist doch immerhin [*o* wenigstens] etwas; **qn est quelque ~ quelque part** jd ist irgendwo wer; **qn est pour quelque ~ dans qc** jd hat etwas mit etw zu tun; **qc/ça fait quelque ~ à qn** etw/das trifft jdn; **quelque ~ comme** etwa; ***il y a quelque ~ comme 3 jours*** vor etwa 3 Tagen

III. *m fam* (*truc, machin*) Dings *nt fam,* Dingsda *nt fam,* Dingsbums *nt fam;* ***monsieur/madame C~*** Herr/Frau Dings [*o* Dingsda] [*o* Dingsbums] *fam*

IV. *adj inv fam* ▶ **qn est** [*o* **se sent**] **tout ~** jd fühlt sich nicht ganz auf dem Damm [*o* der Höhe] *fam;* **qc rend qn tout ~** (*trouble*) etw verwirrt jdn

chou <x> [ʃu] *m* 1. (*légume*) Kohl *m*

2. (*pâtisserie*) Windbeutel *m*

▶ **qc est bête comme ~** etw ist ein Kinderspiel [*o* kinderleicht] *fam;* **qn fait ~ blanc** jd hat Pech; **~ farci** *mit Hackfleisch gefüllter Weiß- oder Rotkohl;* **~ frisé** Grünkohl *m;* **qn fait ses ~x gras de qc** jd kann etw gut gebrauchen; **~ rouge** Rotkohl *m,* Rotkraut *nt,* Blaukraut *nt;* **c'est ~ vert et vert ~** das macht keinen Unterschied, das ist Jacke wie Hose *fam;* **qn est dans les ~x** / *candidat*/ jd ist weg vom Fenster *fam;* / *sportif*/ jd ist aus dem Rennen; **qn lui rentre dans le ~** jd fällt über jdn her; **qn va planter ses ~x** jd zieht sich aufs Land zurück

◆ **chou à la crème** Windbeutel *m;* **chou de Bruxelles** Rosenkohl *m,* Kohlsprosse *f* AUS

chou, te [ʃu, ʃut] I. <x> *m, f* Liebling *m,* Schatz *m;* ***pauvre petit ~!*** du armer Schatz!; ***viens ma petite ~te!*** komm mein Schätzchen [*o* Schatz]!

II. *adj inv fam* 1. (*ravissant*) goldig *fam,* niedlich, süß

2. (*gentil*) lieb *fam,* artig, brav

chouan [ʃwɑ̃] *m königstreuer Republikgegner zur Zeit der Französischen Revolution*

choucas [ʃukɑ] *m* Dohle *f*

chouchou, te [ʃuʃu, ut] *m, f fam* Herzchen *nt fam,* Goldkind *nt fam;* ■ **~ de qn** jds Liebling *m;* ***c'est le ~ des sondages*** er/sie ist [bei Meinungsumfragen] der Publikumsliebling

chouchouter <1> [ʃuʃute] *vt fam* ■ **qn chouchoute qn** jd verwöhnt jdn; *enfant a.* jd verhätschelt jdn; ***il aime bien se faire ~*** er lässt sich gern verwöhnen

choucroute [ʃukʀut] *f* Sauerkraut *nt*

▶ **~ garnie** *Sauerkraut mit Speck und Wurstwaren;* **qn pédale dans la ~** *fam* jd steht auf dem Schlauch *fam;* / *police, enquêteurs*/ jd tappt im Dunkeln

chouette [ʃwɛt] I. *adj fam* klasse *fam,* super *fam,* toll *fam;* ***allez, sois ~! prête-moi 100 F!*** komm, sei ein Schatz! leih mir 100 F! *fam*

▶ **~ [alors]!** klasse! *fam,* toll! *fam,* Spitze! *fam,* super! *fam*

II. *f* (*oiseau*) Eule *f*

▶ **vieille ~** *péj* alte Hexe

chou-fleur <~x-~s> [ʃuflœʀ] *m* Blumenkohl *m*

chouïa [ʃuja] *m fam* ■ **un ~** ein wenig [*o* bisschen]

chou-navet <~x-~s> [ʃunavɛ] *m* Kohlrübe *f,* Steckrübe *f* **chou-rave** <~x-~s> [ʃuʀav] *m* Kohlrabi *m*

chouraver <1> [ʃuʀave] *vt,* **chourer** <1> [ʃuʀe] *vt fam* ■ **qn chourave** [*o* **choure**] **qc** jd klaut etw *fam*

chouya [ʃuja] *m v.* **chouïa**

choyer <6> [ʃwaje] *vt* ■ **qn choie qn** jd sorgt liebevoll für jdn, jd verzärtelt [*o* verhätschelt] jdn

chrétien, ne [kʀetjɛ̃, jɛn] I. *adj* christlich; ■ **qn est ~** jd ist Christ

II. *m, f* Christ(in) *m(f)*

▶ **qn vit en bon ~** jd lebt als guter Christ

chrétiennement [kʀetjɛnmɑ̃] *adv agir* christlich; *élever a.* im christlichen Glauben; *vivre a., mourir* als [guter] Christ

chrétienté [kʀetjɛ̃te] *f* Christenheit *f*

christ [kʀist] *m* 1. (*Jésus-C~*) ■ **le C~** Christus *m;* ***la naissance du C~*** die Geburt Christi

2. (*crucifix*) Christus[figur *f*] *m*

christiania [kʀistjanja] *m* Parallelschwung *m*

christianiser <1> [kʀistjanize] *vt* ■ **qn christianise qn** jd christianisiert jdn, jd bekehrt jdn zum Christentum

christianisme [kʀistjanism] *m* Christentum *nt*

▶ **qn convertit qn au ~** jd bekehrt jdn zum Christentum

chromatique [kʀɔmatik] *adj* 1. MUS, OPT chromatisch

2. BIO: ***réduction ~*** Chromosomenreduktion *f*

chrome [kʀom] *m* 1. (*métal*) Chrom *nt*

2. (*pièce*) Chrom[teil *nt*] *nt*

chromer <1> [kʀome] *vt* ■ **qn chrome qc** jd verchromt etw

chromo [kʀomo] *m péj* Kitschbild *nt*

chromosome [kʀomozom] *m* Chromosom *nt*

chromosomique [kʀomozomik] *adj* Chromosomen-

chronique [kʀɔnik] I. *adj* 1. *maladie* chronisch; ***bronchite [à l'état] ~*** chronische Bronchitis

2. *difficulté, problème* andauernd; ***chômage ~*** Dauerarbeitslosigkeit *f;* ***qn a des difficultés financières ~s*** jd leidet an chronischem Geldmangel; ***la crise économique est devenue ~*** die Wirtschaftskrise ist zu einem Dauerzustand geworden

II. *f* 1. LITTER (*récits*) Chronik *f*

2. (*bruits qui circulent*): ***la ~ scandaleuse de la ville, la ~ locale*** der lokale Tratsch

3. MEDIA (*commentaire libre*) Kolumne *f;* RADIO Kommentar *m;* ***~ artistique/ littéraire/ théâtrale*** Feuilleton *nt;* ***~ financière*** Börsenbericht *m;* ***~ économique/ politique/ scientifique*** Bericht *m* mit Schwerpunktthemen aus der Wirtschaft/Politik/Wissenschaft; ***~ sportive*** Sportteil *m;* RADIO, TV Sportsendung *f*

▶ **qn/qc défraie la ~** jd/etw macht von sich reden

chroniqueur, -euse [kʀɔnikœʀ, -øz] *m, f* 1. LITTER Chronist(in) *m(f)*

2. PRESSE, RADIO, TV: ***~(-euse) artistique/littéraire/musical(e)/théâtral(e)*** Feuilletonist(in) *m(f);* ***~(-euse) financier(-ière)/ sportif(-ive)*** Wirtschafts-/Sportredakteur(in) *m(f);* ***~(-euse) politique*** politischer Redakteur/politische Redakteurin; ***~ parlementaire*** parlamentarischer Berichterstatter

◆ **chroniqueur(-euse) de mode** PRESSE Redakteur(in) *m(f)* einer Modezeitschrift; RADIO, TV Moderedakteur(in) *m(f)*

chrono [kʀɔno] *m fam abr de* **chronomètre** Stoppuhr *f*

▶ **qn fait un bon ~** jd läuft eine gute Zeit; (*coureur auto*) jd fährt eine gute Zeit; **qn fait du 80/100/120 km/h** jd fährt 80/100/120 gestoppte Stundenkilometer

chronobiologie [kʀonobjɔlɔʒi] *f* Chronobiologie *f*

chronologie [kʀɔnɔlɔʒi] *f* 1. (*succession des événements*) Chronologie *f,* zeitliche Abfolge

2. (*science*) Chronologie *f*

chronologique [kʀɔnɔlɔʒik] *adj ordre, plan* chronologisch; *liste* chronologisch geordnet; ***table ~*** Zeittafel *f*

chronologiquement [kʀɔnɔlɔʒikmɑ̃] *adv* chronologisch

chronométrage [kʀɔnɔmetʀaʒ] *m* Zeitmessung *f,* Stoppen *nt*

▶ **~ électrique/manuel** elektrische/manuelle Zeitmessung

chronomètre [kʀɔnɔmɛtʀ] *m* Stoppuhr *f*

▶ **qn est réglé(e) comme un ~** jd führt ein pedantisch geregeltes Leben

chronométrer <5> [kʀɔnɔmetʀe] *vt* ■ **qn chronomètre qn/qc** jd stoppt jdn/etw, jd misst jds Zeit/die Zeit von etw; ***chronométré(e) à 240 km/h sur l'autoroute*** mit einer auf der Autobahn gemessenen Geschwindigkeit von 240 km/h

chronométreur, -euse [kʀɔnɔmetʀœʀ, -øz] *m, f* Zeitnehmer(in) *m(f)*

chrysalide [kʀizalid] *f* Puppe *f*

▶ **qc sort de sa ~** / *projet*/ etw nimmt Gestalt an

chrysanthème [kʀizɑ̃tɛm] *m* Chrysantheme *f*

▶ **qn inaugure les ~s** jd übernimmt repräsentative Aufgaben

chti [ʃti] *adj/subst v.* **ch'timi**

ch'timi, chtimi [ʃtimi] I. *adj inv fam* aus Nordfrankreich; ***Louise est ~*** Louise ist Nordfranzösin, Louise kommt aus Nordfrankreich

II. *mf inv fam* ■ **Ch'timi** Nordfranzose/-französin *m/f*

C.H.U. [seaʃy] *m abr de* **centre hospitalier universitaire** Universitätsklinik[um *nt*] *f*

chu, e [ʃy] *pp de* **choir**

chuchotement [ʃyʃɔtmɑ̃] *m* 1. [*personne*] Flüstern *nt,* Geflüster *nt;* (*en cachette*) Tuscheln *nt*

2. *littér* [*oiseau*] Zwitschern *nt;* [*eau*] Murmeln *nt geh;* [*vent*] Säuseln *nt geh*

chuchoter <1> [ʃyʃɔte] I. *vi* ■ **qn chuchote** jd flüstert; (*en cachette*) jd tuschelt; ■ **qc chuchote** / *vent*/ etw säuselt *geh*

II. *vt* ■ **qn chuchote qc à l'oreille de qn** jd flüstert jdm etw ins Ohr; ■ **on chuchote que** + *indic* es geht das Gerücht [*o* es wird getuschelt], dass

chuchotis [ʃyʃɔti] *m v.* **chuchotement**

chuintement [ʃɥɛ̃tmɑ̃] *m* 1. (*défaut de prononciation*) *fehlerhafte Aussprache, bei der s wie sch gesprochen wird*

2. (*sifflement*) [*vapeur*] Zischen *nt;* [*pneu*] Quietschen *nt*

chuinter <1> [ʃɥɛ̃te] *vi* 1. ■ **qn chuinte** jd spricht s wie sch aus

2. ■ **qc chuinte** / *scie*/ etw kreischt; / *vapeur*/ etw zischt; / *pneu*/ etw quietscht

3. ■ **une chouette chuinte** eine Eule schreit

chus [ʃy] *p simple de* **choir**

chut [ʃyt] *interj* pst

chute [ʃyt] *f* 1. (*action*) [*personne*] Fall *m,* Sturz *m;* [*feuilles*] [Ab]fallen *nt;* [*rideau*] Fallen *nt;* ***~ des cheveux/ dents*** Haar-/Zahnausfall *m;* ***bientôt ce sera la ~ des feuilles*** bald fallen die Blätter von den Bäumen

2. (*effondrement*) [*empire*] Zusammenbruch *m,* Untergang *m;* [*gouvernement, personne*] Fall *m,* Sturz *m;* [*pièce de théâtre*] Durchfall; [*ville assiégée*] Fall; [*cours de la Bourse, dollar, franc*] Sturz

3. GEOG: ***les ~s du Niagara/ Zambèse*** die Niagara-/Viktoriafälle

4. METEO: ***~ de neige/ pluie*** Schnee-/Regenfall *m*

5. (*baisse rapide*): ***~ de pression*** Druckabfall *m;* ***~ de température*** Temperatursturz *m;* ***~ de la natalité*** beträchtlicher Geburtenrückgang

6. (*déchets*) [*tissu*] Fetzen *m;* [*papier a.*] Stückchen *nt*

7. (*pente*) [*toit*] Neigung *f*
8. REL ■ **la ~** der Sündenfall
9. (*fin*) [*histoire*] Schluss *m;* [*poème*] Pointe *f*
10. CARTES Unterstich *m*
▶ **à la ~ du jour** bei Einbruch der Dunkelheit; **~ libre** freier Fall; ***en ~ libre*** im freien Fall; ***nos ventes sont en ~ libre*** gegenwärtig verzeichnen wir starke Absatzrückgänge [*o* Absatzeinbußen]; **qn entraîne qn dans sa ~** jd reißt jdn mit sich; **qn fait une [mauvaise] ~** jd fällt [*o* stürzt] [unglücklich]; ***j'ai fait une ~ de vélo*** ich bin vom Fahrrad gefallen [*o* gestürzt]; ***elle a fait une ~ de 5 m*** sie ist 5 m in die Tiefe gestürzt
◆ **chute d'eau** Wasserfall *m;* **chute de pierres** Steinschlag *m;* **chute de reins**: ***qn a une belle ~ de reins*** jd hat einen wohlgeformten Rücken

chuter <1> [ʃyte] *vi* **1.** *fam* (*tomber*) ■ **qn/qc chute** jd/etw stürzt [*o* fällt]; ■ **qc va faire ~ qn/qc** etw wird jdn/etw zu Fall bringen; ■ **qc a fait ~ qn/qc** etw hat jdn/etw zu Fall gebracht
2. *fam* (*échouer*) ■ **qn/qc chute** /*candidat, pièce de théâtre*/ jd/etw fällt durch; /*joueur, sportif*/ jd erleidet eine Niederlage, jd verliert; ***qn chute contre qn*** jd verliert gegen jdn, jd erleidet eine Niederlage gegen jdn; ***c'est l'épreuve de math qui m'a fait ~ à l'examen*** die Matheklausur hat mir beim Examen das Genick gebrochen *fam;* ■ **qn chute** CARTES jd macht zu wenig Stiche
3. (*baisser*) ■ **qc chute** /*cours, prix*/ etw sinkt, etw fällt; ***la bourse chute*** die Börsenkurse fallen; ■ **qc fait ~ qc** *ventes* etw lässt etw zurückgehen

Chypre [ʃipʀ] *f* ■ **[l'île de] Chypre** Zypern *nt*

chypriote [ʃipʀijɔt] *adj/subst v.* **cypriote**

ci [si] *adv* ▶ **comme ~ comme ça** *fam* so lala *fam; v. a.* **ceci, celui**

ci-après [siapʀɛ] *adv* [weiter] unten, nachstehend

cibiste [sibist] *mf* CB-Funker(in) *m(f)*

cible [sibl] **I.** *f* **1.** SPORT Zielscheibe *f*
2. MIL, CHASSE, POL Ziel *nt*
3. COM, MEDIA Ziel[gruppe *f*] *nt*
▶ **qc a qn pour ~** etw soll jdn gezielt erreichen [*o* ansprechen]; **qn atteint [o touche] la ~** SPORT jd trifft das/sein Ziel; **qn atteint la/sa ~** COM, MEDIA jd erreicht das/sein Ziel [*o* die/seine Zielgruppe]; **qn est la ~ de qc** *des plaisanteries, railleries* jd ist die Zielscheibe einer S. (*gen*); ***qn est la ~ de tous les regards*** jd zieht alle Blicke auf sich (*akk*); **qn prend qn pour ~** jd benutzt [*o* nimmt] jdn als Zielscheibe; **qn sert de ~ à qn/qc** jd dient jdm/einer S. (*dat*) als Zielscheibe; ***il servait de ~ aux quolibets de ses camarades*** er war Zielscheibe der spöttischen Bemerkungen seiner Freunde
II. *app* ■ [-]~ *acheteur, marché, pays, cellule* anvisiert, ins Auge gefasst; *langue* Ziel-; ***quel est notre acheteur ~?*** welchen Käufer wollen wir ansprechen?; ***clientèle ~*** Zielgruppe *f*

cibler <1> [sible] *vt* **1.** (*déterminer*) ■ **qn cible des personnes** jd spricht Menschen gezielt an, jd wendet sich gezielt an Menschen; ***le public était mal ciblé*** das Publikum wird kaum angesprochen; ■ **ciblé(e)** *public* gezielt
2. (*définir*) ■ **qn cible qc** jd bestimmt etw, jd legt etw fest; ■ **qn cible qc sur des personnes** jd richtet etw auf Menschen aus; ■ **ciblé(e)** *émission* auf ein bestimmtes Publikum ausgerichtet; *mesures* gezielt; [***qc est***] ***mal/bien/très bien ciblé(e)*** [etw ist] schlecht/gut/hervorragend durchdacht

ciboulette [sibulɛt] *f* Schnittlauch *m*

ciboulot [sibulo] *m pop* Dez *m fam,* Kopf *m,* Hirn *nt*
▶ **qn n'a rien dans le ~** jd hat nur Stroh im Kopf *fam;* **qn se creuse le ~** jd zermartert sich (*dat*) das Hirn *fam,* jd zerbricht sich (*dat*) den Kopf

cicatrice [sikatʀis] *f* Narbe *f;* [*guerre a., cataclysme*] Spur *f*

cicatrisant, e [sikatʀizɑ̃, ɑ̃t] *adj* heilend, die Heilung fördernd; ***crème ~e*** Wundsalbe *f,* Heilsalbe *f*

cicatrisation [sikatʀizasjɔ̃] *f* Vernarbung *f,* Vernarben *nt;* ***la ~ de cette égratignure sera rapide*** diese Kratzwunde wird schnell vernarben

cicatriser <1> [sikatʀize] **I.** *vt* ■ **qc cicatrise qc** *plaie* etw lässt etw vernarben; *souffrance morale* etw hilft über etw (*akk*) hinweg; ***sa blessure est maintenant complètement cicatrisée*** seine Wunde ist jetzt vollständig vernarbt; ***rien de tel qu'une croisière pour ~ une déception amoureuse*** es gibt nichts Besseres als eine Kreuzfahrt, um über eine enttäuschte Liebe hinwegzukommen; ***ce n'est pas encore cicatrisé*** *fig* das ist noch nicht verwunden
II. *vi, vpr* ■ **qc [se] cicatrise** etw vernarbt

ci-contre [sikɔ̃tʀ] *adv* nebenstehend

ci-dessous [sid(ə)su] *adv* [weiter] unten

ci-dessus [sid(ə)sy] *adv* [weiter] oben

ci-devant [sid(ə)vɑ̃] *adv* ehemals, einstmals (*bei Titeln aus der Zeit vor der Französischen Revolution*)

cidre [sidʀ] *m* Cidre *m,* Apfelwein *m*
▶ **~ bouché** *stark moussierender, auf Flaschen gezogener Cidre;* **~ brut** herber [*o* trockener] Cidre; **~ doux** süßer Cidre

cidrerie [sidʀəʀi] *f* Apfelweinkellerei *f*

Cie *abr de* **compagnie** Co

ciel <cieux *o* s> [sjɛl, sjø] *m* **1.** <s> Himmel *m;* **~ *clément*** heiteres [*o* schönes] Wetter; [***haut***] ***dans le ~*** [hoch] am Himmel
2. REL ■ **les cieux** der Himmel; ***Notre Père, qui es aux cieux*** Vater unser[, der du bist] im Himmel; ***royaume des cieux*** Himmelreich *nt*
3. REL (*providence*) Himmel *m;* ***le ~ a écouté*** [*o* ***entendu***] ***leurs prières*** der Himmel hat ihre Gebete erhört
4. REL (*paradis*) Himmel *m;* ***le croyant espère aller au ~ après sa mort*** der Gläubige hofft, nach dem Tod in den Himmel zu kommen
5. <s> ART Himmel *m*
▶ **~ d'azur** azurner [*o* azurblauer] Himmel; **grâce au ~** Gott sei Dank; **au nom du ~!** um Himmels willen!; **le ~ m'est témoin** der Himmel ist [*o* sei] mein Zeuge; **qn remue ~ et terre** jd setzt Himmel und Hölle [*o* alle Hebel] in Bewegung; **entre ~ et terre** zwischen Himmel und Erde; **sous d'autres cieux** in anderen Gegenden, in anderen Gefilden *geh;* **sous des cieux plus cléments** in milderen Zonen; **juste ~!** *littér* gerechter Himmel!; **à ~ ouvert** unter freiem Himmel; *carrière* über Tage, im Tagebau; ***piscine à ~ ouvert*** Freibad *nt;* **qn est au septième ~** jd ist [*o* fühlt sich [wie]] im sieb[en]ten Himmel; **aide-toi, le ~ t'aidera** *prov* hilf dir selbst, so hilft dir Gott; **qn bénit le ~ d'avoir fait qc** jd dankt dem Himmel, dass er etw getan hat; **c'est le ~ qui t'envoie** dich schickt der Himmel; **fasse le ~ que** + *subj,* **plût au ~ que** + *subj* gebe [es] der Himmel, dass; **qn lève qc au ~** *bras* jd streckt etw gen Himmel; *yeux* jd richtet etw zum [*o* gen] Himmel; ***qn lève les yeux au ~*** jd blickt zum Himmel [auf]; **le ~ soit loué!** dem Himmel sei Dank!; **qn mérite le ~** jd verdient es, in den Himmel zu kommen; **qn est monté(e) [tout droit] au ~** jd ist [direkt] zum [*o* in den] Himmel aufgefahren, jd ist gen Himmel gefahren; **qn/qc lui tombe du ~** jd/etw kommt [jdm] wie gerufen; **qn tombe du ~** jd fällt aus allen Wolken; **sous le ~ de**: ***elle passe l'hiver sous le ~ de Provence*** sie verbringt den Winter in provenzalischen Gefilden *geh;* **[ô] ~!** *littér* [o] Himmel!
◆ **ciel de lit** Betthimmel *m*

cierge [sjɛʀʒ] *m* **1.** (*chandelle*) Kerze *f*
2. (*plante*) Säulenkaktus *m*
▶ **qn se tient droit comme un ~** jd hält sich kerzengerade; **~ pascal** Osterkerze *f;* **qn brûle un ~ [à qn]** jd spendet [jdm] eine Opferkerze; ***tu peux brûler un ~ à Sylvie qui t'a sauvé la mise*** du kannst Sylvie dankbar sein, dass sie dir aus der Patsche geholfen hat *fam*
◆ **cierge de Pâques** Osterkerze *f*

cieux [sjø] *pl de* **ciel**

cigale [sigal] *f* Zikade *f*

cigare [sigaʀ] *m* Zigarre *f*
▶ **qn n'a rien dans le ~** *fam* jd hat nur Stroh im Kopf *fam*

cigarette [sigaʀɛt] *f* Zigarette *f*
◆ **cigarette [à bout] filtre** Filterzigarette *f*

cigarillo [sigaʀijo] *m* Zigarillo *nt o m*

ci-gît [siʒi] *loc* hier ruht

cigogne [sigɔɲ] *f* Storch *m*

ciguë [sigy] *f* Schierling *m*

ci-inclus [siɛ̃kly] *loc* anbei, als [*o* in der] Anlage; ***la copie ~e*** die beiliegende Kopie

ci-joint [siʒwɛ̃] *loc* anbei, als [*o* in der] Anlage; ***les documents ~s*** die beiliegenden Dokumente

cil [sil] *m* Wimper *f*
▶ **faux ~s** falsche [*o* künstliche] Wimpern; **~ vibratile** Flimmerhaar *nt,* Zilie *f spec;* **qn bat des ~s** jd zwinkert [*o* blinzelt] [mit den Augen]; (*pour séduire*) jd klimpert mit den Wimpern *fam*

ciller <1> [sije] *vi* ■ **qn cille [des yeux]** jd zwinkert [*o* blinzelt] [mit den Augen]
▶ **qn ne cille pas** jd zuckt nicht mit der Wimper, jd verzieht keine Miene

cime [sim] *f* **1.** (*sommet*) [*arbre*] Wipfel *m;* [*montagne*] Gipfel *m*
2. *vieilli* (*plus haut degré*) [*gloire*] Gipfel *m;* ***à la ~ des honneurs*** auf dem Gipfel des Ruhms

ciment [simɑ̃] *m* **1.** (*mortier*) Zement *m*
2. *littér* (*lien*): ***cela a été le ~ de notre amitié*** das hat unsere Freundschaft gefestigt
▶ **~ armé** Stahlbeton *m;* **~ prompt** Schnellbinder *m*
◆ **ciment à prise lente/rapide** Langsambinder *m*/Schnellbinder *m;* **ciment de laitier, ciment Portland** Portlandzement *m*

cimenter <1> [simɑ̃te] *vt* **1.** ■ **qn cimente qc** *sol, piscine* jd zementiert etw
2. (*consolider*) ■ **qn/qc cimente qc** jd/etw festigt etw

cimenterie [simɑ̃tʀi] *f* Zementfabrik *f,* Zementwerk *nt*

cimetière [simtjɛʀ] *m* Friedhof *m;* ***qn va au ~*** jd geht auf den [*o* zum] Friedhof
▶ **~ atomique [o nucléaire]** *Landschaft nach einer Atomkatastrophe;* **~ militaire** Soldatenfriedhof *m*
◆ **cimetière d'éléphants** Elefantenfriedhof *m;* **cimetière de voitures** Autofriedhof *m*

ciné [sine] *m fam abr de* **cinéma** Kino *nt;* ***qn va au ~*** jd geht ins Kino; ***j'aime bien le ~*** ich gehe gern ins Kino

cinéaste [sineast] *m* Filmemacher(in) *m(f)*

ciné-club <~-~s> [sineklœb] *m* Filmclub *m*

cinéma [sinema] *m* **1.** (*art, industrie*) Kino *nt;* ***qc a été adapté(e) pour le ~*** etw wurde verfilmt
2. (*salle*) Kino *nt,* Filmtheater *nt;* ***qn va au ~*** jd geht ins Kino
▶ **~ muet** Stummfilm *m;* **~ parlant** Tonfilm *m;* **~ permanent** Nonstopkino *nt;* **qn se fait son petit ~** *fam* jd macht sich (*dat*) etw vor; **~ porno[graphique]** Pornofilm *m;* **~ professionnel** professionelles Kino; **arrête ton ~** *fam* hör auf mit dem [*o* diesem] Theater *fam;* **qn est dans le ~** jd ist beim Film; **c'est du ~** *fam* das ist [doch alles] nur Theater *fam;* **c'est tout un ~ pour faire qc** *fam* das ist vielleicht ein Affenzirkus [*o* Affentheater], etw zu tun *fam;* **c'est toujours le même ~** *fam* das ist immer dasselbe Theater *fam;* **qn fait du ~** jd ist Filmschauspieler(in); **qn fait son ~** *fam* jd zieht eine Show [*o* Schau] ab *fam;* **qn [se] fait tout un ~** *fam* jd macht ein Affentheater [*o* einen Affenzirkus] *fam*
◆ **cinéma d'amateur** Amateurfilmkunst *f,* Amateurfilmerei *f fam;* **cinéma d'animation** [Zeichen]trickfilm *m;* **cinéma d'art et d'essai** Programmkino *nt*

cinémascope® [sinemaskɔp] *m* Cinemascope® *nt*

cinémathèque [sinematɛk] *f* Filmarchiv *nt,* Kinemathek *f*

cinématographe [sinematɔgʀaf] *m vieux* Kinematograph *m veraltet*

cinématographie [sinematɔgʀafi] *f spéc* Kinematographie *f*

cinématographique [sinematɔgʀafik] *adj:* ***industrie ~*** Filmindustrie *f*

cinémomètre [sinemɔmɛtʀ] *m* Radarkontrollgerät *nt*

ciné-parc <~-~s> [sinepaʀk] *m* Autokino *nt*

cinéphile [sinefil] *mf* Kinofreund(in) *m(f)*, Kinofan [-fæn] *m*, Filmfan *m*

cinéraire [sineʀɛʀ] *f* Zinerarie *f*, Cineraria *f*

cinétique [sinetik] *adj* kinetisch

cinglant, e [sɛ̃glɑ̃, ɑ̃t] *adj* **1.** *pluie* peitschend; *bise* schneidend
2. *réflexion, remarque, phrase* schneidend, bissig; *reproche, affrontement* heftig; *leçon* scharf; *démenti* nachdrücklich

cinglé, e [sɛ̃gle] **I.** *adj fam* bekloppt *fam*, übergeschnappt *fam*; ***qn est ~*** jd spinnt *fam*, jd hat 'nen Vogel *fam*
II. *m, f fam:* ***quel ~/quelle ~e!*** was für ein Spinner/eine blöde Ziege! *fam;* ***c'est un ~/une ~e!*** der/die spinnt [*o* hat 'nen Vogel] *fam*

cingler <1> [sɛ̃gle] **I.** *vt* **1.** (*frapper*) ■ **qn lui cingle qc d'une chose** *visage* jd versetzt jdm eine S. in etw (*akk*); *jambes* jd versetzt jdm eine S. gegen etw; ■ **qn cingle un animal de qc** jd versetzt einem Tier etw; ■ **qc lui cingle qc** *visage* etw schlägt jdm in etw (*akk*); *jambes* etw schlägt jdm gegen etw; ■ **qc cingle un animal** etw prasselt auf ein Tier nieder
2. (*fouetter*) ■ **qc [lui] cingle qc** etw schlägt [jdm] gegen etw; ***la pluie cinglait les vitres*** der Regen trommelte gegen die [Fenster]scheiben; ***les branches leur cinglaient/le vent leur cinglait le visage*** die Zweige peitschten/der Wind schlug ihnen ins Gesicht
3. (*blesser*) ■ **qn cingle qn de qc** jd schleudert jdm etw ins Gesicht
II. *vi* (*faire voile dans une direction*) ■ **qn/qc cingle vers qc** /*bateau, marin, flotte*/ jd/etw segelt auf etw (*akk*) zu

cinoche [sinɔʃ] *m fam* Kino *nt*, Kintopp *m fam*

cinq [sɛ̃k] **I.** *num* **1.** (*cardinal*) fünf; ***ils ont gagné ~ à un*** sie haben fünf zu eins gewonnen; ***ça coûte ~ francs*** das kostet fünf Franc; ***le train part dans ~ minutes*** der Zug fährt in fünf Minuten ab; ***en ~ jours*** in fünf Tagen; ***deux et trois font ~*** zwei und drei sind [*o* macht] [*o* gibt] fünf
2. (*ordinal*): ***chapitre/page ~*** Kapitel *nt*/Seite *f* fünf; ***le numéro ~*** die Nummer fünf; ***à ~ heures*** um fünf Uhr; ***je viens le ~ mai*** ich komme am fünften Mai; ***nous sommes le ~ juin*** heute ist der fünfte Juni, wir haben den fünften Juni; ***Charles V*** Karl V., Karl der Fünfte; ***acte V, scène 2*** Akt V, Szene 2; fünfter Akt, zweite Szene
▸ **en ~ sec** im Nu *fam*, in Null Komma nichts *fam;* **c'était moins ~!** *fam* das war knapp! *fam*
II. *m inv* **1.** (*chiffre*) Fünf *f*
2. (*numéro*) Nummer *f* fünf, Fünf *f;* ***j'habite [au] 5, rue de l'Église*** ich wohne [in der] Rue de l'Église [Nummer] 5; ■ **le ~** die Nummer fünf; TRANSP die Nummer fünf, die Linie fünf, die Fünf *fam;* (*bus a.*) der Fünfer SDEUTSCH *fam;* ***quel cheval as-tu joué? – Le ~*** auf welches Pferd hast du gesetzt? – Auf die Nummer fünf [*o* die Fünf *fam*]
3. CARTES, JEUX Fünf *f;* (*face de dé*) Fünf *f;* ***je joue le ~ de cœur*** ich spiele die Herzfünf; ***qn mise le ~*** jd setzt auf die Fünf
4. (*date*): ***nous sommes aujourd'hui le ~*** heute ist der Fünfte, wir haben heute den Fünften
5. SCOL (*note*) fünf Punkte [von zwanzig] (*mangelhafte Note, die einer Fünf entspricht*); ***elle a eu [un] ~ à l'interro de maths*** sie hat fünf Punkte in der Mathearbeit geschrieben
▸ **~ arabe/romain** arabische/römische Fünf; **~ sur ~** (*parfaitement*) einwandfrei, ohne Schwierigkeiten
III. *f* ■ **la ~** die Fünf; (*table a.*) der Tisch fünf; (*chambre a.*) das Zimmer fünf
IV. *pron* fünf; ***seuls ~ sont venus*** nur fünf sind gekommen; ***ils étaient dix contre ~*** sie waren zehn gegen fünf; ***un jour sur ~*** alle fünf Tage
▸ **à ~** zu fünft; **en ~** in fünf Teile; **par ~** COM im Fünferpack; **~ par ~** *choses* je[weils] fünf; *personnes* [jeweils] zu fünft, in Fünfergruppen; **tous les ~** alle fünf
◆ **cinq à sept** *Empfang am Spätnachmittag;* (*rendez-vous amoureux*) Schäferstündchen *nt*

cinquantaine [sɛ̃kɑ̃tɛn] *f* **1.** ■ **une ~ de personnes/choses** etwa [*o* ungefähr] [*o* um die] fünfzig Menschen/Dinge
2. (*âge approximatif*): ***qn a la ~*** jd ist ungefähr [*o* etwa] [*o* um die] fünfzig [Jahre alt]; ***qn approche de la ~*** jd geht auf die Fünfzig zu; ***qn a dépassé/a largement dépassé la ~*** jd ist über/weit über fünfzig [Jahre alt]; ***elle a une ~ d'années*** sie ist so um die Fünfzig

cinquante [sɛ̃kɑ̃t] **I.** *num* **1.** (*cardinal*) fünfzig
2. (*ordinal*): ***chapitre/page ~*** Kapitel *nt*/Seite *f* fünfzig; ***dans les années ~*** in den fünfziger Jahren
▸ **je ne répéterai pas ~ fois la même chose!** ich sage nicht hundertmal das Gleiche!
II. *m inv* **1.** (*chiffre*) Fünfzig *f*
2. (*numéro*) Nummer *f* fünfzig, Fünfzig *f;* ***j'habite [au] 50, rue de la Mésange*** ich wohne [in der] Rue de la Mésange [Nummer] 50
◆ **cinquante et un(e)** einundfünfzig; *v. a.* **vingt**

cinquantenaire [sɛ̃kɑ̃tnɛʀ] **I.** *adj* fünfzigjährig; ***cet arbre est à peine ~*** dieser Baum ist keine fünfzig Jahre alt
II. *m* fünfzigjähriges [*o* goldenes] Jubiläum; ***l'an prochain, nous fêterons le ~ de notre mariage*** nächstes Jahr feiern wir unseren fünfzigsten Hochzeitstag [*o* unsere Goldene Hochzeit]

cinquantième [sɛ̃kɑ̃tjɛm] **I.** *adj antéposé* fünfzigste(r, s)
II. *mf* ■ **le/la ~** der/die/das Fünfzigste
III. *m* (*fraction*) Fünfzigstel *nt*

cinquième [sɛ̃kjɛm] **I.** *adj antéposé* fünfte(r, s); ***au ~ siècle*** im fünften Jahrhundert; ***il est arrivé ~*** er ist Fünfter geworden
II. *mf* ■ **le/la ~** der/die/das Fünfte; ***elle est la ~ de la classe*** sie ist die Fünftbeste der Klasse
III. *m* **1.** (*fraction*) Fünftel *nt*
2. (*étage*) fünfter Stock, fünfte Etage
3. (*arrondissement*) fünftes Arrondissement
IV. *f* **1.** AUT fünfter Gang; ***qn passe en ~*** jd schaltet in den fünften Gang
2. SCOL ≈ siebte Klasse (*zweite Klasse des Collège in Frankreich*)

cinquièmement [sɛ̃kjɛmmɑ̃] *adv* fünftens

cintrage [sɛ̃tʀaʒ] *m* Biegen *nt*

cintre [sɛ̃tʀ] *m* **1.** (*portemanteau*) [Kleider]bügel *m*
2. ARCHIT Bogen *m*
3. THEAT Schnürboden *m*
▸ **plein ~** Rundbogen *m*

cintré, e [sɛ̃tʀe] *adj* **1.** *chemise, veste* tailliert
2. *porte* mit Rundbogen; *galerie* mit Rundbögen; ***fenêtre ~e*** Rundbogenfenster *nt*

cintrer <1> [sɛ̃tʀe] *vt* **1.** TECH ■ **qn cintre qc** *morceau de bois, tôle* jd biegt etw
2. ARCHIT ■ **qn cintre qc** jd konstruiert etw mit Rundbogen
3. (*ajuster à la taille*) ■ **qn cintre qc** jd tailliert etw [an]

cirage [siʀaʒ] *m* **1.** (*produit*) Schuhcreme *f*, Schuhwichse *f fam*
2. (*action*) [*chaussures*] Putzen *nt*, Wichsen *nt fam;* [*parquet*] Bohnern *nt*, Wachsen *nt*
▸ **qn/un animal est noir(e) comme du ~** jd/ein Tier ist kohl[raben]schwarz; **qn est dans le ~** *fam* (*est inconscient*) jd ist ganz weg *fam;* (*ne comprend rien*) jd blickt nicht durch *fam;* **qn sort du ~** *fam* jd kommt wieder zu sich

circoncis, e [siʀkɔ̃si, iz] **I.** *adj* beschnitten
II. *m* Beschnittene(r) *m*

circoncision [siʀkɔ̃sizjɔ̃] *f* Beschneidung *f*

circonférence [siʀkɔ̃feʀɑ̃s] *f* [Kreis]umfang *m;* (*ligne*) Kreislinie *f;* (*pourtour*) Peripherie *f*

circonflexe [siʀkɔ̃flɛks] *adj v.* **accent**

circonlocution [siʀkɔ̃lɔkysjɔ̃] *f* Umschreibung *f;* ***pas de ~s!*** keine Umschweife!

circonscription [siʀkɔ̃skʀipsjɔ̃] *f* ADMIN [Verwaltungs]bezirk *m;* PARL Wahlbezirk, Wahlkreis *m*
▸ **~ ecclésiastique** kirchlicher Verwaltungsbezirk; **~ électorale** Wahlbezirk *m*, Wahlkreis *m;* **~ militaire** Wehrerfassungsbereich *m;* **~ tarifaire** TELEC Tarifzone *f*

circonscrire <irr> [siʀkɔ̃skʀiʀ] **I.** *vt* **1.** (*tracer les limites de*) ■ **qn circonscrit qc** *espace* jd umgrenzt etw
2. GEOM ■ **qn circonscrit qc à qc** jd umschreibt etw mit etw
3. (*délimiter*) ■ **qn circonscrit qc** jd grenzt [*o* steckt] etw ab; ***la tumeur est bien circonscrite*** der Tumor hebt sich deutlich ab
4. (*borner*) ■ **qn circonscrit qc à qc** jd beschränkt etw auf etw (*akk*)
5. ■ **qn circonscrit qc** *épidémie* jd dämmt etw ein
6. (*cerner*) ■ **qn circonscrit qc** jd grenzt etw ab, jd umreißt etw
II. *vpr* ■ **qn/qc se circonscrit à qc** jd/etw beschränkt sich auf etw (*akk*)

circonspect, e [siʀkɔ̃spɛ(kt), ɛkt] *adj termes* besonnen; *attitude, personne a.* vorsichtig, umsichtig; *réflexion* [gut] durchdacht; *œil* wach; ***qn garde un silence ~*** jd schweigt vorsichtshalber

circonspection [siʀkɔ̃spɛksjɔ̃] *f* Umsichtigkeit *f*, Vorsichtigkeit *f*, Besonnenheit *f;* ***dans cette affaire la plus grande ~ s'impose*** in dieser Angelegenheit ist äußerste Diskretion geboten
▸ **avec ~** besonnen, umsichtig, mit Vorsicht

circonstance [siʀkɔ̃stɑ̃s] *f souvent pl* Umstand *m;* ***les ~s d'un accident*** die Umstände [*o* Einzelheiten] eines Unfalls; ***il faut profiter des ~s*** man muss sich (*dat*) die Umstände zunutze machen; ***en toutes ~s*** unter allen Umständen; ***dans ces ~s, vu [o étant donné] les ~s*** unter diesen Umständen; ***dans les ~s actuelles*** unter den gegenwärtigen Umständen; ***en cette/la/pareille ~*** in diesem/im vorliegenden/in einem solchen Fall
▸ **~s indépendantes de notre volonté** unvorhergesehene Umstände; **~ aggravante/atténuante** erschwerender/mildernder Umstand; **qc est de ~** etw ist [sehr] angebracht; **qn profite de la ~ pour faire qc** jd nutzt die Gelegenheit, um etw zu tun; **de ~** *air, tête, mine* dem Anlass entsprechend; *discours, habit a.* angemessen; **œuvre de ~** Gelegenheitsdichtung *f;* **pour la ~** zu diesem Anlass

circonstancié, e [siʀkɔ̃stɑ̃sje] *adj* ausführlich, eingehend, [sehr] detailliert; ***qn fait un rapport ~ de qc*** jd berichtet ausführlich über etw (*akk*)

circonstanciel, le [siʀkɔ̃stɑ̃sjɛl] *adj* **1.** GRAM: ***subordonnée ~le*** Umstandssatz *m*, Adverbialsatz *m;* ***complément ~*** adverbiale Bestimmung, Umstandsbestimmung *f*, Adverbialbestimmung *f;* ***complément ~ de temps/lieu/manière*** Umstandsbestimmung der Zeit/des Ortes/der Art und Weise
2. *littér* (*d'opportunité*) *déclaration* der Situation angemessen; *présence* durch die Situation bedingt; *informations* zu Einzelheiten

circonvenir <9> [siʀkɔ̃vniʀ] *vt:* ***qn s'efforce [o tente] de ~ qn*** jd versucht, jdn für sich zu gewinnen

circonvolution [siʀkɔ̃vɔlysjɔ̃] *f soutenu* [*rivière*] Windung *f;* [*route a.*] Kurve *f;* ***la rivière décrit des ~s à travers la forêt*** der Fluss schlängelt sich durch den Wald
▸ **~s cérébrales** Gehirnwindungen *pl;* **~s intestinales** Darmschlingen *pl*

circuit [siʀkɥi] *m* **1.** (*itinéraire touristique*) Rundreise *f*, Rundfahrt *f;* ***un ~ d'autocar*** eine [Omni]busrundreise
2. (*parcours*) Strecke *f*, Weg *m*
3. SPORT Rennstrecke *f;* ***le ~ du Mans*** die Rennstrecke von Le Mans
4. ELEC Stromkreis *m*
5. TECH Umlauf *m*, Kreislauf *m*
6. (*jeu*) Spielzeugautorennbahn *f*
7. ECON, FIN Kreislauf *m*
▸ **~ économique** Wirtschaftskreislauf *m;* **~ électrique** Stromkreis *m;* **~ fermé** geschlossener Stromkreis; **en ~ fermé** im geschlossenen Kreis; **~ imprimé** gedruckte Schaltung; **~ intégré** integrierter Schaltkreis; **qn est/n'est plus dans le ~** *fam* jd ist noch ganz schön auf Zack/nicht mehr auf Zack

fam; **qc est en** ~ etw ist [in den Stromkreis] eingeschaltet; **qn est hors** ~ jd ist aus dem Rennen; **qn fait le** ~ **de qc:** ***nous avons fait le ~ des châteaux de la Loire*** wir haben die Loireschlösser besucht; **qn met qc en** ~ jd schaltet etw [in den Stromkreis] ein; **qn met qn hors** ~ jd zieht jdn aus dem Verkehr; **qc remet qn dans le** ~ *homme politique* etw macht jdm die Rückkehr in die politische Szene möglich
◆ **circuit de distribution** Verkaufsnetz *nt,* Vertriebsweg *m;* **circuit de refroidissement** Kühl[mittel]kreislauf *m,* Kühl[mittel]system *nt*

circulaire [siʀkylɛʀ] **I.** *adj* **1.** *bassin, fenêtre* kreisrund; *mouvement, scie* Kreis-
2. *voyage* Rund-
II. *f* Rundschreiben *nt,* Rundbrief *m*
► ~ **ministérielle** ministerieller Runderlass

circulation [siʀkylasjɔ̃] *f* **1.** (*trafic*) Verkehr *m;* ***la ~ est difficile*** die Verkehrsbedingungen sind schlecht; ***la ~ a dû être détournée*** [*o* ***déviée***] der Verkehr musste umgeleitet werden
2. (*mouvement*) [*air*] Zirkulation *f;* [*eau*] Strömen *nt,* Fließen *nt;* [*argent, devises*] Umlauf *m,* Verkehr *m;* [*fausses nouvelles*] Kursieren *nt,* Verbreitung *f;* ~ ***des marchandises*** Warenverkehr, Güterverkehr; ~ [***du sang***] Blutkreislauf *m,* Blutzirkulation; ~ ***de la sève*** Saftstrom *m*
► ~ **aérienne** Flugverkehr *m,* Luftverkehr *m;* ~ **artérielle** arterieller Kreislauf; ~ **automobile** Autoverkehr *m;* **bonne/mauvaise** ~ gute/schlechte Durchblutung; ***qn a une mauvaise ~ du sang*** jd hat Durchblutungsstörungen; ~ **capillaire** kapillare Durchblutung, Kapillarkreislauf *m;* ~ **ferroviaire** Eisenbahnverkehr *m,* Zugverkehr *m;* **grande/petite** ~ großer/kleiner [Blut]kreislauf; **à grande** ~ mit hohem Verkehrsaufkommen; ~ **interdite** kein Durchgang!, keine Durchfahrt!; **la libre** ~ **de qc:** ***libre ~ des capitaux*** freier Kapitalverkehr; ***la libre ~ des travailleurs*** Freizügigkeit *f* der Arbeitnehmer; ~ **monétaire** Geldumlauf *m;* ~ **piétonne** Fußgänger *pl;* ~ **réglementée** geregelter Verkehr; ~ **veineuse** venöser Kreislauf; **qn disparaît de la** ~ *fam* jd verschwindet von der Bildfläche [*o* in der Versenkung] *fam;* **qn fait la** ~ jd regelt den Verkehr; **qn met qc en** ~ *monnaie* jd setzt [*o* bringt] etw in Umlauf; ***la route est mise en ~*** die Straße wird dem Verkehr übergeben; **qn retire qc de la** ~ *pièces* jd zieht etw ein [*o* aus dem Verkehr], jd setzt etw außer Kurs

circulatoire [siʀkylatwaʀ] *adj:* ***appareil*** ~ Kreislaufsystem *nt,* Kreislauforgane *pl;* ***assistance*** ~ Stärkung *f* des Kreislaufs; ***troubles ~s*** Kreislaufstörungen *pl*

circuler <1> [siʀkyle] *vi* **1.** (*couler*) ■ **qc circule** [**dans qc**] */sang/* etw fließt [in etw (*dat*)]
2. (*se renouveler*) ■ **qc circule dans qc** */air/* etw zirkuliert in etw (*dat*)
3. (*se répandre*) ■ **qc circule quelque part** */nouvelle, histoire/* etw macht irgendwo die Runde *fam;* ■ **qn fait** ~ **qc** jd setzt etw in Umlauf
4. (*passer de main en main*) ■ **qc circule** etw ist im Umlauf; */pétition/* etw zirkuliert; ***les marchandises doivent pouvoir ~ librement*** der Warenverkehr muss sich frei bewegen können; ■ **qn fait** ~ **qc** jd lässt etw zirkulieren
5. (*se déplacer en véhicule*) ■ **qn/qc circule** [**quelque part**] jd/etw ist [irgendwo] unterwegs, jd/etw fährt [irgendwo]; ***interdiction de ~*** Fahrverbot *nt;* ***qn circule en voiture*** jd fährt mit dem Auto, jd ist mit dem Auto unterwegs; ***ça circule encore bien*** man kommt noch gut voran
6. (*aller et venir*) ■ **qn circule quelque part** jd geht irgendwo herum; ***le droit de ~ librement*** die Bewegungsfreiheit; ***il y a beaucoup de monde qui circule dans ce centre commercial*** in diesem Einkaufszentrum sind viele Leute unterwegs; ***la police fait ~ les badauds*** die Polizei fordert die Schaulustigen auf weiterzugehen
► **circulez!** weiterfahren[, nicht stehen bleiben]!/weitergehen[, nicht stehen bleiben]!

cire [siʀ] *f* **1.** (*matière*) Wachs *nt;* (*pour les parquets*) [Bohner]wachs
2. (*cérumen*) Ohrenschmalz *nt*
3. (*figurine*) Wachsfigur *f*
► ~ **liquide** flüssiges Wachs; **c'est une** ~ **molle** *fam* er/sie ist wachsweich *fam;* ~ **vierge** naturreines Wachs
◆ **cire à cacheter** Siegellack *m;* **cire d'abeille** Bienenwachs *nt*

ciré, e [siʀe] **I.** *adj chaussures* poliert, gewichst *fam; étoffe* wasserdicht; *parquet* gebohnert; ***toile ~e*** Wachstuch *nt*
II. *m* Regenkleidung *f;* (*de marin*) Ölzeug *nt,* Öljacke *f*

cirer <1> [siʀe] *vt* ■ **qn cire qc** *chaussures* jd poliert [*o* wichst *fam*] etw; *meuble* jd poliert etw; *parquet, escaliers* jd [wachst und] bohnert etw
► **qn n'en a rien à** ~ [**de qc**] *fam* man kann jdm [mit etw] den Buckel runterrutschen *fam;* ***j'en ai rien à ~, moi, de toutes tes histoires!*** mit deinen Geschichten kannst du mir den Buckel runterrutschen! *fam*

cireur, -euse [siʀœʀ, -øz] **I.** *m, f:* ~(***-euse***) [***de chaussures***] Schuhputzer(in) *m(f);* ***elle est ~euse de parquets*** sie bohnert die Parkettböden
II. *f* ■ **cireuse** Bohnermaschine *f*

cireux, -euse [siʀø, -øz] *adj* wächsern

cirque [siʀk] *m* **1.** (*spectacle*) Zirkus *m*
2. GEOG Talkessel *m*
3. ANTIK Zirkus *m;* ***jeux du ~*** Zirkusspiele *pl*
4. *fam* (*opération compliquée*): ***quel ~ pour faire qc*** was für ein Umstand, etw zu tun; ***quel ~ pour se garer!*** was für ein Zirkus, wenn man parken will! *fam*
► ~ **ambulant** Wanderzirkus *m;* ~ **glaciaire** Kar *nt;* **arrête ton** ~! *fam* mach nicht so einen Zirkus! *fam;* **c'est le** [*o* **un vrai**] ~ **quelque part** *fam* es geht irgendwo zu wie in einem Tollhaus *fam;* ***les veilles de départ en vacances, dans toute la maison, c'est le ~!*** am Abend vor der Abreise in die Ferien geht es im ganzen Haus drunter und drüber! *fam;* **qn fait un de ces ~s** [**pour que** + *subj*] *fam* jd vollführt einen Affentanz [*o* Affenzirkus][, um] *fam*

cirrhose [siʀoz] *f* Zirrhose *f*
◆ **cirrhose du foie** Leberzirrhose *f,* Säuferleber *f fam*

cirrus [siʀys] *m* Zirrus[wolke *f*] *m*

cisailler <1> [sizɑje] *vt* ■ **qn cisaille qc** (*couper, tailler*) jd [zer]schneidet etw; (*détacher*) jd schneidet etw [ab]; (*élaguer*) jd [be]schneidet etw

ciseau <x> [sizo] *m* **1.** *pl* (*instrument pour couper*) Schere *f;* ***une paire de ~x*** eine Schere
2. (*outil*) Meißel *m;* ***qn taille qc au ~*** jd meißelt etw aus
3. SPORT Schere *f*
► ~**x** [**à bouts**] **pointus** Spitzeisen *nt;* ~**x** [**à bouts**] **ronds** Rundeisen *nt;* **qn fait des** ~**x** jd grätscht die Beine; **qn saute** [*o* **fait un saut**] **en** ~**x** jd macht einen Scherensprung
◆ **ciseau à bois** Stechbeitel *m;* **ciseau de menuisier** Stemmeisen *nt,* Stechbeitel *m;* **ciseau de sculpteur** Stechbeitel *m;* **ciseaux à ongles** Nagelschere *f;* **ciseaux de brodeuse** Stickschere *f;* **ciseaux de chirurgien** chirurgische Schere; **ciseaux de couturière** Schneiderschere *f;* **ciseaux de jardinier** Gartenschere *f,* Heckenschere *f*

ciseler <4> [sizle] *vt* ■ **qn cisèle qc** **1.** (*travailler avec un ciselet*) jd ziseliert etw
2. (*polir*) jd feilt etw aus

ciseleur [sizlœʀ] *m* Ziseleur *m,* Ziselierer(in) *m(f)*

ciselure [sizlyʀ] *f* **1.** (*art*) Ziselieren *nt*
2. (*ornement*) Ziselierung *f*

citadelle [sitadɛl] *f* **1.** (*forteresse*) Festung *f,* Zitadelle *f*
2. (*bastion*) ■ ~ **de qc** Hochburg *f* einer S. (*gen*)

citadin, e [sitadɛ̃, in] **I.** *adj* städtisch; ***la vie ~e*** das Leben in der Stadt
II. *m, f* Städter(in) *m(f),* Stadtbewohner(in) *m(f)*

citation [sitasjɔ̃] *f* **1.** (*extrait*) Zitat *nt;* ***qc est truffé(e) de ~s*** etw ist gespickt mit Zitaten
2. JUR [Vor]ladung *f*
3. MIL Belobigung *f,* ehrenvolle Erwähnung

cité [site] *f* **1.** (*ville*) Stadt *f;* ***grande/petite ~*** Groß-/Kleinstadt; ***la ~ du Vatican*** die Vatikanstadt
2. (*vieux quartier*) Altstadt *f*
3. (*groupe d'immeubles*) Siedlung *f*
4. ANTIK Stadtstaat *m*
► ~ **du ciel** Himmelsstadt *f;* ~ **administrative** Behördenviertel *nt;* ~ **céleste** Paradies *nt;* ~ **future** Paradies *nt;* ~ **hospitalière** Krankenhauszentrum *nt;* ~ **lacustre** HIST [prähistorische] Pfahlbauten *pl;* ~ **ouvrière** Arbeitersiedlung *f;* ~ **universitaire** Studenten[wohn]heim *nt*
◆ **cité d'urgence** [*o* **de transit**] Übergangssiedlung *f*

cité-dortoir <~s-~s> [sitedɔʀtwaʀ] *f* Schlafstadt *f* **cité-jardin** <~s-~s> [siteʒaʀdɛ̃] *f* Gartenstadt *f*

citer <1> [site] *vt* **1.** (*rapporter les termes*) ■ **qn cite qn/qc** jd zitiert jdn/etw
2. (*énumérer*) ■ **qn cite qc** jd nennt etw, jd zählt etw auf
3. MIL ■ **qn cite qn** jd erwähnt jdn lobend; ***qn cite qn en exemple*** jd stellt jdn als Beispiel hin
4. JUR ■ **qn cite qn** jd lädt jdn vor

citerne [sitɛʀn] *f* **1.** (*réservoir*) Tank *m*
2. (*pour eaux de pluie*) Zisterne *f*

cithare [sitaʀ] *f* Zither *f*

citoyen, ne [sitwajɛ̃, jɛn] **I.** *m, f* **1.** (*personne civique*) [Staats]bürger(in) *m(f)*
2. (*titre*) Bürger(in) *m(f)*
3. HIST Bürger(in) *m(f)*
4. *vieilli* (*habitant*) Bewohner(in) *m(f)*
► **qn est un drôle de** ~ *fam* jd ist ein komischer Kauz
II. *app roi, soldat* Bürger-

citron [sitʀɔ̃] **I.** *m* **1.** (*fruit*) Zitrone *f*
2. *fam* (*tête*) Birne *f fam*
► ~ **pressé** frisch gepresster Zitronensaft mit Wasser; **qn presse qn comme un** ~ jd presst [*o* quetscht *fam*] jdn aus wie eine Zitrone
II. *app inv:* [***jaune***] ~ zitronengelb

citronnade [sitʀɔnad] *f* Zitronenwasser *nt*

citronné, e [sitʀɔne] *adj* Zitronen-; ***qc est ~*** etw schmeckt/riecht nach Zitrone

citronnelle [sitʀɔnɛl] *f* **1.** (*mélisse*) Zitronenmelisse *f*
2. (*graminée aromatique*) Zitronenkraut *nt*
3. (*liqueur*) Zitronenlikör *m*

citronnier [sitʀɔnje] *m* **1.** (*arbre*) Zitronenbaum *m*
2. (*bois*) Zitronenholz *nt;* ***en ~*** aus Zitronenholz

citrouille [sitʀuj] *f* **1.** BOT Kürbis *m*
2. *fam* (*grosse tête*) Kürbis *m fam*
► **qn n'a rien dans la** ~ *fam* jd hat nichts in der Birne *fam*

civet [sivɛ] *m in Wein geschmortes Wildragout;* ~ ***de lièvre*** Hasenpfeffer *m*

civette [sivɛt] *f* **1.** ZOOL Zibetkatze *f*
2. (*fourrure*) Zibetfell *nt*
3. (*parfum, liquide*) Zibet *m*
4. (*ciboulette*) Schnittlauch *m*

civière [sivjɛʀ] *f* (*pour malade*) [Trag]bahre *f;* (*pour le transport de matériaux*) Trage *f*

civil, e [sivil] **I.** *adj* **1.** (*relatif au citoyen*) Zivil-; *année* Kalender-; *guerre* Bürger-
2. (*opp: religieux*) *enterrement* nichtkirchlich; *mariage* standesamtlich
3. JUR bürgerlich; *procédure* Zivil-; ***code/droit ~*** bürgerliches Gesetzbuch/Recht; ***responsabilité ~e*** zivilrechtliche Haftung, Haftpflicht *f;* ***en matière ~e*** in Zivilsachen; ***qn se porte partie ~e*** jd tritt als Nebenkläger auf
4. *littér* (*correct*) *comportement* höflich, gesittet; *procédé* korrekt
II. *m* (*personne*) Zivilist *m*
► **au** ~ zivilrechtlich; **dans le** ~ im Zivilleben; **en** ~ in Zivil; ***qn s'habille***

en ~ jd zieht Zivil[kleidung] an

civilement [sivilmɑ̃] *adv* 1. JUR zivilrechtlich
2. (*sans cérémonie religieuse*) standesamtlich
3. *littér* (*avec courtoisie*) zuvorkommend

civilisateur, -trice [sivilizatœʀ, -tʀis] I. *adj* zivilisierend
II. *m* (*personne*) Kulturbringer(in) *m(f)*

civilisation [sivilizasjɔ̃] *f* 1. (*action de civiliser*) Zivilisierung *f*
2. (*état de ce qui est civilisé*) Zivilisation *f*
3. (*culture*) Kultur *f*

civiliser <1> [sivilize] I. *vt* 1. (*policer*) ■ **qn civilise qn** jd zivilisiert jdn
2. *fam* (*rendre plus sociable*) ■ **qn/qc civilise qn** jd/etw bringt jdm Umgangsformen bei
II. *vpr* 1. (*s'affiner*) ■ **qn se civilise** jd zivilisiert sich
2. *fam* (*devenir plus sociable*) ■ **qn se civilise** jd wird zivilisierter

civilités [sivilite] *fpl soutenu* ▶ **qn présente ses ~ à qn** jd spricht jdm seine Ehrerbietung aus *geh*

civique [sivik] *adj* 1. (*relatif au citoyen*) [staats]bürgerlich; ***droits ~s*** bürgerliche Ehrenrechte; ***instruction ~*** Gemeinschaftskunde *f*
2. (*propre au bon citoyen*) staatsbürgerlich; ***esprit ~*** staatsbürgerliche Gesinnung

civisme [sivism] *m* staatsbürgerliches Pflichtgefühl, Bürgersinn *m*

clac [klak] *interj* klapp

clafoutis [klafuti] *m* *Süßspeise, die aus einem Eierkuchenteig und Kirschen besteht*

clair, e [klɛʀ] I. *adj* 1. (*lumineux*) klar; *flamme, pièce* hell
2. (*pâle*) *teint* hell
3. (*opp: foncé*) *couleur* hell; *bleu, vert etc* hell-
4. (*limpide*) klar, durchsichtig; *voix, son* rein, klar
5. (*peu consistant*) dünn
6. (*intelligible*) klar; *explications* einleuchtend; ***qn a les idées ~es*** jd denkt klar [*o* logisch]
7. (*évident*) deutlich, klar; ■ **il est ~ que** + *indic* es ist klar, dass
8. LING hell
▶ **c'est ~!** das ist [ganz] klar; **qn n'est pas ~** *fam* (*est éméché*) jd ist angeheitert [*o* beschwipst *fam*]; (*est de moralité douteuse*) jd ist nicht ganz koscher *fam;* (*a l'esprit dérangé*) jd tickt nicht mehr ganz richtig *fam*
II. *adv* 1. (*distinctement*) klar; ***tu ne vois pas ~*** du siehst wohl schlecht *fam;* ***il fait ~ comme en plein jour*** es ist taghell
2. (*sans ambiguïté*) deutlich
▶ **qn parle ~ et net** jd spricht ganz offen, jd sagt es rundheraus; **qn voit ~ dans qc** jd durchschaut etw; **en ~** auf gut Deutsch; *diffusion, émission* nicht verschlüsselt
III. *m* 1. *pl* ART Lichter *pl*
2. (*clarté*) Schein *m*
▶ **le plus ~ de l'affaire** [*o* **de la chose**], **c'est que** + *indic* ganz sicher ist, dass; **le plus ~ de son/mon temps** die meiste Zeit; **qn tire qc au ~** jd klärt etw [auf]; **au ~**: ***qn croit être au ~ sur qc*** jd glaubt etw zu kennen; ***qn met ses notes au ~*** jd ordnet seine Notizen; **en ~** unverschlüsselt
◆ **clair de lune** Mondschein *m*

claire [klɛʀ] *f* 1. (*bassin*) Austernbank *f*
2. (*huître*) Auster *f* aus einem Mastpark

clairement [klɛʀmɑ̃] *adv* deutlich

clairet [klɛʀɛ] *adj vin* leicht; *fam soupe* dünn

claire-voie <~s-~s> [klɛʀvwa] *f* 1. (*clôture*) Lattenzaun *m*
2. ARCHIT Lichtgaden *m*
▶ **à ~-~** *tissu* durchsichtig gewebt; *volet* mit Lamellen; ***barrière à ~-~*** Gitter *nt*

clairière [klɛʀjɛʀ] *f* Lichtung *f*

clair-obscur <~s-~s> [klɛʀɔpskyʀ] *m* 1. ART Helldunkel *nt*, Clair-obscur *nt*
2. (*lumière tamisée*) Halbdunkel *nt*, Dämmerlicht *nt*

clairon [klɛʀɔ̃] *m* 1. (*instrument*) Bügelhorn *nt*
2. (*jeu d'orgue*) Clarino *nt*
3. (*personne*) Claironbläser(in) *m(f)*, Hornist(in) *m(f)*

claironnant, e [klɛʀɔnɑ̃, ɑ̃t] *adj* schmetternd

claironner <1> [klɛʀɔne] I. *vt iron* ■ **qn claironne qc** jd posaunt [*o* trompetet] etw aus
II. *vi* ■ **qn claironne** jd spielt Bügelhorn

clairsemé, e [klɛʀsəme] *adj* 1. (*en ordre dispersé*) *population* spärlich; *villages* verstreut; ***quelques arbres ~s*** einige vereinzelte Bäume
2. (*peu dense*) *cheveux, gazon* dünn, spärlich; *blé* dünngesät
3. *fig* (*peu nombreux*) *auditoire* spärlich; ***quelques spectateurs ~s*** einige vereinzelte Zuschauer

clairvoyance [klɛʀvwajɑ̃s] *f* Weitblick *m*

clairvoyant, e [klɛʀvwajɑ̃, jɑ̃t] *adj* weitblickend; ***esprit ~*** Weitblick *m*

clamecer <2> [klamse] *vi pop v.* **clamser**

clamer <1> [klame] *vt* ■ **qn clame qc** jd schreit etw hinaus; *innocence a.* jd beteuert etw lauthals; *amour* jd beteuert etw mit Vehemenz

clameur [klamœʀ] *f* Geschrei *nt*

clamser <1> [klamse] *vi pop* ■ **qn/un animal clamse** jd/ein Tier krepiert *sl*

clan [klɑ̃] *m* 1. HIST Klan *m*
2. *péj* Clique *f;* ***le ~ des Siciliens*** der Klan der Sizilianer
▶ **qn a l'esprit de ~** jd hat Cliquengeist

clandestin, e [klɑ̃dɛstɛ̃, in] I. *adj* geheim; *revue* heimlich erscheinend, heimlich gedruckt; *commerce* illegal, Schwarz-; ***passager ~*** blinder Passagier; ***mouvement ~*** Untergrundbewegung *f;* ***qn mène une existence ~e*** jd lebt im Untergrund
II. *m, f* illegaler Einwanderer/illegale Einwanderin *m/f*

clandestinement [klɑ̃dɛstinmɑ̃] *adv* heimlich

clandestinité [klɑ̃dɛstinite] *f* [*activité*] Heimlichkeit *f*
▶ **qn entre dans la ~** jd geht in den Untergrund; **qn vit dans la ~** jd lebt im Untergrund

clapet [klapɛ] *m* 1. TECH [Klappen]ventil *nt*
2. *fam* (*bouche*) Klappe *f fam*, Mundwerk *nt fam;* ***ferme ton ~!*** halt die Klappe! *fam*

clapier [klapje] *m* 1. (*cage*) Kaninchenstall *m*
2. *péj* (*logement*) Loch *nt*
3. (*éboulis rocheux*) Geröll[halde *f*] *nt*

clapotement [klapɔtmɑ̃] *m* Plätschern *nt*

clapoter <1> [klapɔte] *vi* ■ **qc clapote** etw plätschert

clapotis [klapɔti] *m v.* **clapotement**

clappement [klapmɑ̃] *m* 1. (*action*) Schnalzen *nt*
2. (*résultat*) Schnalzer *m*

claquage [klakaʒ] *m* 1. MED Muskel[faser]riss *m*
2. ELEC, PHYS Durchschlag *m*

claquant, e [klakɑ̃, ɑ̃t] *adj fam* total anstrengend *fam*

claque¹ [klak] *f* 1. (*gifle*) Ohrfeige *f;* ***qn se donne de grandes ~s sur les cuisses*** jd schlägt sich (*dat*) auf die Schenkel
2. THEAT Claque *f;* ***ils sont là pour faire la ~*** sie sind als Claque da
▶ **qn en a sa ~** *fam* jdm reicht's *fam;* **qn prend une de ces ~s** [*o* **une sacrée ~**] *fam* (*au sport*) jd verliert haushoch; (*à un jeu d'argent*) jd verliert eine Menge Geld [beim Spiel]

claque² [klak] *m* Klappzylinder *m*, Chapeau claque *m*

claqué, e [klake] *adj fam* k. o. *fam*, groggy ['grɔgi] *fam*

claquement [klakmɑ̃] *m* [*volet*] [Zu]schlagen *nt;* [*porte*] Zuschlagen; [*fouet*] Knallen *nt* (*de* mit); [*doigts*] Schnippen *nt* (*de* mit); [*langue*] Schnalzen *nt* (*de* mit); [*dents*] Klappern *nt* (*de* mit); [*drapeau*] Knattern *nt;* [*coup de feu*] Krachen *nt;* [*talons*] Zusammenschlagen *nt*

claquemurer <1> [klakmyʀe] *vpr* ■ **qn se claquemure** jd igelt sich ein

claquer <1> [klake] I. *vt* 1. (*fermer avec un bruit sec*) ■ **qn claque qc** jd schlägt etw zu
2. (*faire s'entrechoquer*) ■ **qn claque qc** jd schlägt etw zusammen; ***qn fait ~ ses doigts/sa langue*** jd knackt mit den Fingern/jd schnalzt mit der Zunge
3. *fam* (*faire se briser*) ■ **qc claque qc** etw lässt etw springen
4. (*jeter violemment*) ■ **qn claque qc quelque part** jd knallt [*o* pfeffert] etw irgendwohin *fam*
5. *fam* (*dépenser*) ■ **qn claque qc** jd verjubelt [*o* verpulvert] etw *fam*
6. *fam* (*fatiguer*) ■ **qn/qc claque qn** jd/etw macht jdn fix und fertig *fam*
II. *vi* 1. (*produire un bruit sec*) ■ **qc claque** /*drapeau*/ etw schlägt; /*porte, volet*/ etw schlägt [zu]; /*fouet*/ etw knallt; /*coup de feu*/ etw kracht; ■ **qn claque de qc** *des dents* jd klappert mit etw; *des talons* jd schlägt etw zusammen; ***qn claque des mains*** jd klatscht in die Hände
2. *fam* (*mourir*) ■ **qn/un animal claque** jd/ein Tier kratzt ab *sl*
3. *fam* (*se casser*) ■ **qc claque** /*élastique, ficelle*/ etw reißt; /*verre*/ etw springt
III. *vpr* 1. MED *fam* ■ **qn se claque qc**: ***qn se claque un muscle*** jd zieht sich (*dat*) einen Muskel[faser]riss zu
2. *fam* (*se fatiguer*) ■ **qn se claque** jd verausgabt sich total *fam*

claquette [klakɛt] I. *f* CINE Klappe *f*
II. *fpl* (*danse*) Stepp[tanz *m*] *m;* ***danseur à ~s*** Stepper *m;* ***qn fait des ~s*** jd steppt

claquoir [klakwaʀ] *m* Klappe *f*

clarification [klaʀifikasjɔ̃] *f* 1. [*fluides*] Klärung *f*
2. [*question, situation*] Klärung *f*

clarifier <1a> [klaʀifje] I. *vt* ■ **qn/qc clarifie qc** jd/etw klärt etw; *fait, situation* jd/etw bringt Licht in etw (*akk*); ***qc clarifie la voix*** durch etw bekommt man eine klare [*o* reine] Stimme
II. *vpr* ■ **qc se clarifie** etw klärt sich; /*ciel*/ etw klart auf

clarinette [klaʀinɛt] *f* Klarinette *f*

clarinettiste [klaʀinetist] *mf* Klarinettist(in) *m(f)*

clarté [klaʀte] *f* 1. (*lumière*) [*étoiles*] Helligkeit *f;* [*bougie*] Schein *m;* [*ciel*] Helle *f;* ***la ~ du soleil*** das helle Sonnenlicht
2. (*limpidité*) Klarheit *f*, Reinheit *f*
3. (*éclat*) [*teint*] Frische *f*, Reinheit *f*
4. (*opp: confusion*) Klarheit *f;* ***qn s'exprime avec ~*** jd drückt sich klar aus
5. *vieilli littér:* ***qn a des ~s sur qc*** jd hat Kenntnisse von etw

clash [klaʃ] *m* Konflikt *m*

classe [klɑs] *f* 1. (*catégorie sociale*) Klasse *f;* ***~s moyennes*** Mittelstand *m;* ***~ ouvrière*** Arbeiterklasse; ***la ~ politique*** die Politiker
2. (*ensemble d'élèves*) [Schul]klasse *f*
3. (*cours*) Unterricht *m;* ***demain, il n'y a pas ~*** morgen ist keine Schule
4. (*salle de cours*) Klasse[nzimmer *nt*] *f*
5. SCI, LING Klasse *f*
6. ADMIN Klasse *f*
7. (*niveau*) Klasse *f*
8. MIL Jahrgang *m*
▶ **~ d'âge** Altersklasse *f;* **~ affaires** Business-Class *f;* **~ de mer/neige**: ***qn part en ~ de mer/neige*** jd fährt mit seiner Klasse ans Meer/ins Skilager; **qn est à mettre dans une ~ à part** jd ist schon eine Klasse für sich; **~ touriste** Touristenklasse *f;* **qn est bon(ne) pour la ~** *fam* jd ist tauglich; **~ creuse** geburtenschwacher Jahrgang; **~ économique** Economy-Class *f;* **les ~s enfantines** der Kindergarten; **de grande ~** erstklassig; **les grandes ~s** die höheren [*o* oberen] Klassen; **les petites ~s** die unteren Klassen; **de première ~** erstklassig; ***hôtel de première ~*** Hotel *nt* der Spitzenklasse; **de/en première/deuxième ~** erster/zweiter Klasse; ***billet/compartiment de première/deuxième ~*** Fahrschein *m*/Abteil *nt* erster/zweiter Klasse;

qn voyage en première/ deuxième ~ jd reist erster/zweiter Klasse; ~ **terminale** letzte Klasse Gymnasium, Abiturklasse *f;* **~s vertes**: ***qn part en ~s vertes*** jd fährt ins Schullandheim; **qn a ~/n'a pas** ~ jd hat Unterricht/keinen Unterricht; **qn a de la** ~ jd hat/ist [große] Klasse; **qn change** [*o* **monte**] **de** ~ jd wird versetzt; **qn/qc est** ~ *fam* jd/etw ist große Klasse *fam;* **c'est** ~! *fam* das ist todschick! *fam;* **c'est la** ~! *fam* nicht schlecht, was? *fam;* **qn est de la** ~ *fam* jd hat das Militär bald hinter sich (*dat*) *fam;* **qn est en** ~ (*à l'école*) jd ist in der Schule; (*en cours*) jd hat Unterricht; **qn fait** [**la**] ~ jd unterrichtet; **qc fait** ~ etw ist [total] schick *fam;* **qn fait ses ~s** jd macht die Grundausbildung; **qn manque de** ~ jdm fehlt es an Niveau; **qc manque de** ~ etw ist ordinär; **qn saute de** [*o* **une**] ~ jd überspringt eine Klasse; **qn va en** ~ jd hat Unterricht [*o* Schule]; **de** ~ *immeuble, appartement* Luxus-; [**qn/qc est**] **hors** ~ [jd/etw ist] Spitzenklasse

classé, e [klɑse] *adj* **1.** (*protégé*) *bâtiment* unter Denkmalschutz stehend; ***site*** ~ Landschaftsschutzgebiet *nt*
2. (*réglé*) abgeschlossen, ad acta gelegt
3. (*de valeur*) *vin* klassifiziert; ***joueur*** ~ Ranglistenspieler *m*

classement [klɑsmɑ̃] *m* **1.** (*rangement*) Einordnen *nt;* [*timbres a.*] Einsortieren *nt;* [*dossiers*] Ablage *f;* [*livres*] Anordnung *f;* ~ ***alphabétique/ numérique*** alphabetische/numerische Anordnung [*o* Einteilung]
2. (*classification*) [*fonctionnaire*] [Laufbahn]einstufung *f;* [*élève*] Platz *m* auf der Bewertungsliste; [*joueur*] Platz auf der Rangliste; [*hôtel*] Kategorie *f;* [*recrues*] Einstufung
3. (*place sur une liste*) [*examen*] Rangfolge *f*
4. (*liste par ordre de mérite*) Wertung *f;* ***qn termine premier au ~ général*** jd nimmt in der Gesamtwertung den ersten Platz ein
5. (*clôture*) [*affaire*] Abschluss *m*
6. (*inscription au patrimoine national*) [*monument*] Eintragung *f* in die Denkmalliste; [*site*] Erklärung *f* zum Landschaftsschutzgebiet

classer <1> [klɑse] **I.** *vt* **1.** (*ordonner*) ■ **qn classe qc** jd ordnet etw; *timbres a.* jd sortiert etw; ***qn classe qc par ordre de grandeur/ dans l'ordre alphabétique*** jd ordnet etw nach Größe/nach dem Alphabet
2. (*cataloguer*) ■ **qn classe qn/qc d'après** [*o* **selon**] [*o* **suivant**] **qc** jd teilt jdn/etw nach etw ein; ■ **qn classe qn/qc parmi qc** jd zählt jdn zu jdm/etw
3. *péj* (*juger définitivement*) ■ **qn classe qn** jd weiß, wie er jdn einzuschätzen hat [*o* woran er mit jdm ist]; ***je l'ai vite classé*** ich wusste gleich, wen ich da vor mir hatte
4. (*hiérarchiser*) ■ **qn classe qn/qc** jd stuft jdn/etw ein
5. (*mettre un point final à qc*) ■ **qn classe qc** jd legt etw ad acta
6. (*mettre dans le patrimoine national*) ■ **qn classe qc** *monument* jd stellt etw unter Denkmalschutz; *site* jd erklärt etw zum Landschaftsschutzgebiet
II. *vpr* **1.** (*obtenir un certain rang*) ■ **qn/qc se classe** jd/etw platziert sich; ***qn se classe premier/ troisième/...*** jd platziert sich als 1./3./...; ***qn se classe parmi les dix premiers*** jd platziert sich unter den ersten Zehn
2. (*faire partie de*) ■ **qn/qc se classe parmi les ...** [*o* **au nombre des**] jd/etw zählt zu den ...

classeur [klɑsœʀ] *m* **1.** (*dossier*) [Akten]ordner *m*
2. (*meuble*) Aktenschrank *m*
3. INFORM Ordner *m;* [*tableur*] [Arbeits]mappe *f*

classicisme [klasisism] *m* **1.** (*conformisme*): ***le ~ de ses goûts/ pensées*** sein/ihr konventioneller Geschmack/seine/ihre konventionelle Einstellung
2. ART Klassik *f*

classificateur, -trice [klasifikatœʀ, -tʀis] *adj* Klassifizierungs-; ***sa manie ~trice*** seine/ihre Manie, alles klassifizieren zu müssen

classification [klasifikasjɔ̃] *f* Klassifizierung *f;* ~ ***périodique des éléments*** Periodensystem *nt*

classifier <1a> [klasifje] *vt* ■ **qn classifie qc** jd klassifiziert etw

classique [klasik] **I.** *adj* **1.** ART klassisch
2. (*sobre*) klassisch
3. (*habituel*) typisch; ***c'est*** [***le coup***] ~! *fam* [das ist] ganz typisch!
4. (*banal*) gängig, ganz gewöhnlich; ***c'est une opération*** ~ diese Operation ist reine Routine
5. SCOL humanistisch; ***section*** ~ humanistischer Zweig
6. (*qui fait autorité*) ■ **qc est** ~ etw ist anerkannt
II. *m* **1.** (*auteur*) Klassiker *m*
2. (*œuvre*) Klassiker *m*
3. (*art classique*) Klassische(s) *nt*
4. (*musique classique*) Klassik *f*
▸ **qn connaît ses ~s** *hum* jd hat in der Schule aufgepasst; ***ah mais, je connais mes ~s*** tja, gelernt ist gelernt
III. *f* SPORT traditionelles Rennen

clause [kloz] *f* Klausel *f*
◆ **clause de conscience** Gewissensklausel *f;* **clause de style** Floskel *f,* übliche Formel

claustration [klostʀasjɔ̃] *f* Zurückgezogenheit *f;* ***qn vit dans la ~*** jd lebt äußerst zurückgezogen

claustrer <1> [klostʀe] *vpr* **1.** (*s'isoler*) ■ **qn se claustre** jd zieht sich ganz zurück
2. (*se murer*) ■ **qn se claustre dans qc** *dans le mutisme, silence* jd verschanzt sich hinter etw (*dat*)

claustrophobe [klostʀɔfɔb] **I.** *adj:* ***qn est*** ~ jd leidet unter Klaustrophobie
II. *mf* unter Klaustrophobie Leidende(r) *f(m)*

claustrophobie [klostʀɔfɔbi] *f* Klaustrophobie *f*
▸ **qn fait de la** ~ jd leidet unter Klaustrophobie

clavecin [klavsɛ̃] *m* Cembalo *nt*

claveciniste [klavsinist] *mf* Cembalist(in) *m(f)*

clavicule [klavikyl] *f* Schlüsselbein *nt*

clavier [klavje] *m* **1.** [*machine à écrire, ordinateur*] Tastatur *f;* [*piano a.*] Klaviatur *f;* [*orgue a.*] Manual *nt*
2. (*possibilités, ressources*) [*artiste, poète*] Klaviatur *f;* [*voix d'une cantatrice*] Umfang *m*

clé [kle] **I.** *f* **1.** (*instrument pour ouvrir*) Schlüssel *m*
2. *fig* (*ville stratégique*) Tor *nt*
3. (*outil*) Schlüssel *m;* ~ ***anglaise*** Engländer *m,* Franzose *m;* ~ ***à molette*** Rollgabelschlüssel
4. (*accès à*) ■ **la ~ de qc** der Schlüssel zu etw; INFORM das Passwort zu etw
5. (*solution*) ■ **la ~ de qc** *du mystère, succès* der Schlüssel zu etw; ***la ~ de l'énigme*** des Rätsels Lösung; ***où est la ~ du problème?*** wo ist die Lösung?
6. MUS (*signe*) Schlüssel *m;* (*pièce d'un instrument*) Klappe *f*
7. SPORT Hebel *m*
▸ **qn prend la ~ des champs** jd sucht das Weite; **~[s] en mains** schlüsselfertig; **qn met la ~ sous le paillasson** [*o* **sous la porte**] *fam* jd verschwindet sang- und klanglos *fam;* ~ **de sol** G-Schlüssel *m;* ~ **d'ut** C-Schlüssel *m;* **qc est sous** ~ etw ist unter Verschluss; **qc ferme à** ~ etw ist abschließbar; **qn ferme qc à** ~ jd schließt etw ab; **qn met qc sous** ~ jd schließt etw weg; **qn met qn sous** ~ jd sperrt jdn hinter Schloss und Riegel; **à ~s** *roman, livre* Schlüssel-; **à la** ~ in Aussicht
II. *app* ■ **-~** Schlüssel-; *élément* entscheidend; *ouvrage* wichtigste(r, s); ***témoin-~*** Kronzeuge/-zeugin *m/f*
◆ **clé à six pans creux** Kreuzschlüssel *m;* **clé d'accès** INFORM Passwort *nt;* **clé de contact** Zündschlüssel *m;* **clé de fonction** Funktionstaste *f;* **clé de voûte** ARCHIT Schlussstein *m;* ***elle est la ~ de voûte de notre équipe*** sie ist die Seele unserer Mannschaft; ***cet alibi est la ~ de voûte de la défense*** auf diesem Alibi ist die ganze Verteidigung aufgebaut; **clé en croix** Kreuzschlüssel *m*

clean [klin] *adj fam* **1.** (*propre*) *look, intérieur* proper *fam*
2. (*honnête*) *nana, mec* schwer in Ordnung *fam*
3. (*opp: speedé*) clean *fam*

clearing [kliʀiŋ] *m* Clearing ['kli:rɪŋ] *nt;* ***accord de*** ~ Clearingabkommen *nt*

clébard [klebaʀ] *m,* **clebs** [klɛps] *m fam* Köter *m fam*

clef [kle] *f v.* **clé**

clématite [klematit] *f* Klematis *f*

clémence [klemɑ̃s] *f littér* **1.** (*indulgence*) Milde *f;* ***qn fait preuve de*** ~ jd lässt Gnade vor Recht ergehen
2. (*douceur*) Milde *f*

clément, e [klemɑ̃, ɑ̃t] *adj* **1.** (*indulgent*) mild
2. (*favorable*) gnädig
3. (*doux*) mild

clémentine [klemɑ̃tin] *f* Klementine *f*

cleptomane [klɛptɔman] *mf* Kleptomane/-manin *m/f*

cleptomanie [klɛptɔmani] *f* Kleptomanie *f*

clerc [klɛʀ] *m* **1.** [*notaire, avoué*] Schreiber *m;* ***premier*** ~ Leiter *m* einer Kanzlei
2. (*membre du clergé*) Geistliche(r) *m,* Kleriker *m*
▸ **qn est grand** ~ [**en qc**] jd ist [in etw (*dat*)] gut bewandert; **qn n'est pas grand** ~ [**en qc**] jd ist [in etw (*dat*)] kein Kirchenlicht *fam*

clergé [klɛʀʒe] *m* Klerus *m*
▸ **bas/haut** ~ niederer/hoher Klerus

clérical, e <-aux> [kleʀikal, o] **I.** *adj* geistlich; *parti* klerikal
II. *m, f* Klerikale(r) *f(m)*

clic [klik] **I.** *interj* klick
II. *m* Klicken *nt;* INFORM Klick *m;* ~ ***sur la souris*** Mausklick *m*

cliché [kliʃe] *m* **1.** (*banalité*) Klischee *nt*
2. PHOT Negativ *nt;* (*photo*) Abzug *m*
3. TYP Klischee *nt,* Druckstock *m*

client, e [klijɑ̃, jɑ̃t] *m, f* **1.** (*acheteur*) Kunde/Kundin *m/f*
2. (*bénéficiaire d'un service*) [*restaurant*] Gast *m;* [*avocat*] Klient(in) *m(f);* [*médecin*] Patient(in) *m(f);* [*taxi*] Fahrgast *m*
3. ECON Abnehmer(in) *m(f)*
▸ **le ~ est roi** der Kunde ist König; **qn est un drôle de** ~ *péj* jd ist ein übler Kunde

clientèle [klijɑ̃tɛl] *f* **1.** (*ensemble des clients*) Kundschaft *f,* Kunden *pl;* [*avocat*] Klientel *f;* [*médecin*] Patienten *pl;* [*pays*] Abnehmer *pl;* [*restaurant*] Gäste *pl*
2. (*adeptes*) Anhänger *pl;* [*parti*] Wähler *pl*
▸ **qn a la ~ de qn:** ***nous avons la ~ du maire*** der Bürgermeister ist bei uns Stammkunde [*o* kauft bei uns ein]

clignement [kliɲ(ə)mɑ̃] *m* **1.** (*battement des paupières*) Blinzeln *nt*
2. (*tic nerveux*) Zucken *nt*
3. (*signe de connivence*) Zwinkern *nt*

cligner <1> [kliɲe] **I.** *vt* **1.** (*fermer à moitié*) ■ **qn cligne qc:** ***qn cligne les yeux*** jd kneift die Augen zusammen
2. (*clignoter*) ■ **qn cligne de qc:** ***qn cligne des yeux*** jd blinzelt; (*en signe de connivence*) jd zwinkert
II. *vi:* ***les yeux clignent*** die Augen zucken; ***ses yeux clignent nerveusement*** er/sie hat ein nervöses Augenzucken

clignotant, e [kliɲɔtɑ̃, ɑ̃t] **I.** *adj* **1.** *feu, signal* Blink-
2. (*papillotant*): ***il entra les yeux ~s*** er trat blinzelnd ein
II. *m* **1.** AUT Blinker *m;* **qn met le/ son** ~ jd blinkt
2. ECON [Warn]signal *nt*

clignotement [kliɲɔtmɑ̃] *m* [*yeux*] Blinzeln *nt;* [*lumière*] Blinken *nt;* [*ampoule*] Flackern *nt*

clignoter <1> [kliɲɔte] *vi* **1.** (*papilloter*) ■ **qc clignote:** ***ses yeux*** [*o* ***paupières***] ***clignotaient*** er/sie blinzelte

2. (*éclairer de façon intermittente*) ■ **qc clignote** etw blinkt; */lampe/* etw flackert
climat [klima] *m* 1. METEO Klima *nt*
2. (*ambiance*) Klima *nt*
3. *littér* (*contrée*): ***dans nos ~s*** in unseren Breiten
climatique [klimatik] *adj* 1. (*concernant le climat*) klimatisch; ***variations ~s*** Klimaschwankungen *pl*
2. (*d'un climat sain*) heilklimatisch; *station a.* Luftkur-
climatisation [klimatizasjɔ̃] *f* Klimatisierung *f*; ***système de ~*** Klimaanlage *f*
climatiser <1> [klimatize] *vt* 1. (*équiper d'un climatiseur*) ■ **qn climatise qc** jd klimatisiert etw; ***salles climatisées*** klimatisierte Räume, Räume mit Klimaanlage
2. (*rendre résistant*) ■ **qn climatise qc** *appareil* jd macht etw klimafest
climatiseur [klimatizœʀ] *m* 1. (*appareil*) Klimaanlage *f*
2. (*de profession*) Klimatechniker(in) *m(f)*
climatologie [klimatɔlɔʒi] *f* Klimatologie *f*, Klimaforschung *f*
climatologique [klimatɔlɔʒik] *adj* klimatologisch; ***sciences ~s*** Klimakunde *f*, Klimatologie *f*; ***carte ~*** Klimakarte *f*
clin d'œil <~s d'~ o ~s d'yeux> [klɛ̃dœj] *m* Augenzwinkern *nt*
▶ **qn fait un ~ ~** [**à qn**] jd blinzelt [*o* zwinkert] [jdm zu]; **en un ~ ~** im Nu, im Handumdrehen
clinique [klinik] I. *adj* klinisch
II. *f* 1. (*établissement*) [Privat]klinik *f*
2. (*section d'hôpital*) *Abteilung [eines Krankenhauses], in der Studenten klinisch ausgebildet werden*
3. (*enseignement*) Klinik *f*, klinischer Unterricht; ■ **les ~s** das Klinikum
cliniquement [klinikmɑ̃] *adv* klinisch
clinquant, e [klɛ̃kɑ̃, ɑ̃t] I. *adj* überladen, protzig *fam*
II. *m* 1. (*lamelles brillantes*) Talmi *nt*, Flitter *m*; (*faux bijoux*) Flitter *kein pl*
2. (*tape-à-l'œil*) Flitterglanz *m*, Kitsch *m*; ***le ~ de leurs propos*** ihre Schaumschlägerei
clip [klip] *m* 1. TV, CINE Clip *m*
2. (*bijou*) Klipp *m*, Klips *m*, Clip *m*
3. MED Klemme *f*
clique [klik] *f péj fam* Clique *f*
▶ **qn prend ses ~s et ses claques** *fam* jd packt seine Siebensachen und geht
cliquer <1> [klike] *vi* ■ **qn clique** jd klickt; ■ **qn clique sur qc** jd klickt etw an; ***qn clique deux fois*** [***de suite***] ***sur qc*** jd klickt doppelt auf etw (*akk*)
cliquet [klikɛ] *m* Sperrklinke *f*
cliqueter <3> [klik(ə)te] *vi* ■ **qc cliquette** */verre, épées/* etw klirrt; */couverts/* etw klappert; */chaînes/* etw rasselt; */moteur/* etw klopft
cliquetis [klik(ə)ti] *m* [*monnaie, clés*] Klimpern *nt*; [*verres, épées*] Klirren *nt*; [*chaînes*] Rasseln *nt*; [*machine à écrire, couverts*] Klappern *nt*
clitoridien, ne [klitɔʀidjɛ̃, jɛn] *adj* klitoral; ***elle est ~ne*** sie ist ein klitoraler Typ
clitoris [klitɔʀis] *m* Klitoris *f*, Kitzler *m*
clivage [klivaʒ] *m* 1. GEOL Spalte *f*
2. MINER (*action*) Spalten *nt*; (*résultat*) Spaltung *f*
3. (*séparation*) [*groupes*] Spaltung *f*; [*idées*] Unterschiedlichkeit *f*; [*opinions*] Diskrepanz *f*; ***~s idéologiques*** ideologische Divergenzen
cliver <1> [klive] I. *vt* ■ **qn clive qc** jd spaltet etw
II. *vpr* ■ **qc se clive** etw spaltet sich
cloaque [klɔak] *m* 1. (*bourbier*) Kloake *f*
2. *littér* (*foyer de corruption*) Pfuhl *m geh*
clochard, e [klɔʃaʀ, aʀd] *m, f* Penner(in) *m(f)*, Stadtstreicher(in) *m(f)*; (*en France*) Clochard *m*
cloche[1] [klɔʃ] I. *f* 1. (*d'une église*) Glocke *f*
2. (*couvercle*) [Glas]glocke *f*; ***~ à fromage*** Käseglocke
3. CHIM [Glas]glocke *f*
▶ **qn déménage à la ~ de bois** jd macht sich davon[, ohne die Miete zu bezahlen]; **qui n'entend qu'une ~ n'entend qu'un son** *prov* man sollte alle Seiten [einer Geschichte] hören; **qn sonne les ~s à qn** *fam* jd liest jdm die Leviten *fam*, jd staucht jdn zusammen *fam*; ***qn se fait sonner les ~s*** jd kriegt eins auf den Deckel *fam*; **qn se tape la ~** *fam* jd schlägt sich (*dat*) den Bauch voll *fam*; **qn tient qn sous ~** jd legt jdn an die [kurze] Leine
II. *app jupe, chapeau* Glocken-
cloche[2] [klɔʃ] I. *adj fam* 1. (*maladroit*) tollpatschig; ***qu'est-ce qu'il est ~!*** so ein Tollpatsch!
2. (*stupide*) blöd *fam*, dämlich *fam*
II. *f fam* 1. (*maladroit*) Tollpatsch *m*
2. (*idiot*) Dussel *m fam*
3. (*clochard*) Penner(in) *m(f) fam*
4. (*vie de clochard*) Pennerleben *nt fam*
5. (*ensemble des clochards*) die Penner *pl fam*
cloche-pied [klɔʃpje] *loc* ▶ **à ~** auf einem Bein
clocher[1] [klɔʃe] *m* Kirchturm *m*
▶ **qn a l'esprit** [*o* **une mentalité**] **de ~** jd ist [ein] Lokalpatriot; **de ~**: ***querelles de ~*** unbedeutende, lokale Streitigkeiten
clocher[2] <1> [klɔʃe] *vi fam* ■ **qc cloche** etw stimmt nicht; */comparaison, vers a./* etw hinkt
▶ **il y a quelque chose qui cloche** da stimmt etwas nicht; ***il y a quelque chose qui cloche dans le moteur*** mit dem Motor stimmt etwas nicht; **qu'est-ce qui cloche?** was stimmt nicht?; **pourvu que rien ne cloche!** wenn nur nichts schief geht!
clocheton [klɔʃtɔ̃] *m* Türmchen *nt*
clochette [klɔʃɛt] *f* 1. (*petite cloche*) Glöckchen *nt*
2. BOT (*forme de fleur*) Glöckchen *nt*; (*fleur*) Glockenblume *f*
clodo [klodo] *m fam abr de* **clochard** Penner *m*, Pennbruder *m*
cloison [klwazɔ̃] *f* 1. (*séparation*) [Zwischen]wand *f*
2. ANAT, BOT Scheidewand *f*
3. *fig* (*barrière*) Schranke *f*
▶ **~ étanche** wasserdichtes Schott
cloisonné, e [klwazɔne] I. *adj* von den anderen isoliert, gegeneinander abgeschirmt; ***nous vivons dans un monde ~*** wir leben in einer Welt, in der jeder für sich lebt
II. *m* Zellenschmelz *m*, Cloisonné *m*
cloisonnement [klwazɔnmɑ̃] *m* 1. (*séparation idéologique, sociale*) Abgrenzung *f*; [*société*] Aufteilung *f* in Schichten, Kastenwesen *nt*
2. ANAT Vorhandensein *nt* einer Scheidewand
3. (*action de cloisonner*) Einziehen *nt* von [Zwischen]wänden
cloisonner <1> [klwazɔne] *vt* 1. (*séparer à l'aide de cloisons*) ■ **qn cloisonne qc** *pièce* jd trennt etw durch Zwischenwände ab; *tiroir* jd teilt etw in Fächer ein
2. (*compartimenter*) ■ **qn cloisonne des choses** jd unterteilt Dinge
cloître [klwatʀ] *m* 1. ARCHIT Kreuzgang *m*
2. (*monastère*) Kloster *nt*
3. (*vie monastique*) Kloster[leben *nt*] *nt*
cloîtrer <1> [klwatʀe] I. *vt* ■ **qn cloître qn** 1. (*enfermer dans un cloître*) jd sperrt [*o* steckt] jdn in ein Kloster
2. *fig* (*tenir enfermé*) jd sperrt jdn ein
II. *vpr* 1. REL ■ **qn se cloître** jd geht ins Kloster
2. (*se tenir enfermé*) ■ **qn se cloître** [**quelque part**] jd schließt sich [irgendwo] ein, jd zieht sich [irgendwohin] zurück; ***qn vit cloîtré(e) chez soi*** jd lebt völlig abgekapselt
clonage [klonaʒ] *m* Klonen *nt*
clone [klon] *m* BIO, INFORM Klon *m*
cloner <1> [klone] *vt* ■ **qn clone qc** jd klont etw
clope [klɔp] I. *f pop* (*cigarette*) Glimmstängel *m fam*
II. *m fam* (*mégot*) Kippe *f fam*
▶ **des ~s!** nichts da! *fam*, denkste! *fam*
clopin-clopant [klɔpɛ̃klɔpɑ̃] *adv fam* 1. (*en boitant*) humpelnd
2. (*tant bien que mal*) so lala *fam*
clopiner <1> [klɔpine] *vi* ■ **qn clopine** jd humpelt
clopinettes [klɔpinɛt] *fpl fam* ▶ **des ~** [fast] nichts; **des ~!** nichts da! *fam*, kommt nicht in die Tüte! *fam*
cloporte [klɔpɔʀt] *m* 1. ZOOL [Keller]assel *f*
2. *péj* (*individu répugnant*) Widerling *m*, widerlicher Typ
▶ **qn vit comme un ~** jd lebt völlig abgekapselt [*o* zurückgezogen]
cloque [klɔk] *f* 1. (*ampoule*) Blase *f*; [*peau a.*] Brandblase
2. BOT Kräuselkrankheit *f*
cloqué, e [klɔke] I. *adj peau* voller Blasen; *peinture* blasig; ***tissu ~*** Blasenkrepp *m*
II. *m* Blasenkrepp *m*, Cloqué *m*
cloquer <1> [klɔke] I. *vi* ■ **qc cloque** etw bildet Blasen; */peau/* etw bildet Brandblasen
II. *vt* ■ **qn cloque qc** *tissu, papier* jd gaufriert etw
clore <*irr*> [klɔʀ] *vt* 1. (*terminer*) ■ **qn clôt qc** jd schließt etw, jd beendet etw; ■ **qc clôt qc** etw [be]schließt etw
2. (*entourer*) ■ **qn clôt qc** jd friedet etw ein
3. (*bloquer, fermer*) ■ **qn clôt qc** jd schließt etw
4. FIN ■ **qn clôt qc** *comptes* jd schließt etw ab
clos, e [klo, kloz] I. *pp de* **clore**
II. *adj* 1. (*fermé*) geschlossen; ***qn trouve porte ~e*** jd steht vor verschlossener Tür; ***elle restait là, bouche ~e*** sie stand da und sagte kein Wort
2. (*clôturé*) eingefriedet
3. (*achevé*) erledigt
III. *m* 1. (*terrain clôturé*) eingefriedetes Grundstück
2. (*vignoble*) [eingefriedeter] Weinberg, Clos *nt spec*
clôture [klotyʀ] *f* 1. (*enceinte*) Zaun *m*; (*d'arbustes, de haies vives*) Hecke *f*; (*en ciment, en pierres*) Mauer *f*; ***mur de ~*** Umfassungsmauer
2. (*action de terminer*) Schließung *f*; [*compte*] -abschluss *m*; ***~ d'une/de la session*** INFORM Logoff [lɔkˀɔf] *nt*; ***~ du bilan*** Bilanzschluss; ***à la ~ du marché boursier*** bei Börsenschluss
3. (*fermeture*) [*bureaux, magasins*] -schluss *m*; [*festival*] Ende *nt*; ***bilan de ~*** Schlussbilanz *f*; ***débat/séance de ~*** Schlussdebatte *f*/Schlusssitzung *f*
clôturer <1> [klotyʀe] *vt* 1. (*entourer*) ■ **qn clôture qc** jd friedet etw ein
2. (*terminer*) ■ **qn clôture qc** jd [be]schließt etw, jd beendet etw; *compte* jd schließt etw ab
clou [klu] *m* 1. (*pointe de métal*) Nagel *m*
2. MED *fam* Furunkel *m o nt*
3. (*attraction principale*) Höhepunkt *m*, Clou *m*
4. *pl fam* (*passage clouté*) Zebrastreifen *m*
5. (*voiture, vélo*) Klapperkiste *f fam*
▶ **qn est maigre comme un ~** [*o* **un cent de ~s**] *fam* jd ist spindeldürr; **vieux ~** *fam* (*vélo, voiture*) Klapperkiste *f fam*; **un ~ chasse l'autre** der/die eine kommt, der/die andere geht; **qn enfonce le ~** jd wiederholt etwas immer wieder; **qn met qc au ~** *vieilli fam* jd versetzt etw, jd verpfändet etw; **qn prend les ~s, qn rive le ~ à qn** jd stopft jdm den Mund *fam*; **qn traverse dans les ~s** jd geht über den Zebrastreifen; **qn rive son ~ à qn** jd stopft jdm das Maul *sl*; **qc ne vaut pas un ~** *fam* etw ist keinen Pfifferling wert *fam*; **des ~s!** *fam* nichts da! *fam*, denkste! *fam*
◆ **clou de girofle** Gewürznelke *f*
clouer <1> [klue] *vt* 1. (*fixer*) ■ **qn cloue qc** jd nagelt etw an; *planches* jd nagelt etw zusammen; ■ **qn cloue qc sur qc** jd nagelt etw an etw (*akk*); ***Jésus fut cloué sur la croix*** Jesus ist ans Kreuz genagelt worden

2. (*fermer*) ■ **qn cloue qc** jd vernagelt etw
3. (*immobiliser*) ■ **qn/qc cloue qn quelque part:** ***qc cloue l'ennemi sur place*** etw nagelt den Feind fest; ***il l'a cloué au sol/contre la muraille*** er drückte ihn zu Boden/gegen die Wand
4. *fam* (*obliger à rester sur place*) ■ **qn/qc cloue qn:** ***la grippe le cloue au lit*** die Grippe fesselt ihn ans Bett; ***elle est clouée au lit par la maladie*** die Krankheit fesselt sie ans Bett; ***son emploi le cloue à Paris*** wegen seiner Arbeit sitzt er in Paris fest; ***cloué(e) de stupeur*** wie angewurzelt; ***la stupeur l'a clouée sur sa chaise*** sie saß wie angewurzelt auf ihrem Stuhl

clouté, e [klute] *adj* mit Nägeln beschlagen; ***pneus ~s*** Spikes [ʃpaiks] *pl*

clown [klun] *m* Clown [klaun] *m*
▸ **qn est un vrai ~** jd ist ein richtiger Clown; **qn fait le ~** jd spielt den Clown [*o* Hanswurst], jd kaspert [*o* blödelt] herum *fam;* **quel ~!** was für ein Clown!

clownerie [klunʀi] *f* Alberei *f;* ***qn fait des ~s*** jd albert herum

clownesque [klunɛsk] *adj* 1. (*ridicule*) lächerlich
2. (*ubuesque*) possenhaft

club [klœb] *m* 1. (*association*) Klub *m*
2. (*crosse de golf*) Golfschläger *m*

cluse [klyz] *f* Schlucht *f*, Klause *f*

C.N.I.L. [knil] *f abr de* **Commission nationale de l'informatique et des libertés** nationale Datenschutzkommission

C.N.R.S. [seɛnɛʀɛs] *m abr de* **Centre national de la recherche scientifique** nationales Forschungszentrum

C.N.T E. [seɛnteø] *f abr de* **Centre national de téléenseignement** Landeszentrale *f* für Fernunterricht

coaccusé, e [koakyze] *m, f* Mitangeklagte(r) *f(m)*

coacquéreur [koakeʀœʀ] *m* Miterwerber(in) *m(f)*

coadministrateur, -trice [koadministʀatœʀ, -tʀis] *m, f* Mitverwalter(in) *m(f)*

coagulant, e [kɔagylɑ̃, ɑ̃t] I. *adj* [blut]gerinnungsfördernd
II. *m* [blut]gerinnungsförderndes Mittel, Koagulans *nt spec*

coagulation [kɔagylasjɔ̃] *f* Gerinnen *nt;* ***temps de ~*** Gerinnungszeit *f*

coaguler <1> [kɔagyle] I. *vt* ■ **qn/qc coagule qc** jd/etw bringt etw zum Gerinnen
II. *vi* ■ **qc coagule** etw gerinnt
III. *vpr* ■ **qc se coagule** etw gerinnt

coaliser <1> [kɔalize] I. *vt* ■ **qn/qc coalise des personnes contre qn** jd/etw verbündet Menschen gegen jdn; ***il a coalisé tout le monde contre lui*** er hat alle gegen sich eingenommen
II. *vpr* ■ **des personnes se coalisent [contre qn/qc]** Menschen verbünden sich [gegen jdn/etw]; ■ **des choses se coalisent [contre qn/qc]** Dinge verschwören sich [gegen jdn/etw]; ***tout se coalise contre moi*** alles hat sich gegen mich verschworen

coalition [kɔalisjɔ̃] *f* Bündnis *nt*, Koalition *f*
▸ **droit de ~** Vereinigungsrecht *nt;* **~ électorale** Wahlbündnis *nt*

coassement [kɔasmɑ̃] *m* Quaken *nt*

coasser <1> [kɔase] *vi* ■ **un animal coasse** ein Tier quakt

coassocié, e [koasɔsje] *m, f* [Mit]teilhaber(in) *m(f)*

coassurance [koasyʀɑ̃s] *f* Mitversicherung *f*

coauteur [kootœʀ] *m* 1. LITTER Koautor(in) *m(f)*, Mitverfasser(in) *m(f)*
2. JUR Mittäter(in) *m(f)*

coaxial, e <-aux> [koaksjal, jo] *adj roues* koaxial; *câble, hélices* Koaxial-

C.O.B. [kɔb] *f abr de* **commission des opérations de bourse** Börsenaufsichtsamt *nt* (*französische Börsenaufsicht*)

cobalt [kɔbalt] *m* CHIM Kobalt *nt;* ***bombe au ~*** Kobaltbombe *f*

cobaye [kɔbaj] *m* 1. (*animal*) Meerschweinchen *nt*
2. *fig* (*personne*) Versuchskaninchen *nt fam*
▸ **qn sert de ~ [à qn/qc]** *fam* jd dient [jdm/etw] als Versuchskaninchen *fam*

Coblence [kɔblɑ̃s] Koblenz *nt*

cobra [kɔbʀa] *m* Kobra *f*

coca [kɔka] I. *m o f* (*plante*) Kokastrauch *m*, Koka *f*
II. *f* (*drogue*) Kokain *nt*

coca[-cola]® [kɔkakɔla] *m* [Coca-]Cola® *f*

cocagne [kɔkaɲ] *f v.* **mât, pays, vie**

cocaïne [kɔkain] *f* Kokain *nt*

cocaïnomane [kɔkainɔman] *mf* Kokainsüchtige(r) *f(m)*

cocarde [kɔkaʀd] *f* 1. (*décoration*) Kokarde *f*
2. (*nœud*) Schleife *f*

cocardier, -ière [kɔkaʀdje, -jɛʀ] I. *adj* hurrapatriotisch, chauvinistisch [ʃovi-]
II. *m, f* Hurrapatriot(in) *m(f)*, Chauvinist(in) *m(f)*

cocasse [kɔkas] *adj fam* drollig, lustig

cocasserie [kɔkasʀi] *f* 1. (*situation*) Drolligkeit *f;* ***qc est d'une ~ irrésistible*** etw ist ausgesprochen komisch
2. (*histoire*) lustige [*o* komische] Geschichte

coccinelle [kɔksinɛl] *f* 1. (*insecte*) Marienkäfer *m*
2. (*voiture*) Käfer *m*

coccyx [kɔksis] *m* Steißbein *nt*

coche [kɔʃ] *m* Kutsche *f*
▸ **qn manque [*o* rate] [*o* loupe] le ~** *fam* jd verpasst die Gelegenheit

cochenille [kɔʃnij] *f* Schildlaus *f*

cocher¹ <1> [kɔʃe] *vt* 1. (*marquer d'un trait de crayon*) ■ **qn coche qc** jd hakt etw ab; *case, réponse* jd kreuzt etw an
2. (*marquer d'une entaille*) ■ **qn coche qc** jd kerbt etw ein

cocher² [kɔʃe] *m* Kutscher *m*
▸ **fouette, ~!** dalli, dalli! *fam*

cochère [kɔʃɛʀ] *adj v.* **porte**

cochon [kɔʃɔ̃] *m* 1. (*animal*) Schwein *nt*
2. GASTR Schweinefleisch *nt*
3. (*sanglier*) Wildschwein *nt*
▸ **un ~ n'y retrouverait pas ses petits** hier ist der reinste Schweinestall; **qn est gras(se) [*o* gros(se)] comme un ~** jd ist dick und fett *fam;* **qn fait le ~ pendu** jd macht einen Kniehang; **si les petits ~s ne me/le/... mangent pas** wenn nichts Weltbewegendes passiert; **qn est sale comme un ~** jd sieht aus wie ein [richtiges] Ferkel; **~ qui s'en dédit!** [mein] Ehrenwort!; **qn est un [vrai] ~** jd ist ein [richtiges] Schwein; **nous n'avons pas gardé les ~s ensemble** wir haben noch keine Schweine zusammen gehütet *fam;* **qn mange comme un ~** jd isst wie ein Schwein; **qn saigne comme un ~** jd blutet wie ein Schwein; **le ~ qui sommeille:** ***en tout homme il y a un ~ qui sommeille*** der Trieb lauert in jedem Mann; **qn et qn sont copains [*o* amis] comme ~s** *fam* jd und jd sind dicke Freunde *fam*
◆ **cochon de lait** Spanferkel *nt;* **cochon d'Inde** Meerschweinchen *nt*

cochon, ne [kɔʃɔ̃, ɔn] I. *adj fam* 1. (*malpropre*) schmutzig, schmuddelig *fam*
2. (*grossier, obscène*) schmutzig, schweinisch *fam;* ***histoires ~nes*** Zoten *pl*
3. (*pornographique*): ***film ~*** Porno *m*
II. *m, f péj fam* 1. (*personne sale*) Ferkel *nt fam*
2. (*personne vicieuse*) Ferkel *nt fam*, Schwein *nt sl*
3. ■ **~ de:** ***~ de temps*** Sauwetter *nt sl;* ***ce ~ de commerçant*** dieses Schwein von einem Händler *sl;* ■ **~ de Pierre/Paul!** Peter/Paul, dieser gemeine Hund! *sl*
▸ **sale ~** fieser Typ *fam;* **vieux ~** Lustmolch *m;* **qn fait le/la ~(ne)** jd benimmt sich wie ein Ferkel *fam;* **mon ~!** Mensch! *fam*

cochonner <1> [kɔʃɔne] *vt fam* 1. (*bâcler*) ■ **qn cochonne qc** jd pfuscht etw hin *fam*
2. (*salir*) ■ **qn cochonne qc** jd macht etw dreckig, jd ferkelt etw an *fam*

cochonnerie [kɔʃɔnʀi] *f* 1. (*nourriture avariée*) ■ **une ~** etwas Schlechtes, etwas Verdorbenes; ***ne mange pas ces ~s*** *fam* iss nicht so ein Dreckszeug *fam*
2. (*objet de mauvaise qualité*) Schund *m fam*, Dreck *m fam*
3. (*saleté*) Dreck *m*
4. (*vacherie*): ***il m'a fait une ~*** er hat mich hereingelegt [*o* übers Ohr gehauen] *fam*
5. *souvent pl fam* (*propos*) Ferkeleien *pl fam*, Schweinigeleien *pl sl*
6. *pl* (*souillures*) Dreck *m*, Geferkel *nt;* ***ne fais pas de ~s sur la table*** ferkle nicht auf dem Tisch rum *fam*
7. *fam* ■ **~ de** Mist- *fam*

cochonnet [kɔʃɔnɛ] *m* 1. ZOOL Ferkel *nt*
2. (*au jeu de boules*) Setzkugel *f*

cockpit [kɔkpit] *m* Cockpit *nt*

cocktail [kɔktɛl] *m* 1. (*boisson*) Cocktail *m*
2. (*réunion*) Cocktail[party *f*] *m*
3. *fig* (*mélange*) Mischung *f*
◆ **cocktail Molotov** Molotowcocktail *m*

coco¹ [koko] *m* 1. (*terme d'affection*) Schatz *m*, Liebling *m*
2. *péj* (*personne douteuse*) Früchtchen *nt;* ***c'est un drôle de ~*** das ist mir ein sauberes Früchtchen *fam*
3. *fam* (*communiste*) Rote(r) *f(m) fam*
4. (*noix de ~*) Kokosnuss *f;* ***huile/lait/noix de ~*** Kokosöl *nt*/-milch *f*/-nuss *f;* ***en ~*** Kokos-
5. *enfantin* (*œuf*) Ei *nt*

coco² [koko] *f fam* Koks *m fam*

cocon [kɔkɔ̃] *m* 1. ZOOL Kokon *m*
2. *fig:* ***qn grandit dans un ~*** jd wächst überbehütet auf; ***qn se retire dans son ~*** jd zieht sich ganz in sich zurück, jd kapselt sich ab

cocooning [kɔkuniŋ] *m* Häuslichkeit *f*

cocorico [kɔkɔʀiko] I. *interj* kikeriki
II. *m* 1. (*chant du coq*) Kikeriki *nt*
2. (*exclamation*) Hurra *nt*

cocoter <1> [kɔkɔte] *vi fam* ■ **qn/qc cocote** jd/etw stinkt *fam*

cocotier [kɔkɔtje] *m* Kokospalme *f*
▸ **qn secoue le ~** jd wirft unnötigen Ballast ab

cocotte [kɔkɔt] *f* 1. *enfantin* (*poule*) Putput *nt*
2. *péj vieilli fam* (*femme de petite vertu*) Kokotte *f*
3. *fam* (*terme affectueux*) Schatz *m*, Liebling *m*
4. (*marmite*) Topf *m*
▸ **hue, ~!** hü, Pferdchen, hü!
◆ **cocotte en papier** gefalteter Papiervogel

cocotte-minute® <~s-~> [kɔkɔtminyt] *f* Schnellkochtopf *m*

cocotter <1> [kɔkɔte] *vi v.* **cocoter**

cocu, e [kɔky] I. *adj fam* betrogen
▸ **qn est ~(e), battu(e) et content(e)** jd ist ein glücklicher Narr; **qn fait qn ~** jd betrügt jdn; ***elle l'a fait ~*** sie hat ihm Hörner aufgesetzt *fam*
II. *m, f fam* betrogener Ehemann/betrogene Ehefrau

coda [kɔda] *f* Coda *f*

codage [kɔdaʒ] *m* Kodieren *nt*

code [kɔd] *m* 1. (*chiffrage*) Kode *m;* ***en ~*** verschlüsselt
2. (*partie du permis de conduire*) theoretische Fahrprüfung
3. (*feux de croisement*) Abblendlicht *nt*
4. JUR Gesetzbuch *nt*
▸ **~ ASCII** ASCII-Code ['askiko:t] *m;* **~ confidentiel** Geheimzahl *f;* **~ civil/pénal** Zivil-/Strafgesetzbuch *nt;* **~ postal** Postleitzahl *f;* **qn met ses ~s, qn se met en ~[s]** jd blendet ab
◆ **code à barres** Strichcode *m*, Strichkode *m;* **code d'accès** (*mot*) Passwort *nt;* (*chiffre*) Codenummer *f;* **code de la nationalité** Staatsbürgerschaftsrecht *nt;* **code de déontologie** ethischer Verhaltenskodex; **code**

de la route Straßenverkehrsordnung *f*
code-barre <~s-~s> [kɔdbaʀ] *m* Strichcode *m*, Strichkode *m*
coder <1> [kɔde] *vt* ■ **qn code qc** jd verschlüsselt etw
codétenteur, -trice [kodetɑ̃tœʀ, -tʀis] *m, f* 1. JUR Mitbesitzer(in) *m(f)*
2. SPORT Mitinhaber(in) *m(f)*
codétenu, e [kodet(ə)ny] *m, f* Mithäftling *m*
codex [kɔdɛks] *m* [französisches] Arzneibuch
codicille [kɔdisil] *m* [Testaments]nachtrag *m*, Kodizill *nt spec*
codification [kɔdifikasjɔ̃] *f* Kodifizierung *f*
codifier <1a> [kɔdifje] *vt* ■ **qn codifie qc** jd kodifiziert etw
codirecteur, -trice [kodiʀɛktœʀ, -tʀis] *m, f* Mitdirektor(in) *m(f)*
coédition [koedisjɔ̃] *f* gemeinsame Ausgabe
coefficient [kɔefisjɑ̃] *m* 1. ECON, MATH, PHYS, SCOL Koeffizient *m*
2. (*facteur*) ■ ~ **de** *d'erreur* -quote *f*; *de sécurité* -faktor *m*
◆ **coefficient de dilatation** Dehnungskoeffizient *m*, Dehnzahl *f*; **coefficient de pénétration dans l'air** Luftdurchlässigkeitsbeiwert *m*
coéquipier, -ière [koekipje, -jɛʀ] *m, f* Mannschaftskamerad(in) *m(f)*
coercitif, -ive [kɔɛʀsitif, -iv] *adj* Zwangs-
cœur [kœʀ] *m* 1. ANAT Herz *nt*; ***opération à ~ ouvert*** Operation *f* am offenen Herzen
2. (*poitrine*) Herz *nt geh*
3. (*centre*) Herz *nt*; [*atome*] Kern *m*; [*chou*] Herzblätter *pl*; [*débat*] Kernpunkt *m*; ***au ~ de la forêt*** mitten im Wald; ***en plein ~ de l'hiver*** mitten im Winter, im tiefsten Winter
4. (*sentiment*) Herz *nt*; ***affaire/ami de ~*** Herzensangelegenheit *f*/-freund *m*; ***peines de ~*** Liebeskummer *m*; ***courrier du ~*** Kummerkastenpost *f*
5. (*pensées intimes*) Herz *nt*; ***qn connaît le fond du ~ de qn*** jd kennt jds tiefste [*o* innerste] Gefühle
6. CARTES Herz *nt*
7. (*objet en forme de ~*) Herz *nt*
► **qn a le ~ en fête** jdm lacht das Herz im Leibe; **à ~ joie** nach Herzenslust; ***qn s'en donne à ~ joie*** jd genießt es voll und ganz; **qn a le ~ au bord des lèvres** jdm ist speiübel; **qn a le ~ sur les lèvres** jd hat des Herz auf der Zunge; **qn a le ~ sur la main** jd ist sehr großzügig [*o* freigebig]; **qn a mal au ~** jdm ist schlecht; **qn a un ~ d'or** jd hat ein Herz aus Gold; **qn a le ~ à l'ouvrage** jd arbeitet mit Lust und Liebe, jd ist mit Leib und Seele bei der Sache; **qn/qc donne du ~ à l'ouvrage** [**à qn**] jd/etw gibt [jdm] Auftrieb; **qn a un ~ de pierre** jd hat ein Herz aus Stein; **le ~ a ses raisons que la raison ignore** Herz und Verstand gehen nicht in einer Hand; **qc donne du ~ au ventre** [**à qn**] etw macht [jdm] Mut; **qn a le ~ bien accroché** jd kann einiges verkraften; ~ **artificiel** künstliches Herz; **qn a le ~ barbouillé** jdm ist schlecht; **qn a bon ~** jd hat ein gutes Herz; **à votre bon ~!** eine kleine Spende!; **qn fait qc de bon ~** jd tut etw [von Herzen] gern; [**qn est**] **un brave ~** *fam* [jd ist] eine treue Seele; **qn fait qc de grand ~** jd tut etw von Herzen gern; **qn a le ~ gros, qn en a gros sur le ~** jdm ist das Herz schwer, jdm ist schwer ums Herz; **haut les ~s!** Kopf hoch!; **qn fait le ~ joli** ~ *fam* jd gibt sich ganz charmant; **qn fait qc d'un ~ léger** jd tut etw leichten Herzens; **qn a le ~ lourd, qn en a lourd sur le ~** jdm ist schwer ums Herz; **qn en a le ~ net** jd weiß, woran er ist; **à ~ ouvert** *parler* offen, frei von der Leber weg *fam*; *opérer* am offenen Herzen; **de tout** [**son**] **~** von ganzem Herzen; **à ~ vaillant, rien d'impossible** *prov* dem Mutigen gehört die Welt; **qn a du ~** jd hat ein gutes Herz; **qn n'a pas le ~ de faire qc** (*le courage*) jd hat nicht das Herz etw zu tun; **qn n'a pas/plus le ~ de** [*o* **à**] **faire qc** (*le goût*) jd hat keine Lust/keine Lust mehr etw zu tun; ***qn n'a pas le ~ à rire*** jdm ist nicht nach Lachen zumute; **qn n'a pas/plus le ~ à qc** jd hat zu etw (*dat*) keine Lust/keine Lust mehr; **qn a qc à ~/a à ~ de faire qc** jdm liegt sehr viel an etw (*dat*)/daran, etw zu tun; **qn a qc sur le ~** jd hat etw auf dem Herzen; **qn/qc brise le ~ à qn** jd/etw bricht jdm das Herz; **si le ~ lui** [**en**] **dit** *fam* wenn er/sie Lust [dazu] hat; **qn écoute son ~** jd folgt seinem Herzen, jd hört auf sein Herz; **le ~ n'y est pas**: ***il l'a fait, mais le ~ n'y était pas*** er hat es getan, aber nur mit halbem Herzen; **qn est de tout ~ avec qn** jd ist in Gedanken ganz bei jdm; **qn/qc fait battre le ~ à qn** jd/etw lässt jds Herz höher schlagen; **qn/qc fend le ~ à qn** jd/etw bricht jdm das Herz; **qn/qc gagne les ~s** jd/etw gewinnt die Herzen; **le ~ manque à qn** [**de faire qc**] jd bringt es nicht übers Herz [etw zu tun]; **qn met tout son ~ dans** [*o* **à**] **qc/à faire qc** jd legt sein ganzes Herz in etw (*akk*)/darein, etw zu tun; **qn offre son ~ à qn** jd schenkt jdm sein Herz; **qn ouvre son ~** [**à qn**] jd schüttet [jdm] sein Herz aus; **qn/qc perce le ~ à qn** jd/etw bricht jdm das Herz; **qn ne porte pas qn dans son ~** jd hat jdn nicht gerade ins Herz geschlossen; **qn prend qc à ~** jd nimmt sich (*dat*) etw zu Herzen, jd lässt sich (*dat*) etw angelegen sein *geh*; **qn prend à ~ de faire qc** jd lässt es sich (*dat*) angelegen sein, etw zu tun *geh*; **qc réchauffe le ~ à qn**: ***cela me réchauffe le ~*** dabei wird mir warm ums Herz; **qc reste sur le ~ à qn** etw drückt jdm auf die Seele; **qn a le ~ qui saigne** jdm blutet das Herz; **qn/qc serre le ~ à qn** jd/etw ergreift jds Herz; **qc sort du ~** etw kommt von Herzen; **qn/qc soulève le ~ à qn** jd/etw dreht jdm den Magen um; **~ qui soupire n'a pas ce qu'il désire** *prov* ja, ja, man hat's nicht leicht; **qc lui tient à ~/il lui tient à ~ de faire qc** etw liegt jdm sehr am Herzen/es liegt jdm sehr am Herzen etw zu tun; **qn a le ~ qui tourne** jdm dreht sich der Magen um; **qc va** [**droit**] **au ~** [**de qn**] etw geht [jdm] zu Herzen; **qn va au ~ de qn, qn sait parler au ~ de qn** jd bewegt jds Herz; **qc vient du ~** etw kommt von Herzen; **à ~**: ***ils sont encore ~ à ~*** sie sind noch ein Herz und eine Seele; **au ~ de** *d'un pays* im Herzen einer S. (*gen*); *de la nuit* mitten in etw (*dat*); **comme un ~** *joli, mignon, beau* bild-; *gentil*(*le*) ***comme un ~*** sehr nett; **par ~** *apprendre* auswendig; *connaître a.* [in- und] auswendig; *réciter* aus dem Kopf; **sans ~** herzlos; **mon** [**petit**] **~** mein [kleiner] Liebling, mein Herz
◆ **cœur d'artichaut** Artischockenherz *nt* ► **qn a un ~ d'artichaut** *fam* jd verschenkt sein Herz leicht; **cœur de palmier** Palmenherz *nt*
cœur-de-pigeon <~s-~-~> [kœʀdəpiʒɔ̃] *m* Piemont-Kirsche *f* **cœur-poumon** <~s-~s> [kœʀpumɔ̃] *m* ► **~-~ artificiel** Herz-Lungen-Maschine *f*
coexistence [kɔɛgzistɑ̃s] *f* Nebeneinanderbestehen *nt*, Nebeneinanderexistieren *nt*
► ~ **pacifique** POL friedliche Koexistenz
coexister <1> [kɔegziste] *vi* ■ **des personnes/des choses coexistent** Menschen/Dinge koexistieren *geh*; ■ **qn/qc et qn/qc coexistent** jd/etw und jd/etw bestehen nebeneinander
coffrage [kɔfʀaʒ] *m* 1. (*action de coffrer*) Verschalen *nt*
2. (*protection*) [Ver]schalung *f*; [*béton*] [Ein]schalung *f*
coffre [kɔfʀ] *m* 1. (*meuble*) Truhe *f*; ■ ~ **à** *à linge* -truhe; *à jouets* -kiste *f*; *à outils* -kasten *m*
2. AUT Kofferraum *m*
3. TECH [Ein]schalung *f*
4. (*boîtier*) [*horloge*] Gehäuse *nt*; [*piano*] Kasten *m*
5. (*coffre-fort*) Safe [sɛɪf] *m*, Tresor *m*
6. (*souffle*) Puste *f fam*
► ~ **de l'État** Staatssäckel *nt*; **qn a le ~ solide** jd hat einen gesunden Appetit; **qn a du ~** *fam* (*a une belle voix*) jd hat eine kräftige Stimme; (*a du courage*) jd hat Mumm [*o* Schneid *m*] *m fam*
coffre-fort <~s-~s> [kɔfʀəfɔʀ] *m* Safe [sɛɪf] *m*, Tresor *m*
coffrer <1> [kɔfʀe] *vt* 1. TECH ■ **qn coffre qc** *béton* jd schalt etw [ein]; *tranchée, galerie* jd verschalt etw
2. *fam* (*emprisonner*) ■ **qn coffre qn** jd bringt jdn ins Kittchen *fam*; ***qn se fait ~*** jd wandert ins Kittchen *fam*
coffret [kɔfʀɛ] *m* Schatulle *f*; ~ ***à bijoux*** Schmuckkästchen *nt*; ~ ***cadeau*** Geschenkpackung *f*
cogérant, e [koʒeʀɑ̃, ɑ̃t] *m, f* Mitgeschäftsführer(in) *m(f)*
cogérer <5> [koʒeʀe] *vt* ■ **des personnes cogèrent qc** Menschen verwalten etw gemeinsam; ***entreprise cogérée*** Betrieb *m* mit Mitbestimmung
cogestion [koʒɛstjɔ̃] *f* Mitbestimmung *f*
cogiter <1> [kɔʒite] I. *vi iron* ■ **qn cogite** jd denkt scharf nach
II. *vt* ► **qu'est-ce que tu/qu'il/... cogites/cogite?** was heckst du/heckt er/... aus?
cognac [kɔɲak] *m* Cognac *m*
cognassier [kɔɲasje] *m* Quitte[nbaum *m*] *f*
cognée [kɔɲe] *f* [Holzfäller]axt *f*
cogner <1> [kɔɲe] I. *vt* 1. (*heurter*) ■ **qn cogne qn/qc** jd stößt an jdn/etw [an]; ***il m'a cogné*** er hat mich angerempelt *fam*
2. *pop* (*frapper*) ■ **qn cogne qn** jd verdrischt [*o* vertrimmt] jdn *fam*
II. *vi* 1. (*taper*) ■ **qn cogne** jd schlägt zu; ***il cogne dur*** er schlägt hart zu; ■ **qn cogne à/sur/contre qc** jd schlägt [*o* hämmert] an/auf/gegen etw (*akk*); ***qn cogne du poing sur la table*** jd schlägt mit der Faust auf den Tisch
2. (*battre contre qc*) ■ **qc cogne** [**contre qc**] etw schlägt [gegen etw]
3. *fam* (*taper*): ***le soleil cogne*** die Sonne brennt
III. *vpr* ■ **qn se cogne** [**contre qc**] jd stößt sich [an etw (*dat*)]; ■ **qn et qn se cognent** (*accidentellement*) jd und jd stoßen aneinander; (*au cours d'un combat*) jd und jd verprügeln sich *fam*; ■ **qn se cogne qc** [**contre qc**] jd stößt sich (*dat*) etw [an etw (*dat*)]
cogniticien, ne [kɔgnitisjɛ̃, jɛn] *m, f* Experte/Expertin *m/f*
cognitif, -ive [kɔgnitif, -iv] *adj* kognitiv
cohabitation [koabitasjɔ̃] *f* Zusammenleben *nt*, Leben *nt* unter einem Dach; POL Kohabitation *f*
cohabiter <1> [koabite] *vi* 1. (*vivre ensemble*) ■ **qn/un animal et qn/un animal cohabitent** jd/ein Tier und jd/ein Tier leben [zusammen] unter einem Dach; ■ **qn/un animal cohabite avec qn/un animal** jd/ein Tier lebt mit jdm/einem Tier [zusammen] unter einem Dach
2. (*collaborer*) ■ **qn et qn cohabitent** jd und jd arbeiten zusammen; ■ **qn cohabite avec qn** jd arbeitet mit jdm zusammen
cohérence [koeʀɑ̃s] *f* 1. (*logique*) [*pensée, propos*] Zusammenhang *m*; [*raisonnement*] Kohärenz *f*
2. (*solidarité*) Zusammenhalt *m*
cohérent, e [koeʀɑ̃, ɑ̃t] *adj* 1. (*logique*) *ensemble, argument* kohärent; *conduite* konsequent; *texte* [logisch] zusammenhängend
2. (*soudé*) *équipe* [gut] eingespielt
cohésion [koezjɔ̃] *f* 1. (*solidarité*) [*groupe*] Zusammenhalt *m*, Geschlossenheit *f*
2. (*assemblage logique*) Kohärenz *f*, [logischer] Zusammenhang
3. SCI Kohäsion *f*
cohorte [koɔʀt] *f* 1. (*groupe*) Schar *f*
2. HIST Kohorte *f*
cohue [kɔy] *f* 1. (*foule*) [Menschen]menge *f*
2. (*bousculade*) Gedrängel *nt*, Gewühl *nt*
coi, te [kwa, kwat] *adj* ► **qn reste** [*o* **demeure**] **~** jd ist völlig sprachlos; **qn en reste ~** jdm verschlägt es die Sprache; **qn se tient ~** jd bleibt still
coiffe [kwaf] *f* 1. (*bonnet*) [Trachten]haube *f*
2. (*doublure*) Futter *nt*
3. TECH Kappe *f*, Haube *f*; [*fusée*] Bugkonus *m*
4. [*nouveau-né*] Glückshaube *f*
coiffé, e [kwafe] *adj* 1. (*peigné*) frisiert
2. (*chapeauté*) mit Kopfbedeckung; ***on ne reste pas ~ dans une maison*** in einem Haus behält man den Hut nicht auf; ■ **qn est ~ de qc** jd trägt etw
► **qn est né**(**e**) **~** jd ist ein Sonntagskind [*o* Glückskind] *nt*
coiffer <1> [kwafe] I. *vt* 1. (*arranger les cheveux*) ■ **qn coiffe qn** jd frisiert jdn; ***qn coiffe les cheveux de qn*** jd frisiert jdn
2. (*couvrir la tête*) ■ **qn coiffe qn de qc** jd setzt jdm etw auf
3. (*mettre sur la tête*) ■ **qn coiffe qc** jd setzt etw auf
4. (*dépasser dans une course*) ■ **qn coiffe qn** jd überholt jdn

II. *vpr* 1. (*arranger ses cheveux*) ■ **qn se coiffe** jd frisiert sich
2. (*mettre une coiffure*) ■ **qn se coiffe de qc** jd setzt [sich (*dat*)] etw auf

coiffeur, -euse [kwafœʀ, -øz] I. *m, f* (*personne*) Friseur(in) *m(f)*, Frisör(in) *m(f)*; ***je vais chez le*** ~ ich gehe zum Friseur
II. *m* (*commerce*) Friseursalon *m*; ~ ***pour hommes/ pour dames*** Herren-/Damenfriseur *m*
III. *f* ■ **coiffeuse** (*meuble*) Frisierkommode *f*

coiffure [kwafyʀ] *f* 1. (*façon d'être peigné*) Frisur *f*
2. (*chapeau*) Kopfbedeckung *f*
3. (*métier*) Frisörhandwerk *nt*

coin [kwɛ̃] *m* 1. (*angle*) Ecke *f*; ~ ***cuisine/ repas*** Koch-/Essecke; ***armoire/ place de*** ~ Eckschrank *m*/-platz *m*
2. [*rue*] Ecke *f*; ***le boucher du*** ~ der Metzger an der Ecke
3. [*œil, bouche*] Winkel *m*
4. (*espace restreint*) Winkel *m*; ***un*** ~ ***à l'ombre*** ein Plätzchen *nt* im Schatten, ein Schattenplätzchen *nt*; ■ **un** ~ **de** *de ciel bleu, de terre* ein Fleckchen *nt* (+ *nomin*)
5. (*lieu de résidence*) Winkel *m*; ~ ***pittoresque*** malerischer Winkel
6. TECH (*outil*) Keil *m*; (*pour graver de la monnaie*) Stempel *m*
► **au** ~ **d'un bois** im Dunkeln; **au** ~ **du feu** am Kamin; **qn attrape** [*o* **reçoit**] [*o* **prend**] **qc sur le** ~ **de la figure** *fam* jd kriegt etw auf die Schnauze *fam*; **qn regarde qn/qc du** ~ **de l'œil** jd sieht jdn/etw von der Seite an; **au** ~ **de la rue** an der [Straßen]ecke; **à chaque** ~ [*o* **à tous les** ~**s**] **de rue** an jeder Straßenecke, überall; ***tu crois qu'on en trouve à tous les ~s de rue?*** du glaubst wohl, das wird einem nachgeworfen? *fam*; **qc est frappé(e) au** ~ **du bon sens** etw zeugt von gesundem Menschenverstand; **qn soulève le** ~ **du voile** jd lüftet einen Zipfel des Schleiers; **un** ~ **perdu** ein entlegener [*o* abgelegener] Winkel; **le petit** ~ *fam* das [stille] Örtchen; **aux/des quatre** ~**s de qc:** ***aux/ des quatre ~s du monde*** in/aus allen Ecken und Enden der Welt, in/aus aller Herren Länder; **qn a qc en** ~**:** ***qn a un regard en*** ~ jd blickt verschlagen [*o* lauernd]; ***qn a un sourire en*** ~ jd lächelt hämisch; **ça t'en/vous en bouche un** ~! *fam* da staunste/staunt ihr[, was]? *fam*; **tu m'en bouches un** ~ *fam* du erstaunst mich, da bin ich platt *fam*; **qn cherche** [*o* **fouille**] [*o* **regarde**] **dans tous les** ~**s** jd sucht in allen [Ecken und] Winkeln; **qn connaît qc dans les** ~**s** [**et les recoins**] jd kennt etw in- und auswendig; **qc fait le** ~ [**de la rue**] etw steht an der [Straßen]ecke; ***la maison qui fait le*** ~ das Eckhaus; **qn met** [*o* **envoie**] **qn au** ~ jd stellt jdn in die Ecke; **qn regarde qn/qc en** ~ jd sieht jdn/etw schief an

coincé, e [kwɛ̃se] *adj fam* verklemmt *fam*

coincer <2> [kwɛ̃se] I. *vt* 1. (*caler*) ■ **qn coince qc entre des choses** jd klemmt etw zwischen Dinge
2. (*bloquer accidentellement*) ■ **qn coince qn contre qc** jd drückt jdn gegen etw; ■ **qn coince qc** jd klemmt etw ein; ■ **qn coince qc à qn** jd klemmt jdm etw ein; ■ **qc coince qc** etw blockiert etw; ■ **qn/qc est coincé(e)** [**quelque part**] jd/etw sitzt [*o* steckt] [irgendwo] fest; ***qn est coincé(e) sous une voiture*** jd ist unter einem Wagen eingeklemmt
3. *fam* (*intercepter*) ■ **qn coince qn** jd erwischt jdn *fam*
4. *fam* (*mettre en difficultés*) ■ **qn coince qn** jd bringt jdn in Verlegenheit
5. *fam* (*arrêter, prendre en faute*) ■ **qn coince qn** jd schnappt jdn *fam*
II. *vi* ■ **qc coince** etw klemmt; ***ça coince au niveau de la direction*** in der Chefetage geht nicht alles glatt
III. *vpr* ■ **qc se coince** etw verklemmt sich; ■ **qn se coince qc** jd klemmt sich (*dat*) etw ein

coïncidence [kɔɛ̃sidɑ̃s] *f* 1. (*hasard*) Zufall *m*; ***quelle*** ~! was für ein Zufall!
2. GEOM Kongruenz *f*
► **pure** ~ reiner Zufall

coïncident, e [kɔɛ̃sidɑ̃, ɑ̃t] *adj* 1. (*concomitant*) zeitgleich
2. GEOM kongruent

coïncider <1> [kɔɛ̃side] *vi* 1. (*être concomitant*) ■ **qc et qc coïncident/qc coïncide avec qc** etw und etw fallen [zeitlich] zusammen/etw fällt zeitlich mit etw zusammen; ***nos vacances ne coïncident jamais*** wir haben nie gleichzeitig Urlaub
2. (*s'accorder*) ■ **des choses coïncident** Dinge stimmen überein
3. GEOM ■ **des choses coïncident** Dinge sind kongruent

coin-coin [kwɛ̃kwɛ̃] *m inv* Quakquak *nt*, Quaken *nt*

coïnculpé, e [koɛ̃kylpe] *m, f* Mitangeklagte(r) *f(m)*

coing [kwɛ̃] *m* Quitte *f*
► **qn est jaune comme un** ~ *fam* jd ist ganz quitte[n]gelb

coït [kɔit] *m* Koitus *m*
► ~ **anal** Analverkehr *m*; ~ **interrompu** Coitus interruptus *m*

coite [kwat] *adj v.* **coi**

coke¹ [kɔk] *m* Koks *m*

coke² [kɔk] *f fam abr de* **cocaïne** Koks *m*

col [kɔl] *m* 1. [*vêtement*] Kragen *m*
2. GEOG [Gebirgs]pass *m*
3. (*partie étroite*) [*carafe, verre*] Hals *m*
► ~ **Mao** Maokragen *m*; ~ **marin** Matrosenkragen *m*; ~ **officier** Stehkragen *m*; ~ **blanc** Angestellte(r) *m*; ~ **bleu** (*ouvrier*) Arbeiter *m*; (*marin*) Matrose *m*; ~ **cassé** Kragen *m* mit umgebogenen Ecken; ~ **droit** Stehkragen *m*; **faux** ~ [*chemise*] abknöpfbarer Kragen; [*bière*] Schaum *m*; ~ **roulé** (*encolure*) Rollkragen *m*; (*pull*) Rollkragenpullover *m*, Rolli *m fam*; **qn se hausse le** ~ *soutenu* jd tut wichtig, jd spielt sich auf; **qn se pousse volontiers du** ~ jd plustert sich gern auf *fam*
◆ **col-de-cygne** Schwanenhals *m*; **col de l'utérus** Gebärmutterhals *m*; **col du fémur** Oberschenkelhals *m*

colchique [kɔlʃik] *m* Herbstzeitlose *f*

coléoptère [kɔleɔptɛʀ] *m* Käfer *m*

colère [kɔlɛʀ] *f* 1. (*irritation*) Zorn *m*, Wut *f*
2. (*accès d'irritation*) Wutanfall *m*, Wutausbruch *m*
► **la** ~ **est mauvaise conseillère** *prov* in der Wut tut niemand gut, die Wut ist ein schlechter Ratgeber; [**qn est**] **blême/rouge de** ~ [jd ist] blass/rot vor Wut; ~ **froide** unerwarteter Wutausbruch; ***il s'est mis dans une*** ~ ***froide*** ihn packte die kalte Wut; **qn entre/est dans une** ~ **noire** [*o* **bleue**] [*o* **blanche**] jd ist/wird fuchsteufelswild *fam*; **qn est dans une** ~ **noire** jd kocht vor Wut; **qn a** [*o* **fait**] [*o* **pique**] **une** ~**/des** ~**s** jd bekommt einen Wutanfall/Wutanfälle; **qn bout de** ~ jd kocht vor Wut; **qn cuve sa** ~ *fam* jd verbeißt sich in seine Wut; **qn entre dans une** ~ jd wird wütend; **qn est en** ~ [**contre qn**] jd ist [auf jdn] wütend; **qn se met en** ~ jd wird wütend; **qn/qc met** [*o* **fout** *fam*] **qn en** ~ jd/etw macht jdn wütend; **la** ~ **monte en qn** jdn packt die Wut; **qn passe sa** ~ **sur qn/qc** jd lässt seinen Zorn [*o* seine Wut] an jdm/etw aus; **en** ~ aufgebracht

coléreux, -euse [kɔleʀø, -øz] *adj*, **colérique** [kɔleʀik] *adj* jähzornig; ***qn a un tempérament*** ~ jd ist jähzornig

colibacillose [kɔlibasiloz] *f* Koliinfektion *f*

colibri [kɔlibʀi] *m* Kolibri *m*

colimaçon [kɔlimasɔ̃] *m* Schnecke *f*

colin [kɔlɛ̃] *m* Seehecht *m*

colin-maillard [kɔlɛ̃majaʀ] *m* ∅: ***des enfants jouent à*** ~ ~ Kinder spielen Blindekuh

colinot [kɔlino] *m* kleiner Seehecht

colique [kɔlik] *f* 1. (*diarrhée*) Durchfall *m*
2. *gén pl* (*douleurs intestinales*) [Darm]krämpfe *pl*, Kolik *f*
► ~**s hépatiques/néphrétiques** Gallen-/Nierenkolik *f*; **qn a la** ~ (*a peur*) jd hat Bammel *fam*; **qc donne la** ~ **à qn** (*ennuie*) etw macht jdm Angst; **quelle** ~! *fam* was für ein Kreuz! *fam*

colis [kɔli] *m* Paket *nt*
► ~ **postal** Postpaket *nt*

colistier, -ière [kolistje, -jɛʀ] *m, f* Mitkandidat(in) *m(f)* [auf der gleichen Liste]

collabo [ko(l)labɔ] *mf péj fam abr de* **collaborateur** Kollaborateur(in) *m(f)*

collaborateur, -trice [ko(l)labɔʀatœʀ, -tʀis] *m, f* 1. (*membre du personnel*) Mitarbeiter(in) *m(f)*
2. (*intervenant occasionnel*) freier Mitarbeiter/freie Mitarbeiterin
3. POL Kollaborateur(in) *m(f)*

collaboration [ko(l)labɔʀasjɔ̃] *f* 1. (*coopération*) Zusammenarbeit *f*
2. (*contribution*) Mitarbeit *f*; ■ ~ **à qc** Mitarbeit *f* an etw (*dat*); ***qn apporte sa*** ~ ***à qc*** jd arbeitet an etw (*dat*) mit
3. POL Kollaboration *f*; ~ ***avec l'ennemi*** Zusammenarbeit *f* mit dem Feind
► **en** ~ [**avec**] in Zusammenarbeit [mit], unter Mitarbeit [von]; ***qn travaille en étroite*** ~ ***avec qn*** jd arbeitet eng mit jdm zusammen

collaborer <1> [ko(l)labɔʀe] *vi* 1. ■ **qn collabore** [**avec qn**] jd arbeitet [mit jdm] zusammen; ***qn collabore à qc*** jd arbeitet an etw (*dat*) mit
2. POL ■ **qn collabore** [**avec qn**] jd kollaboriert [mit jdm]

collage [kɔlaʒ] *m* 1. (*action*) [*papier peint, affiche*] Ankleben *nt*; [*pièces*] Zusammenkleben *nt*; [*bois*] Verleimen *nt*; [*étiquette*] Aufkleben *nt*
2. ART, MUS Collage *f*
3. (*clarification*) [*vin*] Schönen *nt*
4. (*apprêt*) [*papier*] Gummieren *nt*
5. *fam* (*concubinage*) wilde Ehe

collant, e [kɔlɑ̃, ɑ̃t] I. *adj* 1. (*moulant*) eng anliegend, hauteng
2. (*poisseux*) klebrig
3. *fam* (*importun*) aufdringlich; ***elle est vraiment*** ~***e*** sie ist eine richtige Klette *fam*
II. *m* 1. (*bas*) Strumpfhose *f*
2. (*maillot*) [*femme*] Gymnastikanzug *m*; [*danseur, acrobate*] Trikot *nt*

collation [kɔlasjɔ̃] *f* Imbiss *m*

colle [kɔl] *f* 1. (*substance gluante*) Klebstoff *m*; (*pour papier peint*) Kleister *m*; (*pour le bois*) Leim *m*; (*pour la porcelaine*) Kitt *m*; ~ ***universelle*** Alleskleber *m*; ■ ~ **de** -kleber, -klebstoff
2. (*question*) knifflige Frage
3. (*punition*) Nachsitzen *nt*; ***qn a une*** ~ jd muss nachsitzen; ***qn donne une*** ~ ***à qn*** jd lässt jdn nachsitzen
4. SCOL *arg* (*examen blanc*) simulierte Prüfung
► ~ **blanche** Büroleim *m*; ~ **forte** Tischlerleim *m*; **qc est de la vraie** ~ etw ist der reinste Papp [*o* Kleister] *fam*; **faites chauffer la** ~ *fam* da hat's gescheppert *fam*; **des personnes vivent à la** ~ *fam* Menschen leben in wilder Ehe
◆ **colle à bois** Holzleim *m*; **colle de caoutchouc** Gummileim *m*; **colle de poisson** Fischleim *m*

collecte [kɔlɛkt] *f* 1. (*quête*) Sammlung *f*; ***qn fait une*** ~ jd sammelt
2. (*collectage*) [*lait*] [Ein]sammeln *nt*; ~ ***des impôts*** Steuererhebung *f*; ***le jeudi, il y a*** ~ ***de sang*** Donnerstag ist Blutspendetag

collecter <1> [kɔlɛkte] *vt* ■ **qn collecte qc** *dons, signatures* jd sammelt etw; *lait* jd sammelt etw ein

collecteur, -trice [kɔlɛktœʀ, -tʀis] I. *adj* Sammel-; ***barre*** ~***trice*** Sammelschiene *f*
II. *m, f* (*personne*) Sammler(in) *m(f)*
III. *m* 1. AUT: ~ ***d'échappement*** Auspuffsammler *m*, Auspuffkopf *m*
2. ELEC Kollektor *m*
3. RADIO: ~ ***d'ondes*** Empfangsantenne *f*
4. (*égout*) Hauptkanal *m*, Sammler *m*

collectif, -ive [kɔlɛktif, -iv] I. *adj* 1. (*commun*) gemeinsam; *travail a., propriété, installations* Gemeinschafts-; *punition, responsabilité* Kollektiv-; *billet, réservation* Sammel-; ***logements*** ~***s*** Wohnblöcke *pl*; ***équipements*** ~***s*** öffentliche Einrichtungen
2. PSYCH *délire, psychose* Massen-; *hallucination* kollektiv; *conscience* Kollektiv-

3. LING Sammel-; ***nom*** ~ Kollektivum *nt*
II. *m* 1. LING Kollektivum *nt*
2. POL Kollektiv *nt; **le** ~ **des lycéens*** die gesamten Schüler
▸ **le** ~ **budgétaire** der Nachtragshaushalt
collection [kɔlɛksjɔ̃] *f* 1. (*réunion d'objets*) Sammlung *f;* ■ ~ **de** -sammlung; ***pièce de*** ~ Sammlerstück *nt*
2. [*échantillons*] Kollektion *f*
3. COUT Kollektion *f*
4. *fam* (*groupe*) ■ ~ **de personnes/choses** [ganzer] Haufen von Menschen/Dingen
5. (*série*) [*livres, revues*] Reihe *f; **toute la** ~ **des œuvres de X*** die gesammelten Werke von X
▸ **qn fait** ~ **de qc** jd sammelt etw
collectionner <1> [kɔlɛksjɔne] *vt* ■ **qn collectionne qc** jd sammelt etw
▸ **qn les collectionne** *fam: **on peut dire que tu les collectionnes!*** du willst dir wohl eine Sammlung davon anlegen?, du sammelst sie wohl?
collectionneur, -euse [kɔlɛksjɔnœʀ, -øz] *m, f* Sammler(in) *m(f)*
collectivement [kɔlɛktivmɑ̃] *adv* 1. (*dans la totalité*): ***l'homme pris*** ~ der Mensch als Kollektivwesen; ***qc s'adresse*** ~ ***au personnel*** etw richtet sich an das ganze [*o* gesamte] Personal
2. (*en bloc*) geschlossen
collectivisme [kɔlɛktivism] *m* Kollektivismus *m*
collectivité [kɔlɛktivite] *f* 1. (*ensemble de citoyens*) Gemeinschaft *f; **la** ~ **nationale*** die Nation
2. JUR Körperschaft *f;* ~***s locales*** Gebietskörperschaften *pl*
3. (*vie en communauté*) Kollektiv *nt*
4. (*possession commune*) Kollektiv *nt*
collège [kɔlɛʒ] *m 4-klassiger Schultyp im Sekundarbereich I*
▸ ~ **électoral** Wähler[schaft *f*] *pl;* **le Sacré C**~ das Heilige Kollegium
◆ **Collège de France** *universitätsähnliche Lehranstalt, deren Vorlesungen von jedermann besucht werden können, an der jedoch keine Diplome vergeben werden*
collégial, e <-aux> [kɔleʒjal, o] *adj: **direction*** ~***e*** kollegiale Leitung; POL kollektive Führung
collégialité [kɔleʒjalite] *f* REL Kollegialität *f;* ADMIN kollegiale Leitung; ~ ***de la direction*** POL kollektive Führung
collégien, ne [kɔleʒjɛ̃, jɛn] *m, f* 1. (*élève*) Schüler(in) *m(f)* der Sekundarstufe I
2. (*jeune sans expérience*) Grünschnabel *m,* [dummer] Schuljunge/[dummes] Schulmädchen
collègue [kɔ(l)lɛg] *mf* Kollege/Kollegin *m/f*
coller <1> [kɔle] I. *vt* 1. (*fixer*) ■ **qn colle qc [quelque part]** jd klebt etw [irgendwohin]; *image, timbre, étiquette* jd klebt etw [irgendwo] auf; *affiche, papier peint* jd klebt etw [irgendwo] an; *enveloppe* jd klebt etw zu; *deux morceaux* jd klebt etw zusammen; ***les yeux collés de sommeil*** vom Schlaf verklebte Augen
2. (*presser*) ■ **qn colle qc à** [*o* **contre**] **qc** *figure, nez, œil* jd drückt [*o* presst] etw an etw (*akk*) [*o* gegen etw]
3. *fam* (*donner*) ■ **qn colle qc à qn** *contravention, devoir, punition* jd brummt jdm etw auf *fam; fausse pièce* jd dreht jdm etw an *fam; **qn colle une baffe*** [*o* ***gifle***] [*o* ***tarte***] ***à qn*** jd klebt [*o* schmiert] jdm eine *fam; **qn colle un sale boulot à qn*** jd brummt jdm eine brutale Arbeit auf *fam*
4. SCOL *arg* (*consigner*) ■ **qn colle qn** jd lässt jdn nachsitzen; ■ **qn est collé(e)** [*o* **s'est fait** ~] **[à qc]** (*recaler*) jd ist [bei etw] durchgefallen [*o* durchgerasselt *fam*], jd ist durch etw gefallen [*o* gerasselt *fam*]
5. *fam* (*embarrasser par une question*) ■ **qn colle qn** jd stellt jdm eine kniffige Frage; ***il m'a collé avec cette question*** auf diese Frage wusste ich keine Antwort; ***on ne peut pas la*** ~ ***en géo*** in Geo ist sie unschlagbar
6. *fam* (*suivre*) ■ **qn colle qn** jd hängt wie eine Klette an jdm; ■ **qc colle qn** /*voiture*/ etw fährt dicht hinter jdm her
7. *fam* (*planter*) ■ **qn colle qn quelque part** jd pflanzt jdn irgendwohin *fam*
▸ **ils/elles sont toujours collé(e)s ensemble** *fam* sie sind unzertrennlich
II. *vi* 1. (*adhérer*) ■ **qc colle** etw klebt; ***une robe qui colle au corps*** ein hautenges Kleid; ***du riz qui colle*** klebriger Reis; ***j'ai les doigts qui collent*** ich habe klebrige Finger
2. *fam* (*suivre*) ■ **qn colle à qn/qc** jd hält sich dicht an jdn/etw; ■ **qc colle** /*voiture*/ etw fährt dicht auf; ***qc colle à la réalité*** etw hält sich an die Tatsachen
3. (*s'adapter*) ■ **qc colle à qc** /*voiture*/ *à la route* etw liegt gut auf etw (*dat*); /*devoir*/ *au sujet* etw stellt etw treffend dar; /*mot*/ *à une idée* etw drückt etw präzise aus
4. *fam* (*bien marcher*) ■ **qc colle** etw haut hin *fam,* etw passt; ***il y a quelque chose qui ne colle pas dans son histoire*** an seiner Geschichte stimmt was nicht [*o* ist was faul] *fam; **entre eux, ça ne colle pas*** die beiden verstehen sich nicht [*o* kommen nicht miteinander aus]
5. *fam* (*rester*) ■ **qn est collé(e) quelque part** jd hockt irgendwo *fam*
6. (*au jeu de cache-cache*) ■ **qn colle: *c'est toi qui colles*** du musst zählen
III. *vpr* 1. (*s'accrocher*) ■ **qn se colle à qn/deux personnes se collent ensemble** jd schmiegt sich an jdn/zwei Menschen schmiegen sich aneinander
2. *fam* (*importuner*) ■ **qn se colle à qn** jd hängt sich an jdn wie eine Klette
3. (*se presser*) ■ **qn se colle à** [*o* **contre**] **qc** jd drückt sich gegen etw
collet [kɔlɛ] *m* 1. (*piège*) Schlinge *f*
2. (*petite cape*) kurzes Cape [ke:p]
3. [*dent*] -hals *m*
4. GASTR, TECH, BOT Hals *m*
▸ ~ **monté** steif; **qn prend** [*o* **saisit**] **qn au** ~ jd packt jdn am Kragen [*o* Schlafittchen *fam*]; **qn saute au** ~ **de qn** jd packt jdn am Kragen
colleter <3> [kɔlte] I. *vt vieilli* (*saisir*) ■ **qn collette qn** jd packt jdn am Kragen; /*police*/ jd schnappt jdn *fam*
II. *vpr* ■ **qn se collette avec qn** jd schlägt [*o* prügelt] sich mit jdm; ■ **qn se collette avec qc** jd schlägt sich mit etw herum
colleur, -euse [kɔlœʀ, -øz] I. *m, f* 1. (*personne qui colle*) ■ ~ **de** *d'affiches* -ankleber(in) *m(f);* ~ ***de papier peint*** Tapezierer(in) *m(f)*
2. SCOL *arg* Prüfer(in) *m(f)* (*bei simulierten mündlichen Prüfungen*)
II. *f* ■ **colleuse** Klebepresse *f*
collier [kɔlje] *m* 1. (*bijou*) Halskette *f;* (*rigide*) Kollier [kɔ'lie:] *nt;* ~ ***de fleurs/perles/diamants*** Blumen-/Perlenkette/Diamantkollier
2. (*courroie*) [*chien*] Halsband *nt;* [*cheval*] Kum[me]t *nt*
3. (*pelage, plumes autour du cou*) [*animal*] Halsring *m*
4. (*barbe*) Krause *f*
5. TECH [Rohr]schelle *f;* ~ ***tendeur*** Spannring *m;* ~ ***de serrage*** Klemmschelle
▸ ~ **de misère** Joch *nt;* **qn est franc(franche) du** ~ jd ist aufrichtig; **un animal est franc(franche) du** ~ ein Tier ist tüchtig; **qn reprend le** ~ jd geht wieder arbeiten
collimateur [kɔlimatœʀ] *m* Kollimator *m*
▸ **qn a qn/qc dans le** ~ jd hat jdn/etw auf dem Korn [*o* im Visier]; **qn/qc est dans le** ~ **de qn** jd/etw ist in jds Visier (*dat*); **qn prend qn/qc dans le** ~ jd nimmt jdn/etw aufs Korn
colline [kɔlin] *f* Hügel *m*
collision [kɔlizjɔ̃] *f* Zusammenstoß *m;* ~ ***en chaîne*** Massenkarambolage *f;* ~ ***d'intérêts*** Interessenkollision *f*
▸ **qn/qc entre en** ~ **avec qn/qc** jd/etw stößt mit jdm/etw zusammen
collocation [kɔ(l)lɔkasjɔ̃] *f* 1. JUR Rangzuweisung *f* der Gläubiger bei Konkursverfahren
2. LING Kollokation *f*
colloque [kɔ(l)lɔk] *m* Kolloquium *nt*
collusion [kɔ(l)lyzjɔ̃] *f* 1. (*complicité*) [geheime] Absprache
2. JUR Kollusion *f spec*
collyre [kɔliʀ] *m* Augentropfen *pl*
colmater <1> [kɔlmate] *vt* 1. (*boucher*) ■ **qn colmate qc** *fuite* jd dichtet etw ab; *fissure* jd spachtelt etw zu; *brèche* jd schließt etw
2. MIL ■ **qn colmate qc** jd schließt etw
colo [kɔlɔ] *f fam abr de* **colonie de vacances** Ferienlager *nt,* Ferienkolonie *f*
▸ **qn est en** ~ jd ist in der Ferienkolonie [*o* im Ferienlager]; **qn fait une** ~ jd arbeitet in einer Ferienkolonie [*o* in einem Ferienlager]
colocataire [kolɔkatɛʀ] *mf* Mitbewohner(in) *m(f)*
colocation [kolɔkasjɔ̃] *f* Mietgemeinschaft *f*
Cologne [kɔlɔɲ] Köln *nt*
Colomb [kɔlɔ̃] *m* ▸ **Christophe** ~ Christoph Kolumbus
colombage [kɔlɔ̃baʒ] *m* Fachwerk *nt; **maison à*** ~***s*** Fachwerkhaus *nt*
colombe [kɔlɔ̃b] *f* Taube *f; **la*** ~ ***de la paix*** die Friedenstaube
Colombie [kɔlɔ̃bi] *f* ■ **la Colombie** Kolumbien *nt*
colombophile [kɔlɔ̃bɔfil] I. *adj* Brieftauben-
II. *mf* Brieftaubenzüchter(in) *m(f)*
colon [kɔlɔ̃] *m* 1. (*habitant d'une colonie*) Kolonist(in) *m(f)*
2. (*enfant*) Ferienkind *nt*
côlon [kolɔ̃] *m* ANAT Grimmdarm *m,* Kolon *nt spec*
colonel, le [kɔlɔnɛl] I. *m* Oberst *m*
II. *f* (*épouse d'un colonel*) ■ **colonelle** Frau *f* Oberst
colonial, e <-aux> [kɔlɔnjal, jo] I. *adj* kolonial; ***empire*** ~ Kolonialreich *nt; **guerre*** ~***e*** Kolonialkrieg *m; **produits*** ~***aux*** Kolonialwaren *pl*
II. *m* MIL Angehörige(r) *m* der Kolonialtruppen
III. *m, f* (*habitant des colonies*) Kolonist(in) *m(f)*
IV. *f* (*armée*) ■ **la coloniale** die Kolonialtruppen *pl*
colonialisme [kɔlɔnjalism] *m* Kolonialismus *m*
colonie [kɔlɔni] *f* 1. (*territoire*) Kolonie *f*
2. (*centre de vacances*) Ferienlager *nt,* Ferienkolonie *f*
3. (*communauté*) Kolonie *f*
◆ **colonie de vacances** Ferienlager *nt,* Ferienkolonie *f*
colonisateur, -trice [kɔlɔnizatœʀ, -tʀis] I. *adj* Kolonial-
II. *m, f* Kolonisator(in) *m(f)*
colonisation [kɔlɔnizasjɔ̃] *f* Kolonisation *f*
colonisé [kɔlɔnize] I. *adj* kolonisiert
II. *mpl* ■ **les ~s** die Kolonisierten
coloniser <1> [kɔlɔnize] *vt* ■ **qn colonise qc** jd kolonisiert etw
colonnade [kɔlɔnad] *f* Säulengang *m,* Kolonnade *f*
colonne [kɔlɔn] *f* 1. ARCHIT Säule *f*
2. TYP Spalte *f*
3. [*chiffres*] Kolonne *f*
4. (*file*) Reihe *f;* MIL Kolonne *f*
▸ ~ **blindée** Panzerkolonne *f;* **cinq ~s à la une** die ganze Titelseite; **la cinquième** ~ die fünfte Kolonne; ~ **vertébrale** Wirbelsäule *f;* **des personnes se mettent en** ~ **par deux** Menschen stellen sich paarweise [*o* zu zweit] in einer Reihe auf
◆ **colonne d'air** Luftsäule *f;* **colonne de fumée** Rauchsäule *f;* **colonne de secours** Rettungsmannschaft *f;* **colonne Morris** Litfasssäule *f*
colorant, e [kɔlɔʀɑ̃, ɑ̃t] I. *adj* färbend; ***matière*** ~***e*** Farbstoff *m; **shampooing*** ~ Tönung *f*
II. *m* Farbstoff *m*
coloration [kɔlɔʀasjɔ̃] *f* 1. (*processus*) [Ein]färbung *f,* [Ein]färben *nt*
2. (*teinte*) Farbe *f; **qc prend une*** ~ ***rouge/brune*** etw färbt sich rot/braun
coloré, e [kɔlɔʀe] *adj* 1. (*qui a de la couleur*) gefärbt; *verre a.* farbig
2. *style* farbig; *description* lebendig; *récit* bildreich
3. *foule* bunt [gemischt]
colorer <1> [kɔlɔʀe] I. *vt* 1. (*teindre*) ■ **qn/qc colore qc** jd/etw färbt etw; ***qn colore qc en rouge/vert/...*** jd färbt etw rot/grün/...

2. (*donner une couleur plus foncée*) ■ **qc colore qc** */ soleil, vent/* etw gibt einer S. (*dat*) Farbe; ***la honte lui colora le visage*** die Schande ließ ihn/sie erröten
3. *littér* (*enjoliver*) ■ **qn/qc colore qc** *style* jd/etw schmückt etw aus; ***le récit n'est pas assez coloré*** die Erzählung ist zu eintönig
II. *vpr* 1. (*prendre une teinte plus foncée*) ■ **qc se colore** */ fruit, gâteau, peau, rôti/* etw bekommt Farbe
2. (*prendre une teinte particulière*) ■ **qc se colore de qc** etw färbt sich irgendwie; ***le ciel se colora de teintes ocres*** der Himmel färbte sich ockerfarben
3. (*s'empreindre*) ■ **qc se colore de qc** *de dégoût, d'incrédulité* bei etw schwingt etw mit

coloriage [kɔlɔʀjaʒ] *m* 1. (*action*) Kolorieren *nt,* Ausmalen *nt;* ***elle fait faire beaucoup de ~s aux enfants*** sie lässt die Kinder viel ausmalen
2. (*résultat*) Kolorierung *f;* ***montre-moi tes ~s*** zeig mir deine ausgemalten Bilder

colorier <1 a> [kɔlɔʀje] *vt* ■ **qn colorie qc** jd koloriert etw; *dessin a.* jd malt etw aus

coloris [kɔlɔʀi] *m* 1. (*effet de couleurs*) Farbigkeit *f*
2. (*couleur*) Farbe *f*

colorisation [kɔlɔʀizasjɔ̃] *f* Kolorierung *f*

coloriser <1> [kɔlɔʀize] *vt* kolorieren

coloriste [kɔlɔʀist] *mf* Kolorist(in) *m(f)*

colossal, e <-aux> [kɔlɔsal, o] I. *adj* kolossal, gewaltig; *fortune* immens; *statue* monumental
II. *m* Monumentalität *f*

colosse [kɔlɔs] *m* 1. (*personne de haute stature*) Hüne *m,* Koloss *m*
2. (*institution ou personne très puissante*) Gigant *m*

colportage [kɔlpɔʀtaʒ] *m* 1. [*marchandises*] Hausieren *nt*
2. [*nouvelles, ragots*] Verbreitung *f*
▸ **qn fait du** ~ jd geht hausieren

colporter <1> [kɔlpɔʀte] *vt* 1. (*vendre*) ■ **qn colporte qc** *marchandises* jd hausiert mit etw
2. *souvent péj* (*répandre*) ■ **qn colporte qc** *nouvelles* jd verbreitet etw, jd geht mit etw hausieren *fam*

colporteur, -euse [kɔlpɔʀtœʀ, -øz] *m, f* 1. (*marchand*) Hausierer(in) *m(f)*
2. *souvent péj* [*nouvelles, ragots*] Kolporteur(in) *m(f);* ~ ***de scandales*** Klatschmaul *nt fam*

colt® [kɔlt] *m* Colt® *m*

coltiner <1> [kɔltine] *vpr fam* ■ **qn se coltine qn/qc** *travail, personne* jd hat jdn/etw am Hals *fam;* ***c'est pas toi qui te coltines trois heures de métro tous les jours!*** du fährst ja auch nicht jeden Tag drei Stunden Metro!

columbarium [kɔlɔ̃baʀjɔm] *m* Kolumbarium *nt*

colza [kɔlza] *m* Raps *m*

coma [kɔma] *m* Koma *nt*
▸ ~ **dépassé** tiefes Koma; ~ **diabétique** Zuckerkoma *nt;* **qn entre dans le/sort du** ~ jd fällt ins Koma/erwacht aus dem Koma; **qn est dans le** ~ jd liegt im Koma

comateux, -euse [kɔmatø, -øz] I. *adj* komatös; ***dans un état*** ~ im Koma; *fig* in einem komaähnlichen Zustand
II. *m, f* Komapatient(in) *m(f)*

combat [kɔ̃ba] *m* 1. MIL Kampf *m,* Gefecht *nt*
2. (*lutte*) ■ ~ [**contre/pour qc**] Kampf *m* [gegen/für etw]
3. SPORT Kampf *m*
▸ ~ **à fleurets mouchetés** friedlicher Schlagabtausch; ~ **aérien** Luftkampf *m;* ~ **naval** Seegefecht *nt;* ~ **singulier** Zweikampf *m;* **qn marche** [*o* **part**] [*o* **va**] **au** ~ jd zieht in den Krieg; **qn meurt au** ~ jd fällt im Krieg
◆ **combat d'arrière-garde** *fig* Kampf *m* auf verlorenem Posten; ***qn mène un ~ d'arrière-garde*** jd führt einen Kampf auf verlorenem Posten; **combat de coqs** Hahnenkampf *m;* **combat de rue** Straßenkampf *m;* **combat des chefs** *fig* Machtkampf *m,* Diadochenkämpfe *pl*

combatif, -ive [kɔ̃batif, -iv] *adj* kämpferisch; ***qn est*** ~ jd hat Kampfgeist, jd ist eine Kämpfernatur

combativité [kɔ̃bativite] *f* Kampfgeist *m*

combattant, e [kɔ̃batɑ̃, ɑ̃t] *m, f* Kämpfer(in) *m(f)*
▸ **ancien** ~ Veteran *m*

combattre <*irr*> [kɔ̃batʀ] I. *vt* ■ **qn combat qn/qc** jd kämpft gegen jdn/etw, jd bekämpft jdn/etw; *théorie a.* jd ficht etw an
II. *vi* ■ **qn combat** [**contre qn/qc/pour qc**] jd kämpft [gegen jdn/etw/für etw]; ***j'ai toujours combattu contre les préjugés de toutes sortes*** ich habe immer gegen Vorurteile aller Art angekämpft

combe [kɔ̃b] *f* Schlucht *f*

combien [kɔ̃bjɛ̃] I. *adv* 1. + *subst* ■ ~ **de** (*quantité*) wie viel; (*nombre*) wie viele; ~ ***d'argent as-tu?*** wie viel Geld hast du?; ~ ***d'enfants ont-ils?*** wie viele Kinder haben sie?; ~ ***de temps?*** wie lange?; ***depuis ~ de temps?*** wie lange schon?; ~ ***de personnes?*** wie viele [Personen]?; ~ ***y a-t-il d'ici à la mer?*** wie weit ist es von hier bis zum Meer?; ~ ***faut-il compter pour la route?*** wie lange muss man für die Strecke rechnen?; ***on sera ~ ce soir?*** wie viele [*o* zu wievielt] werden wir heute Abend sein?
2. + *vb de quantité:* ~ ***coûte cette voiture?*** wie viel kostet dieses Auto?; ~ ***pèse ce sac de blé?*** wie viel wiegt dieser Sack Weizen?; ~ ***pèse/mesure-t-il?*** wie viel wiegt/wie groß ist er?; ~ ***mesure ce serpent/cette tour*** wie lang ist diese Schlange/wie hoch ist dieser Turm?
3. (*à quel point*) + *vb* wie sehr; + *adj/adv* wie; ***si tu savais ~ je t'aime/il a changé!*** wenn du wüsstest, wie sehr ich dich liebe/wie sehr er sich verändert hat!; ~ ***peu d'argent!*** wie wenig Geld!
▸ ~ **peu de personnes/choses** wie wenig Menschen/Dinge; ~ ***peu de gens!*** wie wenige!; **ça fait** ~? *fam* wie viel macht das? *fam;* **qn a fait** ~ [**à** [*o* **en**] **qc**] SPORT: ***tu as fait ~ en natation/en course/en hauteur?*** wie viel bist du geschwommen/gelaufen/wie hoch bist du gesprungen?; **je ne sais** ~ **de ...** *fam* ich weiß nicht, wie viel ...; ***je te l'ai déjà dit je ne sais ~ de fois*** ich weiß nicht, wie oft ich es dir schon gesagt habe; **en** ~ **de haut** [*o* **hauteur**]/**large** [*o* **largeur**]/**long** [*o* **longueur**] in welcher Höhe/Breite/Länge, wie hoch/breit/lang
II. *m* (*quantième jour*) ■ **le** ~? der Wievielte?
▸ **tous les** ~? *fam* wie oft?; **nous sommes le** ~? *fam* den Wievielten haben wir?, der Wievielte ist heute?
III. *mf* Ø (*personne*) ■ **le/la** ~? der/die Wievielte?

combientième [kɔ̃bjɛ̃tjɛm] I. *adj abusif fam* wievielte(r, s); ***c'est la ~ fois que je te le dis?*** wie oft sage ich dir das jetzt eigentlich schon?
II. *mf abusif fam* (*rang*) ■ [**le/la**] ~? der/die/das Wievielte?; ***il est arrivé*** [***le***] ~? als Wievielter ist er angekommen?

combinaison [kɔ̃binɛzɔ̃] *f* 1. (*assemblage*) Kombination *f;* CHIM Verbindung *f;* MATH Kombination *f;* ***une ~ de couleurs*** eine Farbzusammenstellung; ***la ~ des sons*** der Zusammenklang der Töne
2. (*code*) [*cadenas, coffre-fort*] [Zahlen]kombination *f*
3. (*vêtement*) [*femme*] Unterrock *m;* (*vêtement de protection*) Overall ['o:vərɔ:l] *m;* ~ ***d'aviateur*** [Flieger]kombination *f;* ~ ***de mécanicien*** Monteuranzug *m,* blauer Anton *fam*
4. (*stratagème*) Trick *m,* Machenschaften *pl;* ***il va bien falloir trouver une ~*** wir werden uns wohl oder übel etwas einfallen lassen müssen
◆ **combinaison de plongée** Taucheranzug *m;* **combinaison de ski** Skianzug *m*

combine [kɔ̃bin] *f fam* Trick *m,* Masche *f;* ***qn trouve des ~s*** jd hat Tricks auf Lager; ***qn connaît la*** ~ jd hat den Bogen [*o* Dreh] raus *fam*
▸ **qn est dans la** ~ jd ist eingeweiht, jd weiß Bescheid; **ça sent** [*o* **pue**] **la** ~ *fam* da geht's nicht mit rechten Dingen zu, da ist [doch] was faul

combiné [kɔ̃bine] *m* 1. [*téléphone*] Hörer *m*
2. (*épreuve de ski*) Kombination *f*
3. (*appareil, meuble*): ***le ~ bois*** die Werkbank; ***un meuble ~*** ein Mehrzweckmöbel
▸ ~ **alpin** alpine Kombination; ~ **nordique** nordische Kombination

combiner <1> [kɔ̃bine] I. *vt* 1. (*assembler*) ■ **qn combine des choses/qc à qc** *chiffres, couleurs, sons* jd kombiniert Dinge/etw mit etw; *substance chimique* jd verbindet Dinge/etw mit etw
2. (*mettre au point*) ■ **qn combine qc** *emploi du temps, horaire* jd arbeitet etw aus; *plan a.* jd klügelt etw aus; *mauvais coup* jd heckt etw aus
II. *vpr* 1. (*s'assembler*) ■ **des choses se combinent** Dinge harmonieren; ■ **qc se combine à qc** CHIM etw geht mit etw eine Verbindung ein
2. (*s'arranger*) ■ **qc se combine à qc** etw stimmt mit etw überein; ***qc se combine bien/mal*** etw lässt sich gut/schlecht an

comble¹ [kɔ̃bl] *m* 1. (*degré extrême*) ■ **le ~ de qc** der Gipfel einer S. (*gen*)
2. *souvent pl* (*grenier*) Dachboden *m;* ~***s aménageables*** ausbaubares Dachgeschoss
▸ **pour ~ de malheur** zu allem Überfluss; **qc est à son** ~ etw erreicht seinen Höhepunkt [*o* Gipfel]; **c'est le** [*o* **un**] ~! das ist [doch wohl] der Gipfel [*o* die Höhe]!; **le ~, c'est** + *subst:* ***le ~, c'est ma timidité*** das Schlimmste ist meine Schüchternheit; **le ~, c'est de faire qc** der Gipfel ist, etw zu tun; ***le ~, ce serait de partir sans mot dire*** der Gipfel wäre [jetzt], ohne ein Wort zu gehen; **le ~, c'est que** + *indic* der Gipfel ist, dass; **qn/qc met le ~ à qc** jd/etw gibt einer S. (*dat*) den Rest; **au ~ de qc:** ***qn est au ~ du bonheur/désespoir*** jd ist überglücklich/zutiefst verzweifelt; ***qn/qc met qn au ~ du bonheur/désespoir*** jd/etw macht jdn überglücklich/stürzt jdn in tiefste Verzweiflung; **sous les ~s** unter dem Dach

comble² [kɔ̃bl] *adj* (*plein*) [brechend] voll

combler <1> [kɔ̃ble] *vt* 1. (*boucher*) ■ **qn/qc comble qc** *trou, fossé* jd füllt etw auf, jd schüttet etw zu
2. (*résorber*) ■ **qn comble qc** *retard* jd holt etw auf; *déficit* jd gleicht etw aus; *lacune* jd schließt etw
3. (*satisfaire*) ■ **qn/qc comble qn** jd/etw macht jdn wunschlos glücklich; ■ **qn est comblé(e)** jd ist wunschlos glücklich; ■ **qn/qc comble qc** *désir, vœu, espoir* jd/etw erfüllt etw; ■ **qc a été comblé(e)** etw ist in Erfüllung gegangen
4. (*couvrir de*) ■ **qn comble qn de qc** jd überschüttet [*o* überhäuft] jdn mit etw; ■ **qc comble qn de qc** etw erfüllt jdn mit etw

combustible [kɔ̃bystibl] I. *adj* brennbar
II. *m* Brennstoff *m*
▸ ~ **fossile** fossiler Brennstoff; ~ **irradié** radioaktiver Brennstoff; ~ **nucléaire** Kernbrennstoff *m*

combustion [kɔ̃bystjɔ̃] *f* Verbrennung *f*
▸ **à ~ interne:** ***moteur à ~ interne*** Verbrennungsmotor *m;* **à ~ lente:** ***poêle à ~ lente*** Dauerbrenner *m*

come-back [kɔmbak] *m inv* Comeback [kam'bæk] *nt*

comédie [kɔmedi] *f* 1. THEAT Komödie *f,* Lustspiel *nt*
2. CINE [Film]komödie *f*
3. *fig* (*simulation*) Theater *nt*
▸ ~ **humaine** *littér* menschliche Komödie; ~ **musicale** Musical ['mju:zikl] *nt;* **la ~ a assez duré** genug des Theaters; **qn fait toute une** ~ jd macht ein furchtbares Theater; **qn joue la** ~ jd spielt Theater; **allez, pas de** ~! mach/macht jetzt kein Theater!; **quelle** ~! was für ein Theater!
◆ **comédie de boulevard** Boulevardkomödie *f;* **comédie de caractères/de mœurs** Charakter-/Sittenkomödie *f;* **comédie de situation** Situationskomödie *f*

comédien, ne [kɔmedjɛ̃, jɛn] *m, f* 1. (*acteur*) Schauspieler(in) *m(f);* ***un ~ de talent*** ein Schauspieltalent *nt*
2. (*simulateur*) Schauspieler(in) *m(f)*

comestible [kɔmɛstibl] *adj* essbar, genießbar

comète [kɔmɛt] *f* Komet *m*

comice [kɔmis] *m* [regionaler] Bauernverband
▶ ~ **agricole** Landwirtschaftsausstellung *f*

comique [kɔmik] **I.** *adj* **1.** (*amusant*) witzig, lustig, komisch
2. THEAT, CINE, LITTER *auteur* Komödien-; ***acteur*** ~ Komiker *m*
II. *m* **1.** (*auteur*) Komödienschreiber(in) *m(f)*, Komödiendichter(in) *m(f)*
2. (*interprète*) Komiker(in) *m(f)*
3. (*genre* ~) Komik *f*
4. (*caractère amusant*) [*situation, scène*] Komik *f;* [*histoire*] Witz *m*
▶ **c'est du plus haut** ~ *souvent iron* das ist äußerst witzig; **c'est d'un** ~! *souvent iron* sehr witzig!
◆ **comique de caractère** Charakterkomik *f;* **comique de situation** Situationskomik *f*

comité [kɔmite] *m* [*défense, soutien*] Ausschuss *m;* [*organisation*] Komitee *nt;* ~ ***d'experts*** Sachverständigenausschuss
▶ ~ **central** Zentralkomitee *nt;* ~ **directeur** Vorstand *m;* **C**~ **économique et social** Wirtschafts- und Sozialausschuss *m;* ~ **exécutif** Exekutivausschuss *m;* **qn fait qc en petit** ~ [*o* ~ **restreint**] jd macht etw in kleinem [*o* engerem] Kreis
◆ **comité d'action** Aktionskomitee *nt,* Aktionsausschuss *m;* **comité de défense des citoyens** Bürgerinitiative *f;* **comité d'entreprise** ≈ Betriebsrat *m;* **comité des fêtes** Festkomitee *nt;* **comité de gestion** Geschäftsführungsausschuss *m;* **Comité des régions** Ausschuss *m* der Regionen; **comité de salut public** HIST Wohlfahrtsausschuss *m*

commandant, e [kɔmɑ̃dɑ̃, ɑ̃t] *m, f* **1.** MIL (*grade*) Major(in) *m(f)*
2. NAUT Kommandant(in) *m(f)*
3. MIL (*chef*) Chef(in) *m(f);* ~ ***de la garnison*** Standortälteste(r) *m;* ~ ***du camp*** Lagerkommandeur *m*
◆ **commandant de bord** Flugkapitän(in) *m(f);* **commandant en chef** Oberbefehlshaber *m*

commande [kɔmɑ̃d] *f* **1.** (*ordre d'achat*) Bestellung *f,* Auftrag *m*
2. (*marchandise commandée*) Bestellung *f*
3. (*œuvre commandée*) Auftragswerk *nt*
4. TECH Bedienung *f;* ***le levier de*** ~ der Bedienungshebel; ***la*** ~ ***des freins ne répond plus*** die Bremse reagiert nicht mehr; ***qn prend les*** ~***s de l'avion*** jd übernimmt die Steuerung des Flugzeugs
5. INFORM Befehl *m*
▶ ~ **à domicile** Fernbestellung *f;* ~ **manuelle** manuelle Bedienung; **qn est aux** ~**s** jd sitzt am Steuer; ***à 27 ans, il est aux*** ~***s d'une entreprise*** mit 27 Jahren steht er an der Spitze eines Unternehmens; **qn frappe une** ~ INFORM jd gibt einen Befehl ein; **qn passe** [**une**] ~ jd gibt eine Bestellung auf; **qn prend les** ~**s** *fig* jd übernimmt das Steuer; **les** ~**s ne répondent plus** die Steuerung spricht nicht mehr an; **à la** ~ bei Bestellung; **de** ~ wie auf Kommando; ***elle afficha un sourire de*** ~ sie lächelte wie auf Bestellung; **sur** ~ COM auf Bestellung; (*sur ordre*) auf Kommando
◆ **commande à distance** (*télécommande*) Fernbedienung *f;* **commande à main/à pied** Hand-/Fußbetrieb *m*

commandement [kɔmɑ̃dmɑ̃] *m* **1.** (*direction*) [*armée, navire, opérations*] Befehlsgewalt *f,* Kommando *nt* (*de* über + *akk*)
2. (*état-major*) [Ober]kommando *nt*
3. (*ordre*) Befehl *m;* ***ton de*** ~ Befehlston *m;* ***qn a l'habitude du*** ~ jd ist gewohnt zu befehlen [*o* Befehle zu erteilen]
4. REL Gebot *nt*
▶ **les dix** ~**s** die Zehn Gebote; **le haut** ~ das Oberkommando; **qn prend le** ~ MIL jd übernimmt das Kommando; SPORT jd übernimmt die Führung; **à mon** ~ MIL auf mein Kommando

commander <1> [kɔmɑ̃de] **I.** *vt* **1.** (*passer commande*) ■ **qn commande qc** [**à qn**] jd bestellt etw [bei jdm]; ***qu'as-tu commandé au père Noël?*** was wünschst du dir vom Christkind?
2. (*exercer son autorité*) ■ **qn commande qn** jd kommandiert jdn [herum *fam*]
3. (*ordonner*) ■ **qn commande qc** [**à qn**] jd befiehlt [jdm] etw; ***qn commande le silence*** jd gebietet Ruhe
4. (*diriger*) ■ **qn commande qc** *manœuvre, travaux* jd leitet etw; *retraite* jd befehligt etw; ***qn commande un navire*** [***de guerre***] jd steuert ein [Kriegs]schiff
5. (*faire fonctionner*) ■ **qc commande qc** etw setzt etw in Gang; ***ce bouton commande le système d'alarme*** dieser Knopf löst die Alarmanlage aus; ***le frein est commandé par la pédale*** die Bremse wird durch das Pedal betätigt
6. (*contrôler*) ■ **qc commande qc:** ***cette forteresse commande toute la vallée*** diese Festung beherrscht das ganze Tal
7. (*imposer*) ■ **qc commande qc** etw gebietet etw; ***sa conduite commande de l'admiration*** sein/ihr Benehmen nötigt einem Bewunderung ab
II. *vi* **1.** (*passer commande*) ■ **qn commande** jd bestellt
2. (*exercer son autorité*) ■ **qn commande** jd befiehlt; ***bon, d'accord, c'est toi qui commandes aujourd'hui*** also gut, heute hast du das Sagen
3. ■ **qc commande** */estomac, instinct/* etw fordert sein Recht
4. *littér* (*être maître de*) ■ **qn commande à qc** *à ses passions* jd ist Herr über etw (*akk*); *à ses sentiments* jd beherrscht etw
▶ **c'est moi qui commande, ici** ich habe [hier] das Sagen; **qui est-ce qui commande, ici?** wer hat hier [eigentlich] das Sagen?
III. *vpr* ■ **qc se commande d'une certaine façon** etw wird irgendwie bedient
▶ **qc ne se commande pas** etw lässt sich nicht erzwingen

commandeur [kɔmɑ̃dœʀ] *m* Kommandeur(in) *m(f)*
◆ **commandeur de la Légion d'honneur** Kommandeur *m* der Ehrenlegion

commanditaire [kɔmɑ̃ditɛʀ] *m* **1.** COM Kommanditist(in) *m(f),* stiller Gesellschafter/stille Gesellschafterin
2. (*celui qui commande qc*) ■ ~ **de qc** *d'un meurtre, des opérations* Auftraggeber(in) *m(f)* von etw

commandite [kɔmɑ̃dit] *f* Kommanditeinlage *f*

commanditer <1> [kɔmɑ̃dite] *vt* **1.** (*avancer des fonds*) ■ **qn commandite qn/qc** jd investiert in jdn/etw, jd finanziert jdn/etw; ***j'ai décidé de ne pas*** ~ ***cette entreprise*** ich habe beschlossen, kein Kapital in dieses Unternehmen einzubringen
2. (*faire exécuter par un tiers*) ■ **qn commandite qc** jd gibt etw in Auftrag
3. (*charger d'exécuter*) ■ **qn commandite qn** jd heuert jdn an

commando [kɔmɑ̃do] *m* Kommando *nt;* ■ ~ **de** *de parachutistes, de policiers* -kommando; ~ ***d'hommes armés*** bewaffnetes Kommando
▶ ~ **de la mort** Todeskommando *nt,* Todesschwadron *f*

comme [kɔm] **I.** *conj* **1.** (*au moment où*) [gerade] als
2. (*étant donné que*) da
3. (*de même que*) wie auch; ***en ville*** ~ ***à la campagne*** in der Stadt wie auch auf dem Land
4. (*dans une comparaison*) wie; ***tout s'est passé exactement*** ~ ***je l'avais prédit*** alles passierte [genau]so, wie ich es vorausgesagt hatte; ***il était*** ~ ***fasciné/perdu*** er war wie fasziniert/verloren; ***il y eut*** ~ ***un coup de tonnerre*** plötzlich erklang so etwas wie ein Donnerschlag; ~ ***se parlant à lui-même*** als spräche er zu sich selbst; ***il eut*** ~ ***une hésitation*** er schien zu zögern; ■ ~ **si** + *imparf* als ob; ■ ~ **pour faire qc** als ob jd etw tun wollte; ***il s'avança*** ~ ***pour dire quelque chose*** er trat vor, als ob er etwas sagen wollte [*o* als wollte er etwas sagen]
5. (*en tant que*) als; ***je l'apprécie beaucoup*** ~ ***collègue*** als Kollege/Kollegin schätze ich ihn/sie sehr; ***mieux vaut l'avoir*** ~ ***ami que*** ~ ***ennemi*** es ist besser, ihn zum Freund als zum Feind zu haben
6. (*tel que*) wie; ***je n'ai jamais rencontré une bêtise*** ~ ***la sienne*** so was von blöd ist mir noch nie begegnet; ■ **...** ~ **qn est** [so] ... wie jd ist; ***gentille/bête*** ~ ***elle est, elle ne dira pas non*** [so] nett/doof wie sie ist, wird sie nicht nein sagen; ■ ~ **...** + *subst* ... als; ~ ***maison de campagne, elle n'est pas mal*** als Wochenendhaus ist es nicht schlecht
▶ [**grand/petit**] ~ **ça** so [groß/klein]; [**qn/qc est**] ~ **ça!** *fam* [jd/etw ist] Spitze! *fam;* [**alors,**] ~ **ça ...** *fam* [dann] ... also *fam;* ***alors,*** ~ ***ça tu pars?*** dann gehst du also?; ~ **ci** ~ **ça** so lala *fam;* ~ **quoi** (*disant que*) wonach; (*ce qui prouve*) was zeigt, dass; **tout** ~ genauso wie; **mais c'est tout** ~ *fam* aber so gut wie *fam;* **...** ~ **tout** *fam* echt [*o* unheimlich] ... *fam;* ***il est mignon/beau/bête*** ~ ***tout!*** er ist echt [*o* unheimlich] süß/schön/doof; ~ **pas un**(**e**) *fam* wie kaum eine(r); ***elle est rusée*** ~ ***pas une*** sie ist ungeheuer schlau
II. *adv* **1.** (*intensité*) wie; ~ ***c'est gentil!*** wie nett!
2. (*manière*) wie; ***tu sais*** ~ ***il est*** du weißt ja, wie er ist

commedia dell'arte [kɔmedjadɛlaʀte] *f* Commedia dell'Arte *f*

commémoratif, -ive [kɔmemɔʀatif, -iv] *adj* Gedenk-; ***monument*** ~ Denkmal *nt*

commémoration [kɔmemɔʀasjɔ̃] *f* Gedenkfeier *f*
▶ **en** ~ **de qc** zum Gedenken an etw (*akk*)

commémorer <1> [kɔmemɔʀe] *vt* ■ **qn commémore qc** jd/etw gedenkt einer S. (*gen*)

commencement [kɔmɑ̃smɑ̃] *m* **1.** (*début*) Anfang *m;* ***un*** ~ ***d'hostilités*** aufflammende Feindseligkeiten; ***au*** ~ ***du match/de l'année*** zu Spiel-/Jahresbeginn
2. *pl* (*premiers temps*) Anfänge *pl;* ***malgré des*** ~***s difficiles*** trotz anfänglicher Schwierigkeiten
▶ **du** ~ **à la fin** von Anfang bis Ende; **le** ~ **de la fin** der Anfang vom Ende; **il y a un** ~ **à tout** es ist noch kein Meister vom Himmel gefallen; **commençons par le** ~ lasst uns am Anfang beginnen; **au** ~ am Anfang; **depuis le** ~ von Anfang an

commencer <2> [kɔmɑ̃se] **I.** *vt* ■ **qn commence qc** jd fängt etw an; *discours* jd beginnt etw
II. *vi* **1.** (*débuter*) ■ **qn/qc commence** jd/etw fängt an; */fête, événement/* etw beginnt; ***commencez sans moi!*** fangt ohne mich an!; ■ **qc commence quelque part** etw fängt irgendwo an, etw beginnt irgendwo; ■ **qn/qc commence à** [*o* **de**] **faire qc** jd/etw fängt an [*o* beginnt] etw zu tun; ***le bébé commence à marcher/parler*** das Baby beginnt zu laufen/sprechen [*o* fängt zu laufen/sprechen an]
2. (*faire en premier*) ■ **qn commence par faire qc** jd tut zunächst [*o* erst] einmal etw; ***commence par être poli*** sei erst einmal höflich; ***elle a commencé par dire qu'elle n'avait rien vu*** sie sagte zunächst, sie habe nichts gesehen; ■ **qn commence par qn/qc** jd fängt mit jdm/etw an; ***elle lit le journal en commençant par la fin*** sie liest die Zeitung von hinten nach vorn
3. (*comporter en premier*) ■ **qc commence par qc** etw fängt mit etw an
4. (*arriver à*) ■ **qn commence à faire qc** jd tut langsam etw; ***je commence à croire qu'il ne m'aime pas*** ich glaube so langsam, dass er mich nicht liebt; ***je commence à être fatigué*** [***o en avoir marre***] ***de ce cirque*** ich habe diesen ganzen Zirkus langsam satt
▶ **commence/commencez, on verra après** fang/fangt erst einmal an, nachher sehen wir weiter; **commence/commencez par faire qc, on verra après** tu/tut erst einmal etw, nachher sehen wir weiter; ***commencez par faire le silence, on verra après*** seid jetzt erst einmal still, nachher sehen wir weiter; **ça commence bien** *iron* das fängt ja gut an; **ça commence à bien faire** jetzt reicht es aber; **pour** ~ zunächst, als Erstes; ***pour*** ~, ***on prend le thé*** jetzt trinken wir erst einmal Tee

comment [kɔmɑ̃] *adv* **1.** (*de quelle façon*) wie
2. (*invitation à répéter*) ■ ~? wie bitte?
▶ ~ **se fait-il que** + *indic o subj* wie kommt es, dass; [**mais**] ~ **donc!** [aber] natürlich [*o* selbstverständlich]!; ~ **cela?** wieso?, warum?; **et** ~! und ob!

commentaire [kɔmɑ̃tɛʀ] *m* **1.** RADIO, TV Kommentar *m;* [*texte*] Interpretation *f;* ~ ***de texte*** Textinterpretation *f;* ***édition avec ~s*** kommentierte Ausgabe
2. *souvent péj* (*remarque*) Kommentar *m*
▶ ~ **composé** Interpretation *f;* **qn dispense qn de ses ~s** jd verzichtet auf jds Kommentar (*akk*); ***je vous dispense de vos ~s*** ihr könnt euch eure Bemerkungen sparen; **qn se passe des ~s de qn** jd pfeift auf jds Kommentare (*akk*) *fam;* **ça se passe de ~s!** [da ist wohl jeder] Kommentar überflüssig!; **sans** ~! ohne Kommentar!; **pas de ~s!** kein Kommentar!
commentateur, -trice [kɔmɑ̃tatœʀ, -tʀis] *m, f* Kommentator(in) *m(f),* Sprecher(in) *m(f)*
commenter <1> [kɔmɑ̃te] *vt* ■ **qn commente qc** *opinion, événement, nouvelle* jd kommentiert etw; *poème, citation* jd interpretiert etw
commérage [kɔmeʀaʒ] *m souvent pl* Gerede *nt kein pl*
commerçant, e [kɔmɛʀsɑ̃, ɑ̃t] **I.** *adj* **1.** (*où les commerces sont nombreux*) Geschäfts-
2. (*qui fait du commerce*) Handels-
3. (*habile à faire du commerce*) geschäftstüchtig
II. *m, f* **1.** (*personne*) Geschäftsmann/-frau *m/f,* Händler(in) *m(f)*
2. (*magasin*) Geschäft *nt,* Laden *m*
▶ **petit(e)** ~(**e**) Einzelhändler(in) *m(f)*
◆ **commerçant(e) en gros** Großhändler(in) *m(f),* Grossist(in) *m(f)*
commerce [kɔmɛʀs] *m* **1.** (*activité commerciale*) Handel *m;* ***le monopole du*** ~ das Handelsmonopol; ***le ~ du tabac*** der Tabakhandel
2. (*magasin*) Geschäft *nt;* ~ ***d'alimentation*** Lebensmittelgeschäft
▶ **qn est d'un** ~ **agréable** jd ist angenehm im Umgang; ~ **extérieur/intérieur** Außen-/Binnenhandel *m;* **petit** ~ Einzelhandel *m,* Kleinhandel *m;* **qn fait du** ~ jd treibt Handel; **qn tient un** ~ jd führt ein Geschäft [*o* einen Laden]; **dans le** ~ im Handel; **de** ~ *école, tribunal, port, chambre* Handels-; ***employé de*** ~ kaufmännischer Angestellter; **hors** ~: ***ce produit ne se trouve qu'hors*** ~ dieses Produkt ist nicht im Handel erhältlich
◆ **commerce de détail** Einzelhandel *m;* **commerce en gros** Großhandel *m*
commercer <2> [kɔmɛʀse] *vi* ■ **qn commerce** [**avec qn**] jd treibt [mit jdm] Handel
commercial, e <-aux> [kɔmɛʀsjal, jo] **I.** *adj* **1.** (*relatif au commerce*) *relation, activité, entreprise* Handels-; ***centre*** ~ Einkaufszentrum *nt*
2. *péj film, télévision, œuvre* kommerziell ausgerichtet
II. *m* kaufmännische(r) Angestellte(r) *f(m)*
III. *f* (*véhicule*) ■ **commerciale** Kombi[wagen *m*] *m*
commercialisable [kɔmɛʀsjalizabl] *adj* vermarktbar; ■ **qc est** ~ etw kann vermarktet werden, etw kann in den Handel gebracht werden
commercialisation [kɔmɛʀsjalizasjɔ̃] *f* [*produit*] Vermarktung *f*
commercialiser <1> [kɔmɛʀsjalize] *vt* **1.** (*vendre*) ■ **qn commercialise qc** jd vertreibt etw, jd verkauft etw
2. (*mettre sur le marché*) ■ **qn commercialise qc** jd bringt etw auf den Markt
commère [kɔmɛʀ] *f péj* Klatschbase *f fam*
commettre <*irr*> [kɔmɛtʀ] **I.** *vt* **1.** ■ **qn commet qc** *crime, délit, faute, erreur* jd begeht etw; *attentat* jd verübt etw
2. (*nommer*) ■ **qn commet qn à qc** jd bestellt jdn für etw; ■ **qn commet qn pour faire qc** jd bestellt jdn um etw zu tun
II. *vpr* **1.** (*être commis*) ■ **qc se commet** etw wird begangen
2. *péj* (*fréquenter*) ■ **qn se commet avec qn** jd lässt sich mit jdm ein
commis [kɔmi] *m* kleine(r) Angestellte(r) *f(m),* Gehilfe/-hilfin *m/f*
▶ **grands** ~ **de l'État** hohe Staatsbeamte [*o* Staatsangestellte] *pl;* ~ **voyageur** *vieilli* Handlungsreisende(r) *m*
◆ **commis de ferme** Knecht *m*
commisération [kɔmizeʀasjɔ̃] *f* Mitleid *nt*
commissaire [kɔmisɛʀ] *m* **1.** [*police*] Kommissar(in) *m(f);* ***madame le*** ~ Frau Kommissarin
2. (*membre d'une commission*) Kommissionsmitglied *nt;* [*Union européenne*] Kommissar(in) *m(f)*
3. SPORT Schiedsrichter(in) *m(f)*
▶ ~ **divisionnaire** Präsident(in) *m(f)* der Landespolizeidirektion; ~ **principal** leitender Direktor/leitende Direktorin [der Kriminal- oder Schutzpolizei]
◆ **commissaire à la protection des données** Datenschutzbeauftragte(r) *f(m);* **commissaire aux comptes** Rechnungsprüfer(in) *m(f),* Wirtschaftsprüfer(in) *m(f);* **commissaire de course** Schiedsrichter(in) *m(f);* **commissaire de la République** Regierungspräsident(in) *m(f);* **commissaire de police** Polizeikommissar(in) *m(f);* **commissaire du peuple** Volkskommissar(in) *m(f)*
commissaire-priseur <~s-~s> [kɔmisɛʀpʀizœʀ] *m* Auktionator(in) *m(f)*
commissariat [kɔmisaʀja] *m* **1.** [*police*] Revier *nt;* ***il a passé une nuit au*** ~ er hat eine Nacht auf der [Polizei]wache verbracht
2. ADMIN (*fonction*) Amt *nt;* ***le ~ aux comptes*** das Rechnungsamt
3. MIL (*corps*): ~ ***de la marine/ de l'air/ de l'armée*** [Wirtschafts]verwaltung *f* der Marine/der Luftwaffe/des Heers
◆ **commissariat à l'énergie atomique** Kommissariat *nt* für Atomenergie
commission [kɔmisjɔ̃] *f* **1.** ADMIN (*réunion restreinte*) Kommission *f,* Ausschuss *m*
2. (*message*) Nachricht *f*
3. (*mission*) Aufgabe *f*
4. *pl* (*courses*) Einkäufe *pl;* ***la liste des ~s*** die Einkaufsliste; ***elle est partie en ~s*** sie ist einkaufen gegangen
5. COM (*prime*) Provision *f;* (*pourcentage prélevé par un intermédiaire*) Vermittlungsgebühr *f;* ***qn ne touche que des ~s*** jd arbeitet auf Provisionsbasis; ***la ~ prélevée par la banque*** die von der Bank erhobene Gebühr
▶ ~ **de conciliation** Schiedskommission *f;* **C~ européenne** Europäische Kommission; ~ **exécutive** Exekutivausschuss *m;* ~ **paritaire** paritätischer Ausschuss; (*au parlement*) Vermittlungsausschuss *m;* ~ **parlementaire** Parlamentsausschuss *m;* ~ **permanente** ständiger Ausschuss; ~ **rogatoire** Rechtshilfeersuchen *nt;* **qn fait une** ~ **à qn** jd richtet jdm etwas aus; ***elle a oublié de te faire la*** ~ sie hat vergessen, es dir auszurichten; **qn fait les ~s** jd geht einkaufen; **en** ~: ***le renvoi en ~ d'un projet de loi*** die Zurückweisung eines Gesetzentwurfes an den [zuständigen] Ausschuss
◆ **commission d'appel** Vermittlungsausschuss *m;* **commission d'arbitrage** Schiedsgericht *nt;* **commission d'enquête** Untersuchungskommission *f;* **Commission des opérations de bourse** Börsenaufsichtsamt *nt,* ≈ Bundesaufsichtsamt *nt* für den Wertpapierhandel; **commission d'examen** Prüfungskommission *f,* Prüfungsausschuss *m*
commissionnaire [kɔmisjɔnɛʀ] *m* **1.** (*coursier*) Bote/Botin *m/f*
2. COM Kommissionär(in) *m(f)*
◆ **commissionnaire de transport** Spediteur(in) *m(f);* **commissionnaire en douane** Zollagent(in) *m(f)*
commissionner <1> [kɔmisjɔne] *vt* ■ **qn commissionne qn** jd bevollmächtigt jdn
commissure [kɔmisyʀ] *f* ANAT Kommissur *f spec*
◆ **commissure des lèvres** Mundwinkel *m*
commode¹ [kɔmɔd] *adj* **1.** (*pratique*) praktisch
2. *souvent nég* (*facile*) einfach
3. (*d'un caractère facile*): ***son père n'est pas*** ~ mit seinem/ihrem Vater kommt man schwer aus; ***ses parents n'ont pas l'air*** ~ seine/ihre Eltern scheinen nicht sehr umgänglich zu sein
▶ **ce serait trop** ~! so einfach geht's nun auch wieder nicht!
commode² [kɔmɔd] *f* Kommode *f*
commodément [kɔmɔdemɑ̃] *adv* **1.** (*confortablement*) bequem
2. (*aisément*) leicht, einfach
commodité [kɔmɔdite] *f* **1.** (*confort*) Komfort *m*
2. (*simplification*) [*discussion, démonstration*] Vereinfachung *f*
3. *pl* (*éléments de confort*) Annehmlichkeiten *pl*
▶ **pour plus de** ~ bequemlichkeitshalber
commotion [komosjɔ̃] *f* **1.** (*choc physique*) Erschütterung *f*
2. (*secousse morale*) Schock *m*
▶ ~ **cérébrale** Gehirnerschütterung *f*
commotionner <1> [komosjɔne] *vt* ■ **qc commotionne qn** etw erschüttert jdn schwer; ***le choc a commotionné quelques passagers*** durch den Aufprall erlitten einige Passagiere einen schweren Schock
commuable [kɔmɥabl] *adj* umwandelbar
commuer <1> [kɔmɥe] *vt* ■ **qn commue qc** jd wandelt etw um
commun, e [kɔmœ̃, yn] **I.** *adj* **1.** (*partagé par plusieurs*) gemeinsam; ■ **qc est** ~ **à des personnes/choses** etw ist mehreren Menschen/Dingen gemein, Menschen/Dingen haben etw gemein
2. (*utilisé par plusieurs*) *cuisine, salle* Gemeinschafts-; ***parties ~es*** [***d'une copropriété***] Gemeinschaftseigentum *nt;* ■ **qc est** ~ **à plusieurs personnes** etw wird von mehreren Menschen gemeinschaftlich benutzt; ***cette cour est ~e à tout l'immeuble*** dieser Hof gehört der ganzen Hausgemeinschaft
3. MATH gemeinsam
4. (*général*) *volonté* der Gemeinschaft; *bien, intérêt* Gemein-
5. (*courant*) *erreur, variété* [weit] verbreitet
6. (*trivial*) *personne, manières* gewöhnlich, alltäglich, ordinär *pej*
▶ **qn/qc n'a rien de** ~ [**avec qn/qc**] jd hat nichts [mit jdm] gemein[sam]/etw ist nicht [mit etw] zu vergleichen; **des personnes font qc en** ~ Menschen tun etw gemeinsam; **des personnes mettent qc en** ~ [**pour faire qc**]: ***ils ont mis leur argent/ leurs efforts en*** ~ sie haben [ihr Geld] zusammengelegt/gemeinsame Anstrengungen unternommen; **des personnes se mettent en** ~ **pour faire qc** Menschen tun sich zusammen um etw zu tun; **en** ~ zusammen
II. *m pl vieilli* (*bâtiments*) Nebengebäude *pl*
▶ **le** ~ **des mortels** der normale Sterbliche; **hors du** ~ außergewöhnlich
communal, e <-aux> [kɔmynal, o] **I.** *adj dépenses, recettes* kommunal; *fête, forêt, terrain* Gemeinde-
II. *f* (*école* ~*e*) ■ **communale** Gemeindeschule *f*
communard, e [kɔmynaʀ, aʀd] *m, f* Kommunarde/-ardin *m/f*
communautaire [kɔmynotɛʀ] *adj* **1.** (*commun*) gemeinschaftlich; *expérience* Gemeinschafts-
2. (*de l'Union européenne*) der Europäischen Union, EU-; ***la politique*** ~ die EU-Politik
communauté [kɔmynote] *f* **1.** (*groupe*) Gemeinschaft *f;* [*Église*] [Kirchen]gemeinde *f;* ~ ***scolaire*** Schulgemeinde *f*
2. (*identité*) [*goûts, intérêts, vues*] Übereinstimmung *f;* ***il y a une ~ de goûts entre nous*** wir stimmen geschmacklich weitgehend überein; ***il y a ~ d'intérêts entre nous tous*** wir haben alle dasselbe Interesse
3. JUR (*entre époux*) Gütergemeinschaft *f;* ***régime de la*** ~ eheliche Gütergemeinschaft
▶ ~ **réduite aux acquêts** Zugewinngemeinschaft *f;* **la C~ européenne de l'énergie atomique** die Europäische Atomgemeinschaft; **la C~ européenne** die Europäische Gemeinschaft; ~ **légale** gesetzliche Gütergemeinschaft; ~ **linguistique** Sprachgemeinschaft *f;* ~ **religieuse** Religionsgemeinschaft *f;* ~ **urbaine** Städtegemeinschaft *f;* **qn vit en** ~ REL jd lebt in einer [Ordens]gemeinschaft; **qn vit en** ~ **avec qn** jd lebt mit jdm zusammen; **ils/elles vivent en** ~ sie leben zusammen
◆ **Communauté des États indépendants** Gemeinschaft Unabhängiger Staaten
commune [kɔmyn] *f* **1.** (*ville, village*) Gemeinde *f,* Kommune *f*

2. HIST ■ **la C~** [**de Paris**] die Pariser Kommune
▸ ~ **rurale/urbaine** Land-/Stadtgemeinde *f*, Land-/Stadtkommune *f*
communément [kɔmynemɑ̃] *adv* gemeinhin, für gewöhnlich; ***on dit ~ que*** man sagt im Allgemeinen, dass
communiant, e [kɔmynjɑ̃, jɑ̃t] *m, f* Kommunikant(in) *m(f)*
▸ **premier(-ière)** ~(**e**) Erstkommunikant(in) *m(f)*; ***avec ton air de premier ~*** mit deiner Unschuldsmiene
communicable [kɔmynikabl] *adj document* einsehbar; *impression* in Worte zu fassen; *renseignement* mitteilbar
communicant, e [kɔmynikɑ̃, ɑ̃t] *adj pièces, salles* miteinander verbunden; ***vases ~s*** kommunizierende Röhren *pl*
communicatif, -ive [kɔmynikatif, -iv] *adj* **1.** (*contagieux*) ansteckend
2. (*expansif*) gesprächig, mitteilsam
communication [kɔmynikasjɔ̃] *f* **1.** (*transmission*) [*nouvelle, information*] Mitteilung *f*; [*informations*] -fluss *m*; ***les métiers de la ~*** die Berufe auf dem Kommunikationssektor; ***la ~ du dossier nous a été interdite*** es wurde uns nicht gestattet, die Akte einzusehen
2. TELEC (*jonction*) Verbindung *f*; (*conversation*) Gespräch *nt*; ***je n'arrive pas à obtenir la ~ avec Lyon*** ich bekomme keine Verbindung nach [*o* mit] Lyon; ***je vous passe la ~*** ich verbinde Sie
3. (*message*) Mitteilung *f*, Nachricht *f*
4. (*relation*) Kommunikation *f*, Verständigung *f*; ***je n'ai aucun problème de ~ avec lui*** ich habe keinerlei Verständigungsprobleme mit ihm
5. (*moyen de liaison*): ***moyen de ~*** Verkehrsmittel *nt*; ***voies de ~*** Verkehrswege *pl*, Verkehrsverbindungen *pl*; ***porte de ~*** Verbindungstür *f*
▸ ~ **en PCV** R-Gespräch *nt*; ~ **interurbaine** Ferngespräch *nt*; ~ **locale** Ortsgespräch *nt*; **qn a ~ de qc** *d'un dossier* jd hat Einsicht in etw (*akk*); *d'une information* jdm geht etw zu; **qn a la ~** jd ist verbunden; **qn/qc coupe la/une ~** jd/etw unterbricht das/ein Gespräch; ***j'ai carrément coupé la ~*** ich habe einfach aufgelegt; ***toutes les ~s sont coupées*** alle Leitungen sind tot; ***la ~ a été coupée*** die Verbindung wurde unterbrochen; **qn demande ~ de qc à qn** *d'un dossier* jd bittet jdn um Einsicht in etw (*akk*); *d'une information* jd bittet jdn um Mitteilung einer S. (*gen*); **qn donne ~ de qc à qn** jd gewährt jdm Einsicht in etw (*akk*); **qn entre en ~ avec qn** jd tritt mit jdm in Verbindung; **qn est en ~** [**avec qn**] jd spricht [mit jdm]; **qn fait une ~ à qn** jd macht jdm eine Mitteilung; **qn met qn en ~ avec qn** jd verbindet jdn mit jdm; **qn prend la/une ~** jd nimmt das/ein Gespräch an; **qn reçoit une ~** jd erhält einen Anruf
communier <1 a> [kɔmynje] *vi* ■ **qn communie** jd kommuniziert
communion [kɔmynjɔ̃] *f* **1.** (*sacrement*) Kommunion *f*
2. (*partie de la messe*) Kommunion *f*
3. (*cérémonie*) [Erst]kommunion *f*; ***le repas de ~*** das Kommunionsessen
4. (*accord*) Übereinstimmung *f*
▸ ~ **privée, première** ~ Frühkommunion *f*, Erstkommunion *f*; ~ **solennelle** feierliche Erstkommunion; **qn est en** [**parfaite**] ~ [**de qc**] **avec qn** *d'idées, de pensées, sentiments* jd stimmt mit jdm [in etw (*dat*)][völlig] überein; **qn fait sa ~** [**privée**] jd hat Erstkommunion
◆ **communion des saints** REL Gemeinschaft *f* der Heiligen
communiqué [kɔmynike] *m* Kommuniqué *nt*
▸ ~ **officiel** [regierungs]amtliche Mitteilung
◆ **communiqué de presse** Pressemitteilung *f*
communiquer <1> [kɔmynike] **I.** *vt* **1.** (*faire connaître*) ■ **qn communique qc** [**à qn**] jd teilt [jdm] etw mit; *demande* jd leitet etw [an jdn] weiter
2. (*transmettre*) ■ **qn communique qc** [**à qn**] *dossier* jd händigt [jdm] etw aus; *document a.* jd übergibt [jdm] etw
3. (*contaminer*) ■ **qn communique qc** [**à qn**] jd steckt [jdn] mit etw an; *passion, peur a.* jd überträgt etw auf jdn
II. *vi* **1.** (*dans la vie courante*) ■ **qn communique** [**avec qn**] jd kommuniziert [mit jdm] *geh*; ***qn a du mal à ~ avec les autres*** jdm fällt es schwer, zu anderen Kontakt zu finden; ***les sourds-muets communiquent*** [***entre eux***] ***par signes*** Taubstumme verständigen sich durch Zeichen
2. (*au cours d'un examen*) ■ **qn communique** [**avec qn**] jd verständigt sich heimlich [mit jdm]
3. ■ **des choses communiquent** Dinge sind miteinander verbunden; ■ **qc communique avec qc** etw ist mit etw verbunden
III. *vpr* ■ **qc se communique à qc** /*feu*/ etw greift auf etw (*akk*) über; ■ **qc se communique** [**à qn**] /*maladie*/ etw ist ansteckend/jd wird von etw angesteckt; /*virus*/ etw ist übertragbar/etw wird auf jdn übertragen
communisme [kɔmynism] *m* Kommunismus *m*
communiste [kɔmynist] **I.** *adj* kommunistisch
II. *mf* Kommunist(in) *m(f)*
commutateur [kɔmytatœʀ] *m* [Licht]schalter *m*
commutatif, -ive [kɔmytatif, -iv] *adj* umstellbar, kommutativ *spec*
commutation [kɔmytasjɔ̃] *f* ▸ ~ **de peine** Strafmilderung *f*, Strafumwandlung *f*
commuter <1> [kɔmyte] **I.** *vt* **1.** LING ■ **qn commute qc** jd tauscht etw aus, jd kommutiert etw *spec*
2. TECH ■ **qn commute qc** jd schaltet etw um
II. *vi* LING ■ **qc commute** [**avec qc**] etw ist [mit etw] austauschbar, etw kommutiert [mit etw] *spec*
compact, e [kɔ̃pakt] **I.** *adj* **1.** (*dense*) fest, kompakt; *foule* dicht [gedrängt]
2. (*de faible encombrement*) Kompakt-
II. *m* CD *f*
compagne [kɔ̃paɲ] *f* **1.** (*épouse*) Lebensgefährtin *f*
2. *vieilli* (*camarade*) Gefährtin *f*
compagnie [kɔ̃paɲi] *f* **1.** (*présence auprès de qn*) Gesellschaft *f*
2. (*clique*) Gesellschaft *f*
3. (*société commerciale*) Gesellschaft *f*; ■ ~ **de** *d'assurances, de navigation* -gesellschaft; *de transport* -unternehmen *nt*; ~ ***de charters*** Chartergesellschaft
4. (*troupe*) [*théâtre, ballet*] Truppe *f*
5. MIL Kompanie *f*
▸ **bonjour/bonsoir/salut la ~!** *fam* guten Tag/guten Abend/hallo alle miteinander!; **une ~ de perdreaux** eine Kette Rebhühner; ~ **aérienne** Fluggesellschaft *f*; **qn est de bonne/de mauvaise ~** jd ist gute/schlechte Gesellschaft [*o* guter/schlechter Umgang]; ~ **disciplinaire** Strafkompanie *f*; **qn est en galante ~** jd ist in Herren-/Damenbegleitung; ~ **théâtrale** Theatertruppe *f*; **qn fausse ~ à qn** jd lässt jdn einfach stehen; **qn tient ~ à qn** jd leistet jdm Gesellschaft; **en ~ de qn** in jds Begleitung; ***en ~ du Premier ministre*** in Begleitung des Premierministers; ***je ne suis heureux qu'en ~ de mes livres*** ich fühle mich nur inmitten meiner Bücher wohl; **et C~** und Kompanie [*o* Compagnie]
◆ **Compagnie de Jésus** Gesellschaft *f* Jesu; **compagnie des eaux** Wasserwerk *nt*; **Compagnies républicaines de sécurité** Bereitschaftspolizei *f*
compagnon [kɔ̃paɲɔ̃] *m* **1.** (*camarade*) Kamerad(in) *m(f)*
2. (*amant*) Lebensgefährte *m*
3. (*ouvrier*) [Handwerks]geselle/-gesellin *m/f*
▸ ~ **d'armes** Waffenbruder *m*; ~ **d'infortune** Leidensgenosse/-genossin *m/f*; ~ **à quatre pattes** vierbeiniger Freund
◆ **compagnon du Tour de France** [Handwerks]geselle *m* auf Wanderschaft
compagnonnage [kɔ̃paɲɔnaʒ] *m* Gesellenverein *m*; ***un an de ~*** ein Gesellenjahr
comparable [kɔ̃paʀabl] *adj* vergleichbar; ■ **qn/qc est ~ à qn/qc** jd/etw ist mit jdm/etw vergleichbar
▸ **il faut comparer ce qui est ~** man kann nur vergleichen, was vergleichbar ist; **ce n'est pas ~** das ist nicht vergleichbar, das ist nicht zu vergleichen
comparaison [kɔ̃paʀɛzɔ̃] *f* **1.** (*fait de comparer*) Vergleich *m*
2. GRAM Steigerung *f*
3. LITTER Vergleich *m*
▸ **il n'y a pas de ~** [**possible**] das kann man [überhaupt] nicht miteinander vergleichen; **qn établit** [*o* **fait**] **une ~ entre qn/qc et qn/qc** jd stellt einen Vergleich zwischen jdm/etw und jdm/etw an, jd vergleicht jdn/etw mit jdm/etw; ***il établit toujours des ~s entre elle et moi*** er vergleicht mich ständig mit ihr; **fais/faites la ~!** vergleiche/vergleichen Sie!; **qn/qc soutient la ~** [**avec qn/qc**] jd/etw hält den Vergleich [mit jdm/etw] aus; **en ~** vergleichsweise, im Vergleich dazu; **en ~ de qn** im Vergleich zu etw; **par ~** [**à** [*o* **avec**]] im Vergleich zu [*o* mit]; **sans ~** unvergleichlich
comparaître <*irr*> [kɔ̃paʀɛtʀ] *vi* ■ **qn comparaît** [**devant qn**] jd erscheint [vor jdm]
comparatif, -ive [kɔ̃paʀatif, -iv] **I.** *adj* **1.** *essai, tableau, étude* Vergleichs-
2. GRAM Komparativ-
II. *m* GRAM Komparativ *m*
▸ **qc est au ~** etw steht im Komparativ; **qn met qc au ~** jd setzt etw in den Komparativ
comparativement [kɔ̃paʀativmɑ̃] *adv* vergleichsweise; ~ ***à*** im Vergleich zu, verglichen mit
comparé, e [kɔ̃paʀe] *adj droit, grammaire* vergleichend; ***littérature ~e*** vergleichende Literaturwissenschaft, Komparatistik *f*
comparer <1> [kɔ̃paʀe] **I.** *vt* ■ **qn compare qn/qc à** [*o* **avec**] [*o* **et**] **qn/qc** jd vergleicht jdn/etw mit jdm/etw [*o* jdn/etw und jdn/etw]; ■ **comparé(e) à** verglichen mit; ■ **qn compare des personnes/des choses entre elles** jd vergleicht Menschen/Dinge miteinander
II. *vi* ■ **qn compare** jd vergleicht
III. *vpr* ■ **qn se compare à** [*o* **avec**] **qn** jd vergleicht sich mit jdm
▸ **qn/qc peut se ~** [*o* **être comparé(e)**] **à** [*o* **avec**] **qn/qc** jd/etw kann mit jdm/etw verglichen werden; **ça ne se compare** [**même**] **pas!** das kann man [überhaupt] nicht miteinander vergleichen!
comparse [kɔ̃paʀs] *mf péj* Komparse/Komparsin *m/f*; ***il n'a joué*** [*o* ***tenu***] ***qu'un rôle de ~*** er hat nur eine Nebenrolle gespielt
compartiment [kɔ̃paʀtimɑ̃] *m* **1.** (*casier*) Fach *nt*
2. (*dans un train*) Abteil *nt*; ~ ***fumeur/non-fumeur*** Raucher-/Nichtraucherabteil
▸ ~ **congélateur** Gefrierfach *nt*
◆ **compartiment à glace** Eisfach *nt*; **compartiment de chemin de fer** Eisenbahnabteil *nt*
compartimenter <1> [kɔ̃paʀtimɑ̃te] *vt* **1.** (*diviser en compartiments*) ■ **qn compartimente qc** jd unterteilt etw; *armoire* jd facht etw aus
2. (*structurer logiquement*) ■ **qn compartimente des choses** *questions, problèmes* jd hält Dinge streng auseinander
comparution [kɔ̃paʀysjɔ̃] *f* Erscheinen *nt*
compas [kɔ̃pɑ] *m* **1.** GEOM Zirkel *m*
2. NAUT, AVIAT Kompass *m*
▸ **qn a le ~ dans l'œil** jd hat ein gutes Augenmaß; ~ **gyroscopique** Gyroskop *nt*
◆ **compas à pointes sèches** Stechzirkel *m*; **compas d'épaisseur** Tastzirkel *m*
compassé, e [kɔ̃pɑse] *adj air* aufgesetzt; *personne* steif
compassion [kɔ̃pasjɔ̃] *f soutenu* Mitgefühl *nt*
compatibilité [kɔ̃patibilite] *f* **1.** (*concordance*) ■ ~ **entre qc et qc** Vereinbarkeit *f* von etw und etw; ***s'il n'y a pas ~ entre vos horaires et les miens*** wenn sich Ihre Termine und meine eigenen nicht vereinbaren [*o* in Einklang bringen] lassen; ■ ~ **de qc** *de caractère, d'humeur* Übereinstimmung *f* von etw
2. INFORM Kompatibilität *f*
3. MED Kompatibilität *f*

compatible [kɔ̃patibl] *adj* **1.** vereinbar; ■ **qc est ~ avec qc** etw ist mit etw vereinbar
2. INFORM kompatibel
3. MED kompatibel

compatir <8> [kɔ̃patiʀ] *vi soutenu* ■ **qn compatit** jd nimmt Anteil, jd fühlt mit; ***qui pourrait s'empêcher de ~?*** wer könnte sich der Anteilnahme [*o* des Mitgefühls] erwehren? *geh;* ■ **qn compatit à qc** *à la douleur, peine* jd nimmt an etw (*dat*) Anteil, jd fühlt etw mit

compatissant, e [kɔ̃patisɑ̃, ɑ̃t] *adj personne, parole* mitfühlend; *regard* teilnahmsvoll

compatriote [kɔ̃patʀijɔt] *mf* Landsmann/-männin *m/f;* ***nos ~s*** unsere Landsleute

compensable [kɔ̃pɑ̃sabl] *adj* ausgleichbar; JUR aufrechenbar; ***ces pertes sont difficilement ~s*** diese Verluste sind nur schwer auszugleichen

compensateur, -trice [kɔ̃pɑ̃satœʀ, -tʀis] *adj allocation* Ausgleichs-; *mouvement* Gegen-; ***une indemnité ~trice*** eine Entschädigung

compensation [kɔ̃pɑ̃sasjɔ̃] *f* **1.** (*dédommagement*) Gegenleistung *f;* (*financier a.*) Entschädigung *f;* ***il a des ~s financières*** er wird finanziell entschädigt
2. (*équilibre, neutralisation*) Ausgleich *m;* ***il y a ~ entre les avantages et les inconvénients*** die Vor- und Nachteile wiegen sich auf; ■ **~ entre qc et qc** Ausgleich zwischen etw und etw (*dat*)
3. [*dette*] Verrechnung *f*
4. MED, PSYCH Kompensation *f*
▶ **à titre de ~** (*en dédommagement*) zur Wiedergutmachung; (*en remerciement*) als Dankeschön; **qc est une maigre** [*o* **piètre**] **~** etw ist ein magerer [*o* dürftiger] Lohn; **en ~** dafür; **en ~ de qc** für etw, als Gegenleistung/Entschädigung/Ausgleich für etw
◆ **compensation des dépens** Kostenaufrechnung *f*

compensatoire [kɔ̃pɑ̃satwaʀ] *adj droits, montants* Ausgleichs-

compenser <1> [kɔ̃pɑ̃se] **I.** *vt* **1.** (*équilibrer*) ■ **qn compense qc** [**par qc**] jd gleicht etw [durch etw] aus; ***on ne peut pas ~ un tel préjudice*** dieser Schaden lässt sich nicht wieder gutmachen
2. FIN ■ **qn compense qc** *dette* jd gleicht etw aus
3. JUR ■ **qn compense qc** *dépens* jd verteilt etw
▶ **ceci compense cela** das eine gleicht das andere [wieder] aus; **pour ~** (*pour dédommager*) [als Entschädigung] dafür; (*pour remercier*) [als Dankeschön] dafür
II. *vpr* ■ **des choses se compensent** Dinge gleichen sich aus; ■ **qc et qc se compensent** etw und etw gleichen sich aus, etw wiegt etw auf; ***ses qualités et ses défauts se compensent*** seine Qualitäten wiegen seine Fehler auf

compère [kɔ̃pɛʀ] *m* Kumpan *m*

compétence [kɔ̃petɑ̃s] *f* **1.** (*capacité*) Kompetenz *f,* [Sach]kenntnis *f,* [Fach]kenntnis *f;* ***avec ~*** kompetent, fachkundig, sachkundig; ***ses ~s linguistiques sont limitées*** seine/ihre Sprachkenntnisse sind dürftig
2. (*responsabilité*) Zuständigkeit *f;* ***cela ne relève pas de ma ~*** dafür bin ich nicht zuständig
3. JUR Kompetenzbereich *m*
▶ **qc entre dans les ~s de qn** etw fällt in jds Kompetenzbereich (*akk*); **qc est de la ~ de qn** etw liegt in jds Kompetenz (*dat*); ***la géométrie n'est pas de ma ~*** in Geometrie bin ich nicht sehr kompetent

compétent, e [kɔ̃petɑ̃, ɑ̃t] *adj* **1.** (*capable*) fähig, kompetent; ■ **qn est ~ en qc** jd ist kompetent [*o* bewandert] in etw (*dat*); ***qn est ~ en la matière*** jd ist eine Kompetenz auf dem Gebiet; (*est habilité*) jd ist dafür zuständig
2. (*habileté*) zuständig

compétiteur, -trice [kɔ̃petitœʀ, -tʀis] *m, f* SPORT Herausforderer/Herausforderin *m/f*

compétitif, -ive [kɔ̃petitif, -iv] *adj* wettbewerbsfähig, konkurrenzfähig

compétition [kɔ̃petisjɔ̃] *f* **1.** (*rivalité*) Konkurrenz *f,* Wettbewerb *m*
2. SPORT (*activité*) Leistungssport *m;* (*épreuve*) Wettkampf *m;* ***le sport de [haute] ~*** der Hochleistungssport
▶ **~ automobile** Autorennen *nt;* **~ sportive** Sportwettkampf *m;* **qn est en ~ [avec qn]** jd liegt [mit jdm] im Wettstreit; COM jd steht [mit jdm] in Konkurrenz; **qn fait de la ~** jd betreibt Leistungssport

compétitivité [kɔ̃petitivite] *f* Wettbewerbsfähigkeit *f,* Konkurrenzfähigkeit *f*

compil [kɔ̃pil] *f abr de* **compilation** Sampler ['sæmplɐ] *m*

compilateur, -trice [kɔ̃pilatœʀ, -tʀis] **I.** *m, f souvent péj* (*plagiaire*) Kompilator(in) *m(f) geh*
II. *m* INFORM Compiler [kɔm'pailɐ] *m*

compilation [kɔ̃pilasjɔ̃] *f* **1.** *péj* Kompilation *f*
2. MUS Sampler ['sæmplɐ] *m*
3. INFORM (*action*) Kompilieren *nt;* (*logiciels*) Programmpaket *nt*

compiler <1> [kɔ̃pile] *vt* INFORM ■ **qn compile qc** jd kompiliert etw

complainte [kɔ̃plɛ̃t] *f* Klagelied *nt*

complaire *<irr>* [kɔ̃plɛʀ] *vpr* ■ **qn se complaît dans qc/à faire qc** jd findet Gefallen an etw (*dat*)/daran, etw zu tun

complaisamment [kɔ̃plɛzamɑ̃] *adv* **1.** (*obligeamment*) liebenswürdigerweise
2. (*avec autosatisfaction*) selbstgefällig

complaisance [kɔ̃plɛzɑ̃s] *f* **1.** (*obligeance*) Liebenswürdigkeit *f;* ***par ~*** aus Gefälligkeit; ***auriez-vous la ~ de m'accompagner?*** hätten Sie wohl die Liebenswürdigkeit [*o* wären Sie wohl so liebenswürdig] mich zu begleiten?
2. *péj* (*indulgence*) Nachsicht *f;* ***qn fait preuve de trop de ~ [envers qn]*** jd ist [jdm gegenüber] viel zu nachsichtig
3. (*autosatisfaction*) Selbstgefälligkeit *f*

complaisant, e [kɔ̃plɛzɑ̃, ɑ̃t] *adj* **1.** (*obligeant*) gütig, hilfsbereit; ***vous n'êtes pas très ~*** Sie sind nicht sehr entgegenkommend
2. (*indulgent*) nachsichtig; *oreille* offen
3. (*satisfait*) selbstgefällig

complément [kɔ̃plemɑ̃] *m* **1.** (*élément qui complète*) [*objet*] Zubehör[teil *nt*] *nt;* ***un ~ d'information/d'enquête*** zusätzliche Informationen/Untersuchungen *pl;* ***il avait ajouté un ~ à son testament*** er hatte sein Testament mit einem Zusatz versehen; ***c'est le ~ de la somme*** dies ist die restliche Summe [*o* der fehlende Betrag]
2. GRAM Ergänzung *f*
▶ **~ d'un angle** Ergänzungswinkel *m;* **~ circonstanciel [de temps/de lieu]** Umstandsbestimmung *f* [der Zeit/des Ortes]; **~ déterminatif** nähere Bestimmung; **~ familial** Familienzulage *f*
◆ **complément d'agent** Agens *m o nt;* **complément d'attribution** Dativobjekt *nt;* **complément de moyen** modale Umstandsergänzung; **complément du nom** ≈ Genitivattribut *nt;* **complément d'objet direct** direktes Objekt; **complément d'objet indirect** indirektes Objekt

complémentaire [kɔ̃plemɑ̃tɛʀ] *adj* **1.** (*additionnel*) ergänzend; *renseignement* zusätzlich; ***des précisions ~s*** weitere [*o* nähere] Erläuterungen
2. (*qui se complètent*) ■ **des personnes/choses sont ~s** Menschen/Dinge ergänzen sich; ***ils sont très ~s l'un avec l'autre*** sie ergänzen sich gegenseitig sehr gut

complet [kɔ̃plɛ] *m* (*costume*) Anzug *m*

complet, -ète [kɔ̃plɛ, -ɛt] *adj* **1.** (*exhaustif, entier*) vollständig, komplett; *pain, farine* Vollkorn-; *aliment* Vollwert-; *étude* umfassend; ***les œuvres ~ètes*** die gesammelten Werke
2. (*total*) *obscurité, misère* völlig; ***succès/échec ~*** voller Erfolg/totaler Misserfolg
3. (*achevé*) *acteur, athlète* vollendet; *homme, femme* perfekt
4. (*qui possède toutes les fonctions*) ■ **qc est ~** */appareil, meuble/* etw ist mit allem ausgestattet; ***cette chaîne hi-fi est encore plus ~ète*** diese Stereoanlage ist noch besser ausgestattet
5. (*plein*) *autobus* voll; *hôtel* voll belegt; *parking* besetzt
▶ **qc affiche ~** */théâtre, spectacle, pièce/* etw ist ausverkauft; ***l'agence de voyage affiche ~ pour ce voyage*** das Reisebüro gibt bekannt, dass diese Reise ausgebucht ist; ***nous affichons ~ pour ce voyage*** diese Reise ist ausgebucht; **eh bien, c'est ~!** das ist [wirklich] eine reife Leistung!; **au [grand] ~** vollzählig, alle Mann hoch *fam*

complètement [kɔ̃plɛtmɑ̃] *adv* **1.** (*entièrement*) vollständig, ganz
2. (*absolument*) völlig, total *fam*

compléter <5> [kɔ̃plete] **I.** *vt* **1.** (*rendre complet*) ■ **qn/qc complète qc** jd/etw vervollständigt etw
2. (*améliorer*) ■ **qn/qc complète qc** jd/etw vervollkommnet etw
II. *vpr* **1.** (*s'accroître*) ■ **qc se complète** etw vervollständigt sich
2. (*se parfaire en s'associant*) ■ **des personnes/choses se complètent** Menschen/Dinge ergänzen sich

complexe [kɔ̃plɛks] **I.** *adj* **1.** (*compliqué*) komplex; *situation, caractère* schwierig
2. GRAM zusammengesetzt; CHIM, MATH komplex; ***phrase ~*** [mehrfach] zusammengesetzter Satz; ***sujet ~*** komplex zusammengesetztes Subjekt
II. *m* **1.** PSYCH Komplex *m;* ■ **~ de** -komplex; ***sans [aucun] ~*** ohne Komplexe
2. ECON Komplex *m*
3. CHIM, PHARM Komplexverbindung *f*
▶ **~ hôtelier** Hotelkomplex *m;* **~ industriel** Industriekomplex *m;* **~ touristique** Touristenzentrum *nt;* **qn est bourré(e) de ~s** jd steckt voller Komplexe; **qn/qc donne des ~s à qn** jd bekommt jds/einer S. wegen Komplexe; ***ça me donne des ~s*** deswegen bekomme ich [direkt] Komplexe; ***arrête, tu vas lui donner des ~s*** hör auf, er/sie bekommt deinetwegen ja noch Komplexe; **qn fait un ~** *fam* jd hat Komplexe
◆ **complexe d'infériorité** Minderwertigkeitskomplex *m;* **complexe d'Œdipe** Ödipuskomplex *m*

complexé, e [kɔ̃plɛkse] *adj fam* voller Komplexe; (*coincé*) verklemmt

complexer <1> [kɔ̃plɛkse] *vt* ■ **qn/qc complexe qn** jd bekommt jds/einer S. wegen Komplexe; ***arrête, tu vas finir par la ~*** hör auf, sie bekommt sonst deinetwegen noch Komplexe

complexité [kɔ̃plɛksite] *f* Komplexität *f,* Vielschichtigkeit *f;* ***c'est une affaire d'une grande ~*** dies ist eine sehr komplexe Angelegenheit

complication [kɔ̃plikasjɔ̃] *f* **1.** (*complexité*) Schwierigkeit *f;* ***c'est d'une ~!*** das ist furchtbar kompliziert!
2. (*ennui*) Schwierigkeit *f*
3. MED Komplikation *f*
▶ **qn fait des ~s** jd macht Schwierigkeiten

complice [kɔ̃plis] **I.** *adj* **1.** (*coresponsable*) ■ **qn est ~ [de qc]** jd ist Komplize [einer S. (*gen*)]
2. (*qui marque une connivence*) verständnisinnig; ■ **qn est ~ de qn** jd macht mit jdm gemeinsame Sache, jd steckt mit jdm unter einer Decke *fam;* ■ **qn est ~ de qc** jd fördert etw; ***tu es ~ de sa paresse*** du unterstützt seine/ihre Faulheit
II. *mf* Komplize/Komplizin *m/f*

complicité [kɔ̃plisite] *f* **1.** (*participation à un délit*) Mittäterschaft *f;* ***grâce à la ~ d'un gardien*** dank der Beihilfe eines Wärters; ■ **~ de qc** JUR Beihilfe *f* zu etw
2. (*connivence*) [geheimes] Einverständnis; ***il y a une certaine ~ entre eux*** sie verstehen sich auch ohne viele Worte
▶ **qn a des** [*o* **bénéficie de**] **~s** jd hat Verbindungen [*o* Kontakte]; **qn agit en ~ avec qn** JUR jd macht mit jdm gemeinsame Sache; *fig* jd tut sich mit jdm zusammen

compliment [kɔ̃plimɑ̃] *m* **1.** (*parole élogieuse*) Kompliment *nt;* (*félicitations*) Glückwunsch *m;* ***je prends ça comme un ~*** ich fasse das als Kompliment auf; ***tous mes ~s!*** herzlichen Glückwunsch!

2. *pl* (*politesse*) Empfehlung *f*; ***mes ~s à Madame votre mère*** meine Empfehlung an Ihre Frau Mutter
3. (*petit discours*): ***l'enfant dit*** [*o* ***récite***] ***un*** ~ das Kind sagt ein paar Worte der Begrüßung/des Glückwunsches auf
▶ **qn fait des ~s à qn [pour** [*o* **sur**] **qc]** jd macht jdm [für etw] Komplimente; ***mes ~s au cuisinier!*** mein Kompliment an den Koch!; **qn ne fait pas ses ~s à qn** dazu kann jd jdm wahrhaftig nicht gratulieren; **qn retourne le ~ à qn** jd erwidert jds Kompliment; **avec les ~s de qn** mit jds freundlichen Grüßen; **merci du ~!** danke für die Blumen!; **mes ~s!** mein Kompliment!; *iron* gratuliere!
complimenter <1> [kɔ̃plimɑ̃te] *vt* 1. (*congratuler*) ■ **qn complimente qn [pour qc]** jd beglückwünscht jdn [zu etw]
2. (*faire des compliments*) ■ **qn complimente qn [pour** [*o* **sur**] **qc]** jd macht jdm [für etw] Komplimente
compliqué, e [kɔ̃plike] *adj* 1. (*difficile à comprendre*) kompliziert; *problème* schwierig
2. (*qui aime la complication*) umständlich; ***qn a l'esprit trop ~*** jd ist zu umständlich
▶ **c'est d'un ~!** das ist vielleicht schwierig [*o* kompliziert]!; **ce n'est pas ~** das ist ganz einfach; ***si ..., ce n'est pas ~, je m'en vais*** wenn ..., dann gehe ich ganz einfach; **c'est pas ~** *fam* [ganz] einfach *fam*; ***c'est pas ~, elle m'énerve*** sie geht mir einfach auf den Wecker *fam*; **qc est déjà assez ~ comme ça** etw ist so schon kompliziert genug; */problème, situation/* etw ist so schon schwierig genug
compliquer <1> [kɔ̃plike] I. *vt* ■ **qn/qc complique qc** jd/etw macht etw schwieriger, jd/etw erschwert etw
II. *vpr* 1. (*devenir plus compliqué*) ■ **qc se complique** */choses, affaire/* etw wird komplizierter; */situation/* etw spitzt sich zu; */maladie/* etw verschlimmert sich
2. (*rendre plus compliqué*) ■ **qn se complique qc** jd macht sich (*dat*) etw [unnötig] schwer
▶ **ça se complique** *fam* jetzt wird's schwierig [*o* kompliziert]; ***voilà la police, on dirait que ça se complique*** da kommt die Polizei, jetzt scheint's brenzlig zu werden *fam*
complot [kɔ̃plo] *m* Komplott *nt*; ***qn a formé*** [*o* ***ourdi***] [*o* ***tramé***] ***un ~ contre qn*** jd hat ein Komplott gegen jdn geschmiedet
▶ **qn trempe dans un ~** jd ist in ein Komplott verwickelt
comploter <1> [kɔ̃plɔte] I. *vt* ■ **qn complote qc** *mauvais coup* jd klügelt etw aus; ■ **des personnes complotent de faire qc** Menschen planen heimlich, etw zu tun
▶ **qu'est-ce que vous complotez?** was brütet ihr [wieder] aus?
II. *vi* ■ **des personnes complotent [contre qn]** Menschen schmieden [gegen jdn] ein Komplott
comploteur, -euse [kɔ̃plɔtœʀ, -øz] *m, f* Verschwörer(in) *m(f)*
comportement [kɔ̃pɔʀtəmɑ̃] *m* 1. (*attitude*) Verhalten *nt*; ***il a un ~ étrange*** er benimmt [*o* verhält] sich merkwürdig; ■ **~ envers qn** Verhalten gegenüber jdm; ***ayez un ~ amical envers lui!*** seid [*o* verhaltet euch] nett zu ihm!
2. SCI Verhalten *nt*
3. AUT Fahrverhalten *nt*
▶ **~ alimentaire** Essverhalten *nt*; **~ routier** Fahrverhalten *nt*
comporter <1> [kɔ̃pɔʀte] I. *vt* 1. (*être constitué de*) ■ **qc comporte qc** etw besteht aus etw, etw umfasst etw
2. (*inclure*) ■ **qc comporte qc** etw weist etw auf; */appareil/* etw ist mit etw ausgestattet
II. *vpr* 1. (*se conduire*) ■ **qn se comporte d'une certaine façon** jd benimmt sich irgendwie, jd führt sich irgendwie auf *pej*; ***qn se comporte bien/mal/comme un gamin*** jd benimmt sich gut/schlecht/wie ein kleines Kind
2. (*réagir*) ■ **qn/qc se comporte d'une certaine façon** jd/etw verhält sich irgendwie; ***cette voiture se comporte mal dans les virages*** dieser Wagen hat ein schlechtes Kurvenverhalten; ***ces pneus se comportent très bien sur route mouillée*** diese Reifen haften sehr gut auf nasser Straße
composant, e [kɔ̃pozɑ̃, ɑ̃t] I. *adj*: ***élément ~*** Bestandteil *m*
II. *m* 1. CHIM Bestandteil *m*
2. ELEC Bauelement *nt*
III. *f* ■ **composante** Komponente *f*
composé, e [kɔ̃poze] I. *adj* 1. GRAM zusammengesetzt
2. CHIM zusammengesetzt
II. *m* 1. CHIM Verbindung *f*
2. GRAM zusammengesetztes Wort, Kompositum *nt*
3. (*mélange*) Mischung *f*
III. *fpl* BOT ■ **composées** Korbblütler *pl*
composer <1> [kɔ̃poze] I. *vt* 1. (*constituer*) ■ **qn compose qc** jd stellt etw zusammen; *équipe a.* jd stellt etw auf
2. (*créer*) ■ **qn compose qc** *boisson, plat* jd kreiert etw; *œuvre musicale* jd komponiert etw; *poème* jd verfasst [*o* schreibt] etw
3. TYP ■ **qn compose qc** jd setzt etw
4. (*faire partie de*) ■ **des personnes/choses composent qc** Menschen/Dinge bilden etw; ***les joueurs qui composent l'équipe nationale*** die Spieler, aus denen die Nationalmannschaft besteht; ***les pièces qui composent cet appareil*** die Teile, aus denen dieser Apparat besteht; ■ **qc est composé(e) de personnes/choses** etw besteht aus Menschen/Dingen
II. *vi* 1. MUS ■ **qn compose** jd komponiert
2. (*transiger*) ■ **qn compose [avec qn]** jd schließt [mit jdm] einen Kompromiss, jd einigt sich gütlich mit jdm
III. *vpr* ■ **qc se compose de qc** etw besteht aus etw
composite [kɔ̃pozit] *adj* 1. (*hétéroclite*) [bunt] gemischt, zusammengewürfelt
2. CHIM, TECH: ***matériau ~*** Verbundmaterial *nt*
compositeur, -trice [kɔ̃pozitœʀ, -tʀis] *m, f* MUS Komponist(in) *m(f)*
composition [kɔ̃pozisjɔ̃] *f* 1. (*agencement*) Zusammenstellung *f*; [*équipe a.*] Aufstellung *f*
2. TYP (*fait de composer*) Setzen *nt*; (*résultat*) Satz *m*
3. ART, LITTER (*fait de composer*) [*œuvre musicale*] Komponieren *nt*; (*œuvre*) Komposition *f*; ***la ~ d'un roman*** das Schreiben eines Romans; ***un morceau/une œuvre de ma/ta/sa ~*** ein selbst komponiertes Stück/Werk, eine Eigenkomposition
4. GASTR Kreation *f*
5. (*ensemble des composants*) Zusammensetzung *f*
6. (*structure*) [*poème, texte*] Aufbau *m*; [*tableau*] Komposition *f*; ***la ~ architecturale*** die architektonische Anordnung
▶ **qn est de bonne ~** jd ist gutmütig [veranlagt]; **la ~ française** der [französische] Aufsatz; **qc entre dans la ~ de qc** etw ist in der Zusammensetzung einer S. (*gen*) enthalten
compost [kɔ̃pɔst] *m* Kompost *m*
compostage [kɔ̃pɔstaʒ] *m* 1. (*traitement au compost*) Düngen *nt* mit Kompost, Kompostieren *nt*
2. (*validation au composteur*) Entwerten *nt*
composter <1> [kɔ̃pɔste] *vt* 1. (*amender*) ■ **qn composte qc** jd düngt etw mit Kompost, jd kompostiert etw
2. (*valider*) ■ **qn composte qc** jd entwertet etw
composteur [kɔ̃pɔstœʀ] *m* Entwerter *m*
compote [kɔ̃pɔt] *f* Kompott *nt*; ■ **~ de** (*fruits coupés en quartiers*) -kompott; (*fruits écrasés*) -mus *nt*
▶ **qn a qc en ~** *fam* (*cassé*) jds etw ist [total] kaputt *fam*; (*douloureux*) jdm tut etw weh
compotier [kɔ̃pɔtje] *m* 1. (*plat*) Kompottschüssel *f*
2. (*contenu*) Schüssel *f* Kompott
compréhensible [kɔ̃pʀeɑ̃sibl] *adj* 1. (*qui peut être compris*) verständlich
2. (*qui s'explique facilement*) verständlich, begreiflich
compréhensif, -ive [kɔ̃pʀeɑ̃sif, -iv] *adj* verständnisvoll
compréhension [kɔ̃pʀeɑ̃sjɔ̃] *f* 1. (*possibilité d'être compris*) Verständlichkeit *f*; ***ce passage est d'une ~ délicate*** dieser Abschnitt ist nicht leicht zu verstehen
2. (*tolérance*) Verständnis *nt*
3. (*faculté de comprendre*) Auffassungsgabe *f*; ***ça dépasse ma ~*** das verstehe ich nicht
comprendre <13> [kɔ̃pʀɑ̃dʀ] I. *vt* 1. (*entendre clairement*) ■ **qn comprend qn** jd versteht jdn
2. (*saisir le sens*) ■ **qn comprend qc** jd versteht etw, jd begreift etw; ***tu comprends/vous comprenez ce que je veux dire?*** verstehst du/versteht ihr, was ich sagen möchte?
3. (*concevoir*) ■ **qn comprend qn/qc** jd versteht jdn/etw, jd hat für jdn/etw Verständnis; ■ **qn comprend que** + *subj* jd versteht, dass
4. (*se rendre compte de*) ■ **qn comprend qc** jd begreift etw, jd ist sich (*dat*) über etw (*akk*) im Klaren
5. (*être composé de*) ■ **qc comprend qc** etw besteht aus etw; ***ce disque comprend douze chansons*** auf dieser Schallplatte sind zwölf Lieder
6. (*inclure*) ■ **qn comprend qn/qc** jd schließt jdn/etw mit ein; ***je vous ai compris dans la liste*** ich habe Sie in der Liste mit aufgeführt; ***je ne comprends pas les frais de déménagement*** ich rechne die Umzugskosten nicht mit ein; ■ **qc comprend qn/qc** etw schließt jdn/etw mit ein; ***T.V.A. comprise*** MWSt. inbegriffen; ***le loyer ne comprend pas les charges*** in der Miete sind Nebenkosten nicht inbegriffen
▶ **qn [y] comprend quelque chose à qc** jd versteht etwas von etw; **qn comprend mal qn** jd missversteht jdn, jd versteht jdn falsch; **qn croit ~ que qn/qc fait qc** jd glaubt zu verstehen, dass jd/etw etw tut; ***j'ai cru ~ que*** ich glaubte zu verstehen, dass; **dois-je ~ que** + *indic* soll das heißen, dass; **qn fait ~ qc à qn** (*explique*) jd macht jdm etw klar; (*dit indirectement*) jd gibt jdm etw zu verstehen; **qn espère/pense s'être bien fait ~** jd hofft/denkt, sich [klar und] verständlich ausgedrückt zu haben; **c'est à n'y rien ~** das ist mir vollkommen unverständlich; **je n'y comprends rien** ich verstehe das nicht; **qn ne comprend rien à rien** *fam* jd kapiert überhaupt nichts *fam*
II. *vi* ■ **qn comprend** jd versteht; ***toi, on peut dire que tu comprends vite!*** *iron* du stehst wohl auf der Leitung!
▶ **si je comprends bien** wenn ich das richtig sehe; **il ne faut pas chercher à ~** da gibt es nichts zu verstehen; **qn se fait ~** jd drückt sich klar [und deutlich] aus; ***je me suis mal fait ~*** ich habe mich schlecht ausgedrückt; **je comprends!** *fam* und wie!
III. *vpr* 1. (*être compréhensible*) ■ **qc se comprend** etw ist verständlich
2. (*communiquer*) ■ **des personnes se comprennent** Menschen verständigen sich; ***ils se sont compris par gestes*** sie haben sich mit Gesten verständigt
3. (*s'accorder*) ■ **des personnes se comprennent** Menschen verstehen sich [gut]; ***ils se comprennent à demi-mot*** sie verstehen sich auch ohne viel Worte
▶ **entre qn et qn on se comprend** unter jdm und jdm versteht man sich; ***entre des gens du même bord, on se comprend*** unter Gleichgesinnten ist man sich einig; **ça se comprend** das ist verständlich, das ist nicht verwunderlich; **je me comprends** [also] na ja; **mais je me comprends** aber ich denk' mir mein Teil
comprenette [kɔ̃pʀənɛt] *f* ▶ **qn a la ~ un peu dure** jd ist schwer von Begriff *fam*
compresse [kɔ̃pʀɛs] *f* Kompresse *f*
▶ **~ stérile** sterile [Mull]kompresse

compresseur [kɔ̃pʀesœʀ] *m* Kompressor *m*

compressibilité [kɔ̃pʀesibilite] *f* **1.** PHYS Verdichtbarkeit *f*, Kompressibilität *f*
2. FIN Reduzierbarkeit *f*

compressible [kɔ̃pʀesibl] *adj* **1.** PHYS verdichtbar, kompressibel
2. FIN senkbar, reduzierbar; ***nos dépenses ne sont pas ~s*** unsere Ausgaben können nicht gesenkt [*o* reduziert] werden

compressif, -ive [kɔ̃pʀesif, -iv] *adj* **1.** MED: ***pansement ~*** Druckverband *m*
2. FIN: ***mesures ~ives*** Einsparungsmaßnahmen *pl*

compression [kɔ̃pʀesjɔ̃] *f* **1.** PHYS Verdichtung *f*, Komprimierung *f*
2. (*réduction*) Senkung *f*, Reduzierung *f*; ***~ de personnel*** Personalabbau *m*; ***~s budgétaires*** Haushaltskürzungen *pl*
3. INFORM Komprimierung *f*

comprimé, e [kɔ̃pʀime] **I.** *adj* **1.** (*serré*) ■ **qn est ~ dans qc** *dans un vêtement, un endroit* jd ist in etw (*dat*) eingezwängt; ■ **des personnes sont ~es dans un endroit** Menschen sind in einem Raum zusammengepfercht
2. PHYS: ***air ~*** Pressluft *f*; ***carabine à air ~*** Luftgewehr *nt*
II. *m* Tablette *f*

comprimer <1> [kɔ̃pʀime] *vt* **1.** (*presser*) ■ **qn/qc comprime qc** jd/etw komprimiert etw; *artère* jd/etw drückt [*o* presst] etw ab
2. ■ **qc comprime qc à qn** etw drückt jdm etw zusammen; ***la ceinture lui comprime le ventre*** der Gürtel schnürt ihm/ihr den Bauch ein
3. (*réduire*) ■ **qn comprime qc** *dépenses, effectifs* jd reduziert etw
4. INFORM ■ **qn/qc comprime qc** jd/etw komprimiert etw
5. (*réprimer*) ■ **qn comprime qc** *colère, larmes* jd unterdrückt etw

compris, e [kɔ̃pʀi, iz] **I.** *pp de* **comprendre**
II. *adj* **1.** (*inclus*) inklusive, einschließlich; ■ **qc est ~ [dans qc]** etw ist [in etw (*dat*)] inbegriffen
2. (*situé*) ■ **[qc est] ~ entre qc et qc/entre deux choses** */immeuble, terrain/* [etw liegt] zwischen etw (*dat*) und etw (*dat*)/zwischen zwei Dingen; ***qc est ~ entre les lettres B et J*** etw befindet sich zwischen den Buchstaben B und J; ***qc est ~ entre les pages 200 et 300*** etw befindet sich zwischen Seite 200 und 300; ***la période ~e entre le 25 et le 31 décembre*** der Zeitabschnitt vom 25. bis 31. Dezember; ***l'inflation annuelle est ~e entre 13 et 14 %*** die jährliche Inflation liegt zwischen 13 und 14 %; ***les prix sont ~ entre 100 et 150 F*** die Preise liegen zwischen 100 und 150 F
▶ **non ~**: ***non ~ la boîte, la boîte non ~e*** ohne Verpackung, die Verpackung ausgenommen; ***continuez de lire jusqu'à la page 43 non ~e*** lesen Sie weiter bis Seite 43 ausschließlich [*o* exklusive]; ***taxes non ~es*** ohne Gebühren, Gebühren nicht inbegriffen; **tout ~** alles inbegriffen; **y ~** einschließlich (+ *gen*); ***y ~ les charges*** einschließlich [der] Nebenkosten

compromettant, e [kɔ̃pʀɔmetɑ̃, ɑ̃t] *adj* kompromittierend

compromettre *<irr>* [kɔ̃pʀɔmɛtʀ] **I.** *vt* **1.** (*porter préjudice à*) ■ **qn/qc compromet qn/qc** *personne, jeune fille* jd/etw kompromittiert jdn, jd/etw stellt jdn bloß; *réputation, nom* jd/etw schädigt etw; *nom* jd/etw schadet einer S. (*dat*); ■ **qn est compromis(e) [dans qc]** jd kommt [wegen etw] ins Gerede; ■ **qc est compromis(e)** etw kommt zu Schaden, etw wird geschädigt
2. (*menacer*) ■ **qn/qc compromet qc** *autorité* jd/etw schadet einer S. (*dat*); *avenir, carrière, santé, projet a.* jd/etw gefährdet etw; ***cet orage compromet notre promenade*** dieses Gewitter kommt unserem Spaziergang in die Quere; ■ **qc est compromis(e) [par/à cause de qc]** etw ist [wegen etw] gefährdet; ***ses chances de guérir sont compromises*** seine/ihre Chancen geheilt zu werden sind unsicher geworden
II. *vpr* (*se discréditer*) ■ **qn se compromet avec qn/dans qc** jd kommt wegen jdm/einer S. ins Gerede

compromis, e [kɔ̃pʀɔmi, iz] **I.** *pp de* **compromettre**
II. *m* Kompromiss *m*; ***nous avons fait un ~*** wir haben einen Kompromiss geschlossen

compromission [kɔ̃pʀɔmisjɔ̃] *f* Konzession *f*, Zugeständnis *nt*; ***toutes ces ~s de la vie*** die täglichen Zugeständnisse [*o* Kompromisse]

compta [kɔ̃ta] *f fam abr de* **comptabilité** Buchhaltung *f*

comptabilisation [kɔ̃tabilizasjɔ̃] *f* Abrechnung *f*

comptabiliser <1> [kɔ̃tabilize] *vt* FIN ■ **qn comptabilise qc** jd erfasst etw, jd [ver]bucht etw

comptabilité [kɔ̃tabilite] *f* **1.** (*discipline*) Rechnungswesen *nt*
2. (*comptes*) Buchführung *f*, Buchhaltung *f*; [*grande entreprise*] Rechnungswesen *nt*; (*service*) Buchhaltung *f*
▶ **~ en partie double/simple** doppelte/einfache Buchführung; **~ analytique** internes Rechnungswesen; **~ générale** Hauptbuchhaltung *f*; **~ nationale** volkswirtschaftliche Gesamtrechnung; **~ publique** kameralistische Buchführung, öffentliches Rechnungswesen; **qn gère [*o* tient] la ~ de qc** jd führt in etw (*dat*) Buch, jd macht die Buchhaltung [*o* Buchführung] einer S. (*gen*); **qn passe qc en ~** jd [ver]bucht etw; **qc passe en ~** etw wird verbucht [*o* gebucht]

comptable [kɔ̃tabl] **I.** *adj* **1.** *rapport* Rechnungs-; *règle* buchhalterisch; *valeur* Bilanz-, Buch-; *plan* Konten-, Beleg-; ***document/pièce ~*** Buchungsbeleg *m*, Rechnungsbeleg *m*
2. *soutenu* (*responsable*) ■ **qn est ~ [à qn] de qc** jd ist [jdm gegenüber] für etw verantwortlich; ***je ne suis ~ à personne de mes actions*** ich bin niemandem [gegenüber] für das, was ich tue, Rechenschaft schuldig
II. *mf* Buchhalter(in) *m(f)*
▶ **~ agréé(e)** Steuerberater(in) *m(f)*
◆ **comptable du Trésor** *form* Finanzbeamte(r)/-beamtin *m/f*

comptage [kɔ̃taʒ] *m* Zählung *f*, Zählen *nt*

comptant [kɔ̃tɑ̃] **I.** *m* ∅ Barzahlung *f*
II. *adv* bar
III. *adj inv* bar; ***il a versé 500 000 F ~*** er hat 500 000 F bar bezahlt

compte [kɔ̃t] *m* **1.** ∅ (*calcul*) Zählung *f*; [*suffrages*] [Aus]zählung *f*; SPORT, JEUX [*points*] Auszählung *f*; (*calcul détaillé*) Aufstellung *f*
2. ∅ (*résultat*) Ergebnis *nt*; ***ça ne fait pas le ~*** das stimmt nicht; ***avez-vous le bon ~ de chaises?*** (*suffisamment*) haben Sie genug Stühle?; (*le même nombre*) sind noch alle Stühle da?; ***le ~ est bon [o juste]*** es stimmt
3. (*note*) Rechnung *f*; ***vous pouvez me faire le ~*** Sie können mir die Rechnung machen
4. (*écritures comptables*) Konto *nt*; ***~s de l'entreprise/l'État*** Unternehmens-/Staatskonten *pl*; ***livre de ~*** Geschäftsbuch *nt*, Kontenbuch *nt*; ***~ des pertes et profits*** Gewinn- und Verlustrechnung *f*; ***il fait [o règle] les ~s*** er zieht Bilanz; ***ils approuvent les ~s*** sie stimmen der Bilanz zu; ***le comptable ouvre/arrête un ~*** der Buchhalter richtet ein Konto ein/schließt ein Konto ab
5. (*~ en banque*) Konto *nt*; ***qn ouvre/ferme un ~*** jd eröffnet ein Konto/löst ein Konto auf; ***il crédite une somme sur son ~*** er schreibt seinem Konto einen Betrag gut; ***il débite une somme d'un ~*** er belastet ein Konto mit einem Betrag; ***j'ai un ~ dans une banque*** ich habe ein Konto bei einer Bank
▶ **les bons ~s font les bons amis** *prov* ≈ Genauigkeit in Geldsachen erhält die Freundschaft; **des ~s d'apothicaire** *fam* kleinliche Rechnerei, kleinliche Geldzählerei; **au bout du ~** am Ende, schließlich; **en fin de ~** letzten Endes; **son ~ est bon!** *fam* er bekommt, was ihm zusteht [*o* gebührt]!, er ist reif! *fam*; **qn s'en tire à bon ~** jd kommt [noch] gut [*o* billig] davon; **~ courant** Girokonto *nt*; **~ joint** Gemeinschaftskonto; **qn est loin du ~** jd hat sich [ganz schön] vertan; **qn a un ~ ouvert chez qn** jd hat bei jdm noch eine Rechnung offen [stehen]; **pour mon/ton/son/... ~ personnel** für meinen/deinen/seinen/ihren/... persönlichen Bedarf; **~ rendu** (*rapport*) Bericht *m*; [*spectacle, film, livre*] Besprechung *f*; **cela fait un ~ rond** das macht eine runde Summe; **qn a son ~** (*reçoit son dû*) jd kommt auf seine Kosten; (*est ivre*) jd hat sein Quantum; (*est K.-O.*) jd hat sein Teil gekriegt *fam*; **qn a son ~ [de qc]** jdm reicht's, etw reicht jdm; **qn a un ~ à régler avec qn** *fam* jd hat mit jdm eine Rechnung zu begleichen; **qn demande [*o* réclame] des ~s [à qn]** jd zieht jdn zur Rechenschaft; **qn doit des ~s à qn** jd ist jdm Rechenschaft schuldig; **qn donne son ~ à qn** jd kündigt jdm; **qn dresse un ~** jd stellt [*o* fertigt] eine Rechnung aus; **le ~ y est/le ~ n'y est pas** *fam* es stimmt/es stimmt nicht; **qn est en ~ avec qn** jd ist jdm etwas schuldig, jd hat bei jdm Schulden; **ça fait le ~** es stimmt; **qn fait ses ~s** jd rechnet ab; **qn fait le ~ de qc** jd zieht aus etw [die] Bilanz; **comment qn fait-il son ~ pour faire qc?** wie bringt jd das nur fertig, etw zu machen?; **tout ~ fait** alles in allem; **qn laisse qn/qc pour ~** jd lässt jdn/etw außer Acht; *marchandises, articles* jd sondert etw aus; **qn est laissé(e) pour ~** jd zieht den Kürzeren, jd hat das Nachsehen; **qn met qc sur le ~ de qn/qc** jd macht jdn/etw für etw verantwortlich, jd schiebt die Schuld für etw auf jdn/etw; (*au restaurant*) jd setzt etw auf jds Rechnung (*akk*); **qn prend qc à son ~** jd übernimmt etw, jd übernimmt die Kosten einer S. (*gen*); **qn prend qc sur son ~** jd nimmt etw auf seine [eigene] Kappe *fam*; **qn prend qc en ~** jd berücksichtigt etw, jd stellt etw in Rechnung; **qn en prend pour son ~** *fam* jd hat fürs Erste/für alle Zeiten genug; **qn règle ses ~s avec qn** jd spricht sich mit jdm aus, jd kommt mit jdm ins Reine, Menschen kommen miteinander ins Reine; **qn règle son ~ à qn** (*renvoie*) jd serviert jdn ab *fam*; *fam* (*fait un mauvais sort à*) jd rechnet mit jdm ab; **des personnes règlent leurs ~s** Menschen sprechen sich aus; **qn rend des ~s à qn [au sujet de qc], qn rend ~ [de qc à qn]** *soutenu* (*se justifie*) jd legt jdm [gegenüber] Rechenschaft [über etw (*akk*)] ab; **qn rend ~ de qc [à qn]** (*fait un ~ rendu de*) jd berichtet [jdm] über etw (*akk*); **qn se rend ~ de qc/que** + *indic* (*s'aperçoit*) jd bemerkt etw/, dass; (*comprend*) jd ist sich (*dat*) über etw (*akk*) im Klaren/jd ist sich (*dat*) darüber im Klaren, dass; **tu te rends ~!** [hoffentlich] bist du dir darüber im Klaren!; *fam* (*imagine*) kannst du dir das vorstellen!; **qn reprend qc [de qn] à son ~** jd übernimmt etw [von jdm]; **~ tenu de qc** in Anbetracht einer S. (*gen*), unter Berücksichtigung einer S. (*gen*); **qn tient les ~s** jd regelt die Finanzen; **qn tient ~ à qn de qc** *soutenu* jd hält jdm etw zugute; **qn tient ~ de qc/du fait que** jd berücksichtigt [*o* beachtet] etw/, dass; **qn y trouve son ~** jd kommt dabei auf seine Kosten; **à son ~** selbständig; ***qn s'installe [o s'établit] [o se met] à son ~*** jd macht sich selbständig; **à ce ~-là** (*dans ces conditions*) dann, in diesem Fall; (*à ce rythme-là*) wenn das so weitergeht; **en ~** auf dem Konto; **pour le ~ de qn/qc** COM in jds Auftrag (*dat*)/im Auftrag einer S. (*gen*); **pour mon ~ [personnel]** was mich angeht, ich für mein[en] Teil; **sur le ~ de qn** in Bezug auf jdn
◆ **compte à rebours** Countdown *m*; **compte chèque** Scheckkonto *nt*
▶ **~ chèque postal** Postgirokonto *nt*; **compte d'auteur**: ***le livre est publié à ~ ~*** das Buch wird auf Kosten des Autors veröffentlicht; **compte client** Kundenkonto *nt*; **compte créditeur** Aktivkonto *nt*; **compte débiteur** Passivkonto *nt*; **compte de chèque[s]** Scheckkonto *nt*; **compte [d']épargne** Sparkonto *nt*; **compte de résultat** Ergebnisrechnung *f*; **compte d'exploitation** Betriebsergebnis *nt*; **compte fournisseurs** Lieferantenkonto *nt*; **compte sur livret** Sparkonto *nt*

compte-gouttes [kɔ̃tgut] *m inv* Pipette *f*
▶ **au ~-~** tröpfchenweise *fam*, etappenweise, in Etappen; ***on laisse entrer les visiteurs au ~-~*** man lässt die Besucher nach und nach eintreten

compter <1> [kɔ̃te] **I.** *vt* **1.** (*dénombrer*) ■ **qn compte qn/qc** jd zählt jdn/etw; *voix, suffrages* jd zählt etw [aus]; (*totaliser*) jd zählt jdn/etw zusammen
2. (*prévoir*) ■ **qn compte qn/qc [pour qc/pour faire qc]** jd rechnet [*o* veranschlagt] jdn/etw [für etw/um etw zu machen]; ***pour le repas, je compterai un demi-litre de vin par personne*** fürs Essen rechne ich einen halben Liter Wein pro Person
3. (*tenir compte de*) ■ **qn compte qn/qc** jd berücksichtigt jdn/etw, jd zählt jdn/etw [mit]; ***si je compte la fatigue, je suis mal payé*** wenn ich an die Strapazen denke, bin ich schlecht bezahlt; ***ne me comptez pas, je ne partirai pas avec vous*** rechnet nicht mit mir, ich gehe nicht mit euch mit

4. *(soutenu (mettre au crédit de)* ■ **qn compte qc à qn** *gentillesse, bonne volonté, attitude* jd rechnet jdm etw [hoch] an, jd hält jdm etw zugute; ***on vous comptera votre bonne conduite*** man wird Ihnen Ihr gutes Benehmen zugute halten
5. *(facturer)* ■ **qn compte qc [à qn]** jd berechnet [jdm] etw; ***combien vous ont-ils compté le café?*** wie viel haben sie Ihnen für den Kaffee berechnet?; ■ **qn compte qc à qn** *heures supplémentaires, effort, service rendu* jd bezahlt jdm etw; ■ **qn compte qc à qn pour qc** *50/100/2000 F* jd zahlt jdm etw für etw; ■ **qn compte qc [à qn]** SCOL *une demi-faute, faute entière, les accents* jd rechnet [jdm] etw an
6. *(donner avec parcimonie)* ■ **qn compte qc [à qn]** jd geizt [jdm gegenüber] mit etw; *(tenir des comptes)* jd rechnet jdm etw vor; ***en temps de guerre les permissions sont comptées*** in Kriegszeiten ist Urlaub rar; ***elle ne compte pas sa peine*** sie scheut keine Mühe
7. *(posséder)* ■ **qn compte des personnes/des choses** jd hat [*o* besitzt] Menschen/Dinge; ***il ne compte pas d'ennemis dans son entourage*** er hat keine Feinde in seiner Umgebung; ■ **qc compte des choses** etw hat Dinge; ***la collection compte plus de 250 papillons*** die Sammlung umfasst über 250 Schmetterlinge
8. *(ranger)* ■ **qn compte qn/qc parmi les/ses/...** jd zählt jdn/etw zu den/seinen/...; ***elle le compte parmi ses ennemis/meilleurs amis*** sie zählt ihn zu ihren Feinden/besten Freunden; ***on compte ce livre parmi les meilleurs de l'année*** das Buch wird zu den besten des Jahres gezählt
9. *(avoir l'intention de)* ■ **qn compte faire qc** jd beabsichtigt etw zu tun; *(espérer)* jd rechnet damit, etw zu tun; ■ **qn compte que** + *indic* jd rechnet damit, dass; ■ **qn ne compte pas que** + *subj* jd rechnet nicht damit, dass
10. *(s'impatienter)* ■ **qn compte qc:** ***qn compte les heures/jours/mois/années*** jd zählt die Stunden/Tage/Monate/Jahre
▶ **bien** **compté(e):** ***elle a 50 ans bien comptés*** sie ist gut und gern fünfzig Jahre alt; ***un kilo de viande bien compté*** ein gutes Kilo Fleisch; **on peut** ~ **les personnes/choses qui ...** man kann die Menschen/Dinge, die ..., an den Fingern abzählen; **qn compte qn/qc pour rien** jd/etw zählt nicht[s] für jdn; ***il me compte pour rien*** ich zähle nicht[s] für ihn; **sans** ~ **que** + *indic (et en outre)* zudem; *(d'autant plus que)* zumal; **qn ne compte plus qc** jd zählt etw gar nicht mehr
II. *vi* **1.** *(énumérer)* ■ **qn compte** jd zählt; ***il sait*** ~ ***jusqu'à 50*** er kann bis 50 zählen
2. *(calculer)* ■ **qn compte** jd rechnet; ***il ne sait ni lire ni écrire ni*** ~ er kann weder lesen noch schreiben noch rechnen; ***elle compte sur ses doigts*** sie rechnet mit den Fingern
3. *(être économe)* ■ **qn compte** jd rechnet mit jedem Pfennig
4. *(avoir de l'importance)* ■ **qc compte** etw zählt; ***trente-cinq ans de mariage, ça compte!*** fünfunddreißig Jahre verheiratet, das ist eine ganze Menge! *fam;* ***ce qui compte c'est qu'il soit en bonne santé*** was zählt, ist seine Gesundheit; ■ **qn/qc compte beaucoup pour qn** jd/etw bedeutet jdm viel; ■ **qn compte pour qn** jd bedeutet jdm etwas; ■ **qn/qc compte pour beaucoup dans qc** jd/etw trägt viel zu etw bei, jd/etw spielt eine große Rolle bei etw; ■ **qn/qc ne compte pour rien [dans qc]** jd/etw hat nichts mit etw zu tun; *(est en vain)* etw ist umsonst
5. *(tenir compte de)* ■ **qn compte avec qn/qc** jd rechnet mit jdm/etw, jd kalkuliert etw ein; ■ **qn compte sans qn/qc** jd lässt jdn/etw außer Acht
6. *(être rangé)* ■ **qn/qc compte parmi les ...** jd/etw zählt zu den ...; ***il compte parmi les meilleurs*** er zählt zu den Besten
7. *(valoir)* ■ **qn/qc compte** jd/etw zählt; ***ça ne compte pas! tu triches!*** das zählt nicht! du schummelst!; ■ **qn compte pour deux/trois** jd zählt für zwei/drei; ***tu comptes pour deux avec ce que tu manges*** du isst für zwei; ■ **qc compte double/triple** etw zählt doppelt/dreifach
8. *(attendre)* ■ **qn compte sur qn** jd rechnet mit jdm; ■ **qn compte sur qn/qc [pour faire qc]** *(faire confiance à)* jd verlässt sich auf jdn/etw [um etw zu tun], jd zählt auf jdn/etw [um etw zu tun]; ■ **qn compte sur qn/qc pour que** jd verlässt sich auf jdn/etw, dass; jd zählt auf jdn/etw, dass
▶ **j'y compte bien!** *fam* ich verlasse mich drauf!; **tout bien compte** wenn man es genau bedenkt/wenn ich es genau bedenke; **qn compte juste** [pour qc] jd kalkuliert [etw] knapp; **compte là-dessus!** *pop* da kannst du lange warten!; **tu peux** ~ **[là-]dessus** darauf kannst du dich verlassen!; **qn compte large** jd rechnet gut; ***en comptant large, on peut arriver à 100 000 F de bénéfices*** gut gerechnet, können wir einen Gewinn von 100 000 F machen; **qn compte serré** jd misst [reichlich] knapp; **n'y comptez pas trop, ne comptez pas trop [là-]dessus** verlassen Sie sich nicht zu sehr darauf!; **on peut** ~ **sur qn pour faire qc/quand il s'agit de faire qc** *iron* wenn es darum geht, etw zu tun, ist jd über alle Berge; **à** ~ **de** von ... an; **sans** ~ *dépenser* ohne aufs Geld zu sehen; *s'engager* voll und ganz; **n'y comptez pas** daraus wird wohl nichts; ***n'y comptez pas avant mardi*** rechnen Sie nicht vor Dienstag damit
III. *vpr* ■ **qn se compte** jd zählt sich mit
▶ **des choses ne se comptent plus** Dinge kann man [*o* lassen sich] [gar] nicht mehr zählen

compte-tours [kɔ̃ttuʀ] *m inv* Drehzahlmesser *m*, Tourenzähler *m*

compteur [kɔ̃tœʀ] *m* **1.** AUT Tachometer *m*, Tacho *m fam*, Geschwindigkeitsmesser *m; (indicateur de distance)* Kilometerzähler *m*
2. *(taximètre)* Taxameter *m*, Fahrpreisanzeiger *m*
3. *(~ à électricité, gaz, eau)* Zähler *m*
▶ ~ **électrique** Stromzähler *m;* ~ **kilométrique** Kilometerzähler *m;* **qn relève le** ~ jd liest den Zähler ab
◆ **compteur à** [*o* **d'**] **eau** Wasserzähler *m*, Wasseruhr *f;* **compteur à** [*o* **de**] **gaz** Gaszähler *m*, Gasuhr *f;* **compteur d'électricité** Stromzähler *m;* **compteur de vitesse** Geschwindigkeitsmesser *m;* **compteur Geiger** Geigerzähler *m*

comptine [kɔ̃tin] *f (chanson)* Kinderreim *m; (formule)* Abzählreim *m*

comptoir [kɔ̃twaʀ] *m* Theke *f; [café, restaurant a.]* Tresen *m; [magasin a.]* Ladentisch *m; [grand magasin a.]* Verkaufstisch *m; [banque, compagnie aérienne]* Schalter *m;* ***qn s'installe au*** ~ ***du bar*** [*o* ***devant le*** ~] jd setzt sich an die Theke [*o* an den Tresen]

compulser <1> [kɔ̃pylse] *vt* ■ **qn compulse qc** jd schlägt [*o* sieht] in etw *(dat)* nach

comte [kɔ̃t] *m* Graf *m*

comté [kɔ̃te] *m* **1.** Grafschaft *f*
2. GASTR Comté *m*

comtesse [kɔ̃tɛs] *f* Gräfin *f*

comtois, e [kɔ̃twa, waz] **I.** *adj* [aus] der Franche-Comté
II. *m, f* ■ **Comtois(e)** Einwohner(in) *m(f)* der Franche-Comté; ***je suis C~*** ich stamme aus der Franche-Comté

con, ne [kɔ̃, kɔn] **I.** *adj parfois inv pop* blöd *fam*, doof *fam;* ***elle est vraiment*** ~***ne*** sie ist echt blöd [*o* doof] *fam*
II. *m, f pop (homme)* [Voll]idiot *m fam*, Blödmann *m fam; (femme)* blöde [*o* dumme] Ziege *fam*
▶ **grand** ~ dummer Junge; **jeune** ~/~**ne** Grünschnabel/unerfahrenes Ding; **pauvre** [*o* **sale**] [*o* **vrai**] ~ *péj* Doofmann *m fam*, Blödmann *m fam*, blöder Kerl *fam;* **pauvre** [*o* **sale**] [*o* **vraie**] ~**ne** *péj* blöde [*o* dumme] Ziege [*o* Gans] *fam;* **petit** ~/**petite** ~**ne** dummer Junge/dumme Gans *fam;* **vieux** ~/**vieille** ~**ne** verrückter Alter/verrückte Alte; **qn fait le** ~ *pop* jd macht Blödsinn [*o* Mist *fam*] [*o* Scheiß *sl*]; ***arrête de faire le*** ~ hör auf mit dem Blödsinn [*o* Mist *fam*] [*o* Scheiß *sl*]!; ***fais pas le*** ~! mach keinen Blödsinn [*o* Mist *fam*] [*o* Scheiß *sl*]!; **oh! le** ~ .../**la** ~**ne ...** *pop* ach du Schande [*o* grüne Neune] *fam*
III. *m vulg (sexe)* Fotze *f vulg*

conard [kɔnaʀ] *m pop v.* **connard**

conasse [kɔnas] *f pop v.* **connasse**

concasser <1> [kɔ̃kɑse] *vt* ■ **qn/qc concasse qc** *pierre, roche* jd/etw zerkleinert etw; *poivre, sucre* jd zerstößt etw; *blé, grain (avec une meule)* jd/etw schrotet etw; *(avec un pilon)* jd zerstößt etw

concave [kɔ̃kav] *adj* konkav; ***miroir*** ~ Hohlspiegel *m*, Konkavspiegel *m*

concavité [kɔ̃kavite] *f* **1.** OPT Konkavität *f; [lentille]* Krümmung *f* [nach innen]; *[miroir]* Wölbung *f* [nach innen]
2. *(creux) [sol, rocher]* Vertiefung *f*, [Aus]höhlung *f*

concédant [kɔ̃sedɑ̃] *m* Konzessionsgeber(in) *m(f)*

concéder <5> [kɔ̃sede] *vt* **1.** *(accorder)* ■ **qn/qc concède qc à qn** *privilège, droit* jd/etw gesteht [*o* billigt] jdm etw zu; *exploitation* jd/etw gestattet jdm etw; *vente* jd/etw erteilt jdm die Konzession für etw; *monopole* jd/etw erteilt jdm etw
2. *form (admettre)* ■ **qn concède qc à qn:** ***je vous concède ce point*** in diesem Punkt stimme ich Ihnen zu [*o* pflichte ich Ihnen bei]; ■ **qn concède à qn que** + *indic (accorder)* jd gesteht jdm zu, dass; jd konzediert jdm, dass *form;* ***que vous ..., je ne vous le concède pas*** dass Sie ..., kann ich nicht gutheißen [*o* befinde ich nicht für gut]; ■ **qn concède que** + *indic form (reconnaître)* jd räumt ein, dass; jd gibt zu, dass; ***que ..., je le concède*** dass ..., [das] gebe ich zu
3. FBALL ■ **qn concède qc** *but, corner* jd kassiert etw *fam*

concentration [kɔ̃sɑ̃tʀasjɔ̃] *f (dans tous les sens)* Konzentration *f*
▶ **les grandes** ~**s urbaines** die großen städtischen Ballungsräume; ~ **horizontale** horizontale Unternehmenskonzentration; ~ **maximale admissible** Grenzwert *m*, zulässiger Höchstwert; ~ **verticale** vertikale Unternehmenskonzentration

concentré, e [kɔ̃sɑ̃tʀe] **I.** *adj* **1.** *(condensé) aliment, produit, solution, bouillon* konzentriert; *lait* Kondens-; *odeur* intensiv; ***extrait*** ~ ***d'aliments*** Nahrungsmittelkonzentrat *nt;* ***produit sanguin*** ~ Blutkonzentrat *nt*
2. *(réfléchi)* konzentriert
II. *m* **1.** GASTR Konzentrat *nt*
2. CHIM Extrakt *m*
3. *fig (accumulation)* ■ **un** ~ **de qc** eine Anhäufung von etw
▶ ~ **sanguin** Blutkonzentrat *nt*
◆ **concentré de tomate** Tomatenmark *nt*

concentrer <1> [kɔ̃sɑ̃tʀe] **I.** *vt* **1.** *(rassembler)* ■ **qn/qc concentre des personnes/choses [quelque part]** *gens, forces physiques, forces intellectuelles* jd/etw konzentriert Menschen/Dinge [irgendwo]; *troupes, forces* jd/etw massiert Menschen/Dinge [irgendwo]; ***qn concentre tous les pouvoirs [en son sein]*** jd hat alle Macht inne; ***les bagages ont été concentrés dans une seule pièce*** das Gepäck war in einem [einzigen] Zimmer zusammengetragen
2. *(porter)* ■ **qn/qc concentre qc sur qn/qc** *attention, énergie, affection, esprit, regards, efforts* jd/etw konzentriert etw auf jdn/etw
3. OPT ■ **qn/qc concentre qc** *rayons* jd/etw bündelt etw
4. CHIM ■ **qn/qc concentre qc** jd/etw konzentriert etw
II. *vpr* **1.** *(se rassembler)* ■ **des personnes se concentrent quelque part** */troupes/* Menschen ziehen sich irgendwo zusammen [*o* konzentrieren sich irgendwo]; */foule, manifestants/* Menschen sammeln sich irgendwo; *(confluer)* Menschen strömen irgendwo zusammen
2. *(se cantonner)* ■ **qc se concentre dans qc** etw konzentriert sich auf etw *(akk);* ■ **des personnes/animaux/choses se concentrent quelque part** Menschen/Tiere/Dinge finden sich besonders [*o* vor allem] irgendwo
3. *(réfléchir)* ■ **qn se concentre** jd konzentriert sich
4. *(se fixer)* ■ **qn/qc se concentre sur qn/qc** jd/etw konzentriert sich auf jdn/etw

concentrique [kɔ̃sɑ̃tʀik] *adj* konzentrisch

concept [kɔ̃sɛpt] *m* **1.** PHILOS Konzept *nt*, Vorstellung *f;* LING Bedeutung *f*
2. *(idée générale)* Konzept *nt*

conception [kɔ̃sɛpsjɔ̃] *f* **1.** ∅ BIO Empfängnis *f*, Konzeption *f spec*
2. ∅ *(élaboration)* Konzeption *f; [produit]* Entwicklung *f;* ~ ***d'ensemble*** Gesamtkonzeption *f*

3. *∅* (*idée sur*) ■ ~ **de qc** Auffassung *f* von etw, Vorstellung *f* von etw; ■ ~**s** [**sur**] Auffassungen *pl* [von], Vorstellungen *pl* [von]
► ~ **assistée par ordinateur** CAD *nt,* computer aided design [kɔmˈpjuːtə ˈeɪːdid diˈzain] *nt;* ~ **et fabrication assistées par ordinateur** computerunterstützte Konstruktion und Herstellung; **Immaculée C~** Unbefleckte Empfängnis
◆ **conception du monde** Weltbild *nt*

conceptualiser <1> [kɔ̃sɛptɥalize] *vt* ■ **qn conceptualise qc** jd erarbeitet [*o* erstellt] ein Konzept für etw

conceptuel, le [kɔ̃sɛptɥɛl] *adj art* konzeptuell; *art a.* Konzept-

concernant [kɔ̃sɛʀnɑ̃] *prép* (*quant à*) bezüglich (+ *gen*), hinsichtlich (+ *gen*); COM betreffs (+ *gen*), bezüglich (+ *gen*)

concerner <1> [kɔ̃sɛʀne] *vt* ■ **qc concerne qn/qc** etw betrifft jdn/etw; (*se rapporter à*) etw bezieht sich auf jdn/etw; ***il est concerné par ces mesures*** er ist von diesen Maßnahmen betroffen; ***les nouvelles concernent souvent des catastrophes*** in den Nachrichten geht es oft um Katastrophen
► **en** [*o* **pour**] **ce qui concerne qn/qc** was jdn/etw betrifft[, so]; **en ce qui me/te/le/la/… concerne** was mich/dich/ihn/sie/… betrifft[, so]

concert [kɔ̃sɛʀ] *m* 1. MUS Konzert *nt*
2. *iron* Konzert *nt;* ~ ***d'avertisseurs*** [*o* ***de klaxons***] Hupkonzert; ~ ***de sifflets*** Pfeifkonzert; ~ ***de casseroles*** Blechkonzert; ~ ***d'exclamations*** großes Geschrei; ■ **un** ~ **de qc** (*manifestation unanime*) einstimmiges etw, einhelliges etw; ***un*** ~ ***de regrets*** einhelliges Bedauern
► ~ **spirituel** geistliches Konzert, Kirchenkonzert *nt;* **de** ~ *décider* einstimmig; *agir* in gegenseitigem Einverständnis [*o* Einvernehmen], einvernehmlich; **de** ~ [**avec qn**] (*en accord avec*) *décider* im Einvernehmen [mit jdm]; *travailler* Hand in Hand [mit jdm]; (*ensemble*) zusammen [mit jdm]; ***il agit de*** ~ ***avec elle*** er geht mit ihr gemeinsam vor; ***ils agissent de*** ~ sie gehen gemeinsam vor

concertation [kɔ̃sɛʀtasjɔ̃] *f* Abstimmung *f;* ■ **une** ~ **sur qc** eine Abstimmung hinsichtlich einer S. (*gen*); ***une*** ~ ***sur les problèmes de terrorisme est nécessaire*** die Probleme des Terrorismus müssen gemeinsam in Angriff genommen werden
► **sans** ~ **préalable** ohne vorherige Abstimmung

concerté, e [kɔ̃sɛʀte] *adj plan* [vorher miteinander] abgestimmt; *action a.* konzertiert

concerter <1> [kɔ̃sɛʀte] I. *vt* ■ **qn concerte qc** jd stimmt etw ab, jd bespricht etw
II. *vpr* ■ **des personnes se concertent** [**sur qc**] Menschen stimmen sich [in Bezug auf etw (*akk*)] ab

concertiste [kɔ̃sɛʀtist] *mf* Konzertmusiker(in) *m(f)*

concerto [kɔ̃sɛʀto] *m* Konzert *nt*

concessif, -ive [kɔ̃sesif, -iv] I. *adj* konzessiv, Konzessiv-
II. *f* ■ **concessive** Konzessivsatz *m*

concession [kɔ̃sesjɔ̃] *f* 1. (*compromis*) Zugeständnis *nt,* Konzession *f geh;* ***c'est un homme sans*** ~ er ist zu keinem Zugeständnis bereit; ***qn fait de larges*** ~***s*** jd macht weitgehende Zugeständnisse
2. ADMIN (*droit d'exploiter*) Nutzungsrecht *nt;* COM Konzession *f;* ***la ville a fait la*** ~ ***du terrain pour 100 ans au Parlement Européen*** die Stadt hat dem Europäischen Parlament das Gelände auf 100 Jahre zur Nutzung überlassen; ~ ***commerciale exclusive*** Alleinvertretung *f,* Alleinvertrieb *m;* ~ ***d'utilisation*** [***d'un procédé de fabrication***] Herstellungslizenz *f*
3. (*terrain exploité*) zur Nutzung freigegebenes Grundstück; ~ ***forestière*** zur Nutzung freigegebenes Waldstück; ~ ***minière*** zum Abbau freigegebene Bergmine; ~ ***pétrolière*** zur Nutzung freigegebenes Ölfeld
4. (*place au cimetière*) gekauftes Grab

concessionnaire [kɔ̃sesjɔnɛʀ] I. *adj* konzessioniert, Konzessions-
II. *mf* ADMIN Konzessionär(in) *m(f),* Konzessionsinhaber(in) *m(f);* COM Vertragshändler(in) *m(f)*
► ~ **exclusif de** Alleinvertreter(in) *m(f)* für, Alleinvertreiber(in) *m(f)* für

concevable [kɔ̃s(ə)vabl] *adj* denkbar

concevoir <12> [kɔ̃s(ə)vwaʀ] I. *vt* 1. *soutenu* (*engendrer*) ■ **deux personnes ont conçu qn** zwei Menschen haben jdn gezeugt; ■ **qn était conçu(e)** jd wurde gezeugt; ***Marie a conçu Jésus*** Maria hat Jesus empfangen
2. (*imaginer*) ■ **qn conçoit qc** *projet, dessein, fait* jd denkt sich (*dat*) etw aus, jd konzipiert etw; ***l'esprit conçoit les idées*** der Geist erzeugt die Gedanken; ***est-il jamais arrivé à*** ~ ***une pensée originale?*** ist es ihm jemals gelungen, einen eigenen Gedanken zustande zu bringen?
3. (*se représenter*) ■ **qn conçoit qc** [**d'une certain façon**] *chose, mort* jd hat eine … + *adj* Vorstellung von etw; *politique a., solution* jd stellt sich (*dat*) etw irgendwie vor; ■ **qn conçoit qc comme qc** *chose, question, politique, mort* jd begreift etw als etw, jd fasst etw als etw auf
4. (*élaborer*) ■ **qn conçoit qc** *maison, voiture* jd konzipiert etw; *texte, lettre* jd fasst etw ab
5. (*comprendre*) ■ **qn conçoit qc/que** + *subj* jd begreift [*o* versteht] etw/, dass; ***je n'arrive pas à*** ~ ***que*** ich kann nicht begreifen [*o* verstehen], dass; ***on concevrait qu'il refuse*** es wäre verständlich, wenn er ablehnt; ***on conçoit sa déception*** seine/ihre Enttäuschung ist verständlich
II. *vi soutenu* (*devenir enceinte*) ■ **qn conçoit** jd empfängt
III. *vpr* 1. (*se comprendre*) ■ **qc se conçoit** + *adv* man versteht etw […] + *adv,* man kann etw [… + *adv*] verstehen; ***cela se conçoit facilement*** das kann man gut verstehen
2. *soutenu* (*être imaginé*) ■ **qc se conçoit** / *plan, projet*/ etw wird ins Auge gefasst; ***le pire qui puisse se concevoir, c'est …*** das Schlimmste, was man sich (*dat*) vorstellen kann, ist …

concierge [kɔ̃sjɛʀʒ] *mf* Hausmeister(in) *m(f)*
► **c'est une vraie** ~ *fam* das ist ein richtiges Klatschmaul *fam*

concile [kɔ̃sil] *m* Konzil *nt*
► ~ **œcuménique** ökumenisches Konzil

conciliable [kɔ̃siljabl] *adj* vereinbar; ***ces deux opinions sont peu*** ~***s*** [***entre elles***] diese beiden Meinungen lassen sich schlecht vereinbaren

conciliabule [kɔ̃siljabyl] *m* ► **qn tient** [*o* **fait**] [*o* **a**] **des** ~**s avec qn** jd tuschelt mit jdm

conciliant, e [kɔ̃siljɑ̃, jɑ̃t] *adj personne* entgegenkommend, konziliant *geh; parole* vermittelnd; *caractère* verträglich, ausgleichend

conciliateur, -trice [kɔ̃siljatœʀ, -tʀis] I. *adj* ausgleichend, vermittelnd
II. *m, f* Vermittler(in) *m(f),* Schlichter(in) *m(f)*

conciliation [kɔ̃siljasjɔ̃] *f* 1. (*médiation*) Ausgleich *m,* Vermittlung *f;* ***démarche de*** ~, ***tentative de*** ~ Vermittlungsversuch *m;* ***par esprit de*** ~ im Geiste der Versöhnung, aus Kompromissbereitschaft; ***il fait preuve d'un grand esprit de*** ~ er zeigt eine große Kompromissbereitschaft
2. JUR Sühneversuch *m;* (*réussie*) Vergleich *m;* (*arbitrage*) Schlichtung *f;* ***qn est cité(e) en*** ~ jd ist zum Sühnetermin geladen

conciliatoire [kɔ̃siljatwaʀ] *adj:* ***procédure*** ~ Sühneverfahren *nt*

concilier <1 a> [kɔ̃silje] I. *vt* 1. (*harmoniser*) ■ **qn concilie qc avec** [*o* **et**] **qc** jd bringt etw mit etw in Einklang; ■ **qn concilie des choses** jd bringt Dinge miteinander in Einklang; ***comment*** ~ ***ces deux exigences contraires?*** wie lassen sich diese beiden gegensätzlichen Forderungen miteinander in Einklang bringen [*o* miteinander vereinbaren]?
2. (*faire gagner*) ■ **qc concilie qn à une personne** ein Mensch gewinnt jdn durch etw für sich; ■ **qc concilie qc à qn** etw verschafft jdm etw
3. JUR ■ **qn concilie des personnes** jd führt einen Vergleich zwischen Menschen herbei; *époux* jd führt eine Versöhnung zwischen Menschen herbei; (*arbitrer*) jd führt eine Schlichtung zwischen Menschen herbei
II. *vpr* ■ **qn se concilie qn** jd gewinnt jdn für sich; ■ **qn se concilie qc** *amitié, faveur* jd erwirbt [sich (*dat*)] etw; *bienveillance* jd gewinnt etw

concis, e [kɔ̃si, iz] *adj style* knapp, komprimiert; *texte a.* gedrängt; *termes* kurz und bündig, prägnant; *pensée* prägnant; ***soyez*** ~ fassen Sie sich kurz

concision [kɔ̃sizjɔ̃] *f* *∅* [*style*] Knappheit *f;* [*texte*] Kürze *f,* Bündigkeit *f;* [*termes, pensée*] Prägnanz *f;* ***Tacite est un modèle de*** ~ Tacitus ist ein Vorbild an kurzer und knapper Ausdrucksweise

concitoyen, ne [kɔ̃sitwajɛ̃, jɛn] *m, f* Mitbürger(in) *m(f)*

conclave [kɔ̃klav] *m* Konklave *f*

concluant, e [kɔ̃klyɑ̃, ɑ̃t] *adj argument* triftig, schlagend, stichhaltig; *résultat* zwingend, überzeugend; *expérience, essai* beweiskräftig; ***ce n'est pas très*** ~ ***d'avoir choisi un moteur de cette puissance*** es ist nicht sehr einleuchtend, warum ein Motor dieser Stärke [aus]gewählt wurde

conclure <irr> [kɔ̃klyʀ] I. *vt* 1. (*signer*) ■ **qn conclut qc** *pacte, traité* jd schließt etw [ab]; *paix* jd schließt etw; ***ils ont conclu un accord/ marché*** [***o une affaire***] sie haben eine Vereinbarung getroffen/ein Geschäft abgeschlossen
2. (*terminer*) ■ **qn conclut qc** [**par qc/en faisant qc**] jd schließt etw [mit etw] ab/jd schließt ab, indem er etw macht; *débat, discours, texte a.* jd beschließt etw [mit etw]/, indem er etw macht; *repas a.* jd beendet etw [mit etw]/, indem er etw macht
3. (*déduire*) ■ **qn conclut qc de qc** jd leitet etw aus etw ab; ■ **qn/qc conclut** [**de qc**] **que** + *indic* jd/etw [schluss]folgert [aus etw], dass; jd schließt aus etw, dass; ***j'en conclus que*** ich schließe daraus, dass
II. *vi* 1. (*terminer*) ■ **qn conclut** [**par qc/en faisant qc**] jd kommt zum Schluss [*o* Ende], jd schließt mit etw [ab]/schließt [ab], indem er etw macht; ■ **qc conclut** [**par qc**] etw geht zu Ende, etw schließt mit etw; ***on vous demande de*** ~ Sie möchten bitte zum Schluss kommen; ***cet écrivain ne sait pas*** ~ dieser Schriftsteller kommt zu keinem Ende [*o* findet kein Ende]
2. (*se prononcer pour*) ■ **qn/qc conclut à qc** jd/etw schließt auf etw (*akk*); ***les jurés ont conclu à son innocence*** die Geschworenen befanden ihn für unschuldig; ***les juges ont conclu à l'acquittement*** die Richter entschieden auf Freispruch; ***le rapport conclut à la nécessité d'un changement*** der Bericht spricht sich für die Notwendigkeit einer Änderung aus; ***les experts concluent à la responsabilité totale de l'accusé*** die Gutachter kamen zu der Entscheidung, dass der Angeklagte voll [für seine Tat] verantwortlich ist
3. JUR ■ **qc conclut contre qn** / *témoignage*/ etw spricht gegen jdn
► **pour** ~ um abzuschließen
III. *vpr* ■ **qc se conclut par qc** etw schließt mit etw [ab]

conclusion [kɔ̃klyzjɔ̃] *f* 1. (*fait de conclure*) [*accord, affaire, traité, marché*] Abschluss *m;* [*mariage*] Schließen *nt;* [*intrigue, événements*] Auflösung *f,* Schluss *m*
2. (*fin*) [*article*] Ende *nt;* [*roman, discours a.*] Schluss *m*
3. (*déduction*) [*fable*] Moral *f,* Lehre *f;* [*thèse*] Konklusion *f geh,* [Schluss]folgerung *f;* ***sa*** ~ ***est fausse*** [***o erronée***] seine/ihre [Schluss]folgerung ist falsch
4. *pl* JUR Antrag *m;* ~***s verbales*** mündlicher Antrag; ~***s du Ministère Public*** Antrag *m* der Staatsanwaltschaft
► **qn/qc** [**en**] **arrive à la** ~ **que** + *indic* jd/etw kommt zu dem Schluss, dass; **qn tire les** ~**s de qc** jd zieht aus etw seine Schlüsse; **qn tire de qc la** ~ **que** + *indic* jd zieht aus etw den Schluss, dass; jd folgert aus etw, dass; **en** ~ letzten Endes; **conclusion, …** Fazit …

concombre [kɔ̃kɔ̃bʀ] *m* Gurke *f*

concomitance [kɔ̃kɔmitɑ̃s] *f* gleichzeitiges Auftreten (*de* von), Nebeneinander *nt* (*de* von)

concordance [kɔ̃kɔʀdɑ̃s] *f* 1. (*accord*) Übereinstimmung *f;* [*situations, conditions*] Ähnlichkeit *f*
2. (*index*) Konkordanz *f*
3. GEOL Konkordanz *f*
► **qn met qc en** ~ **avec qc** jd bringt etw in Übereinstimmung mit etw
◆ **concordance de phase** Phasenkonkordanz *f;* **concordance des temps** Zeitenfolge *f*

concordant, e <1> [kɔ̃kɔʀdɑ̃, ɑ̃t] *adj* 1. *pl* (*convergent*) ■ **des choses**

sont ~es [entre elles] Dinge stimmen [miteinander] überein
2. *pl* GEOL konkordant, gleich geschichtet
concordat [kɔ̃kɔʀda] *m* Konkordat *nt*
concorde [kɔ̃kɔʀd] *f* Ø *soutenu* Eintracht *f*
▶ **ils vivent dans la ~** sie leben in Eintracht, sie leben einträchtig miteinander
concorder <1> [kɔ̃kɔʀde] *vi* ■ **des choses concordent** Dinge stimmen überein; ***tous les témoignages concordent sur ce point*** alle Zeugenaussagen stimmen in diesem Punkt überein; ***il faudrait faire ~ les chiffres*** man müsste die Zahlen in Übereinstimmung bringen ■ **qc concorde avec qc** etw stimmt mit etw überein
concourir <irr> [kɔ̃kuʀiʀ] *vi* **1.** *soutenu* (*contribuer*) ■ **des choses concourent à qc** Dinge tragen zu etw bei; ■ **des choses concourent à faire qc** Dinge helfen mit, etw zu tun; Dinge tragen dazu bei, etw zu tun
2. (*être en compétition*) ■ **qn/qc concourt [pour qc] [à qc]** jd macht die Prüfung [für etw] [an etw (*dat*)], jd/etw nimmt am Wettbewerb [um etw] teil; ***elle est admise à ~*** UNIV sie ist zum Auswahlverfahren zugelassen; SPORT sie ist zum Wettkampf zugelassen; ***le film est admis à ~ pour la Palme d'Or*** der Film ist zum Wettbewerb um die Goldene Palme zugelassen
3. MATH ■ **des choses concourent [vers qc]** Dinge laufen [in etw (*dat*)] zusammen
concours [kɔ̃kuʀ] *m* **1.** (*compétition*) Wettbewerb *m;* SPORT Wettkampf *m;* ■ **~ de qc** Wettkampf um etw; SPORT Wettkampf in etw (*dat*); ■ **~ de** *d'orthographe, de beauté, de chant* -wettbewerb *m*
2. (*jeu doté de prix*) Preisausschreiben *nt*
3. SCOL, UNIV (*examen d'entrée*) Aufnahmeprüfung *f;* ADMIN Auswahlverfahren *nt;* ***~ d'entrée*** Aufnahmeprüfung *f;* ***~ de recrutement*** Bewerbungsverfahren *nt*
4. (*aide*) Beitrag *m,* Hilfe *f*
5. (*coïncidence*): ***~ de circonstances/chances/d'événements*** Zusammentreffen *nt* von Umständen/Zufällen/Ereignissen
▶ **~ agricole** landwirtschaftlicher Wettbewerb; **~ général** *mit Preisen prämierte Prüfung, an der sich die besten Schüler der gymnasialen Oberstufe beteiligen;* **grand ~ [annuel]** großer [Jahres]wettbewerb; **~ hippique** Reit[- und Spring]turnier *nt;* **hors ~** *adj* (*non admis à concourir*) außer Konkurrenz teilnehmend; (*incomparable*) *personne, tireur, produit* konkurrenzlos, erstklassig; ***qn présente qc hors ~*** jd stellt etw außer Konkurrenz vor; ***qn est mis(e) hors ~*** jd ist/wird vom Wettbewerb ausgeschlossen [*o* disqualifiziert]; **~ publicitaire** [Reklame]preisausschreiben *nt;* **qn s'assure le ~ de qn** jd sichert sich (*dat*) jds Mithilfe; **qn met qc au ~** jd schreibt etw aus; **qn prête [*o* apporte] son ~ à qc** jd leistet seinen Beitrag zu etw, jd trägt seinen Teil zu etw bei; **avec le ~ de qn** mit jds Hilfe [*o* Unterstützung]; ***un concert avec le ~ du violoniste X*** ein Konzert unter Mitwirkung des Geigers X; **[qn/qc est] hors ~** [jd/etw nimmt] außer Konkurrenz [teil]
concret, -ète [kɔ̃kʀɛ, -ɛt] **I.** *adj* konkret; *esprit* an der Praxis orientiert
II. *m* Ø Konkrete(s) *nt*
concrètement [kɔ̃kʀɛtmɑ̃] *adv* konkret
concrétisation [kɔ̃kʀetizasjɔ̃] *f* Konkretisierung *f*
concrétiser <1> [kɔ̃kʀetize] **I.** *vt* **1.** (*réaliser*) ■ **qn/qc concrétise qc** *espérance* jd/etw erfüllt etw; *rêve a., projet* jd verwirklicht etw; *promesse* jd löst etw ein; ***l'équipe n'a pas su ~ son avantage en marquant le but*** die Mannschaft hat ihren Vorteil nicht in ein Tor verwandeln können
2. (*matérialiser*) ■ **qn concrétise qc par qc/en faisant qc** *démonstration, exemple* jd veranschaulicht etw durch etw/, indem er etw macht; *sentiments* jd verleiht einer S. (*dat*) durch etw Ausdruck/jd verleiht einer S. (*dat*) Ausdruck, indem er etw tut
II. *vpr* ■ **qc se concrétise** /*projet, programme*/ etw nimmt konkrete Formen an; /*espoir, rêve*/ etw wird wahr, etw geht in Erfüllung; /*promesse*/ etw erfüllt sich; /*menace*/ etw wird wahr
conçu, e [kɔ̃sy] *pp de* **concevoir**
concubin, e [kɔ̃kybɛ̃, in] *m, f* Lebenspartner(in) *m(f)*
concubinage [kɔ̃kybinaʒ] *m* nichteheliche Lebensgemeinschaft wilde Ehe *fam*
▶ **~ notoire** JUR rechtlich anerkannte nichteheliche Lebensgemeinschaft; **qn vit en ~ [avec qn]** jd lebt [mit jdm] in wilder Ehe *fam;* ***ils vivent en ~*** sie leben in wilder Ehe *fam,* sie leben zusammen
concupiscent, e [kɔ̃kypisɑ̃, ɑ̃t] *adj hum* lüstern
concurremment [kɔ̃kyʀamɑ̃] *adv* **1.** (*conjointement*) ■ **~ avec qn/qc** zusammen mit jdm/etw
2. (*simultanément*) zugleich, gleichzeitig
concurrence [kɔ̃kyʀɑ̃s] *f* **1.** Ø (*compétition*) Konkurrenz *f;* COM *a.* Wettbewerb *m;* ***redoutable ~ sur les prix*** gefährlicher Preiswettkampf; ***réglementation de la ~*** Wettbewerbsordnung *f,* Wettbewerbsregelung *f;* ***marché de ~*** Wettbewerbsmarkt *m;* ***~ des prix/des services/des produits*** Preis-/Dienstleistungs-/Güterwettbewerb; ***les firmes étrangères nous font une ~ acharnée*** die ausländischen Firmen machen uns erbittert Konkurrenz
2. Ø (*ensemble de concurrents*) ■ **la ~** die Konkurrenz
▶ **~ déloyale** unlauterer Wettbewerb; **libre ~** freier Wettbewerb; **qc défie toute ~** /*prix*/ etw unterbietet jede Konkurrenz; /*qualité, produit*/ etw überbietet jede Konkurrenz; **qn/qc entre en ~ avec qn/qc** jd/etw tritt mit jdm/etw in Konkurrenz [*o* in Wettbewerb]; **qn/qc entre en ~ avec qn/qc pour qn/qc** jd/etw lässt sich mit jdm/etw auf einen Konkurrenzkampf um jdn/etw ein; **qn/qc est [*o* se trouve] en ~ [avec qn/qc]** jd/etw steht [mit jdm/etw] in Konkurrenz, jd/etw konkurriert mit jdm/etw; ***ils sont en ~*** sie konkurrieren miteinander, sie stehen in Konkurrenz miteinander; **qn/qc fait ~ à qn/qc** jd/etw macht jdm/einer S. Konkurrenz; ***ils nous font ~ sur le prix de l'essence*** sie machen uns Konkurrenz in Bezug auf den Benzinpreis; ***ils se font ~*** sie machen sich gegenseitig Konkurrenz; **qn/qc soutient la ~** jd/etw ist konkurrenzfähig; **jusqu'à ~ de** bis zum Höchstbetrag von, bis zu einem Betrag von
concurrencer <2> [kɔ̃kyʀɑ̃se] *vt* ■ **qn/qc concurrence qn/qc** jd/etw konkurriert mit jdm/etw; ***il les concurrence dangereusement*** er ist eine gefährliche Konkurrenz für sie
concurrent, e [kɔ̃kyʀɑ̃, ɑ̃t] **I.** *adj* konkurrierend
II. *m, f* Konkurrent(in) *m(f);* ***ils sont ~s pour ce poste/ce marché*** sie konkurrieren um diese Stelle/auf diesem Markt
concurrentiel, le [kɔ̃kyʀɑ̃sjɛl] *adj* konkurrenzfähig
concussion [kɔ̃kysjɔ̃] *f* Veruntreuung *f* [öffentlicher Gelder], Unterschlagung *f*
condamnable [kɔ̃danabl] *adj* verwerflich, verdammenswert; ■ **qn est ~ d'avoir fait qc** es ist sträflich, dass jd etw gemacht hat; ■ **qn n'est pas ~ d'avoir fait qc** es ist kein Vergehen, dass jd etw gemacht hat
condamnation [kɔ̃danasjɔ̃] *f* **1.** Ø (*fait de condamner*) Verurteilung *f;* (*peine*) Strafe *f;* ■ **~ à qc** Verurteilung zu etw; ■ **~ pour qc** Verurteilung wegen etw
2. (*censure*) [*auteur, journal, livre*] Verbot *nt*
3. (*réprobation*) Verurteilung *f;* ***le livre est la ~ de la politique gouvernementale par l'opposition*** mit dem Buch verurteilt die Opposition die Regierungspolitik
4. Ø (*fin*): ***ces mesures sont la ~ des petites entreprises*** diese Maßnahmen sind das Ende [*o* der Ruin] für die kleinen Unternehmen
5. (*action de fermer*) Schließen *nt;* (*système de fermeture*) [*coffre-fort, porte*] Schließvorrichtung *f;* [*salle de musée*] Schließanlage *f;* ***la ~ des portes se fait automatiquement*** die Türen schließen automatisch [*o* selbsttätig]
▶ **~ à perpétuité** Verurteilung zu einer lebenslangen Haftstrafe; **~ avec sursis** Strafe *f* mit Bewährung; **qn porte des ~s contre qn** jd beschuldigt jdn; **qn a déjà subi une ~/plusieurs ~s** jd ist schon einmal/mehrfach vorbestraft
condamné, e [kɔ̃dane] *m, f* Sträfling *m,* Strafgefangene(r) *f(m)*
▶ **~ [à mort]** zum Tode Verurteilte(r) *f(m)*
condamner <1> [kɔ̃dane] *vt* **1.** JUR ■ **qn condamne qn [pour qc] [à qc]** jd verurteilt jdn [wegen etw] [zu etw]; ***il a été condamné à la prison/à 10 ans de prison*** er wurde zu einer Gefängnisstrafe [*o* Haftstrafe]/zu 10 Jahren Haft [*o* Gefängnis] verurteilt; ■ **qn condamne qn [pour qc] à faire qc** jd verurteilt jdn [wegen etw] dazu, etw zu tun
2. (*punir*) ■ **qc condamne qc** /*loi*/ etw stellt etw unter Strafe, etw bestraft etw; ***ces délits sont sévèrement condamnés*** diese Vergehen werden streng bestraft, diese Vergehen stehen unter strenger Strafe
3. (*blâmer*) ■ **qn condamne qc** jd verurteilt [*o* rügt] etw; ■ **qn condamne qn d'avoir fait qc** jd hält jdm vor, etw getan zu haben
4. MED ■ **qn condamne qn** jd gibt jdn auf, jd gibt jdm keine Chancen [mehr]; ***qn est condamné(e)*** jd ist ein hoffnungsloser Fall
5. (*ruiner*) ■ **qc condamne qc** *entreprise, projet* etw bedeutet das Aus [*o* Ende] für etw; ■ **qn condamne qc** jd bringt etw zu Fall; *région, secteur* jd führt etw in den Ruin; ***ce projet est condamné*** dieses Projekt hat keine Chancen mehr, dieses Projekt ist erledigt *fam*
6. (*obliger*) ■ **qc condamne qn à qc** *à l'inaction, l'immobilité* etw verdammt jdn zu etw; *à de fréquents voyages* etw zwingt jdn zu etw; ■ **qc condamne qn à faire qc** etw zwingt jdn dazu, etw zu tun; ■ **qc condamne qc à faire qc**: ***la construction de la nouvelle route condamne ce quartier à disparaître*** der Bau dieser neuen Straße bedeutet, dass dieses Viertel verschwindet; ***c'est condamné à sombrer dans l'oubli*** das wird unweigerlich in Vergessenheit geraten
7. (*fermer*) ■ **qn condamne qc** (*avec briques, ciment*) jd mauert etw zu; (*avec planches*) jd vernagelt etw, jd nagelt etw zu; (*à clé*) *porte, portière* jd verriegelt etw; *rue* (*avec barrières*) jd sperrt etw
condensateur [kɔ̃dɑ̃satœʀ] *m* ELEC Kondensator *m;* OPT Kondensor *m*
condensation [kɔ̃dɑ̃sasjɔ̃] *f* Ø Kondensation *f,* Verdichtung *f*
condensé [kɔ̃dɑ̃se] *m* Kondensat *nt;* [*livre, article*] Kurzfassung *f*
condenser <1> [kɔ̃dɑ̃se] **I.** *vt* ■ **qn/qc condense qc** *gaz, vapeur* jd/etw kondensiert etw; ■ **qn condense qc** *exposé, pensée, texte* jd strafft etw, jd komprimiert etw
II. *vpr* ■ **qc se condense** etw kondensiert
condescendance [kɔ̃desɑ̃dɑ̃s] *f* Herablassung *f;* ***d'un air de ~*** mit herablassender Miene
▶ **avec ~** herablassend; *regarder a.* verächtlich
condescendant, e [kɔ̃desɑ̃dɑ̃, ɑ̃t] *adj* herablassend
condiment [kɔ̃dimɑ̃] *m* würzige Beigabe
condisciple [kɔ̃disipl] *mf* Kommilitone/Kommilitonin *m/f,* Studienkollege/-kollegin *m/f*
condition [kɔ̃disjɔ̃] *f* **1.** (*base*) ■ **~ de qc** [*d'un succès, du bon fonctionnement, d'une démocratie*] Voraussetzung *f* für etw
2. *gén pl* (*exigence*) Bedingung *f,* Voraussetzung *f;* ***les ~s d'admission [à un club/un cours]*** die Aufnahmebedingungen [für einen Verein/einen Kurs]; ***elle réunit toutes les ~s pour être sélectionnée*** sie bringt alle Voraussetzungen mit, um ausgewählt zu werden; ***quelles sont les ~s requises pour ce poste?*** welche Voraussetzungen werden für diese Stelle verlangt?; ***il remplit toutes les ~s*** er erfüllt alle Bedingungen [*o* Voraussetzungen]; ***elle dicte ses ~s*** sie diktiert ihre Bedingungen; ***il m'a posé une ~*** er hat mir eine Bedingung gestellt
3. *pl* COM (*prix, tarif*) Preise *pl;* ■ **~s de** *de vente, livraison, paiement, d'achat, d'usage* -bedingungen *pl; de crédit, d'expédition* Bedingungen *pl* für
4. Ø SOCIOL ■ **la ~ de qn** jds Situation *f,* jds Stellung *f; des agriculteurs, travailleurs a.* jds Lage *f;* ***la ~ ouvrière/paysanne/féminine/humaine*** die Situation der Arbeiter/der Bauern/der Frauen/der Menschen, die Situation des Arbeiters/des Bauern/der Frau/des Menschen; ***elle assume sa ~ de***

femme sie nimmt ihre Rolle als Frau an
5. ∅ (*forme physique*) Verfassung *f*, Form *f*; (*endurance*) Kondition *f*; ***je suis en excellente*** ~ ich bin in ausgezeichneter Verfassung [*o* Form]
6. *pl* (*cadre*): ~***s de travail/vie*** Arbeits-/Lebensbedingungen *pl*
7. *pl* (*circonstances*) Umstände *pl*; ***dans ces*** ~***s*** unter diesen Bedingungen; ~***s économiques*** wirtschaftliche Lage; ~***s météorologiques*** Wetterbedingungen *pl*; ~***s propices*** bessere Umstände
8. (*rang social*) soziale Verhältnisse *pl*; ***des gens de toutes les*** ~***s*** Menschen aus den unterschiedlichsten sozialen Verhältnissen [*o* aus allen gesellschaftlichen Schichten]; ***une personne de basse*** ~/***de*** ~ ***élevée*** ein Mensch aus kleinen/besseren Verhältnissen; ***elle vit selon sa*** ~ sie lebt ihren Verhältnissen entsprechend; ***elle a épousé un homme de sa*** ~ sie hat einen Mann aus den gleichen sozialen Verhältnissen geheiratet
9. *pl* JUR (*clause*) Bedingungen *pl*
▶ ~ **nécessaire et suffisante** notwendige und hinreichende Bedingung; ~ **préalable** [**à**] Voraussetzung *f* [für]; ~ **sine qua non** unerlässliche Bedingung, Conditio sine qua non *f geh*; **qn met qn en** ~ [**pour qc**] SPORT jd bereitet jdn [auf etw (*akk*)] vor; PSYCH jd stimmt jdn auf etw (*akk*) ein; **qn se met en** ~ **pour qc/pour faire qc** jd bereitet sich auf etw (*akk*) vor/bereitet sich darauf vor, etw zu tun; **mais j'y mets une** ~, **c'est que** + *subj* jedoch unter der Bedingung, dass; **à** ~ **de faire qc/que** + *subj* unter der Bedingung, etw zu tun/dass; **mais à une** ~, **c'est que** + *subj* aber nur unter der Bedingung, dass; **dans ces** ~**s** unter diesen Bedingungen; **sans** ~[**s**] bedingungslos; **sous** ~ unter Vorbehalt, [nur] bedingt; ***sous certaines*** ~***s*** unter bestimmten Bedingungen

conditionnel, le [kɔ̃disjɔnɛl] **I.** *adj* **1.** *accord, promesse* an eine Bedingung gebunden, an Bedingungen gebunden
2. GRAM *proposition* Bedingungs-, Konditional-
II. *m* Konditional *m*, Möglichkeitsform *f*
III. *f* ■ **conditionnelle** Konditionalsatz *m*, Bedingungssatz *m*

conditionnement [kɔ̃disjɔnmɑ̃] *m* **1.** (*emballage*) Aufmachung *f*
2. ∅ (*procédé d'emballage*) konservierendes [*o* haltbar machendes] Verpacken; ~ ***sous vide*** luftdichtes Verpacken
3. PSYCH Konditionierung *f*
4. (*traitement*) ■ ~ **de qc** Haltbarmachung *f* [*o* wärmetechnische Behandlung] von etw; *de l'air* Klimatisierung *f* einer S. (*gen*)

conditionner <1> [kɔ̃disjɔne] *vt* **1.** (*emballer*) ■ **qn conditionne qc** jd verpackt etw; ***nous conditionnons notre produit en flacons/verres*** wir präsentieren unser Produkt in Fläschchen/in Gläsern; ***la société XY conditionne nos marchandises*** die Firma XY besorgt die Verpackung unserer Waren
2. (*influencer*) ■ **qn/qc conditionne qn** jd/etw konditioniert jdn; ■ **qn est conditionné(e) par qc** jd ist durch etw konditioniert
3. (*commander*) ■ **qc conditionne qc** etw bedingt etw, etw hat etw zur Folge
4. (*traiter*) ■ **qn/qc conditionne qc** jd/etw macht etw haltbar, jd/etw behandelt etw wärmetechnisch; *air* jd klimatisiert etw

condoléances [kɔ̃dɔleɑ̃s] *fpl form* ▶ **sincères** ~ aufrichtiges [*o* herzliches] Beileid; **qn exprime/fait/offre/présente** [**toutes**] **ses** ~ **à qn** jd spricht [*o* drückt] jdm sein Beileid aus, jd bezeigt jdm sein Beileid; [**toutes**] **mes** ~! mein Beileid!

condom [kɔ̃dɔm] *m* Kondom *nt*

condor [kɔ̃dɔʀ] *m* Kondor *m*

conducteur, -trice [kɔ̃dyktœʀ, -tʀis] **I.** *adj* PHYS leitend; ■ ~ **de** -leitend
II. *m, f* Fahrer(in) *m(f)*; [*train*] Zugführer(in) *m(f)*
III. *m* PHYS Leiter *m*
◆ **conducteur(-trice) de machines** Maschinenführer(in) *m(f)*, Maschinenmeister(in) *m(f)*; **conducteur(-trice) d'engins** Fahrer(in) *m(f)*; **conducteur(-trice) de travaux** Bauführer(in) *m(f)*, Bauleiter(in) *m(f)*

conductibilité [kɔ̃dyktibilite] *f* Leitfähigkeit *f*; ~ ***calorifique***, ~ ***thermique*** Wärmeleitfähigkeit *f*; ***un coefficient de*** ~ ***élevé*** eine hohe Wärmeleitzahl

conduire <*irr*> [kɔ̃dɥiʀ] **I.** *vi* **1.** ■ **qn conduit** jd fährt; ***elle conduit bien*** sie fährt gut, sie kann gut fahren
2. (*mener*) ■ **qc conduit quelque part** etw führt irgendwohin
3. (*aboutir*) ■ **qc conduit à qc** *à la catastrophe, au divorce, bonheur* etw führt zu etw
II. *vt* **1.** (*diriger*) ■ **qn conduit qc/un animal** *véhicule, bateau, avion* jd steuert etw; *cheval, troupeau, caravane* jd führt etw
2. (*emmener*) ■ **qn conduit qn/un animal/qc quelque part** jd bringt jdn/ein Tier/etw irgendwohin; (*à pied*) jd führt jdn/ein Tier/etw irgendwohin; (*en voiture*) jd fährt jdn/ein Tier/etw irgendwohin; ***elle conduit la voiture au garage*** sie fährt [*o* bringt] das Auto in die Garage
3. (*amener*) ■ **qc conduit qn quelque part** /*taxi, train, dérèglements*/ etw bringt jdn irgendwohin; /*traces*/ etw führt jdn irgendwohin
4. (*mener*) ■ **qc conduit qn/qc à qc** *au chômage, à la ruine* etw führt jdn/etw in etw (*akk*); ***cela peut nous*** ~ ***loin!*** das kann böse Folgen [für uns] haben!; ***où cela va-t-il nous*** ~? wo soll [uns] das nur hinführen?; ***cette remarque me conduit à la conclusion que*** aus dieser Bemerkung ziehe ich die Schlussfolgerung, dass; ■ **qn conduit qn/qc à qc** *à la ruine* jd führt jdn/etw in etw (*akk*); *au malheur* jd stürzt jdn in etw (*akk*); ***vous l'avez conduit au désespoir*** Sie haben ihn zur Verzweiflung gebracht; ***il l'a conduite à la folie*** er hat sie verrückt [*o* wahnsinnig] gemacht; ■ **qc conduit qn à faire qc** etw bringt jdn dazu, etw zu tun
5. (*guider*) ■ **qn conduit qn/un animal** jd führt jdn/ein Tier
6. (*diriger*) ■ **qn conduit qc** *armée, flotte, pays* jd führt etw; *entreprise, affaire, négociations a., travaux, fouilles, enquête* jd leitet etw; *danse, délégation, deuil, convoi* jd führt etw an
7. (*transporter*) ■ **qc conduit qc** *eau, liquide, gaz* etw leitet etw; *électricité, chaleur* etw leitet etw
III. *vpr* **1.** (*se comporter*) ■ **qn se conduit** [**d'une certaine façon**] jd benimmt sich [irgendwie]
2. AUT ■ **qc se conduit d'une certaine façon** etw lässt sich irgendwie steuern [*o* fahren]

conduit [kɔ̃dɥi] *m* (*fermé*) Röhre *f*, [Rohr]leitung *f*; (*ouvert*) Rinne *f*; ~ ***souterrain*** unterirdische Leitung; ■ ~ **de** *d'eau, de gaz* -leitung *f*
▶ ~ **auditif** Gehörgang *m*; ~ **lacrymal** Tränenkanal *m*; ~ **urinaire** Harnleiter *m*
◆ **conduit d'admission** Einlassrohr *nt*, Einlasskanal *m*; **conduit d'aération** Lüftungsrohr *nt*; **conduit d'air** Luftkanal *m*; **conduit d'alimentation** Zuführungsleitung *f*; **conduit d'entrée** Zuleitung *f*; **conduit de fumée** Rauchabzug *m*; **conduit de ventilation** [*air frais*] Belüftungsrohr *nt*; [*air vicié*] Entlüftungsrohr *nt*

conduite [kɔ̃dɥit] *f* **1.** ∅ AUT Fahren *nt*; ~ ***à droite/à gauche*** Rechts-/Linksverkehr *m*; ***en Angleterre, la*** ~ ***est à gauche*** in England fährt man auf der linken Seite; ***cette voiture a la*** ~ ***à gauche*** das Steuer dieses Wagens ist auf der linken Seite; ***il a une*** ~ ***saccadée/prudente/pas très assurée*** er fährt ruckartig/vorsichtig/unsicher; ***elle prend des leçons de*** ~ sie nimmt Fahrstunden; ~ ***en état d'ivresse*** Trunkenheit *f* am Steuer; ***les règles de la*** ~ die Verkehrsregeln
2. ∅ (*pilotage*) Führen *nt*; [*camion*] Fahren *nt*, Steuern *nt*
3. ∅ LITTER [*action, intrigue*] Führung *f*; ~ ***de l'action*** Handlungsführung
4. ∅ (*responsabilité*) Führung *f*, Leitung *f*; ~ ***de l'enquête*** Durchführung *f* der Untersuchung
5. (*comportement*) Benehmen *nt*, Verhalten *nt*; (*mode de vie*) Lebenswandel *m*; ~ ***coupable*** schuldhaftes Verhalten; ~ ***relâchée/déréglée*** lockerer/liederlicher Lebenswandel; ***il règle sa*** ~ ***sur les circonstances*** er verhält sich so, wie die Umstände es verlangen; ***il suit toujours la même*** ~ ***dans ces cas-là*** er verhält sich immer so in solchen Fällen
6. SCOL Betragen *nt*
7. (*tuyau*) Leitung *f*
▶ ~ **accompagnée** Fahren *nt* im Beisein eines Führerscheinbesitzers (*für Jugendliche ab 16*); **qn est relâché(e) pour bonne** ~ jd wird wegen guter Führung frei gelassen; ~ **forcée** Druckleitung *f*; ~ **intérieure** Limousine *f*; **qn [s']achète une** ~ *fam* jd bessert sich; **qn aligne sa** ~ **sur qn/qc** jd richtet sein Verhalten nach jdm/etw; **sous la** ~ **de qn** (*mené par*) *d'un animateur, dictateur, capitaine* unter jds Führung; (*dirigé par*) *d'un chef d'orchestre, chef des pompiers, directeur* unter jds Leitung
◆ **conduite d'échec** Defätismus *m*, Schwarzseherei *f*

cône [kon] *m* **1.** GEOM Kegel *m*, Konus *m spec*; GEOG Kegel *m*; ~ ***à base circulaire*** Kreiskegel *m*; ~ ***droit/oblique*** gerader/schiefer Kegel; ~ ***tronqué***, ***tronc de*** ~ Kegelstumpf *m*
2. BOT Zapfen *m*
▶ ~ **lumineux** Lichtkegel *m*; ~ **rétinien** Sehsinneszelle *f*; ~ **volcanique** Vulkankegel *m*; **en** [**forme de**] ~ kegelförmig, konisch *spec*
◆ **cône de lumière** Lichtkegel *m*

confection [kɔ̃fɛksjɔ̃] *f* **1.** GASTR Zubereitung *f*
2. (*fabrication*) Anfertigung *f*; [*livre*] Herstellung *f*
3. ∅ (*prêt-à-porter*) Konfektion[sindustrie *f*] *f*, Bekleidungsindustrie *f*; ***elle travaille dans la*** ~ sie arbeitet in der Bekleidungsindustrie; ***elle s'achète un vêtement de*** ~ sie kauft sich (*dat*) ein Kleidungsstück von der Stange; ***il s'habille/achète en*** ~ er trägt/kauft Konfektionskleidung

confectionner <1> [kɔ̃fɛksjɔne] **I.** *vt* **1.** GASTR ■ **qn confectionne qc** [**à qn**] jd bereitet [jdm] etw zu
2. (*fabriquer*) ■ **qn confectionne qc** *vêtement, maquette, sac, boucle d'oreille* jd fertigt etw an; *livre* jd stellt etw her
II. *vpr* ■ **qn se confectionne qc** *repas* jd bereitet sich (*dat*) etw zu; *robe* jd fertigt sich (*dat*) etw an; *vie tranquille, vie agitée* jd richtet sich (*dat*) etw ein

confédération [kɔ̃fedeʀasjɔ̃] *f* **1.** POL Konföderation *f*, Staatenbund *m*; ***C~ germanique*** Deutscher Bund; ***C~ helvétique*** Schweizerische Eidgenossenschaft
2. (*centrale syndicale*) Bund *m*, Zusammenschluss *m*; (*groupement d'associations*) Vereinigung *f*, Verband *m*; ~ ***générale du travail/des cadres/française et démocratique du travail*** *französische Gewerkschaftsverbände*

confédéré, e [kɔ̃fedeʀe] *m, f* CH Eidgenosse/-genossin *m/f*

confédérer <5> [kɔ̃fedeʀe] **I.** *vt* ■ **qn/qc confédère des choses** jd schließt Dinge zu einem Bund zusammen/durch etw werden Dinge zu einem Bund zusammengeschlossen
II. *vpr* ■ **des choses se confédèrent** /*nations, cantons*/ Dinge schließen sich zu einem Bund zusammen, Dinge bilden eine Konföderation

conférence [kɔ̃feʀɑ̃s] *f* **1.** (*exposé*) Vortrag *m*; ***cycle de*** ~***s*** Vortragsreihe *f*
2. (*réunion*) Sitzung *f*, Konferenz *f*, Besprechung *f*; POL Konferenz *f*; ~ ***de travail*** [Arbeits]sitzung; ~ ***sur le désarmement*** Abrüstungskonferenz; ~ ***des présidents d'université*** Rektorenkonferenz
▶ **qn est en** ~ jd ist in einer Sitzung [*o* Besprechung]; **qn fait** [*o* **donne**] **une** ~ **sur qc** jd hält einen Vortrag über etw (*akk*); **qn tient une** ~ jd hält eine Konferenz [*o* Sitzung] [*o* Besprechung] ab
◆ **conférence au sommet** Gipfelkonferenz *f*; **conférence de presse** Pressekonferenz *f*

conférencier, -ière [kɔ̃feʀɑ̃sje, -jɛʀ] *m, f* Vortragende(r) *f(m)*, Redner(in) *m(f)*; (*avec de fréquents déplacements*) Vortragsreisende(r) *f(m)*

conférer <5> [kɔ̃feʀe] **I.** *vt* **1.** *soutenu* (*accorder*) ■ **qn/qc confère qc à qn** *titre, grade, médaille, dignité, charge* jd/etw verleiht jdm etw; *baptême* jd spendet jdm etw; ***l'évêque leur a conféré les ordres*** der Bischof hat sie geweiht
2. *soutenu* (*procurer*) ■ **qc confère qc** [**à qn/qc**] *privilèges, aura, gloire,*

prestige, autorité etw verleiht [jdm/einer S.] etw; *sens a.* etw gibt jdm/einer S. etw
II. *vi soutenu* ■ **qn confère avec qn [sur qc]** jd konferiert mit jdm [über etw (*akk*)] *geh,* jd bespricht etw mit jdm; ■ **des personnes confèrent [sur qc]** Menschen konferieren [über etw (*akk*)] *geh,* Menschen besprechen etw
confesser <1> [kɔ̃fese] I. *vi* ■ **qn confesse** jd nimmt die Beichte ab, jd hört die Beichte
II. *vt* 1. ■ **qn confesse qc/que** + *indic péché* jd beichtet etw/, dass; *erreur, tort* jd gesteht etw ein/jd gesteht ein, dass; ■ **qn confesse à qn qc/que** + *indic vérité* jd gesteht jdm etw/, dass
2. (*entendre en confession*) ■ **qn confesse qn** jd nimmt jdm die Beichte ab; *fam* (*fait parler*) jd bringt jdn zum Sprechen
III. *vpr* ■ **qn se confesse [à qn]** jd beichtet [bei jdm], jd geht [bei jdm] zur Beichte; (*se confier*) jd vertraut sich jdm an; /*auteur*/ jd offenbart sich [jdm] *geh,* jd teilt sich jdm mit; ***je suis allée me*** ~ ich bin zur Beichte gegangen, ich war zur Beichte
confesseur [kɔ̃fesœʀ] *m* Beichtvater *m*
confession [kɔ̃fesjɔ̃] *f* 1. (*sacrement*) Beichte *f;* ***il est mort sans*** ~ er ist gestorben, ohne die Beichte abzulegen; ***le secret de la*** ~ das Beichtgeheimnis
2. (*religion*) Konfession *f,* Glaube *m,* Bekenntnis *nt;* ***des chrétiens de*** ~ ***catholique*** Christen katholischen Glaubens
3. (*aveu*) Geständnis *nt,* Bekenntnis *nt;* ***l'accusé a fait une*** ~ ***complète à son avocat*** der Angeklagte hat vor seinem Anwalt ein volles Geständnis abgelegt; ***il m'a fait une terrible*** ~ er hat mir ein schreckliches Geständnis gemacht, er hat mir etwas Schreckliches gestanden
▸ **qn entend qn en** ~ jd nimmt jdm die Beichte ab
confessionnal <-aux> [kɔ̃fesjɔnal, o] *m* Beichtstuhl *m*
confessionnel, le [kɔ̃fesjɔnɛl] *adj établissement* konfessionell; *école, querelle* Konfessions-
confetti [kɔ̃feti] *m* Konfetti *nt*
confiance [kɔ̃fjɑ̃s] *f* ∅ Vertrauen *nt;* ***je lui fais une*** ~ ***aveugle*** ich vertraue ihm/ihr blind; ***perte de*** ~ Vertrauensverlust *m;* ***il a créé un climat de*** ~ er hat ein Vertrauensklima *nt* [*o* ein Klima des Vertrauens] geschaffen; ■ ~ **en qn** Vertrauen in jdn; ~ ***en Dieu*** Vertrauen auf Gott; ■ ~ **dans** [*o* **envers**] [*o* **à l'égard de**] **qn/qc** Vertrauen in jdn/etw
▸ **qn a** [*o* **fait**] **[pleine et entière]** ~ **en qn/dans qc** jd hat [volles] Vertrauen in jdn [*o* zu jdm]/in etw (*akk*), jd vertraut jdm/traut einer S. (*dat*) voll und ganz; **qn a toute la** ~ **de qn:** ***ma fille a toute ma*** ~ meine Tochter hat [*o* genießt] mein volles Vertrauen; **aie/ayez** ~! hab/habt/haben Sie Vertrauen!; **qn/qc donne/inspire** ~ **à qn** jd/etw flößt jdm Vertrauen ein, jd/etw macht einen vertrauenerweckenden Eindruck auf jdn; **qn fait [entière/entièrement]** ~ **à qn** jd schenkt jdm [volles] Vertrauen/jd vertraut jdm [völlig]; **fais-moi/faites-moi** ~! *fam* das kannst du mir/können Sie mir glauben! *fam;* (*plus menaçant*) darauf kannst du dich/können Sie sich verlassen! *fam;* **qn/qc met qn en** ~ jd erlangt jds Vertrauen/jd erlangt jds Vertrauen durch etw; **qn perd** ~ **en qn** jd verliert das Vertrauen in jdn [*o* zu jdm]; **qn perd** ~ **[en soi]** jd verliert sein Selbstvertrauen; **qn redonne** ~ **à qn** jd gibt jdm wieder Vertrauen; **la** ~ **règne!** *iron* so was von Vertrauen! *iron fam,* das ist ja ein ungemeines Vertrauen! *iron fam;* ***il appelle toutes les cinq minutes; la*** ~ ***règne!*** alle fünf Minuten ruft er an; der ist ja gar nicht misstrauisch! *iron fam;* **qn/qc remet qn en** ~ jd/etw gewinnt jds Vertrauen zurück; **qn reprend** ~ **[en soi]** jd bekommt [*o* fasst] wieder Selbstvertrauen; **qn vote la** ~ **[à qn/qc]** jd spricht jdm/einer S. das Vertrauen aus; **avec** ~ *envisager* zuversichtlich; **qn fait qc de** ~ jd macht etw in blindem Vertrauen; **de** ~ vertrauenswürdig; ***Paul est mon homme de*** ~ Paul ist mein Vertrauensmann; ***Pauline est ma femme de*** ~ Pauline ist meine Vertrauensperson; ***poste de*** ~ Vertrauensposten *m;* **en [toute]** ~ voller Vertrauen, in vollem Vertrauen
◆ **confiance en soi** Selbstvertrauen *nt;* ***elle/il manque de*** ~ ***en elle/lui*** es mangelt ihr/ihm an Selbstvertrauen
confiant, e [kɔ̃fjɑ̃, jɑ̃t] *adj* 1. (*sans méfiance*) ■ ~ **[en** [*o* **dans**] **qn/qc]** [auf jdn/etw] vertrauend; ***il est trop*** ~ er ist [zu] vertrauensselig; ***elle est*** ~***e dans son succès*** sie vertraut auf ihren Erfolg
2. (*sûr de soi*) ■ **[qn est]** ~ [jd ist] selbstbewusst [*o* selbstsicher]
3. (*sans défiance*) *naturel* vertrauensselig, gutgläubig; *regard* vertrauensvoll, voller Vertrauen; ***elle est d'un caractère*** ~ sie ist vertrauensselig
confidence [kɔ̃fidɑ̃s] *f* vertrauliche Mitteilung
▸ ~**s sur l'oreiller** Bettgeflüster *nt,* Bettgeheimnisse *pl;* **fausse** ~ [Lügen]märchen *nt;* ***elle aime faire des fausses*** ~***s*** sie erzählt gern [Lügen]märchen; **qn est dans la** ~ jd ist [in ein Geheimnis] eingeweiht; **je vais te/vous faire une** ~ (*avouer*) ich muss dir/Ihnen etwas gestehen; (*dire un secret*) ich möchte dir/Ihnen eine vertrauliche Mitteilung machen; **qn fait des** ~**s à qn** jd vertraut jdm Dinge an; **qn met qn dans la** ~ jd zieht jdn ins Vertrauen; **en** ~ im Vertrauen; ***je vous parle en*** ~: … im Vertrauen gesagt: …; ~ **pour** ~ Vertrauen gegen Vertrauen
confident, e [kɔ̃fidɑ̃, ɑ̃t] *m, f* Vertraute(r) *f(m);* ~ ***discret*** [diskrete] Vertrauensperson
confidentiel, le [kɔ̃fidɑ̃sjɛl] *adj* 1. (*secret*) vertraulich; ***cette enveloppe porte la mention:*** ~ der Umschlag trägt den Vermerk „vertraulich"; ***à titre*** ~, ***sache que*** im Vertrauen gesagt: …
2. (*restreint*) *diffusion, revue* für einen kleinen Kreis bestimmt
confidentiellement [kɔ̃fidɑ̃sjɛlmɑ̃] *adv* vertraulich, im Vertrauen; ***j'ai appris*** ~ ***que*** man hat mir im Vertrauen gesagt, dass; ~, ***je peux vous dire …*** ich sage Ihnen ganz im Vertrauen …
confier <1a> [kɔ̃fje] I. *vt* 1. (*dévoiler*) ■ **qn confie qc [à qn]** *projets, secrets, peines* jd teilt [jdm] etw mit, jd vertraut jdm etw an; ■ **qn confie à qn que** + *indic* jd vertraut jdm an, dass; jd sagt jdm im Vertrauen, dass
2. (*remettre*) ■ **qn confie qn/qc à une personne** jd vertraut jdn/etw einem Menschen an; *mission, mandat* jd betraut einen Menschen mit etw; ***je vous confie le soin de faire ce travail*** ich betraue Sie mit der Durchführung dieser Arbeit
II. *vpr* 1. (*se confesser*) ■ **qn se confie à qn** jd vertraut sich jdm an
2. *soutenu* (*s'en remettre à*) ■ **qn se confie en qn/à qc** jd vertraut auf jdn/auf etw, jd vertraut jdm/etw
configuration [kɔ̃figyʀasjɔ̃] *f* [*pays, lieux*] Beschaffenheit *f;* [*terrain a.*] Formation *f;* BIO Form *f,* Gestalt *f,* Beschaffenheit *f;* PHYS, CHIM, INFORM Konfiguration *f*
confiné, e [kɔ̃fine] *adj* 1. (*reclus*) *être, rester* eingesperrt; *vivre* zurückgezogen
2. *atmosphère* stickig; *air a.* abgestanden, verbraucht
confiner <1> [kɔ̃fine] I. *vi* ■ **qc confine à qc** etw grenzt an etw (*akk*)
II. *vt* (*enfermer*) ■ **qn confine qn dans qc** *dans un bureau, quartier* jd sperrt jdn in etw (*akk*) ein; *dans des fonctions* jd beschränkt jdn auf etw (*akk*); ■ **qn confine qn à qc** *à un poste* jd schiebt jdn auf (*akk*) etw ab; *à une fonction, un travail* jd stellt jdn zu etw ab
III. *vpr* ■ **qn se confine dans qc** *dans sa chambre, maison* jd sperrt sich in etw (*akk o dat*) ein, jd bleibt immer in etw (*dat*); *dans un rôle, une fonction* jd begnügt sich mit etw
confins [kɔ̃fɛ̃] *mpl* ▸ **aux** ~ **de qc et de qc** an der Grenze von etw und etw; **aux** ~ **de qc** im Grenzbereich einer S. (*gen*), im äußersten Bereich einer S. (*gen*); ***aux*** ~ ***de la science*** im Grenzbereich der Wissenschaft; ***qn est aux*** ~ ***de la mort*** jd steht am Rande des Todes
confirmation [kɔ̃fiʀmasjɔ̃] *f* 1. (*preuve*) ■ ~ **de qc** Bestätigung *f* einer S. (*gen*); ***la*** ~ ***d'une promesse*** die Einlösung [*o* Erfüllung] eines Versprechens; ***il vaudrait mieux demander*** ~ ***de l'heure de départ du vol*** es wäre besser, sich die Abflugzeit bestätigen zu lassen
2. COM (*document*) Bestätigung *f;* ***lettre de*** ~ Bestätigungsschreiben *nt;* ~ ***de commande*** Auftragsbestätigung; ***nous voudrions*** ~ ***de votre commande*** wir bitten um Bestätigung Ihres Auftrages
3. REL (*catholique*) Firmung *f;* (*protestante*) Konfirmation *f*
▸ **qn donne** ~ **de qc [à qn]** jd bestätigt [jdm] etw; **qc mérite** ~ an etw (*dat*) ist etwas Wahres dran; **en** ~ **de qc** zur Bestätigung einer S. (*gen*)
confirmé, e [kɔ̃fiʀme] *adj* bewährt, erprobt
confirmer <1> [kɔ̃fiʀme] I. *vt* 1. (*valider*) ■ **qn confirme qc [à qn]** *rendez-vous, réservation, commande* jd bestätigt [jdm] etw; ■ **qn confirme [à qn] que** + *indic* jd bestätigt [jdm], dass
2. (*certifier*) ■ **qn/qc confirme qc** *exactitude d'un fait, rumeur, diagnostic, hypothèse* jd/etw bestätigt etw; ■ **qn/qc confirme [à qn] que** + *indic* jd/etw bestätigt [jdm], dass
3. (*renforcer*) ■ **qn/qc confirme qn dans qc** jd/etw bestätigt jdn in etw (*dat*)
4. REL ■ **qn confirme qn** (*catholique*) jd firmt jdn; (*protestant*) jd konfirmiert jdn
II. *vpr* 1. (*se renforcer*) ■ **qc se confirme** /*tendance*/ etw hält an
2. (*être exact*) ■ **qc se confirme** etw bewahrheitet [*o* bestätigt] sich
confiscation [kɔ̃fiskasjɔ̃] *f* Beschlagnahme *f,* Konfiszierung *f*
confiserie [kɔ̃fizʀi] *f* 1. (*magasin*) Süßwarengeschäft *nt,* Süßwarenladen *m*
2. (*sucrerie*) Süßigkeit *f*
3. ∅ (*industrie*) Süßwarenindustrie *f*
confiseur, -euse [kɔ̃fizœʀ, -øz] *m, f* (*industriel*) Süßwarenfabrikant(in) *m(f);* (*artisan*) Zuckerbäcker(in) *m(f);* (*commerçant*) Süßwarenhändler(in) *m(f)*
confisquer <1> [kɔ̃fiske] *vt* ■ **qn confisque qc** jd beschlagnahmt etw, jd konfisziert etw; ***qn confisque le pouvoir*** jd reißt die Macht an sich (*akk*); ■ **qn confisque qc à qn** jd nimmt jdm etw ab [*o* weg]; ■ **qn/qc confisque qc à qn** *libertés* jd/etw nimmt jdm etw; *pouvoir* jd/etw entzieht jdm etw
confit, e [kɔ̃fi, it] I. *adj fruits* kandiert; *olives, cornichons* eingelegt; *foie, gésier* eingemacht
II. *m:* ~ ***d'oie/ de canard/ porc*** Gänse-/Enten-/Schweine-Confit *nt* (*im eigenen Fett gebratenes Fleisch*)
confiture [kɔ̃fityʀ] *f* Marmelade *f,* Konfitüre *f;* ~ ***de prunes*** Zwetschgenmarmelade *f*
▸ **…, c'est donner de la** ~ **aux cochons** … das heißt, Perlen vor die Säue werfen
conflagration [kɔ̃flagʀasjɔ̃] *f soutenu* Aufruhr *m,* Umwälzung *f*
conflictuel, le [kɔ̃fliktɥɛl] *adj pulsions, intérêts* widersprüchlich, entgegengesetzt; *rapports* konfliktgeladen; ***situation*** ~***le*** Konfliktsituation *f*
conflit [kɔ̃fli] *m* Konflikt *m;* ~ ***armé*** bewaffneter Konflikt; ~***s sociaux*** soziale Spannungen; ~ ***du travail*** Arbeitskonflikt; ~ ***des générations*** Generationenkonflikt; ~ ***des intérêts*** Interessenskonflikt
▸ **qn/qc entre en** ~ **[avec qn/qc]** jd/etw gerät mit jdm/etw in Konflikt; **des personnes/des choses entrent en** ~ Menschen/Dinge geraten miteinander in Konflikt; **qn/qc est en** ~ **[avec qn/qc]** jd/etw befindet sich mit jdm/etw im Konflikt; **des personnes/des choses sont en** ~ Menschen/Dinge befinden sich miteinander im Konflikt
confluent [kɔ̃flyɑ̃] *m* ▸ **au** ~ **de qc et de qc** am Zusammenfluss von etw und etw
confluer <1> [kɔ̃flye] *vi* 1. ***deux fleuves confluent*** **[*quelque part*]** zwei Flüsse fließen [irgendwo] zusammen [*o* vereinigen sich [irgendwo]]; ■ **qc conflue avec qc [quelque part]** etw fließt [irgendwo] mit etw zusammen, etw vereinigt sich [irgendwo] mit etw
2. *littér* (*converger vers*) ■ **des choses confluent quelque part** /*rues*/ Dinge treffen [*o* laufen] irgendwo zusammen; ■ **des personnes confluent quelque part** Menschen strömen irgendwohin
confondre <14> [kɔ̃fɔ̃dʀ] I. *vi* ■ **qn confond** jd irrt sich, jd unterliegt einem Irrtum; ***il ne faudrait pas*** ~ da sollte man sich nicht täuschen
II. *vt* 1. (*mêler*) ■ **qn confond des choses** jd wirft [*o* bringt] Dinge durch-

einander; ***on peut les ~*** man kann sie [miteinander] verwechseln; ■ **qn confond deux personnes/choses** jd verwechselt zwei Menschen/Dinge [miteinander]; ■ **qn confond qn/qc avec** [*o* **et**] **qn/qc** jd verwechselt jdn/etw mit jdm/etw [*o* jdn/etw und jdn/etw]; ***oh, excusez-moi, madame, j'ai dû vous ~ avec une autre*** oh, Verzeihung, ich hab' Sie mit jemand anderem verwechselt

2. (*décontenancer*) ■ **qn confond qn par qc** jd verblüfft jdn durch etw; ***il restera confondu par mon savoir*** mein Wissen wird ihn verblüffen; ■ **qc confond qn** etw verblüfft jdn; ***son insolence a de quoi vous ~*** seine Unverschämtheit ist verblüffend; ■ **qc confond qc** *entendement, imagination* etw übersteigt etw

3. (*démasquer*) ■ **qn confond qn** jd entlarvt jdn

► **qn <u>est</u>/<u>reste</u> confondu(e)** [**devant qc**] jd ist sprachlos [über etw (*akk*)]; **qn <u>est</u> confondu(e) de qc** jd ist überwältigt von etw

III. *vpr* **1.** (*se mêler*) ■ **des choses se confondent quelque part** *dans la brume, l'obscurité* Dinge verschwimmen in etw (*dat*) [miteinander]; *dans l'esprit de qn* Dinge geraten in etw (*dat*) durcheinander; ■ **des choses se confondent** /*intérêts*/ Dinge gehen ineinander über; /*couleurs a.*/ Dinge zerfließen; ***elle se confondait avec la foule*** sie verschwand in der Menge

2. (*prodiguer*) ■ **qn se confond en qc** jd überschlägt sich vor etw (*dat*) *fam; en remerciements a., en excuses* jd strömt über vor etw (*dat*)

conformation [kɔ̃fɔʀmasjɔ̃] *f* [*squelette, corps*] Bau *m;* [*molécule*] Aufbau *m;* ~ ***anatomique*** Körperbau *m*

conforme [kɔ̃fɔʀm] *adj* **1.** (*correspondant*) ■ [**qc est**] ~ **à qc** einer S. (*dat*) entsprechend, etw entspricht einer S. (*dat*); ***une maison ~ à ses besoins*** ein seinen/ihren Bedürfnissen entsprechendes Haus; ***ses vues sont ~s aux miennes*** seine/ihre Ansichten stimmen mit den meinen überein, er/sie hat dieselben Ansichten wie ich

2. (*en accord avec*) ■ [**qc est**] ~ **à qc** etw stimmt überein mit etw, [etw befindet sich] in Übereinstimmung mit etw; ~ ***à la loi/au contrat*** gesetzeskonform/vertragskonform

3. (*conformiste*) *pensée, opinion* konformistisch, angepasst

► [**qc est**] **<u>certifié</u>(e)** ~ [etw ist] beglaubigt; ***le document devra être certifié ~*** das Schriftstück muss beglaubigt werden

conformément [kɔ̃fɔʀmemɑ̃] *adv* ■ ~ **à qc** einer S. (*dat*) gemäß [*o* entsprechend], gemäß [*o* entsprechend] einer S. (*dat*); ~ ***à vos désirs*** Ihren Wünschen entsprechend, wunschgemäß; ~ ***aux termes de votre courrier du …*** *form* mit Bezug auf Ihr Schreiben vom … *form*

conformer <1> [kɔ̃fɔʀme] **I.** *vt soutenu* ■ **qn conforme qc à qc** jd passt etw einer S. (*dat*) an, jd richtet etw nach etw aus

II. *vpr* ■ **qn se conforme à qc** *au règlement, aux ordres, au programme* jd hält sich an etw (*akk*); *aux nouvelles normes* jd stellt sich auf etw (*akk*) ein; *aux circonstances, à un mode de vie* jd passt sich einer S. (*dat*) an

conformisme [kɔ̃fɔʀmism] *m* Konformismus *m,* Angepasstheit *f*

conformité [kɔ̃fɔʀmite] *f* **1.** (*ressemblance*) [*objets*] Ähnlichkeit *f*

2. (*concordance*) [*points de vue, goûts, sentiments, inclinations*] Übereinstimmung *f;* ***notre ~ de vue sur la question …*** unsere Übereinstimmung in der Frage …; ***leur ~ de goûts*** die Übereinstimmung ihrer Geschmäcker

► **<u>en</u>** ~ **avec qc** (*en accord avec*) in Übereinstimmung mit etw; (*suivant*) gemäß einer S. (*dat*); ***vous êtes en entière ~ avec …*** Sie stimmen mit … völlig überein; ***en ~ avec l'original*** originalgetreu, genau nach Original; ***en ~ avec les ordres reçus*** befehlsgemäß; ***nos produits sont en ~ avec les normes en vigueur*** unsere Produkte entsprechen den gültigen Normen

confort [kɔ̃fɔʀ] **I.** *m* **1.** ∅ [*maison, hôtel, bureau*] Komfort *m*

2. ∅ (*bien-être*) [*personne*] Wohlbefinden *nt;* ***le ~ du lit*** der Komfort, den das Bett bietet; ***le ~ du manteau/de la soie*** ein Mantel, der/Seide, die sich angenehm trägt; ~ ***d'écoute/de lecture*** Hör-/Lesekomfort *m;* ***qc offre un grand ~*** etw ist sehr komfortabel; ***l'appareil offre un grand ~ d'utilisation*** der Apparat ist benutzerfreundlich [*o* leicht zu handhaben]

► ~ **<u>intellectuel</u>** [*o* **<u>moral</u>**] geistige Trägheit; ~ **<u>moderne</u>** moderner Komfort; ~ **<u>personnel</u>** persönliches [*o* eigenes] Wohlbefinden; **le <u>petit</u> ~ de qn** jds Gewohnheiten; **qc <u>tout</u> ~:** ***maison tout ~*** Haus mit allem Komfort; **qc a <u>tout</u> le ~** etw bietet allen Komfort; **qn a <u>tout</u> le ~** jd hat allen Komfort; **qn <u>aime</u> son ~** jd liebt die Bequemlichkeit

II. *app inv* Komfort-

confortable [kɔ̃fɔʀtabl] *adj* **1.** *maison, appartement, immeuble, voiture, avion* komfortabel; (*qui procure du bien-être*) *fauteuil, canapé, lit, vêtement* bequem; *soie* angenehm

2. *vie, situation* (*agréable*) angenehm; (*financièrement*) [finanziell] gesichert

3. *revenu, salaire, retraite, intérêts* ordentlich *fam*

4. (*important*) *avance* beachtlich, ordentlich *fam*

confortablement [kɔ̃fɔʀtabləmɑ̃] *adv* **1.** *s'installer, s'asseoir* bequem, behaglich

2. (*largement*): ***elle vit ~*** sie lebt nicht schlecht; ***il est ~ payé*** er wird ordentlich *fam* [*o* nicht schlecht] bezahlt; ***elle assure ~ ses fins de mois*** sie kommt mit ihrem Monatsgehalt gut hin *fam*

confrère [kɔ̃fʀɛʀ] *m* Kollege *m;* ***mon cher ~*** verehrter [Herr] Kollege; ***comme l'a révélé notre ~ "Le Monde"*** wie unsere Kollegen von „Le Monde" gezeigt haben

confrérie [kɔ̃fʀeʀi] *f* REL Bruderschaft *f;* GASTR Gilde *f*

confrontation [kɔ̃fʀɔ̃tasjɔ̃] *f* **1.** JUR Gegenüberstellung *f*

2. (*affrontement*) [*opinions, personnes, civilisations*] Konfrontation *f,* Aufeinandertreffen *nt;* ***une ~ armée*** eine bewaffnete [*o* kriegerische] Auseinandersetzung

3. (*comparaison*) [*textes*] Gegenüberstellung *f*

confronter <1> [kɔ̃fʀɔ̃te] **I.** *vt* **1.** JUR ■ **qn confronte qn avec qn** *accusé, témoin* jd stellt jdn jdm gegenüber

2. (*mettre en face de*) ■ **qn/qc confronte qn à qn/qc** jd/etw konfrontiert jdn mit jdm/etw

3. ■ **qn confronte des choses** (*opposer*) *explications, idées, opinions, programmes* jd stellt Dinge einander gegenüber; (*comparer*) *textes* jd stellt Dinge einander [zum Vergleich] gegenüber

II. *vpr* **1.** (*s'opposer*) ■ **des personnes se confrontent sur qc** Menschen führen ein Streitgespräch über etw (*akk*), Menschen diskutieren kontrovers über etw (*akk*)

2. (*se trouver face à*) ■ **des personnes/des choses se confrontent à qc** Menschen/Dinge stehen vor etw (*dat*), Menschen/Dinge sehen sich einer S. (*dat*) gegenüber; ***les jeunes doivent se ~ à la dure réalité*** junge Menschen müssen sich der harten Wirklichkeit stellen

confus, e [kɔ̃fy, yz] *adj* **1.** *rumeur, murmures, cris* undeutlich; ***des voix ~es*** Stimmengewirr *nt;* ***un amas ~ d'objets*** ein wirrer Haufen von Gegenständen

2. (*embrouillé*) konfus, verworren; *esprit a.* wirr; (*vague*) *souvenir* vage; *sentiment* unbestimmt, vage

3. (*embarrassé*) ■ **qn est ~** [**de qc/d'avoir fait qc**] jd ist verlegen [*o* verwirrt] [*o* peinlich berührt] [wegen etw/, weil er etw gemacht hat]

► **je <u>suis</u>** [**tout**] **~!** (*je regrette*) das ist mir sehr/so peinlich!; (*vivement touché*) ich bin überwältigt; ***nous sommes ~ de la peine que vous vous êtes donnée pour nous*** die Mühe, die Sie sich (*dat*) wegen uns gemacht haben, beschämt uns

confusément [kɔ̃fyzemɑ̃] *adv* (*indistinctement*) undeutlich; (*de manière obscure*) wirr; (*vaguement*) vage

confusion [kɔ̃fyzjɔ̃] *f* **1.** ∅ (*embarras*) Verlegenheit *f,* Beschämung *f;* ***il était rempli de ~ à la pensée de ce rendez-vous oublié*** der Gedanke an das versäumte Rendezvous beschämte ihn; ***ma lettre les a remplis de ~*** mein Brief war ihnen peinlich

2. (*erreur*) [*personnes, dates*] Verwechslung *f;* ***une ~ de noms*** eine Namensverwechslung

3. ∅ (*agitation*) Unruhe *f;* (*désordre*) Durcheinander *nt,* Verwirrung *f;* ***il y avait une ~ totale dans ses papiers*** seine/ihre Papiere befanden sich in einem heillosen Durcheinander

► ~ **<u>mentale</u>** geistige Verwirrung; **il y <u>a</u> ~!** da muss eine Verwechslung vorliegen!; **qn/qc <u>jette</u>** [*o* **<u>met</u>**] **la ~ quelque part** jd/etw stiftet irgendwo Unruhe, jd/etw richtet irgendwo Verwirrung an; **qc <u>prête</u> à ~** etw ist verwirrend [*o* missverständlich]; **<u>à</u> la** [**<u>grande</u>**] **~ de qn** zu jds [großer] Schande; ***à ma grande ~*** zu meiner großen Schande

◆ **confusion de part** [*o* **de paternité**] Ungewissheit *f* über die Vaterschaft; **confusion des peines** Aufgehen *nt* der leichteren in der schwereren Strafe

congé [kɔ̃ʒe] *m* Urlaub *m;* SCOL [Schul]ferien *pl;* UNIV Semesterferien *pl;* ***un jour de ~*** ein Tag Urlaub; SCOL ein schulfreier [*o* unterrichtsfreier] Tag; ***qn prend un ~*** jd nimmt frei [*o* Urlaub]

► ~ **<u>annuel</u>** Jahresurlaub *m;* ~ **<u>parental</u>** Erziehungsurlaub *m;* **~s <u>payés</u>** bezahlter Urlaub; ~ **<u>sabbatique</u>** unbezahlter Urlaub; **qn <u>a</u> 2 jours/3 semaines/1 mois/… de ~** jd hat 2 Tage/3 Wochen/1 Monat/… Urlaub [*o* Ferien]; **qn <u>a</u> ~** [**le lundi/mercredi/…**] jd hat [montags/mittwochs/…] frei [*o* seinen freien Tag]; **qn <u>demande</u> son ~ à qn** jd kündigt bei jdm, jd bittet jdn um seine Entlassung; **qn <u>donne</u> son ~ à qn** jd kündigt jdm [*o* jdn *fam*], jd entlässt jdn; **qn <u>donne</u> ~ à qn** /*propriétaire d'appartement*/ jd kündigt jdm [die Wohnung]; /*employeur*/ (*quelques heures*) jd gibt jdm frei, jd beurlaubt jdn; (*à la fin d'un entretien*) jd entlässt jdn; **qn <u>est</u> en ~** jd ist in [*o* im] Urlaub [*o* in den Ferien]; **qn <u>part</u> en ~** jd fährt in [den] Urlaub [*o* in [die] Ferien]; **qn <u>prend</u> ~** [**de qn/qc**] jd verabschiedet sich [von jdm/etw]; **qn <u>signifie</u> son ~ à qn** *soutenu* (*met à la porte*) jd kündigt jdm; (*donne la permission de partir*) jd lässt jdn gehen

◆ **congé** [**de**] **formation** [Weiter]bildungsurlaub *m;* **congé de longue durée** Beurlaubung *f;* ***elle a pris un ~ de longue durée*** sie hat sich für längere Zeit beurlauben lassen; **congé** [**de**] **maladie**: ***le médecin lui a prescrit un*** [*o* ***l'a mise en***] ***~ de maladie pour 10 jours*** der Arzt hat ihn/sie für 10 Tage krank geschrieben; ***il a pris cinq jours de ~ de maladie*** er hat sich [für] fünf Tage krank schreiben lassen; ***qn est en ~ de maladie*** jd ist krank geschrieben; ***le taux des ~s de maladie*** der Krankenstand; **congé** [**de**] **maternité** Mutterschaftsurlaub *m;* **congé sans solde** unbezahlter Urlaub; **congé sans traitement** Beurlaubung *f* ohne Bezüge

congédier <1 a> [kɔ̃ʒedje] *vt* ■ **qn congédie qn** *employé* jd entlässt jdn; *locataire* jd kündigt jdm [die Wohnung]; *visiteur* jd verabschiedet jdn [mit sanfter Gewalt], jd komplimentiert jdn hinaus

congélateur [kɔ̃ʒelatœʀ] *m* (*armoire*) Gefrierschrank *m;* (*bahut*) Gefriertruhe *f,* Tiefkühltruhe *f;* ***compartiment ~*** Gefrierfach *nt,* Tiefkühlfach *nt*

◆ **congélateur armoire** Gefrierschrank *m;* **congélateur bahut** Gefriertruhe *f,* Tiefkühltruhe *f*

congélation [kɔ̃ʒelasjɔ̃] *f* ∅ Einfrieren *nt;* [*eau*] [Ge]frieren *nt;* [*huile*] Stockung *f*

congeler <4> [kɔ̃ʒ(ə)le] **I.** *vt* **1.** PHYS ■ **qn/qc congèle qc** jd/etw bringt etw zum Gefrieren; ■ **qc est congelé(e)** [**par qn/qc**] etw wird [von jdm/etw] zum Gefrieren gebracht; ***le froid a congelé l'huile*** durch die Kälte ist das Öl dickflüssig geworden

2. GASTR ■ **qn/qc congèle qc** jd/etw friert etw ein, jd/etw tiefgefriert etw; ■ **qc est congelé(e)** etw wird eingefroren [*o* tiefgefroren]; ***des légumes congelés*** tiefgefrorenes Gemüse

3. MED ■ **qn/qc congèle qc** *embryon, sperme* jd/etw friert etw ein; ■ **qc est congelé(e)** etw wird eingefroren

II. *vpr* ■ **qc se congèle** etw gefriert

congénère [kɔ̃ʒenɛʀ] *mf souvent pl péj* Artgenosse/-genossin *m/f;* ***vous et vos ~s*** Sie und Ihresgleichen

congénital, e <-aux> [kɔ̃ʒenital, o] *adj* **1.** MED angeboren; ***sa malformation est ~e*** er/sie hat diese Missbildung von Geburt an

2. *fig optimisme, stupidité* angeboren; ***leur stupidité est ~e*** sie sind von

Natur aus dumm; ***c'est un crétin*** ~ der war schon immer blöd[e]

congère [kɔ̃ʒɛʀ] *m* Schneewehe *f,* Schneeverwehung *f*

congestion [kɔ̃ʒɛstjɔ̃] *f* **1.** MED Schlaganfall *m,* Schlag *m fam*
2. *fig* [*ligne téléphonique*] Überlastung *f;* [*route*] Verstopfung *f,* Überfüllung *f*
▸ ~ **cérébrale** [Ge]hirnschlag *m;* ~ **pulmonaire** [leichte] Lungenentzündung

congestionner <1> [kɔ̃ʒɛstjɔne] **I.** *vt* **1.** (*rougir*) ■ **qc congestionne qn/qc** *visage, personne* etw rötet jdn/etw; ■ **qn/qc est congestionné(e) [par qc]** jd/etw wird ganz rot [wegen etw/durch etw]; ***il était congestionné par l'émotion*** er hatte einen hochroten Kopf vor Erregung
2. *fig* ■ **qc congestionne qc** *ligne téléphonique* etw verursacht eine Überlastung von etw; *route* etw verursacht eine Verstopfung von etw; ■ **qc est congestionné(e) [par qc]** / *ligne téléphonique*/ etw ist [wegen etw] überlastet; / *route, centre-ville*/ etw ist [wegen etw] verstopft
II. *vpr* **1.** ■ **qc se congestionne** / *visage*/ etw wird ganz rot
2. TRANSP ■ **qc se congestionne:** ***le centre-ville se congestionne*** in der Innenstadt staut sich der Verkehr

conglomérat [kɔ̃glɔmeʀa] *m* **1.** GEOL Konglomerat *nt*
2. ECON Mischkonzern *m*
3. (*assemblage hétéroclite*) Gemisch *nt,* Konglomerat *nt*

congratuler <1> [kɔ̃gʀatyle] *vt soutenu* ■ **qn congratule qn** jd bringt jdm seine Glückwünsche dar *geh,* jd gratuliert jdm

congre [kɔ̃gʀ] *m* Meeraal *m*

congrégation [kɔ̃gʀegasjɔ̃] *f* Kongregation *f*

congrès [kɔ̃gʀɛ] *m* Kongress *m,* Tagung *f;* ■ **le Congrès** PARL der Kongress

congressiste [kɔ̃gʀesist] *mf* Kongressteilnehmer(in) *m(f)*

congru, e [kɔ̃gʀy] *adj:* ***portion*** ~***e*** [Existenz]minimum *nt*

conifère [kɔnifɛʀ] *m* Nadelbaum *m,* Konifere *f spec*

conique [kɔnik] **I.** *adj* kegelförmig, konisch *spec;* ***ils sont de forme*** ~ sie sind kegelförmig, sie haben eine konische Form
II. *f* Kegelschnitt *m*

conjectural, e <-aux> [kɔ̃ʒɛktyʀal, o] *adj* spekulativ, auf Vermutungen [*o* Mutmaßungen] beruhend

conjecture [kɔ̃ʒɛktyʀ] *f* Vermutung *f,* Mutmaßung *f;* ***on en est réduit à des*** ~***s*** man ist auf Vermutungen angewiesen; ***des*** ~***s sur l'avenir*** Zukunftsspekulationen *pl*
▸ **qn se perd en** ~**s [sur qc/quant à qc]** jd kann nur Vermutungen [über etw (*akk*)/in Bezug auf etw (*akk*)] anstellen

conjecturer <1> [kɔ̃ʒɛktyʀe] *vt* ■ **qn conjecture qc** jd vermutet etw, jd stellt Vermutungen in Bezug auf etw (*akk*) an; *évolution, issue* jd erahnt etw, jd sieht etw voraus; ***je ne conjecture rien de bon de la situation politique*** ich ahne nichts Gutes in Bezug auf die politische Situation

conjoint, e [kɔ̃ʒwɛ̃, wɛ̃t] **I.** *adj* **1.** *problèmes, proposition relative* miteinander zusammenhängend [*o* verbunden]; *action* gemeinsam, gemeinschaftlich; *note, remarque* beigefügt, hinzugefügt
2. JUR *legs, requête* gemeinschaftlich
II. *m, f form* [Ehe]gatte/-gattin *m/f form;* ***les*** ~***s*** die Eheleute

conjointement [kɔ̃ʒwɛ̃tmɑ̃] *adv* ■ ~ **[avec qn/qc]** *envoyer* zusammen [mit etw]; *signer, agir* zusammen [mit jdm], gemeinschaftlich [mit jdm], gemeinsam [mit jdm]

conjonctif, -ive [kɔ̃ʒɔ̃ktif, -iv] **I.** *adj* **1.** *tissu* Binde-; *cellule, fibre* Bindegewebs-
2. *locution* konjunktional; *proposition* Konjunktional-
II. *f* ■ **conjonctive** **1.** GRAM Konjunktionalsatz *m,* konjunktionaler Nebensatz
2. ANAT Bindehaut *f*

conjonction [kɔ̃ʒɔ̃ksjɔ̃] *f* **1.** GRAM Konjunktion *f,* Bindewort *nt*
2. ∅ ■ ~ **de qc [et de qc]** Vereinigung *f* [*o* Verbindung *f*] von etw und [*o* mit] etw]; ***la*** ~ ***de nos efforts nous permettra d'aboutir*** mit vereinten Kräften werden wir es schaffen
3. ASTRON, ASTROL Konjunktion *f spec,* Zusammentreffen *nt*
◆ **conjonction de coordination/subordination** beiordnende/unterordnende Konjunktion

conjonctivite [kɔ̃ʒɔ̃ktivit] *f* Bindehautentzündung *f,* Konjunktivitis *f spec*

conjoncture [kɔ̃ʒɔ̃ktyʀ] *f* **1.** ∅ (*situation*) Bedingungen *pl,* Situation *f,* Lage *f;* ***dans la*** ~ ***internationale actuelle*** bei der gegenwärtigen internationalen Lage; ***il sait profiter de la*** ~ er versteht es, aus der gegebenen Situation Nutzen zu ziehen; ***dans la*** ~ ***présente*** unter [*o* bei] den gegenwärtigen Bedingungen, in der gegenwärtigen Situation
2. ∅ ECON Konjunktur *f;* ***sensible à la*** ~ konjunkturabhängig; ***la situation de la*** ~ die konjunkturelle Lage
▸ **basse** ~ Konjunkturflaute *f;* **haute** ~ Hochkonjunktur *f*

conjoncturel, le [kɔ̃ʒɔ̃ktyʀɛl] *adj crise, cycle, politique* Konjunktur-; *inflation, chômage* konjunkturell, konjunkturbedingt; ***dépression*** ~***le*** Konjunkturrückgang *m;* ***fléchissement/ renversement/ revirement*** ~ Konjunkturabschwächung *f*/-umschwung *m*/-belebung *f;* ***des prévisions*** ~***les*** Konjunkturprognosen

conjugaison [kɔ̃ʒygɛzɔ̃] *f* **1.** GRAM Konjugation *f,* Beugung *f*
2. ∅ (*réunion*) Vereinigung *f;* ***la*** ~ ***des bonnes volontés doit faire aboutir ce projet*** mit dem guten Willen aller wird dieses Vorhaben gelingen; ***grâce à la*** ~ ***de nos efforts, …*** mit vereinten Kräften …

conjugal, e <-aux> [kɔ̃ʒygal, o] *adj* ehelich; ***la vie*** ~***e*** das Eheleben; ***le lit*** ~ das Ehebett

conjugalement [kɔ̃ʒygalmɑ̃] *adv* ▸ **qn vit** ~ **avec qn** jd lebt mit jdm in Ehegemeinschaft; **ils vivent** ~ sie leben in Ehegemeinschaft, sie leben zusammen als Mann und Frau

conjugué, e [kɔ̃ʒyge] *adj* **1.** *efforts* vereint; *action* gemeinsam
2. *feuilles* paarig, gepaart

conjuguer <1> [kɔ̃ʒyge] **I.** *vt* **1.** GRAM ■ **qn conjugue [qc]** *verbe* jd konjugiert [*o* beugt] [etw]
2. (*unir*) ■ **des personnes conjuguent qc** *efforts, forces* Menschen vereinen etw; ***conjuguons nos efforts pour sortir de la crise*** lasst uns mit vereinten Kräften aus der Krise herauskommen; ***en conjuguant nos efforts*** mit vereinten Kräften, mit gemeinsamer Anstrengung
II. *vpr* **1.** GRAM ■ **qc se conjugue [sur qc] [avec qc]** / *verbe*/ etw wird [wie etw] [mit etw] konjugiert; ***le verbe pleuvoir se conjugue sur quel modèle?*** wie [*o* nach welchem Muster] wird das Verb pleuvoir konjugiert?
2. (*se combiner*) ■ **des choses se conjuguent pour faire qc/pour que** + *subj:* ***le ciel et la terre se conjuguent pour que nous ne puissions pas faire notre excursion*** Himmel und Erde haben sich gegen unseren Ausflug verschworen; ***tout se conjugue pour rendre vains nos efforts!*** es kommt aber auch wirklich alles zusammen [*o* alles arbeitet gegen uns], da kann ja nichts klappen!

conjuration [kɔ̃ʒyʀasjɔ̃] *f* **1.** (*complot*) Verschwörung *f*
2. (*exorcisme*) [Geister]beschwörung *f,* Beschwören *nt* [der Geister]; ***elle demanda à une prêtresse une*** ~ ***contre le mauvais sort*** sie bat eine Priesterin, das Unheil abzuwenden
▸ **c'est une [véritable]** ~! das ist ja die reinste Verschwörung!

conjurer <1> [kɔ̃ʒyʀe] **I.** *vt* **1.** (*éviter*) ■ **qn/qc conjure qc par qc/en faisant qc** *échec* jd wendet etw durch etw ab/jd wendet etw ab, indem er etw tut; *crise, danger a.* jd bannt etw durch etw/, indem er etw tut
2. (*supplier*) ■ **qn conjure qn de faire qc** jd beschwört jdn, etw zu machen; ***je vous en conjure!*** ich flehe Sie an!, ich beschwöre Sie!
3. (*exorciser*) ■ **qn conjure qc** *sort* jd beschwört etw
II. *vpr* **1.** (*comploter*) ■ **des personnes se conjurent contre qn** Menschen verschwören sich gegen jdn
2. (*s'unir*) ■ **des personnes/choses se conjurent contre qn [pour faire qc/pour que** + *subj*] Menschen/Dinge verschwören sich gegen jdn [um etw zu tun/damit]; ***tout se conjure contre moi!*** es hat sich aber auch alles gegen mich verschworen!

connaissable [kɔnɛsabl] *adj* der Erkenntnis zugänglich; ***les notions de temps et d'espace ne sont pas directement*** ~***s*** die Begriffe von Zeit und Raum sind nicht direkt zu erfassen

connaissance [kɔnɛsɑ̃s] *f* **1.** ∅ (*fait de connaître*) Kenntnis *f;* ***sa*** ~ ***des langues/ de l'allemand/ du français est réduite*** er hat nur geringe Fremdsprachen-/Deutsch-/Französischkenntnisse; ***il a une bonne*** ~ ***des affaires*** in geschäftlichen Dingen weiß er gut Bescheid; ~ ***de soi*** Selbsteinschätzung *f;* ~ ***des hommes*** Menschenkenntnis; ~ ***abstraite des choses*** abstrakte Sachkenntnis; ***toutes les branches de la*** ~ alle Zweige des menschlichen Wissens
2. *pl* (*choses apprises*) Kenntnisse *pl,* Wissen *nt;* ■ ~**s en qc:** ~***s en maths/ chimie/ français/ géographie*** Mathe-/Chemie-/Französisch-/Geographiekenntnisse *pl;* ~***s en médecine*** medizinische Kenntnisse; ~***s générales/ élémentaires*** Allgemeinwissen *nt*/Grundkenntnisse *pl*
3. (*personne*) Bekannte(r) *f(m),* Bekanntschaft *f;* ***une personne de ma*** ~ ein Bekannter/eine Bekannte [von mir]; ***elle veut faire de nouvelles*** ~***s*** sie will neue Bekanntschaften schließen
▸ **en** ~ **de cause** in Kenntnis der Sachlage; **[je suis] enchanté de faire votre** ~ [ich bin] sehr erfreut *form* [*o* ich freue mich sehr] Ihre Bekanntschaft zu machen [*o* Sie kennen zu lernen]; **[j'ai été] enchanté d'avoir fait votre** ~ es hat mich sich sehr gefreut Ihre Bekanntschaft gemacht zu haben; **qn a** ~ **de qc** jd hat Kenntnis von etw; ***j'ai eu*** ~ ***de sa mort le lendemain*** ich habe am Tag[e] darauf von seinem Tod Kenntnis erhalten [*o* bekommen]; **qn a toute sa** ~ jd ist bei vollem Bewusstsein; **qn donne** ~ **de qc à qn/qc** jd setzt jdn/etw von etw in Kenntnis, jd teilt jdm/einer S. etw mit; **qn fait** ~ **avec qn/qc** jd macht mit jdm/etw Bekanntschaft; ***il vous fera faire*** ~ ***avec elle*** er wird Sie mit ihr bekannt machen; **qn fait la** ~ **de qn/qc** jd macht jds Bekanntschaft, jd lernt jdn/etw kennen; ***elle a fait la*** ~ ***de Pierre*** sie lernte Pierre kennen; **qn lie** ~ **avec qn** jd schließt mit jdm Bekanntschaft; **des personnes lient** ~ Menschen schließen [miteinander] Bekanntschaft; **qn perd** ~ jd verliert das Bewusstsein; **qn porte qc à la** ~ **de qn/qc** jd gibt jdm/einer S. etw zur Kenntnis, jd teilt jdm/einer S. etw mit; ***il est porté à la*** ~ ***du public que*** es wird hiermit öffentlich mitgeteilt, dass; **qn prend** ~ **de qc** jd nimmt von etw Kenntnis, jd nimmt etw zur Kenntnis; **qn renoue** ~ **avec qn** jd frischt mit jdm die Bekanntschaft wieder auf; **des personnes renouent** ~ Menschen frischen ihre Bekanntschaft wieder auf; **qn reprend** ~ jd kommt wieder zu Bewusstsein; **qn reste sans** ~ jd bleibt bewusstlos; **qn tombe sans** ~ jd wird bewusstlos; **qc vient à la** ~ **de qn** etw kommt jdm zu Ohren; **à ma/sa** ~ nach meiner/deiner/seiner/ihrer Kenntnis, meiner/seiner/ihrer Kenntnis nach, meines/seines/ihres Wissens nach; ***pas à ma*** ~ nicht dass ich wüsste

connaissement [kɔnɛsmɑ̃] *m* Frachtbrief *m,* Frachtschein *m,* Konnossement *nt spec*

connaisseur, -euse [kɔnɛsœʀ, -øz] **I.** *adj:* ***air/ coup d'œil*** [*o* ***regard***] ~ Kennermiene *f*/Kennerblick *m*
II. *m, f* Kenner(in) *m(f);* ***public de*** ~***s*** sachverständiges Publikum; ***il est*** ~ ***en vins*** er ist ein Weinkenner; ***elle est très*** ~ [*o* ~***euse***] ***en ces matières*** sie kennt sich sehr gut aus in diesen Dingen

connaître <*irr*> [kɔnɛtʀ] **I.** *vt* **1.** (*avoir déjà vu*) ■ **qn connaît qn** jd kennt jdn; ***je la connais*** ich kenne sie, sie ist mir bekannt; ***ce type est connu*** dieser Typ ist bekannt; ■ **qn connaît qc** *roman* jd kennt etw; *nom, adresse, dates, mot a.* jd weiß etw
2. (*rencontrer*) ■ **qn a connu qn quelque part** jd hat jdn irgendwo kennen gelernt; ■ **qn fait** ~ **qn à qn** jd macht jdn mit jdm bekannt; ***elle cherche toujours à*** ~ ***des gens*** sie versucht immer, Leute kennen zu lernen
3. (*être en relation avec*) ■ **qn connaît qn** jd kennt jdn; ***je ne veux plus le*** ~ den kenne ich nicht mehr!, der ist für mich erledigt [*o* nur noch Luft] *fam*
4. (*identifier*) ■ **qn connaît qc** *plantes, animaux, minéraux, arbre généalogique etc* jd kennt etw; ■ **qn connaît qn** *vainqueur, meurtrier* jd weiß, wer

jd ist; ***on connaît les meurtriers?*** weiß man, wer die Mörder sind?, sind die Mörder bekannt?; ■ **qn connaît qc** (*être déjà allé à*) *lieu* jd kennt etw [schon]; ■ **qn connaît qc** (*être au courant de*) *décision, situation, sentiment* jd kennt etw; ***vous connaissez la nouvelle?*** wissen Sie schon das Neueste?; ■ **qn fait ~ qc à qn** jd teilt jdm etw mit, jd gibt jdm etw bekannt

5. (*être familiarisé avec*) ■ **qn connaît qn/qc** jd kennt jdn/etw; ***vous apprendrez à le ~*** Sie werden ihn [nach und nach] kennen lernen; ***comme je te connais, tu vas encore faire une bêtise!*** wie ich dich kenne, machst du wieder eine Dummheit!; ***elle connaissait la mécanique et la musique*** sie hatte Ahnung von [der] Mechanik und [der] Musik; ***tu connais l'allemand?*** kannst du Deutsch?; ***c'est un plombier qui connaît bien son métier*** das ist ein Klempner, der sein Handwerk versteht; ***il m'a fait ~ les joies de l'aviron*** er hat mich mit den Freuden des Ruderns bekannt [*o* vertraut] gemacht; ***tu vas ~ une discothèque vachement sympa*** du wirst eine wahnsinnig gute Disko kennen lernen

6. (*éprouver*) ■ **qn connaît qc** *victoire, temps* jd erlebt etw; *gloire, succès, faim a.* jd kennt etw; *solidarité, revers a., pardon, humiliation, sort* jd erfährt etw; ■ **qc connaît qc** (*enregistrer*) *développement, essor, crise* etw erlebt etw; *succès a.* etw hat etw; ***la règle ne connaît aucune exception*** die Regel ist ausnahmslos gültig [*o* kennt keine Ausnahme]

▶ **ça me/te/le/la connaît!** *fam* da kenne ich mich/kennst du dich/kennt er sich/kennt sie sich aus!; ***les femmes, ça me connaît!*** *fam* mit den Frauen, da kenn' ich mich aus!; **je ne connais que lui/ça!** *fam* und ob ich den/das kenne! *fam;* **qn ne connaît rien à qc** jd versteht nichts von etw, jd hat nicht die geringste Ahnung von etw

II. *vi* JUR ■ **qn/qc connaît de qc** /*juge, tribunal*/ jd/etw ist zuständig für etw, jd/etw entscheidet in etw (*dat*)

III. *vpr* **1.** (*se fréquenter*) ■ **des personnes se connaissent** Menschen kennen sich; ***vous vous connaissez depuis longtemps?*** kennt ihr euch schon lange?; ■ **des personnes se sont connues [quelque part/en cours de qc]** (*avoir fait connaissance*) Menschen haben sich [irgendwo/während einer S.] kennen gelernt; ***ils se sont connus en vacances*** sie haben sich in den Ferien kennen gelernt; ***vous vous connaissez? incroyable!*** ihr kennt euch schon? das ist ja unglaublich!; ***je vais présenter Marie à ta sœur – Inutile, elles se connaissent déjà*** ich werde Marie deiner Schwester vorstellen – Nicht nötig, sie kennen sich schon

2. ■ **qn se fait ~** (*dit son identité*) jd gibt sich zu erkennen; (*devient célèbre*) jd wird bekannt; (*se présente*) jd stellt sich vor

3. (*connaître ses possibilités*) ■ **qn se connaît** jd kennt sich; ***tel que je me connais*** wie ich mich kenne

▶ **qn s'y connaît [en qc]** jd kennt sich [gut] [mit etw] aus, jd versteht etwas von etw; **qn ne se connaît plus** jd kennt sich nicht mehr, jd verliert die Kontrolle über sich (*akk*)

connard [kɔnaʀ] *m pop* [Voll]idiot *m fam,* Blödmann *m fam*

connasse [kɔnas] *f pop* blöde Kuh [*o* Ziege] *fam;* ***cette petite ~*** dieses kleine Miststück *fam*

conne [kɔn] *f v.* **con**

connecter <1> [kɔnɛkte] **I.** *vt* ■ **qn connecte qc [à qc]** jd schließt etw [an etw (*akk*)] an; ***qn connecte qc en réseau*** jd vernetzt etw

II. *vpr* INFORM ■ **qn se connecte sur qc** jd loggt sich in etw (*akk*) ein; ***qn se connecte sur Internet*** jd loggt sich ins Internet ein; ■ **non connecté(e)** offline ['ɔflain]

connecteur [kɔnɛktœʀ] *m* INFORM Steckplatz *m*

connerie [kɔnʀi] *f* **1.** ∅ *pop* (*stupidité*) Doofheit *f fam,* Schwachsinn *m fam,* Blödheit *f fam;* ***c'est de la ~ pure et simple*** das ist absoluter Schwachsinn *fam;* ***il est d'une telle ~, ce film, que*** dieser Film ist derart doof [*o* blöd[sinnig]] [*o* schwachsinnig], dass *fam*

2. *pop* (*acte, parole*) Blödsinn *m kein pl fam,* Quatsch *m kein pl fam,* Unfug *m kein pl;* ***tout ça, c'est des ~s!*** das ist [doch/ja] alles Blödsinn! *fam*

connexion [kɔnɛksjɔ̃] *f* **1.** (*relation*) Zusammenhang *m,* Verbindung *f;* ***la ~ des deux crimes*** der Zusammenhang [*o* die Verbindung] zwischen den beiden Verbrechen

2. ELEC (*à un circuit*) Anschluss *m;* (*entre deux appareils*) Verbindung *f*

3. INFORM Verbindung *f;* ***qn obtient une ~ à Internet*** jd stellt eine Verbindung zum Internet her

connivence [kɔnivɑ̃s] *f* heimliches Einverständnis; ***il y a des ~s à tous les niveaux*** es gibt auf allen Ebenen geheime Absprachen; ***un sourire de ~*** ein komplizenhaftes Lächeln

▶ **qn est de ~ avec qn** jd steckt mit jdm unter einer Decke; **qn agit de ~ avec qn** jd macht mit jdm gemeinsame Sache

connotation [kɔnɔtasjɔ̃] *f* Konnotation *f*

▶ **qc a une ...** ~ etw hat eine ... Konnotation

connoter <1> [kɔnɔte] *vt* ■ **qc connote qc** etw ruft die Vorstellung von etw hervor, etw konnotiert etw *spec;* ***ce mot connote une valeur poétique*** dieses Wort hat eine poetische Konnotation

connu, e [kɔny] **I.** *pp de* **connaître**

II. *adj* **1.** (*célèbre, répandu*) bekannt; ***c'est bien ~ que*** es ist allgemein bekannt, dass; alle wissen, dass; ***un fait ~ de tous*** eine allgemein bekannte Tatsache

2. (*familier*) [bisher] bekannt, [bisher] erforscht; ***le monde ~*** das [bisher] erforschte Universum

conque [kɔ̃k] *f* **1.** ZOOL [See]muschel *f*

2. ANAT Ohrmuschel *f*

conquérant, e [kɔ̃keʀɑ̃, ɑ̃t] **I.** *adj esprit, peuple* eroberungslustig; *ardeur a.* draufgängerisch; *regard, air* selbstbewusst

▶ **en ~** dreist

II. *m, f* Eroberer/Eroberin *m/f*

conquérir <*irr*> [kɔ̃keʀiʀ] *vt* **1.** MIL ■ **qn/qc conquiert qc** jd/etw erobert etw

2. (*dominer*) ■ **qn conquiert qc** *montagne, espace* jd erobert etw

3. COM ■ **qn/qc conquiert qc** *marché* jd/etw erobert etw

4. (*séduire*) ■ **qn conquiert qn [par qc/en faisant qc]** jd gewinnt jdn [durch etw] für sich [, indem er etw macht]; ***le chef du personnel a été conquis par cette postulante*** der Personalchef hat sich von dieser Bewerberin einnehmen lassen; ■ **qn conquiert qn** *femme, homme* jd erobert jdn; ■ **qn conquiert qc** *affection, estime, respect* jd gewinnt etw; *cœur* jd erobert etw; ■ **qc conquiert qn** jd lässt sich für etw gewinnen, jd erwärmt sich für etw

conquête [kɔ̃kɛt] *f* **1.** ∅ [*pays, espace, marché, pouvoir, montagne*] Eroberung *f;* [*faveur a., suffrage*] Gewinnen *nt;* [*directeur, ministre*] Gewinnen *nt* der Gunst, Eroberung *f* der Gunst; ***la France a fait la ~ de l'Algérie*** Frankreich hat Algerien erobert

2. *pl* (*territoire*) Eroberungen *pl*

3. [*femme, homme*] Eroberung *f;* ***c'est sa nouvelle ~*** das ist seine neueste Eroberung; ***il en fait des ~s, ce jeune homme!*** der macht eine Eroberung nach der anderen, dieser junge Mann!

▶ **qn fait la ~ de qn** jd gewinnt jdn für sich; *femme, homme* jd erobert jdn; **qn part à la ~ de qc** jd zieht auf Eroberung von etw aus

conquis, e [kɔ̃ki, iz] *pp de* **conquérir**

consacré, e [kɔ̃sakʀe] *adj* **1.** *hostie, église, lieu* geweiht

2. *formule, expression, terme* üblich, landläufig

3. *auteur, écrivain, œuvre* anerkannt

consacrer <1> [kɔ̃sakʀe] **I.** *vt* **1.** (*donner*) ■ **qn/qc consacre qc à qn/qc** *instant, temps, jeunesse, forces, vie* jd/etw widmet jdm/einer S. etw; *argent* jd/etw wendet etw für jdn/etw auf, jd/etw verwendet etw für jdn/etw; ■ **qn consacre qc à faire qc** *énergie, talents* jd wendet etw auf, um etw zu tun; *vie* jd verwendet etw darauf, etw zu tun; jd gibt etw dafür hin, etw zu tun

2. REL ■ **qn consacre qn/qc [à qn]** *évêque, prêtre, temple, église, autel, hostie* jd weiht [jdm] jdn/etw; *pain, vin* jd segnet etw

3. (*entériner*) ■ **qn/qc consacre qc** *abus, expression, mot* jd/etw lässt etw allgemein üblich werden; *coutume a.* jd/etw lässt etw zu einer festen Einrichtung werden; *droit* etw verankert etw, etw sichert etw ab; ■ **qc est consacré(e) par qc**: ***la coutume a été consacrée par l'usage*** der Brauch hat sich nach und nach durchgesetzt; ***l'expression a été consacrée par l'usage*** der Ausdruck hat sich durchgesetzt

II. *vpr* ■ **qn se consacre à qn/qc** jd widmet sich jdm/einer S.

consanguin, e [kɔ̃sɑ̃gɛ̃, in] **I.** *adj frère, sœur* Halb- [väterlicherseits]; *mariage, union* zwischen Blutsverwandten

II. *mpl* Blutsverwandte *pl*

consanguinité [kɔ̃sɑ̃g(ɥ)inite] *f* **1.** (*parenté du même père*) Verwandtschaft *f* väterlicherseits

2. (*parenté héréditaire*) Blutsverwandtschaft *f*

3. (*union consanguine*) Inzucht *f*

consciemment [kɔ̃sjamɑ̃] *adj* bewusst, wissentlich

conscience [kɔ̃sjɑ̃s] *f* **1.** ∅ PSYCH Bewusstsein *nt;* ***prise de ~*** Bewusstwerden *nt,* Bewusstwerdung *f*

2. ∅ (*connaissance*) ■ **la/ma/sa ~ de qc** das Bewusstsein (*gen*) einer S., das/mein/sein/ihr Wissen *nt* um etw

3. ∅ (*sens moral*) Gewissen *nt*

4. ∅ (*âme*): ***il était la ~ de notre communauté*** er war die Seele unserer Gemeinschaft

5. ∅ (*sens du devoir*) Gewissenhaftigkeit *f*

6. (*libre arbitre*) Meinungsfreiheit *f;* ***la dictature opprime les ~s*** die Diktatur unterdrückt die freie Meinungsäußerung

▶ **qn a la ~ en paix** [*o* **repos**] jd hat ein ruhiges Gewissen; **la bonne ~** Selbstgerechtigkeit *f;* **bonne/mauvaise ~** gutes/schlechtes Gewissen; **qn se donne bonne ~ [en faisant qc]** jd beruhigt sein Gewissen[, indem er etw tut]; **qc donne bonne/mauvaise ~ à qn** jd hat bei etw ein gutes/schlechtes Gewissen; **qn a la ~ élastique** [*o* **large**] *fam* jd nimmt es [mit etw] nicht so genau *fam;* **qn en a gros** [*o* **lourd**] **sur la ~** jd ist betrübt; **~ morale** sittliches Bewusstsein; **qn a la ~ nette/tranquille** jd hat ein reines/ruhiges Gewissen; **~ professionnelle** Berufsethos *nt,* Berufsehre *f;* **qn a sa ~ pour soi** jd hat sich (*dat*) nichts vorzuwerfen; **qn a ~ de qc/d'avoir fait qc** jd ist sich (*dat*) einer S. (*gen*) bewusst/jd ist sich (*dat*) bewusst, etw gemacht zu haben; **qn a de la ~** jd ist gewissenhaft; **qn a quelque chose sur la ~** jd hat etwas auf dem Gewissen; **qn a qc sur la ~** jd hat etw auf dem Gewissen; ***qn a un mort sur la ~*** jd hat jemanden auf dem Gewissen; **qn met de la ~ dans qc** jd macht etw sehr gewissenhaft; **qn perd ~** jd verliert das Bewusstsein, jd wird ohnmächtig; **qn prend ~ de qc** jd wird sich (*dat*) einer S. (*gen*) bewusst; **qn reprend ~** jd kommt wieder zu sich; **qn fait qc en ~** jd macht etw in gutem Glauben

◆ **conscience de soi** Bewusstsein *nt* seiner selbst

consciencieusement [kɔ̃sjɑ̃sjøzmɑ̃] *adv* gewissenhaft

consciencieux, -euse [kɔ̃sjɑ̃sjø, -jøz] *adj* gewissenhaft

conscient, e [kɔ̃sjɑ̃, jɑ̃t] *adj* **1.** (*non ignorant*) bewusst; ■ **qn est ~ de qc/d'avoir fait qc** jd ist sich (*dat*) einer S. (*gen*) bewusst/jd ist sich (*dat*) [der Tatsache] bewusst, etw gemacht zu haben; ■ **qn est ~ que** + *indic* jd ist sich (*dat*) [der Tatsache] bewusst, dass

2. (*intentionnel*) *geste, méchanceté* bewusst; ***sa méchanceté était plus que ~e*** er/sie war ganz bewusst so böswillig

3. (*lucide*) *personne* bei Bewusstsein, ganz klar; *mouvement* bewusst, gesteuert

conscrit [kɔ̃skʀi] *m* (*inscrit au rôle*) Wehrpflichtige(r) *m;* (*recrue*) Rekrut *m*

consécration [kɔ̃sekʀasjɔ̃] *f* **1.** [*prêtre, pasteur*] Weihe *f;* [*lieu, temple, église, autel a.*] Weihung *f;* ***la ~ d'une église à la Vierge Marie*** die Weihung einer Kirche zu Ehren der Jungfrau Maria

2. ∅ (*moment de la messe*) Wandlung *f*

3. ∅ (*confirmation*) [*efforts, théorie*] Anerkennung *f;* [*abus, coutume, droit*] Sanktionierung *f,* Billigung *f;* (*triomphe*) [*artiste, vie, carrière*] Krönung *f*

consécutif, -ive [kɔ̃sekytif, -iv] *adj* **1.** (*à la file*) aufeinander folgend *attr,* hintereinander *pred;* ***des périodes ~ives d'activité et de détente*** aufeinander folgende Phasen von Aktivität und Ruhe
2. (*résultant de*) ■ **~ à qc** infolge einer S. (*gen*); ■ **qc est ~ à qc** etw ist die Folge einer S. (*gen*)

conseil [kɔ̃sɛj] *m* **1.** (*recommandation*) Rat *m,* Ratschlag *m;* ■ **~s** Ratschläge *pl;* ***qn donne des ~s à qn*** jd erteilt jdm Ratschläge; ***un ~ d'ami*** ein gut gemeinter Rat; ***qn écoute*** [*o* ***suit***] ***les ~s de qn*** jd hört auf [*o* befolgt] jds Rat; ■ **~s à qn** (*sur affiche, mode d'emploi*) Hinweise *pl* an jdn
2. (*personne*): ~ ***juridique*** Rechtsbeistand *m,* Rechtsberater(in) *m(f);* ~ ***fiscal*** Steuerberater(in) *m(f);* ■ **...~** beratende(r, s) ...; ***il est ingénieur~/avocat~*** er ist beratender Ingenieur/Rechtsanwalt; ***elle est esthéticienne~*** sie ist Kosmetikberaterin
3. (*assemblé*) (*dans le privé*) Vorstand *m;* (*dans le public*) Verwaltungsrat *m;* (*organe de surveillance*) Aufsichtsrat *m*
▸ **qn est de bon ~** jd weiß stets Rat; **je vais te donner un bon ~** ich gebe dir einen guten Rat; **~ général** *oberstes Exekutivorgan eines Departements;* **~ municipal** Stadtrat *m,* Gemeinderat *m;* **qn demande ~ à qn** jd bittet [*o* fragt] jdn um Rat; **qn prend ~ de qn** jd holt jds Rat ein; **des personnes tiennent ~** Menschen beraten sich
◆ **conseil d'administration** Verwaltungsrat *m;* **conseil de classe** Notenkonferenz *f;* **conseil de discipline** SCOL Schulkonferenz *f;* UNIV Disziplinarausschuss *m;* **qn passe en ~ de discipline** jd kommt vor den Disziplinarausschuss, jd wird vor den Disziplinarausschuss gestellt; **conseil de famille** Familienrat *m;* **conseil de guerre** Kriegsgericht *nt;* **qn passe en ~ de guerre** jd wird vor das Kriegsgericht gestellt, jd kommt vor das Kriegsgericht; **Conseil de l'Ordre des avocats/des médecins** Vorstand *m* der Anwalts-/Ärztekammer; **conseil de révision** Musterungskommission *f,* Musterungsausschuss *m;* **Conseil de Sécurité** Sicherheitsrat *m;* **Conseil des ministres** Ministerrat *m;* **conseil des prud'hommes** [paritätisches] Arbeitsgericht; **conseil de surveillance** Aufsichtsrat *m;* **Conseil d'État** ≈ Bundesverwaltungsgericht *nt;* **Conseil des ministres de l'Économie et des Finances** Rat *m* der Wirtschafts- und Finanzminister; **Conseil de l'Union européenne** Europäischer Rat, Rat der Europäischen Union; **Conseil d'Université** [Universitäts]senat *m*

conseiller <1> [kɔ̃seje] **I.** *vt* **1.** (*recommander*) ■ **qn conseille qn/qc à qn** jd empfiehlt jdm jdn/etw; *prudence* jd rät jdm zu etw; ■ **qn conseille à qn de faire qc** jd rät jdm, etw zu tun
2. (*inciter*) ■ **qc conseille à qn de faire qc** /*prudence*/ etw gebietet jdm, etw zu tun
3. (*guider*) ■ **qn conseille qn dans qc** jd berät jdn bei etw
▸ **qn est bien/mal conseillé(e)** [**par qn**] jd ist gut/schlecht [von jdm] beraten
II. *vt impers* ■ **il est conseillé de faire qc** es empfiehlt sich, etw zu tun; ■ **il est conseillé à qn de faire qc** jdm wird empfohlen etw zu tun

conseiller, -ère [kɔ̃seje, -jɛʀ] *m, f* **1.** (*personne*) Ratgeber(in) *m(f)*
2. *m* (*expert*) Gutachter(in) *m(f),* Sachverständige(r) *f(m);* ~**(-ère)** ***en entreprise*** Unternehmensberater(in) *m(f)*
3. *m* ADMIN, POL Rat/Rätin *m/f*
▸ **~(-ère) juridique** Rechtsberater(in) *m(f);* **~ municipal/~ère municipale** Stadtrat/-rätin *m/f,* Gemeinderat/-rätin *m/f;* **~(-ère) pédagogique** Schulpädagoge/-pädagogin *m/f;* **~(-ère) technique** Fachberater(in) *m(f)*
◆ **conseiller** [**principal**](**conseillère** [**principale**]) **d'éducation** *Beauftragte(r) für Verwaltungs- und Disziplinarfragen an Schulen;* **conseiller(-ère) d'État** Staatsrat/-rätin *m/f;* **conseiller(-ère) d'orientation** Berufsberater(in) *m(f)* [für Schüler]

consensus [kɔ̃sɛ̃sys] *m* Konsens *m*

consentant, e [kɔ̃sɑ̃tɑ̃, ɑ̃t] *adj* **1.** *soutenu* einverstanden; (*en amour*) willig
2. JUR: ***les deux parties en présence étant ~es*** mit Einwilligung der beiden anwesenden Parteien

consentement [kɔ̃sɑ̃tmɑ̃] *m* Einverständnis *nt,* Einwilligung *f;* ***qn donne/accorde/refuse son ~ à qn*** jd gibt/erteilt/verweigert jdm seine Zustimmung; ■ **~ à qc** Zustimmung *f* zu etw, Billigung *f* einer S. (*gen*); ■ **qn donne son ~ à qc** jd stimmt einer S. (*dat*) zu, jd billigt etw
▸ **par ~ mutuel** in gegenseitigem [*o* beiderseitigem] Einverständnis

consentir <10> [kɔ̃sɑ̃tiʀ] **I.** *vi* ■ **qn consent à qc** jd stimmt einer S. (*dat*) zu, jd ist mit etw einverstanden; (*à contrecœur*) jd billigt etw; ■ **qn consent à faire qc** jd ist damit einverstanden, etw zu tun; ***elle consent à signer votre requête*** sie hat sich bereit erklärt, Ihr Gesuch zu unterschreiben; ***je ne consentirai à venir qu'à une seule condition*** ich komme nur unter einer Bedingung; ■ **qn consent à ce que qn fasse qc/à ce que qc se fasse** jd ist damit einverstanden, dass jd etw macht/dass etw geschieht
II. *vt* ■ **qn consent qc à qn** jd gewährt jdm etw

conséquence [kɔ̃sekɑ̃s] *f* **1.** (*résultat, effet*) Folge *f;* ***qn doit subir les ~s de qc*** jd muss die Konsequenzen einer S. (*gen*) tragen
2. PHILOS (*suite logique*) Folgerung *f;* (*résultat logique*) Schluss *m*
▸ **gros(se)** [*o* **lourd(e)**] **de ~s** folgenschwer; **qc a qc pour ~** etw hat etw zur Folge; **qn accepte les ~s de qc** jd nimmt die Folgen einer S. (*gen*) in Kauf, jd trägt die Konsequenzen einer S. (*gen*); **qc ne prête** [*o* **tire**] **pas à ~** etw ist unwichtig [*o* unbedeutend] [*o* belanglos]; **qn tire les ~s de qc** jd zieht die Konsequenzen aus etw; **en ~** (*donc*) infolgedessen; (*conformément à cela*) [dem]entsprechend; ***il a obtenu des résultats en ~*** er hat entsprechende Resultate erzielt; ***il a agi en ~*** er hat [dem]entsprechend gehandelt; **en ~ de qc** infolge einer S. (*gen*); **sans ~** *accident, blessure* harmlos; *erreur, incident* ohne Folgen

conséquent, e [kɔ̃sekɑ̃, ɑ̃t] *adj* konsequent; ***c'est un esprit ~*** er/sie ist konsequent; ***qn est ~ dans ses actes*** jd handelt konsequent; ***qn est ~ avec ses principes*** jd ist seinen Prinzipien treu
▸ **il/elle est ~(e) avec lui-/elle-même** er/sie ist sich (*dat*) selbst treu; **par ~** infolgedessen, also, folglich

conservateur, -trice [kɔ̃sɛʀvatœʀ, -tʀis] **I.** *adj* **1.** (*traditionaliste,*) POL konservativ
2. (*qui conserve*): ***agent ~*** Konservierungsmittel *nt,* Konservierungsstoff *m;* ***compartiment ~*** Tiefkühlfach *nt*
II. *m, f* **1.** [*musée, bibliothèque*] Verwalter(in) *m(f)*
2. POL Konservative(r) *f(m)*
III. *m* (*produit chimique*) Konservierungsstoff *m,* Konservierungsmittel *nt*
◆ **conservateur des Eaux et Forêts** Oberforstrat/-rätin *m/f*

conservation [kɔ̃sɛʀvasjɔ̃] *f* **1.** (*action*) [*aliment*] Haltbarmachung *f,* Konservieren *nt;* [*monument*] Pflege *f,* Instandhaltung *f;* (*garde*) [*aliment*] Aufbewahrung *f;* [*archives*] Verwaltung *f*
2. (*état*) Zustand *m;* ***qc reste en bon état de ~*** etw bleibt gut erhalten; ***pour garder les fruits en bon état de ~*** damit sich das Obst gut hält
◆ **conservation des Eaux et Forêts** Forstamt *nt;* **conservation des hypothèques** Grundbuchamt *nt*

conservatisme [kɔ̃sɛʀvatism] *m* Konservatismus *m*

conservatoire [kɔ̃sɛʀvatwaʀ] **I.** *adj* JUR Sicherungs-; ***acte*** [*o* ***mesure***] ~ Sicherungsmaßnahme *f,* Erhaltungsmaßnahme *f;* ***saisie ~*** Sicherheitspfändung *f*
II. *m* (*école de musique*) Konservatorium *nt;* (*école de comédie*) Schauspielschule *f;* ■ **le C~** das Conservatoire de Paris
◆ **Conservatoire des Arts et Métiers** Gewerbemuseum *nt*

conserve¹ [kɔ̃sɛʀv] *f* Konserve *f;* ***qn se nourrit de ~s*** jd lebt von Konserven; ***des ~s de viande et de thon*** Fleisch- und Thunfischkonserven; ***dix ~s de légumes/viande*** zehn Büchsen [*o* Dosen] Gemüse/Fleisch
▸ **en ~** Dosen-, aus der Dose; ***des petits pois en ~*** Dosenerbsen, Erbsen aus der Dose; **qn met qc en ~** (*industriellement*) jd verarbeitet etw zu Konserven; (*à la maison*) *fruits, légumes* jd macht etw ein, jd weckt etw ein

conserve² [kɔ̃sɛʀv] *adv* ■ **de ~** gemeinsam; ***des personnes agissent de ~*** Menschen sprechen sich ab; ***des bateaux naviguent de ~*** Schiffe fahren im Konvoi; ***des personnes vont de ~*** Menschen reisen gemeinsam

conservé, e [kɔ̃sɛʀve] *adj fam* ▸ **bien ~** [**pour son âge**] gut erhalten [für sein/ihr Alter] *fam*

conserver <1> [kɔ̃sɛʀve] **I.** *vt* **1.** (*garder, préserver*) ■ **qn conserve qc** *objets, papiers, aliments* jd bewahrt etw auf; *monument* jd hält etw instand, jd pflegt etw; ***qn conserve un secret*** jd hütet ein Geheimnis, jd behält ein Geheimnis für sich
2. GASTR ■ **qn/qc conserve qc** *aliments* jd/etw macht etw haltbar, etw konserviert etw; ***qn conserve des cornichons dans du vinaigre*** jd legt Gurken in Essig ein; ***qn conserve des fruits en bocal*** jd weckt Obst ein
3. *fig* (*ne pas perdre*) ■ **qn conserve qc** *usage, tradition* jd pflegt etw; *habitude* jd behält etw bei; *espoir* jd gibt etw nicht auf; *son droit* jd wahrt etw; *ses amis* jd behält etw, jd verliert etw nicht; *ses illusions, son innocence* jd bewahrt sich (*dat*) etw; ***conserve ton calme!*** bleib ruhig!, bewahr die Ruhe!; ***qn conserve le sens de qc*** jd bewahrt den Sinn für etw; ***qn a conservé ses cheveux*** jd hat seine/ihre Haare noch; ***elle a conservé sa beauté*** sie ist schön geblieben; ***elle a conservé le goût de l'aventure*** sie hat den Geschmack am Abenteuer nicht verloren; ***elle a conservé sa lucidité jusqu'au bout*** sie ist bis zuletzt bei klarem Verstand geblieben; ***il a conservé sa place*** er hat seine Stellung behalten; ■ **qc conserve qc**: ***qc conserve sa couleur*** etw verblasst nicht; ***ce cuir a conservé sa souplesse*** dieses Leder ist geschmeidig geblieben; ***l'histoire a conservé la mémoire de cet événement*** die Erinnerung an dieses Ereignis ist uns erhalten geblieben
II. *vi fam* ■ **qc/ça conserve** etw/das hält jung
III. *vpr* ■ **qc se conserve** /*aliment*/ etw hält sich

conserverie [kɔ̃sɛʀvəʀi] *f* **1.** (*fabrique*) Konservenfabrik *f*
2. (*industrie*) Konservenindustrie *f*

considérable [kɔ̃sideʀabl] *adj somme, nombre, quantité, taille* beachtlich; *dégâts, pertes, travail* beträchtlich; *retard* erheblich; *rôle* maßgeblich; *émotion* heftig; *changement* grundlegend; *foule* riesig; ***un succès ~*** ein voller Erfolg

considérablement [kɔ̃sideʀabləmɑ̃] *adv* erheblich

considération [kɔ̃sideʀasjɔ̃] *f* **1.** *pl* (*raisonnement*) Ausführungen *pl,* Erwägungen *pl;* (*aspect*) Fragen *pl;* ***ces ~s techniques ne m'intéressent pas*** diese technischen Fragen [*o* Erläuterungen] interessieren mich nicht; ***qn se perd en ~s philosophiques*** jd verliert sich in philosophischen Überlegungen; ■ **~s sur qn/qc** Ausführungen über jdn/etw
2. *pl* (*motifs, raisons*) Gründe *pl,* Erwägungen *pl;* ***des ~s d'ordre politique et religieux*** politische und religiöse Erwägungen [*o* Überlegungen]
3. (*estime*) Achtung *f,* Ansehen *nt;* ***qn jouit d'une grande ~*** jd genießt hohes Ansehen
▸ **sans ~ de personne** ungeachtet der Person; **digne de ~** *personne* achtenswert; *problème, question* beachtenswert; **qn entre dans des ~s ...** jd stellt ... Überlegungen an; **ceci/qc mérite ~** dies/etw verdient Beachtung; **qn prend qn/qc en ~** jd berücksichtigt jdn/etw; **en ~ de qc** angesichts einer S. (*gen*), in Anbetracht einer S. (*gen*); **par ~ pour qn** (*par estime*) aus Achtung vor jdm; (*par délicatesse*) aus Rücksicht auf jdn; **sans ~ de qc** ungeachtet einer S. (*gen*)

considérer <5> [kɔ̃sideʀe] **I.** *vt* **1.** (*étudier*) ■ **qn considère qc** jd denkt über etw nach; *question, problème, solution, situation, proposition a.* jd überdenkt etw; *détail, aspect, circonstance a.* jd bedenkt etw; ***qn considère le pour et le contre*** jd bedenkt das Für und Wider; ***elle ne considère que ses seuls intérêts*** sie hat nur ihre eigenen Interessen im Auge; ***c'est un point à ~*** diesen Punkt sollte man bedenken

2. (*tenir compte de*) ■ **qn considère qc** jd berücksichtigt etw
3. (*estimer*) ■ **qn/qc est considéré(e)** jd/etw ist [*o* wird] geachtet [*o* geschätzt]; ***qn est considéré de tous*** jd ist allseits geachtet; ***il/son avis est hautement considéré*** er/sein Urteil genießt hohes Ansehen
4. (*contempler*) ■ **qn considère qn/qc** jd betrachtet jdn/etw [eingehend]; ***qn considère qn bien en face*** jd sieht jdn unverwandt an
5. (*être d'avis que*) ■ **qn considère que** + *indic* jd findet [*o* ist der Meinung], dass; ■ **qn ne considère pas que** + *subj* jd findet nicht, dass; ■ **qn considère-t-il que** + *subj* **...?** meint jd, dass ...?
6. (*tenir pour*) ■ **qn considère qn** + *adj* jd hält jdn für + *adj*; ***on le considère généralement compétent et travailleur*** er gilt gemeinhin als kompetent und fleißig; ***je le considère assez intelligent pour ...*** ich halte ihn für intelligent genug, um ...; ■ **qn considère qn comme** + *subst* jd betrachtet jdn als + *subst* (*akk*); ***il le considère comme son propre fils/un fils*** er betrachtet ihn als seinen eigenen Sohn/als einen Sohn; ***qn considère qn comme un traître*** jd betrachtet jdn als einen Verräter, jd sieht in jdm einen Verräter; ■ **qn considère qc comme** + *adj* jd hält etw für + *adj*, jd betrachtet etw als + *adj*; ***je considère ce point comme acquis*** ich halte diesen Punkt für geklärt; ***qn considère un travail comme terminé*** jd hält eine Arbeit für beendet, jd betrachtet eine Arbeit als beendet; ***vous avez oublié votre parapluie? considérez-le comme perdu!*** Sie haben Ihren Schirm vergessen? den können Sie abschreiben *fam* [*o* als verloren betrachten]!
► **tout bien considéré** nach reiflicher Erwägung, alles wohl bedacht; **considérant qc** wenn man etw bedenkt; ***considérant les faits suivants, il faut ...*** betrachtet man die folgenden Tatsachen, so muss man ...; **considérant que** wenn man bedenkt, dass; JUR in Anbetracht dessen, dass
II. *vpr* ■ **qn se considère** + *adj* jd hält sich für + *adj*; ***qn se considère très important(e)*** jd hält sich für sehr wichtig; ■ **qn se considère comme** + *subst* jd hält sich für + *subst*

consignation [kɔ̃siɲasjɔ̃] *f* 1. [*marchandises, argent*] Hinterlegung *f*
2. (*récupération*): ***la ~ des bouteilles est une bonne chose*** es ist eine gute Sache, dass auf Flaschen Pfand erhoben wird [*o* dass man Flaschen gegen Pfand zurückgeben kann]
► **qn met qc en ~** *somme* jd hinterlegt einen Geldbetrag [*o* eine Kaution]; **des marchandises en ~** Konsignationsgüter *pl*, Konsignationsware *f*

consigne [kɔ̃siɲ] *f* 1. ∅ TRANSP Gepäckaufbewahrung *f*; ***le billet de la ~*** der Gepäckschein
2. ∅ COM Pfand *nt*; ***il y a 1 F de ~ sur chaque bouteille*** auf jeder Flasche ist 1 F Pfand; ***qn se fait rembourser la ~*** jd lässt sich (*dat*) das Pfand[geld] zurückgeben
3. (*instructions*) Anweisungen *pl*, Vorschriften *pl*; ***désolé, la ~ est formelle*** es tut mir Leid, aber ich habe strikte Anweisungen; ***en dépit de toutes les ~s*** entgegen allen Vorschriften
4. ∅ MIL Stubenarrest *m*; SCOL Nachsitzen *nt*
► **~ automatique** Schließfach *nt*; **qn donne la ~ de faire qc** jd ordnet an, etw zu tun; **qn observe la ~** jd hält sich an die Vorschriften

consigné, e [kɔ̃siɲe] *adj bouteille* Pfand-; *emballage* Mehrweg-
► **non ~** Einweg-

consigner <1> [kɔ̃siɲe] *vt* 1. (*mettre en dépôt*) ■ **qn consigne qc** *bagages*, jd gibt etw zur Aufbewahrung; *somme d'argent, marchandises* jd hinterlegt etw
2. (*facturer provisoirement*) ■ **qc est consigné(e)** /*bouteille, emballage*/ für etw wird ein Pfand erhoben, auf etw (*dat*) ist Pfand; ***ces bouteilles ne sont pas consignées*** das sind Einwegflaschen
3. (*enregistrer*) ■ **qn consigne qc [par écrit]** jd notiert etw, hält etw [schriftlich] fest, schreibt etw nieder
4. MIL, SCOL ■ **qn consigne qn** *soldat, troupe* jd erteilt jdm Ausgangssperre, jd verhängt eine Ausgangssperre über jdn; *élève* jd lässt jdn nachsitzen; ■ **qn est consigné(e)** /*soldat, troupe*/ jd hat Ausgangssperre; /*élève*/ jd muss nachsitzen

consistance [kɔ̃sistɑ̃s] *f* Beschaffenheit *f*, Konsistenz *f*; ***dès que la sauce aura une ~ assez épaisse*** sobald die Soße dick genug ist; ***d'une ~ molle/sirupeuse/élastique/pâteuse*** von weicher/dickflüssiger/zäher/breiiger Beschaffenheit
► **qn/qc donne de la ~ à qc** *à la sauce* jd/etw dickt etw ein; *à la pâte* jd/etw macht etw fester; *à la mayonnaise, au liquide* jd/etw macht etw dicker; *à la crème fouettée* jd schlägt etw steifer/etw macht etw steifer; *à la rumeur, à des propos* jd/etw bestätigt etw; **qc manque de ~** /*sauce*/ etw ist zu dünnflüssig, etw ist nicht dick genug; /*pâte, crème*/ etw ist nicht fest genug; /*propos, argument*/ etw ist dürftig; **qc prend ~** /*pâte*/ etw wird fester; /*liquide*/ etw wird dicker; /*nouvelle, rumeur*/ etw verdichtet sich, etw nimmt Gestalt an; **sans ~** *mélange, substance* konsistenzlos; *nouvelle, rumeur, argument* ohne Hand und Fuß, aus der Luft gegriffen; *caractère, esprit* inkonsequent, ohne klare Linie; ***vos arguments sont sans ~*** Ihre Argumente entbehren jeglicher Grundlage

consistant, e [kɔ̃sistɑ̃, ɑ̃t] *adj* 1. (*épais*) dickflüssig; *sauce a.* sämig
2. (*substantiel*) *repas, nourriture* gehaltvoll, gehaltreich
3. (*fondé*) *bruit, rumeur* begründet; *argument* stichhaltig

consister <1> [kɔ̃siste] *vi* 1. (*se composer de*) ■ **qc consiste en qc** etw besteht aus etw
2. (*être*) ■ **qc consiste en qc** etw besteht in etw (*dat*); ■ **qc consiste à faire qc** etw besteht darin, etw zu tun
3. (*résider*) ■ **qc consiste dans qc** etw liegt in etw (*dat*)

consœur [kɔ̃sœʀ] *f* Kollegin *f*; *v. a.* **confrère**

consolant, e [kɔ̃sɔlɑ̃, ɑ̃t] *adj* tröstlich, tröstend

consolation [kɔ̃sɔlasjɔ̃] *f* Trost *m*; ***un mot/des paroles de ~*** ein Wort *nt*/Worte *pl* des Trostes [*o* tröstliche Worte]; ***c'est une ~ de penser que*** es ist tröstlich zu wissen, dass; ***une piètre ~*** ein schwacher Trost; ***cette enfant est toute ma ~*** dieses Kind ist mein einziger Trost

console [kɔ̃sɔl] *f* 1. (*meuble*) Konsole *f*, Wandtischchen *nt*
2. INFORM Konsole *f*
3. ARCHIT Konsole *f*, Kragstein *m*
◆ **console de jeux [vidéo]** Videospielgerät *nt*; **console d'enregistrement** Aufnahmepult *nt*; **console de visualisation** Bildschirm *m*, Sichtgerät *nt*

consoler <1> [kɔ̃sɔle] I. *vt* ■ **qn/qc console qn** jd/etw tröstet jdn; ■ **qn/qc console qc** *chagrin, peine* jd/etw lindert etw; ■ **qn/qc console qn de qc** jd/etw tröstet jdn über etw (*akk*) [hinweg]
II. *vpr* ■ **qn se console** jd tröstet sich; ■ **qn se console de qc** jd tröstet sich über etw (*akk*) [hinweg]
► **qn se console avec un(e) autre** jd tröstet sich mit einem/einer anderen

consolidation [kɔ̃sɔlidasjɔ̃] *f* ∅ 1. [*mur, façade*] Befestigung *f*; [*pont, édifice, charpente*] Sicherung *f*; [*table*] Verstärkung *f*
2. MED Konsolidierung *f spec*; [*fracture a.*] Zusammenwachsen *nt*; ***la ~ d'une maladie*** der Stillstand eines Krankheitsprozesses; ***la ~ de la fracture s'est faite en trois semaines*** der Bruch ist in drei Wochen zusammengewachsen
3. FIN Konsolidierung *f*
◆ **consolidation de la dette** Konsolidierung *f* der Schuld

consolidé, e [kɔ̃sɔlide] *adj* FIN konsolidiert

consolider <1> [kɔ̃sɔlide] I. *vt* 1. (*rendre solide*) ■ **qn consolide qc** *mur* jd befestigt etw; *édifice, charpente, pont* jd sichert etw; *table* jd verstärkt etw
2. *fig* ■ **qn/qc consolide qc** *accord, traité, position, alliance, amitié* jd/etw festigt etw; *victoire, fortune* jd baut etw aus; *parti* jd/etw stärkt etw
3. FIN, ECON ■ **qn/qc consolide qc** jd/etw konsolidiert etw
II. *vpr* 1. ■ **qc se consolide** /*régime, parti*/ etw behauptet sich; /*position*/ etw festigt sich
2. MED ■ **qc se consolide** /*fracture*/ etw wächst zusammen

consommable [kɔ̃sɔmabl] *adj* essbar, genießbar; *boisson* trinkbar

consommateur, -trice [kɔ̃sɔmatœʀ, -tʀis] *m, f* 1. (*acheteur*) Verbraucher(in) *m(f)*; ***un organisme de défense des ~s*** ein Verbraucherverband *m*, eine Verbraucher[schutz]organisation
2. (*client*) Gast *m*; ***avis aux ~s:*** an unsere werten Gäste:
► **qn est un(e) gros(se) consommateur(-trice) de qc** jd verbraucht [*o* konsumiert] viel ...; ***je suis un gros ~ de café/beurre*** ich trinke viel Kaffee/esse viel Butter; ***mes filles sont de grosses ~trices de romans policiers*** meine Töchter sind leidenschaftliche Krimileserinnen

consommation [kɔ̃sɔmasjɔ̃] *f* 1. ∅ Verbrauch *m*; ECON Konsum *m*; **~ de gaz** Gasverbrauch *m*; ***la ~ d'huile d'une voiture*** der Ölverbrauch eines Autos; ***quelle est la ~ d'essence de cette voiture* [*aux 100 km*]**? wie viel Benzin verbraucht dieser Wagen [auf 100 km]?; ***qn/qc pousse à la ~*** jd/etw verführt zum Konsum [*o* Kauf]; ***impropre à la ~*** nicht zum Verzehr geeignet
2. (*boisson*): ***prendre une ~*** etwas trinken; ***pouvez-vous prendre les ~s?*** können Sie die Bestellung aufnehmen?
◆ **consommation du mariage** Vollziehung *f* der Ehe

consommé [kɔ̃sɔme] *m* [Kraft]brühe *f*; ***du ~ de poulet*** Hühnerbrühe

consommé, e [kɔ̃sɔme] *adj soutenu art, habileté, diplomate, musicien* vollendet

consommer <1> [kɔ̃sɔme] I. *vi* ■ **qn consomme** jd trinkt etwas
II. *vt* 1. GASTR ■ **qn consomme qc** *nourriture* jd nimmt etw zu sich, jd isst etw; *boisson* jd trinkt etw; ***tu consommes trop de sucre*** du isst zu viel Zucker
2. (*user*) ■ **qc consomme qc** etw verbraucht etw; ***cette voiture consomme trop*** dieser Wagen verbraucht zu viel [*o* hat einen zu hohen Verbrauch]
3. ■ **qc est consommé(e)** /*mariage*/ etw wird vollzogen
III. *vpr* ■ **qc se consomme** /*nourriture*/ etw kann gegessen werden, etw wird gegessen; /*boisson*/ etw kann getrunken werden, etw wird getrunken; ***qc se consomme cru(e) ou cuit(e)*** etw kann man roh oder gekocht essen

consonance [kɔ̃sɔnɑ̃s] *f* 1. MUS Konsonanz *f*
2. PHON Klang *m*, Klangfarbe *f*; ***les ~s des mots*** der Klang der Wörter
► **aux ~s ...** ...klingend; ***un nom aux ~s étrangères*** ein fremdklingender Name

consonne [kɔ̃sɔn] *f* Konsonant *m*
◆ **consonne de liaison** Fugenlaut *m*

consort [kɔ̃sɔʀ] *adj v.* **prince**

consortium [kɔ̃sɔʀsjɔm] *m* Konsortium *nt*

consorts [kɔ̃sɔʀ] *mpl* ► **qn et ~s** *péj* jd und Konsorten

conspirateur, -trice [kɔ̃spiʀatœʀ, -tʀis] *m, f* Verschwörer(in) *m(f)*

conspiration [kɔ̃spiʀasjɔ̃] *f* Verschwörung *f*; ■ **une ~ contre qn/qc** eine Verschwörung gegen jdn/etw
► **la ~ du silence**: ***c'est la ~ du silence*** alle haben sich verschworen zu schweigen, alle schweigen sich aus; ***qn/qc est victime de la ~ du silence*** jd/etw wird totgeschwiegen

conspirer <1> [kɔ̃spiʀe] *vi* 1. (*comploter*) ■ **qn conspire [contre qn/qc]** jd schmiedet ein Komplott [gegen jdn/etw]; ■ **des personnes conspirent [contre qn/qc]** Menschen verschwören sich [gegen jdn/etw]
2. (*concourir*) ■ **qc conspire à qc** etw wirkt auf etw (*akk*) hin

conspuer <1> [kɔ̃spɥe] *vt* ■ **qn conspue qn** jd buht jdn aus

constamment [kɔ̃stamɑ̃] *adv* 1. (*sans discontinuer*) ununterbrochen, ständig; ***le vent a soufflé ~*** der Wind wehte ununterbrochen
2. (*très fréquemment*) ständig, immer wieder; ***qn est ~ absent(e)*** jd fehlt ständig

constance [kɔ̃stɑ̃s] *f* 1. [*temps, composé chimique, phénomène*] Beständigkeit *f*
2. *littér* (*persévérance*) Beharrlichkeit *f*
► **avec ~** *littér* beharrlich, stet *geh*; *travailler* beharrlich

Constance [kɔ̃stɑ̃s] Konstanz *nt*
constant, e [kɔ̃stɑ̃, ɑ̃t] I. *adj* 1. (*invariable*) konstant, gleich bleibend
2. (*continuel*) ständig; ***qn a de ~es difficultés d'argent*** jd ist ständig in Geldnot
3. *littér* (*persévérant*) ■ ~ **dans qc** beharrlich in etw (*dat*), ausdauernd in etw (*dat*); ***qn est ~ dans ses efforts*** jd bemüht sich unentwegt [*o* beharrlich]; ***elle est ~e dans la poursuite du but qu'elle s'est fixé*** sie verfolgt beharrlich das Ziel, das sie sich gesetzt hat
II. *f* ■ **constante** 1. (*caractéristique*) Konstante *f*, konstantes Merkmal; ■ **qc est une ~e** [**de qc**] etw ist [für etw] typisch
2. SCI Konstante *f*; MATH *a.* gleich bleibende Größe
constat [kɔ̃sta] *m* Protokoll *nt*
◆ **constat à l'amiable** gütliche Unfallaufnahme (*zwischen der Betroffenen, ohne Hinzuziehen der Polizei*); **constat d'accident** Unfallprotokoll *nt*; **constat d'adultère** *Feststellung des Ehebruchs durch die Polizei*; **constat d'échec** negative Bilanz; ***qn dresse un ~ d'échec*** jd zieht eine negative Bilanz; **constat d'huissier** Feststellungsprotokoll *nt* durch eine Amtsperson
constatation [kɔ̃statasjɔ̃] *f* 1. Feststellung *f*
2. *pl* ADMIN Ergebnisse *pl*; ***faites-moi part de vos ~s*** teilen Sie mir Ihre Ergebnisse mit
► **qn procède aux ~s d'usage** *form* jd führt seine Routineuntersuchung durch
constater <1> [kɔ̃state] I. *vt* 1. (*se rendre compte de*) ■ **qn constate qc** jd stellt etw fest; *erreur* jd entdeckt etw; ■ **qn constate que** + *indic* jd stellt fest, dass; ***je constate en effet que je me suis trompé(e)*** ich muss feststellen, dass ich mich geirrt habe
2. *form* (*certifier*) ■ **qn constate qc** jd stellt etw fest, jd bescheinigt etw; ***qn fait ~ les dommages par un huissier*** jd lässt den Schaden durch einen Gerichtsvollzieher feststellen
II. *vi* ■ **qn constate** jd stellt fest; ***je ne fais que ~*** ich stelle nur fest!; ***constatez par vous-même!*** sehen Sie doch selbst!, überzeugen Sie sich selbst!
constellation [kɔ̃stelasjɔ̃] *f* 1. ASTRON Sternbild *nt*
2. *fig littér*: ***une ~ de lumières*** ein Lichtermeer *nt*
constellé, e [kɔ̃stele] *adj* ■ ~ **de qc** übersät mit etw; ***une nuit ~e d'étoiles*** ein sternenübersäter Himmel, eine sternenreiche Nacht; ***une robe ~e de pierreries*** ein mit Edelsteinen besetztes Kleid
consteller <1> [kɔ̃stele] *vt* ■ **qc constelle qc**: ***des étoiles constellent le ciel*** der Himmel steht voller Sterne
consternant, e [kɔ̃stɛʀnɑ̃, ɑ̃t] *adj* erschütternd, bestürzend; ***comment osez-vous vous présenter dans cet état! c'est ~!*** wie können Sie es wagen, so hier zu erscheinen? das ist ja furchtbar!; ***les candidats sont d'une ~e médiocrité*** die Kandidaten sind erschreckend mittelmäßig
consternation [kɔ̃stɛʀnasjɔ̃] *f* Betroffenheit *f*, Bestürzung *f*
► **frappé(e) de ~** tief bestürzt; **qc plonge qn dans une profonde ~** etw macht jdn tief bestürzt; **qc jette la ~ [parmi des personnes]** etw löst [bei Menschen] Bestürzung aus
consterné, e [kɔ̃stɛʀne] *adj* bestürzt, betroffen
consterner <1> [kɔ̃stɛʀne] *vt* ■ **qn/qc consterne qn** jd/etw macht jdn betroffen, etw bestürzt jdn; ***cette nouvelle m'a consterné(e)*** diese Nachricht hat mich wie vor den Kopf geschlagen
constipation [kɔ̃stipasjɔ̃] *f* Verstopfung *f*
constipé, e [kɔ̃stipe] *adj* 1. MED verstopft
2. *fam* (*guindé*) verklemmt *fam*
constiper <1> [kɔ̃stipe] I. *vt* ■ **qc constipe qn** von etw bekommt jd Verstopfung
II. *vi* ■ **qc constipe** etw verstopft; ***des aliments qui constipent*** Nahrungsmittel, von denen man Verstopfung bekommt
constituant, e [kɔ̃stitɥɑ̃, ɑ̃t] I. *adj* 1. POL verfassunggebend
2. (*constitutif*): ***les éléments ~s d'un corps chimique*** die Bestandteile eines chemischen Körpers; ***les parties ~es d'un tout*** die Bestandteile eines Ganzen
II. *f* ■ **la Constituante** HIST die Constituante, die Konstituante
constitué, e [kɔ̃stitɥe] *adj* ■ **une chose ~e de qc** eine aus etw bestehende [*o* zusammengesetzte] S.; ***un chœur, ~ de vingt jeunes garçons*** ein zwanzigköpfiger Knabenchor; ■ **qc est ~ de qc** etw besteht aus etw, etw setzt sich aus etw zusammen
► **bien/mal/normalement ~** gut/schlecht/normal entwickelt; ***qn est né(e) normalement ~*** jd kam normal entwickelt auf die Welt
constituer <1> [kɔ̃stitɥe] I. *vt* 1. (*composer*) ■ **des choses constituent qc** Dinge bilden [*o* ergeben] etw; ***parties qui constituent un tout*** Teile, die ein Ganzes ergeben
2. (*former*) ■ **qn constitue qc** *gouvernement, ministère* jd bildet etw; *groupe a.* jd ruft etw ins Leben; *collection, dossier* jd legt etw an; *comité, société* jd gründet etw; ***des personnes constituent un comité de défense*** Menschen gründen eine Bürgerinitiative
3. (*représenter*) ■ **qc constitue qc** etw stellt etw dar, etw ist etw; ***qc constitue une circonstance aggravante*** etw ist ein erschwerender Umstand
4. JUR (*établir*) ■ **qn constitue qc [à qn]** *dot* jd setzt [jdm] etw aus; *rente, pension a.* jd bestellt [jdm] etw
II. *vpr* 1. JUR (*s'instituer*) ■ **qn se constitue qc** jd tritt als etw auf; ***qn se constitue partie civile*** jd tritt als Privatkläger [*o* Nebenkläger] auf
2. COM (*fonder*) ■ **qn/qc se constitue en qc** *en société* jd/etw schließt sich zu etw zusammen, jd/etw gründet etw; ***des personnes décident de se ~ en société*** Menschen beschließen, eine Gesellschaft zu gründen [*o* sich zu einer Gesellschaft zusammenzuschließen]
3. (*accumuler*) ■ **qn se constitue qc** jd erspart sich (*dat*) etw, jd spart sich (*dat*) etw zusammen *fam*; *capital, fortune* jd legt etw an
constitutif, -ive [kɔ̃stitytif, -iv] *adj*: ***les éléments ~s de la matière*** die Bestandteile der Materie
constitution [kɔ̃stitysjɔ̃] *f* 1. POL Verfassung *f*, Konstitution *f*; ***qc est garanti(e) par la ~*** etw ist in der Verfassung verankert [*o* ist verfassungsrechtlich gesichert]; ***qc est contraire à la ~*** etw verstößt gegen die Verfassung
2. Ø (*action de constituer*) [*dossier, stock*] Anlage *f*; [*équipe ministérielle, gouvernement, groupe*] Bildung *f*; [*bibliothèque*] Einrichtung *f*, Gründung *f*; ***l'avocat s'occupe de la ~ du dossier*** der Anwalt ist mit der Sammlung der Unterlagen [*o* mit der Anlage der Akte] beschäftigt
3. Ø (*composition*) Zusammensetzung *f*
4. [*personne*] Konstitution *f*; ***qn est de ~ chétive/délicate*** jd ist von schwächlicher/zarter Konstitution
◆ **constitution de partie civile** (*avant l'ouverture de l'instruction*) Erhebung *f* einer Privatklage; (*au cours de l'instruction*) Beitritt *m* als Nebenkläger
constitutionnel, le [kɔ̃stitysjɔnɛl] *adj* verfassungsgemäß, verfassungsmäßig; ***qc n'est pas ~*** etw ist verfassungswidrig
constricteur [kɔ̃stʀiktœʀ] *adj v.* **boa**
constructeur [kɔ̃stʀyktœʀ] *m* 1. (*ingénieur*) Konstrukteur(in) *m(f)*; (*firme*) Hersteller *m*
2. (*bâtisseur*) Baumeister(in) *m(f)*
constructif, -ive [kɔ̃stʀyktif, -iv] *adj* konstruktiv
construction [kɔ̃stʀyksjɔ̃] *f* 1. Ø (*action de bâtir*) Bau *m*
2. (*édifice*) Bau *m*, Bauwerk *nt*, Konstruktion *f*; ***des ~s modernes*** moderne Bauten; ***une ~ métallique*** eine Metallkonstruktion
3. IND: ***~ navale/aéronavale/mécanique*** Schiffs-/Flugzeug-/Maschinenbau *m*
4. (*structure*) Aufbau *m*; ***vos ~s de phrases sont boiteuses!*** Ihr Satzbau hinkt!
5. LING (*tournure*) Konstruktion *f*; ***une ~ passive*** eine Passivkonstruktion
6. GEOM Figur *f*
► **de ~ ...** in ... hergestellt, in ... gebaut, made in ...; ***un navire de ~ allemande*** ein in Deutschland gebautes Schiff; **qc est en ~** etw befindet sich [*o* ist] im Bau
◆ **construction de l'esprit** Hirngespinst *nt*; **c'est une simple ~ de l'esprit** das ist ein reines Gedankenspiel
construire <*irr*> [kɔ̃stʀɥiʀ] I. *vt* 1. (*bâtir*) ■ **qn construit qc** jd baut etw; ***on a beaucoup construit par ici*** hier wurde viel gebaut
2. (*élaborer*) ■ **qn construit qc** *thèse, théorie* jd stellt etw auf; *intrigue, pièce, poème* jd konstruiert etw, jd entwirft etw, jd arbeitet etw aus
3. LING ■ **qn construit qc** *phrase* jd bildet etw
4. GEOM ■ **qn construit qc** jd zeichnet [*o* konstruiert] etw
II. *vi* ■ **qn construit** jd baut
III. *vpr* 1. (*être bâti*) ■ **qc se construit** etw wird gebaut, etw entsteht
2. LING ■ **qc se construit avec qc** *avec le datif, l'accusatif etc* etw verlangt [*o* regiert] etw; *avec l'indicatif, le subjonctif* nach etw steht etw; ***ce verbe se construit généralement avec l'indicatif*** nach diesem Verb steht normalerweise der Indikativ
consul [kɔ̃syl] *m* Konsul(in) *m(f)*; ***~ de France*** französischer Konsul
► **consul général** Generalkonsul(in) *m(f)*
consulaire [kɔ̃sylɛʀ] *adj* konsularisch, Konsular-; ***personnel ~*** Konsularbeamte *pl*
consulat [kɔ̃syla] *m* 1. Konsulat *nt*
2. HIST ■ **le C~** das Konsulat
consultable [kɔ̃syltabl] *adj* ■ **qc est ~** etw kann eingesehen werden
consultant, e [kɔ̃syltɑ̃, ɑ̃t] I. *adj* beratend
II. *m* Berater(in) *m(f)*
consultatif, -ive [kɔ̃syltatif, -iv] *adj* beratend; ***un rôle ~*** eine beratende Funktion; ***voix ~ive*** konsultatives Mitspracherecht
consultation [kɔ̃syltasjɔ̃] *f* 1. Ø (*action de consulter*) ■ **la ~ de qc** *d'un dictionnaire, ouvrage* das Nachschlagen in etw (*dat*); *d'un agenda* das Nachsehen [*o* Nachschauen] in etw (*dat*); *d'un horaire, plan* das Nachsehen auf etw (*dat*); ***après ~ des horaires, elle s'en est allée*** nachdem sie auf dem Fahrplan nachgesehen hatte, ging sie; ***ce dictionnaire rend la ~ plus aisée*** dieses Wörterbuch erleichtert das Nachschlagen
2. (*séance*) (*chez un médecin*) Sprechstunde *f*; (*chez un expert, un conseil*) Beratung *f*; ***~s sur rendez-vous*** Sprechstunde nach Vereinbarung; ***quelles sont vos heures de ~?*** wann haben Sie Sprechstunde?; ***demandez une ~ à votre avocat avant de vous engager*** halten Sie Rücksprache [*o* sprechen Sie] mit Ihrem Anwalt, bevor Sie sich festlegen
3. (*délibération*) Beratung *f*
4. POL (*sondage*) Umfrage *f*; ***~ populaire*** Volksbefragung *f*; ***~ de l'opinion*** Meinungsumfrage
► **~ électorale** Wahlen *pl*; **~ externe** MED (*service*) Ambulanz *f*; (*visite*) ambulante Behandlung; ***qn va à l'hôpital pour une ~ externe*** jd geht zur ambulanten Behandlung ins Krankenhaus; ***où ont lieu les ~s externes?*** wo ist die Ambulanz?; **qn donne une ~/des ~s** /*médecin*/ jd hat [*o* hält] Sprechstunde; ***qn donne des ~s juridiques gratuites*** jd gibt kostenlose Rechtsberatung; **des personnes entrent en ~** Menschen halten Rücksprache; **qn est en ~** /*médecin*/ jd untersucht gerade einen Patienten
consulter <1> [kɔ̃sylte] I. *vi* ■ **qn consulte** /*médecin*/ jd hat [*o* hält] Sprechstunde
II. *vt* 1. (*demander conseil*) ■ **qn consulte qn** *avocat, expert, parent, ami* jd fragt jdn um Rat, jd zieht jdn zu Rate; *médecin* jd sucht jdn auf; ***je dois d'abord ~ ma femme*** das muss ich zuerst mit meiner Frau besprechen; ***ses parents doivent être consultés sur ce point*** in diesem Punkt muss mit seinen/ihren Eltern Rücksprache gehalten werden
2. (*regarder pour trouver une information*) ■ **qn consulte qc** *montre, bous-*

sole, baromètre jd sieht [*o* schaut] auf etw (*akk*); *horaire, plan a.* jd sieht [*o* schaut] auf etw (*dat*) nach; *dictionnaire, ouvrage, règlement* jd schlägt in etw (*dat*) nach; *agenda* jd sieht [*o* schaut] in etw (*dat*) nach
3. POL: ***qn consulte l'opinion*** jd führt eine Meinungsumfrage durch; (*par référendum*) jd führt eine Volksbefragung durch
III. *vpr* (*se concerter*) ■ **des personnes se consultent** Menschen beraten sich [*o* sprechen sich ab]

consumer <1> [kɔ̃syme] **I.** *vt* **1.** (*brûler*) ■ **qc consume qc** etw verbrennt etw; ***qc a été consumé(e) par les flammes*** etw ist in Flammen aufgegangen
2. *littér* (*miner*) ■ **qc consume qn** */fièvre, mal, passion, ambition/* etw verzehrt jdn, etw zehrt jdn auf; ***ce chagrin qui a consumé cet homme*** dieser Mann ist vor Gram gestorben [*o* an Gram zerbrochen *geh*]
3. *littér* (*dépenser*) ■ **qn consume qc** *vie, forces, fortune* jd vergeudet etw
II. *vpr* **1.** (*brûler*) ■ **qc se consume** */bûche, carburant, alcool/* etw verbrennt; */cigarette/* etw verglimmt; */bougie/* etw brennt ab
2. *littér* (*dépérir*) ■ **qn se consume** jd siecht dahin
3. *littér* (*se miner*) ■ **qn se consume de qc** *de chagrin, désespoir* jd verzehrt sich in etw (*dat*) *liter*, jd stirbt vor etw (*dat*)

contact [kɔ̃takt] *m* **1.** ∅ (*toucher*) Kontakt *m*, Berührung *f*; ■ **le ~ de qc** *d'une matière, surface* der Kontakt mit etw, die Berührung einer S. (*gen*); ***le ~ prolongé d'un tissu synthétique peut ...*** längerer Kontakt mit Kunstfasern kann ..., wenn man über längere Zeit mit Kunstfasern in Berührung kommt, so kann ...; ***le ~ glacé d'une main*** die eisige Berührung einer Hand
2. (*rapport*) Kontakt *m*; ***de nombreux ~s avec l'étranger*** zahlreiche Beziehungen zum [*o* Kontakte mit dem] Ausland; ***nos ~s sont restés limités*** wir hatten nur wenig Kontakt; ***dès le premier ~*** schon beim ersten Zusammentreffen
3. ELEC, AUT Kontakt *m*
► **~ électrique** elektrischer Kontakt; **qn a le ~ facile** jd ist kontaktfreudig [*o* kontaktfähig]; **faux** [*o* **mauvais**] **~** Wackelkontakt *m*; **qn coupe le ~** AUT jd stellt den Motor ab; **qn entre en** [*o* **prend**] **~** [**avec qn/qc**] jd nimmt [mit jdm/etw] Kontakt auf; ***nous prenons ~ dès notre retour*** wir melden uns nach unserer Rückkehr; ***qn prend ~ avec la tour de contrôle*** jd nimmt mit dem Kontrollturm Kontakt auf; **des choses entrent/sont en ~** Dinge kommen/stehen in Berührung [miteinander] [*o* berühren sich]; **qn est en ~** [**avec qn/qc**] jd ist [mit jdm/etw] in Kontakt, jd steht [mit jdm/etw] in Verbindung; ***nous sommes en ~*** [***par***] ***radio*** wir stehen in Funkverbindung; **qn garde** [*o* **maintient**] **le ~** [**avec qn/qc**] jd bleibt [mit jdm/etw] in Verbindung; **qn met le ~** jd lässt [den Motor] an; **qn met qn en ~ avec qn** jd bringt jdn mit jdm in Verbindung; **qn met des personnes en ~** jd bringt Menschen miteinander in Verbindung; **qn se met en ~ avec qn** jd setzt sich mit jdm in Verbindung, jd nimmt mit jdm Kontakt auf; **qn perd le ~** [**avec qn/qc**] jd hat [zu jdm/etw] keinen Kontakt mehr, jd steht nicht mehr [mit jdm/etw] in Verbindung; AVIAT, MIL, RADIO jd verliert den Funkkontakt [mit jdm/etw]; ***j'ai perdu tout ~ avec eux*** ich habe keinerlei Kontakt mehr zu ihnen; **qn reste en ~** [**avec qn/qc**] jd bleibt [mit jdm/etw] in Verbindung; AVIAT, MIL, RADIO jd bleibt [mit jdm/etw] in [Funk]verbindung; **qn rompt les ~s** jd bricht die Beziehungen ab; **au ~ de qn** im Umgang mit jdm; **au ~ de qc** bei der Berührung mit etw; ***le cuivre s'oxyde au ~ de l'air*** Kupfer oxidiert an der Luft [*o* , wenn es mit der Luft in Berührung kommt]; ***elle s'est endurcie au ~ du froid*** die Kälte hat sie [*o* durch die Kälte ist sie] abgehärtet

contacter <1> [kɔ̃takte] *vt* ■ **qn contacte qn/qc** jd setzt sich mit jdm/etw in Verbindung; (*s'adresser à qn*) jd wendet sich an jdn/etw

contagieux, -euse [kɔ̃taʒjø, -jøz] *adj* ansteckend

contagion [kɔ̃taʒjɔ̃] *f* Ansteckung *f*; ***pour éviter toute ~*** um jegliche Art der Ansteckung zu vermeiden; ***les risques de ~ sont minimes*** die Ansteckungsgefahr ist minimal
► **qn s'expose à la ~** jd läuft Gefahr sich anzustecken, jd setzt sich einer Ansteckungsgefahr aus

container [kɔ̃tɛnɛʀ] *m* Behälter *m*, Container [kɔn'teːnɐ] *m*

contamination [kɔ̃taminasjɔ̃] *f* Kontamination *f*; [*organisme a.*] Infektion *f*; [*eau, milieu a.*] Verseuchung *f*; ***la ~ des enfants par leur mère*** die Ansteckung der Kinder durch ihre Mutter

contaminer <1> [kɔ̃tamine] *vt* ■ **qn est contaminé(e)** [**par qn/qc**] jd hat sich [bei jdm/mit etw] angesteckt; ***toute la classe a été contaminée par la varicelle*** die ganze Klasse hat sich mit Windpocken angesteckt; ■ **qc est contaminé(e)** [**par qn/qc**] */cours d'eau, puits/* etw ist [durch jdn/etw] verseucht [*o* verunreinigt]; ■ **qn contamine qn** jd steckt jdn an; ■ **qc contamine qn** jd wird von etw angesteckt; ■ **qn/qc contamine qc** jd/etw verseucht [*o* verunreinigt] etw

conte [kɔ̃t] *m* Märchen *nt*; ***un livre de ~s*** ein Märchenbuch *nt*
► **~ à dormir debout** Schauermärchen *nt*
◆ **conte de fées** Märchen *nt*

contemplatif, -ive [kɔ̃tɑ̃platif, -iv] *adj air, esprit* versonnen, besinnlich; REL beschaulich

contemplation [kɔ̃tɑ̃plasjɔ̃] *f* **1.** ∅ (*action*) Betrachtung *f*
2. (*rêverie*) Träumerei *f*; ***qn est plongé(e) dans une ~ intérieure*** jd ist in Gedanken versunken
3. (*méditation*) Meditation *f*, kontemplative Versenkung; ***qn se livre à la ~*** jd meditiert, jd gibt sich der Meditation hin
► **en ~ devant qc**: ***qn est/reste en ~ devant qc*** jd steht bewundernd [*o* voller Bewunderung] vor etw (*dat*)/bleibt bewundernd vor etw (*dat*) stehen

contempler <1> [kɔ̃tɑ̃ple] *vt* ■ **qn contemple qn/qc** (*regarder*) jd betrachtet jdn/etw; (*admirer*) jd bewundert etw; ***ils contemplaient avec fascination l'horrible spectacle*** sie sahen fasziniert dem schrecklichen Schauspiel zu

contemporain, e [kɔ̃tɑ̃pɔʀɛ̃, ɛn] **I.** *adj* **1.** (*de la même époque*) ■ **qn est ~ de qn** jd ist ein Zeitgenosse/eine Zeitgenossin von jdm, jd hat zur gleichen Zeit gelebt wie jd; ■ **qc est ~ de qc** etw ist in der [*o* zur] gleichen Zeit entstanden wie etw; ***les deux œuvres sont ~es l'une de l'autre*** die beiden Werke stammen aus der gleichen Zeit
2. (*moderne*) *auteur, musique, art* zeitgenössisch; *histoire* der Gegenwart; ***la grammaire du français ~*** die Grammatik des Gegenwartsfranzösisch [*o* heutigen Französisch]
II. *m, f* Zeitgenosse/-genossin *m/f*

contenance [kɔ̃t(ə)nɑ̃s] *f* **1.** (*capacité*) [*bouteille, récipient*] Inhalt *m*; [*réservoir*] Fassungsvermögen *nt*; [*navire*] Ladekapazität *f*; ***quelle est la ~ du réservoir de secours?*** wie viel [Liter] fasst der Reservetank?; ***qc a une ~ de 10/20/... litres*** etw hat ein Fassungsvermögen von 10/20/... Litern, etw fasst 10/20/... Liter
2. (*attitude*) Haltung *f*; ***qn prend une ~ assurée*** jd gibt [*o* zeigt] sich [selbst]sicher; ***qn prend une ~ embarrassée/empruntée/étudiée*** jd wirkt verlegen/unbeholfen/gekünstelt; ***qn garde une ~ aimable*** jd bleibt freundlich; ***je ne sais quelle ~ adopter*** ich weiß nicht, wie ich mich verhalten soll
► **qn fait bonne/mauvaise ~** [**devant qn/qc**] jd macht [jdm gegenüber] eine gute/schlechte Figur, jd wirkt [jdm gegenüber] sicher/unsicher; **qn se donne une ~** jd nimmt Haltung an; ***pour se donner une ~*** um sicherer zu wirken; ***elle fume pour se donner une ~*** sie raucht, um sich an was festzuhalten *fam*; **qn perd ~** jd verliert die Fassung

contenant [kɔ̃t(ə)nɑ̃] *m* Behältnis *nt*
► **le ~ et le contenu** Behältnis und Inhalt

conteneur [kɔ̃t(ə)nœʀ] *m* Container *m*; ***un ~ de grand volume*** ein Großbehälter

contenir <9> [kɔ̃t(ə)niʀ] **I.** *vt* **1.** (*avoir une capacité de*) ■ **qc contient qc** */bouteille, récipient/* etw fasst etw; ***cette bouteille contient 2 litres*** diese Flasche fasst 2 Liter; ■ **qc contient x personnes** etw fasst x Personen, in etw (*dat*) ist Platz für x Personen; */cinéma, car, avion/* etw hat Sitzplätze für x Personen
2. (*renfermer*) ■ **qc contient qc** */bouteille, récipient, minerai, livre, texte/* etw enthält etw; ***cette bouteille contient du lait*** diese Flasche enthält Milch; ***c'est un minerai qui contient de l'or*** dieses Erz ist goldhaltig [*o* enthält Gold]
3. (*maîtriser*) ■ **qn contient qc** *colère, émotion, surprise* jd unterdrückt etw; *douleur, rire a.* jd verbeißt etw; *sanglots, larmes* jd hält etw zurück; ■ **qn contient qn** jd hält jdn in Schach; ***la police a réussi à ~ la foule*** der Polizei gelang es, die Menge zurückzuhalten [*o* in Schach zu halten]
II. *vpr* ■ **qn se contient** jd hält sich zurück, jd beherrscht sich

content, e [kɔ̃tɑ̃, ɑ̃t] **I.** *adj* **1.** (*heureux*) glücklich, erfreut; ■ **qn est ~ pour qn** jd freut sich für jdn; ■ **~ de qc** erfreut über etw (*akk*); ***je suis ~ de te voir!*** ich freue mich, dich zu sehen!; ***je serais ~ de le lui annoncer moi-même*** ich würde ihm das gerne selbst mitteilen; ■ **~ que** + *subj*: ***je suis ~ que tu viennes/qu'elle ne soit pas venue*** ich freue mich, dass du kommst/dass sie nicht gekommen ist
2. (*satisfait*) ■ **~ de qn/qc** zufrieden mit jdm/etw; ***je suis ~e de moi/de vous*** ich bin mit mir selbst/mit euch zufrieden; ***qn est ~ de sa personne*** jd ist selbstzufrieden [*o* selbstgefällig]
► **non ~ de faire/d'être ..., qn fait** [**encore**] ... jd tut/ist nicht nur ..., sondern tut auch noch ..., nicht genug, dass jd ... tut/ist, er tut auch noch ...; ***non ~ d'avoir un travail plus intéressant que le mien, il trouve le moyen de gagner plus que moi*** nicht genug [*o* es reicht nicht], dass er eine interessantere Arbeit hat als ich, er verdient auch noch mehr; er hat nicht nur eine interessantere Arbeit als ich, sondern verdient [obendrein] auch noch mehr
II. *m* ► **qn a** [**tout**] **son ~** jd ist wunschlos glücklich; jd hat alles, was er/sie braucht; **qn a son ~** [**de qc**] jd hat [von etw] mehr als genug; **qn dort son ~** jd schläft genügend

contentement [kɔ̃tɑ̃tmɑ̃] *m* ∅ **1.** (*état de satisfaction*) Zufriedenheit *f*
2. *rare* (*action de satisfaire*) Befriedigung *f*; ***le ~ de tous les besoins essentiels à la vie*** die Befriedigung aller Grundbedürfnisse
◆ **contentement de soi** Selbstgefälligkeit *f*

contenter <1> [kɔ̃tɑ̃te] **I.** *vt* ■ **qn/qc contente qn** jd/etw stellt jdn zufrieden; ■ **qn/qc contente qc** *désir* jd/etw befriedigt etw; *besoin, curiosité a.* jd/etw stillt etw; ***on ne peut pas toujours ~ tout le monde!*** man kann es nicht immer allen recht machen!
II. *vpr* ■ **qn se contente de qc** jd gibt sich mit etw zufrieden, jd begnügt sich mit etw; ■ **qn se contente de faire qc** jd begnügt sich damit, etw zu tun

contentieux [kɔ̃tɑ̃sjø] *m* **1.** JUR (*litige*) Streitsache *f*, Rechtsstreitigkeit *f*
2. (*service*) Rechtsabteilung *f*
3. (*conflit*) Streit *m*
► **~ administratif** Verwaltungsstreitsache *f*

contenu, e [kɔ̃t(ə)ny] **I.** *adj émotion, colère, sentiments* unterdrückt
II. *m* Inhalt *m*

conter <1> [kɔ̃te] *vt* ► **qn ne s'en laisse pas ~** jd lässt sich (*dat*) nichts vormachen; **que me contes-tu/que me contez-vous là?** was erzählst du mir/was erzählen Sie mir da?

contestable [kɔ̃tɛstabl] *adj* zweifelhaft, strittig

contestataire [kɔ̃tɛstatɛʀ] **I.** *adj* oppositionell, systemkritisch; *mouvement* Protest-
II. *mf* Systemgegner(in) *m(f)*; ***mettez-moi tous ces ~s en prison!*** stecken Sie mir all diese Protestler ins Gefängnis! *pej*

contestation [kɔ̃tɛstasjɔ̃] *f* Einwand *m*; ■ **la ~ de qc** *d'un droit* die Anfechtung einer S. (*gen*); *d'une qualité a.* das Bestreiten einer S. (*gen*); ***la ~ porte sur le point suivant*** der Einwand gilt folgendem Punkt

▶ **sans ~ possible** unbestreitbar; **qn fait de la ~** jd protestiert, jd verweigert sich

conteste [kɔ̃tɛst] *adv* ▶ **sans ~** zweifelsohne, zweifellos

contester <1> [kɔ̃tɛste] I. *vi* ■ **qn conteste** jd widerspricht, jd protestiert; ***les grévistes contesteront dans la rue*** die Streikenden werden auf die Straße gehen
II. *vt* 1. (*mettre en doute*) ■ **qn conteste qc** *fait, raisonnement, vérité* jd zweifelt etw an, jd stellt etw in Frage; *justesse, droit* jd ficht etw an; ■ **qn conteste qc à qn** jd streitet jdm etw ab; ■ **qn ne conteste pas que** + *subj* jd bezweifelt [*o* bestreitet] nicht, dass
2. (*controverser*) ■ **qn/qc est contesté(e)** jd/etw ist umstritten

contexte [kɔ̃tɛkst] *m* 1. LING Kontext *m,* Zusammenhang *m;* ***sorti(e)*** [*o* ***détaché(e)***] ***de son ~*** aus dem Zusammenhang gerissen
2. (*situation*) Kontext *m,* Rahmen *m;* ***le ~ familial*** die Familienverhältnisse, der familiäre Hintergrund

contigu, ë [kɔ̃tigy] *adj territoires* aneinander grenzend; *édifices* aneinander gebaut; ■ **~ à qc** *à un territoire* an etw (*akk*) angrenzend; *à un édifice, garage* an etw (*akk*) angebaut

contiguïté [kɔ̃tigɥite] *f* [unmittelbare] Nachbarschaft [*o* Nähe]

continence [kɔ̃tinɑ̃s] *f* Enthaltsamkeit *f*

continent [kɔ̃tinɑ̃] *m* 1. GEOG Kontinent *m,* Erdteil *m*
2. (*opp: île*) Festland *nt*

continent, e [kɔ̃tinɑ̃, ɑ̃t] *adj vieilli littér* enthaltsam

continental, e <-aux> [kɔ̃tinɑ̃tal, o] *adj* Kontinental-

contingence [kɔ̃tɛ̃ʒɑ̃s] *f* 1. *pl* (*bagatelles*) Belanglosigkeiten *pl,* Lappalien *pl*
2. *pl* (*facteurs non prévisibles*) Eventualitäten *pl*
3. PHILOS Akzidens *nt spec,* Zufällige(s) *nt*

contingent [kɔ̃tɛ̃ʒɑ̃] *m* 1. MIL [Truppen]kontingent *nt*
2. (*part*) [An]teil *m;* COM Kontingent *nt,* Anteil *m;* ***la guerre avec son ~ de misères*** der Krieg mit all seinem Elend; ***la crise avec son ~ de chômeurs*** die Krise mit all ihren Arbeitslosen [*o* mit all den Arbeitslosen, die sie mit sich bringt]; ***qn/qc apporte son ~ de qc*** jd/etw bringt etw mit sich; ***la crise apporte son ~ de chômeurs*** die Krise bringt Arbeitslosigkeit mit sich; ***~ de marchandises*** Warenkontingent; ***le ~*** [***à l'importation***] das Importkontingent

contingent, e [kɔ̃tɛ̃ʒɑ̃, ʒɑ̃t] *adj* 1. (*non essentiel*) unwesentlich
2. (*accidentel*) unvorhergesehen; ***les faits ~s de la vie*** die [kleinen] Zufälligkeiten des Lebens
3. PHILOS akzidentell *spec,* zufällig; ***le caractère ~ des choses*** die Zufälligkeit der Dinge

contingenter <1> [kɔ̃tɛ̃ʒɑ̃te] *vt* ■ **qn contingente qc** jd kontingentiert etw, jd bewirtschaftet etw; ■ **qc est contingenté(e)** etw ist/wird rationiert

continu, e [kɔ̃tiny] I. *adj mouvement* andauernd, ununterbrochen; *bruit* unaufhörlich; *suite, série* nicht abreißend, fortlaufend; *ligne* durchgehend; *silence, pluie* anhaltend; *souffrance* ständig, fortdauernd; *effort* kontinuierlich; ***sous une pluie ~e*** bei Dauerregen
II. *m* ∅ Kontinuum *nt*
▶ **en ~** ohne Pause; *papier, impression* Endlos-

continuateur, -trice [kɔ̃tinɥatœʀ, -tʀis] *m, f* ■ **qn est le/la ~(-trice) de qn/qc** *d'une personne* jd setzt jds Werk fort; *d'une œuvre, réforme* jd führt etw weiter

continuation [kɔ̃tinɥasjɔ̃] *f* (*action*) Weiterführung *f;* (*effet*) Fortbestand *m;* [***je vous souhaite une***] ***bonne ~!*** weiterhin viel Erfolg!

continuel, le [kɔ̃tinɥɛl] *adj* (*qui se répète fréquemment*) ständig; (*ininterrompu a.*) ununterbrochen, dauernd; ***elle faisait des efforts ~s pour ...*** sie war ständig darum bemüht, ...

continuellement [kɔ̃tinɥɛlmɑ̃] *adv* (*très fréquemment*) ständig; (*sans s'arrêter a.*) ununterbrochen; ***qn est ~ en retard*** jd kommt ständig zu spät

continuer <1> [kɔ̃tinɥe] I. *vi* 1. (*se poursuivre*) ■ **qc continue** */route, guerre, spectacle, séance/* etw geht weiter; */bruit, pluie/* etw hält an; ***tout a continué comme avant*** alles lief weiter wie gehabt, alles blieb beim Alten
2. (*poursuivre*) ■ **qn continue** jd macht weiter; (*poursuivre sa route*) jd geht/fährt weiter; ***eh bien, continuez!*** fahren Sie fort!; ■ **qn continue à ...**: ***qn continue à lire/travailler*** jd liest/arbeitet weiter; ■ **qn/qc continue de faire qc** jd/etw tut etw weiter; ***je continuerai d'espérer*** ich hoffe weiter; ***la guerre continue de faire des victimes*** der Krieg fordert weiter Opfer; ***la pluie/neige continue de tomber*** es regnet/schneit weiter
3. (*persister*) ■ **qn continue à faire qc**: ***qn continue à croire/penser que*** + *indic* jd glaubt/denkt nach wie vor [*o* auch weiterhin], dass; ***si tu continues, ...*** wenn du so weitermachst, [dann] ...; ***si tu continues, je vais me fâcher!*** wenn du weitermachst, werde ich böse!
II. *vt* 1. (*poursuivre dans le temps*) ■ **qn continue qc** *travaux, œuvre, voyage* jd setzt etw fort; *politique* jd führt etw weiter; *exposé* jd fährt mit etw fort; *tradition* jd pflegt etw weiter; ***qn continue ses études*** jd studiert weiter, jd setzt sein Studium fort
2. (*prolonger dans l'espace*) ■ **qn continue qc** *route, mur* jd führt etw weiter; *droite a.* jd verlängert etw
III. *vpr* ■ **qc se continue par qc** etw wird durch etw fortgesetzt; ***le mur se continue par un grillage*** an die Mauer schließt sich ein Zaun an; ***le texte se continue alors par ...*** der Text geht dann mit ... weiter

continuité [kɔ̃tinɥite] *f* Kontinuität *f;* ■ **la ~ de qc** *d'une politique* die Kontinuität einer S. (*gen*); *d'une tradition* die Wahrung einer S. (*gen*); ***la ~ de l'action gouvernementale*** die Kontinuität der Regierungspolitik
▶ **qn/qc assure la ~ de qc** jd/etw wahrt [*o* sichert] die Kontinuität einer S. (*gen*); ***assurer la ~ de l'espèce*** das Überleben [*o* den Fortbestand] der Art sichern

contorsionner <1> [kɔ̃tɔʀsjɔne] *vpr* ■ **qn se contorsionne** jd verrenkt sich; (*faire des manières*) jd katzbuckelt

contorsionniste [kɔ̃tɔʀsjɔnist] *mf* Schlangenmensch *m*

contorsions [kɔ̃tɔʀsjɔ̃] *fpl* [*acrobate, pitre*] Verrenkungen *pl;* [*personne obséquieuse*] Katzbuckeleien *pl*

contour [kɔ̃tuʀ] *m* 1. [*objet, montagne, visage*] Umrisse *pl,* Konturen *pl;* [*corps*] Silhouette *f;* [*dessin*] Linien *pl*
2. *pl* (*méandres*) Windungen *pl*

contourner <1> [kɔ̃tuʀne] *vt* 1. (*faire le tour*) ■ **qc contourne qc** */route, chemin/* etw führt um etw herum; ■ **qn contourne qc** jd geht um etw herum; (*en véhicule*) jd fährt um etw herum; (*en avion*) jd fliegt um etw herum
2. (*éluder*) ■ **qn contourne qc** *règle, difficulté* jd umgeht etw

contraceptif, -ive [kɔ̃tʀasɛptif, -iv] I. *adj* empfängnisverhütend; ***la pilule ~ive*** die [Antibaby]pille [ɑnti'be:bi-]; ***méthode ~ive*** Verhütungsmethode *f;* ***les préservatifs sont ~s*** Präservative sind Verhütungsmittel
II. *m* Verhütungsmittel *nt,* empfängnisverhütendes Mittel; ***les ~s féminins et masculins*** empfängnisverhütende Mittel *pl* für Frauen und Männer

contraception [kɔ̃tʀasɛpsjɔ̃] *f* Empfängnisverhütung *f*

contractant, e [kɔ̃tʀaktɑ̃, ɑ̃t] I. *adj* vertragschließend; ***les parties ~es*** die Vertragspartner
II. *m, f* Vertragspartner(in) *m(f),* Kontrahent(in) *m(f) spec*

contracté, e [kɔ̃tʀakte] *adj* 1. (*tendu*) *personne* verkrampft
2. LING zusammengezogen; ■ **~ en qc** zu etw zusammengezogen; ***"de le" est ~ en "du"*** „de le" wird zu „du" zusammengezogen

contracter[1] [kɔ̃tʀakte] I. *vt* 1. ANAT ■ **qn contracte qc** *muscle* jd spannt etw an; *traits, visage* jd verzerrt etw; ■ **qc contracte qc** */le froid, l'acide/* etw bewirkt, dass sich etw zusammenzieht; ***la peur lui contractait la gorge*** die Angst schnürte ihm/ihr die Kehle zu
2. (*rendre anxieux*) ■ **qc contracte qn** etw macht jdn verkrampft
II. *vpr* ■ **qn se contracte** jd verkrampft sich; ■ **qc se contracte** */cœur, muscle/* etw zieht sich zusammen; */gorge/* etw schnürt sich zu; */traits, visage/* etw verzerrt sich; */fluide, corps/* etw zieht sich zusammen; */gaz/* etw verdichtet sich

contracter[2] <1> [kɔ̃tʀakte] *vt* 1. (*se lier par*) ■ **qn contracte qc** *obligation, engagement, alliance* jd geht etw ein; *dette* jd macht etw; *assurance* jd schließt etw ab; ***qn contracte mariage*** jd schließt die Ehe; ***qn a contracté une dette*** [***morale***] ***envers qn*** jd steht bei jdm in der Schuld
2. (*attraper*) ■ **qn contracte qc** *maladie* jd zieht sich (*dat*) etw zu
3. (*acquérir*) ■ **qn contracte qc** *manie, habitude* jd nimmt etw an

contraction [kɔ̃tʀaksjɔ̃] *f* 1. (*action*) [*corps*] Zusammenziehen *nt;* [*muscles a.*] Kontraktion *f;* ***le muscle réagit au stimulus par une ~ brève*** der Muskel reagiert auf den Stimulus, indem er sich kurz zusammenzieht; ***la ~ du cœur*** das Zusammenziehen des Herzmuskels
2. (*état*) [*muscles*] Anspannung *f;* [*traits, visage*] Verzerrung *f*
3. *pl* (*lors d'un accouchement*) Wehen *pl*
◆ **contraction de texte** Zusammenfassung *f*

contractuel, le [kɔ̃tʀaktɥɛl] I. *adj* vertraglich [festgelegt], vertragsmäßig, vertragsgemäß; ***une obligation ~e*** eine vertragliche Verpflichtung
II. *m, f* 1. (*agent d'un service public*) Angestellte(r) *f(m)* [im öffentlichen Dienst]
2. (*auxiliaire de police*) Hilfspolizist/Politesse *m/f*

contradicteur [kɔ̃tʀadiktœʀ] *m* Widersacher(in) *m(f),* Gegner(in) *m(f)*

contradiction [kɔ̃tʀadiksjɔ̃] *f* 1. ∅ (*objections*) Widerspruch *m;* ***qn ne supporte pas la ~*** jd duldet keinen Widerspruch; jd duldet nicht, dass man ihm widerspricht
2. (*incompatibilité*) Widerspruch *m;* ■ **~ entre deux choses** Widerspruch [*o* Diskrepanz *f*] zwischen zwei Dingen
▶ **~ flagrante** krasser Widerspruch; **plein(e) de ~s** voller Widersprüche; **qn est en ~ avec qn** jd ist nicht jds Meinung; ***vous êtes en ~ avec vous-même*** Sie widersprechen sich selbst; **qc est en ~ avec qc** etw steht im Widerspruch zu etw; **qn tombe dans la ~/les ~s** jd verstrickt sich in Widersprüche

contradictoire [kɔ̃tʀadiktwaʀ] *adj* 1. (*incompatible*) widersprüchlich; *influences, passions* gegensätzlich
2. (*où s'opposent des idées*): ***débat ~*** Streitgespräch *nt,* Debatte *f*
3. JUR *jugement, arrêt* nach Anhörung der Parteien, kontradiktorisch

contraignant, e [kɔ̃tʀɛɲɑ̃, ɑ̃t] *adj obligation* zwingend; *occupation a.* einengend; *horaire* streng [festgelegt]

contraindre <*irr*> [kɔ̃tʀɛ̃dʀ] I. *vt* ■ **qn/qc contraint qn à qc/à faire qc** jd/etw zwingt jdn zu etw/dazu, etw zu tun; ***les circonstances m'ont contraint(e) à démissionner*** die Umstände haben mich zum Rücktritt gezwungen; ■ **qn est contraint(e) à qc** jd ist zu etw gezwungen; ***j'ai été contraint(e) au silence*** ich wurde zum Schweigen gezwungen; ■ **qn est contraint(e) de faire qc** jd ist gezwungen etw zu tun
II. *vpr* ■ **qn se contraint à qc/à faire qc** jd zwingt sich zu etw/dazu, etw zu tun; ***tu dois te ~ à rester aimable!*** du musst dich dazu zwingen, freundlich zu bleiben!

contraint, e [kɔ̃tʀɛ̃, ɛ̃t] *adj sourire, rire* gezwungen; *manière, style* gekünstelt, unnatürlich; ***d'un air ~*** befangen
▶ **qn est ~ et forcé(e)** jd steht unter Druck [und Zwang]; ***ce n'est que ~s et forcés que nous avons accepté ce marché*** wir haben uns nur gezwungenermaßen auf diesen Handel eingelassen

contrainte [kɔ̃tʀɛ̃t] *f* Zwang *m*
▶ **~ morale** moralischer Zwang, moralische Verpflichtung; **qc soumet qn à des ~s** etw erlegt jdm Zwänge auf; ***je suis soumis(e) à de telles ~s que*** ich stehe derartig unter Zwang, dass; ich bin derartigen Zwängen ausgesetzt [*o* unterworfen], dass; **par la ~** mit Gewalt; **sous la ~** unter Zwang
◆ **contrainte par corps** Erzwingungshaft *f,* Ersatzzwangshaft *f,* Ersatzfreiheitsstrafe *f*

contraire [kɔ̃tʀɛʀ] I. *adj* 1. (*opposé*) *avis, sens, effet* entgegengesetzt; *for-*

ces a. gegenläufig; *preuve, mouvement* Gegen-; ***nous avons des opinions ~s*** wir sind entgegengesetzter [*o* gegensätzlicher] Meinung
2. (*incompatible avec*) ■ **~ à qc** *à l'usage, la morale* entgegen einer S. (*dat*); *aux idées, intérêts* unvereinbar mit etw; ***~ à la loi/au droit*** gesetzes-/rechtswidrig; ***ses idées sont ~s aux miennes*** seine Ideen sind mit meinen unvereinbar; ***ceci est ~ à la raison*** das ist vernunftwidrig [*o* wider die Vernunft]; ***c'est ~ à mes intentions*** das entspricht nicht meiner Absicht
3. (*défavorable*) *sort, destin* widrig; *vent* ungünstig; *action* entgegengesetzt; *forces* widrig; ■ **~ à qn** gegen jdn; ***le sort lui fut ~*** das Schicksal war gegen ihn
II. *m* Gegenteil *nt;* ***il fait toujours*** [***tout***] ***le ~*** er macht immer das [genaue] Gegenteil; ***il est le ~ de son aîné*** er ist das ganze Gegenteil seines großen Bruders
▶ **les ~s s'attirent** Gegensätze ziehen sich an; [**bien** [*o* **tout**]] **au ~** [ganz] im Gegenteil; **au ~ de qn** anders als jd; ***au ~ de son frère*** [ganz] anders als sein Bruder

contrairement [kɔ̃tʀɛʀmɑ̃] *adv* ■ **~ à qn/qc** anders als jd/etw, im Gegensatz zu jdm/entgegen etw; ■ **~ à ce que** entgegen dem, was …

contralto [kɔ̃tʀalto] *m* Kontraalt *m*

contrariant, e [kɔ̃tʀaʀjɑ̃, jɑ̃t] *adj* **1.** (*opp: docile*) *personne* unausstehlich, nervtötend; ***qn est d'humeur ~e*** jd ist bockig
2. (*fâcheux*) ärgerlich

contrarier <1 a> [kɔ̃tʀaʀje] *vt* **1.** (*agacer*) ■ **qn contrarie qn** jd ärgert jdn
2. ■ **qc contrarie qn** (*déranger*) etw stört jdn; (*agacer*) etw verstimmt jdn; ■ **qn est contrarié(e)** [**par qc**] (*agacé*) jd ist verstimmt [wegen etw]; (*a des soucis*) jd ist [wegen etw] bedrückt
3. (*faire obstacle à*) ■ **qn/qc contrarie qc** *projets, intérêts, plans* jd/etw durchkreuzt etw; *passion* jd/etw stellt sich einer S. (*dat*) in den Weg; ***ça/elle contrarie mes intérêts*** das läuft meinen Interessen zuwider/sie stellt sich meinen Interessen in den Weg; ***rien ne viendra ~ mes amours!*** und nichts wird sich meiner Liebe in den Weg stellen!; ■ **qn/qc contrarie qn** jd/etw hindert jdn; ***pourquoi la ~?*** warum sie daran hindern?

contrariété [kɔ̃tʀaʀjete] *f* **1.** ∅ (*déplaisir agacé*) Verärgerung *f;* ***il éprouva une vive ~*** er war sehr verärgert; ***un geste de ~*** eine ärgerliche Geste
2. (*obstacle*) Ärgernis *nt,* Missgeschick *nt;* ***à la moindre ~*** sobald etwas schief läuft

contraste [kɔ̃tʀast] *m* **1.** Gegensatz *m,* Kontrast *m;* ■ **~ entre deux personnes/deux choses** Unterschied *m* zwischen zwei Menschen/zwei Dingen (*dat*)
2. TV Kontrast *m;* ***régler le ~*** den Kontrast regeln
▶ **qc fait ~ avec qc** etw hebt sich von etw ab, etw kontrastiert mit etw; **qn/qc offre un ~ … avec qn/qc** jd/etw ist das … Gegenteil jds/einer S.; ***il offre un ~ saisissant avec son frère*** er ist das genaue Gegenteil seines Bruders; **par ~** im Gegensatz dazu, vergleichsweise

contrasté, e [kɔ̃tʀaste] *adj* kontrastreich

contraster <1> [kɔ̃tʀaste] **I.** *vi* ■ **des choses contrastent** [**entre elles**] Dinge kontrastieren [miteinander], Dinge stehen [zueinander] im Gegensatz; ■ **qc contraste avec qc** etw steht im Gegensatz zu etw, etw kontrastiert mit etw
II. *vt* ■ **qn contraste qc** jd gibt einer S. (*dat*) [mehr] Kontrast

contrat [kɔ̃tʀa] *m* Vertrag *m*
▶ **~ collectif** Kollektivvertrag; **~ social** Gesellschaftsvertrag; **qn passe un ~** [**avec qn**] (*passe un accord*) jd trifft [mit jdm] eine Abmachung; (*se lie par un acte officiel*) jd schließt [mit jdm] einen Vertrag ab; **qn remplit son ~** (*tient ses promesses*) jd hält seine Versprechungen; (*respecte un engagement moral*) jd kommt seinen Pflichten nach; **par ~** vertraglich
◆ **contrat d'apprentissage** Lehrvertrag; **contrat d'assurance** Versicherungsvertrag; **contrat de location** Mietvertrag; **contrat de mariage** Ehevertrag; **contrat de travail** Arbeitsvertrag

contravention [kɔ̃tʀavɑ̃sjɔ̃] *f* **1.** (*procès-verbal*) Strafmandat *nt,* Strafzettel *m fam*
2. (*amende*) Geldstrafe *f*
3. (*infraction*) ■ **~ à qc** Verstoß *m* gegen etw
▶ **qn donne** [*o* **flanque** *fam*] [*o* **colle** *fam*] **une ~ à qn** jd verpasst jdm einen Strafzettel *fam;* **qn dresse ~** [**à qn**] jd verwarnt [jdn] gebührenpflichtig

contre [kɔ̃tʀ] **I.** *prép* **1.** (*proximité et contact*) (*avec mouvement*) an (+ *akk*); (*sans mouvement*) an (+ *dat*); ***mets-toi ~ le mur*** stell dich an die Mauer; ***l'échelle était appuyée ~ le mur*** die Leiter lehnte an der Wand; ***elle serre la poupée ~ elle*** sie drückt die Puppe [fest] an sich; ***l'enfant vient tout ~ lui*** das Kind schmiegt sich [eng] an ihn; ***les gens sont debout, serrés les uns ~ les autres*** die Leute stehen dicht aneinander gedrängt; ***la maison du pasteur est juste ~ l'église*** das Pfarrhaus ist an die Kirche angebaut; ***ils jettent des pierres ~ la fenêtre*** sie werfen Steine ans [*o* gegen das] Fenster
2. (*opposition*) gegen (+ *akk*); ***~ le courant*** gegen den Strom; ***son père est furieux ~ lui*** sein Vater ist wütend auf ihn; ***tout le monde est ~ moi!*** alle sind gegen mich!; ***le match Toulouse ~ Monaco*** das Spiel Toulouse gegen Monaco
3. (*protection*) gegen (+ *akk*)
4. (*échange*) gegen (+ *akk*); ***j'ai échangé mon sac ~ sa montre*** ich habe meine Tasche gegen seine/ihre Uhr [ein]getauscht
5. (*proportion*) zu (+ *dat*), gegen (+ *akk*); ***le projet de loi a été adopté à 32 voix ~ 24*** der Gesetzentwurf wurde mit 32 zu 24 Stimmen angenommen; ***ils se battaient à dix ~ un*** sie waren zehn gegen einen
6. ■ **chose ~ chose** Sache an Sache; ***ils dansent joue ~ joue*** sie tanzen Wange an Wange; ***les voitures roulent pare-chocs ~ pare-chocs*** die Autos fahren Stoßstange an Stoßstange
▶ **~ tout(e) …** entgegen allem/aller …; **~ *toute attente*** [*o* ***prévision***] entgegen allen Erwartungen, wider Erwarten; **~ *toute apparence*** entgegen allem Anschein; **qn a quelque chose ~ qn/qc** jd hat etwas gegen jdn/etw
II. *adv* dagegen; ***je n'ai rien ~*** ich habe nichts dagegen; ***je suis ~*** ich bin dagegen; ***j'ai voté ~*** ich habe dagegen gestimmt
▶ **par ~** aber, dagegen, jedoch
III. *m* SPORT Konter *m*

contre-allée <~-~s> [kɔ̃tʀale] *f* Seitenallee *f,* Nebenallee *f* **contre-amiral** <~-~aux> [kɔ̃tʀamiʀal, o] *m* Konteradmiral *m* **contre-attaque** <~-~s> [kɔ̃tʀatak] *f* Gegenangriff *m* ▶ **qn passe à la ~-~** jd geht zum Gegenangriff über **contre-attaquer** <1> [kɔ̃tʀatake] *vi* ■ **qn contre-attaque** jd greift seinerseits an, jd holt zum Gegenschlag aus, jd startet einen Gegenangriff

contrebalancer <2> [kɔ̃tʀəbalɑ̃se] *vt* **1.** (*faire équilibre à*) ■ **qc contrebalance qc** */poids/* etw wiegt etw auf
2. (*compenser*) ■ **qc contrebalance qc** */avantage/* etw gleicht etw aus, etw macht etw wett

contrebande [kɔ̃tʀəbɑ̃d] *f* **1.** (*activité*) Schmuggel *m;* ***un produit de ~*** Schmuggelware *f;* ***qn introduit*** [*o* ***fait entrer***] ***qc en ~*** jd schmuggelt etw ein; ***qn passe qc en ~*** jd schmuggelt etw [über die Grenze]
2. (*marchandise*) Schmuggelware *f*
▶ **qn fait de la ~** jd schmuggelt; **qn fait la ~ de qc** jd schmuggelt etw; ***ces gens font la ~ du tabac*** diese Leute schmuggeln Tabak; **qn se livre à la ~** jd schmuggelt, jd treibt Schleichhandel

contrebandier, -ière [kɔ̃tʀəbɑ̃dje, -jɛʀ] *m, f* Schmuggler(in) *m(f);* ***un chemin de ~s*** ein Schmugglerpfad *m*

contrebas [kɔ̃tʀəbɑ] *adv* ▶ **en ~** [**de qc**] unterhalb [einer S. (*gen*)]

contrebasse [kɔ̃tʀəbɑs] *f* Kontrabass *m*

contrebraquer <1> [kɔ̃tʀəbʀake] *vi* ■ **qn contrebraque** jd lenkt [*o* steuert] dagegen

contrecarrer <1> [kɔ̃tʀəkaʀe] *vt* ■ **qn contrecarre qc** *action* jd vereitelt etw, jd arbeitet einer S. (*dat*) entgegen; *projet a.* jd durchkreuzt etw

contrechamp [kɔ̃tʀəʃɑ̃] *m* Schwenk *m* [der Kamera]

contrecœur [kɔ̃tʀəkœʀ] *adv* ▶ **à ~** widerwillig, ungern

contrecoup [kɔ̃tʀəku] *m* Nachwirkung *f*
▶ **par ~** als Folge davon

contre-courant <~-~s> [kɔ̃tʀəkuʀɑ̃] *m* [*cours d'eau*] Gegenströmung *f*
▶ **à ~-~** gegen den Strom; ***qn nage à ~-~*** jd schwimmt gegen den Strom; ***qn remonte la foule à ~-~*** jd kämpft sich gegen den Strom der Menge durch; ***qn est à ~-~ de son époque*** jd geht nicht mit der Zeit

contredanse [kɔ̃tʀədɑ̃s] *f fam* **1.** (*procès-verbal*) Strafzettel *m fam*
2. (*amende*) Geldstrafe *f*

contredire <*irr*> [kɔ̃tʀədiʀ] **I.** *vt* ■ **qn/qc contredit qn/qc** jd/etw widerspricht jdm/einer S.
II. *vpr* ■ **qn se contredit** jd widerspricht sich (*dat*); ■ **des personnes/des choses se contredisent** [**entre elles**] Menschen/Dinge widersprechen sich [*o* einander] (*dat*)

contredit [kɔ̃tʀədi] *adv* ▶ **sans ~** zweifelsohne, unbestreitbar

contrée [kɔ̃tʀe] *f littér* (*pays*) Land *nt;* (*région*) Gegend *f,* Landstrich *m;* ***il arriva de ~s lointaines*** er kam aus fernen Ländern; ***l'hiver est rude dans nos ~s*** hierzulande [*o* in unserer Gegend] ist der Winter streng

contre-enquête <~-~s> [kɔ̃tʀɑ̃kɛt] *f* Gegenuntersuchung *f* **contre-épreuve** <~-~s> [kɔ̃tʀepʀœv] *f* (*vérification*) Gegenprobe *f* **contre-espionnage** [kɔ̃tʀɛspjɔnaʒ] *m* ∅ [Spionage]abwehr *f* **contre-exemple** <~-~s> [kɔ̃tʀɛgzɑ̃pl] *m* Gegenbeispiel *nt* **contre-expertise** <~-~s> [kɔ̃tʀɛkspɛʀtiz] *f* Gegengutachten *nt*

contrefaçon [kɔ̃tʀəfasɔ̃] *f* **1.** (*action*) Fälschen *nt;* [*marque*] Markenpiraterie *f;* ***la ~ de pièces de monnaie*** die Falschmünzerei
2. (*chose*) [*argent, signature, produit*] Fälschung *f;* [*livre*] unerlaubter Nachdruck
▶ **méfiez-vous des ~s** COM vor Fälschungen wird gewarnt

contrefacteur, -trice [kɔ̃tʀəfaktœʀ, -tʀis] *m, f* Fälscher(in) *m(f)*

contrefaire <*irr*> [kɔ̃tʀəfɛʀ] *vt* **1.** (*imiter frauduleusement*) ■ **qn contrefait qc** *argent, signature* jd fälscht etw; *édition* jd druckt etw unerlaubt nach; ***qn contrefait un brevet*** jd verletzt ein Patent; ***il a contrefait l'écriture de son père*** er hat die Schrift seines Vaters nachgemacht [*o* gefälscht]
2. (*déguiser*) ■ **qn contrefait qc** *sa voix, son écriture* jd verstellt etw

contrefait, e [kɔ̃tʀəfɛ, ɛt] *adj* **1.** (*imité*) gefälscht
2. (*difforme*) verwachsen

contreficher <1> [kɔ̃tʀəfiʃe] *vpr fam* ■ **qn se contrefiche de qc** jd pfeift auf etw (*akk*) *fam*

contre-filet <~-~s> [kɔ̃tʀəfilɛ] *m* Lende *f*

contrefort [kɔ̃tʀəfɔʀ] *m* **1.** ARCHIT Strebepfeiler *m*
2. [*chaussure*] Hinterkappe *f*
3. [*chaîne de montagnes*] Ausläufer *pl,* Vorgebirge *nt;* ***les ~s des Alpes*** die Voralpen

contrefoutre <14> [kɔ̃tʀəfutʀ] *vpr pop* ■ **qn se contrefout de qc** jd kümmert sich einen Dreck um etw *fam*

contre-indication <~-~s> [kɔ̃tʀɛ̃dikasjɔ̃] *f* Gegenanzeige *f,* Kontraindikation *f* **contre-indiqué, e** [kɔ̃tʀɛ̃dike] *adj* **1.** ■ **qc est ~-~** MED etw ist kontraindiziert **2.** (*déconseillé*) nicht ratsam; ■ **il est ~-~ de faire qc** es ist nicht ratsam, etw zu tun **contre-interrogatoire** <~-~s> [kɔ̃tʀɛ̃tɛʀɔgatwaʀ] *m* Kreuzverhör *nt;* ***l'avocat a procédé au ~ du témoin*** der Anwalt hat den Zeugen ins Kreuzverhör genommen **contre-jour** <~-~s> [kɔ̃tʀəʒuʀ] *m* **1.** (*éclairage*) Gegenlicht *nt* **2.** (*photographie*) Gegenlichtaufnahme *f* ▶ **à ~** im Gegenlicht, gegen das Licht

contremaître, -esse [kɔ̃tʀəmɛtʀ, -ɛs] *m, f* Vorarbeiter(in) *m(f),* Werkmeister(in) *m(f);* CONSTR Polier *m*

contre-manifestation <~-~s> [kɔ̃tʀəmanifɛstasjɔ̃] *f* Gegendemonstration *f* **contre-mesure** <~-~s> [kɔ̃tʀəm(ə)zyʀ] *f* Gegenmaßnahme *f*

contre-offensive <~-~s> [kɔ̃tʀɔfɑ̃siv] *f* Gegenangriff *m*, Gegenoffensive *f*

contrepartie [kɔ̃tʀəpaʀti] *f* **1.** (*compensation*) Gegenleistung *f*; (*dédommagement*) *financier* Entschädigung *f*
2. (*registre comptable*) Gegenbuch *nt*
►**en** ~ (*en compensation*) als Gegenleistung; als Entschädigung; (*par contre*) andererseits; **sans** ~ ohne Gegenleistung

contre-pente <~-~s> [kɔ̃tʀəpɑ̃t] *f* Gegenhang *m*, gegenüberliegender Hang **contre-performance** <~-~s> [kɔ̃tʀəpɛʀfɔʀmɑ̃s] *f* schlechte Leistung

contrepèterie [kɔ̃tʀəpɛtʀi] *f* [zotiger] Schüttelreim

contre-pied [kɔ̃tʀəpje] *m* ∅ [genaues] Gegenteil ►**qn prend le ~-~ de qc** *d'une action* jd macht das Gegenteil [*o* Entgegengesetzte] einer S. (*gen*); *d'une opinion* jd behauptet das Gegenteil einer S. (*gen*), jd vertritt die entgegengesetzte Meinung einer S. (*gen*); **qn prend qn à ~-~** SPORT jd erwischt jdn auf dem falschen Fuß **contre-plaqué** [kɔ̃tʀəplake] *m* ∅ ■ **du ~-~** Sperrholz *nt* ►**en ~-~** aus Sperrholz **contre-plongée** <~-~s> [kɔ̃tʀəplɔ̃ʒe] *f* Aufnahme *f* [*o* Einstellung *f*] von unten [*o* aus der Froschperspektive] ►**en ~-~** von unten, aus der Froschperspektive

contrepoids [kɔ̃tʀəpwa] *m* Gegengewicht *nt*; [*horloge*] Gewicht *nt*
►**qn/qc fait ~** jd/etw stellt ein Gegengewicht [*o* einen Ausgleich] dar; **pour faire ~** um ein Gegengewicht [*o* einen Ausgleich] herzustellen; **qc sert de** [*o* **apporte un**] **~ à qc** etw gleicht etw aus, etw stellt ein Gegengewicht zu etw dar

contre-poil [kɔ̃tʀəpwal] *adv* ►**qn prend qn à ~-~** jd nimmt [*o* behandelt] jdn falsch; ***il prend tout le monde à ~-~*** er stößt alle vor den Kopf; **à ~-~** gegen den Strich; ***qn caresse un animal à ~-~*** jd streichelt ein Tier gegen den Strich

contrepoison [kɔ̃tʀəpwazɔ̃] *m* Gegengift *nt*

contre-propagande [kɔ̃tʀəpʀɔpagɑ̃d] *f* ∅ Gegenpropaganda *f* **contre-proposition** <~-~s> [kɔ̃tʀəpʀɔpozisjɔ̃] *f* Gegenvorschlag *m*; (*dans une assemblée*) Gegenantrag *m* **contre-publicité** <~-~s> [kɔ̃tʀəpyblisite] *f* (*mauvaise publicité*) Antiwerbung *f*; (*riposte*) Gegenwerbeaktion *f*, Gegenwerbekampagne *f* ►**qc fait de la ~-~ à qn** etw ist Antiwerbung für jdn; **qn se fait de la ~-~** jd macht [*o* betreibt] Antiwerbung

contrer <1> [kɔ̃tʀe] **I.** *vi* CARTES ■ **qn contre** jd sagt [*o* gibt] Kontra
II. *vt* ■ **qn contre qn** jd gibt jdm Kontra, jd widerspricht jdm, jd kontert jdm; ■ **qn contre qc** jd widersetzt sich einer S. (*dat*); *projets* jd durchkreuzt etw, jd vereitelt etw; ■ **qn contre qn/qc** *adversaire, attaque, tir* jd kontert jdn/etw; ***elle a contré mon annonce*** sie hat mir Kontra gegeben

contre-réforme [kɔ̃tʀəʀefɔʀm] *f* Gegenreformation *f* **contre-révolution** <~-~s> [kɔ̃tʀəʀevɔlysjɔ̃] *f* Gegenrevolution *f*, Konterrevolution *f* **contre-révolutionnaire** <~-~s> [kɔ̃tʀəʀevɔlysjɔnɛʀ] *mf* Konterrevolutionär(in) *m(f)*, Gegenrevolutionär(in) *m(f)*

contresens [kɔ̃tʀəsɑ̃s] *m* (*interprétation erronée*) Fehlinterpretation *f*; (*dans une traduction*) Übersetzungsfehler *m*, Sinnfehler *m*
►**à ~** nicht richtig, verkehrt; ***il a interprété mes paroles à ~*** er hat mich falsch verstanden, er hat mich missverstanden; ***hier quelqu'un a pris l'autoroute A4 à ~*** gestern war ein Geisterfahrer auf der A4

contresigner <1> [kɔ̃tʀəsiɲe] *vt* ■ **qn contresigne qc** jd zeichnet etw gegen

contretemps [kɔ̃tʀətɑ̃] *m* (*empêchement*) widriger Umstand; ***j'ai eu un ~*** mir ist etwas dazwischengekommen
►**à ~** [zeitlich] ungünstig, ungelegen; MUS nicht im Takt; **à moins d'un ~** wenn nichts dazwischenkommt

contre-valeur <~-~s> [kɔ̃tʀəvalœʀ] *f* Gegenwert *m*

contrevenant, e [kɔ̃tʀəv(ə)nɑ̃, ɑ̃t] *m, f* Zuwiderhandelnde(r) *f(m)*

contrevenir <9> [kɔ̃tʀəv(ə)niʀ] *vi* ■ **qn contrevient à qc** *à un règlement* jd verstößt gegen etw; *à une loi a.* jd übertritt etw; *à un ordre a.* jd befolgt etw nicht

contrevent [kɔ̃tʀəvɑ̃] *m* (*volet*) [Fenster]laden *m*

contre-vérité <~-~s> [kɔ̃tʀəveʀite] *f* Unwahrheit *f* **contre-voie** [kɔ̃tʀəvwa] *adv* ►**qn monte/descend à ~** jd steigt auf der Gleisseite ein/aus

contribuable [kɔ̃tʀibɥabl] *mf* Steuerzahler(in) *m(f)*

contribuer <1> [kɔ̃tʀibɥe] *vi* ■ **qn/qc contribue à qc** jd/etw trägt zu etw bei; ***qc contribue pour 50% aux dépenses*** etw macht 50% der Ausgaben aus; ■ **qn/qc contribue à faire qc** jd/etw trägt dazu bei, etw zu tun; jd/etw trägt dazu bei, dass; ***qc contribue à rendre qn heureux/faire baisser les prix*** etw trägt dazu bei, jdn glücklich zu machen/die Preise zu senken; etw trägt dazu bei, dass jd glücklich wird/die Preise gesenkt werden; ***qn/qc contribue à faire de qc un succès*** jd/etw trägt dazu bei, dass etw ein Erfolg wird

contribution [kɔ̃tʀibysjɔ̃] *f* **1.** (*participation*) Beitrag *m*
2. *pl* (*impôts*) Steuern *pl*
3. *pl* (*service*) Steuerbehörde *f*, Finanzbehörde *f*
►**~s directes/indirectes** direkte/indirekte Steuern; **qn apporte sa ~ à qc** jd leistet seinen Beitrag zu etw, jd trägt zu etw bei; **qn met qn à ~** [**pour qc**] (*fait travailler*) jd nimmt jds Dienste [bei etw] in Anspruch, jd spannt jdn [bei etw] ein *fam*; ***puis-je vous mettre à ~?*** (*demander de l'aide*) darf ich Ihre Dienste [*o* Hilfe] in Anspruch nehmen?, darf ich Sie um Ihre Unterstützung [*o* Mithilfe] bitten?

contrôlable [kɔ̃tʀolabl] *adj* überprüfbar; *opération a.* kontrollierbar

contrôle [kɔ̃tʀol] *m* **1.** (*vérification*) [*billets, passeports*] Kontrolle *f*; [*comptes, caisse*] Prüfung *f*; (*douane*) Zoll[kontrolle *f*] *m*
2. ∅ (*surveillance*) Aufsicht *f*, Überwachung *f*; ***qn exerce un ~ sur qc*** jd überwacht etw; ***le ~ des loyers*** die Mietpreislenkung
3. SCOL Test *m*
4. (*bureau*) Kontrollbüro *nt*; THEAT [Theater]kasse *f*
►**~ continu** UNIV System *nt* mit kontinuierlicher Leistungskontrolle (*das Gegenteil zur Endprüfung am Ende des Studienjahres*); **~ économique** Wirtschaftskontrolle *f*; **sous ~ étranger** in ausländischer Hand; **sous ~ judiciaire** unter richterlicher Überwachung; **qn garde/perd le ~ de soi** jd verliert die [Selbst]beherrschung nicht/jd verliert die [Selbst]beherrschung; **qn garde/perd le ~ de qc** jd verliert die Kontrolle über etw (*akk*) nicht/jd verliert die Kontrolle über etw (*akk*); ***le gouvernement a peine à garder le ~ de la situation*** die Regierung hat Mühe, die Situation unter Kontrolle zu halten; **sous le ~ de qn/qc** (*sous la surveillance de*) unter jds Aufsicht (*dat*)/unter der Aufsicht einer S. (*gen*); (*sous l'influence de qn*) unter jds Einfluss (*dat*); ***il avait tous ces territoires sous son ~*** all diese Gebiete unterstanden seiner Kontrolle
◆ **contrôle de gestion** Controlling *nt*; **contrôle de qualité** Qualitätskontrolle *f*; **contrôle des changes** Devisenkontrolle *f*; **contrôle des connaissances** Test *m*; **contrôle des naissances** Geburtenkontrolle *f*; **contrôle des prix** Preiskontrolle *f*; **contrôle d'identité** Ausweiskontrolle *f*, Überprüfung *f* der Personalien

contrôler <1> [kɔ̃tʀole] **I.** *vt* **1.** (*vérifier*) ■ **qn contrôle qn/qc** jd kontrolliert jdn/etw; *liste, régularité, affirmation* jd überprüft etw; *comptes, qualité* jd prüft etw; ■ **qn contrôle qc sur qc** [*o* **d'après qc**] [*o* **à partir de qc**] jd überprüft etw anhand einer S. (*gen*); ■ **qn contrôle que** + *indic*/**si** jd [über]prüft, ob; jd prüft nach, ob
2. (*surveiller*) ■ **qn contrôle qc** *agissements, opération* jd beaufsichtigt etw; *prix, loyers* jd kontrolliert etw, jd überwacht etw
3. (*dominer*) ■ **qn contrôle qc** *sentiments, colère, réactions* jd hat etw unter Kontrolle; *nerfs* jd behält etw; *secteur, firme, société* jd hat etw unter Kontrolle; *zone, région, pays* jd kontrolliert etw; *course, jeu* jd bestimmt etw; ***qn contrôle le ballon*** jd ist im Ballbesitz; ***qn contrôle la situation*** jd ist Herr der Lage
II. *vpr* ■ **qn se contrôle** jd beherrscht sich; ***qn ne se contrôle plus*** jd hat die Beherrschung verloren

contrôleur, -euse [kɔ̃tʀolœʀ, -øz] **I.** *m, f* **1.** TRANSP Kontrolleur(in) *m(f)*
2. FIN Prüfer(in) *m(f)*
II. *m* **1.** TECH (*appareil*) Prüfgerät *nt*, Kontrollgerät *nt*
2. INFORM Controller [kɔn'tʀɔʊlə] *m*
◆ **contrôleur(-euse) de gestion** Controller(in) *m(f)*; **contrôleur de la navigation aérienne** Fluglotse *m*

contrordre [kɔ̃tʀɔʀdʀ] *m* Gegenbefehl *m*
►**il y a ~** es ist ein gegenteiliger Befehl erlassen worden, der Befehl ist widerrufen worden, es ist umdisponiert worden; **sauf ~** bis auf Widerruf

controverse [kɔ̃tʀɔvɛʀs] *f* Kontroverse *f*, Streit *m*
►**qc prête à ~** etw ist umstritten [*o* strittig]

controversé, e [kɔ̃tʀɔvɛʀse] *adj* umstritten

contumace [kɔ̃tymas] *adv* ►**par ~** in Abwesenheit

contusion [kɔ̃tyzjɔ̃] *f* Prellung *f*, Quetschung *f*

contusionné, e [kɔ̃tyzjɔne] *adj* geprellt, gequetscht; ***elle a le bras ~*** sie hat sich (*dat*) eine Prellung am Arm zugezogen

convaincant, e [kɔ̃vɛ̃kɑ̃, ɑ̃t] *adj* überzeugend; ***une preuve ~e*** ein eindeutiger Beweis

convaincre <*irr*> [kɔ̃vɛ̃kʀ] **I.** *vt* **1.** (*persuader*) ■ **qn/qc convainc qn** [**de qc/de faire qc**] jd/etw überzeugt jdn [von etw/davon, etw zu tun]; ■ **qn se laisse ~** [**par qn/qc**] jd lässt sich [von jdm/etw] überzeugen
2. (*prouver la culpabilité*) ■ **qn convainc qn de qc** *de trahison, crime, mensonge, d'imposture* jd überführt jdn einer S. (*gen*)
II. *vpr* ■ **qn se convainc** [**de qc**] jd überzeugt sich [von etw]; ***il a fini par se ~ du contraire*** er überzeugte sich schließlich vom Gegenteil

convaincu, e [kɔ̃vɛ̃ky] **I.** *pp de* **convaincre**
II. *adj* überzeugt; ■ **~ de qc** überzeugt von etw; ***en êtes-vous réellement ~?*** sind Sie wirklich überzeugt davon?; ■ **~ que** + *indic* überzeugt davon, dass

convalescence [kɔ̃valesɑ̃s] *f* Rekonvaleszenz *f*, Genesung *f geh*; (*période de guérison*) Genesungszeit *f geh*
►**qn entre en** [**période de**] **~** jd befindet sich auf dem Weg der Genesung *geh* [*o* Besserung]; **qn est en ~** jd ist rekonvaleszent

convalescent, e [kɔ̃valesɑ̃, ɑ̃t] *m, f* Rekonvaleszent(in) *m(f)*

convenable [kɔ̃vnabl] *adj* **1.** (*adéquat*) *parti, moment, endroit* passend; *distance* angemessen; *vêtements* angemessen, passend
2. (*correct, bienséant*) *personne, vêtements* anständig; *manières a.* korrekt; ***il serait plus ~ de la vouvoyer*** es wäre korrekter, sie zu siezen; ■ **il n'est pas ~ de faire qc** es gehört [*o* schickt] sich nicht, etw zu tun; ***il n'est pas ~ de parler la bouche pleine*** mit vollem Mund spricht man nicht
3. (*acceptable*) *salaire, logement* angemessen; *devoir* befriedigend, anständig; *réponse* richtig; *langue* korrekt; *limites* vertretbar, annehmbar; *vin, cigare* ordentlich, nicht schlecht

convenablement [kɔ̃vnabləmɑ̃] *adv* **1.** *habillé, chaussé* richtig, passend; *être équipé a.* entsprechend
2. *se tenir, s'exprimer, s'habiller* korrekt, anständig
3. (*de manière acceptable*) anständig, ordentlich

convenance [kɔ̃vnɑ̃s] *f pl* (*bon usage*) Anstand *m*; **respectons** [*o* **observons**] **les ~s!** lassen Sie uns die Form wahren!; ***les ~s veulent que*** + *subj* die Regeln des Anstands verlangen, dass; ***je n'ai que faire des ~s!*** was schere ich mich um Anstandsregeln!
►**pour** [**des raisons de**] **~**[**s**] **personnelle**[**s**] aus persönlichen Gründen; **à ma/sa/... ~** wie es mir/ihm/ihr/... beliebt; ***qn trouve qc à sa ~*** etw ist ganz nach jds Wunsch

convenir[1] <9> [kɔ̃vniʀ] **I.** *vi* **1.** (*aller*) ■ **qc convient à qn** etw passt jdm, etw sagt jdm zu; ***le climat/la nourriture ne lui a pas convenu*** er/sie hat das Klima/Essen nicht vertragen
2. (*être approprié*) ■ **qn/qc convient** [**à qc**] jd/etw passt [zu etw]; ***ces vête-***

ments conviennent à la circonstance diese Kleider sind richtig [*o* passend] für diesen Anlass; ***c'est tout à fait l'homme qui convient*** er ist genau der richtige Mann; ***il a parlé bien plus qu'il n'aurait convenu*** er hat viel länger gesprochen, als es angebracht gewesen wäre; ***cette cravate convient mal avec du bleu*** diese Krawatte passt schlecht zu Blau
II. *vi impers* ■ **il convient de faire qc** es ist richtig [*o* angebracht], etw zu tun; *form* man muss etw tun; ***je ferai ce qu'il convient de faire*** ich werde tun, was zu tun ist; ***il convient d'être prudents*** es ist Vorsicht geboten; ***je le traiterai comme il convient*** ich werde ihn so behandeln, wie er es verdient hat; ***il ne convient pas de critiquer sans discernement*** man sollte nicht undifferenziert kritisieren; ***il convient de faire remarquer que*** + *indic* man muss feststellen, dass

convenir² <9> [kɔ̃vniʀ] I. *vi* 1. (*s'entendre sur*) ■ **des personnes conviennent de qc/de faire qc** Menschen einigen sich auf etw (*akk*)/darauf, etw zu tun; Menschen vereinbaren etw/etw zu tun; ***avez-vous convenu d'un prix?*** haben Sie sich auf einen Preis geeinigt?; ***nous avons convenu de nous retrouver demain*** wir haben vereinbart, uns morgen wieder zu treffen
2. (*reconnaître*) ■ **qn convient de qc** jd gibt etw zu
II. *vt impers* ■ **il est convenu que** + *indic* es ist vereinbart, dass
▸ **comme convenu** wie abgemacht, wie vereinbart
III. *vt* 1. (*se mettre d'accord pour*) ■ **des personnes conviennent que** + *indic* Menschen vereinbaren [*o* machen ab], dass
2. (*reconnaître*) ■ **qn convient que** + *indic* jd gibt zu, dass; ■ **qn convient avoir fait qc** jd gibt zu etw gemacht zu haben

convention [kɔ̃vɑ̃sjɔ̃] *f* 1. (*accord officiel*) Abkommen *nt*
2. (*règle*) Konvention *f*; ***une ~ tacite*** eine stillschweigende Übereinkunft; ***les ~s sociales*** die gesellschaftlichen Konventionen; ■ **les ~s** die Konventionen, die Regeln der Gesellschaft
3. (*assemblée nationale*) Konvent *m*; ■ **la C~** HIST der Nationalkonvent
▸ ~ **collective** Tarifvertrag *m*; **de** ~ *sentiments* leer, unecht; *sourire, visite* Höflichkeits-; LITTER, THEAT konventionell; **par** ~ üblicherweise, in der Regel

conventionné, e [kɔ̃vɑ̃sjɔne] *adj établissement, clinique* Vertrags-; *médecin* Kassen-

conventionnel, le [kɔ̃vɑ̃sjɔnɛl] *adj* konventionell

conventionnellement [kɔ̃vɑ̃sjɔnɛlmɑ̃] *adv* 1. (*par convention*) üblicherweise, in der Regel
2. (*selon les conventions*) höflich [distanziert], unpersönlich

convenu, e [kɔ̃vny] I. *pp de* **convenir**
II. *adj* 1. (*décidé*) vereinbart; ***mot ~*** Losung *f*, vereinbartes Kennwort; ***c'était une chose ~e!*** es war abgemacht [*o* eine abgemachte Sache]!
2. (*conventionnel*) gekünstelt; ***une élégance ~e*** eine biedere Eleganz

convergence [kɔ̃vɛʀʒɑ̃s] *f* 1. [*lignes*] Zusammenlaufen *nt*; [*points de vue, intérêts*] Übereinstimmung *f*; ***la ~ de nos efforts vers un même but nous a permis de réussir*** da unsere Bemühungen auf dasselbe Ziel gerichtet waren, haben wir Erfolg gehabt
2. FIN Konvergenz *f*; ***les critères de ~*** die Konvergenzkriterien

convergent, e [kɔ̃vɛʀʒɑ̃, ʒɑ̃t] *adj lignes, routes* zusammenlaufend; *détails* in die gleiche Richtung deutend; *points de vue, intérêts, pensées* übereinstimmend; ***lentille ~e*** Sammellinse *f*; ***trois flèches ~es*** drei auf denselben Punkt gerichtete Pfeile

converger <2 a> [kɔ̃vɛʀʒe] *vi* ■ **des choses convergent** /*lignes, routes*/ Dinge laufen zusammen; /*rayons*/ Dinge schneiden sich; /*détails*/ Dinge deuten in die gleiche Richtung; /*pensées, points de vue, intérêts*/ Dinge stimmen überein; ■ **des choses convergent vers** [*o* **sur**] **qn/qc** /*lignes, routes*/ Dinge verlaufen auf etw (*akk*) hin; /*rayons*/ Dinge schneiden sich auf etw (*dat*); /*détails*/ Dinge deuten auf etw (*akk*) hin; ***les regards convergent vers qn/qc*** die Blicke richten sich auf jdn/etw; ***nos efforts convergent vers le même but*** unsere Bemühungen sind auf dasselbe Ziel gerichtet; ■ **qn fait ~ des choses** [**vers qc**]: ***faites ~ les trois droites vers le point 0*** ziehen Sie die drei Geraden konvergent zum Punkt 0

conversation [kɔ̃vɛʀsasjɔ̃] *f* 1. (*discussion*) Unterhaltung *f*; (*entretien*) Gespräch *nt*; (*bavardage*) Konversation *f*; ***une ~ très animée*** eine sehr lebhafte Unterhaltung; ***qn amène la ~ sur un autre sujet*** jd bringt das Gespräch auf ein anderes Thema; ***une ~ entre amis*** ein Gespräch unter Freunden; ***une ~ s'est engagée entre les deux amis*** ein Gespräch [*o* eine Unterhaltung] entspann sich zwischen den beiden Freunden
2. (*manière de discuter*): ***sa ~ est plate et insipide*** er ist ein langweiliger Gesprächspartner/sie ist eine langweilige Gesprächspartnerin
▸ **dans la ~ courante** umgangssprachlich, gemeinhin; ~ **téléphonique** Telefongespräch *nt*; **qn a de la/n'a pas de** ~ jd ist unterhaltsam/jd hat nichts zu sagen, jd ist ein interessanter/langweiliger Gesprächspartner/eine interessante/langweilige Gesprächspartnerin; **qn détourne la** ~ jd lenkt vom Thema ab; **qn est en** [**grande**] ~ **avec qn** jd führt ein [langes] Gespräch mit jdm, jd hat eine [lange] Unterredung mit jdm; **qn fait la ~ à qn** jd unterhält sich mit jdm, jd plaudert mit jdm

converser <1> [kɔ̃vɛʀse] *vi soutenu* ■ **qn converse avec qn** jd unterhält sich mit jdm; ■ **ils/elles conversent** sie unterhalten sich

conversion [kɔ̃vɛʀsjɔ̃] *f* 1. REL Übertritt *m*, Konvertieren *nt*, [Konfessions]wechsel *m*; ■ ~ **à qc** Übertritt zu etw; ***la ~ au catholicisme*** der Übertritt [*o* der Wechsel] zum katholischen Glauben
2. (*adhésion*) ■ ~ **à qc** *à une idée, théorie* Überwechseln *nt* zu etw
3. FIN Umtausch *m*, Konvertieren *nt*
4. (*recyclage professionnel*) Umschulung *f*
5. PHYS, MATH Umwandlung *f*; ■ ~ **de qc en qc** Umwandlung *f* von etw in etw (*akk*)
6. SKI Spitzkehre *f*; MIL Schwenk *m*, Schwenkung *f*

converti, e [kɔ̃vɛʀti] I. *adj* bekehrt; ■ ~ **à qc** zu etw bekehrt
II. *m, f* Konvertit(in) *m(f)*; ***Henri IV était un ~*** Henri IV hatte die Kirche gewechselt
▸ **qn prêche un(e) ~(e)** jd rennt offene Türen ein

convertibilité [kɔ̃vɛʀtibilite] *f* [*monnaie, rente*] Konvertibilität *f*, Konvertierbarkeit *f*; ***la ~ des monnaies*** die Währungskonvertibilität

convertible [kɔ̃vɛʀtibl] I. *adj* 1. *monnaie* konvertierbar; *chèque, rente a.* umwandelbar; ■ ~ **en qc** umwandelbar in etw (*akk*); *monnaie* konvertierbar in etw (*akk*)
2. (*que l'on peut transformer*) umwandelbar; ***un canapé ~*** eine Bettcouch
II. *m* (*canapé*) Bettcouch *f*

convertir <8> [kɔ̃vɛʀtiʀ] I. *vt* 1. (*amener*) ■ **qn convertit qn à qc** *à une religion, théorie, un art* jd bekehrt jdn zu etw
2. (*transformer*) ■ **qn convertit qc en qc** jd wandelt etw in etw (*akk*) um; *unités de mesure, nombres, monnaie* jd rechnet etw in etw (*akk*) um; *biens, rente* jd/etw konvertiert etw in etw (*akk*); ~ ***des marks en francs*** Mark in Francs umrechnen
3. INFORM ■ **qn convertit qc** jd konvertiert etw
II. *vpr* (*adopter*) ■ **qn se convertit** [**à qc**] *à une religion* jd konvertiert, jd tritt zu etw über; *à une idée, théorie* jd übernimmt etw; ***qn se convertit au catholicisme*** jd tritt zum katholischen Glauben über; ***qn s'est converti(e) à l'expressionnisme/la musique moderne*** /*artiste*/ jd hat sich dem Expressionismus/der modernen Musik zugewandt, jd ist zur expressionistischen Malweise/modernen Musik übergegangen; /*amateur*/ jd ist Liebhaber [*o* Anhänger] des Expressionismus/der modernen Musik geworden

convertisseur [kɔ̃vɛʀtisœʀ] *m* Konverter *m*
▸ ~ **analogique-numérique** Analog-Digital-Wandler *m*, Analog-Digital-Umsetzer *m*; ~ **numérique-analogique** Digital-Analog-Wandler *m*, Digital-Analog-Umsetzer *m*
◆ **convertisseur Bessemer** Bessemerbirne *f*, [Bessemer]konverter *m*; **convertisseur d'images** Bildumformer *m*

convexe [kɔ̃vɛks] *adj* konvex, Konvex-

convexité [kɔ̃vɛksite] *f* Konvexität *f*, Gewölbtheit *f*

conviction [kɔ̃viksjɔ̃] *f* 1. (*certitude*) Überzeugung *f*; ■ **les ~s de qn** (*idées*) jds Überzeugung; ***je ne connais pas ses ~s politiques*** ich kenne seine politische Einstellung nicht
2. (*assurance*) Überzeugung *f*; ***il joua avec beaucoup de ~*** er spielte sehr überzeugend
▸ **qn a la ~ de qc/que** + *indic* jd ist fest von etw überzeugt/jd ist fest davon überzeugt, dass; ***il ment, j'en ai la ~*** er lügt, davon bin ich fest überzeugt; **qn manque de** ~ jdm fehlt es an Überzeugungskraft; **avec/sans** ~ überzeugend/nicht überzeugend

convier <1 a> [kɔ̃vje] *vt soutenu* 1. (*inviter*) ■ **qn convie qn** [**à qc**] jd lädt jdn [zu etw] *geh*
2. (*inciter*) ■ **qn convie qn à faire qc** jd legt jdm nahe, etw zu tun; ***qn est convié(e) à donner son avis*** jd wird um seine Meinung gebeten

convive [kɔ̃viv] *mf gén pl* Gast *m*

convivial, e <-aux> [kɔ̃vivjal, jo] *adj* gesellig; INFORM benutzerfreundlich

convivialité [kɔ̃vivjalite] *f* ∅ 1. (*agrément*) [*société*] [harmonisches] Zusammenleben; [*réunion*] Geselligkeit *f*
2. INFORM Benutzerfreundlichkeit *f*

convocation [kɔ̃vɔkasjɔ̃] *f* 1. (*fait de convoquer*) Einberufung *f*; [*actionnaires, membres d'une commission, personne a.*] Einladung *f*; JUR Vorladung *f*; ~ ***d'un employé chez le directeur*** Aufforderung *f* an einen Angestellten, beim Direktor zu erscheinen; ***qn se rend à une ~*** jd geht zu einer Vorladung, jd leistet einer Vorladung Folge
2. (*formulaire*) Vorladung *f*; (*au service militaire*) Einberufung *f*, Einberufungsbefehl *m*; (*à un examen*) [schriftliche] Aufforderung [zu erscheinen]

convoi [kɔ̃vwa] *m* 1. (*véhicules*) Konvoi *m*; [*voitures a.*] Kolonne *f*; [*navires a.*] Verband *m*; ~ ***militaire*** Militärkolonne, Militärkonvoi; ~ ***de matériel*** Konvoi mit Material, Materialtransport *m*
2. (*personnes*) [*troupes, réfugiés, prisonniers*] Transport *m*; [*nomades*] Karawane *f*
3. CHEMDFER Zug *m*; ~ ***de marchandises*** Güterzug
4. (*cortège funèbre*) Leichenzug *m*
▸ ~ **exceptionnel** Sondertransport *m*; ~ **humanitaire** Hilfsgütertransport *m*

convoiter <1> [kɔ̃vwate] *vt* 1. (*vouloir s'approprier*) ■ **qn convoite qc** jd begehrt etw, jd hätte gerne etw; *poste, place a.* jd strebt etw an; ■ **qc est convoité(e)** etw ist begehrt
2. *littér* (*désirer*) ■ **qn convoite qn** jd begehrt jdn

convoitise [kɔ̃vwatiz] *f* 1. (*envie*) Begierde *f*, Begier *f geh*; ***avec ~*** begehrlich, begierig; ***qn regarde qc avec ~*** jd wirft begehrliche [*o* begierige] Blicke auf etw (*akk*); ***qc suscite les ~s de qn*** etw weckt jds Begierde
2. ∅ (*désir amoureux*) Begehren *nt*; ***qn regarde qn avec ~*** jd betrachtet jdn voller Begehren, jd sieht jdn lüstern an

convoler <1> [kɔ̃vɔle] *vi hum* (*se marier*): ***qn convole*** [***en justes noces***] ***avec qn*** jd läuft mit jdm in den Hafen der Ehe ein; ***deux personnes convolent*** [***en justes noces***] zwei Menschen laufen in den Hafen der Ehe ein

convoquer <1> [kɔ̃vɔke] *vt* ■ **qn convoque qn/qc** jd bestellt jdn, jd lässt jdn kommen; *assemblée, parlement, concile* jd beruft jdn/etw ein; MIL jd beruft jdn ein; JUR jd lädt jdn vor; ***qn est convoqué(e) chez le patron*** jd wird zum Chef bestellt [*o* gerufen]; ***j'ai été convoquée à dix heures pour mon oral d'examen*** ich habe um zehn Uhr den Termin für die mündliche Prüfung, ich muss um zehn Uhr zur mündlichen Prüfung erscheinen

convoyage [kɔ̃vwajaʒ] *m* Eskortieren *nt*

convoyer <6> [kɔ̃vwaje] *vt* ■ **qn/qc convoie qc** *fonds, biens précieux* jd/etw bewacht [*o* sichert] den Transport einer S. (*gen*); ■ **qc convoie qc** MIL etw eskortiert etw, etw gibt einer S. (*dat*) Geleit[schutz]; ***les navires marchands ont été convoyés par des bateaux de guerre*** die Handelsschiffe fuhren unter dem Geleit[schutz] von Kriegsschiffen

convoyeur, -euse [kɔ̃vwajœʀ, -jøz] I. *m, f* Begleiter(in) *m(f)* (*bei Sicher-*

heitstransporten); MIL Eskorte *f; les ~s* die Begleitmannschaft
II. *m* 1. TECH Förderer *m*
2. NAUT Geleitschiff *nt*
◆ **convoyeur(-euse) de fonds** Begleiter(in) *m(f)* von Geldtransporten
convulser <1> [kɔ̃vylse] I. *vt* ■ **qc convulse qc** *visage, traits* etw verzerrt etw; ***traits convulsés par la peur*** angstverzerrte Züge
II. *vpr* ■ **qn/qc se convulse** /*visage*/ etw verzerrt sich [krampfhaft]; /*personne, corps*/ jd/etw wird von Krämpfen geschüttelt; ***qn se convulse de douleur*** jd windet sich vor Schmerzen
convulsif, -ive [kɔ̃vylsif, -iv] *adj* krampfhaft; *toux* krampfartig, konvulsiv[isch] *spec; maladie* mit Krämpfen verbunden; ***rire ~/ sanglots ~s*** Lach-/Weinkrampf *m; **qn serre qn/qc d'un geste ~*** jd drückt jdn/etw krampfhaft an sich (*akk*); ***des mouvements ~s secouent qn/qc*** jd/etw zuckt krampfartig [*o* konvulsiv[isch] *spec*]
convulsion [kɔ̃vylsjɔ̃] *f gén pl* 1. *politiques, sociales* Wirren *pl*
2. MED [Schüttel]krampf *m*, Zuckung *f*, Konvulsion *f spec; **qn est pris(e) de ~s*** jd bekommt Krämpfe, jd wird von Krämpfen geschüttelt
convulsionner <1> [kɔ̃vylsjɔne] *vt* ■ **[qc est] convulsionné(e** /*visage*/ [etw ist] [krampfhaft] verzerrt
cooblígé, e [kɔɔbliʒe] *m, f* Mitschuldner(in) *m(f)*, Mitverpflichtete(r) *f(m)*
cool [kul] *adj inv fam* cool *fam; **elle a un boulot plutôt ~ en ce moment*** sie hat im Moment einen coolen Job; ~, ~! immer mit der Ruhe!
coolie [kuli] *m* Kuli *m*
coopérant, e [kɔɔperɑ̃, ɑ̃t] I. *m, f* Entwicklungshelfer(in) *m(f)*; MIL *Wehrdienstpflichtiger, der seinen Ersatzdienst als Entwicklungshelfer leistet*
II. *adj* (*coopératif*) kooperativ
coopérateur, -trice [kɔ(ɔ)peratœr, -tris] I. *adj* genossenschaftlich; *mouvement* Genossenschafts-
II. *m, f* (*membre d'une coopérative*) Genossenschaftsmitglied *nt*, Genossenschaft[l]er(in) *m(f)*
coopératif, -ive [kɔ(ɔ)peratif, -iv] I. *adj* 1. (*qui coopère volontiers*) kooperativ *geh*
2. ECON genossenschaftlich, Genossenschafts-; ***le monde ~*** das Genossenschaftswesen
II. *f* ■ **coopérative** 1. (*groupement*) Genossenschaft *f*; ***~ive agricole/ de services/ de consommateurs*** landwirtschaftliche Genossenschaft/Dienstleistungs-/Verbrauchergenossenschaft
2. (*local, magasin*) Genossenschaftszentrale *f*
coopération [kɔɔperasjɔ̃] *f* 1. (*fait de coopérer*) ■ ~ **[de qn]** [**à qc**] [jds] Mitarbeit *f* [*o* Kooperation *f*] [bei etw]; ***qn apporte sa ~ à un projet*** jd arbeitet [*o* wirkt] bei einem Projekt mit
2. POL Kooperation *f*, Zusammenarbeit *f*; ***la ~ franco-allemande*** die deutsch-französische Kooperation [*o* Zusammenarbeit]
3. ∅ MIL *Ersatzdienst als Entwicklungshelfer;* ECON Entwicklungshilfe *f*; ■ **la C~** die [staatliche] Entwicklungshilfe; ***le ministère de la C~*** das Ministerium für Entwicklungshilfe
coopérer <5> [kɔɔpere] *vi* 1. (*collaborer*) ■ **qn coopère [avec qn/qc]** jd arbeitet mit jdm/etw zusammen, jd kooperiert [mit dm/etw]; ***qn se dit prêt(e) à ~*** jd ist zur Zusammenarbeit bereit; ■ **plusieurs personnes coopèrent** mehrere Menschen arbeiten zusammen [*o* kooperieren]
2. (*apporter son concours*) ■ **qn coopère à qc** jd wirkt bei etw mit
coopter <1> [kɔɔpte] *vt* ■ **qn coopte qn** jd wählt jdn [selbst] hinzu
coordinateur, -trice [kɔɔrdinatœr, -tris] *v.* **coordonnateur**
coordination [kɔɔrdinasjɔ̃] *f* 1. ∅ (*fait de coordonner*) Koordinierung *f*, Koordination *f*
2. (*équipe*) Koordinationsgremium *nt*
3. ∅ GRAM Nebenordnung *f*, Beiordnung *f*
coordonnateur, -trice [kɔɔrdɔnatœr, -tris] I. *adj* koordinierend; ***le bureau ~*** das Koordinationsbüro
II. *m, f* Koordinator(in) *m(f)*; ***qn est ~(-trice) de qc*** jd koordiniert etw
coordonné, e [kɔɔrdɔne] I. *adj* 1. (*opp: désordonné*) koordiniert, aufeinander abgestimmt
2. GRAM nebengeordnet, beigeordnet
3. (*assorti*) aufeinander abgestimmt, [zusammen]passend
II. *mpl* (*vêtements assortis*) Kombimode *f*, Mode *f* zum Kombinieren
III. *f* ■ **coordonnée** 1. *pl fam* (*renseignements*) ■ **~es de qn** Adresse und Telefonnummer, unter der jd zu erreichen ist; ***laissez-moi vos ~es*** sagen Sie mir, wie [und wo] ich Sie erreichen kann
2. GRAM nebengeordneter [*o* beigeordneter] Satz
3. GEOM Koordinate *f*
coordonner <1> [kɔɔrdɔne] *vt* 1. (*harmoniser*) ■ **qn coordonne qc** jd koordiniert etw; ■ **qn coordonne plusieurs choses** jd koordiniert mehrere Dinge, jd stimmt mehrere Dinge aufeinander ab
2. GRAM ■ **qc coordonne plusieurs choses** etw ordnet mehrere Dinge einander bei
copain, copine [kɔpɛ̃, kɔpin] *m, f fam* Freund(in) *m(f)*, Kumpel *m fam*; [*école, service militaire a.*] Kamerad(in) *m(f)*; [*enfant a.*] Spielkamerad(in); ***~ de travail*** [befreundeter] Kollege/[befreundete] Kollegin; ***de vieux ~s*** alte Kumpel; ***avec sa bande de ~s*** mit seiner/ihrer Clique; ***nous sortons entre copines*** ich gehe mit meinen Freundinnen aus
▶ **ils/elles sont ~s comme cochons** sie sind dicke Freunde *fam*; **petit ~/ petite copine** [fester] Freund/[feste] Freundin; **les petits ~s** die Clique, der Klüngel *pej*; **qn est** [**très**] **~/copine avec qn** jd ist mit jdm [eng] befreundet, jd steht mit jdm [sehr] gut *fam*; **ils/elles sont** [**très**] **~s/copines** sie sind dick befreundet *fam*, sie sind [sehr] dicke Freunde *fam*; **comme les ~s** wie die andern auch
coparticipant, e [kopartisipɑ̃, ɑ̃t] I. *adj* [als stiller Teilhaber] beteiligt
II. *m, f* [stiller] Teilhaber/[stille] Teilhaberin *m/f*
coparticipation [kopartisipasjɔ̃] *f* [stille] Teilhaberschaft [*o* Beteiligung]; ***~ aux bénéfices*** Gewinnbeteiligung *f*
copeau <x> [kɔpo] *m* Span *m*; ***des ~x de bois*** Hobelspäne *pl*
Copenhague [kɔpɛnag] Kopenhagen *nt*
copiage [kɔpjaʒ] *m* ∅ 1. SCOL Abschreiben *nt*, Spicken *nt fam*
2. ART *péj* Kopieren *nt*
copie [kɔpi] *m* 1. (*document*) Kopie *f*; JUR Zweitschrift *f*, Abschrift *f*
2. (*œuvre*) Kopie *f*; (*produit*) Imitation *f*, Imitat *nt*
3. (*feuille double*) Doppelbogen *m*, Doppelblatt *nt*
4. (*devoir*) Arbeit *f*; ***qn rend sa ~*** jd gibt seine Arbeit ab; ***le maître ramasse les ~s*** der Lehrer sammelt die Arbeiten ein
5. PRESSE Manuskript *nt*
6. CINE Kopie *f*; ***qn tire une ~*** jd zieht eine Kopie
▶ **qn/qc est en mal de ~** PRESSE *fam* jd/etw hat nicht genügend Stoff; **qn rend** [*o* **remet**] [**une**] **~ blanche** jd gibt ein leeres Blatt ab; **~ certifiée conforme** beglaubigte Kopie [*o* Abschrift]; **~ conforme** gleich lautende Abschrift; **pour ~ conforme** für die Übereinstimmung mit dem Original; **qc est la pâle ~ de qc** etw ist nur ein schwacher Abklatsch einer S. (*gen*); **qn prend ~ de qc** jd macht eine Kopie von etw; **qn rend sa ~** POL jd legt seinen Bericht [*o* sein Papier] vor; **qn revoit sa ~** POL jd überarbeitet seine Vorlage [*o* sein Papier]
◆ **copie papier** Ausdruck *m*; **copie de secours** [*o* **de sauvegarde**] INFORM Sicherheitskopie *f*, Backup [bæk'ʔap] *nt spec*
copier <1 a> [kɔpje] I. *vt* 1. (*transcrire*) ■ **qn copie qc** jd schreibt etw ab; ***tu me copieras cent fois: ...*** du schreibst [mir] hundert Mal: ...; ***qn copie un acte*** jd stellt eine notarielle Urkunde zu
2. (*photocopier*) ■ **qn/qc copie qc** jd/etw [foto]kopiert etw
3. SCOL ■ **qn copie qc sur qn** jd schreibt etw bei jdm ab; ■ **qn copie qc** [**dans qc**] jd schreibt etw [aus etw] ab
4. (*imiter*) ■ **qn/qc copie qn/qc** jd/etw ahmt [*o* macht] jdn/etw nach, jd kopiert jdn
5. (*plagier*) ■ **qn copie qc** jd kopiert etw; *produit a.* jd macht etw nach
II. *vi* SCOL ■ **qn copie** [**sur qn**] jd schreibt [bei jdm] ab
copieur, -euse [kɔpjœr, -jøz] I. *m, f* SCOL Abschreiber(in) *m(f)*; ***ce n'est qu'une sale ~euse*** sie schreibt immer ab
II. *m* (*photocopieuse*) Kopierer *m*, Kopiergerät *nt*
copieusement [kɔpjøzmɑ̃] *adv* 1. (*abondamment*) reichlich; *manger a.* üppig; ***un repas ~ arrosé*** eine ausgiebig begossene Mahlzeit
2. (*beaucoup*) heftig
copieux, -euse [kɔpjø, -jøz] *adj* reichlich; *repas a.* üppig; *pourboire a.* großzügig; *exemples, notes* ausführlich
copilote [kopilɔt] *mf* AVIAT Kopilot(in) *m(f)*; AUT Beifahrer(in) *m(f)*
copinage [kɔpinaʒ] *m péj fam* Vetternwirtschaft *f*, Cliquenwirtschaft *f*; ***par ~*** durch Beziehungen [*o* Vitamin B *iron*]
copine [kɔpin] *f v.* **copain**
copiner <1> [kɔpine] *vi fam* ■ **qn copine avec qn** jd ist mit jdm [dick] befreundet; ***elle copine avec tout le monde*** sie ist mit Hinz und Kunz befreundet
coprésidence [koprezidɑ̃s] *f* Kopräsidentschaft *f*; [*conférence, manifestation*] Mitvorsitz *m*; ***ils ont la ~*** sie haben die gemeinsame Präsidentschaft/führen gemeinsam Vorsitz
coprésident, e [koprezidɑ̃, ɑ̃t] *m, f* Kopräsident(in) *m(f)*; [*conférence, manifestation*] Mitvorsitzende(r) *f(m)*; ***les deux ~s*** die beiden Kopräsidenten/Vorsitzenden
coprocesseur [koprɔsesœr] *m* Koprozessor *m*
coproduction [koprɔdyksjɔ̃] *f* Koproduktion *f*
copropriétaire [koprɔprijetɛr] *mf* (*d'un bien indivis*) Miteigentümer(in) *m(f)*; (*d'un bien divis*) Teileigentümer(in) *m(f)*
copropriété [koprɔprijete] *f* (*indivise*) Gemeinschaftseigentum *nt*; (*divise*) Teileigentum *nt*; ***un immeuble en ~*** eine Wohnanlage mit Eigentumswohnungen; ***le règlement de ~*** die [Gemeinschafts]eigentumsordnung
copuler <1> [kɔpyle] *vi* ■ **un animal copule** ein Tier kopuliert; ■ **qn copule** *hum* jd bumst *fam*, jd hat Geschlechtsverkehr
copyright [kɔpirajt] *m inv* Copyright *nt*, Urheberrecht *nt*
coq [kɔk] *m* 1. (*mâle des gallinacés*) Hahn *m*; ***~ perdrix/ faisan*** Rebhahn/Fasanenhahn
2. GASTR Hahn *m*
3. (*girouette*) [Wetter]hahn *m*, Turmhahn
4. BOXE Bantamgewicht[ler *m*] *nt*
▶ **qn passe** [*o* **saute**] **du ~ à l'âne** jd springt von einem Thema zum anderen; **qn est** [*o* **vit**] **comme un ~ en pâte** jd wird nach Strich und Faden verwöhnt; **fier comme un ~** stolz wie ein Pfau; **le ~ gaulois** der gallische Hahn; **jeune ~** GASTR junger Hahn; **rouge comme un ~** puterrot
◆ **coq au vin** Coq au vin *m* (*Hähnchen in Rotweinsoße*); **coq de bruyère** Auerhahn *m*; **coq de combat** Kampfhahn *m*; **coq de roche** Felsenhahn *m*; **coq de village** Herzensbrecher *m*, Frauenheld *m*; ***c'est le ~ du village*** er ist der Dorfcasanova
coq-à-l'âne [kɔkalɑn] *m inv* Gedankensprung *m*
coquard *m*, **coquart** [kɔkar] *m fam* Veilchen *nt fam*
coque [kɔk] *f* 1. (*revêtement*) [*avion*] Rumpf *m*; [*navire a.*] Körper *m*; [*voiture*] [selbsttragende] Karosserie
2. BOT Schale *f*
3. ZOOL Herzmuschel *f*
◆ **coque de noix** Nussschale *f*
coquelet [kɔklɛ] *m* Hähnchen *nt*
coquelicot [kɔkliko] *m* [Klatsch]mohn *m*
▶ **qn est rouge comme un ~** jd ist rot wie eine Tomate
coqueluche [kɔklyʃ] *f* Keuchhusten *m*
▶ **qn est la ~ de personnes** *fam* jd ist der Schwarm von Menschen
coquet, te [kɔkɛ, ɛt] *adj* 1. (*soucieux de sa personne*) ■ [**qn est**] **~** [jd ist]

eitel, [jd ist] auf sein Äußeres bedacht
2. (*charmant*) *maison, intérieur* hübsch, nett; ***une petite ville*** *~****te*** ein reizendes Städtchen
3. *fam* (*assez important*) *chiffre, héritage, indemnité* stolz, ansehnlich, stattlich; *somme, total a.* erklecklich; *pourboire a.* großzügig; ***la ~te somme de 500 000 F*** die stolze [*o* erkleckliche] Summe [*o* das hübsche Sümmchen *fam*] von 500 000 F; ■ **qc est** ~ etw ist beachtlich
coquetier [kɔktje] *m* Eierbecher *m*
coquettement [kɔkɛtmɑ̃] *adv s'habiller* kess, flott; *meubler, aménager* hübsch, gemütlich; *sourire, regarder* kokett
coquetterie [kɔkɛtʀi] *f* 1. (*souci d'élégance*) [*personne*] Eitelkeit *f;* [*toilette, coiffure*] Schick *m;* ***avec*** ~ mit Schick, schick
2. (*désir de plaire*) Koketterie *f;* ***une note de*** ~ eine Spur [von] Koketterie
3. *littér* (*amour-propre*) Stolz *m;* ***qn met de la ~ à faire qc*** jd setzt seinen Stolz daran, etw zu tun
coquillage [kɔkijaʒ] *m* 1. (*coquille*) Muschel[schale *f*] *f;* ***un collier de ~s*** eine Muschelkette
2. (*mollusque*) Muschel *f*
coquille [kɔkij] *f* 1. ZOOL Gehäuse *nt;* [*escargot a.*] [Schnecken]haus *nt;* [*huîtres, coquillages*] Schale *f;* [*seiche*] Schulp *m;* [*œuf*] [Eier]schale
2. BOT [Nuss]schale *f*
3. TYP Druckfehler *m*
4. SPORT (*protection*) Tiefschutz *m;* [*épée, sabre*] Glocke *f;* [*épée*] Schale *f,* Stichblatt *nt;* [*sabre*] Korb *m*
5. MED Gipsbett *nt*
6. GASTR (*récipient*) Schälchen *nt* (*das Gefäß kann muschelförmig oder die Schale einer Jakobsmuschel sein*); (*mets*) Schälchen
7. ART Muschelornament *nt*
► ~ **de beurre** Butterröllchen *nt;* **qn rentre** [*o* **se renferme**] **dans sa** ~ jd zieht sich in sein Schneckenhaus zurück; **qn reste dans sa** ~ jd bleibt für sich; **qn sort de sa** ~ jd geht [ein wenig] aus sich heraus
◆ **coquille Saint-Jacques** (*mollusque*) [Jakobs]pilgermuschel *f;* GASTR Jakobsmuschel *f*
coquillettes [kɔkijɛt] *fpl* Hörnchen *pl*
coquin, e [kɔkɛ̃, in] I. *adj* 1. (*espiègle*) schelmisch, verschmitzt; *air, enfant a.* spitzbübisch; ***il me regardait d'un air*** ~ er sah mich spitzbübisch [*o* verschmitzt] [*o* schelmisch] an
2. (*grivois*) anzüglich; *allusion, histoire a.* zweideutig, frivol
II. *m, f* (*enfant*) Frechdachs *m,* Schelm *m*
► ~ **de sort!** hol's der Teufel! *fam*
cor¹ [kɔʀ] *m* MUS Horn *nt*
► **qn demande** [*o* **réclame**] **qn/qc à** ~ **et à cri** jd schreit lauthals nach jdm, jd fordert etw lauthals; ~ **anglais** Englischhorn *nt*
◆ **cor à piston** Ventilhorn *nt;* **cor de basset** Bassetthorn *nt;* **cor de chasse** Jagdhorn *nt;* **cor d'harmonie** Waldhorn *nt*
cor² [kɔʀ] *m* MED Hühnerauge *nt*
corail¹ <-aux> [kɔʀaj, o] I. *m* 1. (*polype*) Koralle *f*
2. [*coquille Saint-Jacques, homard*] rotes essbares Fleisch
II. *app inv* korallenrot
corail®² [kɔʀaj] *adj inv* CHEMDFER *voiture, wagon* Großraum-; ***train*** ~ ≈ Intercity [ɪntəˈsɪti] *m*
Coran [kɔʀɑ̃] *m* ■ **le** ~ der Koran
coranique [kɔʀanik] *adj* koranisch; *loi a.* des Koran; *école* Koran-
corbeau <x> [kɔʀbo] *m* 1. (*oiseau*) Rabe *m*
2. *fam* (*dénonciateur*) anonymer Briefschreiber/anonyme Briefschreiberin, anonymer Schmierfink *fam*
3. ARCHIT Kragstein *m,* Konsole *f*
► **grand** ~ [Kolk]rabe *m*
corbeille [kɔʀbɛj] *f* 1. (*panier*) Korb *m;* ~ ***de fruits/fleurs*** Korb [mit] Obst/Blumen; ~ ***d'osier/de jonc*** Weiden-/Binsenkorb; ■ ~ **à** -korb; ~ ***à ouvrage*** Nähkorb; ~ ***à courrier*** Postablage *f*
2. THEAT Rangloge *f*
3. ARCHIT Kapitell *nt*
4. ∅ (*bourse*) Börse *f*
◆ **corbeille de mariage** Hochzeitsgeschenke *pl;* ***dans la ~ de mariage*** bei [*o* unter] den Hochzeitsgeschenken, auf dem Gabentisch
corbillard [kɔʀbijaʀ] *m* Leichenwagen *m*
cordage [kɔʀdaʒ] *m* 1. (*corde*) Seil *nt,* Tau *nt;* ~ ***de maintien*** Halteleine *f,* Halteseil, Haltetau; ~ ***de traction*** Zugleine *f,* Zugseil
2. (*gréement*) Tauwerk *nt,* Takelage *f*
3. [*raquette de tennis*] Bespannung *f,* Besaitung *f*
corde [kɔʀd] *f* 1. (*lien*) Strick *m;* [*alpiniste, équilibriste, balançoire*] Seil *nt;* [*bateau*] Leine *f*
2. (*matériau*) ■ **de** [*o* **en**] ~ aus Schnur; ***semelle de*** ~ Schnursohle *f,* Hanfsohle *f;* ***un tapis de*** ~ ein Bastteppich *m;* ***échelle de*** ~ Strickleiter *f*
3. MUS Saite *f; pl* Streichinstrumente *pl,* Saiteninstrumente *pl;* [*orchestre*] Streicher *pl;* ***un quatuor à ~s*** ein Streichquartett *nt*
4. SPORT [*raquette*] Saite *f;* [*arc, arbalète*] Sehne *f*
5. ∅ (*bord de piste*) innere Bahnbegrenzung; ***qn se place à la*** ~ jd läuft/fährt auf der Innenbahn
6. *pl* (*limites du ring*) Seile *pl;* ***le boxeur est dans les ~s*** der Boxer hängt in den Seilen
► **qn a plus d'une** ~ [*o* **plusieurs** ~s] **à son arc** jd hat mehrere Eisen im Feuer; **qn a la** ~ **au cou** jd steckt in einer misslichen Lage; **qn se met la** ~ **au cou** *fam* jd steckt [selbst] den Kopf in die Schlinge, jd legt sich (*dat*) selbst den Strick um den Hals; (*se marie*) jd begibt sich ins Ehejoch; ~ **dorsale** Rückensaite *f,* Chorda dorsalis *f spec;* ~ **lisse** [Kletter]seil *nt;* ~ **raide** Drahtseil *nt;* ***la politique de la ~ raide*** die Drahtseilakt-Politik; **qn est** [*o* **marche**] [*o* **danse**] **sur la** ~ **raide** jd führt einen Drahtseilakt auf; **qn touche** [*o* **fait vibrer**] [*o* **fait jouer**] **la** ~ **sensible de qn** jd appelliert an jds Gefühle (*akk*); ~**s vocales** Stimmbänder *pl;* **ce n'est pas dans les ~s de qn** das liegt nicht in jds Möglichkeiten (*dat*); **qn grimpe** [*o* **monte**] **à la** ~ jd klettert am Seil hoch; **qn mérite la** ~ jd verdient den Strick [*o* Strang]; **il pleut** [*o* **tombe**] **des ~s** es regnet Bindfäden *fam;* **qn/qc prend un virage à la** ~ jd/etw fährt eine Kurve eng an; **qn tient la** ~ SPORT jd läuft/fährt auf der Innenbahn; **qn use qc jusqu'à la** ~ jd nutzt etw völlig ab; *vêtement a.* jd trägt etw völlig ab
◆ **corde à linge** Wäscheleine *f;* **corde à nœuds** Knotenseil *nt;* **corde à piano** Klaviersaite *f;* **corde à sauter** Springseil *nt;* **corde du tympan** Paukensaite *f,* Chorda tympani *f spec*
cordée [kɔʀde] *f* Seilschaft *f*
cordial, e <-aux> [kɔʀdjal, jo] I. *adj* 1. (*chaleureux*) herzlich; *accueil a.* warm; ***qn est de caractère*** ~ jd ist warmherzig; ***vous lui ferez part de mon plus ~ souvenir*** grüßen Sie ihn/sie recht herzlich von mir
2. (*profond*) aus tiefstem Herzen kommend; *antipathie a.* heftig; ***qn voue une haine ~e à qn*** jd hasst jdn zutiefst [*o* aus tiefstem Herzen]
II. *m* Stärkungsmittel *nt*
cordialement [kɔʀdjalmɑ̃] *adv* 1. (*chaleureusement*) herzlich; ***il lui a parlé*** ~ er hat in herzlichem Ton mit ihm/ihr gesprochen
2. (*profondément*) zutiefst, von Herzen
► ~ [**vôtre**] [mit] herzliche[n] Grüße[n], herzlichst
cordialité [kɔʀdjalite] *f* ∅ Herzlichkeit *f;* [*caractère a.*] Warmherzigkeit *f;* [*accueil a.*] Wärme *f;* ***une grande ~ régnait entre elles*** ihre Beziehung war sehr herzlich
cordillère [kɔʀdijɛʀ] *f* Gebirgskette *f,* Kettengebirge *nt*
◆ **cordillère des Andes** Andenkordilleren [-kɔrdɪlˈjeːrən] *pl*
cordon [kɔʀdɔ̃] *m* 1. (*petite corde*) Schnur *f;* [*bourse, sac a., tablier*] Band *nt;* ~ ***de sonnette*** Klingelzug *m,* Klingelschnur; ***qn lie qc avec un*** ~ jd schnürt etw zusammen; ***qn referme qc en tirant les ~s*** jd zieht etw wieder zu; ***qn tire le ~ de la sonnette*** jd zieht an der Klingel
2. (*décoration*) [Ordens]band *nt,* Kordon *m*
► **qn tient les ~s de la bourse** jd verwaltet die [Haushalts]kasse, jd herrscht über die Finanzen; ~ **littoral** Küstenstreifen *m;* ~ ***littoral sablonneux*** Sandküste *f;* ~ **médullaire** Rückenmark *nt;* ~ **ombilical** Nabelschnur *f,* Nabelstrang *m;* **qn coupe** [*o* **rompt**] **le** ~ **ombilical** jd nabelt sich ab, jd durchtrennt die Nabelschnur; ~ **sanitaire** Cordon sanitaire *m;* MED *a.* [Seuchen]sperrgürtel *m;* POL *a.* Sicherheitsgürtel *m,* Pufferzone *f*
cordon-bleu <~s-~s> [kɔʀdɔ̃blø] *m fam* fabelhafter Koch/fabelhafte Köchin; ***c'est un fin*** ~ er/sie kann fabelhaft [gut] kochen
cordonnier, -ière [kɔʀdɔnje, -jɛʀ] *m, f* Schuhmacher(in) *m(f),* Schuster *m*
► **les ~s sont toujours les plus mal chaussés** *prov* der Schuster hat die schlimmsten Schuhe (*der Fachmann hat selten das Zeug dazu, sich selbst zu helfen*)
Corée [kɔʀe] *f* ■ **la Corée** Korea *nt*
◆ **la Corée du Nord** Nordkorea *nt;* **la Corée du Sud** Südkorea *nt*
coréen, ne [kɔʀeɛ̃, ɛn] I. *adj* koreanisch
II. *m* (*langue*) Koreanisch *nt*
III. *m, f* ■ **Coréen(ne)** Koreaner(in) *m(f)*
coresponsable [koʀɛspɔ̃sabl] *mf* Mitverantwortliche(r) *f(m)*
coriace [kɔʀjas] *adj* zäh; *personne* unerbittlich, unnachgiebig; ***qn est ~ en affaires*** jd ist ein knallharter Geschäftsmann/eine knallharte Geschäftsfrau *fam*
coriandre [kɔʀjɑ̃dʀ] *f* Koriander *m*
cormoran [kɔʀmɔʀɑ̃] *m* Kormoran *m*
corne [kɔʀn] *f* 1. ZOOL Horn *nt;* [*cerf*] Geweihstange *f;* ***bêtes à ~s*** Horntiere *pl,* Hornvieh *nt;* ***un coup de*** ~ ein Stoß *m* mit dem Horn [*o* den Hörnern]; ***les ~s d'un cerf*** das Geweih eines Hirsches; ***les ~s d'un escargot*** die Hörner einer Schnecke
2. (*matériau*) Horn *nt;* ■ **de** [*o* **en**] ~ aus Horn, Horn-
3. (*instrument*) Horn *nt;* ~ ***d'appel/de berger/de chasse/de brume*** Signal-/Hirten-/Jagd-/Nebelhorn
4. [*page*] Eselsohr *nt;* ***qn fait une ~ à une page*** jd knickt die Ecke einer Seite um
5. ∅ (*callosité*) Hornhaut *f*
6. [*lune, croissant*] Spitze *f;* ***les ~s de la lune*** die Spitzen der Mondsichel
► **qn a** [*o* **porte**] **des ~s** *fam* jd wird [von seinem Partner] betrogen; ***sa femme lui fait porter des ~s*** seine Frau setzt ihm Hörner auf
◆ **corne d'abondance** Füllhorn *nt;* **corne de gazelle** *orientalisches Gebäck: Hörnchen mit Marzipanfüllung*
cornée [kɔʀne] *f* Hornhaut *f* [des Auges]
cornéen, ne [kɔʀneɛ̃, ɛn] *adj* Hornhaut-
corneille [kɔʀnɛj] *f* Krähe *f;* ***la ~ noire/mantelée*** die Raben-/Nebelkrähe
► **qn baye aux ~s** jd guckt Löcher in die Luft, jd hält Maulaffen feil *fam*
cornélien, ne [kɔʀneljɛ̃, jɛn] *adj situation, choix* qualvoll; *personnage* wie bei Corneille, wie in einer Tragödie von Corneille; ***la tragédie ~ne*** die corneillesche Tragödie
cornemuse [kɔʀnəmyz] *f* Dudelsack *m*
corner¹ <1> [kɔʀne] *vt* ■ **qn corne qc** *carte, page* jd knickt [*o* biegt] die Ecke einer S. (*gen*) um; ***qc est tout(e) corné(e)*** etw hat lauter Eselsohren
corner² [kɔʀnɛʀ] *m* FBALL Ecke *f,* Eckstoß *m;* ***le défenseur met la balle en ~*** der Verteidiger spielt den Ball ins Toraus; ***l'attaquant tire le ~*** der Stürmer führt den Eckstoß aus [*o* tritt die Ecke]
cornet [kɔʀnɛ] *m* 1. (*contenant*) [Papier]tüte *f;* [*glace*] Waffeltüte
2. (*contenu*) Tüte *f;* ***un ~ de glace*** eine Tüte Eis
3. [*orgue*] Kornett *nt*
► ~ **acoustique** Hörrohr *nt*
◆ **cornet à dés** Würfelbecher *m,* Knobelbecher *m;* **cornet à pistons** Ven-

tilkornett *nt,* Piston *nt;* **cornets du nez** Nasenmuscheln *pl*

cornette [kɔʀnɛt] *f [religieuse]* Flügelhaube *f*

corn-flakes [kɔʀnflɛks] *mpl* Cornflakes *pl*

corniaud [kɔʀnjo] I. *adj fam* doof, dämlich
II. *m* 1. *(chien)* Promenadenmischung *f*
2. *fam (imbécile)* Dackel *m fam,* Kamel *nt fam*

corniche [kɔʀniʃ] *f* 1. ARCHIT Gesims *nt,* Sims *nt o m*
2. *(escarpement)* [Fels]vorsprung *m*
3. *(route) Straße über einer Steilküste, einem Steilhang*

cornichon [kɔʀniʃɔ̃] *m* 1. *(concombre)* Gürkchen *nt;* ***des ~s au vinaigre et à l'estragon*** Essiggürkchen, Gewürzgürkchen
2. *fam (personne)* Blödmann *m fam,* Heini *m fam*
3. SCOL *arg Student im Vorbereitungsjahr für die Aufnahme in die Militärakademie Saint-Cyr*

corniste [kɔʀnist] *mf* Hornist(in) *m(f)*

cornu, e [kɔʀny] I. *adj* gehörnt, mit Hörnern; *bête a.* Horn-; ***un animal est ~*** ein Tier hat Hörner
II. *f* ■ **cornue** *(récipient, four)* Retorte *f*

corollaire [kɔʀɔlɛʀ] *m* [logische] Folge, Konsequenz *f;* MATH, PHILOS *a.* Schlussfolgerung *f;* ***le ~ de qc*** die [logische] Folge aus etw, die Konsequenz einer S. *(gen);* ***la crise a le chômage pour ~*** die Krise hat Arbeitslosigkeit zur Folge [*o* zieht Arbeitslosigkeit nach sich]

corolle [kɔʀɔl] *f* Blütenkrone *f,* Korolla *f spec;* ***en forme de ~*** blütenförmig, in Form einer Blüte

coron [kɔʀɔ̃] *m* NORD Bergarbeitersiedlung *f*

coronaire [kɔʀɔnɛʀ] *adj* Herzkranz-, Koronar-; ***les artères ~s*** die Kranzarterien; ***la grande veine ~*** die große Herzvene

corporatif, -ive [kɔʀpɔʀatif, -iv] *adj* korporativ; ***esprit ~*** Korpsgeist ['ko:ɐ-] *m,* Standesdenken *nt*

corporation [kɔʀpɔʀasjɔ̃] *f* 1. *(association)* Korporation *f,* Körperschaft *f; [notaires, médecins]* Berufsverband *m; [artisans]* Innung *f*
2. HIST *[artisans]* Zunft *f; [commerçants]* Gilde *f;* ***le système des ~s*** das Zunftwesen

corporatisme [kɔʀpɔʀatism] *m* 1. *péj (intérêts particuliers)* Standesdenken *nt*
2. *(doctrine)* Korporatismus *m*

corporel, le [kɔʀpɔʀɛl] *adj* 1. *(physique)* körperlich; *art, schéma* Körper-; ***châtiments ~s*** Körperstrafen *pl,* [körperliche] Züchtigungen *pl geh;* ***soins ~s*** Körperpflege *f;* ***expression ~le*** Gymnastik *f*
2. JUR materiell; ***biens ~s*** Sachgüter *pl,* materielle Güter

corps [kɔʀ] *m* 1. ANAT Körper *m,* Leib *m geh;* ***qn tremble de tout son ~*** jd zittert am ganzen Körper [*o* Leib *geh*]; ***mouvements du ~*** Körperbewegungen *pl;* ***la santé du ~*** die körperliche Gesundheit; ***qc passe sur le ~ de qn*** etw überfährt jdn
2. *(tronc)* Rumpf *m;* ***jusqu'au milieu du ~*** bis zur Taille
3. *(cadavre)* Leiche *f*
4. *(défunt)* Leichnam *m;* ***le ~ a été porté*** [*o* ***mis***] ***en terre cet après-midi*** der Leichnam wurde heute Nachmittag beerdigt
5. PHYS Körper *m*
6. CHIM Substanz *f;* ***~ simple/composé*** [chemisches] Element/[chemische] Verbindung
7. *(groupe de personnes)* Körperschaft *f; [État a.]* Organ *nt,* Behörde *f;* ***les grands ~ de l'État*** die obersten Behörden, die Staatsorgane; ***le ~ de la magistrature*** die Justizbehörden; ***le ~ des sapeurs-pompiers*** die [Berufs]feuerwehr; ***le ~ de l'Église*** die Kirche [als Körperschaft]
8. MIL Korps [ko:ɐ] *nt;* ***chef de ~*** Regiments-/Bataillonskommandeur *m;* ***les ~ blindés*** die Panzertruppen; ***les ~ techniques et administratifs*** das Büropersonal; ***~ de rattachement*** Stammeinheit *f*
9. *(partie essentielle)* Hauptteil *m; [bâtiment a.]* Haupttrakt *m; [meuble]* Korpus *m; [violon]* Klangkörper *m,* Resonanzkörper *m; [pompe]* Gehäuse *nt,* Stock *m;* ***des ~ de bâtiment du XVIII***[e] ***siècle*** Gebäudeteile *pl* aus dem 18. Jahrhundert
10. TYP Schriftgrad *m*
11. *(ensemble)* Sammlung *f; [lois a.]* Kodex *m; [preuves a.]* Kette *f*
▶ **~ et âme** mit Leib und Seele; **qc sombre** [*o* **se perd**] **~ et biens** etw geht mit Mann und Maus unter; **qn est sain(e) de ~ et d'esprit** jd ist körperlich und geistig gesund, jd ist im Vollbesitz seiner körperlichen und geistigen Kräfte; **~ caverneux** Schwellkörper *m;* **~ céleste** Himmelskörper *m;* **~ constitués** oberste [Verwaltungs- und Justiz]behörden; **à mon/son/... ~ défendant** höchst widerwillig; **~ diplomatique** diplomatisches Korps; **~ électoral** Wählerschaft *f,* Wähler *pl;* **~ enseignant** *(catégorie professionnelle)* Lehrerschaft *f; (membres d'un établissement)* [Lehrer]kollegium *nt,* Lehrkörper *m;* ***réunion du ~ enseignant*** Lehrerkonferenz *f;* **~ étranger** Fremdkörper *m;* **~ expéditionnaire** Expeditionskorps *nt;* **~ franc** Freikorps *nt;* **~ gras** Fett *nt;* **~ jaune** Gelbkörper *m;* **~ législatif** gesetzgebende Körperschaft; **~ médical** Ärzteschaft *f,* Ärzte *pl;* **qn s'élance** [*o* **se jette**] **à ~ perdu dans qc** jd stürzt sich mit Feuereifer in etw *(akk);* **~ politique** Bürgerschaft *f;* **~ vitré** Glaskörper *m;* **qc a du ~** etw hat Körper, etw ist körperreich; **qn n'a rien dans le ~** *fam (est à jeun)* jd hat nichts im Magen; *(est sans force)* jd hat keinen Mumm *fam;* **on va voir ce qu'il/elle a dans le ~!** es wird sich zeigen, was in ihm/ihr steckt!; **qn donne ~ à qc** jd setzt etw in die Tat um, jd verwirklicht etw; **qn/qc fait ~ avec qn/qc** jd/etw bildet eine Einheit mit jdm/etw; */personne, idée a./* jd/etw ist eins mit jdm/etw; **qn passe** [*o* **marche**] **sur le ~ de qn** jd geht über jds Leiche *(akk)* **qc prend ~** etw nimmt Gestalt an; **qc tient au ~** etw hält vor, etw macht satt
◆ **corps à corps** Nahkampf *m;* BOXE *a.* Infight ['ɪnfait] *m* ▶ **qn se bat** [*o* **combat**] [*o* **lutte**] **au ~ à ~** jd kämpft Mann gegen Mann; **corps d'armée** Korps *nt;* **corps de ballet** Ballettkorps *nt;* **corps de garde** *(local)* Wache *f,* Wachstube *f; (troupe)* Wache *f,* Wachposten *pl;* **corps de logis** Hauptgebäude *nt,* Haupttrakt *m;* **corps de métier** Berufsverband *m; [artisans]* Innung *f;* **corps de troupe[s]** Wehrpflichtige(n) *pl;* **corps du délit** Corpus delicti *nt*

corpulence [kɔʀpylɑ̃s] *f* Korpulenz *f,* Beleibtheit *f;* ***de ~ moyenne*** von mittlerer Statur; ***qn est de forte ~*** jd ist korpulent [*o* beleibt]; */femme a./* jd ist füllig; ***qn a une certaine ~*** jd ist nicht ganz schlank

corpulent, e [kɔʀpylɑ̃, ɑ̃t] *adj* korpulent, beleibt; *femme a.* füllig

corpus [kɔʀpys] *m* Korpus *nt*

corpuscule [kɔʀpyskyl] *m* 1. PHYS *vieilli* [Masse]teilchen *nt,* Korpuskel *f*
2. ANAT ■ **~ de** -körperchen *nt*

correct, e [kɔʀɛkt] *adj* 1. *(exact)* korrekt, richtig; *déroulement, emploi a.* vorschriftsmäßig
2. *(convenable)* korrekt; ***qn est ~ avec qn*** jd behandelt jdn korrekt; ***qn est ~ en affaires*** jd ist in geschäftlichen Dingen korrekt
3. *fam (acceptable)* annehmbar, passabel
▶ **~!** *fam* richtig!, genau! *fam*

correctement [kɔʀɛktəmɑ̃] *adv* richtig; *se conduire, s'habiller* korrekt; ***qn gagne ~ sa vie*** jd verdient recht ordentlich

correcteur, -trice [kɔʀɛktœʀ, -tʀis] I. *adj ruban* Korrektur-; *mesure, effet a.* korrigierend; ■ **qc est ~ de qc** etw korrigiert etw
II. *m, f* SCOL, TYP Korrektor(in) *m(f)*
III. *m* Regler *m;* ***~ liquide*** Korrekturflüssigkeit *f;* ***~ orthographique*** Rechtschreibkorrekturprogramm *nt,* Spellingchecker ['spɛlɪŋtʃɛkɐ] *m spec*

correctif, -ive [kɔʀɛktif, -iv] I. *adj* Korrektur-, korrigierend; ***exercices ~s de prononciation*** korrigierende Ausspracheübungen; ***gymnastique ~ive*** Krankengymnastik *f*
II. *m* 1. *(atténuation)* ■ **~** [**à qc**] Korrektiv *nt* [für etw], Ausgleich *m* [einer S. *(gen)*]; ***il faut apporter un ~ à qc*** etw muss korrigiert [*o* [ab]gemildert] werden; ***qc est le ~ de qc*** etw ist der Ausgleich für etw, etw korrigiert etw, etw mildert etw [ab]
2. *(rectificatif)* Richtigstellung *f*

correction [kɔʀɛksjɔ̃] *f* 1. *(relever les fautes)* Korrektur *f; (supprimer les fautes)* Verbesserung *f;* ***signes de ~*** Korrekturzeichen *pl;* ***~ de trajectoire*** Korrektur der Flugbahn, Kurskorrektur; ***qn fait la ~ de qc*** jd korrigiert/verbessert etw
2. *(châtiment)* Schläge *pl,* Prügel *pl;* ***qn reçoit une bonne ~*** jd bekommt eine ordentliche [*o* gehörige] Tracht Prügel; ***qn donne*** [*o* ***administre***] [*o* ***inflige***] ***une ~ à qn*** jd verpasst jdm eine Tracht Prügel, jd verprügelt jdn
3. *souvent pl (surcharge)* Korrektur *f;* ***~s d'auteur*** Korrekturen des Autors [*o* durch den Autor]
4. *(justesse) [langage, style]* Korrektheit *f,* Richtigkeit *f*
5. *(bienséance)* Korrektheit *f;* ***avec ~*** korrekt; ***qn est d'une parfaite ~*** jd verhält sich vollkommen korrekt

correctionnel, le [kɔʀɛksjɔnɛl] I. *adj* Straf-; ***délit ~*** Vergehen *nt;* ***peine ~le*** Strafe *f* [für ein Vergehen]; ***tribunal ~*** Strafkammer *f*
II. *f* ■ **correctionnelle** Strafkammer *f;* ***qn passe en ~le*** jd muss sich vor der Strafkammer verantworten

corrélatif, -ive [kɔʀelatif, -iv] I. *adj* 1. *(correspondant)* entsprechend, damit verbunden; ***deux choses sont ~ives*** zwei Dinge bedingen einander
2. LING korrelativ
II. *m* GRAM Korrelat *nt*

corrélation [kɔʀelasjɔ̃] *f* [direkter] Zusammenhang [*o* Bezug], [direkte] Beziehung, Korrelation *f spec;* ***qc est en ~ avec qc*** etw steht in [direktem] Zusammenhang [*o* Bezug] [*o* in Korrelation] mit etw; ***on peut mettre en ~ deux choses*** man kann zwei Dinge zueinander in Beziehung setzen [*o* Korrelation bringen]

correspondance [kɔʀɛspɔ̃dɑ̃s] *f* 1. *(échange de lettres)* Korrespondenz *f geh; (commerciale a.)* Schriftwechsel *m,* Briefverkehr *m; (privée a.)* Briefwechsel *m;* LITTER Briefwechsel; ***~ commerciale*** Geschäftskorrespondenz; ***qn entre en ~ avec qn*** jd nimmt mit jdm schriftlich Verbindung [*o* Kontakt] auf; ***je suis en ~ téléphonique avec un client*** ich habe gerade einen Kunden am Telefon
2. ∅ *(courrier)* Post *f;* ***qn fait la ~*** jd erledigt die Korrespondenz [*o* die Post]
3. TRANSP Anschluss *m;* ***qn rate la ~*** jd verpasst den Anschluss; ***nous avons une ~ à Stuttgart*** wir steigen in Stuttgart um
4. MEDIA [Korrespondenten]bericht *m*
5. *(accord)* ■ **~** [**entre qn et qn/entre qc et qc**] Entsprechung *f* [zwischen jdm und jdm/zwischen etw und etw]; ■ **~** [**de plusieurs choses/de plusieurs personnes**] Übereinstimmung *f* [zwischen mehreren Dingen/Menschen]; ***il y a une ~ entre deux choses*** zwei Dinge stimmen überein, es besteht Übereinstimmung zwischen zwei Dingen; ***ils sont en parfaite ~ d'idées*** sie haben genau die gleichen Ansichten
6. *(symétrie)* Symmetrie *f*
7. MATH: ***~ univoque*** eindeutige Abbildung, injektive Abbildung *spec*

correspondancier, -ière [kɔʀɛspɔ̃dɑ̃sje, -jɛʀ] *m, f* Korrespondent(in) *m(f);* ***~ière bilingue/trilingue*** Fremdsprachenkorrespondentin, die zwei/drei Fremdsprachen beherrscht

correspondant, e [kɔʀɛspɔ̃dɑ̃, ɑ̃t] I. *adj* entsprechend; ***angles ~s*** Stufenwinkel *pl*
II. *m, f* 1. *(contact)* Briefpartner(in) *m(f); [enfant, jeune]* Brieffreund(in) *m(f); [académie]* korrespondierendes Mitglied
2. *(interlocuteur au téléphone)* Gesprächspartner(in) *m(f)*
3. COM [Geschäfts]partner(in) *m(f); (entreprise)* Partnerunternehmen *nt; (banque)* Partnerbank *f*
4. MEDIA Korrespondent(in) *m(f);* ***~ de guerre*** Kriegsberichterstatter *m*
5. SCOL Betreuer(in) *m(f)* [eines Internatsschülers]

correspondre <14> [kɔʀɛspɔ̃dʀ] I. *vi* 1. *(être en contact)* ■ **qn correspond avec qn** jd steht mit jdm im Briefwechsel, jd korrespondiert mit jdm; ***ils correspondent par fax/courrier électronique*** sie korrespondieren

per Fax/elektronischem Briefkasten [*o* E-Mail] ['iːmeɪl]
2. TRANSP ■ **qc correspond avec qc** etw hat Anschluss an etw (*akk*)
3. (*aller avec*) ■ **qc correspond à qc** etw gehört zu etw; ***ci-joint un chèque correspondant à la facture*** anbei ein Scheck über den Rechnungsbetrag
4. (*s'accorder avec*) ■ **qc correspond à qc** etw entspricht einer S. (*dat*); ***votre théorie ne correspond à rien*** Ihre Theorie ist völlig haltlos [*o* aus der Luft gegriffen]; ***son visage ne correspondait pas au reste de sa personne*** sein Gesicht passte nicht zu seinem übrigen Aussehen
5. (*être typique*) ■ **qc correspond à qn** etw sieht jdm ähnlich
6. (*être l'équivalent de*) ■ **qc correspond à qc** etw entspricht einer S. (*dat*)
II. *vpr* ■ **qc et qc/des choses se correspondent** etw und etw/Dinge entsprechen sich; */idées, faits a./* etw stimmt mit etw überein/Dinge stimmen überein

corrida [kɔʀida] *f* Stierkampf *m*
► **quelle** ~ [**pour faire qc**]! *fam* so ein Theater [um etw zu tun]!; ***quelle ~ pour se garer ici!*** so ein Theater [*o* der reinste Kampf], bevor man hier einen Parkplatz findet!

corridor [kɔʀidɔʀ] *m* Korridor *m*, Gang *m*

corrigé [kɔʀiʒe] *m* SCOL Lösung *f*; ~ ***type*** Musterlösung *f*

corrigeable [kɔʀiʒabl] *adj* korrigierbar; ***qc n'est pas aisément*** ~ etw lässt sich nicht leicht ändern

corriger <2 a> [kɔʀiʒe] I. *vt* 1. (*relever les fautes*) ■ **qn corrige qn** jd korrigiert jdn, jd verbessert jdn; ■ **qn corrige qc** jd korrigiert etw; (*supprimer les fautes*) jd verbessert etw; ***qn corrige les épreuves*** jd liest Korrektur
2. (*rectifier*) ■ **qn/qc corrige qc** jd/etw korrigiert etw; *erreur a.* jd stellt etw richtig; *théorie a., jugement, prévisions* jd berichtigt [*o* revidiert] etw; *abus, mauvaise habitude* jd stellt etw ab; ***les prévisions ont été corrigées à la hausse/à la baisse*** die Vorhersagen wurden nach oben/unten korrigiert; ***chiffres corrigés des variations saisonnières/du taux d'inflation*** saisonbereinigte/inflationsbereinigte Zahlen
3. (*désaccoutumer*) ■ **qn/qc corrige qn de qc** jd gewöhnt jdm etw ab, etw kuriert jdn von etw
4. (*punir*) ■ **qn corrige qn** jd schlägt jdn; ■ **qn se fait** ~ [**par qn**] jd bezieht [von jdm] Schläge
II. *vpr* 1. (*devenir raisonnable*) ■ **qn se corrige** jd bessert sich
2. (*se désaccoutumer*) ■ **qn se corrige de qc** jd gewöhnt sich (*dat*) etw ab

corroborer <1> [kɔʀɔbɔʀe] *vt* ■ **qc corrobore qc** etw erhärtet [*o* untermauert] etw

corrodant, e [kɔʀɔdɑ̃, ɑ̃t] I. *adj* korrosiv, korrodierend
II. *m* ätzende [*o* korrodierende] Substanz, Ätzmittel *nt*

corroder <1> [kɔʀɔde] *vt* 1. (*oxyder*) ■ **qc corrode qc** etw greift etw an, etw korrodiert [*o* zerfrisst] etw
2. (*miner*) ■ **qc corrode qc** etw zerstört etw

corrompre <14> [kɔʀɔ̃pʀ] I. *vt* 1. (*acheter*) ■ **qn corrompt qn** jd besticht jdn
2. *soutenu* (*pervertir*) ■ **qn/qc corrompt qn/qc** jd/etw korrumpiert [*o* verdirbt] jdn/etw
3. *littér* (*gâter*) ■ **qc corrompt qc** etw verdirbt etw
II. *vpr littér* ■ **qc se corrompt** etw verdirbt *geh*; */amour, goût/* etw lässt nach

corrompu, e [kɔʀɔ̃py] I. *pp de* **corrompre**
II. *adj* 1. (*malhonnête*) korrupt, bestechlich
2. (*perverti*) verdorben, verderbt *geh*
III. *m, f* verdorbenes [*o* verderbtes *geh*] Individuum

corrosif, -ive [kɔʀozif, -iv] I. *adj* 1. (*qui corrode*) ätzend; *acide, liquide a.* korrosiv
2. (*acerbe*) ätzend, bissig
II. *m* Ätzmittel *nt*

corrosion [kɔʀozjɔ̃] *f* [*acier, métaux, rochers*] Korrosion *f*

corrupteur, -trice [kɔʀyptœʀ, -tʀis] I. *adj littér* korrumpierend, verderblich; ■ **qc est** ~ etw hat einen korrumpierenden [*o* verderblichen] Einfluss
II. *m, f* Bestecher(in) *m(f)*

corruptible [kɔʀyptibl] *adj* korrupt; *personne a.* bestechlich, käuflich

corruption [kɔʀypsjɔ̃] *f* 1. (*délit*) Korruption *f*, Bestechung *f*; ***tentative de*** ~ Bestechungsversuch *m*; ~ ***électorale*** Wahlbestechung, Stimmenkauf *m*; ~ ***active/passive*** aktive/passive Bestechung
2. ∅ (*dégradation*) Korruption *f*; [*mœurs, jugement a.*] Verfall *m*; (*résultat*) Korruptheit *f*, Verdorbenheit *f*, Verderbtheit *f geh*

corsage [kɔʀsaʒ] *m* Bluse *f*; [*robe*] Oberteil *nt*

corsaire [kɔʀsɛʀ] *m* 1. (*marin*) Korsar *m*, Freibeuter *m*
2. (*navire*) Kaperschiff *nt*
3. (*pantalon*) Caprihose *f*

Corse [kɔʀs] *f* ■ **la Corse** Korsika *nt*

corse [kɔʀs] I. *adj* korsisch
II. *m* (*langue*) Korsisch *nt*
III. *mf* ■ **Corse** Korse/Korsin *m/f*

corsé, e [kɔʀse] *adj* 1. (*épicé*) *mets, sauce* scharf [gewürzt], pikant; *vin* vollmundig; *café* aromatisch, voll im Geschmack
2. (*scabreux*) deftig, schlüpfrig
3. (*excessif*) *prix, facture* gesalzen, gepfeffert, saftig
4. (*compliqué*) knifflig

corser <1> [kɔʀse] I. *vt* ■ **qn corse qc** [**de qc**] *mets, sauce* jd würzt etw [mit etw]; *récit, intrigue a.* jd macht etw [durch etw] spannender; *problème, situation* jd kompliziert etw [durch etw]; *vin* jd setzt einer S. (*dat*) Alkohol zu
II. *vpr* ■ **qc se corse** */affaire, histoire/* etw wird spannend

corset [kɔʀsɛ] *m* Mieder *nt*; (*sous-vêtement a.*) Korsett *nt*
► ~ **orthopédique** [*o* **médical**] Stützkorsett *nt*

corseter <4> [kɔʀsəte] *vt* ■ **qc corsète qc** etw engt etw ein

corso [kɔʀso] *m* Korso *m*, Umzug *m*
► ~ **fleuri** Blumenkorso *m*

cortège [kɔʀtɛʒ] *m* [*fête, manifestation*] Zug *m*; [*roi, mariés*] Gefolge *nt*; REL Prozession *f*; ~ ***de mariage*** Hochzeitszug; ***ils se sont formé en*** ~ sie formierten sich zu einem Zug
► ~ **funèbre** Trauerzug *m*, Leichenzug *m*; ~ **nuptial** Hochzeitszug *m*

cortex [kɔʀtɛks] *m* Rinde *f*; ~ ***cérébral/rénal*** Großhirn *nt*/Nierenrinde

cortical, e <-aux> [kɔʀtikal, o] *adj* 1. ANAT kortikal; ***les aires ~es*** die Rindenfelder; ***les hormones ~es*** die Nebennierenrindenhormone
2. BOT Rinden-

cortisone [kɔʀtizɔn] *f* Kortison *nt*

corvée [kɔʀve] *f* 1. (*obligation pénible*) lästige Pflicht; (*travail*) lästige Arbeit, Plackerei *f*; ***la ~ du ménage, les ~s domestiques*** die lästige Hausarbeit; ***la ~ de la vaisselle*** der [Geschirr]spüldienst; ***quelle*** ~! wie lästig!
2. MIL (*travail*) Arbeitsdienst *m*; ■ ~ **de** -dienst
3. HIST Fron[arbeit *f*] *f*, Frondienst *m*
► **qn est de** ~ [**de qc**] jd ist [mit etw] dran [*o* an der Reihe]; ***ce sont toujours les mêmes qui sont de*** ~ es erwischt immer dieselben

corvette [kɔʀvɛt] *f* Korvette *f*

coryza [kɔʀiza] *m spéc* Schnupfen *m*

cosaque [kɔzak] *m* Kosak *m*
► **qn fait qc à la** ~ jd tut etw ohne viel [*o* langes] Federlesen

cosignataire [kosiɲatɛʀ] I. *adj* mitunterzeichnend; ***les personnes ~s*** die Mitunterzeichner, die Mitunterzeichnenden; ***des personnes/États sont ~s de qc*** Menschen/Staaten haben etw gemeinsam unterzeichnet [*o* sind Mitunterzeichner von etw]
II. *mf* Mitunterzeichner(in) *m(f)*, Mitunterzeichnende(r) *f(m)*

cosinus [kosinys] *m* Kosinus *m*

cosmétique [kɔsmetik] I. *adj* kosmetisch; ***produits ~s*** Kosmetika *pl*; ***les soins ~s*** die Kosmetik, die Schönheitspflege
II. *m* Kosmetikum *nt*, Schönheitsmittel *nt*; ***l'industrie des ~s*** die Kosmetikindustrie; ***magasin de ~s*** Kosmetikgeschäft *nt*

cosmétologie [kɔsmetɔlɔʒi] *f* Kosmetologie *f*

cosmétologue [kɔsmetɔlɔg] *mf* Kosmetologe/-login *m/f*, Kosmetikexperte/-expertin *m/f*

cosmique [kɔsmik] *adj* kosmisch; *vaisseau, fusée* [Welt]raum-

cosmographie [kɔsmɔgʀafi] *f* Kosmographie *f*

cosmographique [kɔsmɔgʀafik] *adj* kosmographisch

cosmonaute [kɔsmɔnot] *mf* Kosmonaut(in) *m(f)*

cosmopolite [kɔsmɔpɔlit] *adj* kosmopolitisch; *goût, existence, personne a.* weltbürgerlich; *carrière* international; ***plante/animal*** ~ Kosmopolit *m*

cosmos [kɔsmos] *m* Kosmos *m*; (*univers a.*) Weltall *nt*; (*espace a.*) Weltraum *m*

cossard, e [kɔsaʀ, aʀd] I. *adj fam* faul
II. *m, f fam* Faulpelz *m*, Faulenzer(in) *m(f)*

cosse [kɔs] *f* 1. BOT Hülse *f*; [*pois a.*] Schote *f*
2. ELEC Kabelschuh *m*, Kabelöse *f*; ~ ***de batterie*** Polklemme *f*

cossu, e [kɔsy] *adj personne* wohlhabend, begütert; *villa, intérieur* luxuriös, prunkvoll

costard [kɔstaʀ] *m fam* Anzug *m*

costaud, e [kɔsto, od] I. *adj fam* 1. (*fort*) kräftig, stark; *alcool* hart
2. (*trapu*) stämmig
3. (*résistant*) robust; *ficelle, tissu* fest, widerstandsfähig; *meuble, voiture* stabil
4. (*calé*) beschlagen *fam*
II. *m, f fam* starker Mann/robuste Frau; ***c'est une petite*** ~[*e*] sie ist eine kleine kräftige Frau
► [**c'est**] **du** ~! *fam* [das ist] was Solides! *fam*

costume [kɔstym] *m* 1. (*vêtement d'homme*) [Herren]anzug *m*; ***un ~ de confection/sur mesure*** ein Konfektions-/Maßanzug; ***un ~ deux pièces/trois pièces*** ein zweiteiliger/dreiteiliger Anzug [*o* ein Anzug mit Weste]
2. (*vêtement typique*) [*époque*] Kostüm *nt*; [*pays, région*] Tracht *f*; ~ ***marin/de chasse*** Matrosen-/Jagdanzug *m*
3. THEAT, CINE (*déguisement*) Kostüm *nt*; ***un bal en*** ~ ein Kostümball *m*; ~ ***d'Arlequin*** Harlekinkostüm; ***un film en ~s*** ein Kostümfilm *m*; ***répétition en ~s*** Kostümprobe *f*
► **qn est** [*o* **se promène**] **en** ~ **d'Adam/d'Ève** *fam* jd läuft im Adams-/Evaskostüm herum; ~ **d'apparat** [*o* **de cérémonie**] [große] Festrobe, Prunkrobe *f*

costumer <1> [kɔstyme] *vpr* 1. (*déguiser*) ■ **qn se costume en qc** jd verkleidet [*o* kostümiert] sich als etw
2. THEAT, CINE ■ **qn se costume** jd legt sein Kostüm an

costumier, -ière [kɔstymje, -jɛʀ] *m, f* 1. (*loueur*) Kostümverleiher(in) *m(f)*; (*fabricant*) Kostümschneider(in) *m(f)*; ***il a loué le smoking chez un*** ~ er hat den Smoking vom Kostümverleih
2. THEAT, CINE Gewandmeister(in) *m(f)*

cotation [kɔtasjɔ̃] *f* 1. BOURSE [Börsen]notierung *f*; ***la ~ de l'or*** die Goldnotierung
2. (*estimation*) Schätzung *f*; ***la ~ de qc n'a pas encore été faite*** der Schätzwert einer S. (*gen*) ist noch nicht festgelegt worden, eine S. ist noch nicht geschätzt worden
► ~ **en continu** fortlaufende Notierung

cote [kɔt] *f* 1. BOURSE (*valeur*) [Kurs]notierung *f*, Kurs[wert *m*] *m*; (*tableau*) Kursblatt *nt*, Kursbericht *m*, Kurszettel *m*; ~ ***officielle/du jour*** amtlicher Kurs/Tageskurs; ~ ***de clôture*** Schlussnotierung; ***société inscrite à la ~ officielle*** amtlich notierte Gesellschaft, zum amtlichen Handel [*o* Markt] zugelassene Gesellschaft; ***il y a plusieurs ~s à la Bourse*** an der Börse gibt es mehrere Märkte
2. (*valeur estimée*) [Schätz]wert *m*

3. (*popularité*) Beliebtheit *f*
4. SPORT [*cheval*] Gewinnquote *f,* Odds *pl spec; **la ~ d'un cheval est à 5 contre 1*** die Gewinnquote eines Pferdes steht bei 5 zu 1
5. CINE Klassifikation *f*
6. GEOG Höhenangabe *f*
7. ARCHIT, IND Maßzahl *f,* Abmessung *f*
8. (*marque de classement*) Nummer *f,* Kennziffer *f;* [*livre de bibliothèque*] Signatur *f;* [*acte*] Aktenzeichen *nt*
9. FIN Anteil *m,* Quote *f;* ~ ***foncière/mobilière*** Anteil an der Grund-/Wohnraumsteuer
▶ **qn a une bonne ~ auprès de qn** jd steht bei jdm hoch im Kurs, jd ist bei jdm gut angeschrieben; **une ~ mal taillée** ein fauler Kompromiss; **qn a la ~ [avec qn]/qc a la ~ [auprès de [*o* chez] qn]** jd/etw steht [bei jdm] hoch im Kurs, jd/etw ist [bei jdm] sehr gefragt, etw ist in *fam*
◆ **cote d'alerte** [*rivière*] Hochwassermarke *f;* (*point critique*) kritische Marke, Gefahrenpunkt *m;* **cote d'amour** Beliebtheit[sgrad *m*] *f;* ***sa ~ d'amour est au plus haute*** sie/er ist sehr beliebt

côte [kot] *f* 1. (*littoral*) Küste *f;* ***le long des ~s*** an der Küste; ***la route qui longe la ~*** die Küstenstraße; ***qn s'installe sur la ~*** jd zieht an die Küste
2. (*pente*) Hang *m;* (*qui monte*) Steigung *f;* (*qui descend*) Abhang; ***une ~ raide*** ein steiler Hang, ein starkes Gefälle/eine starke Steigung; ***cette route est en ~*** diese Straße geht bergauf; ***qn/qc démarre en ~*** jd/etw fährt am Berg an
3. (*vigne*): ***les ~s du Rhône*** die Weinberge des Rhônetals
4. ANAT Rippe *f*
5. GASTR Kotelett *nt;* ~ ***de bœuf*** T-Bone-Steak ['ti:bo:nste:k, -ʃte:k] *nt;* ***plat de ~s*** Schälrippe *f*
6. BOT [Blatt]rippe *f*
7. TEXTIL Rippe *f;* ***velours à ~s*** Cordsamt *m,* Rippensamt *m;* ***un pull à ~s*** ein Rippenpulli *m,* ein gerippter Pulli
8. ARCHIT Rippe *f*
▶ **qn chatouille les ~s à qn** *iron* jd legt jdn übers Knie, jd zieht jdm den Hosenboden stramm *fam;* **on lui compterait [*o* voit] les ~s** *fam* bei ihr/ihm kann man die Rippen zählen, sie/er hat nichts auf den Rippen; **qn se tient les ~s [de rire]** jd hält sich den Bauch [*o* die Seiten] vor Lachen; **~ à ~** nebeneinander, Seite an Seite
◆ **la Côte [d'Azur]** die Côte d'Azur, die Französische Riviera; **la Côte d'Ivoire** die Elfenbeinküste

coté, e [kɔte] *adj* geschätzt, beliebt

côté [kote] I. *m* 1. (*partie latérale*) Seite *f;* ***par le ~ gauche/droit*** von links/rechts; ***de chaque ~ [de qn/qc]*** auf jeder/jede Seite [jds/einer S.]; ***des deux ~s [de qn/qc]*** auf beiden/beide Seiten [jds/einer S.]; ***de ce ~ [de qn/qc]*** auf dieser/diese Seite [jds/einer S.]; ***de l'autre ~ [de qn/qc]*** auf der anderen/die andere Seite [jds/einer S.]; ***il a sauté de l'autre ~ du ruisseau*** er ist über den Bach [*o* auf die andere Seite des Bachs] gesprungen
2. GEOM Seite *f*
3. (*aspect*) Seite *f;* ***le ~ théorique/pratique*** die theoretische/praktische Seite; ***par certains ~s*** in gewissen Punkten, in mancher Hinsicht
4. (*direction*) Seite *f,* Richtung *f;* ***de quel ~ allez-vous/venez-vous?*** in welche Richtung gehen Sie/aus welcher Richtung kommen Sie?; ■ **du ~ de** + *subst:* ***du ~ de la mer*** vom Meer her/in Richtung Meer; ■ **du ~** + *adj:* ***du ~ opposé*** aus der entgegengesetzten/in die entgegengesetzte Richtung; ***du mauvais ~*** aus der falschen/in die falsche Richtung
5. (*parti*) Seite *f;* ■ **du ~ de qn** auf jds Seite (*akk/dat*); ***qn se range du ~ de qn*** jd stellt sich auf jds Seite (*akk*); ***qn passe du ~ de qn*** jd schlägt sich auf jds Seite (*akk*), jd läuft auf jds Seite (*akk*) [*o* zu jdm] über; ***il a mis les rieurs de son ~*** er brachte die Lacher auf seine Seite
6. (*branche familiale*) Seite *f;* ***du ~ paternel*** [*o* ***du père***]***/maternel*** [*o* ***de la mère***] väterlicherseits/mütterlicherseits
7. *suivi d'un subst sans art* -seite *f;* ***la chambre ~ cour/rue*** das Zimmer zum Hof/zur Straße hin
▶ **qn est/passe de l'autre ~ de la barricade** jd steht auf der anderen Seite/läuft auf die andere Seite [*o* die Gegenseite] über; **~ cour/~ jardin** THEAT rechts/links; **qn voit de quel ~ souffle [*o* vient] le vent** jd sieht [*o* merkt], woher der Wind weht; **d'un ~ ..., de l'autre [~] [*o* d'un autre [~]]** einerseits ..., andererseits; auf der einen Seite ..., auf der anderen Seite; **qn voit le bon/le mauvais ~ [des choses]** jd sieht alles von der guten/schlechten Seite; **qn voit les bons/les mauvais ~s de qn/qc** jd sieht jds gute/schlechte Seiten/jd sieht das Gute/Schlechte einer S. (*gen*); **qn prend qc du mauvais/bon ~** jd nimmt etw schwer/leicht; **qn est aux ~s de qn** jd steht jdm bei [*o* zur Seite]; **qn passe à ~ de qc** jd verfehlt etw; ***on passe à ~ de beaucoup de choses*** man versäumt viel; ***le conférencier est passé à ~ de l'essentiel*** der Redner hat am Wesentlichen vorbeigeredet; **à mon/ton/... ~, à mes/tes/... ~s** an meiner/deiner/... Seite/an meine/deine/... Seite, neben mir/mich/dir/dich/...; **aux ~s de qn** an jds Seite (*dat*); *siéger a.* neben jdm; **de mon/ton/... ~** was mich/dich/... betrifft, von meiner/deiner/... Seite [aus], ich meinerseits/du deinerseits/...; **de ce ~** *fam* in dieser Hinsicht [*o* Beziehung]; **de tous [les] ~s** überall, auf allen Seiten; *venir* von überall her; *partir, se disperser* überallhin; **du ~ de qc/de chez qn** (*aux environs de*) in der Nähe von etw [*o* bei etw]/in jds Nähe (*dat*); **[du] ~ [de] qc, ...** *fam* von etw her, -mäßig; ~ ***confort/finances/santé, ça va*** vom Komfort/Geld/von der Gesundheit her, geht's *fam,* komfort-/geld-/gesundheitsmäßig geht's
II. *adv* ■ **à ~** 1. (*à proximité*) nebenan, daneben; ***juste*** [*o* ***tout***] ***à ~*** gleich nebenan [*o* daneben]
2. (*en comparaison*) daneben
3. (*en dehors de la cible, du sujet*) daneben; *tomber, tirer, frapper a.* daneben-; ***elle a répondu à ~*** ihre Antwort lag daneben, sie lag mit ihrer Antwort daneben; (*intentionnellement*) sie antwortete ausweichend
4. (*en plus*) daneben, nebenher; ***il a encore un travail à ~*** er arbeitet noch nebenher, er hat noch eine Nebenbeschäftigung
5. (*voisin*) ■ **qn/qc [d']à ~** jd von nebenan/etw nebenan; *maison a.* Nachbar-, Neben-; *pièce a.* Neben-; ***les gens [d']à ~*** die Leute von nebenan, die Nachbarsleute; ***nos voisins [d']à ~*** unsere direkten Nachbarn; ***qn est/passe à ~*** jd ist nebenan/geht nach nebenan
III. *prép* ■ **à ~ de** 1. (*à proximité de*) neben (+ *dat/akk*); *de Paris, Berlin* bei; ***juste*** [*o* ***tout***] ***à ~ de qc*** gleich [*o* direkt] neben etw (*dat/akk*)
2. (*en comparaison de*) neben (+ *dat*), gemessen an (+ *dat*)
3. (*hors de*) neben (+ *dat/akk*); ***elle est complètement à ~ de la vérité*** sie sieht die Wahrheit nicht
4. (*en plus de*) neben (+ *dat/akk*)
▶ **qn répond à ~ de la question** jd liegt mit seiner Antwort daneben, jds Antwort geht an der Frage[stellung] vorbei; (*intentionnellement*) jd beantwortet die Frage ausweichend, jd weicht der Frage aus; **qn est à ~ du sujet** jd verfehlt das Thema; **à ~ de ça** *fam* andererseits
IV. *adv* ■ **de ~** 1. (*de travers*) *marcher* seitlich; *se tourner* zur Seite; ***qn regarde qn/qc de ~*** jd betrachtet jdn/etw verstohlen [*o* von der Seite]
2. (*en réserve*) *mettre* beiseite, auf die Seite; ***qn garde qc de ~*** jd hebt etw auf; ***qn met de l'argent de ~*** jd legt Geld auf die Seite [*o* auf die hohe Kante]; ***les dossiers sont de ~*** die Akten sind beiseite gelegt worden
3. (*à l'écart*) *faire un bond, se jeter* zur Seite, auf die Seite
▶ **qn laisse qn/qc de ~** jd lässt jdn links liegen/jd lässt etw beiseite

coteau <x> [kɔto] *m* 1. (*versant*) Hang *m*
2. (*vignoble*) Weinberg *m*
▶ **à flanc de ~** am Hang

côtelé, e [kot(ə)le] *adj* gerippt, Rippen-

côtelette [kotlɛt] *f* Kotelett *nt*

coter <1> [kɔte] *vt* 1. BOURSE ■ **qn/qc cote qc** jd/etw notiert etw [an der Börse]
2. (*apprécier la valeur de*) ■ **qn/qc est coté(e)** etw hat einen [festen] Schätzwert; ***une voiture est cotée à l'Argus*** ein Auto steht auf der Schwackeliste [*o* Zeitwerttabelle]
3. SPORT: ***un cheval est coté à 5 contre 1*** ein Pferd wird [mit einer Gewinnquote von] 5 zu 1 gewettet [*o* ist mit 5 zu 1 gesetzt]
4. (*numéroter*) ■ **qc est coté(e)** */pièce de dossier/* etw hat ein Aktenzeichen; */livre de bibliothèque/* etw hat eine Signatur

côtier, -ière [kotje, -jɛʀ] *adj* Küsten-

cotillons [kɔtijɔ̃] *mpl* (*accessoires*) Partyartikel *pl* (*Konfetti, Papierschlangen, -hütchen etc*)

cotisant, e [kɔtizɑ̃, ɑ̃t] *m, f* Beitragszahler(in) *m(f);* [*club, syndicat*] [zahlendes] Mitglied

cotisation [kɔtizasjɔ̃] *f* 1. (*somme versée*) Beitrag *m;* ***la ~ syndicale*** der Gewerkschaftsbeitrag; ***les ~s sociales*** die Sozialversicherungsbeiträge; ~ ***ouvrière/patronale*** Arbeitnehmer-/Arbeitgeberanteil *m* [an der Sozialversicherung]
2. (*fait de cotiser*) ■ **~ à qc** Beitrag *m* [*o* Beitragszahlung *f*] zu etw

cotiser <1> [kɔtize] I. *vi* ■ **qn cotise [à qc]** jd zahlt [*o* entrichtet] [seine] Beiträge [zu etw]
II. *vpr* ■ **des personnes se cotisent [pour faire qc]** Menschen legen zusammen [um etw zu tun]

coton [kɔtɔ̃] *m* 1. (*fibre*) Baumwolle *f,* Baumwollfaser *f;* ***il y a différents ~s*** es gibt verschiedene Sorten von Baumwolle [*o* Baumwollsorten]
2. (*tissu*) Baumwolle *f,* Baumwollstoff *m;* ■ **en [*o* de] ~** aus Baumwolle, Baumwoll-
3. (*fil*) [Baumwoll]garn *nt;* ~ ***à broder/à repriser*** Stick-/Stopfgarn
4. (*morceau d'ouate*) Wattebausch *m;* ***du ~*** Watte *f;* ***un paquet de ~*** ein Päckchen Watte
▶ **~ hydrophile** [Verband]watte *f;* **qn file un mauvais ~** jdm geht es schlecht; (*physiquement a.*) jd ist nicht auf der Höhe; (*moralement a.*) jd hat ein Tief, jd hängt durch *fam;* **qn a qc en ~:** ***qn a les jambes en ~*** jd hat weiche Knie; **qn a été élevé(e) dans du ~** jd ist immer in Watte gepackt worden; **c'est ~** *fam* das ist knifflig *fam*

cotonnade [kɔtɔnad] *f* Baumwollstoff *m*

coton-tige® [kɔtɔ̃tiʒ] <~s-~s> *m* Wattestäbchen *nt*

côtoyer <6> [kotwaje] I. *vt soutenu* 1. (*fréquenter*) ■ **qn côtoie qn** jd verkehrt mit jdm; ***qn est amené(e) à ~ beaucoup de gens*** jd kommt mit vielen Leuten in Kontakt
2. (*longer*) ■ **qc côtoie qc** etw verläuft neben etw (*dat*); ■ **qn côtoie qc** jd geht/fährt an etw (*dat*) entlang
3. (*frôler*) ■ **qc côtoie qc** etw grenzt an etw (*akk*); ***cela côtoie le ridicule*** das grenzt ans Lächerliche; ■ **qn côtoie qc:** ***qn aime ~ le danger*** jd lebt gern riskant
II. *vpr soutenu* 1. (*se fréquenter*) ■ **des personnes se côtoient** Menschen verkehren miteinander
2. (*se toucher*) ■ **des choses se côtoient** Dinge liegen dicht beieinander [*o* grenzen aneinander]

cotte [kɔt] *f* ◆ **cotte de mailles** Kettenhemd *nt*

cotutelle [kotytɛl] *f* Mitvormundschaft *f*

cotuteur, -trice [kotytœʀ, -tʀis] *m, f* Mitvormund *m*

cou [ku] *m* 1. ANAT Hals *m;* ■ **du ~** Hals-; ~ ***de taureau/de cygne*** Stiernacken *m*/Schwanenhals; ***qn allonge*** [*o* ***tend***] ***le ~*** jd macht einen langen Hals, jd reckt den Hals; ***qn serre le ~ à qn*** jd drückt jdm den Hals zu *fam*
2. (*goulot*) Hals *m;* ***à long ~*** mit langem Hals, langhalsig
▶ **qn se casse [*o* se rompt] le ~** (*se blesse grièvement*) jd bricht sich (*dat*) alle Knochen; (*se tue/échoue*) jd bricht sich (*dat*) den Hals [*o* das Genick]; **qn coupe le ~ à qn/à un animal** jd köpft jdn/jd schneidet einem Tier den Hals durch; **qn se jette [*o* saute] au ~ de qn** jd fällt jdm um den Hals; **qn se pend au ~ de qn** jd wirft sich jdm an den Hals; **qn saute au ~ de qn** (*at-*

taque) jd springt jdm an die Kehle [*o* Gurgel]; **qn tord le ~ à qn/un animal/qc** jd dreht jdm/einem Tier den Hals um/jd macht einer S. (*dat*) den Garaus; **jusqu'au ~** bis zum [*o* an den] Hals; ***elle est endettée jusqu'au ~*** sie steckt bis zum Hals in Schulden

couard, e [kwaʀ, aʀd] I. *adj littér* feige
II. *m, f littér* Feigling *m,* Memme *f veraltend;* ***c'est une ~e*** sie ist feige [*o* ein Feigling]

couardise [kwaʀdiz] *f littér* Feigheit *f*

couchage [kuʃaʒ] *m* Liegefläche *f;* ***matériel de ~*** Ausrüstung *f* zum Übernachten

couchant [kuʃɑ̃] I. *adj* untergehend; ***au soleil ~*** bei Sonnenuntergang
II. *m* 1. (*ouest*) Westen *m;* ***face au ~*** nach Westen
2. (*soleil couchant*) Abendhimmel *m,* Abendrot *nt*

couche [kuʃ] *f* 1. (*épaisseur*) Schicht *f;* ~ ***isolante/protectrice*** Isolier-/Schutzschicht; ■ **~ de** -schicht; ~ ***de peinture/de graisse*** Farb-/Fettschicht; ~ ***de neige*** Schneedecke *f;* ***qn étale une ~ de beurre sur qc*** jd bestreicht etw mit Butter; ***qn passe deux ~s de peinture sur qc*** jd versieht etw mit einem Doppelanstrich
2. GEOL, METEO Schicht *f;* ~ ***sédimentaire/de calcaire/d'argile*** Sediment-/Kalk-/Tonschicht
3. SOCIOL Schicht *f;* ***les ~s laborieuses*** die Arbeiterschaft
4. (*lange*) Windel *f;* ~ ***jetable*** Wegwerfwindel
5. *pl* (*accouchement*) Entbindung *f;* (*période après l'accouchement*) Wochenbett *nt;* ***en ~s*** bei der Entbindung/im Wochenbett
6. HORT Mistbeet *nt*
▶ **fausse ~** Fehlgeburt *f;* ***elle a fait une fausse ~*** sie hatte eine Fehlgeburt; **qn est en ~s** jd liegt in den Wehen; **qn en tient [*o* qn a] une ~** *fam* jd hat Mattscheibe [*o* ein Brett vor dem Kopf]

couché, e [kuʃe] *adj* 1. (*étendu*) liegend; ***qn/qc est ~ [quelque part]*** jd/etw liegt [irgendwo]; ***qn/un animal reste ~*** jd/ein Tier bleibt liegen
2. (*au lit*): ***qn est [déjà] ~*** jd ist [bereits] im Bett; ***qn reste ~*** jd bleibt liegen [*o* im Bett]
▶ **~!** Platz!, kusch!

couche-culotte <~s-~s> [kuʃkylɔt] *f* Windelhöschen *nt*

coucher <1> [kuʃe] I. *vi* 1. (*dormir*) ■ **qn/un animal couche quelque part** jd/ein Tier schläft irgendwo; *à l'hôtel, chez des amis a.* jd übernachtet irgendwo; ■ **qn couche d'une certaine manière** jd schläft irgendwie; ***elle couche sur le dos/à plat*** sie schläft auf dem Rücken/ganz flach
2. *fam* (*avoir des relations sexuelles*) ■ **qn couche avec qn** jd schläft mit jdm, jd geht mit jdm ins Bett; ***ils/elles couchent ensemble*** sie schlafen miteinander [*o* gehen miteinander ins Bett]
II. *vt* 1. (*mettre au lit*) ■ **qn couche qn** *enfant, malade* jd bringt [*o* legt] jdn ins Bett; (*pour dormir a.*) jd bringt jdn zu Bett
2. (*offrir un lit*) ■ **qn couche qn** jd beherbergt jdn *geh;* ***on peut vous ~ si vous voulez*** Sie können bei uns übernachten, wenn Sie möchten
3. (*étendre*) ■ **qn couche qn/qc quelque part** jd legt jdn/etw irgendwohin; *bouteille* jd lagert etw liegend; ***qn/qc doit rester couché(e) [quelque part]*** jd muss [irgendwo] liegen [bleiben], etw muss [irgendwo] liegen [*o* liegend gelagert werden]; ■ **qc couche qc** */vent, tempête/* etw legt etw um; *bateau a.* etw legt etw auf die Seite
III. *vpr* 1. (*aller au lit*) ■ **qn se couche** jd geht ins Bett; (*pour dormir a.*) jd geht zu Bett, jd geht schlafen; ***qn envoie qn se ~*** jd schickt jdn ins Bett
2. (*s'allonger*) ■ **qn/un animal se couche quelque part** jd/ein Tier legt sich irgendwohin
3. (*se courber*) ■ **qn se couche sur qc** jd beugt sich tief über etw (*akk*); ***les rameurs se couchent sur les avirons*** die Ruderer legen sich in die Riemen
4. (*disparaître*) ■ **qc se couche** */soleil, lune/* etw geht unter
▶ **va te ~/allez vous ~!** *fam* lass/lasst mich in Ruhe! *fam*
IV. *m* 1. (*fait d'aller au lit*) Zubettgehen *nt,* Schlafengehen *nt;* ***au ~*** beim Zubettgehen; ***c'est l'heure du ~*** es ist Schlafenszeit; ***le ~ était à neuf heures*** um neun Uhr war Zapfenstreich
2. (*crépuscule*) Untergang *m;* ***un ~ de soleil*** ein Sonnenuntergang; ***au ~ du soleil*** bei Sonnenuntergang

coucherie [kuʃʀi] *f gén pl péj fam* Bettgeschichten *pl,* Rumgebumse *nt fam*

couche-tard [kuʃtaʀ] *mf inv* Nachtmensch *m,* Nachteule *f* **couche-tôt** [kuʃto] *mf inv:* ***c'est une ~-~*** sie geht mit den Hühnern schlafen

couchette [kuʃɛt] *f* Liege[wagen]platz *m;* ***compartiment [à] ~s*** Liegewagenabteil *nt*

coucheur, -euse [kuʃœʀ, -øz] *m* ▶ **qn est un(e) mauvais(e) ~(-euse)** *fam* jd ist ein alter Meckerfritze/eine alte Meckerliese *fam*

couci-couça [kusikusa] *adv fam* so lala

coucou [kuku] I. *m* 1. (*oiseau*) Kuckuck *m;* ***le ~ chante*** der Kuckuck ruft
2. (*pendule*) Kuckucksuhr *f*
3. *péj* (*vieil avion*) [alte] Mühle *fam,* [altersschwacher] Vogel *fam;* (*petit avion*) Stoppelhopser *m fam*
4. BOT (*primevère sauvage*) Schlüsselblume *f;* (*narcisse des bois*) wilde Osterglocke
▶ **qn est maigre comme un ~** jd ist spindeldürr
II. *interj* kuckuck; ~, ***je suis là!*** kuckuck, da [*o* hier] bin ich!

coude [kud] *m* 1. ANAT Ell[en]bogen *m*
2. (*courbure*) Biegung *f;* [*rivière a.*] Knie *nt;* [*route a.*] Knick *m;* [*tuyau, barre*] Krümmung *f,* Knie; ***qn met un ~ à un tuyau*** jd setzt ein Knie[stück] [*o* einen Krümmer] in ein Rohr ein
▶ **qn garde qc sous le ~** jd hebt sich (*dat*) etw auf; **qn joue des ~s** jd gebraucht die Ell[en]bogen, jd setzt die Ell[en]bogen ein; **qn lève le ~** *fam* jd hebt [*o* kippt] gerne einen *fam,* jd bechert gerne *fam;* **qn ne se mouche pas du ~** *fam* jd hält sich für was Besseres *fam;* **des personnes se serrent [*o* se tiennent] les ~s** Menschen halten zusammen; **~ à ~** Seite an Seite; *lutter a.* Schulter an Schulter; **au ~ à ~** gleichauf; ***des personnes sont au ~ à ~*** Menschen liegen gleichauf

coudé, e [kude] *adj* abgewinkelt, gebogen, gekrümmt; ***le tuyau est ~*** das Rohr hat eine Krümmung [*o* ein Knie]

coudée [kude] *f* ▶ **qn a les ~s franches** jd hat freies Spiel

cou-de-pied <~s-~-~> [kudpje] *m* Rist *m,* Spann *m;* ***qn a un fort ~*** jd hat einen hohen Rist [*o* Spann]

couder <1> [kude] *vt* ■ **qn/qc coude qc** jd/etw biegt etw; *tuyau a.* jd krümmt etw

coudoyer <6> [kudwaje] *vt* 1. (*être au contact de*) ■ **qn coudoie qn** jd ist mit jdm auf Tuchfühlung
2. (*côtoyer*) ■ **qc coudoie qc** etw steht Seite an Seite mit etw; ***un pays où la richesse coudoie la misère*** ein Land, in dem Reichtum und Elend unmittelbar nebeneinander existieren

coudre <*irr*> [kudʀ] I. *vi* ■ **qn/qc coud** jd/etw näht; ***qn coud à la main/machine*** jd näht mit der Hand/[Näh]maschine
II. *vt* 1. (*assembler*) ■ **qn/qc coud qc** jd/etw näht etw zusammen
2. (*recoudre*) ■ **qn coud qc** jd näht etw wieder [zusammen], jd flickt etw
3. (*fixer*) ■ **qn/qc coud qc [à qc]** *bouton* jd/etw näht etw [an etw (*akk*)] an; ■ **qn/qc coud qc [sur qc]** *marque, pièce* jd näht etw [auf etw (*akk*)] auf
4. (*enfermer*) ■ **qn coud qc dans qc** jd näht etw in etw (*akk*) ein
5. MED ■ **qn coud qc** jd [ver]näht etw, jd näht etw zu

coudrier [kudʀije] *m* Haselstrauch *m,* Hasel *f*

couenne [kwan] *f* Schwarte *f*

couette[1] [kwɛt] *f* 1. (*édredon*) Daunendecke *f,* Steppdecke *f*
2. NAUT Helling *f,* Ablaufbahn *f*
3. TECH Lager *nt*

couette[2] [kwɛt] *f gén pl* (*coiffure*) Rattenschwanz *m fam*

couffin [kufɛ̃] *m* [Baby]tragekorb ['be:bi-] *m*

couic [kwik] *interj* wutsch

couille [kuj] *f* 1. *gén pl vulg* (*testicule*) Sack *m vulg;* ***les ~s*** die Eier *pl vulg*
2. *fam* (*ennui*) Ärger *m kein pl*
▶ **~ molle** *pop* Schlappschwanz *m sl,* feiger Sack *vulg;* **il y a une ~** *fam* da stimmt was nicht *fam;* **qn a des ~s** *pop* jd hat Mumm [in den Knochen] *fam;* **qn casse les ~s à qn** *fam* jd geht jdm auf den Wecker *fam*

couillon, ne [kujɔ̃, jɔn] *m, f fam* Blödmann *m fam,* Pfeife *f fam*

couillonner <1> [kujɔne] *vt fam* ■ **qn couillonne qn** jd legt jdn rein [*o* aufs Kreuz] *fam,* jd haut jdn übers Ohr *fam;* ■ **qn est couillonné(e)** jd ist der/die Angeschmierte *fam* [*o* der/die Beschissene *sl*]

couinement [kwinmɑ̃] *m* [*rat, porc*] Quieken *nt;* [*lièvre, lapin*] Fiepen *nt;* [*personne*] Wimmern *nt;* ***les ~s*** das Gequieke/Gefiepe/Gewimmer

couiner <1> [kwine] *vi* ■ **un animal couine** */rat, porc/* ein Tier quiekt; */lièvre, lapin/* ein Tier fiept; ■ **qn couine** jd wimmert; ■ **qc couine** etw quietscht

coulage [kulaʒ] *m* 1. (*façonnage*) Gießen *nt*
2. *fam* (*gaspillage*) Schwund *m,* Verlust *m*

coulant, e [kulɑ̃, ɑ̃t] I. *adj* 1. *fam* (*accommodant*) nachsichtig, locker *fam;* (*en affaires*) kulant, entgegenkommend
2. (*fluide*) *pâte* flüssig; *fromage* so weich, dass er läuft
3. (*léger*) *vin* süffig; *style* flüssig
II. *m* 1. (*passant*) [Gürtel]schnalle *f*
2. (*stolon*) Ausläufer *m*

coulée [kule] *f* 1. (*écoulement*) Strom *m;* ~ ***boueuse*** Schlammstrom; ~ ***de lave/neige*** Lavastrom/abrutschende Schneemassen *pl*
2. METAL Guss *m,* Abstich *m*

couler <1> [kule] I. *vi* 1. (*s'écouler*) ■ **qc coule** etw fließt; (*en petite quantité*) etw rinnt; (*en grande quantité*) etw strömt; ■ **qc coule quelque part** etw fließt/rinnt/strömt irgendwo/irgendwohin; ■ **qc coule de quelque part** etw fließt/rinnt/strömt irgendwoher; ***la lave coule sur les flancs du volcan*** die Lava ergießt sich über die Hänge des Vulkans; ***tu me fais ~ un bain?*** lässt du mir [bitte] ein Bad ein?
2. (*passer*) ■ **qc coule quelque part** */fleuve, rivière/* etw fließt irgendwo; ***la Seine coule à Paris/en France*** die Seine fließt durch Paris/in Frankreich
3. (*se liquéfier*) ■ **qc coule** */fromage, maquillage/* etw läuft
4. (*être ouvert*) ■ **qc coule** */robinet/* etw läuft
5. (*fuir*) ■ **qc coule** */robinet, bougie/* etw tropft; */tonneau, récipient/* etw rinnt, etw leckt; */stylo/* etw läuft aus
6. (*goutter*) */nez/* etw läuft; */œil/* etw tränt
7. (*sombrer*) ■ **qn/qc coule** jd/etw geht unter; */bateau a./* etw sinkt
8. (*être aisé*) ■ **qc coule** */style/* etw ist flüssig
II. *vt* 1. (*verser, mettre*) ■ **qn/qc coule qc dans qc** jd/etw gießt etw in etw (*akk*); *pensée* jd kleidet etw in etw (*akk*)
2. (*fabriquer*) ■ **qn/qc coule qc** jd/etw gießt etw
3. (*faire sombrer*) ■ **qn/qc coule qc** jd/etw versenkt etw
4. (*ruiner*) ■ **qn/qc coule qn/qc** jd/etw treibt jdn/etw in den Untergang [*o* in den Ruin], jd/etw richtet jdn/etw zugrunde
5. (*discréditer*) ■ **qn coule qn** jd erledigt jdn
6. (*faire échouer*) ■ **qn coule qn** jd macht jdn fertig, jd lässt jdn auflaufen *fam*
7. (*passer*) ■ **qn coule qc** *existence paisible, vie heureuse* jd verbringt etw
III. *vpr* 1. (*se glisser*) ■ **qn se coule dans qc** jd schlüpft in etw (*akk*)
2. (*se conformer à*) ■ **qn se coule dans qc** jd passt sich einer S. (*dat*) an, jd richtet sich nach etw

couleur [kulœʀ] I. *f* 1. (*teinte*) Farbe *f;* ***les ~s du spectre*** die Spektralfarben; ***d'une seule ~/de plusieurs ~s*** einfarbig/mehrfarbig
2. (*matière colorante*) Farbe *f,* Farbstoff *m;* ~ ***animale/végétale*** tierischer/pflanzlicher Farbstoff; ~ ***à l'eau/à l'huile/à la colle*** Wasser-/Öl-/Leimfarbe
3. (*coloration du visage*) [Gesichts]farbe *f*
4. (*linge coloré*) Buntwäsche *f*

5. TV Farbe *f;* ***photo*** [***en***] ~ Farbbild *nt;* ***il ne fait jamais de*** ~ er macht nie Farbbilder
6. *Ø* ART, LITTER Färbung *f;* [*récit a.*] [Unter]ton *m,* Note *f;* ***dans la*** ~ ***du temps*** im Stil der Zeit
7. *Ø* LITTER [*style*] Farbigkeit *f;* ***plein***(***e***) ***de*** ~ farbig; ***sans*** ~ farblos, blass
8. POL [politische] Couleur [*o* Färbung]
9. CARTES Farbe *f;* ***qn joue dans la*** ~ jd bekennt [*o* bedient die] Farbe
10. (*au casino*): ***qn joue la*** ~ jd setzt auf Farbe
11. *pl* SPORT Farben *pl;* ***qn court sous les*** ~***s de qn*** jd fährt/läuft/reitet für jds Farben
12. *pl* (*drapeau*) Farben *pl;* ***les*** ~***s nationales*** die Nationalfarben, die Landesfarben
13. *pl* NAUT Flagge *f;* ***qn hisse*** [*o* ***lève***] [*o* ***envoie***] ***les*** ~***s*** jd hisst [*o* setzt] die Flagge, jd zieht die Flagge auf; ***qn amène les*** ~***s*** jd holt die Flagge ein
▶ **qn passe par toutes les ~s de l'arc-en-ciel** jd wird abwechselnd rot und weiß [*o* blass]; **qn n'est pas prêt(e) de voir la ~ de son argent** jd kann sein Geld abschreiben [*o* in den Wind schreiben]; **qn n'a jamais vu la ~ de son argent** jd hat noch nie etwas von seinem Geld gesehen [*o* zu Gesicht bekommen]; ~ **complémentaire** Komplementärfarbe *f;* **qn montre** [*o* **présente**] **qc sous de fausses ~s** jd lässt etw in einem falschen Licht erscheinen; ~ **fondamentale** Grundfarbe *f;* **haut(e) en ~:** ***qn est haut***(***e***) ***en*** ~ jd hat eine kräftige Gesichtsfarbe; ***c'est un personnage haut en*** ~ (*truculent*) er/sie ist äußerst originell; ~ **locale** Lokalkolorit *nt;* **qn/qc fait ~ locale** jd/etw trägt zum Lokalkolorit bei; ~ **primaire** [*o* **primitive**] Grundfarbe *f;* **qn décrit** [*o* **[dé]peint**] **qc sous les plus sombres/vives ~s** jd schildert [*o* malt] etw in den dunkelsten [*o* düstersten] [*o* schwärzesten]/lebhaftesten [*o* leuchtendsten] Farben; **qn en voit de toutes les ~s** jd macht allerhand mit; **qn en fait voir de toutes les ~ à qn** jd treibt es bunt mit jdm; **qn annonce la ~** CARTES jd sagt die Farbe an; (*fait connaître ses intentions*) jd bekennt Farbe, jd legt seine Karten auf den Tisch; **qn change de ~** jd wechselt die Farbe; **qn fait la ~ à qn** jd färbt jdm die Haare; **qn perd ses ~s** jd wird ganz bleich [*o* ganz blass]; **qn prend des ~s** jd bekommt Farbe; **qn reprend des** [*o* **ses**] **~s** jd bekommt wieder [richtig] Farbe; **femme/homme/personne de ~** Farbige(r) *f(m);* **en ~[s]** Farb-; ***télévision en*** ~, ***téléviseur*** ~ Farbfernsehen *nt;* **sous ~ de** unter dem Anstrich von
II. *adj Ø:* ~ ***rose/fraise/chair/paille*** rosa-/erdbeer-/fleisch-/strohfarben; ~ ***d'azur*** himmelblau

couleuvre [kulœvʀ] *f* Natter *f*
▶ ~ **lisse** Glattnatter *f;* ~ **vipérine** Vipernatter *f;* **qn avale des ~s** (*subit des affronts*) jd schluckt eine Kröte; (*est naïf*) jd schluckt alles
◆ **couleuvre à collier** Ringelnatter *f*

coulis [kuli] **I.** *adj v.* **vent**
II. *m* **1.** GASTR [*crustacés*] Fond *m;* [*légumes, fruits*] Püree *nt;* ■ ~ **de** -püree
2. TECH Ausfugmasse *f*

coulissant, e [kulisɑ̃, ɑ̃t] *adj* Schiebe-; *panneau a.* [ver]schiebbar; ■ **qc est** ~ etw lässt sich [auf]schieben; ***cette porte est*** ~***e*** dies ist eine Schiebetür

coulisse [kulis] *f* **1.** *souvent pl* THEAT Kulisse *f;* ***dans les*** ~***s*** [*o* ***la*** ~], ***en*** ~ hinter den/die Kulissen, hinter der/die Bühne; ***il connaît les*** ~***s de la politique*** er weiß, was sich in der Politik hinter den Kulissen abspielt
2. (*rainure, guide*) [*porte*] [Führungs]schiene *f;* [*tiroir*] Schubleiste *f*
3. COUT Tunnelsaum *m,* Zugsaum *m*
▶ **qn est** [*o* **se tient**]/**reste dans la ~** [*o* **dans les ~s**] jd hält sich/bleibt hinter den Kulissen; **qn observe** [*o* **regarde**] **qn en ~** jd beobachtet jdn verstohlen [*o* von der Seite]; **dans les ~s [de qc]**, **en ~** hinter den Kulissen [einer S. (*gen*)]; **qn fait qc en ~** jd tut etw heimlich, still und leise (*dat*)

coulisser <1> [kulise] **I.** *vi* ■ **qc coulisse** etw läuft [*o* gleitet] in einer Schiene]; ■ **qc coulisse sur qc** etw läuft [*o* gleitet] auf etw (*dat*)
II. *vt* **1.** ■ **qn coulisse qc** jd bringt eine Führungsschiene an etw (*dat*) an; *tiroir a.* jd bringt eine Schubleiste an etw (*dat*) an
2. COUT ■ **qn coulisse qc** jd näht einen Zugsaum an etw (*akk*)

couloir [kulwaʀ] *m* **1.** (*corridor*) Gang *m,* Korridor *m,* Flur *m;* CHEMDFER, AVIAT Gang; ~ ***central/latéral*** Mittel-/Seitengang
2. SPORT Bahn *f;* [*court de tennis*] Gasse *f;* ***le coureur du deuxième*** ~ der Läufer auf der zweiten Bahn
3. GEOG Schlucht *f,* Klamm *f;* ~ ***rocheux*** Fels[en]schlucht; ***le*** ~ ***rhodanien*** die Rhônefurche
4. *pl* [*parlement*] Wandelgänge *pl,* Lobby *f;* ***dans les*** ~***s*** [***de qc***] in den Gängen [einer S. (*gen*)]
▶ ~ **aérien** Luftkorridor *m,* Flugschneise *f*
◆ **couloir d'autobus** Bus[- und Taxi]spur *f;* **couloir d'avalanche** Lawinenzug *m,* Lawinengasse *f;* **couloir de navigation** NAUT Fahrrinne *f*

coulpe [kulp] *f* ▶ **qn bat sa ~** *littér* jd schlägt sich an die Brust

coup [ku] *m* **1.** (*agression*) Schlag *m;* ***qn porte*** [*o* ***donne***] ***un*** ~ ***à qn*** jd schlägt jdn; ***qn administre des*** ~***s à qn*** jd verabreicht [*o* verpasst] jdm Schläge [*o* [eine Tracht] Prügel]; ***qn encaisse des*** ~***s*** jd steckt Schläge [*o* Prügel] ein; ***ils/elles en sont venu***(***e***)***s aux*** ~***s*** sie wurden handgreiflich; ***ils échangent des*** ~***s*** sie verprügeln sich; ***qn est noir***(***e***) ***de*** ~***s*** jd ist grün und blau geschlagen [*o* geprügelt]; ■ ~ **de** *de bâton, fouet, trique* -hieb *m; de poing a.* -schlag; *de pied* -tritt *m; de couteau* -stich *m; de poignard* -stoß *m;* ***d'un*** ~ ***de dent*** mit einem Biss; ***qn donne un*** ~ ***de dents dans qc*** jd beißt in etw (*akk*); ***qn reçoit un*** ~ ***de couteau/de poing*** jd bekommt einen Messerstich/Fausthieb [*o* Faustschlag] ab; ***un oiseau donne un*** ~ ***de bec à qn*** ein Vogel hackt nach jdm; ***un cheval lance un*** ~ ***de sabot à qn*** ein Pferd schlägt nach jdm aus; ***le taureau donne un*** ~ ***de corne au toréador*** der Stier stößt [mit den Hörnern] nach dem Torero
2. (*bruit*) Klopfen *nt,* Pochen *nt;* ***qn entend des*** ~***s*** jd hört ein Klopfen [*o* Pochen]; ***elle a frappé trois*** ~***s*** sie klopfte dreimal; ***qn donne des*** ~***s dans qc*** jd klopft [*o* pocht] an etw (*akk*)
3. (*heurt*) Stoß *m;* ***qn se donne un*** ~ ***contre qc*** jd stößt gegen etw, jd stößt sich an etw (*dat*)
4. [*arme à feu*] Schuss *m;* ■ ~ **de** -schuss; ***des*** ~***s de canon/de fusil*** Kanonen-/Gewehrschüsse *pl;* ***revolver à six*** ~***s*** Revolver *m* mit sechs Schuss, sechsschüssiger Revolver
5. (*choc moral*) Schlag *m;* ***qc est un*** ~ ***pour qn*** etw ist ein Schlag für jdn, etw trifft jdn hart [*o* wie ein Schlag]; ***qn/qc porte un*** ~ ***à qn*** jd/etw versetzt jdm einen Schlag
6. (*mouvement*) ■ ~ **de** *de genou, coude* Stoß *m* mit; ***qn donne un*** ~ ***de genou/de coude à qn*** jd stößt jdn mit dem Knie/Ell[en]bogen [an]; (*plus fort*) jd versetzt jdm einen Stoß mit dem Knie/Ell[en]bogen; ***qn donne un*** ~ ***de reins pour soulever qc*** jd hebt etw mit einem Ruck hoch
7. (*action de manier rapidement*) ■ ~ **de:** ***d'un*** ~ ***de crayon/de pinceau*** mit wenigen schnellen [Bleistift]strichen/Pinselstrichen; ***d'un simple*** ~ ***de plume*** mit einem einfachen Federstrich; ***qn passe un*** ~ ***d'éponge/de chiffon sur qc*** jd wischt [*o* fährt] mit dem Schwamm/Tuch über etw (*akk*); ***qn donne un*** ~ ***de chiffon sur les meubles*** jd wischt rasch Staub; ***qn donne un*** ~ ***de brosse/lime à qc*** jd bürstet/feilt rasch etw ab; ***qn se donne un*** ~ ***de peigne/de brosse*** jd fährt sich (*dat*) rasch mit dem Kamm/der Bürste durch die Haare, jd kämmt/bürstet sich (*dat*) rasch die Haare
8. SPORT Schlag *m;* BOXE *a.* Hieb *m;* ***le*** ~ ***droit*** (*au golf*) der Treibschlag, der Drive [draif]; (*au tennis*) die Vorhand; ***le dernier*** ~ ***a mis le boxeur K.-O.*** durch den letzten Treffer ist der Boxer k. o. gegangen
9. ECHECS Zug *m*
10. (*manifestation*) ■ ~ **de** *de tonnerre, cloche* -schlag *m;* ~ ***de grisou*** Schlagwetter *nt;* ~ ***de vent*** Windstoß *m;* ~ ***de roulis*** [plötzliche] Krängung, [plötzliches] Schlingern; ~ ***de mer*** Sturzsee *f*
11. (*accès*) ■ **un ~ de** ein Anfall *m* von; ***qn a un*** ~ ***de cafard*** jd ist/fühlt sich down [daun] *fam;* ***sur un*** ~ ***de désespoir/de cafard/de folie*** in einem Anfall von Verzweiflung/Katzenjammer/Wahnsinn; ***qn est pris***(***e***) ***d'un*** ~ ***de désespoir/de folie*** jd wird von Verzweiflung/vom Wahnsinn gepackt; ***c'était un*** ~ ***de folie*** [***que***] ***de faire qc*** es [*o* das] war der helle Wahnsinn [*o* ein Wahnsinnseinfall], etw zu tun
12. (*action osée*) Coup *m,* Ding *nt fam;* ***qn est sur un*** ~ jd heckt [*o* brütet] gerade etwas [*o* ein Ding] aus *fam;* ***c'est un*** ~ ***à tenter/à risquer*** das ist den Versuch/das Risiko wert; ***qn réussit un*** ~ ***magistral*** jdm gelingt ein genialer Schachzug, jd landet einen genialen Coup *fam;* ***nous avons calculé le*** [*o* ***notre***] ~ wir haben die Sache [*o* das Risiko] genau berechnet; ***qc est un joli*** ~ ***publicitaire*** etw ist ein toller Werbecoup
13. (*action désagréable*): ***ça c'est un*** ~ ***des enfants*** das haben die Kinder verbrochen; ***c'est bien un*** ~ ***à lui*** das ist [wieder mal] typisch für ihn!; ***il nous fait le*** ~ [***à***] ***chaque fois*** das bringt [*o* macht] er [uns] jedes Mal; ***elle a fait le*** ~ ***en douce*** sie hat das heimlich, still und leise gemacht
14. (*quantité bue*) Schluck *m;* ***un*** ~ ***de rouge*** ein Schluck Rotwein; ***qn boit à petits*** ~***s*** jd trinkt mit kleinen Schlucken
15. (*événement*) ■ ~ **de:** ~ ***de chance*** [*o* ***veine***] [*o* ***pot*** *fam*] Glück[sfall *m*] *nt,* Dusel *m fam;* ~ ***de déveine*** Pech *nt;* ~ ***du destin*** [*o* ***sort***] Schicksalsschlag *m;* ~ ***de vache*** *fam* übler Streich
16. (*action*) ■ ~ **de:** ~ ***de maître*** Meisterleistung *f,* Meisterstück *nt,* Glanzleistung *f;* ~ ***de génie*** Geniestreich *m;* (*idée*) genialer Einfall, Geistesblitz *m;* ~ ***d'essai*** erster Versuch; ~ ***de force*** Handstreich *m,* Gewaltstreich *m;* ***il n'en est pas à son*** ~ ***d'essai*** er ist kein Anfänger mehr
▶ **qn donne un ~ d'accélérateur** AUT jd tritt aufs Gas[pedal], jd gibt Gas; *fam* (*se presse*) jd legt einen Zahn zu *fam;* **qn/qc a un ~ dans l'aile** (*est dans une mauvaise passe*) jd/etw steckt in Schwierigkeiten [*o* in der Klemme *fam*]; **qn a un ~ dans l'aile** *fam* (*est ivre*) jd hat einen in der Krone *fam,* jd hat einen sitzen *fam;* **d'un ~ d'aile** *littér* in Windeseile *geh,* im Nu; **d'un ~ de baguette magique** wie durch [*o* von] Zauberhand; **qn donne** [*o* **passe**] **un ~ de balai [dans qc]** *fam* jd geht rasch mit dem Besen durch [etw], jd fegt [*o* kehrt] [etw] rasch aus; *fig* jd kehrt [etw] mit eisernem Besen [aus], jd mistet [etw] aus *fam;* **qn a un ~ de bambou** *fam* (*accès de folie*) jd hat einen Knall *fam,* jd hat sie nicht alle [beisammen]; **qn attrape un ~ de bambou** *fam* jd holt sich (*dat*) einen Sonnenstich; **qn a un ~ de barre** *fam* jd hat ein Tief, jd hängt durch *fam;* **c'est comme si on donnait des ~s de bâton dans l'eau** *fam* das ist [doch] verlorene [*o* vergebliche] Liebesmüh[e]; **qn donne un ~ de bec à qn** jd hackt auf jdm herum; **des personnes se donnent des ~s de bec** Menschen hacken aufeinander herum; **pour ~s et blessures** wegen schwerer Körperverletzung; ~ **de boutoir** Offensive *f,* Vorstoß *m; pl* (*attaque incessante*) Attacken *pl;* **qn donne un ~ de canif** [*o* **couteau**] **dans le contrat** *fam* jd macht [*o* leistet sich (*dat*)] einen Seitensprung, jd geht fremd; **qn donne un ~ de chapeau à qn** (*salue*) jd zieht vor jdm den Hut; **qn tire un grand ~ de chapeau à qn** (*admire*) jd zieht vor jdm den Hut, jd nimmt vor jdm den Hut ab; **qn a un [véritable] ~ de cœur pour qc** jd verliebt sich [richtig] in etw (*akk*), jd verguckt sich in etw (*akk*) *fam;* **qc est un ~ au cœur pour qn** etw trifft jdn [mitten] ins Herz; **qn donne un ~ de collier** jd legt sich ins Zeug; **qn a un bon ~ de crayon** jd hat Talent zum Zeichnen; **en deux/trois ~s de cuillère à pot** *fam* im Handumdrehen; **qn donne** [*o* **envoie**] **des ~s de dent à qn** jd zieht über jdn her; **des personnes s'envoient des ~s de dent** Menschen ziehen übereinander her; **qn [en] prend un bon** [*o* **sacré**] ~ **dans les dents** *fam* jd bekommt ordentlich eins aufs Dach *fam;* **qn donne le ~ d'envoi [à qc]** SPORT jd pfeift [etw] an; (*ordre de commencer*) jd gibt den Startschuss [*o* das Startzeichen] [*o* das Startsignal]; (*inauguration*) jd eröffnet etw; **qn donne un ~ d'épée dans l'eau** jds Tun ist ein Schlag ins Wasser, jd hat keinen Erfolg; **c'est un ~ d'épée dans l'eau** das ist ein Schlag ins Wasser; **qn donne** [*o* **envoie**] **un ~ d'épingle à qn** *fam* jd stichelt gegen jdn; **pour un ~ d'essai, c'est un ~ de maître** für das erste Mal ist das eine Glanzleistung; **qn donne un ~ de fer à qc** jd bügelt etw [auf]; ~ **de fouet:** ***qc est un*** ~ ***de fouet pour qn/qc*** etw bringt jdn/etw in Schwung [*o* auf Trab]; */drogue/* etw putscht jdn auf; **qn a un bon ~ de fourchette** *fam* jd hat einen gesunden Appetit, jd haut [beim

Essen] ordentlich rein *fam;* **qn donne un ~ de frein** jd bremst plötzlich, jd steigt auf die Bremse *fam;* **qn/qc donne un ~ de frein à qc** jd/etw bremst etw [ab]; **qn prend un ~ de froid** jd erkältet sich, jd holt sich (*dat*) eine Erkältung; **qn donne des ~s de griffe à qn** jd zeigt jdm die Krallen; **qn donne** [*o* **pousse**] **des ~s de gueule** *fam* jd schreit [*o* brüllt] herum; **sur le ~ de trois/quatre/... heures** gegen [*o* ungefähr um] drei/vier/... Uhr; **~ de main** Überfall *m;* **qn a le ~ de main** jd kann's, jd hat den Bogen raus [*o* spitz] *fam;* **qn donne un ~ de main à qn** jd geht jdm zur Hand *geh,* jd hilft jdm; **~ de massue** Keulenschlag *m;* **sur le ~ de midi/minuit** um die Mittagszeit/gegen Mitternacht; **qn a un ~ dans le nez** *fam* jd hat zu tief ins Glas geschaut; **qn a le ~ d'œil [pour faire qc]** jd hat ein gutes Augenmaß [für etw]; ***quel ~ d'œil!*** gutes Augenmaß!; **qn jette** [*o* **lance**] **un ~ d'œil à qn** jd wirft jdm einen Blick zu; **qn jette un ~ d'œil à qc** (*examine brièvement*) jd wirft einen Blick auf etw (*akk*); *texte a.* jd überfliegt etw; **qn jette un ~ d'œil sur qc** (*surveille*) jd hat ein Auge auf etw (*akk*); **d'un ~ d'œil** in einem Augenblick, im Nu; **au premier ~ d'œil** auf Anhieb, auf den ersten Blick; **un ~ d'œil [à qc] lui suffit [pour faire qc]** ein Blick [auf etw (*akk*)] genügt jdm [um etw zu tun]; **qn donne** [*o* **envoie**] **un ~ de pied à qn** jd gibt [*o* versetzt] jdm einen Fußtritt, jd tritt jdn; **qn donne le ~ de pied de l'âne à qn** jd gibt jdm den Rest *fam,* jd richtet jdn zugrunde; **un ~ de pied au derrière** [*o* **au cul** *fam*] ein Tritt *m* in den Hintern *fam;* **qn donne un ~ de pied dans la fourmilière** jd sticht in ein Wespennest; **qn a le** [*o* **un**] **~ de pompe** *fam* jd hat einen Durchhänger [*o* toten Punkt] *fam;* **~ de pouce** letzter Schliff; **qn donne un ~ de pouce à qc** jd hilft einer S. (*dat*) [ein wenig] nach, jd biegt etw zurecht; **qn donne un ~ de pouce à qn** jd hält jdm die Steigbügel, jd hilft jdm in den Sattel; **~ de tête** [plötzliche] Anwandlung, [plötzlicher] Impuls; ***sur un ~ de tête*** aus einer plötzlichen Anwandlung heraus, in einem plötzlichen Impuls; ***qn fait un ~ de tête*** jd macht etwas Unüberlegtes; **comme un ~ de tonnerre** wie ein Blitz *m* aus heiterem Himmel; ***qc éclate comme un ~ de tonnerre*** etw schlägt ein wie ein Blitz [*o* wie eine Bombe]; **~ de torchon** (*altercation*) [schwerer] Zwischenfall, Auseinandersetzung *f;* (*épuration*) Säuberungsaktion *f;* ***il faudrait un fameux ~ de torchon*** man müsste mal gründlich ausmisten; **qn fait qc en ~ de vent** jd tut etw in Windeseile; **qn passe en ~ de vent** jd kommt auf einen Sprung vorbei *fam;* **qn prend un ~ de vieux** *fam* jd altert mit einem Schlag, jd wird mit einem Schlag älter; **~ bas** Tiefschlag *m,* Schlag *m* unter die Gürtellinie; **qn réussit un beau ~** *fam* jd landet einen Volltreffer *iron fam;* **qn pleure/rit un bon** [*o* **grand**] **~** jd weint sich [richtig] aus/jd lacht lauthals [*o* aus vollem Halse]; **qn fait les quatre cents ~s** jd stellt allerhand an, jd macht Sachen; **à chaque ~** jedes Mal; **c'est le ~ classique** *fam* das ist doch wieder typisch; **qn fait ~ double** jd schlägt zwei Fliegen mit einer Klappe; **c'est un ~ dur** [*o* **rude**] **[pour qn]** das ist ein harter [*o* schwerer] Schlag [für jdn]; **encore un ~** *fam* noch mal; **~ fourré** Hinterhalt *m;* ***c'est un ~ fourré*** da stimmt was nicht; ***ça sent le ~ fourré*** da scheint was faul zu sein; **~ franc** (*au football, rugby*) Freistoß *m;* (*au basket, handball*) Freiwurf *m;* **qn frappe un grand ~** jd landet einen großen Coup, jd sorgt für einen Paukenschlag; **mauvais ~** (*action illégale*) krummes Ding; ***qn attrape un mauvais ~*** (*blessure*) jd bekommt ganz schön was ab; ***qn fait/ mijote un mauvais ~*** jd dreht ein [krummes] Ding/heckt ein [krummes] Ding aus; **qc porte un mauvais ~ à qc** etw schadet einer S. (*dat*), etw fügt einer S. (*dat*) Schaden zu; **du même ~** gleichzeitig; **~ monté [contre qn]** abgekartetes Spiel [gegen jdn]; **tous les ~s sont permis** alles ist erlaubt, alle Tricks [*o* Kniffe] sind erlaubt; **du premier ~** auf Anhieb; **qn en fiche** [*o* **donne**] [*o* **met**] **un sacré ~ [pour faire qc]** *fam* jd legt sich mächtig ins Zeug [um etw zu tun] *fam;* **c'est un sale ~ [pour qn]** *fam* das ist ein harter Schlag [für jdn], das trifft jdn hart; **qn fait** [*o* **joue**] **un sale ~ à qn** jd spielt jdm übel mit, jd wischt jdm eins aus; **d'un seul ~** auf ein Mal; **à ~ sûr** mit Sicherheit, ganz bestimmt; **qn frappe les trois ~s** (*commence*) jd eröffnet die Veranstaltung; ***on frappe les trois ~s*** THEAT es läutet [*o* klingelt] [dreimal]; ***on a déjà frappé les trois ~s*** es hat zum dritten Mal geläutet [*o* geklingelt]; **qn a le ~ [pour faire qc]** jd weiß, wie man etw macht; jd hat den Dreh [*o* Bogen] raus *fam;* **qn accuse le ~** jd ist sichtlich getroffen; **qn ajuste son ~** jd zielt genau; **qn attrape le ~ [pour faire qc]** jd lernt, wie man etw macht; jd bekommt den [richtigen] Dreh raus[, wie man etw macht] *fam;* **qn boit un ~** *fam* jd trinkt einen, jd hebt einen *fam;* ***qn boit un ~ de trop*** jd trinkt einen zu viel [*o* über den Durst]; ***je te paie un ~ à boire*** ich gebe dir einen aus; **qn compte les ~s** jd begnügt sich mit der Rolle des Zuschauers, jd hält sich heraus [*o* raus *fam*]; **qn discute le ~** *fam* jd quasselt *fam;* **qc donne** [*o* **fait**] **un ~ à qn** etw trifft jdn wie ein Schlag; **c'est** [**encore**] **un ~ de 50 000 F/10 000 F/...** das kostet [mal wieder] [*o* das ist [mal wieder] eine Sache von] 50 000 F/10 000 F/...; **qn est dans le ~** *fam* (*est impliqué*) jd ist an der Sache beteiligt; (*est au courant*) jd weiß, worum es geht; jd ist auf dem Laufenden; **qn n'est plus dans le ~** jd lebt auf [*o* hinter] dem Mond *fam;* **qn est hors** [*o* **en dehors**] **du ~** [**dans qc**] *fam* (*n'est pas impliqué*) jd ist aus dem Schneider [bei etw] *fam;* (*n'est pas au courant*) jd ist nicht auf dem Laufenden [bei etw], jd weiß nicht, worum es [bei etw] geht; **qn explique le ~ à qn** *fam* jd erklärt jdm die Sache [*o* jdm, worum es geht]; **qn laisse qn/qc hors** [*o* **en dehors**] **du ~** *fam* jd lässt jdn/etw aus dem Spiel; **qn manque** [*o* **rate**] **son ~** *fam* jd verpatzt [*o* vermasselt] die Sache *fam;* **qn marque le ~** jd ist sichtlich getroffen; **pour marquer le ~** (*pour protester*) aus Protest; (*pour fêter*) zur Feier des Tages; **qn met qn dans le ~** *fam* (*informe*) jd setzt jdn ins Bild, jd klärt jdn auf; (*implique*) jd zieht jdn ins Vertrauen; **qn en met un ~ [pour faire qc]** *fam* jd legt sich ins Zeug [um etw zu tun]; **qn monte le ~ à qn** *fam* jd bindet jdm einen Bären auf; **qn monte un ~** *fam* jd plant einen Coup; ***c'est lui qui a monté le ~*** er war der Drahtzieher; **qn se monte le ~** *fam* (*se fait des illusions*) jd macht sich (*dat*) etwas vor; (*dramatise*) jd dramatisiert; **qn pare le ~** SPORT jd pariert den Stoß; *fig a.* jd pariert den Hieb [*o* Schlag]; **le ~ a porté** SPORT der Schlag hat gesessen; **qn en prend un ~** *fam* jd ist ganz schön betroffen *fam;* **qc en prend un ~** *fam* etw bekommt [*o* kriegt] ganz schön was ab *fam;* **qn rend ~ pour ~ [à qn]** jd zahlt es [jdm] mit gleicher Münze heim, jd vergilt Gleiches mit Gleichem; **qn a réussi son ~** *fam* jd hat's geschafft *fam;* **qn risque** [*o* **tente**] **le ~** *fam* jd lässt es auf einen Versuch ankommen, jd probiert's einfach [mal] *fam;* **qn/qc tient le ~** *fam* jd hält durch/etw hält's aus; **qn tire un** [*o* **son**] **~** *fam* jd bumst *fam;* **ça vaut le ~ [de faire qc]** es lohnt sich [etw zu tun]; **tout à ~** plötzlich; **à ~[s] de qc** mittels [*o* mit Hilfe] einer S. (*gen*), mit etw; ***à ~s de matraque*** mit Knüppelschlägen; ***à ~s de pied dans le derrière*** mit Tritten in den Hintern; ***à ~ de publicité*** durch massive Werbung; **après ~** im Nachhinein; *modifier, améliorer, rajouter, féliciter a.* nachträglich; **au ~ par ~** nach Bedarf; **du ~** *fam* deshalb, darum; **tout d'un ~** ganz plötzlich; **c'était un ~ pour rien** das war ein Schuss in den Ofen *fam;* **pour le ~** *fam* gerade deshalb; **pour un ~** ausnahmsweise [mal], dieses eine Mal; **sous le ~ de qc** vor [lauter] etw (*dat*), unter [Aus]wirkung einer S. (*gen*); ***sous le ~ de la peur*** vor lauter Angst; ***qc tombe sous le ~ de la loi*** etw steht unter Strafe, etw ist strafbar; **~ sur ~** Schlag auf Schlag, kurz [*o* schnell] hintereinander; **sur le ~** (*aussitôt*) sofort, auf der Stelle; (*au début*) im ersten Moment [*o* Augenblick], zunächst; **sur le ~ de dix heures/midi/...** gegen [*o* ungefähr um] zehn/zwölf Uhr [*o* um die Mittagszeit]; **ce ~-ci** dieses Mal, diesmal; **ce ~-là** damals; **à tous les ~s, à tout ~** jedes Mal; (*à tout propos*) bei jeder Gelegenheit

◆ **coup d'arrêt** Beeinträchtigung *f;* ***ça a été un ~ d'arrêt brutal à leurs activités*** ihre/seine Aktivitäten wurden plötzlich stark gebremst ▶**qn/qc donne un ~ d'arrêt à qn/qc** *à une personne, entreprise* jd/etw bremst jdn/etw, jd/etw versetzt jdm einen Rückschlag; *activité a.* jd schiebt einer S. (*dat*) einen Riegel vor; **coup de barre** NAUT [plötzliche] Kursänderung; (*changement de politique*) Richtungsänderung *f* ▶**qn donne un ~ de barre** jd wirft das Ruder [*o* Steuer] herum, jd schlägt einen anderen Kurs ein; **c'est le ~ de barre** *fam* das ist der reinste Wucher; **coup d'éclat** (*action glorieuse*) Glanzleistung *f;* (*scandale*) Eklat *m;* **coup de dé[s]** (*jeu*) Wurf *m;* (*décision hasardeuse*) Würfeln *nt;* ***qn joue qc sur un ~ de dé*** jd setzt etw aufs Spiel ▶**d'un ~ de dés** von jetzt auf nachher, mit einem Schlag; **sur un ~ de dés** aufs Geratewohl, auf gut Glück; **coup de feu** Schuss *m;* ***qn tire un ~ de feu*** jd gibt [*o* feuert] einen Schuss ab ▶**c'est le ~ de feu** es herrscht gerade Hochbetrieb, es ist gerade Stoßzeit; **coup d'État** POL Staatsstreich *m,* Coup d'État *m spec;* **coup de fil** Anruf *m;* ***qn reçoit un ~ de fil*** jd erhält einen Anruf; ***qn donne*** [*o* ***passe***] ***un ~ de fil*** [***à qn***] jd ruft [jdn] an; ***je peux passer un ~ de fil?*** kann ich mal telefonieren?; **coup de filet** Fang *m,* Fischzug *m;* **coup de foudre** Liebe *f* auf den ersten Blick ▶**qn a le ~ de foudre pour qn/qc** jd verliebt sich auf den ersten Blick [*o* auf Anhieb] in jdn/etw; **coup de fusil** ▶**c'est le ~ de fusil** *fam* das ist stinkteuer *fam;* **coup de glotte** Knacklaut *m,* Glottisschlag *m spec;* **coup de gong** Gongschlag *m;* **coup de grâce** Gnadenstoß *m;* **coup de poker**: ***c'était un ~ de poker*** das war gepokert; **coup de sang** Schlag[anfall *m*] *m;* **coup de semonce** Warnschuss *m;* **coup de sifflet** Pfiff *m;* ***~ de sifflet final*** Schlusspfiff; **coup de soleil** (*insolation*) Sonnenstich *m;* (*brûlure*) Sonnenbrand *m;* **coup de sonde** NAUT Peilung *f,* Lotung *f;* (*entretien*) Sondierungsgespräch *nt;* **coup de sonnette** Klingeln *nt;* **coup de téléphone** Anruf *m;* **coup de théâtre** (*rebondissement*) Theatercoup *m;* (*changement imprévu*) Knalleffekt *m;* ***qc est un joli ~ de théâtre*** etw schlägt ein wie eine Bombe; **coup du lapin** *fam* Genickschlag *m,* Nackenschlag *m;* (*lors d'un accident*) Schleudertrauma *nt*

coupable [kupabl] **I.** *adj* **1.** (*fautif*) ■ **~ [de qc]** [einer S. (*gen*)] schuldig; ■ **~ [d'avoir fait qc]** schuldig [etw getan zu haben]; ***qn s'avoue ~*** jd bekennt sich schuldig; ***qn est reconnu(e) ~*** jd wird für schuldig befunden

2. (*condamnable*) *pensées, désirs* verwerflich, sündhaft, sündig; *faiblesse* tadelnswert; ***qn est d'une indulgence ~*** jd ist viel zu nachsichtig

▶**qn plaide ~/non ~** jd bekennt sich schuldig/nicht schuldig

II. *mf* (*responsable*) Schuldige(r) *f(m);* (*malfaiteur*) Täter(in) *m(f)*

▶**le/la ~ désigné(e)** der ideale Sündenbock

coupage [kupaʒ] *m* Verschnitt *m;* ***on fait des ~s de différents cépages*** verschiedene Rebsorten werden miteinander verschnitten

coup-de-poing [kudpwɛ̃] *adj inv opération, politique* knallhart

coup-de-poing [américain] <~s-~-~> [kudpwɛ̃(amerikɛ̃)] *m* Schlagring *m*

coupe¹ [kup] *f* **1.** (*verre à pied*) Schale *f;* ***~ à champagne*** Sektschale

2. (*récipient*) Schale *f;* ■ **~ à** -schale

3. (*contenu*) Portion *f,* Schälchen *nt*

4. SPORT Pokal *m,* Cup [kap] *m;* (*épreuve a.*) Pokalwettbewerb *m;* ***la ~ Davis*** der Daviscup ['deɪvɪs-]; ***la ~ de France*** der französische Pokal; ***la ~ du monde*** (*football*) die Weltmeisterschaft; (*ski*) der Weltcup

▶**il y a loin de la ~ aux lèvres** *prov* bis dahin fließt noch viel Wasser den Berg hinunter, da kann noch viel dazwischenkommen [*o* in die Quere kommen]; **qn boit la ~ jusqu'à la lie** jd leert [*o* trinkt] den Kelch bis zur Neige

◆ **coupe de champagne** Glas *nt* Champagner

coupe² [kup] *f* **1.** (*action de couper*) Zuschneiden *nt;* [*arbre*] Fällen *nt*

2. (*résultat*) [*tissu, cheveux, plaque*] Schnitt *m;* [*arbre*] [Ein]schlag *m;* ***quel genre de ~ désirez-vous?*** was für einen [Haar]schnitt wünschen Sie?, wie möchten Sie denn die Haare geschnitten haben?

3. (*morceau*) ■ **une ~ de qc** *de bois, tissu, métal, contreplaqué* ein Stück *nt* etw

4. COUT (*façon*) Schnitt *m;* ***un manteau de bonne ~*** ein gut geschnittener Mantel; ***cours de ~*** Zuschneidekurs *m;* ***la table de ~*** der Zuschneidetisch

5. (*étendue élaguée*) [Kahl]schlag *m*

6. BIO, BOT (*section*) Schnitt *m;* [*tronc d'arbre*] Schnittfläche *f*

7. (*dessin*) Schnitt *m;* ***~ longitudinale/ transversale/ verticale/ perpendiculaire*** Längs-/Querschnitt/waagerechter/senkrechter Schnitt; ***une ~ en long*** ein Längsschnitt

8. LITTER [*vers, poésie*] Zäsur *f,* Einschnitt *m*

9. CARTES Abheben *nt*

▶ ~ **claire** [*o* **sombre**] einschneidende Kürzung; **qn est sous la ~ de qn** jd steht [*o* ist] unter jds Fuchtel (*dat*) *fam;* **qn tombe sous la ~ de qn** jd gerät in jds Klauen [*o* unter jds Fuchtel] (*akk*) *fam;* **à la ~** offen, am Stück ***j'achète toujours le beurre/le fromage à la ~*** ich kaufe die Butter/den Käse immer offen [*o* am Stück]; ***cette terrine se vend à la ~*** diese Pastete wird portionsweise verkauft

◆ **coupe au bol** Topfschnitt *m;* **coupe au carré** Pagenschnitt *m;* **coupe au rasoir** Messer[form]schnitt *m;* **coupe aux ciseaux** mit der Schere geschnittener Haarschnitt; **coupe de cheveux** Haarschnitt *m;* **coupe en brosse** Bürsten[haar]schnitt *m,* Bürstenfrisur *f*

coupé, e [kupe] **I.** *adj* **1.** *cheveux, pain* geschnitten; *herbe, blé* gemäht; *bois* zerkleinert, zersägt; ***les cheveux ~s court te vont bien*** die kurz geschnittenen Haare stehen dir gut; ***fleurs ~es*** Schnittblumen *pl;* ***~ en tranches*** in Scheiben geschnitten

2. (*divisé*) ■ **qc est ~ en qc** etw ist in etw (*akk*) gespalten; ***qc est ~ en deux/trois*** etw ist zwei-/dreigeteilt

3. COUT: ***bien/mal ~*** gut/schlecht geschnitten

4. TRANSP *col* gesperrt; *chemin* (*encombré*) versperrt; (*interdit*) gesperrt

5. TELEC *communication, ligne* unterbrochen

6. (*dilué*) *vin, lait* mit Wasser verdünnt

7. SPORT *balle* angeschnitten

II. *m* AUT Coupé *nt*

coupe-cigare[s] <~-~s> [kupsigaʀ] *m* Zigarrenabschneider *m* **coupe-circuit** <~-~s> [kupsiʀkɥi] *m* Sicherung *f,* [Strom]unterbrecher *m* **coupe-faim** <~-~[s]> [kupfɛ̃] *m* Appetitzügler *m* **coupe-feu** <~-~[x]> [kupfø] **I.** *m* [Brand]schneise *f;* (*mur*) Brandmauer *f* **II.** *app inv porte, mur* Brand-; ***tranchée ~-~*** [Brand]schneise *f* **coupe-file** <~-~s> [kupfil] *m* Passierschein *m* **coupe-frites** [kupfʀit] *m inv* Pommes-frites-Schneider *m* **coupe-gorge** <~-~[s]> [kupgɔʀʒ] *m* (*établissement*) Spelunke *f;* (*passage, quartier*) gefährliche Ecke **coupe-légumes** [kuplegym] *m inv* Hobel *m;* (*électrique*) Gemüseschneider *m*

coupelle [kupɛl] *f* **1.** Schälchen *nt*

2. CHIM Kupelle *f spec*

coupe-ongle <~-~s> [kupɔ̃gl] *m* Nagelknipser *m* **coupe-papier** [kuppapje] *m inv* Brieföffner *m*

couper <1> [kupe] **I.** *vi* **1.** (*être tranchant*) ■ **qc coupe [d'une certaine façon]** /*couteau, verre*/ etw schneidet [irgendwie]; ***qc coupe comme un rasoir*** etw ist scharf wie ein Rasiermesser; ***attention, ça coupe!*** Achtung, das ist scharf!

2. (*prendre un raccourci*) ■ **qn coupe ...** jd kürzt ... ab; ***je vais ~ à travers champs/par le bois*** ich werde den kürzesten Weg querfeldein/durch den Wald nehmen, ich werde die Abkürzung über die Felder/durch den Wald nehmen; ***coupe par le petit chemin, tu gagneras 10 minutes*** wenn du den kleinen Weg nimmst, schneidest du ab; du gewinnst 10 Minuten; ***comment faire pour ~ au plus court? – Vous pourrez ~ par le cimetière*** wie ist der kürzeste Weg dorthin? – Sie können die Abkürzung über den Friedhof nehmen

3. (*interrompre*) ■ **qn coupe** jd fährt dazwischen *fam,* jd unterbricht

4. CARTES ■ **qn coupe** jd hebt [die Karten] ab; ■ **qn coupe [à ...]** *à cœur, pique, trèfle, carreau* jd trumpft [mit ...]

5. (*être mordant*) ■ **qc coupe** /*vent, froid*/ etw schneidet

6. *fam* (*échapper à*) ■ **qn coupe à qc** *à une corvée, punition* jd kommt um etw [he]rum *fam;* ***tu n'y couperas pas!*** da kommst du nicht drum [he]rum *fam*

▶ **ne coupez pas!** TELEC bleiben Sie dran [*o* am Apparat], legen Sie nicht auf; **coupez!** CINE Schnitt!

II. *vt* **1.** (*trancher*) ■ **qn coupe qc** jd schneidet etw; *tissu, robe* jd schneidet etw zu; *cime, tête, cou, bord* jd schneidet etw ab; *gorge* jd schneidet etw durch; *poulet* jd schneidet etw auf; *arbre* jd fällt etw; (*avec une hache*) *cime, branche* jd schlägt [*o* trennt] etw ab; ■ **qc coupe qc [d'une certaine façon]** /*couteau, ciseaux*/ etw schneidet etw [irgendwie]; /*hache*/ etw schlägt [*o* trennt] etw [irgendwie] ab; ***la hache a coupé la bûche/a coupé la bûche en deux morceaux*** die Axt schlug den Holzklotz entzwei/in zwei Teile; ***qc coupe bien le pain/tissu*** etw eignet sich gut zum Brot-/Stoffschneiden

2. (*blesser*) ■ **qn coupe qn [quelque part]** jd schneidet jdn [irgendwo]; ■ **qn coupe qc à qn** jd schneidet jdm in etw (*akk*); ***le barbier lui a coupé la joue*** der Friseur hat ihm in die Wange geschnitten

3. (*isoler*) ■ **qn/qc coupe qn/qc de qn/qc** jd/etw schneidet jdn/etw von jdm/etw ab, jd/etw isoliert jdn/etw von jdm/etw; ***le quartier est complètement coupé*** das Viertel ist völlig isoliert; ***ils sont coupés de toute civilisation*** sie sind von jeglicher Zivilisation abgeschnitten

4. (*raccourcir*) ■ **qn coupe qc [de qc]** *texte* jd kürzt etw [um etw]; *émission, scène a.* jd schneidet etw; *passages* jd nimmt etw heraus

5. (*arrêter*) ■ **qn coupe qc [à qn]** *eau, électricité, téléphone, gaz, son* jd stellt [jdm] etw ab; *télévision, radio* jd stellt [jdm] etw aus, jd macht etw aus; ■ **qc coupe qc** *ligne téléphonique* etw unterbricht etw, durch etw ist/wird etw unterbrochen; *eau, électricité, gaz* wegen etw fällt etw aus; ***le courant est coupé pour une durée indéterminée*** der Strom ist auf unbestimmte Zeit unterbrochen, es gibt auf unbestimmte Zeit keinen Strom

6. (*interrompre*) ■ **qn/qc coupe qn/qc** *journée, matinée, personne* jd/etw unterbricht jdn/etw

7. (*mettre fin à*) ■ **qn coupe qc** *relations, communication téléphonique* jd bricht etw ab; ■ **qc coupe qc** *fièvre* etw senkt etw; *faim* etw nimmt etw

8. (*bloquer*) ■ **qn/qc coupe qc [à qn]** *crédit* jd/etw sperrt [jdm] etw; *chemin, route, pont* jd/etw versperrt [jdm] etw; ***j'ai coupé les vivres à ma fille*** ich habe meiner Tochter die finanzielle Unterstützung entzogen

9. (*traverser*) ■ **qc coupe qc** /*route, ligne*/ etw schneidet etw; ***l'autoroute coupe les champs*** die Autobahn durchschneidet die Felder

10. (*diluer*) ■ **qn coupe qc** *vin, lait* jd verdünnt [*o* vermischt] etw mit Wasser

11. (*mordre*) ■ **qc coupe qc à qn** /*vent, bise, froid*/ etw schneidet jdm in etw (*akk*); ***le froid me coupe le visage/les lèvres*** die Kälte schneidet mir ins Gesicht/tut mir an den Lippen weh

12. CARTES ■ **qn coupe qc** jd hebt etw ab

13. (*scinder*) ■ **qn coupe qc** *mot* jd trennt etw; *paragraphe* jd unterteilt etw; *pièce* jd unterteilt etw, jd teilt etw; ***mot mal coupé*** falsch getrenntes Wort

14. SPORT ■ **qn coupe qc** *balle* jd schneidet etw [an]

▶ **qn/qc la coupe à qn** *fam:* ***là, tu me la coupes!*** da verschlägt's mir die Sprache! *fam,* das haut mich um! *fam;* ***ils ont gagné au loto, ça te la coupe, hein?*** die haben im Lotto gewonnen, da bist du platt, was? *fam*

III. *vpr* **1.** (*se blesser*) ■ **qn se coupe** jd schneidet sich; ■ **qn se coupe qc** jd schneidet sich (*dat o akk*) in etw (*akk*)

2. ■ **qn se coupe qc** *cheveux, ongles* jd schneidet sich (*dat*) etw

3. (*se contredire*) ■ **qn se coupe** jd widerspricht sich (*dat*); ■ **des personnes/choses se coupent** Menschen/Dinge widersprechen sich

4. (*être coupé*) ■ **qc se coupe d'une certaine façon** *bien, mal* etw lässt sich irgendwie schneiden, etw kann man irgendwie schneiden; *avec une faucille, un couteau* etw wird irgendwie geschnitten

5. (*couper pour soi*) ■ **qn se coupe qc** *pain* jd schneidet sich (*dat*) etw ab; *robe* jd schneidet sich (*dat*) etw zu

6. (*se croiser*) ■ **des choses se coupent** /*routes, chemins*/ Dinge schneiden sich

▶ **qn se coupe en quatre [pour qn]** jd reißt sich (*dat*) ein Bein [für jdn] aus

couperet [kupʀɛ] *m* **1.** [*boucher*] Schlachterbeil *nt,* Schlachtermesser *nt*

2. [*guillotine*] Fallbeil *nt*

▶ **le ~ tombe** *fig* das Ende ist besiegelt

couperose [kupʀoz] *f* Kupferrose *f,* Kupferfinne *f,* Rosazea *f spec*

couperosé, e [kupʀoze] *adj visage, nez* blaurot

coupeur, -euse [kupœʀ, -øz] *m, f* COUT Zuschneider(in) *m(f)*

▶ **~(-euse) de cheveux en quatre** Haarspalter(in) *m(f)*

◆ **coupeur de têtes** Kopfjäger *m*

coupe-vent <~-~[s]> [kupvɑ̃] *m* **1.** (*vêtement*) Windjacke *f*

2. (*protection contre le vent*) Windschutz *m*

couplage [kuplaʒ] *m* TECH Kopplung *f;* ELEC *a.* Schaltung *f*

couple [kupl] *m* **1.** (*époux*) Ehepaar *nt;* (*concubins*) [Liebes]paar *nt;* ***un ~ uni*** ein harmonisches Paar; ***un ~ bien/mal assorti*** ein Paar, das gut/schlecht zusammenpasst; ***la vie/les problèmes de ~*** das Eheleben/Eheprobleme *pl;* (*de ~ non marié*) die Partnerschaft/Partnerschaftsprobleme *pl*

2. (*partenaires*) Paar *nt;* ■ **~ de** -paar; ***les ~s [de danseurs/de patineurs]*** die [Tanz-/Eislauf]paare

3. (*animaux*) ■ **~ de** -paar *nt*

4. NAUT, AVIAT, ASTRON Spant *nt*

▶ **un beau ~** ein schönes Paar; **~ thermoélectrique** Thermoelement *nt;* **par ~s** paarweise

◆ **couple de torsion** Drillmoment *nt;* **couple moteur** Drehmoment *nt* des Motors

couplé [kuple] *m* Zweierwette *f* im Pferdetoto; ***qn remporte le ~*** jd gewinnt bei der Zweierwette im Pferdetoto

coupler <1> [kuple] *vt* **1.** ■ **qn couple des choses** *bateaux, péniches* jd hängt Dinge aneinander; *bielles, roues de wagon* jd koppelt Dinge, jd kuppelt Dinge; ■ **qn couple des animaux** jd bindet Tiere zusammen

2. INFORM ■ **qn couple qc à qc** jd schließt etw an etw (*akk*); ■ **qn couple des choses** jd schließt Dinge zusammen; *ordinateurs* jd vernetzt Dinge [miteinander]

couplet [kuplɛ] *m* [*chanson*] Strophe *f*

▶ **qn sort** [*o* **ressort**] **son ~ [sur ...]** jd ist wieder bei seinem Lieblingsthema [...]; ***elle va encore nous sortir son ~ sur le foot*** dann fängt sie wieder mit ihrem Lieblingsthema Fußball an

coupleur [kuplœʀ] *m* **1.** INFORM Koppelelement *nt,* Koppler *m*

2. AUT: ***~ d'une remorque*** Anhängerkupplung *f*

▶ **~ acoustique** Akustikkoppler *m*

coupole [kupɔl] *f* Kuppel *f*

▶ **qn est reçu(e)** [*o* **entre**] **sous la C~** jd wird in die Académie française aufgenommen

coupon [kupɔ̃] *m* **1.** COUT (*coupe*) Stoffrest *m;* (*rouleau de tissu*) Stoffballen *m*

2. (*bon*) Abschnitt *m,* Kupon *m;* ***~ détachable [de commande]*** Bestellabschnitt *m,* Bestellkupon *m*

3. FIN Coupon *m;* ***~ de rente*** Rentenanteil *m,* Rentenschein *m;* ***~ de dividende*** Dividendenschein *m,* Gewinnanteilschein *m*

coupon-réponse <~s-~> [kupɔ̃ʀepɔ̃s] *m* [Rück]antwortschein *m*

coupure [kupyʀ] *f* **1.** (*blessure*) Schnitt *m,* Schnittwunde *f;* ***~ au doigt/visage*** Schnittwunde am Finger/im Gesicht

2. ***~ de journal*** [*o* ***de presse***] Zeitungsausschnitt *m*

3. LITTER, CINE Kürzung *f;* ***faire des ~s dans un texte*** einen Text kürzen, Streichungen an einem Text vornehmen; ***il faut faire des ~s, ce film est trop long*** es müssen Kürzungen vorgenommen werden [*o* wir müssen kürzen], der Film ist zu lang

4. (*interruption*) (*involontaire*) ■ **~ de** *d'eau, de gaz* -ausfall *m; de courant, d'électricité a.* -unterbrechung *f;* (*volontaire*) *de courant, d'électricité* -unterbrechung, Abschaltung *f* (+ *gen*); *d'eau, de gaz* Sperrung *f* (+ *gen*), Abstellung *f* (+ *gen*)

5. (*billet de banque*): ***~ de cent francs*** Hundertfrancschein *m;* ***grosses/petites ~s*** große/kleine Scheine

6. (*changement brutal*) ■ **~ dans qc** *dans la vie de qn, l'amitié* [tiefer] Einschnitt in etw (*dat*); ***il y a eu une ~ dans sa confiance*** sein/ihr Vertrauen war erschüttert; ***qc a provoqué une ~ dans leur amitié*** (*éloignement*)

etw war ein Einschnitt in ihrer Freundschaft; (*cassure*) etw hat zu einem Bruch in ihrer Freundschaft geführt
▶ **qn se fait une ~ [à qc]** jd schneidet sich (*dat o akk*) [in etw (*akk*)]; **qn fait des ~s dans qc** jd kürzt etw; *texte a.* jd nimmt an etw (*dat*) Streichungen vor; *dans un film a.* jd nimmt Kürzungen an etw (*dat*) vor

cour [kuʀ] *f* **1.** [*bâtiment*] Hof *m;* ~ ***de la caserne*** Kasernenhof; ~ ***de l'école*** Schulhof; ~ ***de récréation*** Pausenhof, Schulhof; ~ ***du cloître*** Klosterhof; ~ ***de ferme*** Hof eines Bauernhauses; ~ ***intérieure*** Innenhof
2. [*roi*] Hof *m;* ***les gens de*** ~ Mitglieder *pl* des Hofes, Höflinge *pl veraltet;* ***noblesse de*** ~ Hofadel *m*
3. [*homme puissant, célébrité*] Hofstaat *m hum;* ~ ***d'admirateurs*** Verehrerschar *f,* Schar *f* von Verehrern
4. JUR ■ **la C~** der Gerichtshof, das Gericht; ***messieurs*** [***les Jurés***], ***la C~***! [meine Damen und Herren,] das Hohe Gericht!
5. BELG (*toilettes*) Toilette *f,* Klo *nt fam*
▶ **c'est la ~ des Miracles** das ist ja wie im Armenhaus *fam;* ~ **martiale** Kriegsgericht *nt,* Standgericht *nt;* **C~ suprême** oberster Gerichtshof; **qn a sa ~** jd hat seinen Hofstaat; **qn fait sa ~** jd hofiert; **qn fait la ~ à une femme** jd macht einer Frau den Hof
◆ **cour d'appel** Berufungsgericht *nt;* **cour d'arbitrage** Schiedsgericht *nt;* **cour d'assises** Schwurgericht *nt;* **Cour de cassation** Kassations[gerichts]hof *m;* **Cour des comptes** Rechnungshof *m* ▶ **C~ des comptes européenne** Europäischer Rechnungshof; **cour d'honneur** Ehrenhof *m;* **cour de justice** Gerichtshof *m* ▶ **Haute C~ de justice** Staatsgerichtshof *m;* **C~ internationale de justice** internationaler Gerichtshof; **C~ de Justice européenne** Europäischer Gerichtshof; **cour de sûreté de l'État** Verfassungsgerichtshof *m*

courage [kuʀaʒ] *m* **1.** (*bravoure*) Mut *m,* Courage *f fam;* ~ ***héroïque*** Heldenmut
2. (*ardeur*) Eifer *m;* ***avec*** ~ mit Eifer, eifrig
▶ **qn prend son ~ à deux mains** jd nimmt sein Herz in beide Hände, jd fasst sich (*dat*) ein Herz; **qn a le ~ de ses opinions** jd steht fest zu seiner Meinung; **bon ~!** (*formule d'encouragement*) mach's gut! *fam,* halt die Ohren steif! *fam;* (*bonne chance*) viel Glück!; (*bon succès*) viel Erfolg!; ***j'ai un rendez-vous chez le dentiste – Alors bon*** ~! ich hab einen Termin beim Zahnarzt – Na dann, halt dich tapfer [*o* übersteh's gut]! [*o* viel Spaß! *iron*]; ~ **civique** Zivilcourage *f;* **qn a du ~** jd hat [*o* besitzt] Mut, jd ist mutig; **qn a** [*o* **se sent**] **le ~ de faire qc** (*ose*) jd bringt es fertig, etw zu tun; jd [ge]traut sich, etw zu tun; (*a l'énergie*) jd hat die Energie etw zu tun; ***je n'ai pas le ~ d'aller à la gymnastique aujourd'hui*** ich habe heute keine Energie, [*o* ich bin heute zu schlapp, um *fam*] in die Gymnastik zu gehen; ***je n'ai pas de ~ aujourd'hui*** ich habe heute keine Energie, ich fühle mich heute schlapp *fam;* **qn s'arme de ~** jd nimmt seinen [ganzen] Mut zusammen; **qn n'écoute que son ~** jd denkt nicht an die Gefahr; **qn enlève** [*o* **ôte**] **le ~ à qn** jd nimmt jdm die Lust, jd demotiviert jdn; **qn est sans ~** jd hat keine Energie, jd ist schlapp *fam;* **qn manque de ~, le ~ manque à qn** jd ist nicht in der Lage dazu, jd packt es nicht *fam;* **qn perd** [**son**] **~** jd verliert den Mut, jd wird mutlos; **qn prend ~** jd fasst neuen Mut; **qn rassemble tout son ~** jd nimmt seinen ganzen Mut zusammen; **qn/qc redonne** [*o* **rend**] **le ~ à qn** (*encourage*) jd macht jdm [wieder] Mut; (*réconforte*) jd/etw muntert jdn [wieder] auf; **qn reprend ~** jd fasst wieder Mut; **avec ~** *se battre, lutter* tapfer; [**du**] **~!** nur Mut!, auf geht's!

courageusement [kuʀaʒøzmɑ̃] *adv* tapfer, mutig

courageux, -euse [kuʀaʒø, -ʒøz] *adj* **1.** (*opp: lâche*) mutig; *soldat, attitude, conduite a.* tapfer; *réponse, film, article a.* kühn; ***sois ~euse!*** sei tapfer!; (*lors d'un décès*) sei stark!; ■ **il est ~ de faire qc** es ist mutig, etw zu tun; ***il est ~ de financer ses études en travaillant la nuit*** man muss schon Energie haben, wenn man nachts arbeitet, um sein Studium zu finanzieren
2. (*travailleur*) tatkräftig, zupackend; ***je ne me sens pas très ~euse aujourd'hui*** ich habe heute nicht viel Energie
▶ **~, mais pas téméraire!** man muss ja nicht gleich Kopf und Kragen riskieren!; (*à qn qui se dégonfle*) da verlässt dich/ihn/sie wohl der Mut

couramment [kuʀamɑ̃] *adv* **1.** (*aisément*) *parler, écrire* fließend; *lire* flüssig, ohne stecken zu bleiben *fam*
2. (*souvent*) oft, häufig; ***cela arrive*** ~ das passiert immer wieder; ***ce mot/cela se dit*** ~ das ist ein allgemein üblicher Ausdruck; ***cela se fait*** ~ das ist allgemein üblich; ***cette épice s'emploie*** ~ dieses Gewürz wird häufig verwendet

courant, e [kuʀɑ̃, ɑ̃t] **I.** *adj* **1.** (*habituel*) normal; *chose, réaction, prix a.* üblich; *travail a.* gewöhnlich, alltäglich; *vie a.* alltäglich; *dépenses* laufend; (*fréquent*) *procédé* üblich, gebräuchlich; *pratique, usage* häufig, geläufig; *locution* geläufig, gebräuchlich; *incident* häufig; (*standard*) *marque, modèle, taille, qualité* Standard-; ***langage*** ~, ***langue ~e*** Umgangssprache *f;* ***ça fait partie du langage*** ~ das ist üblicher Sprachgebrauch
2. (*en cours*) *année, mois, semaine, affaires* laufend; *monnaie* im Umlauf befindlich, gültig; *prix* Markt-, handelsüblich; ***le 3/15/20/...*** ~ am 3./15./20./... dieses Monats [*o* des laufenden Monats]
▶ **c'est ~ [que + *subj*]** das ist [allgemein] üblich [*o* gebräuchlich], es ist allgemein üblich [*o* gebräuchlich], dass
II. *m* **1.** ELEC Strom *m;* ***nous avons le*** ~ wir haben Strom; ***du ~ basse/haute tension*** Schwach-/Starkstrom; ***le ~ passe dans ce câble*** der Strom fließt durch diese Leitung
2. [*fleuve, rivière, mer*] Strömung *f;* ***le bateau descend*** [*o* ***suit le*** ~] das Schiff fährt stromabwärts [*o* flussabwärts]; ***le bateau remonte le*** ~ das Schiff fährt stromaufwärts [*o* flussaufwärts]
3. (*dans l'air*) Strömung *f,* Strom *m;* ***les mouettes se servent du ~ thermique*** die Möwen lassen sich vom warmen Luftstrom treiben; ~ ***ascendant/descendant*** Auf-/Abwind *m*
4. (*déplacement*) ■ ~ **de** *d'émigration, de population* -bewegung *f*
5. (*mouvement*) Strömung *f;* ***le ~ historique/littéraire/romantique*** die historische/literarische/romantische Bewegung [*o* Strömung]; ■ ~ **de qc** *de scepticisme, sympathie* Welle *f* einer S. (*gen*); ~ ***de pensée*** [*o* ***d'idées***] Denkweise *f;* ***les ~s d'idées changent*** die Vorstellungen ändern sich; ***le ~ d'opinion*** der Meinungstrend
▶ **~ alternatif/continu/triphasé** Wechsel-/Gleich-/Drehstrom *m;* **il y a du ~** es ist Strom da, Strom ist da; **qn/qc coupe le ~** jd schaltet den Strom ab/etw unterbricht die Stromzufuhr; **qn est au ~ [de qc]** jd weiß [über etw (*akk*)] Bescheid, jd ist auf dem Laufenden über etw (*akk*); **qn met qn au ~ [de qc]** jd sagt jdm Bescheid, jd setzt jdn [von etw] in Kenntnis, jd unterrichtet jdn [von etw]; **qn se met au ~** jd unterrichtet sich über den neuesten Stand der Dinge; **le ~ passe entre des personnes** der Funke springt zwischen Menschen über; **qn remonte le ~** (*améliore sa situation*) jd bekommt wieder Boden unter die Füße *fam;* **qn suit le ~** jd schwimmt mit dem Strom; **qn tient qn au ~ de qc** jd hält jdn auf dem Laufenden; **qn se tient au ~** jd hält sich auf dem Laufenden; **dans le ~ de qc** *de la journée, semaine, conversation* im Laufe einer S. (*gen*)
◆ **courant d'air** [Luft]zug *m;* (*gênant*) Durchzug *m;* ***un ~ d'air chaud*** eine warme Luftströmung, ein warmer Luftstrom ▶ **il y a un ~ d'air** es zieht; **qn fait un ~ d'air** jd macht Durchzug; (*pour aérer a.*) jd lüftet; **qn se déguise en ~ d'air** jd verdünnisiert sich *fam*

courbatu, e [kuʀbaty] *adj* zerschlagen, [wie] gerädert; ***je suis ~, j'ai les membres ~s*** ich habe Muskelkater

courbature [kuʀbatyʀ] *f souvent pl* Muskelkater *m kein pl;* ***j'ai des ~s*** ich habe Muskelkater; ***le tennis m'a donné une ~ dans le bras droit*** vom Tennisspielen habe ich Muskelkater im rechten Arm

courbaturer <1> [kuʀbatyʀe] *vt* ■ **qc courbature qn/qc** von etw hat jd Muskelkater/hat jd Muskelkater in etw (*dat*)

courbe [kuʀb] **I.** *adj* gebogen; *ligne, trajectoire, surface a.* gekrümmt
II. *f* **1.** GEOG Kurve *f*
2. [*route, fleuve*] Biegung *f;* ***l'avion décrit une*** ~ das Flugzeug zieht [*o* beschreibt] eine Kurve
3. ■ ~ **de qc** *des épaules, reins* Wölbung *f* einer S. (*gen*), Linie *f* einer S. (*gen*); *des sourcils* Bogen *m* einer S. (*gen*)
4. STATIST Kurve *f;* ■ ~ **de** -kurve; ~ ***des salaires/prix*** Lohn-/Preiskurve
◆ **courbe de niveau** Höhenlinie *f;* **courbe des températures** Temperaturkurve *f*

courbé, e [kuʀbe] *adj dos* gebeugt; *épaules* hängend; *barre* durchgebogen; ***il a le dos*** ~ er hat einen krummen Rücken; ***il a le dos ~ par l'âge*** durch das Alter ist sein Rücken gebeugt; ***elle marche toute ~e*** sie geht ganz gebeugt; ***les branches ~es sous le poids*** die Äste, die sich unter der Last beugen; ***qn est ~ par l'âge*** jd ist vom Alter gebeugt; ***qn est ~ sur qc*** jd ist über etw (*akk*) gebeugt

courber <1> [kuʀbe] **I.** *vi* ■ **qn/qc courbe sous qc** jd beugt sich/etw biegt sich unter etw (*dat*)
II. *vt* **1.** (*plier*) ■ **qn/qc courbe qc** *barre, branche* jd/etw biegt etw
2. (*pencher*) ■ **qc courbe qn/qc** /*âge*/ etw beugt jdn/durch etw ist etw gebeugt; ■ **qn courbe qc** *épaules, dos* jd macht etw rund; ***ils courbent la tête sur leurs cahiers*** sie sind über ihre Hefte gebeugt; ***qn courbe le front/la tête/le dos/l'échine devant qn*** (*se soumet*) jd beugt sich jdm
III. *vpr* (*se baisser*) ■ **qn se courbe** jd duckt sich, jd beugt den Oberkörper; (*à cause de l'âge*) jd ist [ganz] gebückt, jd ist ganz krumm [geworden] *fam;* (*pour saluer*) jd verbeugt sich, jd macht eine Verbeugung; ■ **qc se courbe** etw biegt sich
▶ **qn se courbe devant qn** jd verbeugt sich vor jdm, jd macht eine Verbeugung vor jdm; (*fait des courbettes*) jd katzbuckelt vor jdm *fam*

courbette [kuʀbɛt] *f* ▶ **qn fait des ~s à** [*o* **devant**] **qn** jd katzbuckelt vor jdm *fam*

courbure [kuʀbyʀ] *f* [*sourcils, nez*] Bogen *m;* [*ligne a.*] Krümmung *f;* [*pied, surface, voûte a.*] Wölbung *f;* ***la ~ de ses reins*** die Wölbung [*o* Rundung] seines/ihres Rückens

coureur, -euse [kuʀœʀ, -øz] *m, f* **1.** SPORT (*en athlétisme*) Läufer(in) *m(f);* AUT, CYCLISME Fahrer(in) *m(f);* ~ ***de demi-fond/de fond*** Mittel-/Langstreckenläufer; ~ ***cycliste/automobile*** Radrennfahrer/Rennfahrer
2. ORN Laufvogel *m*
3. (*dragueur*): ***un ~ de jupons*** ein Schürzenjäger *m;* ***c'est une ~euse d'hommes/un ~ de femmes*** die ist ganz schön hinter Männern/der ist ganz schön hinter Frauen her *fam;* ***c'est une ~euse de bars*** die ist ständig Dauergast in den Kneipen *fam,* die ist ständig in Kneipen zugange *fam*
▶ **qn est un ~/une ~euse** jd ist hinter Frauen/Männern her *fam*
◆ **coureur de dot** Mitgiftjäger *m,* Heiratsschwindler *m*

courge [kuʀʒ] *f* Kürbis *m*

courgette [kuʀʒɛt] *f* Zucchini *f*

courir <*irr*> [kuʀiʀ] **I.** *vi* **1.** (*aller au pas de course*) ■ **qn/un animal court** jd/ein Tier läuft; (*plus vite*) jd/ein Tier rennt; ***l'enfant court au-devant de sa mère*** das Kind läuft/rennt vor seiner Mutter her; ***le chien court derrière son maître*** der Hund läuft/rennt seinem Herrn hinterher; ■ **qn/un animal court après qn/un animal/qc** jd/ein Tier läuft/rennt hinter jdm/einem Tier/etw her, jd/ein Tier läuft/rennt jdm/einem Tier/einer S. nach
2. (*participer à une course*) ■ **qn/un animal/qc court** jd/ein Tier startet, jd/ein Tier geht an den Start; /*cheval a., coureur à pied*/ jd/ein Tier läuft; /*voiture*/ etw startet, etw geht ins Rennen; /*pilote a.*/ jd geht ins Rennen; ***il court sur Porsche/pour Renault*** er startet auf Porsche/für Renault
3. *littér* (*se déplacer*) ■ **qc court** /*eau, sang*/ etw fließt; (*avec plus de force*) etw strömt; /*nuage*/ etw zieht; (*vite*) etw treibt; (*très vite*) etw jagt; /*ombre, reflet*/ etw wandert; (*très vite*) etw huscht; /*plume, stylo*/ etw eilt, etw gleitet; /*bateau*/ etw fährt

4. (*se dépêcher*) ■ **qn court [quelque part]** jd läuft [irgendwohin]; (*plus vite*) jd rennt [irgendwohin]; ***cours vite à la poste*** lauf schnell [*o* renn] zur Post; ***bon, j'y cours*** gut, ich laufe schnell hin; ■ **qn court faire qc** jd geht schnell etw tun, jd läuft und tut etw; ***il courut chercher le médecin*** er ging schnell den Arzt holen, er holte schnell den Arzt herbei
5. (*se répandre*) ■ **qc court** /*bruit*/ es geht etw [um], etw geht um; ***d'après les bruits qui courent*** es heißt [allgemein], dass; es wird [allgemein] behauptet, dass; ***le bruit court que*** + *indic* es geht das Gerücht um, dass; es heißt, dass; ***qn fait*** ~ ***le bruit que*** + *indic* jd setzt das Gerücht in Gang, dass
6. (*se diriger vers*) ■ **qn/qc court à qc** *à la faillite* jd/etw treibt in etw (*akk*); *à la catastrophe a.* jd steuert in etw (*akk*); ***qn court à sa perte/ruine*** jd rennt ins Verderben; ***qn/qc court à l'échec*** jd/etw wird einen Misserfolg erleben
7. (*s'écouler*) ■ **qc court** /*temps*/ etw vergeht, etw eilt dahin, etw verstreicht *geh*; ***le mois qui court*** der laufende Monat
8. COM, FIN ■ **qc court** /*bail, contrat, intérêt*/ etw läuft
▶ **qn court partout pour faire qc** jd rennt überall herum, um etw zu tun; **qn/qc fait** ~ **qn** (*attire du monde*) jd/etw bringt jdn auf Trab *fam* [*o* in Bewegung]; **qn fait** ~ **qn** (*en fait baver*) jd macht jdm das Leben schwer *fam*; **laisse** ~! *fam* vergiss es! *fam*; **tu peux toujours** ~! da kannst du lange warten!; **rien ne sert de** ~, **il faut partir à point!** *prov* das nutzt [*o* bringt *fam*] jetzt auch nichts mehr!; **qn court après qn** *fam* jd rennt [*o* läuft] jdm hinterher *fam*; **qn court après qc** *vin, fromage* jd ist ganz wild auf etw (*akk*) *fam*; **qn fait qc en courant** jd tut etw in aller Eile; ***il prend son petit-déjeuner en courant*** er frühstückt in aller Eile; ***qn passe à la poste en courant*** jd läuft schnell [*o* rennt] zur Post
II. *vt* **1.** (*participer à une course*) ■ **qn/un animal court qc** jd/ein Tier geht bei etw an den Start; /*coureur à pied, cheval a.*/ jd/ein Tier läuft etw; /*pilote, cycliste, jockey, cheval a.*/ jd/ein Tier startet bei etw; ***il court le 100 mètres*** er läuft die 100 Meter, er geht bei den 100 Metern an den Start
2. CHASSE ■ **qn court un animal** jd jagt [*o* treibt *spec*] ein Tier
3. (*parcourir*) ■ **qn court qc** *bois, campagne, champs* jd durchstreift etw; *mers, pays a.* jd befährt etw; *monde, pays a.* jd bereist etw; *agences, bureaux, magasins* jd läuft [*o* klappert] etw ab *fam*; ***cet enfant court les rues*** dieses Kind ist ständig draußen [*o* auf der Straße]
4. (*fréquenter*) ■ **qn court qc** *salons, théâtres* jd ist ständiger Besucher von etw; *bals* jd ist ständig auf etw (*dat*) unterwegs, jd ist ständig auf etw (*dat*) zugange *fam*; *cafés, bars* jd ist Dauergast in etw (*dat*); ***qn court les filles/hommes*** jd ist hinter den Mädchen/Männern her; ***il court les jupons*** er ist ein Schürzenjäger

courlis [kuʀli] *m* Brachvogel *m*

couronne [kuʀɔn] *f* **1.** [*roi, reine*] Krone *f*; ~ ***impériale/royale/ducale*** Kaiser-/Königs-/Fürstenkrone; ■ **la** ~ (*monarchie*) die Krone; ***la*** ~ ***d'Angleterre*** die Krone von England
2. (*pour décorer*) Kranz *m*; ~ ***de fleurs/de laurier*** Blumen-/Lorbeerkranz; ***une*** ~ ***de fleurs multicolores*** ein Kranz aus bunten Blumen; ***la*** ~ ***d'épines du Christ*** die Dornenkrone Christi; ~ ***de mariée*** Brautkranz
3. [*dent, arbre*] Krone *f*
4. FIN Krone *f*
5. (*pain*) kranzförmiges Brot
▶ ~ **funéraire** [*o* **mortuaire**] Kranz *m*; **qn aspire** [*o* **prétend**]/**renonce à la** ~ jd strebt nach der [*o* erhebt Anspruch auf die] Krone/verzichtet auf die Krone; **qn décerne une** ~ **à qn** jd lobt jdn, jd belobigt jdn *geh*; **en** ~ *disposer* in Form eines Kranzes; ***elle coiffe ses cheveux en*** ~ sie flicht ihre Haare zu einem Kranz

couronnement [kuʀɔnmɑ̃] *m* [*empereur, roi, carrière, efforts*] Krönung *f*

couronner <1> [kuʀɔne] *vt* **1.** ■ **qn couronne qn ...** *souverain* jd krönt jdn zu ...; ***il a été couronné empereur*** er wurde zum Kaiser gekrönt; ■ **qn est couronné(e) ...** jd wird zum/zur ... gekrönt
2. ■ **qn couronne qn/qc** *lauréat, auteur, roman* jd/etw wird von jdm preisgekrönt, jd zeichnet jdn/etw aus
3. ■ **qc couronne qc** /*bandeau, cheveux*/ *front, tête* etw ziert [*o* schmückt] etw; *littér* /*neige, arbres*/ *cime, pic, sommet, ville* etw [be]krönt etw; ***les tours couronnent la citadelle*** die Türme thronen über der Festung; ■ **qc est couronné(e) de qc** /*tête, front*/ *d'un diadème* etw ist/wird von etw gekrönt [*o* bekrönt]; *d'un bandeau, de fleurs* etw ist/wird von etw geziert [*o* geschmückt]; *de cheveux blonds/roux/noirs* etw ist/wird von etw umrahmt; *de neige* etw ist/wird von etw gekrönt
4. (*consacrer*) ■ **qc couronne qc** *carrière, œuvre, vie* etw krönt etw; ■ **couronné(e) par qc** gekrönt durch etw

courre <*irr*> [kuʀ] *vt v.* **chasse**

courriel [kuʀjɛl] *m abr de* **courrier électronique** INFORM E-Mail ['iːmeɪl] *nt o f*

courrier [kuʀje] *m* **1.** (*lettres reçues*) Post *f*; (*lettres à écrire*) Post, Briefverkehr *m*; ***avez-vous déjà fini de faire votre*** ~? haben Sie Ihre Post schon erledigt?
2. PRESSE (*nom d'un journal*) ■ **le** ~ **...** *picard, provençal* der ... Kurier; ***le*** ~ ***économique/littéraire*** (*rubrique*) der Wirtschafts-/Literaturteil; ***le*** ~ ***du cœur*** die Spalte „Leser fragen um Rat", die Leserspalte, die Kummerkastenspalte *fam*; ***le*** ~ ***des lecteurs*** die Leserbriefe *pl*; ***le*** ~ ***de la Bourse*** die Börsenübersicht, der Börsenkalender
3. (*personne*) [Eil]bote *m*; ***par*** ~ [***spécial***] per Eilbote
▶ ~ **électronique** E-Mail ['iːmeɪl] *f o nt*

courriériste [kuʀjeʀist] *mf* Kolumnist(in) *m(f)*

courroie [kuʀwa] *f* **1.** (*sangle*) Riemen *m*, Gurt *m*
2. TECH: ~ ***de transmission*** [*o* ***d'entraînement***] Treibriemen *m*
3. AUT: ~ ***d'alternateur*** Keilriemen *m*; ~ ***de ventilateur*** Ventilatorriemen *m*; ~ ***trapézoïdale*** Keilriemen *m*

courroucé, e [kuʀuse] *adj littér dieux* erzürnt *geh*; *air, voix, personne a.* zornig, wütend; *flots* tobend, wütend

courroux [kuʀu] *m littér* Zorn *m*

cours [kuʀ] *m* **1.** (*déroulement*) Verlauf *m*; ■ ~ **de qc** *de la guerre, maladie, vie, des affaires* Verlauf einer S. (*gen*), -verlauf; *des saisons* Ablauf *m* einer S. (*gen*); *du temps* Lauf *m* einer S. (*gen*); ***je n'arrive pas à suivre le*** ~ ***de ses pensées*** ich kann seinen/ihren Gedankengängen nicht folgen
2. (*leçon*) Unterricht *m*; (*leçon privée a.*) Kurs *m*; UNIV Seminar *nt*; (*cours magistral*) Vorlesung *f*; ■ ~ **de** *d'histoire, de chimie, littérature* -unterricht/-seminar/-vorlesung/-kurs; ~ ***de langues*** Sprachunterricht/-kurs; ~ ***de danse*** Tanzunterricht/-kurs; ~ ***du soir/de vacances*** Abend-/Ferienkurs; ~ ***par correspondance*** Fernkurs; ~ ***intensif/privé*** Intensivkurs/Privatunterricht; ~ ***particulier*** Privatunterricht; (*pour rattraper*) Nachhilfeunterricht
3. (*école*) Schule *f*; ~ ***privé*** Privatschule; ■ ~ **de** *de danse, peinture, sténodactylographie* -schule
4. (*manuel*) Lehrbuch *nt*
5. (*classe*) Klasse *f*; ~ ***préparatoire*** ≈ 1. Grundschulklasse; ~ ***élémentaire 1 et 2*** ≈ 2. und 3. Grundschulklasse; ~ ***moyen 1 et 2*** ≈ 4. Grundschulklasse und 5. Klasse
6. FIN, COM ■ ~ **de** *d'une monnaie, devise, du change, des actions, valeurs* -kurs *m*; *des produits agricoles, voitures d'occasion, d'une marchandise* Preis *m* (+ *gen*); ~ ***du dollar/change*** Dollar-/Wechselkurs; ~ ***des matières premières*** Rohstoffpreis; ~ ***de la Bourse*** Börsenkurs; ~ ***du jour/du marché*** Tages-/Marktkurs; ~ ***d'ouverture/de clôture de la Bourse*** erste/letzte Notierung, Anfangskurs- [*o* Eröffnungs-]/Schlusskurs; ~ ***ferme/légal*** fester/gesetzlicher Kurs
7. (*courant*) [*fleuve, rivière*] Lauf *m*; ***le*** ~ ***inférieur/supérieur*** der Unter-/Oberlauf; ***le bateau remonte/descend le*** ~ ***du Rhin*** das Schiff fährt rheinaufwärts/rheinabwärts
8. ASTRON Lauf *m*
9. (*avenue*) ■ **le** ~ **...** der Cours ...; ***le*** ~ ***Mirabeau à Paris*** der Cours Mirabeau in Paris
▶ **qn/qc est en** ~ **de route** jd/etw ist unterwegs; **au long** ~ auf hoher See; *capitaine a.* Hochsee-; **qc a** ~ etw ist gültig; ***ces billets n'ont plus*** ~ diese Geldscheine sind nicht mehr gültig; **qn a** ~ /*élève, professeur*/ jd hat Unterricht; **qn donne** [*o* **fait**] **des** ~ **de qc** [**à qn**] *de morale* jd hält [jdm] Vorträge über etw (*akk*); **qn donne des** ~ **de qc** *d'anglais, de maths* jd unterrichtet etw; **qn donne** [*o* **laisse**] [**libre**] ~ **à qc** *à sa colère, son imagination, ses larmes, sentiments* jd lässt einer S. (*dat*) freien Lauf; **qn fait** ~ **de qc à qn** jd unterrichtet [jdn in] etw (*akk*); ***qui vous fait*** ~ ***d'histoire?*** wer unterrichtet euch in Geschichte?, wer gibt euch Geschichtsunterricht?; **qn suit un** ~/**des** ~ jd besucht einen Kurs; ***ils suivent des*** ~ ***d'allemand au Goethe Institut*** sie haben Deutschunterricht [*o* sie besuchen einen Deutschkurs] am Goethe-Institut; **qc suit son** ~ etw geht seinen Gang, etw nimmt seinen Lauf; **au** ~ **de qc** im Laufe einer S. (*gen*), im Verlauf einer S. (*gen*); **en** ~ **de qc** *de semaine, mois* im Laufe einer S. (*gen*); ***il s'interrompit en*** ~ ***de conversation*** er hielt mitten in der Unterhaltung inne; **qc en** ~: ***des affaires/travaux en*** ~ laufende Geschäfte/Arbeiten
◆ **cours d'eau** Wasserlauf *m*

course [kuʀs] *f* **1.** (*course à pied*) Laufen *nt*; ***elle est douée pour la*** ~ sie ist eine gute Läuferin; ***marcher au pas de*** ~ im Laufschritt gehen
2. (*épreuve de* ~) Rennen *nt*; (*à pied*) Lauf *m*; ~ ***automobile/cycliste*** Auto-/Radrennen; ***qn/un cheval remporte la*** ~ jd/ein Pferd gewinnt das Rennen; ~ ***par étapes*** Etappenrennen/Etappenlauf; ■ ~ **de** *de chevaux, lévriers, d'autruches* -rennen; ~ ***de fond/demi-fond/haies/relais/d'obstacles*** Langstrecken-/Mittelstrecken-/Hürden-/Staffel-/Hindernislauf; ~ ***d'endurance*** Dauerlauf; ~ ***d'automobiles/de motos/vélos*** Auto-/Motorrad-/Radrennen; ~ ***de côte*** Bergrennen; ~ ***sur piste/route*** Bahn-/Straßenrennen; ~ ***de voiliers*** Segelregatta *f*
3. JEUX ■ **les** ~**s** das [Pferde]rennen; ***il va aux*** ~***s*** er besucht [Pferde]rennen; ***elle joue/parie aux*** ~***s*** sie wettet beim [Pferde]rennen *f*
4. (*excursion*) Tour *f*; ***une*** ~ ***en montagne*** eine Bergtour; ~ ***d'école*** CH Schulausflug *m*
5. TRANSP Fahrt *f*; ~ ***de taxi*** Taxifahrt
6. (*trajectoire*) ■ ~ **de qc** *d'un astre* Bahn *f* einer S. (*gen*); *d'une étoile filante, d'un avion, d'un projectile* Flugbahn einer S. (*gen*); *d'un nuage* Ziehen *nt* einer S. (*gen*); *d'une ombre* Vorbeiziehen einer S. (*gen*), Vorbeihuschen *nt* einer S. (*gen*); TECH *d'un frein* Weg *m* einer S. (*gen*); ~ ***d'un piston*** Kolbenhub *m*; ***quand la cassette arrive en fin de*** ~, ... wenn die Kassette abgelaufen [*o* zu Ende] ist, ...; ***un avion/navire poursuit sa*** ~ ein Flugzeug zieht seine Bahn [*o* ein Flugzeug fliegt]/ein Schiff fährt
7. (*commission*) Erledigung *f*; ■ **les** ~**s** die Einkäufe *pl*
8. (*ruée*) ■ ~ **à qc** *à l'emploi, au pouvoir, aux diplômes* Wettstreit *m* [*o* Wettlauf *m*] um etw; ***la*** ~ ***à l'armement*** das Wettrüsten; ***la*** ~ ***à l'informatisation*** das Um-die-Wette-Computerisieren [-kɔmpjuːtəriˈziːrən] *fam*
▶ ~ **contre la montre** CYCLISME Zeitfahren *nt*; *fig* Wettlauf *m* mit der Zeit; **c'est la** ~! *fam* das ist Stress! *fam*; **qn est dans la** ~ *fam* (*est moderne*) jd ist up to date [aptuˈdeɪt] *fam*, jd ist zeitgemäß [*o* modern]; **qn fait les** [*o* **ses**] ~**s** jd geht einkaufen; ***j'ai déjà fait les*** ~***s*** ich habe schon eingekauft; ***je m'en vais faire les*** ~***s*** ich gehe einkaufen; **qn fait une** ~ (*règle qc*) jd erledigt etwas; (*fait un achat*) jd kauft etwas ein; **qn fait de la** ~ jd fährt Rennen; (*à pied*) jd ist Läufer(in) *m(f)*, jd läuft [Rennen]; **qn fait la** ~ [**avec qn**] jd macht [mit jdm] ein Wettrennen, jd läuft [mit jdm] um die Wette; ***on fait la*** ~ [***ensemble***]? komm, wir laufen um die Wette!, komm, wir machen ein Wettrennen!; **à la** ~: ***qn rattrape qn à la*** ~ jd holt jdn ein; **de** ~ *auto, cheval, voiture* Renn-; ***vélo de*** ~ Rennrad *nt*; **en** ~: ***qn est en*** ~/***envoie qn en*** ~***s*** (*fait les courses*) jd ist einkaufen/schickt jdn einkaufen; (*règle qc*) jd ist etwas erledigen [gegangen]/schickt jdn etwas erledigen
◆ **course à pied** Laufsport *m*; ***elle a remporté la dernière épreuve de*** ~ ***à pied*** sie hat den letzten Lauf gewonnen; **course au** [*o* **de**] **trot attelé**

Trabrennen *nt;* **course de taureaux** Stierkampf *m;* **course de vitesse** Sprint *m;* **course en sac** Sackhüpfen *nt*

courser <1> [kuʀse] *vt form* ■ **qn course qn** jd verfolgt jdn; ■ **qn se fait ~ par qn** jd wird von jdm verfolgt

coursier, -ière [kuʀsje, -jɛʀ] *m, f* Laufjunge *m;* (*femme*) Laufmädchen *nt*

coursive [kuʀsiv] *f* [schmaler] Gang

court [kuʀ] *m* ~ [*de tennis*] [Tennis]platz *m*
▸ ~ **central** Centre-Court ['sɛntɐkɔ:t] *m*

court, e [kuʀ, kuʀt] I. *adj* 1. (*opp: long*) kurz
2. (*concis*) kurz, knapp; ***ce politicien a été très ~*** der Politiker hat sich kurz gefasst
▸ **c'est** [**un peu**] **~!** das ist [ein bisschen] wenig!
II. *adv* (*opp: long*) kurz; ***elle s'habille ~*** sie trägt kurze Kleider
▸ **tout ~** ganz einfach; **qn/qc s'arrête ~** (*dans une action*) jd/etw hört plötzlich [*o* schlagartig] auf; (*dans une conversation*) jd hält plötzlich inne; (*à pied, en voiture*) jd hält plötzlich an; **qn/qc coupe ~ à qc** jd/etw bereitet einer S. (*dat*) ein Ende; **qn est à ~ de qc** *de café, sucre, farine* jdm ist etw ausgegangen; *d'arguments, idées* jdm geht etw aus; ***je suis à ~ d'argent*** ich habe kein Geld mehr, mir ist das Geld ausgegangen, ich bin knapp bei Kasse *fam;* ***à la fin du mois, je suis toujours à ~ d'argent*** am Monatsende geht mir immer das Geld aus [*o* bin ich immer knapp bei Kasse *fam*]; **qn/qc prend qn de ~** jd/etw bringt jdn [ganz schön] in Verlegenheit; **qn reste** [*o* **se trouve**] **~** [**devant qn/qc**] jd ist [jdm/einer S. gegenüber] sprachlos, jd ist perplex; **qc tourne ~** /*amour*/ mit etw ist es schnell vorbei; /*conversation*/ etw ist schnell beendet

courtage [kuʀtaʒ] *m* 1. (*profession*) Maklerwesen *nt,* Maklergeschäft *nt*
2. (*commission*) Maklergebühr *f,* Courtage *f*

courtaud, e [kuʀto, od] *adj* gedrungen

court-bouillon <~s-~s> [kuʀbujɔ̃] *m* Brühe *f*

court-circuit <~s-~s> [kuʀsiʀkɥi] *m* Kurzschluss *m* **court-circuitage** <~s-~s> [kuʀsiʀkɥitaʒ] *m fam* ■ **~-~ de qn/qc** Umgehen *nt* eines Menschen/einer S. **court-circuiter** <1> [kuʀsiʀkɥite] *vt* 1. ELEC ■ **qn/qc court-circuite qc** jd/etw schließt etw kurz 2. *fam* (*éliminer*) ■ **qn court-circuite qn** jd schaltet jdn aus; (*agir derrière le dos de qn*) jd umgeht jdn; ■ **qn court-circuite qc** jd umgeht etw

courtepointe [kuʀtəpwɛ̃t] *f* gesteppte Tagesdecke

courtier, -ière [kuʀtje, -jɛʀ] *m, f* Makler(in) *m(f);* ~ ***en vins/bourse*** Weinkommissionär *m*/Börsenmakler
▸ ~ **assermenté/libre** beeidigter/freier Makler; ~ **maritime** Schiffsmakler *m*

courtisan [kuʀtizɑ̃] *m* [*roi*] Höfling *m; fig* Buhler *m pej,* Schmeichler *m*

courtisane [kuʀtizan] *f* HIST, LITTER Kurtisane *f*

courtiser <1> [kuʀtize] *vt* ■ **qn courtise qn** *femme* jd macht jdm den Hof, jd umwirbt jdn; *gens puissants* jd hofiert jdn, jd buhlt um jds Gunst; ***une femme très courtisée*** eine sehr umworbene Frau

court-jus <~s-~> [kuʀʒy] *m fam* Kurzschluss *m,* Kurze(r) *m fam*

court-métrage <~s-~s> [kuʀmetʀaʒ] *m* Kurzfilm *m*

courtois, e [kuʀtwa, waz] *adj* 1. (*poli*) höflich, taktvoll; *lettre, manières a.* [form]vollendet
2. HIST, LITTER höfisch

courtoisement [kuʀtwazmɑ̃] *adv* höflich

courtoisie [kuʀtwazi] *f* Höflichkeit *f;* ***par ~*** aus Höflichkeit, aus höflichem Anstand

couru, e [kuʀy] I. *pp de* **courir**
II. *adj lieu* stark frequentiert, häufig aufgesucht; *restaurant, spectacle* gut besucht; ***ce bar est ~ du tout Paris*** ganz Paris geht in diese Bar
▸ **c'est ~ d'avance** das ist doch schon von vornherein klar *fam*

couscous [kuskus] *m* Kuskus *m,* Couscous *m*

couscoussier [kuskusje] *m* Kuskustopf *m*

cousin, e [kuzɛ̃, in] *m, f* Cousin/Cousine *m/f,* Vetter/Base *m/f;* ***~s germains*** Cousins [*o* Vettern] ersten Grades; ***~s issus de germains*** Cousins [*o* Vettern] zweiten Grades, Großcousins; ***~e éloignée*** entfernte [*o* weitläufige] Cousine
▸ ~ **à la mode de Bretagne** entfernter Verwandter; **qn est un peu ~ avec qn** jd ist mit jdm entfernt verwandt

coussin [kusɛ̃] *m* 1. Kissen *nt*
2. BELG (*oreiller*) Kopfkissen *nt*
3. (*partie rembourrée*) Polster *nt,* Polsterung *f*
◆ **coussin d'air** Luftkissen *nt*

coussinet [kusinɛ] *m* 1. (*petit coussin*) kleines Kissen; [*patte d'un animal*] Ballen *m*
2. TECH, AUT, CHEMDFER Lager *nt;* ~ ***de bielle/à billes*** Pleuel-/Kugellager

cousu, e [kuzy] I. *pp de* **coudre**
II. *adj* genäht
▸ ~ **main/machine** hand-/maschinengenäht

coût [ku] *m* Kosten *pl;* ■ **~ de qc** *d'une acquisition, d'un investissement* Kosten einer S. (*gen*); *d'une marchandise a.* Preis *m* einer S. (*gen*); ***le ~ de qc est trop élevé*** etw ist zu teuer, die Kosten einer S. (*gen*) sind zu hoch; ***les ~s du crédit*** die Kreditkosten
◆ **coût de base** Grundkosten *pl;* **coût de la vie** Lebenshaltungskosten *pl;* **coût de production** Produktionskosten *pl*

coûtant [kutɑ̃] *adj prix* Selbstkosten-, Einstands-

couteau <x> [kuto] *m* 1. (*ustensile*) Messer *nt;* ■ **~ à** -messer; ~ ***à découper/éplucher*** Tranchiermesser/Schälmesser; ■ **~ de** -messer; ~ ***de poche*** Taschenmesser
2. (*coquillage*) Messermuschel *f,* Scheidenmuschel *f*
▸ **qn met le ~ sous** [*o* **sur**] **la gorge de qn** jd setzt jdm das Messer an die Kehle *fam,* jd setzt jdm die Pistole auf die Brust *fam;* **qn remue** [*o* **retourne**] **le ~ dans la plaie** jd streut Salz in die Wunde; ~ **pliant** Klappmesser *nt;* ~ **suisse** Schweizer Messer; **qn est à ~ tiré avec qn** jd bekämpft jdn bis aufs Messer, jd ist Spinnefeind mit jdm *fam;* **des personnes sont à ~x tirés** Menschen bekämpfen sich bis aufs Messer, Menschen sind sich Spinnefeind *fam*
◆ **couteau à cran d'arrêt** Klappmesser *nt,* Schnappmesser *nt*

couteau-scie <~x-~s> [kutosi] *m* Sägemesser *nt*

coutellerie [kutɛlʀi] *f* (*industrie*) Schneidwarenindustrie *f;* (*produits*) Schneidwaren *pl*

coûter <1> [kute] I. *vt* 1. (*valoir*) ■ **qc coûte ...** *50/100/200 F* etw kostet ...; ■ **qc coûte ... à qn** *fam* etw kostet jdn ...
2. (*causer*) ■ **qc coûte qc à qn** *efforts, larmes, travail, peine* etw kostet jdn etw; (*faire perdre*) *vie, tête, situation* etw kostet jdn etw
▸ **ça va me/te/... ~ cher de faire qc** das wird mich/dich/... teuer zu stehen kommen, etw zu tun; **pour ce que ça coûte** das ist nichts; **coûte que coûte** koste es, was es wolle; **ça ne coûte rien** [**de faire qc**] das kostet nichts, es kostet nichts [etw zu tun]; ***ça ne coûte rien d'essayer*** Probieren kostet nichts
II. *vi* (*donner du mal*) ■ **qc me/te/... coûte** etw kostet mich/dich/... einiges; ■ **ça** [*o* **il**] **me/te/...** [**en**] **coûte de faire qc** es kostet mich/dich/... Überwindung [*o* einiges *fam*], etw zu tun; ***il nous coûte de devoir déménager*** es fällt uns schwer, umziehen zu müssen

coûteux, -euse [kutø, -øz] *adj* 1. (*qui coûte de l'argent*) teuer, kostspielig
2. (*qui demande un effort*) mühsam, aufreibend; ■ **qc est ~ à qn** (*dangereux*) /*aveu, erreur, refus*/ etw kommt jdn teuer zu stehen

coutil [kuti] *m* Drillich *m*

coutume [kutym] *f* 1. (*usage*) Brauch *m,* Sitte *f;* (*habitude*) Gewohnheit *f;* ***c'est la ~*** das ist so üblich; ***la ~ veut que*** + *subj* es ist üblich [*o* ist [so] Sitte], dass; ***selon la ~, je vais ...*** wie es Brauch [*o* üblich] ist, werde ich ...; ~ ***locale*** lokaler Brauch, lokale Gepflogenheit
2. (*mœurs*) ■ **les ~s de qn** *d'un peuple, d'une société* jds Sitten *pl,* jds Bräuche *pl*
▸ **la ~ fait force de loi** das ist die normative Kraft des Faktischen, der Brauch wird zur Norm; **qn a ~ de faire qc** jd ist es gewohnt, etw zu tun; jd hat die Gewohnheit, etw zu tun; **comme de ~** wie gewohnt, wie üblich; **plus/moins que de ~** mehr/weniger als gewohnt [*o* üblich]; ***plus tard/moins tôt que de ~*** später als gewohnt [*o* üblich]

coutumier, -ière [kutymje, -jɛʀ] *adj* 1. (*habituel*) üblich, gewöhnlich; ■ **qc est ~ à qn** /*paysage, région, mode de vie*/ etw ist jdm vertraut
2. JUR: ***droit ~*** Gewohnheitsrecht *nt*
▸ **qn est ~ du fait de faire qc** *péj* jd hat die [schlechte] [An]gewohnheit, etw zu tun; man ist es gewohnt von jdm, dass er etw tut

couture [kutyʀ] *f* 1. (*action*) Nähen *nt,* Schneidern *nt;* ***elle fait de la ~*** sie näht [*o* schneidert]
2. (*ouvrage*) Näharbeit *f;* ***elle travaille à sa ~*** sie ist mit ihrer Näharbeit beschäftigt
3. (*profession*) Konfektion[sindustrie *f*] *f,* Bekleidungsindustrie *f*
4. (*suite de points*) Naht *f;* ***des bas sans ~*** Strumpfhosen ohne Naht
5. MED Naht *f*
▸ ~ **apparente** sichtbare Naht; **la haute ~** die Haute Couture; **qn bat qn/qn se fait battre à plate**[**s**] **~**[**s**] jd schlägt jdn haushoch [*o* vernichtend]/jd wird haushoch [*o* vernichtend] geschlagen; **qn examine** [*o* **inspecte**] **qn/qc sous toutes les ~s** jd untersucht jdn/etw genauestens, jd prüft jdn/etw auf Herz und Nieren *fam*

couturier [kutyʀje] *m* Modeschöpfer *m,* Couturier *m*
▸ **grand ~** Starmodeschöpfer *m,* Starcouturier *m*

couturière [kutyʀjɛʀ] *f* (*à son compte*) Schneider[meister]in *f;* (*en atelier*) Näherin *f*

couvée [kuve] *f* 1. (*œufs*) Gelege *nt;* (*poussins*) Brut *f;* ***une ~ de merles*** ein Nest *nt* voll junger Amseln
2. *fam* (*enfants*) Kinderschar *f,* Brut *f hum*

couvent [kuvɑ̃] *m* (*bâtiment*) Kloster *nt;* (*communauté*) Klostergemeinschaft *f,* Konvent *m spec;* (*pensionnat*) Klosterschule *f*
▸ **qn entre au ~** jd geht ins Kloster

couver <1> [kuve] I. *vi* ■ **qc couve** /*feu, incendie*/ etw schwelt; /*fanatisme, haine a.*/ etw gärt [unter der Oberfläche]; /*complot, émeute a.*/ etw braut sich zusammen; /*passion*/ etw glüht
II. *vt* 1. ■ **un animal couve qc** /*poule*/ ein Tier brütet etw aus, ein Tier bebrütet etw; ■ **qn couve qn** *enfant* jd umhegt jdn; ***qn couve qn des yeux*** [*o* ***du regard***] jd schaut jdn zärtlich [*o* mit zärtlichem Blick] an
2. ■ **qn couve qc** *maladie* jd brütet etw aus
3. ■ **qn couve qc** *révolte, complot, émeute* jd zettelt [*o* stiftet] etw an; *projet de vengeance* jd heckt [*o* brütet] etw aus *fam; vengeance* jd sinnt auf etw (*akk*)

couvercle [kuvɛʀkl] *m* 1. [*bocal, boîte, casserole, récipient*] Deckel *m;* [*bombe aérosol, tube*] [Verschluss]kappe *f;* [*bouteille*] Verschluss *m;* ~ ***à vis*** Schraubverschluss; ~ ***à charnière*** Scharnierverschluss, Klappverschluss
2. TECH ■ **~ de** *de piston, carter* -deckel *m*

couvert, e [kuvɛʀ, ɛʀt] I. *pp de* **couvrir**
II. *adj* 1. (*habillé*) ■ **qn est ~** jd ist angezogen; (*d'une couverture*) jd ist zugedeckt; ***il est trop ~*** er zu warm [*o* dick] angezogen; ***elle n'est pas assez ~e*** sie ist nicht warm genug angezogen, sie ist zu dünn angezogen
2. (*protégé*) ■ **qn est ~** [**par une personne**] jd wird [von einem Menschen] unterstützt; ***j'ai des responsabilités, certes, mais je suis ~*** sicher, ich habe Verantwortung, aber ich stehe nicht alleine da
3. *cour, marché, rue* überdacht; *allée* überwachsen
4. *ciel, temps* bedeckt, trüb
5. (*recouvert*) ■ **~ de** *de neige, poussière* -bedeckt, bedeckt mit; *de chaume* gedeckt mit; ~ ***de feuilles*** laubbedeckt; ***un meuble ~ de poussière*** ein staubbedecktes [*o* staubiges] Möbelstück

6. (*plein de*) ■ **[qn/qc est] ~ de qc** *de bleus, boutons* [jd/etw ist] übersät mit [*o* von] etw; */mur/ d'inscriptions, de graffiti, dessins* [etw ist] mit etw bedeckt, [etw ist] voller etw; *de sang* [jd/etw ist] -befleckt, [jd ist] voller etw; ***les arbres sont déjà ~s de fleurs*** die Bäume tragen schon Blüten
7. (*caché*) verdeckt; *mots* verschlüsselt; ***qn s'exprime à mots ~s*** jd spricht in Andeutungen; ■ **~ de qc** *d'un masque* hinter etw (*dat*) versteckt
III. *m* 1. (*ustensiles*) Besteck *nt;* ■ **~ à** *à poisson, dessert, salade* -besteck; **~ *à servir*** Vorlegebesteck
2. (*place au restaurant, à table*) Gedeck *nt;* ***je mets combien de ~s?*** für wie viele Personen soll ich decken?, wie viele Gedecke soll ich auflegen?
3. (*abri*): ***le ~ des arbres*** das Laubdach
4. CH (*hangar*) Schuppen *m*
▶ **qn/qc est à ~** COM jd/etw ist abgesichert; **qn/qc est à ~ de qc** *de la pluie, des balles* jd/etw ist [vor etw (*dat*)] geschützt; ***qn est à ~ de tout soupçon*** jd ist über jeden Verdacht erhaben; ***qn est à ~ de toute responsabilité*** jd kann nicht haftbar gemacht werden; **qn met le ~** jd deckt den Tisch; **qn se met à ~ [de qc/contre qc]** *de la pluie* jd schützt sich [vor etw (*dat*)]; *des balles* jd geht [vor etw (*dat*)] in Deckung; *contre les réclamations* jd übernimmt keine Haftung [für etw]; **qn/qc met qc à ~** *entreprise* jd sichert etw ab/durch etw ist etw abgesichert; ***qn met sa responsabilité à ~*** jd übernimmt keine Haftung; **sous le ~ de qn** *d'un supérieur* mit jds Rückhalt; **sous le ~ de qc** *des arbres* im Schutz einer S. (*gen*); (*sous le prétexte de*) *de la plaisanterie, démocratie, d'une mission, visite* unter dem Deckmantel einer S. (*gen*)

couverture [kuvɛʀtyʀ] *f* 1. [*lit*] [Bett]decke *f;* **~ *de laine*** Wolldecke; **~ *de voyage*** Reisedecke, Plaid [pleːt] *nt o m*
2. (*toiture*) ■ **~ de** [*o* **en**] *de tuiles, chaume, d'ardoises* -dach *nt,* Abdeckung *f* aus, -bedachung *f*
3. [*cahier*] Umschlag *m;* [*livre a.*] Deckel *m;* [*magazine*] Titelblatt *nt*
4. PRESSE ■ **~ de qc** Berichterstattung *f* über etw (*akk*)
5. FIN Deckung *f,* Versicherungsschutz *m;* **~ *bancaire*** bankmäßige Deckung [*o* Absicherung]; **~ *financière*** finanzielle Deckung [*o* Absicherung]
6. MIL Deckung *f,* Abschirmung *f,* Sicherung *f;* **~ *aérienne*** Sicherung des Luftraums, Luftabschirmung
7. (*prétexte*) Deckmantel *m,* Vorwand *m*
▶ **~ chauffante** Heizdecke *f;* **~ sociale** soziale Sicherheit [*o* Absicherung]; **qn tire la ~ à soi** jd steckt alle Anerkennung ein *fam;* ***j'ai fait tout le travail et c'est elle qui tire la ~ à soi*** ich habe die ganze Arbeit gemacht und sie steckt die Anerkennung dafür ein *fam* [*o* und ihr wird es als Verdienst angerechnet]; **en** [*o* **de**] **~** *photo, titre* auf der Titelseite

couveuse [kuvøz] *f* 1. (*poule*) Bruthenne *f*
2. (*pour œufs*) Brutapparat *m;* (*pour prématurés*) Brutkasten *m*
▶ **~ artificielle** Brutapparat *m;* **en ~** im/in den Brutkasten

couvrant, e [kuvʀɑ̃, ɑ̃t] *adj* [gut] deckend; *couleur, peinture a.* Deck-; ***pouvoir ~*** Deckkraft *f*

couvre-chef <~-~s> [kuvʀəʃɛf] *m* Kopfbedeckung *f* **couvre-feu** <~-~x> [kuvʀəfø] *m* (*signal*) Alarm *m;* (*période*) Sperrstunde *f;* ***le [signal du] ~ a retenti*** der Alarm ist ertönt **couvre-lit** <~-~s> [kuvʀəli] *m* Tagesdecke *f* **couvre-livre** <~-~s> [kuvʀəlivʀ] *m* Buchhülle *f* **couvre-pied[s]** <~-~s> [kuvʀəpje] *m* [kurze] Decke

couvreur, -euse [kuvʀœʀ, -øz] *m, f* Dachdecker(in) *m(f)*

couvrir <11> [kuvʀiʀ] I. *vt* 1. (*mettre qc sur qn/qc*) ■ **qn couvre qc [de** [*o* **avec**] **qc]** *meuble, mur* jd deckt etw [mit etw] ab; *sol, surface a.* jd bedeckt etw [mit etw]; *récipient* jd deckt etw [mit etw] zu; *livre* jd macht einen Einband um etw, jd steckt etw in etw (*akk*); *toit* jd deckt etw [mit etw]; ■ **qn couvre qn [de** [*o* **avec**] **qc]** jd deckt jdn [mit etw] zu
2. (*recouvrir*) ■ **qc couvre qn** jd ist mit etw zugedeckt, etw deckt jdn zu; ■ **qc couvre une chose** *mur, surface* etw bedeckt eine S.; *meuble, sol a.* etw liegt auf einer S. (*dat*); ***une couverture rouge couvre le fauteuil/lit*** eine rote Decke liegt auf [*o* über] dem Sessel/Bett; ***une moquette couvre le sol*** der Boden ist mit Teppichboden ausgelegt
3. (*parsemer de*) ■ **qc couvre qc** */feuilles mortes, neige, boue/* etw bedeckt etw, etw liegt auf etw (*dat*); ***de gros nuages couvrent le ciel*** große Wolken bedecken den Himmel [*o* hängen am Himmel]; ***des tableaux couvrent le mur*** Bilder hängen an der Wand
4. (*habiller*) ■ **qn couvre qn** jd zieht jdn warm an; ***elle couvre trop ses enfants*** sie zieht ihre Kinder zu warm [*o* dick] an; ■ **qc couvre qn/qc** */cape, châle/* etw hüllt jdn/etw ein, jd/etw ist in etw (*akk*) eingehüllt; *épaules, tête* etw bedeckt etw
5. (*cacher*) ■ **qn couvre qc [de/par qc]** *visage* jd verdeckt etw [mit etw]; *cartes a.* jd hält etw verdeckt; *voix de qn, son* jd übertönt etw [mit etw]; ■ **qc couvre qc** *jeu* etw verschleiert etw, etw verdeckt etw; *mystère* etw birgt etw; *voix, son* etw übertönt etw
6. (*protéger*) ■ **qn couvre qn** jd steht hinter jdm, jd stärkt jdm den Rücken; MIL jd gibt jdm Deckung; ***il est couvert par son chef*** er hat Rückhalt von seinem Chef, sein Chef steht hinter ihm; ***elle couvrit l'enfant de son corps*** sie schützte das Kind mit ihrem Körper; ■ **qn couvre qc** *faute de qn, abus* jd deckt etw, jd verschleiert etw; MIL jd schirmt etw ab, jd deckt etw
7. (*garantir*) ■ **qn/qc couvre qc** *dépense, frais* jd/etw übernimmt etw; */somme/* etw deckt etw; */assurance/ risque* etw deckt etw ab
8. (*parcourir*) ■ **qn/qc couvre qc** *distance, kilomètres* jd/etw legt etw zurück
9. (*relater*) ■ **qn/qc couvre qc** */journaliste, journal/* jd/etw berichtet über etw (*akk*)
10. (*combler*) ■ **qn couvre qn de qc** *de baisers, caresses* jd überhäuft jdn mit etw; *de cadeaux, fleurs, reproches, d'argent, éloges, injures a.* jd überschüttet jdn mit etw; ***on l'a couvert de coups*** es wurde auf ihn eingeschlagen, man schlug auf ihn ein; ***qn est couvert(e) de bleus*** jd ist von blauen Flecken übersät

II. *vpr* 1. (*s'habiller*) ■ **qn se couvre** jd zieht [sich (*dat*)] etwas an; (*mettre son chapeau*) jd bedeckt seinen Kopf, jd setzt eine Kopfbedeckung auf, jd tut etwas auf den Kopf *fam;* ***couvre-toi, il fait froid dehors!*** zieh [dir] was an, es ist kalt draußen!
2. (*se protéger*) ■ **qn se couvre** jd sichert sich ab, jd schützt sich; (*se tirer d'affaire*) jd entzieht sich der Verantwortung, jd zieht [*o* redet] sich raus *fam*
3. ■ **qc se couvre** */ciel/* etw bewölkt sich, etw zieht sich zu, etw trübt sich ein; ***le temps se couvre*** es bewölkt sich, es trübt [sich] ein
4. (*se remplir de*) ■ **qn/qc se couvre de qc:** ***l'arbre se couvre de bourgeons*** der Baum treibt Knospen; ***le pré se couvre de fleurs*** die Wiese fängt an zu blühen; ***le ciel se couvre de nuages*** der Himmel bewölkt sich [*o* zieht sich zu]; ***l'enfant s'est couvert de taches en mangeant*** das Kind hat sich beim Essen total verkleckert *fam;* ***mon visage se couvre de boutons dès que ...*** ich bekomme Pickel im Gesicht, sobald ...

cover-girl <~-~s> [kɔvœʀgœʀl] *f* Covergirl ['kavɐgøːɐl] *nt*

cow-boy <~-~s> [kobɔj, kaobɔj] *m* Cowboy ['kaubɔɪ] *m*

coxalgie [kɔksalʒi] *f* (*douleur*) Hüftschmerz *m,* Koxalgie *f spec;* (*maladie*) Hüftgelenkentzündung *f,* Koxitis *f spec*

coyote [kɔjɔt] *m* Kojote *m,* Coyote *m*

C.Q.F.D. [sekyɛfde] *loc abr de* **ce qu'il fallait démontrer** q.e.d., quod erat demonstrandum, was zu beweisen war

crabe [kʀɑb] *m* Krabbe *f*
▶ **qn marche** [*o* **avance**] **en ~** jd geht seitwärts

crac [kʀak] *interj* knack, krach

crachat [kʀaʃa] *m* Spucke *f*

craché, e [kʀaʃe] *adj* ▶ **c'est qn tout(e) ~** *fam* (*très ressemblant*) er/sie ist jdm wie aus dem Gesicht geschnitten; (*typique de qn*) das sieht jdm ähnlich *fam,* das ist [mal wieder] typisch jd *fam*

crachement [kʀaʃmɑ̃] *m* 1. (*projection de salive*) Ausspucken *nt;* **~ *de sang*** Blutspucken *nt;* ***qn a un ~ de sang*** jd spuckt Blut
2. (*rejet*) [*étincelles*] Sprühen *nt;* [*flammes*] Hochschießen *nt,* Hochschlagen *nt;* [*gaz, vapeur*] Ausströmen *nt*
3. (*bruit parasite*) [*haut-parleur, poste, radio*] Knacken *nt,* Knistern *nt;* [*mitraillette*] Rattern *nt,* Knattern *nt*

cracher <1> [kʀaʃe] I. *vi* 1. (*projeter de la salive*) ■ **qn crache** jd spuckt [aus]; ***qn crache par terre*** jd spuckt auf den Boden; ***crache/crachez!*** ausspucken!
2. (*baver*) ■ **qc crache** */plume, stylo/* etw kleckst *fam,* etw spritzt
3. ■ **qc crache** */haut-parleur, micro, radio/* etw knistert
▶ **qn crache sur qn** *fam* jd zischelt über jdn; **qn ne crache pas sur qc** *fam* jd verachtet etw nicht; ***c'est une offre avantageuse, il ne faut pas ~ dessus*** das ist ein vorteilhaftes Angebot; das darf man sich (*dat*) nicht entgehen lassen [*o* das ist nicht zu verachten]; ***elle ne cracherait pas sur quelques avantages supplémentaires*** sie hätte nichts gegen ein paar zusätzliche Vergünstigungen
II. *vt* 1. (*rejeter*) ■ **qn crache qc** *arête, bouchée, eau* jd spuckt etw aus; *du sang* jd spuckt etw; ■ **un anmal crache qc** *venin* ein Tier verspritzt [*o* sprüht] etw
2. (*faire jaillir*) ■ **qc crache qc** */moteur/ fumée* etw stößt etw aus; */volcan a./ feu, lave* etw speit etw; */arme/ projectiles* etw spuckt etw aus; */cheminée/ étincelles* etw sprüht etw; */dragon/ feu* etw spuckt etw; */tuyau de poêle/ suie* etw spuckt [*o* stößt] etw aus
3. (*proférer*) ■ **qn crache qc** *injures, insultes, malédictions* jd stößt etw aus; ***qn crache qc au visage de qn*** jd schleudert jdm etw ins Gesicht

cracheur [kʀaʃœʀ] *m* ◆ **cracheur de feu** [*o* **de flammes**] Feuerschlucker *m*

crachin [kʀaʃɛ̃] *m* Sprühregen *m*

crachoir [kʀaʃwaʀ] *m* Spucknapf *m*
▶ **qn tient le ~** *fam* jd redet wie ein Wasserfall *fam;* **qn tient le ~ à qn** *fam* (*écoute*) jd wird von jdm voll gelabert *fam;* (*parle sans arrêt*) jd labert jdn voll *fam*

crachoter <1> [kʀaʃɔte] *vi* ■ **qc crachote** */haut-parleur, téléphone/* es knackt [*o* knistert] in etw (*dat*); */robinet/* etw spuckt

crack¹ [kʀak] *m* 1. (*poulain*) Crack [kræk] *m,* Star *m*
2. (*as*) Ass *nt,* Kanone *f fam*

crack² [kʀak] *m arg* (*drogue*) Crack [kræk] *nt o m sl*

cracker [kʀakœʀ, kʀakɛʀ] *m* Cracker ['krɛkɐ] *m*

cracra [kʀakʀa] *adj inv fam abr de* **crasseux** dreckig

crade [kʀɑd] *adj fam,* **cradingue** [kʀadɛ̃g] *adj fam,* **crado** [kʀɑdo] *adj fam* dreckig *fam,* versifft *sl*

craie [kʀɛ] *f* Kreide *f;* ***falaise de ~*** Kreideküste *f,* Kreidefelsen *m;* [***bâton de***] **~** [Stück *nt*] Kreide

craignos [kʀɛɲos] *adj fam* mies *fam*

craindre <*irr*> [kʀɛ̃dʀ] I. *vt* 1. (*avoir peur de*) ■ **qn craint qn/qc** jd fürchtet jdn/etw, jd fürchtet [*o* ängstigt] sich vor jdm/etw; ■ **qn craint de faire qc** jd hat Angst, etw zu tun; jd fürchtet sich [davor], etw zu tun; ***il craint toujours de tomber malade*** er befürchtet immer, krank zu werden; er hat immer Angst, krank zu werden; ■ **qn craint que qn fasse qc,** ■ **qn craint que qn ne fasse qc** jd hat Angst, dass jd etw tut; ***la mère craint que son enfant se fasse mal*** die Mutter hat Angst, dass ihr Kind sich weh tut
2. (*pressentir*) ■ **qn craint qc** jd [be]fürchtet etw; ***je crains sa colère*** ich [be]fürchte, dass er/sie wütend sein wird; ***tu crois qu'il va pleuvoir? – Oui, je le crains*** glaubst du, dass es regnen wird? – Ich [be]fürchte, ja; ***on craint tous la catastrophe*** wir [be]fürchten alle, dass es zur Katastrophe kommt; ■ **qn craint que qn/qc fasse qc,** ■ **qn craint que qn/qc ne fasse qc** *soutenu* jd [be]fürchtet, dass jd/etw etw tut; ■ **il est à ~ que qn/qc fasse qc** *soutenu* es ist zu befürchten, dass jd/etw etw tut
3. (*être sensible à*) ■ **qn/qc craint qc** jd/etw verträgt etw nicht, jd/etw ist

empfindlich gegen etw; ***je crains la chaleur/le froid*** ich bin hitze-/kälteempfindlich; ***craint la chaleur!*** vor Wärme schützen!, kühl lagern!
II. *vi* 1. (*avoir peur pour*) ■ **qn craint pour qn/qc** jd hat Angst um jdn/etw, jd macht sich (*dat*) Sorgen um jdn/etw, jd fürchtet um etw; ***je crains pour ma réputation*** ich fürchte um meinen Ruf
2. (*être respecté*) ■ **qn se fait** ~ [**de qn**] jd verschafft sich (*dat*) [bei jdm] Respekt; ***il sait se faire*** ~ er weiß sich (*dat*) Respekt zu verschaffen; ■ **qn est craint(e) de qn** [*o* **par qn**] jd ist/wird von jdm respektiert; (*faire peur*) jd ist/wird von jdm gefürchtet
3. *fam* (*être minable*) ■ **qn craint** jd ist bescheuert *fam;* ■ **qn/qc craint** (*être louche*) jd/etw ist nicht o.k. *fam,* jd/etw ist nicht ganz koscher *fam*
▸ **il n'y a rien à** ~ es ist nichts zu befürchten, es besteht kein Grund zur Sorge; **ça craint!** *fam* (*ce n'est pas o.k.*) das ist übel! *fam,* das ist nicht o.k.! *fam;* (*c'est risqué*) das ist riskant!, das ist nicht ganz koscher! *fam;* **ça ne craint rien** da kann man unbesorgt sein; (*ce n'est pas fragile*) das ist unempfindlich; **ne crains/ne craignez rien!** mach dir/machen Sie sich keine Sorgen!

crainte [kʀɛ̃t] *f* 1. (*peur*) Furcht *f,* Angst *f;* ■ **la** ~ **de qn/qc** *du gendarme, de Dieu, de la mort* die Furcht [*o* Angst] vor jdm/etw; ■ **la** ~ **de faire qc** die Angst [*o* Furcht] etw zu tun; ■ **la** ~ **que qn fasse qc,** ■ **la** ~ **que qn ne fasse qc** die Angst [*o* Sorge], dass jd etw tun könnte
2. (*pressentiment*) ■ **la** ~ **que qn/qc fasse qc,** ■ **la** ~ **que qn/qc ne fasse qc** die Befürchtung, dass jd/etw tun könnte
3. *pl* (*appréhension*) Befürchtungen *pl;* ***vos*** ~***s sont injustifiées*** Ihre Befürchtungen sind unbegründet; ***qn a des*** ~***s au sujet de qn/qc*** jd macht sich (*dat*) Sorgen um jdn/etw, jd ist um jdn/etw besorgt
▸ **n'aie/n'ayez** [**aucune**] ~! sei/seien Sie unbesorgt!; **qn est sans** ~[**s**] **au sujet de qn/qc** jd macht sich (*dat*) keine Sorgen um jdn/etw, jd ist nicht um jdn/etw besorgt; ***soyez sans*** ~ ***à ce sujet!*** seinen Sie deshalb ganz unbesorgt!; **sois/soyez sans** ~[**s**]! sei/seien Sie unbesorgt!; **de** [*o* **dans la**] [*o* **par**] ~ **de qc** aus Furcht [*o* Angst] vor etw (*dat*); **de** [*o* **dans la**] [*o* **par**] ~ **de faire qc** aus Furcht [*o* Angst] davor, etw zu tun; **de** ~ **que qn/qc ne fasse qc** aus Furcht [*o* Angst], dass jd/etw etw tun könnte; **par** ~ aus Furcht, aus Angst

craintif, -ive [kʀɛ̃tif, -iv] *adj* ängstlich; *animal, caractère, naturel, personne a.* scheu; *air, geste, regard, ton a.* bang; *yeux* angsterfüllt; ***qn est de naturel*** ~ jd ist ängstlich [*o* scheu]

craintivement [kʀɛ̃tivmɑ̃] *adv* ängstlich

cramer <1> [kʀame] *vi fam* ■ **qc crame** etw geht bei einem Brand drauf *sl;* /*maison a.*/ etw brennt ab; /*meuble, objet a.*/ etw verbrennt; /*aliment*/ etw brennt an

cramoisi, e [kʀamwazi] *adj* purpurrot, karm[es]inrot
▸ **qn devient** ~ jd wird puterrot

crampe [kʀɑ̃p] *f* [Muskel]krampf *m;* ***l'eau froide m'a donné des*** ~***s*** ich habe [Muskel]krämpfe vom kalten Wasser [bekommen]
◆ **crampe d'estomac** Magenkrampf *m*

crampon [kʀɑ̃pɔ̃] I. *adj inv fam* wie eine Klette
II. *m* 1. TECH, CONSTR Bauklammer *f*
2. ALPIN Steigeisen *nt*
3. SPORT Stollen *m;* ~ ***vissé*** Schraubstollen
4. [*fers d'un cheval*] Hufstollen *m,* Eissporn *m*
5. BOT [*lierre*] Haftwurzel *f*
6. *fam* (*personne*) Klette *f fam*

cramponner <1> [kʀɑ̃pɔne] I. *vt* 1. TECH, CONSTR ■ **qn cramponne des choses** jd [ver]klammert Dinge
2. *fam* (*importuner*) ■ **qn cramponne qn** jd hängt sich wie eine Klette an jdn *fam,* jd geht jdm nicht von der Pelle *fam*
II. *vpr* 1. (*se tenir*) ■ **qn se cramponne** [**à qn/qc**] jd klammert sich fest, jd klammert sich an jdn/etw
2. *fig* ■ **qn se cramponne** [**à qn/qc**] *à la vie, un espoir, une personne* jd klammert sich an jdn/etw; ***je veux le quitter mais il se cramponne*** ich will mich von ihm trennen, aber er klammert

cran¹ [kʀɑ̃] *m* 1. [*crémaillère, pièce dentée*] Kerbe *f,* Einschnitt *m;* ***hausse/baisse d'un*** ~ ***l'étagère*** setz das Regalbrett [um] ein Loch [*o* eine Stufe] höher/tiefer
2. [*ceinture, courroie*] Loch *nt;* ***qn serre la ceinture d'un*** ~ jd schnallt den Gürtel [um] ein Loch enger
3. [*arme à feu*] Kimme *f,* Visiereinschnitt *m*
4. (*entaille servant de repère*) Einschnitt *m*
5. (*coiffure*) Welle *f*
▸ **qn descend/monte d'un** ~ **dans l'estime de qn** jd verliert/gewinnt bei jdm an Ansehen; **qn descend/monte** [*o* **baisse/avance**] **d'un** ~ **dans la hiérarchie** jd fällt [um] eine Stufe in der Hierarchie/steigt [um] eine Stufe in der Hierarchie auf
◆ **cran d'arrêt** Raste *f* [des Ladehebels]; **cran de mire** Kimme *f;* **cran de sûreté** Sicherung *f*

cran² [kʀɑ̃] *m* ▸ **qn a du** ~ *fam* (*courage*) jd hat [ganz schön] Mumm *fam;* **qn a le** ~ **de faire qc** *fam* jd hat den Mumm, etw zu tun *fam;* **qn est à** ~ jdn stört die Fliege an der Wand *fam,* jd ist völlig genervt *fam*

crâne [kʀɑn] *m* 1. (*os*) Schädel *m*
2. (*tête*) Kopf *m,* Schädel *m fam*
3. (*cerveau*) Schädel *m*
▸ **qn a le** ~ **dur** jd ist ein Dickschädel [*o* Dickkopf] *fam;* **qn n'a rien dans le** ~ jd hat nichts im Schädel [*o* Kopf] *fam;* **qn/qc bourre le** ~ **à qn** *fam* (*casse la tête*) jd/etw macht jdn ganz verrückt *fam;* (*intoxique*) jd/etw gaukelt [*o* macht] jdm etwas vor; **qn se bourre le** ~ [**avec qc**] jd zermartert sich (*dat*) den Kopf [wegen etw]; **qn met** [*o* **enfonce**] **qc dans le** ~ **à qn** jd hämmert jdm etw ein *fam;* ***je n'arrive pas à lui enfoncer ça dans le*** ~ ich krieg das einfach nicht in seinen/ihren Kopf rein *fam;* ***mets-toi ça dans le*** ~! schreib dir das hinter die Ohren! *fam*

crâner <1> [kʀɑne] *vi fam* ■ **qn crâne** jd zieht eine Schau ab *fam*

crânerie [kʀɑnʀi] *f vieilli* Keckheit *f veraltet*

crâneur, -euse [kʀɑnœʀ, -øz] I. *adj* angeberisch *fam,* prahlerisch; ***elle est*** ~***euse*** sie gibt ganz schön an *fam*
II. *m, f* Angeber(in) *m(f) fam;* ***il fait le*** ~ er gibt [doch] nur an *fam*

crânien, ne [kʀɑnjɛ̃, jɛn] *adj* Schädel-

cranter <1> [kʀɑ̃te] *vt* ■ **qn crante qc** *pignon, roue, tige* jd zahnt etw; *cheveux* jd legt etw in Wellen, jd wellt etw

crapahuter <1> [kʀapayte] *vi fam* ■ **qn crapahute** jd kraxelt *fam;* /*bébé*/ jd krabbelt

crapaud [kʀapo] *m* ZOOL Kröte *f*
▸ **qn/qc est laid(e) comme un** ~ jd ist hässlich wie die Nacht/etw ist potthässlich *fam*

crapoter <1> [kʀapɔte] *vi fam* ■ **qn crapote** jd pafft *fam*

crapule [kʀapyl] *f* zwielichtige Gestalt; (*homme a.*) Lump *m fam*

crapuleusement [kʀapyløzmɑ̃] *adv* auf niederträchtige Weise, auf gemeine Weise

crapuleux, -euse [kʀapylø, -øz] *adj action, assassinat, crime* niederträchtig, gemein, hundsgemein *fam; vie* Ganoven-, unehrenhaft

craquage [kʀakaʒ] *m* Cracken ['krækn] *nt*

craquant, e [kʀakɑ̃, ɑ̃t] *adj fam* (*irrésistible*) toll *fam,* knackig *fam,* umwerfend *fam;* (*mignon*) süß *fam*

craqueler <3> [kʀakle] I. *vt* TECH ■ **qn craquelle qc** *faïence, porcelaine, émail* jd macht feine Haarrisse auf etw (*dat*) (*Technik, um etw alt wirken zu lassen*), jd krakeliert etw *spec;* ■ **qc craquelle qc** /*temps, sécheresse*/ *peinture, vernis, terre* etw lässt etw rissig werden; ■ **qc est craquelé(e)** etw ist [ganz] rissig; /*vernis a.*/ etw hat Sprünge
II. *vpr* (*se crevasser*) ■ **qc se craquelle** etw wird rissig, etw bekommt Risse

craquellement [kʀakɛlmɑ̃] *m* (*état*) Risse *pl;* (*action*) Rissigwerden *nt;* ***le*** ~ ***du sol est dû à la sécheresse*** die Risse im Boden kommen von der Trockenheit

craquelure [kʀaklyʀ] *f* ■ ~ **de qc** *de la faïence, porcelaine, du vernis* Haarriss *m* in etw (*dat*); *d'un tableau, d'une peinture* Riss *m* in etw (*dat*)

craquement [kʀakmɑ̃] *m* [*arbre, banquise*] Krachen *nt;* [*bois qui brûle*] Knacken *nt,* Prasseln *nt;* [*boiserie, branche*] Knacken *nt;* [*plancher, chaussures*] Knarren *nt;* [*feuilles mortes*] Rascheln *nt;* [*neige*] Knirschen *nt*

craquer <1> [kʀake] I. *vi* 1. (*faire un bruit*) ■ **qc craque** /*biscuit, bonbon*/ etw kracht; /*chaussures, parquet*/ etw knarrt; /*feuilles mortes*/ etw raschelt; /*neige*/ etw knirscht; /*bois*/ etw knackt; ■ **qn fait** ~ **qc** *allumette* jd streicht [*o* zündet] etw an; *doigts* jd knackt mit etw
2. (*céder*) ■ **qc craque** /*branche, couche de glace*/ etw kracht *fam,* etw bricht; (*se déchirer*) /*vêtement, bas*/ etw reißt, etw geht kaputt; (*aux coutures*) etw platzt [auf]
3. (*s'effondrer nerveusement*) ■ **qn craque** jd verliert die Nerven; (*s'écrouler*) /*athlète*/ jd bricht zusammen; (*avouer*) /*accusé*/ jd gesteht; /*espion, témoin*/ jd fällt [*o* kippt] um *fam;* ■ **qc craque** /*nerfs*/ etw versagt *fam*
4. (*échouer*) ■ **qc craque** /*affaire, entreprise, projet*/ etw platzt *fam*
5. (*s'attendrir*) ■ **qn craque** [**devant qn**] jd wird [bei jdm] weich; ■ **qn craque** [**devant qc**] (*opp: résister*) jd wird [bei etw] schwach
II. *vt* ■ **qn craque qc** *bas, pantalon* jd macht [sich (*dat*)] etw kaputt, jd zerreißt [sich (*dat*)] etw; *allumette* jd steckt [*o* zündet] etw an; ■ **qc est craqué(e)** etw ist gekracht *fam;* /*bas, pantalon*/ etw ist kaputt[gegangen]; /*couture*/ etw ist aufgeplatzt [*o* aufgegangen]

crash <[e]s> [kʀaʃ] *m* Absturz *m*

crasher [kʀaʃe] <1> *vpr fam* ■ **qc se crashe** /*avion*/ etw stürzt ab; ***l'avion s'est crashé contre la tour de télé*** das Flugzeug ist am Fernsehturm zerschellt

crasse [kʀas] I. *adj bêtise, ignorance* unerhört, haarsträubend
II. *f* 1. (*saleté*) Dreck *m,* Schmutz *m;* ***il a les mains couvertes de*** ~ er hat ganz schmutzige Hände, seine Hände sind ganz schmutzig
2. (*sale tour*) Gemeinheit *f,* Gehässigkeit *f*
▸ **qn fait une** ~ **à qn** *fam* jd wischt jdm eins aus *fam,* jd spielt jdm übel mit

crasseux, -euse [kʀasø, -øz] *adj* schmutzig, dreckig

cratère [kʀatɛʀ] *m* [*volcan*] Krater *m*

cravache [kʀavaʃ] *f* [Reit]gerte *f,* Reitpeitsche *f*
▸ **qn mène qn à la** ~ jd nimmt jdn an die Kandare *fam,* jd zeigt jdm, wo's langgeht *fam*

cravacher <1> [kʀavaʃe] I. *vt* ■ **qn cravache un animal** jd gibt einem Tier die Peitsche
II. *vi* 1. (*à cheval*) ■ **qn cravache** jd treibt sein Pferd [mit Peitschenhieben] an
2. *fam* (*travailler dur*) ■ **qn cravache** jd klotzt ran *fam,* jd arbeitet wie blöd *fam,* jd schuftet [wie ein Pferd] *fam*

cravate [kʀavat] *f* Krawatte *f,* Schlips *m fam;* ***il faut que tu mettes une*** ~! du musst eine Krawatte umbinden [*o* anziehen]!
▸ **qn s'en jette un derrière la** ~ *fam* jd gießt sich (*dat*) einen hinter die Binde *fam*

cravater <1> [kʀavate] I. *vt fam* ■ **qn cravate qn** (*attraper*) jd schnappt jdn *fam;* (*attaquer*) jd packt jdn am Hals [*o* Kragen] *fam*
II. *vpr* ■ **qn se cravate** jd bindet [sich (*dat*)] eine Krawatte um, jd zieht eine Krawatte an

crawl [kʀol] *m* Kraul[schwimmen *nt*] *nt,* Kraulen *nt;* ***sais-tu nager le*** ~? kannst du kraulen?

crawler <1> [kʀole] *vi* ■ **qn crawle** jd krault; ***dos crawlé*** Rückenkraulen *nt*

crayeux, -euse [kʀɛjø, -jøz] *adj sol, substance, terrain* kreidig, kreidehaltig; *teint* kreideweiß, kreidebleich; ***blanc*** ~ Kreideweiß *nt*

crayon [kʀɛjɔ̃] *m* 1. (*objet*) Bleistift *m;* ***au*** ~ mit [dem] Bleistift
2. (*dessin*) Bleistiftzeichnung *f*

▶ ~ gras/maigre weicher/harter Bleistift; ~ noir Bleistift *m;* ~ optique Lichtgriffel *m,* Lichtstift *m*
◆ **crayon à bille** Kugelschreiber *m;* **crayon à lèvres** Konturenstift *m;* **crayon à sourcils** Augenbrauenstift *m;* **crayon de couleur** Buntstift *m,* Farbstift *m;* **crayon de mine** Bleistift *m;* **crayon feutre** Filzstift *m;* **crayon khôl** Kajalstift *m;* **crayon pour les yeux** Eyeliner ['ailainɐ] *m,* Lidstift *m*

crayonnage [kʀɛjɔnaʒ] *m* **1.** (*dessin*) Bleistiftzeichnung *f*
2. (*action*) Zeichnen *nt* mit dem Bleistift

crayonner <1> [kʀɛjɔne] *vt* ■ **qn crayonne qc** *croquis, dessin* jd zeichnet etw schnell [mit dem Bleistift]; *notes* jd schreibt etw flüchtig [mit dem Bleistift] [auf], jd kritzelt etw hin *fam; projet* jd entwirft etw flüchtig, jd skizziert etw; ***il crayonne des gribouillages*** er kritzelt etwas [mit dem Bleistift]

créance [kʀeɑ̃s] *f* FIN Schuld *f,* Forderung *f;* ~ ***exigible*** fällige Schuld

créancier, -ière [kʀeɑ̃sje, -jɛʀ] *m, f* FIN Gläubiger(in) *m(f)*

créateur, -trice [kʀeatœʀ, -tʀis] **I.** *adj* schöpferisch, kreativ; ***esprit*** ~ Schöpfergeist *m;* ***imagination*** ~***trice*** schöpferische Fantasie
II. *m, f* **1.** ART, COUT Schöpfer(in) *m(f);* IND [*produit*] Hersteller(in) *m(f);* THEAT [*rôle*] Erstdarsteller(in) *m(f)*
2. ■ **le C~** der Schöpfer

créatif, -ive [kʀeatif, -iv] **I.** *adj* kreativ, einfallsreich
II. *m* (*concepteur*) Kreativmanager(in) *m(f)* [-mænɪdʒɐ]

création [kʀeasjɔ̃] *f* **1.** ∅ REL Erschaffung *f,* Schöpfung *f;* ■ **la C~** die Schöpfung; ***le récit de la C~*** die Schöpfungsgeschichte, die Genesis
2. (*monde*) ■ **la ~** die Schöpfung, das Universum
3. ART ■ ~ **de qn** *d'un peintre, sculpteur, écrivain* jds Werk *nt; d'un couturier, cuisinier* jds Kreation *f;* ■ ~ **de qc** *d'un spectacle, d'une pièce de théâtre* Erstaufführung *f,* Uraufführung *f; d'un rôle* erstmalige Darstellung
4. (*invention*) Herstellung *f,* Herstellen *nt;* ***la ~ d'un art nouveau*** die Erfindung einer neuen Kunst
◆ **création d'emploi** [*o* **de poste**] Schaffung *f* eines Arbeitsplatzes; ***300 ~s d'emploi*** die Schaffung von 300 Arbeitsplätzen; **création d'entreprise** Firmengründung *f*

créativité [kʀeativite] *f* Kreativität *f,* Einfallsreichtum *m*

créature [kʀeatyʀ] *f* **1.** REL Geschöpf *nt,* [menschliche] Kreatur *geh*
2. *péj vieux* (*femme de mauvaise vie*) Frauenzimmer *nt,* Weibsbild *nt*

crécelle [kʀesɛl] *f* Knarre *f,* Rätsche *f* SDEUTSCH

crèche [kʀɛʃ] *f* **1.** REL Krippe *f;* ~ ***de Noël*** Weihnachtskrippe
2. (*pouponnière*) Kinderkrippe *f*
3. *vieux fam* (*chambre, maison*) Bude *f fam*

crécher <5> [kʀeʃe] *vi fam* ■ **qn crèche quelque part** jd wohnt irgendwo, jd hat irgendwo seine Bude *fam;* ***c'est ici que je crèche*** hier wohne ich, das ist meine Bude *fam;* ***tu peux ~ chez moi cette nuit*** heute Nacht kannst du bei mir schlafen [*o* pennen *sl*]

crédibilité [kʀedibilite] *f* Glaubwürdigkeit *f,* Glaubhaftigkeit *f*

crédible [kʀedibl] *adj* glaubhaft, glaubwürdig

crédit [kʀedi] *m* **1.** (*paiement échelonné*) Ratenzahlung *f*
2. (*prêt*) Kredit *m;* ***qn accorde un ~ à qn*** jd gewährt jdm einen Kredit; ~ ***bancaire/commercial/industriel*** Bank-/Handels-/Industriekredit; ~ ***d'impôt*** Steuergutschrift *f,* Steueranrechnungsbetrag *m;* ■ ~ **à** -kredit; ~ ***à la consommation/à l'exportation*** Konsumenten-/Exportkredit
3. (*dans une raison sociale*) Bankinstitut *nt;* ~ ***municipal*** städtisches Pfandleihhaus
4. (*opp: débit*) Guthaben *nt;* ***j'ai 2000 F au ~ de mon compte*** ich habe ein Guthaben von 2000 F auf meinem Konto; ***la somme est portée*** [*o* ***mise***] ***au ~ de votre compte*** die Summe wird Ihrem Konto gutgeschrieben
5. *pl* POL (*budget*) Mittel *pl,* Gelder *pl,* Ausgaben[ansätze *pl*] *pl;* ~***s budgétaires*** Haushaltsmittel; ~***s extraordinaires*** Sonderfonds *m*
6. (*confiance*) Ansehen *nt,* Glaubwürdigkeit *f;* ■ ~ **auprès de qn:** ***qn a du ~ auprès de qn*** jd genießt jds Vertrauen (*akk*); ***qn trouve ~ auprès de qn*** jd hat jds Vertrauen (*akk*); ***qn perd son ~ auprès de qn*** jd verliert ds Vertrauen (*akk*); ***qn jouit d'un grand ~ auprès de qn*** jd hat großes Ansehen bei jdm
▶ ~ documentaire Dokumentenakkreditiv *nt;* ~ hypothécaire Hypothekenkredit *m,* Hypothekarkredit *m;* **qn accorde** [**du**] ~ **à qn/qc** jd schenkt jdm/einer S. Glauben, jd vertraut jdm/einer S.; **qn achète/vend à ~** jd kauft/verkauft auf Kredit [*o* Raten]; **qn accorde** [**du**] ~ **à qn/qc** (*croit*) jd glaubt jdm/etw; **qn fait ~** [**à qn**] jd akzeptiert Ratenzahlungen [von jdm]; jd akzeptiert, dass jd in Raten zahlt; **qn fait ~ à qn/qc** (*fait confiance*) *à l'avenir, au destin* jd hat Vertrauen in jdn/etw, jd vertraut jdm; **qn porte** [*o* **met**] **qc au ~ de qn** *mérite, bonne action* jd hält jdm etw zugute
◆ **crédit acheteur** Bestellerkredit *m;* **crédit au particulier** Privatkundenkredit *m;* **crédit** [**de**] **relais** Zwischenkredit *m,* Überbrückungskredit *m;* **crédit de trésorerie** Barkredit *m;* **crédit fournisseur** (*à l'export*) Exporteurkredit *m*

crédit-bail <~s-~s> [kʀedibaj] *m* Leasing ['li:zɪŋ] *nt;* ***il a acheté sa voiture en ~-~*** er hat seinen Wagen mit Leasing erworben **crédit-client** [kʀediklijɑ̃] *m* Kundenkredit *m*

créditer <1> [kʀedite] *vt* FIN ■ **qn crédite qn/qc de qc** *personne, compte* jd schreibt jdm/einer S. etw gut; ***je vous crédite/je crédite votre compte de 1000 F*** ich schreibe Ihnen/Ihrem Konto 1000 F gut; ■ **qn crédite qn de qc** *d'une bonne action* jd hält jdm etw zugute; SPORT *d'un point, temps* jd schreibt jdm etw gut

créditeur, -trice [kʀeditœʀ, -tʀis] **I.** *adj compte, solde* Guthaben-, Haben-, Aktiv-
II. *m, f* Gläubiger(in) *m(f),* Kreditor(in) *m(f) spec*

crédit-fournisseur <~s-~s> [kʀedifuʀnisœʀ] *m* Lieferantenkredit *m*

credo [kʀedo] *m* REL Glaubensbekenntnis *nt;* (*principe*) Kredo *nt*

crédule [kʀedyl] *adj* leichtgläubig, gutgläubig

crédulité [kʀedylite] *f* Leichtgläubigkeit *f,* Gutgläubigkeit *f*

créer <1> [kʀee] **I.** *vt* **1.** (*réaliser*) ■ **qn crée qc** *emploi, œuvre* jd schafft etw; *entreprise, foyer* jd gründet etw; *industrie* jd ruft etw ins Leben; *modèle* jd kreiert etw [kre'i:ɐt]; *monde* jd erschafft etw; *produit* jd stellt etw her; *ville* jd erbaut etw; *pièce, spectacle* jd führt etw zum ersten Mal auf; *rôle* jd spielt etw als Erste(r), jd kreiert etw; ***ce rôle a été créé/cette pièce a été créée en 1991*** diese Rolle wurde 1991 zum ersten Mal gespielt [*o* kreiert]/das Stück wurde 1991 uraufgeführt
2. (*provoquer*) ■ **qn/qc crée qc** *besoins, dépendance* jd/etw schafft etw; ■ **qn/qc crée qc à qn** *difficultés, problèmes* jd/etw bereitet jdm etw
II. *vi* ■ **qn crée** /*artiste, inventeur*/ jd ist schöpferisch tätig
III. *vpr* **1.** ■ **qn se crée qc** *besoins* jd schafft sich (*dat*) etw; *illusions* jd macht sich (*dat*) etw; *clientèle* jd baut sich (*dat*) etw auf; *difficultés, problèmes* jd bereitet sich (*dat*) etw; *monde imaginaire* jd schafft sich (*dat*) etw
2. ■ **qc se crée** /*climat, situation, tension*/ etw entsteht

crémaillère [kʀemajɛʀ] *f* TECH Zahnstange *f;* [*cheminée*] Zahngestänge *nt;* [*bibliothèque*] Zahnleiste *f*
▶ **qn pend la ~** jd macht eine Einweihungsparty; **à ~** *cric, direction, engrenage* Zahnstangen-; ***tram à ~*** Zahnradbahn *f*

crémant [kʀemɑ̃] **I.** *adj vin* leicht schäumend, moussierend
II. *m* Sekt *m,* Cremant *m*

crématoire [kʀematwaʀ] **I.** *adj four* Krematoriums-
II. *m* Krematorium *nt*

crématorium *m,* **crematorium** [kʀematɔʀjɔm] *m* Krematorium *nt*

crème [kʀɛm] **I.** *adj inv* gebrochen weiß; *vêtement* cremefarben ['kre:m-]
II. *f* **1.** (*produit laitier*) Rahm *m*
2. (*peau sur le lait*) Rahm *m,* [Rahm]haut *f*
3. (*entremets*) Creme [kre:m] *f;* ■ ~ **à** *à la vanille, au chocolat, café* -creme
4. (*liqueur*) Likör *m;* ■ ~ **de** *de cassis, menthe etc* -likör
5. COSMETIQUE Creme *f;* ~ ***grasse/nourrissante*** Fett-/Nährcreme; ~ ***de soins*** Pflegecreme
▶ ~ aigre saure Sahne, saurer Rahm; ~ anglaise Englische Creme, Vanillecreme *f;* ~ antirides Antifaltencreme *f;* ~ brûlée gebrannte Creme (*im Ofen gebräunte Milch-Eierspeise*); ~ démaquillante Reinigungslotion *f;* ~ [**d**]**épilatoire** Enthaarungscreme *f;* ~ fouettée Schlagsahne *f;* ~ fraîche Creme fraîche *f;* ~ glacée [Speise]eis *nt,* Eiscreme *f;* ~ hydratante Feuchtigkeitscreme *f;* ~ pâtissière Konditorcreme *f;* ~ renversée gestürzte Creme, Sturzcreme *f;* ~ solaire Sonnencreme *f;* ~ teintée Make-up [me:k'ap] *nt;* **qn est la ~ de qc** *fam* jd ist der/die Beste einer S. (*gen*); ***c'est la ~ des hommes*** er ist der Beste aller Männer; **qn/qc n'est pas la ~** *fam* jd/etw gehört nicht gerade zur feinen Gesellschaft; **à la ~** *fraises, gâteau, glace* mit Sahne; *escalope, champignons* Rahm-
◆ **crème à épiler** Enthaarungscreme *f;* **crème à raser** Rasiercreme *f;* **crème au beurre** Buttercreme *f;* **crème chantilly** Schlagsahne *f;* **crème de beauté** Schönheitscreme *f;* **crème de jour** Tagescreme *f;* **crème de nuit** Nachtcreme *f*
IV. *m* Kaffee *m* mit Milch, Milchkaffee *m*

crémerie [kʀɛmʀi] *f* Milch-[und Käse]geschäft *nt*
▶ **qn change de ~** jd geht woanders hin

crémeux, -euse [kʀemø, -øz] *adj* cremig, sahnig

crémier, -ière [kʀemje, -jɛʀ] *m, f* Milch-[und Käse]händler(in) *m(f)*

créneau <x> [kʀeno] *m* **1.** AUT [Park]lücke *f*
2. COM Marktlücke *f*
3. (*intervalle*): ***j'ai un ~ de 20 minutes à 16 heures*** ich habe um 16 Uhr eine Pause von 20 Minuten
4. RADIO (*temps d'émission*) Sendezeit *f;* (*temps de parole*) Sprechzeit *f*
5. MIL [*rempart*] Schießscharte *f*
▶ **qn fait un ~** jd parkt [in eine Parklücke] ein; **qn monte au ~** jd tritt auf den Plan, jd erscheint auf dem Plan

crénelé, e [kʀenle] *adj mur, rempart* mit Schießscharten [versehen]; *feuille* gezackt, eingekerbt

créneler <3> [kʀenle] *vt* ■ **qn crénelle qc** *pièce de monnaie* jd rändelt etw; *roue* jd zackt etw aus

créole [kʀeɔl] **I.** *adj* kreolisch
II. *m* (*langue*) Kreol *nt*
III. *mf* (*personne*) ■ **Créole** Kreole/Kreolin *m/f*

crêpage [kʀɛpaʒ] *m* **1.** TEXTIL Kreppen *nt spec*
2. [*cheveux*] Toupieren [tu'pi:rən] *nt*
▶ ~ **de chignon** *fam* (*dispute*) Zank *m,* Zankerei *f;* (*bataille*) Rauferei *f,* Handgreiflichkeiten *pl*

crêpe¹ [kʀɛp] *f* GASTR Crêpe *f,* [dünner] [Eier]pfannkuchen
▶ **qn retourne qn comme une ~** *fam* jd kriegt jdn herum *fam,* jd stimmt jdn um

crêpe² [kʀɛp] *m* **1.** TEXTIL Krepp *m,* Crêpe *m*
2. (*voile*) Trauerschleier *m;* (*ruban*) Trauerflor *m,* [Krepp]flor *m*
3. (*pour semelles*) Kreppgummi *m o nt*
◆ **crêpe de Chine** Crêpe de Chine *m,* Chinakrepp *m*

crêper <1> [kʀepe] **I.** *vt* **1.** TEXTIL ■ **qn crêpe qc** jd kreppt etw
2. ■ **qn crêpe qc** *cheveux* jd toupiert etw [tu'pi:ɐt]
II. *vpr* ■ **qn se crêpe qc** *cheveux* jd toupiert sich (*dat*) etw

crêperie [kʀɛpʀi] *f* Crêperie *f*

crépi [kʀepi] *m* [Rau]putz *m,* Verputz *m*

crêpier, -ière [kʀepje, -jɛʀ] **I.** *m, f* (*de profession*) Crêpebäcker(in) *m(f)*
II. *f* (*plaque*) ■ **crêpière** Crêpeeisen *nt;* (*poêle*) Crêpeherd *m*

crépir <8> [kʀepiʀ] *vt* ■ **qn crépit qc** jd verputzt etw

crépitation [kʀepitasjɔ̃] *f* [*feu*] Knistern *nt,* Prasseln *nt*

crépitement [kʀepitmɑ̃] *m* [*pluie, eau*] Prasseln *nt;* [*feu a.*] Knistern *nt;* [*mitraillette*] Rattern *nt,* Knattern *nt;* [*radio*] Knacken *nt,* Knistern

crépiter <1> [kʀepite] *vi* ■ **qc crépite** /*applaudissements, tirs*/ etw pras-

selt; */bois, feu, flamme a./* etw knistert; */mitrailleuse/* etw rattert, etw knattert; */marrons/* etw platzt
crépon [kʀepɔ̃] *m* Krepon *m*
crépu, e [kʀepy] *adj*: ***cheveux ~s*** gekräuselte Haare *pl*, Kraushaar *nt*; ***il est ~*** er ist kraushaarig, er hat gekräuselte Haare
crépusculaire [kʀepyskylɛʀ] *adj* **1.** *littér:* ***lueur/lumière ~*** Dämmerlicht *nt*, Zwielicht *nt*
2. *animal* Nacht-, nachtaktiv
crépuscule [kʀepyskyl] *m* **1.** Dämmerung *f*; ***heure du ~*** [Abend]dämmerung, Dämmerstunde *f geh*
2. *soutenu* (*fin*) ■ **le ~ de qc** das Ende einer S. (*gen*); ***le ~ de l'empire*** der Niedergang des Reiches; ***le ~ de la vie*** der Lebensabend, der Herbst des Lebens *poet*
crescendo [kʀeʃɛndo] **I.** *adv* crescendo
II. *m inv* Crescendo *nt*
cresson [kʀesɔ̃, kʀəsɔ̃] *m* Kresse *f*
◆ **cresson de fontaine** Brunnenkresse *f*
Crésus [kʀezys] *m* ▶ **qn est riche comme ~** jd ist ein [richtiger] Krösus
crétacé, e [kʀetase] **I.** *adj* Kreide-, kretaz[e]isch *spec*; *terrain* kreidehaltig
II. *m* ■ **le ~** die Kreidezeit, die Kreide[formation]
crête [kʀɛt] *f* **1.** [*coq, gallinacé*] Kamm *m*; [*oiseau*] Haube *f*
2. [*montagne, sommet*] Grat *m*, Kamm *m*; [*mur*] Krone *f*; [*toit*] First *m*; [*vague*] Kamm
Crète [kʀɛt] *f* ■ **la Crète** Kreta
crétin, e [kʀetɛ̃, in] **I.** *adj fam* blöd *fam*; ■ **qn est ~** jd ist ein Schwachkopf [*o* Dummkopf] *fam*
II. *m, f fam* Dummkopf *m fam*, Schwachkopf *m fam*
crétinisme [kʀetinism] *m* MED Kretinismus *m*; (*bêtise*) Verblödung *f*
cretonne [kʀətɔn] *f* Kretonne *f o m* (*Baumwollgewebe in Leinenbindung*)
creusage [kʀøzaʒ] *m*, **creusement** [kʀøzmɑ̃] *m* [*tunnel*] Bohren *nt*, Graben *nt*; [*canal*] Aushub *m*
creuser <1> [kʀøze] **I.** *vt* **1.** (*forer*) ■ **qn/qc creuse qc** jd hebt etw aus/mit etw wird etw ausgehoben, jd gräbt etw/mit etw wird etw ausgegraben; *fossé a.* jd wirft etw aus; *sillon* jd/etw zieht etw; *tunnel* jd bohrt etw/mit etw wird etw gebohrt
2. (*évider*) ■ **qn creuse qc** *sable* jd gräbt in etw (*dat*); *terre* jd gräbt etw auf; *tombe* jd gräbt etw; *pomme* jd höhlt etw aus; ■ **qc creuse qc** */érosion, mer/* etw höhlt etw aus
3. (*cambrer*) ■ **qn creuse qc** *ventre, joues* jd zieht etw ein; ***elle creuse la taille*** [*o* ***les reins***] sie macht ein Hohlkreuz; ■ **qc creuse qn/qc** */maladie/* durch etw magert jd ab/wird etw ganz mager; ***la maladie creuse ses joues/ses yeux*** durch die Krankheit hat er ganz eingefallene Wangen/ist er ganz hohläugig [geworden]; ***cette promenade m'a creusé l'estomac*** der Spaziergang hat mich hungrig gemacht
II. *vi* ■ **qc creuse** */grand air, exercice/* etw macht hungrig
III. *vpr* **1.** ■ **qc se creuse** */joues/* etw fällt ein, etw wird hohl; */reins/* etw magert ab, etw wird knochig; */falaise, roche/* etw höhlt aus; ***ses yeux se sont creusés*** er/sie ist ganz hohläugig geworden
2. *fig* ■ **qc se creuse entre des personnes** */abîme, écart, fossé/* etw tut sich zwischen Menschen (*dat*) auf
3. (*réfléchir*) ■ **qn se creuse qc** *tête, méninges* jd zerbricht sich (*dat*) etw
creuset [kʀøzɛ] *m* CHIM, IND [Schmelz]tiegel *m*
◆ **creuset de verrerie** Glashafen *m spec*, [Schmelz]hafen *m spec*
creux, -euse [kʀø, -øz] **I.** *adj* **1.** (*vide*) *arbre, dent, os, tige, tronc* hohl; *estomac, ventre* leer; ***j'ai l'estomac ~*** mir knurrt der Magen, ich habe nichts im Magen; ***j'ai la tête*** [*o* ***cervelle***] ***~euse*** mein Kopf ist ganz leer
2. *son* hohl
3. (*vide de sens*) *discours, idées, jugement, raisonnement* nichts sagend, inhaltlos; *paroles a.* hohl, leer
4. (*concave*) *surface* nach innen gewölbt, vertieft
5. (*rentré*) *visage* eingefallen; *joue a.* hohl; ***elle a les yeux ~*** sie ist hohläugig
6. (*sans activité*) ruhig; ***c'est encore un jour ~*** wieder so ein Tag, an dem nicht viel los ist; ***saison/période ~euse*** Saison *f*/Zeit *f*, in der nicht viel Betrieb ist; ***aux heures ~euses*** (*pour la circulation*) während der verkehrsarmen Stunden; (*pour l'électricité*) während der Stunden, in denen der Stromverbrauch gering ist; (*pour le téléphone*) während der Stunden, in denen die Telefonleitungen wenig beansprucht sind
II. *m* **1.** (*cavité*) Höhle *f*, Loch *nt*; ■ **~ de qc** *de la dent* Loch in etw (*dat*); *de l'arbre, du rocher a.* [Aus]höhlung *f* in etw (*dat*)
2. (*concavité*) ■ **~ de qc** *du terrain* Mulde *f* in etw (*dat*), Vertiefung *f* in etw (*dat*); ***le ~ des reins*** das Kreuz; ***le ~ de l'aisselle/de l'épaule*** die Achselhöhle/Schultergrube; ***le ~ d'une vague*** das Wellental; ***les chemins sont pleins de ~*** die Wege sind voller Löcher; ***le ~ de la main*** die hohle Hand
3. (*manque d'activité*) Zeit, in der nicht viel los [*o* nicht viel Betrieb] ist; ***un ~ à midi/à l'heure du déjeuner*** eine Flaute um die Mittagszeit
4. *fam* (*faim*) Hunger *m*, Kohldampf *m fam*
▶ **dans le ~ de l'oreille**: ***qn dit/glisse qc dans le ~ de l'oreille de qn*** jd sagt/flüstert jdm etw ins Ohr; ***cette information m'est tombée dans le ~ de l'oreille*** diese Information ist mir zu Ohren gekommen; ***elle m'a confié ça dans le ~ de l'oreille*** sie hat mir das anvertraut; **qn est dans le** [*o* **au**] **~ de la vague** jd befindet sich an einem Tiefpunkt; **qn a un ~** [**à l'estomac**] *fam* jdm knurrt der Magen, jd hat Hunger; ***qn a un petit ~*** jd hat etwas Hunger
crevaison [kʀəvɛzɔ̃] *f* Reifenpanne *f*, Plattfuß *m fam*; ***j'ai une ~*** ich habe einen Platten *fam*
crevant, e [kʀəvɑ̃, ɑ̃t] *adj fam* (*fatigant*) mörderisch *fam*, anstrengend; *marche a.* elend *fam*; ***qc est ~*** etw strengt an, etw bringt einen um *fam*; ***c'est un travail ~*** das ist eine Knochenarbeit [*o* Schweinearbeit] *fam*
crevasse [kʀəvas] *f* **1.** [*rocher*] Spalte *f*, Spalt *m*; [*mur, sol, terre a.*] [tiefer] Riss; [*glacier*] Gletscherspalte
2. [*peau*] Riss *m*, Schrunde *f*
crevassé, e [kʀəvase] *adj* **1.** *mur, sol, terre* rissig; *glacier* mit vielen [Gletscher]spalten
2. *lèvres, mains, peau* aufgesprungen, rissig
crevasser <1> [kʀəvase] **I.** *vt* ■ **qc crevasse qc** etw macht etw rissig, etw lässt etw aufspringen
II. *vpr* ■ **qc se crevasse** */sol, mur, terre/* etw wird rissig; */lèvres, peau, mains a./* etw springt auf
crève [kʀɛv] *f fam* böse Erkältung
▶ **qn a la ~** jd ist total erkältet *fam*; **qn attrape la ~** jd holt sich (*dat*) den Tod *fam*; ***il a attrapé la ~*** er hat sich total erkältet *fam*
crevé, e [kʀəve] *adj* **1.** (*fichu*) kaputt; *pneu a.* platt, geplatzt; *sac a.* [auf]gerissen; ***ton ballon est ~*** dein Ball hat ein Loch [*o* ist kaputt]
2. *fam* (*fatigué*) kaputt *fam*, total fertig *fam*, erschossen *fam*
3. *pop* (*mort*) krepiert *sl*, verreckt *sl*
crève-cœur <~-~s> [kʀɛvkœʀ] *m* Kummer *m*, [tiefes] Leid **crève-la-faim** [kʀɛvlafɛ̃] *m inv fam* Hungerleider(in) *m(f) fam*
crever <4> [kʀəve] **I.** *vi* **1.** (*éclater*) ■ **qc crève** */ballon, bulle de savon, pneu/* etw platzt; */sachet en papier a./* etw platzt auf, etw reißt, etw geht kaputt; */abcès/* etw bricht auf, etw geht auf
2. AUT ■ **qn crève** jdm platzt der Reifen, jd hat einen Platten *fam* [*o* eine Reifenpanne]
3. (*être plein de*) ■ **qn crève de qc** *de dépit, jalousie, d'orgueil* jd platzt vor etw (*dat*); *de santé* jd strotzt von etw [*o* vor etw (*dat*)]; ***il crève d'embonpoint/de graisse*** er ist so dick/fett, dass er platzt
4. *pop* (*mourir*) ■ **qn crève** [**de qc**] jd krepiert [vor [*o* an] etw (*dat*)] *sl*; ■ **un animal crève** [**de qc**] ein Tier krepiert [*o* verreckt] [wegen etw] *fam*; ■ **qc crève** [**de qc**] etw geht [wegen etw] kaputt [*o* ein]; ***la plante a crevé de soif*** die Pflanze ist kaputtgegangen [*o* eingegangen], weil sie kein Wasser hatte; ■ **qn fait ~ qn** jd bringt jdn um *fam*; ***tu veux me faire ~?*** willst du mich umbringen? *fam*
5. *fam* (*souffrir de qc*) ■ **qn crève de qc** *de froid, chaud, faim, soif, peur, d'ennui* jd kommt vor etw (*dat*) um *fam*, jd geht vor etw (*dat*) ein *fam*; ***je crève d'ennui dans ce job*** ich langweile mich in diesem Job zu Tode *fam*, ich gehe in diesem Job vor Langeweile ein *fam*; ***je crève de faim/soif*** ich bin am Verhungern/Verdursten *fam*; ***qn crève de peur*** jd stirbt fast vor Angst *fam*; ***qn crève d'envie de qc/de faire qc*** jd ist ganz heiß auf etw (*akk*)/darauf, etw zu tun *fam*, jd möchte brennend gern etw tun; ***je crève d'envie de chocolat*** ich habe [einen] Heißhunger auf Schokolade
▶ **qc est à ~** *pop* */chaleur, froid/* etw ist zum Umkommen *fam*
II. *vt* **1.** (*percer*) ■ **qn crève qc** *ballon, pneu, sachet* jd macht etw kaputt, jd macht ein Loch in etw (*akk*); *cloque, abcès* jd macht etw auf *fam*, jd sticht etw auf; ***les enfants ont crevé mon pneu*** die Kinder haben mir den Reifen kaputtgemacht [*o* mir ein Loch in den Reifen gemacht]
2. *fam* (*exténuer*) ■ **qn crève qn/un animal** jd schindet jdn/ein Tier
III. *vpr fam* ■ **qn se crève** jd macht sich kaputt *fam*; ***ne te crève pas comme ça!*** mach dich doch nicht so kaputt! *fam*; ***qn se crève au travail*** jd schafft sich kaputt *fam*, jd schuftet bis zum Umfallen *fam*; ■ **qn se crève qc**: ***qn se crève la santé*** jd macht sich (*dat*) seine Gesundheit kaputt *fam*, jd ruiniert sich (*dat*) seine Gesundheit; ■ **qn se crève à faire qc** jd rackert sich ab, etw zu tun *fam*, jd macht sich kaputt, etw zu tun *fam*
crevette [kʀəvɛt] *f* Garnele *f*, Krevette *f*
cri [kʀi] *m* **1.** (*éclat de voix*) Schrei *m*; ***des ~s*** Schreie *pl*, Geschrei *nt*; ***~ angoissé*** Angstschrei
2. (*expression de qc*) ■ **~ de** *d'angoisse, de colère, fureur, triomphe* -schrei *m*; ***~ de surprise/douleur*** Überraschungs-/Schmerzensschrei; ***un ~ de joie*** [*o* ***d'allégresse***]/***de triomphe*** ein Freuden-/Triumphschrei; ***des ~s de joie*** [*o* ***d'allégresse***]/***de triomphe*** Freuden-/Triumphgeheul *nt*, Freuden-/Triumphgeschrei *nt*; ***des ~s d'angoisse/de colère*** Angst-/Wutgeschrei *nt*
3. (*appel*) Ruf *m*, Schrei *m*; ■ **~ de** -schrei, -ruf; ***~ d'amour*** Schrei nach Liebe; ***des ~s de protestations*** Protestgeschrei *nt*, Protestrufe; ***~ d'alarme/de détresse*** Warnschrei/Hilferuf; ***~s d'approbation*** Beifallsrufe; ***~ d'indignation*** Schrei der Empörung
4. (*mode d'expression*) Schrei *m*; ***le ~ d'un nouveau-né/du chat/d'un oiseau*** der Schrei eines Neugeborenen/einer Katze/der Ruf [*o* Schrei] eines Vogels
▶ **qn pousse des ~s d'orfraie** jd schreit wie am Spieß; **le dernier ~** *fam* der letzte Schrei *fam*; **à grands ~s** mit lautem [*o* großem] Geschrei; **qn jette** [*o* **pousse**] **des** [*o* **les**] **hauts ~s** jd protestiert heftig [*o* laut]; **qn étouffe un ~** jd unterdrückt einen Schrei; **qn/un animal pousse un ~/des ~s** jd/ein Tier stößt einen Schrei/Schreie aus; ***elle poussa un ~ de douleur/de surprise*** sie stieß einen Schmerzensschrei/Schrei der Überraschung aus; **un animal pousse** [*o* **lance**] **son ~** ein Tier stößt seinen Schrei aus; */oiseau/* ein Tier ruft
◆ **cri de guerre** Kriegsgeschrei *nt*, Kriegsgeheul *nt*; **cri de la conscience** Stimme *f* des Gewissens; **cri du cœur** Stimme *f* des Herzens; ***c'était le ~ du cœur!*** das kam so richtig von innen heraus!
criaillement [kʀi(j)ajmɑ̃] *m souvent pl* **1.** (*cris désagréables*) Gekreisch[e] *nt kein pl*, Geschrei *nt kein pl*; [*bébé a.*] Plärren *nt kein pl*
2. [*faisan, perdrix, pintade*] Schreien *nt kein pl*; [*oie*] Schnattern *nt kein pl*, Geschnatter *nt kein pl*; [*paon, mouette*] Kreischen *nt kein pl*
criailler <1> [kʀijaje] *vi* **1.** ■ **qn/un animal criaille** */bébé/* jd plärrt, jd schreit; */faisan, perdrix, pintade/* ein Tier schreit; */oie/* ein Tier schnattert; */paon, mouette/* ein Tier kreischt
2. (*râler*) ■ **qn criaille** jd plärrt [*o* schreit] herum *fam*
criant, e [kʀijɑ̃, jɑ̃t] *adj* **1.** (*révoltant*) *erreur* ungeheuerlich, unerhört; *injustice* [himmel]schreiend
2. (*manifeste*) *contraste* deutlich, stark; *vérité, preuve* offenkundig

criard, e [kʀijaʀ, jaʀd] *adj* **1.** *personne* ständig schreiend; *son, voix* gellend, keifend; ■ **qn est ~** jd ist dauernd am Schreien, jd ist ein Schreihals *fam*
2. (*tapageur*) *couleur* grell, schreiend

criblage [kʀiblaʒ] *m* [*coke*] Sieben *nt;* [*grains, minerai*] Klassierung *f*

crible [kʀibl] *m* [grobes] Sieb; ***il passe la terre au ~*** er siebt die Erde
▶ **qn passe qc au ~** jd nimmt etw genau unter die Lupe *fam*

criblé, e [kʀible] *adj* **1.** (*percé*) ■ **~ de qc** *de balles, trous* durchsiebt von etw; *de flèches* durchbohrt von etw
2. (*couvert de qc*) ■ **~ de qc** *de boutons, taches* übersät mit [*o* voll] etw

cribler <1> [kʀible] *vt* **1.** (*tamiser*) ■ **qn/qc crible qc** *fruits* jd/etw sortiert etw; *graines, minerai* jd klassiert etw, jd/etw siebt etw; *sable* jd/etw siebt etw [durch]
2. (*percer*) ■ **qn/qc crible qn/qc de qc** jd/etw durchsiebt jdn/etw mit etw

cric [kʀik] *m* Winde *f*
▶ **~ hydraulique** Hydraulik-Winde *f;* AUT Hydraulik-Wagenheber *m*
◆ **cric à manivelle** Kurbelwinde *f;* **cric à vis** Schraubenwinde *f,* Hebeschraube *f;* **cric d'automobile** Wagenheber *m*

cric-crac [kʀikkʀak] *interj* knack; (*rupture, cassure*) krach

cricket [kʀikɛt] *m* Kricket[spiel *nt*] *nt*

cri-cri *m inv,* **cricri** [kʀikʀi] *m* **1.** (*bruit du grillon*) Zirpen *nt,* Gezirp[e] *nt pej*
2. (*grillon*) Grille *f*

criée [kʀije] *f* (*enchères*) Versteigerung *f,* Auktion *f*
▶ **à la ~:** ***qn vend/achète qc à la ~*** jd versteigert/ersteigert etw; ***vente à la ~*** Versteigerung *f*

crier <1 a> [kʀije] **I.** *vi* **1.** (*hurler*) ■ **qn crie** jd schreit, jd brüllt; /*bébé a.*/ jd weint; ■ **qn crie de qc** *de peur, douleur, joie* jd schreit [*o* brüllt] vor etw (*dat*); ■ **qn crie à qn/qc:** ***qn crie au voleur/à l'assassin/au feu*** jd ruft [*o* schreit]: „Haltet den Dieb!"/„Hilfe! Mörder!"/„es brennt [*o* Feuer]!"
2. (*parler fort*) ■ **qn crie** jd schreit
3. *fam* (*râler*) ■ **qn crie [contre/après qn]** jd schimpft [auf [*o* über] jdn/mit jdm], jd nörgelt; ■ **qn crie contre qc** jd begehrt gegen etw auf
4. (*émettre des sons*) ■ **un animal crie** ein Tier schreit; /*mouette a.*/ ein Tier kreischt; /*oiseau*/ ein Tier zwitschert; /*cochon*/ ein Tier quiekt; /*canard, oie*/ ein Tier schnattert; /*souris*/ ein Tier quiekt [*o* piepst]
5. (*dénoncer*) ■ **qn crie à qc** *au scandale, vol, à la trahison, à l'injustice, oppression* jd spricht von etw, jd nennt es etw (*akk*); ***il a crié au scandale et à l'injustice*** er sprach von Skandal und Ungerechtigkeit, er nannte es einen Skandal und eine Ungerechtigkeit
6. (*grincer*) ■ **qc crie** /*tiroir, gonds, craie*/ etw quietscht; /*freins a.*/ etw kreischt; /*étoffe*/ etw knistert, etw raschelt
7. (*jurer*) ■ **qc crie** /*couleur*/ etw sticht; ***ce vert crie*** das ist ein stechendes [*o* schreiendes] Grün; ***ces couleurs crient entre elles*** diese Farben beißen sich
▶ **qn crie comme si on l'écorchait** jd schreit wie am Spieß *fam*
II. *vt* **1.** (*dire à voix forte*) ■ **qn crie qc** jd ruft [*o* schreit] etw; ■ **qn crie qc à qn** jd ruft jdm etw zu; ***qn crie des injures à qn*** jd beschimpft jdn laut; ***elle a crié: "je viens!"*** sie rief [*o* schrie]: „ich komme!" ■ **qn crie à qn de faire qc/qu'il fasse qc** jd ruft jdm zu, er solle etw tun; ***il lui a crié de se taire*** er rief ihm/ihr zu, er/sie solle schweigen
2. (*exprimer avec force*) ■ **qn crie qc** *son mépris, indignation, désespoir, sa rage, haine, la vérité* jd schreit etw heraus; ***elle a crié son innocence*** sie beteuerte laut ihre Unschuld; ***il a crié son mépris à la face de tous*** er schrie [*o* schleuderte] allen seine Verachtung ins Gesicht
▶ **sans ~ gare** ohne Vorwarnung

crime [kʀim] *m* **1.** (*meurtre*) Mord *m;* ***la victime du ~*** das Mordopfer; ***l'arme du ~*** die Mordwaffe, die Tatwaffe; ***l'heure du ~*** die Tatzeit; ***un ~ crapuleux/parfait*** ein gemeiner/perfekter Mord
2. JUR Straftat *f,* Verbrechen *nt;* ■ **~ contre qn/qc** *contre les particuliers, la propriété* Verbrechen gegen jdn/etw; **~ *contre l'humanité*** Verbrechen gegen die Menschlichkeit; **~ *contre la paix*** Friedensverrat *m;* **~ *contre les mœurs*** Sittlichkeitsverbrechen
3. (*faute morale*) ■ **~ [contre qn/qc]** Verbrechen *nt* [an jdm/etw]; ***c'est un ~*** das ist kriminell [*o* ein [wahres] Verbrechen]
▶ **~ passionnel** Mord *m* aus Eifersucht; **le seul ~ de qn, c'est ...** jds einziges [*o* ganzes] Verbrechen ist es, ... [*o* besteht darin, dass ...]; **le ~ ne paie pas** *prov* Verbrechen zahlen sich nicht aus; **ce n'est pas un ~ [de faire qc]** es ist doch kein Verbrechen [etw zu tun]
◆ **crime de guerre** Kriegsverbrechen *nt;* **crime de lèse-majesté** Majestätsbeleidigung *f*

criminalité [kʀiminalite] *f* ∅ Kriminalität *f*

criminel, le [kʀiminɛl] **I.** *adj* **1.** kriminell, strafbar; *organisation* kriminell, Verbrecher-; *complot, intention, silence* kriminell, verbrecherisch; *incendie* durch Brandstiftung verursacht, absichtlich gelegt; ***acte ~*** kriminelle [*o* strafbare] Handlung, Straftat *f;* ***la brigade ~le*** die Kriminalpolizei
2. *droit, législation, juge, procès, juridiction* Straf-
3. *fig fam* ■ **c'est ~ de faire qc** es ist [wirklich] kriminell *o* ein Verbrechen] etw zu tun
II. *m, f* **1.** (*assassin*) Mörder(in) *m(f)*
2. (*coupable*) Verbrecher(in) *m(f),* Straftäter(in) *m(f);* **~ *de guerre*** Kriegsverbrecher
▶ **voilà le/la ~(le)!** *hum* da ist der Übeltäter/die Übeltäterin!
III. *m* Strafgericht *nt*
▶ **au ~** *juge* am [*o* beim] Strafgericht; *avocat* auf Strafrecht spezialisiert; ***qn poursuit qn au ~*** jd verfolgt jdn strafrechtlich

criminellement [kʀiminɛlmɑ̃] *adv* **1.** *agir* kriminell; *abuser de qc, se taire* in krimineller [*o* verbrecherischer] Weise
2. JUR *poursuivre* strafrechtlich

criminologie [kʀiminɔlɔʒi] *f* ∅ Kriminologie *f*

crin [kʀɛ̃] *m* **1.** (*poil*) [*cheval*] Pferdehaar *nt*
2. ∅ (*matière*) Rosshaar *nt;* ***rembourrage de ~*** Rosshaarfüllung *f*
▶ **à tout ~, à tous ~s** eingefleischt, Erz-; *conservateur a., socialiste* in der Wolle gefärbt; **~ végétal** Pflanzenfaser *f;* (*de l'agave*) Sisal[hanf *m*] *m*

crinière [kʀinjɛʀ] *f* **1.** [*cheval, lion*] Mähne *f*
2. *fam* (*chevelure*) Mähne *f*
3. [*casque*] Helmbusch *m*

crinoline [kʀinɔlin] *f* Reifrock *m,* Krinoline *f*

crique [kʀik] *f* kleine Bucht

criquet [kʀikɛ] *m* Heuschrecke *f;* ***les ~s pèlerins*** die Wanderheuschrecken

crise [kʀiz] *f* **1.** ■ **~ de** *de goutte, rhumatismes, d'asthme* -anfall *m;* **~ *d'épilepsie/de colique néphrétique*** epileptischer Anfall/Nierenkolik *f;* ***une ~ d'appendicite aiguë*** eine akute Blinddarmentzündung
2. (*accès*) ■ **~ de** *de dégoût, mélancolie* Anfall *m* von; *de colère, rage, jalousie a.* -anfall; *fam de rangement, nettoyage* -fimmel *m fam;* ***elle a souvent des ~s de mélancolie*** sie verfällt oft in Melancholie; ***qn a souvent des ~s de rangement/nettoyage*** *fam* jdn packt oft der Aufräum-/Putzfimmel *fam*
3. ECON, POL ■ **la ~** die Wirtschaftskrise
4. (*période difficile*) Krise *f;* ***une ~ agricole/pétrolière/économique/monétaire*** eine Landwirtschafts-/Erdöl-/Wirtschafts-/Währungskrise; ***une ~ gouvernementale/ministérielle*** eine Regierungs-/Kabinettskrise; ***une ~ d'adolescence*** eine Pubertätskrise, Flegeljahre *pl;* ***en période*** [*o* ***temps***] ***de ~*** in Krisenzeiten; ***en*** [***état de***] **~** von Krisen geschüttelt; ***qc est en*** [***état de***] **~** etw befindet sich in einer Krise; ***qn passe par*** [*o* ***connaît***] [*o* ***traverse***] ***une ~*** jd macht eine Krise durch, jd steckt [*o* befindet sich] in einer Krise; ***il y a une ambiance de ~ dans le gouvernement*** in der Regierung kriselt es [*o* herrscht Krisenstimmung]
5. ■ **~ de** *de main-d'œuvre, matières premières* Mangel *m* an (+ *dat*), -mangel *m; de locaux, logement a.* -not *f; du pétrole, des ventes* -krise *f;* ***il y a eu plusieurs ~s de main-d'œuvre ces dernières années*** in den letzten Jahren herrschte des öfteren Arbeitskräftemangel
▶ **~ de la quarantaine** Midlife-Crisis [ˈmidlaifˈkraisis] *f;* **~ cardiaque** Herzanfall *m;* **qn fait sa ~** *fam* jd rastet aus *fam;* (**~ *d'adolescence***) jd ist in den Flegeljahren; **qn pique une ~ [de colère]** *fam* jd wird fuchsteufelswild *fam,* jd bekommt einen Wutanfall [*o* Tobsuchtsanfall *fam*]
◆ **crise de confiance** Vertrauenskrise *f;* **crise de conscience** Gewissenskonflikt *m;* **crise de foie** *fam* Magenverstimmung *f;* **crise de larmes** Weinkrampf *m;* **crise de nerfs** hysterischer Anfall; ***qn fait une ~ de nerfs*** jd wird hysterisch; **crise d'identité** Identitätskrise *f*

crispant, e [kʀispɑ̃, ɑ̃t] *adj* nervtötend; *attente, comportement* unerträglich; *film, pièce* aufregend; ***qn/qc est ~*** jd/etw geht [*o* fällt] einem auf die Nerven, jd/etw nervt *fam;* /*film, pièce*/ etw geht [einem] an die Nerven

crispation [kʀispasjɔ̃] *f* **1.** (*contraction*) [*traits, visage*] Zucken *nt;* [*muscle*] Krampf *m,* Zuckung *f;* ***des ~s nerveuses*** nervöse Zuckungen *pl*
2. (*tension*) nervöse Spannung; ***il me met dans un état de ~ indescriptible*** er macht mich unheimlich nervös
▶ **qn donne des ~s à qn** jd strapaziert jds Nerven, jd nervt jdn *fam*

crispé, e [kʀispe] *adj* verkrampft

crisper <1> [kʀispe] **I.** *vt* **1.** (*contracter*) ■ **qn crispe qc** *muscles, membres* jd spannt etw an; *poing* jd ballt etw; *visage* jd verzieht etw; ***qn crispe sa main sur qc*** *sur le volant* jd umklammert [*o* umkrampft] etw; ***elle a crispé sa main sur ma cuisse*** ihre Finger gruben sich in meinen Schenkel; ■ **qc [lui] crispe une chose** *visage* etw verzerrt eine S., eine S. verzerrt sich vor etw (*dat*); *muscle, membres* eine S. verspannt sich vor etw (*dat*); ***la douleur lui crispait le visage*** Schmerz verzerrte sein/ihr Gesicht, sein/ihr Gesicht verzerrte sich vor Schmerz [*o* war schmerzverzerrt]; ***l'effort crispe ses membres*** seine Muskeln verspannen sich vor [*o* unter der] Anstrengung; ■ **qc est crispé(e) [par qc]** etw ist [vor etw (*dat*)] verkrampft; /*visage*/ etw ist [vor etw (*dat*)] verzerrt; /*poing*/ etw ist [vor etw (*dat*)] geballt; ***son visage était crispé par la douleur/l'angoisse*** sein/ihr Gesicht war schmerz-/angstverzerrt [*o* vor Schmerz/Angst verzerrt]; ■ **qc est crispé(e) sur qc** /*main, poing*/ etw umklammert [*o* umkrampft] etw; ***sa main était crispée sur ma cuisse*** seine/ihre Finger gruben sich in meinen Schenkel
2. (*agacer*) ■ **qn/qc crispe qn** jd/etw nervt jdn *fam*
3. (*plisser*) ■ **qc crispe qc:** ***le froid crispe la peau*** in der Kälte zieht sich die Haut zusammen; ***le feu crispe le parchemin*** Pergament schrumpft im Feuer zusammen [*o* verschrumpelt im Feuer *fam*]
II. *vpr* **1.** (*se contracter*) ■ **qn/qc se crispe** jd/etw verkrampft sich; /*visage a.*/ etw verzerrt sich; /*sourire*/ etw verzerrt sich, etw wird verkrampft
2. (*se serrer*) ■ **qc se crispe** /*main*/ etw verkrampft sich; /*poing*/ etw ballt sich; ■ **qc se crispe sur qc** etw umklammert [*o* umkrampft] etw; ***sa main s'est crispée sur mon pied gauche*** seine/ihre Finger gruben sich in mein linkes Bein

crissement [kʀismɑ̃] *m* [*pneus, craie*] Quietschen *nt;* [*freins a.*] Kreischen *nt;* [*chaussures a., pas*] Knirschen *nt;* [*soie, taffetas*] Knistern *nt,* Rascheln *nt*

crisser <1> [kʀise] *vi* ■ **qc crisse** /*pneus, craie*/ etw quietscht; /*chaussures a., neige, gravier, pas*/ etw knirscht; /*freins a.*/ etw kreischt; /*soie, taffetas*/ etw knistert, etw raschelt

cristal <-aux> [kʀistal, o] *m* **1.** MINER [Quarz]kristall *m*
2. (*verre*) Kristall *nt; pl* (*verreries*) Kristall *nt;* ***en/de ~*** Kristall-, aus Kristall; ***un verre de ~*** ein Kristallglas *nt;* ***une voix de ~*** eine kristallklare Stimme
3. *pl* (*neige, givre*) Kristalle *pl*
▶ **~aux liquides** Flüssigkristalle *pl*
◆ **cristal de Bohème** böhmisches [Blei]kristall; **cristal de plomb** Bleikristall *nt;* **cristal de roche** MINER Bergkristall *m,* Quarz *m;* **cristaux de soude** *fam* Kristallsoda *nt*

cristallin, e [kʀistalɛ̃, in] **I.** *adj* **1.** *voix* [kristall]klar; *son, eau a.* glasklar
2. MINER kristallin[isch]; ***les roches ~es*** das kristallin[isch]e Gestein

II. *m* [*œil*] Linse *f*
cristallisation [kʀistalizasjɔ̃] *f* **1.** ∅ Kristallisation *f*, Kristallisierung *f*; CHIM Kristallisation; (*polarisation*) Dreh- und Angelpunkt *m*; (*concrétisation*) Verwirklichung *f*, Erfüllung *f*; ***ce voyage était la ~ de tous ses espoirs*** mit dieser Reise gingen alle seine/ihre Hoffnungen in Erfüllung
2. (*cristaux*) Kristallbildung *f*, Kristalle *pl*; ***les ~s sur la vitre*** die Eisblumen an der Fensterscheibe
cristalliser <1> [kʀistalize] **I.** *vi* CHIM ■ **qc cristallise** etw kristallisiert, etw bildet Kristalle
II. *vt* **1.** CHIM ■ **qn/qc cristallise qc** jd/etw kristallisiert etw aus
2. (*concrétiser*) ■ **qc cristallise qc** etw beschwört etw herauf; *résistance, révolte* aufgrund einer S. (*gen*) formiert sich etw
III. *vpr* **1.** CHIM ■ **qc se cristallise** etw kristallisiert [aus], etw bildet Kristalle
2. *littér* (*se concrétiser*) ■ **qc se cristallise** /*idées, sentiments*/ etw kristallisiert sich heraus *geh*; ■ **qc se cristallise sur qn/qc** (*se fixer*) etw konzentriert sich auf jdn/etw, etw ist auf jdn/etw fixiert
critère [kʀitɛʀ] *m* **1.** (*mesure*) Kriterium *nt*; ***son seul ~, c'est l'avis du parti*** seine/ihre einzige Richtschnur ist die Partei
2. (*preuve*) Kriterium *nt*, Beweis *m*; ■ **~ de qc** Beweis [*o* Kriterium] für etw; ***un ~ de succès*** ein Erfolgskriterium, ein Beweis [*o* Kriterium] für Erfolg
critérium [kʀiteʀjɔm] *m* SPORT Kriterium *nt*; ■ **~ de** -kriterium
critiquable [kʀitikabl] *adj* kritisierbar; *personne a.* angreifbar; *attitude a.* kritikwürdig, verwerflich
critique [kʀitik] **I.** *adj* (*dans tous les sens*) kritisch; ***esprit*** [*o* ***sens***] ~ Kritikfähigkeit *f*; ***qn doit faire preuve d'esprit ~ dans l'utilisation de qc*** jd muss kritisch mit etw umgehen; ***elle a totalement manqué d'esprit ~*** sie ist vollkommen unkritisch gewesen, sie hat keinerlei Kritikfähigkeit gezeigt; ***d'un œil ~*** kritisch, mit kritischem Blick
II. *f* (*dans tous les sens*) Kritik *f*; (*personnes a.*) Kritiker *pl*; ***la ~ est aisée*** Kritisieren ist leicht; ***qn fait une ~*** [***à qn***] jd macht eine kritische Bemerkung, jd kritisiert jdn; ***qn/qc soulève quelques ~s*** jd/etw stößt teilweise auf Kritik; ***il a émis*** [*o* ***formulé***] ***de sévères ~s*** [***contre qn/qc***] er hat harte Kritik [an jdm/etw] geübt, er hat jdn/etw hart kritisiert; ***la ~ musicale/dramatique/de films*** die Musik-/Theater-/Filmkritik; ***il fait de la ~ littéraire*** er ist Literaturkritiker; ~ ***des sources*** Quellenkritik; ~ ***d'un texte*** Textkritik; ~ ***philologique/historique*** sprach-/geschichtskritische Betrachtung; ***qn fait une ~ serrée de qc*** jd unterzieht etw einer kritischen Prüfung, jd nimmt etw kritisch unter die Lupe *fam*; ***la ~ a bien accueilli son livre*** sein/ihr Buch kam bei der Kritik [*o* den Kritikern] gut an
▶ **qn fait la ~ de qc** (*rend compte de*) *d'un livre, film, d'une pièce de théâtre* jd bespricht etw, jd rezensiert etw; (*analyse*) *des sources, documents* jd überprüft etw [quellen]kritisch; (*fait le procès de*) jd zeigt etw kritisch auf
III. *mf* Kritiker(in) *m(f)*; ***elle est ~ musicale/littéraire/de cinéma/de théâtre/d'art*** sie ist Musik-/Literatur-/Film-/Theater-/Kunstkritikerin
critiquer <1> [kʀitike] *vt* **1.** (*blâmer*) ■ **qn critique qn/qc** [**pour qc**] jd kritisiert jdn/etw [wegen etw]; ***qn se fait ~*** [***par qn***] [***pour qc***] jd wird [von jdm] [wegen etw] kritisiert; ***il n'y a rien à ~ dans sa tenue*** an seiner/ihrer Kleidung ist nichts auszusetzen; ***elle critique toujours tout et tout le monde*** sie krittelt ständig an allem und jedem herum; ***sa conduite a été très critiquée*** sein/ihr Verhalten stieß auf heftige Kritik
2. (*juger*) ■ **qn critique qc** *œuvre, spectacle, film* jd rezensiert etw, jd bespricht etw; ■ **qn critique qc** (*analyser*) *sources, documents* jd prüft etw [quellen]kritisch
croassement [kʀɔasmɑ̃] *m* Krächzen *nt*
croasser <1> [kʀɔase] *vi* ■ **un oiseau croasse** ein Vogel krächzt
croc [kʀo] *m* Fangzahn *m*; ***le chien montre les ~s*** der Hund fletscht [*o* bleckt] die Zähne
▶ **qn montre les ~s** jd zeigt die Zähne
croc-en-jambe <~s-~-~> [kʀɔkɑ̃ʒɑ̃b] *m* **1.** (*mouvement*): ***un ~-~-~ m'a fait perdre l'équilibre*** ich verlor das Gleichgewicht, weil mir jemand ein Bein gestellt hatte
2. (*manœuvre*): ***méfiez-vous des ~s-~-~*** passen Sie auf, dass man Ihnen kein Bein stellt; ***en politique, les ~s-~-~ sont fréquents*** in der Politik wirft man sich (*dat*) häufig Knüppel zwischen die Beine
▶ **qn fait un ~-~-~** [**à qn**] jd stellt jdm ein Bein; (*pour évincer qn a.*) jd wirft jdm Knüppel zwischen die Beine
croche [kʀɔʃ] *f* MUS Achtel *nt*, Achtelnote *f*; ***une double/triple/quadruple ~*** ein Sechzehntel/Zweiunddreißigstel/Vierundsechzigstel *nt*, eine Sechzehntel-/Zweiunddreißigstel-/Vierundsechzigstelnote
croche-pied <~-~s> [kʀɔʃpje] *m* ▶ **qn fait un ~-~ à qn** jd stellt jdm ein Bein
crochet [kʀɔʃɛ] *m* **1.** (*pour accrocher*) [Wand]haken *m*
2. (*aiguille*) Häkelnadel *f*; ∅ (*technique*) Häkeln *nt*; ***une couverture au ~*** eine gehäkelte Decke; ***qn fait un pull au ~*** jd häkelt einen Pulli
3. SPORT Haken *m*; ***un ~ du droit/du gauche*** ein rechter/linker Haken
4. *pl* TYP eckige Klammern *pl*; ***qn met un mot entre ~s*** jd setzt ein Wort in eckige Klammern
5. *pl* [*serpent*] Giftzähne *pl*
▶ ~ **radiophonique** *vieilli* Amateurgesangswettbewerb *m*, Talentschuppen *m*; **qc fait un ~** /*route*/ etw macht einen Knick; **qn/qc fait un ~** [**pour faire qc**] /*chauffeur, voiture*/ jd/etw macht einen Schlenker [zur Seite] [um etw zu tun] *fam*; **qn fait un ~** [**par quelque part**] jd macht einen [kleinen] Umweg [*o* einen Schlenker *fam*] [über irgendwo]; ***je vais faire un ~ par chez toi*** ich fahre kurz bei dir vorbei; **qn fait du ~** jd häkelt; **qn vit aux ~s de qn** jd liegt jdm auf der Tasche
◆ **crochet d'attelage** CHEMDFER Kupplungshaken *m*; [*remorque*] Anhängerkupplung *f*; **crochet de boucher** [*o* **de boucherie**] Fleischerhaken *m*
crocheter <4> [kʀɔʃte] *vt, vi* **1.** COUT ■ **qn crochète** [**qc**] jd häkelt [etw]
2. (*ouvrir*) ■ **qn crochète qc** *porte, serrure* jd öffnet etw mit dem Dietrich
crochu, e [kʀɔʃy] *adj bec* gekrümmt; *nez a.* Haken-; *mains* verkrümmt; ***il a le nez ~*** er hat eine Hakennase [*o* Adlernase]
croco [kʀɔko] *m abr de* **crocodile** *fam* Kroko *nt fam*; ***un portefeuille en ~*** eine Krokobrieftasche *fam*
crocodile [kʀɔkɔdil] *m* Krokodil *nt*; (*cuir*) Krokodilleder *nt*; ***un portefeuille en ~*** eine Brieftasche aus Krokodilleder
crocus [kʀɔkys] *m* Krokus *m*
croire <irr> [kʀwaʀ] **I.** *vt* **1.** ■ **qn croit qn** jd glaubt jdm; ***je te crois sur parole*** ich glaube dir aufs Wort; ***qn mérite d'être cru(e)*** jd verdient es, dass man ihm/ihr glaubt; ■ **qn croit qc** *histoire, mensonge, nouvelle* jd glaubt etw; ***qn fait ~ qc à qn*** jd macht jdm etw weis; ***je n'en crois rien*** [*o* ***pas un mot***] ich glaube kein einziges Wort [davon]; ***je veux bien le ~*** das will ich wohl [*o* gerne] glauben; ***je ne le crois pas, j'en suis certain(e)*** das glaube ich nicht nur, das weiß ich
2. (*s'imaginer*) ■ **qn croit faire qc** jd glaubt etw zu tun; ■ **qn croit que** + *indic* jd glaubt, dass; ***je veux bien ~ que …, mais*** ich glaube ja gerne, dass …, aber; ***laissons-le ~!*** lassen wir ihn dabei [*o* bei dem Glauben]!
3. (*penser*) ■ **qn croit faire qc** jd glaubt etw zu tun; ***il a bien cru manquer son train*** er hat geglaubt, seinen Zug zu verpassen [*o* er würde seinen Zug verpassen]; ***je croyais arriver plus tôt*** ich glaubte früher hier zu sein [*o* ich wäre früher hier]; ***je crois avoir trouvé la solution*** ich glaube, die Lösung gefunden zu haben [*o* ich habe die Lösung gefunden]; ■ **qn croit que** + *indic* jd glaubt, dass; ***à ce que je crois*** meiner Meinung nach, ich glaube; ***je crois que oui/non*** ich glaube ja/nein; ***je crois qu'il va pleuvoir demain*** ich glaube, dass es morgen regnen wird [*o* morgen wird es regnen]; ***on a cru*** [***qu'il était***] ***préférable de faire qc*** man hielt es für besser, etw zu tun; ■ **qn ne croit pas que** + *indic o subj* jd glaubt nicht, dass; ***je ne crois pas qu'il viendra/qu'il vienne*** ich glaube nicht, dass er kommt/ich kann mir nicht vorstellen, dass er kommt; ■ **qn croit-il/elle que…?** + *indic o subj* glaubt jd, dass …?; ***crois-tu qu'elle vienne quand même/qu'elle viendra*** glaubst du, dass sie vielleicht doch kommen könnte/dass sie kommt?; ■ **qn croit qn/qc quelque part** jd glaubt jdn/etw irgendwo; jd glaubt, jd/etw sei irgendwo; jd glaubt, dass jd/etw irgendwo ist; ***je le croyais chez vous*** ich glaubte [*o* dachte], er sei bei Ihnen
4. (*juger*) ■ **qn croit qn/qc …** jd hält jdn/etw für …; ***le patron le croit capable/incapable*** der Chef hält ihn für fähig/unfähig; ***on l'a crue morte*** man hielt sie für tot
5. (*se fier à*) ■ **qn en croit qn/qc** jd vertraut jdm/einer S., jd verlässt sich auf jdn/etw; ***si j'en crois ce qu'on raconte*** wenn ich glaube, was man sich (*dat*) erzählt; ***si vous m'en croyez, …*** wenn Sie auf mich hören, …
▶ **qn croit que c'est arrivé** *fam* jd glaubt, es sei geschafft [*o* gelaufen *fam*]; **qn ne croit pas si bien dire** jd weiß gar nicht, wie recht er hat; jd trifft den Nagel auf den Kopf; **c'est à ~ que** + *indic* man könnte wirklich glauben [*o* meinen], dass; man hat wirklich den Eindruck, dass; **c'est à ne** [*o* **n'y** *soutenu*] **pas ~** es ist kaum zu glauben, man sollte es nicht für möglich halten; **il est à ~ que** + *indic* man muss den Eindruck haben, dass; **qn croit bien faire** jd meint es gut; **il faut ~ que** + *indic* anscheinend, allem Anschein nach; **faut pas ~!** *fam* ganz bestimmt nicht!, o nein!; **on croit rêver!** das ist doch kaum zu glauben!; ***je crois rêver!*** ich glaube, ich träume!; **je ne suis pas celle que vous croyez!** wofür [*o* für wen] halten Sie mich [eigentlich]!; **à en ~ qn** jdm nach; ***à t'en ~*** wenn man dir glaubt [*o* auf dich hört]; **je vous/te crois!** *fam* das glaube ich wohl!; **on croirait que** + *indic* man könnte meinen, dass; ***on croirait qu'elle ne comprend pas*** man meint [*o* glaubt], sie versteht nichts; man könnte meinen [*o* glauben], sie verstehe nichts [*o* dass sie nichts versteht]; **que tu crois/vous croyez!** *fam* das glaubst [*o* denkst] du/glauben [*o* denken] Sie!, denkste! *fam*; **non mais, qu'est-ce que vous croyez?** *fam* was glauben Sie eigentlich?
II. *vi* **1.** REL ■ **qn croit** jd glaubt, jd ist gläubig; ■ **qn croit en Dieu** jd glaubt an Gott
2. (*faire confiance à*) ■ **qn croit à qn/qc** jd glaubt an jdn/etw; ***elle n'y croit pas*** sie glaubt nicht daran; ***il ne croit plus à rien*** er glaubt [an] [gar] nichts mehr; ■ **qn croit en qn** jd glaubt an jdn; ***je croyais en mon amie, elle m'a bien trompée*** ich habe meiner Freundin [immer] vertraut, aber sie hat mich betrogen
3. (*penser à*) ■ **qn croit à qc** jd hält es für etw; jd glaubt, dass es etw ist [*o* es sei etw]; ***le juge croit à un suicide*** der Richter glaubt an einen Selbstmord [*o* hält es für Selbstmord]; ***le médecin a cru à une pneumonie*** der Arzt hielt es für eine Lungenentzündung; der Arzt glaubte, es sei eine Lungenentzündung; ***qn fait ~ à qc*** jd stellt es als etw hin; ***on a fait ~ à un suicide*** man hat es als Selbstmord hingestellt; ■ **qn ne croit pas à qc** jd glaubt nicht an etw (*akk*), jd glaubt nicht, dass es etw ist
4. (*ajouter foi à*) ■ **qn croit à qn/qc** *aux revenants, au diable, à la magie noire, à l'astrologie, à la réincarnation* jd glaubt an jdn/etw
▶ **veuillez ~, …, nous vous prions de ~, …** *form* mit freundlichen Grüßen; ***veuillez ~, Madame, Messieurs, à*** [***l'expression de***] ***notre considération distinguée, je vous prie de ~, Monsieur, à mes sentiments les meilleurs*** *form* mit freundlichen Grüßen
III. *vpr* ■ **qn se croit …** jd hält sich für …; ***tu te crois intelligente?*** du hältst dich wohl für intelligent?; ***elle s'est crue perdue*** sie glaubte sich [*o* hielt sich für] verloren; ***elle se croit détestée*** sie glaubt, dass man sie hasst
▶ **qn se croit tout permis** jd glaubt, er kann sich (*dat*) alles erlauben; **qu'est-ce qu'il/elle se croit** [**pour faire qc**]? *fam* wofür [*o* für wen] hält der/die sich denn [eigentlich][, dass er/sie etw tut]; **qn s'y croit** *fam* jd glaubt, er sei der/die Größte *fam*
croisade [kʀwazad] *f* HIST Kreuzzug *m*, Kreuzfahrt *f*; (*campagne*) Feldzug *m*, Kampagne *f*; ***qn part en ~ contre qc*** jd zieht gegen etw zu Felde
croisé, e¹ [kʀwaze] **I.** *adj* **1.** *rimes* Kreuz-
2. *veste* doppelreihig, zweireihig
II. *m* TEXTIL Köper *m*, Croisé *nt*

croisé, e² [kʀwaze] *m, f* HIST Kreuzfahrer(in) *m(f)*, Kreuzritter *m*

croisée [kʀwaze] *f* (*fenêtre*) Fenster *nt*
▶ **à la ~ des chemins** am Scheideweg, am Kreuzweg
◆ **croisée d'ogives** Kreuzrippe *f;* **croisée du transept** Vierung *f*

croisement [kʀwazmɑ̃] *m* **1.** ∅ (*fait de croiser*) [*fils, brins*] Kreuzen *nt;* [*voitures, péniches*] Aneinandervorbeifahren *nt;* ***ça rend impossible le ~ des voitures*** dadurch können die Autos unmöglich aneinander vorbeifahren
2. (*intersection*) [*routes, voies ferrées*] Kreuzung[sstelle *f*] *f;* ***au ~ de la voie ferrée et de la route*** an der Stelle, an der die Straße die Bahn kreuzt [*o* über die Bahn führt]
3. (*carrefour*) Kreuzung *f*
4. [*races, espèces, plantes*] Kreuzung *f*
▶ **qn fait des ~s** jd kreuzt Pflanzen/Tiere; **qn fait des ~s de qc** jd kreuzt etw

croiser <1> [kʀwaze] **I.** *vt* **1.** (*mettre en croix*) ■ **qn croise qc** jd überkreuzt etw; *bras* jd kreuzt etw, jd verschränkt etw; *jambes, veste, écharpe* jd schlägt etw übereinander; ***elle était assise, les jambes croisées*** sie saß mit übereinandergeschlagenen Beinen
2. (*couper*) ■ **qc croise qc** *droite* etw schneidet etw; *route, ligne a.* etw kreuzt etw
3. (*passer à côté de*) ■ **qc croise qc** / *train, véhicule, lettre*/ etw kreuzt etw; ■ **qn croise qn/qc** jd begegnet jdm [*o* trifft jdn]/kreuzt etw; ***je l'ai croisée dans la rue*** ich bin ihr auf der Straße begegnet, ich habe sie auf der Straße getroffen; ■ **qc croise qc** / *regard*/ etw begegnet einer S. (*dat*); ***son regard a croisé le mien*** sein/ihr Blick ist meinem begegnet, unsere Blicke haben sich gekreuzt [*o* getroffen] [*o* sind sich begegnet]
4. BIO, ZOOL ■ **qn croise deux animaux/deux plantes** jd kreuzt zwei Tiere/zwei Pflanzen; ■ **qn croise un animal/une plante avec un/une autre** jd kreuzt ein Tier/eine Pflanze mit einem/einer anderen; ***qc/un animal est croisé(e)*** etw/ein Tier ist eine Kreuzung
II. *vpr* **1.** (*se rencontrer*) ■ **des personnes/des choses se croisent** [**quelque part**] Menschen/Dinge begegnen sich [irgendwo]; / *personnes a.*/ Menschen treffen sich [irgendwo]; ***nos regards se sont croisés*** unsere Blicke trafen [*o* begegneten] [*o* kreuzten] sich; ■ **des choses se croisent** Dinge [über]kreuzen [*o* überschneiden] sich
2. (*se couper*) ■ **des choses se croisent** / *chemins, routes*/ Dinge kreuzen sich
3. BIO, ZOOL ■ **qc se croise avec qc** etw kann mit etw gekreuzt werden, etw lässt sich mit etw kreuzen; ■ **un animal se croise avec un autre animal** ein Tier kann mit einem anderen Tier gekreuzt werden, ein Tier lässt sich mit einem anderen Tier kreuzen

croiseur [kʀwazœʀ] *m* Kreuzer *m*

croisière [kʀwazjɛʀ] *f* Kreuzfahrt *f*

croisillon [kʀwazijɔ̃] *m* [*fenêtre*] Sprosse *f;* [*croix*] Querbalken *m;* [*charpente*] Kreuzstrebe *f;* [*église*] Querschiffarm *m*, Querhausflügel *m*

croissance [kʀwasɑ̃s] *f* ∅ Wachstum *nt;* [*embryon a.*] Entwicklung *f;* ECON [Wirtschafts]wachstum; ***des problèmes de ~*** Wachstumsstörungen *pl;* ***la ~ de qc se fait progressivement*** etw wächst allmählich heran, etw entwickelt sich allmählich; ***~ économique/démographique*** wirtschaftliches/demographisches Wachstum, Wirtschafts-/Bevölkerungswachstum [*o* Bevölkerungszuwachs *m*]; ***un pays à forte ~*** ein Land mit hoher Wachstumsrate
◆ **croissance zéro** Nullwachstum *nt*

croissant [kʀwasɑ̃] *m* **1.** GASTR Croissant *nt*, Hörnchen *nt*
2. ∅ [*lune*] Sichel *f*
3. REL (*symbole*) Halbmond *m*
▶ **le C~-Rouge** der Rote Halbmond; **en** [**forme de**] ~ sichelförmig, halbmondförmig
◆ **croissant de lune** Mondsichel *f*

croissant, e [kʀwasɑ̃, ɑ̃t] *adj* wachsend; *tension, colère a., chaleur, froid* zunehmend; *nombre a.* steigend; ***le rythme ~ des accidents*** die zunehmende [*o* steigende] [*o* wachsende] Unfallrate; ***la tension est ~e entre les deux pays*** die Spannung zwischen den beiden Ländern nimmt zu

croissanterie [kʀwasɑ̃tʀi] *f* Croissanterie *f* (*Laden, in dem vor allem Hefegebäck verkauft wird*)

croître <*irr*> [kʀwatʀ] *vi* **1.** (*pousser*) ■ **qc croît** / *plante*/ etw wächst; (*se développer a.*) etw gedeiht; ■ **qn/qc croît d'une certaine façon** jd/etw wächst irgendwie; / *enfant a.*/ jd entwickelt sich irgendwie
2. (*prendre de l'ampleur*) ■ **qc croît** [**d'une certaine façon**] / *ambition, exaltation, inquiétude*/ etw nimmt [irgendwie] zu, etw wächst [irgendwie]; / *rivière*/ etw steigt [*o* schwillt] [irgendwie] an; / *lune*/ etw nimmt zu; ***qc ne cesse*** [***pas***] ***de ~*** etw wird immer größer, etw nimmt immer weiter zu; ***je sentais la colère ~ en moi*** ich fühlte die Wut in mir hochsteigen
3. (*augmenter*) ■ **qc croît** etw nimmt zu; / *jours a.*/ etw wird länger
4. *littér* (*gagner en*) ■ **qc croît en qc** etw nimmt an etw (*dat*) zu; ***qc croît en volume/intensité/valeur/étendue*** etw nimmt zu/wird stärker/wird wertvoller/dehnt sich aus; ■ **qn croît en qc**: ***qn croît en beauté/sagesse/intelligence*** jd wird immer schöner/weiser/intelligenter

croix [kʀwa] *f* (*dans tous les sens*) Kreuz *nt;* ■ **~ de** *de bois, pierre, fer* -kreuz; ***en forme de ~*** in Form eines Kreuzes, kreuzförmig; ***le supplice de la ~*** der Kreuzigungstod, der Kreuzestod; ***Jésus a été cloué sur la ~*** Jesus wurde gekreuzigt [*o* ans Kreuz geschlagen]; ***les types de ~*** die Kreuzformen; ***qn marque qc d'une ~*** jd kreuzt etw an; ***qn met une ~*** jd macht ein Kreuz; ***mettez une ~ dans la case qui convient*** das zutreffende Feld bitte ankreuzen; ***la ~ de la Légion d'honneur/de guerre*** das Kreuz der Ehrenlegion/Kriegsverdienstkreuz; ***qn a accepté sa ~ avec résignation*** jd trägt sein Kreuz ergeben
▶ **c'est la ~ et la bannière pour faire qc** *fam* es ist ein Heidentheater etw zu tun *fam;* **~ de bois ~ de fer, si je mens je vais en enfer** wenn ich lüge, soll mich der Teufel holen!; **~ gammée** Hakenkreuz *nt;* **qn fait une ~ sur qc** *fam* jd schreibt etw ab *fam*, jd kann etw vergessen *fam;* ***tu peux faire une ~ dessus*** das kannst du vergessen [*o* abschreiben] *fam;* **qn met qn en ~** jd kreuzigt jdn, jd schlägt jdn ans Kreuz; **qn porte sa ~** *littér* jd trägt sein Kreuz; **en ~** kreuzförmig; *bras* ausgebreitet; *pétioles* kreuzständig; ***qc est disposé(e) en ~*** etw ist kreuzförmig angeordnet, etw bildet ein Kreuz; ***qn dispose qc en ~*** jd legt etw über Kreuz; ***qn met les bras en ~*** jd verschränkt die Arme; ***des chemins qui se coupent en ~*** Wege, die sich kreuzen

Croix-Rouge [kʀwaʀuʒ] *f* ■ **la ~-~** das Rote Kreuz

crooner [kʀunœʀ] *m* Schnulzensänger *m*

croquant, e [kʀɔkɑ̃, ɑ̃t] *adj* knackig; *biscuit* knusprig

croque [kʀɔk] *loc* ▶ **à la ~ au sel** nur mit Salz [gewürzt]

croque-madame [kʀɔkmadam] *m inv getoastetes Käse-Schinken-Sandwich mit Spiegelei* **croque-monsieur** [kʀɔkməsjø] *m inv getoastetes Käse-Schinken-Sandwich* **croque-mort** <~-~s> [kʀɔkmɔʀ] *m fam* Leichenbestatter *m*, Leichenwärter *m*

croquer <1> [kʀɔke] **I.** *vt* **1.** (*manger*) ■ **qn croque qc** *biscuit, noisette, praline* jd knabbert etw; *fruit* jd beißt [kräftig] in etw (*akk*); *bonbon, pastilles* jd zerbeißt etw
2. *fam* (*dépenser*) ■ **qn croque qc** jd verschleudert etw, jd bringt etw durch
3. (*dessiner*) ■ **qn croque qn/qc** jd skizziert jdn/etw
▶ **qn est à ~** jd ist zum Anbeißen [*o* Reinbeißen] *fam;* ***elle est mignonne/gentille/jolie à ~*** sie ist unheimlich süß/lieb/hübsch - so richtig zum Anbeißen *fam*
II. *vi* **1.** (*être croustillant*) ■ **qc croque** / *fruits, salade*/ etw knackt; / *biscuits a., sucre*/ etw kracht
2. (*mordre*) ■ **qn croque dans qc** jd beißt [kräftig] in etw (*akk*)

croquet [kʀɔkɛ] *m* Krocket *nt*

croquette [kʀɔkɛt] *f* Krokette *f;* ■ **~ de** *de pommes de terre, volaille, poisson* -krokette

croqueuse [kʀɔkøz] *f* ◆ **croqueuse de diamants** Goldgräberin *f fam*

croquis [kʀɔki] *m* Skizze *f;* ***des ~ de mode*** Modeentwürfe *pl*, Modeskizzen *pl;* ***qn dessine*** [***o fait***] ***un ~ de qn/qc*** jd skizziert jdn/etw
▶ **qn fait un rapide ~ de la situation** jd umreißt kurz [*o* skizziert] die Situation

cross[**-country**] <cross-countries> [kʀɔs(kuntʀi)] *m* Geländelauf *m;* (*compétition*) Querfeldeinwettbewerb *m*, Crosscountry ['krɔs'kantri] *nt*

crosse [kʀɔs] *f* **1.** [*fusil*] Kolben *m;* [*revolver*] Griff *m;* ***à coups de ~*** mit Kolbenhieben
2. [*évêque*] Bischofsstab *m*, Krummstab *m;* [*golf, hockey*] Schläger *m;* [*canne, béquille*] Griff *m*, Krücke *f;* [*violon*] Schnecke *f;* ■ **~ de** -stab/-schläger
▶ **qn met/lève la ~ en l'air** jd ergibt sich, jd hisst die weiße Fahne; **qn cherche des ~s à qn** *fam* jd will sich mit jdm anlegen

crotale [kʀɔtal] *m* Klapperschlange *f*

crotte [kʀɔt] *f* **1.** (*excrément*) Kot *m geh;* [*lapin, brebis a.*] Bohne *f fam;* [*chèvre a.*] Kötel *m fam;* [*chien a.*] Haufen *m fam;* [*chat a.*] Dreck *m;* ■ **~ de** -kot/-bohne/-kötel/-haufen/-dreck; ***~s de mouche/de cheval*** Fliegenschiss *m*/Pferdeäpfel *pl fam;* ***le bébé fait sa ~*** das Baby macht gerade Aa *fam*
2. ■ **~s de** [*o* **en**] *de/en chocolat* -streusel *pl*
3. *fam* [*nez*] Popel *m fam*
▶ **c'est de la ~ de bique!** *fam* das ist der letzte Mist! *fam;* (*objet a.*) das ist der letzte Dreck! *fam;* **qn ne se prend pas pour une** [*o* **de la**] **~** [**de bique**] *fam* jd hält sich für was Besonderes [*o* Besseres] *fam*, jd ist ein eingebildeter Fatzke *sl*

crotté, e [kʀɔte] *adj* schmutzig, dreckig

crottin [kʀɔtɛ̃] *m* **1.** [*âne*] Mist *m;* [*cheval a.*] Pferdeapfel *m*
2. (*fromage*) *kleiner, runder Ziegenkäse*

croulant, e [kʀulɑ̃, ɑ̃t] **I.** *adj mur, maison* baufällig; *économie, empire* zusammenbrechend
II. *m, f fam* Alte(r) *f(m) fam*, Grufti *m fam;* ■ **les ~s** (*parents*) die Alten *fam*

crouler <1> [kʀule] *vi* **1.** (*s'écrouler*) ■ **qc croule** [**sous qc**] / *maison, mur*/ etw stürzt [unter etw (*dat*)] ein; / *terre*/ etw gibt [unter etw (*dat*)] nach, etw bricht [unter etw (*dat*)] ein; / *empire*/ etw bricht [unter etw (*dat*)] zusammen; ***le tremblement de terre a fait ~ les immeubles*** das Erdbeben hat die Häuser zum Einsturz gebracht; ■ **qc croule** [**sur qn/qc**] / *masse de neige*/ etw geht [*o* stürzt] [auf jdn/etw] nieder
2. (*menacer de s'écrouler*) ■ **qc croule** / *maison, mur*/ etw verfällt; ■ **qn/qc croule sous qc** jd/etw bricht unter etw (*dat*) fast zusammen; / *arbre, table a.*/ etw biegt sich unter etw (*dat*); ***qn croule sous les cadeaux*** jd wird unter Geschenken fast begraben, jd wird mit Geschenken überhäuft; ***cette église croule sous les dorures*** diese Kirche ist mit Goldverzierungen überladen; ***la salle croulait littéralement sous les applaudissements*** der Saal dröhnte von tosendem Beifall
3. (*être accablé*) ■ **qn croule sous qc** *sous le travail, les responsabilités, un fardeau* jd bricht unter etw (*dat*) fast zusammen

croup [kʀup] *m vieilli* Krupp *m*, Kehlkopfdiphtherie *f*

croupe [kʀup] *f* **1.** [*cheval*] Kruppe *f; fam* [*femme*] Hintern *m fam*
2. [*colline*] Kuppe *f*
▶ **qn monte en ~** jd sitzt hinten auf; **qn prend qn en ~** jd lässt jdn hinten aufsitzen

croupi, e [kʀupi] *adj* faul[ig]

croupier, -ière [kʀupje, -jɛʀ] *m, f* Croupier *m;* ***elle était ~ière dans un casino*** sie war Croupier in einem Spielkasino

croupion [kʀupjɔ̃] *m* Sterz *m*, Bürzel *m*

croupir <8> [kʀupiʀ] *vi* **1.** ■ **qc croupit** [**quelque part**] / *eau*/ etw steht [irgendwo] [und fault]; / *feuilles, détritus*/ etw verfault [*o* vermodert] [irgendwo]
2. ■ **qn croupit dans qc** *dans un cachot* jd verfault in etw (*dat*), jd vegetiert

in etw (*dat*); *dans un trou perdu* jd versauert in etw (*dat*); *dans l'ignorance, la médiocrité, la saleté* jd vegetiert in etw (*dat*) dahin [*o* vor sich (*dat*) hin]; ***qn croupit dans la paresse*** jd stinkt vor Faulheit *fam*

croustade [kʀustad] *f* [Krusten]pastete *f*, Krustade *f spec;* ■ ~ **de** *de homard, poisson, champignons* -pastete, -krustade *spec*

croustillant, e [kʀustijɑ̃, jɑ̃t] *adj* **1.** GASTR knusprig
2. (*grivois*) pikant

croustiller <1> [kʀustije] *vi* ■ **qc croustille** etw ist knusprig

croûte [kʀut] *f* **1.** ∅ [*rôti*] Kruste *f;* [*pain a., fromage*] Rinde *f;* [*tarte*] Teig *m*, Rand *m* und Boden *m;* [*pâté*] Teigmantel *m;* ~ ***de vol-au-vent*** Blätterteigpastete *f*, Pastetenhaus *nt spec;* ***la ~ du rôti/ du fromage/ du pain*** die Bratenkruste/Käse-/Brotrinde [*o* Brotkruste]
2. ∅ (*couche*) Schicht *f;* MED Schorf *m;* ***une ~ de glace/ peinture*** eine Eis-/ Farbschicht; ***qc forme une*** ~ etw bildet eine Schicht; / *sang*/ etw bildet eine Kruste
3. (*sédiment*) Belag *m;* ***une ~ de tartre*** ein Belag aus Kesselstein; ***une ~ de rouille/ de calcaire*** ein Rost-/Kalkbelag, eine Rost-/Kalkschicht
4. *péj* (*tableau*) Kleckserei *f*, Gekleckse *nt;* (*grand*) Schinken *m;* ***qn peint des ~s*** jd produziert Klecksereien/Schinken
► ~ **terrestre** Erdrinde *f*, Erdkruste *f;* **qn casse la** ~ *fam* jd isst was *fam;* / *artisan*/ jd macht Brotzeit [*o* Vesper SDEUTSCH]; ***c'est l'heure de casser la*** ~ [es wird] Zeit, dass wir was zwischen die Zähne kriegen *fam;* **qn gagne sa** ~ *fam* jd verdient seine Brötchen *fam;* ***il gagne sa ~ en distribuant des journaux*** er verdient seine Brötchen mit Zeitungsaustragen; **à la** ~! *fam* (*venez manger*) essen [kommen]!; (*allons manger*) auf geht's zum Essen!
◆ **croûte au fromage** Käsetörtchen *nt;* (*toast*) Käsetoast [-to:st] *m;* **croûte aux champignons** GASTR Champignonpastetchen *nt;* (*toast*) Champignontoast *m;* **croûtes de pain** *péj* [alte] Brotreste *pl*

croûté, e [kʀute] *adj neige* verharscht

croûter <1> [kʀute] *vi fam* ■ **qn croûte** jd isst was *fam*, jd schiebt sich (*dat*) was zwischen die Zähne *fam;* ***et si on allait*** ~ wir sollten zusehen, dass wir was zwischen die Zähne kriegen *fam;* ***il veut ~ à nos dépens*** er will sich (*dat*) auf unsere Kosten den Bauch voll schlagen *fam*

croûton [kʀutɔ̃] *m* (*extrémité de pain*) Knust *m*, Kanten *m* NDEUTSCH, Knäuschen *nt* SDEUTSCH; (*pain frit*) Croûton *m;* (*en dé*) gerösteter Weißbrotwürfel; (*en tranche*) geröstete Weißbrotscheibe
► **vieux** ~ *fam* verknöcherte(r) Alte(r) *fam;* (*homme a.*) alter Knochen *fam;* ***qn est/ devient un vieux*** ~ jd ist total verknöchert/verknöchert total *fam*

croyable [kʀwajabl] *adj* glaubhaft, glaubwürdig; ***qc est à peine ~/ n'est pas*** ~ etw ist kaum/nicht zu glauben; ***des histoires difficilement ~s*** Geschichten *pl*, die man nur schwer glauben kann

croyance [kʀwajɑ̃s] *f* **1.** ∅: ~ ***en Dieu*** Glaube *m* an Gott
2. ■ ~ **à qn/qc** Glaube *m* an jdn/etw; ~ ***au progrès/ aux fantômes*** Glaube an den Fortschritt/an Geister, Fortschritts-/Geisterglaube
► ~ **populaire** Volksglaube *m;* ~ **religieuse** Glaubensbekenntnis *nt*, Konfession *f;* ***quelle est votre ~ religieuse?*** welcher Glaubensgemeinschaft [*o* welcher Konfession] gehören Sie an?; ~**s superstitieuses** Aberglaube *m*

croyant, e [kʀwajɑ̃, jɑ̃t] **I.** *adj* religiös; ■ **qn est** ~ jd ist gläubig [*o* religiös]
II. *m, f* [Recht]gläubige(r) *f(m)*

croyant [kʀwajɑ̃] *ppr*és *de* **croire**

C.R.S. [seɛʀɛs] **I.** *f abr de* **Compagnie Républicaine de Sécurité** ≈ Bereitschaftspolizei *f*
II. *mf* (*policier*) Bereitschaftspolizist(in) *m(f);* **les** ~ die Bereitschaftspolizei

cru [kʀy] *m* **1.** (*terroir*) [Wein]anbaugebiet *nt*, Weinberg *m*, Lage *f*
2. (*vin*): ***un grand*** ~ ein großer Wein, eine gute Lage, ein edler Tropfen *fam;* ***un des grands ~s de Bourgogne*** einer der besten [*o* berühmtesten] Burgunder [*o* Burgunder Lagen]
► **un vin de bon/grand** ~ ein Wein guter/bester Qualität [*o* Lage]; **de mon/ton/son [propre]** ~ von mir/dir/ihm/ihr persönlich; *lettre* typisch für mich/dich/ihn/sie; ***qc est de mon [propre]*** ~ etw ist meine eigene Erfindung; **du** ~ aus der [hiesigen] Gegend; ***elle parle la langue du*** ~ sie spricht den einheimischen [*o* hiesigen] Dialekt

cru, e [kʀy] **I.** *pp de* **croire**
II. *adj* **1.** *aliments* roh; ***lait*** ~ Rohmilch *f;* ***légumes ~s*** Rohkost *f*
2. *soie, chanvre, cuir, métal, bois* roh, Roh-; *toile* unbehandelt
3. *lumière, couleur* grell
4. (*direct*) *langage* drastisch, ungeschminkt, direkt; *propos, termes, description* schonungslos, drastisch; (*osé*) *histoire, chanson* derb; *langage* ordinär, derb; ***il a fait une description ~e des massacres*** er hat die Massaker schonungslos [*o* drastisch] beschrieben; ***il lui a répondu de façon ~e*** er antwortete ihm/ihr mit brutaler [*o* schonungsloser] Offenheit; ***il avait un parler*** ~ er hatte eine direkte [*o* drastische] Ausdrucksweise
► **je vous le dis tout** ~ ich sage es Ihnen ohne Umschweife [*o* knallhart *fam*]; **qn parle** ~ jd drückt sich drastisch [*o* sehr direkt] aus; **à** ~ (*sans selle*) ohne Sattel

crû, e [cʀy] *pp de* **croître**

cruauté [kʀyote] *f* **1.** ∅ (*férocité*) Grausamkeit *f;* [*destin, sort a.*] Unerbittlichkeit *f;* ***il l'a traitée avec*** ~ er hat sie grausam behandelt
2. *gén pl* (*atrocité*) Grausamkeit *f*
► ~ **mentale** seelische Grausamkeit

cruche [kʀyʃ] *f* **1.** Krug *m;* ■ ~ **à** -krug; ■ **une ~ de** ein Krug [voll] + *subst;* ***on voudrait deux ~s d'eau*** wir hätten gerne zwei Krüge [voll] Wasser
2. *fam* (*sot*) Idiot(in) *m(f)*, Trottel *m fam;* (*maladroit*) Trampel *m o nt fam*

crucial, e <-aux> [kʀysjal, jo] *adj* entscheidend

crucifère [kʀysifɛʀ] **I.** *adj* ARCHIT von einem Kreuz gekrönt
II. *fpl* BOT Kreuzblütler *pl*

crucifier <1 a> [kʀysifje] *vt* ■ **qn crucifie qn** (*supplicier*) jd kreuzigt jdn; (*tourmenter*) jd quält jdn; ***un air crucifié*** ein gequälter Gesichtsausdruck, eine Leidensmiene

crucifix [kʀysifi] *m* Kruzifix *nt*

crucifixion [kʀysifiksjɔ̃] *f* (*supplice*) Kreuzigung *f;* (*tableau, sculpture*) Kreuzigung[sgruppe *f*]

cruciforme [kʀysifɔʀm] *adj* ARCHIT kreuzförmig; TECH *vis, tournevis* Kreuz[schlitz]-

cruciverbiste [kʀysivɛʀbist] *mf* Kreuzworträtselfan [-fæn] *m*

crudité [kʀydite] *f* **1.** ∅ Direktheit *f;* [*langage a.*] Derbheit *f;* [*description a.*] Unverblümtheit *f;* [*couleurs, lumière*] Grellheit *f*
2. *pl* GASTR [Gemüse]rohkost *f;* ***assiette de ~s*** ≈ Salatplatte *f*

crue [kʀy] *f* (*montée des eaux*) [An]steigen *nt;* (*niveau*) Hochwasser *nt;* ***la rivière est en*** ~ der Fluss steigt [*o* schwillt an]; ***qc provoque la ~ des eaux du fleuve*** etw führt zum Ansteigen des Flusspegels; ***les ~s du Nil*** die Nil-Hochwasser, die Nil-Überschwemmungen

cruel, le [kʀyɛl] *adj* **1.** (*méchant*) grausam; ***qn est ~ envers*** [*o* **avec**] **qn** jd ist grausam zu jdm [*o* gegen jdn]
2. (*douloureux*) *destin, sort* grausam; *perte, remords, froid a.* bitter; *épreuve a.* schwer; *doute* furchtbar, quälend; ***qn est dans un ~ embarras/ une ~le incertitude*** jd ist tödlich verlegen/zutiefst verunsichert; ***qn est dans la ~le nécessité de faire qc*** jd sieht sich leider gezwungen, etw zu tun

cruellement [kʀyɛlmɑ̃] *adv* (*méchamment*) grausam; *agir a.* unmenschlich; (*douloureusement*) schwer; ***l'argent lui fait ~ défaut*** er/sie hat Geld bitter nötig

crûment [kʀymɑ̃] *adv* unverblümt, direkt; *parler a.* unmissverständlich; *dire a.* knallhart *fam;* *décrire* ohne Beschönigung

crus [kʀy] *p simple de* **croire**

crûs [kʀy] *p simple de* **croître**

crustacé [kʀystase] *m* Krebstier *nt*, Krustentier *nt*

cryptage [kʀiptaʒ] *m* INFORM Verschlüsselung *f*

crypte [kʀipt] *f* Krypta *f*

crypter <1> [kʀipte] *vt* ■ **qn/qc crypte qc** jd/etw verschlüsselt [*o* kodiert] etw

cryptogramme [kʀiptɔgʀam] *m* Geheimtext *m*, verschlüsselter Text, Kryptogramm *nt*

cryptographique [kʀiptɔgʀafik] *adj* verschlüsselt, kodiert; ***techniques ~s*** Verschlüsselungstechniken *pl*, Kodiertechniken *pl*

cubage [kybaʒ] *m* **1.** (*volume*) Rauminhalt *m;* ***le ~ d'air d'une pièce*** das Luftvolumen eines Raumes
2. ∅ (*évaluation*) Kubikmeterberechnung *f;* [*arbres a.*] Festmeterberechnung *f*

cube [kyb] **I.** *adj mètre, centimètre* Kubik-; ***une moto de 1100 cm³*** ein Motorrad mit 1100 Kubik; ***une 1800 cm³*** ein Achtzehnhunderter *m*
II. *m* **1.** GEOM Würfel *m*, Kubus *m geh;* ***en forme de*** ~ würfelförmig, kubisch *geh*
2. (*forme*) Würfel *m;* ■ ~ **en/de** *en plastique* -würfel; *de béton a.* -klotz *m;* ~ ***en bois*** Holzwürfel; (*jouet*) Holzklötzchen *nt*
3. MATH Kubikzahl *f*, dritte Potenz; ***le ~ de 3 est 27*** die Kubikzahl [*o* dritte Potenz] von 3 ist 27; ***élevez ces chiffres au*** ~ erheben Sie diese Zahlen in die dritte Potenz

cuber <1> [kybe] **I.** *vt* **1.** MATH ■ **qn cube qc** jd erhebt etw in die dritte Potenz, jd kubiert etw *spec*, jd nimmt etw hoch 3 *fam*
2. (*mesurer le volume de*) ■ **qn cube qc** *pierre, sable* jd errechnet das Volumen [*o* den Rauminhalt] einer S. (*gen*); *bois a.* jd errechnet die Festmeter einer S. (*gen*)
II. *vi* ■ **qc cube 1/20/300/... litres/m³/...** etw fasst 1/20/300/... Liter/m³/...; ***une pièce cubant 70 m³*** ein Raum mit 70 m³
► **ça cube** [*o* **finit par** ~] *fam* das läppert sich [zusammen] *fam*

cubique [kybik] *adj* **1.** *boîte, maison,* würfelförmig, kubisch *geh;* ***de forme*** ~ würfelförmig, kubisch *geh*
2. MATH *racine* Kubik-

cubisme [kybism] *m* Kubismus *m*

cubiste [kybist] **I.** *adj* kubistisch
II. *mf* Kubist(in) *m(f)*

cubitus [kybitys] *m* Elle *f*

cucu[l] [kyky] *adj inv* ► ~ **[la praline]** *fam* affektiert, geziert; *photo, film* kitschig

cueillette [kœjɛt] *f* **1.** ∅ (*action*) Ernten *nt;* [*coton, fruits a.*] Pflücken *nt;* [*champignons, myrtilles*] Sammeln *nt;* (*récolte*) Ernte *f;* ■ ~ **de** -ernte/-sammeln; ***qn va à la ~ de qc*** jd geht etw ernten/pflücken/sammeln
2. ∅ SOCIOL Sammeln *nt;* ***ces peuplades vivent de chasse et de*** ~ diese Stämme sind Wildbeuter und Sammler [*o* Sammler und Jäger]

cueillir <*irr*> [kœjiʀ] *vt* **1.** ■ **qn cueille qc** *fleurs* jd pflückt etw; *fruits a., légumes, moules* jd erntet etw; *myrtilles a., champignons* jd sammelt etw; *raisins a.* jd liest etw
2. *fam* (*arrêter*) ■ **qn cueille qn** jd schnappt jdn *fam;* ***il va se faire*** ~ er wird noch geschnappt *fam*
3. *fam* (*prendre au passage*) ■ **qn cueille qn** jd holt jdn ab, jd liest jdn auf *fam*, jd sammelt jdn ein *fam;* ■ **qn cueille qc** *ballon* jd fängt etw [auf]

cui-cui [kɥikɥi] **I.** *interj* piep-piep
II. *m inv fam* Piepen *nt*, Gepiep[s]e *nt pej*
► **un oiseau fait** ~-~ *fam* ein Vogel piept [*o* piepst]

cuillère *f*, **cuiller** [kɥijɛʀ] *f* **1.** (*ustensile*) Löffel *m;* ■ ~ **de** *de bois, d'argent* -löffel
2. (*contenu*) ■ **une ~ de** ein Löffel *m* [voll] + *subst;* ***deux ~s d'huile/ de sirop*** zwei Löffel Öl/Sirup
3. PECHE Blinker *m*
► **petite** ~ kleiner Löffel, Kaffee-/Teelöffel *m;* **qn est à ramasser à la petite** ~ *fam* (*est épuisé*) jd ist fix und fertig *fam*, jd kommt auf allen vieren daher *fam;* (*est en piteux état*) jdn kann man zusammenkratzen *fam*
◆ **cuillère** [*o* **cuiller**] **à café** Kaffeelöffel *m*, Teelöffel *m;* **cuillère** [*o* **cuiller**] **à dessert** Dessertlöffel *m;* **cuillère** [*o* **cuiller**] **à pot** ► **qn fait qc en**

deux **coups** de ~ **à pot** jd macht etw im Handumdrehen; **cuillère** [*o* **cuiller**] **à soupe** Suppenlöffel *m;* **cuillère** [*o* **cuiller**] **en bois** Holzlöffel *m,* Kochlöffel *m*

cuillerée, **cuillérée** [kɥijʀe] *f* ■ **une** ~ **de** ein Löffel *m* [voll] + *subst;* ***deux ~s de sucre*** zwei Löffel Zucker

◆ **cuillerée à café** ■ **une** ~ **à café de** ein Kaffeelöffel *m* [*o* Teelöffel *m*] [voll] + *subst;* ***trois ~s à café de farine*** drei Kaffeelöffel Mehl; **cuillerée à soupe** ■ **une** ~ **à soupe de** ein Esslöffel *m* [voll] + *subst;* ***deux ~s à soupe d'huile*** zwei Esslöffel Öl

cuir [kɥiʀ] *m* **1.** ∅ Leder *nt;* ■ **de/en** ~ Leder-; ***qc est en*** ~ etw ist aus Leder; ***une veste de*** ~ eine Lederjacke; ***du vrai*** ~ echtes Leder; ***un commerce de ~s et peaux*** ein Lederwarengeschäft *nt;* ■ ~ **de** -leder; ~ ***de vache/veau*** Rinds-/Kalb[s]leder

2. ∅ *fam* (*ballon de foot*) Leder *nt fam*

▶ ~ **pleine fleur** Vollrindleder *nt;* ~ **artificiel** Kunstleder *nt;* ~ **brut** Rohhaut *f,* Rohleder *nt;* ~ **chevelu** Kopfhaut *f;* ~ **verni** Lackleder *nt;* ~ **vert** Rohhaut *f,* Rohleder *nt;* **qn tanne le** ~ **à qn** *fam* jd gerbt jdm das Leder [*o* Fell] *fam*

◆ **cuir en croûte** Spaltleder *nt*

cuirasse [kɥiʀas] *f* ZOOL Panzer *m;* MIL (*blindage*) Panzer[ung *f*] *m;* HIST [*chevalier*] [Brust]harnisch *m*

▶ ~ **d'indifférence** Panzer *m* aus Gleichgültigkeit

cuirassé, e [kɥiʀase] **I.** *adj* **1.** *soldat* geharnischt; *navire* gepanzert

2. (*endurci*) ■ ~ **contre qc** *les injustices, humiliations, passions* gegen etw immun [*o* gewappnet] [*o* gefeit *geh*]

II. *m* Panzerkreuzer *m*

cuirasser <1> [kɥiʀase] **I.** *vt* (*endurcir*) ■ **qc cuirasse qn contre qc** etw macht jdn gegen etw immun, etw härtet jdn gegen etw ab

II. *vpr* **1.** (*s'endurcir*) ■ **qn se cuirasse contre qc** jd panzert sich gegen etw, jd härtet sich gegen etw ab; *contre les affronts, injures* jd wappnet [*o* feit *geh*] sich gegen etw

2. MIL ■ **qn se cuirasse** jd legt einen [Brust]harnisch an

cuirassier [kɥiʀasje] *m* HIST Kürassier *m*

▶ **le 1er/2ème/3ème/...** ~ das 1./2./3./... Panzerbataillon

cuire <*irr*> [kɥiʀ] **I.** *vt* **1.** ■ **qn cuit** [*o* **fait** ~] **qc** (*au bouillon, à l'eau*) jd kocht etw; (*à la cocotte a.*) jd gart etw; (*à la vapeur a.*) jd dämpft [*o* gart] etw; (*à la casserole, à l'étouffée*) *viande* jd schmort etw; *légumes* jd dünstet etw; (*au four*) *rôti, volaille* jd brät etw; *pain, gâteau, gratin* jd bäckt [*o* backt] etw; (*à la poêle*) jd brät etw; *frites, beignets* jd frittiert etw, jd bäckt [*o* backt] etw aus; ■ **qn cuit** [*o* **fait** ~] **qc à qc** jd kocht/gart/schmort/dünstet/brät/bäckt/frittiert etw in etw (*dat*); ***qn cuit*** [*o* ***fait*** ~] ***qc à la vapeur/à l'étouffée*** jd dämpft/schmort etw; ***qn cuit qc à la broche/au grill*** jd brät etw am Spieß/grillt etw; ***qn cuit qc au bain-marie*** jd gart etw im Wasserbad; ***qn fait bien*** ~ ***qc*** jd kocht/dämpft/dünstet etw gar/brät/bäckt etw durch; ***qn fait trop*** ~ ***qc*** jd verkocht etw/lässt etw zu lange garen/dämpfen/schmoren/dünsten/braten/backen [*o* brät/bäckt etw zu lange]

2. ■ **qn cuit qc** [**à qc**] *briques, porcelaine, poterie* jd brennt etw [in etw (*dat*)]

▶ **à** ~ *pommes, poires, bananes* Koch-; **chocolat à** ~ Kochschokolade *f,* Blockschokolade *f*

II. *vi* **1.** GASTR ■ **qc cuit** [**à/dans qc**] *à l'eau, au bouillon* etw kocht [in etw (*dat*)]; *à la vapeur, cocotte* etw dämpft [in etw (*dat*)]; *à la casserole /viande/* etw schmort [in etw (*dat*)]; */légumes/* etw dünstet [in etw (*dat*)]; *au four /rôti, volaille/* etw brät [in etw (*dat*)]; */gâteau, pain, gratin/* etw bäckt [*o* backt] [in etw (*dat*)]; *à la poêle* etw brät [*o* brutzelt *fam*] [in etw (*dat*)]; */frites, beignets/* etw bäckt [*o* backt] [in etw (*dat*)]; ***qc cuit à l'étouffée /viande/*** etw schmort; */légumes/* etw dünstet; ***qc cuit au grill/à la broche*** etw brät auf dem Grill/am Spieß; ***les légumes doivent*** ~ ***à l'eau bouillante salée*** Gemüse muss in kochendem Salzwasser garen; ***le gâteau est en train de*** ~ der Kuchen ist im Ofen; ***avec le micro-ondes, tout cuit tout seul*** in der Mikrowelle kocht sich alles wie von selbst; ***qc cuit à feu doux*** etw köchelt, etw gart auf kleiner Flamme [*o* bei kleiner Hitze]; */viande a./* etw schmort auf kleiner Flamme, etw brät bei schwacher Hitze; ***qc a cuit deux fois*** etw ist aufgewärmt

2. *fam* (*étouffer*) ■ **qn cuit quelque part**: ***on cuit ici*** hier brät man ja geradezu, hier wird man ja geradezu gebraten [*o* geschmort]

3. (*brûler, picoter*) ■ **qc** [**lui**] **cuit** */mains, yeux, dos, peau/* jdm brennt etw

▶ **il va t'en/lui en** ~, **il t'en/lui en cuira** du wirst/er/sie wird es noch bereuen, das wird dir/ihm/ihr [bestimmt] noch Leid tun

cuisant, e [kɥizɑ̃, ɑ̃t] *adj blessure, douleur* brennend; *remords* nagend; *déception* bitter; *froid* schneidend; *remarque* scharf, schneidend; *échec, défaite* bitter, vernichtend; ***la blessure était ~e*** die Wunde brannte; ***il avait encore la joue ~e de la gifle reçue*** seine Wange brannte noch von der erhaltenen Ohrfeige; ***le froid était*** ~ es herrschte schneidende Kälte

cuisine [kɥizin] *f* **1.** Küche *f;* (*meubles a.*) Einbauküche *f;* ***les ~s de ce restaurant sont bien tenues*** dieses Restaurant hat eine gut geführte Küche

2. (*art culinaire*) Kochkunst *f,* Küche *f;* (*nourriture*) Essen *nt,* Küche; ***qn apprend la*** ~ jd lernt kochen; ***la*** ~ ***chinoise/française*** die chinesische/französische Küche; ***la*** ~ ***d'ici/locale*** die hiesige/einheimische Küche; ***elle aime la bonne*** ~ sie isst gerne gut; ***il sait faire de la bonne*** ~ er kann gut kochen; ***je n'aime pas beaucoup sa*** ~ ich mag seine/ihre Küche [*o* sein/ihr Essen] nicht besonders; ***la*** ~ ***de ce restaurant est délicieuse*** dieses Restaurant hat eine ausgezeichnete Küche; ***qn fait la*** ~ ***au beurre/à l'huile/à la margarine*** jd kocht mit Butter/Öl/Margarine; ***la*** ~ ***au beurre, c'est très fin*** mit Butter Zubereitetes schmeckt sehr fein

3. ∅ (*personnel*) [*cantine, restaurant*] Küche *f*

▶ ~ **bourgeoise** gutbürgerliche Küche; **nouvelle** ~ Nouvelle Cuisine *f;* **qn fait sa petite** ~ [**dans son coin**] jd kocht sein eigenes Süppchen; **qn sait faire la** ~ jd kann kochen; **qn fait la** ~ jd kocht, jd bereitet das Essen [zu]; ***je préfère faire la*** ~ ***à l'électricité/au gaz*** ich koche lieber mit Strom/auf [*o* mit] Gas; **de** ~ *table, buffet, chaises, éléments, couteau* Küchen-; ***livre de*** ~ Kochbuch *nt;* ***recette de*** ~ [Koch]rezept *nt*

cuisiner <1> [kɥizine] **I.** *vi* ■ **qn cuisine** jd kocht; ***il cuisine bien/mal*** er kocht gut/schlecht, er kann gut/nicht gut kochen

II. *vt* **1.** GASTR ■ **qn cuisine qc** [**à qn**] jd kocht [jdm] etw, jd bereitet etw zu; ***elle cuisine un poisson*** sie bereitet einen Fisch zu, sie macht einen Fisch; ***un plat cuisiné*** ein Fertiggericht *nt*

2. *fam* (*interroger*) ■ **qn cuisine qn** jd quetscht jdn aus *fam*

cuisinier, -ière [kɥizinje, -jɛʀ] **I.** *m, f* (*personne*) Koch/Köchin *m/f;* ***toque de*** ~ Kochmütze *f;* ***tablier de ~/~ière*** Küchenschürze *f*

II. *f* (*appareil*) ■ **cuisinière** [Koch]herd *m,* Küchenherd; ***une ~ière à gaz/à l'électricité/au charbon*** ein Gas-/Elektro-/Kohleherd; ***une ~ière 2/3/4 feux*** ein Herd mit 2/3/4 Kochstellen

cuissardes [kɥisaʀd] *fpl* kniehohe Stiefel *pl,* Overknees [ˈɔʊvəniːz] *pl;* [*pêcheur*] Watstiefel *pl*

cuisse [kɥis] *f* **1.** ANAT Schenkel *m*

2. GASTR [*lièvre, volaille*] Keule *f,* Schlegel *m*

▶ **qn se croit sorti(e) de la** ~ **de Jupiter** *fam* jd hält sich für etwas [ganz] Besonderes; **elle a la** ~ **légère** sie sagt nicht oft nein *fam,* sie macht schnell die Beine breit *pej sl;* ***des filles à la*** ~ ***légère*** leichtlebige Mädchen

cuisseau <x> [kɥiso] *m* [*veau*] Keule *f* [mit Lendenstück]

cuisson [kɥisɔ̃] *m* **1.** ∅, *v. cuire* Kochen *nt;* Dämpfen *nt,* Garen *nt;* [*viande*] Schmoren *nt;* [*légumes*] Dünsten *nt;* Braten *nt;* [*rôti, volaille*] Braten; [*pain, gâteau, gratin*] Backen *nt;* Grillen *nt;* ***temps de*** ~ Garzeit *f,* Koch-/Brat-/Backzeit *f;* ***la*** ~ ***de ce poulet est insuffisante*** dieses Hühnchen ist nicht durchgebraten; ***vous la voulez comment, la*** ~ ***de votre steak: bien cuit, à point, saignant, bleu?*** wie möchten Sie ihr Steak: gut durchgebraten, medium, englisch, blutig?

2. (*durée*) Garzeit *f,* Koch-/Brat-/Backzeit *f;* ***des légumes qui ont une*** ~ ***rapide/longue*** Gemüse, das schnell/langsam gar wird

3. ∅ [*briques, poterie, porcelaine*] Brennen *nt*

cuissot [kɥiso] *m* [*sanglier, chevreuil*] Keule *f*

cuistot [kɥisto] *m fam* Koch *m*

cuit, e [kɥi, kɥit] **I.** *pp de* **cuire**

II. *adj* GASTR gar; *légumes, jambon, poule au pot* gekocht; *steak, gigot* gebraten; *gâteau, pain* gebacken; ***qc n'est pas*** [***assez***] ~ etw ist nicht gar/nicht durch[gebraten]/nicht durchgebacken [*o* genügend gebacken]; ***qc est trop*** ~ etw ist zerkocht/zu stark gebraten/gebacken [*o* angebrannt]; ***une baguette bien ~e*** eine dunkle [*o* stark gebackene] Baguette; ***un gigot*** ~ ***à point*** eine rosa gebratene Lammkeule

▶ **qc arrive** [*o* **tombe**] **à qn tout(e)** ~**(e)** etw fliegt jdm [nur so] zu; ***les choses lui arrivent toujours toutes ~es*** den Seinen gibt's der Herr im Schlaf; **c'est** ~**/l'affaire est** ~**e** *fam* es ist aus und vorbei/die Sache ist verloren [*o* versiebt *fam*]; **c'est du tout** ~ *fam* das ist [praktisch] schon gelaufen *fam,* das ist ein Klacks *fam;* **qn est** ~ *fam* jd ist erledigt [*o* am Ende] *fam*

cuite [kɥit] *f* **1.** *fam* Rausch *m;* ***quelle*** ~ ***il tient!*** der hat ganz schön einen sitzen [*o* in der Krone]! *fam;* ***elle a pris une*** ~ sie hat sich (*dat*) einen angetrunken *fam,* sie hat sich voll laufen lassen *sl*

2. (*cuisson*) [*porcelaine, briques*] Brand *m,* Brennen *nt;* ~ **de qc** Brennen einer S. (*gen*); ***qn donne une seconde*** ~ jd brennt es zum zweiten Mal

cuiter <1> [kɥite] *vpr fam* ■ **qn se cuite** [**à qc**] jd betrinkt sich [mit etw], jd trinkt sich (*dat*) [mit etw] einen an *fam,* jd lässt sich [mit etw] voll laufen *sl*

cuivre [kɥivʀ] *m* **1.** ∅ CHIM Kupfer *nt;* ~ ***rouge*** [reines] Kupfer; ~ ***jaune*** Messing *nt;* ***extraction du*** ~ Kupfergewinnung *f;* ***casseroles en*** ~ Kupfergeschirr *nt;* ***gravures sur*** ~ Kupferstiche *pl*

2. ART (*planche*) Kupferstichplatte *f;* ■ **de** ~ Kupfer-

3. *pl* (*ustensiles*) Kupfer *nt*

4. *pl* MUS Blechinstrumente *pl,* Blech *nt fam;* ***j'aime entendre les ~s*** ich höre gerne Blechblasinstrumente [*o* Blechbläser]

▶ **qn fait les ~s** *fam* jd putzt [*o* poliert] das Kupfer

cuivré, e [kɥivʀe] *adj* **1.** *reflets* kupferfarben, kupfern, kupf[e]rig; *peau, teint* rotbraun

2. *voix* sonor, klangvoll, volltönend

cul [ky] *m* **1.** ∅ *fam* (*derrière*) [*personne, animal*] Hintern *m fam,* Arsch *m vulg;* [*voiture*] Heck *nt;* ***il a enfoncé le*** ~ ***d'une voiture*** er ist einem Auto hinten reingefahren *fam;* ***je vais te botter le*** ~ ich haue dir den Arsch voll *vulg,* ich versohle dir den Hintern *fam;* ***à coups de pied au*** ~ mit Arschtritten *vulg;* ***il lui a mis la main au*** ~ er begrapschte seinen/ihren Hintern [*o* Arsch *vulg*] *fam;* ***il/elle faisait commerce de son*** ~ er/sie ging auf den Strich *fam*

2. *pop* (*anus*) Arschloch *nt vulg,* Arsch *m vulg,* Hintern *m fam;* ***tu veux que je te torche le*** ~**, *en plus!*** soll ich dir [vielleicht] auch noch den Arsch [*o* Hintern *fam*] putzen? *vulg*

3. ∅ *pop* (*sexe*) Sex *m;* ***les hommes ne pensent qu'au*** ~ die Männer denken nur an Sex [*o* ans Ficken *vulg*]; ■ **de** ~ *histoire* Sex-; *film, livre, presse a.* Porno-

4. (*fond*) [*bouteille*] Boden *m*

▶ **des personnes s'entendent** [*o* **sont**] **comme** ~ **et chemise** *fam* Menschen sind ein Herz und eine Seele; **qn a le** ~ **bordé de nouilles** *fam* jd ist ein Glückspilz *fam,* jd hat immer Schwein *sl;* **c'est à se taper le** ~ **par terre** *fam* (*c'est très drôle*) das ist ja zum Kugeln [*o* Kringeln] *fam;* (*c'est à devenir fou*) das ist ja zum Auswachsen *fam;* ~ **béni** *fam* Betbruder/Betschwester *m/f fam;* **qn est un faux** ~ *fam* jd ist ein falscher Fünfziger [*o* Fuffziger] [*o* Hund] *fam;* **gros** ~ *fam* schwerer Brummer, Brummi *m fam;* **qn veut péter plus haut que son** ~ *fam* jd will hoch hinaus, jd markiert den feinen Pinkel *fam;* **qn en a plein le** ~ [**de qn/qc**] *vulg* jdm stinkt's [allmählich] *sl,* jd hat die Nase [*o* Schnauze *sl*] [gestrichen] voll [von jdm/etw] *fam;* **qn fait** ~ **sec** *fam* jd trinkt ex; **une personne a qn au** ~ *fam* ein Mensch hat jdn am Hals *fam,* jd sitzt einem Menschen im Nacken *fam;* **qn l'a dans le** ~ *vulg* jdn erwischt's *fam,* jd kriegt den Hintern [*o* Arsch *sl*] voll *fam;* **qn a du** ~ *fam* jd hat Schwein *fam;* **qn bouge son** ~ *fam* jd setzt seinen Hintern in Bewegung *fam,* jd bewegt seinen Hintern *fam;* **qn casse le** ~ **à qn** *vulg* jd kotzt jdn an *vulg;* **qn se casse le** ~ **à faire qc** *fam* jd reißt sich (*dat*) den Hintern [*o* Arsch *vulg*] auf, um etw zu tun *sl;* **tu peux te le/la/les foutre** [*o* **mettre**] **au** ~ *vulg* den/die/das kannst du dir in den Hintern [*o* Arsch *vulg*] stecken *fam;* **qn lèche le** ~ **à qn** *vulg* jd kriecht jdm in den Hintern [*o* Arsch *vulg*] *fam;* **parle à mon** ~ [**ma tête est malade**] *fam* hörst du mir überhaupt zu?, man könnte genausogut mit der Wand reden; **qn reste** [*o* **tombe**] **sur le** ~ *fam* jd setzt sich [*o* fällt] [fast] auf den Hintern [*o* Arsch *vulg*] *fam;* **qn tire au** ~ *vulg* jd drückt sich *fam;* **mon** ~! *vulg* du kannst mich [mal]! *sl,* scheiß drauf! *vulg;* ***les adultes, mon*** ~! die können mich [mal], die Erwachsenen! *sl*

culasse [kylas] *f* **1.** [*moteur*] Zylinderkopf *m*
2. [*fusil, canon*] Verschluss *m*

culbute [kylbyt] *f* ▸ **qn fait une** ~/**des** ~**s** jd macht [*o* schlägt] einen Purzelbaum/Purzelbäume; **qn/qc fait une** ~/**des** ~**s** jd/etw überschlägt sich/überschlägt sich mehrmals; ***il a fait des*** ~***s dans l'escalier*** er ist [Hals über Kopf] die Treppe hinuntergepurzelt; ***la voiture a fait une*** ~ ***dans la rivière*** der Wagen überschlug sich und fiel in den Fluss; **qn fait la** ~ *fam* (*fait faillite*) jd macht [*o* geht] pleite *fam*

culbuter <1> [kylbyte] **I.** *vi* (*tomber*) ■ **qn culbute** [**dans qc**] jd stürzt [kopfüber] [in etw (*akk*)]; ■ **qc culbute** [**dans qc**] /*voiture*/ etw überschlägt sich [und stürzt in etw (*akk*)]; /*bateau*/ etw kentert; ***la voiture a culbuté dans le fossé*** der Wagen hat sich überschlagen und ist im Graben gelandet [*o* in den Graben gestürzt]
II. *vt* **1.** (*faire tomber*) ■ **qn culbute qn/qc** jd wirft [*o* stößt] jdn/etw um; *ennemi* jd überrennt jdn; *obstacle* jd setzt sich über etw (*akk*) hinweg; *ministère, gouvernement* jd stürzt jdn; ***en courant, il a culbuté la vieille dame*** er hat die alte Dame umgerannt [*o* über den Haufen gerannt]; ***il l'a poussée pour la*** ~ er hat sie absichtlich umgestoßen; ***ils ont culbuté la voiture dans la rivière*** sie stürzten den Wagen in den Fluss; ***elle a culbuté tous les obstacles*** sie hat sich durch nichts aufhalten lassen
2. *vulg* (*prendre sexuellement*) ■ **qn culbute qn** *femme* jd nimmt jdn her *sl,* jd legt jdn aufs Kreuz *sl*

culbuteur [kylbytœʀ] *m* **1.** [*moteur*] Kipphebel *m;* [*benne, wagon, wagonnet, berline*] Kippvorrichtung *f*
2. (*jouet*) Stehaufmännchen *nt*

cul-de-basse-fosse <~s-~-~~> [kyd(ə)bɑsfos] *m* Kerker *m,* Verlies *nt*
cul-de-jatte <~s-~-~> [kydʒat] *mf* beinloser Krüppel **cul-de-sac** <~s-~-~> [kydsak] *m* Sackgasse *f*

culinaire [kylinɛʀ] *adj* Koch-; ***l'art*** ~ die Kochkunst

culminant, e [kylminɑ̃, ɑ̃t] *adj v.* **point**

culminer <1> [kylmine] *vi* **1.** (*avoir une hauteur de*) ■ **qc culmine à ... mètres** der höchste Punkt einer S. (*gen*) liegt bei ... Metern, etw hat [*o* erreicht] seinen höchsten Punkt bei ... Metern; ***le pic culmine à 8000 m*** der Berggipfel liegt bei 8000 m, der Berg ist 8000 m hoch
2. (*être à son maximum*) ■ **qc culmine** etw erreicht seinen Höhepunkt; ■ **qc culmine à qc** die Höchstgrenze einer S. (*gen*) liegt bei etw; ***les salaires de la firme culminent à 15 000 F*** die Firma zahlt Gehälter bis zu 15 000 F
3. ASTRON ■ **qc culmine** etw erreicht seinen Kulminationspunkt

culot [kylo] *m* [*ampoule*] Sockel *m;* [*bougie*] Gehäuse *nt;* [*obus, bombe, cartouche*] Boden *m*
▸ **qn a un sacré** ~ *fam* (*est effronté*) jd ist unglaublich dreist [*o* unverschämt], jd hat [vielleicht] Nerven *fam;* (*a du courage*) jd hat Mumm in den Knochen *fam;* **qn a du** ~! *fam* (*est effronté*) jd ist [ganz schön *fam*] dreist [*o* unverschämt]; **qn a le** ~ **de faire qc** *fam* (*a l'impertinence de*) jd hat die Stirn [*o* Frechheit], etw zu tun; (*a le courage*) jd hat den Mumm, etw zu tun *fam;* **qn ne manque pas de** ~ *fam* jd ist ganz schön dreist [*o* unverschämt] *fam,* jd hat vielleicht Nerven *fam*

culotte [kylɔt] **I.** *f* **1.** (*slip*) Slip *m;* [*femme a.*] Schlüpfer *m;* [*garçon a.*] Unterhose *f,* Unterhosen *pl*
2. (*short*) ■ ~[**s**] kurze Hose[n]; ***à treize ans, il portait encore une*** ~ mit dreizehn trug er noch kurze Hosen; ***il portait des*** ~***s de cuir*** er trug [kurze] Lederhosen
3. (*pantalon*) ■ ~[**s**] [lange] Hose[n]; HIST Kniehosen *pl;* ■ ~[**s**] **de** *d'équitation* -hose *f,* -hosen *pl;* ~[**s**] ***de golf/ de cheval*** Knickerbocker *pl*/Reithose[n]
4. GASTR Schwanzstück *nt*
▸ ~[**s**] **courte**[**s**] kurze Hose[n *pl*]; ~[**s**] **longue**[**s**] lange Hose[n *pl*]; **qn fait** [*o* **tremble**] **dans sa** ~ *fam,* **qn mouille sa** ~ *fam* jd macht [sich (*dat*)] in die Hose[n] *fam;* **qn porte la** ~ [**dans le ménage**] *fam* jd hat [zu Hause] die Hosen an *fam;* **qn prend** [*o* **ramasse**] **une** ~ *fam* jd verliert haushoch
II. *app:* ***jupe-/ gaine-/ couche-*** ~ Hosenrock *m*/Mieder-/Windelhöschen *nt*
◆ **culotte de cheval** (*cellulite*) Fettpolster *pl* an den Oberschenkeln

culotté, e [kylɔte] *adj fam* (*effronté*) dreist, frech; (*audacieux*) draufgängerisch; ■ **qn est** ~ jd ist dreist/jd hat Mumm *fam*

culotter <1> [kylɔte] *vt* ■ **qn culotte qc** *pipe* jd raucht etw ein; ■ **qc est culotté**(**e**) /*cafetière, théière*/ etw hat einen Film angesetzt; /*pipe*/ etw ist eingeraucht

culpabiliser <1> [kylpabilize] **I.** *vt* ■ **qn culpabilise qn** jd weckt bei jdm Schuldgefühle; ■ **qc culpabilise qn** etw weckt bei jdm Schuldgefühle, jd fühlt sich wegen etw schuldig; ***qn se sent culpabilisé***(***e***) jd bekommt Schuldgefühle
II. *vpr* ■ **qn se culpabilise** jd fühlt sich schuldig, jd macht sich (*dat*) Vorwürfe; ■ **qn se culpabilise à cause de qc** jd gibt sich (*dat*) die Schuld an etw (*dat*)

culpabilité [kylpabilite] *f* ∅ Schuld *f*

culte [kylt] *m* **1.** ∅ (*vénération*) Verehrung *f,* Kult *m;* ***qn rend un*** ~ ***à qn/ qc*** jd verehrt jdn/etw; ■ ~ **de** *du feu, soleil, des morts* -kult; *de la nature* -verehrung; ***le*** ~ ***de Dieu*** die Verehrung Gottes
2. ∅ (*cérémonie*) (*chrétienne*) Gottesdienst *m;* (*païenne*) Kultfeier[n *pl*] *f;* (*religion*) Religion *f*
3. (*office protestant*) [Predigt]gottesdienst *m*
▸ **qn rend/voue un véritable** ~ **à qn/qc** jd treibt einen wahren Kult mit jdm/etw; **qn a le** ~ **de qc** jd verehrt etw, jd betet etw an
◆ **culte de la personnalité** Personenkult *m*

cul-terreux <~s-~> [kyteʀø] *m péj* Bauer *m,* Bauerntrampel *m péj fam*

cultivable [kyltivabl] *adj* bebaubar, anbaufähig

cultivateur, -trice [kyltivatœʀ, -tʀis] **I.** *adj peuple* Ackerbau treibend
II. *m, f* Landwirt(in) *m(f),* Bauer/Bäuerin *m/f;* ***petit/ gros*** ~ Klein-/Großbauer

cultivé, e [kyltive] *adj personne* gebildet; ***c'est un esprit*** ~ er/sie ist [sehr] gebildet; ***elle était peu*** ~***e*** sie besaß nur wenig Bildung

cultiver <1> [kyltive] **I.** *vt* **1.** AGR ■ **qn cultive qc** *champ* jd bebaut etw, jd bestellt etw; *jardin* jd bearbeitet [*o* hat] etw; *plantes, céréales, légumes, vigne* jd baut etw an; ***des terrains cultivés*** bebaute Felder; ***des plantes cultivées*** Kulturpflanzen
2. (*exercer*) ■ **qn cultive qc** *mémoire* jd übt etw, jd trainiert etw; *dispositions, don* jd fördert etw; *goût* jd pflegt etw; ***elle cultivait son esprit*** sie bildete sich [weiter]
3. *littér* (*pratiquer*) ■ **qn cultive qc** *art, sciences* jd pflegt etw *geh*
4. (*entretenir*) ■ **qn cultive qc** *relations, amitié, réputation, image de marque* jd pflegt etw; ***il sait*** ~ ***ses relations*** er weiß, wie man [seine] Beziehungen pflegt
II. *vpr* ■ **qn se cultive** [**en faisant qc**] jd bildet sich[, indem er etw tut]

culture [kyltyʀ] *f* **1.** ∅ [*céréales, légumes, fruits*] Anbau *m;* ■ ~ **de** *du blé, maïs, chou-fleur* -anbau, Anbau von; ~ ***de la vigne/ du tabac*** Wein-/Tabak[an]bau; ~ ***fruitière/ maraîchère*** Obst-/Gemüse[an]bau; ~ ***céréalière*** Getreideanbau; ~ ***fourragère*** Anbau von Futterpflanzen
2. ∅ [*champ*] Bebauen *nt;* [*verger*] Bewirtschaftung *f; biologique, intensive, extensive* Anbau *m;* ***la*** ~ ***du jardin*** die Gartenarbeit; ***méthodes/ travaux de*** ~ Anbaumethoden *pl*/-arbeiten *pl;* ~ ***alternée/ triennale*** Fruchtwechsel-/Dreifelderwirtschaft *f;* ~ ***irriguée/ sèche*** Bewässerungsanbau/Trockenfeldbau *m,* Bewässerungswirtschaft *f*/Dry farming ['draifa:rmɪŋ] *nt;* ~ ***itinérante*** Wanderfeldbau *m;* ***qn met ses terrains en*** ~ jd bebaut [*o* bewirtschaftet] sein Land, jd baut seine Ländereien an; ***nous pratiquons la*** ~ ***familiale*** wir bewirtschaften einen [landwirtschaftlichen] Familienbetrieb; ***pays de petite/ moyenne/ grande*** ~ Land *nt* mit kleinen/mittleren/großen landwirtschaftlichen Betrieben, Land mit landwirtschaftlichen Klein-/Mittel-/Großbetrieben
3. *pl* (*terres cultivées*) Felder *pl*
4. ∅ (*savoir*) Bildung *f;* + *adj* (*connaissances spécialisées*) Wissen *nt,* Kenntnisse *pl;* ***il/ elle possède une vaste*** ~ er/sie ist sehr gebildet; ***il est dépourvu de la moindre*** ~ er besitzt keinerlei [*o* nicht die geringste] Bildung; ***ministre de la C***~ Kultusminister *m*
5. (*civilisation*) Kultur *f;* ***la*** ~ ***occidentale/ américaine*** die westliche [*o* abendländische]/amerikanische Kultur; ***la*** ~ ***des peuples primitifs*** die primitiven Kulturen; ***la*** ~ ***gréco-latine*** die Kultur der Antike
6. SOCIOL (*ensemble de comportements*) Lebensweise *f,* Kultur *f;* ***la*** ~ ***populaire/ bourgeoise/ ouvrière*** das Volkstum/die bürgerliche Kultur/die Arbeiterkultur, die Lebensweise des [breiten] Volkes/des Bürgertums/der Arbeiterschaft
7. BIO Kultur *f*
▸ ~ **générale** Allgemeinbildung *f;* ~ **microbienne** Bakterienkultur *f;* ~ **physique** Gymnastik *f*

culturel, le [kyltyʀɛl] *adj attaché, mission, centre, conseiller, échanges* Kultur-; *revendications, identité, manifestations* kulturell; ***un voyage*** ~ eine Bildungsreise

culturisme [kyltyʀism] *m* ∅ Bodybuilding ['bɔdibɪldɪŋ] *nt,* [gezieltes] Muskeltraining; ***un club de*** ~ ein Sportstudio *nt,* ein Fitnessstudio *nt*

culturiste [kyltyʀist] *mf* Bodybuilder(in) *m(f)* ['bɔdibɪldɐ]; ***elle est*** ~ sie betreibt [*o* macht *fam*] Bodybuilding

cumin [kymɛ̃] *m* Kümmel *m*

cumul [kymyl] *m* ∅ Häufung *f;* ~ ***de fonctions/ des mandats*** Ämterhäufung; ***le*** ~ ***des traitements*** der gleichzeitige Bezug mehrerer Gehälter
◆ **cumul des peines** Kumulation *f* der Strafen; **cumul d'infractions** Zusammentreffen *nt* [*o* Konkurrenz *f*] von Straftaten

cumuler <1> [kymyle] *vt* **1.** (*amasser*) ■ **qn cumule des choses** jd kumuliert Dinge; ***qn cumule des fonctions/ plusieurs mandats*** jd kumuliert [*o* bekleidet] mehrere Ämter, jd vereinigt mehrere Ämter auf sich (*akk*), jd hat mehrere Ämter inne; ***qn cumule plusieurs traitements*** jd bezieht mehrere Gehälter; ■ **qn/qc cumule plusieurs choses** jd macht [*o* begeht *geh*]/etw hat [*o* besitzt] mehrere Dinge gleichzeitig; ***tu cumules les bêtises*** du machst eine Dummheit nach der anderen; ■ **qn/qc cumule qc avec** [*o* **et**] **qc** jd fügt einer S. (*dat*) noch etw hinzu/etw vereinigt etw mit [*o* und] etw; ***il cumule les erreurs avec les imprudences*** er macht Fehler und ist gleichzeitig noch unvorsichtig; ***cet appareil cumule confort d'utilisation avec sécurité d'emploi*** das Gerät ist einfach zu handhaben und gleichzeitig sicher im Gebrauch
2. FIN ■ **qc est cumulé**(**e**) /*intérêts*/ etw wird zum Kapital geschlagen; ***les intérêts cumulés*** die Zinseszinsen; ■ **qn cumule qc**: ***la banque a oublié de*** ~ ***les intérêts*** die Bank hat die Zinseszinsen nicht berechnet
3. JUR ■ **qn cumule qc** jd kumuliert etw; ***qn cumule plusieurs droits*** jd hat mehrfachen Anspruch

cumulus [kymylys] *m* **1.** (*nuage*) Haufenwolke *f,* Kumulus *m spec*
2. (*chauffe-eau*) Boiler *m,* Heißwasserbereiter *m*

cupide [kypid] *adj vieilli personne* [geld]gierig; *air, regard* gierig

cupidité [kypidite] *f ∅ soutenu* [Geld]gier *f; **la ~ de son regard*** die Gier in seinem/ihrem Blick
curable [kyʀabl] *adj* heilbar
curaçao [kyʀaso] *m* Curaçao [kyra'saːo] *m*
curage [kyʀaʒ] *m* Reinigung *f; **qn procède au ~ de qc*** jd reinigt etw
curateur, -trice [kyʀatœʀ, -tʀis] *m, f* JUR *[mineur, aliéné]* Vormund *m,* Betreuer(in) *m(f) (seit 1992); ~ **à succession vacante*** Nachlasspfleger *m*
curatif, -ive [kyʀatif, -iv] *adj traitement, remède* Heil-; ***la vertu ~ive d'une plante*** die Heilkraft einer Pflanze
cure¹ [kyʀ] *f* **1.** *(traitement)* Kur *f;* ■ **~ de** -kur; ***une ~ d'amaigrissement/de désintoxication*** eine Schlankheitskur [*o* Abmagerungskur]/Entziehungskur; ***une ~ de sommeil/ de repos/ de thalassothérapie*** eine Schlaf-/Liegekur/eine Kur am Meer [*o* eine Thalassotherapie *spec*]
2. PSYCH Therapie *f; ~ **analytique*** analytische Therapie, Psychoanalyse *f*
3. *(grande consommation)* ■ **~ de** -kur *f*
► ~ **psychanalytique** [psycho]analytische Therapie, Psychoanalyse *f; ~* **thermale** Thermalkur *f;* **qn est en ~** jd ist zur Kur; **qn fait une ~** jd macht eine Kur
cure² [kyʀ] *f* ► **qn n'a ~ de qc** *littér* jd ignoriert etw; ***il n'en a ~*** es interessiert ihn nicht
cure³ [kyʀ] *f* REL *(fonction)* Pfarrstelle *f; (circonscription)* Pfarrei *f; (presbytère)* Pfarrhaus *nt*
curé [kyʀe] *m* Pfarrer(in) *m(f); péj* Pfaffe *m; ~ **de campagne*** Landpfarrer; ***j'ai vu Monsieur le ~*** ich habe den Herrn Pfarrer gesehen; ***bonjour, Monsieur le ~*** guten Tag, Herr Pfarrer
► **qn bouffe du ~** *fam* jd ist ein Pfaffenfresser
cure-dent[s] <~-~s> [kyʀdɑ̃] *m* Zahnstocher *m* **cure-ongle** <~-~s> [kyʀɔ̃gl] *m* Nagelreiniger *m* **cure-oreille** <~-~s> [kyʀɔʀɛj] *m* Ohrlöffel *m* **cure-pipe** <~-~s> [kyʀpip] *m* Pfeifenreiniger *m*
curer <1> [kyʀe] **I.** *vt* ■ **qn/qc cure qc** jd/etw reinigt etw
II. *vpr* ■ **qn se cure qc** *dents* jd reinigt sich *(dat)* etw; *ongles, oreilles a.* jd macht sich *(dat)* etw sauber
curetage [kyʀtaʒ] *m* Ausschabung *f,* Kürettage *f spec*
curie [kyʀi] *f* Kurie *f*
curieusement [kyʀjøzmɑ̃] *adv* seltsam, merkwürdig; *~, **il ne m'a rien demandé*** seltsamerweise [*o* merkwürdigerweise] hat er mich nichts gefragt
curieux, -euse [kyʀjø, -jøz] **I.** *adj* **1.** *(ouvert)* neugierig; *regard a.* interessiert; *personne a.* wissbegierig, interessiert; ***c'est un esprit ~*** er/sie ist wissbegierig [*o* interessiert] [*o* neugierig]
2. *(indiscret)* neugierig
3. *(intéressé)* ■ **~ de qc** *personne* an etw *(dat)* interessiert; ***qn est ~ de qc*** jd interessiert sich für etw, jd ist an etw *(dat)* interessiert; ■ **qn est ~ de faire qc** *(désireux de)* jd würde [zu] gerne etw tun; ***je suis ~euse de savoir/connaître/voir/ d'entendre qc*** ich würde [zu] gerne etw wissen/erfahren/sehen/hören; ***qn est ~ d'apprendre qc*** jd ist auf etw *(akk)* gespannt; ***qn est ~ de connaître qn*** jd würde zu gerne jdn kennen lernen
4. *(étrange) coïncidence, personnage, réaction, animal* seltsam, merkwürdig, sonderbar, eigenartig; ***ce qui est ~, c'est que*** + *indic o subj* das Sonderbare [*o* Seltsame] [*o* Merkwürdige] [*o* Eigenartige] [daran] ist, dass; ***chose ~euse, ...*** seltsamerweise, merkwürdigerweise, eigenartigerweise
II. *m* ■ **le ~ de** [*o* **dans**] **qc, c'est que** + *indic o subj* das Sonderbare [*o* Seltsame] [*o* Eigenartige] [*o* Merkwürdige] an etw *(dat)* ist, dass
III. *m, f* **1.** *∅ (indiscret)* Schnüffler(in) *m(f) fam; **c'est un ~*** der steckt in alles seine Nase *fam*
2. *mpl (badauds)* Schaulustige(n) *pl; **qn se protège des ~*** jd schützt sich vor neugierigen Blicken
curiosité [kyʀjozite] *f* **1.** *∅ (intérêt)* Neugier[de] *f,* Interesse *nt; ~ **intellectuelle*** intellektuelle Neugier[de], Wissensdurst *m,* Wissensdrang *m; **qn/qc pique la ~ de qn*** jd/etw reizt jds Neugier[de] [*o* Interesse]
2. *∅ (indiscrétion)* Neugier[de] *f*
3. *[ville, région]* Sehenswürdigkeit *f; (objet rare)* Rarität *f*
4. *∅ (étrangeté) [objet, forme]* Eigenartigkeit *f; **la ~ de sa forme*** seine/ihre eigenartige [*o* seltsame] [*o* sonderbare] [*o* merkwürdige] Form
curiste [kyʀist] *mf* Kurgast *m*
curium [kyʀjɔm] *m* CHIM Curium *nt*
curling [kœʀliŋ] *m ∅* Eis[stock]schießen *nt,* Curling *nt*
curriculum [vitæ] [kyʀikylɔm(vite)] *m inv* Lebenslauf *m*
curry [kyʀi] *m ∅* Curry ['kœri, 'kari] *nt o m; **riz/ poulet au ~*** Curryreis *m*/-huhn *nt*
curseur [kyʀsœʀ] *m* **1.** INFORM Cursor ['køːɐsɐ] *m,* Einfügemarke *f*
2. *[potentiomètre]* Regler *m; [règle à calculer, rhéostat]* Schieber *m*
cursif, -ive [kyʀsif, -iv] **I.** *adj* **1.** *écriture* Schreib-; ***une lettre ~ive*** ein Schreibschriftbuchstabe *m*
2. *lecture* flüchtig, kursorisch *geh; **faites une lecture ~ive du texte*** lesen Sie sich *(dat)* den Text kursorisch durch, überfliegen Sie den Text
II. *f* ■ **cursive** Schreibschrift *f*
► **en ~ive** in Schreibschrift
cursus [kyʀsys] *m* UNIV Studiengang *m; (carrière)* Laufbahn *f,* Werdegang *m*
cutané, e [kytane] *adj* Haut-
cuti [kyti] *f fam abr de* **cutiréaction**
► **qn a viré sa ~** *fam (a changé d'avis)* jd hat sich um 180 Grad gedreht; *(est homosexuel)* jd ist andersherum geworden *fam*
cuticule [kytikyl] *f* **1.** *[ongle]* Nagelhaut *f*
2. ZOOL, BOT Kutikula *f spec*
cutiréaction [kytiʀeaksjɔ̃] *f* Haut[reaktions]test *m; (tuberculose)* Tuberkulintest *m*
cutter [kœtœʀ, kytɛʀ] *m* Cutter[-Messer *nt*] ['katɐ] *m*
cuvage [kyvaʒ] *m* Gärung *f*
cuve [kyv] *f (fermée)* Tank *m; (ouverte)* Bottich *m;* ■ **~ de** -tank/-bottich
◆ **cuve à mazout** [Heiz]öltank *m;* **cuve de développement** PHOT Entwicklerdose *f,* Entwicklungstrommel *f*
cuvée [kyve] *f (contenu)*: ***vin de la même ~*** Wein aus demselben [Gär]bottich/-tank; *(produit de toute une vigne)* Jahrgang *m; fig (promotion)* Jahrgang *m*
cuver <1> [kyve] *vi* ■ **qc cuve** */vin, raisins/* etw gärt
cuvette [kyvɛt] *f* **1.** *(récipient)* Waschschüssel *f*
2. *[lavabo, évier, W.-C.]* Becken *nt*
3. GEOG Kessel *m*
CV *abr de* **cheval fiscal**
C.V. [seve] *m abr de* **curriculum vitae** Lebenslauf *m*
cyanure [sjanyʀ] *m* Zyanid *nt; fam (~ de potassium)* Zyankali *nt*
cyberboutique [sibɛʀbutik] *f* INFORM Shopping-Mall ['ʃɔpɪŋmɔːl] *f* **cybercafé** [sibɛʀkafe] *m* INFORM Internet-Café *nt* **cybernaute** [sibɛʀnot] *mf* INFORM Internet-Surfer(in) *m(f)* [-søːɐfɐ]
cybernétique [sibɛʀnetik] *f* Kybernetik *f*
cybersexe [sibɛʀsɛks] *m* INFORM Cybersex ['saibɐsɛks] *m* **cyberspace** [sibɛʀspas] *m* INFORM Cyberspace ['saibɐspeɪs] *m*
cyclable [siklabl] *adj v.* **piste**
cyclamen [siklamɛn] *m* Alpenveilchen *nt,* Zyklamen *nt spec*
cycle¹ [sikl] *m* **1.** BIO Zyklus *m;* ASTRON, ECON *a.* Kreislauf *m;* TECH Phase *f;* ELEC Periode *f; ~ **économique*** Wirtschaftszyklus, Wirtschaftskreislauf; *~ **menstruel*** Menstruationszyklus, Periode *f; ~ **solaire/ lunaire/ annuel*** Sonnen-/Mond-/Jahreszyklus; ***le ~ des saisons*** der Jahreszeitenzyklus, der Kreislauf der Jahreszeiten; ***les ~s à quatre temps dans un moteur à explosion*** die Viertakteinheiten [*o* Viertaktphasen] eines Verbrennungsmotors
2. CINE, TV Reihe *f;* LITTER Themenkreis *m; ~ **épique*** Sagenkreis *m; **un ~ John Ford*** eine John-Ford-Reihe
3. SCOL Studiengang *m; **qn suit un ~ long/ court*** jd macht ein Voll-/Kurzstudium
► **premier ~** SCOL Sekundarstufe I *f,* Unter- und Mittelstufe *f;* UNIV Grundstudium *nt;* **second ~** SCOL Sekundarstufe II *f,* Oberstufe *f;* UNIV Hauptstudium *nt;* **troisième ~** UNIV Postgraduiertenstudium *nt,* Doktorandenstudium *nt*
◆ **cycle d'études** SCOL, UNIV Studiengang *m;* **cycle d'orientation** SCOL Orientierungsstufe *f (8. und 9. Schuljahr als Orientierung für die Wahl des Abiturtyps)*
cycle² [sikl] *m (à deux roues)* Zweirad *nt; (à trois roues)* Dreirad *nt*
cyclique [siklik] *adj* zyklisch
cyclisme [siklism] *m ∅* Radsport *m; **il fait du ~ professionnel/ amateur*** er ist Profi-/Amateurrad[renn]fahrer; ***il fait du ~*** er betreibt Radsport; *~ **sur route/ sur piste*** Straßen-/Bahnrennen *nt*
cycliste [siklist] **I.** *adj* Radrenn-; ***une course ~*** ein Radrennen *nt; **une coureuse ~*** eine Radrennfahrerin
II. *mf* Radfahrer(in) *m(f)*
cyclo-cross [siklokʀɔs] *m inv (sport)* Geländeradfahren *nt; (course)* Querfeldeinrennen *nt*
cyclomoteur [siklomɔtœʀ] *m* Mofa *nt*
cyclomotoriste [siklomɔtɔʀist] *mf* Mopedfahrer(in) *m(f)*
cyclone [siklon] *m* **1.** *(typhon)* Zyklon *m,* [heftiger] Wirbelsturm; *(bourrasque violente)* Orkan *m*
2. *(basses pressions)* Tief[druckgebiet *nt*] *nt,* Zyklone *f spec*
► **qn arrive/entre comme un ~** jd kommt angestürmt/jd stürmt herein; **c'est un [vrai] ~** er/sie ist ein richtiger Wirbelwind
cyclope [siklɔp] *m* Zyklop *m*
cyclotourisme [siklotuʀism] *m ∅* Radwandern *nt; **qn fait du ~*** jd macht Radwanderungen, jd geht radwandern
cygne [siɲ] *m* Schwan *m*
cylindrage [silɛ̃dʀaʒ] *m ∅ [étoffe]* Kalandern *nt,* Kalandrieren *nt; [macadam]* Walzen *nt*
cylindre [silɛ̃dʀ] *m* **1.** GEOM Zylinder *m; **en forme de ~*** zylinderförmig; *~ **de révolution*** Kreiszylinder; *~ **droit/ oblique*** gerader/schiefer Zylinder
2. *(rouleau)* Walze *f; ~ **d'impression*** Druckwalze, Druckzylinder *m*
3. AUT, TECH Zylinder *m; **moteur à deux ~s*** Zweizylindermotor *m; **moteur à 4 ~s en ligne*** Vierzylinder-Reihenmotor *m; **moteur à 6 ~s en V*** Sechszylinder-V-Motor *m,* V-6-Motor *m; **moteur à 2 ~s opposés*** Zweizylinder-Boxermotor *m*
► **une deux/quatre/six/... ~s** ein 2-/4-/6-/...Zylinder[wagen *m*] *m* [*o* Zylinderauto *nt*]
cylindrée [silɛ̃dʀe] *f* **1.** *∅ (capacité)* Hubraum *m; **une voiture de 1 500 cm³ de ~*** ein Auto mit 1 500 cm³ Hubraum; ***une voiture de petite/ grosse ~*** ein Auto [*o* Wagen] mit kleinem/großem Hubraum
2. *(voiture)*: ***une grosse/ petite ~*** ein Wagen *m* [*o* Auto *nt*] mit großem/kleinem Hubraum [*o* ein Kleinwagen]; ***une grosse/ petite ~*** *(moto)* eine große/kleine Maschine; ***des petites ~s*** Fahrzeuge *pl* mit kleinem Hubraum
cylindrer <1> [silɛ̃dʀe] *vt* **1.** *(former en cylindre)* ■ **qn/qc cylindre qc** *métal, pièce* jd/etw walzt etw; *papier* jd/etw wickelt etw [auf], jd/etw rollt etw auf
2. *(presser)* ■ **qn/qc cylindre qc** *linge* jd/etw kalandert [*o* kalandriert] etw
cylindrique [silɛ̃dʀik] *adj* zylindrisch, rund
cymbale [sɛ̃bal] *f ∅* Becken *nt*
cymbalier, -ière [sɛ̃balje, -jɛʀ] *m, f* Beckenschläger(in) *m(f)*
cynégétique [sineʒetik] **I.** *adj* weidmännisch
II. *f ∅* Weidwerk *nt*
cynique [sinik] **I.** *adj* **1.** zynisch
2. PHILOS kynisch
II. *mf* **1.** Zyniker(in) *m(f)*
2. PHILOS Kyniker(in) *m(f)*
cyniquement [sinikmɑ̃] *adv* zynisch
cynisme [sinism] *m* **1.** *∅* Zynismus *m; **avec ~*** zynisch

2. PHILOS Kynismus *m*
cynodrome [sinodʀom] *m* Hunderennbahn *f*
cyprès [sipʀɛ] *m* Zypresse *f*
cypriote [sipʀijɔt] I. *adj* zypriotisch
II. *mf* ■ **Cypriote** Zypriot(in) *m(f)*
cystite [sistit] *f* Blasenentzündung *f*, Zystitis *f spec*
cytologie [sitɔlɔʒi] *f* ∅ Zellforschung *f*, Zytologie *f spec*
cytologique [sitɔlɔʒik] *adj* zytologisch *spec*
cytoplasme [sitɔplasm] *m* Zellplasma *nt*, Zytoplasma *nt spec*

D

D, d [de] *m* D *nt*, d *nt*
▸ **d comme Désiré** D wie Dora
d' *v.* **de**
d'abord [dabɔʀ] *loc v.* **abord**
d'accord [dakɔʀ] *loc v.* **accord**
dactylo [daktilo] I. *mf abr de* **dactylographe** Schreibkraft *f*; ***je suis*** ~ ich bin [*o* arbeite als] Schreibkraft
II. *f abr de* **dactylographie**: ***elle apprend la*** ~ sie lernt Maschinenschreiben [*o* Schreibmaschine schreiben]; ***un cours de*** ~ ein Schreibmaschinenkurs *m*
dactylographe [daktilɔgʀaf] *mf vieilli* Schreibkraft *f*
dactylographie [daktilɔgʀafi] *f* ∅ (*technique*) Maschinenschreiben *nt*; ***qn apprend la*** ~ jd lernt Maschinenschreiben [*o* Schreibmaschine schreiben]
dactylographier <1 a> [daktilɔgʀafje] *vt* ■ **qn dactylographie qc** *lettre, texte* jd schreibt etw auf der [Schreib]maschine, jd tippt etw *fam*; ***un C.V. dactylographié*** ein maschinengeschriebener [*o* getippter *fam*] Lebenslauf
dactylographique [daktilɔgʀafik] *adj*: ***des travaux ~s*** Schreibarbeiten *pl*
dada¹ [dada] *m enfantin* (*cheval*) Hottepferd[chen *nt*] *nt*, Hottehü *nt*; (*marotte, manie*) Tick *m*, Fimmel *m*
▸ **qn enfourche son** ~ jd reitet sein Steckenpferd, jd fährt auf sein Lieblingsthema ab
dada² [dada] *adj* ART, LITTER dadaistisch
dadais [dadɛ] *m* ▸ **grand** ~ Tollpatsch *m*
dadaïsme [dadaism] *m* Dadaismus *m*
dadaïste [dadaist] I. *adj* dadaistisch; ***qn est*** ~ jd ist Dadaist(in)
II. *mf* Dadaist(in) *m(f)*
dague [dag] *f* 1. (*poignard*) Dolch *m*
2. [*cerf*] Spieß *m*
daguerréotype [dageʀeɔtip] *m* ∅ (*instrument*) Kamera *f* für Daguerreotypien; (*image*) Daguerreotypie *f*
daguet [dagɛ] *m* Spießbock *m*, Spießer *m*
dahlia [dalja] *m* Dahlie *f*
daigner <1> [deɲe] *vt* ■ **qn daigne faire qc** jd lässt sich dazu herab, etw zu tun; jd geruht etw zu tun; ***elle a daigné venir/répondre*** sie hatte die Güte zu kommen/antworten; ■ **qn ne daigne pas faire qc** jd verschmäht es, etw zu tun; ***elle n'a pas daigné nous regarder*** sie hat uns keines Blickes gewürdigt; ***il n'a pas daigné répondre*** er hat mich/dich/sie/ihn/… keiner Antwort gewürdigt
daim [dɛ̃] *m* 1. Damwild *nt*; (*mâle*) Damhirsch *m*; *v. a.* **daine**
2. (*cuir*) Wildleder *nt*; ***des chaussures de*** ~ Wildlederschuhe *pl*
daine [dɛn] *f* Damhirschkuh *f*; *v. a.* **daim**
dais [dɛ] *m* Baldachin *m*
dalaï-lama <~-~s> [dalailama] *m* Dalai-Lama *m*
dallage [dalaʒ] *m* 1. ∅ (*action*) Plätteln *nt*; [*trottoir, cour*] Pflastern *nt*
2. (*revêtement*) Plattenbelag *m*; [*trottoir, allée*] Pflaster *nt*; ***un*** ~ ***de marbre*** ein Marmorbelag *m*
dalle [dal] *f* 1. (*plaque*) [*trottoir*] Platte *f*; [*sol a.*] [Boden]fliese *f*; (*sol artificiel*) Bodenplatte; ~ ***de moquette*** Teppich[boden]fliese; ***qn met des ~s quelque part*** jd verlegt irgendwo Platten/Fliesen; ***qn coule une*** ~ [***de béton***] jd gießt eine Betonplatte
2. ALPIN Platte *f*
▸ **qn a la** ~ **en pente** *fam* jd ist ein Schluckspecht *fam*, jd hat eine trockene Kehle *fam*; ~ **funéraire** Grabplatte *f*; **qn a la** ~ *fam* jd hat Kohldampf *fam*; **qn [n']y comprend** [*o* **pige**] **que** ~ *fam* jd versteht nur Bahnhof *fam*, jd kapiert überhaupt nichts *fam*; **qn se rince la** ~ *fam* jd schmiert sich (*dat*) die Gurgel [*o* Kehle]; **qn [n']y voit que** ~ *fam* jd kann die Hand nicht vor [den] Augen sehen; **que** ~! *fam* denkste! *fam*, Pustekuchen! *fam*
daller <1> [dale] *vt* ■ **qn dalle qc** jd plättelt [*o* fliest] etw; *trottoir* jd pflastert etw
daltonien, ne [daltɔnjɛ̃, jɛn] *adj* farbenblind, rotgrünblind
daltonisme [daltɔnism] *m* ∅ Farbenblindheit *f*, Rotgrünblindheit *f*, Daltonismus *m spec*; ***elle est atteinte de*** ~ sie ist rotgrünblind [*o* farbenblind]
dam [dɑ̃, dam] *m* ▸ **au grand** ~ **de qn** *soutenu* zu jds [größtem] Leidwesen
damas [dama(s)] *m* 1. TEXTIL [Seiden]damast *m*; ***en*** ~ aus [Seiden]damast, damasten *geh*
2. (*acier*) Damaszenerstahl *m*
damassé, e [damase] I. *adj* Damast-, damasten *geh*; ***tissu*** ~ Damaststoff *m*, Damast *m*; ***du coton*** ~ Baumwolldamast
II. *m* (*de lin*) [Leinen]damast *m*; (*de coton*) [Baumwoll]damast; ***en*** ~ aus [Leinen/Baumwoll]damast
dame [dam] I. *f* 1. (*femme*) Dame *f*; JUR Frau *f*; ***coiffeur/liqueur pour ~s*** Damenfriseur *m*/-likör *m*; ***sac/manteau de*** ~ Damenhandtasche *f*/-mantel *m*; ***la*** ~ ***Dupond …*** Frau Dupond …
2. *vieilli* (*épouse*) Frau [Gemahlin *veraltet*] *f*
3. (*femme de qualité*) Dame *f*
4. *pl* (*jeu*) Dame[spiel *nt*] *kein art*; ***tu veux jouer aux ~s?*** willst du Dame spielen?; ***les ~s se jouent sur un damier*** Dame spielt man auf einem Damebrett
5. ECHECS, CARTES Dame *f*; ~ ***de trèfle/cœur/pique/carreau*** Kreuz-/Herz-/Pik-/Karodame
6. TECH (*masse*) [Hand]ramme *f*; NAUT Dolle *f*
▸ **qn est la** ~ **des pensées de qn** *hum* jd ist jds Angebetete; ***Juliette est la*** ~ ***de ses pensées*** Juliette ist die Dame seines Herzens [*o* seine Angebetete]; **les belles ~s [des beaux quartiers]** *fam* die feinen [*o* vornehmen] Damen; **ma bonne** ~! *fam* gute [*o* liebe] Frau; ~ **catéchiste** Katechetin *f*; **grande** ~ (*aristocrate*) Adlige *f*; (*femme distinguée*) feine Dame; ***elle a agi là en grande*** ~ sie hat hier sehr nobel gehandelt; **la grande** ~ **de qc** die große Dame einer S. (*gen*); **qn fait** [*o* **joue**] **la grande** ~ jd spielt die große [*o* vornehme] Dame; ~ **patronnesse** Schirmherrin *f*; **ma petite** ~ *fam* meine Dame, gnä' Frau *fam*; **la première** ~ **[de France]** [Frankreichs] First Lady ['fø:ɐst'leɪdi] *f*; **qn va à** ~ (*aux dames*) jd bekommt eine Dame; (*aux échecs*) jd verwandelt einen Bauern; ***le pion va à*** ~ der Bauer wird verwandelt
II. *interj fam* ■ ~! … na, … *fam*; ~ ***oui/non!*** na klar/ach was! *fam*, aber klar doch/ach wo[her denn]! *fam*
◆ **dame de charité** Wohltäterin *f*; **dame de compagnie** Gesellschafterin *f*; **dame d'honneur** Hofdame *f*, Ehrendame *f*; **dame pipi** *fam* Toilettenfrau *f*
dame-jeanne <~s-~s> [damʒan] *f* Ballon[flasche *f*] *m*, große, bauchige [Korb]flasche
damer <1> [dame] *vt* 1. (*tasser*) ■ **qn dame qc [avec qc]** *terre, pavés, béton* jd stampft etw [mit etw] [fest]; *avec un rouleau* jd walzt etw [mit etw]; *neige* jd verfestigt etw [mit etw]; *avec une chenillette, des skis* jd fährt etw [mit etw] fest; *avec les pieds* jd tritt etw [mit etw] fest
2. JEUX ■ **qn dame qc** (*aux échecs*) jd verwandelt etw; (*aux dames*) jd verwandelt etw in eine Dame
damier [damje] *m* 1. JEUX Damebrett *nt*
2. (*dessin*) Schachbrettmuster *nt*; ***un tissu en*** ~ ein gewürfelter Stoff; ***qc forme un*** ~ etw bildet ein Schachbrettmuster; ***une nappe à*** ~, ***blanche et rouge*** ein rot-weiß kariertes Tischtuch
damnation [danasjɔ̃] *f* ∅ Verdammnis *f*
▸ **[enfer et]** ~! *littér* Tod und Teufel!, hol's der Teufel!
damné, e [dane] I. *adj antéposé fam* verdammt
II. *m, f* Verdammte(r) *f(m)*
▸ **qn souffre comme un** ~ jd leidet Höllenqualen *fam*
damner <1> [dane] I. *vt* ■ **qn damne qn** jd verdammt jdn
▸ **qn fait** ~ **qn** *fam* jd bringt jdn zur Raserei [*o* Weißglut]
II. *vpr* ■ **qn se damne** jd verschuldet seine eigene Verdammnis, jd verspielt sein Seelenheil; ■ **qn se damnerait pour qn/qc** *fam* jd setzt sein Seelenheil für jdn/etw aufs Spiel
dancing [dɑ̃siŋ] *m* Tanzlokal *nt*
dandiner <1> [dɑ̃dine] *vpr* ■ **qn/un animal se dandine** /*canard*/ jd/ein Tier watschelt; ***il se dandinait d'une jambe sur l'autre*** er trat [ständig] von einem Fuß auf den anderen; ***elle marchait en se dandinant*** sie watschelte
dandy [dɑ̃di] *m vieilli* Dandy ['dɛndi] *m*
Danemark [danmaʀk] *m* ■ **le Danemark** Dänemark *nt*
danger [dɑ̃ʒe] *m* Gefahr *f*; ***une prime de*** ~ eine Gefahrenzulage; ***le*** ~ ***dans ce genre de situation, c'est que*** + *indic o subj* das Gefährliche in [*o* an] derartigen Situationen ist, dass; ■ ~ **de** *d'explosion, éboulement, infection* -gefahr; ~ ***de mort!*** Lebensgefahr!; ***les ~s de qc*** die Gefahren einer S. (*gen*); ***les ~s de la route*** die Gefahren im Verkehr [*o* auf der Straße]
▸ **qn est un [vrai]** ~ **public** *fam* jd ist eine [echte] öffentliche Gefahr; **il y a du/il n'y a aucun** ~ **à faire qc** es ist [äußerst] gefährlich/[vollkommen] ungefährlich, etw zu tun; **il n'y a pas de** ~ **[que** + *subj*] *fam* es besteht keine Gefahr[, dass]; ***il n'y a pas*** ~ ***qu'il recommence*** das wird er bestimmt nicht wieder tun; **qn court un** ~ jd begibt sich in Gefahr; **qn/qc est en** ~ /*patrie*/ jd/etw ist in Gefahr; /*personne a.*/ jd schwebt in Gefahr; /*vie a.*/ etw ist gefährdet; ***sa vie est en*** ~ er/sie schwebt in Lebensgefahr; ***ses jours ne***

sont plus en ~ er/sie ist außer [Lebens]gefahr; **qn/qc est hors de** ~ jd/etw ist außer Gefahr; **qn met qc en** ~ jd gefährdet etw; **qn va au-devant du** ~ jd ist tollkühn; **pas de** ~ [nur] keine Angst! *fam*, bestimmt nicht!; **sans** ~ ohne Risiko [*o* Gefahr]; ***un médicament sans*** ~ ein harmloses [*o* ungefährliches] Medikament; ~! Vorsicht!

dangereusement [dɑ̃ʒʀøzmɑ̃] *adv* gefährlich; ***il conduit*** ~ seine Fahrweise ist gefährlich; ***elle est*** ~ ***blessée*** sie ist [lebens]gefährlich verletzt

dangereux, -euse [dɑ̃ʒʀø, -øz] *adj* gefährlich; *émission, lecture a.* schädlich; *entreprise, jeu a.* riskant, gewagt; ***un fou*** ~ ein gemeingefährlicher Verrückter; ***une zone*** ~***euse*** eine Gefahrenzone; ***qn/qc n'est pas*** ~ jd/etw ist ungefährlich [*o* harmlos]; ***qc est*** ~ ***pour l'avenir*** etw hat für die Zukunft gefährliche Auswirkungen; ***la télé est*** ~***euse pour les enfants*** Fernsehen ist für Kinder gefährlich [*o* schädlich] [*o* kann Kindern schaden]

danois, e [danwa, waz] **I.** *adj* dänisch
II. *m* Ø (*langue*) Dänisch *nt*
III. *m* (*chien*) Deutsche Dogge
IV. *m, f* ■ **Danois(e)** Däne/Dänin *m/f*

dans [dɑ̃] *prép* **1.** (*local*) (*sans changement de lieu*) in (+ *dat*); *cour a., rue* auf (+ *dat*); (*avec changement de lieu*) in (+ *akk*); *cour a., rue, alpages* auf (+ *akk*); (*à travers*) durch (+ *akk*); (*à l'intérieur de*) in (+ *dat*) innerhalb (+ *gen*); ***les enfants jouent*** ~ ***le jardin/*** ~ ***la rue*** die Kinder spielen im Garten/auf der Straße; ***vous êtes*** ~ ***la bonne voie/direction*** Sie sind auf dem richtigen Weg; ***c'est*** ~ ***un livre/un journal*** es steht in einem Buch/in einer Zeitung; ***qn regarde*** ~ ***le tiroir*** jd sieht in der Schublade nach; ***qn s'assied*** ~ ***le fauteuil*** jd setzt sich in den Sessel; ***qn range/met qc*** ~ ***le tiroir/l'armoire*** jd räumt/tut etw in die Schublade/in den Schrank; ***il va*** ~ ***la bonne direction*** er geht/fährt in die richtige Richtung; ***il erre*** ~ ***les rues*** er irrt durch die Straßen; ***elle regarde*** ~ ***la longue-vue*** sie sieht durch das Fernglas; ~ ***les familles/la communauté*** in den Familien/der Gemeinschaft, innerhalb der Familien/der Gemeinschaft; ~ ***un rayon de 200 m*** in einem Umkreis von 200 m
2. (*hors de*) aus (+ *dat*); ***qn boit*** ~ ***un verre/une tasse*** jd trinkt aus einem Glas/einer Tasse; ***le chien a mangé*** ~ ***mon assiette/ma main*** der Hund hat aus meinem Teller/aus meiner Hand gefressen; ***qn prend qc*** ~ ***le tiroir/l'armoire*** jd nimmt etw aus der Schublade/aus dem Schrank; ***un bifteck*** ~ ***le filet*** ein Beefsteak *nt* vom Filet
3. (*temporel*) (*à l'intérieur d'une période, futur*) in (+ *dat*); ■ ~ **les** (*dans un délai de*) *trois mois, deux ans, 24 heures* innerhalb von (+ *dat*), binnen (+ *dat*); ■ ~ **le/la qc** (*dans le courant de*) *la semaine, la journée, le mois, l'année* im Laufe einer S. (*gen*); ~ ***une heure/quelques minutes*** in einer Stunde/in einigen Minuten; ~ ***les 24 heures/les trois mois*** innerhalb von [*o* binnen] 24 Stunden/drei Monaten; ***hier*** ~ ***l'après-midi/la soirée*** gestern Nachmittag/Abend; ~ ***les délais*** termingemäß; ~ ***combien de temps?*** wann?; ■ ~ **mon/son ...**: ~ ***ma vie/ma jeunesse*** in meinem Leben/meiner Jugend; ***elle est*** ~ ***sa soixantième année*** sie ist in ihrem sechzigsten Lebensjahr; ■ ~ **qc** (*au cours de*) *les années, une période* während einer S. (*gen*); ~ ***le courant de l'année*** im Laufe des Jahres
4. (*état, manière, cause*) in (+ *dat*); ***il est*** ~ ***la finance/le privé*** er ist im Finanzwesen/in der Privatwirtschaft tätig; ***elle vit*** ~ ***la peur/la pauvreté*** sie lebt in Angst/in Armut; ~ ***sa précipitation/sa colère*** in der Eile/in seinem/ihrem Zorn; ***il roule*** ~ ***le brouillard/l'obscurité*** er fährt im Nebel [*o* bei Nebel]/in der Dunkelheit; ***je t'aime beaucoup*** ~ ***cette robe*** ich mag dieses Kleid gern an dir; ***tu es belle*** ~ ***cette robe*** du siehst hübsch aus in diesem Kleid; ***comment peux-tu travailler*** ~ ***ce bruit?*** wie kannst du bei diesem Lärm arbeiten?; ~ ***ces conditions/circonstances*** unter diesen Bedingungen/Umständen
5. (*environ*) ■ ~ **les** ungefähr, circa, [so] um die; ***elle pèse*** ~ ***les 60 kilos*** sie wiegt ungefähr [*o* so um die] 60 Kilo; ***elle a*** ~ ***les 30 ans*** sie ist [so] um die dreißig; ***il me faudra bien*** ~ ***les 4 semaines*** dazu brauche ich gut und gern ungefähr 4 Wochen

dansant, e [dɑ̃sɑ̃, ɑ̃t] *adj* **1.** *reflet, lueur* tanzend
2. *rythme, mélodie* Tanz-

danse [dɑ̃s] *f* **1.** (*art*) Tanz *m*, Tanzen *nt*
2. (*fait, manière de danser*) Tanz *m*; ***qn ouvre la*** ~ jd eröffnet den Tanz; ***qn entre dans la*** ~ jd tanzt mit
► ~ **acrobatique** akrobatischer Tanzsport; ~ **classique** Ballett *nt*; ~ **folklorique** Volkstanz *m*; ~ **macabre** Totentanz *m*; **qn donne** [*o* **flanque**] **une** ~ **à qn** *fam* jd verprügelt [*o* verhaut *fam*] jdn; **qn/qc entre dans la** ~ (*intervient*) jd/etw wird tätig [*o* schaltet sich ein]; **qn mène la** ~ jd ist der Anführer/die Anführerin; **qn reçoit une** ~ *fam* jd bekommt eine Abreibung, jd kriegt Haue *fam*
◆ **danse de Saint-Guy** Veitstanz *m*; **danse du ventre** Bauchtanz *m*; **danse sur glace** Eistanz *m*

danser <1> [dɑ̃se] **I.** *vi* ■ **qn danse** jd tanzt; ***qn fait*** ~ ***qn*** jd tanzt mit jdm; ***qn danse de joie*** jd tanzt vor Freude; ■ **qc danse quelque part** etw tanzt irgendwo; /*flammes, reflets a.*/ etw flackert irgendwo; ***le bateau danse sur l'eau*** das Boot tanzt auf dem Wasser
II. *vt* ■ **qn danse qc** *une valse, un tango* jd tanzt etw

danseur, -euse [dɑ̃sœʀ, -øz] *m, f* Tänzer(in) *m(f)*
► **en** ~**euse** in den Pedalen stehend
◆ **danseur(-euse) de ballet** Balletttänzer(in) *m(f)*; **danseur(-euse) de claquettes** Stepptänzer(in) *m(f)*; **danseur(-euse) de corde** Seiltänzer(in) *m(f)*; **danseur(-euse) étoile** erster Tänzer/erste Tänzerin, Solotänzer/Primaballerina *m/f*

Danube [danyb] *m* ■ **le Danube** die Donau

dard [daʀ] *m* [*abeille, guêpe, scorpion*] Stachel *m*

darder <1> [daʀde] *vt* ■ **qn darde qc [quelque part]** *flèche* jd schießt etw [irgendwohin] ab; *objet* jd schleudert etw [irgendwohin]; ■ **qn/qc darde qc [sur qn/qc]** *regards haineux* jd schießt etw [auf jdn] ab; ***le soleil darde ses rayons [sur qc]*** (*éclaire*) die Sonne sendet ihre Strahlen [auf etw (*akk*)] aus; (*brûle*) die Sonne brennt auf etw (*akk*) herunter; ***qn darde son regard sur qn*** jd sieht jdn durchdringend an, jd durchbohrt jdn mit seinem Blick

dare-dare [daʀdaʀ] *adv fam* schnellstens, schnurstracks *fam*

dartre [daʀtʀ] *f* [Haut]flechte *f*

darwinisme [daʀwinism] *m* Darwinismus *m*

D.A.S.S. [das] *f abr de* **Direction des Affaires Sanitaires et Sociales** *Gesundheits- und Sozialbehörde*

D.A.T. [deate] *m abr de* **digital audio tape** DAT *nt*

datable [databl] *adj* datierbar

datation [datasjɔ̃] *f* **1.** [*acte, document*] Datierung *f*
2. [*site, vestiges, mot*] Datierung *f*, Altersbestimmung *f*

date [dat] *f* **1.** Datum *nt*; ***qn fixe la*** ~ ***de qc*** jd legt das Datum [*o* den Zeitpunkt] für etw fest; ***à quelle*** ~ ...? wann ...?; ***à cette*** ~***-là, il était déjà parti*** zu diesem Zeitpunkt war er schon weg; ■ ~ **de** *naissance, mariage, péremption* -datum
2. HIST Datum *nt*, Jahreszahl *f*; (*événement*) Datum, Ereignis *nt*; ***une*** ~ ***historique*** ein historisches Datum; ***les grandes*** ~***s de l'Histoire*** die bedeutenden Ereignisse der Geschichte
► ~ **limite [de qc]** äußerster [*o* letzter] Termin [für etw], letzte Frist [für etw]; ~ ***limite d'envoi/de paiement*** Einsendeschluss *m*/letzter Zahlungstermin; ~ ***limite de consommation/de vente*** Haltbarkeits-/Verkaufsdatum *nt*; **de fraîche** ~ neueren Datums; **de longue** [*o* **vieille**] ~ *amitié, ami* alt, langjährig; *connaître* seit langem, seit langer Zeit; **le premier/dernier en** ~ der Erste/der Letzte [*o* Allerneueste]; ***de toutes nos photos voici la dernière en*** ~ hier ist das allerneueste unserer Fotos; **qc fait** ~ etw macht Epoche; **qn prend** ~ **[avec qn]** jd vereinbart [mit jdm] einen Termin, jd verabredet sich mit jdm; **à la** ~ **du 3 mai/5 juin/...** zum Zeitpunkt des 3. Mai/5. Juni/...; **en** ~ **du 10 mai/11 septembre/...** vom 10. Mai/11. September/...; **sans** ~ ohne Datum, undatiert
◆ **date de péremption** Haltbarkeitsdatum *nt*

dater <1> [date] **I.** *vt* ■ **qn date qc** *événement, lettre, œuvre* jd datiert etw; ■ **qc est daté(e) du ...** etw ist vom ... datiert, etw trägt das Datum ...; ***une lettre datée du 3 mai*** ein vom dritten Mai datierter Brief
II. *vi* **1.** (*remonter à*) ■ **qc date de qc** /*monument, objet*/ *de la guerre* etw datiert [*o* stammt] aus etw; /*photo*/ *de six mois* etw ist vor etw (*dat*) gemacht worden; /*accident*/ etw ist vor etw (*dat*) geschehen; ***cette photo date de 1980*** dieses Foto ist 1980 gemacht worden; ***leur amitié date du service militaire/de 20 ans*** ihre Freundschaft besteht seit der Militärzeit/seit zwanzig Jahren; ***cette décision date de quelques minutes*** diese Entscheidung ist vor einigen Minuten getroffen worden
2. (*être démodé*) ■ **qn/qc date** jd/etw ist veraltet
► **qc ne date pas d'hier** etw ist nicht neu; **à** ~ **du 3 mai/du 9 novembre/...** vom 3. Mai/9. November/... an; **à** ~ ***de ce jour*** von heute an; **à** ~ ***d'aujourd'hui*** ab heute; **qc date dans qc**: ***qc date dans la vie de qn/dans l'histoire d'un pays*** etw ist ein Einschnitt in jds Leben (*dat*)/in der Geschichte eines Landes, etw ist ein bedeutendes Ereignis in jds Leben (*dat*)/für die Geschichte eines Landes

dateur [datœʀ] *m* Datumsanzeiger *m*; (*tampon*) Datumsstempel *m*

datif [datif] *m* Dativ *m*, Wemfall *m*; ***qc est au*** ~ etw steht im Dativ

datte [dat] *f* Dattel *f*

dattier [datje] *m* Dattelpalme *f*

daube [dob] *f* Schmorbraten *m*

dauphin [dofɛ̃] *m* ZOOL Delphin *m*

dauphin, e [dofɛ̃, fin] *m, f* **1.** HIST ■ **le D~/la D~e** der Kronprinz/die Kronprinzessin, der Dauphin (*Bezeichnung für den französischen Thronfolger*)
2. (*successeur*) Kronprinz/-prinzessin *m/f*, Nachfolger(in) *m(f)*

Dauphiné [dofine] *m* ■ **le Dauphiné** die Dauphiné

dauphinois, e [dofinwa, waz] *adj* aus der Dauphiné

daurade [dɔʀad] *f* Goldbrasse *f*

davantage [davɑ̃taʒ] *adv* **1.** (*plus*) *gagner, travailler, manger* mehr; ■ **[bien]** ~ **de qc** [viel] mehr etw; ***en veux-tu*** ~? möchtest du noch mehr [davon]?; ■ ~ **que qn/qc** mehr als jd/jdn/etw; ■ ~ **que** + *indic* mehr, als; ***il y en a*** ~ ***que tu [ne] crois*** es gibt davon mehr, als du glaubst
2. (*plus longtemps*) länger
► **il lui en faut** ~ **pour ...** + *infin* dazu bedarf es mehr, um jdn zu ... + *infin*; **qn en dit/sait** ~ jd sagt/weiß mehr darüber

D.C.A. [desea] *f abr de* **défense contre avions** Flug[zeug]abwehr *f*

D.D.T. [dedete] *m abr de* **dichloro-diphénil-trichloréthane** DDT® *nt*

de[1] <d', de la, du, des> [də, dy, de] *prép* **1.** (*lieu, à partir* ~) von + *dat* [... aus]; (*provenance*) aus (+ *dat*); + *nom de ville, de pays* (*origine*) aus (+ *dat*), von (+ *dat*); ~ ***la fenêtre/du toit*** vom Fenster/vom Dach [aus]; ***il vient*** ~ ***Paris/d'Angleterre*** er stammt [*o* kommt] aus Paris/aus England; ***le vin d'Italie*** italienischer Wein; ***il a l'accent*** ~ ***là-bas*** er hat den Akzent von dort; ***il sort*** ~ ***la maison/*** ~ ***la pièce*** er kommt aus dem Haus/aus dem Zimmer; ***d'où venez-vous?*** wo kommen Sie her?; ***elle revient à l'instant des États-Unis/*** ~ ***Dijon*** sie kommt gerade aus [*o* von] Amerika/aus [*o* von] Dijon zurück; ***le train*** ~ ***Paris*** der Zug aus Paris; (*destination*) der Zug nach Paris
2. (*appartenance*) des, der, des *gen*; ***la voiture*** ~ ***ton fils*** das Auto deines Sohnes; ***la femme d'Antoine*** Antoines Frau; ***le prix des tomates*** der Preis der Tomaten; ***la reine d'Angleterre*** die Königin von England
3. *sans art* (*matière*) aus (+ *dat*); ***la plaque*** ~ ***marbre*** die Marmorplatte; ***un objet*** ~ ***fer*** ein eiserner Gegenstand, ein Gegenstand aus Eisen
4. (*espèce*): ***la roue*** ~ ***secours*** das Ersatzrad; ***le couteau*** ~ ***cuisine*** das Küchenmesser
5. (*contenu, partie*): ***un verre/une bouteille d'eau*** ein Glas *m*/eine Flasche Wasser; ***une collection*** ~ ***timbres*** eine Briefmarkensammlung; ***les***

chocolats* ~ *cette boîte die Pralinen [aus] dieser Schachtel; ***la grande majorité des Français*** die große Mehrheit der Franzosen; ***beaucoup d'enfants*** viele Kinder
6. + *mesure, âge:* ***un sac* ~ *farine*** ein Sack *m* Mehl; ***deux kilos d'oranges*** zwei Kilo Orangen; ***un billet* ~ *cent francs*** ein Hundertfrancschein *m;* ***un chèque* ~ *20000 francs*** ein Scheck *m* über 20000 Franc; ***un brochet* ~ *10 livres*** ein 10 Pfund schwerer Hecht; ***pour une poignée* ~ *dollars*** für eine Handvoll Dollar; ***une jeune fille* ~ *20 ans*** ein zwanzigjähriges Mädchen; ***qn avance* ~ *trois pas*** jd geht drei Schritte vor; ***qn retarde qc* ~ *dix minutes*** jd verschiebt etw um zehn Minuten; ***qn augmente les prix* ~ *5%*** jd erhöht die Preise um 5%; ***il gagne 60 F* ~ *l'heure*** er verdient 60 F pro [*o* in der] Stunde
7. (*identification, nom*): ***la Ville* ~ *Paris*** die Stadt Paris; ***le mois* ~ *juin*** der Monat Juni; ***en plein centre* ~ *la ville*** mitten im Stadtzentrum; ***avenue* ~ *l'Empereur/ du chemin des lilas*** Kaiserstraße/Fliederweg; ***l'Hôtel* ~ *la Poste*** das Hotel zur Post; ***l'Auberge du Cheval Blanc/ l'auberge du Lion*** das Gasthaus zum Weißen Rössl/zum Löwen
8. (*qualification*) von einem/einer; ***ce crétin* ~ *Durand*** dieser Dummkopf von Durand; ***un amour d'enfant*** ein Schatz *m* von einem Kind; ***un amour* ~ *mari*** eine Seele von einem Ehemann; ***chienne* ~ *vie*** Hundeleben *nt;* ***mon andouille* ~ *chien*** mein Rindvieh *nt* von einem Hund; ***homme/ voiture* ~ *l'année*** Mann *m*/Auto *nt* des Jahres; ***le fin du fin*** das Feinste vom Feinen; ***le saint des saints*** das Allerheiligste
9. (*parmi*) ■ **le/la/les plus .../le/la/les moins ... ~ qn/qc:** ***le plus doué* ~ *nous* [*tous*]** der Begabteste von uns [allen]; ***la moins intéressante* ~ *toutes*** die Uninteressanteste von allen; ***le plus travailleur des deux*** der Fleißigere von [den] beiden
10. (*qualité*) von (+ *dat*); ***une femme d'une beauté remarquable*** eine Frau von bemerkenswerter Schönheit
11. (*particule nobiliaire*) von (+ *dat*); ***le général* ~ *Gaulle*** der General de Gaulle; ***le comte* ~ *Monte Cristo*** der Graf von Monte Cristo
12. *après un nom dérivé de verbe* (*complément de nom*) des, der, des; ***la montée* ~ *la violence*** das Ansteigen der Gewalt; ***la crainte* ~ *qn/ qc*** die Angst vor jdm/etw; ***le meurtre* ~ *qn*** der Mord an jdm
13. + *compl d'un vb* (*agent*) von (+ *dat*); ***elle est aimée* ~ *tous*** sie wird von allen geliebt
14. (*cause*): ***qn est mort(e)* ~ *qc*** jd ist an etw (*dat*) gestorben; ~ ***joie/ peur/ colère*** vor Freude/Angst/Zorn; ***qn est fatigué(e) du voyage*** jd ist müde von der Reise; ***qn est puni(e)* ~ *qc*** jd wird für etw bestraft; ***je suis heureux(-euse)/ ravi(e) d'apprendre que*** + *indic* ich bin glücklich/erfreut zu hören, dass
15. (*temps*): ***qn arrive* ~ *nuit*** jd kommt bei Nacht [*o* nachts] an; ***qn travaille* ~ *nuit*** jd arbeitet nachts; ***qn ne fait rien* ~ *la journée/* ~ *l'année*** jd tut den ganzen Tag/das ganze Jahr über [*o* lang] nichts
16. (*exclamation*) ■ **qc est d'un(e)** + *subst* etw ist von einem/einer unglaublichen + *subst,* etw ist vielleicht + *adj fam;* ***ce film est d'un ennui/ d'une beauté!*** dieser Film ist vielleicht langweilig/schön! *fam*
17. (*manière*) mit (+ *dat*); ***d'une voix aiguë/ douce*** mit schriller/sanfter Stimme; ~ ***bon appétit*** mit gutem Appetit; ~ ***mémoire*** aus dem Gedächtnis; ***je le connais* ~ *vue*** ich kenne ihn vom Sehen
18. (*moyen*) mit (+ *dat*); ***il fait signe* ~ *la main*** er winkt mit der Hand; ***d'un coup* ~ *poing*** mit einem Faustschlag
19. + *compl d'un adj:* ***large d'épaules*** mit breiten Schultern, breitschultrig; ***rouge* ~ *figure*** rot im Gesicht
20. ■ ~ **... à ...** von ... bis; ~ ***mai à juin*** von Mai bis Juni; ***il y a un monde du rêve à la réalité*** zwischen Traum und Wirklichkeit liegen Welten
21. ■ ~ **... en** von ... zu; ~ ***temps en temps*** von Zeit zu Zeit; ~ ***loin en loin*** hier und da
22. (*introduction d'un complément*) ■ ~ **qc/faire qc:** ***la défaite* ~ *Pearl Harbor*** die Niederlage von Pearl Harbor; ***c'est l'occasion* ~ *nous réunir*** das ist die Gelegenheit, uns zu versammeln; ***c'est à toi* ~ *jouer*** du bist [mit dem Spielen] dran; ■ **... ~ faire qc** *après un adj:* ***il est intéressant/ difficile* ~ *faire qc*** es ist interessant/schwierig, etw zu tun; ***elle est contente* ~ *partir*** sie freut sich wegzufahren; ***fier d'être Breton*** stolz ein Bretone zu sein; ***elle décide* ~ *partir*** sie entschließt sich abzureisen; ***j'évite* ~ *lui en parler*** ich vermeide es, mit ihm/ihr darüber zu reden; ~ ***se savoir ainsi berné/ trompé/ délaissé*** sich so genarrt/getäuscht/verlassen zu wissen; ~ ***voir toutes ces stars adulées*** beim Anblick all dieser angebeteten Stars; ■ **et qn ~ faire qc** *littér:* ***et Martin* ~ *sauter sur l'occasion*** und Martin ergriff die Gelegenheit

de² <d', de la, du, des> [də, dy, de] *art partitif:* ***tu bois du vin ou* ~ *la bière?*** trinkst du Wein oder Bier?; ■ **ne pas ... ~** kein(e, n); ***il ne boit pas* ~ *vin/ d'eau*** er trinkt keinen Wein/kein Wasser; ***il n'écoute jamais* ~ *musique classique*** er hört nie klassische Musik

dé¹ [de] *m* Würfel *m;* ***le jeu de* ~*s*** das Würfelspiel
► **qn coupe qc en ~s** jd schneidet etw in Würfel; **les ~s sont jetés** die Würfel sind gefallen; **qn jette les ~s** jd würfelt; **les ~s sont pipés** das ist ein abgekartetes Spiel

dé² [de] *m* ~ [**à coudre**] Fingerhut *m*
► **un ~ à coudre de qc** ein Fingerhut *m* voll etw

D.E.A. [deøɑ] *m abr de* **diplôme d'études approfondies** *Aufbaustudium; Abschluss eines Aufbaustudiums*

dealer¹ [dilœʀ] *m fam* Dealer(in) *m(f)* ['di:lɐ], Drogenhändler(in) *m(f)*

dealer² <1> [dile] *vt fam* ■ **qn deale qc** jd dealt mit etw [di:lt]

déambulatoire [deɑ̃bylatwaʀ] *m* Chorumgang *m*

déambuler <1> [deɑ̃byle] *vi* ■ **qn déambule [quelque part]** jd wandert [irgendwo] auf und ab, jd flaniert [irgendwo]; *dans les rues, la ville* jd schlendert durch etw

débâcle [debɑkl] *f* **1.** (*déroute*) Zusammenbruch *m,* Auflösung *f*
2. (*fonte des glaces*) Eisgang *m*
► ~ **économique** wirtschaftlicher Zusammenbruch; ~ **électorale** Wahlfiasko *nt*

déballage [debalaʒ] *m* **1.** [*paquet, colis, sac*] Auspacken *nt*
2. [*marchandises, objets divers*] Ausstellung *f*
3. *fam* (*désordre*) Durcheinander *nt*
4. *péj fam* (*divulgations indiscrètes*) Erguss *m*

déballer <1> [debale] *vt* **1.** (*sortir*) ■ **qn déballe qc** jd packt etw aus
2. *fam* (*étaler*) ■ **qn déballe qc** *sa vie, ses histoires personnelles* jd erzählt etw; *connaissances* jd gibt etw von sich; ***qn déballe la vérité*** jd packt aus *fam*

débandade [debɑ̃dad] *f* Auseinanderlaufen *nt;* MIL überstürzte Flucht; ***ça a été la* ~ *générale*** alles lief fluchtartig auseinander

débander <1> [debɑ̃de] **I.** *vt* **1.** MED ■ **qn [lui] débande qc** jd nimmt [jdm] den Verband von etw ab
2. ■ **qn [lui] débande qc** *yeux* jd nimmt [jdm] die Binde von etw ab
3. (*relâcher*) ■ **qn débande qc** *arc, ressort* jd entspannt etw, jd lockert etw
II. *vi fam* ■ **qn débande** jdm wird er schlaff *fam;* ■ **qc fait ~ qn** etw turnt jdn ab [tø:ɛnt] *fam*
► **sans** ~ *fam* ohne aufzuhören
III. *vpr* **1.** ■ **qc se débande** /*arc, ressort*/ etw lockert sich
2. ■ **qc se débande** /*armée*/ etw löst sich auf; ■ **des personnes se débandent** /*manifestants*/ Menschen laufen auseinander

débaptiser <1> [debatize] *vt* ■ **qn débaptise qn** jd tauft jdn um; ■ **qn débaptise qc** *rue, navire* jd benennt etw um

débarbouillage [debaʀbujaʒ] *m* Gesichtswäsche *f*

débarbouiller <1> [debaʀbuje] **I.** *vt* ■ **qn débarbouille qn** jd wäscht jdm das Gesicht; ■ **qn lui débarbouille qc** *le visage, la figure, le bout du nez* jd wäscht jdm etw, jd macht jdm etw sauber; *la moustache de lait* jd wäscht jdm etw ab
II. *vpr* ■ **qn se débarbouille** jd wäscht sich (*dat*) das Gesicht

débarcadère [debaʀkadɛʀ] *m* Landesteg *m,* Landungsbrücke *f*

débarder <1> [debaʀde] *vt* **1.** (*transporter*) ■ **qn débarde qc** *bois, pierre* jd transportiert etw ab
2. NAUT ■ **qn débarde qc** jd löscht etw, jd lädt etw aus

débardeur [debaʀdœʀ] *m* **1.** (*vêtement*) Pullunder *m;* SPORT ärmelloses Sporttrikot
2. (*ouvrier*) Transportarbeiter(in) *m(f); vieilli* (*docker*) Hafenarbeiter(in) *m(f)*

débarqué, e [debaʀke] *adj fam* (*arrivé*) angekommen, gelandet *fam*
► **frais(fraîche)** [*o* **fraîchement**] ~ neu [*o* gerade erst] angekommen

débarquement [debaʀkəmɑ̃] *m* **1.** [*marchandises*] AVIAT Ausladen *nt;* NAUT *a.* Löschen *nt;* [*voyageurs*] Aussteigen *nt*
2. [*armée, troupes*] Landung *f;* **le ~ des Alliés en Normandie** die Landung der alliierten Truppen in der Normandie

débarquer <1> [debaʀke] **I.** *vt* **1.** NAUT ■ **qn/qc débarque qc** *marchandise* jd/etw lädt etw aus, jd/etw löscht etw; ■ **qn/qc débarque qn** *passagers* jd/etw setzt jdn ab [*o* an Land]; *troupes* jd landet jdn
2. *fam* (*destituer*) ■ **qn débarque qn** jd bootet jdn aus *fam;* ■ **qn se fait ~** jd wird ausgebootet *fam*
II. *vi* **1.** ■ **qn débarque** /*passager*/ jd geht von Bord; NAUT *a.* jd geht an Land; /*troupes*/ jd landet; ■ **qn débarque de qc** jd steigt aus etw aus
2. *fam* ■ **qn débarque chez qn** jd kreuzt bei jdm auf *fam,* jd kommt bei jdm hereingeschneit *fam*
3. *fam* (*ne pas être au courant*) ■ **qn débarque** jd hat von Tuten und Blasen keine Ahnung *fam,* jd hat keinen blassen Schimmer *fam*

débarras [debaʀɑ] *m* Abstellraum *m,* Rumpelkammer *f fam*
► **bon** ~! den/die/das wären wir los!

débarrasser <1> [debaʀɑse] **I.** *vt* ■ **qn débarrasse qc** *grenier* jd räumt etw aus, jd entrümpelt etw; *table* jd räumt [*o* deckt] etw ab; ■ **qn débarrasse qc d'une chose** jd räumt eine S. von etw weg; ***il faut* ~ *la chambre de tous ses meubles*** das Zimmer muss ausgeräumt werden; ■ **qn débarrasse qn de qn** *d'un gêneur, rival* jd schafft jdm jdn vom Hals *fam;* ■ **qn débarrasse qn de qc** *de son chapeau, manteau, d'un meuble* jd nimmt jdm etw ab; *d'une habitude* jd treibt jdm etw aus; *d'une maladie* jd befreit jdn von etw
II. *vpr* **1.** (*ôter*) ■ **qn se débarrasse [de qc]** *d'un vêtement, d'un objet* jd legt [etw] ab
2. (*donner ou vendre*) ■ **qn se débarrasse de qc** jd wird etw los, jd stößt etw ab
3. (*liquider*) ■ **qn se débarrasse de qc** *d'une affaire, idée, d'un problème* jd entledigt sich einer S. (*gen*), jd wird etw los; *d'une habitude* jd legt etw ab; *d'une maladie, d'un sentiment* jd wird etw los
4. (*se défaire*) ■ **qn se débarrasse de qn** jd wird jdn los, jd schafft sich (*dat*) jdn vom Hals *fam*

débat [deba] *m* **1.** (*discussion*) Debatte *f,* Diskussion *f;* ***le* ~ *entre les deux candidats*** das Streitgespräch zwischen den beiden Kandidaten; ***la conférence sera suivie d'un* ~** nach dem Vortrag findet eine Diskussion statt
2. *pl* POL Debatte *f*
3. JUR [Haupt]verhandlung *f*
► ~ **intérieur** innerer Kampf; ~ **public/télévisé** öffentliche Debatte/Fernsehdebatte *f;* **qn fuit le ~** jd geht einer Auseinandersetzung aus dem Weg; **qn relance le ~ sur qc** jd nimmt die Diskussion über etw (*akk*) wieder auf, jd stellt etw wieder zur Diskussion
◆ **débat de clôture** Schlussdebatte *f*

débâtir <8> [debɑtiʀ] *vt* ■ **qn débâtit qc** jd zieht die Heftfäden aus etw heraus

débatteur [debatœʀ] *m* Debattenteilnehmer(in) *m(f),* Debatter(in) *m(f)*

débattre <*irr*> [debatʀ] **I.** *vt* ■ **des personnes débattent qc** [**entre el-**

les] Menschen debattieren [*o* diskutieren] über etw (*akk*), Menschen erörtern etw [miteinander]; ■ **qn débat qc avec qn** jd verhandelt mit jdm über etw (*akk*)
▸ **à** ~ auszuhandeln
II. *vi* ■ **des personnes débattent de qc** Menschen verhandeln über etw (*akk*)
III. *vpr* ■ **qn se débat** jd schlägt um sich; ***qn se débat comme un(e) forcené(e)*** jd schlägt wie wild um sich; ■ **qn se débat [contre qn]** jd wehrt sich [gegen jdn]; ■ **qn se débat contre qc** *contre le courant* jd kämpft gegen etw an; *contre des difficultés* jd hat mit etw zu kämpfen, jd schlägt sich mit etw herum *fam*
débauchage [deboʃaʒ] *m* Abwerben *nt*, Abspenstigmachen *nt*
débauche [deboʃ] *f* **1.** (*vice*) Ausschweifung *f*; ***qn vit dans la ~*** jd führt ein ausschweifendes [*o* zügelloses] Leben
2. (*abondance*) ■ **~ de qc** *de marchandises* verschwenderische Fülle von etw; ***une ~ de luxe*** ein verschwenderischer Luxus
▸ **~ de couleurs** Farbenorgie *f*; **de ~**: ***lieu de ~*** Ort *m* der Ausschweifungen [*o* des Lasters]; ***scènes de ~*** unzüchtige Szenen *pl*; ***vie de ~*** ausschweifendes Leben
débauché, e [deboʃe] *m, f* Wüstling *m*; ***une ~e*** eine unsolide [*o* liederliche] Person
débaucher <1> [deboʃe] **I.** *vt* **1.** (*détourner d'un travail*) ■ **qn débauche qn** jd holt jdn von der Arbeit weg; ■ **qn débauche qn [à qn/d'une entreprise]** (*pour le compte d'un autre*) jd wirbt jdn [jdm/bei einer Firma] ab
2. *hum fam* (*pour venir s'amuser*) ■ **qn débauche qn** jd bringt jdn von der Arbeit ab; ■ **qn débauche qn pour faire qc** jd verführt [*o* verleitet] jdn dazu, etw zu tun
3. (*licencier*) ■ **qn débauche qn/qc** jd entlässt jdn; *personnel a.* jd baut etw ab
4. *hum vieilli* (*dévoyer*) ■ **qn débauche qn** jd verführt jdn zu Ausschweifungen
II. *vpr* ■ **qn se débauche** jd schweift aus
débile [debil] **I.** *adj* **1.** *fam* (*stupide*) idiotisch, schwachsinnig *fam*; ***c'est ~!*** das ist doch Schwachsinn! *fam*; ***complètement ~!*** totaler Schwachsinn! *fam*
2. (*anormal*) *enfant* schwachsinnig, geistig behindert
3. MED *corps* geschwächt; *enfant* schwächlich; *santé* zart; *volonté* kraftlos
II. *mf* Schwachsinnige(r) *f(m)*, geistig Behinderte(r) *f(m)*
▸ **~ léger(légère)/profond(e)** leicht/hochgradig Schwachsinnige(r) *f(m)*, leicht/hochgradig Debile(r) *f(m) spec*; **~ mental(e)** Geistesgestörte(r) *f(m)*; *péj fam* Spinner(in) *m(f) fam*
débilité [debilite] *f* **1.** MED [*esprit*] Schwachsinn *m*, geistige Behinderung; [*corps*] Hinfälligkeit *f*
2. *fam* (*stupidité*) Schwachsinn *m fam*
▸ **~ mentale** leichter Schwachsinn, Debilität *f spec*
débiner <1> [debine] **I.** *vt fam* ■ **qn débine qn/qc** jd macht jdn/etw herunter *fam*; ■ **qn débine qn auprès de qn** jd macht jdn bei jdm schlecht
II. *vpr fam* ■ **qn se débine** jd macht sich aus dem Staub *fam*
débit¹ [debi] *m* **1.** COM Absatz *m*
2. (*écoulement*) [*pompe*] Förderstrom *m*; [*tuyau, robinet*] Durchflussmenge *f*; [*rivière*] Wasserführung *f*; [*source*] Schüttung *f*; [*moyen de transport*] Kapazität *f*; [*métro*] Verkehrsleistung *f*, Kapazität
3. (*élocution*) Redefluss *m*, Redeweise *f*
4. TECH [*arbre, bois*] Zuschnitt *m*
▸ **qc a un bon/faible ~** COM etw geht gut/schlecht, etw verkauft sich gut/schlecht; **~ cardiaque** Herzfrequenz *f*; **de faible/fort ~** /*pompe*/ mit schwacher/starker Pumpleistung; /*rivière*/ mit geringer/großer Wasserführung; **qn/qc a du ~** COM jd/etw hat einen großen Umsatz
◆ **débit de boissons** Getränkeausschank *m*; **débit de tabac** Tabakladen *m*
débit² [debi] *m* FIN Soll *nt*; ***le ~ et le crédit*** [das] Soll und Haben
▸ **qn met qc au ~ de qn** jd belastet jdn mit etw; **qn porte qc au ~ de qn** jd trägt etw in jds Soll (*akk*) ein
débitage [debitaʒ] *m* [*arbre, bois*] Zuschneiden *nt*, Zuschnitt *m*
débiter <1> [debite] *vt* **1.** FIN ■ **qn débite qn/qc [de 100/200/… F]** jd belastet jdn/etw [mit 100/200/… F]
2. (*vendre*) ■ **qn débite qc** jd verkauft etw; *boissons* jd schenkt etw aus
3. *péj* (*dire*) ■ **qn débite qc** *discours, plaidoirie, poème* jd sagt [*o* leiert] etw herunter; *banalités, sottises* jd gibt etw von sich, jd verzapft etw *fam*
4. (*produire*) ■ **qc débite qc** /*machine, usine*/ etw stößt etw aus
5. (*écouler*) ■ **qc débite qc** /*robinet, tuyau, pompe*/ etw liefert etw, etw lässt etw durchlaufen
6. (*découper*) ■ **qn débite qc [en qc]** *bois, tissu* jd zerschneidet etw [in etw (*akk*)]; *viande* jd zerlegt etw [in etw (*akk*)]
débiteur, -trice [debitœʀ, -tʀis] **I.** *m, f* Schuldner(in) *m(f)*; ***qn est [o demeure] le/la ~(-trice) de qn*** jd ist [*o* steht] in jds Schuld (*dat*)
II. *adj compte* Debet-; ***solde ~*** Passivsaldo *m*, Sollsaldo *m*; ***la société ~trice*** die Schuldnerfirma
déblaiement [deblɛmɑ̃] *m* Freimachen *nt*, Räumung *f*
déblais [deblɛ] *mpl* Aushub *m*, ausgehobene Erde
déblatérer <5> [deblateʀe] *vi fam* ■ **qn déblatère [contre [o sur] qn/qc]** jd zieht [über jdn/etw] vom Leder *fam*
déblayage [deblɛjaʒ] *m* **1.** (*déblaiement*) Aufräumen *nt*, Ausmisten *nt fam*
2. [*affaire, problème*] Klärung *f*, Entwirrung *f*
déblayer <7> [debleje] *vt* ■ **qn déblaie qc** **1.** (*débarrasser*) jd macht etw frei, jd räumt etw
2. (*trier*) jd bringt Ordnung in etw (*akk*)
déblocage [deblɔkaʒ] *m* **1.** [*frein, écrou, mécanisme*] Lösen *nt*
2. ECON [*crédit, prix*] Freigabe *f*; ***le ~ progressif des prix/salaires*** die allmähliche Aufhebung des Preisstopps/Lohnstopps
3. [*situation*] Verbesserung *f*; [*crise*] Überwindung *f*; ***nous parviendrons au ~ de la situation/de la crise*** wir werden einen Ausweg aus dieser Situation/Krise finden
débloquer <1> [deblɔke] **I.** *vt* **1.** TECH ■ **qn débloque qc** *frein* jd löst etw; *écrou, vis a.* jd lockert etw; *machine, rouage* jd löst die Blockierung einer S. (*gen*); *serrure* jd entriegelt etw; *porte* jd bekommt etw wieder auf
2. ECON ■ **qn débloque qc** *marchandises, crédits, prix, salaires* jd gibt etw frei; ***la banque a débloqué le compte de X*** die Bank hat die Kontosperre von X aufgehoben
3. (*décoincer*) ■ **qn débloque qc** *situation, crise* jd findet einen Ausweg aus etw; ■ **qn débloque qn** jd nimmt jdm die Hemmungen; ***quand tu seras débloqué*** wenn du deine Hemmungen verloren hast
II. *vi fam* ■ **qn débloque [complètement]** jd schnappt [völlig] über *fam*, bei jdm hakt es aus *fam*
III. *vpr* **1.** TECH ■ **qc se débloque** etw wird frei; *vis* etw lockert sich; /*serrure, porte*/ etw geht wieder auf
2. (*se décoincer*) ■ **qn se débloque** jd verliert seine Hemmungen
débobiner <1> [debɔbine] *vt* ■ **qn débobine qc** jd spult etw ab
déboires [debwaʀ] *mpl* Enttäuschungen *pl*, Ärger *m*
déboisement [debwazmɑ̃] *m* (*action*) Abholzen *nt*; (*résultat*) Entwaldung *f*
déboiser <1> [debwaze] *vt* ■ **qn déboise qc** *montagne, région* jd holzt etw ab, jd forstet etw ab; ***une région déboisée*** eine entwaldete Gegend
déboîtement [debwatmɑ̃] *m* **1.** MED [*épaule, hanche*] Verrenkung *f*
2. AUT [*véhicule*] Ausscheren *nt*
déboîter <1> [debwate] **I.** *vt* **1.** MED ■ **qc déboîte qc à qn** *épaule, genou* bei etw verrenkt sich (*dat*) jd etw
2. (*démonter*) ■ **qn déboîte qc** jd nimmt etw auseinander; *porte* jd hebt etw aus den Angeln; *tuyaux* jd montiert etw auseinander
II. *vpr* ■ **qn se déboîte qc** *épaule, genou* jd verrenkt sich (*dat*) etw
III. *vi* AUT ■ **qn/qc déboîte [de qc]** jd/etw schert [aus etw] aus
débonnaire [debɔnɛʀ] *adj* gutmütig
débordant, e [debɔʀdɑ̃, ɑ̃t] *adj* *activité* rastlos; *imagination* übersprudelnd, blühend; *enthousiasme, joie* überschwänglich; ■ **~ de qc** *d'énergie, de santé* vor etw (*dat*) strotzend; ***qn est ~ d'enthousiasme/de joie/de reconnaissance*** jd ist voll überströmender Begeisterung/Freude/Dankbarkeit
débordé, e [debɔʀde] *adj* **1.** (*submergé*) ■ **qn est ~** jd ist überlastet; ■ **~ de qc** *de travail* mit etw überlastet [*o* überhäuft]; *de visites* von etw überlaufen; ***ils sont toujours ~s d'occupations*** sie sind immer voll ausgelastet
2. (*détaché du bord*) *drap* herausgerutscht; *lit* in Unordnung geraten; (*découvert*) *personne* aufgedeckt
débordement [debɔʀdəmɑ̃] *m* **1.** [*liquide*] Überlaufen *nt*; [*rivière*] Übertreten *nt*, Überschwemmung *f*
2. SPORT Angriff *m* über die Flanke, Umgehungsmanöver *nt*
3. *pl* (*désordres*) Exzesse *pl*, Ausschreitungen *pl*
4. ■ **~ de qc** *d'injures, de paroles* Flut *f* von etw; ***~ de joie/d'enthousiasme*** Freuden-/Begeisterungsausbruch *m*; ***~ de vie*** überquellende Lebensfreude
5. *pl* [*jeunesse*] Exzesse *pl*, Ausschweifungen *pl*
déborder <1> [debɔʀde] **I.** *vi* **1.** (*sortir*) ■ **qc déborde** /*liquide*/ etw läuft über, etw schwappt über; /*lac, rivière*/ etw tritt über die Ufer; /*récipient*/ etw läuft über; ■ **qc déborde de qc** /*liquide*/ etw läuft über den Rand einer S. (*gen*), etw schwappt über etw (*akk*)
2. (*être plein de*) ■ **qn déborde de qc** *d'enthousiasme, de joie* jd fließt [*o* strömt] vor etw (*dat*) über; *de santé* jd strotzt vor etw (*dat*); *d'esprit* jd sprudelt vor etw (*dat*) über; ■ **qc déborde de personnes/choses** *de touristes, de clients* etw ist von Menschen überlaufen; *de fleurs, richesses* etw quillt von [*o* vor (*dat*)] Dingen über
3. (*dépasser les limites*) ■ **qc déborde sur qc** /*brouillard, buée*/ etw dehnt sich auf etw (*akk*) aus; /*plante*/ etw ragt über etw (*akk*) hinaus
II. *vt* **1.** (*dépasser*) ■ **qc déborde qc** /*nappe*/ etw hängt über den Rand von etw hinaus; /*mur*/ etw steht über etw (*akk*) hinaus; /*ville*/ etw dehnt sich über etw (*akk*) hinaus aus
2. (*aller au-delà de*) ■ **qn/qc déborde qc** *sujet* jd/etw geht über etw (*akk*) hinaus; *temps imparti* jd überschreitet etw; ***qn/qc déborde le cadre de qc*** jd/etw geht über den Rahmen einer S. (*gen*) hinaus
3. MIL, POL, SPORT ■ **qn se laisse ~** jd lässt sich von der Flanke her angreifen, jd lässt sich überrollen; ***le coureur s'est laissé ~ sur sa droite*** der Rennfahrer wurde rechts überholt
4. (*être dépassé*) ■ **qn est débordé(e) par qn/qc** jd wird jds/einer S. nicht mehr Herr; *par les événements* jd wird von etw überrollt
5. (*tirer les draps*) ■ **qn déborde qc** *drap, couverture* jd zieht etw von unter der Matratze heraus; ***qn déborde le lit*** jd zieht die Laken von unter der Matratze heraus; ■ **qn déborde qn** jd deckt jdn auf
6. COUT ■ **qn déborde qc** *chapeau, rideau* jd trennt den Besatz von etw los
débouchage [debuʃaʒ] *m* [*bouteille*] Öffnen *nt*, Entkorken *nt*; [*tuyau, siphon*] Beseitigen *nt* der Verstopfung (*de qc* in etw (*dat*)); ***il procède au ~ du lavabo*** er beseitigt die Verstopfung im Waschbecken
débouché [debuʃe] *m* **1.** (*marché*) Absatzmarkt *m*
2. *pl* (*perspectives*) Berufsaussichten *pl*
3. (*issue*) Zugang *m*; ■ **au ~ de qc** *d'une rue* an der [Ein]mündung einer S. (*gen*); ***au ~ de la vallée*** bei der Talmündung
déboucher <1> [debuʃe] **I.** *vt* **1.** (*débloquer*) ■ **qn débouche qc** *lavabo, tuyau* jd beseitigt die Verstopfung einer S. (*gen*), jd macht etw frei; *nez* jd bekommt etw frei
2. (*ouvrir*) ■ **qn débouche qc** *flacon* jd öffnet etw; *bouteille a.* jd entkorkt etw; *tube* jd schraubt etw auf

II. *vpr* ■ **qc se débouche** etw wird frei
III. *vi* 1. (*sortir*) ■ **qn/qc débouche de quelque part** jd/etw kommt irgendwo [plötzlich] hervor [*o* heraus]; /*bateau, véhicule*/ etw kommt irgendwo herausgefahren; (*à grande vitesse*) etw kommt irgendwo herausgeschossen
2. (*aboutir*) ■ **qn débouche** [**de qc**] **dans/sur qc** jd kommt [von irgendwoher] in/auf etw (*akk*), jd stößt [von irgendwoher aus] auf etw (*akk*); ***du petit sentier on débouche dans une clairière*** von dem kleinen Pfad aus stößt man auf eine Lichtung; ■ **qc débouche sur qc** /*voie*/ etw mündet in etw (*akk*) [ein]; *sur une place* etw mündet auf etw (*akk o dat*); ■ **qc débouche dans qc** /*canal, rivière*/ etw mündet in etw (*akk*)
3. (*aboutir à*) ■ **qc débouche sur qc** etw führt zu etw; /*conversation*/ etw langt bei etw an

débouchoir [debuʃwaʀ] *m* Rohrreinigungsgerät *nt*

déboucler <1> [debukle] *vt*: ***qn déboucle sa ceinture*** jd schnallt seinen Gürtel auf

déboulonnage [debulɔnaʒ] *m*, **déboulonnement** [debulɔnmɑ̃] *m* 1. TECH Abschrauben *nt*
2. (*chute*) Herabsetzung *f*, Herabwürdigung *f*

déboulonner <1> [debulɔne] *vt* 1. (*démonter*) ■ **qn déboulonne qc** jd schraubt etw ab; *statue* jd hebt etw von seinem Sockel
2. *fam* (*renvoyer*) ■ **qn déboulonne qn** jd setzt jdn herab, jd hebt jdn von seinem Sockel; ■ **qn se fait ~** jd wird abgesetzt, jd wird abgesägt *fam*

débourser <1> [debuʀse] *vt* ■ **qn débourse 5/1000/… F** jd gibt 5/1000/… F aus

déboussoler <1> [debusɔle] *vt fam* ■ **qc déboussole qn** etw bringt jdn aus dem Gleichgewicht, etw verstört jdn; ■ [**qn est**] **déboussolé**(**e**) [jd ist] verstört, jd ist daneben *fam*

debout [d(ə)bu] *adj/adv inv* 1. (*en position verticale*) *personne* stehend; ***le garçon ~ près de la fenêtre*** der Junge, der neben dem Fenster steht; ~, ***il paraît plus petit*** wenn er steht, sieht er kleiner aus; ■ **qn/qc est/reste ~** jd/etw steht/bleibt stehen; ■ **qn/un animal fait qc ~** *manger, voyager* jd/ein Tier macht etw im Stehen [*o* stehend]; ***qn pose/range qc ~*** jd stellt etw [aufrecht] hin
2. (*levé*) ■ **qn est/reste ~** jd ist/bleibt auf; ■ **qn est ~ à 6/7/… heures** jd steht um 6/7/… Uhr auf; ■ **qn est ~ depuis …** jd ist seit … auf den Beinen
3. (*guéri*) ■ **qn est** [**à nouveau**] **~** jd ist [wieder] auf [den Beinen]
► **qn <u>dort</u> ~** jd schläft im Stehen ein; **qn <u>met</u> qc ~** (*dresse*) jd stellt etw aufrecht hin; (*élabore*) jd bringt etw zustande, jd stellt etw auf die Beine *fam;* **qn <u>met</u> qc ~ contre qc** jd lehnt etw an etw (*akk*); **qn se <u>met</u> ~** jd steht auf; **<u>mourir</u> ~** *fig* aufrecht sterben; **qn/un animal/qc <u>tient</u> ~** [**tout**(**e**) **seul**(**e**)] jd kann stehen/ein Tier steht auf seinen Beinen/etw bleibt [von alleine] stehen; **qn/un animal se <u>tient</u> ~** jd/ein Tier steht; **qn/qc <u>tient</u>** [**encore**] **~** jd/etw steht noch, jd/etw hält stand; **qc <u>tient</u> ~/ne <u>tient</u> pas ~** (*est valable*) etw hat Hand und Fuß/weder Hand noch Fuß *fam;* **qn ne <u>tient</u> plus** [*o* **à peine**] **~** jd kann nicht mehr [*o* kaum noch] stehen, jd kann sich nicht mehr [*o* kaum noch] auf den Beinen halten; ~ [**les enfants/là-dedans**]! aufgestanden [Kinder/da drinnen]!

débouter <1> [debute] *vt* ■ **qn déboute qn** /*juge, tribunal*/ jd weist jdn ab; ***qn déboute qn de sa plainte*** jd weist jds Klage zurück

déboutonner <1> [debutɔne] I. *vt* ■ **qn déboutonne qc** *chemise, gilet* jd knöpft etw auf; *bouton* jd macht etw auf; ■ **qn déboutonne qn** jd knöpft jds Kleider auf
II. *vpr* ■ **qn se déboutonne** jd macht seine Knöpfe auf; ■ **qc se déboutonne** etw geht auf

débraillé, e [debʀaje] I. *adj personne, tenue* unordentlich, schlampig; *allure* nachlässig, verlottert *fam; manières* schludrig
II. *m Ø* Schlampigkeit *f*

débrancher <1> [debʀɑ̃ʃe] *vt* 1. ELEC, TELEC ■ **qn débranche qc** *appareil, lampe* jd zieht bei etw den Stecker heraus, jd schaltet etw aus; *téléphone* jd stellt etw ab
2. CHEMDFER ■ **qn débranche qc** *wagon* jd kuppelt etw ab

débrayable [debʀɛjablə] *adj* auskuppelbar

débrayage [debʀɛjaʒ] *m* 1. AUT Auskuppeln *nt*
2. (*grève*) Ausstand *m*

débrayer <7> [debʀeje] *vi* 1. AUT ■ **qn débraie** jd kuppelt [aus], jd tritt auf die Kupplung
2. (*faire grève*) ■ **qn débraie** jd tritt in den Ausstand, jd legt die Arbeit nieder

débridé, e [debʀide] *adj* ungezügelt, zügellos

débrider <1> [debʀide] *vt* ■ **qn débride qc** *volaille* jd entfernt die Fäden von etw; ***qn débride un cheval*** jd zäumt ein Pferd ab

débris [debʀi] *m* 1. [*verre, poterie*] Scherbe *f;* ***les ~ de qc*** die Überreste einer S. (*gen*)
2. *pl littér* (*restes*) Überreste *pl*, Überbleibsel *pl fam*
► **un <u>vieux</u> ~** *fam* ein alter Knacker *fam*

débrouillard, e [debʀujaʀ, jaʀd] I. *adj fam* schlau, gewitzt; ■ **qn est ~** jd weiß sich (*dat*) zu helfen
II. *m, f fam* Schlaukopf *m*, findiger Kopf

débrouillardise [debʀujaʀdiz] *f* Schlauheit *f*, Gewitztheit *f*

débrouiller <1> [debʀuje] I. *vt* 1. (*démêler*) ■ **qn débrouille qc** *écheveau, fils* jd entwirrt etw
2. (*élucider*) ■ **qn débrouille qc** *affaire, faits* jd entwirrt etw, jd bringt Klarheit in etw (*akk*)
3. *fam* (*former*) ■ **qn débrouille qn** jd bringt jdm das Nötigste bei; ***ça l'a un peu débrouillé***(***e***) das hat ihn/sie selbständiger gemacht
II. *vpr fam* ■ **qn se débrouille** jd kommt zurecht, jd weiß sich (*dat*) zu helfen; ***il se débrouille pas mal pour un débutant*** für einen Anfänger stellt er sich nicht schlecht an; ***débrouillez-vous tous seuls avec vos histoires!*** macht eure Probleme unter euch aus!; ■ **qn se débrouille en qc** *en allemand, anglais* jd kommt ganz gut in etw (*dat*) zurecht; *en gymnastique, planche à voile, tennis* jd ist nicht schlecht in etw (*dat*); ■ **qn se débrouille pour faire qc** jd schafft es, etw zu tun; ***débrouille-toi*** [***tout***(***e***) ***seul***(***e***)]! sieh zu wie du zurechtkommst!

débroussailler <1> [debʀusaje] *vt* 1. (*défricher*) ■ **qn débroussaille qc** *talus, terrain* jd entfernt das Gestrüpp von etw
2. (*éclaircir*) ■ **qn débroussaille qc** *affaire, texte* jd bringt Licht in etw (*akk*)

débusquer <1> [debyske] *vt* ■ **qn débusque un animal** jd jagt [*o* scheucht] ein Tier auf; ■ **qn débusque qn** *fam* jd verjagt [*o* verscheucht] jdn

début [deby] *m* 1. (*commencement*) Anfang *m*, Beginn *m;* ***reprends depuis le ~*** fang noch mal von vorne an; ■ **~ janvier/mars/…** Anfang Januar/März/…
2. *pl* ■ **les ~s de qn** [**dans/à qc**] jds Debüt *nt* [in etw (*dat*)], jds erste Schritte *pl* in/auf etw (*dat*)
► **du ~ à la <u>fin</u>** von Anfang bis Ende; **qc n'en <u>est</u> qu'à ses ~s** etw steckt noch in den Anfängen; **qn <u>fait</u> ses ~s** jd debütiert; **<u>au</u> ~** anfangs; **<u>au</u> ~ de qc** am Anfang [*o* zu Beginn] einer S. (*gen*); **tout <u>au</u> ~** gleich zu Beginn; **<u>au</u> tout ~** ganz am Anfang; **<u>dès</u> le ~** [**de qc**] von Anfang [einer S. (*gen*)] an

débutant, e [debytɑ̃, ɑ̃t] I. *adj* ohne [Berufs]erfahrung; *joueur, footballeur* unerfahren, ungeübt; *pianiste* angehend; ***qn est professeur/ingénieur ~/secrétaire ~***(***e***) jd fängt [gerade] als Lehrer(in)/Ingenieur(in)/Sekretär(in) an
II. *m, f* (*élève*) Anfänger(in) *m(f);* (*acteur*) Debütant(in) *m(f)*
III. *f* ■ **débutante** Debütantin *f;* ***le bal des ~es*** der Debütantinnenball

débuter <1> [debyte] I. *vi* ■ **qn débute** jd fängt an; ***qn débute au théâtre*** jd debütiert beim Theater; ■ **qn débute dans qc** *dans le métier, l'électronique* jd fängt in etw (*dat*) an; ***qn débute dans la vie*** [***comme qc***] jd fängt seine Laufbahn [als etw] an; ***qn débute dans le monde*** jd macht sein Debüt in der Öffentlichkeit; ■ **qc débute à 8/9/… heures** etw beginnt um 8/9/… Uhr, etw fängt um 8/9/… Uhr an; ■ **qc débute par qc** etw beginnt mit etw
II. *vt* ■ **qn débute qc par qc** jd beginnt etw mit etw

déca [deka] *m fam abr de* **décaféiné** Koffeinfreie(r) *m*

deçà [dəsa] *adv* ■ **en ~** [**de qc**] (*de ce côté*) diesseits [einer S. (*gen*)]; (*en dessous*) unterhalb [einer S.(*gen*)]; ***ses résultats sont très en ~ de ses possibilités*** seine Leistungen liegen weit unter seinen Möglichkeiten; ***qc est en ~ de la vérité*** etw reicht nicht an die Wahrheit heran; ***ne restez pas en ~ de ce que vous pensez*** halten Sie nicht mit Ihrer Meinung hinter dem Berg; ***au-delà et en ~*** diesseits und jenseits; ■ **qc est en ~ de ce qui/que** etw erreicht das nicht, was

décacheter <3> [dekaʃte] *vt* ■ **qn décachette qc** *lettre* jd öffnet etw; *document scellé* jd entsiegelt etw

décade [dekad] *f* (*dix jours*) Dekade *f* (*Zeitraum von zehn Tagen*); *abusif* (*décennie*) Jahrzehnt *nt*

décadence [dekadɑ̃s] *f* [*civilisation, empire*] Niedergang *m;* [*mœurs*] Verfall *m*, Dekadenz *f*
► **qc <u>tombe</u> en ~** etw verfällt, etw gerät in Verfall; [**qc est**] **<u>en</u> ~** [etw ist] im Niedergang begriffen; ***un peuple en ~*** ein untergehendes Volk

décadent, e [dekadɑ̃, ɑ̃t] I. *adj art, civilisation* dekadent; *monarchie* untergehend
II. *m, f* LITTER Dekadenzdichter(in) *m(f)*

décaféiné [dekafeine] *m* koffeinfreier Kaffee

décaféiner <1> [dekafeine] *vt* ■ **qn décaféine qc** jd entkoffeiniert etw

décagramme [dekagʀam] *m* Dekagramm *nt*

décalage [dekalaʒ] *m* 1. [*horaire, date, émission*] [zeitliche] Verschiebung; ■ **~ de** *de cinq minutes, de deux/… heures* Verschiebung *f* von; ■ **~ entre qc et qc** Zeitabstand *m* zwischen etw (*dat*) und etw (*dat*)
2. (*différence*) Abstand *m*, Diskrepanz *f;* (*plus fort*) Kluft *f*
3. (*écart*) Abweichung *f;* ***il y a un ~ entre deux maisons/objets*** zwei Häuser/Dinge stehen/liegen versetzt
► **~ <u>horaire</u>** Zeitunterschied *m;* ***qn souffre du ~ horaire*** jd leidet an Jetlag [ˈdʒɛtlæg]

décalcification [dekalsifikasjɔ̃] *f* Kalziumverlust *m*, Kalkmangel *m*
► **~ <u>osseuse</u>** Knochenerweichung *f*

décalcifier <1 a> [dekalsifje] I. *vpr* ■ **qn/qc se décalcifie** jd/etw verliert Kalzium
II. *vt* ■ **qc décalcifie qc** etw entzieht einer S. (*dat*) Kalzium

décalcomanie [dekalkɔmani] *f* 1. (*image*) Abziehbild *nt*
2. (*procédé*) Abziehbildverfahren *nt*

décalé, e [dekale] *adj* 1. *ton, humour* unerwartet
2. (*non aligné*) ■ **qc est ~** etw steht versetzt
3. (*déséquilibré*) ■ **qc est ~** /*meuble*/ etw steht schief

décaler <1> [dekale] I. *vt* 1. (*reporter*) ■ **qn décale qc de qc** *horaire, date, émission* (*avancer*) jd verlegt etw um etw vor; (*retarder*) jd verschiebt etw um etw
2. (*déplacer*) ■ **qn décale qc** *meuble, chaise* jd schiebt etw [ein bisschen] weiter; *titre, paragraphe* jd versetzt etw; ***qn décale un meuble en avant/en arrière/vers la droite*** jd schiebt ein Möbelstück [ein bisschen] weiter vor/zurück/nach rechts
II. *vpr* ■ **qn se décale** jd setzt sich einen Platz weiter

décalitre [dekalitʀ] *m* Dekaliter *m*

décalquage [dekalkaʒ] *m* Abpausen *nt*, Durchpausen *nt*

décalque [dekalk] *m* 1. (*reproduction*) Pause *f*
2. (*imitation*) Nachahmung *f*

décalquer <1> [dekalke] *vt* ■ **qn décalque qc** [**sur qc**] (*copier*) jd paust etw [aus etw] ab; (*reporter*) jd paust etw [auf etw (*akk*)] ab

décamètre [dekamɛtʀ] *m* Dekameter *m o nt;* [*arpenteur*] Dekametermaß *nt*

décamper <1> [dekɑ̃pe] *vi fam* ■ **qn décampe** jd macht sich aus dem Staub *fam*, jd zieht Leine *fam*; ***décampons!*** komm, wir verduften! *fam*
▸ **décampez d'ici!** schert euch davon!, haut ab von hier! *fam*
décan [dekɑ̃] *m* ASTROL Dekade *f*
décantation [dekɑ̃tasjɔ̃] *f* Klärvorgang *m*
décanter <1> [dekɑ̃te] I. *vt* ■ **qn décante qc** jd bringt etw zum Klären; *vin* jd dekantiert etw
II. *vi, vpr* ■ **qc [se] décante** /*liquide, vin*/ bei etw setzt sich der Bodensatz ab, etw klärt sich; /*idées, réflexions*/ etw wird klarer; /*choses, situation*/ etw klärt sich [auf]
décapage [dekapaʒ] *m* [*pièce métallique*] Beizen *nt*; [*peinture, vernis, bois*] Abbeizen
décapant, e [dekapɑ̃, ɑ̃t] I. *adj* 1. *produit* Abbeiz-; *pouvoir, vertu* ätzend
2. *article, humour* ätzend; *analyse* schonungslos; ***c'est*** ~ das ist voller Schärfe
II. *m* (*pour métal*) Beizmittel *nt*; (*pour peinture*) Abbeizmittel *nt*
décaper <1> [dekape] *vt* ■ **qn décape qc** *bois, volet* jd beizt etw ab; *chaussée* jd entfernt den Belag von etw; *métal* jd beizt etw
décapitation [dekapitasjɔ̃] *f* Enthauptung *f*
décapiter <1> [dekapite] *vt* 1. (*étêter*) ■ **qn décapite qn/qc** jd enthauptet [*o* köpft] jdn; *fleur* jd köpft etw, jd schlägt einer S. (*dat*) den Kopf ab; ■ **qc décapite qn/qc** /*barre, hélice*/ etw schlägt jdm den Kopf ab; /*tempête*/ *arbre* etw schlägt einer S.(*dat*) die Krone ab
2. (*démanteler*) ■ **qn/qc décapite qc** *parti, réseau de trafiquants* jd/etw macht etw führerlos
décapotable [dekapɔtabl] I. *adj* mit aufklappbarem Verdeck
II. *f* Kabriolett [kabrioˈlɛt, -leː] *nt*
décapoter <1> [dekapɔte] *vt*: ***qn décapote une voiture*** jd klappt das Verdeck eines Autos zurück
décapsuler <1> [dekapsyle] *vt*: ***qn décapsule une bouteille*** jd öffnet eine Flasche
décapsuleur [dekapsylœʀ] *m* Flaschenöffner *m*
décarcasser <1> [dekaʀkase] *vpr fam* ■ **qn se décarcasse [pour qn]** jd rackert sich [für jdn] ab *fam*; ■ **qn se décarcasse [pour faire qc]** jd rackert sich ab [um etw zu tun]
décarreler <3> [dekaʀle] *vt* ■ **qn décarrelle qc** jd entfernt die Kacheln von etw
décathlon [dekatlɔ̃] *m* Zehnkampf *m*
décathlonien, ne [dekatlɔnjɛ̃, jɛn] *m, f* Zehnkämpfer(in) *m(f)*
décavé, e [dekave] *adj* 1. *visage* ausgezehrt; *yeux* ausgehöhlt
2. *joueur* ruiniert
décéder <5> [desede] *vi* + *être form* ■ **qn décède [de qc]** jd stirbt [an etw (*dat*)], jd verstirbt *geh*; ***décédé(e) le 30 mai 1918*** gestorben [*o* gest.] am 30. Mai 1918
décelable [des(ə)labl] *adj* erkennbar, nachweisbar
déceler <4> [des(ə)le] *vt* 1. (*découvrir*) ■ **qn décèle qc** jd entdeckt etw, jd stellt etw fest; *cause, raison* jd findet etw heraus; *intrigue, lacune* jd deckt etw auf; *sentiment, fatigue* jd nimmt etw wahr; ***on a décelé des traces d'arsenic*** man hat Spuren von Arsen gefunden [*o* nachgewiesen]
2. (*indiquer*) ■ **qc décèle qc** etw lässt etw erkennen
décélération [deseleʀasjɔ̃] *f* 1. (*perte de vitesse*) Geschwindigkeitsabnahme *f*, Geschwindigkeitsverlust *m*
2. (*ralentissement de croissance*) Verlangsamung *f*; ***une légère ~ des prix*** eine leichte Verlangsamung der Preissteigerung
décélérer <5> [deselere] *vi* ■ **qc décélère** etw verlangsamt sich
décembre [desɑ̃bʀ] *m* Dezember *m*; ***en ~, au mois de*** ~ im Dezember; ***Toulouse, le 5*** ~ Toulouse, den 5. Dezember; *v. a.* **janvier**
décemment [desamɑ̃] *adv* 1. *s'exprimer, se comporter* anständig; *s'habiller, être vêtu a.* schicklich *geh*
2. (*assez bien*) [ganz] ordentlich
▸ **qn ne peut ~ pas faire qc** jd kann wohl kaum etw tun; ***tu ne peux ~ pas lui refuser ça!*** das kannst du ihm wohl kaum abschlagen!
décence [desɑ̃s] *f* Anstand *m*; ***qn est vêtu(e) avec*** ~ jd ist schicklich gekleidet *geh*; ***qc choque la*** ~ etw verstößt gegen den Anstand, etw ist anstößig
▸ **qn a la ~ de faire qc** jd ist so anständig, etw zu tun; ***il n'a même pas eu la ~ de me répondre*** er hat nicht einmal den Anstand besessen, mir zu antworten
décennal, e <-aux> [desenal, o] *adj* 1. *contrat, garantie* Zehnjahres-, zehnjährig
2. *exposition, fête* zehnjährlich; ***un prix*** ~ ein Preis, der nur alle zehn Jahre vergeben wird
décennie [deseni] *f* Jahrzehnt *nt*
▸ **depuis des ~s** seit Jahrzehnten
décent, e [desɑ̃, ɑ̃t] *adj* 1. (*convenable*) *tenue, comportement* anständig, schicklich *geh*
2. (*acceptable*) *niveau de vie, situation* anständig; *salaire a.* annehmbar; ***elle joue du violon d'une manière ~e*** sie spielt ganz ordentlich Geige
décentrage [desɑ̃tʀaʒ] *m* Dezentrierung *f*
décentralisateur, -trice [desɑ̃tʀalizatœʀ, -tʀis] *adj action, politique* Dezentralisations-, dezentralisierend; ***qn est plutôt*** ~ jd ist eher für die Dezentralisierung
décentralisation [desɑ̃tʀalizasjɔ̃] *f* Dezentralisierung *f*
décentralisé, e [desɑ̃tʀalize] *adj entreprise, administration* in die Provinz verlegt; *cadre, employé* in die Provinz versetzt
décentraliser <1> [desɑ̃tʀalize] I. *vt* ■ **qn décentralise qc** jd dezentralisiert etw
II. *vpr* ■ **qc se décentralise** etw wird dezentralisiert
décentrer <1> [desɑ̃tʀe] I. *vt* ■ **qn décentre qc** jd dezentriert etw
II. *vpr* ■ **qc se décentre** etw dezentriert sich
déception [desɛpsjɔ̃] *f* Enttäuschung *f*
décerner <1> [desɛʀne] *vt* ■ **qn décerne qc [à qn]** *médaille, prix* jd verleiht [jdm] etw, jd zeichnet jdn mit etw aus; ■ **qn décerne qc contre qn** *form mandat d'arrêt* jd stellt etw gegen jdn aus, jd erlässt etw gegen jdn
décès [desɛ] *m form* Tod *m*, Ableben *nt form*; STATIST Sterbefall *m*; ***la cause du*** ~ die Todesursache
▸ **qn constate le ~** jd stellt den Tod fest
décevant, e [des(ə)vɑ̃, ɑ̃t] *adj* enttäuschend; ***qn/qc s'est montré(e)/révélé(e)*** ~ jd/etw hat die Erwartungen enttäuscht
décevoir <12> [des(ə)vwaʀ] *vt* ■ **qn déçoit qn** jd enttäuscht jdn; ■ **qc déçoit qn** jd ist von etw enttäuscht; [***alors là,***] ***tu me déçois!*** [also] da enttäuschst du mich aber!
déchaîné, e [deʃene] *adj passions* entfesselt, hemmungslos; *instincts* ungezügelt; *vent* entfesselt; *mer* tosend; *foule, enfant* außer Rand und Band; ■ **qn est ~ contre qn/qc** jd ist gegen jdn/etw aufgebracht
déchaînement [deʃɛnmɑ̃] *m* [*tempête*] Wüten *nt*; [*mer*] Toben *nt*; [*haine, colère, violence*] Ausbruch *m*; [*passions*] Entfesselung *f*
déchaîner <1> [deʃene] I. *vt* ■ **qn/qc déchaîne qc** *passions* jd/etw entfesselt etw; *enthousiasme a.* jd/etw entfacht etw; *conflit a., indignation, hilarité* jd/etw löst etw aus; ■ **qn/qc déchaîne qc contre qn/qc** *opinion publique, esprits* jd/etw bringt etw gegen jdn/etw auf; *flot d'injures, réactions* jd/etw löst etw gegen jdn/etw aus
II. *vpr* ■ **qc se déchaîne** /*tempête*/ etw wütet, etw tobt; ■ **qn se déchaîne** jd tobt; ■ **qn se déchaîne contre qn/qc** jd wütet gegen jdn/etw
déchanter <1> [deʃɑ̃te] *vi fam* ■ **qn déchante** jd gibt seine Illusionen auf
décharge [deʃaʀʒ] *f* 1. (*dépôt*) Schuttabladeplatz *m*, Mülldeponie *f*; ***~ de surface/souterraine*** oberirdische/unterirdische Mülldeponie
2. (*salve*) [*carabine*] Schüsse *pl*; [*plombs*] Ladung *f*
3. ELEC Schlag *m*
4. MED ■ ~ **de** *d'adrénaline, d'insuline* -stoß *m*
▸ ~ **électrique** elektrischer Schlag; ~ **municipale** städtischer Müllabladeplatz [*o* Schuttabladeplatz]; ~ **nucléaire** Atommülldeponie *f*; ~ **publique** öffentlicher Müllabladeplatz [*o* Schuttabladeplatz]; ~ **sauvage** Müllhalde *f*, wilde Müllkippe; **qn prend [*o* reçoit] une ~** jd elektrisiert sich, jd bekommt einen elektrischen Schlag; **qn signe une ~** jd stellt eine Entlastungsbescheinigung aus; **à sa ~ [il faut dire que** + *indic*] zu seiner/ihrer Entlastung [muss gesagt werden, dass]
déchargement [deʃaʀʒəmɑ̃] *m* 1. [*camion, wagon*] Entladen *nt*, Ausladen *nt*; [*navire*] Löschen *nt*
2. [*arme à feu, obus*] Entladen *nt*
décharger <2a> [deʃaʀʒe] I. *vt* 1. (*vider*) ■ **qn décharge qc** *voiture* jd lädt etw aus; *navire* jd löscht etw; ***qn décharge qc d'un camion/d'une voiture*** jd lädt etw von einem Lastwagen ab/aus einem Auto aus; ■ **qn décharge un animal/qn de qc** jd nimmt einem Tier/jdm etw ab
2. (*débarrasser*) ■ **qn décharge qn de qc** *d'une responsabilité, obligation, corvée, tâche* jd befreit jdn von etw; *d'un travail a.* jd nimmt jdm etw ab; *d'une fonction* jd enthebt jdn einer S. (*gen*) *geh*
3. (*soulager*) ■ **qn décharge qc** jd erleichtert etw; *conscience a.* jd entlastet etw; ***qn décharge sa colère sur qn*** jd lässt seinen Zorn an jdm aus
4. (*tirer*) ■ **qn décharge qc sur qn** jd feuert etw auf jdn ab; ■ **qn décharge qc** *fusil, arme* jd entlädt etw
5. ELEC ■ **qn/qc décharge qc** *batterie* jd/etw entlädt etw
6. JUR ■ **qc décharge qn** etw entlastet jdn
II. *vpr* 1. ■ **qn se décharge de qc sur qn** jd lädt etw auf jdn ab
2. ELEC ■ **qc se décharge** etw entlädt sich
III. *vi fam* (*éjaculer*) ■ **qn décharge** jd spritzt *fam*
décharné, e [deʃaʀne] *adj visage* abgezehrt, ausgemergelt; *corps, personne* abgemagert
déchaussé, e [deʃose] *adj* 1. (*sans chaussures*) ohne Schuhe
2. *dent* locker; *mur* mit bloßliegendem Fundament
déchausser <1> [deʃose] I. *vt* ■ **qn déchausse qn** jd zieht jdm die Schuhe aus; ■ **qn déchausse qc** *skis* jd schnallt etw ab
II. *vpr* 1. ■ **qn se déchausse** jd zieht seine Schuhe aus
2. ■ **qc se déchausse** /*dent*/ etw wird locker
dèche [dɛʃ] *f fam* Misere *f*; ***c'est la ~ complète*** ich bin/wir sind total pleite [*o* blank] *fam*
▸ **qn est dans la ~** jd ist pleite *fam*, bei jdm herrscht Ebbe *fam*
déchéance [deʃeɑ̃s] *f* 1. (*déclin*) Verfall *m*, Zerrüttung *f*; [*civilisation*] Niedergang *m*, Untergang *m*
2. JUR [*souverain*] Absetzung *f*; [*puissance paternelle*] Aberkennung *f*
▸ ~ **morale/physique** seelische/körperliche Zerrüttung
déchet [deʃɛ] *m* 1. *pl* (*restes, ordures*) Abfall *m*
2. *péj* (*personne*) heruntergekommenes Individuum, menschliches Wrack
▸ **~s biodégradables** Biomüll *m*, kompostierbarer Müll; **~s hospitaliers** Klinikmüll *m*; **~s industriels** Industrieabfälle *pl*; **~s nucléaires** [*o* **radioactifs**] Atommüll *m*; **~s toxiques** Giftmüll *m*; **il y a du ~** es muss sehr viel weggeworfen werden; (*tout n'est pas valable*) es ist Ausschuss dabei
déchetterie [deʃɛtʀi] *f* Müllverwertungsanlage *f*
déchiffonner <1> [deʃifɔne] I. *vt* ■ **qn déchiffonne qc** jd glättet etw
II. *vpr* ■ **qc se déchiffonne** etw hängt sich aus
déchiffrable [deʃifʀabl] *adj* entzifferbar; ***qc est facilement/difficilement*** ~ etw ist leicht/schwer zu entziffern
déchiffrage [deʃifʀaʒ] *m* Entziffern *nt*; MUS Notenlesen *nt*; ***qn est fort(e) en*** ~ jd kann gut vom Blatt lesen/spielen/singen
déchiffrement [deʃifʀəmɑ̃] *m* [*hiéroglyphes, texte codé*] Entzifferung *f*, Entschlüsselung *f*
déchiffrer <1> [deʃifʀe] I. *vt* 1. (*décrypter*) ■ **qn déchiffre qc** *message, code* jd entschlüsselt [*o* dechiffriert] etw

2. (*comprendre*) ■ **qn déchiffre qc** *hiéroglyphes, texte* jd entziffert [*o* entschlüsselt] etw; *écriture, mot* jd entziffert etw
3. MUS ■ **qn déchiffre qc** *un morceau* jd liest/spielt/singt etw vom Blatt
4. (*déceler*) ■ **qn déchiffre qc** *intentions* jd durchschaut etw; *sentiments* jd errät etw
II. *vi* MUS ■ **qn déchiffre** jd liest Noten
déchiffreur, -euse [deʃifʀœʀ, -øz] *m, f* Entzifferer/Entzifferin *m/f*
déchiqueté, e [deʃikte] *adj feuille* gezackt; *côte* zerklüftet; *sommet* gezackt
déchiqueter <3> [deʃikte] *vt* ■ **un animal déchiquette qn/qc** ein Tier zerfetzt jdn/etw, ein Tier reißt jdn/etw in Stücke; ■ **qc déchiquette qn/qc** etw zerfetzt jdn/etw
déchirant, e [deʃiʀɑ̃, ɑ̃t] *adj cris* markerschütternd; *spectacle, film, adieux* herzzerreißend; *douleur* reißend
déchirement [deʃiʀmɑ̃] *m* **1.** [*muscle*] Riss *m;* [*tissu*] Zerreißen *nt*
2. (*souffrance*) seelischer Schmerz, großer Kummer
3. (*divisions*) Uneinigkeit *f,* Zwietracht *f;* POL, REL Spaltung *f*
déchirer <1> [deʃiʀe] **I.** *vt* **1.** (*déchiqueter*) ■ **qn déchire qc** *papier, tissu* jd zerreißt etw; ***qn déchire qc en morceaux*** jd reißt etw in Stücke
2. (*faire un accroc*) ■ **qn déchire qc** *vêtement* jd reißt ein Loch in etw (*akk*); ***sa robe était toute déchirée*** ihr Kleid war völlig zerrissen
3. (*couper sans instrument*) ■ **qn déchire qc** *enveloppe* jd reißt etw auf; *tissu, papier* jd reißt etw in zwei Stücke
4. (*troubler*) ■ **qc déchire qc** / *bruit, cri*/ *l'air, le silence* etw zerreißt etw
5. (*faire souffrir*) ■ **qc déchire qn** etw zerreißt jdm das Herz; ■ **qn/qc lui déchire qc** jd/etw zerreißt jdm etw; ***la toux me déchire la poitrine*** der Husten zerreißt mir die Lunge; ***le bruit me déchire les tympans/les oreilles*** der Lärm bringt mein Trommelfell zum Platzen/dröhnt mir in den Ohren; ■ **qn est déchiré(e)** [**par qc**] jd ist innerlich zerrissen; *par le remords, la douleur* jd ist/wird von etw gepeinigt
6. (*diviser*) ■ **qc déchire qc** *parti, pays* etw spaltet etw, etw entzweit etw
II. *vpr* **1.** (*rompre*) ■ **qc se déchire** /*sac*/ etw reißt [auf]; /*vêtement*/ etw reißt ein, etw bekommt einen Riss; /*nuages*/ etw reißt auf; /*cœur*/ etw bricht
2. MED ■ **qn se déchire qc** *main* jd reißt sich (*dat*) etw blutig; ***qn se déchire un muscle*** jd zieht sich (*dat*) einen Muskelriss zu
3. (*se quereller*) ■ **deux personnes se déchirent** zwei Menschen zerfleischen sich gegenseitig
déchirure [deʃiʀyʀ] *f* [*vêtement*] Riss *m;* ***le soleil perce par une ~ des nuages*** die Sonne dringt durch einen Spalt in den Wolken
► ~ **ligamentaire** Bänderriss *m;* ~ **musculaire** Muskel[faser]riss *m*
déchoir <*irr*> [deʃwaʀ] *vi* ■ **qn déchoit de qc** *de son rang, poste* jd büßt etw ein; ■ **qn déchoit** jd sinkt tief, jd erniedrigt sich; ■ **qc déchoit** *vieilli* /*popularité*/ etw sinkt
déchristianisation [dekʀistjanizasjɔ̃] *f* Säkularisierung *f*
déchristianiser <1> [dekʀistjanize] **I.** *vt* ■ **qn déchristianise qn/qc** jd säkularisiert jdn/etw, jd entfremdet jdn/etw dem Christentum
II. *vpr* ■ **qn/qc se déchristianise** jd/etw säkularisiert sich
déchu, e [deʃy] *adj* **1.** *souverain* gestürzt, abgesetzt
2. JUR ■ **qn est ~ de qc** *d'un droit* jdm wird etw aberkannt, jd geht einer S. (*gen*) verlustig *form; d'une fonction* jd wird einer S. (*gen*) enthoben
3. REL gefallen
décibel [desibɛl] *m* Dezibel *nt*
décidé, e [deside] *adj air, allure* entschlossen; *personne a.* resolut; *ton* bestimmt, entschieden; ■ **qn est ~ à faire qc** jd ist entschlossen etw zu tun; ***j'y suis*** ~ ich bin dazu entschlossen; ***qn est ~ à tout*** jd ist zu allem entschlossen
► **c'est** [**une**] **chose ~e** das ist beschlossene Sache; **c'est** ~, … jetzt steht es fest, …
décidément [desidemɑ̃] *adv* **1.** (*ça alors*) also wirklich
2. (*en fait*): ***oui, ~, c'est bien lui le meilleur!*** ja, er ist entschieden der Bessere!; ***oui, ~, vous avez raison*** Sie haben ganz entschieden recht; ***non, ~, il vaut mieux laisser tomber!*** das lassen wir wirklich lieber bleiben!; ***non, ~, ça ne marchera pas*** nein, das wird wirklich nicht klappen
décider <1> [deside] **I.** *vt* **1.** (*prendre une décision*) ■ **qn décide qc/de faire qc** jd beschließt etw/etw zu tun; ■ **qn décide que** + *indic* jd beschließt, dass
2. (*persuader*) ■ **qn décide qn à qc/à faire qc** jd bewegt [*o* veranlasst] jdn zu etw/dazu, etw zu tun
II. *vi* ■ **qn décide de qc** jd bestimmt etw, jd befindet [*o* entscheidet] über etw (*akk*)
III. *vpr* **1.** (*être fixé*) ■ **qc se décide** etw entscheidet sich
2. (*prendre une décision*) ■ **qn se décide** [**à faire qc**] jd entschließt sich [dazu, etw zu tun]; ***tu te décides oui ou non?*** entscheidest du dich nun endlich?; ***il ne se décidait pas à partir*** er machte keine Anstalten zu gehen; ■ **qn se décide** [**pour qc**] jd entscheidet sich [für etw]
3. METEO ■ **qc se décide à faire qc** etw tut endlich etw; ***le brouillard s'est décidé à tomber*** der Nebel hat sich endlich aufgelöst; ***va-t-il enfin se ~ à neiger/pleuvoir*** wird es endlich schneien/regnen?
décideur, -euse [desidœʀ, -øz] *m, f* Entscheidungsträger(in) *m(f)*
décigramme [desigʀam] *m* Dezigramm *nt*
décilitre [desilitʀ] *m* Deziliter *m*
décimal, e <-aux> [desimal, o] *adj* dezimal, Dezimal-; ***la division ~e*** das dezimale Bruchrechnen; ***la numération ~e*** das dezimale Zahlensystem, das Dezimalsystem; ***3,14 est un nombre ~*** 3,14 ist eine Dezimalzahl; ***le système ~*** das metrische System
décimale [desimal] *f* Dezimale *f,* Dezimalstelle *f*
décimer <1> [desime] *vt* ■ **qn/qc décime des personnes/qc** jd/etw dezimiert Menschen/etw
décimètre [desimɛtʀ] *m* Dezimeter *m o nt*
► **double** ~ *Lineal von 20 cm Länge*
décisif, -ive [desizif, -iv] *adj moment, tournant* entscheidend; *argument, preuve a.* ausschlaggebend; *intervention, rôle, influence a.* maßgeblich; *ton* entschieden, bestimmend; *bataille* entscheidend, Entscheidungs-
décision [desizjɔ̃] *f* **1.** (*choix*) Entscheidung *f;* ***une ~ irrévocable*** ein unwiderruflicher Entschluss; ***la ~ prise lors de l'assemblée générale*** der auf der Vollversammlung gefasste Beschluss
2. (*fermeté*) Entschiedenheit *f,* Bestimmtheit *f;* ***esprit de ~*** Entschlusskraft *f*
► ~ **administrative** behördlicher Bescheid, behördliche Verfügung; ~ **judiciaire** gerichtlicher Entscheid, gerichtliche Entscheidung; **qn/qc emporte la** ~ jd/etw ist ausschlaggebend [*o* gibt den Ausschlag]; **qn montre de la** ~ jd zeigt sich sehr entschlossen; **qn prend une** ~ jd trifft eine Entscheidung, jd fasst einen Entschluss; **qn prend la ~ de faire qc** jd fasst den Entschluss, etw zu tun; **qn soumet qc à la ~ de qn** jd legt jdm etw zur Entscheidung vor
décisionnel, le [desizjɔnɛl] *adj* Entscheidungs-
déclamation [deklamasjɔ̃] *f* **1.** (*art de déclamer*) Vortragskunst *f,* Deklamation *f*
2. (*fait de déclamer*) Vortragen *nt,* Deklamieren *nt*
3. *péj* (*langage affecté*) [leere] Deklamation; ***qn tombe dans la ~*** jd verfällt ins Deklamieren
déclamatoire [deklamatwaʀ] *adj* deklamatorisch, übertrieben betont
déclamer <1> [deklame] **I.** *vt* ■ **qn déclame qc** *poème, vers* jd trägt etw vor, jd deklamiert etw
II. *vi littér* ■ **qn déclame contre qn/qc** jd ergeht sich in Schimpfreden gegen jdn/etw *geh*
déclarable [deklaʀabl] *adj marchandise* verzollbar; *revenus* versteuerbar
déclaratif, -ive [deklaʀatif, -iv] *adj* **1.** *phrase, verbe* Aussage-
2. *jugement* deklaratorisch
déclaration [deklaʀasjɔ̃] *f* **1.** (*discours*) [öffentliche] Erklärung
2. (*propos*) Erklärung *f,* Aussage *f*
3. (*témoignage*) Aussage *f*
4. ADMIN (*enregistrement*) [*décès, changement de domicile*] Meldung *f;* [*naissance a.*] Anmeldung
5. ADMIN (*formulaire*) ■ ~ **de** *d'accident, de sinistre* -meldung *f; d'impôts, de revenus* -erklärung *f; de perte, de vol* -anzeige *f*
► ~ **télévisée** Fernseherklärung *f;* **qn fait une** ~ jd gibt eine Erklärung ab; **qn fait une** ~ [**d'amour**] **à qn** jd macht jdm eine Liebeserklärung, jd erklärt sich jdm
◆ **déclaration d'amour** Liebeserklärung *f;* **déclaration de faillite** Konkursanmeldung *f;* **déclaration de guerre** Kriegserklärung *f;* **déclaration des droits de l'homme et du citoyen** Erklärung *f* der Menschen- und Bürgerrechte; **déclaration d'utilité publique** Gemeinnützigkeitserklärung *f*
déclaré, e [deklaʀe] *adj socialiste, athée, ennemi* erklärt; ***qn est l'ennemi ~ de qn*** jd ist jds erklärter [*o* eingeschworener] Feind
déclarer <1> [deklaʀe] **I.** *vt* **1.** (*annoncer*) ■ **qn déclare qc** [**à qn**] jd erklärt [jdm] etw; *intentions, projets* jd eröffnet jdm etw, jd gibt jdm etw bekannt; ***qn déclare son amour à qn*** jd erklärt jdm seine Liebe; ■ **qn déclare que** + *indic* jd erklärt, dass; ■ **qn déclare qn/qc …** + *subst* jd erklärt jdn/etw zu …; + *adj* jd erklärt jdn/etw für …; ***le jury l'a déclarée reine de la soirée*** die Jury hat sie zur Königin des Abends erklärt; ***on l'a déclaré coupable*** man hat ihn für schuldig erklärt
2. ADMIN (*enregistrer*) ■ **qn déclare qn/qc** [**à qn**] *employés, personnel* jd meldet jdn/etw [bei jdm] an; *marchandise a.* jd deklariert etw [bei jdm]; *décès, naissance, changement d'adresse* jd meldet etw [bei jdm]; ***qn déclare ses revenus au fisc*** jd gibt dem Finanzamt seine Einkünfte an
► [**vous n'avez**] **rien à ~?, vous avez quelque chose à ~?** haben Sie etwas zu verzollen [*o* anzumelden]?
II. *vpr* **1.** (*se manifester*) ■ **qc se déclare** /*incendie, orage*/ etw bricht aus; /*fièvre, maladie a.*/ etw kommt zum Ausbruch
2. (*se prononcer*) ■ **qn se déclare pour/contre qc** jd erklärt sich für/gegen etw, jd spricht sich für/gegen etw aus
3. (*se dire*) ■ **qn se déclare …** + *subst* jd erklärt, … zu sein; jd erklärt sich …; ***il s'est déclaré l'auteur du crime*** er erklärte, der Täter zu sein; ***elle s'est déclarée satisfaite de cette solution*** sie erklärte sich zufrieden mit dieser Lösung
4. ■ **qn se déclare** [**à qn**] jd erklärt sich jdm, jd erklärt jdm seine Liebe
déclassement [deklɑsmɑ̃] *m* Zurückstufung *f*
► ~ **social** sozialer Abstieg, soziale Deklassierung
déclasser <1> [deklɑse] *vt* **1.** (*rétrograder*) ■ **qn déclasse qc** *routes, hôtel* jd stuft etw herunter; ■ **qn déclasse qn** *sportif* jd stuft jdn zurück
2. (*déranger*) ■ **qn déclasse qc** jd bringt etw in Unordnung; ■ **qc est déclassé(e)** etw ist in Unordnung geraten
déclenchement [deklɑ̃ʃmɑ̃] *m* **1.** TECH Auslösung *f,* Auslösen *nt*
2. [*attaque, hostilités, grève*] Auslösung *f;* [*rire*] Auslösen *nt*
déclencher <1> [deklɑ̃ʃe] **I.** *vt* **1.** TECH ■ **qn/qc déclenche qc** jd/etw löst etw aus
2. (*provoquer*) ■ **qn/qc déclenche qc** *réaction, conflit, grève* jd/etw löst etw aus; *offensive* jd leitet etw ein; *rire, colère* jd/etw löst etw aus
II. *vpr* ■ **qc se déclenche** /*mécanisme*/ etw geht los, etw kommt in Gang; /*attaque, grève*/ etw bricht aus
déclencheur [deklɑ̃ʃœʀ] *m* Auslöser *m*
► ~ **à retardement** Selbstauslöser *m;* ~ **souple** Drahtauslöser *m*
déclic [deklik] *m* **1.** (*mécanisme*) Ausklinkvorrichtung *f,* Auslöseknopf *m*
2. (*bruit*) Klicken *nt*
► **c'est/ça a été le** ~ der Groschen fällt/ist gefallen *fam*
déclin [deklɛ̃] *m* [*forces physiques et mentales*] Nachlassen *nt,* Schwinden

nt; [*popularité*] Abnehmen *nt,* Schwinden; [*jour*] Abnehmen; [*soleil*] Untergehen *nt,* Sinken *nt;* [*civilisation*] Niedergang *m;* ***au ~ du jour*** als der Tag sich neigte; ***le ~ de l'Occident*** der Untergang des Abendlandes
► **[qn/qc est] en ~** [jd/etw ist] im Niedergang begriffen; **qn est sur le ~** jd ist auf dem absteigenden Ast; */malade/* mit jdm geht es dem Ende zu; **qc est sur le ~** */civilisation/* etw ist im Niedergang [begriffen]; */prestige/* etw ist im Sinken; */santé/* etw wird schlechter; */forces/* etw nimmt ab; */jour/* etw neigt sich [zu Ende]

déclinable [deklinabl] *adj* deklinierbar, deklinabel

déclinaison [deklinɛzɔ̃] *f* GRAM, ASTRON Deklination *f*

décliner <1> [dekline] I. *vt* ■ **qn décline qc** 1. (*refuser*) jd weist etw zurück, jd lehnt etw ab
2. GRAM jd dekliniert etw
3. *identité, qualités* jd gibt etw an
II. *vi* 1. ■ **qc décline** */jour/* etw nimmt ab, etw neigt sich *geh;* */forces, santé/* etw nimmt ab, etw schwindet *geh;* */prestige/* etw sinkt
2. ASTRON */soleil, lune/* etw geht unter, etw sinkt; */astre/* etw weicht ab [vom Himmelsäquator]
III. *vpr* GRAM ■ **qc se décline** etw kann dekliniert werden

déclivité [deklivite] *f* Abschüssigkeit *f,* Gefälle *nt*

décloisonner <1> [deklwazɔne] *vt* ■ **qn décloisonne qc** jd baut die Trennwände zwischen etw (*dat*) ab

déclouer <1> [deklue] *vt* ■ **qn décloue qc** jd zieht die Nägel aus etw heraus; (*défaire*) *planche* jd macht etw ab; (*ouvrir*) *caisse* jd macht etw auf

décocher <1> [dekɔʃe] *vt* ■ **qn décoche qc [à qn]** *flèche* jd schießt etw [auf jdn] ab; *coup* jd versetzt [jdm] etw; *remarque, mot d'esprit* jd lässt etw vom Stapel *fam; réponse* jd versetzt jdm etw, jd schleudert jdm etw entgegen; *regard, œillade* jd wirft jdm etw zu

décoction [dekɔksjɔ̃] *f* Abkochung *f,* Dekokt *nt*

décodage [dekɔdaʒ] *m* 1. [*information, message*] Dekodierung *f,* Entschlüsselung *f*
2. LING Decodieren *nt*

décoder <1> [dekɔde] *vt* ■ **qn décode qc** *message* jd dekodiert [*o* decodiert] etw, jd entschlüsselt etw

décodeur [dekɔdœʀ] *m* Dekodiergerät *nt,* Decoder *m*

décoiffer <1> [dekwafe] I. *vt* ■ **qn/qc décoiffe qn** jd/etw zerzaust jds Haare, jd/etw bringt jds Haare durcheinander; ■ **qn est [tout(e)] décoiffé(e)** jd ist [ganz] zerzaust
II. *vi* ► **ça décoiffe** *fam* [das ist der] Wahnsinn *fam,* das ist echt geil *sl*

décoincer <2> [dekwɛ̃se] I. *vt* 1. (*dégager*) ■ **qn décoince qn/qc** *pied, doigt* jd zieht jdn/etw heraus; *porte, tiroir* jd bekommt [*o* kriegt *fam*] etw auf; *pièce de monnaie, jeton* jd bekommt [*o* kriegt *fam*] etw heraus
2. *fam* (*détendre*) ■ **qn/qc décoince qn** jd/etw macht jdn locker
II. *vpr fam* ■ **qn se décoince** jd wird lockerer

décolérer <5> [dekɔleʀe] *vi* 1. ■ **qn ne décolère pas** jd ist immer noch wütend, jd beruhigt sich [noch] nicht; ■ **qn ne décolère pas contre qn** jds Zorn auf jdn ist noch nicht verraucht
2. *fig littér* ■ **qc ne décolère pas** */mer/* etw beruhigt sich nicht; */volcan a./* etw speit weiterhin Feuer; */vent/* etw legt sich nicht; */ouragan/* etw wütet noch immer; */éléments naturels/* etw ist immer noch in Aufruhr *geh*

décollage [dekɔlaʒ] *m* 1. [*avion*] Start *m,* Abheben *nt;* ***au ~ et à l'atterrissage*** beim Start und bei der Landung
2. [*papier peint, timbre-poste*] Ablösen *nt,* Abmachen *nt fam;* [*pansement adhésif*] Entfernen *nt,* Abmachen *fam*
3. ECON [*industrie, pays*] Aufschwung *m,* Boom [buːm] *m;* [*ventes*] Anlauf *m*
► **~ économique** wirtschaftlicher Aufschwung

décollement [dekɔlmɑ̃] *m* (*fait d'être décollé*) Abgehen *nt;* [*papier peint, moquette*] Ablösen *nt;* [*carrelage a.*] Loslösen *nt,* Ablösen; ***il a constaté un ~ des carrelages*** er stellte fest, dass die Kacheln sich gelöst hatten
◆ **décollement de la rétine** Netzhautablösung *f;* **décollement des oreilles** abstehende Ohren *pl*

décoller <1> [dekɔle] I. *vt* 1. ■ **qn décolle qc [de qc]** jd löst [*o* macht *fam*] etw [von etw] ab; *papier peint a.* jd entfernt etw [von etw]; ■ **qc décolle qc** durch etw löst sich etw, durch etw geht etw ab *fam;* ***l'humidité a décollé le papier peint*** durch die Feuchtigkeit hat sich die Tapete gelöst [*o* ist die Tapete abgegangen]
2. *fam* ■ **qn ne décolle pas qn** jd weicht nicht von jds Seite, jd klebt an jdm wie eine Klette *fam*
II. *vi* 1. AVIAT ■ **qn décolle [de qc]** jd fliegt [von etw] ab; ■ **qc décolle [de qc]** etw startet [von etw]; *de la piste a.* etw hebt [von etw] ab; ***nous décollons à 13 h 00*** wir fliegen [*o* unser Flugzeug fliegt] um 13 Uhr ab
2. SPORT ■ **qn/qc décolle [de qc]** *de la route, piste* etw hebt [von etw] ab; */skieur a./* jd springt [von etw] ab; */cycliste/ du peloton* jd löst sich [von etw]
3. (*prendre de l'essor*) ■ **qc décolle** */pays/* etw nimmt [*o* erlebt] einen wirtschaftlichen Aufschwung; */économie/* etw nimmt [*o* erlebt] einen Aufschwung; */production/* etw läuft an; */affaires, commerce/* etw floriert; */science/* etw entwickelt sich
4. (*avoir du succès*) ■ **qn décolle** jds Ansehen steigt
5. (*s'améliorer*) ■ **qn/qc décolle** */prestige, popularité/* etw steigt [an]; */audience/* etw nimmt zu; */élève, sportif/* jd verbessert sich [plötzlich]; */acteur/* jd hat [plötzlich] Erfolg
6. *fam* ■ **qn ne décolle pas [de qc]** *du lit, du fauteuil* jd kommt [aus etw] nicht hoch *fam; d'un lieu, de devant la télé* jd kommt [von etw] nicht weg *fam;* ■ **qn ne décolle pas de chez qn** jd bleibt bei jdm hängen *fam,* jd kommt nicht von jdm weg *fam*
7. *fam* (*maigrir*) ■ **qn décolle** jd magert ab, jd fällt vom Fleisch *fam*
III. *vpr* ■ **qc se décolle** */carrelages/* etw löst sich; */timbre a./* etw geht ab

décolleté, **e** [dekɔlte] I. *adj* 1. *vêtement* [tief] ausgeschnitten; ***~ dans le dos/devant*** hinten/vorne [tief] ausgeschnitten
2. *personne* dekolletiert; ***des demoiselles très ~es*** tief dekolletierte Mädchen
II. *m* Dekolletee *nt,* [tiefer] Ausschnitt
► **un beau ~** ein gutes Dekolletee; **~ carré** viereckiger Ausschnitt; **en grand ~** mit großem Dekolletee; **~ plongeant** tiefes Dekolletee, tiefer Ausschnitt
◆ **décolleté bateau** U-Boot-Ausschnitt *m;* **décolleté en pointe** [*o* **en V**] V-Ausschnitt ['fau-] *m*

décolleter <3> [dekɔlte] I. *vt* 1. ■ **qc décollette qn** etw zeigt jds Dekolletee, etw lässt jds Dekolletee sehen
2. (*échancrer*) ■ **qn décollette qc** *vêtement* jd dekolletiert etw, jd macht einen Ausschnitt an etw (*akk*); ***tu n'as pas assez décolleté le pull*** du hast den Ausschnitt an dem Pullover nicht tief genug gemacht [*o* angesetzt]
II. *vpr* ■ **qn se décollette** jd trägt tief dekolletierte Kleider

décolonisation [dekɔlɔnizasjɔ̃] *f* 1. Dekolonisierung *f,* Entkolonisierung *f*
2. *fig* [*administration*] Entbürokratisierung *f*

décoloniser <1> [dekɔlɔnize] *vt* ■ **qn décolonise qn/qc** *pays, habitants* jd dekolonisiert [*o* entkolonisiert] jdn/etw, jd lässt jdn/etw in die Unabhängigkeit; *province* jd macht etw unabhängig

décolorant, **e** [dekɔlɔʀɑ̃, ɑ̃t] I. *adj action, pouvoir* entfärbend, bleichend; ***produit ~*** Bleichmittel *nt,* Entfärbungsmittel *nt;* ***shampooing ~*** aufhellendes Shampoo
II. *m* Bleichmittel *nt;* (*pour textiles a.*) Entfärber *m;* (*pour cheveux a.*) Aufheller *m*

décoloration [dekɔlɔʀasjɔ̃] *f* Bleichen *nt;* [*textiles a.*] Entfärben *nt;* [*cheveux a.*] Aufhellen *nt;* [*rideaux, tapisserie*] Ausbleichen, Verschießen *nt;* [*matière*] Verblassen *nt;* ***la coiffeuse fait une ~ à une cliente*** die Friseuse bleicht einer Kundin das Haar
► **qn se fait/se fait faire une ~** jd bleicht sich (*dat*) das Haar/jd lässt sich (*dat*) das Haar bleichen

décoloré, **e** [dekɔlɔʀe] *adj papier, affiches* vergilbt; *rideaux, vêtement* verschossen; *cheveux, poils* gebleicht, aufgehellt; *lèvres* farblos, blutleer; *couleur* verwaschen; ***son chemisier est ~ par de nombreux lavages*** ihre Bluse hat durchs viele Waschen die Farbe verloren; ***des géraniums ~s*** farblose [*o* verblasste] Geranien

décolorer <1> [dekɔlɔʀe] I. *vt* ■ **qc décolore qc** */décolorant/* etw bleicht etw, etw entfärbt etw; */lumière/* durch etw verschießt [*o* verbleicht] etw; ■ **qn décolore qc [à/avec qc]** *tissus, vêtements* jd bleicht etw [mit etw], jd entfärbt etw [mit etw]; *cheveux a.* jd hellt etw [mit etw] auf
II. *vpr* 1. (*perdre sa couleur*) ■ **qc se décolore** */cheveux/* etw bleicht; */étoffe/* (*au soleil*) etw bleicht aus [*o* verbleicht]; (*au lavage*) etw verliert die Farbe; ***les rideaux se sont décolorés au soleil*** die Vorhänge sind in der Sonne verschossen
2. ■ **qn se décolore qc** *cheveux, poils* jd bleicht sich (*dat*) etw, jd hellt sich (*dat*) etw auf

décombres [dekɔ̃bʀ] *mpl* Trümmer *pl; fig a.* Überreste *pl*

décommander <1> [dekɔmɑ̃de] I. *vt* ■ **qn décommande qn** jd sagt jdm ab; *invité a.* jd lädt jdn aus *fam;* ■ **qn décommande qc** *rendez-vous, invitation, réunion* jd sagt etw ab; *marchandise* jd bestellt etw ab
II. *vpr* ■ **qn se décommande** jd sagt ab

décompacter <1> [dekɔ̃pakte] *vt* INFORM ■ **qn décompacte qc** jd dekomprimiert etw, jd dearchiviert etw

décomplexé, **e** [dekɔ̃plɛkse] *adj fam* frei von Komplexen, ohne Hemmungen; ***une personne ~e*** ein Mensch *m* ohne Hemmungen; ein Mensch, der keine Hemmungen [*o* Komplexe] hat

décomplexer <1> [dekɔ̃plɛkse] *vt fam* ■ **qn/qc décomplexe qn** jd/etw nimmt jdm seine Komplexe

décomposable [dekɔ̃pozabl] *adj* ■ **~ [en qc]** PHYS, MATH, GRAM zerlegbar [in etw (*akk*)]; CHIM *a.* zersetzbar; ***ce texte est ~ en trois parties*** dieser Text kann in drei Teile untergliedert [*o* unterteilt] werden

décomposé, **e** [dekɔ̃poze] *adj* 1. *substance organique* zersetzt; *cadavre* verwest
2. *visage, traits* verzerrt, entstellt

décomposer <1> [dekɔ̃poze] I. *vt* 1. CHIM, PHYS, MATH, GRAM (*diviser*) ■ **qn/qc décompose qc [en qc]** jd zerlegt etw [in etw (*akk*)]; ***l'électrolyse décompose l'eau en hydrogène et en oxygène*** mit Hilfe der Elektrolyse kann man Wasser in Wasserstoff und Sauerstoff zerlegen
2. (*analyser*) ■ **qn décompose qc** *idée* jd analysiert etw; *problème, savoir a.* jd zerlegt etw, jd zergliedert etw, jd gliedert etw auf
3. (*détailler*) ■ **qn/qc décompose qc** jd/etw demonstriert [*o* zeigt] etw im Einzelnen, jd/etw führt etw im Einzelnen vor
4. (*altérer*) ■ **qc décompose qc** *substance organique, chair* etw zersetzt etw; *visage, traits* etw verzerrt etw, etw entstellt etw; *fig société, morale* etw ist zersetzend [für etw], etw wirkt sich zersetzend [für etw] aus
II. *vpr* 1. CHIM, PHYS, MATH, GRAM (*se diviser*) ■ **qc se décompose [en qc]** etw lässt sich [in etw (*akk*)] zerlegen; */phrase a./* etw lässt sich zergliedern
2. (*pouvoir s'analyser*) ■ **qc se décompose [en qc]** */problème, idée, savoir/* etw lässt sich [in etw (*akk*)] zergliedern [*o* aufgliedern] [*o* zerlegen]
3. (*se détailler*) ■ **qc se décompose en qc** */mouvement, procédure/* etw besteht aus etw
4. (*s'altérer*) ■ **qc se décompose** */substance organique/* etw zersetzt sich; */cadavre/* etw verwest; */visage, traits/* etw verzerrt sich, etw verzieht sich; *fig /société/* etw löst sich auf, etw zerfällt

décomposition [dekɔ̃pozisjɔ̃] *f* 1. CHIM, PHYS, MATH ■ **~ [de qc] [en qc]** Zerlegung *f* [einer S. (*gen*)] [in etw (*akk*)]
2. (*analyse*) [*problème, difficulté*] Zergliederung *f,* genaue Analyse
3. (*putréfaction*) ■ **~ [de qc]** [*substance organique*] Zersetzung *f* [einer S. (*gen*)]; [*cadavre*] Verwesung *f* [einer S. (*gen*)]

4. ■ ~ **de qc**: ***la ~ de son visage/ de ses traits*** sein/ihr verzerrtes Gesicht/ seine/ihre verzerrten Gesichtszüge
5. *(détail)* [*mouvement*] genaue Demonstration, Vorführung *f* im Einzelnen
6. *fig* *(chute)* [*civilisation, État*] Auflösung *f;* [*valeurs, société*] Zerfall *m*
▸ **état** de ~ **avancée** Zustand *m* fortgeschrittener Verwesung; **en** [**état de**] ~ */cadavre/* in Verwesung übergegangen, in einem Zustand der Verwesung; */matière organique/* in Fäulnis übergegangen, am Verfaulen; *fig /société, civilisation/* im Verfall begriffen; */idéologie, valeurs morales/* im Zerfall begriffen

décompresser <1> [dekɔ̃pʀese] I. *vi fam* ■ **qn décompresse** jd spannt aus *fam,* jd entspannt sich
II. *vt* INFORM ■ **qn décompresse qc** jd dearchiviert etw, jd dekomprimiert etw

décompression [dekɔ̃pʀesjɔ̃, dekɔ̃pʀɛsjɔ̃] *f* 1. TECH Druckverminderung *f,* Dekompression *f;* ***la soupape de ~*** das Überdruckventil
2. *fam* *(détente)* Entspannung *f;* ***au moment de la ~, il a craqué*** als er endlich zur Ruhe kam, brach er zusammen
3. INFORM Entkomprimierung *f*
4. MED: ***accident de ~*** Caissonkrankheit *f,* Taucherkrankheit *f*

décomprimer <1> [dekɔ̃pʀime] *vt* TECH ■ **qn/qc décomprime qc** *air, gaz* jd/etw vermindert den Druck einer S. (*gen*)

décompte [dekɔ̃t] *m* 1. *(compte)* [*bulletins de vote*] Auszählung *f;* [*points*] Zusammenzählen *nt,* Zusammenrechnen *nt;* ***le ~ des heures supplémentaires*** die Aufstellung der Überstunden
2. *(facture)* Abrechnung *f,* [aufgeschlüsselte] Rechnung
3. *(déduction)* Abzug *m* [einer Summe (*gen*)]
▸ **qn fait le ~ [de qc]** *(calcule la somme totale)* jd errechnet die Gesamtsumme, jd rechnet etw zusammen; *(établit le détail)* jd macht eine [detaillierte] Aufstellung [einer S. (*gen*)]; *(calcule la réduction)* jd zieht die Summe ab, jd bringt etw in Abzug, jd rechnet etw ab; **qc vient en ~ de qc** etw wird von etw abgezogen

décompter <1> [dekɔ̃te] *vt* 1. *(dénombrer)* ■ **qn décompte qc** *votes* jd zählt etw [aus]; *objets* jd zählt etw auf
2. *(déduire)* ■ **qn décompte qc** jd zieht etw ab

déconcentration [dekɔ̃sɑ̃tʀasjɔ̃] *f* 1. ADMIN Dekonzentration *f*
2. *(distraction)* Unachtsamkeit *f*

déconcentré, e [dekɔ̃sɑ̃tʀe] *adj* unkonzentriert

déconcentrer <1> [dekɔ̃sɑ̃tʀe] I. *vt* 1. ADMIN, ECON ■ **qn déconcentre qc** jd dekonzentriert etw
2. *(dévier l'attention de qn)* ■ **qn/qc déconcentre qn** jd/etw bringt jdn aus dem Konzept; ***qn déconcentre son attention*** [***de qc***] jd lenkt seine Aufmerksamkeit [von etw] ab, jd passt auf etw (*akk*) nicht auf
II. *vpr* ■ **qn se déconcentre** jd lässt sich aus dem Konzept bringen

déconcertant, e [dekɔ̃sɛʀtɑ̃, ɑ̃t] *adj* verwirrend; *nouvelles* beunruhigend; *facilité, rapidité* erstaunlich, verblüffend *fam;* ***elle est ~e*** bei ihr weiß man nicht, woran man ist; ***une facilité de conduite ~e!*** erstaunlich, wie leicht der Wagen sich fährt!

déconcerter <1> [dekɔ̃sɛʀte] *vt* *(troubler)* ■ **qn/qc déconcerte qn** jd/etw verwirrt jdn, jd/etw bringt jdn durcheinander; *(décontenancer)* jd/etw bringt jdn aus der Fassung

déconfit, e [dekɔ̃fi, it] *adj personne* niedergeschlagen, geknickt *fam; air, mine* betreten

déconfiture [dekɔ̃fityʀ] *f* 1. *fam* *(faillite)* Bankrott *m,* finanzieller Ruin, Pleite *f fam;* ***l'entreprise est au bord de la ~*** das Unternehmen steht kurz vor der Pleite *fam*
2. *fam* *(chute)* [*parti politique, État*] Zusammenbruch *m,* Pleite *f fam;* [*valeurs morales*] Zerfall *m;* [*armée*] Scheitern *nt*
3. JUR Zahlungsunfähigkeit *f*
▸ **qn/qc est en [pleine]** ~ *fam /entreprise, personne/* jd/etw ist [total] pleite *fam;* *(est sur le point de)* jd/etw steht kurz vor der [totalen] Pleite *fam; /parti, pays/* etw steht vor dem Zusammenbruch; **qc tourne à la ~** *fam /campagne militaire/* etw wird zu einer Niederlage; */projet/* etw wird [*o* entpuppt sich als] ein Misserfolg [*o* eine Pleite *fam*]

décongélation [dekɔ̃ʒelasjɔ̃] *f* Auftauen *nt*

décongeler <4> [dekɔ̃ʒle] I. *vt* ■ **qn décongèle qc** jd taut etw auf
II. *vi* ■ **qc décongèle** etw taut auf

décongestionner <1> [dekɔ̃ʒɛstjɔne] *vt* 1. MED ■ **qc décongestionne qc** *œil, hématome* etw schwillt etw ab, etw bringt etw zum Abschwellen; *nez a., poumons* etw macht etw frei
2. *fig* *(désengorger)* ■ **qn/qc décongestionne qc** *quartier, réseau routier* jd/etw entlastet etw

déconnecter <1> [dekɔnɛkte] I. *vt* 1. ELEC ■ **qn déconnecte qc** jd unterbricht etw; *circuit a.* jd schaltet etw ab
2. *fig* *(séparer)* ■ **qn/qc déconnecte qn/qc [de qc]** jd/etw trennt jdn/etw [von etw]; *du travail* jd/etw bringt jdn aus etw heraus; ***déconnecté(e) de la vie/ du monde*** lebensfern/weltfremd
II. *vi fam* ■ **qn déconnecte** jd schaltet ab *fam*
III. *vpr* ■ **qn se déconnecte de qc** *de son travail* jd vergisst etw, jd schaltet von etw ab; *de ses soucis a.* jd macht sich von etw frei

déconner <1> [dekɔne] *vi fam* 1. *(dire des bêtises)* ■ **qn déconne** jd redet Mist [*o* Stuss] *fam*
2. *(faire des bêtises)* jd macht Mist [*o* Stuss] *fam,* jd baut Scheiße *sl*
3. *(être détraqué)* ■ **qn/qc déconne [complètement]** jd/etw spinnt [total] *fam,* jd dreht [total] durch *fam*
▸ **faut pas ~** da hört sich doch alles auf *fam,* die spinnen wohl *fam;* **déconne pas!** *(ne fais pas l'imbécile)* mach bloß keinen Mist [*o* Scheiß *sl*]! *fam;* *(sans blague)* red keinen Mist [*o* Stuss]! *fam,* spinn nicht rum! *fam*

déconseillé, e [dekɔ̃seje] *adj* nicht empfehlenswert, nicht zu empfehlen; ■ **il est ~ de faire qc** es ist nicht ratsam, etw zu tun; es wird davon abgeraten, etw zu tun
▸ **c'est [tout à fait]** ~ davon wird [dringend] abgeraten, das/es ist nicht ratsam

déconseiller <1> [dekɔ̃seje] *vt* ■ **qn déconseille qc à qn** jd rät jdm von etw ab; ■ **qn déconseille à qn de faire qc** jd rät jdm davon ab, etw zu tun

déconsidération [dekɔ̃sideʀasjɔ̃] *f* Verruf *m,* Misskredit *m*

déconsidérer <5> [dekɔ̃sideʀe] I. *vt* ■ **qn/qc déconsidère qn/qc** jd/etw bringt jdn/etw in Misskredit [*o* in Verruf]; ***qn est complètement déconsidéré(e)*** jd ist ganz schön in Verruf gekommen
II. *vpr* ■ **qn se déconsidère** jd bringt sich in Verruf [*o* Misskredit], jd kommt in Verruf, jd gerät in Misskredit

déconsigner <1> [dekɔ̃siɲe] *vt* ■ **qn déconsigne qc** 1. jd lässt sich (*dat*) das Pfand für etw [zurück]geben; ***qn déconsigne les bouteilles*** jd gibt die Pfandflaschen zurück
2. *bagage, valise* jd holt etw von der Gepäckaufbewahrung ab
3. MIL *troupes* jd hebt das Ausgangsverbot für etw auf

décontamination [dekɔ̃taminasjɔ̃] *f* [*personne, lieu*] Dekontamination *f;* [*rivière*] Reinigung *f,* Entgiftung *f;* [*atmosphère*] Entlastung *f* von Umweltgiften, Entgiftung *f*

décontaminer <1> [dekɔ̃tamine] *vt* ■ **qn décontamine qn/qc** *lieu, personne* jd dekontaminiert jdn/etw; *rivière* jd reinigt etw, jd entgiftet etw; *atmosphère* jd entlastet etw von Umweltgiften, jd entgiftet etw; INFORM *disquettes* jd entseucht etw

décontenancé, e [dekɔ̃tnɑ̃se] *adj personne* außer [*o* aus der] Fassung; *intimidé a.* [völlig] verunsichert

décontenancer <2> [dekɔ̃tnɑ̃se] I. *vt* ■ **qc décontenance qn** etw bringt jdn außer [*o* aus der] Fassung
II. *vpr* ■ **qn se décontenance** jd verliert die Fassung

décontracté, e [dekɔ̃tʀakte] I. *adj* 1. *partie du corps, muscle, personne* entspannt
2. *fam* *(sûr de soi)* selbstsicher, ungezwungen; *péj* zu lässig, zu locker
3. *fam* *(non guindé)* *atmosphère, situation* entspannt; *tenue* bequem, zwanglos; *style, ton, air* ungezwungen, locker; *péj a.* zu lässig
II. *adv fam s'habiller* lässig, bequem; *conduire* entspannt

décontracter <1> [dekɔ̃tʀakte] I. *vt* ■ **qn/qc décontracte qn/qc** jd/etw entspannt jdn/etw
II. *vpr* ■ **qn se décontracte** jd entspannt sich

décontraction [dekɔ̃tʀaksjɔ̃] *f* 1. [*muscle, corps, personne*] Entspannung *f*
2. *(désinvolture)* Ungezwungenheit *f,* Unbekümmertheit *f; péj a.* Lässigkeit *f*

déconvenue [dekɔ̃vny] *f* Enttäuschung *f*

décor [dekɔʀ] *m* 1. Dekor *m,* Ausstattung *f;* THEAT Bühnenbild *nt;* CINE Szenenaufbau *m*
2. *(cadre)* Umgebung *f;* *(arrière-plan)* Hintergrund *m,* Szenerie *f;* ***dans son ~ habituel*** in seiner/ihrer gewohnten Umgebung; ***dans un ~ somptueux/ misérable*** vor einem prächtigen/armseligen Hintergrund; ***dans un ~ de verdure*** im Grünen; ***un ~ de hautes montagnes/ de rocailles*** eine Gebirgs-/Felslandschaft
3. *(style)* Stil *m;* ***dans un ~ moyenâgeux*** im Stil des Mittelalters; ***~ Empire/ Louis XV*** [im] Empirestil/[im] Louis XV-Stil
4. *fig* *(illusion)* Kulisse *f fam;* ***tout cela n'est que du ~*** das ist doch alles nur Kulisse
5. *(art de la décoration)* Dekoration *f;* ***~ de la table*** Tischdekoration *f*
▸ **qn change de ~** THEAT jd wechselt das Bühnenbild; ***j'ai besoin de changer de ~*** ich brauche einen Tapetenwechsel; **qn/qc envoie qn dans le ~ [*o* les ~s]** *fam* *(provoque un accident)* jd/etw drängt jdn von der Fahrbahn [ab]; *(se bat et a le dessus)* jd schlägt jdn k. o.; SPORT *(envoie qn au tapis)* jd streckt jdn zu Boden, jd schickt jdn auf die Bretter; ***ça m'a envoyé(e) dans le ~*** ich bin im Graben gelandet *fam;* **qn plante le ~** jd steckt den Rahmen ab; **qn/qc va [*o* entre] [*o* fonce] [*o* se retrouve] dans le ~ [*o* les ~s]** *fam* jd/etw kommt von der Fahrbahn ab, jd/etw landet im Graben *fam*

décorateur, -trice [dekɔʀatœʀ, -tʀis] *m, f* 1. Dekorateur(in) *m(f);* ***~(-trice) de vitrines*** Schaufensterdekorateur(in); ***~(-trice) d'intérieurs*** Innenausstatter(in) *m(f);* ***tapissier ~*** Tapezierer(in) *m(f)*
2. CINE, THEAT Bühnenbildner(in) *m(f)*

décoratif, -ive [dekɔʀatif, -iv] *adj* 1. *(ornemental)* dekorativ; ***motifs ~s*** Verzierungen *pl*
2. *fam homme, femme, invité* repräsentabel; ***une femme ~ve*** eine repräsentable Frau; eine Frau, die man vorzeigen kann
3. *péj fonction* repräsentativ; *rôle a.* Statisten-

décoration [dekɔʀasjɔ̃] *f* 1. *(fait de décorer)* Schmücken *nt;* [*salle a.*] Dekorieren *nt*
2. *(résultat)* Dekoration *f,* Ausstattung *f;* ***~s de Noël*** Weihnachtsdekoration; *(du sapin a.)* Christbaumschmuck *m*
3. *(art)* Innenarchitektur *f,* Raumkunst *f*
4. *(distinction honorifique)* Orden *m,* Auszeichnung *f;* ***une poitrine bardée*** [***o couverte***] ***de ~s*** eine mit Orden behangene [*o* ordengeschmückte] Brust

décoré, e [dekɔʀe] *adj* 1. *lieu, plat* verziert; *vitrines* dekoriert
2. *personne* [mit einem Orden] ausgezeichnet [*o* dekoriert]

décorer <1> [dekɔʀe] *vt* 1. *(embellir)* ■ **qn décore qc [de qc]** *plat* jd verziert etw [mit etw]; *vitrine* jd dekoriert etw [mit etw]; *table* jd schmückt etw [mit etw]; *appartement* jd stattet etw [mit etw] aus; ***une bicoque décorée du nom de château*** ein alter Kasten mit dem anspruchsvollen Namen Schloss
2. *(agrémenter)* ■ **qc décore qc** etw schmückt [*o* ziert] etw
3. *(médailler)* ■ **qn décore qn [de qc]** jd zeichnet jdn [mit etw] aus; *d'une médaille a.* jd dekoriert jdn [mit etw]; *d'une distinction* jd verleiht jdm etw

décorner <1> [dekɔʀne] *vt v.* **vent**

décorticage [dekɔʀtikaʒ] *m* **1.** [*amandes*] Schälen *nt;* [*graines a.*] Entspelzen *nt*
2. [*texte*] Analysieren *nt,* Zerpflücken *nt pej*

décortiquer <1> [dekɔʀtike] *vt* **1.** (*enlever l'enveloppe*) ■ **qn décortique qc** *marrons, noix, amandes* jd schält etw; *graines a.* jd entspelzt etw; *riz, cacahuètes a.* jd enthülst etw; *arbre a.* jd entrindet etw; *tige* jd schält etw [ab]; *crevettes* jd entfernt die Schale von etw, jd pult etw *fam*
2. (*détailler*) ■ **qn décortique qc** *texte* jd analysiert etw, jd zerpflückt etw *pej; affaire* jd nimmt etw ganz genau unter die Lupe

décorum [dekɔʀɔm] *m* Ø Etikette *f;* [*fête*] Zeremoniell *nt*

décote [dekɔt] *f* [*impôts*] [Steuer]ermäßigung *f,* [Steuer]herabsetzung *f;* [*valeur, cours de la Bourse*] [Kurs]abschlag *m*

découcher <1> [dekuʃe] *vi* ■ **qn découche** jd schläft auswärts [*o* nicht zu Hause]

découdre <*irr*> [dekudʀ] **I.** *vt* ■ **qn découd qc** *boutons* jd trennt etw ab; *ourlet* jd trennt etw auf; *doublure* jd trennt etw heraus
▸ **qn est décidé(e)** [*o* **prêt(e)**] **à en** ~ **avec qn/qc** (*en se battant*) jd ist bereit [*o* entschlossen], sich mit jdm zu schlagen [*o* zu prügeln *fam*]; (*en argumentant*) jd ist bereit [*o* entschlossen], sich mit jdm verbal zu messen
II. *vpr* ■ **qc se découd** *couture* etw geht auf, etw platzt auf; *boutons* etw geht ab; ***le sac s'est décousu*** die Tasche ist [an der Naht] kaputt

découler <1> [dekule] *vi* ■ **qc découle de qc** etw kommt von etw, etw rührt von etw her; *d'un droit* etw lässt sich von etw herleiten [*o* ableiten]; ***son échec découle d'un manque de travail*** sein/ihr Scheitern kommt [*o* rührt] daher, dass er/sie zu wenig gearbeitet hat; ■ **il découle de qc ...** aus etw ergibt sich [*o* folgt] ...; *d'une loi* aus etw lässt sich ... ableiten [*o* herleiten]; ■ **il en découle que** + *indic* daraus [*o* hieraus] folgt, dass

découpage [dekupaʒ] *m* **1.** (*fait de trancher*) (*avec un couteau*) Zerschneiden *nt;* [*volaille a.*] Tranchieren *nt,* Zerlegen *nt;* [*gâteau, viande a.*] Aufschneiden *nt;* ***qui s'occupe du*** ~ ***du gâteau?*** wer schneidet den Kuchen in Stücke?
2. (*couper suivant un contour, un tracé*) [Zu]schneiden *nt;* [*papier*] [Aus]schneiden; (*au chalumeau*) [*tôles, carrosserie*] Schneiden [mit dem Schneidbrenner]; (*à la cisaille*) [*fils de fer*] Zerschneiden, Durchschneiden; [*tôles*] Zuschneiden, Ausschneiden; (*à la presse*) [Aus]stanzen *nt;* ~ ***au chalumeau*** Brennschneiden
3. *souvent pl* (*images*) Ausschneidebilder *pl,* Ausschneidebogen *m*
4. ADMIN, POL Einteilung *f*
5. CINE [*film*] Cutten ['katn] *nt,* Schnitt *m,* Schneiden *nt*
▸ ~ **électoral** Wahlkreiseinteilung *f,* Einteilung *f* in Wahlkreise; **qn fait des** ~**s** jd schneidet Bilder aus

découpe [dekup] *f* **1.** COUT Passe *f*
2. TECH Zuschneiden *nt;* (*avec une scie*) Aussägen *nt;* ***ses découpes sont parfaites*** er schneidet perfekt zu
3. (*atelier de découpe*) *Ort, wo man Holz zuschneiden lassen kann*

découpé, e [dekupe] *adj côte, relief* zerklüftet; *sommet* gezackt; *feuille* gezackt, gezähnt

découper <1> [dekupe] **I.** *vt* **1.** (*trancher*) ■ **qn découpe qc** *gâteau, viande* jd schneidet etw auf [*o* in Stücke]; *volaille* jd tranchiert etw, jd zerlegt etw; *tranche de saucisson* jd schneidet etw ab
2. (*couper suivant un contour, un tracé*) ■ **qn découpe qc** (*avec des ciseaux, au cutter*) *tissu, moquette, tapisserie* jd schneidet etw zu; (*à la scie*) *images, motif* jd sägt etw aus; (*au chalumeau*) jd schneidet etw [mit dem Schneidbrenner] zu; (*à la cisaille*) jd zerschneidet etw, jd schneidet etw durch; (*à la presse*) jd stanzt etw [aus]; ***la voiture a été découpée au chalumeau après l'accident*** das Auto musste nach dem Unfall mit dem Schneidbrenner aufgeschnitten werden; ■ **qn découpe qc** [**dans qc**] *article, photo, recette* jd schneidet etw [aus etw] aus; ***elle a découpé les yeux/la bouche*** sie hat die Augen/den Mund ausgeschnitten
3. (*profiler*) ■ **qc découpe qc** [**dans/sur qc**]: ***le château découpe son profil sur les nuages*** die Konturen des Schlosses heben sich gegen die Wolken ab; ***les Alpes découpent leurs crêtes sur le ciel*** die Gipfel der Alpen zeichnen sich gegen den Himmel ab
II. *vpr* ■ **qc se découpe** [**dans/sur qc**] etw hebt sich [gegen etw [*o* von etw]] ab, etw zeichnet sich [gegen etw] ab

découplé, e [dekuple] *adj* ▸ **bien** ~ *personne* wohlproportioniert; *garçon a.* gut gebaut

découpure [dekupyʀ] *f* **1.** (*bord*) Rand *m*
2. (*morceau coupé*) [*papier, tissu*] ausgeschnittenes Stück; [*journal*] Ausschnitt *m;* ■ ~**s de** (*restes*) Schnipsel *pl* von; *de tissu* -schnipsel *pl; de papier a.* -schnitzel *pl*
3. (*échancrure*) [*broderie, guirlande, dentelle*] (*en pointe*) gezackter Rand; (*arrondie*) gebogener [*o* bogenförmiger] Rand; [*côte*] Zerklüftung *f*

découragé, e [dekuʀaʒe] *adj* entmutigt, mutlos; ***il est complètement*** ~ er hat seinen ganzen Mut verloren

décourageant, e [dekuʀaʒɑ̃, ʒɑ̃t] *adj* entmutigend; *nouvelle, résultats a.* deprimierend; *travail a.* frustrierend; ***c'est un travail assez*** ~ diese Arbeit ist ganz schön frustrierend [*o* kann einen ganz schön frustrieren]; ***c'est un élève vraiment*** ~ dieser Schüler kann einen richtig entmutigen; ■ **qn/qc est** ~ jd/etw entmutigt einen, jd/etw nimmt einem den Mut; ***vous êtes*** ~ Sie nehmen mir den [*o* jeden] Mut

découragement [dekuʀaʒmɑ̃] *m* Mutlosigkeit *f,* Niedergeschlagenheit *f;* ***il a abandonné par*** ~ er hat aufgegeben, weil er seinen Mut verloren hatte [*o* entmutigt war]
▸ **qn se laisse aller au** [*o* **gagner par le**] ~ jd lässt sich [völlig] gehen

décourager <2 a> [dekuʀaʒe] **I.** *vt* **1.** (*démoraliser*) ■ **qn/qc décourage qn** jd/etw entmutigt jdn; ■ **qn se laisse** ~ [**par qc**] jd lässt sich [durch etw] entmutigen; ***ne te laisse donc pas*** ~ ***pour si peu!*** verlier nicht gleich den Mut!
2. (*dissuader*) ■ **qn/qc décourage qn** [**de qc**] jd/etw hält jdn [von etw] ab, jd/etw bringt jdn [von etw] ab, jd redet jdm [etw] aus; ***c'est pour*** ~ ***les cambrioleurs*** das dient dazu, die Diebe abzuschrecken; ■ **qn/qc décourage qn de faire qc** jd/etw hält jdn davon ab, etw zu tun; jd/etw bringt jdn davon ab, etw zu tun; jd redet jdm aus, etw zu tun
3. (*empêcher de faire*) ■ **qn/qc décourage qc** *les questions, la critique* jd/etw verhindert etw, jd/etw blockt etw ab *fam; la bonne volonté* jd/etw lähmt etw; *la familiarité* jd/etw lässt etw nicht aufkommen; ***par son attitude, il décourageait les questions*** durch sein Verhalten verhinderte er jegliche Fragen
II. *vpr* ■ **qn se décourage** jd verliert den Mut, jd wird mutlos; ***je ne me décourage pas pour si peu!*** wegen so einer Kleinigkeit gebe ich nicht gleich auf!

décousu, e [dekuzy] **I.** *adj* **1.** *couture* aufgeplatzt, aufgetrennt; *ourlet a.* lose, offen; ***la poche est*** ~***e*** die Tasche hat ein Loch; ***ce sac/cet oreiller est*** ~ die Nähte der Tasche/des Kopfkissens sind aufgeplatzt [*o* kaputt]
2. (*dépourvu de logique*) *conversation, propos, récit, devoir* unzusammenhängend, zusammenhanglos; *idées* wirr, konfus; *style* abgerissen, holprig
II. *m* Ø Zusammenhanglosigkeit *f*

découvert, e [dekuvɛʀ, ɛʀt] **I.** *adj* **1.** unbedeckt, bloß; *bras, épaules a.* nackt; ***tu es trop*** ~(***e***) du bist zu dünn angezogen *fam*
2. *lieu* offen [liegend]; *terrain* frei, offen; *zone* frei, ungedeckt
II. *m* **1.** FIN Defizit *nt,* Fehlbetrag *m;* [*compte*] Überziehung *f;* ~ **de caisse** Kassenfehlbetrag, Kassendefizit; ***qn/la banque accorde à qn un*** ~ ***de ...*** jd/die Bank gestattet jdm, sein Konto um ... zu überziehen; jd/die Bank gewährt jdm einen Überziehungskredit von ...
2. MIL (*terrain*) freies Gelände
▸ ~ **budgétaire** Haushaltsdefizit *nt;* **qn a un** ~ [**de 1500/3000/... F**] jd hat sein Konto [um 1500/3000/... F] überzogen; **qn a 1500/3000/... F de** ~ jds Konto ist um 1500/3000/... F überzogen; **qn est à** ~ jds Konto ist überzogen, jd steht im Soll [*o* in den roten Zahlen] *fam;* **qn vend à** ~ jd verkauft Blanko; **à** ~ FIN ungedeckt; *compte a.* überzogen; (*ouvertement*) offen; *parler a.* freiheraus; (*à la vue de qn*) frei, unbedeckt; MIL ohne Deckung, ungeschützt

découverte [dekuvɛʀt] *f* Entdeckung *f*
▸ **les grandes** ~**s** die großen Entdeckungen; ~ **scientifique** wissenschaftliche Entdeckung [*o* Errungenschaft]; **c'est pas une** ~! *fam* das ist nichts Neues!; **qn fait une** ~ jd entdeckt etwas [Neues], jd macht eine Entdeckung; **qn fait la** ~ **de qc** jd entdeckt etw; **qn part à la** ~ jd geht auf Entdeckung[sreise]; **qn va** [*o* **part**] **à la** ~ **de qc** *d'un continent, pays* jd will etw entdecken; *d'une ville* jd geht etw erkunden; *de bons vins, d'une sensation* jd geht auf die Suche nach etw, jd hält nach etw Ausschau

découvreur, -euse [dekuvʀœʀ, -øz] *m, f* Entdecker(in) *m(f)*

découvrir <11> [dekuvʀiʀ] **I.** *vt* **1.** (*trouver*) ■ **qn découvre qn/qc** jd entdeckt jdn/etw; *pétrole a.* jd stößt auf etw (*akk*); SCI *lois, planète, continent* jd entdeckt etw
2. (*apprendre à connaître*) ■ **qn découvre qn/qc** *auteur, compositeur, œuvre* jd entdeckt etw, jd lernt etw kennen
3. (*deviner, percer*) ■ **qn découvre qc** jd entdeckt etw; *la cause de qc a.* jd findet etw heraus, jd stellt etw fest; *complot, intrigue, secret a.* jd deckt etw auf; ■ **qn découvre que** + *indic*/**comment/où/pourquoi** jd findet heraus, dass/wie/wo/warum
4. (*déceler*) ■ **qn découvre qc à qn/qc** *avantage, qualité, défaut* jd entdeckt etw an [*o* bei] jdm/an etw (*dat*)
5. ■ **qn découvre qn** *enfant, malade* jd deckt jdn auf
6. (*ouvrir*) ■ **qn découvre qc** *casserole, pot* jd deckt etw auf, jd nimmt den Deckel von etw ab; ***j'ai laissé mon pot de crème découvert*** ich habe meine Creme offen stehen [ge]lassen
7. (*enlever ce qui couvre*) ■ **qn/qc découvre qc** jd/etw deckt etw auf; *voiture* jd macht das Verdeck einer S. (*gen*) auf; *statue* jd enthüllt etw
8. (*mettre au jour*) ■ **qn découvre qc** *ruines, objet enfoui* jd gräbt etw aus
9. (*apercevoir*) ■ **qn découvre qn/qc** *panorama, paysage* jd entdeckt jdn/etw; *visage, personne a.* (*dans la foule*) jd erblickt jdn/etw
10. (*laisser voir*) ■ **qn découvre qc** *jambes, épaules* jd entblößt etw, jd zeigt etw; ■ **qc découvre qc** *jambes, épaules, dentition* etw bringt etw zum Vorschein; *ciel, racines, terre* etw lässt etw zum Vorschein kommen; ***la blessure découvrait l'os*** die Wunde legte den Knochen frei; ***il voyait*** ~ ***un ciel bleu azur*** er sah, wie ein azurblauer Himmel zum Vorschein kam
11. (*révéler*) ■ **qn découvre qc à qn** jd verrät jdm etw; *secrets a.* jd enthüllt jdm etw; *intentions, projets, plans a.* jd eröffnet jdm etw, jd teilt jdm etw mit; ***qn découvre son cœur à qn*** jd schließt jdm sein Herz auf *geh,* jd eröffnet sich jdm *geh;* ***qn découvre son jeu*** jd legt die Karten auf den Tisch, jd deckt seine Karten auf
12. MIL ■ **qn découvre qc** *flanc* jd entblößt etw; *frontière* jd zieht die Deckung von etw ab; *armée* jd lässt etw ohne Deckung [*o* ungedeckt]
13. ECHECS ■ **qn découvre qc** jd lässt etw ungedeckt
II. *vpr* **1.** (*enlever sa couverture*) ■ **qn se découvre** jd deckt sich auf; (*enlever son vêtement*) jd zieht sich aus; (*enlever son chapeau*) jd nimmt den Hut ab; (*pour saluer a.*) jd zieht den Hut; ***en avril, ne te découvre pas d'un fil, en mai, fais ce qu'il te plaît*** *prov* man sollte sich im April nicht zu leicht anziehen, im Mai kann man machen, was man will
2. (*s'exposer aux attaques*) ■ **qc se découvre** /*armée*/ etw verlässt die Deckung; /*boxeur, escrimeur*/ jd gibt sich (*dat*) eine Blöße
3. (*se confier*) ■ **qn se découvre** [**à qn**] jd offenbart sich jdm, jd vertraut sich jdm an; (*abattre son jeu*) jd deckt die Karten auf
4. (*apprendre à se connaître*) ■ **qn se découvre** [**lui-même**] jd entdeckt sich [selbst]
5. (*apprendre*) ■ **qn se découvre qn/qc**: ***qn se découvre des dons/un goût pour qc*** jd entdeckt sein Talent *nt* [*o* seine Begabung]/seine Vorliebe [*o*

Neigung] für etw; ***je me suis découvert un oncle en Amérique*** ich habe entdeckt [*o* herausgefunden], dass ich einen Onkel in Amerika habe

6. (*apparaître*) ■ **qc se découvre** /*panorama, paysage*/ etw ist zu sehen [*o* zu erkennen]; /*secret*/ etw wird entdeckt [*o* aufgedeckt] [*o* enthüllt]; /*vérité*/ etw enthüllt sich, etw kommt an den Tag; ***les lumières de la ville se découvrent de loin*** von weitem kann man die Lichter der Stadt sehen [*o* erkennen]

7. (*s'éclaircir*) ■ **qc se découvre**: ***le ciel se découvre*** der Himmel hellt sich auf, es klärt [sich] auf

décrassage [dekʀasaʒ] *m* **1.** [*objet sale*] [gründliche] Säuberung [*o* Reinigung]; ***qc est bon pour un ~, qc a besoin d'un bon ~*** etw muss mal gründlich sauber gemacht werden

2. *hum* [*personne, poumons*] gründliche Reinigung; [*corps*] Entschlackung *f;* ***qn a besoin d'un bon ~*** jd muss gründlich gewaschen [*o* abgeschrubbt *fam*] werden; ***tes poumons ont besoin d'un bon ~*** deine Lungen müssen mal ordentlich durchgepustet werden *fam*

décrasser <1> [dekʀase] **I.** *vt* **1.** (*nettoyer*) ■ **qn décrasse qc** jd reinigt [*o* säubert] etw [gründlich], jd macht etw [gründlich] sauber; *planchers, faitouts* jd scheuert [*o* schrubbt *fam*] etw [gründlich]; ***il faut ~ le moteur tous les deux ans*** man muss alle zwei Jahre eine Motorwäsche machen lassen; ■ **qc décrasse qc** etw entfernt den Schmutz von etw; ***ça décrasse le linge*** das weicht den Schmutz in der Wäsche auf; ***c'est un produit qui décrasse bien!*** das Mittel macht gründlich sauber!

2. (*laver*) ■ **qn/qc décrasse qn/qc** *personne, mains, visage* jd wäscht jdn/etw gründlich, jd schrubbt jdn/etw gründlich ab *fam; fig poumons* etw pustet etw [gründlich] durch *fam*

3. (*dégrossir*) ■ **qn/qc décrasse qn** jd/etw bringt jdm Manieren bei, jd gibt jdm Schliff; (*rendre moins ignorant*) jd/etw bringt jdm das Nötigste bei

II. *vpr* **1.** (*se laver*) ■ **qn se décrasse** jd schrubbt sich gründlich ab *fam*

2. *fig* ■ **qn se décrasse** jd nimmt bessere Manieren an, jd lernt einiges dazu

décrédibiliser <1> [dekʀedibilize] *vt* ■ **qc décrédibilise qn** etw diskreditiert jdn

décrépi, e [dekʀepi] *adj*: ***un mur ~*** eine Mauer, von der der Putz abfällt

décrépir <8> [dekʀepiʀ] **I.** *vt* ■ **qn décrépit qc** *mur* jd entfernt den Putz von etw, jd schlägt [*o* kratzt] den Putz von etw ab

II. *vpr* ■ **qc se décrépit**: ***le mur se décrépit*** von der Mauer fällt [*o* geht] der Putz ab

décrépit, e [dekʀepi, it] *adj* **1.** *personne* altersschwach, gebrechlich

2. *arbre* morsch; *bâtisse* baufällig, verfallen

décrépitude [dekʀepityd] *f* **1.** [*personne*] Altersschwäche *f,* Gebrechlichkeit *f*

2. *fig* [*empire, nation*] Untergang *m,* Niedergang *m;* [*maison*] Verfall *m;* ***une maison dans une telle ~/un tel état de ~*** ein so verfallenes Haus/ein Haus in einem so baufälligen Zustand

▸ **qn <u>tombe</u> dans la ~** jd wird altersschwach [*o* gebrechlich]; **qc <u>tombe</u> en ~** /*maison*/ etw wird baufällig; /*temples, monument historique, empire*/ etw verfällt, etw gerät in Verfall; /*coutume*/ etw stirbt langsam aus; /*amour*/ etw erlischt [*o* erkaltet] langsam

decrescendo [dekʀeʃɛndo] **I.** *adv* **1.** MUS decrescendo

2. *fig* ▸ **qc <u>va</u> ~** /*amitié*/ etw geht langsam auseinander; /*talent*/ etw geht langsam verloren

II. *m* MUS Decrescendo *nt,* Dekrescendo *nt*

décret [dekʀɛ] *m* **1.** POL [Rechts]verordnung *f;* ■ **~ sur qc** Verordnung über etw (*akk*)

2. *pl fig littér* [*destin, hasard*] Fügung *f;* ***les ~s de la mode*** die Vorschriften der Mode

3. REL Dekret *nt*

◆ **décret d'application** Ausführungsverordnung *f,* Durchführungsbestimmung *f*

décréter <5> [dekʀete] **I.** *vt* **1.** POL ■ **qn décrète qc** jd verfügt etw, jd ordnet etw an; *mesures* jd verordnet etw; *état d'urgence* jd verhängt etw

2. *fig* ■ **qn décrète que** + *indic* jd beschließt, dass; jd bestimmt, dass

II. *vpr* ■ **qc/ça ne se décrète pas** etw/das lässt sich nicht erzwingen, etw/das kann man nicht erzwingen

décret-loi <~s-~s> [dekʀɛlwa] *m* Verordnung *f* mit Gesetzeskraft, gesetz[es]vertretende Verordnung; ***qn gouverne par ~-~*** jd regiert per [*o* mittels] Notverordnung

décrier <1 a> [dekʀije] *vt* ■ **qn décrie qn/qc** jd macht jdn/etw schlecht, jd verunglimpft jdn/etw *geh; œuvre, livre, auteur a.* jd verreißt jdn/etw

décrire <*irr*> [dekʀiʀ] *vt* **1.** (*dépeindre*) ■ **qn décrit qn/qc/un animal** jd beschreibt jdn/etw/ein Tier; *événement, impressions* jd schildert etw

2. (*tracer*) ■ **qn/qc décrit qc** *cercle* jd beschreibt etw; ***la route/le fleuve décrit une courbe*** die Straße/der Fluss macht eine Kurve; ***l'avion/l'oiseau décrit des cercles au-dessus de qc*** das Flugzeug/der Vogel kreist [*o* zieht Kreise] über etw (*dat*)

décrispation [dekʀispasjɔ̃] *f* Entschärfung *f* (*einer Lage im politischen oder soziologischen Bereich*)

décrisper <1> [dekʀispe] *vt* ■ **qn/qc décrispe qc** *situation, affrontement* jd/etw entschärft etw; *relations* jd besänftigt etw

décrochage [dekʀɔʃaʒ] *m* **1.** [*rideaux*] Abnehmen *nt,* [He]runternehmen *nt fam;* [*tableau a.*] Abhängen *nt;* [*wagon*] Abkoppeln *nt,* Abhängen *nt*

2. RADIO Umschalten *nt*

3. MIL, POL Absetzen *nt;* ***les troupes ont dû faire un ~*** die Truppen mussten sich absetzen

4. (*recul*) [*affaires, ventes, production*] Rückgang *m*

5. AVIAT Überziehen *nt*

6. ESPACE: ***le ~ de l'orbite lunaire*** das Verlassen der Mondumlaufbahn

décrochement [dekʀɔʃmɑ̃] *m* [*muraille*] Nische *f;* [*route*] Ausbuchtung *f*

décrocher <1> [dekʀɔʃe] **I.** *vt* **1.** ■ **qn décroche qc** [**de qc**] *rideaux, cadre, linge, clé* jd nimmt etw [von etw] ab [*o* [he]runter *fam*]; ***tu peux me ~ mon cerf-volant de l'arbre?*** kannst du mir meinen Drachen vom Baum herunterholen?

2. ■ **qn décroche qc** [**de qc**] *wagon* jd koppelt [*o* hängt] etw [von etw] ab; *volets* jd hakt etw auf, jd macht etw auf; *laisse, sangle* jd macht etw [von etw] los; ***qn décroche le téléphone*** (*pour répondre*) jd hebt [*o* nimmt] den [Telefon]hörer ab; (*pour ne pas être dérangé*) jd legt den [Telefon]hörer daneben; ***elle a décroché l'agrafe de sa jupe*** sie hat den Haken an ihrem Rock aufgemacht

3. *fam* (*obtenir*) ■ **qn décroche qc** jd bekommt [*o* kriegt *fam*] etw; *prix a.* jd holt sich (*dat*) etw *fam; poste a.* jd angelt sich (*dat*) etw *fam*

4. SPORT ■ **qn décroche qn** *concurrents, peloton* jd hängt jdn ab *fam; fig a.* jd hat vor jdm einen Vorsprung

5. FIN ■ **qn décroche qc** [**de qc**] *monnaie* jd koppelt etw [von etw] ab

6. ESPACE ■ **qn décroche qc** [**de qc**] *satellite* jd fängt etw [aus etw] ein

II. *vpr* ■ **qn/qc se décroche** *personne, poisson* jd/etw macht sich los *fam;* /*objet*/ etw fällt [vom Haken] runter *fam;* ***le cerf-volant a fini par se ~ de l'arbre*** der Drachen fiel schließlich vom Baum [he]runter *fam*

III. *vi* **1.** (*au téléphone*) ■ **qn décroche** jd nimmt [*o* hebt] den [Telefon]hörer ab; ***tu peux ~?*** kannst du mal [d]rangehen? *fam*

2. *fam* ■ **qn décroche** [**de qc**] (*décompresser*) jd schaltet [von etw] ab; (*se désintéresser*) jd zieht sich [aus etw] zurück; /*militant*/ jd springt [von etw] ab *fam;* (*arrêter le travail*) jd setzt sich zur Ruhe, jd steigt [aus etw] aus *fam*

3. (*ne plus écouter*) ■ **qn décroche** jd schaltet ab

4. ■ **qc décroche** /*armée, troupes*/ etw setzt sich ab

5. AVIAT ■ **qc décroche** etw überzieht

6. RADIO ■ **qc décroche** etw schaltet um

décroiser <1> [dekʀwaze] *vt* ■ **qn décroise qc** *jambes* jd stellt etw nebeneinander; *bras* jd löst etw aus der Verschränkung, jd lässt etw wieder fallen; *fils* jd entwirrt etw

décroissance [dekʀwasɑ̃s] *f* Abnahme *f;* [*natalité*] Rückgang *m*

décroissant, e [dekʀwasɑ̃, ɑ̃t] *adj intensité, vitesse* abnehmend; *bruit* schwindend; ***par ordre ~*** in abnehmender Reihenfolge; ***à vitesse ~e*** mit herabgesetzter Geschwindigkeit; ***courbe ~e de natalité*** rückläufige Geburtenziffer [*o* Geburtenzahl]

▸ **qc <u>va</u> ~** etw geht zurück; /*taux de natalité, chiffre d'affaires a.*/ etw ist rückläufig; /*douleur, forces, vitalité*/ etw lässt nach; /*vitesse*/ etw nimmt ab; /*bruit*/ etw lässt nach, etw wird geringer; /*état de santé*/ etw verschlechtert sich

décroître <*irr*> [dekʀwatʀ] *vi* + *avoir o être* ■ **qc décroît** etw nimmt ab; *vitesse a.* etw verringert sich; *jours a.* etw wird kürzer; *bruit* etw wird schwächer, etw lässt nach; *réputation* etw wird schlechter; *vitalité, forces* etw lässt nach, etw schwindet; *capacité de qc* etw lässt nach; *eau, fièvre* etw geht zurück, etw sinkt; *ombre* etw wird immer kleiner; *affaires, commandes* etw geht zurück; ***la capacité d'adaptation décroît avec l'âge*** je älter man wird, desto schlechter kann man sich anpassen

décrotter <1> [dekʀɔte] *vt* **1.** (*enlever la boue*) ■ **qn décrotte qn/qc** *pneus, chaussures* jd macht [*o* kratzt] den Schmutz [*o* Dreck] von etw ab; *enfant* jd macht den groben Schmutz [*o* gröbsten Dreck] von jds Kleidern und Schuhen ab

2. *fig fam* ■ **qn décrotte qn** jd bringt jdm Manieren bei

décrue [dekʀy] *f* **1.** [*eaux*] Sinken *nt,* Fallen *nt;* [*rivière*] Sinken [*o* Fallen] des Hochwasserspiegels; ***la Seine a amorcé sa ~*** das Hochwasser der Seine geht jetzt langsam zurück

2. *fig*: ***la ~ de l'or se poursuit*** der Goldkurs sinkt [*o* fällt] weiter; ***la ~ démographique*** der Bevölkerungsschwund, der Bevölkerungsrückgang; ***la firme connaît une ~*** mit der Firma geht's bergab *fam*

décrypter <1> [dekʀipte] *vt* ■ **qn décrypte qc** *hiéroglyphe* jd entziffert etw; *message, code* jd entschlüsselt [*o* dechiffriert] etw

déçu, e [desy] **I.** *pp de* **décevoir**

II. *adj* enttäuscht

III. *m, f souvent pl* Enttäuschte(r) *f(m);* ***un ~ du socialisme*** einer, der vom Sozialismus enttäuscht ist

déculottée [dekylɔte] *f fam* (*défaite*) Schlappe *f fam*

▸ **qn <u>prend</u>** [*o* **<u>reçoit</u>**] **une ~** jd steckt eine Schlappe ein *fam*

déculotter <1> [dekylɔte] **I.** *vt* **1.** ■ **qn déculotte qn** jd zieht jdm die Hosen aus

2. ■ **qn déculotte qc** *pipe* jd klopft etw aus, jd reinigt etw

II. *vpr* **1.** ■ **qn se déculotte** (*enlever sa culotte, son pantalon*) jd zieht sich (*dat*) die Hosen aus

2. *fig fam* ■ **qn se déculotte** [**devant qn**] jd kriecht [vor jdm] *fam*

déculpabiliser <1> [dekylpabilize] *vt* **1.** ■ **qn déculpabilise qn** jd nimmt jdm das Schuldgefühl

2. ■ **qn/qc déculpabilise qc** *avortement, maternité* jd/etw befreit von dem Schuldgefühl, das mit etw verbunden ist; *action, situation* jd macht etw entschuldbar

décuplement [dekypləmɑ̃] *m* **1.** (*multiplication par dix*) Verzehnfachung *f*

2. *fig* ■ **~ de qc** *des efforts, énergies, forces* beträchtliche Steigerung einer S. (*gen*); ***sans un ~ des énergies/de nos efforts*** ohne einen erhöhten Energieaufwand/eine erhöhte Willensanstrengung

décupler <1> [dekyple] **I.** *vi* ■ **qc décuple** **1.** /*prix, quantité, valeur*/ etw verzehnfacht sich, etw steigt um das Zehnfache

2. *fig* /*forces, colère, vitalité*/ etw wächst beträchtlich [*o* gewaltig]; ***ses forces ont décuplé*** er/sie ist sehr viel stärker geworden; ***sa colère avait décuplé*** sein/ihr Zorn war gewaltig angewachsen [*o* gestiegen]

II. *vt* **1.** ■ **qn décuple qc** *fortune* jd verzehnfacht etw; *bénéfices, chiffre d'affaires a.* jd steigert etw um das Zehnfache; *prix a.* jd setzt etw um das Zehnfache herauf

2. *fig* ■ **qc décuple qc** *énergie, sentiment* etw steigert etw beträchtlich

dédaignable [dedɛɲabl] *adj* ▸ **qc n'est pas ~** etw ist nicht zu verachten

dédaigner <1> [dedeɲe] *vt* ■ **qn dédaigne qn** jd verachtet jdn, jd sieht auf jdn herab; ■ **qn dédaigne qc** etw lässt jdn gleichgültig, jd verschmäht etw *geh;* ■ **qn dédaigne de faire qc** jd hält es für unter seiner Würde, etw zu tun
▸ **qc n'est pas à ~** etw ist nicht zu verachten; **qn ne dédaigne pas qc/de faire qc** jd ist einer S. (*dat*) nicht abgeneigt/jd ist nicht abgeneigt etw zu tun

dédaigneusement [dedɛɲøzmɑ̃] *adv* verächtlich, geringschätzig, herablassend; ***qn traite qn ~*** jd behandelt jdn von oben herab

dédaigneux, -euse [dedɛɲø, -øz] *adj* 1. *comportement, personne* herablassend; *regard, air* verächtlich, geringschätzig; *sourire* verächtlich, höhnisch; ***des lèvres ~euses*** verächtlich gekräuselte Lippen
2. ■ **qn est ~ de qc/de faire qc** jd verachtet etw/jd verachtet es, etw zu tun; ***il est ~ des honneurs*** er legt keinen Wert auf Ehrungen; ***il est ~ de plaire*** er legt keinen Wert darauf zu gefallen
▸ **qn fait le/la ~(-euse)** jd tut verächtlich [*o* erhaben], jd rümpft die Nase

dédain [dedɛ̃] *m* Verachtung *f,* Geringschätzung *f;* ***avec ~*** mit Verachtung, verächtlich; ■ **~ de** [*o* **envers**] **qn/qc** Verachtung [*o* Geringschätzung] jdm/einer S. gegenüber
▸ **qn a du ~ pour qn/qc** jd verachtet jdn/etw; **qn manifeste du ~ pour qn/qc** jd hat nur Verachtung für jdn/etw übrig

dédale [dedal] *m* 1. [*rues, chemins*] Gewirr *nt,* Labyrinth *nt*
2. *fig:* ***~ de pensées*** Gedankenwirrwarr *m;* ***~ de contradictions*** Vielzahl *f* von Widersprüchen; ***~ de voies erronées*** Unzahl *f* falscher Fährten; ***on le suit difficilement dans le ~ de ses explications*** man kann schwerlich seinen diffusen Erklärungen folgen

dedans [d(ə)dɑ̃] I. *adv* + *vb de mouvement* hinein, rein *fam;* + *vb d'état* darin, drin *fam;* (*dans un lieu*) innen, drinnen *fam;* ***j'ai pris l'enveloppe et j'ai mis la lettre ~*** ich habe den Umschlag genommen und den Brief hineingesteckt [*o* reingetan *fam*]; ***il est monté ~*** er stieg [hin]ein; ***j'ai ouvert la boîte, il n'y avait rien ~*** ich habe die Schachtel aufgemacht und es war nichts darin [*o* drin *fam*]; ***je t'attends ~*** ich warte drinnen *fam*
▸ **qn met en plein ~** jd trifft ins Schwarze; **qn se fiche** [*o* **se fout**] **~** *fam* jd täuscht [*o* irrt] sich gewaltig; (*se trompe en calculant*) jd verhaut sich [total] *fam;* **qn fout qn ~** MIL *arg* jd locht jdn ein *fam,* jd steckt jdn ins Loch *fam;* **qn/qc met** [*o* **fout**] [*o* **fiche**] **qn ~** *fam* jd legt jdn [he]rein *fam;* ***c'est ça qui m'a fichu ~*** damit bin ich reingefallen *fam;* **qn rentre** [**en plein**] **~** *fam* (*heurte*) (*en voiture*) jd/etw fährt [voll] rein *fam;* (*à pied*) jd rennt [voll] rein *fam;* ***j'ai pas vu le poteau, je suis rentré ~*** ich habe den Pfosten nicht gesehen und habe ihn mitgenommen [*o* und bin voll reingerannt] *fam;* **qn lui rentre ~** *fam* (*frappe*) jd geht [voll] auf jdn los *fam;* ***ils se sont rentré ~*** die sind aufeinander losgegangen; **de ~** *ouvrir, voir* von innen, von drinnen; *venir* von drinnen; **en ~** innen; *fig* im Inneren; **en ~ de qc** innerhalb von etw [*o* einer S. (*gen*)], in etw (*dat*); ***en ~ de lui-même, il réprouve cet acte*** im Innersten seines Herzens missbilligt er diese Tat; *v. a.* **au-dedans**
II. *m* ∅ 1. (*intérieur*) Innere(s) *nt;* ***le ~ des chaussures est fourré*** [von] innen sind die Schuhe gefüttert
2. (*face interne*) ■ **le ~ de qc** die Innenseite einer S. (*gen*)
3. (*âme, cœur*) Innere(s) *nt*

dédicace [dedikas] *f* 1. (*sur une photo, un livre*) Widmung *f;* (*sur un monument a.*) Inschrift *f*
2. [*église, temple*] Einweihung *f,* Weihe *f*
3. [*monument*] Inschrift *f,* Widmung *f*

dédicacer <2> [dedikase] *vt* ■ **qn dédicace qc** [**à qn**] *œuvre* jd widmet [jdm] etw; *livre a.* jd versieht etw mit einer Widmung ***un livre/un disque dédicacé*** ein Buch *nt*/eine Schallplatte mit einer Widmung

dédier <1 a> [dedje] *vt* 1. ■ **qn dédie qc à qn/qc** *œuvre* jd widmet jdm etw; *vie, travail, efforts* jd widmet [*o* weiht] etw einer S. (*dat*); ***il a dédié sa vie aux arts*** er hat sein Leben der Kunst verschrieben
2. REL ■ **qn dédie qc à qn** jd weiht jdm etw

dédire <*irr*> [dediʀ] *vpr* ■ **qn se dédit** jd nimmt das Gesagte [*o* sein Wort *nt*] zurück; ***le témoin s'est dédit*** der Zeuge hat widerrufen

dédit [dedi] *m* JUR 1. (*acte*) Rücktritt *m;* ***le contrat ne comporte pas de clause de ~*** der Vertrag enthält keine Rücktrittsklausel
2. (*somme*) Abstandsgeld *nt,* Reugeld *nt*

dédommagement [dedɔmaʒmɑ̃] *m* Entschädigung *f,* Ausgleich *m*
▸ **en ~ de qc** als Entschädigung [*o* Ausgleich] für etw

dédommager <2 a> [dedɔmaʒe] I. *vt* ■ **qn/qc dédommage qn** [**de qc**] jd/etw entschädigt jdn [für etw]
II. *vpr* ■ **qn se dédommage** [**de qc**] jd hält sich schadlos [für etw]

dédouanement [dedwanmɑ̃] *m* Verzollung *f,* zollamtliche Abfertigung

dédouaner <1> [dedwane] I. *vt* 1. ■ **qn dédouane qc** *marchandise* jd verzollt etw, jd fertigt etw zollamtlich ab
2. *fig* ■ **qn/qc dédouane qn/qc** jd/etw rehabilitiert jdn, jd/etw wäscht jdn/etw rein
II. *vpr* ■ **qn se dédouane** jd rehabilitiert sich, jd wäscht sich rein

dédoublement [dedubləmɑ̃] *m* [*classe, fil*] Teilung *f;* [*autoroute* Ausbau *m;* ***le ~ des trains*** der Einsatz von Sonderzügen [*o* Vorzügen]
◆ **dédoublement de la personnalité** PSYCH Persönlichkeitsspaltung *f*

dédoubler <1> [deduble] I. *vt* ■ **qn dédouble qc** 1. *classe, fil* jd teilt [*o* halbiert] etw; *autoroute* jd baut etw aus; ***qn dédouble les trains*** jd setzt Sonderzüge [*o* Vorzüge] ein
2. *manteau, veste* jd trennt das Futter aus etw heraus
II. *vpr* 1. ■ **qn se dédouble:** ***je ne peux pas me ~*** ich kann mich nicht zweiteilen, ich kann nicht überall gleichzeitig sein
2. PSYCH ■ **qc se dédouble** /*personnalité*/ etw spaltet sich; ■ **qn se dédouble** jd leidet an Persönlichkeitsspaltung
3. ■ **qc se dédouble** /*fil, laine*/ etw teilt sich; /*ongles*/ etw spaltet sich; /*mouchoir en papier*/ etw geht auseinander *fam*

dédramatiser <1> [dedʀamatize] I. *vt* ■ **qn/qc dédramatise qc** jd/etw entdramatisiert etw
II. *vi* ■ **qn dédramatise** jd entdramatisiert

déductible [dedyktibl] *adj* FIN ■ **qc est ~** [**de qc**] *des impôts* etw ist [von etw] absetzbar; *des revenus* etw ist abziehbar, etw ist von etw abzuziehen

déductif, -ive [dedyktif, -iv] *adj* deduktiv; ***qn a un esprit ~*** jd kann deduktiv denken

déduction [dedyksjɔ̃] *f* 1. COM Abzug *m;* FISC *a.* Absetzung *f;* ***~ d'impôt*** Steuerabzug; ***~ pour frais professionnels*** Freibetrag *m* für berufliche Aufwendung; ***moins la ~ de 10 %*** abzüglich 10 %
2. (*réflexion*) [Rück]schluss *m,* Schlussfolgerung *f;* (*conclusion*) Deduktion *f,* logischer Schluss
▸ **~ faite de qc** nach [*o* unter] Abzug einer S. (*gen*), abzüglich einer S. (*gen*); **qc entre en ~ de qc** etw wird von etw abgezogen; **qn fait la ~ de qc** jd zieht etw von etw ab

déduire <*irr*> [dedɥiʀ] I. *vt* 1. (*retrancher*) ■ **qn déduit qc** [**de qc**] jd zieht etw [von etw] ab
2. (*conclure naturellement*) ■ **qn déduit** [**de qc**] **qc** jd leitet etw [von etw] her [*o* ab]; ■ **qn déduit** [**de qc**] **que** + *indic* jd schließt [*o* folgert] [aus etw], dass; jd kommt zu dem Schluss, dass
3. (*conclure logiquement*) ■ **qn déduit qc de qc** jd deduziert etw von etw, jd leitet etw von etw ab [*o* her]
II. *vpr* ■ **qc se déduit** [**de qc**] etw lässt sich [von [*o* aus] etw] herleiten

déesse [deɛs] *f* Göttin *f;* ***la ~*** [***de la***] ***Liberté/Raison*** die Göttin der Freiheit/der Vernunft

de facto [defakto] *adv* de facto

défaillance [defajɑ̃s] *f* 1. [*personne*] (*physique, morale*) Schwäche *f;* (*intellectuelle*) Black-out ['blæk'aut] *nt o m;* ***un instant de ~*** ein schwacher Moment; ***il n'a eu encore aucune ~*** [***sexuelle***] er hat sexuell noch nie versagt
2. [*système*] Ausfall *m;* [*moteur a.*] Versagen *nt;* [*appareil*] Defekt *m;* [*loi*] Schwachstelle *f,* Schwachpunkt *m*
3. JUR [*témoin*] Nichterscheinen *nt* vor Gericht; [*contractant*] Nichteinhaltung *f* des Vertrages
▸ **~ cardiaque** Herzversagen *nt;* **~ humaine** menschliches Versagen; **~ mécanique/technique** mechanischer/technischer Defekt; **qn a une ~** (*s'évanouit*) jd erleidet einen Schwächeanfall; (*s'assoupit*) jd hat einen toten Punkt; (*perd la mémoire*) jd hat ein[en] Black-out, jds Gedächtnis versagt [*o* setzt aus]; (*cède*) jd hat eine Schwäche; **qn tombe en ~** jd fällt in Ohnmacht; **sans ~** zuverlässig; ***elle a une mémoire sans ~!*** ihr Gedächtnis versagt nie!; ***cette machine fonctionne sans ~*** diese Maschine arbeitet einwandfrei

défaillant, e [defajɑ̃, jɑ̃t] *adj* 1. *santé, volonté* schwach; *forces* geschwächt; *mémoire a.* nachlassend; ***ma mémoire est ~e*** mein Gedächtnis lässt nach
2. *personne* geschwächt, kraftlos; *voix* stockend, stammelnd; *main* unsicher
3. (*absent*) *candidat, témoin* nicht erschienen

défaillir <*irr*> [defajiʀ] *vi* ■ **qc défaille** /*capacités, qualités, mémoire*/ etw lässt nach; /*forces, volonté, élan a.*/ etw schwindet; /*courage*/ etw sinkt; ■ **qn défaille** jd fällt in Ohmacht; ■ **qn défaille de qc** *de joie, tendresse, d'angoisse* jd ist/wird [fast] ohnmächtig vor etw (*dat*), jd fällt [fast] vor etw (*dat*) in Ohnmacht; *de faim* jd fällt [fast] um vor etw (*dat*); ***le cœur défaillant d'angoisse*** fast ohnmächtig vor Angst
▸ **sans ~** ohne schwach zu werden; ***il a supporté sans ~ ces rudes épreuves*** standhaft ertrug er diese schweren Prüfungen

défaire <*irr*> [defɛʀ] I. *vt* 1. (*pour enlever*) ■ **qn défait qc** *agrafe, bouton, bijou* jd macht etw auf; *chaussures, manteau* jd zieht etw aus; *skis, bretelles* jd macht etw ab; *vis* jd schraubt etw los
2. (*pour ouvrir*) ■ **qn défait qc** jd macht etw auf; *nœud a.* jd löst etw
3. (*enlever ce qui est fait*) ■ **qn défait qc** jd macht etw auf; *tresses a.* jd löst etw; *ourlet* jd trennt etw auf; *rangs d'un tricot* jd macht etw wieder auf; *assemblage, construction* jd nimmt etw auseinander; *lit* (*pour changer de drap*) jd zieht etw ab; (*pour se coucher*) jd deckt etw auf; (*mettre en désordre*) jd macht etw durcheinander
4. (*détacher*) ■ **qn défait qc** jd macht etw ab *fam; corde a.* jd bindet etw los; *timbre a.* jd löst etw ab; *prise* jd zieht etw heraus
5. (*mettre en désordre*) ■ **qn/qc défait qc** jd/etw bringt etw durcheinander; *affaires, jeu a.* jd macht etw durcheinander *fam*
6. (*déballer*) ■ **qn défait qc** jd packt etw aus
7. (*rompre*) ■ **qn défait qc** *contrat* jd löst etw auf; ■ **qc défait qc** *plan, projet* etw macht etw zunichte; *mariage* etw zerstört etw, etw macht etw kaputt
8. MIL ■ **qn/qc défait qc** *armée* jd/etw schlägt [*o* besiegt] etw
9. (*débarrasser*) ■ **qn défait qn de qn/qc** jd befreit jdn von jdm/einer S., jd schafft jdm jdn/etw vom Hals *fam; d'une habitude* jd gewöhnt jdm etw ab, jd treibt jdm etw aus *fam; de ses préjugés, opinions* jd bringt jdn von etw ab
II. *vpr* 1. ■ **qc se défait** /*coiffure*/ etw gerät durcheinander [*o* in Unordnung]; /*nœud, courroie*/ etw geht auf [*o* löst sich]; /*paquet, ourlet*/ etw geht auf; /*bouton*/ etw geht ab; /*légumes, viande*/ etw fällt auseinander
2. *fig* ■ **qc se défait** /*amitié, relation*/ etw zerbricht, etw geht kaputt
3. *littér* ■ **qc se défait:** ***ses traits se défirent/son visage se défit*** sein/ihr Gesicht verzog [*o* verzerrte] sich
4. ■ **qn se défait de qn/qc** jd wird jdn/etw los, jd schafft sich (*dat*) jdn vom Hals *fam*

défait, e [defɛ, defɛt] I. *pp de* **défaire**
II. *adj mine, visage, air* abgespannt

défaite [defɛt] *f* Niederlage *f;* (*échec a.*) Scheitern *nt*
▸ **~ électorale** Wahlniederlage *f;* **qn essuie une ~** jd muss eine Niederlage einstecken *fam* [*o* hinnehmen]

défaitisme [defetism] *m* Defätismus *m*

défaitiste [defetist] **I.** *adj* defätistisch; ***esprit*** ~ Hang *m* zum Defätismus
II. *mf* Defätist(in) *m(f)*

défalquer <1> [defalke] *vt* ■ **qn défalque qc** jd zieht etw ab

défaut [defo] *m* **1.** (*travers*) Fehler *m;* ~***s de caractère*** Charakterfehler *pl;* ***qn n'a pas de*** ~***s*** [*o* ***aucun*** ~] jd ist perfekt
2. (*défectuosité*) Fehler *m;* [*appareil a.*] Defekt *m;* ~ ***de tissage*** Webfehler; ***cet aspirateur a un*** ~ der Staubsauger ist nicht in Ordnung *fam*
3. (*inconvénient*) Fehler *m,* Manko *nt*
4. (*imperfection physique*) Schönheitsfehler *m;* ***un corps/une peau sans*** [***un***] ~ ein makelloser Körper/eine makellose Haut
5. (*impureté*) [*pierre précieuse, diamant*] Fleck *m,* kleine Unreinheit; [*verre*] fehlerhafte Stelle, Fehler *m*
6. (*faiblesse*) [*roman, film*] Schwäche *f;* [*théorie a.*] Schwachstelle *f*
7. (*manque*) ■ ~ **de** *de preuves* Mangel *m* an (+ *dat*); *de vitamines, calcium a.* -mangel; ~ ***d'organisation/d'entraînement/d'attention*** fehlende [*o* mangelnde] Organisation/Übung/Aufmerksamkeit; ***qn est condamné(e) à une amende pour*** ~ ***d'assurance et de permis*** jd wird zu einer Geldstrafe verurteilt, weil er ohne Versicherung und Führerschein gefahren ist; ***pour*** ~ ***d'éclairage*** wegen fehlender [*o* mangelnder] Beleuchtung
8. JUR ■ ~ **de qn** jds Nichterscheinen *nt*
► ~ **caché** verborgener Fehler; **gros/vilain** ~ großer Fehler; **y a comme un** ~ *fam* da stimmt was nicht *fam;* **qn condamne/juge qn par** ~ jd verurteilt jdn in Abwesenheit; **le** ~ **de** [*o* **avec**] **qc, c'est que** + *indic* der Fehler an etw (*dat*) ist, dass; **qn est en** ~ jd ist im Unrecht; (*est en infraction*) jd verhält sich rechtswidrig; **qc est en** ~ */mémoire/* etw lässt nach; **qc fait** ~ etw fehlt; **qn fait** ~ JUR jd erscheint nicht; **qn met qn en** ~ jd ertappt jdn; **qn pèche par** ~ jd tut zu wenig; **qn prend qn en** ~ jd ertappt jdn [bei einem Fehler [*o* Verstoß]]; **à** ~ notfalls, in Ermangelung eines Besseren; **à** ~ **de qc** aus Mangel an etw (*dat*), mangels einer S. (*gen*); ***à*** ~ ***de cognac, ...*** wenn kein Cognac da ist, ...; ***à*** ~ ***de paiement, ...*** wenn keine Zahlung eingeht, ...; **par** ~ abgerundet; ***arrondir un nombre par*** ~ eine Zahl abrunden
◆ **défaut de construction** Konstruktionsfehler *m;* **défaut de fabrication** Fabrikationsfehler *m;* **défaut de la cuirasse** schwacher Punkt, schwache Stelle; **défaut de prononciation** Sprachfehler *m*

défaveur [defavœʀ] *f* Ungnade *f,* Ungunst *f geh*
► **qn est/tombe en** ~ **auprès de qn** jd steht/fällt bei jdm in Ungnade; **qn se trompe en ma/sa/...** ~ jd verrechnet sich zu meinen/seinen/ihren/... Ungunsten

défavorable [defavɔʀabl] *adj* **1.** (*difficile*) *conditions, temps* ungünstig
2. (*opp: en faveur de*) ■ ~ [**à qn/qc**] *avis, jugement* ablehnend, negativ; ■ **qn est** ~ **à qn/qc** *à un prévenu, un candidat* jd ist jdm nicht wohl gesonnen; *à un projet, une solution, une décision* jd steht einer S. (*dat*) ablehnend gegenüber, jd ist mit etw nicht einverstanden; ■ **qc est** ~ **à qn/qc** etw ist ungünstig für jdn/etw; */sort/* etw ist jdm nicht günstig gesonnen; ***le tirage au sort lui a été*** ~ die Auslosung fiel für ihn/sie ungünstig aus
3. (*qui ne convient pas*) ■ **qc est** ~ **à qn/qc** */climat/* etw bekommt jdm/einer S. nicht

défavorisé, e [defavɔʀize] *adj* benachteiligt, unterprivilegiert; ***un milieu*** ~ ein sozial schwaches Milieu

défavoriser <1> [defavɔʀize] *vt* ■ **qn/qc défavorise qn** jd/etw benachteiligt jdn

défécation [defekasjɔ̃] *f form* Stuhl[gang *m*] *m,* Defäkation *f spec*

défectif, -ive [defɛktif, -iv] *adj* defektiv, unvollständig

défection [defɛksjɔ̃] *f* [*membre d'un parti, partisan, ami*] Abfall *m,* Abtrünnigwerden *nt;* [*invité, candidat*] Fernbleiben *nt,* Nichterscheinen *nt*
► **qn fait** ~ jd kommt [*o* erscheint] nicht

défectueux, -euse [defɛktɥø, -øz] *adj* **1.** (*qui présente des défauts*) *organisation* schlecht, mangelhaft; *prononciation, orthographe* fehlerhaft; *appareil, outil* defekt; ***qn a une orthographe*** ~***euse*** jd macht viele Rechtschreibfehler; ***un texte*** ~ ein Text *m* voller Fehler
2. JUR: ***acte/jugement*** ~ Rechtsgeschäft *nt*/Urteil *nt* mit Formfehlern

défendable [defɑ̃dabl] *adj* **1.** MIL ■ **qc est** ~ etw kann verteidigt werden, etw ist zu halten; ***qc n'est pas*** ~ etw ist nicht zu verteidigen [*o* zu halten]
2. (*justifiable*) *opinion, position* vertretbar; *attitude a.* zu verteidigen; ***cette thèse n'est pas*** ~ diese These ist nicht haltbar

défendeur, -eresse [defɑ̃dœʀ, -əʀɛs] *m, f* JUR Angeklagte(r) *f(m),* Beklagte(r) *f(m)*

défendre¹ <14> [defɑ̃dʀ] **I.** *vt* **1.** MIL ■ **qn défend qn/qc** jd verteidigt jdn/etw; ■ **qc défend qc** etw schützt etw
2. (*prendre la défense de*) ■ **qn/qc défend qn** [**contre** [*o* **de**] **qn/qc**] jd/etw verteidigt jdn [gegen jdn/etw]; */avocat a./* jd vertritt jdn; ■ **qc défend qn** [**de qn/qc**] */article, émission/* etw schützt jdn [vor jdm/etw]
3. (*soutenir*) ■ **qn défend qc** jd verteidigt etw; *cause a.* jd setzt sich [*o* tritt] für etw ein; *opinion, théorie a.* jd vertritt etw
4. (*sauvegarder*) ■ **qn défend qc** *son honneur, titre, sa réputation, vie* jd verteidigt etw
5. (*protéger*) ■ **qc défend qn/qc** [**contre** [*o* **de**] **qc**] *contre la chaleur, des affections, du froid* etw schützt jdn/etw [gegen etw] [*o* vor etw (*dat*)]
6. SPORT ■ **qn défend qc** *titre* jd verteidigt etw; ***qn défend les buts/ses buts*** jd steht im Tor/jd verteidigt das Tor
II. *vpr* **1.** (*se protéger*) ■ **qn se défend** [**contre qn/qc**] *contre un agresseur, une attaque, des critiques* jd verteidigt [*o* wehrt] sich [gegen jdn/etw]
2. (*se préserver*) ■ **qn se défend contre** [*o* **de**] **qc** *contre le froid, de la chaleur* jd schützt sich gegen etw [*o* vor etw (*dat*)]
3. (*nier*) ■ **qn se défend de faire qc** jd streitet ab etw zu tun, jd leugnet etw zu tun; ***il se défend d'être un spécialiste*** er bestreitet ein Fachmann zu sein
4. *fam* (*se débrouiller*) ■ **qn se défend** [...] [**en qc**] jd schlägt sich [in etw (*dat*)] tapfer durch, jd kommt [in etw (*dat*)] [...] zurecht
5. (*résister aux assauts de l'âge*) ■ **qn se défend** jd hält sich [gut]
6. *fam* (*être défendable*) ■ **qc se défend** */idée, raisonnement, projet/* etw lässt sich vertreten

défendre² <14> [defɑ̃dʀ] **I.** *vt* (*interdire*) ■ **qn défend que** + *subj* jd verbietet, dass; jd untersagt, dass; ■ **qn défend** [**à qn**] **qc/de faire qc** jd verbietet [jdm] etw/etw zu tun, jd untersagt [jdm] etw/etw zu tun
II. *vpr* ■ **qn se défend ...:** ***qn se défend tout plaisir*** jd versagt sich (*dat*) jedes Vergnügen; ***qn se défend toute remarque/critique*** jd enthält sich jeder Bemerkung/Kritik *geh;* ■ **qn se défend de faire qc** jd versagt [es] sich (*dat*), etw zu tun; jd verzichtet darauf, etw zu tun; ***elle se défendait de pleurer*** sie wollte nicht weinen, sie unterdrückte ihre Tränen
► **qn ne peut se** ~ **de qc/de faire qc** jd kann sich einer S. (*gen*) nicht erwehren *geh*/jd kann nicht umhin, etw zu tun; ***il ne peut se*** ~ ***de sourire*** er kann sich das Lächeln nicht verkneifen *fam*

défendu, e [defɑ̃dy] **I.** *pp de* **défendre**
II. *adj* verboten, nicht erlaubt
► **c'est** ~ das ist verboten; **il est** ~ **de faire qc** es ist verboten, etw zu tun

défense¹ [defɑ̃s] *f* **1.** (*fait de défendre*) Verteidigung *f;* (*protection*) Schutz *m;* ■ ~ **de qn/qc** jds Verteidigung/Verteidigung einer S. (*gen*); *d'une théorie a.* Vertreten *nt* einer S. (*gen*), Verfechten *nt* einer S. (*gen*); *d'une cause a.* Eintreten *nt* für etw; *d'une opinion* Vertreten einer S. (*gen*)
2. PSYCH: ***l'instinct/les réflexes de*** ~ der Abwehrinstinkt/die Abwehrreflexe; ***le mécanisme de*** ~ der Abwehrmechanismus
3. ZOOL Schutz *m;* (*moyens*) Schutzmöglichkeit *f*
4. PHYSIOL Abwehrkräfte *pl*
5. *pl* (*dispositifs militaires*) Verteidigungsstellungen *pl,* Verteidigungsanlagen *pl*
6. POL ■ **la D~:** ***le ministre de la D~*** der Verteidigungsminister; ***la conception de la D~ nationale*** die nationale Verteidigungsstrategie; ***le budget de la D~*** der Verteidigungshaushalt
► **la meilleure** ~**, c'est l'attaque** Angriff ist die beste Verteidigung; ~ **civile** [*o* **passive**] (*en cas d'attaque aérienne, de guerre atomique*) [ziviler] Luftschutz; ~**s immunitaires** Immunabwehr *f,* Immunabwehrkräfte *pl;* **légitime** ~ Notwehr *f;* ***en état de légitime*** ~ in Notwehr; **la D~ nationale** die Landesverteidigung; **qn a de la** ~ jd kann sich [*o* weiß sich zu] wehren; **qn n'a pas de** ~ jd ist schutzlos [*o* ausgeliefert], jd kann sich nicht wehren; **qn assure la** ~ **de qn** jd übernimmt jds Verteidigung, jd verteidigt jdn; **qc assure la** ~ **de qc** etw sichert die Verteidigung einer S. (*gen*); **qn est bon(ne) en** ~ SPORT jd ist ein guter Verteidiger; **qn joue la** ~ SPORT jd spielt rein defensiv; **qn joue/se met en** ~ SPORT jd spielt in der Abwehr/jd geht in die Verteidigung; **qn oppose une** ~ **à qn/qc** jd leistet jdm/einer S. Widerstand; **qn prend la** ~ **de qn/qc** jd verteidigt jdn/etw; **qn va/court à la** ~ **de qn/qc** jd verteidigt jdn/etw, jd eilt jdm zu Hilfe; **sans** ~ schutzlos, ausgeliefert
◆ **défense de l'environnement** Umweltschutz *m*

défense² [defɑ̃s] *f* (*interdiction*) Verbot *nt;* ■ ~ **de faire qc:** ~ ***de fumer*** Rauchen verboten; ~ ***d'entrer*** Eintritt [*o* Zutritt] verboten; ~ ***de se pencher au-dehors*** nicht aus dem Fenster lehnen
► **qn fait** ~ **à qn de faire qc** *soutenu* jd verbietet jdm, etw zu tun

défense³ [defɑ̃s] *f* ZOOL [*éléphant*] Stoßzahn *m;* [*sanglier*] Hauer *m;* [*morse*] Eckzahn *m*

défenseur [defɑ̃sœʀ] *m* **1.** MIL, JUR Verteidiger(in) *m(f)*
2. (*partisan*) Anhänger(in) *m(f),* Verfechter(in) *m(f);* [*projet*] Befürworter(in) *m(f);* ***les*** ~***s de la paix*** die Verfechter des Friedens
► ~ **des droits de l'Homme** Verteidiger *m* der Menschenrechte; ***un pays*** ~ ***des droits de l'Homme*** ein Land, das für die Menschenrechte eintritt [*o* das die Menschenrechte verteidigt]; ~ **de l'environnement** Umweltschützer *m;* ~ **des faibles et des opprimés** Verteidiger *m* der Schwachen und Unterdrückten; ~ **de la paix** Verfechter *m* des Friedens, Friedensanhänger *m;* ~ **de la veuve et de l'orphelin** Beschützer *m* der Witwen und Waisen

défensif, -ive [defɑ̃sif, -iv] **I.** *adj* **1.** *guerre, tactique* Verteidigungs-; *arme a.* Defensiv-, Schutz-; *alliance a.* Schutz-; ***la force de dissuasion française est uniquement*** ~***ive*** die französische Abschreckungsstreitmacht dient allein Verteidigungszwecken
2. *fig attitude* defensiv
3. SPORT *jeu* defensiv
II. *f* ■ **défensive** Defensive *f;* ***qn passe de la*** ~***ive à l'offensive*** jd geht aus der Defensive zum Angriff über; ***attitude*** [***de***] ~***ive*** defensive Haltung
► **qn est** [*o* **se tient**] **sur la** ~**ive** jd ist in der Defensive; **qn joue la** ~**ive** SPORT */joueur, équipe/* jd spielt aus der Defensive; **qn/qc met qn sur la** ~**ive** jd/etw drängt jdn in die Defensive

déféquer <5> [defeke] *vi form* ■ **qn défèque** jd entleert den Darm

déférence [defeʀɑ̃s] *f* Achtung *f,* Respekt *m*
► **avec** ~ respektvoll, ehrerbietig *geh;* **par** ~ **pour qn** [*o* **à l'égard de qn**] aus Achtung [*o* Respekt] vor jdm

déférent, e [defeʀɑ̃, ɑ̃t] *adj* respektvoll, ehrerbietig *geh;* ***après un signe de tête*** ~ nachdem er respektvoll [*o* ehrerbietig] gegrüßt hatte; ***qn est*** [*o* ***se montre***] ~ ***à l'égard de qn*** jd verhält sich [*o* zeigt sich] jdm gegenüber respektvoll

déférer <5> [defeʀe] *vt* JUR ■ **qn défère qn à qc** *à la justice* jd bringt jdn vor etw (*akk*), jd überantwortet jdn einer S. (*dat*); *au parquet a.* jd übergibt jdn einer S. (*dat*)

déferlement [defɛʀləmɑ̃] *m* [*vagues*] Brechen *nt;* [*mer*] Brandung *f;* ■ ~ **de** *de barbares* Einfall *m* von; *de touristes, voitures* -strom *m; d'enthousiasme* Welle *f* [*o* Woge *f*] (+ *gen*)

déferler <1> [defɛʀle] *vi* ■ **qc déferle** */vagues/* etw bricht sich; */mer/* etw brandet; ■ **qn/qc déferle sur/dans qc** */touristes/ sur la France, la Grèce* jd überschwemmt etw; */mode, vague de terrorisme/* etw erfasst [*o* überrollt] etw; */touristes, passants/ sur les routes* jd strömt auf etw (*akk*);

/foule/ dans la rue, sur la place jd überflutet etw; ***les barbares déferlent dans un pays*** die Barbaren fallen in ein Land ein; ***une vague de terrorisme déferle sur la France*** eine Welle des Terrorismus überrollt Frankreich; ***la mode [du] mini a déferlé sur toute la France*** die Minimode hat ganz Frankreich erfasst

défi [defi] *m* **1.** (*provocation*) Herausforderung *f;* ***d'un air de ~*** mit herausfordernder Miene; ■ **~ à qc** *à la science, la médecine* Herausforderung für etw; *au danger, bon sens* Herausforderung einer S. (*gen*)
2. + *adj* (*challenge*): **~ *énergétique/technologique*** Herausforderung *f* im Energiebereich/im Bereich der Technologie [*o* auf technologischem Gebiet]
▶ **qn accepte** [*o* **relève**] **le ~** jd nimmt die Herausforderung an; **qn/qc jette** [*o* **lance**] **un ~ à qn/qc** jd/etw fordert jdn/etw heraus; **qn met qn au ~ de faire qc** jd wettet, dass jd etw nicht tut; **par ~**: ***qn fait qc par ~*** jd tut etw, weil er dazu herausgefordert wird/wurde

défiance [defjɑ̃s] *f* Misstrauen *nt,* Argwohn *m geh*
▶ **qc met qn en ~** jd erweckt jds Misstrauen; **avec/sans ~** mit Misstrauen [*o* misstrauisch]/ohne Misstrauen [*o* arglos]

défiant, e [defjɑ̃, jɑ̃t] *adj personne* misstrauisch; ***qn a un caractère ~*** jd ist misstrauisch

déficeler <3> [defisle] **I.** *vt* ■ **qn déficelle qc** *paquet* jd schnürt etw auf, jd macht die Schnur von etw auf; *rôti* jd macht den Bindfaden von etw ab
II. *vpr* ■ **qc se déficelle** */paquet/* die Schnur einer S. (*gen*) geht auf [*o* löst sich]; */bouquet garni, rôti/* der Bindfaden einer S. (*gen*) geht auf

déficience [defisjɑ̃s] *f* **1.** Schwäche *f;* ***une ~ organique/musculaire/cardiaque*** eine Organ-/Muskel-/Herzschwäche; ***une ~ rénale*** eine Niereninsuffizienz; ***qn est atteint(e) d'une ~ mentale*** jd ist geistig zurückgeblieben; ■ **~ de qc** Schwäche einer S. (*gen*); **~ *du vouloir/de mémoire*** Willensschwäche [*o* mangelnde Willenskraft]/Gedächtnisschwäche
2. (*manque*) ■ **~ en** *en magnésium, calcium* -mangel *m*

déficient, e [defisjɑ̃, jɑ̃t] **I.** *adj intelligence, raisonnement, forces, corps* schwach; *personne a.* schwächlich; ***un enfant ~*** (*intellectuellement*) ein geistig zurückgebliebenes Kind; (*physiquement*) ein schwächliches Kind
II. *m, f* ▶ **~(e) [mental(e)/intellectuel(le)]** [geistig] Behinderte(r) *f(m)*

déficit [defisit] *m* **1.** FIN Defizit *nt,* Fehlbetrag *m;* **~ *de la balance des paiements*** Zahlungsbilanzdefizit
2. MED (*manque*): **~ *hormonal/immunitaire*** Hormon-/Immunschwäche *f;* ***un ~ intellectuel*** eine geistige Schwäche; ***un ~ [au niveau] de l'oreille droite*** eine Hörschwäche auf dem rechten Ohr; ■ **~ en** *en calcium, magnésium, fer* Mangel *m* an (+ *dat*), -mangel; ■ **~ [de qc]** (*perte*) Verlust *m* [einer S. (*gen*)]
▶ **~ budgétaire** [*o* **commercial**] Handelsdefizit *nt;* **qn comble le ~** jd gleicht das Defizit aus, jd deckt das Defizit; **qn/qc est en ~** jd/etw hat ein Defizit, etw weist ein Defizit auf

déficitaire [defisitɛʀ] *adj budget, compte* defizitär; *entreprise a., année* Verlust-; *récolte* mager; ***taux de calcium ~*** zu niedriger Kalziumspiegel; ■ **qn/qc est ~** *entrepreneur, société, entreprise* jd/etw arbeitet mit Verlust; ■ **~ en qc**: ***l'année a été ~ en fruits*** das Jahr war arm an Obst, in diesem Jahr gab es wenig Obst

défier <1 a> [defje] **I.** *vt* **1.** (*provoquer*) ■ **qn défie qn** jd fordert jdn heraus; ***qn défie qn en combat singulier*** jd fordert jdn zum Einzelkampf heraus; ***qn défit qn aux échecs*** jd fordert jdn zu einer Partie Schach heraus
2. (*parier*) ■ **qn défie qn de faire qc** jd wettet, dass jd etw nicht tun kann
3. (*braver*) ■ **qn défie qc** *autorité* jd widersetzt sich einer S. (*dat*); *convenances* jd setzt sich über etw (*akk*) hinweg; *avenir* jd bietet einer S. (*dat*) die Stirn; *danger, mort* jd trotzt einer S. (*dat*) *geh;* (*provoquer*) jd spielt mit etw
4. (*soutenir l'épreuve de*) ■ **qc défie qc** *intempéries, temps* etw trotzt einer S. (*dat*) *geh; raison, bon sens* etw widerspricht einer S. (*dat*), etw spottet einer S. (*gen*); ***des prix [o tarifs] défiant toute concurrence*** Preise, die außer Konkurrenz stehen
II. *vpr littér* ■ **qn se défie de qn/qc** jd misstraut jdm/einer S.

défigurer <1> [defigyʀe] *vt* **1.** (*abîmer le visage de qn*) ■ **qn/qc défigure qn** jd/etw entstellt jdn; ***l'accident l'a défigurée/lui a défiguré le visage*** der Unfall hat sie entstellt/hat ihr Gesicht entstellt
2. (*enlaidir*) ■ **qn/qc défigure qc** *monument, paysage, site* jd/etw verunstaltet [*o* verschandelt *fam*] etw
3. (*travestir*) ■ **qn/qc défigure qc** *faits, vérité, pensée* jd/etw entstellt [*o* verzerrt] etw, jd gibt etw verzerrt [*o* falsch] wieder; *article, texte* jd/etw verstümmelt etw *fam,* jd/etw verhunzt etw *fam*

défilé [defile] *m* **1.** (*cortège*) Umzug *m,* Parade *f;* MIL Aufmarsch *m,* [Militär]parade; ■ **~ [de personnes/choses]** *de manifestants, voitures, visiteurs* endlose [*o* lange] Reihe [von Menschen/Dingen]; *péj a.* Prozession *f* von Menschen/Dingen; ***c'est le ~ des quémandeurs*** die Bittsteller geben sich die Klinke in die Hand; ***c'est le ~ chez qn/quelque part!*** bei jdm/irgendwo ist vielleicht ein Andrang!
2. *fig* (*succession*) ■ **~ de choses** *d'images, de souvenirs* Reihe *f* [*o* Folge *f*] von Dingen
3. (*gorge*) Engpass *m,* Schlucht *f;* ***des ~s sauvages*** wilde Schluchten *pl;* ***le ~ des Thermopyles*** der Thermopylenpass
◆ **défilé de mannequins** [*o* **de mode**] Modenschau *f*

défiler <1> [defile] **I.** *vi* **1.** (*marcher en colonne, file*) ■ **qn/qc défile** */majorettes/* jd/etw marschiert vorbei; */soldats, armée a./* jd/etw defiliert; */cortège, manifestants/* jd/etw zieht vorbei; */mannequins/* jd präsentiert sich auf dem Laufsteg
2. (*se succéder*) ■ **des personnes défilent** */clients, visiteurs/* Menschen geben sich die Klinke in die Hand; ***l'été, ça défile/les visiteurs défilent*** im Sommer herrscht Andrang/reißt der Besucherstrom nicht ab; ■ **des choses défilent** */voitures, rames/* Dinge fahren vorbei; */souvenirs, images/* Dinge ziehen vorbei [*o* vorüber]; */jours/* Dinge gehen [*o* ziehen] dahin; ***des images défilent devant mes yeux*** Bilder ziehen vor meinen Augen vorbei [*o* vorüber]
3. (*passer en continu*) ■ **qc défile** */bande, film/* etw läuft [ab]; */texte/* etw läuft durch; */paysage/* etw zieht vorbei [*o* vorüber]
4. INFORM ■ **qn défile** jd blättert, jd scrollt ['skrɔʊlt] *spec;* ■ **qn fait ~ qc vers ...** *le haut, le bas* jd blättert etw nach ...
II. *vpr fam* (*se dérober*) ■ **qn se défile** jd drückt sich *fam;* (*s'éclipser*) jd verdrückt [*o* verzieht] sich *fam*

défini, e [defini] *adj* **1.** *chose* bestimmt
2. GRAM *article* bestimmt
▶ **bien/mal ~** *mot, terme* gut/schlecht definiert; *douleur* ganz bestimmt/undefinierbar; ***une tâche bien définie*** eine ganz bestimmte [*o* genau abgegrenzte] Aufgabe; ***une attitude bien ~e*** eine klare Haltung

définir <8> [definiʀ] **I.** *vt* **1.** (*donner la définition de*) ■ **qn/qc définit qc** *concept, terme* jd/etw definiert etw
2. (*expliquer*) ■ **qn/qc définit qc** *sensation, sentiment, impression* jd definiert etw genau, jd/etw beschreibt etw genau; *position* jd/etw erläutert etw
3. (*décrire*) ■ **qn/qc définit qn** jd/etw charakterisiert jdn, jd/etw beschreibt jdn
4. (*déterminer*) ■ **qn définit qc** *stratégie, modalités, règles, objectifs* jd setzt [*o* legt] etw fest; *politique* jd bestimmt etw
▶ **qc reste à ~** etw bleibt [*o* ist] noch zu definieren, etw bleibt [*o* ist] noch festzulegen [*o* festzusetzen]
II. *vpr* ■ **qn se définit comme qn** jd definiert sich selbst als jdn, jd beschreibt sich selbst als jdn

définitif, -ive [definitif, -iv] **I.** *adj* **1.** (*opp: provisoire*) endgültig; *refus, décision a.* definitiv; *victoire* entscheidend
2. (*sans appel*) *argument* überzeugend, schlüssig; *jugement* rechtskräftig
▶ **c'est ~** das ist endgültig, das ist definitiv; **en ~ive** schließlich, letzten Endes, letztendlich; ***nous n'avons pas le choix, en ~ive*** letztendlich haben wir keine Wahl
II. *m fam:* ***c'est du ~*** das ist was Endgültiges *fam;* (*relation sérieuse*) das ist was Festes *fam;* ***qn fait du ~*** jd macht was Endgültiges *fam*

définition [definisjɔ̃] *f* **1.** LING [*mot*] Begriffsbestimmung *f,* Definition *f*
2. MATH Definition *f*
3. (*caractérisation*) Beschreibung *f,* Charakterisierung *f;* ***qn donne une ~ de qn*** jd beschreibt [*o* charakterisiert] jdn
4. TV [Bild]auflösung *f;* **~ *de l'image*** Bildauflösung *f,* Rasterfeinheit *f*
▶ **haute ~** *télé, écran* hochauflösend, mit hoher Bildauflösung; **par ~** definitionsgemäß, per definitionem

définitivement [definitivmɑ̃] *adv* endgültig, definitiv; *s'installer, quitter a.* für immer

défiscaliser <1> [defiskalize] *vt* ■ **qn défiscalise qc** jd befreit etw von der Steuer; ■ **qc est défiscalisé(e)** etw ist/wird von der Steuer befreit, etw ist steuerfrei

déflagration [deflagʀasjɔ̃] *f* Deflagration *f,* Verpuffung *f*

déflation [deflasjɔ̃] *f* Deflation *f;* ***politique de ~*** Deflationspolitik *f*

déflationniste [deflɑsjɔnist] *adj* deflationistisch, deflationär, deflatorisch

déflecteur [deflɛktœʀ] *m* Ausstellfenster *nt*

défloraison [deflɔʀɛzɔ̃] *f* Abfallen *nt* der Blüten, Verblühen *nt*

défloration [deflɔʀasjɔ̃] *f* Entjungferung *f,* Defloration *f spec*

déflorer <1> [deflɔʀe] *vt* **1.** ■ **qn déflore qn** jd entjungfert jdn, jd defloriert jdn *spec*
2. *fig* ■ **qn déflore qc** jd nimmt einer S. (*dat*) den Reiz [*o* die Spannung]; (*trahir*) jd verrät etw

défoliant [defɔljɑ̃] **I.** *adj:* ***produit [chimique] ~*** [chemisches] Entlaubungsmittel
II. *m* Entlaubungsmittel *nt*

défoliation [defɔljasjɔ̃] *f* **1.** (*destruction*) Entlaubung *f*
2. (*perte des feuilles*) Laubfall *m*

défonçage [defɔ̃saʒ] *m,* **défoncement** [defɔ̃smɑ̃] *m* [*porte*] Einschlagen *nt;* ***le ~ du parapet/de la route était important*** das Geländer war stark eingedrückt/die Straße war stark ausgefahren

défonce [defɔ̃s] *f fam* Trip *m*
▶ **qn est en pleine ~** jd ist voll auf dem Trip *fam,* jd ist total high [hai] *fam*

défoncer <2> [defɔ̃se] **I.** *vt* **1.** (*casser en enfonçant*) ■ **qn/qc défonce qc** jd/etw drückt etw ein; ■ **qn défonce qc** *porte, vitre* jd schlägt etw ein; ■ **qn lui défonce qc** *pop crâne, figure* jd schlägt jdm etw ein
2. (*enlever le fond*) ■ **qn défonce qc** jd schlägt den Boden einer S. (*gen*) aus [*o* ein]
3. (*détériorer*) ■ **qn/qc défonce qc** *canapé, fauteuil* jd/etw beschädigt die Sprungfedern einer S. (*gen*), jd/etw macht etw kaputt; ■ **qc défonce qc** */chars, camions/ route, terrain* etw fährt etw stark aus, etw beschädigt etw schwer; */passage des camions/* durch etw ist/wird etw stark ausgefahren
4. *fam* (*droguer*) ■ **qc défonce [qn]** */drogue/* etw macht [jdn] high *fam; fig* etw macht [jdn] süchtig [*o* high *fam*]
II. *vpr* **1.** (*se détériorer*) ■ **qc se défonce** */sol/* etw reißt auf; ***le canapé se défonce déjà*** bei der Couch kommen schon die Sprungfedern heraus
2. *fam* (*se droguer*) ■ **qn se défonce [à qc]** jd nimmt etw, um high zu werden *fam,* jd knallt sich [mit etw] zu *sl; à l'héroïne* jd fixt [etw]; ***qn se défonce à la colle/aux médicaments*** jd schnüffelt Klebstoff/nimmt Medikamente, um high zu werden *fam*
3. *fam* (*se donner du mal*) ■ **qn se défonce** jd legt sich krumm *fam,* jd schindet sich ab *fam*

déformant, e [defɔʀmɑ̃, ɑ̃t] *adj:* ***miroir ~*** Zerrspiegel *m,* Vexierspiegel *m*

déformation [defɔʀmasjɔ̃] *f* (*altération*) [*pièce métallique, objet*] Verformung *f;* [*nom*] Abänderung *f;* [*pensées, faits*] Verzerrung *f,* Entstellung *f;* [*goût*] Verbildung *f;* [*caractère*] Veränderung *f;* MED Deformierung *f,* Verformung; ***la ~ des boiseries est due à l'humidité*** durch die Feuchtigkeit hat sich die Holzverkleidung verzogen

►~ **professionnelle** Abfärben *nt* des Berufs auf das Privatleben [*o* auf den Menschen]; ***c'est une*** [*o* ***de la***] ~ ***professionnelle!*** der Beruf färbt eben ab!, das ist eine Berufskrankheit *hum;* ***par*** ~ ***professionnelle*** als Folge des Berufs

déformer <1> [defɔʀme] **I.** *vt* **1.** (*altérer*) ■ **qn déforme qc** *chaussures* jd tritt etw aus; *bouche* jd verzieht etw; ■ **qc déforme qc** etw verformt etw; *jambes, doigts a.* etw deformiert etw; ***les fenêtres ont été déformées par l'humidité*** die Fenster haben sich durch die Feuchtigkeit verzogen; ***un miroir qui déforme*** ein Zerrspiegel *m*

2. (*fausser*) ■ **qn/qc déforme qc** *faits* jd/etw stellt etw verzerrt [*o* falsch] dar, jd/etw verdreht etw; *pensées* jd/etw gibt etw verzerrt [*o* falsch] wieder; *réalité* jd/etw gibt ein verzerrtes [*o* falsches] Bild von einer S.; ■ **qc déforme qc** *goût* etw verdirbt etw; *ouïe, vue* etw schadet einer S. (*dat*)

II. *vpr* ■ **qc se déforme** */chaussures/* etw verformt sich, etw verliert die Form; */vêtement/* etw verliert die Form [*o* Fasson]; */étagère/* etw verzieht sich

défoulement [defulmɑ̃] *m* Sichabreagieren *nt;* ***c'est l'occasion d'un ~ collectif*** das ist die Gelegenheit für alle, sich abzureagieren

défouler <1> [defule] **I.** *vpr* ■ **qn se défoule** jd reagiert sich ab; */enfant, jeune a./* jd tobt sich aus; ■ **qn se défoule sur** [*o* **contre**] **qn/qc** jd lässt seinen Ärger an jdm/etw aus; ***ce n'est pas une raison pour te ~ sur moi*** das ist kein Grund, das an mir auszulassen; ■ **qn se défoule en faisant qc** jd reagiert sich bei etw ab; */enfant/* jd tobt sich bei etw aus

II. *vt* **1.** (*libérer son agressivité*) ■ **qn défoule qc** [**sur qn/qc**] jd reagiert etw [an jdm/etw] ab, jd lässt etw an jdm/etw aus

2. (*décontracter*) ■ **qc défoule qn** bei etw reagiert sich jd ab, bei etw kann sich jd abreagieren; ***la moto/la course me défoule*** beim Motorradfahren/Laufen reagiere ich mich ab; ■ **ça défoule qn de faire qc** bei etw reagiert sich jd ab; jd reagiert sich dabei ab, wenn er etw tut; *enfant, jeune* bei etw tobt sich jd aus; jd tobt sich dabei aus, wenn er etw tut; ***ça la défoule de jouer au petit chef*** sie reagiert sich dabei ab, wenn sie herumkommandiert

défraîchi, e [defʀeʃi] *adj couleur* verblasst; *tissu, vêtement* nicht mehr neu [aussehend]; (*usé a.*) abgetragen; *légumes, fruits* nicht mehr frisch [aussehend]; *charmes* verblüht

défraîchir <8> [defʀeʃiʀ] *vpr* ■ **qc se défraîchit** */tissu/* etw sieht nicht mehr neu aus; */vêtement a./* etw sieht abgetragen aus; */couleur/* etw verblasst; */charmes/* etw verblüht

défrayer <7> [defʀeje] *vt* **1.** (*rembourser*) ■ **qn défraie qn** [**de qc**] jd erstattet jdm die Unkosten [*o* Auslagen] [für etw]; ***vous serez défrayé(e) de tout*** Sie haben alles frei

2. (*être le sujet de conversation*): ***qn/qc défraie la chronique*** jd/etw gibt Anlass zu[m] Gerede, jd/etw steht im Mittelpunkt des Klatsches

défrichage [defʀiʃaʒ] *m,* **défrichement** [defʀiʃmɑ̃] *m* **1.** [*forêt*] Rodung *f,* Roden *nt;* [*terrain*] Urbarmachung *f*

2. *fig* (*préparatif*) Vorarbeit *f;* (*traitement*) Aufbereitung *f*

défricher <1> [defʀiʃe] *vt* **1.** ■ **qn défriche qc** *forêt* jd rodet etw; *terrain* jd macht etw urbar

2. *fig* (*traiter*) ■ **qn défriche qc** *domaine scientifique* jd erforscht [*o* erschließt] etw; *sujet, question* jd bereitet etw auf; (*préparer*) jd leistet die Vorarbeit zu etw; ***qn défriche le terrain*** jd ebnet [*o* bereitet] den Weg

défriser <1> [defʀize] *vt* **1.** *fam* (*gêner*) ■ **qc défrise qn** etw ärgert [*o* nervt *fam*] [*o* fuchst *fam*] jdn

2. (*enlever la frisure*) ■ **qn défrise qc** jd entkraust etw; ■ **qc défrise qc** */temps, pluie/* etw macht etw glatt; ■ **qc défrise qn** etw zerstört [*o* verdirbt] jds Frisur; ***elle s'est fait ~ les cheveux*** sie hat sich (*dat*) die Haare entkrausen lassen

défroque [defʀɔk] *f* alte, abgelegte [*o* ausrangierte] Klamotten *pl fam*

défroqué, e [defʀɔke] *adj* ehemalig

défroquer <1> [defʀɔke] **I.** *vpr* ■ **qn se défroque** */curé/* jd legt das Priestergewand ab; */moine/* jd legt die Mönchskutte ab, jd tritt aus dem Orden aus

II. *vi* ■ **qn défroque** */curé/* jd legt das Priestergewand ab; */moine/* jd legt die Mönchskutte ab, jd tritt aus dem Orden aus

défunt, e [defœ̃, œ̃t] **I.** *adj littér* verstorben

► **son ~ père/sa ~e mère** sein/ihr verstorbener Vater/seine/ihre verstorbene Mutter

II. *m, f littér* Verstorbene(r) *f(m)*

dégagé, e [degaʒe] *adj* **1.** *ciel* klar, wolkenlos; *sommet* sichtbar; *route* frei, geräumt; *vue* frei

2. *front* frei; *nuque a.* ausrasiert

3. *allure, air* lässig; *ton, manière a.* ungezwungen; ***il avait l'air ~*** er wirkte lässig

dégagement [degaʒmɑ̃] *m* **1.** (*fait de déterrer*) [*poterie, objet enfoui*] Bergung *f;* [*personne a.*] Befreiung *f;* (*fait de décoincer*) [*boulon*] Herausholen *nt,* Herausziehen *nt;* [*personne, tête, membre*] Herausziehen, Befreiung

2. (*déblaiement*) [*route, rue, trottoir*] Räumung *f*

3. (*émanation*): ~ ***de gaz*** Gasentwicklung *f,* Ausströmen *nt* von Gas; ~ ***de chaleur*** Wärmeentwicklung *f,* Wärmeabgabe *f;* ~ ***de fumée*** Rauchentwicklung *f;* ~ ***de vapeur*** Dampfentwicklung *f*

4. FBALL, RUGBY Befreiungsschlag *f*

5. (*passage*) [*appartement*] Flur *m;* [*lotissement, quartier*] freier Platz

6. POL (*désengagement*) Befreiung *f* von [*o* Entbindung *f* aus] einer politischen Verbindlichkeit

7. MED [*bébé*] [Heraus]holen *nt fam*

dégager <2 a> [degaʒe] **I.** *vt* **1.** (*libérer*) ■ **qn dégage qn** [**de qc**] *personnes ensevelies* jd befreit [*o* birgt] jdn [aus etw]; *personnes coincées a.* jd holt [*o* zieht] jdn [aus etw] heraus; ■ **qn dégage qc** [**de qc**] *objet coincé* jd zieht etw [aus etw] heraus; *main, tête a.* jd befreit etw [aus etw]; *objet enfoui* jd birgt etw, jd holt etw hervor; *objet couvert* jd enthüllt etw; ***j'ai dégagé le cerf-volant des branchages*** ich habe den Drachen aus den Zweigen herausgeholt [*o* befreit]; ■ **qc dégage qc** [**de qc**]: ***le vent a dégagé le ciel*** [***de ses nuages***] der Wind hat die Wolken am Himmel vertrieben

2. (*désobstruer*) ■ **qc dégage qc** *bronches, gorge, nez* etw macht etw frei; ■ **qn dégage qc** [**de qc**] *rue, passage, couloir* jd räumt etw [von etw], jd macht etw frei [von etw]; *temps, plages horaires* jd hält sich (*dat*) etw frei; ***ça dégagera un peu le couloir*** das wird im Flur ein bisschen Platz schaffen; ***dégagez la piste!*** Platz da!

3. (*faire apparaître*) ■ **qc dégage qc** *cou, épaules* etw lässt etw frei

4. (*soustraire à une obligation*) ■ **qn dégage qc** *responsabilité* jd lehnt etw ab, jd weist etw von sich (*dat*); *parole* jd nimmt etw zurück; ***il dégage toujours sa responsabilité*** er entzieht sich immer der Verantwortung; ■ **qn dégage qn de qc** *d'un engagement, d'une parole* jd entbindet [*o* befreit] jdn von etw

5. *fam* (*enlever*) ■ **qn dégage qc** [**de qc**] jd räumt etw [von etw] weg

6. (*produire*) ■ **qc dégage qc** *odeur, parfum* etw verbreitet [*o* verströmt] etw; *gaz, vapeurs toxiques* etw setzt etw frei, etw entwickelt etw; *gaz* etw verströmt etw; *fumée* etw gibt etw ab; ■ **une chose dégage qc** *impression, haine, amour* etw geht von einer S. aus

7. FBALL ■ **qn dégage** [**qc**] jd klärt; ***qn dégage son camp/son but*** jd schießt den Ball weit ins Feld zurück; ***qn dégage*** [***le ballon***] ***en touche*** jd klärt [den Ball] ins Aus

8. ECON, FIN ■ **qn dégage qc** *crédits* jd stellt etw bereit; *profits, bénéfices* jd arbeitet etw heraus, jd erzielt etw

9. (*extraire*) ■ **qn dégage qc de qc** *idée* jd stellt etw [von etw] heraus, jd arbeitet etw [aus etw] heraus; ***qn dégage une leçon/une morale de qc*** jd zieht eine Lehre aus etw

10. (*mettre en valeur*) ■ **qc dégage qc**: ***cette robe dégage bien sa taille*** dieses Kleid lässt ihre Taille gut zur Geltung kommen

II. *vpr* **1.** (*se libérer*) ■ **qn se dégage** [**de qc**] (*d'une entrave*) jd befreit sich [aus etw]; ■ **qc se dégage** */passage, voie d'accès/* etw wird frei [*o* leer], etw leert sich; */voie respiratoire/* etw wird frei; ***le ciel se dégage*** es klärt sich auf, der Himmel hellt sich auf; ***la pièce coincée s'est dégagée toute seule*** das eingeklemmte Stück hat sich von selbst gelöst

2. *fig* ■ **qn se dégage** [**de qc**] *de ses obligations, promesses* jd löst sich aus etw, jd macht sich frei von etw

3. (*émaner*) ■ **qc se dégage** [**de qc**] */fumée/* etw steigt [aus etw] auf; */gaz, vapeur/* etw strömt [aus etw] aus, etw entweicht [aus etw]; */odeur/* etw strömt aus, etw geht von etw aus; ***quel délicieux parfum se dégage de cette rose!*** wie wunderbar diese Rose duftet!

4. (*ressortir*) ■ **qc se dégage** [**de**] **quelque part** etw zeichnet sich irgendwo ab; ***un point noir se dégage à l'horizon*** man kann einen schwarzen Punkt am Horizont erkennen; ***le clocher du village se dégageait au loin*** in der Ferne ragte der Kirchturm des Dorfes empor; ■ **qc se dégage** [**de qc**] */idée/* etw zeichnet sich [in etw (*dat*)] ab; */impression, mystère/* etw geht von etw aus; */vérité/* etw zeigt sich, etw tritt [in etw (*dat*)] zutage; ■ **il se dégage** [**de qc**] **que** + *indic* es zeigt sich, dass; aus etw ergibt sich, dass

III. *vi fam* **1.** (*sentir mauvais*) ■ **qc dégage** etw stinkt; ***pouah, ça dégage, ici!*** meine Güte, stinkt [*o* mieft *fam*] das hier!

2. (*déguerpir*) ■ **qn dégage** jd verschwindet; (*s'écarter*) jd macht Platz; ***dégage de là!*** hau ab hier! *fam,* verschwinde von hier!; ***dégagez, s'il vous plaît!*** gehen [*o* fahren] Sie bitte weiter!

dégaine [degɛn] *f péj fam:* ***quelle*** ~! (*air, accoutrement bizarre*) wie der/die aussieht!; (*drôle d'allure*) wie der/die daherkommt!; ***qn à ~ de …*** jd, der aussieht wie/der daherkommt wie …

dégainer <1> [degene] *vt, vi* ■ **qn dégaine** [**qc**] *arme* jd zieht [etw]; ***il a dégainé*** (*épée*) er zog sein Schwert; (*pistolet*) er zog

dégarni, e [degaʀni] *adj:* ***front*** ~ Stirnglatze *f;* ***tempes ~es*** Geheimratsecken *pl;* ***sa tête est un peu ~e*** sein Haar ist ein wenig schütter

dégarnir <8> [degaʀniʀ] **I.** *vpr* **1.** (*se vider*) ■ **qc se dégarnit** */lieu/* etw wird leer, etw leert sich

2. (*perdre ses cheveux*) ■ **qn se dégarnit** jds Haar wird lichter [*o* schütter], jd bekommt [langsam] eine Glatze; ■ **qc se dégarnit** */crâne/* etw wird kahl; ***son front se dégarnit/ses tempes se dégarnissent*** er bekommt eine Stirnglatze/er bekommt Geheimratsecken

3. (*devenir moins touffu*) ■ **qc se dégarnit** *bois* etw wird kahl; *arbre a.* etw verliert seine Blätter

II. *vt* (*vider*) ■ **qn dégarnit qc** *vitrine* jd räumt etw aus; *table* jd räumt etw ab; *boîte de chocolats* jd leert etw, jd plündert etw; *sapin de Noël* jd räumt den Schmuck von etw ab; MIL *ville, place* jd zieht Truppen von etw ab

dégât [dega] *m* **1.** *pl* (*détérioration*) Schaden *m,* Schäden *pl;* ***l'ampleur des ~s*** das Ausmaß des Schadens; ***l'inondation a fait des ~s*** das Hochwasser hat Schäden verursacht

2. *sing* ADMIN Schaden *m;* ***je ne suis pas assuré pour le ~ des eaux*** ich bin gegen Wasserschaden nicht versichert

3. *sing fam* (*casse*) Katastrophe *f;* ***ils m'ont fait du*** ~! die haben ganz schön wüst gehaust! *fam*

► **~s matériels** Sachschaden *m;* **il y a du** ~! *fam* der Schaden ist ganz schön groß!; (*après une tempête*) das ist vielleicht eine Verwüstung! *fam;* ***il va y avoir du*** ~! gleich gibt's eine Katastrophe [*o* ein Unglück]! *fam;* **qn fait des ~s** (*fait tourner les têtes*) jd bricht manche [*o* viele] Herzen; (*ne se contrôle pas*) jd richtet großen Schaden an; **qn limite les ~s** jd verhütet [*o* verhindert] das Schlimmste; **bonjour les ~s!** da haben wir den Salat [*o* Schlamassel]! *fam*

dégazer <1> [degɑze] **I.** *vi* ■ **qc dégaze** etw lässt Ölrückstände ab

II. *vt* ■ **qn dégaze qc** *eau* jd entzieht einer S. (*dat*) die Kohlensäure; *mine* jd entlüftet etw

dégel [deʒɛl] *m* **1.** (*fonte des glaces*) Tauen *nt,* Tauwetter *nt;* ***c'est le*** ~ es taut; ***en période de*** ~ wenn es taut, bei Tauwetter

2. POL (*détente*) Tauwetter *nt*
3. ECON (*reprise*) Belebung *f*, Wiederaufschwung *m*
4. FIN (*déblocage*) Freigabe *f*

dégelée [deʒ(ə)le] *f fam* 1. (*volée*) Tracht *f* Prügel, Dresche *f fam*; ***il a pris une de ces ~s*** er hat eine ordentliche Tracht Prügel [*o* ordentlich Dresche] gekriegt *fam*
2. (*défaite*) /*armée, sportif*/ Schlappe *f fam*; ***ils ont pris une sacrée ~*** sie haben eine ordentliche Schlappe einstecken müssen *fam*

dégeler <4> [deʒ(ə)le] I. *vt* 1. (*faire fondre*) ■ **qn/qc dégèle qc** jd/etw taut etw auf
2. (*réchauffer*) ■ **qn/qc dégèle qc** *pieds, mains* jd/etw wärmt etw auf
3. (*détendre*) ■ **qn dégèle qn** jd lockt jdn aus der Reserve; ■ **qc dégèle qn** durch etw taut jd auf; ■ **qn/qc dégèle qc** *atmosphère* jd/etw lockert etw auf; *rapports* jd/etw entspannt etw; ***le clown a réussi à ~ les spectateurs*** der Clown konnte das Publikum mitreißen
4. (*débloquer*) ■ **qn/qc dégèle qc** *crédits, dossier* jd gibt etw frei
II. *vi* 1. ■ **qc dégèle** etw taut auf
2. *impers* ■ **il dégèle** es taut
III. *vpr* 1. (*être moins réservé*) ■ **qn se dégèle** jd taut auf, jd wird warm
2. ■ **qn se dégèle qc** *pieds, mains* jd wärmt sich (*dat*) etw auf

dégénéré, e [deʒeneʀe] I. *adj* 1. MED geistesgestört
2. (*dénaturé*) *art, idéologie* degeneriert, entartet
II. *m, f* (*physiquement*) degenerierter Mensch; (*intellectuellement*) Geistesgestörte(r) *f(m)*

dégénérer <5> [deʒeneʀe] *vi* 1. (*perdre ses qualités*) ■ **qc dégénère** /*espèce, race*/ etw degeneriert
2. (*se dégrade*) ■ **qc dégénère** etw degeneriert [*o* entartet]; *goût, qualité* etw verschlechtert sich; ***à chaque fois, ça dégénère!*** das artet jedes Mal aus!
3. (*se changer en*) ■ **qc dégénère en qc** etw artet in etw (*akk*) aus; ***son refroidissement a dégénéré en bronchite*** seine/ihre Erkältung hat sich zu einer Bronchitis entwickelt

dégénérescence [deʒeneʀesɑ̃s] *f* 1. SCI, MED [*organe, tissu*] Degeneration *f*; BOT *a.* Entartung *f*; ~ ***cellulaire*** Degeneration von Zellen
2. (*décadence*) [*civilisation, mœurs*] Degeneration *f*, Entartung *f*

dégingandé, e [deʒɛ̃gɑ̃de] *adj* schlacksig *fam*

dégivrage [deʒivʀaʒ] *m* [*vitre*] Enteisung *f*, Entfrostung *f*; [*réfrigérateur*] Abtauen *nt*; ***un réfrigérateur à ~ automatique*** ein Kühlschrank *m* mit Abtau-Automatik

dégivrer <1> [deʒivʀe] *vt* ■ **qn dégivre qc** *réfrigérateur* jd taut etw ab; *vitres, avion* jd enteist etw

déglacer <2> [deglase] *vt, vi* GASTR ■ **qn déglace à qc** jd löscht mit etw ab, jd deglaciert mit etw; ■ **qn déglace qc [à qc]** jd löscht etw [mit etw] ab; ***qn déglace la poêle/la sauteuse [à la crème]*** jd löscht den Bratensatz [mit etwas Crème fraîche] ab

déglinguer <1> [deglɛ̃ge] I. *vt fam* (*abîmer*) ■ **qn/qc déglingue qc** jd/etw macht etw kaputt
II. *vpr fam* ■ **qc se déglingue** etw geht kaputt; /*chaise a.*/ etw geht aus dem Leim *fam*; /*voiture*/ etw fällt auseinander *fam*

déglutir <8> [deglytiʀ] *vt, vi* ■ **qn déglutit [qc]** jd schluckt [etw hinunter]

dégobiller <1> [degɔbije] *vt, vi pop* (*vomir*) ■ **qn dégobille [qc]** jd kotzt [etw aus] *sl*

dégoiser <1> [degwaze] I. *vt péj fam* ■ **qn dégoise qc** *âneries* jd gibt etw von sich, jd verzapft etw *fam*; *discours, grossièretés* jd lässt etw vom Stapel *fam*; ***faut rien lui dire, il va tout ~!*** dem darf man nichts erzählen, der plaudert alles aus [*o* tratscht alles weiter]! *fam*
II. *vi fam* ■ **qn dégoise [sur qn/qc]** jd schwatzt, jd quatscht [über jdn/etw] *fam*; ***c'est pas bientôt fini de ~?*** hörst du endlich auf zu quatschen? *fam*

dégonflé, e [degɔ̃fle] I. *adj* 1. nicht aufgepumpt; *pneu a.* platt; *ballon* nicht aufgeblasen; ***le pneu/le ballon est ~*** im Reifen/Ballon ist keine Luft mehr
2. *fam*: ***qn est pas ~*** jd ist ganz schön dreist *fam*
II. *m, f fam* Feigling *m*, Angsthase *m fam*, Waschlappen *m fam*

dégonflement [degɔ̃fləmɑ̃] *m* [*ballon, pneu*] Luftablassen *nt*, Herauslassen *nt* der Luft; [*plaie*] Abschwellen *nt*

dégonfler <1> [degɔ̃fle] I. *vt* 1. ■ **qn/qc dégonfle qc** *ballon, pneu, matelas pneumatique* jd lässt die Luft aus etw [heraus]; *enflure* jd/etw bringt etw zum Abschwellen
2. (*diminuer*) ■ **qn dégonfle qc** *prix, budget* jd senkt etw
3. (*minimiser*) ■ **qn/qc dégonfle qc** *importance de qc* jd/etw spielt etw herunter
II. *vpr* 1. ■ **qc se dégonfle** /*ballon, pneu*/ etw verliert [die] Luft; /*enflure*/ etw geht zurück, etw schwillt ab
2. *fam* (*avoir peur*) ■ **qn se dégonfle** jd kriegt Bammel *fam* [*o* Schiss *sl*]; (*reculer*) jd macht einen Rückzieher, jd kneift *fam*
III. *vi* ■ **qc dégonfle** /*enflure*/ etw geht zurück, etw schwillt ab

dégorgement [degɔʀʒəmɑ̃] *m* 1. MED [*bile*] Entleerung *f*
2. (*évacuation*) [*égouts*] Entleerung *f*; [*puisard*] Ausspülung *f*, Ausschwämmung *f*; ***le ~ de la gouttière/de l'évier ne se fait pas bien*** das Wasser in der Dachrinne/im Spülbecken fließt nicht richtig ab

dégorger <2 a> [degɔʀʒe] I. *vi* 1. (*se déverser*) ■ **qc dégorge [dans qc]** /*égouts, rivière*/ etw fließt [in etw (*akk*)]; /*canal*/ etw entleert sich [in etw (*akk*)]
2. GASTR ■ **qc dégorge** *concombres, aubergines* etw zieht Wasser, etw entwässert; *poisson, viande* etw wässert; *escargots* etw schwemmt aus; ■ **qn fait dégorger qc** *concombres, aubergines* jd lässt etw Wasser ziehen, jd entwässert etw; *poisson, viande* jd lässt etw wässern, jd wässert etw; *escargots* jd lässt etw ausschwemmen, jd schwemmt etw aus
II. *vt* 1. (*déverser*) ■ **qc dégorge qn/qc** /*égout*/ etw lässt etw ab [*o* abströmen]; /*tuyau*/ etw lässt etw ablaufen; *fig* /*rue, train*/ *personnes* etw spuckt jdn aus *fam*
2. (*vider*) ■ **qn dégorge qc** *égout* jd entleert etw; *puisard* jd spült etw aus, jd schlämmt etw aus
III. *vpr* (*se déverser*) ■ **des personnes se dégorgent [dans qc]** Menschen strömen [in etw (*akk*)]; ■ **qc se dégorge [dans qc]** /*égouts, rivière*/ etw fließt [*o* strömt] [in etw (*akk*)]

dégot[t]er <1> [degɔte] *vt fam* (*trouver*) ■ **qn dégot[t]e qn/qc** jd treibt jdn/etw auf *fam*, jd ergattert etw *fam*; ***il s'est déjà ~ une nana*** er hat sich schon eine Tussi geangelt *fam*

dégoulinade [degulinad] *f fam* (*action*) Tröpfeln *nt*; ■ ~ **de qc** (*trace*) Spur *f* [*o* Klecks *m*] von etw; ~***s de peinture*** Farbnasen *pl*

dégoulinement [degulinmɑ̃] *m* Tröpfeln *nt*, Tropfen *nt*

dégouliner <1> [deguline] *vi* ■ **qc dégouline [quelque part]** /*liquide, peinture, confiture*/ (*goutte à goutte*) etw tropft [*o* tröpfelt] [irgendwo/irgendwohin] [herab]; (*en filet*) etw läuft [irgendwo/irgendwohin]; ***la pluie me dégoulinait dans le cou*** der Regen tropfte/lief mir in den Kragen; ***des larmes me dégoulinaient le long des joues*** Tränen liefen mir über die Wangen

dégourdi, e [deguʀdi] I. *adj enfant* aufgeweckt, pfiffig, helle *fam*; *adulte* clever *fam*, geschickt, auf Draht *fam*
II. *m, f* (*garçon*) aufgeweckter Junge [*o* Bursche], cleveres Kerlchen *fam*; (*fille*) aufgewecktes [*o* cleveres *fam*] Mädchen; ***c'est un ~!*** das ist ein cleveres Kerlchen! *fam*, der ist auf Draht! *fam*; ***tu me fais une belle ~e!*** *iron* du bist mir vielleicht eine Leuchte! *fam*

dégourdir <8> [deguʀdiʀ] I. *vt* 1. ■ **qn/qc dégourdit qc** *membres* jd/etw macht etw wieder beweglich [*o* gelenkig]
2. (*dessaler*) ■ **qc dégourdit qn** etw macht jdn selb[st]ständig[er]; *enfant a.* etw macht jdn aufgeweckt[er]; ***ça les dégourdira*** da werden sie einiges [dazu]lernen
II. *vpr* 1. (*perdre sa gaucherie*) ■ **qn se dégourdit** /*jeune homme, jeune fille*/ jd lernt einiges dazu, jd macht sich *fam*; /*enfant*/ jd wird aufgeweckter; ***elle ne s'est pas dégourdie*** sie ist immer noch so unbeholfen
2. (*se donner de l'exercice*) ■ **qn se dégourdit qc** *jambes* jd vertritt sich (*dat*) etw; ***des exercices pour se ~ les doigts*** Lockerungsübungen *pl* für die Finger; ■ **qn se dégourdit** jd lockert sich auf

dégoût [degu] *m* 1. (*écœurement*) ■ ~ **[de [*o* pour] qc]** [*aliments*] Ekel *m* [vor etw (*dat*)], Abscheu *m* [vor etw (*dat*)]; ***il a fait une moue de ~*** er verzog angeekelt [*o* angewidert] den Mund
2. (*aversion*) ■ ~ **[pour qn/qc]** Widerwillen *m* [gegen jdn/etw], Abneigung *f* [gegen jdn/etw]
3. (*lassitude*) Überdruss *m*; ■ ~ **de qc**: ***le ~ de la vie*** der Lebensüberdruss; ***il a un ~ de lui-même*** er ist seiner selbst überdrüssig
▸ **qn a [*o* ressent] du ~ pour qn/qc** jd hat [*o* empfindet] Widerwillen [*o* eine Abneigung] gegen jdn/etw, jd verabscheut jdn/etw; **avec ~** angeekelt, angewidert; **par ~ pour qn/qc** aus Abneigung gegen jdn/etw

dégoûtant, e [degutɑ̃, ɑ̃t] I. *adj* 1. (*écœurant*) *nourriture, plat* widerlich, ekelhaft
2. (*sale*) [ekelhaft] dreckig; *personne, vêtement* [total] verdreckt *fam*; ***le travail ~*** die Drecksarbeit *fam*
3. (*abject, ignoble*) *personne* gemein, ek[e]lig; *propos, attitude, magouille* verabscheuungswürdig; ***il est d'un égoïsme ~*** sein Egoismus ist abstoßend; ***il est ~, le chauffeur de bus!*** das ist vielleicht ein Ekel, der Busfahrer!; ***t'es ~, tu ne penses qu'à toi!*** du bist gemein, du denkst nur an dich selbst!
4. (*grivois, licencieux*) *personne* widerlich, ekelhaft; *histoire* obszön, schmutzig, unanständig; ***des gestes ~s*** Obszönitäten *pl*; ***c'est un type ~*** das ist ein widerlicher [*o* ekelhafter] [*o* fieser] Kerl *fam*
▸ **c'est ~** (*sale*) das/es ist ekelhaft dreckig *fam*; **c'est ~ [de faire qc/que + *subj*]** es ist abscheulich [*o* empörend][, etw zu tun/dass]; ***c'est ~ de l'abandonner maintenant*** es ist gemein, ihn jetzt hängen zu lassen *fam*
II. *m, f* 1. (*personne sale*) Ferkel *nt fam*, Schmutzfink *m fam*
2. (*vicieux*) Widerling *m*, widerlicher [*o* fieser] Kerl *fam*
▸ **gros/vieux ~** altes Schwein *sl*, alte [Dreck]sau *sl*, fieser alter Kerl *fam*

dégoûté, e [degute] I. *adj* (*écœuré*) *personne, mine* angeekelt, angewidert; ***il a une mine ~e*** er macht ein angeekeltes [*o* angewidertes] Gesicht; ***je suis ~*** (*scandalisé*) ich bin empört; (*lassé*) ich habe es satt *fam*, ich bin es leid; ■ **qn est ~ de qc/de faire qc** jd hat etw satt *fam* [*o* ist etw leid]/jd hat es satt *fam* [*o* ist es leid], etw zu tun; ***qn est ~ de la vie/de vivre*** jd ist des Lebens überdrüssig/ist lebensüberdrüssig
▸ **qn n'est pas ~** jd ist nicht gerade wählerisch [*o* zimperlich]
II. *m, f* Angeekelte(r) *f(m)*, Angewiderte(r) *f(m)*
▸ **qn fait le/la ~(e)** jd rümpft [angewidert] die Nase; (*joue le difficile*) jd ist wählerisch

dégoûter <1> [degute] I. *vt* 1. (*répugner*) (*physiquement*) ■ **qn/qc dégoûte qn** /*nourriture, odeur*/ jd/etw ekelt [*o* widert] jdn an; (*moralement*) /*personne, attitude, comportement*/ jd/etw widert jdn an, jd ist empört über jdn/etw; ***les araignées/les crapauds le dégoûtent*** er ekelt sich vor Spinnen/Kröten; ***la vie le dégoûte*** er ist das Leben leid, er hat das Leben satt *fam*
2. (*ôter l'envie de*) ■ **qn/qc dégoûte qn** jd/etw verleidet es jdm; ***ça m'a dégoûté(e) [d'en manger]*** das hat mir jede Lust genommen[, davon zu essen]; ■ **qn/qc dégoûte qn de qc** *du rosbif, des épinards, du sport* jd/etw verleidet jdm etw; ***si tu n'aimes pas ça, n'en dégoûte pas les autres*** wenn es dir schon nicht schmeckt, verdirb nicht noch den anderen den Appetit; ■ **qn/qc dégoûte qn de faire qc** jd/etw verleidet es jdm, etw zu tun; jd/etw nimmt jdm die Lust, etw zu tun
▸ **c'est à vous ~ de faire qc** das nimmt einem jede Lust, etw zu tun
II. *vpr* ■ **qn se dégoûte de qn/qc** jd ist/wird jdn/etw leid, jd ist/wird jds/einer S. überdrüssig, jd hat jdn/etw über [*o* satt] *fam*; ***il s'est dégoûté de***

ces gâteaux er hat sich an diesen Plätzchen übergessen; ***ce sont des gens qui se dégoûtent de leur milieu*** das sind Leute, die ihr Milieu leid sind *fam* [*o* ihres Milieus überdrüssig sind]

dégoutter <1> [degute] *vi* **1.** (*couler*) ■ **qc dégoutte quelque part/de qc** */eau, sueur/* etw tropft irgendwo [herab]/von etw [herab]; ***la sueur lui dégouttait du front*** der Schweiß tropfte ihm/ihr von der Stirn [herab]
2. (*être trempé*) ■ **qn/qc dégoutte de qc** *de sueur* jd/etw trieft vor etw (*dat*); *de pluie a.* jd/etw trieft von etw, jd/etw ist von etw triefnass [*o* klatschnass *fam*]; ***dégouttant(e) de sueur*** schweißtriefend; ***son t-shirt dégouttait de sueur*** sein/ihr T-Shirt triefte vor Schweiß

dégradant, e [degʀadɑ̃, ɑ̃t] *adj* erniedrigend, entwürdigend

dégradation [degʀadasjɔ̃] *f* **1.** (*détérioration*) Verschlechterung *f*
2. *littér* (*avilissement*) [*personne*] Erniedrigung *f*, Herabwürdigung *f*
3. (*dégâts*) Beschädigung *f*; [*mur, bâtiment a.*] Verfall *m*; [*environnement*] Zerstörung *f*; ■ **~s** Schäden *pl*; ***qn/qc fait subir*** [*o* ***cause***] ***des ~s à qc*** jd/etw beschädigt etw
4. MIL Degradierung *f*, Rangverlust *m*

dégradé [degʀade] *m* **1.** [*couleur*] Abstufung *f*, [Ab]schattierung *f*; ***un magnifique ~ de bleus*** eine herrliche Abstufung von Blautönen
2. (*coupe de cheveux*) Stufenschnitt *m*
► **... en ~**: ***coupe en ~*** stufiger Schnitt; ***coiffure en ~*** stufig geschnittenes Haar

dégrader¹ <1> [degʀade] **I.** *vt* **1.** (*détériorer*) ■ **qn/qc dégrade qc** *situation, rapports, climat social* jd/etw verschlechtert etw; *édifice, route* jd/etw beschädigt etw; *environnement* jd/etw schadet einer S. (*dat*), jd/etw zerstört etw [nach und nach]
2. *littér* (*avilir*) ■ **qc dégrade qn** etw würdigt jdn herab, etw entwürdigt jdn; ***cette conduite le dégrade aux yeux de tout le monde*** dieses Verhalten würdigt ihn in aller Augen herab
3. MIL ■ **qn dégrade qn** jd degradiert jdn, jd setzt jdn im Rang herab
II. *vpr* **1.** (*s'avilir*) ■ **qn se dégrade** jd erniedrigt sich
2. (*se détériorer*) ■ **qc se dégrade** */situation, rapports, climat social, temps/* etw verschlechtert sich, etw wird schlechter; */édifice/* etw verfällt; (*à cause des intempéries*) etw verwittert

dégrader² <1> [degʀade] *vt* ■ **qn/qc dégrade qc** *couleur, teintes* jd stuft etw ab, jd tönt etw ab; *lumière* jd/etw stuft [*o* schwächt] etw ab, jd/etw dämpft etw stufenweise ab; ***des couleurs dégradées*** abgestufte [*o* ineinander übergehende] Farbtöne

dégrafer <1> [degʀafe] **I.** *vt* ■ **qn dégrafe qc** jd hakt [*o* macht] etw auf, jd öffnet die Haken einer S. (*gen*)
II. *vpr* ■ **qc se dégrafe** *robe, bracelet* der Verschluss einer S. (*gen*) hakt sich aus, etw geht auf

dégraissage [degʀɛsaʒ] *m* **1.** [*bouillon, sauce*] Abschöpfen *nt* des Fettes; [*viande*] Abschneiden *nt* des Fettes; [*laine, métal*] Entfettung *f*
2. *fig* [*effectifs*] Abbau *f*; [*entreprise*] Gesundschrumpfung *f*

dégraissant, e [degʀɛsɑ̃, ɑ̃t] **I.** *adj* (*solvant*) fettlösend, entfettend; ***produit ~*** Fettlöser *m*
II. *m* (*solvant*) Fettlöser *m*; (*détachant*) Fleck[en]entferner *m*

dégraisser <1> [degʀese, degʀese] *vt* **1.** (*nettoyer*) ■ **qn/qc dégraisse qc** *vêtement* jd entfernt [die] Fettflecken aus etw; *métal, laine* jd entfettet etw
2. (*enlever la graisse*) ■ **qn dégraisse qc** *bouillon, sauce* jd schöpft das Fett von etw ab, jd degraissiert etw *spec*; *viande* jd schneidet das Fett von etw ab; ■ **qc dégraisse qc** *cheveux* etw entfettet etw; ***ce shampooing dégraisse les cheveux*** dieses Haarwaschmittel ist gegen fettige Haare
3. ECON ■ **qn dégraisse qc** *effectifs* jd baut etw ab, jd reduziert etw; *entreprise* jd schrumpft etw gesund

degré¹ [dəgʀe] *m* **1.** (*intensité*) Grad *m*, Stufe *f*; [*échelle de Richter*] Stärke *f*; ***~ de perfection*** Grad der Vollkommenheit; ***~ de difficulté*** Schwierigkeitsgrad; ***un tel ~ de cynisme/de bêtise*** ein solches Maß an Zynismus/Dummheit
2. (*dans la hiérarchie*) Stufe *f*, Sprosse *f*; ***au plus bas/haut ~ de l'échelle sociale*** auf der untersten [*o* niedrigsten]/höchsten Stufe der sozialen Leiter; ***il a gravi tous les ~s de la hiérarchie*** er ist auf der Stufenleiter der Hierarchie emporgestiegen
3. MED [*brûlure*] Grad *m*; ***une brûlure du premier/second ~*** eine Verbrennung ersten/zweiten Grades
4. SOCIOL Grad *m*; ***ils sont apparentés au premier/au deuxième ~*** sie sind Verwandte ersten/zweiten Grades, sie sind im ersten/zweiten Grad [miteinander] verwandt
5. LING Steigerungsstufe *f*, Grad *m* der Steigerung; ***on distingue trois ~s*** man unterscheidet drei Steigerungsstufen
6. MATH Grad *m*; ***une équation du premier ~*** eine Gleichung ersten Grades
7. ALPIN Schwierigkeitsgrad *m*
8. JUR Instanz *f*
9. *littér* (*escalier*) [Treppen]stufe *f*
► **jusqu'à un certain ~** bis zu einem gewissen [*o* bestimmten] Grad [*o* Maß], in einem gewissen [*o* bestimmten] Grad [*o* Maß]; **au dernier/plus haut ~** im höchsten Grad [*o* Maß]; ***il est tuberculeux au dernier ~*** er hat TB im letzten Stadium; **le premier/second ~** SCOL: ***l'enseignement du premier/second ~*** das Grundschulwesen/das höhere Schulwesen; ***enseignant(e) du premier ~/second ~*** Grundschullehrer(in) *m(f)*/Lehrer(in) *m(f)* an einer höheren Schule; **qn comprend** [*o* **prend**] **qc au premier/second ~** jd nimmt etw wörtlich/nicht wörtlich; ***il faut comprendre/lire ces textes au second ~*** in diesen Texten muss man einen tieferen Sinn suchen; **~ zéro** [**de qc**] *d'une civilisation, culture* Anfangsstadium *nt* [einer S. (*gen*)]; ***qn est au ~ zéro de la lecture/de l'écriture*** jd hat noch keine Ahnung vom Lesen/Schreiben; **à ce ~ de qc, ...**: ***à ce ~ de bêtise, ...*** wenn jemand so dumm ist, ...; ***à ce ~ de dépendance*** [***à la drogue***], ... wenn man so stark [drogen]abhängig ist, ...; **par ~**[**s**] nach und nach; *avancer, procéder a.* schrittweise, stufenweise
◆ **degré de juridiction** Instanz *f*; ***double ~ de juridiction*** zweite Instanz; **degré de parenté** Verwandtschaftsgrad *m*; **degré de signification** LING Steigerungsstufe *f*

degré² [dəgʀe] *m* **1.** [*angle*] Grad *m*; ***angle de 90 ~s*** Winkel *m* von 90 Grad
2. (*température*) Grad *m*; ***le thermomètre marque*** [*o* ***indique***] ***5 ~s au-dessous de zéro*** das Thermometer zeigt [*o* steht auf] 5 Grad minus [*o* minus 5 Grad] [*o* 5 Grad unter Null]
3. [*alcool*] [Volum]prozent *nt*; ***alcool à 90 ~s*** neunzigprozentiger [*o* 90 %iger] Alkohol
4. GEOG Grad *m*; ***~ de longitude/latitude*** Längen-/Breitengrad; ***qc est à cinq ~s de latitude nord/longitude est*** etw liegt auf dem fünften Grad nördlicher Breite/östlicher Länge
5. MUS Stufe *f*
► **~ absolu** [*o* **Kelvin**] Grad *m* Kelvin; **~ alcoolique** [*o* **en alcool**] Alkoholgehalt *m*; **qc fait** [*o* **titre**] **9/11/... ~s** etw hat 9/11/... Prozent Alkohol[gehalt]
◆ **degré centigrade** [*o* **Celsius**] Grad *m* Celsius; **degré Fahrenheit** Grad *m* Fahrenheit; ***32 ~s Fahrenheit*** 32 Grad Fahrenheit

dégressif, -ive [degʀesif, -iv] *adj* degressiv; ***tarif ~*** Mengenrabatt *m*

dégrèvement [degʀɛvmɑ̃] *m* Steuerermäßigung *f*

dégriffé, e [degʀife] *adj* ohne Markenzeichen [*o* Firmenschild]

dégringolade [degʀɛ̃gɔlad] *f fam* [*monnaie*] Fall *m*, Sturz *m*; [*cours, titres a.*] Verfall; ***~ du dollar*** Dollarsturz
► **c'est la ~** es geht bergab, das ist die absolute Talfahrt *fam*

dégringoler <1> [degʀɛ̃gɔle] **I.** *vi* ■ **qn dégringole** [**de qc**] jd fällt [*o* purzelt *fam*] [von etw] herunter [*o* runter *fam*]; *fig* jd fällt ab; ***il a complètement dégringolé ce trimestre*** er ist dieses Trimester total abgesackt *fam*; ***il a dégringolé dans les hit-parades*** er ist in den Hitparaden zurückgefallen; ■ **qc dégringole** */actions, monnaie/* etw fällt [stark]; */notes/* etw wird [rapide] schlechter, etw verschlechtert sich [rapide]
II. *vt* ■ **qn dégringole qc** *escalier* jd stürzt etw hinunter

dégrippant [degʀipɑ̃] *m* Rostumwandler *m*, Rostlöser *m*

dégriser <1> [degʀize] **I.** *vt* **1.** (*désenivrer*) ■ **qn/qc dégrise qn** jd/etw ernüchtert jdn
2. (*désillusionner*) ■ **qc dégrise qn** etw ernüchtert jdn, etw desillusioniert jdn
II. *vpr* ■ **qn s'est dégrisé(e)** jd ist wieder nüchtern

dégrossir <8> [degʀosiʀ] *vt* ■ **qn dégrossit qc** jd bearbeitet etw grob; *pierre a.* jd behaut etw [grob]; *problème* jd umreißt etw grob; *travail* jd leistet die Vorarbeit zu etw
► **mal dégrossi(e)** ungehobelt, grob

dégrouiller <1> [degʀuje] *vpr fam* ■ **qn se dégrouille** jd macht voran *fam*; ***dégrouille-toi!*** los, mach schon! *fam*

déguenillé, e [deg(ə)nije] *adj* zerlumpt

déguerpir <8> [degɛʀpiʀ] *vi* ■ **qn déguerpit** [**de quelque part**] jd verschwindet [von irgendwo], jd haut [von irgendwo] ab *fam*; ***les voleurs ont déguerpi*** die Diebe haben sich aus dem Staub gemacht *fam*; ■ **qn fait ~ qn** jd verjagt jdn; ***je vais vous faire ~*** ich werde euch Beine machen

dégueu [degœ] *adj inv fam abr de* **dégueulasse**

dégueulasse [degœlas] *adj fam* **1.** (*sale*) ■ **qn/qc est ~** jd/etw strotzt [*o* starrt] vor Dreck, jd/etw ist total verdreckt *fam*
2. (*mal élevé*) ■ **qn est ~** jd ist eklig; ***arrête de roter, tu es vraiment ~*** hör auf zu rülpsen, du bist wirklich ein Ferkel *fam*
3. (*moralement condamnable*) ■ **qn/qc est ~** jd/etw ist fies *fam*
4. (*mauvais*) mies; *temps a.* scheußlich; *aliment a.* eklig; ***c'est pas ~!*** das ist Spitze! *fam*; ***quel travail ~!*** so ein Pfusch!

dégueulasser <1> [degœlase] **I.** *vt fam* ■ **qn/qc dégueulasse qn/qc** jd/etw verdreckt jdn/etw *fam*
II. *vpr fam* ■ **qn se dégueulasse** jd macht sich dreckig

dégueuler <1> [degœle] **I.** *vi vulg* **1.** ■ **qn dégueule** jd kotzt *sl*, jd reihert *sl*; ***j'ai envie de ~*** ich muss kotzen [*o* reihern] *sl*; ***ce mec me donne envie de ~*** wenn ich den Typ nur sehe, kriege ich das große Kotzen *sl*
2. *fig* ■ **qn dégueule sur qn/qc** jd lästert über jdn/etw, jd zieht über jdn/etw her
II. *vt vulg* ■ **qn dégueule qc** jd kotzt etw raus *sl*

déguisé, e [degize] *adj* **1.** (*vêtu d'un déguisement*) ■ **~** [**en**] verkleidet [*o* kostümiert] [als]; ***~ en femme*** als Frau [verkleidet]
2. (*masqué pour tromper*) *voix, écriture* verstellt; *ambition, sentiment* versteckt; *dévaluation* verschleiert; ***un meurtre ~ en accident*** ein als Unfall getarnter Mord

déguisement [degizmɑ̃] *m* Verkleidung *f*, [Masken]kostüm *nt*; ***sous ce ~*** in dieser Verkleidung

déguiser <1> [degize] **I.** *vt* **1.** (*vêtir d'un déguisement*) ■ **qn déguise qn** [**en qc**] jd verkleidet jdn [als etw]
2. (*contrefaire*) ■ **qn déguise qc** *voix, écriture* jd verstellt etw; *vérité* jd verschleiert etw, jd bemäntelt etw *geh*
II. *vpr* ■ **qn se déguise** [**en qc**] jd verkleidet sich [als etw]

dégustateur, -trice [degystatœʀ, -tʀis] *m, f* Verkoster(in) *m(f)*

dégustation [degystasjɔ̃] *f* [*vin, café, champagne*] -probe *f*; [*fruits de mer*] Kostprobe; (*par un professionnel*) Verkostung *f spec*, Verkosten *nt spec*; ***~ à l'aveugle*** Blindprobe; ***test de ~*** Probe; ***~ gratuite de champagne*** kostenlose Champagnerprobe; ***ici, ~ d'huîtres*** hier können Sie unsere Austern probieren

déguster <1> [degyste] **I.** *vt* **1.** (*goûter*) ■ **qn déguste qc** jd probiert etw, jd kostet etw; */dégustateur/* jd verkostet etw *spec*
2. (*savourer*) ■ **qn déguste qc** jd genießt etw

II. *vi* 1. (*savourer*) ■ **qn déguste** jd genießt
2. *fam* (*souffrir*) ■ **qn déguste** jd leidet; ***qu'est-ce que j'ai dégusté!*** das hat vielleicht weh getan!
3. *fam* (*prendre des coups*) ■ **qn déguste** jd muss einstecken
4. *fam* (*se faire réprimander*) ■ **qn déguste** jd bekommt was zu hören *fam*

déhancher <1> [deɑ̃ʃe] *vpr* ■ **qn se déhanche** jd schwingt die Hüften

dehors [dəɔʀ] I. *adv* 1. (*à l'extérieur*) draußen
2. (*pas chez soi*) außer Haus
▸ **qn fiche** [*o* **fout**] **qn/qc** ~ *fam* jd schmeißt jdn/etw raus *fam;* **qn jette qn** ~ *fam* jd wirft jdn hinaus; *employé a.* jd feuert jdn *fam;* **qn jette qc** ~ jd wirft etw weg [*o* fort]; ***jette-moi ça*** ~ wirf [*o* schmeiß *fam*] das bloß weg; **qn met qn** ~ jd wirft jdn hinaus [*o* raus *fam*]; **qn passe par** ~ jd geht außen herum [*o* rum *fam*]; **au** ~ äußerlich, nach außen [hin]; ***au*** ~ ***elle paraît calme*** nach außen hin [*o* äußerlich] erscheint sie ruhig; **de** ~ von draußen; **en** ~: ***qn se penche en*** ~ jd lehnt sich hinaus; ***qn marche les pieds en*** ~ jd dreht beim Gehen die Zehenspitzen nach außen; ***je préfère rester en*** ~ ich halte mich lieber heraus; **en** ~ **de** (*à l'extérieur de*) außerhalb; (*mis à part*) außer, abgesehen von; ***qc est en*** ~ ***du sujet*** [*o* ***de la question***] etw gehört nicht zur Sache; ***ce problème est en*** ~ ***de mes préoccupations du moment*** dieses Problem beschäftigt mich im Moment nicht; ***ce travail est en*** ~ ***de mes possibilités*** diese Arbeit liegt nicht im Bereich meiner Möglichkeiten; **qc se fait en** ~ **de qn** etw geschieht ohne jdn [*o* ohne jds Zutun]; ~! raus!
II. *m* 1. (*extérieur*): ***les bruits du*** ~ die Geräusche von draußen; ***des personnes du*** ~ Menschen von außerhalb
2. *gén pl* (*apparences*) [*personne*] Äußere(s) *nt kein pl*
▸ **sous des** ~ ... hinter einem ... Äußeren; ***sous des*** ~ ***austères, il cache ...*** hinter einem strengen Äußeren verbirgt er ..., hinter seinem strengen Äußeren verbirgt sich ...

déjà [deʒa] I. *adv* 1. (*dès maintenant*) schon, bereits; ***à cette époque*** ~ damals schon; ***il était*** ~ ***parti*** er war schon [*o* bereits] weg
2. (*auparavant*) schon [einmal]; ***il faut*** ~ ***que tu termines ton travail*** du musst erst einmal deine Arbeit beenden; ***j'ai*** ~ ***vu ce film*** ich habe diesen Film schon [einmal] gesehen
3. (*intensif*) schon; ***il est*** ~ ***assez paresseux comme ça!*** der ist so schon faul genug!
4. (*à la fin d'une question*) noch [gleich], doch gleich; ***comment vous appelez-vous*** ~? wie heißen Sie noch [*o* doch gleich [wieder]]?
▸ **c'est** ~ **pas mal** *fam* das ist [doch] schon mal [*o* das ist doch schon] nicht schlecht!; **c'est** ~ **quelque chose** das ist doch [immerhin] schon etwas [*o* was *fam*]; ~? schon?
II. *conj fam* ■ ~ **que** + *indic* schon genug, dass; [es] reicht schon, dass

déjanter <1> [deʒɑ̃te] I. *vi* ■ **qn déjante** jds Reifen löst sich von der Felge; ***il a déjanté*** sein Reifen hat sich von der Felge gelöst, ihm ist der Reifen von der Felge gesprungen; ■ **qc déjante** etw springt von der Felge
II. *vpr* ■ **qc se déjante** etw löst sich von der Felge

déjections [deʒɛksjɔ̃] *fpl* 1. (*excréments*) Exkremente *pl,* Fäkalien *pl;* ~ ***canines*** Hundekot *m*
2. GEOL [*volcan*] Auswurf[masse *f*] *m*

déjeuner <1> [deʒœne] I. *vi* 1. (*à midi*) ■ **qn déjeune** jd isst zu Mittag; ***il nous a invités à*** ~ er hat uns zum Mittagessen eingeladen
2. (*le matin*) ■ **qn déjeune** jd frühstückt; ***tu n'as pas encore déjeuné?*** du hast noch nicht gefrühstückt?; ■ **qn déjeune de qc** jds Frühstück besteht aus etw, jd frühstückt etw; ***elle déjeune d'un café noir*** sie trinkt [nur] einen schwarzen Kaffee zum Frühstück
II. *m* (*repas de midi*) Mittagessen *nt;* ***au*** [*o* ***pour le***] ~ zum Mittagessen; ***elle ne rentre pas pour le*** ~ sie kommt zum Mittagessen nicht nach Hause; *v. a.* **petit-déjeuner**
▸ ~ **sur l'herbe** Picknick *nt;* **qn a qn à** ~ jd hat jdn als Gast zum Mittagessen
◆ **déjeuner d'affaires** Geschäftsessen *nt,* Arbeitsessen *nt*

déjouer <1> [deʒwe] *vt* ■ **qn déjoue qc** jd vereitelt etw; *plan a.* jd durchkreuzt etw; *surveillance* jd entzieht sich einer S. (*dat*)

déjuger <2 a> [deʒyʒe] *vpr* ■ **qn se déjuge** jd besinnt sich eines anderen

delà [dəla] *adv v.* **au-delà, par-delà**

délabré, e [delɑbʀe] *adj* heruntergekommen; *maison, mur a.* verfallen, baufällig; *façade a.* verwittert; *santé* zerrüttet

délabrement [delɑbʀəmɑ̃] *m* schlechter Zustand; [*maison, mur a.*] Verfall *m;* [*santé a.*] Zerrüttung *f;* ***cette maison est dans un tel état de*** ~ ***que*** [*o* ***dans un*** ~ ***tel que***] dieses Haus ist in einem so verkommenen Zustand [*o* derart heruntergekommen], dass; ***le*** ~ ***de son état de santé a été brutal*** sein/ihr Gesundheitszustand hat sich rapide verschlechtert

délabrer <1> [delɑbʀe] I. *vt* ■ **qc délabre qc** etw ruiniert etw, etw zerstört etw; ■ **qn délabre qc** jd ruiniert etw, jd macht etw kaputt; ■ **qc délabre qc à qn** etw ruiniert jdm etw
II. *vpr* 1. ■ **qc se délabre** /*maison, mur*/ etw verfällt, etw verkommt; /*santé*/ etw verschlechtert sich; /*affaires*/ mit etw geht es bergab
2. ■ **qn se délabre qc** jd macht sich (*dat*) etw kaputt; *santé a.* jd ruiniert sich (*dat*) etw

délacer <2> [delase] *vt* ■ **qn délace qc** jd schnürt etw auf

délai [delɛ] *m* (*temps accordé*) Zeit *f,* Zeitspanne *f;* (*sursis*) Aufschub *m;* (*date butoir*) Frist *f;* ***vous disposez d'un*** ~ ***de sept jours*** Sie haben sieben Tage Zeit; ***qn accorde un*** ~ [***supplémentaire***] ***à qn*** jd bewilligt [*o* gewährt] jdm einen Aufschub; ***vous avez dépassé les*** ~***s*** Sie haben die Frist überschritten
▸ **à bref** ~ kurzfristig; **dans les plus brefs** ~**s** innerhalb kürzester Frist; **dernier** ~ äußerste Frist; ***jusqu'à huit heures, dernier*** ~ bis acht Uhr, äußerster [*o* letzter] Termin; ~ **légal** gesetzliche Frist; ***une fois le*** ~ ***légal expiré, ...*** nach Ablauf der gesetzlichen Frist ...; ~ **réglementaire** festgesetzte Frist; **il faut compter un** ~ **de ...** man muss mit einer Zeitspanne von ... rechnen; **qn se donne un** ~ jd setzt sich (*dat*) eine Frist; **qn fixe un** ~ [**à qn**] jd setzt [jdm] eine Frist; ***le*** ~ ***a été fixé à trois mois*** die Frist ist auf drei Monate festgesetzt worden; **dans les** ~**s** fristgerecht, fristgemäß; **dans un** ~ **de** innerhalb von, in einer Frist von, binnen; **sans** ~ unverzüglich, umgehend, auf der Stelle
◆ **délai de grâce** Gnadenfrist *f;* JUR Nachfrist *f;* **délai de livraison** Lieferfrist *f;* **délai de paiement** (*délai accordé*) Zahlungsfrist *f;* (*sursis*) Zahlungsaufschub *m,* Stundung *f;* **délai de préavis** Kündigungsfrist *f;* **délai de réflexion** Bedenkzeit *f;* **délai de rigueur** äußerster Termin; JUR Notfrist *f*

délai-congé <~s-~s> [delɛkɔ̃ʒe] *m* Kündigungsfrist *f*

délaissé, e [delese] *adj* 1. (*abandonné*) im Stich gelassen; *femme a.* verlassen
2. (*négligé*) vernachlässigt; *aspect a.* nicht berücksichtigt

délaisser <1> [delese] *vt* 1. (*négliger*) ■ **qn délaisse qn/qc** jd vernachlässigt jdn/etw
2. (*abandonner*) ■ **qn délaisse qn/qc** jd verlässt jdn; *enfant* jd lässt jdn im Stich; *activité* jd gibt etw auf

délassant, e [delɑsɑ̃, ɑ̃t] *adj* erholsam, entspannend

délassement [delɑsmɑ̃] *m* 1. (*état*) Ruhe *f,* Entspannung *f;* ***j'ai besoin de*** ~ ich muss etwas ausspannen
2. (*activité*) Erholung *f,* Entspannung *f;* ***la lecture est pour moi un*** ~ Lesen ist für mich eine Erholung

délasser <1> [delɑse] I. *vt* ■ **qc délasse qn/qc** etw wirkt entspannend auf jdn/etw; /*exercice a.*/ etw bringt jdm Entspannung
II. *vi* ■ **qc délasse** etw wirkt entspannend, etw bringt Entspannung
III. *vpr* ■ **qn se délasse** jd entspannt sich, jd erholt sich

délateur, -trice [delatœʀ, -tʀis] *m, f* Denunziant(in) *m(f)*

délation [delasjɔ̃] *f* Denunziation *f,* Denunzierung *f;* ***qn/qc incite qn à la*** ~ jd/etw stachelt jdn dazu an, andere zu denunzieren

délavage [delavaʒ] *m* Bleichen *nt*

délavé, e [delave] *adj* 1. (*pâle*) *couleur* wässrig; *yeux* hell; ***ses yeux d'un bleu*** ~ seine/ihre wasserblauen Augen
2. (*éclairci par des lavages*) *couleur* verwaschen; (*à l'eau de Javel*) *jeans* bleached [bliːtʃt]
3. (*détrempé*) aufgeweicht

délaver <1> [delave] I. *vt* 1. (*diluer*) ■ **qn délave qc** jd verdünnt etw
2. (*éclaircir*) ■ **qn/qc délave qc** *jean* jd/etw bleicht etw; *inscription* jd/etw wäscht etw ab
3. *vieux* (*détremper*) ■ **qc délave qc** etw weicht etw auf
II. *vpr* ■ **qc se délave** etw wäscht sich ab, etw verblasst

délayage [delɛjaʒ] *m* 1. (*action*) Anrühren *nt*
2. *fam* (*noyer*) hohle Phrasen *pl,* leeres Geschwafel *fam*
▸ **qn fait du** ~ jd schwafelt etwas daher *fam*

délayer <7> [deleje] I. *vt* 1. (*diluer*) ■ **qn délaie qc dans qc** jd rührt etw mit etw an; *farine, plâtre* jd rührt etw in etw (*akk*) ein
2. *fig* ■ **qn délaie qc** *pensée* jd tritt etw breit; *idée* jd verwässert etw
II. *vi* ■ **qn délaie** jd schweift ab

delco® [dɛlko] *m* [Zünd]verteiler *m*

délectable [delɛktabl] *adj littér* köstlich

délectation [delɛktasjɔ̃] *f* (*plaisir sensuel*) Genuss *m;* (*intellectuel*) Genugtuung *f*

délecter <1> [delɛkte] *vpr* ■ **qn se délecte** [**à qc**] jd ergötzt sich [an etw (*dat*)] *geh;* ■ **qn se délecte de qc/à faire qc** jd genießt etw/genießt es, etw zu tun

délégation [delegasjɔ̃] *f* 1. (*groupe*) [*élus, parti*] Abordnung *f,* Vertretung *f*
2. (*mandat*) Vollmacht *f;* ***en vertu d'une*** ~ kraft [einer] Vollmacht
3. (*agence de l'État*) Ressort *nt*
▸ ~ **commerciale** (*filiale*) Vertretung *f;* (*représentants*) Handelsdelegation *f;* (*dans l'assurance*) Generalvertretung *f;* ~ **rectorale**: ***un enseignant a une*** ~ ***rectorale*** ein Lehrer tritt eine Stelle kommissarisch [*o* in Vertretung] an; ~ **syndicale** Gewerkschaftsvertretung *f;* **en** ~ als Abordnung [*o* Delegation]; **par** ~ im Auftrag
◆ **délégation de pouvoir** Vollmacht *f;* ***je vous fais une*** ~ ***de pouvoir*** ich stelle Ihnen eine Vollmacht aus

délégué, e [delege] I. *adj* abgeordnet, delegiert; ***les membres*** ~***s*** die Abgeordneten
II. *m, f* [*association, parti*] Abgeordnete(r) *f(m),* Delegierte(r) *f(m),* Vertreter(in) *m(f)*
▸ ~ **syndical** Gewerkschaftsvertreter(in) *m(f)*
◆ **délégué(e) de classe** Klassensprecher(in) *m(f);* **délégué(e) du personnel** Arbeitnehmervertreter(in) *m(f)*

déléguer <5> [delege] I. *vt* ■ **qn délègue qn** [**à qn**] jd delegiert jdn [an jdn]; ■ **qn délègue qn à qc** jd entsendet jdn zu etw; ***il*** [***nous***] ***avait délégué le sous-chef*** er hatte [uns] den zweiten Direktor geschickt; ■ **qn délègue qc** [**à qn**] *pouvoir, responsabilités* jd delegiert etw [an jdn], jd überträgt [jdm] etw; ***il doit*** ~ ***une partie de ses responsabilités*** er muss einen Teil seiner Verantwortung delegieren [*o* abgeben]
II. *vi* ■ **qn délègue** jd delegiert; ***il faut savoir*** ~ man muss delegieren können

délestage [delɛstaʒ] *m* 1. ELEC [kurzzeitige] Stromabschaltung
2. TRANSP Entlastung *f;* ***itinéraire*** [*o* ***déviation***] **de** ~ Entlastungsstrecke *f*

délester <1> [delɛste] I. *vt* 1. ELEC ■ **qn déleste qc** jd stellt [kurzzeitig] den Strom in etw (*dat*) ab
2. TRANSP ■ **qn déleste qc** jd entlastet etw
3. *iron* (*voler*) ■ **qn déleste qn de qc** jd erleichtert jdn um etw
II. *vpr fam* ■ **qn se déleste de qc** jd entledigt sich einer S. (*gen*); *vêtement a.* jd legt etw ab

délibérant, e [delibeʀɑ̃, ɑ̃t] *adj v.* **assemblée**

délibération [delibeʀasjɔ̃] *f* **1.** (*débat*) [*assemblée*] Debatte *f,* Diskussion *f;* [*jury*] Beratung *f*
2. (*décision*) Beschluss *m;* ***le registre*** [*o* ***cahier***] ***des ~s*** das Protokollbuch; ***~s du jury*** Entscheidungen *pl* der Jury
3. (*réflexion*) Überlegung *f;* ***sans ~*** ohne zu überlegen; ***après mille ~s*** nach tausendfachem Überlegen *nt*
▸ **après mûre ~** nach reiflicher Überlegung; **qn met qc en ~** jd stellt etw zur Beratung; **qn/une assemblée prend une ~** jd/eine Versammlung fasst einen Beschluss; **des personnes sont en ~** Menschen beraten; ***le jury est encore en ~*** die Jury ist noch in der Beratung [*o* berät noch]; **après ~ [du jury]** nach Beratung [der Jury]

délibéré, e [delibeʀe] **I.** *adj* fest; *refus* entschieden; ***de manière ~e*** absichtlich; ***c'était ~*** das war Absicht; ***intention*** [*o* ***volonté***] ***~e de nuire*** Schädigungsabsicht *f*
II. *m* Beratung *f*
▸ **en ~** zur Beratung; ***l'affaire/le jugement a été mise/mis en ~*** die Sache/das Urteil ist zur Beratung gestellt worden

délibérément [delibeʀemɑ̃] *adv* absichtlich, bewusst; *violer la loi* vorsätzlich

délibérer <5> [delibeʀe] *vi* **1.** (*débattre*) ■ **qn délibère [de** [*o* **sur**] **qc]** /*jury, assemblée*/ jd berät [über etw (*akk*)]; /*personnes a.*/ jd beratschlagt, jd diskutiert etw
2. (*décider*) ■ **qn/qc délibère** jd/etw entscheidet, jd/etw fasst einen Beschluss; ***l'assemblée peut ~ valablement*** die Versammlung ist beschlussfähig
3. *littér* (*réfléchir*) ■ **qn délibère [sur qc]** jd überlegt [etw]

délicat, e [delika, at] *adj* **1.** (*fin*) zart; *visage, traits, nez* fein; *mets* delikat; *arôme* mild, duftig
2. (*léger*) *geste* behutsam
3. (*fragile*) empfindlich; *enfant, machine a.* anfällig; *peau* zart; *santé* schwach; *objet* zerbrechlich
4. (*difficile*) heikel; ■ **il est ~ de faire qc** es ist [äußerst] heikel, etw zu tun
5. (*raffiné*) *personne* feinfühlig; *odorat, oreilles* empfindlich; *palais* fein; *esprit* feinsinnig; ***bois à la bouteille, ne sois pas si ~!*** trink aus der Flasche, zier dich nicht so!
6. (*plein de tact*) ■ **~ [envers qn]** taktvoll [jdm gegenüber]; *comportement, procédés* rücksichtsvoll [jdm gegenüber]; ***il utilise des procédés bien peu ~s*** er geht wenig rücksichtsvoll vor; ***quelle ~e attention de votre part!*** wie aufmerksam von Ihnen!
▸ **qn fait le/la ~(e)** (*fait le difficile*) jd ist wählerisch [*o* heikel]; (*fait le raffiné*) jd spielt den Empfindsamen/die Empfindsame [*o* den Feinfühligen/die Feinfühlige]

délicatement [delikatmɑ̃] *adv* **1.** (*finement*) fein; ***dentelle ~ ouvragée*** fein gearbeitete Spitze
2. (*avec douceur*) vorsichtig, behutsam
3. (*avec tact*) taktvoll

délicatesse [delikatɛs] *f* **1.** (*finesse*) Zartheit *f;* [*objet, travail*] Feinheit *f;* ***des mets d'une telle ~*** so feine [*o* ausgewählte] Speisen; ***un parfum d'une grande ~*** ein sehr zartes Parfüm; ***ces objets d'art sont d'une grande ~*** diese Kunstobjekte sind sehr fein gearbeitet; ***les traits de son visage avaient une telle ~ que*** seine/ihre Gesichtszüge waren so fein, dass
2. (*douceur*) Behutsamkeit *f;* ***avec ~*** vorsichtig, behutsam; ***la ~ du toucher de ce pianiste*** der weiche Anschlag dieses Pianisten
3. (*difficulté*) Schwierigkeit *f;* ***cette question est d'une telle ~ que*** diese Frage ist derart heikel, dass
4. (*raffinement*) Feinheit *f,* Finesse *f;* ***elle est d'une grande ~ de goût*** sie hat einen erlesenen Geschmack; ***la ~ de son style*** sein/ihr äußerst gepflegter Stil
5. (*tact*) Feingefühl *nt,* Takt[gefühl *nt*] *m;* ***manque de ~*** Taktlosigkeit *f,* Mangel *m* an Taktgefühl; ***avec/sans ~*** taktvoll/taktlos

délice [delis] **I.** *m* (*jouissance*) Genuss *m*
▸ **avec ~** genussvoll
II. *fpl littér* Freuden *pl,* Wonnen *pl;* ***les ~s de la famille*** die Freuden *pl* des Familienlebens
▸ **qc fait les ~s de qn** etw ist eine wahre Wonne für jdn; **qn fait ses ~s de qc** jd liebt etw über alles
◆ **délices de Capoue**: ***ces vacances ont été les ~s de Capoue!*** die Ferien waren die reinste Wonne!; **délices de l'amour** *littér* Wonnen *pl* der Liebe

délicieusement [delisjøzmɑ̃] *adv* herrlich; *naïf a.* reizend; ***~ beau*** wunderschön, entzückend schön; ***~ bon*** köstlich; ***elle joue ~ du piano*** sie spielt entzückend [schön] Klavier

délicieux, -euse [delisjø, -jøz] *adj* **1.** (*exquis*) köstlich; *sensation, sentiment* [höchst] wohltuend; ***un ~ sentiment de joie*** ein wohliges Glücksgefühl
2. (*charmant*) *personne* reizend

délictueux, -euse [deliktɥø, -øz] *adj* strafbar; *intention* verbrecherisch; ***acte ~*** strafbare Handlung

délié, e [delje] *adj littér* **1.** (*agile*) flink, beweglich
2. (*fin*) *écriture* fein; ***esprit ~*** scharfer Verstand, scharfsinniger Geist
3. (*élancé*) *taille* schmal

délier <1 a> [delje] **I.** *vt* **1.** (*détacher*) ■ **qn délie qn/qc** jd bindet jdn/etw los; *corde* jd löst etw
2. (*libérer*) ■ **qn/qc délie qn de qc** jd/etw entbindet jdn von etw [*o* jdn einer S. (*gen*) *geh*]
II. *vpr* **1.** (*se détacher*) ■ **qn/qc se délie** /*prisonnier*/ jd macht sich los; /*paquet*/ etw geht auf; /*corde*/ etw löst sich
2. (*se désengager*) ■ **qn se délie de qc** jd sagt sich von etw los; *d'une obligation a.* jd entzieht sich einer S. (*dat*); *d'une promesse* jd nimmt etw zurück

délimitation [delimitasjɔ̃] *f* Abgrenzung *f;* ***~ des frontières*** Festlegung *f* der Grenzen

délimiter <1> [delimite] *vt* ■ **qn délimite qc** jd setzt die Grenzen einer S. (*gen*) fest; *attributions, responsabilité* jd grenzt etw ab; *sujet* jd grenzt etw ein; ■ **qc délimite qc** etw begrenzt etw

délinquance [delɛ̃kɑ̃s] *f* Kriminalität *f;* ***qn bascule dans la ~*** jd rutscht in die Kriminalität ab
▸ **grande ~** Schwerverbrechen *pl;* **~ juvénile** Jugendkriminalität *f;* **petite ~** leichte Vergehen [*o* Straftaten] *pl*

délinquant, e [delɛ̃kɑ̃, ɑ̃t] **I.** *adj* straffällig; ***enfance/jeunesse ~e*** straffällige Kinder/Jugendliche *pl*
II. *m, f* Straffällige(r) *f(m),* Delinquent(in) *m(f);* ***qn devient un ~*** jd wird straffällig
▸ **petit ~** jd, der eine [leichte] Straftat verübt; jd, der sich eines [leichten] Vergehens schuldig macht; **~ primaire** Ersttäter(in) *m(f)*

déliquescence [delikesɑ̃s] *f* [*mœurs*] [völliger] Verfall; [*société, système*] Dekadenz *f*
▸ **qc est en pleine ~** etw verfällt völlig; /*industrie*/ etw geht zugrunde; **qc tombe en ~** etw zerfällt, etw bricht zusammen

déliquescent, e [delikesɑ̃, ɑ̃t] *adj* dekadent; *atmosphère, société a.* marode; ***il est complètement ~*** *fam* er baut völlig ab

délirant, e [deliʀɑ̃, ɑ̃t] *adj* [völlig] verrückt; *histoire a.* ungeheuerlich; *enthousiasme, joie* ungeheuer, unbändig
▸ **c'est [complètement] ~!** *fam* das ist ja [total] verrückt! *fam*

délire [deliʀ] *m* **1.** (*divagation*) Delirium *nt*
2. (*exaltation*) Wahn *m;* ***le ~ de son imagination*** seine/ihre Wahnvorstellung
▸ **crise de ~** Wahnsinnsanfall *m;* **c'est le ~ total!** *fam* das ist der absolute Wahnsinn! *fam;* ***à ce moment de l'histoire, c'est le ~ total/le ~ devient total*** an diesem Punkt der Geschichte wird es [*o* an diesem Punkt wird die Geschichte] total verrückt *fam;* **c'est du ~!** *fam* (*la foule jubile*) die Menge tobt [*o* rast]!; (*c'est déraisonnable*) das ist ja total hirnrissig! *fam,* das darf doch nicht wahr sein!; **qc tourne au ~** etw wird zum Wahn [*o* zur Wahnidee]; **en ~** tobend, rasend
◆ **délire de persécution** Verfolgungswahn *m*

délirer <1> [deliʀe] *vi* **1.** (*divaguer*) ■ **qn délire** jd fantasiert, jd deliriert; ■ **qc fait ~ qn** etw lässt jdn fantasieren; ***la soif/la fièvre fait ~ qn*** jd fantasiert vor Durst/im Fieber [*o* jd hat Fieberfantasien *pl*]; ■ **qn délire de qc** jd ist außer sich vor etw (*dat*)
2. (*perdre la raison*) ■ **qn délire** jd ist verrückt, jd spinnt

delirium tremens [deliʀjɔmtʀemɛ̃s] *m* ∅ Säuferwahn *m,* Delirium tremens *nt*

délit [deli] *m* Straftat *f,* Delikt *nt;* ***~ informatique*** Datenmissbrauch *m;* ***~ politique*** politische Straftat; ***qn commet un ~*** jd begeht eine Straftat; ***qc constitue un ~*** etw ist eine Straftat
▸ **flagrant ~** Straftat *f,* bei der der Täter auf frischer Tat ertappt wird; ***qn prend qn en flagrant ~*** **[de qc]** jd ertappt jdn in flagranti [*o* auf frischer Tat] [bei etw]; **~ mineur** Bagatelldelikt *nt*
◆ **délit de droit commun** allgemeinrechtliches Vergehen; **délit de fuite** Unfallflucht *f,* Fahrerflucht *f;* **délit de sale gueule** *fam:* ***il est en butte aux tracasseries policières pour ~ de sale gueule*** er ist Schikanen ausgesetzt, weil der Polizei seine Nase nicht passt *fam;* **délit d'initié** Insiderdelikt ['insaidɐ-] *nt;* **délit d'opinion** Gesinnungstat *f;* ***qn est condamné pour ~ d'opinion*** jd wird wegen seiner Gesinnung [*o* Meinung] verurteilt; **délit de presse** Pressedelikt *nt,* Pressevergehen *nt*

délivrance [delivʀɑ̃s] *f* **1.** (*soulagement*) Erleichterung *f,* Erlösung *f;* ***la mort fut pour lui une ~*** der Tod war für ihn eine Erlösung; ***l'heure de la ~*** die Stunde der Erlösung
2. (*libération*) Befreiung *f*
3. ADMIN [*certificat, passeport*] Ausstellung *f,* Ausfertigung *f;* [*somme d'argent*] Aushändigung *f*
4. MED Nachgeburt *f*

délivrer <1> [delivʀe] **I.** *vt* **1.** (*libérer*) ■ **qn délivre qn [de qc]** jd befreit jdn [aus etw]; *de ses liens* jd befreit jdn von etw
2. (*débarrasser*) ■ **qn délivre qn de qn/qc** jd befreit jdn von jdm/etw; ***je suis délivré de ce souci*** ich bin diese Sorge los; ***elle m'a délivré de cette crainte*** sie hat mir diese Angst genommen
3. (*soulager*) ■ **qn/qc délivre qn de qc** jd/etw erlöst jdn von etw
4. ADMIN ■ **qn délivre qc [à qn]** jd stellt [jdm] etw aus; *certificat, diplôme, passeport a.* jd fertigt [jdm] etw aus
II. *vpr* ■ **qn se délivre [de qc]** jd befreit sich [aus etw]; *de chaînes, liens* jd befreit sich [von etw]

délocalisation [delɔkalizasjɔ̃] *f* Auslagerung *f;* (*à l'étranger*) Verlagerung *f* ins Ausland

délocaliser <1> [delɔkalize] *vt* ■ **qn délocalise qc** jd lagert etw aus; (*à l'étranger*) jd verlagert etw ins Ausland

déloger <2 a> [delɔʒe] **I.** *vt* ■ **qn déloge qn [de qc]** jd quartiert jdn aus, jd vertreibt jdn aus etw; ■ **qn/un animal déloge un animal** jd/ein Tier scheucht ein Tier auf; ***le chien a délogé le lièvre du terrier*** der Hund hat den Hasen aus seinem Bau gescheucht
II. *vi vieilli* ■ **qn déloge [de qc]** jd zieht [aus etw] aus; ■ **qn fait ~ qn** jd vertreibt jdn [aus etw]

déloyal, e <-aux> [delwajal, jo] *adj* ■ **~ [envers qn]** unfair [jdm gegenüber]; ***concurrence ~e*** unlauterer Wettbewerb; ***ce que tu fais là est ~*** was du da machst ist unfair; ***qn use de procédés déloyaux*** jd bedient sich unlauterer Mittel [*o* Methoden]; ***c'est un ami ~*** er ist ein treuloser Freund

déloyauté [delwajote] *f* ■ **~ [envers qn]** Unfairness *f* [jdm gegenüber]; ***qn***

fait preuve de beaucoup de ~ jd verhält sich äußerst unfair
delta [dɛlta] *m* **1.** LING Delta *nt*
2. GEOG Delta *nt; le ~ du Nil* das Nildelta
deltaplane [dɛltaplan] *m* Drachen *m; baptême en* ~ Drachenfliegertaufe *f*
▶ **qn fait du** ~ jd fliegt [mit dem] Drachen, jd betreibt Drachenfliegen
déluge [delyʒ] *m* **1.** BIBL Sintflut *f*
2. (*averse*) Regenguss *m*, Sturzregen *m; qn est pris(e) sous un* ~ jd kommt in einen Sturzregen, jd wird von einem Regenguss überrascht
3. ■ ~ **de qc** *de compliments, questions* Flut *f* von etw; *de coups, protestations* Hagel *m* von etw; *de larmes* Strom *m* von etw; *un ~ de paroles* ein [wahrer] Wortschwall
▶ ~ **de fer et de feu** Feuerhagel *m;* **qc date du** [*o* **date d'avant le**] [*o* **remonte au**] ~ */objet/* etw ist vorsintflutlich, etw ist uralt; */événement, histoire/* etw liegt Jahre zurück; **après moi/nous, le** ~! nach mir/uns die Sintflut!
déluré, e [delyʀe] *adj* **1.** *enfant* aufgeweckt, pfiffig; *air a.* spitzbübisch, schelmisch
2. *péj fille* ungeniert, frech
démagnétisation [demaɲetizasjɔ̃] *f* Entmagnetisierung *f*
démagnétiser <1> [demaɲetize] *vt* ■ **qn démagnétise qc** jd entmagnetisiert etw
démago [demago] *adj fam abr de* **démagogue**
démagogie [demagɔʒi] *f* Demagogie *f*
▶ **qn fait de la** ~ jd betreibt Demagogie
démagogique [demagɔʒik] *adj* demagogisch
démagogue [demagɔg] **I.** *mf* Demagoge/-gogin *m/f*
II. *adj* demagogisch; *qn est* ~ jd ist ein Demagoge/eine Demagogin
démailler <1> [demaje] **I.** *vt* ■ **qn démaille qc** jd zieht [*o* trennt] etw auf
II. *vpr* ■ **qc se démaille** */bas, collant/* an etw (*dat*) laufen Maschen
démailloter <1> [demajɔte] *vt* ■ **qn démaillote qn** jd wickelt jdn aus [den Windeln]
demain [d(ə)mɛ̃] *adv* morgen; ~ *soir* morgen Abend; *le temps pour* ~ das Wetter von morgen; *vous avez encore [tout]* ~ *pour réfléchir* Sie haben noch den [ganzen] morgigen Tag um nachzudenken; *personne ne sait de quoi* ~ *sera fait* niemand weiß, was uns das Morgen bringen wird
▶ ~ **en huit** morgen in acht Tagen; ~ **on rase[ra] gratis** wer's glaubt!; **à** ~! bis morgen!; **à partir de** ~ ab morgen
démanché, e [demɑ̃ʃe] *adj* **1.** (*disloqué*) entzwei [*o* in die Brüche] gegangen
2. (*privé de son manche*) *outil, pince* ohne Griff; *hache, marteau* ohne Stiel; *couteau* ohne Heft; *la hache est* ~*e* die Axt hat keinen Stiel [mehr]
démancher <1> [demɑ̃ʃe] *vpr* **1.** (*perdre son manche*) ■ **qc se démanche** */outil, pince/* der Griff einer S. (*gen*) geht ab [*o* löst sich]; */hache, marteau/* der Stiel einer S. (*gen*) geht ab [*o* löst sich]; */couteau/* das Heft einer S. (*gen*) geht ab [*o* löst sich]
2. *fam* (*se désarticuler*) ■ **qn se démanche qc** jd renkt [*o* kugelt] sich (*dat*) etw aus
demande [d(ə)mɑ̃d] *f* **1.** (*prière, souhait*) Wunsch *m*, Bitte *f*; *j'aurais une* ~ *à vous faire* ich hätte eine Bitte an Sie; *une* ~ *qu'on retrouve chez de nombreux Français* ein Wunsch, den viele Franzosen haben [*o* hegen]; ~ *de rançon de 3.000.000 de francs* Lösegeldforderung *f* über 3.000.000 Franc
2. ADMIN ■ ~ **[de]** Antrag *m* [auf + *akk*], -antrag; *d'emploi, de mutation, remboursement* Gesuch *nt* [um], -gesuch; *qn fait une* ~ *de congé* jd reicht seinen Urlaub ein; *qn satisfait une* ~ jd bewilligt ein Gesuch/einen Antrag; *qn refuse [o rejette] une* ~ jd lehnt ein Gesuch/einen Antrag ab; *avez-vous fait la* ~ *pour obtenir une copie?* haben Sie eine Kopie angefordert [*o* um eine Kopie angesucht]?; ■ ~ **pour faire qc** Gesuch [*o* Antrag] um etw zu tun
3. PSYCH ■ ~ **[de qc]** Bedürfnis *nt* [nach etw], Verlangen *nt* [nach etw]
4. ECON ■ ~ **[en** [*o* **de**] **qc]** Nachfrage *f* [nach etw]
5. JUR ■ ~ **en qc** [Klage]antrag *m* auf etw (*akk*); ~ *en renvoi* Verweisungsantrag; *qn fait une* ~ *en dommages-intérêts* jd klagt auf Schaden[s]ersatz *m*, jd stellt Schadenersatzansprüche *pl*; *qn fait sa* ~ *en divorce* jd reicht die Scheidung[sklage] ein
6. (*formulaire*) [Antrags]formular *nt*
▶ **qn fait les ~s et les réponses** jd stellt Fragen und gibt selbst die Antworten [*o* und beantwortet sie gleich selbst]; **à la** ~ **générale** auf allgemeinen Wunsch [hin]; ~ **intérieure** Inlandsnachfrage *f;* **qn fait une** [*o* **sa**] ~ jd stellt einen Antrag, jd reicht ein Gesuch ein; (*fait acte de candidature*) jd reicht seine Bewerbung ein; **qn remplit une** ~ jd füllt einen Antrag aus; *qn remplit une* ~ *d'ouverture de compte* jd füllt einen Antrag auf Kontoeröffnung aus; **à la** ~ nach Bedarf; **à la** ~ **de qn** (*souhait*) auf jds Wunsch [hin]; (*requête*) auf jds Antrag [hin]; **sur [simple]** ~ auf Anfrage
◆ **demande d'extradition** Auslieferungsantrag *m;* **demande en mariage** Heiratsantrag *m; il lui présente [o fait] sa* ~ *en mariage* er macht ihr einen Heiratsantrag
demandé, e [d(ə)mɑ̃de] *adj* ■ **[qn/qc est]** ~ [jd/etw ist] gefragt [*o* begehrt]
demander <1> [d(ə)mɑ̃de] **I.** *vt* **1.** (*solliciter*) ■ **qn demande qc** jd bittet um etw; *qn demande conseil* jd fragt um Rat; *qn demande l'aumône* jd bittet um Almosen, jd bettelt; *je demande à être averti immédiatement* ich möchte sofort verständigt werden; ■ **qn demande qc à qn** jd bittet jdn um etw; *délai, subvention a.* jd ersucht jdn um etw; *j'ai une faveur/un renseignement à vous* ~ ich möchte Sie um einen Gefallen [*o* eine Gefälligkeit]/eine Auskunft bitten; ■ **qn demande à faire qc** jd bittet darum, etw tun zu dürfen; ■ **qn demande à qn de faire qc** jd bittet jdn [darum], etw zu tun; ■ **qn demande [à qn] que qn fasse qc** jd bittet [jdn] [darum], dass jd etw tut; *elle demande que nous passions la voir* sie bittet uns [darum], bei ihr vorbeizuschauen; sie bittet darum, dass wir bei ihr vorbeischauen
2. (*faire venir*) ■ **qn demande qn** jd ruft jdn
3. (*convoquer*) ■ **qn est demandé(e) quelque part** jd wird irgendwo verlangt
4. (*appeler au téléphone*) ■ **qn demande qn** jd verlangt jdn; *qui demandez-vous?* wen möchten Sie sprechen?
5. (*s'enquérir de*) ■ **qn demande qc [à qn]** *chemin, heure* jd fragt [jdn] nach etw; *un renseignement* jd bittet [jdn] um etw; *qn demande des nouvelles de qn* jd erkundigt sich nach jdm; ■ **qn demande [à qn] ce que/ce qui** jd fragt [jdn], was; *je vais lui demander ce que je dois faire* ich werde ihn fragen, was ich tun soll
6. (*nécessiter*) ■ **qc demande qc** etw erfordert etw; *ces plantes demandent beaucoup d'eau* diese Pflanzen brauchen viel Wasser; ■ **qc demande qc à** [*o* **de la part de**] **qn** etw erfordert [*o* verlangt] etw von jdm; *ce projet lui a demandé beaucoup d'efforts* dieses Projekt hat ihn/sie viel Mühe gekostet
7. (*exiger*) ■ **qn demande qc [à** [*o* **de**] **qn]** jd verlangt [*o* fordert] etw [von jdm]; ■ **qc est demandé(e)** etw wird verlangt, etw ist erforderlich
8. (*rechercher*) ■ **qn demande qn** jd sucht jdn; *on demande du personnel qualifié* Fachkräfte *pl* werden gesucht
9. (*exiger un prix*) ■ **qn demande qc [pour qc]** jd verlangt etw [für etw]; *combien demandez-vous pour ce vase?* was [*o* wie viel] verlangen Sie für diese Vase?
▶ **qn en demande beaucoup** jd verlangt viel; *tu lui en demandes beaucoup!* du mutest ihm viel zu!, du verlangst viel von ihm!; **qn ne demande pas mieux [que de faire qc]** jd wünscht sich nichts mehr [als etw zu tun]; **qn n'en demande pas tant** jd verlangt [*o* erwartet] gar nicht so viel; **il ne faut pas [lui] en** ~ **trop** *fam* man darf nicht zu viel [von ihm/ihr] verlangen [*o* erwarten]; **qn demande ceci cela** jd will dauernd etw, jd will ständig dies oder jenes; *tu m'ennuies à toujours* ~ *ceci cela* du gehst mir auf die Nerven mit deinen ständigen Wünschen; **je te/vous le demande, je te/vous demande un peu** *fam* muss das sein?, ist das nötig?; **on demande qn** jd wird verlangt; *on vous a demandé pendant que vous n'étiez pas là* man hat nach Ihnen gefragt, während Sie weg waren; **qn ne demande qu'à faire qc** jd möchte [ja] gerne etw tun
II. *vi* ■ **qn demande [à qn]** jd fragt [jdn]; ■ **qn demande [à qn] si** jd fragt [jdn], ob; ■ **qn demande comment/pourquoi/quand/où/...** jd fragt, wie/warum/wann/wo/...; ■ **qn demande après qn** *fam* jd fragt nach jdm
▶ **qn n'a qu'à** ~ jd braucht [doch] nur zu fragen; **il n'y a qu'à** ~ man braucht doch nur zu fragen; **je demande à voir** da bin ich mir nicht so sicher, mal sehen
III. *vpr* ■ **qn se demande ce que/ce qui/comment/où/pourquoi/quand/qui/si/...** jd fragt sich, was/wie/wo/warum/wann/wer/ob/...
▶ **c'est à se** ~ **si** *fam* da muss man sich fragen, ob; **cela** [*o* **ça**] **ne se demande pas!** keine Frage!, das versteht sich von selbst!
demandeur, -euse [d(ə)mɑ̃dœʀ, -øz] *m, f* **1.** TELEC Anrufer(in) *m(f)*
2. (*requérant*) Antragsteller(in) *m(f)*
▶ **qn est** ~ jd ist interessiert; ECON jd ist Nachfrager(in) *m(f); des personnes sont très ~s de qc* bei Menschen besteht eine große Nachfrage nach etw
◆ **demandeur(-euse) d'asile** Asylbewerber(in) *m(f);* **demandeur(-euse) d'emploi** Arbeit[s]suchende(r) *f(m)*
demandeur, -eresse [d(ə)mɑ̃dœʀ, -əʀɛs] *m, f* JUR Kläger(in) *m(f)*
démangeaison [demɑ̃ʒɛzɔ̃] *f gén pl* Juckreiz *m kein pl*, Jucken *nt kein pl*
▶ **qn a des ~s [quelque part]** jd juckt es [irgendwo]; *fam* (*des désirs*) jdn juckt es *fam*, jd verspürt unbändige Lust; **qc donne des ~s [à qn]** etw juckt [jdn], etw verursacht [jdm] Juckreiz; *fam* etw juckt [*o* reizt] jdn *fam*
démanger <2 a> [demɑ̃ʒe] **I.** *vt* ■ **qc démange qn** etw juckt jdn; *j'ai le dos qui me démange* mich juckt es am Rücken, mein Rücken juckt
▶ **ça démange qn [quelque part]** es juckt jdn [irgendwo]
II. *vi* (*faire envie*) ■ **qc démange à qn [de faire qc]** jdn juckt es in etw (*dat*) [etw zu tun]; *la langue me démangeait de donner la réponse* die Antwort brannte mir auf der Zunge
▶ **ça démange [à] qn [de faire qc]** *fam* jdn juckt [*o* reizt] es *fam* [etw zu tun]; *ça ne me démange pas* das juckt [*o* reizt] mich nicht *fam; ça me démange de lui dire ma façon de penser* es brennt mir auf der Zunge, ihm zu sagen, wie ich denke
démantèlement [demɑ̃tɛlmɑ̃] *m* Zerstörung *f*, Vernichtung *f;* [*cartel, organisation, service public*] Zerschlagung *f*
démanteler <4> [demɑ̃t(ə)le] *vt* ■ **qn démantèle qc** jd zerstört etw; *cartel, organisation, service public* jd zerschlägt etw
démantibuler <1> [demɑ̃tibyle] *vt fam* ■ **qn démantibule qc** jd macht etw kaputt; ■ **qc est démantibulé(e)** etw ist kaputt
démaquillage [demakijaʒ] *m* Abschminken *nt; pour le ~ des yeux* zum Abschminken der Augen
démaquillant, e [demakijɑ̃, jɑ̃t] **I.** *adj* Reinigungs-; *lait* ~ Reinigungsmilch *f; toute une gamme de produits ~s* eine große Auswahl an Kosmetika zum Abschminken
II. *m* Abschminkmittel *nt*, Make-up-Entferner [meːkˀap-] *m;* ~ *pour les yeux* Augen-Make-up-Entferner *m*
démaquiller <1> [demakije] **I.** *vt* ■ **qn démaquille qn/qc** jd schminkt jdn/etw ab; *je démaquille mes yeux* ich schminke mir die Augen ab, ich schminke meine Augen ab
II. *vpr* ■ **qn se démaquille** jd schminkt sich ab; ■ **qn se démaquille qc** jd schminkt sich (*dat*) etw ab; *elle se démaquille le visage* sie schminkt sich das Gesicht ab, sie schminkt ihr Gesicht ab
démarcage [demaʀkaʒ] *m v.* **démarquage**
démarcation [demaʀkasjɔ̃] *f* Abgrenzung *f*, Grenze *f; ligne de* ~ Tren-

nungslinie *f*, Grenzlinie *f*; MIL Demarkationslinie *f*; ***il est malaisé de tracer la ligne de ~ entre …*** es ist schwierig, die Grenze zwischen … zu ziehen; ***une ~ tranchée entre la droite et la gauche*** eine klare Trennung von [*o* Trennungslinie zwischen] Rechten und Linken

démarchage [demaʀʃaʒ] *m* Kundenwerbung *f* durch Vertreterbesuche; ***dans cet immeuble, le ~ est interdit*** in diesem Haus sind Vertreterbesuche verboten
▸ **~ par téléphone** Kundenwerbung *f* per Telefon; **qn fait du ~** jd macht Vertreterbesuche

démarche [demaʀʃ] *f* **1.** (*allure*) Gang *m*; ***une ~ souple/élégante*** ein gelöster/anmutiger Gang; ***sa ~ se fit plus rapide*** sein/ihr Gang wurde schneller
2. (*cheminement*) [*pensée, argumentation*] Weg *m*; (*manière d'agir*) Vorgehensweise *f*; ***~ pédagogique*** pädagogische Schritte *pl*; ***la ~ de sa pensée*** sein/ihr Gedankengang *m*
3. (*sollicitation*) Schritt *m*; ***cette ~ de votre part était malvenue*** dieser Schritt von Ihnen kam ungelegen
4. (*requête*) Vorhaben *nt*; ***il vous aidera dans vos ~s*** er wird Sie bei Ihrem Vorhaben unterstützen; ***je n'ai tenté aucune ~ pour l'instant*** ich habe bisher noch nichts unternommen
▸ **qn effectue** [*o* **entreprend**] [*o* **fait**] **des ~s** [**auprès de qn**] jd unternimmt Schritte [bei jdm, um etw zu erreichen]

démarcher <1> [demaʀʃe] *vt* ■ **qn démarche qn** jd macht bei jdm einen Vertreterbesuch; ***il démarche les gens par téléphone*** er wirbt Kunden per Telefon

démarcheur, -euse [demaʀʃœʀ, -øz] *m, f* Vertreter(in) *m(f)*

démarquage [demaʀkaʒ] *m* **1.** (*copiage*) Nachahmen *nt*, Kopieren *nt*; ***cette robe n'est qu'un mauvais ~*** dieses Kleid ist nur eine schlechte Kopie
2. SPORT Freispielen *nt*, Freilaufen *nt*

démarqué, e [demaʀke] *adj* **1.** (*dégriffé*) ohne Markenzeichen
2. (*soldé*) herabgesetzt
3. SPORT frei[gespielt], frei[gelaufen]

démarquer <1> [demaʀke] **I.** *vt* **1.** COM ■ **qn démarque qc** (*dégriffer*) jd entfernt das Markenzeichen von etw; (*solder*) jd setzt etw herab
2. SPORT ■ **qn démarque qn** jd spielt jdn frei
II. *vpr* **1.** SPORT ■ **qn se démarque** jd spielt [*o* läuft] sich frei
2. (*prendre ses distances*) ■ **qn se démarque de qn/qc** jd distanziert sich von jdm/etw

démarrage [demaʀaʒ] *m* **1.** [*moteur*] Starten *nt*; [*voiture a.*] Anlassen *nt*; INFORM Start *m*, Starten *nt*
2. (*départ*) Anfahren *nt*; ***qn est brusque dans ses ~s*** jd fährt ruckartig an; ***qn fait un ~ sur les chapeaux de roue*** jd fährt rasant an
3. SPORT Spurt *m*; ***personne ne put résister à son ~*** niemand konnte bei seinem/ihrem Spurt mithalten
4. (*lancement*) Beginn *m*, Start *m*; ***des difficultés de ~*** Anlaufschwierigkeiten *pl*, Anfangsschwierigkeiten *pl*; ***qc connaît un ~ spectaculaire*** etw läuft [*o* lässt sich] spektakulär an
▸ **qn place un ~** jd spurtet los; **au ~** beim Anfahren; *fig* zu Beginn, anfangs
◆ **démarrage à chaud/à froid** AUT, INFORM Warm-/Kaltstart *m*; **démarrage en côte** Anfahren *nt* am Berg; **démarrage en trombe** AUT Blitzstart *m*; ***qn fait un ~ en trombe*** jd macht einen Blitzstart, jd fährt rasant an

démarrer <1> [demaʀe] **I.** *vi* **1.** (*mettre/se mettre en marche*) ■ **qn démarre** jd lässt [den Motor] an; INFORM jd startet; ***je n'ai pas réussi à ~*** mein Auto ist nicht angesprungen; ■ **qc démarre** etw springt an; / *machine*/ etw läuft an; ■ **qn fait ~ qc** jd lässt etw an, jd startet etw; *machine a.* jd wirft etw an; ***ma voiture n'a pas démarré*** mein Auto ist nicht angesprungen
2. (*partir*) ■ **qn/qc démarre** jd/etw fährt an
3. (*débuter*) ■ **qc démarre** etw beginnt; / *campagne a.*/ etw wird gestartet; / *film, jeu*/ etw läuft an; / *construction, chantier*/ mit etw wird begonnen; / *disque, livre*/ etw verkauft sich; / *conversation*/ etw kommt in Gang; / *exposition*/ etw wird eröffnet; / *industrie*/ etw kommt in Schwung; ***à la rentrée, l'expérience démarra*** zu Schulbeginn lief das Experiment an; ***ce livre a démarré en trombe*** dieses Buch hat sofort reißenden Absatz gefunden
4. SPORT ■ **qn démarre** jd spurtet los
▸ **qn démarre bien/mal en qc** jd fängt gut/schlecht in etw (*dat*) an, jd macht einen guten/schlechten Anfang in etw (*dat*)
II. *vt* **1.** (*mettre en marche*) ■ **qn démarre qc** jd lässt etw an; INFORM jd startet etw
2. *fam* (*lancer*) ■ **qn démarre qc** jd startet etw; *mouvement* jd ruft etw ins Leben; *processus* jd setzt etw in Gang
3. *fam* (*commencer*) *travail* jd beginnt mit etw; *activité a.* jd startet etw
4. *fam* (*initier*) ■ **qn démarre qn en qc** jd führt jdn in etw (*akk*) ein

démarreur [demaʀœʀ] *m* Anlasser *m*, Starter *m*; ***qn actionne le ~*** jd betätigt den Anlasser

démasquer <1> [demaske] **I.** *vt* ■ **qn démasque qn** jd entlarvt jdn, jd demaskiert jdn; *espion a.* jd enttarnt jdn; ■ **qn démasque qc** jd deckt etw auf, jd entlarvt etw; *plan* jd enthüllt etw; ***la fraude a été démasquée*** der Betrug ist aufgedeckt [*o* entdeckt] worden
II. *vpr* ■ **qn se démasque** jd lässt seine Maske fallen

démâter <1> [demɑte] *vi* ■ **qn/qc démâte** jd/etw verliert seinen Mast/seine Masten

démêlage [demɛlaʒ] *m* **1.** (*action*) Entwirren *nt*; ***ce produit permet un ~ des cheveux*** dieses Mittel erleichtert das Auskämmen der Haare
2. *fam* (*éclaircissement*) Aufklärung *f*

démêlé [demele] *m* ■ **~s avec qn/qc** Streit[igkeiten *pl*] *m* mit jdm/etw, Zwistigkeiten *pl* mit jdm/etw
▸ **qn a un ~ avec qn** jd hat mit jdm Streit; **qn a des ~s avec qn/qc** jd hat Ärger mit jdm; ***il a déjà eu des ~s avec la justice*** er hat schon mit dem Gericht zu tun gehabt

démêler <1> [demele] *vt* **1.** (*défaire*) ■ **qn démêle qc** *fil* jd entwirrt etw; *cheveux* (*avec un peigne*) jd kämmt etw aus; (*avec une brosse*) jd bürstet etw aus
2. (*éclaircir*) ■ **qn démêle qc** *affaire* jd klärt etw auf; *intentions, plans* jd kommt hinter etw (*akk*); ■ **qn démêle qc de qc** jd unterscheidet etw von etw [*o* zwischen etw (*dat*) und etw (*dat*)], jd hält etw und etw auseinander

démembrement [demɑ̃bʀəmɑ̃] *m* Zerstückelung *f*

démembrer <1> [demɑ̃bʀe] *vt* ■ **qn démembre qc** jd zerstückelt etw

déménagement [demenaʒmɑ̃] *m* **1.** (*fait de quitter une résidence*) Auszug *m*
2. (*fait de changer de résidence*) Umzug *m*; ***pendant notre ~*** bei unserem Umzug
3. (*fait de déplacer le mobilier*) Umräumen *nt*
4. (*fait de retirer le mobilier*) Ausräumen *nt*; ***il va falloir se taper le ~ de toute la pièce*** wir werden das ganze Zimmer ausräumen müssen
5. (*fait de transporter*) Transport *m*

déménager <2 a> [demenaʒe] **I.** *vi* **1.** (*changer de résidence*) ■ **qn déménage** [**quelque part**] jd zieht [irgendwohin] um; ***qn déménage à Paris/en Italie*** jd zieht nach Paris/nach Italien [um]; ***qn déménage rue de …*** jd zieht in die … Straße [um]
2. (*quitter une résidence*) ■ **qn déménage** [**quelque part**] jd zieht [irgendwo] aus; ***nos voisins déménagent*** unsere Nachbarn ziehen aus
3. *fam* (*partir*) ■ **qn fait ~ qn** jd setzt jdn vor die Tür
4. *fam* (*déraisonner*) ■ **qn déménage** jd spinnt *fam*
II. *vt* **1.** (*transporter dans un autre lieu*) ■ **qn déménage qc** jd räumt etw [woandershin]; ***j'ai déménagé la table à la cave*** ich habe den Tisch in den Keller geräumt
2. (*vider de ses meubles*) ■ **qn déménage qc** jd räumt etw aus

déménageur [demenaʒœʀ] *m* **1.** (*qui fait le déménagement*) Möbelpacker(in) *m(f)*
2. (*entrepreneur*) Spediteur *m*

démence [demɑ̃s] *f* Wahnsinn *m*, Demenz *f spec*; ***~ sénile*** Altersschwachsinn *m*; ***~ paranoïde*** Paranoia *f*; ***crises de ~*** Anfälle *pl* geistiger Umnachtung; ***en état de ~*** im Zustand geistiger Unzurechnungsfähigkeit
▸ **c'est de la ~!** das ist [heller] Wahnwitz [*o* Irrwitz]!; **c'est de la ~ de faire qc** es ist wahnwitzig [*o* irrwitzig], etw zu tun

démener <4> [dem(ə)ne] *vpr* **1.** (*se débattre*) ■ **qn se démène** jd schlägt um sich, jd wehrt sich [mit Händen und Füßen]
2. (*faire des efforts*) ■ **qn se démène** jd gibt sich (*dat*) [große] Mühe, jd bemüht sich sehr; ■ **qn se démène pour faire qc** jd müht sich ab, um etw zu tun

dément, e [demɑ̃, ɑ̃t] **I.** *adj* **1.** (*aliéné*) geisteskrank; ***personne ~e*** Geisteskranke(r) *f(m)*
2. (*insensé*) verrückt; ***il est complètement ~*** *fam* der spinnt total *fam*
3. (*fantastique*) verrückt, toll
▸ **c'est ~!** (*insensé*) so was Verrücktes!; (*fantastique*) das ist [total] verrückt! *fam*
II. *m, f* Geisteskranke(r) *f(m)*

démenti [demɑ̃ti] *m* Dementi *nt*; ***~ officiel*** amtliches Dementi
▸ **qn oppose un ~** [**à qc**] jd dementiert [etw]

démentiel, le [demɑ̃sjɛl] *adj* verrückt; ***prix ~/vitesse ~le*** Wahnsinnspreis *m*/-geschwindigkeit *f fam*; ***mais c'est ~!*** aber das ist ja [heller] Wahnsinn!

démentir <10> [demɑ̃tiʀ] **I.** *vt* **1.** (*contredire*) ■ **qn dément qn** jd widerspricht jdm
2. (*nier*) ■ **qn dément qc** jd dementiert etw, jd erklärt etw für falsch; ■ **qn dément faire qc/que** + *subj o indic* jd weist [entschieden] zurück [*o* von sich], etw zu tun/dass; ■ **qn ne dément pas faire qc/que** + *subj o indic* jd bestreitet nicht, etw zu tun/dass
3. (*infirmer*) ■ **qc dément qc** etw entkräftet etw; *prévisions a.* etw widerlegt etw
II. *vi* ■ **qn dément** jd dementiert, jd gibt ein Dementi ab
III. *vpr* ■ **qc ne se dément pas** etw lässt nicht nach, etw flaut nicht ab
▸ **qc ne s'est jamais démenti(e)** etw hat nie nachgelassen, etw ist nie abgeflaut

démerdard, e [demɛʀdaʀ, aʀd] *adj fam* gewieft *fam*, clever *fam*

démerde [demɛʀd] *adj fam* ganz gewieft [*o* clever] *fam*; ***c'est un gars ~*** das ist ein ganz cleverer Bursche *fam*

démerder <1> [demɛʀde] *vpr fam* **1.** (*se débrouiller*) ■ **qn se démerde** jd kommt zurecht [*o* klar *fam*]; ***démerde-toi!*** sieh zu, wie du allein zurechtkommst!; ***qu'il se démerde tout seul!*** soll er doch sehen, wie er allein zurechtkommt!; ■ **qn sait se ~** jd weiß sich (*dat*) zu helfen; ■ **qn se démerde pour faire qc** jd kriegt [*o* bekommt] es irgendwie hin, etw zu tun *fam*, jd schafft es irgendwie, etw zu tun
2. (*se dépêcher*) ■ **qn se démerde** jd hält sich ran *fam*; ***tu vas te ~ un peu, oui?*** los, jetzt mach schon! *fam*

démériter <1> [demeʀite] *vi* ■ **qn a démérité** jd hat sich als unwürdig erwiesen; ***en quoi ai-je démérité?*** was habe ich mir zuschulden kommen lassen?

démesure [deməzyʀ] *f* Maßlosigkeit *f*; ***il fait dans la ~*** er kennt kein Maß, er ist in allem maßlos

démesuré, e [deməzyʀe] *adj* maßlos; *exigence a.* unmäßig; *importance* übermäßig; *proportions* unverhältnismäßig; ***des bras/pieds ~s*** überlange Arme/übergroße Füße; ***jeu d'une violence ~e*** extrem gewalttätiges Spiel

démesurément [deməzyʀemɑ̃] *adv* ■ **qc est ~ + adj** etw ist unverhältnismäßig + *adj*; ■ **qn fait qc ~** jd tut etw unmäßig; ***elle exagère ~*** sie übertreibt maßlos

démettre <*irr*> [demɛtʀ] **I.** *vt* **1.** (*luxer*) ■ **qn démet qc à qn** jd verdreht [*o* verrenkt] jdm etw; *bras, épaule a.* jd renkt [*o* kugelt] jdm etw aus

2. (*révoquer*) ■ **qn démet qn de qc** jd enthebt jdn einer S. (*gen*); *de son poste a.* jd entlässt jdn aus etw
II. *vpr* 1. (*se luxer*) ■ **qn se démet qc** jd verdreht [*o* verrenkt] sich (*dat*) etw; *bras, épaule a.* jd renkt [*o* kugelt] sich (*dat*) etw aus
2. (*renoncer à*) ■ **qn se démet [de qc]** jd tritt [von etw] zurück, jd legt sein Amt nieder

demeurant [dəmœʀɑ̃] *loc* ▶ **au** ~ (*tout bien considéré*) alles in allem; (*pour le reste*) im Übrigen, ansonsten

demeure [d(ə)mœʀ] *f littér* Wohnsitz *m*; ***une belle ~ du XVIIIe siècle*** ein schönes Haus aus dem 18. Jahrhundert
▶ **qn conduit** [*o* **accompagne**] **qn [jusqu']à sa dernière** ~ jd geleitet jdn zu seiner letzten Ruhestätte [*o* Ruhestatt]; **qn met qn en ~ de faire qc** jd fordert jdn auf [*o* jd mahnt jdn] etw zu tun; **qn se met en ~ de faire qc** (*se prépare à*) jd schickt sich an, etw zu tun; (*se prépare de*) jd nimmt sich (*dat*) vor, etw zu tun; **à** ~ auf Dauer, ständig

demeuré, e [dəmœʀe] I. *adj* zurückgeblieben, schwachsinnig
II. *m, f* Zurückgebliebene(r) *f(m)*, Schwachsinnige(r) *f(m)*; ***c'est le ~ du village*** das ist der Dorftrottel

demeurer <1> [dəmœʀe] *vi* 1. + *avoir* (*habiter*) ■ **qn demeure quelque part** jd wohnt irgendwo; ***demeurant à*** wohnhaft in (+ *dat*)
2. + *avoir* (*subsister*) ■ **qc demeure** etw bleibt [bestehen], etw besteht weiter; ***une interrogation demeure toutefois*** eine Frage jedoch bleibt offen
3. + *être* (*rester*) ■ **qn/qc demeure …** jd/etw bleibt weiterhin …; ***elle demeure sans emploi*** sie ist weiterhin ohne Arbeit, sie hat weiterhin keine Arbeit; ***ma lettre est demeurée sans réponse*** mein Brief ist unbeantwortet geblieben
4. *impers* ■ **il demeure que** + *indic* Tatsache ist jedoch, dass
▶ **qn en demeure là** jd belässt es dabei, jd lässt es dabei bewenden; **qc en demeure là** etw wird dabei belassen; /*conversation*/ etw wird nicht weiterverfolgt [*o* fortgesetzt]; **il n'en demeure pas moins que** + *indic* nichtsdestoweniger

demi, e [d(ə)mi] I. *m, f* (*moitié*) Hälfte *f*
II. *m* (*bière*) Bier *nt*
III. *f* (*heure*) ■ **la demie** halbe Stunde; ***cette horloge sonne les heures et les ~es*** diese Uhr schlägt zu jeder ganzen und zu jeder halben Stunde; ***on part à la ~e*** wir gehen um halb; ***la ~e de cinq heures venait de sonner*** es hatte gerade halb sechs geschlagen
▶ **il est la ~e** es ist halb
IV. *adj* ■ **et demi(e)** -einhalb; ***une heure/deux heures et ~e*** eineinhalb [*o* anderthalb]/zweieinhalb Stunden
▶ **à** ~ + *adj/pp* halb-, zur Hälfte + *vb*, halb; **à ~ plein(e)** halb voll; ***à ~ inconscient(e)/mort(e) de faim*** halb bewusstlos/verhungert; ***il n'était qu'à ~ rassuré*** er war nur teilweise beruhigt; ***il ouvrit à ~ les yeux*** er machte die Augen halb auf, er öffnete die Augen halb; ***je ne fais pas les choses à ~*** ich mache keine halben Sachen
◆ **demi de mêlée** Gedrängehalbspieler(in) *m(f)*; **demi d'ouverture** [Flügel]halbspieler(in) *m(f)*

demi- [d(ə)mi] *préf* halbe(r, s) **demi-barrière** <~-~s> [d(ə)mibaʀjɛʀ] *f* Halbschranke *f* **demi-bouteille** <~-~s> [d(ə)mibutɛj] *f* kleine Flasche **demi-cercle** <~-~s> [d(ə)misɛʀkl] *m* Halbkreis *m* ▶ **en** ~-~ im Halbkreis **demi-colonne** <~-~s> [d(ə)mikɔlɔn] *f* Halbsäule *f* **demi-dieu** <~-~x> [d(ə)midjø] *m* Halbgott *m* **demi-douzaine** <~-~s> [d(ə)miduzɛn] *f* halbes Dutzend **demi-droite** <~-~s> [d(ə)midʀwat] *f* Halbgerade *f*, Strahl *m* **demi-fin, e** <~-~s> [d(ə)mifɛ̃, fin] *adj* mittelgroß; ***une aiguille ~-~e*** eine Nadel mittlerer Stärke **demi-finale** <~-~s> [d(ə)mifinal] *f* Halbfinale *nt*, Semifinale *nt* **demi-finaliste** <~-~s> [d(ə)mifinalist] *mf* Teilnehmer(in) *m(f)* am Halbfinale [*o* Semifinale] **demi-fond** [d(ə)mifɔ̃] *m* ∅ Mittelstrecke *f* **demi-frère** <~-~s> [d(ə)mifʀɛʀ] *m* Halbbruder *m* **demi-gros** [d(ə)migʀo] *m* ∅ Zwischenhandel *m* **demi-heure** <~-~s> [d(ə)mijœʀ] *f* halbe Stunde; ***toutes les ~-~s*** halbstündlich, jede halbe Stunde **demi-jour** [d(ə)miʒuʀ] *m inv* Halbdunkel *nt*, Dämmerlicht *nt* **demi-journée** <~-~s> [d(ə)miʒuʀne] *f* halber Tag; ***elle a trois ~-~s de cours par semaine*** sie hat dreimal pro Woche halbtags Unterricht ▶ **qn travaille par** ~-~**s** jd arbeitet halbtags

démilitarisation [demilitaʀizasjɔ̃] *f* Entmilitarisierung *f*

démilitarisé, e [demilitaʀize] *adj* entmilitarisiert

démilitariser <1> [demilitaʀize] *vt* ■ **qn/qc démilitarise qc** jd/etw entmilitarisiert etw

demi-litre <~-~s> [d(ə)militʀ] *m* 1. (*contenu*) halber Liter 2. (*contenant*) Halbliterflasche *f* **demi-livre** <~-~s> [d(ə)milivʀ] *f* halbes Pfund **demi-longueur** <~-~s> [d(ə)milɔ̃gœʀ] *f* halbe Länge ▶ **une** ~-~ **d'avance** eine halbe Länge Vorsprung; **à une** ~-~ eine halbe Länge entfernt; ***à une ~-~ de qn*** eine halbe Länge vor/hinter jdm **demi-lune** <~-~s> [d(ə)milyn] I. *f* 1. ASTRON Halbmond *m* 2. ARCHIT halbkreisförmiger Platz 3. MIL Außenwerk *nt* (*einer Festung*) ▶ **en** ~-~ halbkreisförmig II. *adj inv meuble* halbrund **demi-mal** <~-maux> [d(ə)mimal, o] *m* kleines Übel; ***tous ces incidents ne sont que des ~-maux*** all diese Vorfälle sind nur halb so schlimm ▶ **il n'y a que** [*o* **ce n'est qu'un**] ~-~ das ist [nur] halb so schlimm **demi-mesure** <~-~s> [d(ə)mim(ə)zyʀ] *f* Halbheit *f*; ***qn se contente de ~-~s*** jd gibt sich mit Halbheiten zufrieden ▶ **il n'y a pas de** ~-~ **avec qn** es gibt nur Entweder-oder für jdn **demi-mot** [d(ə)mimo] *m* ▶ **à** ~-~ andeutungsweise; ***qn dit qc à ~-~*** jd deutet etw an; ***ils se comprennent à ~-~*** sie verstehen sich auch ohne viele Worte

déminage [deminaʒ] *m* Entminung *f*

déminer <1> [demine] *vt* ■ **qn démine qc** jd entmint etw

déminéralisation [demineʀalizasjɔ̃] *f* CHIM Demineralisieren *nt*; MED Verarmung *f* [des Körpers] an Mineralien, Demineralisation *f spec*

déminéralisé, e [demineʀalize] *adj eau* destilliert

démineur [deminœʀ] *m* Mitglied *nt* eines Minenräumkommandos

demi-part <~-~s> [d(ə)mipaʀ] *f* halbes Stück **demi-pause** <~-~s> [d(ə)mipoz] *f* halbe Pause **demi-pension** <~-~s> [d(ə)mipɑ̃sjɔ̃] *f* 1. [*hôtel*] Halbpension *f*; ***nous avons pris une ~-~*** wir haben Halbpension genommen 2. SCOL [Schul]kantine *f* ▶ **en** ~-~ mit Halbpension **demi-pensionnaire** <~-~s> [d(ə)mipɑ̃sjɔnɛʀ] *mf* Schüler, der/Schülerin, die in der [Schul]kantine isst ▶ **qn est** ~-~ jd isst in der [Schul]kantine **demi-place** <~-~s> [d(ə)miplas] *f* TRANSP [um die Hälfte] ermäßigte Fahrkarte, Fahrkarte *f* zum halben Preis; CINE [um die Hälfte] ermäßigte Eintrittskarte, Eintrittskarte *f* zum halben Preis; ***les enfants ne paient qu'une ~-~*** Kinder zahlen nur den halben Preis **demi-plan** <~-~s> [d(ə)miplɑ̃] *m* Halbebene *f* **demi-portion** <~-~s> [d(ə)mipɔʀsjɔ̃] *f* 1. (*demi-part*) halbe Portion 2. *fam* (*personne*) halbe Portion **demi-queue** [d(ə)mikø] *m inv* Stutzflügel *m* **demi-reliure** <~-~s> [d(ə)miʀəljyʀ] *f* Halbfranz *nt*

démis, e [demi, iz] I. *pp de* **démettre**
II. *adj poignet* verdreht, verrenkt; *épaule, bras a.* ausgerenkt, ausgekugelt

demi-saison <~-~s> [d(ə)misɛzɔ̃] *f* Übergangszeit *f* ▶ **de** ~-~ Übergangs-; ***vêtements de ~-~*** Übergangskleidung *f* **demi-sec** [d(ə)misɛk] *adj* halbtrocken **demi-sel** [d(ə)misɛl] I. *adj inv* GASTR leicht gesalzen II. *m* Frischkäse *m* **demi-sœur** <~-~s> [d(ə)misœʀ] *f* Halbschwester *f* **demi-sommeil** <~-~s> [d(ə)misɔmɛj] *m* Halbschlaf *m* **demi-soupir** <~-~s> [d(ə)misupiʀ] *m* Achtelpause *f*

démission [demisjɔ̃] *f* 1. (*action*) ■ **la ~ de qn** jds Rücktritt *m*; ***la ~ du ministre/du gouvernement*** die Demission [*o* der Rücktritt] des Ministers/der Regierung; ***la ~ en bloc de l'équipe*** der Rücktritt des gesamten Teams; ■ ~ **de qn de qc** jds Rücktritt von etw
2. (*renoncement*) Kapitulation *f*
▶ **qn donne** [*o* **présente**] **sa ~ [à qn]** jd erklärt [jdm] seinen Rücktritt, jd reicht seinen Rücktritt ein

démissionnaire [demisjɔnɛʀ] I. *adj* zurückgetreten
II. *mf* [von seinem/ihrem Amt] Zurückgetretene(r) *f(m)*, aus seinem/ihrem Amt Ausgeschiedene(r) *f(m)*

démissionner <1> [demisjɔne] I. *vi* 1. (*se démettre*) ■ **qn démissionne [de qc]** jd tritt [von etw] zurück; *de sa fonction a.* jd gibt etw auf
2. *fam* ■ **qn démissionne [devant qc]** jd kapituliert [vor etw (*dat*)]
II. *vt iron* (*renvoyer*) ■ **qn a démissionné qn** jd hat jdn entlassen; ***on l'a démissionné*** er ist gegangen worden *fam*

demi-tarif <~-~s> [d(ə)mitaʀif] *m* halber Preis ▶ **billet** [*o* **place**] **[à]** ~-~ TRANSP [um die Hälfte] ermäßigte Fahrkarte, Fahrkarte *f* zum halben Preis; CINE [um die Hälfte] ermäßigte Eintrittskarte, Eintrittskarte *f* zum halben Preis; **qn paie** ~-~ jd zahlt den halben Preis; **qn voyage à** ~-~ jd reist zum halben Preis **demi-teinte** <~-~s> [d(ə)mitɛ̃t] *f* Halbton *m*, gebrochener Farbton ▶ **en** ~-~ in gebrochenen Farbtönen **demi-ton** <~-~s> [d(ə)mitɔ̃] *m* Halbton *m* ▶ ~-~ **chromatique** chromatischer Halbton; ~-~ **diatonique** diatonischer Halbton **demi-tour** <~-~s> [d(ə)mituʀ] *m* [*véhicule*] Wenden *nt*; [*manivelle*] halbe Umdrehung ▶ **qn fait** ~-~ jd kehrt [*o* dreht] um, jd macht kehrt; (*en voiture*) jd wendet; ~-~! umkehren!; MIL kehrt [um]!; ~-~, ***droite!*** rechtsum kehrt! **demi-vie** <~-~s> [d(ə)mivi] *f* Halbwert[s]zeit *f* **demi-volée** <~-~s> [d(ə)mivɔle] *f* Halfvolley ['ha:fvɔli] *m*

démo [demo] *f abr de* **démonstration** Demo *f*

démobilisateur, -trice [demɔbilizatœʀ, -tʀis] *adj* demotivierend; *chose a.* lähmend; ***cela peut avoir un effet ~ sur l'électorat*** das kann sich lähmend auf die Wählerschaft auswirken

démobilisation [demɔbilizasjɔ̃] *f* 1. MIL Demobilisierung *f*, Demobilisation *f*, Abrüstung *f*; ***après sa ~*** nach seiner Entlassung [aus dem Militärdienst]
2. POL Demotivation *f*

démobiliser <1> [demɔbilize] I. *vt* 1. MIL ■ **qn démobilise qn** jd demobilisiert jdn
2. POL ■ **qc démobilise qn** etw demotiviert jdn
II. *vpr* ■ **qn se démobilise** jd gibt sich geschlagen; ***ils se sont complètement démobilisés*** sie haben völlig aufgegeben

démocrate [demɔkʀat] I. *adj* demokratisch
II. *mf* Demokrat(in) *m(f)*

démocrate-chrétien, ne <~s-~s> [demɔkʀatkʀetjɛ̃, jɛn] I. *adj* christlich-demokratisch
II. *m, f* Christdemokrat(in) *m(f)*

démocratie [demɔkʀasi] *f* Demokratie *f*
▶ ~ **chrétienne** Christdemokratie *f*; ~ **directe** direkte Demokratie; ~ **libérale** liberale Demokratie; ~ **parlementaire** parlamentarische Demokratie; ~ **populaire** Volksdemokratie *f*; ~ **représentative** repräsentative Demokratie

démocratique [demɔkʀatik] *adj* demokratisch

démocratiquement [demɔkʀatikmɑ̃] *adv* demokratisch

démocratisation [demɔkʀatizasjɔ̃] *f* [*pays*] Demokratisierung *f*; [*sport*] Popularisierung *f*; ***la ~ de ce sport est maintenant réalisée*** dieser Sport ist inzwischen zu einem Breitensport geworden

démocratiser <1> [demɔkʀatize] I. *vt* ■ **qn démocratise qc** jd demokratisiert etw; *pays a.* jd führt die Demokratie in etw (*dat*) ein; *sport* jd popularisiert etw
II. *vpr* ■ **qc se démocratise** etw wird demokratisch [*o* demokratisiert]; /*sport*/ etw wird zum Breitensport; ***ce pays est en train de se ~*** dieses Land ist dabei demokratisch zu werden

démodé, e [demɔde] *adj* altmodisch; *procédé, théorie* veraltet, überholt

démoder <1> [demɔde] *vpr* ■ **qc se démode** etw kommt aus der Mode, etw wird unmodern

démographe [demɔgʀaf] *mf* Demograph(in) *m(f)*, Bevölkerungsstatistiker(in) *m(f)*

démographie [demɔgʀafi] *f* 1. (*science*) Demographie *f*, Bevölkerungs-

wissenschaft *f*
2. (*évolution de la population*) Bevölkerungsentwicklung *f*
► ~ <u>galopante</u> sprunghafte Bevölkerungszunahme
démographique [demɔgʀafik] *adj* 1. *données, étude* demographisch
2. *croissance, poussée* Bevölkerungs-
demoiselle [d(ə)mwazɛl] *f* 1. (*jeune fille*) Fräulein *nt; iron* [gnädige] Dame; (*femme non mariée*) [altes] Fräulein; ***c'est une vraie ~ maintenant!*** sie ist eine richtige junge Dame geworden!; ***elle est restée ~*** sie ist ledig geblieben
2. ZOOL Wasserjungfer *f*, Libelle *f*
► <u>vieille</u> ~ *vieilli* alte Jungfer
◆ **demoiselle de compagnie** Gesellschaftsdame *f;* **demoiselle d'honneur** Brautjungfer *f*
démolir <8> [demɔliʀ] I. *vt* 1. (*détruire*) ■ **qn démolit qc** jd reißt etw ab [*o* ein] [*o* nieder]; *jouet, objet* jd macht etw kaputt
2. *fam* (*frapper*) ■ **qn démolit qn** jd schlägt jdn zusammen; ■ **qn se fait ~ par qn** jd wird von jdm zusammengeschlagen
3. *fam* (*critiquer*) ■ **qn/qc démolit qn/qc** jd/etw verreißt jdn/etw *fam;* ■ **qn se fait ~ par qn** jd wird von jdm verrissen *fam*
4. *fam* (*saper le moral*) ■ **qc démolit qn** etw nimmt jdn mit *fam*
5. *fam* (*épuiser*) ■ **qc démolit qn** etw macht jdn total fertig *fam*
6. *fam* (*endommager*) ■ **qc démolit qc à qn** etw ruiniert jdm etw, etw macht jdm etw kaputt; ***l'alcool lui a démoli le foie*** der Alkohol hat ihm/ihr die Leber kaputtgemacht
II. *vpr fam* ■ **qn se démolit qc** jd ruiniert sich (*dat*) etw, jd macht sich (*dat*) etw kaputt
démolissage [demɔlisaʒ] *m* vernichtende Kritik, Verriss *m fam*
démolisseur, -euse [demɔlisœʀ, -øz] *m, f* 1. (*ouvrier*) Abbrucharbeiter(in) *m(f)*
2. ■ ~(**-euse**) **de qc** *de traditions* jd, der/die mit etw bricht; ~(***-euse***) ***d'idées*** Umstürzler(in) *m(f);* ***c'est une ~euse de ménages*** sie macht andere Ehen kaputt
démolition [demɔlisjɔ̃] *f* 1. [*mur*] Abreißen *nt*, Niederreißen *nt;* [*maison*] Abbruch *m;* ***chantier de ~*** Abbruchstelle *f;* ***entreprise de ~*** Abbruchunternehmen *nt;* ***il faut procéder à la ~ du mur*** man muss die Mauer abreißen [*o* niederreißen]
2. ■ ~ **de qc** *d'une idée* Zunichtemachen *nt; d'une institution* Beseitigung *f;* ***on assiste à la ~ du communisme*** wir erleben mit, wie der Kommunismus zu Fall gebracht wird
► **qc** <u>**est**</u> **en ~** etw wird [gerade] abgerissen
démon [demɔ̃] *m* 1. (*génie*) [böser] Geist, Dämon *m*
2. (*diable*) Teufel *m;* ***une créature du ~*** eine Kreatur des Teufels
3. (*enfant indiscipliné*) Quälgeist *m*, kleiner Teufel
4. (*adulte*) Satan *m;* (*femme a.*) Hexe *f*
► **qn a** [*o* **est pris(e) par**] **le ~ de la** <u>**curiosité**</u> jd ist von krankhafter Neugier[de] besessen; **qn a** [*o* **est pris(e) par**] **le ~ du** <u>**jeu**</u> jd ist vom Spielteufel besessen; **qn a** [*o* **est pris(e) par**] **le ~ du** <u>**vice**</u> jd ist dem Laster verfallen; **qn** <u>**s'agite**</u>/<u>**crie**</u>/<u>**tempête**</u> **comme un ~** jd gebärdet sich/schreit/tobt [herum] wie besessen; **qn est** <u>**possédé**</u>**(e) du ~** jd ist vom Teufel besessen, jd hat den Teufel im Leib
◆ **démon de midi**: ***qn a le ~ de midi*** jd erlebt seinen zweiten Frühling
démoniaque [demɔnjak] *adj* teuflisch; *apparence, aspect, rire a.* dämonisch
démonstrateur, -trice [demɔ̃stʀatœʀ, -tʀis] *m, f* Vorführer(in) *m(f)*, Demonstrator(in) *m(f)*
démonstratif, -ive [demɔ̃stʀatif, -iv] I. *adj* 1. *personne* überschwänglich; *grimace, mimique* demonstrativ; ***un enfant peu ~*** ein zurückhaltendes Kind
2. *pronom* hinweisend, Demonstrativ-
II. *m* Demonstrativpronomen *nt*, Demonstrativ[um] *nt*
démonstration [demɔ̃stʀasjɔ̃] *f* 1. (*preuve*) Beweis *m;* ***c'est la ~ de sa fidélité*** dies ist ein Beweis seiner/ihrer Treue
2. (*argumentation*) Beweisführung *f;* ***toutes les étapes de la ~*** sämtliche Schritte der Beweisführung; ***je n'ai pas été convaincu par sa ~*** seine/ihre Erklärungen haben mich nicht überzeugt
3. MATH Beweis *m*
4. (*présentation*) Demonstration *f;* [*produit*] Vorführung *f;* ***fais-nous une ~ de tes talents!*** führe uns deine Künste vor!, gib uns eine Kostprobe deines Könnens!
5. *gén pl* (*manifestation*) ■ **~s de qc**: ***~s d'amitié/ de joie*** Freundschafts-/Freudenbekundungen [*o* -bezeigungen] *pl;* ***tout ça n'est que ~s!*** das ist alles nur Schein [*o* Schau *fam*]!
► **qn** <u>**fait**</u> **la ~ de qc** [**à qn**] jd demonstriert [jdm] etw, jd führt [jdm] etw vor; ***tu fais la ~ de ta bêtise*** du stellst deine Dummheit unter Beweis; **qn** <u>**fait**</u> **une ~ à qn** COM jd führt jdm etw vor; <u>**de**</u> **~** *appareil, voiture* Vorführ-
◆ **démonstration de force** Demonstration *f* der Stärke; **démonstration par l'absurde** MATH Beweis *m* durch Aufzeigen der Widersinnigkeit des Gegenteils, indirekter [*o* apagogischer] Beweis *spec*
démontable [demɔ̃tabl] *adj* zerlegbar; ***qc est ~*** etw ist zerlegbar, etw lässt sich auseinander nehmen [*o* zerlegen]
démontage [demɔ̃taʒ] *m* Zerlegen *nt*, Auseinandernehmen *nt;* [*tente*] Abbauen *nt*
démonté, e [demɔ̃te] *adj mer* aufgewühlt
démonte-pneu <~-~s> [demɔ̃t(ə)pnø] *m* Reifenheber *m*, Montiereisen *nt*
démonter <1> [demɔ̃te] I. *vt* 1. (*défaire*) ■ **qn démonte qc** jd zerlegt etw, jd nimmt etw auseinander; *auvent, tente* jd baut etw ab; *pneu* jd montiert etw ab; *mur* jd trägt etw ab; *porte* jd hängt etw aus
2. *fig mécanisme* jd deckt etw auf
3. ■ **un cheval démonte qn** ein Pferd wirft jdn ab
4. (*déconcerter*) ■ **qn/qc démonte qn** jd/etw bringt jdn aus der Fassung
► **qn ne se** <u>**laisse**</u> **pas ~** [**par qn/qc**] jd lässt sich [durch jdn/etw [*o* von jdm/etw]] nicht aus der Fassung bringen
II. *vpr* 1. (*être démontable*) ■ **qc se démonte** */appareil/* etw kann zerlegt werden, etw lässt sich zerlegen [*o* auseinander nehmen]; (*accidentellement*) etw fällt auseinander
2. (*se troubler*) ■ **qn se démonte** jd verliert die Fassung
► <u>**sans**</u> **se ~** ohne sich aus der Fassung bringen zu lassen
démontrable [demɔ̃tʀabl] *adj* beweisbar; ■ **qc est ~** etw ist beweisbar, etw lässt sich beweisen
démontrer <1> [demɔ̃tʀe] I. *vt* 1. (*prouver*) ■ **qn démontre qc** [**à qn**] jd beweist [jdm] etw; ■ **qn démontre que qn/qc fait qc** jd beweist, dass jd/etw etw tut; ■ **qc démontre qc/que** + *indic* etw beweist etw/beweist, dass; etw zeigt etw/zeigt, dass; ***Newton a démontré la loi de la gravitation universelle*** Newton hat den Beweis für das Gravitationsgesetz erbracht
2. *impers* ■ **il est démontré que** + *indic* es ist bewiesen, dass
II. *vpr* ■ **qc se démontre** etw lässt sich beweisen; ***qc n'a pas besoin de se ~*** etw muss nicht erst bewiesen werden
démoralisant, e [demɔʀalizɑ̃, ɑ̃t] *adj* entmutigend, deprimierend
► **c'**<u>**est**</u> [**vraiment**] **~** das ist [vielleicht] deprimierend
démoralisateur, -trice [demɔʀalizatœʀ, -tʀis] *adj* entmutigend, demoralisierend; *propos a.* defätistisch
démoralisation [demɔʀalizasjɔ̃] *f* Demoralisierung *f*
démoraliser <1> [demɔʀalize] I. *vt* (*décourager*) ■ **qn/qc démoralise qn** jd/etw entmutigt [*o* demoralisiert] jdn, jd/etw untergräbt jds Moral
II. *vi* ■ **qc démoralise** etw demoralisiert
III. *vpr* ■ **qn se démoralise** jd verliert den Mut [*o* die Zuversicht]; ***je ne vais pas me ~ pour si peu!*** ich lasse mich nicht so leicht entmutigen [*o* unterkriegen *fam*]!
démordre <14> [demɔʀdʀ] *vi* ■ **qn ne démord pas de qc** jd lässt sich nicht von etw abbringen, jd besteht auf etw (*dat*); ■ **qn/qc fait ~ qn de qc** jd/etw bringt jdn von etw ab; ***je n'en démords pas*** ich bestehe darauf
► **qn ne** <u>**veut**</u> **pas ~ de qc** jd ist nicht von etw abzubringen, jd will sich [partout *fam*] nicht von etw abbringen lassen
démotivant, e [demɔtivɑ̃, ɑ̃t] *adj* entmutigend, demotivierend *geh*
démotivation [demɔtivasjɔ̃] *f* Demotivation *f geh*, schwindende/fehlende Motivation
démotivé, e [demɔtive] *adj* demotiviert *geh;* ***il est complètement ~*** er hat keinerlei Motivation *f* [*o* Interesse *nt*] mehr
démotiver <1> [demɔtive] I. *vt* ■ **qn/qc démotive qn** jd/etw demotiviert jdn *geh;* ***elle démotive les élèves*** sie nimmt den Schülern jegliche Motivation; ***je t'assure que ça [te] démotive!*** ich kann dir sagen, das ist frustrierend!
II. *vpr* ■ **qn se démotive** jd verliert die Motivation [*o* das Interesse]; ***il s'est complètement démotivé*** er hat jegliche Motivation [*o* jegliches Interesse] verloren
démoulage [demulaʒ] *m* [Heraus]nehmen *nt* aus der Form; ***n'abîme pas le gâteau lors du ~!*** beschädige den Kuchen nicht beim Herausnehmen!; ***le ~ d'un objet en plâtre n'est pas difficile*** es ist nicht schwierig, ein Gipsobjekt aus der Form zu nehmen
démouler <1> [demule] *vt* ■ **qn démoule qc** jd nimmt etw aus der Form
démultiplication [demyltiplikasjɔ̃] *f* 1. TECH Untersetzung *f*
2. (*accroissement de l'effet*) Steigerung *f*, Verstärkung *f*
démultiplié, e [demyltiplije] *adj* untersetzt, heruntergesetzt; ***transmission ~e*** Untersetzung *f*
démultiplier <1 a> [demyltiplije] *vt* 1. TECH ■ **qn/qc démultiplie qc** jd/etw untersetzt etw
2. (*accroître l'effet*) ■ **qn/qc démultiplie qc** jd/etw steigert [*o* verstärkt] etw
démuni, e [demyni] *adj* 1. (*pauvre*) arm, mittellos; ***les personnes les plus ~es d'entre nous*** die Ärmsten unter uns
2. (*impuissant*) ■ ~ [**devant qn/qc**] machtlos [*o* hilflos] [jdm/etw gegenüber]; ***devant tant de misère, on se retrouve ~*** man steht so viel Not hilflos [*o* ohnmächtig] gegenüber
3. (*privé de*) ■ **qn/qc est ~ de qc** jd/etw ist ohne etw, jd/etw entbehrt einer S. *geh;* ***ils sont ~s de tout*** sie haben [*o* besitzen] nichts [mehr]; ***ils sont arrivés en France ~s de tout*** sie sind ohne etwas [*o* bar jeder Habe *geh*] in Frankreich angekommen; ***l'homme était ~ de papiers d'identité*** der Mann hatte keine Papiere [bei sich]; ***elle n'est pas ~e de talents*** es fehlt ihr nicht an Talent
démunir <8> [demyniʀ] I. *vt* ■ **qn démunit qn/qc de qc** jd nimmt jdm/einer S. etw weg
II. *vpr* ■ **qn se démunit de qc** jd gibt etw her
démuseler <3> [demyz(ə)le] *vt* 1. (*retirer la muselière*) ■ **qn démusèle un animal** jd nimmt einem Tier den Maulkorb ab
2. POL ■ **qc a été démuselé(e)** etw wird nicht mehr gegängelt
démystification [demistifikasjɔ̃] *f* 1. (*fait de détromper*) Aufklärung *f*
2. (*démythification*) Entmystifizierung *f*
démystifier <1 a> [demistifje] *vt* 1. (*détromper*) ■ **qn démystifie qn** jd öffnet jdm die Augen, jd belehrt jdn eines Besseren
2. (*démythifier*) ■ **qn démystifie qn/qc** jd nimmt jdm/einer S. das Geheimnisvolle
démythification [demitifikasjɔ̃] *f spéc* Entmythisierung *f*, Entmythologisierung *f;* ***tentative de ~ de la littérature existentialiste*** Versuch *m* der existenzialistischen Literatur ihren Mythos zu nehmen [*o* den Mythos der existenzialistischen Literatur zu zerstören]
démythifier <1 a> [demitifje] *vt* ■ **qn démythifie qn/qc** jd entmythisiert jdn/etw

dénatalité [denatalite] *f* Geburtenrückgang *m*

dénationalisation [denasjɔnalizasjɔ̃] *f* Reprivatisierung *f*, Rückführung *f* in Privathand

dénationaliser <1> [denasjɔnalize] **I.** *vt* ■ **qn dénationalise qc** jd reprivatisiert etw, jd führt etw in Privathand zurück
II. *vi* ■ **qn dénationalise** jd nimmt Reprivatisierungen vor, jd reprivatisiert

dénaturé, e [denatyʀe] *adj* entartet; *goût a.* verdorben; *mœurs* verkommen; ***père ~/ mère ~e/ parents ~s*** Rabenvater *m*/Rabenmutter *f*/Rabeneltern *pl*

dénaturer <1> [denatyʀe] *vt* **1.** (*altérer*) ■ **qc denature qc** etw verdirbt etw
2. (*déformer*) ■ **qn dénature qc** jd verfälscht etw; *paroles, propos a.* jd verdreht etw; *faits, vérité a.* jd verzerrt etw

dénazification [denazifikasjɔ̃] *f* Entnazifizierung *f*

dénazifier <1 a> [denazifje] *vt* ■ **qn dénazifie qc** jd entnazifiziert etw

dénégation [denegasjɔ̃] *f* **1.** (*action*) Abstreiten *nt*
2. (*refus*) Ablehnung *f*; ***qn fait un geste de ~*** jd winkt ab

déneigement [denɛʒmɑ̃] *m* [vom Schnee] Freiräumen *nt*; ***le ~ des voies secondaires*** die Schneeräumarbeiten auf den Nebenstraßen

déneiger <2 a> [deneʒe] *vt* ■ **qn déneige qc** jd räumt etw [von Schnee frei]

déni [deni] *m* ► **~ de justice** Rechtsverweigerung *f*

déniaiser <1> [denjeze] *vt* **1.** (*dégourdir*) ■ **qc déniaise qn** etw ist für jdn lehrreich, etw lehrt jdn so manches
2. (*dépuceler*) ■ **qn déniaise qn** jd nimmt [*o* raubt] jdm die Unschuld

dénicher <1> [deniʃe] *vt* ■ **qn déniche qn/qc** jd macht jdn/etw ausfindig, jd stöbert [*o* treibt *fam*] jdn/etw auf

dénicotinisé, e [denikɔtinize] *adj* nikotinarm

denier¹ [dənje] *m* ► **mes propres ~s** mein eigenes Geld; ***de [o avec] mes propres ~s*** mit [*o* von] meinem eigenen Geld; **les ~s publics** die öffentlichen Gelder, die Steuergelder
◆ **denier de l'Église** REL Kirchgeld *nt* (*freiwilliger Beitrag der Gemeindemitglieder*)

denier² [dənje] *m* TEXTIL Denier *nt*; ***20 ~s*** 20 den

dénier <1 a> [denje] *vt* **1.** ■ **qn dénie qc/avoir fait qc** jd streitet etw ab/ streitet ab, etw getan zu haben; jd weist etw zurück/jd weist zurück, etw getan zu haben
2. ■ **qn dénie qc à qn** jd spricht jdm etw ab

dénigrement [denigʀəmɑ̃] *m* Verunglimpfen *nt*, [systematisches] Schlechtmachen; ***l'esprit de ~*** die Kritikasterei, die Schlechtmacherei; ***ce critique littéraire pratique le ~ systématique*** dieser Literaturkritiker macht systematisch alles schlecht

dénigrer <1> [denigʀe] *vt* ■ **qn dénigre qn/qc** jd setzt jdn/etw herab

dénitrification [denitʀifikasjɔ̃] *f* Denitrifikation *f*

dénitrifier <1 a> [denitʀifje] *vt* ■ **qn dénitrifie qc** jd denitrifiziert etw

dénivellation [denivelasjɔ̃] *f* **1.** (*inégalité*) Unebenheit *f*
2. (*différence de niveau*) Höhenunterschied *m*; ***300 m de ~/une ~ de 300 m*** 300 m Höhenunterschied/ein Höhenunterschied von 300 m

dénombrable [denɔ̃bʀabl] *adj* zählbar; ***la foule était difficilement ~*** die Menschen ließen sich kaum zählen

dénombrement [denɔ̃bʀəmɑ̃] *m* Zählung *f*

dénombrer <1> [denɔ̃bʀe] *vt* ■ **qn dénombre des personnes/choses** jd zählt Menschen/Dinge; ***il a été difficile de ~ combien de civils avaient trouvé la mort*** es war schwierig anzugeben, wie viel Zivilisten ums Leben gekommen waren

dénominateur [denɔminatœʀ] *m* Nenner *m*
► **le [plus petit] ~ commun** der [kleinste] gemeinsame Nenner; ***qn cherche/ trouve un ~ commun*** *fig* jd sucht/findet einen gemeinsamen Nenner

dénomination [denɔminasjɔ̃] *f* Bezeichnung *f*, Name *m*

dénommé, e [denɔme] *adj antéposé* ■ **un/une ~(e)** + *nom propre* ein gewisser [Herr] + *Eigenname*/eine gewisse [Frau] + *Eigenname*; ■ **le/la ~(e)** + *nom propre* benannter/benannte + *Eigenname*; ***le ~ XY est condamné pour vol*** benannter XY wird wegen Diebstahls verurteilt

dénommer <1> [denɔme] *vt* ■ **qn dénomme qn/qc** jd bezeichnet jdn/ etw; ***c'est ainsi que l'on dénomme …*** so nennt [*o* bezeichnet] man …

dénoncer <2> [denɔ̃se] **I.** *vt* **1.** (*trahir*) ■ **qn dénonce qn [à qn]** jd verrät jdn [bei jdm]; (*signaler à la police*) jd zeigt jdn [bei jdm] an; (*dans une dictature*) jd denunziert jdn [bei jdm]
2. (*s'élever contre*) ■ **qn dénonce qc** jd denunziert etw, jd prangert etw an
3. (*rendre public*) ■ **qn dénonce qc** jd deckt etw auf, jd macht etw bekannt
4. JUR ■ **qn dénonce qc** jd kündigt etw [auf]
II. *vpr* ■ **qn se dénonce** jd meldet sich; ***qn se dénonce à la police*** jd stellt sich [der Polizei]

dénonciateur, -trice [denɔ̃sjatœʀ, -tʀis] *m, f* **1.** (*délateur*) [*personne*] Denunziant(in) *m(f)*; ***les ~s de Juifs*** diejenigen, die Juden denunziert [*o* angezeigt] haben
2. (*accusateur*) [*chose*] Ankläger(in) *m(f)*; ***qn se fait le ~ des injustices du monde*** jd prangert die Ungerechtigkeiten auf der Welt an

dénonciation [denɔ̃sjasjɔ̃] *f* **1.** (*délation*) Anzeige *f* (*à qn* bei jdm); (*dans une dictature*) Denunzierung *f*, Denunziation *f* (*à qn* bei jdm)
2. (*accusation*) Anprangerung *f*
3. JUR [Auf]kündigung *f*
► **~ calomnieuse** falsche Anschuldigung; **sur ~** infolge von Denunzierung

dénoter <1> [denɔte] *vt* ■ **qc dénote qc** etw zeugt von etw, etw lässt auf etw (*akk*) schließen; LING etw bezeichnet etw

dénouement [denumɑ̃] *m* Ausgang *m*; [*enquête*] Ergebnis *nt*

dénouer <1> [denwe] **I.** *vt* **1.** (*défaire*) ■ **qn dénoue qc** jd löst etw; *ficelle, lacets a.* jd bindet etw auf, jd knotet etw auf; ***les cheveux dénoués*** mit offenen Haaren
2. (*résoudre*) ■ **qn/qc dénoue qc** *difficulté* jd/etw beseitigt etw; *situation* jd/etw entspannt etw; *intrigue* jd klärt [*o* deckt] etw auf, jd löst etw
II. *vpr* **1.** (*se défaire*) ■ **qc se dénoue** etw geht auf, etw löst sich
2. (*se résoudre*) ■ **qc se dénoue** /*intrigue*/ etw löst sich; /*situation*/ etw entspannt sich

dénoyauter <1> [denwajote] *vt* ■ **qn dénoyaute qc** jd entsteint etw

denrée [dɑ̃ʀe] *f* Esswaren *f*
► **~s alimentaires** Lebensmittel *pl*, Nahrungsmittel *pl*; **~s périssables** [leicht] verderbliche Lebensmittel *pl*; **~ rare** Mangelware *f*; *fig* Seltenheit *f*, Rarität *f*

dense [dɑ̃s] *adj* **1.** PHYS dicht
2. *brouillard, circulation, feuillage* dicht; *foule a.* dicht gedrängt; *œuvre, film* komplex; *style* gedrängt

densité [dɑ̃site] *f* **1.** PHYS, INFORM Dichte *f*
2. [*brouillard, feuillage, foule*] Dichte *f*; [*œuvre*] Komplexität *f*; ***la ~ de son style*** sein/ihr gedrängter Stil
► **double ~** Double Density, DD; ***disquette double ~*** DD-Diskette *f*; **haute ~** High Density, HD; ***disquette haute ~*** HD-Diskette *f*
◆ **densité de circulation** Verkehrsdichte *f*; **densité [de population]** Bevölkerungsdichte *f*

dent [dɑ̃] *f* **1.** [*homme, animal*] Zahn *m*
2. [*fourche, fourchette, râteau*] Zinke *f*; [*peigne a., scie, engrenage, roue*] Zahn *m*
3. (*montagne*) Zacke *f*, Horn *nt*
► **en ~s de scie** *fig* gezackt; ***une courbe en ~s de scie*** eine Kurve mit ständigem Auf und Ab; ***une carrière en ~s de scie*** eine Karriere mit Höhen und Tiefen; **armé(e) jusqu'aux ~s** bis an die Zähne *pl* bewaffnet; **qn mange [*o* mord] [*o* dévore] à belles ~s** jd isst mit gesundem Appetit; **~ creuse** hohler Zahn; **qn a la ~ dure** jd ist hart [*o* streng] in seiner Kritik; **fausses ~s** falsche Zähne *pl*; **~ gâtée** schlechter Zahn; **qn a les ~s longues** (*est avide*) jd ist gierig; (*a de grandes prétentions*) jd ist sehr ehrgeizig; **qn a [*o* garde] une ~ contre qn** jd hat etwas gegen jdn, jd hegt einen Groll gegen jdn; **qn se fait arracher une ~** jd lässt sich (*dat*) einen Zahn ziehen; **qn se casse les ~s [sur qc]** jd beißt sich (*dat*) die Zähne [an etw (*dat*)] aus *fam*, jd wird mit etw nicht fertig *fam*; **qn claque des ~s [de froid/peur]** jd klappert [vor Kälte/Angst] mit den Zähnen; ***qn claque des ~s de fièvre*** jd klappert im Fieber mit den Zähnen; **qc craque [*o* croque]/fond sous la ~** etw knirscht zwischen den Zähnen/etw zergeht auf der Zunge; ***ces pommes croquent/ ces biscuits craquent sous la ~*** diese Äpfel sind knackig/diese Kekse sind knusprig; **qn ne desserre pas les ~s** jd macht den Mund nicht auf *fam*, jd kriegt die Zähne nicht auseinander *fam*; **qn envoie qc dans les ~s à qn** *fam* jd wirft jdm etw an den Kopf; **qn est sur les ~s** jd ist in äußerster Anspannung; **un enfant fait [*o* perce] une ~/des/ses ~s** ein Kind bekommt einen Zahn/Zähne/ein Kind zahnt; **un animal se fait les ~s [sur qc]** ein Tier schärft seine Zähne [an etw (*dat*)]; **qn se fait les ~s** jd sammelt Erfahrung; **qn se lave [*o* se brosse] les ~s** jd putzt sich (*dat*) die Zähne *pl*; **qn n'a rien à se mettre sous la ~** jd hat nichts zu beißen; **qn/un animal montre les ~s** jd/ein Tier zeigt die Zähne; **qn perd ses ~s** jdm fallen die Zähne aus, jd verliert die [*o* seine] Zähne; **qn serre les ~s** jd beißt die Zähne zusammen *fam*; **qn murmure/parle entre ses ~s** jd brummt [*o* murmelt] in seinen Bart [hinein] *fam*
◆ **dent de devant** Vorderzahn *m*; **dent de lait** Milchzahn *m*; **dent de sagesse** Weisheitszahn *m*; **dent du bas** unterer Zahn; **dent du fond** Backenzahn *m*; **dent du haut** oberer Zahn

dentaire [dɑ̃tɛʀ] *adj* Zahn-; ***cabinet ~*** Zahnarztpraxis *f*; ***soins ~s*** zahnärztliche Behandlung, Zahnbehandlung *f*; ***plaque ~*** Zahnbelag *m*; ***chirurgie ~*** Kieferchirurgie *f*; ***carie ~*** Karies *f*; ***prothèse ~*** Zahnersatz *m*; ***abcès ~*** Abszess *m* am Zahn; ***école ~*** Dentistenschule *f veraltet*

dental, e <-aux> [dɑ̃tal, o] **I.** *adj* dental; ***consonne ~e*** Dental[laut *m*] *m*, Zahnlaut *m*
II. *f* Dental[laut *m*] *m*, Zahnlaut *m*

denté, e [dɑ̃te] *adj* gezackt, gezahnt; ***roue ~e*** Zahnrad *nt*

dentelé, e [dɑ̃t(ə)le] *adj* gezackt, gezahnt; *arête* zackig

dentelle [dɑ̃tɛl] *f* Spitze *f*
► **qn fait de la ~** jd stellt Spitze her; **de [*o* en] ~** aus Spitze, Spitzen-; ***col/ robe de ~*** Spitzenkragen *m*/-kleid *nt*

dentellière [dɑ̃təljɛʀ] *f* Spitzenklöpplerin *f*

dentelure [dɑ̃t(ə)lyʀ] *f* [*feuille, montagne*] Zacken *pl*; [*timbre*] Zähnung *f*, Zahnung *f*

dentier [dɑ̃tje] *m* Gebiss *nt*

dentifrice [dɑ̃tifʀis] *m* Zahnpasta *f*, Zahncreme *f*; ***un tube de ~*** eine Tube Zahnpasta

dentiste [dɑ̃tist] *mf* Zahnarzt/-ärztin *m/f*

dentition [dɑ̃tisjɔ̃] *f* **1.** (*ensemble des dents*) Zähne *pl*, Gebiss *nt*
2. (*éruption des dents*) Zahndurchbruch *m*, Dentition *f spec*; ***~ de lait/ définitive*** Durchbruch *m* des Milchgebisses/bleibenden Gebisses
► **qn a une bonne/mauvaise ~** jd hat gute/schlechte Zähne

denture [dɑ̃tyʀ] *f* Zahnung *f*

dénucléarisation [denykleaʀizasjɔ̃] *f* Entnuklearisierung *f*

dénucléarisé, e [denykleaʀize] *adj* atomwaffenfrei, kernwaffenfrei

dénucléariser <1> [denykleaʀize] *vt* ■ **qn dénucléarise qc** jd entnuklearisiert etw, jd macht etw atomwaffenfrei

dénudé, e [denyde] *adj dos, épaules* entblößt; *crâne, montagne, arbre* kahl; *câble électrique* blank, abisoliert

dénuder <1> [denyde] **I.** *vt* **1.** (*dévêtir*) ■ **qn dénude qn** jd entkleidet jdn; ■ **qn dénude qc à qn** jd entblößt jds etw
2. (*laisser voir*) ■ **qc dénude qc à qn** etw lässt jds etw unbedeckt [*o* frei]
3. ELEC ■ **qn dénude qc** jd isoliert etw ab, jd entfernt die Isolierung von etw
II. *vpr* ■ **qn se dénude** jd entblößt sich; ■ **qc se dénude** etw wird kahl;

/arbre a./ etw verliert die Blätter; ***son crâne commence à se ~*** sein/ihr Haar wird schütter

dénué, e [denɥe] *adj* ■ **qn/qc est ~ de qc** jd/etw entbehrt einer S. (*gen*); ***qc est tellement ~ d'intérêt que*** etw ist so uninteressant, dass; ***ces bruits sont ~s de tout fondement*** diese Gerüchte sind vollkommen unbegründet [*o* aus der Luft gegriffen], diese Gerüchte entbehren jeglicher Grundlage

dénuement [denymɑ̃] *m* Elend *nt,* Not *f;* ***elle vit dans le ~ le plus complet*** sie lebt in äußerstem Elend

► ~ **moral** seelische Entbehrung

dénutrition [denytʀisjɔ̃] *f* Unterernährung *f*

déodorant, e [deɔdɔʀɑ̃] I. *adj* deodorierend, Deo-

II. *m* Deodorant *nt*

► ~ **en aérosol** [*o* **bombe**] Deospray [-spreː, -ʃpreː] *nt o m;* ~ **à bille** Deoroller *m;* ~ **en stick** Deostift *m*

déontologie [deɔ̃tɔlɔʒi] *f* [Berufs]ethik *f,* Deontologie *f spec;* ***~ médicale*** ärztliche Deontologie, Berufsethik des Arztes

déontologique [deɔ̃tɔlɔʒik] *adj* deontologisch *spec;* ***charte ~*** ethischer Verhaltenskodex

dépannage [depanaʒ] *m* **1.** (*réparation*) [*machine, voiture*] Reparatur *f;* (*mission*) Pannenhilfe *f;* ***qn part faire un ~*** jd leistet Pannenhilfe; (*fait un remorquage*) jd schleppt ein Auto ab

2. (*solution provisoire*) Behelf *m;* ***à titre de ~*** behelfsweise, als Behelf; ***solution de ~*** Übergangslösung *f;* ***elle m'a prêté 100 F en ~*** sie hat mir [leihweise] mit 100 F ausgeholfen; sie hat mir ausgeholfen, indem sie mir 100 F geliehen hat; ***le garage me prête une voiture en ~*** die Werkstatt hilft mir mit einem Leihwagen aus

dépanner <1> [depane] *vt* **1.** (*réparer*) ■ **qn dépanne qc** *machine, voiture* jd repariert etw; ■ **qn dépanne qn** jd behebt jds Panne; (*remorquer*) jd schleppt jdn ab

2. *fam* (*aider*) ■ **qn/qc dépanne qn** jd/etw hilft jdm aus; ***tu ne pourrais pas me prêter 100 F pour me ~?*** könntest du mir nicht mit 100 F aushelfen?; ***votre échelle m'a bien dépanné*** Ihre Leiter war mir von großer Hilfe

dépanneur, -euse [depanœʀ, -øz] I. *m, f* Mechaniker(in) *m(f)*

II. *f* ■ **dépanneuse** Abschleppwagen *m*

dépareillé, e [depaʀeje] *adj* (*incomplet*) *service de verres, collection* unvollständig; (*isolé*) *gant, tasse, chaise* einzeln; (*pas assorti*) ungleich

déparer <1> [depaʀe] *vt* ■ **qc dépare qc** *paysage, visage* etw entstellt etw, etw verunstaltet etw, etw verunziert etw; ***cette parole mesquine dépare un geste généreux*** diese engherzige Bemerkung entwertet eine großzügige Geste; ■ **qn/qc ne dépare/déparerait pas [à côté de/avec/dans] qc** jd/etw passt gut/würde gut zu etw passen

départ [depaʀ] *m* **1.** (*action de partir*) [*course*] Start *m;* [*train*] Abfahrt *f;* [*personne*] (*à pied*) Weggehen *nt;* (*en avion*) Abflug *m;* (*en voiture, bateau*) Abfahrt *f,* Abreise *f;* ***le jour de son ~, elle a ...*** am Tag ihrer Abreise hat sie ...; ***lors de son ~*** als er/sie wegging; ***son ~ de Stuttgart/de l'hôtel*** seine/ihre Abreise aus Stuttgart/aus dem Hotel; ***mon ~ de l'hôtel est passé inaperçu*** ich habe das Hotel unbemerkt verlassen [können]; ***le ~ des grandes lignes se fait des voies 12 à 14*** Fernzüge fahren auf den Gleisen 12 bis 14 ab, Abfahrt der Fernzüge auf den Gleisen 12 bis 14; ***le ~ du courrier est fixé à 9 heures*** die Post geht um 9 Uhr ab; ***le tableau des ~s et des arrivées*** die Anzeigetafel für Abfahrt und Ankunft; ***~ en cure/villégiature*** Fahrt *f* in die Kur/Sommerfrische; ***le ~ en vacances est proche*** die Abreise in die Ferien steht bevor, wir fahren bald in Ferien; ***le ~ de la capitale le vendredi soir ...*** das Verlassen der Hauptstadt am Freitagabend ..., freitagabends die Hauptstadt zu verlassen ...

2. (*démission*) Rücktritt *m;* (*licenciement*) Entlassung *f;* ***au ~ du ministre*** beim Rücktritt/bei der Entlassung des Ministers; ***après son ~ du gouvernement*** nach seinem/ihrem Austritt aus der Regierung

3. (*début*) [*action, processus*] Beginn *m;* ***la chaleur active le ~ de la fermentation*** Wärme beschleunigt den Beginn der Gärung [*o* des Gärungsprozesses]

► ~ **en flèche** Blitzstart *m;* ~ **en retraite** Pensionierung *f;* ***l'heure du ~ en retraite va bientôt sonner pour moi*** ich werde bald in Rente gehen müssen; ~ **arrêté** stehender Start, Start aus dem Stand; ***cette voiture fait le km ~ arrêté en 30 secondes*** dieses Auto hat vom Start auf einen Kilometer eine Beschleunigung von 30 Sekunden; **qn prend un bon/mauvais ~** jd fängt gut/schlecht an, jd beginnt gut/schlecht; SPORT jd hat einen guten/schlechten Start, jd startet gut/schlecht; **qc prend un bon/mauvais ~** etw lässt sich gut/schlecht an, etw fängt gut/schlecht an; ***un projet/une affaire prend un bon/mauvais ~*** ein Projekt/eine Sache lässt sich gut/schlecht an [*o* läuft gut/schlecht an]; **faux ~** Fehlstart *m;* **les grands ~s [en vacances]** die [Ferien]reisewelle, der große Aufbruch in die Ferien; **alors, c'est [bientôt] le grand ~!** dann geht es ja [bald] los!; (*changement*) dann ist es also bald soweit!; **~ lancé** fliegender Start; **qn prend un nouveau ~** jd macht einen Neuanfang; **~ précipité** überstürzter [*o* übereilter] Aufbruch; **qn/qc donne le ~ [à qn/qc]** *à un train* jd/etw gibt [einer S. (*dat*)] das Zeichen zur Abfahrt; *à un coureur* jd/etw gibt [jdm] das Zeichen zum Start; *fig* (*donne un élan à qc*) jd/etw bringt etw ins Rollen; *à de nombreuses discussions, des divergences* etw ist Anlass für etw; (*annonce qc*) etw läutet etw ein; **qn prend le ~ [de qc]** jd tritt [zu etw] an, jd nimmt [an etw (*dat*)] teil; SPORT jd startet [bei etw], jd tritt [bei etw] an; **au ~** (*à l'origine*) anfangs, zu Beginn; **au ~ de qc** (*au début de*) zu Beginn einer S. (*gen*); (*en quittant*) beim Verlassen einer S. (*gen*); (*à partir de*) von etw aus; **au ~ de** + *nom d'un lieu* ab + *Ortsname,* von + *Ortsname* aus; **de ~** anfänglich, ursprünglich; **dès le ~** von Anfang an, gleich zu Beginn; **sur le ~** am Abreisen, am Aufbrechen

départager <2 a> [depaʀtaʒe] I. *vt* ■ **qn/qc départage plusieurs personnes/choses** *camps, concurrents, réponses* jd/etw entscheidet zwischen mehreren Menschen/Dingen; ***les deux coureurs se sont retrouvés ex æquo et il n'a pas été possible de les ~*** die beiden Läufer lagen gleichauf und es war nicht möglich, den Sieger zu bestimmen; ***à égalité de voix, la voix du président départage les membres du conseil de surveillance*** bei Stimmengleichheit im Aufsichtsrat gibt die Stimme des Vorsitzenden den Ausschlag; ***qn/qc départage les bons et les mauvais*** jd/etw trennt die Guten von den Schlechten

II. *vpr* ■ **plusieurs personnes se départagent [au cours de qc/lors de qc]** *au cours d'un jeu, lors d'un concours, d'une élection* zwischen mehreren Menschen fällt [bei etw] eine Entscheidung, mehrere Menschen machen [bei etw] einen Sieger aus; ***à la fin de l'émission les deux équipes n'avaient toujours pas réussi à se ~*** am Ende der Sendung war es immer noch keiner der beiden Mannschaften gelungen, eine Entscheidung herbeizuführen

département [depaʀtəmɑ̃] *m* **1.** (*subdivision territoriale*) Departement *nt* (*einer der 95 Verwaltungsbezirke in Frankreich ≈ Regierungsbezirk in der Bundesrepublik*)

2. (*secteur*) [*musée, ministère, entreprise*] Abteilung *f;* UNIV Fachbereich *m,* Seminar *nt*

◆ **département d'État** State Department *nt;* **département d'outre-mer** Überseedepartement *nt*

départemental, e <-aux> [depaʀtəmɑ̃tal, o] *adj* Departements-, auf Departementsebene; ***route ~e*** Landstraße *f,* Bezirksstraße *f*

départir <10> [depaʀtiʀ] *vpr* ■ **qn ne se départ pas de qc** *de son attitude, d'une idée* jd gibt etw nicht auf; *de son opinion* jd weicht nicht von etw ab; *de sa bonne humeur, son impassibilité, calme* jd verliert etw nicht; ***elle ne se départ jamais de son calme*** sie verliert nie die Ruhe, sie lässt sich nie aus der Ruhe bringen; ***tu ne me feras pas ~ de ma bonne humeur*** du wirst es nicht schaffen, mir meine gute Laune [*o* mir die Laune] zu verderben

dépassé, e [depɑse] *adj* **1.** (*démodé*) *théorie* überholt, veraltet; ***c'est une mode tout à fait ~e*** das ist total altmodisch

2. (*désorienté*) ■ **qn est ~ [par qc]** jd ist [von etw] überfordert, jd kommt [bei etw] nicht mehr mit *fam;* ***les hommes politiques sont ~s par les événements*** die Politiker werden von den Ereignissen überrollt

dépassement [depɑsmɑ̃] *m* **1.** (*action de dépasser*) [*crédit, dépenses, prix*] Überschreitung *f;* ***certains médecins spécialistes pratiquent des ~s [d'honoraires]*** einige Spezialisten verlangen erhöhte Honorare; ***beaucoup de pompistes se permettent des ~s [du prix fixé]*** viele Tankstellenbesitzer verlangen erhöhte Preise [*o* überschreiten die üblichen Preise]

2. (*action de doubler*) [*véhicule*] Überholen *nt;* ***un ~ dangereux*** ein gefährliches Überholmanöver

3. *fig* (*effort*) Über-sich-selbst-Hinauswachsen *nt,* Sich-selbst-Übertreffen *nt*

dépasser <1> [depɑse] I. *vt* **1.** (*aller au-delà*) ■ **qn/qc dépasse qn/qc** *lieu, personne* (*à pied*) jd geht an jdm/etw vorbei; (*à vélo, en voiture, bus*) jd/etw fährt an jdm/etw vorbei; *limite* jd/etw überschreitet [*o* verlässt] etw; ***l'avion a dépassé la zone de combat*** das Flugzeug ist an dem Kampfgebiet vorbeigeflogen [*o* hat das Kampfgebiet überflogen]; ***le projet n'a jamais dépassé le stade des bonnes intentions*** das Vorhaben ist nie über das Stadium der Absichtserklärungen hinausgekommen

2. (*doubler*) ■ **qn/qc dépasse qn/qc** *concurrent, véhicule* jd/etw überholt jdn/etw

3. (*aller au-delà de*) ■ **qn/qc dépasse qc [de/en qc]** *date, hauteur, niveau, nombre, somme* jd/etw überschreitet etw [um etw]; ***elle a maintenant dépassé la quarantaine*** sie ist jetzt über vierzig; ***le nombre des invités présents dépassait de beaucoup la cinquantaine*** es waren weit mehr als 50 Gäste anwesend, die Zahl der anwesenden Gäste lag weit über 50; ***cela dépasse mes moyens*** das kann ich mir nicht leisten; ***la réunion ne devait pas ~ trois heures*** die Versammlung sollte nicht länger als drei Stunden dauern; ***"ne pas ~ la dose prescrite"*** „die vorgeschriebene Menge nicht überschreiten"; ***je ne voudrais pas ~ 1000 F*** ich möchte nicht mehr als 1000 F ausgeben; ***pour votre paiement, tâchez de ne pas ~ le 25 avril!*** zahlen Sie bitte noch vor dem 25. April!

4. (*surpasser*) ■ **qn/qc dépasse qn/qc** jd/etw übertrifft [*o* schlägt] jdn/etw; ***les résultats ont dépassé notre attente*** die Ergebnisse haben unsere Erwartungen übertroffen; ***il dépasse maintenant son père d'au moins dix centimètres*** er ist jetzt mindestens zehn Zentimeter größer als sein Vater; ***sa réputation dépasse de beaucoup [o loin] celle de ses collègues*** er genießt einen viel besseren Ruf als seine Kollegen; ***son intelligence dépasse celle de sa sœur*** er/sie ist intelligenter als seine/ihre Schwester; ***elle le dépasse en intelligence*** sie ist ihm geistig überlegen, sie ist intelligenter als er; ***sa bêtise dépasse tout ce qu'on peut imaginer*** seine/ihre Dummheit schlägt alles *fam*

5. (*outrepasser*) ■ **qn/qc dépasse qc** *attributions, compétence, crédits* jd überschreitet etw; *instructions* jd setzt sich über etw (*akk*) hinweg; *forces* etw geht über etw (*akk*); ***vous avez dépassé les bornes/la mesure*** Sie sind zu weit gegangen, Sie haben den Bogen überspannt; ***les mots ont dû ~ votre pensée*** Sie haben sich von Ihren eigenen Worten mitreißen lassen; ***ce travail dépasse mes forces/mes compétences*** diese Arbeit geht über meine Kräfte/Kompetenzen; ***vous avez dépassé ma pensée*** Sie sind weiter gegangen als ich [gehen wollte]; ***je crois que j'ai un peu dépassé mes possibilités*** ich glaube, ich habe meine Möglichkeiten leicht überschätzt

6. (*dérouter*) ■ **une personne/qc dépasse qn** jd versteht [*o* begreift] einen Menschen/etw nicht, ein Mensch/etw geht über jds Verstand (*akk*) *fam;* ■ **qc dépasse qn/qc** etw ist unbegreiflich [*o* völlig unverständlich], jd kann etw kaum fassen; ***ton attitude dépasse l'entendement!*** dein Benehmen ist unbegreiflich [*o* völlig unverständlich]!; ***c'est une affaire qui me dépasse*** diese Sache ist mir unbegreiflich!; ***ça me dépasse!*** das kapier' ich nicht! *fam,* das ist mir zu hoch! *fam*

II. *vi* **1.** (*doubler*) ■ **qn/qc dépasse** jd/etw überholt; ***"défense de ~"*** „Überholverbot"

2. (*être trop long*) ■ **qc dépasse [de qc]** */vêtement/* etw schaut [*o* ragt] [un-

ter etw (*dat*)] hervor; /*bâtiment, tour*/ etw ragt hervor; (*en hauteur*) etw ragt über, etw überragt etw; /*bout de papier, de bois*/ *d'une liasse* etw ragt [aus etw] heraus; *de la table* etw ragt über etw (*akk*) [hinaus]
III. *vpr* ■ **qn se dépasse** jd übertrifft sich selbst

dépassionner <1> [depasjɔne] *vt* ■ **qn/qc dépassionne qc** jd/etw versachlicht etw

dépatouiller <1> [depatuje] *vpr fam* ■ **qn se dépatouille [de qc]** jd kommt [aus etw] heraus, jd zieht sich aus der Patsche [*o* Klemme] *fam*; ***il n'a plus maintenant qu'à se ~ tout seul!*** jetzt kann er seine Suppe allein auslöffeln! *fam*; ***je n'arriverai jamais à me ~ tout seul*** ich komme da nie allein raus! *fam*; ***laisse-le donc se ~ tout seul!*** soll er doch selbst damit fertig werden!

dépaver <1> [depave] *vt* ■ **qn dépave qc** jd reißt das [Straßen]pflaster auf, jd entfernt die Pflastersteine auf [*o* von] etw (*dat*); ***les manifestants ont dépavé le trottoir*** die Demonstranten haben die Pflastersteine aus dem Bürgersteig herausgerissen

dépaysé, e [depeize] *adj* fremd, verloren, hilflos; ***depuis mon déménagement je suis complètement ~*** seit meinem Umzug finde ich mich überhaupt nicht mehr zurecht [*o* fühle ich mich ganz fremd]

dépaysement [depeizmɑ̃] *m* **1.** (*désorientation*) Fremdheit *f*; (*changement*) Umstellung *f*; ***le ~ fut tel qu'elle ...*** sie fühlte sich so fremd, dass sie ...; ***il souffre de ~*** er findet sich nicht mehr zurecht, er fühlt sich fremd; ***quel ~ pour qui n'a jamais quitté son village*** was für eine Umstellung für jemanden, der nie aus seinem Dorf herausgekommen ist
2. (*changement salutaire*) [willkommene] Abwechslung

dépayser <1> [depeize] **I.** *vt* ■ **qc dépayse qn** **1.** (*désorienter*) etw verunsichert [*o* verwirrt] jdn
2. (*changer les idées*) etw lenkt jdn ab, etw bringt jdn auf andere Gedanken
II. *vpr* (*se changer les idées*) ■ **qn se dépayse** jd verschafft sich (*dat*) Ablenkung [*o* Abwechslung], jd kommt auf andere Gedanken

dépeçage [depəsaʒ] *m* (*par un homme*) Zerlegen *nt*; (*par un animal*) Zerreißen *nt*

dépecer <2> [depəse] *vt* ■ **qn dépèce un animal/qc** jd zerlegt ein Tier; *pays, territoire* jd zerstückelt etw; ■ **un animal dépèce un animal/qc** ein Tier reißt ein Tier/etw in Stücke [*o* zerreißt etw]

dépêche [depɛʃ] *f* **1.** (*information*) Nachricht *f*; PRESSE *a.* Agenturmeldung *f*
2. *vieilli* (*télégramme*) Depesche *f veraltet*, Telegramm *nt*; POL (*communication officielle*) Depesche *f*; ***la ~ d'Ems*** die Emser Depesche
► **~ diplomatique** diplomatische Depesche

dépêcher <1> [depeʃe] **I.** *vpr* ■ **qn se dépêche [de faire qc]** jd beeilt sich [etw zu tun]; ***je me dépêche de terminer ma lettre*** ich schreibe schnell meinen Brief fertig
II. *vt form* ■ **qn dépêche qn [auprès de qn]** jd entsendet jdn [zu jdm] *form*

dépeigner <1> [depeɲe] *vt* ■ **qn/qc dépeigne qn** jd/etw zerzaust jdn

dépeindre <*irr*> [depɛ̃dʀ] *vt* ■ **qn/qc dépeint qn/qc** jd/etw beschreibt jdn/etw, jd/etw schildert etw; ■ **qc dépeint qn/qc** (*caractériser*) etw ist typisch für jdn/etw

dépenaillé, e [dep(ə)naje] *adj personne* zerlumpt; *vêtement a.* zerfetzt

dépendance [depɑ̃dɑ̃s] *f* **1.** (*assujettissement*) Abhängigkeit *f*; ■ **~ à l'égard de/vis à vis de qn/qc** Abhängigkeit von jdm/etw
2. (*bâtiment*) Nebengebäude *nt*; (*terrain*) zugehöriges Gebiet; ***ce bois est une ~ du domaine*** dieser Wald gehört zu dem Landgut
3. (*colonie*) Kolonie *f*
4. *form* (*corrélation*) Zusammenhang *m*, Beziehung *f*; ***il y a une ~ certaine entre la végétation d'une région et son climat*** Vegetation und Klima einer Gegend stehen in enger Beziehung zueinander
► **qn est sous la ~ [financière] de qn** jd ist von jdm [finanziell] abhängig; **[qn est] sous la ~ de qn** [jd wird] von jdm bevormundet; **sous la ~ de qc** unter dem Einfluss einer S. (*gen*)

dépendant, e [depɑ̃dɑ̃, ɑ̃t] *adj* ■ **~ de qn/qc** von jdm/etw abhängig; ***peu à peu il est devenu ~ [de la drogue]*** nach und nach ist er [drogen]abhängig [*o* süchtig] geworden

dépendre <14> [depɑ̃dʀ] **I.** *vi* **1.** (*être sous la dépendance de*) ■ **qn/qc dépend de qn/qc** jd/etw ist von jdm/etw abhängig, jd ist auf jdn/etw angewiesen
2. (*faire partie de*) ■ **qc dépend de qc** etw gehört zu etw
3. (*être conditionné par*) ■ **qc dépend de qn/qc** *des circonstances, d'une personne, de la situation, du temps* etw hängt von jdm/etw ab; ■ **il dépend de qn/qc de faire qc** es ist jds Sache/Sache einer S. (*gen*), etw zu tun; es obliegt jdm/einer S., etw zu tun *geh*; ***il dépend de toi de réussir*** es liegt an dir, ob du Erfolg hast; ■ **il dépend de qn/qc que** + *subj* es hängt von jdm/etw ab, ob; es liegt an jdm/etw, ob; ***il ne dépend pas de moi que le projet échoue ou réussisse*** der Erfolg oder Misserfolg des Vorhabens liegt nicht in meiner Hand
► **ça dépend** *fam* das kommt drauf an *fam*, je nachdem; **ça dépend [de] ce que/comment/où/quand/qui** *fam* es hängt davon ab, was/wie/wo/wann/wer/wen; ***ça dépend du temps*** das hängt vom Wetter ab, das kommt aufs Wetter an
II. *vt* (*décrocher*) ■ **qn dépend qc** jd nimmt etw ab

dépens [depɑ̃] *mpl* (*frais judiciaires*) [*accusé, plaignant*] Gerichtskosten *pl*; [*procès*] Prozesskosten *pl*; ***il a dû payer les ~*** er musste für die Gerichtskosten [*o* Prozesskosten] aufkommen
► **qn/qc condamne qn/qc aux ~** jd/etw verurteilt jdn/etw zur Zahlung [*o* Übernahme] der Kosten; **qn fait qc à ses ~** (*de sa propre expérience*) jd tut etw aus eigener Erfahrung; ***j'ai appris à mes ~ que*** + *indic* aus eigener [*o* leidvoller] Erfahrung weiß ich, dass; **aux ~ de qn/qc** auf jds Kosten (*akk*)/auf Kosten einer S. (*gen*)

dépense [depɑ̃s] *f* **1.** (*frais*) Ausgabe *f*; ***une ~ de 700 francs*** eine Ausgabe von 700 Franc; ***qn fait une folle ~*** jd macht eine unvernünftige Ausgabe; ***qn se lance dans de grosses ~s*** jd stürzt sich in ungeheure Unkosten; ***ils ont fait des ~s somptuaires*** sie haben Unsummen ausgegeben; ***elle doit régler les ~s de son fils*** sie muss für ihren Sohn [*o* für die Ausgaben ihres Sohnes] aufkommen; ■ **~s de qc** *de loisir, santé* Ausgaben *pl* für etw; *d'équipement a.* Kosten *pl* für etw, Kosten einer S. (*gen*); ***les ~s du ménage*** die Haushaltskosten; ***les ~s de chauffage*** die Heizungskosten; ***les ~s d'investissement*** die Investitionskosten, die Investitionsausgaben; ■ **~ en** (*consommation*) -verbrauch *m*; (*frais*) -kosten *pl*; ***notre ~ en électricité augmente régulièrement*** unser Stromverbrauch steigt/unsere Stromkosten steigen ständig
2. (*usage*) Aufwand *m*; ■ **~ de** *d'énergie, de temps* -aufwand; ***~ de forces*** Kraftaufwand; ***~ nerveuse*** nervliche Belastung; ***~ physique*** körperliche Anstrengung; ***tu n'as pas eu besoin d'une grande ~ d'imagination pour cela*** das hat dich nicht übermäßig viel Fantasie gekostet, du musstest dafür nicht übermäßig viel Fantasie aufbringen
► **qn fait face à des ~s** jd bestreitet Ausgaben; **~s nationales** Staatsausgaben; **~s publiques** öffentliche Ausgaben; **qc couvre les ~s** etw deckt die Kosten; **qn engage des ~s** jd hat Unkosten; ***j'ai dû engager des ~s considérables pour rénover mon appartement*** bei der Renovierung meiner Wohnung sind mir hohe Unkosten entstanden; **qn fait la ~ de qc** jd schafft etw an; **qn fait une ~ de 100/200/300/... francs** jd gibt 100/200/300/... Franc aus; **qn/qc pousse [*o* entraîne] qn à la ~** jd/etw verleitet [*o* verführt] jdn zum Geldausgeben; **qn regarde à la ~** jd sieht aufs Geld *fam*; **qn rentre dans ses ~s** *fam* jd holt die Ausgaben rein *fam*
◆ **dépenses de l'État** Staatsausgaben *pl*

dépenser <1> [depɑ̃se] **I.** *vt* **1.** (*débourser*) ■ **qn dépense qc** jd gibt etw aus
2. ■ **qn/qc dépense qc** *électricité, essence* jd/etw verbraucht etw
3. *fig* (*user*) ■ **qn dépense qc [à faire qc]** *énergie, imagination, temps* jd wendet [*o* bringt] etw auf [um etw zu machen]; ***ne dépense pas inutilement ta salive, personne ne t'écoute!*** spare dir deine Worte, es hört dir ja doch keiner zu!; ***si tu as un trop-plein d'énergie à ~, fais du sport!*** treib doch Sport, wenn du überschüssige Energie hast!; ***il a dépensé ses forces à sauver son entreprise*** er hat sich völlig verausgabt [*o* hat viel Kraft aufgewendet] um sein Unternehmen zu retten
► **qn dépense sans compter** jd wirft mit dem Geld [nur so] um sich *fam*, jd gibt das Geld mit vollen Händen aus; (*pour des bonnes œuvres*) jd spendet großzügig; **qn dépense beaucoup/trop/peu/qc [en [*o* pour] qc]** jd gibt viel/zu viel/wenig/etw [für etw] aus; **qc dépense beaucoup/trop/peu en qc** (*consomme*) etw verbraucht viel/zu viel/wenig etw
II. *vpr* ■ **qn se dépense [pour faire qc]** jd verausgabt sich [um etw zu tun]; ***cet enfant a besoin de se ~ après l'école*** dieses Kind muss sich nach der Schule austoben
► **qn se dépense sans compter** jd plagt [*o* schindet *fam*] sich ab; **qn se dépense sans compter [pour qc]** (*s'engage*) jd setzt sich voll und ganz [für etw] ein, jd verausgabt sich voll und ganz [für etw]

dépensier, -ière [depɑ̃sje, -jɛʀ] **I.** *adj* verschwenderisch
II. *m, f* Verschwender(in) *m(f)*

déperdition [depɛʀdisjɔ̃] *f* [*énergie*] Verlust *m*, Schwund *m*; ***la maladie entraîne une ~ de forces*** die Krankheit führt zu einem Kräfteverfall

dépérir <8> [depeʀiʀ] *vi* ■ **qn/un animal/qc dépérit** jd siecht dahin/ein Tier geht ein; /*plante*/ etw verkümmert, etw geht ein; ***depuis la mort de sa femme il dépérit*** seit dem Tod seiner Frau vegetiert er nur noch dahin; ■ **qc dépérit** *fig* (*péricliter*) mit etw geht es bergab; /*entreprise a.*/ etw geht zugrunde; /*affaire a.*/ etw kommt zum Erliegen; ***la pollution a fait ~ les arbres*** durch die Luftverschmutzung sind die Bäume eingegangen

dépérissement [depeʀismɑ̃] *m* [*animal*] Eingehen *nt*; [*personne*] Dahinsiechen *nt*; [*plante*] Eingehen *nt*, Verkümmern *nt*; [*affaire, entreprise*] Niedergang *m*; ***le ~ de la forêt vosgienne*** das Waldsterben in den Vogesen; ***le ~ de notre commerce extérieur*** die Verschlechterung unserer Außenhandelsbilanz; ***une modernisation rapide de l'entreprise aurait permis d'éviter son ~*** eine rasche Modernisierung hätte das Unternehmen vor seinem Untergang bewahren können

dépersonnalisation [depɛʀsɔnalizasjɔ̃] *f* Entpersönlichung *f*, Depersonalisation *f*

dépersonnaliser <1> [depɛʀsɔnalize] **I.** *vt* ■ **qn/qc dépersonnalise qn/qc** jd/etw entpersönlicht jdn/etw
II. *vpr* **1.** (*abandonner sa personnalité*) ■ **qn se dépersonnalise** jd gibt seine Persönlichkeit [*o* Identität] auf; PSYCH jd verliert sein Persönlichkeitsgefühl, jd leidet an einer Depersonalisation [*o* Entpersönlichung]
2. (*devenir anonyme*) ■ **qc se dépersonnalise** /*maison, paysage*/ etw wird unpersönlich [*o* fremd]

dépêtrer <1> [depetʀe] **I.** *vt fam* ■ **qn dépêtre qn de qc** jd holt jdn aus etw heraus; ***comment va-t-on le ~ de là?*** wie sollen [*o* können] wir ihn da herausholen?; ***dépêtrez-moi de cette situation!*** helft mir doch aus der Klemme! *fam*
II. *vpr* (*se dégager*) ■ **qn se dépêtre [de qc]** jd befreit sich [aus/von etw]; *fig fam* (*se tirer d'affaires*) jd zieht sich aus etw heraus; ***dépêtre-toi tout seul!*** sieh zu, wie du da alleine wieder rauskommst [*o* du dich da selbst rausziehst]! *fam*

dépeuplement [depœpləmɑ̃] *m* [*région*] Entvölkerung *f* (*de qc* einer S. (*gen*)), Abwanderung *f* der Bevölkerung (*de qc* aus etw); ***~ de la forêt*** Rückgang *m* des Wild- und Baumbestandes
◆ **dépeuplement des campagnes** Landflucht *f*

dépeupler <1> [depœple] **I.** *vt* ■ **qc dépeuple qc** *pays, région* etw entvölkert etw; ***le déversement de produits toxiques a complètement dépeuplé la rivière*** giftige Abwässer haben den Fischbestand des Flusses vollkommen vernichtet; ***les pluies acides ont dépeuplé une partie de la forêt*** der saure Regen hat einen Teil des Waldes vernichtet; ■ **qc dépeuple qc**

[de qc]: ***le départ en vacances dépeuple la ville*** [***de ses habitants***] nach dem großen Aufbruch in die Ferien ist die Stadt menschenleer [*o* wie leergefegt *fam*], durch die Ferienwelle ist die Stadt wie leergefegt *fam;* ***qc dépeuple la forêt de son gibier/ de ses arbres*** etw vermindert [*o* dezimiert] den Wild-/Baumbestand des Waldes

II. *vpr* ■ **qc se dépeuple** die Bevölkerung einer S. (*gen*) geht zurück; */ région, ville a./* etw verliert seine Bewohner; ***la forêt/ le fleuve se dépeuple*** der Wild- und Baumbestand des Waldes/der Fischbestand des Flusses geht zurück

déphasage [defazaʒ] *m* **1.** PHYS Phasenverschiebung *f*
2. *fam* (*décalage*) Diskrepanz *f,* Kluft *f,* mangelnde Übereinstimmung; ***le ~ entre la société et les partis*** die Diskrepanz zwischen Gesellschaft und Parteien; ***il y a un ~ entre ce que tu t'imagines et la réalité*** deine Vorstellungen und die Wirklichkeit stimmen nicht überein

déphasé, e [defaze] *adj fam* ■ **qn est ~** (*désorienté*) jd steht neben sich (*dat*) *fam;* (*décalé dans le temps*) jd hinkt [*o* ist *fam*] hinterher; ***qn/ qc est ~ de trente années par rapport à qn/ qc*** jd/etw hinkt dreißig Jahre hinter jdm/etw [hinter]her

dépiauter <1> [depjote] *vt fam* ■ **qn dépiaute un animal/qc** jd zieht ein Tier ab [*o* einem Tier die Haut ab], jd häutet ein Tier; *fruit* jd schält etw

dépilatoire [depilatwaʀ] *adj* Enthaarungs-

dépistage [depistaʒ] *m* [*malfaiteur*] Aufspüren *nt;* MED Erkennung *f;* ***une longue enquête a permis le ~ du criminel*** eine langwierige Fahndung hat es möglich gemacht, den Verbrecher aufzuspüren; ~ ***précoce*** Früherkennung *f;* ~ ***du cancer*** Krebsvorsorge *f;* ***test de ~ du Sida*** Aidstest ['eɪds-] *m*

dépister <1> [depiste] *vt* **1.** (*rechercher méthodiquement*) ■ **qn dépiste qn/un animal** jd spürt jdn/ein Tier auf; ■ **qn dépiste qc** *maladie* jd erkennt etw; ***on parvient à guérir certains cancers quand ils sont dépistés à temps*** man kann gewisse Krebserkrankungen heilen, wenn sie früh genug erkannt werden
2. (*faire perdre la piste*) ■ **un animal dépiste qn/un animal** ein Tier bringt jdn/ein Tier von seiner Fährte [*o* Spur] ab, ein Tier hängt jdn/ein Tier ab *fam;* ■ **qn dépiste qn/qc** jd hängt jdn/etw ab *fam;* (*désorienter*) jd leitet [*o* führt] jdn irre, jd führt jdn/etw auf die falsche Spur

dépit [depi] *m* bittere Enttäuschung, Wut *f* und Enttäuschung; ***il a éprouvé du ~ de voir que*** er war tief gekränkt darüber, dass; ***elle en crèverait de ~ si elle le savait*** sie würde vor Neid platzen, wenn sie es wüsste; ***j'ai longtemps ravalé mon ~*** ich habe lange meinen Ärger heruntergeschluckt; ***qc cause du ~ à qn*** etw macht jdn wütend und enttäuscht, jd ist bitter enttäuscht über etw (*akk*)
▶ **en ~ du bon sens** unsinnig, gegen den gesunden Menschenverstand; *diriger a.* gegen jede Logik; *agir* widersinnig; ~ **amoureux** enttäuschte Liebe; **avec** ~ gekränkt; **de** [*o* **par**] ~ aus Trotz; **en ~ de qn/qc** (*par réaction*) jdm/einer S. zum Trotz; ***en ~ de tout et de tous, je continuerai*** allem und jedem zum Trotz werde ich weitermachen; **en ~ de qc** (*malgré*) trotz einer S.; ***en ~ de sa jeunesse*** trotz seiner/ihrer Jugend, obwohl er/sie noch jung ist; ***en ~ de la pluie*** trotz des Regens, obwohl es regnet

dépité, e [depite] *adj* bitter enttäuscht, gekränkt; ■ **~ de faire/d'avoir fait qc** bitter enttäuscht darüber, etw zu tun/getan zu haben; ***il est revenu très ~ de n'avoir rien obtenu*** bitter enttäuscht darüber, dass er nichts erreicht hatte [*o* nichts erreicht zu haben], kam er zurück

déplacé, e [deplase] *adj* (*inopportun*) *intervention, présence* unangebracht, unpassend; (*inconvenant*) *geste* anstößig, ungehörig; *propos, remarque* unhöflich, ungehörig

déplacement [deplasmɑ̃] *m* **1.** (*changement de place*) [*objet*] Umstellen *nt;* [*os, vertèbre*] Verschiebung *f;* ***qn procède au ~ d'un meuble*** jd stellt ein Möbelstück um
2. *pl* (*voyage d'affaires*) [Geschäfts]reise *f;* ***pour mes ~s en ville, je ne prends jamais la voiture*** um mich in der Stadt fortzubewegen nehme ich nie das Auto; ***les chercheurs ont suivi les ~s des éléphants*** die Forscher haben die Wege der Elefanten verfolgt; ***ses ~s se limitent à aller d'une pièce à l'autre*** er/sie kann nur von einem Zimmer ins andere gehen
3. (*mouvement*) [*balle*] Bewegung *f;* METEO [*perturbations atmosphériques, vent*] Bewegung
4. (*mutation*) [*personne*] Versetzung *f*
▶ **qn est en ~** jd ist unterwegs [*o* auf Reisen] [*o* verreist]; ***il est routier et très souvent en ~*** er ist Fernfahrer und sehr häufig unterwegs; **cela vaut le ~** das lohnt sich, dafür lohnt sich der Weg, es lohnt sich hinzugehen/-fahren/-reisen; ***Ratisbonne vaut vraiment le ~!*** Regensburg ist wirklich eine Reise wert!, es lohnt sich wirklich, nach Regensburg zu fahren!
◆ **déplacement d'air** Luftverdrängung *f;* ***le ~ d'air provoqué par ce poids lourd a failli renverser le cycliste*** der von dem Laster erzeugte Luftsog hätte den Radfahrer beinahe umgeworfen; **déplacement de population** Bevölkerungsverschiebung *f,* Migration *f* [der Bevölkerung]; **déplacement de troupes** Truppenbewegung *f;* **déplacement d'office** Zwangsversetzung *f,* Strafversetzung *f*

déplacer <2> [deplase] I. *vt* **1.** (*changer de place*) ■ **qn déplace qn/qc** *objet* jd legt/stellt etw an einen anderen Platz; *meuble* jd stellt etw um; *élève, personne* jd setzt jdn um; ■ **qn déplace qc** (*éluder*) *question* jd weicht einer S. (*dat*) aus; *problème a.* jd geht einer S. (*dat*) aus dem Weg; ■ **qn/qc déplace qc à qn** *vertèbre* jd verschiebt jdm etw/durch etw verschiebt sich (*dat*) jd etw; *articulation* jd verrenkt jdm etw, jd renkt jdm etw aus, durch etw verrenkt sich (*dat*) jd etw
2. (*muter*) ■ **qn déplace qn** *fonctionnaire* jd versetzt jdn; (*réinstaller*) *travailleurs* jd siedelt jdn um
3. NAUT ■ **qc déplace qc** etw verdrängt etw; ***ce cargo déplace plus de mille tonnes [d'eau]*** dieser Frachter verdrängt mehr als tausend Tonnen [Wasser], dieser Frachter hat eine Verdrängung[skapazität] von mehr als tausend Tonnen [Wasser]

II. *vpr* **1.** (*aller*) ■ **qc se déplace** */ cyclone/* etw bewegt sich; */ nuages a./* etw zieht, etw wandert; ■ **qn/un animal se déplace** jd/ein Tier bewegt sich fort; ***les sardines se déplacent en bancs*** Sardinen ziehen in Schwärmen; ***elle se déplace en chaise roulante*** sie bewegt sich im Rollstuhl
2. (*se décaler*) ■ **qn se déplace** (*en position debout*) jd geht [*o* bewegt sich] zur Seite; (*en position assise*) jd rückt zur Seite; (*quitter sa place*) jd verlässt seinen Platz, jd bewegt sich von seinem Platz weg; ***le professeur ne veut pas que nous nous déplacions pendant les cours*** der Lehrer möchte nicht, dass wir während des Unterrichts umherlaufen [*o* unseren Platz verlassen]; ■ **qc se déplace** */ voiture, vélo/* etw fährt zur Seite; ***le policier a fait signe à la voiture de se ~*** der Polizist hat dem Auto Zeichen gegeben, Platz zu machen [*o* den Platz frei zu machen]; ***la voiture s'est déplacée vers la droite*** das Auto ist nach rechts zur Seite gefahren
3. (*voyager*) ■ **qn se déplace [en qc]** jd reist [in etw (*dat*)]; ***il ne se déplace qu'en avion/ voiture*** er fliegt nur/er fährt immer mit dem Auto
4. MED ■ **qn se déplace qc** *articulation* jd verrenkt sich (*dat*) etw, jd renkt sich (*dat*) etw aus

déplafonnement [deplafɔnmɑ̃] *m* [*salaires*] Heraufsetzung *f* [*o* Anheben *nt*] der Höchstgrenze; ~ ***des cotisations*** (*suppression de la limite*) Aufhebung *f* der Beitragsbemessungsgrenze; (*relèvement de la limite*) Anheben *nt* der Beitragsbemessungsgrenze

déplafonner <1> [deplafɔne] *vt* ■ **qn déplafonne qc** *crédit, salaires* (*relever la limite*) jd setzt die Höchstgrenze einer S. (*gen*) herauf; (*supprimer la limite*) jd hebt die Höchstgrenze einer S. (*gen*) auf; ***qn déplafonne les cotisations*** (*supprime la limite*) jd hebt die Beitragsbemessungsgrenze auf; (*relève la limite*) jd hebt die Beitragsbemessungsgrenze an

déplaire <*irr*> [deplɛʀ] I. *vi* **1.** (*ne pas plaire*) ■ **qn/qc déplaît [à qn]** jd/etw missfällt [jdm], jd/etw gefällt [jdm] nicht
2. *form* (*contrarier*) ■ **il déplaît/déplairait à qn de faire qc** jd tut etw nur ungern/würde etw nur ungern tun; es ist/wäre jdm sehr unangenehm, etw tun zu müssen; ***il me déplairait beaucoup d'avoir à vous punir*** ich würde euch nur ungern bestrafen; es wäre mir sehr unangenehm, euch bestrafen zu müssen
3. (*irriter*) ■ **qn/qc déplaît [à qn]** jd/etw verstimmt [*o* ärgert] jdn, jd/etw erregt [jds] Missfallen; ***cet enfant fait tout ce qu'il peut pour ~ à ses parents*** dieses Kind setzt alles daran, seine Eltern zu verstimmen; ***cette remarque m'a fortement déplu*** diese Bemerkung hat mich sehr verärgert [*o* verstimmt]
▶ **n'en déplaise à qn** *iron* ob es jdm gefällt oder nicht
II. *vpr* ■ **qn/qc se déplaît quelque part** jd fühlt sich irgendwo nicht wohl; */ plante/* etw gedeiht irgendwo nicht

déplaisant, e [deplɛzɑ̃, ɑ̃t] *adj personne* unangenehm, unfreundlich; *remarque, réflexion* unschön; *ton* unfreundlich, unhöflich

déplaisir [depleziʀ] *m* ▶ **à mon/ton/son grand ~** (*contrariété*) zu meinem/deinem/seinem/ihrem großen Ärger; (*regret*) zu meinem/deinem/seinem/ihrem großen Leidwesen [*o* Bedauern]; **avec ~** (*sans envie*) [nur] ungern, widerwillig; (*avec regret*) mit Bedauern; **sans ~** gerne

déplanification [deplanifikasjɔ̃] *f* Aufgeben *nt* der Planwirtschaft; ***les pays de l'Est ont procédé à la ~ de leur économie*** die Ostblockstaaten haben die Planwirtschaft aufgegeben

déplanifier <1 a> [deplanifje] *vt:* ***qn déplanifie l'économie*** jd gibt die Planwirtschaft auf, jd wendet sich von der Planwirtschaft ab

déplanter <1> [deplɑ̃te] *vt* ■ **qn déplante qc** jd gräbt etw aus

déplâtrage [deplɑtʀaʒ] *m* [*mur*] Abschlagen *nt* der Putzschicht; MED Abnehmen *nt* [*o* Entfernen *nt*] des Gipsverbandes

déplâtrer <1> [deplɑtʀe] *vt* ■ **qn déplâtre qc** *mur* jd schlägt von etw den Putz ab; ■ **qn déplâtre qn/qc** MED jd nimmt jdm den Gips[verband] ab/ nimmt den Gips[verband] von etw ab; ***le médecin lui a déplâtré la jambe*** der Arzt hat ihm den Gips vom Bein genommen [*o* am Bein abgenommen], der Arzt hat ihm sein Gipsbein entfernt *fam;* ■ **qn se fait ~** jd lässt sich (*dat*) den Gips[verband] entfernen [*o* abnehmen]

dépliant [deplijɑ̃] *m* Faltprospekt *m;* ***un ~ touristique*** ein Reiseprospekt

déplier <1 a> [deplije] I. *vt* ■ **qn déplie qc** *drap, serviette, vêtement* jd faltet etw auf; *carte routière, journal a.* jd faltet etw auseinander; *jambes* jd streckt etw aus
II. *vpr* ■ **qn/qc se déplie** */ parachute/* etw geht auf, etw öffnet sich; */ jeune feuille a./* etw entfaltet sich; */ personne/* (*s'allonger*) jd streckt sich aus; (*se dresser*) jd richtet sich auf; ***ce canapé peut se ~*** diese Couch ist aufklappbar [*o* ausklappbar], diese Couch lässt sich aufklappen [*o* ausklappen]

déplisser <1> [deplise] I. *vt* ■ **qn déplisse qc** jd glättet etw; (*à la main*) jd streicht etw glatt; ***qn déplisse une jupe en la repassant*** jd bügelt die Falten aus einem Rock heraus, jd bügelt einen Rock glatt; ***déplisse ton front*** runzle die Stirn nicht so, zieh die Stirn nicht so in Falten
II. *vpr* ■ **qc se déplisse** etw verliert seine Falten; ***ce tissu se déplisse facilement*** aus diesem Stoff gehen die Falten leicht heraus

déploiement [deplwamɑ̃] *m* **1.** (*action de déployer*) ■ **~ de qc** *des ailes, d'un tissu, d'une banderole* Ausbreiten *nt* einer S. (*gen*); *d'un drapeau* Hissen *nt* einer S. (*gen*); *des voiles* Setzen *nt* einer S. (*gen*)
2. (*étalage*) ■ **~ de qc** *d'amabilités* Demonstration *f* einer S. (*gen*); *de richesses a.* Zurschaustellen *nt* [*o* Zurschaustellung *f*] einer S. (*gen*); *de compliments* demonstratives Verteilen einer S. (*gen*)
3. (*dépense*) ■ **~ de qc** *de courage* Aufbieten *nt* [*o* Aufbietung *f*] einer S. (*gen*); *d'énergie a.* Aufwand *m* an etw (*dat*)
4. MIL ■ **~ de qc** *de troupes, d'une armée* Aufmarsch *m* einer S. (*gen*); *de chars, missiles* Stationierung *f* einer S. (*gen*)

déplomber <1> [deplɔ̃be] *vt* **1.** (*enlever le sceau*) ■ **qn déplombe qc** *camion, colis, wagon* jd nimmt den Zollverschluss [*o* zollamtlichen Verschluss] an etw (*dat*) ab, jd entfernt die Plombe von etw; *compteur* jd entfernt die Plombe von etw; (*enlever le plombage*) *dent* jd entfernt die Füllung

[*o* Plombe] aus etw; ***j'ai une dent déplombée, il faut que j'aille chez le dentiste*** mir ist die Füllung aus einem Zahn herausgefallen, ich muss zum Zahnarzt
2. INFORM ■ **qn déplombe qc:** ***je vais ~ ton logiciel pour le recopier*** ich werde den Code deines Programms knacken, um es zu kopieren
déplorable [deplɔʀabl] *adj effet, fin, oubli* bedauernswert; *comportement, personne, situation, tenue, résultats* erbärmlich [schlecht]; ***ces enfants sont dans un état*** ~ diese Kinder sind in einem jämmerlichen Zustand; ***il dit que son prof d'anglais est vraiment*** ~ er sagt, dass sein Englischlehrer wirklich miserabel [*o* unter aller Kritik] ist *fam*
déplorablement [deplɔʀabləmɑ̃] *adv* erbärmlich [schlecht], sehr schlecht
déplorer <1> [deplɔʀe] *vt* **1.** (*regretter*) ■ **qn déplore qc** jd bedauert etw; ■ **qn déplore de ne pouvoir faire qc** jd bedauert, etw nicht tun zu können; ■ **qn déplore que** + *subj* jd bedauert, dass
2. (*enregistrer*) ■ **on déplore qc** *victime* etw ist zu beklagen *geh*
3. (*être affligé de*) ■ **qn déplore qc** *malheur, mort* jd beklagt etw, jd betrauert etw
déployer <7> [deplwaje] **I.** *vt* **1.** (*déplier*) ■ **qn/un animal déploie qc** *ailes, carte, drapeau, tissu* jd/ein Tier breitet etw aus; *voiles* jd setzt etw
2. (*disposer*) ■ **qn déploie qc** *objets* jd breitet etw aus; *troupes, forces de police* jd lässt etw aufmarschieren; *chars, missiles* jd stationiert etw
3. (*mettre en œuvre*) ■ **qn déploie qc** *énergie, forces, ingéniosité* jd setzt etw ein; *courage* jd bringt [*o* wendet] etw auf; (*faire étalage de*) *charmes, richesses* jd stellt etw zur Schau, jd zeigt etw; *activité* jd stürzt sich in etw (*akk*), jd entfaltet etw; ~ ***beaucoup de fastes pour accueillir qn*** großen Aufwand betreiben um jdn zu empfangen
II. *vpr* **1.** (*se déplier*) ■ **qc se déploie** */ailes/* etw breitet sich aus; */drapeau, tissu/* etw entfaltet sich; */voile/* etw bläht sich
2. ■ **des personnes se déploient** */soldats, troupes/* Menschen schwärmen aus; ■ **qc se déploie** */cortège/* etw verteilt sich, etw zieht sich auseinander
déplumé, e [deplyme] *adj oiseau* gerupft; *fam arbre, crâne, personne* kahl
déplumer <1> [deplyme] *vpr* **1.** (*perdre ses plumes*): ***un oiseau se déplume*** ein Vogel verliert seine Federn
2. *fam* (*se dégarnir*) ■ **qn se déplume** jd bekommt eine Glatze, jd verliert seine Haare; ■ **qc se déplume** */crâne/* etw wird kahl; */plante, arbre/* etw verliert seine Blätter
dépoitraillé, e [depwatʀɑje] *adj fam* ■ **qn est** ~ jds Hemd steht offen
dépoli, e [depɔli] *adj* matt, glanzlos, trüb
dépolir <8> [depɔliʀ] **I.** *vt* ■ **qc dépolit qc** etw macht etw matt
II. *vpr* ■ **qc se dépolit** */miroir/* etw wird trüb; */métal/* etw läuft an
dépolitisation [depɔlitizasjɔ̃] *f* (*action de dépolitiser*) Entpolitisierung *f*; (*manque d'intérêt*) Desinteresse *nt* [*o* fehlendes Interesse] an der Politik
dépolitiser <1> [depɔlitize] *vt* ■ **qn dépolitise qc** jd entpolitisiert etw; ■ **qn dépolitise qn** jd nimmt jdm das Interesse an der Politik
dépolluer <1> [depɔlɥe] *vt* ■ **qn dépollue qc** *lieu* jd säubert etw; *rivière, mer a.* jd saniert etw; *fig* (*débarrasser d'une influence*) jd säubert etw, jd läutert etw
dépollution [depɔlysjɔ̃] *f* Säuberung *f*; [*rivière, mer a.*] Sanierung *f*
dépopulation [depɔpylasjɔ̃] *f* Bevölkerungsrückgang *m*
déportation [depɔʀtasjɔ̃] *f* HIST Verschleppung *f*, Deportation *f*, Deportierung *f*; (*bannissement*) Zwangsverschickung *f*, Verbannung *f*
► **en** ~ im Lager
déporté, e [depɔʀte] *m, f* Deportierte(r) *f(m)*, Zwangsverschleppte(r) *f(m)*
déporter <1> [depɔʀte] **I.** *vt* **1.** (*exiler*) ■ **qn déporte qn** HIST jd deportiert [*o* verschleppt] jdn; (*bannir*) jd verschickt [*o* verbannt] jdn
2. (*faire dévier*) ■ **qc déporte qc [quelque part]** *voiture, vélo* etw drängt etw [irgendwohin] ab; ***qc déporte qc sur la droite/gauche*** etw drängt etw nach rechts/links ab
II. *vpr* AUT ■ **qn/qc se déporte** jd/etw schert aus, jd/etw gerät aus der Spur; ***il s'est déporté dans le virage*** er wurde aus der Kurve getragen
déposant, e [depozɑ̃, ɑ̃t] *m, f* Sparer(in) *m(f)*
dépose [depoz] *f* [*chauffe-eau, appareil*] Abmontieren *nt*; [*élément de cuisine a.*] Abbauen *nt*; [*machine*] Zerlegen *nt*; [*moteur, plomberie*] Ausbauen *nt*; [*rideaux*] Abnehmen *nt*; ***la ~ de l'aile de la voiture*** das Abmontieren des Kotflügels
déposer <1> [depoze] **I.** *vt* **1.** (*poser*) ■ **qn dépose qc [quelque part]** jd stellt/legt etw [irgendwo] ab, jd stellt/legt etw irgendwohin; ***qn dépose qc sur la table*** jd stellt/legt etw auf den Tisch [*o* auf dem Tisch ab]; ***qn dépose une gerbe sur une tombe*** jd legt einen Kranz auf ein Grab [*o* auf einem Grab nieder]; ***il déposa un baiser sur son front*** er drückte ihm/ihr einen Kuss auf die Stirn
2. (*laisser*) ■ **qn/qc dépose qn [quelque part]** jd setzt jdn [irgendwo] ab, jd lässt jdn irgendwo [raus]; ■ **qn dépose qc [quelque part]** *ordures* jd lädt etw [irgendwo] ab; ■ **qc dépose qc [quelque part]** etw lagert etw [irgendwo] ab; ***le vent a déposé du sable jusqu'au centre ville*** der Wind hat den Sand bis in die Innenstadt getragen; ***les crues déposent du sable*** die Hochwasser hinterlassen Sand [*o* lagern Sand ab]; ***le vin a déposé de la lie au fond de la bouteille*** in der Flasche hat sich Weinstein abgelagert; ***la mer a déposé des saletés sur la plage*** das Meer hat Dreck an den Strand geschwemmt [*o* gespült]
3. (*confier*) ■ **qn dépose qc [quelque part]** *bagages, carte de visite, manteau* jd gibt etw [irgendwo] ab; *testament* jd hinterlegt etw irgendwo; ***le facteur a déposé le paquet chez la voisine*** der Briefträger hat das Paket bei der Nachbarin abgegeben
4. FIN ■ **qn dépose qc** *valeur, titre* jd hinterlegt etw; *chèque* jd reicht etw ein; *espèces* jd zahlt etw ein; ***qn dépose 100 F sur son compte/au guichet*** jd zahlt 100 F auf sein Konto/am Schalter ein
5. (*faire enregistrer*) ■ **qn dépose qc** *brevet* jd meldet etw an; *marque de fabrique* jd lässt etw eintragen; *projet de loi* jd bringt etw ein; *réclamation, rapport, pétition* jd reicht etw ein; ***qn dépose plainte*** jd erstattet Anzeige, jd erhebt Klage
6. (*démonter*) ■ **qn dépose qc** *appareil, chauffe-eau* jd montiert etw ab; *moteur* jd baut etw aus; *rideaux* jd nimmt etw ab
7. (*abdiquer*) ■ **qn dépose qc** *couronne* jd legt etw nieder; ***qn dépose le pouvoir*** jd tritt zurück [*o* ab]
8. (*destituer*) ■ **qn dépose qn** *souverain* jd setzt jdn ab, jd enthebt jdn seines Amtes
II. *vi* **1.** (*témoigner*) ■ **qn dépose [en faveur de/contre qn]** jd sagt [zu jds Gunsten/gegen jdn] aus
2. (*laisser un dépôt*) ■ **qc dépose** */vin, eau/* etw setzt sich
III. *vpr* ■ **qc se dépose** */lie, poussière/* etw setzt sich ab
dépositaire [depozitɛʀ] *m* **1.** (*détenteur*) Verwahrer(in) *m(f)*; [*secret*] Mitwisser(in) *m(f)*; ***je suis toujours ~ de votre lettre*** ich habe immer noch Ihren Brief in Verwahrung; ~ ***de l'autorité de l'État*** Träger *m* der Staatsgewalt
2. (*concessionnaire*) Vertragshändler(in) *m(f)*, Vertreter(in) *m(f)*; [*journaux*] Händler(in) *m(f)*
► ~ **public** Treuhänder(in) *m(f)*
déposition [depozisjɔ̃] *f* **1.** (*témoignage*) [Zeugen]aussage *f*
2. (*destitution*) [*souverain*] Absetzung *f*
► **faire/recueillir/signer une** ~ eine [Zeugen]aussage machen/einholen/unterschreiben
◆ **déposition de croix** Kreuzabnahme *f*
déposséder <5> [depɔsede] *vt* ■ **qn dépossède qn [de qc]** *d'une charge* jd enthebt jdn [einer S. (*gen*)]; *de ses biens, terres* jd enteignet jdn/jds etw; ***il a été injustement dépossédé de son poste*** er ist zu Unrecht seines Postens enthoben worden; ***la Révolution a dépossédé [de leurs domaines] beaucoup de gros propriétaires*** die Revolution hat viele Großgrundbesitzer enteignet
dépôt [depo] *m* **1.** (*soumission*) [*projet de loi*] Einbringen *nt*; (*enregistrement*) [*plainte*] Erheben *nt*; [*marque de fabrique*] Eintragen *nt*; [*brevet*] Anmeldung *f*; ***le ~ d'une candidature*** die Kandidatur
2. FIN [*chèque*] Einreichen *nt*; [*espèces*] Einzahlung *f*, Einzahlen *nt*; [*titres, valeurs*] Hinterlegung *f*, Hinterlegen *nt*; (*avoir*) Guthaben *nt*, Einlage *f*; ***j'ai fait un ~ de 3000 F au guichet/sur mon compte*** ich habe 3000 F am Schalter/auf mein Konto eingezahlt
3. (*fait de confier*) [*objets précieux, testament*] Hinterlegung *f*, Hinterlegen *nt*; [*manteau*] Abgabe *f*
4. (*fait de poser*) [*gerbe, couronne mortuaire*] Niederlegung *f*
5. (*sédiment*) Ablagerung *f*; ***il y a un ~ de lie/il y a du ~ dans la bouteille*** am Boden der Flasche hat sich ein Satz gebildet; ~ ***de tartre*** (*sur les dents*) Zahnstein *m*; (*dans une bouilloire*) Kesselstein *m*; (*dans les conduits, chaudières*) Kalkablagerung
6. (*entrepôt*) [*autobus, trams*] Depot *nt*
7. (*lieu de détention*) Gefängnis *nt*, Arrest *m*
8. *littér* (*bien moral*) Gut *nt*
► **~s bancaires** Bankeinlagen *pl*, Bankguthaben *nt*; ~ **légal** [*ouvrage imprimé, disque, photographie*] Depotzwang *m*; **en** ~: ***qn a qc en ~ quelque part*** jd verwahrt etw irgendwo; *à la banque* jd hat etw irgendwo hinterlegt; ***qn laisse qc en ~ à qn*** jd gibt jdm etw in Verwahrung, jd vertraut jdm etw an; ***les valeurs en ~ dans notre banque*** die bei unserer Bank hinterlegten Wertpapiere
◆ **dépôt à terme** befristete Einlage, [Spar]einlage *f* mit fester Laufzeit; **dépôt à vue** Sichteinlage *f*, Sichtguthaben *nt*; **dépôt d'armes** Waffendepot *nt*, Waffenlager *nt*; **dépôt de bilan** Konkursanmeldung *f*; **dépôt de carburants** Treibstofflager *nt*; **dépôt de marchandises** Warenlager *nt*; **dépôt de munitions** Munitionslager *nt*; **dépôt de pain**: ***il n'y a plus de boulanger au village, mais nous avons tout de même un ~ de pain chez l'épicier*** in unserem Dorf gibt es zwar keinen Bäcker mehr, aber man kann beim Lebensmittelhändler [frisches] Brot kaufen; **dépôt d'essence** Benzinlager *nt*; **dépôt d'ordures** Mülldeponie *f*, Schuttabladeplatz *m*
dépoter <1> [depɔte] *vt* ■ **qn dépote qc** jd topft etw um
dépotoir [depɔtwaʀ] *m* (*dépôt d'ordures*) Müllhalde *f*, Schuttabladeplatz *m*; *fam* (*désordre*) Saustall *m fam*, Müllhalde *f fam*; ***c'est une véritable classe*** ~ diese Klasse ist ein Sammelbecken für schlechte Schüler [*o* Nieten *fam*]
► **qc sert de ~ à qn** etw dient jdm als Rumpelkammer
dépouille [depuj] *f* **1.** (*peau*) [*animal à fourrure*] Fell *nt*, Balg *m*; [*insecte*] Panzer *m*; [*serpent*] Haut *f*
2. *form* (*corps*) [*mort*] sterbliche Überreste *pl form*
3. *pl* Habschaften *pl*; (*butin*) [Sieges]beute *f*; (*héritage*) Hinterlassenschaft *f*
► ~ **mortelle** *form* sterbliche Überreste *pl form*
dépouillé, e [depuje] *adj* **1.** (*sobre*) *décor* schmucklos, kahl, karg; *style* klar, knapp; *texte* trocken, nüchtern
2. (*exempt*) ■ ~ **de qc** ohne etw
dépouillement [depujmɑ̃] *m* **1.** [*décor, mode de vie*] Einfachheit *f*; [*style*] Nüchternheit *f*, Knappheit *f*
2. [*scrutin*] [Aus]zählen *nt*; [*courrier*] Sichten *nt*, Durchsehen *nt*
3. (*étude approfondie*) [*texte, rapport, auteur*] [genaues] Studium; ***qn procède au ~ d'un texte*** jd liest einen Text genau [durch], jd studiert einen Text
► **qn vit dans le** ~ jd führt ein karges Leben, jd lebt in Askese
dépouiller <1> [depuje] **I.** *vt* **1.** (*examiner en détail*) ■ **qn dépouille qc** *journaux* jd sieht etw [genau] durch; *documents, rapport a.* jd studiert etw genau, jd arbeitet etw [genau] durch; *comptes* jd überprüft etw
2. (*ouvrir*) *scrutin* jd zählt etw [aus]; *courrier* jd sichtet etw, jd sieht etw

durch
3. (*dévaliser*) ■ **qn dépouille qn** [**de qc**] jd beraubt jdn [einer S. (*gen*)]
4. (*déposséder*) ■ **qn/qc dépouille qn/qc** [**de qc**] jd/etw bringt jdn/etw um etw; ***ce vieil avare a dépouillé tous ses héritiers*** dieser alte Geizhals hat all seine Erben um ihren Anteil gebracht
5. (*retirer ce qui recouvre*) ■ **qn dépouille un animal** jd zieht einem Tier die Haut ab, jd balgt ein Tier ab; ***qn dépouille qn*** [***de ses vêtements***] jd entkleidet jdn, jd zieht jdm die Kleider aus, jd entblößt jdn; ***qn dépouille une branche de son écorce/ de ses feuilles*** jd entfernt die Rinde/Blätter von einem Ast, jd schält die Rinde von einem Ast ab/entblättert einen Ast
II. *vpr* ■ **qn se dépouille de qc** *de ses vêtements, sa veste* jd legt etw ab, jd zieht etw aus, jd entledigt sich einer S. (*gen*) *geh; de ses biens, sa fortune* jd gibt etw weg; *littér de sa pudeur, de son amour-propre, orgueil* jd legt etw ab; ■ **qc se dépouille** */style/* etw wird klarer; */paysage/* etw wird karger [*o* kahler]; ***l'arbre se dépouille*** [***de ses feuilles***] der Baum verliert seine Blätter

dépourvu, e [depuʀvy] *adj* ■ **qn/qc est ~ de qc** jd/etw ist ohne etw, jd/etw hat kein etw; ***cette chambre est ~e de chauffage*** dieses Zimmer hat keine Heizung; ***cette famille est ~e de tout*** dieser Familie fehlt es an allem, diese Familie ist vollkommen mittellos; ***on croirait vraiment que tu es ~ de bon sens*** man glaubt wirklich, dass du nicht ganz bei Verstand bist *fam;* ***il vivait dans un village ~ de tout*** er lebte in einem weltverlorenen Dorf
▶ **qn est ~** (*est sans ressources*) jd ist mittellos; **qn est** [*o* **se retrouve**] [*o* **se trouve**] **~** (*perd ses moyens*) jd ist [völlig] hilflos, jd ist wie gelähmt; (*lors d'un examen*) jd kommt [völlig] aus dem Konzept [*o* völlig durcheinander *fam*]; ***devant cette tâche il était complètement ~*** er stand völlig hilflos vor dieser Aufgabe, er war von dieser Aufgabe völlig überfordert; **qn/qc prend qn au ~** jd überrumpelt jdn, jd/etw trifft jdn unvorbereitet; **qn est pris(e) au ~ par qc** etw trifft jdn unvorbereitet

dépoussiérage [depusjeʀaʒ] *m* Entstauben *nt; fig* [*administration, institution*] Auffrischung *f,* Entmottung *f fam;* ***il faudrait procéder de temps en temps au ~ des sièges de cette voiture*** die Autositze müssten ab und zu entstaubt werden

dépoussiérer <5> [depusjeʀe] *vt* 1. (*nettoyer*) ■ **qn dépoussière qc** jd staubt etw ab
2. (*rajeunir*) ■ **qn/qc dépoussière qc** jd/etw frischt etw auf; ***la réforme est destinée à ~ la radio régionale*** die Reform soll den lokalen Sendern neue Impulse geben

dépravation [depʀavasjɔ̃] *f* Verfall *m;* ***la ~ des mœurs*** der Sittenverfall

dépravé, e [depʀave] I. *adj jugement* pervertiert, entartet; *goût a.* lasterhaft; *personne a.* verkommen
II. *m, f* verkommenes Individuum

dépraver <1> [depʀave] I. *vt* ■ **qn/qc déprave qn** jd/etw beeinflusst jdn negativ, jd bringt jdn auf die schiefe Bahn *fam*/etw verdirbt jdn; */argent/* etw korrumpiert jdn; ■ **qc déprave qc** *littér* etw beeinflusst etw negativ; *goût* etw verdirbt etw
II. *vpr* ■ **qn se déprave** jd sinkt moralisch immer tiefer; ■ **qc se déprave** */mœurs/* etw verfällt

dépréciation [depʀesjasjɔ̃] *f* [*bien, marchandise*] Wertverlust *m,* Wertminderung *f;* [*monnaie, valeurs a.*] Abwertung *f*

déprécier <1 a> [depʀesje] I. *vt* 1. (*faire perdre de la valeur*) ■ **qn/qc déprécie qc** *monnaie, valeur* jd wertet etw ab/durch etw wird etw abgewertet; *bien, marchandise* jd/etw mindert den Wert einer S. (*gen*)
2. (*minimiser*) ■ **qn déprécie qn/qc** jd setzt jdn/etw herab, jd schätzt jdn/etw gering; *services rendus, mérites* jd schmälert etw; ***tu ne penses qu'à ~ mes efforts*** du möchtest nur meine Bemühungen herabsetzen
II. *vpr* 1. (*se dévaluer*) ■ **qc se déprécie** */bien, marchandise/* etw verliert an Wert, etw büsst [an] Wert ein; */monnaie, valeur a./* etw wird abgewertet
2. (*se minimiser*) ■ **qn se déprécie** jd macht sich [selbst] schlecht

déprédation [depʀedasjɔ̃] *f gén pl* (*dégâts naturels ou dans la nature*) Schaden *m;* (*dégâts matériels causés par qn*) Beschädigung *f;* (*pillage*) Plünderung *f;* (*malversation*) Unterschlagung *f,* Veruntreuung *f*
▶ **qn commet** [*o* **se livre à**] **des ~s** jd verursacht Schäden, jd richtet Schaden an

dépressif, -ive [depʀesif, -iv] I. *adj* depressiv
II. *m, f* Depressive(r) *f(m);* ***c'est un grand ~*** er neigt zu Depressionen

dépression [depʀesjɔ̃] *f* 1. (*découragement*) [moralisches] Tief; PSYCH Depression *f*
2. METEO Tief *nt;* ~ ***atlantique*** atlantisches Tief, Tief über dem Atlantik; ~ ***atmosphérique/ barométrique*** Tief[druckgebiet *nt*]
3. ECON Konjunkturtief *nt,* Depression *f*
4. GEOG [*terrain*] Senke *f,* Mulde *f,* Vertiefung *f*
▶ **~ nerveuse** Nervenzusammenbruch *m;* **qc connaît/traverse une ~** [**économique**] etw macht eine Wirtschaftskrise durch; **qn fait une ~** [**nerveuse**]/**de la ~** jd hat einen Nervenzusammenbruch/jd ist depressiv [*o* hat Depressionen]

dépressionnaire [depʀesjɔnɛʀ] *adj* Tiefdruck-

dépressurisation [depʀesyʀizasjɔ̃] *f* [*avion*] Druckabfall *m;* ***~ de la cabine/ de l'avion*** Druckabfall in der Kabine/im Flugzeug

dépressuriser <1> [depʀesyʀize] *vt* ■ **qn/qc dépressurise qc** jd/etw vermindert den [Luft]druck in etw (*dat*)

déprimant, e [depʀimɑ̃, ɑ̃t] *adj* (*démoralisant*) entmutigend, deprimierend; (*affaiblissant*) schwächend, ermüdend

déprime [depʀim] *f fam* [moralisches] Tief, Katzenjammer *m fam;* ***depuis la mort de sa femme, il est en pleine ~*** seit dem Tod seiner Frau ist er total fertig [*o* total am Ende] *fam*
▶ **c'est la ~** es herrscht Flaute; **qn fait de la ~** jd ist deprimiert

déprimé, e [depʀime] *adj personne* deprimiert, niedergeschlagen, entmutigt; ■ **qc est ~** */bourse, économie/* etw ist flau, etw erlebt eine Flaute

déprimer <1> [depʀime] I. *vt* (*affaiblir*) ■ **qc déprime qn/qc** etw schwächt jdn/etw; ***les dernières statistiques ont fortement déprimé la Bourse*** die neuesten Statistiken haben sich sehr negativ auf die Börse[nkurse] ausgewirkt [*o* haben die Börsenkurse geschwächt]; ■ **qn/qc déprime qn** (*démoraliser*) jd/etw deprimiert jdn, jd/etw entmutigt jdn
II. *vi fam* ■ **qn/qc déprime** */personne/* jd ist deprimiert [*o* gedrückt], jd ist fertig *fam;* */marché, bourse, affaires/* etw ist flau, etw erlebt eine Flaute

déprogrammer <1> [depʀɔgʀame] *vt* 1. AUDIOV ■ **qn déprogramme qc** *émission, spectacle* jd nimmt etw aus dem Programm
2. INFORM ■ **qn déprogramme qc** *robot, automatisme, magnétoscope, téléviseur* jd programmiert etw um
3. (*déconditionner*) ■ **qn/qc déprogramme qn** etw bringt [*o* holt] jdn aus seinem Trott *fam*

déprolétariser <1> [depʀɔletaʀize] *vt* ■ **qn/qc déprolétarise qn/qc** jd/etw hebt jds sozialen Status/den sozialen Status einer S. (*gen*)

dépuceler <3> [depys(ə)le] *vt pop* ■ **qn dépucelle qn** jd entjungfert jdn; ■ **qn se fait ~ par qn** *hum* jd wird von jdm entjungfert

depuis [dəpɥi] I. *prép* 1. (*à partir de*) seit; ~ ***le jour où*** seit dem [*o* jenem] Tage, an dem; ~ ***quelle date*** seit wann; ~ ***Paris nous roulons sous la pluie*** seit Paris haben wir Regen; ***ce concert est retransmis ~ nos studios*** dieses Konzert wird aus unseren Studios übertragen; ***il sera bientôt possible de téléphoner ~ la Lune*** bald wird man vom Mond [aus] telefonieren können; ~ ***ma fenêtre on aperçoit la Tour Eiffel*** von meinem Fenster aus kann man den Eiffelturm sehen; ***toutes les tailles ~ le 36*** alle Größen ab Größe 36; ***tous les prix ~ 30 F*** alles ab 30 F; ~ ***Louis XIV/ le 11.06.*** seit Ludwig XIV./seit dem 11.06.; ~ ***son plus jeune âge elle rêve de …*** seit ihrer Kindheit [*o* seitdem sie jung ist,] träumt sie davon, …
2. (*durée, distance*) seit; ~ ***des mois*** seit Monaten; ***elle n'est partie que ~ 10 minutes*** sie ist erst seit 10 Minuten weg [*o* erst vor 10 Minuten gegangen]; ***j'attends ~ plus d'une heure*** ich warte schon seit mehr als einer Stunde [*o* schon über eine Stunde]; ***je n'ai pas été au théâtre ~ des siècles*** ich war schon ewig [*o* schon seit ewigen Zeiten] nicht mehr im Theater; ~ ***plusieurs kilomètres*** schon seit mehreren Kilometern
▶ **~ cela** [*o* **lors**] seither, seitdem; **~ … jusqu'à …** (*de … à*) von … bis zu/nach …; (*personne*) von … bis zu …; ~ ***l'Atlantique jusqu'à la Méditerranée*** vom Atlantik bis zum Mittelmeer; ~ ***Nancy jusqu'à Strasbourg*** von Nancy bis nach Straßburg; ~ ***le début jusqu'à la fin*** vom Anfang bis zum Ende; ~ ***le premier jusqu'au dernier*** vom Ersten bis zum Letzten; **~ longtemps** seit langem, seit langer Zeit; **~ peu** seit kurzem, seit kurzer Zeit; **~ quand?** seit wann?; **~ que** + *indic* seit[dem]; ~ ***que j'habite Londres, …*** seit[dem] ich in London wohne, …; **~ toujours** seit jeher, schon immer
II. *adv* seither, seit diesem Zeitpunkt

dépuratif, -ive [depyʀatif, -iv] I. *adj* abführend
II. *m* Abführmittel *nt*

députation [depytasjɔ̃] *f* 1. (*envoi*) Entsendung *f*
2. (*groupe*) Abordnung *f,* Delegation *f*
3. (*fonction*) Abgeordnetenmandat *nt;* ***elle est candidate à la ~*** sie kandidiert als Abgeordnete

député, e [depyte] *m, f* 1. (*parlementaire*) Abgeordnete(r) *f(m);* ■ **~ à qc** Abgeordnete(r) *f(m)* einer S. (*gen*) [*o* in einer S. (*dat*)]; ***les ~s à l'Assemblée nationale*** die Abgeordneten [in] der Nationalversammlung, ≈ die Bundestagsabgeordneten; ■ **~ de …** Abgeordnete(r) des Wahlkreises …
2. (*délégué*) Vertreter(in) *m(f)*

député-maire, ~e~ <~s-~s> [depytemɛʀ] *m* Abgeordneter [in der Nationalversammlung] und Bürgermeister/Abgeordnete [in der Nationalversammlung] und Bürgermeisterin *m/f*

déqualification [dekalifikasjɔ̃] *f* Qualifikationsminderung *f*

der [dɛʀ] *f* ▶ **la ~ des ~s** (*partie*) das Allerletzte; ***les combattants en 1914 s'imaginaient que ce serait la ~ des ~s*** die Kriegsteilnehmer glaubten 1914, dass dies der letzte [große] Krieg sei

déracinement [deʀasinmɑ̃] *m* 1. [*arbre*] Entwurzelung *f;* [*préjugé*] Ausrottung *f;* [*habitude*] Aufgeben *nt;* ***le ~ d'un préjugé n'est pas facile*** ein Vorurteil auszurotten [*o* aus der Welt zu schaffen] ist nicht immer leicht
2. (*expatriation*) Entwurzelung *f*

déraciner <1> [deʀasine] *vt* 1. (*arracher*) ■ **qn/qc déracine qc** *arbre, plante* jd/etw entwurzelt etw, jd reißt etw mit der Wurzel heraus; ■ **qn déracine qc** *préjugé* jd rottet etw aus, jd schafft etw aus der Welt; *habitude* jd gewöhnt sich (*dat*) etw ab, jd gibt etw auf, jd legt etw ab
2. (*expatrier*) ■ **qn/qc déracine qn** jd/etw entwurzelt jdn, jd/etw reißt jdn aus seiner gewohnten Umgebung

déraillement [deʀajmɑ̃] *m* 1. [*train*] Entgleisung *f*
2. [*personne, politique*] Abgleiten *nt*

dérailler <1> [deʀaje] *vi* 1. (*sortir des rails*) ■ **qc déraille** */train/* etw entgleist; ■ **qc fait ~ qc** etw bringt etw zum Entgleisen
2. *fam* (*déraisonner*) ■ **qn déraille** jd ist nicht mehr bei Trost *fam,* jd tickt nicht mehr ganz richtig *fam;* ***tu commences à ~*** du bist ja nicht mehr ganz bei Trost; ***il déraille complètement*** der spinnt total *fam;* ■ **qc déraille** (*mal fonctionner*) */machine, horloge/* etw funktioniert nicht richtig, etw hat seine Mucken *fam*

dérailleur [deʀajœʀ] *m* Kettenschaltung *f*

déraisonnable [deʀɛzɔnabl] *adj* unvernünftig

déraisonner <1> [deʀɛzɔne] *vi littér* ■ **qn déraisonne** jd ist nicht bei Trost

dérangé, e [deʀɑ̃ʒe] *adj* 1. *fam* (*fou*) ■ **qn est ~** jd spinnt *fam,* jd ist verrückt; ***il est un peu ~*** bei dem stimmt's nicht mehr ganz *fam,* der spinnt leicht *fam*
2. MED ■ **qn est ~** jd hat eine Magenverstimmung; ***qn a l'estomac/ l'intestin ~*** jd hat eine Magenverstimmung/Darmbeschwerden
3. (*désordonné*) ■ **qc est ~** etw ist unaufgeräumt

dérangement [deʀɑ̃ʒmɑ̃] *m* **1.** (*gêne*) Störung *f;* ***excusez-moi du*** *~!* entschuldigen Sie die Störung!; ***qc cause du/ beaucoup de*** *~* ***à qn*** etw bereitet jdm Umstände/große Umstände
2. (*déplacement*) Weg *m,* Gang *m*
▶ *~* **intestinal** Darmbeschwerden *pl,* Verdauungsstörung *f;* **qc est en** *~* etw ist gestört; ***la ligne/ mon téléphone est en*** *~* die Leitung ist gestört/mein Telefon funktioniert nicht richtig; **qc vaut le** *~ /pièce, film, spectacle/* es lohnt sich, in etw (*akk*) zu gehen; */ville, site/* es lohnt sich, etw zu besuchen; ***Ratisbonne vaut vraiment le*** *~!* Regensburg ist wirklich eine Reise wert!, es lohnt sich wirklich nach Regensburg zu fahren!

déranger <2 a> [deʀɑ̃ʒe] **I.** *vt* **1.** (*gêner*) ■ **qn/qc dérange qn** jd/etw stört jdn; ***je ne voudrais pas*** *~* ***le médecin pour un simple rhume*** ich möchte den Arzt nicht wegen eines einfachen Schnupfens bemühen [*o* belästigen]; ***ne pas*** *~!* bitte nicht stören!; ■ **cela** [*o* **ça**] **dérange qn de faire qc/ si on fait qc** es stört jdn [*o* es macht jdm etwas aus] etw zu tun/wenn etw getan wird; [***est-ce que***] ***ça vous dérange si je fume?*** stört es Sie [*o* macht es Ihnen etwas aus], wenn ich rauche?; ***ça ne vous dérange pas de m'accompagner?*** würde es Sie stören, mich zu begleiten?; ■ **qn/qc dérange qn/un animal** (*surprendre*) jd/etw stört jdn, jd/etw scheucht ein Tier auf
2. (*mettre en désordre*) ■ **qn/qc dérange qc** jd/etw bringt etw in Unordnung; *objets a.* jd/etw bringt etw durcheinander; *coiffure a.* jd/etw zerzaust etw
3. (*dérégler*) ■ **qn/qc dérange qc** *machine* jd/etw macht etw funktionsunfähig [*o* kaputt]; (*perturber*) *projets* jd/etw stößt etw um; ***l'orage d'hier soir a dérangé le temps*** seit dem Gewitter gestern Abend ist das Wetter unbeständig; ***ce repas m'a dérangé l'estomac*** von dem Essen habe ich eine Magenverstimmung; ***cet événement tragique lui a dérangé l'esprit*** dieses tragische Ereignis hat ihn um den Verstand gebracht; ***qn/ qc dérange mes plans*** jd/etw bringt meine Pläne durcheinander
II. *vi* ■ **qn/qc dérange** jd/etw ist unbequem, jd/etw sorgt für Unbehagen
III. *vpr* **1.** (*se déplacer*) ■ **qn se dérange** [**pour qn**] jd bemüht sich/jd tut etw für jdn; ***je veux bien me*** *~* ***pour vous*** ich kann das gerne für Sie tun; ***je me suis dérangé pour rien*** mein Gang war umsonst; ***ce médecin ne se dérange pas*** dieser Arzt macht keine Hausbesuche; ***le garage a refusé de se*** *~* ***pour me dépanner*** die Werkstatt war nicht bereit zu kommen, um meine Panne zu beheben; ***accepteriez-vous de vous*** *~* ***pour venir à notre aide*** wären Sie so freundlich, uns zu Hilfe zu kommen
2. (*s'interrompre*) ■ **qn se dérange** [**pour qn**] jd macht sich (*dat*) [wegen jdm] Umstände; ***vous prendrez bien un café? – Ne vous dérangez pas pour moi!*** trinken Sie einen Kaffee? – Machen Sie sich meinetwegen keine Umstände!; ***ne vous dérangez pas pour moi, je ne fais que passer*** lassen Sie sich nicht stören, ich bleibe nicht lange

dérapage [deʀapaʒ] *m* **1.** AUT Schleudern *nt;* SKI [seitliches] Abrutschen; ***il a fait un*** *~* ***sur la chaussée mouillée*** er ist auf nasser Straße ins Schleudern geraten [*o* gekommen]
2. (*verbal*) Ausrutscher *m*
3. (*dérive*): ***un*** *~* ***des prix*** ein Preisrutsch *m*
▶ *~* **de l'indice des prix** unerwarteter Anstieg des Preisindexes; *~* **contrôlé** kontrolliertes Schleudern

déraper <1> [deʀape] *vi* **1.** (*glisser*) ■ **qn/qc dérape** [**sur qc**] jd rutscht [auf etw (*dat*)] aus; */semelles/* etw rutscht [auf etw (*dat*)]; */voiture/* etw gerät [auf etw (*dat*)] ins Schleudern; ■ **qc fait** *~* **qc** *voiture* durch etw kommt etw ins Schleudern; ■ **qc dérape vers qc** *fig* etw geht in etw (*akk*); ***un roman de fiction qui dérape vers l'autobiographie*** ein fiktiver Roman, der ins Autobiografische geht; ***ce film dérape vers la pornographie*** dieser Film gleitet ins Pornographische ab
2. ECON ■ **qc dérape** */prix, politique économique/* etw gerät außer Kontrolle; */commerce extérieur/* etw lässt sich nicht mehr kontrollieren

dératé, e [deʀate] *m, f* ▶ **qn court comme un(e)** *~* jd läuft wie ein Verrückter/eine Verrückte [*o* ein Irrer/eine Irre]

dératisation [deʀatizasjɔ̃] *f* Rattenvertilgung *f,* Rattenvernichtung *f*

dératiser <1> [deʀatize] *vt* ■ **qn dératise qc** jd befreit etw von Ratten

derby [dɛʀbi] *m* [Lokal]derby *nt*

déréglé, e [deʀegle] *adj* **1.** (*dérangé*) *estomac* verstimmt, verkorkst *fam; pouls* unregelmäßig; *appétit* gestört; *machine, mécanisme* nicht in Ordnung; ***le temps/ climat est*** *~* das Wetter spielt verrückt *fam;* ***elle est*** *~* ***e par le décalage horaire*** durch die Zeitverschiebung ist sie ganz aus dem Rhythmus
2. (*désordonné*) *habitudes* unstet; *vie, existence, imagination* ausschweifend; *ambition* maßlos; *mœurs* unmoralisch; ***c'est un esprit*** *~* er/sie ist gestört

dérèglement [deʀɛgləmɑ̃] *m* [*appétit, machine, mécanisme*] Störung *f;* [*estomac*] Verstimmung *f;* [*esprit*] Verwirrung *f;* ***le*** *~* ***du climat*** die Klimastörung; ***le*** *~* ***de son esprit*** seine/ihre geistige Verwirrung

déréglementation [deʀɛgləmɑ̃tasjɔ̃] *f* Deregulierung *f*

déréglementer <1> [deʀɛgləmɑ̃te] *vt* ■ **qn/qc dereglemente qc** jd/etw dereguliert etw

dérégler <5> [deʀegle] **I.** *vt* **1.** (*déranger*) ■ **qn/qc dérègle qc** *machine, mécanisme* jd/etw verstellt etw/durch etw ist/wird etw verstellt; *appétit* etw bringt etw durcheinander; *climat* etw verändert etw; ***ce repas a déréglé mon estomac*** dieses Essen hat mir den Magen verdorben; ***il ne faudrait pas que ma présence dérègle tes habitudes*** ich möchte nicht, dass du meinetwegen deine Gewohnheiten änderst
2. (*pervertir*) ■ **qc dérègle qc** *mœurs* etw verdirbt etw; ***qc a déréglé sa conduite*** etw hat ihn/sie verdorben
II. *vpr* **1.** (*mal fonctionner*) ■ **qc se dérègle** */machine, mécanisme/* etw verstellt sich; */climat/* etw verändert sich; */estomac/* etw streikt, etw ist nicht in Ordnung; ***cette montre se dérègle sans cesse*** diese Uhr geht ständig falsch; ■ **qn se dérègle qc** *appétit, estomac* jd verdirbt sich (*dat*) etw
2. (*se pervertir*) ■ **qc se dérègle** */mœurs/* etw verfällt; ***depuis qu'elle le connait sa conduite s'est déréglée*** seit sie ihn kennt, hat sich ihr Verhalten [*o* hat sie sich] zum Negativen verändert

dérégulation [deʀegylasjɔ̃] *f* Deregulierung *f*

déresponsabiliser <1> [deʀɛspɔ̃sabilize] *vt* ■ **qn/qc déresponsabilise qn/qc** jd/etw nimmt jdm/einer S. die Verantwortung; ***rien ne déresponsabilise plus que de travailler dans ces conditions*** unter solchen Bedingungen zu arbeiten bedeutet so gut wie keine Verantwortung zu haben

dérider <1> [deʀide] **I.** *vt* ■ **qn/qc déride qn** jd/etw erheitert jdn, jd/etw heitert jdn auf
II. *vpr* ■ **qn/qc se déride** jd taut auf; */visage/* etw entspannt sich; ***elle ne se déride jamais*** sie bleibt immer ernst, sie lacht nie

dérision [deʀizjɔ̃] *f* Spott *m,* Hohn *m*
▶ **c'est une** *~* [**de faire qc**] das ist ja lächerlich [etw zu tun]; **qn tourne qn/ qc en** *~* jd verspottet [*o* verhöhnt] jdn/etw, jd treibt seinen Spott mit jdm/ etw; **de** *~* spöttisch, höhnisch; ***un geste de*** *~* eine spöttische [*o* höhnische] Geste; **par** *~* zum Hohn [*o* Spott]

dérisoire [deʀizwaʀ] *adj* lächerlich; ***ces articles sont vendus à des prix*** *~* ***s*** diese Ware wird spottbillig verkauft

dérisoirement [deʀizwaʀmɑ̃] *adv* lächerlich; ***la peine est*** *~* ***faible/ insuffisante*** die Strafe ist lächerlich [gering]; ***des prix*** *~* ***bas*** lächerlich geringe [*o* niedrige] Preise; ***ils ont fixé les prix*** *~* ***bas*** sie haben die Preise extrem heruntergesetzt

dérivatif [deʀivatif] *m* Ablenkung *f;* ■ *~* **à qc** Ablenkung von etw; ***cela ferait un*** *~* ***à tes soucis*** das würde dich von deinen Sorgen ablenken

dérivation [deʀivasjɔ̃] *f* **1.** [*cours d'eau, route*] Umleitung *f*
2. LING Ableitung *f,* Derivation *f*

dérive [deʀiv] *f* **1.** (*déviation*) [*avion, bateau*] Abdrift *f;* GEOG Verschiebung *f,* Drift *f; fig* [*politique*] Abrutschen *nt,* Abdriften *nt;* [*cours*] Drift *f;* [*monnaie*] Abfallen *nt;* [*économie*] Abflauen *nt;* ***la*** *~* ***des continents*** die Kontinentalverschiebung
2. AVIAT (*dispositif*) Seitenflosse *f;* NAUT [Haupt]schwert *nt*
▶ **qn est/va** [*o* **part**] **à la** *~* jd hat den Boden unter den Füßen verloren/jd verliert den Boden unter den Füßen, jd ist abgedriftet/driftet ab; **qc est/va** [*o* **part**] **à la** *~ /bateau, morceau de bois/* etw treibt [ab]; */projets/* etw geht den Bach runter *fam; /affaire, entreprise, économie/* mit etw geht es bergab; ***je laisse aller mes idées à la*** *~* ich lasse meine Gedanken treiben; **à la** *~* ziellos, ohne Halt; **en** *~*: ***le navire est en*** *~* das Boot treibt

dérivé, e [deʀive] **I.** *adj* ■ **qc est** *~* **de qc** */race/* etw stammt von etw ab; */style, œuvre d'art/littéraire/* etw imitiert etw, etw ahmt etw nach; CHIM etw wird aus etw gewonnen; ***le goudron est un produit*** *~* ***de la houille*** Teer wird aus Steinkohle gewonnen
II. *m* CHIM Derivat *nt;* LING Ableitung *f,* Derivat *nt*

dérivée [deʀive] *f* Ableitung *f,* abgeleitete Funktion

dériver <1> [deʀive] **I.** *vt* **1.** (*détourner*) ■ **qn dérive qc** [**dans qc**] jd leitet etw [in etw (*akk*)] um; ■ **qn dérive qc sur/vers qn** *fig* jd lässt etw an jdm aus, jd macht jdn zum Blitzableiter für etw
2. MATH ■ **qn dérive qc** jd leitet etw ab
3. LING ■ **qn dérive qc de qc** jd leitet etw von etw ab
II. *vi* **1.** LING ■ **qc dérive de qc** etw kommt aus etw; ***ce mot dérive du grec*** dieses Wort kommt aus dem Griechischen
2. (*s'écarter*) ■ **qc dérive** */barque/* etw treibt, etw driftet; ■ **qn dérive** jd schweift ab, jd kommt vom Thema ab; *soutenu* (*se perdre*) jd verliert sich

dériveur [deʀivœʀ] *m* (*voile*) Sturmsegel *nt;* (*petit voilier*) Jolle *f*

dermatologie [dɛʀmatɔlɔʒi] *f* Dermatologie *f*

dermatologue [dɛʀmatɔlɔg] *mf* Hautarzt/-ärztin *m/f,* Dermatologe/-login *m/f*

dermatose [dɛʀmatoz] *f* Hautkrankheit *f*

derme [dɛʀm] *m* Lederhaut *f*

dermique [dɛʀmik] *adj* Haut-; *tissu* *~* Hautgewebe *nt*

dernier, -ière [dɛʀnje, -jɛʀ] **I.** *adj* **1.** *antéposé* (*ultime*) letzte(r, s); *étage a.* oberste(r, s); ***la*** *~* ***ière marche*** (*la plus haute*) die oberste Stufe; (*la plus basse*) die unterste Stufe; ***de la première à la*** *~* ***ière page*** von der ersten bis zur letzten Seite; ***avant le 15 mai,*** *~* ***délai*** bis spätestens 15. Mai
2. *antéposé* (*en ultime position*) letzte(r, s); ***qn arrive*** *~***(-ière)** (*le plus tard*) jd trifft als Letzter/Letzte ein; (*le plus mauvais*) jd ist Letzter/Letzte; ***c'est bien la*** *~* ***ière personne à qui je confierais un tel secret*** er/sie ist der/ die Letzte, dem/der ich ein derartiges Geheimnis anvertrauen würde; ***tu arrives toujours bon*** *~!* du bist wirklich immer der Letzte!; ***elle a été reçue*** *~* ***ière au concours*** sie bestand die Prüfung als Letzte [*o* Schlechteste]; ■ **qn est** *~***(-ière)** jd ist der/die Letzte [*o* Schlechteste]; ***en classe elle est presque toujours*** *~* ***ière*** in der Schule ist sie fast immer die Letzte [*o* Schlechteste]
3. *antéposé* (*le plus récent*) *œuvre, temps, heure* letzte(r, s); *mode, nouvelles, édition a.* neueste(r, s); *événements a.* jüngste(r, s); ***ces*** *~* ***s temps/ jours*** in letzter [*o* in der letzten] Zeit/in den letzten Tagen; ***aux*** *~* ***ières nouvelles*** nach [den] neuesten Nachrichten; ***il est toujours habillé à la*** *~* ***ière mode*** er ist immer nach der letzten [*o* neuesten] Mode gekleidet; ***ce chapeau est du*** *~* ***cri*** dieser Hut ist der letzte Schrei
4. *antéposé:* ***qn examine qc dans les*** *~* ***s détails*** jd überprüft etw bis ins Letzte [*o* Kleinste] [*o* bis in alle Einzelheiten]; ***qc est du*** *~* ***chic*** etw ist äußerst [*o* ausgesprochen] schick; ***avec la*** *~* ***ière énergie*** mit äußerstem Nachdruck, äußerst energisch; ***qc est du*** *~* ***ridicule*** etw ist absolut lächerlich; ***de la*** *~* ***ière importance*** von äußerster Wichtigkeit, äußerst wichtig; ***le*** *~* ***degré de souffrance*** die schlimmste Stufe des Leidens
5. *antéposé* (*pire*) letzte(r, s), schlimmste(r, s); ***c'était la*** *~* ***ière chose à faire*** das war das Schlimmste, was man machen konnte
6. *antéposé* (*du mourant*) letzte(r, s); ***dans ses*** *~* ***s temps, elle était ...*** in

der Zeit vor ihrem Tod war sie …; ***il est allé rendre à son père les ~s devoirs*** er hat seinem Vater die letzte Ehre erwiesen; ***sa ~ière heure*** seine/ihre letzte Stunde, die Stunde seines/ihres Todes; ***j'ai bien cru que ma ~ière heure était venue*** ich dachte tatsächlich, mein letztes Stündchen hätte geschlagen; ***le ~ soupir*** der letzte Atemzug; ***les ~s sacrements*** die Sterbesakramente; ***il a accompagné son ami à sa ~ière demeure*** er hat seinem Freund das Totengeleit gegeben; ***ses ~ières volontés*** sein/ihr letzter Wille

7. *antéposé* (*antérieur*) *gagnant, propriétaire* letzte(r, s), vorhergehende(r, s); *postposé an, mois, semaine, siècle* letzte(r, s), vergangene(r, s), vorige(r, s); ***l'an ~ à cette époque, j'étais …*** letztes [*o* vergangenes] Jahr um diese Zeit war ich …; ***au siècle ~*** im letzten [*o* vorigen] Jahrhundert

8. *antéposé* (*final*) *analyse, dispositions, effort, mot, prix, recours, regard, ressort* letzte(r, s); ***c'est ma ~ière chance*** das ist meine letzte Chance

II. *m, f* (*chose/personne ultime*) ■ **le/la ~(-ière)** (*dans le temps*) der/die/das Letzte; (*pour le mérite*) der/die/das Letzte, der/die/das Schlechteste; ***il est arrivé le ~, c'est lui le ~ arrivé*** er kam als Letzter, er war der Letzte; ***le ~ qui sortira fermera la porte*** wer [*o* der[jenige], der] als Letzter geht, schließt die Tür; ***elle a tendance à gâter son ~*** sie neigt dazu, ihren Letzten [*o* Jüngsten] [*o* Kleinsten] zu verwöhnen; ***c'est le ~ de mes soucis*** das ist wirklich der geringste [*o* letzte] Sorge; ***ils ont été tués jusqu'au ~*** sie sind bis auf den Letzten getötet worden; ***j'habite au ~*** ich wohne ganz oben [*o* im obersten Stockwerk]; ***il est le ~ de sa classe*** er ist der Schlechteste [*o* Letzte] in seiner Klasse; ■ **qn est le/la ~(-ière) à faire qc** jd ist der Letzte/die Letzte, der/die etw tun könnte; ■ **qn est le/la ~(-ière) qui/à qui/sur qui …** + *subj o cond* jd ist der Letzte, der/dem/auf den …/die Letzte, die/der/auf die …; ***il est le ~ à pouvoir/qui puisse réaliser une telle performance*** er ist der Letzte, der eine derartige Leistung vollbringen könnte/er könnte als Letzter eine derartige Leistung vollbringen; ***c'est le ~ sur qui on puisse compter*** er ist der Letzte, auf den man sich verlassen könnte; ***elle est la ~ière à qui j'oserais demander un tel service*** sie würde ich als Letzte um einen derartigen Gefallen bitten

► **les ~s seront les premiers** die Letzten werden die Ersten sein; **le petit ~/la petite ~ière** der/die Jüngste, das Nesthäkchen *fam;* **qn est le/la ~(-ière) des …** *des cons, des imbéciles, des andouilles, des voleurs* jd ist der/die letzte …, jd ist der/die schlimmste …; ***ce type est le ~ des imbéciles/filous*** er ist doch wirklich der letzte Dummkopf/der größte Gauner; ***on le traite comme le ~ des ~s*** man behandelt ihn wie den letzten Dreck *fam;* ***il est le ~ des ~s, ce type*** dieser Typ ist doch der Allerletzte [*o* Allermieseste] *fam;* **rira bien qui rira le ~** *prov* wer zuletzt lacht, lacht am besten; **ce ~/cette ~ière** Letzterer/Letztere/Letzteres; **dans les ~s** als eine(r) der Letzten, unter den Letzten; **en ~** als Letzte(r, s), zum Schluss; ***on l'a inscrit en ~ sur la liste*** er wurde als Letzter auf die Liste eingetragen

III. *f* ■ **la dernière** (*représentation*) die Schlussvorstellung; *fam* (*histoire, nouvelle*) das Neueste

dernièrement [dɛʀnjɛʀmɑ̃] *adv* (*récemment*) vor kurzem, neulich; ***j'ai appris cette nouvelle tout ~*** ich habe diese Neuigkeit gerade erst gehört

dernier-né, dernière-née <~s-~s> [dɛʀnjene, dɛʀnjɛʀne] *m, f* Letztgeborene(r) *f(m),* Jüngste(r) *f(m);* ***la dernière-née des voitures de course*** der neueste Rennwagen

dérobade [deʀɔbad] *f* Ausweichmanöver *nt;* (*verbale a.*) Ausflucht *f*

dérobé, e [deʀɔbe] *adj escalier, porte* Geheim-, versteckt

dérobée [deʀɔbe] *f* ►**à la ~** heimlich, verstohlen

dérober <1> [deʀɔbe] **I.** *vt* **1.** (*voler*) ■ **qn dérobe qc [à qn]** *objet* jd stiehlt [*o* raubt] [*o* entwendet] [jdm] etw; *secret* jd entlockt [jdm] etw; *baiser* jd raubt [*o* stiehlt] [jdm] etw

2. *form* (*dissimuler*) ■ **qn/qc dérobe qn/qc [à qn/qc]** jd/etw verbirgt [jdm/einer S.] jdn/etw; (*soustraire*) *à la justice, mort, à un danger* jd/etw schützt [*o* bewahrt] jdn/etw [vor jdm/etw]; ***une palissade le dérobait à ma vue*** durch einen Zaun war er meinem Blick entzogen; ***l'avocat n'est pas parvenu à ~ son client au châtiment*** der Rechtsanwalt konnte seinem Klienten die Strafe nicht ersparen

II. *vpr* **1.** (*refuser d'assumer*) ■ **qn se dérobe [à qc]** *à son devoir, à ses obligations* jd entzieht sich [einer S. (*dat*)], jd drückt sich [vor etw (*dat*)] *fam,* jd läuft [vor etw (*dat*)] davon; *discussion a.* jd weicht [einer S. (*dat*)] aus

2. (*se cacher de*) ■ **qn se dérobe [à qn/qc]** *à la police* jd verbirgt sich [vor jdm]; ***qn se dérobe à la curiosité des villageois*** jd entgeht der Neugier der Dorfbewohner; ***qn se dérobe aux regards de la foule*** jd entzieht sich den Blicken der Menge; ***elle se déroba à son étreinte*** sie wich seiner Umarmung aus

3. (*s'effondrer*) ■ **qc se dérobe [sous qn/qc]** /*sol*/ etw gibt [unter jdm/etw] nach; ***ses genoux se dérobèrent [sous lui]*** seine/ihre Knie gaben [unter ihm/ihr] nach, seine/ihre Knie versagten

4. SPORT ■ **un animal se dérobe** ein Tier bricht aus [*o* verweigert]

dérogation [deʀɔgasjɔ̃] *f* (*exception*) Sonderregelung *f,* Ausnahme *f;* (*violation*) Verstoß *m;* ***ce règlement admet quelques ~s*** diese Regelung sieht einige Sonderfälle vor; ***cet acte est une ~ à la loi*** diese Handlung ist ein Verstoß [*o* verstößt] gegen das Gesetz

► **par ~** aufgrund einer Sonderregelung; ***il a été autorisé par ~ [spéciale] à faire qc*** er hatte eine Sondererlaubnis bekommen, um etw zu tun

déroger <2 a> [deʀɔʒe] *vi* ■ **qn/qc déroge à qc** *à une convention, la loi, un usage* jd/etw verstößt gegen etw; ***il n'a jamais dérogé à ses habitudes*** er hat niemals seinen Gewohnheiten zuwidergehandelt

dérouillée [deʀuje] *f pop* Prügel *pl,* Dresche *f fam;* ***mon père m'a collé une de ces ~s!*** mein Vater hat mir vielleicht eine Tracht Prügel verpasst! *fam*

► **qn prend [*o* reçoit] une ~** jd bezieht [*o* bekommt] Prügel

dérouiller <1> [deʀuje] **I.** *vt* **1.** *pop* (*donner une correction à*) ■ **qn dérouille qn** jd verprügelt [*o* verdrischt *fam*] jdn; ***je vais lui ~ la gueule à ce salaud*** *vulg* ich werde diesem Schwein eins in die Fresse hauen *vulg*

2. (*ôter la rouille*) ■ **qn dérouille qc** jd entrostet etw, jd entfernt den Rost von etw; ***il a fallu que je commence par ~ ma mémoire*** ich musste mein Gedächtnis erst mal wieder ölen *fam* [*o* in Schwung bringen]

II. *vi pop* (*recevoir une correction*) ■ **qn dérouille** jd steckt ein *fam;* (*souffrir*) jd macht etwas durch; ***ils étaient quatre à le tabasser, qu'est-ce qu'il a dérouillé!*** sie haben ihn zu viert verprügelt, der hat was eingesteckt! *fam;* ***j'ai eu une de ces grippes, j'ai drôlement dérouillé!*** ich hatte vielleicht eine Grippe, ich hab' ganz schön was durchgemacht! *fam*

III. *vpr* ■ **qn se dérouille qc** *muscles* jd bewegt etw, jd verschafft einer S. (*dat*) Bewegung; *esprit, mémoire* jd bringt etw wieder in Schwung; ***qn se dérouille les jambes*** jd vertritt sich (*dat*) die Beine

déroulement [deʀulmɑ̃] *m* **1.** (*processus*) Verlauf *m;* (*suite des faits*) Ablauf *m;* ***le ~ de l'action/de la pièce se situe en Italie*** die Handlung/das Stück spielt in Italien; ***le ~ du crime a été reconstitué*** der Ablauf des Verbrechens wurde rekonstruiert; ***le ~ de la cérémonie s'est effectué dans le calme*** die Zeremonie ist ruhig verlaufen; ***pendant le ~ du film*** während des Films, während der Film lief

2. (*fait de dérouler*) [*rouleau, tuyau*] Abrollen *nt,* Auseinanderrollen *nt;* [*bobine*] Abspulen *nt;* ***le ~ de ce vieux parchemin exige de grandes précautions*** dieses alte Pergament muss mit äußerster Vorsicht auseinander gerollt werden; ***le ~ de la pellicule se fait manuellement*** der Film wird manuell transportiert

dérouler <1> [deʀule] **I.** *vt* **1.** (*dévider*) ■ **qn déroule qc** *tuyau, rouleau* jd rollt etw ab [*o* auseinander]; *bobine* jd spult etw ab; *store* jd lässt etw herab; ***le serpent déroule ses anneaux*** *littér* die Schlange rollt sich auseinander; ***la rivière déroule ses méandres à travers la prairie*** *littér* der Fluss schlängelt sich durch die Wiese

2. (*suivre*) ■ **qn déroule qc** jd lässt etw ablaufen; ***il déroule dans son esprit les événements qu'il a vécus la veille*** im Geiste lässt er noch einmal die Ereignisse des Vortages ablaufen; ***le film déroule son intrigue*** die Handlung des Films nimmt ihren Verlauf

II. *vpr* **1.** (*s'écouler*) ■ **qc se déroule quelque part/d'une certaine manière** /*vie, cérémonie, maladie*/ etw verläuft irgendwo/irgendwie; /*crime, idylle*/ etw spielt sich irgendwo/irgendwie ab; /*action, pièce, film*/ etw spielt irgendwo/verläuft irgendwie; ***les événements qui se déroulent au Rwanda*** die Ereignisse in Ruanda; ***les faits/événements se sont déroulés le 18 juin*** die Ereignisse haben sich am 18. Juni abgespielt; ***la manifestation s'est déroulée dans le calme*** die Demonstration ist ruhig verlaufen; ***le drame s'est déroulé sous nos yeux*** das Drama hat sich vor unseren Augen abgespielt; ■ **qc se déroulera quelque part** etw findet irgendwo statt; ***la cérémonie se déroulera le samedi 11 juin à …*** die Zeremonie findet am Samstag, den 11. Juni, in … statt

2. (*se dévider*) ■ **qc se déroule** /*rouleau, ruban, tuyau*/ etw rollt sich auseinander [*o* auf]; /*bobine*/ etw spult [*o* wickelt] sich ab; ***pour permettre à la pellicule de se ~, il faut …*** um den Film abzuspulen muss man …

3. *littér* (*se déployer*) ■ **qc se déroule quelque part/d'une certaine manière** /*paysage, panorama*/ etw erstreckt sich irgendwo; ***les anneaux du boa se déroulent lentement*** die Boa rollt sich langsam auseinander

déroutant, e [deʀutɑ̃, ɑ̃t] *adj* verwirrend; *nouvelle* unerwartet; *contradiction, attitude* unerklärlich; ***je ne m'attendais pas à une question aussi ~e*** auf eine derartige Frage war ich nicht gefasst, die Frage kam für mich vollkommen unerwartet; ***c'est vraiment qn de ~*** er/sie ist wirklich unberechenbar

déroute [deʀut] *f* (*fuite*) Flucht *f; fig* Niederlage *f,* Debakel *nt*

► **qn/qc met qn en ~** *manifestants* jd/etw vertreibt jdn, jd/etw treibt jdn auseinander [*o* verjagt jdn]; *armée* jd/etw schlägt jdn [in die Flucht]; **en ~** *manifestants* vertrieben, auseinander getrieben; *armée* [in die Flucht] geschlagen

déroutement [deʀutmɑ̃] *m* [*avion, navire*] Kursänderung *f;* ***il a fallu donner aux avions des ordres de ~ vers d'autres aéroports*** die Flugzeuge mussten aufgefordert werden, andere Flughäfen anzufliegen

dérouter <1> [deʀute] *vt* **1.** (*écarter de sa route*) ■ **qn/qc déroute qc [sur …]** jd/etw leitet [*o* dirigiert] etw [nach …] um, jd/etw lässt etw … ansteuern; *avion a.* jd/etw lässt etw … anfliegen; ***le vol 607 est dérouté sur Orly*** der Flug 607 wird nach Orly [um]dirigiert [*o* umgeleitet]

2. (*déconcerter*) ■ **qn/qc déroute qn** jd/etw verunsichert jdn, jd/etw bringt jdn aus der Fassung, jd/etw verwirrt jdn; *orateur, candidat a.* jd/etw bringt jdn aus dem Konzept; ***il est complètement dérouté par ces nouvelles méthodes*** er ist von diesen neuen Methoden vollkommen überfordert

derrick [deʀik] *m* Bohrturm *m*

derrière [dɛʀjɛʀ] **I.** *prép* **1.** (*sans mouvement*) hinter (+ *dat*); (*avec mouvement*) hinter (+ *akk*); ***le ballon se trouve/est tombé ~ le mur*** der Ball liegt hinter der Mauer/ist hinter die Mauer gefallen; ***il s'est enfui sans regarder ~ lui*** er lief weg ohne sich umzusehen; ***ma place est ~ lui en classe*** in der Schule sitze ich hinter ihm; ***j'ai une rude journée ~ moi*** ich habe einen harten Tag hinter mir; ***qn/qc se situe [juste] ~ qn/qc*** jd/etw kommt [gleich] hinter jdm/etw; ***l'équipe italienne se situe ~ les Danois*** die italienische Mannschaft liegt hinter den Dänen

2. *fig* (*avec, pour*) hinter (+ *dat*); (*au delà de*) hinter (+ *dat*); ***qn a qn/qc ~ lui*** jd hat jdn/etw hinter sich (*dat*); ***~ sa générosité se cache l'intérêt le plus sordide*** hinter seiner Großzügigkeit verbirgt sich der pure Eigennutz

► **qn est ~ qn** (*le soutient*) jd steht hinter jdm; (*le suit*) jd ist hinter jdm her; **qn fait qc ~ qn** jd tut etw hinter jds Rücken (*dat*); **qn laisse qn/qc ~ soi** (*abandonne*) jd lässt jdn/etw zurück; (*après la mort*) jd hinterlässt jdn, jd lässt jdn zurück; SPORT jd lässt jdn/etw hinter sich (*dat*); **de ~ qc** hinter etw (*dat*) vor; ***il sortit de ~ le buisson*** er trat hinter dem Busch [her]vor; **par ~ qc** hinter etw (*dat*) herum; ***passez par ~ [la maison]!*** gehen Sie hinten [ums Haus] herum!

II. *adv* **1.** hinten; ***il marche toujours*** ~ er geht immer hinterher, er geht immer am Ende; ***qn reste loin*** ~ jd bleibt weit zurück; ***il court*** ~ ***pour le rattraper*** er läuft hinterher, um ihn einzuholen; ***ce chemisier se boutonne*** ~ diese Bluse wird hinten [*o* am Rücken] geknöpft

2. *fig* (*en renfort*) zur Unterstützung; ***s'il n'avait pas eu ses parents*** ~, ***il n'aurait pas pu faire tout cela*** wenn er seine Eltern [*o* die Unterstützung seiner Eltern] nicht gehabt hätte, hätte er all das nicht tun können; ***il n'a pas fait ça tout seul; tu peux être sûr qu'il y avait quelqu'un*** ~ das hat er nicht allein gemacht; du kannst sicher sein, dass ihn jemand unterstützt hat [*o* dass da jemand mitgeholfen hat]

▶ **de** ~ von hinten; **là** ~ da hinten; ***que fais-tu là*** ~? was machst du denn da hinten?; ***il y a certainement quelqu'un là*** ~ da steckt doch sicher jemand dahinter

III. *m* **1.** (*partie arrière*) ■ **le** ~ **de qc** *de la maison, l'immeuble* die Rückseite einer S. (*gen*); ***la porte de*** ~ die Hintertür; ***la poche de*** ~ ***du pantalon*** die hintere Hosentasche, die Gesäßtasche; ***la roue de*** ~ das Hinterrad; ***le*** ~ ***de la tête*** der Hinterkopf

2. *fam* (*postérieur*) [*animal*] Hinterteil *nt;* [*personne*] Hintern *m fam*

▶ **le** ~ **à l'air** [*o* **au vent**] *fam* mit nacktem Po [*o* Hintern] *fam;* **qn botte le** ~ **à qn** jd versohlt jdm den Hintern [*o* Po] *fam;* **qn en reste** [*o* **tombe**] **sur le** ~ jdm bleibt der Mund offen stehen *fam,* jd ist sprachlos

des [de] = **de les** *v.* **de**

dès [dɛ] *prép* (*à partir de*) schon, bereits; ~ ***le matin elle chante*** schon morgens singt sie; ~ ***l'époque romaine on connaissait ...*** schon zu Zeiten der Römer kannte man ...; ~ ***mon retour je ferai ...*** gleich nach meiner Rückkehr werde ich ...; ~ ***l'abord je l'ai reconnu*** ich habe ihn sofort [*o* sogleich] wieder erkannt; ~ ***le 14 août, nous partirons en vacances*** gleich am 14. August fahren wir in die Ferien; ~ ***Valence*** schon ab Valence; ***j'ai remarqué*** ~ ***l'entrée que quelqu'un était venu*** schon beim Eintreten merkte ich, dass jemand gekommen war; ~ ***la sortie de Paris*** gleich außerhalb von Paris, schon als wir aus Paris herausfuhren; ~ ***le premier verre il roula sous la table*** schon [*o* bereits] nach dem ersten Glas kippte er unter den Tisch; ~ ***la troisième chanson*** bereits [*o* schon] beim dritten Lied; ~ ***son entrée dans la profession, elle était considérée comme ...*** ab [*o* mit] dem Eintritt in den Beruf galt sie als ...

▶ ~ **lors** (*à partir de ce moment-là*) von da an, von diesem Zeitpunkt an; (*par conséquent*) infolgedessen; ~ **lors que** + *indic* (*puisque*) da, nachdem; ~ **maintenant** ab sofort; ~ **que** + *indic* sobald

désabonner <1> [dezabɔne] *vpr* ■ **qn se désabonne** [**à qc**] jd kündigt sein Abonnement [einer S. (*gen*)]

désabusé, e [dezabyze] *adj expression, geste, moue* enttäuscht; *attitude* lustlos; *personne* desillusioniert; ***qn prend un air*** ~ jd macht ein enttäuschtes Gesicht; ■ ~ **de qc** einer S. (*gen*) überdrüssig [*o* leid]

désabuser <1> [dezabyze] *vt form* ■ **qn/qc désabuse qn** [**de qc**] jd/etw nimmt jdm die Illusionen [über etw (*akk*)]; ***je l'ai désabusé*** ich habe ihm die Augen geöffnet, ich habe ihm seine Illusionen genommen

désaccord [dezakɔʀ] *m* **1.** (*mésentente*) ■ ~ [**entre des personnes/entre qn et qn**] Unstimmigkeiten *pl* [zwischen Menschen/zwischen jdm und jdm]

2. (*divergence*) Unterschiedlichkeit *f,* Divergenz *f;* ***un*** ~ ***d'idées*** eine Meinungsverschiedenheit; ■ ~ **entre des personnes/entre qn et qn** Uneinigkeit *f* zwischen Menschen/jdm und jdm; ■ ~ **entre des choses/qc et qc** Divergenz zwischen Dingen/etw und etw; ■ ~ **sur qc** Uneinigkeit über etw (*akk*)

3. (*désapprobation*) Missbilligung *f;* ***qn exprime son*** ~ ***sur qc*** jd bringt seine Missbilligung einer S. (*gen*) zum Ausdruck

4. (*contradiction*) Diskrepanz *f;* ■ ~ **entre des choses/qc et qc** Diskrepanz zwischen Dingen/etw und etw; ***il y a souvent*** ~ ***entre la théorie et la pratique*** Theorie und Praxis stimmen oft nicht überein [*o* stehen oft im Widerspruch [zueinander]]; ***un*** ~ ***subsiste entre leurs intérêts*** ihre Interessen gehen weiterhin auseinander

▶ **qn est en** ~ **avec qn/qc** [**sur qc**] jd stimmt mit jdm/etw [in etw (*dat*)] nicht überein, jd ist mit jdm/etw [in etw (*dat*)] nicht einverstanden; **des personnes/qn et qn sont en** ~ [**sur qc**] Menschen/jd und jd stimmen [in etw (*dat*)] nicht überein, jd stimmt mit jdm [in etw (*dat*)] nicht überein, jd ist [in etw (*dat*)] nicht mit jdm einverstanden; **qc est en** ~ **avec qc** [**sur qc**] etw deckt sich mit etw [in etw (*dat*)] nicht; **des choses/qc et qc sont en** ~ [**sur qc**] Dinge stimmen [in etw (*dat*)] nicht überein, etw stimmt [in etw (*dat*)] nicht mit etw überein, Dinge decken sich [in etw (*dat*)] nicht, etw deckt sich [in etw (*dat*)] nicht mit etw

désaccordé, e [dezakɔʀde] *adj* verstimmt

désaccorder <1> [dezakɔʀde] **I.** *vt* ■ **qc désaccorde qc** etw verstimmt etw

II. *vpr* ■ **qc se désaccorde** etw verstimmt sich, etw ist verstimmt

désaccoutumance [dezakutymɑ̃s] *f* ■ ~ [**à qc**] Entwöhnung *f* [von etw]; ***la*** ~ ***aux drogues dures est pratiquement impossible*** es ist kaum möglich, von harten Drogen loszukommen [*o* wegzukommen]; ***la*** ~ ***à la cigarette/l'alcool est difficile*** es ist schwer, das Rauchen/Trinken aufzugeben [*o* sich (*dat*) das Rauchen/Trinken abzugewöhnen]

désaccoutumer <1> [dezakutyme] **I.** *vt* ■ **qn désaccoutume qn de qc/de faire qc** jd bringt jdn von etw ab [*o* weg *fam*]/davon ab, etw zu tun; ***il faut*** ~ ***cet enfant de*** [***son habitude de***] ***contredire*** man muss diesem Kind das Widersprechen abgewöhnen; ***qn désaccoutume qn du tabac/de l'alcool*** jd bringt jdn vom Rauchen/Trinken weg *fam;* ***il faudrait le*** ~ ***de cette mauvaise habitude*** man sollte ihm diese schlechte Gewohnheit abgewöhnen, man sollte ihm das abgewöhnen

II. *vpr* ■ **qn se désaccoutume de qc/de faire qc** *de la drogue* jd kommt von etw los [*o* weg]; *d'une manie* jd gewöhnt sich (*dat*) etw ab; ***il a enfin réussi à se*** ~ ***de fumer/du tabac*** er hat sich endlich doch das Rauchen abgewöhnen können

désacralisation [desakʀalizasjɔ̃] *f soutenu* Profanierung *f geh*

désacraliser <1> [desakʀalize] *vt soutenu* ■ **qn désacralise qc** jd profaniert etw *geh;* ■ **qc désacralise qn** durch etw verliert jd seine Aura; ■ **qc désacralise qc** durch etw wird etw entweiht [*o* profaniert *geh*]; ***la révolution culturelle a désacralisé les enseignants aux yeux des élèves*** durch die kulturelle Revolution haben die Schüler die Ehrfurcht vor den Lehrern verloren

désaffecté, e [dezafɛkte] *adj église, école* geschlossen; *usine, gare* stillgelegt; (*qui a perdu sa destination première*) ehemalige(r, s), frühere(r, s); ***une usine*** ~***e*** eine ehemalige [*o* frühere] Fabrik

désaffection [dezafɛksjɔ̃] *f* Unbeliebtheit *f;* ***qn/qc subit une*** ~ jd/etw büßt an Beliebtheit ein; ■ ~ **pour qc** Abneigung *f* gegen etw; ***sa*** ~ ***pour le métier qu'il exerce va grandissant*** er übt seinen Beruf immer weniger gern aus

désagréable [dezagʀeabl] *adj* unangenehm; ■ **qc est** ~ **à qn** etw ist jdm unangenehm; ■ **qc est** ~ **à faire** es ist unangenehm, etw zu tun; ***ces enfants sont*** ~***s à garder*** es ist unangenehm, auf diese Kinder aufzupassen; ■ **qn est** ~ **avec qn** jd ist unfreundlich zu jdm, jd ist jdm gegenüber unangenehm

▶ **pas** ~ [**à faire**] nicht unangenehm [zu tun]; ***elle n'est pas*** ~ ***à regarder*** sie ist ein erfreulicher Anblick; ***voilà un chèque pas*** ~ ***à encaisser*** diesen Scheck zahlt man gerne ein

désagréablement [dezagʀeabləmɑ̃] *adv* unangenehm; ***il nous a répondu*** ~ er hat uns barsch geantwortet

désagrégation [dezagʀegasjɔ̃] *f* **1.** (*désintégration*) [*roche*] Zerfall *m,* Verwitterung *f;* [*cadavre*] Verwesung *f;* CHIM Zerfall *m*

2. *fig* (*chute*) [*nation, empire*] Zerfall *m;* [*groupe, équipe*] Auflösung *f;* ~ ***de la personnalité*** Persönlichkeitsspaltung *f,* Persönlichkeitszerfall

désagréger <2 a, 5> [dezagʀeʒe] **I.** *vt* **1.** (*désintégrer*) ■ **qc désagrège qc** *corps chimique, roche* etw zersetzt etw; *cadavre a.* etw lässt etw verwesen

2. *fig* (*détruire*) ■ **qc désagrège qc** *nation, empire* etw führt zum Verfall einer S. (*gen*); *groupe, parti, équipe* etw sprengt etw

II. *vpr* ■ **qc se désagrège** /*corps chimique*/ etw zerfällt; /*roche a.*/ etw verwittert; /*cadavre*/ etw verwest; /*foule*/ etw löst sich auf, etw geht auseinander; ***tout son système de défense s'est désagrégé*** sein ganzes Abwehrsystem ist zusammengebrochen

désagrément [dezagʀemɑ̃] *m* Unannehmlichkeit *f;* ***je prévois pour vous bien des*** ~***s*** ich sehe unangenehme Zeiten auf Sie zukommen; ***cette voiture m'a valu bien des*** ~***s*** ich hatte nur Ärger mit diesem Auto; ***qn/qc attire*** [***o cause***] ***bien du*** ~ ***à qn*** jd/etw macht [*o* bereitet] jdm Unannehmlichkeiten; ***avec ces enfants, je n'aurai connu que des*** ~***s*** diese Kinder haben mir letztlich nur Sorgen bereitet

désaltérant, e [dezalteʀɑ̃, ɑ̃t] *adj* durststillend; ***le thé est*** ~ Tee ist gut gegen den Durst, Tee löscht den Durst

désaltérer <5> [dezalteʀe] **I.** *vt, vi* ■ **qc désaltère** [**qn**] etw stillt [*o* löscht] den Durst/jds Durst; ***le vin ne désaltère pas*** Wein stillt den Durst nicht

II. *vpr* ■ **qn/un animal se désaltère** jd/ein Tier stillt seinen Durst; ***j'ai envie de me*** ~ ich würde gerne etwas trinken

désamorçage [dezamɔʀsaʒ] *m* **1.** [*arme*] Sicherung *f;* [*bombe*] Entschärfung *f;* [*dynamo*] Ausfall *m;* [*pompe*] Leeren *nt;* [*pompe, siphon*] Trockenlegung *f;* ***le*** ~ ***de la pompe est indispensable*** man muss die Pumpe unbedingt entwässern [*o* leer laufen lassen]

2. *fig* (*neutralisation*) [*situation, conflit, crise*] Entschärfung *f*

désamorcer <2> [dezamɔʀse] **I.** *vt* **1.** (*interrompre le fonctionnement de*) ■ **qn désamorce qc** *arme* jd sichert etw; *obus* jd entschärft etw; *pompe, siphon* jd legt etw trocken, jd lässt etw leer laufen

2. *fig* (*neutraliser*) ■ **qn/qc désamorce qc** *situation, conflit, crise* jd entschärft etw; *danger* jd/etw wendet etw ab

II. *vpr* ■ **qc se désamorce** /*pompe, siphon*/ etw ist leer gelaufen

désappointé, e [dezapwɛ̃te] *adj* enttäuscht; ■ **qn est** ~ **de qc** jd ist enttäuscht über etw (*akk*)

désappointement [dezapwɛ̃tmɑ̃] *m* Enttäuschung *f*

désappointer <1> [dezapwɛ̃te] *vt* ■ **qn/qc désappointe qn** jd/etw enttäuscht jdn

désapprendre <13> [dezapʀɑ̃dʀ] *vt, vi* ■ **qn désapprend** [**qc**] jd verlernt [*o* vergisst] [etw]; ■ **qn désapprend de faire qc** *littér* jd verlernt etw zu tun; (*volontairement*) jd gewöhnt sich (*dat*) ab, etw zu tun

désapprobateur, -trice [dezapʀɔbatœʀ, -tʀis] *adj* missbilligend

désapprobation [dezapʀɔbasjɔ̃] *f* Missbilligung *f;* ***des murmures de*** ~ missbilligendes Gemurmel; ***la*** ~ ***de sa mère*** der Tadel seiner/ihrer Mutter; ***qn manifeste sa*** ~ jd bringt sein Missfallen zum Ausdruck

▶ ~ **muette** [*o* **silencieuse**] schweigende Missbilligung

désapprouver <1> [dezapʀuve] **I.** *vt* ■ **qn désapprouve qn/qc** jd missbilligt jdn/etw; *conduite, comportement a.* jd billigt etw nicht; *entreprise, projet* jd lehnt etw ab; ***je désapprouve totalement votre comportement*** ich kann Ihr Benehmen auf keinen Fall gutheißen [*o* billigen]; ■ **qn désapprouve qn de faire qc** jd findet es nicht richtig [*o* ist nicht damit einverstanden], dass jd etw tut; ■ **qn désapprouve que** + *subj* jd ist dagegen, dass; ***je désapprouve le fait que tu dépenses tant d'argent*** ich missbillige es [*o* schätze es nicht], dass du so viel Geld ausgibst; ■ **qn désapprouve qn quand** + *indic* jd findet es nicht richtig, dass jd

II. *vi* ■ **qn désapprouve** jd ist nicht einverstanden

désarçonner <1> [dezaʀsɔne] *vt* **1.** (*jeter à bas*) ■ **un animal désarçonne qn** ein Tier wirft jdn ab

2. *fig* (*démonter*) ■ **qn/qc désarçonne qn** jd/etw verunsichert jdn; *candi-*

dat, orateur jd/etw bringt jdn aus der Fassung

désargenté, e [dezaʀʒãte] *adj fam* ■ **qn est** ~ jd ist pleite *fam,* jd sitzt auf dem Trockenen *fam*

désarmant, e [dezaʀmã, ãt] *adj* entwaffnend

désarmé, e [dezaʀme] *adj* **1.** (*privé d'armes*) *adversaire, soldat* unbewaffnet; *pays* abgerüstet
2. (*impuissant*) ohnmächtig, hilflos; ~ ***devant la concurrence*** ohnmächtig [*o* hilflos] gegenüber der Konkurrenz
3. (*dépourvu*) ■ [**qn est**] ~ [jd ist] entwaffnet; (*décontenancé*) [jd ist] fassungslos

désarmement [dezaʀməmã] *m* [*personne, population*] Entwaffnung *f;* [*pays*] Abrüstung *f;* [*navire*] Abtakelung *f,* Abrüstung; ***le ~ d'une forteresse/ d'un bunker*** das Entfernen der Waffen aus einer Festung/einem Bunker
▶ ~ **nucléaire** nukleare Abrüstung

désarmer <1> [dezaʀme] **I.** *vt* **1.** (*dépouiller de ses armes*) ■ **qn désarme qn/qc** *personne, population* jd entwaffnet jdn/etw; *pays* jd rüstet etw ab; *forteresse, bunker* jd entfernt die Waffen aus etw; (*déséquiper*) *navire* jd takelt [*o* rüstet] etw ab
2. (*décharger*) ■ **qn désarme qc** *arme à feu* jd entlädt etw; (*placer le cran de sûreté*) jd sichert etw
3. (*calmer*) ■ **qn/qc désarme qn/qc** *personne, rancœur* jd/etw entwaffnet jdn/etw; *haine, colère* jd/etw beschwichtigt etw; *sévérité* jd/etw mildert etw
II. *vi* **1.** ■ **qn/qc désarme** */gouvernement, pays/* jd/etw rüstet ab
2. (*s'adoucir*) ■ **qn ne désarme pas** [**contre qn**] jd gibt [jdm gegenüber] nicht nach; ■ **qc ne désarme pas** */douleurs/* etw lässt nicht nach; */haine, soif de vengeance a./* etw lässt sich nicht besänftigen [*o* beschwichtigen]
▶ **qn ne désarme pas** *hum* jd gibt nicht auf, jd lässt es nicht bleiben

désarroi [dezaʀwa] *m* (*trouble*) Verunsicherung *f,* Verwirrung *f;* (*désespoir*) Verzweiflung *f*
▶ **qn est en grand/plein** ~ jd weiß weder ein noch aus; ***les chômeurs sont en grand*** ~ die Arbeitslosen sind in großer Bedrängnis [*o* völlig verzweifelt]; **qc plonge qn dans le** [**plus profond**] ~ (*matériellement*) etw stürzt [*o* bringt] jdn in [größte] Bedrängnis [*o* Not]; (*moralement*) etw stürzt jdn in [größte] Verzweiflung; **en** [*o* **dans le**] ~ in Not, Not leidend; ***j'ai le cœur en*** ~ ich bin unglücklich [*o* verzweifelt]

désarticuler <1> [dezaʀtikyle] **I.** *vt* (*faire sortir de son articulation*) ■ **qn/qc lui désarticule qc** jd renkt jdm etw aus/durch etw renkt er/sie sich (*dat*) etw aus; *épaule* jd kugelt jdm etw aus/durch etw kugelt er/sie sich (*dat*) etw aus; ■ **qc désarticule qc** (*détraquer*) durch etw geht etw kaputt, etw macht etw kaputt
II. *vpr* ■ **qn se désarticule qc** jd renkt sich (*dat*) etw aus; *épaule* jd kugelt sich (*dat*) etw aus; ■ **qn se désarticule** (*se contorsionner*) jd verrenkt sich

désassorti, e [dezasɔʀti] *adj* ungleich

désastre [dezastʀ] *m* (*catastrophe*) Katastrophe *f,* Unglück *nt;* (*dégât*) Schaden *m; fam* (*échec complet*) Reinfall *m fam,* Fiasko *nt,* Pleite *f fam;* ***ta dernière dissertation est un*** ~ dein letzter Aufsatz ist eine Katastrophe
▶ ~ **commercial/financier** kommerzielles/finanzielles Desaster; **qn court au** ~ jd rennt [*o* läuft] in sein Verderben; **un** ~ **frappe qn** ein Unglück trifft jdn, jd erlebt ein Desaster

désastreux, -euse [dezastʀø, -øz] *adj* (*catastrophique*) verheerend, katastrophal; *fam* (*nul*) miserabel, unter aller Kritik *fam;* ***l'inondation s'étendait de façon ~euse*** die Überschwemmung nahm verheerende Ausmaße an

désavantage [dezavɑ̃taʒ] *m* Nachteil *m;* ***malgré le ~ de sa petite taille, il ...*** trotz seines Handikaps klein zu sein ...; ***sa précipitation lui a déjà causé bien des ~s*** sein/ihr überstürztes Handeln hat ihm/ihr schon manchen Nachteil gebracht; ***qc présente des ~s*** etw hat Nachteile; ■ ~ **sur qn** Nachteil gegenüber jdm; ***mon ~ sur les autres joueurs, c'est ...*** mein Handikap [*o* Nachteil] den anderen Spielern gegenüber ist ...
▶ **qn change/évolue à son** ~ jd verändert/entwickelt sich zu seinem Nachteil; **qn est** [*o* **se montre**] **à son** ~ jd zeigt sich von seiner schlechten Seite [*o* nicht von seiner besten Seite]; **qc tourne au** ~ **de qn** etw wendet sich gegen jdn; **qn voit qn à son** ~ jd sieht jdn in einem ungünstigen Licht; **à mon/ton/son/...** ~ zu meinen/deinen/seinen/ihren/... Ungunsten; *changer* zu meinem/deinem/seinem/ihrem/... Nachteil; **au** ~ **de qn** zu jds Ungunsten

désavantager <2 a> [dezavɑ̃taʒe] *vt* ■ **qc désavantage qn** [**par rapport à qn/au profit de qn**] etw benachteiligt jdn [gegenüber jdm/zugunsten jds [*o* zu jds Gunsten]]; ■ **qn désavantage qn** [**au profit de qn**] jd benachteiligt jdn [zugunsten jds [*o* zu jds Gunsten]]; ***son bégaiement le désavantage pour parler en public*** sein Stottern benachteiligt ihn [*o* ist für ihn ein Handikap] beim Sprechen in der Öffentlichkeit

désavantageux, -euse [dezavɑ̃taʒø, -øz] *adj* ungünstig, nachteilig; ***il porte sur lui un jugement*** ~ er beurteilt ihn negativ [*o* zu seinen Ungunsten]; ***elle s'est montrée sous un jour très*** ~ sie hat sich in einem sehr ungünstigen [*o* nachteiligen] Licht gezeigt

désaveu <x> [dezavø] *m* **1.** (*rétractation*) Zurücknahme *f,* Widerruf *m;* (*reniement*) Verleugnung *f,* Ableugnung *f;* ***les aveux d'un accusé sont souvent suivis de ~x*** ein Angeklagter widerruft oft sein Geständnis
2. (*condamnation*) [*comportement, personne*] Verurteilung *f;* (*réprobation*) Missbilligung *f,* Ablehnung *f*
▶ **qn encourt le** ~ **de qn** jd zieht sich (*dat*) jds Missbilligung zu; **qn inflige un** ~ [**cinglant**] **à qn** jd weist jdn [scharf] zurecht
◆ **désaveu de paternité** Nichtanerkennung *f* der Vaterschaft

désavouer <1> [dezavwe] *vt* **1.** (*refuser comme sien*) ■ **qn désavoue qn/qc** *promesse, opinion, propos* jd streitet etw ab; *responsabilité a.* jd weist etw von sich; *paternité* jd erkennt etw nicht an, jd streitet etw ab; *signature, écrit, enfant* jd erkennt jdn/etw nicht [als seinen eigenen/seine eigene/sein eigenes ...] an; ■ **qn ne désavouerait pas qc** jd würde sich einer S. (*gen*) nicht schämen
2. (*être en contradiction avec*) ■ **qn/qc désavoue qc** *principes, opinion* jd/etw steht im Widerspruch zu etw, jd verleugnet etw/etw stellt eine Absage an etw (*akk*) dar
3. (*condamner*) ■ **qn désavoue qn/qc** jd verurteilt jdn/etw; (*réprouver*) jd lehnt jdn ab/jd missbilligt etw

désaxé, e [dezakse] **I.** *adj personne* gestört; ***il mène une vie ~e*** er führt ein unstetes Leben
II. *m, f* (*personne*) Gestörte(r) *f(m)*

désaxer <1> [dezakse] *vt* **1.** (*faire sortir de son axe*) ■ **qc désaxe qc** etw verzieht etw
2. *fig* (*déséquilibrer*) ■ **qc désaxe qn/qc** etw wirft [*o* bringt] jdn/etw aus dem Gleichgewicht, etw wirft jdn aus der Bahn

desceller <1> [desele] **I.** *vt* **1.** (*enlever le sceau*) ■ **qn descelle qc** *acte, lettre, testament* jd entsiegelt etw, jd bricht das Siegel einer S. (*gen*) auf
2. (*détacher*) ■ **qn/qc descelle qc** *pierre, grille, porte* jd lockert etw/durch etw lockert [*o* löst] sich etw; ***les intempéries ont descellé trois pierres du mur*** durch das Unwetter haben sich drei Steine aus der Mauer gelöst [*o* in der Mauer gelockert]
II. *vpr* ■ **qc se descelle** */pavé, pierre/* etw lockert sich

descendance [desɑ̃dɑ̃s] *f* (*postérité*) Nachkommen *pl,* Nachkommenschaft *f;* (*origine*) Herkunft *f,* Abstammung *f;* ***il est mort sans laisser de*** ~ er ist kinderlos gestorben; ***une nombreuse*** ~ zahlreiche Nachkommen; ***il a une ~ illustre*** er stammt aus einer berühmten Familie; ***il est apparenté, en ~ directe, avec la famille Hohenzollern*** er stammt in direkter Linie von den Hohenzollern ab

descendant, e [desɑ̃dɑ̃, ɑ̃t] **I.** *adj chemin* abschüssig, abfallend; *gamme* absteigend; ***marée ~e*** Ebbe *f,* ablaufendes Wasser; ***nous avons ramassé des coquillages à la marée ~e*** wir haben bei ablaufendem Wasser Muscheln gesammelt
II. *m, f* Nachkomme *m;* ***les derniers ~s de la famille royale*** die letzten Abkömmlinge der königlichen Familie

descendeur, -euse [desɑ̃dœʀ, -øz] *m, f* SKI Abfahrtsläufer(in) *m(f)*

descendre <14> [desɑ̃dʀ] **I.** *vi + être* **1.** (*des escaliers*) ■ **qn descend** (*vu d'en haut*) jd geht [*o* steigt] hinunter; (*vu d'en bas*) jd kommt herunter; (*une montagne*) jd steigt ab [*o* bergab], jd geht ab; ■ **qn descend faire qc** (*vu d'en haut*) jd geht hinunter um etw zu tun; (*vu d'en bas*) jd kommt herunter um etw zu tun; ■ **qc descend** (*vu d'en haut*) etw fährt hinunter; (*vu d'en bas*) etw kommt herunter [gefahren]
2. (*ne pas rester sur*) ■ **qn descend** [**de qc**] jd geht [von etw] herunter; ■ **qn fait** ~ **qn/un animal** [**de qc**] jd jagt jdn/ein Tier [von etw] herunter
3. (*aller*) ■ **qn descend à/dans qc** *à la cave, au premier étage, dans la mine* (*vu d'en haut*) jd geht [*o* steigt] in etw (*akk*) hinunter; (*vu d'en bas*) jd kommt in etw (*akk*) herunter; ■ **qn descend par qc** (*vu d'en haut*) jd geht [*o* steigt] über etw (*akk*) hinunter; (*vu d'en bas*) jd kommt über etw (*akk*) herunter; *par l'ascenseur* (*vu d'en haut*) jd fährt mit etw hinunter; (*vu d'en bas*) jd fährt mit etw herunter (*akk*); ■ **qn descend à ...: *qn descend à pied*** (*vu d'en haut*) jd geht zu Fuß hinunter; (*vu d'en bas*) jd kommt zu Fuß herunter; ■ **qn descend à** [*o* **en**] **...** *à vélo, en voiture* (*vu d'en haut*) jd fährt mit ... hinunter; (*vu d'en bas*) jd fährt mit ... herunter
4. (*voler*) ■ **qc descend** [**quelque part**] etw verliert [irgendwo] an Höhe; ■ **un oiseau descend** [**quelque part**] ein Vogel kommt [irgendwo] heruntergeflogen; ■ **qn descend en qc** *en parachute, parapente* jd landet mit etw; ■ **qc descend en ...: *l'avion descend en chandelle/ piqué/ vol plané*** das Flugzeug macht eine Schraube abwärts/kommt im Sturzflug/Gleitflug herunter
5. (*quitter*) ■ **qn/un animal descend de quelque part** jd/ein Tier kommt von irgendwo herunter
6. (*aller en pente*) ■ **qc descend** */route, chemin/* etw führt abwärts, etw fällt ab; ***qc descend en pente douce*** etw fällt sanft ab
7. (*venir de*) ■ **qc descend de quelque part** */rivière, torrent, route/* etw kommt von irgendwo herunter; ■ **qc descend quelque part** (*aller en direction de*) */rivière, torrent/* etw fließt irgendwohin; */route/* etw führt irgendwohin hinunter; */avalanche/* etw stürzt irgendwo herunter
8. (*aller au centre ville*) ■ **qn descend de qc** *d'un quartier populaire* jd kommt von irgendwoher; ***les jeunes descendus de leurs banlieues*** die jungen Leute aus der Vorstadt
9. (*prendre la direction de*) ■ **qn descend quelque part** *à Nice, sur la Côte, en Corse* jd fährt irgendwohin [hinunter]; (*par avion*) jd fliegt irgendwohin [hinunter]; ■ **qn descend jusqu'à/en ...** *à Marseille, en Algérie, au Niger* jd fährt bis nach ... [hinunter]; ***qn descend vers le Sud*** jd fährt in den Süden [hinunter]; ■ **qc descend jusqu'à/en ...** *à Tamanrasset, en Algérie, au Niger* etw führt bis nach ... [hinunter]
10. TRANSP ■ **qn descend de qc** *de voiture, du train, de l'avion* jd steigt aus etw [aus]; *de l'escalator, du bateau* jd verlässt etw; *du bateau* jd geht von etw herunter; ■ **qn descend d'un animal** *du cheval* jd steigt von einem Tier ab; ■ **qn fait** ~ **qn de qc** jd zwingt jdn aus etw auszusteigen; *du bateau* jd zwingt jdn etw zu verlassen
11. TRANSP (*sortir*) ■ **qn descend** [**quelque part**] jd steigt [irgendwo] aus; NAUT jd geht [irgendwo] von Bord
12. (*faire une rafle*) ■ **qn descend dans qc** jd führt in etw (*dat*) eine Razzia durch, jd macht in etw (*dat*) eine Razzia
13. (*loger*) ■ **qn descend à** [*o* **dans**] **qc/chez qn** jd steigt in etw (*dat*)/bei jdm ab
14. (*s'abaisser à*) ■ **qn descend** [**jusqu'**]**à qc/faire qc** jd lässt sich [bis] zu etw herab/[selbst] dazu herab, etw zu tun
15. (*être issu de*) ■ **qn descend de qn** jd stammt von jdm ab
16. SPORT ■ **qn descend vers qc** jd stürmt zu etw vor
17. (*baisser*) ■ **qc descend** */marée/* etw geht zurück; */niveau de l'eau, ba-

romètre, thermomètre, prix, taux a./ etw sinkt [*o* fällt]; ■ **qc est descendu(e) de qc** etw ist um etw gefallen/gesunken/zurückgegangen; ■ **qn fait ~ qc** *inflation, mortalité, prix* jd drosselt etw; ■ **qn descend jusqu'à qc** jd geht bis zu etw herunter; ■ **qn ne descend pas en dessous de qc** jd geht nicht unter etw (*akk*) herunter
18. MUS ■ **qc descend [jusqu']à qc** etw geht [*o* reicht] bis zu etw herunter
19. (*tomber*) ■ **qc descend** */soleil/* etw sinkt; ***le soleil descend vers l'horizon*** die Sonne versinkt am Horizont; ***le soir*** [*o* ***la nuit***] ***descend*** die Nacht bricht herein; ***le jour descend*** der Tag geht zur Neige *geh*
20. (*atteindre*) ■ **qc descend à qc** */puits, tunnel/* etw geht auf etw (*akk*) hinunter; ■ **qc descend [lui] [jusqu']à qc** */robe, cheveux/* etw geht [*o* reicht] [jdm] bis zu etw; ■ **qc descend [jusqu']à qc** */sous-marin/* etw geht [bis] auf etw (*akk*) hinunter
21. METEO ■ **qc descend sur qc** */brouillard/* etw legt sich über etw (*akk*); */neige, flocons/* etw fällt auf etw (*akk*); ***avec la pluie/la neige qui descend, ...*** bei dem Regen/Schnee, der da herunterkommt, ...
▸ **ça fait** ~ *fam* das hilft verdauen
II. *vt + avoir* **1.** (~ *les marches, la pente*) ■ **qn descend qc** jd steigt etw hinunter; *escalier, marches, montagne, colline a., pente, rue* jd geht etw hinunter; (*en voiture, à vélo, ski*) jd fährt etw hinunter ■ **qc descend qc** */voiture, vélo/* etw fährt etw hinunter
2. (*suivre*) ■ **qn/qc descend qc** jd/etw fährt etw hinunter
3. (*porter en bas*) ■ **qn descend qn/qc [quelque part]** (*vu d'en haut*) jd bringt jdn/etw [irgendwohin] hinunter; *valise, meuble, enfant a.* jd trägt jdn/etw [irgendwohin] hinunter; (*vu d'en bas*) jd bringt jdn/etw [irgendwohin] herunter; *valise, meuble, enfant a.* jd trägt jdn/etw [irgendwohin] herunter; ■ **qn descend qc de qc** jd nimmt [*o* holt] etw von etw herunter; ■ **qn descend qn/un animal de qc** jd bringt [*o* holt] jdn/ein Tier von etw herunter; ■ **qn lui descend qc** (*vu d'en haut*) jd bringt jdm etw hinunter; (*vu d'en bas*) jd bringt [*o* holt] jdm etw herunter; ■ **qn fait ~ qc** (*vu d'en haut*) jd lässt etw hinunterbringen; (*vu d'en bas*) jd lässt etw herunterbringen [*o* herunterholen]
4. (*baisser*) ■ **qn descend qc** *stores, rideaux* jd lässt etw herunter; *tableau, étagère* jd hängt etw tiefer
5. *fam* (*déposer*) ■ **qn descend qn quelque part** jd setzt jdn irgendwo ab
6. *fam* (*abattre*) ■ **qn/qc descend un oiseau/qc** jd/etw schießt einen Vogel/etw ab, jd/etw holt einen Vogel/etw herunter *fam;* ■ **qn descend qn** (*tuer*) jd knallt jdn ab [*o* nieder] *fam*
7. *fam* (*critiquer*) ■ **qn/qc descend qn/qc** jd/etw verreißt jdn/etw
8. *fam* (*boire*) ■ **qn descend qc** jd kippt etw herunter *fam;* ***qu'est-ce qu'il descend, le Marcel!*** was der verträgt, der Marcel!
9. MUS: ***qn descend la gamme*** */chanteur/* jd singt die Tonleiter abwärts; */joueur/* jd spielt die Tonleiter abwärts

descente [desɑ̃t] *f* **1.** (*action de descendre une pente*) (*à pied, en escalade*) Abstieg *m;* (*en voiture, à vélo, ski*) Abfahrt *f,* Talfahrt *f*
2. (*action de descendre un fleuve*) Fahrt *f* stromabwärts [*o* flussabwärts]; (*action de descendre une rue*) Fahrt *f* abwärts [*o* hinunter]; ***j'ai fait la ~ du Rhin en bateau*** ich bin mit dem Schiff den Rhein hinuntergefahren
3. AVIAT Landung *f*
4. (*action de descendre au fond de*) ■ ~ **de qn dans qc** jds Hinuntersteigen *nt* in etw (*akk*)
5. (*pente*) Gefälle *nt;* ~ ***rapide*** starkes Gefälle; ***dans la ~/les ~s*** auf abfallendem Gelände
6. (*action*) ■ ~ **de qc à qc** (*vu d'en haut*) Hinunterbringen *nt* einer S. (*gen*) in etw (*akk*); *valise, meuble a.* Hinuntertragen *nt* einer S. (*gen*) in etw (*akk*); (*vu d'en bas*) Herunterholen *nt* einer S. (*gen*) in etw (*akk*); *valise, meuble a.* Heruntertragen *nt* einer S. (*gen*) in etw (*akk*); (*déchargement*) Ausladen *nt* einer S. (*gen*) irgendwo; ■ ~ **de qc [de quelque part]** *d'un tableau* Abnahme *f* einer S. (*gen*) [von irgendwo]; *d'une statue* Herunterholen *nt* einer S. (*gen*) [von irgendwo]
7. MED ■ ~ **de qc** *d'organe, estomac, utérus, de rein, foie, vessie, rectum* Senkung *f* einer S. (*gen*)
▸ **qn accueille qn à la ~ de l'avion/du bateau/du train** jd begrüßt jdn am Flughafen/im Hafen/auf dem Bahnsteig; **qn fait qc à sa ~ d'avion/de bateau** jd macht etw gleich nach der Ankunft im Flughafen/Hafen; **qn a une bonne** ~ *fam* jd kann viel [Alkohol] vertragen, jd kann etwas [*o* einen ordentlichen Schluck] vertragen *fam;* **des personnes font une ~ quelque part** */pillards, truands/* Menschen fallen irgendwo ein; **des personnes font une ~ dans/sur qc** *fam* Menschen machen sich über etw (*akk*) her; **qn fait une** ~ *vers le but adverse* jd stürmt vor
◆ **descente aux enfers** Höllenfahrt *f;* **descente dames** Abfahrt[slauf *m*] *f* der Damen; **descente de Croix** Kreuzabnahme *f;* **descente de lit** Bettvorlage *f,* Bettvorleger *m;* **descente de police** Polizeikontrolle *f;* **descente en rappel** Abseilen *nt* [im Dülfersitz]; **descente en vol plané** Gleitflug *m;* **descente hommes** Abfahrt[slauf *m*] *f* der Herren

descriptif, -ive [dɛskʀiptif, -iv] **I.** *adj* beschreibend, deskriptiv; *géométrie* darstellend; *musique* tonmalerisch
II. *m* [*appareil*] Beschreibung *f;* [*appartement*] Baubeschreibung *f*

description [dɛskʀipsjɔ̃] *f* Beschreibung *f,* Darstellung *f,* Schilderung *f*

désembourber <1> [dezɑ̃buʀbe] *vt* ■ **qn désembourbe qc** jd zieht etw aus dem Schlamm [*o* Dreck]

désembuer <1> [dezɑ̃bɥe] *vt* ■ **qn/qc désembue qc** jd/etw macht etw frei; ***qn désembue la fenêtre*** jd macht das beschlagene Fenster frei

désemparé, e [dezɑ̃paʀe] *adj* **1.** *personne* hilflos, ratlos, verzweifelt
2. NAUT, AVIAT manövrierunfähig

désemparer <1> [dezɑ̃paʀe] *vi* ▸ **sans** ~ unablässig, ununterbrochen

désemplir <8> [dezɑ̃pliʀ] **I.** *vi* ■ **qc ne désemplit pas** etw wird nicht leer, etw ist immer voll
II. *vpr* ■ **qc se désemplit** etw leert sich

désenchanté, e [dezɑ̃ʃɑ̃te] *adj* ernüchtert, desillusioniert

désenclavement [dezɑ̃klavmɑ̃] *m* [Verkehrs]anschluss *m*

désenclaver <1> [dezɑ̃klave] **I.** *vt* ■ **qn/qc désenclave qc** jd/etw verbindet etw mit der Außenwelt, jd/etw befreit etw aus der Abgeschlossenheit; ■ **des personnes désenclavent des personnes** Menschen befreien Menschen [aus der Isolation]; ■ **qc est désenclavé(e) de qc** etw wird aus etw herausgelöst
II. *vpr* ■ **qn/qc se désenclave** jd/etw befreit sich [aus der Isolation]

désencombrer <1> [dezɑ̃kɔ̃bʀe] *vt* ■ **qn désencombre qc [de qc]** *route, voie* jd räumt etw [von etw], jd macht etw [von etw] frei; *horizon* jd befreit etw [von etw]

désencrasser <1> [dezɑ̃kʀase] *vt* ■ **qn désencrasse qc** jd reinigt [*o* säubert] etw

désencroûter <1> [dezɑ̃kʀute] **I.** *vt fam* ■ **qc désencroûte qn** etw bringt jdn aus seinem Alltagstrott
II. *vpr fam* ■ **qn se désencroûte** jd löst sich aus seinem Alltagstrott

désendettement [dezɑ̃dɛtmɑ̃] *m* Entschuldung *f*

désendetter <1> [dezɑ̃dete] *vpr* ■ **qn/qc se désendette** jd/etw tilgt seine Schulden

désenfler <1> [dezɑ̃fle] *vi* ■ **qc désenfle** etw schwillt ab; ■ **qn désenfle** jd entwässert, jd schwemmt aus

désengagement [dezɑ̃gaʒmɑ̃] *m* ■ ~ **de qn/qc [par rapport à** [*o* **vis-à-vis de**] **qc]** Wegfallen *nt* der Verpflichtungen [*o* Verbindlichkeiten] gegenüber einer Person/S. (*dat*); ■ ~ **[de qn/qc] de qc** *d'une alliance* Loslösung *f* [einer Person/S. (*gen*)] von etw

désengager <2 a> [dezɑ̃gaʒe] *vpr* ■ **qn se désengage [quelque part]** jd tritt [irgendwo] von seinen Verpflichtungen zurück; ■ **qn se désengage de qc** jd zieht sich aus etw zurück

désengorger <2 a> [dezɑ̃gɔʀʒe] *vt* ■ **qn désengorge qc** jd macht etw wieder frei

désensabler <1> [dezɑ̃sɑble] *vt* ■ **qn désensable qc** jd säubert etw vom Sand

désensibiliser <1> [desɑ̃sibilize] *vt* ■ **qn/qc désensibilise qn/qc** jd/etw desensibilisiert jdn/etw

désenvaser <1> [dezɑ̃vɑze] *vt* ■ **qc désenvase qc** *bateau* etw zieht etw aus dem Schlamm; *chenal* etw entschlammt etw, etw säubert etw vom Schlamm

désépaissir <8> [dezepesiʀ] *vt* ■ **qn désépaissit qc** *cheveux* jd dünnt etw aus; *sauce* jd verdünnt etw

déséquilibre [dezekilibʀ] *m* (*manque de concordance*) ■ ~ **de qc** Ungleichheit *f* einer S. (*gen*); *de la balance commerciale, pyramide des âges* Unausgeglichenheit *f* einer S. (*gen*); ■ ~ **[dans qc]** Unausgeglichenheit [bei etw]; ■ ~ **entre qc et qc** Missverhältnis *f* zwischen etw und etw (*dat*); *pl* Unstimmigkeiten *pl* zwischen etw und etw (*dat*)
▸ ~ **mental** [*o* **nerveux**] [*o* **psychique**] psychische Störung; **qc crée un** ~ etw sorgt für ein Ungleichgewicht; **qn est en** ~ jd befindet sich nicht im Gleichgewicht; **qc est en** ~ */armoire, voiture/* etw hat keine Stabilität [*o* stabile Lage]; */budget, balance commerciale/* etw ist instabil

déséquilibré, e [dezekilibʀe] **I.** *adj être* unausgeglichen; *balance a.* nicht saldiert; *quantités* nicht ausgewogen; ***qn a l'esprit*** ~ jd ist psychisch gestört
II. *m, f* (*personne*) psychisch Gestörte(r) *f(m),* Psychopath(in) *m(f)*

déséquilibrer <1> [dezekilibʀe] *vt* **1.** (*faire perdre l'équilibre à*) ■ **qn/qc déséquilibre qn/qc** jd/etw bringt jdn/etw aus dem Gleichgewicht
2. (*rompre l'équilibre de*) ■ **qc déséquilibre qc** etw führt ein Ungleichgewicht in etw (*dat*) herbei, etw schafft ein Ungleichgewicht in etw (*dat*)
3. PSYCH ■ **qc déséquilibre qn** etw bringt jdn aus dem seelischen Gleichgewicht

désert, e [dezɛʀ, ɛʀt] **I.** *adj* **1.** (*sans habitant*) *pays, région* unbewohnt; *île* einsam, verlassen
2. *plage, domicile* menschenleer; *quartier, rue a.* wie ausgestorben
II. *m* **1.** GEOG Wüste *f;* ~ ***de Gobi/du Kalahari/Sahara/Sinaï*** Wüste Gobi/Kalahari/Sahara/Sinai
2. (*lieu peu fréquenté*) Einöde *f,* Einschicht *f* AUS; ***qc est un [véritable]*** ~ */rue, quartier, Côte d'Azur/* etw ist wie ausgestorben
▸ ~ **culturel** kulturelles Notstandsgebiet; **qn fait le ~ autour de lui** jd gräbt [*o* igelt] sich ein; **qn prêche** [*o* **crie**] [*o* **parle**] **dans le** ~ jd predigt tauben Ohren

déserter <1> [dezɛʀte] **I.** *vi* MIL ■ **qn déserte** jd desertiert, jd ist/wird fahnenflüchtig
II. *vt* **1.** (*délaisser*) ■ **qn déserte qc** jd verlässt etw; ***les salles de cinéma sont désertées par les jeunes*** die Jugend geht nicht mehr ins Kino
2. (*abandonner*) ■ **qn déserte qc** *son poste* jd gibt etw auf; *ateliers, studios, salles de rédaction* jd verlässt etw; *les réunions, offices* jd lässt sich bei etw nicht blicken
3. (*renier*) ■ **qn déserte qc** *cause* jd gibt etw auf; *parti, syndicat* jd wird einer S. (*dat*) abtrünnig; ***les syndicats sont de plus en plus désertés*** die Gewerkschaften sind immer weniger gefragt

déserteur [dezɛʀtœʀ] **I.** *m* **1.** MIL Deserteur *m,* Fahnenflüchtiger *m*
2. *littér* (*renégat*) Abtrünniger *m*
▸ **[qn est] porté** ~ jd ist als desertiert [*o* fahnenflüchtig] gemeldet
II. *adj* desertiert, fahnenflüchtig

désertification [dezɛʀtifikasjɔ̃] *f* **1.** GEOG Versteppung *f;* (*surexploitation des ressources*) Plünderung *f*
2. ECON Abwanderung *f,* Entvölkerung *f*
◆ **désertification des campagnes** Landflucht *f*

désertifier <1 a> [dezɛʀtifje] *vpr* **1.** GEOG ■ **qc se désertifie** etw versteppt, etw verödet
2. ECON ■ **qc se désertifie** die Bevölkerung wandert aus etw ab

désertion [dezɛʀsjɔ̃] *f* **1.** MIL Fahnenflucht *f,* Desertion *f;* ■ ~ **devant qn**

Flucht *f* vor jdm
2. (*fait de quitter*) ■ ~ **[de qc par qn]** [jds] Flucht *f* [aus etw]
3. (*défection*) Abtrünnigwerden *nt;* ~ ***du parti*** Austritt *m* aus der Partei
4. (*fait de ne pas venir*) ■ ~ **de personnes** Fernbleiben *nt* der Menschen; ■ ~ **de qc** Fernbleiben der Besucher von etw

désertique [dezɛʀtik] *adj climat, plante* Wüsten-; *région* öde

désescalade [dezɛskalad] *f* Deeskalation *f;* ***on s'attend à une ~ des prix/salaires*** man rechnet damit, dass die Preise fallen/die Gehälter sinken

désespérant, e [dezɛspeʀɑ̃, ɑ̃t] *adj* 1. (*décourageant*) ■ **qn est** ~ es ist zum Verzweifeln mit jdm; ***c'est ~ de voir qn faire qc/comment*** + *indic* es ist nicht mitanzusehen, wie jd etw tut/wie; ■ **qc est** ~ etw ist entmutigend; ***qn est d'une lenteur/naïveté ~e*** jd ist entsetzlich [*o* fürchterlich] lahm/naiv
2. METEO scheußlich
3. (*sans égal*) unerreichbar
4. *littér* (*désolant*) niederschmetternd

désespéré, e [dezɛspeʀe] I. *adj* verzweifelt; *cas* hoffnungslos; *situation* ausweglos
II. *m, f* Verzweifelte(r) *f(m)*

désespérément [dezɛspeʀemɑ̃] *adv* 1. (*sans espoir*) hoffnungslos
2. (*avec acharnement*) verzweifelt, voller Verzweiflung
3. (*tristement*) zum Verzweifeln

désespérer <5> [dezɛspeʀe] I. *vi* ■ **qn désespère** jd verzweifelt; ■ **qn désespère de qn** jd gibt bei jdm alle Hoffnung auf; ■ **qn désespère de qc** jd gibt die Hoffnung auf etw (*akk*) auf; ■ **qn désespère de faire qc** jd gibt die Hoffnung auf, etw zu tun; ■ **qn ne désespère pas que** + *subj* jd gibt die Hoffnung nicht auf, dass; ***c'est à*** ~ es ist zum Verzweifeln
II. *vt* 1. (*affliger*) ■ **qc désespère qn** etw lässt jdn verzweifeln
2. (*décourager*) ■ **qn/qc désespère qn** jd/etw bringt jdn zur Verzweiflung
III. *vpr* ■ **qn se désespère** jd verzweifelt, jd gerät in Verzweiflung

désespoir [dezɛspwaʀ] *m* Verzweiflung *f;* ***dans un moment de*** ~ in einem Moment der Verzweiflung
► **en ~ de cause** aus reiner Verzweiflung; **qn est au ~ de faire qc** jd ist untröstlich [*o* jdm tut es unendlich Leid], dass er etw tut; **qn/qc est [*o* fait] le ~ de qn, qn/qc plonge qn dans le ~, qn/qc réduit qn au ~** jd/etw bringt jdn zur Verzweiflung; **qn sombre dans le ~** jd versinkt in Verzweiflung
◆ **désespoir des peintres** Steinbrech *m*

déshabillage [dezabijaʒ] *m* Auskleiden *nt,* Entkleiden *nt,* Ausziehen *nt*

déshabillé, e [dezabije] I. *adj* ausgezogen; *scène, séquence* Nackt-
II. *m* (*vêtement*) Negligee *nt*
► **en** ~ im Negligee

déshabiller <1> [dezabije] I. *vt* (*dévêtir*) ■ **qn déshabille qn** jd zieht jdn aus
► **qn déshabille qn du regard** jd zieht jdn mit den Augen aus
II. *vpr* ■ **qn se déshabille** 1. (*se dévêtir*) jd zieht sich aus
2. (*se mettre à l'aise*) jd legt ab

déshabituer <1> [dezabitɥe] I. *vt* ■ **qn/qc déshabitue qn de qc** jd gewöhnt jdm etw ab, jd/etw bringt jdn von etw weg; ***le chewing-gum m'a déshabitué du tabac*** mit dem Kaugummi hab ich mir das Rauchen abgewöhnt; ■ **qn/qc déshabitue qn de faire qc** jd/etw bringt jdn davon ab, etw zu tun; jd gewöhnt jdm ab, etw zu tun
II. *vpr* ■ **qn se déshabitue de qc** jd gewöhnt sich (*dat*) etw ab; ■ **qn se déshabitue de faire qc** jd gewöhnt sich (*dat*) ab, etw zu tun; ***quand te déshabitueras-tu de fumer?*** wann gewöhnst du dir das Rauchen ab?

désherbage [dezɛʀbaʒ] *m* Unkrautjäten *nt*

désherbant [dezɛʀbɑ̃] *m* Unkrautvertilgungsmittel *nt*

désherber <1> [dezɛʀbe] I. *vi* ■ **qn désherbe** jd jätet Unkraut
II. *vt* ■ **qn désherbe qc** *allée, jardin* jd jätet etw

déshérité, e [dezeʀite] I. *adj* benachteiligt
II. *mpl* ■ **les ~s** die Armen [*o* Bedürftigen]

déshériter <1> [dezeʀite] *vt* 1. (*priver d'héritage*) ■ **qn déshérite qn** jd enterbt jdn
2. (*priver d'avantages naturels*) ■ **qc a déshérité qn/qc:** ***la nature l'a bien déshérité*** er ist von der Natur stark benachteiligt

déshonneur [dezɔnœʀ] *m* 1. (*perte de l'honneur*) Schande *f,* Schmach *f*
2. (*cause du déshonneur*) Schande *f*
► **il n'y a pas de ~ à ça!** das ist keine Schande!; **il n'y a pas de ~ à faire qc** es ist keine Schande, etw zu tun; **qn ne survit pas à son ~/au ~ de qn** jd kann die Schmach/jds Schmach nicht ertragen

déshonorant, e [dezɔnɔʀɑ̃, ɑ̃t] *adj* unehrenhaft
► **cela n'a rien de ~** das hat nichts Unehrenhaftes; **il n'y a rien de ~ à faire qc** es ist nichts Unehrenhaftes dabei, etw zu tun

déshonorer <1> [dezɔnɔʀe] I. *vt* 1. (*porter atteinte à l'honneur de*) ■ **qn/qc déshonore qn** jd/etw entehrt jdn; ■ **qn/qc déshonore qc** *famille* jd/etw bringt Schande über etw (*akk*); *profession* jd/etw bringt etw in Misskredit
2. *littér* (*déparer*) ■ **qc déshonore qc** etw verunstaltet [*o* verunziert] etw; ■ **qn déshonore qc par qc/en faisant qc** (*abîmer*) jd verunstaltet etw durch etw/, indem er etw tut
3. *vieilli* (*séduire*) ■ **qn déshonore qn** jd entehrt jdn *veraltet*
► **qn se croit déshonoré(e) de faire qc** jd hält es für unter seiner Würde, etw zu tun
II. *vpr* ■ **qn se déshonore [en faisant qc]** jd verliert seine Ehre, [indem er etw tut]

déshumaniser <1> [dezymanize] *vt* ■ **qn/qc déshumanise qn/qc** jd/etw entmenschlicht jdn/etw

déshydratation [dezidʀatasjɔ̃] *f* MED Wasserverlust *m;* TECH Entzug *m* [*o* Entziehen *nt*] von Wasser

déshydrater <1> [dezidʀate] I. *vt* MED ■ **qc déshydrate qn** etw trocknet jdn aus; ■ **qn est déshydraté(e)** *fam* jd ist völlig ausgedörrt *fam;* ■ **qc est déshydraté(e)** /*peau*/ etw ist ausgetrocknet
II. *vpr* ■ **qn se déshydrate** jd verliert Flüssigkeit

desiderata [dezideʀata] *mpl* Anliegen *nt,* Wünsche *pl*
► **qn fait connaître [*o* fait part de] [*o* formule] ses ~** jd teilt jdm sein Anliegen mit

design [dezajn] I. *m* Design [di'zain] *nt*
II. *adj inv* Design-; ***la bouteille n'est pas*** ~ die Flasche hat kein Design

désignation [deziɲasjɔ̃] *f* 1. (*appellation*) Bezeichnung *f,* Benennung *f*
2. (*nomination*) [vorläufige] Ernennung, Bestellung *f,* Bestimmung *f,* Designierung *f*
3. (*indication*) Angabe *f*

désigné, e [deziɲe] *adj* ► **tout ~ [pour qc/faire qc]** besonders geeignet [für etw/etw zu tun]; ***tu es tout ~ pour ce rôle*** du bist wie geschaffen für diese Rolle

designer <1> [dizajnœʀ, dezajnœʀ] *mf* Designer(in) *m(f)* [di'zaine]

désigner <1> [deziɲe] *vt* 1. (*montrer du doigt*) ■ **qn désigne qn/qc [à qn]** jd weist [jdn] auf jdn/etw hin, jd deutet auf jdn/etw hin; ***elle désigne la voiture du doigt/d'un signe de tête*** sie zeigt [*o* deutet] mit dem Finger/weist mit einer Kopfbewegung auf das Auto; ■ **qn désigne qc à qn** *porte, rue* jd weist [*o* zeigt] jdm etw; *chaise* jd weist jdm etw zu
2. (*indiquer*) ■ **qc désigne qn [comme qc]** etw deutet [*o* weist] auf jdn [als etw] hin; /*allusion*/ etw zielt auf jdn; ■ **qn désigne qc comme qc** jd bezeichnet etw als etw
3. (*signaler*) ■ **qc désigne une personne à …:** ***qc désigne une personne à l'attention de qn*** etw lenkt jds Aufmerksamkeit auf eine Person; ***qc désigne une personne à l'admiration de qn*** etw ruft bei jdm Bewunderung für eine Person hervor; ***qc désigne une personne à la faveur de qn*** eine Person gewinnt jds Gunst durch etw
4. (*choisir*) ■ **qn désigne qn [comme qc]** /*directeur, gouvernement*/ jd ernennt jdn [zu etw]; ■ **qn désigne qn pour faire qc** jd bestimmt jdn dazu, etw zu tun; ■ **qn désigne qn à qc** *à un poste* jd bestimmt jdn für etw; ■ **qc désigne qn/qc** /*tirage au sort*/ etw ermittelt jdn/etw; ■ **[qn est] désigné(e) [par qn]** [jd wird] [von jdm] ernannt [*o* bestimmt]
5. (*qualifier*) ■ **qc désigne qn pour qc/pour faire qc** etw bestimmt jdn für etw/dafür, etw zu tun
6. (*dénommer*) ■ **qn désigne qc par qc** jd stellt etw durch etw dar; ■ **qn désigne qc sous qc** jd bezeichnet etw mit etw; ***il ne faut pas hésiter à ~ le coupable par son nom*** man soll den Schuldigen ruhig beim Namen nennen
7. (*signifier*) ■ **qc désigne qc** etw steht für etw

désillusion [dezi(l)lyzjɔ̃] *f* Enttäuschung *f,* Desillusion *f*
► **qn a [*o* éprouve] une ~** jd erlebt eine Enttäuschung

désillusionner <1> [dezi(l)lyzjɔne] *vt* ■ **qn/qc désillusionne qn** jd/etw enttäuscht [*o* desillusioniert] jdn

désincarcération [dezɛ̃kaʀseʀasjɔ̃] *f* Befreiung *f* [eines Eingeklemmten]; ***matériel de*** ~ Schneidgerät *nt*

désincarné, e [dezɛ̃kaʀne] *adj* wirklichkeitsfremd; *doctrine a.* rein theoretisch; *morale, amour* fern jeder Realität

désincruster <1> [dezɛ̃kʀyste] *vt* 1. TECH (*nettoyer*) ■ **qn désincruste qc** jd entfernt den Kesselstein aus etw
2. COSMETIQUE ■ **qn/qc désincruste qc** *peau* jd/etw reinigt etw porentief; *pores* jd/etw reinigt etw

désindexer <1> [dezɛ̃dɛkse] *vt* ■ **qn désindexe qc** jd hebt den Index [*o* die Indexierung] für etw auf

désindustrialisation [dezɛ̃dystʀijalisasjɔ̃] *f* Umstellung *f* auf Dienstleistungsbetriebe

désinence [dezinɑ̃s] *f* Endung *f*

désinfectant, e [dezɛ̃fɛktɑ̃, ɑ̃t] I. *adj* desinfizierend
II. *m* Desinfektionsmittel *nt*

désinfecter <1> [dezɛ̃fɛkte] *vt* ■ **qn/qc désinfecte qc** jd/etw desinfiziert etw

désinfection [dezɛ̃fɛksjɔ̃] *f* Desinfizierung *f,* Desinfektion *f*

désinflationniste [dezɛ̃flasjɔnist] *adj* inflationsbekämpfend

désinformation [dezɛ̃fɔʀmasjɔ̃] *f* Desinformation *f*

désinsectisation [dezɛ̃sɛktizasjɔ̃] *f* Insektenbekämpfung *f*

désinsectiser <1> [dezɛ̃sɛktize] *vt* ■ **qn fait ~ qc** jd befreit etw von Ungeziefer

désintégration [dezɛ̃tegʀasjɔ̃] *f* 1. (*destruction*) Auflösung *f;* [*famille a.*] Auseinanderbrechen *nt;* [*parti a.*] Zersplitterung *f*
2. GEOL Verwitterung *f*
3. PHYS [*matière*] Zerfall *m,* Auflösung *f;* ~ ***des atomes*** Atomspaltung *f*

désintégrer <5> [dezɛ̃tegʀe] I. *vt* 1. (*détruire*) ■ **qc désintègre qc** etw löst etw auf
2. GEOL ■ **qc désintègre qc** etw lässt etw verwittern
3. PHYS ■ **qn/qc désintègre qc** jd/etw spaltet etw
4. (*détruire complètement*) ■ **qc désintègre qc** etw bringt etw zum Bersten
II. *vpr* 1. (*se désagréger*) ■ **qc se désintègre** etw zerfällt, etw fällt auseinander, etw löst sich auf
2. GEOL ■ **qc se désintègre** etw verwittert
3. PHYS ■ **qc se désintègre** etw spaltet sich
4. (*être complètement détruit*) ■ **qc se désintègre** etw zerbricht

désintéressé, e [dezɛ̃teʀese] *adj* 1. (*généreux*) selbstlos, uneigennützig
2. (*objectif*) *esprit, jugement* objektiv, unvoreingenommen; *juge a.* unparteiisch; *conseil* uneigennützig

désintéressement [dezɛ̃teʀɛsmɑ̃] *m* 1. (*générosité*) Selbstlosigkeit *f,* Uneigennützigkeit *f*
2. (*dédommagement*) Abfindung *f*
► **avec** ~ selbstlos, uneigennützig

désintéresser <1> [dezɛ̃teʀese] I. *vt* (*dédommager*) ■ **qn désintéresse qn** jd findet jdn ab
II. *vpr* ■ **qn se désintéresse de qn/qc** jd verliert das Interesse an jdm/etw
désintérêt [dezɛ̃teʀɛ] *m* Desinteresse *nt;* ■ ~ **[de qn] pour qc** [jds] Desinteresse an etw (*dat*)
désintoxication [dezɛ̃tɔksikasjɔ̃] *f* MED Entziehung *f; **qn fait** [o **subit**] **une cure de** ~* jd macht eine Entziehungskur
désintoxiquer <1> [dezɛ̃tɔksike] I. *vt* 1. MED ■ **qn désintoxique qn par qc/grâce à qc** jd entwöhnt jdn mit etw/mit Hilfe von etw; ■ **qc désintoxique qn** etw entwöhnt jdn; ■ **qn se fait** ~ jd unterzieht sich einer Entziehungskur
2. (*mettre fin à l'intoxication*) ■ **qn désintoxique des personnes** jd befreit [*o* heilt] Menschen von schädlichen Einflüssen; ■ **qn désintoxique qn de qc** (*déshabituer*) jd gewöhnt jdm etw ab; ***il faut*** ~ ***l'opinion de la propagande publicitaire*** man muss die Gesellschaft von der Werbepropaganda befreien
II. *vpr* 1. MED ■ **qn se désintoxique** */alcoolique, toxicomane/* jd macht eine Entziehungskur, jd geht zur Entziehung [*o* zum Entzug]; ***un fumeur se désintoxique*** ein Raucher gewöhnt sich das Rauchen ab
2. (*s'oxygéner*) ■ **qn se désintoxique quelque part** jd tankt irgendwo Sauerstoff *fam,* jd lüftet irgendwo seinen Kopf aus *fam*
désinvolte [dezɛ̃vɔlt] *adj* (*décontracté*) *geste, mouvement, air* lässig; *attitude a.* ungezwungen, ungeniert ['ʊnʒeniːɐt]; *style* locker, leger [le'ʒeːɐ, -'ʒɛːɐ]; (*cavalier*) *air* unbekümmert; *attitude a.* gleichgültig; *réponse* leichtfertig
désinvolture [dezɛ̃vɔltyʀ] *f* 1. (*aisance*) lässige [*o* zwanglose] Art
2. (*impertinence*) Unbekümmertheit *f,* Gleichgültigkeit *f*
► **qn <u>agit</u>/<u>répond</u> avec** ~ jd handelt leichtfertig/antwortet mit Gleichgültigkeit; **qn <u>traite</u> qn/qc avec** ~ jd behandelt jdn/etw mit Gleichgültigkeit; **<u>avec</u>** ~ lässig, locker
désir [deziʀ] *m* 1. (*souhait*) Wunsch *m;* ■ ~ **de qc/de faire qc** Wunsch nach etw/etw zu tun
2. (*appétit sexuel*) Verlangen *nt*
► **vos ~s sont des <u>ordres</u>** Ihr Wunsch ist [*o* sei] mir Befehl; **il y a loin du ~ à la <u>réalité</u>** Wunsch und Realität liegen oft weit auseinander; **qn prend ses ~s pour des <u>réalités</u>** jd macht sich (*dat*) etw vor; **qn est <u>animé</u>(e) du ~ de bien faire** jd ist von dem Wunsch erfüllt [*o* beseelt *geh*] recht zu tun; **qn <u>brûle</u> du ~ de faire qc** jd hat den brennenden Wunsch, etw zu tun; **<u>de</u>** ~ vor Verlangen
désirable [deziʀabl] *adj* 1. (*souhaitable*) *qualités* wünschenswert; *application, attention* nötig
2. (*excitant*) begehrenswert
désirer <1> [deziʀe] *vt* 1. (*souhaiter*) ■ **qn désire [faire] qc** jd wünscht etw [zu tun], jd möchte etw [tun]; ■ **qn désire que** + *subj* jd wünscht, dass; jd möchte, dass
2. (*convoiter*) ■ **qn désire qn** jd begehrt jdn
► **qn/qc se <u>fait</u>** ~ jd/etw lässt auf sich warten; **qn/qc <u>laisse</u> à** ~ jd/etw lässt zu wünschen übrig; **qc ne <u>laisse</u> rien à** ~ etw lässt nichts zu wünschen übrig
désireux, -euse [deziʀø, -øz] *adj* ■ **qn est ~ de faire qc** jd strebt danach, etw zu tun; jd möchte etw tun
désistement [dezistəmɑ̃] *m* 1. POL ■ ~ **de qn** jds Verzicht *m,* jds Rücktritt *m*
2. JUR Zurücknahme *f,* Zurückziehung *f*
désister <1> [deziste] *vpr* 1. POL ■ **qn se désiste** jd tritt zurück, jd verzichtet; ***qn se désiste en faveur*** [*o* ***au profit***] ***de qn*** jd tritt zu jds Gunsten zurück, jd verzichtet zu jds Gunsten
2. JUR ■ **qn se désiste** jd zieht die Klage zurück
désobéir <8> [dezɔbeiʀ] *vi* ■ **qn désobéit [à qn]** */enfant/* jd gehorcht [*o* folgt] [jdm] nicht; */soldat/* jd verweigert den Befehl, jd verweigert jds Befehl; ■ **qn désobéit à qc** *à la loi, au règlement* jd verletzt [*o* übertritt] etw; *à un ordre* jd verweigert etw, jd widersetzt sich einer S. (*dat*)
désobéissance [dezɔbeisɑ̃s] *f* ■ ~ **à qn** Ungehorsam *m* gegenüber jdm; ■ ~ **à qc** Verletzung *f* [*o* Übertretung *f*] von etw
désobéissant, e [dezɔbeisɑ̃, ɑ̃t] *adj* ungehorsam, unfolgsam, unartig
désobligeant, e [dezɔbliʒɑ̃, ʒɑ̃t] *adj* unfreundlich, ungefällig; *attitude a.* unangenehm
désobliger <2 a> [dezɔbliʒe] *vt* ■ **qn/qc désoblige qn** jd/etw kränkt jdn, jd/etw stößt jdn vor den Kopf
désodorisant, e [dezɔdɔʀizɑ̃, ɑ̃t] I. *adj* desodorierend, geruchstilgend
II. *m* De[s]odorant *nt*
désodoriser <1> [dezɔdɔʀize] *vt* ■ **qn/qc désodorise qc** jd/etw beseitigt den unangenehmen Geruch von etw
désœuvré, e [dezœvʀe] I. *adj* untätig; ***ne reste pas ainsi*** ~! sitz nicht so untätig herum!
II. *m, f péj* Müßiggänger(in) *m(f)*
désœuvrement [dezœvʀəmɑ̃] *m* Nichtstun *nt,* Untätigkeit *f*
► **<u>par</u>** ~ um die Zeit totzuschlagen
désolant, e [dezɔlɑ̃, ɑ̃t] *adj spectacle* traurig; *temps* trostlos; ***c'est*** ~ das ist traurig [*o* betrüblich]; ■ **il est ~ que** + *subj* es ist traurig [*o* betrüblich], dass
désolation [dezɔlasjɔ̃] *f* 1. (*extrême affliction*) Verzweiflung *f,* Trostlosigkeit *f; **c'était la** ~* es war ein Bild des Jammers
2. *littér* (*dévastation*) Verwüstung *f*
► **qn/qc <u>plonge</u> qn dans la** ~ jd/etw betrübt jdn sehr [*o* zutiefst], jd/etw macht jdn sehr traurig; **qn/qc <u>sème</u> la ~ quelque part** jd/etw setzt irgendwo alles in Trümmer
désolé, e [dezɔle] *adj* (*éploré*) tief betrübt, untröstlich, verzweifelt
► **je suis <u>vraiment</u>** ~ es tut mir wirklich Leid; **j'en <u>suis</u> ~ pour vous** das tut mir Leid für Sie; [**je suis**] ~ **<u>de</u> ...,** [**je suis**] ~ **<u>que</u> ...** + *subj* [es] tut mir Leid, dass ...; ***je suis ~ d'être en retard*** meine Verspätung tut mir Leid; ***je suis ~ de vous avoir fait attendre*** es tut mir Leid, dass ich Sie warten ließ; ~! [es] tut mir Leid!
désoler <1> [dezɔle] I. *vt* 1. (*attrister*) ■ **qn/qc désole qn** jd/etw stimmt [*o* macht] jdn traurig, jd/etw betrübt jdn; ***ça me désole de te dire que*** + *indic* es tut mir Leid, dir sagen zu müssen, dass
2. (*contrarier*) ■ **qn/qc désole qn** jd/etw regt jdn auf
II. *vpr* (*en être fâché*) ■ **qn se désole** jd jammert, jd regt sich auf; ■ **qn se désole de qc** (*être navré*) *de l'absence de qn* jd bedauert etw
désolidariser <1> [desɔlidaʀize] *vpr* ■ **qn se désolidarise de qn/qc** jd distanziert sich von jdm/etw
désopilant, e [dezɔpilɑ̃, ɑ̃t] *adj* wahnsinnig lustig [*o* komisch]
désordonné, e [dezɔʀdɔne] *adj* 1. (*qui manque d'ordre*) *personne* unordentlich; *maison, pièce a.* unaufgeräumt
2. (*qui manque d'organisation*) *esprit* chaotisch; *personne a.* unkonzentriert, zerfahren
3. (*non coordonné*) *gestes, mouvements* wild, unkontrolliert; *élans* unkoordiniert
4. (*sans discipline*) *fuite, combat* ungeordnet; ***course*** ~ wildes Durcheinanderrennen
5. *littér* (*déréglé*) *vie, conduite* zügellos, undiszipliniert; (*débridé*) *imagination* wirr, chaotisch, ungeordnet
désordre [dezɔʀdʀ] *m* 1. ∅ (*absence d'ordre*) ■ ~ **[dans qc]** *dans une pièce, les affaires de qn* Unordnung *f* [*o* Durcheinander *nt*] [in etw (*dat*)]; *dans une entreprise, administration, les idées* Durcheinander [in etw (*dat*)]; (*absence de discipline*) *dans une réunion, la classe* Unruhe *f* [in etw (*dat*)]; ***trop de*** ~ allzu großes Durcheinander
2. ∅ (*caractère désordonné*) ■ ~ **de qn** (*dans les affaires*) jds Unordentlichkeit *f;* (*dans les idées*) jds Zerfahrenheit *f;* ■ ~ **des choses** *des esprits, idées* Durcheinander *nt* der Dinge; ***période de*** ~ eine unruhige [*o* chaotische] Zeit
3. *littér* (*conduite déréglée*) Ausschweifung *f; **qn vit dans le** ~* jd führt ein ausschweifendes Leben; ***une vie de*** ~ ein ausschweifendes Leben
4. *gén pl* POL Unruhen *pl*
5. MED Störung *f; **un ~ hormonal/ hépatique*** eine hormonelle Störung/Leberfunktionsstörung
6. CONSTR (*détérioration dans le gros œuvre*) [Bau]schaden *m*
► **qn/qc jette le ~ dans les <u>esprits</u>** jd/etw sorgt für Verwirrung; **qn arrête qn pour ~ sur la <u>voie</u> publique** jd nimmt jdn wegen ungebührlichen Benehmens fest; **ça <u>fait</u>** ~ *fam* das ist ein Handikap ['hændikæp]; **le ~ <u>règne</u>** es herrscht Unordnung, es herrscht Unruhe; **qn <u>sème</u> le ~ [quelque part]** jd verbreitet [irgendwo] Unruhe; **<u>dans</u> le** ~ in beliebiger Reihenfolge; **<u>en</u>** ~ in Unordnung; *idées* ungeordnet
désorganisation [dezɔʀganizasjɔ̃] *f* Desorganisation *f;* [*armée a.*] Auflösung *f*
désorganiser <1> [dezɔʀganize] *vt* ■ **qn/qc désorganise qc** *projets* jd/etw durchkreuzt etw, jd/etw bringt etw durcheinander; *service a.* jd/etw bringt etw in Unordnung
désorienté, e [dezɔʀjɑ̃te] *adj* verwirrt, verunsichert
désorienter <1> [dezɔʀjɑ̃te] *vt* 1. (*égarer*) ■ **qc désoriente qn** etw verwirrt jdn, jd verliert die Orientierung durch etw; ■ **qc désoriente qc** etw bringt etw vom Kurs ab
2. (*déconcerter*) ■ **qn/qc désoriente qn** jd/etw verunsichert [*o* verwirrt] jdn
désormais [dezɔʀmɛ] *adv* von nun [*o* jetzt] an [*o* ab]
désosser <1> [dezɔse] *vt* 1. GASTR ■ **qn désosse qc** jd löst die Knochen aus etw heraus; ■ **désossé(e)** ohne Knochen
2. (*démonter*) ■ **qn désosse qc** jd zerlegt etw in seine Einzelteile
desperado [dɛspeʀado] *m* Desperado *m*
despote [dɛspɔt] I. *m* Despot *m;* (*personne tyrannique a.*) Tyrann *m*
► ~ **<u>éclairé</u>** Monarch *m* des aufgeklärten Absolutismus; **qn se conduit <u>en</u>** ~ jd spielt sich als Despot auf
II. *adj* despotisch
despotique [dɛspɔtik] *adj* 1. POL *gouvernement* despotisch; *pouvoir* unumschränkt; *souverain* Gewalt-
2. (*autoritaire*) despotisch, herrisch
despotisme [dɛspɔtism] *m* POL Despotismus *m,* Despotie *f,* Gewaltherrschaft *f;* (*volonté tyrannique*) Tyrannei *f*
► ~ **<u>éclairé</u>** aufgeklärter Absolutismus
desquamer <1> [dɛskwame] I. *vt* ■ **qc desquame qc** durch etw bilden sich Schuppen auf etw (*dat*)
II. *vi* ■ **qn/qc desquame** bei jdm/etw bilden sich Schuppen, jd/etw pellt
III. *vpr* ■ **qc se desquame** etw schuppt [sich] [ab], etw schilfert ab
desquels, desquelles [dekɛl] *pron v.* **lequel**
DESS [deøɛsɛs] *m abr de* **diplôme d'études supérieures spécialisées** *Abschlussexamen eines Aufbaustudienganges*
dessaisir <8> [deseziʀ] I. *vt* JUR ■ **qn dessaisit qn [de qc]** jd entzieht jdm [in Bezug auf etw (*akk*)] die Gerichtsbarkeit, jd erklärt jdn für nicht zuständig [in etw (*dat*)]
II. *vpr* ■ **qn se dessaisit de qc** jd gibt etw ab [*o* heraus]
dessalement [desalmɑ̃] *m* Entsalzen *nt,* Entsalzung *f*
dessaler <1> [desale] I. *vt* 1. (*rendre moins salé*) ■ **qn/qc dessale qc** jd/etw entsalzt etw; *poisson* jd/etw wässert etw
2. *fam* (*délurer*) ■ **qn/qc dessale qn** jd/etw ist eine gute Schule für jdn *iron fam;* ***le service militaire l'a dessalé*** der Militärdienst hat ihm seine jugendliche Unschuld genommen; ***il saura te*** ~ er wird dir einiges beibringen
II. *vpr* 1. (*cesser d'être salé*) ■ **qc se dessale** etw verliert seinen Salzgehalt
2. *fam* (*se délurer*) ■ **qn se dessale** jd checkt langsam, wo's langgeht [tʃɛkt] *fam*

III. *vi* NAUT ■ **qn/qc dessale** jd/etw kentert

dessaouler <1> [desule] *vi v.* **dessoûler**

desséchant, e [deseʃɑ̃, ɑ̃t] *adj* austrocknend; *études* trocken; ***qc est ~ pour la peau*** etw trocknet die Haut aus

dessèchement [desɛʃmɑ̃] *m* [*peau, sol*] Austrocknung *f;* ~ ***du cœur*** Abstumpfung *f* [*o* Verhärtung *f*] der Gefühle

dessécher <1> [deseʃe] **I.** *vt* **1.** (*rendre sec*) ■ **qc dessèche qn/qc** *peau, terre, sol, bouche, personne* etw trocknet jdn/etw aus; *végétation* etw lässt etw vertrocknen [*o* verdörren]; ■ **qn dessèche qc** *plantes* jd trocknet etw; *fruits a.* jd dörrt etw; ***mes lèvres sont desséchées*** ich habe trockene Lippen
2. (*faire maigrir*) ■ **qc dessèche qn** etw zehrt [*o* mergelt] jdn aus, etw lässt jdn stark abmagern
3. (*rendre insensible*) ■ **qc dessèche qn** etw stumpft [*o* härtet] jdn ab; ***qc lui a desséché le cœur*** etw hat jdn gefühlskalt gemacht
II. *vpr* **1.** (*devenir sec*) ■ **qc se dessèche** */bouche, lèvres/* etw wird trocken; */terre, peau/* etw trocknet aus; */plantes, végétation/* etw vertrocknet, etw verdörrt
2. (*maigrir*) ■ **qn se dessèche** jd magert ab
3. (*se durcir, se racornir*) ■ **qn se dessèche** jd stumpft ab; ***son cœur s'est desséché*** er/sie ist hart [*o* gefühlskalt] geworden

dessein [desɛ̃] *m littér* Plan *m,* Absicht *f;* ***qn a des ~s secrets*** *littér* jd hat geheime Pläne, jd führt etwas im Schilde
▸ **grands** ~s große Pläne; ***qn nourrit de grands ~s*** *littér* jd macht [*o* schmiedet] große Pläne; **qn nourrit de noirs** ~s *littér* jd hat finstere Absichten; **qn a des ~s secrets** *littér* jd hat geheime Pläne, jd führt etw im Schilde; **qn a des ~s sur qn/qc** *littér* jd hat mit jdm/etw etwas vor [*o* im Sinn]; **qn a le ~ de faire qc** *littér* jd hat die Absicht, etw zu tun; **qn conçoit** [*o* **forme**] **le ~ de faire qc** *littér* jd fasst [*o* schmiedet] den Plan, etw zu tun; **qn nourrit le ~ de faire qc** *littér* jd hegt die Absicht, etw zu tun; **qn/qc ruine les ~s de qn** *littér* jd/etw durchkreuzt jds Pläne, jd/etw macht jds Pläne zunichte; **qn/qc sert les ~s de qn** *littér* jd/etw ist jds Plänen nützlich, jd/etw kommt jdm gelegen; **à** ~ absichtlich, mit Absicht; **dans le ~ de faire qc** in der Absicht etw zu tun

desseller <1> [desele] *vt* ■ **qn desselle un animal** jd sattelt ein Tier ab

desserrage [deseʀaʒ] *m* [*écrou, vis*] Lockern *nt;* [*freins*] Lösen *nt*

desserré, e [deseʀe] *adj vis, écrou, nœud, lacet* locker; *ceinture, cravate* gelockert; *frein* gelöst, nicht angezogen; *col* offen; ***avec des lacets ~s*** mit offenem Schuh

desserrer <1> [deseʀe] **I.** *vt* **1.** (*dévisser*) ■ **qn desserre qc** jd lockert etw, jd schraubt etw los
2. (*relâcher*) ■ **qn desserre qc** *étau, étreinte, cravate* jd lockert etw; *ceinture a.* jd macht [*o* schnallt] etw weiter; *frein à main* jd löst etw, jd macht etw los; *charges* jd mildert etw; *bride* jd gibt mit etw nach
3. (*écarter*) ■ **qn desserre qc** *lignes* jd lässt Abstand zwischen etw (*dat*); *poings* jd öffnet etw; ***Jean ne desserre pas les dents*** Jean macht den Mund nicht auf *fam;* ***desserrez les rangs!*** rücken Sie etwas auseinander!
II. *vpr* ■ **des personnes se desserrent** Menschen rücken auseinander; ■ **qc se desserre** */écrou, étreinte, étau, vis, carcan, courroie, nœud/* etw lockert sich; */frein à main/* etw löst sich; */rangs/* etw löst sich auf

dessert [desɛʀ] *m* **1.** GASTR Dessert *nt,* Nachtisch *m,* Nachspeise *f;* ***qn prend un ~/qc comme ~*** jd nimmt ein Dessert [*o* einen Nachtisch]/nimmt etw zum [*o* als] Dessert [*o* Nachtisch]
2. (*moment*) Dessert *nt,* Nachtisch *m*
▸ **au** ~ beim Dessert [*o* Nachtisch]

desserte [desɛʀt] *f* **1.** (*meuble*) Serviertisch *m*
2. TRANSP: ~ ***aérienne/postale*** Luftverbindung *f*/Lieferung *f* der Postsendungen; ■ ~ **de qc** *de localité* Anfahren *nt* von etw; ***la ~ des villages voisins se fait par autocar*** die benachbarten Dörfer werden mit dem Bus angefahren; ***la ~ du port s'effectue par voie ferrée*** der Hafen hat einen Gleisanschluss; ***qc assure une ~ cadencée entre qc et qc*** etw sorgt für eine regelmäßige Verkehrsverbindung zwischen etw und etw (*dat*); ***qc assure la ~ de qc*** etw sorgt für [*o* sichert] die Verkehrsverbindung zu etw

desservir <*irr*> [desɛʀviʀ] *vt* **1.** (*débarrasser*) ■ **qn dessert qc** *table* jd räumt [*o* deckt] etw ab
2. (*rendre un mauvais service à*) ■ **qc dessert qn** [**auprès de qn**] etw schadet jdm [bei jdm]; ■ **qn dessert qn** [**par qc**] **auprès de qn** jd bringt jdn [mit etw] bei jdm in Misskredit; ■ **qc dessert qn/qc** (*nuire à*) etw schadet jdm/einer S., etw wirkt sich für jdn/eine S. nachteilig aus
3. TRANSP ■ **qc dessert qc** */moyen de transport/* etw fährt etw an; */compagnie aérienne/* etw fliegt etw an; */bateau/* etw läuft etw an; */ligne, autoroute, voie ferrée/* etw führt nach etw; *réseau* etw deckt etw ab; ***ce train/cette ligne dessert les gares suivantes*** dieser Zug/diese Linie hält an folgenden Stationen, diese Linie bedient folgende Stationen
4. (*être raccordé*) ■ **qn/qc est desservi(e) par qc** jd/etw ist an etw (*akk*) angeschlossen, jd/etw wird von etw bedient; *par le bateau* etw wird von etw angelaufen
5. (*fournir*) ■ **qn/qc dessert qn/qc** jd/etw versorgt jdn/etw; ■ **qn/qc dessert qc** (*être fournisseur de*) jd/etw unterhält etw
6. (*donner dans*) ■ **qc dessert qc** etw führt irgendwohin
7. REL ■ **qn dessert qc** *chapelle, église* jd versieht den Dienst einer S. (*gen*); *paroisse a.* jd betreut etw seelsorgerisch
▸ **qn/qc est bien/mal desservi(e)** jd/etw hat einen guten/schlechten Verkehrsanschluss, etw ist verkehrsmäßig gut/schlecht erschlossen

dessiccation [desikasjɔ̃] *f* [*fruits, légumes*] Trocknen *nt,* Dörren *nt;* [*lait*] Eintrocknen; [*sol*] Austrocknung *f*

dessiller <1> [desije] **I.** *vt:* ***qn dessille les yeux à*** [*o* ***de***] ***qn*** [***sur qn/qc***] jd öffnet jdm [in Bezug auf jdn/etw] die Augen
II. *vpr:* ***les yeux de qn se dessillent*** es fällt jdm wie Schuppen von den Augen

dessin [desɛ̃] *m* **1.** (*représentation*) Zeichnung *f;* ■ ~ **à qc** -zeichnung
2. (*art*) Zeichnen *nt;* ***qn est professeur de ~*** jd ist Zeichenlehrer; ***qn est doué(e) pour le ~*** jd ist zeichnerisch begabt
3. (*ligne*) [*visage*] Züge *pl;* [*veines*] Verlauf *m;* ***il admirait le ~ gracieux de son visage*** er bewunderte sein/ihr feingeschnittenes Gesicht
4. (*motif*) Muster *nt*
▸ ~ **assisté par ordinateur** computerunterstütztes Zeichnen [kɔm'pju:tɐ-], CAD [tse:ʔa:'de:] *nt;* ~**s animés** Zeichentrickfilm *m;* ~ **industriel** technisches Zeichnen; ~ **mélodique** Thema *nt;* ~ **satirique** Karikatur *f;* **il faut te/vous faire un** ~? *fam* brauchst du/braucht ihr eine Extraerklärung?; **je ne te/vous fais pas de** ~ *fam* eine weitere Erklärung ist wohl nicht nötig; **à** ~ Zeichen-
◆ **dessin à main levée** Freihandzeichnung *f;* **dessin d'après nature** Zeichnung *f* nach der Natur; **dessin d'art** künstlerische Zeichnung; **dessin de mode** Modedesign [-dizain] *nt;* **dessin d'humour** humoristische Zeichnung; **dessins et modèles** Geschmacks- und Gebrauchsmuster *pl*

dessinateur, -trice [desinatœʀ, -tʀis] *m, f* ART Zeichner(in) *m(f);* IND Designer(in) *m(f)* [di'zainɐ]
▸ ~ **industriel** technischer Zeichner/technische Zeichnerin
◆ **dessinateur(-trice) de B.D.** Comiczeichner(in) *m(f),* Cartoonist(in) *m(f);* **dessinateur(-trice) de meubles** Möbeldesigner(in) *m(f);* **dessinateur(-trice) de mode** Modedesigner(in) *m(f);* **dessinateur(-trice) en bijouterie** Schmuckdesigner(in) *m(f);* **dessinateur(-trice) en tissu** Dessinateur *m,* Musterzeichner(in) *m(f)*

dessiner <1> [desine] **I.** *vi* ■ **qn dessine** [**à qc**] jd zeichnet [mit etw]
II. *vt* **1.** ART ■ **qn dessine qc** jd zeichnet etw
2. TECH ■ **qn dessine qc** *jardin* jd gestaltet etw; *plan d'une maison* jd macht [*o* zeichnet] etw; *meuble, maquette* jd entwirft etw; *montre, couteau* jd entwirft das Design zu etw; *véhicule* jd zeichnet die Konstruktion von etw, jd macht den Entwurf von etw
3. (*souligner*) ■ **qc dessine qc** etw unterstreicht [*o* betont] etw
4. (*former*) ■ **qc dessine qc** */route, fleuve/* etw macht [*o* beschreibt] etw; */champs/* etw sieht aus wie etw
▸ **bien dessiné(e)** schön geformt [*o* gezeichnet]
III. *vpr* **1.** ■ **qc se dessine quelque part** */ligne, ombre, silhouette/* etw zeichnet sich irgendwo ab; */sourire/* etw zeigt sich [irgendwo]
2. (*apparaître*) ■ **qc se dessine** [**quelque part**] */profil/* etw zeichnet sich [irgendwo] ab; */tendance, réaction a./* etw wird [irgendwo] deutlich; */phénomène/* etw taucht [irgendwo] auf
3. (*être conçu*) ■ **qc se dessine** etw nimmt Gestalt an

dessouder <1> [desude] **I.** *vt* ■ **qn/qc dessoude qc** jd/etw löst die Schweißnaht [*o* Lötnaht] von etw, jd/etw trennt die Schweißnaht [*o* Schweißstelle] [*o* Lötstelle] von etw auf
II. *vpr* ■ **qc se dessoude** etw löst sich, etw geht auf

dessoûler <1> [desule] **I.** *vi* ■ **qn ne dessoûle pas** jd ist ständig betrunken; ***qn n'a pas dessoûlé depuis deux jours/de la semaine*** jd ist seit zwei Tagen/einer Woche nicht mehr nüchtern geworden, jd ist seit zwei Tagen/einer Woche blau *fam*
II. *vt fam* ■ **qn/qc dessoûle qn** jd/etw macht jdn nüchtern

dessous [d(ə)su] **I.** *adv* ***qn se met*** [***en***] ~ (*sous un arbre*) jd stellt sich unter; (*sous une échelle*) jd stellt sich darunter; ***qn met qc*** [***en***] ~ jd legt etw darunter; ***qc est*** [***marqué(e)***] [***en***] ~ etw steht darunter; ***qn/un animal passe*** [***par***] [***en***] ~ jd/ein Tier schlüpft darunter durch; ■ **il y a qn/un animal/qc** [**en**] ~, ■ **qn/un animal/qc est** [**en**] ~ jd/ein Tier/etw ist [*o* befindet sich] darunter; (*sous une dalle*) jd/ein Tier liegt darunter; (*en grimpant*) jd/ein Tier/etw befindet sich weiter unten, jd steht weiter unten; */signature/* etw steht darunter
▸ **qn agit** [**par**] **en** ~ jd geht heimlich vor; **qn prend qc par en** ~ jd fasst etw unten an; **qn regarde qn** [**par**] **en** ~ jd betrachtet jdn verstohlen; **qn rit** [**par**] **en** ~ jd lächelt insgeheim [*o* in sich hinein]; **d'en** ~ *voisin, locataire* von unten; *appartement, étage* darunter liegend
II. *prép* **1.** (*sous*) ■ **en ~ de qc** unterhalb einer S. (*gen*), unter etw (*dat*); (*au bas de*) am Ende einer S. (*gen*); ■ **en ~ de chez qn** unter jdm
2. (*plus bas que*) ■ **en ~ de qc** unter einer S. (*dat*); ***qn/qc est en ~ de tout*** jd/etw ist miserabel, etw ist unter aller Kritik
▸ **qn sort qn/qc de ~ qc** jd holt jdn/etw unter etw (*dat*) hervor
III. *m* **1.** (*ce qui est en dessous*) [*étoffe, tapis*] linke Seite; [*pieds, chaussures*] Sohle *f;* [*assiette, langue*] Unterseite *f,* untere Seite; ***le ~ des bras*** die Achsel; ***les fruits du ~ sont moisis*** die unteren Früchte sind verschimmelt; ***tu as le ~ du nez tout sale*** du bist unter der Nase ganz schmutzig
2. *pl* TEXTIL Dessous *pl,* [Damen]unterwäsche *f*
3. *pl* (*aspects secrets*) ■ ~ **de qc** *d'une affaire, histoire* Hintergründe *pl* einer S. (*gen*); ***les ~ de la politique/de la finance*** die politischen/finanzpolitischen Hintergründe
▸ **qn connaît le ~ des cartes** [*o* **du jeu**] jd durchschaut das Spiel; **qn a le** ~ jd ist unterlegen, jd zieht den Kürzeren; **du** ~ *voisin, locataire* von unten; *appartement, étage* darunter liegend; *drap* für unten drunter; *fruits, livre* unten liegend

dessous-de-bouteille [d(ə)sud(ə)butɛj] *m inv* [Flaschen]untersatz *m,* [Flaschen]untersetzer *m* **dessous-de-bras** [d(ə)sud(ə)bʀɑ] *m inv* Armblatt *nt,* Schweißblatt *nt* **dessous-de-plat** [d(ə)sud(ə)pla] *m inv* [Schüssel]untersatz *m,* [Schüssel]untersetzer *m* **dessous-de-table** [d(ə)sud(ə)tabl] *m inv* Schmiergeld *nt*

dessus [d(ə)sy] **I.** *adv* **1.** (*sur qc*) darauf; ***il compte ~*** er rechnet damit; ***qn met qc ~*** jd stellt etw darauf; ***mets la nappe ~*** leg die Tischdecke darauf; ***voilà la chaise, mets-toi ~*** hier ist der Stuhl, setz dich darauf; ■ **qn est ~** (*sur une photo*) jd ist darauf; (*sur une affaire*) jd ist daran beteiligt
2. (*sur qn*): ***qn lui fonce*** [*o* ***saute***] [*o* ***tombe***] ~ jd stürzt sich auf jdn; ***qn/qc***

lui fonce ~ */chauffard, voiture/* jd/etw fährt auf jdn zu; ***qn lui tape/tire*** ~ jd schlägt jdn/schießt auf jdn
II. *prép* ▸ **qn enlève qc de ~ qc** jd nimmt etw von etw herunter
III. *m* **1.** (*ce qui est au-dessus*) [*tête, pied*] Oberseite *f;* ~ ***de la main/table*** Handrücken *m*/Tischplatte *f;* ***le ~ de l'armoire était tout poussiéreux*** auf dem Schrank lag viel Staub
2. MUS (*registre le plus haut*) Oberstimme *f*
▸ **qn a le ~** SPORT jd gewinnt; MIL jd siegt; (*dans une discussion*) jd ist überlegen; **qn prend le ~** (*prend l'avantage*) jd gewinnt die Oberhand; (*reprend courage*) jd rafft sich auf; **qn reprend le ~** (*reprend l'avantage*) jd gewinnt wieder die Oberhand; (*retrouve la maîtrise de soi*) jd fängt sich wieder; (*se rétablit*) jd kommt wieder auf die Beine, jd erholt sich wieder; **du ~** *voisin* von oben; *étage* darüber liegend; *drap* für oben drüber [*o* drauf]; ***elle portait trois vestes, celle du ~ était bleue*** sie trug drei Jacken, die oberste war blau

dessus-de-lit [d(ə)syd(ə)li] *m inv* Tagesdecke *f* **dessus-de-plat** [d(ə)syd(ə)pla] *m inv* Deckel *m* **dessus-de-porte** [d(ə)syd(ə)pɔʀt] *m inv* Sopraporte *f* **dessus-de-table** [d(ə)syd(ə)tabl] *m inv* Tischläufer *m*

déstabilisateur, -trice [destabilizatœʀ, -tʀis] *adj* destabilisierend

déstabilisation [destabilizasjɔ̃] *f* Destabilisierung *f*

déstabiliser <1> [destabilize] *vt* ■ **qc déstabilise qc** etw destabilisiert etw; ■ **qn/qc déstabilise qn** jd/etw verunsichert jdn

déstalinisation [destalinizasjɔ̃] *f* Entstalinisierung *f*

destin [dɛstɛ̃] *m* **1.** (*fatalité*) Schicksal *nt;* ***les arrêts du ~*** die Schicksalsfügungen
2. (*sort*) Schicksal *nt,* Los *nt;* ***qn prédit le ~ de qn*** jd sagt jds Zukunft voraus
3. (*avenir*) [*monde, pays*] Schicksal *nt;* [*roman*] Erfolg[saussichten *pl*] *m*
▸ **qn prend son ~ en main** jd nimmt sein Schicksal selbst in die Hand; **qn a un ~ national** jd bestimmt die Geschicke eines Landes; **qn connaît un ~ tragique** jd erleidet ein tragisches Schicksal; **qn/qc change** [*o* **modifie**] **le ~ de qn** jd/etw beeinflusst jds Schicksal; **qn croit en son ~** jd glaubt an seine Sendung; **on n'échappe pas à son ~!** *prov* man kann seinem Schicksal nicht entgehen; **c'est le ~** das ist Schicksal; **qn force le ~** jd fordert sein Schicksal heraus

destinataire [dɛstinatɛʀ] *mf* Empfänger(in) *m(f);* [*mandat*] Zahlungsempfänger(in)
▸ **qn remet qc au ~** jd händigt etw dem Empfänger aus

destination [dɛstinasjɔ̃] *f* **1.** (*lieu*) Ziel *nt;* [*lettre*] Bestimmungsort *m*
2. (*affectation*) Funktion *f;* [*somme*] Verwendungszweck *m,* Bestimmung *f*
3. (*vocation*) ■ **~ de qn** jds Bestimmung *f*
▸ **qn part pour une ~ inconnue** jd verreist mit unbekanntem Ziel [*o* ohne ein Ziel anzugeben]; **qc retrouve** [*o* **est rendu(e) à**] **sa ~ première** etw wird der ursprünglichen Bestimmung übergeben; **qn/qc arrive à ~** jd/etw kommt am Ziel an; **qc à ~ de:** ***le train/bateau/l'avion à ~ de Hambourg*** der Zug/das Schiff/Flugzeug nach Hamburg; ***un programme/concert à ~ de la population étrangère*** ein Programm *nt*/Konzert *nt* für die ausländische Bevölkerung; **qn à ~ de:** ***voyageur à ~ de Munich*** Reisender *m* nach München; **de ~** Ziel-; ***lieu de ~*** Bestimmungsort *m*

destinée [dɛstine] *f* **1.** (*destin*) ■ **~ [de qn]** [jds] Schicksal *nt;* ***quelle heureuse ~ a été la sienne!*** was hat er/sie für ein glückliches Los!; ***la ~ humaine*** das Los der Menschen
2. (*sort*) ■ **~ de qc** Bestimmung *f* einer S. (*gen*)
3. (*fatalité*) Schicksal *nt,* Vorsehung *f*
▸ **qn est promis à de hautes ~s** jd ist zu Höherem [*o* Großem] bestimmt [*o* berufen] [*o* ausersehen]; **qn dirige les** [*o* **préside aux**] **~s de qc** jd lenkt die Geschicke einer S. (*gen*); **des personnes unissent leurs ~s** Menschen reichen sich die Hand fürs Leben *geh,* Menschen schließen miteinander den Bund fürs Leben *geh*

destiner <1> [dɛstine] **I.** *vt* **1.** (*prévoir comme destin*) ■ **qc destine qc à qn:** ***nul ne sait ce que le sort nous destine*** niemand weiß, was das Schicksal mit uns vorhat; ■ **qc lui est destiné(e)** */sort/* etw wartet auf jdn
2. (*avoir pour destin*) ■ **qn/qc est destiné(e) à qc** *à une carrière, au succès* jd/etw ist für etw bestimmt; *à l'échec* jd/etw ist zu etw verurteilt; ■ **qn est destiné(e) à faire qc** das Schicksal will es, dass jd etw tut
3. (*mener*) ■ **qc destine qn à une chose** jd ist durch etw für eine S. prädestiniert; ■ **qc destine qn à faire qc** jd ist durch etw dazu prädestiniert, etw zu tun
4. (*avoir pour but*) ■ **qc est destiné(e) à faire qc** etw soll etw tun
5. (*être prévu pour*) ■ **qc est destiné(e) à qn** etw ist für jdn bestimmt; ■ **qc est destiné(e) à …** etw soll …; ***ce terrain est destiné à être construit*** das Gelände soll bebaut werden
6. (*s'adresser*) ■ **qc est destiné(e) à des personnes** etw ist für Menschen gedacht, etw richtet sich an Menschen
7. (*être adressé*) ■ **qc lui est destiné(e)** etw ist für jdn bestimmt
8. (*concerner*) ■ **qc lui est destiné(e)** etw ist an jdn gerichtet
9. (*être affecté*) ■ **qc est destiné(e) à qc** etw ist für etw bestimmt; ■ **qc est destiné(e) à faire qc** etw soll etw tun; ■ **qn est destiné(e) à qc** jd bestimmt etw für etw
10. (*prévoir une carrière*) ■ **qn destine qn à qc/à faire qc** jd sieht jdn für etw vor; ***il destine son fils à être médecin*** er sieht seinen Sohn für den Arztberuf vor
11. (*garder en réserve pour*) ■ **qn lui destine qc** jd sieht etw für jdn vor
12. (*être le destin de*) ■ **des personnes sont destinées l'une à l'autre** Menschen sind füreinander bestimmt
II. *vpr* ■ **qn se destine à qc** jd wählt etw; ■ **qn se destine à faire qc** jd will etw tun, jd hat fest vor etw zu tun

destituer <1> [dɛstitɥe] *vt* ■ **qn destitue qn [de qc]** jd entlässt jdn [aus etw]; *fonctionnaire a.* jd enthebt jdn [einer S. (*gen*)]; *officier a.* jd gibt jdm den Abschied; *souverain* jd setzt jdn ab

destitution [dɛstitysjɔ̃] *f* Entlassung *f;* [*fonctionnaire a.*] Enthebung *f;* [*officier a.*] Abschied *m;* [*souverain*] Absetzung *f*

déstockage [destɔkaʒ] *m* Lagerräumung *f*

destroyer [dɛstʀwaje] *m* Zerstörer *m*

destructeur, -trice [dɛstʀyktœʀ, -tʀis] **I.** *adj critique, idée* destruktiv; *action, feu, guerre* zerstörerisch; *fléau* verheerend; ***folie ~trice*** Zerstörungswut *f*
II. *m, f* Zerstörer(in) *m(f);* ~ ***d'insectes*** Insektenvertilger *m*
◆ **destructeur de documents** Aktenvernichter *m*

destructif, -ive [dɛstʀyktif, -iv] *adj* destruktiv

destruction [dɛstʀyksjɔ̃] *f* **1.** (*action, dégât*) [*immeubles, objets*] Zerstörung *f;* [*archives, preuves, indices*] Vernichtung *f*
2. (*extermination*) [*peuple*] Vernichtung *f;* [*insectes a.*] Vertilgung *f*
3. (*altération*) [*tissus organiques*] Zerstörung *f*

déstructurer <1> [destʀyktyʀe] **I.** *vt* ■ **qc déstructure qc** etw zerstört [die Struktur von] etw, etw löst [die Struktur von] etw auf
II. *vpr* ■ **qc se déstructure** etw geht zugrunde

désuet, -uète [dezɥɛ, -ɛt] *adj coutume* altmodisch; *expression a.* nicht mehr gebräuchlich; *charme a.* antiquiert; *aspect* nicht mehr zeitgemäß, überholt; *mode* überlebt; *vêtement* unmodern, aus der Mode gekommen

désuétude [dezɥetyd] *f* ▸ **qc tombe en ~** etw veraltet; */coutume a./* etw kommt außer Gebrauch; */expression a./* etw wird ungebräuchlich; */loi/* etw kommt außer Anwendung

désuni, e [dezyni] *adj* **1.** (*séparé par un désaccord*) zerstritten
2. SPORT ■ **qn est ~** jd ist aus dem Rhythmus gekommen

désunion [dezynjɔ̃] *f* ■ **~ de qc** Zerstrittenheit *f* einer S. (*gen*); *du parti, de la famille, de l'équipe a.* Uneinigkeit *f* in etw (*dat*)
▸ **qc met** [*o* **provoque**] **la ~ dans qc/entre des personnes** etw löst in etw (*dat*)/zwischen Menschen Streit aus; **qn jette** [*o* **répand**] [*o* **sème**] **la ~ dans qc/entre des personnes** jd bringt Unfrieden in etw (*dat*)/sät Unfrieden zwischen Menschen

désunir <8> [dezyniʀ] **I.** *vt* ■ **qc désunit des personnes/qc** etw bringt Menschen/etw auseinander, etw entzweit Menschen/etw
II. *vpr* SPORT ■ **qn se désunit** jd kommt aus dem Rhythmus

détachable [detaʃabl] *adj* (*amovible*) *capuche* abnehmbar; *partie* abtrennbar; *feuilles* abreißbar

détachage [detaʃaʒ] *m* Reinigung *f*
▸ **qc part au ~** etw geht bei der Reinigung heraus

détachant [detaʃɑ̃] *m* Fleck[en]entfernungsmittel *nt,* Fleckentferner *m*

détaché, e [detaʃe] *adj* **1.** (*indifférent*) *air, œil, ton* gleichgültig; ***qn a l'air ~*** jd macht einen gleichgültigen Eindruck
2. ADMIN *fonctionnaire* einstweilig versetzt
3. SPORT abgesetzt [von den andern]

détachement [detaʃmɑ̃] *m* **1.** (*air d'indifférence*) Gleichgültigkeit *f*
2. MIL Sondertrupp *m,* Sonderabteilung *f,* Sonderkommando *nt*
3. ADMIN einstweilige Versetzung
▸ **qn affecte le ~** jd spielt den Gleichgültigen; **qn demande/obtient son ~ [quelque part]** jd beantragt/erreicht eine einstweilige Versetzung [nach irgendwohin]; **qn est en ~** jd ist einstweilig versetzt; **avec [beaucoup de/un certain] ~** äußerst gleichgültig/mit einer gewissen Gleichgültigkeit
◆ **détachement du coupon** Abtrennen *nt* des Abschnitts

détacher[1] <1> [detaʃe] **I.** *vt* **1.** (*libérer*) ■ **qn détache qn/un animal** *prisonnier* jd befreit jdn/ein Tier; (*en enlevant la laisse*) jd bindet jdn/ein Tier los; ■ **qn lui détache qc** *mains, pieds* jd bindet jdm etw los
2. (*décrocher*) ■ **qn détache qn [de qc]** jd macht jdn [von etw] los; *de la croix, potence* jd holt jdn [von etw] herunter; ■ **qn détache qc [de qc]** *remorque* jd hängt etw [von etw] ab; *wagon a.* jd kuppelt etw [von etw] ab; *collier, épingle* jd legt etw ab; *rideau* jd nimmt etw ab; *chaîne* jd macht etw los
3. (*défaire*) ■ **qn [lui] détache qc** *cheveux, nœud* jd löst [jdm] etw; *lacet, ceinture, soutien-gorge, bretelles* jd macht [jdm] etw auf
4. (*séparer*) ■ **qn détache qc de qc** *du tronc, des os, de la carapace* jd löst etw von etw ab; *d'un carnet* jd trennt etw aus etw heraus; ***détache les bras du corps!*** halte die Arme vom Körper weg!
5. (*arracher*) ■ **qn/qc détache qc de qc** jd/etw reißt etw von etw ab
6. (*décoller*) ■ **qn/qc détache qc** jd/etw löst etw ab
7. (*déléguer*) ■ **qn détache qn quelque part** jd schickt jdn irgendwohin
8. ADMIN ■ **qn détache qn quelque part** jd versetzt jdn einstweilig irgendwohin, jd beordert jdn vorübergehend irgendwohin ab
9. (*ne pas lier*) ■ **qn détache des choses** *lettres, mots, notes* jd setzt Dinge voneinander ab
10. (*faire ressortir*) ■ **qn/qc détache qc [de/sur qc]** jd/etw hebt etw [von/gegen etw] ab
11. (*éloigner*) ■ **qc détache qn de qn/qc** etw entfremdet jdm jdn/etw, jd löst sich durch etw gefühlsmäßig von jdm/etw; ■ **qn est détaché(e) de qn/qc** jd ist jdm/einer S. entfremdet, jd hat sich gefühlsmäßig von jdm/etw gelöst
▸ **qn ne peut pas ~ qc de qn/qc** *les yeux, le regard* jd kann etw nicht von jdm/etw abwenden; *sa pensée, son attention* jd kann etw nicht von jdm/etw ablenken
II. *vpr* **1.** (*se libérer*) ■ **qn/un animal se détache** jd/ein Tier befreit sich; ■ **qc se détache** */barque/* die Vertäuung einer S. (*gen*) löst sich
2. (*se décrocher*) ■ **qc se détache [de qc]** etw löst sich [von etw]
3. (*se défaire*) ■ **qc se détache** etw geht auf
4. (*se séparer*) ■ **qn se détache de qc** jd tritt aus etw hervor; ■ **qc se détache de qc** */bateau, satellite/* etw sondert sich von etw ab, etw trennt sich von etw; (*sous l'effet du temps, par accident*) etw löst sich von etw
5. (*se décoller*) ■ **qc se détache** etw löst sich ab

6. (*se découper*) ■ **qn/qc se détache sur qc** *sur l'horizon, le ciel clair, un fond sombre* jd/etw hebt sich von etw ab; ***le titre se détache en grosses lettres [sur qc]*** der Titel sticht mit seinen fettgedruckten Buchstaben [auf etw (*dat*)] hervor
7. SPORT ■ **qn se détache [de qc]** jd löst sich [von etw], jd setzt sich [von etw] ab
8. (*prendre ses distances par rapport à*) ■ **qn se détache de qn** jd löst sich [gefühlsmäßig] von jdm; ■ **qn se détache de qc** jd verliert das Interesse an etw (*dat*), jd wird einer S. (*dat*) gegenüber gleichgültig, jd interessiert sich nicht mehr für etw; ***il faut savoir se ~ des biens matériels*** man muss lernen, den materiellen Verlockungen widerstehen zu können

détacher² <1> [detaʃe] *vt* ■ **qn détache qc** jd entfernt die Flecken aus etw, jd reinigt etw; ***ce produit ne détache rien du tout*** mit diesem Mittel kriegt man Flecken nicht heraus; ***il faut ~ ce tapis à l'essence*** man muss diesen Teppich mit Benzin reinigen
▸ **qn donne qc à ~ à qn, qn porte qc à ~ chez qn** jd bringt [*o* gibt] etw bei jdm in die Reinigung

détail <s> [detaj] *m* **1.** (*élément d'un ensemble*) [*description, récit*] Einzelheit *f*, Detail *nt*; [*tableau*] Ausschnitt *m*
2. ∅ (*énumération*) ■ **~ de qc** genaue Auflistung [*o* ausführliche Aufstellung] einer S. (*gen*); ***qn fait le ~ d'un bilan*** jd macht eine detaillierte [*o* ausführliche] Schlussabrechnung; ***qn fait le ~ d'un devis*** jd macht einen detaillierten Kostenvoranschlag; ***qn fait le ~ d'une facture/d'une addition*** jd erstellt eine detaillierte Rechnung
3. ∅ COM Einzelhandel *m*
▸ **jusque dans les moindres ~s** bis in die kleinsten Einzelheiten, in allen Einzelheiten; **à un ~ près** bis auf eine Kleinigkeit; **qn/qc s'attarde aux ~s** jd/etw hält sich mit Einzelheiten auf; **qc donne tous les ~s sur qc [à qn]** etw berichtet [jdm] etw in allen Einzelheiten; **qc ne donne aucun ~ sur qc [à qn]** etw teilt [jdm] zu etw keine Einzelheiten mit; **un ~ lui échappe [dans qc]** etwas ist jdm [bei etw] noch unklar; **aucun [*o* pas un] ~ ne lui échappe** jdm entgeht nichts; **qn ne s'embarrasse pas de ~s** jd macht keine Umschweife; **qn/qc entre dans le ~/le moindre ~** jd/etw geht ins Detail/bis ins kleinste Detail; **c'est [*o* ce n'est qu'] un ~!** das ist doch unwichtig [*o* nicht wichtig]!; **qn ne fait pas de [*o* le] ~** *fam* jd macht nicht lange [he]rum *fam*; **qn ne néglige aucun ~** jd lässt kein Detail aus; **qn passe sur un ~** jd geht über ein Detail hinweg; **je vous passe les ~s** *fam* ich erspare Ihnen die Details [*o* Einzelheiten]; **qn/qc se perd dans les ~s** jd/etw verliert sich in Einzelheiten; **qn remarque un ~** jdm fällt ein Detail [*o* Punkt] auf; **qn soigne [*o* travaille] les ~s** jd arbeitet alle Feinheiten aus; **au ~** im Kleinen, einzeln, stückweise; **dans le ~** im Detail, genau; **de ~**: ***commerce de ~*** Einzelhandel *m*; **en ~** im Einzelnen, ausführlich, Punkt für Punkt; **par le ~** *raconter, expliquer* ausführlich

détaillant, e [detajɑ̃, jɑ̃t] *m, f* Einzelhändler(in) *m(f)*

détaillé, e [detaje] *adj explications, récit* ausführlich; *plan* detailliert

détailler <1> [detaje] *vt* **1.** COM ■ **qn détaille qc** jd verkauft etw einzeln [*o* stückweise]
2. (*couper en morceaux*) ■ **qn détaille qc** jd schneidet etw in [Einzel]stücke
3. (*faire le détail de*) ■ **qn détaille qc [à qn]** jd erörtert [jdm] etw ausführlich
4. (*observer attentivement*) ■ **qn détaille qn** jd mustert jdn, jd sieht jdn prüfend [*o* kritisch] an; ■ **qn détaille qc** jd studiert etw eingehend
5. *littér* (*énumérer*) ■ **qn détaille qc [à qn]** jd führt [jdm] etw einzeln auf

détaler <1> [detale] *vi fam* ■ **qn/un animal détale** jd/ein Tier haut ab *fam*, jd verduftet *fam*, jd macht sich aus dem Staub *fam*

détartrage [detaʀtʀaʒ] *m* Entkalkung *f*; ***~ des dents*** Entfernung *f* des Zahnsteins

détartrant [detaʀtʀɑ̃] *m* Entkalker *m*; (*pour appareil dentaire*) Reinigungstablette *f*

détartrer <1> [detaʀtʀe] *vt* (*ôter le tartre de*) ■ **qn/qc détartre qc** *chaudière, conduit, évier, radiateur* jd/etw entkalkt etw; *dents* jd/etw entfernt den Zahnstein von etw

détaxe [detaks] *f* ***qc bénéficie d'une ~*** (*être exonéré*) etw ist gebührenfrei [*o* steuerfrei]; (*bénéficier d'une réduction*) etw wird steuerlich begünstigt; ***qn bénéficie d'une ~ sur qc*** jd genießt Steuervorteile für etw; ***qc bénéficie de la ~ à l'exportation*** die Ausfuhr einer S. (*gen*) ist gebührenfrei [*o* steuerfrei]
▸ **en ~** zollfrei

détaxer <1> [detakse] *vt* FISC ■ **qn détaxe qc** (*exonérer d'un impôt*) jd hebt die Steuern [*o* Gebühren] für etw auf; (*réduire un impôt sur*) jd senkt die Steuern [*o* Gebühren] für etw; ■ **[qc est] détaxé(e)** [etw ist] steuerfrei

détecter <1> [detɛkte] *vt* (*déceler*) ■ **qn/qc détecte qn/qc** jd/etw spürt jdn/etw auf; *objets cachés, personne a.* jd/etw entdeckt jdn/etw; *fuite de gaz, mines a.* jd/etw macht etw ausfindig; *erreur, mensonge* jd deckt etw auf; ***le radar permet de ~ la présence d'avions dans le ciel*** der Radar ermöglicht es, Flugzeuge im Luftraum zu orten

détecteur, -trice [detɛktœʀ] *m* ◆ **détecteur d'approche** Bewegungsmelder *m*, Näherungsdetektor *m*; **détecteur de faux billets** Echtheitsprüfer *m*; **détecteur de mensonge** Lügendetektor *m*; **détecteur de mines** Minensuchgerät *nt*; **détecteur de particules** Teilchendetektor *m*; **détecteur de pièces métalliques** Metallsuchgerät *nt*; **détecteur d'incendie** Brandmelder *m*

détective [detɛktiv] *mf* Detektiv(in) *m(f)*
▸ **~ privé** Privatdetektiv(in) *m(f)*

déteindre <irr> [detɛ̃dʀ] **I.** *vi* **1.** (*perdre sa couleur*) ■ **qc déteint à qc** *au lavage* etw verliert die Farbe bei etw; *au soleil* etw verschießt in etw (*dat*); *à la pluie* etw verliert die Farbe in etw (*dat*)
2. (*colorer*) ■ **qc déteint sur qc** etw färbt auf etw (*akk*) ab
3. (*influencer*) ■ **qn/qc déteint sur qn** jd/etw färbt auf jdn ab
II. *vt* ■ **qc déteint qc** etw bleicht etw; ■ **qn déteint qc [à qc]** jd bleicht [*o* entfärbt] etw [mit etw]

dételer <3> [det(ə)le] *vt* ■ **qn dételle un animal** *bœuf* jd spannt ein Tier aus; *cheval* jd schirrt ein Tier ab; ■ **qn dételle qc** *charrette, voiture* jd spannt etw ab; *caravane* jd koppelt etw ab; *wagon a.* jd kuppelt etw ab

détendeur [detɑ̃dœʀ] *m* [*bouteille de gaz, air comprimé*] Druck[minderungs]ventil *nt*, Druckreduzierventil *nt*

détendre <14> [detɑ̃dʀ] **I.** *vt* **1.** (*relâcher*) ■ **qn détend qc** jd lockert etw; *arc, ressort, câble, cordes a.* jd drosselt die Spannung einer S. (*gen*); *membres, jambes, muscles a.* jd entspannt etw
2. (*reposer*) ■ **qc détend qn/qc** etw wirkt entspannend auf jdn/etw; ***la musique lui détend le corps*** die Musik wirkt entspannend auf seinen/ihren Körper
3. (*décrisper*) ■ **qn/qc détend qc** etw entspannt etw; ***détends ton esprit!*** entspann dich!
4. *vieilli* (*détacher*) ■ **qn détend qc** jd hängt etw ab
II. *vpr* **1.** (*se relâcher*) ■ **qc se détend** etw lockert sich, etw verliert an Spannung; /*gaz*/ etw dehnt sich aus, etw verliert an Druck; /*visage, muscle, corps*/ etw entspannt sich
2. (*décontracter les muscles*) ■ **qn se détend** jd entspannt sich; ■ **qn se détend qc** jd entspannt [*o* lockert] etw
3. (*se distraire*) ■ **qn se détend** jd spannt aus; ***qn se détend l'esprit*** jd schaltet ab
4. (*se décrisper*) ■ **qc se détend** etw entspannt sich

détendu, e [detɑ̃dy] *adj* entspannt

détenir <9> [det(ə)niʀ] *vt* **1.** (*posséder*) ■ **qn détient qc** *pouvoir, réserves* jd besitzt etw; *objets volés, document a.* jd ist im Besitz einer S. (*gen*); *position* jd hat etw inne, jd bekleidet etw; *preuve, sièges, majorité, valeurs mobilières* jd verfügt über etw (*akk*); *record, titre* jd hält etw; *secret* jd hütet etw; *deuxième place* jd nimmt etw ein
2. (*retenir prisonnier*) ■ **qn détient qn** jd hält jdn fest [*o* gefangen]; ■ **qn est détenu(e) quelque part** jd wird irgendwo festgehalten

détente [detɑ̃t] *f* **1.** (*repos*) Ruhe *f*; (*récréation*) Entspannung *f*; ***qn s'accorde quelques instants [o un moment] de ~*** jd gönnt sich (*dat*) einen Moment Pause
2. POL Entspannung *f*
3. (*mouvement du corps*) schneller Sprung; ***d'une ~*** mit einem Ruck
4. (*relâchement*) [*ressort*] Entspannen *nt*; [*corde*] Lockern *nt*
5. (*pièce*) [*arme*] Abzug *m*
6. TECH [*gaz comprimé*] Expansion *f*, Ausdehnung *f*, Druckminderung *f*; [*moteur à explosion*] Arbeitstakt *m*
▸ **qn a une belle [*o* bonne] ~** jd hat ein gutes Sprungvermögen; **à double ~** *argument* zweischneidig; ***fusil à double ~*** Doppelflinte *f*; **qn est dur(e) à la ~** *fam* (*ne comprend pas facilement*) jd ist schwer von Begriff *fam*, jd hat eine lange Leitung *fam*; (*est avare*) jd ist knickrig *fam*, jd ist geizig; **qc est à la ~** etw steht auf Entspannung; **qn/qc va vers la ~** jd/etw ist auf Entspannungskurs; **de ~** *voyage, jours, lieu* Erholungs-; ***moment [o instant] de ~*** Ruhepause *f*

détenteur, -trice [detɑ̃tœʀ, -tʀis] *m, f* [*objet, document*] Besitzer(in) *m(f)*; [*valeurs a., compte*] Inhaber(in) *m(f)*; [*secret*] Hüter(in) *m(f)*; [*vérité*] Kenner(in) *m(f)*; [*diplôme*] Absolvent(in) *m(f)*; **~ du pouvoir/titre/record** Machthaber *m*/Titelträger *m*/Rekordhalter *m*; ***quel est l'actuel ~ du record de saut en hauteur?*** wer hält momentan den Rekord im Hochsprung?

détention [detɑ̃sjɔ̃] *f* **1.** (*possession*) [*document, somme, pistolet*] Besitz *m*; [*secret*] Wahrung *f*, Hüten *nt*; JUR Verwahrung *f*; ■ **~ de** *d'armes, actions, de haschisch* -besitz
2. (*incarcération*) Inhaftierung *f*
▸ **~ provisoire** Untersuchungshaft *f*; **qn est en ~** jd ist in Haft; **qn maintient/place qn en ~** jd hält/nimmt jdn in Haft; **en ~** inhaftiert

détenu, e [det(ə)ny] *m, f* [Straf]gefangene(r) *f(m)*, Häftling *m*
▸ **~ politique** politischer Gefangener
◆ **détenu de droit commun** Strafgefangener *m*

détergent, e [detɛʀʒɑ̃, ʒɑ̃t] **I.** *adj* reinigend
II. *m* Reinigungsmittel *nt*, Säuberungsmittel *nt*, Waschmittel *nt*

détérioration [deteʀjɔʀasjɔ̃] *f* [*climat social, conditions, qualité*] Verschlechterung *f*; [*état de santé, état mental a.*] Verschlimmerung *f*; [*appareil, matériel, marchandises*] Beschädigung *f*
▸ **~ intellectuelle [*o* mentale] [*o* psychique]** Abnahme *f* [*o* Nachlassen *nt*] der geistigen Fähigkeiten

détériorer <1> [deteʀjɔʀe] **I.** *vt* **1.** (*endommager*) ■ **qn détériore qc** jd beschädigt etw
2. (*dégrader*) ■ **qc détériore qc** etw schadet einer S. (*dat*); ***qc est dans un état détérioré*** etw ist in einem schadhaften Zustand; ■ **qc est détérioré(e)** etw ist schadhaft
3. (*nuire à*) ■ **qc détériore qc** *climat social, relations* etw verschlechtert etw; *atmosphère a.* etw vergiftet etw; *santé* etw schadet einer S. (*dat*)
4. *fam* (*diminuer*) ■ **qc détériore qn** etw nimmt jdn mit, etw setzt jdm zu
II. *vpr* **1.** (*s'abîmer*) ■ **qc se détériore** /*fruits, légumes*/ etw verdirbt; /*appareil, matériel*/ etw nimmt Schaden; /*vêtement*/ etw leidet
2. (*se dégrader*) ■ **qc se détériore** /*temps, santé*/ etw verschlechtert sich; /*bâtiment*/ etw nimmt Schaden; ***il avait une santé très détériorée*** seine Gesundheit hat sich erheblich verschlechtert
3. (*empirer*) ■ **qc se détériore** /*relations, climat, conditions*/ etw verschlechtert sich; /*pouvoir d'achat*/ etw nimmt ab

déterminant, e [detɛʀminɑ̃, ɑ̃t] **I.** *adj action, rôle, travaux* entscheidend; *événement a., argument* ausschlaggebend; *raison* Haupt-
II. *m* Begleiter *m* des Substantivs (*nähere Beschreibung eines Substantivs, z. B. Artikel, Demonstrativ- oder Possessivpronomen*)

détermination [detɛʀminasjɔ̃] *f* **1.** (*action de préciser*) ■ **~ de qc** *de la famille, maladie, du sexe, sens, d'un mot* Bestimmung *f* einer S. (*gen*); *de*

l'heure, du lieu, des opérations a. Festlegung *f* [*o* Festsetzung *f*] einer S. (*gen*); *des mobiles, de la responsabilité, cause, de l'origine* Ermittlung *f* einer S. (*gen*)
2. (*calcul*) ■ ~ **de qc** Bestimmung *f* einer S. (*gen*)
3. (*décision*) Entscheidung *f*, Entschluss *m*
4. (*attitude ferme*) Entschlossenheit *f*
5. LING: ~ ***du nom*** nähere Bestimmung eines Substantivs
► **avec** ~ entschlossen, mit Entschlossenheit

déterminé, e [detɛʀmine] **I.** *adj* **1.** (*précis*) *idée, sens d'un mot* bestimmt; *but, lieu, date, heure, point, moment, conditions, durée a.* festgelegt, festgesetzt
2. (*décidé*) entschlossen; ■ **[qn est]** ~ **à faire qc** [jd ist] fest entschlossen etw zu tun; ***d'un pas*** ~ mit festem [*o* energischem] Schritt; ***elle me regarda d'un air*** ~ mit fest entschlossenem Blick sah sie mich an
3. (*ferme*): ***elle est d'un caractère très*** ~ sie ist in ihrer Art sehr bestimmt; ***il faut lui parler un langage [très]*** ~ man muss ihm/ihr gegenüber bestimmt auftreten; ■ **qn est** ~ **dans qc** jd ist in etw (*dat*) sehr bestimmt
4. PHILOS vorherbestimmt
II. *m* LING näher bestimmtes Substantiv

déterminer <1> [detɛʀmine] **I.** *vt* **1.** (*préciser*) ■ **qn/qc détermine qc** jd/etw ermittelt etw; *opérations, détails, modalités, heure, date, lieu* jd/etw legt [*o* setzt] etw fest; *espèce, nature, maladie, sens d'un mot* jd/etw bestimmt etw; ■ **qn/qc détermine qn** (*identifier*) jd/etw bestimmt jdn
2. (*calculer*) ■ **qn détermine qc** jd bestimmt etw
3. (*décider*) ■ **qn/qc détermine qn à qc/à faire qc** jd/etw bewegt jdn zu etw/dazu, etw zu tun; jd/etw veranlasst jdn zu etw/dazu, etw zu tun
4. (*provoquer*) ■ **qc détermine qc** etw verursacht etw; *phénomène, révolte* etw ruft etw hervor; *naissance de qc* etw bewirkt etw
5. (*influer sur*) ■ **qc détermine qc** *avenir de qn, choix, comportement, résolution* etw beeinflusst etw
6. LING ■ **qc détermine qc** etw bestimmt etw näher
II. *vpr* (*se décider*) ■ **qn se détermine [à faire qc]** jd entscheidet sich [dafür, etw zu tun], jd entschließt sich [dazu, etw zu tun], jd ringt sich [dazu] durch[, etw zu tun]; ***qn se détermine en fonction de qc*** jd richtet sich in seiner Entscheidung nach etw; ***qc se détermine en fonction de qc/quelque part*** etw wird im Hinblick auf etw (*akk*)/irgendwo festgelegt

déterminisme [detɛʀminism] *m* Determinismus *m*

déterministe [detɛʀminist] *adj hypothèse* deterministisch; ***philosophie*** ~ Philosophie *f* des Determinismus

déterré, e [deteʀe] *m, f* ► **qn a une mine** [*o* **gueule**] **de** ~ *fam* jd sieht leichenblass aus

déterrer <1> [deteʀe] *vt* **1.** (*tirer de terre*) ■ **qn/qc déterre qc** *arbre, os, monnaies, trésor* jd gräbt etw aus; *mine, grenade, obus* jd legt etw frei
2. (*exhumer*) ■ **qn déterre qn** jd gräbt [*o* bettet] jdn aus, jd exhumiert jdn
3. (*dénicher*) ■ **qn déterre qc** *vieux manuscrit* jd gräbt etw aus
4. (*tirer de l'oubli*) ■ **qn déterre qc** *loi* jd stöbert etw auf; *souvenirs* jd ruft etw wach; *secret* jd lüftet etw

détersif, -ive [detɛʀsif, -iv] *adj* reinigend

détestable [detɛstabl] *adj* entsetzlich, scheußlich; *style a., pays, habitude, humeur, souvenir* schrecklich; *personne, temps a.* abscheulich; *personne a., caractère, procédé* verabscheuenswert, verabscheuungswürdig

détester <1> [detɛste] **I.** *vt* **1.** (*haïr*) ■ **qn déteste qn/qc** jd hasst jdn/etw, jd verabscheut jdn/etw
2. (*ne pas aimer*) ■ **qn déteste qc** jd kann etw nicht ausstehen, jd hasst etw; *lait, fromage, ail* jd mag etw [ganz und] gar nicht; ■ **qn déteste qn/un animal** jd kann jdn/ein Tier nicht leiden [*o* ausstehen]; ■ **qc déteste qc** */plante/* etw mag etw gar nicht; ■ **qn déteste faire qc** jd hasst es, etw zu tun; ■ **qn déteste que** + *subj* jd hasst es, wenn
► **qn ne déteste pas qc** jd mag etw ganz gern; **qn ne déteste pas que** + *subj* jd mag es ganz gern, wenn …
II. *vpr* ■ **qn se déteste** jd kann sich nicht leiden; ■ **des personnes se détestent** Menschen können sich nicht ausstehen [*o* leiden]

détonant, e [detɔnɑ̃, ɑ̃t] *adj*: *gaz* ~ Knallgas *nt*; ***explosif*** ~ explosiver Sprengstoff; ***amorce*** **~*e*** Zündung *f*

détonateur [detɔnatœʀ] *m* **1.** (*dispositif*) Zündkapsel *f*, Sprengkapsel *f*
2. (*fait*) auslösendes Element
► **qc sert de** ~ **à qc** etw ist das auslösende Moment bei etw

détonation [detɔnasjɔ̃] *f* [*arme à feu*] Knall *m*; [*bombe, obus*] Detonation *f*, Explosion *f*; [*canon*] Schlag *m*

détoner <1> [detɔne] *vi* ■ **qc détone** etw detoniert, etw explodiert; ■ **qn/qc fait** ~ **qc** jd/etw bringt etw zur Explosion; ***qn fait*** ~ ***une mine*** jd sprengt eine Mine

détonner <1> [detɔne] *vi* **1.** (*contraster*) ■ **des choses détonnent** */couleurs/* Dinge beißen [sich], Dinge passen nicht zusammen; ■ **qc détonne quelque part** */meuble/* etw passt nicht irgendwohin, etw steht irgendwo nicht an der richtigen Stelle; */critique, émission/* etw ist irgendwo unangebracht; ■ **qn détonne quelque part** jd ist irgendwo fehl am Platze [*o* deplatziert]
2. MUS ■ **qn détonne** (*en chantant*) jd singt falsch; (*en jouant*) jd spielt falsch

détordre <14> [detɔʀdʀ] *vt* ■ **qn détord qc** jd bringt etw in Ordnung; *corde* jd entwirrt etw; *linge* jd wickelt etw auseinander; *cuillère, fourchette* jd biegt etw gerade

détortiller <1> [detɔʀtije] *vt* ■ **qn détortille qc** jd wickelt etw auseinander

détour [detuʀ] *m* **1.** (*trajet plus long*) Umweg *m*
2. (*biais*) Ausrede *f*, Ausflucht *f*; ***il prend beaucoup de ~s pour présenter sa demande*** er redet lange herum, bevor er seine Bitte vorbringt
► **au** ~ **du chemin** [*o* **sentier**] dort, wo der Weg einen Bogen macht; **qc fait un large** ~ **[avant de faire qc]** */fleuve, route/* etw macht einen großen Bogen [, bevor es etw tut]; **qc fait de nombreux ~s [avant de faire qc]** */rivière, chemin, galerie/* etw macht mehrere Schleifen [, bevor es etw tut]; **qn fait le** ~ **quelque part** jd macht einen Umweg irgendwohin; **qc vaut le** ~ etw lohnt den Umweg, für etw lohnt sich der Umweg; */film, pièce de théâtre/* etw ist sehenswert; */livre/* etw ist lesenswert; **sans** ~**[s]** ohne Umschweife

détourné, e [detuʀne] *adj* **1.** (*faisant un détour*): ***sentier*** [*o* ***chemin***] ~ Umweg *m*
2. (*indirect*) *reproche* versteckt; *allusion a., moyens* indirekt; *forme* verschleiert
3. (*au sens modifié*) *image* übertragen; *texte* verfremdet

détournement [detuʀnəmɑ̃] *m* **1.** (*dérivation*) Umleitung *f*
2. (*vol*) Unterschlagung *f*, Veruntreuung *f*
◆ **détournement d'avion** Flugzeugentführung *f*; **détournement de fonds** Unterschlagung *f* [*o* Veruntreuung *f*] von Geldern

détourner <1> [detuʀne] **I.** *vt* **1.** (*dériver*) ■ **qn détourne qc** jd leitet etw um
2. (*dérouter*) ■ **qn/qc détourne qn de qc** *de sa route, son chemin* jd/etw bringt jdn von etw ab; ■ **qc est détourné(e) [de qc]** etw wird [um etw her]umgeleitet; ■ **qn/qc est détourné(e) sur qc** jd/etw wird über etw (*akk*) umgeleitet
3. AVIAT ■ **qn détourne qc** */pirate de l'air/* jd entführt etw
4. (*dévier*) ■ **qn détourne qc** *coup* jd wendet etw ab; *ballon, tir* jd lenkt etw ab
5. (*distraire*) ■ **qn/qc détourne qn/qc de qc** jd/etw lenkt jdn/etw von etw ab; ***qn/qc détourne l'attention de qn de qc*** jd/etw lenkt jds Aufmerksamkeit von etw ab
6. (*faire changer de direction à*) ■ **qn détourne qc** *colère, fléau* jd wendet etw ab; *conversation* jd gibt einer S. (*dat*) eine andere Richtung; ■ **qn détourne qc sur qc** *soupçons* jd lenkt etw auf jdn/etw
7. (*donner un autre sens à*): ***qn détourne qc [de son sens]*** *texte, film, image, B.D.* jd wandelt den Sinn von etw um, jd verfremdet etw
8. (*tourner d'un autre côté*) ■ **qn détourne qc** *tête, visage, regard* jd wendet etw ab
9. (*soustraire*) ■ **qn détourne qc** *somme, fonds* jd unterschlägt [*o* veruntreut] etw
10. (*amener à renoncer à*) ■ **qn/qc détourne qn de qc/de faire qc** *du but, droit chemin, devoir, de sa mission* jd/etw bringt jdn von etw ab/davon ab, etw zu tun
II. *vpr* **1.** (*tourner la tête*) ■ **qn se détourne** jd wendet sich ab
2. (*se détacher*) ■ **qn se détourne de qn** jd wendet sich von jdm ab; ■ **qn se détourne de qc** *d'une ligne de conduite* jd weicht von etw ab; *de la religion* jd entfernt sich von etw
3. (*s'égarer*): ***qn se détourne [de sa route]*** jd kommt vom Weg ab; (*prendre une autre route*) jd weicht von der Route ab

détracteur, -trice [detʀaktœʀ, -tʀis] *m, f* Gegner(in) *m(f)*, Kritiker(in) *m(f)*

détraqué, e [detʀake] **I.** *adj* **1.** (*déréglé*) *appareil, mécanisme* gestört
2. (*dérangé*) *santé, estomac, foie* angegriffen
3. *fam* (*piqué*) übergeschnappt *fam*; ***qn a l'esprit*** [*o* ***le cerveau***] ~ jd ist übergeschnappt *fam*
II. *m, f fam* Übergeschnappte(r) *f(m) fam*, Bescheuerte(r) *f(m) fam*, Verrückte(r) *f(m)*
► ~ **sexuel** Mensch *m* mit gestörtem Sexualtrieb

détraquer <1> [detʀake] **I.** *vt* **1.** (*abîmer*) ■ **qn/qc détraque qc** *machine* jd beschädigt etw, jd/etw macht etw kaputt
2. (*déranger*) ■ **qc [lui] détraque qc** *l'estomac, le foie* etw greift [jds] etw an
3. *fam* (*perturber*) ■ **qc détraque qn** etw bringt jdn durcheinander; ***qc lui détraque l'esprit*** [*o* ***le cerveau***] etw bringt ihn/sie um den Verstand
II. *vpr* **1.** (*être abîmé*) ■ **qc se détraque** */montre/* etw kommt zu Schaden, etw geht kaputt
2. (*se gâter*) ■ **qc se détraque** */système social, mœurs/* etw verfällt
3. (*être dérangé*) ■ **qc se détraque** */foie, estomac/* etw leidet
4. *fam* (*rendre malade*) ■ **qn se détraque qc** *santé* jd ruiniert etw; *estomac, nerfs* jd macht sich (*dat*) etw kaputt *fam*
5. METEO ■ **qc se détraque** */temps/* (*se gâte*) etw wird schlecht; (*n'est pas ce qu'il devrait être*) etw spielt verrückt *fam*

détrempé, e [detʀɑ̃pe] *adj sol* aufgeweicht

détremper <1> [detʀɑ̃pe] *vt* ■ **qn détrempe qc** *couleur* jd rührt etw an; *chaux* jd löscht etw; *papier peint* jd macht etw nass; ■ **qc détrempe qc** *chemin* etw weicht etw auf

détresse [detʀɛs] *f* **1.** (*sentiment*) Verzweiflung *f*
2. (*situation*) Not[lage *f*] *f*, Elend *nt*, Bedrängnis *f*
► **qn est dans la** ~ jd ist in einer Notlage [*o* verzweifelten Lage]; **dans la** ~ im Elend; **de** ~ *situation* Not-; *balises, pavillon* Rettungs-; ***cri de*** ~ Hilferuf *m*; **en** ~ *navire, navigateur* in Seenot; *avion* in Not; *train* mit einer Panne; *entreprise, cœur* in Schwierigkeiten

détriment [detʀimɑ̃] *m* ► **au** ~ **de** auf Kosten von, zum Schaden [*o* Nachteil] von; ***à mon*** ~ zu meinem Nachteil [*o* Schaden], auf meine Kosten

détritus [detʀity(s)] *mpl* Abfall *m*, Müll *m*; ***tas de*** ~ Abfallhaufen *m*; ~ ***ménagers*** Hausmüll

détroit [detʀwa] *m* Meerenge *f*; ~ ***de Gibraltar*** Straße *f* von Gibraltar; ~ ***de Magellan*** Magellanstraße *f*; ***le*** ~ ***du Bosphore*** der Bosporus

détromper <1> [detʀɔ̃pe] **I.** *vt* ■ **qn/qc détrompe qn** jd/etw belehrt jdn eines Besseren, jd klärt jdn über seinen Irrtum auf
II. *vpr* ► **détrompe-toi/détrompez-vous!** gib dich/gebt euch keinen Illusionen hin!

détrôner <1> [detʀone] *vt* **1.** (*chasser du trône*) ■ **qn détrône qn** *souve-*

rain jd entthront jdn
2. (*supplanter*) ■ **qn/qc détrône qn/qc** jd/etw verdrängt jdn/etw; ***qc détrône qc dans le cœur de qn*** etw verdrängt etw bei jdm
détrousser <1> [detʀuse] *vt hum* ■ **qn détrousse qn** jd erleichtert jdn *hum*, jd überfällt jdn, jd raubt jdn aus
détruire <*irr*> [detʀɥiʀ] **I.** *vt* **1.** (*démolir*) ■ **qn/qc détruit qc** jd/etw zerstört etw; *clôture* jd/etw reißt etw nieder; *mur, cloison* jd/etw reißt etw ein; *fortification* jd/etw schleift etw
2. (*anéantir*) ■ **qn/qc détruit qc** *documents, marchandises, récoltes, livres, armes* jd/etw vernichtet etw; *déchets* jd/etw beseitigt [*o* entsorgt] etw; *machine* jd/etw zerstört etw
3. (*éliminer*) ■ **qn/qc détruit des personnes** jd/etw bringt Menschen um; ■ **qn/qc détruit des animaux** jd/etw vernichtet Tiere; *insectes a.* jd/etw vertilgt Tiere; ■ **qn/qc détruit qc** *famille, village, camp* jd/etw löscht etw aus; *mauvaises herbes, ronces* jd/etw vernichtet etw; /*virus*/ etw zerstört etw; /*radiothérapie, vaccin*/ etw tötet etw ab
4. (*nuire à*) ■ **qc détruit qn** /*alcool, travail, malheur*/ etw zerstört jdn, etw macht jdn kaputt *fam*; /*calomnies, accusations*/ etw ruiniert jdn
5. (*réduire à néant*) ■ **qn/qc détruit qc** *illusion* jd/etw zerstört etw; *légende* jd/etw räumt mit etw auf; *théorie, argument, principe, hypothèse* jd/etw verwirft etw; *projet, espoir* jd/etw macht etw zunichte; *objections* jd/etw räumt etw aus dem Weg; *préjugé* jd/etw räumt etw aus; ***cela détruit mes espoirs*** das macht meine Hoffnung zunichte
6. (*abattre*) ■ **qn détruit qc** *société, institutions, capitalisme* jd beseitigt etw, jd schafft etw ab; *dictature* jd stürzt etw
II. *vi* ■ **qn détruit** jd zerstört
III. *vpr* (*s'annuler*) ■ **des choses se détruisent** Dinge zerstören sich gegenseitig; /*effets contraires, mesures*/ Dinge heben sich gegenseitig auf
► **qn <u>cherche</u> à se ~** jd will sich zugrunde richten
dette [dɛt] *f* (*somme d'argent*) [Geld]schuld *f*; Ø FIN Schuld *f*, Zahlungsverpflichtung *f*; ***qn a 10 000 F de ~*** jd hat 10 000 F Schulden
► **qn lui garde une éternelle ~ de <u>reconnaissance</u>** jd ist jdm ewig dankbar; **<u>couvert</u>(e)** [*o* **<u>criblé</u>(e)**] **de ~s** schwer mit Schulden belastet, völlig verschuldet; **~ <u>extérieure</u>** ECON Auslandsverschuldung *f*; **~ <u>publique</u>** FIN Staatsverschuldung *f*, Staatsschuld *f*; **qn <u>a</u> une ~** [**de reconnaissance**] **envers qn** jd ist jdm gegenüber [zu Dank] verpflichtet; **qn <u>a</u> une ~ vis-à-vis de qn** jd hat bei jdm Schulden; **qn <u>acquitte</u> sa ~** [**envers qn**] jd löst [bei jdm] seine Schulden ein; **qn <u>fait</u> des ~s** jd macht Schulden; **qui <u>paie</u> ses ~s s'enrichit** *prov* wer seine Schulden bezahlt, wird reich
◆ **dette de jeu** Spielschulden *pl*; **dette de l'État** Staatsschulden *pl*, Verschuldung *f* der öffentlichen Hand; **dette d'honneur** Ehrenschuld *f*
D.E.U.G. [døg, dœg] *m abr de* **diplôme d'études universitaires générales** *Abschlussprüfung des allgemeinen Universitätsstudiums* (*nach 2 Studienjahren*)
deuil [dœj] *m* **1.** (*perte*) Trauerfall *m*
2. (*affliction*) Trauer *f*
3. (*durée*) Trauer *f*; ***le ~ du président dura trois jours*** die Staatstrauer für den Präsidenten dauerte drei Tage
► **~ <u>national</u>** Staatstrauer *f*; ***qn décrète trois jours de ~ national*** jd ordnet drei Tage [Staats]trauer an; **qn <u>conduit</u>** [*o* **<u>mène</u>**] **le ~** *vieilli* jd geht an der Spitze des Trauerzuges, jd führt den Trauerzug an; **qn/qc <u>est</u> en ~** jd/etw trauert; **qn <u>fait</u> son ~ de qc** *fam* (*accepte de se priver*) jd schreibt etw ab [*o* in den Mond] [*o* in den Schornstein] *fam*; (*se résigne*) jd findet sich mit etw ab; **qc <u>plonge</u> qn dans le ~** etw versetzt jdn in Trauer; **qn <u>porte</u>/<u>prend</u>/<u>quitte</u> le ~** jd trägt Trauer[kleidung]/jd legt Trauerkleidung an/jd legt die Trauer[kleidung] ab; **qn/qc <u>sème</u> le ~** jd/etw verursacht großes Leid; **<u>de</u> ~** Trauer-; **<u>en</u> ~** [**de qn**] in Trauer [um jdn]
deux [dø] **I.** *num* **1.** (*cardinal*) zwei; ***ils ont gagné ~ à un*** sie haben zwei zu eins gewonnen; ***ça coûte ~ francs*** das kostet zwei Franc; ***le train part dans ~ minutes*** der Zug fährt in zwei Minuten ab; ***en ~ jours*** in zwei Tagen; ***un et un font ~*** eins und eins sind [*o* macht] [*o* gibt] zwei
2. (*ordinal*): ***chapitre/page ~*** Kapitel *nt*/Seite *f* zwei; ***le numéro ~*** die Nummer zwei; ***à ~ heures*** um zwei Uhr; ***je viens le ~ mai*** ich komme am zweiten Mai; ***nous sommes le ~ juin*** heute ist der zweite Juni, wir haben den zweiten Juni; ***Henri II*** Heinrich II., Heinrich der Zweite; ***acte II, scène 2*** Akt II, Szene 2; zweiter Akt, zweite Szene; ***il est arrivé ~ ou troisième*** er ist als Zweiter oder Dritter angekommen
3. (*quelques*): ***j'habite à ~ pas d'ici*** ich wohne um die Ecke; ***il ne faut que ~ minutes pour aller à la gare*** [bis] zum Bahnhof sind es nur ein paar Minuten; ***j'ai ~ mots à vous dire*** ich habe kurz mit Ihnen zu reden, ich habe ein Wörtchen mit Ihnen zu reden
II. *m inv* **1.** (*chiffre*) Zwei *f*
2. (*numéro*) Nummer *f* zwei, Zwei *f*; ***j'habite*** [***au***] ***2, rue de l'Église*** ich wohne [in der] Rue de l'Église [Nummer] 2; ■ **le ~** die Nummer zwei; TRANSP die Nummer zwei, die Linie zwei, die Zwei *fam*; (*bus a.*) der Zweier SDEUTSCH *fam*; ***quel cheval as-tu joué? – Le ~*** auf welches Pferd hast du gesetzt? – Auf die Nummer zwei [*o* die Zwei *fam*]
3. CARTES, JEUX Zwei *f*; (*face de dé*) Zwei *f*; ***je joue le ~ de cœur*** ich spiele die Herzzwei; ***qn mise le ~*** jd setzt auf die Zwei
4. (*date*): ***nous sommes aujourd'hui le ~*** heute ist der Zweite, wir haben heute den Zweiten
5. SCOL (*note*) zwei Punkte [von zwanzig] (*ungenügende Note, die einer Sechs entspricht*); ***elle a eu*** [***un***] ***~ à l'interro de maths*** sie hat zwei Punkte in der Mathearbeit geschrieben
► **c'est clair comme ~ et ~ font <u>quatre</u>** das ist doch sonnenklar *fam*; **~ <u>arabe</u>/<u>romain</u>** arabische/römische Zwei; **ça** [*o* **cela**] **<u>fait</u> ~** *fam* das ist zweierlei; [**si tu veux la bagarre,**] **nous <u>serons</u> ~** [wenn du eine Schlägerei willst,] nimm dich in Acht; **<u>en</u> moins de ~** *fam* in Null Komma nichts *fam*
III. *f* ■ **la ~** die Zwei; (*table a.*) der Tisch zwei; (*chambre a.*) das Zimmer zwei; (*chaîne de télé*) das zweite Programm
IV. *adv* zweitens; ***un, je ne suis pas prêt, ~, je n'ai pas envie d'y aller*** erstens bin ich nicht fertig und zweitens habe ich keine Lust, dorthin zu gehen
V. *pron* zwei; ***seuls ~ sont venus*** nur zwei sind gekommen; ***ils étaient dix contre ~*** sie waren zehn gegen zwei; ***un jour sur ~*** alle zwei Tage, jeden zweiten Tag
► **<u>jamais</u> ~ sans trois** *prov* aller guten Dinge sind drei; (*un malheur n'arrive jamais seul*) ein Unglück kommt selten allein; **y en <u>a</u> pas ~** [**comme lui/elle**] *fam* es gibt keinen Besseren/keine Bessere [als ihn/sie]; ***pour ce genre de boulot, y en a pas ~ comme lui/elle*** keiner macht diese Art von Arbeit so gut wie er/sie; ***une tête en l'air comme Sylvie, y en a pas ~!*** keiner ist so zerstreut wie Sylvie!; **les ~ se <u>disent</u>** beides sagt man, man kann beides sagen; **~ ou <u>trois</u>** zwei, drei; ein paar; **<u>à</u> ~** zu zweit; **~ <u>à</u>** [*o* **<u>par</u>**] **~** *choses* je[weils] zwei; *personnes* zu zweien, [jeweils] zu zweit, paarweise; **<u>à</u> nous ~!** (*menace*) [und] nun zu uns beiden!; (*à notre tour*) nun zu uns!; **<u>à</u> nous ~** (*nous deux*) wir beide, wir zwei; **<u>comme</u> pas ~** wie kein Zweiter/keine Zweite, wie sonst keiner/keine; **et <u>de</u> ~!** und noch einer!, und der zweite folgt sogleich!; **<u>en</u> ~** in zwei Teile, in der Mitte durch; ***qc se casse en ~*** etw bricht entzwei, etw bricht in der Mitte durch; **<u>entre</u> les ~** halb so, halb so; halb und halb; ***entre les ~ mon cœur balance*** ich bin hin- und hergerissen; **<u>par</u> ~** COM im Zweierpack; **<u>tous</u>** [**les**] **~** alle beide
deux-chevaux [døʃvo] *f inv* 2 CV *m*, Ente *f fam* **deux-huit** [døɥit] *m inv* MUS Zweiachteltakt *m*
deuxième [døzjɛm] **I.** *adj antéposé* zweite(r, s); ***elle habite au ~ étage*** sie wohnt im zweiten Stock; ***elle est arrivée ~*** sie ist Zweite geworden
II. *mf* ■ **le/la ~** der/die/das Zweite; ***elle est la ~ de la classe*** sie ist die Zweitbeste der Klasse
III. *m* **1.** (*étage*) zweiter Stock, zweite Etage
2. (*arrondissement*) zweites Arrondissement
IV. *f* AUT zweiter Gang; ***qn passe en ~*** jd schaltet in den zweiten Gang
deuxièmement [døzjɛmmɑ̃] *adv* zweitens
deux-mâts [døma] *m inv* Zweimaster *m* **deux-pièces** [døpjɛs] *m inv* **1.** (*appartement*) Zweizimmerwohnung *f* **2.** (*maillot de bain*) Bikini *m* **3.** (*vêtement féminin*) zweiteiliges Kleid **deux-points** [døpwɛ̃] *m inv* Doppelpunkt *m* **deux-ponts** [døpɔ̃] *m inv* AVIAT Doppeldecker *m*; NAUT Zweidecker *m* **deux-quatre** [døkatʀ] *m inv* Zweivierteltakt *m* **deux-roues** [døʀu] *m inv* Zweirad *nt* **deux-temps** [døtɑ̃] *m inv* Zweitakter *m*, Zweitaktmotor *m*
dévaler <1> [devale] **I.** *vi* **1.** (*dégringoler*) ■ **qn dévale de qc** (*vu d'en haut*) jd eilt [*o* stürzt] etw hinunter [*o* hinab]; /*skieur*/ jd rast [*o* fährt] [*o* saust] etw hinunter [*o* hinab]; (*vu d'en bas*) jd eilt [*o* stürzt] etw herunter [*o* herab]; /*skieur*/ jd rast [*o* fährt] [*o* saust] etw herunter [*o* herab]; ■ **qc dévale de qc** (*vu d'en haut*) /*voiture, camion*/ etw fährt [*o* rast] etw hinunter [*o* hinab]; /*rocher*/ etw stürzt etw hinunter [*o* hinab]; /*lave*/ etw fließt [*o* strömt] etw hinunter [*o* hinab]; (*vu d'en bas*) /*voiture, camion*/ etw fährt [*o* rast] etw herunter [*o* herab]; /*rocher*/ etw stürzt etw herunter [*o* herab]; /*lave*/ etw fließt [*o* strömt] etw herunter [*o* herab]
2. (*s'abaisser en pente*) ■ **qc dévale** /*terrain*/ etw fällt ab
II. *vt* (*dégringoler à pied*) (*vu d'en haut*) jd eilt [*o* saust] [*o* stürzt] etw hinunter [*o* hinab]; (*vu d'en bas*) jd eilt [*o* saust] [*o* stürzt] etw herunter [*o* herab]; (*en glissant*) (*vu d'en haut*) jd rutscht etw hinunter [*o* hinab]; (*vu d'en bas*) jd rutscht etw herunter [*o* herab]; ■ **qc dévale qc** (*vu d'en haut*) /*voiture*/ etw rast [*o* fährt] etw hinunter [*o* hinab]; /*lave*/ etw fließt [*o* strömt] etw hinunter [*o* hinab]; /*neige d'une avalanche*/ etw stürzt etw hinunter [*o* hinab]; (*vu d'en bas*) /*voiture*/ etw rast [*o* fährt] etw herunter [*o* herab]; /*lave*/ etw fließt [*o* strömt] etw herunter [*o* herab]; /*neige d'une avalanche*/ etw stürzt etw herunter [*o* herab]
dévaliser <1> [devalize] *vt* **1.** (*voler*) ■ **qn dévalise qn** jd plündert [*o* raubt] jdn aus; ■ **qn dévalise qc** jd bricht in etw (*akk*) ein; *banque a.* jd raubt etw aus
2. *fam* (*vider de son contenu*) ■ **qn dévalise qc** *réfrigérateur, magasin* jd plündert etw
dévalorisation [devalɔʀizasjɔ̃] *f* **1.** (*dépréciation*) [*franc*] Entwertung *f*; [*voiture*] Wertminderung *f*; [*pouvoir d'achat*] Minderung *f*, Einschränkung *f*, Schwächung *f*
2. (*dévaluation*) [*diplôme, métier*] Abwertung *f*; ■ **~ de qn** jds Herabsetzung *f*
3. (*dénigrement*) ■ **~ de qn** jds Herabsetzung *f*, jds Herabwürdigung *f*; **~ *de soi-même*** Selbstverachtung *f*
dévaloriser <1> [devalɔʀize] **I.** *vt* **1.** (*déprécier*) ■ **qc dévalorise qc** etw entwertet etw; ■ **qc est dévalorisé(e)** etw erfährt eine Wertminderung; /*pouvoir d'achat*/ etw ist geschwächt
2. (*dévaluer*) ■ **qn dévalorise qc** jd wertet etw ab; ■ **qc est dévalorisé(e)** etw verliert an Bedeutung; ■ **qc dévalorise qn** etw setzt jdn herab, etw ist eine Herabsetzung [*o* Herabwürdigung] eines Menschen
3. (*dénigrer*) ■ **qn dévalorise qn auprès de** [*o* **devant**] **qn** jd setzt [*o* würdigt] jdn bei jdm [*o* jdm gegenüber] herab
II. *vpr* **1.** (*se déprécier*) ■ **qc se dévalorise** etw verliert an Wert
2. (*perdre de son prestige*) ■ **qn/qc se dévalorise** jd/etw verliert an Bedeutung
3. (*se dénigrer*) ■ **qn se dévalorise** jd setzt [*o* würdigt] sich herab
dévaluation [devalɥasjɔ̃] *f* **1.** FIN Abwertung *f*
2. (*dévalorisation*) Entwertung *f*
dévaluer <1> [devalɥe] **I.** *vt* FIN ■ **qn dévalue qc** jd wertet etw ab
II. *vpr* **1.** FIN ■ **qc se dévalue** etw fällt [im Wert], etw wird abgewertet
2. (*se dévaloriser*) ■ **qc se dévalue** etw verliert an Wert
devancer <2> [d(ə)vɑ̃se] *vt* **1.** (*avoir une avance sur*) ■ **qn devance qn** [**de qc**] jd hat einen Vorsprung [von etw] vor jdm, jd ist jdm [um etw] voraus;

■ **qc devance qc [de qc]** etw hat einen Vorsprung [von etw] vor etw (*dat*); ■ **qn devance qc** *son temps, son siècle* jd ist einer S. (*dat*) voraus
2. (*être le premier*) ■ **qn devance qn** jd übertrifft [*o* überflügelt] jdn
3. (*arriver avant*) ■ **qn devance qn quelque part** jd kommt jdm irgendwo zuvor
4. (*précéder*) ■ **qn devance qn** jd geht jdm voraus
5. (*prévenir*) ■ **qn devance qn/qc** jd kommt jdm/einer S. zuvor
6. (*anticiper*) ■ **qn devance qc** *paiement* jd leistet etw im Voraus; ***qn devance la date de paiement*** [*o* ***l'échéance de l'emprunt***] jd bezahlt vor der Fälligkeit

devancier, -ière [d(ə)vɑ̃sje, -jɛʀ] *m, f* Vorgänger(in) *m(f)*

devant [d(ə)vɑ̃] **I.** *prép* **1.** (*en face de*) *être, se trouver, rester* vor (+ *dat*); (*avec mouvement*) *aller, passer* vor (+ *akk*); ***ma voiture est ~ la porte*** mein Wagen steht [*o* ist] vor dem Haus; ***mets la voiture ~ la porte*** stell den Wagen vor das Haus; ***il est passé ~ moi sans me voir*** er ist an mir vorbeigegangen, ohne mich zu sehen
2. (*en avant de*) vor (+ *dat*); (*avec mouvement*) vor (+ *akk*); ***regarde ~ toi!*** schau vor dich [hin]!; ***mets-toi ~ moi!*** stell dich vor mich hin!; ***les soldats ont fui ~ l'ennemi*** die Soldaten flohen vor dem Feind; ***allez droit ~ vous*** gehen Sie geradeaus; ***passe ~ moi*** geh vor [mir], geh zuerst
3. (*supérieur à*): ***elle est ~ moi en classe*** sie ist in der Schule besser als ich; ***le sergent est ~ le caporal*** der Unteroffizier steht über dem Gefreiten
4. (*en présence de*) vor (+ *dat*); ***il reste imperturbable ~ les malheurs d'autrui*** das Unglück anderer lässt ihn kalt; ~ ***le tribunal*** vor [dem] Gericht
5. (*face à*) angesichts (+ *gen*), vor (+ *dat*), gegenüber (+ *dat*); ~ ***le danger*** angesichts der Gefahr; ***tous les hommes sont égaux ~ la loi*** vor dem Gesetz sind alle Menschen gleich; ***Bordeaux mène ~ Nantes 2 à 0*** Bordeaux führt gegen Nantes mit 2 zu 0; ***Bordeaux l'a emporté ~ Nantes par 2 à 0*** Bordeaux hat gegen Nantes mit 2 zu 0 gewonnen
6. (*étant donné*) in Anbetracht (+ *gen*), wegen (+ *gen o dat*); ~ ***la gravité de la situation*** in Anbetracht [*o* wegen] der schwierigen Lage
▶ **de** ~: ***va-t-en de ~ la lumière!*** geh aus dem Licht!; ***éloignez-vous de ~ mes yeux!*** gehen Sie mir aus den Augen!
II. *adv* **1.** (*en face*) davor; ***vous cherchez la boulangerie? vous êtes juste ~*** Sie suchen die Bäckerei? Sie stehen direkt davor; ***mets-toi ~*** stell dich davor; ***en passant ~, regarde si l'épicerie est ouverte!*** wenn du vorbeikommst, schau, ob der Lebensmittelladen auf hat!
2. (*en avant*) vorn[e]; (*avec mouvement*) *aller, passer qc* nach vorn[e]; ***il a loué au théâtre deux places ~*** er hat zwei vordere Theaterplätze gemietet; ***ce gilet se boutonne ~*** diese Jacke wird vorn[e] zugeknöpft; ***qn est loin ~*** jd ist noch weit vorn[e]; ***allez ~*** gehen Sie vor [*o* nach vorn[e]]; ***faites passer le plateau ~*** geben Sie die Schüssel nach vorn[e] weiter
3. (*dans la partie avant*): ***préfères-tu monter ~ ou derrière?*** möchtest [*o* willst] du vorne oder hinten sitzen?; ***il y a encore une place ~*** es ist noch ein Platz vorne frei, vorn ist noch ein Platz frei
▶ **de** ~ *roue, patte, porte, dent* Vorder-
III. *m* (*partie avant*) [*vêtement*] Vorderteil *nt;* [*bateau*] Bug *m;* [*maison*] Vorderfront *f;* [*objet*] Vorderseite *f;* ***cette voiture est trop chargée sur le ~*** dieser Wagen ist vorne zu sehr [*o* stark] beladen; ***pose ce vase sur le ~ de la cheminée!*** stell diese Vase an die vordere Kante des Kamins!
▶ ~ **derrière** *vêtement, tableau* verkehrt herum; **qn/qc est sur** [*o* **occupe**] **le ~ [de la scène]** jd/etw steht im Mittelpunkt des Interesses; **qn prend les ~s** jd kommt dem zuvor

devanture [d(ə)vɑ̃tyʀ] *f* **1.** (*façade*) Vorderseite *f,* Vorderfront *f*
2. (*étalage à la vitrine*) Auslage *f*
▶ **en** ~ (*dans la vitrine*) im Schaufenster; (*dehors*) (*sans mouvement*) vor dem Geschäft; (*avec mouvement*) vor das Geschäft

dévastateur, -trice [devastatœʀ, -tʀis] *adj orage, inondation, effet* verheerend; *passion* zerstörerisch; *virus* todbringend, tödlich; *torrent* reißend

dévastation [devastasjɔ̃] *f* [*guerre, tempête*] Verwüstung *f,* Verheerung *f;* ***un spectacle de ~*** ein Anblick *m* der Verwüstung

dévaster <1> [devaste] *vt* ■ **qn/qc dévaste qc** */ennemi, guerre, tempête/* jd/etw verwüstet [*o* verheert] etw; */épidémie/* etw richtet etw zugrunde; *cultures* jd/etw vernichtet etw

déveine [devɛn] *f fam* Pech *nt fam;* ***qn a la ~ de faire qc*** jd hat das Pech, etw zu tun; ***tu parles d'une ~!*** und du redest von Pech!; ***quelle ~!*** was für ein Pech!

développé, e [dev(ə)lɔpe] *adj* entwickelt; *odorat, vue* gut ausgebildet; *pays* hoch entwickelt; ***c'est un enfant peu ~*** [***pour son âge***] es ist ein unterentwickeltes Kind

développement [devlɔpmɑ̃] *m* **1.** (*fait de se développer*) Entwicklung *f;* ■ ~ **de qc** Entwicklung [*o* Ausbildung *f*] einer S. (*gen*)
2. BIO Entwicklung *f,* Wachstum *nt;* (*multiplication*) [*bactéries, virus, espèces*] Vermehrung *f*
3. ECON Entwicklung *f*
4. (*fait de s'accroître*) ■ ~ **de qc** Entwicklung *f* einer S. *gen*); *des relations, échanges, liens a.* Ausbau *m* einer S. (*gen*); *de la haine a.* Entfaltung *f* einer S. (*gen*); *des connaissances* Erweiterung *f* einer S. (*gen*); *de l'intégration, de la maladie* Fortschreiten *nt* einer S. (*gen*); *des éclaircies* Entstehen *nt* einer S. (*gen*)
5. (*fait de prendre de l'importance*) ■ ~ **de qc** Entwicklung *f* einer S. (*gen*); *du rôle* Erweiterung *f* einer S. (*gen*)
6. (*mise au point*) Entwicklung *f*
7. (*fait de se propager*) ■ ~ **de qc** Ausbreitung *f* [*o* Ausweitung *f*] einer S. (*gen*)
8. (*déroulement*) ■ ~ **de qc** Entwicklung *f* einer S. (*gen*); *du raisonnement* Ausführung *f* einer S. (*gen*); MUS Weiterführung *f* einer S. (*gen*)
9. (*exposé détaillé*) Ausführung *f;* SCOL [*exposé, dissertation*] Hauptteil *m*
10. GEOM [*cube, cylindre*] Entwicklung *f*
11. PHOT Entwickeln *nt*
12. TECH [*bicyclette*] Übersetzung *f*
13. INFORM Entwicklung *f*
▶ **qc est en plein** ~ etw erlebt [*o* nimmt] einen bedeutenden [*o* großen] Aufschwung; **qc connaît des ~s …** *surprenants, inquiétants, inattendus* etw nimmt einen … Verlauf; **qc prend un ~ …** *inquiétant* etw nimmt … Formen an

développer <1> [dev(ə)lɔpe] **I.** *vt* **1.** (*former, faire croître*) ■ **qc développe qc** etw entwickelt etw; *germe, mémoire a.* etw bildet etw aus; *organisme, muscle a.* etw baut etw auf; *goût a.* etw bildet etw aus; *usine, secteur, domaine, sphère d'influence* etw baut etw aus; *pays, région* etw fördert die Entwicklung einer S. (*gen*); *connaissances* etw vermittelt etw; ■ **qn développe qc** *connaissances* jd erweitert etw; ■ **qc développe qn** etw fördert jds Entwicklung
2. (*mettre au point*) ■ **qn développe qc** *technique, machine, voiture, avion, théorie, philosophie* jd entwickelt etw
3. (*mettre en œuvre*) ■ **qc développe qc** *attention, créativité* etw entwickelt [*o* fördert] etw; *sens, adresse a.* etw bildet etw aus; ■ **qn développe qc** (*faire preuve de*) jd entwickelt etw
4. (*exposer en détail*) ■ **qn/qc développe qc** *idée, argument, thèse* jd/etw entwickelt etw; *thème* jd/etw führt etw aus; *aspect* jd/etw erörtert etw, jd/etw legt etw dar; ■ **qn développe qc** *maxime* jd entwickelt etw; *pensée, plan a.* jd legt etw dar; *chapitre* jd arbeitet etw aus; ■ **qn [lui] développe qc** *son idée, projet, plan* jd legt [jdm] etw dar
5. TECH ■ **qc développe qc** */bicyclette/* etw hat eine Übersetzung von etw; */moteur/* etw hat [*o* erbringt] eine Leistung von etw
6. MATH (*déployer*) ■ **qn développe qc** *calcul* jd führt etw aus [*o* durch]; *fonction* jd entwickelt etw
7. PHOT ■ **qn/qc développe qc** jd/etw entwickelt etw; ■ **qn fait ~ qc** jd lässt etw entwickeln
8. MED ■ **qn développe qc** etw kommt bei jdm zum Ausbruch
9. MUS ■ **qn développe qc** jd führt etw weiter
II. *vpr* **1.** (*prendre forme*) ■ **qn/un animal/qc se développe** jd/ein Tier/etw entwickelt sich; */personnalité a./* etw bildet sich aus
2. (*croître*) ■ **qc se développe** */plante/* etw wächst, etw entwickelt sich; */tumeur a./* etw wächst
3. (*se multiplier*) ■ **des animaux/choses se développent** Tiere/Dinge vermehren sich; ■ **qc se développe** */virus/* etw entwickelt sich
4. (*s'approfondir*) ■ **qc se développe** etw entwickelt sich; */relations a./* etw bildet sich aus; */haine a./* etw wird stärker; */connaissances, échanges/* etw nimmt zu
5. (*prendre de l'importance*) ■ **qc se développe** */affaire, activité, marché, pays, région, technique/* etw entwickelt sich
6. (*se propager*) ■ **qc se développe** etw breitet sich aus; */coutume, usage a./* etw wird üblich
7. (*se dérouler*) ■ **qc se développe** etw entwickelt sich; */action a./* etw entfaltet sich

devenir <9> [dəv(ə)niʀ] **I.** *vi* ■ **qn/qc devient …** jd/etw wird …; ***qn/qc devient insupportable/de plus en plus insupportable*** jd/etw wird unerträglich/immer unerträglicher; ***qn deviendra/est devenu professeur*** jd wird Lehrer [werden]/ist Lehrer geworden; ***d'ouvrier, il est devenu contremaître*** vom einfachen Arbeiter hat er sich zum Gruppenleiter hochgearbeitet; ***comment la chenille devient-elle papillon?*** wie wird [*o* entwickelt sich] aus der Raupe ein Schmetterling?; ***cette petite ville est devenue une métropole*** aus dieser Kleinstadt ist eine Metropole geworden; ***ça devient/c'est devenu une habitude*** das wird zu einer Gewohnheit/ist zu einer Gewohnheit geworden
▶ **qu'allons-nous** ~? was soll bloß aus uns werden?; **qu'est-ce que tu deviens/que devenez-vous?** was machst [*o* treibst] du/macht [*o* treibt] ihr denn?; **qu'est-il/elle devenu(e)?** was ist aus ihm/ihr geworden?; **qu'est devenu qc?** was ist aus etw geworden?; **qu'étais-tu/étiez-vous devenu?** wo hast du/habt ihr bloß gesteckt?
II. *m littér* **1.** (*évolution*) Werden *nt,* Entstehen *nt,* Entwicklung *f*
2. (*avenir*) zukünftige [*o* weitere] Entwicklung; ***quant au ~ de cette salle …*** was die zukünftige Verwendung dieses Raumes betrifft, so …

dévergondé, e [devɛʀgɔ̃de] **I.** *adj personne* schamlos, verdorben, liederlich; *vie* ausschweifend, locker; ***elle a vraiment des allures ~es*** sie treibt's wirklich bunt [*o* wild]
II. *m, f* verkommenes Subjekt, liederliche [*o* schamlose] Person

dévergonder <1> [devɛʀgɔ̃de] *vpr* ■ **qn se dévergonde [avec qn]** jd gibt sich [mit jdm] Ausschweifungen hin

déverrouillage [devɛʀujaʒ] *m* [*arme à feu*] Entsicherung *f,* Entsichern *nt;* [*porte*] Entriegelung *f,* Entriegeln *nt;* [*train d'atterrissage*] Ausfahren *nt;* INFORM Löschen *nt* des Schreibschutzes

déverrouiller <1> [deveʀuje] *vt* ■ **qn déverrouille qc** *arme à feu* jd entsichert etw; *porte* jd entriegelt etw; *train d'atterrissage* jd fährt etw aus; INFORM jd löscht den Schreibschutz einer S. (*gen*)

déversement [devɛʀsəmɑ̃] *m* **1.** [*trop-plein*] Abfließen *nt,* Ablaufen *nt;* [*hydrocarbures, fioul*] Ausfließen *nt,* Auslaufen *nt*
2. (*action de déverser*) Ableiten *nt;* ■ ~ **[de qc] dans qc** Einleiten *nt* [einer S. (*gen*)] in etw (*akk*); ~ ***d'injures*** Schwall *m* von Beleidigungen

déverser <1> [devɛʀse] **I.** *vt* **1.** (*laisser couler*) ■ **qn/qc déverse qc quelque part** *eau, résidus* jd/etw leitet etw irgendwohin; *huile de vidange* jd/etw lässt etw irgendwo ab; *engrais* jd/etw verbreitet etw irgendwo
2. (*déposer*) ■ **qn/qc déverse qc [quelque part]** jd/etw schüttet etw aus, jd/etw schüttet etw irgendwohin; */camion/* etw lässt etw [irgendwo] ab; *bombes* jd/etw wirft etw [irgendwo] ab
3. (*laisser sortir*) ■ **qc déverse des personnes** etw spuckt Menschen aus *fam;* ***les cars déversaient des touristes par centaines*** aus den Reisebus-

sen strömten [*o* quollen] Hunderte von Touristen
4. COM ■ **qn/qc déverse qc sur qc** *sur le marché* jd/etw wirft etw auf etw (*akk*)
5. (*répandre*) ■ **qn déverse qc** *bile, mépris, rancune, colère* jd lässt einer S. (*dat*) freien Lauf; ■ **qn déverse qc sur qn** jd überschüttet jdn mit etw; *colère* jd lässt etw an jdm aus; *mépris* jd lässt jdn etw spüren; ***à Noël, les haut-parleurs déversent de la musique sirupeuse*** an Weihnachten wird man aus allen Lautsprechern mit kitschiger Musik berieselt
II. *vpr* **1.** (*s'écouler*) ■ **qc se déverse dans qc** [**par qc**] etw fließt [über etw (*akk*)] in etw (*akk*)
2. (*se renverser*) ■ **qc s'est déversé** [**sur qc**] etw hat sich über etw (*akk*) ergossen

déversoir [devɛʀswaʀ] *m* Überlauf *m*, Abfluss *m*

dévêtir <*irr*> [devetiʀ] **I.** *vt* ■ **qn dévêt qn** jd zieht jdn aus, jd entkleidet jdn *geh*; ***ne reste pas dévêtu*** zieh [dir] etwas an
II. *vpr* (*se déshabiller*) ■ **qn se dévêt** jd zieht sich aus, jd entkleidet sich *geh*; (*se découvrir*) jd legt ab; ■ **qn se dévêt de qc** jd zieht etw aus

déviance [devjɑ̃s] *f* auffällige [*o* [von der Norm] abweichende] Verhaltensweise, auffälliges [*o* [von der Norm] abweichendes] Verhalten

déviant, e [devjɑ̃, jɑ̃t] **I.** *adj* [von der Norm] abweichend, ungewöhnlich; ***l'orthodoxie du parti n'admet aucune analyse ~e*** die Parteiorthodoxie lässt keine von der Parteilinie abweichende Analyse zu
II. *m, f* verhaltensauffälliger Mann/verhaltensauffällige Frau, verhaltensauffällige Person

déviation [devjasjɔ̃] *f* **1.** (*fait de dévier*) ■ **~ de qc** Umleiten *nt* einer S. (*gen*); *du ballon, d'un tir, un projectile, d'une aiguille aimantée* Ablenken *nt* einer S. (*gen*); *du faisceau électronique, rayon* Brechen *nt* einer S. (*gen*)
2. (*chemin*) Umleitung *f*; ***qn emprunte*** [*o* ***suit***] ***une ~*** jd nimmt eine Umleitung, jd folgt einer Umleitung
3. (*fait d'être dévié*) ■ **~ de qc** Umleitung *f* einer S. (*gen*); *d'un projectile, d'une aiguille aimantée* Abweichen *nt* einer S. (*gen*); *du faisceau électronique, rayon* Brechung *f* einer S. (*gen*)
4. [*colonne vertébrale*] Verkrümmung *f*; [*utérus*] Verlagerung *f*
5. (*attitude*) Abweichung *f*

déviationnisme [devjasjɔnism] *m* Abweichlertum *nt*

déviationniste [devjasjɔnist] **I.** *adj* abweichlerisch, nicht linientreu
II. *mf* Abweichler(in) *m(f)*

dévider <1> [devide] *vt* (*dérouler*) ■ **qn dévide qc** *pelote, câble, cordage* jd wickelt etw ab; *fil, bobine* jd spult etw ab

dévidoir [devidwaʀ] *m* Trommel *f*, Rolle *f*

dévier <1 a> [devje] **I.** *vi* **1.** (*être détourné*) ■ **qc dévie** /*avion, navire*/ etw dreht ab; /*aiguille magnétique*/ etw weicht ab; ■ **qc dévie** [**vers** [*o* **sur**] **qc**] etw treibt [*o* driftet] [nach etw] ab; /*ballon, projectile a.*/ etw wird in Richtung einer S. (*gen*) abgelenkt; ***le ballon dévie vers la gauche/la rivière*** der Ball treibt [*o* driftet] nach links/zum Fluss ab; ■ **qc a fait ~ qn/qc** *voiture, navire* etw brachte jdn/etw vom Kurs ab; *balle, ballon* etw lenkte etw ab; ■ **qc dévie** [**sur qc**] /*conversation*/ etw schweift [auf etw (*akk*)] ab
2. (*changer d'idées*) ■ **qn dévie de qc** jd weicht von etw ab; ■ **qc ne fera pas ~ qn de qc** etw bringt jdn nicht von etw ab
II. *vt* **1.** (*détourner*) ■ **qn dévie qc** [**sur** [*o* **vers**] **qc**] *circulation* jd leitet etw [nach etw] um; ■ **qn dévie qc de qc** jd leitet etw um etw herum
2. (*modifier la trajectoire de*) ■ **qn/qc dévie qc** *coup, ballon, tir* jd/etw lenkt etw ab; *rayon lumineux* jd/etw bricht etw
3. (*déformer*) ■ **qc dévie qc** etw verbiegt etw
4. (*amener sur un autre sujet*) ■ **qn dévie qc** *conversation* jd lenkt etw in eine andere Richtung; ■ **qn dévie qc sur qc** *conversation* jd bringt [*o* lenkt] etw auf etw (*akk*)

devin, devineresse [dəvɛ̃, -vin(ə)ʀɛs] *m, f* Wahrsager(in) *m(f)*, Hellseher(in) *m(f)*
► **je ne suis pas ~!** *fam* ich bin [doch] kein Hellseher!

deviner <1> [d(ə)vine] **I.** *vt* **1.** (*trouver*) ■ **qn devine qc** *réponse, solution, secret* jd errät etw; *énigme, charade a., rébus* jd löst etw
2. (*savoir*) ■ **qn devine qc** *sens, pensées* jd [er]ahnt etw
3. (*distinguer*) ■ **qn devine qc quelque part** jd erahnt etw irgendwo
4. (*pressentir*) ■ **qn devine qc** *menace* jd spürt etw; *danger a.* jd ahnt etw; ***on devine chez cette femme un courage hors du commun*** man spürt, dass diese Frau außergewöhnlich mutig ist
5. (*se douter de*) ■ **qn devine qc** *intention* jd durchschaut etw; *idée, pensée a.* jd errät etw; *réaction* jd sieht etw vorher; *raison* jd vermutet [*o* errät] etw; ***je devine où il veut en venir/ce qu'il veut dire*** ich ahne, worauf er hinaus will/was er sagen will
6. *rare* (*prédire*) ■ **qn devine qc** jd sagt etw voraus [*o* vorher]
► **tu devines pourquoi/comment** du kannst dir denken, warum/wie; **devine/devinez qui/comment/pourquoi/lequel** rate/ratet [mal], wer/wie/warum/welcher
II. *vi* (*trouver la bonne réponse*) ■ **qn a deviné** [**juste**] jd hat richtig geraten; (*s'en douter*) jd hat es geahnt
► **vous ne devinez pas/tu ne devines pas?** könnt ihr es euch/kannst du es dir nicht denken?; **je ne devine pas!** ich komme nicht darauf!; **devine** [**un peu** [*o* **voir** *fam*]] rate mal!
III. *vpr* **1.** (*transparaître*) ■ **qc se devine quelque part** etw lässt sich irgendwo erahnen; /*tendance, goût, réticence*/ etw zeichnet sich irgendwo ab
2. (*se trouver*) ■ **qc se devine** etw ist zu erraten
3. (*se voir*) ■ **ça se devine** das sieht man

devinette [d(ə)vinɛt] *f* (*énigme*) Rätsel *nt*; (*question*) Scherzfrage *f*; *pl* (*jeux*) Rätsel *pl*
► **des enfants jouent aux ~s** Kinder machen ein Ratespiel [*o* spielen Rätselraten]; **arrête de jouer aux ~s avec moi!** mach es nicht so spannend!; **qn** [**lui**] **pose une ~** jd lässt jdn ein Rätsel raten

déviriliser <1> [deviʀilize] *vt* ■ **qn/qc dévirilise qn** jd/etw untergräbt jds Männlichkeit

devis [d(ə)vi] *m* Kostenvoranschlag *m*
► **~ descriptif** Pflichtenheft *nt*; **~ estimatif** Kostenvoranschlag *m*; **qn demande/établit/fait un ~** jd verlangt/erstellt/macht einen Kostenvoranschlag

dévisager <2 a> [devizaʒe] *vt* ■ **qn dévisage qn** jd starrt jdn an

devise [d(ə)viz] *f* **1.** (*règle de conduite*) Devise *f*, Motto *nt*
2. (*formule*) Wahlspruch *m*, Losung *f*
3. *pl* (*moyens de paiement*) Devisen *pl*; (*monnaie a.*) Sorten *pl spec*
► **~ faible/forte** weiche/harte Währung; **c'est** [*o* **telle est**] **la ~ de qn** das ist jds Devise

deviser <1> [d(ə)vize] *vi littér* ■ **plusieurs personnes devisent** [**de qc**] mehrere Menschen plaudern [miteinander] [über etw (*akk*)]

dévissage [devisaʒ] *m* **1.** Abschrauben *nt*
2. ALPIN Absturz *m*

dévisser <1> [devise] **I.** *vi* ALPIN ■ **qn dévisse** jd stürzt ab
II. *vt* **1.** (*enlever*) ■ **qn dévisse qc** jd schraubt etw ab
2. (*ouvrir*) ■ **qn dévisse qc** jd schraubt etw auf
3. (*être mal vissé*) ■ **qc est dévissé(e)** /*bouteille*/ etw ist nicht richtig zugeschraubt; /*roue*/ etw ist locker
III. *vpr* **1.** (*s'enlever*) ■ **qc se dévisse** etw lässt sich abschrauben
2. (*s'ouvrir*) ■ **qc se dévisse** etw lässt sich aufschrauben
3. (*être mal vissé*) ■ **qc se dévisse** etw lockert sich

de visu [devizy] *adv* durch persönlichen Augenschein, aus eigener Anschauung

dévitaliser <1> [devitalize] *vt*: ***qn dévitalise une dent*** jd tötet den Nerv [eines Zahns] ab, jd devitalisiert einen Zahn *spec*

dévoilement [devwalmɑ̃] *m* [*statue*] Enthüllung *f*; [*secret a.*] Offenbarung *f*

dévoiler <1> [devwale] **I.** *vt* **1.** (*révéler*) ■ **qn/qc dévoile qc** [**à qn**] jd/etw gibt [jdm] etw preis, jd enthüllt [jdm] etw; *mystère, pensée, secret, nom, identité a., intention, prétentions* jd/etw verrät [jdm] etw; *complot, scandale, perfidie, fausseté* jd/etw deckt [jdm] etw auf; ***je vous dévoilerai l'avenir*** ich lasse Sie in die Zukunft sehen
2. (*découvrir*) ■ **qn dévoile qc** jd enthüllt etw; ■ **qn dévoile qn** jd nimmt jdm den Schleier; ***femme dévoilée*** Frau *f* ohne Schleier, unverschleierte Frau
3. (*faire apparaître*) ■ **qn/qc dévoile qc** jd/etw entblößt etw
4. (*détordre*) ■ **qn dévoile qc** jd richtet etw, jd biegt etw gerade
II. *vpr* **1.** (*apparaître*) ■ **qc se dévoile** /*mystère, fourberie*/ etw offenbart sich, etw wird offenkundig
2. (*révéler son identité*) ■ **qn se dévoile** jd gibt sich zu erkennen; (*révéler sa vraie nature*) jd zeigt sein wahres Gesicht
3. (*enlever son voile*) ■ **qn se dévoile** /*femme*/ jd legt seinen Schleier ab

devoir <*irr*> [d(ə)vwaʀ] **I.** *vt* **1.** (*avoir à payer*) ■ **qn doit qc** [**à qn**] *argent, somme* jd schuldet [jdm] etw; ***je réclame ce qui m'est dû*** ich fordere, was mir zusteht; ***vous devez trop pour pouvoir rembourser*** Sie sind zu sehr verschuldet, um [noch] Ihre Rückzahlungen leisten zu können; ***je dois plus que je ne possède*** ich habe mehr Schulden, als ich besitze
2. (*être redevable de*) ■ **qn/qc doit qc à qn/qc** *invention, succès, vie* jd/etw verdankt jdm/einer S. etw; ***cette viande doit son goût aux épices*** dieses Fleisch bekommt seinen Geschmack durch die Würze; ***cette victoire ne doit rien au hasard*** dieser Sieg kommt nicht von ungefähr; ■ **qn/qc doit à qn/qc d'avoir fait qc** jd/etw verdankt jdm/einer S., dass er/es etw getan hat; ***je dois à mes parents/à ce succès d'être à ce poste*** den Posten verdanke ich meinen Eltern/diesem Erfolg; ■ **qc est dû(due) à qc** etw ist einer S. (*dat*) zu verdanken
3. (*être tenu à*) ■ **qn doit qc à qn** jd ist jdm etw schuldig, jd schuldet jdm etw; *égards, ménagement, fidélité* von jds Seite aus ist etw jdm gegenüber angebracht; ***sauf le respect que je vous dois, …*** bei aller Hochachtung, [aber] …; ***je vous dois bien cela!*** das bin ich Ihnen wirklich schuldig!; ■ **qc est dû(due) à qn/qc** etw gebührt jdm/einer S., etw steht jdm/einer S. zu, jd/etw verdient etw
II. *aux* **1.** (*nécessité, obligation*) ■ **qn/qc doit faire qc** jd/etw muss etw tun; ■ **qn/qc ne doit pas faire qc** jd/etw darf etw nicht tun; ***elle ne savait si elle devait en rire ou en pleurer*** sie wusste nicht, ob sie darüber lachen oder weinen sollte
2. (*hypothèse très probable*) ■ **qn/qc doit être …** *malade, heureux* jd/etw muss … sein; ***elle ne doit pas être contente*** sie ist wahrscheinlich nicht sehr erfreut; ***elle a dû partir/doit être partie en week-end*** sie muss wohl über das Wochenende verreist sein; ***il doit se faire tard, non?*** es wird wohl spät werden, oder?; ***il ne devait pas être bien tard*** es war wohl nicht sehr spät
3. (*fatalité*) ■ **qn/qc doit faire qc** jd/etw muss etw tun; ***cela devait arriver*** [***un jour***]! das musste ja [einmal] passieren; ***les choses semblent ~ empirer*** die Dinge werden sich sicherlich noch verschlimmern; ***même s'il devait être condamné, il refuserait de parler*** selbst wenn er verurteilt werden sollte, würde er nicht reden
4. (*prévision*) ■ **qn doit/devrait faire qc** jd soll/sollte etw tun; ***je croyais que tu devais travailler*** ich glaubte, du musst arbeiten; ■ **qc semble ~ faire qc** etw wird wahrscheinlich etw machen
III. *vpr* **1.** (*avoir l'obligation de*) ■ **qn se doit de faire qc** jd ist es sich (*dat*) schuldig, etw zu tun; ***je me dois de réussir*** ich bin mir den Erfolg schuldig; ***vous vous devez d'être parfait*** Sie sind es sich (*dat*) schuldig, perfekt zu sein
2. (*être tenu de se dévouer à*) ■ **qn se doit à qn** jd ist verpflichtet, sich jdm zu widmen

3. (*avoir à se donner*) ■ **des personnes se doivent qc** Menschen schulden sich (*dat*) etw
▶ **comme il se doit** (*comme c'est l'usage*) wie es sich gehört; *fam* (*comme prévu*) wie erwartet
IV. *m* 1. (*obligation morale*) ■ **le ~** die Pflicht; ***sens du ~*** Pflichtbewusstsein *nt*
2. (*ce que l'on doit faire*) Pflicht *f,* Aufgabe *f;* ***mon ~ me commande d'agir ainsi*** es ist meine Pflicht [*o* Aufgabe], so zu handeln; ***~ conjugal/ professionnel/ électoral*** eheliche/berufliche Pflicht/Wahlpflicht; ■ **~ de qc** Pflicht [*o* Aufgabe] als etw; ***c'est mon ~ de médecin/ d'avocat*** dies ist meine Pflicht [*o* Aufgabe] als Arzt/Rechtsanwalt; ***ses ~s de père*** seine Vaterpflichten; ***tous les ~s de sa charge de président*** alle seine Pflichten als Präsident; ■ **~ de qc [envers qn]** Pflicht zu etw [gegenüber jdm]; ■ **qn a un ~ de qc [envers qn]** jd ist [gegenüber jdm] zu etw verpflichtet
3. SCOL ■ **~s** Hausaufgaben *pl;* ■ **~ de** -[haus]aufgabe *f,* [Haus]aufgabe in (+ *dat*)
▶ **qn rend à qn les derniers ~s** jd erweist jdm die letzte Ehre; **~ surveillé** [Klassen]arbeit *f;* **qn a des ~s** jd hat [Haus]aufgaben auf; **le ~ m'appelle** *hum* die Pflicht ruft; **qn n'écoute que son ~** jd stellt seine Pflichten über alles; **il est de son ~ de faire qc** es ist seine Pflicht [*o* Aufgabe], etw zu tun; **qn fait son ~** jd tut seine Pflicht, jd kommt seiner Pflicht nach; **qn fait ses ~s** jd macht seine Aufgaben; **qn se fait un ~ de faire qc** jd macht es sich (*dat*) zur Aufgabe [*o* Pflicht], etw zu tun; **qn manque à tous ses ~s** jd kommt keiner seiner Pflichten nach, jd versäumt all seine Pflichten *o* Aufgaben]; **qn se met en ~ de faire qc** jd schickt sich an etw zu tun *geh;* **qn présente ses ~s à qn** *form* jd macht jdm seine Aufwartung *veraltet,* jd stattet jdm einen Höflichkeitsbesuch ab; **de ~** pflichtbewusst; **par ~** aus Pflichtgefühl
◆ **devoir à la maison** Hausaufgabe *f,* Hausarbeit *f;* **devoir de réserve** Loyalitätspflicht *f;* **devoir de vacances** *Übungen zur Überbrückung langer Schulferien;* **devoir sur table** SCOL Klassenarbeit *f;* UNIV Klausur *f*

dévolu, e [devɔly] I. *adj* (*acquis, réservé*) ■ **~ à qn/qc** *budget* jdm/einer S. gewährt [*o* zugeteilt]; *droit, pouvoirs* jdm/einer S. zustehend [*o* übertragen]; *part, succession* jdm/einer S. zufallend [*o* zukommend]; *sort* jdm/einer S. zuteil werdend, jdm auferlegt; *local* für jdn/etw bestimmt
II. *m* ▶ **qn jette son ~ sur qn/qc** (*choisit*) jd wählt jdn/etw aus; (*décide d'obtenir*) jd hat es auf jdn/etw abgesehen

dévorant, e [devɔʀɑ̃, ɑ̃t] *adj* 1. (*très grand*) unmäßig; *faim a.* Bären-
2. *passion* unbändig, verzehrend; *soif* unstillbar; *curiosité* brennend
3. *littér* (*destructeur*) alles verschlingend, gefräßig; *fièvre* verzehrend
4. *littér jalousie* nagend; *amour* verzehrend; *mégalomanie* verheerend

dévorer <1> [devɔʀe] I. *vi* ■ **qn dévore** jd schlingt das Essen hinunter
II. *vt* 1. (*déchiqueter*) ■ **qn/un animal dévore qn/un animal/qc** jd verschlingt jdn/ein Tier/etw, ein Tier frisst jdn/ein Tier/etw
2. (*ronger*) ■ **des insectes dévorent qc** Insekten fressen etw; ■ **des insectes dévorent qn** Insekten fallen über jdn her; ■ **qn est dévoré(e) par des insectes** jd ist/wird von den Insekten ganz zerstochen
3. (*avaler*) ■ **qn dévore qc** *goûter, biscuits, livres, journaux* jd verschlingt etw; ■ **qc dévore qc** etw saugt etw auf; */incendie/* etw verschlingt etw; ■ **qn dévore qn** */tâche/* etw frisst jdn auf
4. (*couver*) ■ **qn dévore qn/qc de qc** jd verschlingt jdn/etw mit etw; ***il la dévorait de baisers*** er überschüttete sie mit Küssen
5. (*détruire*) ■ **qc dévore qc** etw vernichtet etw, etw richtet etw zugrunde; ■ **qn se laisse ~ par qn/qc** jd lässt sich von jdm/etw auffressen
6. (*dépenser*) ■ **qn dévore qc** jd bringt etw durch; ■ **qc dévore qc** *temps, loisirs* etw nimmt etw in Anspruch; (*consommer*) etw verschlingt etw
7. (*tourmenter*) ■ **qn est dévoré(e) de qc** jd ist von etw geplagt; ■ **qc dévore qn** */jalousie/* etw plagt jdn, etw zehrt an jdm; ***l'envie le dévorait de tout laisser tomber*** es war ihm nur noch danach, alles hinzuwerfen
8. (*parcourir*) ■ **qn dévore qc** *kilomètres* jd reißt etw herunter
9. (*occuper toute la place dans*) ■ **qc dévore qc** *paysage* etw beherrscht etw; ■ **qc lui dévore qc**: ***la barbe lui dévorait le visage/ les joues*** der Bart beherrschte sein ganzes Gesicht
III. *vpr* ■ **des animaux se dévorent entre eux** Tiere fressen sich gegenseitig auf

dévoreur, -euse [devɔʀœʀ, -øz] *m, f:* ***~ de livres/ pellicule*** Bücherwurm *m*/Kinofan [-fæn] *m;* ***~euse d'hommes*** männermordender Vamp; ***ce projet est un gros ~ de crédits*** dieses Projekt verschlingt eine Unmenge von Krediten; ***qn est un gros ~ de livres*** jd verschlingt Bücher nur so

dévot, e [devo, ɔt] I. *adj* 1. (*pieux*) fromm
2. (*mielleux*) frömmelnd, frömmlerisch
II. *m, f péj* Betbruder/Betschwester *m/f,* Frömmler(in) *m(f)*
▶ **il/elle fait le/la ~(e)** er/sie tut fromm

dévotion [devosjɔ̃] *f* 1. (*piété*) Frömmigkeit *f*
2. (*culte*) Verehrung *f;* ***~ à Marie*** Marienverehrung; ***~ à Saint François*** Verehrung des heiligen Franziskus
▶ **qn est confit(e) en ~** *péj* jd ist sehr fromm; **qn a une véritable ~ pour qn** jd verehrt jdn sehr, jd bringt jdm eine große Verehrung entgegen *geh;* **qn a des personnes à sa ~** Menschen sind jdm völlig ergeben; **qn est à la ~ de qn** jd ist jdm völlig ergeben; **qn fait ses ~s** jd kommt seinen religiösen Pflichten nach; **avec ~** *écouter* andächtig; *soigner* hingebungsvoll, mit Hingabe; *parler* mit Respekt

dévoué, e [devwe] *adj* sich aufopfernd, selbstlos; *ami* treu; ■ **qn est entièrement [*o* tout] ~ à qn/qc** jd ist jdm/einer S. treu ergeben
▶ **vos ~s/votre ~**, mit vorzüglicher Hochachtung

dévouement [devumɑ̃] *m* 1. (*action de se dévouer*) Hingabe *f,* Aufopferung *f;* ■ **~ à qc** Aufopferung für etw, Hingabe an etw (*akk*)
2. (*qualité*) Ergebenheit *f,* Selbstlosigkeit *f*

dévouer <1> [devwe] *vpr* 1. (*se sacrifier*) ■ **qn se dévoue [pour qn/ pour faire qc]** jd opfert sich [auf] [für jdn/, um etw zu tun]; ***il a trouvé la mort en se dévouant pour sauver ses camarades*** in seiner Aufopferung für die Rettung der Kameraden fand er den Tod; ***ça va, je me dévoue, je vais faire les courses*** *iron* schon gut, schon gut, dann opfere ich mich eben und gehe einkaufen
2. *vieilli* (*se consacrer*) ■ **qn se dévoue à qn/qc** jd widmet sich jdm/einer S., jd gibt sich einer S. (*dat*) ganz hin

dévoyé, e [devwaje] I. *adj* auf die schiefe Bahn geraten, vom rechten Weg abgekommen
II. *m, f* ein auf Abwege [*o* die schiefe Bahn] geratener Mensch; ***c'est un ~*** der ist auf die schiefe Bahn geraten

dévoyer <6> [devwaje] I. *vt littér* ■ **qn/qc dévoie qn** jd/etw bringt jdn auf Abwege [*o* die schiefe Bahn]
II. *vpr* ■ **qn se dévoie** jd gerät auf Abwege [*o* die schiefe Bahn]

dextérité [dɛksteʀite] *f* (*manuellement*) Geschicklichkeit *f,* Fertigkeit *f;* (*des doigts*) Fingerfertigkeit *f;* (*intellectuellement*) Geschicklichkeit *f,* Gewandtheit *f*
▶ **avec ~** mit Geschick

dg *abr de* **décigramme** dg

D.G.S.E. [deʒeɛsə] *f abr de* **Direction Générale de la Sécurité Extérieure** *französische Spionageabwehr*

dia [dja] *interj* hü

diabète [djabɛt] *m* Zuckerkrankheit *f,* Zucker *m fam,* Diabetes *m*
▶ **~ sucré** Zuckerkrankheit *f,* Zucker *m fam;* **qn a du ~** jd hat Zucker *fam,* jd leidet an Diabetes

diabétique [djabetik] I. *adj* zuckerkrank, diabetisch *spec;* ***qn est ~*** jd ist zuckerkrank, jd ist Diabetiker
II. *mf* Diabetiker(in) *m(f),* Zuckerkranke(r) *f(m)*

diabétologue [djabetɔlɔg] *mf* Diabetesspezialist(in) *m(f)*

diable [djɑbl] *m* 1. (*démon*) Teufel *m*
2. (*chariot*) Sackkarren *m*
3. (*marmite*) Römertopf *m*
▶ **qn s'agite [*o* se démène] comme un ~ dans un bénitier** jd macht Kopfstände; **comme un ~ sorti d'une [*o* de sa] boîte** aus heiterem Himmel; **qn a le ~ au corps** jd hat den Teufel im Leib; **qn tire le ~ par la queue** jd nagt am Hungertuch; **qn court comme s'il avait le ~ à ses trousses** jd rennt, als wär' der Teufel hinter ihm her; **au ~ vauvert** *être, habiter* am Ende der Welt, jwd ['jɔtveːˈdeː] *fam;* ***qn part* [*o va*] *au ~ vauvert*** jd schert sich zum Teufel; **qn vient du ~ vauvert** jd kommt weiß der Kuckuck woher *fam;* **comme un beau ~** wie ein Verrückter/eine Verrückte; **c'est un bon ~** er/sie ist ein guter [*o* braver] Kerl; **un grand ~** ein langer Kerl; **ce n'est pas un mauvais ~** er/sie ist kein schlechter Kerl; **un pauvre ~** ein armer Teufel; **un petit ~** ein kleiner [*o* regelrechter] Teufel; **allez au ~!** scheren Sie sich [*o* gehen Sie] zum Teufel!; ***qu'il/ elle aille au ~!*** er/sie soll sich doch zum Teufel scheren; **que le ~ l'emporte!** der Teufel soll ihn/sie holen!; **le ~ m'emporte si ...** *vieux* der Teufel soll mich holen, wenn ...; **qn envoie qn au ~ [*o* à tous les ~s] [*o* aux cinq cents ~s]** jd schickt [*o* jagt] jdn zum Teufel; **c'est le ~ pour faire qc** es ist teuflisch schwierig [*o* schwer], etw zu machen; **ce n'est pas le ~!** das ist kein Hexenwerk!; **c'est [*o* ce serait] [bien] le ~ si** + *indic* es müsste [schon] mit dem Teufel zugehen, wenn; **quand le ~ s'en mêle, ...** wenn der Teufel seine Hand im Spiel hat, ..., wenn der Teufel im Spiel ist, ...; **qn tente le ~** jd fordert es heraus; **à la ~** schlampig; ***des enfants élevés à la ~*** schlecht erzogene Kinder; **au ~** am Ende der Welt; **au ~ qc!** zum Teufel mit etw!; **~ de ...** *fam:* ***quel ~ d'homme!*** was für ein Teufelskerl [*o* irrer Typ *fam*]!; ***quelle ~ de fille!*** was für ein Teufelsweib!; **du ~, de tous les ~s** Wahnsinns-, wahnsinnig; ***vacarme de tous les ~s*** Höllenlärm *m,* Heidenlärm *m;* **... en ~** wahnsinnig ..., verdammt ...; **comment/ où/pourquoi/quand/que/qui ~** wie/wo/warum/wann/was/wer zum Teufel; **que ~!** zum Teufel noch mal!; **~!** [**~!**] *vieilli* meine Güte!

diablement [djɑbləmɑ̃] *adv fam* verteufelt *fam,* verdammt *fam*

diablerie [djɑbləʀi] *f* Teufelei *f*

diablesse [djɑblɛs] *f* (*femme*) Teufelin *f*
▶ **c'est une vraie [petite] ~** sie ist wirklich ein kleiner Teufel

diablotin [djɑblɔtɛ̃] *m* kleiner Teufel, Teufelchen *nt*

diabolique [djabɔlik] *adj* 1. (*venant du diable*) Teufels-; *tentation* des Teufels; *œuvre* ~ Teufelswerk *nt*
2. (*méchant*) böse; *sourire* diabolisch
3. (*maléfique*) teuflisch

diaboliquement [djabɔlikmɑ̃] *adv* 1. (*d'une manière perverse*) teuflisch, diabolisch
2. (*méchamment*) boshaft
3. (*étonnamment*) ungemein, verdammt *fam*

diabolo [djabɔlo] *m* (*jouet*) Diabolo *nt*
◆ **diabolo [à la] menthe/grenadine** Pfefferminz-/Granatapfelsirup *m,* Grenadine *f*

diacre [djakʀ] *m* Diakon *m*

diadème [djadɛm] *m* 1. (*bijou*) Diadem *nt*
2. HIST [Herrscher]krone *f;* ***il ceignit le ~*** er bestieg den Thron

diagnostic [djagnɔstik] *m* 1. MED Diagnose *f;* ■ **~ de qc** Diagnose auf etw (*akk*)
2. (*analyse du mal*) Diagnose *f;* (*jugement*) Beurteilung *f*
3. (*analyse d'un système*) Gutachten *nt;* [*voiture*] Inspektion *f;* (*prévision*) Schätzung *f;* ***~ d'entreprise*** Unternehmensdiagnostik *f*
▶ **qn a un bon ~/un ~ sûr** jd hat ein gutes/sicheres Urteilsvermögen; **qn émet [*o* fait] un ~** */médecin/* jd stellt eine Diagnose; */expert/* jd gibt eine Beurteilung ab, jd stellt eine Diagnose auf; **qn réserve son ~** jd ist vorsichtig [*o* zurückhaltend] mit [*o* in] seiner Diagnose

diagnostiquer <1> [djagnɔstike] *vt* ■ **qn diagnostique qc** jd stellt etw fest; *maladie, crise a.* jd diagnostiziert etw *geh*

diagonal, e <-aux> [djagɔnal, o] *adj* diagonal
diagonale [djagɔnal] *f* Diagonale *f*; ***qn coupe un tissu dans** [**le sens de**] **la** ~* jd schneidet einen Stoff schräg zum Faden[verlauf]
► **qn lit** [**qc**] **en** ~ *fam* jd liest [etw] diagonal [*o* flüchtig], jd überfliegt etw; **en** ~ schräg, diagonal; ***tirez un trait en*** ~ ziehen Sie einen Schrägstrich; ***mettez cette planche en*** ~ legen Sie dieses Brett [schräg] übereck
diagramme [djagʀam] *m* **1.** STATIST Diagramm *nt*
2. (*plan*) Organigramm *nt*
► ~ **circulaire** Tortendiagramm *nt*
◆ **diagramme en bâtons** Säulendiagramm *nt;* **diagramme en secteurs** Tortendiagramm *nt*
dialectal, e <-aux> [djalɛktal, o] *adj* dialektal, mundartlich; *expression, mot a.* Dialekt-
dialecte [djalɛkt] *m* Dialekt *m*, Mundart *f*; ***qn s'exprime en*** ~ jd spricht Dialekt
dialecticien, ne [djalɛktisjɛ̃, jɛn] *m, f* Dialektiker(in) *m(f)*
dialectique [djalɛktik] **I.** *adj* dialektisch
II. *f* (*argumentation*) Dialektik *f*; (*méthode a.*) dialektische Methode
dialectophone [djalɛktɔfɔn] **I.** *adj* Dialekt sprechend; ***qn est*** ~ jd spricht Dialekt
II. *mf* Dialektsprecher(in) *m(f)*
dialogue [djalɔg] *m* **1.** (*entretien*) Gespräch *nt;* (*en tête-à-tête*) Zwiegespräch *geh;* (*de caractère officiel*) Unterredung *f*
2. (*communication*) ■ **le** ~ der Dialog
3. LITTER, AUDIOV Dialog *m*
4. INFORM Dialog *m;* ~ ***homme-machine*** Mensch-Maschine-Dialog
► **un** ~ **de sourds** ein Gespräch voller Missverständnisse; ~ **social** sozialer Dialog
◆ **dialogue radio** Funkgespräch *nt*
dialoguer <1> [djalɔge] **I.** *vi* **1.** (*converser*) ■ **qn dialogue avec qn** [**sur qc**] jd unterhält sich mit jdm [über etw (*akk*)], jd führt mit jdm ein Gespräch [über etw (*akk*)]; ■ **des personnes dialoguent** [**entre elles**] [**sur qc**] Menschen unterhalten sich miteinander [über etw (*akk*)]
2. (*négocier*) ■ **des personnes dialoguent** [**avec des personnes**] Menschen führen [mit Menschen] einen Dialog
3. INFORM ■ **qn dialogue avec qc** jd führt einen Dialog mit etw, jd steht im Dialog mit etw
II. *vt* ■ **qn dialogue qc** jd verfasst etw in Dialogform
dialoguiste [djalɔgist] *mf* Dialogautor(in) *m(f)*
dialyse [djaliz] *f* Dialyse *f*
dialysé, e [djalize] *m, f* Dialysepatient(in) *m(f)*
diamant [djamɑ̃] *m* Diamant *m*
► ~ **brut** Rohdiamant *m*, ungeschliffener Diamant; **couvert**(**e**) **de** ~**s** diamantenbehangen; **dur**(**e**) **comme le** ~ hart wie [ein] Diamant; **pur**(**e**) **comme le** ~ klar wie Kristall, kristallklar; ~ **taillé** geschliffener Diamant; **qn monte un** ~ [**sur qc**] jd fasst einen Diamanten [in etw (*akk*)] [ein]
◆ **diamant de vitrier** Glasschneider *m*
diamantaire [djamɑ̃tɛʀ] *mf* **1.** (*tailleur*) Diamantschleifer(in) *m(f)*
2. (*commerçant*) Diamantenhändler(in) *m(f)*
diamantifère [djamɑ̃tifɛʀ] *adj* diamant[en]haltig; ***région*** ~ Gegend *f* [*o* Gebiet *nt*] mit Diamantvorkommen
diamétralement [djametʀalmɑ̃] *adv* diametral
diamètre [djamɛtʀ] *m* Durchmesser *m*
diantre [djɑ̃tʀ] *interj vieilli* (*étonnement*) Teufel; (*dans une question*) Teufel noch mal, zum Teufel, zum Kuckuck
► **comment**/**où**/**pourquoi**/**qui** ~? wie/wo/warum/wer zum Teufel [*o* zum Kuckuck]?; **que** ~! jetzt wird es aber Zeit!
diapason [djapazɔ̃] *m* **1.** (*registre*) [Stimm-/Ton]register *nt*
2. (*instrument*) Stimmgabel *f;* (*sifflet*) Stimmpfeife *f*, Diapason *m spec;* (*note*) Kammerton *m*, Diapason *spec*
► **qn est au** ~ [**de qn**/**qc**] jd hat sich [an jdn/etw] angepasst; **qn se met au** ~ [**de qn**/**qc**] jd passt sich [an jdn/etw] an, jd stellt [*o* stimmt] sich auf jdn/etw ein
diaphane [djafan] *adj* durchsichtig; *tissu, verre a., main, teint, porcelaine* durchscheinend
diaphragme [djafʀagm] *m* **1.** ANAT Zwerchfell *nt*, Diaphragma *nt spec*
2. PHOT Blende *f*
3. (*contraceptif*) Diaphragma *nt*, Pessar *nt veraltet*
diapo [djapo] *f abr de* **diapositive** *fam* Dia *nt*
diaporama [djapɔʀama] *m* Tonbildschau *f*
diapositive [djapozitiv] *f* Dia *nt*, Diapositiv *nt form;* ***une séance de*** ~***s*** ein Diavortrag *m*, ein Lichtbildervortrag *m*
► **qn passe**/**projette des** ~**s** jd zeigt Dias/führt Dias vor
diapré, e [djapʀe] *adj* bunt schillernd
diarrhée [djaʀe] *f* Durchfall *m*, Diarrhö *f spec*
► **qn a la** ~ jd hat Durchfall; **qc donne la** ~ von etw bekommt man Durchfall; **qc lui donne la** ~ er/sie bekommt von etw Durchfall
diaspora [djaspɔʀa] *f* Diaspora *f*
diatonique [djatɔnik] *adj* diatonisch; *échelle, gamme a.* siebenstufig; *accordéon* auf das diatonische System abgestimmt
diatribe [djatʀib] *f* ■ ~ [**contre qn**/**qc**] Beschimpfung *f* [*o* Schmähung *f*] [gegen jdn/etw]; (*discours*) Schmährede *f* [*o* Schimpfrede *f*] [auf jdn/etw]; (*écrit*) Schmähschrift *f* [gegen jdn/etw]
► **qn se lance dans une** [**longue** [*o* **violente**]] ~ **contre qn**/**qc** jd zieht [heftig] gegen [*o* über] jdn/etw los, jd zieht [heftig] gegen jdn/etw zu Felde
dichotomie [dikɔtɔmi] *f soutenu* Widerspruch *m*, Dichotomie *f spec*
dico [diko] *m abr de* **dictionnaire** *fam* Wörterbuch *nt*
dictaphone® [diktafɔn] *m* Diktaphon *nt*, Diktiergerät *nt*
dictateur, -trice [diktatœʀ, -tʀis] *m, f* POL Diktator(in) *m(f)*, Gewaltherrscher(in) *m(f);* (*tyran*) Despot(in) *m(f)*
► **qn fait le** ~ jd ist der reinste Diktator; **qn joue au** ~ [*o* **les** ~**s**] *fam* jd spielt sich als Diktator auf
dictatorial, e <-aux> [diktatɔʀjal, jo] *adj pouvoir, régime* diktatorisch; *ton a.* herrisch, Befehls-; *conception* selbstherrlich
dictature [diktatyʀ] *f* POL Diktatur *f*, Gewaltherrschaft *f;* [*tyran*] Despotie *f*, Tyrannei *f*
► ~ **militaire** Militärdiktatur *f;* **qn/qc exerce sa** ~ [**sur qn**/**qc**] jd/etw nützt seine Vormachtstellung [gegenüber jdm/etw] aus; ***qn exerce une véritable*** ~ ***sur sa famille*** jd benimmt sich gegenüber [*o* in] seiner Familie wie ein Despot; **c'est de la** ~! das ist [ja] die reine Diktatur!
◆ **dictature du prolétariat** Diktatur *f* des Proletariats
dictée [dikte] *f* **1.** (*action*) Diktieren *nt*, Diktat *nt*
2. SCOL Diktat *nt*
► ~ **musicale** Musikdiktat *nt;* **qn écrit sous la** ~ [**de qn**] jd schreibt nach [jds] Diktat; ***le notaire écrivait sous la*** ~ ***du malade*** der Notar schrieb, was der Kranke ihm diktierte; ***il écrit sous la*** ~ ***d'une inspiration divine*** er schreibt einer göttlichen Eingebung folgend; **qn fait une** ~ jd schreibt ein Diktat; **sous la** ~ **de qn** auf jds [ausdrückliche] Anweisung hin
dicter <1> [dikte] *vt* **1.** (*dire à haute voix*) ■ **qn dicte qc** [**à qn**] jd diktiert [jdm] etw
2. (*imposer*) ■ **qn dicte qc à qn** jd schreibt jdm etw vor; *volonté, vues* jd zwingt jdm etw auf; ■ **qc dicte qc à qn** etw diktiert jdm etw, etw zwingt jdn zu etw
3. (*conditionner*) ■ **qc dicte qc** etw bestimmt etw; ■ **qc est dicté**(**e**) **par qc** etw ist durch etw bestimmt; ***son geste était dicté par la colère***/***les remords*** er/sie hat aus Wut/aus [*o* vor] schlechtem Gewissen so gehandelt
diction [diksjɔ̃] *f* Sprechweise *f*, Diktion *f form;* ***qn prend des cours de*** ~ jd bekommt Unterricht in Sprecherziehung
dictionnaire [diksjɔnɛʀ] *m* Wörterbuch *nt*
► ~ **électronique** elektronisches Wörterbuch; ~ **encyclopédique** enzyklopädisches Wörterbuch, Lexikon *nt;* ~ **étymologique** etymologisches Wörterbuch; ~ **personnel** persönliche Wortliste; ~ **spécialisé** Fachwörterbuch *nt;* ~ **technique** Wörterbuch *nt* der Technik; **qn est un** ~ **vivant** [*o* **ambulant**] jd ist ein wandelndes Lexikon [*o* Wörterbuch]; **qn regarde dans le** ~ jd sieht [*o* schaut] im Wörterbuch nach
◆ **dictionnaire de langue** Wörterbuch *nt;* **dictionnaire de rimes** Reimwörterbuch *nt;* **dictionnaire des synonymes** Synonym[en]wörterbuch *nt*
dicton [diktɔ̃] *m* Spruch *m*, sprichwörtliche Redensart
didacticiel [didaktisjɛl] *m* INFORM Lernprogramm *nt*, Lernsoftware [-sɔftvɛːɐ, -zɔftwæːə] *f*
didactique [didaktik] *adj* didaktisch; *œuvre, ouvrage a.* Lehr-; *ton, poésie* belehrend, lehrhaft
dièse [djɛz] *m* MUS Erhöhungszeichen *nt*, Kreuz *nt*, Diesis *f spec;* ***do***/***ré***/***fa***/***…*** ~ ***majeur*** Cis/Dis/Fis/…-Dur *nt;* ***do***/***ré***/***fa***/***…*** ~ ***mineur*** cis/dis/fis/…-Moll *nt;* ***le do***/***ré***/***fa***/***… est*** ~ das C/D/F/… [*o* c/d/f/…] ist erhöht
► **un** ~/**deux** ~**s à la clé** ein vorgeschriebenes Kreuz/zwei vorgeschriebene Kreuze; **double** ~ Doppelkreuz *nt*
diesel [djezɛl] *m* **1.** (*moteur*) Dieselmotor *m*, Dieselmaschine *f*, Diesel *m fam*
2. (*véhicule*) Dieselfahrzeug *nt*, Diesel *m fam*
diète[1] [djɛt] *f* Diät *f*, Schonkost *f*
► **qn est à la** ~ jd isst [*o* lebt] Diät; **qn met qn à la** ~ jd setzt jdn auf Diät
diète[2] [djɛt] *f* HIST Reichstag *m;* ***la*** ~ ***de la Confédération germanique*** der Bundestag des Deutschen Bundes
diététicien, ne [djetetisjɛ̃, jɛn] *m, f* Ernährungsberater(in) *m(f)*, Diätassistent(in) *m(f)*
diététique [djetetik] **I.** *adj* Diät-; *aliment* diätetisch; ***je devrais observer un régime plus*** ~ ich müsste eine strengere Diät einhalten; ***magasin*** ~ Reformhaus *nt*
II. *f* Ernährungswissenschaft *f*, Diätetik *f spec*
dieu <x> [djø] *m* **1.** (*divinité*) Gott *m*
2. ∅ ■ **D**~ Gott *m*
3. (*objet d'un culte*) Idol *nt*, Abgott *m;* (*le meilleur*) Gott *m;* ~ ***dollar***/***argent*** Mammon *m*
► [**que**] **D**~ **ait son âme!** Gott hab' ihn/sie selig!, er/sie möge ruhen in Frieden!; **on lui donnerait le bon D**~ **sans confession** er/sie sieht aus, als ob er/sie kein Wässerchen trüben könnte; **qn ne craint ni D**~ **ni diable** jd fürchtet weder Tod noch Teufel, jd schreckt vor nichts zurück; **qn ne croit ni à D**~ **ni à diable** jd glaubt an gar nichts; **il y a un D**~ **pour les ivrognes** jd hat einen Schutzengel gehabt; **ni D**~, **ni maître** weder Herr noch Meister; **D**~ **merci** Gott sei Dank!; **D**~ **le père** Gott Vater *m*, der Herrgott *fam;* **il vaut mieux s'adresser à D**~ **qu'à ses saints** der direkte Weg ist immer der Beste; **D**~ **m'est témoin que** + *indic* der Himmel sei [*o* ist] mein Zeuge, dass; **bon D**~ [**de bon D**~]! *fam* Donnerwetter [noch einmal]!; **le bon D**~ *fam* der liebe Gott *fam;* **je ne suis pas le bon D**~! ich bin [doch/schließlich] nicht der liebe Gott!; **il n'y a pas de bon D**~ es gibt wirklich keinen lieben Gott mehr; **qu'est-ce que j'ai fait au bon D**~ [**pour** + *infin*/**pour que** + *subj*] was hab' ich denn verbrochen[, um … zu + *infin*/, dass]; **grand**[**s**] **D**~[**x**] großer [*o* allmächtiger] Gott!, [ach] du lieber Gott! *fam;* **qn jure ses grands D**~**x que** + *indic* jd schwört bei [Gott und] allen Heiligen, dass; **c'est pas D**~ **possible!** *fam* [ach] Gott, das ist doch nicht möglich!; **D**~ **seul le sait** das weiß Gott [allein]!; [**que**] **D**~ **vous bénisse** [**de** + *infin*] Gott segne Sie [dafür, dass]; **D**~ **vous entende** dein/Ihr Wort in Gottes Ohr *fam;* **D**~ **m'en garde** [*o* **préserve**] Gott bewahre [*o* behüte]; **D**~ **vous garde!** Gott schütze euch!; **D**~ **soit loué** Gott sei Dank!, Gott sei gelobt!; [**ce qu'**]**à D**~ **ne plaise** das möge der Himmel verhüten!, Gott bewahre!; **plût à D**~ *littér* Gott gebe es *geh;* **plût à D**~ **que** + *subj littér* Gott gebe, dass *geh;* **D**~ **vous**

le rende [*o* rendra] möge Gott es euch vergelten!, vergelt's [euch] Gott! SDEUTSCH; [**et pourtant**] **D~ sait combien/comme** + *indic* [und dennoch] Gott weiß, wie viel/wie; **D~ sait si/que** + *indic: **et pourtant, D~ sait si j'ai fait attention*** ich habe weiß Gott aufgepasst; **D~ sait comment/où/pourquoi/qui** Gott weiß, wie/wo/warum/wer; **à D~ vat** Gott sei mit euch/uns!; **comme un** ~ wie ein junger Gott; **mon D~[!]** mein [*o* o] Gott!, um Gottes willen!; **D~!** o [*o* ach] [du lieber/mein] Gott!

diffamant, e [difamɑ̃, ɑ̃t] *adj littér* diffamatorisch *geh*, diffamierend, verleumderisch

diffamateur, -trice [difamatœʀ, -tʀis] **I.** *adj* diffamierend, verleumderisch
II. *m, f* Verleumder(in) *m(f)*

diffamation [difamasjɔ̃] *f* Diffamierung *f*, Verleumdung *f*; JUR üble Nachrede

diffamatoire [difamatwaʀ] *adj* diffamierend, verleumderisch

diffamer <1> [difame] *vt* ■ **qn/qc diffame qn** jd/etw bringt jdn in Verruf, jd verleumdet [*o* diffamiert] jdn

différé [difeʀe] *m* TV Aufzeichnung *f*; ***est-ce du ~ ou du direct?*** ist das eine Aufzeichnung oder eine Direktübertragung?
▸ **en** ~ mit zeitlicher Verzögerung; ***émission retransmise/match retransmis en*** ~ Aufzeichnung *f* der Sendung/des Spiels

différemment [difeʀamɑ̃] *adv* anders; ■ ~ **de qn** anders als jd

différence [difeʀɑ̃s] *f* **1.** (*caractère distinctif*) ■ ~ [**entre qn et qn/qc et qc**] Unterschied *m* [zwischen jdm und jdm/etw und etw]; ■ ~ **de ...** [**entre qn et qn/qc et qc**] *de couleur, prix, taille, d'âge* -unterschied [zwischen jdm und jdm/etw und etw]; ***la ~ de goût/caractère/traitement/poids/d'aspect*** [*entre qn et qn/qc et qc*] der unterschiedliche Geschmack/Charakter/die unterschiedliche Behandlung/das unterschiedliche Gewicht/Aussehen [von jdm und jdm/etw und etw]; ■ ~ **avec qn/qc** Unterschied zu jdm/etw
2. (*écart*) ■ ~ [**de**] *de prix, tarif* [-]unterschied *m*; *de 20 F, 20 kg* Unterschied [von]; ~ ***de résultat*** unterschiedliches Ergebnis; ~ ***en plus*** Überschuss *m*; ~ ***en moins*** Fehlbetrag *m*; ■ ... **de** ~ [**entre qn et qn**] *2 heures, 40 minutes etc ...* Zeitunterschied [zwischen jdm und jdm]; *2 ans, 11 mois etc ...* Altersunterschied [zwischen jdm und jdm]; ■ ... **de** ~ [**entre qc et qc**] *2 heures, 40 minutes etc ...* Zeitunterschied [zwischen etw und etw (*dat*)]; ***il y a 20 ans de ~ entre ces deux bâtiments*** die beiden Gebäude sind im Abstand von 20 Jahren erbaut worden; ***il y a 300 F de ~*** [*entre qc et qc*] es besteht eine Differenz von 300 F [zwischen etw und etw (*dat*)]
▸ **c'est une ~ de taille!** das ist ein himmelweiter Unterschied!; **qn fait la ~/ne fait pas la ~** [**entre qn et qn/qc et qc**] jd unterscheidet/unterscheidet nicht [zwischen jdm und jdm/etw und etw]; **qn fait une ~/ne fait pas de ~** [**entre qc et qc**] jd macht einen/keinen Unterschied [zwischen etw und etw (*dat*)]; **qn fait une ~ entre des personnes** jd macht bei Menschen Unterschiede; ***je ne fais pas de ~s entre les noirs et les blancs*** ich mache keinen Unterschied zwischen Schwarzen und Weißen [*o* schwarz und weiß]; **qn fait la ~** jd hebt sich ab; **qc fait la ~** etw gibt den Ausschlag, etw ist entscheidend; **qn paie la ~** jd bezahlt den Rest [*o* die Differenz], jd legt den Rest drauf *fam*; **à la ~ de qn/qc** im Unterschied zu jdm/etw; **à la** [*o* **à cette**] [*o* **avec cette**] ~ **que** + *indic* mit dem [*o* dem einen] Unterschied, dass
◆ **différence de potentiel** Potenzialdifferenz *f*, Potenzialgefälle *nt*

différenciation [difeʀɑ̃sjasjɔ̃] *f* **1.** (*distinction*) ■ ~ [**entre qc et qc**] Unterscheidung *f* [zwischen etw und etw (*dat*)], Auseinanderhalten *nt* [von etw und etw]
2. BIO Differenzierung *f*, Funktionsteilung *f*

différencier <1 a> [difeʀɑ̃sje] **I.** *vt* ■ **qn différencie des personnes/choses** jd unterscheidet Menschen/Dinge, jd hält Menschen/Dinge auseinander; ■ **qc différencie qn de qn/qc de qc** etw unterscheidet jdn von jdm/etw von etw; ■ **qc différencie des choses** etw unterscheidet Dinge
II. *vpr* **1.** (*être différent*) ■ **qn et qn/qc et qc se différencient par qc** jd und jd/etw und etw unterscheiden sich durch etw [*o* in etw (*dat*)]; ***ils se différencient par leur accent*** sie unterscheiden sich durch ihren Akzent; ■ **qn se différencie de qn par qc** jd unterscheidet sich durch etw [*o* in etw (*dat*)] von jdm; ■ **qc se différencie de qc par qc** etw unterscheidet sich durch etw [*o* in etw (*dat*)] von etw
2. BIO ■ **qc se différencie** etw differenziert sich
3. (*se distinguer*) ■ **qn se différencie** [**de qn**] jd hebt sich [von jdm] ab, jd unterscheidet sich von jdm

différend [difeʀɑ̃] *m* **1.** (*divergence d'opinions*) Meinungsverschiedenheit *f*, Differenzen *pl*
2. (*conflit d'intérêts*) Zwist *m*, Streit *m*, Unstimmigkeiten *pl*

différent, e [difeʀɑ̃, ɑ̃t] *adj* **1.** (*autre*) andere(r, s), anders *pred*, unterschiedlich, verschieden; ■ ~ **de** anders als, verschieden von
2. *pl, antéposé* (*divers*) verschieden, unterschiedlich

différentiel, le [difeʀɑ̃sjɛl] **I.** *adj* MATH, TECH Differenzial-; *psychologie* differenziell; ***tarif*** ~ Staffeltarif *m*
II. *m* **1.** TECH Differenzial[getriebe *nt*] *nt*
2. (*écart*): ~ ***d'inflation*** Inflationsgefälle *nt*

différer <5> [difeʀe] **I.** *vi* **1.** (*être différent*) ■ **qn diffère de qn/qc diffère de qc** jd unterscheidet sich von jdm/etw unterscheidet sich von etw; ■ **des personnes/choses diffèrent en/par qc** Menschen/Dinge unterscheiden sich in etw (*dat*)/durch etw; ***nous différons par bien des points*** wir unterscheiden uns in vielen Punkten
2. (*s'opposer*) ■ **des personnes diffèrent** [**sur qc**] die Meinungen von Menschen gehen [in etw (*dat*)] auseinander [*o* differieren [in etw (*dat*)]]
3. (*varier*) ■ **qc diffère** etw ist unterschiedlich
II. *vt* ■ **qn diffère qc** jd verschiebt etw, jd schiebt etw auf; *échéance* jd verlängert etw; *jugement* jd vertagt etw; *livraison, paiement* jd stellt etw zurück, jd schiebt etw auf, jd verzögert etw

difficile [difisil] *adj* **1.** (*ardu*) schwierig, beschwerlich; ***ce chemin est ~ d'accès*** der Weg ist schwer zugänglich; ***un morceau ~ d'exécution*** ein schwer aufzuführendes Stück; ***qn a des fins de mois ~s*** jd hat gegen Monatsende wenig Geld; ■ ~ **à** + *infin* schwierig zu, schwer zu + *infin*; ***c'est plus ~ à faire qu'à dire*** das ist leichter gesagt als getan; ■ **il est ~** [**à qn**] **de faire qc** es fällt [jdm] schwer, etw zu tun; es ist schwer [für jdn], etw zu tun
2. (*dangereux*) *sentier, escalade* gefährlich, schwierig
3. (*douloureux*) *moment* schwer, schwierig, nicht einfach
4. (*contrariant, exigeant*) *personne, caractère* schwierig; *cheval* schwierig [*o* schwer] zu führen; ***qn est d'humeur*** ~ jd ist schwierig; ***qn est ~ sur la nourriture*** jd ist beim Essen heikel
▸ **qn fait le/la** ~ jdm kann man es nie recht machen; **qn a fait le plus** ~ jd hat das [Aller]schwerste [*o* [Aller]schwierigste] geschafft, jd hat das Schwerste [*o* Schwierigste] hinter sich; ~ **à vivre** schwer zu ertragen; ***il est vraiment devenu ~ à vivre*** es ist wirklich schwer [*o* schwierig] geworden, mit ihm auszukommen; er ist wirklich nur noch schwer erträglich; ***mon patron est quelqu'un de très ~ à vivre*** mein Chef ist jemand, mit dem man nur sehr schwer auskommt

difficilement [difisilmɑ̃] *adv* (*malaisément*) mit Schwierigkeiten; (*à peine*) kaum; (*péniblement*) schwer, mühsam, mit großer Mühe; ***qn peut ~ faire qc*** jd kann etw kaum tun

difficulté [difikylte] *f* **1.** ∅ (*complexité*) Schwierigkeit *f*; ***de ~ croissante*** mit steigendem Schwierigkeitsgrad
2. *gén pl* (*problème, obstacle*) ■ **~s** [**de qc**] Schwierigkeiten *pl* [mit etw]; ***~s scolaires/sentimentales*** Schwierigkeiten in der Schule/mit dem Gefühlsleben; ***~s relationnelles*** Beziehungsprobleme *pl*
3. (*embarras*) ■ ~ **à faire qc** Schwierigkeit *f* etw zu tun
▸ **qn a** [*o* **éprouve**] **de la ~ à faire qc** jd hat Schwierigkeiten etw zu machen; **qn est en** ~ jd ist in Schwierigkeiten; **qn fait des ~s** [**pour faire qc**] jd macht Schwierigkeiten[, wenn es darum geht, etw zu tun]; **qc** [**lui**] **fait** ~ etw macht [ihm/ihr] Probleme; **cela ne fait aucune** ~ etw ist überhaupt kein Problem; **qn jongle avec les ~s** jd ist ein Lebenskünstler; jd weiß, wie man die Dinge schaukelt *fam*; **qn se joue des ~s** jd setzt sich über alle Schwierigkeiten [*o* Probleme] hinweg; **qn/qc met qn en** ~ jd/etw bringt jdn in Schwierigkeiten; **qc présente une ~/des ~s** etw stellt ein Problem dar/bereitet Schwierigkeiten; **qn se retrouve en** ~ jd gerät in Schwierigkeiten; **qn/qc soulève des ~s** jd/etw bereitet Schwierigkeiten, etw wirft Probleme auf; **qn tourne la** ~ jd geht dem Problem aus dem Weg; **avec** ~ mit Mühe, mühsam; **en** ~ *adolescents, familles* in Schwierigkeiten; *alpiniste, avion, bateau* in Not; *entreprises* in [finanziellen] Schwierigkeiten; **selon la** ~ je nach Schwierigkeitsgrad

difforme [difɔʀm] *adj personne, monstre* missgestaltet, missgebildet; *membre, bête, arbre a.* unförmig

difformité [difɔʀmite] *f* MED Missbildung *f*; [*corps*] Missgestalt *f*
▸ **qn présente des ~s** jd weist Missbildungen auf

diffraction [difʀaksjɔ̃] *f* Beugung *f*, Diffraktion *f spec*

diffus, e [dify, yz] *adj* **1.** (*disséminé*) *douleur* unbestimmt; *lumière* diffus; *chaleur* angenehm überschlagen
2. (*sans netteté*) diffus; *sentiments, souvenirs a.* vage
3. (*prolixe*) *écrivain* mit diffusen [*o* verschwommenen] [*o* unklaren] Vorstellungen [*o* Ideen] [*o* Ansichten]; *style* unklar, verschwommen; *orateur* sich unklar [*o* vage] [*o* verschwommen] ausdrückend

diffuser <1> [difyze] **I.** *vt* **1.** (*répandre*) ■ **qc diffuse qc** etw verbreitet etw
2. (*propager*) ■ **qn/qc diffuse qc** jd/etw verbreitet etw, jd/etw streut etw aus
3. (*retransmettre*) ■ **qc diffuse qc** etw sendet [*o* bringt] etw, etw strahlt etw aus; *concert, course, discours* etw überträgt etw
4. (*commercialiser*) ■ **qn/qc diffuse qn/qc** jd/etw vertreibt jdn/etw
5. (*distribuer*) ■ **qn diffuse qc** [**quelque part**] *tract, photo* jd verteilt etw [irgendwo]; *pétition, document* jd bringt etw [irgendwo] in Umlauf
II. *vpr* ■ **qc se diffuse** / *bruit, chaleur, odeur* / etw breitet sich aus

diffuseur, -euse [difyzœʀ, -øz] *m* **1.** COM [*livres, éditeur*] Vertreiber *m*; [*marque*] Vertriebshändler *m*
2. TECH [*carburateur*] Lufttrichter *m*; [*lumière*] Streuscheibe *f*; [*parfum*] Duftspender *m*; [*lance d'incendie*] [Spritz]düse *f*; [*autoroute*] Verteiler *m*

diffusion [difyzjɔ̃] *f* **1.** (*fait de se répandre*) Verbreitung *f*
2. AUDIOV Ausstrahlung *f*, Sendung *f*; [*concert, course, discours*] Übertragung *f*
3. (*commercialisation*) Vertrieb *m*
4. (*distribution*) Verteilen *nt*
5. (*action de se diffuser*) [*poison, gaz*] Ausbreitung *f*, Ausbreiten *nt*

digérer <5> [diʒeʀe] **I.** *vi* ■ **qn/un animal digère** jd/ein Tier verdaut; ■ **qn digère bien/mal** jd hat eine gute/schlechte Verdauung
II. *vt* **1.** PHYSIOL ■ **qn/un animal/qc digère qc** jd/ein Tier/etw verdaut etw; ■ **qn digère** [**bien/mal**] [**qc**] jd verträgt etw [gut/schlecht]
2. (*assimiler*) ■ **qn digère qc** jd verarbeitet etw [geistig], jd verdaut etw *fam*
3. *fam* (*accepter*) ■ **qn digère qc** *affront, disgrâce, injure, outrage* jd schluckt etw *fam*
III. *vpr:* ***qc se digère bien/difficilement*** etw ist leicht/schwer verdaulich, etw ist bekömmlich/nicht bekömmlich [*o* liegt schwer im Magen]; ***ça se digère tout seul*** das ist leicht verdaulich

digest [diʒɛst, dajʒɛst] *m* Digest ['daidʒɛst] *m o nt*; (*volume*) *Zeitschrift, die Auszüge aus Büchern, Zeitschriften usw. bringt*; (*extrait*) *Auszug aus einem Buch oder Bericht, Zusammenfassung*

digeste [diʒɛst] *adj* bekömmlich, leicht verdaulich, gut verträglich

digestibilité [diʒɛstibilite] *f* Bekömmlichkeit *f*, gute Verträglichkeit

digestible [diʒɛstibl] *adj v.* **digeste**

digestif, -ive [diʒɛstif, -iv] **I.** *adj* Verdauungs-

II. *m* Verdauungsschnaps *m,* Digestif *m geh*

digestion [diʒɛstjɔ̃] *f* Verdauung *f;* ***qn a la ~ difficile*** jd hat eine träge Verdauung, jd hat Verdauungsschwierigkeiten

digicode® [diʒikɔd] *m* Zahlenkode *m*

digital, e <-aux> [diʒital, o] *adj* **1.** (*du doigt*) Finger-
2. (*numérique*) Digital-, digital

digitale [diʒital] *f* BOT Fingerhut *m,* Digitalis *f spec*

digitaliser <1> [diʒitalize] *vt* ■ **qn/qc digitalise qc** jd/etw digitalisiert etw

digne [diɲ] *adj* **1.** (*qui mérite*) ■ **~ de qc** einer S. (*gen*) würdig [*o* wert]; ***qn est ~ du châtiment suprême*** jd hat die Todesstrafe verdient; ***elle n'est pas ~ de votre pardon*** sie hat es nicht verdient, dass Sie ihr vergeben; ***~ d'attention*** [*o* ***d'intérêt***] beachtenswert; ***~ d'admiration*** bewundernswert; ***~ d'envie*** beneidenswert; ***~ de foi*** glaubwürdig; ***~ de confiance*** vertrauenswürdig; ***~ de pitié*** bemitleidenswert; ***~ d'éloges*** [*o* ***de louange[s]***] lobenswert; ■ **qn n'est pas ~ de faire qc** jd verdient es nicht, etw zu tun; ■ **qc n'est pas ~ d'être fait** etw ist es nicht wert, getan zu werden
2. (*au niveau de*) ■ **~ de qn/qc** jds/einer S. würdig; ■ **il n'est pas ~ de faire qc** es ist würdelos, etw zu tun
3. (*grave*) würdevoll; ■ **qn reste ~ dans qc** jd bewahrt seine Würde in etw (*dat*)
4. *vieilli* (*parfait*) ehrenwert

dignement [diɲ(ə)mɑ̃] *adv* **1.** (*noblement*) würdig, würdevoll
2. (*convenablement*) gebührend, angemessen

dignitaire [diɲitɛʀ] *mf* Würdenträger(in) *m(f)*
▸ **haut ~ de l'État** hoher staatlicher Würdenträger, hoher Würdenträger des Staates
◆ **dignitaire du Parti** Würdenträger(in) *m(f)* der Partei, Parteiobere(r) *f(m)*

dignité [diɲite] *f* **1.** (*noblesse*) Würde *f;* ***plein(e) de ~*** würdevoll
2. (*amour-propre*) Selbstachtung *f,* Selbstwertgefühl *nt*
3. (*titre*) Amt *nt,* Würde *f;* ***~ d'ambassadeur*** Amt des Botschafters; ***~ d'évêque*** Bischofswürde, Bischofsamt, Amt des Bischofs
▸ **~ humaine** Menschenwürde *f,* menschliche Würde; **qn a sa ~** jd hat seinen Stolz; **qn est élevé(e) à la ~ de qc** jd wird in die Würde einer S. (*gen*) eingesetzt; **c'est au-dessous de** [*o* **contraire à**] **sa ~** *hum* das ist unter seiner/ihrer Würde; **qn/qc manque de ~** jdm/einer S. mangelt es an Würde *geh,* jd hat keine Würde/etw ist würdelos; **qn perd toute ~** jd verliert jede Selbstachtung; ***aurais-tu perdu toute ~?*** hast du denn gar keinen Stolz?

digression [digʀesjɔ̃] *f* Abschweifung *f*
▸ **qn fait une ~ à propos de** [*o* **sur**] **qc** jd schweift auf etw (*akk*) ab; **qn se lance** [*o* **se perd**] **dans des ~s** jd schweift [*o* kommt] vom Thema ab

digue [dig] *f* **1.** (*construction*) Deich *m,* Damm *m;* ***~ de retenue d'eau*** Staudamm
2. *fig* (*obstacle*) ■ **~** [**contre qc**] Damm *m* [gegen etw]; ***qc oppose une ~ à qc*** etw dämmt etw ein, etw hält etw im Zaum

diktat [diktat] *m* Diktat *nt geh*

dilapidation [dilapidasjɔ̃] *f* Verschwendung *f,* Vergeudung *f;* (*frauduleux*) Veruntreuung *f,* Unterschlagung *f*

dilapider <1> [dilapide] *vt* **1.** (*gaspiller*) ■ **qn dilapide qc** jd verschleudert [*o* verschwendet] [*o* vergeudet] etw
2. (*détourner*) ■ **qn dilapide qc** jd unterschlägt [*o* veruntreut] etw

dilatable [dilatabl] *adj* dehnbar, dilatabel *spec*

dilatation [dilatasjɔ̃] *f* Dilatation *f spec;* PHYS *a.* Ausdehnung *f*

dilater <1> [dilate] **I.** *vt* **1.** (*augmenter le volume de*) ■ **qn/qc dilate qc** jd/etw dehnt etw aus
2. (*agrandir*) ■ **qc dilate qc** etw weitet etw; ■ **qn dilate qc** *narines* jd bläht etw; *œsophage* jd weitet etw
II. *vpr* ■ **qc se dilate** */métal, corps/* etw dehnt sich [aus]; */pupille, cœur, poumons/* etw weitet sich; */narines/* etw bläht sich

dilatoire [dilatwaʀ] *adj réponse* ausweichend, hinhaltend; *manœuvre* Verzögerungs-, Hinhalte-

dilemme [dilɛm] *m* Dilemma *nt,* Zwangslage *f,* Zwickmühle *f*
▸ **qn est devant un ~, le ~ se pose pour qn** jd ist [*o* steckt] [*o* befindet sich] in einem Dilemma; **qn/qc pose un ~ à qn** jd/etw bringt jdn in eine Zwickmühle [*o* in Verlegenheit]; **qn se sort d'un ~** jd befreit sich aus einem Dilemma [*o* einer Zwickmühle]

dilettante [dilɛtɑ̃t] **I.** *adj* nachlässig, oberflächlich
II. *mf* **1.** (*amateur passionné*) Dilettant(in) *m(f),* interessierter Laie
2. *péj* (*personne peu impliquée*) Dilettant(in) *m(f),* Stümper *m*
▸ **en ~** *faire qc* aus Liebhaberei, als Hobby; *vivre* oberflächlich, ohne Tiefgang

dilettantisme [dilɛtɑ̃tism] *m* Dilettantismus *m,* Stümperhaftigkeit *f,* Laienhaftigkeit *f*

diligemment [diliʒamɑ̃] *adv littér* eifrig, beflissen; *répondre* prompt

diligence [diliʒɑ̃s] *f* **1.** *littér* (*rapidité*) Eifer *m*
2. (*voiture*) [Reise/Post]kutsche *f*
▸ **qn fait ~** *littér* jd säumt nicht *geh,* jd beeilt sich; **à la ~ de qn** auf jds Betreiben [*o* Veranlassung]; **avec ~** *exécuter* mit Beflissenheit; *répondre* prompt

diligent, e [diliʒɑ̃, ʒɑ̃t] *adj littér messager* eifrig; *travail* tadellos; *coopération* bereitwillig; *secrétaire* engagiert, einsatzfreudig; ***soins ~s*** große Sorgfalt; ***attention ~e*** geflissentliche [*o* gefällige] Beachtung *form*

diluant [dilɥɑ̃] *m* Verdünnungsmittel *nt*

diluer <1> [dilɥe] **I.** *vt* **1.** (*étendre*) ■ **qn dilue qc** [**avec qc**] jd verdünnt etw [mit etw]; ■ **qn dilue qc** [**dans qc**] jd löst etw [in etw (*dat*)] auf
2. *fig* (*affaiblir*) ■ **qn dilue qc** jd verwässert etw, jd schwächt die Wirkung einer S. (*gen*) ab
II. *vpr* **1.** (*se délayer*) ■ **qc se dilue** etw löst sich auf
2. (*s'affaiblir*) ■ **qc se dilue** */identité, personnalité/* etw geht verloren; */manifestation/* etw löst sich auf, etw verläuft sich

dilution [dilysjɔ̃] *f* **1.** (*action de diluer*) [*peinture*] Verdünnen *nt,* Verdünnung *f;* [*sucre*] Auflösen *nt,* Auflösung *f*
2. (*affaiblissement*) [*identité, personnalité*] Verlust *m;* [*idées*] Verwässern *nt,* Verwässerung *f*

diluvien, ne [dilyvjɛ̃, jɛn] *adj* sintflutartig

dimanche [dimɑ̃ʃ] *m* Sonntag *m;* ***~ matin*** [am] Sonntagmorgen; ***~ soir*** [am] Sonntagabend; ***le ~ matin/soir*** am Sonntagmorgen/-abend, sonntagmorgens/-abends; ***~ dans la nuit*** Sonntagnacht; ***~ prochain/dernier*** nächsten [*o* kommenden]/letzten Sonntag; ***le ~, tous les ~s*** sonntags, jeden Sonntag; ***ce ~*** diesen Sonntag; ***nous sommes ~*** [***18 juin***] heute ist Sonntag[, der 18. Juni]; ***~, on part en vacances*** am Sonntag fahren wir in Urlaub; ***promenade du ~*** Sonntagsspaziergang *m,* sonntäglicher Spaziergang; ***qn passe le ~ en famille/à la campagne/chez sa mère*** jd verbringt den Sonntag in der Familie/auf dem Land/bei seiner Mutter
▸ **qn met les habits** [*o* **le costume**] **du ~** jd zieht seinen Sonntagsstaat an; **du ~** *fam chauffeur* Sonntags-; *peintre* Hobby-
◆ **dimanche de l'Avent** Adventssonntag *m;* **dimanche de Pâques** Ostersonntag *m;* **dimanche des Rameaux** Palmsonntag *m; v. a.* **lundi**

dîme [dim] *f* HIST Zehnt[e] *m*
▸ **qn prélève une ~ sur qc** jd bezieht einen Anteil von etw

dimension [dimɑ̃sjɔ̃] *f* **1.** (*taille*) Größe *f,* Abmessung *f,* Ausdehnung *f*
2. *pl* (*mesures*) Dimension[en *pl*] *f,* Abmessungen *pl,* Maße *pl*
3. (*importance*) Ausmaß *nt,* Dimension *f,* Bedeutung *f*
4. (*aspect*) [Bedeutungs]aspekt *m,* Dimension *f,* Tragweite *f*
▸ **à deux/trois ~s** zwei-/dreidimensional; **de grande/petite ~** groß/klein dimensioniert, mit großen/kleinen Abmessungen; *pièce* groß/klein; **qc et qc ont la même ~** etw und etw haben die gleiche Größe [*o* die gleichen Abmessungen], etw und etw sind gleich groß; **qn fait qc aux ~s de qc** jd fertigt etw nach [*o* entsprechend] den Maßen einer S. (*gen*) an; **qn note les ~s de qc** jd notiert die Maße einer S. (*gen*); **qn prend** [*o* **relève**] **les ~s de qc** jd misst etw aus [*o* ab], jd vermisst etw, jd nimmt die Maße einer S. (*gen*); **qn prend la ~** [*o* **les ~s**] **de qc** jd begreift [*o* erfasst] [*o* erkennt] die Bedeutung einer S.; **qc prend la ~** [*o* **les ~s**] **de qc** etw nimmt das Ausmaß von etw an; **quelles sont les ~s de qn/qc?** wie sind jds Maße/die Maße [*o* die Abmessungen] einer S. (*gen*)?; **à la ~ de qc** einer S. (*dat*) angemessen; ***la déception a été à la ~ des espoirs suscités*** die Enttäuschung entsprach den geweckten Hoffnungen; ***une étagère à la ~ de l'armoire*** ein Regal in den Maßen [*o* der Größe] des Schrankes

dimensionner <1> [dimɑ̃sjɔne] *vt* (*calculer*) ■ **qn dimensionne qc** jd dimensioniert etw
▸ **largement** [*o* **bien**] **dimensionné(e)** groß dimensioniert, reichlich bemessen

diminué, e [diminɥe] *adj:* ***qn est*** [***très***] ***~ mentalement/physiquement*** jd ist psychisch/körperlich [*o* physisch] [sehr] geschwächt; ***qn est ~ dans son potentiel physique/intellectuel*** jd ist in einer schlechten körperlichen/geistigen Verfassung; ***depuis la mort de sa femme, c'est un homme ~*** seit dem Tod seiner Frau ist er nicht mehr der, der er einmal war

diminuer <1> [diminɥe] **I.** *vi* **1.** (*décroître*) ■ **qc diminue** etw lässt nach, etw nimmt ab; */forces a./* etw schwindet; */fièvre, bruit a./* etw klingt ab; */température, brouillard, taux d'intérêt, prix, niveau des eaux, nombre/* etw geht zurück; */lumière/* etw wird schwächer; ■ **qc fait ~ qc** etw reduziert [*o* verringert] etw; *nombre* etw lässt etw zurückgehen
2. ■ **qc diminue de qc** *d'intensité* etw lässt an etw (*dat*) nach; *de 15%, de 20 centimes* etw wird um etw billiger; ***le bruit diminue d'intensité*** der Lärm klingt ab; ***qc diminue de volume*** etw nimmt ab; ***qc diminue de longueur/largeur/d'épaisseur*** etw wird kürzer/schmaler/dünner
II. *vt* **1.** (*réduire*) ■ **qn diminue qc** [**de qc**] jd verringert etw [um etw]; *quantité a.* jd verkleinert etw [um etw]; *impôts, prix* jd senkt etw [um etw]; *durée* jd verkürzt etw [um etw]; *salaire, rideau* jd kürzt etw [um etw]; *gaz, chauffage, lumière* jd dreht etw [um etw] zurück; ***qn diminue le volume de la radio*** jd stellt [*o* dreht] das Radio leiser; ***qn diminue la taille*** [*o* ***les dimensions***] ***de qc*** jd verkleinert etw
2. (*rendre moins fort*) ■ **qc diminue qc** *charges* etw verringert etw; *autorité* etw mindert etw; *mérite* etw schmälert etw; *violence, enthousiasme, ardeur, courage, plaisir* etw dämpft etw; *forces* etw schwächt etw; *souffrance* etw lindert etw
3. (*affaiblir*) ■ **qc a diminué qn/qc** etw hat jdn/etw geschwächt [*o* mitgenommen]
4. (*discréditer*) ■ **qn diminue qn** jd wertet jdn ab, jd setzt jdn herab; ■ **qc diminue qn** jd verliert durch etw
5. *fam* (*réduire le salaire de*) ■ **qn diminue qn** jd kürzt jds Lohn [*o* Gehalt]
III. *vpr* (*se rabaisser*) ■ **qn se diminue** jd erniedrigt sich selbst, jd setzt sich selbst herab

diminutif, -ive [diminytif, -iv] **I.** *adj* Verkleinerungs-, Diminutiv-
II. *m* Verkleinerungsform *f,* Diminutiv *nt spec*

diminution [diminysjɔ̃] *f* **1.** (*fait que qc diminue*) [*appétit, bruit, chaleur, froid, souffrances*] Nachlassen *nt;* [*forces a.*] Schwinden *nt;* [*circulation, autorité*] Abnahme *f;* [*pollution, chances*] Verringerung *f;* [*nombre, chiffres, fièvre*] Rückgang *m;* [*impôts*] Sinken *nt;* ***~ des prix/taux d'intérêt/de la température*** Rückgang [*o* Sinken] der Preise/Zinsen/der Temperatur, Preis-/Zins-/Temperaturrückgang; ■ **~ de 10%/20% de qc** Rückgang [*o* Sinken] einer S. (*gen*) um 10%/20%
2. (*réduction de prix*) [Preis]nachlass *m*
3. ■ **~** [**de qc**] *du salaire* Kürzung *f* [einer S. (*gen*)], -kürzung; *des prix, impôts* Senkung *f* [einer S. (*gen*)], -senkung; *de durée* Verkürzung [einer S. (*gen*)]; *des dépenses a., de la consommation* Einschränkung *f* [einer S. (*gen*)], Beschränkung *f* [einer S. (*gen*)], -beschränkung
▸ **qn commence/fait des ~s** COUT jd beginnt mit dem Abnehmen der Maschen [*o* mit dem [Maschen]abnehmen]/nimmt [Maschen] ab; **en ~** abneh-

mend; *nombre, température* zurückgehend; ***qc est en** [**légère/sensible/nette**]* ~ etw geht [leicht/merklich/eindeutig] zurück

dinar [dinaʀ] *m* Dinar *m*

dînatoire [dinatwaʀ] *adj* abendlich, Abend-

dinde [dɛ̃d] *f* **1.** ZOOL Truthenne *f;* GASTR Pute *f,* Truthahn *m,* Puter *m;* ***escalope de*** ~ Putenschnitzel *nt*
2. *péj* (*sotte*) alberne [*o* blöde] [*o* dumme] Gans
▶ ~ [**rôtie**] **aux marrons** mit Maronen gefüllter, gebratener Truthahn [*o* Putenbraten]
◆ **dinde de Noël** Weihnachtsputer *m*

dindon [dɛ̃dɔ̃] *m* Truthahn *m,* Puter *m*
▶ **qn est le** ~ **de la farce** jd ist [am Ende] der/die Dumme [*o* Gelackmeierte *fam*]; **qn se pavane comme un** ~ jd stolziert herum wie ein aufgeblähter Pfau; **qn se rengorge comme un** ~ jd bläht sich auf

dindonneau <x> [dɛ̃dɔno] *m* junger Truthahn [*o* Puter]

dîner <1> [dine] **I.** *vi* ■ **qn dîne** jd isst [*o* speist *geh*] zu Abend; ■ **qn dîne de qc** jd isst etw zu Abend
II. *m* Abendessen *nt,* Diner [di'ne:] *nt geh,* Dinner *nt geh*
▶ **qn fait un bon** ~ jd isst [*o* speist *geh*] gut zu Abend; **qn donne un** ~ jd gibt ein Abendessen [*o* Dinner] [*o* Diner *geh*]; **au** ~ zum Abendessen
◆ **dîner aux chandelles** Dinner *nt* [*o* Diner *nt geh*] bei Kerzenlicht; **dîner d'affaires** Geschäftsessen *nt;* **dîner de famille** festliches Essen [*o* Dinner] [*o* Diner *geh*] im Familienkreis

dînette [dinɛt] *f* **1.** (*jouet*) Puppengeschirr *nt,* Puppenservice *nt*
2. (*petit repas*) Kleinigkeit *f* zum Essen, kleiner Imbiss
▶ **des personnes font la** ~ */enfants/* Menschen spielen mit der Puppenküche; */adultes/* Menschen essen eine Kleinigkeit; **qn joue à la** ~ jd spielt mit der Puppenküche

dîneur, -euse [dinœʀ, -øz] *m, f* Gast *m*

ding [diŋ] *interj* (*de cloche*) bimbam; (*de sonnette*) klingeling

dingo [dɛ̃go] *adj fam* ■ **qn est** ~ jd ist bekloppt *fam*

dingue [dɛ̃g] **I.** *adj fam* **1.** (*fou*) ■ **qn est** ~ jd ist bekloppt *fam,* jd hat einen Knall *fam;* ■ ~ **de qn/qc** verrückt nach jdm/auf etw (*akk*) *fam*
2. (*délirant*) irre *fam,* wahnsinnig *fam*
II. *mf fam* Bekloppte(r) *f(m) fam;* ***tu finiras chez les*** ~***s*** du kommst noch ins Irrenhaus; ***c'est une*** ~ ***de ce chanteur*** sie ist ganz verrückt nach diesem Sänger *fam;* ***un*** ~ ***de la guitare comme lui*** ein Gitarrenfan wie er *fam;* ***les*** ~***s du foot*** die Fußballfanatiker; ***maison de*** ~***s*** Tollhaus *nt*

dinguer <1> [dɛ̃ge] *vi fam* ▶ **qn envoie** ~ **qn/qc** [**quelque part**] jd schmeißt [*o* feuert] jdn/etw irgendwohin *fam;* (*éconduit*) jd jagt jdn zum Teufel [*o* zum Kuckuck] *fam,* jd wirft jdn hinaus; **qn/qc va** ~ [**quelque part**] jd/etw fliegt [*o* segelt] [irgendwohin] *fam*

dinguerie [dɛ̃gʀi] *f fam* Blödsinn *m fam,* Schwachsinn *m fam*

dinosaure [dinɔzɔʀ] *m* **1.** ZOOL Dinosaurier *m*
2. (*personne*) Greis(in) *m(f),* Fossil *nt pej*

diocésain, e [djɔsezɛ̃, ɛn] **I.** *adj* der Diözese, Diözesan-
II. *m, f* Diözesan *m*

diocèse [djɔsɛz] *m* Diözese *f,* Bistum *nt*

diode [djɔd] *f* Diode *f*

dioxine [diɔksin, djɔksin] *f* Dioxin *nt*

dioxyde [diɔksid, djɔksid] *m* Dioxid *nt,* Dioxyd *nt*

diphtérie [difteʀi] *f* Diphtherie *f*

diphtérique [difteʀik] **I.** *adj* an Diphtherie erkrankt [*o* leidend]; ***symptômes*** Diphtherie-; ***angine*** ~ Kehlkopfdiphtherie *f*
II. *mf* Diphtheriekranke(r) *f(m)*

diphtongue [diftɔ̃g] *f* Diphthong *m,* Doppellaut *m,* Doppelvokal *m*

diplomate [diplɔmat] **I.** *adj* diplomatisch
II. *mf* Diplomat(in) *m(f)*
III. *m Süßspeise aus Eiercreme, Löffelbiskuits und kandierten Früchten*

diplomatie [diplɔmasi] *f* **1.** (*relations extérieures*) Diplomatie *f*
2. (*carrière*) Diplomatenlaufbahn *f;* (*personnel*) Diplomatie *f*
3. (*habileté*) Diplomatie *f,* diplomatisches Geschick
▶ **qn use de** ~ jd geht diplomatisch vor; **avec** [**beaucoup de**] ~ mit [großem [*o* sehr viel]] diplomatischem Geschick, [sehr] diplomatisch

diplomatique [diplɔmatik] *adj* **1.** POL diplomatisch
2. (*habile*) diplomatisch, geschickt

diplomatiquement [diplɔmatikmɑ̃] *adv* diplomatisch

diplôme [diplom] *m* **1.** (*attestation de fin d'études*) Diplom *nt,* [Abschluss]zeugnis *nt;* (*examen*) [Abschluss]examen *nt;* ■ ~ **de** -diplom
2. *gén pl* (*formation*) Qualifikation *f*
3. (*prix*) Auszeichnung *f*
▶ **qn a/aura son** ~ [**en poche**] jd hat sein Examen [in der Tasche]; **qn fait un** ~ **de qc** [**quelque part**] *d'agronomie, informatique* jd macht [irgendwo] eine Ausbildung in etw (*dat*); *d'agronome, d'informaticien* jd macht [irgendwo] eine Ausbildung als etw; **qn a obtenu** [*o* **eu**] **son** ~ jd hat sein Diplom [*o* seine [Abschluss]prüfung] gemacht
◆ **diplôme de fin d'études** Abschlusszeugnis *nt*

diplômé, e [diplome] **I.** *adj* diplomiert, [staatlich] geprüft; ***très*** ~ hoch qualifiziert
II. *m, f* ■ ~ [**de qc**] *d'une université, école* Absolvent(in) *m(f)* [einer S. (*gen*) [*o* von etw]]; *de droit etc* Diplom- (*jd mit einem Diplom*)
▶ ~**s/non** ~**s** Menschen mit/ohne Abschluss

diplômer <1> [diplome] *vt* ■ **qn/qc diplôme qn** jd/etw diplomiert jdn, jd/etw verleiht jdm ein Diplom

diptyque [diptik] *m* LITTER zweiteiliges Werk, Diptychon *nt spec;* ART zweiflüg[e]liges Altarbild, Diptychon *spec*

dire <*irr*> [diʀ] **I.** *vt* **1.** (*exprimer*) ■ **qn dit qc** [**à qn**] jd sagt [jdm] etw; ■ **qn dit** [**à qn**] **que** + *indic* jd sagt [jdm], dass; ■ **qc dit que** + *indic /loi, Bible/* etw sagt, dass; */test/* etw sagt etw aus; ■ **qn/qc dit qc de qn/qc** *du bien, mal* jd sagt nur etw über jdn/etw; ***qn/qc dit quelque chose de qn/qc*** jd/etw äußert sich zu jdm/etw; ***que dites-vous/dira-t-elle de ma nouvelle robe?*** was sagt ihr denn/wird sie wohl zu meinem neuen Kleid sagen?; ■ **qn/qc ne dit rien de qn/qc** jd/etw äußert sich nicht zu jdm/etw; ■ **qn fait** ~ **à qn qc/que** + *indic* jd lässt jdn etw sagen [*o* legt jdm etw in den Mund]/lässt jdn sagen, dass; ***ne me faites pas*** ~ ***ce que je n'ai pas dit!*** legt mir nichts in den Mund!
2. (*faire savoir*) ■ **qn fait** ~ **à qn qc/que/de faire qc** + *indic o subj* jd lässt jdm etw ausrichten [*o* sagen]/lässt jdm ausrichten [*o* sagen], dass/dass er etw tun soll; ***il vous fait*** ~ ***son regret de n'avoir pu être parmi nous*** er lässt euch ausrichten, dass er es bedauert, nicht bei uns sein zu können
3. (*prétendre*) ■ **qn dit ...** jd sagt, dass; ***il/elle dit être malade/ne pas être au courant*** er/sie sagt [*o* behauptet], dass er/sie krank ist [*o* sei]/nicht auf dem Laufenden ist [*o* sei], er/sie sagt [*o* behauptet], er/sie sei krank/nicht auf dem Laufenden; ***il/elle m'a dit le connaître/ne pas l'avoir rencontré(e)*** er/sie hat mir gesagt [*o* mir gegenüber behauptet], dass er/sie ihn kennt [*o* kenne]/ihn/sie nicht getroffen hat [*o* habe]; ***on le dit idiot/mourant*** man sagt [*o* behauptet], er sei verrückt/läge im Sterben
4. (*ordonner*) ■ **qn dit** [**à qn**] **de faire qc** jd sagt [jdm], er soll [*o* solle] etw machen; ■ **qn dit** [**à qn**] **que** + *subj* jd sagt [jdm], dass er etw machen soll
5. (*plaire*) ■ **qn/qc lui dit** jd/etw sagt jdm zu, jd/etw gefällt jdm; ***oui, ça me dit!*** oh ja[, ich habe Lust dazu]!; ■ **qn ne me/lui dit rien** ich finde/er/sie findet nichts an jdm; ■ **qc ne me/lui dit rien** ich habe/er/sie hat keine Lust auf etw (*akk*); ***ça ne me dit vraiment rien*** dazu habe ich wirklich keine Lust; ■ **ça me/lui dit de faire qc** ich habe/er/sie hat Lust etw zu tun; ***ça vous dit*** [*o* ***dirait***] ***d'aller voir ce film?*** habt [*o* hättet] ihr Lust, den Film anzusehen?; ***que dirais-tu/diriez-vous de qc/de faire qc?*** was hältst du/haltet ihr von etw/davon, etw zu tun?; ■ **ça me/lui ne dit rien de faire qc** ich habe/er/sie hat keine Lust etw zu tun
6. (*croire*) ■ **qui aurait dit cela/que** + *indic* wer hätte das gedacht!/hätte gedacht, dass; ■ [**et**] ~ **que** + *indic* [und] wenn man bedenkt, dass; ■ **on dirait que** es sieht [ganz] so aus, als; man könnte meinen, ...; ■ **on dirait qn/qc** man könnte meinen [*o* glauben], es sei jd/etw
7. (*décider*) ■ **il est dit que** + *fut* es steht fest, dass
8. (*garantir*) ■ **qu'est-ce qui lui dit que** + *indic* wer sagt [ihm/ihr] denn, dass
9. (*écrire*) ■ **qn dit qc/que** + *indic* jd sagt [*o* schreibt] etw/, dass; ■ **il est dit** [**dans qc**] **que** + *indic* in etw (*dat*) steht [geschrieben] [*o* heißt es], dass
10. (*objecter*) ■ **qn a** [*o* **trouve**] **quelque chose à** ~ [**sur qc**] jd hat etwas [zu etw] zu sagen; ■ **qn a** [*o* **trouve**] **quelque chose à** ~ [**contre qc**] jd hat etwas [gegen etw] einzuwenden, jd hat etwas gegen etw; ■ **qn n'a rien à** ~ **contre/sur qc** jd hat nichts gegen etw [einzuwenden]; ***j'aurais beaucoup à*** ~ ich hätte viel dagegen einzuwenden, ich hätte einiges [*o* manches] dazu zu sagen
11. (*réciter*) ■ **qn dit qc** *chapelet* jd betet etw; *messe* jd liest [*o* hält] etw; *prière* jd spricht etw; *poème* jd sagt etw auf, jd trägt etw vor
12. (*évoquer*) ■ **qc lui dit quelque chose** etw kommt ihm/ihr bekannt vor; ■ **qc ne me/te dit rien** etw sagt mir/dir nichts; ***mon nom ne vous dira rien*** mein Name wird Ihnen nichts sagen; ■ **qc lui dit que** + *indic* er/sie hat [irgendwie] das Gefühl, dass; irgendetwas sagt ihm/ihr, dass
13. (*indiquer*) ■ **qc dit qc** etw lässt etw erkennen, etw drückt etw aus; ***l'horloge dit l'heure exacte*** die Uhr zeigt die genaue Zeit an
14. (*reconnaître*) ■ **il faut** ~ **que** + *indic* man muss zugeben, dass
▶ **qn a quelque chose à** ~ (*a une pensée originale*) jd hat etwas zu sagen; **il n'y a pas à** ~ da gibt's gar nichts, da[ran] gibt es gar nichts zu deuteln *fam;* **qn dit qc à qui veut l'entendre** jd erzählt etw jedem [*o* aller Welt]; **qn ne le lui envoie pas** ~ *fam* jd nimmt kein Blatt vor den Mund; **qu'est-ce à** ~? was soll das?, was soll denn das bedeuten?, was hat denn das zu bedeuten?; **ce n'est pas pour** ~, **mais** *fam* ich will ja nichts sagen [*o* gesagt haben], aber; **est-ce à** ~ **que** + *indic* soll das [etwa] heißen, dass; **c'est** ~ **si** + *indic* das sagt [*o* zeigt] [ja wohl] deutlich genug, wie/wie sehr; **c'est moi qui vous le dis!** *fam* (*c'est sûr!*) das können Sie mir ruhig glauben!; (*j'y veillerai*) lassen Sie sich (*dat*) das [von mir] gesagt sein!; **c'est toi qui le dis/vous qui le dites!** *fam* das sagst du/sagen Sie!; **c'est à lui de** ~! CARTES er/sie sagt an!; **c'est tout** ~! das sagt alles!; **c'est dit** [also,] das steht fest; **je ne te/vous le fais pas** ~! allerdings!, du sagst/Sie sagen es!; **qn laisse** ~ jd lässt die Leute reden; ***laisse*** ~! lass sie [*o* die Leute] doch reden!; **je me suis laissé** ~ **que** + *indic* man hat mir gesagt, dass; ich habe mir sagen lassen, dass; ich habe gehört, dass; **soit dit sans t'/vous offenser** ich möchte dir/Ihnen ja nicht zu nahe treten, [aber]; **soit dit en passant** nebenbei gesagt; **qu'est-ce qu'il/elle va** ~? was wird er/sie wohl dazu sagen?; **cela va sans** ~ das versteht sich von selbst; **qn/qc ne me dit rien qui vaille** bei jdm schwant mir nichts Gutes [*o* ahne ich Schlimmes]/etw lässt Böses ahnen; **qu'est-ce que ça veut** ~? was soll denn das [bedeuten]?; **que veut** ~ ... [**en français**]? was heißt ... [auf Französisch]?; **cela** [*o* **ça**] **veut** ~ ... [**en français**] das bedeutet [*o* heißt] ... [auf Französisch]; **que veut** ~ ...? (*quel est le sens de*) was bedeutet [*o* heißt] ...?; (*quelle est l'intention de*) was hat ... zu bedeuten?; **qc veut** ~ **que** + *indic* etw bedeutet [ganz einfach], dass; etw heißt nichts anderes, als dass; **qc ne veut pas** ~ **que** + *indic o subj* etw bedeutet [*o* heißt] nicht, dass; **qc ne veut rien** ~ etw hat nichts zu bedeuten/sagen; **que veut-il/-elle** ~ [**par là** [*o* **exactement**]]? was will er/sie denn eigentlich [damit] sagen?; **ça dit bien ce que ça veut** ~ das ist [ja wohl] eindeutig; **je veux** ~ [**que ...** + *indic*] ich meine[, ...]; **que veux-tu/voulez-vous** [*o* **qu'est-ce que tu veux/vous voulez**] **que je te/vous dise?** *fam* was soll ich dazu sagen?; [**pardon,**] **qu'est-ce que vous voulez** ~? [Entschuldigung,] was wollten Sie sagen?; **à** [*o* **d'après**] **ce qu'on dit** dem Vernehmen nach; nach dem, was man so sagt; **dis** [*o* **va** ~] **ça à d'autres!** *fam* das kannst du jemand anderem erzählen!; **on dit ça!** *fam* das sagt man so!; **qu'est-ce que ça dit?** *fam* was steht da?; **je ne vous dis que ça** *fam* das kann ich Ihnen sagen *fam;* **ce**

qui est dit est dit ein Mann, ein Wort; **ce n'est pas dit** das ist nicht gesagt, das muss nicht sein; **ce sera dit [à qn]** *enfantin* ich sag's [jdm]; **cela dit, ce que j'en dis** *fam* allerdings; **comme dit [*o* dirait] qn/l'autre** *fam* wie jd immer sagt/wie heißt es so schön; **comme qui dirait** *fam* sozusagen; **comment** ~ [*o* **dirais-je**] wie soll ich sagen; **comment dit-on ... [en allemand]?** was heißt ... [auf Deutsch]?; **dis/dites donc** *fam* (*pour attirer l'attention*) sag/sagt mal *fam;* (*mécontentement*) also [*o* na] hör [*o* sag]/hört [*o* sagt] mal; **eh ben dis/dites donc!** *fam* sag/sagt bloß! *fam;* **entre nous soit dit** unter uns gesagt; **il ne sera pas dit que** + *indic* niemand soll sagen können, ..., es soll nicht heißen, dass; **[alors là] je ne dis pas** da würde ich ja nichts sagen; **je te/vous dis pas!** *fam* du kannst es dir/Sie können es sich nicht vorstellen!; **tu l'as dit [bouffi]/tu peux le** ~ *fam* du sagst es/das kannst du ruhig sagen; **disons-le** sagen wir es ruhig; **qn dit que non/oui** jd sagt nein/ja; **... dit-on,** [wie] man sagt ..., es heißt ...; ***il est marié, dit-on*** er soll verheiratet sein; wie man sagt, ist er verheiratet; man sagt [*o* es heißt], er ist [*o* sei] verheiratet; **on dit que** + *indic* soll; [wie] man sagt, ..., es heißt, dass; ***on dit qu'il est marié*** er soll verheiratet sein; wie man sagt, ist er verheiratet; man sagt [*o* es heißt], er ist [*o* sei] verheiratet; **pour ne pas** ~ um nicht zu sagen; **puisque je te/vous le dis!** wenn ich es [dir/Ihnen] doch sage!; **quand je te/vous disais que** + *indic* **...!** ich habe es dir/euch ja schon immer gesagt, dass; **que** ~ was soll man da denn sagen; **que dis-je** ach, was sag ich; **que tu dis/que vous dites!** *fam* was du nicht sagst/Sie nicht sagen!; **à qui le dis-tu/le dites-vous** wem sagst du/sagen Sie das!; **quoi qu'on [en] dise** was immer man auch sagt; **rien à** ~ da kann man nichts dagegen sagen; **te/vous dis-je** *form* sage ich dir/Ihnen [ganz eindringlich]; **tout est dit** es ist alles gesagt worden; **pour tout** ~ um es klar zu sagen; **voilà qui est dit** das steht fest, dabei bleibt's *fam;* **vous dites?** was sagten Sie?; **dis/dites [voir]** sag [mal]; **disons** sagen wir [mal]

II. *vpr* **1.** (*penser*) ■ **qn se dit que** + *indic* jd sagt sich (*dat*), dass

2. (*se prétendre*) ■ **qn se dit qc** jd behauptet [*o* gibt vor], etw zu sein

3. (*l'un à l'autre*) ■ **des personnes se disent qc** Menschen sagen sich (*dat*) [*o* einander] etw

4. (*s'employer*) ■ **qc se dit/ne se dit pas [en français]** etw sagt man/sagt man nicht [im Französischen]; ■ **... se dit ... [en allemand]** ... heißt ... [auf Deutsch]

► **il faut bien se** ~ **que** + *indic* man muss ganz klar sehen, dass; man muss sich immer wieder sagen, dass; **cela [*o* ça] ne se dit pas** so etwas [*o* das] sagt man nicht; **comment se dit ... en allemand?** was heißt ... auf Deutsch?, wie sagt man zu ... auf Deutsch?; **qu'on se le dise!** *fam* damit das klar ist *fam;* **on se dirait quelque part** man glaubt [*o* wähnt] sich irgendwo

III. *m gén pl* Gerede *nt;* [*témoin*] Aussage *f,* Aussagen *pl,* Worte *pl*

► **au** ~ **de qn** nach jds Aussage, jds Aussagen zufolge; **au** ~ **de tous** nach allgemeiner Aussage; **d'après [*o* selon] les ~s de qn** nach jds Aussage[n] [*o* Worten], jds Aussage[n] zufolge

direct, e [diʀɛkt] I. *adj* **1.** (*en ligne droite*) direkt

2. CHEMDFER ■ ~ **[jusqu'à ...]** [bis ...] [ohne Zwischenhalt] durchfahrend

3. TRANSP (*sans changement*) direkt; *métro, train, ligne a.* durchgehend; ***destination*** **~*e*** Direktziel *nt;* ***voiture*** **~*e*** Kurswagen *m;* ***c'est un train*** ~ der Zug fährt durch

4. (*sans intermédiaire*) direkt; *chef, supérieur a.* unmittelbar; *vente, accès, publicité, rapport, contact, ligne, suffrage* Direkt-; *héritier* in direkter Linie; *responsabilité, part* persönlich; *connaissance* eigen; ***numéro de téléphone*** ~ Durchwahl *f*

5. (*étroit, lié*) direkt, unmittelbar

6. (*franc*) direkt; *personne a.* freiheraus *pred; langage a.* unumwunden, unverblümt; (*net*) direkt; *propos* unmissverständlich

7. (*total*) *conflit* direkt; *opposition, contradiction a.* völlig

II. *m* **1.** AUDIOV Direktübertragung *f,* Direktsendung *f,* Live-Sendung ['laif-] *f;* ***c'est du*** ~ das ist eine Direktübertragung [*o* Live-Sendung]

2. CHEMDFER Direktzug *m*

3. BOXE Gerade *f;* ~ ***du droit/gauche*** rechte/linke Gerade

► **qn est en** ~ jd wird direkt [*o* in einer Direktsendung] [*o* live] übertragen; **qn est en** ~ **avec qn** jd führt ein Direktgespräch mit jdm; **en** ~ *émission, retransmission, reportage* Direkt-; *retransmettre* direkt; *chanter* live; **en** ~ **de quelque part** direkt aus irgendwo; ***attention, dans deux minutes, tu vas passer en*** ~ Achtung, in zwei Minuten bist du auf [Direkt]sendung

directement [diʀɛktəmɑ̃] *adv* **1.** (*tout droit*) direkt, auf direktem Wege

2. (*sans transition*) direkt, ohne Umschweife

3. (*sans intermédiaire*) direkt

4. (*personnellement*) direkt; *responsable a.* persönlich; *affecté a.* unmittelbar; *mis en cause* offen

5. (*franchement*) direkt, gezielt; *parler a.* freiheraus

6. (*totalement*) *contraire, contradictoire* völlig; ***qc est*** ~ ***opposé(e)*** **[à qc]** etw ist das genaue Gegenteil [von etw]

► **qc roule** ~ **jusqu'à ...** etw fährt durch bis ...

directeur, -trice [diʀɛktœʀ, -tʀis] I. *adj ligne, schéma, thème* Leit-; *principe a.* wesentlich; *rôle* führend; ***fil*** ~ Richtschnur *f;* ***roue*** **~*trice*** Lenkrad *nt;* ***comité*** ~ Vorstand *m;* ***idée*** **~*trice*** Leitgedanke *m*

II. *m, f* Direktor(in) *m(f),* Leiter(in) *m(f);* [*théâtre*] Intendant(in) *m(f)*

► **~(-trice) administratif(-ive)** Verwaltungsdirektor(in) *m(f);* **~(-trice) artistique** künstlerischer Leiter/künstlerische Leiterin; **~(-trice) commercial(e)** kaufmännischer Direktor [*o* Leiter]/kaufmännische Direktorin [*o* Leiterin]; **~(-trice) financier(-ière)** Finanzdirektor(in) *m(f);* **~(-trice) général(e)** Generaldirektor(in) *m(f);* ~ **spirituel** Seelsorger *m,* Spiritual *m spec;* **~(-trice) technique** technischer Direktor/technische Direktorin

◆ **directeur(-trice) de cabinet** Referatsleiter(in) *m(f);* **directeur(-trice) d'école** (*d'une école primaire*) Rektor(in) *m(f),* Schulleiter(in) *m(f);* **directeur(-trice) de collège/lycée** Schulleiter(in) *m(f),* Direktor(in) *m(f);* **directeur de conscience** Seelsorger *m,* Beichtvater *m;* **directeur(-trice) de la publication** Herausgeber(in) *m(f);* **directeur(-trice) des ressources humaines** Personaldirektor(in) *m(f);* **directeur(-trice) de thèse** Doktorvater *m*/Betreuerin *f* einer Doktorarbeit; **directeur(-trice) d'usine** Werksleiter(in) *m(f)*

directif, -ive [diʀɛktif, -iv] *adj* autoritär; *personne a.* bestimmend

direction [diʀɛksjɔ̃] *f* **1.** (*orientation*) Richtung *f*

2. (*action de diriger*) [*opérations, projet, fouilles, débat, discussion, école, théâtre*] Leitung *f,* Leiten *nt;* [*orchestre a.*] Dirigieren *nt;* [*entreprise a., équipe, groupe, acteurs, parti, syndicat, hommes, pays*] Führung *f,* Führen *nt;* [*journal*] Redaktionsleitung; ~ ***d'administration*** Verwaltung *f;* ~ ***des affaires publiques*** öffentliche Verwaltung

3. (*fonction de directeur, personne[s]*) Direktion *f,* Leitung *f*

4. (*bureau*) Direktion[sabteilung *f*] *f;* (*bâtiment*) Direktion[sgebäude *nt*] *f*

5. (*service*) [Dienst]abteilung *f*

6. AUT Lenkung *f,* Steuerung *f*

► ~ **assistée** Servolenkung *f;* **autres/toutes ~s** (*panneau*) andere Richtungen/Fernverkehr *m;* **qc prend une autre/nouvelle** ~ etw schlägt eine andere/neue Richtung ein; **qn/qc est dans la bonne/mauvaise** ~ jd/etw fährt in die richtige/falsche Richtung; **qn/qc prend la bonne/mauvaise** ~ jd/etw schlägt die richtige/falsche Richtung [*o* den richtigen/falschen Weg] ein, jd/etw nimmt den richtigen/falschen Weg; **qn s'engage dans une mauvaise** ~ jd schlägt einen falschen [*o* verkehrten] Weg ein; **qc s'engage dans une mauvaise** ~ etw entwickelt sich in eine falsche [*o* verkehrte] Richtung; etw fängt an, falsch zu laufen *fam;* **qn a la** ~ **de qc** jd leitet etw; **qc a changé de** ~ etw hat eine neue Leitung [*o* Geschäftsführung] bekommen; **qn/qc change de** ~ jd/etw ändert die Richtung; /*avion*/ etw ändert den [*o* seinen] Kurs; **qn/qc prend la** ~ **de ...** jd geht/fährt/fliegt/etw fährt/fliegt in Richtung ..., jd/etw schlägt die Richtung nach ... ein; ***tu prends la*** ~ ***de Paris?*** fährst du in Richtung Paris?; **qn prend la** ~ **de qc** IND jd übernimmt die Leitung [*o* Führung] einer S. (*gen*); **qn suit la** ~ **de ...** jd folgt der Richtung einer S. (*gen*); ***la rivière suit la*** ~ ***de la falaise*** der Fluss folgt dem Verlauf des Steilhangs; **dans la** ~ **de ...** in Richtung ...; ***j'ai fait un effort dans sa*** ~ ich bin ihm entgegengekommen; **dans toutes les ~s** nach allen Richtungen [*o* Seiten] hin; **en** ~ **de** *train* in Richtung, nach; ***l'aide en*** ~ ***des pays du tiers-monde*** die Hilfe für die Länder der Dritten Welt; **sous la** ~ **de** unter der Leitung von; (*surveillance*) unter [der] Anleitung von; ***j'ai rédigé ma thèse sous la*** ~ ***de Hausmann*** meine Dissertation wurde von Hausmann betreut

directionnel, le [diʀɛksjɔnɛl] *adj:* ***antenne*** **~*le*** Richtantenne *f,* Richtstrahler *m;* ***commande*** **~*le des phares*** Scheinwerferhöhenregulierung *f;* ***îlot*** ~ Verkehrsinsel *f*

directive [diʀɛktiv] *f* **1.** *gén pl* (*instruction*) Weisung *f,* Richtlinie *f,* Direktive *f form*

2. (*dans l'Union européenne*) Richtlinie *f*

► **qn donne des ~s à qn** jd gibt jdm Direktiven *form,* jd erteilt jdm Weisungen

directoire [diʀɛktwaʀ] *m* **1.** JUR Vorstand *m,* Direktorium *nt*

2. HIST ■ **le D~** das Direktorium [*o* Directoire] *spec*

directorial, e <-aux> [diʀɛktɔʀjal, jo] *adj* des Direktors; *bureau a.* Direktions-; *fauteuil a.* Direktoren-; *fonction, responsabilité* des/eines Direktors; ***ce problème est de la compétence*** **~*e*** dieses Problem fällt in den Kompetenzbereich des Direktors [*o* der Direktion] [*o* der Geschäftsleitung]

directrice [diʀɛktʀis] *adj/subst v.* **directeur**

dirigeable [diʀiʒabl] I. *adj:* ***ballon*** ~ Luftschiff *nt,* Zeppelin *m*

II. *m* Luftschiff *nt,* Zeppelin *m*

dirigeant, e [diʀiʒɑ̃, ʒɑ̃t] I. *adj* führend; *fonction a.* leitend, Führungs-; *pouvoir, rôle a.* Führungs-; ***cadre*** ~ leitende(r) Angestellte(r) *f(m)*

II. *m, f* führende Persönlichkeit, führender Mann/führende Frau; **~*s*** führende Leute; ~ ***du parti/syndicat*** [*o* ***syndical***] Partei-/Gewerkschaftsführer(in) *m(f);* ~ ***politique/sportif*** führender Politiker/Sportfunktionär *m*

► **jeunes ~s [d'entreprise]** Verband *m* junger Unternehmer; **qn est ~(e) de qc** jd leitet etw; *d'un club, d'une fédération* jd ist Präsident(in) *m(f)* einer S. (*gen*)

◆ **dirigeant(e) d'entreprise** Unternehmensführer(in) *m(f);* ***qn est*** ~ ***d'entreprise*** jd ist Geschäftsführer(in) *m(f)*

diriger <2 a> [diʀiʒe] I. *vi* ■ **qn dirige** jd hat die Leitung [*o* Führung]; ***qn sait*** ~ jd weiß zu führen, jd hat Führungsqualitäten

II. *vt* **1.** (*assurer la bonne marche de*) ■ **qn dirige qc** jd leitet etw; *attaque, procès* jd führt etw; *mouvement* jd führt etw [an]; *manœuvre* jd steuert etw, jd dirigiert etw; ***à la maison, c'est elle qui dirige tout*** zu Hause ist sie es, die alles lenkt [*o* managt] ['mænɪdʒt]

2. (*être à la tête de*) ■ **qn dirige des personnes** jd führt Menschen; *orchestre* jd dirigiert Menschen

3. (*gérer*) ■ **qn dirige qc** *école, théâtre, administration, société, journal* jd leitet etw; *entreprise a., syndicat, mouvement* jd führt etw

4. (*braquer*) ■ **qn dirige qc vers [*o* sur] qn/qc** jd richtet etw auf jdn/etw

5. (*indiquer*) ■ **qc est dirigé(e) vers ...** /*girouette, flèche, pancarte*/ etw ist nach ... gerichtet

6. (*porter*) ■ **qn dirige qc vers [*o* sur] qn/qc** *son regard, ses yeux, son attention, sa pensée* jd richtet etw auf jdn/etw; *enquête* jd richtet etw auf jdn/etw aus; *conversation* jd lenkt etw auf jdn/etw

7. (*viser*) ■ **qc est dirigé(e) contre qn/qc** /*accusation, attaque, article, poursuites, campagne*/ etw ist gegen jdn/etw gerichtet

8. (*faire aller*) ■ **qn dirige qn vers quelque part** jd führt jdn irgendwohin; ■ **qc est dirigé(e) sur qc** /*avion, bateau, voiture, convoi*/ etw wird über etw (*akk*) geleitet

9. (*guider*) ■ **qn/qc dirige qc** *avion, bateau* jd/etw steuert etw; *voiture a.* jd/etw lenkt etw; *circulation* jd/etw leitet [*o* lenkt] etw

10. SCOL, UNIV ■ **qn dirige qn vers qc** jd lenkt jdn in Richtung einer S. (*gen*)

11. (*mener*) ■ **qc dirige qc** etw bestimmt etw
12. (*acheminer*) ■ **qn dirige qc sur qc** jd dirigiert etw nach etw
13. MUS ■ **qn dirige qc** jd dirigiert etw
14. (*canaliser*) ■ **qn dirige qc** *penchants, instincts* jd steuert etw; ■ **qn dirige qn** (*aider spirituellement*) jd leitet jdn
III. *vpr* 1. (*avancer*) ■ **qn/un animal/qc se dirige vers qn/un animal/qc** jd/ein Tier/etw steuert auf jdn/ein Tier/etw zu; ***qn/qc se dirige droit sur qn/qc*** jd/etw steuert geradewegs auf jdn/etw zu; ■ **qc se dirige vers ...** */avion, bateau/* etw nimmt Kurs in Richtung ...
2. (*évoluer*) ■ **qn/qc se dirige vers qc** jd/etw bewegt sich auf etw (*akk*) zu; */véhicule/* etw fährt auf etw (*akk*) zu
3. UNIV ■ **qn se dirige vers qc** jd schlägt die Fachrichtung einer S. (*gen*) ein
4. (*trouver son chemin*) ■ **qn/qc se dirige quelque part** jd/etw orientiert sich irgendwo
5. (*se guider d'après*) ■ **qn/qc se dirige sur qc** jd/etw orientiert sich nach [*o* an] etw (*dat*)

dirigisme [diʀiʒism] *m* Dirigismus *m*

dis [di] *indic prés et p simple de* **dire**

discal, e <-aux> [diskal, o] *adj* Bandscheiben-

discernement [disɛʀnəmɑ̃] *m* (*sens critique*) Gespür *nt*, Feingefühl *nt*
▶ **qn a agi avec** [**beaucoup de**] **~/sans** [**aucun**] **~** jd ist mit [viel] Gespür [*o* Feingefühl]/ohne jedes Gespür vorgegangen

discerner <1> [disɛʀne] *vt* 1. (*percevoir*) ■ **qn discerne qn/qc** jd nimmt jdn/etw wahr
2. (*saisir*) ■ **qn discerne qc** jd erkennt etw; *mobiles d'un crime* jd deckt etw auf; *mobiles d'un acte* jd durchschaut etw
3. (*différencier*) ■ **qn discerne qc d'avec** [*o* **de**] **qc** jd unterscheidet etw von etw

disciple [disipl] *m* 1. (*élève*) Schüler(in) *m(f)*
2. (*adepte*) Anhänger(in) *m(f)*
▶ **les ~s de Jésus-Christ** die Jünger Christi

disciplinaire [disiplinɛʀ] *adj* disziplinarisch; ***mesure*** [*o* ***sanction***] **~** Disziplinarmaßnahme *f*; ***qn est déplacé(e) par mesure ~*** jd wird aus disziplinarischen Gründen versetzt; ***pouvoir ~*** Disziplinargewalt *f*

discipline [disiplin] *f* 1. SCOL, UNIV Fach *nt*, Disziplin *f*
2. (*règle, obéissance*) Disziplin *f*; ***il n'y a pas de ~ ici*** hier herrscht keine Disziplin
▶ **~ olympique** olympische Disziplin; **qn s'astreint à une ~ sévère** [*o* **stricte**] jd übt eiserne [*o* strenge] Disziplin

discipliné, e [disipline] *adj* diszipliniert; ***peu ~*** undiszipliniert

discipliner <1> [disipline] I. *vt littér* 1. (*faire obéir*) ■ **qn discipline des personnes** jd sorgt für Disziplin in einer Gruppe von Menschen
2. (*maîtriser*) ■ **qn discipline qc** jd beherrscht [*o* zügelt] etw; *cours d'eau* jd bändigt etw; *pensée* jd konzentriert sich auf etw (*akk*); ***qn discipline son travail*** jd arbeitet diszipliniert
II. *vpr* ■ **qn se discipline** jd diszipliniert sich

disc-jockey <~-~s> [diskʒɔkɛ] *m* Diskjockey *m*

disco [disko] I. *m* Diskosound [-saunt] *m*, Diskomusik *f*
II. *app inv*: ***musique ~*** Diskomusik *f*; ***boîte ~*** *fam* Disko *f fam*

discobole [diskɔbɔl] *m* Diskuswerfer *m*

discographie [diskɔgʀafi] *f* Diskographie *f*

discontinu, e [diskɔ̃tiny] *adj* *ligne* unterbrochen, gestrichelt; *effort* nicht kontinuierlich, periodisch [auftretend]

discontinuer <1> [diskɔ̃tinɥe] *vi* ▶ **sans ~** ununterbrochen, ohne Unterbrechung [*o* Pause]

discontinuité [diskɔ̃tinɥite] *f* zeitweilige Unterbrechung, Diskontinuität *f*

disconvenir <9> [diskɔ̃v(ə)niʀ] *vi* ■ **qn ne disconvient pas de qc/que** + *indic* jd bestreitet etw nicht/bestreitet nicht, dass
▶ **je n'en disconviens pas** das bestreite ich ja gar nicht

discordance [diskɔʀdɑ̃s] *f* Widersprüchlichkeit *f*; [*opinions, caractères a.*] Verschiedenheit *f*; [*caractères a.*] Gegensätzlichkeit *f*; [*opinions a.*] Auseinandergehen *nt*; [*couleurs, sons*] Disharmonie *f*; ***la ~/des ~s entre les deux témoignages*** die Widersprüchlichkeit der beiden Zeugenaussagen

discordant, e [diskɔʀdɑ̃, ɑ̃t] *adj* 1. (*incompatible*) widersprüchlich; *témoignages a.* nicht übereinstimmend; *opinions* verschieden, unterschiedlich; *caractères* gegensätzlich
2. (*qui jure*) disharmonisch; *couleurs a.* sich beißend; *sons a.* schräg; *cri* schrill

discorde [diskɔʀd] *f littér* Zwietracht *f*, Unfriede[n] *m*
▶ **qn sème la ~** jd sät Zwietracht, jd stiftet Unfrieden

discothèque [diskɔtɛk] *f* 1. (*boîte*) Diskothek *f*
2. (*collection*) Schallplattensammlung *f*
3. (*meuble*) [Schall]plattenschrank *m*
4. (*organisme de prêt*) Schallplattenarchiv *nt*

discount [diskɔnt, diskaunt] I. *m* ▶ **qn fait du ~** jd macht Discountgeschäfte [dɪs'kaunt-]; **qn fait un** [**petit**] **~** [**à qn**] *fam* jd gewährt [jdm] einen [kleinen] [Preis]nachlass [*o* Preisabschlag]; **qn vend qc en ~** jd verkauft etw zu Discountpreisen
II. *app magasin* Discount-

discoureur, -euse [diskuʀœʀ, -øz] *m, f péj* Schwätzer(in) *m(f)*

discourir <*irr*> [diskuʀiʀ] *vi* ■ **qn discourt** [**sur** [*o* **de**] **qc**] jd führt lange Reden [über etw (*akk*)], jd lässt sich lang und breit über etw (*akk*) aus; ***qn perd son temps à ~*** jd vertut seine Zeit mit [langen] Reden

discours [diskuʀ] *m* 1. (*exposé*) Rede *f*; (*allocution a.*) Ansprache *f*; (*écrit*) Abhandlung *f*; ***qn tient un long ~ à qn sur qc*** jd hält jdm eine lange Rede über etw (*akk*)
2. (*propos*) Reden *nt*; ***c'est à vous que ce ~ s'adresse*** *vieilli* das [Gesagte] gilt Ihnen; ***le ~ qu'elle m'a tenu*** was sie mir gesagt hat
3. (*bavardage*) Rede *nt fam*; ***trêve de ~! agissons!*** genug geredet! jetzt wird gehandelt
4. ∅ LING (*langage*) Sprache *f*
5. GRAM Rede *f*
▶ **beaux ~** *péj* schöne Worte *pl*; **~ direct** direkte Rede; **~ indirect** indirekte Rede; **~ télévisé** Fernsehansprache *f*; **qn fait** [*o* **prononce**] **un ~** jd hält eine Rede
◆ **discours de clôture** Schlussrede *f*, Schlussansprache *f*; **discours d'ouverture** Eröffnungsrede *f*, Eröffnungsansprache *f*

discours-fleuve <~-~s> [diskuʀflœv] *m* Marathonrede *f*

discourtois, e [diskuʀtwa, waz] *adj soutenu* unhöflich

discrédit [diskʀedi] *m* Misskredit *m*
▶ **qc est en ~** [**auprès de qn**] etw steht [bei jdm] in Misskredit, etw ist [bei jdm] in Verruf; **qn jette le ~ sur qn/qc** jd bringt jdn/etw in Misskredit [*o* Verruf]; **qn/qc tombe dans le ~** jd/etw kommt in Verruf; **qn/qc tombe en ~** [**auprès de qn**] jd/etw gerät [bei jdm] in Misskredit

discréditer <1> [diskʀedite] I. *vt* ■ **qn/qc discrédite qn/qc** [**auprès de qn**] [*o* [**aux yeux de qn**]] jd/etw bringt jdn/etw [bei jdm] in Misskredit; *personne a.* jd/etw diskreditiert jdn; ***c'est une théorie discréditée aujourd'hui*** von dieser Theorie will heute niemand mehr etwas wissen
II. *vpr* ■ **qn se discrédite** [**auprès de qn**] [*o* [**aux yeux de qn**]] jd bringt sich [bei jdm] in Misskredit [*o* Verruf], jd diskreditiert sich

discret, -ète [diskʀɛ, -ɛt] *adj* 1. (*réservé*) diskret; *personne, attitude a.* zurückhaltend; (*qui garde les secrets*) diskret, verschwiegen; ***qn fait à qn une cour ~ète*** jd macht jdm diskret [*o* unauffällig] den Hof; ***je vous en prie, soyez très ~ là-dessus*** ich bitte Sie diese Sache äußerst diskret zu behandeln
2. (*sobre*) dezent, unauffällig; *vêtement a., cadre* schlicht; *couleur a.* ruhig
3. (*retiré*) ruhig, still

discrètement [diskʀɛtmɑ̃] *adv faire la cour, avertir* diskret; *observer a.* unauffällig; *s'habiller, se maquiller a.* dezent; *s'habiller a.* schlicht; *parler, frapper* leise

discrétion [diskʀesjɔ̃] *f* 1. (*réserve*) Diskretion *f*; [*personne a.*] Takt *m*; (*silence*) Verschwiegenheit *f*; ***je compte sur votre ~*** ich kann mich doch auf Ihre Diskretion verlassen; ***je vous demande une ~ absolue*** ich bitte Sie um äußerste Diskretion
2. (*sobriété*) Dezenz *f*; [*toilette a.*] unauffällige Eleganz; [*maquillage a.*] Unauffälligkeit *f*; [*décors*] Schlichtheit *f*; [*allusion*] Verstecktheit *f*; ***la ~ de l'accompagnement*** MUS die zurückhaltende Begleitung
▶ **~ assurée** Diskretion zugesichert; **qn est à la ~ de qn** jd ist jdm auf Gnade und Ungnade ausgeliefert; **qn s'en remet à la ~ de qn** jd verlässt sich ganz auf jdn; **à ~** nach Belieben; **avec ~** diskret; *s'habiller, se maquiller a.* dezent, unauffällig; *s'habiller a.* schlicht

discrimination [diskʀiminasjɔ̃] *f* 1. (*ségrégation*) Diskriminierung *f*
2. *littér* (*séparation*) Unterscheidung *f*; ***qn ne sait pas faire la ~ entre qc et qc*** jd kann nicht zwischen etw (*dat*) und etw (*dat*) unterscheiden
▶ **~ raciale** Rassendiskriminierung *f*; **sans ~** ohne Unterschied

discriminatoire [diskʀiminatwaʀ] *adj* diskriminierend

discriminer <1> [diskʀimine] *vt littér* ■ **qn discrimine qn** jd diskriminiert jdn

disculper <1> [diskylpe] I. *vt* ■ **qn/qc disculpe qn** [**de qc**] jd/etw entlastet jdn [von etw]
II. *vpr* ■ **qn se disculpe** [**auprès de qn**] jd beweist [jdm gegenüber] seine Unschuld, jd entlastet sich

discussion [diskysjɔ̃] *f* 1. (*conversation*) Gespräch *nt*, Unterhaltung *f*; ***une ~ à bâtons rompus*** eine ungezwungene Unterhaltung über dieses und jenes
2. (*débat*) Diskussion *f* (*sur qc* über etw (*akk*)); [*problème a.*] Erörterung *f* (*de qc* einer S. (*gen*)), Besprechung *f* (*de qc* einer S. (*gen*)); ***~ du budget*** Haushaltsdebatte *f*; ***la ~ est impossible avec lui/elle*** mit ihm/ihr kann man nicht diskutieren
3. (*querelle*) Streit *m*, Auseinandersetzung *f*; ***qn a une violente ~ avec qn*** jd hat mit jdm eine heftige Auseinandersetzung; ***une ~ s'est élevée*** ein Streit ist ausgebrochen
▶ **qc est en ~** etw wird diskutiert; */question a./* etw wird besprochen [*o* erörtert]; **sans ~** ohne Widerrede; ***sans ~ possible, ce tableau est un faux*** dieses Bild ist ohne jeden Zweifel eine Fälschung; [**et**] **pas de ~** [und] keine Widerrede

discutable [diskytabl] *adj théories* anfechtbar; *goût* zweifelhaft; ***qc est d'un intérêt ~*** etw ist nicht von großer Bedeutung

discutailler <1> [diskytaje] *vi péj* ■ **des personnes discutaillent** Menschen führen endlose Diskussionen, Menschen palavern *fam*

discuté, e [diskyte] *adj* umstritten

discuter <1> [diskyte] I. *vt* ■ **qn discute qc** 1. (*débattre*) jd diskutiert etw, jd erörtert [*o* bespricht] etw; *conditions d'un contrat* jd verhandelt über etw (*akk*); *projet de loi, budget* jd berät über etw (*akk*)
2. (*contester*) *ordre, autorité, existence* jd stellt etw in Frage; *prix, notes* jd feilscht um etw; ***il y avait urgence, je ne le discute pas*** ich bestreite ja nicht, dass es dringend war
II. *vi* 1. (*converser*) ■ **qn discute** [[**de**] **qc**] **avec qn** jd redet mit jdm [über etw (*akk*)]; ■ **des personnes discutent** Menschen unterhalten sich
2. (*conférer*) ■ **des personnes discutent** Menschen diskutieren; ■ **qn discute de** [*o* **sur**] **qn/qc avec qn** jd diskutiert mit jdm über jdn/etw; ■ **des personnes discutent de** [*o* **sur**] **qn/qc** Menschen diskutieren über jdn/etw; ■ **des personnes discutent sur** [*o* **à propos de**] **qc** Menschen debattieren über etw (*akk*)
3. (*négocier*) ■ **qn discute avec qn** jd verhandelt mit jdm
4. (*contester*): ***on ne discute pas!, il n'y a pas à ~!*** keine Widerrede!; ***tu ne discutes pas!/vous ne discutez pas!/sans ~!*** ohne Widerrede!; ***qn n'admet pas qu'on discute*** jd duldet keine Widerrede; ***arrêtez de ~ et***

obéissez! keine Widerrede mehr [*o* kein Wort mehr], jetzt wird gehorcht!; ***là-dessus je ne discute pas, mais …*** in diesem Punkt lasse ich nicht mit mir reden, aber …
III. *vpr* ■ **qc se discute** etw ist Gegenstand einer Diskussion [*o* Debatte]; ***ce sont des choses qui se discutent*** darüber können wir noch reden
▸ **ça se discute, ça peut se ~** darüber lässt sich streiten; **ça ne se discute pas** das steht außer Frage

disent [diz] *indic et subj prés de* **dire**

disette [dizɛt] *f* Hungersnot *f*; ***années de ~*** Hungerjahre *pl*

diseuse [dizøz] *f* ▸ **~ de bonne aventure** Wahrsagerin *f*

disfonctionnement [disfɔ̃ksjɔnmɑ̃] *m v.* **dysfonctionnement**

disgrâce [disgʀɑs] *f* Ungnade *f*
▸ **qn encourt la ~ de qn** *vieilli* jd zieht sich (*dat*) jds Ungnade zu; **qn est [tombé(e)] en ~ [auprès de qn]** jd ist [bei jdm] in Ungnade [gefallen]

disgracier <1 a> [disgʀasje] *vt vieilli* ■ **qn disgracie qn** *courtisan* jd entzieht jdm seine Gunst; *ministre* jd entlässt jdn aus seinem Amt

disgracieux, -euse [disgʀasjø, -jøz] *adj* hässlich; *démarche* plump, schwerfällig; *proportions* unausgewogen; *gestes* ohne Anmut, ohne Grazie

disjoindre <*irr*> [disʒwɛ̃dʀ] I. *vt* 1. (*désunir*) ■ **qn disjoint des choses** jd löst [*o* trennt] Dinge voneinander; ■ **qc disjoint qc** etw lockert etw
2. *fig* (*isoler*) ■ **qn disjoint qc de qc** jd trennt etw von etw
II. *vpr* ■ **qc se disjoint** etw lockert sich

disjoint, e [disʒwɛ̃, wɛ̃t] *adj planche* lose, locker zusammengefügt; *questions, aspects* gesondert [*o* getrennt] behandelt

disjoncter <1> [disʒɔ̃kte] I. *vi fam* 1. ELEC: ***ça a disjoncté!*** die Sicherung ist durchgebrannt!
2. (*débloquer*) ■ **qn disjoncte** jd rastet aus *fam*
II. *vt* ELEC ■ **qn/qc disjoncte qc** jd/etw unterbricht etw

disjoncteur [disʒɔ̃ktœʀ] *m* Unterbrecher *m*

dislocation [dislɔkasjɔ̃] *f* Auseinanderfallen *nt*, Auseinanderbrechen *nt*; [*empire a.*] Zerfall *m*; [*manifestation, famille, parti, société*] Auflösung *f*; [*épaule, genou*] Auskugeln *nt*, Ausrenken *nt*

disloquer <1> [dislɔke] I. *vt* 1. (*démolir*) ■ **qn disloque qc** jd baut [*o* nimmt] etw auseinander, jd zerlegt etw [in Einzelteile]; ■ **qc disloque une chose** *voiture, meuble* eine S. geht durch etw in die Brüche; *société, parti, famille* etw zerrüttet eine S.; *famille* etw reißt eine S. auseinander; *vie sociale* etw zerstört eine S.; *règles du jeu* etw stört eine S.; *empire* etw bringt eine S. zum Zerfall; *domaine* etw teilt eine S. auf; /*coup de vent*/ etw fegt eine S. auseinander
2. (*disperser*) ■ **qn/qc disloque qc** jd/etw löst etw auf
3. (*déboîter*) ■ **qn/qc lui disloque qc** *épaule, genou, articulation* jd/etw verrenkt jdm etw, jd/etw kugelt jdm etw aus
II. *vpr* 1. (*se défaire*) ■ **qc se disloque** /*meuble, voiture, jouet*/ etw bricht auseinander, etw geht in die Brüche; /*château de cartes*/ etw fällt zusammen; /*empire*/ etw zerfällt; /*famille*/ etw bricht [*o* fällt] auseinander; /*manifestation, assemblage, parti, société*/ etw löst sich auf; ***son épaule s'est disloquée sous le choc*** seine/ihre Schulter hat sich beim Aufprall ausgekugelt [*o* ausgerenkt]
2. MED ■ **qn se disloque qc** jd kugelt [*o* renkt] sich (*dat*) etw aus

disons [dizɔ̃] *indic prés de* **dire**

disparaître <*irr*> [dispaʀɛtʀ] *vi + avoir* 1. (*ne plus être là*) ■ **qn/qc disparaît [quelque part]** jd/etw verschwindet [irgendwo]; ■ **qn/qc a disparu [de quelque part]** jd/etw ist [irgendwo] verschwunden; ***disparais de ma vue!*** geh mir aus den Augen!; ***disparaissons avant que ça tourne mal!*** gehen wir, solange es noch Zeit ist!; ***ce bijou n'a pas pu ~ tout seul!*** das Schmuckstück ist doch nicht von alleine verschwunden!
2. (*passer, s'effacer*) ■ **qc disparaît** /*marque, trace*/ etw verliert sich, etw verwischt sich; /*tache*/ etw geht heraus; /*douleur*/ etw vergeht; /*espoir*/ etw schwindet; /*crainte, soucis*/ etw löst sich in nichts auf; /*colère*/ etw verraucht; ■ **qn fait ~ qc** *traces* jd verwischt etw; ■ **qc fait ~ qc** *taches* etw entfernt etw; *douleur* etw beseitigt etw
3. (*ne plus exister, mourir*) ■ **qc disparaît** /*obstacle*/ etw wird aus dem Weg geräumt, etw wird beseitigt; /*culture*/ etw geht unter; /*espèce*/ etw stirbt aus; /*mode, dialecte, coutume*/ etw verschwindet; /*dialecte*/ etw stirbt; ■ **qn disparaît** jd geht dahin, jd stirbt; (*dans un naufrage*) jd geht unter; ■ **qn fait ~ qc** *obstacle, doute* jd beseitigt etw, jd räumt etw aus dem Weg; ■ **qn fait ~ qn** jd beseitigt jdn, jd räumt jdn aus dem Weg *fam*

disparate [dispaʀat] *adj œuvre, société* vielschichtig; *couleurs* [bunt] gemischt, nicht aufeinander abgestimmt; *garde-robe* [bunt] zusammengewürfelt; *ensemble, mobilier* sehr uneinheitlich; *ménage* ungleich

disparité [dispaʀite] *f* [*œuvre*] Vielschichtigkeit *f*; [*couleurs*] Mischmasch *m*; [*opinions*] Unterschiedlichkeit *f*; ***~s régionales*** regionale Unterschiede *pl*; ***~ des salaires*** Lohngefälle *nt*; ***~ d'âge*** Altersunterschied *m*; ***malgré la ~ de sa garde-robe*** obwohl bei seiner/ihrer Garderobe nichts so recht zusammenpasst

disparition [dispaʀisjɔ̃] *f* Verschwinden *nt*; [*douleurs a.*] Vergehen *nt*; [*dialecte a., coutume*] Aussterben *nt*; [*soleil, culture*] Untergang *m*; [*obstacle*] Beseitigung *f*; (*mort de quelqu'un*) [Da]hinscheiden *nt geh*; ***il faut attendre la ~ complète du brouillard*** wir müssen warten, bis der Nebel sich völlig aufgelöst hat

disparu, e [dispaʀy] I. *pp de* **disparaître**
II. *adj* ▸ **qn est porté(e) ~** jd gilt als vermisst, jd ist als vermisst gemeldet
III. *m, f* 1. (*défunt*) Verstorbene(r) *f(m)*, Dahingeschiedene(r) *f(m) geh*
2. (*porté manquant*) (*pendant la guerre*) Vermisste(r) *f(m)*; (*en mer*) Verschollene(r) *f(m)*

dispatcher <1> [dispatʃe] *vt* ■ **qn dispatche des personnes/choses** jd verteilt Menschen/Dinge

dispensaire [dispɑ̃sɛʀ] *m öffentliches Gesundheitsamt für Schutzimpfungen und Vorsorgeuntersuchungen*

dispense [dispɑ̃s] *f* ■ **~ [de qc]** Befreiung *f* [von etw]; ■ **~ de qn** jds Ausnahmebewilligung *f*, jds Sondererlaubnis *f*
◆ **dispense d'âge** Aufhebung *f* der Altersgrenze

dispenser <1> [dispɑ̃se] I. *vt* 1. (*exempter*) ■ **qn/qc dispense qn de qc/de faire qc** jd/etw befreit jdn von etw/davon, etw zu tun; ■ **qn se fait ~ de qc** jd lässt sich von etw befreien
2. (*distribuer*) ■ **qc dispense qc à qn** etw spendet jdm etw; ■ **qn dispense qc à qn** jd lässt jdm etw zuteil werden, jd erweist jdm etw; ***qn dispense des soins à un malade*** jd versorgt einen Kranken; ***qn dispense des encouragements à qn*** jd spricht jdm Mut zu
II. *vpr* ■ **qn se dispense de qc/de faire qc** jd unterlässt etw/es, etw zu tun
▸ **qn se dispenserait bien de qc/de faire qc** jd könnte gut auf etw (*akk*) verzichten/darauf verzichten, etw zu tun; ***je me dispenserais bien d'y aller*** ich würde am liebsten nicht hingehen

disperser <1> [dispɛʀse] I. *vt* 1. (*éparpiller*) ■ **qn/qc disperse des personnes/qc** jd/etw zerstreut Menschen/etw; *papiers, cendres a.* jd/etw verstreut etw; *cendres a.* jd/etw streut etw aus; *foule a.* jd/etw treibt Menschen auseinander; *troupes* jd/etw zersprengt Menschen; *collection* jd/etw löst etw auf; ■ **des personnes sont dispersées** Menschen sind zerstreut
2. (*répartir*) ■ **qn disperse des personnes/choses** jd verteilt Menschen/Dinge
3. (*opp: concentrer*) ■ **qn disperse qc** *efforts* jd verzettelt etw; ***qn/qc disperse l'attention [de qn]*** jd/etw lenkt [jdn] ab, jd/etw zerstreut jdn
II. *vpr* 1. (*partir dans tous les sens*) ■ **des personnes se dispersent** Menschen zerstreuen sich, Menschen gehen auseinander
2. (*se déconcentrer*) ■ **qn se disperse** jd verzettelt sich

dispersion [dispɛʀsjɔ̃] *f* Zerstreuen *nt*; [*graines, cendres a.*] Verstreuen *nt*, Ausstreuen *nt*; [*attroupement a.*] Auseinandertreiben *nt*; [*pièces d'une collection*] Zerstreuung *f*; [*habitat*] Streuung *f*; [*efforts*] Verzettelung *f*; [*esprit*] Zerstreuung *f*

disponibilité [dispɔnibilite] *f* 1. ∅ Verfügbarkeit *f*
2. *pl* FIN verfügbare [*o* flüssige] Mittel, Gelder *pl*
▸ **mise en ~** Beurlaubung *f*; **qn est/se fait mettre en ~** jd ist beurlaubt/lässt sich beurlauben; **qn met qn en ~** jd beurlaubt jdn
◆ **disponibilité d'esprit** Aufgeschlossenheit *f*, Offenheit *f*; ***qn n'a pas la ~ d'esprit nécessaire pour faire qc*** jds Kopf ist nicht frei genug, um etw zu tun

disponible [dispɔnibl] *adj* verfügbar; *article a.* vorrätig, auf Lager; *appartement, place, personne a.* frei; *personne a.* abkömmlich; *argent a.* flüssig; ***qn est/n'est pas ~*** jd hat Zeit/hat keine Zeit, jd hat etwas vor/hat nichts vor; ***qn a l'esprit ~*** jd hat einen freien Kopf

disposé, e [dispoze] *adj* ▸ **qn est bien/mal ~** jd ist gut/schlecht gelaunt [*o* aufgelegt]; **[qn est] bien/mal ~ à l'égard de [*o* envers] qn** [jd ist] jdm wohlgesinnt/schlecht [*o* übel] gesinnt; **qn est [tout à fait] ~ à faire qc** jd ist [durchaus] bereit, etw zu tun; ***je ne suis pas ~ à me laisser faire*** ich bin nicht bereit, das mit mir machen zu lassen

disposer <1> [dispoze] I. *vt* 1. (*arranger, placer*) ■ **qn dispose des choses [quelque part]** jd ordnet Dinge [irgendwo] an, jd stellt Dinge [irgendwo] auf; ***qn dispose des fruits confits sur le gâteau*** jd dekoriert den Kuchen mit eingemachten Früchten; ***qn dispose des choses en ligne/en cercle*** jd stellt Dinge in einer Reihe/kreisförmig auf, jd ordnet etw in einer Reihe/kreisförmig an; ■ **qn dispose des personnes quelque part** jd stellt Menschen irgendwo auf
2. (*engager*) ■ **qn dispose qn à faire qc** jd gewinnt jdn dafür, etw zu tun; jd bringt jdn dazu, etw zu tun; ■ **qc dispose [qn] à qc** etw fördert jds/die Bereitschaft zu etw
II. *vi* 1. (*avoir à sa disposition*) ■ **qn dispose de qc** jd verfügt über etw (*akk*); ***nous ne disposons plus que de quelques minutes*** uns bleiben nur noch wenige Minuten
2. *soutenu* (*aliéner*) ■ **qn dispose de qn/qc** jd verfügt über jdn/etw; ***disposez de moi comme vous l'entendez*** [bitte] verfügen Sie über mich [,wie es Ihnen beliebt]; ***le droit des peuples à ~ d'eux-mêmes*** das Selbstbestimmungsrecht der Völker
▸ **vous pouvez ~** ihr könnt/Sie können gehen
III. *vpr* ■ **qn se dispose à faire qc** jd will gerade etw tun

dispositif [dispozitif] *m* 1. (*mécanisme*) Vorrichtung *f*; ***~ antivol*** Diebstahlsicherung[sanlage *f*] *f*; ***~ d'alarme*** Alarmanlage *f*
2. (*ensemble de mesures*) Reihe *f* von Maßnahmen; ***~ policier*** Polizeiaufgebot *nt*; ***~ pour lutter contre le chômage*** Programm *nt* zur Bekämpfung der Arbeitslosigkeit; ***~ d'alerte à la pollution*** Maßnahmenkatalog *m* bei Umweltalarm

disposition [dispozisjɔ̃] *f* 1. ∅ (*agencement*) Anordnung *f*; (*présentation*) [*article, texte, exposé*] Gliederung *f*; ***~ des invités autour de la table*** Tischordnung *f* für die Gäste
2. (*clause*) [*loi, contrat*] Bestimmung *f*; [*testament*] Verfügung *f*
▸ **qn est dans de bonnes/mauvaises ~s** jd ist gut/schlecht gelaunt [*o* aufgelegt]; **qn est dans de bonnes/mauvaises/meilleures ~s à l'égard de qn** jd ist jdm wohl/übel/besser gesinnt; **qn a la libre ~ de qc** jd hat freie Verfügung über etw (*akk*); **est-il/elle toujours dans les mêmes ~s à l'égard de qn/qc?** hat er/sie immer noch die gleiche Einstellung in Bezug auf etw (*akk*); **~s testamentaires** letztwillige Verfügung; **qn a des ~s pour qc/pour faire qc** jd hat für etw gute Anlagen/jd hat gute Anlagen etw zu tun, jd ist für etw begabt; ***cet élève a toutes les ~s pour devenir un excellent étudiant*** der Schüler hat alle Anlagen zu einem hervorragenden Studenten; **qn a qc à sa ~** jd hat etw zu seiner Verfügung; **qn/qc est à la ~ de qn** jd/etw steht jdm zur Verfügung; **qn met qn/qc à la ~ de qn** jd stellt jdm jdn/etw zur Verfügung; **qn se met à la ~ de qn** jd stellt sich jdm zur Verfügung; **qn prend ses ~s** jd trifft Vorbereitungen [*o* Vorkehrungen] [*o* An-

stalten]; **qn prend des ~s pour qc/pour faire qc/pour que** + *subj* jd trifft Vorkehrungen [*o* Vorbereitungen] für etw/, um etw zu tun/damit **qn tient qc à la ~ de qn** jd hält etw für jdn zur Verfügung; **qn se tient à la ~ de qn** jd hält sich zu jds [*o* jdm zur] Verfügung
◆ **disposition d'esprit** Offenheit *f;* (*état*) Verfassung *f*

disproportion [dispʀɔpɔʀsjɔ̃] *f* ■ ~ [**entre qc et qc**] Missverhältnis *nt* [*o* Disproportion *f*] [zwischen etw (*dat*) und etw (*dat*)]; ■ ~ **de qc** [**entre deux personnes/choses**] Missverhältnis *nt* [*o* Disproportion *f*] in etw (*dat*) [zwischen zwei Menschen/Dingen]

disproportionné, e [dispʀɔpɔʀsjɔne] *adj* ■ ~ [**à qc**] disproportioniert [*o* schlecht proportioniert] [in Bezug auf etw (*akk*)]

dispute [dispyt] *f* Streit *m*

disputer <1> [dispyte] **I.** *vt* **1.** SPORT ■ **des personnes disputent qc** *match* Menschen tragen etw aus; ***qc est très disputé(e)*** etw ist hart umkämpft
2. *pop* (*gronder*) ■ **qn dispute qn** jd schimpft jdn aus; ■ **qn se fait ~** [**par qn**] jd wird [von jdm] ausgeschimpft, jd bekommt [von jdm] Schimpfe *fam*
3. (*contester*) ■ **qn dispute qc à qn** jd macht jdm etw streitig
4. *littér* (*rivaliser*) ■ **qc le dispute à qc** etw wetteifert mit etw
II. *vpr* **1.** (*se quereller*) ■ **des personnes se disputent** Menschen streiten sich; ■ **qn se dispute avec qn** jd streitet sich mit jdm
2. (*lutter pour*) ■ **des personnes/animaux se disputent qc** Menschen/Tiere streiten sich um etw, Menschen machen sich (*dat*) etw streitig
3. SPORT ■ **qc se dispute** etw wird ausgetragen

disquaire [diskɛʀ] *m* Schallplattenverkäufer(in) *m(f)*, Schallplattenhändler(in) *m(f)*

disqualification [diskalifikasjɔ̃] *f* Disqualifizierung *f,* Disqualifikation *f*

disqualifier <1 a> [diskalifje] **I.** *vt* ■ **qn disqualifie qn** jd disqualifiziert jdn
II. *vpr* ■ **qn se disqualifie** [**auprès de** [*o* **aux yeux de**] **qn**] jd fällt [bei jdm] in Ungnade [*o* Misskredit]

disque [disk] *m* **1.** (*objet rond*) [runde] Scheibe
2. MUS [Schall]platte *f*
3. SPORT (*engin*) Diskus *m;* (*discipline*) Diskuswurf *m,* Diskuswerfen *nt*
▶ ~ **compact** Compact Disc *f,* CD *f;* ~ **compact interactif** CDI *f;* ~ **dur** Festplatte *f;* ~ **intervertébral** Bandscheibe *f;* ~ **laser** Laserplatte *f;* ~ **optique compact** CD-Rom *f;* ~ **optique numérique** optische Platte; ~ **vidéo** Videoplatte *f,* Bildplatte *f;* **change de** ~! *fam* leg eine andere Platte auf! *fam;* **qn met un** ~ jd legt eine Platte auf; **qn passe un** ~ **à qn** jd spielt jdm eine Platte vor
◆ **disque d'embrayage** Kupplungsscheibe *f;* **disque de stationnement** Parkscheibe *f*

disque-jockey [diskʒɔkɛ] *mf v.* **disc-jockey**

disquette [diskɛt] *f* Diskette *f*
▶ ~ **haute/double densité** Diskette mit hoher/doppelter Dichte; **qn introduit une ~ dans le lecteur** jd schiebt eine Diskette in das Laufwerk
◆ **disquette de démarrage** Startdiskette *f,* Bootdiskette ['bu:t-] *f;* **disquette d'installation** Installationsdiskette *f*

dissection [disɛksjɔ̃] *f* Sektion *f,* Sezieren *nt*

dissémination [diseminasjɔ̃] *f* (*action*) Verstreuung *f;* (*état*) Verstreutsein *nt*

disséminer <1> [disemine] **I.** *vt* **1.** (*disperser*) ■ **qn/qc dissémine des personnes quelque part** jd/etw verstreut [*o* verteilt] Menschen irgendwo; ***ils sont disséminés aux quatre coins du monde*** sie sind über die ganze Welt verstreut [*o* verteilt]
2. (*éparpiller*) ■ **qc dissémine qc** etw verstreut etw, etw streut etw aus; ■ **des choses sont disséminées** [**quelque part**] Dinge sind [irgendwo] verstreut; ***des maisons disséminées*** weit verstreute Häuser *pl;* ***des habitations disséminées dans la montagne*** in den Bergen verstreut liegende Behausungen *pl*
II. *vpr* **1.** (*se disperser*) ■ **des personnes se disséminent quelque part** Menschen zerstreuen sich irgendwo, Menschen teilen sich irgendwo auf
2. (*se répandre*) ■ **des choses se disséminent** [**quelque part**] Dinge breiten sich [irgendwo] aus; ■ **qc se dissémine quelque part** */civilisation, sida/* etw breitet sich [irgendwo] aus

dissension [disɑ̃sjɔ̃] *f* Meinungsverschiedenheit *f,* Differenz *f*

disséquer <5> [diseke] *vt* ■ **qn dissèque qc** jd seziert [*o* zerlegt] etw; *discours* jd nimmt etw auseinander

dissertation [disɛʀtasjɔ̃] *f* Aufsatz *m*

disserter <1> [disɛʀte] *vi* ■ **qn disserte sur** [*o* **de**] **qc** jd lässt sich über etw (*akk*) aus

dissidence [disidɑ̃s] *f* (*sécession*) Spaltung *f*
▶ [**qn est** [*o* **est entré(e)**]] **en** ~ [jd ist] abgefallen, [jd ist] abtrünnig geworden, [jd hat sich] losgesagt

dissident, e [disidɑ̃, ɑ̃t] **I.** *adj* abtrünnig, abgefallen; ***un groupe ~*** eine Splittergruppe
II. *m, f* Dissident(in) *m(f),* Regimekritiker(in) *m(f)*

dissimulateur, -trice [disimylatœʀ, -tʀis] **I.** *adj* heuchlerisch
II. *m, f* Heuchler(in) *m(f)*

dissimulation [disimylasjɔ̃] *f* **1.** ∅ (*duplicité*) Heuchelei *f,* Verstellung *f*
2. (*action de cacher*) Verbergen *nt,* Verstecken *nt;* [*bénéfices, revenus*] Unterschlagung *f*

dissimuler <1> [disimyle] **I.** *vt* **1.** (*cacher*) ■ **qn dissimule qn/qc** jd versteckt jdn/etw; *personne a.* jd hält jdn versteckt; *visage* jd verbirgt etw; ■ **qc dissimule qc** etw verbirgt etw
2. (*masquer*) ■ **qn dissimule qc** [**à qn**] *sentiments* jd verbirgt etw [vor jdm]; *intentions, opinions, pensées* jd hält etw [vor jdm] geheim; ■ **qn dissimule** [**à qn**] **que** + *indic* jd verheimlicht [jdm], dass
3. (*taire*) ■ **qn dissimule qc à qn/à qn que** + *indic* jd verschweigt [*o* verheimlicht] jdm etw/, dass
4. FISC ■ **qn dissimule qc** jd unterschlägt etw
▶ **qc ne doit pas ~ qc à qn/à qn que** + *indic* etw darf jdm nicht den Blick vor etw (*dat*) verschließen/davor verschließen, dass
II. *vi* ■ **qn sait ~** jd kann sich gut verstellen
III. *vpr* ■ **qn/qc se dissimule quelque part** jd/etw verbirgt [*o* versteckt] sich irgendwo; ■ **qn se dissimule qc/que** + *indic* jd verschließt die Augen vor etw (*dat*)/davor, dass; jd will sich (*dat*) selbst gegenüber etw nicht eingestehen/nicht eingestehen, dass; ■ **qn ne se dissimule pas qc** jd ist sich (*dat*) über etw im Klaren, jd macht sich (*dat*) über etw keine falschen Vorstellungen

dissipation [disipasjɔ̃] *f* Undiszipliniertheit *f;* [*élèves a.*] Unaufmerksamkeit *f;* [*patrimoine*] Vergeudung *f,* Verschwendung *f;* [*brume*] Auflösung *f;* ***il faut attendre la complète ~ du brouillard*** wir müssen warten, bis der Nebel sich völlig aufgelöst hat

dissipé, e [disipe] *adj* undiszipliniert, unaufmerksam; ***sois un peu moins ~, s'il te plaît!*** sei bitte nicht so zerstreut!

dissiper <1> [disipe] **I.** *vt* **1.** (*faire disparaître*) ■ **qc dissipe qc** etw vertreibt etw
2. (*lever*) ■ **qn/qc dissipe qc** jd/etw zerstreut etw; *soupçons, doutes a.* jd/etw räumt etw aus; *illusions* jd/etw zerstört etw; *malentendu* jd/etw klärt etw auf, jd/etw beseitigt etw
3. (*dilapider*) ■ **qn dissipe qc** jd verschwendet etw, jd vergeudet etw
4. SCOL ■ **qn dissipe qn** jd lenkt jdn ab
II. *vpr* ■ **qc se dissipe** */brume/* etw löst sich auf, etw verzieht sich; */doutes, craintes, soupçons/* etw zerstreut sich; */inquiétude/* etw verfliegt, etw legt sich; ■ **qn se dissipe** SCOL jd lässt sich leicht ablenken

dissocier <1 a> [disɔsje] *vt* (*envisager séparément*) ■ **qn/qc dissocie qc de qc** jd/etw behandelt etw getrennt von etw, jd/etw trennt etw von etw

dissolu, e [disɔly] *adj littér mœurs* locker; *vie* ausschweifend; *personne* zügellos

dissolution [disɔlysjɔ̃] *f* **1.** (*action*) Auflösung *f;* [*substance a.*] Auflösen *nt;* ~ ***du mariage*** Scheidung *f*
2. (*liquide*) Lösung *f*
▶ **qn prononce la ~ de qc** jd löst etw auf; ***qn prononce la ~ du mariage*** jd spricht die Scheidung aus

dissolvant, e [disɔlvɑ̃, ɑ̃t] **I.** *adj* auflösend, zersetzend
II. *m* (*produit*) Lösungsmittel *nt;* (*pour les ongles*) Nagellackentferner *m*

dissonance [disɔnɑ̃s] *f* **1.** (*discordance*) Dissonanz *f;* [*couleurs*] Unverträglichkeit *f,* Disharmonie *f*
2. (*désaccord*) ■ ~ **entre qc et qc** Unvereinbarkeit *f* von etw und etw

dissonant, e [disɔnɑ̃, ɑ̃t] *adj* MUS dissonant

dissoudre <irr> [disudʀ] **I.** *vt* ■ **qn/qc dissout qc** jd/etw löst etw auf
II. *vpr* ■ **qc se dissout** etw löst sich auf; */mariage/* etw geht auseinander; ***je fais se ~ du sel dans de l'eau*** ich löse Salz in Wasser auf

dissuader <1> [disɥade] *vt* ■ **qn/qc dissuade qn de qc/de faire qc** (*par la persuasion*) jd/etw bringt jdn von etw ab/davon ab, etw zu tun; jd redet jdm etw aus/redet jdm aus, etw zu tun; (*par la peur*) jd/etw schreckt jdn [davon] ab[, etw zu tun]

dissuasif, -ive [disɥazif, -iv] *adj* abschreckend

dissuasion [disɥazjɔ̃] *f* Abschreckung *f*

dissymétrie [disimetʀi] *f* Asymmetrie *f*

dissymétrique [disimetʀik] *adj* asymmetrisch

distance [distɑ̃s] *f* **1.** (*éloignement*) ■ ~ [**entre deux personnes/choses**] Entfernung *f* [*o* Distanz *f*] [*o* Abstand *m*] [zwischen zwei Menschen/Dingen]; ***avec la ~, les souvenirs s'estompent*** mit der Zeit verblassen die Erinnerungen; ***la ~ entre Nancy et Paris/de Nancy à Paris*** die Entfernung zwischen Nancy und Paris/von Nancy nach Paris; ***de la Terre à la Lune il y a une ~ de 300 000 km*** die Entfernung von der Erde zum Mond beträgt 300 000 km
2. GEOM ■ ~ **de deux choses** Abstand *m* zwischen zwei Dingen; ***la ~ d'un point à une droite/à un plan*** der Abstand von einem Punkt zu einer Geraden/zu einer Ebene
3. SPORT Distanz *f*
4. (*écart*) Kluft *f;* ***quelle ~ entre ses paroles et ses actes!*** zwischen seinen/ihren Worten und seinen/ihren Taten liegen Welten!
▶ **à grande ~** bei großer Entfernung, von weitem; **à ~ respectueuse** [**de qn**] in respektvollem Abstand [von jdm]; **qn/qc couvre une ~ de 10/20000 km en …** jd/etw legt eine Entfernung [*o* Strecke] von 10/20000 km in … zurück; **qn garde ses ~s** [**vis-à-vis de qn**] jd wahrt [jdm gegenüber] die Distanz; **quelle ~** [**il/elle a**] **parcourue depuis …!** was für eine Karriere [hat er/sie gemacht] seit …!; **qn prend ses ~s** [**à l'égard de qn**] jd distanziert sich [von jdm]; **qn tient la ~** SPORT jd hält [das Rennen] durch; **qn tient la ~** *fam* jd hält durch, jd macht nicht schlapp *fam;* ***pour l'alcool, je tiens la ~*** was den Alkohol anbelangt, habe ich eine gute Kondition; **qn tient qn à ~** jd hält sich (*dat*) jdn auf Distanz [*o* vom Leibe *fam*]; **qn se tient à ~** jd hält sich auf Distanz; **à ~** (*dans l'espace*) *communiquer, juger, voir* aus der Entfernung, von weitem; (*dans le temps*) *juger* mit [zeitlichem] Abstand; TELEC *lecture, se parler, lire* aus der Ferne; ***commande/commandé(e) à ~*** Fernsteuerung *f*/ferngesteuert; ***interrogeable à ~*** mit Fernabfrage; **à quelle ~ est …?** wie weit ist [*o* liegt] … entfernt?; ***à quelle ~ est la gare?*** wie weit ist es zum Bahnhof?; **à une ~ de 500 m/2000 m/…, à 500 m/2000 m/… de ~** 500 m/2000 m/… weit [entfernt]; **à 5/10/… ans de ~** 5/10/… Jahre später [*o* danach]; ***je l'ai reconnu aussitôt, à 30 ans de ~*** ich habe ihn 30 Jahre später sofort wieder erkannt; **de ~ en ~** hier und da
◆ **distance de freinage** Bremsweg *m*

distancer <2> [distɑ̃se] *vt* **1.** SPORT ■ **qn/qc distance qn/qc** jd/etw hängt jdn/etw ab, jd/etw lässt jdn/etw hinter sich (*dat*); ■ **qn se fait** [*o* **laisse**] **~ par qn** jd lässt sich von jdm abhängen, jd fällt hinter jdm zurück

2. (*surpasser*) ■ **qn distance qn** jd stellt jdn in den Schatten, jd übertrifft jdn; ■ **qn se laisse ~ [par qn]** jd lässt sich [von jdm] auf einen unteren Rang verweisen

distant, e [distɑ̃, ɑ̃t] *adj* 1. (*réservé*) distanziert, reserviert
2. (*éloigné*) entfernt; ***ces deux villes sont ~es de 100 km [l'une de l'autre]*** die zwei Städte sind [*o* liegen] 100 km voneinander entfernt [*o* liegen 100 km auseinander]; ***deux événements sont ~s de plusieurs années*** zwei Ereignisse liegen mehrere Jahre auseinander

distendre <14> [distɑ̃dʀ] I. *vt* ■ **qc distend qc** *peau* etw dehnt etw stark aus; *liens* etw lockert etw; ***qc est distendu(e)*** */ressorts, élastique/* etw ist ausgeleiert; */courroie a./* etw ist locker; */ligament/* etw ist überdehnt, etw ist gezerrt; ■ **qn distend qc** jd leiert etw aus
II. *vpr* ■ **qc se distend** */élastique/* etw leiert aus; */peau/* etw dehnt sich stark aus; */ligaments/* etw überdehnt sich; */liens/* etw lockert sich; ***qn s'est distendu un ligament*** jd hat sich (*dat*) eine Bänderzerrung zugezogen

distension [distɑ̃sjɔ̃] *f* [*ligament*] Überdehnung *f*, Zerrung *f*; [*peau*] starke Ausdehnung; [*courroie, liens*] Lockerung *f*

distillation [distilasjɔ̃] *f* Destillation *f*, Destillieren *nt*; [*vin a.*] Brennen *nt*; ***~ de la houille*** trockene Destillation, Verkoksung *f*

distiller <1> [distile] *vt* ■ **qn distille qc** jd destilliert etw; ***on distille les marcs de raisin pour faire de l'eau de vie*** aus Traubentrester brennt man Schnaps

distillerie [distilʀi] *f* Brennerei *f*

distinct, e [distɛ̃, ɛ̃kt] *adj* 1. (*différent*) ■ **~ de** verschieden von; ■ **~s [l'un de l'autre]** [voneinander] verschieden; ***bien ~*** durchaus verschieden; ***c'est une question tout à fait ~e de la première*** diese Frage unterscheidet sich sehr von der ersten
2. (*net*) deutlich

distinctement [distɛ̃ktəmɑ̃] *adv* deutlich

distinctif, -ive [distɛ̃ktif, -iv] *adj* charakteristisch; ***caractère ~*** Unterscheidungsmerkmal *nt*; ***signe ~*** Kennzeichen *nt*

distinction [distɛ̃ksjɔ̃] *f* 1. (*différenciation*) ■ **~ [entre deux choses]** Unterscheidung *f* [zwischen zwei Dingen]; ■ **~ de plusieurs choses** Unterscheidung *f* von mehreren Dingen
2. (*décoration, honneur*) Auszeichnung *f*
3. (*élégance*) Vornehmheit *f*, vornehme Art; ***la ~ de ses manières*** sein/ihr distinguiertes [*o* vornehmes] Benehmen; ***cette dame est d'une grande ~*** diese Frau ist sehr vornehm [*o* distinguiert]
► **~ honorifique** Ehrentitel *m*; **qn a de la ~** jd hat ein vornehmes [*o* distinguiertes] Benehmen; **qn fait une ~ [entre deux choses/personnes]** jd macht einen Unterschied [zwischen zwei Dingen/Menschen]; **qn ne fait pas** [*o* **n'arrive pas à faire**] **la ~ [entre deux choses/personnes]** jd sieht keinen Unterschied zwischen zwei Dingen/Menschen; ***tu fais, toi, la ~?*** siehst du einen Unterschied?; **sans ~ [de rang/de personne]** ohne Unterschied [im Rang/der Person], unterschiedslos

distingué, e [distɛ̃ge] *adj* 1. (*élégant*) vornehm; *personne, manières a.* distinguiert; ***ça fait très ~*** das wirkt sehr vornehm, das sieht wirklich nach etwas aus
2. (*éminent*) berühmt, bedeutend

distinguer <1> [distɛ̃ge] I. *vt* 1. (*percevoir*) ■ **qn distingue qn/qc** jd erkennt jdn/etw; ***dans sa voix on pouvait ~ un brin d'amertume*** in seiner/ihrer Stimme war ein wenig Bitterkeit nicht zu überhören
2. (*différencier*) ■ **qn distingue qn de qn** jd unterscheidet jdn von jdm; ■ **qn distingue qc de** [*o* **d'avec**] **qc** jd unterscheidet etw von etw; ■ **qn distingue des personnes/des choses [les unes des autres]** jd unterscheidet Menschen/Dinge voneinander; ■ **qn ne distingue pas** [*o* **ne peut pas ~**] **si** + *indic* jd kann nicht unterscheiden, ob; ■ **qn distingue qn/qc à qc** jd erkennt jdn/etw an etw (*dat*)
3. (*isoler*) ■ **qc distingue qn/qc** etw hebt jdn/etw heraus, etw ist kennzeichnend für jdn/etw; ■ **qc distingue qn de qn/qc de qc** jd unterscheidet sich durch etw von jdm/etw unterscheidet sich durch etw von etw; ***on distingue généralement trois cas*** im Allgemeinen werden drei Fälle unterschieden [*o* unterscheidet man drei Fälle]
4. (*honorer*) ■ **qn distingue qn/qc** jd zeichnet jdn/etw aus
II. *vi* (*faire la différence*) ■ **qn distingue entre des choses/qc et qc** jd unterscheidet zwischen Dingen/zwischen etw (*dat*) und etw (*dat*)
III. *vpr* 1. (*différer*) ■ **qn se distingue de qn/qc [par qc]** jd unterscheidet sich [durch etw] von jdm/etw; ■ **des personnes/choses se distinguent [l'une de l'autre] [par qc]** Menschen/Dinge unterscheiden sich [durch etw] [voneinander]
2. (*s'illustrer*) ■ **qn/qc se distingue [par qc]** jd/etw zeichnet sich [durch etw] aus

distorsion [distɔʀsjɔ̃] *f* 1. PHYS, TELEC Verzerrung *f*
2. (*décalage*) ■ **~ entre qc et qc** Diskrepanz *f* zwischen etw (*dat*) und etw (*dat*); *pl* (*disparité*) [*prix, concurrence*] Verzerrungen *pl*; ***~s sociales/économiques/politiques*** Verzerrungen im sozialen/wirtschaftlichen/politischen Bereich

distraction [distʀaksjɔ̃] *f* 1. ∅ (*inattention*) Unaufmerksamkeit *f*, Zerstreutheit *f*, Geistesabwesenheit *f*; ***une seconde de ~ et c'est l'accident*** einen Moment nicht aufgepasst und der Unfall ist schon passiert
2. (*étourderie*) Unachtsamkeit *f*
3. ∅ (*dérivatif*) Zerstreuung *f*, Abwechslung *f*, Ablenkung *f*
4. *gén pl* (*passe-temps*) Unterhaltung *f*, Zeitvertreib *m*; ***le sport est la plus saine des ~s*** Sport ist die gesündeste Freizeitbeschäftigung; ***quelles sont vos ~s favorites?*** welches sind Ihre Lieblingsbeschäftigungen?
► **par ~** aus lauter Zerstreutheit

distraire <*irr*> [distʀɛʀ] I. *vt* 1. (*délasser*) ■ **qn/qc distrait qn** jd/etw unterhält jdn
2. (*changer les idées de*) ■ **qn/qc distrait qn [de qc]** jd/etw bietet jdm Abwechslung [*o* Zerstreuung] [von etw]; ■ **qn distrait qn de qc** *de ses soucis, de son travail* jd lenkt jdn von etw ab
3. (*déranger*) ■ **qn/qc distrait qn** jd/etw lenkt jdn ab; ***qn distrait l'attention de qn*** jd lenkt jds Aufmerksamkeit ab; ■ **qn se laisse ~ [de qc]** jd lässt sich [von etw] ablenken
II. *vpr* ■ **qn se distrait** jd amüsiert sich, jd lenkt sich ab

distrait, e [distʀɛ, ɛt] I. *pp de* **distraire**
II. *adj* zerstreut, zerfahren; ***qn a l'air ~*** jd macht einen zerstreuten [*o* geistesabwesenden] Eindruck; ***qn répond d'un air ~*** jd antwortet zerstreut; ***qn écoute d'une oreille ~e*** jd hört nur mit halbem Ohr hin [*o* zu]; ***qn jette à qn un regard ~*** jd sieht geistesabwesend zu jdm hin; ***qn feuillette une revue d'un œil ~*** jd blättert zerstreut in einer Zeitschrift

distraitement [distʀɛtmɑ̃] *adv* zerstreut, [geistes]abwesend; ***il l'écoutait ~*** er hörte ihm/ihr nur mit halbem Ohr zu

distrayant, e [distʀɛjɑ̃, jɑ̃t] *adj* unterhaltend, unterhaltsam

distribuer <1> [distʀibɥe] *vt* 1. (*donner*) ■ **qn distribue qc [à qn]** jd verteilt etw [an jdn]; *objets, vivres a.* jd teilt etw [an jdn] aus; *cartes a.* jd gibt etw [an jdn] aus; *coups, gifles* jd teilt [jdm] etw aus; *courrier* jd trägt etw aus, jd stellt [jdm] etw zu; *tâches* jd teilt [*o* weist] [jdm] etw zu; ***cet appareil distribue des boissons chaudes*** dieser Automat gibt heiße Getränke aus; ***qn distribue des sourires à la ronde*** jd lächelt nach allen Seiten; ***qn distribue des poignées de mains*** jd schüttelt viele Hände
2. FIN ■ **qn distribue qc à qn** *dividendes, bénéfices* jd schüttet etw an jdn aus; *actions* jd gibt etw an jdn aus
3. COM ■ **qn/qc distribue qc** jd/etw vertreibt etw; *eau, électricité, gaz* jd/etw verteilt etw
4. AUDIOV ■ **qn distribue qc** jd verleiht etw; THEAT, CINE jd vergibt die Rollen zu etw
5. (*arranger, répartir*) ■ **qn distribue des personnes/choses d'une certaine façon [quelque part]** *éléments, mots* jd ordnet etw irgendwie [irgendwo] an; *pièces* jd teilt etw irgendwie auf; *joueurs de foot* jd stellt Menschen [irgendwo] auf
► **bien/mal distribué(e)** *appartement, pièces* gut/schlecht aufgeteilt

distributeur, -trice [distʀibytœʀ, -tʀis] I. *m, f* 1. (*personne*) ■ **~ de qc** Verteiler(in) *m(f)* von etw
2. COM Händler(in) *m(f)*, Auslieferer(in) *m(f)*, Vertreiber(in) *m(f)*; (*entreprise*) Vertriebsgesellschaft *f*, Handelsvertretung *f*; (*diffuseur*) Verkaufsstelle *f*; ***nous sommes ~ d'articles de sport*** wir sind ein Handelsunternehmen für Sportartikel
3. CINE Filmverleiher(in) *m(f)*
► **~(-trice) agréé(e)/exclusif(-ive)** Vertragshändler(in) *m(f)*/Alleinvertreter(in) *m(f)*
II. *m* (*appareil*) Automat *m*; ***~ de billets*** FIN Geldautomat; CHEMDFER Fahrkartenautomat; ***~ de boissons*** Getränkeautomat; ***~ de cigarettes*** Zigarettenautomat; ***~ de tickets*** Kartenautomat; (*pour les transports*) Fahrscheinautomat
► **~ automatique** Automat *m*

distribution [distʀibysjɔ̃] *f* 1. (*répartition*) Verteilung *f*; [*objets, vivres a.*] Austeilung *f*; [*courrier a.*] Austragung *f*, Zustellung *f*; [*cartes a.*] Ausgeben *nt*; [*tâches a.*] Zuteilung *f*, Zuweisung *f*
2. FIN [*dividendes*] Ausschüttung *f*, Ausschütten *nt*; [*actions*] Ausgabe *f*
3. COM Vertrieb *m*, Absatz *m*; [*eau, gaz, électricité*] -versorgung *f*
4. AUDIOV Verleih *m*; CINE, THEAT [Rollen]besetzung *f*
5. (*arrangement*) [*éléments, mots*] Anordnung *f*; [*pièces, appartement*] Aufteilung *f*; [*joueurs*] Aufstellung *f*
◆ **distribution des prix** Preisverteilung *f*

district [distʀikt] *m* Bezirk *m*

dit [di] *indic prés de* **dire**

dit, e [di, dit] I. *pp de* **dire**
II. *adj le Sage, le Bègue* mit dem Beinamen, genannt; *touristique, socialiste* angeblich, sogenannt; ***à l'heure ~e*** zur ausgemachten [*o* vereinbarten] Zeit

dites [dit] *indic prés de* **dire**

dithyrambique [ditiʀɑ̃bik] *adj* überschwänglich

diurétique [djyʀetik] *m* harntreibendes Mittel, Diuretikum *nt spec*

diurne [djyʀn] *adj fleur* tagsblühend; ***rapace ~*** Tagraubvogel *m*; ***papillon ~*** Tagfalter *m*

divagation [divagasjɔ̃] *f gén pl* wirres Gerede *kein pl*, unzusammenhängendes Zeug *kein pl*

divaguer <1> [divage] *vi* ■ **qn divague** 1. (*délirer*) jd redet ungereimtes [*o* dummes] Zeug [daher] *fam*; */malade/* jd fantasiert
2. *fam* (*déraisonner*) jd spinnt *fam*

divan [divɑ̃] *m* Diwan *m*

divergence [divɛʀʒɑ̃s] *f* Divergenz *f*; ***~ d'opinions/d'intérêts*** Meinungsverschiedenheit *f* [*o* unterschiedliche Auffassung]/unterschiedliche Interessen *pl*; ***~ croissante dans l'évolution économique de deux pays*** wirtschaftliche Auseinanderentwicklung zweier Staaten

divergent, e [divɛʀʒɑ̃, ʒɑ̃t] *adj* divergent, voneinander abweichend

diverger <2 a> [divɛʀʒe] *vi* 1. (*s'écarter*) ■ **qc diverge de qc [quelque part]** etw weicht [irgendwo] von etw ab, etw entfernt sich [irgendwo] von etw; ■ **des choses divergent [quelque part]** Dinge gehen [irgendwo] auseinander; ***ici, nos chemins divergent, ici, mon chemin diverge du vôtre*** hier trennen sich unsere Wege
2. (*s'opposer*) ■ **qn diverge de qn sur** [*o* **dans**] **qc** jd weicht von jdm in Bezug auf etw (*akk*) ab; ■ **des personnes divergent sur** [*o* **dans**] **qc** die Meinungen von Menschen in Bezug auf etw (*akk*) divergieren, die Meinungen von Menschen in Bezug auf etw (*akk*) weichen voneinander ab; ■ **qc diverge de qc [sur qc]** etw weicht von etw [in Bezug auf etw (*akk*)] ab; ■ **des choses divergent [sur qc]** Dinge weichen voneinander ab [*o* gehen ausei-

nander] [*o* divergieren] [in Bezug auf etw (*akk*)]
divers, e [divɛʀ, ɛʀs] I. *adj* 1. (*différent, varié*) *paysages, coutumes* verschieden[artig], mannigfaltig; *hypothèses, personnes* verschieden; ■ **les ~ ...** + *subst* die diversen ..., die verschiedenen ...; ***je bois beaucoup de thé aux ~ moments de la journée*** ich trinke Tee zu den unterschiedlichsten Tageszeiten
2. (*inégal, contradictoire*) *mouvements, intérêts* unterschiedlich
II. *pron* (*plusieurs*) mehrere; ***à ~es reprises*** mehrmals, wiederholt; ***simultanément en ~ endroits*** an mehreren Orten gleichzeitig
III. *mpl* (*autres*) Sonstige(s) *nt*; (*frais*) sonstige Kosten *pl*
diversement [divɛʀsəmɑ̃] *adv* unterschiedlich
diversification [divɛʀsifikasjɔ̃] *f* Diversifikation *f*
diversifier <1 a> [divɛʀsifje] *vt* ■ **qn diversifie qc** jd diversifiziert etw; ***une production largement diversifiée*** eine breit gefächerte Produktion
diversion [divɛʀsjɔ̃] *f* 1. MIL Ablenkung *f*
2. *littér* (*distraction*) Ablenkung *f*
▶ **qn/qc fait ~** jd/etw lenkt vom Thema ab; **qc fait ~ à qc** *littér* etw verschafft einem Ablenkung von etw
diversité [divɛʀsite] *f* (*variété*) Verschiedenheit *f*, Verschiedenartigkeit *f*; (*multiplicité*) Vielfalt *f*, Mannigfaltigkeit *f*
divertir <8> [divɛʀtiʀ] I. *vt* ■ **qn/qc divertit qn** (*délasser*) jd/etw unterhält jdn; (*changer les idées de*) jd/etw lenkt jdn ab
II. *vpr* ■ **qn se divertit** jd unterhält [*o* amüsiert] sich; ***il se divertit à lire des romans policiers*** er zerstreut sich beim Lesen von Krimis
divertissant, e [divɛʀtisɑ̃, ɑ̃t] *adj* unterhaltsam; ***qn trouve ~ de faire qc*** es bereitet jdm Vergnügen, etw zu tun
divertissement [divɛʀtismɑ̃] *m* 1. ∅ (*action*) Unterhaltung *f*; (*passe-temps*) Beschäftigung *f*, Zeitvertreib *m*; ~ ***favori de qn*** jds Lieblingsbeschäftigung, jds Hauptvergnügen *nt*; ***elle pourrait avoir des ~s plus sains, non?*** sie könnte einer gesünderen Beschäftigung nachgehen, oder?
2. MUS Divertimento *nt*
dividende [dividɑ̃d] *m* 1. MATH Dividend *m*
2. FIN Dividende *f*
divin, e [divɛ̃, in] *adj* 1. REL göttlich
2. (*exceptionnel*) *beauté* bezaubernd; *plat* köstlich; *musique* himmlisch, wundervoll; *femme* bezaubernd schön
divination [divinasjɔ̃] *f* Wahrsagen *nt*, Wahrsagung *f*; ***c'est de la ~!*** das grenzt schon an Hellseherei [*o* hellseherische Fähigkeiten]!
divinement [divinmɑ̃] *adv chanter* wundervoll, himmlisch; ***il fait ~ beau*** es ist herrliches Wetter; ***elle est ~ belle*** sie ist wunderschön
diviniser <1> [divinize] *vt* ■ **qn divinise qn/qc** jd erhebt jdn zum Gott, jd verehrt jdn/etw als Gott
divinité [divinite] *f* 1. ∅ (*propriété*) Göttlichkeit *f*
2. (*dieu*) Gottheit *f*; ~ ***de la mer*** Meeresgottheit *f*; ~ ***hindoue*** indische Gottheit
diviser <1> [divize] I. *vt* 1. (*fractionner*) ■ **qn/qc divise qc [en qc]** jd/etw teilt etw [in etw (*akk*)]; *gâteau a.* jd teilt etw auf [in etw (*akk*)]; (*classer*) jd teilt etw ein [in etw (*akk*)]; *en paragraphes, chapitres, actes* jd gliedert etw [in etw (*akk*)], jd unterteilt etw [in etw (*akk*)]; ***l'année est divisée en mois*** das Jahr wird [*o* ist] in Monate eingeteilt; ■ **qn divise un groupe [en qc]** jd teilt etw [in etw (*akk*)]; ■ **qn divise qc entre plusieurs personnes** jd teilt etw unter mehreren Menschen auf
2. MATH ■ **qn divise un nombre par un nombre** jd teilt [*o* dividiert] eine Zahl durch eine Zahl
3. (*désunir*) ■ **qn/qc divise des personnes** jd/etw entzweit Menschen; ■ **qn/qc divise qc** *groupe, population, parti* jd/etw spaltet etw; ***l'opinion publique est très divisée*** die öffentliche Meinung ist sehr gespalten; ***ce problème divise l'opinion*** die Öffentlichkeit ist in Bezug auf dieses Problem geteilter Meinung; ■ **des personnes sont divisées au sujet de [*o* sur] qc** Menschen sind über etw (*akk*) geteilter Meinung
▶ **~ pour régner** *prov* divide et impera!, teile und herrsche!
II. *vpr* 1. (*se séparer*) ■ **qc se divise [en qc]** /*cellule, route*/ etw teilt sich [in etw (*akk*)]; ■ **un groupe se divise [en qc]** eine Gruppe spaltet sich [in etw (*akk*)]
2. (*être divisible*) ■ **qc se divise** /*nombre*/ etw ist teilbar, etw lässt sich teilen; /*ouvrage*/ etw gliedert sich
diviseur [divizœʀ] *m* Teiler *m*, Divisor *m*
divisible [divizibl] *adj* ■ **~ par qc** teilbar durch etw
division [divizjɔ̃] *f* 1. (*fractionnement*) ■ **~ [en qc]** [*pays*] Gliederung *f* [in etw (*akk*)]; [*tâches*] Verteilung *f*; (*classement*) Einteilung *f* [in etw (*akk*)]
2. (*désaccord*) Uneinigkeit *f*, Unstimmigkeiten *pl*; ***qn sème la ~*** jd sät Zwietracht
3. MATH Dividieren *nt*, Teilen *nt*, Division *f*
4. (*subdivision*) Teil *m*; ~ ***administrative*** Verwaltungseinheit *f*, Verwaltungsbezirk *m*; ***les ~s du règne animal/végétal*** die Einteilung der Tier-/Pflanzenwelt
5. MIL Division *f*; ~ ***d'infanterie*** Infanterieeinheit *f*
6. FBALL Liga *f*
7. [*entreprise*] Abteilung *f*
▶ **~ cellulaire** Zellteilung *f*; **qn fait une ~** jd teilt, jd dividiert
◆ **division du travail** Arbeitsteilung *f*
divorce [divɔʀs] *m* 1. JUR [Ehe]scheidung *f*; ■ **~ avec [*o* d'avec] qn** Scheidung von jdm
2. (*divergence*) ■ **~ entre qc et qc** Diskrepanz *f* zwischen etw (*dat*) und etw (*dat*); ■ **~ entre qn et qn** (*rupture*) Bruch *m* [*o* Kluft *f*] zwischen jdm und jdm
▶ **~ par consentement mutuel** Scheidung *f* in gegenseitigem Einvernehmen; **qn demande le ~** jd reicht die Scheidung ein; **qn obtient le ~** jd lässt sich von jdm scheiden; **qn prononce le ~** jd spricht die Scheidung aus
divorcé, e [divɔʀse] I. *adj* ■ **~ [de qn]** [von jdm] geschieden
II. *m, f* Geschiedene(r) *f(m)*
divorcer <2> [divɔʀse] *vi* ■ **qn divorce [d'avec [*o* avec] [*o* de] qn]** jd lässt sich [von jdm] scheiden
divulgation [divylgasjɔ̃] *f* [*secrets*] Preisgabe *f*, Verrat *m*; [*nouvelle*] Verbreitung *f*, Bekanntmachung *f*; [*complot*] Aufdeckung *f*
divulguer <1> [divylge] *vt* ■ **qn divulgue qc [à qn]** *secret* jd verrät [jdm] etw, jd gibt etw preis; *nouvelle* jd verbreitet etw, jd gibt [jdm] etw bekannt, jd macht etw bekannt; ■ **qn divulgue que** + *indic* jd verbreitet, dass; jd gibt bekannt, dass
dix [dis] *inv* I. *num* 1. (*cardinal*) zehn; ***ils ont gagné ~ à un*** sie haben zehn zu eins gewonnen; ***ça coûte ~ francs*** das kostet zehn Franc; ***le train part dans ~ minutes*** der Zug fährt in zehn Minuten ab; ***dans ~ jours*** in zehn Tagen; ***neuf et un font ~*** neun und eins sind [*o* macht] [*o* gibt] zehn
2. (*ordinal*): ***chapitre/page ~*** Kapitel *nt*/Seite *f* zehn; ***le numéro ~*** die Nummer zehn; ***à ~ heures*** um zehn Uhr; ***je viens le ~ mai*** ich komme am zehnten Mai; ***nous sommes le ~ juin*** heute ist der zehnte Juni, wir haben den zehnten Juni; ~ ***mille/10 millions/milliards*** zehntausend/zehn Millionen/zehn Milliarden; ***Louis X*** Ludwig X., Ludwig der Zehnte
▶ **qn répète/recommence ~ fois la même chose** jd wiederholt/macht immer wieder dasselbe
II. *m inv* 1. (*chiffre*) Zehn *f*
2. (*numéro*) Nummer *f* zehn, Zehn *f*; ***j'habite [au] 10, rue de Rivoli*** ich wohne [in der] Rue de Rivoli [Nummer] 10; ■ **le ~** die Nummer zehn; TRANSP die Nummer zehn, die Linie zehn, die Zehn *fam*; (*bus a.*) der Zehner SDEUTSCH *fam*; ***quel cheval as-tu joué? – Le ~*** auf welches Pferd hast du gesetzt? – Auf die Nummer zehn [*o* die Zehn *fam*]
3. CARTES, JEUX Zehn *f*; ***je joue le ~ de cœur*** ich spiele die Herzzehn; ***qn mise le ~*** jd setzt auf die Zehn
4. (*date*): ***nous sommes aujourd'hui le ~*** heute ist der Zehnte, wir haben heute den Zehnten
5. SCOL (*note*) zehn Punkte [von zwanzig] (*ausreichende Note, die einer Vier entspricht*); ***elle a eu [un] ~ à l'interro de maths*** sie hat vier Punkte in der Mathearbeit geschrieben
▶ **~ arabe/romain** arabische/römische Zehn
III. *f* ■ **la ~** die Zehn; (*table a.*) der Tisch zehn; (*chambre a.*) das Zimmer zehn
IV. *pron* zehn; ***seuls ~ sont venus*** nur zehn sind gekommen; ***ils étaient ~ contre deux*** sie waren zehn gegen zwei
▶ **à ~** zu zehnt; **par ~** COM im Zehnerpack; **~ par ~** *choses* je[weils] zehn; *personnes a.* [jeweils] zu zehnt; **tous les ~** alle zehn
dix-huit [dizɥit] *inv* I. *num* 1. (*cardinal*) achtzehn
2. (*ordinal*): ***chapitre/page ~~*** Kapitel *nt*/Seite *f* achtzehn; ***je viens le ~~ juin*** ich komme am achtzehnten Juni
II. *m inv* 1. (*chiffre*) Achtzehn *f*
2. (*numéro*) Nummer *f* achtzehn, Achtzehn *f*; ***j'habite [au] 18, rue de la Mésange*** ich wohne [in der] Rue de la Mésange [Nummer] 18
3. (*date*): ***nous sommes aujourd'hui le ~~*** heute ist der Achtzehnte, wir haben heute den Achtzehnten
4. SCOL (*note*) achtzehn Punkte [von zwanzig] (*sehr gute Note, die einer Eins entspricht*); *v. a.* **cinq**
dix-huitième <~-~s> [dizɥitjɛm] I. *adj antéposé* achtzehnte(r, s); ***elle habite au ~~ étage*** sie wohnt im achtzehnten Stock
II. *mf* ■ **le/la ~~** der/die/das Achtzehnte
III. *m* 1. (*fraction*) Achtzehntel *nt*
2. (*siècle*) achtzehntes Jahrhundert
3. (*étage*) achtzehnter Stock, achtzehnte Etage
4. (*arrondissement*) achtzehntes Arrondissement
dixième [dizjɛm] I. *adj antéposé* zehnte(r, s); ***au ~ siècle*** im zehnten Jahrhundert; ***il est arrivé ~*** er ist Zehnter geworden
II. *mf* ■ **le/la ~** der/die/das Zehnte; ***elle est la ~ de la classe*** sie ist die Zehntbeste der Klasse
III. *m* 1. (*fraction*) Zehntel *nt*
2. (*étage*) zehnter Stock, zehnte Etage
3. (*arrondissement*) zehntes Arrondissement
IV. *f vieux* SCOL ≈ zweite Grundschulklasse
dix-neuf [diznœf] *inv* I. *num* 1. (*cardinal*) neunzehn
2. (*ordinal*): ***chapitre/page ~~*** Kapitel *nt*/Seite *f* neunzehn; ***je viens le ~~ mai*** ich komme am neunzehnten Mai
II. *m inv* 1. (*chiffre*) Neunzehn *f*
2. (*numéro*) Nummer *f* neunzehn, Neunzehn *f*; ***j'habite [au] 19, rue de la Mésange*** ich wohne [in der] Rue de la Mésange [Nummer] 19
3. (*date*): ***nous sommes aujourd'hui le ~~*** heute ist der Neunzehnte, wir haben heute den Neunzehnten
4. SCOL (*note*) neunzehn Punkte [von zwanzig] (*sehr gute Note, die einer Eins entspricht*); *v. a.* **cinq**
dix-neuvième <~-~s> [diznœvjɛm] I. *adj antéposé* neunzehnte(r, s); ***elle habite au ~~ étage*** sie wohnt im neunzehnten Stock
II. *mf* ■ **le/la ~~** der/die/das Neunzehnte
III. *m* 1. (*fraction*) Neunzehntel *nt*
2. (*siècle*) neunzehntes Jahrhundert
3. (*étage*) neunzehnter Stock, neunzehnte Etage
4. (*arrondissement*) neunzehntes Arrondissement
dix-sept [dissɛt] I. *num* 1. (*cardinal*) siebzehn
2. (*ordinal*): ***chapitre/page ~~*** Kapitel *nt*/Seite *f* siebzehn; ***je viens le ~~ mai*** ich komme am siebzehnten Mai
II. *m inv* 1. (*chiffre*) Siebzehn *f*
2. (*numéro*) Nummer *f* siebzehn, Siebzehn *f*; ***j'habite [au] 17, rue de la Mésange*** ich wohne [in der] Rue de la Mésange [Nummer] 17

3. (*date*): ***nous sommes aujourd'hui le ~-~*** heute ist der Siebzehnte, wir haben heute den Siebzehnten
4. SCOL (*note*) siebzehn Punkte [aus zwanzig] (*sehr gute Note, die einer Eins entspricht*); *v. a.* **cinq**

dix-septième <~-~s> [dissɛtjɛm] I. *adj antéposé* siebzehnte(r, s); ***elle habite au ~-~ étage*** sie wohnt im siebzehnten Stock; ***il est arrivé ~-~*** er ist Siebzehnter geworden
II. *mf* ■ **le/la ~-~** der/die/das Siebzehnte
III. *m* 1. (*fraction*) Siebzehntel *nt*
2. (*siècle*) siebzehntes Jahrhundert
3. (*étage*) siebzehnter Stock, siebzehnte Etage
4. (*arrondissement*) siebzehntes Arrondissement

dizaine [dizɛn] *f* 1. (*dix*) Zehn *f*; ***la première ~ de kilomètres*** die ersten zehn Kilometer
2. (*environ dix*) ■ **une ~ [de personnes/choses]** etwa [*o* ungefähr] [*o* um die] zehn [Menschen/Dinge]; (*plutôt moins a.*) an die zehn [Menschen/Dinge] *fam*; ***ce nombre ne dépasse pas la ~*** es sind höchstens zehn; ***ça se trouve à une bonne ~ de kilomètres d'ici*** das sind gut zehn Kilometer von hier; ***il faut compter une petite ~ de jours*** wir müssen knappe zehn Tage ansetzen; ■ **des ~s [...]** Dutzende *pl* von [...]; ***quelques/plusieurs ~s de personnes*** ein paar/mehrere Dutzend Menschen

D.J. [didʒi] *mf abr de* **disc-jockey**

dl *abr de* **décilitre** dl

dm *abr de* **décimètre** dm

DM [dœtʃmaʀk] *abr de* **Deutsche Mark** DM

do [do] *m inv* (*majeur*) C *nt*; (*mineur*) c *nt*; ~ ***dièse*** (*majeur*) Cis *nt*; (*mineur*) cis *nt*; ~ ***bémol*** (*majeur*) Ces *nt*; (*mineur*) ces *nt*; ~ ***bécarre*** (*majeur*) C mit Auflösungszeichen, aufgelöstes C; (*mineur*) c mit Auflösungszeichen, aufgelöstes c; ***en ~ majeur/mineur*** in C-Dur/c-Moll; ***en ~ bémol majeur/mineur*** in Ces-Dur/ces-Moll

doc [dɔk] *f fam abr de* **documentation** Doku *f fam*

DOC [dɔk] *m* INFORM *abr de* **disque optique compact** CD-Rom *f*

docile [dɔsil] *adj* fügsam, folgsam; *cheval* zahm; *air* sanft; ***qn a un caractère ~*** jd ist folgsam [*o* fügsam]

docilement [dɔsilmɑ̃] *adv obéir* willig; *se comporter* folgsam, fügsam

docilité [dɔsilite] *f* Fügsamkeit *f*, Folgsamkeit *f*; ***ce poney est d'une grande ~*** dieses Pony ist sehr zahm [*o* ist lammfromm *fam*]
▸ **avec ~** willig

docker [dɔkɛʀ] *m* Hafenarbeiter *m*, Docker *m*

docteur [dɔktœʀ] *m* 1. UNIV Doktor *m*
2. (*médecin*) Doktor *m*, Arzt/Ärztin *m/f*; ***qn appelle le ~*** jd ruft den Arzt; ***bonjour, ~*** guten Tag, Herr Doktor/Frau Doktor; ***le ~ [Jacques/Isabelle] Dupond*** Doktor [Jacques/Isabelle] Dupond
◆ **docteur en droit/médecine/pharmacie/ès lettres/ès sciences** Doktor(in) *m(f)* der Rechte/Medizin/Pharmazie/Philosophie/Naturwissenschaften

doctoral, e <-aux> [dɔktɔʀal, o] *adj péj* schulmeisterlich

doctorat [dɔktɔʀa] *m* ■ **~ [en [*o* ès]]** Doktorwürde *f* [*o* Doktorgrad *m*] [in + *dat*]; ~ ***d'État*** Habilitation *f*; ***qn passe son ~*** jd promoviert, jd macht seinen Doktor

doctoresse [dɔktɔʀɛs] *f vieilli* Ärztin *f*

doctrinaire [dɔktʀinɛʀ] *adj* doktrinär

doctrinal, e <-aux> [dɔktʀinal, o] *adj* eine Doktrin [*o* Lehre] betreffend; *débat, querelle* über eine Doktrin [*o* Lehre]

doctrine [dɔktʀin] *f* Doktrin *f*; ***la ~ chrétienne*** die christliche Glaubenslehre

document [dɔkymɑ̃] *m* 1. (*pièce écrite*) Dokument *nt*; (*d'un historien*) Quelle *f*; (*d'un comptable*) Beleg *m*; ■ **~s** (*dans des dossiers*) Unterlagen *pl*, Papiere *pl*; ~ ***sonore*** Tonaufzeichnung *f*
2. (*preuve*) Dokument *nt*; (*pour la police*) Beweisstück *nt*
▸ **~ administratif unique** Einheitspapier *nt* [der EU]

documentaire [dɔkymɑ̃tɛʀ] I. *adj* dokumentarisch
II. *m* Dokumentarfilm *m*

documentation [dɔkymɑ̃tasjɔ̃] *f* Dokumentation *f*, Informationsmaterial *nt*
▸ **qn réunit une ~ sur qc** jd stellt über etw (*akk*) eine Dokumentation zusammen; **de ~** Dokumentations-

documenter <1> [dɔkymɑ̃te] I. *vt* ■ **qn/qc documente qn sur qn/qc** jd/etw informiert jdn über jdn/etw
▸ **bien/mal documenté(e)** gut/schlecht dokumentiert
II. *vpr* ■ **qn se documente sur qn/qc** jd beschafft sich (*dat*) Informationsmaterial über jdn/etw; ***qn vient se ~*** jd informiert sich

dodeliner <1> [dɔdline] *vi* ■ **qn dodeline de la tête** jd wiegt [*o* bewegt] den Kopf hin und her

dodo [dodo] *m enfantin fam* ▸ **qn fait ~** jd macht heia *fam*; **qn va au ~** jd geht in die Heia [*o* ins Heiabettchen] *fam*; **au ~!** [jetzt aber] ab in die Heia! *fam*; **~!** jetzt wird aber geschlafen!

dodu, e [dɔdy] *adj fam* gut genährt; *poule a., bras* fleischig, dick; *personne a.* mollig *fam*, pummelig *fam*

dogmatique [dɔgmatik] *adj* dogmatisch; *ton a.* belehrend

dogmatisme [dɔgmatism] *m* Dogmatismus *m*

dogme [dɔgm] *m* Dogma *nt*

doigt [dwa] *m* 1. [*main, gant*] Finger *m*
2. (*mesure*) Fingerbreit *m*; ■ **un ~ [de qc]** *de vin, d'alcool* einen Fingerhut voll (+ *nomin*); ***qc est passé(e) à un ~ du cœur/à deux ~s du visage*** etw ging haarscharf am Herzen/Gesicht vorbei
▸ **il ne faut pas mettre le ~ entre le bois et l'écorce** *prov* man soll sich nicht in fremde Angelegenheiten mischen; **si on lui donne un ~, il/elle prend tout le bras** wenn man ihm/ihr den kleinen Finger gibt, nimmt er/sie gleich die ganze Hand; **une fois le ~ mis** [*o* **du moment qu'on a mis le ~**] **dans l'engrenage** wenn man einmal [damit] anfängt; **qn a des ~s de fée** jd ist [mit den Händen [*o* Fingern]] sehr geschickt; **deux personnes sont comme les [deux] ~s de la main** zwei Menschen sind ein Herz und eine Seele; **qn est à deux ~s de la mort** jd steht mit einem Fuß im Grab[e]; **qn fait qc les ~s dans le nez** *fam* jd macht etw im Schlaf [*o* mit links] *fam*; **si qn croit que ..., il se fourre** [*o* **met**] [*o* **fout**] [*o* **fiche**] **le ~ dans l'œil** [**jusqu'au coude**] *fam* wenn jd glaubt, dass ..., dann ist er auf dem Holzweg [*o* schief gewickelt *fam*]; **qn obéit** [*o* **marche**] **au ~ et à l'œil** jd gehorcht aufs Wort; **qn fait marcher** [*o* **mène**] **qn au ~ et à l'œil** jd hält bei jdm die Zügel kurz, jd hat [*o* hält] jdn an der Kandare; **qn met le ~ sur la plaie** jd berührt einen wunden Punkt; **qn ne fait rien de ses dix ~s** jd tut keinen Handschlag; **qn ne sait pas quoi faire de ses dix ~s** (*est désœuvré*) jd weiß nichts mit sich anzufangen; **qn ne sait rien faire de ses dix ~s** (*n'est pas un manuel*) jd hat zwei linke Hände; **petit ~** kleiner Finger; **[c'est] mon petit ~ [qui] me l'a dit** *fam* das sagt mir mein kleiner Finger; **qn ne lève** [*o* **bouge**] [*o* **remue**] **pas le petit ~** jd rührt keinen Finger, jd macht keinen Finger krumm; **qn/qc est à un** [*o* **deux ~s**] **de faire qc** jd/etw steht kurz davor, etw zu tun; **qn a qc dans les ~s** MUS jd hat etw gut drauf *fam*, jd hat etw gut eingeübt; **qc lui a claqué dans les ~s** etw ist ihm/ihr fehlgeschlagen; **qn compte sur ses ~s** jd zählt mit Hilfe der Finger; **on peut les compter sur ses dix ~s** [*o* **sur les ~s de la main**] man kann sie an den Fingern abzählen; **qc lui file entre les ~s** etw zerrinnt jdm zwischen [*o* unter] den Fingern; **qn lui file** [*o* **glisse**] **entre les ~s** jd schlüpft jdm durch die Maschen; **qn lève le ~** jd hebt den Finger, jd meldet sich; **qn mange avec ses ~s** jd isst mit den Fingern; **qn met le ~ sur qc** jd trifft den Kern [*o* das Wesentliche] einer S. (*gen*); **qn montre qn/qc du ~** jd zeigt mit dem Finger auf jdn/etw; **qn s'en mord les ~s** jd bereut es bitter; **qn se mord les ~s d'avoir fait qc** jd bereut es bitter, etw getan zu haben; **qn va se faire/s'est fait taper sur les ~s [par qn]** jd wird/hat [mit jdm] Schwierigkeiten bekommen; **qn touche du ~ qc** (*voir clairement*) jd trifft mit etw genau den Punkt; (*approche de*) *but, fin* jd nähert sich einer S. (*dat*); **qn lui fait toucher du ~ qc** jd weist jdn auf etw (*akk*) hin
◆ **doigt de pied** Zeh *m*, Zehe *f* ▸ **qn a** [*o* **reste**] **les ~s de pied en éventail** *fam* jd streckt alle viere von sich

doigté [dwate] *m* 1. MUS Fingersatz *m*
2. (*savoir-faire*) Fingerspitzengefühl *nt*

dois [dwa] *indic prés de* **devoir**

doit [dwa] I. *indic prés de* **devoir**
II. *m* Soll *nt*, Debet *nt*; ~ ***et avoir*** Soll und Haben *nt*

doivent [dwav] *indic et subj prés de* **devoir**

doléances [dɔleɑ̃s] *fpl* Beschwerden *pl*; ***qn fait*** [*o* ***présente***] ***ses ~ à qn au sujet de qc*** jd beschwert sich bei jdm wegen etw

dollar [dɔlaʀ] *m* Dollar *m*; ~ ***canadien*** kanadischer Dollar; ***la zone ~*** der Dollarraum, der Dollarblock

dolmen [dɔlmɛn] *m* Dolmen *m*

D.O.M. [dɔm] *m abr de* **département d'outre-mer** überseeisches Departement

domaine [dɔmɛn] *m* 1. (*terre*) Ländereien *pl*; ***le ~ familial a été vendu*** der Familienbesitz wurde verkauft
2. ADMIN ■ **le D~** das Staatsvermögen, der Staatsbesitz
3. (*sphère*) Gebiet *nt*, Bereich *m*, Domäne *f*; ~ ***d'activité*** Betätigungsfeld *nt*; ~ ***d'application d'une loi*** Geltungsbereich [*o* Anwendungsbereich] eines Gesetzes; ***la mécanique, ce n'est vraiment pas mon ~!*** die Mechanik ist nicht gerade mein Spezialgebiet [*o* meine Domäne]!
4. INFORM Domäne *f*
▸ **[qc tombe dans le] ~ public** [etw gehört zum] Allgemeingut *nt*, [etw ist] Gemeinbesitz *m*; **dans tous les ~s** auf allen Gebieten; **qc est du ~ de qn/qc** etw fällt in jds Bereich/in den Bereich einer S. (*gen*)
◆ **domaine de l'État** Staatsvermögen *nt*, Staatsbesitz *m*

domanial, e <-aux> [dɔmanjal, jo] *adj*: ***biens ~aux*** Staatsvermögen *nt*; ***forêt ~e*** Staatsforst *m*

dôme [dom] *m* Kuppel *f*, Kuppeldach *nt*

domestique [dɔmɛstik] I. *adj* 1. (*opp: sauvage*) zahm; ***animal ~*** Haustier *nt*
2. (*ménager*) *vie, affaires, ennuis* häuslich; ***économie ~*** Hauswirtschaft *f*; ***travaux ~s*** Hausarbeiten *pl*
3. ECON *marché, demande* Binnen-, Inlands-
II. *mf* Diener(in) *m(f)*
▸ **qn traite qn comme un ~** jd behandelt jdn wie einen Diener [*o* Lakai]/ein Dienstmädchen; **je ne suis pas ton ~** ich bin doch nicht dein Diener [*o* Lakai]/dein Dienstmädchen

domestiquer [dɔmɛstike] <1> *vt* ■ **qn domestique un animal** jd domestiziert ein Tier, jd macht ein Tier zum Haustier; ■ **qn domestique qc** jd macht etw nutzbar

domicile [dɔmisil] *m* Wohnung *f*; (*adresse*) Wohnsitz *m*; ***changement de ~*** Wohnsitzwechsel *m*; ***violation de ~*** Hausfriedensbruch *m*
▸ **sans ~ fixe** ohne festen Wohnsitz; **un(e) sans ~ fixe** ein Nichtsesshafter/eine Nichtsesshafte; **franco ~** frei Haus; **qn a élu ~ quelque part** jd hat sich irgendwo häuslich niedergelassen; **à ~** *livrer* ins Haus; *recevoir, soins* zu Hause; *envoi* nach Hause; *travail, défaite* Heim-; *visite, livraison, quête* Haus-; ***vente à ~*** Haustürgeschäft *nt*; ***démarchage à ~*** Hausbesuch *m* beim Kunden; ***qn travaille à ~*** jd arbeitet zu Hause; (*de façon artisanale*) jd macht Heimarbeit; ***une équipe gagne/joue à ~*** eine Mannschaft gewinnt auf eigenem Platz/macht ein Heimspiel

domiciliation [dɔmisiljasjɔ̃] *f* [*effet*] Zahlungsort *m*, Domizil *nt*; ~ ***bancaire*** kontoführende Bank

domicilier <1 a> [dɔmisilje] *vt form* ■ **qn est domicilié(e) quelque part** jd hat irgendwo seinen Wohnsitz, jd ist irgendwo wohnhaft; ■ **qn se fait ~**

quelque part jd meldet irgendwo seinen Wohnsitz an

dominant, e [dɔminɑ̃, ɑ̃t] **I.** *adj* dominierend; *trait, rôle a.* beherrschend; *vent* vorherrschend; *opinion* [vor]herrschend; *position, nation* führend; ***sa préoccupation ~e*** seine/ihre Hauptsorge [*o* größte Sorge]; ***parti ~ dans une coalition*** stärkste Partei in einer Koalition; ***ils furent le peuple ~ de l'Antiquité*** sie waren das mächtigste Volk der Antike

II. *f* ■ **dominante** (*couleur*) dominierende Farbe; (*caractéristique*) dominierendes Merkmal, dominierender [Charakter]zug; ***qn a une formation à ~ littéraire*** jds Bildung ist vorzugsweise literarisch ausgerichtet

dominateur, -trice [dɔminatœʀ, -tʀis] *adj* herrisch, gebieterisch; *personne* herrschsüchtig; ***caractère ~*** Herrschsucht *f*

domination [dɔminasjɔ̃] *f* (*suprématie*) Vormacht[stellung *f*] *f*, Vorherrschaft *f*; ***la ~ et la soumission*** die Dominanz und die Unterwerfung; ***besoin de ~*** Herrschsucht *f*

▶ **qn <u>est</u>/<u>vit</u> sous la ~ de qn** jd ist [*o* wird] von jdm beherrscht [*o* dominiert]; **qn <u>exerce</u> sa ~ sur qn** jd übt über jdn seine Macht [*o* Herrschaft] aus; **qn <u>passe</u>** [*o* **<u>tombe</u>**] **sous la ~ de qn** *d'un individu* jd gerät in jds Abhängigkeit (*akk*); *d'un pouvoir public a.* jd kommt unter jds Vorherrschaft (*akk*); **qn <u>subit</u> la ~ de qn** *d'un individu* jd wird von jdm beherrscht; *d'un pouvoir public a.* jd lebt unter jds Vorherrschaft (*dat*)

dominer <1> [dɔmine] **I.** *vt* **1.** (*être le maître de*) ■ **qn/qc domine qn/qc** jd/etw beherrscht jdn/etw; *personne, pays a.* jd herrscht über jdn/etw

2. (*contrôler*) ■ **qn domine qc** jd zügelt etw; *colère a., larmes* jd hält etw zurück; *chagrin* jd unterdrückt etw; *situation* jd ist Herr einer S. (*gen*), jd beherrscht etw; (*posséder*) *sujet* jd beherrscht etw; *question* jd weiß in etw (*dat*) Bescheid

3. (*surpasser*) ■ **qn domine qn** jd überflügelt jdn

4. (*surplomber*) ■ **qc domine qc** etw überragt etw, etw beherrscht etw; ***du belvédère, on domine toute la plaine*** vom Aussichtspunkt aus schaut man über die ganze Ebene

5. (*dépasser*) ■ **qn/qc domine des personnes/qc** jd/etw überragt Menschen/etw; *toute sa génération, son époque* jd/etw bestimmt [*o* prägt] etw

6. (*être plus fort que*) ■ **qn/qc domine qc** /*orateur, voix*/ jd/etw übertönt etw; /*odeur*/ etw beherrscht etw; /*passion du jeu*/ etw überwiegt gegenüber etw

II. *vi* **1.** (*prédominer*) ■ **qc domine chez qn/dans qc** etw herrscht bei jdm/in etw (*dat*) vor, etw überwiegt bei jdm/in etw (*dat*); ***dans le tumulte, sa voix aiguë dominait*** in dem Krach fiel seine/ihre schrille Stimme auf; ***dans le corps enseignant, les femmes dominent nettement*** bei den Lehrern ist der Frauenanteil eindeutig höher

2. (*commander, être le meilleur*) ■ **qn domine quelque part** *à la maison, au bureau* jd gibt irgendwo den Ton an; (*dans un débat, sur les mers*) jd ist irgendwo überlegen; ■ **qn domine [au cours de qc]** SPORT jd dominiert [bei etw]; ***ce coureur a dominé pendant la première partie de la course*** der Läufer lag während der ersten Hälfte des Rennens vorn

III. *vpr* ■ **qn se domine** jd beherrscht sich

dominical, e <-aux> [dɔminikal, o] *adj* Sonntags-

domino [dɔmino] *m* (*pièce*) Dominostein *m*; *pl* (*jeu*) Domino[spiel *nt*] *nt*

dommage [dɔmaʒ] *m* **1.** (*préjudice*) Schaden *m*

2. *pl* (*dégâts*) Schaden *m*, Schäden *pl*

▶ **~s <u>corporels</u>** Personenschaden *m*; **~s <u>matériels</u>** Sachschaden *m*, **qn/qc <u>cause</u> des ~s [à qc]** jd/etw verursacht Schaden [*o* Schäden] [an etw (*dat*)], jd/etw richtet Schaden [*o* Schäden] [an etw (*dat*)] an; **qn/qc <u>cause</u> un ~ à qn** jd/etw fügt jdm einen Schaden zu; **c'<u>est</u> [<u>bien</u>] ~!** das ist [sehr] schade; **c'<u>est</u> ~ de faire qc/que** + *subj* es ist schade, etw zu tun/dass; **ce n'<u>est</u> pas ~!** *fam* das ist [wirklich] nicht schade!; **qn <u>répare</u> un ~** d macht einen Schaden wieder gut; **qc <u>répare</u> un ~** etw ist ein Ersatz für einen Schaden; **~ <u>que</u>** + *subj* schade, dass; **<u>quel</u> ~!** wie schade!; **<u>quel</u> ~ de faire qc/que** + *subj* wie schade, etw zu tun/dass; **~!** schade!

◆ **dommages et intérêts** Schaden[s]ersatz *m*

dommageable [dɔmaʒabl] *adj* ■ **~ [à qn/qc]** schädlich [für jdn/etw], nachteilig [für jdn/etw]

dommages-intérêts [dɔmaʒɛ̃teʀɛ] *mpl* Schaden[s]ersatz *m*

domotique [dɔmɔtik] *f* Haustechnik *f*, Domotechnik *f*

dompter <1> [dɔ̃(p)te] *vt* ■ **qn dompte qn/un animal** jd bändigt jdn/ein Tier; *fauve a.* jd zähmt ein Tier, jd richtet ein Tier ab; *cheval* jd reitet ein Tier zu; *rebelles* jd unterwirft jdn, jd wirft jdn nieder; ■ **qn dompte qc** jd bändigt etw; *rébellion* jd schlägt etw nieder; *passions* jd [be]zähmt etw; *passions, imagination* jd zügelt etw; *peur* jd überwindet etw

dompteur, -euse [dɔ̃(p)tœʀ, -øz] *m, f* Dompteur/Dompteuse *m/f*

D.O.M.-T.O.M. [dɔmtɔm] *mpl abr de* **départements et territoires d'outre-mer** Überseeprovinzen *pl*

don [dɔ̃] *m* **1.** (*action*) Schenkung *f*; (*philanthropique*) Spenden *nt*

2. (*cadeau*) Geschenk *nt*; (*philanthropique*) Spende *f*

3. (*aptitude*) Gabe *f*, Begabung *f*, Talent *nt*

▶ **qn a le ~ de la <u>parole</u>** jd ist rhetorisch begabt; **qn/qc <u>a</u> le ~ de faire qc** jd hat die Gabe etw zu tun; jd versteht es, etw zu tun; *iron* jd hat die Gabe [*o* das Talent] etw zu tun; ***cette musique a le ~ d'apaiser le cœur*** diese Musik hat wirklich eine beruhigende Wirkung; **qn <u>a</u> un ~** [*o* **des ~s**] **pour qc** jd ist für etw begabt, jd hat eine Begabung für etw; **qn <u>fait</u> un ~ à qn** jd macht jdm eine Schenkung; jd lässt jdm eine Spende zukommen; **qn <u>fait</u> ~ de qc à qn** jd schenkt jdm etw; ***qn a fait ~ de son corps à la science*** jd hat seinen Körper der Wissenschaft zur Verfügung gestellt

◆ **don d'imitation** Imitationsgabe *f*; **don d'organes** Organspende *f*; **don d'ubiquité** Allgegenwart *f* ▶ **qn <u>a</u> le ~ d'ubiquité** *hum* jd kann überall zugleich sein; **don du sang** Blutspende *f*

donateur, -trice [dɔnatœʀ, -tʀis] *m, f* Spender(in) *m(f)*

donation [dɔnasjɔ̃] *f* Schenkung *f*

donc [dɔ̃k] *conj* also; (*en interrogative*) denn; (*en impérative*) doch; ***si ~ je ne suis pas là à 20 heures*** wenn ich [also] um 20 Uhr noch nicht da bin, sollte ich [also] um 20 Uhr noch nicht da sein; ***ah, c'est ~ vous, Monsieur Feydeau*** Sie sind also Monsieur Feydeau; ***j'avais raté le bus et ne pouvais ~ plus arriver à l'heure*** ich hatte den Bus verpasst und konnte deshalb [*o* daher] nicht mehr rechtzeitig kommen; ***~ nous pouvons conclure de tout cela que*** + *indic* wir können also aus dem Ganzen die Schlussfolgerung ziehen, dass; demnach [*o* folglich] können wir aus dem Ganzen die Schlussfolgerung ziehen, dass; ***tu ne vois ~ pas que tu gênes?*** merkst du denn gar nicht, dass du störst?; **[*mais*]** ***entrez ~!*** [aber] treten Sie [doch] ein!; **[*mais*]** ***fais ~ un peu attention!*** pass doch ein bisschen auf!; ***qu'il est ~ bête, ce gamin!*** was ist dieser Junge doch dumm!

donjon [dɔ̃ʒɔ̃] *m* Bergfried *m*

don Juan <~s ~s> [dɔ̃ʒyɑ̃] *m* Don Juan [dɔn'xuan] *m*

donnant [dɔnɑ̃] *loc* ■ **avec qn, c'est ~, ~** jd tut [*o* macht] nichts ohne Gegenleistung

donne [dɔn] *f* CARTES Geben *nt*; ***qn fait la ~*** jd gibt die Karten [aus]; ***à vous la ~!*** Sie geben aus!

▶ **il y a <u>fausse</u> ~** es ist falsch [aus]gegeben worden; **<u>nouvelle</u> ~** neue Rollenverteilung

donné, e [dɔne] **I.** *adj* (*déterminé*) bestimmt; ***à un moment ~, il finira bien par capituler*** irgendwann wird er kapitulieren

▶ **<u>étant</u> ~ qc** in Anbetracht einer S. (*gen*), wegen etw; ***étant ~ les circonstances*** mit Rücksicht auf die Umstände; **<u>étant</u> ~ que** + *indic* da ja; in Anbetracht der Tatsache, dass; **c'<u>est</u> ~** *fam* das ist geschenkt *fam*; **ce n'<u>est</u> pas ~** *fam* das ist [wirklich] nicht geschenkt *fam*

II. *f gén pl* ■ **donnée 1.** (*élément d'appréciation*) Angabe *f*; ***qc repose sur certaines ~es*** etw beruht auf bestimmten Gegebenheiten; ***qn ne possède pas toutes les ~es d'un problème*** jd kennt nicht alle Fakten [*o* Einzelheiten] eines Problems

2. SCOL: ***~es du problème*** Problemstellung *f*

3. *pl* INFORM Daten *pl*; STATIST Daten, Angaben *pl*; ***en ~es corrigées des variations saisonnières*** in saisonbereinigten Zahlen

donner <1> [dɔne] **I.** *vt* **1.** ■ **qn/qc donne qc [à qn]** jd/etw gibt [jdm] etw; *main, bras a.* jd reicht [jdm] etw; *salaire a.* jd zahlt [jdm] etw; (*en cadeau*) jd schenkt [jdm] etw; (*confier*) *lettre* jd händigt [jdm] etw aus; (*transmettre*) *maladie contagieuse* jd steckt jdn mit etw an; (*communiquer*) *nom* jd gibt [jdm] etw an; (*fournir*) *moyens* jd stellt etw bereit; ***qn donne qn [en mariage] à qn*** jd gibt jdm jdn zur Frau; ***donne ta place à cette vieille dame!*** biete der alten Dame deinen Platz an!; ***jeunes chats à ~*** Kätzchen abzugeben [*o* zu verschenken]; ***n'approche pas trop, sinon je vais te ~ ma grippe*** komm mir nicht zu nah, sonst holst du dir bei mir noch die Grippe *fam*; ***n'oublie pas de [nous] ~ de tes nouvelles de temps en temps!*** vergiss nicht, uns von Zeit zu Zeit zu schreiben, wie es dir geht; ***j'aimerais que vous me donniez votre avis au sujet du projet*** ich hätte gern Ihre Meinung zu dem Projekt gehört; ***pardon, monsieur, pouvez-vous me ~ l'heure?*** Entschuldigung, können Sie mir sagen, wie viel Uhr es ist [*o* wie spät es ist]?; ***cette montre donne-t-elle l'heure exacte?*** zeigt diese Uhr die genaue Zeit an?; ***je n'ai que quelques instants à vous ~*** ich kann Ihnen nur einige Minuten schenken; ***qc ne donne pas le temps à qn de faire qc*** etw lässt jdm keine Zeit etw zu tun; ***donne-toi un coup de peigne*** kämm dich ein bisschen; ***j'ai vite donné un coup de balai*** ich habe schnell durchgefegt; ***on a donné son nom à cette rue*** die Straße wurde nach ihm benannt

2. MUS ■ **qn donne qc** *note, ton* jd gibt etw an

3. SCOL ■ **qn donne qc [à qn]** *devoir* jd gibt [jdm] etw auf

4. (*causer*) ■ **qn/qc [lui] donne qc** jd/etw macht [jdm] etw; *la force de faire qc* jd/etw gibt [*o* verleiht] [jdm] etw; ***qn/qc lui donne [beaucoup de] satisfaction*** jd/etw stellt jdn [sehr] zufrieden; ***qc donne faim/soif*** etw macht hungrig/durstig; ***qc lui donne faim/soif*** er/sie bekommt von etw Hunger/Durst; ***qn/qc lui donne envie de faire qc*** er/sie bekommt durch jdn/etw Lust etw zu tun; ***qn/qc lui donne des maux de tête/des boutons*** er/sie bekommt wegen jdm/von etw Kopfschmerzen/einen [Haut]ausschlag; ***qc lui donne le vertige*** ihm/ihr wird von etw schwindlig; ***ça lui donne chaud/froid*** davon wird ihm/ihr heiß/kalt

5. (*conférer*) ■ **qn/qc donne qc à qn/qc** jd/etw verleiht jdm/einer S. etw

6. (*attribuer*) ■ **qn lui donne qc** jd schreibt ihm/ihr etw zu; ■ **qn donne qc à qc** jd misst einer S. (*dat*) etw bei; ***quel âge lui donnez-vous?*** für wie alt halten Sie ihn/sie?, wie alt schätzen Sie ihn/sie?; ***on ne lui donnerait jamais cet âge!*** für so alt würde man ihn/sie nie halten!

7. (*produire*) ■ **qc donne qc** /*arbre*/ etw trägt etw; /*vigne*/ etw gibt etw; /*recherches*/ etw [er]bringt etw; ■ **qn donne qc** /*écrivain*/ jd schreibt [*o* verfasst] etw; ***ça ne donnera rien!*** das führt doch zu nichts!; ***je me demande ce que ça va ~*** ich frage mich, was dabei herauskommt [*o* was das bringt *fam*]

8. (*faire faire*) ■ **qn donne à qn qc à faire** *devoir, leçon* jd gibt jdm etw zu tun auf; ***qn donne les enfants à garder aux grands-parents*** jd gibt die Kinder den Großeltern zur Aufsicht; ***qn donne ses chaussures à ressemeler*** jd lässt seine Schuhe neu besohlen

9. (*faire passer pour*) ■ **qn donne qn/qc pour qc** *pour certain, un génie* jd hält jdn/etw für etw; ***avant le match, tout le monde le donnait perdant*** vor dem Spiel sahen alle in ihm den Verlierer; ***les médecins le donnent pour perdu*** die Ärzte haben ihn aufgegeben

10. (*échanger*) ■ **qn donne qc pour** [*o* **contre**] **qc** jd gibt etw für etw

▶ **qn donne [qc] à <u>boire</u>/à <u>manger</u> à qn** jd gibt jdm [etw] zu trinken/zu essen; **qn donne à <u>entendre</u> [à qn] que** + *indic* jd gibt [jdm] zu verstehen, dass; jd deutet [jdm] an, dass; **qc donne à <u>penser</u>** etw gibt zu denken, etw stimmt [*o* macht] nachdenklich; **tout donne à <u>penser</u> que** + *indic* alles deutet darauf hin, dass; **qc donne à <u>réfléchir</u> [à qn]** etw gibt [jdm] zu denken, etw stimmt [*o* macht] [jdn] nachdenklich; **qc n'est <u>pas</u> donné(e) à qn** etw

ist jdm nicht gegeben; **il n'est pas donné à qn de faire qc** es ist jdm nicht gegeben, etw zu tun
II. *vi* 1. (*s'ouvrir sur*) ■ **qc donne sur qc** etw liegt zu etw [hin]; */pièce, fenêtre a./* etw geht auf etw [hin]; */porte/* etw geht [*o* führt] zu etw [hin]
2. HORT ■ **qc donne** etw trägt
3. ■ **qc donne** */soleil/* etw knallt [herunter] *fam*
4. (*frapper*) ■ **qc a donné sur** [*o* **contre**] [*o* **dans**] **qc** etw ist gegen etw [*o* an etw (*akk*)] gestoßen; ***la tête de l'enfant a donné contre la table*** das Kind ist mit dem Kopf gegen [*o* an] den Tisch gestoßen
5. (*être victime de*) ■ **qn donne dans qc** *dans un piège* jd geht in etw (*akk*); *dans un défaut* jd verfällt [*o* ergibt sich] einer S. (*dat*)
III. *vpr* 1. (*se dévouer*) ■ **qn se donne à qn/qc** jd widmet sich jdm/einer S.
2. *vieux* (*faire l'amour*) ■ **qn se donne à qn** jd gibt sich jdm hin

donneur, -euse [dɔnœʀ, -øz] *m, f* 1. (*qui donne*) Spender(in) *m(f)*
2. CARTES [Karten]geber(in) *m(f)*
3. MED Spender(in) *m(f)*
4. *fam* Spitzel *m*
▶ **~(-euse) universel(le)** MED Universalspender(in) *m(f)*
◆ **donneur(-euse) de conseils** Ratgeber(in) *m(f)*; **donneur(-euse) de leçons** Besserwisser(in) *m(f)*; **donneur(-euse) de sang** Blutspender(in) *m(f)*; **donneur(-euse) d'organe** Organspender(in) *m(f)*

dont [dɔ̃] *pron rel* 1. *compl d'un subst* dessen *m*, deren *f*, dessen *nt*, deren *pl*; ***cet acteur, ~ le dernier film connaît un vif succès*** dieser Schauspieler, dessen letzter Film ein voller Erfolg ist; ***les enfants ~ la mère travaille*** die Kinder, deren Mutter berufstätig ist; ***le village ~ j'ai oublié le nom*** das Dorf, dessen Namen ich vergessen habe
2. *compl d'un vb* (*au sujet de quoi/duquel/de laquelle*) von dem *m*, von der *f*, von dem *nt*, von denen *pl*; (*indiquant l'origine*) aus dem *m*, aus der *f*, aus dem *nt*, aus denen *pl*; (*indiquant l'instrument*) mit dem *m*, mit der *f*, mit dem *nt*, mit denen *pl*; ***la femme ~ vous me parlez sans cesse*** die Frau, von der Sie ständig sprechen; ***les événements ~ je me souviens*** die Ereignisse, an die ich mich erinnere; ***la maladie ~ elle souffre*** die Krankheit, an der sie leidet; ***voilà ce ~ il faut vous assurer*** das [alles] hier müssen Sie nachprüfen; ***cet enfant ~ vous prétendez qu'il est insupportable*** das Kind, von dem Sie behaupten, es sei unausstehlich; ***les mines ~ on extrayait autrefois de l'or*** die Minen, aus denen man früher Gold förderte; ***la classe sociale ~ elle sort*** die Gesellschaftsschicht, aus der sie stammt; ***les outils ~ tu te sers*** das Werkzeug, das du benützt; ***la façon ~ elle s'habille*** ihre Art, sich zu kleiden; ***il possède un violon ~ il joue admirablement*** er hat ein Geige und spielt wunderbar [darauf]
3. *compl d'un adj*: ***cet enfant ~ vous étiez si fier*** dieses Kind, auf das Sie so stolz waren; ***un accident ~ je ne suis nullement responsable*** ein Unfall, für den ich in keiner Weise verantwortlich bin; ***un travail ~ je ne suis pas satisfait*** eine Arbeit, mit der ich nicht zufrieden bin
4. (*partie d'un tout*) von denen; ***cet accident de voiture a fait six victimes, ~ deux enfants*** dieser Unfall forderte sechs Opfer, darunter zwei Kinder [*o* zwei davon waren Kinder]; ***il a écrit plusieurs romans ~ un [est] autobiographique*** er hat mehrere Romane geschrieben, darunter eine Autobiografie [*o* wovon einer autobiografisch ist]

dopage [dɔpaʒ] *m* Doping *nt*

dopant, e [dɔpɑ̃, ɑ̃t] I. *adj produit* aufputschend; SPORT Doping-
II. *m* (*produit*) Aufputschmittel *nt*; SPORT Dopingmittel *nt*

doper <1> [dɔpe] I. *vt* 1. (*droguer*) ■ **qn/qc dope qn/un animal** jd/etw dopt jdn/ein Tier
2. (*stimuler*) ■ **qc dope qn/qc** etw putscht jdn/etw auf
II. *vpr* ■ **qn se dope** jd nimmt Aufputschmittel; SPORT jd dopt sich

doping [dɔpiŋ] *m v.* **dopage**

dorade [dɔʀad] *f v.* **daurade**

doré, e [dɔʀe] I. *adj* 1. (*avec de l'or*) Gold-, vergoldet; ***le cadre ~ de ce tableau*** der Goldrahmen dieses Bildes
2. *blés, lumière* golden; *pain, gâteau* goldbraun; *peau* gebräunt; ***une chevelure d'un blond ~*** goldblondes Haar
3. (*agréable*) golden; ***une vie ~e*** ein Luxusleben *nt*; ***une prison ~e*** ein goldener Käfig
II. *m* (*dorure*) Vergoldung *f*

dorénavant [dɔʀenavɑ̃] *adv* von jetzt [*o* nun] an, in Zukunft

dorer <1> [dɔʀe] I. *vt* 1. (*recouvrir d'or*) ■ **qn dore/fait ~ qc** jd vergoldet etw/lässt etw vergolden
2. (*colorer*) ■ **qc dore qc** *moissons* etw färbt etw golden; *peau* etw bräunt etw; ***pour ~ le gâteau*** damit der Kuchen goldbraun wird
3. GASTR (*rôtir*) ■ **qn fait ~ qc** jd brät etw [knusprig]
II. *vi* GASTR ■ **qc dore** etw wird [knusprig] braun
III. *vpr* (*bronzer*) ■ **qn se dore** [*o* **se fait ~**] **[au soleil]** jd lässt sich von der Sonne bräunen

doreur, -euse [dɔʀœʀ, -øz] *m, f* Vergolder(in) *m(f)*

dorique [dɔʀik] *adj* dorisch

dorloter <1> [dɔʀlɔte] *vt* ■ **qn dorlote qn** jd verhätschelt jdn; ■ **qn se fait ~ [par qn]** jd lässt sich [von jdm] verhätscheln

dormant, e [dɔʀmɑ̃, ɑ̃t] I. *adj eau* stehend
II. *m* [*fenêtre, porte*] Rahmen *m*

dormeur, -euse [dɔʀmœʀ, -øz] *m, f* Schläfer(in) *m(f)*; (*qui dort beaucoup*) Langschläfer(in)

dormir <*irr*> [dɔʀmiʀ] *vi* 1. (*sommeiller*) ■ **qn/un animal dort** jd/ein Tier schläft; ■ **qn dort d'une certaine façon** *bien, mal, paisiblement* jd schläft irgendwie
2. (*être improductif*) ■ **qc dort** */capital, argent, richesses minières/* etw liegt brach; ■ **qc dort quelque part** etw liegt [*o* ruht] irgendwo
3. (*être négligé*) ■ **qc dort [quelque part]** */dossier, réclamations, affaire/* etw bleibt [irgendwo] liegen, etw verstaubt irgendwo
4. (*être lent et sans courage*) ■ **qn dort** jd schläft gleich [*o* fast] ein; ***ce n'est pas le moment de ~*** jetzt heißt es sich ranhalten *fam*; ***qn dort sur son travail*** jd schläft bei der Arbeit fast ein; ***tu dors?*** schläfst du?
5. (*être calme, sans bruit*) ■ **qc dort** */maison, nature/* etw ist ruhig; ***tout dort dans la maison*** im Haus ist alles ruhig
▶ **qui dort dîne** *prov* wer schläft, hat keinen Hunger; **ça ne l'empêche pas de ~** *fam* das juckt *fam* [*o* stört] ihn/sie überhaupt nicht; **je n'en dors plus** das bringt mich um den Schlaf, das raubt mir den Schlaf

dorsal, e <-aux> [dɔʀsal, o] I. *adj* Rücken-
II. *m* Rückenmuskel *m*

dortoir [dɔʀtwaʀ] *m* Schlafsaal *m*

dorure [dɔʀyʀ] *f* 1. (*revêtement*) Goldüberzug *m*; (*couche*) Goldschicht *f*; (*ornement*) Goldverzierung *f*; [*livre*] Goldschnitt *m*; ***couvert(e)s de ~s*** goldverziert
2. (*art*) Vergoldung *f*, Vergolden *nt*

doryphore [dɔʀifɔʀ] *m* Kartoffelkäfer *m*

dos [do] *m* 1. [*personne, animal*] Rücken *m*; ***redresse-toi! tu as le ~ voûté*** [*o* ***rond***] halt dich gerade! du machst einen krummen Rücken [*o* einen Buckel *fam*]
2. [*chaise*] Lehne *f*; [*couteau, livre*] Rücken *m*; [*enveloppe, lettre*] Rückseite *f*; [*main*] Oberfläche *f*; [*vêtement*] Rückenteil *nt*
▶ **à ~ d'âne** auf Eseln, auf Eselsrücken; **à ~ de chameau** auf Kamelen, auf Kamelrücken; **qn n'y va pas avec le ~ de la cuillère** *fam* jd geht nicht gerade zimperlich vor; ***avec sa belle-sœur, il n'y va pas avec le ~ de la cuillère*** er fasst seine Schwägerin nicht gerade mit Samthandschuhen an; **qn lui fait un enfant dans le ~** jd fällt jdm in den Rücken; **à ~ d'homme** auf dem Rücken, huckepack *fam*; **qn a mal au ~** jd hat Rückenschmerzen; **qc a bon ~** *fam* etw muss herhalten; ***vraiment, elle a bon ~, la migraine*** na, wofür die Migräne nicht alles herhalten muss; **qn a bon ~** jd hat einen breiten Rücken [*o* Buckel *fam*]; **ça fait froid dans le ~** dabei läuft es einem kalt den Rücken hinunter, dabei läuft einem ein Schauer über den Rücken; **un animal fait le gros ~** ein Tier macht einen Buckel; **qn fait le gros ~** (*de mécontentement*) jd verzieht das Gesicht; (*de peur*) jd zieht den Kopf ein; **qn en a plein le ~** *fam* jdm reicht es, jd hat die Nase voll *fam*; ***je commence à en avoir plein le ~*** ich habe langsam die Nase voll *fam*; **qn fait le ~ rond** jd duckt sich; **qn a le ~ tourné** jd hat den Rücken gekehrt, jd ist einen Moment weg; ***dès que j'ai le ~ tourné, il fait une bêtise*** sobald ich ihm den Rücken kehre, macht er eine Dummheit; **qn a tout le monde à ~** jd hat alle gegen sich aufgebracht, jd hat es sich (*dat*) mit allen verdorben; **qn a qn/qc dans le ~** jd hat jdn/etw im Rücken; **qn a qn/qc sur le ~** jd hat jdn/etw am Hals *fam*; ***je l'ai sans cesse sur le ~*** er/sie sitzt mir ständig auf der Pelle *fam*; **qn n'a rien à se mettre sur le ~** jd hat nichts anzuziehen; **qn n'a rien sur le ~** jd hat kaum etwas an; **qn se couche** [*o* **dort**] **sur le ~** jd liegt [*o* schläft] auf dem Rücken; **qn courbe le ~** jd beugt [*o* krümmt] den Rücken; **qn s'enrichit** [*o* **s'engraisse**] **sur le ~ de qn** jd bereichert sich auf jds Kosten (*akk*); **qn est sur le ~** *fam* jd liegt auf der Nase *fam*; **qn est sur le ~ de qn** *fam* jd hackt ständig auf jdm herum *fam*; **qn fait qc dans** [*o* **derrière**] **le ~ de qn** jd tut etw hinter jds Rücken (*dat*); **qn fait qc sur le ~ de qn** jd tut etw auf jds Kosten (*akk*); **qn se met qn à ~** jd bringt jdn gegen sich auf, jd verdirbt es sich (*dat*) mit jdm; **qn se met qc sur le ~** jd lädt sich (*dat*) etw auf, jd halst sich (*dat*) etw auf *fam*; **qn met qc sur le ~ de qn** jd schiebt jdm etw in die Schuhe *fam*; **il/elle a tout pris sur le ~** er/sie hat alles ausbaden müssen; **qn renvoie deux personnes ~ à ~** jd lässt den Streit zwischen zwei Menschen unentschieden; **qn sent qn/qc dans son ~** jd spürt jdn/etw hinter sich (*dat*); **qn tire dans le ~ de qn** jd erschießt jdn von hinten; **qn tombe sur le ~ de qn** (*arrive à l'improviste*) jd fällt jdm ins Haus; (*fait de violents reproches*) jd fällt über jdn her; **qn tourne le ~ à qn/qc** jd kehrt jdm/einer S. den Rücken [zu]; **[vu] de ~** von hinten [gesehen]

dosage [dozaʒ] *m* Dosierung *f*; *fig* Mischung *f* (*de* aus); ***un savant ~ de couleurs*** eine gekonnte Farbzusammenstellung

dos-d'âne [dodɑn] *m inv* Bodenwelle *f*
▶ **en ~-~-~** *passage* gewölbt; *pont* Bogen-

dose [doz] *f* PHARM Dosis *f*; GASTR Menge *f*; ***trois ~s de farine pour une ~ de sucre*** drei Teile Mehl auf einen Teil Zucker
▶ **une bonne ~ de courage/d'inconscience/de mauvaise foi** eine gehörige Portion Mut/Leichtsinn/Unaufrichtigkeit; **à faible/haute ~** in schwachen/hohen Dosen; in geringen/starken Mengen; **une forte ~ de qc** eine hohe Dosis von etw; *fig* ein gerüttelt[es] Maß an etw (*dat*); **~ homéopathique** homöopathische Dosis, geringe Menge; **par petites ~s** in kleinen Dosen; **qn [en] a sa ~** *fam* jds Bedarf [daran] ist gedeckt; **qn boit sa ~ [quotidienne]** jd trinkt sein [tägliches] Quantum; **ne pas dépasser la ~ prescrite** die vorgeschriebene Dosierung nicht überschreiten; **qn force la ~** jd treibt es zu weit

doser <1> [doze] *vt* 1. PHARM ■ **qn dose qc** jd dosiert etw; (*préparer*) jd mischt etw; GASTR jd misst etw ab
2. (*mesurer*) ■ **qn dose qc** jd dosiert etw; ***qn dose ses efforts*** jd geht mit seinen Kräften sparsam um

doseur [dozœʀ] *m* Messbecher *m*

dosimètre [dozimɛtʀ] *m* Dosimeter *nt*

dossard [dosaʀ] *m* Startnummer *f*

dossier [dosje] *m* 1. (*appui pour le dos*) [Rücken]lehne *f*
2. (*classeur*) [Akten]ordner *m*
3. ADMIN Akte[n *pl*] *f*; JUR *a.* Dossier *nt*; ■ **~ de** Unterlagen *pl* für; *de candidature, retraite* -unterlagen; *d'enquête* -bericht *m*, -akte *f*
▶ **un ~ brûlant** eine hoch brisante Affäre; **~ médical** Krankengeschichte *f*, Krankenblatt *nt*; **qn a un ~ sur qn** jd besitzt eine Akte über jdn; **qn constitue** [*o* **ouvre**] **un ~** jd legt eine Akte/ein Dossier an
◆ **dossier de presse** Pressespiegel *m*

dot [dɔt] *f* Aussteuer *f*, Mitgift *f*
► **qn apporte qc en** ~ **[à qn]** jd bringt [jdm] etw in die Ehe ein

dotation [dɔtasjɔ̃] *f* **1.** (*action*) Zuteilung *f*, Ausstattung *f*
2. ADMIN (*crédits*) Zuschuss *m*
3. HIST (*revenu*) Dotation *f*
4. JUR (*traitement*) Bezüge *pl*

doté, e [dɔte] *adj* ■ **[qc est]** ~ **de qc** [etw ist] mit etw ausgestattet, etw hat etw; ■ **[qn est]** ~ **de qc** mit etw, jd hat etw; *d'un certain talent, d'une certaine intelligence a.* [jd ist] mit etw begabt; *de courage, d'élan* [jd ist] voller etw, jd hat etw

doter <1> [dɔte] **I.** *vt* **1.** (*munir d'une dot*) ■ **qn dote qn** *fille* jd gibt jdm eine Aussteuer mit; ***il a doté richement sa nièce*** er hat seiner Nichte eine großzügige Aussteuer mitgegeben
2. (*attribuer*) ■ **qn/qc dote qn/qc [de qc]** jd/etw stattet jdn/etw [mit etw] aus; *concours* jd/etw dotiert etw [mit etw]; /*nature a.*/ etw gibt jdm etw mit; (*enrichir*) jd/etw bereichert jdn/etw um etw
II. *vpr* ■ **un pays/un groupe se dote de qc** ein Land/eine Gruppe stattet sich mit etw aus

douane [dwan] *f* **1.** (*administration*) Zoll[behörde *f*] *m*; ***il est employé à la*** ~ [*o* ***aux*** ~***s***] er arbeitet beim Zoll [*o* bei der Zollbehörde]
2. (*poste*) Zoll[station *f*] *m*, Zollstelle *f*
3. (*droit*) Zoll[gebühren *pl*] *m*
► **qc est entreposé(e) en** ~ etw liegt beim Zoll [fest]; **qc est exempté(e) de** ~ etw ist zollfrei; **qn fraude la** ~ jd umgeht den Zoll; **qn passe à la** ~ jd passiert [*o* geht durch] den Zoll; **qc est saisi(e) en** ~ etw wird vom Zoll beschlagnahmt; **sous** ~: ***une zone sous*** ~ ein Zollgebiet *nt*

douanier, -ière [dwanje, -jɛʀ] **I.** *adj* Zoll-
II. *m, f* Zollbeamte(r)/-beamtin *m/f*, Zöllner(in) *m(f) alt*

doublage [dublaʒ] *m* **1.** AUDIOV [*acteur*] Doubeln *nt*; [*film*] Synchronisation *f*
2. [*étoffe*] Unterlegen *nt*; [*vêtement*] Füttern *nt*

doublant, e [dublɑ̃, ɑ̃t] *m, f v.* **redoublant**

double [dubl] **I.** *adj* doppelt; *nœud a., porte, vie, agent, meurtre* Doppel-; *personnalité* gespalten; ***une fenêtre à*** ~ ***vitrage*** ein Doppelfenster *nt*; ***l'inconvénient de cette méthode est*** ~ diese Methode hat einen zweifachen [*o* doppelten] Nachteil
II. *adv compter, voir* doppelt; ***qn paie*** ~ ***qc*** jd bezahlt den doppelten Preis für etw
► **qc compte** ~ etw zählt doppelt; **qn voit** ~ jd sieht doppelt
III. *m* **1.** (*quantité*) Doppelte(s) *nt*; ***il a mis le*** ~ ***de temps*** er hat doppelt so viel Zeit gebraucht
2. (*copie*) Kopie *f*, Duplikat *nt*; (*écrit à la main*) Abschrift *f*; (*écrit au carbone*) Durchschlag *m*; **un** ~ **[de clé]** ein Zweitschlüssel *m*
3. (*exemplaire identique*) Dublette *f*; (*personne*) Doppelgänger(in) *m(f)*
4. SPORT Doppel *nt*
► ~ **mixte** SPORT gemischtes Doppel; **en** ~ doppelt
◆ **double dames** Damendoppel *nt*; **double messieurs** Herrendoppel *nt*

doublé, e [duble] **I.** *adj* **1.** *vêtement* gefüttert; ***un manteau*** ~ ***de fourrure*** ein pelzgefütterter Mantel; ~ ***toile*** stoffgefüttert, mit Stoff gefüttert
2. *acteur* gedoubelt; *film* synchronisiert
II. *m* **1.** CHASSE Dublette *f*; SPORT Doppelerfolg *m*; ***le*** ~ ***coupe-championnat*** das Double
2. ART: ***un bracelet en*** ~ ***or*** ein Armband aus Golddublee

double-cliquer <1> [dubləklike] *vi* INFORM ■ **qn double-clique** jd klickt doppelt; ***qn double-clique sur le bouton gauche de la souris*** jd klickt mit der linken Maustaste doppelt

double-commande <~s-~s> [dubləkɔmɑ̃d] *f* Doppelsteuerung *f*; ***une voiture à*** ~ ein Auto *nt* mit doppelter Bremse und Kupplung **double-corde** <~s-~s> [dubləkɔʀd] *f* Doppelgriff *m* **double-fenêtre** <~s-~s> [dubləf(ə)nɛtʀ] *f* Doppelfenster *nt* **double-fond** <~s-~> [dubləfɔ̃] *m* doppelter Boden

doublement [dubləmɑ̃] **I.** *adv* doppelt
II. *m* **1.** (*multiplication par deux*) Verdoppelung *f*; (*élargissement*) [*voie, route*] Verbreiterung *f*
2. SCOL Sitzenbleiben *nt fam*; [*classe*] Wiederholen *nt*

doubler <1> [duble] **I.** *vt* **1.** (*multiplier par deux*) ■ **qn double qc** jd verdoppelt etw; ***qn double sa cadence/le pas*** jd legt Tempo zu, jd macht/geht schneller
2. (*mettre en double*) ■ **qn double qc** *fil, papier* jd nimmt etw doppelt
3. SCOL ■ **qn double qc** *année, classe* jd wiederholt etw
4. AUDIOV ■ **qn double qn/qc** *acteur* jd doubelt jdn; *film* jd synchronisiert etw; THEAT jd springt für jdn ein; ***l'acteur principal a dû être doublé par un autre acteur*** für den Hauptdarsteller musste ein anderer Schauspieler einspringen
5. ■ **qn double qc [de [*o* avec] qc]** *vêtement* jd füttert etw [mit etw]; *boîte* jd schlägt etw [mit etw] aus; *paroi* jd verstärkt etw [mit etw]
6. AUT ■ **qn/qc double qn/qc** jd/etw überholt jdn/etw
7. *fam* (*tromper*) ■ **qn double qn** jd schmiert jdn an *fam*
II. *vi* **1.** (*être multiplié par deux*) ■ **qc double** /*nombre, prix, quantité*/ etw verdoppelt sich; ■ **qc double de qc** etw verdoppelt etw; ***qc double de valeur*** der Wert einer S. (*gen*) verdoppelt sich, etw verdoppelt seinen Wert; ***qc double de volume*** das Volumen einer S. (*gen*) verdoppelt sich, etw verdoppelt sein Volumen; /*articulation*/ etw schwillt auf das Doppelte an; ***le vent double d'intensité*** die Windstärke verdoppelt sich; ■ **qn double de qc** jd verdoppelt etw; ***qn double de vitesse*** jd verdoppelt sein [*o* das] Tempo; (*à pied a.*) jd geht doppelt so schnell; (*en voiture a.*) jd fährt doppelt so schnell
2. AUT ■ **qn double** jd überholt; ■ **qn se fait** ~ jd wird überholt
III. *vpr* ■ **qn/qc se double de qc** jd ist gleichzeitig [auch] etw/etw geht mit etw einher

doubles-vitrages [dubləvitʀaʒ] *mpl* Doppelfenster *pl*

doublet [dublɛ] *m* LING Dublette *f*

doublure [dublyʀ] *f* **1.** [*vêtement*] Futter *nt*
2. CINE Double *nt*; THEAT zweite Besetzung

douce [dus] *v.* **doux**

douceâtre [dusɑtʀ] *adj* süßlich

doucement [dusmɑ̃] **I.** *adv* **1.** (*avec précaution*) sacht[e], vorsichtig; (*sans bruit a.*) leise; (*avec délicatesse a.*) behutsam; (*faiblement*) schwach
2. (*graduellement*) *descendre, monter* langsam, allmählich; *appuyer* sacht[e], mit Gefühl
► **qn s'y prend** ~ jd tut etw ohne Überstürzung; **ça me fait** ~ **rigoler** *fam* dass ich nicht lache! *fam*; **qn y va** ~ jd geht behutsam vor; **ça va tout** ~ na, es geht so [einigermaßen]
II. *interj* (*modérément*) sachte, immer mit der Ruhe; (*avec précaution*) Vorsicht; ***hé***, ~! ***je n'ai pas encore dit oui*** Moment mal! ich habe noch nicht ja gesagt

doucereux, -euse [dusʀø, -øz] *adj vieilli manières* süßlich; *personne* scheinheilig

doucette [dusɛt] *f* (*mâche*) Feldsalat *m*

douceur [dusœʀ] *f* **1.** (*sensation*) [*étoffe*] Geschmeidigkeit *f*; [*fruit*] Süße *f*; [*lumière, température*] Milde *f*; [*musique*] Wohlklang *m*
2. (*sentiment*) [*amitié*] Zartheit *f*; [*caractère, personne*] Sanftheit *f*; [*vie, métier*] Annehmlichkeiten *pl*; ***qn se laisse aller à la*** ~ ***de vivre*** jd genießt die angenehmen Seiten des Lebens
3. *gén pl* (*friandises*) Süßigkeiten *pl*; (*plat, dessert sucré*) Süßspeise *f*
4. *pl* (*amabilités*) Schmeicheleien *pl*
► **plus fait** ~ **que violence** *prov* Milde ist wirksamer als Gewalt; **qn prend qn par la** ~ jd versucht es mit jdm auf die sanfte Art [*o* Tour *fam*]; **en** ~ sachte, behutsam; ***ça s'est passé en*** ~ das ist reibungslos abgelaufen; ***elle a démarré en*** ~ sie ist ganz leise [*o* sachte] angefahren; ***un atterrissage en*** ~ eine sanfte Landung

douche [duʃ] *f* Dusche *f*; (*déception*) kalte Dusche, [harter] Schlag
► **qc lui a fait l'effet d'une** ~ **froide** etw war eine kalte Dusche für ihn/sie; **qn a pris une bonne** ~ jd hat eine ordentliche Dusche abbekommen *fam*; **qn a reçu une bonne** ~ *fam* jd hat ganz schön was zu hören bekommen *fam*; ~ **écossaise** Aprilwetter *nt*; (*parole, événement*) Wechselbad *nt*; **qn a besoin d'une** ~ *fam* jdm muss man den Kopf waschen; **qn passe sous la** [*o* **prend une**] ~ jd duscht [sich], jd geht duschen [*o* unter die Dusche]; **qn prend** [*o* **reçoit**] **une** [**bonne**] ~ jd bekommt eine [ordentliche] [Regen]dusche ab; *fig* jd bekommt ganz schön was zu hören *fam*; **quelle** ~! das war wie eine kalte Dusche!, was für ein Schlag!

doucher <1> [duʃe] **I.** *vt* **1.** ■ **qn douche qn** jd duscht jdn [ab]
2. (*être trompé*) ■ **qn s'est fait** ~ jd hat eine Dusche abbekommen *fam*
3. (*décevoir*) ■ **qc douche qn/qc** etw wirkt wie eine kalte Dusche auf jdn/etw; ***ça a douché mon enthousiasme*** das hat meine Begeisterung gedämpft
II. *vpr* ■ **qn se douche** jd duscht [sich]

doué, e [dwe] *adj* begabt; ■ **[qn est]** ~ **de qc** [jd ist] mit etw begabt, jd hat etw; ***tu es*** ~, ***toi!*** *iron* das hast du hingekriegt! *fam*; ■ **qn est** ~ **pour qc** jd ist für etw begabt

douille [duj] *f* **1.** [*cartouche*] Hülse *f*
2. ELEC Fassung *f*
3. [*bêche, canne à pêche*] Tülle *f*
◆ **douille à baïonnette** Bajonettfassung *f*; **douille à vis** Schraubfassung *f*

douillet, te [dujɛ, jɛt] *adj* **1.** (*sensible*) zimperlich, verzärtelt; (*pleurnicheur*) wehleidig
2. (*confortable*) *logis, maison, nid* gemütlich, behaglich; *lit* mollig, kuschelig *fam*

douillettement [dujɛtmɑ̃] *adv* behaglich, gemütlich; ***cet enfant est élevé beaucoup trop*** ~ dieses Kind wird zu sehr verweichlicht

douleur [dulœʀ] *f* **1.** (*physique*) Schmerz *m*
2. (*morale*) Schmerz *m*, Leid *nt*, Kummer *m*; ***c'est avec une grande/profonde*** ~ ***que nous avons appris la mort de Monsieur Muller*** mit großer/tiefer Trauer haben wir die Nachricht von Herrn Mullers Tod erfahren
► **une ancienne** [*o* **vieille**] ~ ein alter Schmerz; **qn est sensible à la** ~ **de qn** (*compatit*) jd fühlt mit jdm [mit]; **qn a la** ~ **de faire qc** jd hat die schmerzliche Aufgabe, etw zu tun; ***il a eu la*** ~ ***de perdre ses parents très jeune*** er hat die schmerzliche Erfahrung gemacht, seine Eltern jung zu verlieren; ***j'ai eu la*** ~ ***d'apprendre sa mort prématurée*** mit Trauer habe ich von seinem frühzeitigen Tod gehört; **qn est dans les** ~**s** jd liegt in den Wehen; **qn partage la** ~ **de qn** jd trauert mit jdm, jd teilt jds Schmerz [*o* Leid]; **qn est pris(e) de** [**violentes**] ~**s** jd wird von [heftigen] Schmerzen befallen; **qc ravive** [*o* **réveille**] **une** ~ (*douleur physique*) durch etw kommen die alten Schmerzen wieder; (*douleur morale*) etw lässt einen alten Schmerz wieder aufleben, etw rührt an eine alte Wunde; **qn supporte la** ~ jd hält Schmerzen aus, jd erträgt Schmerzen; **de** ~ vor Schmerz; (*morale a.*) vor [lauter] Kummer (*dat*); (*physique a.*) vor Schmerzen (*dat*)

douloureusement [duluʀøzmɑ̃] *adv* **1.** (*au physique*) vor Schmerzen
2. (*au moral*) schmerzlich; ***qn vit qc*** ~ jd leidet unter etw (*dat*)

douloureux, -euse [duluʀø, -øz] **I.** *adj* **1.** *blessure, opération, maladie, règles* schmerzhaft; *partie du corps* schmerzend
2. *souvenir* schmerzlich; *événement, séparation a.* schmerzhaft; *regard* schmerzerfüllt, gequält; ***la bouche*** ~***euse*** mit schmerzvoll verzogenem Mund; ***un réveil*** ~ ein böses Erwachen
II. *f fam* ■ **douloureuse** Rechnung *f*; ***voici l'heure de la*** ~***euse*** jetzt kommt der unangenehme Teil *fam*

doute [dut] *m* **1.** (*incertitude*) Zweifel *m*; ***après plusieurs jours de*** ~ nach mehreren Tagen der Unsicherheit

2. *gén pl* (*scepticisme*) Zweifel *m*
▶ **il n'y a aucun/pas le moindre** ~ [**que** + *indic*] es besteht gar kein/nicht der geringste Zweifel [daran, dass]; **dans le** ~, **abstiens-toi!** *prov* halte dich im Zweifelsfalle heraus!; **j'ai des** ~**s** [*o* **un** ~] [**au sujet de qc**] ich hege [gewisse] Zweifel [an etw (*dat*)]; ***maintenant que j'y repense, voilà que j'ai un*** ~ jetzt, wo ich noch einmal drüber nachdenke, kommen mir Zweifel; **qn émet des** ~**s à propos** [*o* **au sujet**] **de qc** jd meldet Zweifel an etw (*dat*) an; **le** ~ **l'envahit** ihn/sie befallen [*o* ihm/ihr kommen] Zweifel; **il ne fait aucun** ~ **que** + *indic* es besteht kein Zweifel darüber, dass; **qn laisse qn dans le** ~ jd lässt jdn im Zweifel [*o* ungewissen]; **qc ne laisse aucun/guère de** ~ **sur qc** etw lässt keinen/kaum Zweifel an etw (*dat*); **qc lève le** ~ etw hebt die Zweifel auf; **qn met qc en** ~ jd zieht [*o* stellt] etw in Zweifel; **qn met en** ~ **que** + *subj* jd bezweifelt, dass; **le** ~ **n'est plus permis** [**quant à qc**] es darf nicht mehr [an etw (*dat*)] gezweifelt werden; **un** ~ **pèse** [*o* **plane**] **sur qc** an etw (*dat*) bestehen Zweifel; **il subsiste un** ~ ein Zweifel bleibt [bestehen]; [**qc est**] **hors de** ~ [etw steht] außer Zweifel; **sans** ~ [**que** + *indic*] wahrscheinlich; ***sans*** ~ ***qu'il viendra demain*** wahrscheinlich kommt er morgen; **sans aucun** [*o* **nul**] ~ [ganz] ohne [jeden] Zweifel, zweifellos; ***sans aucun*** ~! sicher!; ***nul*** ~ ***que demain il fera beau*** morgen wird es sicher [*o* ganz bestimmt] schön

douter <1> [dute] I. *vi* 1. (*être incertain*) ■ **qn doute de qc** jd zweifelt an etw (*dat*), jd bezweifelt etw, jd zweifelt etw an; ***je doute de l'authenticité de ce document*** ich bezweifle die Echtheit dieses Dokuments; ■ **qn doute de faire qc** jd bezweifelt etw zu tun; ■ **qn doute que** + *subj* jd bezweifelt, dass; jd zweifelt daran, dass; ■ **qn ne doute pas que** + *indic fut o subj* jd zweifelt nicht daran [*o* bezweifelt nicht], dass
2. (*se méfier*) ■ **qn doute de qn/qc** jd zweifelt an jdm/etw, jd zweifelt etw an; ***il doute de lui-même*** er zweifelt an sich (*dat*) selbst; ■ **qn doute** jd zweifelt, jd ist im Zweifel; ***ceux qui doutent*** die Zweifler
▶ **à n'en pas** ~ ohne jeden Zweifel; **qn ne doute de rien** jd schreckt vor nichts zurück
II. *vpr* (*pressentir*) ■ **qn se doute de qc** jd kann sich (*dat*) etw vorstellen, jd ahnt etw; ***je me doute de son inquiétude*** ich kann mir seine Besorgnis vorstellen; ***je ne m'en suis jamais douté*** ich habe das nie geahnt; ■ **qn se doute que** + *indic* jd vermutet, dass; jd kann sich (*dat*) denken, dass; ***qn ne se doute pas que*** + *indic* jd ahnt nicht, dass; ***je me doutais bien que vous viendriez*** ich dachte mir schon, dass ihr kommen würdet
▶ **je m'en doute** das kann ich mir denken, das ist mir klar; **qn était loin de se** ~ **de qc/que** jd ahnte etw nicht im Entferntesten/ahnte nicht im Entferntesten, dass; **qn fait qc sans que qn s'en doute** jd tut etw, ohne dass jd etw davon ahnt [*o* eine Ahnung davon hat]; **qn fait qc sans se** ~ **de qc/que** jd tut etw, ohne etw zu ahnen/ohne zu ahnen, dass

douteux, -euse [dutø, -øz] *adj* 1. *issue, résultat* zweifelhaft, ungewiss; *origine* zweifelhaft, fraglich; *sens* nicht eindeutig
2. *péj goût, mœurs* zweifelhaft, fragwürdig; *vêtement* schmuddelig *fam*; ***qn/qc est d'une propreté*** ~***euse*** jd/etw ist schmuddelig *fam*
3. ■ **il est** ~ **que** + *subj* es ist fraglich, ob; ■ **il n'est pas** ~ **que** + *subj o indic* es steht außer Frage, dass

doux, douce [du, dus] I. *adj* 1. (*au toucher*) weich; *peau a.* zart; *tissu a.* geschmeidig
2. (*au goût*) *fruit, liqueur, saveur, cidre* süß; *vin* lieblich; (*pas fort*) *moutarde, tabac* mild; *drogue* weich; *piment* süß
3. *voix* sanft; *consonne* weich; *accents, musique* sanft, melodisch
4. (*à la vue*) *couleur* sanft; *clarté a.* mild; *lumière a.* weich
5. (*à l'odorat*) *odeur, parfum* süß, lieblich
6. (*clément*) *chaleur, temps, vent* mild
7. (*gentil, patient*) *personne* sanft; *animal* zahm
8. (*modéré*) *peine* gnädig, glimpflich; *croissance* allmählich, langsam; *fiscalité* sanft; *gestes* sanft, weich; *pente* sanft, flach; *prix* niedrig, erschwinglich; ***à feu*** ~ auf kleiner Flamme; ***tu pourrais faire des démarrages un peu plus*** ~ du könntest etwas sanfter anfahren
9. (*agréable*) *espoir* zart; *souvenir a.* süß; *tranquillité, vie* angenehm; *caresse a., visage* sanft; ***la solitude m'est douce*** die Einsamkeit ist mir lieb
▶ **qn se la coule douce** *fam* jd schiebt eine ruhige Kugel *fam*
II. *adv* ▶ **qn file** ~ *fam* jd spurt *fam*; **ça va tout** ~ es geht so [lala]; **en douce** *fam* unbemerkt, heimlich, klammheimlich *fam*; ***qn file en douce*** jd macht sich [klammheimlich] aus dem Staub *fam*; **tout** ~! *vieilli* (*du calme!*) gemach! *alt*
III. *m* 1. (*personne douce*) Gemütsmensch *m*
2. (*aliment*) Süße(s) *nt*; (*vin moelleux*) lieblicher Wein
3. (*temps*) milde Witterung; ***le temps se maintient au*** ~ die milde Witterung hält an, es bleibt weiter mild

douzaine [duzɛn] *f* 1. (*douze*) Dutzend *nt*; ***une bonne*** ~ ein gutes Dutzend
2. (*environ douze*) ■ **une** ~ [**de personnes/choses**] ungefähr [*o* etwa] zwölf [Menschen/Dinge]
▶ **à la** ~ im Dutzend; (*en grande quantité*) dutzendweise

douze [duz] I. *num* 1. (*cardinal*) zwölf
2. (*ordinal*): ***chapitre/page*** ~ Kapitel *nt*/Seite *f* zwölf; ***je viens le*** ~ ***mai*** ich komme am zwölften Mai
II. *m inv* 1. (*chiffre*) Zwölf *f*
2. (*numéro*) Nummer *f* zwölf, Zwölf *f*; ***il habite*** [***au***] ***12, rue de la Gendarmerie*** er wohnt [in der] Rue de la Gendarmerie [Nummer] 12
3. (*date*): ***nous sommes aujourd'hui le*** ~ heute ist der Zwölfte, wir haben heute den Zwölften
4. SCOL (*note*) zwölf Punkte [von zwanzig] (*befriedigende Note, die einer Drei entspricht*); *v. a.* **cinq**

douzième [duzjɛm] I. *adj antéposé* zwölfte(r, s); ***au*** ~ ***siècle*** im zwölften Jahrhundert; ***il est arrivé*** ~ er ist Zwölfter geworden
II. *mf* ■ **le/la** ~ der/die/das Zwölfte
III. *m* 1. (*fraction*) Zwölftel *nt*
2. (*étage*) zwölfter Stock, zwölfte Etage
3. (*arrondissement*) zwölftes Arrondissement

doyen, ne [dwajɛ̃, jɛn] *m, f* 1. (*personne la plus âgée*) Älteste(r) *f(m)*; ***la*** ~***ne des Français*** die älteste Französin; ***le*** ~ [***d'âge***] ***de l'Assemblée Nationale*** der Alterspräsident der Nationalversammlung
2. UNIV Dekan(in) *m(f)*

Dr *abr de* **docteur** Dr.

drachme [dʀakm] *f* Drachme *f*

draconien, ne [dʀakɔnjɛ̃, jɛn] *adj* drakonisch

dragage [dʀagaʒ] *m* [*chenal, rivière*] Ausbaggern *nt*; [*mine*] Räumung *f*

dragée [dʀaʒe] *f* 1. (*friandise*) Dragee[bonbon *nt o m*] *nt o f*; ***en France, on offre à l'occasion d'un baptême des*** ~***s aux invités*** in Frankreich schenkt man den Taufgästen Mandeldragees
2. PHARM Dragee *nt*
▶ **qn tient la** ~ **haute à qn** jd gibt jdm Kontra *fam*, jd bietet jdm die Stirn

dragon [dʀagɔ̃] *m* 1. MYTH (*monstre*) Drache *m*
2. ECON Tiger *m*
3. MIL Dragoner *m*

drague [dʀag] *f* 1. (*filet*) Schleppnetz *nt*
2. (*appareil*) Schwimmbagger *m*
3. *fam* (*racolage*) Anmache *f sl*

draguer <1> [dʀage] I. *vt* 1. (*pêcher*) ■ **qn drague qc** jd fängt etw mit dem Schleppnetz
2. (*dégager*) ■ **qn/qc drague qc** *chenal, sable* jd/etw baggert etw aus; *mine* jd/etw räumt etw
3. *fam* (*racoler*) ■ **qn drague qn** jd reißt jdn auf, jd baggert [*o* macht] jdn an *fam*, jd bandelt mit jdm an AUS *fam*; ■ **qn se fait** ~ jd wird angemacht [*o* angebaggert] *fam*; (*cherche l'aventure*) jd geht auf Männer-/Frauenfang *fam*
II. *vi fam* (*chercher à racoler*) ■ **qn drague** jd baggert *fam*, jd geht auf Männer-/Frauenfang *fam*

dragueur, -euse [dʀagœʀ, -øz] I. *m* (*bateau*) Baggerschiff *nt*; ***les*** ~***s de mines*** die Minenräumboote
II. *m, f fam* (*personne*) Aufreißer(in) *m(f) fam*

drain [dʀɛ̃] *m* MED (*tube*) Drain [dʀɛːn] *m*

drainage [dʀɛnaʒ] *m* 1. MED Drainage *f*, Dränage *f*
2. AGR Dränage *f*, Entwässerung *f*
3. [*capitaux*] Zusammenziehen *nt*

drainer <1> [dʀene] *vt* 1. MED ■ **qn draine qc** jd drainiert [*o* dräniert] etw
2. AGR ■ **qn draine qc** jd dräniert [*o* dränt] [*o* entwässert] etw
3. (*rassembler*) ■ **qn draine qc** *capitaux* jd zieht etw zusammen; ***qn draine qc quelque part*** *clientèle* jd zieht etw irgendwohin

dramatique [dʀamatik] I. *adj* 1. THEAT *art* Schauspiel-, Bühnen-, Theater-; *critique, spectacle* Theater-; *auteur* Bühnen-, Dramen-; ***un artiste*** ~ ein Dramenschauspieler *m*; ***le genre comique et le genre*** ~ die Komödie und das Drama; ***une émission*** ~ ***à la télé*** ein Fernsehspiel *nt*; (*sur scène*) die [Fernseh]übertragung einer Theateraufführung
2. (*émouvant*) *film, histoire, récit* dramatisch; (*tragique*) tragisch
II. *f* TV Fernsehspiel *nt*; (*pièce de théâtre*) Theaterstück *nt*

dramatiquement [dʀamatikmɑ̃] *adv* auf dramatische Weise, dramatisch

dramatisation [dʀamatizasjɔ̃] *f* Dramatisierung *f*

dramatiser <1> [dʀamatize] I. *vt* ■ **qn dramatise qc** jd dramatisiert etw; ***il dramatise tout de suite le moindre incident*** aus jeder Kleinigkeit macht er sofort ein Drama
II. *vi* ■ **qn dramatise** jd dramatisiert
▶ **il ne faut pas** ~ es besteht kein Grund zu dramatisieren

dramaturge [dʀamatyʀʒ] *m* Bühnenautor(in) *m(f)*, Dramatiker(in) *m(f)*

drame [dʀam] *m* 1. (*pièce*) Drama *nt*, Schauspiel *nt*; (*tragédie*) Tragödie *f*
2. (*événement*) Drama *nt*; (*tragédie*) Tragödie *f*
▶ ~ **bourgeois/lyrique/réaliste/romantique** bürgerliches/lyrisches/realistisches/romantisches Schauspiel [*o* Drama]; ~ **sanglant** blutiges Schauspiel; **ce n'est pas un** ~ das ist kein Drama [*o* keine Tragödie]; **il n'y a pas de quoi en faire un** ~! das ist kein Grund zur Aufregung; **qn fait un** ~ **de qc** jd macht ein Drama aus etw; **qc tourne au** ~ etw geht tragisch aus, etw endet tragisch

drap [dʀa] *m* 1. [*lit*] [Bett]laken *nt*; (*de dessous a.*) Betttuch *nt*
2. (*tissu de laine*) Tuch *nt alt*
▶ **qn est dans de beaux** ~**s** *fam* jd sitzt in der Tinte *fam*; **qn se met/met qn dans de beaux** ~**s** *fam* jd kommt in Schwulitäten/bringt jdn in Schwulitäten *fam*; **nous voilà dans de beaux** ~**s!** jetzt haben wir die Bescherung! *fam*; **qn change les** ~**s** jd bezieht die Betten frisch; **qn plie les** ~**s** jd legt die Betttücher [*o* Bettwäsche *f*] zusammen
◆ **drap de bain** Badetuch *nt*; **drap de dessous/dessus** Betttuch *nt*/Oberleintuch *nt*; **drap de lit** Betttuch *nt*, Bettlaken *nt*

drapé [dʀape] *m* Faltenwurf *m*, Drapierung *f*

drapeau <x> [dʀapo] *m* Fahne *f*, Flagge *f*
▶ ~ **blanc** weiße Fahne; ~ **bleu blanc rouge** blauweißrote Fahne [*o* Flagge]; ~ **noir** schwarze Fahne; ~ **rouge** rote Fahne; ~ **tricolore** Trikolore *f*; **qn est appelé(e) sous les** ~**x** jd wird einberufen; **qn/qc arbore le** ~ jd trägt die Fahne/etw ist beflaggt; **qn est sous les** ~**x** jd ist bei der Armee; **qn hisse le** ~ jd hisst die Fahne [*o* Flagge]; **qn est mort(e) pour le** ~ jd ist für sein Vaterland gestorben; **qn se range sous le** ~ **de qn** jd schließt sich jdm an; *v. a.* **berne**

draper <1> [dʀape] I. *vt* ■ **qn/qc drape qc** [**de qc**] jd/etw umhüllt etw [mit etw]; ■ **qn drape qc sur qn** jd drapiert etw auf jdm; ***une robe au bustier drapé*** ein Kleid mit gerafftem Oberteil
II. *vpr* ■ **qn se drape dans qc** *dans la dignité, probité, vertu* jd stellt etw zur Schau; *dans le silence* jd hüllt sich in etw (*akk*)

draperie [dʀapʀi] *f* **1.** (*tenture*) [Stoff]behang *m;* COM Dekorationsstoff *m,* Dekostoff *m*
2. (*fabrique*) Tuchfabrik *f*

drapier, -ière [dʀapje, -jɛʀ] **I.** *adj industrie* Tuch-; *ouvrier* ~ Arbeiter *m* in der Tuchindustrie
II. *m, f* (*fabricant*) Tuchfabrikant(in) *m(f);* (*artisan*) Tuchmacher(in) *m(f);* (*marchand*) Tuchhändler(in) *m(f)*

drastique [dʀastik] *adj* drastisch; ***purgatif*** ~ Drastikum *nt*

Dresde [dʀɛsd] Dresden *nt*

dressage [dʀesaʒ] *m* **1.** [*animal*] Dressur *f,* Dressieren *nt;* ***cet enfant a besoin d'un sérieux*** ~ *fam* dieses Kind muss ordentlich gedrillt werden
2. [*échafaudage*] Aufstellen *nt;* [*tente a.*] Aufschlagen *nt*

dresser <1> [dʀese] **I.** *vt* **1.** (*établir*) ■ **qn dresse qc** *bilan* jd stellt etw auf; *carte* jd zeichnet [*o* erstellt] etw; *inventaire* jd erstellt etw; *liste* jd stellt etw auf; *plan* jd zeichnet etw, jd skizziert etw; *procuration* jd erteilt etw; *procès-verbal, contravention* jd stellt etw aus; ***qn dresse un acte d'accusation contre qn*** jd erhebt Anklage gegen jdn
2. (*ériger*) ■ **qn dresse qc** *barrière, monument* jd errichtet etw; *échafaudage, statue* jd stellt etw auf; *tente* jd schlägt [*o* stellt] etw auf; ***qn dresse une échelle contre le mur*** jd lehnt eine Leiter an die Mauer
3. (*lever*) ■ **qn/un animal dresse qc** *buste* jd/ein Tier richtet etw auf; *menton, tête* jd/ein Tier hebt etw; *oreilles* jd/ein Tier spitzt etw
4. (*disposer*) ■ **qn dresse qc** *plat* jd richtet etw an; *piège* jd stellt etw auf; *autel* jd schmückt etw; ***qn dresse la table*** [*o* ***le couvert***] *soutenu* jd deckt den Tisch, jd deckt auf *veraltet*
5. (*dompter*) ■ **qn dresse un animal [à faire qc]** jd dressiert ein Tier [darauf, etw zu tun]; ■ **qn dresse qn** *fam* jd dressiert jdn ***j'arriverai bien à te*** ~ ich werde dich schon kleinkriegen *fam;* ***le chien a été dressé à attaquer*** der Hund war/wurde auf den Mann dressiert
6. (*mettre en opposition*) ■ **qn dresse qn contre qn/qc** jd wiegelt [*o* bringt] jdn gegen jdn/etw auf
▸ **il est bien dressé** er ist gut dressiert; **ça te/le dressera!** *fam* das wird dir/ihm eine [gute] Lehre sein!
II. *vpr* **1.** (*se mettre droit*) ■ **qn/un animal se dresse** jd/ein Tier richtet sich auf; ***qn se dresse sur la pointe des pieds*** jd stellt sich auf die Zehenspitzen; ***l'ours se dresse sur ses pattes de derrière*** der Bär stellt sich auf die Hinterbeine
2. (*s'élever*) ■ **qc se dresse quelque part** */bâtiment, statue/* etw erhebt sich irgendwo; ***qc se dresse soudain dans le brouillard*** etw taucht plötzlich aus dem Nebel auf; ***les obstacles qui se dressent sur ma route*** die Hindernisse, die mir den Weg verstellen; ***ses cheveux se dressèrent sur sa tête*** die Haare standen ihm/ihr zu Berg, seine/ihre Haare sträubten sich
3. (*s'insurger*) ■ **qn se dresse contre qn/qc** jd empört sich gegen jdn/etw, jd steht gegen jdn/etw auf; ***qn se dresse en justicier*** jd spielt sich als Schiedsrichter auf

dresseur, -euse [dʀesœʀ, -øz] *m, f* Dresseur(in) *m(f)*

dressoir [dʀeswaʀ] *m* Anrichte *f*

dribble [dʀibl] *m* Dribbling *nt,* Dribbeln *nt*

dribbler <1> [dʀible] *vt, vi* ■ **qn dribble [qn]** jd dribbelt [an jdm vorbei]

drill [dʀil] *m* SCOL Drill *m*

drille [dʀij] *m* ▸ **un joyeux** ~ ein lustiger Vogel *fam,* ein lustiges Haus *fam*

drive [dʀajv] *m* SPORT Drive *m*

driver, driveur [dʀajvœʀ] *m* **1.** (*jockey*) Trabrennfahrer *m*
2. INFORM Treiber *m*

drogue [dʀɔg] *f* **1.** PHARM Droge *f veraltet,* Arznei[mittel *nt*] *f*
2. (*stupéfiant*) Droge *f,* Rauschgift *nt*
3. (*télé, travail, ordinateur*) Droge *f*
▸ ~ **douce/dure** harte/weiche Droge; **qn s'adonne à la** ~ jd ist [drogen]süchtig [*o* rauschgiftsüchtig]; **qn prend des** ~**s** jd nimmt Betäubungsmittel; ***il prend des*** ~***s pour dormir*** er nimmt Schlafmittel

drogué, e [dʀɔge] *m, f* Drogensüchtige(r) *f(m),* Rauschgiftsüchtige(r) *f(m)*

droguer <1> [dʀɔge] **I.** *vt* **1.** ■ **qn drogue qn** */médecin, thérapeute/* jd verabreicht jdm zu viele Medikamente
2. (*administrer des stupéfiants à*) ■ **qn drogue qn** jd gibt jdm Drogen, jd pumpt jdn mit Drogen voll *fam*
II. *vpr* **1.** (*prendre des médicaments*) ■ **qn se drogue** jd nimmt zu viele Medikamente, jd pumpt sich mit Medikamenten voll *fam*
2. (*s'adonner aux stupéfiants*) ■ **qn se drogue** jd nimmt Drogen; ***elle se drogue depuis des années à la cocaïne*** sie nimmt seit Jahren Kokain

droguerie [dʀɔgʀi] *f* Drogerie *f*

droguiste [dʀɔgist] *mf* Drogist(in) *m(f)*

droit [dʀwa] *m* **1.** (*prérogative*) Recht *nt*
2. JUR (*règles*) Recht *nt,* Rechte *pl;* (*études juridiques*) Rechtswissenschaft *f,* Rechtswissenschaften *pl,* Jura *kein art*
3. *pl* (*taxe*) Gebühr *f,* Gebühren *pl*
▸ **qn/qc a** ~ **de cité [quelque part]** jd/etw hat [irgendwo] seinen Platz, jd/etw hat sich [irgendwo] etabliert; ***qc n'a pas*** ~ ***de cité quelque part*** für etw ist irgendwo kein Platz; ~**s acquis** verbriefte Rechte; ~ **administratif** Verwaltungsrecht *nt;* **à bon** ~ zu Recht; **qn est dans son bon** ~ das ist jds gutes Recht; ***il est dans son bon*** ~ ***en faisant qc*** es ist sein gutes Recht, etw zu tun; ~ **civil** bürgerliches Recht, Zivilrecht *nt;* ~**s civiques** bürgerliche Ehrenrechte, Bürgerrechte *pl;* ~ **commercial** Handelsrecht *nt;* ~ **commun** gemeines Recht; ***prisonnier(-ière) de*** ~ ***commun*** Strafgefangene(r) *f(m);* ~ **constitutionnel** Verfassungsrecht *nt;* **de** ~ **divin** von Gottes Gnaden; **exempt(e) de** ~**s** zollfrei; ~ **international** internationales Recht; ~ **naturel** Naturrecht *nt;* **passible de** ~**s** zollpflichtig; ~ **pénal** Strafrecht *nt;* **de plein** ~ mit vollem Recht; ***il peut voter de plein*** ~ er ist voll wahlberechtigt; ~ **privé** Privatrecht *nt;* ~ **public** öffentliches Recht; ~**s syndicaux** Gewerkschaftsrechte *pl;* **qn a** ~ **à qc** jd hat ein [An]recht auf etw (*akk*), jdm steht etw zu; *à une allocation, bourse* jd hat Anspruch auf etw (*akk*); *à des félicitations* jd hat sich (*dat*) etw verdient; *à une critique* jd muss etw hinnehmen [*o* einstecken *fam*]; *à un discours* jd muss etw über sich (*akk*) ergehen lassen; *à un plat* jd bekommt etw vorgesetzt; ***qn a*** ~ ***à la parole*** jd darf etwas sagen, jd hat ein Rederecht *form;* ***je n'ai pas eu*** ~ ***à la parole*** ich kam nicht zu Wort; **qn a le** ~ **de faire qc** jd hat das Recht, etw zu tun; jd ist dazu berechtigt, etw zu tun; ***qn n'a pas le*** ~ ***de faire qc*** jd hat kein Recht [dazu], etw zu tun; ***elles n'ont pas le*** ~ ***de sortir le soir*** sie dürfen abends nicht ausgehen; **qn a le** ~ **pour lui** jd hat das Recht auf seiner Seite; **qn a des** ~**s sur qn/qc** jd hat Ansprüche gegenüber jdm/hat Anspruch [*o* ein Recht] auf etw (*akk*); **j'y ai [eu]** ~ *iron fam* mich hat's auch erwischt *fam;* **qn combat** [*o* **lutte**] **pour son** ~ jd kämpft für sein Recht; **qn est dans son** ~ jd ist im Recht; **qn est en** ~ **de faire qc** jd hat das Recht, etw zu tun; **c'est son** ~ das ist sein [gutes] Recht; **qn fait** ~ **à qc** jd gibt einer S. (*dat*) statt; **qn fait son** ~ jd studiert Jura; **qn fait valoir ses** ~**s** jd macht seine Rechte geltend; **qc ouvre** ~ **à qc** etw berechtigt zu etw; **à qui de** ~ an den Betreffenden/die Betreffende; ***adressez-vous à qui de*** ~! wenden Sie sich an die zuständige Person!; **de** ~ rechtmäßig; **de quel** ~ mit welchem Recht; **en** ~ von Rechts wegen
◆ **droit à la retraite** Rentenanspruch *m;* [*fonctionnaire*] Pensionsanspruch *m;* **droit à l'autodétermination** Recht *nt* auf Selbstbestimmung; **droit à l'erreur** Recht *nt* darauf, sich zu irren; ***chacun a le*** ~ ***à l'erreur*** man darf sich doch wohl mal irren; **droit à l'information** Recht *nt* auf Information; **droit d'aînesse** Erstgeburtsrecht *nt;* **droit d'asile** Asylrecht *nt;* **droit de chasse** Jagdrecht *nt;* **droit de garde** Sorgerecht *nt;* **droit de grâce** Begnadigungsrecht *nt;* **droit de grève** Streikrecht *nt;* **droit de la défense** Recht *nt* der Verteidigung; **droit d'entrée** Eintritt[sgeld *nt*] *m,* Eintrittsgebühr *f;* (*pour une association*) Beitrittsgebühren *pl;* **droit de passage** Durchgangserlaubnis *f;* (*en véhicule*) Durchfahrterlaubnis *f;* **droit de pêche** Fischereirecht *nt;* **droit de propriété** Recht *nt* auf Eigentum; **droit de regard** Aufsichtsrecht *nt;* **droit de réponse** Anspruch *m* auf Gegendarstellung; **droit de reproduction** Vervielfältigungsrecht *nt;* **droit des gens** Völkerrecht *nt;* **droit des peuples à disposer d'eux-mêmes** Selbstbestimmungsrecht *nt* der Völker; **droit de stationnement** Parkerlaubnis *f;* **droit de timbre** Stempelgebühr *f;* **droit de veto** Vetorecht *nt;* **droit de vie et de mort** Recht *nt* über Leben und Tod; **droit de visite** Besuchserlaubnis *f;* **droit de vote** Stimmrecht *nt;* (*pour des élections*) Wahlrecht *nt;* **droit du travail** Arbeitsrecht *nt;* **droits d'auteur** Tantiemen *pl;* **droits de douane** Zoll[gebühr *f*] *m;* **droits de l'enfant** Rechte *pl* des Kindes; **droits de l'homme et du citoyen** Menschen- und Bürgerrechte *pl;* **droits de succession** Erbschaft[s]steuer *f;* **droits d'inscription** Einschreibegebühr *f;* (*pour la faculté*) Immatrikulationsgebühr *f;* **droits du sang** Blutsbande *pl,* Stimme *f* des Blutes

droit, e [dʀwa, dʀwat] **I.** *adj* **1.** (*opp: gauche*) rechte(r, s); ***le centre*** ~ die rechte Mitte
2. (*non courbe*) *chemin, ligne, nez* gerade
3. (*non penché*) gerade; *angle* rechte(r, s); ■ **qc est** ~ */pieu, récipient, tour/* etw steht gerade; */chapeau/* etw sitzt gerade; */tableau/* etw hängt gerade
4. (*honnête, loyal*) *personne* aufrichtig, redlich
5. (*judicieux*) *jugement* vernünftig, fundiert; ***qn a un jugement*** ~ jd hat ein gesundes Urteilsvermögen
II. *adv* **1.** (*opp: courbé*) *marcher, être assis* aufrecht
2. (*en ligne droite*) *rouler, marcher* geradeaus
3. *mettre, poser* gerade; *écrire* steil; *tenir* gerade; *se tenir a.* aufrecht
▸ **qn marche** ~ (*obéit*) jd pariert, jd spurt *fam;* **qn va tout** ~ jd geht geradeaus; **qn va** ~ **à** [*o* **dans**] **qc** (*directement*) jd geht genau auf etw (*akk*) zu; *à la catastrophe* jd steuert geradewegs auf etw (*akk*) zu [*o* in etw (*akk*)]; **qn va** ~ **devant soi** jd geht immer geradeaus
III. *m* BOXE Rechte *f;* ***un crochet du*** ~ ein rechter Haken
IV. *f* ■ **droite 1.** GEOM Gerade *f*
2. POL Rechte *f*
3. (*côté droit*) Rechte *f,* rechte Seite; ***qn ne sait pas distinguer sa*** ~***e de sa gauche*** jd kann rechts und links nicht [*o* rechts nicht von links] unterscheiden
▸ ~**e classique** traditionelle Rechte; ~**e droitière** rechter Flügel der Rechten; **extrême** ~**e** äußerste Rechte; ***un journal d'extrême*** ~***e*** eine rechtsextreme [*o* rechtsextremistische] Zeitung; **à** ~**e et à gauche** auf allen Seiten; **de** ~**e et de gauche** von allen Seiten; **qn/qc prend [qc] sur sa** ~**e** jd/etw biegt rechts ab, jd/etw biegt rechts [in etw (*akk*)] ein; **qn serre à** ~**e** jd hält sich rechts; ***serrez à*** ~***e!*** rechts fahren!; **qn tient sa** ~**e** jd fährt rechts; **qn tourne à** ~**e** jd biegt rechts ab; **à la** ~**e de qn** zu jds Rechten; ***à ma*** ~***e sur la photo*** rechts von mir auf dem Foto; **à** [*o* **sur la**] ~**e [de qc]** rechts von [etw]; ***l'escalier est à droite de la loge de la concierge*** die Treppe ist rechts von der Hausmeisterloge; ***en Angleterre on ne roule pas à*** ~***e*** in England fährt man nicht auf der rechten [Straßen]seite; ***sur la*** ~***e de l'image on voit …*** auf der rechten Seite des Bildes sieht man …; ***reste bien à*** ~***e*** halte dich schön rechts; ***en politique, il se situe plutôt à*** ~***e*** politisch steht er eher rechts; **de** ~**e:** ***la première maison de*** ~***e*** das erste Haus rechts; ***dans le tiroir de*** ~***e*** in der rechten Schublade; ***un parti de*** ~***e*** eine rechte Partei; ***un homme de*** ~***e*** ein Mann der Rechten; **par la** ~**e** von rechts; **sur la** ~**e de qn** zu jds Rechten; ***sur votre*** ~***e vous voyez une église romane*** zu Ihrer Rechten sehen sie eine romanische Kirche; **et votre** ~**e!** fahren Sie gefälligst rechts!

droitier, -ière [dʀwatje, -jɛʀ] **I.** *m, f* (*personne*) Rechtshänder(in) *m(f)*
II. *adj* POL *fam* rechtslastig; *dérive* Rechts-

droiture [dʀwatyʀ] *f* (*franchise*) Aufrichtigkeit *f;* (*honnêteté*) Rechtschaffenheit *f;* ***avec*** ~ aufrichtig/anständig

drôle [dʀol] *adj* **1.** (*qui prête à rire*) lustig, witzig
2. (*qui fait rire*) lustig, witzig, komisch; ***tu es vraiment trop*** ~ ***dans cet accoutrement*** in dieser Aufmachung siehst du zu ulkig [*o* komisch] aus

3. *fam* (*bizarre*) komisch
4. *fam* ■ **un(e)** ~ **de** + *subst* (*bizarre*) ein(e) komische(r, s); (*énorme*) ein(e) ganz schöne(r, s), ein(e) ganz gewaltige(r, s); *de patience, de nerfs* ganz schön viel; *de bonhomme, coco, type* ein(e) komische(r, s), ein(e) ulkige(r, s); *de manières* ganz schön merkwürdig; ***il a un ~ d'air ce matin*** er sieht heute morgen [so] komisch aus; ***tu fais une ~ de tête*** du machst ein komisches Gesicht
▶ **ça n'a [vraiment] rien de** ~! das ist alles andere als witzig!, das ist [wirklich] nicht komisch!; **si vous croyez que c'est** ~! da gibt es nichts zu lachen!; **ça me fait tout** ~ dabei habe ich ein ganz komisches Gefühl; **qn se sent tout** ~ jdm ist komisch; **je ne trouve pas ça** ~ ich finde das gar nicht lustig [*o* komisch] [*o* witzig]; **qn en voit de ~s** jd macht so manches mit
drôlement [dʀolmɑ̃] *adv* **1.** (*bizarrement*) komisch, merkwürdig
2. *fam* (*rudement*) ganz schön *fam;* ~ ***bon/froid*** sagenhaft gut/ganz schön kalt *fam*
drôlerie [dʀolʀi] *f* **1.** (*chose*) Spaß *m*, Scherz *m*
2. (*caractère*) Komik *f;* ***qn est d'une grande ~*** jd ist sehr witzig [*o* komisch]
dromadaire [dʀɔmadɛʀ] *m* Dromedar *nt*
dru, e [dʀy] **I.** *adj barbe, cheveux, haie* dicht; *herbe a.* kräftig; *pluie* heftig, kräftig; ***les blés sont ~s*** das Getreide steht dicht
II. *adv:* ***la pluie/la neige tombe ~*** es regnet/schneit heftig
drugstore [dʀœgstɔʀ] *m* Drugstore ['dragstɔ:(r)] *m*
druide [dʀɥid] *m* Druide *m*, keltischer Priester
druidique [dʀɥidik] *adj* Druiden-, druidisch
D.S.T. [deɛste] *f abr de* **Direction de la Surveillance du Territoire** Spionageabwehr *f*
du [dy] = **de le** *v.* **de**
dû, due <dus> [dy] **I.** *pp de* **devoir**
II. *adj* **1.** (*que l'on doit*) schuldig, geschuldet
2. (*imputable*) ■ **qc est ~ à qc** etw kommt von etw, etw rührt von etw her; (*mérité*) etw steht jdm zu; ***avec tous les honneurs qui lui sont dus*** mit den [*o* allen] ihm/ihr gebührenden Ehren
III. *m* (*ce à quoi on a droit*) Anrecht *nt;* (*ce que l'on doit*) Schuld *f;* ■ **mon/son/...** ~ das, was mir/ihm/ihr/... zusteht
dualisme [dɥalism] *m* Dualismus *m*
dualité [dɥalite] *f* Dualität *f*, Zweiheit *f*
dubitatif, -ive [dybitatif, -iv] *adj* zweifelnd; ***qn reste ~*** jd ist im Zweifel; ***d'une façon ~ive*** zweifelnd; *répondre* unbestimmt, unentschieden
duc [dyk] *m* Herzog *m*
ducal, e <-aux> [dykal, o] *adj* herzoglich, Herzogen-
duché [dyʃe] *m* Herzogtum *nt*
duchesse [dyʃɛs] *f* Herzogin *f;* ***avec ses airs de ~*** *iron* mit ihrem großspurigen Auftreten; ***qn prend des airs de ~*** *iron* jd spielt sich als große Dame auf
duel [dɥɛl] *m* **1.** (*combat armé*) Duell *nt*
2. (*opposition*) Zweikampf *m;* [*idéologies, puissances a.*] Duell *nt*
▶ ~ **oratoire** Wortgefecht *nt*, Rededuell *nt;* **deux personnes se battent en** ~ zwei Menschen duellieren sich; **qn provoque qn en** ~ jd fordert jdn [zum Duell]
◆ **duel d'artillerie** Artilleriegefecht *nt*
duettiste [dɥetist] *mf* Duettsänger(in) *m(f)*; *pl* Duo *nt;* ***des ~s comiques*** ein Komikerduo *nt*
duffel-coat <~-~s> [dœfœlkot] *m* Dufflecoat ['daflko:t] *m*
dulcinée [dylsine] *f hum* Dulzinea *f veraltet*, Flamme *f fam*
dûment [dymɑ̃] *adv* (*selon les formes*) ordnungsgemäß, vorschriftsmäßig *form*, wie es sich gehört; (*selon le mérite*) gebührend
dumping [dœmpiŋ] *m* Dumping ['dampɪŋ] *nt*
dune [dyn] *f* Düne *f*
Dunkerque [dœ̃kɛʀk] Dünkirchen *nt*
duo [dɥo, dyo] *m* MUS (*pour instruments*) Duo *nt;* (*pour voix*) Duett *nt*
▶ ~ **comique** Komikerduo *nt;* **qn chante/joue en ~ avec qn** jd singt [im] Duett/spielt im Duo mit jdm
dupe [dyp] **I.** *f* (*personne*) Betrogene(r) *f(m)*, Getäuschte(r) *f(m);* ***qn est la ~ de qn*** jd fällt auf jdn herein
II. *adj* (*crédule*) ■ **qn est/n'est pas** ~ jd lässt sich (*dat*) etwas/nichts vormachen; ■ **qn est ~ de qc** jd fällt auf etw (*akk*) herein
duper <1> [dype] *vt* ■ **qn dupe qn** jd führt jdn hinters Licht
duperie [dypʀi] *f* Schwindel *m*
duplex [duplɛks] *m* **1.** (*appartement*) Maisonettewohnung *f*
2. AUDIOV Konferenzschaltung *f*
▶ **en** ~ *émission, diffusion* in Konferenzschaltung; *correspondant* einer Konferenzschaltung; ***un appartement en ~*** eine Maison[n]ettewohnung *f;* ***qn/qc est en ~ avec ...*** jd ist in einer Konferenzschaltung mit .../in etw (*dat*) besteht eine Konferenzschaltung mit ...
duplicata [dyplikata] *m* Duplikat *nt*, Doppel *nt*
duplicateur [dyplikatœʀ] *m* Vervielfältigungsapparat *m*
duplication [dyplikasjɔ̃] *f* (*copie*) Vervielfältigung *f;* BIO Duplikation *f*, Verdopplung *f*
duplicité [dyplisite] *f* Falschheit *f;* (*en paroles a.*) Doppelzüngigkeit *f*
duquel, de laquelle <desquel(le)s> [dykɛl] = **de lequel** *v.* **lequel**
dur, e [dyʀ] **I.** *adj* **1.** (*ferme*) hart; *porte, serrure* schwer gehend; *viande a.* zäh; *sommeil* fest; ***cette serrure est ~e*** das Schloss klemmt
2. (*difficile*) schwer, schwierig; *côte* steil; (*exigeant*) *obligation* schwer; (*rigoureux*) *temps, vie* hart, schwer; ■ **qc est ~ à faire** etw ist schwer zu tun; ■ **c'est/ce n'est pas** ~ das ist schwer [*o* schwierig]/das ist nicht schwer [*o* schwierig]; ■ **c'est/ce n'est pas ~ de faire qc** es ist schwer [*o* schwierig]/nicht schwer [*o* schwierig], etw zu tun
3. (*pénible*) hart; *climat* extrem; *combat, punition a.* schwer; *lumière a.* grell; ■ **il est ~ pour qn de faire qc** es ist schwer für jdn, etw zu tun
4. (*âpre au goût*) *boisson* herb; (*fort*) *drogue* hart
5. (*rétif*) *personne* schwierig
6. (*sévère*) hart; *regard a.* streng; (*cruel, insensible*) hart; ■ **qn est ~ avec** [*o* **envers**] **qn** jd ist hart zu jdm [*o* gegen jdn], jd ist streng mit jdm; ***il a le cœur ~*** er ist hartherzig
7. (*endurant*) ■ **qn est ~ à qc** *au mal* jd ist unempfindlich gegenüber einer S. (*dat*); ***qn est ~ à la tâche/à la douleur*** jd ist unermüdlich/schmerzunempfindlich [*o* unempfindlich gegen Schmerzen]
▶ **qc est ~ à avaler** *fam* etw ist schwer zu schlucken *fam;* **le plus** ~ [**est fait/reste à faire**] das Schwerste [*o* Schwierigste] [ist getan/bleibt zu tun]; **le plus ~ est passé** das Schlimmste ist überstanden [*o* vorbei]
II. *adv travailler, frapper* hart; ***le vent souffle ~*** der Wind bläst stark [*o* heftig]; ***le soleil tape ~*** die Sonne brennt heiß
III. *m, f* **1.** (*personne inflexible*) unnachgiebiger [*o* sturer] Mensch; ***les ~s du parti*** die Betonköpfe
2. *fam* (*personne sans peur*) harter Typ [*o* Bursche] *fam*
▶ **c'est un(e) ~(e) à cuire** *fam* er/sie ist eine harte Nuss *fam;* **c'est un ~ de ~** *fam* das ist ein knallharter Bursche [*o* Typ] *fam;* **qn joue les ~s** *fam* jd markiert den starken Mann *fam;* **en** ~ Massiv-
IV. *f* ▶ **qn couche sur** [*o* **à**] **la ~e** jd schläft auf der Erde [*o* dem blanken Boden]; **qn en dit de ~es** jd äußert harte [*o* strenge] Worte [*o* Kritik]; **qn en entend de ~es** jd bekommt harte [*o* strenge] Worte [*o* Kritik] zu hören; **qn est élevé(e) à la ~e** jd wird streng erzogen; **qn en fait voir de ~es à qn** jd macht jdm das Leben schwer; ***il en fait voir de ~es à ses parents*** seine Eltern müssen allerhand mitmachen; **qn en voit/en a vu de ~es** jd macht allerhand durch/jd hat allerhand durchgemacht
durable [dyʀabl] *adj chose, souvenir* dauerhaft; *construction* stabil; *effet, influence* nachhaltig
durablement [dyʀabləmɑ̃] *adv* auf Dauer
durant [dyʀɑ̃] *prép* **1.** (*au cours de*) während (+ *gen*); ~ ***la nuit*** während der Nacht, im Verlauf der Nacht; ~ ***des heures/des jours/des nuits*** stunden-/tage-/nächtelang
2. (*tout au long de*): ***il a travaillé sa vie ~*** er hat sein Leben lang gearbeitet; ***vous toucherez cette rente votre vie ~*** Sie werden diese Rente lebenslang beziehen; ***des minutes/heures/jours ~*** minuten-/stunden-/tagelang
durcir <8> [dyʀsiʀ] **I.** *vt* **1.** (*rendre dur*) ■ **qc durcit qc** etw macht etw hart; ***les soucis lui ont durci les traits*** die Sorgen haben seine/ihre Züge verhärtet; ***cette coiffure lui durcit le visage*** diese Frisur macht sein/ihr Gesicht härter
2. (*rendre intransigeant*) ■ **qn durcit qc** *attitude* jd verhärtet etw; *loi* jd verschärft etw; ***qn durcit le ton*** [*o* ***sa voix***] jd schlägt einen schärferen [*o* härteren] Ton an; ***ils ont durci leurs positions*** ihre Fronten haben sich verhärtet; ■ **qc durcit qn** /*épreuve, vie*/ etw macht jdn hart
II. *vi* ■ **qc durcit** /*aliment, pâte*/ etw wird fest; /*colle a.*/ etw wird hart, etw bindet ab; /*peinture*/ etw trocknet ein
III. *vpr* (*devenir dur*) ■ **qc se durcit** etw wird hart; /*colle*/ etw bindet ab; (*devenir intransigeant*) etw verhärtet sich
durcissement [dyʀsismɑ̃] *m* **1.** (*fait de durcir*) Hartwerden *nt;* [*ciment*] Aushärten *nt;* [*colle*] Abbinden *nt*
2. (*raffermissement*) Verhärtung *f;* [*conflit*] Verschärfung *f*
durée [dyʀe] *f* **1.** (*temps*) Dauer *f;* ***la ~ de la vie*** die Lebensdauer, die Lebenszeit; ■ **la ~ de qc est deux/trois/... heures** etw dauert zwei/drei/... Stunden, die Dauer einer S. (*gen*) beträgt zwei/drei/... Stunden *form;* ***pendant la ~ des travaux*** während der Bauarbeiten
2. (*permanence*) Dauerhaftigkeit *f*, Andauern *nt;* ***la ~ d'une voiture*** die Lebensdauer eines Autos
▶ **de courte/longue** ~ kurz/lang, von kurzer/langer Dauer; *placement* kurz-/langfristig; ***un chômeur de longue ~*** ein Langzeitarbeitsloser *m;* ***une installation de longue ~*** eine Einrichtung auf Dauer, eine Langzeiteinrichtung; **à ~ déterminée/indéterminée** befristet/unbefristet; **pour une ~ limitée/illimitée** auf begrenzte/unbegrenzte Zeit
durement [dyʀmɑ̃] *adv* **1.** (*rudement*) hart
2. (*sans bonté*) hart, streng; ***pourquoi me parles-tu aussi ~?*** warum sprichst du in solch einem strengen [*o* harten] Ton zu mir?
3. (*cruellement*) hart, schwer
durer <1> [dyʀe] *vi* **1.** (*avoir une certaine durée*) ■ **qc dure** + *compl de temps* etw dauert; ***qc doit lui ~ un certain temps*** etw muss ihm/ihr eine bestimmte Zeit reichen
2. (*se prolonger*) ■ **qc dure** + *compl de temps* etw dauert [an]; /*conversation, maladie*/ etw dauert; /*tempête, soleil*/ etw hält an; /*mode*/ etw hält sich
3. (*se conserver, résister*) ■ **qn/qc dure** jd/etw hält sich; /*personne a.*/ jd hält durch; /*matériel, vêtement*/ etw hält, etw ist haltbar; ***qc dure plus que*** etw hält [sich] länger als ..., etw ist haltbarer als ...; ***fai(e) pour ~*** haltbar; ■ **qn fait ~ qc** *chaussures, vêtement* jd kann etw noch länger tragen; *somme, provisions* jd streckt etw
▶ **qn fait ~ les choses** jd zieht die Dinge in die Länge; **ça va ~ longtemps?** wie lange soll das noch dauern?; **ça fait une heure/deux mois que ça dure** das geht schon seit einer Stunde/zwei Monaten so; **ça ne peut plus ~** so kann das nicht weitergehen; **ça durera ce que ça durera** es hält eben solange es hält; **pourvu que ça dure** wenn es nur so bliebe [*o* bleibt *fam*]
dureté [dyʀte] *f* **1.** (*fermeté, résistance*) Härte *f*
2. (*difficulté*) Schwierigkeit *f*
3. (*rigueur*) [*hiver, châtiment*] Härte *f;* (*âpreté*) [*boisson*] Herbheit *f;* ***la ~ du climat*** das extreme Klima
4. (*sévérité*) [*critique*] Härte *f;* [*traits a.*] Strenge *f;* (*insensibilité*) Härte *f*
durillon [dyʀijɔ̃] *m* Schwiele *f*
durit® [dyʀit] *f* [Zufuhr]schlauch *m*
dus [dy] *p simple de* **devoir**

duvet [dyvɛ] *m* **1.** (*plume*) Flaum *m,* Flaumfedern *pl,* Daunen *pl;* ***un oreiller garni de ~*** ein Daunenkissen *nt*
2. (*poils*) [*personne, fruit, feuille*] Flaum *m*
3. (*sac de couchage*) [Daunen]schlafsack *m*
dynamique [dinamik] **I.** *adj personne* dynamisch
II. *f* (*forces en mouvement*) Dynamik *f*
◆ **dynamique de[s] groupe[s]** Gruppendynamik *f*
dynamisant, e [dinamizɑ̃, ɑ̃t] *adj* anregend, belebend, stimulierend
dynamiser <1> [dinamize] *vt* ■ **qc dynamise qn/qc** etw mobilisiert jdn/etw
dynamisme [dinamism] *m* [*entreprise*] Dynamik *f;* [*personne a.*] Tatkraft *f*
dynamitage [dinamitaʒ] *m* Sprengen *nt* [mit Dynamit], Sprengung *f* [mit Dynamit]; *fig* Sprengung
dynamite [dinamit] *f* Dynamit *nt;* (*situation*) Sprengstoff *m,* Zündstoff *m;* (*sujet*) heißes Eisen; ***c'est de la ~, ton ami!*** *fam* dein Freund hat aber Pfeffer im Hintern [*o* Power *fam*]! ['pauɐ]
▶ **qn fait sauter qc à la ~** jd sprengt etw [mit Dynamit]
dynamiter <1> [dinamite] *vt* ■ **qn dynamite qc** jd sprengt etw [mit Dynamit]; ■ **qn/qc dynamite qc** *fig* jd/etw sprengt etw; ■ **qn dynamite qc** SPORT *fam* jd nimmt etw auseinander *fam*
dynamo [dinamo] *f* Dynamo *m;* AUT Lichtmaschine *f*
dynastie [dinasti] *f* **1.** (*race de souverains*) Dynastie *f,* Herrscherhaus *nt*
2. (*famille*) Dynastie *f*
dysenterie [disɑ̃tʀi] *f* Ruhr *f,* Dysenterie *f spec*
dysfonctionnement [disfɔ̃ksjɔnmɑ̃] *m* Funktionsstörung *f*
dyslexie [dislɛksi] *f* Legasthenie *f*
dyslexique [dislɛksik] *adj* legasthenisch

E

E, e [ø] *m* E *nt,* e *nt*
▶ **e accent aigu/circonflexe/grave** E Accent aigu/circonflexe/grave, E Akut/Zirkumflex/Gravis; **e comme Eugène** E wie Emil; **é comme Émile** E Accent aigu, E Akut; **e dans l'o** Ligatur *f* œ; **e tréma** E [mit] Trema
eau <x> [o] *f* Wasser *nt;* ***un verre d'~*** ein Glas Wasser; ***au bord de l'~*** am Wasser; ***ce melon a trop d'~*** diese Melone ist zu wässrig; ***qn lave/rince qc à l'~ claire*** jd wäscht/spült etw mit klarem Wasser; *carreaux* jd wischt etw mit klarem Wasser; *vaisselle* jd wäscht/spült etw mit klarem Wasser ab
▶ **qn en a l'~ à la bouche** jdm läuft [dabei] das Wasser im Mund zusammen, etw macht jdm den Mund wässrig; **qc tourne** [*o* **s'en va**] **en ~ de boudin** *fam* etw geht in die Binsen *fam;* **il y a de l'~ dans le gaz** *fam* es knistert im Gebälk, es kriselt *fam;* **qc apporte de l'~ à mon/son moulin** etw ist Wasser auf meine/seine/ihre Mühle; **d'ici là, il passera encore beaucoup d'~ sous les ponts** bis dahin fließt noch viel Wasser den Berg [*o* Rhein] hinunter; **l'~ va toujours à la rivière** wo was ist, kommt was hin *fam,* wo Geld ist, da kommt Geld hin *fam;* **qc est clair(e) comme de l'~ de roche** etw ist glasklar [*o* sonnenklar]; **qn met de l'~ dans son vin** jd schraubt seine Ansprüche zurück, jd backt kleinere Brötchen *fam;* **basses ~x** niedriger Wasserstand; (*marée*) Niedrigwasser *nt,* Ebbe *f;* **de la plus belle ~** reinsten Wassers; ***un escroc de la plus belle ~*** *iron* ein Schurke reinsten Wassers; **~ bénite** Weihwasser *nt;* **~ courante** (*vive*) fließendes Wasser [*o* Gewässer]; (*au robinet*) fließendes Wasser; **~ distillée** destilliertes Wasser; **~ dormante** stehendes Wasser; **~ douce** Süßwasser *nt;* **~ gazeuse** Mineralwasser *nt* mit Kohlensäure; **qn lave qc à grande ~** jd wäscht etw unter viel fließendem Wasser; *vaisselle a.* jd spült etw mit viel Wasser ab; *carreaux* jd wischt etw mit viel Wasser; **grandes ~x** Wasserspiele *pl,* Wasserkünste *pl;* **hautes ~x** hoher Wasserstand, Hochwasser *nt;* (*marée*) Flut *f;* **~ lourde** schweres Wasser; **~ minérale** Mineralwasser *nt;* **~ oxygénée** Wasserstoffperoxyd *nt;* **~ pétillante** Sprudel[wasser *nt*] *m;* **il n'est pire ~ que** [*o* **il faut se méfier de**] **l'~ qui dort** *prov* stille Wasser sind [*o* gründen] tief *prov;* **~ plate** Mineralwasser *nt* ohne Kohlensäure, stilles Wasser; **~ pluviale** Regenwasser *nt;* **~ potable/non potable** Trinkwasser/kein Trinkwasser *nt;* **~ salée** Salzwasser *nt;* **~ savonneuse** Seifenlauge *f;* **~ sucrée** Zuckerwasser *nt;* **~ thermale** Thermalwasser *nt,* Wasser *nt* einer Heilquelle; **qn pêche en ~ trouble** jd fischt im Trüben; **~x industrielles** Industrieabwässer *pl,* industrielle Abwässer; **~x ménagères** Haushaltsabwässer *pl;* **~x territoriales** Hoheitsgewässer *pl;* **~x usées** Abwasser *nt,* Abwässer *pl;* **compte là-dessus [et] bois de l'~** *fam* das kannst du dir abschminken *fam;* **qn craint l'~** jd ist wasserscheu; **qn cuit qc à l'~** jd gart etw im [kochenden] Wasser; **qn est [tout] en ~** jd ist [völlig] in Schweiß gebadet; **qc est à l'~** etw ist ins Wasser gefallen *fam;* **qc fait ~ [de toutes parts]** etw leckt, etw hat ein Leck; /*projet*/ einer S. (*dat*) steht das Wasser bis zum Hals; **qn ferme/ouvre l'~** jd dreht den Wasserhahn zu/auf; **qn se jette à l'~** jd springt ins Wasser; (*se décide*) jd wagt den Sprung ins kalte Wasser; **qn met qc à l'~** jd lässt etw zu Wasser; **qn se met à l'~** jd geht ins Wasser; **qn nage entre deux ~x** jd hängt in der Luft; **qn perd les ~x** bei jdm geht das Fruchtwasser ab; **qc prend l'~** etw ist [wasser]undicht; **qn prend les ~x** jd macht eine Kur; **qc tombe à l'~** etw fällt ins Wasser
◆ **eau de Cologne** Kölnisch Wasser *nt;* **eau de fleurs d'oranger** Orangenblütenwasser *m;* **eau de Javel** Javel-Wasser *nt,* (*pour blanchir a.*) [Chlor]bleiche *f;* (*pour nettoyer a.*) Chlorreiniger *m;* (*pour désinfecter a.*) [chlorhaltiges] Desinfektionsmittel; **eau de mer** Meerwasser *nt;* **eau de pluie** Regenwasser *nt;* **eau de rose** Rosenwasser *nt;* **eau de ruissellement** Sickerwasser *nt;* **eau de Seltz** Selterswasser *nt;* **eau de source** Quellwasser *nt;* **eau de table** Tafelwasser *nt;* **eau de toilette** Eau de toilette *nt,* Toilettenwasser *nt;* **eau de vaisselle** Spülwasser *nt,* Abwaschwasser *nt;* **eau du robinet** Leitungswasser *nt;* **Eaux et Forêts** Forstverwaltung *f*
eau-de-vie <~x-~-~> [od(ə)vi] *f* Schnaps *m,* Branntwein *m* **eau-forte** <~x-~s> [ofɔʀt] *f* **1.** (*acide*) Scheidewasser *nt* **2.** (*gravure*) Radierung *f*
ébahi, e [ebai] *adj* verblüfft, sprachlos
ébahir <8> [ebaiʀ] **I.** *vt* ■ **qc ébahit qn** /*nouvelle*/ etw verblüfft jdn, etw verschlägt jdm die Sprache; ■ **qn est ébahi(e) de qc/de** + *infin* jd ist verblüfft [*o* sprachlos] über etw (*akk*)/darüber, dass
II. *vpr* ■ **qn s'ébahit [de voir qn faire qc]** jd wundert sich [*o* ist höchst erstaunt] [darüber, dass jd etw tut]
ébahissement [ebaismɑ̃] *m* Verblüffung *f,* Sprachlosigkeit *f*
ébats [eba] *mpl* [*animaux, enfants*] Herumtollen *nt*
▶ **~s amoureux** Liebesspiele *pl;* **qn prend ses ~s** jd tollt herum
ébauche [eboʃ] *f* [*œuvre*] Entwurf *m;* [*portrait, tableau*] Skizze *f,* Entwurf; [*amitié*] Keim *m;* [*sourire*] Andeutung *f*
ébaucher <1> [eboʃe] **I.** *vt* (*commencer*) ■ **qn ébauche qc** *œuvre* jd entwirft etw; *peinture* jd skizziert etw; *réforme, projet a., plan* jd skizziert etw, jd umreißt etw; *statue* jd legt den Umriss einer S. (*gen*) [im Groben] an; *geste, sourire* jd deutet etw an; ***une idée à peine ébauchée*** eine nur schwach umrissene [*o* vage] Idee
II. *vpr* ■ **qc s'ébauche** /*idée, projet*/ etw nimmt Gestalt an; /*réconciliation*/ etw deutet sich an, etw zeichnet sich ab
ébène [ebɛn] *f* Ebenholz *nt*
▶ **noir(e) comme l'~, d'un noir d'~** schwarz wie Ebenholz
ébéniste [ebenist] *mf* Kunsttischler(in) *m(f),* Möbeltischler(in) *m(f)*
ébénisterie [ebenist(ə)ʀi] *f* Kunsttischlerei *f,* Möbeltischlerei *f;* ***du bois d'~*** Edelholz *nt*
éberlué, e [ebɛʀlɥe] *adj fam* verblüfft, perplex *fam*
éblouir <8> [ebluiʀ] *vt* **1.** (*gêner la vue*) ■ **qc éblouit qn** etw blendet jdn
2. *littér* (*émerveiller*) ■ **qn/qc éblouit qn** jd/etw reißt jdn hin
éblouissant, e [ebluisɑ̃, ɑ̃t] *adj* **1.** *lumière, soleil* grell, blendend, gleißend; *phares* grell; *blancheur* blendend, strahlend; ■ **qc est ~** etw blendet
2. (*qui émerveille*) *exploit, forme* glänzend, blendend; *œuvre d'art, spectacle, style* glänzend, hinreißend, berauschend
éblouissement [ebluismɑ̃] *m* **1.** (*trouble de la vue*) Blendung *f*
2. (*émerveillement*) hinreißendes Schauspiel
3. MED (*étourdissement*) Flimmern *nt* vor den Augen
éboueur [ebuœʀ] *m* Müllarbeiter *m,* Müllmann *m fam; pl a.* Müllabfuhr *f*
ébouillanter <1> [ebujɑ̃te] **I.** *vt* ■ **qn ébouillante qc** *légumes* jd überbrüht [*o* blanchiert] etw; *théière* jd wärmt etw mit heißem Wasser vor
II. *vpr* ■ **qn s'ébouillante** jd verbrüht sich; ■ **qn s'ébouillante qc** jd verbrüht sich (*dat*) etw
éboulement [ebulmɑ̃] *m* **1.** (*action*) Einsturz *m;* [*terrain*] Erdrutsch *m*
2. (*amas*) Schutt *m,* Trümmer *pl*
ébouler <1> [ebule] *vpr* ■ **qc s'éboule** etw stürzt ein; /*falaise*/ etw bricht ab
éboulis [ebuli] *m* Geröll *nt kein pl*
ébouriffant, e [ebuʀifɑ̃, ɑ̃t] *adj fam nouvelle* haarsträubend; *vitesse a., prix* horrend
ébouriffé, e [ebuʀife] *adj* zerzaust; ***regardez-moi cette tête ~e!*** seht mal diesen Strubbelkopf an!
ébrancher <1> [ebʀɑ̃ʃe] *vt* ■ **qn ébranche qc** jd ästet etw aus
ébranlement [ebʀɑ̃lmɑ̃] *m* **1.** (*secousse*) Erschütterung *f;* (*mise en péril*) [*institutions, régime*] Erschütterung *f;* [*santé*] Zerrüttung *f*
2. (*départ*) [*train*] Anfahren *nt*
ébranler <1> [ebʀɑ̃le] **I.** *vt* **1.** (*secouer*) ■ **qc ébranle qc** *murs, sol, vitres* etw erschüttert etw, etw lässt etw erzittern; (*mettre en péril*) *institutions, régime* etw erschüttert etw, etw bringt etw ins Wanken; *nerfs, santé* etw zerrüttet etw; ***cette série de malheurs avait ébranlé sa raison*** diese Unglücksfälle haben ihn/sie um den Verstand gebracht
2. (*faire fléchir*) ■ **qc ébranle qc** *confiance* etw erschüttert etw; *volonté* etw bringt etw ins Wanken; ■ **qc ébranle qn** etw erschüttert jdn; /*échec*/ etw bringt jdn aus dem Gleichgewicht; /*supplications*/ etw erweicht jdn
II. *vpr* (*se mettre en route*) ■ **qc s'ébranle** /*convoi, cortège*/ etw setzt sich in Bewegung; /*train a.*/ etw fährt an
ébréché, e [ebʀeʃe] *adj assiette* angeschlagen; *couteau* schartig; *dent* abge-

brochen
ébriété [ebʀijete] *f* Trunkenheit *f*
ébrouer <1> [ebʀue] *vpr* ■ **un animal s'ébroue** */cheval/* ein Tier schnaubt; */chien/* ein Tier schüttelt sich
ébruiter <1> [ebʀɥite] I. *vt* ■ **qn ébruite qc** jd lässt etw durchsickern, jd plaudert etw aus
II. *vpr* ■ **qc s'ébruite** etw sickert durch, etw wird laut [*o* bekannt]
ébullition [ebylisjɔ̃] *f* 1. [*eau, liquide*] [Auf]kochen *nt,* Sieden *nt;* ***l'~ de l'eau se produit à 100 degrés*** der Siedepunkt des Wassers liegt bei 100 Grad
2. (*effervescence*) Brodeln *nt;* ***c'est l'~ dans tout le pays*** es brodelt im ganzen Land
▸ **qn entre en ~** etw beginnt zu kochen, etw wallt auf; **qn porte qc à ~** jd bringt etw zum Kochen; **en ~** *~ quartier, esprit* in Aufruhr
écaille [ekaj] *f* 1. ZOOL Schuppe *f;* ***l'~ des tortues*** das Schildpatt
2. (*peinture sèche*) abgeblätterte Farbe *kein pl;* ***la vieille peinture se détache par ~s*** der alte Anstrich blättert ab
3. (*matière*) Schildpatt *nt;* ***une paire de lunettes à monture d'~*** eine Hornbrille; ***un peigne en ~*** ein Schildpattkamm *m*
écailler <1> [ekaje] I. *vt* ■ **qn écaille qc** *poisson* jd schuppt etw [ab]; *huîtres* jd öffnet etw
II. *vpr* ■ **qc s'écaille** etw blättert ab
écarlate [ekaʀlat] *adj* scharlachrot, knallrot *fam*
écarquiller <1> [ekaʀkije] *vt:* ***qn écarquille les yeux*** [***devant qc***] jd reißt [angesichts einer S. (*gen*)] die Augen auf
écart [ekaʀ] *m* 1. (*distance*) Abstand *m;* (*différence*) [*prix, températures*] Unterschied *m;* [*cours*] Abweichung *f;* (*contradiction*) Diskrepanz *f;* ***~ de prix/température*** Preis-/Temperaturunterschied
2. (*mouvement brusque*) [*cheval*] Satz *m;* [*véhicule*] Schlenker *m fam;* ***un cheval/une voiture fait un ~*** ein Pferd bricht aus/ein Auto schert aus
3. (*manquement*) ■ **~ [de qc]** Abweichung *f* [von etw]; *de régime* Verstoß *m* [gegen etw]; ***il a fait quelques ~s à Noël*** an Weihnachten hat er gesündigt *fam*
▸ **qn fait le grand ~** jd macht ein[en] Spagat; **qc est à l'~ [de qc]** etw liegt [*o* steht] abseits [von etw]; **qn met qn à l'~** jd stellt jdn ins Abseits, jd schließt jdn aus; **une équipe/qn réduit l'~ [à la marque]** SPORT eine Mannschaft/jd holt [Punkte] auf; **qn reste à l'~ [de qc]** jd bleibt [einer S. (*dat*)] fern; **qn tient qn à l'~ [de qc]** jd hält jdn [von etw] fern, jd schließt jdn von etw aus; **qn se tient à l'~ [de qn/qc]** jd hält sich [von jdm/etw] fern; **qn vit à l'~** jd lebt zurückgezogen
◆ **écart de conduite** Entgleisung *f;* (*conjugal*) Seitensprung *m;* ***qn fait*** [*o* ***commet***] ***un ~ de conduite*** jd benimmt sich daneben; **écart de jeunesse** Jugendsünde *f;* **écart de langage** sprachliche Entgleisung; **écart de régime** Diätfehler *m*
écarté, e [ekaʀte] *adj* 1. *chemin, hameau, lieu* abgelegen, entlegen
2. *bras* weit geöffnet; *dents* auseinander stehend; *jambes* gegrätscht
écarteler <4> [ekaʀtəle] *vt* ■ **qn écartèle qn** jd vierteilt jdn; ■ **qn est écartelé(e) entre deux choses** jd ist zwischen zwei Dingen hin- und hergerissen
écartement [ekaʀtəmɑ̃] *m* [*doigts*] Spannweite *f;* [*yeux*] Abstand *m;* ***l'~ des essieux*** der Achs[ab]stand; ***l'~ des rails*** die Spurweite [der Schienen]
écarter <1> [ekaʀte] I. *vt* 1. (*séparer*) ■ **qn écarte qc [de qc]** *objets* jd rückt etw [von etw] weg, jd rückt [*o* schiebt] etw zur Seite; *rideaux* jd zieht etw zur Seite [*o* auf]; *bras* jd breitet etw aus; *doigts, jambes* jd spreizt etw; *branches* jd biegt etw auseinander; *foule* jd bahnt einen Weg durch etw
2. (*exclure*) ■ **qn écarte qc** *candidature, plan* jd lehnt etw ab; *objection* jd weist etw zurück; *idée, solution* jd verwirft etw; ■ **qn écarte qn [de qc]** jd schließt jdn [von etw] aus; *du pouvoir* jd verdrängt jdn von etw
3. (*éloigner*) ■ **qc écarte [qn] de qc** etw hält [jdn] von etw ab [*o* fern]; *du sujet* etw bringt jdn von etw ab; */chemin, route/* etw führt [jdn] von etw weg; ■ **qc est écarté(e)** etw ist abgewandt
4. (*brouiller*) ■ **qn écarte qn de qn** jd entzweit jdn mit jdm
II. *vpr* 1. (*se séparer*) ■ **qn/qc s'écarte [devant qn/qc]** jd/etw teilt sich [vor jdm/etw]; ***les nuages s'écartent*** die Wolken reißen auf
2. (*s'éloigner*) ■ **qn s'écarte [de qc]** jd entfernt sich [von etw], jd zieht sich [von etw] zurück; *du sujet* jd schweift [von etw] ab; ■ **qc s'écarte [de qc]** etw entfernt sich von etw; *de la verticale* etw weicht [von etw] ab; ■ **deux choses s'écartent l'une de l'autre** zwei Dinge laufen auseinander
▸ **cela ne m'écarte pas beaucoup** das ist für mich kein großer Umweg; **nous nous écartons** wir kommen vom Thema ab; **écarte-toi/écartez-vous [de là]!** mach/machen Sie Platz!
ecchymose [ekimoz] *f* Bluterguss *m*
ecclésiastique [eklezjastik] I. *adj biens* Kirchen-, kirchlich; *charge, état, vie* geistlich; ***le costume*** [*o* ***l'habit***] **~** der/das Ornat, die kirchliche Amtstracht
II. *m* Geistliche(r) *m,* Kleriker *m*
écervelé, e [esɛʀvəle] I. *adj* gedankenlos, unbesonnen
II. *m, f* gedankenloser [*o* unbesonnener] Mensch; (*femme a.*) kopfloses Huhn *fam;* (*homme a.*) Luftikus *m fam*
échafaud [eʃafo] *m* Schafott *nt*
▸ **qn monte à l'~** jd steigt auf das Schafott; **qn a fini [*o* est mort(e)] sur l'~** jd ist auf dem Schafott geendet; **qn finira sur l'~** jd endet noch am Galgen
échafaudage [eʃafodaʒ] *m* 1. (*construction*) Gerüst *nt*
2. (*empilement*) Stapel *m*
3. (*système idéologique*) [Gedanken]gebäude *nt*
échafauder <1> [eʃafode] *vt* ■ **qn échafaude qc** *projets* jd entwirft etw; *système* jd errichtet etw; *théorie, hypothèse* jd stellt etw auf; ***qn passe son temps à ~ des projets*** jd baut Luftschlösser
échalas [eʃalɑ] *m* 1. (*pieu*) Pfahl *m;* [*vigne a.*] Rebpfahl, Rebstecken *m*
2. *fam* (*personne*) langes Elend *fam;* (*femme a.*) Bohnenstange *f fam;* (*homme a.*) langer Lulatsch *fam*
▸ **qn est un grand ~** jd ist ein langes Elend *fam*
échalote [eʃalɔt] *f* Schalotte *f*
échancré, e [eʃɑ̃kʀe] *adj robe* ausgeschnitten; *côte* zerklüftet, buchtenreich; *feuille* gezähnt
échancrure [eʃɑ̃kʀyʀ] *f* [*robe*] Ausschnitt *m;* [*côte*] Einbuchtung *f,* Bucht *f;* [*feuille*] Zähnung *f*
échange [eʃɑ̃ʒ] *m* 1. [*idées, personnes*] Austausch *m;* (*troc*) Tausch *m* (*de qc contre qc* einer S. (*gen*) gegen etw); ■ **~ de** *de prisonniers, vues, d'idées* -austausch; *de caresses* Austausch von; *de voitures, d'appartements* -tausch
2. *gén pl* ECON Handel *m,* Warenaustausch *m;* ***le volume des ~s*** das Handelsvolumen
▸ **~ de bons procédés** Gefallen gegen Gefallen; **~s commerciaux** Handelsverkehr *m;* **~s culturels** Kulturaustausch *m;* **~s scolaires** Schüleraustausch *m;* **~ standard** AUT: ***j'ai fait procéder à un ~ standard*** ich habe einen Austauschmotor einbauen lassen; **vifs ~s** rege Wortwechsel *pl;* **qn fait un ~ avec qn** jd macht einen Austausch mit jdm; (*troque*) jd tauscht mit jdm; **qn fait [l']~ de qc [contre qc] [avec qn]** jd tauscht etw [gegen etw] ein, jd tauscht etw [mit jdm] [gegen etw]; **en ~ de qc** [als Gegenleistung] für etw; (*à la place de*) als Ersatz für etw, statt einer S. (*gen*); ***qu'est-ce que tu me donnes en ~?*** was gibst du mir dafür?
◆ **échange de coups** Handgreiflichkeiten *pl;* ***échange de coups de feu*** Schusswechsel *m;* **échange de lettres** Briefwechsel *m;* **échange de politesses** Austausch *m* von Höflichkeiten
échanger <2 a> [eʃɑ̃ʒe] *vt* ■ **des personnes échangent qc** *adresses, maillots, idées, impressions* Menschen tauschen etw aus; *anneaux, lettres, regards* Menschen wechseln etw; *timbres* Menschen tauschen etw; ***nous échangeons des cadeaux/des remerciements/des sourires*** wir beschenken uns gegenseitig/bedanken uns beieinander/lächeln uns zu [*o* an]; ***ils étaient tout prêts à ~ des coups*** sie waren drauf und dran, handgreiflich zu werden; ■ **qn échange qc [avec qn] [contre qc]** jd tauscht etw [gegen etw] ein, jd tauscht etw [mit jdm] [gegen etw]; *marchandise* jd tauscht etw [gegen etw] um
échangeur [eʃɑ̃ʒœʀ] *m* Kreuzung *f* (*auf mehreren Ebenen*), Autobahnkreuz *nt*
◆ **échangeur de chaleur** Wärmetauscher *m*
échangisme [eʃɑ̃ʒism] *m* Partnertausch *m*
échantillon [eʃɑ̃tijɔ̃] *m* COM (*spécimen*) [Waren]probe *f,* Muster *f;* STATIST Stichprobe *f,* Sample ['zampl] *nt spec*
▸ **qn donne un ~ de son talent** jd gibt eine Kostprobe seines Talents [*o* seines Könnens]; **~ représentatif** repräsentative Stichprobe, Sample *nt spec*
échantillonnage [eʃɑ̃tijɔnaʒ] *m* (*ensemble représentatif*) [repräsentativer] Querschnitt
échappatoire [eʃapatwaʀ] *f* (*subterfuge*) Ausflucht *f,* Ausrede *f;* (*issue*) Ausweg *m*
échappé, e [eʃape] I. *m, f* 1. SPORT Ausreißer(in) *m(f)*
2. [*pensionnat*] Ausreißer(in) *m(f);* **~ *de prison/de l'asile*** entsprungener Häftling/Geistesgestörter
II. *f* ■ **échappée** 1. SPORT Ausreißversuch *m*
2. ***~e de lumière*** Lichtstreifen *m;* **~e [de vue]** Durchblick *m;* ***ciel couvert avec de rares ~es de soleil*** bedeckter Himmel mit kurzen sonnigen Abschnitten
▸ **qn fait une ~e de 2/5/10/... km** jd hat sich 2/5/10/... km vom Hauptfeld abgesetzt; **qn lance une ~e** jd macht einen Ausreißversuch
échappement [eʃapmɑ̃] *m* 1. AUT (*tuyau*) Auspuff *m;* (*gaz*) Abgase *pl;* ■ **~ de qc** *des gaz, de vapeur* Austreten *nt* einer S. (*gen*)
2. TECH (*mécanisme*) [*balancier, pendule*] Hemmung *f*
▸ **~ libre** ungedämpfter Auspuff
échapper <1> [eʃape] I. *vi* 1. (*s'enfuir*) ■ **qn échappe à qn/qc** *à un gardien, ses poursuivants* jd entkommt jdm, jd entwischt jdm *fam; à un danger* jd entgeht [*o* entrinnt] einer S. (*dat*); ■ **qn laisse ~ qn/qc** *prisonnier* jd lässt jdn entkommen [*o* entwischen *fam*]; *maille* jd lässt etw fallen; ■ **qn fait ~ qn** jd verhilft jdm zur Flucht
2. (*se soustraire à*) ■ **qn échappe à qc** *à une responsabilité, corvée, obligation, au travail* jd entzieht sich einer S. (*dat*), jd drückt sich um etw [*o* vor etw (*dat*)] *fam; à punition, au destin* jd entgeht einer S. (*dat*); *aux ennuis, à une question* jd vermeidet etw, jd geht einer S. (*dat*) aus dem Weg; *à la mort* jd entrinnt einer S. (*dat*); *au contrôle* jd entgeht einer S. (*dat*); ***qn échappe aux impôts*** (*par privilège*) jd wird nicht besteuert; (*illégalement*) jd umgeht die Einkommensteuer; ***qn échappe aux recherches*** jd wird nicht gefasst; ■ **qn n'échappera pas à qc** jd wird sich einer S. (*dat*) nicht entziehen können, jd wird sich vor etw (*dat*) [*o* um etw] nicht drücken können *fam;* ***tu n'y échapperas pas!*** darum wirst du nicht herumkommen
3. (*être oublié*) ■ **qc échappe à qn** */nom, mot, date/* etw ist jdm entfallen; ***son nom m'échappe*** sein/ihr Name fällt mir gerade nicht ein
4. (*ne pas être remarqué*) ■ **qc échappe à qn** [*o* **à l'attention de qn**] */détail/* etw entgeht jdm; ***rien ne lui échappe*** ihm entgeht nichts; ■ **qn laisse ~ qc** *détail, faute* jd übersieht etw, jd bemerkt etw nicht; ***il n'a pas échappé à qn que*** + *indic* jdm ist nicht entgangen, dass
5. (*ne pas être compris*) ■ **qc échappe à qn** jd versteht etw nicht; (*ne pas être connu*) etw entzieht sich jds Kenntnis; ***l'opportunité d'une telle mesure m'échappe*** der Sinn einer solchen Maßnahme leuchtet mir nicht ein; ***qc échappe à l'entendement de qn*** etw entzieht sich jdm, jd versteht etw nicht
6. (*glisser des mains*) ■ **qc échappe à qn** etw fällt [*o* gleitet] jdm aus den Händen, etw entgleitet jdm *geh;* ***aujourd'hui tout m'échappe des mains!*** heute lasse ich aber auch alles fallen!; ■ **qn laisse ~ qc** jd lässt etw fallen
7. (*dire par inadvertance*) ■ **qc échappe à qn** */gros mot, paroles/* etw

rutscht jdm heraus *fam*, etw entfährt [*o* entschlüpft] jdm; */secret/* jd plaudert etw [versehentlich] aus; ***un cri/ soupir lui a échappé*** er/sie schrie/seufzte auf; ■ **qn laisse ~ qc** jd kann etw nicht zurückhalten; ***ses lèvres laissent ~ un dernier soupir*** ein letzter Atemzug kommt über seine/ihre Lippen
II. *vpr* 1. (*s'évader*) ■ **qn/un animal s'échappe [ce qc]** jd/ein Tier bricht [aus etw] aus; */prisonnier a./* jd entkommt [aus etw]; */pensionnaire/* jd reißt [aus etw] aus; */souris, hamster, lapin/* ein Tier entwischt [aus etw]; ***l'oiseau s'est échappé de sa cage*** der Vogel ist entflogen
2. (*s'esquiver*) ■ **qn s'échappe [de qc]** jd schleicht sich [von etw] weg, jd verlässt etw unauffällig; ***ils peuvent continuer sans moi, je m'échappe discrètement*** sie können ohne mich weitermachen, ich verschwinde [*o* verdrücke mich] unauffällig *fam*
3. SPORT ■ **qn s'échappe [de qc]** jd reißt aus; *du peloton* jd lässt etw hinter sich (*dat*)
4. (*sortir*) ■ **qc s'échappe [de qc]** */fumée, lumière/* etw dringt [aus etw] heraus; */gaz, odeur/* etw entweicht [aus etw]; */flammes/* etw schlägt aus etw; ***un cri s'échappa de ses lèvres*** ein Schrei kam über seine/ihre Lippen

écharde [eʃaʀd] *f* [Holz]splitter *m*; ***il s'est planté une ~ [dans le doigt]*** er hat sich (*dat*) einen Splitter [*o* Spreißel] eingezogen [*o* eingerissen]

écharpe [eʃaʀp] *f* 1. (*vêtement*) Schal *m*; *~ **de laine/ soie*** Woll-/Seidenschal
2. [*député, maire*] Schärpe *f*
3. (*bandage*) Schlinge *f*, Binde *f*
▸ ~ **tricolore** Schärpe in den Farben der Trikolore; **qc prend qc en ~** *voiture* etw rammt etw [seitlich], etw fährt einer S. (*dat*) in die Seite; **qn a [o porte] le bras en ~** jd trägt den Arm in der Schlinge [*o* in einer Binde]

écharper <1> [eʃaʀpe] *vt* ■ **qn écharpe qn** jd zerstückelt jdn; ■ **qn se fait ~ par qn** jd wird von jdm in Stücke gerissen; *par la foule* jd wird von jdm totgetrampelt; *par les critiques* jd wird von jdm verrissen

échasse [eʃɑs] *f* 1. ORN Stelzenläufer *m*, Strandreiter *m*
2. (*bâton*) Stelze *f*; ***qn est monté [o marche] sur des ~s*** jd geht auf Stelzen

échassier [eʃɑsje] *m* ORN Stelzvogel *m*

échauder <1> [eʃode] *vt* 1. ■ **qn échaude qn/qc** jd verbrüht jdn; *théière* jd spült etw heiß aus; *tomates, riz* jd blanchiert etw; *volaille, porc* jd brüht etw ab
2. *fig* ■ **qn est échaudé(e)** jd ist ein gebranntes Kind; ■ **qn se fait ~** jd lässt sich hereinlegen *fam*

échauffant, e [eʃofɑ̃, ɑ̃t] *adj* (*constipant*) stopfend

échauffement [eʃofmɑ̃] *m* 1. [*atmosphère, mer, sol, terre*] Erwärmung *f*; [*moteur*] Heißlaufen *nt*
2. SPORT Aufwärmen *nt*

échauffer <1> [eʃofe] I. *vt* 1. (*réchauffer*) ■ **qc échauffe qn/qc** etw wärmt jdn auf/etw erwärmt etw, etw erhitzt etw; ***ce long trajet avait échauffé le moteur*** bei dieser langen Fahrt war der Motor heißgelaufen
2. (*exciter*) ■ **qc échauffe qn** etw erhitzt jdn; ***qc échauffe les esprits*** etw erhitzt [*o* erregt] die Gemüter; ***il est échauffé par l'alcool*** ihm ist der Alkohol zu Kopfe gestiegen; ■ **qc échauffe qc** *imagination* etw regt etw an
II. *vpr* 1. SPORT ■ **qn s'échauffe** jd wärmt sich auf
2. (*s'énerver*) ■ **qn s'échauffe** jd ereifert sich, jd erhitzt sich, jd erregt sich

échauffourée [eʃofuʀe] *f* 1. (*bagarre*) Zusammenstoß *m*, Schlägerei *f*
2. MIL Scharmützel *nt*
▸ **qn est pris(e) dans une ~** jd gerät in eine Schlägerei, jd wird in eine Schlägerei verwickelt; *~ **entre forces de l'ordre et manifestants*** Auseinandersetzung *f* zwischen Ordnungskräften und Demonstranten

échauguette [eʃogɛt] *f* Warte *f*

échéance [eʃeɑ̃s] *f* 1. (*date limite, terme*) Fälligkeit *f*, Fälligkeitstermin *m*; [*bon, effet, traite*] Verfall *m*, Verfall[s]tag *m*; (*délai*) Fälligkeitsfrist *f*; ***date d'échéance*** Fälligkeitsdatum *nt*, Ablaufdatum *nt*; ***l'~ de la facture est le 15 mars*** die Rechnung wird am 15. März fällig
2. (*règlement*) fällige Zahlung; *~ **de fin de mois*** am Monatsende fällige Zahlungsverpflichtung, Ultimofälligkeit *f spec*
▸ **à brève [o courte] ~** auf kurze Sicht, kurzfristig; ~ **fatale** unausweichliches Schicksal, bitteres Ende; **à longue ~** auf lange Sicht, langfristig; ~ **politique** politischer Entscheidungstag; **qn fait face à une [lourde] ~** jd kommt einer [hohen] finanziellen Verpflichtung nach; ***une entreprise fait face à ses ~s*** ein Unternehmen erfüllt seine Verbindlichkeiten; **qn proroge [o reporte] l'~** jd verlängert die Fälligkeit; **à [l']~** bei Fälligkeit, bei Verfall; ***payable à l'~*** bei Fälligkeit zahlbar; ***cette somme arrive [o vient] à ~ le 15 du mois*** dieser Betrag wird am 15. des Monats fällig

échéancier [eʃeɑ̃sje] *m* Verfallbuch *nt*, Fälligkeitsverzeichnis *nt*

échéant, e [eʃeɑ̃, ɑ̃t] *adj annuité, traite* fällig [werdend]

échec¹ [eʃɛk] *m* [*manœuvre, négociations, pourparlers*] Scheitern *nt*, Fehlschlagen *nt*, Flop *m fam*; [*démarche, recherches*] Erfolglosigkeit *f*; [*spectacle*] Misserfolg *m*; ***il n'arrive pas à admettre son ~ à l'examen*** er kann sich nicht damit abfinden, dass er das Examen nicht bestanden hat; *~ **scolaire*** Schulversagen *nt*
▸ **qn court à [o va au devant de] l'~** jd hat keine Aussicht auf Erfolg, jd wird scheitern; **qn fait ~ à qc** jd vereitelt etw; **qn fait ~ à qn** jd macht jdm einen Strich durch die Rechnung, jd durchkreuzt jds Pläne; **qc s'est soldé(e) par un ~** etw ist gescheitert; **qn subit [o essuie] un ~** jd muss eine Niederlage [*o* Schlappe *fam*] einstecken, jd muss einen Fehlschlag hinnehmen; (*à un examen*) jd fällt [bei einem Examen] durch; **qc est voué(e) à l'~** etw ist zum Scheitern verurteilt

échec² [eʃɛk] *m pl* (*jeu*) Schach *nt*; ***jeu d'~s*** Schachspiel *nt*; ***qn joue aux ~s*** jd spielt Schach
▸ **[qn est] ~ et mat** [jd ist] [schach]matt; **qn est [en] ~** jd steht im Schach; **qn fait ~ [et mat]** jd bringt sich selbst ins Schach; **qn met qn ~ et mat** jd setzt jdn [schach]matt; **qn met qn en ~** jd bietet jdm Schach; *fig* jd setzt jdn [schach]matt; **qn tient qn en ~** jd hält jdn in Schach

échelle [eʃɛl] *f* 1. Leiter *f*; ***la grande ~ [des pompiers]*** die Feuerwehrleiter
2. (*proportion, rapport*) Maßstab *m*; ■ **à l'~ de qn/qc**: ***à l'~ de 1:100 000*** im Maßstab 1:100 000 (*eins zu hunderttausend*); ***à l'~ de l'homme [o humaine]/ de l'enfant*** menschen-/kindgerecht; ***à l'~ de la nation/ commune [o nationale/ communale]*** auf nationaler/kommunaler Ebene
3. (*maille filée*) Laufmasche *f*
4. [*hiérarchie*] Stufenleiter *f*; *~ **des salaires/ traitements/ valeurs*** Lohn-/Gehalts- [*o* Besoldungs-]/Wertskala *f*
5. MUS: *~ **des sons*** Tonleiter *f*
▸ **qn est en haut [o au sommet]/en bas de l'~** jd steht ganz oben/unten, jd nimmt in der Rangordnung die höchste/die niedrigste Stufe ein; ***elle est au sommet de l'~ [salariale]*** sie steht auf der Lohnskala ganz oben; ***maintenant il est parvenu au sommet de l'~ [sociale]*** jetzt gehört er zu den oberen Zehntausend; ~ **coulissante** Schiebeleiter *f*; **la courte ~** die Räuberleiter, die Baumleiter; ***Jean a fait la courte ~ à Paul*** Jean hat für Paul die Räuberleiter gemacht; ~ **double** Stehleiter *f*; **sur une grande ~** in großem Umfang; ***on a pris des mesures sur une grande ~*** man hat flächendeckende [*o* umfassende] Maßnahmen ergriffen [*o* getroffen]; ~ **mobile [des salaires]** gleitende [Lohn]skala; ~ **pliante** Klappleiter *f*; ~ **thermométrique** Thermometerskala *f*
◆ **échelle de corde** Strickleiter *f*; **échelle de coupée** NAUT Fallreep *nt*; **échelle de Richter** Richterskala *f*; **échelle de sauvetage** Rettungsleiter *f*; **échelle des températures** Temperaturskala *f*; **échelle d'incendie** Feuerleiter *f*

échelon [eʃlɔ̃] *m* 1. [*échelle*] Sprosse *f*
2. ADMIN [*hiérarchie*] Stufe *f*, Ebene *f*; ***il est passé par tous les ~s administratifs*** er hat alle Dienstränge durchlaufen
▸ **qn est au premier/dernier ~** jd steht auf der niedrigsten/höchsten Lohnstufe; **qn avance [o monte] d'un ~ dans la hiérarchie** jd rückt auf, jd steigt in einen höheren Dienstrang auf; **qn descend d'un ~ dans la hiérarchie** jd wird zurückgestuft; **qn gravit [o grimpe] un ~** jd steigt beruflich auf; **à l'~ + *adj*:** ***à l'~ communal/ national/ régional*** auf kommunaler/nationaler/regionaler Ebene; ***à l'~ départemental*** auf Regierungsbezirksebene; **à l'~ de qc:** ***à l'~ de l'administration/ du gouvernement*** auf Verwaltungs-/Regierungsebene; **à tous les ~s** allenthalben

échelonnement [eʃlɔnmɑ̃] *m* 1. MIL [*effectifs*] Staff[e]lung *f*
2. [*paiements*] Verteilung *f*; ■ ~ **de qc** *des prix, salaires, taxes* -staffelung *f*; *~ **du travail*** Arbeitsverteilung *f*; *~ **des paiements sur trois ans*** Verteilung der Zahlungsverpflichtungen auf drei Jahre

échelonner <1> [eʃlɔne] I. *vt* 1. (*étaler*) ■ **qn échelonne plusieurs choses** *paiements, travail* jd verteilt etw [regelmäßig]; ***qn échelonne des livraisons*** jd stellt in mehreren Lieferungen zu, jd liefert sukzessive; ***qn échelonne ses versements*** jd zahlt in Raten
2. (*graduer*) ■ **qn échelonne plusieurs choses** *impôts, prix, salaires, taxes* jd staffelt etw; *difficultés* jd steigert etw allmählich
3. (*disposer à intervalles réguliers*) ■ **qn échelonne des choses** jd stellt Dinge in regelmäßigen Abständen [*o* in gleichem Abstand] auf
II. *vpr* ■ **des choses s'échelonnent** Dinge sind in regelmäßigen Abständen [*o* in gleichem Abstand] aufgestellt

écheveau <x> [eʃ(ə)vo] *m* [*soie*] Docke *f*; [*laine a.*] Strang *m*
▸ **qn démêle l'~ de qc** *d'un problème, récit* jd dröselt etw auf *fam*; ***elle démêle l'~ de cette situation*** sie bringt Klarheit in diese verzwickte Situation

échevelé, e [eʃəvle] *adj* 1. (*décoiffé*) *personne* zerzaust
2. (*effréné*) *course, rythme* wild; *danse a.* ausgelassen

échine [eʃin] *f* 1. (*colonne vertébrale*) Rückgrat *nt*, Wirbelsäule *f*
2. GASTR Schweinehals *m*, Schweinekamm *m*
▸ ~ **dorsale** Rückgrat *nt*; **qn a l'~ souple** jd hat kein Rückgrat, jd ist kriecherisch *fam* [*o* unterwürfig]; **qn courbe [o plie] l'~ [devant qn/qc]** jd [katz]buckelt [vor jdm/etw]

échiner <1> [eʃine] *vpr* ■ **qn s'échine à qc** jd schindet [*o* rackert] sich bei etw ab *fam*; ■ **qn s'échine à faire qc** jd müht sich ab, etw zu tun; ***je m'échine à te répéter que ce n'est pas possible*** ich habe dir schon hundert Mal gesagt, dass das nicht geht

échiquier [eʃikje] *m* 1. ECHECS Schachbrett *nt*
2. FIN, ADMIN ■ **l'É~**: ***l'É~ britannique*** das britische Schatzamt
3. *fig*: ***sur l'~ européen*** im europäischen Kräftespiel; ***l'~ politique*** die politische Szene
▸ **en ~** schachbrettartig; ***les arbres sont plantés en ~*** die Bäume sind im Geviert gepflanzt

écho [eko] *m* 1. [*montagne, grotte, caverne*] Echo *nt*, Widerhall *m*; ***il y a de l'[o un] ~*** es gibt ein Echo; ***ça fait [de l'] ~*** es hallt wider
2. PRESSE (*rubrique*) Klatschkolumne *f*, Klatschspalte *f*; ***les ~s*** die Lokalseite
3. (*effet*) Echo *nt*; ***qc reste sans ~*** etw findet kein Echo [*o* keine Resonanz]; ***nous avons téléphoné partout, mais sans ~!*** wir haben überall herumtelefoniert, aber ohne Erfolg; ***la rencontre des deux chefs d'État n'a eu [o éveillé] [o rencontré] [o trouvé] aucun ~ dans la presse*** über das Treffen der zwei Regierungschefs wurde in der Presse nicht berichtet
▸ **qn a eu des ~s de qc** etw ist jdm zu Ohren gekommen; **qn se fait l'~ de qn/qc** jd gibt weiter, was jd sagt; *d'une nouvelle, inquiétude, opinion* jd verbreitet etw; *d'un bruit, d'une rumeur a.* jd trägt etw weiter; *d'un souhait* jd übermittelt etw; *d'une revendication* jd leitet etw weiter; **à tous les ~s** überall

échographie [ekɔgʀafi] *f* Ultraschalluntersuchung *f*; ***qn passe une ~*** jd lässt eine Ultraschalluntersuchung machen

échoir *<irr>* [eʃwaʀ] *vi + être* 1. (*être dû*) ■ **qc échoit** */dettes, intérêt, loyer/* etw ist [*o* wird] fällig; */délai/* etw läuft ab; ***à terme échu*** nach Ablauf der Frist, nachträglich; ***le loyer échoit tous les 1ers du mois*** die Miete ist an jedem Monatsersten fällig

2. (*revenir*) ■ **qc échoit à qn** etw fällt jdm zu, etw entfällt auf jdn; ***qc échoit en partage à qn*** etw fällt jdm anteilsmäßig zu
3. ■ **il échoit à qn de faire qc** es fällt jdm zu, etw zu tun

échoppe [eʃɔp] *f* [Verkaufs]bude *f*, [Verkaufs]stand *m*

écho-sondeur <~-~s> [ekosɔ̃dœʀ] *m* Echolot *nt*

échotier, -ière [ekɔtje, -jɛʀ] *m* Klatschkolumnist(in) *m(f)*

échouer <1> [eʃwe] **I.** *vi* **1.** (*rater*): ***qn échoue*** jd scheitert; ***il a échoué à l'examen*** er hat die Prüfung nicht bestanden, er ist bei der [*o* durch die] Prüfung durchgefallen *fam*; ***elle a échoué dans sa tentative*** ihr Versuch schlug fehl; ■ **qc échoue** /*attaque, plan*/ etw schlägt fehl, etw scheitert; /*tentative, entreprise a.*/ etw misslingt; ■ **qn fait** ~ **qc** jd vereitelt etw
2. NAUT ■ **qc échoue** /*bateau*/ etw läuft [*o* gerät] auf Grund, etw strandet; ■ **qc échoue sur qc** etw läuft auf etw (*akk*) auf
3. (*débarquer*) ■ **qn échoue chez qn/dans qc** jd landet bei jdm/in etw (*dat*)
II. *vt* NAUT ■ **qn échoue qc** jd lässt etw auf Grund laufen [*o* auflaufen], jd setzt etw auf Strand [*o* Grund]
III. *vpr* ■ **qc s'échoue** etw läuft auf Grund, etw strandet; ***le bateau s'échoua dans la vase*** das Schiff blieb im Schlick [*o* Schlamm] stecken

écimage [esimaʒ] *m* Köpfen *nt*, Kappen *nt*

écimer <1> [esime] *vt* ■ **qn écime qc** jd kappt etw, jd köpft etw

éclaboussement [eklabusmɑ̃] *m* [Be]spritzen *nt*

éclabousser <1> [eklabuse] *vt* **1.** (*asperger*) ■ **qn/qc éclabousse qn/qc** jd/etw bespritzt jdn/etw, jd/etw spritzt jdn/etw voll
2. (*écraser*) ■ **qn éclabousse qn** [**de qc**] *de son luxe, sa richesse, réussite* jd prahlt [*o* protzt *fam*] vor jdm [mit etw]
3. (*rejaillir sur*) ■ **qc éclabousse qn** etw schadet jds gutem Namen

éclaboussure [eklabusyʀ] *f* **1.** (*giclement*) Spritzer *m*; ***qn reçoit des ~s*** jd wird angespritzt, jd wird bespritzt; ■ **~s de** *de sang, vin, café* -spritzer
2. (*contrecoup*) [*scandale*] negative Auswirkung; ***sa réputation a reçu quelques ~s*** sein/ihr Ruf hat gelitten

éclair [eklɛʀ] **I.** *m* **1.** METEO Blitz *m*; ~ ***de chaleur*** Wetterleuchten *nt*
2. PHOT [Licht]blitz *m*; ***les ~s des appareils photos l'aveuglèrent*** das Aufblitzen der Fotoapparate blendete ihn/sie
3. GASTR Eclair *m*, Liebesknochen *m*; ***un ~ au café/chocolat/à la vanille*** ein Mokka-/Schokoladen-/Vanilleeclair
4. ~ ***de bon sens*** [*o* ***de génie***] [*o* ***d'intelligence***] Geistesblitz *m*; ~ ***de lucidité*** lichter Moment [*o* Augenblick]; ***dans un ~ de colère*** in einem Zornanfall; ***je vois des ~s de malice dans tes yeux*** deine Augen funkeln so schelmisch
▶ **un** ~ **dans la vie de qn** ein Lichtblick in jds Leben (*dat*); **il y a des ~s** es blitzt; **qc jette des ~s** /*cristal*/ etw glitzert; ***ses yeux jettent des ~s*** [***de colère/de haine***] seine/ihre Augen blitzen [*o* sprühen] [vor Zorn/vor Hass]; **comme un** ~ [*o* **l'**~] wie der Blitz; ***qn/qc est rapide*** [*o* ***prompt(e)***] ***comme l'***~ jd/etw ist blitzschnell [*o* schnell wie der Blitz]; **en un** ~: ***en un ~ ils ont vidé les étagères*** in Sekundenschnelle [*o* in Null Komma nichts *fam*] haben sie die Regale leergeräumt; ***moi, je te fais ça en un*** ~ bei mir geht das ganz schnell [*o* blitzschnell]; ***je l'ai vu en un*** ~ ich habe ihn/sie nur flüchtig [*o* ganz kurz] gesehen
II. *app inv attaque, guerre, raid, visite* Blitz-; ***voyage***~ kurze Reise

éclairage [eklɛʀaʒ] *m* **1.** Beleuchtung *f*, Licht *nt*; ~ ***électrique*** elektrische Beleuchtung, elektrisches Licht; ~ ***au gaz/néon*** Gas-/Neonbeleuchtung *f*, Gas-/Neonlicht *nt*; ~ ***direct/indirect/artificiel*** direkte/indirekte/künstliche Beleuchtung, direktes/indirektes/künstliches Licht; ~ ***d'ambiance/tamisé*** gedämpfte Beleuchtung, gedämpftes Licht
2. *fig*: ***qn/qc apparaît sous un tout autre*** ~ jd/etw erscheint in einem ganz anderen Licht; ***sous cet*** ~ in diesem Licht, so besehen, so betrachtet

éclairagiste [eklɛʀaʒist] *mf* CINE, THEAT Beleuchter(in) *m(f)*

éclairant, e [eklɛʀɑ̃, ɑ̃t] *adj gaz, fusée* Leucht-; ***pouvoir*** ~ Leuchtkraft *f*

éclaircie [eklɛʀsi] *f* **1.** METEO [vorübergehende] Aufheiterung
2. [*forêt*] Durchforsten *nt*, Lichten *nt*, Ausholzen *nt*; ***qc aurait bien besoin d'une*** ~ etw müsste dringend durchforstet werden
3. *fig* Lichtblick *m*; ***enfin une ~ s'annonçait*** endlich zeichnete sich ein Silberstreif *m* am Horizont ab

éclaircir <8> [eklɛʀsiʀ] **I.** *vt* **1.** (*rendre clair*) ■ **qn/qc éclaircit qc** *cheveux, couleur, teinte, teinture* jd/etw hellt etw auf; *teint* etw macht etw klar und frisch
2. (*rendre moins dense*) ■ **qn éclaircit qc** *barbe, cheveux* jd dünnt etw aus; *forêt* jd lichtet etw, jd durchforstet etw, jd holzt etw aus; *semis* jd vereinzelt etw, jd verzieht etw; *rangs* jd lichtet etw; *sauce, soupe* jd verdünnt etw, jd streckt etw
3. (*élucider*) ■ **qn/qc éclaircit qc** *question, situation, malentendu* jd/etw klärt etw; *meurtre, mystère* jd/etw deckt etw auf; *affaire* jd/etw bringt Klarheit [*o* Licht] in etw (*akk*); *énigme* jd/etw löst etw; ***ça nous éclaircira les idées*** [*o* ***l'esprit***] da werden wir einen klaren Kopf bekommen
II. *vpr* **1.** (*se dégager*) ■ **qc s'éclaircit** /*ciel, temps*/ etw klart auf
2. (*rendre plus distinct*): ***qn s'éclaircit la gorge/la voix*** jd räuspert sich
3. (*se raréfier*) ■ **des choses s'éclaircissent** /*arbres, rangs*/ Dinge lichten sich; /*cheveux a.*/ Dinge werden schütter; ***la foule s'éclaircit*** die Menge verläuft sich
4. (*devenir compréhensible*) ■ **qc s'éclaircit** etw wird klarer; /*mystère*/ etw klärt sich auf; ***après le café matinal ses pensées se sont éclaircies*** nach dem morgendlichen Kaffee konnte er klarer denken

éclaircissement [eklɛʀsismɑ̃] *m* [*question, situation*] Klärung *f*; [*mystère*] Aufklärung *f*; [*malentendu a.*] Beseitigung *f*; [*soupçons*] Beseitigung *f*; [*passage d'un texte, point de vue*] Erklärung *f*, Erläuterung *f*

éclairé, e [ekleʀe] *adj* (*averti*) aufgeklärt; ***il agit en esprit*** ~ er gibt sich aufgeschlossen

éclairer <1> [ekleʀe] **I.** *vt* **1.** (*fournir de la lumière*) ■ **qc éclaire qc** etw erhellt etw; ■ **qn éclaire qn** jd leuchtet jdm; ***passe devant et éclaire-moi le chemin*** geh voraus und leuchte mir; ***qn est éclairé(e) à l'électricité/au gaz*** jd hat elektrisches Licht/Gaslicht
2. (*laisser passer la lumière du jour*) ■ **qc éclaire qc** etw erhellt etw
3. (*donner de la luminosité à qc*) ■ **qc éclaire qc** etw macht etw heller, etw lässt etw heller erscheinen
4. (*expliquer*) ■ **qc éclaire qc** *pensée, texte* etw erklärt [*o* erläutert] etw; *question, situation, vie de qn* etw klärt etw
5. (*instruire*) ■ **qn éclaire qn** [**sur qn/qc** [*o* **au sujet de qn/qc**]] jd klärt jdn [über jdn/etw] auf; ***peux-tu m'~ sur la raison de ton silence?*** kannst du mir den Grund für dein Schweigen nennen?; ***me voilà éclairé*** [***à son sujet***]! nun weiß ich [über ihn/sie] Bescheid!, jetzt bin ich [über ihn/sie] im Bilde!
II. *vi* ■ **qc éclaire** etw leuchtet; ***qc éclaire bien/mal/peu/beaucoup*** etw gibt gutes/schlechtes/wenig/viel Licht
III. *vpr* **1.** (*se fournir de la lumière*) ■ **qn s'éclaire à qc**: ***qn s'éclaire à l'électricité/au gaz*** jd lebt hat elektrisches Licht/Gaslicht; ***elle s'éclaire avec une lampe de poche*** sie leuchtet sich (*dat*) mit einer Taschenlampe
2. (*devenir lumineux*) ■ **qc s'éclaire** /*visage*/ etw hellt sich auf
3. (*se clarifier*) ■ **qc s'éclaire** /*question, situation*/ etw klärt sich; ***maintenant, je comprends, tout s'éclaire!*** jetzt verstehe ich, jetzt wird [mir] alles klar!

éclaireur, -euse [eklɛʀœʀ, -øz] **I.** *m, f* **1.** MIL Aufklärer(in) *m(f)*, Kundschafter(in) *m(f)*
2. (*scout*) Pfadfinder(in) *m(f)*
▶ **qn part** [*o* **est envoyé(e)**] **en** ~ jd geht auf Erkundung aus
II. *app bateau* Aufklärungs-; ***un avion*** ~ ein Aufklärer *m*, ein Aufklärungsflugzeug *nt*

éclat [ekla] *m* **1.** (*fragment*) Splitter *m*
2. (*bruit*): ~ ***de rire*** lautes Auflachen; ~ ***de joie*** Freudenausbruch *m*; ~ ***de tonnerre*** Donnerschlag *m*; ***on entendait les ~s de rire joyeux des enfants*** man hörte das fröhliche Lachen der Kinder; ***elle a été réveillée par des ~s de voix*** sie wurde von heftigen Stimmen aufgeweckt; ***il est parti d'un ~ de rire*** er ist in schallendes Gelächter ausgebrochen
3. (*scandale*) Eklat *m*; ***il a fait un*** ~ er hat einen Eklat verursacht
4. (*luminosité*) [*métal, satin, vernis*] Glanz *m*; [*astre, lumière*] heller Schein; [*phares, soleil*] greller Schein; [*couleur*] Leuchtkraft *f*; [*diamant*] Feuer *nt*, Funkeln *nt*; [*neige*] Glitzern *nt*
5. (*rayonnement*) [*beauté, jeunesse*] Glanz *m*; [*yeux a.*] Leuchten *nt*; ***elle fascine par l'~ de sa beauté/son regard*** sie fasziniert durch ihre strahlende Schönheit/ihren strahlenden Blick
6. (*splendeur, magnificence*) Glanz *m*; [*cérémonie a.*] Pracht *f*; [*personnage a.*] Ausstrahlung[skraft] *f*; [*nom*] Klang *m*; [*rang, titre*] Ansehen *nt*
▶ ~ **aveuglant/trompeur** blendender/trügerischer Glanz; **qn/qc a de l'**~ jd hat Ausstrahlung[skraft]; /*pierre précieuse*/ etw funkelt; ***son regard a de l'~*** er/sie hat einen strahlenden Blick; **qn/qc donne de l'~ à qc** jd/etw verleiht einer S. (*dat*) Glanz; ***le bonheur lui donne de l'~*** das Glück lässt sie/ihn strahlen; **qn est dans** [**tout**] **l'~ de qc** *de la jeunesse, beauté* jd steht im [vollen] Glanz einer S. (*gen*); **qn fait** [*o* **provoque**] **un ~/des ~s** jd verursacht einen Skandal/Skandale; **qn/qc perd son** ~ jd verliert sein Strahlen/etw verliert seinen Glanz; **qn rit aux ~s** jd lacht schallend [*o* aus vollem Halse]; **avec** ~: ***sa voix résonna avec*** ~ seine Stimme erschallte; ***la cérémonie se déroula avec beaucoup d'~*** die Feierlichkeit vollzog sich mit großem Prunk; ***dans la cheminée le feu brûle avec*** ~ im Kamin lodert das Feuer; **qc vole** [*o* **part**] **en ~s** etw zersplittert; **qc fait voler qc en ~s** etw zerschmettert etw; **sans** ~ glanzlos, matt

éclatant, e [eklatɑ̃, ɑ̃t] *adj* **1.** (*fort*) laut; *rire, voix a.* schallend; *bruit, son* durchdringend; *musique* schmetternd
2. (*vif*) strahlend; *couleur a.* leuchtend; *lumière a.* [blendend] hell; *feu* lodernd; ***la blancheur du linge ~e*** blendend weiße Wäsche
3. (*radieux*) *beauté* strahlend; *teint a.* frisch; *santé* blühend; ***il jouit d'une santé ~e*** er erfreut sich bester Gesundheit
4. (*remarquable*) *exemple* eklatant; *mensonge a.* krass; *succès* durchschlagend, großartig; *don, victoire* glänzend; *gloire* strahlend; *mérite* hervorragend; *revanche* erfolgreich; *vérité* offenkundig
5. ■ **qn est ~ de qc**: ***elle est ~e de beauté/santé*** sie ist von strahlender Schönheit/sie strotzt vor Gesundheit

éclatement [eklatmɑ̃] *m* **1.** (*explosion*) Explosion *f*
2. (*crevaison*) [*ballon, pneu*] Platzen *nt*
3. *fig* [*groupe, majorité, parti*] Zersplitterung *f*; ■ ~ **en qc** *en fractions, groupuscules* [Auf]spaltung *f* [*o* Zersplitterung *f*] in etw (*akk*)

éclater <1> [eklate] **I.** *vi* **1.** (*exploser*) ■ **qc éclate** /*bombe, mine, obus*/ etw explodiert; /*chaudière*/ etw explodiert; (*déborder*) /*tête*/ etw platzt *fam*, etw birst *geh*; ■ **qn/qc fait ~ qc** jd/etw bringt etw zum Explodieren
2. (*crever*) ■ **qc éclate** /*ballon, couture, pneu*/ etw platzt; /*châtaigne, écorce, peau*/ etw platzt auf; ■ **qn/qc fait ~ qc** *tuyau* durch etw platzt etw; *ballon* jd lässt etw platzen/durch etw platzt etw
3. (*se fragmenter*) ■ **qc éclate** /*coalition, structure familiale*/ etw bricht auseinander; /*groupe, parti, majorité a.*/ etw zersplittert; /*pierre, verre*/ etw zerspringt; ■ **qc fait ~ qc**: ***des divergences d'opinions ont fait ~ la coalition*** Meinungsverschiedenheiten haben zum Bruch der Koalition geführt; ***le gel a fait ~ les roches*** der Frost hat das Gestein gesprengt; ***la vie moderne fait ~ les structures familiales*** das moderne Leben bewirkt die Auflösung der Familienstrukturen; ***l'eau chaude a fait ~ les verres*** das heiße Wasser hat die Gläser zerspringen lassen
4. (*s'ouvrir*) ■ **qc éclate** /*bourgeon*/ etw bricht auf
5. (*commencer*) ■ **qc éclate** /*dispute, épidémie, guerre, incendie, maladie, grève*/ etw bricht aus; /*orage, tempête*/ etw bricht los
6. (*survenir brusquement*) ■ **qc éclate** /*nouvelle*/ etw schlägt wie eine

Bombe ein; ***le scandale a éclaté*** es kam zu einem Skandal
7. (*retentir*) ■ **qc éclate** */cris, rires/* etw erschallt; */coup de feu, détonation/* etw kracht; */fanfare/* etw schmettert los; */applaudissements/* etw bricht los, etw braust auf; ***un coup de tonnerre éclata*** es gab einen plötzlichen Donnerschlag
8. (*se manifester*) ■ **qc éclate dans/sur ...**: ***qc éclate dans les yeux*** [*o* ***sur le visage***] ***de qn*** */bonne foi, mauvaise foi/* etw steht jdm in den Augen [*o* im Gesicht] geschrieben; */bonté/* etw spricht aus ids Augen; ***la joie éclate dans ses yeux*** er/sie strahlt vor Freude, sein/ihr Gesicht erstrahlt vor Freude; ■ **qn fait ~ qc** *la vérité* jd bringt etw ans Licht; *scandale* jd löst etw aus; ■ **qn laisse ~ qc** *colère, haine, joie* jd lässt einer S. (*dat*) freien Lauf
9. (*s'emporter*) ■ **qn éclate** jdm platzt der Kragen *fam;* ■ **qn/qc fait ~ qn** jd/etw bringt jdn zur Weißglut
10. ■ **qn éclate de qc** *de colère, rage* jd platzt vor etw (*dat*) *fam; de santé* jd strotzt vor etw (*dat*); ***elle éclata de rire*** sie brach in lautes Gelächter aus; ■ **qn éclate en qc** *en applaudissements* jd bricht in etw (*akk*) aus; *en menaces* jd stößt etw aus; *en reproches* jd ergeht sich in etw (*dat*); ***qn éclate en pleurs/protestations*** jd bricht in Tränen/Protest aus
II. *vpr fam* (*se défouler*) ■ **qn s'éclate** jd amüsiert sich prima *fam;* ■ **qn s'éclate à faire qc** [*o* **en faisant qc**] jdm macht es einen Riesenspaß [*o* Mordsspaß], etw zu tun *fam*
éclectique [eklɛktik] *adj* eklektisch
éclectisme [eklɛktism] *m* Eklektizismus *m*
▶ **qn fait preuve d'~** [**dans qc**] jd erweist sich [bei etw] als Eklektiker
éclipse [eklips] *f* Finsternis *f;* ~ ***de lune/soleil*** Mond-/Sonnenfinsternis; ***l'~ du soleil par la lune aura lieu demain*** morgen verfinstert der Mond die Sonne
▶ ~ **annulaire du soleil** ringförmige Sonnenfinsternis; ~ **partielle/totale** partielle/totale Finsternis; **à ~s**: ***phare à ~s*** Blinkfeuer *nt;* ***il a une mémoire à ~s*** er hat immer wieder Gedächtnislücken
éclipser <1> [eklipse] **I.** *vt* **1.** ASTRON ■ **qc éclipse qc** etw verfinstert etw
2. (*surpasser*) ■ **qc éclipse qc** etw drängt etw in den Hintergrund; */gloire/* etw überstrahlt etw; */événement funeste/* etw überschattet etw; ■ **qn éclipse qn** [**par qc**] jd stellt jdn [durch etw] in den Schatten, jd sticht jdn aus; ***Jeanne est éclipsée par le rayonnement de sa sœur*** Jeanne steht im Schatten ihrer Schwester, Jeanne verblasst neben ihrer Schwester; ■ **qn se fait ~ par qn** jd wird von jdm in den Schatten gestellt [*o* von jdm ausgestochen]; ■ **qn se laisse ~ par qn** jd lässt sich von jdm ausstechen [*o* in den Hintergrund drängen]
II. *vpr* ■ **qn s'éclipse** jd verschwindet *fam,* jd verdrückt sich *fam*
éclopé, e [eklɔpe] **I.** *adj* (*boiteux*) *personne* gehbehindert; *animal* lahm; (*blessé*) leicht verwundet *pred,* leicht verwundet *attr;* ***depuis l'accident il est ~*** seit dem Unfall hinkt er
II. *m, f* (*boiteux*) Gehbehinderte(r) *f(m);* (*blessé*) [Leicht]verletzte(r) *f(m)*
éclore <*irr*> [eklɔʀ] *vi + être* **1.** (*s'ouvrir*) ■ **qc éclôt** */bourgeon/* etw bricht auf; */fleur/* etw blüht auf; */œuf/* etw öffnet sich; ***les œufs sont éclos*** die Eier sind ausgebrütet; ■ **qc fait ~ qc** *bourgeon* etw lässt etw aufbrechen [*o* aufgehen]; *fleur* etw lässt etw aufblühen; *œuf* durch etw wird etw ausgebrütet
2. (*naître*) ■ **un animal éclôt** */poussin/* ein Tier schlüpft aus, ein Tier schlüpft aus dem Ei; ***les poussins sont éclos*** die Küken sind ausgeschlüpft; ■ **qc éclôt** */amour/* etw keimt auf; */projet/* etw entsteht; */jour, aube/* etw bricht an; */vocation/* etw erwacht; */talent/* etw entfaltet sich; ■ **qc fait ~ qc** *qualité, sentiment* etw weckt etw
éclosion [eklozjɔ̃] *f* [*couvée*] Ausschlüpfen *nt;* [*bourgeon*] Aufbrechen *nt;* [*fleur*] Aufblühen *nt;* [*jour*] Anbruch *m,* Anbrechen *nt;* [*projet*] Werden *nt;* [*sentiment*] Erwachen *nt;* [*talent*] Entfaltung *f*
écluse [eklyz] *f* Schleuse *f;* ~ ***à sas*** Kammerschleuse
éclusier, -ière [eklyzje, -jɛʀ] *m, f* Schleusenmeister(in) *m(f),* Schleusenwärter(in) *m(f)*
éco- [eko] *préf* Öko-
écœurant, e [ekœʀɑ̃, ɑ̃t] *adj* **1.** (*physiquement*) widerlich, Ekel erregend; *personne* abstoßend; (*trop sucré*) widerlich [*o* ekelhaft] süß; (*trop gras*) widerlich [*o* ekelhaft] fett; ***cette crème est ~e*** diese Creme wird einem leicht zuwider [*o* kriegt man leicht über *fam*]
2. (*moralement*) widerlich, widerwärtig; ***il est ~, ce type!*** so ein Ekel, dieser Kerl! *fam*
3. (*décourageant*) *combine* empörend; *facilité* unerhört; *injustice* himmelschreiend
▶ **qc est ~ de ...**: ***qc est ~ de banalité/démagogie*** etw ist himmelschreiend banal/ist schlimmste Demagogie
écœurement [ekœʀmɑ̃] *m* **1.** (*nausée*) Übelkeit *f;* ***il a mangé jusqu'à l'~*** er hat gegessen, bis ihm schlecht war
2. (*dégoût*) Ekel *m,* Abscheu *m,* Widerwillen *m;* ***elle écoutait ses flatteries avec ~*** angeekelt [*o* angewidert] hörte sie sich (*dat*) seine/ihre Schmeicheleien an
3. (*découragement*): ***elle ressentit un immense ~*** sie war völlig entmutigt
écœurer <1> [ekœʀe] *vt, vi* **1.** (*physiquement*) ■ **qc écœure** */nourriture, goût/* etw schmeckt widerlich; */odeur/* etw riecht widerlich; ■ **qc écœure qn** etw ekelt jdn an, etw widert jdn an; ■ **qn est écœuré(e) par qc** jdm ist von etw schlecht [*o* übel]
2. (*indigner*) ■ **qn/qc écœure qn** jd/etw ekelt jdn an, jd/etw widert jdn an
3. (*décourager*) ■ **qc écœure qn** */combine, injustice/* etw empört jdn; */déception, échec/* etw entmutigt jdn, etw macht jdn mutlos; ■ **qn écœure qn** jd entmutigt jdn, jd nimmt jdm den Mut
ECOFIN [ekɔfin] *m abr de* **Conseil des ministres de l'Économie et des Finances** FIN ECOFIN[-Rat] *m*
école [ekɔl] *f* **1.** (*établissement*) Schule *f;* (*enseignement*) Unterricht *m;* ***l'~ en France est différente de l'~ allemande*** das französische Schulsystem ist anders als das deutsche
2. ART, LITTER Schule *f*
▶ **qn est à** [**la**] **bonne ~** [**avec qn**] jd ist [bei jdm] in einer guten Schule [*o* Lehre]; **qn fait l'~ buissonnière** */écolier/* jd schwänzt; */salarié a./* jd macht blau; ~ **commerciale** Handelsschule *f;* ~ **communale** Gemeindeschule *f;* ~ **confessionnelle** Bekenntnisschule *f,* Konfessionsschule *f;* **qn a été à dure** [*o* **rude**] ~ jd ist durch eine harte Schule gegangen; **grandes ~s** Elite-Hochschulen *pl;* **la haute ~** die Hohe Schule; ~ **hôtelière** Hotelfachschule *f;* ~ **laïque** bekenntnisfreie Schule; ~ **libre** Privatschule *f;* ~ **maternelle** Kindergarten *m;* ~ **militaire** Militärakademie *f;* ~ **mixte** gemischte Schule; **É~ nationale d'administration** *staatliche Verwaltungshochschule;* **É~ navale** Marineakademie *f;* ~ **normale d'instituteurs** Pädagogische Hochschule; **É~ normale supérieure** *Elitehochschule zur Ausbildung von Lehrern an höheren Schulen;* **É~ polytechnique** *Elitehochschule zur Ausbildung von Ingenieuren* [*in Paris*]; ~ **primaire** Grundschule *f;* ~ **privée** Privatschule *f;* ~ **professionnelle** Berufsschule *f;* ~ **publique** öffentliche Schule; ~ **secondaire** höhere Schule; ~ **technique** Berufsfachschule *f,* Gewerbeschule *f;* **qn entre à l'~** jd kommt in die Schule; **qn/qc fait ~** jd findet Nachahmer/etw macht Schule; **qn fait l'~** [**à qn**] jd unterrichtet [jdn]; **qn manque l'~** (*involontairement*) jd versäumt den Unterricht, jd fehlt [in der Schule]; (*volontairement*) jd schwänzt [die Schule] *fam;* **qn met qn à l'~** jd schult jdn ein; **qn renvoie qn de l'~** jd [ver]weist jdn von der Schule; **qn retire qn de l'~** jd nimmt jdn aus [*o* von] der Schule; **qn sèche l'~** *fam* jd schwänzt [die Schule] *fam;* **qn va à l'~** jd geht zur [*o* in die] Schule
◆ **école pour adultes** ≈ Volkshochschule *f;* **école d'apprentissage** Berufsschule *f;* **école d'art dramatique** Schauspielschule *f;* **École de l'air** Luftwaffenakademie *f;* **École des Beaux-Arts** Hochschule *f* für Bildende Kunst, Kunstakademie *f,* Kunsthochschule *f;* **école de danse** Ballettschule *f;* **école de dessin** Kunsthochschule *f;* **école de filles** Mädchenschule *f;* **école de garçons** Jungenschule *f,* Knabenschule *f;* **école de pensée** Lehrmeinung *f;* **école de pilotage** Pilotenschule *f;* **école de police** Polizeischule *f;* **école de secrétariat** Sekretärinnenschule *f;* **école du soir** Abendschule *f;* **école de la vie** Schule *f* des Lebens
écolier, -ière [ekɔlje, -jɛʀ] *m, f* Schüler(in) *m(f)*
écolo [ekɔlo] **I.** *m, f fam abr de* **écologiste** Umweltschützer(in) *m(f)*
II. *adj fam abr de* **écologique** *parti* Öko-, grün; *politique, mouvement* Umwelt-; *pratique* umweltbewusst; ***groupe ~*** Umweltschutzgruppe *f;* ■ **qn est ~** jd ist grün
écologie [ekɔlɔʒi] *f* Ökologie *f;* ***les partisans de l'~*** die Umweltschützer
écologique [ekɔlɔʒik] *adj exigence, réalité* ökologisch; *carburant, firme, solution* umweltfreundlich; *personne, société* umweltbewusst; *catastrophe* Umwelt-; ***science ~*** Ökologie *f*
écologiste [ekɔlɔʒist] **I.** *m, f* (*spécialiste de l'écologie*) Ökologe/Ökologin *m/f;* (*ami de la nature*) Umweltschützer(in) *m(f);* POL Grüne(r) *f(m)*
II. *adj politique, mouvement* Umwelt-; *parti* Öko-, grün; *pratique* umweltbewusst; ***groupe ~*** Umweltschutzgruppe *f;* ■ **qn est ~** jd ist grün
économat [ekɔnɔma] *m* **1.** (*intendance*) [*école, hôpital*] Verwaltung *f*
2. (*magasin d'entreprise*) betriebseigene Einkaufsstelle [*o* Verkaufsstelle]
économe [ekɔnɔm] **I.** *adj* ■ **qn est ~** [**de qc**] jd ist sparsam [mit etw], jd geht sparsam mit etw um; *péj de son temps, de louanges* jd geizt mit etw
II. *mf* Verwalter(in) *m(f)*
économétrie [ekɔnɔmetʀi] *f* Wirtschaftsmathematik *f,* Ökonometrie *f*
économie [ekɔnɔmi] *f* **1.** (*vie économique*) Wirtschaft *f;* (*science a.*) Wirtschaftswissenschaften *pl;* ***l'~ nationale*** die Volkswirtschaft, die einheimische Wirtschaft; ***l'~ internationale*** die Weltwirtschaft; ***le gouvernement a relancé l'~*** die Regierung hat die Wirtschaft angekurbelt
2. (*gain*) [*main-d'œuvre, chauffage, énergie, moyens*] Einsparung *f;* ~ ***d'argent/de temps*** Geld-/Zeitersparnis *f,* Zeitgewinn *m*
3. *pl* Ersparnisse *pl*
4. *littér* (*organisation*) [*corps humain*] zweckmäßiger Aufbau; [*œuvre*] Aufbau *m,* Struktur *f*
▶ **qn fait des ~s de bouts de chandelle** jd spart am falschen Ende; (*est avare*) jd spart an lächerlichen Kleinigkeiten, jd ist knick[e]rig [*o* knaus[e]rig] *fam;* ~ **capitaliste** kapitalistische Wirtschaft; ~ **collectiviste** Kollektivwirtschaft *f;* ~ **concertée** abgestimmte [*o* vereinbarte] Marktwirtschaft; ~ **dirigée** zentralgelenkte Wirtschaft, Planwirtschaft *f;* ~ **domestique** Hauswirtschaft *f;* ~ **étatique** Staatswirtschaft *f;* ~ **fermée** geschlossene Wirtschaft; ~ **libérale** freie Marktwirtschaft; ~ **mixte** gemischtwirtschaftliches System; **il n'y a pas de petites ~s** wer den Pfennig nicht ehrt, ist des Talers nicht wert *prov;* ***pour elle il n'y a pas de petites ~s*** ihrer Meinung nach kann man nicht genug sparen; ~ **planifiée** Planwirtschaft *f;* ~ **politique** Volkswirtschaft[slehre *f*] *f;* ~ **privée** Privatwirtschaft *f;* ~ **publique** Volkswirtschaft *f;* ~ **sociale de marché** soziale Marktwirtschaft; **qn mange ses ~s** jd braucht seine Ersparnisse auf; **par** [**mesure d'**]~ aus Ersparnisgründen
◆ **économie de libre entreprise** Unternehmerwirtschaft *f;* **économie de marché** [freie] Marktwirtschaft; **économie de troc** Tauschwirtschaft *f,* Tauschhandel *m*
économique [ekɔnɔmik] *adj* **1.** (*bon marché*) *chauffage, voiture* sparsam [im Verbrauch], wirtschaftlich; *vacances* preiswert; *procédé* ökonomisch; ***classe ~*** Economyklasse *f*
2. (*qui a rapport à l'économie*) Wirtschafts-; *concentration, évolution, structures a., tension, phénomène* wirtschaftlich; ***lois ~s*** ökonomische Gesetze
économiquement [ekɔnɔmikmɑ̃] *adv* (*en dépensant peu*) sparsam; (*du point de vue économique*) wirtschaftlich gesehen
▶ **les ~ faibles** die wirtschaftlich [*o* finanziell] Schwachen; ~ **parlant** wirtschaftlich gesehen
économiser <1> [ekɔnɔmize] *vt, vi* **1.** (*épargner*) ■ **qn économise** [**qc**] *argent* jd spart [etw]; (*utiliser en moins*) *emplois, frais, matériel* jd spart etw

ein; ■ **qn économise sur qc** jd spart an etw (*dat*)
2. (*ménager*) ■ **qn économise qc** *énergie, forces, provisions, temps* jd geht sparsam mit etw um, jd haushaltet mit etw

économiseur [ekɔnɔmizœʀ] *m* TECH Economiser *m*
◆ **économiseur d'écran** INFORM Bildschirmschoner *m*

économiste [ekɔnɔmist] *mf* Wirtschaftsexperte/-expertin *m/f*, Wirtschaftsfachmann/-fachfrau *m/f*

écope [ekɔp] *f* Wasserschöpfer *m*, Wasserschaufel *f*

écoper <1> [ekɔpe] **I.** *vt* **1.** NAUT ■ **qn écope qc**: ***qn écope de l'eau*** jd schöpft das Wasser aus
2. *fam* (*être puni*) ■ **qn écope qc** *coup* jd kriegt etw ab *fam; punition, peine* (*de prison*) jd bekommt [*o* kriegt] etw aufgebrummt *fam*
II. *vi* **1.** NAUT ■ **qn écope** jd schöpft das Wasser aus
2. ■ **qn écope** jd muss die Suppe auslöffeln *fam*, jd muss alles ausbaden *fam*

écorce [ekɔʀs] *f* [*arbre*] Rinde *f*, Borke *f*; [*fruit*] Schale *f*
▸ ~ **cérébrale** Großhirnrinde *f*; ~ **terrestre** Erdrinde *f*, Erdkruste *f*

écorcer <2> [ekɔʀse] *vt* ■ **qn écorce qc** *arbre* jd entrindet etw, jd löst die Rinde von etw ab; *fruit* jd schält etw

écorché, e [ekɔʀʃe] *m, f* ▸ **qn est un(e) ~(e) vif(vive)** jd ist zart besaitet, jd ist überempfindlich

écorcher <1> [ekɔʀʃe] **I.** *vt* **1.** (*dépecer*) ■ **qn écorche qn/un animal** jd zieht jdm/einem Tier die Haut ab; *lapin* jd zieht einem Tier das Fell ab, jd balgt ein Tier ab
2. (*égratigner*) ■ **qn/qc écorche qc à qn** jd/etw zerkratzt jdm etw; ■ **qc est écorché(e)** /*genou, main*/ etw ist aufgeschürft; /*peau a.*/ etw ist abgeschürft; /*visage, dos*/ etw ist zerkratzt
3. (*faire mal*) ■ **qn/qc écorche qc**: ***tes cris m'écorchent les oreilles*** deine Schreie tun mir in den Ohren weh; ***ce vin [m']écorche le gosier*** dieser Wein kratzt [mir] in der Kehle
4. (*érafler*) ■ **qn écorche qc** jd zerschrammt [*o* zerkratzt] etw
5. (*déformer*) ■ **qn écorche qc** *mot, nom* jd spricht etw falsch aus; *vérité* jd entstellt etw; ***elle écorche le français*** sie spricht sehr schlecht Französisch
6. (*flouer*) ■ **qn écorche qn** *client, touriste* jd nimmt jdn aus *fam*, jd zieht jdm das Fell über die Ohren *fam*; ■ **qn se fait ~ par qn** jd wird von jdm ausgenommen *fam*
II. *vpr* (*s'égratigner*) ■ **qn s'écorche** jd schürft sich (*dat*) die Haut ab [*o* auf]; ■ **qn s'écorche qc** jd zerkratzt sich (*dat*) etw

écorchure [ekɔʀʃyʀ] *f* Schürfwunde *f*, Hautabschürfung *f*

écorner <1> [ekɔʀne] *vt* **1.** (*endommager un coin de qc*) ■ **qn écorne qc** *livre* jd macht Eselsohren in etw (*akk*), jd knickt die Ecken von etw um; *meuble, pierre* jd stößt [*o* schlägt] an etw (*dat*) die Ecken [*o* Kanten] ab
2. (*entamer*) ■ **qn écorne qc** *fortune, patrimoine* jd greift etw an; *provisions a.* jd bricht etw an; ■ **qc est [bien] écorné(e)** etw ist [sehr] geschrumpft

écossais, e [ekɔsɛ, ɛz] **I.** *adj* schottisch; ***manteau ~/jupe ~e*** Mantel *m* mit Schottenkaro/Schottenrock *m*; ***tissu ~*** Schotten *m*
II. *m* (*langue*) Schottisch *nt*
III. *m, f* ■ **Écossais(e)** Schotte/Schottin *m/f*

Écosse [ekɔs] *f* ■ **l'Écosse** Schottland *nt*

écosser <1> [ekɔse] *vt* ■ **qn écosse qc** jd hülst etw aus, jd enthülst etw

écosystème [ekosistɛm] *m* Ökosystem *nt*

écot [eko] *m* Anteil *m* [an der Zeche]; ***chacun paie son ~*** jeder [be]zahlt seinen Anteil [an der Zeche]; ***chacun apporte son ~ à qc*** jeder trägt sein Teil zu etw bei

écoulement [ekulmɑ̃] *m* **1.** [*liquide*] Abfluss *m*, Abfließen *nt*, Ablauf *m*, Ablaufen *nt*
2. PHYSIOL [*liquides organiques*] Ausscheidung *f*, Absonderung *f*; ***~ de sang*** Blutung *f*
3. (*mouvement*) [*foule*] Hinausströmen *nt*, Hinausgehen *nt*; [*temps*] Vergehen *nt*, Verrinnen *nt geh*, Verstreichen *nt geh*; ***~ du trafic*** Verkehrsfluss *m*; ***à cause du chantier, l'~ des voitures se fait lentement*** wegen der Baustelle fließt der Verkehr nur langsam
4. COM [*stocks*] Absatz *m*; [*produits a.*] Vertrieb *m*

écouler <1> [ekule] **I.** *vt* **1.** COM ■ **qn/qc écoule qc** *stock* jd/etw setzt etw ab; *marchandises, produits a.* jd/etw vertreibt etw
2. ■ **qn écoule qc** *faux billets* jd setzt [*o* bringt] etw in Umlauf
II. *vpr* **1.** (*couler de*) ■ **qc s'écoule** /*liquide*/ etw läuft ab; /*liquide organique*/ etw sondert sich ab; ■ **qc s'écoule dans/de qc** etw fließt in etw (*akk*)/aus etw
2. (*passer*) ■ **qc s'écoule** /*année, jour, minute*/ etw vergeht; ***les dernières années de sa vie se sont écoulées paisiblement*** die letzten Jahre seines Lebens sind ruhig verlaufen; ***il s'est écoulé trois jours*** drei Tage sind vergangen
3. (*disparaître*) ■ **qc s'écoule** /*argent, fonds*/ etw schwindet; (*se résorber*) /*foule*/ etw verläuft sich; /*trafic*/ etw fließt
4. (*se vendre*) ■ **qc s'écoule** /*marchandises, produits, stock*/ etw findet Absatz; ***cette marchandise s'écoule difficilement*** diese Ware lässt sich schwer absetzen [*o* verkaufen]

écourter <1> [ekuʀte] *vt* **1.** (*raccourcir*) ■ **qn écourte qc** *barbe* jd stutzt etw; *queue a.* jd koupiert etw *spec*; *bâton, tige, texte, discours* jd kürzt etw
2. (*abréger*) ■ **qn/qc écourte qc** *séjour, visite, voyage, réunion* jd/etw kürzt etw ab; *attente, supplice* jd verkürzt etw; *adieux* jd macht etw kurz [*o* kurz und schmerzlos *fam*]
3. (*tronquer*) ■ **qc est écourté(e)** /*citation*/ etw ist sinnentstellend gekürzt, etw ist verstümmelt

écoute¹ [ekut] *f* ▸ **qn/qc a une grande ~** RADIO, TV jd/etw hat viele Zuhörer, jd/etw hat eine hohe Einschaltquote; **une émission/heure à [*o* de] grande ~** eine beliebte Sendung/eine günstige [*o* beliebte] Sendezeit; **~ sous-marine** Abhören *nt* unter Wasser; **~s téléphoniques** Abhörmaßnahmen *pl*; ***la police s'est servie d'~s téléphoniques*** die Polizei hat die Telefongespräche abgehört; **qn prend/quitte l'~** /*radio-amateur*/ jd geht auf Empfang/schaltet ab [*o* aus]; /*auditeur*/ jd schaltet ein/ab [*o* aus]; **qn est à l'~ [de la radio]** jd hört Radio; **qn est à l'~ de qn** jd ist für jdn da; **qn se met à l'~ [de la radio/d'un émetteur]** jd schaltet [das Radio/einen Sender] ein; **qn reste à l'~** (*radio*) jd lässt das Radio an [*o* eingeschaltet]; (*téléphone*) jd bleibt am Apparat; ***vous êtes à l'~ de Radio Andorre*** hier ist [*o* Sie hören] Radio Andorra; **qn est aux ~s [de qc]** (*épie*) jd lauscht [einer S. (*dat*)]; **qn est aux ~s de qc** *actualité, événements, nouvelles* jd hält sich über etw (*akk*) auf dem Laufenden, jd verfolgt etw aufmerksam

écoute² [ekut] *f* NAUT Schot[e] *f*

écouter <1> [ekute] **I.** *vt* **1.** (*prêter l'oreille à qc*) ■ **qn écoute qn/qc** *chanteur, discours, disque* jd hört sich (*dat*) jdn/etw an; *bruit* jd horcht auf etw (*akk*); *parole* jd lauscht einer S. (*dat*); ***elle écoute la radio/les informations*** sie hört Radio/Nachrichten; ■ **qn écoute qn faire qc**: ***elle l'écoute jouer du piano/chanter*** sie hört ihm/ihr beim Klavier spielen/beim Singen zu; ***elle l'écoute parler/respirer*** sie lauscht seinen/ihren Worten/Atemzügen; ■ **qn écoute qc faire qc**: ***il écoute la pluie tomber*** er lauscht dem Regen; ■ **qn fait ~ qc à qn** *disque, cassette* jd spielt jdm etw vor; ■ **qn/qc est très écouté(e)** /*chanteur, chanson, disque*/ jd/etw ist sehr beliebt [*o* erfreut sich großer Beliebtheit]
2. (*tenir compte de*) ■ **qn écoute qn/qc** jd hört auf jdn/etw; ■ **qn/qc est [très] écouté(e)** jds Meinung/einer S. (*dat*) wird [großer] Wert beigemessen; ■ **qn se fait ~ de qn** jd verschafft sich (*dat*) bei jdm Gehör
3. (*exaucer*) ■ **qn écoute qn/qc** jd erhört jdn/etw; ***Dieu a écouté nos prières*** Gott hat unser Gebet erhört
4. (*obéir*) ■ **qn écoute qn** jd hört auf jdn; ***qn ne veut ~ personne*** jd hört auf niemanden; ■ **qn fait ~ qn** jd bringt jdm Gehorsam bei
▸ **qn n'écoute que lui-même** jd hört nicht auf andere
II. *vi* ■ **qn écoute** jd hört zu; ***qn sait ~*** jd ist ein guter Zuhörer, jd kann [gut] zuhören; ***qn sait se faire ~ [de [o par] qn]*** jd weiß sich (*dat*) [bei jdm] Gehör zu verschaffen
▸ **écoute/écoutez [voir]!** hör/hört mal!
III. *vpr* (*s'observer avec complaisance*) ■ **qn s'écoute**: ***qn s'écoute trop*** jd lässt sich gehen, jd verhätschelt sich; ***il aime s'~ parler*** er hört sich [selbst] gern reden
▸ **si qn s'écoutait, il ferait qc/ne ferait pas qc** wenn es nach jdm ginge, dann würde er etw tun/nicht tun

écouteur [ekutœʀ] *m* **1.** [*téléphone*] Hörer *m*
2. *pl* Kopfhörer *m*

écoutille [ekutij] *f* NAUT Luke *f*

écrabouillage [ekʀabujaʒ] *m*, **écrabouillement** [ekʀabujmɑ̃] *m* *fam* Zerquetschen *nt*, Zermalmen *nt*

écrabouiller <1> [ekʀabuje] **I.** *vt fam* ■ **qn/qc écrabouille qn/qc** jd/etw zerquetscht [*o* zermalmt] jdn/etw; ■ **qn se fait ~ par qn** jd wird von jdm zu Brei geschlagen *fam*
II. *vpr fam* ■ **qn s'écrabouille**: ***le couvreur s'est écrabouillé par terre*** der Dachdecker liegt zerschmettert am Boden

écran [ekʀɑ̃] *m* **1.** (*protection*) Schutz *m*, Abschirmung *f*; (*mur*) Schutzwand *f*; (*mobile*) [Schutz]schirm *m*; ***~ anti-éblouissant*** Blendschutz *m*; ***~ de béton [d'un réacteur]*** Betonhülle *f* [eines Reaktors]; ***des ~s contre le bruit*** Lärmschutzwände *pl*
2. (*moniteur*) [*télévision*] Bildschirm
3. CINE Leinwand *f*; ***~ panoramique*** Breitwand *f*
4. INFORM Monitor *m*, Bildschirm *m*; ***~ 15 pouces*** 15-Zoll-Monitor
▸ **~ antibruit** Lärmschutzwand *f*, Lärmschutzwall *m*; **tel ~ – tel écrit** INFORM WYSIWYG ['viziviк] *nt*; **petit ~** TV Fernsehen *nt*; **~ tactile** Touchscreen ['tʌtʃskriːn] *m spec*; **qn crève l'~** /*acteur, actrice*/ jd reißt das Publikum zu wahren Begeisterungsstürmen hin; **qn/qc fait ~ à qn** (*gêne*) jd/etw versperrt jdm die Sicht; (*abrite*) jd/etw schützt jdn vor etw (*dat*), jd/etw schirmt jdn gegen etw ab; **qc fait ~ contre qc** etw bietet Schutz vor etw (*dat*); **qn fait ~ de qc à qn** jd schützt jdn mit etw; ***la mère fit ~ de son corps à son enfant*** die Mutter stellte sich schützend vor ihr Kind; **à l'~** TV im Fernsehen; CINE im Kino; ***elle passe à l'~ ce soir*** sie ist heute Abend im Fernsehen; ***ce roman n'a pas encore été porté à l'~*** dieser Roman ist noch nicht verfilmt worden; **sur les ~s** TV auf dem Bildschirm; CINE im Kino; ***ce film n'est pas encore passé sur les ~s du quartier*** dieser Film ist in den Kinos des Viertels noch nicht gelaufen
◆ **écran de cheminée** Kaminschirm *m*; **écran à cristaux liquides** INFORM Flüssigkristallbildschirm *m*; **écran à haute définition** INFORM hochauflösender Bildschirm; **écran à fenêtres** INFORM Bildschirm *m* mit Fenstertechnik; **écran de fumée** MIL, NAUT Rauchschleier *m*, Nebelwand *f*; **écran pleine page** INFORM Ganzseitenbildschirm *m*; **écran de projection** CINE Bildwand *f*; **écran radar** Radarschirm *m*; **écran de verdure** grüner Wall, grüne Wand; **écran vidéo** Bildschirm *m*; **écran de visualisation** INFORM Datensichtgerät *nt*

écrasant, e [ekʀazɑ̃, ɑ̃t] *adj* (*accablant*) *impôt, preuve, supériorité, responsabilité* erdrückend; *poids a.* enorm; *majorité a., nombre, victoire* überwältigend; *défaite* vernichtend; *chaleur* [er]drückend; *mépris* abgrundtief

écrasé, e [ekʀaze] *adj nez* breit

écrasement [ekʀazmɑ̃] *m* **1.** (*action d'écraser*) Zerdrücken *nt*; [*raisin, fruits*] Zerquetschen *nt*
2. (*anéantissement*) Vernichtung *f*; [*émeute*] Niederschlagung *f*, Niederwerfung *f*; [*peuple*] Unterdrückung *f*

écraser <1> [ekʀaze] **I.** *vt* **1.** (*broyer*) ■ **qn/qc écrase qc** *fruit, légumes* jd/etw zerdrückt etw, jd/etw püriert etw; *cigarette* jd drückt etw aus; *graine* jd zerstößt etw; *plate-bande* jd zertrampelt etw; (*appuyer fortement*) *accélérateur, frein* jd steigt auf etw, jd tritt etw ganz durch; ***n'écrase pas les noix avec tes dents!*** knack die Nüsse nicht mit den Zähnen!; ***elle écrase sa cigarette du pied*** sie tritt die Zigarette aus; ***je me suis fait ~ les pieds dans***

le métro in der U-Bahn sind sie mir auf den Füßen herumgetrampelt; ***la fenêtre m'a écrasé le doigt*** ich habe mir den Finger im Fenster eingeklemmt; ■ **qn est écrasé(e) par la foule** jd wird von der [Menschen]menge halb erdrückt

2. (*tuer*) ■ **qn/qc écrase qn/un animal [avec qc]** /*conducteur, train, voiture*/ jd/etw überfährt jdn/ein Tier [mit etw]; /*avalanche, éboulement, foule*/ jd/etw erdrückt jdn/ein Tier; ■ **qn/un animal se fait ~ [par qn/qc]** jd/ein Tier wird [von jdm/etw] überfahren/erdrückt

3. (*accabler*) ■ **qc écrase qn** /*douleur, sommeil*/ etw übermannt jdn; /*impôt*/ etw erdrückt jdn; /*travail*/ etw wächst jdm über den Kopf; ***la chaleur m'écrase*** die Hitze macht mich völlig fertig *fam*; ***il est écrasé de travail*** er ist mit Arbeit überlastet

4. (*dominer*) ■ **qn écrase qn de qc**: ***il nous écrase de son luxe*** er sticht uns mit seinem Luxus aus; ***il nous écrase tous de son mépris*** er straft uns alle mit Verachtung; ***il nous écrase tous de sa supériorité*** er drückt uns alle durch seine Überlegenheit an die Wand; ■ **qn écrase qn [en qc]** jd ist jdm [in etw (*dat*)] haushoch überlegen; ■ **qn écrase qn par qc** jd erschlägt jdn mit etw; ***il nous écrase par son savoir*** er erschlägt uns mit seinem Wissen; ■ **qc écrase qc** etw erdrückt etw; ***cet immeuble moderne écrase le paysage*** dieser moderne Bau erdrückt die Landschaft

5. (*surcharger*) ■ **qn écrase qn de qc** jd erdrückt jdn mit etw

6. (*vaincre*) ■ **qn/qc écrase qn/qc** *insurrection, rébellion* jd/etw schlägt etw nieder; *ennemi* jd/etw vernichtet jdn; *résistance* jd/etw bricht etw völlig; *équipe adverse* jd schlägt jdn haushoch

II. *vi* (*ne pas insister*) ■ **qn écrase** jd hält den Mund [*o* die Klappe *fam*]

▸ **qn <u>en</u> écrase** *pop* jd schläft wie ein Sack [*o* Ratz] *fam*

III. *vpr* **1.** (*heurter de plein fouet*) ■ **qn/qc s'écrase**: ***l'avion s'écrase au [o sur le] sol*** das Flugzeug zerschellt am Boden; ***la voiture s'est écrasée contre un arbre*** das Auto prallte frontal gegen einen Baum; ***le couvreur s'est écrasé [par terre]*** der Dachdecker blieb zerschmettert am Boden liegen

2. (*se serrer*) ■ **qn s'écrase quelque part**: ***la foule s'écrase dans le métro/grand magasin*** die Menschenmenge drängt sich in der U-Bahn/im Kaufhaus; ***il s'écrasa contre le mur/sur le sol*** (*se fait petit*) er drückte sich flach gegen die Wand/auf den Boden

3. *fam* ■ **qn s'écrase [devant qn]** (*se taire*) jd hält [in jds Gegenwart (*dat*)] den Mund; (*se faire discret*) jd macht sich [vor jdm] klein *fam*

écrémage [ekʀemaʒ] *m* **1.** [*lait*] Entrahmen *nt*, Abrahmen *nt*, Absahnen *nt*

2. (*sélection*) Ausleseprozess *m*, [Nachwuchs]auslese *f*

écrémer <5> [ekʀeme] *vt* **1.** ■ **qn/qc écrème qc** *lait* jd/etw entrahmt etw, jd/etw rahmt [*o* sahnt] etw ab; ***lait écrémé/demi-écrémé*** entrahmte/fettarme Milch *f*

2. (*prendre le meilleur*) ■ **qn/qc écrème qc** jd/etw sahnt etw ab *fam*; ***il a écrémé ma bibliothèque*** er hat das Beste aus meiner Bibliothek [*o* meine besten Bücher] mitgenommen

écrevisse [ekʀəvis] *f* [Fluss]krebs *m*

▸ **qn est/devient <u>rouge</u> comme une ~** jd ist/wird krebsrot; **qn <u>avance</u> [*o* <u>marche</u>] [*o* <u>va</u>] comme une ~** jd geht rückwärts

écrier <1> [ekʀije] *vpr* ■ **qn s'écrie**: ***[surprise/indignée,] elle s'est écriée: …*** [überrascht/entrüstet] rief sie: …

écrin [ekʀɛ̃] *m* Schatulle *f veraltet*; (*pour bague, collier*) Etui *nt*; **~ *à alliances*** Trauringkästchen *nt*; **~ *à bijoux*** Schmuckkasten *m*, Schmuckkästchen *nt*; **~ *à couverts*** Besteckkasten *m*

écrire <*irr*> [ekʀiʀ] **I.** *vt* **1.** (*tracer*) ■ **qn écrit qc [dans/sur qc]** jd schreibt etw [in/auf etw (*akk*)]

2. (*inscrire*) ■ **qn écrit qc [dans/sur qc]** jd schreibt etw [in/auf etw (*akk*)], jd trägt etw [in etw (*akk*)] ein; ***les devoirs sont écrits au tableau*** die Hausaufgaben stehen an der Tafel

3. (*orthographier*) ■ **qn écrit qc**: ***comment écrit-on ce mot?*** wie schreibt man [*o* schreibt sich] dieses Wort?

4. (*rédiger*) ■ **qn écrit qc** jd schreibt etw, jd verfasst etw

II. *vi* **1.** (*tracer*) ■ **qn écrit** jd schreibt; ***j'écris à la main/à la machine/au crayon/au stylo*** ich schreibe mit der Hand/der Maschine/dem Bleistift/dem Füller; ***elle écrit bien/mal*** sie schreibt schön/unleserlich; ■ **qc écrit d'une certaine façon** etw schreibt irgendwie

2. (*rédiger*) ■ **qn écrit** jd schreibt, jd schriftstellert; ■ **qn écrit à qn** jd schreibt jdm [*o* an jdn]

▸ **qn écrit [qc] en toutes <u>lettres</u> [*o* <u>noir</u> sur blanc]** jd schreibt [etw] schwarz auf weiß; ***mais c'est écrit noir sur blanc [o en toutes lettres] dans la circulaire!*** aber das steht doch ganz deutlich im Rundschreiben!; **<u>c'était</u> écrit** das ist/war Schicksal, das musste [ja] so kommen; **<u>il</u> est écrit que** + *fut* es ist vorbestimmt, dass; ***il est écrit que nous arriverons toujours en retard!*** es ist anscheinend unser Schicksal, dass wir immer zu spät kommen müssen

III. *vpr* ■ **qc s'écrit** etw wird geschrieben; ***son nom/ce mot s'écrit avec y*** sein/ihr Name/dieses Wort schreibt sich mit y [*o* wird mit y geschrieben]; ***cela se dit mais cela ne s'écrit pas*** das kann man sagen, aber das schreibt man nicht; ■ **des personnes s'écrivent** Menschen schreiben sich [*o* stehen miteinander in Briefwechsel]

écrit [ekʀi] *m* **1.** (*document*) Schriftstück *nt*; ***un ~ anonyme*** ein anonymes Schreiben; ***un ~ signé*** ein unterzeichnetes [*o* signiertes *geh*] Schriftstück; ***un ~ probatoire*** JUR eine beglaubigte Testamentsabschrift

2. (*ouvrage*) Schrift *f*; ***un ~ polémique/satirique*** eine polemische/satirische Schrift; ***un ~ diffamatoire*** eine Schmähschrift

3. (*épreuve, examen*) schriftliche Prüfung, Schriftliche(s) *nt*; ***je suis reçu(e) à l'~*** ich habe das Schriftliche bestanden

▸ **<u>par</u> ~** schriftlich

écriteau <x> [ekʀito] *m* [Hinweis]schild *nt*

écritoire [ekʀitwaʀ] *f* Schreibzeug *nt*

écriture [ekʀityʀ] *f* **1.** (*façon d'écrire*) [Hand]schrift *f*; ***vous avez une belle ~*** Sie haben eine schöne [Hand]schrift

2. (*alphabet*) Schrift *f*; **~ *chiffrée*** Geheimschrift; **~ *gothique*** gotische Schrift

3. (*style*) Schreibweise *f*, [Schreib]stil *m*

4. (*rédaction*) schriftliche Ausfertigung, Abfassung *f*

5. JUR Urkunde *f*, Schriftstück *nt*; ■ **les ~s** die Prozessakten; ***il a été jugé pour faux en ~[s]*** er wurde wegen Urkundenfälschung verurteilt

6. *pl* COM, FIN Geschäftsbücher *pl*

7. ADMIN Buchung *f*, Eintragung *f*; ***employé aux ~s*** Büroschreiber *m*

8. REL ■ **l'É~ [sainte]**, ■ **les [Saintes] É~s** die [Heilige] Schrift

▸ **qn a une ~ de <u>chat</u>** jd hat eine krakelige [Hand]schrift; **qn <u>passe</u> une ~** jd nimmt eine Buchung vor, jd [ver]bucht etw; **qn <u>tient</u> les ~s** jd führt die Bücher, jd macht die Buchführung

écrivain [ekʀivɛ̃] *m* Schriftsteller(in) *m(f)*

▸ **~ <u>public</u>** öffentlicher Schreiber

écrou [ekʀu] *m* [Schrauben]mutter *f*

écrouer <1> [ekʀue] *vt* ■ **qn écroue qn** jd inhaftiert jdn

écroulement [ekʀulmɑ̃] *m* Zusammenbruch *m*; [*maison, toit*] Einsturz *m*

écrouler <1> [ekʀule] **I.** *vpr* **1.** (*tomber*) ■ **qc s'écroule** /*maison, mur, ruine, toit*/ etw stürzt ein, etw bricht zusammen; /*arbre*/ etw stürzt um; /*falaise*/ etw stürzt ein; /*rocher*/ etw fällt herab

2. (*baisser brutalement*) ■ **qc s'écroule** /*cours de la bourse, prix*/ etw bricht zusammen

3. (*prendre fin brutalement*) ■ **qc s'écroule** /*autorité, empire, entreprise*/ etw bricht zusammen; /*espoir, projet*/ etw zerschlägt sich; /*fortune*/ etw geht plötzlich verloren; /*gouvernement*/ etw stürzt; /*régime*/ etw stürzt, etw bricht zusammen; /*théorie*/ etw stürzt [*o* bricht] in sich (*dat*) zusammen

4. (*s'affaler*) ■ **qn s'écroule** jd bricht zusammen; ***il s'écroule dans un fauteuil/sur le lit*** er lässt sich in einen Sessel/aufs Bett fallen; ***il s'écroule de fatigue [o sommeil]*** er ist zum Umfallen müde *fam*

▸ **qn s'écroule de <u>rire</u>** jd kugelt [*o* biegt] sich vor Lachen, jd lacht sich halbtot [*o* schief]

II. *vt* (*rugby*): ***les avants ont écroulé la mêlée*** die Spieler der 1. Reihe haben das Gedränge zum Einsturz gebracht

écru, e [ekʀy] *adj* naturfarben; *toile, coton* ungebleicht; *soie* Roh-, Ekrü-

écu¹ [eky] *m* **1.** (*monnaie ancienne*) ≈ Taler *m*

2. (*bouclier*) [Wappen]schild *m o nt*

écu² [eky] *m abr de* **European Currency Unit** Ecu *m o f*

écueil [ekœj] *m* Klippe *f*

écuelle [ekɥɛl] *f* Napf *m*, Schale *f*

éculé, e [ekyle] *adj* **1.** *chaussures* schief getreten, abgetreten

2. *image littéraire, plaisanterie* abgedroschen, abgegriffen

écumage [ekymaʒ] *m* Abschöpfen *nt*

écumant, e [ekymɑ̃, ɑ̃t] *adj* schäumend; *mer a.* gischtend; ■ **~ de qc**: ***il a la bouche ~e de colère*** er hat vor Zorn Schaum vor dem Mund; ***elle a la bouche ~e d'injures*** sie spuckt Gift und Galle

écume [ekym] *f* **1.** [*bière, bouillon, confiture*] Schaum *m*; [*vagues a.*] Gischt *f*

2. (*bave*) Geifer *m*; ***le cheval était couvert d'~*** das Pferd war schweißbedeckt

3. METAL Schlacke *f*

4. *vieilli* [*société, population*] Abschaum *m*

◆ **écume de mer** MINER Meerschaum *m*; ***des pipes en ~ de mer*** Meerschaumpfeifen *pl*

écumer <1> [ekyme] **I.** *vt* **1.** (*enlever l'écume*) ■ **qn écume qc** *bouillon, confiture* jd schöpft den Schaum von etw ab

2. (*piller*) ■ **qn écume qc** *région, ville* jd plündert etw; ***qn écume les côtes/les mers*** jd betreibt Seeräuberei

II. *vi* **1.** (*se couvrir d'écume*) ■ **qc écume** /*confiture*/ etw schäumt; /*mer a.*/ etw gischtet

2. (*baver*) ■ **qn/un animal écume** jdm/einem Tier steht Schaum vor dem Mund/Maul; ***le cheval écumait*** das Pferd war schweißnass

3. ■ **qn écume de qc**: ***il écume de colère [o rage]*** jd schäumt [*o* kocht] vor Wut

écumeur [ekymœʀ] *m*: **~ *de mer*** Seeräuber *m*

écumoire [ekymwaʀ] *f* Schaumlöffel *m*

▸ **qn/qc est <u>troué</u>(e) comme une ~** *fam* jd/etw ist völlig durchlöchert *fam*

écureuil [ekyʀœj] *m* Eichhörnchen *nt*

▸ **qn est <u>agile</u>/<u>vif</u>(vive) comme un ~** jd ist flink wie ein Wiesel [*o* wieselflink]

écurie [ekyʀi] *f* [Pferde]stall *m*

▸ **qc est une <u>vraie</u> ~** etw ist ein richtiger Saustall [*o* Schweinestall]; **qn <u>entre</u> [quelque part] comme dans une ~** jd platzt einfach so [irgendwo] herein; **qn/un animal <u>sent</u> l'~** jd riecht den Stall [*o* spürt, dass es nicht mehr weit nach Hause ist]/ein Tier wittert den Stall

◆ **écurie de courses** (*ensemble de chevaux/cyclistes/voitures de courses*) Rennstall *m*

écuyer, -ère [ekɥije, -jɛʀ] *m, f* **1.** HIST (*gentilhomme, titre à la cour*) [Schild]knappe *m*, Junker *m*

2. (*cavalier*) [guter] Reiter/[gute] Reiterin; (*professeur d'équitation*) Reitlehrer(in) *m(f)*; (*au cirque*) Kunstreiter(in) *m(f)*

eczéma [ɛgzema] *m* Ekzem *nt*

eczémateux, -euse [ɛgzematø, -øz] *adj* ekzematisch, ekzematös, ekzemartig; ***personne ~euse*** Ekzematiker(in) *m(f)*

edelweiss [edɛlvajs, edɛlvɛs] *m* Edelweiß *nt*

Éden [edɛn] *m* Eden *nt geh*

édenté, e [edɑ̃te] *adj* zahnlos; *peigne, scie* mit ausgebrochenen Zähnen; ***la vieille avait une bouche ~e*** die Alte war zahnlos/der Alten fehlten einige Zähne

édenter <1> [edɑ̃te] *vt* ■ **qn/qc édente qc** *peigne, scie* jd/etw bricht bei etw die Zähne ab; ***le boxeur édenta*** [***la bouche de***] ***son adversaire*** der Boxer schlug seinem Gegner die Zähne aus

E.D.F. [ødeɛf] *f abr de* **Électricité de France** Französische Elektrizitätsgesellschaft

édicter <1> [edikte] *vt* ■ **qn édicte qc** jd verfügt etw; *loi* jd erlässt etw; *peine* jd setzt etw fest

édifiant, e [edifjɑ̃, jɑ̃t] *adj* **1.** (*exemplaire*) vorbildlich, beispielhaft
2. (*instructif*) *histoire, ouvrage, lecture* erbauend; *témoignage* aufschlussreich

édification [edifikasjɔ̃] *f* **1.** (*construction*) Errichtung *f,* Bau *m*
2. (*création*) [*loi, théorie*] Erarbeitung *f;* [*paix*] Herbeiführung *f;* ***l'~ de bien des fortunes colombiennes repose sur le café*** nicht wenige kolumbianische Familien verdanken ihr Vermögen dem Kaffee
3. (*instruction*) [*esprit, fidèle*] Erbauung *f;* [*peuple*] Missionieren *nt*

édifice [edifis] *m* **1.** (*bâtiment*) Gebäude *nt;* ~ ***public*** öffentliches Gebäude
2. (*ensemble organisé*) Gefüge *nt,* Struktur *f;* ~ ***économique/social d'un État*** wirtschaftliches/soziales Gefüge eines Staates

édifier <1a> [edifje] *vt* **1.** (*bâtir*) ■ **qn édifie qc** jd erbaut etw, jd errichtet etw
2. (*créer*) ■ **qn édifie qc** *empire* jd begründet etw; *loi, théorie* jd erarbeitet etw; *paix* jd führt etw herbei; ***il a édifié sa fortune sur des affaires louches*** er hat sein Vermögen mit dunklen Geschäften gemacht
3. (*instruire*) ■ **qn/qc édifie qn** jd/etw erbaut jdn
▸ **me/te/le/la/... voilà édifié(e)** [**maintenant**]! *iron:* ***te voilà édifié(e)!*** nun weißt du, woran du bist!, jetzt weißt du Bescheid!

Édimbourg [edɛ̃buʀ] Edinburg *nt*

édit [edi] *m* HIST, POL Edikt *nt,* Erlass *m*

éditer <1> [edite] *vt* ■ **qn édite qn/qc** jd gibt jdn/etw heraus, jd verlegt jdn/etw

éditeur, -trice [editœʀ, -tʀis] **I.** *adj maison, société* Verlags-; ***la maison ~trice Klett*** der Klettverlag
II. *m, f* Herausgeber(in) *m(f),* Verleger(in) *m(f)*
III. *m* INFORM Editor *m*
◆ **éditeur de textes** INFORM Texteditor *m*

édition [edisjɔ̃] *f* **1.** (*publication*) [*disque*] Herausgabe *f;* [*livre a.*] Veröffentlichung *f;* (*livre*) Ausgabe *f;* ~ ***complète*** Gesamtausgabe
2. (*métier*): ***elle travaille dans l'~*** sie ist im Verlagswesen tätig
3. (*établissement*) ■ **les ~s** der Verlag
4. PRESSE (*tirage*) Ausgabe *f;* ***première*** ~ Erstausgabe; ~ ***du matin/soir*** Morgen-/Abendausgabe; ~ ***spéciale*** Sonderausgabe, Extrablatt *nt;* ~ ***régionale*** Regionalausgabe
5. RADIO, TV Ausgabe *f*
6. INFORM Edition *f*
▸ ~ **revue et corrigée** neu bearbeitete Auflage; ~ **revue et augmentée** durchgesehene und erweiterte Auflage

éditique [editik] *m* INFORM Desktop Publishing ['dɛsktɔp 'pablɪʃɪŋ] *nt*

édito [edito] *m fam abr de* **éditorial**

éditorial <-aux> [editɔʀjal, jo] *m* Leitartikel *m*

éditorialiste [editɔʀjalist] *mf* Leitartikler(in) *m(f)*

édredon [edʀədɔ̃] *m mit Daunen gefülltes Deckbett*

éducateur, -trice [edykatœʀ, -tʀis] **I.** *adj fonction, intention* erzieherisch; ***personne ~trice*** Erzieher(in) *m(f),* Erziehende(r) *f(m)*
II. *m, f* Erzieher(in) *m(f);* ~(***-trice***) ***social(e)*** Sozialpädagoge/-pädagogin *m/f;* ~(***-trice***) ***de rue*** Streetworker(in) *m(f)* ['stri:twø:kɐ]; ~(***-trice***) ***spécialisé(e)*** Erzieher(in) *m(f)* für geistig und körperlich Behinderte

éducatif, -ive [edykatif, -tiv] *adj jeu* Lern-; *méthode, système* Erziehungs-; ***établissement*** ~ Bildungsanstalt *f*

éducation [edykasjɔ̃] *f* **1.** (*pédagogie*) Erziehung *f;* ***l'É~ nationale*** das Schul- und Hochschulwesen
2. (*bonnes manières*) Erziehung *f,* Kinderstube *f*
3. (*culture générale*) Bildung *f*
4. (*training*) Schulung *f;* [*sens a.*] Schärfung *f;* ~ ***de la mémoire*** Gedächtnisschulung
▸ ~ **permanente** Fortbildung *f,* Weiterbildung *f;* ~ **physique** Sport[unterricht *m*] *m,* Turnen *nt;* ~ **sexuelle** Sexualerziehung *f;* ~ **surveillée** Fürsorgeerziehung *f;* ***il est mis sous ~ surveillée*** er kommt in Fürsorgeerziehung; **qn a de l'~** jd ist gut erzogen, jd hat eine gute Kinderstube; **qn donne une ~ à qn** jd erzieht jdn; **qn est sans ~** jd ist schlecht erzogen, jd hat kein Benehmen [*o* keine Kinderstube]; **qn/qc fait l'~ de qn** jd/etw formt jdn; **qn fait son ~** [**quelque part**]: ***où a-t-il fait son ~ artistique/musicale?*** wo hat er Kunst/Musik studiert?; ***où a-t-il fait son ~ civique/religieuse/politique*** wo hat er seine staatsbürgerliche/religiöse/politische Bildung erworben?; ***où a-t-il fait son ~ morale?*** wo hat er seine sittliche Reife erworben?; **qn fait preuve d'~** jd kann sich benehmen; **qn manque d'~** jdm fehlt es an der nötigen Erziehung; **qn reçoit une** [**bonne/mauvaise**] ~ jd genießt eine [gute/schlechte] Erziehung

édulcorant, e [edylkɔʀɑ̃, ɑ̃t] **I.** *adj* süßend; ***le miel est ~*** Honig süßt
II. *m* Süßstoff *m*

édulcorer <1> [edylkɔʀe] *vt* **1.** PHARM ■ **qn édulcore qc** jd süßt etw
2. (*adoucir*) ■ **qn édulcore qc** *doctrine, propos, version, réalité* jd schwächt etw ab, jd mildert etw [ab]; *texte osé* jd entschärft etw

éduquer <1> [edyke] *vt* **1.** ■ **qn éduque qn** jd erzieht jdn; ■ **qn est** [**bien/mal**] **éduqué(e)** jd ist [gut/schlecht] erzogen
2. ■ **qn éduque qc** *mémoire, volonté* jd schult etw; *sens a.* jd schärft etw; *goût* jd bildet etw [aus]

effaçable [efasabl] *adj* [aus]löschbar; ***cette encre est-elle ~?*** kann man diese Tinte entfernen?

effacé, e [efase] *adj* **1.** *couleur, teinte* verblasst, verblichen
2. *manière, personne* zurückhaltend, bescheiden; *rôle* unbedeutend; ***il mène une vie ~e*** er führt ein zurückgezogenes Leben
3. *menton* fliehend; ***elle a une poitrine ~e*** sie ist flachbrüstig

effacement [efasmɑ̃] *m* **1.** [*inscription, souvenir*] [Aus]löschen *nt,* Tilgung *f geh;* [*bande magnétique*] Löschen *nt;* [*craintes*] Zerstreuung *f;* [*faute*] Wiedergutmachung *f;* [*faute d'orthographe*] Korrektur *f*
2. [*personne*] ■ **l'~ de qn au profit de qn** [*o* **devant qn**] jds Zurückstehen hinter jdm
3. ~ ***de la poitrine*** Flachbrüstigkeit *f;* ~ ***du menton*** fehlende Wölbung des Kinns
▸ **qn vit dans l'~** jd lebt zurückgezogen

effacer <2> [efase] **I.** *vt* **1.** (*faire disparaître*) ■ **qn/qc efface qc** jd/etw löscht etw [aus]; *empreinte, trace* jd/etw verwischt etw; *bande magnétique* jd löscht etw; *faute d'orthographe* jd korrigiert etw; *tache* jd entfernt etw; *tableau noir* jd wischt etw [ab]; ***qn efface qc avec la gomme*** jd radiert etw aus; ***effacez les épaules!*** nehmen Sie die Schultern zurück!
2. (*faire oublier*) ■ **qn/qc efface qc** *honte, souvenir, passé* jd/etw tilgt etw *geh,* etw löscht etw aus; *mauvaise impression a.* jd/etw beseitigt etw; *crainte* jd/etw zerstreut etw; *faute* jd/etw macht etw wieder gut; ***qn efface qc de sa mémoire*** jd streicht etw aus seinem Gedächtnis; ***le temps efface tout*** die Zeit lässt alles verblassen; ***effaçons tout et recommençons*** lasst uns Vergangenes vergangen sein und noch einmal neu anfangen
3. (*éclipser*) ■ **qn/qc efface qn/qc** [**par qc**] jd/etw sticht jdn/etw [durch etw] aus, jd stellt jdn [durch etw] in den Schatten; ***sa réussite efface celle des autres*** sein/ihr Erfolg übertrifft [bei weitem] den der anderen
II. *vpr* **1.** (*s'estomper*) ■ **qc s'efface** /*impression, souvenir*/ etw verblasst; /*couleur a.*/ etw verbleicht; /*contours*/ etw verschwimmt; /*inscription, trace*/ etw wird undeutlich; /*crainte*/ etw verflüchtigt sich; /*sourire*/ etw erstirbt; ***tout s'efface avec le temps*** alles verblasst mit der Zeit
2. (*se laisser enlever*) ■ **qc s'efface** /*encre*/ etw lässt sich entfernen; ***ces graffitis ne s'effacent pas bien*** diese Kritzeleien lassen sich schlecht entfernen
3. (*se faire petit*) ■ **qn s'efface** (*pour laisser la place*) jd tritt zurück [*o* zur Seite]; ■ **qn s'efface devant qn** jd steht hinter jdm zurück

effaceur [efasœʀ] *m* Tintenlöscher *m,* Tintenkiller *m*

effarant, e [efaʀɑ̃, ɑ̃t] *adj* unerhört, ungeheuer

effaré, e [efaʀe] *adj personne* entgeistert, verstört; ***il avait l'air ~*** er sah verstört aus, er machte einen verstörten Eindruck; ***qn est ~ par qc*** jd ist über etw (*akk*) entsetzt

effarement [efaʀmɑ̃] *m* Fassungslosigkeit *f,* Entsetzen *nt;* ***quel ne fut pas son ~ quand elle apprit la nouvelle!*** wie entsetzt sie war, als sie die Neuigkeit erfuhr!; ***dans l'~ général, personne n'avertit la police*** in der allgemeinen Verwirrung verständigte niemand die Polizei; ***ils constatèrent avec ~ qu'on avait forcé leur porte*** fassungslos stellten sie fest, dass man ihre Tür aufgebrochen hatte

effarer <1> [efaʀe] *vt* ■ **qn/qc effare qn** jd/etw bringt jdn aus der Fassung; ***les prix exagérés effarent la clientèle*** die übertriebenen Preise schrecken die Kundschaft ab

effaroucher <1> [efaʀuʃe] **I.** *vt* **1.** (*mettre en fuite*) ■ **qn/qc effarouche qn/un animal** jd/etw scheucht [*o* schreckt] jdn/ein Tier auf
2. (*faire peur*) ■ **qn/qc effarouche qn** jd/etw schüchtert jdn ein
3. (*choquer*) ■ **qn effarouche qn** jd schockiert jdn
II. *vpr* **1.** (*prendre la fuite*) ■ **un animal s'effarouche** ein Tier ergreift die Flucht [*o* läuft weg]; ***le cheval s'effaroucha*** das Pferd scheute; ■ **qn s'effarouche** jd bekommt es mit der Angst zu tun
2. (*se troubler*) ■ **qn s'effarouche** [**de qc**] jd erschrickt [über etw (*akk*)]

effectif, -ive [efɛktif, -iv] **I.** *adj aide* wirksam; *pouvoir* tatsächlich; ***travail ~*** effektive [*o* effektiv geleistete] Arbeit; ***capital ~*** Aktivvermögen *nt;* ***puissance ~ive*** Nutzkraft *f*
▸ **qc est ~ à partir de/depuis** etw wird wirksam ab/ist wirksam seit; ***cette mesure est ~ive à partir du/depuis le 1er janvier*** diese Maßnahme tritt am 1. Januar in Kraft/ist seit dem 1. Januar in Kraft
II. *m* [*armée, classe, parti*] Stärke *f;* [*entreprise*] Belegschaft *f;* ***l'instituteur vérifie si l'~ de sa classe est au complet*** der Lehrer überprüft, ob seine Klasse vollständig ist; ***le parti a réussi à augmenter fortement ses ~s*** die Partei konnte sehr viele Mitglieder gewinnen

effectivement [efɛktivmɑ̃] *adv* **1.** (*concrètement*) *aider* wirksam; *travailler* effektiv; ***qn contribue ~ à la victoire de qn*** jd trägt entscheidend zu jds Sieg bei
2. (*réellement*) in der Tat, tatsächlich; ***cela s'est ~ passé comme tu l'avais prévu*** es hat sich tatsächlich [*o* in der Tat] so abgespielt, wie du es vorhergesehen hattest; ~, ***cela peut arriver*** in der Tat, das kann passieren; das kann tatsächlich passieren

effectuer <1> [efɛktɥe] **I.** *vt* (*faire*) ■ **qn/qc effectue qc** *achat, opération bancaire, transaction* jd/etw tätigt etw; *démarches* jd/etw unternimmt etw; *expérience* jd stellt etw an; *geste, heures supplémentaires, mouvement* jd macht etw; *investissement, opération chirurgicale* jd/etw nimmt etw vor; *mission, réparation, travail* jd führt etw aus; *paiement* jd/etw leistet etw; *parcours, trajet* jd/etw legt etw zurück; *recensement, réforme, manœuvre* jd/etw führt etw durch
II. *vpr* (*se faire, s'exécuter*) ■ **qc s'effectue** /*mouvement*/ etw wird ausgeführt; /*manœuvre, recensement, réforme*/ etw wird durchgeführt; /*réparation, travail*/ etw wird ausgeführt; /*paiement*/ etw erfolgt; /*parcours, trajet*/ etw wird zurückgelegt; /*transaction*/ etw wird abgewickelt; ***l'opération s'est effectuée sans difficultés*** die Operation ist ohne Komplikationen verlaufen

efféminé, e [efemine] *adj* unmännlich, weibisch, effeminiert *geh*

efféminer <1> [efemine] *vpr* ■ **qn s'efféminé** jd wird unmännlich [*o* weibisch]; ***il s'est beaucoup efféminé ces derniers temps*** er ist in letzter Zeit richtig feminin geworden

effervescence [efɛʀvesɑ̃s] *f* **1.** (*bouillonnement*) [*liquide*] Sprudeln *nt*
2. (*agitation*) [*personne*] Aufregung *f,* Erregung *f;* ***la ville est en pleine*** ~ die Stadt ist in hellem Aufruhr; ***l'~ de sa passion l'inquiétait*** seine/ihre überschäumende Leidenschaft beunruhigte ihn/sie; ***quelle ~! est-elle amoureuse?*** wie aufgewühlt sie ist! ist sie etwa verliebt?
▶ **qc entre en** ~ etw beginnt zu sprudeln; **qn est en** ~ jd ist erregt, jd ist aufgeregt; */peuple, ville, pays/* jd ist in Aufruhr; ***sa mère n'a plus de nouvelles de lui, elle est en*** ~ seine Mutter hat keine Nachricht mehr von ihm, sie ist in heller Aufregung; **qc est en** ~ */eau/* etw sprudelt; **qn/qc met qn en** ~ jd/etw versetzt jdn in Aufregung; *foule, peuple, ville a.* jd/etw versetzt jdn in Aufruhr

effervescent, e [efɛʀvesɑ̃, ɑ̃t] *adj* **1.** *liquide* sprudelnd; ***comprimé*** ~ Brausetablette *f*
2. (*tumultueux*) *jeunesse* stürmisch; *personne, caractère* leicht erregbar, aufbrausend; ***un peuple*** ~ ein Volk, das zum Aufruhr neigt

effet [efɛ] *m* **1.** (*résultat*) Wirkung *f;* ~ ***curatif*** Heilwirkung; ~ ***désastreux/durable*** verheerende/nachhaltige Wirkung; ~ ***pervers*** unerwünschte Nebenwirkung; ~ ***rétroactif*** rückwirkende Kraft, Rückwirkung; ~ ***secondaire*** Nebenwirkung; ***ce remède a un ~ infaillible*** dieses Medikament wirkt immer [*o* garantiert]; ■ **qc est l'~ de qc** etw ist die Folge von etw; ***notre rencontre était l'~ du hasard*** wir haben uns rein zufällig getroffen; ***qc a*** [*o* ***fait***] ***l'~ d'une bombe*** etw wirkt wie eine Bombe, etw schlägt wie eine Bombe ein
2. (*impression*) Eindruck *m*
3. (*artifice, phénomène, procédé*) Effekt *m;* ~ ***comique*** komischer Effekt; ~ ***facile*** billiger Effekt; ~ ***lumineux*** Beleuchtungseffekt; ~ ***sonore*** Klangeffekt; ~ ***thermique*** Wärmewirkung *f;* ~***s spéciaux*** Spezialeffekte *pl;* ~ ***de contraste*** Kontrastwirkung *f;* ~ ***de lumière*** Lichteffekt; ~ ***d'optique*** optischer Effekt; ~ ***de perspective*** perspektivische Wirkung; ~ ***de style*** stilistischer Effekt
4. COM (*valeur*) Wechsel *m;* ~ ***au porteur*** auf den Inhaber lautender Wechsel; ~ ***à payer*** Schuldwechsel; ~ ***à recevoir*** Wechselforderung *f;* ~ ***à vue*** Sichtwechsel; ~ ***négociable*** bankfähiger [*o* begebbarer] Wechsel
5. *pl* (*vêtements*) [Anzieh]sachen *pl;* ***il emporta quelques ~s personnels*** er nahm ein paar persönliche Sachen mit
▶ ~ **bœuf** [*o* **monstre**] Riesenaufsehen *nt;* ~ **bancaire** Bankwechsel *m;* ~ **public** Staatspapier *nt;* **qc a/produit un** ~ [**sur qn/qc**]: ***ce médicament produit l'~ voulu*** dieses Medikament zeigt [*o* hat] die gewünschte Wirkung; ***la publicité a beaucoup d'~ sur la consommation*** die Werbung beeinflusst das Konsumverhalten sehr; ***la violence sur le petit écran a un ~ nocif*** [***sur les enfants***] die Gewalt im Fernsehen übt [auf Kinder] einen schädlichen Einfluss aus; **qc a pour** ~ **qc/de faire qc** etw bewirkt etw/, dass etw geschieht; ***ce médicament a pour ~ la diminution de la tension*** dieses Medikament wirkt blutdrucksenkend; **qn coupe ses ~s à qn** jd bringt jdn um seine Wirkung; **qn/qc fait** ~ [**sur qn**] jd/etw macht [auf jdn] Eindruck, jd/etw beeindruckt [jdn]; ***sa lettre a fait*** [***beaucoup d'***]~ ***sur le chef du personnel*** sein/ihr Brief hat den Personalchef [tief] beeindruckt; ***il fait bon/mauvais*** ~ er macht einen guten/schlechten Eindruck; **qc fait de l'~** [*o* **son** ~] [**à qn**] (*agit*) etw wirkt [bei jdm]; (*impressionne*) etw beeindruckt [jdn]; ***le médicament n'a pas fait son ~ sur le malade*** das Medikament hat bei dem Kranken nicht gewirkt; **qn/qc fait** [*o* **produit**] **son** [**petit**] ~ jd/etw erregt das gewünschte Aufsehen; **qn fait des ~s de qc**: ***il fait des ~s de manches/voix*** er gebärdet sich/spricht theatralisch; ***elle fait des ~s de jambes*** sie zeigt Bein; **qn/qc fait l'~** [**à qn**] **de qc** jd/etw wirkt [auf jdn] wie etw; **qn/qc fait l'~** [**à qn**] **d'être qc** jd/etw macht [auf jdn] den Eindruck etw zu sein; ***il me fait l'~ d'être un sacré menteur*** er scheint mir ein verdammter Lügner zu sein; **qn/qc fait l'~ de faire qc** jd/etw scheint etw zu tun; ***il fait l'~ de n'être jamais fatigué*** er scheint niemals müde zu sein; **c'est tout l'~ que qc fait à qn** etw scheint jdn nicht sehr [*o* sonderlich] zu beeindrucken; **qn se fait l'~ de faire qc** jd hat den Eindruck, etw zu tun; ***il se faisait l'~ d'être de trop dans cette réception*** er kam sich auf diesem Empfang überflüssig vor; **qn manque** [*o* **rate**] **son** ~ jds Auftritt schlägt fehl; **qc manque** [*o* **rate**] **son** ~ */plaisanterie, remarque, discours/* etw kommt nicht an; **qn ménage ses ~s** jd verfährt geschickt; **qn met qc à ~** jd verwirklicht etw; **qc prend ~ le** [*o* **à la date de/du**] etw tritt in Kraft am; ***la loi prend ~ à la date du 1er janvier*** das Gesetz tritt am 1. Januar in Kraft; **qn recherche l'~/les ~s, qn vise à l'~/aux ~s** jd ist auf Effekt aus, jd ist auf Wirkung bedacht; **qn soigne ses ~s**: ***cet acteur de théâtre soigne ses ~s sur la scène*** dieser Schauspieler setzt sein schauspielerisches Können auf der Bühne gezielt ein; **à cet** ~ zu diesem Zweck[e], dazu; **avec** ~ **au** mit Wirkung vom; **en** ~ wirklich, tatsächlich; (*pour justifier ses propos*) nämlich; (*pour confirmer le propos d'un tiers*) in der Tat, stimmt; ***elle me plaît beaucoup, en*** ~ sie gefällt mir sehr, wirklich; ***je crois que je vais lui téléphoner – C'est une bonne idée, en*** ~ ich denke, ich werde sie anrufen – Das ist wirklich eine gute Idee; ***j'ai acheté une robe de soirée, en ~ je suis invitée à une cérémonie*** ich habe ein Abendkleid gekauft, ich bin nämlich zu einer Feier eingeladen; ***c'est cher pour une voiture d'occasion! – En ~! Mais …*** das ist aber teuer für einen Gebrauchtwagen! – Stimmt, aber …; [**qc demeure/est/reste**] **sans** ~ [etw bleibt] ohne Wirkung [*o* wirkungslos]; **sous l'~ de qc** unter der Wirkung von; ***il agit trop souvent sous l'~ de la colère*** er handelt zu oft im Zorn
◆ **effet** [**de**] **boomerang** Bumerang-Effekt *m;* **effet de commerce** Warenwechsel *m;* **effet de serre** Treibhauseffekt *m;* **effet de surprise** Überraschungseffekt *m;* ***elle a créé un ~ de surprise*** sie hat für einen Überraschungseffekt gesorgt

effeuillage [efœjaʒ] *m* **1.** Entlauben *nt*
2. (*strip-tease*) Striptease ['strɪptiːs, 'ʃtrɪp-] *nt o m*

effeuiller <1> [efœje] **I.** *vt* ■ **qn effeuille qc** *arbre, branche* jd entlaubt etw; *fleur* jd zupft die Blütenblätter von etw ab; ■ **qc effeuille qc** */vent/* etw entblättert etw
II. *vpr* ■ **qc s'effeuille** */arbre/* etw verliert seine Blätter, etw entlaubt sich, etw wirft das Laub ab; ***les roses s'effeuillent*** die Rosen blättern ab

efficace [efikas] *adj* wirksam; *méthode, système a.* effizient; *personne* fähig, tüchtig, kompetent; *machine* leistungsfähig; *publicité* wirkungsvoll, schlagkräftig; ***ce remède est ~ contre les maux de tête*** dieses Medikament hilft [*o* ist wirksam] gegen Kopfschmerzen

efficacement [efikasmɑ̃] *adv* effizient; ***ce remède agit*** ~ dieses Heilmittel ist wirksam [*o* wirkt gut]

efficacité [efikasite] *f* Wirk[ungs]kraft *f,* Wirksamkeit *f;* [*méthode, système a.*] Effizienz *f;* [*machine*] Leistungsfähigkeit *f;* [*personne*] Fähigkeit *f,* Tüchtigkeit *f;* [*publicité*] Schlagkraft *f,* Impact *m spec*

efficience [efisjɑ̃s] *f* [*employé*] Fähigkeit *f,* Tüchtigkeit *f;* [*entreprise*] Effizienz *f;* ~ ***économique*** wirtschaftliche Effizienz

efficient, e [efisjɑ̃, jɑ̃t] *adj* effizient; *collaborateur, ouvrier a.* tüchtig, fähig; ***cause ~e*** PHILOS Wirkursache *f,* Causa efficiens *f*

effigie [efiʒi] *f* Bild *nt,* Bildnis *nt*
▶ **à l'~ de qn**: ***une pièce de monnaie à l'~ de la reine*** ein Geldstück mit dem Kopf der Königin; **en** ~: ***qn brûle qn en*** ~ jd verbrennt jds Bild

effilé, e [efile] **I.** *adj* **1.** lang und schmal, spitz zulaufend; ***ses doigts sont ~s*** er/sie hat lange, schmale Finger
2. GASTR *amandes* gehobelt; *volaille* ausgenommen
II. *m* (*frange*) [*châle*] Franse *f*

effiler <1> [efile] **I.** *vt* **1.** (*effilocher*) ■ **qn effile qc** jd franst etw aus
2. (*couper en amincissant*) ■ **qn effile qc** *cheveux* jd dünnt etw aus, jd effiliert etw *spec*
3. (*amincir*) ■ **qn/qc effile qc** jd/etw lässt etw spitz zulaufen; ***cette coiffure effile son visage*** diese Frisur lässt sein/ihr Gesicht schmaler erscheinen
4. GASTR ■ **qn/qc effile qc** *amandes* jd/etw hobelt etw; *volaille* jd/etw nimmt etw aus
II. *vpr* **1.** (*s'effilocher*) ■ **qc s'effile** etw franst aus
2. (*s'amincir*) ■ **qc s'effile** etw läuft spitz zu

effilochage [efilɔʃaʒ] *m* Zerfasern *nt*

effilocher <1> [efilɔʃe] **I.** *vt* ■ **qn effiloche qc** jd zerfasert etw
II. *vpr* ■ **qc s'effiloche** etw franst aus

efflanqué, e [eflɑ̃ke] *adj animal* bis auf die Knochen abgemagert; *personne a.* dürr

effleurement [eflœʀmɑ̃] *m* [*doigt, main, lèvres*] leichte [*o* flüchtige] Berührung; [*baiser*] Hauch *m;* [*sourire*] Anflug *m,* Andeutung *f*

effleurer <1> [eflœʀe] *vt* **1.** (*frôler*) ■ **qn/qc effleure qn/qc** jd/etw berührt jdn/etw leicht [*o* flüchtig]; ***la voiture/balle n'a fait que l'~*** das Auto/die Kugel hat ihn/sie nur gestreift; ***le chat n'a pu que l'~ de ses griffes*** die Katze konnte ihn/sie nur leicht mit ihren Krallen verletzen
2. (*passer par la tête de qn*) ■ **qc effleure qn** */idée, pensée/* etw kommt jdm; ***une idée m'effleure l'esprit*** ein Gedanke kommt mir in den Sinn
3. (*aborder à peine*) ■ **qn effleure qc** *sujet, thème* jd streift etw, jd tippt etw an, jd reißt etw an
4. (*paraître imperceptiblement*) ■ **qc effleure qc** */sourire/* etw huscht über etw (*akk*)

efflorescence [eflɔʀesɑ̃s] *f* **1.** CHIM [*sels, minéraux*] Ausblühung *f,* Effloreszenz *f spec*
2. MED [*peau*] Hautblüte *f,* Effloreszenz *f spec*
3. (*épanouissement*) [*art*] Aufblühen *nt,* Blüte *f;* [*idée*] Aufkommen *nt,* Entfaltung *f*

efflorescent, e [eflɔʀesɑ̃, ɑ̃t] *adj* **1.** *sels* ausblühend, effloreszierend *spec*
2. *prune, raisin, choux* mit Beschlag bedeckt
3. *art* blühend

effluve [eflyv] *m souvent pl* (*parfum*) Wohlgeruch *m,* Duft *m;* (*mauvaise odeur*) [schlechter] Geruch; ***les ~s des caniveaux*** der Kanalgeruch

effondré, e [efɔ̃dʀe] *adj personne* völlig gebrochen

effondrement [efɔ̃dʀəmɑ̃] *m* **1.** (*écroulement*) [*mur, toit, pont*] Einsturz *m;* [*sol*] [Ab]senkung *f,* Einbruch *m;* [*sportif*] Zusammenbruch *m*
2. (*fin brutale*) [*civilisation, empire*] Untergang *m;* [*prix, cours de la bourse, valeurs*] Sturz *m;* [*fortune*] Verlust *m;* [*illusion, espoir*] Zerstörung *f;* [*projet*] Scheitern *nt,* Fehlschlagen *nt*
3. (*abattement*) Zusammenbruch *m*

effondrer <1> [efɔ̃dʀe] *vpr* **1.** (*s'écrouler*) ■ **qc s'effondre** etw stürzt ein; */plancher/* etw bricht ein; */sol, terre/* etw senkt sich ab; ■ **qc est effondré(e)** */sol, route/* etw hat sich [ab]gesenkt; */pont, toit/* etw ist eingestürzt
2. (*prendre fin*) ■ **qc s'effondre** */empire/* etw bricht zusammen; */civilisation/* etw geht unter; */preuve/* et wird entkräftet; */fortune/* etw geht plötzlich verloren; */projet, espoir/* etw zerschlägt sich; */argumentation/* etw bricht in sich (*dat*) zusammen
3. (*baisser brutalement*) ■ **qc s'effondre** */marché/* etw bricht zusammen; */cours de la bourse, prix a./* etw stürzt
4. ■ **qn s'effondre** jd bricht zusammen

efforcer <2> [efɔʀse] *vpr* ■ **qn s'efforce de faire qc** jd strengt sich an, etw zu tun; jd bemüht sich, etw zu tun; jd gibt sich (*dat*) Mühe, etw zu tun; ■ **qn s'efforce à qc** jd bemüht sich um etw; ***elle s'est efforcée à la patience/au calme/à la politesse*** sie versuchte, sich zu gedulden/versuchte, ruhig/höflich zu bleiben

effort [efɔʀ] *m* **1.** (*effort physique*) Anstrengung *f;* (*effort intellectuel a.*) Bemühung *f;* ***fais un ~ de volonté!*** nimm dich doch zusammen!; ***qn fait***

un ~ d'attention/ d'adaptation jd gibt sich (*dat*) [große] Mühe [*o* jd versucht] aufzupassen/sich anzupassen; ***qn fait un ~ d'imagination/ d'intelligence/ de mémoire*** jd strengt seine Fantasie/seinen Geist/sein Gedächtnis an; ***qc demande un ~ de réflexion à qn*** etw zwingt jdn zum Nachdenken; ***cet élève ne fait pas beaucoup d'~s intellectuels*** dieser Schüler strengt sich geistig nicht sonderlich an
2. TECH Beanspruchung *f;* ***~ de compression*** Druckspannung *f;* ***~ de flexion/ torsion/ traction*** Biegungs-/Verdreh[ungs]-/Zugbeanspruchung
▸ **qn n'épargne aucun ~ pour faire qc** jd scheut keine Mühe etw zu tun; **qn fait l'~ de faire qc** jd gibt sich (*dat*) Mühe etw zu tun; **qn fait [un] ~ sur soi-même pour faire qc** jd nimmt [*o* reißt *fam*] sich zusammen um etw zu tun; **qn porte son ~ sur qc** jd richtet seine Bemühungen auf etw (*akk*)

effraction [efʀaksjɔ̃] *f* Einbruch *m;* ***qn a pénétré par ~ dans l'appartement*** jd ist in die Wohnung eingebrochen

effraie [efʀɛ] *f* Schleiereule *f*

effrangé, e [efʀɑ̃ʒe] *adj tapis, châle* mit Fransen; *bas de pantalon* ausgefranst

effranger <2 a> [efʀɑ̃ʒe] I. *vt* ■ **qn effrange qc** jd franst etw aus
II. *vpr* ■ **qc s'effrange** etw franst [aus], etw wird fransig

effrayant, e [efʀɛjɑ̃, jɑ̃t] *adj* 1. (*qui fait peur*) schrecklich, furchtbar; *silence* beängstigend, unheimlich; ***il a un air ~*** er sieht Furcht erregend aus
2. *fam* (*extrême*) unheimlich *fam; chaleur a.* entsetzlich *fam,* schrecklich *fam; prix* erschreckend hoch, horrend; *temps* scheußlich *fam;* ***elle était d'une pâleur ~e*** sie war schrecklich blass
▸ **qn/qc est ~ à voir** jd/etw bietet einen furchtbaren Anblick

effrayer <7> [efʀeje] I. *vt* ■ **qn/qc effraie qn/un animal** jd/etw erschreckt jdn/ein Tier, jd/etw macht jdm/einem Tier Angst; ***le feu effraie les chevaux*** Pferde haben vor Feuer Angst; ■ **qn est effrayé(e) de faire qc:** ***le commerçant est effrayé de constater que les vols augmentent*** der Ladeninhaber stellt erschrocken fest, dass immer mehr gestohlen wird; ***il est effrayé à l'idée de rester seul*** bei dem Gedanken allein zu bleiben wird ihm Angst [und Bange]
II. *vpr* ■ **qn s'effraie de qc/de faire qc** jd erschrickt über etw (*akk*)/etw zu tun

effréné, e [efʀene] *adj course, spéculation* wild; *passion a.* zügellos; *luxe* übertrieben, maßlos; ***la course ~e à la consommation*** der Konsumrausch

effritement [efʀitmɑ̃] *m* 1. [*terre, pain*] Zerbröckeln *nt;* [*crépi, mur*] Abbröckeln *nt*
2. [*cours, prix*] Abbröckeln *nt*

effriter <1> [efʀite] I. *vt* ■ **qc effrite qc** etw macht etw bröck[e]lig; ■ **qn effrite qc** jd zerbröckelt etw, jd zerkrümelt etw
II. *vpr* ■ **qc s'effrite** /*roche*/ etw zerbröckelt, etw verwittert; /*cours de la bourse*/ etw bröckelt ab; /*majorité*/ etw löst sich auf

effroi [efʀwa] *m littér* Schrecken *m,* Entsetzen *nt;* ***elle était glacée d'~*** sie war starr vor Schreck[en] [*o* Entsetzen]; ***l'~ se peignait sur le visage des témoins*** der Schrecken stand den Zuschauern im Gesicht geschrieben; ***tu m'as causé bien des ~s*** du hast mir einen schönen Schreck[en] eingejagt

effronté, e [efʀɔ̃te] I. *adj* dreist, unverschämt, frech; *mensonge a.* schamlos; ***d'un air ~*** frech, dreist, unverschämt
II. *m, f* unverschämter [*o* frecher] Kerl, unverschämte [*o* freche] Person

effrontément [efʀɔ̃temɑ̃] *adv* dreist, unverschämt; *mentir a.* schamlos

effronterie [efʀɔ̃tʀi] *f* Dreistigkeit *f,* Unverschämtheit *f;* [*mensonge a.*] Schamlosigkeit *f;* [*personne, réponse a.*] Frechheit *f;* ***qn a l'~ de faire qc*** jd erdreistet sich, etw zu tun
▸ **avec ~** frech, dreist, unverschämt; *mentir a.* schamlos

effroyable [efʀwajabl] *adj* 1. (*épouvantable*) schrecklich, entsetzlich; ***il était d'une laideur ~*** er war abstoßend hässlich
2. *fam* (*incroyable*) furchtbar *fam,* schrecklich *fam*

effroyablement [efʀwajabləmɑ̃] *adv + adj* furchtbar, schrecklich; *+ vb* schrecklich schlecht; ***ça fait ~ mal!*** das tut fürchterlich [*o* entsetzlich] weh!

effusion [efyzjɔ̃] *f* Gefühlsausbruch *m;* ***~ de joie*** Freudenausbruch *m*
▸ **avec ~** überschwänglich; *remercier a., accueillir* sehr herzlich
◆ **effusion de sang** Blutvergießen *nt*

égailler <1> [egeje] *vpr* ■ **des personnes/animaux s'égaillent** Menschen/Tiere laufen auseinander

égal, e <-aux> [egal, o] I. *adj* 1. (*de même valeur*) gleich; ***nous sommes tous égaux devant la loi*** vor dem Gesetz sind wir alle gleich; ***la partie est très ~e*** das Spiel ist sehr ausgeglichen; ***les deux équipes sont ~es en nombre*** beide Mannschaften sind zahlenmäßig gleich stark; ***les deux équipes sont de valeur ~e*** beide Mannschaften sind sich ebenbürtig; ***ces deux candidats sont d'adresse ~e/ de force ~e*** diese beiden Kandidaten sind gleich geschickt/gleich stark; ***à poids/ prix/ âge ~*** bei gleichem Gewicht/Preis/Alter; ***de poids/ prix/ d'âge ~*** gleich schwer/teuer/alt; ***qc est à ~e distance de Lyon et de Paris*** etw liegt gleich weit von Lyon und von Paris entfernt, etw liegt genau zwischen Lyon und Paris
2. (*sans variation*) *bruit* gleich bleibend; *climat a.* ausgeglichen; *pouls* regelmäßig; ***d'un pas ~*** gleichmäßigen Schrittes; ***il est de caractère ~ [o d'humeur ~e]*** er ist ausgeglichen, er hat ein ausgeglichenes Wesen
▸ **qn/qc n'a d'~ que qn/qc** jd/etw ist nur zu vergleichen mit jdm/etw; ***comme menteur, il n'a d'~ que son frère!*** so wie er lügt nur noch sein Bruder!; **qc est ~ à qn** etw ist jdm egal [*o* gleich[gültig]]; ***ça m'est bien ~!*** das ist mir völlig egal [*o* gleich[gültig]]!; **qn est/reste ~ à lui-même** jd ist/bleibt sich (*dat*) selbst treu; ***~ à lui, il m'a écrit comme si de rien n'était*** typisch für ihn, er hat mir geschrieben, als ob nichts geschehen wäre; **c'est ~** [das ist] egal; ***c'est ~, il aurait quand même pu me téléphoner*** egal, er hätte mich trotzdem anrufen können
II. *m, f* ***la femme est l'~e de l'homme*** die Frau ist dem Mann ebenbürtig; ***son supérieur la considère comme son ~e*** ihr Vorgesetzter betrachtet sie als seinesgleichen; ***elle le considère comme son ~*** sie betrachtet ihn als ihresgleichen
▸ **qn n'a pas son ~ pour qc** jd ist in etw (*dat*) unübertroffen; **qn n'a pas son ~ pour faire qc** niemand tut etw besser als jd; ***il n'a pas son ~ pour faire la cuisine*** niemand kocht besser als er, er ist im Kochen einsame Spitze *fam;* **à l'~ de qn/qc** [eben]so wie jd/etw; ***sa politesse est à l'~ de son savoir-vivre*** er ist ebenso höflich wie taktvoll; **d'~ à ~:** ***nous avons négocié [o traité] d'~ à ~*** wir haben gleichberechtigt miteinander verhandelt; **sans ~:** ***son bonheur/ sa beauté était sans ~*** er/sie war unvergleichlich glücklich/schön; ***c'est un acteur sans ~*** er ist als Schauspieler unübertroffen

égalable [egalabl] *adj:* ***qn/ qc est difficilement ~*** es ist schwer, jdm gleichzukommen/etw ist schwer[lich] [*o* kaum] nachzumachen

également [egalmɑ̃] *adv* 1. (*pareillement*) gleich[ermaßen]
2. (*aussi*) auch, ebenfalls

égaler <1> [egale] *vt* 1. MATH: ***deux plus deux égalent quatre*** zwei plus [*o* und] zwei [ist] gleich vier
2. ■ **qn/qc égale qn/qc** jd/etw kommt jdm/einer S. gleich, jd/etw steht jdm/etw in nichts nach; *record* jd stellt etw ein, jd egalisiert etw; ***le cheval n'égale pas l'âne dans les terrains montagneux*** in gebirgigen Gebieten kann ein Pferd mit einem Esel nicht mithalten; ■ **qn/qc égale qn/qc en qc** jd/etw kommt jdm/einer S. an etw (*dat*) gleich, jd/etw steht jdm/einer S. an etw (*dat*) nicht nach; ***elle n'égale pas sa sœur en beauté/ intelligence*** sie ist weniger schön/intelligent als ihre Schwester
▸ **qn/qc n'est jamais égalé(e)** jd/etw bleibt unübertroffen

égalisateur, -trice [egalizatœʀ, -tʀis] *adj* ausgleichend, Ausgleichs-

égalisation [egalizasjɔ̃] *f* 1. [*revenus, salaires*] Angleichung *f,* Anpassung *f;* [*terrain, surface*] [Ein]ebnen *nt;* [*cheveux*] Abgleichen *nt;* ***l'~ des couches sociales*** das Ausgleichen der Unterschiede zwischen den Gesellschaftsschichten; ***l'~ des cheveux*** das Angleichen der Haarlänge, das Geradeschneiden der Haare
2. SPORT Ausgleich *m*

égaliser <1> [egalize] I. *vt* 1. (*rendre égal*) ■ **qn égalise des choses** jd gleicht Dinge aus; *cheveux* jd schneidet etw gerade, jd gleicht etw ab; *revenus, salaires* jd gleicht Dinge [einander] an; ***l'instruction publique obligatoire vise à ~ les chances*** die allgemeine Schulpflicht soll Chancengleichheit gewährleisten
2. (*aplanir*) ■ **qn/qc égalise qc** jd/etw ebnet etw [ein]
II. *vi* ■ **qn égalise** jd erzielt den Ausgleich
III. *vpr* ■ **qc s'égalise:** ***les prix s'égalisent*** die Preise gleichen sich [einander] an; ***les aspérités du sol s'égalisent*** die Unebenheiten des Bodens gleichen sich aus

égalitaire [egalitɛʀ] *adj* egalitär

égalitarisme [egalitaʀism] *m* Egalitarismus *m*

égalitariste [egalitaʀist] I. *adj:* ***il/ elle est ~*** er ist ein Verfechter/sie ist eine Verfechterin des Egalitarismus
II. *mf* (*personne*) Verfechter(in) *m(f)* des Egalitarismus

égalité [egalite] *f* 1. (*absence de différences*) Gleichheit *f;* [*adversaires*] Ebenbürtigkeit *f;* ***~ des forces*** Gleichgewicht *nt* der Kräfte; ***~ de rémunération*** Lohngleichheit; ***~ de traitement*** Gleichbehandlung *f;* ***~ des chances*** Chancengleichheit; ***~ des droits*** Gleichberechtigung *f*
2. (*absence de variations*) [*climat*] Gleichmäßigkeit *f;* [*pouls*] Regelmäßigkeit *f;* ***~ d'humeur*** Ausgeglichenheit *f*
3. MATH [Deckungs]gleichheit *f,* Kongruenz *f*
▸ **qn est à ~ avec qn** jd steht mit jdm punktgleich; ***les deux équipes sont pour l'instant à ~*** es steht momentan unentschieden zwischen den Mannschaften; **des personnes sont à ~** zwei oder mehr Personen stehen gleich [*o* sind punktgleich]; **à ~ de qc:** ***à ~ de qualification/ prix/ chances*** bei gleicher Qualifikation/gleichem Preis/gleichen Chancen; **~ devant qc:** ***~ devant l'impôt*** Steuergleichheit *f;* ***~ devant la loi*** Gleichheit *f* vor dem Gesetz

égard [egaʀ] *m pl* Achtung *f,* Aufmerksamkeit *f*
▸ **à certains ~s** in gewisser Hinsicht [*o* Beziehung]; **à cet ~** in dieser Hinsicht [*o* Beziehung], diesbezüglich; **qn traite/reçoit qn avec les ~s dus à son rang [o qui lui sont dus]** jd behandelt/empfängt jdn mit dem ihm gebührenden Respekt [*o* der ihm gebührenden Achtung]; **à tous [les] ~s** in jeder Hinsicht [*o* Beziehung]; **qn a ~ à qc** jd berücksichtigt etw, jd zieht etw in Betracht; **qn a des ~s pour qn, qn est plein(e) d'~s pour qn** jd ist jdm gegenüber rücksichtsvoll; **qn entoure qn d'~s** jd umgibt jdn mit großer Aufmerksamkeit; **qn manque d'~s envers qn** jd lässt es jdm gegenüber an Rücksicht fehlen, jd nimmt keine Rücksicht auf jdn; **qn témoigne des ~s à qn** jd bringt jdm [große] Aufmerksamkeit entgegen; **à l'~ de qn** jdm gegenüber; **à l'~ de qc** was eine S. (*akk*) anbetrifft; **avec des ~s [o beaucoup d'~s]** zuvorkommend; *parler* rücksichtsvoll; **par ~ pour qn/qc** mit Rücksicht auf jdn/etw; **sans ~ pour qn/qc** ohne Rücksicht auf jdn/etw

égaré, e [egaʀe] *adj* 1. (*perdu*) *animal, promeneur* verirrt; *objet* verlegt
2. (*troublé*) verstört, verwirrt; ***il a l'air ~*** er sieht verstört [*o* verwirrt] aus

égarement [egaʀmɑ̃] *m* 1. (*trouble mental*) geistige Verwirrung
2. *pl* (*conduite*) unsolider Lebenswandel; ***crois-tu qu'il reviendra jamais de ses ~s?*** glaubst du, dass er je wieder Vernunft annimmt?

égarer <1> [egaʀe] I. *vt* 1. (*induire en erreur*) ■ **qn/qc égare qn** jd/etw führt jdn in die Irre
2. (*perdre*) ■ **qn égare qc** jd verlegt etw
3. (*faire perdre la raison*) ■ **qc égare qn** etw bringt jdn um den Verstand; ***la colère/ la douleur l'égare*** er ist vor Wut/Schmerz wie von Sinnen
II. *vpr* 1. (*se perdre*) ■ **qn s'égare** jd verirrt sich; (*à pied a.*) jd verläuft sich; (*en voiture, vélo a.*) jd verfährt sich; ***il s'est égaré hors du droit chemin*** er ist vom rechten Weg abgekommen; ■ **qc s'égare** etw geht verloren
2. (*divaguer*) ■ **qn s'égare** jd schweift ab; ***il s'égare dans les détails*** er verliert sich in Einzelheiten; ■ **qc s'égare:** ***son esprit s'égare*** er/sie verliert

den Verstand

égayer <7> [egeje] I. *vt* 1. (*rendre gai*) ■ **qn/qc égaye qn** jd/etw erheitert jdn, etw heitert jdn auf
2. (*rendre agréable*) ■ **qc égaye qc** *pièce* etw macht etw freundlich[er] [*o* hell[er]]; ■ **qn égaye qc** *conversation* jd lockert etw auf
II. *vpr* ■ **qn s'égaye** jd amüsiert sich
▶ **qn s'égaye aux dépens de qn** jd macht sich über jdn lustig (*akk*)

Égérie [eʒeʀi] *f* [*artiste*] Muse *f;* [*homme politique*] Ratgeberin *f*

égide [eʒid] *f* 1. MYTH (*bouclier*) Ägide *f*
2. *littér* (*protection*) Schirmherrschaft *f,* Ägide *f geh*
▶ **sous l'~ de qn** unter jds Schirmherrschaft [*o* Ägide *geh*]

églantier [eglɑ̃tje] *m* Heckenrosenstrauch *m*

églantine [eglɑ̃tin] *f* Heckenrose *f,* wilde Rose

églefin [egləfɛ̃] *m* Schellfisch *m*

église [egliz] *f* 1. (*édifice*) Kirche *f;* ~ ***paroissiale*** Pfarrkirche; ***qn est/va à l'église*** jd ist in der/geht zur [*o* in die] Kirche; ***ils se marient à l'~*** sie lassen sich kirchlich trauen
2. ■ **l'É~** die [römisch-katholische] Kirche; ***il appartient à l'É~*** er ist katholisch; ***l'É~ protestante/catholique*** die protestantische [*o* evangelische]/katholische Kirche
▶ **hors de l'É~, pas de salut** *prov* außer der Kirche [ist] kein Heil; **qn entre dans l'É~** jd wird Geistlicher

ego [ego] *m inv* Ego *nt,* Ich *nt*

égo- [ego] *préf* ego- **égocentrique** [egosɑ̃tʀik] I. *adj* ichbezogen, egozentrisch II. *mf* Egozentriker(in) *m(f)* **égocentrisme** [egosɑ̃tʀism] *m* Ichbezogenheit *f,* Egozentrik *f*

égoïne [egɔin] *f* Fuchsschwanz *m*

égoïsme [egɔism] *m* Egoismus *m,* Selbstsüchtigkeit *f*

égoïste [egɔist] I. *adj* egoistisch, selbstsüchtig
II. *mf* Egoist(in) *m(f)*

égoïstement [egɔistəmɑ̃] *adv* egoistisch, selbstsüchtig

égorgement [egɔʀʒəmɑ̃] *m* [*personne*] Durchschneiden *nt* der Kehle; [*animal*] Durchschneiden *nt* der Gurgel; REL Schächten *nt*

égorger <2 a> [egɔʀʒe] I. *vt* 1. (*couper la gorge*) ■ **qn égorge qn/un animal [avec qc]** jd schneidet jdm die Kehle/schneidet einem Tier die Gurgel [mit etw] durch; REL jd schächtet ein Tier [mit etw]
2. *fam* (*ruiner*) ■ **qn égorge qn** jd schröpft jdn *fam*
II. *vpr* ■ **des personnes s'égorgent** Menschen bringen sich um *fam*

égorgeur, -euse [egɔʀʒœʀ, -ʒøz] *m, f* Mörder(in) *m(f)*

égosiller <1> [egozije] *vpr* ■ **qn/un oiseau s'égosille** jd schreit sich heiser/ein Vogel singt aus voller Kehle

égout [egu] *m* [Abwasser]kanal *m;* ***les ~s*** die Kanalisation, das Kanalisationsnetz; ***bouche d'~*** Gully *m o nt;* ***eaux d'~*** Abwässer *pl*

égoutier [egutje] *m* Kanalarbeiter *m*

égouttage [eguta ʒ] *m,* **égouttement** [egutmɑ̃] *m* Abtropfen[lassen *nt*] *nt;* ***l'~ de la salade se fait dans un panier à salade*** der Salat wird in einem Salatkorb geschleudert

égoutter <1> [egute] I. *vt* ■ **qn égoutte qc,** ■ **qn fait** [*o* **laisse**] ~ **qc** jd lässt etw abtropfen
II. *vpr* ■ **qc s'égoutte** etw tropft ab; ■ **qn laisse s'~ qc** jd lässt etw abtropfen

égouttoir [egutwaʀ] *m* Abtropfgestell *nt;* ~ ***à vaisselle*** Abtropfkorb *m;* ~ ***à fromage*** Abtropfkorb für Molke

égratigner <1> [egʀatiɲe] I. *vt* 1. (*érafler*) ■ **qn/qc égratigne qn/qc** jd/etw zerkratzt jdn/etw; ***des ronces avaient égratigné ses jambes*** Dornen hatten seine/ihre Beine zerkratzt
2. (*blesser par des mots*) ■ **qn égratigne qn** jd stichelt gegen jdn
II. *vpr* ■ **qn s'égratigne [qc]** jd schürft sich auf, jd schürft sich (*dat*) etw auf, jd zerkratzt sich (*dat*) etw

égratignure [egʀatiɲyʀ] *f* 1. (*éraflure*) Kratzer *m,* Schramme *f;* ***des mains couvertes d'~s*** völlig zerkratzte Hände
2. (*atteinte*) Kratzer *m,* [leichte] Kränkung; ***sa réputation a subi quelques ~s*** sein/ihr Ruf ist leicht angekratzt *fam*
▶ **qn s'en sort/tire sans une ~** jd kommt unverletzt [*o* mit heiler Haut] davon

égrenage [egʀənaʒ] *m* [*raisin*] Abbeeren *nt*

égrener <4> [egʀəne] I. *vt* 1. (*dégarnir de ses grains*) ■ **qn/qc égrène qc** *cosse* jd/etw enthülst etw; *épi* jd/etw entkörnt etw; *grappe, raisin* jd/etw beert etw ab; *coton* jd/etw egreniert etw
2. ■ **qn égrène qc** *chapelet* jd betet etw herunter
3. ■ **qc égrène qc:** ***l'horloge égrenait les heures*** die Standuhr schlug Stunde um Stunde
II. *vpr* 1. (*perdre ses grains*) ■ **qc s'égrène** /*blé a.*/ etw fällt aus; ***le raisin s'égrène*** die Weintrauben fallen vom Henkel ab
2. (*se présenter un à un*) ■ **qc s'égrène:** ***les échoppes de Noël s'égrènent le long de la rue*** Weihnachtsbuden reihen sich längs der Straße; ***les voitures s'égrenaient sur l'autoroute*** auf der Autobahn reihte sich Wagen an Wagen

égrillard, e [egʀijaʀ, jaʀd] *adj* anzüglich, gewagt

Égypte [eʒipt] *f* ■ **l'Égypte** Ägypten *nt*

égyptien, ne [eʒipsjɛ̃, jɛn] I. *adj* ägyptisch
II. *m* (*langue*) Ägyptisch *nt;* ~ ***moderne*** Neuägyptisch
III. *m, f* ■ **Égyptien(ne)** Ägypter(in) *m(f)*

égyptologie [eʒiptɔlɔʒi] *f* Ägyptologie *f*

égyptologue [eʒiptɔlɔg] *m, f* Ägyptologe/-login *m/f*

eh [e, ɛ] *interj* he!; ~, ***vous là-bas!*** he, Sie da hinten!; ~ ***oui, c'est comme ça!*** tja, das ist nun mal so!; ~ ***bien ça par exemple!*** na so was!

éhonté, e [eɔ̃te] *adj* unverschämt, dreist, schamlos; *action* schändlich

eider [ɛdɛʀ] *m* Eiderente *f*

éjaculation [eʒakylasjɔ̃] *f* Samenerguss *m,* Ejakulation *f*
▶ ~ **précoce** vorzeitiger Samenerguss

éjaculer <1> [eʒakyle] *vi* ■ **qn/qc éjacule** jd/etw ejakuliert, jd hat einen Samenerguss

éjectable [eʒɛktabl] *adj:* ***siège*** ~ Schleudersitz *m*

éjecter <1> [eʒɛkte] *vt* 1. (*rejeter*) ■ **qc éjecte qc** /*machine*/ etw wirft etw aus
2. (*projeter*) ■ **qn/qc est éjecté[e] de qc** jd/etw wird aus etw geschleudert
3. *fam* (*expulser*) ■ **qn éjecte qn** jd wirft jdn hinaus, jd setzt jdn an die Luft *fam;* ■ **qn se fait ~** jd wird hinausgeworfen; ***il s'est fait ~ de l'école*** er ist von der Schule geflogen *fam,* er ist aus der Schule hinausgeworfen worden

éjection [eʒɛksjɔ̃] *f* 1. [*douille*] Auswurf *m;* [*pilote*] Herausschleudern *nt*
2. GEOL Auswurf *m,* Ejektion *f spec*
3. PHYSIOL Ausscheidung *f*

élaboration [elabɔʀasjɔ̃] *f* 1. (*composition*) [*plan, projet, système*] Ausarbeitung *f,* Erarbeitung *f;* [*diagnostic*] Erstellen *nt*
2. BOT, MED [*sève*] Bildung *f,* Produktion *f;* [*bile, urine a.*] Absonderung *f*

élaborer <1> [elabɔʀe] I. *vt* 1. (*composer*) ■ **qn élabore qc** jd arbeitet etw aus; *plan, programme a.* jd erarbeitet etw; *diagnostic* jd erstellt etw
2. MED ■ **qc élabore qc** /*reins, foie*/ etw sondert etw ab
II. *vpr* ■ **qc s'élabore** etw entsteht, etw nimmt Gestalt [*o* Form] an

élagage [elagaʒ] *m* Ausästen *nt,* Ausschneiden *nt*

élaguer <1> [elage] *vt* 1. (*couper*) ■ **qn élague qc** *arbre* jd schneidet [*o* ästet] etw aus
2. (*retrancher*) ■ **qn élague qc** *article, exposé* jd kürzt etw, jd nimmt in etw (*dat*) Streichungen vor

élagueur [elagœʀ] *m* Baumpfleger *m*

élan¹ [elɑ̃] *m* ZOOL Elch *m*

élan² [elɑ̃] *m* 1. (*mouvement pour s'élancer*) Anlauf *m;* ***trois pas d'~*** drei Schritte Anlauf
2. (*force acquise*) Schwung *m;* ***qn franchit qc d'un seul ~*** jd springt mit einem Satz über etw (*akk*); ***rien ne peut arrêter l'~ des troupes*** nichts kann die Truppen aufhalten; ***la voiture continua dans son ~*** der Wagen blieb weiterhin in Fahrt; ***dans son ~, la voiture cogna l'arbre*** der Wagen fuhr in voller Fahrt gegen den Baum; ***cet échec brisa son ~*** dieser Misserfolg nahm ihm/ihr den Elan; ***l'orateur avait été coupé dans son ~*** der Redner war in seinem Redefluss unterbrochen worden
3. (*accès*) ■ ~ **de qc** Anfall *m* [*o* Anwandlung *f*] von etw; ~ ***de colère*** Wutanfall; ***dans un ~ de tendresse*** in einer [plötzlichen] Anwandlung [*o* in einem Anfall] von Zärtlichkeit; ~ ***d'affection/d'enthousiasme*** Gefühlsüberschwang *m*/überschwängliche Begeisterung
4. (*mouvement affectueux*) zärtliches Gefühl, Zuneigung *f kein pl;* ***il a eu un ~ vers elle*** er fühlte sich von ihr angezogen
▶ **qn/qc donne un nouvel ~ à qc** jd/etw gibt einer S. (*dat*) neuen Aufschwung; ~ **patriotique** vaterländische Begeisterung; ~ **vital** Lebenstrieb *m;* **qn continue sur son ~** jd macht weiter; **qn/qc donne de l'~ à qn/qc** jd/etw bringt jdn/etw in Schwung; **qn prend son ~** jd holt Schwung; (*en courant*) jd nimmt Anlauf; **qn/qc prend de l'~/perd son ~** jd/etw holt aus/verliert seinen Schwung

élancé, e [elɑ̃se] *adj* schlank; *personne a.* rank, hoch aufgeschossen

élancement [elɑ̃smɑ̃] *m* stechender Schmerz, Stich *m;* ***qn souffre d'~s dans le crâne*** jd hat stechende Kopfschmerzen

élancer¹ <2> [elɑ̃se] I. *vi* ■ **qc élance** etw sticht, etw verursacht stechende Schmerzen
II. *vt* ■ **qc élance qn** etw sticht jdn

élancer² <2> [elɑ̃se] *vpr* 1. (*se précipiter*) ■ **qn s'élance vers qn/qc** jd stürzt sich auf jdn los/stürzt zu etw, jd schießt auf jdn los; ***qn s'élance à la poursuite de qn*** jd stürmt jdm hinterher; ***des soldats s'élancent à l'assaut de qc*** Soldaten [be]stürmen etw; ***qn s'élance au secours de qn*** jd stürzt [*o* eilt] jdm zu Hilfe; ■ **qn/un animal s'élance sur** [*o* **vers**] **qn/un animal/qc** jd/ein Tier stürzt [*o* wirft] sich auf jdn/ein Tier/etw
2. (*prendre son élan*) ■ **qn s'élance** jd nimmt Schwung; ***les trapézistes s'élancent dans les airs*** die Trapezkünstler schwingen sich in die Luft
3. (*se dresser*): ***qc s'élance vers le ciel*** etw ragt in den Himmel

élargir <8> [elaʀʒiʀ] I. *vt* 1. (*rendre plus large*) ■ **qn élargit qc** *route, canal* jd macht etw breiter, jd verbreitert etw; *conduit, orifice a.* jd erweitert etw; *chaussures* jd weitet [*o* dehnt] etw; COUT *jupe, veste* jd macht etw weiter; ■ **qn fait ~ qc** jd lässt etw weiter machen
2. (*développer*) ■ **qn élargit qc** *connaissances, horizon, cercle de relations* jd erweitert etw; *débat* jd dehnt etw aus; *majorité* jd baut etw aus; ***ses lectures lui ont élargi l'esprit*** das Lesen hat seinen Horizont erweitert
3. (*faire paraître plus large*) ■ **qc élargit qc** etw macht etw größer, etw lässt etw größer erscheinen
4. JUR ■ **qn élargit qn** jd entlässt jdn [aus der Haft]
II. *vpr* ■ **qc s'élargit** /*fleuve, route*/ etw wird breiter; /*chaussures, pull*/ etw weitet sich; /*cercle de relations, connaissances, horizon*/ etw erweitert sich
III. *vi* ■ **qc élargit** /*pull*/ etw weitet [*o* dehnt] sich; ■ **qn a élargi** *fam* jd ist auseinander gegangen *fam*

élargissement [elaʀʒismɑ̃] *m* 1. (*action*) [*route, canal*] Verbreitern *nt,* Verbreiterung *f;* [*jupe, veste*] Weitermachen *nt;* [*majorité*] Ausbauen *nt;* [*débat*] Ausdehnen *nt,* Ausdehnung *f;* [*union européenne*] Erweitern *nt,* Erweiterung *f*
2. (*fait de s'élargir*) [*canal, route*] breite Stelle, Verbreiterung *f;* [*union européenne*] Erweiterung *f;* ***ces dernières années l'~ de nos connaissances a été énorme*** in den letzten Jahren haben wir unsere Kenntnisse sehr erweitert

élasticité [elastisite] *f* 1. (*extensibilité*) [*caoutchouc, muscle, lycra*] Elastizität *f,* Dehnbarkeit *f;* [*peau*] Geschmeidigkeit *f;* (*flexibilité*) [*lame d'acier*]

Biegsamkeit *f*
2. (*souplesse*) [*acrobate, tigre*] Beweglichkeit *f;* [*démarche*] Leichtigkeit *f,* Geschmeidigkeit *f*
3. (*aptitude à s'adapter*) [*lois, règlement*] Dehnbarkeit *f*
4. ECON ■ **~ de qc par rapport à qc** Flexibilität *f* einer S. (*gen*) gegenüber einer S. (*dat*)

élastique [elastik] **I.** *adj caoutchouc* elastisch; *ceinture, bretelles a.* dehnbar; *démarche, pas a.* federnd, geschmeidig; *sens* dehnbar, nicht eindeutig; *règlement* weit auslegbar; *péj morale* locker, wenig gefestigt, leicht beeinflussbar; ***il a la conscience ~ lorsqu'il y va de ses intérêts*** er nimmt es nicht so genau, wenn es um seine Interessen geht; ***il a des horaires ~s*** er hat keine festen Zeiten
II. *m* Gummi[band *nt*] *nt;* COUT Gummiband, Gummizug *m*
▶ **qn les lâche avec un ~** [*o* **des ~s**] *fam* (*paie à regret*) jd trennt sich nur ungern von seinem Geld; (*est avare*) jd sitzt auf seinem Geld *fam*

élastomère [elastɔmɛʀ] *m* Elastomer *nt*

Elbe [ɛlb] *f* ■ **l'Elbe** die Elbe

eldorado [ɛldɔʀado] *m* Eldorado *nt*

électeur, -trice [elɛktœʀ, -tʀis] *m, f* Wähler(in) *m(f)*
▶ **grands ~s** *Wahlversammlung für die Senatswahlen*

élection [elɛksjɔ̃] *f* Wahl *f;* ***nous allons procéder à l'~ des délégués*** wir kommen jetzt zur Wahl der Delegierten; ***l'~ s'est faite à main levée*** die Wahl erfolgte durch Handzeichen; ***jour des ~s*** Wahltag *m;* ***second tour des ~s*** zweiter Wahlgang
▶ **~s européennes** Europawahlen *pl;* **~s législatives** Parlamentswahlen *pl;* **~s municipales** Kommunalwahlen *pl;* **~ partielle** Ergänzungswahl *f,* Nachwahl *f;* **~ présidentielle** Präsidentenwahl *f;* **~s régionales** Regionalwahlen *pl;* **qn se présente aux ~s** jd kandidiert [bei der Wahl], jd tritt zu den Wahlen an; **d'~:** ***patrie/pays d'~*** Wahlheimat *f*

électoral, e <-aux> [elɛktɔʀal, o] *adj* Wahl-; ***circonscription ~e*** Wahlkreis *m,* Wahlbezirk *m,* Stimmbezirk *m;* ***découpage ~*** Einteilung *f* der Wahlkreise [*o* Wahlbezirke] [*o* Stimmbezirke]; ***liste ~e*** Wählerliste *f*

électorat [elɛktɔʀa] *m* Wählerschaft *f;* ***l'~ socialiste/de droite*** die Wähler der sozialistischen Partei[en]/der rechten Partei[en]

électricien, ne [elɛktʀisjɛ̃, jɛn] *m, f* Elektriker(in) *m(f),* Elektroinstallateur(in) *m(f);* ***ingénieur ~(ne)*** Elektroingenieur(in) *m(f)*

électricité [elɛktʀisite] *f* **1.** (*courant*) Strom *m;* (*installation*) elektrische Leitungen *pl;* ***tu as coupé l'~?*** hast du den Strom abgestellt?; ***on lui a coupé l'~*** man hat ihm/ihr den Strom gesperrt; ***qn se chauffe à l'~*** jd heizt elektrisch
2. PHYS Elektrizität *f*
▶ **~ statique** statische Aufladung, Reibungselektrizität *f;* **qn allume/éteint l'~** *fam* jd macht [*o* knipst *fam*] das Licht an/aus; ***l'~ était allumée*** das Licht war an; **qc fonctionne** [*o* **marche**] **à l'~** etw geht [*o* läuft] elektrisch, etw wird mit Strom betrieben

électrification [elɛktʀifikasjɔ̃] *f* Elektrifizierung *f*

électrifier <1 a> [elɛktʀifje] *vt* ■ **qn électrifie qc** *ligne de chemin de fer* jd elektrifiziert etw; *région* jd schließt etw an das Stromnetz an

électrique [elɛktʀik] *adj* **1.** ELEC *courant, énergie, cuisinière, train, rasoir, clôture* elektrisch; *unité de mesure, production, résistance, réseau* Strom-; *moteur* Elektro-; ***centrale ~*** Stromkraftwerk *nt;* ***ampoule ~*** Glühbirne *f;* ***appareil ~*** Elektrogerät *nt,* Elektroartikel *m,* elektrisches Gerät; ***décharge ~*** [Strom]schlag *m*
2. (*saisissant*) elektrisierend

électriser <1> [elɛktʀize] *vt* **1.** ELEC ■ **qn électrise qc** jd elektrisiert etw, jd lädt etw elektrisch auf
2. (*exalter*) ■ **qn électrise des personnes** jd elektrisiert Menschen

électroaimant [elɛktʀoɛmɑ̃] *m* Elektromagnet *m*

électrocardiogramme [elɛktʀokaʀdjɔgʀam] *m* Elektrokardiogramm *nt,* EKG *nt*

électrochoc [elɛktʀoʃɔk] *m* Elektroschock *m*

électrocuter <1> [elɛktʀɔkyte] **I.** *vt* ■ **qn est électrocuté(e)** jd bekommt einen Stromstoß [*o* [elektrischen] Schlag]; ***qn est mort(e) électrocuté(e)*** jd bekam einen tödlichen Stromstoß; /*condamné*/ jd wurde auf dem elektrischen Stuhl hingerichtet; ***qn condamne qn à être électrocuté(e)*** jd verurteilt jdn zum Tod auf dem elektrischen Stuhl
II. *vpr* ■ **qn s'électrocute** [**avec qc**] jd bekommt [von etw] einen Stromstoß [*o* [elektrischen] Schlag]; (*est mort*) jd bekommt [von etw] einen tödlichen Stromstoß, jd stirbt an einem Stromstoß

électrocution [elɛktʀɔkysjɔ̃] *f* [tödlicher] elektrischer Schlag, [tödlicher] Stromstoß; ***qn condamne qn par ~*** jd verurteilt jdn zum Tod auf dem elektrischen Stuhl

électrode [elɛktʀɔd] *f* Elektrode *f*

électro-encéphalogramme <~-~s> [elɛktʀoɑ̃sefalɔgʀam] *m* Elektroenzephalogramm *nt,* EEG *nt*

électrogène [elɛktʀɔʒɛn] *adj* stromerzeugend, elektrizitätserzeugend

électrolyse [elɛktʀɔliz] *f* Elektrolyse *f;* ***qn décompose qc par ~*** jd elektrolysiert etw, jd zersetzt etw durch Elektrolyse

électromagnétique [elɛktʀomaɲetik] *adj* elektromagnetisch

électroménager [elɛktʀomenaʒe] **I.** *adj:* ***appareil ~*** elektrisches Haushaltsgerät, Elektrogerät *nt* für den Haushalt **II.** *m* (*appareils*) elektrische Haushaltsgeräte *pl,* Elektrogeräte *pl* für den Haushalt; (*fabrication*) Industrie *f* für elektrische Haushaltsgeräte; (*commerce*) Elektrohandel *m;* ***magasin d'~*** [Spezial]geschäft *nt* für Elektroartikel, Elektrogeschäft ▶ **petit/gros ~** kleine/große Elektrogeräte *pl* für den Haushalt

électromètre [elɛktʀɔmɛtʀ] *m* Elektrometer *nt*

électron [elɛktʀɔ̃] *m* Elektron *nt*

électronicien, ne [elɛktʀɔnisjɛ̃, jɛn] *m, f* Elektroniker(in) *m(f)*

électronique [elɛktʀɔnik] **I.** *adj* elektronisch; *émission, faisceau, injection* Elektronen-; ***calculateur ~*** Elektronenrechner *m*
II. *f* Elektronik *f*
▶ **~ embarquée** Bordelektronik *f*

électronucléaire [elɛktʀɔnykleɛʀ] **I.** *adj* nuklear
II. *m* Kernenergie *f*

électrophone [elɛktʀɔfɔn] *m* [Schall]plattenspieler *m*

élégamment [elegamɑ̃] *adv s'habiller* elegant, fein, vornehm; *se conduire* höflich und korrekt

élégance [elegɑ̃s] *f* ∅ Eleganz *f;* [*toilette, vêtement a.*] Feinheit *f;* [*démonstration, solution a., théorie*] Untadeligkeit *f,* Sauberkeit *f;* [*gestes*] Anmut *f;* [*style*] Klarheit *f;* [*intérieur, mobilier, jardin*] geschmackvoller Stil; (*morale*) [*procédé, conduite, personne*] Korrektheit *f;* ***la solution manque d'~*** die Lösung ist schwerfällig [*o* umständlich]; ***l'~ de ses manières*** sein/ihr korrektes [*o* vollendetes] Benehmen
▶ **qn perd avec ~** jd verliert mit Anstand [*o* Haltung]

élégant, e [elegɑ̃, ɑ̃t] *adj* elegant; *personne, manières a.* fein, gediegen; *vêtement, toilette a.* fein, geschmackvoll; *style* klar; *solution, démonstration a., théorie* sauber, einwandfrei, tadellos; *mise en scène* stilvoll; *intérieur, jardin* mit Stil; *meuble* edel; *ligne* fein; ***une manière ~e de se débarrasser du problème*** eine elegante [*o* geschickte] Art und Weise, das Problem loszuwerden; ***un procédé ~ pour régler le problème*** eine elegante Lösung, um das Problem zu regeln

élégie [eleʒi] *f* Elegie *f*

élément [elemɑ̃] **I.** *m* **1.** (*composant*) Element *nt,* Bestandteil *m;* [*machine, appareil a.*] [Einzel]teil *nt;* ***qn a tous les ~s pour réussir*** jd besitzt alle Grundvoraussetzungen [*o* elementaren Eigenschaften] zum Erfolg; ***l'~ grec dans la civilisation romaine*** das griechische Element in der römischen Kultur; ■ **~ de qc** (*facteur*) *de désordre, d'anarchie* Komponente *f* einer S. (*gen*); ***~ de réussite/succès*** Erfolgsfaktor *m*
2. LING Element *nt,* Konstituente *f,* Gliederungseinheit *f,* Baustein *m;* MATH Element
3. (*mobilier*) Element *nt,* [Einzel]teil *nt;* (*pour être ajouté*) Anbauteil, Anbauelement; ***~s modulables*** variierbare [*o* zusammenstellbare] Elemente
4. (*donnée*) [*problème*] Element *nt,* Komponente *f;* ***l'enquête n'a apporté aucun ~ nouveau*** die Untersuchung hat kein neues Moment [*o* keine neuen Einzelheiten] erbracht; ***nous manquons d'~s pour répondre à votre question*** uns fehlen die notwendigen Informationen, um ihre Frage beantworten zu können; ***voici les ~s du problème, tel qu'il se pose à nous*** so stellt sich für uns das Problem im Einzelnen dar, das Problem stellt sich für uns im Einzelnen so dar
5. (*groupe dans une collectivité*) Teil *m;* (*dans un club sportif, une manifestation, association, chez les militaires*) Kraft *f;* ***très bons ~s*** ausgezeichnete [*o* hervorragende] Kräfte; ***bon/mauvais ~*** wertvolles/störendes Element
6. CHIM Element *nt;* ***~ oxygène*** Sauerstoffelement
▶ **~ combustible** Brennelement *nt;* **qn est/se retrouve/se sent dans son ~** jd ist/ist wieder/fühlt sich in seinem Element
II. *mpl* ■ **~s** **1.** (*principes de base*) Grundbegriffe *pl,* Grundelemente *pl;* (*connaissances sommaires*) Grundkenntnisse *pl,* Elementarwissen *nt*
2. (*forces naturelles*) [Natur]elemente *pl,* Naturgewalten *pl,* Naturkräfte *pl;* ***~s déchaînés*** entfesselte Elemente [*o* Naturgewalten]
▶ **~s aéroportés** Luftlandeeinheiten *pl;* **~s blindés** gepanzerte Einheiten *pl;* **~s préfabriqués** Fertig[bau]teile *pl,* vorgefertigte [Bau]teile *pl;* **les quatre ~s** die vier Elemente
◆ **éléments de rangement** Regalelemente *pl*

élémentaire [elemɑ̃tɛʀ] *adj* **1.** (*simple, de base*) elementar, Grund-; *problème, exercice a.* grundlegend; ***niveau ~*** Grundstufe *f;* ***grammaire ~*** Elementargrammatik *f;* ***cet exercice est vraiment ~!*** diese Übung ist wirklich einfach [*o* kinderleicht *fam*]!; ***qn a quelques/n'a que des notions ~s de qc*** jd besitzt Grundkenntnisse/nur einige Grundkenntnisse in etw (*dat*); ***qn a un vocabulaire très ~*** jd verfügt über einen minimalen Grundwortschatz; ***c'est une politesse ~*** das ist das Mindestmaß an Höflichkeit; ***la plus ~ courtoisie/discrétion/le plus ~ savoir-vivre veut que*** + *subj* das Mindestmaß an Höflichkeit/Diskretion/Anstand verlangt, dass
2. PHYS: ***particule ~*** Elementarteilchen *nt*
▶ **~, mon cher Watson!** *fam* das ist doch ganz klar [*o* einfach]!; **c'est ~!** *fam* (*c'est évident*) das weiß doch jeder [*o* jedes Kind]!; (*c'est bien le moins que vous puissiez faire*) das ist das Mindeste[, was man tun kann/was du tun kannst]

éléphant [elefɑ̃] *m* **1.** Elefant *m;* ***~ mâle/femelle*** Elefantenbulle *m*/Elefantenkuh *f* [*o* Elefantenweibchen *nt*] [*o* weiblicher Elefant]
2. (*personne très grosse*) Brocken *m fam*
3. POL [Partei]funktionär(in) *m(f)*
▶ **comme un ~ dans un magasin de porcelaine** *fam* wie ein Elefant im Porzellanladen *fam;* **qn voit voler des ~s roses** *fam* jd sieht Gespenster
◆ **éléphant d'Afrique** afrikanischer Elefant; **éléphant d'Asie** indischer Elefant; **éléphant de mer** Seeelefant *m*

éléphanteau <x> [elefɑ̃to] *m* junger Elefant, Elefantenkalb *nt*

éléphantesque [elefɑ̃tɛsk] *adj fam* massig; ■ **qn est ~** jd ist ein Koloss *fam*

élevage [el(ə)vaʒ] *m* **1.** (*action*) ■ **l'~ des ...** die Zucht von ..., das Züchten von ..., die Aufzucht von ...
2. (*ensemble d'animaux*) Zucht *f;* ■ **~ de** -zucht; (*exploitation*) Zuchtbetrieb *m;* ***~ de poulets*** Hühnerhof *m,* Hühner-/Geflügelfarm *f;* ***~ d'abeilles*** Bienenzucht, Imkerei *f;* ***~ des huîtres/moules*** Austern-/Muschelbank *f*
3. (*élevage de bétail*) ■ **l'~** die Viehzucht
▶ **~ en plein air** [**d'animaux**] Bodenhaltung *f* [der Tiere]; **~ en batterie, ~ industriel** Massentierhaltung *f;* **qn fait de l'~** jd betreibt Viehzucht; **qn fait l'~ d'animaux** jd züchtet Tiere; **d'~** *huîtres, saumon* gezüchtet, aus der Zucht; *région, pays* mit Viehzucht

élévateur, -trice [elevatœʀ, -tʀis] **I.** *adj* **1.** TECH: ***appareils ~s*** Hebemaschinen *pl,* Hubapparate *pl; **chariot** ~* Gabelstapler *m,* Hubstapler *m; **nacelle ~trice*** bewegliche Plattform; ***plateforme ~trice*** Hebebühne *f*

2. ANAT Hebe-

II. *m* **1.** CONSTR [Lasten]aufzug *m;* (*lors d'un déménagement*) Hebebühne *f;* (*pour des péniches*) Schiffshebewerk *nt;* (*pour du personnel*) Aufzug

2. ANAT Hebemuskel *m*

élévation [elevasjɔ̃] *f* **1.** (*accession*) ■ **~ de qn à qc** *à un rang, grade* jds Erhebung *f* in etw (*akk*); *à une dignité* jds Einsetzung *f* in etw (*akk*)

2. (*hausse*) Ansteigen *nt; ~ **de la température*** Ansteigen der Temperatur, Temperaturanstieg *m*

3. (*noblesse*) Erhabenheit *f; ~ **d'esprit*** Edelmut *m*

4. MATH ■ **~ à qc** Erheben *nt* [*o* Erhebung *f*] in etw (*akk*)

5. *vieilli* (*éminence*) Erhebung *f,* Anhöhe *f*

6. REL Elevation *f spec*

7. *rare* (*construction*) Errichtung *f;* [*édifice, barrage*] Hochziehen *nt*

◆ **élévation de terrain** Geländeerhöhung *f,* Geländeerhebung *f*

élève [elɛv] *mf* SCOL, ART, PHILOS Schüler(in) *m(f)*

◆ **élève infirmier(-ière)** Krankenpflegeschüler(in) *m(f);* **élève officier [d'active]** Offiziersanwärter(in) *m(f);* **élève officier de réserve** Reserveoffiziersanwärter(in) *m(f)*

élevé, e¹ [el(ə)ve] *adj* **1.** (*haut*) hohe(r, s); *village, refuge* hoch gelegen; ***peu** ~* niedrig; *position, grade a.* gering, niedere(r, s); ***un plateau peu ~*** eine nicht sehr hohe Ebene; ***qn est de condition ~e*** jd gehört zu den besseren Kreisen; ***une personne de condition ~e*** eine Person aus besseren Kreisen; ■ **qc est** ~ etw ist hoch

2. (*noble*) *conversation, style* gepflegt; ***qn a une opinion ~e de qc*** jd hat eine hohe Meinung von etw

élevé, e² [el(ə)ve] **I.** *adj* ▸ **bien** ~ (*éduqué*) gut erzogen, wohlerzogen; **mal** ~ schlecht erzogen, ungezogen; **c'est [très] mal ~ de faire qc** *fam* es ist [sehr] ungezogen, etw zu tun

II. *m, f* ▸ **un(e) mal ~(e)** Flegel *m*/Frau *f* ohne Manieren; (*fille*) Mädchen *nt* ohne Manieren; ***espèce de mal ~(e)!*** Sie haben keine Manieren!; (*à un homme a.*) Sie Flegel!

élever¹ <4> [el(ə)ve] **I.** *vt* **1.** (*ériger*) ■ **qn élève qc [à qn] quelque part** jd errichtet [jdm] etw irgendwo; *monument, statue a.* jd stellt [jdm] etw irgendwo auf; *barricade a.* jd baut etw irgendwo auf

2. (*porter vers le haut*) ■ **qn élève qc** jd hebt etw hoch [*o* in die Höhe]; ***il élève le négatif vers la lumière*** er hält das Negativ gegen das Licht; ■ **qc élève qc [de qc]** *niveau de l'eau* etw lässt etw [um etw] ansteigen

3. (*porter plus haut*) ■ **qn élève qc** *débat* jd hebt das Niveau von etw; *niveau, ton* jd hebt etw; *voix* jd erhebt etw; ■ **qc élève qc** *âme, esprit* etw ist eine Erbauung für etw, etw erhebt etw

4. (*relever*) ■ **qn/qc élève qc** *taux d'intérêt, prix, température* jd/etw erhöht etw; *niveau de vie* jd/etw bringt eine Steigerung einer S. (*gen*)

5. (*promouvoir*) ■ **qn élève qn à qc** *à un rang, grade* jd erhebt jdn in etw (*akk*); *à une dignité* jd setzt jdn in etw (*akk*) ein

6. (*susciter*) ■ **qn élève qc [contre qc/concernant qc]** *critique* jd äußert etw [gegen etw/in Bezug auf etw (*akk*)]; *objection a., protestation* jd erhebt etw [gegen etw/in Bezug auf etw (*akk*)]; *difficulté* jd bereitet etw [in Hinsicht auf etw (*akk*)]; ***qn élève des doutes concernant qc*** jd äußert Bedenken in Bezug auf etw (*akk*)

7. MATH ■ **qn élève qc à qc** jd erhebt etw in etw (*akk*)

II. *vpr* **1.** (*être construit*) ■ **qc s'élève quelque part** /*maison, mur, édifice*/ etw steht irgendwo; ***la fenêtre la plus basse s'élève à 2 m au-dessus du sol*** das niedrigste Fenster befindet sich 2 m über dem Boden

2. (*se dresser*) ■ **qc s'élève au-dessus de/sur qc** etw ragt über etw (*akk*) hinaus/etw steht hoch oben auf der Spitze einer S. (*gen*); ■ **qc s'élève à/en ...:** ***qc s'élève à 10/100 mètres [au-dessus de qc]*** /*plateau, lieu géographique*/ etw liegt 10/100 Meter hoch, etw liegt 10/100 Meter [über etw (*dat*)]; ***qc s'élève au loin/en pente douce/à pic*** etw erhebt sich in der Ferne/steigt langsam/abrupt an

3. ■ **qc s'élève** /*température, niveau, prix, taux*/ etw steigt [an]

4. (*prendre de la hauteur*) ■ **un oiseau/qc s'élève** ein Vogel/etw steigt [auf]

5. (*se faire entendre*) ■ **qc s'élève quelque part** etw ist irgendwo zu hören

6. (*surgir*) ■ **qc s'élève** /*discussion*/ etw bricht aus, etw entsteht; /*doutes*/ etw kommt auf, etw regt sich, etw wird laut; /*difficulté*/ etw taucht [*o* tritt] auf

7. (*se chiffrer*) ■ **qc s'élève à ...** /*facture, prix, nombre*/ etw beläuft sich auf ... (+ *akk*), etw beträgt ...; ***à combien s'élève la facture/s'élèvent les pertes?*** wie hoch ist die Rechnung/sind die Verluste?

8. (*mépriser*) ■ **qn s'élève au-dessus de qc** *des injures, querelles, intérêts* jd setzt sich über etw (*akk*) hinweg

9. (*socialement*): ***qn s'est élevé(e) par son seul travail/jusqu'au sommet de la hiérarchie sociale*** jd hat sich aus eigener Kraft/bis an die Spitze der gesellschaftlichen Hierarchie hochgearbeitet; ***qn cherche à s'~ au-dessus de sa condition*** jd versucht aus seinem sozialen Milieu herauszukommen

10. (*s'opposer à*) ■ **qn s'élève contre qc** jd wendet sich gegen etw, jd erklärt sich gegen etw; ■ **qc s'élève contre qc** /*critique, objection*/ etw wird gegen etw laut; /*voix a.*/ etw erhebt sich gegen etw

élever² <4> [el(ə)ve] *vt* **1.** (*prendre soin de*) ■ **qn/un animal élève qn/un animal** jd/ein Tier zieht jdn/ein Tier auf; ***elle élève un cochon d'Inde dans sa chambre*** sie hält ein Meerschweinchen in ihrem Zimmer; ■ **qn est élevé(e) chez qn/quelque part** jd wächst bei jdm/irgendwo auf; ***maintenant que les enfants sont élevés*** jetzt, da die Kinder groß sind

2. (*éduquer*) ■ **qn élève qn** jd erzieht jdn; ***qn est élevé(e) chez qn*** jd wird von jdm erzogen; ***ils sont élevés dans la religion chrétienne/dans le respect des traditions*** sie werden im christlichen/traditionellen Sinn erzogen

3. (*faire l'élevage de*) ■ **qn élève des animaux** jd züchtet Tiere

éleveur, -euse [el(ə)vœʀ, -øz] **I.** *m, f* [Vieh]züchter(in) *m(f);* ■ **~ de** -züchter(in)

II. *f* ■ **éleveuse** Schirmglucke *f*

elfe [ɛlf] *m* Elfe *f*

élider <1> [elide] **I.** *vt* ■ **qn élide qc** *voyelle* jd elidiert etw *spec,* jd streicht [*o* tilgt] etw; *mot* jd nimmt eine Elision an etw (*dat*) vor *spec,* jd streicht [*o* tilgt] den Vokal in etw (*dat*); ■ **qc est élidé(e)** bei etw ist der Vokal gestrichen, bei etw hat eine Elision stattgefunden *spec; **l'article élidé "l'"*** der Artikel „l'" mit dem gestrichenen Vokal

II. *vpr* ■ **qc s'élide** /*mot*/ bei etw wird der Vokal gestrichen [*o* getilgt], bei etw findet eine Elision statt *spec;* /*voyelle*/ etw wird elidiert *spec,* etw wird gestrichen [*o* getilgt]

éligibilité [eliʒibilite] *f* Wählbarkeit *f,* passives Wahlrecht

éligible [eliʒibl] *adj* wählbar

élimé, e [elime] *adj* ■ **~ [à qc]** [an etw (*dat*)] abgewetzt

élimination [eliminasjɔ̃] *f* Beseitigung *f;* [*erreurs a., adversaire, concurrent*] Ausschaltung *f;* [*déchets a.*] Entsorgung *f;* [*tartre, taches*] Entfernung *f;* [*cafards*] Vernichtung *f;* [*pièce défectueuse*] Aussonderung *f;* [*barrières douanières*] Aufhebung *f;* [*espèce*] Ausrottung *f;* [*toxines*] Ausscheidung *f;* ■ **~ [de qn] de qc** *d'un candidat, joueur, de l'équipe* [jds] Ausscheidung *f* aus etw; (*par triche, dopage*) [jds] Sperrung *f* für etw, [jds] Ausschluss *m* aus etw; *du marché* [jds] Verdrängung *f* von etw; ~ **[physique] de qn** jds Vernichtung

▸ **qn procède par ~** jd schließt [*o* scheidet] [*o* sondert] alles aus, was nicht in Frage kommt

éliminatoire [eliminatwaʀ] **I.** *adj* SCOL, UNIV *épreuve* Auswahl-; *note, faute* den Ausschluss bedingend, zum Ausschluss führend; SPORT Ausscheidungs-; ***temps** ~* Zeit, die zum Ausscheiden aus dem Wettbewerb führt; ***une telle note est ~ à l'agrégation*** mit einer solchen Note fällt man bei der „Agrégation" durch

II. *f souvent pl* Ausscheidungs[wett]kämpfe *pl;* (*match a.*) Ausscheidungsspiele *pl*

éliminer <1> [elimine] **I.** *vi* ■ **qn élimine** jd scheidet Giftstoffe aus; ***qn élimine mal*** jd scheidet Giftstoffe nur unvollständig aus

II. *vt* **1.** (*faire disparaître*) ■ **qn/qc élimine qc** jd/etw beseitigt etw; *erreurs a.* jd/etw schaltet etw aus; *obstacle* jd räumt etw aus dem Weg; *tartre, taches* jd/etw entfernt etw; *parasites* jd/etw vernichtet etw; *pièces défectueuses* jd/etw sondert etw aus; ■ **qn/qc élimine qn/qc [de qc]** ECON, POL *de la course* jd/etw schaltet jdn/etw [aus etw] aus; *du marché* jd/etw verdrängt jdn/etw [von etw]; (*tuer*) jd/etw vernichtet jdn, jd eliminiert jdn

2. (*écarter*) ■ **qn élimine qn/qc de qc** *d'une liste, d'un groupe* jd schließt [*o* sondert] jdn/etw aus etw aus; ■ **qn élimine qn** SCOL, UNIV jd lässt jdn durchfallen *fam; **qn a été éliminé(e) à l'oral*** jd ist im Mündlichen durchgefallen; ■ **qn élimine qn [de qc]** SPORT jd wirft jdn [bei etw] aus dem Rennen; (*pour dopage*) *d'un match* jd sperrt jdn [für etw]; *d'une compétition, course a.* jd schließt jdn [von etw] aus; *d'une équipe* jd schließt jdn [aus etw] aus; ■ **qn est éliminé(e)** jd scheidet aus; (*pour dopage*) jd wird gesperrt [*o* ausgeschlossen]

3. (*rejeter*) ■ **qn élimine qc** *possibilité, hypothèse, solution* jd schließt etw aus

4. IND ■ **qn élimine qc** *déchets* jd entsorgt etw

5. PHYSIOL ■ **qc élimine qc** *toxines* etw scheidet etw aus

6. MATH ■ **qn élimine qc** jd eliminiert etw

III. *vpr: **qc s'élimine facilement/difficilement*** /*tache*/ etw ist leicht/nicht leicht zu entfernen

élire <*irr*> [eliʀ] *vt* ■ **qn élit qn** jd wählt jdn; ***qn a été élu président/député*** jd wurde zum Präsidenten/Abgeordneten gewählt; ***la présidente est élue pour sept ans*** die Präsidentin wird auf [*o* für] sieben Jahre gewählt

élision [elizjɔ̃] *f* Streichung *f,* Tilgung *f,* Elision *f spec*

élitaire [elitɛʀ] *adj* elitär

élite [elit] *f* **1.** (*les meilleurs d'un groupe*) Elite *f,* Auslese *f*

2. *pl* (*les premiers par leur formation*) Elite *f,* Beste(n) *pl; **les ~s de la nation*** die Elite der Nation, die Führungsschicht des Landes

▸ **d'~** *corps, troupes* Elite-

élitisme [elitism] *m* Elitensystem *nt*

élitiste [elitist] *adj* Elite-

élixir [eliksiʀ] *m* Elixier *nt,* Zaubertrank *m; ~ **de longue vie*** Lebenselixier

elle [ɛl] **I.** *pron pers sing* **1.** *sujet* (*personne*) sie; ***c'est ~, Sophie?*** Sophie? Ist es sie?; ***~ est venue?, est~ venue?*** ist sie gekommen?; ***lui est venu, mais pas ~*** er ist gekommen, aber sie nicht; ***moi, je n'ai rien dit, c'est ~ qui m'a demandé*** ich habe nichts gesagt, sie war es, die mich gefragt hat

2. *sujet* (*subst féminin*) er/sie/es; ***regarde la lune comme ~ est ronde*** sieh' mal der Mond, wie rund er ist; ***la mer, ~ aussi, est polluée*** auch das Meer ist verschmutzt; ***la vache, ~ fait meuh*** die Kuh, die macht muh

3. *compl* sie (*akk*), ihr (*dat*); ***je les aime bien, ~ et lui*** ich mag sie beide gern, sie und ihn; ***tu l'as aidée, ~?*** hast du ihr geholfen?

4. + *prép* sie (*akk*), ihr (*dat*); ***la maison est à ~*** das Haus gehört ihr; ***c'est un ami à ~*** es ist ein Freund von ihr; ***c'est à ~ de savoir*** sie muss es wissen; ***c'est à ~ que je demande ça, pas à toi*** ich frage sie, nicht dich; ***voilà une photo d'~*** hier ist ein Foto von ihr; ***je suis fier d'~*** ich bin stolz auf sie; ***avec/sans ~*** mit ihr/ohne sie; ***on ne sait jamais avec ~*** bei ihr weiß man nie; ***tu as confiance en ~?*** hast du Vertrauen zu ihr?

5. *comparaison: **comme** ~* wie sie; ***plus fort(e)/aussi fort(e) qu'~*** stärker als sie/genauso stark wie sie

6. (*soi*) sich; ***elle ne pense qu'à ~*** sie denkt nur an sich; ***elle est fière d'~*** sie ist stolz auf sich

7. *interrog, ne se traduit pas: **Sophie a-t~ ses clés?*** hat Sophie ihre Schlüssel?; ***la maison a-t~ un jardin?*** hat das Haus einen Garten?

▸ **~ que/qui** sie, der/die; ~ ***que je crois/vois*** sie, der ich glaube/die ich sehe; ***c'est*** ~ ***que j'aime*** sie liebe ich; ***c'est*** ~ ***que je dois remercier*** ihr muss ich danken

II. *pron pers pl* ■ **elles** 1. *sujet* sie; ***ce sont*** ~***s qui ont fait ça?*** haben sie das gemacht?

2. *compl* sie (*akk*), ihnen (*dat*); ***je veux les voir,*** ~***s!*** ich möchte sie sehen!

3. + *prép* sie (*akk*), ihnen (*dat*); ***avec/ sans*** ~***s*** mit ihnen/ohne sie; ***la maison est à*** ~***s*** das Haus gehört ihnen; ***c'est un ami à*** ~***e*** es ist ein Freund von ihnen; ***c'est leur vie à*** ~***s*** es ist ihr Leben

4. *interrog, ne se traduit pas:* ***les filles, sont-***~***s venues?*** sind die Mädchen gekommen?

elle-même <~s-~s> [ɛlmɛm] *pron* 1. (*elle en personne*) sie selbst; ***c'est*** ~~ ***qui l'a dit*** sie selbst hat es gesagt; ***elle est venue d'***~~ sie ist von selbst [*o* von sich (*dat*) aus] [*o* aus eigenem Antrieb] gekommen

2. (*en soi*) selbst, an sich; ***la chose n'est pas mauvaise en*** ~~ die Sache an sich [*o* die Sache selbst] ist nicht schlecht

3. (*elle aussi*) ebenfalls, auch; ***sa mère était*** ~~ ***furieuse*** seine/ihre Mutter war ebenfalls [*o* auch] sehr wütend

ellipse [elips] *f* 1. LING Ellipse *f spec*, Auslassung *f*

2. GEOM Ellipse

elliptique [eliptik] *adj* elliptisch; *tournure, formule a.* unvollständig; *figure, orbite a.* ellipsenförmig; *façon de parler* unklar; *auteur* sich unklar ausdrückend

élocution [elɔkysjɔ̃] *f* Aussprache *f*, Sprechweise *f*; ***qn a une*** ~ ***confuse/ aisée/ soignée*** jd hat eine undeutliche/klare/gepflegte Aussprache; ***qn a une*** ~ ***lente/ rapide*** jd spricht langsam/schnell; ***qn a une grande facilité d'***~ jd ist redegewandt [*o* sprachgewandt]; ***défaut d'***~ Sprachfehler *m*; ***professeur d'***~ Lehrer(in) *m(f)* für Sprecherziehung

éloge [elɔʒ] *m* Lob *nt*; (*dithyrambe*) Lobrede *f*; ***qn couvre*** [*o* ***comble***] ***qn d'***~***s*** jd überschüttet jdn mit Lob/Lobreden; ***sa conduite est digne d'***~***s*** sein/ihr Verhalten ist lobenswert

▸ **qn prononce l'**~ **funèbre de qn** jd hält die Grabrede für jdn; **qc est tout à l'**~ **de qn** etw spricht für jdn; **qn lui fait des** ~**s** [**sur qc**] jd lässt sich [wegen etw] lobend über jdn aus, jd ergeht sich [wegen etw] in Lobreden über jdn; **qn fait l'**~ **de qn** jd hält eine Lobrede auf jdn; ***c'est le plus grand*** ~ ***que vous puissiez lui faire!*** das ist das größte Kompliment, das Sie ihm/ihr machen können!; **qn parle de qn/qc avec** ~ jd äußert sich lobend über jdn/etw; **qn ne tarit pas d'**~**s sur qn/qc** jd kann jdn/etw nicht genug loben, jd ist des Lobes voll [über jdn/etw] *geh*, jd lobt jdn/etw über den grünen Klee *fam*

élogieux, -euse [elɔʒjø, -jøz] *adj paroles, rapport, article* lobend, anerkennend; ***il a été très*** ~ ***à votre égard*** [*o* ***propos***] [*o* ***sujet***] er war des Lobes voll über euch; ***qn parle de qn/ qc en termes*** ~ jd äußert sich lobend über jdn/etw

éloigné, e [elwaɲe] *adj* 1. (*dans l'espace*) ■ ~ [**de qc**] fern [*o* weit entfernt] [von etw]; ***c'est trop*** ~ ***pour qu'on y arrive encore ce soir*** es ist zu weit [entfernt], als dass wir noch heute Abend ankommen könnten; ***ces deux villages sont*** ~***s de 10 km*** die beiden Dörfer liegen [*o* sind] 10 km voneinander entfernt

2. (*isolé*) abgelegen, entlegen

3. (*dans le temps*) *avenir* fern, weit; *époque, passé* weit zurückliegend, lange vergangen; ***avenir peu*** ~ nahe [*o* nähere] Zukunft; ***ces souvenirs sont si*** ~***s!*** das sind alles schon so alte Erinnerungen!; ***le moment n'est pas très*** ~ ***où*** es wird nicht [so] lange dauern, bis

4. (*différent*) ■ ~ **de qc** weit entfernt von etw; ***un sentiment peu*** ~ ***du mépris*** ein Gefühl, das nicht weit von Verachtung entfernt ist; ***je suis très*** ~ ***de ta conception*** ich habe eine gänzlich andere Auffassung als du

5. *parent, cousin, famille* entfernt

▸ **qc l'a tenu(e)** ~ **de qn/qc pendant un mois/an/...** etw hielt ihn/sie für einen Monat/ein Jahr/... von jdm/etw fern; **qn se tient** ~ **de qc** jd hält sich fern von etw

éloignement [elwaɲmɑ̃] *m* 1. (*distance*) ■ **l'**~ die Entfernung, die Distanz

2. (*séparation d'avec*) ■ **l'**~ **de qn** jds Abwesenheit *f*; ***qn prend de l'***~ jd nimmt Abstand

3. (*recul*) ■ **l'**~ der [zeitliche] Abstand

4. (*fait de se tenir à l'écart*) ■ ~ **de qc** Rückzug *m* von etw

éloigner <1> [elwaɲe] I. *vt* 1. (*mettre à distance*) ■ **qn/un animal/qc éloigne qn/un animal/qc** [**de qn/d'un animal/de qc**] jd/ein Tier/etw hält jdn/ein Tier/etw [von jdm/einem Tier/etw] fern; *meuble, paravent* jd schiebt etw [von jdm/einem Tier/etw] weg

2. (*détourner*) ■ **qc éloigne qn de qc** *du sujet, but* etw bringt jdn von etw ab; *de la vie politique* etw hält jdn von etw ab; ***qc l'éloigne trop de qc*** etw hält jdn zu sehr von etw ab; *de son chemin* etw bringt jdn zu sehr von etw ab

3. (*dans le temps*) ■ **qc éloigne qn de qc** jd entfernt sich mit etw von etw; ***chaque jour qui passe nous éloigne de notre jeunesse*** mit jedem Tag entfernen wir uns mehr von unserer Jugend

4. (*écarter*) ■ **qn éloigne qc** *soupçons, craintes* jd zerstreut etw; *danger* jd beseitigt [*o* bannt] etw; *idée, souvenir, tentation* jd lässt etw nicht an sich herankommen

5. (*détacher*) ■ **qn/qc éloigne qn de qn** jd/etw entfernt jdn von jdm, jd/etw bringt jdn von jdm weg; ***son mauvais caractère a fini par*** ~ ***de lui tous ses amis*** sein schlechter Charakter hat schließlich dazu geführt, dass alle seine Freunde auf Distanz zu ihm gingen [*o* dass sich alle seine Freunde von ihm zurückzogen]

II. *vpr* 1. (*devenir de plus en plus lointain*) ■ **qc s'éloigne** */nuages/* etw verschwindet; */bruit/* etw wird leiser; */vent, orage, tempête/* etw lässt nach; ***je voit le bateau s'***~ ich sehe, wie sich das Boot entfernt

2. (*aller ailleurs*) ■ **qc s'éloigne** etw entfernt sich; */voiture, train a./* etw fährt davon [*o* weg] [*o* fort]; */bateau, planche à voile a./* etw schwimmt davon [*o* weg] [*o* fort]; */avion a./* etw fliegt davon [*o* weg] [*o* fort]; ■ **qn s'éloigne** jd geht weg [*o* fort], jd entfernt sich; */véliplanchiste a./* jd surft davon [søːft]; */nageur a./* jd schwimmt weg [*o* fort] [*o* davon]; */conducteur a./* jd fährt weg [*o* fort] [*o* davon]

3. (*aller plus loin*) ■ **qn s'éloigne** jd sucht das Weite; ***qn s'éloigna en courant/ à pas lents*** jd rennt davon [*o* weg] [*o* fort]/jd geht langsam weg [*o* fort]; ***ne t'éloigne pas trop, s'il te plaît!*** geh bitte nicht zu weit weg!; ■ **qn s'éloigne de qn/qc** jd geht von jdm/etw weg; ■ **qc s'éloigne de qn/qc** etw entfernt sich von jdm/etw

4. (*dans le temps*) ■ **qn s'éloigne de qc** jd lässt etw hinter sich (*dat*) zurück

5. (*s'estomper*) ■ **qc s'éloigne** */souvenir/* etw verflüchtigt sich; */danger/* etw nimmt ab

6. (*s'écarter de*) ■ **qn s'éloigne de qc** *du sujet* jd kommt [*o* schweift] von etw ab; ***qc s'éloigne trop/ de plus en plus de qc*** etw entfernt sich zu sehr/immer mehr von etw

7. (*prendre ses distances par rapport à*) ■ **qn s'éloigne de qn/qc** jd geht auf Distanz zu jdm/etw

élongation [elɔ̃gasjɔ̃] *f* Zerrung *f*; ***qn s'est fait une*** ~ jd hat sich (*dat*) eine Zerrung zugezogen

éloquence [elɔkɑ̃s] *f* (*verve*) Beredsamkeit *f*, Eloquenz *f geh*; (*technique*) Redegabe *f*, Wortgewandtheit *f*, Redekunst *f*

▸ **qn met son** ~ **au service de qc** jd stellt seine Redekunst in den Dienst einer S. (*gen*); **qn a** [*o* **parle avec**] **beaucoup d'**~ jd ist sehr eloquent *geh*, jd ist nicht auf den Mund gefallen *fam*; **qn met** [**toute**] **son** ~ **à faire qc** jd bietet seine [ganze] Redekunst auf, um etw zu tun

éloquent, e [elɔkɑ̃, ɑ̃t] *adj* 1. (*persuasif*) eloquent *geh*; *orateur a.* redegewandt, beredt

2. (*significatif*) *geste, regard* viel sagend; *silence* beredt; ***un silence plus*** ~ ***encore qu'un aveu*** eine Stille, die mehr ausdrückte [*o* sagte] als ein Geständnis; ■ **qc est** ~ */chiffre, faits, comparaison/* etw spricht für sich, etw spricht eine deutliche Sprache

élu, e [ely] I. *pp de* **élire**

II. *adj* gewählt

III. *m, f* 1. POL gewählter Vertreter/gewählte Vertreterin, Abgeordnete(r) *f(m)*; ~ ***local*** Abgeordneter einer regionalen Versammlung

2. REL Auserwählte(r) *f(m)*, Auserkorene(r) *f(m)*

▸ **l'**~**(e) de son cœur** *hum* der/die Auserwählte seines/ihres Herzens; **l'heureux(-euse)** ~**(e)** der/die glückliche Auserwählte

élucider <1> [elyside] *vt* ■ **qn élucide qc** *mystère* jd hellt [*o* klärt] etw auf; *affaire a.* jd bringt Licht in etw (*akk*)

élucubrations [elykybʀasjɔ̃] *fpl péj* Hirngespinste *pl*

éluder <1> [elyde] *vt* ■ **qn élude qc** jd umgeht etw

élus [ely] *p simple de* **élire**

Élysée [elize] *m* ■ **l'**~ das Elysee, der Elyseepalast

élytre [elitʀ] *m* Deckflügel *m*

émacié, e [emasje] *adj* ausgemergelt, abgemagert, abgezehrt

email, E-mail, e-mail [imel] *m* E-Mail ['iːmeɪl] *nt*

émail <-aux> [emaj, jo] *m* 1. ∅ ANAT Schmelz *m*; ~ ***dentaire*** Zahnschmelz

2. ∅ (*vernis*) Glasur *f*; (*sur métal*) Email *nt*, Emaille *f*; ***qn est peintre en*** ~ jd betreibt Emailmalerei

3. *pl* (*décoration*) Emailmalerei *f*; (*objets*) emaillierte Gegenstände [*o* Objekte] *pl*

▸ **en** ~ *casserole, baignoire, cuvette* Email-, emailliert

émaillé, e [emaje] *adj* 1. (*revêtu d'émail*) *faïence* glasiert; *fonte* emailliert

2. *iron* (*parsemé*) ■ ~ **de qc** gespickt mit etw

émanations [emanasjɔ̃] *fpl* Ausdünstungen *pl*

▸ ~ **volcaniques** vulkanische Dämpfe [*o* Gase] *pl*

émancipation [emɑ̃sipasjɔ̃] *f* 1. (*libération*) Emanzipation *f*; [*femme a.*] Emanzipierung *f*, Gleichberechtigung *f*; [*prolétariat a.*] Befreiung *f*; [*colonie a.*] Entlassung *f* in die Unabhängigkeit

2. JUR Volljährigkeitserklärung *f*, Mündigsprechung *f*; ***demande d'***~ Antrag *m* auf Volljährigkeit

émancipé, e [emɑ̃sipe] *adj femme* emanzipiert

émanciper <1> [emɑ̃sipe] I. *vt* JUR ■ **qn émancipe qn** jd erklärt jdn für volljährig [*o* mündig]

II. *vpr* ■ **qn/qc s'émancipe** */pensée, art/* jd/etw emanzipiert sich, jd/etw befreit sich; */personne, peuple a./* jd wird selbständig

émaner <1> [emane] *vi* (*se dégager*) ■ **qc émane de qn/qc** */autorité, charme/* etw geht von jdm/etw aus; */odeur a./* etw kommt von jdm/etw [her]; */lumière, chaleur/* etw wird von etw ausgestrahlt, etw kommt von etw [her]; */ordre, demande/* etw kommt von jdm/etw

émargement [emaʀʒəmɑ̃] *m* Abzeichnen *nt*

émarger <2 a> [emaʀʒe] I. *vi*: ***qn émarge au budget de l'État/ d'une administration*** jd bezieht sein Gehalt vom Staat/von einer Behörde

II. *vt* ■ **qn émarge qc** jd zeichnet etw ab

émasculer <1> [emaskyle] *vt* ■ **qn émascule qn/un animal** jd entmannt jdn, jd kastriert jdn/ein Tier

emballage [ɑ̃balaʒ] *m* 1. ∅ (*action d'emballer*) Verpacken *nt*, Einpacken *nt*

2. (*paquet*) Verpackung *f*, Packung

▸ ~ **sous vide** Vakuumverpackung *f*; ~ **consigné** Mehrwegverpackung *f*

emballer <1> [ɑ̃bale] I. *vt* 1. (*empaqueter*) ■ **qn emballe qc** [**dans qc**] jd packt etw [in etw (*akk*)] ein, jd verpackt etw [in etw (*akk*)]

2. *fam* (*enthousiasmer*) ■ **qn est emballé(e)** [**par qc/à l'idée de faire qc**] jd ist ganz hin und weg *fam* [*o* begeistert] [von etw/von der Idee etw zu tun]; ■ **qn n'est pas** [**très**] **emballé(e)** [**par qc/à l'idée de faire qc**] jd ist nicht [gerade] entzückt [*o* begeistert] [von etw/von der Idee etw zu tun]; ■ **qc l'emballe** etw macht jdn an *fam*; ***ça m'emballe pas trop!*** das macht mich

nicht gerade an! *fam*
3. AUT ■ **qn emballe qc** *moteur* jd überdreht etw, jd jagt etw hoch *fam*
4. *fam* (*séduire*) ■ **qn emballe qn** jd kriegt jdn herum *fam*
▸ **emballez, c'est pesé!** abgemacht!
II. *vpr* 1. *fam* (*s'enthousiasmer*) ■ **qn s'emballe pour qc** jd ist [ganz] hin und weg von etw *fam*, jd fängt Feuer für etw
2. *fam* (*s'emporter*) ■ **qn s'emballe [d'une certaine façon]** jd regt sich [irgendwie] auf; ***ne t'emballe pas pour si peu!*** nun dreh mal nicht durch [*o* reg dich mal nicht auf] wegen so einer Kleinigkeit! *fam*; ***elle s'est emballée contre lui*** sie bekam eine Sauwut auf ihn *fam*
3. (*partir à une allure excessive*) ■ **un animal s'emballe** ein Tier geht durch; ■ **qc s'emballe** /*moteur*/ etw heult auf

embarcadère [ɑ̃baʀkadɛʀ] *m* Anlegestelle *f*, Landungsplatz *m*, Landungsbrücke *f*, Pier *m o f*

embarcation [ɑ̃baʀkasjɔ̃] *f* Boot *nt*, kleines Wasserfahrzeug

embardée [ɑ̃baʀde] *f* AUT plötzliche Lenkbewegung, Schlenker *m fam*; (*par l'effet d'un obstacle*) Ausweichmanöver *nt*; NAUT plötzliche Richtungsänderung, Gieren *nt spec*
▸ **qc fait une ~** /*véhicule*/ etw macht einen Schlenker *fam*, etw macht einen Ruck nach der Seite *fam*; /*navire*/ etw verändert plötzlich die Richtung, etw macht einen plötzlichen Schwenk, etw giert *spec*

embargo [ɑ̃baʀgo] *m* Embargo *nt*
▸ **qn met/lève l'~ sur qc** jd verhängt ein Embargo über etw (*akk*)/hebt das Embargo für etw auf; *sur un navire* jd belegt etw mit einem Auslaufverbot/hebt ein Auslaufverbot für etw auf

embarquement [ɑ̃baʀkəmɑ̃] *m* NAUT [*passagers*] Anbordgehen *nt*, Einsteigen *nt*; [*marchandises, voitures*] Verladen *nt*; (*à bord d'un navire a.*) Einschiffen *nt*; ***pour les passagers à destination de Bruxelles, ~ immédiat, porte 5!*** die Passagiere nach Brüssel werden gebeten, sich an den Ausgang Nr. 5 zu begeben!

embarquer <1> [ɑ̃baʀke] I. *vi* ■ **qn embarque** jd geht an Bord, jd schifft sich ein; ***qn embarque dans l'avion*** jd steigt ins Flugzeug
II. *vt* 1. (*prendre à bord d'un bateau*) ■ **qn embarque des personnes/choses [pour ...]** jd schifft Menschen/Dinge [nach ...] ein, jd nimmt Menschen/Dinge an Bord; *cargaison* jd verlädt Dinge; ■ **qn embarque des personnes/choses sur qc** jd schifft Menschen/Dinge auf etw (*akk*) ein; ■ **des choses sont embarquées sur qc** Dinge werden auf etw (*akk*) verladen
2. (*à bord d'un véhicule*) ■ **qn embarque des personnes** jd lässt Menschen einsteigen; ■ **qn embarque des personnes/choses dans qc** *dans un wagon* jd verlädt Menschen/Tiere in etw (*akk*)
3. NAUT ■ **qc embarque qc** *eau* etw bekommt etw an Deck, etw bunkert etw
4. *fam* (*emporter*) ■ **qn embarque qc** jd schleppt [*o* schafft *fam*] etw weg [*o* fort], jd nimmt etw mit; (*voler*) jd lässt etw mitgehen *fam*
5. *fam* (*arrêter*) ■ **qn embarque qn** jd schnappt jdn *fam*; ■ **qn se fait ~** jd lässt sich schnappen *fam*
▸ **qn est mal embarqué(e)** *fam* für jdn sieht's schlecht aus *fam*; **qc est mal embarqué(e)** *vieilli* etw fängt [*o* lässt sich] ja gut an *iron*
III. *vpr* 1. ■ **qn s'embarque** jd schifft sich ein
2. (*s'engager*) ■ **qn s'embarque dans qc** jd lässt sich auf etw (*akk*) ein; ■ **qn se laisse ~ dans qc** jd lässt sich in etw (*akk*) hineinziehen

embarras [ɑ̃baʀa] *m* 1. (*gêne*) Verlegenheit *f*, Befangenheit *f*
2. (*tracas*) Unannehmlichkeit *f*, Verdruss *m*; ***qn est une source d'~ pour qn*** jd bereitet jdm nur Unannehmlichkeiten; ***je ne voudrais pas être un ~ pour vous*** ich möchte Ihnen nicht zur Last fallen; ***ne vous mettez pas dans l'~ pour moi*** stürzen Sie sich meinetwegen nicht in Unannehmlichkeiten; ***qn lui fait*** [*o* ***crée***] [*o* ***cause***] [*o* ***suscite***] ***des ~/toutes sortes d'~*** jd macht [*o* bereitet] jdm Schwierigkeiten/Schwierigkeiten, wo er kann
▸ **qn n'a que l'~ du choix** jd muss sich nur entscheiden; **qn a aidé qn dans l'~** jd hat jdm aus der Patsche geholfen *fam*; **qn est dans l'~** (*a des difficultés d'argent*) jd ist in Geldschwierigkeiten [*o* Geldnot]; (*est mal à l'aise*) jd befindet sich in einer unangenehmen Situation; (*est dans un dilemme*) jd sitzt in einer Zwickmühle *fam*; **ça fait des ~** *fam* das macht Umstände *fam*; **qn/qc met** [*o* **plonge**] **qn dans l'~** (*le met mal à l'aise*) jd/etw bringt jdn in Bedrängnis [*o* Verlegenheit]; (*le met dans un dilemme*) jd/etw bringt jdn in eine Zwickmühle *fam*; **qn/qc tire qn d'~/qn se tire d'~** jd/etw hilft jdm aus der Verlegenheit/jd zieht sich [mit etw] aus der Patsche *fam*; **avec ~** (*avec gêne*) verlegen; (*avec difficulté*) mit Mühe; ***avec beaucoup d'~*** völlig verlegen [*o* total verunsichert]

embarrassant, e [ɑ̃baʀasɑ̃, ɑ̃t] *adj* 1. (*délicat*) unangenehm, peinlich; (*ennuyeux*) *situation* misslich; *problème, affaire a.* lästig; ***comme c'est ~!*** ist das ärgerlich!
2. (*encombrant*) hinderlich, lästig

embarrassé, e [ɑ̃baʀase] *adj* 1. (*gêné*) verlegen; *personne a.* peinlich berührt; *air, sourire a.* betreten
2. (*confus*) *explication, phrase* wirr, verworren
3. (*encombré*) ■ **~ de qc** *pièce, table* voll gestellt mit etw

embarrasser <1> [ɑ̃baʀase] I. *vt* 1. (*déconcerter*) ■ **qn/qc embarrasse qn** jd/etw macht jdn verlegen, jd/etw bringt jdn in Verlegenheit
2. (*tracasser*) ■ **qc embarrasse qn** etw macht jdm zu schaffen, etw macht jdm Mühe; ***ça m'embarrasse de te le dire, mais*** es fällt mir nicht leicht, dir das zu sagen, aber; ***sa demande m'embarrassait*** seine/ihre Bitte brachte mich in eine missliche [*o* schwierige] Lage; ***il y a quelque chose qui m'embarrasse là-dedans*** etwas stört mich an der Sache, etwas an der Sache gibt mir zu denken
3. (*gêner dans ses mouvements*) ■ **qc embarrasse qn** etw behindert [*o* stört] jdn
4. (*encombrer*) ■ **des choses embarrassent qc** *table, grenier* etw ist voll mit Dingen; *couloir a.* Dinge versperren etw
II. *vpr* 1. (*s'encombrer*) ■ **qn s'embarrasse de qn/qc** jd belastet sich mit jdm/etw
2. (*se soucier*) ■ **qn s'embarrasse de qc** jd gibt sich mit etw ab, jd schlägt sich mit etw herum *fam*; ***elle ne s'embarrasse pas de scrupules!*** sie hat nicht gerade Skrupel!

embauche [ɑ̃boʃ] *f* 1. (*recrutement*) Einstellung *f*, Anstellung *f*
2. (*travail*) Arbeit *f*, Beschäftigung *f*; ***offre d'~*** Stellenangebot *nt*, Stellenvermittlung *f*

embaucher <1> [ɑ̃boʃe] I. *vt* 1. ECON ■ **qn embauche qn** jd stellt jdn ein [*o* an]; ■ **qn se fait ~ quelque part [comme qc]** jd nimmt irgendwo eine Stelle [*o* Beschäftigung] [als etw] an
2. *fam* (*entraîner à*) ■ **qn embauche qn pour faire qc** jd stellt jdn dazu an, etw zu tun *fam*; ***elle l'embauche pour faire la vaisselle*** sie stellt ihn/sie zum Geschirrspülen an *fam*
II. *vi* ■ **qn embauche** jd stellt ein

embaumer <1> [ɑ̃bome] I. *vi* ■ **qc embaume** /*fleur, fruit*/ etw duftet, etw riecht gut
II. *vt* 1. (*parfumer*) ■ **qc embaume qc** *maison, jardin* etw erfüllt etw mit seinem/ihrem Duft; *linge* etw verleiht einer S. (*dat*) einen angenehmen Duft; ***l'ananas embaume toute la cuisine*** die ganze Küche duftet nach Ananas
2. (*sentir bon*) ■ **qc embaume qc** *le lilas, la lavande, l'encens* etw duftet nach etw
3. ■ **qn embaume qc** *cadavre* jd balsamiert etw [ein]; ■ **qn fait ~ qc** jd lässt etw [ein]balsamieren

embellie [ɑ̃beli] *f* METEO Aufheiterung *f*

embellir <8> [ɑ̃beliʀ] I. *vi* ■ **qn embellit** jd wird schöner [*o* hübscher]
II. *vt* ■ **qc embellit qn** etw macht jdn schöner [*o* hübscher], etw lässt jdn schöner [*o* hübscher] aussehen; ■ **qn/qc embellit qc** *maison, paysage, ville* jd/etw verschönert etw, jd/etw macht etw schöner; ■ **qn embellit qc** *récit, vérité, réalité* jd beschönigt etw; ***dans son imagination, son enfance lui apparaissait embellie*** in seiner/ihrer Erinnerung verklärte sich seine/ihre Kindheit

embellissement [ɑ̃belismɑ̃] *m* 1. ∅ (*action d'embellir*) [*lieu, édifice*] Verschönerung *f*, Verschönern *nt*
2. (*élément qui embellit un lieu*) Verschönerung *f*; [*récit, vérité*] Beschönigung *f*; [*projet*] Verbesserung *f*

emberlificoter <1> [ɑ̃bɛʀlifikɔte] *vpr fam* ■ **qn s'emberlificote dans qc** *dans des explications* jd verheddert sich in etw (*dat*) *fam*

embêtant, e [ɑ̃bɛtɑ̃, ɑ̃t] I. *adj fam* 1. (*agaçant*) *personne, chien* unangenehm, lästig
2. (*fâcheux*) blöd *fam*, dumm, doof *fam*
3. *rare* (*ennuyeux*) stinklangweilig *fam*, stumpfsinnig
II. *m* ▸ **l'~, c'est que** + *indic fam* das Blöde [*o* Dumme] ist, dass *fam*

embêtement [ɑ̃bɛtmɑ̃] *m fam* Scherereien *pl fam*, Ärger *m*, Unannehmlichkeiten *pl*; ***j'ai bien assez d'~ comme ça!*** ich hab' wirklich schon genug Ärger!

embêter <1> [ɑ̃bete] I. *vt fam* 1. (*importuner*) ■ **qn/qc embête qn** jd/etw ärgert jdn; ***ne te laisse pas ~ par lui!*** lass dich doch nicht von ihm verrückt machen! *fam*
2. (*contrarier*) ■ **qc embête qn** etw liegt jdm [schwer] im [*o* auf dem] Magen *fam*, etw macht jdm zu schaffen *fam*; ■ **qn est embêté(e)** jd steht dumm da *fam*; ***te voilà bien embêté(e)!*** jetzt stehst du aber dumm da! *fam*; ■ **ça embête qn de faire qc** es stinkt jdm, etw zu machen *fam*, es passt jdm nicht in den Kram, etw zu machen *fam*; ***ça vous embêterait beaucoup de faire qc?*** würde es euch etwas ausmachen, etw zu tun?; ■ **ça embête qn que** + *subj* es stinkt jdm, dass *fam*, es passt jdm nicht [in den Kram], dass *fam*
3. (*casser les pieds*) ■ **qn/qc embête qn** jd/etw ödet jdn an *fam*
II. *vpr fam* 1. (*s'ennuyer*) ■ **qn s'embête** jd kommt um vor Langeweile *fam*, jd langweilt sich [zu Tode *fam*]; ***qu'est-ce qu'on s'embête ici!*** hier kommt man um vor Langeweile! *fam*
2. (*se démener*) ■ **qn s'embête à faire qc** jd legt sich krumm, um etw zu machen *fam*; ***on ne va pas s'~ à faire la vaisselle!*** wir werden uns doch nicht mit dem Geschirr abgeben! *fam*; ***ne t'embête pas avec ça, je m'en charge*** schlag dich doch nicht damit herum, ich kümmere mich darum!
▸ **qn ne s'embête pas** (*n'est pas à plaindre*) jd lebt nicht übel; (*en profite*) jd amüsiert sich, jd vergnügt sich

emblée [ɑ̃ble] *adv* ■ **d'~** auf Anhieb

emblématique [ɑ̃blematik] *adj*: ***figure ~ de qc*** Symbol *nt* einer S. (*gen*)

emblème [ɑ̃blɛm] *m* Emblem *nt*, Kennzeichen *nt*; (*symbole*) Sinnbild *nt*, Symbol *nt*

embobiner <1> [ɑ̃bɔbine] *vt fam* ■ **qn embobine qn** jd wickelt jdn ein *fam*

emboîter <1> [ɑ̃bwate] I. *vt* ■ **qn emboîte des choses** jd setzt [*o* fügt] Dinge zusammen; ■ **qn emboîte qc dans qc** jd fügt [*o* passt] etw in etw (*akk*) ein
II. *vpr* ■ **des choses s'emboîtent [les unes dans les autres]** Dinge passen ineinander; ***des tabourets/tables qui s'emboîtent*** Hocker/Tische, die sich stapeln lassen

embolie [ɑ̃bɔli] *f* Embolie *f*
▸ **~ pulmonaire** Lungenembolie *f*

embonpoint [ɑ̃bɔ̃pwɛ̃] *m* [Wohl]beleibtheit *f*, [Körper]fülle *f*, Leibesfülle *f*
▸ **qn a/prend de l'~** jd ist beleibt [*o* füllig]/jd wird füllig

embouché, e [ɑ̃buʃe] *adj* ▸ **qn est mal ~** jd hat keine Kinderstube

embouchure [ɑ̃buʃyʀ] *f* 1. GEOG Mündung *f*
2. MUS Mundstück *nt*
3. (*mors*) Mundstück *nt*, Gebiss *nt*, Trense *f spec*; (*partie de la bouche du cheval*) Stelle des Maules, an der das Mundstück aufliegt; ***un cheval délicat d'~*** ein Pferd, das empfindlich reagiert

embourber <1> [ɑ̃buʀbe] I. *vt* ■ **qn embourbe qc** jd bleibt mit etw im Schlamm [*o* Morast] stecken, jd fährt mit etw im Schlamm [*o* Morast] fest; ***la voiture est embourbée*** der Wagen steckt im Schlamm fest
II. *vpr* 1. (*s'enliser*) ■ **qn/qc s'embourbe** jd/etw bleibt im Schlamm [*o* Morast] stecken; ■ **qn/qc s'embourbe quelque part** jd/etw fährt sich irgendwo fest, jd/etw bleibt irgendwo stecken
2. (*s'empêtrer*) ■ **qn s'embourbe dans qc** jd verwickelt [*o* verstrickt] sich in etw (*akk*); ■ **qc s'embourbe dans qc** (*s'enfoncer*) etw bleibt in etw (*dat*) stecken, etw kommt über etw (*akk*) nicht hinaus
embourgeoisement [ɑ̃buʀʒwazmɑ̃] *m* Verbürgerlichung *f*, gesellschaftliche Anpassung
embourgeoiser <1> [ɑ̃buʀʒwaze] *vpr* ■ **qn/qc s'embourgeoise** jd/etw verbürgerlicht, jd/etw passt sich gesellschaftlich an
embout [ɑ̃bu] *m* 1. [*béquille, chaussures, seringue*] Kappe *f;* [*parapluie, canne*] Spitze *f;* [*canne à pêche*] Abschlusskappe; [*échelle*] [Gummi]stöpsel *m;* [*trépied*] Fuß *m;* [*bâton de joueur*] Knauf *m;* [*tringle de rideau*] Endknopf *m;* [*système d'échappement*] Endrohr *nt;* ~ ***de protection*** Schutzkappe
2. (*pour la bouche*) Mundstück; (*embout auriculaire*) Ohrstöpsel *m*
3. (*embout de gonflage, d'ensachage*) Stutzen *m*
embouteillage [ɑ̃butɛjaʒ] *m* AUT [Verkehrs]stau *m*, Verkehrsstockung *f*
▸ **qn est pris dans un** ~ jd sitzt in einem [Verkehrs]stau fest
embouteiller <1> [ɑ̃buteje] *vt* ■ **qc est embouteillé(e)** /*rue, passage*/ etw ist verstopft; /*lignes téléphoniques*/ etw ist überlastet, etw ist blockiert; ■ **qn/qc embouteille qc** jd/etw blockiert [*o* versperrt] etw
emboutir <8> [ɑ̃butiʀ] *vt* 1. AUT ■ **qc emboutit qc** etw drückt [*o* beult] etw ein; ***qn s'est fait ~ par une voiture*** jdm fährt ein Auto [hinten] rein *fam*
2. TECH ■ **qn emboutit qc** *métal* jd treibt etw
embranchement [ɑ̃bʀɑ̃ʃmɑ̃] *m* 1. (*point de jonction*) Kreuzung *f*, Schnittpunkt *m*
2. (*ramification*) Abzweigung *f;* [*voie de chemin de fer a.*] Nebenlinie *f*, Zweiglinie *f;* [*canalisation a.*] Zweigkanal *m*
3. BOT, ZOOL Stamm *m*
embrancher <1> [ɑ̃bʀɑ̃ʃe] I. *vt* ■ **qn embranche qc à qc** [*o* **sur qc**] jd schließt etw an etw (*akk*) an
II. *vpr* (*être raccordé*) ■ **qc s'embranche sur qc** etw mündet in etw (*akk*) [ein]; /*voie de chemin de fer*/ etw führt auf etw (*akk*)
embrasement [ɑ̃bʀɑzmɑ̃] *m littér* Glut *f*
embraser <1> [ɑ̃bʀɑze] I. *vt littér* 1. (*illuminer*) ■ **qc embrase qc** *ciel, paysage* etw taucht etw in eine [rote] Glut, etw färbt etw glutrot; ■ **qc est embrasé(e)** etw ist in eine [rote] Glut getaucht, etw ist glutrot
2. (*enflammer*) ■ **qn/qc embrase qn/qc** jd/etw entflammt jdn/etw *geh*, jd/etw lässt jdn/etw erglühen *geh*
II. *vpr littér* 1. (*s'illuminer*) ■ **qc s'embrase** /*ciel, paysage*/ etw färbt sich glutrot, etw erglüht *geh*
2. (*être en proie à des troubles*) ■ **qc s'embrase** /*pays, ville*/ etw gerät in Aufruhr
embrassades [ɑ̃bʀasad] *fpl* Küsse [und Umarmungen] *pl*
embrasser <1> [ɑ̃bʀase] I. *vt* 1. (*donner un baiser*) ■ **qn embrasse qn/qc** jd küsst jdn/etw; ***va l'~!*** geh und gib ihm/ihr ein Küsschen!; ***elle embrasse les enfants avant de partir*** sie gibt den Kindern einen Abschiedskuss
2. (*couvrir*) ■ **qc embrasse qc** *période, domaine* etw umfasst [*o* umschließt] [*o* umspannt] etw
3. *littér* (*choisir*) ■ **qn embrasse qc** *cause* jd tritt für etw ein, jd ergreift für etw Partei; *religion* jd nimmt etw an; *carrière* jd schlägt etw ein; *métier* jd ergreift etw
II. *vpr* ■ **des personnes s'embrassent** Menschen küssen sich [*o* küssen einander]
embrasure [ɑ̃bʀɑzyʀ] *f* Öffnung *f;* ~ ***de la porte/fenêtre*** Tür-/Fensteröffnung
embrayage [ɑ̃bʀɛjaʒ] *m* Kupplung *f;* ***appuyez*** [***à fond***] ***l'~/la pédale d'~*** treten Sie die Kupplung/das Kupplungspedal [ganz durch]; ***qn fait patiner l'~*** jd lässt die Kupplung schleifen; ***voiture à ~ automatique*** Wagen *m* mit Automatikschaltung
embrayer <7> [ɑ̃bʀeje] *vi* 1. AUT ■ **qn embraye** [*o* **embraie**] /*conducteur*/ jd kuppelt [ein]
2. (*commencer à parler*) ■ **qn embraye** [*o* **embraie**] **sur qn/qc** jd kommt auf jdn/etw zu sprechen
embrigader <1> [ɑ̃bʀigade] *vt péj* 1. (*endoctriner*) ■ **qn embrigade qn** jd nimmt jdn in Anspruch, jd spannt jdn ein *fam;* ■ **qn se laisse ~** jd lässt sich einspannen *fam*
2. (*enrôler*) ■ **qn embrigade qn dans qc** jd gewinnt jdn für etw, jd wirbt jdn für etw [an]; ■ **qn se laisse ~ dans qc** jd lässt sich für etw [an]werben
embringuer <1> [ɑ̃bʀɛ̃ge] *vt fam* ■ **qn est embringué(e) dans qc** jd ist in etw (*akk*) verwickelt; ■ **qn se laisse ~ dans qc** jd lässt sich in etw (*akk*) hineinziehen
embrocher <1> [ɑ̃bʀɔʃe] *vt* ■ **qn embroche qc** jd steckt etw auf den [Brat]spieß; ■ **qn embroche qn** *fam* jd spießt jdn auf
embrouillamini [ɑ̃bʀujamini] *m fam* Kuddelmuddel *m o nt fam*
embrouille [ɑ̃bʀuj] *f fam* Kuddelmuddel *m o nt fam*, Wirrwarr *m;* (*destinée à tromper*) Verwirrspiel *nt*
embrouillé, e [ɑ̃bʀuje] *adj* verworren; *affaire, idées a.* vertrackt *fam*
embrouiller <1> [ɑ̃bʀuje] I. *vt* 1. (*rendre confus*) ■ **qn/qc embrouille qc** jd/etw [ver]kompliziert etw, jd/etw macht etw kompliziert
2. (*faire perdre le fil*) ■ **qn embrouille qn** jd verwirrt jdn, jd bringt jdn durcheinander
II. *vpr* 1. (*s'empêtrer*) ■ **qn s'embrouille dans qc** *dans des démarches* jd kommt bei etw durcheinander; *dans un récit a.* jd verliert den Faden in etw (*dat*); *dans des explications* jd verstrickt sich in etw (*dat*); *dans les chiffres, dates* jd verliert den Überblick über etw (*akk*), jd bringt etw durcheinander
2. (*devenir confus*) ■ **qc s'embrouille** etw wird verworren; ***tout s'embrouille dans ma mémoire*** in meiner Erinnerung gerät alles durcheinander
embroussaillé, e [ɑ̃bʀusaje] *adj terrain, chemin* voller Gestrüpp, von Gestrüpp überwuchert, mit Gestrüpp zugewachsen; *cheveux, sourcils, barbe* buschig, struppig
embrumé, e [ɑ̃bʀyme] *adj* in Nebel gehüllt, im Nebel liegend, nebelverhangen *geh;* ***il avait l'esprit ~ par l'alcool*** er war vom Alkohol ganz benebelt
embruns [ɑ̃bʀœ̃] *mpl* Gischt *m o f*
embryon [ɑ̃bʀijɔ̃] *m* 1. BIO Embryo *m*
2. (*germe*) ■ ~ **de qc** *d'une organisation, idée* Ansatz *m* einer S. (*gen*); ***à l'état d'~*** im Anfangsstadium
embryonnaire [ɑ̃bʀijɔnɛʀ] *adj* 1. BIO *vie* embryonal; *développement* Embryonal-; *cellule* Embryo-
2. (*en germe*): ***à l'état*** [*o* ***au stade***] ~ im Anfangsstadium
embûches [ɑ̃byʃ] *fpl* Fallstricke *pl;* ***un sujet plein d'~*** ein Thema *nt* voller Tücken; ***un parcours semé d'~*** ein Parcours *m* voller Schwierigkeiten
embuer <1> [ɑ̃bɥe] *vt* ■ **qc embue qc** etw beschlägt etw, etw lässt etw anlaufen; ■ **qc est embué(e)** etw ist angelaufen [*o* beschlagen]; ***les yeux embués de larmes*** tränenfeuchte Augen *pl*
embuscade [ɑ̃byskad] *f* ▸ **qn est** [*o* **se tient**] **en ~** jd liegt [*o* lauert] im Hinterhalt; **qn met** [*o* **place**] **des personnes en ~** jd versteckt Menschen; **qn tend une ~ à qn** jd lockt jdn in einen Hinterhalt [*o* in eine Falle]; **qn tombe dans une ~** jd gerät in einen Hinterhalt
embusquer <1> [ɑ̃byske] I. *vt* ■ **qn est embusqué(e)** jd liegt [*o* lauert] im Hinterhalt
II. *vpr* ■ **qn s'embusque** jd legt sich in den [*o* einen] Hinterhalt
éméché, e [emeʃe] *adj fam* beschwipst *fam*, angesäuselt *fam*
émeraude [emʀod] I. *adj inv* smaragdgrün, smaragden; ***vert ~*** smaragdgrün
II. *f* Smaragd *m*
émergence [emɛʀʒɑ̃s] *f* (*apparition soudaine*) [plötzliches] Auftauchen
émerger <2 a> [emɛʀʒe] *vi* 1. (*sortir*) ■ **qn/qc émerge** [**de qc**] /*plongeur, sous-marin, cime, avion*/ jd/etw taucht [aus etw] auf; /*soleil*/ etw kommt [hinter etw (*dat*)] hervor; ***elle émergea de la foule*** sie trat aus der Menge hervor
2. (*être apparent*) ■ **qc émerge** etw ragt heraus [*o* hervor]; ***terres émergées*** festes Land
3. (*apparaître remarquable*) ■ **qc émerge de qc** /*œuvre, fait*/ etw ragt aus etw heraus, etw ragt unter etw (*dat*) hervor
4. *fam* (*se réveiller*) ■ **qn émerge** jd wird munter; (*sortir du stress*) jd entspannt sich
émeri [emʀi] *m* ***papier*** [***d'***]~ Schmirgelpapier *nt*, Schleifpapier *nt*
▸ **qn est bouché(e) à l'~** *fam* jd ist vernagelt *fam*, jd hat ein Brett vor dem Kopf *fam*
émérite [emeʀit] *adj professeur* emeritiert; *médecin, chirurgien* herausragend
émerveillement [emɛʀvɛjmɑ̃] *m* Entzückung *f*, Verzücktheit *f*, Verzücktsein *nt*
émerveiller <1> [emɛʀveje] I. *vt* ■ **qn/qc émerveille qn** jd/etw entzückt jdn; ■ **qn/qc est émerveillé(e)** jd/etw ist entzückt [*o* höchst begeistert]
II. *vpr* ■ **qn s'émerveille de** [*o* **devant**] **qc** jd ist entzückt [*o* gerät in Entzückung] über etw (*akk*); ■ **qn s'émerveille d'être ...** jd ist überglücklich, ... zu sein; ***qn s'émerveille d'un rien*** jd kann sich für jede Kleinigkeit begeistern
émetteur, -trice [emetœʀ, -tʀis] I. *adj* 1. AUDIOV Sende-
2. FIN ausgebend, emittierend
II. *m* 1. AUDIOV Sender *m*
2. FIN [*chèque*] Aussteller(in) *m(f);* [*titre*] Emittent(in) *m(f)*
3. LING Sender *m*
émetteur-récepteur <~s-~s> [emetœʀʀesɛptœʀ] *m* kombiniertes Sende- und Empfangsgerät, Sende[r]-Empfänger *m*
émettre <*irr*> [emɛtʀ] I. *vi* AUDIOV ■ **qc émet** etw sendet, etw strahlt aus; ***cette station émet sur ondes courtes*** diese Sendestation sendet auf Kurzwelle
II. *vt* 1. (*produire*) ■ **qc émet qc** *son, bruit* etw gibt etw von sich, etw bringt etw hervor; *odeur* etw strömt etw aus, etw verbreitet etw; *lumière* etw strahlt etw aus, etw gibt etw ab; *radiations* etw sendet etw aus
2. (*formuler*) ■ **qn émet qc** jd äußert etw, jd bringt etw vor; *avis, opinion a.* jd gibt etw ab; *hypothèse* jd stellt etw auf
3. FIN ■ **qn émet qc** jd gibt etw aus; *action, emprunts a.* jd legt etw auf; *chèque* jd stellt etw aus
émeute [emøt] *f* Aufruhr *m*, Tumult *m;* ***qc a provoqué des ~s*** etw hat heftige Unruhen ausgelöst; ***qc a tourné à l'~*** etw ist in einen Tumult umgeschlagen
émiettement [emjɛtmɑ̃] *m* Zersplitterung *f*, Zersplittern *nt;* [*territoire a.*] Zerstück[e]lung *f;* [*pouvoir*] Zerbröck[e]lung *f*, Zerbröckeln *nt*
émietter <1> [emjete] I. *vt* ■ **qn émiette qc** jd zerbröckelt [*o* zerkrümelt] [*o* zerbröselt] etw
II. *vpr* ■ **qc s'émiette** /*pouvoir, fortune, pâte*/ etw zerbröckelt
émigrant, e [emigʀɑ̃, ɑ̃t] *m, f* Auswanderer/Auswanderin *m/f*, Emigrant(in) *m(f)*
émigration [emigʀasjɔ̃] *f* Auswanderung *f;* POL Emigration *f;* ***un pays à forte ~*** ein Land *nt* mit einer hohen Auswanderungsrate [*o* Abwanderungsrate]

émigré, e [emigʀe] *m, f* POL Emigrant(in) *m(f)*, Ausgewanderte(r) *f(m)*
émigrer <1> [emigʀe] *vi* ■ **qn émigre [quelque part]** jd wandert [irgendwohin] aus [*o* ab], jd emigriert [irgendwohin]; ■ **un animal émigre [quelque part]** ein Tier zieht weg [*o* fort], ein Tier zieht irgendwohin
émincer <2> [emɛ̃se] *vt* ■ **qn émince qc** jd schneidet etw in dünne Scheiben [*o* Stücke]; *lard, viande a.* jd schneidet etw dünn auf
éminemment [eminamɑ̃] *adv respectable* höchst; *souhaitable a.* äußerst, im höchsten Maß; *convaincu* völlig, vollkommen
éminence [eminɑ̃s] *f* **1.** GEOG (*hauteur*) Anhöhe *f*, Erhebung *f*, Erhöhung *f*
2. (*titre*) ■ **Son/Votre É~** Seine/Eure Eminenz
▶ **~ grise** Graue Eminenz
éminent, e [eminɑ̃, ɑ̃t] *adj* bedeutend, hervorragend; ***mon ~ collègue*** mein hochverehrter [*o* hochgeschätzter] Kollege
émir [emiʀ] *m* Emir *m*
émirat [emiʀa] *m* Emirat *nt*
▶ **les É~s arabes unis** die Vereinigten Arabischen Emirate
émissaire [emisɛʀ] *m* Abgesandte(r) *f(m)* [mit geheimem Auftrag], Emissär *m*
émission [emisjɔ̃] *f* **1.** AUDIOV Sendung *f*; ***nos ~s sont maintenant terminées!*** damit ist unser Programm beendet!
2. PHYS Emission *f*; ■ **~ de** *de particules* -emission; *de chaleur* -abgabe *f*; ***~ électronique*** Elektronenemission, Elektronenabsonderung *f*; ***source d'~*** Emissionsquelle *f*
3. FIN Ausgabe *f*, Emission *f*; [*chèque*] Ausstellung *f*; POST [*timbre-poste*] Herausgabe *f*
▶ **~ radiophonique/télévisée** Radiosendung *f*/Fernsehsendung *f*
◆ **émission en différé** Aufzeichnung *f*; **émission en direct** Livesendung ['laif-] *f*, Direktsendung *f*; **émission en [*o* sur] modulation de fréquence** Sendung *f* auf UKW, UKW-Sendung *f*; **émission [de télévision] par câble** Kabelfernsehsendung *f*
emmagasinage [ɑ̃magazinaʒ] *m*: ***droits*** [*o* ***frais***] ***d'~*** Lagerkosten *pl*
emmagasiner <1> [ɑ̃magazine] *vt* **1.** (*entreposer*) ■ **qn emmagasine qc** jd lagert etw [ein], jd speichert etw
2. (*accumuler*) ■ **qn emmagasine qc** *connaissances* jd speichert etw; *objets* jd hortet etw; ■ **qc emmagasine qc** *chaleur* etw speichert etw
emmailloter <1> [ɑ̃majɔte] *vt* (*envelopper dans un bandage*) ■ **qn emmaillote qn/qc [dans qc]** jd umwickelt etw [mit etw], jd verbindet jdn/etw [mit etw]; (*dans des langes*) jd wickelt jdn; ***un bambin emmailloté*** ein Knirps *m* in Windeln
emmancher <1> [ɑ̃mɑ̃ʃe] *vt* ■ **qn emmanche qc** jd versieht etw mit einem Stiel; *outil a., couteau* jd versieht etw mit einem Griff
emmêler <1> [ɑ̃mele] **I.** *vt* (*enchevêtrer*) ■ **qc est emmêlé(e)** etw ist durcheinander; */fil, pelote a./* etw ist verwickelt; */cheveux a./* etw ist struppig; ■ **qn emmêle qc** jd bringt etw durcheinander
II. *vpr* **1.** (*s'enchevêtrer*) ■ **qc s'emmêle** etw verwickelt sich
2. (*s'embrouiller*) ■ **qn s'emmêle dans qc** *dans un récit* jd kommt bei etw durcheinander; *dans des démarches a.* jd bringt etw durcheinander; *dans des explications* jd verstrickt sich in etw (*akk*); *dans les chiffres, dates* jd bringt etw durcheinander; ***il s'emmêle dans des explications de plus en plus contradictoires*** er verstrickt sich in immer größere Widersprüche; ***tout s'emmêle dans ma tête*** mir ist ganz wirr im Kopf
emménagement [ɑ̃menaʒmɑ̃] *m* Einzug *m*
emménager <2 a> [ɑ̃menaʒe] *vi* ■ **qn emménage [dans qc]** jd zieht [in etw (*akk*)] ein
emmener <4> [ɑ̃m(ə)ne] *vt* **1.** (*conduire*) ■ **qn emmène qn quelque part** *au restaurant, au cinéma* jd führt jdn irgendwohin; *en prison* jd bringt jdn irgendwohin; ■ **qc emmène qn quelque part** *au centre-ville* etw bringt jdn irgendwohin
2. (*prendre avec soi*) ■ **qn emmène qn/un animal** jd nimmt jdn/ein Tier mit; (*comme prisonnier a.*) jd führt jdn ab; (*comme otage a.*) jd entführt jdn; ■ **qn emmène qn faire qc** jd nimmt jdn zu etw mit; ***j'emmène les enfants visiter le parc*** ich besichtige mit den Kindern den Park; ***puis-je vous ~ déjeuner quelque part?*** kann ich Sie irgendwohin zum Mittagessen mitnehmen?
3. *fam* (*emporter*) ■ **qn emmène qc** jd nimmt etw mit
▶ **je vous emmène?** kann ich Sie mitnehmen?
emmerdant, e [ɑ̃mɛʀdɑ̃, ɑ̃t] *adj fam* **1.** (*agaçant*) lästig
2. (*fâcheux*) blöd *fam*, ärgerlich; ***il m'est arrivé quelque chose de très ~*** es ist mir etwas Saublödes passiert *fam*
3. (*ennuyeux*) stinklangweilig *fam*
emmerde [ɑ̃mɛʀd] *f fam* Mordsärger *m kein pl fam*; ***un tas d'~s*** jede Menge Ärger *fam*
emmerdement [ɑ̃mɛʀdəmɑ̃] *m fam* Scherereі *f fam*, Unannehmlichkeit *f*; ***quel ~, cette voiture/ déclaration d'impôt!*** dieses verdammte Auto/diese verdammte Steuererklärung! *fam*; ***j'ai assez d'~s comme ça!*** ich habe so schon genügend Ärger! *fam*
emmerder <1> [ɑ̃mɛʀde] **I.** *vt fam* **1.** (*énerver*) ■ **qn emmerde qn** jd nervt jdn *fam*, jd geht jdm auf die Nerven *fam*; ***qn ne va pas se laisser ~ par qn*** jd lässt sich nicht von jdm verrückt machen *fam*
2. (*contrarier*) ■ **qc emmerde qn** */rumeur, problème/* etw macht jdn verrückt *fam*; ■ **qn est emmerdé(e)** jd steht beschissen da *sl*, jd sitzt in der Klemme *fam*; ■ **ça emmerde qn de faire qc/que** es stinkt jdm [ganz schön], etw zu machen/dass *fam*
3. (*barber*) ■ **qn/qc emmerde qn** jd/etw kotzt jdn an *sl*
▶ **je/on les emmerde!** die können mir/uns doch den Buckel runterrutschen! *fam*, die können mich/uns mal! *sl*; **[eh bien, moi] je vous/t'emmerde!** rutscht/rutsch mir doch den Buckel runter! *fam*, ihr könnt/du kannst mich mal! *sl*; ***elle t'emmerde, ma coupe!*** mein Haarschnitt geht dich einen [Scheiß]dreck an! *sl*
II. *vpr fam* **1.** (*s'ennuyer*) ■ **qn s'emmerde** jd schläft ein *fam*, jd dreht Däumchen *fam*; ***qu'est-ce qu'on s'emmerde ici!*** das ist [ja] stinklangweilig hier! *fam*, hier schläft man [ja] ein! *fam*
2. (*se démener*) ■ **qn s'emmerde à faire qc** jd schuftet [*o* rackert] sich ab, um etw zu tun *fam*
▶ **il/elle ne s'emmerde pas!** es juckt ihn/sie nicht groß *fam*, er/sie macht sich (*dat*) keine großen Gedanken; **on ne s'emmerde pas avec qn/quelque part** es wird einem mit jdm/irgendwo nicht langweilig
emmerdeur, -euse [ɑ̃mɛʀdœʀ, -øz] *m, f fam* (*raseur*) Langweiler(in) *m(f) fam*; (*personne agaçante*) Nervensäge *f fam*; (*chieur*) Korinthenkacker(in) *m(f) fam*
▶ **un ~ public/une ~euse publique** ewiger Stänkerer/ewige Stänkerin *fam*
emmitoufler <1> [ɑ̃mitufle] **I.** *vt* ■ **[qn est] emmitouflé(e) [dans qc]** [jd ist] [in etw (*akk*)] eingemummt [*o* eingehüllt]
II. *vpr* ■ **qn s'emmitoufle dans qc** jd mummt [*o* hüllt] sich in etw (*akk*) ein
emmurer <1> [ɑ̃myʀe] *vt* **1.** (*enfermer*) ■ **qn emmure qn [quelque part]** jd mauert jdn [irgendwo] ein; ***qn emmure qn vivant*** jd begräbt jdn lebendig
2. (*bloquer*) ■ **qc a emmuré qn [quelque part]** jd ist bei etw [irgendwo] verschüttet worden
émoi [emwa] *m littér* **1.** (*trouble amoureux*) Erregung *f*; (*né de la peur*) innere Unruhe, Herzklopfen *nt*; (*né de l'agitation*) Aufgeregtheit *f*, Aufregung *f*; ***dans son ~*** in seiner/ihrer Aufregung
2. (*effervescence dans le public*) Aufregung *f*
▶ **qn est en ~** jd ist erregt; **qn/qc met qn en ~** jd/etw versetzt jdn in Erregung
émollient, e [emɔljɑ̃, jɑ̃t] *adj* erweichend
émonder <1> [emɔ̃de] *vt* ■ **qn émonde qc** jd schneidet etw
émotif, -ive [emɔtif, -iv] *adj personne* empfindsam, feinfühlig; ***c'est un tempérament ~*** er/sie ist überempfindlich [*o* leicht erregbar]; ***choc ~*** Schock *m*, Schreck *m*; ***troubles ~s*** Gefühlsverwirrung *f*
émotion [emosjɔ̃] *f* **1.** (*réaction de peur, surprise, chagrin*) Aufregung *f*; (*causé par la joie*) freudige Erregung; (*causé la beauté*) Ergriffenheit *f*; ***qc lui a causé une vive ~*** etw hat jdn stark aufgewühlt; ***qn se remet de ses ~s*** jd beruhigt sich wieder; ***à sa mort, je n'ai ressenti aucune ~*** bei seinem/ihrem Tod habe ich nichts empfunden [*o* keinerlei Rührung verspürt]
2. (*sentiment*) Emotion *f*, Rührung *f*, innere Bewegtheit
▶ **~s fortes** Nervenkitzel *m*; **qn/qc donne des ~s à qn** *fam* jd/etw jagt jdm einen großen Schreck ein; **avec/sans ~** gerührt/ungerührt
émotionné, e [emosjɔne] *adj fam* ■ **[qn est] ~** [jd ist] innerlich aufgewühlt [*o* bewegt]
émotionnel, le [emosjɔnɛl] *adj choc* emotional, emotionell; *réaction a.* Gefühls-, gefühlsmäßig
émotivité [emotivite] *f* [starke] Erregbarkeit
émoulu, e [emuly] *adj* ▶ **[qn est] frais(fraîche) ~(e) de qc** *de l'université, école* [jd kommt] direkt von etw
émousser <1> [emuse] **I.** *vt* ■ **qc est émoussé(e)** etw ist stumpf
II. *vpr* ■ **qc s'émousse** */lame, tranchant, couteau, pointe/* etw wird stumpf; */sentiment, sensibilité/* etw stumpft ab; */désir/* etw lässt nach
émoustiller <1> [emustije] *vt* ■ **qn est émoustillé(e)** jd ist aufgemuntert [*o* aufgeheitert]; ■ **qn/qc émoustille qn** jd/etw muntert [*o* heitert] jdn auf
émouvant, e [emuvɑ̃, ɑ̃t] *adj* bewegend, ergreifend
émouvoir <*irr*> [emuvwaʀ] **I.** *vt* (*bouleverser*) ■ **qc émeut qn** etw bewegt [*o* rührt] jdn; */baisers, caresses/* etw erregt jdn; ***qc a ému qn [jusqu'] aux larmes*** etw rührt jdn zu Tränen; ***elle est [encore] tout émue d'avoir rencontré son chanteur préféré/ d'avoir fait cette découverte*** sie ist [noch] ganz gerührt [*o* bewegt] von der Begegnung mit ihrem Lieblingssänger/von dieser Entdeckung; ■ **qn se laisse ~ par qn/qc** (*changer de sentiment*) jd lässt sich von jdm/durch etw erweichen
II. *vpr* ■ **qn s'émeut de qc** jd regt sich über etw (*akk*) auf, jd erregt sich über etw (*akk*); ***mieux vaut ne pas s'~ [à la vue] de qc*** man regt sich besser nicht über etw (*akk*) auf; ***pour un médecin, mieux vaut ne pas s'~ à la vue du sang*** ein Arzt sollte beim Anblick von Blut einen kühlen Kopf bewahren
▶ **sans s'~ [le moins du monde]** ohne jegliche Rührung
empaillé, e [ɑ̃paje] *adj animal* ausgestopft; *siège* mit Stroh bespannt
empanaché, e [ɑ̃panaʃe] *adj* mit einem Federbusch geschmückt
empaqueter <3> [ɑ̃pak(ə)te] *vt* ■ **qc est empaqueté(e)** etw ist/wird eingepackt [*o* verpackt]; ■ **qn fait ~ qc** jd lässt etw einpacken [*o* verpacken]
emparer <1> [ɑ̃paʀe] *vpr* **1.** (*saisir*) ■ **qn s'empare de qc** jd reißt etw an sich (*akk*); *du ballon* jd kommt in den Besitz einer S. (*gen*); *du couteau* jd bringt etw an sich (*akk*); *d'une affaire, d'un sujet* jd bemächtigt sich einer S. (*gen*) *geh*; *d'une information* jd verschafft sich (*dat*) etw; *d'un prétexte* jd greift zu etw
2. (*conquérir*) ■ **qn s'empare de qc** *d'un territoire* jd bringt etw in seine Gewalt; *d'une ville a.* jd nimmt etw ein; *de biens* jd bemächtigt sich einer S. (*gen*) *geh*, jd ergreift von etw Besitz, jd nimmt etw in Besitz; *du pouvoir* jd reißt etw an sich (*akk*); *d'un marché* jd erobert etw
3. (*envahir*) ■ **qc s'empare de qn** etw überkommt jdn
empâter <1> [ɑ̃pate] **I.** *vt* ■ **qc est empâté(e)** */langue/* etw ist belegt
II. *vpr* ■ **qn/qc s'empâte** */silhouette/* jd/etw geht auseinander, jd wird dicklich; */visage, traits/* etw wird fleischiger
empattement [ɑ̃patmɑ̃] *m* **1.** AUT Radstand *m*, Achsstand *m*
2. CONSTR [Mauer]absatz *m*
3. TYP Serife *f spec*
empêché, e [ɑ̃peʃe] *adj* verhindert
empêchement [ɑ̃pɛʃmɑ̃] *m* ▶ **qn a eu un ~ de dernière minute** jdm ist in letzter Minute etwas dazwischengekommen; **qn a un ~** jd ist verhindert
◆ **empêchement de mariage** Ehehindernis *nt*

empêcher <1> [ɑ̃peʃe] I. *vt* **1.** (*faire obstacle à*) ■ **qn/qc empêche qc** jd/etw verhindert etw; ■ **qn/qc empêche qc de …** jd/etw verhindert, dass etw …; ***qn/qc empêche la conférence d'avoir lieu*** etw verhindert, dass die Konferenz stattfindet; ***qc empêche le contrat de se conclure*** etw verhindert die Vertragsunterzeichnung; ■ **qn empêche que** + *subj* jd verhindert, dass; ■ **qn/qc n'empêche pas que** + *subj* jd/etw kann nicht verhindern, dass
2. (*opp: permettre à*) ■ **qn/qc empêche qn de faire qc** jd/etw hindert jdn [daran], etw zu tun
▶ **n'empêche** *fam* aber trotzdem *fam,* aber dennoch; **[il] n'empêche que … +** *indic* trotzdem, …, dennoch, …
II. *vpr* ▶ **qn ne peut [pas] s'~ de faire qc** jd muss ganz einfach etw tun; jd kann nicht anders, als etw zu tun; jd kann nicht umhin, etw zu tun; ***pardon! je n'ai pas pu m'en ~!*** Entschuldigung, aber ich konnte einfach nicht anders!; ***je ne peux m'~ de penser qu'il ment*** ich kann mir nicht helfen, ich glaube, er lügt; ich glaube einfach, dass er lügt

empêcheur, -euse [ɑ̃pɛʃœʀ, -øz] *m, f* ▶ **~ de tourner [*o* danser] en rond** Spielverderber(in) *m(f)*

empennage [ɑ̃penaʒ] *m* [*flèche*] Fiederung *f;* AVIAT Leitwerk *nt*

empereur [ɑ̃pʀœʀ] *m* Kaiser *m;* ***l'~ à la barbe fleurie*** *Bezeichnung für Karl den Großen; v. a.* **impératrice**

empesage [ɑ̃pəzaʒ] *m* Stärken *nt*

empeser <4> [ɑ̃pəze] *vt* ■ **qn empèse qc** jd stärkt etw

empester <1> [ɑ̃pɛste] I. *vi* ■ **qc empeste** etw stinkt; ***ça empeste ici*** hier stinkt es
II. *vt* **1.** (*empuantir*) ■ **qn/qc empeste qc** jd/etw verpestet etw; ■ **qn empeste qn avec qc** jd verpestet jdm mit etw die Luft
2. (*répandre une mauvaise odeur de*) ■ **qn/qc empeste qc** jd/etw stinkt nach etw

empêtrer <1> [ɑ̃petʀe] *vpr* ■ **qn/un animal s'empêtre dans qc** jd/ein Tier verfängt sich in etw (*dat*); *dans des mensonges, explications, une affaire* jd verstrickt sich in etw (*dat*); ***qn s'empêtre les pieds dans qc*** jd verfängt sich mit den Füßen in etw (*dat*)

emphase [ɑ̃fɑz] *f* Emphase *f geh;* (*grandiloquence*) Schwulst *m,* Pathos *nt*
▶ **avec/sans ~** mit/ohne Emphase *geh;* (*avec/sans grandiloquence*) mit/ohne Pathos

emphatique [ɑ̃fatik] *adj* emphatisch; (*grandiloquent*) pathetisch, schwülstig; LING emphatisch

empiècement [ɑ̃pjɛsmɑ̃] *m* Einsatz *m,* Passe *f*

empierrer <1> [ɑ̃pjeʀe] *vt* ■ **qn empierre qc** jd beschottert etw

empiètement [ɑ̃pjɛtmɑ̃] *m* ■ **~ de qc sur qc** *d'un territoire, terrain, d'un État* Ausdehnung *f* einer S. (*gen*) auf etw (*akk*); *d'un verger, champ, d'une plantation* Hinüberreichen *nt*/Herüberreichen *nt* einer S. (*gen*) auf etw (*akk*)

empiéter <5> [ɑ̃pjete] *vi* **1.** (*usurper*) ■ **qn empiète sur qc** jd greift in etw (*akk*) ein; *sur le domaine de qn* jd mischt sich in etw (*akk*) ein
2. (*déborder dans l'espace*) ■ **qc empiète sur qc** /*territoire, terrain, État, désert*/ etw dehnt sich auf etw (*akk*) aus; /*verger, champ, plantation*/ etw reicht auf etw (*akk*) hinüber/herüber; /*route*/ etw verläuft zum Teil über etw (*akk*); /*mer*/ etw frisst sich in etw (*akk*)
3. (*déborder dans le temps*) ■ **qn empiète sur qc** jd überzieht auf Kosten einer S. (*gen*); ***comment trouverai-je le temps de le faire sans ~ sur mon temps de travail?*** wie könnte ich Zeit finden, es zu machen, ohne einen Teil meiner Arbeitszeit dafür zu verwenden?; ■ **qc empiète sur qc** etw überschneidet sich mit etw

empiffrer <1> [ɑ̃pifʀe] *vpr fam* ■ **qn s'empiffre [de qc]** jd schlägt sich (*dat*) [mit etw] den Bauch voll *fam*

empilage [ɑ̃pilaʒ] *m* [Auf]stapeln *nt,* Aufschichten *nt*

empilement [ɑ̃pilmɑ̃] *m* **1.** (*action d'empiler*) [Auf]stapeln *nt,* Aufschichten *nt*
2. (*tas*) Stapel *m;* ***un ~ de livres*** ein Stapel Bücher, ein Bücherstapel

empiler <1> [ɑ̃pile] I. *vt* ■ **qn empile qc** jd stapelt etw [auf]; *bois a.* jd schichtet etw auf
II. *vpr* ■ **des choses s'empilent** Dinge stapeln sich

empire [ɑ̃piʀ] *m* POL Kaiserreich *nt*
▶ **~ romain d'Occident** weströmisches Reich; **E~ britannique** britisches Empire [ˈɛmpaiɐ]; **~ colonial** Kolonialreich *nt;* **le premier/second E~** *erstes/zweites französisches Kaiserreich;* **le Saint E~ romain germanique** das Heilige Römische Reich Deutscher Nation; **qn a de l'~ sur lui-même** jd hat Selbstbeherrschung; **pas pour un ~** nicht um alles in der Welt; **sous l'~** de unter dem Einfluss [*o* der Wirkung] einer S. (*gen*); ***sous l'~ de la colère*** im Zorn, von Wut gepackt; ***sous l'~ de la jalousie/passion*** von Eifersucht/Leidenschaft gepackt; ***sous l'~ de la peur*** vor lauter Angst, von Angst ergriffen

empirer <1> [ɑ̃piʀe] *vi* ■ **qc empire** etw verschlimmert sich

empirique [ɑ̃piʀik] *adj* empirisch; ***qn procède par une méthode ~*** jd geht empirisch vor; ***cette découverte a été ~*** dies lehrte die Erfahrung; ***très/trop ~*** wenig/nicht ausreichend wissenschaftlich fundiert

emplacement [ɑ̃plasmɑ̃] *m* **1.** (*endroit*) Stelle *f,* Platz *m*
2. (*place*) Standort *m;* (*d'un tombeau*) Stätte *f;* (*réservé à la construction*) Bauplatz *m;* (*dans un parking*) Parkplatz *m;* (*sur un camping*) [Stell]platz *m;* ***qc marque l'~ de la frontière*** etw kennzeichnet den Grenzverlauf

emplâtre [ɑ̃plɑtʀ] *m* MED Salbenverband *m*
▶ **un ~ sur une jambe de bois** [nur] ein Tropfen *m* auf den heißen Stein

emplettes [ɑ̃plɛt] *loc* ▶ **qn fait des ~** jd macht Einkäufe

emplir <8> [ɑ̃pliʀ] I. *vt littér* ■ **des personnes emplissent qc** *lieu* Menschen füllen etw
II. *vpr littér* ■ **qc s'emplit de personnes/choses** etw füllt sich mit Menschen/Dingen

emploi [ɑ̃plwa] *m* **1.** (*poste*) Anstellung *f,* Stelle *f;* ■ **l'~** ECON Beschäftigung *f;* **~ *à mi-temps/à temps partiel/à plein temps*** Halbtags-/Teilzeit-/Ganztagsstelle; ***qc crée des ~s, qc est créateur d'~s*** etw schafft [neue] Arbeitsplätze; ***situation/politique de l'~*** Beschäftigungslage *f*/-politik *f*
2. (*utilisation*) Gebrauch *m,* Benutzung *f;* [*appareil a.*] Bedienung *f;* [*somme, argent*] Verwendung *f;* ***qc est d'un ~ facile/délicat*** etw ist leicht/vorsichtig zu handhaben; ***on peut trouver d'autres ~s à cet appareil*** dieses Gerät lässt sich auch für andere Zwecke verwenden
3. LING Verwendung *f,* Gebrauch *m;* ***qc est d'un ~ courant/rare*** etw wird häufig/selten gebraucht; ***ce mot a différents ~s*** das Wort hat verschiedene Bedeutungen
▶ **qc fait double ~** etw ist überflüssig; **le plein ~** die Vollbeschäftigung; **qn en a/n'en a pas l'~** jd hat Verwendung/keine Verwendung dafür; **[qn est] sans ~** jd hat keine Arbeit, [jd ist] arbeitslos
◆ **emploi du temps** Zeitplan *m,* Terminkalender *m;* SCOL Stundenplan *m;* ***qn a un ~ du temps très chargé*** jd hat einen vollen Terminkalender; ***qn tâche d'organiser efficacement son ~ du temps*** jd versucht, seine Zeit gut einzuteilen

employé, e [ɑ̃plwaje] *m, f* Angestellte(r) *f(m)*
◆ **employé(e) aux écritures** *vieilli* Schreibkraft *f* in der Buchhaltung; **employé(e) de banque** Bankangestellte(r) *f(m);* **employé(e) de bureau** Büroangestellte(r) *f(m);* **employé(e) de commerce** kaufmännische(r) Angestellte(r) *f(m);* **employé(e) de magasin** [Laden]verkäufer(in) *m(f);* **employé(e) de maison** Hausangestellte(r) *f(m);* **employé(e) des chemins de fer** Bahnbeamter/-beamtin *m/f;* **employé(e) des postes** Postbeamter/-beamtin *m/f;* **employé(e) du gaz** Gasmann *m,* Angestellte(r) *f(m)* der Gaswerke

employer <6> [ɑ̃plwaje] I. *vt* **1.** (*faire travailler*) ■ **qn emploie qn [comme qc]** jd beschäftigt jdn [als etw]; ■ **qn est employé(e) par qn** jd ist bei jdm beschäftigt [*o* angestellt]; ***qn emploie qn à trier le courrier/à de menus travaux*** jd setzt jdn beim Sortieren der Post ein/setzt jdn für Kleinarbeiten ein
2. (*utiliser*) ■ **qn emploie qc [à qc]** *appareil, produit, argent* jd verwendet etw [für etw]; *énergie, temps* jd wendet etw [für etw] auf, jd verwendet etw [auf etw (*akk*)]; ***qn emploie la force [pour faire qc]*** jd wendet Gewalt an [um etw zu tun]; ***il emploiera tous les moyens pour découvrir la vérité*** er wird alles daransetzen, die Wahrheit herauszubekommen; er wird kein Mittel unversucht lassen, um die Wahrheit herauszubekommen
3. LING ■ **qn emploie qc** jd gebraucht etw; *mot, expression a.* jd verwendet etw
▶ **bien/mal employé(e)** *temps* gut/schlecht genutzt, sinnvoll genutzt/[sinnlos] vertan; *argent* gut [*o* zweckmäßig] verwendet/verloren; *mot, expression* richtig/falsch gebraucht
II. *vpr* **1.** LING ■ **qc s'emploie** etw wird verwendet [*o* gebraucht]
2. (*se consacrer*) ■ **qn s'emploie à faire qc** jd bemüht sich sehr, etw zu tun; ***il faut s'~ activement pour réduire le chômage*** wir müssen uns dafür einsetzen, dass die Arbeitslosigkeit zurückgeht

employeur, -euse [ɑ̃plwajœʀ, -øz] *m, f* Arbeitgeber(in) *m(f)*

empocher <1> [ɑ̃pɔʃe] *vt* ■ **qn empoche qc** *argent* jd steckt [*o* streicht *fam*] etw ein

empoigner <1> [ɑ̃pwaɲe] I. *vt* ■ **qn empoigne qc** jd packt etw, jd [er]fasst etw; ■ **qn empoigne qn** jd packt jdn; ***qn empoigne qn au collet/aux cheveux*** jd packt jdn am [*o* beim] Kragen
II. *vpr* ■ **des personnes s'empoignent** Menschen verprügeln sich

empoisonnant, e [ɑ̃pwazɔnɑ̃, ɑ̃t] *adj fam* **1.** (*insupportable*) blöd *fam;* *personne a.* widerlich; *situation a.* beschissen *sl;* ***il est ~, cet enfant!*** dieses Kind ist ein Quälgeist! *fam*
2. (*assommant*) stinklangweilig *fam*

empoisonnement [ɑ̃pwazɔnmɑ̃] *m* **1.** (*intoxication*) Vergiftung *f;* ***~ dû à des champignons*** Pilzvergiftung
2. ∅ (*crime*) Vergiftung *f,* Vergiften *nt;* (*meurtre*) Giftmord *m*
3. *gén pl fam* (*tracas*) Ärger *m,* Scherereien *pl fam*

empoisonner <1> [ɑ̃pwazɔne] I. *vt* **1.** (*intoxiquer*) ■ **qn empoisonne qn/un animal [avec qc]** jd vergiftet jdn/ein Tier [mit etw]; ***qn/un animal est mort(e) empoisonné(e)*** jd/ein Tier erlag einer Vergiftung [*o* starb an einer Vergiftung]
2. (*contenir du poison*) ■ **qc est empoisonné(e)** etw ist vergiftet; (*être venimeux*) /*propos, traits*/ etw ist heimtückisch; ***flèche empoisonnée*** Giftpfeil *m*
3. (*gâter*) ■ **qn [lui] empoisonne qc [avec qc]** jd vergiftet [jdm] etw [mit etw]; *relations* jd zerstört [jdm] etw; (*empuantir*) jd verpestet [jdm] etw [mit etw]; ***il m'empoisonne la vie/l'existence [avec ses jérémiades]*** er macht mir [mit seinem Gejammer] das Leben schwer; ■ **qc [lui] empoisonne qc** etw vergiftet [jdm] etw; *relations* etw zerstört [jdm] etw; (*empuantir*) etw verpestet [jdm] etw
4. *fam* (*embêter*) ■ **qn empoisonne qn avec qc** jd geht [*o* fällt] jdm mit etw auf den Wecker *fam,* jd macht jdn mit etw verrückt [*o* wahnsinnig] *fam;* ***ça m'empoisonne [d'avoir à faire qc]*** es stinkt mir[, dass ich etw tun muss [*o* etw tun zu müssen]] *fam;* ***ça m'empoisonne d'avoir à te le dire, mais*** es ist mir äußerst unangenehm, dass ich dir das sagen muss, aber
II. *vpr* **1.** (*s'intoxiquer*) ■ **qn s'empoisonne avec qc** jd vergiftet sich mit etw; ■ **qn s'est empoisonné(e) [avec qc]** jd hat Gift [in Form von etw] zu sich (*dat*) genommen
2. *fam* (*s'ennuyer*): ***qu'est-ce qu'on s'empoisonne ici!*** hier schläft man ja ein! *fam*
3. *fam* (*se démener*) ■ **qn s'empoisonne à faire qc** jd bringt sich fast um, um etw zu tun *fam*

empoisonneur, -euse [ɑ̃pwazɔnœʀ, -øz] *m, f* **1.** (*criminel*) Giftmörder(in) *m(f)*

2. *vieilli fam* (*casse-pieds*) Nervensäge *f fam,* Plage *f fam*
empoissonner <1> [ɑ̃pwasɔne] *vt* ■ **qn empoissonne qc** (*avec des poissons*) jd setzt Fische in etw (*akk*); (*avec des alevins*) jd besetzt etw mit Fischbrut
emporté, e [ɑ̃pɔʀte] *adj* leicht aufbrausend, hitzköpfig, hitzig
emportement [ɑ̃pɔʀtəmɑ̃] *m* ▸ **avec** ~ voller Wut, heftig erregt
emporte-pièce [ɑ̃pɔʀt(ə)pjɛs] *loc* ■ **à l'~** *formule, phrase, style* bissig, beißend; *caractère* spöttisch; ***qn s'exprime à l'~*** jd hat eine scharfe Zunge
emporter <1> [ɑ̃pɔʀte] **I.** *vt* **1.** (*prendre avec soi*) ■ **qn emporte qc** jd nimmt etw mit; /*voleur a.*/ jd lässt etw mitgehen *fam;* ***chez moi, y a rien à ~*** bei mir gibt's nichts zu holen
2. (*enlever*) ■ **qn emporte qc** jd nimmt [*o* trägt] [*o* bringt] etw weg; *blessé* jd trägt [*o* schafft] jdn weg [*o* fort]
3. (*transporter*) ■ **qc emporte qn vers qc** etw bringt jdn zu [*o* nach] etw
4. (*entraîner, arracher*) ■ **qc emporte qc** /*vent*/ etw weht etw fort [*o* weg]; ■ **qc emporte qn** /*courant, vague, enthousiasme*/ etw reißt jdn mit [sich]; ■ **qc emporte qn quelque part** /*récit, rêve*/ etw entführt jdn irgendwohin; ■ **[qn est] emporté(e) par qc** [jd wird] von etw mitgerissen; *par la passion* [jd wird] von etw gepackt; ***emporté par son imagination/élan, le peintre ...*** seine Fantasie/sein Ungestüm geht mit dem Maler durch und er ...
5. (*faire mourir*) ■ **qc emporte qn** etw rafft jdn dahin
6. MIL ■ **qn emporte qc** jd nimmt etw ein, jd besetzt etw
▸ **à** ~ zum Mitnehmen; **qn/qc l'emporte [sur qn/qc]** jd/etw siegt [über jdn/etw], jd/etw trägt den Sieg [über jdn/etw] davon; ***les inconvénients l'emportent sur les avantages*** die Nachteile sind größer als die Vorteile; ***la colère l'emporta sur sa raison*** seine/ihre Wut war stärker als sein/ihr Verstand
II. *vpr* ■ **qn s'emporte [contre qn/qc]** jd erregt sich [über jdn/etw]
empoté, e [ɑ̃pɔte] **I.** *adj fam* tollpatschig *fam,* dämlich *fam;* (*lent*) lahm; ***un garçon ~ de ses mains*** ein Junge mit zwei linken Händen
II. *m, f fam* Tollpatsch *m fam;* (*traînard*) lahme Ente *fam;* ***quel ~ tu fais!*** stellst du dich vielleicht tollpatschig an! *fam;* ***ne reste donc pas là comme une ~e!*** nun steh nicht so dämlich hier herum, hilf uns lieber! *fam*
empoter <1> [ɑ̃pɔte] *vt* ■ **qn empote qc** jd topft etw ein
empourprer <1> [ɑ̃puʀpʀe] **I.** *vt soutenu* ■ **qc empourpre qc** etw färbt etw purpurrot, etw taucht etw in ein tiefes Rot *poet;* *joues, visage* etw rötet etw, etw lässt etw ganz rot werden; ***la honte lui empourprait le visage*** die Schamröte stieg ihm/ihr ins Gesicht; ***les joues empourprées d'indignation*** wütend und mit hochrotem Kopf
II. *vpr soutenu* ■ **qc s'empourpre** /*ciel, tuiles*/ etw [ver]färbt sich purpurrot, etw wird purpurrot; /*joues, visage*/ etw wird ganz rot, etw läuft rot an
empreindre <*irr*> [ɑ̃pʀɛ̃dʀ] *vpr littér* ■ **qc s'empreint de qc** /*visage*/ etw bekommt einen Ausdruck von etw
empreint, e [ɑ̃pʀɛ̃, ɛ̃t] *adj* ■ ~ **de qc** von etw geprägt [*o* bestimmt]
empreinte [ɑ̃pʀɛ̃t] *f* **1.** (*trace*) Abdruck *m;* ■ **~s** [*personne, animal*] [Fuß]abdrücke *pl,* [Fuß]spuren *pl*
2. (*marque durable*) Gepräge *nt;* ***qn a laissé l'~ de sa force en qc*** jd[s Kraft] hat etw geprägt
3. TECH (*gravure*) Prägung *f;* (*moulage*) Abdruck *m;* ***deux médailles frappées à la même ~*** zwei Medaillen mit der gleichen Prägung
4. (*en ethnologie*) Prägung *f*
▸ **~s digitales** Fingerabdrücke *pl;* ~ **génétique** genetischer Fingerabdruck; **qn marque qn/qc de son ~** jd prägt jdn/etw, jd gibt einer S. (*dat*) ihr Gepräge; **qn prend l'~ de qc** jd macht einen Abdruck einer S. (*gen*); **qn prend** [*o* **relève**] **les ~s [digitales] de qn** jd nimmt jdm Fingerabdrücke ab
empressé, e [ɑ̃pʀese] *adj* geschäftig, beflissen, übereifrig; ***les messieurs lui faisaient une cour ~e*** die Herren machten ihr übereifrig den Hof; ***admirateurs ~s*** große Verehrer *pl;* ***d'une voix ~e*** mit Übereifer in der Stimme; ■ **qn est ~ à faire qc** *littér* jd ist eifrig bemüht, etw zu tun
empressement [ɑ̃pʀɛsmɑ̃] *m* Eilfertigkeit *f,* [Dienst]beflissenheit *f,* Übereifer *m;* (*hâte*) [Über]eile *f;* ***sans ~ et sans hâte*** ohne Hast und Eile
▸ **qn montre de l'~ [à faire qc]** jd ist eifrig bemüht [*o* jd bemüht sich eifrig] [etw zu tun]; **qn montre de l'~ [pour qc]** jd zeigt großen Eifer [für etw]; **avec** ~ [dienst]beflissen, eilfertig
empresser <1> [ɑ̃pʀese] *vpr* **1.** (*se hâter de*) ■ **qn s'empresse de faire qc** jd beeilt sich, etw zu tun; jd macht schnell etw
2. (*faire preuve de zèle*) ■ **qn s'empresse auprès** [*o* **autour**] **de qn** jd bemüht sich eifrig um jdn
emprise [ɑ̃pʀiz] *f* **1.** (*domination*) [*personne*] [beherrschender] Einfluss; [*drogue*] Macht *f*
2. JUR Enteignung *f*
3. TRANSP Grundfläche *f*
▸ **qn a de l'~ sur qn** jd hat Einfluss auf jdn; **qn exerce son ~ sur qn** jd übt auf jdn Einfluss aus; **sous l'~ de qn/qc** unter dem Einfluss eines Menschen/einer S.; ***qn vit sous l'~ d'une idée fixe*** jd lebt mit einer fixen Idee; ***qn a agi sous l'~ de la colère/jalousie*** jd hat im Zorn/aus Eifersucht gehandelt
emprisonnement [ɑ̃pʀizɔnmɑ̃] *m* (*action*) Inhaftierung *f,* Inhaftnahme *f form;* (*peine*) Haft[strafe *f*] *f;* ***ce délit est passible de deux ans d'~*** dieses Delikt wird mit einer zweijährigen Haftstrafe [*o* mit zwei Jahren Haft] geahndet
emprisonner <1> [ɑ̃pʀizɔne] *vt* **1.** (*incarcérer*) ■ **qn emprisonne qn [quelque part]** jd inhaftiert jdn, jd lässt jdn [irgendwo] eine Haftstrafe verbüßen [*o* absitzen]; ***la reine fut emprisonnée à la conciergerie*** die Königin saß in der Conciergerie in Haft
2. (*enfermer*) ■ **qn emprisonne qn/un animal dans qc** jd sperrt jdn/ein Tier in etw (*akk*) ein
3. (*serrer fermement*) ■ **qn emprisonne qn/qc dans qc** jd zwängt jdn/etw in etw (*akk*); *dans sa main, ses bras* jd umklammert jdn/etw mit etw; ■ **qc emprisonne qc** etw zwängt etw ein; /*main, bras*/ etw umklammert etw; ■ **qn lui emprisonne qc**: ***elle lui emprisonna le cou*** sie umklammerte seinen/ihren Hals
4. (*encastrer*) ■ **qc emprisonne qc** etw erdrückt etw
5. (*enlever toute liberté*) ■ **qn/qc emprisonne qn/qc [dans qc]** jd/etw behindert jdn/etw [mit etw], jd/etw engt jdn/etw ein, jd/etw ist für jdn/etw ein Handicap ['hændikæp]; ■ **qn est emprisonné(e) dans qc** jd ist der/die Gefangene einer S. (*gen*)
emprunt [ɑ̃pʀœ̃] *m* **1.** FIN (*action*) Leihen *nt;* (*somme*) Darlehen *nt;* (*auprès d'une banque*) Kredit *m;* (*emprunt public*) Anleihe *f*
2. (*objet emprunté*) Leihgabe *f;* ***fiche d'~*** Leihschein *m*
3. LITTER, ART Anleihe *f* (*à* bei), Übernahme *f* (*à* von)
4. LING Entlehnung *f,* Lehnwort *nt;* ***mot d'~*** Lehnwort; ***c'est un ~ du français à l'allemand*** dies ist eine Entlehnung des Französischen aus der deutschen Sprache
▸ ~ **forcé** Zwangsanleihe *f;* ~ **national/public** Staatsanleihe *f*/öffentliche Anleihe; ~ **obligatoire** Anleihe *f,* Schuldverschreibung *f;* **qn contracte** [*o* **fait**] **un ~ [à 7,5 %/9 %]** /*client d'une banque*/ jd nimmt ein Darlehen [zu 7,5 %/9 %] auf; /*collectivité publique*/ jd nimmt eine öffentliche [*o* staatliche] Anleihe [zu 7,5 %/9 %] auf; **qn émet** [*o* **lance**] **un ~** jd gibt eine Anleihe aus; **qn souscrit à un ~** jd zeichnet eine Anleihe; **d'~** (*emprunté*) geliehen, geborgt; (*artificiel*) Schein-, falsch; ***sourire d'~*** aufgesetztes [*o* gekünsteltes] Lächeln
◆ **emprunt d'État** Staatsanleihe *f*
emprunté, e [ɑ̃pʀœ̃te] *adj* linkisch, unbeholfen; ***que je me sentais donc ~!*** ich war vielleicht verlegen!
emprunter <1> [ɑ̃pʀœ̃te] **I.** *vi* ■ **qn emprunte** jd macht Schulden; (*auprès d'une banque*) jd nimmt ein Darlehen auf
II. *vt* **1.** (*se faire prêter*) ■ **qn emprunte qc [à qn]** *de l'argent, 10000 F, un objet* jd leiht etw [bei jdm]; *à la banque* jd nimmt [bei jdm] etw auf; ***je peux t'~ 1000 F/ta voiture?*** kannst du mir 1000 F/deinen Wagen leihen?
2. (*prendre chez/dans*) ■ **qn emprunte qc à qn** *idée, écriture, exemple, mot, expression* jd übernimmt etw von jdm; ■ **qn emprunte qc à qc** /*allemand, français, texte*/ etw übernimmt etw aus etw; ■ **qc est emprunté(e) à qc** /*mot, expression, exemple*/ etw ist aus etw entnommen; ***qn/qc emprunte l'apparence de qn/qc*** jd/etw nimmt jds Gestalt/die Gestalt einer S. (*gen*) an, etw gibt sich (*dat*) den Anschein einer S. (*gen*); ***une chose emprunte tout son intérêt à qc*** der Reiz einer S. (*gen*) liegt in etw (*dat*), etw macht eine S. interessant; ***la lune emprunte la lumière au soleil*** der Mond erhält [*o* bekommt] sein Licht von der Sonne
3. (*prendre*) ■ **qn/qc emprunte qc** jd/etw nimmt [*o* benutzt] etw; /*piéton a.*/ jd geht durch/über etw (*akk*); /*conducteur, véhicule a.*/ jd/etw fährt durch/über etw (*akk*)
emprunteur, -euse [ɑ̃pʀœ̃tœʀ, -øz] *m, f* Entleiher(in) *m(f);* (*auprès d'une banque*) Kreditnehmer(in) *m(f),* Darlehensnehmer(in) *m(f)*
ému, e [emy] *adj* bewegt, gerührt; ***qn garde un souvenir ~ de qc*** jd behält etw in sehnsüchtiger Erinnerung; ***qn a une pensée ~e pour qn*** jd bewahrt jdm ein rührendes Andenken; ~ ***jusqu'aux larmes*** zu Tränen gerührt
émulateur [emylatœʀ] *m* Emulator *m,* Adapter *m*
émulation [emylasjɔ̃] *f* Wetteifer *m,* Wettstreit *m;* ***il a toujours montré beaucoup d'~ au travail*** er hat immer mit großem Eifer gearbeitet; ***esprit d'~*** Wettbewerbsgeist *m*
émule [emyl] *mf littér* **1.** (*concurrent*) Wetteiferer/-eiferin *m/f*
2. (*imitateur*) Nacheiferer/-eiferin *m/f*
▸ **qn/qc fait des ~s** jd/etw findet Nacheiferer
émuler <1> [emyle] *vt* INFORM ■ **qn émule qc** jd emuliert etw
émulsion [emylsjɔ̃] *f* Emulsion *f*
émulsionner <1> [emylsjɔne] *vt* ■ **qn émulsionne qc** jd stellt eine Emulsion aus etw her, jd emulgiert etw *spec*
en [ɑ̃] **I.** *prép* **1.** (*lieu, pays, sans mouvement*) in (+ *dat*); ***qn habite ~ Meurthe et Moselle/Corse*** jd wohnt im Departement Meurthe et Moselle/auf Korsika; ~ ***bateau*** auf dem Schiff; ~ ***mer*** auf See; ~ ***chaire*** auf der Kanzel; ~ ***votre âme et conscience*** nach eurem besten Wissen und Gewissen; ***elle se disait ~ elle-même que*** + *indic* sie dachte bei sich, dass; ***elle aime ~ lui sa gentillesse*** sie mag die freundliche Art an ihm, sie mag seine freundliche Art; ***la chose ~ soi*** die Sache an sich
2. (*direction*) in (+ *akk*); ***qn va ~ Turquie/Normandie/Iran*** jd geht in die Türkei/Normandie/in den Iran; ***qn va ~ France/Bourgogne/Russie/Corse*** jd geht nach Frankreich/Burgund/Russland/Korsika; ***qn va ~ Meurthe et Moselle/Rhénanie*** jd geht in das Departement Meurthe et Moselle/ins Rheinland; ***qn met qc ~ lieu sûr*** jd bringt etw an einen sicheren Ort; ***qn met du vin ~ bouteilles*** jd füllt Wein in Flaschen ab; ***qn met des haricots ~ bocaux*** jd macht Bohnen ein
3. (*date, moment*): ~ ***[l'an] 2000*** im Jahre 2000; ~ ***avril [1997]*** im April [1997]; ~ ***été/automne/hiver*** im Sommer/Herbst/Winter; ~ ***semaine*** die Woche über, in [*o* während] der Woche; ***samedi ~ huit*** Samstag in acht Tagen [*o* in einer Woche]; ~ ***ce temps-là, Jésus dit*** in [*o* zu] jener Zeit sagte Jesus; ~ ***ce dimanche de la Pentecôte*** am heutigen Pfingstsonntag; ~ ***un jour*** in [*o* an] einem Tag; ~ ***dix minutes/deux jours/mois*** in [*o* innerhalb von] zehn Minuten/zwei Tagen/Monaten; ~ ***un an*** in einem Jahr, innerhalb eines Jahres; ~ ***moins de temps qu'il ne faut pour le dire, il/elle ...*** noch ehe er/sie wusste, wie ihm/ihr geschah, ...; ~ ***peu de temps*** in kurzer Zeit; ~ ***l'espace d'un quart d'heure*** innerhalb einer Viertelstunde; ***d'heure ~ heure/de jour ~ jour*** (*progression*) von Stunde zu Stunde/von Tag zu Tag, mit jeder Stunde/jedem Tag
4. (*manière d'être, de faire*): ***qn est/se met ~ colère*** jd ist/wird wütend; ***[qn est] ~ bonne/mauvaise santé*** [jd ist] bei guter/schlechter Gesundheit; ~ ***deuil*** in Trauer; ***qn est ~ déplacement/est parti(e) ~ voyage*** jd ist unterwegs/auf Reisen; ***qn est/entre ~ convalescence*** jd ist auf dem Wege

der Besserung; ***des cerisiers ~ fleurs/ les cerisiers sont ~ fleurs*** blühende Kirschbäume *pl*/die Kirschbäume blühen; ***une maison ~ ruine/ cette maison tombe ~ ruine*** ein verfallenes Haus/dieses Haus verfällt; ***une voiture ~ panne/ ma voiture est ~ panne*** ein Wagen *m* mit einer Panne/mein Wagen hat eine Panne; ***qn écoute qn ~ silence*** jd hört jdm schweigend zu; ***qn fait qc ~ vitesse*** jd macht etw schnell; ***qn peint qc ~ blanc*** jd streicht etw weiß [an]; ***qn prend qc ~ horreur*** jd entwickelt eine Abscheu gegen etw

5. (*transformation*) *changer, convertir* in (+ *akk*); *se déguiser* als

6. (*comme, en tant que*) als; ***il l'a traité ~ ami*** er hat ihn wie einen Freund behandelt; ***~ bon démocrate, je m'incline*** als guter Demokrat gebe ich nach

7. *gérondif* (*simultanéité*) beim + *infin;* (*condition*) wenn, indem; (*concession*) obgleich, auch wenn; ***je l'ai rencontré ~ sortant*** ich traf ihn beim Hinausgehen; ***~ marchant*** im Gehen; ***~ hésitant/ chantant/ courant*** (*manière*) zögernd/singend/laufend [*o* im Laufschritt]; ***~ travaillant beaucoup, tu réussiras*** wenn du viel arbeitest, wirst du Erfolg haben; ***il lui souriait tout ~ la maudissant intérieurement*** auch wenn [*o* obgleich] er sie innerlich verfluchte, lächelte er sie an

8. (*état, forme, aspect*): ***~ trois actes/ si mineur/ uniforme*** in drei Akten/h-Moll/Uniform; ***qc est ~ trois actes/ si mineur*** etw hat drei Akte/ist in h-Moll; ***qn est ~ uniforme*** jd trägt [s]eine Uniform; ***~ vrac*** lose; ***du lait ~ briques de six*** Milch *f* in der Sechserpackung [*o* im Sechserpack]; ***du café ~ grains/ ~ poudre*** ungemahlener/gemahlener Kaffee; ***~ morceaux*** in Stücken; ***émission ~ direct*** Direktsendung *f,* Livesendung ['laif-] *f;* ***émission ~ différé*** Aufzeichnung *f;* ***qn voit tout ~ noir/ rose*** jd sieht alles schwarz/rosarot; ***vous n'avez pas ce modèle ~ petite taille/ plus petit?*** haben Sie dieses Modell nicht in kleiner/einer kleineren Ausführung?; ***deux ~ plus/ ~ trop*** zwei mehr [*o* zusätzlich]/zu viel; ***j'ai deux dents ~ moins*** ich habe zwei Zähne weniger; ***une théière ~ forme d'éléphant*** eine Teekanne in der Form eines Elefanten; ***un virage ~ forme de S*** eine S-Kurve

9. (*fait de*) ■ **qc [est] ~ …** etw [ist] aus …

10. (*moyen de transport*) mit + *art;* ***elle préfère les trajets ~ train aux trajets ~ voiture*** sie fährt lieber mit dem Zug als mit dem Auto; ***un voyage ~ bateau/ ~ avion*** eine Schiffsreise/Flugreise, eine Reise mit dem Schiff/dem Flugzeug

11. (*partage, division*) in (+ *akk*); ***je coupe le gâteau ~ six*** ich schneide den Kuchen in sechs Stücke [*o* Teile] auf; ***qn fait qc ~ une seule/ deux/ plusieurs fois*** jd macht etw in einem Zug/in zwei/mehreren Abschnitten

12. (*pour indiquer le domaine*) in (+ *dat*); ***~ math/ allemand*** in Mathematik/Deutsch; ***~ discipline/ écriture*** was die Disziplin/Schrift angeht; ***~ économie*** im Bereich der Wirtschaft, im wirtschaftlichen Bereich; ***un néophyte ~ politique*** ein Neuling *m* in der Politik; ***il s'est spécialisé ~ obstétrique*** er hat sich auf [die] Geburtshilfe spezialisiert; ***il est sérieux ~ affaires*** er ist seriös in geschäftlichen Angelegenheiten; ***timide ~ amour/ fort ~ math*** schüchtern in der Liebe/stark in Mathe; ***une formation de peintre ~ bâtiment*** eine Ausbildung als Anstreicher; ***qn est expert ~ assurances*** jd ist Versicherungsexperte

13. *après certains verbes:* ***il croit ~ elle*** er glaubt an sie; ***elle a confiance ~ lui*** sie hat Vertrauen zu ihm, sie vertraut ihm; ***j'espère ~ des temps meilleurs*** ich hoffe auf bessere Zeiten; ***qn parle ~ son nom*** jd spricht in seinem/ihrem Namen

II. *pron* **1.** (*pour des indéfinis, des quantités*) davon; *savoir a.* darüber; ***as-tu un stylo? – Oui, j'~ ai un/ Non, je n'~ ai pas*** hast du einen Kuli? – Ja, ich habe einen/Nein, ich habe keinen; ***as-tu des feuilles? – Oui, j'~ ai/ Non, je n'~ ai pas*** hast du Blätter? – Ja, ich habe welche/Nein, ich habe keine

2. *tenant lieu de subst:* ***il ~ connaît de bien bonnes*** er weiß immer so lustige Sachen; ***j'~ connais qui feraient mieux de …*** ich kenne welche, die besser daran täten, …; ***j'~ ai entendu de belles*** ich habe schöne Sachen gehört; ***des machines, ils ~ produisent de [bien] meilleures*** sie stellen viel bessere Maschinen her

3. (*de là*): ***j'~ viens/ reviens*** ich komme von dort [*o* da]/komme von dort zurück

4. (*de cela*): ***on ~ parle*** man spricht darüber [*o* davon]; ***j'~ ai besoin*** ich brauche es; ***je m'~ souviens*** ich erinnere mich daran; ***j'~ suis fier/ sûr/ content*** ich bin stolz darauf/dessen sicher/damit zufrieden; ***j'~ suis bien conscient*** ich bin mir dessen durchaus bewusst

5. (*à cause de cela*): ***il n'~ dort plus de la nuit*** er schläft deshalb nachts schon nicht mehr; ***elle ~ est malade*** sie ist deshalb ganz krank; ***j'~ suis malheureux*** ich bin unglücklich darüber

6. *annonce ou reprend un subst:* ***j'~ vends, des livres*** ich verkaufe Bücher; ***vous ~ avez, de la chance!*** Sie haben ja wirklich [ein] Glück!; ***vous ~ faites[,] une tête!*** Sie machen vielleicht ein Gesicht!; ***ses enfants, elle ~ parle tout le temps*** über ihre Kinder spricht sie die ganze Zeit

E.N. [øɛn] *f abr de* **Éducation nationale** *französisches Wissenschafts- und Kultusministerium*

E.N.A. [ena] *f abr de* **École nationale d'administration** *staatliche Hochschule zur Ausbildung der hohen Verwaltungsbeamten*

enamouré, e [ɑ̃namuʀe] *adj,* **énamouré, e** [enamuʀe] *adj hum* verliebt

énarchie [enaʀʃi] *f hum Einfluss der ehemaligen Schüler der E.N.A.*

énarque [enaʀk] *mf fam ehemaliger Schüler/ehemalige Schülerin der E.N.A.*

encablure [ɑ̃kablyʀ] *f* Kabellänge *f spec*

▶ **à deux/trois/quelques ~s de qc** zwei/drei/einige Kabellängen von etw entfernt, in einer Entfernung von zwei/drei/einigen Kabellängen von etw

encadré [ɑ̃kadʀe] *m* Kasten *m*

encadrement [ɑ̃kadʀəmɑ̃] *m* **1.** (*action*) [*gravure, miroir, tableau, toile*] [Ein]rahmen *nt,* Einrahmung *f;* [*crédit*] -restriktion *f,* -beschränkung *f;* [*élèves, pèlerins, recrues*] Betreuung *f;* ***personnel d'~*** Betreuungspersonal *nt*

2. (*résultat*) [*gravure, miroir, tableau, toile*] Rahmen *m;* [*fenêtre, porte a.*] Einfassung *f;* ***il apparut dans l'~ de la porte*** plötzlich stand er in der Tür

3. (*personnel*) Betreuung[spersonal *nt*] *f*

encadrer <1> [ɑ̃kadʀe] *vt* **1.** (*mettre dans un cadre*) ■ **qn encadre qc** jd rahmt etw [ein]

2. AUT *fam* (*dans un carambolage*) ■ **qn/qc encadre qc** jd/etw fährt in etw (*akk*) hinein; ■ **qn encadre qn** jd fährt jdm ins Auto; ***je me suis fait ~*** mir ist jemand ins Auto gefahren

3. (*entourer*) ■ **qc encadre qc** etw umrahmt etw; *cible* etw kreist etw ein; ■ **des personnes encadrent qn** Menschen kreisen jdn ein [*o* umzingeln jdn]

4. (*s'occuper de*) ■ **qn encadre des personnes** jd betreut Menschen; (*diriger*) jd leitet Menschen an; MIL jd führt Menschen [an]

▶ **c'est à ~!** köstlich!, das müsste man [im Bild] festhalten!; **qn ne peut pas ~ qn** *fam* jd kann jdn nicht riechen *fam;* ***ils ne peuvent pas s'~*** sie können sich nicht riechen

encaissable [ɑ̃kɛsabl] *adj* kassierbar, eintreibbar *spec*

encaisse [ɑ̃kɛs] *f* Kassenbestand *m*

▶ **~ métallique** Gold- und Silberreserven *pl,* Metalldeckung *f*

encaissé, e [ɑ̃kese] *adj* tief eingeschnitten; *cours d'eau a.* von Steilhängen [*o* Steilufern] eingefasst

encaissement [ɑ̃kɛsmɑ̃] *m* **1.** FIN Einzug *m,* Einkassieren *nt,* Eintreiben *nt;* [*chèque, traite*] Einlösung *f;* ***qn remet un chèque/ une traite à l'~*** jd löst einen Scheck/Wechsel ein

2. GEOG tiefer Einschnitt

encaisser <1> [ɑ̃kese] I. *vi* **1.** (*toucher de l'argent*) ■ **qn encaisse** jd kassiert

2. *fam* (*savoir prendre des coups*) ■ **qn encaisse/n'encaisse pas** jd kann etwas/nichts einstecken *fam*

▶ **qn encaisse bien/mal** *fam* jd hat ein dickes Fell/ist zart besaitet; **qn n'encaisse pas** *fam* jd lässt den Kopf hängen

II. *vt* **1.** (*percevoir*) ■ **qn encaisse qc** jd kassiert etw [ein], jd zieht etw ein; *chèque* jd löst etw ein

2. *fam* (*recevoir, supporter*) ■ **qn encaisse qc** jd steckt etw ein; *coup, but a.* jd kassiert etw *fam; attaque, critique, revers a.* jd nimmt etw hin; ***elle n'a jamais encaissé la gifle de son mari*** sie hat die Ohrfeige ihres Mannes nie verschmerzt

3. (*resserrer*) ■ **qn encaisse qc** *cours d'eau* jd deicht [*o* dämmt] etw ein; ■ **des choses encaissent qc** Dinge schließen etw von beiden Seiten ein

▶ **c'est dur** [*o* **difficile**] **à ~** *fam* (*parlant d'un échec*) das ist schwer [*o* nicht einfach] zu verkraften; (*parlant d'une injure*) das kann man nicht hinnehmen; **qn ne peut pas ~** [*o* **n'encaisse pas**] **qn/qc** *fam* jd kann jdn/etw nicht verknusen *fam*

encan [ɑ̃kɑ̃] *loc* ▶ **qn met** [*o* **vend**] **qc à l'~** *vieilli* jd bietet etw feil *veraltet;* **qc est à l'~** *vieilli* etw ist wohlfeil *veraltet*

encanailler <1> [ɑ̃kanaje] *vpr hum* ■ **qn s'encanaille** jd hat [*o* pflegt] schlechten Umgang; ■ **qn s'encanaille avec qn** jd lässt sich mit jdm ein

encapuchonner <1> [ɑ̃kapyʃɔne] I. *vt* ■ **qn est encapuchonné(e)** jd hat eine Kapuze auf

II. *vpr* ■ **qn s'encapuchonne** jd setzt sich (*dat*) die Kapuze auf

encart [ɑ̃kaʀ] *m* Beilage *f;* ***~ cuisine*** Beilage mit Kochrezepten; ***~ publicitaire*** Reklamebeilage

encarter <1> [ɑ̃kaʀte] *vt* ■ **qn encarte qc [dans qc]** *cahier, prospectus, patron* jd legt [einer S. (*dat*)] etw bei

en-cas [ɑ̃ka] *m inv* Imbiss *m,* Happen *m*

encastrable [ɑ̃kastʀabl] *adj* Einbau-, zum Einbauen

encastrer <1> [ɑ̃kastʀe] I. *vt* ■ **qn encastre qc [dans/sous qc]** jd baut etw [in etw (*akk*)/unter etw (*dat*)] ein; *dans un mur* jd lässt etw in etw (*akk*) ein

II. *vpr* ■ **qc s'encastre [dans/sous qc]** etw passt genau [in/unter etw (*akk*)]; /*appareil électroménager a.*/ etw lässt sich [in etw (*akk*)/unter etw (*dat*)] einbauen; /*automobile*/ etw verkeilt sich in etw (*akk*); ***les pièces du puzzle s'encastrent les unes dans les autres*** die Puzzleteile passen genau ineinander [*o* zusammen]

encaustique [ɑ̃kostik] *f* (*pour le parquet*) [Bohner]wachs *nt;* (*pour les meubles*) [Möbel]politur *f*

encaustiquer <1> [ɑ̃kostike] *vt* ■ **qn encaustique qc** jd wachst etw ein

enceinte[1] [ɑ̃sɛ̃t] *adj* schwanger; ■ **qn est ~ de qn** (*attendre un enfant de qn*) jd ist von jdm schwanger; (*attendre qn*) jd ist mit jdm schwanger; ***elle est déjà ~ du troisième*** sie ist schon zum dritten Mal schwanger; ***elle est ~ de trois/ six mois*** sie ist im dritten/sechsten Monat schwanger

enceinte[2] [ɑ̃sɛ̃t] *f* **1.** (*fortification, rempart*) Ringmauer *f*

2. (*espace clos*) abgeschlossener Bereich; [*ville, église, tribunal*] Innenraum *m,* Innere(s) *nt;* [*foire, parc naturel*] Gelände *nt*

3. (*haut-parleur*) Lautsprecherbox *f*

▶ **~ à deux/trois voies** Lautsprecherbox *f* mit zwei/drei Kanälen; **~ acoustique** Lautsprecherbox *f;* **~s amplifiées** Aktivboxen *fpl*

◆ **enceinte de confinement** Schutzmantel *m,* Sicherheitsmantel *m*

encens [ɑ̃sɑ̃] *m* Weihrauch *m;* ***bâtonnet d'~*** Räucherstäbchen *nt;* ***vapeur d'~*** Weihrauch

encenser <1> [ɑ̃sɑ̃se] I. *vt* **1.** (*louer*) ■ **qn encense qn/qc** jd beweihräuchert jdn/etw; ***celui-là, il va se faire ~!*** *hum* man wird ihm ganz schön die Leviten lesen!

2. (*répandre de l'encens*) ■ **qn encense [qn/qc]** jd streut Weihrauch, jd beräuchert jdn/etw mit Weihrauch, jd beweihräuchert jdn/etw

II. *vi* ■ **le cheval encense** das Pferd bewegt den Kopf auf und ab

encensoir [ɑ̃sɑ̃swaʀ] *m* Rauchfass *nt,* Räuchergefäß *nt*

encéphale [ɑ̃sefal] *m* Gehirn *nt*

encéphalite [ɑ̃sefalit] *f* Gehirnentzündung *f,* Enzephalitis *f spec*

encéphalogramme [ɑ̃sefalɔgʀam] *m* Enzephalogramm *nt;* ~ ***plat*** [Gehirn]stillstand *m*

encerclement [ɑ̃sɛʀkləmɑ̃] *m* **1.** MIL Einkreisung *f,* Einschließung *f,* Umzingelung *f*
2. POL Einkreisung *f*

encercler <1> [ɑ̃sɛʀkle] *vt* **1.** (*cerner*) ■ **qc encercle/des personnes encerclent des personnes/qc** etw kreist/Menschen kreisen Menschen/etw ein; */troupes a./* etw schließt/Menschen schließen Menschen/etw ein; *quartier, village a.* etw umzingelt/Menschen umzingeln etw; ***des curieux encerclaient le blessé*** Neugierige standen [in einem Kreis] um den Verletzten herum
2. (*être disposé autour de*) ■ **qc encercle qc** etw schließt etw ein
3. (*entourer*) ■ **qn encercle qc** jd kreist [*o* rahmt] etw ein; ■ **qn encercle qc de qc: *il encercle de rouge/d'un trait rouge toutes les fautes*** er kreist [*o* rahmt] alle Fehler rot ein, er macht um alle Fehler einen roten Kreis; ***un trait rouge encerclait l'article/la faute*** der Artikel/der Fehler war rot umrandet; ***une guirlande de fleurs encercle le portrait*** eine Blumengirlande rahmt das Porträt ein

enchaînement [ɑ̃ʃɛnmɑ̃] *m* **1.** (*succession*) ■ ~ **de choses** *de circonstances* Verkettung *f* [*o* Verknüpfung *f*] von Dingen; ~ ***des événements/des faits*** Abfolge *f* von Ereignissen/Reihe *f* von Tatsachen; ~ ***des idées*** Gedankenführung *f,* gedanklicher Zusammenhang; ~ ***des mots*** Wortfolge *f*
2. (*structure logique*) Entwicklung *f,* Herleitung *f*
3. (*transition*) ■ ~ **entre qc et qc** Übergang *m* [*o* Überleitung *f*] von etw zu etw; ***qn trouve de bons ~s*** jd macht geschickte Überleitungen

enchaîner <1> [ɑ̃ʃene] **I.** *vt* **1.** (*attacher avec une chaîne*) ■ **qn enchaîne qn/un animal [à qc]** jd kettet jdn/ein Tier [an etw (*akk*)] an; ■ **qn enchaîne des personnes l'une à l'autre** jd kettet Menschen aneinander [*o* zusammen]
2. *littér* (*asservir*) ■ **qn/qc enchaîne qn/qc** jd/etw legt jdn/etw an die Kette [*o* in Ketten], jd/etw legt jdm/einer S. Fesseln an; ■ **qc enchaîne qn à qc** */responsabilité, sentiment, souvenir/* etw kettet jdn an etw (*akk*); ■ **qc enchaîne deux personnes** */amour/* etw kettet zwei Menschen aneinander; ***la passion l'enchaînait à elle*** die Leidenschaft kettete [*o* fesselte] ihn an sie
3. (*mettre bout à bout*) ■ **qn enchaîne des choses** *idées, mots* jd reiht [*o* fügt] Dinge aneinander; ***qn enchaîne des scènes*** jd überblendet Szenen *spec,* jd lässt Szenen [allmählich] ineinander übergehen; ***ces deux scènes sont mal enchaînées*** die beiden Szenen sind nicht gut überblendet
II. *vpr* **1.** (*s'attacher avec une chaîne*) ■ **des personnes s'enchaînent à qc/l'une à l'autre** Menschen ketten sich an etw (*akk*) an/aneinander [*o* zusammen]
2. (*se succéder*) ■ **des choses s'enchaînent** Dinge greifen ineinander [*o* gehen ineinander über]; ***les paragraphes ne s'enchaînent pas très bien*** der Übergang [*o* die Überleitung] zwischen den Abschnitten ist nicht sehr gut; ***les événements s'enchaînèrent très vite*** die Ereignisse folgten rasch aufeinander
III. *vi* **1.** (*continuer*) ■ **qn enchaîne [sur qc]** jd fährt [mit etw] fort
2. THEAT ■ **qn enchaîne** jd führt das Gespräch weiter, jd fährt fort

enchanté, e [ɑ̃ʃɑ̃te] *adj* **1.** (*ravi*) hocherfreut; ■ **qn est ~ de qc** jd freut sich über etw (*akk*); ■ **qn est ~ de faire qc/que** + *subj* jd freut sich [*o* ist [sehr] erfreut], etw zu tun/dass
2. (*magique*) Zauber-, verzaubert
► ~ **de vous connaître** es freut mich, Ihre Bekanntschaft zu machen; ~! sehr erfreut!, angenehm!

enchantement [ɑ̃ʃɑ̃tmɑ̃] *m* **1.** (*ravissement*) Entzücken *nt*
2. (*sortilège*) Zauber *m,* Verzauberung *f*
► **qc brise** [*o* **rompt**] **l'~** etw bricht den Zauber; **qc est un** ~ etw ist zauberhaft, etw ist ein Gedicht *fam;* **qn est dans l'~** jd ist [ganz] entzückt; **par** ~ durch Zauberkräfte, durch Zauberkraft; **comme par** ~ wie durch ein Wunder

enchanter <1> [ɑ̃ʃɑ̃te] *vt* **1.** (*ravir*) ■ **qn enchante qn par qc** jd bezaubert jdn mit etw; ■ **qc enchante qn** etw bezaubert [*o* verzaubert] jdn
2. (*ensorceler*) ■ **qn enchante qn** jd verzaubert jdn
► **ça ne m'enchante pas/guère!** ich bin nicht/nicht gerade begeistert [davon]!; **ça ne m'enchante pas/pas beaucoup de faire qc/que** + *subj* ich bin nicht/nicht [so] sehr begeistert [davon], etw zu tun/dass

enchanteur, -eresse [ɑ̃ʃɑ̃tœʀ, -t(ə)ʀɛs] **I.** *adj* zauberhaft, bezaubernd
II. *m, f* **1.** (*magicien*) Zauberer/Zauberin *m/f*
2. (*personne captivante*) Zauberkünstler(in) *m(f)*

enchâssement [ɑ̃ʃɑsmɑ̃] *m* **1.** TECH (*manière*) [Ein]fassung *f;* ■ ~ **[de qc dans qc]** (*action*) [*pierre*] [Ein]fassen *nt* [einer S. (*gen*) in etw (*akk*)]
2. LING ■ ~ **[de qc dans qc]** Einbettung *f* [einer S. (*gen*) in etw (*akk*)]

enchâsser <1> [ɑ̃ʃɑse] *vt* **1.** TECH ■ **qn enchâsse qc dans qc** *pierre précieuse* jd fasst etw in etw (*akk*) [ein]; *pièce, médaillon* jd lässt [*o* passt] etw in etw (*akk*) ein
2. LING ■ **qn enchâsse qc dans qc** jd bettet etw in etw (*akk*) ein
3. (*insérer*) ■ **qn enchâsse qc dans qc** jd schiebt [*o* fügt] etw in etw (*akk*) ein
4. REL ■ **qn enchâsse qc** jd legt etw in einen [Reliquien]schrein

enchère [ɑ̃ʃɛʀ] *f gén pl* **1.** (*offre d'achat*) Gebot *nt;* ***les ~s sont ouvertes*** die Versteigerung ist eröffnet, es kann geboten werden
2. CARTES Bieten *nt,* Reizen *nt*
► **~s à l'américaine** amerikanische Versteigerung; ***on a fait des ~s à l'américaine*** es wurde amerikanisch versteigert, es wurde eine amerikanische Versteigerung durchgeführt; **la dernière** [*o* **plus forte**] ~ das letzte [*o* höchste] Gebot, das Höchstgebot; **qn achète qc aux ~s** jd ersteigert etw, jd ersteht etw auf einer Versteigerung; **qn couvre une** ~ jd bietet mehr [als ein anderer], jd gibt ein höheres Gebot ab; ***l'~ a été couverte*** das Gebot wurde überboten, jemand bot mehr; ***chacun couvrait l'~ de l'autre*** sie überboten sich gegenseitig; **qn fait** [*o* **porte**] **une** ~ jd gibt ein Gebot ab, jd bietet; **qn met qc aux ~s** jd versteigert etw; **qn fait monter** [*o* **pousse**] **les ~s** jd treibt den Preis/die Preise hoch; (*oblige à des concessions*) jd verkauft sich teuer; **qn vend qc aux ~s** jd versteigert etw

enchérir <8> [ɑ̃ʃeʀiʀ] *vi* ■ **qn enchérit sur qn/qc** jd überbietet jdn/etw, jd bietet mehr als jd/etw; *sur un objet* jd bietet mehr für etw; ***qn enchérit de 1000 F sur l'offre précédente*** jd bietet 1000 F mehr [als das vorhergehende Gebot], jd überbietet das vorhergehende Gebot um 1000 F; ***ils enchérissaient l'un sur l'autre*** sie überboten sich gegenseitig

enchevêtré, e [ɑ̃ʃ(ə)vetʀe] *adj branches* ineinander gewachsen; *sentiers* verschlungen; *fils* [ineinander] verwickelt; *idées, pensées, intrigue* verworren, konfus; *phrases* verschachtelt; *liens, problèmes* komplex, verwickelt

enchevêtrement [ɑ̃ʃ(ə)vɛtʀəmɑ̃] *m* wirres Durcheinander; [*branche, tôles, lignes, ruelles a.*] Gewirr *nt;* [*idées, pensées*] Wirrwarr *m;* [*phrases*] Verschachtelung *f;* [*intrigue*] Verwick[e]lung *f;* [*liens*] Verflechtung *f meist pl;* ***l'~ de l'intrigue est tel que*** + *indic* die Handlung ist derart verworren, dass; ***l'~ des filiales est tel que*** + *indic* die Tochtergesellschaften sind derart [*o* so] miteinander verflochten, dass

enchevêtrer <1> [ɑ̃ʃ(ə)vetʀe] *vpr* ■ **des choses s'enchevêtrent** */branches, lianes, ronces/* Dinge wachsen wild durcheinander; */fils/* Dinge verwickeln sich; */idées, pensées/* Dinge gehen wild durcheinander; ***vingt idées s'enchevêtrent dans sa tête*** in seinem Kopf gehen die Ideen wild durcheinander; ■ **qn s'enchevêtre dans qc** jd kommt bei etw durcheinander

enclave [ɑ̃klav] *f* **1.** (*territoire, terrain*) Enklave *f;* JUR von Nachbargrundstücken umschlossenes Grundstück
2. ARCHIT Nische *f*

enclavement [ɑ̃klavmɑ̃] *m* eingeschlossene Lage, Eingeschlossensein *nt*

enclaver <1> [ɑ̃klave] *vt* **1.** (*contenir comme enclave*) ■ **qc enclave qc** etw schließt etw ein, etw umschließt etw; ■ **qc est enclavé(e) dans qc** etw bildet [*o* ist] eine Enklave in etw (*dat*)
2. (*encastrer*) ■ **qn enclave qc [dans qc]** jd passt etw [in etw (*akk*)] ein; ■ **qc est enclavé(e) quelque part** etw ist/wird irgendwo eingepasst; */mot/* etw ist/wird irgendwo eingefügt

enclenchement [ɑ̃klɑ̃ʃmɑ̃] *m* Einrasten *nt,* Einklinken *nt;* [*mécanisme*] Einschalten *nt*

enclencher <1> [ɑ̃klɑ̃ʃe] **I.** *vt* **1.** TECH ■ **qn enclenche qc** jd lässt etw einrasten, jd klinkt etw ein; *vitesse* jd legt etw ein
2. (*engager*) ■ **qn/qc enclenche qc** jd/etw bringt [*o* setzt] etw in Gang
II. *vpr* ■ **qc s'enclenche** */levier de commande/* etw rastet [*o* klinkt] ein; */mécanisme/* etw schaltet sich ein; ***la seconde s'enclenche mal*** der zweite Gang lässt sich schlecht einlegen [*o* schalten]; ***les vitesses s'enclenchent automatiquement*** die Gangschaltung funktioniert automatisch
► **qc/ça s'est bien/mal enclenché(e)** (*a bien/mal commencé*) etw/das lässt sich gut/nicht gut an

enclin, e [ɑ̃klɛ̃, in] *adj* ■ **qn est ~ à qc/faire qc** jd neigt zu etw/dazu, etw zu tun; ■ ~ **à qc** zu etw neigend; ***l'opinion était ~e à prendre parti pour lui*** die Öffentlichkeit stand eher auf seiner Seite

enclore <*irr*> [ɑ̃klɔʀ] *vt* **1.** *soutenu* (*entourer*) ■ **qn enclôt qc [de qc]** jd friedet etw [mit etw] ein *geh,* jd umfriedet etw [mit etw] *geh;* ■ **qc enclôt qc** etw umschließt etw, etw umgibt etw
2. *littér* (*inclure*) ■ **qn enclôt qc dans qc** jd schließt etw in etw (*akk*) ein

enclos [ɑ̃klo] *m* **1.** (*espace*) eingefriedetes Grundstück; (*pour le bétail*) eingezäunte Weide; (*pour des chevaux*) Koppel *f;* (*petit domaine*) kleines Stück Land, Stückchen *nt* Erde
2. (*clôture*) Umfriedung *f geh*

enclume [ɑ̃klym] *f* Amboss *m*
► **qn est entre l'~ et le marteau** jd ist zwischen Hammer und Amboss geraten, jd steht zwischen den Fronten

encoche [ɑ̃kɔʃ] *f* Kerbe *f,* Einkerbung *f,* Einschnitt *m;* [*livre, répertoire*] Daumenregister *nt;* TECH Nut *f*

encocher <1> [ɑ̃kɔʃe] *vt* ■ **qn encoche qc** jd kerbt etw ein; *livre, répertoire* jd versieht etw mit einem Daumenregister; TECH jd nutet etw; *flèche* jd legt etw auf

encodage [ɑ̃kɔdaʒ] *m* [En]kodierung *f,* Verschlüsselung *f*

encoder <1> [ɑ̃kɔde] *vt* ■ **qn encode qc** jd [en]kodiert etw, jd verschlüsselt etw

encoignure [ɑ̃kwaɲyʀ] *f* **1.** (*angle*) Ecke *f,* Winkel *m*
2. (*meuble*) Eckmöbel *nt,* Eckschrank *m*

encollage [ɑ̃kɔlaʒ] *m* Einkleistern *nt;* [*tissu*] Schlichten *nt spec*

encoller <1> [ɑ̃kɔle] *vt* ■ **qn encolle qc** jd kleistert etw [ein], jd bestreicht etw mit Kleister; *tissu* jd bestreicht etw mit Leim, jd schlichtet etw *spec*

encolure [ɑ̃kɔlyʀ] *f* [*animal, personne*] Hals *m;* [*robe, chemise*] [Hals]ausschnitt *m;* (*tour de cou*) Kragenweite *f,* Halsweite *f;* ***qn met des chemises d'~ 40*** jd trägt [Hemden mit] Kragenweite 40
► ~ **bateau** U-Boot-Ausschnitt *m;* ~ **de taureau** Stiernacken *m;* ~ **carrée/échancrée/en V** viereckiger/kesser [*o* frecher]/V-Ausschnitt *m;* **forte** ~ kräftiger Nacken; **un cheval l'emporte** [*o* **gagne**] **d'une** ~ ein Pferd siegt mit einer Halslänge [Vorsprung]; **qn fait 40/41 d'~** jd hat Kragenweite 40/41; **d'une** ~ SPORT mit einer Länge

encombrant, e [ɑ̃kɔ̃bʀɑ̃, ɑ̃t] *adj* **1.** (*embarrassant*) sperrig, platzraubend; (*importun*) lästig, störend
2. *iron* (*compromettant*) *personne* unbequem, unliebsam; *passé* belastend

encombre [ɑ̃kɔ̃bʀ] *loc* ► **sans** ~ unbehindert, glatt; **qc se passe** [*o* **se déroule**] **sans** ~ etw verläuft einwandfrei, etw läuft glatt [*o* problemlos] ab

encombré, e [ɑ̃kɔ̃bʀe] *adj* **1.** (*sans passage possible*) versperrt; *route, carrefour* verstopft, nicht passierbar; ***la route ~e de manifestants/camions/***

pierres die Straße, die voller Demonstranten/Lastwagen/Steine ist
2. (*avec trop d'objets*) ■ ~ [**de choses**] *table* [mit Dingen] voll gestellt; *pièce a.* [mit Dingen] voll gestopft
3. MED *bronches* verschleimt
4. ECON *carrière, profession* [von Menschen] überlaufen [*o* überfüllt]; *marché* überschwemmt, saturiert
5. (*surchargé*) überlastet, überfrachtet; *lignes téléphoniques* überlastet; ■ ~ **de choses** *de souvenirs, préoccupations, scrupules, bavardages* voll von etw; ***le débat intellectuel est ~ de fumistes*** der [geistige] Diskurs wird von Schaumschlägern beherrscht

encombrement [ɑ̃kɔ̃bʀəmɑ̃] *m* **1.** (*sans passage possible*) [*rue, couloir*] Verstopfung *f;* [*pièce*] Unpassierbarkeit *f;* [*lignes téléphoniques*] Überlastung *f*
2. (*avec trop d'objets*) [*pièce, table*] Überladung *f*
3. (*amas*) [*objets divers*] Unmenge *f;* [*personnes*] [dichtes] Gedränge
4. [*carrière*] Überlaufensein *nt;* [*marché*] Überschwemmung *f;* [*professions*] Überangebot *nt*
5. (*embouteillage*) Verstopfung *f*, Stau *m*
6. (*dimensions*) Abmessung *f meist pl;* ***ces meubles sont d'un ~ excessif*** diese Möbel brauchen [*o* beanspruchen] sehr viel Platz [*o* Raum]; ***une machine à coudre d'un ~ réduit*** eine platzsparende [*o* raumsparende] Nähmaschine

encombrer <1> [ɑ̃kɔ̃bʀe] **I.** *vt* **1.** (*bloquer*) ■ **des personnes/des choses encombrent qc** *rue, couloir, chemin* Menschen verstopfen etw/Dinge versperren etw; ***qn encombre le passage avec qc*** jd versperrt mit etw den Durchgang
2. (*s'amonceler sur*) ■ **des choses encombrent qc** etw ist voller Dinge; ***ces trucs ne font qu'~ le buffet*** das Zeug auf dem Büfett nimmt nur Platz weg
3. (*embarrasser*) ■ **qc encombre qn** etw behindert jdn
4. (*surcharger*) ■ **qn encombre qc de choses** *discours* jd überlädt etw mit Dingen; *vie* jd belastet etw mit Dingen; ***qn encombre sa mémoire de détails inutiles*** jd stopft seinen Kopf mit unnützen Einzelheiten voll; ***au lieu d'~ sa pensée de qc, ...*** anstatt sich (*dat*) über etw (*akk*) unnötige [*o* überflüssige] Gedanken zu machen, ...; ■ **des choses encombrent qc** *discours* Dinge überladen etw; *mémoire, pensée* Dinge sind eine Last für etw, Dinge beschweren etw; *conscience* Dinge belasten etw; TELEC */appels/* Dinge blockieren [*o* überlasten] etw
II. *vpr* **1.** (*s'embarrasser de*): ***qn ne veut pas s'~ de qn/qc*** jd will sich mit jdm/etw nicht belasten [*o* abgeben]
2. (*se surcharger*): ***qn ne doit pas s'~ de choses*** jd darf sich mit Dingen nicht belasten
► **qn ne s'encombre pas de choses [pour faire qc]** jd lässt sich durch Dinge nicht daran hindern [etw zu tun]

encontre [ɑ̃kɔ̃tʀ] *loc* ► **qc va à l'~ de qc** etw steht im Gegensatz zu etw

encorbellement [ɑ̃kɔʀbɛlmɑ̃] *m* Erker *m*
► **en ~** vorspringend; ***maison en ~*** Haus *nt* mit vorspringendem Erker; ***escalier en ~*** Treppenhausvorbau *m*

encorder <1> [ɑ̃kɔʀde] *vpr* ■ **qn s'encorde** jd seilt sich an; ■ **des personnes s'encordent** Menschen seilen sich [aneinander] an

encore [ɑ̃kɔʀ] **I.** *adv* **1.** (*continuation*) noch; ***cela peut ~ servir*** das kann man noch gebrauchen; ***il n'est que 20 h, il peut ~ venir*** es ist erst 20 Uhr, er kann noch kommen; ***à quoi bon parler ~ de cette affaire?*** wozu sollen wir noch [weiter] über diese Angelegenheit sprechen?; ***hier/ce matin ~*** gestern/heute Morgen noch, noch gestern/heute Morgen; ***il y a ~ 20 ans*** noch vor 20 Jahren, vor 20 Jahren noch; ***descends ~ un peu*** geh/rück noch ein bisschen tiefer; ***pousse ~ un peu à droite*** schieb noch ein bisschen [weiter] nach rechts; ***le chômage augmente ~*** die Arbeitslosigkeit steigt noch weiter [an]
2. (*répétition*) noch einmal, noch mal; ***je peux essayer ~ [une fois]?*** kann ich noch einmal versuchen?; ***c'est ~ de ma faute*** und ich bin wieder schuld; ***voulez-vous ~ une tasse de thé?*** wollen Sie noch eine Tasse Tee?
3. + *nég* ■ **ne ... pas/jamais ~,** ■ **ne ... ~ pas/jamais** noch nicht/niemals; ***il n'est pas ~ arrivé, il n'est ~ pas arrivé*** er ist noch nicht angekommen; ■ **ne ... ~ rien** immer noch nichts
4. + *comp* ■ **~ mieux/moins/plus** noch besser/weniger/mehr; ***qn préfère ~ [o qn aime ~ mieux] qc/faire qc/que*** + *subj* jd zieht etw immer noch vor/zieht immer noch vor, etw zu tun/dass; jdm ist etw immer noch lieber/jdm ist immer noch lieber, etw zu tun/dass
5. (*renforcement*) ■ **non seulement ..., mais ~** nicht nur ..., sondern auch [noch]
6. (*objection*) ■ **..., ~ faut-il/faudrait-il faire qc** ..., allerdings muss/müsste man erst einmal etw machen; ***~ faut-il le savoir!*** das muss man allerdings [*o* erst einmal] wissen!; ***elle est jolie cette robe ... ~ faut-il qu'elle t'aille!*** dieses Kleid ist hübsch ... , aber es muss [*o* allerdings muss es] dir auch passen!
7. (*restriction*): ***~ heureux que*** + *subj* ich bin/wir sind [ja noch] froh, dass [...] wenigstens; ich kann/wir können immer[hin] noch froh sein, dass; ***~ une chance que*** + *subj* ein Glück, dass [...] wenigstens; ich kann/wir können ja noch von Glück sagen, dass; ***~ heureux/une chance que tu aies trouvé du travail!*** sei doch froh/du kannst von Glück sagen, dass du überhaupt Arbeit gefunden hast; ■ **..., et ~!** ..., und [selbst] das noch nicht einmal!; ■ **si ~** + *indic imparf* wenn ... wenigstens; ***si ~ on avait son adresse!*** wenn wir wenigstens seine/ihre Adresse hätten!
► **~ et toujours** immer wieder; **qu'est-ce qu'il y a ~?** was ist [*o* gibt's] denn jetzt noch?; **c'est ~ toi/lui le meilleur/le plus sage** dann bist du/ist er immer noch der Beste/Vernünftigste; **qn en est ~ à qc** jd ist immer noch an [*o* bei] etw (*dat*); ***qc en est ~ au stade de l'expérimentation*** etw ist immer noch im Versuchsstadium; **qn en est ~ à faire qc** jd ist immer noch dabei, etw zu tun; ***tu en es ~ à faire des bêtises pareilles!*** machst du denn immer noch solche Dummheiten?; ***tu en es ~ là?*** du hast aber altmodische Ansichten!, du lebst wohl hinterm Mond! *fam;* **qu'est-ce qu'il/elle veut ~?** was will er/sie denn jetzt schon wieder?; **mais ~?** und weiter?; **pas ~, ~ pas** noch nicht; **quoi ~?** (*qu'est-ce qu'il y a?*) was denn noch?; (*pour ajouter qc*) sonst [*o* außerdem] noch etwas?; ***quoi ~? ... ah oui, j'allais oublier:*** war sonst noch etwas? ... ach ja, ich hätte fast vergessen:; **et puis quoi ~!** sonst fehlt dir nichts? *iron fam*, sonst noch was? *iron;* **~ toi/lui/vous!** du [bist's]/er [ist's]/Sie [sind's] schon wieder!; ***c'est ~ moi!*** ich bin's [schon] wieder!, ich bin's noch mal!
II. *conj* ■ **..., ~ que** + *indic o subj* obwohl; ***il acceptera, ~ que, avec lui, on ne sait jamais*** er wird annehmen, obwohl, bei ihm weiß man nie

encorner <1> [ɑ̃kɔʀne] *vt* ■ **un animal encorne qn/un animal** ein Tier nimmt jdn/ein Tier auf die Hörner

encornet [ɑ̃kɔʀnɛ] *m* Tintenfisch *m*

encourageant, e [ɑ̃kuʀaʒɑ̃, ɑ̃t] *adj* ermutigend; ***voilà qui est ~!*** *iron* das sind ja schöne Aussichten!

encouragement [ɑ̃kuʀaʒmɑ̃] *m* (*acte, parole*) Aufmunterung *f*, Ermunterung *f*, Ermutigung *f;* SCOL *Belobigung, die dazu ermuntert, weiterhin gute und noch bessere Leistungen zu zeigen;* ■ **~ à qc/faire qc** Ermunterung zu etw/etw zu tun
► **qn prodigue des ~s à qn** jd richtet aufmunternde Worte an jdn, jd spricht jdm Mut zu; **qn reçoit des ~s de qn** jd erhält ermutigenden Zuspruch von jdm; **d'~** aufmunternd; *signe, parole a.* ermutigend; *parole a.* ermunternd

encourager <7> [ɑ̃kuʀaʒe] *vt* **1.** (*donner du courage à*) ■ **qn encourage qn [de qc/en faisant qc]** jd ermutigt jdn [*o* jd macht jdm Mut] [mit etw/, indem er etw tut]; *sportif, footballeurs* jd feuert jdn [mit etw] an/jdn an [, indem er etw tut]; *élève* jd ermuntert jdn [durch etw/, indem er etw tut]
2. (*inciter à*) ■ **qn/qc encourage qn [à qc]** jd/etw ermuntert [*o* ermutigt] jdn [zu etw]; ■ **qn/qc encourage qn à faire qc** jd/etw ermuntert [*o* ermutigt] jdn dazu, etw zu tun
3. (*soutenir*) ■ **qn encourage qn/qc** jd fördert jdn/etw
4. (*pousser à*) ■ **qc encourage qc** etw begünstigt etw

encourir *<irr>* [ɑ̃kuʀiʀ] *vt* ■ **qn encourt qc** **1.** *amende, châtiment* jd muss mit etw rechnen; ***qn encourt une peine*** jd macht sich strafbar
2. *soutenu punition, reproche* jd setzt sich der Gefahr einer S. (*gen*) aus; *critique, mépris a.* jd zieht sich (*dat*) etw zu; *responsabilité* jd lädt sich (*dat*) etw auf

encouru, e [ɑ̃kuʀy] **I.** *pp de* **encourir**
II. *adj peine* verhängt

encrassement [ɑ̃kʀasmɑ̃] *m* Verschmutzung *f*, Verunreinigung *f*

encrasser <1> [ɑ̃kʀase] **I.** *vt* ■ **qc encrasse qc** etw verschmutzt [*o* verunreinigt] etw; */suie, fumée, carburant a./* etw verrußt etw; */fumée a./* etw versottet etw *spec;* */scories a./* etw verschlackt etw; */calcaire a./* etw verkalkt etw; */alcool, inactivité, tabac/* etw vergiftet [*o* belastet] etw, etw ist für etw schädlich; ***le tartre encrasse la bouilloire*** im Wasserkessel bildet sich Kesselstein; ***le moteur est encrassé*** der Motor ist verdreckt *fam*
II. *vpr* ■ **qc s'encrasse** etw verschmutzt; */conduite a., chaudière/* etw verkalkt; */bougies, cheminée, moteur/* etw verrußt; */fourneau/* etw verschlackt; */stylo à encre/* etw verstopft; */organisme/* etw wird von Giftstoffen belastet, etw wird [von Giftstoffen] geschädigt; */mémoire/* etw rostet ein; ***mon stylo s'est encrassé*** mein Füller ist verstopft

encre [ɑ̃kʀ] *f* **1.** (*pour écrire*) Tinte *f;* ***une écriture à l'~ violette*** eine Schrift in violetter Tinte
2. ZOOL Tinte *f;* ***la seiche lance un jet d'~*** der Tintenfisch spritzt Tinte
► **~ indélébile** dokumentenechte Tinte; **noir(e) comme [de] l'~** kohlrabenschwarz; **~ sympathique** sympathetische Tinte, Geheimtinte *f;* **qc a fait couler de l'~ [o beaucoup d'~]** über etw (*akk*) ist [schon] viel Tinte verspritzt worden; **à l'~** mit Tinte
◆ **encre de Chine** Tusche *f;* **encre d'imprimerie** Druckerschwärze *f;* **encre en poudre** Toner *m*

encrer <1> [ɑ̃kʀe] **I.** *vt* ■ **qn encre qc** *tampon* jd tränkt etw [mit Tinte/Tusche]; *rouleau* jd trägt Druckerschwärze auf etw (*akk*) auf, jd schwärzt etw
II. *vi* ■ **qc encre** */rouleau, lettres/* etw nimmt Farbe [*o* Druckerschwärze] an; ***le tampon n'encre plus*** das Stempelkissen ist verbraucht

encreur [ɑ̃kʀœʀ] *adj v.* **rouleau, tampon**

encrier [ɑ̃kʀije] *m* Tintenglas *nt;* TYP Farbbehälter *m*, Farbkasten *m*

encroûté, e [ɑ̃kʀute] **I.** *adj* verknöchert, starr; ■ **qn est ~ dans qc** *dans des habitudes, préjugés* jd ist in etw (*dat*) festgefahren [*o* erstarrt]
II. *m, f* verknöcherter Mensch

encroûtement [ɑ̃kʀutmɑ̃] *m* **1.** TECH [*chaudière*] Verkalkung *f;* (*résidu a.*) Kesselstein *m*
2. *littér* (*sclérose*) Verknöcherung *f*, [geistige] Verkalkung [*o* Erstarrung]

encroûter <1> [ɑ̃kʀute] **I.** *vt* **1.** (*couvrir d'une croûte*) ■ **qc encroûte qc** etw bedeckt [*o* überzieht] etw mit einer Kruste
2. (*abêtir*) ■ **qc encroûte qn** etw lässt jdn verknöchern [*o* verkalken]; ***rien ne nous encroûte plus que la paresse*** nichts lässt uns mehr einrosten [*o* geistig und körperlich erstarren] als die Faulheit
II. *vpr* **1.** TECH ■ **qc s'encroûte** */chaudière/* etw verkalkt
2. (*s'abêtir*) ■ **qn s'encroûte** jd verknöchert, jd verkalkt; ■ **qn s'encroûte dans qc** *dans des habitudes* jd erstarrt in etw (*dat*); ***ils se sont encroûtés, ils ne sortent plus de chez eux*** sie bewegen sich nicht mehr von der Stelle und gehen nicht mehr vor die Tür; ***ils se sont encroûtés dans leur confort*** sie sind in ihrem Komfort bequem und träge geworden

enculage [ɑ̃kylaʒ] *m vulg* Arschfickerei *f vulg*
► **~ de mouches [en plein vol]** *fam* Korinthenkackerei *f fam*

enculé [ɑ̃kyle] *m vulg* Arschloch *nt vulg;* ***va te faire foutre, t'es qu'un ~!*** hau ab, du Arsch! *vulg*

enculer <1> [ɑ̃kyle] *vt vulg* ■ **qn encule qn** jd fickt jdn in den Arsch *vulg;*

■ **qn se fait ~** jd lässt sich in den Arsch ficken *vulg*
▶ **qu'il aille se faire ~** *vulg* der kann mich mal [am Arsch lecken] *vulg;* **va te faire ~** *vulg* du kannst mich mal [am Arsch lecken] *vulg;* **je l'encule/t'encule** *vulg* der/die kann mich mal/du kannst mich mal *vulg*
enculeur, -euse [ɑ̃kylœʀ, -øz] *m, f* ▶ **~(-euse) de mouches** *fam* Korinthenkacker(in) *m(f) fam*
encyclique [ɑ̃siklik] *f* Enzyklika *f*
encyclopédie [ɑ̃siklɔpedi] *f* **1.** (*ouvrage général*) Enzyklopädie *f*
2. (*ouvrage spécialisé*) Lexikon *nt*
▶ **~ vivante** wandelndes [*o* lebendes] Lexikon
encyclopédique [ɑ̃siklɔpedik] *adj* enzyklopädisch; *culture, connaissances, savoir a.* umfassend; *esprit* universal
encyclopédisme [ɑ̃siklɔpedism] *m* Anhäufung *f* toten Wissens
encyclopédiste [ɑ̃siklɔpedist] *m* HIST Enzyklopädist *m*
en deçà [ɑ̃dəsa] *loc v.* **deçà**
endémie [ɑ̃demi] *f* Endemie *f spec*
endémique [ɑ̃demik] *adj* **1.** MED *état, mal, maladie* endemisch *spec,* örtlich begrenzt
2. (*permanent*) ständig, dauernd; *état, chômage a.* Dauer-; ***qc est à l'état ~*** etw ist ein Dauerzustand
endetté, e [ɑ̃dete] *adj* ■ **~ [de 1000/2000 F]** verschuldet [mit 1000/2000 F]
endettement [ɑ̃dɛtmɑ̃] *m* Verschuldung *f,* [Sich]verschulden *nt;* (*dette*) Verschuldung; **~ *public*** Staatsverschuldung
endetter <1> [ɑ̃dete] **I.** *vt* ■ **qn/qc endette qn/qc** jd/etw stürzt jdn/etw in Schulden; ***cet achat l'a lourdement endetté*** dieser Kauf hat ihn in hohe Schulden gestürzt
II. *vpr* ■ **qn s'endette [de 1000/2000 F] [auprès de qn]** jd verschuldet sich [bei jdm] [mit 1000/2000 F]; ***elle s'est endettée jusqu'au cou*** sie steckt bis über beide Ohren in Schulden
endeuiller <1> [ɑ̃dœje] *vt* ■ **qc endeuille qn/qc** *personne, famille, pays* etw versetzt jd/etw in Trauer; *épreuve sportive, manifestation* etw überschattet etw
endiablé, e [ɑ̃djɑble] *adj* wild, verdammt heiß *fam; rythme a.* rasend, verdammt schnell *fam; vitalité, verve* verdammt leidenschaftlich *fam;* ***à une allure ~e*** rasend, mit einer rasenden Geschwindigkeit
endiguer <1> [ɑ̃dige] *vt* **1.** (*contenir dans des digues*) ■ **qn endigue qc** jd deicht etw ein; *fleuve, rivière a., ruisseau* jd dämmt etw ein
2. (*contenir dans des limites*) ■ **qn endigue qc** *foule, invasion* jd bringt etw unter Kontrolle; *manifestation, émeute, révolution, criminalité* jd verhindert die Ausweitung einer S. (*gen*); *flot de paroles, imagination, revendications* jd gebietet einer S. (*dat*) Einhalt; *violence, inflation, chômage* jd dämmt etw ein
endimanché, e [ɑ̃dimɑ̃ʃe] *adj* im Sonntagsstaat, sonntäglich gekleidet
endimancher <1> [ɑ̃dimɑ̃ʃe] *vpr* ■ **qn s'endimanche** jd zieht seinen Sonntagsstaat an, jd kleidet sich sonntäglich
endive [ɑ̃div] *f* Chicorée *m o f;* ***il y avait des ~s au jambon*** es gab Chicoréegemüse mit Schinken
▶ **qn est pâle comme une ~** *fam* jd ist weiß wie die Wand
endocrine [ɑ̃dɔkʀin] *adj v.* **glande**
endocrinien, ne [ɑ̃dɔkʀinjɛ̃, jɛn] *adj* endokrin *spec;* ***système ~*** endokrines Drüsensystem
endoctrinement [ɑ̃dɔktʀinmɑ̃] *m* [politische [*o* ideologische]] Indoktrination; **~ *des esprits*** geistige Indoktrination
endoctriner <1> [ɑ̃dɔktʀine] *vt* ■ **qn endoctrine qn** jd indoktriniert jdn [politisch [*o* ideologisch]]
endogène [ɑ̃dɔʒɛn] *adj* SCI endogen *spec*
endolori, e [ɑ̃dɔlɔʀi] *adj* schmerzend; *corps, personne* von Schmerzen gepeinigt [*o* geplagt]; ***j'ai le bras/le dos ~/la tête ~e*** ich habe Schmerzen im Arm/Rücken/Kopf, der Arm/Rücken/Kopf schmerzt mich
endommager <2 a> [ɑ̃dɔmaʒe] *vt* ■ **qc endommage qc** etw beschädigt etw; ***les intempéries ont endommagé les récoltes*** das schlechte Wetter hat die Ernte beeinträchtigt; ***la forêt a été endommagée par les tempêtes*** der Wald wurde durch die Stürme stark in Mitleidenschaft gezogen
endormant, e [ɑ̃dɔʀmɑ̃, ɑ̃t] *adj* einschläfernd; *écrit, personne* zum Einschlafen langweilig
endormi, e [ɑ̃dɔʀmi] **I.** *adj* **1.** (*opp: éveillé*) schlafend; *lésion* zum Stillstand gekommen; *passion, sensualité* nicht geweckt; ***il est encore tout ~*** er ist noch ganz verschlafen [*o* schläfrig]
2. (*engourdi*) *bras, jambe* eingeschlafen
3. (*apathique*) *esprit* träge; *personne a.* lahm; *regard* verschlafen; ***auditoire ~*** dösende [*o* vor sich hin dämmernde] Zuhörer, träges Publikum
II. *m, f* Schlafmütze *f fam;* ***bande d'~s!*** verschlafene Bande!
▶ **qn fait l'~** (*feint le sommeil*) jd stellt sich schlafend; (*fait semblant de ne pas comprendre*) jd stellt sich taub
endormir <*irr*> [ɑ̃dɔʀmiʀ] **I.** *vt* **1.** (*faire dormir*) ■ **qn/qc endort qn** jd/etw versetzt jdn in Schlaf, jd bringt jdn zum [Ein]schlafen, etw schläfert jdn ein, etw macht jdn schläfrig; (*anesthésier*) jd betäubt jdn; (*hypnotiser*) jd versetzt jdn in Hypnose; ***elle chante une berceuse pour ~ son bébé*** sie singt ein Lied, um ihr Baby in den Schlaf zu wiegen
2. (*ennuyer*) ■ **qn/qc endort qn** jd/etw wirkt einschläfernd auf jdn, jd/etw hat eine einschläfernde Wirkung auf jdn; ***ce roman m'endort*** bei diesem Roman schlafe ich fast ein
3. (*faire disparaître*) ■ **qn/qc endort qc** *douleur* etw betäubt etw; *soupçons* jd/etw zerstreut etw; *vigilance* jd/etw schläfert etw ein; *chagrin* jd/etw lässt etw vergessen, jd/etw vertreibt etw; *scrupules* jd/etw bringt etw zum Schweigen
4. (*tromper*) ■ **qn endort qn [avec [*o* par] qc]** jd lullt jdn [mit etw] ein; ■ **qn se laisse ~ par qn/qc** jd lässt sich von jdm/durch etw einlullen
II. *vpr* **1.** (*s'assoupir*) ■ **qn s'endort** jd schläft ein; ***ce n'est pas le moment de s'~*** jetzt ist keine Zeit zum Schlafen
2. (*devenir très calme*) ■ **qc s'endort** /*ville, maison*/ etw kommt zur Ruhe, in etw (*dat*) wird es still
3. (*s'atténuer*) ■ **qc s'endort** etw lässt nach; /*chagrin, douleur a.*/ etw wird schwächer; /*douleur*/ etw klingt ab; /*faculté, sens*/ etw schläft ein; ***les gardiens ont laissé s'~ leur vigilance*** die Wärter ließen in ihrer Wachsamkeit nach
endormissement [ɑ̃dɔʀmismɑ̃] *m* **1.** (*fait de s'endormir*) Einschlafen *nt;* ***difficulté d'~*** Einschlafstörung *f;* ***l'~ est parfois difficile*** das Einschlafen bereitet manchmal Schwierigkeiten
2. (*somnolence*): ***en état d'~*** im Dämmerzustand; ***après six semaines d'~*** nach sechs Wochen Dämmerschlaf
3. (*apathie*) Trägheit *f*
endos [ɑ̃do] *m* Indossament[vermerk *m*] *nt spec,* Übertragungsvermerk *m*
endoscope [ɑ̃dɔskɔp] *m* Endoskop *nt*
endoscopie [ɑ̃dɔskɔpi] *f* Spiegelung *f,* Endoskopie *f spec*
endossable [ɑ̃dosablə] *adj* indossierbar, übertragbar
endossement [ɑ̃dosmɑ̃] *m* Indossament *nt spec,* Indossierung *f spec;* ~ ***complet/en blanc*** Voll-/Blankoindossament
endosser <1> [ɑ̃dose] *vt* **1.** (*enfiler*) ■ **qn endosse qc** *vêtement* jd zieht [schnell] etw an; (*sans passer les manches*) jd wirft sich (*dat*) etw über
2. (*assumer*) ■ **qn endosse qc** *responsabilité* jd nimmt [*o* lädt] etw auf sich (*akk*), jd übernimmt etw; *conséquences, sottises* jd steht für etw gerade [*o* ein]; *paternité d'un enfant* jd lädt [*o* halst *fam*] sich (*dat*) etw auf; ■ **qn fait ~ qc à qn** jd schiebt jdm etw zu; *erreurs* jd schiebt jdm etw in die Schuhe *fam*
3. FIN ■ **qn endosse qc** jd indossiert etw *spec,* jd überträgt etw durch Indossament *spec*
endroit¹ [ɑ̃dʀwa] *m* (*lieu*) Stelle *f;* (*localité*) Ort *m;* ***les gens de l'~*** die Ortsansässigen, die örtliche Bevölkerung
▶ **le/un bon ~ pour faire qc** der richtige/ein geeigneter Ort um etw zu tun; **c'est le bon ~ pour!** *fam* das ist das ideale [*o* genau das richtige] Plätzchen dafür!; **au bon ~** (*sans mouvement*) an der richtigen Stelle; (*avec mouvement*) an die richtige Stelle; **il n'y a pas deux ~s comme celui-là!** der Ort hat nicht seinesgleichen!; **en différents ~s [de qc]** an verschiedenen Stellen [einer S. (*gen*)]; **un ~ idéal/peu sûr pour faire qc/pour qn/qc** ein idealer/gefährlicher Ort um etw zu tun/für jdn/zu etw; **un ~ idéal/peu sûr pour qn/qc/pour faire qc** ein idealer/gefährlicher Ort für jdn/etw/um etw zu tun; **au même ~** (*sans mouvement*) an der gleichen Stelle; (*avec mouvement*) an die gleiche Stelle; **~ paumé [*o* perdu]** abgelegener [*o* entlegener] Ort; ***l'~ était complètement perdu*** der Ort war [*o* lag] völlig abgelegen; **le petit ~** *fam* das Örtchen *fam;* **à [*o* en] plusieurs ~s** an mehreren Stellen; **~ sensible** empfindliche Stelle; (*moralement a.*) wunder Punkt; **un ~ peu sûr** eine unsichere Gegend; **à cet ~** (*sans mouvement*) an dieser Stelle; (*avec mouvement*) an diese Stelle; **à quel ~ ...?** an welcher Stelle ...?; **de cet ~** von dieser Stelle [aus]; **par ~s** stellenweise, an manchen [*o* einigen] Stellen; **~ pour** *fam* geeigneter [*o* idealer] Ort [dafür]; ***si vous voulez faire les nudistes, il y a des ~s pour!*** wenn ihr FKK machen wollt, gibt es dafür ideale Plätze!
endroit² [ɑ̃dʀwa] *m* (*opp: envers*) rechte Seite, Außenseite *f*
▶ **qc est à l'~** /*vêtement*/ etw ist rechts; /*feuille*/ etw liegt mit der richtigen Seite nach oben, etw liegt richtig herum; /*diapositive*/ etw ist richtig eingelegt; ***ton livre n'est même pas à l'~!*** du hältst dein Buch nicht einmal richtig [herum]; **qn remet qc à l'~** *vêtement* jd dreht etw nach rechts; *diapositive* jd legt etw richtig [herum] ein; **qn tricote [qc] à l'~** jd strickt [etw] rechts; **à l'~ de qn** *littér* jdm gegenüber; ***à mon/ton/son ~*** mir/dir/ihm/ihr gegenüber
enduire <*irr*> [ɑ̃dɥiʀ] **I.** *vt* ■ **qn enduit qc de qc** (*avec un outil*) jd bestreicht etw mit etw, jd schmiert etw mit etw ein; (*avec les mains*) jd reibt etw mit etw ein; (*avec un pinceau*) jd bepinselt etw mit etw; *de plâtre* jd verputzt etw mit etw; *de plastique* jd überzieht etw mit etw; ***qn enduit le papier peint de colle*** jd trägt Leim auf die Tapete auf
II. *vpr* ■ **qn s'enduit de qc** *de pommade, de crème* jd reibt sich mit etw ein; ***les hippopotames s'enduisent de boue*** die Nilpferde nehmen ein Schlammbad; ■ **qn s'enduit qc [de qc]** jd reibt sich (*dat*) etw [mit etw] ein
enduit [ɑ̃dɥi] *m* Spachtel[kitt *m*] *m*
endurance [ɑ̃dyʀɑ̃s] *f* Ausdauer *f;* ***qn est d'une ~ remarquable*** jd hat eine bemerkenswerte Ausdauer, jd ist außerordentlich ausdauernd
▶ **qn a de l'~** jd hat Ausdauer, jd ist ausdauernd
endurant, e [ɑ̃dyʀɑ̃, ɑ̃t] *adj* ausdauernd
endurci, e [ɑ̃dyʀsi] *adj* **1.** (*insensible*) *cœur* hart; *personne a.* hartherzig; *criminel* hartgesotten, abgebrüht; ***personne n'a pu attendrir le cœur ~ de cet homme*** niemand konnte diesen hartherzigen Menschen erweichen
2. (*invétéré*) *célibataire* eingefleischt; *joueur* leidenschaftlich, passioniert; *buveur, fumeur* unverbesserlich
3. (*résistant*) ■ **~ à qc** abgehärtet gegen etw; **~ *aux privations*** an Entbehrungen gewöhnt
endurcir <8> [ɑ̃dyʀsiʀ] **I.** *vt* **1.** (*physiquement*) ■ **qn/qc endurcit qn [à qc]** jd/etw härtet jdn [gegen etw] ab; *au froid, à la chaleur, souffrance a.* jd/etw macht jdn gegen etw unempfindlich, etw lässt jdn gegen etw unempfindlich werden; *à l'effort, aux privations* jd gewöhnt jdn an etw
2. (*moralement*) ■ **qc endurcit qn** etw verhärtet jdn, etw stumpft jdn ab; ***qc endurcit le cœur/l'âme*** etw macht hartherzig/gefühllos; ***qc lui a endurci le cœur*** etw ließ jdn hartherzig [*o* zu einem gefühllosen Menschen] werden
II. *vpr* **1.** (*physiquement*) ■ **qn s'endurcit [à qc]** jd härtet [sich] [gegen etw] ab, jd wird unempfindlich [gegen etw]; ***qn s'est endurci(e) à la fatigue*** jd wird weniger schnell müde; ***qn s'est endurci(e) aux privations/à l'effort*** jd ist an Entbehrungen/harte Arbeit gewöhnt

2. (*moralement*) ■ **qn s'endurcit** jd verhärtet, jd stumpft ab; ***son cœur s'est endurci/son âme s'est endurcie*** er/sie ist hartherzig/gefühllos geworden; ■ **qn s'endurcit contre qn/qc** jd wird jdm/einer S. gegenüber gefühllos, jd stumpft gegenüber etw ab

endurer <1> [ɑ̃dyʀe] *vt* ■ **qn endure qc** jd erträgt etw; *souffrance, mal, bruit a.* jd erduldet etw; *bruit a.* jd hält etw aus; *soupçons a., insulte, outrage* jd lässt sich (*dat*) etw gefallen; *insulte, outrage* jd nimmt etw hin; *privations* jd nimmt etw auf sich (*akk*); *pull, vêtement chaud* jd ist froh um etw, jd kann etw gut gebrauchen; ■ **qn endure de faire qc** jd nimmt es [geduldig] hin, dass er etw tut

enduro [ɑ̃dyʀo] **I.** *m* (*épreuve*) Prüfung *f* auf Geländetauglichkeit
II. *f* (*moto*) Enduro *f*

énergétique [enɛʀʒetik] *adj* **1.** ECON Energie-; ***les besoins ~s*** der Energiebedarf; ***la dépendance/l'indépendance ~*** die Abhängigkeit/Unabhängigkeit in der Energieversorgung; ***la facture ~*** die Kosten des Energieverbrauchs
2. PHYSIOL: ***valeur ~*** Energiegehalt *m;* ***aliment ~*** Kraftnahrung *f;* ***action ~*** kraftspendende Wirkung

énergie [enɛʀʒi] *f* **1.** (*force, vigueur*) Energie *f;* (*style*) Kraft *f;* ***cet enfant déborde d'~*** dieses Kind hat zu viel Energie [*o* birst fast vor Energie]; ***il pédalait avec ~*** er trat kräftig in die Pedale; ***qn fait qc avec ~/avec la dernière ~/avec l'~ du désespoir*** jd macht etw voller Energie/mit letzter Kraft/mit der Kraft der Verzweiflung
2. IND Energieträger *m;* ***forme d'~*** Energieform *f*
3. PHYS, PHYSIOL Energie *f;* ***principe de la conservation de l'~*** Energieerhaltungssatz *m;* ***les échanges d'~*** der Energieaustausch
▸ **~ atomique** [*o* **nucléaire**]/**solaire** Atomenergie *f* [*o* Kernenergie *f*]/Sonnenenergie *f;* **~ cinétique** Bewegungsenergie *f,* kinetische Energie *spec;* **~ électrique** elektrische Energie; **~ éolienne** Windenergie *f;* **~ mécanique/potentielle** mechanische/potenzielle Energie; **plein(e) d'~** voller Energie, energiegeladen; ***un style plein d'~*** ein lebendiger Stil; **~ thermique** Wärmeenergie *f,* thermische Energie *spec;* **qn a de l'~/beaucoup d'~** jd hat Kraft/viel Kraft; (*est très actif*) jd besitzt Tatkraft/große Tatkraft, jd ist tatkräftig/sehr tatkräftig; ***il a beaucoup d'~, quand il s'agit de faire des bêtises*** er ist sehr aktiv [*o* voll dabei], wenn es um dumme Streiche geht; **qn a de l'~ à revendre** jd hat zu viel Kraft; **qn/qc galvanise les ~s** jd/etw mobilisiert alle Kräfte

énergique [enɛʀʒik] *adj* **1.** (*vigoureux, actif*) energisch; *mouvement, effort a.* kräftig; ***son franc-parler ~*** seine/ihre drastische Ausdrucksweise
2. (*efficace*) stark wirkend

énergiquement [enɛʀʒikmɑ̃] *adv* energisch; *frictionner, secouer, frotter* kräftig; ***le médecin m'a soigné ~*** die Behandlung des Arztes hatte schnellen Erfolg

énergisant, e [enɛʀʒizɑ̃, ɑ̃t] *adj action* belebend; *médicament* energiespendend, vitalisierend

énergumène [enɛʀgymɛn] *m* verrückter Kerl; ***c'est un drôle d'~*** das ist ein irrer Typ

énervant, e [enɛʀvɑ̃, ɑ̃t] *adj* nervtötend, entnervend; *travail, attente, petit jeu* nervenaufreibend, zermürbend; ***ce que tu peux être ~, avec tes histoires!*** du kannst einem vielleicht auf die Nerven gehen mit deinen Geschichten!; ***cet enfant est ~*** dieses Kind geht einem auf die Nerven [*o* tötet einem den Nerv]; ***j'ai un patron ~*** mein Chef geht mir auf die Nerven
▸ **c'est ~[, à force/à la fin]** das macht einen [auf die Dauer/letztendlich] wahnsinnig

énervé, e [enɛʀve] *adj* (*agacé*) verärgert; *ton a.* gereizt; (*excité*) unruhig, aufgeregt; (*nerveux*) nervös

énervement [enɛʀvəmɑ̃] *m* (*agacement*) Verärgerung *f,* Gereiztheit *f;* (*surexcitation*) Unruhe *f;* (*nervosité*) Nervosität *f*

énerver <1> [enɛʀve] **I.** *vt* (*agacer*) ■ **qn/qc/ça énerve qn** jd/etw/das geht jdm auf die Nerven; (*exciter*) jd/etw/das macht jdn unruhig; ■ **ça énerve qn de faire qc** das macht jdn wahnsinnig [*o* es nervt jdn *fam*], etw zu tun; ***ça m'énerve, mais ça m'énerve, ce truc!*** dieses Ding macht mich noch wahnsinnig [*o* nervt mich *fam*]!
II. *vpr* ■ **qn s'énerve [après qn/qc]** jd regt sich [über jdn/etw] auf
▸ **ne nous énervons pas!** nur keine Aufregung!, nur nicht aufregen!; **ne nous énervons [surtout] pas!** *iron* nur keine Überanstrengung!; **ne t'énerve pas [pour ça/pour si peu]** reg dich [doch] nicht [wegen so etwas/wegen so einer Kleinigkeit] auf; **est-ce que je m'énerve, moi?** ich reg' mich doch nicht auf!

enfance [ɑ̃fɑ̃s] *f* **1.** (*période*) Kindheit *f,* Kinderzeit *f,* Kindesalter *nt;* ***elles ont eu une ~ heureuse*** sie verbrachten glückliche [*o* unbeschwerte] Kinderjahre; ***une ~ malheureuse*** eine schwere [*o* unglückliche] Kindheit; ***l'~ de l'humanité*** die frühesten Anfänge der Menschheit
2. ∅ (*les enfants*) Kind *nt,* Kinder *pl;* ***l'~ malheureuse*** Kinder in Not
▸ **c'est l'~ de l'art** das ist kinderleicht; **petite ~** frühe Kindheit; ***dès la petite ~*** von klein auf, von Kind an; **première ~** früheste Kindheit; **dès la plus tendre ~** [schon] seit dem zartesten Kindesalter; **qc est [encore] dans l'~** etw steckt noch in den Kinderschuhen [*o* im Anfangsstadium]; **qn [re]tombe en ~** jd wird [wieder] kindisch

enfant [ɑ̃fɑ̃] *mf* **1.** (*opp: adulte*) Kind *nt;* ***c'est un/une ~!*** das ist [doch] noch ein [halbes] Kind!; ***ma pauvre ~!*** mein armes Kind!; ***quand j'étais ~*** als ich noch ein Kind war; ***quand il était tout ~*** als er noch ein ganz kleines Kind war; ***[encore/tout] ~, ...*** [schon] als Kind/als ganz kleines Kind
2. (*fils ou fille de qn*) Kind *nt; pl* (*descendants*) Kind[er] und Kindeskinder *pl,* Nachkommen *pl*
3. (*par rapport à l'origine*) ■ **~ de qn/qc** jds/einer S. Kind *nt;* ***~ de Paris*** Pariser Kind; ***c'est un ~ de la ville*** er/sie ist ein Stadtkind
4. (*œuvre*) Werk *nt;* ■ **~ de qc** Kind *nt* einer S.
▸ **~ de cochon/putain/salaud** *vulg* Ferkel *nt vulg*/Hurenkind *nt vulg*/Miststück *nt vulg;* **~ du premier/deuxième lit** Kind *nt* aus erster/zweiter Ehe; **qn traite qn comme l'~ de la maison** jd behandelt jdn wie ein Mitglied der Familie; **c'est bien là l'~ de son père/de sa mère** das ist ganz der Vater/die Mutter; **qn a un air bon ~** jd sieht gutmütig aus; ***avec son air bon ~*** mit seinem/ihrem gutmütigen Gesichtsausdruck; **qn est bon ~** jd ist gutmütig; **~ difficile/à problèmes** schwieriges Kind/Problemkind *nt;* **qn est un éternel/grand ~** jd ist ein ewiges/großes Kind; **~ gâté(e)/pourri(e)** verwöhntes/verzogenes [*o* verdorbenes] Kind; ***ne fais pas l'~ gâté(e)*** stell dich nicht an wie ein Muttersöhnchen; **qn est l'~ gâté de qn/qc** jd ist von jdm/einer S. begünstigt; **innocent(e) comme l'~ qui vient de naître** unschuldig wie ein neugeborenes Kind; **~ légitime/naturel(le)/adoptif(-ive)** eheliches/uneheliches Kind/Adoptivkind *nt;* **petit(e) ~** Kleine(r) *f(m),* kleines Kind, Kleinkind *nt;* **~ prodige** Wunderkind *nt;* **l'~ prodigue** der verlorene Sohn; **~ sauvage** wild aufgewachsenes Kind; **~ terrible** wildes [*o* nicht zu bändigendes] Kind; **qn est l'~ terrible de qc** jd ist das Enfant terrible einer S. (*gen*); **~ trouvé** Findelkind *nt;* **~ unique** einziges Kind, Einzelkind *nt;* ***qn est ~ unique*** jd ist ein Einzelkind; **il n'y a plus d'~s!** das ist die Jugend von heute!; **les ~s s'amusent!** wie die kleinen Kinder!; **qn attend un ~** jd erwartet ein Kind; **qn est encore/très ~** jd ist noch/sehr kindlich; **qn fait un ~/des ~s** jd gebiert ein Kind/Kinder; **qn fait un ~ à qn** *fam* jd macht jdm ein Kind *fam;* **ne fais/faites pas l'~** sei/seid nicht kindisch [*o* albern]; **qn met un ~ au monde** jd bringt ein Kind zur Welt; **qn fait qc comme un ~** jd tut etw wie ein kleines Kind; **d'~, pour ~** Kinder-, für Kinder; **sans ~s** *couple* kinderlos; **les ~s!** [liebe] [*o* [meine lieben]] Kinder!; *fam* (*s'adressant à des adultes*) Kinder *pl;* ***vous venez, les ~s?*** kommt, Kinder!, Kinder, kommt [ihr bitte]!; ***au travail, les ~s!*** an die Arbeit, Kinder!
◆ **enfant de chœur** Ministrant *m,* Messknabe *m;* (*personne naïve*) Unschuldslamm *nt,* Unschuldsengel *m;* **enfant de la balle** Kind *nt* fahrender Eltern *hum;* (*au cirque*) Komödiantenkind *nt;* **enfant de l'amour** Kind *nt* der Liebe; **enfant de Marie** *iron* Unschuldsengel *m;* **enfant de troupe** Kind *nt,* das unter Soldaten aufgewachsen ist; **enfant du pays** Kind *nt* des Landes; **enfant du peuple** Kind *nt* einfacher Leute

enfantement [ɑ̃fɑ̃tmɑ̃] *m* **1.** *vieilli* (*accouchement*) Niederkunft *f geh,* Geburt *f*
2. *littér* (*création*) Geburt *f liter*

enfanter <1> [ɑ̃fɑ̃te] **I.** *vi littér* ■ **qn enfante** jd gebärt, jd gebiert *geh,* jd kommt nieder *geh;* ***elle enfanta pour la première fois*** sie bekam ihr erstes Kind, sie hat ihr erstes Kind geboren
II. *vt littér* **1.** (*accoucher*) ■ **qn enfanta/enfantera qn** jd hat jdn geboren/wird jdn gebären
2. (*créer*) ■ **qn enfante qc** jd bringt etw hervor, jd lässt etw entstehen

enfantillage [ɑ̃fɑ̃tijaʒ] *m* Albernheit *f*

enfantin, e [ɑ̃fɑ̃tɛ̃, in] *adj* **1.** (*d'enfant*) *rires, innocence* kindlich; *chansons, langage* Kinder-; ***classe ~e*** Vorschulklasse *f*
2. *péj* (*puéril*) kindisch
3. (*simple*) kinderleicht; ***c'est ~[, voyons]!*** das ist [doch] kinderleicht!

enfariné, e [ɑ̃faʀine] *adj* (*couvert de farine*) mit Mehl bestreut; *mains* mehlig; (*de poudre blanche*) [weiß] gepudert

enfer [ɑ̃fɛʀ] *m* **1.** REL Hölle *f*
2. *pl* MYTH (*lieu*) Unterwelt *f,* Totenreich *nt,* Orkus *m;* ***Orphée aux ~s*** Orpheus in der Unterwelt
3. (*situation*) Hölle *f;* ***l'~, c'est de s'apercevoir que*** + *indic* es ist die Hölle, wenn man bemerkt, dass; ***qn vit [dans] un véritable ~*** jd hat die Hölle auf Erden
4. (*dans une bibliothèque*) Giftschrank *m fam* (*Sonderabteilung einer Bibliothek mit gefährlicher Literatur*)
▸ **l'~ est pavé de bonnes intentions** *prov* der Weg zur Hölle ist mit guten Vorsätzen gepflastert; **c'est l'~** [*o* **un véritable ~**] das ist die Hölle [auf Erden]; **c'est l'~!** *fam* (*c'est affreux*) das ist eine Qual!; **d'~** (*infernal*) *bruit, vacarme* Höllen-, Riesen-; (*sensationnel*) [affen]geil *sl,* heiß *fam;* ***un feu d'~ s'abattit sur le port*** ein Bombenhagel ging auf den Hafen nieder; ***qn joue un jeu d'~*** jd spielt hoch [*o* mit hohem Einsatz]; ***train/cadence d'~*** Affentempo *nt;* ***vision d'~*** Bild *nt* der Hölle; ***elle a un look d'~!*** die sieht [*o* sieht die] geil aus! *sl*

enfermement [ɑ̃fɛʀməmɑ̃] *m* (*internement*) Einweisung *f;* (*renfermement*) Gefangensein *nt*

enfermer <1> [ɑ̃fɛʀme] **I.** *vt* **1.** (*mettre dans un lieu fermé*) ■ **qn enferme qn/un animal/qc [dans qc]** jd schließt jdn/ein Tier/etw [in etw (*akk*)] ein, jd sperrt jdn/ein Tier ein, jd schließt etw weg; *argent a.* jd verschließt etw [in etw (*dat*)]; *dans un sac* jd steckt etw in etw (*akk*); ■ **qn est enfermé(e) dans qc** jd ist in etw (*dat*) eingeschlossen; ■ **qn/un animal est/vit/est resté(e) enfermé(e) dans qc** jd/ein Tier ist/lebt/blieb in etw (*dat*) eingeschlossen [*o* eingesperrt]; ■ **qn enferme qn** (*mettre à l'asile*) jd sperrt jdn ein; (*en prison a.*) jd bringt jdn hinter Gitter
2. (*maintenir*) ■ **qn enferme qn/qc dans qc** *dans des règles strictes* jd engt jdn/etw durch etw ein; *dans un rôle* jd legt jdn/etw auf etw (*akk*) fest, jd zwängt jdm/einer S. etw auf; ***qn enferme qn/qc dans une image*** jd hält an einem bestimmten Bild von jdm/etw fest; ***qn enferme qn dans ses contradictions*** jd lässt jdn zum Opfer seiner eigenen Widersprüche werden; ***qn est enfermé(e) dans ses contradictions*** jd hat sich in seinen eigenen Widersprüchen verfangen [*o* verstrickt]
3. *vieilli* (*comporter*) ■ **qc enferme qc [en soi]** etw schließt [*o* begreift] etw in sich (*dat*), etw umschließt etw
4. SPORT ■ **qn/un animal se laisse ~** jd lässt sich einschließen; (*à l'intérieur du peloton*) jd/ein Tier lässt sich in die Zange nehmen
5. (*entourer*) ■ **qc enferme qc** etw umschließt etw
▸ **qn est bon à ~** jd gehört eingesperrt; **qn est enfermé(e) dehors** *fam* jd ist ausgesperrt; ***j'ai peur de me retrouver enfermée dehors*** ich habe Angst mich auszusperren; **qn est/reste enfermé(e) chez lui** [*o* **entre qua-**

tre murs] jd lebt in seinen vier Wänden
II. *vpr* **1.** (*s'isoler*) ■ **qn s'enferme** [**dans qc**] jd schließt sich [in etw (*akk o dat*)] ein
2. (*se maintenir*) ■ **qn s'enferme dans qc** *dans sa timidité, sa fierté* jd verharrt in etw (*dat*); *dans ses contradictions* jd verwickelt sich in etw (*akk*); *dans un rôle* jd legt sich auf etw (*akk*) fest; *dans le silence* jd hüllt sich in etw (*akk*); *dans la solitude* jd zieht sich in etw (*akk*) zurück; *dans une idée, un plan arrêté* jd versteift sich auf etw (*akk*); *dans un système de pensée* jd igelt sich in etw (*dat*) ein

enferrer <1> [ɑ̃feʀe] *vpr* ■ **qn s'enferre dans qc**: ***on s'enferre dans des mensonges/explications confuses*** jd verstrickt sich in Lügen [*o* verfängt sich in einem Lügengewebe]/widersprüchlichen Erklärungen; ***qn s'enferre dans ses raisonnements/son explication*** jd verstrickt sich bei seinen Überlegungen/seiner Darlegung

enfiévrer <5> [ɑ̃fjevʀe] **I.** *vt* ■ **qc enfièvre qn** **1.** (*exalter*) etw heizt jds Stimmung an, etw erhitzt jds Gemüter
2. *vieux* (*rendre fiévreux*) etw verursacht bei jdm Fieber, etw löst bei jdm Fieber aus
II. *vpr* ■ **qn s'enfièvre** [**pour qc**] jd erhitzt sich [an etw (*dat*)]

enfilade [ɑ̃filad] *f* [*couloirs, pièces, portes*] [lange] Reihe; [*pièces a.*] -flucht *f;* [*mots, phrases*] Serie *f,* Reihe
► **qn/qc prend des personnes/qc en** ~ /*tireurs*/ jd nimmt Menschen/etw unter Beschuss, jd beschießt Menschen/etw; /*tir, salve*/ etw hagelt auf Menschen/etw (*akk*) herab; **d'**~ *feu* Längs-; ***tir d'***~ Längsbeschuss *m;* **qc en** ~ lange Reihen [*o* eine lange Reihe] von etw; ***dans ces phrases en*** ~ in dieser Aneinanderreihung [*o* Aufeinanderfolge] von Sätzen

enfiler <1> [ɑ̃file] **I.** *vt* **1.** (*traverser par un fil*) ■ **qn enfile qc** *aiguille* jd fädelt etw ein; *perles* jd fädelt etw auf; ■ **qn enfile qc sur qc** (*mettre*) jd zieht etw auf etw (*akk*) auf; *sur un fil a.* jd reiht etw auf etw (*akk*) auf; *sur une tringle a.* jd schiebt etw auf etw (*akk*); ■ **qn enfile qc dans qc** *fil, ficelle* jd fädelt etw in etw (*akk*) ein; *tringle* jd steckt etw durch etw; *pied, jambe* jd steckt etw in etw (*akk*) [hinein]; *bras, main* jd fährt mit etw in etw (*akk*) [hinein], jd steckt etw in etw (*akk*) [hinein]; ***qn n'arrive pas à*** ~ ***qc dans qc*** jd kommt mit etw nicht in etw (*akk*) hinein
2. (*passer*) ■ **qn enfile qc** *vêtement* jd schlüpft in etw (*akk*) [hinein], jd streift etw über; *passe-montagne* jd zieht etw an; ***il enfile la bague à son doigt*** er steckt den Ring an seinen/ihren Finger
3. (*débiter*) ■ **qn enfile qc** *mots, anecdotes, réflexions* jd reiht etw aneinander
4. (*prendre*) ■ **qn enfile qc** jd biegt in etw (*akk*) ein; /*conducteur a.*/ jd fährt in etw (*akk*) hinein; /*piéton a.*/ jd schlägt etw ein; *porte* jd geht durch etw [hindurch]; *escalier* jd geht etw hoch [*o* hinauf]/hinunter
5. *vulg* (*posséder sexuellement*) ■ **qn enfile qn** jd fickt jdn *vulg*
II. *vpr* **1.** (*s'engager*) ■ **qn s'enfile quelque part** jd biegt irgendwo ein; *dans l'escalier* jd geht irgendwo hinauf [*o* hoch]/hinunter
2. *fam* (*s'envoyer*) ■ **qn s'enfile qc** *boisson* jd gießt [*o* schüttet] etw hinunter *fam; alcool a.* jd kippt etw *fam; nourriture* jd verspachtelt etw *fam,* jd putzt etw weg *fam;* (*se taper*) *travail, corvée* jd lädt sich (*dat*) etw auf

enfin [ɑ̃fɛ̃] *adv* **1.** (*fin d'une attente*) endlich; (*fin d'une énumération*) zuletzt, schließlich; ***te voilà*** ~! da bist du ja endlich!
2. (*pour corriger ou préciser*) eher [*o* vielmehr], beziehungsweise, genauer gesagt; (*marquant la gêne*) na ja; ***elle est blonde,*** ~, ***plutôt rousse*** sie ist blond, genauer gesagt rotblond; ***elle est jolie,*** ~, ***à mon sens*** sie ist hübsch, jedenfalls meiner Meinung nach; ***je pense qu'il ne viendra plus,*** ~, ***ça m'étonnerait*** ich denke, er kommt nicht mehr, es würde mich jedenfalls sehr wundern; ***tu as fait ce travail? – Ben non … euh …*** ~ ***oui*** hast du deine Arbeit gemacht? – Nein … äh … eigentlich ja
3. (*bref*) kurz [gesagt], kurz und gut; ***c'est un endroit calme, tranquille, pittoresque, le lieu idéal*** ~ ***pour se reposer*** ein stiller, ruhiger und malerischer Ort, kurz: der ideale Ort zur Erholung
4. (*pour clore la discussion*): ~, ***on verra bien*** wir werden es ja sehen; ~, ***tu fais pour le mieux*** du tust jedenfalls, was du kannst; ***…*** ~, ***comme on dit: …*** … wie es eben so schön heißt: …; ***bon,*** ~, ***n'en parlons plus*** jetzt ist es aber gut, sprechen wir nicht mehr davon; ~, ***ça te regarde, après tout, ce sont tes affaires*** letztendlich geht es vor allem dich etwas an, denn es sind ja deine Sachen; ~, ***c'est comme ça!*** das ist eben so!; ~, ***que voulez-vous, il a toujours été ainsi!*** was wollen Sie, letztlich [*o* wenn man es genau bedenkt,] war er immer so!
5. (*tout de même*) schließlich, doch [schließlich]; ***on ne peut pas le laisser comme ça*** ~! wir können es schließlich [*o* doch [schließlich]] nicht einfach so lassen!; ***comment, tu ne sais pas la réponse!*** ~, ***c'est facile!*** was, du weißt die Antwort nicht! das ist doch ganz einfach!
6. (*marque l'irritation*) komm, komm; jetzt aber; ~ [***voyons***], ***Paul!*** komm, komm [*o* jetzt aber], Paul!; ***je te dis que ce n'est pas comme ça que ça s'est passé!*** ~ ***quoi!*** ach komm, ich sag dir, es war nicht so!; ~, ***c'est quelque chose, quand même!*** das ist doch wirklich allerhand!; ~ ***parle!*** rede doch endlich!; ~ ***pousse-toi un peu!*** nun beweg dich endlich mal!; ~, ***Paul, qu'est-ce que tu as? parle!*** was hast du denn, Paul! rede doch!; ~, ***tu viens, oui ou non?*** kommst du nun [endlich], ja oder nein?; ~, ***à quoi tu penses?*** wo denkst du denn hin!
► ~ **bref** kurz und gut, kurzum; ~ **passons** was soll's *fam,* sei's drum *fam;* ***bon,*** ~, ***passons!*** gut, aber was soll's!; ~ **voilà** (*pour clore une discussion*) ja …; ~ ***voilà, je n'en sais pas plus*** ja, mehr weiß ich auch nicht; ~ ***voilà, je te laisse réfléchir*** ja, dann überleg mal; ***qu'est-ce que tu as décidé? – Ben, c'est-à-dire que …*** ~ ***voilà: …*** wie hast du dich nun entschieden? – Nun ja, das heißt … also [gut]: …; **car** ~: ***car*** ~ ***il faut bien le dire*** denn das muss schließlich einmal gesagt werden; ***et ce défi, car*** ~ ***il s'agit bien d'un défi*** und diese Herausforderung, denn schließlich handelt es sich um eine solche; [**certes,**] **mais** ~: ***ce n'est*** [***certes***] ***pas beaucoup, mais*** ~, ***c'est toujours ça*** es ist sicherlich nicht viel, aber schließlich besser als nichts; ***il n'a pas dit non, mais*** ~, ***il n'était pas enthousiaste*** er hat [zwar] nicht nein gesagt, aber er war auch nicht gerade begeistert; **m'**~ *fam* jetzt hört's aber auf *fam;* ***m'***~, ***ça va pas, non!*** jetzt hört's aber auf, dir geht's wohl nicht gut, oder!; ~ **quoi** *fam* also wirklich; ~ ***quoi, ça commence à bien faire, maintenant!*** jetzt reicht's aber langsam! *fam;* ~, ***c'est vrai, quoi, tu pourrais faire un effort!*** also, du könntest dir wirklich etwas Mühe geben!

enflammé, e [ɑ̃flɑme] *adj* **1.** (*passionné*) leidenschaftlich; *discours a.* flammend, zündend, feurig; *paroles a.* glühend; *nature a.* feurig; ***une déclaration*** ~***e*** eine glühende Liebeserklärung
2. MED entzündet
3. (*en flammes*) brennend; *littér* (*empourpré*) *visage, joues* glühend rot, feuerrot; *ciel, horizon* glutrot

enflammer <1> [ɑ̃flɑme] **I.** *vt* **1.** (*mettre le feu à*) ■ **qn/qc enflamme qc** jd/etw entzündet etw, jd/etw setzt etw in Brand
2. (*exalter*) ■ **qc enflamme qn/qc** etw entflammt jdn/etw; *personne a.* etw begeistert jdn hellauf; *zèle, passion a.* etw entfacht etw; *imagination* etw regt etw an
3. MED ■ **qn/qc enflamme qc** *plaie, brûlure, bouton* jd/etw verursacht die Entzündung einer S. (*gen*)
4. *littér* (*illuminer*) ■ **qc enflamme qc** *ciel, horizon* etw färbt etw glutrot [*o* flammend rot]; ■ **qc** [**lui**] **enflamme une chose** /*honte, rougeur, joues*/ etw lässt eine/jds S. feuerrot [*o* glühend rot] werden; /*excitation, colère, jalousie*/ *yeux, regard* etw lässt eine/jds S. aufblitzen; ***la colère enflamme son regard*** Zorn blitzt aus seinen/ihren Augen
5. *littér* (*rendre brûlant*) ■ **qc enflamme qc** /*fièvre*/ etw bringt etw zum Glühen; /*brusque chaleur, soleil*/ etw lässt etw glühend heiß werden; ***l'alcool lui enflamma le sang*** der Alkohol erhitzte sein/ihr Blut
II. *vpr* **1.** (*prendre feu*) ■ **qc s'enflamme** etw entzündet sich, etw gerät in Brand
2. (*s'animer*) ■ **qc s'enflamme** /*esprits, imagination*/ etw entzündet sich; ■ **qc s'enflamme de qc** /*yeux, regard*/ etw flammt [*o* funkelt] [*o* sprüht] vor etw (*dat*); ■ **qn s'enflamme** jd gerät in helle Begeisterung
3. MED ■ **qc s'enflamme** etw entzündet sich

enflé, e [ɑ̃fle] **I.** *adj* MED [an]geschwollen; ***il a gardé le bras*** ~ ***pendant plus d'une semaine*** er hatte über eine Woche lang einen geschwollenen Arm
II. *m fam* Dummkopf *m fam,* Trottel *m fam*

enfler <1> [ɑ̃fle] **I.** *vt* **1.** (*faire augmenter*) ■ **qc enfle qc** *doigts, corps, rivière* etw lässt etw anschwellen; *voix* etw lässt etw lauter [*o* stärker] werden; ***un abcès lui enfle la joue*** wegen eines Abszesses hat er eine dicke Backe; ***la cortisone lui enfle le visage*** wegen des Kortisons hat er/sie ein aufgedunsenes Gesicht; ***ses chaussures trop étroites lui enflent les pieds*** durch seine/ihre zu engen Schuhe hat er/sie aufgequollene [*o* dicke] Füße
2. *vieilli* (*grossir*) ■ **qn enfle qc** *événement, réalité* jd bauscht etw auf; *comptes, dépenses, chiffre* jd setzt etw höher [*o* hoch] an; ***on a enflé le nombre de victimes*** man hat die Zahl der Opfer aufgebauscht
3. *vieilli* (*gonfler*) ■ **qc enfle qc** *voiles* etw bläht [*o* bauscht] etw
II. *vi* ■ **qc enfle** /*rivière, cours d'eau*/ etw schwillt an; /*voix, son a.*/ etw wird [immer] lauter [*o* stärker]; /*cheville, bosse*/ etw schwillt [an]; ***à cause de la cortisone, son corps a tendance à*** ~ wegen des Kortisons wird sein/ihr Körper immer aufgedunsener [*o* quillt sein/ihr Körper immer mehr auf]
III. *vpr* ■ **qc s'enfle** etw schwillt an; /*voix, rumeur a.*/ etw wird [immer] lauter [*o* stärker]

enflure [ɑ̃flyʀ] *f* **1.** MED Schwellung *f*
2. (*forme emphatique*) [*style*] Schwulst *m,* Schwülstigkeit *f*

enfoiré [ɑ̃fwaʀe] *m vulg* (*imbécile*) dummer Sack *vulg;* (*salaud*) Arschloch *nt vulg*

enfoncé, e [ɑ̃fɔ̃se] *adj yeux* tief liegend; ***qn a la tête*** ~***e dans les épaules*** jds Kopf *m* sitzt direkt auf den Schultern

enfoncement [ɑ̃fɔ̃smɑ̃] *m* **1.** (*action*) [*clou, piquet, objet pointu*] Einschlagen *nt,* Eintreiben *nt;* [*pieu a.*] Einrammen *nt;* [*mur, porte*] Eindrücken *nt;* [*porte*] Einschlagen *nt;* [*barrière*] Durchbrechen *nt,* Durchstoßen *nt;* ***l'***~ ***des piquets peut se faire sans maillet*** die Heringe kann man ohne Hammer in den Boden schlagen
2. (*niche, creux*) [*pièce, porte*] Nische *f;* [*falaise a., vallon*] Einbuchtung *f,* Vertiefung *f*
3. MED Impressionsfraktur *f spec*

enfoncer <2> [ɑ̃fɔ̃se] **I.** *vt* **1.** (*planter, ficher*) ■ **qn enfonce qc** [**dans qc**] (*avec un outil*) *clou, piquet, pointe* jd schlägt [*o* treibt] etw [in etw (*akk*)] hinein, jd schlägt [*o* treibt] etw in etw (*akk*); (*sans outil*) *punaise, graine, plante* jd drückt etw [in etw (*akk*)] hinein, jd drückt etw in etw (*akk*); *couteau* jd stößt etw [*o* mit etw] [in etw (*akk*)] hinein, jd stößt etw in etw (*akk*); *aiguille, couteau* jd sticht etw [*o* mit etw] [in etw (*akk*)] hinein, jd sticht etw [*o* mit etw] in etw (*akk*); *coude, genou, doigt* jd stößt etw [*o* mit etw] in etw (*akk*); *graine, plant* jd drückt etw [in etw (*akk*)] hinein, jd drückt etw in etw (*akk*)
2. (*mettre*) ■ **qn enfonce qc** [**dans qc**] *mains dans ses poches* jd vergräbt etw [in etw (*akk o dat*)]; *mains a.* jd steckt etw tief in etw (*akk*) [hinein]; ***il enfonce son chapeau sur ses yeux*** [***o sa tête***] er zieht den Hut tief ins Gesicht; ***il avait enfoncé son béret jusqu'aux oreilles*** er hatte seine Mütze bis zu den [*o* über die] Ohren heruntergezogen
3. (*aggraver la situation de*) ■ **qn/qc enfonce qn/qc dans qc** *dans la dépendance* jd/etw treibt jdn/etw in etw (*akk*) hinein; *dans la misère a.* jd/etw stürzt jdn/etw in etw (*akk*)
4. (*briser en poussant*) ■ **qn/qc enfonce qc** *grilles* jd bricht etw auf, jd drückt etw ein; *porte a.* jd schlägt etw ein; (*avec un bélier*) jd rammt etw ein; *mur* jd/etw durchbricht etw; ***j'ai l'arrière*** [***de ma voiture***] ***enfoncé*** der

hintere Teil meines Wagens ist eingedrückt; ***il a eu la cage thoracique enfoncée par le volant*** der Brustkorb wurde ihm vom Steuerrad eingedrückt; ***la victime a eu le crâne enfoncé*** dem Opfer wurde der Schädel eingeschlagen

5. MIL ■ **qn enfonce qn** */armée/* jd durchbricht jdn, jd überrennt jdn; SPORT *fam /équipe, joueur/* jd setzt sich gegen jdn überlegen durch; (*au football surtout*) jd spielt jdn in Grund und Boden; ***t'as vu, comme ils se sont fait ~!*** hast du gesehen, wie sie vernichtend geschlagen wurden!

6. *fam* (*laisser se perdre*) ■ **qn/qc enfonce qn** jd/etw macht jdn nieder *fam;* ***l'examinateur a enfoncé le candidat*** der Prüfer hat den Kandidaten reinrasseln lassen [*o* reingerissen] *fam;* ***tes explications ne font que t'~ davantage*** mit deinen Erklärungen schlitterst du nur noch mehr hinein *fam* [*o* verschlimmerst du die Situation nur noch mehr]

II. *vi* ■ **qn/qc enfonce** [**dans qc**] jd/etw versinkt [in etw (*dat*)], jd/etw sinkt [in etw (*dat*)] ein

III. *vpr* **1.** (*aller vers le fond*) ■ **qn/qc s'enfonce dans qc** jd/etw sinkt in etw (*dat*) ein; *dans un liquide* jd/etw versinkt in etw (*dat*)

2. (*s'étendre à l'intérieur de*) ■ **qc s'enfonce quelque part** */golfe/* etw ragt weit in etw (*akk*) hinein; */route/* etw verläuft [*o* geht] tief [*o* weit] in etw (*akk*) hinein

3. (*s'engager*) ■ **qn s'enfonce dans qc** *dans l'obscurité, la forêt* jd taucht in etw (*akk*) ein; *dans l'espace* jd dringt weit in etw (*akk*) vor; (*s'installer au fond*) *dans le lit, un fauteuil* jd verkriecht sich in etw (*dat o akk*)

4. (*pénétrer*) ■ **qc s'enfonce dans qc** etw dringt in etw (*akk*) ein

5. (*être entraîné dans*) ■ **qn s'enfonce dans qc** *dans le vice, la misère* jd versinkt in etw (*akk*)

6. (*se planter, se ficher*) ■ **qn s'enfonce qc quelque part** *aiguille* jd sticht sich (*dat*) [mit] etw irgendwohin; *poignard* jd stößt sich (*dat*) etw irgendwohin; ***je me suis enfoncé une écharde dans la main/sous l'ongle*** ich habe mir an der Hand/unterm Nagel einen Splitter zugezogen, ich habe einen Splitter an der Hand/unterm Nagel

7. (*se creuser*) ■ **qc s'enfonce** */mur, maison/* etw sinkt ab; */sol, fauteuil, matelas/* etw gibt [zu sehr] nach; ***la maison s'est enfoncée de trois centimètres*** das Haus hat sich um drei Zentimeter gesenkt

8. *fam* (*se perdre*) ■ **qn s'enfonce** jd reißt sich herein [*o* rein *fam*], jd verschlimmert seine Lage

enfonceur, -euse [ɑ̃fɔ̃sœʀ, -øz] *m, f* ▸ **c'est un(e) ~(-euse) de porte**[**s**] **ouverte**[**s**] er/sie rennt offene Türen ein

enfoui, e [ɑ̃fwi] **I.** *pp de* **enfouir**

II. *adj* ■ **~ dans/sous qc 1.** (*recouvert*) in/unter etw (*dat*) vergraben; *personne* in/unter etw (*dat*) begraben; ***le trésor ~ dans l'île*** der auf der Insel vergrabene Schatz; ***un hôtel presque ~ sous la neige*** ein beinahe unter dem Schnee begrabenes Hotel

2. (*caché*) *village* völlig versteckt; ***la maison est ~e sous la verdure*** das Haus ist völlig zugewachsen

enfouir <8> [ɑ̃fwiʀ] **I.** *vt* **1.** (*mettre en terre*) ■ **qn/un animal enfouit qc** [**quelque part**] jd/ein Tier vergräbt etw [irgendwo]; (*pas trop profond*) jd/ein Tier verscharrt etw [irgendwo]; *fumier* jd pflügt etw irgendwo unter; *graines, semences* jd sät etw aus

2. (*cacher*) ■ **qn enfouit qc quelque part** jd steckt etw irgendwohin, jd versteckt etw irgendwo; *visage, tête* jd vergräbt etw irgendwo

3. *littér* (*enfermer en soi*) ■ **qn enfouit qc quelque part** jd begräbt [*o* verschließt] etw irgendwo

II. *vpr* **1.** (*se cacher*) ■ **qn/un animal s'enfouit quelque part** jd/ein Tier gräbt sich irgendwo ein, jd/ein Tier vergräbt sich irgendwo

2. (*se retirer à l'écart*) ■ **qn s'enfouit quelque part** jd vergräbt sich irgendwo, jd verkriecht sich irgendwohin [*o* irgendwo]

3. (*se plonger*) ■ **qn s'enfouit dans qc** *dans les livres, son travail* jd vertieft sich in etw (*akk*)

enfouissement [ɑ̃fwismɑ̃] *m* Vergraben *nt;* [*semences*] Aussäen *nt*

enfourcher <1> [ɑ̃fuʀʃe] *vt* ■ **qn enfourche un animal/qc** jd steigt auf ein Tier/etw, jd besteigt ein Tier/etw; ***il enfourche la chaise*** er setzt sich rücklings auf den Stuhl

enfournement [ɑ̃fuʀnəmɑ̃] *m* Hineinschieben *nt* in den Ofen; [*poterie*] Hineinstellen *nt* in den Brennofen

enfourner <1> [ɑ̃fuʀne] *vt* **1.** (*mettre au four*) ■ **qn enfourne qc** *pain, gâteau* jd schiebt etw in den [Back]ofen; *rôti* jd schiebt etw in die Bratröhre; *poterie* jd stellt etw in den Brennofen

2. *fam* (*fourrer*) ■ **qn enfourne qn/qc** [**dans qc**] jd steckt [*o* schiebt] jdn/etw [in etw (*akk*)] hinein, jd steckt [*o* schiebt] jdn/etw in etw (*akk*) [hinein]

3. *fam* (*ingurgiter*) ■ **qn enfourne qc** jd schiebt [*o* schaufelt] etw in sich (*akk*) hinein; ***qn lui enfourne qc*** [***dans la bouche***] jd schiebt jdm etw in den Mund

enfreindre <*irr*> [ɑ̃fʀɛ̃dʀ] *vt* ■ **qn enfreint qc** jd verstößt gegen etw; *loi a.* jd bricht etw

enfuir <*irr*> [ɑ̃fɥiʀ] *vpr* **1.** (*fuir*) ■ **qn s'enfuit** [**quelque part**] jd flieht [*o* flüchtet] [irgendwohin]; (*pour se mettre à l'abri*) jd flüchtet sich irgendwohin; ■ **qn s'enfuit de qc** jd flieht aus etw

2. *littér* ■ **qc s'enfuit** etw entschwindet; */jeunesse, temps, bonheur a./* etw schwindet dahin

enfumé, e [ɑ̃fyme] *adj* verraucht, rauchig, verqualmt *fam*

enfumer <1> [ɑ̃fyme] *vt* **1.** (*emplir de fumée*) ■ **qc enfume qc** etw verräuchert etw, etw verqualmt etw *fam*

2. (*incommoder par la fumée*) ■ **qn/qc enfume qn** jd/etw räuchert jdn ein

3. (*pour se débarrasser de*) ■ **qn enfume qc/un animal** jd räuchert etw/ein Tier aus

engagé, e [ɑ̃gaʒe] **I.** *adj* ■ **~** [**dans qc**] engagiert [in etw (*dat*)]; ARCHIT eingelassen [in etw (*dat*)]

II. *m, f* MIL Freiwillige(r) *f(m);* SPORT Teilnehmer(in) *m(f)*

engageant, e [ɑ̃gaʒɑ̃, ɑ̃t] *adj avenir* verlockend; *aspect, paroles a.* einladend; *air, mine* verführerisch; *sourire* gewinnend, einnehmend; *accueil, manières* reizend

engagement [ɑ̃gaʒmɑ̃] *m* **1.** (*promesse*) Verpflichtung *f;* ***qn doit faire face à de multiples ~s*** jd muss vielerlei Verpflichtungen nachkommen

2. (*embauche*) Einstellung *f,* Anstellung *f;* MIL Verpflichtung *f* [zum Militärdienst]; THEAT, CINE Engagement *nt;* ***il a signé un ~ par devancement d'appel*** er hat sich vorzeitig zum Militärdienst gemeldet; ***la prime d'~*** die Verpflichtungsprämie

3. SPORT (*coup d'envoi*) Anspiel *nt;* (*inscription*) Anmeldung *f*

4. PHILOS [politisches] Engagement

5. MIL (*combat*) Kampfhandlung *f,* Gefecht *nt,* Einsatz *m*

6. *gén pl* (*dépense*) [Zahlungs]verpflichtung *f,* Verbindlichkeit *f*

7. (*mise en gage*) Verpfändung *f;* (*récépissé*) Pfandschein *m,* Leihschein *m*

8. MED Eintritt *m* [in den Geburtskanal]

▸ **~ politique** politisches Engagement; **~ volontaire** MIL freiwillige Verpflichtung [*o* Meldung]; **qn honore** [*o* **respecte**] [*o* **tient**] **un ~/ses ~s** jd erfüllt einen Vertrag/seine Verpflichtungen, jd hält einen Vertrag/seine Verpflichtungen ein; **qn prend un ~/des ~s** jd übernimmt eine Verpflichtung/Verpflichtungen; ***j'ai pris l'~ moral de les aider*** ich bin moralisch verpflichtet, ihnen zu helfen; ***qn prend un ~ de modération*** jd verpflichtet sich zur Zurückhaltung; **qn est retenu(e) par un ~/ses ~s** jd ist wegen einer anderweitigen Verpflichtung/anderweitiger Verpflichtungen verhindert; **qn signe un ~** */personne embauchée/* jd unterschreibt einen Arbeitsvertrag; */militaire/* jd verpflichtet sich [bei der Armee]; */contractant/* jd unterschreibt eine Verpflichtung; ***mon voisin a bien signé un ~ stipulant qu'il ...*** mein Nachbar hat sich schriftlich [dazu] verpflichtet, zu ...; ***qn signe un ~ de cinq/sept ans*** jd verpflichtet sich für fünf/sieben Jahre; **sans ~** [**de votre part**] unverbindlich

engager <2 a> [ɑ̃gaʒe] **I.** *vt* **1.** (*mettre en jeu*) ■ **qn engage qc** jd haftet [*o* bürgt] mit etw, jd verpfändet etw *geh; parole* jd gibt etw; ***qn engage sa responsabilité*** jd übernimmt die Verantwortung; POL jd stellt die Vertrauensfrage; ***votre responsabilité est engagée*** Sie tragen die Verantwortung; ***cette décision engage la responsabilité du chef d'entreprise*** der Chef des Unternehmens haftet für diese Entscheidung [*o* muss für diese Entscheidung die Verantwortung übernehmen]

2. (*lier*) ■ **qc engage qn** etw verpflichtet jdn, etw bindet jdn; ***cela n'engage/ne vous engage à rien*** das verpflichtet zu/Sie zu nichts

3. (*embaucher*) ■ **qn engage qn** *représentant, directeur* jd stellt jdn an [*o* ein]; *matelot* jd heuert jdn an; *mercenaires* jd wirbt jdn an; *comédien* jd engagiert jdn; ***qn engage un domestique*** jd stellt einen Hausangestellten ein, jd nimmt einen Hausangestellten in Dienst; ■ **qn engage qn comme** [*o* **en qualité de**] **qc/pour qc** jd stellt jdn als etw/für etw an [*o* ein]; *comme matelot* jd heuert jdn als etw/für etw an; *comme comédien* jd engagiert jdn als etw/für etw; ■ **qn se fait ~ comme qc** *comme secrétaire, garde du corps* jd wird als etw angestellt [*o* eingestellt]; *comme matelot* jd wird als etw angeheuert, jd lässt sich als etw anheuern; *comme comédien* jd wird als etw engagiert

4. (*commencer*) ■ **qn engage qc** *bataille, débat, négociation, partie* jd eröffnet etw; *recherche, processus* jd leitet etw ein

5. (*inciter*) ■ **qc engage qn à qc/à faire qc** etw veranlasst [*o* bewegt] jdn zu etw/dazu, etw zu tun; ■ **qn engage qn à qc/à faire qc** jd bittet jdn um etw/darum, etw zu tun; ***je vous engage à la plus grande discrétion sur ce point*** ich muss Sie um äußerste Diskretion in diesem Punkt bitten [*o* anhalten]

6. (*investir*) ■ **qn engage qc dans qc** jd steckt etw in etw (*akk*) [hinein]; ■ **qc engage qc** etw nimmt etw in Anspruch

7. MIL, SPORT ■ **qn engage qn/un animal dans qc** jd setzt jdn/ein Tier in etw (*dat*) ein

8. (*mettre en gage*) ■ **qn engage qc** jd verpfändet etw, jd versetzt etw

9. (*faire prendre une direction à*) ■ **qn engage qc/un animal dans qc** jd lenkt etw/ein Tier in etw (*akk*) [hinein]; *véhicule, bateau a.* jd steuert etw in etw (*akk*) [hinein]; ***c'est bon, t'es bien engagé*** [***dans le passage***] gut so, du bist gut [in die Einfahrt] hineingefahren; ***le camion est mal engagé, il n'arrivera jamais à rentrer là-dedans*** der Lkw hat schlecht eingeschlagen, so kommt er nie rein

10. (*entraîner*) ■ **qn engage qn/qc dans qc** *dans un conflit, l'impasse, une vilaine affaire* jd zieht jdn/etw in etw (*akk*) hinein; ***il a engagé le pays dans la voie du déclin économique*** mit ihm begann die wirtschaftliche Talfahrt des Landes; ***qn s'est laissé(e) ~ dans d'énormes dépenses*** jd hat sich auf große Ausgaben eingelassen

11. (*enfoncer*) ■ **qn engage qc dans qc** jd steckt etw in etw (*akk*) [hinein]

II. *vpr* **1.** (*promettre*) ■ **qn s'engage à faire qc** jd verpflichtet sich [dazu], etw zu tun; ■ **qn s'engage vis-à-vis de** [*o* **sur**] **qc** jd schwört einen Eid auf etw (*akk*); ***elle n'a pas voulu s'~ sur cette question*** sie wollte sich in dieser Frage nicht festlegen [*o* binden]

2. MIL ■ **qn va s'~/s'est engagé(e)** jd wird sich verpflichten/hat sich verpflichtet; ■ **qn va s'~/s'est engagé(e) dans qc** (*s'enrôler*) jd wird in den Dienst einer S. (*gen*) treten/ist in den Dienst einer S. (*gen*) getreten; (*choisir*) jd wird sich für etw entscheiden/hat sich für etw entschieden; ***qn s'est engagé(e) comme chauffeur chez qn*** jd hat bei jdm eine Stelle als Chauffeur angenommen; ***qn est prêt(e) à s'~ comme n'importe quoi*** jd ist bereit jede beliebige Stelle anzunehmen

3. (*pénétrer*) ■ **qc s'engage quelque part** *sous un pont, sur la chaussée* etw fährt irgendwohin; *dans une rue* etw fährt irgendwo hinein; ■ **qn s'engage quelque part** jd geht irgendwohin; (*en véhicule*) jd fährt irgendwohin; *dans une rue* jd biegt irgendwo ein; ■ **un animal s'engage quelque part** ein Tier geht irgendwohin

4. (*se loger*) ■ **qc s'engage dans qc** etw passt in etw (*akk*) hinein; */tenon

a./ etw greift in etw (*akk*); ***la clé ne s'engage pas dans la serrure*** der Schlüssel passt nicht ins Schloss
5. (*se lancer*) ■ **qn s'engage dans qc** *dans une affaire, entreprise* jd macht bei etw mit, jd lässt sich auf etw (*akk*) ein; *dans un conflit* jd begibt sich in etw (*akk*) hinein, jd lässt sich in etw (*akk*) ein; *dans un processus* jd begibt sich in etw (*akk*) hinein; (*par la force des choses*) jd gerät in etw (*akk*) hinein; ***il est fou de s'être engagé dans de telles dépenses!*** er ist verrückt, sich in solche Unkosten zu stürzen/solche Ausgaben auf sich (*akk*) zu nehmen; ***ce pays s'est résolument engagé dans l'industrialisation moderne*** das Land hat entschlossen den Weg moderner Industrialisierung eingeschlagen; ■ **qn s'engage sur qc** *sur un terrain glissant* jd begibt [*o* wagt] sich in/auf etw (*akk*)
6. (*prendre position*) ■ **qn s'engage [dans qc]** *dans la lutte contre qc* jd engagiert sich [in etw (*dat*)]; ■ **qn s'engage sur qc** *sur une question* jd lässt sich auf etw (*akk*) ein, jd geht auf etw (*akk*) ein
7. (*commencer*) ■ **qc va s'~/s'est engagé(e)** /*processus, négociation, discussion*/ etw wird beginnen/hat begonnen, etw wird in Gang kommen/ist in Gang gekommen
▶ **qn sait à quoi il s'engage** jd weiß, worauf er sich einlässt
engeance [ɑ̃ʒɑ̃s] *f* Gesindel *nt*, Sippschaft *f*
engelure [ɑ̃ʒlyʀ] *f* Frostbeule *f*
engendrer <1> [ɑ̃ʒɑ̃dʀe] *vt* **1.** (*donner naissance à*) ■ **qn engendre qn** jd zeugt jdn
2. (*avoir pour effet*) ■ **qc engendre qc** etw erzeugt etw; GEOM *sphère, cylindre a.* etw ergibt etw; *structure, phrase a.* etw generiert etw
engin [ɑ̃ʒɛ̃] *m* **1.** *fam* (*machin*) Ding *nt fam*, Teil *nt fam*
2. CONSTR (*machine*) [Bau]maschine *f*, Gerät *nt*
3. MIL Kriegsgerät *nt*, Kriegsmaterial *nt*, Waffe *f*
4. (*objet non familier*) Apparat *m;* (*véhicule*) Wagen *m*
5. *fam* (*homme grand et fort*) Kleiderschrank *m fam*, (*femme*) Maschine *f fam;* (*femme acariâtre*) Drachen *m fam*
▶ ~ **atomique** Atomrakete *f;* ~ **blindé [de reconnaissance]** Spähpanzer *m;* ~ **spatial** Raumflugkörper *m;* ~**s spéciaux** Raketenwaffen *pl;* **quel** ~!, **l'**~! *fam* was für ein Armleuchter! *fam*
◆ **engin de chasse** Jagdgerät *nt;* **engin de guerre** Kriegsgerät *nt*, Kriegsmaterial *nt;* **engin de levage** Hebezeug *nt;* **engin de manutention** Verladegerät *nt;* **engin de pêche** Fischereigerät *nt;* **engin de plage** nicht hochseetaugliches Boot; **engin de terrassement** Erdbaumaschine *f*
engineering [ɛn(d)ʒiniʀiŋ] *m v.* **ingénierie**
englober <1> [ɑ̃glɔbe] *vt* ■ **qn/qc englobe qc [dans qc]** jd/etw bezieht etw [in etw (*akk*)] [mit] ein, jd/etw schließt etw [in etw (*akk*)] ein
engloutir <8> [ɑ̃glutiʀ] **I.** *vi* ■ **qn engloutit** jd isst ordentlich
II. *vt* **1.** (*dévorer*) ■ **qn/un animal engloutit qc** jd/ein Tier verschlingt etw, jd/ein Tier schlingt etw hinunter
2. (*dilapider*) ■ **qn engloutit qc** jd verprasst etw; ■ **qn engloutit qc dans qc** jd steckt etw in etw (*akk*) hinein
3. (*coûter cher, consommer trop*) ■ **qc engloutit qc** etw verschlingt etw
4. (*faire disparaître*) ■ **qn engloutit qc** jd versenkt etw; ■ **qc engloutit qc** /*inondation*/ etw überflutet etw; /*mer, vagues*/ etw verschlingt etw, etw reißt etw in die Tiefe; /*éboulement, éruption*/ etw begräbt etw unter sich (*dat*), etw vernichtet etw völlig; /*brume*/ etw verschluckt etw
III. *vpr* ■ **qc s'est englouti(e) dans qc** etw ist in etw (*dat*) versunken
engluer <1> [ɑ̃glye] **I.** *vt* **1.** (*prendre avec de la glu*) ■ **qn/qc englue un oiseau** jd/etw lässt einen Vogel festkleben; ■ **qc englue qc** (*avec une matière poisseuse*) etw macht etw klebrig; ***avec ses mains engluées de confiture*** mit seinen von der Marmelade klebrigen Händen
2. (*enduire*) ■ **qn englue qc** jd leimt etw ein, jd bestreicht etw mit Leim
II. *vpr* ■ **qn s'englue qc [de qc]** *doigts, mains* jd macht sich (*dat*) etw [mit etw] klebrig; ■ **qn s'englue dans qc** jd fährt sich in etw (*dat*) fest
engoncer <2> [ɑ̃gɔ̃se] *vt* ■ **qc engonce qn** etw lässt jdn plump aussehen; ***qn a l'air engoncé*** jd hat ein steifes Aussehen, jd wirkt verkrampft; ■ **qn est engoncé(e) dans qc** jd steckt in etw (*dat*)
engorgement [ɑ̃gɔʀʒəmɑ̃] *m* [*conduit, tuyau, routes, ville*] Verstopfung *f;* [*bronches*] Verschleimung *f;* [*marché*] Übersättigung *f;* [*poumons*] Verschleimung *f;* [*rate, foie*] Schwellung *f;* ~ ***mammaire*** Milchstauung *f*
engorger <2 a> [ɑ̃gɔʀʒe] **I.** *vt* ■ **qc engorge qc** *conduit, tuyau, route* etw verstopft etw; *marché* etw überschwemmt etw; MED etw verstopft etw
II. *vpr* ■ **qc s'engorge** /*tuyau*/ etw verstopft; /*bronches*/ etw verschleimt
engouement [ɑ̃gumɑ̃] *m* Schwärmerei *f*, Schwärmen *nt*, [kurze] Begeisterung; ■ ~ **de qn pour qn/qc** jds Schwärmerei für jdn/etw
engouer <1> [ɑ̃gwe] *vpr* ■ **qn s'engoue de** [*o* **pour**] **qn/qc** jd schwärmt für jdn/etw, jd begeistert sich für jdn/etw
engouffrer <1> [ɑ̃gufʀe] **I.** *vt* **1.** (*entraîner*) ■ **qc engouffre qn/qc** /*mer, tempête*/ etw reißt etw mit sich
2. *fam* (*dévorer*) ■ **qn engouffre qc** jd schlingt etw hinunter [*o* runter *fam*]
3. (*dilapider*) ■ **qn engouffre qc dans qc** *argent* jd steckt etw in etw (*akk*) hinein
4. (*coûter cher, consommer*) ■ **qc engouffre qc** *argent, essence, électricité* etw verschlingt etw, etw frisst etw *fam*
II. *vpr* ■ **des personnes s'engouffrent dans qc** Menschen stürzen sich in etw (*akk*); ■ **qc s'engouffre dans qc** /*vent*/ etw bläst in etw (*akk*) hinein; /*eau*/ etw stürzt [*o* strömt] in etw (*akk*) hinein
engourdi, e [ɑ̃guʀdi] *adj* gefühllos, taub; (*de froid*) steif, klamm; *esprit* lahm, träge; ***j'ai le bras tout*** ~ mein Arm ist eingeschlafen
engourdir <8> [ɑ̃guʀdiʀ] **I.** *vt* **1.** (*ankyloser*) ■ **qc engourdit qc** *membre* etw macht etw taub [*o* gefühllos]; /*froid*/ etw lässt etw klamm [*o* steif] werden
2. (*affaiblir*) ■ **qc engourdit qn** etw macht jdn benommen [*o* müde]; ■ **qc engourdit qc** *sentiment, volonté* etw schwächt etw; *esprit, peine* etw betäubt etw; ***l'âge engourdit les facultés*** im Alter lässt man nach
II. *vpr* **1.** (*s'ankyloser*) ■ **qc s'engourdit** etw wird taub, etw wird gefühllos; ***mon bras s'est engourdi*** mein Arm ist eingeschlafen
2. (*s'affaiblir*) ■ **qn s'engourdit** jd wird schläfrig [*o* müde]; ■ **qc s'engourdit** /*esprit*/ etw wird träge, etw stumpft ab; /*facultés, sentiment*/ etw lässt nach
engourdissement [ɑ̃guʀdismɑ̃] *m* **1.** (*ankylose*) (*action*) Gefühlloswerden *nt*, Einschlafen *nt;* (*par le froid*) Klammwerden *nt;* (*état*) Taubheit *f*, Gefühllosigkeit *f*
2. (*torpeur*) Trägheit *f*, Benommenheit *f*
engrais [ɑ̃gʀɛ] *m* **1.** (*substance*) Dünger *m*, Düngemittel *nt*
2. (*engraissement*) ■ **à l'**~ Mast-; ***porcs à l'***~ Mastschweine *pl*
▶ ~ **azotés** Stickstoffdünger *m*, Stickstoffdüngemittel *pl;* ~ **chimiques** [*o* **industriels**] Kunstdünger *m;* ~ **humain** Fäkaldünger *m;* ~ **minéraux** mineralische [*o* anorganische] Düngemittel *pl;* ~ **organiques** organische Düngemittel *pl*, Naturdünger *m;* ~ **phosphatés** Phosphatdünger *m;* ~ **potassiques** Kalidünger *m;* ~ **végétaux** pflanzliche Düngemittel *pl;* ~ **vert** Gründünger *m;* **un animal est mis à l'**~ ein Tier wird gemästet
engraissage [ɑ̃gʀɛsaʒ] *m*, **engraissement** [ɑ̃gʀɛsmɑ̃] *m* [*animal*] Mast *f*, Mästen *nt*
engraisser <1> [ɑ̃gʀese] **I.** *vt* **1.** (*rendre plus gras*) ■ **qn engraisse un animal** jd mästet ein Tier; ■ **qc engraisse qn** etw lässt jdn zunehmen; ***avec nos impôts nous engraissons l'État*** durch unsere Steuern machen wir den Staat reich
2. (*fertiliser*) ■ **qn/qc engraisse qc** jd/etw düngt etw
II. *vi* ■ **qn engraisse** jd wird dicker, jd nimmt zu
III. *vpr fam* ■ **qn s'engraisse [de qc]** jd bereichert sich [an etw (*dat*)]
engranger <2 a> [ɑ̃gʀɑ̃ʒe] *vt* ■ **qn engrange qc** (*mettre en grange*) jd fährt [*o* bringt] etw ein; (*accumuler*) jd hortet etw
engrenage [ɑ̃gʀənaʒ] *m* **1.** TECH [Zahnrad]getriebe *nt*, [Räder]getriebe
2. (*enchaînement*) [*circonstances*] Verkettung *f;* [*haine, violence*] Spirale *f;* ***l'~ du progrès technique et de la consommation*** die Verzahnung von technischem Fortschritt und Konsum
▶ ~ **différentiel** Differenzial[getriebe *nt*] *nt;* **qn est pris(e) dans l'/un** ~ jd wird vom/von einem Räderwerk erfasst, jd gerät in das/ein Räderwerk
◆ **engrenage à chaîne** Kettengetriebe *nt;* **engrenage à chevrons** Pfeilverzahnung *f;* **engrenage à crémaillère** Zahnstangengetriebe *nt*, Zahnstangentriebwerk *nt;* **engrenage à vis sans fin** Schnecken[rad]getriebe *nt*
engrener <4> [ɑ̃gʀəne] **I.** *vt* **1.** TECH ■ **qn engrène qc [dans qc]** jd verzahnt etw [mit etw]
2. AGR ■ **qn engrène qc** *batteuse* jd legt in etw (*akk*) Garben ein
II. *vpr* TECH ■ **qc s'engrène dans qc** etw greift in etw (*akk*); ■ **des choses s'engrènent** Dinge greifen ineinander, Dinge verzahnen sich
engrosser <1> [ɑ̃gʀose] *vt vulg* ■ **qn engrosse qn** jd macht jdm ein Kind *fam*, jd schwängert jdn; ■ **qn se fait** ~ **[par qn]** (*volontairement*) jd lässt sich (*dat*) [von jdm] ein Kind machen *fam;* (*involontairement*) jd wird [von jdm] geschwängert
engueulade [ɑ̃gœlad] *f fam* Anpfiff *m fam*, Anschiss *m sl*
▶ **qn a une** ~ **avec qn** jd hat Krach mit jdm *fam;* **qn passe une** ~ **à qn** jd verpasst jdm einen Anpfiff *fam*, jd macht jdn zur Schnecke *fam;* **qn prend** [*o* **reçoit**] **une** ~ **[de qn]** jd bekommt [von jdm] einen Anpfiff *fam*
engueuler <1> [ɑ̃gœle] **I.** *vt fam* ■ **qn engueule qn** jd schnauzt jdn an *fam*, jd verpasst jdm einen Anpfiff *fam;* ■ **qn se fait** ~ **[par qn]** jd wird [von jdm] angeschnauzt *fam*, jd muss [von jdm] einen Anpfiff einstecken *fam*
II. *vpr fam* ■ **des personnes s'engueulent** (*se crier dessus*) Menschen brüllen sich an; (*se disputer*) Menschen krachen sich *fam;* ■ **qn s'engueule avec qn** jd kracht sich mit jdm *fam*
enguirlander <1> [ɑ̃giʀlɑ̃de] *vt* **1.** (*orner*) ■ **qn enguirlande qc** jd schmückt etw mit Girlanden
2. *fam* (*engueuler*) ■ **qn enguirlande qn** jd staucht [*o* putzt] jdn zusammen *fam*, jd macht jdn zur Schnecke *fam;* ■ **qn se fait** ~ **[par qn]** jd wird [von jdm] zusammengestaucht [*o* zur Schnecke gemacht] *fam*
enhardir <8> [ɑ̃aʀdiʀ] **I.** *vt* ■ **qc enhardit qn** etw ermutigt jdn
II. *vpr* ■ **qn s'enhardit** jd wird kühner [*o* mutiger]; ■ **qn s'enhardit [jusqu']à faire qc** jd fasst Mut [*o* sich (*dat*) ein Herz] und tut etw
énième [ɛnjɛm] *adj* ■ **le/la** ~ der/die/das x-te; ***pour la*** ~ ***fois*** zum x-ten Mal
énigmatique [enigmatik] *adj air, regard* geheimnisvoll; *personnage, mort* rätselhaft; *sourire* unergründlich; ***pourquoi prends-tu cet air*** ~? warum tust du so geheimnisvoll?
énigme [enigm] *f* **1.** (*mystère*) Rätsel *nt;* ***qn se trouve devant une*** ~ jd steht vor einem Rätsel
2. (*devinette*) Rätsel *nt*
▶ **qn parle par** ~**s** jd spricht in Rätseln; **qc pose une** ~ **[à qn]** etw ist [*o* bleibt] [jdm] ein Rätsel; **qn pose une** ~ **à qn** jd gibt jdm ein Rätsel auf
enivrant, e [ɑ̃nivʀɑ̃, ɑ̃t] *adj* überwältigend, berauschend; *parfum* betäubend; ***elle est d'une beauté*** ~***e*** sie ist bezaubernd [*o* betörend] schön
enivrement [ɑ̃nivʀəmɑ̃] *m littér* Rausch *m;* ■ ~ **de** -rausch
enivrer <1> [ɑ̃nivʀe] **I.** *vt* **1.** (*rendre ivre*) ■ **qc enivre qn** etw berauscht jdn, etw macht jdn betrunken
2. (*griser*) ■ **qc enivre qn** etw berauscht jdn; /*parfum, air*/ etw betäubt jdn; /*beauté*/ etw betört jdn; /*joie*/ etw macht jdn trunken; /*sport*/ etw versetzt jdn in Begeisterung; ■ **qn se laisse** ~ **par qc** jd lässt sich von etw berauschen/betäuben/betören
II. *vpr* ■ **qn s'enivre** jd betrinkt sich; ■ **qn s'enivre de qc** jd berauscht sich an etw (*dat*)
enjambée [ɑ̃ʒɑ̃be] *f* [großer [*o* langer]] Schritt
▶ **à grandes** [*o* **larges**] [*o* **longues**] ~**s** mit großen [*o* langen] [*o* weit ausgrei-

fenden] Schritten; **qn fait une** ~ jd macht einen [großen] Schritt; **d'une** ~ mit einem Schritt

enjambement [ɑ̃ʒɑ̃bmɑ̃] *m* Zeilensprung *m,* Enjambement *nt*

enjamber <1> [ɑ̃ʒɑ̃be] *vt* ■ **qn enjambe qc** *fossé* jd macht einen großen Schritt über etw (*akk*) [hinweg]; *mur* jd steigt über etw (*akk*) [hinweg]; *fenêtre* jd steigt durch etw; ***elle a enjambé la valise*** sie stieg über den Koffer; ■ **qc enjambe qc** */viaduc, pont/* etw überspannt etw

enjeu <x> [ɑ̃ʒø] *m* (*argent*) Einsatz *m;* ***dans cette histoire, l'~ c'est ta liberté*** bei dieser Geschichte steht deine Freiheit auf dem Spiel

enjoindre <*irr*> [ɑ̃ʒwɛ̃dʀ] *vt littér* ■ **qn/qc enjoint qc à qn** jd/etw gebietet jdm etw *geh;* ***je lui enjoignis la plus grande prudence*** ich gebot ihm/ihr größte Vorsicht; ■ **qn/qc enjoint à qn de faire qc** jd/etw gebietet jdm, etw zu tun *geh;* ***il lui enjoignit de se taire*** er gebot ihm/ihr Schweigen [*o* zu schweigen]

enjôler <1> [ɑ̃ʒole] *vt* ■ **qn enjôle qn** [**par** [*o* **avec**] **qc**] jd umgarnt jdn [mit etw] *fam*

enjôleur, -euse [ɑ̃ʒolœʀ, -øz] I. *adj paroles* [ein]schmeichelnd; *sourire, regard* verführerisch
II. *m, f* Schmeichler(in) *m(f),* Schöntuer(in) *m(f) fam*

enjolivement [ɑ̃ʒɔlivmɑ̃] *m* Ausschmückung *f*

enjoliver <1> [ɑ̃ʒɔlive] *vt* **1.** (*orner*) ■ **qn enjolive qc** [**de** [*o* **par**] **qc**] *objet, vêtement* jd schmückt [*o* verziert] etw [mit etw]; *récit, style* jd schmückt etw [mit etw] aus; ■ **qc enjolive qc** etw schmückt etw, etw ziert etw
2. (*embellir*) ■ **qn/qc enjolive qc** jd/etw beschönigt etw

enjoliveur [ɑ̃ʒɔlivœʀ] *m* Radkappe *f*

enjoué, e [ɑ̃ʒwe] *adj* unbeschwert, heiter; ***qn est d'un caractère*** ~ jd hat ein sonniges Gemüt

enjouement [ɑ̃ʒumɑ̃] *m* Heiterkeit *f,* Unbeschwertheit *f;* ***ce ton plein d'~*** dieser heitere [*o* unbeschwerte] Ton

enkyster <1> [ɑ̃kiste] *vpr* ■ **qc s'enkyste** etw kapselt sich ein [*o* ab]

enlacement [ɑ̃lasmɑ̃] *m* **1.** (*enchevêtrement*) Geflecht *nt;* [*ruelles*] Gewirr *nt;* ~ ***d'arabesques*** Rankenornament *nt;* ***l'~ des rubans/lianes*** die ineinander verschlungenen Bänder/Lianen
2. (*étreinte*) Umarmung *f*

enlacer <2> [ɑ̃lase] I. *vt* **1.** (*étreindre*) ■ **qn enlace qn** jd umschlingt jdn; ***tendrement enlacés*** zärtlich umschlungen
2. (*entourer*) ■ **qc enlace qc** etw umschlingt etw, etw umrankt etw; ***ornements enlacés*** ineinander verschlungene Ornamente
II. *vpr* **1.** (*s'étreindre*) ■ **deux personnes s'enlacent** zwei Menschen umarmen sich; */lutteurs/* zwei Menschen umklammern sich; */danseurs/* zwei Menschen legen die Arme umeinander
2. (*entourer*) ■ **qc s'enlace autour de qc** etw schlingt [*o* rankt] sich um etw; ■ **des choses s'enlacent** (*s'entrecroiser*) Dinge verflechten sich

enlaidir <8> [ɑ̃ledіʀ] I. *vi* ■ **qn/qc enlaidit** jd/etw wird hässlich
II. *vt* ■ **qc enlaidit qn** etw entstellt jdn; ■ **qc enlaidit qc** etw verunstaltet etw, etw verunziert etw

enlaidissement [ɑ̃ledismɑ̃] *m* [*paysage, montagne*] Verunzierung *f,* Verunstaltung *f;* [*personne*] Hässlicherwerden *nt*

enlevé, e [ɑ̃lve] *adj portrait, récit* lebendig; *scène* lebhaft [*o* lebendig] gespielt; *morceau de musique* lebhaft [*o* schwungvoll] vorgetragen

enlèvement [ɑ̃lɛvmɑ̃] *m* **1.** (*rapt*) Entführung *f*
2. (*évacuation*) [*marchandises, meubles*] Abholen *nt,* Abtransport *m;* [*détritus*] Beseitigung *f;* ***l'~ des ordures ménagères*** die Müllabfuhr
3. (*conquête*) Einnahme *f,* Eroberung *f*
◆ **enlèvement de mineur** Entführung *f* eines/einer Minderjährigen

enlever <8> [ɑ̃lve] I. *vt* **1.** ■ **qn enlève qc** (*déplacer*) jd nimmt [*o* stellt] etw weg; (*arracher*) *mauvaises herbes* jd reißt etw aus; *dent* jd zieht etw; (*décoller*) jd löst etw ab; ***qn enlève qc du chemin*** jd räumt etw beiseite [*o* aus dem Weg]; ***qn enlève la peau de qc*** jd schält etw; ***qn enlève les draps d'un lit*** jd zieht ein Bett ab; ***enlève tes mains de tes poches!*** nimm die Hände aus den Taschen!; ***qn enlève une tache*** [***sur qc***] jd entfernt einen Fleck [von etw]
2. (*faire disparaître*) ■ **qn enlève qc** [**de qc**] *phrase, mot* jd streicht etw [aus etw], jd lässt etw weg; *goût* jd nimmt einer S. (*dat*) etw; *odeur* jd beseitigt etw
3. (*ôter*) ■ **qn/qc enlève qc** [**à qn/qc**] *envie, goût, scrupule* jd/etw nimmt jdm/einer S. etw; *charge, garde* jd entzieht jdm etw; ***qn enlève tout regret à qn*** jd tröstet jdn; ***cela lui enlèvera l'envie de recommencer*** das wird es ihm/ihr austreiben, das wird ihn/sie davon kurieren *fam;* ***cet insuccès n'enlève rien à ses mérites*** dieser Misserfolg schmälert seine/ihre Verdienste nicht
4. (*emporter*) ■ **qn enlève qn/qc** jd holt jdn/etw ab; ■ **qn fait** ~ **qc** jd lässt etw abholen
5. (*retirer*) ■ **qn enlève qc** *chapeau, montre* jd nimmt etw ab; *lunettes a.* jd setzt etw ab; *vêtement, chaussures* jd zieht etw aus
6. *littér* ■ **qc enlève qn** */maladie/* etw rafft jdn dahin [*o* hinweg] *geh;* ***la mort nous l'a enlevé*** der Tod hat ihn uns entrissen *geh*
7. (*conquérir, gagner*) ■ **qn enlève qc** *affaire* jd erhält den Zuschlag für etw; *course* jd gewinnt etw; *victoire* jd trägt etw davon, jd erkämpft etw; *place forte* jd nimmt etw ein, jd erobert etw; ***qn enlève la décision*** jd trägt den Sieg davon; ***qn enlève la majorité des sièges lors d'une élection*** jd erringt bei einer Wahl die Mehrheit der Sitze
8. (*kidnapper*) ■ **qn enlève qn** jd entführt jdn; ***il a enlevé sa petite amie à son meilleur copain*** er hat seinem besten Freund die Freundin ausgespannt; ***puis-je vous*** ~ ***votre fille pour quelques instants?*** *hum* darf ich Ihnen Ihre Tochter für eine Weile entführen?
9. (*exécuter avec brio*) ■ **qn enlève qc** *morceau de musique* jd spielt etw lebhaft [*o* schwungvoll], jd trägt etw lebhaft [*o* schwungvoll] vor; *récit* jd erzählt etw lebendig; *scène* jd spielt etw lebendig; ***qn enlève un portrait*** jd entwirft ein lebendiges Porträt
10. SPORT (*exciter*) ■ **qn enlève un animal** jd treibt [*o* spornt] ein Tier an; ***il enleva son cheval au galop*** er versetzte sein Pferd in Galopp
▸ **qc est vite enlevé(e)** etw geht reißend [*o* schnell] weg; **enlevez, c'est pesé!** *fam* [ist] schon erledigt! *fam*
II. *vpr* **1.** (*disparaître*) ■ **qc s'enlève** */tache/* etw geht heraus
2. (*se détacher*) ■ **qc s'enlève** etw geht ab; */affiche, papier peint, timbre a./* etw löst sich [ab]; */clou, vis/* etw lockert sich
3. *fam* (*se pousser*): ***enlève-toi de là!*** verzieh dich! *fam*

enlisement [ɑ̃lizmɑ̃] *m* **1.** (*fait de s'enliser*) [*bateau*] Stranden *nt;* [*voiture*] Einsinken *nt,* Steckenbleiben *nt*
2. (*marasme*) Erlahmen *nt,* Stocken *nt*

enliser <1> [ɑ̃lize] I. *vpr* **1.** (*s'enfoncer*) ■ **qn/qc s'enlise** jd/etw bleibt stecken
2. (*stagner*) ■ **qc s'enlise** etw gerät ins Stocken, etw fährt sich fest; ■ **qn s'enlise dans qc**: ***qn s'enlise dans la routine*** jd versinkt im Alltagstrott; ***qn s'enlise dans les détails*** jd verliert sich in Details
II. *vt* **1.** (*enfoncer*) ■ **qn enlise qc** *bateau* jd setzt etw auf Grund; *voiture* jd bleibt mit etw stecken
2. (*faire stagner*) ■ **qn/qc enlise qc** jd/etw lähmt etw, jd/etw bringt etw zum Erlahmen *geh*

enluminure [ɑ̃lyminyʀ] *f* Buchmalerei *f*

enneigé, e [ɑ̃neʒe] *adj* verschneit, schneebedeckt; *village, voiture* eingeschneit; ***la piste est insuffisamment ~e*** auf der Piste liegt nicht genügend Schnee

enneigement [ɑ̃nɛʒmɑ̃] *m* Schneedecke *f;* ***les conditions d'~*** die Schneeverhältnisse

ennemi, e [en(ə)mi] I. *adj* feindlich; *frères* verfeindet; ■ **qn est** ~ **de qc** jd ist gegen etw, jd ist ein Feind einer S. (*gen*)
II. *m, f* Feind(in) *m(f);* ■ **qn/qc est l'~ de qn/qc** jd/etw ist jds Feind/der Feind einer S. (*gen*); ***la hâte est l'~e de la précision*** Eile und Genauigkeit lassen sich nicht vereinen
▸ ~ **public numéro un** Staatsfeind *m* Nummer eins; ~ **héréditaire** Erbfeind *m;* ~ **juré** [*o* **mortel**] Todfeind *m;* **qn se fait un** ~ **de qn** jd macht sich (*dat*) jdn zum Feind; **qn se fait des ~s** jd macht sich (*dat*) Feinde; **qn passe à l'~** jd läuft [zum Feind] über; **c'est autant de pris sur l'~** das wäre erst [*o* schon] einmal gewonnen

ennoblir <8> [ɑ̃nɔbliʀ] *vt* ■ **qc ennoblit qn/qc** etw adelt jdn/etw

ennui [ɑ̃nɥi] *m* **1.** (*désœuvrement*) Lang[e]weile *f;* (*lassitude, dégoût*) Lustlosigkeit *f,* Unlust *f;* ***je suis accablé d'~*** ich bin völlig lustlos
2. *souvent pl* (*problème*) Problem *nt;* ***j'ai beaucoup d'~s*** ich habe eine Menge Ärger; ■ **des ~s de**: ***qn a des ~s d'argent/de santé*** jd hat Geldsorgen/jdm geht es [gesundheitlich] nicht sehr gut; ■ [**qn a**] **des ~s avec qn/qc** [jd hat] Ärger mit jdm/etw; ***qn/qc attire*** [*o* ***cause***] [*o* ***crée***] [*o* ***fait***] ***des ~s à qn*** jd/etw bereitet jdm Schwierigkeiten, jd/etw macht jdm Scherereien; ***cela va me causer des ~s*** daraus werden mir Unannehmlichkeiten entstehen
▸ **un** ~ **ne vient jamais seul** *prov* ein Unglück kommt selten allein; **qn s'attire des ~s** jd bekommt Ärger; **l'~, c'est que** + *indic* das Dumme ist, dass; **qn meurt d'~** jd vergeht vor Langeweile; **qn se prépare** [**bien**] **des ~s** jd wird sich (*dat*) [ganz bestimmt] Ärger einhandeln; **qn traîne son** ~ jd weiß mit sich nichts anzufangen, jd hängt gelangweilt herum *fam;* ***qn traîne son ~ dans les cafés*** jd hängt in Kneipen rum *fam;* **qn trompe son** ~ jd vertreibt sich (*dat*) die Langeweile; **avec** ~ ungern, unlustig; **quel** ~! wie ärgerlich!

ennuyé, e [ɑ̃nɥije] *adj* verärgert, verstimmt; ***pourquoi prends-tu cet air ~?*** warum setzt du diese saure Miene auf?; ***je suis bien*** ~ ich bin in einer misslichen Lage; ■ **qn est** ~ **de qc** [*o* **par qc**] jd ist verärgert [*o* verstimmt] über etw (*akk*); ■ **qn est** ~ **de** [**devoir**] **faire qc** jdm ist es peinlich [*o* unangenehm], etw tun zu müssen; ■ **qn est** ~ **que** + *subj* jd ist verstimmt darüber, dass

ennuyer <6> [ɑ̃nɥije] I. *vt* **1.** (*lasser*) ■ **qn/qc ennuie qn** jd/etw langweilt jdn
2. ■ **qn/qc ennuie qn** (*être peu attrayant*) jd/etw ist jdm lästig; (*être gênant*) jd/etw ist jdm unangenehm, etw ist jdm peinlich; ■ **cela** [*o* **ça**] **ennuie qn de** [**devoir**] **faire qc** es ist jdm unangenehm [*o* peinlich]/lästig, etw tun zu müssen; ■ **cela** [*o* **ça**] **ennuie qn que** + *subj* es verstimmt jdn, dass
3. (*irriter*) ■ **qn ennuie qn** [**avec qc**] jd ist jdm [mit etw] lästig, jd geht jdm [mit etw] auf die Nerven *fam*
4. (*déplaire*) ■ **qc ennuie qn** etw stört jdn; ***il y a quelque chose qui m'ennuie dans cette affaire*** etwas stört mich bei dieser Angelegenheit, bei dieser Sache gefällt mir etwas nicht
II. *vpr* ■ **qn s'ennuie** jd langweilt sich, jd fadisiert sich AUS

ennuyeux, -euse [ɑ̃nɥijø, -jøz] *adj* **1.** (*lassant*) langweilig
2. (*contrariant*) ärgerlich, unangenehm
▸ ~ **à mourir** todlangweilig, sterbenslangweilig

énoncé [enɔ̃se] *m* Wortlaut *m;* ■ **l'~ de qc** der Wortlaut einer S. (*gen*); ***l'~ du jugement*** die Urteilsverkündung

énoncer <2> [enɔ̃se] I. *vt* (*exposer*) ■ **qn énonce qc** jd legt etw klar dar; *faits, vérité* jd spricht etw aus
II. *vpr:* ***qc peut s'~ plus simplement*** [*o* ***clairement***] etw kann einfacher [*o* klarer] ausgedrückt werden

enorgueillir <8> [ɑ̃nɔʀgœjiʀ] *vpr* ■ **qn s'enorgueillit de qc** jd ist stolz auf etw (*akk*); ■ **qn s'enorgueillit de faire qc** jd ist stolz darauf, etw zu tun

énorme [enɔʀm] *adj* **1.** (*démesuré*) riesig; *erreur a.* krass; *différence a.* himmelweit; ***un ~ succès*** ein Riesenerfolg; ***qn est*** ~ (*très grand*) jd ist riesig; (*très gros*) jd ist enorm dick *fam*
2. (*incroyable*) unglaublich; ***un mensonge*** ~ eine faustdicke Lüge; ***cela m'a fait un bien*** ~ das hat mir unheimlich gut getan *fam*

énormément [enɔʀmemɑ̃] *adv* sehr, unheimlich *fam*; ***j'ai ~ aimé ce film*** ich fand den Film unheimlich [*o* sagenhaft] gut *fam*; ■ **~ de** sehr [*o* unheimlich *fam*] viele

énormité [enɔʀmite] *f* **1.** (*démesure*) [*objet, travail, tâche*] gewaltige Größe; [*être a.*] Riesenhaftigkeit *f*; [*crime*] Ungeheuerlichkeit *f*; ***l'~ d'une injustice*** eine zum Himmel schreiende Ungerechtigkeit
2. (*propos extravagant*) [ausgemachter] Unsinn *kein pl*; (*ineptie*) albernes Geschwätz *kein pl*; (*grosse faute*) haarsträubender [*o* krimineller *fam*] Fehler

enquérir <*irr*> [ɑ̃keʀiʀ] *vpr littér* ■ **qn s'enquiert de qn/qc** [**auprès de qn**] (*demander des renseignements*) jd informiert sich [bei jdm] über jdn/etw; (*demander des nouvelles*) jd erkundigt sich [bei jdm] nach jdm/etw

enquête [ɑ̃kɛt] *f* **1.** COM, SOCIOL (*étude*) Untersuchung *f* (*sur* zu, über + *akk*); (*sondage d'opinions*) [Meinungs]umfrage *f*; ***qn fait une ~ sur qc*** jd untersucht etw/jd macht eine [Meinungs]umfrage über etw (*akk*)
2. ADMIN, JUR Untersuchung *f*, Ermittlungen *pl*
► **~ administrative** behördliche Ermittlungen; **~ parlementaire** parlamentarische Untersuchung; **qn fait sa petite ~** *fam* jd hört sich bei den Leuten um; **~ policière** polizeiliche Untersuchung [*o* Ermittlungen *pl*]; **~ publique** Anhörungsverfahren *nt*; **~ sociologique** soziologische Studie [*o* Untersuchung]; **~ statistique** statistische Untersuchung [*o* Erhebung]; **qn/qc mène une ~ [auprès de qn]** jd/etw macht eine Umfrage [bei jdm]; **qn ouvre une ~** jd leitet eine Untersuchung [*o* Ermittlungen] ein; **qn poursuit l'~** jd leitet die Untersuchung [*o* Ermittlungen]

enquêter <1> [ɑ̃kete] *vi* ■ **qn enquête [sur qn/qc]** (*s'informer*) jd erkundigt sich [über jdn/etw], jd zieht Erkundigungen [über jdn/etw] ein; COM, SOCIOL (*faire une enquête*) jd führt eine Untersuchung [über etw (*akk*) [*o* zu etw]] durch; (*faire un sondage*) jd führt eine [Meinungs]umfrage [über jdn/etw] durch; ADMIN, JUR jd leitet eine Untersuchung [gegen jdn] ein; */police/* jd ermittelt in etw (*dat*), jd stellt [in etw (*dat*)] Ermittlungen an

enquêteur, -euse [ɑ̃kɛtœʀ, -øz] *m, f* (*policier*) Untersuchungsbeamte(r)/-beamtin *m/f*

enquêteur, -trice [ɑ̃kɛtœʀ, -tʀis] *m, f* (*sondeur*) Meinungsforscher(in) *m(f)*

enquiquinant, e [ɑ̃kikinɑ̃, ɑ̃t] *adj fam* nervig *fam*, nervtötend *fam*

enquiquiner <1> [ɑ̃kikine] **I.** *vt fam* (*importuner*) ■ **qn/qc enquiquine qn [avec qc]** jd/etw nervt jdn [mit etw] *fam*
II. *vpr fam* **1.** (*s'ennuyer*) ■ **qn s'enquiquine** jd langweilt sich
2. (*se donner du mal*) ■ **qn s'enquiquine avec qc/à faire qc** jd plagt sich mit etw herum/jd plagt sich, um etw zu tun

enquiquineur, -euse [ɑ̃kikinœʀ, -øz] *m, f fam* Nervensäge *f fam*

enracinement [ɑ̃ʀasinmɑ̃] *m* [*plante*] Anwurzeln *nt*, Einwurzeln *nt*; [*préjugé, erreur*] tiefe Verwurzelung; [*famille, individu*] Verwurzelung *f*

enraciner <1> [ɑ̃ʀasine] **I.** *vt* ■ **qn enracine qc** *plante* jd pflanzt etw ein; ■ **qc enracine qn [quelque part]** etw lässt jdn [irgendwo] Wurzeln schlagen [*o* heimisch werden]; ■ **qn/qc est enraciné(e) [quelque part]** jd ist [irgendwo] tief verwurzelt; */habitude, préjugé/* etw ist [irgendwo] tief eingewurzelt; ***qn est enraciné(e) dans ses habitudes*** jd hat feste Gewohnheiten
II. *vpr* ■ **qn/qc s'enracine** jd/etw schlägt Wurzeln; ■ **qc s'enracine [quelque part]** */habitude/* etw bürgert sich [irgendwo] ein; */idée/* etw setzt sich [irgendwo] fest; ***les mauvaises habitudes s'enracinent facilement*** schlechte Gewohnheiten reißen leicht ein; ***qn s'enracine chez qn*** jd nistet sich bei jdm ein

enragé, e [ɑ̃ʀaʒe] **I.** *adj* **1.** (*atteint de la rage*) tollwütig
2. (*passionné*) *chasseur, joueur* leidenschaftlich
3. (*furieux*) wütend, rasend *fam*
4. (*insupportable*) unerträglich, nicht zum Aushalten
II. *m, f* Besessene(r) *f(m)*; ■ **qn est un(e) ~(e) du/de l'/de la/des:** ***c'est un ~ du jeu/de la chasse/lecture*** er ist ein besessener [*o* leidenschaftlicher] Spieler/Jäger/Leser; ***c'est une ~e de la voiture/du football*** sie ist ein Auto-/Fußballfreak [-fri:k] *m*

enrager <2 a> [ɑ̃ʀaʒe] *vi* ■ **qn enrage** jd wird wütend, jd wird rasend [vor Wut]; ■ **qn enrage de devoir/de ne pas pouvoir faire qc** jd ist wütend darüber, dass er etw tun muss/nicht tun kann; ■ **qn/qc fait ~ qn** jd/etw macht jdn wütend [*o* rasend *fam*]; (*taquiner*) jd ärgert jdn

enrayer <7> [ɑ̃ʀeje] **I.** *vt* ■ **qn/qc enraye qc** (*ralentir*) *chômage, hausse des prix* jd/etw bremst etw; *maladie* jd bringt etw unter Kontrolle; (*arrêter*) jd/etw hält etw auf
II. *vpr* ■ **qc s'enraye** etw hat Ladehemmung

enrégimenter <1> [ɑ̃ʀeʒimɑ̃te] *vt* ■ **qn enrégimente qn** *jeunesse, travailleur* jd zwangsorganisiert jdn; ***nous avons été enrégimentés de force*** wir wurden zum Beitritt genötigt, uns wurde die Mitgliedschaft aufgezwungen; ■ **qn enrégimente qn dans qc** jd nötigt jdn, einer S. (*dat*) beizutreten; jd nötigt jdn zum Beitritt in etw (*akk*); ■ **qn se laisse ~ dans qc** jd lässt sich in etw (*akk*) eingliedern

enregistrement [ɑ̃ʀ(ə)ʒistʀəmɑ̃] *m* **1.** MEDIA Aufnahme *f*; [*émission a.*] Aufzeichnung *f*; INFORM (*action*) Speicherung *f*; (*document*) Datensatz *m*
2. ADMIN, JUR [*acte, contrat, document*] Eintragung *f*; ■ **l'E~** die Registraturbehörde (*bei der alle privatrechtlichen Vorgänge festgehalten werden*); ***frais d'~*** Registraturkosten *pl*
3. TRANSP [*bagages*] Abfertigung *f*
► **~ magnétique** Magnettonaufzeichnung *f*; **~ optique** optische Aufzeichnung, Bildaufzeichnung *f*

enregistrer <1> [ɑ̃ʀ(ə)ʒistʀe] **I.** *vt* **1.** AUDIOV ■ **qn/qc enregistre qn/qc** jd/etw nimmt [*o* zeichnet] jdn/etw auf; ■ **qn/qc enregistre qn/qc sur qc** jd/etw nimmt jdn/etw auf etw (*akk*) auf
2. INFORM, MED ■ **qn/qc enregistre qc** INFORM jd/etw speichert etw; MED jd/etw zeichnet etw auf
3. (*mémoriser*) ■ **qn enregistre qc** jd merkt sich (*dat*) etw, jd registriert etw; ■ **qn enregistre qc [dans qc]** (*noter par écrit*) jd hält etw [in etw (*dat*)] fest; *déclaration, plaintes a.* jd nimmt etw zu Protokoll; *donation* jd trägt etw [in etw (*akk*)] ein; *commande* jd nimmt etw auf
4. TRANSP ■ **qn enregistre qc** *bagages* jd fertigt etw ab; ■ **qn fait ~ qc** jd gibt etw auf
5. (*constater*) ■ **qn enregistre qc** *évolution* jd verzeichnet etw; *phénomène a.* jd registriert etw
II. *vi* ■ **qn/qc enregistre** jd/etw nimmt auf; INFORM jd/etw speichert; ***silence, on enregistre!*** Ruhe, Aufnahme!
► **j'enregistre!** *fam* (*traduit l'attention*) ich merk's mir! *fam*; (*traduit la menace*) das werde ich mir merken! *fam*

enregistreur, -euse [ɑ̃ʀ(ə)ʒistʀœʀ, -øz] **I.** *adj* Registrier-; ***caisse ~euse*** Registrierkasse *f*; ***baromètre/thermomètre ~*** Baro-/Thermograph *m*
II. *m* Schreibgerät *nt*, Schreiber *m*
◆ **enregistreur de cassettes** Kassettenrecorder *m*; **enregistreur de temps** Zeitschreiber *m*; **enregistreur de vol** Flug[daten]schreiber *m*

enrhumer <1> [ɑ̃ʀyme] **I.** *vt* ■ **qc enrhume qn** von etw bekommt jd einen Schnupfen; ***qn est enrhumé(e)*** jd hat Schnupfen
II. *vpr* ■ **qn s'enrhume** jd bekommt [*o* holt sich (*dat*)] einen Schnupfen

enrichi, e [ɑ̃ʀiʃi] *adj* **1.** (*devenu riche*) neureich; ***personne ~e*** Neureiche(r) *f(m)*
2. (*amélioré*) *édition* erweitert; *uranium* angereichert; *marchandise, produit* in seiner/ihrer Qualität verbessert; ■ **[qc est] ~ en qc** [etw ist] mit etw angereichert

enrichir <8> [ɑ̃ʀiʃiʀ] **I.** *vt* **1.** (*rendre riche*) ■ **qc enrichit qn** etw macht jdn reich
2. (*améliorer*) ■ **qn/qc enrichit qc [de qc]** *sol* etw reichert etw [mit etw] an; *collection* jd/etw erweitert etw [um etw]; MINER, PHYS jd reichert etw an; ***la lecture enrichit l'esprit*** Lesen erweitert den Horizont
II. *vpr* **1.** (*devenir riche*) ■ **qn s'enrichit [de qc]** jd bereichert sich [an etw (*dat*)]
2. (*s'améliorer*) ■ **qc s'enrichit [de qc]** etw wird [durch etw] bereichert; ***le musée s'est enrichi de trois nouveaux tableaux*** das Museum ist um drei neue Gemälde reicher geworden

enrichissant, e [ɑ̃ʀiʃisɑ̃, ɑ̃t] *adj* bereichernd

enrichissement [ɑ̃ʀiʃismɑ̃] *m* **1.** (*fait de devenir riche*) Reich[er]werden *nt*
2. (*amélioration*) [*esprit, langue*] Bereicherung *f*; [*minerai, sol*] Anreicherung *f*; ***procédé d'~*** Anreicherungsverfahren *nt*; ***les derniers ~s d'un musée*** die Neuerwerbungen eines Museums

enrobé, e [ɑ̃ʀɔbe] **I.** *adj fam personne* gut gepolstert *fam*; *femme a.* rundlich
II. *m* Asphalt *m*

enrober <1> [ɑ̃ʀɔbe] *vt* **1.** (*entourer*) ■ **qn enrobe qc de qc** [*o* **dans qc**] jd überzieht etw mit etw; ***glace enrobée de chocolat*** Eis mit Schokoladenüberzug
2. (*adoucir*) ■ **qn enrobe qc [de qc]** *reproches, critiques* jd verbrämt etw, jd verpackt etw in etw (*akk*)

enrôlement [ɑ̃ʀolmɑ̃] *m* Anwerbung *f*; **~ *de force*** Zwangsrekrutierung *f*

enrôler <1> [ɑ̃ʀole] **I.** *vt* **1.** (*recruter*) ■ **qn enrôle qn [dans qc]** jd zieht jdn [zu etw] ein; ***je refuse de me laisser ~ dans quelque parti que ce soit*** ich lasse mich in keine Partei einreihen [*o* eingliedern]
2. MIL ■ **qn enrôle qn** jd wirbt jdn an
II. *vpr* ■ **qn s'enrôle dans qc** jd meldet sich zu etw; *dans un groupe* jd schließt sich einer S. (*dat*) an; *dans un parti* jd tritt einer S. (*dat*) bei

enroué, e [ɑ̃ʀwe] *adj* heiser

enrouer <1> [ɑ̃ʀwe] **I.** *vt* ■ **qc enroue qn/qc** etw macht jdn/etw heiser
II. *vpr* ■ **qn/qc s'enroue** jd/etw wird heiser; ***qn s'enroue à force de crier/parler*** jd schreit/redet sich heiser

enroulement [ɑ̃ʀulmɑ̃] *m* [*cordon, ruban*] Aufwickeln *nt*; [*feuilles*] Zusammenrollen *nt*; TECH (*bobinage*) Wicklung *f*; ***l'~ du store se fait automatiquement*** das Rollo rollt sich automatisch auf

enrouler <1> [ɑ̃ʀule] **I.** *vt* ■ **qn enroule qc** *câble* jd wickelt etw auf; *couverture* jd rollt etw zusammen; ■ **qn enroule qc sur qc** jd wickelt etw auf etw (*akk*); ■ **qn enroule qc autour de qc** jd wickelt etw um etw; ■ **qn enroule qn/qc dans qc** jd wickelt jdn/etw in etw (*akk*)
II. *vpr* ■ **qc s'enroule sur** [*o* **autour de**] **qc** etw wickelt sich um etw; ■ **qn s'enroule dans qc** jd wickelt sich in etw (*akk*) ein; ■ **un animal s'enroule sur lui-même** ein Tier rollt sich ein

enrouleur [ɑ̃ʀulœʀ] *m* [*fil*] Haspel *f*; **~ *de cordon/câble*** Kabelaufwicklung *f*/Kabeltrommel *f*

enrubanner <1> [ɑ̃ʀybane] *vt* ■ **qn enrubanne qc** *cadeau* jd verziert etw mit einer Schleife; *coiffure, vêtement* jd schmückt etw mit Bändern

E.N.S. [øɛnɛs] *f abr de* **École normale supérieure** *Hochschule zur Ausbildung von Lehrern an höheren Schulen*

ensablement [ɑ̃sabləmɑ̃] *m* Versanden *nt*, Versandung *f*

ensabler <1> [ɑ̃sable] **I.** *vt* **1.** (*échouer*) ■ **qn ensable qc** *bateau* jd lässt etw auf Sand treiben [*o* laufen]; *voiture* jd bleibt mit etw im Sand stecken
2. (*recouvrir de sable*) ■ **qc ensable qc** etw bedeckt etw mit Sand; *port* etw lässt etw versanden
II. *vpr* **1.** (*s'échouer*) ■ **qn/qc s'ensable** */bateau/* etw läuft auf Sand; */véhicule/* etw sinkt im Sand ein, etw bleibt im Sand stecken; ***je me suis ensablé jusqu'aux essieux*** mein Wagen ist bis zu den Achsen im Sand eingesunken
2. (*se recouvrir de sable*) ■ **qc s'ensable** etw versandet

ensanglanté, e [ɑ̃sɑ̃glɑ̃te] *adj* blutverschmiert, voller Blut; *vêtement* blutgetränkt

ensanglanter <1> [ɑ̃sɑ̃glɑ̃te] *vt* ■ **qc ensanglante qc** etw befleckt etw mit Blut; *vêtement* etw tränkt etw mit Blut; ***de nombreuses guerres ont ensanglanté le pays*** zahlreiche Kriege haben das Land in Blut gebadet

enseignant, e [ɑ̃sɛɲɑ̃, ɑ̃t] I. *adj: **le corps** [o **personnel**]* ~ die Lehrerschaft; (*d'une institution précise a.*) der Lehrkörper; ***le milieu*** ~ die Lehrer
II. *m, f* Lehrer(in) *m(f)*
enseignant-chercheur <~s-~s> [ɑ̃sɛɲɑ̃ʃɛʀʃœʀ] *m Lehrende(r) an einer Universität mit Lehr- und Forschungsauftrag*
enseigne [ɑ̃sɛɲ] I. *f* [Aushänge]schild *nt*
▸ ~ **lumineuse** [Neon]leuchtschild *nt;* **des personnes sont logées à la même** ~ Menschen sitzen im gleichen Boot; **à l'**~ **de qc:** ***le restaurant à l'~ de "l'Écu d'Or"*** das Restaurant „Zum Goldenen Taler"; **à telle** ~ **que** + *indic* derart, dass
II. *m* Fähnrich *m* zur See
◆ **enseigne de vaisseau** (*de 1ère classe*) Oberleutnant *m* zur See; (*de 2e classe*) Leutnant *m* zur See
enseignement [ɑ̃sɛɲ(ə)mɑ̃] *m* 1. (*profession*) Lehrberuf *m,* Lehramt *nt;* (*institution*) Schulwesen *nt,* Unterrichtswesen *nt;* ***mes parents sont dans l'~*** meine Eltern sind im Lehramt tätig
2. (*action*) Unterricht *m;* ***l'~ des langues vivantes*** der Fremdsprachenunterricht
3. (*leçon*) Lehre *f;* ***qn tire un ~ de qc*** jd zieht aus etw eine Lehre
▸ ~ **par correspondance** Fernunterricht *m;* ~ **du premier degré** (*institution*) Primarstufe *f,* Grundschule *f;* (*action*) Unterricht *m* in der Primarstufe, Grundschulunterricht *m;* ~ **du second degré** (*institution*) Sekundarstufe *f;* (*action*) Unterricht *m* in der Sekundarstufe; ~ **assisté par ordinateur** computergestützter Unterricht [kɔm'pjuːtɐ-]; ~ **agricole** landwirtschaftliches Unterrichtswesen; ~ **audiovisuel** audiovisueller Unterricht; ~ **général** (*institution*) allgemein bildendes Schulwesen; (*action*) allgemein bildender Unterricht; ~ **gratuit** Schulgeldfreiheit *f;* ~ **laïque** bekenntnisfreies [staatliches] Unterrichtswesen; ~ **libre** [o **privé**] (*institution*) Privatschulwesen *nt;* (*action*) Privatschulunterricht *m;* ~ **ménager** Haushaltsschule *f;* ~ **mixte** Koedukation *f;* ~ **obligatoire** Schulpflicht *f;* ~ **primaire** (*institution*) Primarstufe *f;* (*action*) Unterricht *m* in der Primarstufe; ~ **professionnel** (*institution*) Berufsschulwesen *nt;* (*action*) Berufsschulunterricht *m;* ~ **programmé** programmierter Unterricht; ~ **public** staatliches Schulwesen; ~ **secondaire** (*institution*) Sekundarbereich *m;* (*action*) Unterricht *m* im Sekundarbereich; ~ **supérieur** (*institution*) Hochschulwesen *nt;* (*action*) Hochschulunterricht *m;* ~ **technique** (*institution*) Fachschulwesen *nt;* (*action*) Fachschulunterricht *m;* ~ **universitaire** (*institution*) Hochschulwesen *nt,* Universitätswesen *nt;* (*action*) Universitätsunterricht *m,* Hochschulunterricht *m*
enseigner <1> [ɑ̃seɲe] I. *vt* ■ **qn enseigne qc** jd unterrichtet [o lehrt] etw; ■ **qn enseigne qc à qn** jd lehrt jdn etw, jd unterrichtet jdn in etw (*dat*); ■ **qn/qc enseigne à qn à faire qc** jd/etw lehrt jdn, etw zu tun; ■ **qn/qc enseigne que** + *indic form* jd/etw lehrt, dass; ■ **qn enseigne qn** jd lehrt jdn, jd unterrichtet jdn; ***allez, enseignez toutes les nations!*** BIBL gehet hin und lehret alle Völker!
II. *vpr* ■ **qc s'enseigne** etw wird gelehrt; (*à l'école a.*) etw wird unterrichtet
ensemble [ɑ̃sɑ̃bl] I. *adv* 1. (*opp: seul*) zusammen; (*en commun*) gemeinsam; (*l'un avec l'autre*) miteinander; ***nous travaillons*** ~ wir arbeiten zusammen; ***faisons ça*** ~ machen wir das gemeinsam; ***ils vont à l'école*** ~ sie gehen miteinander in die Schule; ***tous*** ~ alle zusammen; ***nous sommes bien*** ~ wir verstehen uns gut; ***des personnes font qc*** ~ Menschen tun etw gemeinsam [o zusammen]; ***mets les deux livres*** ~ stell die beiden Bücher zusammen [o zueinander]
2. (*en même temps*) zugleich, gleichzeitig
▸ **des personnes/choses vont** [**bien/mal**] ~ Menschen/Dinge passen [gut/schlecht] zusammen
II. *m* 1. (*totalité*) Gesamtheit *f;* ■ **l'**~ **du/de l'/de la/des:** ***l'~ du personnel/ des questions*** die gesamte Belegschaft/sämtliche Fragen
2. (*unité*) [harmonische] Einheit, [harmonisches] Ganzes; ***qc forme un ~ harmonieux*** etw bildet ein harmonisches Ganzes; ***qc manque d'~*** etw bildet kein harmonisches Ganzes
3. (*groupement*) ■ **un** ~ **de qc** *de faits, d'indications* eine Reihe von etw; ***un ~ de lois*** ein Gesetzespaket *nt;* ***un ~ de personnes*** eine Personengruppe, ein Personenkreis *m;* ***un ~ de bâtiments/ d'habitations*** ein Gebäude-/ Wohnkomplex *m*
4. MUS Ensemble *nt*
5. MATH Menge *f*
6. (*vêtement*) Ensemble *nt;* ~ ***jupe-veste*** Kostüm *nt;* ~ ***de plage*** Strandanzug *m*
▸ ~ **architectural:** ***un magnifique ~ architectural*** ein wunderschönes Stück Architektur; **grand** ~ Großsiedlung *f,* Großwohnanlage *f;* ~ **instrumental** Instrumentalensemble *nt;* ~ **routier** Lastzug *m;* ~ **socioculturel/ sportif** kultursoziologischer Kreis/Sportgruppe *f;* **avec un** ~ **touchant** *iron* in rührendem Einvernehmen; ~ **vocal** Vokalensemble *nt;* **avec** [**un bel**] ~, **avec un** ~ + *adj:* ***ils ont exécuté cette danse avec*** ~ ihr Tanz war harmonisch vorgetragen; ***ils ont menti avec un bel*** ~ sie haben einhellig [o einmütig] gelogen; ***tout se déroulait avec un ~ parfait*** alles verlief in schönster Harmonie; **d'**~: ***impression/ vue d'~*** Gesamteindruck *m*/-ansicht *f;* ***qn donne une idée d'~ de qc*** jd umreißt etw grob; **dans son/leur** ~: ***l'électorat dans son ~/ les spectateurs dans leur*** ~ das Gros der Wählerschaft/Zuschauer; **dans l'**~ im Großen und Ganzen, alles in allem
ensemblier, -ière [ɑ̃sɑ̃blije, -jɛʀ] *m, f* Innenarchitekt(in) *m(f);* CINE Filmgestalter(in) *m(f);* TV Szenenbildner(in) *m(f)*
ensemencement [ɑ̃s(ə)mɑ̃smɑ̃] *m* Aussäen *nt,* Aussaat *f*
ensemencer <2> [ɑ̃s(ə)mɑ̃se] *vt* ■ **qn ensemence qc** *terre* jd besät etw; *étang, rivière* jd besetzt etw mit Fischbrut; *bouillon de culture* jd beimpft etw [mit Bakterien]
enserrer <1> [ɑ̃seʀe] *vt* 1. (*étreindre*) ■ **qn/un animal enserre qn** jd/ ein Tier umschlingt jdn; ■ **qc enserre qn** etw schnürt jdn ein; ***sa chemise lui enserrait le cou*** sein Hemd war ihm am Hals viel zu eng
2. (*enfermer*) ■ **qc enserre qc** etw umschließt etw, etw schließt etw ein
ensevelir <8> [ɑ̃səvliʀ] I. *vt* 1. *littér* (*mettre au tombeau*) ■ **qn ensevelit qn** jd bestattet jdn
2. (*recouvrir*) ■ **qc ensevelit qn/qc** [**sous** [o **dans**] **qc**] etw verschüttet [o begräbt] jdn/etw [unter etw (*dat*)]; ***je préfère ~ tout cela dans ma mémoire*** ich möchte all das lieber in meinem Gedächtnis begraben
II. *vpr littér* ■ **qn s'ensevelit quelque part** jd zieht sich irgendwohin zurück, jd vergräbt sich irgendwo; ***elle s'ensevelit dans son chagrin*** sie vergrub sich in ihrem Kummer
E.N.S.I. [ɛnsi] *f abr de* **École nationale supérieure d'ingénieurs** *Eliteschule für Ingenieurwesen*
ensiler <1> [ɑ̃sile] *vt* ■ **qn ensile qc** jd siliert etw, jd säuert etw ein
ensoleillé, e [ɑ̃sɔleje] *adj* sonnig; ***le versant*** ~ der Sonnenhang, der Südhang
ensoleillement [ɑ̃sɔlɛjmɑ̃] *m* Insolation *f spec;* ***la région reçoit un ~ de 10 heures par jour*** in dieser Gegend scheint die Sonne 10 Stunden am Tag; ***cette station bénéficie d'un ~ exceptionnel*** in diesem Urlaubsort scheint die Sonne überdurchschnittlich viel
ensoleiller <1> [ɑ̃sɔleje] *vt* ■ **qc ensoleille qc** etw heitert etw auf
ensommeillé, e [ɑ̃sɔmeje] *adj* schläfrig; *personne a.* schlaftrunken; *paysage, ville* verschlafen
ensorceler <3> [ɑ̃sɔʀsəle] *vt* ■ **qn/qc ensorcelle qn** jd/etw verzaubert jdn, jd/etw verwünscht jdn; (*fasciner*) jd/etw bezaubert jdn, jd/etw betört jdn
ensorceleur, -euse [ɑ̃sɔʀsəlœʀ, -øz] I. *adj* bezaubernd, betörend
II. *m, f* (*séducteur*) unwiderstehlicher Mann/unwiderstehliche Frau
ensorcellement [ɑ̃sɔʀsɛlmɑ̃] *m* Zauber *m;* ***qn/ qc exerce un véritable ~ sur qn*** jd/etw übt auf jdn einen regelrechten Bann aus
ensuite [ɑ̃sɥit] *adv* (*par la suite*) danach, anschließend; (*derrière en suivant*) dahinter, anschließend; ***d'accord, mais*** ~? einverstanden, aber was dann?
▸ ~ **de quoi** *littér* woraufhin
ensuivre <*irr, déf*> [ɑ̃sɥivʀ] *vpr* ■ **qc s'ensuit** etw ergibt sich; ***la crise qui s'ensuivit fut terrible*** die Krise, die daraus erwuchs, war schrecklich; ■ **il s'ensuit que** + *indic* daraus ergibt sich, dass; ■ **il s'ensuit de qc que** + *indic* aus etw ergibt sich, dass; ***il ne s'ensuit pas*** [***forcément*** [o ***nécessairement***]] ***que*** + *subj* daraus ergibt sich nicht [unbedingt], dass; ***il ne s'ensuit pas*** [***forcément*** [o ***nécessairement***]] ***de qc que*** + *subj* etw muss nicht [unbedingt] zur Folge haben [o dazu führen], dass
▸ **et tout ce qui s'ensuit** und alles, was das nach sich zieht
entacher <1> [ɑ̃taʃe] *vt* ■ **qc entache qc** [**de qc**] *honneur, réputation, mémoire* etw beschmutzt etw [mit etw], etw befleckt etw [mit etw]; ■ [**qc est**] **entaché(e) de qc** [etw ist] mit etw behaftet; ***entaché(e) d'erreur/ d'illégalité/ de nullité*** fehlerhaft/rechtswidrig/nichtig
entaille [ɑ̃taj] *f* 1. (*encoche*) Kerbe *f*
2. (*coupure*) [tiefe] Schnittwunde; ***elle s'est fait une ~ à la main*** sie hat sich (*dat*) tief in die Hand geschnitten
entailler <1> [ɑ̃taje] I. *vt* 1. (*faire une entaille*) ■ **qn/qc entaille qc** jd/ etw schlägt eine Kerbe in etw (*akk*)
2. (*blesser*) ■ **qn/qc entaille qc** [**à qn**] jd/etw fügt [jdm] eine [tiefe] Schnittwunde an etw (*dat*) zu; ***l'épée entailla son bras*** der Degen schnitt tief in seinen/ihren Arm
II. *vpr* ■ **qn s'entaille qc** [**avec** [o **de**] **qc**] jd schneidet sich (*dat*) [tief] [mit etw] in etw (*akk*)
entame [ɑ̃tam] *f* 1. JEUX: ***qn fait une ~ à carreau*** jd spielt Karo aus; ***j'ai fait une mauvaise*** ~ ich habe eine schlechte Karte ausgespielt
2. [*pain, jambon*] Anschnitt *m*
entamer <1> [ɑ̃tame] I. *vt* 1. (*prendre le début de*) ■ **qn entame qc** *fromage, pain, rôti* jd schneidet etw an; *pomme, tartine* jd beißt etw an; *billet, boîte* jd bricht etw an; *bouteille* jd macht etw auf, jd öffnet etw; *tonneau* jd zapft etw an; *patrimoine* jd greift etw an
2. (*attaquer*) ■ **qn/qc entame qc** *chair* jd/etw ritzt etw; CHIM etw greift etw an; ***elle entama le tissu par inadvertance*** sie schnitt aus Versehen in den Stoff; ***le diamant entame le verre*** Diamanten ritzen Glas
3. (*amorcer*) ■ **qn entame qc** jd leitet etw ein; *négociations a.* jd nimmt etw auf; *livre* jd beginnt etw; *poursuites* jd stellt etw an; ***la journée est déjà bien entamée*** der Tag ist bereits fortgeschritten
4. (*ébranler*) ■ **qn/qc entame qc** *conviction, optimisme* jd/etw erschüttert etw; ***rien ne saurait ~ ma résolution*** nichts wird meinen Entschluss zum Wanken bringen
5. (*porter atteinte à*) ■ **qc entame qc** etw tastet etw an; *dignité, honneur a.* etw verletzt etw; *crédit, réputation a.* etw schadet einer S. (*dat*)
II. *vi* CARTES ■ **qn entame** [**de qc**] jd spielt [etw] aus; ***qui est-ce qui entame?*** wer spielt aus?, wer kommt raus? *fam;* ■ **qn entame à qc** jd spielt etw aus; ***pourquoi as-tu entamé à carreau/ à l'atout?*** warum hast du Karo/ Trumpf ausgespielt?
entartrage [ɑ̃taʀtʀaʒ] *m* [*chaudière*] Kesselsteinbildung *f;* [*dents*] Zahnsteinbildung *f*
entartrer <1> [ɑ̃taʀtʀe] I. *vt* ■ **qc entartre qc** etw lässt etw verkalken; *chaudière, conduite* etw führt zu Bildung von Kesselstein in etw (*dat*); *dents* etw bildet Zahnstein an etw (*dat*)
II. *vpr* ■ **qc s'entartre** /*chaudière, conduite*/ etw setzt Kesselstein an; ***lave-toi les dents, sinon elles s'entartreront*** putz dir die Zähne, sonst bekommst du Zahnstein
entassement [ɑ̃tɑsmɑ̃] *m* 1. (*action*) Anhäufung *f;* (*pile*) Durcheinander *nt;* ***sur son bureau il y avait un ~ de dossiers*** auf seinem/ihrem Schreibtisch türmten sich die Akten
2. [*personnes*] (*action*) Zusammenpferchen *nt,* Zusammendrängen *nt;* (*résultat*) Zusammengepferchtsein *nt,* Zusammengedrängtsein *nt*

entasser <1> [ɑ̃tɑse] **I.** *vt* **1.** (*amonceler*) ■ **qn entasse qc** jd häuft etw an; ■ **qn/un animal entasse qc** *provisions* jd/ein Tier hamstert [*o* hortet] etw; *argent* jd hortet etw
2. (*accumuler*) ■ **qn entasse qc**: ***qn entasse les arguments/citations*** jd häuft Argument auf Argument/Zitat auf Zitat; ***qn entasse sottise sur sottise*** jd macht eine Dummheit nach der anderen
3. (*serrer*) ■ **qn entasse des personnes/animaux quelque part** jd pfercht Menschen/Tiere irgendwo zusammen; ■ **qn entasse des personnes/animaux dans qc** jd pfercht [*o* zwängt] Menschen/Tiere in etw (*akk*) hinein
II. *vpr* **1.** (*s'amonceler*) ■ **qc s'entasse quelque part** etw türmt [*o* häuft] sich irgendwo
2. (*se serrer*) ■ **des personnes/animaux s'entassent [dans qc]** Menschen/Tiere drängen sich zusammen, Menschen/Tiere zwängen sich in etw (*akk*)

entendement [ɑ̃tɑ̃dmɑ̃] *m* Begriffsvermögen *nt*, Verstand *m*; PHILOS Verstand *m*
► **qc dépasse l'~** etw ist unverständlich [*o* unbegreiflich]; **qn perd l'~** jd verliert den Verstand

entendeur [ɑ̃tɑ̃dœʀ] *m* ► **à bon ~, salut!** jetzt weißt du/wissen Sie Bescheid!, du bist/Sie sind jetzt gewarnt!

entendre <14> [ɑ̃tɑ̃dʀ] **I.** *vi* ■ **qn/un animal entend** jd/ein Tier hört; ***qn entend bien/mal*** jd hört gut/schlecht; ***qn n'entend que d'une oreille*** jd hört nur auf einem Ohr
II. *vt* **1.** (*percevoir*) ■ **qn/un animal entend qn/qc** jd/ein Tier hört jdn/etw; ■ **qn entend qn/qc faire qc** jd hört jdn/etw etw tun; ■ **qn entend que qn fait qc** jd hört, dass jd etw tut
2. (*écouter*) ■ **qn entend qn/qc** jd hört jdn/etw an, jd schenkt jdm Gehör; JUR *témoin* jd hört jdn an; ■ **qn fait ~ qc** jd gibt etw von sich; ■ **qn fait ~ qc à qn** jd lässt jdn etw hören
3. (*comprendre*) ■ **qn entend qn/qc** jd versteht jdn/etw; ***qn n'entend pas la plaisanterie*** jd versteht keinen Spaß; ■ **qn entend quelque chose/n'entend rien à qc** jd versteht etwas von etw/nichts von etw; ■ **qn y entend quelque chose/n'y entend rien** jd versteht etwas davon/nichts davon; ■ **qn/qc laisse [*o* donne à] ~ que** + *indic* jd gibt zu verstehen, dass; ■ **qn entend qc par qc** jd meint etw mit etw; ***qu'est-ce que vous entendez par là?*** was wollen Sie damit sagen?, was meinen Sie damit?; ■ **qn entend par là que** + *indic* jd meint damit, dass
4. (*vouloir*) ■ **qn entend faire qc** jd will etw tun, jd gedenkt etw zu tun; ***faites comme vous l'entendez!*** tun Sie, was Sie für richtig halten!; ***j'entends bien être obéi(e)*** ich verlange [*o* erwarte] Gehorsam; ■ **qn entend que** + *subj* jd wünscht, dass; jd erwartet, dass
► **qn a entendu dire qc** jd hat etw gehört; **qn a entendu dire que** + *indic* jd hat gehört, dass; **à [*o* d'après] ce que j'ai entendu dire** wie ich gehört habe; nach dem, was ich gehört habe; **qn entend parler de qn/qc** jd hört von jdm/etw; **tu entendras/vous entendrez parler de moi** du wirst/Sie werden noch von mir hören; **à qui veut l'~** jedem, der es hören will; **qn ne veut rien ~** jd will nicht hören; **je ne veux rien ~!** ich will nichts davon wissen!; **à ~ les gens** wenn man die Leute so reden hört; **comment l'entendez-vous?** was verstehen Sie darunter?; **je l'entends d'ici [faire qc]** ich höre ihn/sie jetzt schon [etw tun]; **qu'est-ce que j'entends?** was höre ich da?, was muss ich da hören?
III. *vpr* **1.** (*avoir de bons rapports*) ■ **qn s'entend avec qn** jd versteht sich mit jdm, jd kommt mit jdm gut aus; ■ **des personnes s'entendent** Menschen verstehen sich
2. (*se mettre d'accord*) ■ **des personnes s'entendent [sur qc]** Menschen einigen [*o* verständigen] sich [über etw (*akk*)], Menschen werden sich [über etw (*akk*)] einig; ■ **des personnes s'entendent pour faire qc** Menschen einigen sich darauf, etw zu tun; ■ **des personnes s'entendent pour que** + *subj* Menschen sprechen sich ab, dass
3. (*s'y connaître*) ■ **qn s'y entend** jd versteht etwas davon; ■ **qn s'y entend en qc** jd versteht etw von etw; ■ **qn s'[y] entend à [*o* pour] faire qc** jd versteht es, etw zu tun; jd versteht sich [gut] darauf, etw zu tun
4. (*se comprendre*) ■ **qc s'entend** etw versteht sich; ***nos prix s'entendent "tous frais compris"*** unsere Preise verstehen sich einschließlich aller Unkosten; ***ce mot peut s'~ différemment*** dieses Wort kann man unterschiedlich auffassen [*o* auslegen]
5. (*être audible*) ■ **qn/qc s'entend** jd/etw ist zu hören; ***on ne s'entend plus ici!*** man versteht ja sein eigenes Wort nicht mehr *fam*; ■ **qc s'entend** /*expression, mot, tournure*/ etw hört man, etw kann man hören; ■ **qn se fait ~** jd verschafft sich (*dat*) Gehör
► **entendons-nous bien!** dass wir uns richtig [*o* recht] verstehen!; **on ne s'entend plus parler** man versteht [*o* hört] sein eigenes Wort nicht mehr; **cela s'entend** selbstverständlich, natürlich; **je m'entends** Sie verstehen/du verstehst mich schon

entendu, e [ɑ̃tɑ̃dy] **I.** *pp de* **entendre**
II. *adj* **1.** (*convenu*) abgemacht; ***la chose est ~e*** also abgemacht; ■ **il est [bien] ~ que** + *indic* es versteht sich von selbst, dass; ***il est bien ~ que nous payons le voyage*** selbstverständlich übernehmen wir die Reisekosten; ■ **étant ~ que** + *indic* da, nachdem
2. (*complice*) *air, regard, sourire* wissend
► **bien ~** selbstverständlich; **comme de bien ~** wie könnte es anders sein; **c'est ~!** (*c'est d'accord*) abgemacht!; (*soit*) schon gut!; **~!** abgemacht!

entente [ɑ̃tɑ̃t] *f* **1.** (*amitié*) Einvernehmen *nt*, Eintracht *f*
2. (*accord*) (*action*) Verständigung *f*, Einigung *f*; (*résultat*) Übereinkunft *f*
3. ECON Kartell *nt*
4. POL Entente *f*, Bündnis *nt*
► **bonne ~** gutes Einvernehmen; **l'E~ cordiale** die Entente cordiale; **~ illicite** unerlaubte Absprache, Frühstückskartell *nt*; **la Triple E~** die Tripel-Entente, die Tripelallianz; **des personnes arrivent [*o* parviennent] à une ~** Menschen erzielen eine [*o* gelangen zu einer] Einigung; **l'~ règne** *iron* es herrscht süße Eintracht

enter <1> [ɑ̃te] *vt* ■ **qn ente qc** jd pfropft etw

entériner <1> [ɑ̃teʀine] *vt* ■ **qn entérine qc** jd billigt etw, jd heißt etw gut; JUR, POL jd bestätigt [*o* genehmigt] etw [gerichtlich]

entérite [ɑ̃teʀit] *f* [Dünn]darmentzündung *f*, Enteritis *f spec*

enterrement [ɑ̃tɛʀmɑ̃] *m* **1.** (*inhumation*) Beerdigung *f*, Begräbnis *nt*
2. (*cortège*) Trauerzug *m*, Leichenzug *m*
3. [*illusions*] Ende *nt*; [*parti, institution*] Auflösung *f*; [*loi, dossier*] Begraben *nt*; ***c'était pour lui l'~ de ses espérances*** damit musste er seine Hoffnungen begraben
► **qc a eu [*o* on a fait à qc] un ~ de première classe** *iron* etw wurde in allen Ehren begraben; **un ~ sans fleurs ni couronnes** ein schlichtes Begräbnis; **~ civil** nicht kirchliches Begräbnis; **~ religieux** kirchliches Begräbnis

enterrer <1> [ɑ̃teʀe] **I.** *vt* **1.** (*inhumer*) ■ **qn enterre qn** jd begräbt jdn, jd beerdigt jdn; ■ **qn enterre un animal** jd vergräbt ein Tier, jd verscharrt ein Tier; ■ **qn est enterré(e) quelque part** jd liegt irgendwo begraben
2. (*assister à l'enterrement*) ■ **qn enterre qn**: ***hier il a enterré sa mère*** gestern hat er seine Mutter zu Grabe getragen *geh*; ***le mois dernier j'ai enterré une de mes tantes*** letzten Monat war ich auf der Beerdigung einer Tante
3. (*enfouir*) ■ **qn enterre qc** jd vergräbt etw, jd gräbt etw ein; ■ **qn est enterré(e) sous qc** jd wird/ist unter etw (*dat*) begraben [*o* verschüttet]
4. (*oublier, faire oublier*) ■ **qn enterre qn/qc** *scandale* jd lässt Gras über etw (*akk*) wachsen; *querelle, affaire* jd begräbt etw; ***n'enterrez pas trop vite cet homme politique!*** schreiben Sie diesen Politiker nicht vorschnell ab!
5. (*renoncer à*) ■ **qn enterre qc** jd begräbt etw, jd gibt etw auf
► **il nous enterrera tous** *hum* er wird uns noch alle überleben
II. *vpr* ■ **qn s'enterre quelque part** jd zieht sich irgendwohin zurück, jd vergräbt sich irgendwo *fam*

entêtant, e [ɑ̃tɛtɑ̃, ɑ̃t] *adj* schwer

en-tête <~-~s> [ɑ̃tɛt] *m* [*journal*] Kopf *m*, Titel *m*; [*papier à lettres*] [gedruckter] Briefkopf

entêté, e [ɑ̃tete] **I.** *adj personne* eigensinnig, stur *fam*
II. *m, f* eigensinniger Mensch, Dickkopf *m fam*; ***quelle ~e tu fais!*** wie kann man nur so stur sein! *fam*

entêtement [ɑ̃tɛtmɑ̃] *m* Eigensinn[igkeit *f*] *m*, Starrsinn *m fam*

entêter <1> [ɑ̃tete] **I.** *vt, vi* ■ **qc entête [qn]** etw steigt [jdm] zu Kopf
II. *vpr* ■ **qn s'entête [dans qc]** jd versteift sich [auf etw (*akk*)], jd besteht [*o* beharrt] auf etw (*dat*); ■ **qn s'entête à faire qc** jd versteift sich darauf, etw zu tun; jd besteht [*o* beharrt] darauf, etw zu tun; ***il ne faut pas t'~ dans ton refus*** du solltest dich nicht so hartnäckig weigern

enthousiasmant, e [ɑ̃tuzjasmɑ̃, ɑ̃t] *adj perspective, idée* viel versprechend, verlockend; *spectacle* Begeisterung weckend; ***la situation n'est pas ~e*** die Lage gibt keinen Anlass zu Begeisterung

enthousiasme [ɑ̃tuzjasm] *m* Begeisterung *f*, Enthusiasmus *m geh*
► **avec ~** begeistert, mit Begeisterung; **dans l'~**: ***qn fait qc dans l'~*** jd tut etw begeistert; ***dans son ~, il s'est précipité sur la scène*** in seiner Begeisterung stürzte er auf die Bühne; **par ~** aus Begeisterung; **sans ~** nicht gerade begeistert, ohne [große] Begeisterung

enthousiasmer <1> [ɑ̃tuzjasme] **I.** *vt* ■ **qn/qc enthousiasme qn** jd/etw begeistert jdn, jd/etw versetzt jdn in Begeisterung
II. *vpr* ■ **qn s'enthousiasme [pour qn/qc]** jd begeistert sich [für jdn/etw]

enthousiaste [ɑ̃tuzjast] **I.** *adj* begeistert; ***des cris ~s*** Rufe *pl* der Begeisterung
II. *mf* begeisterter [*o* leidenschaftlicher] Bewunderer/begeisterte [*o* leidenschaftliche] Bewunderin, Enthusiast(in) *m(f) geh*

enticher <1> [ɑ̃tiʃe] *vpr* ■ **qn s'entiche de qn/qc** jd schwärmt für jdn/etw, jd begeistert sich für jdn/etw; ■ **qn est entiché(e) de qc** jd ist begeistert von etw, jd ist vernarrt in etw (*akk*); ■ **qn s'entiche de qn** (*s'amouracher*) jd verliebt sich in jdn

entier, -ière [ɑ̃tje, -jɛʀ] **I.** *adj* **1.** (*dans sa totalité*) ganz; ***dans le monde ~*** in der ganzen Welt
2. (*absolu*) völlig; ***cette voiture m'a donné ~ière satisfaction*** ich bin mit diesem Wagen vollauf [*o* völlig] zufrieden; ***ma confiance en lui est ~ière*** er hat mein vollstes Vertrauen; ***je vous laisse ~ière liberté*** ich lasse Ihnen völlige [Handlungs]freiheit; ***soyez assuré de mon ~ dévouement!*** Ihr Ergebenster/Ihre Ergebenste!
3. (*intact*) *personne* heil; *objet a.* ganz; *collection* vollständig; (*non réglé*) *problème, question* ungelöst, unbeantwortet
4. (*sans concession*) *personne* bestimmt, unnachgiebig; ***il est très ~ dans ses opinions*** er ist kategorisch in seinen Ansichten; ***il a un caractère ~*** er ist sehr bestimmt
► **qn se donne [*o* livre] tout ~ à qn/qc** jd widmet sich jdm/einer S. voll und ganz; **qn est tout ~ à qc** *à la lecture, au travail* jd ist ganz in etw (*akk*) vertieft; **tout ~** ganz
II. *m* Ganze(s) *nt*
► **dans son ~**: ***l'article/la nation dans son ~*** der ganze Artikel/die ganze Nation; **en ~** ganz

entièrement [ɑ̃tjɛʀmɑ̃] *adv* völlig, ganz; ***qn recommence ~*** jd beginnt ganz von vorn

entité [ɑ̃tite] *f* PHILOS Wesenheit *f*, Entität *f*; POL Gebilde *nt*; LING Einheit *f*; ***~ morbide*** Krankheitsbild *nt*

entomologie [ɑ̃tɔmɔlɔʒi] *f* Insektenkunde *f*, Entomologie *f spec*

entomologiste [ɑ̃tɔmɔlɔʒist] *mf* Insektenforscher(in) *m(f)*, Entomologe/-login *m/f spec*

entonner <1> [ɑ̃tɔne] *vt* ■ **qn entonne qc** jd stimmt etw an; ***qn entonne***

les louanges [*o* ***l'éloge***] ***de qn/ qc*** jd stimmt ein Loblied auf jdn/etw an

entonnoir [ɑ̃tɔnwaʀ] *m* Trichter *m*
▶ **en** ~ trichterförmig

entorse [ɑ̃tɔʀs] *f* Verstauchung *f*
▶ **qn fait une** ~ **à qc** jd verstößt gegen etw; *à la vérité* jd verdreht etw; **qn se fait une** ~ [**à qc**] jd zieht sich (*dat*) eine Verstauchung [an etw (*dat*)] zu, jd verstaucht sich (*dat*) etw

entortiller <1> [ɑ̃tɔʀtije] **I.** *vt* **1.** (*enrouler*) ■ **qn entortille qc autour de qc** jd wickelt etw um etw [herum]; ■ **qc est entortillé(e) dans qc** etw ist in etw (*akk*) eingewickelt
2. (*embrouiller*) ■ **qn entortille qc:** ***qn entortille ses phrases*** jd baut Schachtelsätze
3. (*circonvenir*) ■ **qn entortille qn** jd wickelt jdn ein *fam*
II. *vpr* (*s'enrouler*) ■ **qc s'entortille autour de qc** etw windet [*o* rankt] sich um etw; ■ **qn s'entortille dans qc** (*s'envelopper*) jd wickelt sich in etw (*akk*) ein; (*s'embrouiller*) jd verstrickt sich in etw (*dat*)

entourage [ɑ̃tuʀaʒ] *m* **1.** (*personnes*) Umgebung *f;* ***l'~ de qn*** jds Umgebung, der Kreis um jdn
2. (*ornement*) [Ein]fassung *f*
3. (*bord*) Umrandung *f*
▶ **dans l'**~ **de qn** in jds Umgebung

entouré, e [ɑ̃tuʀe] *adj* (*admiré*) umschwärmt; (*aidé*) umsorgt; ***qn est bien/ mal*** ~ jd hat die richtigen/nicht die richtigen Mitarbeiter [*o* Berater]; ■ ~ **de personnes** umgeben von Menschen; ■ ~ **de qc** mit etw umgeben

entourer <1> [ɑ̃tuʀe] **I.** *vt* **1.** (*mettre autour*) ■ **qn entoure qn de** [*o* **avec**] **qc** jd wickelt jdn in etw (*akk*) ein; ***qn entoure qn de ses bras*** jd schlingt die Arme um jdn, jd umschlingt jdn; ■ **qn entoure qc** [**de** [*o* **avec**] **qc**] *champ, jardin* jd umgibt etw mit etw; *mot, phrase* jd kreist etw [mit etw] ein; *paquet* jd wickelt etw in etw (*akk*) ein; ***qn entoure qc d'une clôture*** jd zäunt etw ein; ***qn entoure qc d'une ficelle*** jd schnürt etw zu; ***qn entoure qc de mystère*** jd umgibt etw mit einem Geheimnis
2. (*être autour*) ■ **qc entoure qc** /*mur, eau*/ etw umgibt etw; /*châle, foulard, couverture*/ etw liegt um etw; /*secret, bonheur*/ etw umgibt etw; ■ **qn entoure qn/qc** /*police*/ jd umstellt etw; /*foule*/ jd drängt [*o* schart] sich um jdn/etw; /*ennemi*/ jd umzingelt jdn/etw, jd kreist jdn/etw ein; ■ **qc entoure qn** /*danger*/ etw lauert auf jdn; ■ **qn/qc est entouré(e) de personnes/qc** jd/etw ist von Menschen/etw umgeben
3. (*soutenir*) ■ **qn entoure qn** jd steht jdm bei [*o* zur Seite]; ■ **qn entoure qn de qc** jd umgibt jdn mit etw; ***qn entoure qn de soins*** jd pflegt jdn liebevoll
II. *vpr* ■ **qn s'entoure de personnes/choses** jd umgibt sich mit Menschen/Dingen; ***qn s'entoure de garanties/ précautions*** jd sichert sich nach allen Seiten ab

entourloupe [ɑ̃tuʀlup] *f fam,* **entourloupette** [ɑ̃tuʀlupɛt] *f fam* [fauler] Trick, Streich *m;* ***n'essaie pas de m'avoir avec une*** ~ versuche nicht, mich auszutricksen *fam*
▶ **qn fait une** ~ **à qn** jd trickst jdn aus *fam,* jd spielt jdm übel mit

entournure [ɑ̃tuʀnyʀ] *f* ▶ **qn est gêné(e) aux ~s** (*est mal à l'aise*) jd fühlt sich beengt; (*manque d'argent*) jd ist knapp bei Kasse *fam*

entracte [ɑ̃tʀakt] *m* **1.** THEAT, CINE Pause *f*
2. (*interruption*) Pause *f,* Unterbrechung *f*

entraide [ɑ̃tʀɛd] *f* [gegenseitige] Hilfe [*o* Unterstützung], [gegenseitiger] Beistand; ***service d'~*** Hilfsdienst *m*

entraider <1> [ɑ̃tʀede] *vpr* ■ **des personnes s'entraident** Menschen stehen einander bei, Menschen helfen sich [gegenseitig]

entrailles [ɑ̃tʀɑj] *fpl* **1.** (*viscères*) Eingeweide *pl*
2. (*profondeurs*) [*navire*] Bauch *m;* [*terre*] Innere(s) *nt,* Schoß *m*
3. *littér* (*ventre maternel*) Schoß *m geh;* ***et le fruit de vos ~ est béni*** und gebenedeit ist die Frucht deines Leibes
▶ **qn n'a pas d'**~ *littér,* **qn est sans** ~ *littér* jd ist gefühllos, jd ist kalt; **qc prend qn aux** ~, **qc remue les** ~ **à qn** etw erschüttert jdn, etw wühlt jdn tief auf

entrain [ɑ̃tʀɛ̃] *m* Schwung *m,* Elan *m;* ***cette fête manque d'~*** auf dieser Party ist nichts los; ***elle a beaucoup d'~*** sie hat Temperament [*o* Schwung]
▶ **plein(e) d'**~ voller Energie; **avec** ~ mit Lust; **sans** ~ lustlos

entraînant, e [ɑ̃tʀɛnɑ̃, ɑ̃t] *adj* mitreißend; *musique a.* schwungvoll, beschwingt

entraînement [ɑ̃tʀɛnmɑ̃] *m* **1.** (*pratique*) Übung *f;* ***cela nécessite de l'~*** das will geübt sein; ***qn manque encore d'~*** jd hat noch nicht die nötige Übung; ***c'est une question d'~*** das ist Übungssache
2. SPORT Training ['trɛːnɪŋ] *nt;* ~ ***quotidien*** tägliches Training; ***cela nécessite de l'~*** dafür muss man [durch]trainiert sein, dafür muss man trainieren; ***qn manque encore d'~*** jd hat noch nicht genügend trainiert; ■ **d'**~ *match, terrain* Trainings-
3. (*impulsion*) Impuls *m,* innere Regung; ***par l'~ de l'habitude*** durch die Macht der Gewohnheit; ***dans l'~ de la discussion*** in der Hitze des Gefechts
4. TECH (*mouvement*) Antrieb *m*

entraîner <1> [ɑ̃tʀene] **I.** *vt* **1.** (*emporter*) ■ **qn/qc entraîne qn/qc** jd/etw reißt jdn/etw mit sich [fort]; ***en tombant, il a entraîné la nappe*** im [Um]fallen hat er das Tischtuch mit sich heruntergerissen; ***qn se laisse ~ par sa passion*** jd überlässt sich seiner Leidenschaft; ***il a entraîné toute la famille dans le malheur*** er hat die ganze Familie mit sich ins Unglück gestürzt
2. (*emmener*) ■ **qn entraîne qn** [**quelque part**] jd zieht [*o* schleppt *fam*] jdn [irgendwohin]; ***la foule nous entraîna vers la sortie*** die Menschenmenge schob uns zum Ausgang
3. (*inciter*) ■ **qn/qc entraîne qn** [**à** [*o* **dans**] **qc**] jd/etw verleitet jdn [zu etw]; ■ **qn/qc entraîne qn à faire qc** jd/etw verleitet jdn dazu, etw zu tun; ■ **qn se laisse** ~ [**dans qc**] jd lässt sich [zu etw] verleiten [*o* [in etw (*akk*)] hineinziehen]; ■ **qn se laisse** ~ **à qc/à faire qc** jd lässt sich zu etw verleiten/dazu verleiten, etw zu tun
4. (*causer*) ■ **qc entraîne qc** etw bringt etw mit sich, etw zieht etw nach sich, etw hat etw zur Folge; ■ **qc entraîne que** + *subj* etw bedeutet, dass
5. (*stimuler*) ■ **qn/qc entraîne qn** jd/etw reißt jdn mit
6. (*exercer*) ■ **qn entraîne qn** [**à** [*o* **pour**] **qc**] jd schult jdn [in etw (*dat*)]; ■ **qn entraîne qn à faire qc** jd schult jdn darin, etw zu tun; SPORT jd trainiert jdn [in etw (*dat*)], jd trainiert jdn darin, etw zu tun; ***il entraîne ses classes pour le bac*** er bereitet seine Klassen auf das Abitur vor; ■ **qn entraîne un animal** *chien* jd dressiert ein Tier; *cheval* jd trainiert mit einem Tier; ■ **qn entraîne un animal à qc/à faire qc** jd richtet ein Tier auf etw (*akk*) ab/darauf ab, etw zu tun; ***les policiers entraînent leurs chiens à l'attaque*** die Polizisten richten ihre Hunde auf den Mann ab
7. TECH ■ **qc entraîne qc** etw treibt etw an; /*locomotive*/ etw zieht etw
II. *vpr* ■ **qn s'entraîne** [**à** [*o* **pour**] **qc**]/**à faire qc** jd übt sich [in etw (*dat*)]/darin, etw zu tun; jd trainiert [sich]; ***je m'entraîne à faire des équations*** ich übe Gleichungen; ***nous nous entraînons à la course*** wir trainieren uns im Laufen

entraîneur, -euse [ɑ̃tʀɛnœʀ, -øz] **I.** *m, f* SPORT Trainer(in) *m(f)* ['trɛːnɐ]
II. *f* (*hôtesse*) ■ **entraîneuse** Animierdame *f*
◆ **entraîneur(-euse) d'hommes** Mensch, der andere begeistern [*o* mitreißen] kann

entrapercevoir <12> [ɑ̃tʀapɛʀsəvwaʀ] *vt* ■ **qn entraperçoit qn/qc** jd sieht jdn/etw [nur] flüchtig

entrave [ɑ̃tʀav] *f* **1.** (*obstacle*) Hindernis *nt,* Hemmnis *nt;* ~ ***à la circulation*** Verkehrsbehinderung *f;* ~ ***au commerce*** Handelshemmnis; ~ ***au progrès*** Hemmschuh *m* für den Fortschritt; ***il met toutes sortes d'~s à nos projets*** er versucht auf jede erdenkliche Art und Weise, unsere Pläne zu durchkreuzen
2. *gén pl* (*lien*) Fesseln *pl;* (*contrainte*) Fessel *f*
▶ **qc est une** ~ **à qc** etw ist einer S. (*dat*) hinderlich; **sans** ~**s** ungehindert, ungehemmt

entraver <1> [ɑ̃tʀave] *vt* **1.** (*gêner*) ■ **qn/qc entrave qn/qc** [**dans qc**] jd/etw behindert jdn/etw [bei etw]; *fig* jd/etw [be]hindert jdn/etw [in etw (*dat*)]; ***cette jupe trop étroite entrave la marche*** dieser zu enge Rock stört beim Gehen [*o* ist beim Gehen hinderlich]; ***des difficultés économiques ont entravé la réalisation de ce plan*** wirtschaftliche Schwierigkeiten haben die Realisierung dieses Plans erschwert
2. (*mettre des entraves à*) ■ **qn entrave un animal** jd fesselt ein Tier [am Fuß], jd legt einem Tier [Fuß]fesseln an
▶ **qn n'entrave rien** [*o* **que dalle**] **à qc** *arg* jd kapiert etw überhaupt nicht *fam;* ***les maths, j'y entrave que dalle*** Mathe kapier' ich überhaupt nicht *fam*

entre [ɑ̃tʀ] *prép* **1.** (*dans l'intervalle qui sépare*) (*position*) zwischen (+ *dat*); (*mouvement*) zwischen (+ *akk*); ***il était assis ~ les deux enfants*** er saß zwischen den beiden Kindern; ***il s'assit ~ les deux enfants*** er setzte sich zwischen die beiden Kinder; ~ ***les deux guerres*** zwischen den beiden Kriegen; ***tu es bon ou mauvais? – Je suis plutôt ~ les deux*** bist du gut oder schlecht? – Ich liege eher so dazwischen
2. (*parmi*) (*choses*) zwischen (+ *dat*); (*personnes*) unter (+ *dat*), von (+ *dat*); ***elle a aperçu un objet brillant ~ les pierres*** sie entdeckte etwas Glänzendes zwischen den Steinen; ***je le reconnaîtrais ~ tous*** ich würde ihn unter Tausenden wieder erkennen; ~ ***tous mes amis, c'est vraiment le meilleur*** von all meinen Freunden ist er wirklich der beste
3. (*à travers*) durch (+ *akk*); ***il est passé ~ les mailles du filet*** er ist durch die Maschen gegangen
4. (*dans*) in (+ *akk*); ***il a remis son sort ~ les mains de son médecin*** er hat sein Schicksal in die Hände seines Arztes gelegt; ***il l'a prise ~ ses bras*** er nahm sie in seine Arme
5. (*indiquant une relation*) zwischen (+ *dat*); ***il y a ~ eux une vieille querelle*** zwischen ihnen herrscht ein alter Streit; ***ils se sont disputés ~ eux*** sie haben sich [*o* miteinander] gestritten; ***les loups ne se dévorent pas ~ eux*** eine Krähe hackt der anderen kein Auge aus; ***il y a quelque chose ~ eux*** (*relation amoureuse*) zwischen ihnen ist was *fam,* die haben was miteinander *fam;* ***nous sommes ~ nous*** wir sind unter uns
▶ **d'**~ von; ***la plupart d'~ eux/ elles*** die meisten von ihnen; ***qui d'~ vous ...*** wer von euch ...; ~ **autres** unter anderem; ~ **nous** unter uns [*o* im Vertrauen] [gesagt]; ~ **tous/toutes** [ganz] besonders; ***c'est un exercice difficile ~ tous*** das ist eine besonders schwere Übung

entrebâillement [ɑ̃tʀəbajmɑ̃] *m* Spalt *m*
▶ **dans/par l'**~ **de qc**: ***par l'~ de la fenêtre/ porte*** durch das einen Spalt weit geöffnete Fenster/durch den Türspalt; ***qn apparaît dans l'~ de la porte*** jd taucht in der einen Spalt weit offenen Tür auf

entrebâiller <1> [ɑ̃tʀəbaje] *vt* ■ **qn entrebâille qc** jd öffnet etw ein wenig [*o* einen Spalt]; ***la porte était entrebâillée*** die Tür stand einen Spalt offen

entrechat [ɑ̃tʀəʃa] *m* Entrechat *m*
▶ **qn fait des** ~**s** jd hüpft herum

entrechoquer <1> [ɑ̃tʀəʃɔke] **I.** *vt* ■ **qn entrechoque plusieurs choses** jd schlägt Dinge gegeneinander; ***ils ont entrechoqué leurs verres*** sie stießen mit ihren Gläsern an
II. *vpr* ■ **des choses s'entrechoquent** Dinge stoßen aneinander; ***les épées s'entrechoquèrent*** die Degen klirrten; ***ses dents s'entrechoquèrent*** er/sie klapperte mit den Zähnen; ***les pensées s'entrechoquaient dans sa tête*** widersprüchliche Gedanken gingen ihm/ihr durch den Kopf

entrecôte [ɑ̃tʀəkot] *f* Entrecote *nt*

entrecoupé, e [ɑ̃tʀəkupe] *adj voix* stockend; ■ ~ **de qc** von etw unterbrochen; ***nous avons fait un voyage ~ de haltes*** wir haben auf unserer Reise

des öfteren Halt gemacht
entrecouper <1> [ɑ̃tʀəkupe] **I.** *vt* ■ **qn entrecoupe qc de qc** jd unterbricht etw mit etw; ***elle entrecoupait son discours de citations latines*** sie streute lateinische Zitate in ihre Rede ein
II. *vpr* ■ **des choses s'entrecoupent** Dinge [über]schneiden sich
entrecroisement [ɑ̃tʀəkʀwazmɑ̃] *m* Geflecht *nt;* [*routes*] Gewirr *nt*
entrecroiser <1> [ɑ̃tʀəkʀwaze] **I.** *vt* ■ **qn entrecroise des choses** jd schlingt [*o* flicht] Dinge ineinander, jd verflicht Dinge miteinander]
II. *vpr* ■ **des choses s'entrecroisent** Dinge sind ineinander verschlungen; */lignes, routes/* Dinge [über]schneiden sich
entre-déchirer <1> [ɑ̃tʀədeʃiʀe] *vpr* ■ **des animaux s'entre-déchirent** Tiere zerreißen [*o* zerfleischen] sich gegenseitig; ■ **des personnes s'entre-déchirent** Menschen reißen sich [gegenseitig] in Stücke
entre-deux [ɑ̃tʀədø] *m* ∅ **1.** (*intervalle*) (*spatial*) Zwischenraum *m;* (*temporel*) Zwischenzeit *f*
2. (*bande d'étoffe*) Einsatz *m;* ~~ ***en dentelle*** Spitzeneinsatz
3. SPORT Sprungball *m*
entre-deux-guerres [ɑ̃tʀədøgɛʀ] *m* ∅ ■ **l'**~-~-~ die Zeit zwischen den beiden Weltkriegen
entre-dévorer <1> [ɑ̃tʀədevɔʀe] *vpr littér* ■ **des animaux s'entre-dévorent** Tiere fressen sich gegenseitig auf
entrée [ɑ̃tʀe] *f* **1.** (*arrivée*) [*personne*] Eintreten *nt* (*dans* in + *akk*), Hereinkommen *nt* (*dans* in + *akk*); [*acteur*] Auftritt *m;* [*bateau*] Einlaufen *nt* (*dans* in + *akk*); [*véhicule*] Einfahrt *f* (*dans* in + *akk*), Einfahren *nt* (*dans* in + *akk*); ***le vainqueur a fait une*** ~ ***triomphale*** der Sieger hat einen triumphalen Einzug gehalten; ***qn fait une*** ~ ***remarquée/discrète*** jds Kommen erregt Aufsehen/jd tritt unauffällig ein; ■ **à l'**~ **de qn** bei jds Eintreten; ■ **à l'**~ **de qc** [*bateau*] beim Einlaufen einer S. (*gen*); [*véhicule*] bei der Einfahrt einer S. (*gen*), beim Einfahren einer S. (*gen*)
2. (*accès*) Eingang *m;* (*droit d'entrer*) Zutritt *m* (*de* zu); ■ **à l'**~ [**de qc**] am Eingang [einer S. (*gen*)]
3. [*appartement*] Diele *f,* Flur *m;* [*hôtel, immeuble*] Eingangshalle *f*
4. (*billet*) Eintrittskarte *f;* (*somme perçue*) Eintrittsgeld *nt;* ~ ***non payante*** Freikarte *f;* ***l'*~ *est libre*** [*o* ***gratuite***] der Eintritt ist frei; ***nous avons fait 10.000*** ~***s*** wir haben 10.000 Eintrittskarten verkauft
5. (*adhésion*) Eintritt *m,* Beitritt *m;* ■ ~ **à/dans/en qc** (*admission*) Aufnahme *f* in etw (*akk*)
6. (*pénétration*) [*fluide*] Eindringen *nt;* ***il y a des*** ~***s d'air ici*** hier zieht es herein; ***il y a des*** ~***s d'eau dans la cave*** in den Keller dringt Wasser
7. GASTR Vorspeise *f,* erster Gang; ■ **en** [*o* **comme**] ~ als Vorspeise
8. COM Einfuhr *f*
9. ELEC [Kabel]einführung *f*
10. [*dictionnaire*] Eintrag *m*
11. INFORM Eingabe *f*
► **d'**~ **de jeu** von Anfang an, gleich zu Beginn; **qn fait son** ~ **dans le monde** jd debütiert; ~ **interdite** Eintritt [*o* Zutritt] verboten!, kein Zutritt [*o* Eintritt]!; ~ ***interdite à tout véhicule*** Einfahrt verboten!; ***chantier,*** ~ ***interdite au public!*** Unbefugten ist das Betreten der Baustelle verboten! ~ **libre** (*sans obligation d'achat*) kein Kaufzwang; (*gratuite*) Eintritt frei; ~ **principale** Haupteingang *m;* **qn a ses** [**grandes/petites**] ~**s chez qn/quelque part** jd geht bei jdm/irgendwo ein und aus; **qn fait son** ~ **à/dans qc** jd hält Einzug in etw (*akk*); ***quand il a fait son*** ~ ***dans le salon*** als er das Wohnzimmer betrat, als er in das Wohnzimmer kam; ***qn fait son*** ~ ***au gouvernement*** jd hält seinen Einzug in die Regierung; **qn rate** [*o* **loupe** *fam*] **son** ~ jd verpasst seinen Auftritt; **d'**~ von Anfang an
◆ **entrée d'air** Lufteinlass *m;* **entrée de faveur** Freikarte *f;* **entrée des artistes** Bühneneingang *m;* **entrée de service** Dienstboteneingang *m,* Lieferanteneingang *m;* **entrée en action** Einsatz *m,* Eingreifen *nt;* **entrée en fonction** Amtsantritt *m,* Amtsübernahme *f;* **entrée en gare** Einfahrt *f;* ***l'*~ *en gare du train est imminente*** der Zug wird in Kürze einfahren; **entrée en jeu** Eingreifen *nt;* SPORT Einsatz *m;* **entrée en ligne** Einsatz *m;* **entrée en matière** Einleitung *f,* Einführung *f;* **entrée en possession** Besitzübernahme *f;* **entrée en religion** Eintritt *m* ins Kloster; **entrée en scène** Auftritt *m;* **entrée en vigueur** Inkrafttreten *nt*
entrefaites [ɑ̃tʀəfɛt] *fpl* ► **sur ces** ~ in diesem Augenblick
entrefilet [ɑ̃tʀəfilɛ] *m* kurze Notiz
entregent [ɑ̃tʀəʒɑ̃] *m* ► **qn a de l'**~ jd versteht es, die Leute zu nehmen
entrejambe [ɑ̃tʀəʒɑ̃b] *m* Schritt *m*
entrelacement [ɑ̃tʀəlasmɑ̃] *m* (*action*) Ineinanderschlingen *nt;* (*résultat*) Verschlungensein *nt;* ***des*** ~***s de lianes*** ineinander verschlungene Lianen
entrelacer <2> [ɑ̃tʀəlase] **I.** *vt* ■ **qn entrelace des choses** jd schlingt Dinge ineinander; */tisserand/* jd [ver]webt Dinge miteinander; ***ils se tenaient côte à côte, les mains entrelacées*** sie standen nebeneinander, die Hände ineinander verschlungen; ***les lettres entrelacées d'un monogramme*** die ineinander verschlungenen Buchstaben eines Monogramms
II. *vpr* ■ **des choses s'entrelacent** Dinge verschlingen sich [ineinander]; ■ **qc s'entrelace autour de qc** etw windet sich [*o* rankt [sich]] um etw
entrelacs [ɑ̃tʀəla] *m gén pl* ART Flechtwerk *nt;* ***reliure à*** ~ mit einem Rankenornament verzierter Einband
entrelardé, e [ɑ̃tʀəlaʀde] *adj* [mit Fett] durchwachsen
entrelarder <1> [ɑ̃tʀəlaʀde] *vt* **1.** GASTR ■ **qn entrelarde qc** jd spickt etw
2. *fig* (*farcir*) ■ **qn entrelarde qc de qc** jd spickt etw mit etw *fam*
entremêler <1> [ɑ̃tʀəmele] **I.** *vt* ■ **qn entremêle des choses** jd [ver]mischt Dinge; ■ **qn entremêle qc à** [*o* **avec**] **qc** jd wechselt etw mit etw ab; ■ **qn entremêle qc de qc** jd streut etw in etw (*akk*) ein
II. *vpr* ■ **des choses s'entremêlent** Dinge geraten durcheinander ■ **des choses s'entremêlent à** [*o* **avec**] **qc** Dinge wechseln mit etw ab; ■ **qc s'entremêle de qc** etw wird von etw unterbrochen
entremets [ɑ̃tʀəmɛ] *m* Süßspeise *f*
entremetteur, -euse [ɑ̃tʀəmetœʀ, -øz] *m, f* **1.** *vieux* (*médiateur*) [Ver]mittler(in) *m(f);* ***pourrais-tu me servir d'*~ *auprès de lui?*** könntest du bei ihm für mich ein gutes Wort einlegen?
2. *péj* (*dans les intrigues galantes*) Kuppler(in) *m(f)*
entremettre <*irr*> [ɑ̃tʀəmɛtʀ] *vpr* ■ **qn s'entremet dans qc** (*s'interposer*) jd greift vermittelnd in etw (*akk*) ein; (*s'ingérer*) jd mischt sich in etw (*akk*) ein; ■ **qn s'entremet auprès de qn** jd interveniert bei jdm, jd verwendet sich bei jdm; ■ **qn s'entremet entre deux personnes** jd vermittelt zwischen zwei Menschen
entremise [ɑ̃tʀəmiz] *f* Vermittlung *f*
► **grâce à l'**~ **de qn** dank jds Eingreifen [*o* Intervention]; **par l'**~ **de qn** durch jdn
entrepont [ɑ̃tʀəpɔ̃] *m* Zwischendeck *nt*
entreposer <1> [ɑ̃tʀəpoze] *vt* ■ **qn entrepose qc** [**quelque part**] *meubles* jd stellt etw irgendwo ein [*o* unter]; *marchandises* jd bringt etw auf Lager; ***marchandise entreposée*** Lagergut *nt;* ***qn entrepose qc en douane*** jd lagert etw unter Zollverschluss
entrepôt [ɑ̃tʀəpo] *m* (*dock, hangar*) Lagerhalle *f,* Lagerhaus *nt;* (*port, ville*) Umschlaghafen *m,* Umschlagplatz *m;* ***l'*~ *de douane*** das Zolllager, das Zolldepot
► ~ **frigorifique** Kühlhaus *nt,* Kühlhalle *f*
entreprenant, e [ɑ̃tʀəpʀənɑ̃, ɑ̃t] *adj* (*dynamique*) unternehmungslustig, dynamisch; (*hardi*) kühn, dreist
entreprendre <13> [ɑ̃tʀəpʀɑ̃dʀ] **I.** *vt* **1.** (*commencer*) ■ **qn entreprend qc** jd unternimmt etw; *étude, travail* jd nimmt etw in Angriff; ■ **qn entreprend de faire qc** jd unternimmt es, etw zu tun *geh*
2. ■ **qn entreprend qn** (*s'adresser à*) jd spricht jdn an (*sur* auf + *akk*); *fam* (*s'efforcer de convaincre*) jd beschwatzt jdn *fam;* (*courtiser*) jd umwirbt jdn
II. *vi* ■ **qn entreprend** jd handelt
entrepreneur, -euse [ɑ̃tʀəpʀənœʀ, -øz] *m, f* **1.** (*créateur d'entreprise*) Unternehmer(in) *m(f)*
2. CONSTR Bauunternehmer(in) *m(f)*
► **petit** ~ mittelständischer Unternehmer/mittelständische Unternehmerin
◆ **entrepreneur de confection** Inhaber *m* eines Konfektionsbetriebes; **entrepreneur de déménagement** Umzugsunternehmer *m,* [Möbel]spediteur *m;* **entrepreneur de menuiserie** selbständiger Tischlermeister [*o* Schreinermeister]; **entrepreneur de peinture** selbständiger Malermeister [*o* Anstreicher]; **entrepreneur de plomberie** selbständiger Klempner [*o* Installateur]; **entrepreneur de pompes funèbres** Inhaber *m* eines Bestattungsinstituts; **entrepreneur de transports** Transportunternehmer *m,* Rollfuhrunternehmer *m,* Spediteur *m;* **entrepreneur de travaux publics** Tiefbauunternehmer *m;* **entrepreneur en bâtiment** Bauunternehmer *m*
entreprise [ɑ̃tʀəpʀiz] *f* **1.** (*firme*) Unternehmen *nt,* Betrieb *m,* Firma *f*
2. (*opération*) Unternehmen *nt,* Unternehmung *f;* ***ce n'est pas une mince*** ~ das ist kein leichtes Unterfangen
3. *pl littér* (*menées*) Machenschaften *pl;* (*avances*) Avancen *pl,* Annäherungsversuche *pl*
► ~ **unipersonnelle à responsabilité limitée** Einpersonengesellschaft *f* mit beschränkter Haftung; ~ **familiale** Familienbetrieb *m,* Familienunternehmen *nt;* ~ **individuelle** Einzelunternehmen *nt;* **libre** ~ freies Unternehmertum; ~ **nationalisée** verstaatlichtes Unternehmen, verstaatlichter Betrieb; **petites et moyennes** ~**s** Klein- und mittelständische Betriebe *pl;* ~ **privée** Privatbetrieb *m,* Privatunternehmen *nt;* ~ **publique** staatliches Unternehmen, Staatsbetrieb *m;* **qn se lance dans une** [**vaste**] ~ jd stürzt sich in ein [gewagtes] Unternehmen
◆ **entreprise de confection** Konfektionsbetrieb *m;* **entreprise de construction** Baufirma *f;* **entreprise de déménagement** Umzugsfirma *f,* Möbelspedition *f;* **entreprise de menuiserie** Tischlerei[betrieb *m*] *f,* Schreinerei[betrieb *m*] *f* DIAL; **entreprise de peinture** Malerbetrieb *m,* Anstreicherbetrieb *m;* **entreprise de plomberie** Installationsbetrieb *m,* Klempnergeschäft *nt;* **entreprise de pompes funèbres** Bestattungsinstitut *nt;* **entreprise de transports** Speditionsfirma *f;* **entreprise de travaux publics** Tiefbauunternehmen *nt*
entrer <1> [ɑ̃tʀe] **I.** *vi* + *être* **1.** (*pénétrer*) ■ **qn entre** jd tritt ein; (*vu de l'intérieur a.*) jd kommt herein; (*vu de l'extérieur a.*) jd geht hinein; ***entrez, je vous prie!*** treten Sie [doch] bitte ein!; ***défense d'*~!** Eintritt verboten!; ***qn entre en catimini*** jd schleicht sich herein/hinein; ***qn entre par la fenêtre*** jd steigt durch das Fenster ein; ■ **un animal entre** ein Tier läuft/kriecht/fliegt/schwimmt herein/hinein; ■ **qc entre** etw dringt ein; */eau a./* etw läuft herein; */lumière, soleil a./* etw fällt herein; ■ **qn fait** ~ **qn/un animal** jd bittet jdn/holt ein Tier herein; ■ **qn laisse** ~ **qn/un animal,** ■ **qn laisse qn/un animal** ~ jd lässt jdn/ein Tier herein/hinein; ■ **qn laisse** ~ **qc** jd lässt etw herein; ***ne laisse pas*** ~ ***le froid!*** lass die Kälte nicht herein!
2. (*pénétrer dans un lieu*) ■ **qn entre dans qc** jd betritt etw, jd kommt in etw (*akk*) [herein]/geht in etw (*akk*) [hinein]; ***qn entre dans la baignoire*** jd steigt in die Badewanne; ***qn n'ose pas*** ~ ***dans l'eau*** jd wagt sich nicht ins Wasser; ■ **un animal entre dans qc** ein Tier kommt in etw (*akk*) [herein]/läuft/kriecht/fliegt/schwimmt in etw (*akk*) [hinein]; ■ **qc entre dans qc** */air, eau/* etw strömt in etw (*akk*); */lumière, soleil/* etw fällt in etw (*akk*); */vent/* etw bläst in etw (*akk*); ***qc entre dans un pays*** */marchandise/* etw wird in ein Land eingeführt [*o* importiert]; ***le bateau entre dans le port*** das Schiff läuft [in den Hafen] ein; ***le train entre en gare*** der Zug fährt [in den Bahnhof] ein; ***l'eau entre dans la cave*** das Wasser dringt in den Keller; ***la drogue est entrée frauduleusement dans le pays*** das Rauschgift wurde ins Land geschmuggelt; ***la jalousie entre sournoisement dans son cœur*** Eifersucht schleicht sich in sein/ihr Herz; ***le doute est entré peu à***

peu dans son esprit er/sie bekam immer mehr Zweifel; ■ **qn fait/laisse ~ qn/un animal dans qc** jd lässt jdn/ein Tier in etw (*akk*) herein/hinein; ■ **qn fait ~ qc dans qc** *lumière, air, froid* jd lässt etw in etw (*akk*); COM *marchandise* jd führt etw in etw (*akk*) ein, jd importiert etw in etw (*akk*)
3. (*aborder*) ■ **qn entre dans qc** *dans la plaisanterie, les détails, subtilités* jd geht auf etw (*akk*) ein; ***qn entre dans le vif*** [*o* ***cœur***] ***du sujet*** jd kommt sofort zum Kern der Sache
4. (*passer*) ■ **qn entre chez qn** jd geht [*o* schaut] bei jdm vorbei *fam*
5. (*commencer*) ■ **qn/qc entre dans qc** *compl de temps* jd/etw geht in etw (*akk*); ***la guerre entre dans sa deuxième année*** der Krieg geht ins zweite Jahr; ***il entre dans sa huitième année/l'âge mûr*** er geht in sein achtes Lebensjahr/er kommt ins reif[er]e Alter; ***nous entrons dans l'automne*** wir bekommen Herbst, es wird Herbst
6. *fam* (*heurter*) ■ **qn entre dans qc** jd läuft/fährt gegen etw; ■ **un animal entre dans qc** ein Tier läuft/fliegt gegen etw; ■ **qc entre dans qc** etw fährt/fliegt gegen etw
7. (*s'engager dans*) ■ **qn entre à/dans/en qc** *dans un club* jd wird Mitglied einer S. (*gen*); *dans un parti a.* jd tritt einer S. (*dat*) bei; *dans l'armée, la police* jd geht zu etw; *dans une carrière* jd schlägt etw ein; *dans une famille* jd heiratet in etw (*akk*) ein; ***qn entre dans la vie active*** jd tritt ins Erwerbsleben ein; ***elle est entrée à mon service*** sie ist bei mir in Stellung gegangen; ***il est entré en religion*** er ist ins Kloster gegangen
8. (*être admis*) ■ **qn entre à/en qc**: ***qn entre à l'école/en apprentissage/à l'hôpital*** jd kommt zur [*o* in die] Schule/in die Lehre/ins Krankenhaus; ***qn entre à l'université*** jd beginnt sein Studium; ■ **qn fait ~ qn à/dans/en qc** *dans un club, parti* jd führt jdn als Mitglied in etw (*akk*) ein, jd verschafft jdm die Mitgliedschaft in etw (*dat*); *dans l'armée, la police, dans une école, une université* jd ermöglicht jdm die Aufnahme in etw (*akk*); *dans une entreprise* jd verschafft jdm eine Stellung bei etw; ***elle m'a fait ~ au journal*** sie hat mir die Stelle bei der Zeitung verschafft; ***il m'a fait ~ au Rotary*** er hat mich in den Rotary Club eingeführt
9. (*s'enfoncer*) ■ **qc entre dans qc** */clou, vis, objet/* etw dringt in etw (*akk*); ***la clé n'entre pas dans le trou de la serrure*** der Schlüssel passt nicht ins Schlüsselloch; ■ **qn fait ~ qc dans qc** *clou* jd schlägt etw in etw (*akk*); *vis* jd schraubt etw in etw (*akk*)
10. (*comme verbe-support, voir subst*) ■ **qn/qc entre en** + *subst*: ***qc entre en application*** etw tritt in Kraft; ***qn entre en contact avec qn*** jd nimmt mit jdm Kontakt auf; ***qn/qc entre en collision avec qn/qc*** jd/etw stößt mit jdm/etw zusammen; ***qn entre en effervescence*** jd beginnt zu jubeln; ***un organe entre en fonction*** ein Gremium nimmt seine Tätigkeit auf [*o* tritt in Funktion]; ***le nouveau ministre entre en fonction*** der neue Minister übernimmt sein Amt [*o* tritt sein Amt an]; ***qn entre en rage*** jd wird wütend, jd gerät in Wut; ***un pays entre en guerre*** ein Land tritt in den Krieg ein; ***qn entre en scène*** jd tritt auf; ***qc entre en ligne de compte*** etw wird berücksichtigt, etw kommt in Betracht
11. (*s'associer à*) ■ **qn entre dans qc** jd nimmt an etw (*dat*) teil, jd beteiligt sich an etw (*dat*); ***venez, entrez dans la danse!*** kommt, tanzt mit!; ***qn entre dans les vues de qn*** jd teilt jds Ansichten
12. (*faire partie de*) ■ **qn entre dans qc** *dans un groupe* jd gehört zu etw; ■ **qc entre dans qc** *dans une composition, un mélange* etw ist Bestandteil einer S. (*gen*); ***cela n'entre pas dans mes attributions*** dafür bin ich nicht zuständig, das gehört nicht zu meinem Aufgabenbereich; ***aucun produit chimique n'entre dans la fabrication de ce produit*** zur Herstellung dieses Produktes wird kein chemisches Erzeugnis verwendet; ***il n'entre pas dans les intentions de qn de faire qc*** es liegt nicht in jds Absicht (*dat*), etw zu tun
▶ **entrez sans frapper** [bitte] nicht anklopfen, [bitte] eintreten ohne anzuklopfen; **qn entre sans payer** jd kommt umsonst hinein/herein; **qn ne fait qu'~ et sortir** jd geht gleich wieder, jd schaut nur kurz vorbei [*o* herein]; **qc entre pour beaucoup dans qc** etw spielt eine große Rolle bei etw; **ça entre** *fam*: ***alors, les maths, ça entre?*** na, kapierst du die Mathe? *fam*; **ça n'entre pas/ne veut pas ~** *fam* das geht nicht in jds Kopf (*akk*)/das will nicht in jds Kopf (*akk*) [gehen] *fam*
II. *vt* + *avoir* **1.** COM ■ **qn entre qc** jd führt etw ein, jd importiert etw; ***qn entre qc en contrebande*** jd schmuggelt etw ein
2. (*faire pénétrer*) ■ **qn entre qc dans qc** jd bringt [*o* kriegt *fam*] etw in etw (*akk*) hinein; ***nous avons entré cette armoire par la fenêtre*** wir haben den Schrank durch das Fenster hineingeschafft
3. INFORM ■ **qn entre qc** jd gibt etw ein

entresol [ɑ̃tʀəsɔl] *m* Hochparterre *nt*

entre-temps [ɑ̃tʀətɑ̃] *adv* inzwischen, in der Zwischenzeit

entretenir <9> [ɑ̃tʀət(ə)niʀ] **I.** *vt* **1.** (*maintenir en bon état*) ■ **qn entretient qc** jd hält etw instand; *machine, moteur* jd wartet etw; *beauté, voiture* jd pflegt etw; *vêtement* jd hält etw in Ordnung; *esprit* jd hält etw wach
2. (*faire vivre*) ■ **qn entretient qn** jd unterhält jdn, jd kommt für jds Unterhalt auf; *maîtresse* jd hält sich (*dat*) jdn *pej*; ***ce pays entretient une grande armée*** dieses Land unterhält eine starke Armee; ■ **qn se fait ~ [par qn]** jd lässt sich [von jdm] aushalten
3. (*faire durer*) ■ **qn/qc entretient qc** *correspondance, relations* jd unterhält etw; *doute, espoir* jd hegt etw; *rivalité* jd/etw schürt etw, jd/etw fördert etw; *souvenirs* jd/etw hält etw lebendig; *illusions, suspense* jd/etw erhält etw; *querelle* etw entfacht etw immer wieder; *humidité, température* etw hält etw konstant; *feu* jd unterhält etw; ***qn entretient sa forme*** jd hält sich fit; ***qn entretient une correspondance suivie avec qn*** jd steht in ständigem Briefwechsel mit jdm; ***les petits cadeaux entretiennent l'amitié*** kleine Geschenke erhalten die Freundschaft; ■ **qn entretient qn dans qc**: ***il l'a longtemps entretenue dans ses illusions*** er hat ihr lange die [*o* ihre] Illusionen gelassen; ***cesse de l'~ dans cette erreur!*** lass ihn/sie nicht länger in diesem Irrtum!
4. (*parler à*) ■ **qn entretient qn de qn/qc** jd erzählt jdm von jdm/etw
II. *vpr* **1.** (*converser*) ■ **qn s'entretient avec qn [de qn/qc]** jd unterhält sich mit jdm [über jdn/etw]; ***je me suis entretenu avec lui par téléphone/par écrit*** ich habe mich mit ihm am Telefon unterhalten/mich mit ihm schriftlich ausgetauscht; ■ **des personnes s'entretiennent [de qn/qc]** Menschen unterhalten sich [über jdn/etw]
2. (*se conserver en bon état*) ■ **qn s'entretient** jd hält sich fit [*o* in Form]; ■ **qc s'entretient** etw muss gepflegt werden; ***l'amitié s'entretient*** Freundschaft will gepflegt sein; ***qc s'entretient facilement*** etw ist pflegeleicht

entretenu, e [ɑ̃tʀət(ə)ny] **I.** *pp de* **entretenir**
II. *adj* **1.** (*tenu en bon état*) gepflegt; *voiture a., route* in gutem Zustand; *maison, propriété* gepflegt, gut instand gehalten
2. (*pris en charge*): ***c'est une femme ~e/un homme ~*** sie/er wird ausgehalten, sie/er lässt sich aushalten

entretien [ɑ̃tʀətjɛ̃] *m* **1.** (*maintien en bon état*) [*peau, vêtement, meubles*] Pflege *f*; [*maison, route*] Instandhaltung *f*; [*machine, moteur*] Wartung *f*
2. (*soutien financier*) Unterhalt *m*
3. (*discussion privée*) Unterredung *f*, Gespräch *nt*; (*débat public*) Diskussion *f*; ***pouvez-vous m'accorder un ~?*** darf ich Sie um eine Unterredung bitten?; **~ *télévisé*** Fernsehdiskussion; ■ **~ avec qn** Unterredung mit jdm, Gespräch mit jdm; ***qn a un ~ téléphonique avec qn*** jd führt ein Telefongespräch mit jdm; ■ **~ entre plusieurs personnes** Gespräch/Diskussion zwischen mehreren Menschen
4. *pl* (*congrès*) Kolloquium *nt*
▶ **sans ~** wartungsfrei

entretuer <1> [ɑ̃tʀətɥe] *vpr* ■ **des personnes s'entretuent** Menschen bringen sich gegenseitig um

entrevoir <*irr*> [ɑ̃tʀəvwaʀ] *vt* **1.** (*voir*) ■ **qn entrevoit qn/qc** (*indistinctement*) jd sieht jdn/etw undeutlich; (*brièvement*) jd sieht jdn/etw [nur] kurz [*o* flüchtig]
2. (*pressentir*) ■ **qn entrevoit qc** jd ahnt etw, jd sieht etw vorher; ***qn entrevoit une amélioration*** jd sieht Anzeichen einer Besserung

entrevue [ɑ̃tʀəvy] *f* Unterredung *f*, Treffen *nt*; ***qn a une ~ avec qn*** jd hat eine [lange] Unterredung mit jdm
▶ **qn ménage à qn une ~ avec qn** jd arrangiert für jdn ein Treffen mit jdm

entrouvert, e [ɑ̃tʀuvɛʀ, ɛʀt] *adj* halb geöffnet; *porte, fenêtre* einen Spalt [weit] offen; *bouche, lèvres* leicht geöffnet

entrouvrir <11> [ɑ̃tʀuvʀiʀ] **I.** *vt* ■ **qn/un animal entrouvre qc** jd/ein Tier öffnet etw ein wenig; *yeux, porte, fenêtre* jd öffnet etw einen Spalt [weit]
II. *vpr* ■ **qc s'entrouvre** etw öffnet sich ein wenig; */bouche, lèvres a./* etw öffnet sich leicht; */porte, fenêtre a./* etw geht einen Spalt [weit] auf

entuber <1> [ɑ̃tybe] *vt fam* ■ **qn entube qn** jd haut jdn übers Ohr *fam*, jd legt jdn rein *fam*; ■ **qn se fait ~** jd wird übers Ohr gehauen *fam*, jd wird reingelegt *fam*

enturbanné, e [ɑ̃tyʀbane] *adj*: ***qn a la tête ~e*** jd hat einen Turban auf dem Kopf; ■ **qn est ~** jd trägt einen Turban

énumération [enymeʀasjɔ̃] *f* Aufzählung *f*
▶ **qn fait une ~ de qc** jd zählt etw auf

énumérer <5> [enymeʀe] *vt* ■ **qn énumère qc** jd zählt etw auf

envahir <8> [ɑ̃vaiʀ] *vt* **1.** MIL ■ **qn/qc envahit qc** *pays* jd/etw fällt in etw (*akk*) ein; ***les soldats ont envahi les passages souterrains*** die Soldaten haben die Unterführungen besetzt
2. (*remplir*) ■ **qn envahit qc** jd strömt in etw (*akk*); */touristes a./* jd bevölkert etw; */spectateurs, gens, foule a./* jd drängt in etw (*akk*); *terrain de football* jd stürmt etw; ■ **qc est envahi(e) par qn** etw wird von jdm bevölkert; *par des touristes a.* etw ist von jdm überlaufen; ■ **qn envahit qn** */touristes/* jd überfällt jdn; ■ **qn est envahi(e) par qn** *par des touristes* jd wird von jdm überfallen [*o* heimgesucht]; ■ **qc envahit qc** */eau/* etw überschwemmt [*o* überflutet] etw; */insectes/* etw fällt in etw (*dat*) ein; */plantes/* etw überwuchert etw; ***un produit envahit le marché*** ein Produkt überschwemmt den Markt; ■ **qc envahit qn** */sentiment/* etw überkommt [*o* überwältigt] jdn; */insectes/* jd wird von etw geplagt [*o* heimgesucht]; ***nous sommes envahis par des moustiques/par le lierre*** wir werden von Stechmücken geplagt [*o* heimgesucht]/der Efeu überwuchert alles [bei uns]; ***le doute commence à m'~*** Zweifel steigt in mir auf
3. (*importuner*) ■ **qn envahit qn** jd belästigt jdn; ■ **qn se laisse ~ [par qn]** jd lässt sich [von jdm] in Beschlag nehmen

envahissant, e [ɑ̃vaisɑ̃, ɑ̃t] *adj* **1.** (*omniprésent*) ■ **qc est/devient ~** */chose, mode, sentiment, végétal/* etw nimmt überhand; ***j'ai vraiment des fraisiers ~s*** meine Erdbeerpflanzen überwuchern alles [*o* haben überhand genommen]
2. (*importun*) *personne* aufdringlich, zudringlich

envahissement [ɑ̃vaismɑ̃] *m* **1.** MIL: ***l'~ de l'Europe par les Huns*** der Einfall der Hunnen in Europa
2. (*prolifération*) ■ **l'~ d'une chose par qc** die Invasion von etw in einer S. (*dat*); ***l'~ d'un lieu par des plantes/des insectes*** das Überwuchern eines Ortes [mit Pflanzen]/die Invasion von Insekten in einem Ort; ***l'~ de la paperasse*** das Überhandnehmen des Papierkriegs
3. (*irruption*) ■ **l'~ de qc par qn** jds Ansturm auf etw (*akk*); ***l'~ du terrain de football par les spectateurs*** das Stürmen des Spielfeldes durch die Zuschauer

envaser <1> [ɑ̃vaze] *vpr* ■ **qn/qc s'envase** */baie, port, rivière/* etw verschlammt; */bateau, personne, voiture/* jd/etw bleibt im Schlamm stecken; (*s'enfoncer*) jd/etw versinkt im Schlamm; ■ **qn/qc est envasé(e)** */bateau, personne, voiture/* jd/etw sitzt [im Schlamm] fest; */baie, port, rivière/* etw ist verschlammt

enveloppant, e [ɑ̃vlɔpɑ̃, ɑ̃t] *adj* **1.** (*ample*) *vêtement* weit; MIL *mouvement, manœuvre* Umfassungs-, Einkreisungs-
2. (*séducteur*) *manières, paroles* einschmeichelnd

enveloppe [ɑ̃vlɔp] *f* **1.** POST [Brief]umschlag *m,* Kuvert *nt*
2. (*protection*) [Schutz]hülle *f;* [*chenille*] Kokon *m;* [*fleur*] [Blüten]hülle *f;* [*graine*] Hülse *f;* [*pneu, cylindre*] Mantel *m*
3. (*apparence*) äußerer Schein, Fassade *f pej*
4. FIN (*budget*) [Geld]mittel *pl,* Gelder *pl; **l'~ de la recherche*** die für die Forschung bewilligten Geldmittel; ***une ~ de 14 millions*** [Geld]mittel in Höhe von 14 Millionen
5. *péj* (*pot-de-vin*) Bestechungsgelder *pl*
▶ ~ **autocollante** [*o* **autoadhésive**] selbstklebender [Brief]umschlag, selbstklebendes Kuvert; ~ **budgétaire** Haushaltsmittel *pl;* ~ **doublée** gefütterter [Brief]umschlag; ~ **globale** Gesamtvolumen *nt;* **sous** ~ in einem [verschlossenen] [Brief]umschlag; ***mets ta carte sous ~*** stecke deine Postkarte in einen [Brief]umschlag
enveloppé, e [ɑ̃vlɔpe] *adj fam* rundlich; *femme a.* mollig
enveloppement [ɑ̃vlɔpmɑ̃] *m* **1.** MED Umschlag *m*
2. MIL: ***une manœuvre d'~*** ein Einkreisungsmanöver *nt,* ein Umfassungsmanöver *nt*
envelopper <1> [ɑ̃vlɔpe] **I.** *vt* **1.** (*recouvrir*) ■**qn enveloppe qn/qc [dans/de qc]** jd wickelt jdn/etw [in etw (*akk*)] ein; *cadeau, achat* jd packt etw [in etw (*akk*)] ein; ***elle enveloppa la jambe de bandages*** sie verband das Bein; ***il nous enveloppa de son regard*** er umfing uns mit seinem Blick; ■**qc enveloppe qc** etw umhüllt etw; ***son châle lui enveloppe tout le haut du corps*** sein/ihr Tuch umhüllt [*o* bedeckt] seinen/ihren Oberkörper; ■**qn/qc est enveloppé(e) dans** [*o* **de**] **qc** jd ist in etw (*akk*) [ein]gehüllt, etw ist in etw (*akk*) gewickelt; /*bébé*/ jd ist in etw (*akk*) gewickelt; ***ma jambe est enveloppée dans un bandage*** mein Bein ist verbunden, ich habe einen Verband am Bein
2. (*entourer*) ■**qc enveloppe qn/qc** /*silence*/ etw umgibt jdn/etw; /*brouillard*/ etw hüllt jdn/etw ein; /*lumière*/ etw umflutet jdn/etw; ■**qn/qc est enveloppé(e) de qc** jd ist in etw (*akk*) [ein]gehüllt, etw ist von etw umgeben; ***une histoire enveloppée de mystère*** eine geheimnisumwitterte Geschichte; ***qn enveloppe qc de mystère*** jd macht etw geheimnisvoll
3. (*voiler*) ■**qn enveloppe qc** *pensée* jd verschleiert etw
4. MIL ■**qn/qc enveloppe qn/qc** jd/etw kreist jdn/etw ein
▶**je vous l'enveloppe?** *fam* soll ich's Ihnen einpacken?
II. *vpr* ■**qn s'enveloppe dans qc** jd hüllt [*o* wickelt] sich in etw (*akk*) ein
envenimer <1> [ɑ̃v(ə)nime] **I.** *vt* **1.** (*infecter*) ■**qn/qc envenime qc** *plaie* jd/etw infiziert etw; ***arrête de gratter ce bouton, tu vas l'~!*** hör auf, an dem Pickel herumzukratzen, er wird sich entzünden!
2. (*détériorer*) ■**qn/qc envenime qc** *relations* jd/etw verschlechtert etw; *situation a.* jd/etw verschlimmert etw, jd/etw macht etw schlimmer; ***qc envenime les choses*** etw verschlimmert die Lage, etw macht die Dinge schlimmer
II. *vpr* **1.** (*s'infecter*) ■**qc s'envenime** etw entzündet sich
2. (*se détériorer*) ■**qc s'envenime** /*relations*/ etw verschlechtert sich; /*situation a., discussion*/ etw spitzt sich zu, etw verschärft sich
envergure [ɑ̃vɛʀgyʀ] *f* **1.** (*dimension*) [*avion, oiseau*] Spannweite *f;* [*bateau*] Breite *f;* [*voile*] Fläche *f*
2. (*ampleur*) Tragweite *f;* [*personne*] Format *nt; **une affaire/décision d'~ nationale*** eine Sache/Entscheidung von nationaler Tragweite [*o* Bedeutung]
▶**de grande** ~ von großer Tragweite; *action* breit angelegt, groß angelegt; **qn/qc a de l'~** jd hat Format/etw hat Bedeutung; ***tes projets n'ont aucune ~*** deine Pläne sind mehr als bescheiden *fam,* deine Pläne haben keinerlei Format; **qn/qc manque d'~** jd/etw hat kein Format; **qn prend de l'~** jd gewinnt an Format; **qc prend de l'~** /*société*/ etw vergrößert sich; /*scandale, dispute*/ etw nimmt [größere] Formen an; /*grève*/ etw weitet sich aus; **d'~**: ***un diplomate d'~*** ein Diplomat von Format; ***4,20 m d'~*** 4,20 m breit; **sans** ~ ohne Format; ***cet homme politique est sans ~*** dieser Politiker hat kein Format; ***des projets sans ~*** bescheidene Pläne *fam*
envers [ɑ̃vɛʀ] **I.** *prép* ■~ **qn/qc** jdm/einer S. gegenüber; ***je n'ai aucune animosité ~ vous*** ich habe nichts gegen Sie; ***qn a une dette ~ qn*** *dette financière*) jd schuldet jdm Geld; (*dette morale*) jd steht in jds Schuld; ***son mépris ~ qn/qc*** seine/ihre Verachtung für jdn/etw; ***les traîtres ~ la patrie*** die Vaterlandsverräter; ***indulgent/cruel ~ les gens qui ...*** nachsichtig/grausam denen gegenüber, die ...
▶ ~ **et contre tout/tous** allem/allen und jedem zum Trotz
II. *m* [*papier*] Rückseite *f;* [*étoffe, vêtement*] linke Seite; [*feuille d'un arbre, assiette*] Unterseite *f;* ***sur l'~*** [*tissu, vêtement*] auf der linken Seite; ***n'écris pas sur l'~*** schreib nicht auf die Rückseite
▶**l'~ du décor** die Kehrseite der Medaille, die Schattenseite; **l'~ et l'endroit des choses** die Licht- und Schattenseiten der Dinge; **qn connaît l'~ de la tapisserie** jd schaut hinter die Kulissen; **à l'~** (*dans le mauvais sens*) verkehrt herum, falsch herum; (*à rebours*) falsch, verkehrt; (*de bas en haut*) auf dem Kopf; (*en désordre*) *maison* in Unordnung, durcheinander; (*à reculons*) rückwärts; ***ton pull est à l'~*** du hast deinen Pulli verkehrt herum [*o* links herum] an; ***tout marche à l'~*** alles geht [*o* läuft] schief *fam;* ***tu as vraiment la tête à l'~*** du bist wirklich ganz durcheinander; ***des progrès à l'~*** Rückschritte *pl;* ***les aiguilles de cette montre tournent à l'~*** die Zeiger dieser Uhr drehen sich linksherum [*o* im Gegenuhrzeigersinn]
envi [ɑ̃vi] *loc* ▶**à l'~** *littér* um die Wette; ***les gâteaux étaient appétissants à l'~*** eine Torte sah leckerer [*o* appetitanregender] aus als die andere
enviable [ɑ̃vjabl] *adj* beneidenswert
envie [ɑ̃vi] *f* **1.** (*désir*) Wunsch *m;* ■~ **de qc** *de chocolat etc* Lust *f* [*o* Appetit *m*] auf etw (*akk*); ***ses ~s de voyage*** seine/ihre Reiselust; ■~ **de faire qc** Lust *f* etw zu tun
2. (*convoitise*) Begierde *f;* (*péché capital*) Wollust *f;* (*jalousie*) Neid *m;* ***des regards d'~*** begierige/neidische Blicke
3. ANAT (*tache*) Muttermal *nt; pl* (*peaux*) Nagelhaut *f*
▶**qn a une petite/grosse ~** *fam* jd muss mal klein/groß *fam;* **qn a ~** jd hat Lust; **qn a ~ de qn** jd begehrt jdn; **qn a ~ de qc** jd möchte gerne etw; *de nourriture etc* jd hat Lust [*o* Appetit] auf etw (*akk*); **qn a ~ que** + *subj* jd möchte, dass; ***tu as vraiment ~ que je te punisse?*** möchtest du wirklich, dass ich dich bestrafe?; **qn a ~ de faire qc** jd hat Lust etw zu tun; ***qn a ~ de faire pipi/d'aller au W.-C.*** *fam* jd muss mal/muss mal aufs Klo *fam;* **qn brûle** [*o* **crève** *fam*] [*o* **meurt**] **d'~ de qc** jd hat große [*o* wahnsinnige *fam*] Lust auf etw (*akk*); ***il meurt d'~ de cette voiture*** er ist ganz versessen auf dieses Auto; **qn brûle** *form* [*o* **crève** *fam*] [*o* **meurt**] **d'~ de faire qc** jd brennt darauf, etw zu tun; jd will brennend [*o* furchtbar *fam*] gerne etw tun; **qn/qc donne ~ à qn de faire qc** durch jdn/etw bekommt jd Lust, etw zu tun; /*encouragement, conseils, réussite*/ etw motiviert jdn [*o* macht jdm Mut] etw zu tun; ***tes photos me donnent ~ de visiter ce pays*** wenn ich deine Fotos ansehe, möchte ich am liebsten in dieses Land fahren [*o* bekomme ich Lust dieses Land zu besuchen]; ***avec tes histoires tu me donnes ~ de rire*** wenn man deine Geschichten hört, möchte man lachen; **ça fait** ~ da kann man neidisch werden; (*met en appétit*) da läuft einem das Wasser im Mund zusammen; **qn/qc fait ~ à qn** jd/etw macht jdn neidisch; *nourriture* jd/etw macht jdm Appetit; ***il vaut mieux faire ~ que pitié*** besser Neid als Mitleid erwecken; **qn/qc ôte** [*o* **fait passer**] **à qn l'~ de faire qc** jd/etw nimmt jdm die Lust, etw zu tun; (*empêche de recommencer*) jd treibt es jdm aus, etw zu tun; **l'~ lui en est passée** [*o* **a passé**] jdm ist die Lust dazu vergangen; (*de manger*) jdm ist der Appetit darauf vergangen; **qn passe** [*o* **contente**] **son ~** [**de faire qc**] jd gibt seiner Lust nach [etw zu tun], jd stillt sein Bedürfnis [etw zu tun]; ***j'ai passé mon ~ d'aller au cinéma*** mein Bedürfnis ins Kino zu gehen [*o* mein Bedürfnis nach Kino] ist gestillt; **qn passe une ~ à qn** (*satisfaire*) jd erfüllt jdm einen Wunsch; (*dissuader*) jd treibt jdm etw aus; ***je lui ai passé l'~ de recommencer*** ich habe dafür gesorgt, dass er/sie nicht wieder damit anfängt; **ça le prend/l'a pris comme une ~ de pisser** *fam* das packt ihn einfach so/hat ihn einfach so gepackt *fam;* **l'~ prend** [*o* **vient à**] **qn de faire qc** jd bekommt Lust etw zu tun
envier <1a> [ɑ̃vje] *vt* ■**qn envie qn [pour qc/de faire qc]** jd beneidet jdn [um [*o* wegen] etw/darum, dass er etw tut]; ***tout le monde l'envie pour sa richesse*** alle beneiden ihn/sie um seinen/ihren Reichtum [*o* wegen seines/ihres Reichtums]; ***je ne t'envie pas pour tes succès*** ich gönne dir deinen Erfolg; ■**qn envie qn/qc à qn** jd beneidet jdn um jdn/etw; ***ils envient le niveau de vie des Américains*** sie beneiden die Amerikaner um ihren Lebensstandard [*o* wegen ihres Lebensstandards]; ***je n'envie pas ton sort*** ich beneide dich nicht [um dein Schicksal]
▶**qn n'a rien à ~ à qn** jd steht jdm in nichts nach; **qc n'a rien à ~ à qc** etw steht einer S. (*dat*) in nichts nach
envieux, -euse [ɑ̃vjø, -jøz] **I.** *adj* neidisch; ■~ **de qn/qc** neidisch auf jdn/etw
II. *m, f* Neider(in) *m(f);* ***tu n'es qu'une ~euse*** du bist ja nur neidisch
▶**qn fait des ~(-euses)** jd schafft sich (*dat*) Neider(innen), jd wird beneidet; ***sa réussite a fait des ~*** sein/ihr Erfolg hat ihm/ihr Neider eingebracht
environ [ɑ̃viʀɔ̃] **I.** *adv* ungefähr, [in] etwa; ***il y a cinq ans ~*** vor ungefähr [*o* etwa] fünf Jahren
II. *mpl* [*ville*] Umgebung *f;* ***les ~s de la place du marché*** die Gegend um den Marktplatz; ***dans les ~s du château*** in der Nähe [*o* Nachbarschaft] des Schlosses
▶**aux ~s de qc**: ***aux ~s de Pâques*** um Ostern [herum]; ***aux ~s d'une ville*** in der Nähe einer Stadt; ***aux ~s de 100 francs*** etwa [*o* an die] 100 Franc; **dans les ~s** in der Umgebung [*o* Gegend]; ***je resterai dans les ~s*** ich werde in der Gegend [*o* [näheren] Umgebung] bleiben
environnant, e [ɑ̃viʀɔnɑ̃, ɑ̃t] *adj* der Umgebung; ***la région ~e*** die [nähere] Umgebung; ***le milieu ~*** die Umgebung
environnement [ɑ̃viʀɔnmɑ̃] *m* (*~ écologique*) Umwelt *f;* (*milieu*) Umfeld *nt;* (*environs*) Umgebung *f;* ***l'~ affectif*** das emotionale Umfeld
environner <1> [ɑ̃viʀɔne] **I.** *vt* ■**qc environne qc** etw umgibt etw; ■**qn/qc est environné(e) de qn/qc** jd/etw ist von jdm/etw umgeben
II. *vpr* ■**qn s'environne de qn/qc** jd umgibt sich mit jdm/etw; ***environnez-vous de précautions!*** seien Sie vorsichtig!
envisageable [ɑ̃vizaʒabl] *adj* denkbar
envisager <2 a> [ɑ̃vizaʒe] *vt* **1.** (*considérer*) ■**qn envisage qc** *question, situation, problème* jd zieht etw in Betracht; *avenir, mort* jd sieht einer S. (*dat*) entgegen
2. (*projeter*) ■**qn envisage qc [pour qn]** jd plant etw [für jdn], jd fasst etw [für jdn] ins Auge; ■**qn envisage de faire qc** jd plant [*o* erwägt] [*o* sieht vor] etw zu tun; ■**qn envisage qc** (*prévoir*) jd rechnet mit etw; ***j'envisage le pire*** ich rechne mit dem Schlimmsten; ■**qn envisage que** + *indic fut* jd geht davon aus, dass
envoi [ɑ̃vwa] *m* **1.** (*expédition*) [*paquet, lettre*] [Ab]schicken *nt;* [*marchandise, commande*] Versand *m;* [*vivres*] Sendung *f;* [*renforts, troupe, mission diplomatique*] Entsendung *f;* ***l'~ de la lettre a été fait le 10 janvier*** der Brief ist am 10. Januar abgeschickt worden
2. (*colis*) Sendung *f*
▶ ~ **en nombre** Massensendung *f;* ~ **contre remboursement** Nachnahmesendung *f;* ~ **non clos** unverschlossene Sendung; ~ **recommandé** Einschreiben *nt;* **qn fait un ~ à qn** jd schickt [*o* sendet] jdm etwas
envol [ɑ̃vɔl] *m* [*avion*] Abflug *m;* [*oiseau*] Auffliegen *nt,* Emporfliegen *nt;* (*hausse*) [*prix*] Hochschnellen *nt*
▶**un animal prend son ~** ein Tier fliegt auf [*o* empor]; **qc prend son ~** /*avion*/ etw fliegt ab; /*inspiration, imagination*/ etw entfaltet sich
envolée [ɑ̃vɔle] *f* **1.** (*envol*) [*oiseaux*] Auffliegen *nt,* Emporfliegen *nt*
2. (*hausse*) [*monnaie, valeur*] Hochschnellen *nt;* ***l'~ de la bourse*** das Hochschnellen der Börsenkurse
3. *fig* (*élan*) Gedankenflug *m;* (*dans le discours*) rhetorischer Höhenflug
▶[**grandes**] **~s lyriques** lyrische Exkurse
envoler <1> [ɑ̃vɔle] *vpr* **1.** (*quitter le sol*) ■**qc/un animal s'envole** etw/

ein Tier fliegt weg [*o* davon]; */avion/* etw fliegt ab; ■ **qn s'envole pour ...** jd fliegt nach ...; ***qn s'envole pour Rome/Paris*** jd fliegt nach Rom/Paris; ***les ballons s'envolent dans le ciel*** die Luftballons steigen in die Höhe [*o* zum Himmel auf]
2. (*disparaître*) ■ **qn/qc s'envole** jd/etw löst sich in Luft auf *fam;* */espoir, temps/* etw schwindet [dahin]; */paroles/* etw verfliegt; ***mon portefeuille s'est envolé!*** mein Geldbeutel ist verschwunden [*o* hat sich in Luft aufgelöst *fam*]!
3. (*augmenter*) ■ **qc s'envole** */monnaie, prix/* etw schnellt hoch

envoûtant, e [ɑ̃vutɑ̃, ɑ̃t] *adj beauté, musique, regard, charme* betörend; *atmosphère* berückend

envoûtement [ɑ̃vutmɑ̃] *m* Bann *m,* magische Kraft, Zauber *m*

envoûter <1> [ɑ̃vute] *vt* ■ **qn/qc envoûte qn** jd/etw schlägt [*o* zieht] jdn in seinen Bann; */sorcière/* jd verzaubert [*o* verhext] jdn; ***cette femme m'envoûte*** diese Frau übt einen Zauber auf mich aus

envoyé, e [ɑ̃vwaje] **I.** *adj* ▸ **bien** ~ *réponse, remarque* gut, treffend; ***voilà une réponse bien ~e!*** die Antwort sitzt!; ***bien ~!*** *fam* gut gesagt/gemacht!; **ça c'est ~!** *fam* das sitzt! *fam*
II. *m, f* PRESSE Korrespondent(in) *m(f);* POL Abgesandte(r) *f(m);* (*diplomate*) Gesandte(r)/Gesandtin *m/f;* REL Gesandte(r)/Gesandtin *m/f*
▸ **vous êtes l'~ du Ciel** Sie schickt [*o* sendet] der Himmel; ~ **spécial** Sonderkorrespondent(in) *m(f),* Sonderberichterstatter(in) *m(f)*

envoyer <irr> [ɑ̃vwaje] **I.** *vt* **1.** (*expédier*) ■ **qn envoie qc [à qn]** jd schickt [jdm] etw; *colis, lettre, télégramme a.* jd gibt etw [an jdn] auf; *marchandises* jd versendet [*o* verschickt] etw [an jdn], jd schickt jdm etw; *démission* jd reicht etw ein; ***qn envoie ses amitiés/condoléances/félicitations/vœux [à qn]*** jd schickt [*o* sendet] [jdm] eine Gruß-/Kondolenz-/Glückwunsch-/Neujahrskarte; ***qn envoie qc [à qn] par avion/poste/transporteur*** jd schickt [jdm] etw per Luftpost/mit der Post/mit einem Transportunternehmen; ■ **qn/qc envoie qn [quelque part/à qn]** jd/etw schickt jdn [irgendwohin/zu jdm]; ***qn/qc envoie qn en Allemagne/à l'étranger/chez la grand-mère/en pension/à la catastrophe*** jd/etw schickt jdn nach Deutschland/ins Ausland/zur Großmutter/ins Internat/ins Verderben; ***il envoie ses soldats à la mort/au front*** er schickt seine Soldaten in den Tod/an die Front; ***qn/qc envoie qn à l'échafaud/aux assises*** jd/etw bringt jdn an den Galgen/vors Schwurgericht; ***les dernières élections ont envoyé plusieurs députés d'extrême droite au parlement*** bei den letzten Wahlen sind mehrere Abgeordnete der extremen Rechten ins Parlament gelangt; ***cet accident l'a envoyé à l'hôpital*** nach diesem Unfall musste er ins Krankenhaus; ■ **qn envoie qn faire qc** jd schickt jdn etw tun
2. (*lancer*) ■ **qn envoie qc [quelque part/à qn]** *ballon, boule* (*avec la main*) jd wirft etw [irgendwohin/jdm zu]; (*avec le pied*) jd schießt etw [irgendwohin]/jd schießt [*o* spielt] jdm etw zu; *balle de tennis, golf* jd schlägt etw [irgendwohin]; *flèche* jd schießt etw [irgendwohin/auf jdn]; *grenade* jd schleudert etw [irgendwohin/auf jdn], jd wirft etw [irgendwohin/auf jdn]; *obus* jd schießt etw [irgendwohin/auf jdn] ab, jd beschießt jdn/etw mit etw; *coup* jd versetzt jdm etw; *gifle* jd gibt jdm etw; *signal* jd gibt [jdm] etw; ***qn envoie un baiser à qn*** jd wirft jdm eine Kusshand zu; ***ils m'ont envoyé des pierres/tomates à la figure*** sie haben mich mit Steinen/Tomaten beworfen, sie haben mir Steine/Tomaten an den Kopf geworfen; ■ **qc envoie qc [quelque part]** etw schleudert etw [irgendwohin]; *obus* etw schießt etw [irgendwohin] ab; *signal* etw gibt etw [irgendwohin] ab; ***le cœur envoie le sang dans les artères*** das Herz pumpt das Blut in die Arterien; ***la lune envoie une clarté blafarde*** der Mond scheint fahl; ■ **qn/qc envoie qn quelque part** jd stößt jdn irgendwohin, durch etw wird jd irgendwohin geschleudert; ***ce crochet a envoyé le boxeur à terre*** [*o* ***au tapis***] dieser Haken hat den Boxer zu Boden gehen lassen; ***il m'a envoyé en bas de l'escalier*** er hat mich die Treppe hinuntergestoßen
3. (*déclencher*) ■ **qn envoie qc** *image, son* jd fährt etw ab; ***envoyez le film/le son/l'image!*** Film/Ton/Bild ab!
▸ **qn envoie balader** [*o* **paître**] [*o* **promener**] **qn** *fam* (*éconduit*) jd wimmelt jdn ab *fam,* jd schickt [*o* jagt] jdn zum Teufel *fam;* **qn envoie balader** [*o* **valser**] **qn/qc [quelque part]** *fam* (*projette*) jd schleudert jdn/etw weg/irgendwohin, jd feuert etw weg/irgendwohin *fam;* **je ne te/vous l'envoie pas dire** *fam* ich sage es dir/Ihnen ganz offen ins Gesicht
II. *vpr* **1.** (*se transmettre*) ■ **des personnes s'envoient qc** Menschen schicken sich (*dat*) etw; *baisers* Menschen werfen sich (*dat*) etw zu
2. *pop* (*se taper*) ■ **qn s'envoie qn/qc** jd zieht sich (*dat*) etw rein *fam; boisson* jd kippt etw [runter] *fam; nourriture* jd stopft etw in sich (*akk*) rein *fam; homme* jd vernascht jdn *fam; femme* jd legt jdn um *fam;* ***et moi, je m'envoie tout le boulot*** und ich muss die ganze Arbeit machen

envoyeur, -euse [ɑ̃vwajœʀ, -jøz] *m, f v.* **retour**

enzyme [ɑ̃zim] *m o f* Enzym *nt*

éolien, ne [eɔljɛ̃, jɛn] **I.** *adj* Wind-
II. *f* ■ **éolienne** Windrad[pumpe *f*] *nt*

épais, se [epɛ, ɛs] **I.** *adj* **1.** (*opp: mince*) dick; *taille a.* stark; ■ ~ **de ...** ... dick; ***cette planche est ~se de 4 cm*** dieses Brett ist 4 cm dick [*o* stark]
2. (*dru*) *barbe, chevelure, forêt, gazon, foule* dicht; (*dense*) *brouillard, fumée* dick, dicht; *nuit, silence, sommeil* tief; ***au feuillage*** ~ dicht belaubt; ***l'ombre se faisait de plus en plus ~se*** es wurde immer düsterer
3. (*consistant*) *liquide* dickflüssig; *soupe* dick; *bière* gehaltvoll
4. (*grossier*) *mensonge* dreist, plump; *plaisanterie* derb; *esprit* langsam; ***il a l'intelligence un peu ~se, il a l'esprit un peu*** ~ er ist [geistig] etwas schwerfällig
▸ **au plus ~ de qc** mitten in etw (*dat*)
II. *adv semer* dicht; *neiger* stark; ***il a neigé, mais il n'en est pas tombé ~*** es hat geschneit, aber nicht viel; ***il n'y en avait pas ~ pour chacun*** *fam* es gab nicht viel für jeden; ***ça fait pas ~!*** *fam* das ist wirklich nicht viel!

épaisseur [epɛsœʀ] *f* **1.** (*dimension*) Stärke *f;* [*couche, couverture*] Dicke *f;* [*neige*] Höhe *f;* ***l'~ du mur était si mince ...*** die Mauer war so dünn ...; ***l'~ de la moquette était telle que*** der Teppich war so dick, dass; ■ **[qc a une] ~ de ...,** ■ **[qc a] ... d'~** [etw hat eine] Stärke [*o* Dicke] von ..., etw ist ... dick; ***la planche a une ~ de 7 cm*** [***o a 7 cm d'~***] das Brett ist 7 cm dick [*o* stark]
2. (*grosseur*) Dicke *f;* [*taille*] Umfang *m*
3. (*densité*) Dichte *f;* [*sommeil, nuit*] Tiefe *f;* ***une forêt/des buissons d'une telle ~*** ein derart dichter Wald/dichtes Gebüsch
4. (*substance*) [*personnage, personne*] Tiefe *f;* [*œuvre*] [gedankliche] Tiefe; ***ses personnages n'ont pas d'~*** seine/ihre Personen sind flach
5. (*consistance*) [*liquide*] Dickflüssigkeit *f*
6. (*grossièreté*) [*esprit, intelligence*] Schwerfälligkeit *f;* [*mensonge*] Dreistigkeit *f,* Plumpheit *f;* [*plaisanterie*] Derbheit *f*
7. (*couche*) Schicht *f;* [*papier*] Lage *f;* ***je vais mettre ma couverture sur deux ~s*** ich werde meine Decke doppelt nehmen

épaissir <8> [epesiʀ] **I.** *vt* **1.** ■ **qn/qc épaissit qc** *liquide* jd dickt etw ein, jd/etw macht etw dicker; *brouillard, mystère* jd/etw macht etw noch undurchdringlicher
2. (*grossir*) ■ **qc épaissit qn/qc** etw macht jdn/etw dicker; ***cette robe lui épaissit la taille*** dieses Kleid macht sie um die Taille dicker [*o* lässt ihre Taille dicker erscheinen]
II. *vi* **1.** ■ **qc épaissit** */liquide/* etw dickt ein, etw wird dickflüssig
2. (*grossir*) ■ **qn épaissit** jd wird dicker, jd nimmt zu
III. *vpr* **1.** (*devenir plus consistant*) ■ **qc s'épaissit** */liquide, air/* etw wird dicker; */sauce a./* etw wird sämig; */crème/* etw wird steif; */brouillard, chevelure, feuillage, forêt, foule/* etw wird dichter
2. (*grossir*) ■ **qc s'épaissit** etw wird dicker; ***j'ai la langue qui s'épaissit*** meine Zunge wird pelzig
3. (*s'accentuer*) ■ **qc s'épaissit** */mystère, ténèbres, obscurité/* etw wird [noch] undurchdringlicher; */nuit/* etw wird dunkler [*o* finsterer]; */drame/* etw spitzt sich zu

épaississement [epesismɑ̃] *m* [*liquide*] Eindicken *nt;* [*taille*] Breiterwerden *nt;* [*épiderme*] Verdickung *f*

épanchement [epɑ̃ʃmɑ̃] *m* **1.** MED [*sang, bile*] Erguss *m*
2. *pl* (*effusion*) Ergüsse *pl*
◆ **épanchement de synovie** Gelenkerguss *m*

épancher <1> [epɑ̃ʃe] **I.** *vt form* ■ **qn épanche qc** *cœur* jd schüttet etw aus; *sentiment, secret* jd wird etw los, jd redet sich (*dat*) etw von der Seele
II. *vpr* **1.** MED ■ **qc s'épanche [de qc]** */bile, sang/* etw fließt [aus etw]
2. *form* (*se confier*) ■ **qn/qc s'épanche** jd schüttet sein Herz aus, etw ergießt sich *geh;* ■ **qn s'épanche auprès de qn** jd vertraut sich jdm an

épandage [epɑ̃daʒ] *m* [*fumier, engrais*] Ausbreiten *nt,* Verteilen *nt;* ***en période d'~*** während der Düngezeit

épandre <14> [epɑ̃dʀ] *vt* ■ **qn épand qc** *engrais, fumier* jd verteilt etw; ***qn épand du purin/fumier sur le champ*** jd jaucht/mistet den Acker

épanoui, e [epanwi] *adj* **1.** *fleur* offen, aufgeblüht; *sourire, visage* strahlend; *corps, femme* wohlgeformt
2. (*heureux*) *caractère, personne* ausgeglichen

épanouir <8> [epanwiʀ] **I.** *vt* ■ **qc épanouit qn** etw lässt jdn aufblühen
II. *vpr* **1.** (*s'ouvrir*) ■ **qc s'épanouit** */fleur/* etw blüht auf
2. (*devenir joyeux*) ■ **qn s'épanouit** jd strahlt wieder; */visage/* etw erhellt sich, etw leuchtet auf
3. (*prendre des formes*) ■ **qn/qc s'épanouit** */femme/* jd erblüht; */beauté/* etw entfaltet sich; ***son corps s'épanouit*** sie bekommt weibliche Formen
4. (*trouver le bonheur*) ■ **qn s'épanouit** jd blüht auf
5. (*se développer*) ■ **qn/qc s'épanouit** jd/etw entfaltet sich; ***qn s'épanouit dans un travail*** jd geht in einer Arbeit auf

épanouissant, e [epanwisɑ̃, ɑ̃t] *adj* bereichernd

épanouissement [epanwismɑ̃] *m* [*fleur, corps, femme*] Blüte *f;* [*esprit, intelligence, talent*] Entfaltung *f;* [*personne*] Selbstverwirklichung *f;* [*style, genre, art*] Blüte[zeit *f*] *f*

épargnant, e [epaʀɲɑ̃, ɑ̃t] *m, f* Sparer(in) *m(f)*
▸ **les petits ~s** die kleinen Sparer, die Kleinsparer

épargne [epaʀɲ] *f* **1.** (*action*) Sparen *nt;* ***qn stimule*** [***o encourage***] [***o favorise***] ***l'~*** jd fördert das Sparen [*o* die Spartätigkeit]
2. (*sommes*) Ersparnisse *pl,* Spargelder *pl*
▸ **la petite** ~ die Kleinsparer *pl;* **l'~ populaire** das private Sparaufkommen [*o* Sparvolumen]; **l'~ forcée** Zwangssparen *nt*
◆ **épargne-logement** Bausparen *nt;* **épargne-retraite** Zusatzrente *f*

épargner <1> [epaʀɲe] **I.** *vt* **1.** (*mettre de côté*) ■ **qn épargne qc** *argent* jd spart etw
2. (*être économe de*) ■ **qn épargne qc** jd geht sparsam mit etw um; *efforts a.* jd haushaltet mit etw; *sel, poivre a.* jd spart mit etw; *eau, électricité a.* jd spart etw [ein]; ***je n'ai épargné ni mon temps ni ma peine*** ich habe weder Zeit noch Mühe gescheut; ***n'épargnez pas votre temps!*** nehmen Sie sich Zeit!
3. (*gagner*) ■ **qn épargne qc** *temps* jd gewinnt etw; ■ **qn épargne qc sur qc** jd spart etw bei etw [ein]; ***j'ai épargné mille francs sur cet achat*** ich habe tausend Franc bei diesem Kauf [ein]gespart
4. (*éviter*) ■ **qn épargne qc à qn** jd erspart jdm etw, jd verschont jdn mit etw; ■ **qc est épargné(e) à qn** etw bleibt jdm erspart
5. (*laisser vivre*) ■ **qn épargne qn** jd verschont jdn
6. (*ménager*) ■ **qn/qc épargne qn/qc** jd/etw verschont jdn/etw; *forces, sentiment* jd schont etw; ■ **qn/qc est épargné(e) [par qc]** jd/etw bleibt [von etw] verschont; ***la ferme a été épargnée par l'incendie*** der Bauernhof ist vom [*o* beim] Brand verschont geblieben
▸ **qn n'épargne rien pour faire qc** jd setzt alles dran, um etw zu tun *fam,* jd lässt nichts unversucht, um etw zu tun
II. *vi* (*économiser*) ■ **qn épargne** jd spart; ■ **qn épargne sur qc** *sur l'eau,*

l'électricité jd spart mit etw; *sur la nourriture, l'habillement* jd spart an etw (*dat*)

III. *vpr* ■ **qn s'épargne qc** jd erspart sich (*dat*) etw; ***épargnez-vous le dérangement*** machen Sie sich keine Umstände

éparpillement [epaʀpijmɑ̃] *m* 1. (*dissémination*) [*objets, personnes*] (*état*) Verstreutsein *nt;* (*action*) Zerstreuung *f*

2. (*dispersion*) [*efforts, idées*] Verzettelung *f,* Verzetteln *nt*

éparpiller <1> [epaʀpije] I. *vt* 1. (*disséminer*) ■ **qn éparpille qn** [**quelque part**] *élèves, soldats, troupes* jd verteilt jdn [irgendwo]; ■ **qn/qc éparpille qc** [**quelque part**] jd/etw verstreut etw [irgendwo]; *cendres* jd streut etw irgendwohin; ***la vie a éparpillé mes amis d'enfance*** das Leben hat die Freunde meiner Kindheit in alle vier Winde verstreut

2. (*disperser*) ■ **qn éparpille qc** jd verzettelt etw; ***qn éparpille ses efforts*** jd verzettelt sich; ***qn éparpille son attention*** jd lässt sich leicht ablenken

II. *vpr* 1. (*se disséminer*) ■ **des personnes/des choses s'éparpillent** Menschen zerstreuen sich/Dinge verstreuen sich; ***les villas s'éparpillent dans la pinède*** die Villen sind über den Kiefernwald verstreut

2. (*se disperser*) ■ **qn s'éparpille** jd verzettelt sich

épars, e [epaʀ, aʀs] *adj maisons, ruines* vereinzelt; *renseignements, éléments* einzelne(r, s); (*en désordre*) durcheinander; *cheveux* zerzaust; ***toutes mes affaires gisaient ~es sur le sol*** meine ganzen Sachen lagen auf dem Boden verstreut

épatant, e [epatɑ̃, ɑ̃t] *adj fam* toll *fam,* prima *fam,* klasse *fam*

épate [epat] *f fam* ▸ **qn fait de l'~** jd schindet Eindruck *fam;* **à l'~:** ***il a mené toute cette affaire à l'~*** er hat bei der ganzen Sache nur geblufft; ***tu veux nous faire ça à l'~*** du willst uns bluffen

épaté, e [epate] *adj* 1. *fam* (*soufflé*) platt *fam,* baff *fam;* ***elle prend l'air ~*** sie guckt ganz verblüfft

2. *nez* platt

épater <1> [epate] *vt fam* ■ **qn/qc épate qn** jd/etw verblüfft jdn; ***ça t'épate, hein?*** da bist du platt [*o* baff], was? *fam;* ***qn essaie d'~*** [**qn**] jd versucht [jdn] zu beeindrucken, jd versucht Eindruck [bei jdm] zu schinden *fam*

épaulard [epolaʀ] *m* Schwertwal *m,* Mörderwal *m*

épaule [epol] *f* ANAT Schulter *f;* GASTR Schulterstück *nt;* ***qn est large/frêle d'~s*** jd ist breitschultrig/schmalschultrig

▸ **qn a les ~s solides/assez solides pour faire qc** (*a de l'argent*) jd ist finanzkräftig/finanzkräftig genug, um etw zu tun; (*a l'envergure*) jd hat das Format/jd hat Format genug, etw zu tun; **qn hausse les ~s** jd zuckt mit den Schultern [*o* Achseln]; **qn roule les** [*o* **des**] **~s** [**en marchant**] jd schiebt [beim Gehen] die Schultern vor sich (*dat*) her; **qn roule des ~s** (*fait l'important*) jd macht sich wichtig; **qn fait toucher les ~s à qn** jd zwingt jdn in die Knie; **qn fait qc par-dessus l'~** jd macht etw auf die Schnelle *fam;* **sur les ~s:** ***qn a qc sur les ~s*** etw lastet [*o* liegt] auf jds Schultern (*dat*); ***toute la responsabilité pèse/repose sur mes ~s*** die ganze Verantwortung lastet/liegt auf meinen Schultern

épauler <1> [epole] I. *vt* 1. (*aider*) ■ **qn épaule qn** jd greift jdm unter die Arme, jd unterstützt jdn, jd hilft jdm; ■ **qn est épaulé(e) par qn** jd wird von jdm unterstützt

2. ■ **qn épaule qc** *arme* jd legt etw an

II. *vi* ■ **qn épaule** jd legt an

III. *vpr* 1. (*s'entraider*) ■ **des personnes s'épaulent** Menschen helfen sich (*dat*) [gegenseitig]

2. (*s'appuyer*) ■ **qn s'épaule contre qn/qc** jd lehnt sich gegen jdn/etw

épaulette [epolɛt] *f* COUT Schulterpolster *nt;* MIL Schulterstück *nt*

▸ **qn a** [**bien**] **gagné ses ~s** jd hat es sich (*dat*) [wohl] verdient; ***il a bien gagné ses ~s de chef de service*** er hat sich (*dat*) seinen Posten als Abteilungsleiter wohl verdient

épave [epav] *f* 1. (*débris*) Strandgut *nt;* [*bateau, voiture, avion*] Wrack *nt;* ***le recyclage des ~s*** die Wiederverwertung von Altautos

2. JUR (*objet perdu*) Fundsache *f*

3. (*personne*) Wrack *nt fam;* ***~ de la société*** Auswurf *m* der Gesellschaft

épée [epe] *f* 1. (*arme*) Schwert *nt;* SPORT Degen *m;* ***l'~ à la main*** mit gezogener Klinge; ***il a cassé son ~*** seine Klinge ist gebrochen

2. (*discipline*) Degenfechten *nt;* ***je pratique l'~*** ich fechte mit dem Degen

▸ **~ de Damoclès** Damoklesschwert *nt;* **qn remet l'~ au fourreau** *form* jd steckt das Schwert in die Scheide *geh;* **qn ne fait qc qu'avec l'~ dans les reins** jd tut etw nur, wenn man ihm das Messer auf die Brust setzt; **qn est une bonne ~** jd führt eine gute Klinge

épéiste [epeist] *mf* Fechter(in) *m(f)*

épeler <3> [ep(ə)le] *vt, vi* ■ **qn épelle** [**qc**] jd buchstabiert [etw]

épépiner <1> [epepine] *vt* ■ **qn épépine qc** jd entkernt etw

éperdu, e [epɛʀdy] *adj* 1. (*affolé*) *personne* außer sich, bestürzt; *gestes, regard* verzweifelt; *fuite* überstürzt

2. (*fort*) *besoin, désir, passion* heftig; *amour a.* leidenschaftlich

3. (*fou*) ■ **qn est ~ de qc** *de douleur, joie* jd ist außer sich (*dat*) vor etw (*dat*); *de reconnaissance* jd ist überwältigt vor etw (*dat*)

éperdument [epɛʀdymɑ̃] *adv* 1. *form* (*follement*) über alle [*o* die] Maßen *geh*

2. (*totalement*) völlig; ***je m'en fiche ~*** das ist mir völlig gleichgültig; ***elle se moque ~ de l'avis de ses parents*** die Meinung ihrer Eltern ist ihr völlig [*o* vollkommen] gleichgültig [*o* egal]

éperlan [epɛʀlɑ̃] *m* Stint *m*

éperon [ep(ə)ʀɔ̃] *m* 1. SPORT Sporn *m*

2. GEOG [Felsen]vorsprung *m*

3. NAUT [Ramm]sporn *m*

▸ **qn donne des ~s** jd gibt die Sporen

éperonner <1> [ep(ə)ʀɔne] *vt* 1. SPORT ■ **qn éperonne un animal** jd gibt einem Tier die Sporen

2. NAUT ■ **qc éperonne qc** etw rammt etw

3. (*stimuler*) ■ **qn/qc éperonne qn/qc** jd/etw spornt jdn/etw an

épervier [epɛʀvje] *m* 1. ZOOL Sperber *m;* POL Falke *m*

2. PECHE Wurfnetz *nt*

éphèbe [efɛb] *m iron* schöner Jüngling

éphémère [efemɛʀ] I. *adj bonheur, chance, gloire, succès, règne* von kurzer Dauer; *vie, beauté* vergänglich; *publication* kurzlebig; *instant, moment* flüchtig

II. *m* ZOOL Eintagsfliege *f*

éphéméride [efemeʀid] *f* (*calendrier*) Abreißkalender *m*

épi [epi] *m* 1. [*maïs*] Kolben *m;* [*blé*] Ähre *f;* ***les blés sont déjà en ~s*** das Korn steht bereits in Ähren

2. (*mèche*) Wirbel *m*

▸ **en ~** schräg; ***le stationnement en ~*** das Schrägparken, das Diagonalparken

épice [epis] *f* Gewürz *nt*

épicé, e [epise] *adj* 1. GASTR gewürzt; ***un plat trop ~*** ein zu scharfes [*o* stark gewürztes] Gericht

2. *histoire* pikant

épicéa [episea] *m* Fichte *f*

épicentre [episɑ̃tʀ] *m* Epizentrum *nt*

épicer <2> [epise] *vt* 1. (*assaisonner*) ■ **qn épice qc** jd würzt etw

2. *fig* ■ **qn épice qc** [**de qc**] *histoire, récit* jd würzt etw [mit etw]

épicerie [episʀi] *f* (*magasin*) Lebensmittelgeschäft *nt;* (*commerce*) Lebensmittelhandel *m;* (*denrées*) Lebensmittel *pl;* ***à la petite ~ du coin*** im Tante-Emma-Laden an der Ecke *fam*

▸ **~ fine** Feinkostgeschäft *nt,* Delikatessengeschäft *nt*

épicier, -ière [episje, -jɛʀ] *m, f* Lebensmittelhändler(in) *m(f); péj* Krämerseele *f;* ***tu n'as qu'une mentalité d'~(-ière)*** du bist ein richtiger Krämergeist [*o* eine richtige Krämerseele]

épicurien, ne [epikyʀjɛ̃, jɛn] I. *adj* epikureisch

II. *m, f* 1. (*personne*) Genussmensch *m,* Epikureer(in) *m(f) geh*

2. PHILOS Epikureer(in) *m(f)*

épidémie [epidemi] *f* Epidemie *f,* Seuche *f; fig* Seuche *f;* [*suicides*] Welle *f;* ***ma parole, c'est une ~!*** das scheint ja ansteckend zu sein!

épidémique [epidemik] *adj maladie* [äußerst] ansteckend, seuchenartig

épiderme [epidɛʀm] *m* [Ober]haut *f,* Epidermis *f spec*

▸ **qn a l'~ sensible** [*o* **chatouilleux**] *fam* jd ist [sehr] empfindlich; **qn/qc chatouille l'~ à qn** *fam* (*flatte*) jd/etw schmeichelt jdm, jd geht jdm um den Bart

épidermique [epidɛʀmik] *adj* Oberhaut-; *égratignure* oberflächlich; ***les tissus ~s*** das Gewebe der Oberhaut; ***qc donne des réactions ~s à qn*** etw lässt jds Haare zu Berge stehen, jdm graust es vor etw (*dat*)

épier <1 a> [epje] I. *vt* ■ **qn/un animal épie qn/qc** jd/ein Tier beobachtet jdn/etw [heimlich]; *bruits* jd/ein Tier lauscht einer S. (*dat*); *occasion* jd/ein Tier passt etw ab; ***elle épiait son amie*** sie spionierte ihrer Freundin nach; ***le chat épiait la souris*** die Katze lauerte der Maus auf; ***j'épie son retour avec impatience*** ich erwarte seine/ihre Rückkehr voller Ungeduld

II. *vpr* ■ **des personnes s'épient** Menschen beobachten sich [heimlich] [*o* spionieren sich (*dat*) nach]

épieu <x> [epjø] *m* CHASSE Speer *m;* MIL Spieß *m*

épiglotte [epiglɔt] *f* Kehldeckel *m,* Epiglottis *f spec*

épigramme [epigʀam] *f* Epigramm *nt,* Spottgedicht *nt*

épigraphe [epigʀaf] *f* (*inscription*) Inschrift *f;* (*citation*) Motto *nt;* ***il a mis un vers en ~*** er hat einen Vers als Motto gewählt

épilation [epilasjɔ̃] *f* [*aisselles, jambes*] Epilation *f,* Enthaaren *nt;* [*sourcils*] Zupfen *nt;* ***une nouvelle méthode d'~*** eine neue Haarentfernungsmethode [*o* Epilationsmethode]; ***l'~ de la lèvre est douloureuse*** das Zupfen der [Damen]barthaare [*o* des Damenbarts] ist schmerzhaft

▸ **~ à la cire** Epilation *f* mit Wachs; **~ électrique** elektrische Epilation

épilatoire [epilatwaʀ] *adj crème* Haarentfernungs-, Enthaarungs-

épilepsie [epilɛpsi] *f* Epilepsie *f*

épileptique [epilɛptik] I. *adj* epileptisch; ***une personne ~*** ein(e) Epileptiker(in); ***ma nièce est ~*** meine Nichte leidet an Epilepsie [*o* ist Epileptikerin]

II. *mf* Epileptiker(in) *m(f)*

épiler <1> [epile] I. *vt* ■ **qn/qc épile qc** [**à qn**] *aisselles, jambes* jd/etw enthaart [*o* epiliert] [jdm] etw; ***qn épile la lèvre à qn*** jd zupft jdm die [Damen]barthaare; ***qn épile le menton/visage à qn*** jd zupft [*o* entfernt] jdm die Haare auf dem Kinn/im Gesicht

II. *vpr* ■ **qn s'épile** [**qc**] jd entfernt sich (*dat*) die Haare [an etw (*dat*)], jd epiliert sich/jd epiliert sich (*dat*) etw; *sourcils* jd zupft sich (*dat*) etw; ***je m'épile la lèvre/le menton*** ich zupfe mir den Damenbart/die Haare auf dem Kinn

épilogue [epilɔg] *m* 1. (*conclusion*) Ende *nt,* Abschluss *m;* ***cette affaire a enfin trouvé son ~*** diese Angelegenheit ist endlich zum Abschluss gelangt; ***qc connaît un ~ heureux/triste*** etw nimmt ein glückliches/trauriges Ende

2. LITTER Epilog *m;* [*roman a.*] Nachwort *nt;* [*pièce a.*] Nachspiel *nt*

épiloguer <1> [epilɔge] *vi* ■ **qn épilogue** [**sur qc**] jd lässt sich lang und breit [über etw (*akk*)] aus; ***je n'épiloguerai pas sur ta conduite impossible*** ich werde mich nicht über dein unmögliches Benehmen auslassen

épinard [epinaʀ] I. *m* 1. BOT Spinat *m*

2. *pl* GASTR Spinat *m kein pl;* ***des ~s en branches/hachés*** Blattspinat/gehackter Spinat; ***je déteste les ~s*** ich hasse Spinat

II. *app: vert ~* spinatgrün

épine [epin] *f* 1. (*piquant*) [*hérisson, oursin, porc-épic, cactus*] Stachel *m;* [*buisson, rose*] Dorn *m*

2. (*arbrisseau*) Dornenstrauch *m,* Dornbusch *m;* ***une haie d'~s*** eine Dornenhecke

▸ **qn enlève** [*o* **ôte**] [*o* **retire**] **à qn une** [**belle**] **~ du pied** jd hilft jdm aus/in einer schwierigen Lage, jd hilft jdm aus der Klemme [*o* Patsche] *fam;* **ça me** *tire une ~ du pied!* mir fällt ein Stein vom Herzen!; ***c'est toi qui as la clé! Tu m'enlèves une ~ du pied*** ach, du hast den Schlüssel! Du bist meine Rettung *fam;* ~ **blanche** Weißdorn *m,* Hagedorn *m;* ~ **noire** Schwarzdorn *m,* Schlehdorn *m;* ~ **dorsale** Rückgrat *nt; fig [circulation]* Hauptachse *f*

épinette [epinɛt] *f* MUS Spinett *nt*

épineux, -euse [epinø, -øz] **I.** *adj* **1.** *(piquant) arbuste, buisson* dornig, Dornen-; *animal, cactus* stachlig; ***une haie ~euse*** eine Dornenhecke
2. *(délicat) problème, question, situation* heikel
II. *m* Dornenstrauch *m;* ***un maquis d'~*** ein Dornengestrüpp

épingle [epɛ̃gl] *f* [Steck]nadel *f;* ***elle s'est piquée avec une ~*** sie hat sich [mit einer Nadel] gestochen
▶ **qn tire son ~ du jeu** *(s'en sort)* jd zieht sich geschickt aus der Affäre; *(réussit)* jd macht eine gute Figur; ***l'entreprise a su tirer son ~ du jeu*** das Unternehmen hat geschickt manövriert; **qn est tiré(e) à quatre ~s** jd ist wie aus dem Ei gepellt *fam,* jd ist geschniegelt und gestriegelt [*o* gebügelt] *fam;* **qn monte qc en ~** jd bauscht etw auf, jd spielt etw hoch
◆ **épingle à cheveux** Haarnadel *f;* **épingle à tête** Stecknadel *f* [mit Kopf]; **épingle de cravate** Krawattennadel *f;* **épingle de nourrice** [*o* **sûreté**] Sicherheitsnadel *f*

épingler <1> [epɛ̃gle] *vt* **1.** *(fixer)* ■ **qn épingle qc [à** [*o* **sur**] **qc]** jd steckt etw mit einer Nadel [an etw *(dat)*] fest; *ourlet* jd steckt etw ab; *cheveux* jd steckt etw hoch; ***j'ai épinglé mes photos au mur*** ich habe meine Fotos an die Wand gepinnt *fam*
2. *fam (attraper)* ■ **qn épingle qn** jd schnappt [*o* erwischt] jdn *fam;* ■ **qn épingle qc** *(stigmatiser)* jd nimmt etw unter Beschuss *fam;* ■ **qn se fait ~** jd lässt sich erwischen *fam,* jd wird geschnappt *fam*

épinoche [epinɔʃ] *f* Stichling *m*

Épiphanie [epifani] *f* ∅ ■ **l'Épiphanie** das Dreikönigsfest
▶ **à l'~** am Dreikönigstag

épiphénomène [epifenɔmɛn] *m* Begleiterscheinung *f,* Nebenerscheinung *f,* Nebeneffekt *m*

épique [epik] *adj* **1.** *poésie, style* episch; ***poème ~*** Epos *nt,* Heldengedicht *nt*
2. *iron fam (mouvementé) voyage* abenteuerlich; *scène, engueulade* stürmisch; *(mémorable)* denkwürdig

épiscopal, e <-aux> [episkɔpal, o] *adj* bischöflich

épiscopat [episkɔpa] *m* **1.** *(évêques)* ■ **l'~** die Bischöfe *pl,* der [*o* das] Episkopat
2. *(fonction)* Bischofsamt *nt,* Episkopat *nt o m*
3. *(mandat)* Amtszeit *f* als Bischof

épisode [epizɔd] *m* **1.** *(événement) (marquant)* Ereignis *nt,* Erlebnis *nt; (mineur)* Episode *f,* unwichtiger Zwischenfall
2. *[film, feuilleton]* Folge *f*
▶ **à ~s** Fortsetzungs-; ***un roman/film à ~s*** ein Fortsetzungsroman/mehrteiliger Film; **par ~s** zeitweise

épisodique [epizɔdik] *adj* **1.** *(intermittent) apparitions, séjours, visites* gelegentlich, sporadisch; ***à intervalles ~s*** sporadisch
2. *(secondaire) événement, personnage, rôle* nebensächlich, unbedeutend

épisodiquement [epizɔdikmɑ̃] *adv* [nur] ab und zu, sporadisch

épissure [episyʀ] *f* NAUT, TECH Spleiß *m,* Spliss *m*

épistolaire [epistɔlɛʀ] *adj roman, littérature* Brief-

épitaphe [epitaf] *f* [Grab]inschrift *f,* Epitaph *nt geh*

épithète [epitɛt] *f* **1.** *(qualificatif)* Beiname *m; péj* Schimpfname *m*
2. GRAM Attribut *nt;* ***adjectif ~*** attributives Adjektiv

épître [epitʀ] *f* REL Apostelbrief *m,* Epistel *f; (étape de la messe)* Epistel *f,* Lesung *f;* LITTER Versepistel; *fam* Epistel *iron*

éploré, e [eplɔʀe] *adj form (en pleurs) personne* in Tränen aufgelöst; *(triste) visage, voix* traurig, bekümmert; *veuve, famille* untröstlich; ***qn prend une mine ~e*** [*o* ***un air ~***] jd setzt eine Trauermiene auf

épluchage [eplyʃaʒ] *m [fruits, légumes, crevettes]* Schälen *nt; [salade, radis, haricots verts]* Putzen *nt; [comptes, dossiers, textes]* peinlich genaue Durchsicht [*o* Prüfung]

épluche-légumes [eplyʃlegym] *m inv* Schälmesser *nt,* [Gemüse]schäler *m*

éplucher <1> [eplyʃe] **I.** *vt* ■ **qn épluche qc** *fruits, légumes, crevettes* jd schält etw; *salade, radis, haricots verts* jd putzt etw; *comptes, dossier, texte* jd sieht etw [peinlich] genau durch, jd nimmt etw [genau] unter die Lupe
II. *vpr* ■ **qc s'épluche** etw schält man, etw wird geschält; ■ **qc s'épluche d'une certaine manière** etw lässt sich irgendwie schälen

éplucheur [eplyʃœʀ] *m* [Gemüse]schäler *m,* Schälmesser *nt*

éplucheuse [eplyʃøz] *f* Schälmaschine *f*

épluchure [eplyʃyʀ] *f souvent pl* Schalen *pl;* ***une ~*** ein Stück Schale

épointer <1> [epwɛ̃te] *vt* ■ **qn/qc épointe qc** *clou* jd/etw macht etw stumpf; *crayon* jd schreibt etw stumpf; *(casser)* jd/etw bricht die Spitze einer S. *(gen)* ab

éponge [epɔ̃ʒ] *f* Schwamm *m;* ***je vais passer l'~ sur la table*** ich werde den Tisch [mit dem Schwamm] abwischen
▶ **qn a une ~ dans le gosier** jd ist eine durstige Seele *fam;* ~ **métallique** Topfkratzer *m;* ~ **naturelle** Naturschwamm *m;* ~ **végétale** Luffaschwamm *m;* **qn jette l'~** jd wirft das Handtuch; **qn passe l'~ [sur qc]** *fig* jd sieht großzügig über etw *(akk)* hinweg, jd vergisst etw; ***passons l'~!*** Schwamm drüber! *fam*

éponger <2 a> [epɔ̃ʒe] **I.** *vt* **1.** *(essuyer)* ■ **qn éponge qc** *table* jd wischt etw ab; *sol, carrelage* jd wischt etw; *liquide* jd wischt etw auf; ■ **qn éponge qc à qn** *corps, visage* jd reibt jdm etw ab, jd wäscht jdm etw; *front* jd tupft jdm etw ab
2. *(résorber)* ■ **qn éponge qc** jd beseitigt etw; *déficit, pertes* jd deckt etw; *dettes* jd begleicht etw; *excédent* jd schöpft etw ab; *stocks* jd stößt etw ab
II. *vpr* ■ **qn s'éponge qc** jd reibt sich *(dat)* etw ab; *front* jd tupft sich *(dat)* etw ab

épopée [epɔpe] *f* **1.** LITTER Epos *nt*
2. *fig (aventures)* Heldentaten *pl; hum* Abenteuer *nt*

époque [epɔk] *f* Zeit *f;* ***nous vivons une drôle d'~*** wir leben in einer merkwürdigen Zeit; ***l'~ glaciaire/moderne/révolutionnaire*** die Eiszeit/die Moderne/die Zeit der Revolution; ***qc date de l'~ de Louis XIII*** etw stammt aus der Zeit Ludwigs XIII.; ***ces tableaux ne sont pas de la même ~*** diese Gemälde stammen nicht aus derselben Zeit; ***la fin d'une ~*** das Ende einer Epoche
▶ **la Belle E~** die Belle Epoque; **la grande ~ de qn/qc** jds Glanzzeit/die Glanzzeit einer S. *(gen);* **qn est de son ~** jd ist ein Kind seiner Zeit; **qc fait ~** etw macht Epoche; **qn vit avec son ~** jd geht mit der Zeit; **à l'~, à cette ~** damals, zu der Zeit; **à l'~ de qn/qc** zu jds Zeit/zur Zeit einer S. *(gen);* ***à cette ~ de l'année*** um diese Jahreszeit; **d'~** [stil]echt; ***un véhicule d'~*** ein Oldtimer ['oːldtaimɐ] *m;* ***meubles d'~*** Stilmöbel *pl;* **quelle ~!** was für Zeiten!

épouiller <1> [epuje] **I.** *vt* ■ **qn/un animal épouille qn/un animal** jd/ein Tier [ent]laust jdn/ein Tier
II. *vpr* ■ **qn/un animal s'épouille** jd/ein Tier laust sich

époumoner <1> [epumɔne] *vpr* ■ **qn s'époumone [à faire qc]** *(hurler)* jd schreit sich *(dat)* die Lunge aus dem Hals [*o* Leib] [um etw zu tun] *fam; (se fatiguer en parlant)* jd redet sich *(dat)* die Seele aus dem Leib [um etw zu tun]

épousailles [epuzaj] *fpl hum* Hochzeit *f,* Verehelichung *f*

épouse [epuz] *f v.* **époux**

épouser <1> [epuze] *vt* **1.** *(se marier)* ■ **qn épouse qn** jd heiratet jdn
2. *(partager)* ■ **qn épouse qc** jd akzeptiert etw; *idées, vues* jd teilt etw; *cause* jd setzt sich für etw ein; *intérêts* jd vertritt etw; ***je n'épouse pas ton point de vue*** ich teile deinen Standpunkt nicht; ***qn épouse son temps*** jd passt sich der Zeit an
3. *(s'adapter à)* ■ **qc épouse qc** etw passt sich einer S. *(dat)* an, etw schmiegt sich an etw *(akk)* an; ***cette robe épouse les formes du corps*** dieses Kleid schmiegt sich eng an den Körper an; ***ces chaussures m'épousent parfaitement le pied*** diese Schuhe sitzen wie angegossen

époussetage [epustaʒ] *m* Abstauben *nt,* Staubwischen *nt*

épousseter <3> [epuste] *vt* ■ **qn époussette qc** jd staubt etw ab

époustouflant, e [epustuflɑ̃, ɑ̃t] *adj fam* unglaublich; *vitesse a.* erstaunlich

époustoufler <1> [epustufle] *vt fam* ■ **qn/qc époustoufle qn** jd/etw haut jdn um *fam,* jd/etw verblüfft jdn

épouvantable [epuvɑ̃tabl] *adj* schrecklich; *accident, catastrophe, crime, mort, supplice a.* entsetzlich; *bruit, odeur, type a.* grässlich *fam; vacances, temps a.* scheußlich; *enfant a.* unausstehlich; *laideur* extrem

épouvantail <s> [epuvɑ̃taj] *m* **1.** *(pour oiseaux)* Vogelscheuche *f*
2. *(qui fait peur)* Schreckgespenst *nt; (laideron)* Vogelscheuche *f*
▶ ~ **à moineaux** Vogelscheuche *f*

épouvante [epuvɑ̃t] *f* Entsetzen *nt;* ***il fut saisi*** [*o* ***frappé***] ***d'~*** er wurde von Entsetzen [*o* Grauen] gepackt; ***un cri d'~*** ein Schrei *m* des Entsetzens, ein Entsetzensschrei
▶ **avec ~** voller [*o* mit] Entsetzen

épouvanter <1> [epuvɑ̃te] **I.** *vt* **1.** *(horrifier)* ■ **qn/qc épouvante qn** jd/etw versetzt jdn in [Angst und] Schrecken; ***le monde entier a été épouvanté par ces images*** diese Bilder haben die ganze Welt entsetzt [*o* in Schrecken versetzt]; ■ **qn est épouvanté(e) de qc** jd ist entsetzt über etw *(akk)*
2. *(inquiéter)* ■ **qn/qc épouvante qn** jd/etw ängstigt jdn, jd/etw macht jdm Angst; ■ **qn est épouvanté(e) de faire qc** jdm graut es davor, etw zu tun; ***elle est épouvantée à l'idée de le voir*** ihr graut es bei dem Gedanken, ihn zu sehen; ***je suis épouvantée d'entendre de telles bêtises*** mir graut vor derartigen Dummheiten
II. *vpr* **1.** *(prendre peur)* ■ **qn s'épouvante** jd erschrickt
2. *(redouter)* ■ **qn s'épouvante [de qc/de faire qc]** jdm graut es [vor etw *(dat)*/davor, etw zu tun]

époux, -ouse [epu, -uz] *m, f form* Gatte/Gattin *m/f geh*
▶ **les jeunes ~** das junge Paar; **les ~** die Ehegatten; **Mme Dumas, épouse Meier** Frau Meier, geborene Dumas

éprendre <13> [epʀɑ̃dʀ] *vpr littér* ■ **qn s'éprend de qn/qc** jd verliebt sich in jdn/etw, jd verliert sein Herz an jdn/etw *(akk) geh*

épreuve [epʀœv] *f* **1.** *(test)* Prüfung *f;* ***le matériel a subi les ~s avec succès*** das Material hat den Prüfungen standgehalten, das Material wurde erfolgreich getestet; ***qn affronte*** [*o* ***se soumet à***] ***une ~*** jd unterzieht sich einer Prüfung; ~ ***d'endurance/de résistance*** Belastungsprobe *f*/Widerstandstest *m;* ***soumis(e) à l'~ des faits*** anhand der Tatsachen überprüft
2. SCOL Prüfung *f;* ***elle corrige les ~s*** sie korrigiert die [Prüfungs]arbeiten; ***je passe mon ~ d'entretien demain*** morgen habe ich meine mündliche Prüfung; ***l'~ de langue*** die Sprachprüfung; ~ ***d'admission*** Aufnahmeprüfung
3. SPORT Wettkampf *m; (course auto, moto, cycliste)* Rennen *nt;* ■ **~ de** *d'athlétisme, de natation* -wettkampf *m; (course auto, moto, cycliste)* -rennen *nt;* ***l'~ du marathon*** der Marathon[lauf]; ***l'~ des 24 heures du Mans*** das 24-Stunden-Rennen von Le Mans; ***l'~ de descente/de fond/de slalom*** der Abfahrtslauf/Langlauf/Slalom; ***l'~ d'endurance/du 400 m*** der Langstreckenlauf/die 400 Meter; ***X a gagné l'~ [du] contre la montre/sur piste/de sélection*** X hat das Zeitfahren/das Bahnfahren/die Ausscheidung gewonnen; ***l'~ éliminatoire/finale*** der Ausscheidungs-/Endkampf; ***l'~ qualificative*** die Qualifikation, der Qualifikationswettkampf
4. *(moment difficile)* Prüfung *f;* ***une dure*** [*o* ***rude***] ***~*** eine harte [*o* schwere] Prüfung; ***qn surmonte une ~*** jd steht eine [harte] Prüfung durch
5. *(adversité, malheur)* Unglück *nt,* harte Zeit; ***qn soutient qn dans l'~*** jd steht jdm im Unglück [*o* in harten Zeiten] bei

6. PHOT Abzug *m*, Bild *nt*; CINE erste Kopie; ART [Probe]druck *m*, [Probe]abzug *m*; TYP [Druck]fahne *f*
▶ ~ **de force** Kraftprobe *f*, Machtprobe *f*; ~ **de vérité** Prüfstein *m*; ~ **écrite/orale** schriftliche/mündliche Prüfung; ~ **pratique/théorique** praktische/theoretische Prüfung; **qn/qc met qn/qc à rude** ~ jd/etw stellt jdn/etw auf eine harte Probe; **qn met qn/qc à l'**~ jd testet jdn/etw, jd unterzieht jdn/etw einer Prüfung [*o* Probe]; **qc résiste à l'**~ [**de qc**] *du temps, vent* etw hält [einer S. (*dat*)] stand; ***crois-tu que le portail va résister à cette*** ~? glaubst du, dass das Tor das aushalten wird?; **à l'**~ **de** *du feu, des acides* -fest; *des bombes* -sicher; ***à l'~ des balles*** kugelsicher; ***une beauté à l'~ du temps*** eine Schönheit, die der Zeit standhält; **à toute** ~ [absolut] sicher, bewährt, erprobt; *nerfs, santé* eisern; *courage, sang-froid, optimisme* unerschütterlich; *patience, énergie* unermüdlich; ***d'une solidité à toute*** ~ unverwüstlich, äußerst stabil

épris, e [epʀi, iz] *adj form* ■ ~ **de qn** in jdn verliebt [*o* vernarrt]; ~ ***de culture/justice/liberté/d'aventure*** kultur-/gerechtigkeits-/freiheits-/abenteuerliebend; ~ ***d'une idée*** für eine Idee eingenommen, von einer Idee gepackt; ***je suis ~ de mon métier/ma voiture*** ich liebe meinen Beruf/bin in mein Auto vernarrt

éprouvant, e [epʀuvɑ̃, ɑ̃t] *adj* anstrengend, beschwerlich; *climat* hart; *chaleur* schwer zu ertragen

éprouvé, e [epʀuve] *adj* **1.** (*ébranlé*) *personne* mitgenommen; *pays, région* schwer getroffen; ***elle a été très ~e*** sie hat viel durchgemacht; ***un athlète très*** ~ ein stark mitgenommener [*o* geschwächter] Sportler
2. (*confirmé*) *qualité, matériel* bewährt; *moyen, remède, technique a.* erprobt; *spécialiste, artisan a.* zuverlässig; *ami a.* verlässlich; *dévouement* treu

éprouver <1> [epʀuve] *vt* **1.** (*ressentir*) ■ **qn éprouve qc** *besoin, excitation, envie* jd verspürt etw; *sensation, sentiment, peur* jd hat etw; *tendresse, joie, pitié, douleur* jd empfindet etw; ~ ***qn éprouve de l'amour/de la haine/de l'attrait pour qn*** jd liebt/hasst jdn/fühlt sich von jdm angezogen; ***pourquoi ~ de tels scrupules?*** warum solche Skrupel?; ***elle n'éprouve plus rien pour lui*** sie empfindet nichts mehr für ihn
2. (*subir*) ■ **qn/qc éprouve qc** *malheur, vicissitudes* jd erlebt etw; *désagréments a.* jd macht etw mit; ***j'éprouve des difficultés à faire qc*** es fällt mir schwer, etw zu tun
3. (*tester*) ■ **qn éprouve qn/qc** jd prüft [*o* testet] jdn/etw; ***je vais ~ votre bonne foi*** ich werde Ihren guten Willen auf die Probe stellen; ***Dieu a voulu m'~*** Gott wollte mich prüfen; ■ **qn éprouve si** + *indic* jd prüft, ob
4. (*ébranler*) ■ **qc éprouve qn/qc** (*physiquement, moralement*) etw nimmt jdn/etw mit; (*matériellement*) etw trifft jdn/etw schwer
5. *littér* (*constater*) ■ **qn éprouve qc** jd lernt etw kennen; ■ **qn éprouve que** + *indic* jd erfährt, dass; ***j'ai éprouvé à mes dépens que*** ich habe auf eigene Kosten zu spüren bekommen, dass; ■ **qn éprouve combien** [*o* **à quel point**] + *indic* jd erfährt, wie sehr

éprouvette [epʀuvɛt] *f* Reagenzglas *nt*

EPS [øpeɛs] *f abr de* **éducation physique et sportive** Sportunterricht *m*

épuisant, e [epɥizɑ̃, ɑ̃t] *adj* anstrengend

épuisé, e [epɥize] *adj* **1.** (*éreinté*) [völlig] erschöpft; *personne a.* [völlig] ausgelaugt; ***je suis ~ de fatigue*** ich bin zum Umfallen müde, ich bin todmüde
2. (*tari*) *filon, gisement* [völlig] abgebaut; *imagination* versiegt; *terre* ausgelaugt, erschöpft; *réserves* aufgebraucht; *stock, ressources* erschöpft; (*totalement vendu*) *édition, livre* vergriffen; *article* ausverkauft

épuisement [epɥizmɑ̃] *m* **1.** (*fatigue*) Erschöpfung *f*; ***dans un état d'~ total*** in einem Zustand völliger Erschöpfung, in völlig erschöpftem Zustand; ***elle a lutté jusqu'à l'~ de ses forces*** sie hat bis ans Ende ihrer Kräfte gekämpft
2. (*tarissement*) [*filon, gisement, carrière*] völliger Abbau, restlose Ausbeutung; [*sol, terre*] Auslaugung *f*; [*réserves, ressources, mine*] Erschöpfung *f*; (*vente totale*) Ausverkauf *m*
▶ **jusqu'à ~ du stock** [*o* **des stocks**] solange der Vorrat reicht

épuiser <1> [epɥize] **I.** *vt* **1.** (*fatiguer*) ■ **qc épuise qn** (*physiquement*) etw erschöpft jdn, etw laugt jdn aus; ■ **qn/qc épuise qn** [**avec qc**] (*mentalement*) jd/etw strapaziert jdn [*o* jds Nerven] [mit etw]; ■ **une personne épuise qn à faire qc** ein Mensch fällt jdm lästig, indem er etw tut; es geht jdm auf die Nerven, wenn ein Mensch etw tut
2. (*tarir*) ■ **qn/qc épuise qc** *économies* jd/etw braucht etw auf; *réserves a.* jd/etw erschöpft etw; *sol, terre* jd/etw laugt etw aus; *sujet, question* jd/etw behandelt etw erschöpfend; *possibilités, ressources, chances* jd/etw schöpft etw aus; (*vendre totalement*) *stock, articles* jd/etw verkauft etw aus; ***il commence à ~ ma patience*** er bringt mich ans Ende meiner Geduld; ***ce travail épuise peu à peu mes forces*** diese Arbeit zehrt langsam an meinen Kräften
II. *vpr* ■ **qc s'épuise** */gisement, munitions, réserves, stock/* etw schwindet dahin, etw geht zu Ende [*o* zur Neige]; */sol/* etw verarmt; */source/* etw versiegt; */forces/* etw lässt nach; ***la carrière s'est épuisée*** der Steinbruch ist vollkommen abgetragen [*o* abgebaut]; ■ **qn s'épuise** [**sur qc**] jd verausgabt sich [bei etw], jd müht sich [mit etw] ab; ***je m'épuise en efforts inutiles*** ich mühe mich unnütz ab; ■ **qn s'épuise à faire qc** jd tut sein Möglichstes, um etw zu tun; jd müht sich ab, etw zu tun; ***je m'épuise à te répéter que tu te trompes*** ich wiederhole dir doch schon ständig, dass du dich täuschst

épuisette [epɥizɛt] *f* Kescher *m*
▶ **à l'**~ mit einem Kescher

épuration [epyʀasjɔ̃] *f* **1.** CHIM Reinigung *f*; [*eau, huile a.*] Aufbereitung *f*; [*minerai*] Läuterung *f*, Aufbereitung; [*eaux usées*] Klärung *f*; ***l'~ des eaux usées est indispensable*** die Abwässer müssen unbedingt geklärt werden
2. POL Säuberung[saktion *f*] *f*

épuré, e [epyʀe] *adj forme* schlicht; *langue, style* rein; ***mobilier au dessin très*** ~ Möbel *pl* mit klarer Linienführung

épurer <1> [epyʀe] *vt* **1.** (*purifier*) ■ **qn/qc épure qc** jd/etw reinigt etw; *huile, eau a.* jd/etw bereitet etw auf; *minerai* jd/etw läutert etw, jd/etw bereitet etw auf
2. *fig* ■ **qn épure qc** [**de qc**] *langue* jd bereinigt etw [von etw], jd befreit etw von etw; ***le poète a épuré son style*** der Dichter hat seinen Stil verfeinert [*o* geläutert]
3. POL ■ **qn épure qc** jd säubert etw

équarrir <8> [ekaʀiʀ] *vt* **1.** (*dépecer*) ■ **qn équarrit un animal** jd zerlegt ein Tier
2. (*tailler*) ■ **qn équarrit qc** *bloc, pierre, tronc* jd behaut etw vierkantig; *bois, poutre a.* jd viert etw ab, jd schneidet etw vierkantig zu
▶ **mal équarri(e)** *bloc* schlecht behauen; *planche, poutre, tronc* schlecht abgeviert; *œuvre* plump; *silhouette* ungeschlacht, grobschlächtig

équarrissage [ekaʀisaʒ] *m* **1.** [*animal*] Abdecken *nt veraltet*, Tierkörperbeseitigung *f form*; ***ce cheval est bon pour l'~*** dieses Pferd ist schlachthofreif
2. [*pierre*] Behauen *nt*; [*bois*] Abvieren *nt*; ***du bois d'~*** Kantholz *nt*

équateur [ekwatœʀ] *m* Äquator *m*

équation [ekwasjɔ̃] *f* MATH Gleichung *f*; *fig* (*problème*) Problem *nt*
▶ ~ **du premier/second degré** Gleichung *f* ersten/zweiten Grades, einfache/quadratische Gleichung; ~ **à deux/trois inconnues** Gleichung *f* mit zwei/drei Unbekannten; ~ **chimique** chemische Gleichung; ~ **irréductible** nicht [weiter] auflösbare Gleichung; Gleichung, die man nicht weiter vereinfachen kann; ~ **personnelle** Persönlichkeitsprofil *nt*; **qn met qc en** ~ jd stellt etw mathematisch [*o* als Gleichung] dar; ***on ne peut pas mettre l'homme en*** ~ man kann den Menschen nicht auf eine mathematische Formel reduzieren; **qn pose une** ~ jd stellt eine Gleichung auf; ***je vais poser clairement l'~***: ich werde genau sagen, wie die Dinge stehen:; **qn résout une** ~ jd löst eine Gleichung auf; (*problème*) jd löst ein Problem

équatorial, e <-aux> [ekwatɔʀjal, jo] *adj climat, faune, pays, plante* äquatorial; *forêt, région* Äquatorial-

équerre [ekɛʀ] *f* **1.** Winkel *m*, Winkelmaß *nt*; (*de bureau, d'écolier*) Geodreieck *nt*
2. TECH Winkeleisen *nt*
▶ ~ **à dessin** Zeichendreieck *nt*; **double** ~ Reißschiene *f*; **à l'**~ im rechten Winkel; **d'**~ rechtwinklig; **en** ~: ***les jambes en*** ~ mit angewinkelten Beinen

équestre [ekɛstʀ] *adj* Reit-; ***une statue*** ~ ein Reiterstandbild *nt*

équeuter <1> [ekøte] *vt* ■ **qn équeute qc** jd entstielt etw

équidés [ekide] *mpl* Einhufer *pl*

équidistant, e [ekɥidistɑ̃, ɑ̃t] *adj* ■ **des choses sont ~es** [**entre elles**] Dinge sind gleich weit voneinander entfernt; */lignes/* Dinge liegen gleich weit auseinander; */rangées/* Dinge stehen im gleichen Abstand zueinander; ■ **deux choses sont ~es d'une troisième** zwei Dinge sind gleich weit von einem Dritten entfernt

équilatéral, e <-aux> [ekɥilateʀal, o] *adj* gleichschenklig, gleichseitig

équilibrage [ekilibʀaʒ] *m* [*roues*] Auswuchten *nt*

équilibre [ekilibʀ] *m* Gleichgewicht *nt*; ART Ausgewogenheit *f*, Harmonie *f*; PSYCH [inneres [*o* seelisches]] Gleichgewicht; ***un bon exercice d'~*** eine gute Gleichgewichtsübung; ***l'~ des forces*** das Gleichgewicht der Kräfte; ***un ~ chimique instable*** ein labiles chemisches Gleichgewicht; ***qn fait preuve d'~*** jd ist ausgeglichen; ***l'~ du couple*** die Harmonie in einer Partnerschaft; ~ ***de la balance des paiements courants*** Leistungsbilanzgleichgewicht *nt*
▶ **l'**~ **des pouvoirs** das Gleichgewicht der Kräfte; ~ **de la terreur** Gleichgewicht *nt* des Schreckens; ~ **budgétaire** Haushaltsgleichgewicht *nt*; **en** ~ **instable** wackelig; ***la statue est en ~ instable*** die Statue steht wackelig [*o* nicht gut]; **l'**~ **mental/nerveux** [*o* **psychique**] das geistige/seelische Gleichgewicht; **l'**~ **naturel** das natürliche Gleichgewicht; **qn/qc garde son** ~ [*o* **l'**~] jd/etw hält das [*o* sein] Gleichgewicht, jd/etw hält sich im Gleichgewicht; **qn maintient/rétablit/rompt l'**~ [**entre deux choses**] jd erhält das Gleichgewicht [zweier Dinge]/stellt das Gleichgewicht [zwischen zwei Dingen] wieder her/bringt zwei Dinge aus dem Gleichgewicht; ***rétablis l'~ entre les deux plateaux de la balance*** balanciere [*o* tariere] die Waage neu aus; **qn/qc perd son** ~ [*o* **l'**~] jd verliert das [*o* sein/ihr] Gleichgewicht, jd/etw kommt aus dem Gleichgewicht; **en** ~ im Gleichgewicht; ***il a mis quinze cubes en*** ~ er hat fünfzehn Holzklötze aufeinander getürmt; ***j'ai marché en ~ sur le mur*** ich bin über die Mauer balanciert; ***qn met qc en*** ~ jd balanciert etw aus; ***qn est en ~ sur le bord de l'abîme*** jd hält das Gleichgewicht am Rand des Abgrunds; ***le verre est en ~ sur le bord de la table*** das Glas steht halb auf dem Tischrand; ***l'oiseau est en ~ sur une branche*** der Vogel sitzt ruhig auf einem Zweig; ***le budget est presque en*** ~ der Haushalt ist fast ausgeglichen

équilibré, e [ekilibʀe] *adj* **1.** (*en équilibre*) *balance* austariert; *budget, balance commerciale* ausgeglichen; *chargement* gleichmäßig verteilt; *mélange, régime, repas* ausgewogen; *roue* ausgewuchtet
2. (*stable*) *existence, personne, vie* ausgeglichen; ***il a eu une enfance ~e*** seine Kindheit ist harmonisch verlaufen
▶ **bien/mal** ~ *javelot, balance* gut/schlecht austariert; *chargement* gut/schlecht verteilt; *régime, mélange, repas* ausgewogen/unausgewogen; *roue* ausgewuchtet/schlecht ausgewuchtet

équilibrer <1> [ekilibʀe] **I.** *vt* **1.** (*mettre en équilibre*) ■ **qn/qc équilibre qc** *budget, commerce extérieur* jd/etw gleicht etw aus; *balance* jd/etw tariert etw aus; *charge, pouvoirs* jd/etw verteilt etw gleichmäßig; *emploi du temps* jd/etw teilt etw gut ein; *roue* jd/etw wuchtet etw aus; *véhicule* jd/etw belädt etw gleichmäßig; ***elle équilibre bien ses repas*** sie ernährt sich sehr ausgewogen
2. (*stabiliser*) ■ **qn/qc équilibre qn/qc** jd/etw macht jdn ausgeglichener, jd/etw gibt jdm/etw Halt; ***cette rencontre a équilibré mon existence*** diese Begegnung hat mein Leben ins Gleichgewicht gebracht [*o* hat mich ausgeglichener gemacht]

3. (*contrebalancer*) ■ **qc équilibre qc** etw gleicht etw aus

II. *vpr* ■ **des choses s'équilibrent** Dinge halten sich die Waage; ***les avantages et les inconvénients s'équilibrent*** die Vor- und Nachteile gleichen sich aus [*o* halten sich die Waage]; ***à l'équinoxe, le jour et la nuit s'équilibrent*** bei Tagundnachtgleiche sind Tag und Nacht gleich lang; ***les deux plateaux ont fini par s'~*** die beiden Waagschalen haben sich schließlich eingependelt [*o* waren schließlich im Gleichgewicht]; ***les forces s'équilibrant ...*** wenn die Kräfte in einem Gleichgewicht sind ...

équilibriste [ekilibʀist] *mf* Akrobat(in) *m(f)*; (*funambule*) Seiltänzer(in) *m(f)*; ***à force de faire l'~*** [*o* ***jouer les ~s***], ***tu vas te casser la figure*** mit deinen ewigen Kunststücken wirst du noch auf die Nase fallen; ***c'est un ~ de la haute finance*** er ist ein [wahrer] Finanzjongleur

équinoxe [ekinɔks] *m* Tagundnachtgleiche *f*, Äquinoktium *nt spec*
▸ ~ **de printemps**/~ **d'automne** Frühlings-/Herbst-Tagundnachtgleiche *f*

équipage [ekipaʒ] *m* **1.** [*avion*] Besatzung *f*; [*bateau a.*] Mannschaft *f*; MIL [*véhicule*] Besatzung *f*; SPORT Team [ti:m] *nt*
2. *hum* (*véhicule*) Gefährt *nt*
▸ **qn arrive en grand** ~ jd kommt in großem Aufzug

équipe [ekip] *f* **1.** SPORT Mannschaft *f*
2. (*groupe*) Team [ti:m] *nt*; *fam* Haufen *m*; ***l'~ rédactionnelle*** das Redaktionsteam; ***la nouvelle ~ gouvernementale*** die neue Regierungsmannschaft; ***l'~ du professeur X*** der Stab [*o* das Team] von Professor X; ***l'~ municipale*** der Gemeinderat; ■ ~ **de** *de l'après-midi, de jour* -schicht *f*; *de sauvetage, secours* -mannschaft *f*; ***l'~ de nuit/du matin/soir*** die Nacht-/Früh-/Spätschicht
▸ ~ **amateur/professionnelle** Amateur-/Profimannschaft *f*; ~ **féminine/masculine** Damen-/Herrenmannschaft *f*; **fine** ~ *fam* (*enfants*) prima Bande *f fam*; (*adultes*) tolle Mannschaft *fam*; *péj* Bagage *f*; ***ces deux-là, c'est vraiment la fine ~*** die beiden sind vielleicht ein Gespann; **joyeuse** ~ *fam* fideler Haufen *fam*; ~ **nationale** Nationalmannschaft *f*; ***X ne jouera plus en ~ nationale*** X wird nicht mehr in der Nationalmannschaft spielen; ~ **première** A-Mannschaft *f*; **qn est d'~ de ...** [*o* **travaille en ~ de ...**] jd hat [*o* arbeitet] ...schicht; **qn fait ~ avec qn** jd arbeitet mit jdm zusammen; SPORT jd ist in einem Team mit jdm; **deux personnes font ~** zwei Menschen bilden ein Team; (*au travail, à l'école*) zwei Menschen arbeiten zusammen; **en ~** im Team; SCOL in Gruppen; ***les élèves travaillent en ~*** die Schüler arbeiten in Gruppen; ***nous avons tout fait en ~*** wir haben alles gemeinsam [*o* in Teamarbeit] gemacht; **quelle ~!** *fam* das sind mir vielleicht welche! *fam*; **en voilà une ~!** *fam* das sind/ihr seid mir vielleicht welche [*o* die Richtigen]! *fam*

équipée [ekipe] *f* (*aventure*) [abenteuerliches] Unterfangen; (*longue promenade*) Gewaltmarsch *m*; (*virée*) Ausflug *m*, Spritztour *f fam*

équipement [ekipmɑ̃] *m* **1.** (*action*) Ausrüstung *f*; [*école, hôtel, hôpital*] Ausstattung *f*, Einrichtung *f*; ***l'~ industriel de la région*** die Industrialisierung der Gegend; ***le plan d'~*** [***de la région***] ***n'a pas été mené à terme*** das [Landes]entwicklungsprogramm wurde nicht zu Ende geführt; ***les travaux d'~*** die Installationsarbeiten; ***l'~ de cette école a été fait en dépit du bon sens*** diese Schule wurde völlig unsinnig eingerichtet [*o* ausgestattet]; ■ ~ **de qc en qc** Ausstattung einer S. (*gen*) mit etw
2. (*matériel*) [*chasse, ski, soldat*] Ausrüstung *f*; [*voiture*] Ausstattung *f*; ~ ***de série*** Serienausstattung
3. *souvent pl* (*installations*) Anlage *f*; ***des ~s sportifs/collectifs*** Sportanlagen/öffentliche Einrichtungen; ***l'~ routier*** das Straßennetz
4. ADMIN ■ **l'Equipement** [**du territoire**] ≈ die Landesplanungsbehörde
▸ ~**s lourds**, ~**s spéciaux** Sonderausrüstung *f*; ~ **de survie** Überlebensausrüstung *f*

équiper <1> [ekipe] **I.** *vt* ■ **qn équipe qn/qc** [**de qc**] jd stattet jdn/etw [mit etw] aus, jd rüstet jdn [mit etw] aus; ***qn équipe qn de vêtements*** jd kleidet jdn ein; ■ **qc équipe une chose** eine Sache ist mit etw versehen [*o* ausgestattet]; ***le même moteur équipe tous les modèles*** alle Modelle sind mit ein und demselben Motor ausgestattet [*o* versehen]; ■ **qn/qc est équipé(e)** [**de** [*o* **en**]/**pour qc**] jd/etw ist [mit/für etw] ausgestattet, jd ist [mit/für etw] ausgerüstet
▸ **qn/qc est bien/mal équipé(e)** [**pour qc**] jd/etw ist gut/schlecht [für etw] ausgerüstet; /*voiture*/ etw ist gut/schlecht [für etw] ausgestattet
II. *vpr* ■ **qn s'équipe** [**en qc**] jd rüstet sich [mit etw] aus; ***je m'équipe toujours chez XY*** ich decke mich immer bei XY ein

équipier, **-ière** [ekipje, -jɛʀ] *m, f* [Mannschafts]kamerad(in) *m(f)*; ***ce bateau a trois ~s*** dieses Schiff hat drei Besatzungsmitglieder

équitable [ekitabl] *adj* gerecht

équitablement [ekitabləmɑ̃] *adv* gerecht

équitation [ekitasjɔ̃] *f* Reiten *nt*; ***des leçons d'~*** Reitstunden *pl*
▸ **qn fait de l'~** jd reitet

équité [ekite] *f* [*jugement, loi*] Angemessenheit *f*; [*partage a.*] Gerechtigkeit *f*; ***ton jugement manque d'~*** dein Urteil ist nicht angemessen; ***en toute ~*** völlig gerecht
▸ **avec** ~ gerecht

équivalence [ekivalɑ̃s] *f* **1.** Gleichwertigkeit *f*; ■ ~ **de qc et qc/de deux choses/entre qc et qc** Gleichwertigkeit von etw und etw/zweier Dinge/zwischen etw (*dat*) und etw (*dat*)
2. UNIV Äquivalenz *f*; ***qn obtient une ~ pour qc*** jdm wird etw anerkannt [*o* angerechnet]; ***demande d'~*** [***pour qc***] Äquivalenzantrag *m* [für etw], Antrag *m* auf Anerkennung [einer S. (*gen*)] als Äquivalenz
▸ **admis(e) en** ~ UNIV als gleichwertig anerkannt; ***diplôme admis en ~*** [***de la maîtrise***] als Äquivalent [für den Magister] anerkanntes Diplom, als [dem Magister] gleichwertig anerkanntes Diplom; **à ~ de** bei -gleichheit *f*; ***à ~ de prix/température*** bei gleichem Preis/gleicher Temperatur

équivalent, **e** [ekivalɑ̃, ɑ̃t] **I.** *adj somme, superficie, volume, forme, part* gleich; *diplôme, poste, solution* gleichwertig; *expression* gleichbedeutend, bedeutungsgleich; ■ ~ **à qc**: ***il gagne un salaire ~ au mien*** sein Lohn entspricht meinem; ***il est possible de guérir cette maladie; on ne peut rien dire d'~ pour le sida*** diese Krankheit ist heilbar; bei Aids kann man das nicht behaupten [*o* das Gleiche gilt nicht für Aids]
▸ **à qc** ~ bei gleichem etw; ***à prix/diplôme ~*** bei gleichem Preis/Diplom
II. *m* Entsprechende(s) *nt*; ***ce mot n'a pas d'~ en anglais*** es gibt für dieses Wort im Englischen kein Äquivalent, dieses Wort hat keine Entsprechung im Englischen; ***un dollar est l'~ de six francs*** ein Dollar entspricht [*o* ist so viel wie] sechs Franc; ***ses hésitations sont l'~ d'une lâcheté*** sein/ihr Zaudern kommt Feigheit gleich; ***accepter serait l'~ de céder*** anzunehmen würde bedeuten nachzugeben [*o* käme einem Nachgeben gleich]
▸ **sans** ~ ohnegleichen

équivaloir <irr> [ekivalwaʀ] *vi* ■ **qc équivaut à qc/à faire qc** etw entspricht einer S. (*dat*)/etw heißt etw tun; ***cette réponse équivaut à un refus*** diese Antwort kommt einer Absage gleich, diese Antwort ist so viel wie [*o* bedeutet] eine Absage; ***une telle décision équivalait à enterrer le projet*** eine derartige Entscheidung hieß das Projekt aufgeben; ***ça équivaut à dire que*** das bedeutet, dass

équivoque [ekivɔk] **I.** *adj* **1.** (*ambigu*) zweideutig; *expression, terme a.* mehrdeutig, missverständlich; *attitude* zwiespältig, uneindeutig
2. (*louche*) *personne, relation, fréquentation, passé* zwielichtig, suspekt; *allure, milieu, réputation* zweifelhaft; *geste, conduite, mœurs* fragwürdig; *regard* zweideutig
II. *f* (*ambiguïté*) Doppeldeutigkeit *f*; (*malentendu*) Missverständnis *nt*; (*incertitude*) Zweifel *m*; ***nous sommes restés dans l'~*** wir sind im Ungewissen geblieben; ***qn lève*** [*o* ***dissipe***] ***l'~*** (*le malentendu*) jd räumt ein Missverständnis aus [dem Weg]; (*l'incertitude*) jd räumt die Zweifel aus dem Weg; ***pour éviter l'~*** um Missverständnissen vorzubeugen
▸ **sans** ~ eindeutig, unmissverständlich

érable [eʀabl] *m* Ahorn *m*

éradiquer <1> [eʀadike] *vt* ■ **qn éradique qc** jd rottet etw aus

érafler <1> [eʀɑfle] **I.** *vt* ■ **qn/qc érafle qn/qc** jd/etw zerkratzt jdn/etw; /*balle*/ etw streift jdn/etw; ***le couteau a seulement éraflé la peau*** das Messer hat die Haut nur geritzt; ***la peau du genou est éraflée*** das Knie ist aufgeschürft; ■ **qn/qc érafle qc à qn** jd/etw zerkratzt jdm etw
II. *vpr* ■ **qn s'érafle** jd zerkratzt sich; ■ **qn s'érafle qc** jd zerkratzt sich (*dat*) etw; ***il s'est éraflé le genou*** er hat sich (*dat*) das Knie aufgeschürft

éraflure [eʀɑflyʀ] *f* Kratzer *m*, Schramme *f*

éraillé, **e** [eʀɑje] *adj* **1.** *péj voix* rau, heiser
2. (*usé*) *tissu* abgetragen, abgewetzt; *vêtement* verschlissen, zerschlissen

érailler <1> [eʀɑje] **I.** *vt* ■ **qn éraille qc** *tissu* jd verschleißt etw; ***arrête, tu vas ~ ta voix!*** hör auf, sonst wirst du [noch] heiser!
II. *vpr* ■ **qc s'éraille** /*voix*/ etw wird heiser [*o* rau]; /*tissu*/ etw wetzt sich ab; ■ **qn s'éraille qc**: ***qn s'éraille la voix à force de crier/chanter/parler*** jd schreit/singt/redet sich heiser

ère [ɛʀ] *f* Zeitalter *nt*; ***l'~ industrielle*** das Industriezeitalter; ***l'~ stalinienne*** die Stalinära; ***à l'~ de l'informatique*** im Zeitalter der Informatik; ***une ~ nouvelle*** eine neue Ära
▸ ~ **chrétienne** christliche Ära [*o* Zeitrechnung]; ~ **primaire/secondaire/tertiaire/quaternaire** Primär *nt*/Sekundär *nt*/Tertiär *nt*/Quartär *nt*; **avant notre** ~ vor unserer Zeitrechnung; **de notre** ~ unserer Zeit[rechnung]

érectile [eʀɛktil] *adj poils* erektil; *organe, tissu a.* schwellfähig

érection [eʀɛksjɔ̃] *f* **1.** [*monument*] Errichtung *f*; [*statue*] Aufstellen *nt*
2. [*pénis*] Erektion *f*
▸ **qn a une** ~ jd hat eine Erektion

éreintant, **e** [eʀɛ̃tɑ̃, ɑ̃t] *adj* aufreibend, äußerst anstrengend

éreinté, **e** [eʀɛ̃te] *adj* erschöpft, todmüde

éreintement [eʀɛ̃tmɑ̃] *m* **1.** (*épuisement*) [völlige] Erschöpfung; ***j'ai travaillé jusqu'à l'~*** ich habe bis zum Umfallen gearbeitet *fam*; ***je suis dans un tel état d'~ que*** ich bin derartig erschöpft [*o* erschlagen *fam*], dass
2. (*critique*) Verriss *m*

éreinter <1> [eʀɛ̃te] **I.** *vt* **1.** (*épuiser*) ■ **qn/qc éreinte qn** jd/etw erschöpft jdn [völlig]; ***elle est éreintée par ses jumeaux*** ihre Zwillinge machen sie völlig fertig *fam*
2. (*critiquer*) ■ **qn éreinte qn/qc** jd verreißt jdn/etw
II. *vpr* ■ **qn s'éreinte** [**à faire qc**] jd müht [*o* rackert *fam*] sich ab [und tut etw]; ***on s'éreinte à faire tout le sale boulot et vous ...*** wir rackern [*o* mühen] uns hier ab und machen die ganze Drecksarbeit und ihr ... *fam*

érémiste [eʀemist] *m, f* Sozialhilfeempfänger(in) *m(f)* (*des vom Staat bezahlten Mindesteinkommens für Mittellose, die über 25 Jahre alt sind*)

ergot [ɛʀgo] *m* **1.** [*chien*] Afterklaue *f*; [*coq*] Sporn *m*
2. [*seigle*] Mutterkorn *nt*
3. TECH [*engrenage*] Nocken *m*; ***les petits ~s de fixation*** die kleinen Halterungsstifte
▸ **qn monte** [*o* **se dresse**] **sur ses ~s** jd wird aggressiv

ergoter <1> [ɛʀgɔte] *vi* ■ **qn ergote** [**sur qc**] jd nörgelt [an etw (*dat*)] herum; ***il faut qu'elle ergote sur tout*** sie muss an allem herumnörgeln [*o* alles bekritteln]; ***on continue à ~ sur ce thème*** man ergeht sich weiterhin [in Spitzfindigkeiten] über das Thema

ergoteur, **-euse** [ɛʀgɔtœʀ, -øz] *m, f* Nörgler(in) *m(f)*, Krittler(in) *m(f)*

ériger <2 a> [eʀiʒe] **I.** *vt form* ■ **qn érige qc** *monument, temple* jd errichtet etw; *commission* jd ruft etw ins Leben, jd gründet etw; ■ **qn érige qn/qc en qc** jd erhebt jdn/etw zu etw
II. *vpr form* ■ **qn s'érige en qc** jd spielt sich als etw auf; ***qn s'érige en juge*** jd macht sich zum Richter

ermitage [ɛʀmitaʒ] *m* Einsiedelei *f*

ermite [ɛʀmit] *m* Eremit *m*, Einsiedler *m*
▸ **qn vit en** ~ jd lebt sehr zurückgezogen, jd lebt wie ein Einsiedler

éroder <1> [eʀɔde] **I.** *vt* ■ **qc érode qc** /*vent*/ etw erodiert etw, etw trägt etw ab; /*pluie, eau a.*/ etw wäscht etw aus; (*entame*) *pouvoir d'achat, va-*

leur morale etw schwächt etw, etw unterminiert etw; ***la mer a érodé les falaises*** das Meer hat die Felsen unterhöhlt [*o* unterspült]
II. *vpr* ■ **qc s'érode** etw wird durch Erosion abgetragen; */rocher a./* etw verwittert; (*se miner*) */pouvoir d'achat, courage/* etw lässt nach

érogène [eʀɔʒɛn] *adj zone* erogen

érosif, -ive [eʀozif, -iv] *adj* erosiv, Erosions-

érosion [eʀɔzjɔ̃] *f* GEOG Erosion *f;* (*affaiblissement*) Schwächung *f;* ~ ***marine/glaciaire*** marine Erosion/Gletschererosion; ***sa popularité a subi une lente*** ~ seine/ihre Popularität nahm langsam ab; ***l'~ du parti est spectaculaire*** die Partei zerfällt zusehends; ~ ***du pouvoir d'achat*** Kaufkraftschwund *m*
▸ ~ **monétaire** schleichende Geldentwertung

érotique [eʀɔtik] *adj* erotisch

érotisme [eʀɔtism] *m* Erotik *f*

errance [eʀɑ̃s] *f littér* Umherirren *nt;* ***l'~ du naufragé*** die Irrfahrt des Schiffbrüchigen; ***les ~s de l'âme*** die Verirrungen der Seele

errant, e [eʀɑ̃, ɑ̃t] *adj personne* umherirrend; *regard* unstet, ziellos; ***les gitans mènent une vie ~e*** die Zigeuner führen ein Nomadenleben

erratum <-ta> [eʀatɔm, -ta] *m* Druckfehler *m,* Erratum *nt spec*

errements [ɛʀmɑ̃] *mpl form* Fehler *pl,* Irrtümer *pl*

errer <1> [eʀe] *vi* ■ **qn/un animal erre** jd/ein Tier irrt umher ein Tier streunt *pej;* ***il a erré toute la nuit dans les rues*** er ist die ganze Nacht durch die Straßen geirrt; ■ **qc erre** */pensée/* etw schweift ab; */regard/* etw irrt [*o* schweift] [ziellos] umher; ***un léger sourire errait sur ses lèvres*** ein leichtes Lächeln spielte um seine/ihre Lippen; ***ses doigts se mirent à ~ sur le piano*** seine/ihre Finger begannen, über die Tasten zu wandern

erreur [eʀœʀ] *f* (*faute*) Fehler *m;* (*idée/opinion erronée*) Irrtum *m;* ***quand tu fais une ~, rectifie-la!*** wenn du [schon] einen Fehler machst, solltest du ihn auch verbessern!; ***j'ai commis une ~*** mir ist ein Fehler [*o* Irrtum] unterlaufen; ***ne retombons pas dans les ~s du passé!*** lasst uns alte Fehler nicht noch einmal machen!; ***excusez-moi; c'est une ~ de ma part*** entschuldigen Sie, der Fehler [*o* Irrtum] liegt bei mir; ***c'est une ~ de croire que*** es ist ein Irrtum zu glauben, dass; ***l'~ a été de le régler tout de suite*** der Fehler war, ihn sofort zu bezahlen; ***des ~s stratégiques*** strategische Fehler *pl;* ■ ~ **de** *d'impression, de pilotage, d'ordinateur* -fehler; ~ ***de caisse*** Fehlgeld *nt;* ~ ***d'appréciation/de jugement*** Fehleinschätzung *f*/Fehlurteil *nt;* ~ ***d'interprétation/de traduction/calcul/frappe*** Interpretations-/Übersetzungs-/Rechen-/Tippfehler; ~ ***d'arbitrage*** Fehlentscheidung *f* des Schiedsrichters; ~ ***d'aiguillage/de signalisation*** falsche Weichenstellung/falsche Ausschilderung; ~ ***de date/de détail/de raisonnement*** falsche Datumsangabe/falsches Detail/falsche Gedankenführung; ***j'ai fait plusieurs ~s de signe dans mes calculs*** ich habe bei meinen Rechnungen mehrere Vorzeichenfehler gemacht; ***raccrochez! c'est une ~ [de numéro]*** legen Sie auf! Sie haben sich verwählt
▸ ~ **de jeunesse** Jugendsünde *f;* **il y a ~ sur la personne** hier liegt eine Verwechslung vor; ~ **humaine** menschliches Versagen, ärztliches Versagen; **l'~ est humaine** *prov* Irren ist menschlich; ~ **judiciaire** Justizirrtum *m;* ~ **médicale** Kunstfehler *m;* **il y a ~/n'y a pas d'~** hier liegt ein/kein Irrtum vor; ***il n'y a pas d'~, ce gars est très fort*** dieser Bursche ist ohne jeden Zweifel sehr stark; **qn est dans l'~** jd ist im Irrtum; **qn fait ~** jd irrt [*o* täuscht] sich; **qn induit qn en ~** jd führt jdn irre; **qn persévère dans l'~** jd beharrt auf seinem Irrtum; **qn tire qn de l'~** (*lui dit la vérité*) jd sagt jdm die Wahrheit; (*l'empêche de se tromper*) jd bewahrt jdn vor einem Irrtum; **qn tombe dans l'~ de faire qc** jd begeht den Fehler etw zu tun; **par ~** irrtümlicherweise, versehentlich, aus Versehen; **sauf ~** COM Irrtum vorbehalten; ***sauf ~ de ma part*** wenn ich mich nicht täusche
◆ **erreur de système** INFORM Systemfehler *m*

erroné, e [eʀɔne] *adj* falsch; ***vos calculs sont ~s*** Sie haben sich verrechnet

ersatz [ɛʀzats] *m inv* [*café, savon*] -ersatz *m,* Surrogat *nt spec*

éructer <1> [eʀykte] I. *vi form* ■ **qn éructe** jd stößt auf
II. *vt form* ■ **qn éructe qc** *injures, menaces, jurons* jd stößt etw aus

érudit, e [eʀydi, it] I. *adj ouvrage* gelehrt; *personne a.* gebildet; *étude, magazine* fundiert; ■ ~ **en qc** bewandert in etw (*dat*)
II. *m, f* Gelehrte(r) *f(m);* ***des querelles d'~s*** ein Gelehrtenstreit *m*

érudition [eʀydisjɔ̃] *f* Gelehrsamkeit *f;* ***des ouvrages d'~*** gelehrte Werke *pl;* ***qn étale son ~*** jd hängt seine Gelehrsamkeit [*o* sein Wissen] raus *fam;* ■ ~ **en qc** Wissen *nt* [*o* Kenntnisse *pl*] in etw (*dat*)

éruptif, -ive [eʀyptif, -iv] *adj* **1.** MED *fièvre, maladie* mit einem [Haut]ausschlag verbunden
2. GEOG *phénomène* Eruptions-; ***l'activité ~ive*** Eruptionen *pl;* ***roche ~ive*** Eruptivgestein *nt*

éruption [eʀypsjɔ̃] *f* **1.** MED Ausschlag *m;* ~ ***dentaire*** Zahndurchbruch *m;* ~ ***cutanée*** Hautausschlag
2. GEOG Ausbruch *m,* Eruption *f spec;* ***les ~s solaires*** die Sonneneruptionen
▸ **en ~** *volcan* tätig

érythème [eʀitɛm] *m* Hautreizung *f;* ~ ***fessier d'un bébé*** Windelausschlag *m* eines Babys ['be:bis]

es [ɛ] *indic prés de* **être**

ès [ɛs] *prép devant un pl form:* ***docteur ~ sciences/lettres*** Doktor *m* der Naturwissenschaften/der Philologie; ~ ***qualités*** in Ausübung seines/ihres Amtes; ***une visite privée, et non pas ~ qualités*** ein privater, kein amtlicher Besuch

esbroufe [ɛsbʀuf] *f fam* Angeberei *f,* wichtigtuerisches Gehabe, Wichtigtuerei *f fam;* ***un joli coup d'~*** ein toller Bluff [blaf, blœf]
▸ **qn fait de l'~** jd schneidet auf, jd gibt an; **à l'~:** ***il y va à l'~*** er blufft [nur]; ***il a arraché ce marché à l'~*** er ist durch einen Bluff an dieses Geschäft gekommen; ***tu ne nous la feras pas à l'~*** uns kannst du nicht bluffen, deine Nummer zieht bei uns nicht *fam,* wir fallen auf deine Nummer nicht herein *fam*

escabeau <x> [ɛskabo] *m* (*échelle*) [Tritt]leiter *f,* [Haushalts]leiter; (*tabouret*) [Fuß]schemel *m*

escadre [ɛskadʀ] *f* Geschwader *nt*

escadrille [ɛskadʀij] *f* [*bombardement, chasse*] Staffel *f*

escadron [ɛskadʀɔ̃] *m* [*cavalerie*] Schwadron *f;* [*chasseurs, gendarmerie, police*] Staffel *f; motocycliste, motorisé* Stafette *f,* Einheit *f*
▸ ~ **de la mort** Todesschwadron *f*

escalade [ɛskalad] *f* **1.** (*ascension*) [*arbre, façade, mur, rocher*] Erklettern *nt;* [*montagne a.*] Erklimmen *nt;* ***pour faire l'~ du garage*** um auf die Garage zu klettern; ***je vais tenter l'~ de la paroi nord*** ich werde versuchen die Nordwand zu erklimmen
2. (*sport*) Klettern *nt;* ***depuis que je fais de l'~*** seit ich klettere
3. (*surenchère*) *nucléaire, verbale* Eskalation *f;* ■ ~ **à qc:** ***l'~ à la performance*** der Wettlauf nach immer besseren Leistungen; ■ ~ **dans qc:** ***l'~ dans la dépense/le perfectionnement technique*** die ständig zunehmenden Ausgaben/die immer perfekter werdende Technik; ***une nouvelle ~ dramatique dans la violence*** ein neuer dramatischer Anstieg der Gewalt; ■ ~ **de qc:** ***au Pérou, c'est l'~ de la violence*** in Peru nimmt die Gewalt überhand; ■ ~ **vers qc** Hinsteuern *nt* auf etw (*akk*)

escalader <1> [ɛskalade] *vt* ■ **qn escalade qc** *col, montagne* jd steigt [*o* klettert] auf etw (*akk*), jd erklimmt etw *geh; paroi, rocher, façade a.* jd klettert etw [*o* an etw (*dat*)] empor [*o* hoch]; *escalier, étages, talus* jd steigt etw hoch; *forteresse* jd erklettert etw; *tas de bois, arbre* jd klettert auf etw (*akk*); *grille, mur* jd steigt über etw (*akk*); ■ **qc escalade qc** etw zieht sich eine S. (*akk*) hinauf; ***le cimetière escalade la butte*** der Friedhof zieht sich den Hügel hinauf; ***le lierre escalade le balcon*** der Efeu klettert [*o* wächst] am Balkon hinauf

escalator [ɛskalatɔʀ] *m* Rolltreppe *f*

escale [ɛskal] *f* **1.** (*arrêt*) NAUT Aufenthalt *m;* AVIAT Zwischenlandung *f;* ***une ~ de trois heures*** ein dreistündiger Aufenthalt
2. (*lieu*) AVIAT Zwischenlandeplatz *m;* NAUT Zwischenstopp *m,* Anlaufhafen *m*
▸ ~ **technique** Zwischenstopp *m* zum Auftanken; **qn fait ~ [quelque part]** jd macht [irgendwo] [einen] Zwischenstopp; **qc fait ~ [quelque part]** */avion/* etw macht [irgendwo] eine Zwischenlandung, etw landet [irgendwo] zwischen; */bateau/* etw macht [irgendwo] Zwischenstopp; **sans ~** *vol* ohne Zwischenlandung; *croisière* ohne Zwischenstopp; ***ce vol s'effectue sans ~*** dieser Flug ist direkt

escalier [ɛskalje] *m sing o pl* Treppe *f;* ***la concierge est dans l'~*** die Concierge ist im Treppenhaus; ***je suis tombé dans les ~s*** ich bin die Treppe runtergefallen; ***qn descend [o dévale]/monte l'~ [o les ~s] quatre à quatre*** jd eilt die Treppe in großen Schritten hinauf/hinunter; ***il m'a coupé la frange en ~*** er hat mir Stufen in den Pony geschnitten
▸ ~ **dérobé** Geheimtreppe *f;* ~ **mécanique [*o* roulant]** Rolltreppe *f*
◆ **escalier de secours** Nottreppe *f;* **escalier de service** Hintertreppe *f,* Dienstbotenaufgang *m,* Lieferantenaufgang *m;* **escalier d'honneur** Ehrentreppe *f;* **escalier en colimaçon** Wendeltreppe *f*

escalope [ɛskalɔp] *f* Schnitzel *nt;* ~ ***panée/à la crème*** paniertes Schnitzel/Rahmschnitzel; ~ ***cordon bleu*** Cordon bleu *nt*

escamotable [ɛskamɔtabl] *adj antenne* ausziehbar; *train d'atterrissage* einfahrbar; *clavier, machine à coudre* versenkbar; *meuble* ausklappbar; ***lit ~*** Klappbett *nt;* ***escalier ~*** Falltreppe *f;* ***ce lave-linge a des roulettes ~s*** diese Waschmaschine ist mit einklappbaren Rollen versehen

escamotage [ɛskamɔtaʒ] *m* **1.** [*train d'atterrissage*] Einfahren *nt;* ***l'~ du lit est instantané*** das Bett lässt sich ganz schnell zusammenklappen
2. (*tour de magie*) Verschwindenlassen *nt,* Wegzaubern *nt*
3. (*vol*) Diebstahl *m*
4. (*détournement*) [*question, problème*] Umgehen *nt;* ***je m'insurge contre cet ~ du problème*** ich lehne mich dagegen auf, dass dieses Problem derart umgangen wird [*o* dass diesem Problem derart ausgewichen wird]; ~ ***judiciaire*** juristische Winkelzüge *pl*

escamoter <1> [ɛskamɔte] I. *vt* **1.** (*rentrer*) ■ **qn escamote qc** *antenne, train d'atterrissage* jd fährt etw ein
2. (*faire disparaître*) ■ **qn escamote qc** jd zaubert etw weg, jd lässt etw verschwinden
3. (*dérober*) ■ **qn escamote qc** jd stiehlt etw, jd lässt etw verschwinden [*o* mitgehen *fam*]
4. (*éluder*) ■ **qn escamote qc** *difficulté, affaire, problème, question* jd weicht einer S. (*dat*) aus, jd umgeht etw; (*ne pas dire*) jd verschweigt etw; ***on a escamoté l'incident*** man hat den Zwischenfall vertuscht; ***tu as escamoté plusieurs notes*** du hast mehrere Noten nicht gespielt; ***prononce distinctement; tu escamotes la moitié des mots*** sprich deutlich; du verschluckst ja die Hälfte
II. *vpr* ■ **qc s'escamote** */lit/* etw lässt sich zusammenklappen; */escalier/* etw lässt sich ausklappen; */train d'atterrissage/* etw lässt sich einfahren

escampette [ɛskɑ̃pɛt] *f v.* **poudre**

escapade [ɛskapad] *f* Eskapade *f;* (*fugue*) Ausreißen *nt,* Ausrücken *nt;* (*infidélité*) Seitensprung *m;* ***que dirais-tu d'une petite ~ à la campagne?*** was hältst du von einem kleinen Ausflug aufs Land?; ***je vous laisse seuls, mais pas d'~!*** ich lasse euch allein, aber rührt euch nicht von hier weg!
▸ **qn fait une ~** jd leistet sich (*dat*) Eskapaden; (*fait une fugue*) jd reißt aus, jd brennt durch *fam;* (*sèche*) */employé/* jd macht blau *fam;* */élève/* jd schwänzt *fam,* jd macht blau *fam;* (*fait une infidélité*) jd macht einen Seitensprung

escarbille [ɛskaʀbij] *f* Flugasche *f*

escarcelle [ɛskaʀsɛl] *f hum* Geldbeutel *m*

escargot [ɛskaʀgo] *m* ZOOL, GASTR Schnecke *f;* (*véhicule lent*) lahme Ente *fam;* ***ce type roule comme un ~*** dieser Kerl fährt [ja] im Schneckentempo, dieser Kerl kriecht [ja] wie eine Schnecke *fam*
◆ **escargot de Bourgogne** Weinbergschnecke *f*

escarmouche [ɛskaʀmuʃ] *f* MIL Gefecht *nt;* (*dispute*) Wortgefecht, [verbaler] Schlagabtausch, [verbale] Auseinandersetzung
escarpé, e [ɛskaʀpe] *adj chemin, côte, montagne, rive* steil; (*difficile*) mühsam, schwierig
escarpement [ɛskaʀpəmɑ̃] *m* (*déclivité*) [*côte, montagne*] Schroffheit *f;* (*versant raide*) steile Böschung, Steilhang *m*
escarpin [ɛskaʀpɛ̃] *m* Pumps [pœmps] *m*
escarpolette [ɛskaʀpɔlɛt] *f* Schaukel *f*
escarre [ɛskaʀ] *f* MED wund gelegene Stelle, Dekubitus *m spec;* ***qn commence à avoir des ~s*** jd bekommt wunde Stellen, jd liegt sich wund
escient [esjɑ̃] *m* ▶ **à bon/mauvais** ~ zu Recht/Unrecht; (*au bon/mauvais moment*) zum richtigen/falschen Zeitpunkt
esclaffer <1> [ɛsklafe] *vpr* ■ **qn s'esclaffe** jd lacht laut [*o* schallend], jd bricht in schallendes Gelächter aus, jd prustet los *fam*
esclandre [ɛsklɑ̃dʀ] *m* Skandal *m;* ***tu vas provoquer un*** ~ du wirst einen Skandal verursachen
▶ **qn fait un** ~ [**à qn**] jd macht einen Skandal, jd macht [jdm] eine Szene
esclavage [ɛsklavaʒ] *m* Sklaverei *f,* Sklaventum *nt; fig* Knechtschaft *f,* Sklaverei; ***qn est tombé(e) en*** ~ jd ist in Abhängigkeit geraten; ***l'~ de la femme*** die Versklavung der Frau; ***la mode est un véritable*** ~ die Mode kann einen zum Sklaven machen; ***l'~ de l'alcool/la drogue*** die [sklavische] Abhängigkeit vom Alkohol/Rauschgift
▶ **qn réduit qn en** ~ jd versklavt jdn
esclavagiste [ɛsklavaʒist] **I.** *adj théorie, personne* die Sklaverei befürwortend; ***les États du sud étaient ~s*** die Südstaaten befürworteten die Sklaverei; ***une société*** ~ eine Sklavenhaltergesellschaft
II. *mf* Anhänger(in) *m(f)* der Sklaverei
esclave [ɛsklav] **I.** *adj* versklavt; ■ ~ **de qn/qc** abhängig von jdm/etw; *du tabac, de l'alcool, de la drogue a.* einer S. (*dat*) verfallen; ***l'homme est souvent ~ de ses habitudes*** der Mensch ist oft [der] Sklave seiner Gewohnheiten
II. *mf* Sklave/Sklavin *m/f;* ***le marché aux ~s*** der Sklavenmarkt; ***qn a une âme d'~*** jd hat eine Sklavennatur; ***je suis l'~ de ma femme*** ich bin der Sklave meiner Frau
escogriffe [ɛskɔgʀif] *m fam* ungehobelter Bursche
▶ **grand** ~ langer Lulatsch *fam,* Bohnenstange *f fam*
escompte [ɛskɔ̃t] *m* **1.** COM (*remise*) Skonto *nt*
2. FIN Diskont *m*
escompter <1> [ɛskɔ̃te] *vt* **1.** (*espérer*) ■ **qn escompte qc** jd erhofft [sich (*dat*)] etw, jd rechnet mit etw; ***le spectacle n'a pas eu le succès escompté*** die Vorstellung brachte [*o* hatte] nicht den erhofften Erfolg; ■ **qn escompte que** + *indic* jd hofft, dass; ■ **qn n'escompte pas qc** jd rechnet nicht mit etw; ■ **qn n'escompte pas que** + *subj* jd rechnet nicht damit, dass; ■ **qn escompte faire qc** jd plant [*o* gedenkt] etw zu tun
2. FIN ■ **qn escompte qc** jd diskontiert etw; ■ **qn fait** ~ **qc** jd gibt etw in Diskont
escorte [ɛskɔʀt] *f* Eskorte *f;* [*prisonnier*] Bewachung *f; fig* Begleiterscheinungen *pl;* ***des bâtiments d'~*** NAUT Geleitboote *pl;* ***une ~ de plusieurs motards*** eine aus mehreren Motorrädern bestehende Eskorte; ***l'alcoolisme et son ~ de misères*** der Alkoholismus und die ihn begleitende Misere [*o* begleitenden Nöte]; ***le chômage amène toute une ~ d'ennuis*** die Arbeitslosigkeit bringt eine Reihe Unannehmlichkeiten [*o* negativer Begleiterscheinungen] mit sich
▶ **sous bonne** ~ unter strengem Geleitschutz; **qn fait** ~ **à qn** jd geleitet jdn; **sans** ~ ohne Geleitschutz
escorter <1> [ɛskɔʀte] *vt* ■ **qn/qc escorte qn/qc** jd/etw geleitet jdn/etw, jd/etw gibt jdm/einer S. Geleitschutz; ***puis-je vous ~ jusqu'à vos chambres?*** darf ich Sie zu Ihrem Zimmer geleiten?
escorteur [ɛskɔʀtœʀ] *m* Geleitschiff *nt,* Begleitschiff *nt*
escouade [ɛskwad] *f* (*groupe*) Schar *f;* MIL Trupp *m,* Korporalschaft *f;* ***une ~ de touristes*** ein Schwarm *m* Touristen; ***par ~s*** in Gruppen, gruppenweise
escrime [ɛskʀim] *f* Fechten *nt;* ***j'ai commencé l'~*** ich habe angefangen zu fechten; ***il fait de l'~*** er ficht
escrimer <1> [ɛskʀime] *vpr* ■ **qn s'escrime** [**sur qc**] jd quält [*o* plagt] sich mit etw ab, jd quält [*o* plagt] sich mit etw herum *fam;* ■ **qn s'escrime à faire qc** jd müht sich ab, etw zu tun; jd plagt sich ab, um etw zu tun
escrimeur, -euse [ɛskʀimœʀ, -øz] *m, f* Fechter(in) *m(f)*
escroc [ɛskʀo] *m* Betrüger(in) *m(f);* ■ ~ **à qc** -betrüger(in); ***l'~ aux chèques volés/aux cartes bancaires*** der Scheck-/Kreditkartenbetrüger; ***l'~ aux personnes âgées*** der Alte-Leute-Preller, der Trickbetrüger
escroquer <1> [ɛskʀɔke] *vt* ■ **qn escroque qc** [**à qn**] jd ergaunert etw [von jdm], jd erschwindelt etw; ***ce malfrat m'a escroqué une petite fortune*** dieser Gauner hat mir ein kleines Vermögen abgeschwindelt; ■ **qn escroque qn** [**de qc**] jd betrügt jdn [um etw]; ***il m'a escroqué de mille francs*** er hat mich um tausend Franc betrogen; ■ **qn se fait** ~ [**par qn**] [**de qc**] jd wird [von jdm] [um etw] betrogen; ***je me suis fait ~ [par le comptable] [d'au moins 500 francs]*** ich bin [vom Buchhalter] [um mindestens 500 Franc] betrogen worden
escroquerie [ɛskʀɔkʀi] *f* Betrug *m;* ***c'est de l'~ [pure et simple]*** das ist ja [der reinste] Betrug; ***une inculpation d'~*** eine Anklage wegen Betrugs; ***j'ai été victime d'une ~*** ich bin einem Betrug [*o* Schwindel] zum Opfer gefallen; ***~ intellectuelle*** [bewusste] Irreführung [*o* Täuschung]
ésotérique [ezɔteʀik] *adj* esoterisch
ésotérisme [ezɔteʀism] *m* Esoterik *f*
espace [ɛspas] **I.** *m* **1.** (*place*) Platz *m;* ***nous manquons d'~*** uns fehlt Platz; ***nous avons assez d'~ pour danser*** wir haben genügend Platz [*o* Raum] zum Tanzen
2. (*zone*) Gebiet *nt; fig* Raum *m;* ***l'~ rural français*** die ländlichen Gebiete Frankreichs; ***~ de liberté*** Freiraum; ***il faut élargir l'~ de responsabilité des citoyens*** man muss den Bürgern mehr Verantwortung übertragen; ***nous voulons élargir l'~ de responsabilité personnelle*** wir wollen den Freiraum für persönliche Verantwortlichkeit vergrößern
3. (*cosmos*) Weltraum *m;* GEOM Raum *m;* ***soit un ~ à trois dimensions*** gegeben sei ein dreidimensionaler Raum
4. (*distance*) Abstand *m;* ■ ~ **entre qc et qc** Abstand [*o* Zwischenraum *m*] zwischen etw (*dat*) und etw (*dat*); ***laisse un ~ d'un mètre entre chaque arbre!*** lass [je] einen Meter Abstand zwischen den Bäumen!; ***l'~ qui nous sépare*** die Entfernung, die uns trennt
5. TYP, INFORM Leerschritt *m,* Blank [blæŋk] *m spec*
6. (*durée*) Zeitraum *m,* Zeitspanne *f;* ***l'~ d'une seconde a suffi*** eine Sekunde war [lang] genug; ***l'~ d'un été/moment*** einen Sommer/Augenblick lang
▶ ~ **de temps** Zeitraum *m,* Zeitspanne *f;* ***en un si court ~ de temps*** in so kurzer Zeit; ~ **aérien** Luftraum *m;* ~ **libre** (*temporel*) freier Moment; ~ **publicitaire** Reklamefläche *f,* Anschlagfläche *f;* ~ **vert** Grünfläche *f;* ~ **vide** Zwischenraum *m;* ~ **vital** Lebensraum *m,* lebensnotwendiger Raum; **en l'~ de qc** binnen einer S., innerhalb einer S.; ***en l'~ de trois mois*** binnen drei Monaten, innerhalb [*o* binnen] dreier Monate *geh,* in drei Monaten
II. *f* TYP, INFORM Leerschritt *m,* Blank [blæŋk] *m spec*
espacement [ɛspasmɑ̃] *m* **1.** (*distance*) Abstand *m,* Zwischenraum *m;* TYP [*lignes, mots*] Abstand; ■ ~ **entre qc et qc** Abstand [*o* Entfernung *f*] zwischen etw (*dat*) und etw (*dat*)
2. (*action d'espacer*): ***l'~ de mes visites*** das Seltenerwerden meiner Besuche, die immer größer werdenden Abstände zwischen meinen Besuchen; ***procédez à l'~ de vos plantations comme suit*** halten Sie beim Pflanzen folgende Zwischenräume [*o* Abstände] ein
espacer <2> [ɛspase] **I.** *vt* (*séparer*) ■ **qn espace des personnes/choses** jd rückt Menschen/Dinge auseinander, jd lässt einen [größeren] Abstand zwischen Menschen/Dingen; ***espace les mots/lignes un peu plus/d'un intervalle de 1,5!*** lass etwas mehr Abstand/einen Abstand von 1,5 zwischen den Wörtern/Zeilen!; ***le maître espace les élèves*** der Lehrer setzt die Schüler auseinander; ***espace les arbustes de 50 cm*** setz die Büsche in einem Abstand von 50 cm; ***elle a d'abord espacé ses visites*** ihre Besuche wurden zunächst immer seltener
II. *vpr* (*devenir plus rare*) ■ **des choses s'espacent** Dinge werden seltener
espadon [ɛspadɔ̃] *m* ZOOL Schwertfisch *m*
espadrille [ɛspadʀij] *f* Espadrille *f,* Leinenschuh *m*
Espagne [ɛspaɲ] *f* ■ **l'Espagne** Spanien *nt*
▶ **en** ~ in/nach Spanien; ***je vais en*** ~ ich fahre nach Spanien; ***mon frère habite en*** ~ mein Bruder wohnt in Spanien
espagnol, e [ɛspaɲɔl] **I.** *adj* spanisch; ***j'apprends la langue ~e*** ich lerne Spanisch
II. *m* (*langue*) Spanisch *nt*
III. *m, f* ■ **Espagnol(e)** Spanier(in) *m(f)*
espagnolette [ɛspaɲɔlɛt] *f* Espagnoletteverschluss *m* (*Drehstangenverschluss für Fenster*); ***ferme la fenêtre à l'~*** lass das Fenster einen Spalt [breit] offen, mach das Fenster nicht ganz zu
espalier [ɛspalje] *m* **1.** BOT Spalier *nt*
2. SPORT Sprossenwand *f*
▶ **en** ~ am Spalier; ***j'ai des pommiers/poiriers en*** ~ ich habe ein Apfel-/Birnenspalier; ***les arbres fruitiers sont en*** ~ die Obstbäume sind am Spalier gezogen
espèce¹ [ɛspɛs] *f* **1.** (*catégorie*) Art *f;* ■ ~ **de qc** Art von etw; ***j'ai plusieurs ~s de verres*** ich habe verschiedene Arten von Gläsern [*o* verschiedenartige Gläser]; ***il y a de très nombreuses ~s de rosiers*** es gibt sehr viele verschiedene Rosenarten [*o* Arten von Rosen]; ***l'~ humaine*** das Menschengeschlecht, die Menschen; ***certaines ~s animales*** gewisse Tierarten *pl;* ***l'~ canine*** die Rasse Hund
2. *pl* (*argent liquide*) Bargeld *nt*
3. REL Gestalt *f;* ***sous les ~s du pain et du vin*** in Gestalt von Brot und Wein
▶ **qn communie sous les deux ~s** jd empfängt das Abendmahl in beiderlei Gestalt; **de la pire** ~ *fam* von der schlimmsten Sorte; **en ~s sonnantes et trébuchantes** *hum* bar auf die Kralle *fam;* **en l'~** (*en l'occurrence*) im vorliegenden Fall[e]; **en ~s** bar; ***il a réglé [o payé] en ~s*** er hat bar bezahlt
espèce² [ɛspɛs] *f souvent péj* (*sorte*) Art *f;* ■ **un(e)** ~ **de ...** *fam* eine Art von ... *fam;* ■ **cet(te)** ~ **de ...** *fam* dieser/diese komische/dieses komische ... da *fam;* ***prends donc cet(te) ~ de râteau*** nimm doch diesen komischen Rechen da; ***c'est un(e) ~ de pot de chambre*** das ist so eine Art Nachttopf *fam*
▶ [**ça n'a**] **aucune** ~ **d'importance** [das ist] nicht weiter wichtig, [das] spielt keine Rolle; ~ **de qc!** *fam:* ***~ d'imbécile*** [du/Sie/so ein] Blödmann!/[du/Sie/so eine] blöde Kuh! *fam;* **de ton/son/cette** ~ *fam* von deiner/seiner/ihrer/dieser Sorte
espérance [ɛspeʀɑ̃s] *f* **1.** (*confiance*) Zuversicht *f;* (*espoir*) Hoffnung *f;* REL Hoffnung; ***elle est pleine d'~*** sie ist sehr zuversichtlich; ***qn met toute son ~ dans qn/qc*** jd setzt seine ganze Hoffnung auf [*o* in] jdn/etw; ***il nourrit de folles ~s*** er nährt törichte Hoffnungen; ***les ~s sont souvent trompeuses*** Hoffnungen sind oft trügerisch; ***les plus grandes ~s lui sont ouvertes*** er/sie ist zu den größten Hoffnungen berechtigt; ***ce résultat a répondu à toutes mes ~s*** dieses Ergebnis entspricht all meinen Erwartungen; ***cette ~ que j'avais*** diese Hoffnung, die ich hegte; ***vous êtes toute mon ~*** Sie sind meine ganze Hoffnung; ■ **l'~ de faire qc** die Hoffnung etw zu tun; ***nous gardons l'~ de vous revoir*** wir geben die Hoffnung nicht auf, Sie wieder zu sehen
2. *pl vieilli* (*perspectives*): ***elle apportait des ~s en dot*** sie brachte Aussichten auf ein gutes Erbe in die Ehe ein; ***j'ai des ~s*** (*enceinte*) ich bin schwanger, ich bin guter Hoffnung *veraltend*
▶ **qn donne de grandes ~s** jd ist viel versprechend, jd gibt Anlass zu großen Hoffnungen; **qn fonde** [*o* **bâtit**] **de grandes ~s sur qn/qc** jd setzt große

Hoffnungen auf jdn/etw; **contre toute** ~ entgegen allen Hoffnungen, allen Hoffnungen zuwider; **dans l'**~ **de faire qc/que qn/qc fera qc** in der Hoffnung, etw zu tun/dass jd/etw etw tun wird; ***dans l'~ de recevoir bientôt votre visite, veuillez agréer ...*** in der Hoffnung auf Ihren baldigen Besuch, verbleibe ich ...

◆ **espérance de vie** Lebenserwartung *f*

espéranto [ɛspeʀɑ̃to] *m* Esperanto *nt*

espérer <5> [ɛspeʀe] **I.** *vt* ■ **qn espère qc** jd hofft auf etw (*akk*); (*compter sur*) jd rechnet mit etw; ***je n'espère plus rien*** ich erhoffe mir nichts mehr; ***si, comme on peut l'~, il réussit à son examen*** wenn er, wie man erwarten [*o* hoffen] darf, seine Prüfung besteht; ***je l'espère bien*** das hoffe ich [doch] sehr; ■ **qn espère qn** + *compl* jd hofft, dass jd ... ist; ***je vous espère en bonne forme/bien installé/content de votre logement*** ich hoffe, dass Sie wohlauf/gut untergebracht/mit Ihrer Wohnung zufrieden sind; ■ **qn espère faire qc** jd hofft etw zu tun; ***nous espérons vous revoir bientôt*** wir hoffen, Sie bald wieder zu sehen; ■ **qn espère que** + *indic* jd hofft, dass; ***j'espère que tu te rends compte de ce que tu dis*** ich hoffe, du weißt, was du da sagst; ■ **qn n'espère pas que qn/qc fasse qc** jd rechnet nicht mehr damit, dass jd/etw etw tut; ■ **qn espère-t-il que qn/qc fasse qc?** erwartet [*o* hofft] jd [wirklich], dass jd/etw etw tut?; ■ **qc fait** ~ **qc** etw lässt etw erhoffen, etw lässt auf etw (*akk*) hoffen; ■ **qn/qc laisse** ~ **qc à qn** jd/etw macht jdm Hoffnungen auf etw (*akk*), jd/etw weckt in jdm Hoffnungen auf etw (*akk*); ***elle m'a laissé ~ cet emploi*** sie hat mir Hoffnungen auf diese Stelle gemacht

▶ **qn n'en espérait pas tant** jd hatte nicht so viel erwartet; **qn n'espère plus qn** jd erwartet jdn nicht mehr, jd rechnet nicht mehr mit jdm

II. *vi* ■ **qn espère** jd hofft; ■ **qn espère en qn/qc** jd hofft [*o* vertraut] auf jdn/etw; ***qn espère en l'avenir*** jd setzt Hoffnung in die Zukunft

▶ [**mais**] **j'espère bien!** *fam* das will ich [aber] doch hoffen!; **j'espère** *fam* [doch] hoffentlich; **espérons!** hoffen wir's! *fam*, hoffentlich!

espiègle [ɛspjɛgl] *adj air, enfant, regard, sourire* schelmisch, schalkhaft; ***cette gamine*** ~ dieser Schlingel [*o* Schelm]; ***d'humeur*** ~ zu Streichen [*o* Neckereien] aufgelegt

espièglerie [ɛspjɛgləʀi] *f* **1.** (*caractère*) Schalk *m*, Schalkhaftigkeit *f*
2. (*tour*) Schelmenstück *nt geh*, [Schelmen]streich *m*

espion, ne [ɛspjɔ̃, jɔn] **I.** *m, f* Spion(in) *m(f)*; ***arrête de jouer les ~s*** hör auf herumzuspionieren *fam*
II. *app bateau-, satellite-, avion-* Spionage-; ***un micro-~*** eine Wanze

espionnage [ɛspjɔnaʒ] *m* Spionage *f*; ***les services d'~*** der Spionagedienst
▶ ~ **industriel** Wirtschaftsspionage *f*, Industriespionage *f*; **d'**~ *film, roman* Spionage-

espionner <1> [ɛspjɔne] *vt* ■ **qn espionne qn/qc** jd bespitzelt jdn/etw, jd spioniert jdn/etw aus, jd spioniert jdm nach; ***il a espionné mes conversations*** er hat [heimlich] meine Gespräche belauscht; ■ **qn fait** ~ **qn** jd lässt jdn bespitzeln, jd lässt jdn [heimlich] überwachen

espionnite [ɛspjɔnit] *f* [krankhafte] Angst vor Spionen

esplanade [ɛsplanad] *f* [großer, freier] [Vor]platz

espoir [ɛspwaʀ] *m* **1.** Hoffnung *f*; ***ne perds pas ~*** gib die Hoffnung nicht auf; ***je reprends ~*** ich schöpfe wieder Hoffnung; ***y a-t-il encore de l'~, docteur?*** besteht noch Hoffnung, Herr Doktor?; ■ **l'**~ **de faire qc**: ***j'ai le ferme*** [*o* ***bon***] ***~ d'y parvenir*** ich bin zuversichtlich, dass ich es schaffen werde; ***nous avons conservé l'~ de le sauver*** wir haben die Hoffnung nicht aufgegeben, ihn zu retten; ***il n'y a plus d'~ de retourner la situation*** es besteht keinerlei Hoffnung, dass wir die Lage noch ändern können; ***qn a/garde l'~ que*** + *indic o subj* jd hofft/hofft weiterhin, dass; jd gibt die Hoffnung nicht auf, dass; ***je n'ai plus d'~ qu'il vienne*** ich habe jede Hoffnung aufgegeben, dass er [noch] kommt; ***tu as encore l'~ qu'il réussisse?*** du hoffst wirklich noch, dass er es schafft?
2. (*personne, chose*) Hoffnung *f*; ***les ~s de la boxe française/du basket français*** der Nachwuchs des französischen Boxsports/des französischen Basketballs; ***cette greffe est son dernier ~*** diese Transplantation ist seine/ihre letzte Hoffnung

▶ **qn fonde** [*o* **place**] **de grands ~s sur** [*o* **en**] **qn/qc** jd setzt große Hoffnungen auf [*o* in] jdn/etw; **qn autorise les plus grands ~s** jd gibt Anlass zu großen Hoffnungen, jd ist viel versprechend; **qn est plein(e) d'**~ jd ist voller Hoffnung, jd ist ganz zuversichtlich; **qn caresse un** ~ jd hegt eine Hoffnung; **qn/qc enlève tout** ~ **à qn** jd/etw nimmt jdm jede Hoffnung; **l'**~ **fait vivre** *prov* der Mensch lebt von der Hoffnung; **dans l'**~ **de faire qc/que** + *indic* in der Hoffnung, etw zu tun/dass; **sans** ~ ohne [jede] Hoffnung; ***j'ai passé le concours, mais sans ~*** ich habe an der Prüfung teilgenommen, aber ohne [jede] Hoffnung [*o* ohne Hoffnung auf Erfolg]; ***un amour sans ~*** eine aussichtslose Liebe; ***c'est sans ~*** das ist hoffnungslos

esprit [ɛspʀi] *m* **1.** (*pensée*) Geist *m*, Verstand *m*; ***qn a l'~ clair/vif*** jd hat einen klaren [*o* scharfen]/regen Verstand; ***qn a l'~ étroit/large*** jd ist engstirnig/großzügig; ***qn a l'~ libre/pratique*** jd hat den Kopf frei/ist ein praktischer Mensch; ***qc me trotte dans l'~*** etw geht jdm im Kopf herum ***qc me reste dans l'~*** etw geht mir nicht aus dem Sinn
2. (*humour*) Geist *m*, Witz *m*; ***ce garçon a beaucoup d'~*** dieser Junge ist sehr geistreich [*o* witzig]; ***qn manque d'~*** jd ist humorlos; ***plein(e) d'~*** äußerst geistreich, voller Esprit
3. (*fantôme*) Geist *m*; ***un mauvais ~, un ~ malin*** ein böser Geist
4. (*personne*) *cultivé, fin, indépendant* Mensch *m*, Geist *m*; ***un grand ~*** ein großer Geist; ~ ***chagrin*** Griesgram *m*; ~ ***libre*** Freidenker(in) *m(f)*; ~ ***retors*** durchtriebener Kerl/durchtriebenes Luder *fam*; ***un ~ universel*** ein Universalgenie *nt*; ***petit ~*** Kleingeist; ***c'est un ~ déréglé*** er/sie ist gestört
5. (*humeur*) ■ **les ~s** die Gemüter *pl*; ***qn/qc échauffe/apaise les ~s*** jd/etw erhitzt/beruhigt die Gemüter
6. (*caractère*) [*époque*] Geist *m*; (*sens profond*) [*loi, texte*] Sinn *m*; [*revue*] [Geistes]haltung *f*
7. (*intention, prédisposition*) Sinn *m*; ***essayez de comprendre l'~ dans lequel je vous dis cela*** versuchen Sie zu verstehen, wie [*o* in welchem Sinne] ich das meine; ***l'~ français*** die französische Wesensart; ***dans cet ~*** in diesem Sinne; ■ ~ **de qc**: ***qn a l'~ des affaires/d'à-propos*** [*o* ***de repartie***]/***de clocher*** jd ist geschäftstüchtig/schlagfertig/lokalpatriotisch [*o* engstirnig *pej*]; ***qn a l'~ de décision/d'entreprise/de système/de lucre/de détail*** jd ist entschlussfreudig/unternehmungslustig/systematisch/gewinnsüchtig/peinlich genau; ***qn a l'~ d'équipe/de contradiction/de compétition/de caste*** jd hat Mannschafts-/Widerspruchs-/Kampf-/Kastengeist; ***qn a l'~ d'initiative*** jd besitzt [*o* entfaltet] Initiative; ***qn a l'~ d'analyse/de synthèse*** jd denkt analytisch/[klar und] strukturiert; ***qn a l'~ de famille*** jd hat Familiensinn; ~ ***de suite*** Beharrlichkeit *f*; ***qn a l'~ de suite*** jd ist beharrlich, jd lässt nicht locker *fam*; (*dans ses actions*) jd ist konsequent; ***qn a l'~ d'organisation*** jd ist ein Organisationstalent; ***qn a l'~ d'observation*** jd hat eine gute Beobachtungsgabe; ~ ***de fronde*** Eigenwilligkeit *f*; ***qn a l'~ de fronde*** jd ist eigenwillig; ***l'~ de sacrifice*** die Opferbereitschaft; ~ ***de corps*** Korpsgeist *m*

▶ **l'**~ **est fort** [*o* **prompt**], **mais la chair est faible** *prov* der Geist ist willig, aber das Fleisch ist schwach; **un** ~ **sain dans un corps sain** ein gesunder Geist in einem gesunden Körper; **qn a l'**~ **de l'escalier** jd reagiert langsam; **l'**~ **et la lettre** Form und Inhalt; ***l'~ et la lettre d'une loi*** Geist und Buchstabe eines Gesetzes; ~ **du mal** Geist *m* des Bösen; **un bel** ~ *péj* ein Schöngeist; **qn a le bon** ~ **de faire qc** jd kommt auf die glänzende Idee, etw zu tun; **qn a bon/mauvais** ~ jd ist umgänglich/querköpfig [*o* aufsässig]; **les bons ~s** die Besserwisser; ~ **civique** staatsbürgerliches [Verantwortungs]bewusstsein; ~ **critique** kritischer Verstand; **qn a l'**~ **dérangé** *fam* jd ist verrückt, jd spinnt *fam*; **faible** [*o* **simple**] **d'**~ geistig beschränkt [*o* minderbemittelt]; **qn fait** [*o* **joue**] **l'**~ **fort** jd markiert den starken Mann/die starke Frau; **qn est un** ~ **fort** jd ist ein Freidenker; ~ **frappeur** Klopfgeist *m*; **les grands ~s se rencontrent** *fam* zwei Seelen [und] ein Gedanke; **qn fait du mauvais** ~ (*par des remarques*) jd macht abfällige Bemerkungen; (*par son comportement*) jd verhält sich destruktiv; **un pur** ~ ein reiner Verstandesmensch; ***l'homme n'est pas un pur ~*** der Mensch ist nicht Verstand allein; **qn a l'**~ **mal tourné** jd hat eine schmutzige Fantasie; **qn a l'**~ **à qc** jdm steht der Sinn nach etw *geh*, jdm ist nach etw zumute; **qn a qn/qc à** [*o* **dans**] **l'**~ jd hat jdn/etw im Kopf [*o* Sinn]; **où ai-je l'**~**?** wo habe ich [nur] meinen Kopf?, wo bin ich [nur] mit meinen Gedanken?; **qn fait de l'**~ *péj* jd will witzig sein; **qn perd l'**~**/ses ~s** jd verliert den Verstand/den Kopf; **qn rend l'**~ *form* jd haucht den [*o* seinen] Geist aus *geh*; **qn reprend** [*o* **retrouve**] **ses ~s** (*reprend conscience*) jd kommt wieder zu sich [*o* zu Bewusstsein]; (*retrouve sa contenance*) jd fasst sich wieder; **qc lui traverse l'**~ etw schießt jdm durch den Kopf; **qc lui vient à l'**~ etw kommt jdm in den Sinn, etw fällt jdm ein; **d'**~ (*de caractère*) geistig; (*spirituel*) geistreich; ***d'~, je le trouve un peu futile*** ich finde ihn etwas oberflächlich; ***il est resté jeune d'~*** er ist geistig jung geblieben; **dans mon/son/...** ~ meiner/seiner/ihrer/... Meinung nach; **dans un** ~ **de qc**: ***dans un ~ de conciliation*** mit Versöhnungsabsichten; ***il agit toujours dans un ~ désintéressé*** er handelt stets selbstlos [*o* uneigennützig]; **en** ~: ***qn fait qc en ~*** jd tut etw in seiner Vorstellung [*o* im Geiste]; **sans** ~ **de qc**: ***sans ~ de revanche*** ohne Racheabsichten; ***sans ~ partisan*** unparteiisch; **l'**~ **ailleurs** [geistes]abwesend; ***j'ai l'~ ailleurs*** ich bin mit meinen Gedanken ganz woanders

◆ **esprit-de-sel** Salzsäure *f*; **esprit-de-vin** Weingeist *m*, Spiritus *m*

Esprit-Saint [ɛspʀisɛ̃] *m v.* **Saint-Esprit**

esquif [ɛskif] *m littér* Nachen *m liter*, Schiffchen *nt*
▶ **frêle** ~ zerbrechlicher Nachen *liter*

esquille [ɛskij] *f* Knochensplitter *m*

esquimau, de <x> [ɛskimo, od] **I.** *adj* Eskimo-, eskimoisch; ***le peuple ~*** die Eskimos *pl*; ***les mœurs ~des*** die Sitten der Eskimos
II. *m* **1.** (*langue*) Eskimoisch *nt*
2. GASTR *Eis am Stiel mit Schokoladenüberzug*
III. *m, f* ■ **Esquimau(de)** Eskimo/Eskimofrau *m/f*

esquintant, e [ɛskɛ̃tɑ̃, ɑ̃t] *adj fam* [sehr] anstrengend, ermüdend

esquinté, e [ɛskɛ̃te] *adj fam personne* kaputt *fam*; *chose a.* ramponiert *fam*

esquinter <1> [ɛskɛ̃te] **I.** *vt fam* (*abîmer*) ■ **qn/qc esquinte qc** jd/etw macht etw kaputt; ■ **qn esquinte qn** jd richtet jdn übel zu, jd vermöbelt jdn *fam*; ■ **qn/qc esquinte qn/qc** (*critiquer*) jd/etw macht jdn/etw herunter *fam*, jd/etw verreißt jdn/etw; (*épuiser*) jd/etw macht jdn kaputt *fam*; ***tu esquintes ta santé*** du ruinierst deine Gesundheit; ***n'esquinte pas ma nouvelle voiture!*** ramponier mein neues Auto nicht! *fam*
II. *vpr fam* ■ **qn s'esquinte** jd macht sich kaputt *fam*, jd müht [*o* rackert *fam*] sich ab; ■ **qc s'esquinte** etw geht kaputt; ■ **qn s'esquinte qc** jd macht sich (*dat*) etw kaputt; ***tu vas t'~ les yeux*** du wirst dir die Augen verderben [*o* ruinieren *fam*]; ■ **qn s'esquinte à faire qc** jd plagt sich damit ab, etw zu tun; ■ **qn/qc se fait** ~ (*se faire critiquer*) jd/etw wird heruntergemacht *fam* [*o* verrissen]

esquisse [ɛskis] *f* **1.** ART, IND Skizze *f*, Entwurf *m*; LITTER, MUS Entwurf *m*; ***qn dessine une ~ de qc*** jd skizziert etw
2. (*amorce*) [*geste, sourire, réponse*] Andeutung *f*; ***l'~ d'un sourire apparut sur ses lèvres*** die Andeutung eines Lächelns [*o* ein Hauch von einem Lächeln] huschte über sein/ihr Gesicht; ***il n'éprouvait même pas l'~ d'un regret*** er verspürte auch nicht die leiseste Spur von Reue
3. (*présentation rapide*) Abriss *m*, Überblick *m*; ***pourriez-vous nous faire une ~ de la situation actuelle?*** könnten Sie uns die jetzige Situation kurz skizzieren?

esquisser <1> [ɛskise] **I.** *vt* **1.** ART ■ **qn esquisse qc** jd skizziert etw; ***il esquissait d'abord au crayon*** er fertigte zunächst eine Bleistiftskizze an
2. (*amorcer*) ■ **qn esquisse qc** *sourire* jd deutet etw an; ***il n'a pas esquissé un geste pour m'aider*** er hat keine Anstalten gemacht mir zu helfen
3. (*présenter rapidement*) ■ **qn esquisse qc** jd skizziert etw

II. *vpr* ■ **qc s'esquisse** */silhouette, solution/* etw zeichnet sich ab; ***un sourire s'esquissa sur son visage*** ein Lächeln huschte über sein/ihr Gesicht
esquive [ɛskiv] *f* Ausweichen *nt;* ***ce boxeur a une bonne*** ~ dieser Boxer weicht geschickt aus; ***tu as vraiment l'art de l'***~ du verstehst es wirklich auszuweichen, du verstehst dich wirklich auf Ausweichmanöver
esquiver <1> [ɛskive] I. *vt* (*éviter*) ■ **qn esquive qn/qc** *coup* jd weicht jdm/einer S. [geschickt] aus; *personne, difficulté, obligation, question, problème a.* jd geht jdm/einer S. aus dem Weg
II. *vpr* ■ **qn s'esquive** jd stiehlt sich weg, jd verschwindet
essai [esɛ] *m* 1. *gén pl* (*test*) Versuch *m;* [*appareil, médicament*] Test *m;* SPORT Trainingsrunde *f;* ***au stade des ~s*** im Versuchsstadium; ~ ***en vol*** Flugtest
2. (*tentative*) Versuch *m;* ***elle a fait des ~s de peinture*** sie hat sich im Malen versucht
3. LITTER Essay ['ɛse, ɛ'se:] *m o nt*
▸ **~s nucléaires** Atom[waffen]tests *pl;* **qn n'en est pas à son premier** ~ jd macht das nicht das erste Mal [*o* zum ersten Mal]; **au premier/deuxième** ~ beim ersten/zweiten Versuch; **qn fait un** ~ jd macht einen Versuch; **qn fait l'**~ **de qc** jd probiert etw aus; *d'une voiture a.* jd macht eine Probefahrt [mit etw]; **qn marque/transforme un** ~ RUGBY jd erzielt [*o* legt]/verwandelt einen Versuch; ***qn transforme l'~ qu'il vient de marquer*** *fig* jd schlägt Kapital [*o* jd macht etwas] aus dem Erfolg, den er errungen hat; **qn met qn à l'**~ jd stellt jdn auf die Probe; **à l'**~ auf Probe, versuchsweise; ***qn embauche/prend qn à l'***~ jd stellt jdn auf Probe ein/nimmt jdn auf Probe; ***le mariage à l'***~ die Ehe auf Probe; ***engagement à l'***~ Anstellung *f* auf Probe
essaim [esɛ̃] *m* Schwarm *m;* ***un ~ d'abeilles/de moustiques/d'enfants*** ein Bienen-/Mückenschwarm/ein Schwarm [*o* eine Schar] Kinder
essaimage [esɛmaʒ] *m* [*abeilles*] Schwärmen *nt;* (*prolifération*) Ausbreitung *f;* ***à la période de l'***~ in der Schwärmzeit; ***on constate l'~ rapide de PME dans cette région*** in dieser Gegend schießen mittelständische Betriebe förmlich aus dem Boden
essaimer <1> [eseme] *vi* ■ **qn/qc essaime** */abeilles/* etw schwärmt; *fig* */famille/* jd verteilt sich, jd schwärmt aus; */entreprise/* etw gründet Niederlassungen; ***la famille a essaimé dans la France entière*** die Familie ist über ganz Frankreich zerstreut [*o* verteilt]
essayage [esɛjaʒ] *m* Anprobe *f,* Anprobieren *nt;* ***cabine/salon d'***~ Umkleidekabine *f*/-raum *m*
essayer <7> [eseje] I. *vt* 1. (*tester*) ■ **qn essaie qc** [**sur qn/qc**] jd testet [*o* versucht] etw [an jdm/etw], jd probiert etw [an jdm/etw] aus; ■ **qn essaie qn/qc** *boucher, coiffeur* jd probiert jdn/etw [aus]; *voiture a.* jd macht mit etw eine Probefahrt; *chaussures, vêtement* jd probiert etw [an]; *nourriture, médicament, méthode* jd probiert [*o* versucht] etw
2. (*tenter*) ■ **qn essaie qc** jd versucht es mit etw; ***vous devriez ~ autre chose*** Sie sollten es mit etwas anderem versuchen; ***j'ai absolument tout essayé*** ich habe einfach alles probiert, ich habe nichts unversucht gelassen; ***j'aurais dû ~ les petites annonces*** ich hätte es mit einer Kleinanzeige versuchen sollen
II. *vi* ■ **qn essaie** jd versucht es; ***ça ne coûte rien d'***~ ein Versuch [*o* probieren] kostet nichts; ***essaie un peu!*** [na, dann] versuch's mal!; ■ **qn essaie de faire qc** jd versucht etw zu tun; ***j'essaie de me concentrer*** ich versuche mich zu konzentrieren
III. *vpr* ■ **qn s'essaie à qc/à faire qc** jd versucht sich an [*o* in] etw (*dat*)/jd versucht sich darin, etw zu tun; ***je me suis essayé à la peinture*** ich habe mich in der Malerei versucht; ***depuis qu'il s'essaie à paraître décontracté, ...*** seit er versucht entspannt zu wirken ...
essayeur, -euse [esejœʀ, -jøz] *m, f* [Änderungs]schneider(in) *m(f)*
essayiste [esejist] *mf* Essayist(in) *m(f)*
essence [esɑ̃s] *f* 1. (*carburant*) Benzin *nt;* ***je dépense une fortune en*** ~ ich gebe ein Vermögen für Benzin aus
2. (*nature profonde*) Wesentliche(s) *nt,* Essenz *f geh;* ***l'~ du livre*** der Kern des Buches
3. (*espèce*) [*arbre*] Art *f;* ***~s résineuses*** Nadelbäume *pl,* Nadelhölzer *pl;* ***~s à feuilles*** Laubbäume *pl*
4. (*extrait*) Essenz *f;* ■ ~ **de** *de lavande, térébenthine* -öl *nt; café* -aroma *nt*
▸ ~ **sans plomb** bleifreies Benzin; ~ **ordinaire** Normalbenzin *nt;* **qn se croit d'une** ~ **supérieure** *form* jd hält sich für etwas Besseres; ~ **synthétique** synthetisches Benzin; ~ **verte** Biokraftstoff *m;* **qn prend de l'**~ jd tankt; **à [l']**~ mit Benzinmotor; ***une tondeuse/tronçonneuse à*** ~ ein Motorrasenmäher/eine Motorsäge; **par** ~ per definitionem *geh*
essentiel, le [esɑ̃sjɛl] I. *adj* 1. (*capital*) wesentlich, [äußerst] wichtig; ***dégagez les idées ~les!*** arbeiten Sie die Grundgedanken heraus!; ***un changement*** ~ eine grundlegende Änderung
2. (*indispensable*) ■ ~ **à** [*o* **pour**] **qc/pour faire qc** unentbehrlich für etw/unentbehrlich, um etw zu tun; *précaution, démarche* unverzichtbar für etw/unverzichtbar, um etw zu tun; ~ ***à la vie*** lebensnotwendig, lebenswichtig; ***une qualité ~le à tout acteur*** eine unabdingbare Fähigkeit eines jeden Schauspielers
3. PHILOS essenziell, essenzial
II. *m* 1. (*le plus important*) ■ **l'**~ das Wesentliche; ***nous sommes d'accord sur l'***~ wir stimmen im Wesentlichen überein; ***tu es en bonne santé? c'est l'***~ du bist gesund? das ist die Hauptsache; Hauptsache, du bist gesund; ***l'~, c'est d'y croire*** das Wichtigste ist, daran zu glauben; ***l'~ est que vous me répondiez*** das Wichtigste [*o* entscheidend] ist, dass Sie mir antworten; ***qn manque de l'***~ jdm fehlt das Nötigste [*o* es am Nötigsten]
2. (*la plus grande partie*) ■ **l'**~ **de qc** der Großteil [*o* das Gros] einer S. (*gen*); ***il passe l'~ du temps à se plaindre*** er verbringt die meiste Zeit damit zu klagen; ***l'~ de ce qu'il dit est exagéré*** das meiste von dem, was er sagt, ist übertrieben
▸ **qn va à l'**~ jd kommt zum Kern der Sache [*o* zur Sache]; **pour l'**~ im Wesentlichen
essentiellement [esɑ̃sjɛlmɑ̃] *adv* 1. im Wesentlichen, in erster Linie
2. PHILOS (*par essence*) wesensmäßig
esseulé, e [esœle] *adj littér personne* einsam und verlassen, verloren
essieu <x> [esjø] *m* AUT, TECH [Rad]achse *f;* ***une rupture d'***~ ein Achsbruch *m*
▸ ~ **arrière/avant** Hinter-/Vorderachse *f*
essor [esɔʀ] *m* 1. (*développement*) Aufschwung *m;* [*art, civilisation*] Aufblühen *nt;* ***l'~ économique du Japon*** der Wirtschaftsaufschwung Japans; ***une ville en plein*** ~ eine aufstrebende [*o* expandierende] Stadt; ***à l'~ du tennis succède maintenant celui du golf*** nach Tennis erfreut sich nun Golf immer größerer Beliebtheit; ***le cinéma connaît un nouvel*** ~ das Kino erfreut sich neuer Beliebtheit
2. *littér* (*envol*) [*oiseau*] Emporfliegen *nt*
▸ **en plein** ~ in vollem Aufschwung; ***qc est en plein*** ~ etw erlebt einen Aufschwung, etw expandiert; **qn/qc prend son** ~ jd/etw blüht auf; */industrie, secteur, entreprise/* etw expandiert; */oiseau/* etw schwingt sich in die Lüfte *liter*
essorage [esɔʀaʒ] *m* Schleudern *nt;* ***plusieurs ~s successifs*** mehrere Schleudergänge; ***la vitesse d'***~ die Schleudergeschwindigkeit; ***tu peux refaire un*** ~ du kannst den Schleudergang wiederholen
essorer <1> [esɔʀe] I. *vt* ■ **qn/qc essore qc** *linge, salade* jd/etw schleudert etw; (*à la main*) *linge* jd wringt etw aus; *salade* jd trocknet etw
II. *vi* ■ **qn/qc essore** jd/etw schleudert; ***lavez sans*** ~! waschen, nicht schleudern!; (*à la main*) waschen, nicht auswringen!
essoreuse [esɔʀøz] *f* (*à linge*) [Wäsche]schleuder *f;* (*à salade*) Salatschleuder
essoufflement [esufləmɑ̃] *m* Atemlosigkeit *f;* (*dégradation*) [*bourse, affaires*] Abflauen *nt;* ***il est dans un tel état d'~ que*** er ist derart außer Atem, dass
essouffler <1> [esufle] I. *vt* ■ **qn/qc essouffle qn/un animal** jd/etw bringt jdn/ein Tier außer Atem, etw raubt [*o* nimmt] jdm/einem Tier den Atem; ***je suis complètement essoufflé*** ich bin völlig außer Atem
II. *vpr* ■ **qn s'essouffle** [**à faire qc**] jd kommt außer Atem[, wenn er etw tut]; *fig* jd geht bis an seine Grenzen [um etw zu tun]; ***les compagnies aériennes s'essoufflent à acheter des appareils toujours plus onéreux*** den Fluggesellschaften geht durch den Kauf immer teurerer Maschinen der Atem aus
essuie-glace <~-~s> [esɥiglas] *m* Scheibenwischer *m* **essuie-mains** [esɥimɛ̃] *m inv* Handtuch *nt* **essuie-pieds** [esɥipje] *m inv* Fußabstreifer *m,* Fußabtreter *m* **essuie-tout** [esɥitu] *m inv* Küchentuch *nt* **essuie-verres** [esɥivɛʀ] *m inv* Gläsertuch *nt*
essuyage [esɥijaʒ] *m* [*vaisselle*] Abtrocknen *nt;* [*meubles*] Abwischen *nt,* Abstauben *nt*
essuyer <6> [esɥije] I. *vt* 1. (*sécher*) ■ **qn essuie qn/qc** jd trocknet jdn/etw ab; (*nettoyer*) *meubles* jd staubt [*o* wischt] etw ab; *chaussures* jd putzt etw ab; (*éponger*) jd wischt etw weg; ***essuie l'eau qui est par terre!*** wisch das Wasser vom Boden auf!; ***essuie tes larmes!*** wisch deine Tränen ab!, trockne deine Tränen!
2. (*subir*) ■ **qn essuie qc** *échec, défaite, perte* jd erleidet etw; *affront, insultes, reproches, coups* jd muss etw hinnehmen [*o* einstecken]; *honte* jd erleidet etw; *averse, tempête, coup de feu* jd bekommt etw ab, jd gerät in etw (*akk*); *refus* jd bekommt etw
II. *vpr* ■ **qn s'essuie** (*se sécher*) jd trocknet sich ab; (*se nettoyer*) jd wischt sich ab; ***quel cochon! il s'est essuyé avec la nappe*** so ein Ferkel! er hat sich den Mund am Tischtuch abgewischt; ***quand tu vas aux W.-C., essuie-toi correctement*** putz dich richtig ab, wenn du auf die Toilette gehst; ■ **qn s'essuie qc** (*se sécher*) jd trocknet sich (*dat*) etw ab; (*se nettoyer*) *pieds, derrière* jd putzt sich (*dat*) etw ab
est[1] [ɛ] *indic prés de* **être**
est[2] [ɛst] I. *m* ∅ Osten *m;* ■ **l'est/l'Est** der Osten; ***les régions de l'***~ die östlichen Gebiete, die Gebiete im Osten, der Osten; ***les villes de l'***~ die Städte im Osten; ***les pays de l'E***~ die Staaten Osteuropas, die osteuropäischen Staaten; ***les gens de l'E***~ die Leute aus dem Osten; ***l'autoroute de l'E***~ die Autobahn nach Osten; ***le bloc de l'E***~ der Ostblock; ***le conflit entre l'E~ et l'Ouest*** der Konflikt zwischen Ost und West, der Ost-West-Konflikt; ***l'Europe de l'***~ Osteuropa *nt;* ***à l'***~ (*dans/vers la région*) im/in den Osten; (*vers le point cardinal*) nach Osten, in östliche Richtung; ***à l'~ de qc*** östlich von etw, östlich einer S. (*gen*); ***la Suisse est située à l'~ de la France*** die Schweiz liegt östlich von Frankreich; ***le soleil se lève à l'***~ die Sonne geht im Osten auf; ***dans l'~ de*** im Osten von; ***vers l'***~ nach Osten, in östliche Richtung; ***d'~ en ouest*** von Ost[en] nach West[en]
▸ **d'**~ *vent* Ost-; **qn passe à l'E**~ jd setzt sich in den Osten ab, jd flieht nach Osten
II. *adj inv* Ost-; *banlieue, longitude, partie* östlich
establishment [ɛstabliʃmɛnt] *m* Establishment *nt*
estafette [ɛstafɛt] *f* Melder *m,* Kurier *m,* Meldereiter *m veraltet*
estafilade [ɛstafilad] *f* Schnittwunde *f;* ***il s'est fait une ~ en se rasant*** er hat sich beim Rasieren geschnitten; ***l'~ n'est pas profonde*** der Schnitt [*o* die Schnittwunde] ist nicht tief
est-allemand, e [ɛstalmɑ̃, ɑ̃d] *adj* ostdeutsch; ***sa femme est d'origine ~-~e*** seine Frau kommt aus Ostdeutschland
estaminet [ɛstamine] *m* BELG *vieilli* Kneipe *f fam*
estampage [ɛstɑ̃paʒ] *m* 1. TECH Prägen *nt;* ***le dessin de cette ceinture a été réalisé par*** ~ das Muster auf diesem Gürtel ist [ein]geprägt
2. *fam* (*escroquerie*) Gaunerei *f;* ***mais c'est de l'***~! aber das ist ja der reinste Betrug!; ***des spécialistes de l'***~ ausgemachte Gauner/innen *pl*
estampe [ɛstɑ̃p] *f* 1. ART (*image*) Grafik *f;* (*sur métal*) Stich *m;* (*sur bois*) Holzschnitt *m;* (*sur pierre*) Lithographie *f*

2. TECH Prägestempel *m;* ART Druckplatte *f*
▶ ~ **japonaise** japanische Grafik; ***viens dans ma chambre, je te montrerai mes ~s japonaises*** *hum* komm mit auf mein Zimmer, ich zeig dir meine Briefmarkensammlung

estamper <1> [ɛstɑ̃pe] *vt* 1. TECH ■ **qn estampe qc** *cuir, métal, papier* jd prägt etw; ***en cuir estampé*** aus geprägtem Leder; ***on estampe le fond des futailles de vin avec des marques*** man brennt auf den Boden der Weinfässer Zeichen ein
2. *fam (escroquer)* ■ **qn estampe qn** jd legt jdn rein *fam,* jd haut jdn übers Ohr *fam;* ■ **qn se fait ~ par qn** jd wird von jdm reingelegt [*o* übers Ohr gehauen] *fam*

estampeur, -euse [ɛstɑ̃pœʀ, -øz] *m, f* 1. TECH Stanzer(in) *m(f),* Präger(in) *m(f)*
2. *fam (escroc)* Gauner(in) *m(f)*

estampille [ɛstɑ̃pij] *f* Stempel *m;* (*de douane*) Zollstempel; *fig (empreinte)* Stempel; ■ **qc porte l'~ de qn** etw trägt jds Stempel; ***il a marqué ce siècle de son ~*** er hat diesem Jahrhundert seinen Stempel aufgedrückt, er hat dieses Jahrhundert geprägt

estampiller <1> [ɛstɑ̃pije] *vt* ■ **qn estampille qc** jd versieht etw mit einem Stempel; ***les bijoux en or sont estampillés*** Schmuckstücke aus Gold haben einen Stempel

esthète [ɛstɛt] *mf* Ästhet(in) *m(f); péj* Ästhetizist(in) *m(f)*

esthéticien, ne [ɛstetisjɛ̃, jɛn] *m, f* Kosmetiker(in) *m(f)*

esthétique [ɛstetik] I. *adj* 1. (*beau*) ästhetisch, schön
2. (*relatif à la beauté*) ästhetisch; ***ce type n'a aucun sens ~*** dieser Mensch hat keinerlei Schönheitssinn [*o* ästhetisches Empfinden]; ***les critères ~s*** die Maßstäbe der Ästhetik
II. *f* 1. (*beauté*) Schönheit *f;* ***l'~ de cette façade laisse à désirer*** die Ästhetik [*o* Schönheit] dieser Fassade lässt zu wünschen übrig; ***l'~ de ce visage*** die Ästhetik dieses Gesichts
2. (*théorie*) Ästhetik *f*
▶ ~ **industrielle** Industriedesign [-dizain] *nt*

esthétisme [ɛstetism] *m péj* Ästhetizismus *m;* ***ce film est un chef-d'œuvre d'~*** dieser Film ist ein ästhetizistisches Meisterwerk

estimable [ɛstimabl] *adj* 1. (*digne d'estime*) *personne* respektabel, achtbar, achtenswert, achtbar; *travail, scrupules* lobenswert; (*assez bon*) *progrès, résultats* anständig; ***il a fait un effort tout à fait ~*** er hat sich (*dat*) redlich Mühe gegeben
2. (*évaluable*) schätzbar; ***le préjudice que j'ai subi n'est pas ~*** der Schaden, den ich erlitten habe, ist unschätzbar

estimatif, -ive [ɛstimatif, -iv] *adj bilan, coûts* geschätzt; ***un devis ~*** ein Kostenvoranschlag *m;* ***prix ~/valeur ~ive*** Schätzpreis *m*/-wert *m;* ***état ~*** Verzeichnis *nt* mit Wertangabe

estimation [ɛstimasjɔ̃] *f* [*dégâts, distance, poids, œuvre d'art, travaux, valeur, résultat financier*] Schätzung *f;* [*coûts, somme, durée*] Veranschlagung *f;* ***une première ~ des résultats*** [***électoraux***] eine erste Hochrechnung der [Wahl]ergebnisse; ***selon nos ~s*** nach unseren Schätzungen
▶ **qn fait une ~** [**de qc**] jd schätzt etw; ***j'ai fait une ~ rapide: …*** ich habe kurz mal überschlagen: …

estime [ɛstim] *f* [Hoch]achtung *f;* ***c'est quelqu'un qui inspire l'~*** er/sie flößt Respekt ein; ***il jouit de l'~ générale*** er erfreut sich allgemeiner Achtung, er ist allgemein geachtet [*o* geschätzt]; ***j'ai l'~ de tous mes collègues*** ich genieße die Achtung all meiner Kolleginnen und Kollegen, alle Kollegen und Kolleginnen schätzen [*o* achten] mich; ***digne d'~*** achtenswert, schätzenswert; ***l'~ de soi-même*** die Selbstachtung; ***mon ~ pour lui demeure*** meine Achtung vor ihm bleibt [unverändert], ich achte [*o* schätze] ihn auch weiterhin
▶ **qn tient qn en grande** [*o* **haute**/**piètre**] **~** jd schätzt jdn hoch/gering; **qn a de l'~ pour qn** jd hat Achtung vor jdm, jd achtet jdn; ***je n'ai aucune ~ pour ce genre d'individu*** ich bringe derartigen Individuen keinerlei Achtung entgegen, ich verachte derartige Individuen; **qn baisse** [*o* **descend**]/**remonte** [*o* **grandit**] **dans l'~ de qn** jd sinkt/steigt in jds Achtung (*dat*); ***vous baissez dans mon ~*** Sie sinken in meiner Achtung; **qn croît dans l'~ de qn** jd steigt in jds Achtung (*dat*)

estimer <1> [ɛstime] I. *vt* 1. (*évaluer*) ■ **qn estime qc** [**à qc**] *dégâts, distance, poids, œuvre d'art, travaux, valeur, résultat financier, vitesse* jd schätzt etw [auf etw (*akk*)]; *coûts, somme a., durée* jd veranschlagt etw [auf etw (*akk*)]; *résultat* jd beurteilt etw; ***les pertes sont estimées à …*** die Verluste werden auf … geschätzt; ***je saurai ~ ce service à sa juste valeur*** ich werde diesen Gefallen entsprechend zu schätzen wissen; ■ **qn fait ~ qc** jd lässt etw schätzen [*o* taxieren]
2. (*considérer*) ■ **qn estime qc** + *adj* jd hält [*o* erachtet] etw für + *adj;* ***j'estime cette démarche inutile*** ich halte [*o* erachte] diesen Schritt für unnötig; ■ **qn estime** + *adj* **que/estime** + *adj* **de faire qc** jd hält es für + *adj,* dass/hält es für + *adj,* etw zu tun; ***estimes-tu normal de payer autant d'impôts?*** findest du [es] normal, so viel Steuern zu zahlen?; ***nous n'estimons pas indispensable qu'il vienne*** wir halten [*o* erachten] es nicht für unbedingt nötig, dass er kommt; wir halten [*o* erachten] sein Kommen nicht für unbedingt nötig; ■ **qn estime faire qc** jd meint [*o* glaubt] etw zu tun; ***j'estime avoir le droit de donner mon avis*** ich glaube [*o* meine] das Recht zu haben, meine Meinung zu sagen; ■ **qn estime que** + *indic* jd meint [*o* vertritt die Ansicht], dass; ■ **qn n'estime pas que** + *subj* jd meint [*o* glaubt] nicht, dass; ***je n'estime pas qu'il y ait besoin d'épiloguer*** ich halte es für unnötig [*o* ich glaube nicht, dass es nötig ist] noch lange darüber zu diskutieren; ■ **qn estime-t-il que** + *subj* meint [*o* glaubt] jd, dass; ***estimez-vous qu'il faille confirmer notre venue?*** meinen Sie, wir sollten unser Kommen bestätigen? [*o* dass wir unser Kommen bestätigen sollten?]
3. (*respecter*) ■ **qn estime qn/qc** [**pour qc**] jd schätzt jdn/etw [wegen etw]; *personne a.* jd achtet jdn [wegen etw]; ***c'est quelqu'un que j'estime*** [***pour ses qualités humaines***] ich achte [*o* schätze] ihn/sie [wegen seiner/ihrer menschlichen Qualitäten]; ***elle était estimée de tous*** sie war von allen hoch geschätzt, sie war allseits beliebt; ***un plat très estimé en France*** ein in Frankreich sehr beliebtes Gericht
II. *vpr* ■ **qn s'estime** + *adj/pp* jd hält sich für + *adj/pp;* ***elle s'estimait trahie/persécutée*** sie hielt sich für [*o* glaubte sich] verraten/verfolgt; ***je m'estime heureux d'avoir été sélectionné*** ich schätze mich glücklich, ausgewählt worden zu sein; ***il ne s'estime pas là pour régler des comptes avec ses prédécesseurs*** er ist nicht da, um [*o* er hält es nicht für seine Aufgabe,] mit seinen Vorgängern abzurechnen

estival, e <-aux> [ɛstival, o] *adj* sommerlich; ***la mode/période ~e*** die Sommermode/-zeit; ***le repos ~*** die Sommerpause

estivant, e [ɛstivɑ̃, ɑ̃t] *m, f* Sommerurlauber(in) *m(f),* Sommergast *m*

estocade [ɛstɔkad] *f* Todesstoß *m*
▶ **qn donne l'~** [**à un animal**] jd holt zum Todesstoß aus/jd versetzt einem Tier den Todesstoß; **qn/qc donne** [*o* **porte**] **l'~** [**à qn**] *form* jd/etw versetzt jdm den Todesstoß/jd holt zum entscheidenden Schlag aus

estomac [ɛstɔma] *m* Magen *m;* ***j'ai mal à l'~*** ich habe Magenschmerzen; ***elle part l'~ vide*** [*o* ***creux***] sie geht mit leerem Magen; ***il lui a donné un coup à l'~*** er hat ihm/ihr einen Schlag in die Magengegend versetzt
▶ **qn a un ~ d'autruche** jd kann alles vertragen, jd hat einen Saumagen *fam;* **qn a l'~ dans les talons** jdm hängt der Magen in den Kniekehlen *fam,* jd hat einen Mordshunger *fam,* jd schiebt Kohldampf *fam;* **qn a de l'~/n'a pas d'~** jd traut sich was/nichts; **qn a l'~ bien accroché** jdm wird nicht so schnell schlecht; **qc** [**lui**] **cale l'~** etw sättigt [jdn], etw macht [jdn] satt; ***non merci, j'ai l'~ calé*** nein danke, ich bin satt; **qc lui creuse l'~** etw macht jdn hungrig; **qn manque/ne manque pas d'~** *fam* jdm fehlt es an Courage [*o* jd hat keinen Mumm *fam*]/jd ist ganz schön dreist [*o* kühn]; **qn se noie l'~** jd trinkt zu viel, jd trinkt sich (*dat*) einen Wasserbauch an *fam;* ***tu vas te noyer l'~!*** du kriegst noch einen Wasserbauch! *fam;* **qn a l'~ noué** jd hat ein flaues Gefühl in der Magengegend; **qc ouvre l'~** etw öffnet den Magen; **qc pèse sur l'~** etw liegt schwer im Magen; **qc reste sur l'~** *fam* etw liegt schwer im Magen; **qc/qc tourne l'~ à qn** jd/etw ekelt jdn, etw dreht jdm den Magen um; **à l'~** *pop* ganz frech; ***qn fait qc à l'~*** jd tut etw ganz dreist

estomaquer <1> [ɛstɔmake] *vt fam* ■ **qn/qc estomaque qn** jd/etw verblüfft jdn; ***j'en suis toute estomaquée*** da bin ich ganz baff [*o* platt] *fam*

estompé, e [ɛstɔ̃pe] *adj contours, image* verschwommen, unscharf; *couleur, teinte* sanft

estomper <1> [ɛstɔ̃pe] I. *vt* ■ **qn/qc estompe qc** *rides* jd/etw überdeckt etw, jd/etw kaschiert etw; *dessin* jd [ver]wischt etw; *contours* etw lässt etw verschwommen [*o* unscharf] erscheinen; (*affaiblir*) jd/etw mildert etw; *chagrin* jd/etw lindert etw; *souvenirs* etw lässt etw verblassen; ***le photographe estompe les défauts sur la photo*** der Fotograf retuschiert die Fehler auf dem Foto etwas [*o* bessert die Fehler auf dem Foto etwas aus]
II. *vpr* ■ **qc s'estompe** /*rivages, montagnes*/ etw verschwimmt; (*s'affaiblir*) /*mémoire, souvenirs, image*/ etw verblasst; /*chagrin, tristesse, colère*/ etw vergeht, etw legt sich

Estonie [ɛstɔni] *f* ■ **l'Estonie** Estland *nt*

estonien, ne [ɛstɔnjɛ̃, jɛn] I. *adj* estländisch, estnisch
II. *m* (*langue*) Estnisch *nt*
III. *m, f* ■ **Estonien(ne)** Estländer(in) *m(f),* Este/Estin *m/f*

estouffade [ɛstufad] *f* Schmorbraten *m;* ***une ~ de bœuf*** ein Rinderschmorbraten

estourbir <8> [ɛstuʀbiʀ] *vt fam* ■ **qn/qc estourbit qn/un animal** (*assommer*) jd/etw betäubt jdn/ein Tier; (*tuer*) jd murkst jdn/ein Tier ab *fam;* ***je suis encore tout estourbi*** ich bin noch ganz benommen

estrade [ɛstʀad] *f* Podium *nt;* [*université*] Katheder *nt;* [*orchestre*] Bühne *f*

estragon [ɛstʀagɔ̃] *m* Estragon *m*

estropié, e [ɛstʀɔpje] I. *adj* verkrüppelt
II. *m, f* Krüppel *m*

estropier <1 a> [ɛstʀɔpje] I. *vt* ■ **qn/qc estropie qn** jd/etw macht jdn zum Krüppel; ■ **qn estropie qc** *langue, nom* jd verstümmelt etw
II. *vpr* ■ **qn s'estropie** jd wird zum Krüppel; ***elle s'est estropiée en tombant du cheval/de l'échelle*** ihr Sturz vom Pferd/von der Leiter hat sie zum Krüppel gemacht, sie ist durch einen Sturz vom Pferd/von der Leiter zum Krüppel geworden

estuaire [ɛstɥɛʀ] *m* Mündung *f*

estudiantin, e [ɛstydjɑ̃tɛ̃, in] *adj* studentisch; *vie* Studenten-

esturgeon [ɛstyʀʒɔ̃] *m* Stör *m*

et [e] *conj* 1. (*relie des termes, des propositions*) und; ***plus il en a ~ plus il en veut*** je mehr er hat, desto mehr will er; ***il y a bordeaux ~ bordeaux*** Bordeaux[rot] ist nicht gleich Bordeaux[rot]
2. (*plus*) und, plus; ***deux ~ deux font quatre*** zwei und [*o* plus] zwei ist vier; ***vingt ~ un*** einundzwanzig
3. (*dans des indications d'heures*) nach; ***deux heures ~ quart*** Viertel nach zwei; ***à quatre heures ~ demie*** um halb fünf
4. (*aussi bien … que*) ■ ~ … ~ … sowohl … als auch …; ***elle a déçu ~ son mari ~ son amant*** sie hat sowohl ihren Mann als auch ihren Freund enttäuscht
5. (*et qui plus est*) und zwar; ***il parle cinq ou six langues, ~ couramment*** er spricht fünf oder sechs Sprachen und zwar fließend
6. (*en début de phrase*): ~ ***voilà, j'ai fini*** so, ich bin fertig; so, ich hab's geschafft; ~ ***voilà que le vase tombe …*** *fam* und bums, da fiel die Vase um … *fam;* ~ ***le public d'applaudir*** *soutenu* daraufhin applaudierte das Publikum; ~ ***ta cravate!*** [***tu as oublié ta cravate!***] und deine Krawatte! [du hast deine Krawatte vergessen!]; ***minuit, ~ Luc qui n'est pas rentré!*** *fam* Mitternacht, und Luc ist immer noch nicht zu Hause!; ~ ***moi qui croyais que*** + *indic* und ich habe immer geglaubt, dass

étable [etabl] *f* Stall *m*

établi [etabli] *m* [*menuisier*] Hobelbank *f;* [*serrurier, forgeron*] Werkbank *f;* [*horloger*] Werktisch *m;* [*orfèvre*] Werkbrett *nt*

établi, e [etabli] *adj ordre* allgemein gültig; *réputation* allgemein anerkannt; *vérité, fait* allgemein bekannt; ***c'est un usage bien ~*** dies ist allgemein üblich

établir <8> [etabliʀ] **I.** *vt* **1.** (*installer dans un lieu*) ■ **qn établit qc quelque part** *usine* jd gründet etw irgendwo, jd errichtet etw irgendwo; *centre de vacances* jd richtet etw irgendwo ein; *quartier général, domicile* jd schlägt etw irgendwo auf; *ligne téléphonique* jd legt etw irgendwo; ***qn établit son domicile quelque part*** jd lässt sich irgendwo häuslich nieder
2. (*instituer*) ■ **qn établit qc** *coutume, impôt* jd führt etw ein; *liaison aérienne, téléphonique* jd richtet etw ein; *relations* jd nimmt etw auf
3. (*mettre en place*) ■ **qn établit qc** *domination, barrage* jd errichtet etw; *pouvoir* jd begründet etw
4. (*dans un emploi, une fonction, un état*) ■ **qn établit qn** *enfant* jd bringt jdn unter; *soutenu* (*marier*) *fille* jd verheiratet jdn; ***ma fille n'est pas encore établie*** meine Tochter ist noch unverheiratet; ***tous mes enfants sont établis*** all meine Kinder sind versorgt; ***qn établit qn tuteur*** jd bestellt jdn zum Vormund; ***qn établit qn à la tête d'une succursale*** jd stellt jdn an die Spitze einer Filiale
5. (*fonder*) ■ **qn établit qc [sur qc]** jd gründet etw [auf etw (*akk*)]; *démonstration* jd stützt etw [auf etw (*akk*)]; ***pour un commerçant, une bonne réputation n'est jamais établie définitivement*** der gute Ruf eines Kaufmanns ist nie endgültig gesichert
6. (*fixer*) ■ **qn établit qc** jd stellt etw auf; *liste a.* jd stellt etw zusammen; *emploi du temps a., plan d'une maison* jd arbeitet etw aus; *prix* jd setzt [*o* legt] etw fest
7. (*rédiger*) ■ **qn établit qc** *facture, chèque, certificat, passeport* jd stellt etw aus; *constat* jd nimmt etw auf
8. (*faire*) ■ **qn établit qc** *comparaison* jd macht etw, jd stellt etw an; *rapport, relation* jd stellt etw her
9. (*déterminer*) ■ **qn établit qc** *circonstances* jd ermittelt etw; *identité* jd stellt etw fest
10. (*prouver*) ■ **qn établit qc** *participation à qc, culpabilité* jd weist etw nach; *innocence* jd beweist etw; ■ **qn établit que** + *indic* jd beweist, dass; jd weist nach, dass; ■ **qc établit que** + *indic* / *autopsie, rapport*/ aus etw ergibt sich, dass; ***l'autopsie a établi que*** die Autopsie hat ergeben, dass; ■ **il est établi que** + *indic* es steht fest, dass; es ist sicher, dass; es ist bewiesen, dass
11. SPORT ■ **qn établit qc** *record* jd stellt etw auf
II. *vpr* **1.** (*s'installer*) ■ **qn s'établit quelque part** jd lässt sich irgendwo nieder; / *colonisateur*/ jd wird irgendwo sesshaft, jd siedelt sich irgendwo an; / *ennemi*/ jd setzt sich irgendwo fest
2. (*professionnellement*) ■ **qn s'établit** jd lässt sich nieder; ***qn s'établit à son compte*** jd macht sich selbständig; ***qn s'établit boulanger*** jd macht eine eigene Bäckerei auf
3. (*s'instaurer*) ■ **qc s'établit** / *usage*/ etw bürgert sich ein; / *relations*/ etw entwickelt sich; / *régime*/ etw etabliert sich; ***le silence s'établit*** es wird still; ***le silence s'établit de nouveau*** Ruhe kehrt wieder ein
4. (*se rendre indépendant*) ■ **qn s'établit** jd etabliert sich; ***tous ses enfants se sont établis*** all seine/ihre Kinder sind versorgt [*o* haben sich etabliert]
5. (*se fixer*) ■ **qn s'établit qc** *programme, planning* jd macht sich (*dat*) etw

établissement[1] [etablismɑ̃] *m* **1.** (*fait d'installer*) [*usine, camp*] Errichtung *f;* [*usine*] Gründung *f;* [*centrale nucléaire*] Bau *m;* [*ligne de chemin de fer*] Einrichtung *f*
2. (*fait de s'installer*) Niederlassung *f;* [*colonisateur*] Ansied[e]lung *f,* Sesshaftwerden *nt*
3. (*institution*) [*impôt*] Einführung *f;* [*relations*] Aufnahme *f;* [*liaison aérienne*] Einrichtung *f*
4. (*mise en place*) [*régime politique, barrages de police*] Errichtung *f;* [*pouvoir*] Begründung *f*
5. (*dans une fonction*) Bestellung *f*
6. (*élaboration*) Aufstellung *f;* [*liste a.*] Zusammenstellung *f;* [*emploi du temps, plan a., plan d'une maison*] Ausarbeitung *f;* [*prix*] Festsetzung *f*
7. (*rédaction*) [*devis, certificat, passeport*] Ausstellung *f;* [*constat*] Aufnahme *f*
8. (*constatation*) [*fait*] Feststellung *f,* Ermittlung *f;* ***l'~ des faits reprochés à l'accusé incombe à la partie adverse*** die dem Angeklagten zur Last gelegten Fakten müssen von der gegnerischen Partei nachgewiesen [*o* bewiesen] werden
9. SPORT [*record*] Aufstellung *f*

établissement[2] [etablismɑ̃] *m* (*institution*) Einrichtung *f,* Anstalt *f;* (*scolaire*) [Lehr]anstalt, Schule *f;* (*hôtel*) Haus *nt;* (*hospitalier*) Krankenanstalt, Krankenhaus *nt;* (*pénitentiaire*) Straf[vollzugs]anstalt; [*banque, société*] Niederlassung *f;* **un ~ *spécialisé*** (*hôpital*) eine Spezialklinik; (*école*) eine Spezialschule
▶ ~ **hospitalier** Krankenanstalt *f,* Krankenhaus *nt;* ~ **scolaire** [Lehr]anstalt *f,* Schule *f;* ~ **thermal** Kurhaus *nt;* **les ~s** + *nom de famille* die Firma + *Name;* ***aux ~s Dupond*** bei Dupond, bei der Firma Dupond
◆ **établissement de crédit** Kreditanstalt *f;* **établissement d'enseignement** Lehranstalt *f,* Ausbildungsstätte *f;* **établissement d'enseignement secondaire** Schule *f* der Mittel- und Oberstufe; **établissement d'enseignement supérieur** Hochschule *f*

étage [etaʒ] *m* **1.** [*maison*] Stock[werk *nt*] *m,* Etage *f;* [*tour*] Plattform *f*
2. [*fusée*] Stufe *f*
▶ **de bas ~** *gens, plaisanterie* niedrigen Niveaus, primitiv; ***individu de bas ~*** niveauloser Mensch; **à l'~** oben, in der ersten Etage, eine Treppe höher; **immeuble à [*o* de] trois/quatre/… ~s** drei-/vier-/…stöckiges [*o* …geschossiges] Haus, Haus *nt* mit drei/vier/… Stockwerken [*o* Etagen]; **au premier/dernier/… ~** im ersten/obersten/… Stock[werk]; ***à l'~ du dessus/dessous*** einen Stock höher/tiefer, eine Treppe höher/tiefer

étager <2 a> [etaʒe] **I.** *vt* ■ **qn étage qc** *objets* jd türmt [*o* baut] etw auf; ***la coiffeuse étagea artistiquement les cheveux de la mariée*** die Friseuse steckte die Haare der Braut kunstvoll hoch; ■ **qc est étagé(e) quelque part** / *objets*/ etw ist irgendwo aufgetürmt [*o* aufgebaut]; / *vignes, jardins*/ etw ist irgendwo in Terrassen [*o* terrassenförmig] angelegt; / *maisons*/ etw ist irgendwo in Stufen [*o* stufenförmig] gebaut
II. *vpr* ■ **qc s'étage quelque part** / *objets*/ etw ist irgendwo aufgetürmt [*o* aufgebaut]; / *vignes, jardins*/ etw ist irgendwo in Terrassen [*o* terrassenförmig] angelegt; / *maisons*/ etw ist irgendwo in Stufen [*o* stufenförmig] gebaut

étagère [etaʒɛʀ] *f* **1.** (*tablette*) [Regal]brett *nt;* ~ ***à épices*** Gewürzregal *nt*
2. (*meuble*) Regal *nt*

étai [etɛ] *m* Stützbalken *m*

étaiement [etɛmɑ̃] *m v.* **étayage**

étain [etɛ̃] *m* Zinn *nt*

étais [etɛ] *imparf de* **être**

étal <s> [etal] *m* [*marché*] [Markt]stand *m;* [*boucherie*] Hackbank *f*

étalage [etalaʒ] *m* **1.** COM (*action*) Ausstellen *nt,* Auslegen *nt*
2. (*devanture*) [Schaufenster]auslage *f,* Schaufenster *nt;* (*tréteaux*) Stand *m*
3. (*déploiement*) Zurschaustellung *f*
▶ **qn fait ~ de qc** jd protzt mit etw; *de connaissances a.* jd prahlt mit etw; *de richesses a.* jd stellt etw zur Schau; *de sentiments* jd zeigt etw überdeutlich

étalagiste [etalaʒist] *mf* [Schaufenster]dekorateur(in) *m(f)*

étalement [etalmɑ̃] *m* **1.** (*échelonnement*) [*opération, paiement*] Aufteilung *f;* [*horaires*] Verteilung *f,* Entzerrung *f*
2. (*action d'étaler*) [*papiers*] Ausbreitung *f*
◆ **étalement des vacances** Entzerrung *f* des Ferienbeginns, zeitliche Staffelung der Ferienzeit

étaler <1> [etale] **I.** *vt* **1.** (*déployer*) ■ **qn étale qc [quelque part]** *carte, journal* jd faltet etw [irgendwo] auseinander; *tapis* jd rollt etw [irgendwo] auseinander; (*éparpiller*) *objets* jd breitet etw [irgendwo] aus
2. (*exposer pour la vente*) ■ **qn étale qc [quelque part]** jd stellt etw [irgendwo] aus, jd legt etw [irgendwo] aus
3. (*étendre*) ■ **qn étale qc [sur qc]** *beurre* jd streicht [*o* schmiert] etw auf etw (*akk*); *peinture, pommade* jd trägt etw [auf etw (*akk*)] auf; *gravier* jd verteilt etw [auf etw (*akk*)]
4. (*dans le temps*) ■ **qn étale qc** jd verteilt [*o* entzerrt] etw; ***les départs en vacances étaient bien étalés*** der Ferienbeginn war gut verteilt; ***qc est étalé(e) dans le temps*** etw ist auf einen Zeitraum verteilt, etw erstreckt sich über einen Zeitraum; ***l'application de la réforme sera étalée sur plusieurs années*** die Umsetzung der Reform wird sich über mehrere Jahre erstrecken [*o* hinziehen]; ***une augmentation de loyer étalée dans le temps*** gestaffelte Mieterhöhung
5. (*exhiber*) ■ **qn étale qc** jd protzt mit etw; *luxe a.* jd stellt etw zur Schau; *connaissances a., liaison* jd prahlt mit etw
II. *vpr* **1.** (*s'étendre*) ■ **qc s'étale [sur qc]** / *beurre*/ etw wird auf etw (*akk*) gestrichen [*o* geschmiert]; / *peinture, pommade*/ etw wird auf etw (*akk*) aufgetragen; / *gravier*/ etw wird auf etw (*akk*) verteilt
2. (*dans l'espace*) ■ **qc s'étale quelque part** / *plaine, ville*/ etw breitet [*o* dehnt] sich aus; ***j'en ai assez de toute cette publicité qui s'étale dans ce journal*** ich habe genug von all dieser Werbung, die sich in dieser Zeitung breit macht
3. (*s'afficher*) ■ **qc s'étale quelque part** / *inscription, nom*/ etw prangt irgendwo; (*s'exhiber*) / *luxe*/ etw wird irgendwo zur Schau gestellt; ***le prédicateur fulminait contre la violence qui s'étale à la télévision*** der Prediger schimpfte gegen die Darstellung von Gewalt im Fernsehen
4. (*se vautrer*) ■ **qn s'étale quelque part** jd macht es sich (*dat*) irgendwo bequem
5. *fam* (*tomber*) ■ **qn s'étale** jd fällt auf die Nase *fam,* jd fliegt hin *fam*
6. (*dans le temps*): ***qc s'étale dans le temps*** etw erstreckt sich über einen Zeitraum, etw verteilt sich auf einen Zeitraum; ***le traitement s'étale sur 5 mois*** die Behandlung erstreckt sich über 5 Monate; ***les départs en vacances s'étalent sur 3 semaines*** die Ferienbeginne sind über 3 Wochen verteilt

étalon[1] [etalɔ̃] *m* (*cheval*) Zuchthengst *m*

étalon[2] [etalɔ̃] *m* (*mesure*) Eichmaß *nt,* Richtmaß *nt,* Standard *m;* ■ **l'~ de qc** das einer S. (*dat*) zugrunde liegende Maß
▶ ~ **monétaire** Währungsstandard *m*

étalonnage [etalɔnaʒ] *m,* **étalonnement** [etalɔnmɑ̃] *m* Eichen *nt*

étalonner <1> [etalɔne] *vt* ■ **qn étalonne qc** jd eicht etw

étalon-or [etalɔ̃ɔʀ] *m* ∅ Goldstandard *m*

étamage [etamaʒ] *m* [*métal*] Verzinnen *nt;* [*glace*] Belegung *f*

étamer <1> [etame] *vt* ■ **qn étame qc** *métal* jd verzinnt etw; *glace* jd belegt etw

étamine [etamin] *f* **1.** BOT Staubblatt *nt,* Staubbeutel *m,* Staubgefäß *nt*
2. (*tissu*) E[s]tamin *m o nt,* Etamine *f*

étanche [etɑ̃ʃ] *adj* wasserdicht; *toit* [wasser]dicht

étanchéité [etɑ̃ʃeite] *f:* ***qn vérifie l'~ de qc*** jd überprüft, ob etw wasserdicht ist; ***qc assure l'~ de qc*** etw garantiert, dass etw wasserdicht ist; ***qc améliore l'~ de qc*** etw dichtet etw besser gegen Wasser ab; ***l'~ de cette montre de plongée est garantie jusqu'à quelle profondeur?*** bis auf welche Tiefe ist diese Taucheruhr garantiert wasserdicht?

étancher <1> [etɑ̃ʃe] *vt* **1.** (*éponger*) ■ **qn étanche qc** *liquide* jd wischt etw auf
2. (*arrêter*) ■ **qn étanche qc** *sang* jd stillt etw

étang [etɑ̃] *m* Teich *m*

étant [etɑ̃] *ppr és de* **être**

étape [etap] *f* **1.** (*trajet*) Etappe *f*, Reiseabschnitt *m*; (*lieu d'arrêt*) Rastplatz *m*
2. SPORT (*trajet*) Etappe *f*; (*lieu d'arrêt*) Etappenziel *nt*; ~ ***de montagne*** Bergetappe
3. (*période*) (*dans la vie*) Abschnitt *m*; (*dans une évolution*) Phase *f*, Etappe *f*; (*dans la résolution d'un problème*) Schritt *m*; ~ ***de la vie*** Lebensabschnitt; ***d'~ en ~*** Schritt für Schritt, nach und nach
▸ **qn brûle** [*o* **grille**] **les ~s** jd überspringt einige Stufen [*o* Etappen]; ***allez-y doucement! Il ne faut pas brûler les ~s!*** sachte, sachte! Man soll nichts überstürzen!; **qn fait ~ quelque part** jd macht irgendwo Pause; /*voyageurs a.*/ jd macht irgendwo Station, jd macht irgendwo Halt; ***le Tour de France fait ~ à Nancy*** Nancy ist ein Etappenziel der Tour de France; **qn fait un trajet en une seule ~/en plusieurs ~s** jd legt keine Pausen ein/jd legt Pausen ein; (*en voiture*) jd fährt durch/jd hält unterwegs [mehrmals] an; **qn fait qc par ~s** jd macht etw Schritt für Schritt [*o* in Etappen]
état [eta] *m* **1.** (*manière d'être*) [*personne, chose*] Zustand *m*; [*connaissances, recherches*] Stand *m*; ~ ***mental/physique*** geistige/körperliche Verfassung; ~ ***général*** MED Allgemeinzustand; ***qn n'est pas dans son ~ normal*** jd ist nicht er selbst; ***l'~ de nos finances*** unsere finanzielle Lage; ■ **~ de** -zustand; ~ ***de délabrement*** Baufälligkeit *f*; *mental, physique* Erschöpfungszustand; ***il veut se rendre compte de l'~ d'avancement des travaux*** er will sich darüber informieren, wie weit die Arbeiten vorangekommen [*o* vorangeschritten] sind
2. PHYS, CHIM [Aggregat]zustand *m*; ~ ***solide/liquide/gazeux*** fester/flüssiger/gasförmiger Zustand
3. (*métier*) ■ **[qn est] qc de son ~** [jd ist] etw von Beruf
4. HIST Stand *m*
5. (*liste*) [*recettes, dépenses*] Verzeichnis *nt*, Aufstellung *f*, Auflistung *f*
6. POL ■ **É~** Staat *m*; ***les É~s du Golfe*** die Golfstaaten; ***les É~s membres de l'UE*** die EU-Mitgliedstaaten
▸ **en tout ~ de cause** (*dans tous les cas*) unbedingt, unter allen Umständen; (*quoi qu'il en soit*) auf jeden Fall, auf alle Fälle; **dans l'~ actuel des choses** beim gegenwärtigen Stand der Dinge; **en ~ d'ivresse** *être* betrunken; *conduire* in betrunkenem Zustand; *conduite* unter Alkoholeinfluss; **qn est en ~ de manque** jd hat Entzugserscheinungen; **qc est en ~ de marche** /*voiture, bicyclette*/ etw fährt; /*appareil, machine*/ etw geht; **l'É~ patron** der Staat als Arbeitgeber; **qn est dans un bel ~** jd ist in einem [schönen] Zustand!; ***eh bien, tu es dans un bel ~ ...*** du siehst mir ja schön aus ... *fam*; **[qc est] en bon/mauvais ~** [etw ist] in gutem/schlechten Zustand, [etw ist] gut/nicht gut erhalten; **~ civil** [Personal]daten *pl*, persönliche Daten *pl*; (*service*) Standesamt *nt*, ≈ Einwohnermeldeamt *nt*; ***la police a procédé à la vérification de l'~ civil du suspect*** die Polizei hat die Personalien des Verdächtigen überprüft; **~s généraux** HIST Generalstände *pl*; **qn est dans un ~ second** jd ist nicht ganz da *fam*, jd ist nicht ganz bei sich *fam*; **tiers ~** dritter Stand; **l'É~, c'est moi** l'état, c'est moi; der Staat bin ich; **qn est dans tous ses ~s** jd ist in heller Aufregung, jd ist ganz aufgeregt, jd ist ganz aus dem Häuschen *fam*; **qn fait ~ de qc** *d'un document* jd beruft sich auf etw (*akk*), jd nimmt Bezug auf etw (*akk*); ***les derniers chiffres de l'INSEE font ~ de ...*** die letzten Zahlen des INSEE verweisen auf ...; **qn met qn hors d'~ de nuire** jd macht jdn unschädlich; **ne te mets donc pas dans cet** [*o* **dans un**] **~** [*o* **dans un ~ pareil**]! reg dich doch nicht so auf!; **qn remet qc en ~** jd bringt etw wieder in Ordnung; *voiture* jd repariert etw; *maison* jd renoviert etw; **à l'~ +** *adj*: ***à l'~ brut*** *pétrole* im Rohzustand, nicht raffiniert, unverarbeitet; ***à l'~ pur*** *substance, métal, haine* rein; ***à l'~ latent*** *maladie* latent vorhanden; **un groupe est un É~ dans l'É~** eine Gruppe bildet einen Staat im Staat; **[qn/qc est] dans un ~ +** *adj* [jd/etw ist] in einem + *adj* Zustand; **[qn/qc est] dans un ~ de +** *subst*: ***qn est dans un ~ de profonde prostration*** jd ist in einem Zustand tiefster Niedergeschlagenheit; ***qc est dans un ~ de saleté inimaginable*** etw ist unglaublich [*o* unvorstellbar] dreckig; **dans l'/cet/quel/un tel ~** in dem/diesem/welchem/so [*o* solch] einem Zustand; **[qc est] en ~** /*stylo*/ [etw ist] in Ordnung; /*machine, appareil a.*/ [etw ist] betriebsbereit; /*machine à écrire*/ [etw ist] funktionstüchtig; /*appartement, maison*/ [etw ist] bezugsfertig; **[qn/qc est] en ~ de faire qc** [jd/etw ist] in der Lage [*o* imstande] etw zu tun; **en l'~** (*une chose*) so, wie er/sie/es ist; (*plusieurs choses*) so, wie sie sind; ***je vends la maison en l'~*** ich verkaufe das Haus so, wie es ist; ***les choses ne vont pas rester en l'~*** die Dinge werden nicht so bleiben, wie sie sind; **[qn/qc est] hors d'~ de faire qc** [jd/etw ist] nicht in der Lage [*o* nicht imstande] [*o* außerstande] etw zu tun
◆ **état d'alerte** Alarmzustand *m*, Alarmbereitschaft *f*; **état d'âme** **1.** *pl* (*vie affective*) Seelenleben *nt*, Innenleben *nt* **2.** *pl* (*fait de se poser des questions*) Gewissen *nt* **3.** (*sentiment éprouvé*) seelische Verfassung, Gemütszustand *m* ▸ **qn a des ~s d'âme** (*se pose des questions*) jd hat Gefühle [*o* Empfindungen]; (*est amoureux*) jd hat Liebeskummer; **état d'arrestation**: ***qn est/qn met qn en ~ d'arrestation*** jd ist verhaftet/jd verhaftet jdn, jd ist festgenommen/jd nimmt jdn fest; **état de choc** Schock[zustand *m*] *m* ▸ **qn est en ~ de choc** MED jd steht unter Schock, jd befindet sich in einem Schockzustand; (*est sous le coup de l'émotion*) jd ist schockiert, jd ist bestürzt; **état de choses** Sachlage *f*, Lage *f* der Dinge; **état de droit** Rechtsstaat *m*; **état de fait** Tatbestand *m*; **état de grâce** **1.** REL Stand *m* der Gnade **2.** POL Vorschusslorbeeren *pl*; **état de santé** Gesundheitszustand *m*; **état de siège** Belagerungszustand *m*; **état des lieux** (*action*) Übernahme *f* [einer Wohnung]; (*document*) Übernahmeprotokoll *nt*; **état d'esprit** Einstellung *f*, Denkweise *f*; **état des routes** Straßenzustand *m*; **état d'urgence** Notstand *m*; **État membre** Mitgliedsstaat *m*; **État tampon** Pufferstaat *m*
étatisation [etatizasjɔ̃] *f* Verstaatlichung *f*
étatiser <1> [etatize] *vt* ■ **qn étatise qc** jd verstaatlicht etw
état-major <~s-~s> [etamaʒɔʀ] *m* **1.** MIL (*personnes*) Generalstab *m*; (*bureaux*) Stabsquartier *nt*, Kommandozentrale *f* **2.** POL [*ministre*] [Mitarbeiter]stab *m*, engste Mitarbeiter *pl*; [*parti*] Führungsspitze *f*; ECON [*entreprise*] [Führungs]stab *m*, Führung *f* **État-providence** [etapʀɔvidɑ̃s] *m* ∅ Wohlfahrtsstaat *m* **États-Unis** [etazyni] *mpl* ■ **les États-Unis [d'Amérique]** die Vereinigten Staaten [von Amerika]
étau <x> [eto] *m* Schraubstock *m*
▸ **[qn est] pris(e) [comme] dans un ~** [jd ist] eingeklemmt [*o* eingezwängt] [wie in einem Schraubstock]; **l'~ se resserre [autour de qn]** das Netz [um jdn] wird immer dichter
étayage [etɛjaʒ] *m* [*façade, plafond*] Abstützung *f*
étayer <7> [eteje] *vt* **1.** (*soutenir*) ■ **qn étaie** [*o* **étaye**] **qc** jd stützt etw [ab]
2. (*fonder*) ■ **qn/qc étaie** [*o* **étaye**] **une chose** eine S. wird durch jdn/etw gestützt; ■ **qn/qc étaie** [*o* **étaye**] **qc [sur qc]** *argument, raisonnement* jd stützt etw auf etw (*akk*); ***votre devoir est une suite d'affirmations que rien n'étaie*** Ihre Arbeit besteht aus einer Reihe von Behauptungen, die durch nichts gestützt werden
etc [ɛtseteʀa] *loc abr de* **et cætera, et cetera** etc.
été¹ [ete] *m* Sommer *m*; ***cet ~/en ~*** diesen [*o* in diesem] Sommer/im Sommer; ***nous étions en ~, c'était l'~*** es war Sommer; ***l'~, ...*** im Sommer ...; ***l'~ dernier/prochain*** [im] letzten/nächsten Sommer; ***il fait un temps d'~*** es ist [ein richtiges] Sommerwetter
▸ **~ comme hiver** sommers wie winters, im Sommer wie im Winter; **~ indien** Altweibersommer *m*, Spätsommer *m*
◆ **été de la Saint-Martin** Altweibersommer *m*, Spätsommer *m*
été² [ete] *pp de* **être**
éteignoir [etɛɲwaʀ] *m* **1.** (*dans une église*) Löschhütchen *nt*; (*en général*) Kerzenlöscher *m*
2. *fam* (*rabat-joie*) Griesgram/griesgrämige Frau *m/f fam*
éteindre <*irr*> [etɛ̃dʀ] **I.** *vt* **1.** (*arrêter, fermer*) ■ **qn éteint qc** jd macht etw aus; *lampe, lumière a.* jd schaltet etw aus; *chauffage a.* jd stellt etw ab, jd dreht etw ab; *four a.* jd stellt etw ab, jd schaltet etw ab; *radio a.* jd stellt etw ab; *télé a.* jd schaltet etw aus; *cigarette a.* jd drückt etw aus; (*avec le pied*) jd tritt etw aus; *bougie* jd bläst etw aus; *feu, incendie* jd löscht etw
2. (*éteindre la lumière de*) ■ **qn éteint qc**: ***qn éteint la pièce/l'escalier/la terrasse*** jd macht im Zimmer/auf der Treppe/auf der Terrasse das Licht aus
3. *littér* ■ **qc éteint qc** *souvenir* etw lässt etw verblassen; *amour* etw lässt etw erkalten, etw tötet etw; *haine* etw lässt etw vergessen; ■ **qn/qc éteint qc** *espoir* jd/etw zerstört etw; *soif* jd/etw löscht etw, jd/etw stillt etw; ***la tristesse éteignit son regard*** Trauer löschte das Feuer in seinen Augen
4. JUR ■ **qn/qc éteint qc** *dette* jd/etw tilgt etw, jd/etw löscht etw
II. *vi* ■ **qn éteint quelque part** jd macht irgendwo das Licht aus
III. *vpr* **1.** (*cesser de brûler*) ■ **qc s'éteint** etw geht aus
2. *littér* (*perdre de sa vigueur*) ■ **qc s'éteint** /*souvenir*/ etw verblasst; /*passion, haine*/ etw erlischt; /*amour*/ etw erkaltet; /*colère*/ etw verraucht; /*soupçon*/ etw zerstreut sich; /*famille, espèce*/ etw stirbt aus; /*personne*/ jd entschläft *geh*; ***elle s'est doucement éteinte*** sie ist sanft entschlafen *geh*
éteint, e [etɛ̃, ɛ̃t] **I.** *pp de* **éteindre**
II. *adj* **1.** *bougie, cigarette* aus[gegangen]; *volcan* inaktiv; ■ **qc est éteint(e)** etw ist aus[gemacht]; /*chauffage, feux de voiture, lampe a.*/ etw ist aus[geschaltet]; /*chauffage a.*/ etw ist abgeschaltet; /*incendie*/ etw ist gelöscht; ***c'est éteint chez les voisins*** bei den Nachbarn ist es dunkel
2. (*terne*) *couleur* verblasst, verblichen; *voix* belegt; *regard* matt, glanzlos, trübe; *personne* gebrochen
3. *espèce, famille* ausgestorben
étendage [etɑ̃daʒ] *m* Wäscheständer *m*
étendard [etɑ̃daʀ] *m* MIL Standarte *f*, Fahne *f*
▸ **qn brandit** [*o* **lève**] **l'~ de la révolte** *soutenu* jd gibt das Signal zum Aufstand
étendoir [etɑ̃dwaʀ] *m* (*séchoir*) Wäschestange *f*; (*sur pied*) Wäscheständer *m*
étendre <14> [etɑ̃dʀ] **I.** *vt* **1.** (*coucher*) ■ **qn étend qn** jd legt jdn hin; ■ **qn étend qn sur qc** jd legt jdn auf etw (*akk*); ***le psychanalyste l'a fait ~ sur le divan*** der Psychiater ließ ihn sich auf die Couch legen
2. (*déplier*) ■ **qn étend qc [sur qc]** *carte, nappe* jd breitet etw [auf etw (*dat*)] aus; ■ **qn étend qc sur qn** *couverture* jd breitet etw über jdm aus
3. (*dérouler*) ■ **qn étend qc** *tapis* jd rollt etw aus[einander]
4. (*étaler*) ■ **qn étend qc [sur qc]** jd streicht etw auf etw (*akk*); *pâte* jd rollt etw [auf etw (*dat*)] aus; ***ce beurre n'est pas facile à ~*** die Butter lässt sich schwer streichen [*o* schmieren *fam*]; ■ **qn étend qc sur qc** *vernis, peinture, pommade* jd trägt etw [auf etw (*akk*)] auf
5. (*répandre*) ■ **qn étend qc sur qc** *paille, gravier* jd streut etw auf etw (*akk*)
6. (*faire sécher*) ■ **qn étend qc** jd hängt etw auf
7. (*déployer*) ■ **qn étend qc** *bras, jambes* jd streckt etw aus; ***l'oiseau étend ses ailes*** der Vogel breitet die Flügel aus
8. *fam* (*faire tomber*) ■ **qn étend qn** jd streckt jdn zu Boden [*o* nieder]; ***qu'il s'amène, ce gringalet et je [te] l'étends en moins de temps qu'il [n']en faut pour le dire!*** der Wicht soll nur kommen, den habe ich in null Komma nichts erledigt [*o* k. o. geschlagen] *fam*
9. *fam* (*coller à un examen*) ■ **qn étend qn** jd lässt jdn durchfallen [*o* durchrasseln *fam*]; ***qn a été étendu(e) à l'oral*** jd ist im Mündlichen durchgefallen [*o* durchgerasselt *fam*]; ■ **qn se fait ~** jd fällt durch, jd rasselt [*o* segelt] durch *fam*
10. *fam* (*se faire battre*) ■ **qn se fait étendre** jd steckt eine Schlappe ein *fam*
11. (*diluer*) ■ **qn étend qc [de qc]** *vin, peinture* jd verdünnt etw [mit etw]; *sauce a.* jd streckt etw [mit etw]

12. (*agrandir*) ■ **qn étend qc** jd erweitert etw; *cercle de relations, domaine, pouvoir, influence a.* jd vergrößert etw; *connaissances a.* jd vertieft etw; *fortune* jd vermehrt etw
13. (*appliquer*) ■ **qn étend qc à qn/qc** *recherches, mesures, protection, réforme, vente* jd dehnt etw auf jdn/etw aus
II. *vpr* 1. (*s'allonger*) ■ **qn s'étend sur qc** jd streckt sich [auf etw (*dat*)] aus; ■ **qn s'étend** (*se reposer*) jd legt sich hin
2. (*s'appesantir*) ■ **qn s'étend sur qc** jd lässt sich über etw (*akk*) aus; ***je ne m'étendrai pas davantage sur ce sujet*** ich möchte mich hierzu nicht eingehender [*o* näher] äußern
3. (*occuper un certain espace*) ■ **qc s'étend quelque part** etw breitet sich irgendwohin aus, etw erstreckt sich irgendwohin
4. (*aller jusqu'à*) ■ **qc s'étend de ... à .../[de ...] jusqu'à ...** etw erstreckt sich [*o* reicht] [von ...] bis ..., etw zieht sich hin [von ...] bis ...; ***mes connaissances ne s'étendent pas jusque-là*** meine Kenntnisse reichen nicht so weit
5. (*couvrir dans l'espace ou le temps*) ■ **qc s'étend sur qc** etw erstreckt sich über etw (*akk*), etw zieht sich über etw (*akk*) hin
6. (*s'appliquer*) ■ **qc s'étend à qn/qc** etw gilt für jdn/etw, etw betrifft jdn/etw
7. (*augmenter*) ■ **qc s'étend [sur qc]** etw breitet [*o* weitet] [*o* dehnt] sich [über etw (*akk*)] aus; */maladie, incendie a./* etw greift um sich; */connaissances, pouvoir, cercle, tache a./* etw wird größer, etw erweitert sich; */ville, pouvoir, cercle a./* etw wächst; */ombre/* etw wird länger; */obscurité/* etw bricht herein; ■ **qc s'étend [jusqu']à qc** */incendie, feu/* etw breitet [*o* weitet] [*o* dehnt] sich bis zu etw aus

étendu, e [etɑ̃dy] I. *pp de* **étendre**
II. *adj* 1. *personne, jambes* ausgestreckt; *ailes* ausgebreitet
2. (*dilué avec*) ■ ~ **de qc** *d'eau, de liquide* verdünnt mit etw; *sauce a.* gestreckt mit etw
3. (*vaste*) ausgedehnt; *forêts a., plaine, vue* weit; *ville* groß
4. (*considérable*) *connaissances* umfangreich; *pouvoir a.* weit reichend; *signification a.* umfassend; *vocabulaire* reich; ***pour avoir une vue plus ~e, il faut ...*** für einen allgemeineren Überblick muss man ...
III. *f* ■ **étendue** 1. (*dimension*) [*pays, désert, territoire, forêt*] Ausdehnung *f*, Größe *f*
2. (*espace*) Weite *f*; ***de vastes ~s de ce pays sont à peine habitées*** weite Flächen [*o* Gebiete] dieses Landes sind kaum bewohnt; ■ **une ... ~ de qc**: ***de vastes ~s de prés*** weite Weideflächen; ***de vastes ~s de forêts*** große Waldgebiete; ***une immense ~ d'eau*** eine riesige Wasserfläche
3. (*ampleur*) [*catastrophe*] Ausmaß *nt*; [*dégâts a.*] Umfang *m*; ***l'~ des connaissances de qn*** jds umfangreiche [*o* umfassende] Kenntnisse; ***sa conversation révèle l'~ de sa culture*** seine Art sich zu unterhalten zeigt, wie gebildet er ist; ***qn accroît l'~ de ses pouvoirs*** jd dehnt seinen Machtbereich weiter aus
4. MUS [*voix*] Umfang *m*
▸ **sur toute l'~ du territoire** (*en parlant de la France*) in ganz Frankreich

éternel, le [etɛʀnɛl] I. *adj* 1. PHILOS, REL ewig
2. (*qui dure longtemps*) ewig; *regrets* tief; *jeunesse, printemps* ewig; *recommencement* ständig; ***si tu me prêtes ce stylo, tu auras droit à ma reconnaissance ~le*** *hum* wenn du mir deinen Kuli leihst, werde ich dir ewig [*o* dafür immer] dankbar sein *fam*
3. *antéposé* (*inévitable*) unvermeidlich, obligat
4. *antéposé péj* (*sempiternel*) ewig, ständig, dauernd
II. *m* ∅ REL ■ **l'É~** der Ewige, der ewige Gott
▸ **grand chasseur/voyageur/buveur devant l'É~** *hum* großer Jäger/Weltenbummler/Trinker vor dem Herrn

éternellement [etɛʀnɛlmɑ̃] *adv* 1. REL, PHILOS ewig
2. (*depuis toujours*) schon immer; (*très longtemps*) ewig; (*sans arrêt*) immer; *péj* ewig, ständig, dauernd

éterniser <1> [etɛʀnize] I. *vt* 1. (*faire traîner*) ■ **qn éternise qc** jd zieht etw hin [*o* in die Länge]
2. *littér* (*immortaliser*) ■ **qn/qc éternise qc** jd/etw verewigt etw
II. *vpr* 1. (*traîner*) ■ **qc s'éternise** etw zieht sich hin [*o* in die Länge]; ***ce débat qui s'éternise commence à m'agacer sérieusement*** diese ewig [*o* endlos] dauernde Debatte fängt an, mich wirklich zu nerven *fam*
2. *fam* (*s'attarder*) ■ **qn s'éternise [quelque part]** jd bleibt ewig [irgendwo] *fam*; */visiteur/* jd geht überhaupt nicht wieder; ***on ne va pas s'~ devant cette vitrine!*** wir bleiben doch nicht ewig vor diesem Schaufenster stehen! *fam*; ■ **qn s'éternise sur qc** jd lässt sich endlos über etw (*akk*) aus

éternité [etɛʀnite] *f* 1. REL, PHILOS Ewigkeit *f*
2. (*temps très long*) Ewigkeit *f*
▸ **il y a une ~ [*o* des ~s] que** + *indic fam* es ist [schon] eine Ewigkeit [*o* Ewigkeiten] [*o* ewig] her, dass *fam*; **qc dure une ~** *fam* etw dauert eine Ewigkeit [*o* ewig] *fam*; **cela fait une ~ que** + *indic fam* es ist [schon] eine Ewigkeit [*o* Ewigkeiten] [*o* ewig] her, dass *fam*; **de toute ~** seit ewigen Zeiten, seit jeher

éternuement [etɛʀnymɑ̃] *m gén pl* Niesen *nt kein pl*

éternuer <1> [etɛʀnɥe] *vi* ■ **qn/un animal éternue** jd/ein Tier niest; ■ **qc fait ~ qn/un animal** etw bringt jdn/ein Tier zum Niesen

êtes [ɛt] *indic prés de* **être**

étêter <1> [etete] *vt* ■ **qn étête qc** *arbre* jd kappt etw, jd stutzt etw; *clou* jd trennt [*o* zwickt] einer S. (*dat*) den Kopf ab; ■ **qn étête un poisson** jd schneidet einem Fisch den Kopf ab

éther [etɛʀ] *m* Äther *m*

éthéré, e [eteʀe] *adj littér* ätherisch

Éthiopie [etjɔpi] *f* ■ **l'Éthiopie** Äthiopien *nt*

éthiopien, ne [etjɔpjɛ̃, jɛn] I. *adj* äthiopisch
II. *m, f* ■ **Éthiopien(ne)** Äthiopier(in) *m(f)*

éthique [etik] I. *adj* ethisch
II. *f* Ethik *f*

ethnie [ɛtni] *f* Volksstamm *m*

ethnique [ɛtnik] *adj* ethnisch

ethnologie [ɛtnɔlɔʒi] *f* Völkerkunde *f*, Ethnologie *f*

ethnologue [ɛtnɔlɔg] *mf* Ethnologe/-login *m/f*

éthologie [etɔlɔʒi] *f* Verhaltensforschung *f*

éthylique [etilik] I. *adj* 1. MED Alkohol-; ***tremblement ~*** Alkoholtremor *m*
2. CHIM: ***alcool ~*** Äthylalkohol *m*
II. *mf* Alkoholiker(in) *m(f)*

éthylisme [etilism] *m* Alkoholismus *m*

éthylomètre [etilɔmɛtʀ] *m*, **éthylotest** [etilɔtɛst] *m* Alkoholtestgerät *nt*

étiage [etjaʒ] *m* Niedrigwasser *nt*

étincelant, e [etɛ̃s(ə)lɑ̃, ɑ̃t] *adj* 1. (*scintillant*) *robe* glitzernd; *pierres a.* funkelnd
2. (*éclatant*) *couleurs* leuchtend
3. (*brillant*) *regard* strahlend; *yeux* (*de joie*) strahlend, leuchtend, glänzend; (*de haine*) funkelnd, blitzend
4. (*vif et spirituel*) *discours* mitreißend, spritzig; *style* brillant, glänzend; ***elle avait une conversation ~e*** sie war eine brillante Unterhalterin

étinceler <3> [etɛ̃s(ə)le] *vi* 1. (*à la lumière*) ■ **qc étincelle** */sable, mer/* etw glitzert; */or, diamant a./* etw funkelt; */couteau, lame/* etw blitzt; */étoile/* etw blinkt; ■ **qc étincelle** (*après avoir été frotté*) */métal, vaisselle, vitre/* etw blinkt
2. (*lancer comme des étincelles*) ■ **qc étincelle [de qc]** */yeux/ de joie* etw strahlt [*o* leuchtet] [*o* glänzt] [vor etw (*dat*)]; *de haine, d'intelligence* etw blitzt [vor etw (*dat*)]; ***son regard étincelle de joie/malice*** seine/ihre Augen strahlen [*o* leuchten] [*o* glänzen] vor Freude/ihm/ihr schaut der Schalk aus den Augen
3. *soutenu* (*briller par*) ■ **qc étincelle de qc** *d'esprit, de poésie* etw sprüht vor etw (*dat*)

étincelle [etɛ̃sɛl] *f* 1. (*parcelle incandescente*) Funke[n] *m*; ***gerbe d'~s*** Funkenregen *m*; ***elle a fait jaillir des ~s en frottant les deux pierres l'une contre l'autre*** sie schlug Funken aus dem Stein
2. (*un petit peu de*) ■ **une ~ de qc** *de génie* ein Funke von etw; *de courage* eine Portion von etw; *d'intelligence* eine Spur von etw
▸ **c'est l'~ qui a mis le feu aux poudres** das war der Funke im Pulverfass; **une ~ s'allume [*o* des ~s s'allument] dans les yeux [*o* le regard] de qn** jds Augen beginnen zu strahlen [*o* leuchten]; **qn fait une ~/des ~s avec qc/en faisant qc** jd schlägt Funken mit [*o* aus] etw/, indem er etw tut; **qc/cela fait une ~/des ~s** etw/das gibt [einen] Funken/etw sprüht Funken; ***le choc des deux lames l'une contre l'autre faisait des ~s*** beim Aufprall der beiden Klingen gab [*o* sprühte] es Funken; **cela fait des ~s** *fam* es funkt [*o* knallt] *fam*; **qn fait/ne fait pas des ~s** *fam* (*obtient de brillants résultats*) jd glänzt/glänzt nicht gerade *fam*; **qc jette [*o* lance] des ~s**: ***ses yeux lançaient [*o* jetaient] des ~s*** seine/ihre Augen blitzten vor Wut

étiolé, e [etjɔle] *adj* kümmerlich; *plantes* [durch Lichtmangel] verkümmert, vergeilt; *personne* klein und schwächlich

étiolement [etjɔlmɑ̃] *m* 1. [*plante*] Verkümmern *nt* [durch Lichtmangel], Vergeilen *nt*, Vergeilung *f*
2. (*affaiblissement*) [*personne*] Saft- und Kraftlosigkeit *f*
3. (*appauvrissement*) [*esprit*] Verkümmern *nt*

étioler <1> [etjɔle] I. *vt* ■ **qc étiole qc** *plantes* etw lässt etw verkümmern [*o* vergeilen]; ■ **qc étiole qn** etw schwächt jdn
II. *vpr* 1. ■ **qc s'étiole** */plante/* etw verkümmert [durch Lichtmangel], etw vergeilt
2. (*s'affaiblir*) ■ **qn s'étiole** jd wird immer kraftloser [*o* schwächer]
3. (*se rouiller*) ■ **qc s'étiole** */esprit/* etw verkümmert

étiquetage [etiktaʒ] *m* 1. (*action*) Etikettierung *f*, Etikettieren *nt*, Beschriftung *f*
2. COM (*pour informer*) Aufschrift *f*

étiqueter <3> [etikte] *vt* 1. (*mettre une étiquette*) ■ **qn étiquette qc** jd versieht etw mit einem Etikett, jd etikettiert etw; *colis* jd adressiert etw
2. (*classer*) ■ **qn étiquette qn [comme qc]** jd stempelt jdn [als etw] ab, jd etikettiert jdn [als etw]

étiquette [etikɛt] *f* 1. (*marque*) Etikett *nt*; (*sur un paquet*) Aufschrift *f*; (*adhésif*) Aufkleber *m*; (*de prix*) Preisschild *nt*
2. POL: ***il est candidat sous la même ~ que son père*** er kandidiert für die gleiche Partei wie sein Vater; ***on lui a collé l'~ de gauchiste*** man hat ihn als Linken abgestempelt; ***cet homme politique se présente sans ~*** dieser Politiker stellt sich als Parteiloser zur Wahl; ***je ne veux pas qu'on m'applique d'~*** ich möchte nicht in die Parteienlandschaft [*o* das Parteisystem] eingeordnet werden
3. (*protocole*) ■ **l'~** die Etikette
4. INFORM (*label*) Label *nt*
◆ **étiquette de réseau** INFORM Netiquette [nɛtˈkɛt] *f*

étirage [etiʀaʒ] *m* [*fils de fer*] Ziehen *nt*; [*tôles*] Strecken *nt*, Recken *nt*, Ausschmieden *nt*

étirer <1> [etiʀe] I. *vt* 1. (*distendre*) ■ **qn étire qc** *peaux* jd streckt etw; *tôles a.* jd reckt etw, jd schmiedet etw aus; *verre, fils de fer* jd zieht etw
2. (*allonger*) ■ **qn/un animal étire qc** *membres* jd/ein Tier streckt etw [aus]
II. *vpr* 1. ■ **qn/un animal s'étire** jd/ein Tier streckt sich; */personne a./* jd reckt sich
2. ■ **qc s'étire** etw dehnt sich; */textile a./* etw zieht sich; */peloton/* etw zieht sich auseinander

étoffe [etɔf] *f* Stoff *m*; ■ ~ **de** -stoff; ~ ***de coton*** Baumwollstoff; ~ ***de lin***

Leinenstoff
▶ **qn a l'~ de qn/qc** jd hat das Zeug zu jdm/etw; **qn a de l'~** jd hat Format; **qn manque d'~** jd hat kein Format
étoffé, e [etɔfe] *adj* **1.** LITTER *style* reich, üppig; *personnage* herausgearbeitet, farbig; *devoir* gehaltvoll, gehaltreich
2. MUS *son, voix* klangvoll
étoffer <1> [etɔfe] **I.** *vt* LITTER ■ **qn étoffe qc** *récit* jd baut etw aus, jd schmückt etw aus; *personnage* jd arbeitet etw heraus, jd gibt einer S. (*dat*) Farbe; *devoir* jd baut etw weiter aus, jd gestaltet etw inhaltlich reicher
II. *vpr* ■ **qn s'étoffe** (*devenir plus fort*) (*sportif*) jd wird kräftiger; (*adolescent*) jd bekommt Fleisch auf die Rippen *fam;* (*devenir plus gros*) jd nimmt zu
étoile [etwal] *f* **1.** ASTRON Stern *m*
2. (*objet, figure*) Stern *m;* ***gerbe d'~s*** Sternenregen *m;* ***de petites ~s en papier*** Papiersterne *pl,* Papiersternchen *pl*
3. (*distinction*) [*hôtel, restaurant, camping, général*] Stern *m;* ***restaurant deux/ trois/ quatre et cinq ~s*** Restaurant *nt* mit zwei/drei/vier und fünf Sternen
▶ **~ à cinq/six branches** Stern mit fünf/sechs Zacken, fünfzackiger/sechszackiger Stern; **qn couche** [*o* **dort**] [*o* **loge**] **à la belle ~** jd schläft im Freien, jd schläft unter freiem Himmel; **qn est né(e) sous une bonne/mauvaise ~** jd ist unter einem guten/keinem guten [*o* glücklichen/keinem glücklichen] Stern geboren; **~ filante** Sternschnuppe *f;* **~ fixe** Fixstern *m;* **~ montante** CINE, POL aufsteigender Stern; **~ polaire** Polarstern *m;* **qn croit** [*o* **a foi**] [*o* **est confiant(e)**] **en son ~** jd glaubt an seinen Stern; **l'~ de qn pâlit** jds Stern sinkt, jds Stern ist im Sinken; **en ~** sternförmig
◆ **étoile de mer** Seestern *m;* **étoile du berger** Abendstern *m;* **étoile du cinéma** Star *m;* ***les ~s du cinéma hollywoodien*** die Hollywoodstars
étoilé, e [etwale] *adj* **1.** *vitre* [sternförmig] gesprungen
2. *littér ciel* stern[en]übersät, Sternen-; *nuit* stern[en]klar; ***voûte ~e*** Sternenzelt *nt liter*
étole [etɔl] *f* Stola *f;* **~ *de vison*** Nerzstola
étonnamment [etɔnamɑ̃] *adv* erstaunlicherweise; *antéposé bien, petit* erstaunlich
étonnant, e [etɔnɑ̃, ɑ̃t] **I.** *adj* **1.** (*surprenant*) erstaunlich, verwunderlich; ***ah bon, personne ne répond*** [***au téléphone***]? ***C'est ~, …*** ach was, keiner geht ran? Das ist aber merkwürdig [*o* komisch *fam*], …; ■ **il est ~ que** + *subj* es ist erstaunlich [*o* verwunderlich], dass; ■ **il serait ~ que** + *subj* es wäre erstaunlich [*o* verwunderlich], wenn
2. (*remarquable*) *ouvrage, mémoire, spectacle* erstaunlich gut; *personne, maturité* erstaunlich
▶ **ce n'est pas ~** das ist kein Wunder; [**il n'y a**] **rien d'~ à cela/à ce que** + *subj* das ist nicht [weiter] verwunderlich/es ist nicht verwunderlich, dass
II. *m* ■ **l'~ est que** + *subj* das Erstaunliche [*o* Verwunderliche] ist, dass
étonné, e [etɔne] *adj* erstaunt; *personne a.* verwundert; ***qn est ~*** jd wundert sich, jd ist erstaunt; ***qn fait l'~*** jd tut erstaunt [*o* verwundert]; ***qu'as-tu à me regarder de cet air ~?*** was guckst du mich so erstaunt an?
étonnement [etɔnmɑ̃] *m* Verwunderung *f,* Erstaunen *nt;* ***à mon grand ~*** zu meiner großen Verwunderung, zu meinem großen Erstaunen
▶ **qc remplit qn d'~** etw versetzt jdn in [Er]staunen [*o* Verwunderung]
étonner <1> [etɔne] **I.** *vt* ■ **qn/qc étonne qn** jd/etw erstaunt jdn; */chose a./* etw [ver]wundert jdn
▶ **ça m'étonne/ne m'étonne pas** das erstaunt mich/mich nicht, das [ver]wundert mich/mich nicht; **ça m'étonne/ne m'étonne pas que** + *subj* es erstaunt mich/mich nicht, dass; es [ver]wundert mich/mich nicht, dass; **ça m'étonnerait/ne m'étonnerait pas** [**que** + *subj*] es würde mich wundern/mich nicht wundern[, wenn], es würde mich erstaunen/mich nicht erstaunen[, wenn]
II. *vpr* ■ **qn s'étonne** [**de qc/de faire qc**] jd wundert sich [über etw (*akk*)/darüber, dass er etw tut], jd ist erstaunt [über etw (*akk*)/darüber, dass er etw tut]; ■ **qn s'étonne que** [*o* **de ce que**] + *subj* jd wundert sich darüber, dass; jd ist erstaunt darüber, dass
étouffant, e [etufɑ̃,ɑ̃t] *adj* **1.** (*suffocant*) *chaleur* drückend, brütend; *air* stickig, schwül; ***la chaleur est devenue ~e ici*** es ist zum Ersticken heiß hier
2. (*pesant*) *atmosphère* bedrückend; ***un milieu ~*** ein Milieu, das man als bedrückend empfindet
étouffé, e [etufe] *adj personne* erstickt; *bruit, son* gedämpft; *rires* unterdrückt, erstickt
étouffée [etufe] *f* ▶ **qn cuit qc à l'~** jd dünstet etw; *viande a.* jd schmort etw; **à l'~** *légumes* gedünstet; *viande a.* geschmort; ***daube à l'~*** Schmorbraten *m*
étouffement [etufmɑ̃] *m* **1.** ∅ (*mort*) Ersticken *nt*
2. (*gêne*): ***qc provoque des ~s*** etw ruft Erstickungsanfälle [*o* Atemnot] hervor, etw verursacht Erstickungsanfälle; ***qn est pris(e) d'~s*** jd hat einen Erstickungsanfall; ***crise d'~*** Erstickungsanfall *m;* ***cette sensation d'~*** das Gefühl zu ersticken, das Gefühl keine Luft mehr zu bekommen
3. ∅ (*répression*) [*scandale*] Vertuschung *f;* [*révolte*] Ersticken *nt,* Unterdrückung *f*
▶ **qn/un animal meurt d'~/est mort(e) par ~** jd/ein Tier erstickt/ist erstickt
étouffer <1> [etufe] **I.** *vt* **1.** (*priver d'air*) ■ **qn étouffe qn/un animal** jd erstickt jdn/ein Tier; ■ **qc étouffe qn** */fureur/* etw schnürt jdm die Kehle zu; */ambiance/* etw gibt jdm das Gefühl ersticken zu müssen; ***un bonbon a failli ~ la gamine*** das Mädchen wäre beinahe an einem Bonbon erstickt; ***cette chaleur m'étouffe*** ich ersticke in dieser Hitze, diese Hitze bringt mich um *fam*
2. (*empêcher de croître*) ■ **qc étouffe qc** */plante/* etw erdrückt etw
3. (*arrêter*) ■ **qn étouffe qc** *feu* jd erstickt etw, jd löscht etw
4. (*atténuer*) ■ **qn/qc étouffe qc** *bruit* jd/etw dämpft etw, jd/etw schwächt etw ab
5. (*mal cacher*) ■ **qn étouffe qc** *bâillement, soupir* jd unterdrückt etw; *sanglot* jd erstickt etw
6. (*dissimuler*) ■ **qn étouffe qc** *sentiment* jd unterdrückt etw; *scandale, affaire* jd vertuscht etw, jd schweigt etw tot
7. (*faire taire*) ■ **qn étouffe qc** *rumeur* jd schafft etw aus der Welt
8. (*réprimer*) ■ **qn étouffe qc** *révolte* jd schlägt etw nieder; ***il fallait ~ le complot dans l'œuf*** man musste das Komplott im Keime ersticken
▶ **ça t'/l'étoufferait de faire qc** *fam de dire bonjour/merci/pardon* es würde dir/ihm/ihr ein Zacken aus der Krone brechen, wenn du etw tun würdest/er/sie etw tun würde *fam;* **ce n'est pas qc qui étouffe qn** *fam* jd zeichnet sich nicht gerade durch etw aus; ***c'est pas les scrupules qui l'étouffent!*** der/die wird nicht gerade von Gewissensbissen geplagt!; ***c'est pas le sens de la famille qui l'étouffe!*** man kann ihn/sie nicht gerade als Familienmenschen bezeichnen!
II. *vi* **1.** (*mourir*) ■ **qn/un animal étouffe** jd/ein Tier erstickt
2. (*suffoquer*) ■ **qn étouffe** jd bekommt keine Luft mehr; ***on étouffe ici!*** hier erstickt man ja!, es ist zum Ersticken hier!
III. *vpr* **1.** (*mourir*) ■ **qn/un animal s'étouffe** jd/ein Tier erstickt
2. (*se presser*) ■ **des personnes s'étouffent** Menschen stehen dicht gedrängt beieinander
3. (*s'étrangler*) ■ **qn s'étouffe de qc** *de rire* jd kann sich nicht mehr halten vor etw (*dat*); *de rage* jd platzt beinahe [*o* fast] vor etw (*dat*)
étoupe [etup] *f* Werg *nt,* Hede *f*
étourderie [eturdəri] *f* **1.** ∅ (*caractère*) Zerstreutheit *f,* Schussligkeit *f fam*
2. (*acte*) Dummheit *f*
étourdi, e [eturdi] **I.** *adj* zerstreut, schusslig *fam*
II. *m, f* zerstreuter Mensch, Schussel *m fam*
étourdir <8> [eturdir] **I.** *vt* **1.** (*assommer*) ■ **qn étourdit qn/un animal** jd betäubt jdn/ein Tier; ***ce choc à la tête l'a étourdi*** er war von dem Schlag an den Kopf ganz [*o* richtig] benommen [*o* betäubt]
2. (*abrutir*) ■ **qc étourdit qn** */bruit/* etw macht jdn halb [*o* fast] taub; */mouvement/* etw macht jdn ganz schwind[e]lig; */paroles/* etw macht jdn ganz benommen
3. (*enivrer*) ■ **qc étourdit qn** */parfum/* etw betäubt jdn regelrecht, etw benebelt jdn; */vin/* etw steigt jdm zu Kopf
II. *vpr* ■ **qn s'étourdit** jd betäubt sich
étourdissant, e [eturdisɑ̃, ɑ̃t] *adj bruit* [ohren]betäubend; *succès* überwältigend; *personne* umwerfend; ***à un rythme ~*** in einem atemberaubenden Tempo; ***elle était ~e dans sa robe*** sie sah in dem Kleid hinreißend [schön] aus
étourdissement [eturdismɑ̃] *m* Schwindelgefühl *nt,* Schwindelanfall *m;* ***qc cause des ~s à qn*** jdm wird von etw schwind[e]lig; ***qn est pris(e) d'un ~, qn a un ~*** jdm wird [es] schwind[e]lig
étourneau <x> [eturno] *m* **1.** ZOOL Star *m*
2. (*étourdi*) zerstreuter Mensch
étrange [etrɑ̃ʒ] *adj* seltsam, merkwürdig, komisch; ***aussi ~ que cela puisse paraître …*** so seltsam [*o* komisch] es auch [er]scheinen mag …; ***elle m'a regardé d'un air ~*** sie hat mich so seltsam [*o* merkwürdig] [*o* komisch] angesehen
étrangement [etrɑ̃ʒmɑ̃] *adv* **1.** (*bizarrement*) seltsam, merkwürdig, komisch; (*étonnamment*) seltsamerweise, merkwürdigerweise, komischerweise
2. (*beaucoup, très*) sehr
étranger, -ère [etrɑ̃ʒe, -ʒɛr] **I.** *adj* **1.** (*d'un autre pays*) ausländisch; *politique* Außen-; ***travailleur ~*** Gastarbeiter *m;* ***langue ~ère*** Fremdsprache *f*
2. (*d'un autre groupe*) ■ **~** [**à qn/qc**] [jdm/einer S.] fremd; ***il a été élu non seulement grâce à ses partisans mais aussi à un certain nombre de voix ~ères*** er ist nicht nur von seinen eigenen Parteianhängern gewählt worden, sondern auch von einigen Stimmen aus dem anderen Lager; ***qn est ~ à la famille/ à l'Académie française*** jd gehört nicht zur Familie/jd ist nicht Mitglied der Académie française
3. (*non familier*) fremd; *usage, gens, coutumes a., notion, sentiment* unbekannt; ■ [**qn/qc est/devient/reste/semble**] **~** [**à qn**] [jd/etw ist/wird/bleibt/scheint] [jdm] fremd; ***qn se sent ~ quelque part*** jd fühlt sich irgendwo fremd; ***nulle part cet enfant ne se sent ~*** dieses Kind fühlt sich überall zu Hause
4. (*extérieur*) ■ **qc est ~ à qc** *au sujet* etw gehört nicht zu etw, etw hat mit etw nichts zu tun; ■ **qn est ~ à qc** *à une affaire, un complot* jd hat mit etw nichts zu tun, jd ist in etw (*akk*) nicht verwickelt; *à une idée, à l'art* jd steht einer S. (*dat*) fremd gegenüber
II. *m, f* **1.** (*d'un autre pays*) Ausländer(in) *m(f)*
2. (*d'une autre région, d'un autre groupe*) Fremde(r) *f(m)*
III. *m* (*pays*) ■ **l'~** das Ausland; ***nouvelles de l'~*** Auslandsnachrichten *pl,* Nachrichten *pl* aus dem Ausland
▶ **à l'~** *voyage* ins Ausland; *séjour* Auslands-; ***qn voyage à l'~*** jd reist [*o* fährt] ins Ausland; ***qn va vivre à l'~*** jd geht ins Ausland
étrangeté [etrɑ̃ʒte] *f* **1.** ∅ (*originalité*) Seltsamkeit *f,* Merkwürdigkeit *f,* Eigenartigkeit *f*
2. (*bizarrerie*) ■ **des ~s** seltsame [*o* merkwürdige] [*o* eigenartige] Dinge
étranglé, e [etrɑ̃gle] *adj voix* erstickt; *son* gedämpft
étranglement [etrɑ̃gləmɑ̃] *m* **1.** (*strangulation*) Erwürgen *nt,* Erdrosseln *nt;* ***la victime est morte par ~*** das Opfer wurde erwürgt [*o* erdrosselt]
2. *soutenu* (*répression*) [*libertés*] starke Einschränkung
3. (*resserrement*) Einschnürung *f;* ■ **~ de qc** [*d'un tuyau, d'une vallée*] Verengung *f* einer S. (*gen*); [*d'une rue*] Engpass *m* in etw (*dat*)
4. [*voix*] Versagen *nt*
étrangler <1> [etrɑ̃gle] **I.** *vt* **1.** (*tuer*) ■ **qn étrangle qn** jd erwürgt jdn,

jd erdrosselt jdn; ■ **qn étrangle un animal** jd dreht einem Tier den Hals um; ***elle est morte étranglée par l'écharpe*** sie wurde mit einem Schal erwürgt
2. (*serrer le cou*) ■ **qc étrangle qn** */cravate, col/* etw schnürt jdm den Hals zu
3. (*empêcher qn de parler*) ■ **qc étrangle qn** */émotion, fureur/* etw schnürt jdm die Kehle zu
4. (*ruiner*) ■ **qn/qc étrangle qn** *débiteur, entreprise* jd/etw drückt [*o* dreht] jdm die Luft ab *fam*
5. *soutenu* (*entraver*) ■ **qn/qc étrangle qc** *libertés* jd/etw schränkt etw stark ein
II. *vpr* **1.** (*mourir*) ■ **qn s'étrangle** [**avec qc**] jd stranguliert [*o* erdrosselt] sich [mit etw]
2. (*en mangeant, en pleurant*) ■ **qn s'étrangle** [**avec qc**] jd verschluckt sich [an etw (*dat*)]
3. (*s'étouffer*) ■ **qn s'étrangle de qc** *de rire* jd bekommt vor etw (*dat*) fast keine Luft mehr; *d'indignation* jd bringt vor etw (*dat*) kein Wort mehr heraus
4. (*manquer*) ■ **qc s'étrangle** */voix/* etw versagt; ***sa voix s'étrangle*** ihm/ihr versagt die Stimme

étrangleur, -euse [etʀɑ̃glœʀ, -øz] *m, f* Würger(in) *m(f)*

étrave [etʀav] *f* Steven *m;* [*paquebot*] Atlantiksteven *m*

être <*irr*> [ɛtʀ] **I.** *vi* **1.** ■ **qn/qc est ...** jd/etw ist ...; ***Jacques est grand*** Jacques ist groß; ***sa femme est de race noire/de religion musulmane*** seine Frau ist eine Schwarze/Muslimin; ***elle est médecin*** sie ist Ärztin; ***le vol est un délit*** Diebstahl ist ein Vergehen; ***il n'est plus rien pour moi*** er bedeutet mir nichts mehr; ***vous êtes combien? – On est dix*** wie viele seid ihr? – Wir sind zehn
2. (*pour indiquer la date, la période*): ***nous sommes*** [*o* ***on est***] ***le 2 mai*** es ist der 2. Mai, wir haben den 2. Mai; ***nous sommes*** [*o* ***on est***] ***déjà en mai*** [*o* ***au mois de mai***] wir haben schon Mai; ***le combien sommes-nous?*** den Wievielten haben wir heute?, der Wievielte ist heute?; ***quel jour sommes-nous? mardi ou mercredi?*** was ist heute für ein [*o* was haben wir heute für einen] Tag? Dienstag oder Mittwoch?; ***je suis en période d'examen*** ich bin [mitten] im Examen
3. (*pour indiquer le lieu*) ■ **qn/qc est quelque part** jd/etw ist irgendwo; ***il est à Paris/en France*** er ist in Paris/in Frankreich; ***il n'est pas chez lui*** er ist nicht zu Hause; ***le stylo est là, sur le bureau*** der Kuli liegt da, auf dem Schreibtisch
4. (*appartenir*) ■ **qc est à qn** etw gehört jdm
5. (*pour indiquer l'activité en cours*) ■ **qn/qc est à qc** jd/etw ist bei etw (*dat*); *au travail a.* jd sitzt über etw (*dat*); ***il est à la préparation de son sermon*** er ist dabei, seine Predigt vorzubereiten; ***le livre était déjà à la reliure*** das Buch war schon zum Binden
6. (*être absorbé par, attentif à*) ■ **qn est** [**tout**] **à qc** *à son travail* jd widmet sich [ganz] einer S. (*dat*); *à ses pensées/réflexions* jd ist [ganz] in etw (*dat*) versunken; ***qn n'est pas à ce qu'il fait*** jd ist nicht [ganz] bei der Sache
7. (*pour exprimer une tendance*) ■ **qc est à qc**: ***qc est à la hausse/baisse*** etw steigt/sinkt; ***le temps est à l'orage/la pluie*** es sieht nach Gewitter/Regen aus; ***le temps est au beau fixe*** das Wetter ist gleich bleibend schön
8. (*pour exprimer l'obligation*): ***cet auteur/ce livre est à lire absolument*** diesen Schriftsteller/dieses Buch muss man unbedingt lesen; ***le travail est à faire pour lundi*** die Arbeit muss bis Montag erledigt werden
9. (*provenir*) ■ **qn/qc est de qn/qc** */enfant, œuvre/* jd ist von jdm; *d'une région, famille* jd stammt [*o* kommt] [*o* ist] aus etw
10. (*participer à, faire partie de*) ■ **qn est de qc**: ***qn est des nôtres/vôtres/leurs*** (*est de notre/votre/leur parti*) jd steht auf unserer/eurer/ihrer Seite; (*vient avec nous/vous/eux*) jd kommt mit uns/euch/ihnen; ***qn est de la famille*** jd gehört zur Familie; ***qn est du voyage*** jd fährt mit; ***qn est de la fête*** jd feiert mit
11. ■ **qn est en qc** *en costume, pantoufles* jd hat etw an
12. (*pour exprimer une étape d'une évolution*) ■ **qn/qc en est** + *compl de lieu:* ***alors, Michel, où en es-tu*** [***de tes maths***]? ***– J'en suis au troisième problème – quoi! Tu en es seulement là?*** nun, Michel, wie weit bist du [mit deiner Matheaufgabe]? – Ich bin bei der dritten Aufgabe – Was, da bist du erst?; ***j'en suis à la moitié du livre/travail*** ich bin in der Mitte des Buches/die Hälfte habe ich gemacht; ■ **qn en est à faire qc** jd ist gerade dabei, etw zu tun; (*étape extrême d'une évolution*) es ist so weit gekommen, dass jd etw tut; ***j'en suis à me demander si ...*** ich frage mich inzwischen, ob ...
13. (*perdre*) ■ **qn en est pour qc** *pour une certaine somme, son argent* jd kommt um etw; ***qn en a été pour ses frais*** [*o* ***sa peine***] jd hat sich umsonst bemüht
14. *au passé* (*aller*) ■ **qn a été faire qc quelque part** jd hat etw irgendwo gemacht; ***hier, on a été accompagner Pierre à l'aéroport*** gestern haben wir Pierre zum Flughafen begleitet
15. (*exister*) ■ **qc est** etw ist; ***cela ne doit pas ~ et cela ne sera pas*** das darf und wird nicht sein; ■ **le/la ... qui soit** der/die/das ..., den/die/das es gibt; ■ **les ... qui soient** die ..., die es gibt; ***cet individu est le pire coquin qui soit*** der Typ ist der größte Schurke, den es gibt; ***cette voiture est la plus économique qui soit*** dieses Auto ist das sparsamste, das es gibt
16. *surtout première et deuxième pers* (*avoir compris*) ■ **qn y est** jd ist im Bilde *fam*, jd hat's [erraten] *fam*
17. MATH ■ **soit** + *subst* gegeben [ist]
► **qn est toujours à faire qc** jd ist fortwährend [*o* andauernd] [*o* ständig] dabei, etw zu tun; ***tu es toujours à rouspéter!*** du bist ständig am Meckern!; **toujours est-il que** + *indic* (*c'est un fait établi*) sicher ist, dass; feststeht, dass; (*en tout cas*) auf jeden Fall; **qn est très/n'est pas très qc** *fam poisson, salade* jd steht [sehr] auf etw (*akk*)/nicht auf etw (*akk*) *fam;* **je suis à toi/vous** [**tout de suite**] ich stehe dir/Ihnen [sofort] zur Verfügung; **qn est contre/pour** jd ist dagegen/dafür; **qn est contre/pour qc** jd ist gegen/für etw; **comme si de rien n'était** als ob [*o* wenn] gar nichts gewesen [*o* geschehen] wäre; **qn est pour que** + *subj fam* jd ist dafür, dass; **qn est pour quelque chose/beaucoup/rien dans qc** jd hat etwas/viel/nichts mit etw zu tun; **je n'y suis pour personne** ich bin für niemanden zu sprechen; **qn n'y est pour rien** jd hat nichts damit zu tun [*o* schaffen]; **qn/qc est ce qu'il est** jd/etw ist [so] wie er/es ist; **on est comme on est** man ist [so] wie man ist, wir sind [so] wie wir sind; **c'est comme ça** *fam* das ist nun mal so, so ist das eben; **c'en est**: ***du bordeaux, ça? – Je suis sûr que c'en est*** ist das ein Bordeaux? – Ich bin sicher, dass es einer ist; ***des cèpes, ça? – Je suis sûr que c'en est*** sind das Steinpilze? – Ich bin sicher, dass es welche sind; **ce qu'il en est** [**de qc**] *de cette affaire* wie es [mit etw] steht, wie es [mit etw] aussieht; **qn en est** (*participe*) jd macht mit; **il n'en est rien** *soutenu* dem ist nicht so; **ça y est** so; (*je comprends*) ah ja; (*je te l'avais dit*) siehst du; (*pour calmer qn*) ja, ja; [ist] schon gut; (*alors*) was ist?, also?; ***ça y est, j'ai terminé*** [so, das wäre] geschafft, endlich fertig; ***ça y est, j'arrive, ...*** ja, ja, ich komme schon ...; ***ça y est, voilà que l'ordinateur recommence à déconner*** jetzt haben wir die Bescherung, der Computer spielt wieder verrückt; ***le gros, là, comment il s'appelle déjà? Ça y est, j'y suis: Vincent*** der Dicke da vorn, wie heißt der denn noch gleich? Ah ja, jetzt hab ich's: Vincent; ***ça y est déjà, ta lecture?*** wie, du bist mit dem Lesen schon fertig?; **ça y est?** (*alors*) was ist?, also?; **n'est-ce pas?** nicht wahr?, nicht?; **n'est-ce pas que** + *indic fam ...*, nicht wahr?; ***n'est-ce pas que j'ai raison, monsieur Duval?*** habe ich etwa nicht Recht, Herr Duval?; ***n'est-ce pas que ce marchand est trop cher?*** der Händler ist zu teuer, nicht wahr?; **qn n'est plus** *littér* jd ist nicht mehr *liter;* **c'est pourquoi** deswegen, darum, deshalb; **qu'est-ce que c'est** [*o* **que ça** *fam*]**?** was ist das?; ***on sonne? qu'est-ce que c'est? – C'est le facteur qui a une lettre recommandée*** es klingelt? wer ist das? – Der Briefträger mit einem Einschreiben; ***qu'est-ce que c'est que ça?*** was soll das denn?, was ist das denn?; **qu'est-ce qui** wer; **qui c'est?** *fam* (*à la porte*) wer ist da [*o* dort]?; ***qui c'est, ce gros là-bas?*** wer ist das, der Dicke dahinten?; **qui est-ce qui** wer; **c'est qui?** wer ist da [*o* dort]?; ***c'est qui, le gros là-bas?*** wer ist das, der Dicke dahinten?; ***c'était qui? –*** [***C'était***] ***Paul*** (*au téléphone*) wer war dran [*o* wer war's *fam*]? – [Das war] Paul; **c'est quoi?** was ist das?; **ce n'est rien** es ist nicht schlimm; **si j'étais toi/lui/...** wenn ich du/er/... wäre
II. *vi impers* **1.** ■ **il est** + *adj* es ist; ***il est impossible de continuer ainsi*** es ist unmöglich, so weiterzumachen; ***il n'est pas certain que*** + *subj* es ist nicht sicher, ob ...; ***il serait étonnant que*** + *subj* es wäre erstaunlich [*o* verwunderlich], wenn ...; ***il est trop tôt pour ...*** es ist zu früh, um ...
2. ■ **il est** + *indication de l'heure/du moment de la journée* es ist; ***il est dix heures/midi/minuit*** es ist zehn [Uhr]/zwölf Uhr mittags/nachts; ***il est encore un peu tôt/déjà un peu tard pour faire qc*** es ist noch ein bisschen zu früh/schon ein bisschen zu spät, um etw zu tun
3. *soutenu* (*il y a*) ■ **il est ...** es gibt ...; ***il est des gens qui ...*** es gibt Leute, die ...; ***est-il parmi vous quelqu'un qui ...*** ist unter Ihnen jemand, der ...; ■ **il n'est rien d'aussi/de plus ... que ...**: ***il n'est rien de plus beau que ...*** es gibt nichts Schöneres als ...; ***il n'est rien d'aussi difficile à réussir qu'une bonne sauce*** es gibt nichts Schwierigeres als eine gelungene Soße; ■ **... s'il en est**: ***c'est un bon ouvrier, s'il en est!*** das ist ein Arbeiter wie er im Buche steht! *fam;* ***connaisseur s'il en est*** ein wahrer Kenner
4. (*pour présenter qn/qc*) ■ **c'est** da ist; ■ **ce sont** das sind; ***qui est Dominique Dupont? – C'est moi/lui/elle*** wer ist Dominique Dupont? – [Das bin] ich/[das ist] er/sie; ***qui est responsable? – C'est nous/eux/elles*** wer ist verantwortlich? – [Das sind] wir/[das sind] sie; ■ **c'est** + *subst pl fam* das sind; ***là-bas, c'est les deux personnes dont je t'ai parlé hier*** da vorn, das sind die beiden, von denen ich dir gestern erzählt habe
5. (*pour mettre en relief*) ■ **c'est/ce sont ... qui/que/dont**: ***c'est une couleuvre que tu as vue, pas une vipère*** es war eine Natter, die du gesehen hast, und keine Viper; ***c'est eux qui ont fait le coup, pas nous!*** sie sind es, die das Ding gedreht haben, nicht wir!; ■ **c'est** + *subst pl fam:* ***c'est souvent les plus riches qui sont les plus avares*** oft sind es die Reichsten, die am geizigsten sind
6. *interrog* ■ **est-ce ...** *se traduit par une inversion;* ***est-ce un garçon ou une fille?*** ist es ein Junge oder ein Mädchen?; ***le grand garçon là-bas, qui est-ce?*** wer ist der große Kerl da vorne?; ***l'aîné, lequel est-ce des trois?*** welcher ist der Älteste von den dreien?; ■ **est-ce ... qui/que/dont** *se traduit par une inversion;* ***est-ce les Allemands ou les Italiens qui ont gagné le match?*** haben die Deutschen oder die Italiener das Spiel gewonnen?
7. (*pour former des questions*) ■ **est-ce que ...** *se traduit par une inversion;* ***est-ce que ce sont des cèpes?*** sind das Steinpilze?; ***est-ce que cet appareil marche bien?*** funktioniert der Apparat gut?; ***pourquoi est-ce qu'il a fait ça?*** warum hat er das getan?; ***où est-ce que le gamin a entendu ça?*** wo hat der Junge das gehört?
8. ■ **c'est ... que**: ***c'est à cet endroit que l'accident a eu lieu*** [genau] an dieser Stelle hat der Unfall stattgefunden; ***c'est pour cette raison qu'il n'est pas venu*** [genau] deshalb ist er nicht gekommen
9. (*pour fournir une explication*) ■ **si ..., c'est que** + *indic* wenn ... dann deshalb [*o* darum], weil; ***si je ne suis pas venu à la réunion hier soir, c'est que j'avais du travail*** ich bin nicht zu der Versammlung gestern Abend gekommen, weil ich zu arbeiten hatte; ■ **c'est que** *en début de phrase fam:* ***tu viens ce soir à la réunion? – C'est que j'ai du travail*** kommst du heute Abend auf die Versammlung? – Tut mir Leid, [aber] ich habe zu arbeiten; ■ **ce n'est pas que** + *subj fam* nicht [etwa], dass
10. ■ **c'est à qn** jd ist an der Reihe, jd ist dran; ■ **c'est à qn de** + *infin* es ist [*o* liegt] an jdm, etw zu tun; ***c'est à toi de jouer*** du bist dran; ***c'est à lui de s'excuser*** es ist an ihm, sich zu entschuldigen
11. ■ **c'est à qui** + *vb:* ***c'est à qui fera le plus de bêtise*** einer spinnt mehr als der andere; ***c'était à qui crierait le plus fort*** jeder wollte am lautesten

schreien
12. ■ **ne serait-ce que …** und wenn es nur … wäre; ***tu ne veux pas m'accompagner ne serait-ce que pour me faire plaisir?*** du willst mich nicht begleiten, und sei es nur, um mir eine Freude zu machen?
13. (*pour exprimer un très haut degré*) ■ **c'est à faire qc**: ***c'est à se demander si …*** da muss man sich schon fragen, ob …; ***c'était à mourir de rire*** das war zum Totlachen [*o* Schießen] *fam;* ***c'est à désespérer*** das ist zum Verzweifeln
III. *aux* 1. (*comme auxiliaire du passé actif*) ■ **qn/qc est** + *pp* jd/etw hat [*o* ist] + *pp;* ***elle est venue*** sie ist gekommen; ***ils se sont rencontrés*** sie haben sich getroffen
2. (*comme auxiliaire du passif*) ■ **qn/qc est** + *pp* jd/etw wird; ***qn est tué(e) dans un accident*** jd wird bei einem Autounfall getötet; ***la porte a été fracturée par les cambrioleurs*** die Tür ist von den Dieben beschädigt worden
IV. *m* 1. (*opp: chose*) [Lebe]wesen *nt*
2. (*opp: animal*) Mensch *m*
3. *précédé d'un adj poss* (*essence*): ***son ~ tout entier se révoltait contre cette mesure*** sein/ihr ganzes Wesen lehnte sich gegen diese Maßnahme auf; ***une injure atteint qn dans son ~ le plus profond*** eine Beleidigung trifft jdn in seinem Innersten [*o* tiefsten Inneren]
▶ ~ **animé** Lebewesen *nt;* ~ **cher** geliebter Mensch; ~ **humain** Mensch *m;* **de tout son** ~ *aimer qn* von ganzem Herzen; *haïr qn* aus tiefster Seele; ~ **vivant** Lebewesen *nt*

étreindre <*irr*> [etʀɛ̃dʀ] I. *vt* 1. (*enlacer*) ■ **qn étreint qn** *ami* jd umarmt jdn; *adversaire* jd umklammert jdn, jd packt jdn
2. (*serrer le cœur de*) ■ **qc étreint qn** /*douleur*/ etw überwältigt jdn
3. (*oppresser*) ■ **qc étreint qn** /*angoisse*/ etw packt jdn
4. (*serrer*) ■ **qc étreint qc à qn** *gorge* etw schnürt jdm etw zusammen; *cœur* etw bricht jdm etw
II. *vpr* ■ **des personnes s'étreignent** /*amis*/ Menschen umarmen sich [gegenseitig]; /*lutteurs*/ Menschen umklammern [*o* packen] sich [gegenseitig]

étreinte [etʀɛ̃t] *f* [*ami*] Umarmung *f;* [*adversaire, serpent*] Umklammerung *f;* [*bras, main*] Griff *m*
▶ **qn desserre son ~ autour de qn/qc** /*ennemi, armée, général*/ jd lockert jds Umzingelung/die Umzingelung einer S. (*gen*); **qc ne desserre pas son ~** /*angoisse*/ etw lässt jdn nicht los; **qn resserre son ~ autour de qn/qc** /*ennemi, armée, général*/ jd umzingelt jdn/etw noch stärker [*o* mehr]; **l'~ de qn se resserre** jd wird [noch] stärker [*o* mehr] eingekreist [*o* umzingelt]

étrenner <1> [etʀene] *vt* ■ **qn étrenne qc** jd weiht etw ein; *vêtement a.* jd trägt etw zum ersten Mal, jd zieht etw zum ersten Mal an; *appareil a.* jd benutzt etw zum ersten Mal

étrennes [etʀɛn] *fpl* 1. (*au facteur, à la concierge*) Trinkgeld *nt* zu Weihnachten
2. (*à un enfant*) Neujahrsgeschenk *nt;* ***qn reçoit qc pour ses ~*** jd bekommt etw zu Neujahr [geschenkt]

étrier [etʀije] *m* Steigbügel *m*

étrille [etʀij] *f* Striegel *m*

étriller <1> [etʀije] *vt* 1. (*brosser*) ■ **qn étrille un animal** *cheval* jd striegelt ein Tier
2. (*vaincre*) ■ **qn se fait ~ par qn** /*sportif*/ jd wird vernichtend von jdm geschlagen
3. *fam* (*estamper*) ■ **qn étrille qn** jd haut jdn übers Ohr *fam,* jd betuppt jdn *fam*

étriper <1> [etʀipe] I. *vt* 1. ■ **qn étripe un animal** jd nimmt ein Tier aus
2. *fam* (*battre*) ■ **qn étripe qn** jd verdrischt jdn *fam*
II. *vpr fam* ■ **des personnes s'étripent** (*s'entretuer*) Menschen schlachten sich [gegenseitig] ab; (*s'engueuler*) Menschen machen sich [gegenseitig] zur Schnecke [*o* Minna] *fam*

étriqué, e [etʀike] *adj* 1. *vêtement* zu eng
2. *mentalité* kleinkariert; ***un esprit ~*** ein engstirniger [*o* kleinkarierter] Mensch

étroit, e [etʀwa, wat] *adj* 1. (*opp: large*) schmal; *rue a., chaussures, vêtement, cercle, limite* eng
2. (*opp: lâche*) *lien, collaboration* eng
3. *péj* (*borné*) borniert, beschränkt; *personne, vues, conceptions a.* kleinkariert; ~ ***d'esprit*** engstirnig
4. LING *sens* eng
5. (*opp: relâché*) *surveillance* streng; (*du concierge*) scharf
▶ **qn est à l'~** [**dans qc**] *dans une voiture* jd sitzt eng [in etw (*dat*)]; *dans un logement* jd ist [in etw (*dat*)] räumlich beengt; *dans un vêtement* jdm ist etw zu eng; *dans un milieu* jdm ist es zu eng [in etw (*dat*)]; [**qn est logé(e)**] **à l'~** [jd wohnt] beengt, [jd wohnt [*o* lebt]] auf engem Raum

étroitement [etʀwatmɑ̃] *adv* 1. *serré* eng, fest; *être logé* beengt, auf engem Raum
2. *lié, uni* eng; *surveiller un enfant* streng; *surveiller un suspect* scharf streng
3. *péj* (*mesquinement*) peinlich genau

étroitesse [etʀwatɛs] *f* 1. ***du fait de l'~ du ruban, …*** weil das Band so schmal ist, …; ***l'~ du chemin est telle que*** + *indic* der Weg ist so schmal, dass; ***ils ont été surpris par l'~ du logement*** sie waren überrascht, wie klein die Wohnung war; ***l'~ de sa jupe la gênait*** ihr enger Rock behinderte sie; ***quand on connaît l'~ des liens qui les unissent*** wenn man weiß, wie eng sie verbunden sind
2. *péj* [*vues, pensées*] Borniertheit *f,* Beschränktheit *f,* Kleinkariertheit *f*
◆ **étroitesse d'esprit** Engstirnigkeit *f*

étude [etyd] I. *f* 1. (*apprentissage*) Lernen *nt,* Studieren *nt;* ***Bruno n'a jamais aimé les ~s*** Bruno hat nie gern gelernt; ■ **l'~ de qc** *d'une langue* das Erlernen einer S. (*gen*); *des mathématiques, sciences* das Studium [*o* Studieren] einer S. (*gen*); ***j'ai commencé l'~ de la flûte à 8 ans*** mit 8 Jahren habe ich angefangen, Flöte zu spielen
2. (*recherches*) [*nature*] Studium *nt,* Erforschung *f,* Beobachtung *f;* [*dossier*] Studium; [*projet*] Prüfung *f,* Untersuchung *f;* ■ ~ **de qc** *d'une question, d'un projet* Beschäftigung *f* mit etw
3. (*ouvrage*) Studie *f;* ***qn consacre une ~ à qc*** jd widmet einer S. (*dat*) eine Studie; ■ ~ **sur qc** Studie über etw (*akk*)
4. MUS Etüde *f*
5. ART Studie *f;* ~ ***de nus*** Aktstudie
6. [*notaire*] Kanzlei *f,* Büro *nt,* Praxis *f*
7. SCOL (*salle*) Arbeitszimmer *nt,* Arbeitssaal *m;* (*moment*) Hausaufgaben *pl*
▶ **qn envoie qn à ses ~s** jd verweist jdn in seine Schranken; **qc est à l'~** etw wird gerade geprüft [*o* untersucht]; **qn met qc à l'~** *projet, proposition* jd prüft etw eingehend; *dossier* jd studiert etw, jd arbeitet etw durch
II. *fpl* UNIV Studium *nt;* ■ **~s de** *de médecine, d'anglais* -studium; SCOL Schulbesuch *m*
▶ **~s primaires/secondaires/supérieures** Besuch *m* der Grundschule/Mittel- und Oberstufe/Studium *nt;* **qn fait des ~s** SCOL jd besucht eine Schule; UNIV jd studiert; **qn fait ses ~s** jd studiert
◆ **étude de marché** Marktstudie *f,* Marktanalyse *f;* **étude de motivation** Analyse *f* der Bedürfnisse

étudiant, e [etydjɑ̃, jɑ̃t] I. *adj* studentisch; *vie, mouvement, révolte* Studenten-
II. *m, f* Student(in) *m(f);* ■ **~(e) de qc** *de première/deuxième année* Student(in) in etw (*dat*); ~(*e*) ***de licence/maîtrise*** Student(in) im 5. oder 6. Semester/7. oder 8. Semester; ■ **~(e) en qc** Student(in) einer S. (*gen*), -student(in); ~(*e*) ***en sciences*** Student(in) der Naturwissenschaften; ~(*e*) ***en médecine*** Medizinstudent(in)
▶ **éternel** ~ ewiger Student

étudié, e [etydje] *adj* 1. (*soigné*) ■ **très** ~ *modèle de voiture* gut durchdacht; *jeu d'un acteur* gut einstudiert
2. (*avantageux*) ■ [**très**] ~ *conditions* günstig; *prix a.* gut kalkuliert; *propositions* annehmbar, akzeptabel
3. (*recherché*) ■ **très** ~ *vêtement, débraillé* raffiniert geschnitten
4. (*affecté*) ■ [**trop**] ~ *gestes, jeu, langage* gekünstelt, unnatürlich; *indifférence* gespielt

étudier <1 a> [etydje] I. *vt* 1. (*pour apprendre*) ■ **qn étudie qc** *langue* jd [er]lernt etw; *leçon* jd lernt etw; *cours* jd arbeitet etw nach; *rôle* jd studiert etw [ein]; *morceau* jd übt etw [ein]; (*à l'université*) jd studiert etw; ***il étudie l'histoire ancienne pour son plaisir*** aus reinem Vergnügen beschäftigt [*o* befasst] er sich mit Alter Geschichte; ***cet enfant étudie le piano/le violon*** dieses Kind lernt Klavierspielen/Geigespielen
2. (*faire des recherches*) ■ **qn étudie qc** jd studiert etw, jd untersucht etw; *nature, phénomène cosmique a.* jd beobachtet etw; *région* jd erforscht etw, jd erkundet etw
3. (*en vue d'une décision, d'une action*) ■ **qn étudie qc** jd studiert etw; *dossier a.* jd bearbeitet etw; *plan, proposition a.* jd prüft etw; *question* jd beschäftigt [*o* befasst] sich mit etw; ***ce projet de loi sera étudié pendant la prochaine session*** den Gesetzentwurf werden wir in der nächsten Sitzung besprechen
4. SCOL ■ **qn étudie qc/un auteur** jd beschäftigt sich mit etw/einem Autor; *texte, auteur a.* jd liest etw/einen Autor
5. (*concevoir*) ■ **qn étudie qc** jd denkt sich (*dat*) etw aus
II. *vi* ■ **qn étudie** jd studiert; ***il étudie à Paris*** er studiert in Paris
III. *vpr* 1. (*s'analyser*) ■ **qn s'étudie** jd beobachtet sich selbst
2. (*s'observer mutuellement*) ■ **deux personnes s'étudient** zwei Menschen beobachten sich [gegenseitig]

étui [etɥi] *m* ■ ~ [**à**] *à cigarettes, lunettes* Etui *nt,* -etui; *à pistolet* Halfter *nt,* -halfter; *à violon* Kasten *m,* -kasten

étuve [etyv] *f* 1. (*à désinfection*) Sterilisator *m*
2. (*fournaise*) Backofen *m fam;* ***quelle ~ ici*** es ist hier wie in einem Backofen, hier ist eine Hitze wie in einem Backofen

étymologie [etimɔlɔʒi] *f* Etymologie *f*

étymologique [etimɔlɔʒik] *adj* etymologisch

eu, e [y] *pp de* **avoir**

eucalyptus [økaliptys] *m* Eukalyptus *m*

eucharistie [økaʀisti] *f* ■ **l'~** die Eucharistie

euh [ø] *interj* 1. *en tête d'un énoncé* hm
2. *interrompant une énonciation* (*trou de mémoire*) äh; (*émotion, auto-correction*) ach

eunuque [ønyk] *m* Eunuch *m*

euphémisme [øfemism] *m* Euphemismus *m*

euphorie [øfɔʀi] *f* Euphorie *f*

euphorique [øfɔʀik] *adj* euphorisch

eurasien, ne [øʀazjɛ̃, jɛn] I. *adj* eurasisch
II. *m, f* ■ **Eurasien(ne)** Eurasier(in) *m(f)*

euristique [øʀistik] *f v.* **heuristique**

euro [øʀo] *m* Euro *m inv;* ***introduction de l'~*** Einführung *f* des Euro; ***passage à l'~*** Übergang *m* zum Euro; ***un pays participe au passage à l'~*** ein Land nimmt am Euro teil; ***qc est libellé(e) en ~s*** etw lautet auf Euro; ***qn relie une monnaie à l'~*** jd bindet eine Währung an den Euro

euro centime [øʀosɑ̃tim] *m* Cent *m*

eurochèque [øʀoʃɛk] *m* Eurocheque [-ʃɛk] *m*

eurocrate [øʀɔkʀat] *mf* Eurokrat(in) *m(f)*

euromissile [øʀomisil] *m* Mittelstreckenrakete *f*

Europe [øʀɔp] *f* ■ **l'Europe** Europa *nt;* ***il est nécessaire de faire l'~*** es ist notwendig, ein vereintes Europa zu schaffen
▶ **l'~ des Neuf/Douze/…** die 9/12/… Mitgliedsländer der EG/EU; **l'~ de l'Est** Osteuropa *nt;* **l'~ de l'Ouest** Westeuropa *nt;* **l'~ centrale** Mitteleuro-

pa *nt*

européanisation [øʀɔpeanizasjɔ̃] *f* Europäisierung *f*

européaniser <1> [øʀɔpeanize] I. *vt* ■ **qn européanise qn/qc** jd europäisiert jdn/etw
II. *vpr* ■ **qn/qc s'européanise** jd/etw wird europäisiert

européen, ne [øʀɔpeɛ̃, ɛn] I. *adj* 1. GEOG *continent* europäisch; ***les plus grands fleuves ~s*** die größten Flüsse Europas
2. POL, ECON europäisch; *parlement, élections a.* Europa-
II. *m, f* ■ **Européen(ne)** Europäer(in) *m(f)*

eus [y] *p simple de* **avoir**

euthanasie [øtanazi] *f* Euthanasie *f;* ***un médecin pratique l'~*** ein Arzt leistet Sterbehilfe

eux [ø] *pron* 1. *sujet* sie; ~, ***accepter ces conditions? Vous rêvez!*** sie und diese Bedingungen akzeptieren? Sie träumen wohl!; ~ ***et moi nous entendons très bien*** sie und ich, wir verstehen uns sehr gut; ***ce sont*** [*o* ***c'est***] ~ ***qui ont lancé cette rumeur*** sie sind es, die dieses Gerücht in die Welt gesetzt haben
2. *compl dir* sie *akk,* ihnen *dat,* ihrer *gen;* ***les aimer/aider,*** ~? ***Jamais!*** sie lieben/ihnen helfen? Nie im Leben!; ~, ***on les commémore*** man gedenkt ihrer
3. *après prép* sie (*akk*), ihnen (*dat*), ihrer (*gen*); ***vous pouvez être fier d'~*** ihr könnt stolz auf sie sein; ***va avec*** ~! geh mit ihnen!; ***ils ne voient qu'~-mêmes*** sie sehen nur sich selbst

évacuation [evakɥasjɔ̃] *f* 1. (*opération organisée*) [*habitants*] Evakuierung *f;* [*blessés*] Abtransport *m;* [*salle de tribunal*] Räumung *f*
2. (*action de quitter*) Räumung *f;* [*bateau*] Verlassen *nt*
3. (*rejet par l'organisme*) [*excréments*] Ausscheiden *nt;* [*graisse, alcool*] Abbau *m;* [*intestin*] Leerung *f*
4. (*écoulement*) Abfließen *nt;* ***système d'~*** Ablauf *m;* ***l'~ des eaux usées se faisait directement dans la rue*** das Abwasser wurde direkt auf die Straße geleitet; ***l'~ de l'évier ne se fait plus*** das Spülbecken läuft nicht mehr ab; ***il va falloir procéder à l'~ du pus de l'abcès*** man muss den Eiter aus dem Abszess abfließen lassen
5. (*action de vider*) [*charbon*] Abtransport *m;* [*résidus*] Entsorgung *f*

évacué, e [evakɥe] *m, f gén pl* Evakuierte(r) *f(m)*

évacuer <1> [evakɥe] *vt* 1. (*quitter*) ■ **qn évacue qc** jd räumt etw; *bateau* jd verlässt etw; ■ **qn fait ~ qc** jd lässt etw räumen
2. MIL ■ **qn évacue qc** *pays, ville* jd räumt etw
3. (*faire partir*) ■ **qn évacue qn** *habitants* jd evakuiert jdn; *blessés* jd transportiert jdn ab
4. (*déplacer*) ■ **qn évacue qc** *tableaux* jd lagert etw aus; ■ **qc évacue qc** */canalisation/* etw sorgt für den Abfluss einer S. (*gen*)

évadé, e [evade] *m, f* entflohener Häftling

évader <1> [evade] *vpr* 1. (*s'échapper*) ■ **qn s'évade** [**de qc**] jd bricht [aus etw] aus, jd flieht [aus etw]
2. (*fuir*) ■ **qn s'évade** [**de qc**] *de la vie quotidienne* jd entflieht einer S. (*dat*); *du réel* jd flüchtet [vor etw (*dat*)]

évaluation [evalɥasjɔ̃] *f* 1. (*estimation approximative*) [*coûts*] ungefähre Berechnung, Überschlag *m;* [*distance, risques*] Abschätzung *f;* [*fortune*] Schätzung *f;* [*chances*] Einschätzung *f*
2. (*par expertise*) [*dégâts*] Schätzung *f;* ~ ***de biens*** Vermögensbewertung *f,* Vermögensschätzung

évaluer <1> [evalɥe] *vt* 1. (*juger approximativement*) ■ **qn évalue qc/une foule** [**à tant**] jd schätzt etw/eine Menge [auf so viel]; ***à combien évaluez-vous le temps qui vous sera nécessaire pour ...?*** was glauben Sie, wie viel Zeit Sie brauchen, um ...?; ■ **qn évalue qc** *distance, risques* jd schätzt etw ab; *chances* jd schätzt etw ein
2. (*expertiser*) ■ **qn évalue qc** [[**à**] **tant**] jd schätzt etw [auf so viel]

évangélique [evɑ̃ʒelik] *adj* christlich

évangélisation [evɑ̃ʒelizasjɔ̃] *f* Evangelisierung *f*

évangéliser <1> [evɑ̃ʒelize] *vt* ■ **qn évangélise qn** *peuple, pays* jd bekehrt jdn zum Christentum, jd evangelisiert jdn; ~ ***le monde*** das Evangelium verkünden [*o* predigen]

évangéliste [evɑ̃ʒelist] *m* Evangelist *m*

évangile [evɑ̃ʒil] *m* 1. (*message, enseignement*) ■ **l'É~** das Evangelium
2. (*texte, livre*) Evangelium *nt*
► **l'É~ selon saint Matthieu/Marc/Luc/Jean** das Matthäus-/Markus-/Lukas-/Johannesevangelium

évanoui, e [evanwi] *adj* 1. (*sans conscience*) *personne* ohnmächtig, bewusstlos; ***qn tombe*** ~ jd wird ohnmächtig, jd fällt in Ohnmacht
2. *bonheur* vergangen, verloren; *heures* entschwunden; *rêve* geplatzt

évanouir <8> [evanwiʀ] *vpr* 1. (*perdre connaissance*) ■ **qn s'évanouit** [**de qc**] jd wird ohnmächtig [vor etw (*dat*)]
2. (*disparaître*) ■ **qc s'évanouit** */image, fantôme, craintes/* etw [ver]schwindet; */autorité, gloire, illusions, espoirs/* etw schwindet; */gloire, craintes/* etw vergeht; */gloire/* etw verblasst; */illusions, espoirs/* etw stirbt; */espoirs/* etw zerrinnt; ***son bonheur s'est évanoui lorsque son mari l'a quittée*** ihr Glück war dahin, als ihr Mann sie verließ

évanouissement [evanwismɑ̃] *m* 1. (*syncope*) Ohnmacht[sanfall *m*] *f*
2. (*disparition*) [Ver]schwinden *nt;* [*illusions, rêves*] Ende *nt*
► **qn a un ~** jd fällt in Ohnmacht, jd wird ohnmächtig

évaporation [evapɔʀasjɔ̃] *f* Verdunstung *f,* Verdampfung *f*

évaporé, e [evapɔʀe] *adj* zerstreut

évaporer <1> [evapɔʀe] *vpr* 1. ■ **qc s'évapore** */eau, parfum/* etw verdunstet; ■ **qn fait ~ qc** jd lässt etw verdunsten
2. (*disparaître*) ■ **qn/qc s'évapore** */sentiments, intentions/* jd/etw löst sich in Luft auf *fam*

évasé, e [evaze] *adj jupe* ausgestellt; ***la colonne est légèrement ~ à la base/au sommet*** die Säule wird nach unten/oben etwas breiter; ***les manches sont ~es à leur base*** die Ärmel werden nach unten weiter

évasement [evazmɑ̃] *m* [*trou*] Vergrößerung *f,* Erweiterung *f;* ***l'~ de cet entonnoir est trop faible*** der Trichter ist oben nicht breit genug; ***l'~ important de la vasque permet ...*** da die Steinschale oben sehr breit ist, kann man ...

évaser <1> [evaze] I. *vt* ■ **qn évase qc** *trou* jd vergrößert [*o* erweitert] etw; *sommet ou base d'un objet* jd macht etw breiter
II. *vpr* */vallée/* etw öffnet sich, etw weitet sich; */objet/* etw wird breiter; */vêtement/* etw ist ausgestellt; ***les manches de ce chemisier s'évasent trop*** die Ärmel dieser Bluse sind unten zu weit

évasif, -ive [evazif, -iv] *adj réponse, formule* ausweichend; *geste* vage, unbestimmt; ***qn reste*** ~ jd hält sich bedeckt, jd legt sich nicht fest; ***quand tu lui demandes d'où cet argent vient, il devient*** ~ wenn du ihn fragst, woher das Geld kommt, weicht er aus

évasion [evazjɔ̃] *f* 1. (*de prison*) ■ ~ [**de qn**] [**de quelque part**] [jds] Flucht *f* [aus etw], [jds] Ausbruch *m* [aus etw]
2. (*fuite hors de*): ~ ***de la réalité*** Flucht *f* vor der Realität [*o* Wirklichkeit]
► ~ **de capitaux** Kapitalflucht *f,* Kapitalabwanderung *f;* ~ **fiscale** Steuerflucht *f*

évasivement [evazivmɑ̃] *adv* ausweichend

Ève [ɛv] *f* Eva *f*
► **qn ne connaît qn ni d'~ ni d'Adam** jd kennt jdn überhaupt nicht

évêché [eveʃe] *m* 1. (*territoire*) Bistum *nt*
2. (*palais*) bischöfliches Palais, Bischofssitz *m*

éveil [evɛj] *m* 1. (*intérêt pour*) ■ ~ **de qn à qc**: ***l'~ à la musique a commencé très tôt chez cet enfant*** dieses Kind begann schon sehr früh, sich für Musik zu interessieren; ***son ~ à l'art date d'un voyage en Italie*** sein/ihr Kunstinteresse wurde auf einer Italienreise geweckt
2. (*réveil*) ■ ~ **de qc** [**chez qn**] *des sens* Erwachen *nt* von etw [bei jdm]; *d'un sentiment* Erwachen *nt* von etw [in jdm]; ***les différents stades de l'~ de l'intelligence chez l'enfant sont: ...*** die verschiedenen Stadien der Intelligenzentwicklung beim Kind sind: ...
► **qn/qc donne l'~** [**à qn**] *soutenu* jd/etw erregt [jds] Verdacht [*o* Aufmerksamkeit]; **qn est en ~** jd sieht sich vor, jd ist auf der Hut; ***tous ses sens étaient maintenant en*** ~ jetzt war er/sie hellwach; **qc met qc en ~** *attention* etw erregt etw; *curiosité* etw weckt etw; **qc met qn en ~** (*attentif*) etw erregt jds Aufmerksamkeit [*o* Verdacht]; (*curieux*) etw weckt jds Neugierde; **qn reste en ~** jd sieht sich weiterhin vor, jd ist weiterhin auf der Hut; **qc tient qn en ~** etw hält jdn wach

éveillé, e [eveje] *adj* 1. (*en état de veille*) wach
2. (*alerte*) aufgeweckt; ***esprit*** ~ heller Kopf

éveiller <1> [eveje] I. *vt* 1. *soutenu* (*réveiller*) ■ **qn/qc éveille qn/un animal** jd/etw weckt jdn/ein Tier [auf]
2. (*faire naître*) ■ **qn/qc éveille qc** *attention* jd/etw erregt etw; *soupçons a., curiosité* jd/etw weckt etw; *sympathie* jd erweckt etw; *désir* jd/etw ruft etw wach
3. ■ **qn/qc éveille qc** *intelligence, sensibilité* jd/etw fördert etw
II. *vpr* 1. *littér* (*se réveiller*) ■ **qn s'éveille** jd wird wach, jd wacht auf; ■ **qc s'éveille** etw erwacht *geh*
2. (*naître*) ■ **qc s'éveille** [**chez** [*o* **en**] **qn**] */amour/* etw erwacht [in jdm]; */pitié/* etw wird [in jdm] wach; */soupçon/* etw regt sich [in jdm]
3. (*commencer à s'intéresser*) ■ **qn s'éveille à qc** *à la musique* jd beginnt, sich für etw zu interessieren; ■ **qc s'éveille à qc**: ***son esprit s'éveille à la musique*** sein/ihr Interesse für Musik wird geweckt
4. (*éprouver pour la première fois*) ■ **qn/qc s'éveille à qc** *à l'amour* jd macht seine ersten Erfahrungen mit etw, jd lernt etw kennen; ***son cœur s'éveilla à l'amour*** sein/ihr Herz erwachte zur Liebe
5. (*se mettre à fonctionner*) ■ **qc s'éveille** etw beginnt sich zu entwickeln

événement *m,* **évènement** [evɛnmɑ̃] *m* 1. Ereignis *nt*
2. POL ■ **les ~s** [**de 1948/1956/...**] die Ereignisse [des Jahres 1948/1956/...]; ***les ~s de mai 1968*** *die politischen Unruhen im Mai 1968;* ***avant les ~s en Allemagne de l'est*** vor der Wende
► **heureux** ~ freudiges Ereignis; **qn est dépassé(e) par les ~s** jdm wächst alles über den Kopf; **qc est l'~ du mois/de la semaine** etw ist das Ereignis des Monats/der Woche; **qc est un ~** etw ist ein Ereignis; ***quand ils partent en vacances, c'est un*** ~ wenn sie in Urlaub fahren, so ist das ein Ereignis

éventail <s> [evɑ̃taj] *m* 1. (*instrument*) Fächer *m*
2. (*choix*) ■ ~ **de qc** *d'articles* große Auswahl an etw (*dat*); *d'activités* großes Angebot an etw (*dat*)
► **en** ~ fächerförmig
◆ **éventail des prix** Preisfächer *m,* Preisspanne *f;* **éventail des salaires** Lohnskala *f,* Lohnspanne *f*

éventaire [evɑ̃tɛʀ] *m* 1. (*plateau*) Bauchladen *m*
2. (*étalage*) Stand *m*

éventé, e [evɑ̃te] *adj parfum* verduftet; *vin* schal, abgestanden; *secret* offen, aufgeflogen *fam*

éventer <1> [evɑ̃te] I. *vt* 1. (*avec un éventail*) ■ **qn évente qn** jd fächelt jdm [Luft zu]
2. ■ **qn évente qc** *complot* jd deckt etw auf; *secret a.* jd lüftet etw
II. *vpr* 1. ■ **qn s'évente** jd fächelt sich (*dat*) [Luft zu]
2. ■ **qc s'évente** */vin/* etw wird schal; */parfum/* etw verliert seinen Duft, etw verduftet

éventrer <1> [evɑ̃tʀe] *vt* 1. (*tuer*) ■ **qn/un animal éventre qn/un animal** jd/ein Tier schlitzt jdm/einem Tier den Bauch auf
2. (*ouvrir*) ■ **qn éventre qc** *sac* jd reißt etw auf; *porte, valise* jd bricht etw auf; *matelas* jd schlitzt etw auf
3. (*défoncer*) ■ **qc éventre qc** *maison* etw zerstört etw völlig

éventualité [evɑ̃tɥalite] *f* 1. ■ **l'~ de qc** *d'un événement, d'une action* die Möglichkeit einer S. (*gen*); ***l'~ d'une guerre est envisagée par le gou-***

vernement die Regierung hält einen Krieg für möglich
2. (*fait qui peut se réaliser*) Eventualität *f,* Möglichkeit *f;* ***nous sommes prêts à toute*** ~ wir sind auf jede Eventualität [*o* alle Eventualitäten] vorbereitet; ***toutes les ~s ont été examinées*** alle Möglichkeiten sind geprüft worden
▶ **qn pare à toute ~** jd beugt jeder Eventualität vor; **dans l'~ de qc** im Falle einer S. (*gen*); ***et que fais-tu dans l'~ d'un refus de sa part?*** und was machst du, wenn er/sie ablehnt?
éventuel, le [evɑ̃tɥɛl] *adj* möglich; *successeur a.* potenziell
éventuellement [evɑ̃tɥɛlmɑ̃] *adv* eventuell, unter Umständen
évêque [evɛk] *m* Bischof *m*
évertuer <1> [evɛʀtɥe] *vpr* ■ **qn s'évertue [à faire qc]** jd quält [*o* müht] sich ab, etw zu tun
éviction [eviksjɔ̃] *f* Ausschaltung *f;* [*membre*] Ausschluss *m* (*de* aus)
évidé, e [evide] *adj* hohl, ausgehöhlt
évidemment [evidamɑ̃] *adv* 1. (*bien sûr*) (*en tête de phrase*) natürlich, klar *fam;* (*en réponse*) na klar *fam*
2. (*comme on peut le voir*) offensichtlich, offenbar
évidence [evidɑ̃s] *f* 1. ∅ (*caractère*) Offensichtlichkeit *f,* Offenkundigkeit *f;* ***qc est d'une ~ aveuglante*** etw ist mehr als offensichtlich
2. (*fait*) klare Tatsache
▶ **c'est l'~ même** das ist doch ganz klar *fam,* das liegt doch auf der Hand; **c'est une ~** das ist doch klar [*o* eine klare Tatsache]; **qn met qc [bien] en ~** *vase* jd stellt etw [gut] sichtbar hin; *livres a.* jd legt etw [gut] sichtbar hin; **qn/qc met qc [bien] en ~** *défauts* jd/etw stellt etw klar [*o* deutlich] heraus; **qn se met en ~** jd lenkt die Aufmerksamkeit auf sich (*akk*), jd setzt sich in Szene, jd drängt sich in den Vordergrund; **qn nie l'~** jd leugnet die Tatsachen; **qn se rend à l'~** jd beugt sich den Tatsachen; ***qn refuse de se rendre à l'~*** jd will etwas nicht wahrhaben; **à l'~, de toute ~** ganz offensichtlich; ***qc apparaît à l'~*** etw wird deutlich [*o* offensichtlich] [*o* klar]; **[qn est] [bien] en ~** [jd ist] [gut] in Szene gesetzt; **[qc est] [bien] en ~** [etw ist] [gut] sichtbar
évident, e [evidɑ̃, ɑ̃t] *adj* 1. (*incontestable*) *progrès* klar [erkennbar]; *signe* eindeutig, deutlich; *bonne volonté* unbestreitbar
2. (*clair*) ■ **qc/c'est ~ [pour qn]** etw/das ist [jdm] klar; ■ **il est ~ que** + *indic* es versteht sich von selbst, dass; es ist klar, dass *fam*
3. (*visible*) offensichtlich; ■ **il est ~ que** + *indic* es ist offensichtlich, dass; es liegt auf der Hand, dass
▶ **c'est ~!** das ist ganz klar!, das liegt doch auf der Hand!; ***mais voyons, c'est ~!*** aber das ist doch wohl klar!; **c'est pas ~!** *fam* (*difficile*) das ist gar nicht so einfach [*o* leicht]!; **c'est pas ~ du tout!** *fam* (*c'est loin d'être sûr*) das ist überhaupt nicht klar! *fam*
évider <1> [evide] *vt* ■ **qn évide qc** jd höhlt etw aus
évier [evje] *m* Ausguss *m,* Spüle *f,* Spülbecken *nt*
▶ **~ à un bac/à deux bacs** Spüle *f* mit einem/zwei Becken
évincement [evɛ̃smɑ̃] *m* [*rival*] Ausschalten *nt,* Ausbooten *nt fam*
évincer <2> [evɛ̃se] *vt* ■ **qn évince qn [de qc]** *d'un poste* jd schließt jdn [von etw] aus; *d'un groupe* jd schließt jdn [aus etw] aus
évitable [evitabl] *adj* vermeidbar
évitement [evitmɑ̃] *m v.* **manœuvre**
éviter <1> [evite] I. *vt* 1. (*se soustraire à*) ■ **qn évite qc** *période, aliment, activité, erreur, manière de faire* jd vermeidet etw; *endroit* jd meidet etw; ■ **qn évite de faire qc** jd vermeidet es, etw zu tun
2. (*se dérober à*) ■ **qn évite qc** *une corvée, des poursuites* jd entzieht sich einer S. (*dat*); *la prison, le sort* jd erspart sich (*dat*) etw; ■ **qn évite de faire qc** jd vermeidet es, etw zu tun; jd hütet sich davor, etw zu tun; ***si tu peux, évite de passer par Lyon*** wenn du kannst, fahr möglichst nicht über Lyon; ***pour ~ d'aller en prison*** um dem Gefängnis zu entgehen; ***si vous voulez ~ de partager le sort de vos amis*** wenn ihr nicht das Schicksal eurer Freunde teilen wollt; ■ **qn évite d'avoir à faire qc**: ***pour ~ d'avoir à éplucher les légumes*** um kein Gemüse schälen zu müssen
3. (*fuir*) ■ **qn évite qn** jd meidet jdn, jd hält sich von jdm fern; (*essayer de ne pas rencontrer*) jd geht jdm aus dem Weg; ■ **qn évite qc**: ***elle essaya d'~ son regard*** sie versuchte seinem/ihrem Blick auszuweichen
4. (*empêcher*) ■ **qn évite qc** jd vermeidet etw; ■ **qc évite qc** etw verhindert etw; ■ **qn évite que** + *subj* jd verhindert, dass; ■ **qc évite que** + *subj* durch etw wird verhindert, dass
5. (*esquiver*) ■ **qn évite qn/un animal/qc** jd weicht jdm/einem Tier/einer S. aus
6. (*épargner*) ■ **qn/qc évite qc à qn** jd/etw erspart jdm etw; ■ **qn/qc évite à qn de faire qc/d'avoir à faire qc** jd/etw erspart jdm, etw zu tun/etw tun zu müssen
II. *vpr* 1. ■ **qn s'évite qc** *soucis, tracas* jd erspart sich (*dat*) etw
2. ■ **des personnes s'évitent** Menschen meiden sich; (*essayer de ne pas se rencontrer*) Menschen gehen sich aus dem Weg
évocateur, -trice [evɔkatœʀ, -tʀis] *adj style* anschaulich; *titre d'un roman* viel versprechend, viel sagend; ■ **qc est ~ de qc** etw lässt etw wach [*o* lebendig] werden; ***ce documentaire est très ~ de la vie des paysans*** dieser Dokumentarfilm schildert sehr anschaulich das Leben der Bauern; ***pouvoir ~*** Aussagekraft *f*
évocation [evɔkasjɔ̃] *f* [*souvenirs*] Wachrufen *nt;* [*passé a., faits*] Heraufbeschwören *nt*
évolué, e [evɔlɥe] *adj peuple, pays, société* [hoch] entwickelt; *idées, personne* liberal, tolerant; ***un esprit ~*** ein liberaler [*o* toleranter] Mensch; ***dans ce coin perdu, les gens ne sont pas très ~s*** in dieser verlassenen Gegend sind die Menschen nicht sehr zivilisiert [*o* noch recht primitiv]
évoluer <1> [evɔlɥe] *vi* 1. (*changer*) ■ **qc évolue** /*chose, monde*/ etw entwickelt sich; /*sciences*/ etw entwickelt sich [weiter *o* fort]]; /*goûts, opinions*/ etw ändert [*o* wandelt] sich; ***qc évolue favorablement pour qn*** [*o* ***en faveur de qn***] /*situation*/ etw ändert [*o* wandelt] sich zu jds Gunsten; ■ **qc évolue vers qc**: ***la crise évolue lentement vers une solution*** für die Krise zeichnet sich allmählich eine Lösung ab; ■ **qn/qc fait ~ qc** *situation* jd/etw bringt Bewegung in etw (*akk*)
2. (*se transformer*) ■ **qn évolue** jd verändert sich; ■ **qn évolue vers qc** jd entwickelt sich zu etw hin; ***elle a peu à peu évolué vers le socialisme*** sie hat sich allmählich zum Sozialismus hin entwickelt; ■ **qn/qc fait ~ qn [dans qc]** jd/etw verändert jdn [in Bezug auf etw (*akk*)], jd wandelt sich durch jdn/etw [in Bezug auf etw (*akk*)]; ***il l'a fait ~ dans ses idées*** durch ihn hat sich seine/ihre Einstellung geändert
3. MED ■ **qc évolue** /*maladie*/ etw schreitet fort
4. (*se mouvoir*) ■ **qc évolue** /*avion*/ etw fliegt umher, etw zieht seine Kreise; /*navire*/ etw manövriert; /*troupes*/ etw bewegt sich, etw [ver]ändert seine Lage [*o* Stellung]; ■ **qn évolue** jd bewegt sich
évolutif, -ive [evɔlytif, -iv] *adj maladie* fortschreitend
évolution [evɔlysjɔ̃] *f* 1. [*situation, phénomène*] Entwicklung *f;* [*sciences*] [Weiter]entwicklung, [Fort]entwicklung; [*idées, goûts, comportements*] Wandel *m;* ***l'~ des techniques*** der technische Fortschritt
2. [*personne*] Entwicklung *f*
3. MED [*maladie*] Fortschreiten *nt;* [*tumeur*] Ausbreiten *nt*
4. BIO Evolution *f;* ***théorie de l'~*** Evolutionslehre *f,* Evolutionstheorie *f*
5. *pl* [*danseur, acrobate*] Bewegungen *pl;* [*navire, escadre, troupe*] Manöver *pl*
évolutionnisme [evɔlysjɔnism] *m* Evolutionismus *m*
évoquer <1> [evɔke] *vt* 1. (*rappeler à la mémoire*) ■ **qn évoque qn** jd erinnert an jdn; ■ **qn évoque qc** jd ruft etw in Erinnerung; *souvenirs* jd ruft etw wach [*o* ins Gedächtnis]
2. (*décrire*) ■ **qn évoque qc** jd schildert etw, jd gibt eine Vorstellung von etw
3. (*faire allusion à*) ■ **qn évoque qc** *problème* jd erwähnt etw; *question, sujet* jd schneidet etw an
4. (*faire penser à*) ■ **qc évoque qc pour qn** jd verbindet etw mit etw; ***ce mot n'évoque rien pour moi*** mit diesem Wort verbinde ich nichts
5. (*rappeler*) ■ **qc [lui] évoque qc** etw erinnert [jdn] an etw (*akk*)
ex [ɛks] *mf fam* Verflossene(r) *f(m) fam,* Ex *mf fam*
ex, ex. *abr de* **exemple** Bsp.
ex- [ɛks] *préf* ehemalig; ***mon ex-mari*** mein früherer [*o* ehemaliger] Mann, mein Exmann *fam*
exacerbé, e [ɛgzasɛʀbe] *adj* übersteigert
exacerber <1> [ɛgzasɛʀbe] *vt* ■ **qn/qc exacerbe qc** *jalousie* jd/etw stachelt etw an; *haine* jd/etw schürt etw; *dépit* jd/etw steigert etw; ***la politique exacerbe les passions*** die Politik erhitzt die Gemüter
exact, e [ɛgzakt] *adj* 1. (*précis*) genau; *description a.* präzis; *définition, mesure, nombre, prix, valeur a.* exakt; *mot* passend, treffend; *calculs, réponse* richtig, korrekt; ■ **il est ~ que** + *indic* es ist richtig, dass; es stimmt, dass
2. (*ponctuel*) *personne* pünktlich; ***qn est ~ à un rendez-vous*** jd kommt pünktlich zu einer Verabredung
▶ **c'est ~** das stimmt, das ist richtig; **~!** *fam* stimmt! *fam,* genau! *fam*
exactement [ɛgzaktəmɑ̃] *adv* genau, exakt; ***eh bien, oui, c'est ~ ce qu'elle m'a répondu*** das ist haargenau, was sie mir geantwortet hat *fam*
▶ **~!** genau! *fam*
exaction [ɛgzaksjɔ̃] *f* 1. *pl* (*violences*) Ausschreitungen *pl*
2. (*extorsion*) *unrechtmäßige Eintreibung von Geldern*
exactitude [ɛgzaktityd] *f* 1. (*précision*) Richtigkeit *f,* Korrektheit *f;* [*mesures*] Genauigkeit *f,* Exaktheit *f;* ***le compte rendu de la séance est d'une ~ irréprochable*** das Protokoll der Sitzung gibt ihren Verlauf exakt wieder
2. (*ponctualité*) Pünktlichkeit *f;* ***il est d'une parfaite ~*** er ist ganz [*o* sehr] pünktlich, er ist die Pünktlichkeit in Person
▶ **l'~ est la politesse des rois** *prov* Pünktlichkeit ist die Höflichkeit der Könige; **avec ~** pünktlich
ex æquo [ɛgzeko] I. *adj inv:* ***Romain et Yves sont ~ ~ en maths*** Romain und Yves stehen in Mathematik gleich; ***trois équipes ~ ~*** drei Mannschaften, die gleich stehen [*o* die die gleiche Punktzahl haben]
II. *adv classer qn* gleich; *arriver* gleichzeitig; ***deux coureurs ont été classés ~ ~*** zwei Läufer haben die gleiche Punktzahl bekommen; ***premiers/premier prix ~ ~: Julie B. et Paul D.*** zwei erste Preise: Julie B. und Paul D.
III. *mpl* Kandidaten *pl* mit gleicher Punktzahl; (*dans le sport*) Sportler *pl* mit gleicher Punktzahl
exagération [ɛgzaʒeʀasjɔ̃] *f* 1. (*action*) Übertreibung *f;* ***qn représente qc avec ~*** jd stellt etw übertrieben dar; ***quelle ~!*** was für eine Übertreibung!, wie übertrieben!; ***quand Toto raconte quelque chose, il y a toujours une part d'~*** wenn Toto etwas erzählt, übertreibt er immer ein bisschen
2. (*résultat*) Übertreibung *f*
▶ **sans ~** ohne zu übertreiben, nicht übertrieben
exagéré, e [ɛgzaʒeʀe] *adj* übertrieben; *prix* überhöht, zu hoch; ***les plaisanteries de Duchemin sont un peu ~es*** Duchemins Witze gehen ein bisschen zu weit
exagérément [ɛgzaʒeʀemɑ̃] *adv* übertrieben, allzu
exagérer <5> [ɛgzaʒeʀe] I. *vt* 1. (*par rapport à la réalité*) ■ **qn exagère qc** *mérites* jd überbewertet etw; *défauts* jd spielt etw hoch
2. (*par rapport à la normale*) ■ **qn exagère qc** *attitude* jd übertreibt etw; ***une femme exagère son maquillage*** eine Frau übertreibt es mit ihrer Schminke
▶ **il ne faut rien ~, n'exagérons rien** man soll nichts übertreiben
II. *vi* 1. (*amplifier en parlant*) ■ **qn exagère** jd übertreibt
2. (*abuser*) ■ **qn exagère** jd übertreibt es
▶ **sans ~** ohne Übertreibung, ohne zu übertreiben
III. *vpr* ■ **qn s'exagère qc** *danger* jd spielt etw hoch; *difficulté* jd überbe-

wertet etw; ***ne vous exagérez pas l'importance de sa remarque*** messen Sie seiner/ihrer Bemerkung keine allzu große Bedeutung bei

exaltant, e [ɛgzaltɑ̃, ɑ̃t] *adj* erhebend, begeisternd; ***pour qu'un travail soit ~, il faut que*** + *subj* damit man sich für eine Arbeit begeistern kann, muss ...; ***je n'irai pas jusqu'à dire que c'est ~, mais ...*** ich würde nicht sagen, dass es mich in Begeisterung versetzt, aber ...

exaltation [ɛgzaltasjɔ̃] *f* **1.** *(excitation)* Begeisterung *f;* ***~s intellectuelles et mystiques*** geistige Überspanntheiten und mystische Schwärmereien
2. *(éloge)* Verherrlichung *f*

exalté, e [ɛgzalte] **I.** *adj* schwärmerisch, überschwänglich; *personne a.* exaltiert; *imagination* übersteigert; ***il parlait sur un ton un peu ~ qui m'inquiéta*** in seiner Stimme lag etwas Überschwängliches, was mich beunruhigte
II. *m, f péj* Schwärmer(in) *m(f),* Fantast(in) *m(f)*

exalter <1> [ɛgzalte] **I.** *vt* **1.** *soutenu (célébrer)* ▪ **qn exalte qc** jd preist etw, jd rühmt etw; ▪ **qc exalte qc** etw verherrlicht etw
2. *(faire vibrer)* ▪ **qc exalte qc** *esprit* etw regt etw an; *imagination a.* etw beflügelt etw; ▪ **qn/qc exalte qn** *personne, foule, jeunesse* jd/etw begeistert jdn
II. *vpr* ▪ **qn s'exalte** jd gerät in Erregung; ▪ **qc s'exalte** etw wird angeregt, etw wird beflügelt; ***en France, les passions politiques sont promptes à s'~*** in Frankreich erhitzen [*o* erregen] sich die politischen Gemüter leicht

examen [ɛgzamɛ̃] *m* **1.** *(analyse)* ▪ **~ [de qc]** *des empreintes digitales* Untersuchung *f* [einer S. *(gen)*]; *des faits* [Über]prüfung *f* [einer S. *(gen)*]; *d'une solution, proposition, question* Prüfung [einer S. *(gen)*]; *d'un problème* Auseinandersetzung *f* [mit etw]
2. MED, BIO Untersuchung *f;* ***~ du sang*** Blutbild *nt*
3. SCOL Prüfung *f;* UNIV [Abschluss]examen *nt;* ▪ **~ de qc:** ***~ d'entrée*** Aufnahmeprüfung; ***~ de passage*** Versetzungsprüfung; ***~ du permis de conduire*** Fahrprüfung; ***session d'~s*** Prüfungszeitraum *m*
▸ **~ blanc** Probeprüfung *f;* **~ oral/écrit** mündliche/schriftliche Prüfung; **qn met qn en ~** JUR jd leitet das Verfahren gegen jdn ein; **qn prépare son ~** jd bereitet sich auf sein Examen vor, jd lernt für eine Prüfung; **qc résiste/ne résiste pas à l'~** etw hält der Prüfung stand/nicht stand
◆ **examen de conscience** Gewissenserforschung *f;* ***qn fait son ~ de conscience*** jd erforscht sein Gewissen

examinateur, -trice [ɛgzaminatœʀ, -tʀis] *m, f* Prüfer(in) *m(f)*

examiner <1> [ɛgzamine] *vt* **1.** *(étudier)* ▪ **qn examine qc** jd prüft etw; *objet* jd untersucht etw, jd sieht sich *(dat)* etw genau an; *texte, ouvrage* jd liest etw genau durch; *carte d'identité* jd kontrolliert etw; *lieux d'un crime* jd untersucht etw genau; *faits, causes* jd [über]prüft etw; *dossier* jd sieht etw ein; ***qn examine qc au microscope*** jd untersucht etw unter dem Mikroskop; ▪ **qn examine si/comment/pourquoi** + *indic* jd prüft, ob/wie/warum
2. *(regarder attentivement)* ▪ **qn examine qn** jd betrachtet jdn prüfend, jd sieht jdn prüfend an, jd mustert jdn
3. MED ▪ **qn examine qn** jd untersucht jdn
4. SCOL, UNIV ▪ **qn examine qn** jd prüft jdn

exaspérant, e [ɛgzaspeʀɑ̃, ɑ̃t] *adj* nervenaufreibend; ***qn est d'une lenteur ~e*** jd ist zum Verzweifeln langsam; ***c'est ~!*** das ist zum Verzweifeln!; ▪ **qn est ~ avec qc** jd bringt einen zur Verzweiflung mit etw

exaspération [ɛgzaspeʀasjɔ̃] *f* Verzweiflung *f;* ***d'~, elle se mit à sangloter*** völlig verzweifelt fing sie an zu schluchzen

exaspérer <5> [ɛgzaspeʀe] *vt* ▪ **qn/qc exaspère qn [avec qc]** jd/etw bringt jdn zur Verzweiflung [mit etw]; ***tais-toi donc ... tu ne vois pas que ton père est exaspéré?*** halt endlich den Mund ... siehst du denn nicht, dass dein Vater am Verzweifeln [*o* verzweifelt] ist?

exaucer <2> [ɛgzose] *vt* **1.** ▪ **Dieu exauce qn/qc** Gott erhört jdn/etw
2. ▪ **qn exauce qc** *désir, souhait* jd erfüllt etw

excavateur [ɛkskavatœʀ] *m,* **excavatrice** [ɛkskavatʀis] *f* Bagger *m*

excavation [ɛkskavasjɔ̃] *f (cavité)* Vertiefung *f; (causée par une bombe)* Bombentrichter *m;* ***~ naturelle*** natürliche Vertiefung, Mulde *f;* ***les archéologues ont creusé des ~s*** die Archäologen haben Löcher gegraben

excédant, e [ɛksedɑ̃, ɑ̃t] *adj* lästig; *enfant* unerträglich

excédent [ɛksedɑ̃] *m* Überschuss *m;* ***~ de bagages*** Gepäckübergewicht *nt;* ***~ des recettes sur les dépenses*** Mehreinnahmen *pl;* ***~ des importations sur les exportations*** Einfuhrüberschuss, Importüberschuss; ***~ des naissances sur les décès*** Geburtenüberschuss

excédentaire [ɛksedɑ̃tɛʀ] *adj* überschüssig; *balance commerciale* positiv, aktiv; ***production ~*** Überproduktion *f;* ***récolte ~*** Ernteüberschuss *m*

excéder <5> [ɛksede] *vt* **1.** *(dépasser)* ▪ **qc excède qc** *poids, durée* etw überschreitet etw; *moyens, forces* etw übersteigt etw; ***le loyer n'excède pas 3 000 francs*** die Miete liegt nicht über 3000 Franc, die Miete ist nicht höher als 3000 Franc; ***le stationnement devant la gare ne doit pas ~ quinze minutes*** vor dem Bahnhof darf man nicht länger als fünfzehn Minuten parken
2. *(exaspérer)* ▪ **qn/qc excède qn [avec [*o* par] qc]** jd/etw bringt jdn zur Verzweiflung [*o* auf die Palme *fam*] [mit etw]; ▪ **[qn est] excédé(e)** *(est à bout)* [jd ist] entnervt; *(est énervé)* [jd ist] verärgert

excellemment [ɛkselamɑ̃] *adv soutenu* [ganz] ausgezeichnet, hervorragend, exzellent *geh*

excellence [ɛkselɑ̃s] *f* hervorragende Qualität, Vorzüglichkeit *f;* ***il est connu pour l'~ de son goût*** er ist bekannt für seinen ausgezeichneten [*o* vortrefflichen] Geschmack
▸ **par ~** par excellence *geh;* ***l'âne est, par ~, la bête de somme des pays pauvres*** der Esel ist in den armen Ländern das klassische Lasttier; **[Son/Votre] E~** [Seine/Eure] Exzellenz

excellent, e [ɛkselɑ̃, ɑ̃t] *adj* [ganz] ausgezeichnet; *vin a.* vorzüglich, erstklassig; *professeur a.* hervorragend, exzellent *geh;* *air* ausnehmend gut; ***cet élève est ~ en mathématiques*** dieser Schüler ist ausgezeichnet [*o* hervorragend] in Mathematik

exceller <1> [ɛksele] *vi* ▪ **qn excelle en/dans/à qc** jd zeichnet sich in etw *(dat)* aus, jd tut sich in etw *(dat)* hervor; *en mathématiques* jd ist in etw *(dat)* [ganz] ausgezeichnet, jd ist in etw *(dat)* hervorragend, jd glänzt in etw *(dat)*; ▪ **qn excelle à faire qc** jd macht etw [ganz] ausgezeichnet; ***qn excelle à raconter des histoires drôles*** jd kann ausgezeichnet [*o* hervorragend] Witze erzählen

excentré, e [ɛksɑ̃tʀe] *adj région, quartier* entlegen, abgelegen

excentricité [ɛksɑ̃tʀisite] *f* **1.** ∅ *[vêtement]* Extravaganz *f; [personne]* Exzentrizität *f;* ***l'~ de son comportement/caractère*** sein/ihr exzentrisches Verhalten/Wesen
2. *gén pl (acte)* Extravaganz *f,* Exzentrizität *f geh*

excentrique [ɛksɑ̃tʀik] **I.** *adj* **1.** *(bizarre) personne, manières* exzentrisch; *toilettes* extravagant, ausgefallen
2. *(périphérique):* ***quartier ~*** Außenbezirk *m*
II. *mf* Exzentriker(in) *m(f)*

excepté [ɛksɛpte] *prép* außer (+ *dat*), bis auf (+ *akk*); ▪ **~ que** + *indic* außer, dass; nur, dass; ***il avait tout prévu, ~ ce cas*** er hatte mit allem gerechnet, nur damit nicht

excepter <1> [ɛksɛpte] *vt* ▪ **qn excepte qc [de qc]** *frais* jd zieht etw [von etw] ab; ▪ **qn excepte qn [de qc]** jd nimmt jdn [von etw] aus; ***si l'on excepte deux ou trois jours de soleil, ...*** von zwei bis drei Sonnentagen einmal abgesehen, ...; ***tous les devoirs, sans en ~ un seul, sont mauvais*** die Arbeiten sind alle schlecht, ohne Ausnahme

exception [ɛksɛpsjɔ̃] *f* **1.** *(action)* Ausnahme *f*
2. *(cas)* Ausnahme[fall *m*] *f*
▸ **c'est l'~ qui confirme la règle** *prov* Ausnahmen bestätigen die Regel; **qn/qc fait ~ [à la règle]** jd/etw bildet eine Ausnahme [von der Regel]; **qn fait une ~ [à une règle/pour qn]** jd macht [für jdn [*o* bei jdm]] eine Ausnahme [von einer Regel]; **qn fait ~ de qn/qc** jd sieht von jdm/etw ab; **~ faite de qn/qc, à l'~ de qn/qc** abgesehen von jdm/etw, außer jdm/etw, bis auf jdn/etw; **à quelques [rares] ~s près** von [einigen] wenigen Ausnahmen [einmal] abgesehen; **d'~:** ***loi d'~*** Ausnahmegesetz *nt;* ***régime d'~*** Sonderregelung *f;* POL Sonderregierung *f;* ***être d'~*** außergewöhnlicher Mensch; **sans ~** ohne Ausnahme, ausnahmslos; **sauf ~** von Ausnahmen abgesehen

exceptionnel, le [ɛksɛpsjɔnɛl] *adj* **1.** *(extraordinaire)* außergewöhnlich; *(laudatif) personne* außergewöhnlich; *réussite a.* außerordentlich; *occasion* einmalig; ***de la neige en mai? cela n'a rien d'~!*** Schnee im Mai? das ist doch nichts Außergewöhnliches!; ***qn est d'une intelligence ~le*** jd ist außerordentlich intelligent; ***qc est d'un intérêt ~*** etw ist außerordentlich [*o* besonders] interessant
2. *(occasionnel)* Sonder-; ***prime ~le*** Sonderprämie *f;* ***congé ~*** Sonderurlaub *m;* ***mesures ~les*** Sondermaßnahmen *pl,* außergewöhnliche Maßnahmen; ***à titre ~*** ausnahmsweise

exceptionnellement [ɛksɛpsjɔnɛlmɑ̃] *adv* **1.** *(à titre exceptionnel)* ausnahmsweise
2. + *adj (très)* außergewöhnlich

excès [ɛksɛ] *m* **1.** *(surabondance)* ▪ **~ de qc:** ***~ de vitesse*** Geschwindigkeitsüberschreitung *f;* ***~ de lumière*** grelles Licht; ***~ de prudence*** übermäßige [*o* übertriebene] Vorsicht; ***~ de zèle*** Übereifer *m*
2. *pl (abus)* Exzesse *pl,* Ausschweifungen *pl; (violences)* Exzesse, Ausschreitungen *pl;* ***~ de table*** Unmäßigkeit *f* im Essen und Trinken, Völlerei *f;* ***~ de langage*** sprachliche Entgleisungen *pl;* ***qn commet un ~ de langage*** jd vergreift sich im Ton
3. JUR: ***~ de pouvoir*** Kompetenzüberschreitung *f,* Zuständigkeitsüberschreitung *f,* Überschreitung *f* der Amtsgewalt
4. *(excédent)* ▪ **~ de qc** *de soleil, pluie* Übermaß *nt* an etw *(dat)*; ***qn a un ~ de sucre dans le sang*** jd hat einen zu hohen Blutzuckerspiegel; ***l'~ de l'offre sur la demande*** der Angebotsüberhang; ***l'~ des dépenses sur les recettes*** der Ausgabenüberhang
▸ **qn tombe dans l'~ inverse** jd [ver]fällt ins andere Extrem; **qn fait des ~** jd isst und trinkt unmäßig viel, jd isst unmäßig im Essen und Trinken; **à l'~** übermäßig; ***qn pousse qc à l'~*** jd treibt etw bis zum Äußersten [*o* auf die Spitze]; **avec/sans ~** *manger, fumer* übermäßig [*o* zu viel]/in [*o* mit] Maßen; ***qn dépense avec ~*** jd gibt das Geld mit beiden Händen aus

excessif, -ive [ɛksesif, -iv] *adj* **1.** *(démesuré) prix* überhöht; *froid* beißend, streng; *politesse* übertrieben; ***1000 F pour ce manteau? ce n'est pas ~*** 1000 F für diesen Mantel? das ist nicht zu viel; ***il fait une chaleur ~ive*** es ist unerträglich heiß
2. *(immodéré) tempérament* überschäumend; ***qn est ~ en tout*** jd treibt alles ins [*o* bis zum] Extrem; ***qn est ~ dans son jugement*** jd geht in seinem Urteil zu weit

excessivement [ɛksesivmɑ̃] *adv* ungemein, äußerst; ***les prix sont ~ chers dans ce restaurant*** die Preise in diesem Restaurant sind überhöht

ex-chancelier <~-~s> [ɛksʃɑ̃səlje] *m* Altbundeskanzler *m*

excipient [ɛksipjɑ̃] *m [pommade]* Grundmasse *f; [mercurochrome]* Lösungsmittel *nt*

exciser <1> [ɛksize] *vt* ▪ **qn excise qc** jd schneidet etw heraus, jd exzidiert etw *spec*

excision [ɛksizjɔ̃] *f* **1.** *[cors, tissus mortifiés]* Herausschneiden *nt,* Exzision *f spec; [polype]* Entfernen *nt*
2. *[petite fille]* Beschneidung *f*

excitabilité [ɛksitabilite] *f* Erregbarkeit *f*

excitable [ɛksitabl] *adj* [leicht] erregbar, reizbar

excitant, e [ɛksitɑ̃, ɑ̃t] **I.** *adj* **1.** *femme, garçon* aufregend; *livre, aventure, projet a.* spannend; *impression* faszinierend; ***~ pour l'esprit*** geistig anregend
2. *café, médicament* anregend, stimulierend

▶ **ce n'est pas très** ~ das ist [ja] nicht gerade aufregend
II. *m* Anregungsmittel *nt*

excitation [ɛksitasjɔ̃] *f* 1. (*agitation*) Aufregung *f*, Erregung *f*; ***eh les enfants, ce n'est plus jouer, c'est juste de l'~!*** he Kinder, das ist doch kein Spiel mehr, ihr seid ja außer Rand und Band *fam*; ~ ***intellectuelle*** geistige Überspanntheit
2. (*incitation*) ■ ~ **à qc** *à la désobéissance* Anstiftung *f* zu etw; *à la révolte a.* Aufwiegelung *f* zu etw; *à la haine raciale* Aufhetzen *nt* zu etw; *au travail, à l'action* Anspornen *nt* zu etw
3. PHYSIOL [*nerf*] Erregung *f*; ***une réaction causée par une ~ externe*** eine durch eine äußere Reizung hervorgerufene Reaktion
4. ELEC Erregung *f*
▶ ~ **des mineurs à la débauche** Förderung *f* sexueller Handlungen von Minderjährigen, Kuppelei *f*; ~ **sexuelle** sexuelle Erregung

excité, e [ɛksite] I. *adj* aufgeregt, erregt; ***tu es drôlement ~!*** du bist ja total überdreht!
II. *m, f* Hitzkopf *m*; ***cette fille est une ~e*** dieses Mädchen ist überspannt; ***une bande d'~s*** eine aufgeputschte Gruppe

exciter <1> [ɛksite] I. *vt* 1. (*provoquer*) ■ **qc excite qc** *désir, curiosité* etw erregt etw, etw weckt etw; *appétit* etw regt etw an; ■ **qn excite qc** *colère, jalousie* jd erregt etw
2. (*aviver*) ■ **qc excite qc** *ardeur, courage* etw spornt [*o* stachelt] etw an; *imagination* etw erregt etw, etw regt etw an; *colère* etw steigert etw; *douleur* etw macht etw schlimmer, etw verschlimmert etw
3. (*passionner*) ■ **qc excite qn** /*idée*/ etw reizt jdn; /*sensation*/ etw versetzt jdn in Hochstimmung; /*travail*/ etw begeistert jdn
4. (*rendre irritable*) ■ **qc excite qn** /*boisson*/ etw macht jdn aggressiv; /*chaleur*/ etw macht jdn nervös; ■ **qc excite un animal** etw macht ein Tier unruhig; ■ **qn excite qn** jd ärgert jdn; ■ **qn excite un animal** jd reizt ein Tier; (*pour le faire avancer*) jd treibt ein Tier an; ■ **qn excite qn contre qn** jd bringt [*o* hetzt] jdn gegen jdn auf
5. (*troubler sexuellement*) ■ **qn/qc excite qn** jd/etw erregt jdn; ■ **qn est excité(e)** jd ist erregt
6. (*inciter*) ■ **qn excite qn à qc** *à la désobéissance* jd stiftet jdn zu etw an; *à la révolte a.* jd wiegelt jdn zu etw auf; *à la débauche a.* jd verführt jdn zu etw; *à l'action* jd spornt jdn zu etw an
7. PHYSIOL ■ **qc excite qc** etw erregt etw
II. *vpr* 1. (*s'énerver*) ■ **qn s'excite** jd regt sich auf, jd erregt sich; ■ **qn s'excite sur qc** jd regt sich über etw (*akk*) auf
2. *fam* (*s'enthousiasmer*) ■ **qn s'excite sur** [*o* **à propos de**] **qc** jd begeistert sich für etw

exclamatif, -ive [ɛksklamatif, -iv] *adj* Ausrufe-

exclamation [ɛksklamasjɔ̃] *f* Ausruf *m*; ***~s de joie*** Freudengeschrei *nt*; ***~s de douleur*** Schmerzensschreie *pl*

exclamer <1> [ɛksklame] *vpr* ■ **qn s'exclame** jd ruft, jd schreit auf; ■ **qn s'exclame sur qc** *sur la beauté de qc* jd bewundert etw lautstark; *sur la bêtise de qn* jd lässt sich über etw (*akk*) lautstark aus; ■ **qn s'exclame de qc** jd schreit vor etw (*dat*) auf

exclu, e [ɛkskly] I. *pp de* **exclure**
II. *adj* ausgeschlossen; ***mardi/le 31 décembre*** ~ außer Dienstag/am 31. Dezember
▶ **c'est/ce n'est pas** ~ das ist/ist nicht ausgeschlossen; **il est/il n'est pas ~ que** + *subj* es ist/ist nicht ausgeschlossen, dass
III. *m, f* ■ ~ [**de qc**] *de la croissance économique* Ausgeschlossene(r) *f(m)* [von etw]; *du parti, de la société a.* Ausgestoßene(r) *f(m)* [von etw]; ***la société produit de plus en plus d'~s*** in unserer Gesellschaft gibt es immer mehr Außenseiter [*o* Ausgeschlossene]

exclure <*irr*> [ɛksklyʀ] I. *vt* 1. (*éliminer*) ■ **qn exclut qn de qc** *du corps électoral, d'une délibération* jd schließt jdn aus etw aus; *d'une équipe, d'un parti a.* jd stößt jdn aus etw aus; *d'une salle d'examen* jd schickt [*o* weist] jdn aus etw; *du lycée* jd [ver]weist jdn von etw; ***l'élève a été exclu du lycée pour 8 jours*** der Schüler wurde für 8 Tage vom Unterricht ausgeschlossen
2. (*écarter*) ■ **qn exclut qc** *possibilité* jd schließt etw aus; *élément, facteur a.* jd schaltet etw aus; ■ **qc est exclu(e)** /*hypothèse*/ etw wird zurückgewiesen [*o* verworfen]; ***qc est à ~/qc est tout à fait exclu(e)*** etw ist auszuschließen/etw ist völlig [*o* ganz und gar] ausgeschlossen
3. (*supprimer*) ■ **qn exclut qc de qc** jd lässt etw von etw weg; ***qn exclut le sucre de son régime*** jd verzichtet bei seiner Diät auf Zucker
4. (*rendre impossible*) ■ **qc exclut qc** etw schließt etw aus
II. *vpr* ■ **des choses s'excluent** Dinge schließen sich aus

exclusif, -ive [ɛksklyzif, -iv] *adj* 1. (*sans partage*) *usage* alleinig; *propriété a.* Allein-; *privilège* ausschließlich; *reportage* Exklusiv-
2. (*absolu*) *préoccupation, but* einzig, ausschließlich; *amour* uneingeschränkt; ***qn a un caractère ~, qn est ~*** jd ist einseitig

exclusion [ɛksklyzjɔ̃] *f* ■ ~ **de qn** [**de qc**] *d'un parti* jds Ausschluss *m* [aus etw]; *d'un examen* jds Ausschluss [von etw]; *de la salle* Hinausweisen *nt* [*o* Hinausschicken *nt*] von jdm [aus etw]; *du lycée* jds Verweisung *f* [von etw]
▶ ~ **sociale** gesellschaftlicher Ausschluss; ~ **temporaire** zeitweiliger Ausschluss vom Unterricht; **à l'~ de qc** mit Ausnahme einer S. (*gen*), außer etw; **à l'~ de qn** unter Ausschluss von jdm

exclusive [ɛksklyziv] *f soutenu* ▶ **qn frappe qn d'~, qn prononce l'~ contre qn** jd schließt jdn aus

exclusivement [ɛksklyzivmɑ̃] *adv* 1. (*seulement*) ausschließlich, nur
2. (*exclu*) ausschließlich, exklusive

exclusivité [ɛksklyzivite] *f* 1. (*droit exclusif*) ■ **l'~ de qc** *d'une marque* die Alleinvertretung von etw; *du commerce de qc* der Alleinverkauf von etw, der Alleinvertrieb von etw; *d'un article, livre, film* alle Rechte *pl* [*o* das alleinige Recht] an etw (*dat*)
2. ■ **une ~ ...** + *subst* (*produit*) ein geschütztes Produkt von ...; ***c'est une ~ Radio Strasbourg*** die Information stammt von Radio Straßburg; ***le film est une ~ Étoile*** Étoile hat alle Rechte [*o* das alleinige Recht] für diesen Film
▶ **en** ~ COM ausschließlich, nur

excommunication [ɛkskɔmynikasjɔ̃] *f* Exkommunikation *f*; ***qn est frappé(e) d'~*** jd wird exkommuniziert

excommunier <1 a> [ɛkskɔmynje] *vt* ■ **qn excommunie qn** jd exkommuniziert jdn

excréments [ɛkskʀemɑ̃] *mpl* Exkremente *pl*, Kot *m*

excroissance [ɛkskʀwasɑ̃s] *f* Wucherung *f*

excursion [ɛkskyʀsjɔ̃] *f* Ausflug *m*, [Besichtigungs]tour *f*; ~ ***à pied*** [Fuß]wanderung *f*
▶ **qn fait une ~ [de 3/4 jours] quelque part** jd macht irgendwohin einen Ausflug [von 3/4 Tagen]

excursionner <1> [ɛkskyʀsjɔne] *vi vieilli* ■ **qn excursionne** jd macht einen Ausflug [*o* eine [Besichtigungs]tour]

excursionniste [ɛkskyʀsjɔnist] *mf vieilli* Ausflügler(in) *m(f)*; (*à pied*) Wanderer(in) *m(f)*

excusable [ɛkskyzabl] *adj* entschuldbar; *faute, colère, erreur a.* zu entschuldigen, verzeihlich; ***il/elle est ~*** man kann es ihm/ihr verzeihen; ■ **qn est ~ d'avoir fait qc** man kann jdm verzeihen, dass er etw getan hat

excuse [ɛkskyz] *f* 1. (*motif*) Entschuldigung *f*
2. *pl* (*regrets*) Entschuldigung *f*; ***qn exige des ~s de qn*** jd verlangt von jdm eine Entschuldigung
▶ **la belle ~!** schöne Ausrede!; **bonne/mauvaise** ~ gute Entschuldigung [*o* Ausrede]/faule Ausrede; **qn a toujours une bonne ~, qn se trouve toujours de bonnes ~s pour ne pas faire qc** jd hat/findet immer eine gute Entschuldigung [*o* Ausrede], um etw nicht tun zu müssen; **mille ~s!** ich bitte tausendmal um Entschuldigung [*o* Verzeihung]; **qn fait de plates ~s à qn** jd entschuldigt sich untertänigst bei jdm; **qn doit des ~s à qn** jd muss sich bei jdm entschuldigen; **qn fait des ~s à qn** jd entschuldigt sich bei jdm, jd bittet jdn um Entschuldigung; ***je vous fais toutes mes ~s*** ich möchte mich bei Ihnen entschuldigen; **qn présente ses ~s à qn** jd entschuldigt sich bei jdm [in aller Form]; **qn a pris pour ~ que, qn a trouvé comme ~ que** + *indic* jd bringt als Entschuldigung vor, dass

excuser <1> [ɛkskyze] I. *vt* 1. (*pardonner*) ■ **qn excuse qn** jd entschuldigt jdn, jd verzeiht jdm; ■ **qn excuse qc** jd entschuldigt [*o* verzeiht] etw
2. (*justifier*) ■ **qn excuse qn** jd nimmt jdn in Schutz; ■ **qn/qc excuse qc** jd/etw entschuldigt etw
3. (*dispenser*) ■ **qn excuse qn** jd entschuldigt jdn; ■ **qn se fait ~** jd entschuldigt sich
▶ **excusez du peu!** *fam* aber natürlich, wie konnte ich nur! *fam*; **veuillez m'~** [**si** + *indic*] entschuldigen [*o* verzeihen] Sie bitte[, wenn]; **excuse-moi/excusez-moi** (*pardon*) entschuldige/entschuldigen Sie [bitte], verzeih/verzeihen Sie [bitte], Entschuldigung, Verzeihung; **excuse-moi/excusez-moi,** [**mais**] ... (*pour atténuer*) entschuldige/entschuldigen Sie mal, aber ...
II. *vpr* 1. (*demander pardon*) ■ **qn s'excuse de qc** jd entschuldigt sich für etw; ■ **qn s'excuse de faire qc/d'avoir fait qc** jd entschuldigt sich dafür, dass er etw tut/dass er etw getan hat; ***je m'excuse de vous déranger, mais ...*** entschuldigen [*o* verzeihen] Sie bitte die Störung, aber ...
2. (*être dispensé*) ■ **qn s'est excusé(e)** jd hat sich entschuldigt; ***il/elle a téléphoné pour s'~*** er/sie hat sich telefonisch entschuldigt

exécrable [ɛgzekʀabl] *adj odeur, nourriture* scheußlich, ekelhaft; *film, poème* miserabel, erbärmlich; *humeur* [hunds]miserabel

exécutant, e [ɛgzekytɑ̃, ɑ̃t] *m, f* 1. (*agent*) Befehlsempfänger(in) *m(f)*; ***je suis un simple ~*** ich bin nur [ein] Befehlsempfänger
2. MUS Ausführende(r) *f(m)*, Mitwirkende(r) *f(m)*

exécuter <1> [ɛgzekyte] I. *vt* 1. (*effectuer*) ■ **qn exécute qc** *mouvement, manœuvre, pas de danse* jd führt etw aus; *projet, ordre, travail a.* jd führt etw durch; *travail a.* jd erledigt etw; ***qn exécute les dernières volontés de qn*** jd erfüllt jds letzten Willen
2. (*confectionner*) ■ **qn exécute qc** *ouvrage* jd fertigt etw an; *vêtement a.* jd näht etw; *plat* jd bereitet etw zu; *tableau* jd malt etw
3. (*interpréter*) ■ **qn exécute qc** jd spielt etw
4. JUR ■ **qn exécute qc** jd vollzieht [*o* vollstreckt] etw
5. (*tuer*) ■ **qn exécute qn** /*bourreau*/ jd richtet jdn hin, jd exekutiert jdn; /*assassin*/ jd bringt jdn um
6. INFORM ■ **qc exécute qc** etw führt etw aus
II. *vpr* ■ **qn s'exécute** jd fügt sich; ***maintenant il va falloir s'~*** jetzt müssen wir in den sauren Apfel beißen; ***qn s'exécute de bonne grâce*** jd ist willig

exécuteur, -trice [ɛgzekytœʀ, -tʀis] *m, f vieux* Ausführende(r) *f(m)*
▶ ~ **testamentaire** Testamentsvollstrecker(in) *m(f)*

exécutif, -ive [ɛgzekytif, -iv] I. *adj commission, comité* Exekutiv-; ***pouvoir ~*** ausübende [*o* vollziehende] Gewalt, Exekutive *f*, Exekutivgewalt *f*
II. *m* ausübende [*o* vollziehende] Gewalt, Exekutive *f*, Exekutivgewalt *f*

exécution [ɛgzekysjɔ̃] *f* 1. (*réalisation*) Ausführung *f*; [*travail, tâche a.*] Durchführung *f*; [*commande a.*] Erledigung *f*; [*robe, vitrail*] Anfertigung *f*; [*tableau*] Malen *nt*
2. (*accomplissement*) [*plan, programme*] Ausführung *f*, Durchführung *f*
3. MUS Vortrag *m*
4. [*condamné, prisonnier*] Hinrichtung *f*, Exekution *f*
▶ ~ **sommaire** standrechtliche Exekution; **qn met qc à ~** *loi* jd führt etw durch; *plan, projet a.* jd führt etw aus, jd bringt etw zur Ausführung; *menace* jd macht etw wahr

exemplaire [ɛgzɑ̃plɛʀ] I. *adj* 1. (*édifiant*) *courage, modestie* beispielhaft; *conduite, élève a., maître, mère* vorbildlich; *conduite a.* mustergültig
2. (*mémorable*) *châtiment* exemplarisch; ***de façon ~*** exemplarisch
II. *m* 1. (*copie*) [*livre, journal, tract, formulaire*] Exemplar *nt*; [*avion, voiture*] Maschine *f*

2. (*spécimen*) Exemplar *nt*
▶ **en deux/trois ~s, en double/triple** ~ in zweifacher/dreifacher Ausfertigung

exemple [ɛgzɑ̃pl] *m* 1. (*modèle à suivre*) Beispiel *nt*, Muster *nt*, Vorbild *nt*; ■ **l'~ de qn/qc** jds Vorbild/das Vorbild einer S. (*gen*); ■ **qn est un ~ de qc** jd ist ein Muster an etw (*dat*)
2. (*illustration*) Beispiel *nt*
3. LING Beispiel *nt*
▶ **qn cite qn/qc en ~** jd stellt jdn/etw als Beispiel hin, jd führt jdn/etw als Beispiel an; **qn cite** [*o* **donne**] **un ~ de qc à qn** jd gibt jdm ein Beispiel von etw; **qn donne** [*o* **montre**] **l'~** jd gibt ein gutes Beispiel, jd geht mit gutem Beispiel voran; **qn fait un ~** jd statuiert ein Exempel; **qn prêche d'~** jd geht mit gutem Beispiel voran; **qn prend ~ sur qn** jd nimmt sich (*dat*) an jdm ein Beispiel; **qc sert d'~ à qn** etw dient jdm als Beispiel; **qn suit l'~ de qn** jd folgt jds Beispiel (*dat*); [**qn fait qc**] **à l'~ de qn** [jd tut etw] nach jds Beispiel [*o* Vorbild]; **par ~** zum Beispiel, beispielsweise; [**ça**] **par ~!** *fam* (*indignation*) das darf doch wohl nicht wahr sein! *fam*, das ist doch nicht zu fassen! *fam*; [**ça/tiens**] **par ~!** *fam* (*surprise*) na, so [et]was! *fam*, na, sieh mal einer an! *fam*; ***non, par ~!*** nicht möglich! *fam*, nein, so [et]was! *fam*; [**qn fait qc**] **pour l'~** [jd tut etw,] um ein Exempel zu statuieren; [**qc est**] **sans ~** [etw ist] ohne Beispiel [*o* beispiellos]; ~: ... zum Beispiel [*o* beispielsweise]: ...

exempt, e [ɛgzɑ̃(pt), ɑ̃(p)t] *adj* 1. (*dispensé*) ■ **qn est ~ de qc** jd ist von etw befreit; ■ **qc est ~ de qc**: ***qc est ~ de taxes/de T.V.A.*** etw ist steuerfrei [*o* abgabenfrei]/etw unterliegt nicht der Mehrwertsteuer; ***qc est ~ d'affranchissement/de droits de timbre*** etw ist nicht freizumachen/etw braucht keine Steuermarke
2. (*dépourvu*) ■ **qn est ~ de qc** jd ist frei von etw; ■ **qc est ~ de qc**: ***qc est ~ de tout danger*** etw ist gefahrlos [*o* ohne Gefahr] [*o* mit keiner Gefahr verbunden]; ***qc est ~ de risques*** etw ist risikofrei [*o* risikolos] [*o* ohne Risiko]; ***ce métier n'est pas ~ de risques*** dieser Beruf ist nicht ohne Risiko; ***qc est ~ d'erreur*** etw ist fehlerfrei [*o* fehlerlos]

exempter <1> [ɛgzɑ̃(p)te] *vt* 1. (*dispenser*) ■ **qn exempte qn de qc** *d'impôts* jd befreit jdn von etw; *du service militaire, cours a.* jd stellt jdn von etw frei; *d'une obligation, charge a.* jd entbindet jdn von etw; ■ **qc est exempté(e) de qc**: ***qc est exempté(e) d'impôts/de T.V.A.*** etw ist steuerfrei [*o* abgabenfrei]/etw unterliegt nicht der Mehrwertsteuer
2. (*préserver*) ■ **qc exempte qn de qc** etw bewahrt jdn vor etw (*dat*)

exemption [ɛgzɑ̃psjɔ̃] *f*: ~ ***d'impôts*** Steuerbefreiung *f*; ~ ***de la taxe professionnelle/T.V.A.*** Befreiung *f* von der Gewerbesteuer/Mehrwertsteuer

exercé, e [ɛgzɛʀse] *adj œil, oreille* geübt, geschult; *voix* ausgebildet

exercer <2> [ɛgzɛʀse] I. *vt* 1. (*pratiquer*) ■ **qn exerce qc** *métier, profession* jd übt etw aus; *fonction a.* jd bekleidet etw
2. (*mettre en usage*) ■ **qn exerce qc** *art, influence, pouvoir* jd übt etw aus; *droit a.* jd macht etw geltend, jd macht von etw Gebrauch; *talent* jd entfaltet etw; ■ **qn/qc exerce qc sur qn/qc** jd/etw übt etw auf jdn/etw aus; ■ **qn exerce qc sur** [*o* **contre**] **qn** *des représailles* jd ergreift etw gegen jdn; ***qn exerce son autorité sur qn*** jd macht bei jdm von seiner Autorität Gebrauch; ***qn exerce une action dépressive sur qn*** jd wirkt deprimierend auf jdn
3. (*entraîner*) ■ **qn exerce qc** jd schult etw; *jugement, esprit a.* jd bildet etw; *oreille, œil, mémoire a.* jd übt etw; *goût* jd bildet etw aus, jd entwickelt etw; ■ **qn exerce qn à qc** *au maniement des armes* jd bildet jdn in etw (*dat*) aus; *à la pratique de l'informatique* jd führt jdn in etw (*akk*) ein; ■ **qn exerce qn à faire qc** jd gewöhnt jdn an [*o* jdn daran], etw zu tun; ***qn exerce son corps à résister au froid*** jd härtet seinen Körper gegen Kälte ab
II. *vi* ■ **qn exerce quelque part** jd ist irgendwo tätig; (*dans un cabinet*) jd praktiziert irgendwo; ***qn n'exerce plus*** jd praktiziert nicht mehr
III. *vpr* 1. (*s'entraîner*) ■ **qn s'exerce** jd übt; ■ **qn s'exerce à qc/à faire qc** jd übt sich in etw (*dat*)/darin, etw zu tun; ***qn s'exerce au violon/à la trompette*** jd spielt Geige/Trompete
2. (*se manifester*) ■ **qc s'exerce contre qn** /*hargne, méfiance, sarcasmes*/ etw richtet sich gegen jdn; ■ **qc s'exerce dans qc** /*habileté*/ etw zeigt sich bei etw; /*influence*/ etw ist in etw (*dat*) spürbar
3. (*agir sur*) ■ **qc s'exerce sur qn/qc** /*autorité, pouvoir, puissance, influence, fascination*/ etw macht sich bei jdm/etw bemerkbar; ***la pression qui s'exerce sur qc*** der Druck auf etw (*akk*)

exercice[1] [ɛgzɛʀsis] *m* 1. (*pratique*) [*métier, pouvoir, culte*] Ausübung *f*; [*fonction a.*] Bekleidung *f*; [*droit a.*] Geltendmachung *f*; ~ ***de la souveraineté*** Herrschaftsausübung; ***libre ~ du culte*** freie Religionsausübung
2. SCOL, MUS, SPORT (*entraînement*) Übung *f*; ~ ***de calcul/grammaire/solfège*** Rechen-/Grammatik-/Gesangsübung; ***qn fait ses ~s au piano/au violon*** jd übt auf dem Klavier/der Geige; ***la chanteuse fait des ~s*** die Sängerin übt; ***qn fait des ~s aux agrès*** jd übt an den Geräten, jd macht Geräteübungen
3. ∅ (*activité physique*) Bewegung *f*
4. ∅ MIL Drill *m*, Exerzieren *nt*
▶ **dans l'~ de ses fonctions** in Ausübung seines Amtes; ~ **illégal de la médecine** Arzttätigkeit *f* ohne Zulassung; ~ **pratique** praktische Übung; **~s structuraux** Übungen zur Satzbildung; **qn fait l'~** jd exerziert; ***qn fait faire l'~ à qn*** jd lässt jdn exerzieren; **qn fait** [*o* **prend**] **de l'~** jd verschafft sich (*dat*) Bewegung; (*fait de la gymnastique*) jd macht [*o* treibt] Gymnastik; **qn va à l'~** jd geht zum Exerzieren; **en ~** *personnel* im Dienst; *président* amtierend; ***qn entre en ~*** jd tritt seinen Dienst an; /*président*/ jd tritt sein Amt an; ***qn est en ~*** jd ist dienstlich tätig; /*président*/ jd ist im Amt
◆ **exercice à trous** Lückentest *m*; **exercice d'application** Anwendungsübung *f*; **exercice d'assouplissement** Aufwärmübung *f*; **exercice de rééducation** Rehabilitationsübung *f*; **exercice de style** Stilübung *f*; **exercice de tir** Schießübung *f*

exercice[2] [ɛgzɛʀsis] *m* FIN Geschäftsjahr *nt*, Wirtschaftsjahr *nt*, Rechnungsjahr *nt*
▶ ~ **budgétaire** Haushaltsjahr *nt*

exergue [ɛgzɛʀg] *loc* ▶ **en** ~ als Inschrift; ***le chapitre comprend un poème en ~*** dem Kapitel geht ein Gedicht voraus; ***à ce chapitre, il a mis un poème en ~*** dem Kapitel hat er ein Gedicht vorangestellt

exhalaison [ɛgzalɛzɔ̃] *f* Ausdünstung *f*; ~ ***odorante*** Duft *m*

exhaler <1> [ɛgzale] I. *vt* 1. (*répandre*) ■ **qc exhale qc** etw strömt etw aus
2. (*laisser échapper*) ■ **qn exhale qc** *soupir, plainte* jd stößt etw aus; ***qn exhale son dernier soupir*** jd tut seinen letzten Atemzug [*o* Seufzer]
3. *littér* (*manifester*) ■ **qn exhale qc** jd bringt etw zum Ausdruck, jd bekundet etw *geh*; ■ **qc exhale qc** /*visage*/ etw drückt etw aus
II. *vpr* ■ **qc s'exhale de qc** /*gémissement*/ etw dringt aus etw

exhausser <1> [ɛgzose] *vt* ■ **qn exhausse qc** [**de qc**] jd erhöht etw [um etw]; ***qn exhausse une maison d'un étage*** jd stockt ein Haus auf

exhaustif, -ive [ɛgzostif, -iv] *adj* erschöpfend; ***de façon ~ive*** erschöpfend

exhiber <1> [ɛgzibe] I. *vt* 1. (*montrer*) ■ **qn exhibe qc** *document, papier* jd zeigt [*o* weist] [*o* legt] etw vor; *preuve* jd bringt etw bei; ■ **qn exhibe un animal** jd führt ein Tier vor, jd zeigt ein Tier
2. (*étaler*) ■ **qn exhibe qc** jd stellt etw zur Schau; *savoir a.* jd prunkt [*o* protzt *fam*] mit etw
II. *vpr* ■ **qn s'exhibe** jd stellt sich zur Schau

exhibition [ɛgzibisjɔ̃] *f* [*animal savant*] Vorführung *f*; [*athlète a.*] Darbietung *f*; [*toilette, nudité*] Zurschaustellung *f*

exhibitionnisme [ɛgzibisjɔnism] *m* Exhibitionismus *m*

exhibitionniste [ɛgzibisjɔnist] *mf* Exhibitionist(in) *m(f)*

exhortation [ɛgzɔʀtasjɔ̃] *f* [Er]mahnung *f*

exhorter <1> [ɛgzɔʀte] *vt littér* ■ **qn exhorte qn à qc** jd [er]mahnt jdn zu etw; ■ **qn exhorte qn à faire qc** jd [er]mahnt jdn etw zu tun

exhumation [ɛgzymasjɔ̃] *f* [*corps*] Exhumierung *f*, Exhumation *f*; [*ruines, vestiges*] Ausgrabung *f*

exhumer <1> [ɛgzyme] *vt* ■ **qn exhume qc** *corps, mort* jd exhumiert etw; *vestiges, ruines, objet, affaire, document* jd gräbt etw aus

exigeant, e [ɛgziʒɑ̃, ʒɑ̃t] *adj caractère* anspruchsvoll; *patron* der viel verlangt; *enfant* anstrengend; *critique* streng; ***un travail ~*** eine anspruchsvolle Arbeit; eine Arbeit, die hohe Anforderungen stellt; ***un métier ~*** ein Beruf, bei dem viel verlangt wird; ***qn est très ~ sur*** [***le chapitre de***] ***qc*** jd legt sehr viel Wert auf etw (*akk*)
▶ **qn est** [*o* **se montre**] ~ **à l'égard de qn** jd verlangt viel von jdm, jd verlangt jdm viel ab; ***il se montre ~ à l'égard de son personnel*** er stellt hohe Ansprüche an sein Personal

exigence [ɛgziʒɑ̃s] *f* 1. (*caractère*) anspruchsvolles Wesen; ***qn est d'une ~ insupportable, qn est d'une telle ~*** jd ist unglaublich anspruchsvoll
2. *pl* (*prétentions*) [An]forderungen *pl*, Ansprüche *pl*; ***cet enfant a des ~s insupportables*** dieses Kind hat unerträglich hohe Ansprüche
3. *pl* (*impératifs*): ***~s de la mode*** Modezwänge *pl*; ***~s de sécurité*** Sicherheitsvorschriften *pl*

exiger <2 a> [ɛgziʒe] *vt* 1. (*demander*) ■ **qn exige qc** [**de qn**] jd verlangt etw [von jdm]; *explication, rançon, compensation a.* jd fordert etw [von jdm]; ***j'exige réparation*** ich verlange [*o* fordere] Wiedergutmachung; ***qn exige beaucoup de qn*** jd verlangt viel von jdm, jd verlangt jdm viel ab, jd stellt hohe Ansprüche an jdn; ***qn exige trop de qn*** jd verlangt zu viel von jdm, jd überfordert jdn; ■ **qn exige que** + *subj o cond* jd verlangt [*o* fordert], dass; ■ **qn exige de faire qc**: ***elle exige d'être tenue au courant*** sie verlangt, auf dem Laufenden gehalten zu werden; ***il exigeait d'avoir ses repas à heure fixe*** er verlangte, dass zu festen Zeiten gegessen wird
2. (*nécessiter*) ■ **qn/un animal exige qc** *soins, attention* jd/ein Tier erfordert [*o* braucht] etw; ■ **qc exige qc** etw braucht etw; *soins a., application* etw erfordert etw; ■ **qc exige que** + *subj* /*circonstances*/ etw erfordert, dass; /*politesse*/ etw gebietet, dass

exigible [ɛgziʒibl] *adj* fällig; ***le carton d'invitation est ~ à l'entrée de la salle*** die Einladung ist am Eingang des Saals vorzuzeigen

exigu, ë [ɛgzigy] *adj terrain, jardin* klein; *pièce, logement a.* winzig

exil [ɛgzil] *m* Exil *nt*, Verbannung *f*; ***qn condamne qn à l'~*** jd verbannt jdn

exilé, e [ɛgzile] *m, f* Emigrant(in) *m(f)*, im Exil Lebende(r) *f(m)*; (*sur ordre du gouvernement*) Verbannte(r) *f(m)*

exiler <1> [ɛgzile] I. *vt* ■ **qn exile qn** jd verbannt jdn, jd schickt jdn in die Verbannung [*o* ins Exil]
II. *vpr* ■ **qn s'exile quelque part** jd geht irgendwohin ins Exil, jd emigriert irgendwohin; (*sur ordre du gouvernement*) jd geht irgendwohin in die Verbannung; (*se retirer*) jd zieht sich irgendwohin zurück

existant, e [ɛgzistɑ̃, ɑ̃t] *adj* bestehend

existence [ɛgzistɑ̃s] *f* 1. (*vie*) Leben *nt*, Existenz *f*, Dasein *nt*
2. PHILOS Existenz *f*; ***l'~ de Dieu*** die Existenz Gottes

existentialisme [ɛgzistɑ̃sjalism] *m* Existenzialismus *m*

existentiel, le [ɛgzistɑ̃sjɛl] *adj* existenziell

exister <1> [ɛgziste] I. *vi* 1. (*vivre*) ■ **qn existe** jd lebt, jd existiert
2. (*avoir une réalité*) ■ **qc existe** etw besteht, etw existiert, etw gibt es; ***qc continue d'~*** etw besteht fort [*o* weiter]
3. (*se rencontrer*) ■ **un animal existe quelque part** ein Tier gibt es irgendwo; ■ **qc existe en qc** *en magasin* etw gibt es irgendwo
4. (*compter*) ■ **qc existe** [**pour qn**] etw gibt es [*o* existiert] [für jdn]
II. *vi impers* ■ **il existe qc** es gibt etw

exode [ɛgzɔd] *m* 1. Auszug *m*, [Massen]auswanderung *f*, Exodus *m*; ***qc prend les proportions d'un ~*** etw nimmt die Ausmaße einer Völkerwanderung an; ***l'exode de 1940*** *die Massenflucht der französischen Zivilbevölkerung im Jahre 1940*
2. BIBL ■ **l'E~** der Exodus, der Auszug aus Ägypten
▶ ~ **rural** Landflucht *f*

exonération [ɛgzɔneʀasjɔ̃] *f* FIN: ~ ***d'impôts*** [*o* ***fiscale***] Steuerbefreiung *f,* Steuererlass *m*
exonérer <5> [ɛgzɔneʀe] *vt* ■ **qn exonère qn de qc** jd befreit jdn von etw; ***qc est exonéré(e) de la T.V.A.*** etw unterliegt nicht der Mehrwertsteuer
exorbitant, e [ɛgzɔʀbitɑ̃, ɑ̃t] *adj prétentions* übermäßig hoch; *prix, somme a.* horrend; ***ce pull coûte un prix*** ~ der Preis für diesen Pullover ist horrend
exorciser <1> [ɛgzɔʀsize] *vt* ■ **qn exorcise qc** jd treibt etw [durch Beschwörung] aus, jd exorziert etw
exorcisme [ɛgzɔʀsism] *m* Exorzismus *m,* Austreibung *f* durch Beschwörung
exotique [ɛgzɔtik] *adj* exotisch
exotisme [ɛgzɔtism] *m* Exotik *f;* ***l'~ déplace les foules*** die Vorliebe für das Exotische lockt die Leute an
expansé, e [ɛkspɑ̃se] *adj v.* **polystyrène**
expansif, -ive [ɛkspɑ̃sif, -iv] *adj* mitteilsam, gesprächig; ***qn est d'un naturel*** ~ jd ist mitteilsam [*o* gesprächig]; ***il ne pouvait s'empêcher d'être*** ~ er musste sich einfach mitteilen
expansion [ɛkspɑ̃sjɔ̃] *f* **1.** ECON Expansion *f;* ~ ***industrielle/démographique*** industrielle Ausweitung/Bevölkerungsanstieg *m*
2. (*épanchement*): ***qn a besoin d'~*** jd hat ein großes Mitteilungsbedürfnis
► ~ **économique** wirtschaftliches Wachstum, Wirtschaftswachstum *nt;* **qc est en pleine** ~ etw expandiert, etw dehnt sich aus; ***un secteur en pleine*** ~ ein Sektor *m* der expandiert
expatriation [ɛkspatʀijasjɔ̃] *f* (*action de s'expatrier*) Emigration *f,* Auswanderung *f,* Verlassen *nt* seines Vaterlandes; (*action d'expatrier*) Ausbürgerung *f,* Expatriation *f,* Verbannung *f*
expatrié, e [ɛkspatʀije] *m, f* Emigrant(in) *m(f),* Auswanderer(in) *m(f);* (*exilé politique*) Verbannte(r) *f(m),* Ausgebürgerte(r) *f(m)*
expatrier <1 a> [ɛkspatʀije] **I.** *vt* ■ **qn expatrie qc** *capitaux* jd legt etw im Ausland an
II. *vpr* ■ **qn s'expatrie** jd emigriert, jd wandert aus
expectative [ɛkspɛktativ] *f littér* abwartende Haltung
► **qn est/reste dans l'~** jd wartet ab/jd wartet weiterhin ab, jd verhält sich abwartend/jd verhält sich weiterhin abwartend
expectorer <1> [ɛkspɛktɔʀe] *vt* ■ **qn expectore qc** jd hustet etw aus
expédient [ɛkspedjɑ̃] *m* Mittel *nt,* Ausweg *m;* (*pour échapper à une corvée*) Ausflucht *f meist pl;* ***qn ne sait plus à quels ~s recourir*** jd weiß keinen Ausweg mehr
► **qn vit d'~s** jd laviert [*o* schlägt] sich so durch *fam*
expédier <1 a> [ɛkspedje] *vt* **1.** (*envoyer*) ■ **qn expédie qc** jd gibt etw auf; *lettre a.* jd schickt etw ab [*o* weg], jd sendet etw [ab]; *colis a., marchandise* jd [ver]sendet [*o* schickt] etw; ***qn expédie qc par la poste/par le train/par avion*** jd versendet [*o* befördert] etw mit der [*o* per] Post/mit der Eisenbahn [*o* per Bahn]/mit dem [*o* per] Flugzeug [*o* auf dem Luftweg[e]]; ***qn expédie qc par bateau*** jd versendet [*o* befördert] etw mit dem [*o* per Schiff, jd verschifft etw
2. *fam* ■ **qn expédie qn quelque part** *à Londres* jd schickt jdn irgendwohin; ***qn expédie qn en pension/en colonie de vacances*** jd steckt jdn in eine Pension/Ferienkolonie *fam*
3. (*bâcler*) ■ **qn expédie qc** *affaire* jd erledigt etw rasch; *devoirs a* jd schludert etw hin *fam; repas* jd schlingt etw hinunter, jd verputzt etw *fam;* ***qn expédie une affaire/son devoir en quelques minutes*** jd erledigt eine Sache/seine Hausaufgabe in einigen Minuten
4. (*se débarrasser de*) ■ **qn expédie qn** jd fertigt jdn ab
5. ■ **qn expédie qc** *affaires courantes* jd erledigt etw
expéditeur, -trice [ɛkspeditœʀ, -tʀis] **I.** *m, f* Absender(in) *m(f)*
II. *app:* ***bureau*** ~ Versandstelle *f,* Abfertigungsstelle *f;* ***gare ~trice*** Versandbahnhof *m*
expéditif, -ive [ɛkspeditif, -iv] *adj solution, méthode* rasch [*o* schnell] [zum Ziel führend]; ***justice ~ive*** Schnellverfahren *nt;* ***la méthode est ~ive*** die Methode führt rasch zum Ziel; ***qn recherche le moyen le plus ~ pour faire qc*** jd sucht nach dem kürzesten Weg, um etw zu tun
expédition [ɛkspedisjɔ̃] *f* **1.** (*envoi*) Aufgabe *f;* [*lettre a.*] [Ab]schicken *nt,* [Ab]senden *nt;* [*colis a., marchandise*] Verschickung *f,* Versand *m;* ~ ***par avion*** Versand [*o* Beförderung *f*] mit dem [*o* per] Flugzeug
2. MIL Expedition *f,* Feldzug *m;* SCI Expedition, Forschungsreise *f*
3. [*affaires courantes*] Erledigung *f*
► ~ **punitive** Strafexpedition *f;* **quelle** ~! *fam* das ist/war vielleicht ein Unternehmen!
expéditionnaire [ɛkspedisjɔnɛʀ] **I.** *adj* Expeditions-
II. *mf* Expedient(in) *m(f),* Angestellte(r) *f(m)* in der Versandabteilung
expérience [ɛkspeʀjɑ̃s] *f* **1.** ∅ (*pratique*) Erfahrung *f;* ***qn a l'~ des hommes*** jd hat Menschenkenntnis; ~ ***professionnelle*** Berufserfahrung, Berufspraxis *f;* ***de longues années d'~*** langjährige Erfahrung; ~ ***des affaires*** Geschäftserfahrung; ***jeune sans*** ~ jung und unerfahren; ***cherche vendeuse, même sans*** ~ Verkäuferin gesucht, auch ohne Berufserfahrung
2. (*essai*) Experiment *nt,* Versuch *m*
3. SCI Experiment *nt,* Versuch *m;* ***qn fait des ~s de chimie*** jd macht chemische Versuche [*o* Experimente], jd experimentiert auf dem Gebiet der Chemie; ***~s sur les animaux*** Tierversuche *pl*
► ~ **amoureuse** Liebeserlebnis *nt;* **qn a de l'~** jd hat [*o* verfügt über] Erfahrung; **qn sait** [*o* **connaît**] **qc par** ~ jd weiß [*o* kennt] etw aus Erfahrung; **qn tente l'~** jd wagt [*o* macht] den Versuch
expérimental, e <-aux> [ɛkspeʀimɑ̃tal, o] *adj science, musique* experimentell; *données, méthode, stade* Versuchs-
expérimentalement [ɛkspeʀimɑ̃talmɑ̃] *adv* experimentell
expérimentateur, -trice [ɛkspeʀimɑ̃tatœʀ, -tʀis] *m, f* Experimentator(in) *m(f)*
expérimentation [ɛkspeʀimɑ̃tasjɔ̃] *f* Experimentieren *nt*
► ~ **animale** Tierversuch *m*
expérimenté, e [ɛkspeʀimɑ̃te] *adj* erfahren
expérimenter <1> [ɛkspeʀimɑ̃te] *vt* ■ **qn expérimente qc [sur qn/animal]** jd erprobt etw [an jdm/einem Tier], jd probiert etw [an jdm/einem Tier] aus
expert, e [ɛkspɛʀ, ɛʀt] **I.** *adj cuisinière* erfahren; *technicien, médecin a.* fachkundig; ■ **qn est ~ en** [*o* **dans**] **qc/à faire qc** jd kennt sich in etw (*dat*) aus/jd weiß etw zu tun
II. *m, f* (*spécialiste*) Experte/Expertin *m/f*
III. *m* JUR (*pour évaluer un objet*) Sachverständige(r) *f(m);* (*pour évaluer les dommages*) Gutachter(in) *m(f)*
► **qn est ~ en la matière** jd ist Experte [*o* Fachmann] auf dem Gebiet, jd kennt sich da aus *fam*
expert-comptable <~s-~s> [ɛkspɛʀkɔ̃tabl] *m* Wirtschaftsprüfer *m,* Rechnungsprüfer *m,* Buchprüfer *m*
expertise [ɛkspɛʀtiz] *f* **1.** (*estimation*) Schätzung *f*
2. (*procédure*) Begutachtung *f* [durch einen Sachverständigen]; ***l'~ de la voiture accidentée aura lieu demain matin*** die Schadenshöhe des Unfallwagens wird morgen früh festgesetzt; ~ ***médicale*** medizinische [*o* ärztliche] Untersuchung; ***certificat d'~ médicale*** medizinisches Gutachten
► ~ **judiciaire** gerichtliches Schiedsverfahren; **qn fait** [*o* **procède à**] **une ~ [de qc]** jd fertigt ein Gutachten [von etw] an
expertiser <1> [ɛkspɛʀtize] *vt* ■ **qn expertise qc** *bijou, tableau* jd begutachtet etw; (*pour évaluation*) jd schätzt etw; *situation financière* jd prüft etw; *écriture* jd untersucht etw; ■ **qn fait ~ qc** jd lässt etw schätzen/untersuchen
expiable [ɛkspjabl] *adj* sühnbar
expiation [ɛkspjasjɔ̃] *f littér* Sühne *f,* Buße *f*
► **en ~ de qc** als Sühne [*o* Buße] für etw
expier <1 a> [ɛkspje] *vt* ■ **qn expie qc** *faute, crime* jd sühnt etw, jd büßt für etw; *erreur, imprudence* jd bezahlt für etw; ■ **qn expie qc par qc** jd bezahlt für etw mit etw; ■ **qn fait ~ qc à qn** jd lässt jdn für etw büßen
expiration [ɛkspiʀasjɔ̃] *f* **1.** PHYSIOL Ausatmen *nt*
2. (*échéance*) [*trêve*] Ablauf *m;* [*délai, mandat a.*] Ende *nt*
► **qc vient à ~** etw läuft ab, etw endet, etw erlischt
expirer <1> [ɛkspiʀe] **I.** *vt, vi* ■ **qn expire [qc]** jd atmet [etw] aus; ■ **qn expire par qc** jd atmet durch etw aus; ■ **un animal expire qc [par qc]** ein Tier stößt etw [durch etw] aus
II. *vi* **1.** *littér* (*mourir*) ■ **qn expire** jd haucht seinen Geist aus *liter*
2. (*prendre fin*) ■ **qc expire** /*trêve*/ etw läuft ab; /*délai, bail, mandat a.*/ etw endet, etw erlischt
explicable [ɛksplikabl] *adj* erklärlich, erklärbar; ***qc rend qc*** ~ etw macht etw erklärlich
explicatif, -ive [ɛksplikatif, -iv] *adj commentaire* erklärend, erläuternd; ***notice ~ive*** Gebrauchsanweisung *f,* Gebrauchsanleitung *f;* ***note ~ive*** Erläuterung *f,* erläuternde Notiz; ***proposition relative ~ive*** erläuternder Relativsatz
explication [ɛksplikasjɔ̃] *f* **1.** (*indication*) Erklärung *f;* ■ **~s** (*mode d'emploi*) Gebrauchsanweisung *f,* Gebrauchsanleitung *f*
2. (*raison*) Erklärung *f*
3. (*justification*) Erklärung *f;* ***qn demande des ~s*** jd verlangt eine Erklärung
4. (*discussion*) Aussprache *f*
5. (*commentaire*) Erklärung *f,* Erläuterung *f*
◆ **explication de texte** Textinterpretation *f*
explicite [ɛksplisit] *adj* eindeutig, klar, unmissverständlich
explicitement [ɛksplisitmɑ̃] *adv* [klar und] deutlich, unmissverständlich
expliquer <1> [ɛksplike] **I.** *vt* **1.** (*faire connaître*) ■ **qn explique qc** jd erklärt [*o* erläutert] etw; ■ **qn explique que** + *indic* jd erklärt, dass; ***tu lui as bien expliqué que nous viendrons demain soir?*** du hast ihm doch wohl gesagt, dass wir morgen Abend kommen?
2. (*faire comprendre*) ■ **qn explique qc** *fonctionnement, leçon* jd erklärt etw; *texte, pensée, poème* jd interpretiert etw
3. (*donner la cause de qc*) ■ **qn explique qc** jd erklärt etw; ■ **qn explique [à qn] pourquoi/comment** + *indic* jd erklärt [jdm], warum/wie
► **je t'explique pas!** *fam* es ist kaum zu beschreiben!
II. *vpr* **1.** (*se faire comprendre*) ■ **qn s'explique** jd drückt sich aus
2. (*justifier*) ■ **qn s'explique sur qc** *sur son retard* jd entschuldigt sich wegen etw; *sur son choix, son erreur* jd rechtfertigt etw
3. (*avoir une discussion*) ■ **qn s'explique avec qn [sur qc]** jd spricht sich mit jdm [über etw (*akk*)] aus; ■ **deux personnes s'expliquent** zwei Menschen sprechen sich aus
4. *fam* (*se battre*) ■ **deux personnes vont s'~ [quelque part]** zwei Menschen schlagen sich [irgendwo]
5. (*rendre des comptes à*) ■ **qn va s'~ devant qn** jd verantwortet sich vor jdm; *devant les gendarmes* jd stellt sich jdm; ***tu t'expliqueras devant ton père!*** du wirst deinem Vater Rede und Antwort stehen!
6. (*comprendre*) ■ **qn s'explique qc** jd kann sich (*dat*) etw erklären; ■ **qn s'explique que** + *subj* jd kann sich (*dat*) erklären [*o* hat eine Erklärung dafür], dass; ***il ne sut comment s'~ la conduite de sa fille*** er wusste nicht, wie er sich das Verhalten seiner Tochter erklären sollte
7. (*être compréhensible*) ■ **qc s'explique** etw lässt sich erklären, etw ist zu erklären; ***cela ne peut s'~ que par la fatigue*** das ist nur mit Müdigkeit zu erklären
exploit [ɛksplwa] *m* **1.** [Helden]tat *f,* Großtat
2. *iron* Meisterleistung *f,* Kunststück *nt;* ***tu as réussi là un bel*** ~ da hast du ja was Schönes angerichtet

▶ **qn <u>réussit</u> l'~ de faire qc** jd vollbringt die hervorragende Leistung [*o* Glanzleistung], etw zu tun

exploitable [ɛksplwatabl] *adj terre, forêt* nutzbar; *domaine* landwirtschaftlich nutzbar; *document, données* verwertbar

exploitant, e [ɛksplwatɑ̃, ɑ̃t] *m, f* Landwirt(in) *m(f)*, Bauer/Bäuerin *m/f*
▶ ~ <u>agricole</u> Landwirt(in) *m(f)*, Bauer/Bäuerin *m/f*; ***gros ~ agricole*** Großbauer; <u>petits</u> ~s Kleinbauern *pl*
◆ **exploitant(e) de salle [de cinéma]** (*propriétaire*) Kinoeigentümer(in) *m(f)*; (*gérant*) Kinopächter(in) *m(f)*

exploitation [ɛksplwatasjɔ̃] *f* **1.** (*action*) [*domaine, ferme*] Bewirtschaftung *f*; [*ressources naturelles, eau*] Nutzung *f*; [*mine, carrière*] Abbau *m*; ***~ d'une ligne aérienne*** Recht *nt*, eine Linie zu befliegen
2. (*bien*) Betrieb *m*; ***~ familiale*** [bäuerlicher] Familienbetrieb; ***grande ~*** Großbetrieb; ***petite ~*** Kleinbetrieb
3. (*mise à profit*) [*situation, succès*] Ausnutzung *f*, Ausnutzen *nt*; [*idée*] Verwertung *f*
▶ ~ <u>agricole</u> landwirtschaftlicher Betrieb; ~ <u>forestière</u> forstwirtschaftlicher Betrieb

exploité, e [ɛksplwate] *m, f* Ausgebeutete(r) *f(m)*

exploiter <1> [ɛksplwate] *vt* **1.** (*faire valoir*) ■ **qn exploite qc** *terre* jd bewirtschaftet etw; *ressources* jd nutzt etw; *mine* jd beutet etw aus, jd baut etw ab
2. (*utiliser avantageusement*) ■ **qn exploite qc** *situation, avantage* jd nutzt etw [aus], jd macht sich (*dat*) etw zunutze; *idée* jd verwertet etw; *résultats* jd wertet etw aus; ***qc est exploité(e) contre qn*** /*propos*/ etw wird gegen jdn verwertet [*o* verwendet]
3. (*abuser de*) ■ **qn exploite qn** jd beutet jdn aus; ■ **qn exploite qc** jd nutzt etw aus

exploiteur, -euse [ɛksplwatœʀ, -øz] *m, f* Ausbeuter(in) *m(f)*; ***c'est un ~ de la misère humaine*** er schlägt Kapital aus dem Elend der anderen

explorateur, -trice [ɛksplɔʀatœʀ, -tʀis] **I.** *m, f* Forschungsreisende(r) *f(m)*, Erforscher(in) *m(f)*; ***équipe d'~s*** Forscherteam [-ti:m] *nt*
II. *m* INFORM (*outil*) Browser ['bʀauzɐ] *m*
◆ **explorateur de réseau** INFORM Internet-Browser [-bʀauzɐ] *m*

exploration [ɛksplɔʀasjɔ̃] *f* **1.** Erforschung *f*
2. INFORM Browsen ['bʀauzən] *nt spec*

explorer <1> [ɛksplɔʀe] **I.** *vt* **1.** ■ **qn explore qc** *pays, gouffre, fond marin* jd erforscht etw
2. ■ **qn explore qc** *idée* jd prüft [*o* studiert] etw eingehend; *question* jd beschäftigt [*o* befasst] sich eingehend mit etw
II. *vi* INFORM ■ **qn explore** jd browst ['bʀaust] *spec*

exploser <1> [ɛksploze] *vi* **1.** ■ **qc explose** etw explodiert; /*bombe, chaudière a.*/ etw platzt; /*grenade a.*/ etw krepiert; ■ **qn fait ~ qc** jd bringt etw zur Explosion [*o* zum Explodieren]
2. *fig* ■ **qn explose** jd explodiert, jd geht in die Luft *fam*; ■ **qc explose** /*colère, joie*/ etw bricht aus; ***qn laisse sa colère ~*** jd lässt seinem Zorn freien Lauf

explosif, -ive [ɛksplozif, -iv] **I.** *adj mélange* explosiv; *situation* gespannt; *dossier* heikel; ***consonne ~ive*** Explosivlaut *m*; ***obus ~*** Sprenggranate *f*; ***la situation était devenue ~ive*** die Lage hatte sich zugespitzt [*o* verschärft]
II. *m* Sprengstoff *m*

explosion [ɛksplozjɔ̃] *f* **1.** [*bombe, chaudière*] Explosion *f*; ■ **~ de** *de gaz, grisou* -explosion
2. ■ **~ de** *de joie, colère* -ausbruch *m*
▶ ~ <u>atomique</u> [*o* <u>nucléaire</u>] Atomexplosion *f*; ~ <u>démographique</u> Bevölkerungsexplosion *f*; ~ <u>sociale</u> Volksaufstand *m*, Volkserhebung *f*

exportable [ɛkspɔʀtabl] *adj* exportierbar, ausführbar, ausfuhrfähig

exportateur, -trice [ɛkspɔʀtatœʀ, -tʀis] **I.** *adj nation* exportierend; *pays a.* Ausfuhr-, Export-; ■ **~ de qc**: ***pays ~ de pétrole/blé/vin*** öl-/getreide-/weinexportierendes Land, Öl-/Getreide-/Weinexportland *nt*, Öl-/Getreide-/Weinausfuhrland *nt*
II. *m, f* (*personne*) Exporteur(in) *m(f)*; (*pays*) Exporteur *m*, Exportland *nt*, Ausfuhrland *nt*; ■ **~ de qc**: ***~ de pétrole/blé/vin*** Öl-/Getreide-/Weinexporteur, Öl-/Getreide-/Weinexportland, Öl-/Getreide-/Weinausfuhrland

exportation [ɛkspɔʀtasjɔ̃] *f* **1.** (*action*) Export *m*, Ausfuhr *f*; ***articles d'~*** Exportartikel *pl*
2. *pl* (*biens*) Export *m*, Ausfuhr *f*; ***volume des ~s*** Exportvolumen *nt*, Ausfuhrvolumen *nt*
3. INFORM Übertragung *f*, Transfer *m*

exporter <1> [ɛkspɔʀte] *vt* **1.** ■ **qn exporte qc [vers [*o* dans] qc]** jd exportiert etw [nach etw], jd führt etw [nach etw] aus
2. INFORM ■ **qn exporte qc sur qc** jd überträgt [*o* transferiert] etw auf etw (*akk*)

exposé [ɛkspoze] *m* **1.** (*développement*) Referat *nt*; ***qn fait un ~ sur qc*** jd hält ein Referat über etw (*akk*)
2. (*description*) ■ **~ de qc** Darstellung *f* [*o* Darlegung *f*] einer S. (*gen*); ***~ de la situation*** Lagebericht *m*; ***l'acte d'accusation donne un ~ des faits*** die Anklageschrift gibt einen Überblick über den Tatbestand [*o* Sachverhalt]

exposer <1> [ɛkspoze] **I.** *vt* **1.** (*montrer*) ■ **qn expose qc** jd stellt etw aus; *marchandise a.* jd legt etw aus; *tableau a.* jd zeigt etw; *corps* jd bahrt etw auf
2. (*décrire*) ■ **qn expose qc** jd legt etw dar, jd trägt etw vor
3. (*mettre en péril*) ■ **qn expose qc** jd setzt etw aufs Spiel, jd riskiert etw; ■ **qn/qc expose qn à qc** *au danger* jd/etw setzt jdn einer S. (*dat*) aus; *au ridicule a.* jd/etw gibt jdn einer S. (*dat*) preis *geh*
4. (*orienter*) ■ **qn expose qc à qc** jd setzt etw einer S. (*dat*) aus; ***une maison/une chambre exposée au sud*** ein nach Süden ausgerichtetes Haus/Zimmer; ***cette plante ne doit pas être exposée plein sud*** diese Pflanze darf nicht voll der Sonne ausgesetzt werden
5. (*opp: être abrité*) ■ **qc est [très] exposé(e)** /*maison*/ etw steht [sehr] frei [*o* ungeschützt]; ***endroit ~*** ungeschützter Ort [*o* Platz]
II. *vpr* ■ **qn s'expose à qc** jd setzt sich einer S. (*dat*) aus

exposition [ɛkspozisjɔ̃] *f* **1.** (*présentation*) ■ **~ de qc** Ausstellung *f* [*o* Ausstellen *nt*] einer S. (*gen*)
2. (*explication*) Darlegung *f*, Erläuterung *f*
3. (*foire*) Ausstellung *f*; ***~ canine*** Hundeausstellung
4. ART Ausstellung *f*; ***~ de peintures*** Gemäldeausstellung
5. (*orientation*) [*maison, terrain*] Ausrichtung *f*; ***~ au sud*** Ausrichtung nach Süden
6. (*action de soumettre à qc*) Aussetzen *nt*; ■ **~ à qc**: ***l'~ à l'air de la plaie est recommandée par le médecin*** der Arzt empfiehlt, die Wunde der Luft auszusetzen; ***l'~ au soleil est néfaste pour la peau*** sich der Sonne auszusetzen ist schädlich für die Haut, Sonnenbestrahlung ist schädlich für die Haut; ***c'est l'~ à la chaleur qui ...*** es ist die Hitzeeinwirkung, die ...
▶ ~ <u>universelle</u> Weltausstellung *f*

exprès [ɛkspʀɛ] *adv* (*intentionnellement*) mit Absicht, absichtlich, extra *fam*; (*spécialement*) extra, eigens
▶ **qn <u>fait</u> ~ de faire qc** jd tut etw absichtlich [*o* mit Absicht] [*o* extra *fam*]; **comme par un <u>fait</u> ~** wie wenn es hätte sein sollen *fam*; <u>**tout**</u> ~ extra, eigens

exprès, -esse [ɛkspʀɛs] **I.** *adj interdiction, ordre* ausdrücklich
▶ ~ Express, Eilsendung
II. *m* Eilsendung *f*
▶ **qn <u>envoie</u> qc en [*o* par] ~** jd schickt etw per Express [*o* als Eilsendung]
III. *app inv lettre, envoi, colis* Eil-

express [ɛkspʀɛs] **I.** *adj*: ***train ~*** Schnellzug *m*, D-Zug *m*; ***café ~*** Espresso *m*
II. *m* (*café*) Espresso *m*; *vieilli* (*train*) Schnellzug *m*, D-Zug *m*

expressément [ɛkspʀesemɑ̃] *adv* ausdrücklich

expressif, -ive [ɛkspʀesif, -iv] *adj* ausdrucksvoll

expression [ɛkspʀesjɔ̃] *f* **1.** (*action*) Ausdruck *m*; ***mode d'~*** Ausdrucksweise *f*
2. (*tournure*) Ausdruck *m*
3. ART, MUS Ausdruck *m*; ***absence d'~*** Ausdruckslosigkeit *f*; ***sans ~*** ausdruckslos
▶ ~ <u>corporelle</u> Ausdruckstanz *m*; ~ **toute <u>faite</u>** *péj* Klischee *nt*; ~ <u>familière</u> umgangssprachlicher Ausdruck; ~ <u>figée</u> feststehender Ausdruck; <u>**plein(e)**</u> **d'~** ausdrucksvoll; **qn est réduit(e) à sa plus <u>simple</u> ~** jd ist völlig abgemagert, jd ist nur noch Haut und Knochen; **qc est réduit(e) à sa plus <u>simple</u> ~** /*tenue vestimentaire*/ etw ist auf das Notwendigste beschränkt, etw beschränkt sich auf das Nötigste; /*existence, ambition*/ etw ist auf ein Minimum [*o* Mindestmaß] reduziert; /*problème*/ etw ist auf die einfachste Formel gebracht; /*plante*/ etw ist ganz ausgetrocknet; **veuillez <u>agréer</u> l'~ de mes sentiments distingués [*o* de mes sentiments les meilleurs]** mit freundlichen Grüßen; **<u>passez-moi</u> l'~** entschuldigen Sie den Ausdruck

expressionnisme [ɛkspʀesjɔnism] *m* Expressionismus *m*

expressionniste [ɛkspʀesjɔnist] **I.** *adj* expressionistisch
II. *mf* Expressionist(in) *m(f)*

exprimable [ɛkspʀimabl] *adj* ■ **qc n'est pas ~** etw kann man nicht in Worten ausdrücken; ***qc est difficilement ~*** etw ist schwer mit Worten wiederzugeben, etw lässt sich schwer in Worte fassen

exprimer <1> [ɛkspʀime] **I.** *vt* **1.** (*faire connaître*) ■ **qn exprime qc** *pensée* jd drückt etw aus, jd bringt etw zum Ausdruck; *opinion, désir* jd äußert etw; *sentiment* jd bringt etw zum Ausdruck, jd verleiht einer S. (*dat*) Ausdruck *geh*; ***qn exprime sa reconnaissance à qn*** jd drückt gegenüber jdm seine Dankbarkeit aus, jd bringt gegenüber jdm seine Dankbarkeit zum Ausdruck; ***qn exprime sa satisfaction au sujet de qc*** jd äußert sich befriedigt in Bezug auf etw (*akk*); ***un animal exprime sa satisfaction par qc*** ein Tier drückt seine Zufriedenheit durch etw aus
2. (*manifester, traduire*) ■ **qc exprime qc** etw drückt etw aus, etw bringt etw zum Ausdruck
3. (*indiquer*) ■ **qn exprime qc en qc** *en mètres* jd drückt etw in etw (*dat*) aus; *en francs* jd gibt etw in etw (*dat*) an; ■ **qc exprime qc** /*signe*/ etw steht für etw; /*exposant*/ etw gibt etw an
4. (*extraire*) ■ **qn exprime qc** jd drückt [*o* presst] etw aus
II. *vpr* **1.** (*parler*) ■ **qn s'exprime ...** jd drückt sich ... aus; *par gestes, signes* jd macht sich durch etw verständlich; *en français* jd drückt sich in etw (*dat*) aus; ***je suis le seul à ne pas m'être encore exprimé*** ich bin der einzige, der noch nichts gesagt hat [*o* sich noch nicht geäußert hat]; ***qn s'exprime librement*** jd äußert frei seine Meinung
2. (*se manifester*) ■ **qc s'exprime [dans qc]** /*volonté*/ etw kommt [in etw (*dat*)] zum Ausdruck; /*sensibilité a.*/ etw drückt sich [in etw (*dat*)] aus; /*talent de poète*/ etw entfaltet sich [in etw (*dat*)]; ■ **qc s'exprime sur qc** etw drückt sich in etw (*dat*) aus

expropriation [ɛkspʀɔpʀijasjɔ̃] *f* Enteignung *f*

exproprier <1 a> [ɛkspʀɔpʀije] *vt* ■ **qn exproprie qn/qc** jd enteignet jdn/etw

expulser <1> [ɛkspylse] *vt* ■ **qn expulse qn [de qc]** *élève* jd verweist jdn von etw; *étranger* jd weist jdn [aus etw] aus, jd schiebt jdn [aus etw] ab; *locataire* jd zwingt jdn zur Räumung [einer S. (*gen*)], jd wirft jdn [aus etw] hinaus *fam*; *intrus* jd wirft jdn [aus etw (*dat*)] hinaus *fam*; SPORT jd verweist jdn von etw; ***il l'a expulsée du lycée pour 3 jours*** er hat sie für 3 Tage vom Unterricht ausgeschlossen

expulsion [ɛkspylsjɔ̃] *f* [*élève*] Verweisung *f* von der Schule; [*étranger*] Ausweisung *f*, Abschiebung *f*; [*locataire*] Zwangsräumung *f*, Hinauswerfen *nt fam*; SPORT Platzverweis *m*

expurger <2 a> [ɛkspyʀʒe] *vt* ■ **qn expurge qc** jd purgiert etw; ***édition expurgée*** zensierte Ausgabe; ***version expurgée*** gereinigte [*o* purgierte] Fassung

exquis, e [ɛkski, iz] *adj politesse* ausgesucht; *plat a.* exquisit, köstlich; *moment* außergewöhnlich; *personne* überaus reizend *journée* herrlich; *goût, manières, parfum* erlesen; ***qn est d'une politesse ~e*** jd ist ausgesucht höflich

exsangue [ɛgsɑ̃g] *adj* **1.** *littér* blutleer
2. *pays* ausgeblutet

extase [ɛkstɑz] *f* Verzückung *f,* Ekstase *f*
▸ **qn est en ~ devant qn/qc** jd ist ganz hingerissen von jdm/etw; **qn reste en ~ devant qc** jd betrachtet etw verzückt; **qn tombe en ~ devant qc** jd gerät über etw in Verzückung [*o* Ekstase]

extasier <1 a> [ɛkstɑzje] *vpr* ■ **qn s'extasie devant** [*o* **sur**] **qc** jd gerät über etw (*akk*) in Ekstase [*o* Verzückung]

extatique [ɛkstatik] *adj joie* überschwänglich; *air* verzückt

extenseur [ɛkstɑ̃sœʀ] *adj:* ***muscle*** ~ Streckmuskel *m,* Strecker *m*

extensible [ɛkstɑ̃sibl] *adj* dehnbar

extensif, -ive [ɛkstɑ̃sif, -iv] *adj méthodes* extensiv *sens* erweitert

extension [ɛkstɑ̃sjɔ̃] *f* **1.** (*allongement*) [*ressort*] Ausdehnung *f;* [*bras*] Strecken *nt;* ***mouvement d'~*** Streckbewegung *f*
2. (*accroissement*) [*ville*] Ausdehnung *f;* [*incendie, épidémie*] Ausbreitung *f,* Umsichgreifen *nt;* [*grève*] Ausweitung *f;* ~ ***des pouvoirs*** Befugniserweiterung *f;* ***qc est en pleine*** ~ */épidémie/* etw breitet sich immer mehr aus
3. LING: ~ ***de sens*** Bedeutungserweiterung *f*
4. INFORM Erweiterung *f;* ~ ***de mémoire*** Speichererweiterung
▸ **qc prend de l'~** */incendie/* etw breitet sich aus, etw greift um sich; */épidémie a., grève/* etw weitet sich aus; */affaires/* etw wächst, etw vergrößert sich; ***l'épidémie a pris une certaine*** ~ die Epidemie hat ein gewisses Ausmaß angenommen; **par** ~ im weiteren Sinne

exténuant, e [ɛkstenɥɑ̃, ɑ̃t] *adj* anstrengend, strapaziös

exténuer <1> [ɛkstenɥe] **I.** *vt* ■ **qc exténue qn** etw erschöpft jdn
II. *vpr* ■ **qn s'exténue à faire qc/pour faire qc** jd müht sich ab, etw zu tun/um etw zu tun; ***qn s'exténue en efforts inutiles*** jd müht sich vergeblich ab

extérieur, e [ɛksteʀjœʀ] **I.** *adj* **1.** (*en dehors*) äußere(r, s); *escalier, cour, quartier a.* Außen-; *bruits* von außen kommend; *activités* außerhäuslich
2. (*objectif*) *réalité* äußere(r, s); *monde* Außen-; ***univers*** ~ Außenwelt *f*
3. *politique, commerce* Außen-; *investissements* Auslands-
4. (*externe*) äußere(r, s); *porte a., paroi, surface, poche* Außen-
5. (*visible*) *calme* äußerlich; *amabilité* gespielt, geheuchelt, vorgetäuscht; ***aspect*** ~ Äußere(s) *nt,* äußere Erscheinung; ***qn évite toute manifestation ~e de ses sentiments*** jd lässt sich (*dat*) keinerlei Gefühlsregung anmerken
6. (*étranger*) ■ **qc est ~ à qc** */sujet/* etw liegt außerhalb einer S. (*gen*)
II. *m* **1.** (*monde extérieur*) Außenwelt *f;* ***qc lui est imposé par l'~*** etw wird jdm von außen auferlegt
2. (*dehors*) ■ **l'~ de qc** die Außenseite einer S. (*gen*) ***nous peindrons l'~ de la maison*** wir streichen die Außenseite des Hauses [*o* das Haus von außen]; ***l'~ de la banane est jaune*** die Banane ist außen gelb
3. CINE Außenaufnahmen *pl*
4. (*l'étranger*) ■ **l'~** das Ausland
▸ **à l'~ [de qc]** *de la ville, maison, du magasin* außerhalb [einer S. (*gen*)]; ***les enfants, allez jouer à l'~*** Kinder, geht [nach] draußen spielen; ***qn reste à l'~*** jd bleibt draußen; **de l'~** von außen

extérieurement [ɛksteʀjœʀmɑ̃] *adv* **1.** (*à l'extérieur*) äußerlich, von außen
2. (*en apparence*) nach außen hin, äußerlich

extériorisation [ɛksteʀjɔʀizasjɔ̃] *f* ■ **~ de qc** *de joie, douleur* Äußerung *f* von etw; ~ ***de sentiment*** Gefühlsäußerung

extérioriser <1> [ɛksteʀjɔʀize] **I.** *vt* ■ **qn extériorise qc** jd zeigt etw, jd drückt etw aus, jd äußert etw
II. *vpr* ■ **qn s'extériorise** jd geht aus sich heraus; ■ **qc s'extériorise** etw äußert sich

exterminateur, -trice [ɛkstɛʀminatœʀ, -tʀis] *adj littér glaive* todbringend, Verderben bringend; *rage* tödlich; *décrets* Vernichtungs-

extermination [ɛkstɛʀminasjɔ̃] *f* Ausrottung *f;* [*peuple, bêtes nuisibles a.*] Vernichtung *f;* [*bêtes nuisibles a.*] Vertilgung *f;* [*famille a.*] Ausmerzen *nt*

exterminer <1> [ɛkstɛʀmine] *vt* ■ **qn extermine des personnes** jd rottet Menschen aus, jd vernichtet Menschen

externat [ɛkstɛʀna] *m* **1.** SCOL Externat *nt*
2. MED Famulatur *f*

externe [ɛkstɛʀn] **I.** *adj bords* Außen-; ***surface*** ~ äußere Fläche; ■ **qc est ~** etw ist [*o* sitzt] [*o* liegt] außen
II. *mf* **1.** SCOL Externe(r) *f(m)*
2. MED Famulus/Famula *m/f,* Famulant(in) *m(f)*
◆ **externe des hôpitaux** Famulus/Famula *m/f,* Famulant(in) *m(f)*

extincteur [ɛkstɛ̃ktœʀ] *m* Feuerlöscher *m,* Löschgerät *nt*

extinction [ɛkstɛ̃ksjɔ̃] *f* **1.** (*action*) [*incendie*] Löschen *nt;* [*lumières a.*] Ausmachen *nt;* [*feu de cheminée*] [Aus]löschen *nt,* Ausmachen; ***la bougie brûla jusqu'à*** ~ die Kerze brannte völlig herunter
2. (*disparition*) Aussterben *nt*
◆ **extinction des feux** Zapfenstreich *m;* **extinction de voix** völlige Heiserkeit, Stimmlosigkeit *f;* ***qn a une ~ de voix*** jd ist völlig heiser, jd hat keine Stimme mehr

extirpation [ɛkstiʀpasjɔ̃] *f* [*mauvaises herbes*] Ausreißen *nt,* Herausziehen *nt;* [*tumeur*] [völlige] Entfernung, Exstirpation *f spec,* [*racisme, préjugés*] Ausrottung *f,* [völlige] Beseitigung

extirper <1> [ɛkstiʀpe] *vt* ■ **qn extirpe qc** *mauvaises herbes* jd reißt etw aus, jd zieht etw heraus; *tumeur* jd entfernt etw [völlig], jd exstirpiert etw *spec;* ■ **qn extirpe qn/qc de qc** *fam d'un lit, d'une poche* jd holt jdn/etw aus etw

extorquer <1> [ɛkstɔʀke] *vt* ■ **qn extorque qc à qn** *argent, signature* jd erpresst etw von jdm; *promesse* jd nötigt jdm etw ab *geh*

extorsion [ɛkstɔʀsjɔ̃] *f* Erpressung *f*

extra [ɛkstʀa] **I.** *adj inv* **1.** (*de qualité supérieure*) erstklassig; *vin a.* Spitzen-
2. *fam* (*formidable*) toll *fam,* spitzenmäßig *fam; bonbon* sehr lecker; ***ces bonbons ne sont pas*** ~ diese Bonbons schmecken nicht besonders
▸ **c'est ~!** *fam* das ist einfach Spitze! *fam*
II. *m* **1.** (*serviteur supplémentaire*) Aushilfskellner(in) *m(f)*
2. (*gâterie*) ■ **un ~** etwas Besonderes

extraconjugal, e <-aux> [ɛkstʀakɔ̃ʒygal, o] *adj* außerehelich

extraction [ɛkstʀaksjɔ̃] *f* **1.** MIN ■ **~ de** *du pétrole, charbon* -förderung *f,* -gewinnung *f; du marbre* -abbau *m*
2. ■ **~ de qc** *d'une dent* Ziehen *nt* einer S. (*gen*), Extraktion *f* einer S. (*gen*) *spec; d'une balle* [operative] Entfernung einer S. (*gen*)
▸ **qn est de basse/haute ~** *soutenu* jd ist von niederer/hoher Abkunft [*o* Herkunft], jd ist von niedriger/hoher Geburt

extrader <1> [ɛkstʀade] *vt* ■ **qn extrade qn** jd liefert jdn aus

extradition [ɛkstʀadisjɔ̃] *f* Auslieferung *f*

extrafin, e [ɛkstʀafɛ̃, fin] *adj* extrafein **extrafort, e** [ɛkstʀafɔʀ, fɔʀt] *adj* extrastark

extraire <*irr*> [ɛkstʀɛʀ] **I.** *vt* **1.** (*sortir*) ■ **qn extrait qc** *charbon, pétrole* jd fördert [*o* gewinnt] etw; *marbre* jd bricht etw, jd baut etw ab; *dent* jd zieht etw, jd extrahiert etw *spec; clou* jd zieht etw heraus; *balle* jd entfernt etw [operativ]; ***qn extrait qc de sa poche*** jd holt etw aus seiner Tasche [heraus]; ***qn extrait des photos d'un album*** jd nimmt Fotos aus einem Album heraus
2. (*séparer*) ■ **qn extrait qc** *gaz* jd gewinnt etw; ■ **qn extrait qc de qc** *matières sucrées* jd gewinnt etw aus etw; *jus* jd presst etw aus etw heraus
3. (*sélectionner*) ■ **qn extrait qc de qc** jd entnimmt einer S. (*dat*) etw
II. *vpr fam* ■ **qn s'extrait de qc** *d'une voiture* jd quält sich aus etw *fam*

extrait [ɛkstʀɛ] *m* **1.** (*fragment*) Auszug *m*
2. (*concentré*) ■ **~ de** -extrakt *m o nt*
◆ **extrait de compte** Kontoauszug *m;* **extrait de naissance** Geburtsurkunde *f*

extraordinaire [ɛkstʀaɔʀdinɛʀ] *adj* **1.** (*opp: ordinaire*) *réunion, fait, budget* außerordentlich; *dépenses a.* Sonder-
2. (*insolite*) ungewöhnlich; *aventure, événement, histoire, nouvelle a.* merkwürdig, sonderbar; *monde a.* fantastisch; ***je ne trouve rien d'~ à cela*** ich finde daran nichts Ungewöhnliches
3. (*hors du commun*) außergewöhnlich, ungewöhnlich; ***elle est d'une beauté*** ~ sie ist außergewöhnlich [*o* ungewöhnlich] schön
4. *fam* (*extra*) ■ **qc est ~** etw ist Spitze *fam;* ■ **qc n'est pas ~** etw ist nichts Besonderes
5. (*très grand*) *fortune, orgueil* außergewöhnlich groß; ***qn est d'une pâleur*** ~ jd ist außergewöhnlich [*o* überaus] blass
▸ **[qn fait qc] par ~** [jd tut etw] ausnahmsweise; **si par ~** falls wider Erwarten [*o* ausnahmsweise]

extraparlementaire [ɛkstʀapaʀləmɑ̃tɛʀ] *adj* außerparlamentarisch

extraplat, e [ɛkstʀapla, at] *adj* besonders schmal

extrapolation [ɛkstʀapɔlasjɔ̃] *f* (*généralisation*) [Schluss]folgerung *f;* (*en statistique*) Extrapolation *f;* ***par*** ~ durch Extrapolation

extrapoler <1> [ɛkstʀapɔle] **I.** *vi* **1.** ■ **qn extrapole** jd zieht Schlüsse, jd zieht einen Schluss; ***il ne faut pas*** ~ (*généraliser*) man darf nicht verallgemeinern
2. MATH ■ **qn extrapole** jd extrapoliert
II. *vt* ■ **qn extrapole qc de qc** jd schließt etw aus etw

extrascolaire [ɛkstʀaskɔlɛʀ] *adj* außerschulisch

extraterrestre [ɛkstʀateʀɛstʀ] *mf* Außerirdische(r) *f(m)*

extravagance [ɛkstʀavagɑ̃s] *f* **1.** [*conduite, costume*] Extravaganz *f;* [*personne*] exzentrisches Wesen; [*projet*] Ausgefallenheit *f,* Verrücktheit *f;* [*propos*] Überspanntheit *f*
2. *pl* (*actions, paroles*) Verrücktheiten *pl,* Extravaganzen *pl;* (*idées*) verrückte Ideen; ***qn fait des ~s*** jd leistet sich (*dat*) Extravaganzen; ***qn dit des ~s*** jd sagt verrückte Dinge; ***les ~s des enfants*** die übermütigen Streiche der Kinder; ***mon Dieu, quelle*** ~! mein Gott, was für eine verrückte Idee!

extravagant, e [ɛkstʀavagɑ̃, ɑ̃t] **I.** *adj* extravagant; *personne a.* überspannt, exzentrisch; *robe, look a.* ausgefallen; *prix* übermäßig [*o* übertrieben] hoch, überhöht; ***qn gesticule de manière ~e*** jd macht verrückte Bewegungen
II. *m, f* überspannter [*o* extravaganter] [*o* exzentrischer] Mensch, überspannte [*o* extravagante] [*o* exzentrische] Person

extrême [ɛkstʀɛm] **I.** *adj* **1.** (*au bout d'un espace*) äußerste(r, s); *antéposé droite, gauche a.* extrem
2. (*au bout d'une durée*): ***date*** ~ äußerster [*o* letzter] Termin; ***l'~ fin de l'année 1909*** die letzten Tage des Jahres 1909; ***l'~ vieillesse*** das höchste Greisenalter
3. *littér* (*au degré le plus intense*) *excitation, trouble* äußerste(r, s); ***sa douleur est*** ~ (*physique*) er/sie hat äußerst starke Schmerzen; (*mental*) sein/ihr Schmerz ist unermesslich groß; ***l'air était d'une limpidité*** ~ die Luft war äußerst klar; ***sa maigreur est*** ~ er/sie ist äußerst [*o* extrem] mager
4. (*excessif*) *opinion, climat* extrem; *moyen a.* äußerste(r, s); ***qn est d'une prudence*** ~ jd ist extrem [*o* äußerst] vorsichtig
II. *m* **1.** (*dernière limite*) Extrem *nt;* ***tout de suite, l'~!*** du musst alles gleich übertreiben!
2. (*opposé*) ■ **les ~s** Extreme *pl*
3. *pl* MATH Außenglieder *pl,* äußerste Glieder; [*syllogisme*] Prämissen *pl*
▸ **qn/qc passe d'un ~ à l'autre** jd/etw fällt von einem Extrem ins andere; **les ~s s'attirent** Gegensätze ziehen sich an; **qn pousse qc à l'~** jd treibt etw auf die Spitze [*o* bis zum Äußersten] [*o* bis zum Extrem]; **les ~s se tou-**

chent die Extreme berühren sich; **à l'**~ *turbulent, scrupuleux* äußerst, sehr; *réagir, répugner* extrem; ***la situation le répugnait à l'~*** die Situation war ihm zutiefst zuwider

extrêmement [ɛkstʀɛmmɑ̃] *adv rigoureux, difficile, embêté* äußerst; *jaloux* maßlos; ~ ***intelligent(e)*** äußerst intelligent, hochintelligent; ~ ***beau(belle)*** bildschön

extrême-onction <~s-~s> [ɛkstʀɛmɔ̃ksjɔ̃] *f* Letzte Ölung **Extrême-Orient** [ɛkstʀɛmɔʀjɑ̃] *m* ■ **l'Extrême-Orient** der Ferne Osten

extrémisme [ɛkstʀemism] *m* Extremismus *m;* ***qn fait preuve d'~ en tout*** jd ist in jeder Beziehung [*o* Hinsicht] extrem

extrémiste [ɛkstʀemist] **I.** *adj remède, mesure* radikal; POL radikal, extremistisch; ***leader*** ~ Extremistenführer *m*
II. *mf* Radikale(r) *f(m)*, Extremist(in) *m(f)*

extrémité [ɛkstʀemite] *f* **1.** (*bout*) ■ ~ **de qc** *d'une ville, d'un continent* äußerstes Ende einer S. (*gen*); *d'un segment* Endpunkt *m* einer S. (*gen*); ***j'habite à l'~ de la rue*** ich wohne ganz am Ende der Straße; ~ ***de la forêt*** Waldrand *m;* ***aux deux ~s de qc*** an [den] beiden Enden einer S. (*gen*)
2. *littér* (*degré extrême*) Extrem *nt;* ■ ~ **de qc** *de douleur* Höchstmaß *nt* an etw (*dat*); ***j'étais à l'~ du désespoir*** ich war zutiefst verzweifelt
3. (*mains, pieds*) ■ **les ~s** die Extremitäten
► **qn est à la dernière** ~ jd liegt im Sterben, mit jdm geht es zu Ende; **qn est réduit(e) à la dernière** ~ jd ist in einer sehr ernsten Notlage; **dans cette** ~ in dieser Notlage

exubérance [ɛgzybeʀɑ̃s] *f* **1.** (*vitalité*) ■ ~ **de qn** jds Überschwänglichkeit *f*, jds [Gefühls]überschwang *m; d'un enfant* jds Übermut *m;* ***son ~ me soûle*** sein/ihr überschäumendes [*o* übersprudelndes] Temperament macht mich ganz benommen
2. (*surabondance*) ■ ~ **de qc** *de la végétation* Üppigkeit *f* einer S. (*gen*); *des formes a.* Fülle *f* einer S. (*gen*); *du style* Formenreichtum *m* einer S. (*gen*)

exubérant, e [ɛgzybeʀɑ̃, ɑ̃t] *adj* **1.** (*plein de vitalité*) *personne* überschwänglich
2. (*surabondant*) *végétation* üppig; *imagination* rege, überschäumend, blühend; *style* überladen

exulter <1> [ɛgzylte] *vi* ■ **qn exulte** jd frohlockt *geh*

exutoire [ɛgzytwaʀ] *m* ■ ~ [**à qc**] Ventil *nt* [für etw]

ex-voto [ɛksvɔto] *m inv* Votivbild *nt,* Votivtafel *f*

eye-liner <~-~s> [ajlajnœʀ] *m* Eyeliner ['ailainə] *m*

É-zine [ezin] *m abr de* **magazine électronique** *elektronisch vertriebene Zeitschrift*

F

F, f [ɛf] *m* F *nt,* f *nt*
► **f comme François** F wie Friedrich

F **1.** *abr de* **franc** F
2. *abr de* **fluor** F

fa [fa] *m inv* F *nt,* f *nt; v. a.* **do**

fable [fɑbl] *f* **1.** LITTER Fabel *f*
2. *littér* (*propos mensonger*) Lügengeschichte *f,* Mär *f liter;* ***qu'est-ce que c'est que cette ~?*** was soll der Unsinn?
► **qn/qc est la** ~ **de qc:** ***vous êtes la ~ du quartier*** das ganze Viertel spottet [*o* lacht] über Sie; ***c'est la ~ de la ville*** das ist Stadtgespräch

fabricant, e [fabʀikɑ̃, ɑ̃t] *m, f* ■ ~ [**de qc**] (*artisan, industriel*) Hersteller(in) *m(f)* [von etw]; (*propriétaire d'une fabrique*) Fabrikant(in) *m(f)* [von etw]

fabricateur, -trice [fabʀikatœʀ, -tʀis] *m, f péj* ■ ~ **de qc** *de mots nouveaux* Erfinder(in) *m(f)* von etw; ~ ***de fausse monnaie/faux papiers*** Geld-/Urkundenfälscher(in) *m(f)*; ~ ***de fausses nouvelles*** Gerüchtemacher(in) *m(f)*

fabrication [fabʀikasjɔ̃] *f* ■ ~ [**de qc**] (*industrielle*) Fabrikation *f* [*o* Herstellung *f*] [von etw]; (*artisanale*) [An]fertigung *f* [von etw]; ~ ***soignée*** sorgfältige Ausführung
► ~ **artisanale** handwerkliche [An]fertigung; ~ ***artisanale de fromage de chèvre*** hausgemachter Ziegenkäse; ~ **industrielle** industrielle Herstellung [*o* Fabrikation]; [**qc est**] **de ma/sa/...** ~ */pull-over/* [etw ist] selbst gestrickt; */gâteau/* [etw ist] selbst gebacken; */robe/* [etw ist] selbst geschneidert; */confiture/* [etw ist] selbst gemacht; **de** ~: ***défaut de*** ~ Fabrikationsfehler *m,* Herstellungsfehler *m;* ***secret de*** ~ Fabrik[ations]geheimnis *nt*

fabrique [fabʀik] *f* Fabrik *f;* ■ ~ **de** -fabrik

fabriquer <1> [fabʀike] **I.** *vt* **1.** ■ **qn fabrique qc** (*de manière industrielle*) jd stellt etw her; (*de manière artisanale*) jd macht etw, jd fertigt etw [an]; *péj* jd fabriziert etw
2. ■ **qn fabrique qc** *excuse, histoire, prétexte, alibi* jd erfindet etw
3. *fam* (*faire*) ■ **qu'est-ce que tu fabriques/vous fabriquez/qu'il/elle fabrique?** *fam* was machst [*o* treibst] du/macht [*o* treibt] ihr/macht [*o* treibt] er/sie denn da?; ***mais qu'est-ce qu'il/elle fabrique?*** *fam* (*marque l'impatience*) was macht [*o* treibt] er/sie denn so lange? *fam*
II. *vpr* **1.** ■ **qc se fabrique** etw wird hergestellt
2. ■ **qn se fabrique qc** */table, affût/* jd baut sich (*dat*) etw; ***les Esquimaux se fabriquent des aiguilles avec des os*** die Eskimos machen sich (*dat*) Nadeln aus Knochen
3. ■ **qn se fabrique qc** *alibi, excuse, prétexte* jd legt sich (*dat*) etw zurecht; *histoires* jd denkt sich (*dat*) etw aus

fabulateur, -trice [fabylatœʀ, -tʀis] *m, f* Fabulant(in) *m(f)*, Geschichtenerzähler(in) *m(f);* ***cet enfant est un*** ~ dieses Kind fabuliert gern [*o* erfindet gern Geschichten]

fabulation [fabylasjɔ̃] *f* Fabulieren *nt,* Erfinden *nt* von Geschichten; (*symptôme de la mythomanie*) krankhafte Einbildung; ***c'est de la pure*** ~ das ist reine Fantasterei

fabuler <1> [fabyle] *vi* ■ **qn fabule** */enfant/* jd fabuliert, jd erfindet Geschichten; */adulte/* jd macht sich (*dat*) etwas vor

fabuleusement [fabyløzmɑ̃] *adv* sagenhaft, unwahrscheinlich *fam*

fabuleux, -euse [fabylø, -øz] *adj* **1.** sagenhaft, fantastisch; *fam personne* fabelhaft, toll, fantastisch; ***c'est*** ~! das ist/war einfach fantastisch!; ***c'est ~, ce que ... + indic!, c'est ~ que ... + subj!*** es grenzt an ein Wunder [*o* ans Wunderbare], dass ...!, es ist schon sagenhaft, dass ...! *fam;* ***c'est ~ ce que les jeunes peuvent être impolis!*** es ist einfach unglaublich, wie unhöflich die jungen Leute doch sein können!
2. LITTER Fabel-; *tunique de Nessus* sagenumwoben; ***récit*** ~ Sage *f*

fabuliste [fabylist] *mf* Fabeldichter(in) *m(f)*

fac [fak] *f fam abr de* **faculté** Uni *f fam;* ***à la*** ~ an der Uni *fam;* ***il/elle est prof de*** ~ er/sie ist Prof an der Uni *fam*

façade [fasad] *f* **1.** (*face donnant sur la rue*) [*édifice*] Fassade *f,* Front *f,* Vorderseite *f;* [*magasin*] Schaufensterfront *f*
2. *vieilli* (*côté d'un bâtiment*) Fassade *f*
3. (*apparence trompeuse*) Fassade *f,* Schein *m;* ***qc/ce n'est qu'une*** ~ etw/das ist nur Fassade
4. (*région côtière*) Küste *f*
► **qn se fait ravaler la** ~ *fam* jd lässt sich (*dat*) das Gesicht liften [*o* straffen], jd lässt sich (*dat*) liften *fam;* **qn se refait la** ~ *fam* jd knallt sich (*dat*) Schminke ins Gesicht *fam;* **de** ~ gespielt, geheuchelt, vorgetäuscht; *sourire* aufgesetzt

face [fas] *f* **1.** (*partie de la tête*) Gesicht *nt*
2. (*côté, partie extérieure*) ■ ~ **de qc** *d'une cassette, feuille, étoffe, d'un miroir, disque, talus* Seite *f* einer S. (*gen*); *d'un arc* Stirn *f* [*o* Haupt *nt*] einer S. (*gen*); *d'un minéral* Fläche *f* einer S. (*gen*); *d'une montagne* Wand *f* einer S. (*gen*); ~ ***de la falaise*** Felswand; ~ ***visible/cachée de la lune*** sichtbare/unsichtbare Mondhälfte
3. (*aspect*) Seite *f,* Aspekt *m;* ***qn examine qc sous toutes ses ~s*** jd untersucht etw von allen Seiten
4. (*opp: pile*) Kopfseite *f* (*einer Münze*)
5. GEOM Fläche *f*
6. ANAT [*estomac*] Wand *f;* ~ ***externe/interne de la cuisse*** Außen-/Innenseite *f* des Schenkels
► ~ **est/nord/ouest/sud** Ost-/Nord-/West-/Südwand *f;* **qn fait qc à la** ~ **du monde** *soutenu* (*publiquement*) jd tut etw öffentlich; (*devant les gens*) jd tut etw in aller Öffentlichkeit [*o* vor aller Welt]; **double** ~ *étoffe, tissu* beidseitig tragbar; *toile cirée* beidseitig benutzbar; **qn se cache** [*o* **se voile**] **la** ~ jd sieht weg; **qn/qc change la** ~ **de qc** *des choses, du monde* jd/etw verändert das Gesicht [*o* Aussehen] einer S. (*gen*); **qn est/se trouve** ~ **à** ~ **avec qn** jd steht jdm [von Angesicht zu Angesicht [*o* frontal] [*o* Auge in Auge]] gegenüber; **qn est/se trouve** ~ **à** ~ **avec qc** jd ist [*o* wird] mit etw konfrontiert; **qc fait** ~ **à qc** etw liegt einer S. (*dat*) gegenüber; **qn fait** ~ jd sieht der Gefahr ins Auge; **qn fait** ~ **à qn/qc** *à un interlocuteur* jd sieht jdn an; *à l'ennemi, l'agresseur, au danger* jd bietet jdm/einer S. die Stirn, jd trotzt jdm/einer S. *geh; à une difficulté, à l'imprévu* jd wird mit etw fertig; *à une obligation* jd kommt einer S. (*dat*) nach; *à une dépense* jd bestreitet etw; ***Pierre faisait ~ à la paroi*** Peter stand mit dem Gesicht zur Wand; ***qn fait ~ à ses échéances*** jd erfüllt seine Verbindlichkeiten; **qn jette** [*o* **crache**] [*o* **lâche**] **qc à la** ~ **de qn** jd wirft jdm etw an den Kopf; **qn perd la** ~ jd verliert das [*o* sein] Gesicht; **qn ne veut pas perdre la** ~ jd möchte das [*o* sein] Gesicht nicht verlieren; **qn regarde qc en** ~ *objet* jd betrachtet etw von vorn; *danger, mort* jd sieht einer S. (*dat*) ins Auge; *réalités* jd sieht einer S. (*dat*) ins Gesicht; *vie, situation* jd stellt sich einer S. (*dat*); ***regarde bien en*** ~ schau geradeaus; **qn regarde qn** [**bien**] **en** ~ jd sieht jdm [direkt] ins Gesicht; **qn sauve la** ~ jd wahrt das Gesicht; **qn voit qn en** ~: ***venez donc un peu ici, que je vous voie en*** ~ kommen Sie ein bisschen näher, damit ich Ihr Gesicht sehe; ~ **à qn/qc** (*en face de*) zu jdm/etw hin; ***l'orateur parle ~ à la foule*** der Redner sprach zur Menge hin [gewandt]; ~ **à qc** (*en présence de*) angesichts einer S. (*gen*); ~ **à** ~ (*en face l'un de l'autre*): ***deux personnes sont assises ~ à*** ~ zwei Menschen sitzen sich [*o* einander] gegenüber; ***ils restèrent ~ à*** ~ (*dans un conflit*) sie blieben Feinde [*o* Gegner];

de ~ *portrait* mit zugewandtem Gesicht; *loge* Mittel-; ***ils ont attaqué l'ennemi de*** ~ sie haben den Feind frontal angegriffen; ***une photo est prise de*** ~ es wird eine Aufnahme von vorne gemacht; ***qn aborde une question de*** ~ jd spricht eine Frage direkt an; **d'en** ~: ***la maison d'en*** ~ das gegenüberliegende Haus, das Haus gegenüber; ***le voisin d'en*** ~ das Gegenüber, der direkte Nachbar; **en** ~ gegenüber; *soutenir, dire* direkt ins Gesicht; ***il faut voir les choses en*** ~ man muss den Dingen ins Auge sehen; **en** ~ **de qn/qc** jdm/einer S. gegenüber

◆ **face de carême** Leichenbittermiene *f,* Leidensmiene *f;* (*personne*) Trauerkloß *m fam;* **face de lune** Mondhälfte *f;* **face de rat** *fam* Rattengesicht *nt sl*

face-à-face [fasafas] *m inv* Interview ['ɪntɐvjuː] *nt;* ~~~ ***télévisé*** Fernsehduell *nt,* Streitgespräch *nt* im Fernsehen **face-à-main** <~s-~-~> [fasamɛ̃] *m* Lorgnette *f*

facétie [fasesi] *f* Scherz *m,* Spaß *m*

facétieux, -euse [fasesjø, -jøz] **I.** *adj personne* spaßig; ***qn est d'une humeur*** *~**euse*** jd ist zu Scherzen aufgelegt

II. *m, f* Spaßvogel *m*

facette [fasɛt] *f* Facette *f,* kleine schräge Fläche

▶ **à** ~**s** *œil* Facetten-; *caractère, personnalité* schillernd; *personnage* vielseitig

fâché, e [fɑʃe] *adj* **1.** (*en colère*) ärgerlich, verärgert, böse; ■ **qn est** ~ **contre qn** jd ist über jdn verärgert, jd ist auf jdn böse [*o* ärgerlich]

2. (*navré*) ■ **qn est** ~ **de qc** etw tut jdm Leid; ■ **qn est** ~ **de faire qc** jdm tut es Leid, etw zu tun; ■ **qn est** ~ **que** + *subj* jdm tut es Leid, dass

3. (*en mauvais termes*) ■ **qn est** ~ **avec qn** jd hat sich mit jdm überworfen, jd ist mit jdm zerstritten; ■ **deux personnes sont** ~**es** zwei Menschen haben sich miteinander überworfen [*o* sind miteinander zerstritten]; ■ **qn est** ~ **avec qc** *fam* jd steht mit etw auf Kriegsfuß *fam*

▶ **qn n'est pas** ~ **de qc** *iron* jd ist um etw nicht böse; **qn n'est pas** ~ **que** + *subj iron* jd ist nicht böse, dass

fâcher <1> [fɑʃe] **I.** *vt* (*irriter*) ■ **qn/qc fâche qn** jd/etw verärgert [*o* verstimmt] jdn; ■ **cela fâche qn de faire qc** es ärgert jdn, dass er etw tut; ***cela me fâche de devoir faire cela*** es ärgert mich, dass ich das tun muss

II. *vpr* **1.** (*se mettre en colère*) ■ **qn se fâche** jd ärgert sich; ■ **qn se fâche contre qn** jd schimpft mit jdm; ***qn se fâche pour un rien*** jd ärgert sich über jede Kleinigkeit [*o* für nichts und wieder nichts]; ***si tu fais ça, je me fâche*** wenn du das tust, werd' ich böse [*o* sauer *fam*]; ***ne te fâche donc pas*** werd' doch nicht gleich böse [*o* sauer *fam*]; ***je vais me*** ~ gleich werde ich wütend [*o* sauer *fam*]

2. (*se brouiller*) ■ **qn se fâche avec qn** jd überwirft [*o* entzweit] sich mit jdm, jd verkracht sich mit jdm *fam*

fâcherie [fɑʃʀi] *f* Misshelligkeit *f;* ***quelle*** ~ ***peut bien la tenir éloignée de ma maison?*** was konnte sie so verstimmen, dass sie sich von meinem Haus fernhält?

fâcheusement [fɑʃøzmɑ̃] *adv impressionné* unangenehm, peinlich; ***qc est*** ~ ***semblable à qc*** etw ähnelt einer S. (*dat*) fatal

fâcheux, -euse [fɑʃø, -øz] **I.** *adj* **1.** *idée* unglückselig; *contretemps* widrig; *initiative* bedauernswert

2. *nouvelle* unerfreulich; *éventualité a.* unangenehm; ■ **il est** ~ **que** + *subj* es ist bedauerlich [*o* schade], dass; ***il est*** ~ ***de faire qc*** es ist bedauerlich [*o* schade], dass jd etw tut; ***il est*** ~ ***de devoir perdre tant de temps*** es ist bedauerlich [*o* schade], dass wir so viel Zeit verlieren

II. *m, f littér* ungebetener Gast, Störenfried *m*

facho [faʃo] *abr de* **fasciste I.** *adj fam* faschistisch; ***qn est un peu*** ~ jd ist faschistisch angehaucht

II. *mf fam* Faschist(in) *m(f)*

facial, e <-aux> [fasjal, jo] *adj* Gesichts-

faciès [fasjɛs] *m* (*mine*) Gesicht[sausdruck *m*] *nt;* ~ ***patibulaire*** Verbrechergesicht, Galgengesicht; ***qn a le*** ~ ***de qn qui*** jd sieht aus wie jd, der

facile [fasil] **I.** *adj* **1.** (*simple*) leicht

2. (*se prêtant aisément à*): ~ ***à faire/utiliser/résoudre*** leicht zu tun/gebrauchen/lösen; ***qn est*** ~ ***à vivre/duper*** jd ist umgänglich/jd ist leicht zu betrügen; ***qc est*** ~ ***à comprendre*** etw ist leicht zu verstehen, etw ist unschwer zu verstehen; ***ce bois est*** ~ ***à enflammer*** dieses Holz ist leicht entzündbar

3. (*ne pas avoir de problèmes avec*): ***qn a le travail*** ~ die Arbeit geht jdm leicht von der Hand; ***qn a la larme*** ~ jd bricht leicht in Tränen aus; ***qn a le rire*** ~ jd lacht gern und viel; ***qn n'a pas la vie*** ~ jd hat kein leichtes Leben; ***qn a le contact/la gâchette*** ~ jd ist kontakt-/schießfreudig; ***qn a la plume*** ~ jd führt [*o* schreibt] eine gewandte Feder

4. *péj* (*sans aucune recherche*) *plaisanterie* billig; *rime* flach, platt, trivial; *argumentation* oberflächlich; ***c'est*** ~ ***de faire qc*** es ist kein Kunststück, etw zu tun *fam*

5. (*conciliant*) *personne* verträglich, umgänglich; *enfant* fügsam; ***qn est d'humeur*** ~, ***qn a un caractère*** [*o* ***une personnalité***] ~ jd ist verträglich [*o* umgänglich]

6. *vieilli* (*légère*) *femme* leicht zu verführen; *fille* leicht

▶ **c'est** ~ **comme bonjour** [*o* **tout**] das ist [doch] ein Kinderspiel [*o* kinderleicht]; **c'est** ~, **c'est pas cher et ça peut rapporter gros** *fam* du kannst nicht viel verlieren, nur gewinnen *fam;* ~ **à dire!** leicht gesagt!; **plus** ~ **à dire qu'à faire!** leichter gesagt, als getan!; **c'est un peu** ~! da machst du es dir/er es sich/sie es sich/... ein bisschen leicht!

II. *adv fam* **1.** (*sans difficulté*) locker *fam;* ***qn fait qc*** ~ jd tut etw mit links *fam*

2. (*au moins*) gut und gerne *fam*

facilement [fasilmɑ̃] *adv* **1.** (*sans difficulté*) leicht; ***qn trouve*** ~ ***son chemin*** jd findet mühelos einen Weg

2. (*au moins*) mindestens

facilité [fasilite] *f* **1.** (*opp: difficulté*) ■ ~ [**de qc**] Leichtigkeit *f* [einer S. (*gen*)]; ***ce travail est d'une grande*** ~ diese Arbeit ist sehr leicht

2. ∅ *péj* Bequemlichkeit *f;* ***qn se complaît dans la*** ~ jd macht es sich (*dat*) leicht

3. ■ ~ **à** [*o* **pour**] **faire qc** Begabung *f* [*o* Talent *nt*] etw zu tun; ***qn a une grande*** ~ ***à s'exprimer*** jd ist sehr sprachgewandt [*o* redegewandt]

4. (*occasion*) Gelegenheit *f;* (*possibilité*) Möglichkeit *f*

5. *pl* (*possibilités de payer*) Zahlungserleichterungen *pl;* ~***s de crédit/paiement*** günstige Kredit-/Zahlungsbedingungen

▶ **qn a de la/beaucoup de** ~ [**pour qc**] jd ist begabt/sehr begabt [für etw]; **qn n'a aucune** ~ [**pour qc**]: ***qn n'a aucune*** ~ ***pour les mathématiques*** jd hat überhaupt keine mathematische Begabung, jd ist mathematisch überhaupt nicht begabt; ***qn n'a aucune*** ~ ***pour l'écriture*** jd hat überhaupt kein Talent zum Schreiben; ***qn n'a aucune*** ~ ***pour les langues*** jd ist überhaupt nicht sprachbegabt; **qn a des** ~**s** jd lernt [sehr] leicht, jdm fliegt alles zu; [**qn fait qc**] **avec** ~ [jd tut etw] mit Leichtigkeit, [jd tut etw] mit links *fam;* **pour plus de** ~, ... bequemlichkeitshalber ...

◆ **facilité de caractère** Umgänglichkeit *f;* **facilités d'élocution** Redegewandtheit *f;* **facilité d'emploi** Benutzerfreundlichkeit *f;* **facilité de paiement** Zahlungserleichterungen *pl*

faciliter <1> [fasilite] *vt* ■ **qn/qc facilite qc** jd/etw erleichtert etw; ***qn/qc lui facilite la tâche*** jd/etw erleichtert ihm/ihr die [*o* seine/ihre] Aufgabe; ***qn se facilite la vie*** jd macht sich (*dat*) das Leben leicht

façon [fasɔ̃] *f* **1.** (*manière d'être, d'agir*) ■ ~ **de faire qc** Art [und Weise *f*] *f* etw zu tun; ~ ***de se tenir*** Haltung *f;* ~ ***de travailler*** Arbeitsweise; ~ ***de penser*** Denkart, Denkweise; ~ ***d'agir de qn*** jds Handlungsweise; ***je n'aime pas sa*** ~ ***de me regarder, je n'aime pas la*** ~ ***dont il/elle me regarde*** ich mag [die Art und Weise] nicht, wie er/sie mich ansieht; ***la*** ~ ***dont il/elle travaille*** seine/ihre Arbeitsweise

2. ■ **de** [*o* **d'une**] ~ ...: ***de*** [*o* ***d'une***] ~ ***très impolie*** sehr unfreundlich, auf [eine] besonders unfreundliche Art [und Weise], in einer besonders unfreundlichen Weise; ***de*** [*o* ***d'une***] ~ ***plus rapide que d'habitude*** auf schnellere Art [*o* schneller] als sonst; ***de la*** ~ ***la plus naturelle du monde*** auf die natürlichste Art [und Weise] [*o* Weise]; ***d'une*** ~ ***que je n'apprécie pas*** auf eine [*o* in einer] Art [und Weise], die mir nicht gefällt; ***d'une*** ~ ***qui me gêne*** auf eine mir unangenehme Art [und Weise], in einer mir unangenehmen Art [und Weise]; ***de quelle*** ~ ***t'a-t-il demandé cela?*** wie [*o* auf welche Art [und Weise]] hat er dich das gefragt?

3. *pl* (*comportement*) Benehmen *nt,* Manieren *pl;* ***qn a des*** ~***s de qn*** jd benimmt sich wie jd; ~***s affectées*** affektiertes Benehmen, Ziererei *f*

4. (*travail*) Verarbeitung *f,* Arbeit *f;* (*phase*) Verarbeitungsphase *f*

5. (*forme*) [*jupe, robe*] Machart *f,* [Zu]schnitt *m;* [*coiffure*] Schnitt *m*

6. + *subst* (*imitation*): ***un sac*** ~ ***croco*** eine Tasche aus imitiertem Krokodilleder

▶ **en aucune** ~ in keiner [*o* keinster *fam*] Weise; **de la belle** ~ *iron* gehörig, tüchtig *fam;* **de toute** ~, ... so oder so, in jedem Fall; **de toutes les** ~**s** in jeder Beziehung [*o* Hinsicht]; **qn a de ces** ~**s** [**de faire qc**]! *fam* jd hat vielleicht 'ne Art drauf [etw zu tun]! *fam;* **tu en as/vous en avez des** ~**s!** du hast/ihr habt vielleicht ein Benehmen!; **qn dit à qn sa** ~ **de penser** jd sagt jdm seine Meinung; **qn fait faire qc à** ~ jd lässt etw maßschneidern; **qn fait des** ~**s** jd ziert sich, jd stellt sich an *fam;* ***allez, ne fais donc pas tant de*** ~***s, accepte!*** komm, stell dich nicht so an [*o* hab' dich nicht so], nimm an! *fam;* [**c'est une**] ~ **de parler** das sagt man halt so; **qn travaille à** ~ jd leistet Lohnarbeit; **c'est une** ~ **de voir** (*point de vue*) das ist ein Standpunkt; (*opinion*) das ist eine Meinung [*o* Ansicht]; **à** ~: ***travail à*** ~ Lohnarbeit *f;* ***couturière à*** ~ Schneiderin *f* für Auftragsarbeiten; [**qn/qc fait qc**] **à la** ~ **de qn/qc** [jd/etw tut etw] wie jd/etw [*o* nach jds Art/nach der Art von etw]; ***à ma/ta/sa/...*** ~ auf meine/deine/seine/ihre/... Weise; ***c'est une escalope à ma*** ~ das ist ein Schnitzel nach meinem Rezept [*o* auf meine Art]; **de cette** ~, ... so ..., auf diese [Art und] Weise ...; [**qn fait qc**] **de** ~ **à** + *infin* [jd tut etw,] um; [**qn fait qc**] **de** ~ **à ce que** + *subj* [jd tut etw,] damit; **de ma/ta/sa/...** ~ *gâteau* selbst gebacken; *outil* selbst gemacht; ***elle t'a joué un tour de sa*** ~! sie hat dich auf ihre Art reingelegt!; ***il nous a fait une farce de sa*** ~ er hat uns einen seiner Streiche gespielt; [**qn fait qc**] **de** [**telle**] ~ **que** + *subj* [jd tut etw,] damit; **en voilà des** ~**s** [**de faire qc**]! was sind das für Manieren [*o* ist das für ein Benehmen] [etw zu tun]!; **sans** ~ *repas* zwanglos; *personne* natürlich; ***non merci, sans*** ~ nein danke, bestimmt [*o* wirklich] nicht

faconde [fakɔ̃d] *f littér* (*facilité de parole*) Beredsamkeit *f,* Redegewandtheit *f;* (*bavardage*) Redseligkeit *f,* Geschwätzigkeit *f*

façonnage [fasɔnaʒ] *m* **1.** TECH ■ ~ **de qc** *du cuir* Bearbeitung *f* einer S. (*gen*); *du bois, d'un bloc de pierre* Behauen *nt* einer S. (*gen*); *des flûtes* Zurichtung *f* einer S. (*gen*); *d'un livre* Fertigung *f* einer S. (*gen*); ~ ***décoratif*** künstlerische Gestaltung

2. (*formation*) ■ ~ **de qc** *du caractère* Formung *f* [*o* Formen *nt*] einer S. (*gen*); *des esprits* Bildung *f* einer S. (*gen*)

façonnement [fasɔnmɑ̃] *m* ■ ~ **de qc** *du caractère* Formung *f* [*o* Formen *nt*] einer S. (*gen*); *de l'esprit* Bildung *f* einer S. (*gen*)

façonner <1> [fasɔne] **I.** *vt* **1.** (*travailler*) ■ **qn façonne qc** *bois, bloc de marbre* jd behaut etw; *métal* jd bearbeitet etw

2. (*faire*) ■ **qn façonne qc** /*artisan*/ jd macht etw, jd fertigt etw [an]; *statuette de bois a.* jd schnitzt etw; *table a.* jd zimmert etw; (*usiner*) jd stellt etw her; ***qn façonne qc dans un bloc de marbre*** jd haut etw in einen Marmorblock

3. *littér* (*former*) ■ **qn/qc façonne qn/qc** jd/etw formt jdn/etw

II. *vpr* **1.** (*se travailler*) ■ **qc se façonne** /*bois, pierre*/ etw wird behauen; /*métal*/ etw wird bearbeitet; ***ce bois se façonne sans difficulté*** dieses Holz lässt sich leicht bearbeiten

2. (*être ouvré*) ■ **qc se façonne** etw wird gemacht [*o* [an]gefertigt]

3. *littér* (*se former*) ■ **qc se façonne** /*caractère*/ etw wird geformt; /*esprit*/ etw wird [aus]gebildet
4. (*se modeler sur*) ■ **qn se façonne sur qn/qc** jd ist von jdm/etw geprägt

fac-similé <~-~s> [faksimile] *m* 1. (*reproduction*) Faksimile *nt*
2. TELEC Empfangskopie *f*

facteur¹ [faktœʀ] *m* 1. (*agent, cause*) Faktor *m*, Moment *nt*; ~ ***de réussite*** Erfolgsmoment, Erfolgsfaktor; ***qc est un ~ de dépression*** etw ist Mitursache für Depressionen; ***qc est un ~ de révolution*** etw ist ein die Revolution mitauslösendes Moment; ***ces gens sont ~s de désordre*** diese Leute sorgen für Unruhe
2. (*élément*) ■ **le ~** + *subst:* ***le ~ prix*** der Preisfaktor; ***le ~ temps*** der Zeitfaktor, der Faktor Zeit
3. MATH Faktor *m*
▶ **~ premier** Primfaktor *m*; **qn met qc en ~s** jd zerlegt etw in Faktoren
◆ **facteur de risque** Risikofaktor *m*; **facteur rhésus** Rhesusfaktor *m*; **facteurs de production** Produktionsfaktoren *pl*

facteur² [faktœʀ] *m* ■ **~ de** *d'orgue, de clavecin, piano, harpe* -bauer *m*

facteur, -trice [faktœʀ, -tʀis] *m, f* POST Postbote/Postbotin *m/f*, Briefträger(in) *m(f)*

factice [faktis] *adj* 1. (*faux*) *chevelure* falsch, unecht; *diamant a.* imitiert; *gouttes d'eau* künstlich
2. (*affecté*) *voix* gekünstelt; *sourire a.* aufgesetzt; *bonne humeur, enthousiasme, gaieté* gespielt, künstlich, erkünstelt

factieux, -euse [faksjø, -jøz] I. *adj vieilli personne* aufrührerisch, aufwieglerisch
II. *m, f* Aufrührer(in) *m(f)*, Aufwiegler(in) *m(f)*

faction [faksjɔ̃] *f* aufrührerische [*o* umstürzlerische] Gruppe [*o* Partei]
▶ **qn est de** [*o* **en**] **~** jd steht [auf] Wache [*o* Posten], jd schiebt Wache [*o* Posten] *fam*; **qn est/reste en ~ [quelque part]** jd liegt [irgendwo] auf der Lauer/jd bleibt [irgendwo] auf dem Posten; **qn monte la ~** jd zieht auf Wache; **qn place qn en ~** jd postiert jdn

factitif, -ive [faktitif, -iv] *adj* faktitiv

factoring [faktɔʀiŋ] *m* Factoring ['fɛktɔrɪŋ] *nt*

factotum [faktɔtɔm] *m* Faktotum *nt*, Mädchen *nt* für alles

factrice [faktʀis] *f v.* **facteur**

factuel, le [faktɥɛl] *adj* sachbezogen; ***données ~les*** Fakten *pl*

facturation [faktyʀasjɔ̃] *f* 1. (*action*) Inrechnungstellung *f*, Berechnung *f*
2. (*service*) Rechnungsabteilung *f*

facture¹ [faktyʀ] *f* COM Rechnung *f*
▶ **fausse ~** fingierte Rechnung; **qui va payer la ~?** wer soll das bezahlen?

facture² [faktyʀ] *f* 1. ART [*tableau*] Aufbau *m*; [*pièce de théâtre, poème a.*] Anlage *f*; ■ **[qc est] de ~** + *adj:* ***qc est de ~ très personnelle*** etw ist von ganz persönlicher Machart; ***des vers d'élégante ~*** kunstvoll geschmiedete Verse
2. ■ **~ de** *d'orgue, de clavecin, piano, harpe* -bau *m*, -herstellung *f*

facturer <1> [faktyʀe] *vt* ■ **qn facture qc [à qn]** 1. (*établir une facture*) jd stellt [jdm] eine Rechnung über [*o* für] etw aus
2. (*faire payer*) jd berechnet jdm etw, jd stellt [jdm] etw in Rechnung

facturette [faktyʀɛt] *f* Zahlungsbeleg *m*

facultatif, -ive [fakyltatif, -iv] *adj* wahlfrei, fakultativ; ***matière ~ive*** Wahlfach *nt*; ***c'est ~*** das bleibt dem Einzelnen überlassen, das ist jedem freigestellt; ***arrêt ~*** Bedarfshaltestelle *f*

faculté¹ [fakylte] *f* 1. UNIV ■ **~ de qc:** ***~ de droit*** juristische Fakultät; ***~ des lettres [et sciences humaines]*** philosophische Fakultät; ***~ de médecine*** medizinische Fakultät; ***~ de pharmacie*** pharmazeutische Fakultät; ***qn va à la ~*** jd geht auf die [*o* zur] Universität, jd studiert; ***qn est en ~*** jd studiert an der Universität
2. ∅ *vieilli* (*faculté de médecine*) ■ **la F~** die medizinische Fakultät
3. ∅ *fam* ■ **la ~** (*le corps médical*) die Ärzteschaft; (*le médecin*) der [behandelnde] Arzt

faculté² [fakylte] *f* 1. (*disposition*) Fähigkeit *f*, Vermögen *nt*; ■ **~ de qc** Fähigkeit zu etw; ***~ d'adaptation*** Anpassungsfähigkeit, Anpassungvermögen; ***~ de travail*** Arbeitskraft *f*; ***~ de concentration*** Konzentrationsfähigkeit; ***~ d'enthousiasme*** Begeisterungsfähigkeit
2. *pl* (*dispositions intellectuelles*) geistige Fähigkeiten [*o* Kräfte]; (*compréhension*) Auffassungsgabe *f*
3. (*droit*) ■ **la ~ de faire qc** das Recht etw zu tun; (*possibilité*) die Möglichkeit [*o* Freiheit] etw zu tun
▶ **qn/un animal a la ~ de faire qc** jd/ein Tier besitzt die Fähigkeit etw zu tun; **qn a [o dispose de] [o jouit de] toutes ses ~s** jd ist im Vollbesitz seiner geistigen Kräfte

fada [fada] I. *adj fam* verrückt, übergeschnappt *fam*; ***qn est un peu ~*** jd spinnt ein bisschen
II. *m, f fam* Verrückte(r) *f(m)*, Irre(r) *f(m)*

fadaise [fadɛz] *f gén pl* (*bagatelle*) Belanglosigkeit *f*; (*baliverne*) dummes [*o* albernes] Zeug *kein pl*, Albernheit *f*

fadasse [fadas] *adj fam* 1. (*sans saveur*) fade; ***c'est ~*** das schmeckt wie eingeschlafene Füße *fam*
2. (*sans éclat*) *femme* fade
3. (*sans caractère, sans intérêt*) fade, geistlos

fade [fad] *adj* 1. (*sans saveur*) *plat, goût* fad[e]; ***c'est ~*** das schmeckt fad[e] [*o* nach nichts]
2. (*sans éclat*) *ton* matt; *lumière* trüb; *rose* schal, blass; ***d'un blond ~*** aschblond
3. (*sans intérêt*) fad[e]; *personne, divertissement a.* langweilig; *propos a.* abgeschmackt; *traits* nichts sagend

fadeur [fadœʀ] *f* 1. (*manque de saveur*) Geschmacklosigkeit *f*
2. (*manque d'éclat*) [*papier peint*] Unscheinbarkeit *f*, Farblosigkeit *f*; [*teint, rose, vert*] Blässe *f*
3. (*manque d'intérêt*) [*conversation, roman*] Geistlosigkeit *f*; [*visage*] Ausdruckslosigkeit *f*, Unscheinbarkeit *f*; ***son cours est d'une ~ tout à fait soporifique*** seine Vorlesung ist langweilig und einschläfernd

fading [fadiŋ, fediŋ] *m* Fading ['feɪdɪŋ] *nt*, Tonschwund *m*

fagot [fago] *m* Holzbündel *nt*, Reisigbündel *nt*
▶ **qn/qc sent le ~** jd/etw klingt ketzerisch; ***on trouvait que cet auteur sentait le ~*** man war der Ansicht, dass dieser Autor ketzerische Meinungen vertrat; **de derrière les ~s** *vin* erlesen, edel; ***un Miles Davis de derrière les ~s*** eine von den besten Miles-Davis-Platten, eine ganz edle Miles-Davis-Platte

fagoter <1> [fagɔte] I. *vt péj* ■ **qn fagote qn** jd zieht jdn unmöglich an
▶ **qn est mal fagoté(e)** jd ist [ganz] unmöglich angezogen [*o* ausstaffiert]
II. *vpr péj fam* ■ **qn se fagote ...** jd zieht sich ... an

faiblard, e [fɛblaʀ, aʀd] *adj péj fam argument, raisonnement, démonstration* nicht sehr überzeugend, dürftig; *élève* [leistungs]schwach; ***je me sens un peu ~ ce matin*** ich fühle mich heute Morgen etwas schlapp *fam*

faible [fɛbl] I. *adj* 1. (*sans force*) schwach; *corps, personne* (*de nature a.*) schwächlich; (*après maladie a.*) geschwächt; ***c'est un esprit ~*** er/sie ist willensschwach; ***sa vue est vraiment ~*** er/sie hat wirklich schlechte Augen; ***~ de constitution*** schwächlich; ***~ de caractère*** charakterschwach; ***qn est ~ du cœur/des jambes*** jd hat ein schwaches Herz/schwache Beine; ***qn est ~ des bronches*** jd ist schwach auf der Brust *fam*; ■ **~ avec qn** nachsichtig mit jdm
2. *antéposé* (*restreint*) gering; *demande, espoir, indices a., protestation, résistance* schwach; ***il n'a qu'une ~ attirance pour le travail*** Arbeiten ist nicht seine Sache; ***il a de ~s chances de s'en tirer*** seine Chancen davonzukommen stehen schlecht, seine Aussichten davonzukommen sind gering; ***qn n'a qu'une ~ idée de qc*** jd hat nur eine vage [*o* schwache] Vorstellung von etw; ***à une ~ majorité*** mit knapper Mehrheit; ***cette terre est de ~ rendement*** dies ist ein ertragsarmer Boden; ***vous n'avez qu'une ~ idée de sa richesse*** Sie ahnen ja nicht, wie reich er/sie ist; ***à une ~ hauteur/à ~ altitude*** in niedriger [*o* geringer] Höhe/Höhenlage
3. (*peu perceptible*) *lumière, odeur, pouls, voix* schwach; *bruit a.* leise; *vent a.* leicht; ***un vent ~ à modéré*** schwacher bis mäßiger Wind
4. (*médiocre*) *devoir, expression, style, élève* schwach; ***le terme est ~*** das ist noch gelinde ausgedrückt; ■ **~ en qc** schwach in etw (*dat*)
5. (*sans défense, désarmé*) schwach; ***qn se sent ~ devant qc*** jd fühlt sich einer S. (*dat*) gegenüber schwach [*o* ohnmächtig]; ***qn devient ~*** jd wird schwach
▶ **économiquement ~** wirtschaftlich schwach gestellt, einkommensschwach
II. *m, f* 1. (*personne sans défense*) Schwache(r) *f(m)*; ***les ~s et les opprimés*** die Schwachen und Unterdrückten
2. (*personne sans volonté*) Schwächling *m*, Weichling *m*
▶ **les économiquement ~s** die wirtschaftlich Schwachen, die Minderbemittelten, die Einkommensschwachen
III. *m* 1. ∅ (*penchant*) Schwäche *f*, Vorliebe *f*
2. (*déficience*) Schwäche *f*; ***le ~ de ce roman, c'est ...*** der schwache Punkt dieses Romans ist, ...; ***chacun a son ~, chez moi, c'est la mémoire*** jeder hat seinen schwachen Punkt, bei mir ist es das Gedächtnis
▶ **qn a un ~ pour qn/qc** jd hat eine Schwäche [*o* ein Faible] für jdn/etw; **qn prend qn par son ~** jd packt jdn an seiner schwachen Stelle
◆ **faible d'esprit** geistig Minderbemittelte(r) *f(m)*, geistig Zurückgebliebene(r) *f(m)*

faiblement [fɛbləmɑ̃] *adv* 1. (*mollement*) schwach; ***qn résiste ~*** jd leistet schwachen Widerstand; ***qn n'est que ~ attiré(e) par qc*** etw reizt jdn nur wenig
2. (*légèrement*) *éclairé, endetté* schwach, leicht; ***une bière ~ alcoolisée*** ein Bier mit geringem Alkoholgehalt, ein schwach alkoholhaltiges Bier; ***une eau ~ minéralisée*** ein Wasser mit geringem Zusatz an Mineralstoffen, ein leicht [*o* schwach] mineralhaltiges Wasser; ***la demande reprend ~*** die Nachfrage steigt leicht an; ***le matériel n'a été que ~ touché*** das Material ist nur geringfügig [*o* leicht] beschädigt worden; ***qn/qc n'est que ~ menacé(e)*** jd/etw ist kaum bedroht

faiblesse [fɛblɛs] *f* 1. (*manque de force*) [*personne, corps, pays, État, régime*] Schwäche *f*; [*malade a.*] geschwächter Zustand; (*due à la constitution a.*) Schwächlichkeit *f*; (*de caractère*) Charakterschwäche, Willensschwäche; [*voûte*] geringe Tragfähigkeit; ***un état d'extrême/de grande ~*** äußerste/große Schwäche; ■ **~ pour** [*o* **à l'égard de**] **qn/qc** Nachsicht *f* mit jdm/für etw; ***sa ~ à l'égard des frasques de ses enfants ...*** seine/ihre Laschheit gegenüber den Ungezogenheiten seiner/ihrer Kinder ...; ***il montre beaucoup trop de ~ pour sa fille*** er ist viel zu nachsichtig mit seiner Tochter [*o* gegen seine Tochter]
2. (*peu d'importance*) ■ **la ~ de qc** *d'un raisonnement, d'une argumentation* die Schwäche einer S. (*gen*); ***la ~ du revenu des agriculteurs*** das geringe Einkommen der Landwirte; ***la ~ du profit/rendement*** der geringe [*o* niedrige] Gewinn/Ertrag; ***la ~ de l'avantage*** der schwache Vorteil; ***la ~ d'une majorité*** eine knappe Mehrheit
3. (*manque d'intensité*): ***la ~ du bruit/de la lumière*** das leise [*o* schwache] Geräusch/das schwache Licht; ***la ~ de sa voix m'obligeait à ...*** da er/sie so leise sprach, musste ich ...; ***la ~ de sa vue*** seine/ihre schlechten Augen
4. (*médiocrité*) Schwäche *f*; [*élève a.*] Leistungsschwäche
5. *souvent pl* (*défaillance*) Schwäche *f*; ***chacun a ses petites ~s*** jeder hat seine kleinen Schwächen
6. (*syncope*) Schwäche *f*, Schwächeanfall *m*
▶ **qn a la ~ de faire qc** jd ist so schwach und tut etw; **qn a une ~** jd hat [*o* bekommt] einen Schwächeanfall; **qn a une ~ dans qc:** ***qn a une ~ dans la jambe*** jds Beine versagen [*o* machen schlapp *fam*]; ***qn a une ~ dans le***

bras jds Arm macht schlapp *fam;* **par** ~ aus Schwäche
◆ **faiblesse de caractère** Charakterschwäche *f;* **faiblesse de constitution** körperliche Schwäche, Konstitutionsschwäche *f;* **faiblesse d'esprit** geistige Beschränktheit
faiblir <8> [fεbliʀ] *vi* ■ **qn faiblit** jd wird schwach, jd gibt nach; ■ **qc faiblit** */autorité, espoir, force, influence/* etw schwindet, etw lässt nach; */résistance, résolution, volonté, ardeur/* etw wird schwächer [*o* geringer], etw lässt nach; */espoir a., courage/* etw sinkt; */cœur, pouls, bruit, protestations, lumière/* etw wird schwächer; */vent/* etw lässt nach, etw flaut ab; */chances, écart/* etw wird geringer, etw verringert [*o* vermindert] sich; */revenu, rendement/* etw sinkt, etw vermindert sich; ***il sentit ses jambes*** ~ er fühlte, wie ihm die Beine schwach wurden; ihm wurde schwach in den Beinen; ***la lumière du jour faiblissait*** es dämmerte schon; ***l'écart faiblit*** der Abstand wird kleiner [*o* verringert sich]
faïence [fajɑ̃s] *f* Steingut *nt,* Fayence *f;* ***les ~s de Delft*** Delfter Porzellan *nt* [*o* Fayencen *pl*]
faïencerie [fajɑ̃sʀi] *f* **1.** (*industrie*) Steingutindustrie *f;* (*fabrique*) Steingutfabrik *f*
2. (*vaisselle*) Steingut[geschirr *nt*] *nt*
faille¹ [faj] *subj prés de* **falloir**
faille² [faj] *f* **1.** GEOG Verwerfung *f;* (*crevasse*) Spalte *f*
2. (*défaut*) Schwachstelle *f;* ***il y a une ~ dans leur amitié*** ihre Freundschaft hat einen Riss bekommen
▶ **sans** ~ ohne Schwachstelle; *volonté* unerschütterlich, unbeugsam; *détermination* unerbittlich
faillible [fajibl] *adj* fehlbar
faillir <*irr*> [fajiʀ] *vi* **1.** (*manquer*) ■ **qn a failli faire qc** jd hätte beinahe [*o* fast] etw getan, es fehlte nicht viel und jd hätte etw getan; ***j'ai failli tomber*** ich wäre beinahe [*o* fast] gefallen, es fehlte nicht viel und ich wäre gefallen; ***j'ai bien failli acheter ce bijou*** fast hätte ich dieses Schmuckstück gekauft; ich war nahe daran, dieses Schmuckstück zu kaufen; ***ça a failli marcher*** um ein Haar hätte es geklappt *fam*
2. (*manquer à*) ■ **qn a failli à qc** *à son devoir* jd hat etw verletzt [*o* nicht erfüllt]; *au droit, à la tradition* jd hat etw verletzt, jd hat gegen etw verstoßen; *à sa promesse, à sa parole* jd hat etw gebrochen [*o* nicht gehalten]; ***il a failli à l'honneur de la famille*** er hat die Ehre seiner Familie befleckt [*o* in den Schmutz gezogen]
3. *seulement infin vieilli* (*pécher*) fehlen *veraltet,* schwach werden; ***il résista jusqu'au bout sans*** ~ er leistete bis zuletzt Widerstand, ohne schwach zu werden
4. (*faire défaut*) ■ **qc n'a pas failli** etw hat funktioniert; ***ma mémoire n'a pas failli*** mein Gedächtnis hat mich nicht im Stich gelassen
faillite [fajit] *f* **1.** COM Konkurs *m,* Bankrott *m;* ***son affaire est bien près/au bord de la*** ~ sein/ihr Geschäft steht kurz vor dem Konkurs/am Rande des Bankrotts
2. (*échec*) Scheitern *nt;* [*politique, méthode a.*] Fehlschlag *m;* [*système a.*] Zusammenbruch *m;* ***c'est la ~ de mes espérances*** alle meine Hoffnungen sind zunichte [*o* haben sich zerschlagen]
▶ ~ **personnelle** Verlust *m* von Fähigkeiten und Rechten; ***le tribunal peut prononcer la ~ personnelle du débiteur*** das Gericht kann dem Schuldner die bürgerlichen Ehrenrechte entziehen und ein Berufsverbot verfügen; **qn fait** ~ jd macht Konkurs, jd macht Bankrott; **qn est en** ~ jd macht Konkurs; ***qn vient d'être déclaré(e) en*** ~ jd ist [für] bankrott erklärt worden
faim [fɛ̃] *f* **1.** (*besoin de manger*) Hunger *m*
2. (*famine*) Hunger *m,* Hungersnot *f;* ***la ~ règne en permanence*** es herrscht ständige Hungersnot
3. (*désir ardent*) ■ ~ **de qc** Verlangen *nt* nach etw
▶ **la ~ est mauvaise conseillère** *prov* der Hunger ist ein schlechter Ratgeber; **la ~ fait sortir** [*o* **chasse**] **le loup du bois** *prov* Not macht erfinderisch; **qn a** [**très**] ~ jd hat [großen] Hunger, jd ist [sehr] hungrig; **qn a ~ de qc** jd hungert [*o* dürstet] *geh* nach etw; **j'ai une de ces ~s!** *fam* hab' ich vielleicht einen Hunger! *fam,* Mensch, hab' ich einen Hunger! *fam;* **qn crève** *fam* [*o* **meurt**] **de** ~ (*est affamé*) jd hat einen Mordshunger *fam,* jd stirbt [*o* kommt um] vor Hunger *fam;* **qc donne ~ à qn** etw macht jdn hungrig; **ça donne** ~ das macht hungrig [*o* Hunger], da bekommt man Hunger; **qn/qc laisse qn sur sa** ~ jd/etw erfüllt jds Erwartungen nicht, jd/etw stellt jdn nicht zufrieden; **qn mange/ne mange pas à sa** ~ jd isst sich satt/jd hat nicht genügend zu essen [*o* jd leidet Hunger]; ***ces enfants ne mangent pas à leur ~ tous les jours*** diese Kinder werden nicht immer satt [*o* leiden oft Hunger]; **qn reste sur sa** ~ (*après un repas*) jd ist nicht satt, jd ist immer noch hungrig; (*n'est pas satisfait*) jds Erwartungen werden nicht erfüllt, jd wird in seinen Erwartungen enttäuscht; ***je voulais absolument entendre cette cantate, et je reste sur ma*** ~ ich wollte unbedingt diese Kantate hören, wurde aber enttäuscht; **qc trompe la** ~ etw stillt den Hunger notdürftig; ***qc permet de tromper la*** ~ etw stillt den Hunger fürs Erste; **qn trompe sa** ~ jd stillt seinen Hunger notdürftig
◆ **faim de loup** Bärenhunger *m,* Wolfshunger *m* ▶ **qn a une ~ de loup** jd ist hungrig wie ein Wolf, jd hat einen Bärenhunger
faîne *f,* **faine** [fεn] *f* Buchecker *f*
fainéant, e [fεneɑ̃, ɑ̃t] **I.** *adj* faul
II. *m, f* Faulenzer(in) *m(f),* Nichtstuer(in) *m(f),* Faulpelz *m fam*
fainéanter <1> [fεneɑ̃te] *vi* ■ **qn fainéante** jd faulenzt [herum *fam*]
fainéantise [fεneɑ̃tiz] *f* (*caractère*) Faulheit *f;* (*mode de vie*) Faulenzerei *f;* ***ses mauvais résultats sont dûs à sa*** ~ seine/ihre schlechten Ergebnisse sind auf seine/ihre Faulheit zurückzuführen; ***c'est par ~ qu'il n'est pas venu*** aus Faulheit [*o* Bequemlichkeit *f*] ist er nicht gekommen; ***il mène une vie de*** ~ er führt ein Faulenzerleben *fam,* er faulenzt herum *fam*
faire <*irr*> [fεʀ] **I.** *vt* **1.** (*fabriquer*) ■ **qn fait qc** *meuble, objet, statue, vêtement* jd macht etw, jd fertigt etw an; *maison, mur* jd baut etw; *produit* jd stellt etw her; *pain, gâteau* jd macht etw, jd backt etw; ***l'oiseau fait son nid*** der Vogel baut sein Nest; ***Dieu a fait le monde en six jours*** in sechs Tagen hat Gott die Welt erschaffen; ***le bébé fait ses dents*** das Baby zahnt ['be:bi]; ***il m'a fait un gâteau*** er hat mir einen Kuchen gebacken
2. (*mettre au monde*) ■ **qn fait un enfant** jd bekommt [*o* kriegt *fam*] ein Kind; ■ **un animal fait un petit** ein Tier bekommt [*o* kriegt *fam*] ein Junges; ***la chatte a fait des petits*** die Katze hat Junge geworfen [*o* bekommen] [*o* gekriegt *fam*]; ***la vache a fait un veau*** die Kuh hat gekalbt; ■ **qn fait un enfant à qn** *fam* jd macht jdm ein Kind *fam,* jd dreht jdm ein Kind an *fam*
3. (*évacuer*) ■ **qn/un animal fait** [**qc**] [**dans qc**] jd/ein Tier macht [etw] [in etw (*akk*)]; ***qn fait ses besoins*** jd geht zur Toilette [*o* aufs Klo *fam*], jd macht [*o* erledigt] [*o* verrichtet] sein Geschäft *fam;* ***qn fait dans la culotte*** jd macht in die Hose; ***un animal fait ses besoins dans qc*** ein Tier erledigt [*o* macht] [*o* verrichtet] sein Geschäft in etw (*akk*) *fam;* ***il a envie de ~ ses besoins*** er muss mal *fam;* ***il a envie de ~ pipi/caca*** *fam* er muss Pipi/Aa machen *Kindersprache*
4. (*être l'auteur de, participer à*) ■ **qn fait qc** [**à qn**] *faute, offre, cadeau* jd macht [jdm] etw; *poème, livre* jd schreibt [jdm] etw, jd schafft etw; *film* jd dreht [*o* macht] etw; *conférence* jd hält [für jdn] etw ab; *discours* jd hält etw [für jdn]; *chèque* jd schreibt [*o* stellt] [jdm] etw aus; *loi* jd macht [*o* erlässt] etw; *devoir* jd tut [*o* erfüllt] etw [für jdn]; *promesse* jd gibt [jdm] etw; *visite* jd stattet [jdm] etw ab, jd macht [bei jdm] etw; *faveur* jd tut jdm etw; *prévisions* jd trifft etw; *guerre* jd führt etw [gegen jdn]; ***il a fait la guerre d'Indochine*** er war in Indochina mit dabei, er hat den Indochinakrieg mitgemacht; ***qn fait l'amour à qn*** jd schläft mit jdm, jd geht mit jdm ins Bett *fam;* ***on vous a fait une faveur*** wir haben für Sie eine Ausnahme gemacht; ***qn fait une farce à qn*** jd spielt jdm einen Streich; ***il aime ~ des farces*** er treibt gerne Schabernack; ***faites-moi une petite visite*** besuchen sie mich doch mal
5. (*avoir une activité*) ■ **qn fait qc** jd macht etw; *action a.* jd führt etw [durch]; *tâche, travail a.* jd erledigt etw, jd führt etw aus; *son service militaire a.* jd leistet etw ab; ***que faites-vous dans la vie?*** was tun [*o* machen] Sie beruflich?; ***j'ai beaucoup/je n'ai rien à*** ~ ich habe viel/nichts zu tun; ***qu'est-ce qu'ils peuvent bien*** ~ was in aller Welt treiben [*o* machen] die bloß?; ***qn fait une bonne action*** jd vollbringt eine gute Tat, jd tut ein gutes Werk; ***qu'est-ce que tu fais ce soir?*** was machst du heute Abend?; ■ **qn fait du/de la ...** *de la musique* jd macht etw; *du théâtre, jazz a.* jd spielt etw; *de la politique* jd macht [*o* betreibt] etw; *du sport* jd macht [*o* treibt] etw; *du tennis, foot, rugby* jd spielt etw; ***il fait beaucoup de voiture/vélo*** er fährt viel Auto/Fahrrad; ***elle fait de la couture/du tricot*** sie näht [*o* schneidert]/strickt; ***elle fait du bricolage*** sie betätigt sich als Heimwerkerin; ***il fait de la photo[graphie]*** er fotografiert [als Hobby], er ist Hobbyfotograf; ***qn fait du violon/du piano*** jd spielt Geige/Klavier; ■ **qn ne fait que** [**de** *fam*] **faire qc** jd tut nur [*o* bloß] etw; ***je ne fais que dire la vérité*** ich sage bloß die Wahrheit; ***il n'a fait qu'aggraver la situation*** er hat die Lage nur noch verschlimmert; ***qn ne fait que de bavarder/pleurer*** jd schwatzt/weint dauernd [*o* ständig], jd tut nichts [anderes] als schwatzen/weinen
6. (*étudier*) ■ **qn fait qc** *école* jd besucht etw; ***il fait l'école hôtelière*** er macht *fam* [*o* absolviert] die Hotelfachschule; ***qn fait des études*** jd studiert; ***il a fait son droit/sa médecine*** er hat ein Jurastudium/Medizinstudium gemacht, er hat Jura/Medizin studiert; ***elle a fait sa licence/sa maîtrise*** sie hat ihre Licence/ihren Magister gemacht; ***il faut que je fasse des maths*** ich muss Mathe machen *fam;* ***qn fait de la recherche*** jd forscht, jd betreibt Forschung; ■ **qn fait qc** *pop instituteur, plombier* jd macht etw *fam;* ***il veut ~ médecin*** er will Arzt werden [*o* machen *fam*]
7. (*préparer*) ■ **qn fait qc** [**à qn**] *dessert, rôti, salade* jd macht [jdm] etw; *café, thé, soupe, repas a.* jd kocht [jdm] etw; *valise* jd packt etw; ***j'ai fait mes bagages*** ich habe [meine Sachen [*o* Koffer]] gepackt
8. (*nettoyer, ranger*) ■ **qn fait qc** *argenterie, carreaux, chaussures* jd putzt etw, jd macht etw sauber; *chambre, salle à manger* jd räumt etw auf; *lit* jd macht etw; ***qn fait le ménage*** (*nettoyer*) jd putzt; (*mettre de l'ordre*) jd räumt auf; ***qn fait la vaisselle*** jd spült [das Geschirr], jd spült ab
9. (*accomplir*) ■ **qn fait qc** *mouvement, promenade, voyage* jd macht etw; *tournoi* jd nimmt an etw (*dat*) teil; ***qn fait un shampoing à qn*** jd wäscht jdm die Haare; ***qn fait la vidange*** [***de sa voiture***] jd macht einen Ölwechsel; ***qn fait le plein*** [***d'essence***] jd tankt voll; ***il a fait une réparation coûteuse sur ma voiture*** er hat eine teure Reparatur an meinem Wagen vorgenommen [*o* gemacht]; ***ne faites plus un mouvement!*** keine Bewegung mehr!; ***il a fait un bon score*** er hat ein gutes Ergebnis erzielt
10. MED ■ **qn fait qc** *des complexes* jd hat etw; ***qn fait de la fièvre*** *fam* jd hat Fieber; ***il a fait une grave dépression nerveuse*** er hat einen schweren Nervenzusammenbruch gehabt [*o* erlitten]; ***qn fait du diabète/de la tension*** jd hat [*o* leidet an] Diabetes/Bluthochdruck; ***qn a tendance à ~ des complexes*** jd neigt zu Komplexen
11. (*parcourir*) ■ **qn fait qc** *distance, trajet* jd legt etw zurück; *pays* jd bereist etw; *circuit* jd macht etw; *rue, avenue* jd geht/fährt etw ab; *magasins* jd klappert etw ab *fam,* jd macht etw durch *fam;* ***j'ai fait 10 km à pied*** ich habe 10 km zu Fuß gemacht [*o* zurückgelegt]; ***j'ai fait*** [***le trajet***] ***Nancy–Paris en trois heures*** ich habe die Strecke Nancy–Paris in drei Stunden geschafft; ***à quelle moyenne fais-tu le parcours Lyon–Marseille?*** wie schnell fährst du im Schnitt die Strecke Lyon–Marseille?; ***qn fait tous les commerçants/magasins pour trouver qc*** jd geht in alle Läden/Geschäfte [*o* klappert alle Läden/Geschäfte ab *fam*] um etw zu finden; ***elle fait tous les marchés/toutes les foires pour se tenir informée*** sie geht auf alle Märkte/Messen um auf dem Laufenden zu bleiben; ***elle a fait toute la ville pour trouver ça*** sie ist in der ganzen Stadt herumgelaufen [*o* sie hat die ganze Stadt abgeklappert *fam*] um das zu finden; ***qn fait toutes les boîtes de nuit/tous les bistrots*** jd macht die Runde durch alle Nachtclubs/Kneipen, jd zieht von einem Nachtclub in den anderen/von einer Kneipe in die ande-

re; ***ce représentant fait toute la province*** dieser Vertreter bereist [*o* betreut] die ganze Provinz; ***ce commerçant fait tous les marchés/ toutes les foires*** dieser Händler macht alle Märkte/Ausstellungen mit

12. COM (*offrir à la vente*) ■ **qn/qc fait qc** *marque, produit* jd verkauft [*o* führt] etw; ***nous faisons le gros et le demi-gros*** wir sind Großhandel und Zwischenhandel

13. AGR (*cultiver*) ■ **qn fait qc** jd baut etw an

14. (*fixer un prix*) ■ **qn fait qc [à qn] pour** [*o* **à**] **...** jd verkauft [*o* [über]lässt] [jdm] etw für ...; [**à**] ***combien faites-vous ce fauteuil? – Je vous le fais [pour] 200 F*** für wie viel verkaufen Sie diesen Sessel? – Ich gebe [*o* [über]lasse] ihn Ihnen für 200 F

15. (*feindre, agir comme*) ■ **qn fait le/la ...** *malade, timide, grande dame* jd spielt [*o* markiert] den/die ... *fam;* ***qn fait la bête/ l'innocent*** jd stellt sich dumm/unwissend; jd tut so, als ob er dumm/unwissend wäre; ***qn fait le pitre/ le clown*** jd spielt den Clown, jd macht Faxen [*o* Blödsinn] *fam;* ***qn fait l'idiot/ l'imbécile*** (*vouloir amuser*) jd macht Blödsinn [*o* Faxen] *fam;* (*faire mine de ne pas comprendre*) jd stellt sich dumm; (*se conduire stupidement*) jd benimmt sich wie ein Idiot; ***il a fait l'imbécile en refusant cet argent*** es war dumm von ihm, dieses Geld abzulehnen; ***qn fait l'enfant*** jd benimmt sich kindisch [*o* wie ein Kind], jd führt sich albern auf; ***il aime ~ le dictateur*** er spielt sich gerne als Diktator auf; ***ne fais donc pas ta mijaurée!*** zier dich nicht so!, stell dich nicht so an! *fam;* ■ **qn fait comme si** jd tut so, als ob; ***il a fait comme s'il ne me voyait pas*** er hat so getan, als ob er mich nicht sähe [*o* sehen würde]

16. (*tenir un rôle*) ■ **qn fait le/la ...** jd spielt [*o* macht *fam*] den/die ...; ***pendant les vacances il fait le portier dans un hôtel*** in den Ferien arbeitet er als Portier in einem Hotel; ***vous ferez les gendarmes et nous les voleurs*** ihr seid [*o* spielt] die Gendarmen und wir die Räuber

17. (*donner une qualité, transformer*) ■ **qn fait qn qc** *président, maire* jd macht jdn zu etw; ***qn fait qn roi*** jd macht jdn zum König; ***il l'a fait son héritier*** er hat ihn zu seinem Erben gemacht; ***je vous fais juge*** urteilen Sie selbst; ■ **qn/qc fait qc de qn/qc** jd/etw macht etw aus jdm/einer S.; ***la vie a fait de lui un aigri*** das Leben hat einen verbitterten Mann aus ihm gemacht; ***il a fait de cette grange une demeure agréable*** er hat aus dieser Scheune eine gemütliche Wohnung gemacht; ***il veut ~ de son fils un médecin*** er will aus seinem Sohn einen Arzt machen; ***il a fait de lui une star*** er hat aus ihm einen Star gemacht; ***qu'allez-vous ~ de votre fille?*** was wollen Sie Ihre Tochter werden lassen?

18. (*causer*) ■ **qn/qc fait qc [à qn]** *chagrin, plaisir* jd/etw macht [*o* bereitet] jdm etw; *obstruction, opposition* jd [be]treibt [*o* macht *fam*] etw; ***qc fait plaisir à qn*** etw macht jdm Freude, etw freut jdn; ***qn fait plaisir à qn*** jd macht jdm eine Freude; ***qn/ qc fait le bonheur/ malheur de qn*** jd/etw macht jdn glücklich/unglücklich, jd/etw ist jds Glück/Unglück; ***qn fera le malheur de qn*** jd wird jdn ins Unglück stürzen; ***qn/ qc fait la joie de qn*** jd hat seine Freude an jdm/etw; ***qc fait du bien/ mal à qn*** etw tut jdm gut/ etw schadet jdm; ***que lui a-t-on fait à l'hôpital?*** was haben sie [mit] ihm/ ihr im Krankenhaus gemacht?; ***je suis blindé, il ne peut rien me ~*** ich bin gefeit, er kann mir nichts anhaben; ***elle lui a fait la vie dure*** sie hat ihm/ihr das Leben schwer gemacht; ***qu'est-ce que ça peut bien te ~?*** was geht dich das an?; ■ **qn/qc fait qc** *tache, bruit* jd/etw macht etw; ***l'accident a fait de nombreuses victimes*** der Unfall hat zahlreiche Menschenleben gefordert; ***votre robe fait des plis*** Ihr Kleid wirft Falten; ***qc fait de la fumée*** etw gibt Qualm ab, etw qualmt, etw macht Qualm *fam*

19. (*servir de*) ■ **qc fait qc** etw ist gleichzeitig etw, etw dient gleichzeitig als etw; ***cet hôtel fait aussi restaurant*** dieses Hotel ist gleichzeitig auch Restaurant

20. (*laisser quelque part*) ■ **qn fait qc de qn/qc** jd macht etw mit jdm/etw; ***qu'avez-vous fait de l'enfant?*** was habt ihr mit eurem Kind gemacht?, wo habt ihr euer Kind gelassen?; ***qu'ai-je bien pu ~ de mes lunettes?*** was habe ich nur mit meiner Brille gemacht?

21. (*donner comme résultat*) ■ **qc fait qc** etw macht etw; ***deux et deux font quatre*** zwei und zwei macht [*o* ist] [*o* sind] vier; ***cela fait combien en tout?*** wie viel macht das insgesamt?

22. (*habituer*) ■ **qn fait qn à qc** *à une idée* jd gewöhnt jdn an etw (*akk*); ■ **qn est fait(e) à qc** jd ist an etw (*akk*) gewöhnt

23. (*devenir*) ■ **qn/qc fait qn** aus jdm/etw wird [mal] jd/etw; ***il promet de ~/ il fera un excellent avocat*** aus ihm wird sicherlich mal ein ausgezeichneter Anwalt; ***cette branche fera une belle canne*** aus diesem Ast kann man einen schönen Stock machen

24. (*dire*) ■ **qn/un animal fait qc** jd sagt/ein Tier macht etw; ***il a fait "non" en hochant la tête*** er sagte „nein", indem er den Kopf schüttelte; ***le chien fait "ouah! ouah!"*** der Hund macht wau! wau!

25. (*avoir pour conséquence*) ■ **qc fait que** + *indic* etw hat zur Folge, dass; etw führt dazu, dass; ***le climat actuel fait que*** die jetzige Atmosphäre führt dazu [*o* hat zur Folge], dass; ***sa maladie a fait qu'il n'a pas pu se rendre à son travail*** wegen seiner Krankheit konnte er nicht zur Arbeit gehen

26. (*être la cause de*) ■ **qn/qc fait faire qc**: ***la pluie fait pousser l'herbe*** der Regen lässt das Gras wachsen; ***qn fait pousser des roses*** jd zieht [*o* züchtet] Rosen; ***qn fait démarrer qc*** jd bringt etw in Gang [*o* zum Starten]; ***qn fait chavirer un bateau*** jd bringt ein Boot zum Kentern; ***il a fait tomber les pommes en secouant les branches*** er hat die Äpfel heruntergeschüttelt, indem er an den Ästen rüttelte

27. (*aider à*) ■ **qn fait faire qc à qn** jd ist jdm bei etw behilflich, jd hilft jdm etw zu tun; ***qn fait traverser la rue à qn*** jd hilft jdm über die Straße; ***on l'a fait sortir par la fenêtre*** wir haben ihm durch das Fenster herausgeholfen; ***qn fait faire ses devoirs à qn*** jd hilft jdm die Hausaufgaben zu machen

28. (*inviter à*) ■ **qn fait faire qc à qn** jd bittet [*o* veranlasst] jdn etw zu tun; (*laisser*) jd lässt jdn etw tun; ***qn fait entrer qn*** jd bittet jdn einzutreten/lässt jdn eintreten; ***qn fait venir un médecin*** jd lässt einen Arzt kommen; ***faites entrer le visiteur!*** bitten sie den Besucher herein[zukommen]!; ***dois-je le ~ monter?*** soll ich ihn heraufbitten [*o* bitten heraufzukommen]?; ***faites entrez le public!*** lassen Sie das Publikum herein!; ■ **qn fait faire qc à un animal** jd lässt ein Tier etw tun; ***qn fait entrer/ sortir le chien*** jd lässt den Hund rein/raus

29. (*charger de*) ■ **qn fait faire qc [par qn]** jd lässt etw [von jdm] machen; ***j'ai fait faire une robe par ma couturière*** ich habe mir von der Schneiderin ein Kleid machen lassen; ***qn fait réparer/ changer qc par qn*** jd lässt etw von jdm reparieren/ändern; ***faites-moi prévenir*** lassen Sie mich benachrichtigen; ***qn fait construire une maison*** jd baut ein Haus, jd lässt ein Haus bauen; ■ **qn fait faire qc à qn** jd lässt jdn etw tun; ***qn fait transmettre un message à qn*** jd lässt jdm eine Nachricht überbringen; ***tu devrais lui ~ faire la vaisselle*** du solltest ihn/sie spülen lassen

30. (*forcer, inciter à*) ■ **qn fait faire qc à qn** jd bringt [*o* zwingt] jdn dazu, etw zu tun; jd lässt jdn etw tun; ***il lui a fait ouvrir le coffre-fort*** er hat ihn/ sie den Safe öffnen lassen, er hat ihn/sie gezwungen den Safe zu öffnen; ***ne me faites pas dire ce que je n'ai pas dit*** legen Sie mir nicht etwas in den Mund, was ich nicht gesagt habe; ***il lui a fait boire un grog*** er hat ihm/ihr einen Grog zu trinken gegeben; ***pour le ~ partir ils lui font croire que*** + *indic* um ihn loszuwerden [*o* damit er geht] erzählen sie ihm, dass; ***l'État fait payer les pauvres*** der Staat bittet die Armen zur Kasse [*o* lässt die Armen zahlen]; ***elle m'a fait courir pour attraper le bus*** sie hat mich dazu gebracht zu rennen, um den Bus noch zu erreichen

31. (*pour remplacer un verbe déjà énoncé*) ■ **qn le fait/l'a fait** jd tut es/hat es getan; ***as-tu payé la note? – Non, c'est lui qui l'a fait*** hast du bezahlt? – Nein, er hat es getan

▶ **qn n'a que ~ de qc** jd hat etw nicht nötig, jd braucht etw nicht; ***je n'ai que ~ de tes conseils*** ich brauche deine Ratschläge nicht, ich kann auf deine Ratschläge verzichten; **qn ne fait que passer** jd kommt nur kurz [*o* nur auf einen Sprung] vorbei; **ne fais pas à autrui ce que tu ne voudrais pas qu'on te fît** *prov* was du nicht willst, dass man dir tu', das füg auch keinem andern zu *prov;* **à tout ~** für alles; ***c'est vraiment l'homme à tout ~*** das ist wirklich ein Mann für alles *fam,* das ist wirklich ein Allroundman [ɔ:l'raundmæn] *fam;* **pour ce ~** *littér* dazu, um das zu tun; **qn n'en fait jamais d'autres** jd macht immer dieselben Dummheiten, das sieht jdm ähnlich; ***il n'en fait jamais d'autres*** das sieht ihm ähnlich; **qu'est-ce que ça fait si** + *indic* was macht das schon [aus], wenn; **ce faisant** *littér* dann, auf diese Weise; (*pendant ce temps*) währenddessen; ***garde le secret, ce faisant, tu n'auras pas d'ennui*** halt den Mund, dann bekommst du keinen Ärger; **qn le fait à qc** *fam au bluff, à l'esbroufe, au chantage* jd macht [*o* schafft] es durch [*o* mit] etw; **on ne me la fait pas** *fam* mit mir kann man das nicht machen, ich lasse mich nicht reinlegen *fam;* **faites quelque chose!** tut/tun Sie doch etwas!; **n'en faites rien!** tun Sie/tut das nicht!, lassen Sie/lasst das sein!; **je n'en ferai rien** (*formule de politesse*) aber ich bitte Sie!; (*je me garde de faire ça*) ich tu [*o* mach] das nicht; **ça ne fait rien** das macht nichts; **ça ne fait rien! ...** (*ça alors*) das gibt's doch nicht ... *fam;* **cela** [*o* **ça**] **ne vous ferait rien si** + *indic*/**que** + *subj* würde es Ihnen etwas ausmachen, wenn; [**il n'y a**] **rien à ~!** *fam* [da ist] nichts zu machen!, das nützt [*o* bringt *fam*] alles nichts!; ***il m'est sympathique; rien à ~ contre ça*** er ist mir sympathisch; dagegen kann ich nichts machen; **il n'y a plus rien à ~** da ist nichts mehr zu machen!, da hilft nichts mehr!; ***il n'y a plus rien à ~ pour le sauver*** man kann nichts mehr tun um ihn zu retten; **qn n'en a** [*o* **en a**] **rien à ~** *fam* (*ne s'y intéresse pas*) das interessiert jdn nicht; (*s'en fout*) jdm ist das völlig egal *fam,* jd hat damit nichts am Hut *fam;* **qn fait sien qc** jd eignet sich (*dat*) etw an; *idée, opinion* jd macht sich (*dat*) etw zu eigen; **qn fait tout pour que** + *subj* jd tut alles, damit; **faites que** + *subj* mach, dass; ***Seigneur, faites que je réussisse!*** Herrgott, mach, dass ich bestehe!

II. *vi* **1.** (*agir*) ■ **qn fait ...** jd macht ...; ***qn fait vite*** jd macht schnell *fam,* jd beeilt sich; ***j'ai fait de mon mieux*** ich habe mein Bestes getan; ***tu peux mieux ~*** du kannst das noch besser, du kannst besser sein; ■ **qn fait ... de faire qc**: ***qn fait bien/ mal [de faire qc]*** jd tut gut/tut nicht gut daran [, etw zu tun]; ***il a bien fait de ne rien dire*** er hat gut daran getan, nichts zu sagen; es war richtig, dass er nichts gesagt hat; ***tu fais bien de me le rappeler*** gut, dass du mich daran erinnerst; ***tu ferais bien/ mieux de te taire*** du solltest lieber still sein

2. (*dire*) ■ **qn fait** jd sagt; ***"sans doute", fit-il, "vous avez raison"*** „zweifellos", sagte er, „haben Sie Recht"; ***"chut, chut", fit Emma*** „pst, pst", machte Emma

3. *fam* (*durer*) ■ **qc [me/lui/...] fait ...** /*vêtement/ trois ans, six mois, un hiver* etw hält noch ...; ■ **qc fait ...** /*disque/ 30 minutes, une heure* etw dauert [*o* geht *fam*] ..., etw hat ... Laufzeit; ***ce disque fait une heure d'écoute*** diese Schallplatte dauert [*o* geht *fam*] eine Stunde

4. (*paraître*) ■ **qn/qc fait ...** jd/etw wirkt ..., jd/etw sieht ... aus; ***ce tableau ferait mieux dans l'entrée*** dieses Bild würde sich besser im Eingang machen; ***votre cravate fait sérieux/ très chic*** mit Ihrer Krawatte sehen Sie seriös/sehr schick aus; ***il fait vieux/ jeune pour son âge*** er wirkt alt/jung für sein Alter, er sieht für sein Alter alt/jung aus; ***cet ameublement fait riche*** die Einrichtung sieht nach Geld aus [*o* sieht nach was aus *fam*]; ***ça fait bien*** das sieht gut aus, das macht sich gut

5. (*rendre*) ■ **qn/qc fait qn/qc ...** + *adj* jd/etw macht jdn/etw ... + *adj;* ***on le fait plus riche qu'il n'est*** man macht ihn reicher, als er ist; ***il fait les choses plus sombres qu'elles ne sont*** er macht die Dinge schlimmer [*o* er stellt die Dinge schlimmer dar], als sie sind; ■ **qn fait ...** *paysan, vieille fille* jd sieht aus wie ein/eine ...; ***elle fait très femme pour ses 17 ans*** sie wirkt sehr fraulich für ihre 17 Jahre, sie sieht für ihre 17 Jahre sehr fraulich aus; ***il fait très vieille France*** er wirkt sehr altmodisch; ■ **qc fait ...**: ***qc fait mode*** etw wirkt modisch; ***qc fait bon/ mauvais effet*** etw macht einen guten/schlechten Eindruck; ***ta chambre fait désordre*** dein Zimmer ist unor-

dentlich [*o* ist ein einziges Durcheinander]
6. (*coûter, mesurer, peser*) ■ **qc fait ...** etw ist ...; ***ça fait peu*** das ist wenig; ***qc fait 1,2 m de long/ de large/ de haut*** etw ist 1,2 m lang/breit/hoch; ***cette cuisine fait 6 m de long sur 3 de large*** diese Küche ist 6 m lang und 3 m breit; ***ce mur fait 6 m de haut*** diese Mauer ist 6 m hoch; ***ce rôti fait trois kilos*** dieser Braten ist drei Kilo schwer [*o* wiegt drei Kilo]; ***mon frère fait 85 kilos*** mein Bruder wiegt 85 Kilo [*o* ist 85 Kilo schwer]; ***ce réservoir fait 70 litres*** dieser Tank fasst 70 Liter; ***ça fait encore loin jusqu'à Paris?*** ist es noch weit bis Paris?; ***ça lui fait quel âge?*** wie alt ist er?; ***cette ampoule fait 60 W*** diese Birne hat 60 W; ■ **qc [lui/vous] fait ...** *dix francs, mille francs, une brique* etw kostet ..., etw macht ...; ***deux croissants, ça vous fait 8 francs*** zwei Croissants, das macht 8 Franc [für Sie]
► **faites comme chez vous!** *iron* fühlen Sie sich [ganz] wie zu Hause!, tun Sie sich (*dat*) nur keinen Zwang an!; **qn fait comme si de rien n'était** jd tut so, als ob nichts gewesen wäre; **rien n'y fait** da hilft nichts, da ist nichts zu machen; **tant qu'à** ~ wenn es schon sein muss; wennschon, dennschon *fam*, wenn ich schon dabei bin/wenn du schon dabei bist/...; **faites [donc]!**: ***vous permettez que je fume? – Mais faites donc!*** erlauben Sie, dass ich rauche? – Aber ja doch, bitte [*o* selbstverständlich]!
III. *vi impers* **1.** METEO ■ **il fait ...** *chaud, clair, froid, sombre, jour, nuit* es ist ...; ***il fait beau/ mauvais*** es ist schön[es Wetter]/schlechtes Wetter, das Wetter ist schön/schlecht, wir haben schönes/schlechtes Wetter; ***il fait lourd*** es ist schwül; ***il fait [du] soleil*** die Sonne scheint; ***il fait du brouillard/ du vent*** es ist neblig/windig; ***il va ~ une nuit froide*** die Nacht wird kalt werden
2. (*temps écoulé*) ■ **cela [*o* ça] fait ... [que** + *indic*] *trois heures, deux jours, une semaine* es ist ... her; ***cela fait bien huit ans*** das ist gut acht Jahre her, das war vor gut acht Jahren; ***cela fait deux ans/ très longtemps que nous ne nous sommes pas vus*** wir haben uns schon zwei Jahre lang/ sehr lange nicht gesehen; ***ça fait trois ans qu'il est parti*** seit drei Jahren ist er schon weg
3. (*pour indiquer l'âge*): ***ça me/ lui fait 40/ 50 ans*** *fam* ich bin/er/sie ist 40/50 [Jahre alt]; ***ça vous fait quel âge maintenant?*** wie alt sind Sie denn jetzt?
► **cela [*o* ça] fait que** + *indic fam* darum, deshalb
IV. *vpr* **1.** (*arranger, fabriquer*) ■ **qn se fait qc** *vêtement* jd macht sich (*dat*) etw; *fam 10 000 F, fric, pas mal d'argent* jd verdient [*o* macht *fam*] etw; *illusions, soucis* jd macht sich (*dat*) etw; ***combien tu te fais par mois?*** *fam* wie viel verdienst [*o* machst *fam*] du pro Monat?; ***il se fait lui-même sa cuisine*** er kocht sich (*dat*) selbst; ***qn se fait les ongles*** jd macht sich (*dat*) die Fingernägel *fam;* ***qn se fait une idée exacte de qc*** jd macht sich (*dat*) eine genaue Vorstellung von etw; ***qn se fait des illusions/ des idées*** jd macht sich (*dat*) Illusionen [*o* falsche Vorstellungen]; ***qn se fait une opinion [personnelle]*** jd bildet sich (*dat*) eine [eigene] Meinung; ***qn se fait beaucoup de mauvais sang/ de bile/ soucis*** jd macht sich (*dat*) große Sorgen; ***qn se fait une raison de qc*** jd findet sich mit etw ab; ■ **qn se fait qn**: ***qn se fait des relations*** jd macht [*o* schließt] Bekanntschaften; ***qn se fait des amis/ ennemis*** jd gewinnt Freunde/macht [*o* schafft] sich (*dat*) Feinde
2. (*action réciproque*) ■ **des personnes se font qc**: ***ils se font des caresses*** sie streicheln sich; ***ils n'arrêtent pas de se ~ la guerre*** sie liegen ständig im Krieg miteinander, sie bekriegen sich ständig; ***ils se font des politesses*** sie erweisen sich gegenseitig Höflichkeiten
3. *fam* (*se taper*) ■ **qn se fait qn**: ***il faut se le ~ celui-là!*** der geht einem ganz schön auf den Geist *fam;* ***je me le/ la suis fait(e)*** (*avoir couché avec*) mit dem/der bin ich schon ins Bett gegangen *fam*, den/die hab' ich schon ins Bett gekriegt *sl;* ***je vais me le ~ celui-là!*** (*le brutaliser*) den werde ich mir vorknöpfen [*o* vornehmen]! *fam*
4. (*se former*) ■ **qn/qc se fait** /*fromage, vin*/ etw reift, etw entwickelt seinen vollen Geschmack; ***tes nouvelles chaussures vont se ~*** du wirst deine neuen Schuhe noch einlaufen; ***cet homme politique s'est fait tout seul*** dieser Politiker hat es allein zu etwas gebracht
5. (*devenir*) ■ **qn/qc se fait** + *adj rare, vieux, sarcastique* jd/etw wird + *adj;* ***les bonnes occasions se font rares*** die guten Gelegenheiten werden selten; ***il se fait tard*** es ist/wird spät; ■ **qn se fait** + *adj beau, petit* jd macht sich + *adj;* ***qn se fait rare*** *iron* jd lässt sich selten sehen [*o* blicken] *fam*, jd macht sich rar *fam;* ■ **qn se fait** + *subst curé, prêtre, avocat* jd wird + *subst;* ***qn se fait le défenseur de la démocratie*** jd macht sich zum Verfechter der Demokratie
6. (*s'habituer à*) ■ **qn se fait à qc** *à un caractère, une situation, idée* jd gewöhnt sich an etw (*akk*)
7. (*être à la mode*) ■ **qc se fait** /*activité*/ etw ist üblich [*o* gang und gäbe]; /*look, vêtement*/ etw ist in *fam*, etw ist Mode [*o* modern]; /*vêtement*/ etw wird getragen
8. (*arriver, se produire*) ■ **qc se fait** /*rencontre, réunion*/ etw findet statt, es kommt zu etw; /*sortie, départ a.*/ etw erfolgt; /*film, livre*/ etw kommt zustande; ***ça ne se fera pas, je m'y opposerai*** dazu wird es nicht kommen, ich werde mich dem widersetzen; ***mais finalement ça ne s'est pas fait*** aber letztlich kam es nicht dazu
9. *impers* ■ **il se fait qc**: ***il se fit soudain un grand silence*** plötzlich wurde es [ganz] still; ***comment se fait-il qu'il ne soit pas encore là?*** wie kommt es [*o* wie ist es möglich], dass er noch nicht da ist?; ***comment ça se fait?*** wie kommt das?, wie ist das möglich?
10. (*agir en vue de*) ■ **qn se fait** + *infin:* ***qn se fait maigrir*** jd macht eine Abmagerungskur; ***qn se fait vomir*** jd bringt sich [selbst] zum Erbrechen; ***je te conseille de te ~ oublier*** ich rate dir dich zurückzuhalten
11. (*se voir*) ■ **qn se fait ...** + *infin:* ***je me suis fait opérer*** ich bin operiert worden; ***il s'est fait renverser par une voiture*** er ist von einem Auto überfahren worden; ***qn s'est fait condamner/ arrêter/ piquer*** jd ist verurteilt/ festgenommen/geschnappt worden; ***qn se fait retirer son permis*** jdm wird der Führerschein entzogen [*o* abgenommen]; ***qn se fait critiquer*** jd wird kritisiert; ***qn se fait voler qc*** jdm wird etw gestohlen
12. (*se fabriquer*) ■ **qc se fait** etw erfolgt, etw wird gemacht; ***Paris ne s'est pas fait en un jour*** *prov* Rom ist auch nicht an einem Tag gebaut worden
► **cela [*o* ça] se fait/ne se fait pas** das tut man/tut man nicht, das gehört [*o* schickt] sich/gehört [*o* schickt] sich nicht; ***ça se fait beaucoup de faire qc*** es ist weit verbreitet, etw zu tun; ***ça se fait beaucoup de porter des jupes courtes cette année*** kurze Röcke werden dieses Jahr bevorzugt [*o* viel] getragen, kurze Röcke sind dieses Jahr weit verbreitet; **qn ne s'en fait pas** *fam* (*ne s'inquiète pas*) jd macht sich (*dat*) keine Sorgen; (*ne se gêne pas*) jd hat keine Hemmungen, jd nimmt sich (*dat*) was heraus *fam;* ***il ne s'en fait pas, celui-là; même fauché, il reste optimiste!*** der hat vielleicht Nerven; er hat keinen Pfennig und ist trotzdem optimistisch! *fam;* **t'en fais pas!** *fam* mach dir nichts draus! *fam*

faire-part [fɛʀpaʀ] *m inv* Anzeige *f;* ~-~ ***de décès/ mariage/ naissance*** Todes-/Heirats-/Geburtsanzeige **faire-valoir** [fɛʀvalwaʀ] *m inv:* ***sa femme lui sert de ~-~*** seine Frau verhilft ihm dazu, sich ins rechte Licht zu setzen; seine Frau bringt ihn zur Geltung [*o* verschafft ihm Geltung]; ***il est accompagné d'un Allemand et d'un Grec, ses ~-~ européens*** er wird von einem Deutschen und einem Griechen begleitet, die ihm einen europäischen Anstrich geben sollen

fair-play [fɛʀplɛ] **I.** *m inv* Fairness ['fɛːɐnɛs] *f,* Fair Play ['fɛːɐ'pleɪ] *nt;* ***le ~-~ n'est pas son fort*** faires [*o* sportliches] Verhalten ist nicht seine/ihre Stärke
II. *adj* fair ['fɛːɐ]; ***il n'est pas très ~-~*** er ist nicht sehr fair, er ist unfair

faisabilité [fəzabilite] *f* Durchführbarkeit *f,* Machbarkeit *f;* ***une étude de ~*** eine Machbarkeitsstudie

faisable [fəzabl] *adj* machbar, durchführbar; ***ce trajet est-il ~ en voiture?*** ist es möglich, diese Strecke mit dem Auto zu fahren?

faisan, e [fəzɑ̃, an] *m, f* Fasan *m;* ***le ~ doré*** der Goldfasan

faisandé, e [fəzɑ̃de] *adj:* ***gibier ~/ viande ~e*** Wild/Fleisch, das einen Hautgout hat; ***ce lièvre est trop ~*** dieser Hase hat einen zu starken Hautgout [angenommen]

faisceau <x> [fɛso] *m* **1.** (*rayon*) [*lampe, phare, projecteur*] Lichtkegel *m*
2. (*fagot*) Bündel *nt;* ~ ***de brindilles/ de branchages*** Reisigbündel
3. MIL: ~ ***d'armes/*** ~ ***de fusils*** Gewehrpyramide *f*
4. *pl* HIST Faszes *pl,* Liktorenbündel *pl*
5. ■ ~ **de qc** *de faits* Bündel *nt* von etw, Reihe *f* von etw; *de preuves a.* Kette *f* von etw
► ~ **hertzien** Richtfunkstrecke *f,* Richtstrahl *m;* ~ **lumineux** Lichtkegel *m;* NAUT Leuchtfeuer *nt*
◆ **faisceau d'électrons** Elektronenstrahlen *pl;* **faisceau laser** Laserstrahl ['leɪzɐ-] *m*

faiseur, -euse [fəzœʀ, -øz] *m, f péj* **1.** (*auteur*) ■ **~(-euse) de qc** *de phrases, romans, vers* -macher(in) *m(f);* ***c'est un ~ de belles phrases*** das ist ein Phrasendrescher [*o* ein Schwätzer] *fam;* **~(-euse)** ***de bons mots*** Witzbold *m,* Witzemacher(in) *m(f);* **~(-euse)** ***de miracles*** Eindruckschinder(in) *m(f),* Blender(in) *m(f) fam;* **~(-euse)** ***d'histoires/ d'intrigues*** Intrigant(in) *m(f)*
2. (*vantard*) Aufschneider(in) *m(f)*
◆ **faiseuse d'anges** *vieilli* Engelmacherin *f*

faisselle [fɛsɛl] *f Abtropfsieb für die Molke des Quarks*

fait [fɛ] *m* **1.** (*donnée*) Tatsache *f;* ***un ~ nouveau*** ein neues Element; ■ **les ~s** die Tatsachen, die Fakten; ***des ~s indubitables*** unumstrittene Tatsachen; ***il est difficile de nier les ~s*** es ist schwierig, die Tatsachen [*o* Fakten] zu leugnen; ■ **le ~ que qn fasse qc** die Tatsache, dass jd etw tut; ■ **le ~ de faire qc** [die Tatsache,] dass jd etw tut; ***le ~ de n'avoir pas répondu, m'a attiré des ennuis*** [die Tatsache,] dass ich nicht geantwortet habe, hat mir Ärger eingebracht
2. (*événement*) Ereignis *nt,* Begebenheit *f;* (*phénomène*) Erscheinung *f,* Phänomen *nt;* ***les ~s se sont passés à minuit*** der Vorfall ereignete sich um Mitternacht
3. JUR ■ **les ~s** (*action criminelle, délit*) die Tat; (*éléments constitutifs*) der Tatbestand; (*état des choses*) der Sachverhalt; ***au moment des ~s*** zur Tatzeit
4. (*conséquence*) ■ **qc est le ~ de qc** etw ist die Folge von etw, etw ist durch etw bedingt, etw beruht auf etw (*dat*); ***son échec n'est que le ~ de son inexpérience*** sein/ihr Scheitern ist die Folge seiner/ihrer Unerfahrenheit [*o* ist seiner/ihrer Unerfahrenheit zuzuschreiben]; ***c'est le ~ du hasard si*** es beruht auf einem Zufall, dass; es ist [ein] Zufall, dass
► **qn prend ~ et cause pour qn** jd ergreift Partei für jdn, jd setzt sich für jdn ein; **les ~s et gestes de qn** jds Tun und Treiben; ~ **accompli** vollendete Tatsache; **qn est [*o* se trouve] placé(e) devant le ~ accompli, qn se trouve devant le ~ accompli** jd steht vor vollendeten Tatsachen; **qn met qn devant le ~ accompli** jd stellt jdn vor vollendete Tatsachen; ~ **acquis** beschlossene [*o* abgemachte] Sache; JUR feststehende Tatsache; ~ **divers** (*nouvelle*) [Lokal]nachricht *f;* (*à la radio, télé*) Meldung *f;* (*événement*) Ereignis *nt;* (*événement insignifiant*) nebensächliches Ereignis; **~s divers** (*rubrique*) Lokalnachrichten *pl,* Verschiedenes *nt,* Vermischtes *nt;* **c'est un ~ exprès** das ist Absicht; **comme par un ~ exprès** als ob es Absicht [*o* abgemacht] wäre; **hauts ~s** große Taten; ***hauts ~s militaires*** Heldentaten *pl;* ~ **nouveau** neue Tatsache, neues Element; **le seul ~ de faire qc** allein die Tatsache etw zu tun; **du seul ~ de qc** allein aufgrund einer S. (*gen*); **qn est sûr(e) de son ~** jd ist sich (*dat*) seiner Sache sicher; **qn dit son ~ à qn** jd sagt jdm [gründlich] die Meinung *fam*, jd sagt jdm [ordentlich] Bescheid *fam;* **qn est au ~ de qc** jd ist über etw (*akk*) auf dem Laufenden, jd weiß über etw (*akk*) Bescheid; **le ~ est là** eines ist doch klar, so ist es nun mal; ***le ~ est là:*** Tatsache ist:, eines steht fest:; **qc est le ~ de qn** etw ist jdm zuzuschreiben, etw geht auf jds Konto (*akk*) *fam;* ***ce ne peut être le ~ d'un garçon si***

honnête ein so anständiger Junge kann das nicht gewesen sein; **c'est/ce n'est pas son** ~ das ist/das ist nicht seine/ihre Art, das ist typisch/nicht typisch für ihn/sie; **ce n'est pas de mon/son** ~ das ist nicht meine/seine/ihre Schuld, ich habe/er/sie hat nichts damit zu tun; **c'est un** ~ das steht fest, das ist eine Tatsache, das ist nun mal so; **c'est un** ~ **que** + *indic* in der Tat; es ist [eine] Tatsache, dass; es stimmt, dass; ***c'est un ~ que j'aurais dû m'excuser*** es stimmt, dass ich mich hätte entschuldigen sollen; **il est de** ~ **que** + *indic* tatsächlich, in der Tat; ***il est de ~ que le livre ne sera pas terminé avant octobre*** tatsächlich [*o* in der Tat] wird das Buch nicht vor Oktober fertig sein; **le** ~ **est que** + *indic* Tatsache ist, dass; **qn met qn au** ~ **de qc** jd unterrichtet [*o* informiert] jdn über etw (*akk*); **qn prend qn sur le** ~ jd ertappt jdn auf frischer Tat; **qn va [droit] au** ~ jd kommt ohne Umschweife zur Sache; **qn en vient au** ~ jd kommt zum Kern der Sache; ***je vais en venir au*** ~ ich werde zur Sache kommen; ***venez-en au*** ~! kommen Sie zur Sache!; **au** ~ (*à propos*) übrigens; ***au ~, où en est votre projet?*** übrigens, wie steht es mit Ihrem Projekt?; ***mais au ~, il n'a peut-être pas notre adresse*** aber da fällt mir ein, vielleicht hat er unsere Adresse nicht; **au** ~! (*résumez*) zur Sache!; **de** ~ (*en réalité*) tatsächlich, in der Tat; ***gouvernement de*** ~ De-facto-Regierung *f;* ***pouvoir de*** ~ tatsächliche Macht; **de ce** ~ deshalb, aufgrund dieser Tatsache; **du** ~ **de qc** wegen [*o* aufgrund] einer S. (*gen*), durch etw; ***du ~ de son départ*** aufgrund [*o* wegen] seiner/ihrer Abreise; **du** ~ **que** + *indic* da; dadurch, dass; aufgrund der Tatsache, dass; **en** ~ in Wirklichkeit; **en** ~ **de qc** (*en matière de*) was etw [an]betrifft [*o* angeht]; (*en guise de*) an Stelle von, anstelle von; ***en ~ de nourriture il n'est pas exigeant*** in puncto Essen [*o* was das Essen angeht] ist er nicht sehr anspruchsvoll; **par le** ~ [**même**] [allein] aufgrund dieser Tatsache, folglich; **le** ~ **que** + *indic o subj* [die Tatsache,] dass; **si** ~ *vieilli* in der Tat, so ist es; ja, doch
◆ **fait d'armes** [*o* **de guerre**] [kriegerische] Heldentat; **fait de résistance** [Helden]tat *f* im Widerstand; **fait du prince** Obrigkeitsbeschluss *m;* (*arbitraire*) Willkürmaßnahme *f;* **faits de guerre** Kriegshandlungen *pl*

fait, e [fɛ, fɛt] **I.** *pp de* faire
II. *adj* **1.** (*conçu pour*) ■ **qc est** ~ **pour qc** etw ist geeignet für [*o* zu] etw; ***qc est spécialement ~ pour le camping/ la compétition*** etw ist speziell für Camping/den Wettkampf geeignet [*o* konzipiert]; ■ **qn est** ~ **pour [être] qn**: ***ils sont ~s l'un pour l'autre*** sie sind wie füreinander geschaffen; ***il était ~ pour être médecin*** er war zum Arzt geboren; ■ **qc est** ~ **pour faire qc** (*être approprié à*) etw ist wie für etw geschaffen; (*être destiné à*) etw soll etw tun; ***ce vêtement est ~ pour durer*** dieses Kleidungsstück soll [besonders] lange halten; ■ **qc n'est pas** ~ **pour faire qc** etw wird etw bestimmt nicht tun; ***ceci n'est pas ~ pour lui plaire*** das wird ihm/ihr bestimmt nicht gefallen; ***ces chaussures ne sont pas ~es pour la marche*** diese Schuhe eignen sich nicht zum Wandern
2. (*constitué*) ■ **qn/qc est** ~ **d'une certaine manière** jd/etw ist irgendwie gebaut; ***qn a la jambe/ la main bien ~e*** jd hat schöne [*o* schön geformte] Beine/Hände; ***c'est une femme bien ~e*** diese Frau hat eine gute Figur, diese Frau ist wohlproportioniert
3. (*arrangé*) *ongles* lackiert; *yeux* geschminkt
4. (*mûr*) *fromage* reif, weich; *homme* reif, ausgewachsen; *fam* (*soûl*) besoffen *sl,* zu *sl*
5. *fam* (*pris*) ■ **qn est** ~ jd ist dran [*o* geliefert] *fam;* ***qn est ~ comme un rat*** jd sitzt in der Falle
▶ **c'est bien** ~ [**pour toi/lui**] das geschieht dir/ihm recht; **vite** ~ schnell; ***c'était vite*** ~ das ging im Handumdrehen, das war schnell gemacht; **vite** ~ **bien** ~ ganz schnell; ***je lui ai fait comprendre vite ~ bien ~ que*** + *indic* ich habe ihm/ihr kurz und bündig [*o* klipp und klar] zu verstehen gegeben, dass; **c'en est** ~ **de qn/qc** *littér* es ist um jdn/etw geschehen, es ist aus mit jdm/etw; ***c'en est ~ de notre vie calme*** es ist aus mit unserem ruhigen Leben, unser ruhiges Leben ist dahin; **c'est** ~ **pour** *fam* (*exprès*) dazu ist er/sie/es doch da!, dafür ist er/sie/es vorgesehen!; (*à cette intention*) das ist Absicht; **qn est** ~ **pour** *fam* jd hat das Zeug dazu *fam,* jd ist wie geschaffen dafür; ***il est devenu médecin; il était ~ pour*** er ist Arzt geworden; er war dazu geboren; **ce qui est** ~ **est** ~ *prov* (*on se résigne*) was geschehen ist, kann man nicht mehr ändern; was passiert ist, ist passiert; (*on ne regrette rien*) was soll's *fam;* **c'est comme si c'était** ~ wird sofort erledigt; **c'est toujours ça de** ~ das ist immerhin etwas, das ist wenigstens erledigt; **ce n'est ni** ~ **ni à faire** das ist nichts Halbes und nichts Ganzes *fam;* **qc est tout(e)** ~ **/*travail*/** etw ist [fix und] fertig, etw ist ganz fertig; **tout(e)** ~ *formule* fest, stereotyp; *phrase, réponse* vorgefertigt; *expression* feststehend; ***des vêtements tout ~s*** Konfektionskleidung *f,* Kleidung *f* von der Stange; ***qn achète un costume tout ~/ une robe toute ~e*** jd kauft einen Anzug/ein Kleid von der Stange; ***des idées toutes ~es*** Klischeevorstellungen *pl;* ***des plats tout ~s*** Fertiggerichte *pl*

faîte [fɛt] *m* [*arbre*] Wipfel *m;* [*montagne*] Gipfel *m;* *littér* [*gloire*] Höhepunkt *m,* Gipfel; ~ ***du toit*** [*o* ***de la maison***] [Dach]first *m;* ***elle est parvenue au ~ des honneurs/ de la gloire*** sie ist zu höchsten Ehren/höchstem Ruhm gelangt

faitout *m,* **fait-tout** [fɛtu] *m inv* [Koch]topf *m,* Schmortopf

fakir [fakiʀ] *m* Fakir *m*

falaise [falɛz] *f* (*paroi*) Felswand *f;* (*côte*) Felsenküste *f,* Steilküste *f;* (*rocher*) Felsen *m;* ~ ***schisteuse*** Schieferfelswand; ~***s calcaires/ crayeuses*** Kalk-/Kreidefelsen *pl*

falbalas [falbala] *mpl* **1.** *péj* (*colifichets*) Firlefanz *m*
2. *vieilli* (*ornements de toilette*) Falbeln *pl,* Rüschen *pl;* ~ ***de perles*** Perlenbesatz *m*
3. (*grandes toilettes*) Abendkleider *pl*

fallacieux, -euse [falasjø, -jøz] *adj littér* trügerisch; *promesse, prétexte* falsch; *raisonnement, argument* fadenscheinig

falloir <*irr*> [falwaʀ] **I.** *vi impers* **1.** (*nécessiter*) ■ **il faut qn/qc [pour faire qc]** man braucht jdn/etw [um etw zu tun]; ***il faut de l'argent/ du courage/ du temps*** man braucht Geld/Mut/Zeit; ***il faut des amis*** man braucht Freunde; ■ **il me/lui faut qn/qc [pour faire qc]** ich brauche/er/sie braucht jdn/etw [um etw zu tun]; ***il me faudra du temps*** ich werde Zeit brauchen; ***il me faut à tout prix un ouvrier pour ...*** ich brauche unbedingt einen Arbeiter, um ...; ***c'est exactement ce qu'il me faut*** genau das brauche ich; ■ **il faut qc pour que** + *subj* man braucht etw, damit; man muss etw haben, damit; ***il ne faut pas grand-chose pour qu'il se mette à pleurer*** er fängt sehr leicht an zu weinen
2. (*devoir*) ■ **il faut faire qc** man muss etw tun; ***il faut absolument trouver un médecin*** wir müssen unbedingt einen Arzt finden; ***que faut-il faire?*** was sollen wir tun?; ***que faut-il leur dire?*** was sollen wir ihnen sagen?; ***il va ~ y aller*** wir müssen wohl gehen; ***tu vois, il ne fallait pas faire une chose pareille*** siehst du, das hättest du nicht tun sollen; ***il faut venir nous voir*** du musst/Sie müssen/ihr müsst uns mal besuchen; ***il a bien fallu!*** es musste sein!; ■ **il me/lui faut faire qc** ich muss/er/sie muss etw tun; ***il m'a fallu obéir*** ich musste gehorchen; ■ **il faut que qn fasse qc** jd muss etw tun; ***il va ~ que je parte bientôt*** ich werde gleich gehen müssen; ***il faut qu'il m'obéisse*** er muss mir gehorchen; ***il faut absolument que je vous parle*** ich muss unbedingt mit Ihnen sprechen; ■ **il faut que qc se fasse/soit fait(e)** etw muss getan werden; ***il ne faut pas que cela se fasse*** das darf nicht geschehen
3. (*être probablement*) ■ **il faut être qc [pour faire qc]** man muss schon etw sein [um etw zu tun]; ***il faut être fou pour parler ainsi*** man muss schon verrückt sein um so zu reden; ■ **il faut que qn soit qc [pour faire qc]** jd muss schon [*o* wohl] etw sein [um etw zu tun]; ***il faut qu'il soit malade pour ne pas avoir appelé*** er muss schon krank sein, wenn er nicht angerufen hat; ***faut-il être bête*** [*o* ***qu'il soit bête***] ***pour dire des choses pareilles!*** er ist ganz schön dumm, wenn er das sagt
4. (*se produire fatalement*) ■ **il faut faire qc** etw muss getan werden; ***j'ai fait ce qu'il fallait*** ich habe [das] getan, was nötig war [*o* was sein musste]; ***faut-il donc échouer si près du but?*** ist es denn nötig, so kurz vor dem Ziel zu scheitern?; ■ **il faut que qn fasse qc** jd muss etw tun; ***il a fallu qu'il apprenne cette triste nouvelle par d'autres que par moi*** er musste ausgerechnet von anderen die traurige Nachricht erfahren; ***il faut toujours qu'elle se trouve des excuses*** sie braucht immer Ausreden; ***il faut toujours que tu fasses des erreurs*** du musst auch immer Fehler machen; ■ **il fallait/a fallu que** + *subj* etw musste ...; ***il fallait que ça arrive*** das musste ja so kommen; ***il a fallu que ça tombe sur moi*** das musste ausgerechnet mir passieren
5. (*faire absolument*) ■ **il faut** + *infin*: ***il fallait me le dire*** du hättest es mir sagen sollen; ***il faut l'avoir vu*** das muss man gesehen haben; ***il ne faut surtout pas lui en parler*** du darfst ihm/ihr auf keinen Fall etwas davon sagen; ***faudrait pas traîner!*** wir sollten nicht herumtrödeln!; ***ça, faut*** *pop* [*o* ***il faut***] ***le dire ...*** man muss schon sagen, ..., das muss man sagen, ...
▶ **faut** *fam*/**il faut [te/vous] dire que** + *indic* allerdings muss ich [dir/Ihnen] sagen, dass; allerdings muss man sagen, dass; ***faut dire qu'il a un drôle de culot*** man muss schon sagen, der ist ziemlich dreist; **ce qu'il faut [pas] entendre!** *fam* was die Leute [nicht] alles von sich geben!, was man sich (*dat*) [nicht] alles anhören muss!; **[il] faut le faire** *fam* da gehört schon was dazu, das ist allerhand; (*ironique*) unschlagbar *fam;* **[il] faut faire avec** *fam* da kann man nichts dran ändern *fam,* da muss man sich mit abfinden *fam;* ***c'est pas l'idéal, mais [il] faut faire avec!*** es ist zwar nicht ideal, aber damit muss man sich halt abfinden [*o* muss man halt leben *fam*]!; ***faudra faire avec!*** daran wird man nichts ändern können!, damit wird man sich [wohl] abfinden müssen; **[il] faut faire avec ce qu'on a** *fam* man muss sich mit dem abfinden, was man hat; **[il] faut se le/la/les faire** [*o* **farcir**] *fam* der/die geht/die gehen einem ganz schön auf den Geist *fam,* den/die/die zu ertragen ist kein Honiglecken *fam;* **[il] faut te faire soigner** *fam* du bist wohl nicht ganz bei Trost *fam,* dir geht's wohl nicht gut *fam;* **faut** *fam*/**il ne faut pas y songer** lieber gar nicht erst dran denken!; **va** ~ *fam*/**il va** ~ **faire qc, va** ~ *fam*/**il va** ~ **que qn fasse qc** jd wird wohl etw tun müssen; [***il***] ***va ~ partir*** [*o* ***qu'on parte***] wir werden wohl gehen müssen; [***il***] ***va ~ nous dire*** [*o* ***que tu nous dises***] ***à quelle heure tu arrives*** [du] wirst uns schon sagen müssen, wann du ankommst; [***il***] ***va ~ appeler*** [*o* ***qu'on appelle***] ***un médecin*** [wir] werden wohl den Arzt holen müssen; **faut/faudrait voir** *fam,* **il faut/faudrait voir** (*réfléchir*) [da muss man erst] mal sehen; (*attendre*) [da muss man mal] abwarten; ***il a l'air gentil comme ça, mais faut voir à l'usage*** er scheint ja ganz nett zu sein, aber erst mal abwarten; **[il] faut/fallait voir [comment]** *fam* das müsstest du mal sehen/gesehen haben[, wie]; ***il brutalise sa femme, [il] faut voir [comment]!*** er schlägt seine Frau und [du hättest mal sehen sollen] wie!; ***il nous a accueillis, fallait voir!*** hättest mal sehen sollen, wie der uns empfangen hat *fam;* **faudrait voir à ...** + *infin pop* sieh zu, dass; mach bloß, dass *fam;* ***faudrait voir à pas me prendre pour un imbécile!*** halt/haltet mich bloß nicht für einen Vollidioten! *fam;* **il faut le voir pour le croire** das muss man mit eigenen Augen gesehen haben, da traut man seinen eigenen Augen nicht *fam,* kaum zu glauben! *fam;* **[il] faut ce qu'il faut** *fam* was sein muss, muss sein; da gibt's nichts *fam;* **il le faut** es muss sein, es ist notwendig; ***il est toujours là quand il [le] faut*** er ist immer da, wenn es notwendig ist [*o* wenn man ihn braucht]; ***viens ici, il le faut*** komm hierher, es muss sein; ***j'irai le voir s'il le faut*** ich werde zu ihm gehen, wenn es sein muss; **comme il faut** (*correct*) wie es sein muss [*o* soll]; (*comme il se doit*) wie es sich gehört; ***ce n'est pas comme il faut*** es ist nicht [so], wie es sein sollte; ***qn se conduit/ne pense pas comme il faut*** jd benimmt sich [so]/denkt nicht so, wie es sich gehört; **une personne comme il faut** ein ordentlicher [*o* anständiger] Mensch; **[il ne] fallait pas!** [das] war doch nicht nötig!; **faut pas ...** *fam déconner, charrier, exagérer* nur nicht ...!; [***il***] ***faut pas pousser!*** das geht zu weit! *fam;* **faut pas te/vous ...** + *infin fam:* ***faut pas vous croire irremplaçable!*** halten Sie sich nur nicht für unersetzlich!; ***faut [surtout] pas se***

gêner! iron lassen Sie sich nur nicht stören!; ***faut pas vous imaginer que je …*** + *indic* glauben Sie bloß nicht, dass ich …; **faudrait pas …** + *infin pop:* ***faudrait tout de même pas me prendre pour un con!*** halt mich bloß nicht für einen Vollidioten!; **faudrait pas que** + *subj pop:* ***faudrait pas qu'il recommence/qu'il s'imagine que*** + *indic* der soll bloß nicht wieder [damit] anfangen/bloß nicht glauben, dass; ***faudrait pas qu'il essaye de s'en prendre à moi*** er soll nur nicht versuchen, sich mit mir anzulegen

II. *vpr impers* (*manquer*) ■ **il s'en faut de qc** etw fehlt, es fehlt etw; ***nous avons failli nous rencontrer, il s'en est fallu de peu*** beinahe hätten wir uns getroffen, es fehlte nicht viel und wir hätten uns getroffen; ***tu n'es pas à l'heure, il s'en faut de cinq minutes*** du hast dich um fünf Minuten verspätet; ***il s'en faut de beaucoup*** bei weitem noch nicht, noch lange nicht; ***il a failli être reçu, il s'en est fallu d'un point*** um einen Punkt hat er die Zulassung verfehlt, es fehlte ihm ein Punkt zur Zulassung; ***il s'en faut de la moitié*** es fehlt [noch] die Hälfte; ■ **il s'en faut de qc [pour] que qn/qc fasse qc** etw fehlt [*o* es fehlt etw], damit jd/etw etw tut; ***il s'en est fallu d'un rien*** [*o* ***d'un cheveu***] ***que je me fasse écraser*** um ein Haar wäre ich überfahren worden; ***il s'en faut de beaucoup*** [***pour***] ***qu'elle soit heureuse*** sie ist bei weitem nicht glücklich, sie ist alles andere als glücklich

► **il s'en faut!** überhaupt nicht!

falot, e [falo, ɔt] *adj* (*terne*) *personne* unscheinbar, farblos; *lueur* fahl, blass

falsification [falsifikasjɔ̃] *f* [*document, écriture, monnaie, signature, comptes*] Fälschen *nt*, Fälschung *f*; [*vérité, marchandise*] Verfälschen *nt*, Verfälschung; ~ ***de l'histoire*** Geschichtsfälschung

falsifier <1 a> [falsifje] *vt* ■ **qn falsifie qc** *document, écriture, monnaie, signature* jd fälscht etw; *histoire, marchandise* jd verfälscht etw; *vérité* jd verdreht [*o* verfälscht] etw; ***qn falsifie les déclarations de qn*** jd verfälscht jds Aussagen, jd gibt jds Aussagen falsch wieder

falzar [falzaʀ] *m fam* Hose *f*, Buxe *f* NDEUTSCH *fam*

famé, e [fame] *adj* ► **mal** ~ *maison, établissement, bistrot* verrufen, anrüchig; *rue, quartier* verrufen, verschrie[e]n

famélique [famelik] *adj* ausgehungert, abgezehrt, abgemagert; ***l'air ~ de ce mendiant*** das hungerleidende Aussehen des Bettlers

fameusement [famøzmɑ̃] *adv vieilli fam* sagenhaft ***je me suis ~ régalé*** es hat köstlich geschmeckt

fameux, -euse [famø, -øz] *adj* 1. (*dont on a déjà parlé*) besagt, bewusst

2. (*excellent*) *mets, vin* vorzüglich, hervorragend, köstlich; *idée* fabelhaft, großartig, glänzend; *travail* fabelhaft, sagenhaft, erstklassig; ***c'est une ~euse aubaine*** das ist ein riesiges Glück, das ist ein sagenhafter Glücksfall

3. *antéposé souvent iron* (*énorme*) *problème* ungeheuer; ***c'est un ~ travail*** das ist eine Heidenarbeit *fam*; ***une ~euse raclée*** eine [ganz] gehörige [*o* ordentliche] Tracht Prügel *fam*; ***c'est un ~ gaillard*** das ist ein toller Bursche; ***c'est un ~ salaud/une ~euse canaille*** das ist ein richtiges Schwein/ein richtiger Gauner *fam*; ***c'est un ~ trajet*** das ist eine ungeheure [*o* beträchtliche] Strecke; ***c'est une ~euse erreur/gaffe*** das ist ein Riesenfehler/eine Riesendummheit

4. (*célèbre*) berühmt, bekannt

► [**qc n'est**] **pas** ~ [etw ist] nicht besonders [gut], [etw ist] nicht gerade berauschend *fam*; ***il n'est pas ~, votre travail*** Ihre Arbeit ist nicht gerade berühmt *fam*

familial, e <-aux> [familjal, jo] *adj atmosphère, ennui, problème, milieu, valeurs* familiär; *entreprise, vie, réunion, fête, tourisme, hôtel* Familien-; ***maison ~e*** Einfamilienhaus *nt*; ***lien*** ~ Familienbande *pl geh*

familiariser <1> [familjaʀize] I. *vt* ■ **qn/qc familiarise qn avec qc** jd/etw macht jdn mit etw vertraut

II. *vpr* ■ **qn se familiarise avec qn/qc** jd macht sich mit etw vertraut; *avec un lieu a.* jd lebt sich an etw (*dat*) ein; *avec une ville a.* jd lebt sich in etw (*dat*) ein; *avec une langue* jd eignet sich (*dat*) etw an; *avec une personne* jd wird mit jdm vertraut [*o* bekannt], jd lernt jdn näher kennen; *avec un danger, une méthode, technique* jd macht sich mit etw vertraut, jd gewöhnt sich an etw (*akk*); ■ **qn est familiarisé(e) avec qc** jd ist mit etw vertraut; ***il est peu familiarisé avec les mœurs de ce pays*** er ist mit den Sitten dieses Landes wenig vertraut

familiarité [familjaʀite] *f* 1. (*bonhomie*) Vertraulichkeit *f*, Ungezwungenheit *f*; ***qn s'adresse à qn avec beaucoup de/une grande ~*** jd spricht mit großer Ungezwungenheit [*o* ohne Förmlichkeiten] mit jdm; ***qn traite qn avec trop de ~*** jd geht allzu vertraulich mit jdm um

2. (*habitude de*) ■ ~ **avec qn/qc** Vertrautheit *f* [*o* Vertrautsein *nt*] mit jdm/etw; ***qn a/acquiert une certaine ~ avec qc*** jd ist mit etw recht gut vertraut/erlangt eine gewisse Vertrautheit mit etw

3. (*amitié*) Vertrautheit *f*; ***ils vivent dans la plus grande ~*** sie leben in größter Vertrautheit [*o* Verbundenheit] miteinander; ***qn manifeste une ~ affectueuse à l'égard de qn*** jd zeigt sich jdm sehr verbunden

4. *pl péj* (*privautés*) (*paroles*) Vertraulichkeiten *pl*; (*comportement*) Zudringlichkeit *f*, Aufdringlichkeit *f*; ***pas de ~s!*** keine Vertraulichkeiten!; ***il se laissait aller à des ~s de langage fort déplacées*** er sprach in einem viel zu familiären Ton

familier, -ière [familje, -jɛʀ] I. *adj* 1. (*bien connu*) ■ [**qc est**] ~ [**à qn**] [etw ist] jdm vertraut, etw ist [jdm] [wohl] bekannt; */langue a./* [etw ist] [jdm] geläufig; */problème, spectacle/* [etw ist] [jdm] bekannt, jd ist an etw (*akk*) gewöhnt; */technique/* [etw ist] jdm vertraut, jd kennt sich mit etw [*o* in etw (*dat*)] aus; */terme, expression/* [etw ist] [jdm] geläufig, [etw ist] [jdm] bekannt; ***la langue allemande lui était devenue ~ière*** die deutsche Sprache war ihm/ihr vertraut geworden, er/sie fühlte sich in der deutschen Sprache zu Hause; ***elle refuse de quitter son environnement/monde ~*** sie weigert sich, ihre vertraute Umgebung zu verlassen; ***qn s'entoure d'objets ~s*** jd umgibt sich mit vertrauten Dingen

2. (*routinier*) *comportement, geste, tâche* gewohnt, üblich; ***le mensonge lui est devenu ~*** er/sie ist es gewohnt zu lügen; ***un de ses gestes ~s était de …*** eine für ihn/sie typische Geste war es …

3. (*simple, bonhomme*) *conduite, entretien, manières* ungezwungen, zwanglos; *personne a.* umgänglich; ***il se montre toujours très ~ avec ses subalternes*** er verhält sich seinen Untergebenen gegenüber sehr zwanglos

4. *expression, mot, registre, style* familiär, umgangssprachlich

5. *péj* (*cavalier*) ■ ~ [**avec qn**] *manières, ton* familiär [jdm gegenüber], [allzu] vertraulich [jdm gegenüber], plump-vertraulich [jdm gegenüber] *fam*; *personne a.* [jdm gegenüber] aufdringlich; ***il est très ~ avec les femmes*** er verhält sich Frauen gegenüber allzu vertraulich [*o* plump-vertraulich *fam*]

6. (*domestique*): ***des animaux ~s*** Haustiere *pl*; ***des esprits ~s/des divinités ~ières*** Hausgeister *pl*/Hausgötter *pl*

II. *m* häufiger [*o* regelmäßiger] Besucher; ***c'est un ~ de la maison*** er ist ein Freund *m* [*o* häufiger Gast] des Hauses; ***ce crime a été commis par un ~ de la maison/de la victime*** das Verbrechen ist von einem Vertrauten des Hauses/Bekannten des Opfers begangen worden; ***un ~ du club*** ein Stammgast *m* des Clubs

familièrement [familjɛʀmɑ̃] *adv* 1. (*en langage courant*) umgangssprachlich

2. (*simplement*) *s'exprimer* einfach; *parler* ungezwungen

3. (*amicalement*) ungezwungen, zwanglos; ***qn s'entretient ~ avec qn*** jd unterhält sich ungezwungen [*o* zwanglos] mit jdm

4. *péj* (*cavalièrement*) familiär, allzu vertraulich

famille [famij] *f* 1. (*parenté*) (*sens restreint*) Familie *f*; (*sens large*) Verwandtschaft *f*; ***la ~ royale*** die königliche Familie, die Königsfamilie

2. (*communauté*) [*penseurs, écrivains, artistes*] Gemeinde *f*, Familie *f*; BOT, ZOOL [*animaux, plantes*] Familie; ***la grande ~ des gens du théâtre*** die große Familie [*o* Gemeinde] der Theaterleute; ***ils appartiennent à la même ~ politique/spirituelle*** sie haben dieselbe politische/geistige Heimat

► **qn est chargé(e) de** ~ jd hat eine Familie zu ernähren [*o* zu unterhalten]; ~ **éloignée** entfernte Verwandtschaft; ~ **monoparentale** Einelternfamilie *f*; ~ **nombreuse** kinderreiche Familie; **petite** ~ *hum* Kinder *pl*, Kind und Kegel *fam*; ***qn promène sa petite ~*** jd führt seine lieben Kleinen *iron* [*o* seine Familie] aus; ~ **proche** engere [*o* nächste] Verwandtschaft, Angehörige(n) *pl*; **la Sainte F~** die Heilige Familie; **qn a de la ~** (*parenté*) jd hat Verwandte; (*proche*) jd hat Angehörige; (*femme/mari et enfants*) jd hat Familie; **qn est de la ~** jd gehört zur Familie; **c'est** [*o* **ça tient**] **de ~** das liegt in der Familie; ***la paresse, c'est de ~*** die Faulheit liegt in der Familie; **des ~s** *fam* (*convivial*) gemütlich; (*ringard*) altmodisch; **en ~** im [engsten] Familienkreis, im Kreise der Familie; ***je pars en vacances en ~*** ich fahre mit der Familie in Urlaub; ***nous sommes en ~*** wir sind unter uns; ***discuter qc en ~*** etw im Familienkreis [*o* in der Familie] besprechen

◆ **famille de langues** Sprachfamilie *f*; **famille de mots** Wortfamilie *f*

famine [famin] *f* Hungersnot *f*

► **qn crie ~** jd klagt über Hunger; ***mon estomac crie ~*** mir knurrt der Magen

fan [fan] *mf* Fan [fæn] *m*, [begeisterter] Anhänger/[begeisterte] Anhängerin

fana [fana] *abr de* **fanatique** I. *adj fam* ■ **qn est ~ de qn/qc** jd ist verrückt nach jdm/auf etw (*akk*) *fam*, jd ist versessen auf jdn/etw *fam*; ***il est ~ de rugby*** er ist ein absoluter Rugbyfan ['rakbifæn] *fam*; ***il en est ~*** er ist ganz wild darauf *fam*

II. *mf fam* Fan [fæn] *m*, Freak [friːk] *m*; ~ ***de boxe/de football/de jazz/d'ordinateur*** Box-/Fußball-/Jazzfan/Computerfreak ['dʒɛs-, kɔm'pjuːtɐ-]

fanal <-aux> [fanal, o] *m* 1. (*lanterne*) Laterne *f*, Windlicht *nt*

2. (*signal*) [*locomotive, navire*] Positionslicht *nt*

fanatique [fanatik] I. *adj* 1. (*passionné*) fanatisch, begeistert, leidenschaftlich; ***un admirateur ~ de l'architecture moderne*** ein glühender Bewunderer moderner Architektur

2. (*sectaire*) *militant, opinions, partisan* fanatisch

II. *mf* 1. (*passionné*) Fan [fæn] *m*, begeisterter Anhänger/begeisterte Anhängerin, Fanatiker(in) *m(f)*; ***c'est un ~ de football*** er ist ein Fußballfanatiker [*o* Fußballnarr]

2. (*militant*) Fanatiker(in) *m(f)*; ***un ~ de qc*** ein fanatischer Anhänger einer S. (*gen*)

fanatiser <1> [fanatize] *vt* ■ **qn/qc fanatise qn** jd/etw fanatisiert jdn, jd/etw macht jdn fanatisch

fanatisme [fanatism] *m* Fanatismus *m*; ***qn défend qc avec ~*** jd verteidigt etw mit fanatischem Eifer

fané, e [fane] *adj fleur, bouquet* verwelkt, verblüht; *étoffe* verblichen, verschossen; *couleur* verblasst, verblichen; *visage* verwelkt; *beauté* verblichen

faner <1> [fane] I. *vpr* ■ **qc se fane** */plante/* etw verwelkt; */fleur, bouquet a./* etw verblüht; */couleur, étoffe, tapisserie/* etw verblasst, etw verbleicht, etw verschießt; */beauté, jeunesse/* etw verblüht; */visage, peau/* etw wird welk [*o* faltig]

II. *vt* 1. (*flétrir*) ■ **qc fane qc** *fleur, plante* etw lässt etw welken, durch etw verwelkt etw; *couleur, étoffe* etw bleicht etw aus, etw macht etw blass; *beauté* etw macht etw welk, etw lässt etw verblühen; ■ **qc fane qn/qc** *personne, visage* etw lässt jdn/etw welk [*o* faltig] werden

2. (*retourner*) ■ **qn fane qc** *foin, herbe* jd wendet etw

III. *vi* ■ **qn fane** jd macht Heu, jd heut

fanes [fan] *fpl* Kraut *nt*; [*radis*] Blätter *pl*

faneur, -euse [fanœʀ, -øz] I. *m, f* Heuer(in) *m(f)*, Heumacher(in) *m(f)*

II. *f* (*machine*) ■ **faneuse** Heuwender *m*

fanfare [fɑ̃faʀ] *f* 1. (*orchestre*) Blaskapelle *f*; ~ ***militaire*** Militärkapelle

2. (*air*) Fanfare *f*

► **qn annonce qc en ~** jd kündigt etw mit großem Trara [*o* viel Tamtam] an *fam*; **qn arrive en ~** jd platzt mit viel Lärm und Getöse herein; **qn réveille qn en ~** jd trommelt jdn aus dem Schlaf *fam*

fanfaron, ne [fɑ̃faʀɔ̃, ɔn] I. *adj* großtuerisch, prahlerisch; ***des propos ~s*** großspurige Reden

II. *m, f* Angeber(in) *m(f) fam,* Wichtigtuer(in) *m(f) fam*
▸ **qn fait le/la ~(ne)** jd spielt sich auf, jd macht sich wichtig *fam*

fanfaronnade [fɑ̃faʀɔnad] *f* Prahlerei *f,* Angeberei *f fam;* ***ses ~s ne m'épatent plus*** seine Angeberei *fam* [*o* Prahlerei] imponiert mir nicht mehr

fanfaronner <1> [fɑ̃faʀɔne] *vi* ■ **qn fanfaronne** jd prahlt, jd gibt an *fam,* jd macht sich wichtig *fam*

fanfreluche [fɑ̃fʀəlyʃ] *f gén pl souvent péj* Firlefanz *m kein pl fam*

fange [fɑ̃ʒ] *f littér* (*boue*) Schlamm *m,* Morast *m;* (*ignominie*) Schmutz *m*
▸ **qn se roule** [*o* **se traîne**] [*o* **se vautre**] **dans la ~** jd suhlt sich im Sumpf; **qn/qc traîne qn dans la ~** jd/etw zieht jdn durch [*o* in] den Schmutz

fanion [fanjɔ̃] *m* [*club*] Wimpel *m,* Fähnchen *nt;* [*voiture officielle*] Flagge *f,* Stander *m;* (*petit drapeau de marquage*) Fähnchen

fanon [fanɔ̃] *m* [*bœuf, taureau, cou*] Wamme *f;* [*dindon, iguane*] [Kehl]lappen *m;* [*baleine*] Barte *f*

fantaisie [fɑ̃tezi] *f* **1.** (*caprice*) Laune *f;* ***il obéit à toutes mes ~s*** er gibt all meinen Launen nach; ***qu'est-ce que c'est que cette ~?*** was ist das denn für ein verrückter Einfall?; ***au gré de sa ~*** ganz nach Lust und Laune
2. (*extravagance*) Marotte *f,* Extravaganz *f;* (*délire, idée*) Spinnerei *f fam;* ***une nouvelle ~ vestimentaire*** eine neue modische Extravaganz
3. (*imagination*) Fantasie *f*
4. (*originalité*) Einfallsreichtum *m;* ***qn est plein(e) de ~*** jd hat originelle Ideen, jd ist sehr originell [*o* ideenreich]; ***qc est plein(e) de ~*** etw ist sehr fantasievoll [*o* originell]; ***qn est dépourvu(e) de ~*** jd ist einfallslos [*o* fantasielos]; ***sa vie manque de ~*** sein/ihr Leben ist eintönig
5. MUS Fantasie *f*
▸ **qn s'offre** [*o* **se paie**] **une petite ~** jd leistet [*o* erlaubt] sich (*dat*) eine kleine Extravaganz [*o* etwas Besonderes]; **qn s'offre la ~ de faire qc** jd erlaubt [es] sich (*dat*), etw zu tun; jd nimmt sich (*dat*) die Freiheit [heraus], etw zu tun; **qn passe à qn toutes ses ~s** jd lässt jdm alle Launen durchgehen, jd gibt jds Launen (*dat*) nach; **qn se plie** [*o* **se soumet**] **à toutes les ~s de qn** jd gibt jds Launen (*dat*) nach; **il prend la ~ à qn de faire qc** (*a envie de*) jd bekommt Lust etw zu tun; (*a l'idée de*) jd kommt auf die ausgefallene [*o* verrückte] Idee etw zu tun; **à** [*o* **selon**] **ma/sa ~** (*comme il me/lui plaît*) wie es mir/ihm/ihr gefällt [*o* beliebt]; (*selon son/mon humeur*) nach Lust und Laune; **[de] ~:** ***bijoux ~*** Modeschmuck *m;* ***bouton ~*** Zierknopf *m;* ***collants ~*** Strumpfhosen *pl* mit Muster

fantaisiste [fɑ̃tezist] I. *adj* **1.** (*peu sérieux*) *nouvelle, information, version* frei erfunden, unseriös; *explication, hypothèse, étymologie, interprétation a.* aus der Luft gegriffen, weit hergeholt; *remède* fragwürdig
2. (*peu fiable, fumiste*) *moteur* unzuverlässig, unberechenbar; *personne* unseriös; (*anticonformiste*) unkonventionell; (*bizarre*) komisch
II. *mf* **1.** (*personne peu sérieuse*) unseriöser Mensch, Luftikus *m;* (*anticonformiste*) unkonventioneller [*o* eigenwilliger] Mensch; (*imprévisible*) sprunghafter Mensch
2. *vieilli* (*artiste*) Unterhaltungskünstler(in) *m(f),* Kabarettist(in) *m(f)*

fantasmagorie [fɑ̃tasmagɔʀi] *f* (*spectacle fantastique*) Phantasmagorie *f,* Trugbild *nt;* (*fantasme*) Wahnvorstellung *f;* (*effets surnaturels*) fantastische Elemente *pl*

fantasme [fɑ̃tasm] *m* (*idée fixe*) Fantasterei *f,* Hirngespinst *nt;* PSYCH (*hallucination*) Wahnvorstellung *f,* Phantasma *nt;* ***qn vit dans ses ~s*** jd lebt in einer Traumwelt; ***qc relève du ~*** etw ist der Fantasie entsprungen, etw ist freie Erfindung; ■ **~ de qc** Wahnvorstellungen von etw

fantasmer <1> [fɑ̃tasme] *vi* ■ **qn fantasme [sur qc]** jd fantasiert [*o* träumt] [von etw]; *sur l'avenir, les conséquences* jd gibt sich [seinen] Träumereien [über etw (*akk*)] hin; ***il fantasme sur les catastrophes qui menacent la planète*** er malt sich (*dat*) die Katastrophen aus, die die Erde bedrohen; ***tu fantasmes complètement!*** du fantasierst ja total! *fam,* das ist komplette Einbildung!; ■ **qc fait ~ qn** etw bringt jdn zum Träumen

fantasque [fɑ̃task] *adj* (*changeant*) launisch, launenhaft; *humeur* sprunghaft; (*bizarre*) wunderlich, eigenartig, seltsam; (*excentrique*) exzentrisch

fantassin [fɑ̃tasɛ̃] *m* Infanterist *m*

fantastique [fɑ̃tastik] I. *adj* **1.** (*irréel*) fantastisch; *atmosphère, événement, rêve a.* übernatürlich, unwirklich; ***animal ~*** Fabeltier *nt;* ***personnage ~*** Fabelwesen *nt;* ***cinéma ~*** fantastischer Film, Fantasyfilm ['fæntəzi-] *m*
2. *fam* (*formidable*) fantastisch; *personne, réalisation a.* großartig, fabelhaft; *richesse, progrès, chance* ungeheuer[lich], enorm; *beauté* ungeheuer, außerordentlich; (*incroyable*) unglaublich; ***alors toi, tu es ~!*** du bist vielleicht gut! *fam*
II. *m* Fantastische(s) *nt,* Übernatürliche(s) *nt*

fantastiquement [fɑ̃tastikmɑ̃] *adv* ungeheuer, außerordentlich

fantoche [fɑ̃tɔʃ] *m* Hampelmann *m,* Marionette *f*

fantomatique [fɑ̃tɔmatik] *adj apparition, vision* gespensterhaft; *aspect, apparence* gespenstisch, geisterhaft

fantôme [fɑ̃tom] I. *m* **1.** (*spectre*) Gespenst *nt,* Geist *m;* ***ce château est hanté par des ~s*** es spukt in diesem Schloss
2. (*illusion, souvenir*) Gespenst *nt,* Phantom *nt;* ***qn se bat contre des ~s*** jd kämpft gegen Gespenster an; ***ce ne sont que des ~s de ton imagination*** das sind nur Hirngespinste [*o* nur die Fantasiegebilde deiner Einbildung]; ***les ~s du passé*** die Schatten der Vergangenheit; ■ **~ de qc** (*apparence*): ***des ~s d'auteurs/d'ouvrages*** Scheinautoren/Scheinwerke
II. *app* **1.** ***bateau ~*** Geisterschiff *nt;* ***train ~*** Geisterbahn *f*
2. (*sans réalité*) *administration, gouvernement, cabinet* Schatten-; ***société ~*** Scheinfirma *f,* Scheingesellschaft *f*

faon [fɑ̃] *m* [Reh]kitz *nt;* [*chevreuil a.*] Rehkalb *nt;* [*cerf a.*] Hirschkalb *nt*

far [faʀ] *m* ▸ **~ [breton]** *Obsttorte mit Backpflaumen*

faramineux, -euse [faʀaminø, -øz] *adj fam prix, somme* enorm, wahnsinnig *fam;* *récolte* fantastisch, sagenhaft; *idée* hervorragend *fam,* toll *fam,* klasse *fam;* *bêtise* unbeschreiblich, unglaublich

farandole [faʀɑ̃dɔl] *f* Farandole *f* (*provenzalischer Volkstanz*); (*cortège dansant*) Polonaise *f*

farce¹ [faʀs] *f* **1.** (*tour*) Streich *m;* (*plaisanterie*) Scherz *m;* ***la ~ est bien mauvaise*** das ist ein schlechter Scherz
2. THEAT Farce *f*
3. (*chose peu sérieuse*) Farce *f*
▸ **~s et attrapes** Scherzartikel *pl;* **grosse ~** plumper [*o* dreister] Scherz; **qn fait une ~ à qn** jd spielt jdm einen Streich; **qc tourne à la ~** etw wird zur Farce

farce² [faʀs] *f* GASTR Füllung *f,* Farce *f*

farceur, -euse [faʀsœʀ, -øz] I. *m, f* Spaßmacher(in) *m(f),* Spaßvogel *m,* Witzbold *m fam*
▸ **sacré(e) ~(-euse)!** [durchtriebener] kleiner Schelm!; **ce ~ de ...** dieser Spaßvogel [*o* Witzbold *fam*] von ...
II. *adj:* ***qn est ~*** jd ist zu Streichen [*o* Scherzen] aufgelegt, jd ist ein ganz schöner Schelm; ***qu'est-ce que tu peux être ~, toi!*** du bist ein ganz schöner Spaßvogel!

farci, e [faʀsi] *adj* **1.** GASTR gefüllt
2. *péj* ■ **~ de qc** *devoir, film, livre, discours* gespickt mit etw *fam,* voll von etw, voller (+ *gen*); ***qn est ~ de préjugés*** jd steckt voller Vorurteile

farcir <8> [faʀsiʀ] I. *vt* **1.** GASTR ■ **qn farcit qc [de** [*o* **avec**] **qc]** jd füllt [*o* farciert] etw [mit etw]
2. *péj* (*bourrer*) ■ **qn farcit qc de qc** jd spickt etw mit etw, jd stopft etw voll mit etw *fam;* ***qn farcit son discours de citations*** jd spickt seine Rede mit Zitaten; ***on nous a farci la cervelle/la tête de dates historiques*** man hat uns den Kopf mit Geschichtsdaten voll gestopft *fam*
II. *vpr péj fam* **1.** (*supporter*) ■ **qn se farcit qn/qc** *remontrances, jérémiades* jd hat jdn/etw zu ertragen; *personne a.* jd hat jdn auf dem Hals *fam;* ***il faut se le ~!*** der geht einem ganz schön auf den Geist! *fam*
2. (*se payer*) ■ **qn se farcit qc** *travail* jd muss etw machen
3. (*se faire*) ■ **qn se farcit qn** *femme* jd legt jdn um *sl,* jd legt jdn aufs Kreuz *sl;* *homme* jd vernascht jdn *fam*

fard [faʀ] *m* Schminke *f;* ***~ à joues*** Rouge *nt;* ***~ à paupières*** [*o* ***pour les yeux***] Lidschatten *m;* ***~ pour les lèvres*** Lippenstift *m*
▸ **qn se met du ~** jd schminkt sich; **qn pique un ~** *fam* jd bekommt einen [ganz] roten Kopf, jd läuft rot an; **sans ~** *élégance* schlicht; ***qn dit qc sans ~*** jd sagt etw unverblümt [*o* ganz offen]

fardeau <x> [faʀdo] *m* **1.** (*charge*) Last *f*
2. (*chose pénible*) Last *f,* Bürde *f geh;* ***le ~ des impôts*** die Steuerlast, die steuerliche Belastung; ***le ~ de mes responsabilités*** die Last [*o* Bürde] meiner Verantwortung; ***qn/qc allège le ~ de qn*** jd/etw verringert jds Belastung; ***qn plie*** [*o* ***ploie***] ***sous le ~ de qc*** etw lastet [schwer] auf jdm

farder <1> [faʀde] I. *vt* **1.** (*maquiller*) ■ **qn farde qn/qc** jd schminkt jdn/etw; ■ **qn est fardé(e)** jd ist geschminkt
2. *littér* (*dissimuler*) ■ **qn farde qc** *vérité* jd beschönigt etw; ***il ne farde jamais sa pensée*** er sagt ungeschminkt [*o* unverblümt], was er denkt
II. *vpr* ■ **qn se farde** jd schminkt sich; ■ **qn se farde qc** jd schminkt sich (*dat*) etw

farfelu, e [faʀfəly] I. *adj fam idée, projet* ausgefallen, wahnwitzig; *conduite, personne* spinnig *fam,* verdreht *fam*
II. *m, f fam* seltsame [*o* komische] Type *fam,* Spinner(in) *m(f) fam*

farfouiller <1> [faʀfuje] *vi fam* ■ **qn farfouille [dans qc]** jd wühlt [in etw (*dat*)] herum, jd durchwühlt etw, jd stöbert [in etw (*dat*)] herum; ***qn farfouille dans les magasins/un peu partout*** jd durchstöbert alle Geschäfte/stöbert überall herum

farine [faʀin] *f* Mehl *nt*
▸ **~ complète** Vollkornmehl *nt;* **~ lactée** Kinderbrei *m;* **qn roule qn dans la ~** *fam* jd haut jdn übers Ohr *fam;* **qn se fait rouler dans la ~** jd wird übers Ohr gehauen *fam*
◆ **farine de blé** [*o* **froment**] Weizenmehl *nt;* **farine de maïs** Maismehl *nt;* **farine de moutarde** Senfmehl *nt;* **farine de seigle** Roggenmehl *nt;* **farine de soja** Sojamehl *nt*

fariner <1> [faʀine] *vt* ■ **qn farine qc** *poisson, viande* jd wälzt etw in Mehl; *plaque de four* jd bestäubt etw mit Mehl

farineux, -euse [faʀinø, -øz] I. *adj* **1.** (*couvert de farine*) bemehlt
2. *pomme, poire, pomme de terre, consistance, goût* mehlig; *fromage* trocken, bröckelig; ***ce chocolat est ~/a un goût de ~*** die Schokolade schmeckt alt
II. *m* (*légume*) stärkehaltiges Gemüse; (*aliment*) stärkehaltiges Nahrungsmittel

farniente [faʀnjɛnte, faʀnjɑ̃t] *m* Dolcefarniente ['dɔltʃəˈfaːɐˈniɛntə] *nt,* süßes Nichtstun
▸ **qn fait du ~ [quelque part]** jd gibt sich [irgendwo] dem [süßen] Nichtstun hin

farouche [faʀuʃ] *adj* **1.** (*timide*) *animal, enfant* scheu, ängstlich; *personne* schüchtern; (*peu sociable*) unzugänglich, ungesellig; *air* unnahbar; *regard* abweisend; ***elle n'est pas ~*** sie ziert sich nicht
2. (*violemment*) *air, regard* grimmig; *ennemi, adversaire, lutte* erbittert; *haine* unbändig, wild
3. (*opiniâtre*) *volonté* eisern; *énergie a.* ungeheuer; *résistance* erbittert, heftig

farouchement [faʀuʃmɑ̃] *adv* heftig; *nier* hartnäckig; ***qn est ~ hostile à qc*** jd ist entschieden gegen etw

fart [faʀt] *m* [Ski]wachs *nt*

fartage [faʀtaʒ] *m* Wachsen *nt*

farter <1> [faʀte] *vt* ■ **qn farte qc** jd wachst etw

Far West [faʀwɛst] *m* ■ **le ~** der Wilde Westen

fascicule [fasikyl] *m* Heft *nt,* Faszikel *m spec;* (*~ d'information*) Broschüre *f;* ***cet ouvrage est publié par ~s*** dieses Werk erscheint als Loseblattsammlung

fascinant, e [fasinɑ̃, ɑ̃t] *adj* faszinierend
fascination [fasinasjɔ̃] *f* **1.** (*envoûtement*) Faszination *f* (*pour* für)
2. (*séduction*) [*aventure, pouvoir, civilisation*] Faszination *f,* Reiz *m,* Zauber *m;* ***qn succombe à la ~ du pouvoir*** jd erliegt dem Zauber der Macht; ***la ~ du monde oriental*** der Zauber [*o* Reiz] des Orients
▸ **qn/qc exerce une ~ sur qn** jd/etw übt eine Faszination auf jdn aus
fasciner <1> [fasine] *vt* **1.** (*hypnotiser*) ■ **qn/qc fascine qn** jd/etw hypnotisiert jdn, jd/etw schlägt [*o* zieht] jdn in seinen Bann; ***le serpent fascine sa proie*** die Schlange hypnotisiert ihre Beute
2. (*séduire*) ■ **qn/qc fascine qn** jd/etw fasziniert jdn; /*spectacle, livre a.*/ etw fesselt jdn; /*beauté a.*/ etw bezaubert jdn; ***elle fascine ses lecteurs*** sie fesselt ihre Leser; ***qn se laisse ~ par de belles promesses*** jd lässt sich von schönen Versprechungen beeindrucken; ■ **qn est fasciné(e)** [**par qn/qc**] jd ist fasziniert [von jdm/etw]
fascisant, e [faʃizɑ̃, ɑ̃t] *adj* faschistoid
fascisme [faʃism, fasism] *m* Faschismus *m*
fasciste [faʃist, fasist] **I.** *adj* faschistisch
II. *mf* Faschist(in) *m(f)*
fasse [fas] *subj prés de* **faire**
faste¹ [fast] *m* Prunk *m,* Pracht *f;* ***quel ~ pour nous accueillir!*** welch ein großartiger Empfang!
faste² [fast] *adj* (*favorable*) günstig; (*couronné de succès*) erfolgreich; ***jour ~*** Glückstag *m;* ***année ~*** Glücksjahr *nt*
fast-food <~-~s> [fastfud] *m* Fastfood-Restaurant *nt*
fastidieux, -euse [fastidjø, -jøz] *adj* nervtötend *fam;* *énumération a.* unnütz, endlos; *détails a.* unnötig; *travail a.* mühsam, mühselig; (*sans intérêt*) stumpfsinnig, eintönig; ***il est ~ de faire qc*** es ist mühselig, etw zu tun
fastoche [fastɔʃ] *adj fam* total einfach *fam*
fastueusement [fastɥøzmɑ̃] *adv* mit großem Prunk, mit großer Pracht; *accueillir* großartig
fastueux, -euse [fastɥø, -øz] *adj cadre, décor* prachtvoll, prunkvoll; *réception, fête a.* glanzvoll; *vie* luxuriös
fatal, e [fatal] *adj* **1.** (*funeste*) fatal, verhängnisvoll; *oubli, erreur a.* folgenschwer; ■ **qc est ~ à qn** etw wird jdm zum Verhängnis
2. (*mortel*) tödlich; ■ **qc est ~ à qn** etw ist tödlich für jdn, etw wird jdm zum Verhängnis; ***qn/qc porte un coup ~ à qn/qc*** jd/etw versetzt [*o* gibt] jdm/einer S. den Todesstoß
3. (*inévitable*) unabwendbar, unausweichlich; ***une conséquence ~e*** eine zwangsläufige Folge; ■ **il est ~ que qc ...** + *subj* es ist unvermeidlich, dass etw ..., zwangsläufig muss etw ...
4. (*marqué par le destin*) *instant, moment, jour* schicksalhaft, schicksalsschwer *geh; air, regard* unglückselig
5. (*irrésistible*) *beauté* verhängnisvoll; ***femme ~e*** Femme fatale *f*
fatalement [fatalmɑ̃] *adv* unweigerlich, zwangsläufig
fatalisme [fatalism] *m* Fatalismus *m;* ***qn accueille qc avec ~*** jd nimmt etw schicksalsergeben hin
fataliste [fatalist] **I.** *adj* fatalistisch
II. *mf* Fatalist(in) *m(f)*
fatalité [fatalite] *f* **1.** (*destin hostile*) Schicksal *nt*
2. (*inévitabilité*) Unabwendbarkeit *f,* Zwangsläufigkeit *f;* ***la ~ de la mort*** die Unabwendbarkeit des Todes; ***le réveil des nationalismes était une ~*** das Erwachen des Nationalismus war eine unausweichliche Entwicklung; ***qc n'est pas une ~*** etw ist kein unabwendbares Schicksal; ***il n'existe pas de ~ inéluctable*** es gibt kein unausweichliches Schicksal
▸ **c'est la ~!** das ist Schicksal!
fatidique [fatidik] *adj* schicksalhaft, schicksalsschwer *geh*
fatigant, e [fatigɑ̃, ɑ̃t] *adj* **1.** (*épuisant*) *journée, vie* anstrengend; *études, travail a.* ermüdend; ■ **qc est ~ pour qn/qc** etw ist anstrengend für jdn/etw; ~ ***pour la vue*** anstrengend [*o* ermüdend] für die Augen; ***travail ~/activité ~e pour les nerfs*** nervenaufreibende Arbeit/Tätigkeit
2. (*assommant*) *enfant* anstrengend; *personne a.* ermüdend; ■ **qn est ~ avec qc** jd geht [jdm] mit etw auf die Nerven *fam*
fatigue [fatig] *f* **1.** [*personne*] Müdigkeit *f;* [*yeux*] Übermüdung *f;* (*état d'épuisement*) Erschöpfung *f;* ***la ~ du conducteur est à l'origine de l'accident*** der Unfall ist auf die Übermüdung des Fahrers zurückzuführen
2. [*mécanisme, pièce, moteur*] Abnutzung *f,* Ermüdung *f;* ***qc montre des signes de ~*** etw zeigt Ermüdungserscheinungen [*o* Abnutzungserscheinungen]
▸ **qn est mort(e) de ~** jd ist todmüde, jd fällt um vor Müdigkeit *fam;* ~ **nerveuse** nervliche Erschöpfung; **qn épargne** [*o* **évite**] **à qn la ~ de qc** jd erspart jdm die Anstrengung [*o* Strapaze] einer S. (*gen*); **qn se remet** [*o* **se repose**] **des ~s de qc** jd erholt sich von den Anstrengungen [*o* Strapazen] einer S. (*gen*); **qn tombe de ~** jd fällt um vor Müdigkeit *fam*
fatigué, e [fatige] *adj* **1.** (*épuisé*) müde; *air, visage a.* abgespannt; *cœur a.* krank; *foie, estomac* strapaziert; *animal, mémoire* erschöpft
2. (*usé*) *chaussures* abgenutzt, abgetreten; *vêtement* abgetragen, verschlissen; ***votre moteur est ~*** ihr Motor zeigt Verschleißerscheinungen
3. (*excédé*) ■ **qn est ~ de qn/de** [*o* **par**] **qc** jd ist jds/einer S. müde [*o* überdrüssig], jd ist etw leid; ***je suis ~ de tes jérémiades*** ich bin dein Gejammer leid; ■ **qn est ~ de faire qc** jd ist es leid, etw zu tun
fatiguer <1> [fatige] **I.** *vt* **1.** (*causer de la fatigue*) ■ **qc fatigue qn** etw strengt jdn an, etw macht jdn müde; ■ **qn fatigue qn** jd überanstrengt jdn; ■ **qn/qc fatigue qc** *sol* jd/etw laugt etw aus
2. (*déranger*) ■ **une chose fatigue qc** *foie, organisme* eine S. belastet etw; *yeux* eine S. strengt etw an, etw wird müde von einer S.; ***de trop lire m'a fatigué les yeux*** das viele Lesen hat meine Augen angestrengt [*o* müde gemacht]
3. (*excéder*) ■ **qn/qc fatigue qn** jd/etw ermüdet jdn, jd/etw geht jdm auf die Nerven *fam;* (*ennuyer*) jd/etw langweilt [*o* ermüdet] jdn; ***tes histoires me fatiguent*** deine Geschichten langweilen mich/gehen mir auf die Nerven *fam*
II. *vi* **1.** (*peiner*) ■ **qc fatigue** /*machine, moteur*/ etw ermüdet, etw zeigt Ermüdungserscheinungen; ***c'est le cœur qui fatigue*** das Herz macht nicht mehr mit; ***le moteur fatigue dans la montée*** der Motor hat Mühe am Berg; ***la tondeuse commence à ~*** der Rasenmäher macht nicht mehr lange mit
2. (*s'user*) ■ **qc fatigue** /*pièce, joint*/ etw nutzt sich ab/ist abgenutzt; /*poutre*/ etw gibt nach
3. *fam* ■ **qn fatigue** jd wird müde; (*en avoir assez*) jdm wird's zu viel *fam;* ***tu fatigues pas trop?*** bist du nicht zu erschöpft [*o* müde]/wird's dir nicht zu viel *fam?*
III. *vpr* **1.** (*faire un effort excessif*) ■ **qn se fatigue** jd überanstrengt sich; ■ **qc se fatigue** etw ermüdet [*o* wird müde]; ■ **qn se fatigue en faisant** [*o* **à faire**] **qc** jd überanstrengt sich, indem er etw tut; ***laisse donc tomber, ne te fatigue pas!*** *iron fam* lass es gut sein, überanstreng dich bloß nicht!; ***ne vous fatiguez pas à inventer des sornettes, je sais tout*** Sie brauchen keine Ausreden zu erfinden, ich weiß alles; ***tu te fatigues pour rien!*** du bemühst dich umsonst!, das ist vergebliche Mühe!
2. (*se lasser*) ■ **qn se fatigue de qc** jd wird etw leid, jd wird einer S. (*gen*) überdrüssig; ■ **qn se fatigue à faire qc** jd hat [*o* ist] es leid [*o* satt *fam*], etw zu tun
3. (*s'évertuer*) ■ **qn se fatigue à faire qc** jd müht sich ab, etw zu tun; jd strengt sich an, etw zu tun; jd gibt sich (*dat*) [große] Mühe, etw zu tun
fatma [fatma] *f maghrebinische Hausangestellte*
fatras [fatʀɑ] *m* (*amas confus*) Wust *m,* wirres [*o* wüstes] Durcheinander; (*choses sans valeurs, inutiles*) Kram *m fam,* Plunder *m fam;* ***regarde-moi ce ~!*** sieh dir mal dieses wüste Durcheinander an; ■ **~ de choses** Wust von Dingen; *d'idées a.* Wirrwarr *m* an Dingen; ***ce ~ de vieux papiers*** dieser alte Papierkram, dieser Wust von alten Papieren
fatuité [fatɥite] *f* Überheblichkeit *f,* Selbstgefälligkeit *f*
faubourg [fobuʀ] *m* Vorort *m,* Vorstadt *f*
fauchage [foʃaʒ] *m* Mähen *nt*
fauche [foʃ] *f ∅ fam* Diebstahl *m;* ***il y a beaucoup de ~*** es wird viel geklaut *fam*
fauché, e [foʃe] *adj fam* (*à sec*) blank *fam,* pleite *fam;* ***qn est trop ~ pour faire qc*** jd ist zu schlecht [*o* knapp] bei Kasse um etw zu tun *fam;* ***des gens ~s*** Leute, die knapp bei Kasse sind [*o* die keine Knete haben] *fam*
▸ **on n'est pas ~s** [**avec qn/qc**] damit ist uns nicht geholfen, mit jdm/etw ist uns nicht geholfen
faucher <1> [foʃe] *vt* **1.** (*couper*) ■ **qn fauche** [**qc**] jd mäht [etw]
2. (*abattre*) ■ **qc fauche qn** /*véhicule*/ etw fährt jdn an [*o* um], etw erfasst jdn; (*mortellement*) etw überfährt jdn; /*mort*/ etw rafft jdn hinweg *geh;* /*tirs*/ etw mäht jdn nieder; ■ **qn fauche qn** FBALL jd bringt jdn zu Fall
3. *fam* (*voler*) ■ **qn fauche qc** [**à qn**] jd klaut [jdm] etw *fam;* ■ **qn fauche qn** jd schnappt sich (*dat*) jdn; ■ **qn fauche qn à qn** jd schnappt jdm jdn weg *fam,* jd spannt jdm jdn aus *fam,* jd macht jdn jdm abspenstig; ***elle m'a fauché mon copain/me l'a fauché*** sie hat mir meinen Freund/ihn mir weggeschnappt [*o* ausgespannt] *fam*
faucheur, -euse [foʃœʀ, -øz] **I.** *m, f* (*personne*) Mäher(in) *m(f)*
II. *f* (*machine*) ■ **faucheuse** Mähmaschine *f*
▸ **~euse conditionneuse** Mähbinder *m*
faucille [fosij] *f* Sichel *f*
▸ **la ~ et le marteau** Hammer und Sichel
faucon [fokɔ̃] *m* ORN, POL Falke *m;* ***la chasse au ~*** die Falkenjagd, die Falkenbeize
faudra [fodʀa] *fut de* **falloir**
faufiler <1> [fofile] **I.** *vpr:* ***qn se faufile dans un passage étroit*** jd schlüpft durch einen engen Durchgang; ***qn se faufile parmi la foule*** jd schlängelt sich durch die Menge; ***qn se faufile entre les/au milieu des voitures*** jd schlängelt sich zwischen den Autos [hin]durch; ***qn se faufile dans une réunion/à l'intérieur d'une salle/dans une maison*** jd schleicht in eine Versammlung/in einen Saal/in ein Haus; (*clandestinement*) jd schleicht sich in eine Versammlung/in einen Saal/in ein Haus ein; ***qn se faufile dans un couloir/un escalier pour échapper à la foule*** jd verschwindet in einem Gang/Treppenhaus um der Menge zu entgehen
II. *vt* ■ **qn faufile qc** jd reiht etw [an]
faune¹ [fon] *f* **1.** ZOOL Fauna *f,* Tierwelt *f;* ***la ~ alpestre*** die Alpenfauna
2. *péj* (*personnes*) Völkchen *nt;* ***une drôle de ~*** ein seltsames Völkchen
faune² [fon] *m* MYTH Faun *m*
faussaire [fosɛʀ] *mf* Fälscher(in) *m(f)*
fausse [fos] *adj v.* **faux**
faussé, e [fose] *adj* verbogen; *clé a.* krumm; *porte* verzogen
faussement [fosmɑ̃] *adv* **1.** (*à tort*) fälschlicherweise, zu Unrecht; ***qn raisonne ~*** jd stellt falsche Überlegungen an
2. (*avec affectation*): ***qn prend un air ~ modeste/indifférent*** jd tut [*o* gibt sich] bescheiden/gleichgültig; [***qn fait qc***] ***d'un air ~ indifférent/détaché/modeste*** [jd tut etw] mit geheuchelter [*o* gespielter] Gleichgültigkeit/Ungerührtheit/Bescheidenheit
fausser <1> [fose] *vt* **1.** (*altérer*) ■ **qn/qc fausse qc** jd/etw verfälscht etw; *jugement, pensée* durch etw wird etw verzerrt [*o* pervertiert *geh*]; (*intentionnellement*) jd fälscht etw; *réalité, fait* jd verfälscht etw
2. (*déformer*) ■ **qn/qc fausse qc** jd/etw verbiegt etw
fausset [fosɛ] *m v.* **voix**
fausseté [foste] *f* **1.** (*inexactitude*) Falschheit *f,* Unrichtigkeit *f*
2. [*personne*] Falschheit *f,* Unaufrichtigkeit *f;* [*sentiment a.*] Unechtheit *f*
faut [fo] *indic prés de* **falloir**
faute [fot] *f* **1.** (*erreur*) Fehler *m*

2. (*mauvaise action*) Fehler *m;* (*manquement à des lois, règles*) Vergehen *nt;* ***conduire en état d'ébriété est une ~ grave*** Trunkenheit am Steuer ist ein schwerwiegendes Vergehen; ~ ***lourde/grave*** (*professionnelle*) schwerwiegender/grober Fehler; ~ ***morale*** moralische Verfehlung
3. SPORT Fehler *m;* (*agression*) Foul [faul] *nt;* ***qn fait une ~ au service*** jd macht einen Aufschlagfehler
▸ **c'est la ~ à pas de chance** *fam* ich bin/er/sie ist eben ein Pechvogel *fam,* das ist ganz einfach Pech *fam;* ~ **de grives on mange des merles** *prov* in der Not frisst der Teufel Fliegen; ~ **de mieux** wohl oder übel, in Ermangelung eines Besseren *geh,* notgedrungen; ~ **avouée est à moitié** [*o* **à demi**] **pardonnée** *prov* zugegeben ist schon halb vergeben; **double** ~ TENNIS Doppelfehler *m;* ~ **pénale** JUR Verletzung *f* des Strafgesetzes; ~ **professionnelle** in Ausübung des Berufes begangener Fehler; **il y a/il n'y a pas** ~ SPORT [das war ein] Fehler/[das war] kein Fehler; (*agression*) [das war ein] Foul/[das war] kein Foul; **qn commet** [*o* **fait**] **une ~** [**envers** [*o* **contre**] **qn/qc**] jd lässt sich (*dat*) [jdm/einer S. gegenüber] etw zuschulden kommen, jd begeht [jdm gegenüber] einen Fehler; **c'est** [**de**] **la ~ de qn/qc** daran ist jd/etw schuld, das ist jdm/einer S. zuzuschreiben; **c'est** [**de**] **ma/sa ~** das ist meine/seine/ihre Schuld, daran bin ich/ist er/sie schuld; ***laisse-le, c'est pas sa*** ~ lass ihn, er kann nichts dafür; ***c'est sa*** ~ er/sie ist schuld; ***s'il est idiot, ce n'est tout de même pas de sa*** ~ der kann doch nichts dafür, dass er doof ist *fam;* **c'est** [**de**] **la ~ à qn/qc** *fam* jd/etw ist [dran] schuld *fam;* ***alors à qui la*** ~? wer ist denn dann schuld?; **c'est la ~ à personne** *fam* niemand kann etwas dafür, niemand ist schuld; ***comme d'habitude, c'est la ~ à personne*** und wie immer will es keiner [*o* niemand] gewesen sein; **ce n'est pas ~ d'avoir fait qc** es liegt nicht etwa daran, dass ich etw nicht getan hätte/wir etw nicht getan hätten; ***ce n'est pas ~ d'avoir essayé*** es ist nicht etwa so [*o* es liegt nicht etwa daran], dass ich es nicht versucht hätte/wir es nicht versucht hätten; **des personnes se renvoient la ~** Menschen schieben sich gegenseitig die Schuld zu; **qn fait retomber** [*o* **rejette**] **la ~ sur qn** jd wälzt die Schuld auf jdn ab, jd schiebt jdm die Schuld zu; **la ~** [**en**] **revient à qn/qc** schuld daran ist jd/etw, die Schuld daran ist jdm/einer S. zuzuschreiben, die Schuld daran liegt bei jdm; ***la ~*** [***en***] ***revient à l'éducation*** daran ist seine/ihre Erziehung schuld, das liegt an seiner/ihrer Erziehung; ~ **de qc** mangels etw, aus Mangel an etw (*dat*); ~ ***de temps/d'argent*** aus Zeit-/Geldmangel; ~ ***de preuves*** mangels Beweise, aus Mangel an Beweisen; ~ **de faire qc** da jd etw nicht tut; ~ ***de pouvoir faire qc*** da jd etw nicht tun kann, da jd nicht in der Lage ist etw zu tun; ~ ***d'avoir vécu cela, vous ne pouvez pas …*** da Sie das nicht selbst erlebt haben, können Sie nicht …; ~ **de quoi** andernfalls, sonst, wenn nicht; **en ~**: ***qn est/se sent en*** ~ jd ist/fühlt sich im Unrecht; ***qn se croit en*** ~ jd glaubt, dass er schuldig [*o* im Unrecht] ist; ***qn prend qn en*** ~ jd erwischt jdn *fam;* **par ma/sa ~** durch meine/seine/ihre Schuld, meinetwegen/seinetwegen/ihretwegen; **un sans ~** ein Volltreffer *m fam;* ***qn fait un sans*** ~ jd landet einen Volltreffer *fam,* jd vollbringt eine Glanzleistung [*o* Meisterleistung]; **sans ~** ganz sicher; ***à demain, sans*** ~! bis morgen, ich verlass mich darauf!; [**c'est**] **la ~ à qui?** wer ist [denn] schuld daran?, wessen Schuld ist das?, an wem liegt das?; ~! SPORT Fehler!
◆ **faute d'accord** Kongruenzfehler *m;* **faute de calcul** Rechenfehler *m;* **faute de conduite** Fahrfehler *m,* falsches Fahrverhalten; **faute de français** Fehler *m* im Französischen; ***qn fait des ~s de français*** jd macht Fehler in der eigenen Muttersprache, jd macht Grammatik- und Rechtschreibfehler im Französischen; **faute de frappe** Tippfehler *m;* **faute de goût** Geschmacksverirrung *f;* **faute de grammaire** Grammatikfehler *m;* **faute de main** Hand *kein art,* Handspiel *nt;* ***l'arbitre siffle une ~ de main*** der Schiedsrichter pfeift Hand [*o* Handspiel]; **faute de ponctuation** Zeichensetzungsfehler *m;* **faute de prononciation** Aussprachefehler *m;* **faute de syntaxe** Syntaxfehler *m,* syntaktischer Fehler; **faute d'étourderie** [*o* **d'inattention**] Flüchtigkeitsfehler *m;* **faute d'impression** Druckfehler *m;* **faute d'orthographe** Rechtschreibfehler *m*

fauter <1> [fote] *vi vieilli fam* ■ **qn faute** jd begeht [*o* tut] einen Fehltritt

fauteuil [fotœj] *m* **1.** (*siège*) Sessel *m*
2. (*place dans une assemblée*) Sitz *m;* ***qn occupe le ~ de président de l'Assemblée nationale*** jd hat den Vorsitz als Präsident der Nationalversammlung; ***qn s'installe sur le ~ présidentiel*** jd nimmt den Platz des Präsidenten ein
▸ ~ **club** Clubsessel *m;* ~ **crapaud** niedriger Sessel; ~ **pliant** Klappsessel *m;* ~ **roulant** Rollstuhl *m;* **qn arrive** [*o* **gagne**] **dans un ~** *fam* (*réussit facilement*) jd schafft das spielend [*o* mühelos], jd macht das mit links *fam;* (*arrive premier*) jd gewinnt spielend [*o* mühelos]
◆ **fauteuil à bascule** Schaukelstuhl *m;* **fauteuil d'académicien** Sitz *m* in der Académie française; **fauteuil de balcon** Balkonplatz *m;* **fauteuil de bureau** Bürostuhl *m,* Bürosessel *m;* **fauteuil de jardin** Gartensessel *m;* **fauteuil d'orchestre** Parkettsitz *m,* Sitzplatz *m* im Parkett

fauteur [fotœʀ] *m* ◆ **fauteur de désordre, fauteur de troubles, fauteur de rébellions** Unruhestifter(in) *m(f);* **fauteur de guerre** Kriegstreiber(in) *m(f),* Kriegshetzer(in) *m(f)*

fautif, -ive [fotif, -iv] **I.** *adj* **1.** (*coupable*) schuldig
2. *liste, texte* fehlerhaft; *citation, calcul* falsch; *mémoire* lückenhaft; ■ **qn est ~** jd ist schuld, jd hat Schuld
II. *m, f* Schuldige(r) *f(m)*

fauve [fov] **I.** *adj* **1.** (*couleur*) falb, fahlrot, fahlgelb
2. (*sauvage*): ***bête*** ~ Raubtier *nt,* wildes Tier; ***odeur*** ~ Raubtiergeruch *m*
3. ART fauvistisch
II. *m* **1.** (*couleur*) Fahlrot *nt,* Fahlgelb *nt*
2. (*animal*) Raubtier *nt;* ***la chasse aux ~s*** die Raubtierjagd
3. ART ■ **les F~s** die Fauvisten
▸ **grand ~** [große] Raubkatze; **ça sent le ~** *fam* das riecht [*o* stinkt] bestialisch [hier] *fam*

fauvette [fovɛt] *f* Grasmücke *f*

fauvisme [fovism] *m* Fauvismus *m*

faux [fo] *f* (*outil*) Sense *f*

faux, fausse [fo, fos] **I.** *adj* **1.** *antéposé* (*imité*) falsch; *marbre, perle a., bijou* unecht; *papiers, passeport a., signature, facture* gefälscht; *meuble, tableau* nachgemacht; ***fausse monnaie*** Falschgeld *nt*
2. *antéposé* (*postiche*) *barbe, dents, nez, nom, seins* falsch
3. *antéposé* (*simulé*) gespielt; *dévotion, humilité a.* geheuchelt; *modestie, naïveté, bonhomie a.* falsch; ***fausse pudeur*** falsche Scham; ***fausse sortie*** Scheinabgang *m,* vorgetäuschter Abgang
4. *antéposé* (*mensonger*) *déclaration, prétexte, promesse, réponse* falsch; ~ ***serment*** (*intentionnel*) Meineid *m;* (*involontaire*) Falscheid *m,* eidliche Falschaussage; ~ ***témoignage*** falsche Zeugenaussage
5. *antéposé* (*pseudo*) *cheminée, col* falsch; *cloison, plancher* Zwischen-; ~ ***écrivain*** Pseudoschriftsteller *m;* ~ ***savant*** Pseudowissenschaftler *m,* Scheingelehrte(r) *m*
6. *postposé* (*fourbe*) *air, attitude, regard* falsch; *caractère, personne a.* unaufrichtig; ***il a l'air*** ~ er scheint mir falsch zu sein, er sieht falsch aus
7. *antéposé* (*imposteur*) *ami, médecin, prêtre, prophète* falsch
8. (*erroné*) *affirmation, raisonnement, calcul, résultat* falsch; *numéro a.* verkehrt; ***qn a/se fait des idées fausses*** [*o* ***de fausses idées***] ***sur qc*** jd hat/macht sich (*dat*) falsche Vorstellungen von etw; ***un instrument est*** ~ ein Instrument ist verstimmt; ***ce thermomètre est*** ~ das Thermometer zeigt falsch an; ■ **il est ~ que** + *subj* es ist falsch [*o* nicht wahr], dass; es stimmt nicht, dass; ■ **il est ~ de** + *infin:* ***il est ~ de dire/croire/prétendre*** es ist falsch [*o* nicht richtig] zu sagen/glauben/behaupten
9. *antéposé* (*non fondé*) *espoir, principe, soupçon* falsch; *bruit, rumeur a.* unzutreffend; *crainte, peur* unbegründet
10. *postposé* (*ambigu*) *atmosphère, situation* unangenehm
11. *antéposé* (*maladroit*): ***qn fait une fausse manœuvre*** jd macht einen falschen Handgriff; (*au volant*) jd macht ein falsches Lenkmanöver; ***qn fait fausse route*** jd verfährt sich; ***qn fait un ~ pas*** (*en marchant*) jd tritt falsch [*o* ungeschickt] auf, jd knickt [mit dem Fuß] um
12. (*qui détonne*): ***fausse note*** falscher Ton; *fig* Misston *m*
▸ **c'est ~ et archifaux** das ist völlig falsch; **qn a tout ~** *fam* jd täuscht sich gewaltig; SCOL jd hat alles falsch *fam*
II. *m* **1.** (*mensonge*) Falsche(s) *nt,* Unwahrheit *f;* ***discerner le vrai du*** ~ das Wahre vom Falschen [*o* Unwahren] unterscheiden
2. (*falsification, imitation*) Fälschung *f*
▸ **~ et usage de ~**: ***qn est condamné(e) pour ~ et usage de*** ~ jd wird wegen Fälschung und Gebrauch gefälschter [*o* falscher] Urkunden verurteilt; **qn plaide le ~ pour savoir le vrai** jd behauptet etwas Falsches um die Wahrheit zu erfahren; **qn commet** [*o* **fait**] **un ~** jd begeht [*o* macht] eine Fälschung; **qn s'inscrit en ~ contre qc** jd weist etw entschieden [*o* als falsch] zurück, jd bestreitet etw
III. *adv* falsch
◆ **faux en écriture** Urkundenfälschung *f*

faux-filet <~-~s> [fofilɛ] *m* Lende *f,* Lendenstück *nt* **faux-fuyant** <~-~s> [fofɥijɑ̃] *m* Ausflucht *f,* Ausrede *f;* (*prétexte*) Vorwand *m;* ***qn cherche un ~-~*** jd macht Ausflüchte, jd weicht aus, jd sucht eine Ausrede **faux-monnayeur** <~-~s> [fomɔnɛjœʀ] *m* Falschmünzer(in) *m(f)* **faux-semblant** <~-~s> [fosɑ̃blɑ̃] *m:* ***qn use de ~-~s*** jd verstellt sich, jd spielt Theater; ***cette mutation n'a été qu'un ~-~*** dieser Wandel war nur leerer [*o* war bloßer] Schein **faux-sens** <~-~> [fosɑ̃s] *m* (*interprétation erronée*) Fehlinterpretation *f;* (*traduction erronée*) Sinnfehler *m*

faveur [favœʀ] *f* **1.** (*bienveillance*) Gunst *f,* Wohlwollen *nt*
2. (*considération*): ***qn gagne la ~ du public/du pays*** jd erlangt die Gunst des Publikums/des Landes; ***qn jouit d'une grande ~ auprès de qn*** jd erfreut sich großer Beliebtheit bei jdm
3. (*bienfait*) Gefallen *m;* ***qn demande une ~ à qn*** jd bittet jdn um einen Gefallen; ***qn comble qn de ses ~s*** jd überhäuft jdn mit seinen Gunstbezeigungen
▸ **une femme accorde/refuse ses ~s à qn** *littér* eine Frau gewährt [*o* schenkt]/verweigert jdm ihre Gunst; **qn fait à qn la ~ de qc** *d'un sourire* jd schenkt jdm etw; *d'un compliment* jd erfreut jdn mit etw; ***il ne m'a même pas fait la ~ d'un regard*** er hat mir keinen Blick gegönnt; **qn fait à qn la ~ de faire qc** jd erweist [*o* tut] jdm den Gefallen, etw zu tun; **à la ~ de qc** begünstigt von etw; ***à la ~ de la nuit*** im Schutz der Dunkelheit; **de ~** bevorzugt, Sonder-; ***régime/traitement de*** ~ Bevorzugung *f*/bevorzugte Behandlung; ***qn jouit d'un traitement de*** ~ jd wird bevorzugt behandelt; **en ~** beliebt; ***qn est en ~*** [***auprès de qn***] jd ist [bei jdm] gut angesehen [*o* angeschrieben], jd steht in jds Gunst (*dat*); */artiste, auteur/* jd ist [bei jdm] beliebt, jd kommt [bei jdm] gut an; **en ~ de qn/qc** (*en considération de*) aufgrund einer S. (*gen*), wegen etw; (*au profit de*) zugunsten eines Menschen/einer S., für jdn/etw; ***qn vote en ~ de qn*** jd stimmt für jdn; ***qn se déclare*** [***o se prononce***] ***en ~ de qn/qc*** jd spricht sich für jdn/etw aus; ***qn manifeste en ~ de qn/qc*** jd demonstriert für jdn/etw; **en ma/sa ~** zu meinen/seinen/ihren Gunsten; **par ~** [**spéciale**] aufgrund seiner/ihrer Sonderstellung, aufgrund besonderer Beziehungen; ***c'est par ~ qu'elle a obtenu l'autorisation de …*** da sie bevorzugt behandelt wird, [*o* aufgrund ihrer Sonderstellung] hat sie die Erlaubnis bekommen, …

favorable [favɔʀabl] *adj* günstig; *conditions a.* geeignet, vorteilhaft; *terrain a.* geeignet; ***qc reçoit un accueil ~*** etw findet Zustimmung; ***qn jouit d'un préjugé*** ~ jd hat Vorteile, jd hat ein Plus; ***qn donne un avis*** ~ jd äußert sich positiv [*o* zustimmend], jd gibt seine Zustimmung; ***qn recueille 80% d'avis*** ~ jd erhält 80% der Stimmen, 80% stimmen für jdn; ■ **qn est ~ à qn/qc** jd ist jdm wohlgesinnt [*o* freundlich gesinnt]/jd befürwortet etw, jd ist für etw; ■ **qn est ~ à ce que** + *subj* jd ist dafür, dass; ■ **qc est ~ à qn/qc** */circonstances/* etw ist günstig [*o* positiv] für jdn/etw; */suffrages/* etw ist für jdn/etw, etw ist zu jds Gunsten/zu Gunsten einer S. (*gen*); */opinion/* etw befürwortet etw; ***les retombées de … nous seront ~s*** die Auswirkungen … werden günstig [*o* positiv] für uns sein; ■ **qc est ~ pour faire qc** etw ist günstig, um etw zu tun

favorablement [favɔʀabləmɑ̃] *adv* positiv; ***qc est accueilli(e) ~*** etw wird positiv [*o* günstig] aufgenommen

favori, te [favɔʀi, it] **I.** *adj* Lieblings-; ***lecture ~te/livre de chevet ~*** Lieblingslektüre [*o* bevorzugte Lektüre]/bevorzugte Bettlektüre
II. *m, f* Liebling *m;* SPORT (*athlète*) Favorit(in) *m(f);* (*cheval*) Favorit *m*
III. *f* HIST ■ **la favorite** die Favoritin

favoris [favɔʀi] *mpl* Koteletten *pl*

favoriser <1> [favɔʀize] *vt* **1.** (*avantager, encourager*) ■ **qn/qc favorise qn/qc** jd/etw begünstigt jdn/etw; *ambition, commerce a.* jd/etw fördert [*o* unterstützt] [*o* favorisiert *geh*] etw; ■ **qn favorise qn** (*faire du favoritisme*) jd bevorzugt jdn; ***les familles/classes les plus favorisées*** die am meisten begünstigten [*o* die privilegiertesten] Familien/Klassen
2. (*aider*) ■ **qn/qc favorise qc** jd/etw begünstigt etw, jd unterstützt etw

favorite [favɔʀit] *adj v.* **favori**

favoritisme [favɔʀitism] *m* Bevorzugung *f,* Günstlingswirtschaft *f*

fax [faks] *m abr de* **téléfax** Fax *nt*

faxer <1> [fakse] *vt* ■ **qn faxe qc [à qn]** jd faxt [jdm] etw

fayot [fajo] *m* **1.** *péj arg* (*lèche-botte*) Arschkriecher(in) *m(f) sl;* (*élève a.*) Streber(in) *m(f);* ***qn est ~*** jd ist kriecherisch
2. *fam* (*haricot*) dicke grüne Bohne

fayoter <1> [fajɔte] *vi arg* ■ **qn fayote** jd schmeichelt sich ein

F.B. *m abr de* **franc belge** *v.* **franc**

F.C. [ɛfse] *m abr de* **football club** FC *m*

fébrile [febʀil] *adj chaleur, état, personne* fiebrig; *accès, poussée* Fieber-; (*agité*) *hâte, impatience* fieberhaft; *agitation, mouvement, personne* hektisch, fieberhaft

fébrilement [febʀilmɑ̃] *adv* hektisch, fieberhaft; ***qn prend ~ qc*** jd greift fieberhaft nach etw; ***qn attend ~ qc*** jd fiebert einer S. (*dat*) entgegen

fébrilité [febʀilite] *f* (*activité débordante*) Betriebsamkeit *f;* (*excitation*) Hektik *f;* ***qn fait qc avec ~*** jd tut etw mit fieberhaftem Eifer; ***qn réagit sans ~*** jd reagiert gelassen [*o* ohne Hektik]

fécal, e <-aux> [fekal, o] *adj* fäkal, Fäkal-

fécond, e [fekɔ̃, ɔ̃d] *adj* fruchtbar; *terre, champ a.* [ertrag]reich, ergiebig; *esprit, idée, siècle a., écrivain* schöpferisch, produktiv; *conversation, sujet a.* ergiebig; (*prolifique*) fruchtbar, sich rasch vermehrend; ■ **~ en qc** reich an etw (*dat*); *en surprises a.* voller etw; ***année ~e en événements*** ereignisreiches Jahr; ***crise ~e en rebondissements*** folgenreiche Krise

fécondation [fekɔ̃dasjɔ̃] *f* Befruchtung *f;* [*fleurs a.*] Bestäubung *f*
► **~ artificielle** künstliche Befruchtung; **~ in vitro** In-vitro-Fertilisation *f*

féconder <1> [fekɔ̃de] *vt* **1.** (*rendre fécond*) ■ **qn/un animal/qc féconde qn/un animal/qc** jd/ein Tier/etw befruchtet jdn/ein Tier/etw; *fleur* jd/ein Tier/etw bestäubt etw
2. *littér* (*fertiliser*) ■ **qc féconde qc** */pluie/* etw macht etw fruchtbar

fécondité [fekɔ̃dite] *f* Fruchtbarkeit *f;* [*artiste, écrivain, esprit*] Produktivität *f,* Schöpferkraft *f;* [*sujet*] Reichhaltigkeit *f,* Ergiebigkeit *f;* ***taux de ~*** Geburtenziffer *f,* Geburtenrate *f;* ***la ~ de son imagination*** seine/ihre blühende Fantasie

fécule [fekyl] *f* Stärke *f;* GASTR *a.* Stärkemehl *nt;* ***qc est riche en ~*** etw ist [sehr] stärkehaltig

féculent [fekylɑ̃] *m* (*aliment*) stärkehaltiges Nahrungsmittel; (*légume*) stärkehaltiges Gemüse

fédéral, e <-aux> [fedeʀal, o] *adj* **1.** (*relatif à une fédération*) Bundes-; *régime* bundesstaatlich; (*en Suisse*) eidgenössisch; ***district ~*** (*aux USA*) Bundesstaat *m*
2. (*central*) *bureau, ligue, union* Zentral-; ***union ~e des syndicats*** Zentralverband *m* [*o* Spitzenverband *m*] [*o* Dachverband *m*] der Gewerkschaften; ***Union ~e des consommateurs*** [zentraler] Verbraucherverband

fédéralisme [fedeʀalism] *m* Föderalismus *m*

fédéraliste [fedeʀalist] **I.** *adj* föderalistisch
II. *mf* Föderalist(in) *m(f)*

fédérateur, -trice [fedeʀatœʀ, -tʀis] **I.** *adj:* ***un thème ~*** ein verbindendes [*o* gemeinsames] [*o* zentrales] Thema; ***qn joue un rôle ~*** jd spielt eine vermittelnde Rolle [*o* die Vermittlerrolle]
II. *m, f* Einiger(in) *m(f)*

fédération [fedeʀasjɔ̃] *f* **1.** (*union d'États*) Föderation *f,* Bündnis *nt;* **~ *européenne*** europäische Gemeinschaft
2. (*associations*) Verband *m,* Bund *m;* **~ *ouvrière*** Arbeiterverband, Arbeiterverein *m;* **~ *protestante de France*** Protestantischer Kirchenbund Frankreichs; **~ *sportive/de football*** Sport-/Fußballverband; **~ *syndicale*** Gewerkschaftsbund; **~ *de parents d'élèves*** Elternverband; **~ *des syndicats d'enseignants*** Zentralverband der Lehrergewerkschaften; **~ *de l'Éducation nationale*** *französische Lehrergewerkschaft*

fédéré, e [fedeʀe] *adj* (*au sein d'une fédération*) föderiert; (*au sein d'une association*) vereinigt, zusammengeschlossen

fédérer <5> [fedeʀe] *vt* ■ **qn fédère qc** jd vereinigt etw; *États* jd schließt etw in einer Föderation [*o* in einem Bund] zusammen

fée [fe] *f* Fee *f;* ***la ~ Carabosse*** die böse Fee
◆ **fée du logis** guter Geist des Hauses; ***c'est une véritable ~ du logis*** sie ist die perfekte Hausfrau

feed-back [fidbak] *m inv* TECH Feedback ['fi:dbæk] *nt*

feeling [filin] *m* Gespür *nt*

féerie [fe(e)ʀi] *f* **1.** (*ravissement*): ***la ~ de l'enfance*** die Zauberwelt [*o* Märchenwelt] der Kindheit; ***la ~ de lumières/d'une soirée d'été*** der Zauber der Lichter/eines Sommerabends; ***qc est une véritable ~*** etw ist ein zauberhaftes [*o* märchenhaftes] Schauspiel
2. THEAT, CINE Feenstück *nt,* Märchenspiel *nt*

féerique [fe(e)ʀik] *adj monde, spectacle, vision* zauberhaft, märchenhaft; *lumière, vision, aspect, personnage a.* feenhaft; ***l'Orient ~*** der zauberhafte [*o* märchenhafte] Orient; ***le monde [o l'univers] ~ de l'enfance*** die Zauberwelt [*o* Märchenwelt] der Kindheit

feignant, e [fɛɲɑ̃, ɑ̃t] *adj/subst v.* **fainéant**

feindre <irr> [fɛ̃dʀ] **I.** *vt* (*simuler*) ■ **qn feint qc** *colère, innocence* jd täuscht etw vor; *enthousiasme, étonnement, joie, tristesse a.* jd heuchelt etw; (*prétexter*) *maladie a.* jd schützt etw vor; ***qn feint l'indifférence*** jd tut gleichgültig; ■ **qn feint de faire qc** jd tut so, als ob er etw täte; ***qn feint de ne rien/de ne pas comprendre*** jd stellt sich dumm; ***qn feint d'être malade*** (*simuler*) jd tut so, als ob er krank wäre; (*prétexter*) jd gibt vor, krank zu sein; ***qn feint d'être innocent(e)*** (*prétendre*) jd gibt vor, unschuldig zu sein; (*simuler*) jd tut so, als ob er unschuldig wäre
II. *vi littér* ■ **qn feint [avec qn]** jd verstellt sich, jd macht jdm etw vor

feint, e [fɛ̃, fɛ̃t] **I.** *pp de* **feindre**
II. *adj* vorgetäuscht, gespielt; *enthousiasme, joie, tristesse, sympathie a.* geheuchelt; *maladie a.* simuliert

feinte [fɛ̃t] *f* Finte *f,* Täuschungsmanöver *nt*
◆ **feinte de passe** vorgetäuschte Ballabgabe, angetäuschtes Zuspiel; **feinte du corps** Körpertäuschung *f,* Finte *f*

feinter <1> [fɛ̃te] *vt* **1.** SPORT ■ **qn feinte qn** jd täuscht jdn
2. *fam* (*rouler*) ■ **qn feinte qn** jd legt jdn herein *fam,* jd kriegt jdn dran *fam;* ■ **qn se fait ~ [*o* est feinté(e)] [par qn]** jd wird von jdm [he]reingelegt [*o* übers Ohr gehauen] *fam*

fêlé, e [fele] *adj* **1.** *assiette, vase, verre, vitre* gesprungen; *bras, côte, os* angebrochen; *voix* brüchig
2. *fam* (*dérangé*): ***qn a le cerveau ~ [o la tête ~e]*** jd ist nicht ganz richtig im Kopf *fam,* jd hat einen Sprung in der Schüssel *fam;* ***tu es complètement ~!*** du hast wohl 'ne Macke! *fam*

fêler <1> [fele] **I.** *vt* ■ **qn/qc fêle qc** jd macht einen Sprung in etw (*akk*)/durch etw bekommt etw einen Sprung; *voix* durch etw wird etw brüchig [*o* rau]
II. *vpr* ■ **qc se fêle** etw bekommt einen Sprung/Sprünge; ■ **qn se fêle qc** jd bricht [*o* knackst *fam*] sich (*dat*) etw

félicitations [felisitasjɔ̃] *fpl* Glückwünsche *pl*
► **avec les ~ du jury** summa cum laude; **qn adresse [*o* présente] ses ~ à qn [à l'occasion de qc]** jd übermittelt jdm seine Glückwünsche [zu etw], jd spricht jdm seine Glückwünsche [zu etw] aus; **qn reçoit les ~ de qn [à l'occasion de qc]** jd wird von jdm [zu etw] beglückwünscht; **[toutes] mes/nos ~!** herzlichen Glückwunsch!, ich gratuliere/wir gratulieren!

félicité [felisite] *f littér* Glückseligkeit *f*

féliciter <1> [felisite] **I.** *vt* ■ **qn félicite qn [de [*o* pour] qc]** jd gratuliert jdm [zu etw], jd beglückwünscht jdn [zu etw]; ■ **qn félicite qn de faire qc/d'avoir fait qc** jd lobt jdn dafür [*o* gratuliert jdm dazu], dass er etw tut/getan hat
► **je ne te/vous félicite pas!** dafür kann ich dir/Ihnen kein Lob erteilen [*o* aussprechen]!, das ist ja nicht gerade lobenswert!
II. *vpr* ■ **qn se félicite de qc** jd ist froh [*o* glücklich] über etw (*akk*), jd freut sich über etw (*akk*); ***"…", se félicite le ministre*** „…", freut sich der Minister; ■ **qn se félicite d'avoir fait qc** jd ist froh [*o* glücklich] [darüber], etw getan zu haben [*o* dass er etw getan hat]; ***qn se félicite d'avoir réussi qc*** jd freut sich [*o* ist froh] darüber, etw erreicht zu haben

félin, e [felɛ̃, in] **I.** *adj race* der Katzen; *allure, démarche, grâce* katzenhaft, katzenartig
II. *m* Raubkatze *f;* ***les grands ~s*** die großen Raubkatzen, die Großkatzen

fellation [felasjɔ̃, fɛllasjɔ̃] *f* Fellatio *f*

fêlure [felyʀ] *f* Sprung *m,* Riss *m; fig* Bruch *m,* Riss; (*psychologique*) Knacks *m fam*

femelle [fəmɛl] **I.** *adj* **1.** *animal, fleur, organe* weiblich; ***léopard/merle ~*** Leoparden-/Amselweibchen *nt*
2. TECH, ELEC: ***fiche ~*** Buchse *f;* (*d'une rallonge*) Kupplungsdose *f;* ***prise ~*** Steckdose *f;* ***pièce ~*** weibliches Teil
II. *f* **1.** ZOOL Weibchen *nt*
2. *péj pop* Weib *nt,* Weibsbild *nt fam*

féminin, e [feminɛ̃, in] **I.** *adj* **1.** (*avec un aspect féminin*) *grâce* feminin; *femme, vêtement, mode, voix a.* weiblich
2. (*de femmes*) *voix* Frauen-; *vêtements, mode a.* für Frauen; *lingerie, mode a.* Damen-; *population, sexe* weiblich; *condition, revendication* der Frauen; SPORT *épreuve, sport, football* Frauen-, Damen-; *épreuve* der Damen, der Frauen; ***la descente ~e/le 200 m ~*** der Abfahrtslauf/der 200-m-Lauf der Frauen [*o* der Damen]
3. GRAM *article, genre* weiblich; *nom a.* feminin; ***genre/nom ~*** Femininum *nt*
II. *m* GRAM Femininum *nt*
► **l'éternel ~** das ewig Weibliche

féminisation [feminizasjɔ̃] *f* ■ **~ de qc** *de l'enseignement, d'un secteur* (*action*) Steigerung *f* des Prozentsatzes der Frauen [*o* des Frauenanteils] in etw (*dat*); (*résultat a.*) Zunahme *f* des Prozentsatzes der Frauen [*o* des Frauenanteils] in etw (*dat*)

féminiser <1> [feminize] **I.** *vt* ■ **qn féminise qc** *secteur d'activité, profession* jd verschafft Frauen Zugang zu etw; LING *noms de métier* jd gibt einer S. (*dat*) eine Femininendung; ***on a féminisé le métier de dactylographe*** der Beruf des Daktylographen ist für Frauen zugänglicher geworden, man hat mehr Frauen Zugang zum Beruf des Daktylographen verschafft; ***le mot … qui était masculin, a été féminisé*** das Wort …, das männlich [*o* ein Maskulinum] war, ist weiblich [*o* ein Femininum] geworden; ■ **qc féminise qn** *un homme* etw verweiblicht jdn; *une femme* etw lässt jdn sehr weiblich wirken; ***cette robe te féminise*** in diesem Kleid wirkst du sehr weiblich
II. *vpr* **1.** () ■ **qc se féminise** der Prozentsatz der Frauen [*o* der Frauenan-

teil] in etw (*dat*) nimmt zu [*o* steigt]; /*métier, profession a.*/ etw wird von immer mehr Frauen ausgeübt; ***le corps enseignant se féminise de plus en plus*** die Lehrerschaft setzt sich zunehmend aus Frauen zusammen
2. () ■ **qn se féminise** /*petite fille*/ jd wird zu einer Frau; ***tu devrait te ~ un peu*** du solltest dich etwas weiblicher geben [*o* etwas fraulicher werden]
féminisme [feminism] *m* Feminismus *m*
féministe [feminist] **I.** *adj idée, revendication* feministisch, frauenrechtlerisch; *mouvement a.* Frauen-; ■ **qn est ~** jd ist ein Feminist/eine Feministin
II. *mf* Feminist(in) *m(f)*, Frauenrechtler(in) *m(f)*
féminité [feminite] *f* Weiblichkeit *f*, Fraulichkeit *f*
femme [fam] *f* **1.** (*opp: homme*) Frau *f*; ***une ~ libérée/seule*** eine emanzipierte/allein stehende Frau; ***une voix de ~*** eine Frauenstimme; ***vêtements de*** [*o* ***pour***] ***~s*** Frauen[be]kleidung *f*, Damenbekleidung *f*; ***il aime s'habiller en ~*** er trägt gerne Frauenkleidung; ***elles se retrouvent entre ~s chaque jeudi soir*** jeden Donnerstagabend haben sie ein Damenkränzchen; ***la ~ d'aujourd'hui*** die Frau von heute, die moderne Frau; ■ **~ de qc** *de goût, cœur* Frau mit etw; *de génie* Frau von etw; ***une ~ d'esprit*** eine geistreiche [*o* geistvolle] Frau; ***une ~ d'honneur*** eine Frau mit Ehrgefühl; ***une ~ de mérite*** eine verdienstvolle Frau
2. (*épouse*) Frau *f*, Gattin *f form*
3. (*adulte*) Frau *f*; ***une ~ mûre*** eine reife Frau; ***une ~ dans la force de l'âge*** eine Frau in den besten Jahren; ***une ~ d'un certain âge*** eine ältere Frau; ***une vieille ~*** eine alte Frau; ***qc/qn fait de qn une ~*** etw macht aus jdm eine Frau/jd macht jdn zur Frau
4. (*profession*): ***une ~ auteur/ingénieur/médecin/flic*** eine Autorin/Ingenieurin/Ärztin/Polizistin
▶ **ce que ~ veut, Dieu le veut** *prov* wer kann schon einer Frau widerstehen; **~ du jour** Frau des Tages; **la ~ de ma/sa vie** die Frau meines/seines/ihres Lebens; **il y a une ~ dans la vie de qn** es gibt eine Frau in jds Leben (*dat*); **une ~ accomplie** eine perfekte [*o* vollendete] Hausfrau [und Mutter]; [**qn est**] **une ~ arrivée** [jd ist] eine erfolgreiche Frau; **une/la bonne ~** *fam* eine Frau/die Frau [da]; ***viens, on va demander notre chemin à la bonne ~!*** komm, wir fragen die Frau da nach dem Weg!; ***t'as vu la bonne ~ là-bas!*** hast du die Tante dahinten gesehen!; **ma/ta/sa bonne ~** *péj fam* meine/deine/seine Alte [*o* Olle] *fam*; **brave ~** gute, brave Frau; **~ facile** leichtlebige Frau; Frau, die leicht zu haben ist; **je ne suis/ce n'est qu'une faible ~!** ich bin/das ist nur ein schwaches Weib!; **~ fatale** Femme fatale *f*; ***elle se prend pour une ~ fatale*** sie hält sich für unwiderstehlich; **c'est une ~ finie** sie ist erledigt [*o* abgeschrieben] *fam*; **~ forte** (*physiquement*) korpulente Frau; (*moralement*) starke Frau; **jeune ~** junge Frau; **ah, les petites ~s de Paris!** ja, die Pariser Mädchen!; **~ politique** Politikerin *f*; **~ publique** Frau *f* des öffentlichen Lebens; **cherchez la ~!** da steckt eine Frau dahinter!; **qn est/n'est pas ~ à faire qc** jd ist [durchaus]/nicht die Frau, die etw tut; jd ist [ganz]/nicht der Typ [von Frau], der etw tut
◆ **femme au foyer** Hausfrau *f*; **femme d'action** tatkräftige [*o* aktive] Frau; **femme d'affaires** Geschäftsfrau *f*; **femme de chambre** Zimmermädchen *nt*; **femme de dialogue** Frau *f* des Dialogs; **femme de lettres** Schriftstellerin *f*, Literatin *f*; **femme de ménage** Putzfrau *f*, Reinemachefrau *f*, Bedienerin *f* AUS; **femme de plume** Schriftstellerin *f*; **femme d'équipage** Mitglied *nt* der Schiffsmannschaft; **femme de science** Wissenschaftlerin *f*; **femme de service** (*pour le nettoyage*) Reinemachefrau *f*; (*à la cantine*) Kantinenangestellte *f* (*an der Essensausgabe*); **femme de tête** Frau, die weiß, was sie will; **femme d'intérieur** tüchtige Hausfrau; **femme du monde** Dame *f* von Welt, weltgewandte Frau
femmelette [famlɛt] *f péj* Schwächling *m*, Waschlappen *m fam*
femme-objet [famɔbʒɛ] *f* Frau *f* als Objekt; (*objet sexuel*) Frau als Lustobjekt
fémoral, e <-aux> [femɔʀal, o] *adj* [Ober]schenkel-
fémur [femyʀ] *m* Oberschenkelknochen *m*
FEN [fɛn] *f abr de* **Fédération de l'Éducation nationale** *französische Lehrergewerkschaft*
fenaison [fənɛzɔ̃] *f* **1.** (*action*) Heuernte *f*
2. (*période*) [Zeit *f* der] Heuernte *f*
fendant, e [fɑ̃dɑ̃, ɑ̃t] *adj pop histoire, personne* urkomisch, zum Schießen [*o* Totlachen] *fam*
fendillé, e [fɑ̃dije] *adj peinture, plâtre* rissig; *lèvre, peau a.* aufgesprungen
fendiller <1> [fɑ̃dije] *vpr* ■ **qc se fendille** /*glace, plâtre, vernis*/ etw wird rissig, etw bekommt Risse; /*lèvre, peau a.*/ etw springt auf
fendre <14> [fɑ̃dʀ] **I.** *vt* **1.** (*couper en deux*) ■ **qn fend qc** *bois* jd spaltet etw
2. (*fissurer*) ■ **qn fend qc** *verre, assiette* jd schlägt etw an; *glace* jd bringt etw zum Springen; ■ **qc fend qc** *pierre, rochers* etw spaltet etw; ■ **qn fend qc à qn** *lèvre* jd schlägt jdm etw auf
3. *littér* (*pénétrer*) ■ **qc fend qc** /*soc de charrue*/ etw [zer]teilt etw; ■ **qn/un animal/qc fend qc** (*s'ouvrir un chemin*) /*oiseau*/ *air* ein Tier schnellt [*o* schießt] durch etw; /*personne*/ *foule* jd bahnt sich (*dat*) einen Weg durch etw; ***le navire fend la mer/les flots*** das Schiff schnellt [*o* schießt] durchs Wasser/durch die Fluten
II. *vpr* **1.** (*se fissurer*) ■ **qc se fend** /*mur, terre*/ etw bekommt einen Riss [*o* Risse]; /*verre, poterie, glace*/ etw bekommt einen Sprung [*o* Sprünge]
2. (*se blesser*) ■ **qn se fend qc** *lèvre* jd schlägt sich (*dat*) etw auf; ***il s'est fendu le crâne*** er hat einen Schädelbruch
3. *fam* (*payer*) ■ **qn se fend de qc** *d'un cadeau, d'une bouteille* jd rückt etw heraus *fam*, jd spendiert etw; ***il ne s'est pas beaucoup fendu!*** er hat sich nicht gerade ruiniert!
fendu, e [fɑ̃dy] *adj crâne* offen, gespalten; *lèvre* aufgeplatzt; *côte* angebrochen, angeknackst; *assiette, verre* gesprungen, angeschlagen, mit einem Riss [*o* Sprung]; *jupe, robe, veste* geschlitzt, mit Schlitz; ***une veste ~e derrière*** eine Jacke mit einem Schlitz hinten [*o* Rückenschlitz]
fenêtre [f(ə)nɛtʀ] *f* **1.** ARCHIT Fenster *nt*
2. INFORM, TECH Fenster *nt*; **~ *de prise de vue*** CINE Filmfenster; PHOT Bildfenster
▶ **qc est une ~** [**ouverte**]**/ouvre une ~ sur le monde** /*télévision*/ etw ist/öffnet ein Fenster zur Welt; **qn passe par la ~** jd steigt durch das Fenster; **qn regarde/saute par la ~** jd sieht/springt aus dem Fenster
◆ **fenêtre à deux battants** [*o* **vantaux**] zweiflügeliges Fenster; **fenêtre à guillotine** Schiebefenster *nt*; **fenêtre à un battant** [*o* **vantail**] einflügeliges Fenster
fennec [fenɛk] *m* Fennek *m*, Wüstenfuchs *m*
fenouil [fənuj] *m* Fenchel *m*
fente [fɑ̃t] *f* **1.** (*fissure*) [*bois, mur, terre, rocher*] Spalte *f*, Spalt *m*; (*moins profonde*) Riss *m*
2. (*interstice*) Schlitz *m*; **~ *de côté/dos*** Seiten-/Rückenschlitz; **~ *de visée*** Sehschlitz
féodal, e <-aux> [feɔdal, o] **I.** *adj* feudal[istisch], Feudal-; *droit* Lehns-
II. *m* Feudalherr *m*
féodalité [feɔdalite] *f* **1.** HIST Feudalherrschaft *f*, Feudalsystem *nt*, Feudalismus *m*
2. *péj* (*puissance autonome*) Bonzokratie *f*; **~ *financière*** Finanzaristokratie *f*
fer [fɛʀ] *m* **1.** CHIM (*métal*) Eisen *nt*; ■ **en/de ~** eisern, aus Eisen; ***barre/plaque de ~*** Eisenstange *f*/-platte *f*
2. (*sels de ~*) Eisen *nt*
3. (*pièce métallique*) [*chaussure*] Eisen *nt*; [*cheval, bœuf*] [Huf]eisen; [*lance, flèche*] [Eisen]spitze *f*; [*rabot*] Hobeleisen
4. TRANSP [Eisen]bahn *f*
▶ **qn tombe les quatre ~s en l'air** *fam* jd fällt auf den Rücken [*o* rücklings hin]; **en ~ à cheval** in Form eines Hufeisens, hufeisenförmig; **un coup de ~**: ***qn donne un coup de ~ à qc*** jd bügelt etw schnell; **qn détruit qc par le ~ et le feu** jd zerstört etw mit Feuer und Schwert; **le ~ de lance de qc** *d'une organisation, armée* das Zugpferd [*o* Aushängeschild] einer S. (*gen*); **qn retourne** [*o* **remue**] **le ~ dans la plaie** jd streut Salz auf [*o* in] die Wunde; **il faut battre le ~ pendant qu'il est chaud** *prov* man muss das Eisen schmieden, solange es heiß ist; ***il a battu le ~ tant qu'il était chaud*** er hat die Gelegenheit beim Schopf gepackt; **qn croit dur comme ~ à qc/que** + *indic* jd glaubt felsenfest an etw (*akk*)/, dass; jd ist von etw felsenfest überzeugt/jd ist felsenfest davon überzeugt, dass; **qc est dur(e) comme du ~** etw ist hart wie Stein; **~ forgé** Schmiedeeisen *nt*; ***en ~ forgé*** schmiedeeisern, aus Schmiedeeisen; **qn est marqué(e) au ~ rouge** jd ist gebrandmarkt; **qn croise le ~ avec qn** jd kreuzt mit jdm die Klinge *geh*; ***les deux adversaires ont croisé le ~*** die beiden Gegner lieferten sich ein Duell [*o* Wortgefecht]; **qn met qn aux ~s** *vieilli* jd legt jdn in Eisen [*o* Ketten]; **de ~** *discipline, main, poigne, santé, volonté* eisern
◆ **fer à cheval** Hufeisen *nt*; **fer à friser** Lockenstab *m*; **fer à repasser** Bügeleisen *nt*; **fer à souder** Lötkolben *m*; **fer à vapeur** Dampfbügeleisen *nt*
ferai [f(ə)ʀɛ] *fut de* **faire**
fer-blanc <~s-~s> [fɛʀblɑ̃] *m* [Weiß]blech *nt*; ***boîte en ~*** Blechdose *f*
ferblantier [fɛʀblɑ̃tje] *m* Klempner(in) *m(f)*
férié, e [feʀje] *adj*: ***jour ~*** Feiertag *m*
férir <*irr, déf*> [feʀiʀ] *vt* ▶ **sans coup ~** *littér* ohne auf Widerstand zu stoßen, widerstandslos
fermage [fɛʀmaʒ] *m* Pacht[wirtschaft *f*] *f*
ferme¹ [fɛʀm] **I.** *adj* **1.** (*consistant*) *chair, aliment, sol* fest; *fruit a., lit, matelas* hart; *seins a., peau* straff
2. (*assuré*) *écriture* sicher; *voix, pas a.* fest; *main a.* ruhig; ***qn n'est pas ~ sur ses jambes/pieds*** jd ist nicht sicher auf den Beinen; ***d'un pas ~*** mit festem [*o* sicherem] Schritt, festen [*o* sicheren] Schrittes
3. (*résolu*) *ton* bestimmt; ***d'un ton ~*** in bestimmtem Ton
4. (*inébranlable*) *personne* standhaft, unbeirrbar; *intention, résolution* fest; *volonté a.* unerschütterlich; ***qn a la ~ intention de faire qc*** jd hat die feste Absicht [*o* ist fest entschlossen], etw zu tun; ■ **qn est ~** [**avec qn**] jd tritt [jdm gegenüber] bestimmt auf; ***qn reste ~*** [***dans qc***] jd bleibt fest [*o* unerschütterlich] [bei etw]
5. COM (*définitif*) *achat, commande, vente* verbindlich; *prix* fest[stehend], gleich bleibend
6. BOURSE *cours, marché, valeur* fest, unverändert, gleich bleibend; ***les valeurs/les cours restent ~s*** die Werte/Kurse behaupten sich [*o* bleiben fest]
II. *adv* **1.** (*beaucoup*) *boire* ordentlich, fest[e] *fam*; *s'ennuyer* fürchterlich; *travailler* tüchtig, hart, fest[e] *fam*
2. COM (*définitivement*) *acheter, commander, vendre* verbindlich
▶ **des personnes discutent/ça discute ~** Menschen diskutieren heftig [*o* eifrig]/da wird heftig [*o* eifrig] diskutiert; **qn tient ~** *contre l'ennemi* jd hält stand, jd gibt nicht nach; *sur les salaires* jd bleibt hart
ferme² [fɛʀm] *f* **1.** (*bâtiments*) Bauernhaus *nt*; **~ *isolée*** allein stehendes Bauernhaus
2. (*exploitation*) [Bauern]hof *m*, Gehöft *nt*; **~ *isolée*** Einzelhof, Einödhof; **~ *de 50/100/... hectares*** [Bauern]hof mit 50/100/... Hektar Land
▶ **à la ~** *vacances* auf dem Bauernhof
ferme³ [fɛʀm] *loc* ▶ **la ~!** *fam* halt/haltet den Mund [*o* die Klappe *fam*]!
fermé, e [fɛʀme] *adj* **1.** (*opp: ouvert*) *magasin, porte* geschlossen; (*à clé*) verschlossen; *col, route* gesperrt; *bouche, yeux, vêtement* geschlossen; *robinet* zugedreht; ***mer ~e*** Binnenmeer *nt*; ■ **qc est ~** etw ist zu [*o* geschlossen]; **~ *à la circulation*** für den Verkehr gesperrt; ***ta chemise n'est pas bien ~e*** dein Hemd ist nicht richtig zu
2. (*privé*) *milieu, monde* geschlossen, schwer zugänglich; *club, cercle a.* exklusiv
3. (*peu communicatif*) *personne* verschlossen, unzugänglich; *air, visage* un-

durchdringlich
4. (*insensible à*) ■ ~ **à qc** *à un sentiment* nicht empfänglich [*o* unempfindlich] für etw; ■ **qn est** [*o* **a l'esprit**] ~ **à qc** *à l'art, humour, la poésie* jd hat keinen Sinn [*o* kein Verständnis] für etw
5. ELEC *circuit* geschlossen
6. LING *voyelle* geschlossen
7. FBALL *angle* kurz; RUGBY *côté* gedeckt

fermement [fɛʀməmɑ̃] *adv* **1.** *tenir, tirer* fest
2. *croire, être décidé* fest; *prier, expliquer* bestimmt

ferment [fɛʀmɑ̃] *m* **1.** BIO Ferment *nt,* Gärstoff *m;* ~**s lactiques** Milchsäurebakterien *pl*
2. *littér* ■ ~ **de qc** *de discorde, haine, d'indiscipline* Ursache *f* [*o* Grund *m*] einer S. (*gen*); ***qn/qc est un ~ de haine et de discorde*** jd/etw sorgt für Hass und Zwietracht

fermentation [fɛʀmɑ̃tasjɔ̃] *f* **1.** BIO Gärung *f,* Fermentation *f;* ~ ***alcoolique*** alkoholische Gärung; ~ ***lactique*** Milchsäuregärung
2. *littér* (*effervescence*) [*idées nouvelles*] Aufbrechen *nt liter;* [*esprits*] Aufwallen *nt liter,* Erregung *f*

fermenter <1> [fɛʀmɑ̃te] *vi* ■ **qc fermente** /*jus*/ etw gärt; /*pâte*/ etw arbeitet; ■ **qc fait ~ qc** etw bringt etw zum Gären [*o* zur Gärung]

fermer <1> [fɛʀme] **I.** *vi* **1.** (*définitivement, pour les vacances*) ■ **qn/qc ferme** /*école, entreprise, magasin, usine*/ jd/etw schließt, jd/etw macht zu *fam;* (*habituellement*) /*magasin, commerce, commerçant*/ jd/etw hat [*o* ist] geschlossen [*o* zu]; ***les coiffeurs ferment le lundi*** die Frisöre haben [*o* sind] montags geschlossen [*o* zu]; ***ça ferme à 7 heures*** um 7 Uhr wird geschlossen [*o* zugemacht *fam*]; (*si magasin a.*) um 7 Uhr ist Geschäftsschluss
2. ■ **qc ferme** [**bien/mal**] etw geht [gut/schlecht [*o* nicht richtig]] zu; /*armoire, bocal, boîte, fenêtre, porte, serrure a.*/ etw schließt [gut/schlecht [*o* nicht richtig]]; /*vêtement a.*/ etw lässt sich [gut/schlecht] schließen [*o* zumachen *fam*]; ***cette robe ferme par devant*** dieses Kleid wird vorne geschlossen [*o* zugemacht *fam*]
► **on ferme!** (*dans un magasin, un musée, etc*) wir schließen!, wir machen zu! *fam*
II. *vt* **1.** (*opp: ouvrir*) ■ **qn ferme qc** jd schließt etw, jd macht etw zu *fam;* *cahier, livre a., parapluie* jd klappt etw zu; (*en boutonnant*) *chemise, manteau, veste a.* jd knöpft etw zu; (*en baissant*) *rideau, store a.* jd lässt etw herunter; (*en collant*) *enveloppe a.* jd klebt etw zu; (*avec une fermeture à glissière*) *sac, tente a.* jd zieht etw zu; (*en tirant ou poussant*) *tiroir* jd schiebt etw zu; *rideau* jd zieht etw zu; (*à clé*) *maison, porte, voiture* jd schließt etw ab; (*en tournant*) *robinet* jd dreht etw zu *fam;* (*à l'aide d'un interrupteur*) *courant, électricité* jd schaltet etw aus [*o* ab]; *radio, télévision* jd stellt [*o* schaltet] etw ab, jd macht [*o* schaltet] etw aus; *lumière* jd schaltet [*o* knipst] [*o* macht] etw aus
2. ■ **qn ferme qc** *bouche, yeux* jd schließt etw, jd macht etw zu *fam;* ***qn ferme la main/le poing*** jd macht ein Faust
3. (*interrompre l'activité de*) ■ **qn ferme qc** *école, entreprise, usine* jd schließt etw; *aéroport, frontière* jd schließt etw; (*provisoirement*) jd sperrt etw; ■ **qc est fermé(e) à qc** *aux voitures, navires, à la circulation* etw ist für etw gesperrt
4. (*barrer*) ■ **qn/qc ferme qc** [**à qn**] jd/etw verschließt [jdm] etw; *accès* jd/etw versperrt [jdm] etw; *carrière* jd/etw verbaut jdm etw, jd/etw versperrt den Zugang zu etw
5. ■ **qn ferme qc à qn** *objet, vêtement* jd schließt jdm etw, jd macht jdm etw zu *fam;* *yeux a.* jd drückt jdm etw zu
6. (*bloquer*) ■ **qc ferme qc** *accès, entrée, passage* etw versperrt etw; ■ **qc est fermé(e) par qc** /*champ*/ etw ist mit etw umgeben, etw wird von etw umschlossen; ***le jardin est fermé par une haie/un mur*** eine Hecke/eine Mauer schließt den Garten ein
7. (*clore, solder*) ■ **qn ferme qc** *liste, souscription* jd schließt etw; *compte a.* jd hebt etw auf
8. FBALL ■ **qn ferme qc** *angle* [*de tir*] jd deckt etw ab
► **qn la ferme** *fam* jd hält den Mund [*o* die Klappe *fam*]; **ferme-la!** halt den Mund [*o* die Klappe *fam*]!
III. *vpr* **1.** (*action*) ■ **qc se ferme** /*porte*/ etw schließt sich; (*toute seule*) etw fällt zu [*o* ins Schloss]; /*plaie a.*/ etw verheilt; /*yeux a.*/ etw fällt zu; ***j'ai les yeux qui se ferment*** [***tout seuls***] mir fallen die Augen zu; ■ **qn/qc se ferme à qn/qc** jd/etw verschließt sich jdm/einer S.
2. (*passif*) ■ **qc se ferme** /*boîte*/ etw lässt sich schließen; /*vêtement*/ etw wird geschlossen [*o* zugemacht *fam*]; /*appareil*/ etw wird ausgeschaltet [*o* ausgemacht *fam*]
► **une porte/une lumière/…, ça se ferme!** *fam* Tür zu/Licht aus bitte!

fermeté [fɛʀməte] *f* **1.** (*consistance*) [*chair, peau*] Festigkeit *f;* ***votre peau gardera toute sa ~ si …*** ihre Haut bleibt straff [*o* glatt], wenn …
2. (*concision*) [*style*] Kraft *f*
3. (*courage*) [*personne*] Festigkeit *f,* Standhaftigkeit *f*
4. (*autorité*) [*personne*] Bestimmtheit *f;* (*dans l'éducation de qn*) Strenge *f,* Unnachgiebigkeit *f;* ***qn manque de ~ dans l'éducation de qn*** jd ist nicht streng genug [*o* zu nachgiebig] in jds Erziehung (*dat*); ***qn dirige une entreprise avec beaucoup de ~*** jd leitet ein Unternehmen mit starker Hand
5. BOURSE [*cours, marché, monnaie*] Festigkeit *f,* Stabilität *f*
► **avec ~** mit Nachdruck
◆ **fermeté de caractère** Charakterfestigkeit *f,* Charakterstärke *f;* **fermeté du jugement** Sicherheit *f* des Urteils, Urteilskraft *f*

fermette [fɛʀmɛt] *f* kleines Bauernhaus, kleines Landhaus

fermeture [fɛʀmətyʀ] *f* **1.** [*sac, valise, vêtement*] Verschluss *m*
2. (*action*) [*porte, bureau, magasin, guichet*] Schließen *nt;* [*école, frontière a.*] Schließung *f;* [*entreprise, aéroport*] Stilllegung *f;* ~ ***des bureaux/du magasin/des guichets*** Büro-/Geschäfts- [*o* Laden-]/Schalterschluss *m;* ***je suis arrivé après la ~ du bureau de poste*** als ich ankam, war das Postamt schon zu [*o* geschlossen]; ~ ***provisoire pour travaux*** wegen [Bau]arbeiten vorübergehend geschlossen
► **avec ~ à clé** abschließbar; ~ **annuelle** COM Betriebsferien *pl;* ~ **automatique** automatischer Türschließer; **à** [**l'heure de**] **la ~** [kurz] vor [Laden]schluss
◆ **fermeture éclair®** [*o* **à glissière**] Reißverschluss *m*

fermier, -ière [fɛʀmje, -jɛʀ] **I.** *adj* (*de ferme*) *beurre* Land-; *poulet, canard* vom Bauernhof
II. *m, f* **1.** (*agriculteur*) Bauer/Bäuerin *m/f*
2. (*locataire*) Pächter(in) *m(f)*
► ~ **général** HIST Generalpächter *m*

fermoir [fɛʀmwaʀ] *m* Verschluss *m*

féroce [feʀɔs] *adj* **1.** *animal* wild
2. (*impitoyable*) *personne* unerbittlich, unbarmherzig; *critique* hart, scharf; *satire* bissig; *air, regard* wild, grimmig, böse
3. (*irrésistible*) *appétit, envie* gewaltig, riesig

férocité [feʀɔsite] *f* **1.** [*tigre, lion, masque*] Wildheit *f*
2. (*barbarie*) [*dictateur*] Rohheit *f,* Brutalität *f*
3. (*violence*) [*regard*] Wildheit *f;* [*combat, attaque a.*] Heftigkeit *f;* [*mesure, répression*] Schärfe *f,* Härte *f*
4. (*dureté impitoyable*) [*professeur*] Härte *f,* Strenge *f*
5. (*ironie méchante*) [*critique, attaque*] Härte *f,* Schärfe *f;* [*regard sur la vie*] Erbarmungslosigkeit *f,* Schonungslosigkeit *f;* ***qn se moque avec ~ de qn*** jd macht sich in erbarmungsloser [*o* schonungsloser] Weise über jdn lustig

ferraille [fɛʀɑj] *f* **1.** (*vieux métaux*) Schrott *m,* Alteisen *nt;* ***tas/amas de ~*** Schrotthaufen *m;* ***bruit de ~*** Scheppern *nt,* Klappern *nt*
2. *fam* (*monnaie*) Kleingeld *nt,* Münzgeld *nt*
► **qn met qc à la ~** *voiture* jd lässt etw verschrotten, jd gibt etw zum Verschrotten; *machine usée a.* jd gibt etw zum Sperrmüll, jd rangiert etw aus; ***qc est bon(ne) à mettre à la ~*** etw ist schrottreif

ferrailleur, -euse [fɛʀɑjœʀ, -jøz] *m, f* Schrotthändler(in) *m(f),* Alteisenhändler(in) *m(f)*

ferré, e [feʀe] *adj* **1.** *bâton, soulier* eisenbeschlagen, [mit Eisen] beschlagen; *cheval* beschlagen
2. *fam* (*instruit*) ■ **qn est ~ sur qc** [*o* **en qc**] *sur un problème, une question, en mathématiques* jd ist [gut] beschlagen in etw (*dat*) *fam,* jd weiß über etw (*akk*) Bescheid

ferrer <1> [feʀe] *vt* ■ **qn ferre qc** *soulier, canne* jd beschlägt etw mit Eisen, jd nagelt Eisen auf etw (*akk*); ■ **qn ferre un animal** *cheval* jd beschlägt ein Tier; ***qn ferre un poisson*** PECHE jd reißt [*o* haut] einen Fisch an

ferreux, -euse [fɛʀø, -øz] *adj* eisenhaltig; ***métaux non ~*** Nichteisenmetalle *pl*

ferronnerie [fɛʀɔnʀi] *f* (*objets*) Kunstschmiedearbeiten *pl;* ***en ~*** aus Schmiedeeisen
◆ **ferronnerie d'art** Kunstschmiedehandwerk *nt*

ferroutage [fɛʀutaʒ] *m* Huckepackverfahren *nt,* kombinierter Transport auf Schiene und Straße

ferroviaire [fɛʀɔvjɛʀ] *adj* [Eisen]bahn-

ferrure [feʀyʀ] *f* [*meuble, porte*] [Eisen]beschlag *m*

ferry <ferries> [feʀi] *m abr de* **ferry-boat, car-ferry, train-ferry**

ferry-boat <~-~s> [feʀibot] *m* Fähre *f*

fertile [fɛʀtil] *adj* **1.** *région, sol* fruchtbar
2. *imagination* fruchtbar; ■ ~ **en qc** /*roman, vie, période*/ *en aventures, émotions, événements, rebondissements* reich an etw (*dat*); ***un auteur ~ en métaphores*** ein Autor, der viele Metaphern benutzt

fertilisation [fɛʀtilizasjɔ̃] *f* Düngung *f*

fertiliser <1> [fɛʀtilize] *vt* ■ **qn/qc fertilise qc** jd/etw düngt etw

fertilité [fɛʀtilite] *f* **1.** [*région, sol, terre*] Fruchtbarkeit *f*
2. [*esprit, imagination*] Fruchtbarkeit *f;* ~ ***d'esprit/d'imagination*** Einfallsreichtum *m*

féru, e [feʀy] *adj vieilli* ■ ~ **de qc** *de cinéma, musique* ganz begeistert [*o* besessen] von etw; *de grammaire, d'informatique a.* leidenschaftlich interessiert an etw (*dat*); ***il est ~ de cinéma/de musique classique*** er ist ein Kinonarr/Liebhaber klassischer Musik

férule [feʀyl] *f* ► **sous la ~ de qn** *vieilli* unter der Zuchtrute [*o* strengen Aufsicht] eines Menschen; ***qn est sous la ~ de qn*** jd steht unter jds Fuchtel (*dat*) *fam*

fervent, e [fɛʀvɑ̃, ɑ̃t] **I.** *adj* **1.** (*fidèle*) *croyant* eifrig; *disciple a.* leidenschaftlich
2. (*ardent*) *passion* glühend; *amour a.* leidenschaftlich; *prière* inbrünstig
3. (*passionné*) *républicain, démocrate* leidenschaftlich; *supporter a.* begeistert; *admirateur a.* glühend
II. *m, f* ■ ~ **de qc** *de football* Anhänger(in) *m(f)* einer S. (*gen*); *de musique* Liebhaber(in) *m(f)* einer S. (*gen*)

ferveur [fɛʀvœʀ] *f* **1.** REL [*prière, foi*] Inbrunst *f;* [*personne*] Eifer *m*
2. (*ardeur*) Eifer *m;* ***qn remercie qn avec ~*** jd bedankt sich überschwänglich bei jdm

fesse [fɛs] *f* Hinterbacke *f,* Gesäßbacke *f;* ■ **les ~s** das Gesäß, der Hintern *fam*
► **qn a qn aux ~s** *fam* jd hat jdn auf dem Hals [*o* den Fersen]; **qn botte les ~s à qn** *fam* jd tritt jdn in den Hintern *fam;* **qn/qc lui colle aux ~s** /*personne*/ jd klebt an jdm wie eine Klette; /*voiture*/ jd/etw fährt dicht hinter jdm her; /*histoire, affaire*/ etw hängt jdm nach, etw bleibt an jdm hängen; **ôte tes ~s** [**de là**]**!** *fam* heb deinen Hintern mal hoch! *fam,* steh mal auf da!; **qn pose ses ~s** [**quelque part**] *fam* jd hockt sich hin *fam,* jd hockt sich irgendwohin *fam;* **qn pousse ses ~s** *fam* jd rutscht rüber *fam;* **qn serre les ~s** *fam* jd hat Bammel *fam* [*o* Schiss *sl*]; **gare à tes ~s!** *fam* pass auf, sonst gibt's was [*o* sonst kriegst du eine] auf den Hintern! *fam*

fessée [fese] *f* Prügel *pl* [*o* Schläge *pl*] auf den Hintern; ***qn reçoit une***

[*bonne*] ~ jd bekommt [*o* kriegt] eine [ordentliche] Tracht Prügel; ***c'est une bonne ~ qu'il lui faudrait*** ihm/ihr fehlt eine [ordentliche] Tracht Prügel
► **qn donne** [*o* **flanque**] **une** [**bonne**] **~ à qn** *fam* jd gibt jdm eine [ordentliche] Tracht Prügel, jd verhaut [*o* versohlt *fam*] jdm [ordentlich] den Hintern

fessier [fesje] I. *adj muscle* Gesäß-
II. *m hum fam* Hinterteil *nt fam,* Allerwerteste(r) *m hum fam*

festin [fɛstɛ̃] *m* Festessen *nt,* Festmahl *nt*

festival <s> [fɛstival] *m* **1.** Festspiele *pl;* ***le ~ de Cannes*** das Filmfestival von Cannes; ***le ~ de Salzbourg*** die Salzburger Festspiele
2. *fam* ■ **~** [**de qc**] *de gags* Feuerwerk *nt* [von etw]; *d'erreurs* Reihe *f* [von etw]

festivalier, -ière [fɛstivalje, -jɛʀ] *m, f* Festspielbesucher(in) *m(f)*

festivités [fɛstivite] *fpl* Festivitäten *pl,* Festlichkeiten *pl,* Festveranstaltungen *pl;* ***les ~ marquant le quarantième anniversaire de …*** die Feiern [*o* Festveranstaltungen] anlässlich des vierzigsten Jahrestages …

festoyer <6> [fɛstwaje] *vi* ■ **qn festoie** jd hält ein Festgelage, jd schlemmt

fêtard, e [fɛtaʀ, aʀd] *m, f fam* Nachtschwärmer(in) *m(f);* ***c'est un(e) ~(e)*** er/sie feiert gern, er/sie macht gerne einen drauf *fam*

fête [fɛt] *f* **1.** (*religieuse, civile*) Fest *nt;* (*jour férié*) Feiertag *m;* ■ **~ de qc** *de la victoire, du travail* [Gedenk]tag *m* einer S. (*gen*)
2. (*jour du prénom*) Namenstag *m*
3. *pl* (*congé*) Feiertage *pl;* ***les ~s de Pâques/ de Noël*** die Oster-/Weihnachtsfeiertage
4. (*kermesse*) [Jahr]markt *m,* [Volks]fest *nt;* ■ **~ de** *de la bière, du vin, village* -fest; **~ *de la moisson*** Ernte[dank]fest; **~ *des vendanges*** Herbstfest
5. (*réception*) Fest *nt;* (*entre amis*) Party *f*
► **bonne ~!** herzlichen Glückwunsch zum Namenstag!; **~ foraine** Jahrmarkt *m;* **~ légale** gesetzlicher Feiertag; **~ mobile** beweglicher Feiertag; **~ nationale** Nationalfeiertag *m;* **qn n'a jamais été à pareille ~** noch nie ist es jdm so gut gegangen, jd hat noch nie so etwas Schönes erlebt; **~ patronale** Patronatsfest *nt,* Patrozinium *nt spec;* **et la ~ continue!** *fam* lassen wir uns die Laune nicht verderben!; **qn n'est pas à la ~** *fam* jdm ist nicht wohl in seiner Haut; **qn/un animal fait ~ à qn** jd/ein Tier begrüßt jdn freudig; **qn fait la ~** *fam* (*mène joyeuse vie*) jd lässt es sich (*dat*) gut gehen *fam;* (*participe à une fête*) jd feiert ordentlich [*o* tüchtig], jd macht einen drauf *fam;* **qn fait sa ~ à qn** *iron pop* jd zeigt [*o* gibt] es jdm [ordentlich], jd gibt jdm ordentlich eins drauf *fam;* **qn se fait une ~ de qc/de faire qc** jd freut sich [sehr] auf etw (*akk*)/darauf, etw zu tun; **ça va être ma/sa/… ~!** *iron pop* dann kann ich/er/sie/… was erleben!, dann kriege ich/kriegt er/sie/… eins aufs Dach! *fam;* **de ~** (*solennel*) *ambiance, air, atmosphère* festlich; (*gai*) vergnügt, fröhlich; *jour* Fest-; ***une ambiance de ~ régnait dans le bureau*** im Büro herrschte Festtagsstimmung; **en ~** *village* vergnügt, fröhlich, feiernd; *nature* im Festgewand; ■ **qc est en ~** etw ist in festlicher Stimmung [*o* am Feiern]; **les ~s** [**de fin d'année**] Weihnachten [*o* die Weihnachtsfeiertage] und Neujahr, die Feiertage
◆ **fête de charité** *vieilli* Wohltätigkeitsveranstaltung *f;* **fête de famille** Familienfest *nt;* **fête des Mères** Muttertag *m;* **fête des Pères** Vatertag *m;* **fête du travail** Tag *m* der Arbeit

Fête-Dieu <~s-~> [fɛtdjø] *f* Fronleichnam[sfest *nt*] *m*

fêter <1> [fete] *vt* **1.** (*célébrer*) ■ **qn fête qc** jd feiert etw
2. (*faire fête à*) ■ **qn fête qn** jd empfängt jdn feierlich [*o* festlich]
► **qn fête ses 20/30/… ans** jd feiert seinen zwanzigsten/dreißigsten/… Geburtstag

fétiche [fetiʃ] I. *m* Fetisch *m;* (*mascotte*) Maskottchen *nt*
II. *app film* Kult-; *acteur* bevorzugt; ***objet ~*** Talisman *m*

fétichisme [fetiʃism] *m* Fetischismus *m*

fétichiste [fetiʃist] I. *adj* fetischistisch
II. *mf* Fetischist(in) *m(f)*

fétide [fetid] *adj* (*malodorant*) übel riechend; (*infect*) stinkend; *odeur* widerlich

fétu [fety] *m:* **~** [**de paille**] Strohhalm *m*

feu <x> [fø] *m* **1.** (*source de chaleur*) Feuer *nt;* ***qn allume*** [*o* ***fait***] ***le ~*** jd zündet [*o* macht] das Feuer an; ***je n'arrive pas à faire démarrer le ~*** ich bekomme [*o* kriege] das Feuer nicht an
2. (*incendie*) Feuer *nt,* Brand *m;* ***le ~ se déclare*** ein Brand [*o* ein Feuer] bricht aus; **~ *de forêt*** Waldbrand
3. (*lumière*) [*lampe, projecteur, rampe*] Licht *nt;* ***les ~x des projecteurs/ de la rampe*** das Scheinwerfer-/Rampenlicht
4. *pl* AUT, AVIAT, NAUT Licht *nt;* [*voiture a.*] Beleuchtung *f*
5. TRANSP [Verkehrs]ampel *f;* ***le ~ est*** [***au***] ***rouge*** die Ampel ist [*o* zeigt] rot, die Ampel steht auf Rot; ***qn s'arrête au***[***x***] **~**[**x**] jd hält an der Ampel; ***qn passe au ~ rouge*** jd fährt bei Rot durch [*o* über die Ampel]
6. (*brûleur d'un réchaud*) (*à gaz*) Flamme *f;* (*électrique*) Platte *f*
7. MIL Feuer *nt;* ***qn est pris***(***e***) ***sous le ~ de l'ennemi*** jd gerät unter feindlichen Beschuss
8. *fam* (*revolver*) Knarre *f fam,* Schießeisen *nt fam*
9. *soutenu* (*ardeur*) Intensität *f;* ***le ~ de l'inspiration/ de son imagination est tel que*** er/sie sprüht so vor Geist/Ideen, dass; ***dans le ~ de la colère*** in seinem/ihrem großen Zorn
10. (*sensation de chaleur*) [*fièvre*] Hitze *f;* ***le ~ du rasoir*** das Brennen nach dem Rasieren
11. *littér* [*diamant, pierre*] feuriger Glanz; [*regard a.*] Feuer *nt*
► **les ~x de l'actualité sont braqués sur qn/qc** jd steht im Blickpunkt der Öffentlichkeit/etw wird von der Öffentlichkeit verfolgt; **qn fait ~ de tout bois** jd nützt alles voll aus, was er hat; jd setzt alle Mittel ein; **qn a le ~ au derrière** *fam* [*o* **au cul** *pop*] (*est très pressé*) jd hat es brandeilig, jd hat Feuer am Arsch *sl;* (*a des besoins sexuels intenses*) jd ist scharf [*o* geil] *fam;* **qn fait un ~ d'enfer** jd heizt stark ein; **qn fait ~ des quatre fers** jd ist übereifrig; [**qn est**] **tout ~ tout flamme** [jd ist] Feuer und Flamme *fam;* **le ~ lui monte aux joues** [*o* **au visage**] *soutenu* [eine] brennende Röte steigt [*o* schießt] jdm ins Gesicht; **qc est un** [*o* **n'est qu'un**] **~ de paille** etw ist ein [*o* nur ein] Strohfeuer; **qn/qc met le ~ aux poudres** jd/etw bringt das Pulverfass zum Explodieren; **qn/qc est sous le ~ des projecteurs** jd/etw steht im Rampenlicht; **qn met qc à ~ et à sang** jd verheert [*o* verwüstet] etw mit Feuer und Schwert *geh;* **~ à volonté!** Feuer frei!; **~ antibrouillard** Nebelscheinwerfer *m;* **~ arrière** Rücklicht *nt,* Schlusslicht *nt;* **~ clignotant** Blinklicht *nt;* **~s croisés** Kreuzfeuer *nt;* **à ~ doux/vif** (*réchaud électrique*) auf kleinem [*o* schwachem]/starkem Feuer, bei schwacher/starker Hitze; (*réchaud à gaz*) auf [*o* bei] kleiner/starker Flamme; **tous ~x éteints** *naviguer, rouler* ohne Beleuchtung, ohne Licht; **~ follet** Irrlicht *nt;* (*personne*) Unruhegeist *m,* Irrwisch *m;* **qc fait long ~** (*traîne*) etw zieht sich in die Länge; (*échoue*) etw misslingt, etw scheitert, etw führt zu nichts; **qn/qc ne fait pas long ~** jd wird nicht lange bleiben, etw dauert nicht lange, etw ist von kurzer Dauer; **qc jette mille ~x** etw funkelt; **~ nourri** heftiges Feuer, starker Beschuss; **~ nourri de qc** *d'attaques, de questions, reproches* Kreuzfeuer *nt* von etw; **~ orange** Gelb *nt;* **qn/qc fait mijoter qn à petit ~** jd/etw spannt jdn auf die Folter; **qn/qc fait mourir** [*o* **tue**] **qn à petit ~** jd/etw lässt jdn langsam zugrunde gehen, jd/etw richtet jdn langsam zugrunde; **pleins ~x sur qn/qc** jd/etw [steht] im Brennpunkt; **~ rouge** [Verkehrs]ampel *f;* **qn brûle** [*o* **grille**] **un ~ rouge** jd fährt bei Rot über die Ampel; **~ roulant de qc** *d'insultes, de plaisanteries* Salve *f* von etw; *de questions* Trommelfeuer *nt* von etw; **qn a le ~ sacré** [**pour qc**] jd ist voller Eifer [*o* Begeisterung] [bei etw]; **qn brille de tous ses ~x** jd ist glänzend in Form; **~ tricolore** [Verkehrs]ampel *f;* **~ vert** TRANSP Grün *nt; fig* (*permission*) grünes Licht; ***au ~ vert, les véhicules peuvent …*** bei Grün können die Autos …; **y'a pas le ~** *fam* immer mit der Ruhe, kein Grund zur Eile; **vous avez du ~?** haben Sie Feuer, bitte?; **qn est** [**pris**(**e**)] [*o* **se trouve**] **entre deux ~x** jd ist [*o* steht] zwischen zwei Feuern, jd sitzt in der Klemme; **qc est sur le ~** etw steht auf dem Feuer [*o* Herd]; **qn fait ~** [**sur qn**] jd gibt Feuer, jd feuert auf jdn; **qn jette** [*o* **met**] **qc au ~** jd wirft [*o* gibt] etw ins Feuer; **qn se jetterait au** [*o* **dans le**] **~ pour qn** jd würde für jdn durchs Feuer gehen; **qn joue avec le ~** jd spielt mit dem Feuer; **qn met le ~ à qc** jd zündet [*o* steckt] etw an, jd steckt etw in Brand; **qn met qc sur le ~** jd stellt etw aufs Feuer [*o* auf]; **qn ouvre le ~** [**sur qn**] jd eröffnet das Feuer [auf jdn]; **qn pète le ~** jd sprüht vor Energie; **qc prend ~** etw fängt Feuer, etw gerät in Brand; **le ~ prend** das Feuer entzündet [*o* entfacht] sich; **qn n'y voit que du ~** jd merkt es nicht; **au ~!** Feuer!, es brennt!; **avec ~** *littér* mit Feuer; **dans le ~ de qc** im Eifer [*o* in der Hitze] einer S. (*gen*); ***dans le ~ de l'action*** im Eifer [*o* in der Hitze] des Gefechts; ***dans le ~ de la colère, il se laissa emporter*** in seinem glühenden Zorn vergaß er sich; **de ~** *caractère* hitzig, leidenschaftlich; *tempérament a.* feurig; **en ~** *forêt, maison* in Flammen, brennend; *joues, visage* glühend [heiß], glühend rot; *gorge* brennend; ***qc est en ~*** /*forêt, maison*/ etw brennt, etw steht in Flammen; /*joues, visage*/ etw glüht; /*bouche, gorge*/ etw brennt [wie Feuer]; ***il a le visage/ les joues en ~*** sein Gesicht glüht/seine Wangen glühen
◆ **feu d'artifice** Feuerwerk *nt;* **feu de Bengale** bengalisches Feuer; **feu de camp** Lagerfeuer *nt;* **feu de cheminée** Kaminfeuer *nt;* **feu de croisement** AUT Abblendlicht *nt;* **feux de détresse** AUT Warnblinklicht *nt,* Warnblinkanlage *f;* **feu de joie** Freudenfeuer *nt;* **feux de la Saint-Jean** Johannisfeuer *nt;* **feu de position** AUT Standlicht *nt;* **feu de recul** AUT Rückfahrscheinwerfer *m;* **feu de route** AUT Fernlicht *nt;* **feu de signalisation** [Verkehrs]ampel *f;* **feu** [**de**] **stop** Bremslicht *nt*

feu, e [fø] *adj* ► **~ mon/~e ma …** mein verstorbener/meine verstorbene …, mein/meine …, Gott hab' ihn/sie selig *veraltet*

feuillage [fœjaʒ] *m* **1.** (*ensemble de feuilles*) Blätter *pl,* Laub *nt,* Laubwerk *nt geh*
2. (*rameaux coupés*) grüne Zweige *pl,* grünes Laub

feuille [fœj] *f* **1.** [*arbre, fleur, artichaut, salade*] Blatt *nt*
2. (*plaque mince*) [*acier, aluminium, métal, or*] Folie *f;* [*carton*] Bogen *m;* [*bois, contreplaqué*] Platte *f*
3. (**~** *de papier*) Blatt *nt;* **~ *de papier à lettres*** Briefbogen *m,* Bogen *m* Briefpapier; **~ *simple*** loses Blatt; **~ *double*** Doppelblatt
4. (*formulaire*) ■ **~ de** *d'émargement, de notes* -liste *f;* **~ *d'absence*** Liste der Abwesenden; **~ *de présence*** Anwesenheitsliste, Präsenzliste; **~ *d'appel*** Namensliste; **~ *de température*** Fiebertabelle *f;* **~ *de route*** MIL Reiseerlaubnis *f*
5. INFORM [*tableur*] [Arbeits]blatt *nt*
► **~ blanche** leeres Blatt; **~s caduques/persistantes** Blätter, die jedes Jahr abfallen/immergrüne Blätter; [**qn est**] **dur**(**e**) **de la ~** *fam* [jd ist] schwerhörig; **~ morte** welkes [*o* dürres] Blatt; **~ volante** fliegendes [*o* loses] Blatt; **qn tremble comme une ~** jd zittert wie Espenlaub
◆ **feuille à scandales** Skandalblatt *nt,* Klatschblatt *nt fam;* **feuille de chou** *péj* Käseblatt *nt fam;* **feuille d'impôt** (*déclaration d'impôt*) Steuererklärung *f;* (*avis d'imposition*) Steuerbescheid *m;* **feuille de maladie** [*o* **soins**] ≈ Krankenschein *m;* **feuille de paie** Lohnabrechnung *f,* Gehaltsabrechnung *f;* **feuille de styles** INFORM Stilvorlage *f,* Stylesheet ['stailʃi:t] *nt spec;* **feuille de vigne** Rebenblatt *nt;* ART Feigenblatt *nt*

feuillet [fœjɛ] *m* Blatt *nt*

feuilleté, e [fœjte] I. *adj* **1.** *verre* Verbund-; ***des pare-brise ~s*** [***o en verre ~***] Windschutzscheiben *pl* aus Verbundglas
2. GASTR: ***pâte ~e*** Blätterteig *m*
II. *m* GASTR Blätterteiggebäck *nt;* ■ **~ à qc** Blätterteig[kuchen *m*] *m* mit etw

feuilleter <3> [fœjte] *vt* ■ **qn feuillette qc** (*tourner les pages*) jd blättert etw durch, jd blättert in etw (*dat*); (*parcourir*) jd überfliegt etw

feuilleton [fœjtɔ̃] *m* **1.** PRESSE Fortsetzungsroman *m;* TV [Fernseh]serie *f;* **~ *en six épisodes*** [Fernseh]serie in sechs Folgen
2. (*événement à rebondissements*) lange Geschichte [*o* Story *fam*]
► **~ télévisé** Fernsehserie *f*

feuillu, e [fœjy] I. *adj* 1. *(chargé de feuilles) arbre, haie* [dicht] belaubt; ■ **qc est ~** etw ist voller Blätter [*o* Laub]
2. *(opp: résineux)* Laub tragend; ***arbre ~*** Laubbaum *m*
II. *m* Laubbaum *m*

feuillure [fœjyʀ] *f* Falz *m*

feutre [føtʀ] *m* 1. *(étoffe)* Filz *m*
2. *(chapeau)* Filzhut *m*
3. *(stylo)* Filzstift *m,* Filzschreiber *m*

feutré, e [føtʀe] *adj* 1. *bruit* gedämpft; *pas* leise; ***qn marche à pas ~s*** jd geht auf leisen Sohlen [*o* geräuschlos]
2. *atmosphère, ambiance* gedämpft; ***qn vit dans une atmosphère ~e*** jd lebt abgeschirmt [*o* in einer abgeschlossenen Welt]

feutrer <1> [føtʀe] *vi, vpr* ■ **qc [se] feutre** */étoffe, vêtement/* etw [ver]filzt, etw wird filzig

fève [fɛv] *f* 1. *(légumineuse)* Saubohne *f; (graine a.)* dicke Bohne
2. *[galette des rois]* Bohne *f,* Dreikönigsfigur *f (Bohne oder kleine Figur, die im Kuchen zum Dreikönigsfest versteckt ist)*

février [fevʀije] *m* Februar *m;* ***en ~, au mois de ~*** im Februar; ***Toulouse, le 11 ~*** Toulouse, den 11. Februar; *v. a.* **janvier**

FF *m abr de* **franc français** *v.* **franc**

F.F. [ɛfɛf] *f* SPORT *abr de* **Fédération française** *[basket, football, rugby]* Französischer Verband

F.F.I. [ɛfɛfi] *fpl* HIST *abr de* **Forces françaises de l'intérieur** *Widerstandstruppen der Gaullisten im Zweiten Weltkrieg*

fi [fi] I. *interj souvent hum* pfui
II. *loc* ▸ **qn fait ~ de qc** *vieilli* jd verachtet [*o* verschmäht] etw

fiabilité [fjabilite] *f [projet, système, méthode]* Zuverlässigkeit *f; [personne a.]* Verlässlichkeit *f,* Vertrauenswürdigkeit *f; [appareil, dispositif, machine a.]* Betriebssicherheit *f*

fiable [fjabl] *adj* zuverlässig; *machine, matériel a.* betriebssicher; *diplôme, méthode, statistique, information a.* sicher; *personne a.* vertrauenswürdig

fiacre [fjakʀ] *m* [Pferde]droschke *f*

fiançailles [fjɑ̃sɑj] *fpl* Verlobung *f; (période)* Verlobungszeit *f*
▸ **deux personnes rompent leurs ~** zwei Menschen lösen ihre Verlobung auf, zwei Menschen entloben sich

fiancé, e [fjɑ̃se] I. *adj* ■ **qn est ~ [avec qn]** jd ist [mit jdm] verlobt
II. *m, f* Verlobte(r) *f(m)*

fiancer <2> [fjɑ̃se] I. *vt* ■ **qn fiance qn [avec qn]** jd verlobt jdn [mit jdm]
II. *vpr* ■ **qn se fiance [avec [*o* à] qn]** jd verlobt sich [mit jdm]; ■ **deux personnes se fiancent** zwei Menschen verloben sich

fiasco [fjasko] *m fam* Fiasko *nt fam,* Misserfolg *m,* Reinfall *m;* ***ce fut le ~ complet*** das war das reinste Fiasko [*o* der komplette Reinfall]
▸ **qc est un ~** etw ist ein Reinfall; */pièce/* etw ist ein Flop *fam; (sur le plan sexuel)* nichts geht; **qc fait ~** etw scheitert [völlig], etw ist ein völliger Misserfolg

fibre [fibʀ] *f [bois, tige, viande]* Faser *f; [muscle, plante a.]* Fiber *f;* TEXTIL, IND Faser; ***~ textile/artificielle*** Textil-/Kunstfaser
▸ **qn a la ~ maternelle/paternelle** jd gibt eine gute Mutter/einen guten Vater ab, jd ist die geborene Mutter/der geborene Vater; **~ optique** Glasfaser *f; (câble)* Glasfaserkabel *nt;* **qn fait jouer la ~ patriotique** jd appelliert an die patriotischen Gefühle; **qn a la ~ sensible** jd ist sensibel [*o* empfindsam]; **~ synthétique/végétale** Kunstfaser *f*/Pflanzenfaser *f,* synthetische/pflanzliche Faser
◆ **fibre de carbone** Kohlefaser *f;* **fibre de verre** Glasfaser *f*

fibreux, -euse [fibʀø, -øz] *adj* faserig; *viande a.* sehnig

fibrociment® [fibʀosimɑ̃] *m* Asbestzement *m,* Eternit® *m o nt*

fibrome [fibʀom] *m* Fibrom *nt*

ficelé, e [fis(ə)le] *adj fam* ▸ **qn est bien ~** *iron* jd ist herausgeputzt *fam,* jd ist aufgedonnert *iron fam;* ***on peut dire qu'il était bien ~!*** der war [*o* hat sich] vielleicht herausgeputzt! *fam;* **[qc est] bien/mal ~** [etw ist] gut/schlecht [auf]gemacht [*o* aufgezogen] *fam;* **qn est mal ~** jd ist geschmacklos angezogen; **regarde [*o* tu as vu] comme il/elle est ~(e)!** schau mal, wie er/sie herausgeputzt ist! *fam*

ficeler <3> [fis(ə)le] *vt* ■ **qn ficelle qc** *paquet* jd [ver]schnürt etw; *rôti* jd umwickelt etw [mit einem Bindfaden], jd bindet etw mit einem Bindfaden zusammen; ■ **qn ficelle qn** *prisonnier* jd fesselt jdn

ficelle [fisɛl] *f* 1. *(corde mince)* Schnur *f; (en cuisine)* Bindfaden *m*
2. *(pain)* [kleines] Stangenweißbrot, dünne Baguette
▸ **la ~ est un peu grosse** das springt doch ins Auge, das merkt doch ein Blinder [mit Krückstock] *fam;* **qn connaît toutes les ~s [du métier]** jd kennt alle Kniffe [*o* Schliche] [des Berufes]; **qn tire les ~s** jd ist der Drahtzieher, jd hat die Fäden in der Hand; **qn tire sur la ~** jd überspannt den Bogen, jd geht zu weit

fichage [fiʃaʒ] *m [personne]* Erfassung *f,* Registrierung *f,* Registratur *f*

fiche¹ [fiʃ] *f* 1. ELEC *(broche)* Stift *m; (prise mâle)* Stecker *m*
2. *(piquet)* Pflock *m,* Stift *m; (en bois)* Stöckchen *nt*
3. *(carte)* [Kartei]karte *f; (feuille, formulaire)* Blatt *nt,* Zettel *m;* ***~ de contrôle*** Kontrollzettel; ***~ d'informations*** Informationsblatt; ***~ technique*** technische Daten *pl*
▸ **~ signalétique** Erkennungsbogen *m;* **qn met qn/qc en [*o* sur] ~** jd erfasst [*o* registriert] jdn/etw in einer Kartei
◆ **fiche de paie** Lohnabrechnung *f,* Gehaltsabrechnung *f;* **fiche de prêt** Benutzerkartei *f;* **fiche [individuelle] d'état civil** ADMIN Auszug *m* aus dem Personenstandsregister, Geburtsurkunde *f;* ***~ familiale d'état civil*** Auszug *m* aus dem Familienbuch

fiche² [fiʃ] *vt, vpr fam v.* **ficher¹**

fiche-horaire <~s-~s> [fiʃɔʀɛʀ] *f* Fahrplanauszug *m*

ficher¹ <1> [fiʃe] I. *vt pp: fichu fam* 1. *(faire):* ***qn ne fiche rien*** jd tut nichts, jd ist stinkfaul *fam;* ***qu'est-ce qu'il fiche?*** was treibt *fam* [*o* macht] er denn bloß?; ***il n'a rien fichu de la journée*** den ganzen Tag hat er nichts gemacht [*o* keinen Finger krumm gemacht]
2. *(flanquer)* ■ **qn fiche qc à qn** *claque, raclée, coup* jd verpaßt jdm etw *fam;* ***je te fiche une baffe*** ich hau dir eine runter *fam;* ***fiche-moi la paix!*** lass mich in Ruhe!; ***qui est-ce qui m'a fichu un crétin pareil?*** wer hat mir denn so einen Vollidioten da hingesetzt? *fam;* ■ **qc lui fiche qc:** ***qc lui fiche mal à la tête/la migraine*** er/sie kriegt von etw Kopfschmerzen/Migräne; ***moi, l'orage, ça me fiche la trouille*** bei Gewitter krieg' ich Bammel [*o* Schiss] *fam;* ***ce temps de cochon me fiche le cafard*** dieses Sauwetter macht mich fertig *fam*
3. *(mettre)* ■ **qn fiche qc quelque part** jd tut etw irgendwohin *fam; par terre* jd schmeißt etw irgendwohin *fam;* ■ **qn fiche qn quelque part:** ***qn fiche qn à la porte*** jd setzt jdn vor die Tür, jd schmeißt jdn raus *fam;* ■ **qc fiche qn/qc ...:** ***son arrivée a tout fichu par terre*** seine/ihre Ankunft hat alles vermasselt [*o* versaut] *fam;* ***ça l'a fichu en colère [o en rogne]*** das hat ihn auf die Palme gebracht *fam;* ***le chômage l'a fichu sur le trottoir*** die Arbeitslosigkeit hat ihn in die Gosse getrieben
▸ **qn n'en a rien à fiche [de qc]** das/etw ist jdm piepegal [*o* völlig schnuppe] *fam,* das/etw kümmert jdn einen Dreck *fam;* ***j'en ai rien à fiche!*** das ist mir piepegal [*o* völlig schnuppe]! *fam;* ***tu n'as rien à fiche de mes affaires!*** meine Angelegenheiten gehen dich einen Dreck an! *fam;* ***je n'ai rien à fiche de tes problèmes!*** deine Probleme kümmern [*o* interessieren] mich einen Dreck! *fam;* ***je n'en ai rien à fiche de ce que les autres pensent de moi*** ich kümmere mich einen Dreck darum [*o* es ist mir völlig schnuppe], was andere über mich denken *fam;* **qn/qc fiche qn dedans** *(fait se tromper)* jd/etw führt jdn in die Irre [*o* auf den Holzweg]; ***ce qui m'a fichu dedans, c'est que*** + *indic* was mich verwirrte, war, dass; **qn fiche qn dehors** jd wirft [*o* schmeißt] jdn raus *fam;* **ça la fiche mal** das macht sich schlecht, das ist dumm; **qu'est-ce que ça peut [me/te/lui] fiche?** was macht das schon?, was geht mich/dich/ihn/sie das an? *fam,* was juckt mich/dich/ihn/sie das? *fam;* **qu'est-ce que ça peut fiche?, qu'est-ce que ça fiche?** was macht das schon? *fam;* **je t'en fiche!** von wegen!, denkste! *fam;* **je t'en ficherais [de qc]!** das schlag dir mal schön aus dem Kopf! *fam,* schlag dir etw mal schön aus dem Kopf! *fam*
II. *vpr pp: fichu fam* 1. *(se mettre)* ■ **qn se fiche quelque part:** ***je vais me fiche là, dans le coin*** ich werde mich da in die Ecke setzen [*o* verziehen *fam*]; ***fichez-vous par terre!*** legt euch auf den Boden!; ***tu vas te fiche par terre/dans le décor!*** du wirst noch hinfallen/in den Graben fahren!; ***tu t'es fichu dans un foutu guêpier!*** da hast du dich ja ganz schön in die Nesseln gesetzt! *fam,* da bist du ja in was reingeschlittert! *fam;* ■ **qn se fiche qc quelque part** *coup de canne, de marteau* jd haut sich *(dat)* mit etw irgendwohin; *couteau, fourchette* jd sticht sich *(dat)* mit etw irgendwohin; ***fiche-toi ça dans le crâne!*** merk dir das!, lass dir das gesagt sein!
2. *(se moquer)* ■ **qn se fiche de qn/qc** jd nimmt jdn auf den Arm [*o* auf die Schippe] *fam,* jd verarscht jdn *sl;* ***il se fiche de notre gueule*** er hält uns wohl für blöd *fam,* er verarscht uns *sl;* ***tu te fiches de moi ou quoi?*** du hältst mich wohl für blöd, oder? *fam,* willst du mich veräppeln? *fam;* ***alors là, il se fiche de nous/de notre gueule/du monde!*** also jetzt reicht's aber wirklich! *fam*
3. *(se désintéresser)* ■ **qn se fiche de qn/qc** jd/etw ist jdm piepegal [*o* völlig schnuppe] *fam,* jd pfeift auf jdn/etw *fam;* ***ton beau-frère, je m'en fiche*** dein Schwager, der kann mich mal *sl;* ■ **qn se fiche que** + *subj*/**de faire qc** es ist jdm piepegal [*o* völlig schnuppe] ob/etw zu tun *fam*
▸ **va te faire fiche!** *(va te faire voir)* mach dass du wegkommst!, scher dich doch zum Teufel! *fam; (rien à faire)* [da ist] nichts zu machen [*o* wollen]! *fam;* **qn se fiche dedans** jd vertut sich [gewaltig] *fam,* jd verhaut sich total *fam;* **qn s'en fiche [pas mal] [de qn/qc]** das ist jdm egal [*o* schnuppe] [*o* scheißegal *sl*] *fam,* jdm ist jd/etw egal [*o* schnuppe] [*o* scheißegal *sl*] *fam;* ***je m'en fiche!*** das ist mir egal [*o* schnuppe] [*o* scheißegal *sl*]! *fam;* **qn s'en fiche jusque-là** jd schlägt [*o* stopft] sich *(dat)* den Bauch voll *fam*

ficher² <1> [fiʃe] I. *vt* 1. *(inscrire)* ■ **qn fiche qn** jd registriert jdn, jd erfasst jdn in einer Kartei; ■ **qn est fiché(e)** jd ist registriert, jd steht in der Kartei, jd ist in einer Kartei erfasst
2. *vieilli (enfoncer)* ■ **qn fiche qc dans qc** *clou* jd schlägt etw in etw *(akk)* [hin]ein; *pieu, piquet a.* jd rammt [*o* treibt] etw in etw *(akk)* ein
II. *vpr* ■ **qc se fiche dans qc** */arête/* etw bleibt in etw *(dat)* stecken; */flèche, pieu, piquet a./* etw bohrt sich in etw *(akk)*

fichier [fiʃje] *m* 1. *[clients, personnel, bibliothèque]* Kartei *f;* ***~ confidentiel*** vertrauliche Akte
2. INFORM Datei *f*
▸ **~ de prêt** Benutzerkartei *f;* **~ électronique [*o* informatisé]** [elektronische] Datei

fichier-texte [fiʃjetɛkst] *m* INFORM Textdatei *f*

fichtre [fiʃtʀ] *interj vieilli fam (admiratif)* Donnerwetter!, alle Achtung!; *(contrarié)* verdammt! *fam,* verflixt! *fam*
▸ **je n'en sais ~ rien** ich hab' keinen blassen Schimmer *fam;* **~ non!** nie und nimmer!, nie im Leben!, verflixt noch mal, nein! *fam*

fichtrement [fiʃtʀəmɑ̃] *adv vieilli fam* verdammt *fam,* unheimlich *fam*

fichu [fiʃy] *m* Schal *m,* Tuch *nt*

fichu, e [fiʃy] I. *pp de* **ficher¹**
II. *adj fam* 1. *(sale) caractère, métier, temps* mies *fam,* miserabel, saumäßig *sl;* ***quel ~ temps!*** so ein Mistwetter [*o* Sauwetter]! *fam*
2. *(sacré) problème, question* verflixt *fam,* verdammt *fam; habitude, idée, manie a.* [sau]blöd *fam; différence* gewaltig *fam,* himmelweit *fam*
3. *(en mauvais état)* ■ **qc est ~** */vêtement, appareil, voiture, santé/* etw ist futsch [*o* hin] *fam,* etw ist kaputt; *(inutilisable)* */vêtement, moquette/* etw ist hin [*o* im Eimer *fam*]; *(gâché)* */vacances, soirée/* etw ist im Eimer *fam*
4. *(perdu)* ■ **qn est ~** *(condamné)* jd ist verloren; *(discrédité)* jd ist erledigt *fam;* ***il est ~*** der macht's nicht mehr lange *fam*

5. (*habillé*): ***fallait voir comme elle était ~e!*** ihr hättet sehen sollen, wie sie zurechtgemacht war! *fam*
6. (*capable*) ■ **qn est/n'est pas ~ de faire qc** jd ist imstande/nicht imstande etw zu tun
► [**qc est**] **bien/mal** ~ [etw ist] gut/schlecht gemacht; /*mécanisme, système*/ [etw ist] gut/schlecht ausgedacht; **qn est mal** ~ jd fühlt sich elend [*o* mies *fam*], jdm geht es gar nicht gut; ***j'ai vu des passagers mal ~s*** ich habe Passagiere gesehen, denen es gar nicht gut ging

fictif, -ive [fiktif, -iv] *adj* **1.** (*imaginaire*) *exemple, personnage, récit* [frei] erfunden, fiktiv; ***tout cela était-il ~?*** war das alles fiktiv [*o* nur eingebildet]?
2. *adresse, nom, promesse, sentiment* falsch; *concurrence, contrat, vente* fingiert, Schein-; *vente* Pro-forma-
3. FIN: ***valeur ~ive*** gedachter [*o* angenommener] Wert

fiction [fiksjɔ̃] **I.** *f* **1.** (*imagination*) Fantasie *f*
2. (*fait imaginé*) Fiktion *f*, [freie] Erfindung
3. (*œuvre d'imagination*) frei erfundene Geschichte, [Er]dichtung *f*
► **de** ~ *film, livre, œuvre, ouvrage* fiktional, auf einer Fiktion beruhend
II. *app agriculture, économie, histoire, médecine, urbanisme* (*futuriste*) Zukunfts-, futuristisch; (*imaginaire*) rein fiktiv, der Fantasie entsprungen

fidèle [fidɛl] **I.** *adj* **1.** *chien, ami, admirateur, femme, mari* treu; ■ [**qn est**] ~ **à qn** [jd ist] jdm treu; ***elle est ~ à ses amis*** sie hält zu ihren Freunden
2. *vieilli* (*loyal*) *épée* getreu *geh*, treu; *domestique, serviteur a.* treu ergeben; ■ ~ **à** [*o* **envers**] **qn** jdm [gegenüber] treu ergeben
3. (*qui ne trahit pas qc*) ■ [**qn est**] ~ **à qc** *à une habitude, idée, marque, un principe* [jd ist [*o* bleibt]] einer S. (*dat*) treu, jd hält an etw (*dat*) fest; *à un engagement, une promesse, sa parole* jd hält etw, jd steht [treu] zu etw; ~ ***à sa promesse, ...*** seinem Versprechen getreu, ...; ***qn reste ~ à lui-même*** jd bleibt sich (*dat*) selbst treu; ~ ***à lui-même, il s'est comporté comme un rustre*** wie es so seine Art ist [*o* erwartungsgemäß], hat er sich wie ein Flegel benommen
4. (*exact*) *historien, narrateur* zuverlässig, wahrheitsgetreu; *portrait, récit* wirklichkeitsgetreu; *copie, reproduction* genau, originalgetreu; *son* originalgetreu, klanggetreu; *traduction* textgetreu, wortgetreu; *souvenir* deutlich, klar; ■ [**qc est**] ~ **à qc** (*conforme*) *à la réalité, à l'original* etw entspricht [genau] einer S. (*dat*); [***qc est***] ~ ***à l'original/à la réalité*** [etw ist] originalgetreu/wirklichkeitsgetreu
5. (*fiable*) *mémoire* zuverlässig; *appareil, montre a.* genau
6. *a. antéposé* (*habituel*) *client, fournisseur, lecteur* treu
II. *mf* **1.** REL ■ **les ~s** die Gläubigen
2. (*personne*) [*homme politique, chanteur*] Anhänger(in) *m(f)*; [*entreprise, restaurant*] Stammkunde/-kundin *m/f*; [*émission de radio*] regelmäßiger [*o* treuer] Hörer/regelmäßige [*o* treue] Hörerin; [*auteur, revue, journal*] regelmäßiger [*o* treuer] Leser/regelmäßige [*o* treue] Leserin; [*émission de télévision*] regelmäßiger [*o* treuer] Zuschauer/regelmäßige [*o* treue] Zuschauerin

fidèlement [fidɛlmɑ̃] *adv* **1.** *servir, obéir* treu
2. *écouter, suivre une émission* regelmäßig
3. *reproduire, décrire* genau, zuverlässig; *traduire* wortgetreu

fidéliser <1> [fidelize] *vt* COM ■ **qn fidélise qn** *clientèle, clients* jd erwirbt [*o* sichert] sich (*dat*) jds Treue, jd bindet jdn [dauerhaft]; ***il faut ~ la clientèle*** man muss die Kundentreue fördern, man muss sich (*dat*) eine feste Kundschaft schaffen

fidélité [fidelite] *f* **1.** (*dévouement*) Treue *f*; ■ ~ **à** [*o* **envers**] **qn** Treue zu jdm
2. (*attachement*) ■ ~ **à qc** *à une conviction, habitude, un idéal* Festhalten *nt* an etw (*dat*); *à une marque, un produit a.* Treue *f* gegenüber einer S.; *à un engagement, une promesse* Einhalten *nt* einer S. (*gen*); *à une promesse, un serment* Halten *nt* einer S. (*gen*)
3. (*exactitude*) [*copie, portrait, récit, reproduction, traduction*] Genauigkeit *f*, [Original]treue *f*
4. (*fiabilité*) [*appareil, instrument de mesure, mémoire*] Genauigkeit *f*, Zuverlässigkeit *f*; [*son, enceinte acoustique*] Klangtreue *f*
► ~ **conjugale** eheliche Treue; **deux personnes se jurent** ~ zwei Menschen schwören sich (*dat*) [die] Treue

fief [fjɛf] *m* **1.** POL [*parti, candidat*] Hochburg *f*, Stammrevier *nt*
2. HIST Lehen *nt*
► ~ **électoral** [Wahl]hochburg *f*

fieffé, e [fjefe] *adj vieilli antéposé fam* ■ **qn est un ~ ...** *bandit, menteur, voleur* jd ist ein Erz..., jd ist ein abgefeimter/eine abgefeimte ...; *coquin* jd ist ein ausgemachter/eine ausgemachte ...

fiel [fjɛl] *m littér* Boshaftigkeit *f*, Gehässigkeit *f*; ***qn déverse son ~*** jd verspritzt seine Galle [*o* sein Gift]

fiente [fjɑ̃t] *f* Kot *m*, Dreck *m*

fier <1 a> [fje] *vpr* ■ **qn se fie à qn** jd vertraut jdm, jd verlässt sich auf jdn; ■ **qn se fie à qc** *mémoire, instinct, hasard* jd verlässt sich auf etw (*akk*); *paroles a., promesses* jd traut einer S. (*dat*); *discrétion a.* jd rechnet mit etw; ***on ne sait*** [***vraiment***] ***plus à qui se ~*** man kann [wirklich] niemandem mehr trauen, man kann sich [wirklich] auf niemand[en] mehr verlassen; ***il a l'air calme, mais il ne faut pas s'y ~*** er sieht ruhig aus, aber danach kann man nicht gehen [*o* das will nicht viel heißen]

fier, fière [fjɛʀ] **I.** *adj* **1.** (*content*) ■ **qn est ~** jd ist stolz; ***il n'y a pas de quoi être ~*** das ist kein Grund, stolz zu sein; ■ ~ **de qn/qc** stolz auf jdn/etw; ■ **qn est ~ de faire qc/que** + *subj* jd ist stolz, etw zu tun/dass
2. (*arrogant*) stolz, hochmütig; ***devant le danger, il n'est plus si ~*** wenn es gefährlich wird, wird er ganz klein
3. *littér âme, cœur* edel; *allure, démarche* stolz, vornehm; ***il avait fière allure dans son smoking*** in seinem Smoking machte er eine gute Figur
4. *antéposé vieilli* (*fameux*) *imbécile, canaille* ausgesprochen, gewaltig; ***il a un ~ culot*** [*o* ***toupet***]***!*** *fam* der ist ganz schön dreist [*o* unverfroren]! *fam*
II. *m, f* ► **qn fait le/la ~**(**fière**) [**avec qn**] (*crâne*) jd tut sich [jdm gegenüber] wichtig, jd spielt [*o* plustert] sich [jdm gegenüber] auf; (*est méprisant*) jd gibt sich hochnäsig, jd tut überheblich [*o* eingebildet] [jdm gegenüber]

fier-à-bras <~s-~-~> [fjɛʀabʀɑ] *m* Prahlhans *m*, Angeber *m*, Maulheld *m fam*

fièrement [fjɛʀmɑ̃] *adv* stolz

fierté [fjɛʀte] *f* **1.** (*orgueil*) Stolz *m*; (*suffisance*) Hochmut *m*, Überheblichkeit *f*
2. (*satisfaction*) Stolz *m*; ***qn tire une ~ de qc*** jd ist stolz auf etw (*akk*)
► **qn a sa** ~ jd hat [schließlich] seinen Stolz; **qn/qc est la ~ de qn** jd/etw ist jds Stolz

fiesta [fjɛsta] *f fam* [tolle] Party, Fete *f fam*
► **c'est la** ~ da ist was los, es geht hoch her; **qn fait une** ~ jd gibt eine Party [*o* eine Fete *fam*]; **qn fait la** ~ (*fait la bringue*) jd haut auf die Pauke *fam*, jd macht Highlife ['hailaif] *fam*

fièvre [fjɛvʀ] *f* **1.** MED Fieber *nt*; ***les yeux brillants de ~*** fieberglänzende Augen; ***front brûlant/joues brûlantes de ~*** fieberglühende Stirn/Wangen; ***qn a 38*** [***degrés***] ***de ~*** jd hat 38 [Grad] Fieber
2. (*vive agitation*) Hektik *f*, Aufregung *f*; ***ils discutaient avec ~*** sie diskutierten heftig [*o* erregt]
3. (*désir ardent*) Feuereifer *m*
► **qn a une ~ de cheval** jd hat starkes [*o* hohes] Fieber; ~ **aphteuse** Maul- und Klauenseuche *f*; ~ **jaune** Gelbfieber *nt*; ~ **typhoïde** typhöses Fieber; **qn a de la** ~ jd hat Fieber

fiévreusement [fjevʀøzmɑ̃] *adv préparer, travailler* fieberhaft, hektisch; *attendre* fiebrig, in fieberhafter Aufregung

fiévreux, -euse [fjevʀø, -øz] *adj* **1.** MED *mains, personne* fiebrig; *yeux* fiebrig glänzend
2. (*intense*) *activité, excitation* fieberhaft; (*inquiet*) *attente* fieberhaft, aufgeregt

figé, e [fiʒe] *adj* **1.** *attitude, regard* starr; *sourire a.* ausdruckslos; *style* geschraubt, gestelzt; *morale, société* starr, verknöchert
2. LING *expression, locution, phrase* fest[stehend]; *forme* unveränderlich, fest vorgegeben; ***verbes aux formes ~es*** Verben *pl* mit unvollständigen Flexionsformen

figer <2 a> [fiʒe] **I.** *vi* ■ **qc fige** /*graisse, huile*/ etw wird fest [*o* steif]; /*sauce a.*/ etw wird dick; /*sang*/ etw gerinnt
II. *vt* **1.** (*durcir*) ■ **qc fige qc** /*air, froid*/ etw lässt etw fest [*o* steif] werden; /*mort*/ etw lässt etw erstarren
2. (*horrifier*) ■ **qc fige qc** [**à qn**] /*effroi, nuit, peur, spectacle, terreur*/ etw lässt [jdm] etw erstarren
3. (*paralyser*) ■ **qc fige qn** /*étonnement, peur, surprise, terreur*/ etw lässt jdn erstarren, etw lähmt jdn; ***l'épouvante le figea sur place*** er war starr [*o* wie gelähmt] vor Schreck
III. *vpr* **1.** (*durcir*) ■ **qc se fige** /*graisse, huile*/ etw wird fest [*o* steif]; /*sauce a.*/ etw wird dick; /*sang*/ etw gerinnt; /*regard, visage*/ etw erstarrt; /*sourire*/ etw erstarrt, etw gefriert
2. (*s'immobiliser*): ***il se fige au garde-à-vous*** jd verharrt [*o* erstarrt] [in seiner Bewegung]; ***elle se fige dans une attitude de refus*** sie weigert sich beharrlich

fignolage [fiɲɔlaʒ] *m fam* Ausfeilen *nt*, Überarbeitung *f*

fignoler <1> [fiɲɔle] **I.** *vi fam* ■ **qn fignole** jd bastelt herum, jd bosselt herum *fam*
II. *vt fam* ■ **qn fignole qc** *dessin, devoir, travail* jd feilt etw aus, jd arbeitet etw sorgfältig aus; ***c'est du travail fignolé!*** das ist saubere Arbeit!

figue [fig] *f* Feige *f*

figuier [figje] *m* Feigenbaum *m*

figurant, e [figyʀɑ̃, ɑ̃t] *m, f* **1.** CINE, THEAT Statist(in) *m(f)*, Komparse/Komparsin *m/f*
2. (*potiche*) Randfigur *f*, Nebenfigur *f*; (*complice*) Handlanger *m*; SPORT Statist(in) *m(f)*, [bloßer] Zuschauer/[bloße] Zuschauerin; ***qn joue un rôle de ~*** jd spielt eine Nebenrolle
► **qn joue les ~s** jd übernimmt eine Statistenrolle, jd spielt nur den Statisten

figuratif, -ive [figyʀatif, -iv] *adj* **1.** *art, peintre, peinture* gegenständlich
2. *plan* bildlich; *écriture a.* Bilder-

figuration [figyʀasjɔ̃] *f* **1.** CINE, THEAT (*métier*) Arbeit *f* als Statist [*o* Komparse]; (*figurants*) Komparserie *f*, Statisterie *f*
2. (*représentation*) bildliche Darstellung
► **qn fait de la ~** jd arbeitet als Statist(in) [*o* Komparse/Komparsin]; (*en politique*) jd spielt eine Nebenrolle [*o* die zweite Geige *fam*]; (*dans une conférence, réunion*) jd ist [bloßer] Zuschauer/[bloße] Zuschauerin; (*en sport*) jd ist Statist(in) *m(f)*, jd spielt eine Statistenrolle

figure [figyʀ] *f* **1.** (*visage, mine*) Gesicht *nt*; ***sa ~ s'est allongée*** er/sie machte ein langes Gesicht; ***il a fait une drôle de ~*** der hat vielleicht ein Gesicht gemacht [*o* gezogen]; ***qn prend une ~ de circonstance*** jd macht ein entsprechendes Gesicht
2. (*personnage*) [große] Persönlichkeit [*o* Gestalt]; ***les grandes ~s de l'histoire*** die Großen der Geschichte
3. (*image*) Figur *f*; GEOM Figur, grafische Darstellung; SPORT Figur; LING *rhétorique, grammaticale* Figur; CARTES Figur; ***livre orné de ~s*** Buch *nt* mit Abbildungen [*o* Illustrationen]
► **qn fait bonne/mauvaise** ~ (*se montre sous un bon/mauvais jour*) jd macht eine gute/schlechte Figur; (*s'en sort bien/mal*) jd schneidet gut/schlecht ab, jd kommt gut/schlecht [dabei] weg; ~ **géométrique** geometrische Figur; **qn n'a plus ~ humaine** jd ist vollkommen [*o* bis zur Unkenntlichkeit] entstellt; **~s imposées/libres** Pflicht *f*/Kür *f*; **qn fait piètre** [*o* **triste**] ~ jd gibt eine traurige Gestalt ab, jd macht eine klägliche Figur; /*sportif, équipe a.*/ jd schneidet schlecht ab; **qn casse la ~ à qn** *fam* jd verprügelt [*o* verhaut *fam*] jdn; **qn se casse la ~** *fam* jd fliegt hin *fam*; (*d'en haut*) jd fällt [*o* fliegt] runter *fam*; **qn crache** [*o* **jette**] **qc à la ~ de qn** jd wirft jdm etw an

den Kopf *fam;* **qn/qc fait ~ de ...** *de bouc émissaire, chef, favori, leader, meneur* jd/etw gilt [*o* wird angesehen] als; *d'idiot, d'imbécile* jd wird für etw gehalten, jd steht als jd/etw da
◆ **figure de proue** Galionsfigur *f;* **figure de rhétorique** Redefigur *f,* rhetorische Figur; **figure de style** Stilfigur *f*

figuré, e [figyʀe] *adj* **1.** *langage, style* bildhaft, bilderreich
2. *sens* übertragen; **au** [*sens*] ~ in der übertragenen Bedeutung

figurer <1> [figyʀe] **I.** *vi* **1.** THEAT, CINE ■ **qn figure** [**quelque part**] jd tritt [irgendwo] als Statist(in) auf; ***qn ne fait que*** ~ [***quelque part***] SPORT, POL jd spielt [irgendwo] nur eine Statistenrolle [*o* Nebenrolle]; (*dans un classement*) jd rangiert nur unter ferner liefen
2. (*être mentionné*) ■ **qn/qc figure quelque part** jd/etw ist irgendwo aufgeführt, jd/etw steht [*o* erscheint] irgendwo; ***son nom ne figure pas parmi les gagnants*** sein/ihr Name erscheint nicht unter den Siegern, sein/ihr Name steht nicht auf der Siegerliste
II. *vt* **1.** (*représenter*) ■ **qn figure qn/qc** jd stellt jdn/etw dar; ■ **qc figure qc** etw stellt etw dar
2. (*symboliser*) ■ **qc figure qc** etw stellt etw dar, etw symbolisiert etw
III. *vpr* ■ **qn se figure qn/qc** jd stellt sich (*dat*) jdn/etw vor; ■ **qn se figure que** + *indic* jd stellt sich (*dat*) vor, dass; jd glaubt [*o* meint] [*o* denkt], dass; ***si tu te figures que je n'ai pas compris ...!*** wenn du meinst [*o* wenn du dir einbildest], ich hätte nicht verstanden ...!; ***figure-toi/figurez-vous que je voulais ...*** stell dir/stellen Sie sich vor, ich wollte ...; ***je l'aime, figure-toi!*** ich liebe ihn/sie, ob du's glaubst oder nicht!; ■ **qn se figure faire qc** jd glaubt etw zu tun, jd bildet sich (*dat*) ein etw zu tun

figurine [figyʀin] *f* kleine Figur, Figürchen *nt*

fil [fil] *m* **1.** (*brin*) Faden *m;* [*haricots a.*] Faser *f;* ■ ~ **de** *de coton, laine, lin, nylon, soie* -faden; *d'acier, de cuivre, fer* -draht *m*
2. *pl* (*ficelles*) [*affaire*] Fäden *pl;* ***les ~s de cette affaire sont particulièrement embrouillés*** das ist eine besonders verzwickte [*o* verworrene] Angelegenheit [*o* Geschichte]
3. (*câble*) [*appareil électrique, téléphone, lampe*] Schnur *f,* Kabel *nt;* (~ *à linge*) [Wäsche]leine *f;* (*conducteur électrique*) Leitung[sdraht *m*] *f*
4. TEXTIL (*matière*) Leinen *nt;* **de** [*o* **en**] ~ [**d'Écosse**] leinen; ***chaussettes en ~*** [***d'Écosse***] Baumwollsocken *pl*
5. (*sens*) [*bois, viande*] Faserrichtung *f,* Faserverlauf *m;* ***couper/tailler dans le ~*** [*o* ***dans le sens du ~***] in Richtung der Fasern [*o* in Faserrichtung] schneiden
6. (*tranchant*) [*couteau, rasoir*] Schneide *f*
▶ **de ~ en aiguille** im Laufe des Gesprächs; **au ~ des ans/jours** im Laufe der Jahre/der Tage [*o* Zeit]; **qn n'a pas inventé le ~ à couper le beurre** *fam* jd hat nicht [gerade] das Pulver erfunden; **au bout du ~** am Apparat, an der Strippe *fam;* ***qn a qn au bout du ~*** jd hat jdn am Telefon [*o* an der Strippe *fam*]; ***au bout du ~, il entendait ...*** am anderen Ende hörte er ...; **coup de ~** *recevoir, avoir* [Telefon]anruf *m;* ***qn passe*** [*o* ***donne***] ***un coup de ~ à qn*** jd ruft jdn an; **au ~ de l'eau** [*o* **du courant**] mit dem Strom, flussabwärts; **qn passe qn au ~ de l'épée** jd lässt jdn über die Klinge springen; **qn a un ~ sur la langue** jd lispelt; **qn a un ~ à la patte** jd ist gebunden; **qn écrit au ~ de la plume** jd schreibt, wie es ihm in den Sinn kommt; **sur le ~ du rasoir** auf der Kippe *fam;* ***qn se trouve*** [*o* ***est***] ***sur le ~ du rasoir*** jd steht auf der Kippe, jd ist gefährdet; ***qc se fait sur le ~ du rasoir*** etw steht auf der Kippe, etw ist gefährdet; **~ conducteur** roter Faden; [**qc est**] **cousu(e) de ~ blanc** [etw ist] fadenscheinig; **~ dentaire** Zahnseide *f;* **dans le droit ~ de qc** COUT im [*o* nach dem] Fadenlauf, fadengerade; ***qc est*** [*o* ***se situe***] ***dans le droit ~ de qc*** (*conforme à*) *d'une politique, conception, des idées* etw geht in die Richtung einer S. (*gen*), etw entspricht genau einer S. (*dat*); **~ électrique** elektrische Leitung; **~ rouge** roter Faden; **qn/qc donne du ~ à retordre à qn** jd/etw macht jdm sehr zu schaffen; **qn/qc interrompt le ~ de qc:** ***qn/qc interrompt le ~ de la conversation/du discours/de ses pensées*** jd/etw unterbricht die Unterhaltung/die Rede/jdn in seinem Gedankengang; **qn perd le ~ de qc** *de la conversation, de ses pensées* jd verliert den Faden, jd ist/wird in etw (*dat*) gestört; ***il a perdu le ~ de son discours*** er hat den Faden verloren, er ist aus dem Text gekommen; **qn suit le ~ de qc** *de la conversation, du discours* jd folgt einer S. (*dat*); ***qn suit le ~ de ses pensées/ses idées*** jd hängt seinen Gedanken nach/jd spinnt seine Gedanken weiter; **qc ne tient qu'à un ~** etw hängt nur an einem [seidenen [*o* dünnen]] Faden
◆ **fil à coudre** Nähgarn *nt;* **fil à linge** Wäscheleine *f;* **fil à plomb** [Senk]lot *nt;* **fil d'Ariane** Ariadnefaden *m;* **fil de fer** Eisendraht *m;* (*personne maigre*) Bohnenstange *f;* ***qn a les jambes comme des ~s de fer*** jd hat spindeldürre Beine; **fil de fer barbelé** Stacheldraht *m;* **fil de terre** Erdleiter *m,* Erdleitung *f*

filage [filaʒ] *m* Spinnen *nt*

filament [filamɑ̃] *m* **1.** ELEC Glühfaden *m,* Glühdraht *m*
2. [*bave, glu*] Faden *m*

filandreux, -euse [filɑ̃dʀø, -øz] *adj* **1.** *viande* faserig, sehnig, flachsig AUS
2. *discours, explication* langatmig, weitschweifig

filant, e [filɑ̃, ɑ̃t] *adj v.* **étoile**

filasse [filas] *adj inv péj cheveux* strohig; ***cheveux d'un blond ~*** strohblonde [*o* flachsblonde] Haare

filature [filatyʀ] *f* **1.** TEXTIL (*usine*) Spinnerei *f;* (*action a.*) Spinnen *nt*
2. (*surveillance*) Beschatten *nt,* Beschattung *f*
▶ **qn prend qn en ~** jd beschattet jdn

file [fil] *f* (*colonne*) Reihe *f;* (*d'attente*) Schlange *f;* (*voie de circulation*) [Fahr]spur *f;* ***dans la ~ de droite*** in der rechten [Fahr]spur
▶ **en double ~** *se garer, stationner, être garé* in der zweiten Reihe; **qn prend** [*o* **se met dans**] **la ~ de droite/gauche** jd ordnet sich rechts/links [*o* in die rechte/linke Fahrspur] ein; **en ~ indienne** im Gänsemarsch **qn se met à la ~, qn prend la ~** jd stellt sich [hinten] an; **des gens se mettent en ~** Menschen stellen sich in einer Reihe auf, Menschen bilden eine Reihe [*o* Schlange]; **à la ~** hintereinander; ***elle a chanté plusieurs chansons à la ~*** sie sang mehrere Lieder hintereinander
◆ **file d'attente** Schlange *f*

filer <1> [file] **I.** *vi* **1.** (*s'abîmer*) ■ **qc file** */maille/* etw läuft; */bas, collant/* etw hat eine Laufmasche
2. (*s'écouler lentement*) ■ **qc file quelque part** */essence, sirop/* etw rinnt [irgendwohin]; */sable/* etw rieselt [irgendwohin]
3. (*aller vite*) ■ **qn file** [**quelque part**] */personne/* jd rennt [*o* saust *fam*] [irgendwohin]; (*en voiture*) jd flitzt [irgendwohin] *fam;* ■ **qc file** [**quelque part**] */véhicule/* etw rast [*o* flitzt *fam*] [irgendwohin]; */temps/* etw verfliegt; ***le temps file à toute allure*** die Zeit vergeht wie im Fluge
4. *fam* (*partir vite*) ■ **qn file** [**quelque part**] jd dampft [*o* zischt] ab *fam,* jd macht sich davon *fam,* jd verschwindet [irgendwohin]; (*se retire*) jd verzieht sich [*o* verschwindet] [irgendwohin]; ***il faut que je file*** ich muss los[gehen]; ***qn fait ~ qn*** jd macht jdm Beine *fam;* ■ **qn file faire qc** jd geht [schnell] etw tun; ■ **qn laisse ~ qc** *chance, occasion, opportunité* jd lässt sich (*dat*) etw entgehen; ■ **qn laisse ~ qn** jd lässt jdn entwischen
II. *vt* **1.** (*tisser*) ■ **qn/un animal file qc** jd/ein Tier spinnt etw
2. (*surveiller*) ■ **qn/qc file qn/qc** jd/etw folgt jdm/einer S. [unauffällig]; *personne a.* jd beschattet jdn
3. *pop* (*donner*) ■ **qn file qc à qn** jd gibt jdm etw; *argent a.* jd rückt jdm etw raus *fam; claque, coup de pied a.* jd versetzt [*o* verpasst] jdm etw; *maladie* jd steckt jdn mit etw an; ***file-toi un coup de peigne!*** kämm dir mal durch die Haare!

filet [filɛ] *m* **1.** (*réseau de maille*) Netz *nt;* ~ ***à provisions/bagages/cheveux*** Einkaufs-/Gepäck-/Haarnetz; ~ ***de protection*** Sprungnetz, Sicherheitsnetz
2. GASTR Filet *nt;* ***rosbif/steak dans le ~*** Roastbeef *nt*/Steak *nt* vom Filet [*o* von der Lende], Filetbraten *m*/-steak; ■ ~ **de** -filet
3. (*petite quantité*) ■ **un ~ de qc** GASTR *d'eau, huile, de vinaigre* ein Schuss *m* etw; *de citron* ein paar Tropfen *pl* etw; ***un ~ de sang/d'eau/de lumière*** ein dünner Blutfaden/Wasserstrahl/Lichtstrahl [*o* ein schmaler Lichtstreifen]; ~ ***d'air*** schwacher Luftzug; ~ ***de fumée*** dünne Rauchfahne
▶ **coup de ~** Fang *m,* Fischzug *m;* **faux ~** Lende *f,* Lendenstück *nt;* **~ mignon** (*de bœuf*) Rinderlendchen *nt;* (*de porc*) Schweinelendchen *nt;* (*de veau*) Kalbslendchen *nt;* **qn attire qn dans ses ~s** jd umgarnt jdn, jd zieht jdn in seine Netze; **qn monte au ~** jd geht ans Netz; **qn tend ses ~s** */chasseur/* jd spannt seine Netze; */police a./* jd stellt eine Falle; **qn travaille sans ~** jd arbeitet ohne Netz
◆ **filet de pêche** Fisch[er]netz *nt;* **filet de voix** schwache [*o* dünne] Stimme

filetage [filtaʒ] *m* Gewinde *nt*

fileur, -euse [filœʀ, -øz] *m, f* Spinner(in) *m(f)*

filial, e <-aux> [filjal, jo] **I.** *adj amour, piété, respect* kindlich; ***par respect ~, j'ai ...*** aus Respekt, den eine Tochter/ein Sohn schuldig ist, habe ich ...
II. *f* ■ **filiale** Tochtergesellschaft *f*

filiation [filjasjɔ̃] *f* **1.** JUR (*descendance*) *légitime, naturelle* Abstammung *f,* Filiation *f spec*
2. (*relation*) [*idées, pensées*] Verbindung *f,* Zusammenhang *m;* [*mots*] Herkunft *f,* Entwicklung *f*

filière [filjɛʀ] *f* **1.** (*suite de formalités*) Dienstweg *m*
2. UNIV, SCOL (*études secondaires*) [Studien]zweig *m;* (*études supérieures*) Studiengang *m*
3. PHYS Reaktortyp *m*
4. IND Branche *f;* ■ ~ ... *bois, papier, charbon* -industrie *f;* ~ ***électronique*** Elektronikbranche
5. [*drogue, héroïne, trafic*] Ring *m,* Netz *nt*
▶ **qn remonte la ~ de qc** */police/* jd deckt den Ring einer S. auf (*gen*), jd lässt den Ring einer S. auffliegen (*gen*); **qn suit la ~** jd arbeitet sich hoch; UNIV jd schlägt einen Studiengang ein

filiforme [filifɔʀm] *adj corps, jambes, personne* spindeldürr; *pattes* fadenförmig, fadendünn

filigrane [filigʀan] *m* [*billet de banque, timbre*] Wasserzeichen *nt*
▶ **en ~** *deviner* im Hintergrund, unter der Oberfläche; *lire* zwischen den Zeilen; ***qc apparaît en ~*** etw wird deutlich, etw kommt zum Vorschein

fille [fij] *f* **1.** (*opp: garçon*) Mädchen *nt,* Gitsch[e] *f* AUS; ***elle est belle ~*** sie ist ein hübsches Mädchen
2. (*opp: fils*) Tochter *f;* ~ ***adoptive*** Adoptivtochter; ~ ***naturelle*** uneheliche Tochter; ***elle est ~ unique*** sie ist ein Einzelkind; ***la ~ Dubois*** die Tochter von den Dubois
3. *vieilli* (*servante*) ■ ~ **de** *de cuisine, de service* -mädchen *nt;* ~ ***de ferme*** Bauernmagd *f*
4. (*prostituée*) Strichmädchen *nt,* Dirne *f*
▶ **qn joue la ~ de l'air** jd verschwindet heimlich, jd macht sich dünn [*o* aus dem Staub] *fam;* [**jeune**] **~ de bonne famille** Mädchen aus gutem Hause; **la ~ de la maison** die Tochter des Hauses; **qn est bien la ~ de son père/de sa mère** jd ist ganz der Vater/die Mutter; **jeune ~** Mädchen *nt;* **petite ~** kleines Mädchen; **~ publique** *vieilli* Straßenmädchen *nt;* **vieille ~** alte Jungfer; **qn reste vieille ~** jd bleibt unverheiratet [*o* ledig] [*o* sitzen *pej*]; **qn court les ~s** *fam* jd stellt den Mädchen nach, jd ist hinter den Mädchen her; **qn est/n'est pas ~ à faire qc** jd ist der Typ/nicht der Typ etw zu tun, jd ist imstande/nicht imstande etw zu tun; **~ à marier** [Mädchen] im heiratsfähigen Alter; **qn va voir les ~s** jd sucht die Dirnen auf; **ma ~** REL *vieilli* meine Tochter, mein Kind
◆ **fille à papa** *péj* verwöhnte Tochter reicher Eltern; **fille de joie** *vieilli* Freudenmädchen *nt;* **fille de salle** (*dans un hôpital*) Stationshilfe *f*

fillette [fijɛt] *f* kleines Mädchen; ***rayon ~*** *vieilli* Abteilung *f* für Mädchenkleidung

filleul, e [fijœl] *m, f* Patenkind *nt,* Patensohn/-tochter *m/f*
◆ **filleul de guerre** HIST *Frontsoldat, der von einer Frau Lebensmittel- und Kleidungspakete zugeschickt bekam*

film [film] *m* **1.** (*pellicule*) Film *m;* (*œuvre*) [Spiel]film; (*à la télé*) [Fernseh]film; ■ ~ **de ...** *d'amour, d'aventures, d'épouvante, de guerre, d'horreur, espionnage* -film; ~ ***documentaire/ policier/ publicitaire*** Dokumentar-/Kriminal-/Werbefilm; ~ ***comique*** Filmkomödie *f,* Lustspielfilm; ~ ***d'action*** Actionfilm ['ækʃn-]; ~ ***de science-fiction/ d'anticipation*** Sciencefictionfilm ['saiənsˈfɪkʃn-]; ~***-culte*** Kultfilm; ~***-événement*** Filmereignis *nt*
2. (*mince couche*) Film *m; plastique, alimentaire* Folie *f*
3. (*déroulement*) [*événements, journée, semaine, vie*] Ablauf *m;* (*à la télévision*) Chronik *f*
► **le grand** ~ der Hauptfilm; ~ **doublé** synchronisierter Film; ~ **muet/parlant** Stumm-/Tonfilm *m*
◆ **film à grand spectacle** Ausstattungsfilm *m,* Kolossalfilm *m;* **film à l'eau de rose** Schnulze *f;* **film à thèse** Problemfilm *m* (*Film, der sich mit philosophischen oder gesellschaftlichen Themen auseinander setzt*); **film d'animation** [Zeichen]trickfilm *m;* **film de cul** *vulg* Porno *m,* Sexreißer *m fam;* **film en couleur** Farbfilm *m;* **film en version originale [sous-titrée]** Originalfilm *m* [mit Untertitel]

filmer <1> [filme] *vt, vi* ■ **qn/qc filme [qn/qc]** jd/etw filmt [jdn/etw]

filmographie [filmɔɡʀafi] *f* Filmverzeichnis *nt,* Liste *f* der Filme

filon [filɔ̃] *m* **1.** MINER Ader *f,* [Erz]gang *m,* Flöz *nt*
2. *fam* (*bonne combine*) schlauer [*o* feiner] Lenz; (*travail*) lukrativer Job [dʒɔp]
► **qn cherche le/un** ~ *fam* jd sucht den/einen Goldesel *fam;* **qn exploite le/un** ~ *fam* jd nutzt [*o* schöpft] die/eine [Geld]quelle aus; **qn trouve le/un** ~ *fam* jd findet den/einen Goldesel *fam,* jd ist auf die/eine Goldader gestoßen

filou [filu] *m fam* **1.** (*personne malhonnête*) Gauner *m*
2. (*enfant, chien espiègle*) Schlingel *m*

filouter <1> [filute] *vt fam* ■ **qn filoute qn** jd haut jdn übers Ohr *fam;* ■ **qn filoute qn de qc** jd beschummelt jdn um etw *fam;* ■ **qn filoute qc [à qn]** jd lässt etw mitgehen *fam,* jd stibitzt [jdm] etw *fam*

filouterie [filutʀi] *f* **1.** (*action de filou*) Betrügerei *f*
2. JUR Prellerei *f;* ~ ***de restaurant*** Zechprellerei; ~ ***de taxi*** Fahrgeldprellerei, Erschleichen *nt* einer Beförderungsleistung *spec*

fils [fis] *m* (*opp: fille*) Sohn *m;* ~ ***adoptif*** Adoptivsohn; ~ ***naturel*** unehelicher Sohn; ***il est*** ~ ***unique*** er ist ein Einzelkind; ***Alexandre Dumas*** ~ Alexandre Dumas der Jüngere; ***la société Dubois et*** ~ die Firma Dubois und Sohn [*o* Söhne]; ***le*** ~ ***Dupont*** der Sohn der Duponts; ***Dupont*** ~ Dupont junior
► **le F~ de Dieu** Gottes Sohn [*o* der Gottessohn]; ~ **de [bonne] famille** Sohn aus gutem Haus; **le** ~ **de l'homme** der Menschensohn; **le** ~ **de la maison** der Sohn des Hauses; **qn est bien le** ~ **de son père/de sa mère** jd ist ganz der Vater/ganz die Mutter; **le** ~ **prodigue** der verlorene Sohn; ~ **spirituel** geistiger Sohn, Schüler *m;* **mon** ~ REL *vieilli* mein Sohn
◆ **fils à papa** *péj* verwöhnter Sohn reicher Eltern; **fils de pute** *vulg* Hurensohn *m sl*

filtrage [filtʀaʒ] *m* [*liquide*] Filtern *nt,* Filterung *f;* [*informations, nouvelles*] Sieben *nt;* [*spectateurs*] Aussieben

filtrant, e [filtʀɑ̃, ɑ̃t] *adj élément, substance* Filter-, Filtrier-; *pouvoir* filtrierend

filtration [filtʀasjɔ̃] *f* Filtration *f*

filtre [filtʀ] *m* TECH Filter *m o nt;* PHOT [Licht]filter *m;* [*cafetière*] Filter *m;* [*cigarette*] Filter[mundstück *nt*] *m;* ~ **antiodeur** Geruchsfilter; ***cigarette à bout*** ~ Filterzigarette *f;* ***avec ou sans*** ~ mit oder ohne Filter
◆ **filtre à air** Luftfilter *m;* **filtre à huile** Ölfilter *m;* **filtre à poussière** Staubfilter *m;* **filtre [en] papier** Papierfilter *m*

filtrer <1> [filtʀe] **I.** *vi* (*pénétrer*) ■ **qc filtre quelque part** /*liquide*/ etw sickert irgendwo durch; /*lumière*/ etw kommt [*o* scheint] irgendwo durch; /*information, nouvelle*/ etw sickert durch; ■ **qn laisse** ~ **qc** jd lässt etw durchsickern
II. *vt* **1.** ■ **qn/qc filtre qc** *lumière, son* jd/etw filtert etw; *liquide a.* jd/etw filtriert etw
2. (*contrôler*) ■ **qn/qc filtre qc** *informations* jd/etw überprüft etw genau [*o* streng]; *nouvelles a.* jd/etw siebt etw; ■ **qn filtre des personnes** *passants, spectateurs* jd siebt Menschen aus

fin [fɛ̃] *f* **1.** (*issue*) Ende *nt;* ***on n'en voit jamais la*** ~ das nimmt kein Ende; ***c'est la*** ~ das ist das Ende!, jetzt ist alles aus!; ***la*** ~ ***du monde*** der Weltuntergang; ~ ***janvier/ mars/ juillet*** Ende Januar/März/Juli
2. (*mort*) Ende *nt*
► **en** ~ **de compte** letzten Endes, letztlich; **qn arrive en** ~ **de course** jd ist am Ende [*o* erledigt]; **qc arrive en** ~ **de course** etw ist abgenutzt; **c'est la** ~ **des haricots** *fam* [*o* **de tout**] (*tout est perdu*) jetzt ist alles aus; (*c'est le bouquet*) das ist doch das Allerletzte; **qn met** ~ **à ses jours** jd macht seinem Leben ein Ende, jd nimmt sich (*dat*) das Leben; **qn a des ~s de mois difficiles** jd ist am Monatsende knapp bei Kasse *fam;* **qn arrondit ses ~s de mois** jd bessert sein Gehalt auf, jd verdient sich (*dat*) ein Zubrot; **la** ~ **justifie les moyens** *prov,* **qui veut la** ~ **veut les moyens** *prov* der Zweck heiligt die Mittel; **jusqu'à la** ~ **des siècles** [*o* **temps**] *littér* für Zeit und Ewigkeit *geh,* für immer und ewig; **belle** ~ schönes Ende, schöner Tod; **qn mène qc à bonne** ~ jd führt etw [glücklich] zu Ende, jd schließt etw ab; *affaire a.* jd macht etw perfekt; **à seule** ~ **de faire qc** nur zu dem Zweck [*o* in der Absicht] etw zu tun, nur um etw zu tun; **à toutes ~s utiles** für alle Fälle, nur zur Information; **qn arrive** [*o* **parvient**] **à ses ~s** jd erreicht sein Ziel, jd setzt seinen Willen durch; **qc est sur** [*o* **touche à**] [*o* **tire à**] **sa** ~ etw geht [bald] zu Ende, etw nähert sich seinem Ende; **qn/qc met** ~ **à qc** jd/etw setzt einer S. (*dat*) ein Ende; **qc prend** ~ etw nimmt ein Ende, etw geht zu Ende; **à cette** ~ zu diesem Zweck, deshalb; **à la** ~ (*en fin de compte*) schließlich, letzten Endes; ***arrête à la*** ~! hör endlich auf!; **à la** ~ **de qc** *de la journée, du mois, de l'année* am Ende einer S. (*gen*); *du film, du livre a.* am Schluss einer S. (*gen*); **en** ~ **de qc** *de journée, matinée, partie, course* am [*o* gegen] Ende einer S. (*gen*); ***en*** ~ ***d'année*** am Jahresende; ~ **en soi** Endzweck *m,* eigentlicher Zweck; **sans** ~ endlos, ohne Ende; **sur** [*o* **vers**] **la** ~ [**de qc**] gegen Ende [einer S. (*gen*)]
◆ **fin de non-recevoir** JUR strikte Ablehnung, abschlägiger Bescheid; ***qn oppose*** [*o* ***répond par***] ***une*** ~ ***de non-recevoir à une requête*** jd gibt einen abschlägigen Bescheid, jd lehnt eine Bitte strikt ab; **fin de section** Ende *nt* der Tarifzone; **fin de semaine** Wochenende *nt;* **fin de série** auslaufendes Modell, Artikel *m* einer auslaufenden Serie, Restposten *m;* **fin de siècle** *adj inv* der Jahrhundertwende, [des] Fin de Siècle

fin, e [fɛ̃, fin] **I.** *adj* **1.** (*opp: épais*) *cheveux, sable, sel, pluie* fein; *pinceau, pointe, étoffe, tissu a., lame* dünn; *couche, pellicule, tranche* dünn; ***pluie*** ~***e*** feiner Regen, Sprühregen *m;* ***petits pois/ haricots*** ~***s/ très*** ~***s/ extra*** ~***s*** feine/sehr feine/extra feine Erbsen/Bohnen
2. (*gracieux*) *traits, visage* fein; *écriture a.* zierlich; *mains, taille* schlank, schmal; (*main de femme*) zierlich; *jambes* schlank
3. (*recherché*) *mets, souper, vin* fein; (*de qualité supérieure*) erlesen, erstklassig; *vin* erstklassig, Qualitäts-; *lingerie* Fein-
4. (*subtil*) *personne* klug, schlau; (*dans ses remarques, allusions, plaisanteries*) feinsinnig; (*dans ses actes*) geschickt; *esprit, humour, nuance* fein; *esprit, observation* scharfsinnig; *allusion* subtil; *plaisanterie, remarque* geistreich, spitzfindig; *sourire* verschmitzt, wissend; ***ce n'est pas très*** ~ ***de sa part*** das ist nicht sehr klug von ihm
5. (*très habile*) *cuisinier, limier, tireur* ausgezeichnet, hervorragend; ~ ***connaisseur*** Spezialist *m,* Fachmann *m;* ~ ***gourmet*** Feinschmecker *m*
► **c'est** ~! *iron plaisanterie, blague* das ist sehr geistreich!; **qn joue au plus** ~ [**avec qn**] jd versucht jdn zu überlisten, jd will schlauer sein [als jd]; **le** ~ **du** ~ das Beste vom Besten, das Allerschönste, das Allerbeste
II. *adv* **1.** *fou, nul, soûl* völlig, ganz [und gar], total *fam; prêt* ganz
2. (*finement*) *écrire, moudre, tailler* fein

final, e <*s o* -aux> [final, o] **I.** *adj* **1.** (*qui vient à la fin*) letzte(r, s), abschließend; *accord, point, discours* Schluss-; *consonne, voyelle, lutte* End-
2. GRAM *phrase, proposition* Final-
II. *m* MUS ■ **final[e]** Finale *nt;* [*symphonie*] Schlusssatz *m*
III. *f* ■ **finale 1.** SPORT Finale *nt,* Endspiel *nt,* Endrunde *f*
2. LING (*syllabe*) Endsilbe *f,* letzte Silbe; (*voyelle*) Endvokal *m,* letzter Vokal
► **en** ~**e** im Finale, in der Endrunde

finalement [finalmɑ̃] *adv* (*pour finir*) schließlich, zum Schluss; (*en définitive*) letzten Endes, letztlich

finaliste [finalist] **I.** *adj équipe, joueur* am Endspiel [*o* an der Endrunde] teilnehmend
II. *mf* SPORT Finalist(in) *m(f),* Endrundenteilnehmer(in) *m(f)*

finalité [finalite] *f* Zweckbestimmtheit *f;* (*but*) Zweck *m*

finance [finɑ̃s] *f* **1.** *pl* (*ressources pécuniaires*) [*pays*] Finanzen *pl;* [*personne a.*] Geldmittel *pl;* ***l'état de mes ~s ne me permet pas ...*** meine finanzielle Lage erlaubt es mir nicht ..., meine Finanzen erlauben es mir nicht ...; ■ **les F~s** das Finanzministerium; ***monsieur X est aux F~s*** Herr X ist Finanzminister
2. (*affaires d'argent*) ■ **la** ~ Finanzgeschäft *nt,* Geldgeschäft *nt;* ***qn travaille/ est dans la*** ~ jd arbeitet mit Geld/macht Geldgeschäfte
► **la haute** ~ die Hochfinanz; **les ~s publiques** öffentliche Finanzen [*o* Gelder] *pl,* Staatsfinanzen *pl,* Staatsgelder *pl;* **moyennant ~s** gegen Entgelt

financement [finɑ̃smɑ̃] *m* Finanzierung *f*

financer <2> [finɑ̃se] **I.** *vi hum* ■ **qn finance** jd kommt für die Kosten auf, jd blecht *fam*
II. *vt* ■ **qn finance qc** jd finanziert etw

financier, -ière [finɑ̃sje, -jɛʀ] **I.** *adj difficultés, problèmes, soucis, situation* finanziell; *crise, politique, législation, organisme, groupe a.* Finanz-; ***place*** ~***ière*** Finanzplatz *m;* ***établissement*** ~ Geldinstitut *nt;* ***difficultés*** ~***ières/ soucis*** ~***s*** Geldschwierigkeiten/-sorgen *pl;* ***situation*** ~***ière*** Finanzlage *f,* Vermögenslage *f,* Vermögensverhältnisse *pl*
II. *m* Finanzier [finanˈtsie:] *m*

financièrement [finɑ̃sjɛʀmɑ̃] *adv* finanziell [gesehen]

finasser <1> [finase] *vi fam* ■ **qn finasse** jd wendet Kniffe [*o* Tricks] an *fam;* ■ **qn finasse avec qn** jd legt jdn herein, jd haut jdn übers Ohr *fam*

finasserie [finasʀi] *f fam* Trick *m,* Kniff *m,* Raffinesse *f*

finaud, e [fino, od] **I.** *adj* schlau, pfiffig, gewitzt
II. *m, f* Pfiffikus *m,* Durchtriebene(r) *f(m)*

fine [fin] *f* (*alcool*) Edelweinbrand *m,* feinster [*o* erstklassiger] Weinbrand
◆ **fine de claire** Edelauster *f* (*in einem Zuchtpark in der Charente verfeinerte/veredelte Auster*)

finement [finmɑ̃] *adv* **1.** *brodé, ciselé, ouvragé* sehr fein
2. *agir, manœuvrer* schlau, clever; *faire remarquer, observer* geschickt

finesse [finɛs] *f* **1.** (*minceur*) [*cheveux*] Feinheit *f;* [*pointe de stylo a., aiguille, couche, pellicule, tranche*] Dünne *f*
2. (*délicatesse*) [*traits, visage*] Feinheit *f;* [*mains, taille a.*] Zierlichkeit *f*
3. (*raffinement*) [*broderie, linge, ouvrage, parfum, porcelaine, travail*] Feinheit *f;* [*aliment, mets a.*] [Aus]erlesenheit *f;* ~ ***d'exécution*** Feinheit [*o* Hochwertigkeit *f*] der Ausführung; ***la cuisine de ce restaurant manque de*** ~ die Küche dieses Restaurants ist nicht sehr fein
4. (*sensibilité*) [*goût, odorat*] Feinheit *f;* [*oreille, ouïe a.*] Schärfe *f*
5. (*subtilité*) [*personne*] Scharfsinn[igkeit *f*] *m;* [*allusion, remarque*] Spitzfindigkeit *f;* ■ ~ **de qc** *d'esprit, observation, de jugement* Schärfe *f* [*o* Scharfsinnigkeit] einer S. (*gen*); *de goût* Feinheit *f* einer S. (*gen*); ***elle est doué(e) d'une grande*** ~ ***de jugement/ d'observation*** sie hat ein sehr feines [*o*

scharfes] Urteilsvermögen/eine scharfe Beobachtungsgabe
6. *pl* [*langue*] Feinheiten *pl;* [*art, jeu a.*] Finessen *pl*

fini, e [fini] **I.** *adj* **1.** (*terminé*) ■ **qc est** ~ etw ist zu Ende; / *vacances, été a.*/ etw ist vorbei; / *travail, études*/ etw ist beendet [*o* abgeschlossen]; ***tout est ~ entre nous*** zwischen uns ist alles aus, es ist aus zwischen uns; ***c'est pas bientôt ~, ce cirque/ bordel?*** *fam* hört der Zirkus/der Radau bald auf?, ist jetzt endlich Schluss mit dem Zirkus/dem Radau?; ***c'est*** ~! (*il/elle est mort(e)*) es ist aus [*o* zu Ende] [mit ihm/ihr]!; ***~e la plaisanterie/~s les bavardages*** Schluss mit den Scherzen/dem Geschwätz; ~ ***de bavarder/ jouer/ rire*** genug geschwatzt/gespielt/gelacht
2. *personne* erledigt; ***je suis un acteur*** ~! als Schauspieler bin ich erledigt!; ***qn est ~/ un homme*** ~ jd ist erledigt [*o* am Ende], mit jdm ist es aus; ***c'est un homme ~/ une femme ~e*** der Mann/die Frau ist erledigt
3. (*opp: infini*) *monde, univers* begrenzt; MATH *ensemble, nombre* endlich
4. *péj* (*complet*) *menteur, salaud, voleur, voyou* vollendet, ausgemacht, Erz-; *ivrogne* unverbesserlich, Erz-
▶ **bien/mal** ~ *costume, vêtement* gut/schlecht gearbeitet
II. *m* **1.** ■ **le** ~ **de qc** *d'un objet, produit, vêtement* die Vollendung einer S. (*gen*), die sorgfältige Verarbeitung [*o* Ausfertigung] einer S. (*gen*); ***qc manque de*** ~ einer S. (*dat*) fehlt der [letzte] Schliff
2. MATH, PHILOS ■ **le** ~ das Endliche, die Endlichkeit

finir <8> [finiʀ] **I.** *vi* **1.** (*prendre fin*) ■ **qc finit** etw endet, etw geht zu Ende; ***tout cela ne finira-t-il donc jamais?*** hat dies denn nie ein Ende?; ***il est temps que cela finisse*** das muss endlich aufhören; ■ **qc finit ...** / *cours, vacances, spectacle/ demain, vers minuit, fin août* etw endet ..., etw ist [*o* geht] ... zu Ende; / *contrat, bail a.*/ etw läuft ... aus; ***le cours/ l'école finit à deux heures*** der Unterricht/die Schule ist um zwei Uhr aus; ■ **qc finit quelque part** / *sentier, rue, propriété*/ etw endet [irgendwo], etw ist [irgendwo] zu Ende, etw hört [irgendwo] auf; ***qc finit en cul-de-sac/ en chemin de terre*** etw endet als Sackgasse/Feldweg; ■ **qc finit par qc** / *rencontre, fête, réunion, discours*/ etw endet mit etw
2. (*terminer*) ■ **qn finit** jd hört auf, jd macht Schluss; ***laissez-moi*** ~! (*de parler*) lassen Sie mich ausreden!; ■ **qn a fini** jd ist fertig; ■ **qn finit par qc** jd schließt mit etw ab; ***je finirai par le plus important de cette journée ...*** zum Abschluss nun das Wichtigste dieses Tages ...
3. SPORT (*arriver*) ■ **qn finit d'une certaine façon** jd schlägt sich irgendwie; ***elle va ~ à la quatrième place*** sie wird auf Platz vier kommen; ***notre équipe doit ~ dans les cinq premiers*** unsere Mannschaft muss unter die ersten Fünf kommen
4. (*en venir à*) ■ **qn/qc finit par faire qc** jd/etw tut am Ende [*o* schließlich] [*o* zum Schluss [doch]] etw; ***je finirai bien par trouver*** ich werde es schon noch herausbekommen; ***il a fini par comprendre/ accepter*** schließlich [*o* zum Schluss] hat er [doch] verstanden/akzeptiert; ***tu finis par m'ennuyer avec ...*** so langsam gehst du mir auf die Nerven mit ...
5. (*se retrouver*) ■ **qn va** ~ [*o* **finira**]/**a fini quelque part** *en prison, sur l'échafaud, dans un asile* jd endet irgendwo/jd ist irgendwo geendet, jd landet irgendwo/jd ist irgendwo gelandet *fam;* ***il a fini dans la misère*** er ist in Armut gestorben; ***il a fini dans un accident de voiture*** er ist bei einem Autounfall ums Leben gekommen; ■ **qn va** ~ [*o* **finira**]/**a fini ...** *fou, paralysé, riche* jd endet [*o* stirbt] .../jd ist ... geendet [*o* gestorben]
6. (*terminer comme*) ■ **qn a fini/finira** [**comme**] ... *patron, directeur, ouvrier* jd ist schließlich [*o* zu guter Letzt] ... geworden/jd wird noch einmal ... werden; *péj* jd ist als ... geendet/jd wird als ... enden
▶ **qc finit bien/mal** etw endet gut/schlimm [*o* böse], etw nimmt ein gutes/ schlimmes [*o* böses] Ende; ***les histoires/ les livres/ les films qui finissent bien*** Geschichten/Bücher/Filme, die gut ausgehen [*o* mit gutem Ausgang]; ***tout cela finira mal!*** das alles wird ein schlimmes Ende nehmen!; **qn finira mal/a mal fini** es wird ein schlimmes Ende mit jdm nehmen/es hat mit jdm ein schlimmes Ende genommen; **il faut en** ~ [**avec qc**]! man muss eine Lösung [für etw] finden; **finissons-en!** lasst uns zum Ende kommen!; **qn en a fini avec qn** (*règle le cas de*) jd ist mit jdm fertig; (*a rompu avec*) jd hat mit jdm Schluss gemacht; **qn en a fini avec qc** *avec un problème, cette affaire, situation* jd hat etw erledigt; **qc n'en finit pas** etw nimmt kein Ende, etw ist endlos; ***des jambes qui n'en finissent pas*** unendlich lange Beine; **qn n'en finit pas de faire qc** *fam* jd findet kein Ende, wenn er etw tut; **à n'en plus** ~ *applaudissements, débats, discussions, histoires, querelles* nicht enden wollend
II. *vt* **1.** (*arriver au bout de*) ■ **qn finit qc** jd beendet etw; ***finis ton repas/ travail/ tes devoirs*** iss zu Ende [*o* fertig]/mach deine Arbeit/deine Aufgaben fertig; ■ **qn a fini qc** jd ist mit etw fertig; ***ils ont fini la nuit au poste [de police]*** den Rest der Nacht haben sie auf der Polizeirevier verbracht; ■ **qn finit de faire qc** *d'écrire, de lire* jd tut etw zu Ende; ***qn finit de manger/ de s'habiller*** jd isst fertig/zieht sich fertig an; ***qn a fini de se préparer/ manger/ s'habiller*** jd ist mit der Vorbereitung/dem Essen/dem Ankleiden fertig
2. (*manger jusqu'au bout*) ■ **qn finit qc** *plat, viande* jd isst etw auf; *assiette a.* jd isst etw leer; (*boire jusqu'au bout*) *bouteille, verre* jd trinkt etw leer; *fam* (*utiliser jusqu'au bout*) *chaussures, vêtement* jd trägt etw auf
3. SPORT (*terminer*) ■ **qn finit qc d'une certaine façon** jd meistert etw irgendwie; ***elle va ~ cette course à la quatrième place*** sie wird bei dem Rennen auf Platz vier kommen; ***notre équipe doit ~ le championnat dans les cinq premiers*** unsere Mannschaft muss bei den Meisterschaften unter die ersten Fünf kommen; ■ **qn finit qc** (*opp: abandonner*) jd hält etw durch, jd hält bei etw bis zum Ende durch
4. (*passer la fin de*) ■ **qn finit qc quelque part** jd verbringt den Rest einer S. (*gen*) irgendwo
5. (*cesser*) ■ **qn finit qc** jd hört mit etw auf, jd beendet etw; ***finissez ces bavardages!*** Schluss [*o* hört auf] mit dem Geschwätz!; ■ **qn finit de faire qc** jd hört auf, etw zu tun; ***vous n'avez pas fini de vous chamailler?*** müsst ihr euch denn immer streiten?, ist jetzt bald Schluss mit der Streiterei?
6. *fam* (*étendre pour de bon*) ■ **qn finit qn** jd macht jdn fertig *fam*
7. (*être au terme de*) ■ **qc finit qc** etw beendet etw, etw schließt etw ab
8. (*fignoler*) ■ **qn finit qc** jd gibt einer S. (*dat*) den letzten Schliff
▶ **on n'a pas fini de m'entendre** man wird noch von mir hören; **on n'a pas fini de parler de qc** man wird noch von etw sprechen [*o* auf etw (*akk*) zurückkommen]

finish [finiʃ] *m inv* SPORT Finish *nt,* Endspurt *m*
▶ **au** ~ *fig fam* letzten Endes; ***match au*** ~ BOXE Endkampf *m;* ***même au ~ tu ne m'auras pas*** ich lasse mich nicht erweichen

finisseur, -euse [finisœʀ, -øz] *m, f* **1.** COUT Fertigbearbeiter(in) *m(f)*
2. SPORT Sportler(in) *m(f)* mit starkem Finish [*o* Endspurt]; ***c'est un bon ~/ une bonne ~euse*** er/sie hat einen starken Endspurt

finition [finisjɔ̃] *f* **1.** (*action*) [*meuble*] Fertigbearbeitung *f,* Endbearbeitung *f;* [*œuvre d'art a.*] Ausarbeitung *f*
2. (*résultat*) Verarbeitung *f,* Ausführung *f*
3. *gén pl* COUT Versäuberungsarbeiten *pl;* CONSTR Feinarbeiten *pl,* letzte Arbeiten *pl*

finlandais, e [fɛ̃lɑ̃dɛ, ɛz] **I.** *adj* finnisch
II. *m* (*langue*) Finnisch *nt; v. a.* **finnois**
III. *m, f* ■ **Finlandais(e)** Finne/Finnin *m/f*

Finlande [fɛ̃lɑ̃d] *f* ■ **la Finlande** Finnland *nt*

finnois, e [finwa, waz] **I.** *adj* finnisch
II. *m* (*langue*) Finnisch *nt*
III. *m, f* ■ **Finnois(e)** Finne/Finnin *m/f*

fiole [fjɔl] *f* (*flacon*) Phiole *f*

fiord [fjɔʀd] *m* Fjord *m*

fioritures [fjɔʀityʀ] *fpl* (*dans le graphisme*) Schnörkel *pl;* (*du discours*) Ausschmückungen *pl*
▶ **sans** ~ ohne Umschweife

fioul [fjul] *m v.* **fuel**

firent [fiʀ] *p simple de* **faire**

firme [fiʀm] *f* Firma *f*

fis [fi] *p simple de* **faire**

fisc [fisk] *m* Fiskus *m,* Steuerbehörde *f;* ***qn fraude le*** ~ jd hinterzieht Steuern

fiscal, e <-aux> [fiskal, o] *adj* Steuer-; ***les charges ~es*** die Steuerlast, die steuerlichen Belastungen

fiscalité [fiskalite] *f* **1.** (*système*) Steuersystem *nt;* ***réforme de la*** ~ Steuerreform *f*
2. (*impôts*) [Gesamtheit *f* der] Steuern *pl;* ~ ***trop lourde*** zu hohe Steuerlast
◆ **fiscalité des entreprises** Besteuerung *f* der Unternehmen

fissile [fisil] *adj* spaltbar

fission [fisjɔ̃] *f* Spaltung *f*
◆ **fission du noyau** Kernspaltung *f*

fissure [fisyʀ] *f* **1.** (*brèche*) Riss *m;* [*mur a.*] Spalte *f;* [*vaisselle*] Sprung *m*
2. (*rupture*) ■ ~ **dans qc** *dans l'amitié* Bruch *m* in etw (*dat*); *dans le raisonnement* Unstimmigkeit *f* in etw (*dat*)

fissurer <1> [fisyʀe] **I.** *vt* ■ **qc fissure qc** etw ruft Risse in etw (*dat*) hervor; ***des fentes fissurent le mur*** Risse durchziehen die Mauer
II. *vpr* ■ **qc se fissure** etw wird rissig

fiston [fistɔ̃] *m fam* Filius *m fam,* Sohnemann *m fam;* ***alors, ~, c'est pour bientôt?*** na, mein Sohn, ist es bald soweit?
▶ **comment ça va le** ~?, **et le** ~? und wie geht's dem Filius? *fam*

fistule [fistyl] *f* Fistel *f*

fit [fi], **fîtes** [fit] *p simple de* **faire**

fixation [fiksasjɔ̃] *f* **1.** (*pose*) Befestigen *nt,* Befestigung *f*
2. (*dispositif*) Befestigung *f*
3. (*détermination*) Festsetzung *f;* [*délai a.*] Setzung *f,* Bemessung *f;* [*usage*] Festlegung *f*
4. (*obsession*) Fixierung *f*
5. BIO, CHIM Fixierung *f*
▶ **qn fait une ~ sur qn/qc** jd ist auf jdn/etw fixiert; ***elle fait une ~ sur la propreté*** sie hat einen Sauberkeitsfimmel *fam;* **qc tourne à la** ~ etw wird zur fixen Idee
◆ **fixation de sécurité** Sicherheitsbindung *f*

fixe [fiks] **I.** *adj* **1.** (*immobile, sûr*) fest; *point* Fix-; *tables* fest stehend; *canapé* nicht ausziehbar; (*dans le temps*) bestimmt; *date, rendez-vous* feststehend
2. *regard, yeux* starr
3. *couleur* wasserfest
4. *revenu, salaire* fest; *prix* Fest-
▶ **à date/heure/jour/prix** ~ zu einem bestimmten Datum/zu einer bestimmten [*o* festen] Zeit/an einem bestimmten Tag/zu festem Preis
II. *m* Fixum *nt,* fixes Gehalt
III. *interj* ▶ ~! stillgestanden!

fixé, e [fikse] *adj:* ***qn est ~ sur le compte de qn*** jd weiß, was er von jdm halten soll; ***maintenant je suis*** ~! jetzt weiß ich, woran ich bin; ***qn n'est pas [encore]*** ~ jd weiß noch nicht so recht

fixement [fiksəmɑ̃] *adv regarder* starr; *tenir* fest; ***il la regarde*** ~ (*par étonnement*) er starrt sie an; (*de façon délibérée*) er fixiert sie

fixer <1> [fikse] **I.** *vt* **1.** (*attacher*) ■ **qn fixe qc** [**à/sur qc**] [**avec qc**] jd macht etw [an etw (*dat*)] [mit etw] fest, jd befestigt etw [an etw (*dat*)] [mit etw]; *avec des épingles* jd steckt etw [mit etw] [in etw (*dat*)] fest; ■ **qc fixe qc** [**à/sur qc**] / *attache, clou, crochet*/ durch etw ist etw an etw (*dat*) befestigt; ***la laque fixe la coiffure*** Haarspray gibt der Frisur Halt
2. (*établir*) ■ **qn fixe qc quelque part**: ***qn fixe sa résidence*** [*o* ***son domicile***] ***quelque part*** jd lässt sich irgendwo nieder
3. (*retenir en un endroit*) ■ **qn fixe qn quelque part** jd siedelt jdn irgendwo an; MIL jd bindet jdn irgendwo

4. MED, SCI ■ **qc fixe qc** etw speichert etw
5. (*regarder fixement*) ■ **qn fixe qn/qc** jd fixiert jdn/etw; ■ **qc fixe qn/qc** */yeux/* etw starrt auf etw (*akk*); */regard/* etw ist starr auf jdn gerichtet
6. (*arrêter, poser*) ■ **qn fixe qc sur qn/qc** *yeux, regard* jd heftet [*o* richtet] etw auf jdn/etw; ***elle fixait insolemment son regard sur lui*** sie starrte [*o* stierte] ihn frech an; ***qn fixe son attention sur qc*** jd konzentriert sich auf etw (*akk*); ***qn fixe son choix sur qn/qc*** jds Wahl fällt auf jdn/etw
7. (*définir clairement*) ■ **qn/qc fixe qc** jd/etw legt [*o* setzt] etw fest; ***la loi nous fixe des limites*** durch das Gesetz sind uns Grenzen gesetzt [*o* gesteckt]; ***pour ~ les idées*** zur Veranschaulichung
8. (*informer*) ■ **qn fixe qn sur qc** jd setzt jdn von etw in Kenntnis
9. (*rendre inoubliable*) ■ **qn fixe qc sur qc** jd hält etw auf etw (*dat*) fest; ***qn fixe qc dans sa mémoire*** jd prägt sich (*dat*) etw ein; ***qn fixe qc sur le papier*** jd hält etw schriftlich fest; ■ **qc fixe qc** etw hält etw fest
10. (*stabiliser*) ■ **qn/qc fixe qc** LING *langue* jd/etw fixiert etw; *sens* jd/etw legt etw fest [*o* grenzt etw ab]; CHIM, PHOT jd/etw fixiert etw
II. *vpr* 1. (*s'accrocher*) ■ **qc se fixe quelque part** etw wird irgendwo befestigt; ***les moules se fixent aux bouchots*** die Miesmuscheln setzen sich am Muschelzaun fest
2. (*se déposer*) ■ **qc se fixe quelque part** etw lagert sich irgendwo ab
3. (*s'établir*) ■ **qn se fixe [quelque part]** jd lässt sich [irgendwo] nieder
4. (*se poser*) ■ **qc se fixe sur qn/qc** etw heftet sich auf jdn/etw; */attention, pensée, souvenir/* etw konzentriert sich auf jdn/etw; */choix, soupçons/* etw fällt auf jdn/etw; ***mon attention a beaucoup de peine à se ~ sur qc*** ich habe Mühe, mich auf etw zu konzentrieren
5. (*se définir*) ■ **qn se fixe qc** *ligne de conduite* jd legt sich auf etw (*akk*) fest; *but, limite* jd setzt [*o* steckt] sich (*dat*) etw
6. (*se stabiliser*) ■ **qc se fixe** LING, CHIM, PHOT etw fixiert sich

fixité [fiksite] *f* 1. (*immobilité*) Unbeweglichkeit *f;* [*regard, yeux*] Starre *f*
2. *littér* (*constance*) [*souvenir*] Unveränderlichkeit *f;* [*sentiment*] Konstantbleiben *nt,* Konstanz *f geh*
◆ **fixité des espèces** Konstanz *f* der Arten

fjord [fjɔʀd] *m* Fjord *m*

flac [flak] *interj* ► **[flic,] ~ [, floc]**! [pitsch,] patsch!

flacon [flakɔ̃] *m* Fläschchen *nt;* [*parfum a.*] Flakon *m;* [*épices*] Glas *nt*
► **qu'importe le ~[, pourvu qu'on ait l'ivresse]** *prov* was zählt die Verpackung[, wenn der Inhalt stimmt]

flagada [flagada] *adj inv fam* ■ **qn est ~** jd ist erledigt [*o* fix und fertig] *fam*

flagellation [flaʒelasjɔ̃, flaʒɛllasjɔ̃] *f* Geißelung *f*

flageller <1> [flaʒele] I. *vt* ■ **qn flagelle qn** jd geißelt jdn
II. *vpr* ■ **qn se flagelle** jd geißelt sich

flageoler <1> [flaʒɔle] *vi* ■ **qn flageole** jd [sch]wankt, jd ist zittrig [*o* wack[e]lig] auf den Beinen; ■ **qc flageole** etw zittert; ***j'ai les jambes qui flageolent*** mir zittern die Beine

flageolet [flaʒɔlɛ] *m* 1. GASTR kleine weiße Bohne
2. MUS Flageolett *nt*

flagorner <1> [flagɔʀne] *vt littér* ■ **qn flagorne qn** jd liebedienert vor jdm *geh*

flagornerie [flagɔʀnəʀi] *f vieilli* Liebedienerei *f geh*

flagrant, e [flagʀɑ̃, ɑ̃t] *adj* offenkundig; *impossibilité* offensichtlich; *injustice* himmelschreiend

flair [flɛʀ] *m* [*chien*] Geruchssinn *m,* Witterung *f;* [*homme*] Gespür *nt,* Spürsinn *m*
► **qn/un animal a du ~** jd/ein Tier hat eine gute [*o* feine] Nase; */personne a./* jd hat den richtigen Riecher *fam;* **qn/un animal a un ~ ...** jd/ein Tier hat eine ... Nase

flairer <1> [fleʀe] *vt* 1. (*sentir*) ■ **qn/un animal flaire qc** *odeur* jd/ein Tier riecht etw; */personne/* jd riecht an etw (*dat*); */animal/* ein Tier beschnuppert [*o* beschnüffelt] etw; ***le chien a flairé le gibier*** der Hund hat das Wild aufgespürt
2. (*pressentir*) ■ **qn flaire qc** jd wittert etw

flamand, e [flamɑ̃, ɑ̃d] I. *adj* flämisch
II. *m* (*langue*) Flämisch *nt*
III. *m, f* ■ **Flamand(e)** Flame/Flämin *m/f*

flamant [flamɑ̃] *m* Flamingo *m*
► **~ rose** rosafarbener Flamingo

flambage [flɑ̃baʒ] *m* 1. (*pour éliminer qc*) Absengen *nt*
2. MED Ausglühen *nt*
3. GASTR Flambieren *nt*

flambant, e [flɑ̃bɑ̃, ɑ̃t] *adj v.* **neuf**

flambé, e [flɑ̃be] *adj* 1. GASTR flambiert
2. *fam* (*fichu*) ■ **qn/qc est ~** jd ist erledigt/etw ist gegessen *fam*

flambeau <x> [flɑ̃bo] *m* 1. (*torche*) Fackel *f*
2. (*chandelier*) Leuchter *m*
► **qn passe le ~ à qn** jd reicht die Fackel an jdn weiter; **qn reprend le ~** jd übernimmt die Fackel

flambée [flɑ̃be] *f* 1. (*feu*) [hell] loderndes Feuer; ***une petite ~ dans la cheminée*** ein Feuerchen im Kamin
2. (*brusque accès, montée*) ■ **~ de** *de colère* -ausbruch *m; de terrorisme* -welle *f;* ***~ de violence*** Aufflammen *nt* [*o* Auflodern *nt*] der Gewalt; ***~ du dollar*** plötzlicher Anstieg des Dollar
► **flambée des prix** Preisexplosion *f*

flamber <1> [flɑ̃be] I. *vi* ■ **qc flambe** etw brennt; */feu a./* etw lodert; */maison/* etw brennt lichterloh; */prix/* etw explodiert; ***qn fait ~ une allumette*** jd reißt ein Streichholz an
II. *vt* ■ **qn flambe qc** 1. (*pour éliminer qc*) jd sengt etw ab
2. MED jd glüht etw aus
3. GASTR jd flambiert etw

flambeur [flɑ̃bœʀ] *m arg* Spieler *m,* der hohe Einsätze wagt; Vabanquespieler *m*

flamboiement [flɑ̃bwamɑ̃] *m soutenu* [*incendie*] Aufflammen *nt,* Auflodern *nt;* [*couleur*] Leuchten *nt;* [*soleil*] Glut *f,* heller [*o* starker] Glanz; [*lanterne*] heller Schein; [*yeux*] Funkeln *nt;* ***on voyait le ~ d'un incendie*** man sah den Flammenschein des Feuers

flamboyant, e [flɑ̃bwajɑ̃, jɑ̃t] *adj* 1. (*étincelant*) *incendie* flammend, lodernd; *couleur* leuchtend; *soleil* [rot] glühend; *chrome* funkelnd, blitzend; *lanterne* hell leuchtend
2. (*emphatique*) ausdrucksstark
3. ART spätgotisch; *style* Flamboyant-, der Spätgotik; ***gothique ~*** Spätgotik *f*

flamboyer <6> [flɑ̃bwaje] *vi* ■ **qc flamboie** etw lodert [*o* flammt] [auf]; */soleil/* etw glüht [rot]; */couleur/* etw leuchtet; */source de lumière/* etw leuchtet hell; */chrome/* etw funkelt

flamme [flam] *f* 1. (*langue de feu*) Flamme *f*
2. *pl* (*brasier*) Flammen *pl*
3. *pl* (*supplice*) Flammen *pl*
4. (*éclat*) [*regard, yeux*] Feuer *nt,* Glut *f*
5. ∅ *littér* (*amour*) Liebe *f*
6. (*pavillon*) Wimpel *m*
7. POST Werbestempelabdruck *m*
8. (*ampoule*) Kerzenbirne *f*
► **~ numérique** Zahlenwimpel *m;* **qn déclare sa ~ à qn** *littér* jd erklärt sich jdm *geh,* jd macht jdm eine Liebeserklärung; **qn/qc descend qn/qc en ~s** jd macht jdn/etw nieder; **qc est dévoré(e) par les ~s** etw brennt nieder; **qn jette [*o* livre] qn/qc aux ~s** jd wirft jdn/etw in die Flammen; **qn passe qc à la ~** jd hält etw kurz über die Flamme; **ça va péter des ~s** *fam* da wird die Hölle los sein *fam;* **en ~s** brennend; ***qc est en ~s*** etw steht in Flammen, etw brennt lichterloh

flammé, e [flame] *adj* geflammt

flammèche [flamɛʃ] *f* brennendes [*o* glühendes] Teilchen

flan [flɑ̃] I. *m* 1. GASTR (*gâteau*) Flan[kuchen *m*] *m,* Puddingkuchen *m;* (*crème*) Pudding *m* (*aus Milch, Eiern und Zucker*); ***~ aux cerises*** Puddingkuchen [*o* Flankuchen] mit Kirschen; ***~ au citron/à la vanille/au chocolat*** Zitronen-/Vanille-/Schokoladenpudding
2. TECH [*médaille, monnaie*] Münzplatte *f;* [*disque*] Pressmatritze *f*
► **qn fait qc au ~** *fam* jd tut etw auf gut Glück
II. *app inv:* ***entremets ~*** Pudding *m*

flanc [flɑ̃] *m* 1. (*côté*) [*animal, personne*] Flanke *f;* [*navire*] Seite *f;* [*montagne, colline*] [Ab]hang *m*
2. MIL Flanke *f*
► **le cheval bat des ~s** die Flanken des Pferdes zittern; **qn se bat les ~s** *fam* jd strengt sich an *fam;* ***j'ai beau me battre les ~s*** ich kann mich noch so sehr anstrengen; **qn est sur le ~** *fam* (*couché*) jd liegt im Bett; (*fatigué*) jd ist [ganz] kaputt *fam;* ***à 11 heures du matin, t'es encore sur le ~***? es ist 11 Uhr morgens und du liegst noch in den Federn? *fam;* **qn/qc met qn sur le ~** *fam* jd/etw macht jdn fertig *fam;* **qn prête le ~ à qn/qc** MIL jd bietet jdm/einer S. die Flanke; *à la critique, médisance* jd setzt sich einer S. (*dat*) aus; *au ridicule* jd gibt sich einer S. (*dat*) preis; **qn tire au ~** *fam* jd drückt sich *fam;* **à ~ de qc** am Hang einer S. (*gen*)

flancher <1> [flɑ̃ʃe] *vi fam* ■ **qn flanche** jd wird schwach, jd kneift *fam;* ■ **qc flanche** etw macht nicht mehr mit *fam,* etw streikt *fam;* */mémoire a./* etw lässt jdn im Stich *fam;* ***j'ai la mémoire qui flanche/mes forces qui flanchent*** mein Gedächtnis lässt/meine Kräfte lassen mich im Stich

Flandre *f,* **Flandres** [flɑ̃dʀ] *fpl* ■ **la Flandre,** ■ **les Flandres** Flandern *nt*

flanelle [flanɛl] *f* Flanell *m*

flâner <1> [flɑne] *vi* ■ **qn flâne** 1. (*se promener*) jd bummelt; ***qn flâne dans les rues*** jd schlendert durch die Straßen; ***qn flâne à vélo/en voiture*** jd fährt mit dem Rad/mit dem Auto durch die Gegend
2. (*musarder*) jd verbringt die Zeit mit [süßem] Nichtstun; ***~ sur la pelouse*** auf dem Rasen herumliegen

flânerie [flɑnʀi] *f* 1. (*promenade*) Umherschlendern *nt;* ***~ en ville*** Stadtbummel *m*
2. (*musardise*) [süßes] Nichtstun; (*au lit*) Herumliegen *nt*

flanqué, e [flɑ̃ke] *adj* 1. ■ **qc est ~ de qc** etw ist von etw flankiert
2. *péj* ■ **qn est ~ de qn** jd wird von jdm flankiert; ***elle vint ~e de sa mère*** sie kam, die Mutter an ihrer Seite

flanquer¹ <1> [flɑ̃ke] *vt* 1. (*être sur le côté de*) ■ **qc flanque qc** etw flankiert etw
2. MIL ■ **qn/qc flanque qn/qc** jd/etw gibt jdm/einer S. Flankenschutz

flanquer² <1> [flɑ̃ke] I. *vt fam* 1. (*jeter*) ■ **qn flanque qn/qc quelque part** jd schmeißt jdn/etw irgendwohin *fam;* ***qn flanque qc par terre*** jd schmeißt etw runter *fam*
2. (*mettre*) ■ **qn flanque qn quelque part** *au pensionnat* jd steckt jdn irgendwohin *fam;* ***qn flanque qn à la porte*** jd schmeißt jdn raus *fam*
3. (*donner*) ■ **qn/qc flanque qc à qn** jd verpasst jdm etw; *frousse* etw jagt jdm etw ein *fam; la guigne* etw bringt jdm etw *fam;* ***qc flanque la migraine à qn*** jd bekommt von etw Migräne; ***qc flanque la nausée à qn*** jdm wird von etw schlecht
II. *vpr* 1. ■ **des personnes se flanquent qc:** ***des personnes se flanquent des gifles*** Menschen schlagen sich
2. *fam* ■ **qn se flanque quelque part** jd haut sich irgendwo hin *fam*

flapi, e [flapi] *adj fam* geschafft *fam,* hundemüde *fam*

flaque [flak] *f* Pfütze *f;* [*eau, sang*] Lache *f*

flash <es> [flaʃ] *m* 1. PHOT (*dispositif*) Blitz[licht]gerät *nt;* (*éclair*) Blitz[licht *nt*] *m*
2. RADIO, TV Kurznachricht *f*
3. CINE Flash *m*
4. [*drogue*] Flash *m*
► **~ électronique** Elektronenblitzgerät *nt;* **~ publicitaire** Werbespot *m*

◆ **flash d'information, flash info** Kurznachrichten *pl*
flash-back [flaʃbak] *m inv* Rückblende *f*
flasher <1> [flaʃe] *vi fam* ■ **qn flashe** [**sur qn/qc**]: ***quand je l'ai vu, j'ai flashé*** als ich ihn gesehen habe, hat es bei mir sofort gefunkt *fam;* ***j'ai flashé sur cette broche*** ich habe mich auf Anhieb in diese Brosche verliebt
flasque [flask] **I.** *adj* **1.** (*mou*) schlaff
2. (*sans vigueur*) *caractère, nature* schwach; *style* kraftlos
II. *f* kleine flache Flasche, Flachmann *m fam*
III. *m* [*pédale de vélo*] Tülle *f;* [*roue*] Scheibenschutz *m;* ~ ***de mécanique*** Mechanikbacke *f*
flatter <1> [flate] **I.** *vt* **1.** (*louer*) ■ **qn flatte qn** jd schmeichelt jdm
2. (*faire plaisir*) ■ **qc flatte qn** etw schmeichelt jdm; ■ **qc flatte qc de qn**: ***cela flatte ton orgueil/ta vanité*** das schmeichelt deinem Stolz/deiner Eitelkeit; ■ **qn est flatté(e)** [**de qc**] jd fühlt sich [durch etw] geschmeichelt; ■ **qn est flatté(e) que qn fasse qc** jd fühlt sich geschmeichelt, dass [*o* wenn] jd etw tut
3. (*caresser*) ■ **qn flatte un animal/qc** jd streichelt ein Tier/etw
4. (*être agréable à*) ■ **qc flatte qc** etw ist wohltuend für etw; *goût* etw erfreut etw, etw schmeichelt einer S. (*dat*); *palais* etw kitzelt etw
5. (*entretenir avec complaisance*) ■ **qn flatte qc de qn**: ***qn flatte le vice/l'orgueil de qn*** jd unterstützt jds Untugend/Hochmütigkeit
▶ **vous me flattez/tu me flattes** Sie schmeicheln/du schmeichelst mir
II. *vpr* **1.** (*tirer orgueil*) ■ **qn se flatte de qc/de faire qc** jd rühmt sich einer S. (*gen*)/etw zu tun; ***il n'en a aucune idée et il s'en flatte*** er hat davon keine Ahnung und ist [auch noch] stolz darauf
2. (*aimer à croire*) ■ **qn se flatte de faire qc** jd bildet sich (*dat*) ein, etw zu tun; ■ **qn se flatte que qn fera qc** *littér* jd wähnt, dass jd etw tun wird *geh*
3. *littér* (*avoir une haute idée de soi*) ■ **qn se flatte** jd schmeichelt sich (*dat*)
▶ **sans me** ~ ohne mir schmeicheln zu wollen
flatterie [flatʀi] *f* Schmeichelei *f*
flatteur, -euse [flatœʀ, -øz] **I.** *adj* **1.** (*obséquieux*) schmeichlerisch
2. (*élogieux*) schmeichelhaft
3. (*qui avantage*) schmeichelhaft
4. (*agréable à l'œil, au toucher*) wohltuend, angenehm
▶ **ce n'est pas** ~ das ist [ja] nicht gerade schmeichelhaft
II. *m, f* Schmeichler(in) *m(f)*
fléau <x> [fleo] *m* **1.** (*calamité*) Plage *f;* ***les ~x de notre temps*** die Geißeln unserer Zeit
2. TECH [*balance*] Waagebalken *m*
3. AGR Dreschflegel *m*
fléchage [fleʃaʒ] *m* **1.** (*action*) Markieren *nt* mit Pfeilen
2. (*résultat*) Pfeilmarkierung *f*
flèche[1] [flɛʃ] *f* **1.** (*arme*) Pfeil *m*
2. (*objet en forme de* ~) Pfeil *m*
3. (*signe d'orientation*) Pfeil *m;* ***qn suit les ~s*** jd folgt den Pfeilen
4. *fig* (*critique acerbe*) Spitze *f,* spitze Bemerkung, Giftpfeil *m*
5. (*toit pointu*) [Turm]spitze *f*
6. (*bras*) [*charrue*] Balken *m;* [*grue*] [Dreh]arm *m;* [*cargo*] Ladebaum *m*
7. GEOM Pfeil *m*
8. GEOG: ~ ***de sable*** Nehrung *f*
9. PHYS [*trajectoire*] Scheitelhöhe *f*
▶ **les ~s de l'Amour/de Cupidon** *littér* Amors/Cupidos Pfeile; **qn fait ~ de tout bois** jd setzt alle Mittel ein; **la ~ du Parthe** zum Abschied [allen gelassene Spitze; ~ **littorale** GEOG Nehrung *f;* **c'est une sacrée** ~! er/sie ist von der schnellen Sorte *fam;* **c'est pas une** ~! *fam* er/sie ist nicht gerade von der schnellen Sorte *fam;* **qc monte en** ~ / *avion, fusée*/ etw steigt blitzschnell; / *prix*/ etw steigt blitzschnell an; **qn/qc part** [*o* **file**] **comme une** ~ jd/etw schnellt wie ein Pfeil davon; **qn tire** [*o* **décoche**] **une** ~ jd schießt einen Pfeil ab; *fig* jd macht eine spitze Bemerkung
◆ **flèche de rabattement** Pfeile *pl,* die das Engerwerden der Straße angeben
flèche[2] [flɛʃ] *f* GASTR: ***~s de lard*** Speckseite *f*
flécher <5> [fleʃe] *vt* ■ **qn flèche qc** jd markiert [*o* kennzeichnet] etw mit Pfeilen; ■ **fléché(e)** mit Pfeilen markiert [*o* gekennzeichnet]
fléchette [fleʃɛt] *f* **1.** (*petite flèche*) kleiner Pfeil
2. *pl* (*jeu*) Dartsspiel *nt*
▶ **jeu de ~s** Dartsspiel *nt;* **qn joue aux ~s** jd spielt Darts
fléchir <8> [fleʃiʀ] **I.** *vt* **1.** (*faire plier*) ■ **qn fléchit qc** jd beugt etw; *barre, branche, planche* jd biegt etw durch
2. (*faire céder*) ■ **qn fléchit qn** jd erweicht jdn; ***chaque fois, il essaie de me*** ~ jedes Mal versucht er zu erreichen, dass ich weich werde
3. *littér* (*rendre moins vif*) ■ **qn/qc fléchit qc** jd/etw schwächt etw; *sévérité* jd/etw mildert etw; *colère* jd/etw besänftigt etw; *volonté* jd/etw beugt etw; ***rien ne peut ~ le choix de qn*** nichts lässt jdn in seinem Entschluss wankend werden
II. *vi* **1.** (*plier*) ■ **qc fléchit** etw beugt sich; ■ **qc fléchit** [**sous le poids de qc**] etw biegt sich [unter dem Gewicht von etw] durch
2. (*diminuer*) ■ **qc fléchit** etw lässt nach; / *exigences*/ etw wird geringer; / *sévérité*/ etw mildert sich; / *volonté, détermination*/ etw wird schwächer; / *allure, cours, prix*/ etw schwächt sich ab; / *prix, cours*/ etw fällt
3. (*céder*) ■ **qn fléchit** jd wird schwach, jd lässt sich erweichen
fléchissement [fleʃismɑ̃] *m* **1.** [*bras, jambe*] Beugen *nt;* [*poutre, planche*] [Durch]biegen *nt*
2. (*diminution*) [*production, natalité*] Rückgang *m;* [*prix a., indice d'écoute*] Sinken *nt;* [*résultats*] Absinken *nt*
3. (*renoncement*) [*volonté*] Nachlassen *nt*
flegmatique [flɛgmatik] **I.** *adj* (*de comportement*) gelassen; (*de caractère*) phlegmatisch
II. *mf* gelassener Mensch
flegme [flɛgm] *m* Gelassenheit *f,* Ruhe *f*
▶ **qn perd son** ~ jd verliert die Ruhe [*o* Fassung]; **qn/qc fait perdre son ~ à qn** jd/etw bringt jdn aus der Ruhe [*o* Fassung]
flemmard, e [flemaʀ, aʀd] **I.** *adj fam* faul
II. *m, f fam* Faulenzer(in) *m(f),* Faulpelz *m*
flemme [flɛm] *f fam* Faulheit *f*
▶ **qn a la** ~ [**de faire qc**] jd ist zu faul [etw zu tun]; ***j'ai la*** ~ ich habe keinen Bock *fam,* ich kann mich nicht dazu aufraffen; **qn tire sa** ~ jd faulenzt
flétri, e [fletʀi] *adj feuille, plante* verwelkt, welk; *fleur a.* verblüht; *peau* welk; *visage, femme* verwelkt
flétrir <8> [fletʀiʀ] **I.** *vt* **1.** (*faner*) ■ **qc flétrit qc** etw lässt etw [ver]welken
2. (*rider*) ■ **qc flétrit qn/qc** etw lässt jdn/etw welken
3. *littér* (*déshonorer*) ■ **qn/qc flétrit qc** jd/etw befleckt etw, jd/etw schändet etw
4. (*blâmer*) ■ **qn flétrit qn/qc** jd prangert jdn/etw an
5. HIST ■ **qn flétrit qn** jd brandmarkt jdn
II. *vpr* **1.** (*se faner*) ■ **qc se flétrit** etw [ver]welkt, etw wird welk; / *fleur a.*/ etw verblüht; / *plante a.*/ etw vertrocknet
2. (*se rider*) ■ **qc se flétrit** etw wird welk
flétrissure [fletʀisyʀ] *f* **1.** [*feuille, plante*] (*action*) [Ver]welken *nt;* (*résultat*) Verwelktsein *nt;* [*fleur a., beauté, femme*] (*action*) Verblühen *nt;* (*résultat*) Verblühtsein *nt;* [*peau, visage, joue, cou, teint*] (*action*) Welken *nt;* (*résultat*) Welksein *nt*
2. *littér* (*atteinte à l'honneur*) (*fait de flétrir*) Beschmutzen *nt,* Schändung *f;* (*fait d'être flétri*) Schmach *f*
3. HIST (*condamnation*) Brandmarken *nt;* (*marque*) Brandmarkung *f*
fleur [flœʀ] *f* **1.** (*plante*) Blume *f;* ***~s artificielles*** künstliche Blumen; ***~s fraîches*** Frischblumen *pl;* ***~s coupées/séchées*** Schnitt-/Trockenblumen *pl;* ***~s en caisse/pot*** Blumen in Kästen/Topfblumen; ~ ***des champs/de jardin/de serre*** Wiesen-/Garten-/Gewächshausblume
2. (*partie d'une plante*) Blüte *f;* ***~s en bouton*** Blütenknospen *pl*
3. (*objet, motif, dessin décoratif*) Blume *f*
4. (*partie du cuir*) Blumenseite *f* des Leders
5. *gén pl* BIO [*vin*] Schimmel *m*
6. ∅ *soutenu* (*ce qu'il y a de meilleur*) ■ **la ~ de qc** die Blüte einer S. (*gen*); ***il était la ~ des braves*** er gehörte zu den Tapfersten; ***ce cru est la ~ des vins de Bourgogne*** dieser Wein ist einer der besten Burgunder; ***la ~ de la beauté*** der vollkommenste Ausdruck der Schönheit
▶ **à** [*o* **dans**] **la ~ de l'âge** in der Blüte der Jahre [*o* des Lebens]; **ni ~s ni couronnes** wir bitten von Blumen- und Kranzspenden abzusehen; **la ~ au fusil** mit wehenden Fahnen; **dans la ~ de l'innocence** in aller Unschuld; **à ~ de peau**: ***sensibilité à ~ de peau*** Überempfindlichkeit *f;* [**qn est**] **belle/fraîche comme une** ~ [jd ist] schön/frisch wie der junge Morgen; ~ **bleue** sentimental, romantisch; **la fine ~ de qc** die Blüte [*o* die Allerbesten] einer S. (*gen*); **qn arrive** [*o* **s'amène**] **comme une** ~ *fam* jd kommt zu spät, als wenn nichts weiter dabei wäre; jd kreuzt mittendrin auf *fam;* **qn couvre qn de ~s** jd überschüttet jdn mit Komplimenten; **dites-le avec des ~s** lasst Blumen sprechen; **qn fait une ~ à qn** *fam* jd kommt jdm sehr entgegen; **qn ne fait pas de ~ à qn** jd schenkt jdm nichts; **qn jette des ~s à qn** *fam* jd macht jdm Komplimente; **à ~s** *arbuste, plante* blühend; *chapeau* blumengeschmückt; *assiette* mit Blumenmuster; *tissu, papier* mit Blumen[muster], geblümt; **à ~ de qc** etwa auf gleicher Höhe [*o* Ebene] mit etw; ***à ~ d'eau*** (*au dessus de*) dicht über der Wasseroberfläche; (*en dessous de*) dicht unter der Wasseroberfläche; **de ~s** Blumen-; **en ~**[**s**] blühend; **qn/qc fait qc comme une ~** *fam* jd/etw tut etw ganz leicht [*o* spielend]
◆ **fleur de farine** feinstes Auszugsmehl; **fleur de lys** bourbonische Lilie; **fleur d'oranger** Orangenblüte *f;* **fleur de sel** *oberste Kristallschicht bei der Salzgewinnung*
fleurer <1> [flœʀe] **I.** *vi littér* ▶ **qn/qc fleure bon** jd/etw duftet
II. *vt littér* **1.** (*sentir*) ■ **qn/qc fleure qc** jd/etw riecht nach etw
2. (*faire penser à*) ■ **qc fleure qc** *intrigue, scandale* etw riecht nach etw
fleuret [flœʀɛ] *m* Florett *nt*
▶ ~ **électrique** Elektroflorett *nt;* **à ~s mouchetés** mit stumpfen Degen
fleurette [flœʀɛt] *loc* ▶ **qn conte ~ à qn** *hum* jd raspelt bei jdm Süßholz
fleuri, e [flœʀi] *adj* **1.** (*en fleurs*) blühend
2. (*couvert, garni de fleurs*) blühend, voller Blumen; *maison, balcon* blumengeschmückt
3. (*avec des motifs floraux*) geblümt, mit Blumen[muster]
4. (*coloré*) *teint* rosig
5. (*qui sent les fleurs*) blumig
6. *style* blumig
7. ART: ***gothique*** ~ Spätgotik *f*
fleurir <8> [flœʀiʀ] **I.** *vi* **1.** (*produire des fleurs*) ■ **qc fleurit** etw blüht; ***qc va bientôt*** ~ etw steht kurz vor der Blüte
2. (*s'épanouir*) ■ **qc fleurit** etw blüht; / *espoir*/ etw erblüht; / *amitié*/ etw blüht auf; ***un sourire fleurit sur son visage*** ein Lächeln erblüht auf seinem/ihrem Gesicht
3. *hum* ■ **qc fleurit** (*se couvre d'acné*) etw wird pickelig; (*se couvre de poils*) etw bekommt leichten Flaum; (*à cause de l'alcool*) etw wird rot
4. <**florissant, fleurissait** *o* **florissait**> *littér* (*prospérer*) ■ **qn/qc fleurit** jd/etw hat seine Blütezeit; / *corruption*/ etw blüht; / *sport*/ etw findet Anhänger
II. *vt* **1.** (*garnir de fleurs*) ■ **qn fleurit qc** jd schmückt etw mit Blumen
2. (*orner*) ■ **qc fleurit qc** etw schmückt etw; ***des géraniums fleurissent mon balcon*** Geranien schmücken meinen Balkon
3. (*décorer*) ■ **qn fleurit qc de qc**: ***il fleurit sa boutonnière d'un œillet*** er steckt sich (*dat*) eine Nelke ins Knopfloch; ■ **qc fleurit qc** etw schmückt [*o* ziert] etw

fleuriste [flœʀist] *mf* **1.** (*marchand*) Blumenhändler(in) *m(f)*; (*personne qui prépare les bouquets*) Florist(in) *m(f)*
2. (*magasin*) Blumengeschäft *nt*; ***je vais m'arrêter chez le*** ~ ich halte am Blumengeschäft an
fleuron [flœʀɔ̃] *m* **1.** ART Fleuron *m*; [*couronne*] stilisierte Blume; [*ferronnerie*] Eisenzacke *f*
2. TYP Fleuron *m*
3. BOT [Einzel]blüte *f*
4. GASTR Fleuron *m*
► **qc est le [plus beau] ~ de qc** etw ist das Schmuckstück einer S. (*gen*)
fleuve [flœv] *m* **1.** (*cours d'eau*) Fluss *m*; ■ **le ~ Amour/Congo/...** der Amour/Kongo/...; ***le Rhin est un*** ~ der Rhein ist ein Strom
2. (*flot*) ■ **~ de** *de lave* -strom *m*; *de personnes* Strom von; *de larmes, sang* Ströme *pl* von; *de boue* -flut *f*; *de paroles* -schwall *m*
► **~ côtier** Küstenfluss *m*
flexibilité [flɛksibilite] *f* **1.** (*souplesse*) Biegsamkeit *f*
2. (*adaptabilité*) Flexibilität *f*; [*personne a.*] Anpassungsfähigkeit *f*
flexible [flɛksibl] **I.** *adj* **1.** (*souple*) biegsam
2. (*articulé*) biegbar
3. (*adaptable*) flexibel; *personne a.* anpassungsfähig; ***horaires ~s*** gleitende Arbeitszeit
II. *m* [*aspirateur, douche*] Schlauch *m*; [*machine, moteur*] biegsame Welle
flexion [flɛksjɔ̃] *f* **1.** (*mouvement corporel*) Beugung *f*, Beugen *nt*; ***~ du genou*** Kniebeuge *f*
2. LING Flexion *f*, Beugung *f*
3. PHYS Biegung *f*; [*ressorts*] Federung *f*; ***résistance à la*** ~ Biegefestigkeit *f*
flexionnel, le [flɛksjɔnɛl] *adj* flexivisch, Flexions-; *langue* flektierend
flibustier [flibystje] *m* Freibeuter(in) *m(f)*
flic [flik] *m fam* Polyp *m fam*, Bulle *m pej fam*
flicaille [flikɑj] *f péj fam* Polente *f fam*, Bullen *pl pej fam*
flic flac [**floc**] [flikflak(flɔk)] *loc* ► **qc fait ~ ~** [~] etw macht pitsch, patsch *fam*
flingue [flɛ̃g] *m fam* Ballermann *m fam*, Knarre *f fam*
flinguer <1> [flɛ̃ge] **I.** *vt fam* **1.** (*tirer sur*) ■ **qn flingue qn** jd knallt jdn ab *fam*
2. (*critiquer*) ■ **qn flingue qn/qc** jd macht jdn/etw nieder *fam*
II. *vpr fam* ■ **qn se flingue** jd erschießt sich
► **on pourrait se ~, il y a de quoi se ~** man könnte sich gleich erschießen
flipper¹ [flipœʀ] *m* Flipper *m*
flipper² <1> [flipe] *vt* **1.** *arg* (*être dépressif*) ■ **qn flippe** /*drogué*/ jd hängt durch *fam*
2. *fam* (*être angoissé*) ■ **qn flippe** jd hat eine Mordsangst *fam*
3. *fam* (*être excité*) ■ **qn flippe** jd flippt aus *fam*
flirt [flœʀt] *m* **1.** (*amourette*) Flirt *m*
2. (*personne*) Liebe *f fam*; ***c'est son dernier*** ~ das ist sein/ihr neuester Schwarm *fam*
► **qn a un ~ avec qn** jd hat eine kurze Romanze mit jdm
flirter <1> [flœʀte] *vi* ■ **qn flirte [avec qn/qc]** jd flirtet [mit jdm/etw]
floc [flɔk] *loc* ► **qc fait ~** [~] /*caillou qui tombe dans l'eau*/ etw macht plumps; /*bottes qui ont pris l'eau*/ etw macht platsch
flocon [flɔkɔ̃] *m* **1.** [*neige*] Flocke *f*
2. [*coton, laine, bourre*] Flocke *f*; *soutenu* [*brume, fumée, vapeur*] Schwaden *m*
3. GASTR Flocke *f*; ■ **~s de** -flocken *pl*; ***~s de maïs*** Cornflakes ['ko:ɐnfle:ks] *pl*
► **il neige à gros ~s** es schneit in dicken Flocken
◆ **flocon de neige** Schneeflocke *f*
flonflons [flɔ̃flɔ̃] *mpl fam* Klänge *pl*; ***les ~ du bal*** die [Akkordeon]klänge der Tanzkapelle
flop [flɔp] *m arg* Flop *m fam*; ***qn/qc fait un*** ~ jd kommt nicht an/etw ist ein Reinfall
flopée [flɔpe] *f fam* [*enfants, gamins*] Schar *f*, Haufen *m*; [*badauds*] Menge *f*; [*touristes*] Masse *f*; ***il y en a tout une ~ qui joue dans la cour*** im Hof spielt eine Schar Kinder; ***elle a une ~ de gamins*** sie hat eine ganze Schar Kinder
floraison [flɔʀɛzɔ̃] *f* **1.** BOT Blüte *f*; ***qc est en pleine*** ~ etw steht in voller Blüte; ***qc a plusieurs ~s*** etw blüht mehrmals
2. (*fleurs*) Blütenpracht *f*
3. (*époque*) Blüte[zeit *f*] *f*
4. (*épanouissement*) Blütezeit *f*; [*talents*] Aufblühen *nt*
floral, e <-aux> [flɔʀal, o] *adj* **1.** (*avec des fleurs*) Blumen-
2. (*de la fleur*) Blüten-
flore [flɔʀ] *f* BOT Flora *f*
► **~ intestinale/microbienne** Darmflora *f*/mikrobielle Flora
florès [flɔʀɛs] *loc soutenu* ► **qn/qc fait ~** jd/etw hat Erfolg
florilège [flɔʀilɛʒ] *m* Blütenlese *f*, Auswahl *f*
florin [flɔʀɛ̃] *m* Gulden *m*
florissait [flɔʀisɛ] *imparf de* **fleurir**
florissant, e [flɔʀisɑ̃, ɑ̃t] *adj* **1.** (*prospère*) blühend; ***l'affaire est ~e*** das Geschäft blüht
2. (*qui dénote une bonne santé*) blühend
flot [flo] *m* **1.** (*masse d'eau*) Flut *f*, Welle *f*
2. *soutenu* (*quantité importante*) ■ **~ de** Flut *f* von; *de paroles a.* -schwall *m*; *d'images, idées, de souvenirs a.* Fülle *f* von; *de personnes, voyageurs, promeneurs a.* Strom *m* von; *de larmes, sang, d'encre* Ströme *pl* von; *de lumière* -fülle *f*; ***~s de chevelure*** wallende Mähne
3. ∅ (*marée montante*) Flut *f*
4. *pl poét* Fluten *pl*
► **qc fait couler des ~s d'encre** etw lässt Tintenströme fließen; **un ~ de sang monte au visage de qn** die Röte steigt jdm ins Gesicht; **qc coule à ~[s]** etw fließt in Strömen; **qc entre à ~[s]** etw flutet herein; **qc est à ~** etw ist flott; **qn est à ~** (*a suffisamment d'argent*) jd ist flüssig; (*est à jour dans son travail*) jd ist fertig; **qn se jette dans les ~s** jd stürzt sich in die Fluten; **qn se maintient/se remet à ~** jd hält sich über Wasser/jd kommt wirtschaftlich wieder hoch; **qn/qc met/remet qc à ~** jd/etw bringt etw wieder auf die Beine
flottage [flɔtaʒ] *m* Flößen *nt*
flottaison [flɔtɛzɔ̃] *f* **1.** NAUT: ***ligne de*** ~ Wasserlinie *f*
2. ECON Floaten ['flo:tn] *nt*, Floating ['flo:tɪŋ] *nt*
flottant, e [flɔtɑ̃, ɑ̃t] *adj* **1.** (*sur l'eau*) [auf dem Wasser] schwimmend; *glace* Treib-
2. (*dans l'air*) *foulard, drapeaux* flatternd; *crinière* wehend; *chevelure* fliegend, wallend; ***brume ~e*** Nebelschwaden *pl*
3. (*chaloupé*) *démarche, pas* wankend; ***la démarche ~e des mannequins*** der schaukelnde [*o* wippende] Gang der Mannequins
4. (*ample*) [zu] weit, fließend
5. (*instable*) schwankend
6. MED: ***côtes ~es*** frei endende Rippen; ***rein*** ~ Wanderniere *f*
7. FIN *monnaie* floatend ['flo:tnt]; *dette* schwebend; ***capitaux ~s*** fluktuierende Gelder
flotte¹ [flɔt] *f* **1.** (*ensemble des navires*) Flotte *f*
2. MIL ■ **la ~**, ■ **la F~** die Flotte
3. (*ensemble des avions civils*) Flotte *f*
► **~ aérienne** Luftflotte *f*; **~ marchande** Handelsflotte *f*
◆ **flotte de commerce** Handelsflotte *f*; **flotte de guerre** Kriegsflotte *f*
flotte² [flɔt] *f fam* **1.** (*eau*) Wasser *nt*
2. (*pluie*) Regen *m*
flottement [flɔtmɑ̃] *m* **1.** (*action de flotter*) Flattern *nt*
2. (*hésitation*) Schwanken *nt*
3. TECH [*direction*] Abweichen *nt*; [*roue*] Flattern *nt*
4. FIN, ECON Floaten ['flo:tn] *nt*
flotter <1> [flɔte] **I.** *vi* **1.** (*surnager*) ■ **qn/qc flotte** jd/etw schwimmt
2. (*être en suspension dans l'air*) ■ **qc flotte** /*brume, brouillard*/ etw hängt; /*odeur, parfum*/ etw schwebt
3. (*onduler*) ■ **qc flotte** etw flattert
4. (*être ample*) ■ **qc flotte [autour de qn]** etw ist [jdm] [viel] zu weit
5. (*être trop à l'aise*) ■ **qn flotte dans qc**: ***je flotte dans ce pantalon*** die Hose ist mir viel zu groß
6. (*errer*) ■ **qc flotte** /*pensées*/ etw wandert umher; /*attention*/ etw lässt nach; ***un sourire flottait sur ses lèvres*** ein Lächeln umspielte ihre Lippen; ■ **qn laisse ~ qc** *pensées* jd lässt etw schweifen; ***qn laisse ~ son attention*** jd ist nicht bei der Sache
7. ECON, FIN ■ **qc flotte** etw floatet ['flo:tət]
II. *vi impers fam* ■ **il flotte** es schüttet *fam*
III. *vt* ■ **qn flotte qc** jd flößt etw
flotteur [flɔtœʀ] *m* TECH Schwimmer *m*
flottille [flɔtij] *f* **1.** (*groupe de bateaux*) Flottille *f*
2. MIL (*groupe d'avions*) Staffel *f*
flou, e [flu] **I.** *adj* **1.** (*opp: net*) verschwommen; *photo* unscharf; ART *sculpture* mit weichen Konturen; *peinture* duftig und verschwommen
2. (*non ajusté*) *robe, vêtement* fließend; *coiffure* weich fließend
3. (*imprécis*) *idée, pensée* verschwommen, unbestimmt; *relation* in der Schwebe; *rôle* nicht genau definiert, unklar
II. *m* **1.** (*absence de netteté*) Verschwommenheit *f*; ART Verschwommenheit *f*; [*peinture*] Duftigkeit *f* und Verschwommenheit
2. CINE, PHOT weiche Manier
3. [*coiffure, mode*] weiche fließende Linie
4. (*imprécision*) [*pensée*] Unbestimmtheit *f*; [*argumentation*] Unklarheit *f*; ***je nage toujours dans le*** ~ für mich ist noch alles unklar
► **~ artistique** CINE, PHOT weiche Manier; *iron* gewollte Unklarheit
III. *adv* verschwommen
flouer <1> [flue] *vt fam* ■ **qn floue qn** jd legt jdn rein *fam*; ■ **qn est/se sent floué(e)** jd wird/fühlt sich reingelegt *fam*
fluctuation [flyktɥasjɔ̃] *f* **1.** *gén pl* (*variation*) Schwankung *f*; [*opinion*] Schwanken *nt kein pl*
2. STATIST statistische Streuung
fluctuer <1> [flyktɥe] *vi* ■ **qc fluctue** etw schwankt, etw fluktuiert *geh*
fluet, te [flyɛ, ɛt] *adj* **1.** (*frêle*) dünn; *enfant* zart
2. (*peu sonore*) zart
fluide [flyid, flɥid] **I.** *adj* **1.** (*qui s'écoule facilement*) flüssig; *circulation* flüssig
2. (*ample*) fließend
3. (*harmonieux*) *voix* weich; *diction, style* fließend
4. (*difficile à saisir*) fließend, verschwimmend
II. *m* **1.** CHIM flüssiger Körper, Flüssigkeit *f*; ***mécanique des ~s*** Strömungslehre *f*
2. (*force occulte*) Fluidum *nt*
► **~ glacial** Kältekissen *nt*; **~ magnétique**: ***qn a un ~ magnétique*** jd besitzt magnetische Kräfte; **qn a du [*o* possède un] ~** jd hat Fluidum
fluidifier <1a> [flɥidifje] *vt* ■ **qn/qc fluidifie qc** jd/etw verflüssigt etw
fluidité [flɥidite] *f* **1.** [*sang*] Dünnflüssigkeit *f*; [*élocution*] Flüssigkeit *f*; [*argumentation*] Fluss *m*; ***la ~ du trafic*** der Verkehrsfluss; ***des informations sur la ~ du trafic*** Verkehrsnachrichten *pl*
2. ECON [*marché*] Lebhaftigkeit *f*
fluor [flyɔʀ] *m* CHIM Fluor *nt*
fluorescence [flyɔʀesɑ̃s] *f* Fluoreszenz *f*
fluorescent, e [flyɔʀesɑ̃, ɑ̃t] *adj* fluoreszierend; ***tube*** ~ Neonröhre *f*
flûte [flyt] **I.** *f* **1.** MUS Flöte *f*

2. (*pain*) Stangenbrot *nt*
3. (*verre*) Kelchglas *nt*
▶ **ce qui vient de la ~ s'en va par le tambour** *prov* wie gewonnen, so zerronnen; **la ~ enchantée** die Zauberflöte; **petite ~** Pikkoloflöte *f*; **~ traversière** Querflöte *f*; **qn joue** [*o* **se tire**] **des ~s** *fam* jd haut ab *fam*
II. *interj fam* ■ [**et puis**] **~** [**, alors**]! verflixt! *fam*
◆ **flûte à bec** Blockflöte *f*; **flûte à champagne** Sektkelch *m*; **flûte de Pan** Panflöte *f*

flûté, e [flyte] *adj* hell und schrill; *voix* flötend, hell und zart

flûtiste [flytist] *mf* Flötist(in) *m(f)*

fluvial, e <-aux> [flyvjal, jo] *adj port* Binnen-; *transport* auf Binnenwasserstraßen; ***régime ~*** Wasserführung *f* eines Flusses; ***vallée ~e*** Flussbecken *nt*

flux [fly] *m* 1. (*marée montante*) Flut *f*
2. *littér* (*grande abondance*) Flut *f*; [*personnes*] Strom *m*; ***le ~ des nouveaux arrivants*** der Zustrom von Neuankömmlingen
3. MED (*écoulement*): ***~ de sang*** Blutung *f*
4. PHYS Fluss *m*
5. ECON Fluss *m*
▶ **le ~ et le reflux** (*marée*) Ebbe *f* und Flut *f*; (*alternance*) Hin *nt* und Her *nt*, Auf *nt* und Ab *nt*; **~ électrique/magnétique** elektrischer/magnetischer Fluss; **~ lumineux** Lichtstrom *m*; **~ tendu, ~ tendus** fertigungssynchrone Anlieferung, Just-in-time [dʒʌstɪn'taim] *nt*

fluxion [flyksjɔ̃] *f* [*gencives*] Entzündung *f*
▶ **~ dentaire** dicke Backe

FM [ɛfɛm] *f abr de* **frequency modulation** Frequenzmodulation *f*

F.M.I. [ɛfɛmi] *m abr de* **Fonds monétaire international** IWF *m*

foc [fɔk] *m* Fock *f*
▶ **grand/petit ~** Klüver *m*/Vorstagsegel *nt*
◆ **foc d'artimon** Besanstagsegel *nt*

focal, e <-aux> [fɔkal, o] I. *adj distance, plan* Brenn-
II. *f* ■ **focale** Brennweite *f*

focaliser <1> [fɔkalize] I. *vt* 1. PHYS ■ **qn/qc focalise qc** jd/etw fokussiert etw
2. (*concentrer*) ■ **qn/qc focalise qc** [**sur qn/qc**] *attention, intérêt* jd lenkt etw [auf jdn/etw]; *débat* jd/etw konzentriert etw [auf jdn/etw]
II. *vpr* 1. PHYS ■ **qc se focalise** etw bündelt sich
2. (*se concentrer*) ■ **qn/qc se focalise sur qn/qc** jd/etw konzentriert sich auf jdn/etw

fœtal, e <-aux> [fetal, o] *adj* fetal, fötal, des Fötus; *position* Embryonal-

fœtus [fetys] *m* Fetus *m*, Fötus *m*

fofolle [fɔfɔl] *adj v.* **foufou**

foi [fwa] *f* 1. REL Glaube[n] *m*; ■ **la ~ en qn** der Glaube[n] an jdn
2. (*confiance*) ■ **~ en qn/qc** Vertrauen *nt* in jdn/etw
▶ **la ~ du charbonnier** die Leichtgläubigkeit; **qn n'a ni ~ ni loi** jd besitzt weder Glaube[n] noch Moral; [**qn est**] **sans ~ ni loi** [jd ist] ohne Glaube[n] und Moral; **la ~ transporte** [*o* **soulève**] **les montagnes** der Glaube versetzt Berge; **sous la ~ du serment** unter Eid; **bonne/mauvaise ~** (*honnêteté*) Aufrichtigkeit *f*/Unaufrichtigkeit *f*; (*crédulité*) Gutgläubigkeit *f*; [**qn est**] **de bonne/mauvaise ~** [jd ist] aufrichtig/unaufrichtig; JUR [jd ist] gutgläubig/bösgläubig; ***qn agit de bonne ~*** jd handelt in gutem Glauben; **en toute bonne ~** in gutem Glauben; **qn a une ~ totale en/dans qn/qc** jd vertraut jdm voll und ganz/jd glaubt uneingeschränkt an etw (*akk*); **c'est ma ~ vrai** Sie haben Recht; ach ja, das ist wahr; **qn a la ~** (*croit en Dieu*) jd ist gläubig; (*croit en ce qu'il fait*) jd ist mit Überzeugung bei der Sache; **qn a ~ dans** [*o* **en**] **qn/qc** *soutenu* jd hat Vertrauen zu jdm/in etw (*akk*); ***qn a ~ en l'avenir*** jd glaubt an die Zukunft; **il n'y a que la ~ qui sauve** *iron* wer's glaubt, wird selig *fam*; **qn accorde** [*o* **ajoute**] [*o* **prête**] **~ à qn/qc** jd schenkt jdm/einer S. Glauben; **qc fait ~** etw ist maßgebend [*o* verbindlich]; **en ~ de quoi** urkundlich [*o* zur Urkund] dessen; **sur la ~ de qn/qc** im Glauben an jdn/etw; **ma ~ oui/non** aber ja/nein; **ma ~** na ja

foie [fwa] *m* Leber *f*
▶ **qn a mal au ~** jd hat eine Magenverstimmung; **~ gras** Stopfleber *f*; **qn a les ~s** [**blancs/verts**] *pop* jd hat [einen] [Wahnsinns]schiss *sl*

foin [fwɛ̃] *m* 1. ∅ (*herbe coupée*) Heu *nt*
2. (*poils*) [*artichaut*] Bart *m*
▶ **qn fait un ~ de tous les diables** *fam* jd macht einen Höllenlärm *fam*; **qn est bête à manger du ~** *fam* jd ist dumm wie Bohnenstroh *fam*; **qn fait du ~** [*o* **un de ces ~s**] *fam* jd macht einen Heidenkrach *fam*; **qn fait les ~s** jd macht Heu

foire [fwaʀ] *f* 1. (*grand marché*) [Waren]markt *m*; ■ **~ à** -markt; ***~ aux bestiaux*** Viehmarkt; ***~ à la vaisselle*** Markt für Töpferwaren, Keramikmarkt; ***~ à la brocante*** Trödelmarkt
2. (*exposition commerciale*) [Waren]messe *f*; ■ **~ de** + *nom de ville*: ***la ~ de Leipzig*** die Leipziger Messe
3. (*fête foraine*) Jahrmarkt *m*
4. *fam* (*endroit bruyant*) Rummel *m fam*, Trubel *m*
▶ **~ du Trône** *ein traditioneller Pariser Jahrmarkt*; **qn fait la ~** *fam* jd amüsiert sich lautstark; ***ils ont fait la ~ toute la nuit*** sie haben die ganze Nacht durchgefeiert
◆ **foire d'empoigne** Hexenkessel *m fam*

foirer <1> [fwaʀe] *vi* 1. *fam* (*rater*) ■ **qc foire** etw geht schief *fam*
2. *fam* (*être défectueux*) ■ **qc foire** /*écrou, vis*/ etw greift nicht, etw ist überdreht; /*obus, fusée*/ etw geht nicht los
3. (*se casser*) etw geht kaputt

fois [fwa] I. *f* ■ **une/deux/trois/... ~ par** *par an, mois, semaine* ein-/zwei-/dreimal/... in (+ *dat*), ein-/zwei/dreimal/... pro; ■ **une/deux/trois/... ~ l'/le/la** *littér l'an, le mois, la semaine* ein-/zwei-/dreimal/... in (+ *dat*); ■ **une ~ tous/toutes les:** ***une ~ tous les deux ans*** alle zwei Jahre; ■ **la/les ~ où** [*o* **que**] + *indic fam* das eine Mal, als [*o* wo *fam*]/die vielen Male, wo *fam*; ■ **la première/deuxième/cinquième/... ~** das erste/zweite/fünfte/... Mal
▶ **une autre ~** ein anderes Mal; **d'autres/les autres ~** sonst; **bien des ~** schon manches Mal; **une bonne ~** [**pour toutes**] ein für alle Mal; **certaines ~** manchmal; **cette ~**[**-ci/-là**] diesmal, dieses Mal; **chaque ~** jedes Mal; **la dernière ~** das letzte Mal, letztes Mal; **qn fait qc une ~, pas deux** jd macht etw nur einmal; **qn ne se le fait pas dire deux ~** jd lässt es sich (*dat*) nicht zweimal sagen; **qn s'y prend** [*o* **reprend**] **à deux ~** jd schafft es nicht in einem Zug; **qn y regarde à deux ~** jd überlegt es sich (*dat*) gut [*o* zweimal]; **plutôt deux ~ qu'une** herzlich gern[e]; **encore une ~** noch einmal; **mainte**[**s**] **~** *littér* manches Mal *liter*; **neuf ~ sur dix** fast immer; **de nombreuses ~** unzählige Male; **une nouvelle ~** noch einmal; **plusieurs ~** mehrmals, mehrere Male; **pour la/une première ~** für das erste Mal, als Einstieg; **c'est la première et la dernière ~** [**que**] + *indic* das war das erste und letzte Mal[, dass], das kommt nicht wieder vor[, dass]; **la prochaine ~** das nächste Mal; **une seule ~** ein einziges Mal; **la seule et unique ~** das einzige Mal; **la ~ suivante** + *vb au passé* beim nächsten Mal; **c'est trois ~ rien** das ist nicht der Rede wert; **qn a** [**déjà**] **fait qc vingt/trente-six/cent/mille/... ~** jd hat etw [schon] hundertmal getan; **il y avait une ~ qn/qc, il était une ~ qn/qc** es war einmal jd/etw; **on ne meurt qu'une ~** einmal stirbt jeder; **ça suffit d'une ~** einmal reicht; **un** [**seul**] **qn/qc à la ~** ein Mensch/Ding nach dem anderen; **tous** [**les qn/qc**] **à la ~** alle Menschen/Dinge gleichzeitig; **qn fait plusieurs choses à la ~** jd macht mehrere Sachen gleichzeitig [*o* zur gleichen Zeit]; **à la deuxième/troisième/... ~** *soutenu* beim zweiten/dritten/... Mal; **à chaque ~** jedes Mal; **qn/qc est** [**tout**] **à la ~ qc et qc** + *adj o subst* jd/etw ist sowohl etw als auch etw; **une ~ de plus** ein weiteres Mal, einmal mehr; **tant de ~** so oft; **autant de ~ que nécessaire/je le veux/qu'il faut** so oft, wie nötig/wie ich will/wie es sein muss; **en une ~** auf einmal; **en plusieurs ~** in mehreren Etappen; **par deux/trois ~** *littér* zwei-/dreimal, wiederholt; **pour cette/une ~** diesmal, dieses Mal; **pour une ~** [**que** + *indic*]!: ***pour une ~ qu'on devait partir!*** wenn man einmal verreisen will!; ***pour une ~ que les parents sont là*** wenn die Eltern einmal da sind; ***pour une ~, dis oui!*** sag [doch] einmal [*o* ein einziges Mal] ja!; **une ~ pour toutes** ein für alle Mal; **des ~** *fam* ab und zu, manchmal; **des ~ ..., des ~ ...** + *adv* + *indic* [manch]mal ..., [manch]mal ...; **encore une ~** noch einmal; **non mais des ~!** *fam* jetzt reicht es aber! *fam*; **plus d'une ~** schon mehr als einmal; **une ~** einmal, eines Tages; **une ~, deux ~, trois ~** (*dans une vente aux enchères*) zum Ersten, zum Zweiten, zum Dritten; (*pour menacer*) [ich zähle bis drei:] eins, zwei, drei
II. *loc* 1. ■ **une ~ que** + *indic* (*dans le présent ou le futur*) sobald; (*dans le passé*) als ... einmal; ***une ~ que tu auras lavé la vaisselle*** sobald du das Geschirr gespült hast; ■ **une ~** *soutenu* (*répétitif au passé, au présent, au futur*) wenn [erst einmal]; (*répétitif au passé, au présent historique*) als; ***une ~ en route, je m'en suis aperçu*** als ich [schon] unterwegs war, merkte ich es; ***une ~ propre, la table peut être repeinte*** wenn der Tisch [erst einmal] sauber ist, kann er neu gestrichen werden; ■ **des ~ que** + *cond fam* für den Fall, dass
2. *dans un comp* ■ **deux/trois ~ plus ...** + *adj* [**que qn/qc**] doppelt/dreimal so ... + *adj* [wie jd/etw]; ■ **deux/trois/... ~ plus de qn/qc** [**que ...**] doppelt/dreimal/... so viele Menschen/Dinge [wie ...]; ■ **deux ~ moins ...** + *adj* [**que qn/qc**] halb so ... + *adj* [wie jd/etw]; ■ **deux ~ moins de qn/qc** [**que ...**] halb so viele Menschen/Dinge [wie ...]; ***j'ai trois ~ moins de temps qu'avant*** früher hatte ich dreimal so viel Zeit; ***ici il y a vingt ~ moins d'habitants au km²*** hier ist die Bevölkerungsdichte zwanzigmal niedriger
3. (*comme multiplicateur*): ***9 ~ 3 font 27*** 9 mal 3 ist 27; ■ **deux/trois/... ~ autant** [*o* **plus**] [**que qn/qc**] doppelt/dreimal/... so viel [wie jd/etw]; ■ **une ~ et demie** + *subst* das Anderthalbfache (+ *gen*); ■ **une ~ et demie plus** + *adj* anderthalbmal so + *adj*; ■ **deux/trois/... ~ plus** + *adj* doppelt/dreimal/... so + *adj*; ■ **deux ~ moins** + *adj* halb so + *adj*

foison [fwazɔ̃] *loc* ▶ **à ~** in Hülle und Fülle

foisonnement [fwazɔnmɑ̃] *m* ■ **~ de qc** Fülle *f* von etw; ***~ de vie*** reges Leben; ***~ d'idées inextricable*** unübersichtliche Gedankenfülle; ***~ de plantes*** üppiger Pflanzenwuchs

foisonner <1> [fwazɔne] *vi* ■ **qc foisonne** etw ist reichlich vorhanden; /*poisson, gibier a.*/ etw gibt es im Überfluss; ***les tendances/idées foisonnaient*** es gab viele Tendenzen/Ideen; ***les idées foisonnent chez cet homme*** dieser Mensch hat viele Ideen; ■ **qc foisonne de** [*o* **en**] **qn/qc**: ***cette rivière foisonne de poissons*** der Fluss ist voller Fische, im Fluss wimmelt es von Fischen; ***la France foisonne de radios libres*** in Frankreich gibt es viele freie Sender

fol [fɔl] *adj v.* **fou**

folâtre [fɔlɑtʀ] *adj* ausgelassen; *humeur a.* übermütig

folâtrer <1> [fɔlɑtʀe] *vi*: ***qn/un animal folâtre*** jd/ein Tier tummelt sich

folichon, ne [fɔliʃɔ̃, ɔn] *adj fam* ■ **qn/qc n'est pas ~** jd/etw ist nicht gerade umwerfend *fam*; *santé, moral, malade* mit jdm/einer S. steht es nicht gerade zum Besten

folie [fɔli] *f* 1. (*démence*) Wahnsinn *m*, geistige Umnachtung
2. (*déraison*) Verrücktheit *f*; ***il y aurait de la ~ à le faire*** es wäre verrückt, es zu tun
3. (*passion*) ■ **la ~ de qc** die Manie für etw; ***qn a la ~ de qc*** jd ist verrückt auf etw (*akk*)
4. (*conduite, paroles*) Torheit *f*, Unbesonnenheit *f*; (*action a.*) [dummer] Streich
5. HIST Lustschlösschen *nt*
▶ **c'est de la ~ douce** [*o* **furieuse**] [*o* **pure**] das ist [doch] der rein[st]e Wahnsinn, das ist [doch] reiner [*o* heller] Wahnsinn; **qn a eu la ~ de faire qc** jd war verrückt genug etw zu tun; **qn aime qn/qc à la ~** jd ist ganz verrückt

nach jdm/etw; **qn aime qn/qc à la** ~ jd liebt jdn/etw wahnsinnig; **qn n'aurait pas la** ~ **de faire qc** jd ist [doch] nicht so verrückt [*o* töricht] etw zu tun; **c'est de la** ~ das ist [doch] Wahnsinn; **c'est ma/sa/...** ~ das ist meine/seine/ihre/... Passion [*o* Leidenschaft]; **c'est** ~ **[de faire qc]** *littér* es ist ohne Sinn und Verstand[, etw zu tun]; **qn fait une** ~**/des** ~**s** (*fait une dépense excessive*) jd gibt unsinnig viel Geld [*o* ein Heidengeld *fam*] aus; (*se conduit mal*) jd fällt aus der Rolle; **en** ~ *personnes* ausgelassen, übermütig; *stade, ville* in ausgelassener [*o* übermütiger] Stimmung
◆ **folie des grandeurs** Größenwahnsinn *m*

folié, e [fɔlje] *adj* blätt[e]rig, aus mehreren Schichten bestehend

folio [fɔljo] *m* TYP **1.** (*feuillet*) Folio[blatt *nt*] *nt*
2. (*numéro*) Seitenzahl *f*

foliole [fɔljɔl] *f* [Einzel]blatt *nt*

folklo [fɔlklo] *adj inv fam abr de* **folklorique** ■ **[qn/qc est]** ~ [jd/etw ist] etwas seltsam [*o* spinnig *fam*]

folklore [fɔlklɔʀ] *m* **1.** (*tradition populaire*) Folklore *f;* (*cérémonial*) Sitten und Gebräuche *pl*
2. *péj* (*bluff*) [Affen]theater *nt*

folklorique [fɔlklɔʀik] *adj* **1.** *chant* folkloristisch; *danse, groupe* Folklore-
2. *péj fam* (*farfelu*) ■ **[qn/qc est]** ~ [jd/etw ist] spinnig *fam*

folksong [fɔlksɔŋ] *m* Folk[song *m*] *m*

folle [fɔl] *adj v.* **fou**

follement [fɔlmɑ̃] *adv* wahnsinnig *fam;* ~ ***amoureux*** unsterblich verliebt; ~ ***comique*** irrsinnig komisch

follicule [fɔlikyl] *m* **1.** BOT Fruchtkapsel *f*
2. ANAT Follikel *nt*

fomenter <1> [fɔmɑ̃te] *vt littér* ■ **qn fomente qc [contre qn]** *complot* jd schmiedet etw [gegen jdn] *liter,* jd zettelt etw an; *troubles, assassinat* jd stiftet zu etw an

foncé, e [fɔ̃se] *adj* dunkel; *bleu, vert etc* dunkel-

foncer <2> [fɔ̃se] **I.** *vt* **1.** (*rendre plus foncé*) ■ **qn/qc fonce qc** jd/etw macht etw dunkler
2. (*creuser*): ***qn fonce qc*** jd gräbt etw; *puits* jd schachtet etw aus
3. GASTR ■ **qn fonce qc** jd belegt etw
II. *vi* **1.** (*charger*) ■ **qn/un animal/qc fonce sur qn/qc** jd/ein Tier/etw geht [*o* rast] auf jdn/etw los; ***la voiture fonçait sur lui*** das Auto raste auf ihn zu
2. *fam* (*aller très vite*) ■ **qn fonce** (*en courant*) jd spurtet *fam;* (*en agissant très vite*) jd macht fix *fam*
3. (*devenir plus foncé*) ■ **qc fonce** etw wird dunkler

fonceur, -euse [fɔ̃sœʀ, -øz] *m, f fam* Dynamiker(in) *m(f);* (*audacieux*) Draufgänger(in) *m(f)*

foncier, -ière [fɔ̃sje, -jɛʀ] *adj* **1.** (*relatif à la terre*) Grund-; ***évaluation*** ~***ière*** Einschätzung *f* des Grundbesitzes; ***revenus*** ~***s*** Einkünfte *pl* aus Liegenschaften
2. (*fondamental*) *défaut* grundlegend; *erreur* gründlich; *tendance* grundsätzlich; *qualité, gentillesse* angeboren

foncièrement [fɔ̃sjɛʀmɑ̃] *adv* von Grund aus [*o* auf]; ***qn est*** ~ ***contre qc*** jd ist grundsätzlich gegen etw

fonction [fɔ̃ksjɔ̃] *f* **1.** (*rôle*) ■ **la** ~ **[de qc]** die Funktion [einer S. (*gen*)]
2. (*activité professionnelle*) Tätigkeit *f*
3. (*charge*) Amt *nt,* Aufgabe *f;* ***qn exerce une*** ~ jd übt ein Amt aus; ■ **de** ~ *appartement, logement, voiture* Dienst-
4. BIO Funktion *f*
5. LING Funktion *f*
6. CHIM Wirkung *f,* Wirksamkeit *f*
7. MATH Funktion *f*
8. TECH, INFORM Funktion *f;* ■ ~ + *subst* -funktion
▶ **qn occupe de hautes** ~**s** jd bekleidet ein hohes Amt; **la** ~ **publique** der öffentliche Dienst; **qn a pour** ~ **de faire qc** jds Aufgabe ist es, etw zu tun; **qc a pour** ~ **de faire qc** die Funktion einer S. (*gen*) ist es, etw zu tun; **qn est/reste en** ~ jd ist im Amt/bleibt im Amt; **qc est** ~ **de qc** etw hängt von etw ab; **qn fait** ~ **de qn** jd übernimmt jds Rolle, jd fungiert als jd; **qc fait** ~ **de qc** etw dient als etw; **qn prend/cesse ses** ~**s** jd übernimmt sein Amt/legt sein Amt nieder; **en** ~ **de qc** einer S. (*dat*) entsprechend; ***en*** ~ ***du temps*** je nach Wetter[lage]

fonctionnaire [fɔ̃ksjɔnɛʀ] *mf* Beamte(r)/Beamtin *m/f;* ■ **de** ~ *mentalité* Beamten-; ***corruption de*** ~ Bestechung *f* im Amt
▶ **haut(e)** ~ hoher Beamter/hohe Beamtin

fonctionnalité [fɔ̃ksjɔnalite] *f* **1.** ∅ (*fait d'être fonctionnel*) Funktionalität *f*
2. *gén pl* INFORM Funktionen *pl*

fonctionnariser <1> [fɔ̃ksjɔnaʀize] *vt* ■ **qn fonctionnarise qn** jd verbeamtet jdn; ■ **qn fonctionnarise qc** jd übernimmt etw in den Staatsdienst

fonctionnel, le [fɔ̃ksjɔnɛl] *adj* **1.** (*pratique*) funktionsgerecht
2. MED funktionell

fonctionnement [fɔ̃ksjɔnmɑ̃] *m* Funktionieren *nt;* [*organe, institution a.*] Funktionsweise *f*
▶ **bon** ~ **de qc** störungsfreier Betrieb einer S. (*gen*)

fonctionner <1> [fɔ̃ksjɔne] *vi* ■ **qc fonctionne [bien/mal]** etw funktioniert [gut/schlecht]; /*organe*/ etw arbeitet [gut/nicht gut]; ***l'administration fonctionne lentement*** die Verwaltung arbeitet langsam; ■ **qn fonctionne ...** *fam* jd schafft ... *fam;* ***nous fonctionnons en équipe*** wir arbeiten als Team; ■ **qn fonctionne à qc** *fam à la bière, au whisky* jd kommt ohne etw nicht über die Runden, jd ist ohne etw nicht funktionsfähig

fond [fɔ̃] *m* **1.** (*partie la plus basse*) [*récipient, tonneau, trou, tiroir, verre, panier*] Boden *m;* [*mer, océan a.*] Grund *m;* [*violon, guitare*] Resonanzboden *m;* TECH, ARCHIT [Unter]grund *m;* ~ ***de la vallée*** Talsohle *f,* Talgrund *m;* ~ ***de la rivière*** Flusssohle *f;* ***le mineur travaille au*** ~ der Bergarbeiter arbeitet unter Tage [*o* in der Grube]
2. (*partie la plus éloignée*) [*pièce, couloir*] hinterer Teil; [*armoire*] Rückwand *f;* [*bois*] Tiefe *f;* ***c'est le*** ~ ***du pays ici*** hier sind wir im Innersten des Landes
3. ANAT Innere(s) *nt,* Fundus *m spec;* [*œil*] Hintergrund *m;* ***il a examiné le*** ~ ***de ma gorge*** er hat mir in den Hals geschaut
4. THEAT [*estrade, scène*] Hintergrund *m*
5. (*partie intime*) [*cœur, âme, être*] Innere(s) *nt;* ***au*** ~ ***de lui-même*** tief im Innern seines Herzens; ***le*** ~ ***de sa nature*** das Innere seines/ihres Wesens
6. (*degré extrême*): ***le*** ~ ***de la misère/souffrance/du désespoir*** tiefstes Elend/Leid/tiefste Verzweiflung; ***le*** ~ ***de l'horreur*** der Schrecken in seinem größten Ausmaß; ***qn est au*** ~ ***de l'abîme*** jd ist am Boden zerstört
7. (*ce qui est essentiel*) [*caractère, action*] Wesentliche(s) *nt;* [*choses a.*] Hauptsache *f;* [*sentiment, nature a.*] Grundlage *f;* [*problème*] Kern *m;* ***expliquez le*** ~ ***de votre pensée*** sagen Sie, was Sie wirklich denken
8. (*opp: forme*) Inhalt *m*
9. (*reste*) [*vin, apéritif, café*] [kleiner] Schluck; [*huile, bouteille, verre*] Rest *m*
10. (*hauteur d'eau*) [Wasser]tiefe *f*
11. (*pièce rapportée*) Boden *m*
12. (*arrière-plan*) (*sonore*) Hintergrund *m,* Untermalung *f;* (*visuel*) Untergrund *m*
13. GASTR Fond *m*
14. SPORT (*résistance*) Ausdauer *f;* (*course*) Langstreckenlauf *m;* ***ski de*** ~ [Ski]langlauf *m*
▶ **le** ~ **de l'air**: ***le*** ~ ***de l'air est frais*** es herrscht ein kühles Lüftchen; **à** ~ **la caisse** *pop* mit einem Affenzahn *fam;* **à** ~ **de cale** tief unten im Kielraum; **qn est à** ~ **de cale** *fam* jd ist pleite *fam;* **qn/qc va au** ~ **des choses** jd/etw geht den Dingen auf den Grund; **du** ~ **du cœur** von ganzem Herzen; **de** ~ **en comble** von Grund aus, ganz und gar; **qn fait** [*o* **gratte**] [*o* **vide**] **les** ~**s de tiroir** *fam* jd kratzt sein letztes Geld zusammen *fam;* **à** ~ **de train** im Eiltempo, mit Karacho *fam;* **qn regarde qn au** ~ **des yeux** jd schaut jdm tief in die Augen; **qn a un bon** ~ jd hat einen guten Kern; **double** ~ doppelter Boden; **le fin** ~ **de qc** der hinterste Winkel einer S. (*gen*); ~ **sonore** musikalische Untermalung, Hintergrundmusik *f;* **les** ~**s sous-marins** die Tiefsee; **qn a un** ~ **de qc** jd besitzt eine Spur von etw; **qc a un** ~ **de qc**: ***il y a un grand*** ~ ***de vérité dans tout ça*** dahinter steckt einiges Wahre; **qn/qc envoie qc par le** ~ jd/etw versenkt etw; **qn fait** ~ **sur qn/qc** jd baut auf jdn/etw; **qn touche le** ~ (*à pied*) jd berührt den Boden; (*est au plus bas*) jd liegt völlig am Boden; (*est au plus mal*) jd ist im Endstadium; **qn fait qc à** ~ jd macht etw voll und ganz; *nettoyer, remanier* gründlich; ***respirez à*** ~ atmen Sie tief durch; ***il connaît le sujet à*** ~ er kennt das Thema in- und auswendig; ***elle appuie à*** ~ ***sur la pédale*** sie tritt voll auf das Pedal; **au** [*o* **dans le**] ~, ... *fam* im Grunde genommen ..., eigentlich ...; **au** ~ **de qc** im hinteren Teil einer S. (*gen*); *du sac* im unteren Teil einer S. (*gen*); ***au*** ~ ***de la cour*** hinten im Hof; ***au*** ~ ***de l'eau*** tief unten im Wasser; ***au*** ~ ***de la province*** tief in der Provinz; **de** ~ Haupt-, grundlegend; *article* Leit-; **sur le** ~ grundsätzlich; **sur** ~ + *adj* auf ... + *adj* Hintergrund; **sur** ~ **de qc** vor dem Hintergrund einer S. (*gen*)
◆ **fond d'artichaut** Artischockenboden *m;* **fond de culotte** Hosenboden *m* ▶ **qn a usé ses** ~**s de culotte sur les bancs de l'école de X/de la même école que qn** jd hat in X die Schulbank gedrückt/mit jdm gemeinsam die Schulbank gedrückt; **fond de robe** Unterkleid *nt;* **fond de sauce** Soßenfond *m;* **fond de tarte** Tortenboden *m;* **fond de teint** Grundierung *f;* **fond d'œil** Augenhintergrund *m* ▶ **qn fait un** ~ **d'œil [à qn]** jd führt bei jdm eine Augenhintergrunduntersuchung durch

fondamental, e <-aux> [fɔ̃damɑ̃tal, o] **I.** *adj* **1.** (*de base*) grundlegend, fundamental; *élément, propriété, loi* Grund-; *opération* Haupt-; ***notion*** ~***e*** Grundbegriff *m*
2. (*important, essentiel*) wesentlich, von großer Bedeutung
3. SCI: ***recherche*** ~***e*** Grundlagenforschung *f*
4. MUS *son, note, accord* Grund-; *fréquence* Haupt-
5. LING: ***l'allemand*** ~ der deutsche Grundwortschatz
II. *f* ■ **fondamentale** Grundton *m*

fondamentalement [fɔ̃damɑ̃talmɑ̃] *adv* von Grund auf [*o* aus]; ***qn modifie qc*** ~ jd ändert etw grundlegend; ***qc est*** ~ ***constitué(e) par qc*** etw setzt sich im Wesentlichen aus etw zusammen; ~ ***opposés*** grundverschieden; ~ ***faux*** grundfalsch; ~, ***tu as raison*** im Grunde genommen hast du Recht

fondamentaliste [fɔ̃damɑ̃talist] *mf* Grundlagenforscher(in) *m(f)*

fondant, e [fɔ̃dɑ̃, ɑ̃t] **I.** *adj* **1.** (*qui fond*) *glace* schmelzend; ***neige*** ~***e*** Pappschnee *m*
2. (*qui devient mou*) *bonbon, chocolat* auf der Zunge zergehend
3. (*mûr*) weich
4. (*tendre*) zart
5. (*dégradé*) *rose* zart; *ton* mild; *couleur* blass
II. *m* **1.** (*bonbon*) weiches Bonbon
2. (*glaçage*) Fondant *m o nt*
3. TECH Lötmittel *nt*
4. METAL Zuschlag *m*

fondateur, -trice [fɔ̃datœʀ, -tʀis] *m, f* [*usine, ville, société*] Gründer(in) *m(f);* [*théorie, science*] Begründer(in) *m(f);* [*bourse, prix*] Stifter(in) *m(f);* [*œuvre*] Initiator(in) *m(f)*

fondation [fɔ̃dasjɔ̃] *f* **1.** (*fait de fonder*) Gründung *f*
2. (*création par don ou legs*) Stiftung *f*
3. (*établissement*) ■ ~ + *nom propre* Stiftung *f;* ***la*** ~ ***Friedrich Ebert*** die Friedrich-Ebert-Stiftung
4. ■ ~**s** [*bâtiment, édifice, maison*] Fundament *nt,* Grundmauern *pl*

fondé, e [fɔ̃de] *adj* ■ **qc est** ~ /*crainte, critique*/ etw ist berechtigt; /*confiance*/ etw ist gerechtfertigt; /*pressentiment*/ etw ist nicht unbegründet; ■ **qn est** ~ **à faire qc** jd hat allen Grund, etw zu tun

◆ **fondé de pouvoir** Handlungsbevollmächtigte(r) *f(m)*, Prokurist(in) *m(f)*
fondement [fɔ̃dmɑ̃] *m* **1.** (*base*) ■ **~s** Grundlagen *pl*, Fundament *nt*
2. (*motif, raison*) Grundlage *f*; ***qc ne repose sur aucun ~*** etw ist völlig unbegründet
3. PHILOS Grundlage *f*, Begründung *f*
▸ **dénué(e) de tout ~, sans ~** ohne jede Grundlage; **qn jette** [*o* **pose**] **les ~s de qc** jd legt die Grundlagen zu etw
fonder <1> [fɔ̃de] **I.** *vt* **1.** (*créer*) ■ **qn fonde qc** jd gründet etw
2. (*financer*) ■ **qn fonde qc** *prix* jd stiftet etw; *dispensaire, institution* jd ruft etw ins Leben
3. *littér* (*faire reposer*) ■ **qn fonde qc sur qc** jd gründet etw auf etw (*akk*); *théorie, science* jd stützt etw auf etw (*akk*); *décision* jd begründet etw mit etw; ***les parents fondent de grands espoirs sur leurs enfants*** die Eltern setzen große Hoffnungen in ihre Kinder; ***ce film est fondé sur une histoire vraie*** der Film beruht auf einer wahren Geschichte
4. (*être la base de*) ■ **qc fonde qc** etw begründet etw
II. *vpr* ■ **qn se fonde sur qc** jd beruft sich auf etw (*akk*); ■ **qc se fonde sur qc** etw ist durch etw begründet
fonderie [fɔ̃dʀi] *f* **1.** (*usine*) [Metall]gießerei *f*
2. (*fabrication d'objets en métal*) [Metall]gießerei *f*, [Metall]gießen *nt*
fondeur [fɔ̃dœʀ] *m* **1.** (*de profession*) [Metall]gießer(in) *m(f)*
2. (*ouvrier*) Schmelzer(in) *m(f)*, Arbeiter(in) *m(f)* in einer [Metall]gießerei
fondeur, -euse [fɔ̃dœʀ, -øz] *m, f* SPORT Langstreckenläufer(in) *m(f)*; SKI Langläufer(in) *m(f)*
fondre <14> [fɔ̃dʀ] **I.** *vi* **1.** (*devenir liquide*) ■ **qc fond** etw schmilzt; */beurre, chocolat a./* etw zerläuft [*o* zerfließt]; ■ **qn/qc fait ~ qc** jd/etw bringt etw zum Schmelzen
2. (*se dissoudre*) ■ **qc fond** [**dans qc/sous qc**] *dans un liquide* etw löst sich [in etw (*dat*)] auf; *dans la bouche, sous la langue* etw zergeht in/auf etw (*dat*); ***la pêche fond sous la langue*** der Pfirsich zergeht auf der Zunge; ■ **qn fait ~ qc** [**dans qc**] jd löst etw [in etw (*dat*)] auf
3. (*s'attendrir*) ■ **qn fond** [**de qc**] jd vergeht [vor etw (*dat*)]; ***elle fondait sous ses caresses*** bei seinem/ihrem Streicheln floss sie dahin
4. *fam* (*maigrir*) ■ **qn fond** [**de qc**] jd nimmt [etw] ab; ■ **qn/qc fait ~ qn** [**de qc**] jd nimmt durch jdn/etw [etw] ab; ***le régime m'a fait ~ de 10 kilos*** durch die Diät habe ich 10 Kilo abgenommen
5. (*diminuer rapidement*) ■ **qc fond** */argent, richesse, économies, muscles/* etw schwindet dahin; (*diminuer partiellement*) etw schrumpft [zusammen]; ■ **qc fond de qc** *de moitié* etw schrumpft um etw; ■ **qc fond** [**devant qc**] */colère, sentiment/* etw schwindet [angesichts einer S.]
6. *fig* (*dissiper*) ■ **qc fait ~ qc** *colère, ressentiment* etw mindert etw, etw lässt etw schwinden; *résolution* etw hemmt etw
7. (*se précipiter*) ■ **qn/un animal fond sur qn/un animal/qc** */oiseau, ennemi/* jd/ein Tier stürzt sich auf jdn/ein Tier/etw, jd/ein Tier fällt über jdn/ein Tier/etw her; ■ **qc fond sur qn/qc** etw stürzt auf jdn/etw; *fig /ennuis/* etw kommt auf jdn zu; */soucis/* etw befällt jdn; */malheurs/* etw bricht über jdn herein
II. *vt* **1.** (*rendre liquide*) ■ **qn/qc fond qc** jd/etw schmilzt etw, jd/etw bringt etw zum Schmelzen; *bijoux, argenterie* jd schmilzt etw ein
2. (*fabriquer*) ■ **qn fond qc** jd gießt etw
3. (*fusionner*) ■ **qn fond qc** [**dans qc**] jd vereinigt etw [mit etw]; ■ **qn fond deux choses l'une dans l'autre/plusieurs choses les unes dans les autres** jd vereinigt zwei Dinge miteinander/mehrere Dinge miteinander; ■ **qn fond plusieurs choses en une seule** jd fasst etw [zu einer Sache] zusammen
4. (*incorporer*) ■ **qn fond qc dans qc** jd fügt etw in etw (*akk*) ein
5. (*mélanger, mêler*) ■ **qn fond qc** *couleurs, tons* jd mischt etw
III. *vpr* **1.** (*s'unir*) ■ **des personnes/choses se fondent** [**en qc**] Menschen/Dinge mischen sich, Menschen/Dinge vereinigen sich [zu etw]
2. (*former un tout avec*) ■ **qn/qc se fond dans qc** jd/etw geht in etw (*dat*) auf
3. (*disparaître*) ■ **qn/qc se fond dans qc** jd/etw verschwindet in etw (*dat*); */appel/* jd/etw geht in etw (*dat*) unter
fondrière [fɔ̃dʀijɛʀ] *f* (*trou plein d'eau*) [Wasser]loch *nt*; (*trou plein de boue*) [Schlamm]loch *nt*
fonds¹ [fɔ̃] *m* **1.** (*commerce*) Geschäft *nt*, Laden *m*
2. (*terrain*) Grundstück *nt*
3. (*organisme*) Fonds *m*; ■ **le F~** + *nom propre*: ***le ~ Alexandre Guinsbourg*** der Alexandre-Guinsbourg-Fonds
4. (*capital*) Vermögen *nt*
5. (*source d'inspiration*) Stoff *m*, Material *nt*; [*langue*] Wortschatz *m*
6. (*œuvres*) [*bibliothèque*] Bestand *m*
7. (*qualités physiques ou intellectuelles*) Potenzial *nt*
▸ **F~ monétaire international** internationaler Währungsfonds; **qn prête qc à ~ perdu** jd leiht etw ohne Aussicht auf Rückerstattung
◆ **fonds d'aide** Hilfsfonds *m*; **fonds de commerce** Geschäft *nt*; **fonds de garantie** Sicherheitsfonds *m*; **fonds de grève** Streikfonds *m*, Streikkasse *f*; **fonds de placement** Wertpapierfonds *m*; ***~ commun de placement*** gemeinsamer Wertpapierfonds; **fonds de roulement** Umlaufvermögen *nt*; **fonds de solidarité** Solidaritätsfonds *m*
fonds² [fɔ̃] *mpl* **1.** (*argent liquide*) [verfügbares] Geld
2. (*capitaux*) Gelder *pl*
▸ **les ~ sont bas/en baisse** *fam* es herrscht Ebbe in der Kasse *fam*; **~ publics** [*o* **d'État**] öffentliche Gelder *pl*; **~ secrets** Geheimfonds *m*; **~ spéciaux** Spezialfonds *m*; **qn cherche/trouve des ~** jd ist auf der Suche nach Geld[ern]/treibt Geld[er] auf; **qn est en ~** *fam* jd ist bei Kasse *fam*; **qn gère les ~** jd führt die Kasse, jd verwaltet das Geld; **qn rentre dans ses ~** jd bekommt sein Geld zurück; *fam* jd macht kein Minusgeschäft *fam*
fondu, e [fɔ̃dy] **I.** *pp de* **fondre**
II. *adj couleurs, tons* ineinander übergehend, verschwimmend; ***neige ~e*** Pappschnee *m*; ***il tombe de la neige ~e*** Schneeregen fällt vom Himmel; ***fromage ~*** Schmelzkäse *m*
III. *m* CINE Überblendung *f*; ***ouverture/fermeture en ~*** Aufblendung *f*/Abblendung *f*
▸ **~ enchaîné** Überblendung *f*
IV. *f* ■ **fondue** Fondue *nt o f*
▸ **~ au chocolat** Schokoladenfondue *nt o f*; **~ bourguignonne/savoyarde** Fleisch-/Käsefondue *nt o f*
font [fɔ̃] *indic prés de* **faire**
fontaine [fɔ̃tɛn] *f* **1.** (*construction*) [Spring]brunnen *m*
2. (*source*) Brunnen *m*
3. GASTR *eine Vertiefung im Mehl für Eigelb, Eiweiß oder Ähnliches*
▸ **il ne faut pas/jamais dire: "~, je ne boirai pas de ton eau"** *prov* man soll nie „nie" sagen; **~ murale** Wandbrunnen *m*; **~ réfrigérante** Trinkbrunnen *m*; **qn pleure comme une ~** *hum* jd heult wie ein Schlosshund *fam*
◆ **fontaine de Jouvence** Jungbrunnen *m*
fontanelle [fɔ̃tanɛl] *f* ANAT Fontanelle *f*
fonte [fɔ̃t] *f* **1.** (*action de fondre*) [*neige*] Schmelze *f*; [*glace, beurre, chocolat, métal*] Schmelzen *nt*
2. (*fabrication*) Gießen *nt*
3. (*métal*) Gusseisen *nt*
▸ **~ des neiges** Schneeschmelze *f*; **~ blanche/grise** Hartguss *m*/Grauguss *m*; **~ émaillée** emailliertes Gusseisen; **en ~** aus Gusseisen, gusseisern
fonts [fɔ̃] *mpl* ▸ **~ baptismaux** Taufbecken *nt*, Taufstein *m*; **qn porte qn/qc sur les ~ baptismaux** jd hebt jdn/etw aus der Taufe
foot [fut] *m* ∅ *abr de* **football** Fußball *m*
football [futbol] *m* ∅ Fußball *m*
footballeur, -euse [futbolœʀ, -øz] *m, f* Fußballspieler(in) *m(f)*, Fußballer(in) *m(f) fam*
footing [futiŋ] *m* Jogging *nt*, Joggen *nt*; ***qn fait du/son ~*** jd joggt
for [fɔʀ] *loc* ▸ **en/dans mon/son/... ~ intérieur** in meinem/seinem/ihrem/... tiefsten Inneren
forage [fɔʀaʒ] *m* Bohrung *f*, Bohren *nt*; ***le ~ des puits de pétrole*** das Bohren nach Erdöl
forain, e [fɔʀɛ̃, ɛn] **I.** *adj attraction* Jahrmarkts-; ***baraque*** [*o* ***boutique***] ***~e*** Jahrmarktsbude *f*; ***marchand ~*** fliegender Händler; ***fête ~e*** Jahrmarkt *m*
II. *m, f* Schausteller(in) *m(f)*
forçat [fɔʀsa] *m* **1.** (*condamné aux galères*) Galeerensträfling *m*
2. (*condamné aux travaux forcés*) zur Zwangsarbeit verurteilter Sträfling
▸ **~ du travail** Arbeitstier *nt*; **qn travaille comme un ~** jd schuftet wie ein Wilder/eine Wilde *fam*
force¹ [fɔʀs] *f* **1.** (*vigueur physique*) Kraft *f*
2. (*courage*) Kraft *f*
3. (*niveau intellectuel*) geistige Fähigkeit; ***tout n'est pas de même ~*** es liegt nicht alles auf demselben [geistigen] Niveau
4. (*pouvoir*) Stärke *f*; ***l'union fait la ~*** Einigkeit macht stark; ***la ~ de qn repose sur qc*** jds Stärke beruht auf etw (*dat*) [*o* liegt in etw (*dat*)]
5. *gén pl* (*ensemble de personnes*) Kräfte *pl*; ***jeu des ~s*** Kräftespiel *nt*; ***~ électorale/financière*** Wähler-/Finanzpotenzial *nt*
6. MIL Streitkräfte *pl*
7. PHYS Kraft *f*
8. [*choses, loi, vérité*] Wirkungskraft *f*; [*argument, préjugé*] Stärke *f*
9. (*principe d'action*) Kraft *f*; [*nature, mal, ténèbres*] Kräfte *pl*; ***~ supérieure*** übersinnliche [*o* außerirdische] Kraft
10. (*degré d'intensité*) [*choc, coup*] Wucht *f*; [*vent, courant, tremblement de terre*] Stärke *f*; [*pluie*] Heftigkeit *f*; [*carte*] Wert *m*; [*désir, passion, envie*] Heftigkeit, Intensität *f*; [*sentiment*] Tiefe *f*; [*égoïsme, haine*] Ausmaß *nt*; ***~ du son/bruit*** Lautstärke; ***la pluie frappe les vitres avec ~*** der Regen schlägt heftig gegen die Fensterscheiben; ***le vent/courant était d'une telle ~ que*** der Wind/die Strömung war so stark [*o* heftig], dass
11. (*solidité*) [*câble, levier, barre*] Festigkeit *f*; [*mur*] Stabilität *f*
12. [*moteur*] Leistungskraft *f*; [*médicament, poison*] Wirkungskraft *f*
13. (*vigueur*) [*œuvre, style, terme, tracé*] Ausdruckskraft *f*
14. (*concentration*) [*boisson, café, mélange*] Stärke *f*; CHIM Stärke
15. ∅ (*électricité*) [elektrischer] Strom
▸ **qn est dans la ~ de l'âge** jd ist in den besten Jahren; **qn a une ~ de cheval** *fam* jd hat Bärenkräfte *fam*; **par la ~ des choses** unter dem Zwang der äußeren Umstände, aufgrund der Sachzwänge; **la ~ prime le droit** Gewalt geht vor Recht; **la ~ de l'habitude** die Macht der Gewohnheit; **~s d'intervention** Einsatztruppen *pl*; **qc a/fait/prend ~ de loi** etw hat/bekommt Gesetzeskraft; **~ reste à la loi** am Ende behält doch das Recht die Oberhand; **~ de la nature** Kraftmensch *m*; ***c'est une ~ de la nature*** er/sie steckt voller Vitalität; **~s de l'ordre** Ordnungskräfte *pl*, Polizei *f*; **à la ~ du poignet/des bras** [*o* **des poignets**] mit Muskelkraft; *fig* (*seul*) aus eigener Kraft; **qn fait ~ de rames/voiles** jd rudert/segelt mit voller Kraft [voraus]; **dans toute la ~ du terme** im wahrsten Sinne des Wortes; **~[s] armée[s]** Streitkräfte *pl*; **~ centrifuge/centripète** Zentrifugal-/Zentripetalkraft *f*; **à ~s égales** bei einem Gleichgewicht der Kräfte; **qc a ~ exécutoire** etw ist rechtskräftig; **qn/qc est de la même ~ que qn/qc** jd/etw ist gleich stark wie jd/etw; **deux personnes/choses sont de la même ~** zwei Menschen/Dinge sind gleich stark; **~s militaires** militärische Streitkräfte *pl*; **~ morale/physique** moralische/physische [*o* körperliche] Kraft; **qn est de première ~** jd ist eine(r) von den Besten; ***c'est un joueur d'échecs de première ~*** er ist einer der besten Schachspieler; **~ publique** öffentliche Gewalt; **qn fait qc à toute ~** jd macht etw mit Nachdruck; **~s totales** gesamte Streitkräfte *pl*; **~s vives** schöpferische [*o* kreative] Kräfte *pl*; **qn fait qc de vive ~** jd macht etw mit aller Kraft [*o* Gewalt]; **qn n'a pas de ~** jd ist nicht bei Kräften; **qn n'a pas/ne se sent pas la ~ de faire qc** jd hat nicht die Kraft/fühlt sich nicht in der

Lage, etw zu tun; **qc a [la] ~ de qc** etw kommt einer S. (*dat*) gleich; **qn cède à la ~** jd weicht der Gewalt; **qn concentre ses ~s** jd zieht seine Streitkräfte zusammen; **qn emploie la ~** jd wendet Gewalt an; **qn est sans ~s** jd ist ohne Kräfte; **qn est/n'est pas de ~ à faire qc** jd ist in der Lage/nicht in der Lage etw zu tun; **~ [m'/lui/...] est de faire qc** ich/er/sie/... muss wohl oder übel etw tun; **qc est au-dessus de mes/ses/... ~s** etw geht über meine/seine/ihre/... Kräfte; **qc fait la ~ de qn** jds Stärke liegt in etw (*dat*); **qn ménage ses ~s** jd geht mit seinen Kräften sparsam um; **qn reprend des ~s** jd kommt wieder zu Kräften; **qn ne sent pas sa ~** jd kennt seine eigene Kraft nicht; **mes/ses ~s me/le trahissent** die Kräfte verlassen mich/ihn; **à ~** mit der Zeit; **à ~ de faire qc/de qc** indem man etw tut/mit Hilfe von etw; ***à ~ d'arguments*** durch die vielen Argumente; ***à ~ d'argumenter*** durch vieles Argumentieren; **qn fait qc avec ~** jd tut etw mit Nachdruck; **qn fait qc de ~** jd tut etw unter Zwang; **qn fait qc de toutes ses ~s** jd macht etw mit aller Kraft; ***qn crie de toutes ses ~s*** jd schreit aus Leibeskräften; **de ~ 0/5/7/...** *tremblement de terre* von der Stärke 0/5/7/...; *mots croisés* vom Schwierigkeitsgrad 0/5/7/...; ***avec un vent de ~ 7*** bei Windstärke 7; **qn fait qc en ~** (*opp: en souplesse*) jd tut etw mit viel Kraft; (*en nombre*) jd tut etw in großer Zahl; **qn fait qc par ~** jd tut etw gezwungenermaßen

◆ **force d'âme** Seelengröße *f;* **force de caractère** Charakterstärke *f;* **force de corps** TYP Schriftgrad *m;* **force de dissuasion** Abschreckungspotenzial *nt;* **force de frappe** *schlagwortartige Bezeichnung für die französische Atomstreitmacht;* **force de volonté** Willenskraft *f,* Willensstärke *f;* **force d'impression** Anschlagsstärke *f;* **force d'inertie** PHYS Beharrungsvermögen *nt,* Trägheitskraft *f;* (*immobilisme*) Trägheit *f,* Schlaffheit *f;* **forces de police** Polizeikräfte *pl;* **forces d'occupation** Besatzungsmacht *f*

force² [fɔʀs] *loc littér* ■ **~** *+ subst pl* eine Menge von

forcé, e [fɔʀse] *adj* **1.** (*imposé*) *bain, mariage* unfreiwillig; *cours d'une monnaie, travail* Zwangs-; *atterrissage* Not-; ***envoi ~*** nicht bestellte Ware
2. (*artificiel*) *attitude* unnatürlich, steif; *rire, sourire* gezwungen; *amabilité, gaieté* forciert, aufgesetzt
3. *fam* (*inévitable*) *conséquence, suite* zwangsläufig
4. (*obligé*) ■ **qn est ~ de faire qc** jd ist gezwungen etw zu tun
5. LITTER, ART *style, expression, trait* unnatürlich; *comparaison, effet* erzwungen
▶ **c'est ~** *fam* das ist klar; ***avec tout ce chocolat tu vas être malade, c'est ~*** von der vielen Schokolade wird es dir garantiert schlecht; ***c'était ~*** das war abzusehen

forcément [fɔʀsemɑ̃] *adv* notgedrungen, gezwungenermaßen; ~! na klar!
▶ **pas ~** nicht unbedingt

forcené, e [fɔʀsəne] **I.** *adj* **1.** (*très violent*) heftig
2. (*démesuré*) wahnsinnig; *rêveur a.* fürchterlich; *travail, activité a.* ungeheuer; *imagination a.* grenzenlos; *partisan* begeistert, leidenschaftlich
II. *m, f* Wahnsinnige(r) *f(m),* Verrückte(r) *f(m);* ***qn est un ~ du vélo/foot*** *fam* jd ist ein fanatischer Radfahrer/Fußballspieler; ***qn est un ~ du boulot*** *fam* jd ist arbeitswütig

forcer <2> [fɔʀse] **I.** *vt* **1.** (*obliger*) ■ **qn/qc force qn [à qc/faire qc]** jd/etw zwingt jdn [zu etw/etw zu tun]
2. (*tordre*) ■ **qn force qc** jd verbiegt etw
3. (*enfoncer*) ■ **qn force qc** *coffre, porte, serrure* jd bricht etw auf; *poste de garde* jd überwältigt etw; *barrage* jd durchbricht etw; ***il force le passage/l'entrée*** er verschafft sich (*dat*) den Durchgang/Zugang; ***l'armée a forcé le blocus*** die Armee hat die Blockade gebrochen
4. (*susciter*) ■ **qn/qc force qc** *admiration, estime* jd/etw ruft etw hervor; *attention* jd/etw erregt etw; *respect* jd/etw flößt etw ein; *sympathie, confiance* jd/etw weckt etw
5. (*vouloir obtenir plus de qc*) ■ **qn force un animal/qc** *cheval* jd treibt ein Tier zu Höchstleistungen an; *moteur* jd bringt etw auf Hochtouren; ***qn force son talent*** jd überfordert sich
6. (*vouloir infléchir*) ■ **qn force qc** *conscience* jd beeinflusst etw; *consentement, succès* jd erzwingt etw; *destin* jd fordert etw heraus; *nature, vérité* jd tut einer S. (*dat*) Gewalt an
7. (*intensifier*) ■ **qn force qc** *voix* jd hebt etw; *allure, pas* jd beschleunigt etw; *note* jd hebt etw hervor, jd betont etw
8. (*interpréter avec excès*) ■ **qn force qc** *mot* jd entstellt etw; *sens d'un mot a.* jd verfälscht etw; *texte a.* jd tut einer S. (*dat*) Gewalt an
9. (*exagérer*) ■ **qn force qc** *dépense, note* jd überhöht etw
10. HORT ■ **qn force qc** jd bringt etw früher zum Treiben
11. CHASSE ■ **qn force un animal** jd treibt ein Tier
II. *vi* **1.** (*fournir un effort intense*) ■ **qn force** jd überanstrengt sich, jd verausgabt sich
2. (*agir avec force*) ■ **qn force [sur qc]** jd tut etw mit Gewalt; ***ne force pas sur la fermeture à glissière*** zieh nicht mit Gewalt am Reißverschluss
3. *fam* (*abuser*) ■ **qn force sur qc** jd übertreibt es mit etw; *sur les pâtisseries a.* jd überfrisst sich mit etw *fam;* ***le professeur force sur le social*** der Lehrer reitet auf sozialen Themen herum *fam*
4. (*supporter un effort excessif*) ■ **qc force** etw wird zu stark beansprucht
III. *vpr* ■ **qn se force [à qc/faire qc]**, ■ **qn se force pour** [*o* **de** *littér*] **faire qc** jd tut sich (*dat*) Gewalt an, jd zwingt sich [zu etw/etw zu tun]; ***qn ne se force pas pour faire qc*** jd reißt sich nicht darum, etw zu tun

forcing [fɔʀsiŋ] *m* ∅ **1.** SPORT schneller Vorstoß
2. *fam* (*déploiement d'énergie*) Kraftakt *m*
▶ **qn fait le ~** SPORT jd macht einen schnellen Vorstoß; *fam* (*travaille beaucoup*) jd legt sich ins Zeug *fam;* ***qn fait le ~ pour obtenir qc*** *fam* (*insiste*) jd lässt nicht locker, bis er etw erreicht; **qn fait qc au ~** jd macht etw unter Aufbietung aller Kräfte

forcir <8> [fɔʀsiʀ] *vi* **1.** (*devenir plus fort*) ■ **qn forcit** jd wird kräftiger; ■ **qc forcit:** ***le vent forcit*** der Wind wird stärker
2. (*grossir*) ■ **qn forcit** jd nimmt zu

forer <1> [fɔʀe] *vt* **1.** (*faire un trou dans*) ■ **qn fore qc** jd bohrt in etw (*akk*) ein Loch
2. (*creuser*) ■ **qn fore qc** *trou, puits, tunnel* jd bohrt etw

forestier, -ière [fɔʀɛstje, -jɛʀ] **I.** *adj* Wald-, Forst-; ***essence ~ière*** Baumart *f*
II. *m* Förster(in) *m(f)*

foret [fɔʀɛ] *m* Bohreinsatz *m*

forêt [fɔʀɛ] *f* **1.** (*étendue d'arbres*) Wald *m;* ■ **~ de** *de chênes, sapins, conifères, feuillus* -wald
2. (*grande quantité*) ■ **~ de qc** Wald *m* von etw
▶ **~ domaniale** Staatsforst *m;* **~ vierge** Urwald *m*

forêt-noire [fɔʀɛnwaʀ] <~s-~s> *f* **1.** GEOG ■ **la Forêt-Noire** der Schwarzwald
2. (*gâteau*) Schwarzwälder Kirschtorte *f*

forfait¹ [fɔʀfɛ] *m* **1.** (*montant fixe*) Pauschale *f;* ■ **~-** *+ subst ...* zum Pauschalpreis; ***le ~ neige*** die Schneepauschale
2. FISC Steuerpauschale *f*
▶ **qn travaille au ~** jd arbeitet für einen Festbetrag

forfait² [fɔʀfɛ] *m* SPORT (*pénalité financière*) Abstandssumme *f;* (*abandon*) Aufgabe *f*
▶ **qn déclare ~** jd steigt aus

forfait³ [fɔʀfɛ] *m littér* (*crime*) Schandtat *f,* Untat *f liter*

forfaitaire [fɔʀfɛtɛʀ] *adj indemnité* pauschal festgesetzt; *montant, prix, somme* Pauschal-

forfaiture [fɔʀfetyʀ] *f* **1.** JUR Verletzung *f* der Amtspflicht
2. HIST Treubruch *m*

forfanterie [fɔʀfɑ̃tʀi] *f littér* Großsprecherei *f,* Prahlerei *f*

forge [fɔʀʒ] *f* **1.** (*fourneau*) Esse *f,* Schmiedeofen *m*
2. (*atelier*) Schmiede *f*
3. *pl* (*usine*) Hütte[nwerk *nt*] *f*
▶ **qn ronfle comme une ~** [*o* **comme un soufflet de ~**] jd zersägt im Schlaf ganze Wälder; **qn souffle comme une ~** jd schnauft wie ein Walross

forger <2 a> [fɔʀʒe] **I.** *vt* **1.** (*façonner*) ■ **qn forge qc** jd schmiedet etw
2. (*inventer de toutes pièces*) ■ **qn forge qc** *excuse, prétexte* jd erfindet etw, jd lässt sich (*dat*) etw einfallen
3. *littér* (*créer, former*) ■ **qn/qc forge qn/qc** jd/etw schafft jdn/etw; *âme* jd/etw formt [*o* prägt] etw; *plan* jd schmiedet etw; ***qn forge un mot nouveau*** jd prägt ein neues Wort
II. *vpr* **1.** (*se créer*) ■ **qn se forge qc** *réputation, idéal* jd schafft sich (*dat*) etw; *consolation* jd verschafft sich (*dat*) etw
2. (*s'inventer*) jd denkt sich (*dat*) etw aus, jd ersinnt sich (*dat*) etw

forgeron [fɔʀʒəʀɔ̃] *m* Schmied *m*
▶ **c'est en forgeant qu'on devient ~** *prov* Übung macht den Meister

forint [fɔʀint] *m* Forint *m*

formaliser <1> [fɔʀmalize] **I.** *vpr* ■ **qn se formalise [de qc]** jd stößt sich an etw (*dat*), jd nimmt Anstoß an etw (*dat*); ***elle se formalise d'un rien*** sie stößt sich an einer Kleinigkeit
II. *vt* ■ **qn formalise qc** jd formalisiert etw

formalisme [fɔʀmalism] *m* **1.** *péj* (*attachement aux formes*) Formalismus *m,* Überbetonung *f* des Formalen
2. ART, LITTER Formalismus *m*

formalité [fɔʀmalite] *f* **1.** ADMIN, JUR Formalität *f;* ***qn accomplit*** [*o* ***remplit***] ***des ~s*** jd erledigt Formalitäten
2. (*démarche de peu d'importance*) reine Formsache
▶ **[qn fait qc] sans autre ~** [jd tut etw] kurzerhand [*o* ohne weitere Umstände]; **qc n'est qu'une [simple] ~** etw ist [nur] eine reine Formsache

format [fɔʀma] *m* (*dans tous les sens*) Format *nt*
▶ **~ grand aigle/jésus/raisin** *französische Papierformate: 74 x 105/56 x 72/50 x 64 cm;* **petit/grand ~** Klein-/Großformat *nt;* **~ in-quarto/in-folio** Format *nt* mit doppelt gefalztem Papierbogen/Folioformat *nt*
◆ **format de poche** Taschenformat *nt*

formatage [fɔʀmataʒ] *m* INFORM Formatierung *f*

formater <1> [fɔʀmate] *vt* INFORM ■ **qn formate qc** jd formatiert etw

formateur, -trice [fɔʀmatœʀ, -tʀis] **I.** *adj* erzieherisch; *expérience, influence* für die Erziehung förderlich
II. *m, f* Ausbilder(in) *m(f)*

formation [fɔʀmasjɔ̃] *f* **1.** (*action de former*) [*équipe*] Aufstellung *f;* LING [*mot, pluriel*] Bildung *f;* GEOM [*cercle, cylindre*] Konstruktion *f*
2. (*action de se former*) [*monde, dunes*] Entstehung *f;* [*sentiment, capitalisme*] Entwicklung *f;* [*couche*] Bildung *f;* ANAT, BIO [*embryon*] Entwicklung; [*os, système nerveux*] Ausbildung, Entwicklung; [*vocabulaire*] Entwicklung
3. (*apprentissage professionnel*) Ausbildung *f*
4. (*éducation morale et intellectuelle*) Bildung *f;* [*caractère, goût, esprit*] Entwicklung *f*
5. (*groupe de personnes*) Gruppe *f,* Kreis *m;* (*dans le domaine politique*) Gruppierung *f;* MIL Verband *m,* Truppe *f;* SPORT Mannschaft *f*
6. (*disposition*) Formation *f;* MIL Aufstellung *f,* Formation
7. GEOL Formation *f*
8. BOT Formation *f*
9. (*puberté*) Pubertät *f,* Reifezeit *f*
▶ **~ en colonne/ligne** MIL Kolonnen-/Linienformation *f;* **~ continue** [*o* **permanente**] Weiterbildung *f,* Fortbildung *f;* **~ politique/syndicale/musicale** politische Gruppe/Gewerkschaftsgruppe *f*/Musikgruppe *f;* **~ professionnelle** Berufsausbildung *f*

forme [fɔʀm] *f* **1.** (*aspect extérieur*) Form *f;* ■ **de ~ ...** in ... Form (*dat*); ***un vase de ~ classique*** eine Vase in klassischer Form; ■ **en ~ de qc** *de croix* -förmig, in Form einer S. (*gen*); ***un vase en ~ d'amphore*** eine amphorenförmige Vase; eine Vase, die die Form einer Amphore hat; ■ **qc est de ~**

… + *adj* etw hat eine … + *adj* Form; ***le nez est de ~ allongée*** die Nase hat eine längliche Form; ■ **sous une ~ …** + *adj* in einer … + *adj* Form; ***sous toutes ses ~s*** in all seinen Erscheinungsformen
2. (*silhouette*) Gestalt *f*
3. *pl* (*galbe du corps*) Rundungen *pl*
4. (*variante*) ■ **la/une ~ de qc** die/eine Form einer S. (*gen*); ~ ***de gouvernement*** Regierungsform
5. (*condition physique, intellectuelle*) Form *f*, körperliche/geistige Verfassung
6. *pl* (*bienséance*) [Umgangs]formen *pl*
7. ART, LITTER, MUS [Ausdrucks]form *f*; ■ **de ~ …** in … Form (*dat*); ■ **qc est de ~ …** etw hat eine … Form
8. LING Form *f*; ■ **~** + *adj* -form; ~ ***interrogative/négative/impérative*** Frage-/Verneinungs-/Befehlsform
9. JUR Form *f*
10. TECH (*du cordonnier, bottier*) Leisten *m*; (*de la modiste*) Stumpen *m*; (*du fromager*) Form *f*; (*du typographe*) Druckform *f*
▸ **sans autre ~ de procès** kurzerhand, ohne viel Federlesen[s]; **en bonne** [**et due**] **~** ordnungsgemäß, vorschriftsmäßig; ~ **fixe** POES Form *f* mit festen Regeln; ~ **progressive** LING Verlaufsform *f*; [**qc est**] **de pure ~** [etw ist] reine Formsache; **qn a/n'a pas la ~** jd ist/ist nicht in Form; **qc a la ~ de qc** etw hat die Form von etw; **qn donne à qc une ~ …** + *adj* jd verleiht einer S. (*dat*) eine … Form; **qn donne à qc la ~ de qc** jd verleiht einer S. (*dat*) die Form einer S. (*gen*); **qn est** [*o* **se sent**] **en** [**grande/pleine**] **~/dans une ~ éblouissante** jd ist [*o* fühlt sich] [gut] in Form/fühlt sich blendend [*o* glänzend]; **qn garde la ~** jd hält sich in Form; **qn manque de ~s** jd hat keine [Umgangs]formen; **qn** [**y**] **met les ~s** jd drückt sich höflich [*o* taktvoll] aus; **qn met qc en ~** jd bringt etw in eine gute Form; **qn pète la ~** *fam* jd ist in Superform *fam*; **qc prend ~** / *projet*/ etw nimmt Gestalt an; **qc prend la ~ de qc** etw nimmt die Form von etw an; **qn tient la** [**grande**] **~** jd ist in Hochform; [**qn fait qc**] **dans les ~s** [jd tut etw] ordnungsgemäß; **en ~ de qc** *fig*: ***un entretien en ~ d'interrogatoire*** eine Unterhaltung, die zum Verhör wird; ***qc est/qn fait qc en ~ de qc*** etw hat die Form einer S. (*gen*)/jd macht etw in Form einer S. (*gen*); [**qn fait qc**] **pour la ~** [jd macht etw] der Form wegen; **sans ~** formlos, ohne Form; **sous ~ de qc** in Form von etw; ***un entretien sous ~ de questions*** ein Unterhaltung in Form von Fragen; **sous la ~ de qn/qc** in jds Gestalt/in der Gestalt einer S.

formel, le [fɔʀmɛl] *adj* **1.** (*catégorique*) *déclaration, démenti, engagement* ausdrücklich; *refus* a. entschieden; *ordre* a. strikt, ausdrücklich; *preuve* eindeutig; ■ **qn/qc est ~** [**sur qc**] jd/etw drückt sich [in Bezug auf etw (*akk*)] klar aus; ***il a été ~*** seine Aussage war eindeutig
2. ART, LITTER, LING formal
3. (*de pure forme*) formell
4. PHILOS formal

formellement [fɔʀmɛlmɑ̃] *adv* **1.** (*expressément*) ausdrücklich
2. (*concernant la forme*) formal

former <1> [fɔʀme] **I.** *vt* **1.** (*fabriquer, façonner, tracer*) ■ **qn forme qc** jd formt etw
2. (*créer, organiser*) ■ **qn forme qc** *association, parti* jd gründet etw; *coalition* jd bildet etw; *complot* jd schmiedet etw
3. LING ■ **qn forme qc** jd bildet etw
4. (*assembler des éléments*) ■ **qn forme qc** *faisceaux* jd bildet etw; *équipes a.* jd stellt etw auf; *train, cortège, ensemble* jd stellt etw zusammen; *collection, trousseau* jd trägt etw zusammen
5. (*concevoir*) ■ **qn forme qc** *idée, pensée* jd entwickelt etw; *projet* jd entwirft etw; *vœu, dessein, opinion* jd äußert etw; ***elle forme des soupçons*** sie schöpft Verdacht; ***qn forme son opinion*** [***sur qn/qc***] jd bildet sich (*dat*) eine Meinung [über jdn/etw]
6. (*constituer*) ■ **qc forme qc** etw bildet etw; ■ **plusieurs choses/personnes forment qc** mehrere Dinge/Menschen bilden etw
7. (*produire, donner*) ■ **qc forme qc** etw bildet etw; *fleur a.* etw bringt etw hervor; ***le piétinement des bêtes forma un chemin*** durch das Trampeln der Tiere entstand ein Weg
8. (*éduquer, instruire*) ■ **qn forme qn** jd bildet jdn aus, jd unterrichtet jdn; ■ **qc forme qn** etw schult jdn; ■ **qn/qc forme une chose** *caractère, goût, jugement* eine S. entwickelt sich durch jdn/etw; ***ses goûts n'ont pas été formés*** sein/ihr Geschmack hatte sich nicht entwickelt
9. (*prendre l'aspect, la forme de*) ■ **qc forme qc** etw bildet etw; *boucle* etw macht etw; ■ **qn forme qc**: ***formez un cercle*** bildet einen Kreis
II. *vpr* **1.** (*apparaître*) ■ **qc se forme** etw bildet sich; / *fruits a.*/ etw entwickelt sich; ***des images se forment*** es entstehen Bilder
2. (*se disposer*) ■ **plusieurs personnes se forment en qc** *en carré, colonne, cortège* Menschen formieren sich zu etw, Menschen stellen sich zu etw auf; *en ligne* Menschen stellen sich in etw (*dat*) auf; ■ **plusieurs choses se forment en qc** Dinge formieren sich zu etw; ***l'armée se forme*** die Armee stellt sich auf
3. (*s'instruire*) ■ **qn se forme** jd bildet sich

formica® [fɔʀmika] *m* ≈ Resopal® *nt*

formidable [fɔʀmidabl] *adj* **1.** *fam* (*très bien*) toll *fam*, stark *fam*
2. (*hors du commun*) *volonté* ungeheuer; *dépense a., bataille, détonation* gewaltig; ***c'est ~*** das ist irrsinnig
3. *littér* (*effrayant*) schauderhaft, Grauen erregend

formidablement [fɔʀmidabləmɑ̃] *adv* unheimlich, wahnsinnig *fam*

formol [fɔʀmɔl] *m* Formalin® *nt*

formulaire [fɔʀmylɛʀ] *m* **1.** (*imprimé, questionnaire*) Formular *nt*, Vordruck *m*, Drucksorte *f* AUS
2. (*recueil de formules*) Formularbuch *nt*; [*pharmacie*] Formelsammlung *f*, Formelbuch *nt*

formulation [fɔʀmylasjɔ̃] *f* Formulierung *f*

formule [fɔʀmyl] *f* **1.** (*expression*) Formulierung *f*
2. (*paroles rituelles*) Formel *f*; JUR Formel
3. (*choix, possibilité*) Angebot *nt* aus einem Programm
4. (*façon de faire*) Methode *f*, Vorgehen *nt*
5. SCI, CHIM Formel *f*
6. MED Werte *pl*
7. AUT SPORT Formel *f*
▸ ~ **chimique** chemische Formel; ~ **dentaire** Zahnformel *f*; ~ **magique** Zauberformel *f*; ~ **I/III/3000** Formel I/III/3000; ***qn court en ~ I/3000*** jd fährt die Formel I/3000
◆ **formule de politesse** [Höflichkeits]floskel *f*

formuler <1> [fɔʀmyle] *vt* **1.** (*exprimer*) ■ **qn formule qc** jd formuliert etw; *demande, requête a.* jd fasst etw ab; *pensée a.* jd fasst etw in Worte
2. (*mettre en formule*) ■ **qn formule qc** jd fasst etw in einer Formel zusammen

forniquer <1> [fɔʀnike] *vi* ■ **qn fornique** [**avec qn**] jd treibt [mit jdm] Unzucht, jd treibt es mit jdm *fam*

forsythia [fɔʀsisja] *m* Forsythie *f*

fort, e [fɔʀ, fɔʀt] **I.** *adj* **1.** (*robuste*) *constitution, nature* kräftig; *personne a., animal* stark
2. (*puissant*) *homme, pouvoir, régime* stark; *monnaie* hart; ■ **qc est plus ~ que qc** CARTES: ***la dame est plus ~e que le valet*** die Dame ist höher als der Bube; ■ **~ de qc**: ***elle est ~e de sa supériorité*** sie ist sich (*dat*) ihrer Überlegenheit sicher; ***il est ~ de l'appui de ses camarades*** er kann sich auf die Unterstützung seiner Freunde verlassen, er kann auf die Unterstützung seiner Freunde bauen; ***ils sont ~s de leur victoire*** sie fühlen sich durch ihren Sieg ermutigt; ~ ***de ces résultats, le ministère lance une nouvelle opération*** durch die Ergebnisse bestärkt, startet das Ministerium eine neue Aktion; ***une armée ~e de 1500 hommes*** eine 1500 Mann starke Armee
3. (*résistant*) *papier* dick; *carton, cuir, fil a.* stark; ***colle ~e*** Alleskleber *m*; ***métal ~*** Hartmetall *nt*; ***place ~e*** Festung *f*
4. (*de grande intensité*) *impact, gelées, pluie, secousse, vent* stark; *mer* stark bewegt; (*pour la vue*) *image* beeindruckend; *lumière* hell; *ampoule* stark; (*pour l'ouïe*) *bruit, voix* laut, stark; *averse, battement* heftig; *accent* stark; *rythme* schnell; MUS *temps* betont; LING hart, stimmlos; (*pour le goût*) *café, fromage, saveur, tabac, liqueur* stark; *moutarde, sauce* scharf; (*pour l'odorat*) *odeur, parfum* stark; (*pour les sensations/sentiments*) *crainte, envie* groß; *douleur, émotion* stark; *colère* groß, heftig; *impression* stark, nachhaltig; *dégoût, désir, ferveur* stark, groß; (*pour le corps*) *rhume, souffrance* stark; *fièvre* hoch; ***j'aime les sensations ~es*** ich liebe den Nervenkitzel; ***~e chaleur*** Hitze *f*; (*canicule*) große Hitze, Affenhitze *fam*; ***haleine ~e*** Mundgeruch *m*
5. (*important*) (*qualitativement*) *œuvre* beeindruckend, groß; *réserve, présomption* stark; *qualité* gut; *phrase* bedeutend; (*quantitativement*) *prix, mortalité, somme, consommation de gaz, d'eau* hoch; *consommation de stylos, d'ampoules* groß; *baisse, hausse, progression* stark; *différence* groß; ***un des temps ~s de son discours*** einer der Höhepunkte seiner/ihrer Rede; ***il y a de ~es chances pour que*** die Chance ist groß, dass; es bestehen gute Chancen, dass; es ist sehr wahrscheinlich, dass; ***il a exprimé son opinion en termes très ~s*** er hat seine Meinung sehr deutlich zum Ausdruck gebracht; ***un geste politique ~*** eine bedeutende politische Geste; ***les temps ~s des ventes*** die Zeiten starker Nachfrage; ***il m'a fait payer le prix ~*** er hat mich den vollen Preis zahlen lassen
6. (*doué*) gut; ■ **qn est ~** jd ist gut; (*dans un contexte professionnel*) jd versteht sein Handwerk [*o* sein Metier]; (*dans un sport, jeu*) jd spielt [sehr] gut; ***c'est l'élève le plus ~ de la classe*** das ist der beste Schüler der Klasse; ***toi, quand il s'agit de critiquer, tu es très ~*** *iron* kritisieren, das kannst du; ■ **~ en** [*o* **à**] [*o* **sur**] **qc** jd ist gut in etw (*dat*); (*sait faire*) jd kann etw gut; (*s'y connaît*) jd weiß über etw (*akk*) gut Bescheid; ***il est ~ aux échecs*** er spielt gut Schach, er ist ein guter Schachspieler; ***je ne suis pas très ~e en cuisine*** ich kann nicht besonders gut kochen
7. (*excessif*) *plaisanterie* gewagt; *terme* hart; ***j'emploierai la manière ~e*** ich werd's auf die harte Tour machen *fam*; ***méthode ~e*** raue Methode, harte Tour *fam*; ***cette histoire est un peu ~e*** diese Geschichte kann man kaum glauben
8. *euph* (*gros*) *chevilles, jambes* kräftig; *personne* stark, korpulent; *poitrine* groß; ***elle est un peu ~e des hanches*** sie hat ziemlich breite Hüften
9. (*courageux*) stark; ***une âme ~e*** eine in sich gefestigte [*o* willensstarke] Person
▸ **ce n'est pas** [**très**] **~** [**de ta/sa part**] *fam* das ist nicht [sehr] clever *fam* [*o* geschickt] [von dir/ihm/ihr]; **c'est plus ~ que moi** ich kann nicht anders; **le** [*o* **ce qu'il y a de**] **plus ~, c'est que** *iron* das Größte [*o* Härteste *fam*] ist, dass; **c'est trop** [*o* **un peu**] **~** das gibt's doch nicht, das ist ein starkes Stück *fam*; **elle est ~e, celle-là** *fam* das schlägt dem Fass den Boden aus *fam*
II. *adv* **1.** (*intensément*) *frapper* kräftig, fest; *parler, crier* laut; *sentir* stark; ***son cœur battait très ~*** sein/ihr Herz schlug heftig, er/sie hatte starkes Herzklopfen; ***respirez ~!*** tief einatmen!; ***le vent souffle ~*** es weht ein starker Wind; ***cette viande sent ~*** *péj* dieses Fleisch riecht streng
2. (*beaucoup*): ***j'ai ~ à faire*** ich habe alle Hände voll zu tun; ***il aura ~ à faire pour conserver son titre*** es wird schwer für ihn werden, seinen Titel zu verteidigen; ***ça me déplaît ~*** das missfällt mir sehr; ***j'en doute ~*** ich zweifle sehr daran, das möchte ich stark bezweifeln
3. (*très*) *bien, bon, longtemps, peu, étonnant, connu* sehr; *aimable, intéressant, mécontent a.* äußerst; ***de ~ méchante manière*** auf ganz gemeine Weise; ***il est ~ démuni contre lui*** er steht ihm vollkommen machtlos gegenüber
4. *fam* (*bien*) gut; ***moi, ça va ~!*** mir geht's prima [*o* super]! *fam*
▸ **~ bien!** na gut!, na schön!; **qn a ~ à faire avec qn/qc** jd/etw macht jdm zu schaffen, jd hat viel Mühe mit jdm/etw; **qn se fait ~ de faire qc** jd traut

sich (*dat*) zu, etw zu tun; **ça marche** ~ *fam* es läuft prima *fam;* **il y va [un peu/trop]** ~ *fam* er geht zu weit *fam*
III. *m* 1. (*forteresse*) Fort *nt*
2. *fam* (*spécialité*) ■ **le ~ de qn** jds Stärke *f,* jds starke Seite
▶ **qc est/n'est pas le ~ de qn** *fam* etw ist/ist nicht jds Stärke [*o* jds starke Seite]; **au plus ~ de qc:** ***au plus ~ de l'été*** mitten im Sommer, im Hochsommer; ***au plus ~ de la bataille*** auf dem Höhepunkt der Schlacht, als die Schlacht am heftigsten war
IV. *m, f* (*personne*) Starke(r) *f(m)*
▶ **~(e) en thème** Musterschüler(in) *m(f)*
◆ **fort des Halles** *Lastenträger in den Pariser Markthallen;* ***il est bâti comme un ~ des Halles*** er ist ein Schrank von einem Mann *fam*

forte [fɔʀte] *adv* MUS forte

fortement [fɔʀtəmɑ̃] *adv* 1. (*vigoureusement*) *tenir* fest; *secouer* kräftig, heftig; ***il s'est exprimé ~*** er hat seinen Worten großen Nachdruck verliehen
2. (*vivement*): ***il a ~ insisté*** er hat nachdrücklich darauf bestanden; ***je suis ~ attiré par cela*** das reizt mich sehr, das übt einen starken Reiz auf mich aus; ***je désire ~ que*** es ist mein innigster Wunsch, dass
3. (*beaucoup*) sehr, stark; ***il est ~ question d'un remaniement ministériel*** eine Kabinettsumbildung wird ernstlich erwogen [*o* ernsthaft in Erwägung gezogen]

forteresse [fɔʀtəʀɛs] *f* 1. (*lieu fortifié*) Festung *f*
2. *fig* Hochburg *f,* Bastion *f,* Bollwerk *nt*
▶ **~ volante** MIL fliegende Festung, Jagdbomber *m*

fortiche [fɔʀtiʃ] *adj fam* 1. ***il faut déjà être ~*** man muss es schon ganz schön draufhaben *fam;* ***c'est pas ~ d'avoir fait cela*** es war nicht gerade clever [*o* schlau] das zu tun *fam;* ***c'est un type ~ en math*** der Typ ist in Mathe echt beschlagen *fam*
2. *vieilli* (*costaud*) stark, kräftig

fortifiant, e [fɔʀtifjɑ̃, jɑ̃t] I. *adj médicament, remède* stärkend, kräftigend; ***nourriture ~e*** Kraftnahrung *f;* ***boisson ~e*** Aufbautrunk *m*
II. *m* (*remède*) Stärkungsmittel *nt*

fortification [fɔʀtifikasjɔ̃] *f* Befestigungsanlage *f*

fortifier <1 a> [fɔʀtifje] I. *vt* 1. (*rendre vigoureux*) ■ **qc fortifie qn/qc** etw kräftigt [*o* stärkt] jdn/etw
2. (*affermir*) ■ **qn/qc fortifie qn/qc [dans qc]** *courage, volonté* jd/etw stärkt etw; *personne, âme* jd/etw verleiht [*o* gibt] jdm/einer S. Kraft; *personne* jd/etw bestärkt jdn [in etw (*dat*)]; *amitié* etw festigt etw
3. MIL ■ **qn fortifie qc** jd befestigt etw
II. *vi* (*tonifier*) ■ **qc fortifie** etw kräftigt, etw stärkt
III. *vpr* 1. (*se rendre fort*) ■ **qn/qc se fortifie** /*santé*/ etw stabilisiert sich; /*personne*/ (*par exercices*) jd trainiert [seinen Körper]; (*après maladie*) jd kommt wieder zu Kräften
2. (*s'affermir*) ■ **qc se fortifie** /*amitié, croyance, autorité*/ etw festigt sich; ***suite à ces événements, ma volonté s'est fortifiée*** diese Ereignisse haben mich in meinem Willen bestärkt; ***l'esprit se fortifie par la méditation*** der Geist wird durch Meditation gestärkt
3. MIL ■ **qn/qc se fortifie** jd/etw verschanzt sich

fortin [fɔʀtɛ̃] *m* kleines Fort

fortuit, e [fɔʀtɥi, it] *adj* zufällig; *remarque* willkürlich; **cas ~** Zufall *m*

fortuitement [fɔʀtɥitmɑ̃] *adv* zufällig[erweise], durch Zufall

fortune [fɔʀtyn] *f* 1. (*richesse*) Vermögen *nt;* ***une ~ colossale*** ein gewaltiges Vermögen; ***le notaire est une des plus grosses ~s de la région*** der Notar ist einer der vermögendsten Männer der Gegend
2. *littér* (*chance*) Schicksal *nt,* Glück *nt;* ***elle court après la ~*** sie rennt dem Glück hinterher; ***leurs projets ont connu des ~s diverses*** der Erfolg ihrer Projekte war sehr unterschiedlich; ***nous avons eu dans la vie des ~s différentes*** uns war im Leben ein unterschiedliches Los beschieden; ■ **la F~** MYTH Fortuna *f*
▶ **la ~ sourit aux audacieux** *prov* wer wagt, gewinnt; **qn fait contre mauvaise ~ bon cœur** jd lässt sich nicht unterkriegen *fam;* **à la ~ du pot:** ***ça sera*** [*o* ***on fera***] ***à la ~ du pot*** wir werden schauen, was wir auf den Tisch bekommen; **la bonne ~** der glückliche Zufall; **qn a la bonne ~ de faire qc** jd hat das große Glück, etw zu tun; **une bonne ~** (*succès amoureux*) eine Eroberung; **les grandes ~s** die oberen Zehntausend; **qn a de la ~** jd hat [*o* besitzt] Vermögen, jd ist vermögend; **qn n'a pas de ~** jd hat [*o* besitzt] kein Vermögen; **qn cherche** [*o* **tente**] **~** jd [ver]sucht sein Glück; **qc coûte une ~** etw kostet ein Vermögen; **qn dilapide une ~** jd bringt ein Vermögen durch; **qn fait ~** jd wird reich; **qc fait ~** etw setzt sich durch [*o* hat Erfolg]; **la ~ vient en dormant** *prov* den Seinen gibt's der Herr im Schlaf; **de ~** (*improvisé*) behelfsmäßig; ***installation de ~*** Notunterkunft *f*

fortuné, e [fɔʀtyne] *adj* 1. (*riche*) vermögend, wohlhabend
2. *littér pays, peuple, jour* glücklich; ***les îles F~es*** die Kanarischen Inseln

forum [fɔʀɔm] *m* 1. (*débat*) Forum *nt*
2. (*place*) Platz *m;* ANTIK Forum *nt;* ***le ~ des Halles*** *auf dem Gelände der ehemaligen Pariser Markthallen erbautes Einkaufszentrum*

fosse [fos] *f* 1. (*cavité*) Grube *f*
2. GEOL Graben *m*
3. (*tombe*) Grab *nt*
▶ **~ commune** Sammelgrab *nt;* (*charnier*) Massengrab *nt;* **~ iliaque** Hüftbeingrube *f;* **~s nasales** Nasen[neben]höhlen *pl;* **~ septique** Klärgrube *f*
◆ **fosse à fumier/purin** Dunggrube *f*/Jauchegrube *f;* **fosse aux lions** Löwenzwinger *m;* (*bible*) Löwengrube *f;* **fosse aux ours** Bärenzwinger *m;* **fosse d'aisances** Abortgrube *f,* Senkgrube *f;* **fosse de réception** Sprunggrube *f;* **fosse d'orchestre** Orchestergraben *m*

fossé [fose] *m* 1. (*tranchée*) Graben *m;* ***~ d'irrigation*** Bewässerungsgraben *m*
2. (*écart*) Kluft *f;* ***entre ce que tu souhaites et la réalité, il y a un ~*** bei dir klaffen Wunsch und Realität sehr weit auseinander; ***un ~ s'est créé entre nous*** eine Kluft [*o* ein Graben] hat sich zwischen uns aufgetan; ***~ des générations*** Generationskonflikt *m*
▶ **~ antichar** Panzergraben *m;* **~ culturel:** ***un véritable ~ culturel sépare certains peuples*** zwischen den Kulturen einiger Völker liegen Welten; **le ~ s'accroît** [*o* **se creuse**] [*o* **s'élargit**] die Kluft wird tiefer

fossette [fosɛt] *f* Grübchen *nt*

fossile [fosil] I. *adj* 1. GEOL fossil
2. *péj fam* (*démodé*) *idée* angestaubt *fam; objet* vorsintflutlich *fam; personne* verknöchert
II. *m* 1. GEOL Fossil *nt*
2. *péj fam* Grufti *m fam,* Fossil *nt fam*

fossilifère [fosilifɛʀ] *adj* fossilienhaltig

fossiliser <1> [fosilize] *vpr* 1. GEOL ■ **qn/qc se fossilise** jd/etw versteinert
2. *péj fam* ■ **qn se fossilise** jd rostet ein *fam*

fossoyeur [foswajœʀ] *m* Totengräber *m*

fou, fol, folle [fu, fɔl] I. *adj* 1. *personne* verrückt; ***il est devenu subitement ~*** er hat plötzlich den Verstand verloren; ***ils sont ~s ces Gaulois!*** *hum* die spinnen, die Gallier!
2. (*insensé*) *désir, rires* unbändig; *espoir, tentative* sinnlos, töricht; *idée, projet* unsinnig, verrückt; *amour* wahnsinnig; *course, imagination, jeunesse* wild; *dépense* unvernünftig; *imagination* verrückt; *joie* überschäumend; *regard* irr; ***folle audace*** Tollkühnheit *f;* ***quelle folle idée vous a pris là?*** wie seid ihr nur auf diese Schnapsidee gekommen? *fam;* ***j'ai passé une folle nuit*** ich habe eine heiße [*o* tolle] Nacht verbracht; ***il fut saisi d'un véritable ~ rire*** er bekam einen Lachanfall [*o* Lachkrampf]; ***les rumeurs les plus folles*** die wildesten Gerüchte
3. (*éperdu*) ■ **qn est ~ de qc** *de joie* jd ist außer sich vor etw (*dat*); *de colère a.* jd rast vor etw (*dat*); *de chagrin* jd verliert vor etw (*dat*) fast den Verstand; ***il est ~ de désir*** er verspürt ein wahnsinniges Verlangen *fam;* ***cette perspective le rendait ~ de joie*** diese Aussicht löste bei ihm einen wahren Freudentaumel aus; ***la mort de sa femme le rend ~ de chagrin*** der Tod seiner Frau bringt ihn fast um den Verstand
4. (*amoureux*) ■ **qn est ~ de qn** jd ist ganz verrückt [*o* wild] nach jdm *fam;* ■ **qn est ~ de qc** jd ist ganz verrückt [*o* versessen] auf etw (*akk*) *fam*
5. (*énorme*) wahnsinnig *fam; courage, énergie a.* ungeheuer; *mal, souffrance, prix a.* irrsinnig *fam;* **argent ~** Heidengeld *nt fam;* ***il y avait un monde ~*** es waren irrsinnig [*o* wahnsinnig] viele Leute da *fam*
6. (*en désordre, incontrôlé*) *cheveux, mèche* widerspenstig; ***un camion ~*** ein außer Kontrolle geratener Lastwagen; ***un cheval ~*** ein wild gewordenes Pferd; ***la boussole est folle*** der Kompass spielt verrückt
▶ **~ furieux(-euse):** ***elle est devenue folle furieuse*** sie bekam einen Tobsuchtsanfall; **c'est à devenir ~, il y a de quoi devenir ~** es [*o* das] ist [ja] zum Verrücktwerden; **ils sont devenus ~s** sie sind durchgedreht *fam;* **c'est ~ ce que** + *indic fam* es ist wahnsinnig [*o* irrsinnig], was *fam;* **qn est/serait ~ de faire/ne pas faire qc** jd ist/wäre verrückt, etw zu tun/nicht zu tun; **qn n'est pas ~** *fam* jd ist doch nicht verrückt *fam;* **il faut être ~ pour faire qc** man muss ganz schön dumm sein, um etw zu tun; **qn est ~ à lier** jd ist völlig verrückt [*o* übergeschnappt *fam*]; **qc rend qn ~** etw macht jdn verrückt [*o* wahnsinnig]; **qn rend qn ~ [avec qc]** jd macht jdn [mit etw] verrückt; ***il me rendra ~*** er bringt mich noch ins Irrenhaus *fam;* **[qn n'est] pas si ~** *fam* [jd ist] gar nicht so dumm; **tout ~:** ***il est tout ~*** er ist außer Rand und Band *fam;* ***le chien devient tout ~*** der Hund gerät vollkommen aus dem Häuschen *fam*
II. *m, f* 1. (*dément*) Verrückte(r) *f(m);* MED Wahnsinnige(r) *f(m),* Geistesgestörte(r) *f(m),* Verrückte(r) *f(m) fam*
2. ECHECS Läufer *m*
3. (*bouffon*) Narr *m*
4. ZOOL Tölpel *m*
▶ **~ furieux/folle furieuse** Tobsüchtige(r) *f(m);* **jeune ~** junger Irrer *fam;* **qn s'amuse comme un petit ~/une petite folle** *fam* jd amüsiert sich königlich *fam;* **vieux ~/vieille folle** verrückte(r) [*o* närrische(r)] Alte(r) *f(m);* **qn fait le ~/la folle** jd macht Unsinn [*o* Blödsinn]; ***arrête de faire la folle!*** lass den Unsinn [*o* Blödsinn]!; ***en voiture il fait toujours le ~*** im Auto führt er sich immer wie ein Irrer auf *fam;* **plus on est de ~s, plus on rit** *prov* je mehr Leute, um so lustiger wird es [*o* um so mehr wird gelacht]; **comme un(e) ~(folle)** wie ein Irrer [*o* Wahnsinniger] [*o* Verrückter]/eine Irre [*o* Wahnsinnige] [*o* Verrückte]; ***le cheval s'élança au dehors comme un ~*** wie von der Tarantel gestochen, stürzte das Pferd nach draußen *fam*
III. *f péj fam* (*pédéraste*) ■ **folle** Tunte *f fam*
◆ **folle du logis** *littér* Fantasie *f;* **fou du roi** Hofnarr *m*

foucade [fukad] *f littér* Laune *f;* ***il ne travaille que par ~s*** er arbeitet [ganz] nach Lust und Laune; ***ses parents lui passent toutes ses ~s*** seine/ihre Eltern geben allen seinen/ihren Launen nach; ***Michèle est une fille à ~s*** Michèle hat ihre Launen [*o* ist ein launenhaftes Mädchen]

foudre¹ [fudʀ] *f* 1. METEO Blitz[schlag *m*] *m*
2. *pl soutenu* (*colère*): ***les ~s de l'Église*** der Bannstrahl der Kirche *geh;* ***je redoute les ~s de mes parents*** ich fürchte den Zorn meiner Eltern
▶ **qn a le coup de ~ pour qn** jd verliebt sich auf den ersten Blick in jdn; **prompt** [*o* **rapide**] **comme la ~** [schnell] wie der Blitz *fam,* wie ein geölter Blitz *fam,* blitzschnell *fam;* **la ~ s'abat** [*o* **tombe**] **sur qn** jd wird vom Blitz erschlagen; **la ~ s'abat** [*o* **tombe**] **sur qc** etw wird vom Blitz getroffen; **les ~s de qn s'abattent sur qn** jds Zorn entlädt sich auf [*o* über] jdn; **qn s'attire les ~s de qn** jd zieht sich (*dat*) jds Zorn zu; **qn craint qn comme la ~** jd hat panische Angst vor jdm

foudre² [fudʀ] *m:* ***~ de guerre*** großer Kriegsheld; ***~ d'éloquence*** großer Redner

foudre³ [fudʀ] *m* (*tonneau*) großes [Lager]fass

foudroyant, e [fudʀwajɑ̃, jɑ̃t] *adj* 1. (*soudain*) *mort* plötzlich, jäh; *suc-*

cès durchschlagend, überwältigend; *vitesse* rasend, rasant; *progrès* rasant; *nouvelle* umwerfend, verblüffend; ***attaque ~e*** Blitzangriff *m*
2. (*mortel*) *maladie* tödlich; *poison* tödlich [wirkend]
3. (*réprobateur*) *regard* vernichtend

foudroyer <6> [fudʀwaje] *vt* 1. (*électrocuter*) ■ **qn est foudroyé(e)** jd wird vom Blitz erschlagen; ■ **qc est foudroyé(e)** etw wird vom Blitz getroffen; ***il a été foudroyé en touchant un fil électrique*** er bekam einen Schlag, als er ein elektrisches Kabel berührte
2. (*abattre*) ■ **qn/qc foudroie qn/un animal** jd/etw trifft jdn/ein Tier tödlich, jd vernichtet jdn/ein Tier; /*malheur, nouvelle*/ etw schmettert jdn nieder; /*surprise*/ etw macht jdn sprachlos; ***elle a été foudroyée par un malaise*** ein plötzliches Unwohlsein befiel sie

fouet [fwɛ] *m* 1. (*verge*) Peitsche *f*
2. (*batteur*) Schneebesen *m*
▸ **de plein** ~ mit voller Wucht; ***la ville n'a pas subi de plein ~ la crise*** die Stadt hat die Krise nicht in ihrem vollen Ausmaß zu spüren bekommen; **qn donne le ~ à qn** jd schlägt jdn mit der Peitsche; **sous le ~ de qc**: ***l'homme, sous le ~ de la nécessité, devient ingénieux*** Not macht den Menschen erfinderisch

fouettard [fwetaʀ] *adj v.* **père**

fouetter <1> [fwete] I. *vt* 1. (*frapper*) ■ **qn fouette qn/un animal** jd schlägt jdn/ein Tier mit der Peitsche, jd peitscht jdn [aus], jd peitscht ein Tier, jd gibt einem Tier die Peitsche; ■ **qc fouette qn/qc** etw peitscht [*o* schlägt] gegen etw [*o* an etw (*akk*)]; ***le vent le fouettait [au visage]*** der Wind peitschte [*o* schlug] ihm entgegen [*o* ins Gesicht]
2. GASTR ■ **qn fouette qc** jd schlägt etw
3. (*stimuler*) ■ **qn/qc fouette qc** *amour-propre, orgueil* jd/etw spornt [*o* stachelt] etw an; *désir* jd/etw erregt [*o* [er]weckt] etw; *imagination* jd/etw beflügelt etw; ***qc fouette le sang*** etw stimuliert den Kreislauf
II. *vi* 1. (*frapper*) ■ **qc fouette contre qc** /*pluie*/ etw peitscht [*o* schlägt] gegen etw [*o* an etw (*akk*)]; /*volet*/ etw schlägt gegen etw
2. *fam* (*avoir peur*) ■ **qn fouette** jd hat Schiss *sl*
3. *fam* (*puer*) ■ **qn/un animal/qc fouette** jd/ein Tier/etw stinkt wie die Pest *fam*

foufou, fofolle [fufu, fɔfɔl] *adj fam personne* [bisschen] verrückt *fam*; *chien* verspielt

fougère [fuʒɛʀ] *f* Farn *m*, Farnkraut *nt*
◆ **fougère arborescente** Baumfarn *m*

fougue [fug] *f* Schwung *m*
▸ **avec ~/la ~ de qc**: ***il s'est donné à cette tâche avec ~*** er hat sich dieser Aufgabe mit Elan [*o* Begeisterung] gewidmet; ***avec la ~ de la jeunesse*** mit jugendlichem Ungestüm *geh*

fougueusement [fugøzmɑ̃] *adv s'empoigner, se battre* heftig; *s'embrasser* leidenschaftlich; *défendre* schwer, vehement

fougueux, -euse [fugø, -øz] *adj réponse* heftig; *attaque a.* stürmisch; *tempérament, personne* ungestüm, aufbrausend; *orateur, intervention, polémiste* leidenschaftlich; *cheval* feurig; *discours* flammend, mitreißend

fouille [fuj] *f* 1. (*inspection*) Durchsuchung *f*, Filzen *nt fam*
2. *pl* ARCHEOL [Aus]grabungen *pl*; ***les ~s de Pompéi*** die Ausgrabungen von Pompeji
3. (*excavation*) Baugrube *f*; ***la ~ est terminée*** die Baugrube ist ausgeschachtet
4. *pop* (*poche*) Tasche *f*
▸ ~ **corporelle** Leibesvisitation *f*; ~ **domiciliaire** Haus[durch]suchung *f*; **qn s'en met plein les ~s** *pop* jd macht ein Schweinegeld *sl*

fouillé, e [fuje] *adj commentaire* ausführlich, detailliert; *étude* eingehend, genau; *travail* gründlich, gewissenhaft

fouille-merde <~-~s> [fujmɛʀd] *m fam* Schmierfink *m fam*

fouiller <1> [fuje] I. *vt* 1. (*inspecter*) ■ **qn fouille qn/qc** jd durchsucht jdn/etw; /*police a.*/ jd filzt jdn/etw *fam*; *lieu a., horizon* jd sucht etw ab; *poches a.* jd durchwühlt etw; *dossier* jd durchforstet etw; *problème* jd erörtert etw eingehend; *vie de qn* jd befasst sich eingehend mit etw; ***j'ai fouillé toute ma chambre*** ich habe mein ganzes Zimmer auf den Kopf gestellt *fam*; ***il fouillait l'obscurité de ses yeux*** er versuchte in der Dunkelheit etwas zu erkennen; ***elle fouille la pièce des yeux*** [*o* ***du regard***] sie nimmt das Zimmer genau in Augenschein
2. (*creuser*) ■ **un animal fouille qc** ein Tier wühlt in etw (*dat*); ■ **qn fouille qc** ARCHEOL jd gräbt [*o* macht [Aus]grabungen] in etw (*dat*)
II. *vi* 1. (*inspecter*) ■ **qn fouille [dans qc]** jd wühlt [in etw (*dat*)] herum, jd durchsucht [*o* durchwühlt] etw; *dans la mémoire, les souvenirs* jd kramt in etw (*dat*) *fam*; ***elle fouillait partout*** sie durchsuchte alles
2. (*creuser*) ■ **un animal fouille quelque part** ein Tier wühlt irgendwo; ■ **qn fouille quelque part** ARCHEOL jd macht irgendwo [Aus]grabungen
III. *vpr* ■ **qn se fouille** jd durchsucht [*o* durchwühlt] seine Taschen
▸ **qn peut [toujours] se ~** *fam* jd kann warten, bis er schwarz wird *fam*

fouillis [fuji] *m* Unordnung *f*, Durcheinander *nt*; ***ta dissertation fait vraiment ~*** dein Aufsatz hat weder Hand noch Fuß; ■ **~ de qc** *d'idées, de souvenirs* Wust *m* von etw; *de lianes* Gewirr *nt* von etw, Geflecht *nt* von etw
▸ **qn fait du ~** jd macht Unordnung [*o* ein Durcheinander]; **en ~** in Unordnung, durcheinander

fouine [fwin] *f* Steinmarder *m*
▸ **qn est curieux(-euse)/rusé(e) comme une ~** jd ist sehr neugierig/jd ist schlau wie ein Fuchs; **c'est une vraie ~** das ist ein elender Schnüffler/eine elende Schnüfflerin *fam*

fouiner <1> [fwine] *vi fam* ■ **qn fouine [quelque part]** jd spioniert [*o* schnüffelt] [irgendwo] herum *fam*; ***il est sans cesse à ~ partout*** er muss seine Nase ständig in alles [hinein]stecken *fam*

fouineur, -euse [fwinœʀ, -øz] *adj* neugierig

fouisseur, -euse [fwisœʀ, -øz] *adj* Wühl-; ***animal ~*** Wühler *m*

foulant, e [fulɑ̃, ɑ̃t] *adj fam travail* anstrengend, ermüdend

foulard [fulaʀ] *m* 1. (*écharpe*) Halstuch *nt*, Schal *m*
2. (*tissu*) Foulard *m*, [leichter] Seidenstoff
▸ ~ **islamique** islamisches Kopftuch

foule [ful] *f* 1. (*grand nombre de gens*) [Menschen]menge *f*; ***une ~ en délire*** eine rasende [*o* tobende] Menge; ■ **une ~ de personnes/choses** eine Menge Menschen/Dinge, ein Haufen von Menschen/Dingen, unheimlich viele Menschen/Dinge *fam*; ***une ~ de manifestants*** eine Schar [von] Demonstranten; ***j'ai une ~ de projets*** ich habe eine Menge Pläne
2. (*peuple*) Volk *nt*, die breite Masse; ***la ~ n'était guère au rendez-vous pour ce concert*** es herrschte kein Massenandrang bei diesem Konzert
▸ **la grande ~**: ***il n'y avait pas la grande ~ aux guichets*** der große Ansturm auf die Schalter blieb aus; **il y a/n'y a pas ~ [quelque part]** es sind viele/wenige Leute da, [irgendwo] sind viele/wenige Leute; ***il y a/n'y a pas ~ au Luxembourg*** im Jardin de Luxembourg sind viele Leute/wenig Leute, im Jardin de Luxembourg wimmelt es von Menschen/sind nicht viele Leute; **qn fend la ~** jd bahnt sich (*dat*) einen Weg durch die Menge; **des personnes ne sont pas ~** Menschen sind dünn gesät; **en ~** (*choses*) in Massen, massenweise; (*personnes a.*) in Scharen, scharenweise; ***les idées me viennent en ~*** mir kommen eine Menge [*o* viele] Ideen

foulée [fule] *f* Schritt *m*; [*cheval*] Auftreten *nt* (*beim Trab oder Galopp*); [*coureur*] Tritt *m*, Laufschritt, Laufstil *m*; ***à grandes ~s*** mit großen [*o* langen] Schritten; ***allonge la ~!*** mach größere [*o* längere] Schritte
▸ **dans la ~ [de qc]** gleich im Anschluss daran, gleich im Anschluss an etw (*akk*), unmittelbar danach, unmittelbar nach etw; ***il travailla encore trois heures dans la ~*** er hat noch drei Stunden ohne Unterbrechung weitergearbeitet; **dans la ~ de qn** dicht hinter jdm; ***il est resté dans sa ~*** er blieb dicht hinter ihm/ihr, er blieb ihm/ihr auf den Fersen; ***il courait dans la ~ de son adversaire*** er war seinem Gegner dicht auf den Fersen

fouler <1> [fule] I. *vt* 1. *littér* (*marcher sur*) ■ **qn foule qc** jd setzt den Fuß auf etw (*akk*), jd betritt etw; ***il foule le sol de sa patrie*** er setzt den Fuß auf heimatlichen Boden, er betritt den Boden seiner Heimat
2. (*écraser*) ■ **qn foule qc** *raisin* jd keltert etw; TECH *cuir, drap, feutre, peau* jd walkt etw
3. (*tordre*) ■ **qn foule qc à qn** *cheville, poignet* jd verdreht jdm etw; *pied* jd verrenkt jdm etw
II. *vpr* 1. (*se tordre*) ■ **qn se foule qc** jd verstaucht sich (*dat*) etw
2. *iron fam* (*se fatiguer*) ■ **qn se foule** jd legt sich ins Zeug *fam*; ***vous croyez qu'il se foulerait?!*** glauben Sie etwa, dass er sich überanstrengen [*o* dass er nur einen Handschlag zu viel tun *fam*] würde?; ***tu ne t'es vraiment pas foulé*** du hast dir wirklich kein Bein ausgerissen *fam*

foulure [fulyʀ] *f* Verstauchung *f*

four [fuʀ] *m* 1. GASTR Backofen *m*
2. TECH Ofen *m*
3. THEAT *fam* (*échec*) Fiasko *nt*, Flop *m fam*
▸ **au ~ et au moulin**: ***qn est au ~ et au moulin*** jd macht alles auf einmal; ***on ne peut pas être au ~ et au moulin*** man kann nicht auf zwei Hochzeiten gleichzeitig tanzen; **il fait chaud comme dans un ~** hier ist eine Hitze wie in einem Backofen; ~ **crématoire** Krematorium *nt*; ~ **électrique** Elektroherd *m*; **il fait noir comme dans un ~** es ist stockdunkel [*o* stockfinster]; ~ **solaire** Sonnenofen *m*; **qc est/fait un ~** etw ist ein [großer] Flop *fam*/etw fällt [glatt] durch; **qn met** [*o* **passe**] **qc au ~** jd schiebt etw in den Ofen; **qc va au ~** etw ist feuerfest [*o* hitzebeständig]; **qn n'y voit pas plus que dans un ~** jd sieht die Hand nicht vor den Augen
◆ **four à catalyse** Katalysenanlage *f*; **four à chaux** Kalkofen *m*; **four à micro-ondes** Mikrowellenherd *m*, Mikrowellengerät *nt*; **four à réverbère** Flammofen *m*; **four de boulanger** Backofen *m*

fourbe [fuʀb] *adj* falsch, hinterlistig; ***une gentillesse un peu ~*** eine etwas geheuchelte Freundlichkeit

fourberie [fuʀbəʀi] *f* Falschheit *f*, Hinterlist *f*

fourbi [fuʀbi] *m fam* 1. (*attirail*) Krempel *m fam*, Kram *m fam*, Zeugs *nt fam*
2. (*truc*) Dings *nt fam*, Dingsda *nt fam*, Dingsbums *nt fam*

fourbir <8> [fuʀbiʀ] *vt* 1. (*astiquer*) ■ **qn fourbit qc** jd putzt etw blank, jd poliert etw
2. (*préparer soigneusement*) ■ **qn fourbit qc** *arguments* jd feilt an etw (*dat*)

fourbu, e [fuʀby] *adj* erschöpft

fourche [fuʀʃ] *f* 1. (*outil*) Gabel *f*
2. CYCLISME Gabel *f*
3. (*division en deux branches*) [*chemin, route*] Gabelung *f*; [*jambes, pantalon*] Schritt *m*; (*d'une branche*) Astgabelung; (*d'un arbre*) Baumgabelung

fourcher <1> [fuʀʃe] *vi* ■ **qc fourche** /*cheveux*/ etw spaltet sich [an den Spitzen]; ***c'est ma langue qui a fourché*** ich habe mich versprochen

fourchette [fuʀʃɛt] *f* 1. (*ustensile*) Gabel *f*
2. [*équidés*] Hornstrahl *m*
3. (*marge*) Bandbreite *f*, Spanne *f*; ***mes notes se situent toujours dans une ~ très étroite*** meine Noten weichen nie besonders stark voneinander ab [*o* liegen immer sehr nah beieinander]; ***son résultat se situe dans une ~ de 41 à 47% des voix*** sein/ihr Stimmenanteil bewegt sich zwischen 41 und 47%
4. ECHECS Gabel *f*
▸ **une bonne** [*o* **solide**] **~** ein guter [*o* starker] Esser
◆ **fourchette à découper** Tranchiergabel *f*; **fourchette à escargots** Schneckengabel *f*; **fourchette à gâteaux** Kuchengabel *f*; **fourchette à poisson** Fischgabel *f*

fourchu, e [fuʀʃy] *adj branche* gegabelt; ***cheveux ~s*** gespaltene Haarspitzen *pl*; ***animal au pied ~*** Paarzeher *m*, Paarhufer *m*

fourgon [fuʀgɔ̃] *m* 1. (*wagon*) Gepäckwagen *m*, Packwagen *m*
2. (*voiture*) Kastenwagen *m*; MIL Proviantwagen *m*
▸ ~ **blindé** Panzerwagen *m*; ~ **cellulaire** Gefangenen[transport]wagen *m*; ~

funéraire [*o* mortuaire] Leichenwagen *m*
◆ **fourgon à bagages** Gepäckwagen *m;* **fourgon à bestiaux** Viehwagen *m;* **fourgon de déménagement** Möbelwagen *m;* **fourgon de police** Einsatzwagen *m,* Polizeiwagen *m,* grüne Minna *fam*
fourgonnette [fuʀɡɔnɛt] *f* Lieferwagen *m*
fourgon-pompe <~s-~s> [fuʀɡɔ̃pɔ̃p] *m* Löschfahrzeug *nt*
fourguer <1> [fuʀɡe] *vt fam* ■ **qn fourgue qc [à qn]** (*vendre*) jd verkloppt [jdm] etw *fam,* jd verkloppt etw [an jdn] *fam;* (*refiler*) jd dreht jdm etw an *fam*
fourme [fuʀm] *f französische Käsesorte*
fourmi [fuʀmi] *f* **1.** (*insecte*) Ameise *f;* (*symbole d'activité*) Ameise, Arbeitstier *nt;* ***elle s'affaire comme une ~*** sie ist fleißig [*o* emsig] wie eine Ameise
2. *arg* Dealer ['diːlɐ] *m*
► **qn a des ~s dans les jambes** (*ne tient pas en place*) jd hat Hummeln im Hintern *fam;* **qn a des ~s dans qc** *dans la jambe, le bras, la main* jdm ist etw eingeschlafen; **~ ailée/noire/rouge** geflügelte Ameise/Schwarzbraune Wegameise/Rote Waldameise
fourmilier [fuʀmilje] *m* Ameisenbär *m*
fourmilière [fuʀmiljɛʀ] *f* **1.** ZOOL Ameisenhaufen *m*
2. (*foule grouillante*) geschäftiges Treiben
fourmillement [fuʀmijmɑ̃] *m* **1.** (*agitation*) Gewimmel *nt*
2. (*foisonnement*) Fülle *f*
3. (*picotement*) Kribbeln *nt;* ***j'ai des ~s dans les bras*** es kribbelt mir in den Armen
fourmiller <1> [fuʀmije] *vi* **1.** (*grouiller*) ■ **des personnes/animaux fourmillent** es wimmelt von Menschen/Tieren; ■ **qc fourmille de personnes/d'animaux** irgendwo wimmelt es von Menschen/Tieren; ***le magasin/la rue fourmille des touristes*** in diesem Laden/auf dieser Straße wimmelt es von Touristen
2. (*abonder*) ■ **des choses fourmillent** es wimmelt von Dingen; ***les fautes fourmillent dans ce texte*** in diesem Text wimmelt es von Fehlern *fam;* ■ **qn/qc fourmille de choses** jd hat viele Dinge/etw ist voll von Dingen [*o* voller Dinge (*gen*)], etw wimmelt von Dingen; ***cette période fourmille d'événements importants*** dieser Zeitraum ist voller bedeutender Ereignisse; ***ce texte fourmille de fautes*** dieser Text wimmelt von Fehlern; ***il fourmille de projets*** er hat viele Pläne
3. (*picoter*) ■ **qc fourmille [à qn]**: ***j'ai les pieds qui [me] fourmillent*** mir sind die Füße eingeschlafen
fournaise [fuʀnɛz] *f* **1.** (*foyer ardent*) starkes [*o* loderndes] Feuer
2. (*lieu surchauffé*) Backofen *m fam,* Brutkasten *m fam*
3. *fig* (*lieu de combats*) Getümmel *nt*
fourneau <x> [fuʀno] *m* **1.** (*cuisinière*) [Küchen]herd *m,* [Koch]herd; ■ **~ à qc** -ofen *m;* **~ *à charbon*** Kohle[n]ofen; **~ *à fuel*** Ölofen; **~ *à gaz*** Gasherd
2. (*chaufferie*) Schmelzofen *m*
► **haut ~** Hochofen *m*
◆ **fourneau de pipe** Pfeifenkopf *m*
fournée [fuʀne] *f* **1.** (*série cuite*) [*briques, tuiles*] Brand *m;* [*pain*] Schub *m,* Ladung *f*
2. *fam* (*groupe compact*) Ladung *f fam;* [*touristes a.*] Schub *m fam,* Fuhre *f fam;* ***par ~s*** schubweise, in Schüben
fourni, e [fuʀni] *adj* **1.** (*épais*) *barbe* dicht; *chevelure* stark, üppig; *cheveux* voll; *sourcils* buschig; *public* breit
2. (*approvisionné*) gut ausgestattet; ***sa garde-robe est bien ~e*** sie ist mit Kleidern gut bestückt; ***cette boutique est bien ~e*** dieser Laden hat ein großes Angebot [*o* eine große Auswahl]; ***sa table est toujours bien ~e*** sein/ihr Tisch ist immer reich gedeckt; ■ **qc est ~ en qc** etw hat ein großes Angebot [*o* eine große Auswahl] an etw (*dat*)
fournil [fuʀni] *m* Backraum *m,* Backstube *f*
fourniment [fuʀnimɑ̃] *m* **1.** (*équipement du soldat*) Ausrüstung *f*
2. *fam* (*fourbi*) Zeug *nt fam*
fournir <8> [fuʀniʀ] **I.** *vt* **1.** (*approvisionner*) ■ **qn fournit qn/qc [en qc]** *sinistré, réfugié* jd versorgt jdn [mit etw]; *client, commerce* jd beliefert jdn/etw [mit etw]
2. (*procurer*) ■ **qn fournit qc [à qn]** *aide, secours* jd leistet [jdm] etw; *logement, moyen, travail* jd beschafft [*o* besorgt] [jdm] etw, jd verhilft [jdm] zu etw; *prétexte* jd liefert [jdm] etw; *renseignement* jd gibt [*o* erteilt] [jdm] etw; *occasion* jd gibt [*o* bietet] [*o* verschafft] jdm etw; *raison* jd gibt [jdm] etw an, jd bringt etw vor; ***il m'a fourni le vivre et le couvert*** er hat mir Kost und Logis gewährt; ***elle a fourni des précisions*** sie hat nähere Angaben gemacht
3. (*présenter*) ■ **qn fournit qc** *alibi* jd liefert etw; *preuve a.* jd erbringt etw; *autorisation* jd legt etw vor; *pièce d'identité* jd zeigt etw vor
4. (*produire*) ■ **qn/un animal/qc fournit qc** jd/etw bringt etw hervor; ***il a dû ~ un gros effort*** er hat sich sehr anstrengen müssen; ***cette centrale fournit de l'énergie*** das Kraftwerk liefert Energie; ***ce vignoble fournit un vin renommé*** von diesem Weinberg kommt ein renommierter Wein; ***les abeilles fournissent du miel*** [die] Bienen produzieren Honig
II. *vi* **1.** (*subvenir à*) ■ **qn/qc fournit**: ***le magasin n'arrivait plus à ~*** das Geschäft konnte den Bedarf nicht mehr decken
2. CARTES ■ **qn fournit [à qc]** jd bedient [etw]
III. *vpr* ■ **qn se fournit [en qc] chez qn** jd kauft [etw] bei jdm [ein]; ***où vous fournissez-vous en charbon?*** bei wem beziehen Sie Ihre Kohle?
fournisseur, -euse [fuʀnisœʀ, -øz] **I.** *m, f* (*détaillant*) Kaufmann/-frau *m/f,* Händler(in) *m(f);* (*producteur*) Anbieter(in) *m(f);* (*livreur*) Lieferant(in) *m(f),* Lieferfirma *f;* ***chez votre ~ habituel*** bei Ihrem Händler; **~ *de l'armée*** Heereslieferant
II. *app:* ***des pays ~s*** Exportländer *pl;* ***des pays ~s de la France*** Länder *pl,* die Frankreich beliefern
III. *m* INFORM Provider [-proʊ'vaidɐ] *m*
◆ **fournisseur d'accès Internet** INFORM Internet-Provider [-proʊ'vaidɐ] *m;* **fournisseur de services en ligne** INFORM Online-Service-Provider ['ɔnlain 'sœːɐvɪs proʊ'vaidɐ] *m*
fourniture [fuʀnityʀ] *f* **1.** (*livraison*) Lieferung *f;* **~ *de documents*** Beschaffung *f* von Dokumenten
2. *pl* (*accessoires*) Ausstattung *f;* [*couturière*] Zutaten *pl*
► **~s scolaires** Schulbedarf *m*
◆ **fournitures de bureau** Bürobedarf *m,* Büromaterial *nt*
fourrage [fuʀaʒ] *m* [Vieh]futter *nt;* ***balles de ~*** Futterballen *pl;* ***grenier à ~*** Futterboden *m*
► **~ sec/vert** Trockenfutter *nt*/Grünfutter *nt*
fourrager <2 a> [fuʀaʒe] *vi fam* ■ **qn fourrage dans qc** jd stöbert [*o* wühlt] in etw (*dat*) herum
fourrager, -ère [fuʀaʒe, -ʒɛʀ] *adj* Futter-
fourragère [fuʀaʒɛʀ] *f* MIL Fangschnur *f*
fourré [fuʀe] *m* Gestrüpp *nt,* Dickicht *nt*
fourré, e [fuʀe] *adj chaussons, gants, manteau* gefüttert; *bonbons, chocolat, gâteau* gefüllt; ■ **~ de qc** mit etw gefüttert; ■ **~ à qc** mit etw gefüllt
fourreau <x> [fuʀo] *m* **1.** (*gaine*) [*épée*] Scheide *f;* [*parapluie*] Hülle *f*
2. (*robe moulante*) hautenges Kleid
fourrer <1> [fuʀe] **I.** *vt* **1.** *fam* (*mettre*) ■ **qn fourre qn/qc dans [*o* en] qc** jd steckt jdn/etw in etw (*akk*); ***où ai-je bien pu ~ mes lunettes?*** wo hab' ich nur meine Brille hingelegt [*o* hingetan]?; ***il fourre son nez dans les affaires des autres*** er steckt seine Nase in fremde Angelegenheiten *fam;* ***on l'a fourré en prison*** man hat ihn ins Gefängnis gesteckt *fam;* ***tu nous as fourrés dans un beau pétrin*** da hast du uns ja was Schönes eingebrockt *fam;* ***qui a bien pu lui ~ cette idée dans la tête?*** wer hat ihm/ihr diesen Floh ins Ohr gesetzt? *fam;* ***on m'a fourré tout ce que les autres ne voulaient pas*** mir hat man all das untergejubelt, was die anderen nicht wollten *fam*
2. (*garnir*) ■ **qn fourre qc [avec qc]** *vêtement* jd füttert etw [mit etw]; ■ **qn fourre qc [à qc]** *bonbon, gâteau, volaille* jd füllt etw [mit etw]
II. *vpr fam* (*se mettre*) ■ **qn se fourre quelque part** jd verkriecht sich irgendwohin; ■ **qc se fourre quelque part** /*ballon*/ etw landet irgendwo; ■ **qn se fourre qc quelque part** jd steckt sich (*dat*) etw irgendwohin; ***quelle idée est-il allé se ~ dans la tête [o le crâne]?*** was hat er sich (*dat*) in den Kopf gesetzt? *fam;* ***je me suis fourré(e) dans un beau guêpier!*** da hab' ich mich ja schön in die Nesseln gesetzt *fam*
► **qn s'en fourre jusque-là** jd stopft sich bis oben hin voll *fam,* jd schlägt sich (*dat*) den Bauch voll *fam*
fourre-tout [fuʀtu] *m inv* **1.** *péj* (*local en désordre*) Rumpelkammer *f*
2. (*sac*) Reisetasche *f*
fourreur, -euse [fuʀœʀ, -øz] *m, f* Kürschner(in) *m(f)*
fourrier [fuʀje] *m* MIL Furier *m*
fourrière [fuʀjɛʀ] *f* (*pour voitures*) Abstellplatz *m* für amtlich abgeschleppte Fahrzeuge; (*pour animaux*) Tierheim *nt;* ***tu vas retrouver ta voiture à la ~!*** dein Auto wird sicher abgeschleppt!
fourrure [fuʀyʀ] *f* (*peau d'animal, matériau*) Fell *nt,* Pelz *m;* (*vêtement*) Pelz; **~ *d'astrakan*** Persianer *m;* ***commerce de la ~*** Pelzhandel *m;* ***manteau doublé de ~*** pelzgefütterter Mantel, Mantel *m* mit Pelzfutter; ■ **de/en ~** Pelz-; ***qc est en ~*** etw ist aus Pelz; ***un long gant terminé de ~ noire*** ein langer Handschuh mit schwarzem Pelzbesatz
fourvoyer <6> [fuʀvwaje] **I.** *vt littér* ■ **qn fourvoie qn** jd führt jdn in die Irre [*o* falsche Richtung]
II. *vpr* **1.** (*s'égarer*) ■ **qn se fourvoie [dans qc]** jd verirrt sich [in etw (*dat*)]; ***il s'est fourvoyé dans une drôle d'aventure*** er hat sich auf ein tolles Abenteuer eingelassen
2. (*se tromper*) ■ **qn se fourvoie** jd irrt [sich], jd täuscht sich
foutaise [futɛz] *f fam* Mist *m fam;* ***on s'est quittés pour des ~s*** wir haben uns aufgrund von Lappalien getrennt; ***quelle ~!*** was für 'n Quatsch! *fam*
foutoir [futwaʀ] *m fam* Schweinestall *m fam*
foutre <14> [futʀ] **I.** *vt fam* **1.** (*faire*): ***qn ne fout rien*** jd tut nichts [*o* ist stinkfaul *fam*]; ***qu'est-ce que tu fous?*** was machst [*o* treibst *fam*] du [bloß]?; ***elle n'a rien foutu de toute la journée*** sie hat den ganzen Tag nichts gemacht [*o* keinen Finger krumm gemacht]
2. (*flanquer*) ■ **qn fout qc à qn** *claque, raclée, coup* jd verpasst jdm etw *fam;* ***je te fous une baffe*** ich hau dir eine runter *fam;* ***je te fous une raclée [o trempe]!*** ich verdresche dich! *fam;* ***fous-moi la paix!*** lass mich in Ruhe!; ***qui est-ce qui m'a foutu un crétin pareil?*** wer hat mir denn so einen Vollidioten da hingesetzt? *fam;* ■ **qc lui fout qc**: ***qc lui fout mal à la tête/la migraine*** er/sie kriegt von etw Kopfschmerzen/Migräne; ***moi, l'orage, ça me fout la trouille*** bei Gewitter krieg' ich Bammel [*o* Schiss] *fam;* ***ce temps de cochon me fout le cafard*** dieses Sauwetter macht mich fertig *fam*
3. (*mettre*) ■ **qn fout qc quelque part** jd tut etw irgendwohin *fam;* *par terre* jd schmeißt etw irgendwohin *fam;* ■ **qn fout qn quelque part**: ***qn fout qn à la porte*** jd setzt jdn vor die Tür [*o* an die Luft] *fam,* jd schmeißt jdn raus *fam;* ■ **qc fout qn/qc ...**: ***son arrivée a tout foutu par terre*** seine/ihre Ankunft hat alles vermasselt [*o* versaut] *fam;* ***ça l'a foutu en colère [o en rogne]*** das hat ihn auf die Palme gebracht *fam;* ***le chômage l'a foutu sur le trottoir*** die Arbeitslosigkeit hat ihn in die Gosse getrieben
► **qn n'en a rien à ~ [de qc]** das/etw ist jdm piepegal [*o* völlig schnuppe] *fam,* das/etw kümmert jdn einen Dreck *fam;* ***je n'en ai rien à ~!*** das ist mir piepegal [*o* völlig schnuppe]! *fam;* ***tu n'as rien à ~ de mes affaires!*** meine Angelegenheiten gehen dich einen Dreck an! *fam;* ***je n'ai rien à ~ de tes problèmes!*** deine Probleme kümmern [*o* interessieren] mich einen Dreck! *fam;* ***je n'en ai rien à ~ de ce que les autres pensent de moi*** ich kümmere mich einen Dreck darum [*o* es ist mir völlig schnuppe], was andere

über mich denken *fam;* **qn/qc fout qn dedans** (*fait se tromper*) jd/etw führt jdn in die Irre [*o* auf den Holzweg]; ***ce qui m'a foutu dedans, c'est que*** + *indic* was mich verwirrte, war, dass; **qn fout qn dehors** jd wirft [*o* schmeißt] jdn raus *fam;* **ça la fout mal** das macht sich schlecht, das ist dumm; **qu'est-ce que ça peut [me/te/lui]** ~? was macht das schon?, was geht mich/dich/ihn/sie das an? *fam,* was juckt mich/dich/ihn/sie das? *fam;* **qu'est-ce que ça peut** ~?, **qu'est-ce que ça fout?** was macht das schon? *fam;* **je t'en fous!** von wegen! *fam,* denkste! *fam;* **je t'en foutrais [de qc]!** das schlag dir mal schön aus dem Kopf! *fam,* schlag dir etw mal schön aus dem Kopf! *fam*

II. *vpr fam* **1.** (*se mettre*) ■ **qn se fout quelque part:** ***je vais me ~ là, dans le coin*** ich werde mich da in die Ecke setzen [*o* verziehen *fam*]; ***foutez-vous par terre!*** legt euch auf den Boden!; ***tu vas te ~ par terre*** du wirst noch hinfallen [*o* dich noch hinlegen *fam*]; ***tu t'es foutu dans un fichu guêpier!*** da hast du dich ja ganz schön in die Nesseln gesetzt! *fam,* da bist du ja in was reingeschlittert! *fam;* ■ **qn se fout qc quelque part** *coup de canne, de marteau* jd haut sich (*dat*) mit etw irgendwohin; *couteau, fourchette* jd sticht sich (*dat*) mit etw irgendwohin; ***fous-toi ça dans le crâne!*** merk dir das!, lass dir das gesagt sein!

2. (*se moquer*) ■ **qn se fout de qn/qc** jd nimmt jdn auf den Arm [*o* auf die Schippe] *fam,* jd verarscht jdn *sl;* ***il se fout de notre gueule*** er hält uns wohl für blöd *fam,* er verarscht uns *sl;* ***tu te fous de moi ou quoi?*** du hältst mich wohl für blöd, oder? *fam;* ***alors là, il se fout de nous/de notre gueule/du monde!*** also jetzt reicht's aber wirklich! *fam*

3. (*se désintéresser*) ■ **qn se fout de qn/qc** jd/etw ist jdm piepegal [*o* völlig schnuppe] *fam,* jd pfeift auf jdn/etw *fam;* ***ton beau-frère, je m'en fous*** dein Schwager, der kann mich mal *sl;* ■ **qn se fout que** + *subj/***de faire qc** es ist jdm piepegal [*o* völlig schnuppe] ob/etw zu tun *fam*

▶ **va te faire** ~! (*va te faire voir*) mach dass du wegkommst!, scher dich doch zum Teufel! *fam;* (*rien à faire*) [da ist] nichts zu machen [*o* wollen]! *fam;* **qn se fout dedans** jd verhaut sich total *fam,* jd vertut sich [gewaltig] *fam;* **qn s'en fout [pas mal] [de qn/qc]** das ist jdm egal [*o* schnuppe] [*o* scheißegal *sl*] *fam,* jdm ist jd/etw egal [*o* schnuppe] [*o* scheißegal *sl*] *fam;* ***je m'en fous!*** das ist mir egal [*o* schnuppe] [*o* scheißegal *sl*]! *fam;* **qn s'en fout jusque-là** jd schlägt [*o* stopft] sich (*dat*) den Bauch voll *fam*

III. *adv fam* (*fichtre*) ▶ **je n'en sais ~ rien** ich hab' keinen blassen Schimmer *fam*

foutrement [futʀəmɑ̃] *adv fam* verdammt *fam*

foutu, e [futy] **I.** *pp de* **foutre**

II. *adj fam* **1.** (*perdu*) *chose* kaputt; ■ **qc est** ~ etw ist im Eimer *fam,* etw ist im [*o* am] Arsch *sl;* ■ **qn est** ~ jd ist fertig [*o* erledigt] [*o* am Ende] *fam; / malade/* jd macht's nicht mehr lange *fam;* ***cette fois, nous sommes ~s*** dieses Mal ist es aus mit uns

2. *antéposé* (*maudit*) mies *fam;* ***il fait vraiment un ~ temps aujourd'hui*** heute ist wirklich ein Sauwetter *fam*

3. (*vêtu*): ***comment es-tu encore ~ ce matin?*** wie siehst du denn heute Morgen wieder aus? *fam*

4. (*capable*) ■ **qn est/n'est pas ~ de faire qc** jd schafft es/schafft es nicht, etw zu tun

▶ **qn est bien/mal** ~ (*proportionné*) jd hat eine gute/keine gute Figur, jd ist gut/schlecht gebaut; **qc est bien/mal** ~ etw ist gut/schlecht gemacht; **qn est mal** ~ (*indisposé*) jd ist nicht fit *fam,* jd ist nicht auf dem Damm *fam;* ~ **pour** ~ futsch ist futsch *fam*

fox-trot [fɔkstʀɔt] *m inv* Foxtrott *m*

foyer [fwaje] *m* **1.** (*famille*) [häuslicher] Herd, Heim *nt;* ***cet enfant a enfin retrouvé un*** ~ dieses Kind hat endlich wieder ein Zuhause gefunden; ***le ~ conjugal*** der eheliche Haushalt; ***les jeunes ~s*** die jungen Paare; ***38 % des ~s anglais sont équipés d'un four à micro-ondes*** 38 % der englischen Haushalte haben einen Mikrowellenherd

2. (*résidence*) Heim *nt;* ~ ***de personnes âgées*** Altersheim, Altenheim, Seniorenheim; ~ **[*socio-]éducatif*** [Erziehungs]heim

3. (*salle de réunion*) Gemeinschaftsraum *m;* THEAT Foyer *nt*

4. (*âtre*) Feuerstelle *f;* (*cheminée*) Kamin *m*

5. (*centre*): ~ ***infectieux*** Infektionsherd *m;* ■ ~ **de qc:** ~ ***de crise*** Krisenherd *m;* ~ ***d'épidémies*** Seuchenherd *m;* ~ ***d'insurrection*** Unruheherd *m;* ***ce quartier est un ~ de voyous*** dieses Viertel ist ein Nest *nt* von Ganoven; ***Athènes a été le ~ d'une brillante civilisation*** Athen war das Zentrum [*o* der Mittelpunkt] einer strahlenden Kultur

6. *pl* (*demeure familiale*): ***il a été renvoyé dans ses ~s*** er wurde nach Hause geschickt

7. (*incendie*) Brand *m;* ~ ***d'incendie*** Brandherd *m*

8. (*chambre de combustion*) [*chaudière*] Feuerung *f;* [*four, fourneau*] Feuerstelle *f;* [*locomotive*] Feuerbüchse *f*

9. MATH, PHYS, OPT Brennpunkt *m*

▶ **des lunettes à double** ~ Bifokalbrille *f;* ~ **lumineux** Lichtquelle *f;* ~ **paternel** Elternhaus *nt;* ~ **rural** Landjugendheim *nt;* **qn fonde un** ~ jd gründet eine Familie

◆ **foyer des artistes** Garderobe *f;* **foyer d'urgence** Notunterkunft *f*

frac [fʀak] *m* Frack *m*

fracas [fʀaka] *m* Krach *m,* Getöse *nt;* ~ ***du tonnerre*** Krachen *nt* des Donners; ~ ***de la ville*** Lärm *m* der Stadt; ***il fuit le ~ de la vie moderne*** er entflieht der Hektik des modernen Lebens

▶ **à grand** ~ lautstark; **avec** ~ mit Getöse, mit lautem Krach

fracassant, e [fʀakasɑ̃, ɑ̃t] *adj* **1.** (*très bruyant*) ohrenbetäubend

2. (*sensationnel*) sensationell, Aufsehen erregend

fracasser <1> [fʀakase] **I.** *vt* ■ **qn/qc fracasse qc [à qn]** jd/etw zertrümmert [jdm] etw

II. *vpr* ■ **qc se fracasse** etw zerspringt; ***la voiture est allée se ~ contre un arbre*** der Wagen zerschellte an einem Baum; ■ **qn se fracasse qc:** ***le motocycliste s'est fracassé le crâne contre un platane*** der Motorradfahrer ist mit dem Kopf gegen eine Platane geprallt

fraction [fʀaksjɔ̃] *f* **1.** MATH Bruch *m*

2. (*partie d'un tout*) [*groupe, terrain*] Teil *m;* [*somme*] [Bruch]teil; ***une ~ importante du Parlement*** ein großer Teil [*o* ein Großteil] des Parlaments

3. REL Brotbrechen *nt*

▶ **une ~ de seconde** der Bruchteil einer Sekunde; **qn réduit des ~s au même dénominateur** jd bringt Brüche auf den gleichen Nenner; **qn simplifie une** ~ jd kürzt einen Bruch

fractionnaire [fʀaksjɔnɛʀ] *adj:* ***expression*** ~ unechte Bruchzahl; ***nombre*** ~ Bruchzahl *f;* ***sous sa forme ~, le nombre décimal 0,9 s'écrit 9/10*** die Dezimalzahl 0,9 schreibt sich als Bruch 9/10

fractionnel, le [fʀaksjɔnɛl] *adj* spalterisch

fractionnement [fʀaksjɔnmɑ̃] *m* [*parti, secte*] Zersplitterung *f,* [Auf]spaltung *f;* [*patrimoine, paiement*] Aufteilung *f*

fractionner <1> [fʀaksjɔne] **I.** *vt* (*diviser*) ■ **qn fractionne qc** jd gliedert etw auf; *train* jd zerlegt etw; ***vous pouvez ~ le paiement*** Sie können in Raten zahlen

II. *vpr* ■ **des personnes se fractionnent [en qc]** (*paisiblement*) Menschen teilen sich [in etw (*akk*)] auf; (*en se disputant*) Menschen spalten sich [in etw (*akk*)] auf; ■ **qc se fractionne [en qc]** etw spaltet sich [in etw (*akk*)] auf; ***l'opposition s'est fractionnée en plusieurs factions rivales*** die Opposition hat sich in mehrere feindliche Lager [auf]gespalten; ***nous avons dû nous ~ en plusieurs groupes*** wir mussten uns in mehrere Gruppen aufteilen; ***la pierre s'est fractionnée en plusieurs morceaux*** der Stein hat sich in mehrere Stücke gespalten

fractionniste [fʀaksjɔnist] **I.** *adj* spalterisch

II. *mf* Spalter(in) *m(f)*

fracture [fʀaktyʀ] *f* [*bras, os*] Bruch *m,* Fraktur *f spec; fig* Bruch; GEOL Bruch, Verwerfung *f;* ~ ***du crâne*** Schädelbruch, Schädelfraktur; ***je me suis fait une ~ du poignet*** ich habe mir das Handgelenk gebrochen

▶ ~ **compliquée/ouverte/simple** komplizierter/offener/einfacher [*o* glatter] Bruch; **qn réduit une** ~ jd richtet einen Bruch ein

fracturer <1> [fʀaktyʀe] **I.** *vt* ■ **qn fracture qc** *porte, serrure, voiture* jd bricht etw auf; ■ **qn fracture qc [à qn]** jd bricht [jdm] etw; ■ **qc fracture qc à qn** *bras, jambe* bei etw bricht jd sich (*dat*) etw; ***le choc lui a fracturé le bras*** bei dem Aufprall hat er/sie sich den Arm gebrochen

II. *vpr* ■ **qc se fracture** etw bricht; ■ **qn se fracture qc** jd bricht sich (*dat*) etw

fragile [fʀaʒil] *adj* **1.** (*cassant*) zerbrechlich

2. (*délicat, faible*) *corps, personne* zart; *santé a., cœur* schwach; *organisme* anfällig; *estomac* empfindlich; ■ ~ **de qc** *des poumons, des bronches* schwach auf etw (*dat*); ***elle est ~ de l'estomac/de la gorge/du foie*** sie hat einen empfindlichen Magen/Hals/eine empfindliche Leber; ***il est ~ du cœur*** er hat ein schwaches Herz; ***les personnes ~s du cœur*** Menschen mit einem schwachen Herz

3. (*précaire*) *gloire, puissance, prospérité* vergänglich; *bonheur a.* kurz; *argument* nicht stichhaltig, schwach; *équilibre* labil; *hypothèse* auf schwachen Füßen stehend; *paix* unsicher; *preuve* nicht überzeugend, nicht stichhaltig; *économie* instabil, labil

fragilisé, e [fʀaʒilize] *adj personne* angegriffen

fragiliser <1> [fʀaʒilize] *vt* ■ **qc fragilise qn/qc** etw schwächt jdn/etw; *cheveux* etw greift jdn/etw an

fragilité [fʀaʒilite] *f* **1.** [*chose, matériau*] Zerbrechlichkeit *f*

2. (*faiblesse*) [*organisme, foie, santé*] Anfälligkeit *f;* [*corps a.*] Schwäche *f;* [*personne*] Zartheit *f;* ***cette fille est d'une grande ~ morale*** dieses Mädchen ist psychisch sehr wenig belastbar; ***les ~s d'un système*** die Schwachstellen eines Systems; ***des signes de*** ~ [An]zeichen von Schwäche

3. (*précarité*) [*gloire, puissance, prospérité, bonheur*] Vergänglichkeit *f;* [*arguments*] Dürftigkeit *f;* [*équilibre, économie*] Labilität *f;* [*hypothèse*] Fraglichkeit *f;* [*paix*] Unsicherheit *f;* [*preuve*] mangelnde Stichhaltigkeit

fragment [fʀagmɑ̃] *m* **1.** (*débris*) Teil *nt,* Bruchstück *nt;* [*vitre*] Splitter *m;* ~ ***de poterie*** Tonscherbe *f;* ***des ~s d'os*** Knochensplitter *pl*

2. (*extrait*) [*pièce, roman, œuvre*] Passage *f,* Auszug *m,* Fragment *nt;* [*vie*] Kapitel *nt,* Abschnitt *m*

fragmentaire [fʀagmɑ̃tɛʀ] *adj connaissance, exposé* lückenhaft; *vue a.* unvollständig; *effort* vereinzelt; *travail* fragmentarisch, bruchstückhaft; ***cette étude est très*** ~ diese Untersuchung hat sehr viele Lücken, diese Untersuchung weist sehr viele Lücken auf

fragmentation [fʀagmɑ̃tasjɔ̃] *f* [*problème*] Aufgliederung *f;* [*roche*] Zersplitterung *f;* [*pays*] Teilung *f;* BIO Trennung *f,* Aufteilung

fragmenter <1> [fʀagmɑ̃te] **I.** *vt* ■ **qn fragmente qc [en qc]** jd teilt etw [in etw (*akk*)] auf; ***je suis obligé de ~ mon travail*** ich bin gezwungen mir meine Arbeit einzuteilen; ***une vision fragmentée*** eine lückenhafte Vorstellung

II. *vpr* ■ **qc se fragmente** etw [zer]bricht, etw bricht in Stücke

frai [fʀɛ] *m* **1.** (*ponte*) Laichen *nt*

2. (*œufs*) Laich *m*

3. (*alevins*) Fischbrut *f*

fraîche [fʀɛʃ] **I.** *adj v.* **frais**

II. *loc* ▶ **à la** ~ (*le matin*) in der Morgenfrische [*o* Morgenkühle]; (*le soir*) in der Abendkühle

fraîchement [fʀɛʃmɑ̃] *adv* **1.** (*récemment*) *cueilli, labouré* frisch; *arrivé* [so]eben, gerade

2. (*avec froideur*) kühl, frostig; ***sa proposition fut ~ accueillie*** sein Vorschlag wurde mit großer Zurückhaltung aufgenommen

▶ **ça va** ~ *hum fam* [es ist] ganz schön kalt heute *fam*

fraîcheur [fʀɛʃœʀ] *f* **1.** (*sensation agréable*) [*eau*] Frische *f,* Kühle *f*

2. (*froideur*) [*accueil, réception*] Kühle *f,* Frostigkeit *f*

3. (*éclat*) [*fleurs, teint*] Frische *f;* [*couleurs, fresques*] Leuchtkraft *f;* [*robe*] fröhliche Farben *pl;* [*livre*] lebhafter Stil
4. (*bonne forme*) [*personne*] Fitness *f; **la ~ de l'équipe*** die ausgezeichnete [*o* hervorragende] Form der Mannschaft
5. (*nouveauté*) [*événement, nouvelle*] Aktualität *f;* [*œuf, produit alimentaire, pain, poisson*] Frische *f*
6. (*pureté*) [*amour, sentiment*] Reinheit *f,* Echtheit *f;* (*vivacité*) [*impression*] Lebendigkeit *f;* [*idée*] Originalität *f; **il a une ~ d'âme*** er hat eine reine [*o* lautere *geh*] Seele
▶ **qn cherche la/un peu de ~** jd sucht Kühle [*o* Kühlung]/etwas Kühle [*o* Kühlung]; **qc donne de la/un peu de ~** etw gibt [*o* spendet *geh*] Kühle [*o* Kühlung]/etwas Kühle [*o* Kühlung]

fraîchir <8> [fʀeʃiʀ] *vi* ■ **qc fraîchit** */air, temps/* etw wird frisch [*o* kühl]; */eau/* etw kühlt ab; */bise, vent/* etw frischt auf

frais [fʀɛ] *mpl* Kosten *pl;* ■ **~ de** -kosten; **~ *d'essence*** Benzinkosten
▶ **qn/qc fait les ~ de la conversation** jd/etw ist Gesprächsthema Nummer eins; **qn est condamné(e) aux ~ et dépens** jd wird zur Zahlung der Prozesskosten verurteilt; **aux ~ de la princesse** *hum* ohne einen Pfennig zu bezahlen; (*aux dépens de l'entreprise*) auf Geschäftskosten; (*aux dépens de l'État*) auf Staatskosten; **~ bancaires** Bankspesen *pl;* **tous ~ compris** einschließlich aller Unkosten; **faux ~** Nebenkosten *pl,* zusätzliche Kosten [*o* Ausgaben]; **~ généraux** allgemeine Unkosten, Gemeinkosten *pl;* **à grands ~** mit hohem Kostenaufwand; (*avec beaucoup de peine*) mit großer Mühe [*o* Anstrengung]; **à moindre ~** mit geringem Kostenaufwand; (*avec peu de mal*) mit geringem Aufwand, ohne große Mühe; **tous ~ payés** wenn alles bezahlt ist; **qn arrête les ~** *fig fam* jd lässt es sein; (*cesse de se donner du mal*) jd spart sich (*dat*) die Mühe; **qc couvre/ne couvre pas les ~** etw deckt die Kosten [ab]/etw deckt die Kosten nicht [ab], etw bringt die Kosten wieder herein/etw bringt die Kosten nicht wieder herein; **qn en est pour ses ~** jd bemüht sich vergeblich; **qn fait des ~** (*dépense beaucoup*) jd gibt viel Geld aus; **qn fait les ~ de qc** (*est victime*) jd bezahlt für etw; **qn se met en ~** jd stürzt sich in Unkosten; ***j'accepte volontiers votre invitation, mais ne vous mettez pas en ~*** ich nehme Ihre Einladung gerne an, aber machen Sie sich (*dat*) meinetwegen keine Umstände; **qn se met en ~ de qc [pour qn]** *fig: **il s'est mis en ~ d'amabilité pour ses hôtes*** er hat seine Gäste überaus freundlich empfangen; **qn rentre dans ses ~** jd deckt seine Kosten, jd bekommt seine Ausgaben wieder herein; **à mes/ses ~** auf meine/seine/ihre Kosten; **à peu de ~** ohne große Unkosten; (*avec peu de mal*) mit wenig Aufwand, ohne große Mühe; ***il s'en est tiré à peu de ~*** er ist glimpflich [*o* billig *fam*] davongekommen
◆ **frais de déplacement** Reisekosten *pl,* Reisespesen *pl;* **frais de garde** (*garde d'enfants*) [Kinder]betreuungskosten *pl;* (*dépôt*) Aufbewahrungsgebühren *pl;* **frais de gestion** Verwaltungskosten *pl;* **frais de justice** Gerichtskosten *pl;* **frais de logement** Unterbringungskosten *pl;* **frais de magasinage** Lagerkosten *pl;* **frais de main d'œuvre** Lohnkosten *pl;* **frais de manutention** Verladekosten *pl,* Verladegebühren *pl,* Umschlagskosten *pl;* **frais d'encaissement** Inkassospesen *pl;* **frais d'enregistrement** Einschreib[e]gebühr *f;* **frais d'entretien** [*voiture*] Unterhaltungskosten *pl;* [*maison, jardin a.*] Instandhaltungskosten *pl;* **frais de port et d'emballage** Kosten *pl* für Porto *nt* und Verpackung *f;* **frais de scolarité** Schulgeld *nt;* **frais de subsistance** Lebenshaltungskosten *pl;* **frais de timbre** Stempelsteuer *f;* **frais d'expédition** Versandkosten *pl;* **frais d'exploitation** Betriebskosten *pl*

frais, fraîche [fʀɛ, fʀɛʃ] **I.** *adj* **1.** (*légèrement froid*) *endroit, ombre* kühl; *eau, vent a.* frisch; ***le vin est servi très ~*** der Wein wird gut gekühlt serviert; ***aujourd'hui le temps sera ~*** heute wird es frisch [*o* kühl]
2. (*opp: avarié, sec, en conserve*) frisch; ***lait ~*** Frischmilch *f*
3. (*peu cordial*) kühl, frostig
4. (*agréable*) (*pour la vue*) *fleur, teint* frisch; *couleurs* leuchtend; (*pour l'odorat*) *haleine, parfum* frisch; (*pour l'ouïe*) *sons* klar; *voix* hell, klar
5. (*en forme*) *personne* (*allure*) frisch aussehend; (*agilité*) fit
6. (*récent*) frisch; ***attention! peinture fraîche!*** Vorsicht! frisch gestrichen!; ***une nouvelle toute fraîche*** eine ganz aktuelle [*o* brandheiße *fam*] Nachricht; ***des nouvelles fraîches*** neueste Nachrichten; ***l'encre est encore fraîche*** die Tinte ist noch feucht; ***le souvenir de cet incident est encore ~*** dieser Vorfall ist mir noch frisch in Erinnerung
7. *fam: **eh bien, nous voilà ~!*** jetzt sitzen wir schön in der Tinte *fam; **vous êtes ~ maintenant*** da habt ihr den Salat *fam*
8. *âme* rein; *personne a.* unverdorben; *joie a.* ungetrübt; *sentiment* echt
▶ **qn est ~ et dispos(e)** jd ist frisch und munter; **il fait ~** es ist frisch
II. *m* **1.** (*fraîcheur*) frische [*o* kühle] Luft; ***j'ai besoin d'un peu de ~*** ich muss mal an die frische Luft
2. NAUT: ***par bon/gros ~*** bei gutem/starkem Wind
▶ **qn prend le ~** jd schöpft [*o* schnappt *fam*] frische Luft; **au ~**: ***il a mis la bouteille de vin au ~*** er hat die Weinflasche kalt gestellt; ***à conserver* [*o garder*] *au ~*** kühl lagern [*o* aufbewahren]; ***qn est au ~*** jd sitzt im Kühlen

fraisage [fʀɛzaʒ] *m* Fräsen *nt*

fraise [fʀɛz] **I.** *f* **1.** (*fruit*) Erdbeere *f;* ■ **de ~** Erdbeer-
2. MED (*perceuse*) Bohrer *m;* TECH Fräser *m*
3. (*collerette*) Halskrause *f*
4. *fam* (*figure*) Fresse *f sl*
▶ **~ à l'eau** mit Wasser verdünnter Erdbeersirup; **qn ramène sa ~** *fam* jd gibt seinen Senf dazu *fam;* **qn sucre les ~s** *fam* jd hat den [*o* einen] Tatterich *fam;* **à la ~** mit Erdbeergeschmack; ***glace à la ~*** Erdbeereis *nt;* ***diabolo* [*à la*] *~*** *Mischung aus Limonade und Erdbeersirup;* **aux ~s** (*avec des fraises*) Erdbeer-; ***elle aura dix-huit ans aux ~s*** sie wird im Frühjahr achtzehn
II. *app inv* (*rouge*) erdbeerfarben
◆ **fraise des bois** Walderdbeere *f;* **fraise de veau** [Kalbs]gekröse *nt*

fraiser <1> [fʀeze] *vt* ■ **qn fraise qc** jd fräst etw [aus]; ***la machine à ~*** die Fräsmaschine

fraiseur, -euse [fʀɛzœʀ, -øz] **I.** *m, f* Fräser(in) *m(f)*
II. *f* ■ **fraiseuse** Fräsmaschine *f*

fraisier [fʀezje] *m* Erdbeerpflanze *f,* Erdbeere *f; **des plants de ~*** Erdbeersetzlinge *pl*

framboise [fʀɑ̃bwaz] *f* **1.** (*fruit*) Himbeere *f;* ■ **de ~** Himbeer-
2. (*liqueur*) Himbeerlikör *m*

framboisier [fʀɑ̃bwazje] *m* Himbeerstrauch *m*

franc [fʀɑ̃] *m* (*monnaie*) Franc *m; **un billet de cent ~s*** ein Hundert-Franc-Schein *m; **changer en ~s*** in Francs umtauschen; ***j'ai 100 ~s*** ich habe 100 Franc
▶ **ancien/nouveau ~** alter/neuer Franc (*der 1960 eingeführte neue Franc entspricht 100 alten Franc*); **~ belge/français/luxembourgeois** belgischer/französischer/luxemburgischer Franc; **~ constant/courant**: ***en ~s constants/courants*** in konstanten/tatsächlichen Francs-Werten; **~ lourd** *fam* neuer Franc (*1960 eingeführt*); **~ suisse** Schweizer Franken; **qc coûte zéro ~, zéro centime** etw kostet keinen Pfennig

franc, franche [fʀɑ̃, fʀɑ̃ʃ] *adj* **1.** (*loyal, sincère*) offen; *personne, regard a.* aufrichtig; *rire, gaieté* ungezwungen; *contact* locker; ***pour être ~*** offen gestanden; ■ **qn est ~ avec qn** jd redet [ganz] offen mit jdm
2. (*net*) *cassure* glatt, sauber; *couleur* klar, rein; *différence* deutlich, klar erkennbar; *hostilité* offen; *répugnance* deutlich; *situation* klar, unmissverständlich, eindeutig; ***un "oui ~ et massif"*** ein „klares und deutliches Ja"; ***nous aimons les situations franches*** wir sind für klare Verhältnisse
3. *antéposé* (*véritable*) rein; *succès* klar, deutlich; *ingratitude* ausgesprochen; ***c'est de la franche rigolade*** das ist der reinste Witz; ***c'est une franche canaille*** das ist eine Erzkanaille [*o* ausgemachte Kanaille] [-kanaljə] *fam; **c'est une franche grossièreté*** das ist die reinste Unverschämtheit
4. (*libre*) frei; ***port ~*** Freihafen *m; **zone franche*** Freizone *f;* ■ **~ de qc** frei von etw; **~ *de port*** *marchandises* frachtfrei; *colis* portofrei; **~ *d'impôts*** steuerfrei

franc, franque [fʀɑ̃, fʀɑ̃k] **I.** *adj* fränkisch; ***la langue franque*** das Fränkische; ***les rois ~s*** die Frankenkönige
II. *m, f* ■ **Franc(Franque)** Franke/Fränkin *m/f*

français, e [fʀɑ̃sɛ, ɛz] **I.** *adj* französisch
II. *m, f* ■ **Français(e)** Franzose/Französin *m/f*
▶ **F~(e) moyen(ne)** Durchschnittsfranzose/-französin *m/f*
III. *m* **1.** (*langue*) Französisch *nt; **qn parle [le] ~*** jd spricht Französisch; ***en ~*** auf Französisch; ***traduisez ce texte en ~!*** übersetzen Sie diesen Text ins Französische!
2. THEAT ■ **le Français** *verkürzter Name für das Théâtre Français* (*Comédie Française*) *in Paris*
▶ **qn parle [le] ~ comme une vache espagnole** [*o* **un Basque espagnol**] *fam* jd spricht ein miserables [*o* schauerliches] Französisch *fam;* **en bon ~** *iron* auf gut Deutsch; **tu ne comprends pas/vous ne comprenez pas le ~?** *fam* du verstehst/Sie verstehen wohl nicht?, du kapierst/Sie kapieren wohl nicht? *fam;* **je parle [le] ~ [pourtant]** ich drücke mich doch deutlich genug aus
IV. *loc* ▶ **à la ~e** französisch, auf französische Art; ***jardin à la ~e*** französischer Garten

France [fʀɑ̃s] *f* ■ **la France** Frankreich *nt*
▶ **de ~ et de Navarre** *hum* weit und breit, in der ganzen Gegend; **~ 2/3** *zweites/drittes französisches Fernsehen;* **qn est assez/est très vieille ~** (*dans ses attitudes*) jd ist von der alten Schule, jd ist höflich und korrekt; (*dans ses vêtements*) jd zieht sich klassisch an

Francfort [fʀɑ̃kfɔʀ] Frankfurt *nt*

Franche-Comté [fʀɑ̃ʃkɔ̃te] *f* Franche-Comté *f,* Freigrafschaft *f* Burgund (*historische Provinz und Region im Osten Frankreichs*)

franchement [fʀɑ̃ʃmɑ̃] *adv* **1.** (*sincèrement*) offen, ehrlich
2. (*sans hésiter*): ***il te faut entrer ~ dans le sujet*** du musst gleich zur Sache kommen; ***saute ~ l'obstacle*** spring beherzt über das Hindernis
3. (*clairement*) klar, deutlich
4. (*vraiment*) wirklich; ***cela m'a ~ dégoûté*** das hat mich wirklich empört
▶ **~!** mal [ganz] ehrlich!; (*refus indigné*) also wirklich!

franchir <8> [fʀɑ̃ʃiʀ] *vt* **1.** (*passer par-dessus*) ■ **qn/un animal franchit qc** *fossé* jd/ein Tier nimmt etw [*o* springt über etw] (*akk*); *obstacle* jd überwindet [*o* nimmt] etw/ein Tier springt über etw (*akk*); *rivière* jd/ein Tier überquert etw, jd setzt über etw (*akk*); *seuil* jd tritt über etw (*akk*), jd überschreitet etw; (*surmonter*) *examen, épreuve* jd besteht etw; *difficulté* jd überwindet [*o* meistert] etw; ***il a franchi la voie*** er hat das Gleis überschritten; ***la réforme a franchi le premier obstacle*** die Reform hat die erste Hürde genommen; ***nous devrions bientôt ~ des pas décisifs*** wir sollten bald entscheidende Schritte einleiten
2. (*aller au-delà*) ■ **qn/qc franchit qc** *frontière* jd/etw passiert etw; (*à pied a.*) jd überschreitet etw; *barrage* jd/etw durchbricht etw; ***sa gloire a franchi les siècles*** sein/ihr Ruhm hat die Jahrhunderte überdauert; ***sa renommée a franchi les frontières*** er/sie ist bis weit über die Grenzen hinaus berühmt; ***le coureur a franchi la ligne d'arrivée*** der Läufer ist durchs Ziel gelaufen [*o* hat die Ziellinie passiert]; ***une étape importante vient d'être franchie*** eine wichtige Etappe ist überstanden

franchisage [fʀɑ̃ʃizaʒ] *m* Franchising ['fræntʃaizɪŋ] *nt*

franchise [fʀɑ̃ʃiz] *f* **1.** (*sincérité*) [*regard*] Offenheit *f;* [*personne a.*] Freimütigkeit *f; **avec une ~ brutale*** mit schonungsloser Offenheit; ***en toute ~*** frei heraus, in aller Offenheit
2. (*des assurance*) Selbstbeteiligung *f*
3. FIN (*exonération*) [Gebühren]freiheit *f,* [Abgaben]freiheit; (*montant*) Freibetrag *m*
4. COM (*franchisage*) Franchising ['fræntʃaizɪŋ] *nt*
▶ **~ douanière** Zollfreiheit *f;* **~ postale** Portofreiheit *f,* Gebührenfreiheit *f;*

en ~ (*douane*) zollfrei; (*poste*) gebührenfrei, portofrei; ***certains produits sont admis en*** ~ einige Produkte dürfen zollfrei eingeführt werden
◆ **franchise de bagages** Freigepäck *nt*

franchisé, e [fʀɑ̃ʃize] I. *m, f* Franchise-Nehmer(in) *m(f)*
II. *adj* Franchise-; ***magasin*** ~ Geschäft *nt* mit Franchise-Vertrieb

franchiser <1> [fʀɑ̃ʃize] *vt* ■ **qn franchise qc** jd macht für etw einen Franchise-Vertrag

franchiseur [fʀɑ̃ʃizœʀ] *m* Franchise-Geber(in) *m(f)*, Franchising-Geber(in) ['fræntʃaizɪŋ-]

franchissable [fʀɑ̃ʃisabl] *adj obstacle* überwindbar; *limite* zu überschreiten; *rivière* zu überqueren

franchissement [fʀɑ̃ʃismɑ̃] *m* **1.** (*saut*) [*barre*] Überspringen *nt*
2. (*traversée*) [*frontière*] Überschreiten *nt*, Überschreitung *f*; [*rivière*] Überqueren *nt*, Überquerung *f*; ~ ***illégal de frontière*** illegaler Grenzübertritt

franchouillard, e [fʀɑ̃ʃujaʀ, jaʀd] *adj péj* typisch französisch

francilien, ne [fʀɑ̃siljɛ̃, jɛn] I. *adj* [aus] der Ile-de-France
II. *m, f* ■ **Francilien(ne)** Bewohner(in) *m(f)* der Ile-de-France

franciscain, e [fʀɑ̃siskɛ̃, ɛn] I. *adj* franziskanisch
II. *m, f* Franziskaner(in) *m(f)*; ***couvent de*** ~***es*** Franziskanerkloster *nt*

franciser <1> [fʀɑ̃size] *vt* ■ **qn francise qc** jd französ[is]iert etw

francium [fʀɑ̃sjɔm] *m* CHIM Francium *nt*

franc-maçon, ne <~s-~s> [fʀɑ̃masɔ̃, ɔn] *m, f* Freimaurer(in) *m(f)*

franc-maçonnerie [fʀɑ̃masɔnʀi] *f* Freimaurerei *f*; ***les emblèmes de la*** ~-~ die Embleme der Freimaurer

franco [fʀɑ̃ko] *adv* **1.** (*sans frais pour le destinataire*) [fracht]frei
2. *fam* (*carrément*) geradewegs, ohne Umschweife; ***je lui ai dit*** ~ ***ce que je pensais de lui*** ich habe ihm geradeheraus [*o* klipp und klar *fam*] gesagt, was ich von ihm halte

franco-allemand, e <~-~s> [fʀɑ̃koalmɑ̃, ɑ̃d] *adj* deutsch-französisch

francophile [fʀɑ̃kɔfil] I. *adj* frankophil, franzosenfreundlich, frankreichfreundlich
II. *mf* Frankophile(r) *f(m)*

francophilie [fʀɑ̃kɔfili] *f* Frankophilie *f*

francophobe [fʀɑ̃kɔfɔb] I. *adj* frankophob, franzosenfeindlich, frankreichfeindlich
II. *mf* frankophober Mensch, Franzosenhasser(in) *m(f)*

francophobie [fʀɑ̃kɔfɔbi] *f* Frankophobie *f*

francophone [fʀɑ̃kɔfɔn] I. *adj* französischsprachig, frankophon
II. *mf* Frankophone(r) *f(m)*

francophonie [fʀɑ̃kɔfɔni] *f* Frankophonie *f* (*Gemeinschaft der Französischsprechenden*)

franc-parler <~s-~s> [fʀɑ̃paʀle] *m* Freimut *m*, Offenheit *f* im Reden
▶ **qn a son** ~-~ jd nimmt kein Blatt vor den Mund, jd spricht [*o* redet] frisch [*o* frei] von der Leber weg *fam*

franc-tireur <~s-~s> [fʀɑ̃tiʀœʀ] *m* MIL Freischärler(in) *m(f)*; (*indépendant*) Einzelgänger(in) *m(f)*; ~***s-~s et partisans français*** *Gruppe kommunistischer Widerstandskämpfer*
▶ en ~-~ im Alleingang

frange [fʀɑ̃ʒ] *f* **1.** (*bordure*) Rand *m*; COUT Franse *f*; ~ ***côtière*** Küstenstrich *m*
2. (*mèche*) Pony *m*
3. (*partie marginale*) Randgruppe *f*; ***une*** ~ ***importante d'étudiants*** ein nicht unbedeutender Teil der Studenten

frangin, e [fʀɑ̃ʒɛ̃, ʒin] *m, f fam* Bruder/Schwester *m/f*

frangipane [fʀɑ̃ʒipan] *f* (*gâteau*) Mandelkuchen *m*; (*crème*) Mandelcreme *f*

franglais [fʀɑ̃glɛ] *m mit Anglizismen durchsetztes Französisch*

franque [fʀɑ̃k] *adj v.* **franc**

franquette [fʀɑ̃kɛt] *loc* ▶ **à la bonne** ~ *fam* ohne Umstände, ganz einfach

franquisme [fʀɑ̃kism] *m* Franco-Regime *nt*

franquiste [fʀɑ̃kist] I. *adj* francofreundlich; ***l'Espagne*** ~ das Francospanien
II. *m, f* Anhänger(in) *m(f)* Francos, Franco-Anhänger(in) *m(f)*

frappant, e [fʀapɑ̃, ɑ̃t] *adj contraste* auffallend, eklatant; *exemple* treffend; *preuve, argument* schlagend, überzeugend; *ressemblance* verblüffend, frappierend; *vérité* augenfällig, offenkundig; ***un détail*** ~ ein Detail, das ins Auge springt

frappe [fʀap] *f* **1.** [*médaille, monnaie*] Prägung *f*
2. (*façon de frapper*) [*dactylo, pianiste*] Anschlag *m*; [*boxeur*] Schlag *m*; [*footballeur*] Schuss *m*
3. (*exemplaire dactylographié*) [mit Maschine geschriebenes] Manuskript, Typoskript *nt*
4. *péj fam* (*voyou*) Halunke *m fam*; ***sale petite*** ~! mieser kleiner Halunke! *fam*
▶ **qc est à la** ~ etw wird gerade geschrieben [*o* getippt *fam*]

frappé, e [fʀape] *adj* **1.** (*saisi*) ■ ~ **de qc**: ~ ***de stupeur*** wie vor den Kopf geschlagen, betroffen, bestürzt; ~ ***de panique*** von Panik ergriffen [*o* erfasst]; ~ ***d'horreur*** von Entsetzen gepackt
2. (*refroidi*) [eis]gekühlt; ***café*** ~ Kaffee Frappee *m mit kleingeschlagenem Eis servierter Kaffee*
3. *fam* (*fou*) bekloppt *fam*, behämmert *fam*
4. (*bien marqué*): ***des vers bien*** ~***s*** kunstvoll gedrechselte Verse

frapper <1> [fʀape] I. *vt* **1.** (*heurter, cogner*) ■ **qn frappe qn** jd schlägt jdn; (*avec un couteau*) jd sticht auf jdn ein; ***ils l'ont frappé au visage*** sie haben ihm ins Gesicht geschlagen; ■ **qn frappe qc** jd schlägt gegen etw; ***le joueur frappe la balle*** (*au tennis*) der Spieler schlägt den Ball; (*au football*) der Spieler tritt [*o* spielt] den Ball; ■ **qc frappe qc** /*mer, pluie*/ etw schlägt gegen [*o* an] etw (*akk*); ■ **qc frappe qn** etw trifft jdn; ***le soleil le frappait en plein visage*** die Sonne blendete ihn; ***le son de sa voix frappa soudain mon oreille*** plötzlich schallte mir seine/ihre Stimme entgegen
2. (*saisir*) ■ **qc frappe qn de qc** *d'étonnement, horreur, de panique* etw ruft etw bei jdm hervor, etw versetzt jdn in etw (*akk*); ***qc frappe qn de stupeur*** etw bestürzt jdn, etw macht jdn betroffen; ***cette découverte nous a tous frappés d'horreur*** bei dieser Entdeckung packte uns alle das kalte Grausen
3. (*affliger*) ■ **qc frappe qn/qc** /*maladie*/ etw befällt jdn/etw; /*malheur*/ etw trifft jdn/etw, etw bricht über jdn herein; /*mesure, impôt*/ etw betrifft jdn/etw; /*sanction*/ etw trifft jdn/etw; ***cette nouvelle tragique l'a beaucoup frappée*** diese tragische Nachricht war ein furchtbarer Schlag für sie; ***la pollution frappe aussi les rivières*** die Umweltverschmutzung macht auch vor den Flüssen nicht Halt; ***il est frappé d'amnésie*** er leidet an Gedächtnisschwund; ***il a été frappé d'indignité nationale*** er wurde für national unwürdig erklärt
4. (*étonner*) ■ **qn/qc frappe qn/qc** jd/etw beeindruckt jdn; *imagination* jd/etw regt jdn/etw an; ■ **qn est frappé(e) de qc** jd ist über etw verblüfft; ***qn est frappé(e) d'entendre qc*** jd ist verblüfft [*o* verwundert] etw zu hören
5. ■ **qn frappe qc** *médaille, monnaie* jd prägt etw
6. (*glacer*) ■ **qn frappe qc** *champagne, vin* jd kühlt etw [in Eis]; *café* jd kühlt etw [mit Eis]
II. *vi* **1.** (*donner des coups*) ■ **qn frappe** jd schlägt zu; ***qn frappe à la porte*** jd klopft an die Tür; ■ **qc frappe** etw klopft; ■ **qn/qc frappe**: ***on applaudit en frappant dans ses mains*** man applaudiert, indem man in die Hände klatscht; ***il a frappé du poing sur la table*** er hat mit der Faust auf den Tisch geschlagen
2. (*affliger*) ■ **qc frappe** etw ist erschütternd; (*saisir*) etw besticht
III. *vpr* **1.** (*se donner des coups*) ■ **qn se frappe qc** *front* jd schlägt sich (*dat*) an etw (*akk*); *poitrine* jd schlägt sich (*dat*) auf etw (*akk*)
2. *fam* (*s'inquiéter*) ■ **qn se frappe** jd regt sich auf

frappeur [fʀapœʀ] *adj v.* **esprit**

frasque [fʀask] *f* Dummheit *f*, Eskapade *f*; (*dans un couple*) Seitensprung *m*; ~***s de jeunesse*** jugendlicher Leichtsinn, jugendliche Unvernunft

fraternel, le [fʀatɛʀnɛl] *adj* **1.** *amour* (*de frère*) brüderlich, Bruder-; (*de sœur*) schwesterlich, Schwester-
2. (*affectueux*) *geste, salut, relation* freundschaftlich; *amitié* innig

fraternellement [fʀatɛʀnɛlmɑ̃] *adv hum* brüderlich; ***ils se haïssent*** ~ sie empfinden einen brüderlichen Hass füreinander; ***nous nous aimons*** ~ wir lieben uns wie Brüder/Schwestern/Bruder und Schwester [*o* Geschwister]

fraternisation [fʀatɛʀnizasjɔ̃] *f* Verbrüderung *f*; MIL Fraternisierung *f*

fraterniser <1> [fʀatɛʀnize] *vi* ■ **des personnes fraternisent [avec d'autres personnes]** Menschen verbrüdern sich [mit anderen Menschen]; MIL Menschen fraternisieren [mit anderen Menschen]; ***ces enfants commencent à*** ~ diese Kinder fangen an Freundschaft zu schließen

fraternité [fʀatɛʀnite] *f* Brüderlichkeit *f*; ***la*** ~ ***humaine*** die Zusammengehörigkeit der Menschen; ~ ***d'armes*** Waffenbrüderschaft *f*; ~ ***d'esprit*** Geistesverwandtschaft *f*

fratricide [fʀatʀisid] I. *adj geste* brudermörderisch/schwesternmörderisch; ***guerre*** ~ Bruderkrieg *m*; ***haine*** ~ brüderlicher/schwesterlicher Hass
II. *m* (*acte*) [*frère*] Brudermord *m*; [*sœur*] Schwesternmord *m*
III. *mf* (*personne*) Brudermörder(in) *m(f)*, Schwesternmörder(in) *m(f)*

fraude [fʀod] *f* Betrug *m*; ***service de répression des*** ~***s*** Betrugsdezernat *nt*; (*des douanes*) Zollfahndung *f*; ~ ***du fisc*** Steuerhinterziehung *f*; ~ ***douanière*** Zollvergehen *nt*; ■ ~ **sur qc** Betrug mit etw; ~ ***sur les vins*** Weinpanschen *nt*
▶ ~ électorale Wahlbetrug *m*; ~ fiscale Steuerhinterziehung *f*; en ~ auf betrügerische Weise; ***il a passé cette marchandise à la frontière en*** ~ er hat diese Ware über die Grenze geschmuggelt; ***elle fume en*** ~ sie raucht heimlich

frauder <1> [fʀode] I. *vt* ■ **qn fraude qn/qc** *créancier, État* jd betrügt jdn/etw; ***qn fraude le fisc*** [*o* ***les impôts***] jd hinterzieht Steuern
II. *vi* ■ **qn fraude [à qc]** *à un examen* jd täuscht bei etw; ***qn fraude à la douane*** jd begeht Zollbetrug; ■ **qn fraude [sur qc]** jd betrügt bei etw; ***ce commerçant fraude sur le poids des denrées*** dieser Kaufmann betrügt beim Wiegen der Lebensmittel

fraudeur, -euse [fʀodœʀ, -øz] *m, f* Betrüger(in) *m(f)*; (*à la frontière*) Schmuggler(in) *m(f)*

frauduleusement [fʀodyløzmɑ̃] *adv* auf betrügerische Weise

frauduleux, -euse [fʀodylø, -øz] *adj banqueroute, marché, déclaration, pratique* betrügerisch; *concurrence, moyen* unlauter; *dossier* gefälscht; *banquier* unredlich, unehrlich; ***une personne*** ~***euse*** ein Betrüger/eine Betrügerin; ***trafic*** ~ Schmuggel *m*

frayer <7> [fʀeje] I. *vt* (*ouvrir*) ■ **qn fraie qc à qn**: ***la police lui fraya un passage dans la foule*** die Polizei bahnte ihm einen Weg durch die Menge; ***cette découverte a frayé la voie à tous les travaux ultérieurs*** diese Entdeckung hat allen nachfolgenden Arbeiten den Weg geebnet [*o* bereitet]
II. *vi* **1.** (*se reproduire*) ■ **un animal fraie** ein Tier laicht
2. (*fréquenter*) ■ **qn fraie avec qn** jd verkehrt mit jdm
III. *vpr* ■ **qn se fraie qc** *chemin, passage, voie* jd bahnt sich (*dat*) etw; ***qn se fraie un chemin*** (*progresse socialement*) jd arbeitet sich hoch

frayeur [fʀɛjœʀ] *f* Schreck[en] *m*; ***il fut saisi de*** ~ er bekam einen Schreck
▶ **qn fait une** ~ **à qn** jd jagt jdm einen Schreck[en] ein; de ~ vor Schreck

freak [fʀik] *m* Freak *m*

fredaine [fʀədɛn] *f* Dummheit *f*; ***ce sont des*** ~***s de jeunesse*** das sind Dummejungenstreiche *fam*; ***il continue à faire des*** ~***s*** er schlägt immer noch über die Stränge

fredonner <1> [fʀədɔne] *vt* ■ **qn fredonne qc** jd summt etw; ***elle fredonnait dans la cuisine*** sie summte in der Küche vor sich hin

free-lance <~-~s> [fʀilɑ̃s] *mf* Freiberufler(in) *m(f)*
freesia [fʀezja] *m* Freesie *f*
freezer [fʀizœʀ] *m* Eisfach *nt,* Gefrierfach *nt*
frégate [fʀegat] *f* **1.** (*bateau*) Fregatte *f*
2. (*oiseau*) Fregattvogel *m*
frein [fʀɛ̃] *m* **1.** (*dispositif ralentisseur*) Bremse *f*
2. (*entrave*) ■ ~ **à qc:** ***qc est un ~ à l'expansion*** etwas bremst die Expansion
▸ ~ **aérodynamique** Luftbremse *f;* ~ **hydraulique** hydraulische Bremse; **qn/qc n'a pas** [*o* **ne connaît pas**] **de** ~ jd/etw kennt keine Grenzen; **qn/qc met un ~ à qc** jd/etw bremst etw; **qn ronge son** ~ jd vergeht vor Ungeduld; **sans** ~ zügellos
◆ **frein à disque** Scheibenbremse *f;* **frein à mâchoires** Backenbremse *f;* **frein à main** Handbremse *f;* **frein à tambour** Trommelbremse *f;* **frein de secours** Notbremse *f;* **frein moteur** Motorbremse *f*
freinage [fʀɛnaʒ] *m* **1.** (*action*) Bremsen *nt,* Bremsung *f*
2. (*ralentissement*) ■ ~ **de qc** [*hausse des prix*] Drosselung *f*
freiner <1> [fʀene] **I.** *vi* ■ **qn/qc freine** jd/etw bremst; ***ma voiture freine bien/mal*** mein Auto hat gute/schlechte Bremsen
II. *vt* **1.** (*ralentir*) ■ **qc freine qn/qc** etw behindert jdn/etw
2. (*modérer*) ■ **qn/qc freine qn** jd/etw hält jdn zurück; ■ **qn/qc freine qc** jd/etw bremst etw; *offre* jd/etw schränkt etw ein, jd/etw verringert etw; *hausse des prix, production* jd/etw drosselt etw; *ambitions* jd/etw zügelt etw; ***il a essayé de ~ le succès de son frère*** er hat versucht, dem Erfolg seines Bruders einen Riegel vorzuschieben
III. *vpr fam* ■ **qn se freine** jd beruhigt sich
frelater <1> [fʀəlate] *vt* ■ **qn frelate qc** jd verfälscht etw; *vin* jd panscht etw; ■ **qc est frelaté(e)** /*vin*/ etw ist gepanscht; *milieu* etw ist korrupt; *succès* künstlich aufgebauscht
frêle [fʀɛl] *adj* schwach; *personne, corps a.* kraftlos; *espoirs a.* leise; *charpente, tige a.* zerbrechlich, dünn; *esquif* nicht stabil; ***une silhouette ~*** eine zierliche Gestalt; ***tout reposait sur ses ~s épaules*** alles ruhte auf seinen/ihren schwachen Schultern
frelon [fʀəlɔ̃] *m* Hornisse *f;* ***nid de ~s*** Hornissennest *nt*
freluquet [fʀəlykɛ] *m* Schnösel *m fam*
frémir <8> [fʀemiʀ] *vi* **1.** *soutenu* (*frissonner*) ■ **qn/qc frémit** [**de qc**] jd/etw bebt *geh* [*o* zittert] [vor etw (*dat*)]; *d'horreur* jd erschau[d]ert [vor etw (*dat*)] *geh;* ***il frémit tout entier*** er zittert am ganzen Körper [*o* an allen Gliedern]; ■ **qn/qc est frémissant(e)** [**de qc**] jd/etw bebt *geh* [*o* zittert] [vor etw (*dat*)]; ■ **qn/qc fait ~ qn:** ***cette histoire affreuse me fait ~*** diese grauenvolle Geschichte lässt mich erschaudern *geh;* ***le criminel a fait ~ toute la ville*** der Verbrecher versetzte die ganze Stadt in Angst und Schrecken; ■ **qc est à faire ~** etw kann einen erschau[d]ern lassen *geh*
2. (*s'agiter légèrement*) ■ **qc frémit** /*feuillage*/ etw zittert; /*ailes*/ etw vibriert; (*être sur le point de bouillir*) /*eau*/ etw siedet
frémissement [fʀemismɑ̃] *m* **1.** *soutenu* (*frisson d'émotion*) [*lèvres*] Zittern *nt;* [*corps, personne a.*] Beben *nt geh;* ■ ~ **de qc** *de peur* Zittern vor etw (*dat*); *de colère, rage, plaisir* Beben vor etw (*dat*); ~ ***d'horreur*** Schauder *m,* Schauern *nt;* ~ ***de fièvre*** Schüttelfrost *m*
2. (*mouvement léger*) [*corde, ailes*] Vibrieren *nt;* [*eau*] leichte Bewegung; [*feuillage, grelot*] Zittern *nt;* (*murmure*) [*feuilles*] Rascheln *nt*
3. ECON, POL leichter Anstieg
french cancan <~ ~s> [fʀɛnʃkɑ̃kɑ̃] *m* Cancan *m*
frêne [fʀɛn] *m* Esche *f;* ***bois de ~*** Eschenholz *nt*
frénésie [fʀenezi] *f* Leidenschaft *f,* Besessenheit *f;* ~ ***de consommation*** Kaufrausch *m*
▸ **avec** ~ mit Leidenschaft, leidenschaftlich; ***le chanteur a été applaudi avec ~*** dem Sänger wurde frenetischer Beifall gespendet
frénétique [fʀenetik] *adj* **1.** (*passionné*) *sentiment* übersteigert; *personne* besessen; ***enthousiasme ~*** wahrer Begeisterungssturm; ***passion ~*** wilde Leidenschaft
2. (*au rythme déchaîné*) *agitation, danse* wild; *applaudissements* stürmisch, frenetisch; *personne* leidenschaftlich, besessen; ***ce rythme me rend véritablement ~*** dieser Rhythmus bringt mich zum Rasen [*o* macht mich wild]; ***un tour d'honneur ~*** eine von stürmischem [*o* frenetischem] Beifall begleitete Ehrenrunde
frénétiquement [fʀenetikmɑ̃] *adv* wild, stürmisch; ***ils applaudirent ~ les acteurs*** sie spendeten den Schauspielern frenetischen Beifall
fréon® [fʀeɔ̃] *m* Freon® *nt*
fréquemment [fʀekamɑ̃] *adv* oft, häufig
fréquence [fʀekɑ̃s] *f* Häufigkeit *f;* PHYS Frequenz *f;* ~ ***du pouls*** Pulsfrequenz
▸ **basse/haute/moyenne** ~ Nieder-/Hoch-/Mittelfrequenz; ~ **cardiaque/respiratoire** Herz-/Atemfrequenz
◆ **fréquence de rafraîchissement d'image** INFORM Bildwiederholfrequenz *f*
fréquent, e [fʀekɑ̃, ɑ̃t] *adj* häufig
fréquentable [fʀekɑ̃tabl] *adj lieu* akzeptabel; *personne a.* anständig, rechtschaffen; ***une rue peu ~*** eine Straße, in der man sich [besser] nicht aufhalten sollte; ***un type peu ~*** ein Typ, dem man [lieber] aus dem Wege gehen sollte [*o* mit dem man nicht verkehren sollte]
fréquentation [fʀekɑ̃tasjɔ̃] *f* **1.** (*action*) häufiger Besuch; ~ ***d'une personne*** Umgang *m* [*o* häufiger Verkehr] mit einem Menschen; ***la ~ de l'exposition est satisfaisante*** die Ausstellung ist gut besucht
2. *gén pl* (*relation*) Umgang *m;* ***il choisit ses ~s*** er sucht sich die Leute, mit denen er verkehrt, gut aus; ***vous avez de drôles de ~s*** sie haben eigenartige Bekannte
▸ **qn a de bonnes/mauvaises ~s** jd hat guten/schlechten Umgang
fréquenté, e [fʀekɑ̃te] *adj établissement, lieu* viel besucht; *promenade, rue* belebt
▸ **un lieu est bien** ~ (*qualitatif*) an einem Ort verkehren feine Leute; (*quantitatif*) ein Ort ist gut besucht; **un lieu est mal** ~ an einem Ort verkehren zweifelhafte Leute
fréquenter <1> [fʀekɑ̃te] **I.** *vt* **1.** (*aller fréquemment dans*) ■ **qn fréquente qc** *école* jd besucht etw; *établissement, lieu* jd besucht etw häufig [*o* oft], jd geht häufig irgendwohin; *bar, maison a.* jd geht irgendwo ein und aus, jd geht häufig irgendwohin; *rue* jd geht etw häufig [*o* oft] entlang; ***il ne fréquente plus notre maison*** er verkehrt nicht mehr in unserem Haus; ***je fréquente de préférence les théâtres plutôt que les cinémas*** ich gehe lieber ins Theater als ins Kino; ***il fréquente davantage les cafés que la faculté*** er geht häufiger ins Café als in die Uni
2. (*relations*) ■ **qn fréquente qn** jd verkehrt mit jdm, jd hat Umgang mit jdm
II. *vpr* ■ **des personnes se fréquentent** (*par amitié*) Menschen verkehren miteinander; (*par amour*) Menschen sind zusammen [*o* miteinander befreundet], Menschen gehen miteinander *fam*
frère [fʀɛʀ] *m* **1.** (*opp: sœur*) Bruder *m;* ***tu es un ~ pour moi*** du bist für mich wie ein Bruder
2. (*semblable*) Bruder *m;* ***les hommes sont tous ~s*** alle Menschen sind Brüder
3. REL Bruder *m;* ***il a été élevé chez les ~s*** er ist in einer Klosterschule erzogen worden
4. *fam* (*objet*) Pendant *nt,* Gegenstück *nt*
▸ ~ **maçon** [*o* **Trois points** *fam*] Freimaurer *m;* **deux personnes vivent comme ~ et sœur** zwei Menschen leben wie Bruder und Schwester miteinander; ~ **aîné/cadet** (*plus âgé/jeune*) älterer/jüngerer Bruder; (*le plus âgé/jeune*) ältester/jüngster Bruder; **mes bien chers ~s** liebe [*o* meine lieben] Brüder [und Schwestern]; ~**s consanguins** Halbbrüder väterlicherseits; ~**s ennemis** feindliche Brüder; **faux** ~ falscher Freund, falscher Fuffziger *fam;* ~ **jumeau** Zwillingsbruder *m;* ***ils se ressemblent comme des ~s jumeaux*** sie gleichen sich wie Zwillinge; **F~ mineur** Minderbruder *m;* ~**s prêcheurs** Predigerorden *m;* ~ **siamois** siamesischer Zwilling; ~**s utérins** Halbbrüder mütterlicherseits; **vieux** ~ *fam* altes Haus *fam;* **des personnes s'aiment comme des ~s** Menschen lieben sich wie Brüder; **des personnes partagent en ~s** Menschen teilen brüderlich; **qn ressemble à qn comme un** ~ jd sieht jdm sehr ähnlich
◆ **frère d'armes** Waffenbruder *m;* **frère de lait** Milchbruder *m;* **frère d'infortune** Leidensgefährte *m,* Leidensgenosse *m;* **frère de sang** Blutsbruder *m*
frérot [fʀeʀo] *m fam* Brüderchen *nt,* Bruderherz *nt fam*
frésia [fʀezja] *m v.* **freesia**
fresque [fʀɛsk] *f* **1.** (*peinture*) Fresko *nt*
2. LITTER Abbild *nt*
fret [fʀɛ(t)] *m* NAUT, AVIAT **1.** (*prix*) Frachtkosten *pl,* Fracht[gebühr *f*] *f*
2. (*chargement*) Ladung *f,* Fracht[gut *nt*] *f*
fréteur [fʀetœʀ] *m* (*armateur*) Mietagentur *f,* Charteragentur *f*
frétillant, e [fʀetijɑ̃, jɑ̃t] *adj poisson* zappelnd; *queue* wedelnd; ***il est ~ d'impatience*** er zappelt [*o* ist ganz zapp[e]lig *fam*] vor Ungeduld; ***il est ~ de joie*** er hüpft [*o* springt] vor Freude
frétiller <1> [fʀetije] *vi* ■ **un animal frétille** /*poisson*/ ein Tier zappelt; ***le chien frétille [de la queue]*** der Hund wedelt [mit dem Schwanz]; ■ **qn frétille de qc** *d'impatience* jd zappelt vor etw (*dat*); *de joie* jd springt [*o* hüpft] vor etw (*dat*); ***qn frétille de fierté*** [*o* ***d'orgueil***] jd ist voller Stolz
fretin [fʀətɛ̃] *m* junge [*o* kleine] Fische
▸ **menu** ~ *péj* kleine Fische *fam*
freudien, ne [fʀødjɛ̃, jɛn] *adj* freudianisch; ***la doctrine ~ne*** die Lehre Freuds, Freuds Lehre
friable [fʀijabl] *adj pâte* krümelig, bröselig; *roche, sol* bröckelig, brüchig
friand, e [fʀijɑ̃, jɑ̃d] **I.** *adj* ■ ~ **de qc** begierig [*o* versessen] auf etw (*akk*); ***tout le monde est ~ de compliments*** jeder hört gern Komplimente; ***il est ~ de nouveautés*** er ist auf Neuigkeiten aus
II. *m kleine Blätterteigpastete*
friandise [fʀijɑ̃diz] *f* Süßigkeit *f;* ***donne-lui une ~!*** gib ihm/ihr etwas Süßes!
Fribourg [fʀibuʀ] *m* Freiburg *nt*
fric [fʀik] *m fam* Kohle *f fam,* Kies *m fam;* ***faiseur de ~*** Geldscheffler *m fam*
fricassée [fʀikase] *f* Frikassee *nt;* ~ ***de poulet*** Hühnerfrikassee *nt*
◆ **fricassée de museaux** *fam* ewige [*o* endlose] Küsserei *fam*
fric-frac [fʀikfʀak] *m inv* Einbruch *m*
friche [fʀiʃ] *f* Brachfeld *nt,* Brachland *nt,* Brache *f;* ~ ***industrielle*** Industriebrache
▸ **en** ~ (*à l'abandon*) brach[liegend]; ***une grande partie de ses terres est en ~*** ein großer Teil seiner Ländereien liegt brach
frichti [fʀiʃti] *m fam* Selbstgebrutzelte(s) *nt fam* (*selbst zubereitete, einfache Mahlzeit*)
fricot [fʀiko] *m fam* Eintopf *m; péj* Fraß *m fam*
fricoter <1> [fʀikɔte] **I.** *vt péj* ■ **qn fricote qc** jd führt etw im Schilde, jd heckt etw aus *fam;* ***il se fricote de drôles de choses par ici*** hier werden dunkle [*o* faule *fam*] Geschäfte gemacht
II. *vi hum fam* ■ **qn fricote avec qn** jd hat etwas mit jdm *fam*
friction [fʀiksjɔ̃] *f* **1.** (*frottement*) Abreiben *nt,* [Ab]frottieren *nt;* PHYS Reibung *f;* ***je me suis fait une ~ au gant de crin*** ich habe mich mit einem Rosshaarhandschuh abgerieben [*o* [ab]frottiert]; ***une ~ de cheveux*** eine Kopfhautmassage
2. *gén pl* (*désaccord*) Reibereien *pl fam*
▸ **qn se fait une** ~ jd massiert sich (*dat*) die Kopfhaut; **qn se fait faire une** ~ jd lässt sich (*dat*) die Kopfhaut massieren
frictionner <1> [fʀiksjɔne] **I.** *vt* ■ **qn frictionne qn** jd reibt jdn ab, jd

frottiert jdn [ab]; ■ **qn lui frictionne qc** jd reibt jdm etw ab; ***je vais lui ~ les oreilles*** ich werd' ihm eine Abreibung verpassen *fam*
II. *vpr* ■ **qn se frictionne** jd reibt [*o* frottiert] sich ab
frigidaire® [fʀiʒidɛʀ] *m* Kühlschrank *m*, Eisschrank *m*
► **qn met qc au ~** jd stellt etw in den Kühlschrank; *met de côté* jd legt etw auf Eis *fam*
frigide [fʀiʒid] *adj* frigid[e]
frigidité [fʀiʒidite] *f* Frigidität *f*
frigo [fʀigo] *m fam abr de* **frigidaire** Kühlschrank *m*, Eisschrank *m*
frigorifier <1 a> [fʀigɔʀifje] *vt* ■ **qn frigorifie qc** jd friert etw ein; ■ **qn est frigorifié(e)** jd ist völlig durchgefroren
frigorifique [fʀigɔʀifik] *adj armoire, camion, chambre, wagon* Kühl-; *machine* Kälte-
frileusement [fʀiløzmɑ̃] *adv* **1.** (*en raison du froid*) fröstelnd, leicht frierend
2. (*craintivement*) ängstlich
frileux, -euse [fʀilø, -øz] *adj* **1.** (*sensible au froid*) kälteempfindlich; ***elle est très ~euse*** sie friert sehr leicht
2. (*craintif*) ängstlich
frilosité [fʀilozite] *f*: ***la ~ du marché bancaire*** die Zurückhaltung auf dem Geldmarkt
frimas [fʀimɑ] *mpl littér* [Rau]reif *m*
frime [fʀim] *f fam* (*bluff*) Theater *nt fam*, Mache *f fam*; (*vantardise*) Angeberei *f*; ***il n'est pas blessé: c'est de la ~*** er ist nicht verletzt: er tut nur so *fam*
► **c'est de la ~** (*vantardise*) das ist Angeberei; **pour la ~** zum Schein, pro forma
frimer <1> [fʀime] *vi fam* ■ **qn frime** jd zieht eine Schau [*o* Show] ab *fam*; (*se vanter*) jd gibt an
frimeur, -euse [fʀimœʀ, -øz] *m, f fam* Schaumschläger(in) *m(f) fam*, Angeber(in) *m(f)*
frimousse [fʀimus] *f fam* [Kinder]gesicht *nt*, [Puppen]gesicht
fringale [fʀɛ̃gal] *f fam* Heißhunger *m*, Kohldampf *m fam*; ***j'ai été pris d'une vraie ~*** mich überkam ein Heißhunger; ■ **~ de qc** (*envie irrésistible*) Gier *f* nach etw; ***~ de lectures*** Lesewut *f*
► **qn a la ~** jd hat einen Bärenhunger *fam*
fringant, e [fʀɛ̃gɑ̃, ɑ̃t] *adj personne* munter, flott; *personne âgée* rüstig, rege; *cheval* feurig
fringué, e [fʀɛ̃ge] *adj fam* ausstaffiert *fam*; ***c'est un mec ~ comme un ministre*** der Typ ist rausgeputzt wie ein Minister *fam*
► **qn est bien/mal ~** jd ist in Schale *fam*/jd hat olle Klamotten an *fam*; ***t'es drôlement bien ~*** du hast dich aber in Schale geschmissen [*o* geworfen] *fam*
fringuer <1> [fʀɛ̃ge] **I.** *vt fam* ■ **qn fringue qn** jd staffiert jdn aus *fam*
II. *vpr fam* ■ **qn se fringue** jd zieht sich an
fringues [fʀɛ̃g] *fpl fam* Klamotten *pl fam*; ***magasin de ~*** Klamottenladen *m fam*
fripe [fʀip] *f gén pl* (*vieux vêtements*) alte Kleider *pl*; (*vêtements d'occasion*) gebrauchte Kleider *pl*
fripé, e [fʀipe] *adj* zerknittert, zerknautscht *fam*; ***qn a le visage ~*** jd sieht zerknittert aus *fam*
friper <1> [fʀipe] **I.** *vt* ■ **qn/qc fripe qc** jd/etw zerknittert [*o* zerknautscht *fam*] etw
II. *vpr* ■ **qc se fripe** etw knittert, etw knautscht *fam*
friperie [fʀipʀi] *f* **1.** *péj* (*vieux habits*) alte Klamotten *pl*
2. (*commerce*) Secondhandladen ['sɛkəndhænd-] *m*, Secondhandshop *m*
fripier, -ière [fʀipje, -jɛʀ] *m, f* Besitzer(in) *m(f)* eines Secondhandladens [*o* Secondhandshops] ['sɛkəndhænd-]
fripon, ne [fʀipɔ̃, ɔn] **I.** *adj fam air, visage* spitzbübisch, schelmisch, verschmitzt; ***il a le regard ~*** [*o* ***les yeux ~s***] ihm guckt der Schalk aus den Augen
II. *m, f fam* (*malin*) Schelm(in) *m(f)*; ***petit ~!*** du kleiner Schlingel! *fam*
fripouille [fʀipuj] *f fam* Spitzbube *m*, Halunke *m*
► **petite ~** Gauner *m fam*; ***petite ~!*** *hum* du kleiner Halunke! *fam*; **vieille ~** alter Halunke
frire <*irr*> [fʀiʀ] **I.** *vt* ■ **qn frit/fait ~ qc** (*dans une poêle*) jd brät etw; (*dans une friteuse*) jd frittiert etw
II. *vi* ■ **qc frit** etw brät [in schwimmendem Fett]
frisbee® [fʀizbi] *m* Frisbee® *nt*
frise [fʀiz] *f* Fries *m*
frisé, e [fʀize] **I.** *adj cheveux* kraus; *animal* mit krausem Fell; ***personne ~e*** Mensch *m* mit krausem Haar, Krauskopf *m*; ***moustache ~e*** Zwirbelbart *m*; ***elle est ~e comme un mouton*** sie hat einen Krauskopf, sie ist kraushaarig [*o* krausköpfig]; ***un jeune homme blond ~*** ein blondgelockter junger Mann
II. *m péj fam Schimpfwort für die Deutschen während des 2. Weltkriegs*
III. *f* ■ **la frisée** Friseesalat *m*
friser <1> [fʀize] **I.** *vt* **1.** (*mettre en boucles*) ■ **qn frise qn/qc** *cheveux* jd macht jdm Locken/legt etw in Locken, jd lockt etw; *moustaches* jd zwirbelt etw; ***fer à ~*** Brennschere *f*, Lockenstab *m*, Frisierstab *m*; ***je te frise les cheveux*** ich mache dir Locken
2. (*frôler*) ■ **qn/qc frise qc** *mort, accident* jd entgeht einer S. (*dat*) knapp [*o* mit knapper Not] [*o* um Haaresbreite]; *ridicule, insolence* etw grenzt an etw (*akk*); ***elle frise le ridicule*** sie macht sich lächerlich; ***elle frise la soixantaine*** sie ist knapp sechzig; ***on frise aujourd'hui les 10%*** man erreicht heute fast die 10%-Grenze
II. *vi* (*boucler*) ■ **qn frise** (*naturellement*) jd hat krause Haare [*o* krauses Haar]; (*à l'humidité*) jds Haare werden kraus, jds Haar wird kraus; ■ **qc frise** etw kräuselt sich, etw wird kraus
III. *vpr* (*se faire des boucles*) ■ **qn se frise** jd dreht [*o* macht] sich (*dat*) Locken; ■ **qn se fait ~** jd lässt sich (*dat*) Locken drehen [*o* machen]
frisette [fʀizɛt] *f* **1.** (*bouclette*) Löckchen *nt*, kleine Locke
2. (*planche*) dünne Holzlatte
frisotter <1> [fʀizɔte] *vi* ■ **qc frisotte** etw kräuselt sich, etw wird kraus
frisquet, te [fʀiskɛ, ɛt] *adj fam* frisch, kühl; ***il y a un petit vent ~*** es weht ein frisches [*o* kühles] Lüftchen; ***il fait ~*** es ist frisch [*o* kühl]
frisson [fʀisɔ̃] *m* Zittern *nt*, Beben *nt*; ■ **~ de qc** *de froid, peur, terreur* Zittern vor etw (*dat*); *de plaisir, volupté* [Er]beben vor etw (*dat*) *geh*; ***~ de fièvre*** Schüttelfrost *m*; ***~ de dégoût*** Schauder *m*; ***elle a un ~ de dégoût*** sie schüttelt sich vor Ekel
► **le grand ~** (*émotion intense*) große Erregung, [Nerven]kitzel *m*; (*orgasme*) Orgasmus *m*, Höhepunkt *m*; ***qc donne le grand ~ à qn*** etw versetzt jdn in große Erregung, etw ist ein großer Nervenkitzel für jdn; ***elle n'a encore jamais connu le grand ~*** sie hat noch nie einen Höhepunkt [*o* Orgasmus] gehabt; **qn a des ~s** jd hat Schüttelfrost; **qn en a le ~** jdm läuft es dabei kalt über den Rücken; **qc donne le ~ à qn** bei etw läuft es jdm kalt über den Rücken; **un ~ parcourt qn** ein Schau[d]er überläuft jdn [*o* läuft jdm über den Rücken]; **un ~ saisit qn** ein Schau[d]er ergreift [*o* befällt] jdn; **un ~ secoue qn** ein Schau[d]er durchrieselt jdn *geh*
frissonnant, e [fʀisɔnɑ̃, ɑ̃t] *adj* zitternd, bebend, schau[d]ernd
frissonnement [fʀisɔnmɑ̃] *m littér* **1.** (*léger frisson*) leichtes Zittern [*o* Beben], leichter Schauder
2. (*bruissement*) [*ailes*] Vibrieren *nt*; [*feuillage*] Rascheln *nt*
frissonner <1> [fʀisɔne] *vi* **1.** (*avoir des frissons*) ■ **qn frissonne [de qc]** *de désir, plaisir, volupté* jd bebt [vor etw (*dat*)] *geh*; *de fièvre, froid, peur a.* jd zittert [vor etw (*dat*)]; ***il frissonne d'horreur*** es schaudert ihn, ihn befällt ein Schauder; ***il est frissonnant de fièvre*** er hat Schüttelfrost; ■ **qn/qc fait ~ qn [de qc]** *de peur* jd/etw lässt jdn [vor etw (*dat*)] erschau[d]ern *geh*; *de désir* jd/etw lässt jdn [vor etw (*dat*)] [er]beben *geh*
2. *littér* (*trembler légèrement*) ■ **qc frissonne** /*herbe*/ etw zittert; /*lumière*/ etw flackert
frisure [fʀizyʀ] *f* Löckchen *pl*; ***une ~ légère*** eine leichte Welle
frit, e [fʀi, fʀit] **I.** *pp de* **frire**
II. *adj fam* (*fichu*): ***tu es ~!*** du bist erledigt! *fam*, es ist aus mit dir *fam*
frite [fʀit] *f* Pommes frites *pl*; ***bifteck ~s*** [Beef]steak *nt* mit Pommes frites
► **qn a la ~** jd ist gut drauf *fam*
friterie [fʀitʀi] *f* (*boutique*) Pommes-frites-Bude *f*, Pommesbude *f fam*; (*atelier de friture*) Bratküche *f*
friteuse [fʀitøz] *f* Fritteuse *f*, Frittüre *f*
friture [fʀityʀ] *f* **1.** (*aliments*) Frittüre *f*, frittierte Speise; ***une ~ de goujons*** frittierte Gründlinge *pl*
2. (*graisse*) Frittüre *f*
3. (*action*) Frittieren *nt*
4. RADIO Rauschen *nt*; ***il y a de la ~ sur la ligne*** es rauscht in der Leitung
fritz [fʀits] *m inv péj fam Schimpfwort für die Deutschen während des 2. Weltkrieges*
frivole [fʀivɔl] *adj personne* leichtfertig, frivol; *discours* nichts sagend, gehaltlos; *spectacle* flach; *occupation* nutzlos; *lecture* seicht, leicht
frivolité [fʀivɔlite] *f* **1.** [*personne*] Leichtfertigkeit *f*, Frivolität *f*; [*conversation*] Seichtheit *f*, Oberflächlichkeit *f*; [*discours*] Gehaltlosigkeit *f*; [*distraction*] Nutzlosigkeit *f*, Wertlosigkeit *f*; [*occupation*] Nutzlosigkeit; ***elle perd ses journées en ~s*** sie vergeudet ihre Tage mit belanglosen Dingen
2. *pl vieilli* (*fanfreluches*) Firlefanz *m fam*
froc [fʀɔk] *m* **1.** *fam* (*pantalon*) Hose *f*
2. *vieilli* (*habit monacal*) [Mönchs]kutte *f*
► **qn jette le ~ aux orties** jd tritt aus dem Orden aus; **qn baisse son ~ [devant qn]** *fam* jd zieht [vor jdm] den Schwanz ein *fam*; **qn fait dans son ~** *fam* jd macht sich (*dat*) [vor Angst] in die Hosen *fam*, jd macht sich (*dat*) ins Hemd *sl*
froid, e [fʀwa, fʀwad] **I.** *adj* **1.** (*opp: chaud*) kalt
2. (*opp: chaleureux*) *calcul* kühl; *accueil, manières, regard, ton a.* frostig; *personne a.* kalt, gefühlsarm; *colère* kalt; ***j'ai pris un air ~*** ich setzte eine eisige Miene auf; ***il entra dans une colère ~e*** ihn packte die kalte Wut
► **qn me/le/la bat ~** jd zeigt mir/ihm/ihr die kalte Schulter; **il fait ~** es ist kalt; **qc laisse ~ qn** etw lässt jdn kalt; **qn reste ~ [comme le marbre]** jd bleibt ungerührt, jd bleibt hart wie Stein
II. *m* **1.** (*température*) Kälte *f*; ***lente régression du ~*** langsame Erwärmung; ***un ~ glacial*** eine eisige Kälte
2. (*brouille*) Verstimmung *f*
► **~ de canard** [*o* **loup**] *fam* Hundekälte *f fam*, Saukälte *f fam*; ***il fait un ~ de canard*** es ist saukalt *fam*; **qn en a ~ dans le dos** jdm läuft es kalt den Rücken herunter; **qc donne** [*o* **fait**] **~ dans le dos à qn** bei etw läuft es jdm kalt den Rücken [he]runter; **qn n'a pas ~ aux yeux** jd hat Mut; **qn a ~** jd friert, jdm ist [es] kalt; ***j'ai ~ aux pieds*** ich habe kalte Füße; **qn attrape** [*o* **prend**] **[un coup de] ~** jd erkältet sich, jd holt sich (*dat*) eine Erkältung; **qn crève** *fam* [*o* **meurt**] **de ~** jd erfriert; (*a très froid*) jd friert sich halb tot *fam*; ***on crève de ~ ici!*** *fam* hier ist es saukalt *fam*; **qn est en ~ avec qn** jd steht auf gespanntem Fuß mit jdm, jd hat ein unterkühltes Verhältnis zu jdm; **qn/qc jette un ~ [dans qc]** jd/etw verbreitet [irgendwo] eine frostige Stimmung, etw wirkt wie eine kalte Dusche [auf etw (*akk*)] *fam*; **à ~** TECH kalt; (*sans préparation*) unvorbereitet, völlig überraschend; (*sans émotion*) emotionslos; ***démarrage à ~*** Kaltstart *m*; ***il m'a pris à ~*** er hat mich überrumpelt; ***ils parlent à ~ de leurs crimes*** sie sprechen ohne jede Emotion [*o* völlig kaltblütig] über ihre Verbrechen
froidement [fʀwadmɑ̃] *adv* **1.** (*sans chaleur*) kühl; *accueillir, recevoir* frostig
2. (*avec sang-froid*) *raisonner* nüchtern; *prendre* gelassen
3. (*avec insensibilité*) kaltblütig
► **ça va ~** *hum fam* [es ist] ganz schön kalt heute *fam*
froideur [fʀwadœʀ] *f* [*œuvre d'art, personne, sentiment*] Kälte *f*; [*manières a.*] Kühle *f*; [*accueil*] Frostigkeit *f*; ***cette proposition fut accueillie***

avec ~ dieser Vorschlag würde mit großer Zurückhaltung aufgenommen

froidure [fʀwadyʀ] *f littér* Kälte *f*

froissable [fʀwasabl] *adj* ■ **qc est** ~ etw knittert leicht

froissement [fʀwasmɑ̃] *m* **1.** (*bruit*) Rascheln *nt,* Knistern *nt;* ***la voiture s'écrasa contre le mur dans un ~ de tôles*** der Wagen schepperte gegen die Mauer *fam*
2. (*claquage*): ~ ***d'un muscle*** Muskelzerrung *f*
3. (*blessure*) Kränkung *f*

froisser <1> [fʀwase] **I.** *vt* **1.** (*chiffonner*) ■ **qn froisse qc** *habit, tissu* jd zerknittert [*o* zerknautscht *fam*] etw; *papier a.* jd zerknüllt etw; *tôles* jd verbiegt etw
2. (*blesser*) ■ **qn/qc froisse qn [dans qc]** *dans son amour-propre, orgueil* jd/etw kränkt jdn [in etw (*dat*)]; *dans sa dignité* jd/etw verletzt jdn [in etw (*dat*)]; ■ **qn/qc froisse qc** *amour-propre, orgueil, dignité* jd/etw verletzt etw
II. *vpr* **1.** (*se chiffonner*) ■ **qc se froisse** etw knittert [*o* knautscht *fam*]
2. (*se claquer*) ■ **qn se froisse qc:** ***il s'est froissé un muscle*** er hat sich (*dat*) eine Muskelzerrung zugezogen
3. (*se vexer*) ■ **qn se froisse** jd ist gekränkt [*o* beleidigt]; ***il se froisse facilement*** er ist schnell eingeschnappt *fam,* jd ist angerührt AUS

frôlement [fʀolmɑ̃] *m* **1.** (*contact léger*) leichte Berührung
2. (*frémissement*) Knistern *nt,* Rascheln *nt*

frôler <1> [fʀole] **I.** *vt* **1.** (*effleurer*) ■ **qn/qc frôle qn/qc** jd/etw streift jdn/etw, jd/etw berührt jdn/etw leicht; (*passer très près*) jd/etw berührt [*o* streift] jdn fast; ***ce soir, on devrait ~ les 40 000 visiteurs*** heute Abend müssten wir an die 40 000 Besucher haben; ***le thermomètre frôle les 20°*** das Thermometer erreicht fast 20°; ***une cruauté qui frôle le sadisme*** eine Grausamkeit, die schon an Sadismus grenzt
2. (*éviter de justesse*) ■ **qn frôle qc** *catastrophe, mort, accident* jd entgeht einer S. (*dat*) knapp [*o* mit knapper Not] [*o* um Haaresbreite]; ***elle frôle le ridicule*** sie macht sich lächerlich; ***j'ai frôlé la correctionnelle*** fast hätte man mir einen Strafprozess gemacht
II. *vpr* ■ **des personnes/choses se frôlent** (*avec contact*) Menschen/Dinge berühren sich leicht; (*sans contact*) Menschen gehen haarscharf [*o* ganz nah[e]] aneinander vorbei; (*en voiture*) Menschen/Dinge fahren haarscharf [*o* ganz nah[e]] aneinander vorbei

fromage [fʀɔmaʒ] *m* **1.** Käse *m;* ~ ***fait*** reifer Käse; ~ ***fermenté*** Sauermilchkäse; ~ ***fondu*** Schmelzkäse; ~ ***frais*** Frischkäse; ~ ***gras*** Vollfettkäse; ~ ***maigre*** Magerkäse; ~***s maigres*** Magerkäsesorten *pl*
2. (*sinécure*): ***il a trouvé un bon ~*** er hat einen ruhigen Posten gefunden; ***il n'est pas disposé à partager le ~*** er ist nicht bereit, von seinem Kuchen abzugeben
▸ ~ **et dessert** Käse und Nachtisch; ~ **blanc** Quark *m;* **qn fait un ~ de qc** *fam* jd macht aus etw eine Staatsaktion [*o* einen Staatsakt] *fam;* **à** ~ Käse-; ***cloche à*** ~ Käseglocke *f;* ***couteau à*** ~ Käsemesser *nt;* ***plateau à*** ~ Käseplatte *f;* **au** ~ Käse-; ***biscuit au*** ~ Käsegebäck *nt;* ***fondue au*** ~ Käsefondue *nt;* ***omelette au*** ~ Käseomelett *nt;* ***soufflé au*** ~ Käseauflauf *m;* ***soupe au*** ~ Käsesuppe *f;* ***tarte au*** ~ Käsetorte *f* (*salzig, einer Quiche ähnlich*)
◆ **fromage à pâte dure** [*o* **pressée**] Hartkäse *m;* **fromage à pâte molle** Weichkäse *m;* **fromage à pâte persillée** Edelpilzkäse *m;* **fromage à tartiner** Streichkäse *m;* **fromage de brebis** Schaf[s]käse *m;* **fromage de chèvre** Ziegenkäse *m;* **fromage de tête** Schweinskopfsülze *f*

fromager, -ère [fʀɔmaʒe, -ʒɛʀ] **I.** *adj commerce, industrie, production* Käse-; ***association ~ère*** Vereinigung *f* der Käsehersteller
II. *m, f* Käsehersteller(in) *m(f)*

fromagerie [fʀɔmaʒʀi] *f* **1.** (*industrie*) Käseindustrie *f*
2. (*lieu de fabrication*) Käserei *f*

froment [fʀɔmɑ̃] *m* Weizen *m*

frometon [fʀɔmtɔ̃] *m fam* Käse *m*

froncement [fʀɔ̃smɑ̃] *m* [*sourcils*] Hochziehen *nt;* [*nez*] Rümpfen *nt*

froncer <2> [fʀɔ̃se] *vt* **1.** COUT ■ **qn fronce qc** jd rafft etw
2. (*rider*) ■ **qn fronce qc** *sourcils* jd zieht etw hoch; *nez* jd rümpft etw

fronces [fʀɔ̃s] *fpl* Falte *f;* ***la couturière a fait des ~s à ma jupe*** die Schneiderin hat meinen Rock gerafft
▸ **à** ~ gerafft

frondaison [fʀɔ̃dɛzɔ̃] *f littér* **1.** (*apparition des feuilles*) Grünen *nt geh*
2. (*feuillage*) Laubwerk *nt geh*

fronde¹ [fʀɔ̃d] *f* Schleuder *f*

fronde² [fʀɔ̃d] *f* **1.** Revolte *f,* Aufstand *m,* Aufruhr *m;* ***il y a actuellement un vent de ~ dans les universités*** momentan gärt [*o* brodelt] es an den Universitäten
2. ■ **la F~** die Fronde (*Aufstand des französischen Hochadels gegen das absolutistische Königtum 1648–1653*)

frondeur, -euse [fʀɔ̃dœʀ, -øz] *adj* aufsässig, widerspenstig; ***il a une mentalité ~euse*** er ist jemand, der oft und gerne widerspricht

front [fʀɔ̃] *m* **1.** ANAT Stirn *f;* ~ ***dégarni*** Stirnglatze *f;* ***il a un très grand ~*** er hat eine hohe Stirn
2. [*bâtiment*] Front *f,* Vorderseite *f,* Stirnseite *f;* [*montagne*] Vorderseite
3. MIL, POL Front *f*
4. METEO Front *f*
▸ ~ **chaud/froid** Warmfront/Kaltfront; **des personnes font ~ commun/offrent un ~ commun [contre qn/qc]** Menschen machen gemeinsame Front [gegen jdn/etw], Menschen bilden eine Front [gegen jdn/etw]; **qn marche le ~ haut** jd trägt den Kopf hoch; **F~ islamique** Islamische Befreiungsfront; **F~ populaire** Volksfront *f* (*linke französische Regierungskoalition 1936–37*); **qn a le ~ de faire qc** jd hat die Stirn etw zu tun; **qn baisse** [*o* **courbe**] **le ~** jd schämt sich; **qn fait ~ [à qn/qc]** jd bietet [jdm/einer S.] die Stirn; ***elle fait ~ à toutes les difficultés*** sie stellt sich allen Schwierigkeiten; **qn monte au ~** jd geht an die Front; **qn relève le ~** jd richtet sich wieder auf; **de** ~ (*côte à côte*) nebeneinander, auf gleicher Höhe; (*de face*) *attaquer un problème* direkt; *se heurter* frontal; (*simultanément*) zugleich, gleichzeitig; **sur le ~** an der Front
◆ **Front de libération nationale** Nationale Befreiungsfront; **front de mer** Strandpromenade *f*

frontal, e <-aux> [fʀɔ̃tal, o] **I.** *adj* **1.** *muscle, os, veine* Stirn-; ***lobe*** ~ Frontallappen *m;* ***os*** ~ Stirnbein *nt*
2. *attaque, collision* Frontal-
II. *m* Stirnbein *nt*

frontalier, -ière [fʀɔ̃talje, -jɛʀ] **I.** *adj* Grenz-
II. *m, f* Grenzbewohner(in) *m(f)*

frontière [fʀɔ̃tjɛʀ] **I.** *adj inv ville, zone, poste, gare* Grenz-
II. *f* **1.** GEOG, POL [Landes]grenze *f;* ***une ~ passe quelque part*** eine Grenze verläuft irgendwo; ***à l'intérieur et au-delà de nos ~s*** im In- und Ausland, diesseits und jenseits unserer Grenzen
2. (*limite*) ■ ~ **entre deux choses** Grenze *f* zwischen zwei Dingen; ■ **à la ~ de deux choses** [an der Grenze] zwischen zwei Dingen; ***à la ~ du rêve et de la réalité*** an der Grenze [*o* am Übergang] zwischen Traum und Wirklichkeit
▸ ~ **linguistique** Sprachgrenze *f;* ~ **naturelle** natürliche Grenze; **qn passe la ~** jd passiert die Grenze; (*à pied*) jd geht über die Grenze, jd überschreitet die Grenze; (*à vélo, dans un véhicule*) jd fährt über die Grenze; (*en avion*) jd fliegt über die Grenze, jd überfliegt die Grenze; **qn fait passer la ~ à qn** jd bringt jdn über die Grenze; **qn reconduit qn à la ~** jd schiebt jdn [über die Grenze] ab; **qn/qc fait reculer les ~s de qc** jd/etw schiebt die Grenzen einer S. (*gen*) hinaus

frontispice [fʀɔ̃tispis] *m* **1.** ARCHIT [Haupt]fassade *f*
2. TYP Titelblatt *nt,* Titelseite *f*

fronton [fʀɔ̃tɔ̃] *m* [Front]giebel *m*

frottement [fʀɔtmɑ̃] *m* **1.** (*bruit*) Reiben *nt,* Scheuern *nt,* reibendes [*o* scheuerndes] Geräusch; ***un léger ~ suffit à me réveiller*** selbst das leiseste Geraschel weckt mich auf
2. (*contact*) Reiben *nt,* Scheuern *nt;* PHYS Reibung *f;* ***des traces de ~ sur le plancher*** Schleifspuren auf dem Boden; ***le ~ avait usé l'étoffe à cet endroit*** der Stoff war an dieser Stelle abgenutzt [*o* abgeschabt] [*o* abgescheuert]
3. *pl* (*frictions*) Reibereien *pl;* ***il y a souvent des ~s entre eux*** es kommt häufig zu Reibereien zwischen ihnen, sie geraten oft aneinander

frotter <1> [fʀɔte] **I.** *vi* (*produire un frottement*) ■ **qc frotte contre qc** etw reibt [*o* scheuert] an etw (*dat*); /*dynamo*/ etw erzeugt an etw (*dat*) Reibung; /*porte*/ etw scheuert über etw (*akk*)
II. *vt* **1.** (*nettoyer*) ■ **qn frotte qc** (*à sec*) *objet, meuble, cuivres, chaussure* jd poliert [*o* wienert *fam*] etw; *vêtement* jd bürstet etw [aus], jd reibt etw sauber; (*avec de l'eau*) *partie du corps, plancher* jd schrubbt etw *fam; carreaux* jd putzt etw; *linge* jd rubbelt etw; (*avec de la cire*) *parquet* jd bohnert [*o* wienert *fam*] etw; ***peux-tu ~ tes semelles sur le paillasson?*** kannst du dir die Schuhe abputzen [*o* abtreten]?; ■ **qn frotte qn** (*pour le laver*) jd säubert jdn gründlich, jd schrubbt jdn [ab] *fam;* (*pour le sécher*) jd reibt jdn trocken, jd rubbelt jdn ab *fam;* (*pour le réchauffer*) jd reibt [*o* rubbelt *fam*] jdn warm
2. (*gratter*) ■ **qn/un animal frotte qc [contre/sur qc]** jd/ein Tier reibt etw [an etw (*dat*)]; *allumette* jd zündet etw an; ***qn frotte qc à la toile émeri*** jd schmirgelt etw ab
3. (*enduire*) ■ **qc est frotté(e) de qc:** ***des croûtons frottés d'ail*** mit Knoblauch eingeriebene geröstete Brotwürfel
III. *vpr* **1.** (*se frictionner*) ■ **qn se frotte** (*pour se laver*) jd wäscht sich gründlich, jd schrubbt sich *fam;* (*pour se sécher*) jd frottiert [*o* rubbelt *fam*] sich ab; ■ **qn se frotte qc [avec/à qc]** jd säubert [*o* schrubbt *fam*] sich (*dat*) etw [mit etw]; *ongles a.* jd bürstet sich (*dat*) etw; (*gratter*) *jambes* jd massiert sich (*dat*) etw [mit etw]; *dos* jd massiert [*o* rubbelt *fam*] sich (*dat*) etw [mit etw]; *yeux* jd reibt sich (*dat*) etw; *nez* jd kratzt sich an etw (*dat*), jd reibt sich (*dat*) etw; ■ **un animal se frotte [contre qc]** ein Tier reibt sich [an etw (*dat*)]; ***le chat s'est frotté contre mes jambes*** die Katze strich um meine [*o* mir um die] Beine; ■ **un animal se frotte qc [contre qc]** ein Tier reibt etw [an etw (*dat*)]; ***l'ours se frotte le dos contre l'arbre*** der Bär wetzt [*o* reibt] seinen Rücken am Baum
2. (*s'en prendre*) ■ **qn se frotte à qn** jd legt sich mit jdm an, jd kommt jdm zu nahe
▸ **qui s'y frotte s'y pique** *prov* wer nicht hören will, muss fühlen; (*mise en garde*) mit dem/der ist nicht zu spaßen, der/die kann [ganz schön] ungemütlich werden

frottis [fʀɔti] *m* Abstrich *m*
▸ ~ **vaginal** [Scheiden]abstrich *m*

froufrou [fʀufʀu] *m* **1.** (*bruit*) Rascheln *nt*
2. *pl* (*dentelles*) Rüschen *pl;* (*dessous*) Reizwäsche *f;* ***un jupon à ~s*** ein mit Rüschen besetzter Unterrock

froufrouter <1> [fʀufʀute] *vi* ■ **qc froufroute** etw raschelt

froussard, e [fʀusaʀ, aʀd] **I.** *adj fam* ängstlich; ***ce qu'elle peut être ~e*** sie ist ein richtiger Angsthase *fam*
II. *m, f fam* Angsthase *m*

frousse [fʀus] *f fam* Bammel *m fam,* Schiss *m fam*
▸ **qn a la ~** jd hat Bammel [*o* Schiss] *fam,* jd hat die Hosen voll *fam;* ***j'ai eu une de ces ~s!*** Mensch, hatte ich [vielleicht] Schiss [*o* 'nen Bammel]! *fam;* **qn/qc fiche** [*o* **flanque**] **la ~ à qn** jd/etw macht jdm Angst [*o* Schiss *fam*]; /*personne a.*/ jd jagt jdn ins Bockshorn *fam;* ***ça me fiche*** [*o* ***flanque***] ***la ~*** da krieg' ich Schiss

fructifier <1 a> [fʀyktifje] *vi* ■ **qn fait ~ qc** *argent, capital* jd legt etw Gewinn bringend an; ■ **qc fructifie** /*capital, investissement*/ etw bringt Gewinn, etw wirft Gewinn ab; /*terre, arbre, idée*/ etw trägt Früchte; ***cet arbre fructifie tardivement*** dieser Baum trägt spät

fructueux, -euse [fʀyktɥø, -øz] *adj collaboration* fruchtbar; *lecture a.* lohnend; *recherches, efforts, essai a., travaux* erfolgreich; *opération financière, commerce* Gewinn bringend, rentabel

frugal, e <-aux> [fʀygal, o] *adj* schlicht, bescheiden; *nourriture, repas, vie, habitudes a.* einfach; *personne a.* anspruchslos

fruit [fʀɥi] *m* **1.** (*espèce*) Frucht *f;* ■ **des ~s** Früchte *pl;* GASTR Obst *nt;* ***les ~s à pépins/à noyau*** das Kern-/Steinobst; ***une tarte aux ~s*** ein Obstkuchen *m;* ***un jus de ~[s] frais*** ein frisch gepresster Fruchtsaft [*o* Obstsaft]
2. *littér* (*résultat*) [*expérience, réflexion, recherches*] Ergebnis *nt;* [*effort, travail*] Früchte *pl;* [*imagination*] Produkt *nt,* Auswuchs *m;* [*union, mariage, amour*] Frucht *f;* ***qc est le ~ du hasard*** etw ist reiner Zufall; ***le ~ d'une imagination délirante*** der Auswuchs einer krankhaften Fantasie
▸ **c'est au ~ qu'on connaît l'arbre** *littér* an ihren Taten werdet ihr sie erkennen; **~s confits** kandierte Früchte; **~ défendu** verbotene Frucht; **qn mord au ~ défendu** jd kommt auf den Geschmack; **~s déguisés** [mit Marzipan] gefüllte kandierte Früchte; **qn tombe comme un ~ mûr** jd wird schnell weich, jd lässt sich nicht lange bitten; **~s rouges** rote Früchte; **~ sec** BOT Trockenfrucht *f;* GASTR Trockenobst *nt,* Dörrobst *nt,* Backobst *nt;* **qc porte ses ~s** etw trägt Früchte, etw ist von Erfolg gekrönt; /*effort a.*/ etw fruchtet
◆ **fruit de la passion** Passionsfrucht *f;* **fruits au sirop** eingemachte Früchte, eingemachtes Obst; (*en boîte*) Dosenfrüchte *pl,* Dosenobst *nt;* **fruits de mer** Meeresfrüchte *pl*

fruité, e [fʀɥite] *adj* fruchtig [schmeckend]; *huile* aromatisch

fruitier, -ière [fʀɥitje, -jɛʀ] **I.** *adj* Obst-
II. *m, f* COM Obst- und Gemüsehändler(in) *m(f)*

frusques [fʀysk] *fpl fam* Klamotten *pl fam*

fruste [fʀyst] *adj personne* ungebildet; *manières* grob, ungehobelt; *art* primitiv; *style* holprig, unausgefeilt

frustrant, e [fʀystʀɑ̃, ɑ̃t] *adj* frustrierend

frustration [fʀystʀasjɔ̃] *f* Frustration *f,* Frust *m fam;* ***toutes ces ~s*** der ganze Frust *fam;* ***qn éprouve de la ~*** jd fühlt sich frustriert, jd ist gefrustet *fam*

frustré, e [fʀystʀe] **I.** *adj* frustriert
II. *m, f fam* Frustrierte(r) *f(m)*

frustrer <1> [fʀystʀe] *vt* **1.** (*priver*) ■ **qn/qc frustre qn** jd/etw frustriert jdn; *héritier* jd/etw benachteiligt jdn; /*personne a.*/ jd hintergeht jdn; ■ **qn/qc frustre qn de qc** jd/etw bringt jdn um etw; ■ **qn est frustré(e) dans qc** *dans ses espérances* jd wird/wurde in etw (*dat*) enttäuscht; ■ **qn est frustré(e) de qc** *de sa satisfaction* jdm wird/wurde etw versagt; *de sa joie a.* jd wird/wurde um etw gebracht; ***un enfant frustré d'amour maternel*** ein Kind, dem die Mutterliebe fehlt
2. PSYCH ■ **qn/qc frustre qn** jd/etw frustriert jdn

FS [ɛfɛs] *m abr de* **franc suisse** sFr, [Schweizer] Franken

F.T.P.F. [ɛftepeɛf] *mpl abr de* **Franc-tireurs et Partisans français** *Widerstandstruppen der Kommunisten im Zweiten Weltkrieg*

fuchsia [fyʃja] **I.** *m* **1.** BOT Fuchsie *f*
2. (*couleur*) Fuchsienrot *nt*
II. *app* (*couleur*) fuchsia *inv;* ***rose ~*** rosalila, fuchsienrot

fuel [fjul] *m* (*combustible*) [Heiz]öl *nt;* (*carburant*) Diesel[kraftstoff *m*] *m*
▸ **~ domestique** [Heiz]öl *nt;* ***qn se chauffe au ~ domestique*** jd heizt mit Öl, jd hat [eine] Ölheizung

fugace [fygas] *adj* flüchtig; *beauté* vergänglich; ***j'ai eu la sensation ~ que*** ich hatte flüchtig den Eindruck, dass

fugitif, -ive [fyʒitif, -iv] **I.** *adj* **1.** (*en fuite*) *personne, soldat* flüchtig; *esclave a.* entflohen, entlaufen
2. (*éphémère*) *bonheur, désir* flüchtig; *vision, émotion, impression a.* kurz; ***qn a la vision ~ive de qc*** jd kann etw flüchtig sehen; *fig* jd hat eine flüchtige Vision von etw; ***le bonheur est ~*** das Glück ist nur von kurzer Dauer
II. *m, f* Flüchtige(r) *f(m)*

fugitivement [fyʒitivmɑ̃] *adv* flüchtig

fugue [fyg] *f* **1.** [*enfant, mineur*] Ausreißen *nt;* ***la ~ du petit Nicolas a bouleversé ses parents*** die Eltern sind fassungslos, dass ihr kleiner Nicolas weggelaufen ist; ***un mineur en ~*** ein minderjähriger Ausreißer
2. (*escapade*) [*adulte*] Abtauchen *nt fam*
3. MUS Fuge *f*
▸ **qn fait une ~/des ~s** jd läuft/läuft immer wieder [von zu Hause] weg, jd reißt/reißt immer wieder [von zu Hause] aus; /*adulte*/ jd verschwindet eine Zeit lang, jd taucht eine Zeit lang ab *fam*

fuguer <1> [fyge] *vi* ■ **qn fugue** jd reißt aus, jd läuft [von zu Hause] weg

fugueur, -euse [fygœʀ, -øz] *m, f* Ausreißer(in) *m(f)*

fuir *<irr>* [fɥiʀ] **I.** *vi* **1.** (*détaler*) ■ **qn fuit [quelque part]** jd läuft davon [*o* weg], jd flieht [*o* flüchtet] [irgendwohin]; ***l'enfant fuyait à toutes jambes*** das Kind floh Hals über Kopf, das Kind lief Hals über Kopf davon; ***où pouvait-il ~?*** wohin konnte er sich wohl flüchten?; ***sa femme avait fui avec son amant*** seine Frau war mit ihrem Liebhaber durchgebrannt; ■ **qn fuit de quelque part** jd flieht [*o* flüchtet] von irgendwo; ■ **qn fuit de chez qn** jd läuft jdm weg [*o* davon]; ***qn fuit de chez ses parents/de chez lui*** jd läuft von zu Hause weg; /*enfant a.*/ jd reißt von zu Hause aus; ■ **qn fuit devant qn/qc** *devant l'ennemi, le danger, un régime politique* jd flieht [*o* flüchtet] vor jdm/etw; ■ **qn fait ~ une personne** *fig* jd schlägt einen Menschen in die Flucht, ein Mensch läuft vor jdm davon; ***il est laid à faire ~*** er ist zum Davonlaufen hässlich
2. (*s'échapper*) ■ **qc fuit** /*liquide*/ etw läuft aus; /*gaz*/ etw strömt aus
3. (*ne pas être étanche*) ■ **qc fuit** /*récipient*/ etw ist undicht [*o* leck] [*o* nicht dicht], etw hat eine undichte Stelle [*o* ein Leck]; /*robinet d'eau*/ etw tropft, etw ist undicht; ***ce vase fuit*** diese Vase läuft [*o* ist nicht dicht]
4. *littér* (*s'écouler rapidement*) ■ **qc fuit** /*temps, heures, saisons*/ etw verfliegt, etw vergeht wie im Flug
II. *vt* **1.** (*éviter*) ■ **qn fuit qc** *obligation, responsabilité* jd scheut etw, jd entzieht sich einer S. (*dat*); *danger* jd flieht vor etw (*dat*), jd ergreift vor etw (*dat*) die Flucht; ***il fuit la présence de cette femme*** er meidet diese Frau; ■ **qn fuit qn** jd meidet jdn, jd geht jdm aus dem Weg
2. *littér* (*échapper à*) ■ **qc fuit qn** /*sommeil*/ etw flieht jdn *geh;* /*sérénité*/ jd hat etw verloren; ***la tranquillité fuit qn*** jd findet keine Ruhe mehr

fuite [fɥit] *f* **1.** (*course*) ■ **~ [devant qn/qc]** [*personne*] Flucht *f* [vor jdm/etw]; ***ce fut une ~ générale devant l'ennemi*** alles flüchtete vor dem Feind; ***dans ma/ta/sa ~*** auf der Flucht; ■ **~ devant qc** (*dérobade*) *devant une responsabilité, obligation* Flucht vor etw (*dat*), Zurückscheuen *nt* vor etw (*dat*)
2. (*évasion*) Flucht *f;* ***une tentative de ~*** ein Fluchtversuch *m*
3. (*perte*) Austreten *nt;* [*eau a.*] Auslaufen *nt;* [*gaz a.*] Ausströmen *nt;* [*information*] Durchsickern *nt;* ***il y a une ~ quelque part*** irgendwo läuft etwas aus, irgendwo ist ein Leck; ***l'auteur de la ~*** die undichte Stelle; ***les ~s ont cessé*** es gibt keine undichten Stellen mehr; ***en raison de ~s répétées*** da wiederholt Informationen durchgesickert waren; ***il y a eu des ~s à l'examen/au ministère*** bei der Prüfung/aus dem Ministerium ist etwas durchgesickert [*o* im Ministerium ist eine undichte Stelle]
4. (*trou*) [*récipient, tuyau*] Leck *nt,* undichte Stelle; ***ce tonneau a une ~*** dieses Fass ist undicht [*o* leckt]
5. *littér* [*temps, heures*] Verrinnen *nt*
▸ **qn cherche la ~ dans qc** jd flüchtet sich in etw (*akk*), jd sucht Zuflucht in etw (*dat*); **qn/qc met qn/un animal en ~** jd/etw treibt jdn in die Flucht/macht ein Tier scheu; **qn/un animal prend la ~** jd/ein Tier ergreift die Flucht, jd/ein Tier flieht [*o* läuft weg]; /*amants*/ jd brennt durch; (*après un accident de voiture*) jd begeht Fahrerflucht [*o* Unfallflucht]; **en ~** auf der Flucht; *soldat a.* fliehend; *prisonnier a.* flüchtig; *esclave a.* entflohen, entlaufen; ***l'accusé est en ~*** der Angeklagte ist flüchtig; **~ en avant** Flucht *f* nach vorn
◆ **fuite d'eau** (*sur une canalisation*) Wasserrohrbruch *m;* (*dans une maison*) Auslaufen *nt* von Wasser; ***il y a une ~ d'eau quelque part*** irgendwo tritt [*o* läuft] Wasser aus; **fuite de gaz** Austreten *nt* von Gas, defekte Gasleitung; ***il y a une ~ de gaz quelque part*** irgendwo strömt [*o* tritt] Gas aus; **fuite des capitaux** Kapitalflucht *f;* **fuite des cerveaux** Braindrain ['breɪndreɪn] *m;* **fuite des galaxies** Fluchtbewegung *f* der Galaxien

fulgurant, e [fylgyʀɑ̃, ɑ̃t] *adj* **1.** (*rapide*) *réplique* blitzschnell; *vitesse, progrès* rasend; ***la réponse de qn est ~e*** jds Antwort kommt blitzschnell, jd reagiert blitzschnell
2. *douleur* stechend
3. *lueur* gleißend; *regard* wütend, zornsprühend; ***il lui jeta un regard ~*** er funkelte [*o* blitzte] sie/ihn wütend an

fulminant, e [fylminɑ̃, ɑ̃t] *adj* **1.** (*furieux*) wütend, zornig; ***~ de colère*** [*o* ***de rage***] wutentbrannt, zornentbrannt
2. (*menaçant*) *regard* drohend; ***une lettre ~e*** ein Drohbrief *m*

fulminer <1> [fylmine] *vi* ■ **qn fulmine** jd ist fuchsteufelswild [*o* stocksauer] *fam;* ■ **qn fulmine contre qn/qc** jd wettert gegen jdn/etw, jd schimpft auf jdn/etw

fumage [fymaʒ] *m* **1.** GASTR Räuchern *nt*
2. AGR Düngen *nt* [mit Mist]

fumant, e [fymɑ̃, ɑ̃t] *adj* **1.** (*qui dégage de la fumée*) rauchend; (*qui dégage de la vapeur*) dampfend; ***qc est [encore] ~*** etw raucht/dampft [noch]; /*soupe a.*/ etw ist dampfend heiß; ***qn a le corps tout ~*** jd dampft am ganzen Körper
2. *fam* (*sensationnel*) toll; ***qn réussit un coup ~*** jd landet einen tollen Coup *fam;* (*délit*) jd dreht ein tolles Ding *fam*

fumé, e [fyme] *adj* **1.** GASTR geräuchert, Räucher-
2. *verre, plastique* rauchfarben; *verres de lunettes* getönt; ***en verre ~*** aus Rauchglas

fume-cigarette <~-~s> [fymsigaʀɛt] *m* Zigarettenspitze *f*

fumée [fyme] *f* **1.** Rauch *m;* (*nuage épais*) Qualm *m,* Rauchschwaden *pl;* ***~s industrielles/d'échappement*** [Industrie-/Auto]abgase *pl;* ***la ~ ne vous gêne pas?*** stört es Sie, wenn ich rauche?
2. (*vapeur*) (*légère*) Dunst *m;* (*épaisse*) Dunstschwaden *pl,* Dampf *m*
▸ **il n'y a pas de ~ sans feu** *prov* kein Rauch ohne Feuer [*o* Flamme], wo Rauch ist, da ist auch Feuer; **qn avale la ~** jd inhaliert, jd macht Lungenzüge; **qc part [o s'en va] [o s'évanouit] en ~** etw löst sich [*o* geht] in Rauch auf; **sans ~** *combustible* rauchlos
◆ **fumée de cigarette** Zigarettenrauch *m;* **fumée de tabac** Tabakrauch *m*

fumer <1> [fyme] **I.** *vi* **1.** ■ **qn fume** jd raucht; ***il est interdit de ~*** Rauchen verboten; ***non merci, je ne fume pas*** nein danke, ich rauche nicht [*o* bin Nichtraucher]; ***qn arrête de ~*** jd hört mit dem Rauchen auf, jd hört auf zu rauchen
2. ■ **qc fume** etw raucht; /*lampe a.*/ etw blakt [*o* rußt]; /*acide*/ etw entwickelt Dämpfe; (*dégage de la vapeur*) etw dampft
II. *vt* **1.** ■ **qn fume qc** jd raucht etw; ***qn fume la pipe/le cigare/la cigarette*** jd raucht Pfeife/Zigarren/Zigaretten; ■ **qn fait ~ qc à qn** jd gibt jdm etw zu rauchen
2. GASTR ■ **qn fume qc** jd räuchert etw
3. AGR ■ **qn fume qc** jd düngt etw [mit Mist], jd mistet etw

fumet [fymɛ] *m* **1.** (*odeur*) Duft *m,* [Wohl]geruch *m*
2. (*bouquet*) [*vin*] Blume *f,* Bukett *nt,* Bouquet *nt*

fumeur, -euse [fymœʀ, -øz] **I.** *m, f* Raucher(in) *m(f);* **un grand [o gros] ~** ein starker Raucher
▸ **~ passif** Passivraucher(in) *m(f)*
II. *app* TRANSP ■ **~s** *compartiment* Raucher-; ***siège ~s*** Platz *m* für Raucher

fumeux, -euse [fymø, -øz] *adj théorie* unklar, verworren, nebulös *geh; explication a.* wirr; *idées a.* verschwommen; *esprit* wirr, verworren; ***il a l'esprit ~, c'est un esprit ~*** er ist ein Wirrkopf

fumier [fymje] *m* **1.** [Stall]mist *m,* Dung *m; **un tas de** ~* ein Misthaufen *m,* ein Dunghaufen *m;* ■ ~ **de** -mist
2. *pop* (*injure*) Mistkerl *m fam*
fumigation [fymigasjɔ̃] *f* **1.** MED Inhalation *f; **qn fait des ~s*** jd inhaliert
2. (*pour désinfecter*) Ausräuchern *nt,* [Aus]räucherung *f*
fumigène [fymiʒɛn] *adj grenade* Nebel-; *bombe a.* Rauch-; ***engin*** ~ Raucherzeuger *m; **appareil*** ~ AGR Räucherapparat *m*
fumiste [fymist] **I.** *adj péj fam* unseriös, unernst; ***dommage qu'il soit aussi*** ~! schade, dass er alles so auf die leichte Schulter nimmt!
II. *mf* **1.** *péj fam* Nichtsnutz *m,* Taugenichts *m;* (*qui se moque du monde*) Schaumschläger(in) *m(f)*
2. (*ouvrier*) Ofensetzer(in) *m(f)*
fumisterie [fymistəʀi] *f fam* (*mystification*) Augenwischerei *f,* Schwindel *m,* Bluff *m fam;* (*farce*) Schau *f fam; **une vaste*** ~ alles nur Schau [*o* Schwindel] [*o* Bluff *fam*]
fumoir [fymwaʀ] *m* Rauchzimmer *nt,* Rauchsalon *m*
funambule [fynɑ̃byl] *mf* Seiltänzer(in) *m(f)*
funboard [fœnbɔʀd] *m* **1.** (*planche à voile*) Funboard ['fanbɔ:(r)d] *nt*
2. (*sport*) Funboard-Surfen ['fanbɔ:(r)dsø:ɐfn] *nt*
funèbre [fynɛbʀ] *adj* **1.** (*funéraire*) *service, marche* Trauer-; *décoration* Sarg-; *chant, oraison* Grab-; ***veillée/cérémonie*** ~ Totenwache *f*/Trauergottesdienst *m*
2. *fig* (*lugubre*) düster, finster; *mine a.* Trauer-, todtraurig, Leichenbitter- *iron; silence* Grabes-; *ton* todtraurig; *idées* trüb[sinnig]; ***qn prend un ton*** ~ jd spricht mit todtrauriger Stimme [*o* mit Grabesstimme *fam*]
funérailles [fyneʀaj] *fpl* Beerdigung *f,* Beisetzung *f geh,* Bestattung *f geh*
► ~s **nationales** Staatsbegräbnis *nt*
funéraire [fyneʀɛʀ] *adj* Grab-; ***urne*** ~ [Aschen]urne *f*
funeste [fynɛst] *adj* **1.** (*fatal*) verhängnisvoll; *conseil, idée, dessein, décision a., jour* unselig; *influence a.* verderblich; *suites, coup* fatal; *récit* traurig, schrecklich; ***un coup ~ du sort*** ein fataler Schicksalsschlag
2. (*de mort*) *pressentiment, vision* dunkel; ***de ~s pressentiments*** Todesahnungen; ■ **qc est** ~ **à qn/qc** etw wird jdm zum Verhängnis/etw ist für etw schädlich [*o* schadet einer S. (*dat*)]
funiculaire [fynikylɛʀ] *m* [Draht]seilbahn *f*
funky [fœnki] *adj inv* Funk- [faŋk-]; ***musique*** ~ Funk *m,* Funk-Musik *f*
fur [fyʀ] *loc* ► **au** ~ **et à mesure** nach und nach; **au** ~ **et à mesure de qc** je nach etw; ***au ~ et à mesure du travail fourni*** je nach geleisteter Arbeit; ***au ~ et à mesure des besoins/ de ses besoins*** [je] nach Bedarf/wie er/sie es braucht; ***qn est payé(e) au ~ et à mesure*** jd wird sofort bezahlt; ***qn dépense tout ce qu'il gagne au ~ et à mesure*** jd gibt alles, was er verdient, sofort wieder aus; ***passez les photos au ~ et à mesure*** geben Sie ein Foto nach dem anderen weiter; **au** ~ **et à mesure que** + *indic: **au ~ et à mesure qu'on approche/ qu'on progresse dans notre travail*** je näher man kommt/je weiter die Arbeit fortschreitet; ***il dépense son argent au ~ et à mesure qu'il le gagne*** er gibt sein Geld genauso schnell aus, wie er es verdient
furet [fyʀɛ] *m* Frettchen *nt*
fureter <4> [fyʀ(ə)te] *vi* ■ **qn furète** jd schnüffelt [herum] *fam; **il se mit à ~ de tous côtés*** [*o **dans tous les coins***] er begann überall [*o* in allen Ecken und Winkeln] herumzuschnüffeln
fureteur [fyʀ(ə)tœʀ] *m* CAN INFORM Browser ['brauzɐ] *m*
fureur [fyʀœʀ] *f* Wut *f; **des accès de ~ incontrôlables*** Tobsuchtsanfälle; ***qn a des accès de*** ~ jd hat Wutanfälle [*o* Wutausbrüche]; ***qn passe sa ~ sur qn*** jd lässt seine Wut an jdm aus
► **qc fait** ~ */chanson/* etw macht Furore, etw ist in *fam; /danse, sport a./* etw ist groß in Mode; */mode a./* etw ist der letzte Schrei *fam;* **qn/qc met qn en** ~ jd/etw bringt jdn in Wut [*o* zur Raserei]; **qn est pris(e) de** ~ [**contre qn**] jd ist wütend [auf jdn]; ***pris d'une ~ soudaine*** von plötzlicher Wut gepackt; **la** ~ **de vivre** die Lebensgier; **avec** ~ wütend
furibond, e [fyʀibɔ̃, ɔ̃d] *adj regard, ton, voix, yeux* wütend, zornig; *personne* wutentbrannt, fuchsteufelswild *fam*
furie [fyʀi] *f* **1.** (*violence*) Heftigkeit *f;* (*combat*) Verbissenheit *f*
2. *péj* (*femme déchaînée*) Furie *f*
3. MYTH Furie *f*
► **qn/qc met qn en** ~ jd/etw bringt jdn zur Weißglut, jd/etw versetzt jdn in helle Wut; **en** ~ *personne, animal* wutentbrannt, wutschäumend; *mer* tosend, entfesselt; ***qn/ un animal est en*** ~ jd/ein Tier schäumt vor Wut
furieusement [fyʀjøzmɑ̃] *adv* **1.** (*avec violence*) wütend
2. *hum, iron* (*extrêmement*) unheimlich *fam*
furieux, -euse [fyʀjø, -jøz] *adj* **1.** (*en colère*) wütend, zornig; *animal* wütend; ■ [**qn est**] ~ **contre qn/qc** [jd ist] wütend auf jdn/etw; ■ [**qn est**] ~ **de qc** [jd ist] wütend über etw (*akk*) [*o* wegen etw]; ■ **qn est** ~ **de faire qc** jd ist wütend [darüber], etw zu tun [*o* dass er etw tut]; ■ **qn est** ~ **que** + *subj* jd ist wütend darüber, dass
2. (*violent*) wütend, heftig; *combat a.* erbittert; *résistance* verbissen, erbittert; *hum envie, appétit* unheimlich, wahnsinnig; ***qn donne un ~ coup de poing sur la table*** jd donnert mit der Faust auf den Tisch; ***j'ai une ~euse envie de dormir*** ich möchte nur noch schlafen, ich kann kaum noch die Augen offen halten
furoncle [fyʀɔ̃kl] *m* Furunkel *m o nt*
furonculose [fyʀɔ̃kyloz] *f* Furunkulose *f*
furtif, -ive [fyʀtif, -iv] *adj* **1.** (*rapide*) flüchtig; ***l'apparition était ~ive*** es war eine flüchtige Erscheinung
2. (*à la dérobée*) verstohlen; *mouvement* unmerklich
furtivement [fyʀtivmɑ̃] *adv* heimlich; ***qn va*** [*o **se glisse***] ~ ***quelque part*** jd schleicht [heimlich] irgendwohin, jd stiehlt sich irgendwohin
fus [fy] *p simple de* **être**
fusain [fyzɛ̃] *m* **1.** (*crayon*) ■ **au** ~ mit Kohle; ***qn dessine au*** ~ jd zeichnet mit Kohle, jd macht eine Kohlezeichnung
2. (*dessin*) Kohlezeichnung *f*
3. BOT Pfaffenhütchen *nt*
fuseau <x> [fyzo] *m* **1.** (*instrument*) [*fileuse*] Spindel *f;* [*dentellière*] Klöppel *m,* Klöppelholz *nt*
2. (*pantalon*) Steghose *f*
► ~ **horaire** Zeitzone *f*
fusée [fyze] *f* **1.** ESPACE Rakete *f; **un pays lance une*** ~ ein Land startet eine Rakete [*o* schießt eine Rakete ins Weltall]
2. MIL Rakete *f*
3. [*feu d'artifice*] Rakete *f*
► ~ **antichar** Panzerabwehrrakete *f;* ~ **éclairante** Leuchtrakete *f;* ~ **porteuse** Trägerrakete *f;* **qn/qc part comme une** ~ jd/etw fegt [*o* saust] wie eine Rakete davon; */voiture, moto/* etw beschleunigt [*o* geht ab *fam*] wie eine Rakete
◆ **fusée air-air** Luft-Luft-Rakete *f;* **fusée sol-air** Boden-Luft-Rakete *f*
fuselage [fyz(ə)laʒ] *m* [Flugzeug]rumpf *m*
fuselé, e [fyz(ə)le] *adj* [lang und] schlank
fuser <1> [fyze] *vi* (*jaillir*) ■ **qc fuse** etw sprudelt [hervor]; */commentaires, questions a., insultes/* es hagelt etw; */cris, rires, exclamations/* etw erschallt, etw wird laut; */liquide a., vapeur/* etw schießt heraus; */lumière/* etw flammt auf; */étincelles/* etw sprüht; ***des coups de feu ont fusé toute la nuit*** die ganze Nacht über waren Schüsse zu hören [*o* hörte man Schüsse]; ***le pétrole fuse*** die Ölfontäne schießt empor
fusible [fyzibl] *m* Sicherung *f; **les ~s ont sauté*** die Sicherung ist durchgebrannt
fusil [fyzi] *m* **1.** (*arme*) Gewehr *nt;* (*de chasse à chevrotines a.*) Flinte *f;* (*de chasse à balles a.*) Büchse *f*
2. (*aiguisoir*) Wetzstahl *m*
► **qn change son** ~ **d'épaule** (*change de méthode*) jd ändert seine Taktik; (*change d'opinion*) jd ändert seine Meinung; (*change de projet*) jd ändert seine Pläne; (*retourne sa veste*) jd wechselt ins andere Lager; (*change de métier*) jd sattelt um; **qn est un bon/excellent** ~ jd ist ein guter/ausgezeichneter Schütze
◆ **fusil à canon rayé** Gewehr *nt* mit gezogenem Lauf; **fusil à canon scié** Gewehr *nt* mit abgesägtem Lauf; **fusil à deux coups** Zwilling *m,* Doppelflinte *f*/Doppelbüchse *f;* **fusil à lunette** Gewehr *nt* mit Zielfernrohr; **fusil à répétition** Mehrlader *m,* Repetiergewehr *nt;* **fusil sous-marin** Harpune *f*
fusilier [fyzilje] *m vieux* Schütze *m veraltet*
► ~ **marin** Marineinfanterist *m*
fusillade [fyzijad] *f* **1.** (*coups de feu*) Schusswechsel *m,* Schießerei *f; **une ~ a éclaté*** es kam zu einem Schusswechsel [*o* einer Schießerei]
2. (*exécution*) Erschießung *f*
fusiller <1> [fyzije] *vt* ■ **qn fusille qn** jd erschießt jdn; ■ **qn fait** ~ **qn** jd lässt jdn erschießen
fusil-mitrailleur <~s-~s> [fyzimitʀajœʀ] *m* leichtes Maschinengewehr, Schnellfeuergewehr *nt*
fusion [fyzjɔ̃] *f* **1.** [*métal*] Schmelzen *nt;* [*glace*] Schmelze *f; **la température/ le point de*** ~ die Schmelztemperatur/der Schmelzpunkt
2. PHYS [*atomes*] Fusion *f,* Verschmelzung *f; **la ~ nucléaire*** die Kernfusion
3. ECON, POL [*sociétés*] Fusion *f;* [*organisations, partis a.*] Zusammenschluss *m,* Vereinigung *f*
4. (*union*) [*cœurs, corps, esprits*] Vereinigung *f,* Verschmelzen *nt*
5. INFORM [*fichiers*] Vereinigen *nt; **qn obtient la ~ de deux fichiers*** jd vereinigt zwei Dateien
► **en** ~ [schmelz]flüssig; ***coulées de roches en*** ~ Gesteinsschmelze *f*
fusionner <1> [fyzjɔne] **I.** *vi* ■ **des personnes fusionnent** */sociétés/* Menschen fusionieren; */partis, organisations a./* Menschen vereinigen sich
II. *vt* ■ **qn fusionne des choses** INFORM jd vereinigt Dinge
fustiger <2 a> [fystiʒe] *vt* ■ **qn fustige qn/qc** *littér* jd prangert jdn/etw an, jd geißelt jdn/etw *liter*
fût [fy] *m* **1.** (*tonneau*) Fass *nt; **vieilli(e) en ~ de chêne*** im Eichenfass gereift
2. (*tronc*) Stamm *m,* Schaft *m; **un bois de haut*** ~ ein Hochwald *m*
3. [*fusil*] Schaft *m*
4. [*colonne*] Schaft *m*
futaie [fytɛ] *f* (*groupe d'arbres*) Gruppe *f* hochstämmiger Bäume, hochstämmige Baumgruppe; (*forêt*) Hochwald *m*
► **haute** ~ [alter] Hochwald; ***exploitation de haute*** ~ [schlagreifer] Hochwald, schlagreife Hochwaldpflanzung
futé, e [fyte] **I.** *adj air* schlau, clever, gewitzt; *personne a.* durchtrieben, gerissen, raffiniert
II. *m, f* ► **petit(e)** ~(e) Schlauberger *m,* Schlaumeier *m; **c'est une petite ~e*** sie ist ganz schön durchtrieben [*o* gerissen] [*o* raffiniert]
futile [fytil] *adj* **1.** (*inutile, creux*) *occupation, entreprise* unnütz, nutzlos, nichtig *geh; tentative a.* zwecklos; *choses* belanglos, nebensächlich; *propos* nichts sagend, leer, belanglos; *conversation* seicht, belanglos, nichts sagend; *prétexte* unsinnig; *raison, souci, préoccupation* belanglos, nichtig *geh; **une raison*** ~ eine Lappalie; ***il était ~ de faire qc*** es war sinnlos [*o* zwecklos], etw zu tun
2. (*frivole*) *personne, esprit* oberflächlich
futilité [fytilite] *f* **1.** ∅ (*inutilité, insignifiance*) [*occupation, entreprise*] Sinnlosigkeit *f;* [*tentative a.*] Zwecklosigkeit *f;* [*conversation, propos*] Banalität *f,* Belanglosigkeit *f;* [*objection*] Unsinnigkeit *f;* [*vie*] Inhaltslosigkeit *f,* Leere *f*
2. ∅ (*frivolité*) [*personne, esprit*] Oberflächlichkeit *f;* [*raison, souci a.*] Belanglosigkeit *f;* [*préoccupation a.*] Leere *f;* [*raisonnement*] Unsinnigkeit *f*
3. *pl* (*bagatelles*) Nebensächlichkeiten *pl,* Nichtigkeiten *pl,* Belanglosigkeiten

pl; (*fadaises a.*) Banalitäten *pl,* leeres Gerede; (*occupations frivoles a.*) belanglose Dinge

futur, e [fytyʀ] **I.** *adj* **1.** (*ultérieur*) [zu]künftige(r, s); *génération, temps a.* kommende(r, s); ***les temps ~s*** die Zukunft, kommende Zeiten; ***ta vie ~e*** deine Zukunft, dein künftiges Leben; ***dans une vie ~e*** in einem späteren Leben; ***l'évolution ~e*** die Weiterentwicklung, die künftige Entwicklung
2. *antéposé* (*qui deviendra tel*) *collaborateur, président, champion, génie* [zu]künftige(r, s); *époux, gendre, belle-fille, beaux-parents a.* in spe *nachgestellt fam; mère* werdende(r, s); (*qui est devenu tel par la suite*) spätere(r, s); ***tout pour la ~e maman*** alles für die werdende Mutter; ***Charles, le ~ roi d'Angleterre*** Charles, der [zu]künftige König von England; ***Henri de Navarre, ~ Henri IV*** Heinrich von Navarra, der spätere Heinrich IV.
II. *m* **1.** (*avenir*) Zukunft *f;* ***dans un ~ très proche*** in allernächster Zukunft
2. LING Futur *nt,* Zukunft *f;* ***qn met/conjugue un verbe au ~*** jd setzt ein Verb ins Futur [*o* in die Zukunft]/konjugiert ein Verb im Futur; ***un verbe est au ~*** ein Verb steht im Futur; ***les différents ~s*** die verschiedenen Futurformen; ***vous feriez mieux d'en parler au ~*** das ist doch [alles] [noch] Zukunftsmusik
▸ **~ antérieur** Futur II *nt,* Futur *nt* antérieur; **~ proche** nahes Futur, Futur *nt* proche; **~ simple** einfaches Futur, Futur *nt* simple
III. *m, f fam* (*fiancé*) Zukünftige(r) *f(m)*

futuriste [fytyʀist] *adj* futuristisch, zukunftsweisend, avantgardistisch

futurologie [fytyʀɔlɔʒi] *f* Zukunftsforschung *f,* Futurologie *f*

futurologue [fytyʀɔlɔg] *mf* Zukunftsforscher(in) *m(f),* Futurologe/-login *m/f*

fuyais [fɥijɛ] *imparf de* **fuir**

fuyant [fɥijɑ̃] *prés de* **fuir**

fuyant, e [fɥijɑ̃, jɑ̃t] *adj* **1.** *attitude* ausweichend; *regard a.* unstet; ***qn prend un air ~*** jd reagiert nicht; ***cet homme est ~*** dieser Mann legt sich nie fest
2. *menton, front* fliehend

fuyard, e [fɥijaʀ, jaʀd] *m, f* Flüchtige(r) *f(m);* (*déserteur*) fliehender Soldat, Fahnenflüchtige(r) *m*

fuyez [fɥije], **fuyons** [fɥijɔ̃] *indic prés de* **fuir**

G

G, g [ʒe] *m inv* G *nt,* g *nt*
▸ **g comme Gaston** G wie Gustav; **le G-7** die G 7-Länder

g *abr de* **gramme** g

gabardine [gabaʀdin] *f* **1.** (*imperméable*) Gabardinemantel *m*
2. (*tissu*) Gabardine *m o f;* ***en*** [*o* ***de***] **~** aus Gabardine

gabarit [gabaʀi] *m* **1.** (*dimension*) Größe *f;* [*véhicule*] Maße *pl;* ***de tout ~*** von [*o* in] allen Größen, aller Größen
2. *fam* (*stature*) Statur *f;* ***quel ~!*** was für ein Kleiderschrank *fam*!; ***qn est un très petit ~*** jd ist von sehr kleinem Wuchs, jd ist ein [echter] Winzling *fam;* ***qn n'est pas le petit ~*** jd ist nicht gerade klein
3. *fam* (*valeur*) [*personne*] Format *nt; péj* (*espèce*) Art *f,* Schlag *m,* Sorte *f;* ***ils sont tous du même ~*** sie sind vom selben Schlag
4. TECH (*appareil de mesure*) Lehre *f*

gabegie [gabʒi] *f péj* Misswirtschaft *f,* Drunter und Drüber *nt;* ***c'est la vraie ~ ici*** hier geht wirklich alles drunter und drüber

Gabon [gabɔ̃] *m* ■ **le Gabon** Gabun *nt*

gabonais, e [gabɔnɛ, ɛz] **I.** *adj* gabunisch
II. *m, f* ■ **Gabonais(e)** Gabuner(in) *m(f)*

gâcher <1> [gɑʃe] *vt* **1.** (*gaspiller*) ■ **qn gâche qc** *temps, argent* jd verschwendet [*o* vergeudet] etw; *talent* jd vergeudet etw; *occasion* jd verpasst etw, jd nutzt etw nicht; ***encore une bonne occasion de gâchée!*** noch eine gute Gelegenheit verpasst!; ***quel temps/argent gâché!*** welch eine Zeit-/Geldverschwendung!
2. (*saboter*) ■ **qn gâche qc** *travail* jd verpfuscht etw; *vie a.* jd verpfuscht sich (*dat*) etw; *plaisir, vacances* jd verdirbt etw; ***il gâche la besogne*** er pfuscht nur; ***tu vas nous ~ tout le plaisir!*** du verdirbst uns die ganze Freude!, du bist ein richtiger Spielverderber!; ■ **qc gâche qc** *vacances* etw verdirbt etw
3. ■ **qn gâche qc** *plâtre, mortier* jd rührt [*o* macht] etw an

gâchette [gɑʃɛt] *f* **1.** (*détente*) [*arme*] Abzug *m;* ***qn appuie sur la ~*** jd drückt ab; ***qn a le doigt sur la ~*** jd hat den Finger am Abzug
2. [*serrure*] Zuhaltung *f*
▸ **qn a la ~ facile** jd schießt sofort, jd hat einen nervösen Finger *fam*

gâchis [gɑʃi] *m* **1.** (*gaspillage*) Verschwendung *f,* Vergeudung *f;* ***quel ~!*** welch eine Verschwendung!
2. (*mauvais résultat*) Durcheinander *nt,* Schlamassel *m o nt fam*
▸ **un beau ~** ein heilloses Durcheinander

gadget [gadʒɛt] *m* **1.** (*objet, dispositif*) Spielerei *f;* ***des ~s*** Schnickschnack *m fam*
2. (*solution*) Trick *m; pédagogique* Spielerei *f*
3. (*machin, bidule*) Ding *nt fam,* Ding[s] *nt fam,* Dingsda *nt fam,* Teil *nt fam;* ***c'est quoi, ce ~-là?*** was ist denn das für ein Ding[s] [*o* Dingsbums] [*o* Teil] da?

gadoue [gadu] *f* (*boue*) Schlamm *m,* Matsch *m;* (*neige boueuse*) [Schnee]matsch

gaffe [gaf] *f* **1.** *fam* (*bévue*) Schnitzer *m;* (*en société*) Fauxpas *m;* ***une belle/fameuse ~*** ein schöner/grober [*o* dicker] Schnitzer/Fauxpas; ***qn commet une ~*** jd schießt einen Bock *fam;* (*en parole a.*) jd tritt ins Fettnäpfchen *fam*
2. NAUT (*perche*) Bootshaken *m,* Gaff *nt*
▸ **qn fait ~** *fam* jd passt auf; ***fais ~!*** pass bloß auf!, nimm dich in Acht!, sieh dich [ja] vor!; **qn fait ~ à ne pas faire qc** jd achtet darauf, etw nicht zu tun; jd achtet darauf, dass er etw nicht tut; **qn fait une ~** jd schießt einen Bock *fam;* (*en parole a.*) jd tritt ins Fettnäpfchen *fam,* jd macht einen Schnitzer; ***j'ai fait une ~ monumentale*** ich bin mitten ins Fettnäpfchen getreten *fam,* ich habe einen Riesenbock geschossen *fam;* ***il a fait la ~ de sa vie*** er hat den größten Bock seines Lebens geschossen

gaffer <1> [gafe] **I.** *vi* ■ **qn gaffe** *fam* jd leistet sich (*dat*) einen Schnitzer; (*en parole a.*) jd sagt etw Verkehrtes, jd tritt ins Fettnäpfchen *fam;* (*en acte a.*) jd macht einen Fehler; ***qn gaffe lourdement*** jd leistet sich (*dat*) einen groben [*o* dicken] Schnitzer, jd tritt mitten ins Fettnäpfchen *fam*
II. *vt* NAUT (*accrocher*) ■ **qn gaffe qc** *poisson* jd zieht etw mit dem Bootshaken an Land/an Bord

gaffeur, -euse [gafœʀ, -øz] **I.** *adj fam* ungeschickt; ***qn est vraiment ~*** jd tritt aber auch ständig ins Fettnäpfchen *fam*
II. *m, f* Tollpatsch *m,* Elefant *m* im Porzellanladen

gag [gag] *m* Gag [gæ(:)k] *m*

gaga [gaga] **I.** *adj fam* verkalkt, gaga *fam*
II. *m* ▸ **vieux ~** *fam* alter [*o* verkalkter] Trottel

gage [gaʒ] *m* **1.** (*garantie*) ■ **~ de qc** Gewähr *f* [*o* Garantie *f*] für etw
2. (*témoignage*) ■ **~ [de qc]** Beweis *m* [*o* Zeichen *nt*] [für etw]; ***un ~ d'amour/d'amitié/de fidélité*** ein [Unter]pfand *nt* der Liebe/Freundschaft/Treue, ein Liebes-/Freundschafts-/Treuepfand
3. (*dépôt, sûreté*) Pfand *nt*
4. (*pénalité*) Strafe *f;* ***qn a un ~*** jd bekommt eine Strafe
5. *pl* (*salaire*) Lohn *m;* [*acteur, artiste*] Gage *f*
▸ **qn laisse** [*o* **donne**] [*o* **met**] **qc en ~** jd hinterlegt etw als Pfand; ***qn met qc en ~ chez un prêteur*** jd verpfändet [*o* versetzt] etw; **qn emprunte/prête sur ~** jd borgt [*o* leiht sich (*dat*) Geld] gegen Pfand/leiht auf Pfand [*o* gegen Pfand]; **en ~ de qc** als Beweis [*o* Zeichen] einer S. (*gen*); *d'amitié, amour, de fidélité a.* als Pfand einer S. (*gen*)

gager <2 a> [gaʒe] *vt* ▸ **gageons que** + *indic littér* wetten wir, dass; **je gage que** + *indic littér* ich wette, dass; ich gehe jede Wette ein, dass

gageure [gaʒyʀ] *f* Ding *nt* der Unmöglichkeit; ***elle a réussi cette ~*** sie hat das Unmögliche geschafft [*o* möglich gemacht]

gagnant, e [gaɲɑ̃, ɑ̃t] **I.** *adj billet, numéro* Gewinn-; *carte, coup* spielentscheidend; *cheval* Sieger-; ***le numéro 7 est ~!*** die Nummer 7 gewinnt!
▸ **qn donne qn/un animal ~** jd setzt auf jds Sieg/den Sieg eines Tieres; **qn joue ~** jd geht gar kein Risiko ein, jd ist auf alle Fälle fein [he]raus *fam;* **qn part ~** jd ist Favorit, jd gilt als sicherer Sieger
II. *m, f* Sieger(in) *m(f);* [*jeux a.*] Gewinner(in) *m(f);* ***qui est l'heureux ~?*** wer ist der glückliche Gewinner?; ***qn sort ~ de qc*** jd geht als Gewinner aus etw hervor

gagne-pain [gaɲpɛ̃] *m inv* **1.** (*travail*) Broterwerb *m;* ***qc n'est qu'un ~ pour qn*** jd macht etw nur, um Brötchen zu verdienen *fam;* ***qn perd son ~*** jd wird brotlos; ***qc est le ~ de qn*** jd verdient mit etw seinen Lebensunterhalt [*o* sein Brot] **2.** (*personne*) Ernährer(in) *m(f)* **gagne-petit** [gaɲpəti] *mf inv péj* armer Schlucker

gagner <1> [gaɲe] **I.** *vi* **1.** (*être vainqueur*) ■ **qn gagne [à qc]** jd gewinnt [bei etw]; ***on a gagné!*** [wir haben] gewonnen!
2. (*avoir intérêt*) ■ **qn gagne à faire qc** etw zu tun ist in jds Interesse (*dat*), es ist in jds Interesse (*dat*) etw zu tun, es lohnt sich [für jdn] etw zu tun; ***est-ce que j'y gagne?*** bringt [*o* nützt] es mir [et]was, habe ich [et]was davon?, lohnt es sich [für mich]?; ***vous gagneriez à vous taire*** es ist in Ihrem Interesse zu schweigen; ■ **qn gagne à ce que** + *subj* es ist in jds Interesse (*dat*), wenn; es ist besser für jdn, wenn; ***vous gagneriez à ce qu'il se taise*** es wäre in Ihrem Interesse [*o* es wäre besser für Sie], wenn er schwiege
3. (*tirer avantage de*) ■ **qn/qc gagne à faire qc/en faisant qc** jd/etw gewinnt bei etw + *substantiviertes Verb;* ***il gagne à être connu*** er gewinnt beim näheren Kennenlernen; ***ce manuscrit gagne à être relu*** dieses Manuskript gewinnt beim nochmaligen Durchlesen; ***ce bordeaux gagnerait à vieillir*** diesen Bordeaux sollte man noch etwas reifen [*o* liegen] lassen [*o* lagern]; ***ce bordeaux gagne en vieillissant*** dieser Bordeaux wird mit der Zeit immer besser; ***ce bordeaux gagnera en bouteille*** dieser Bordeaux wird bei Lagerung besser
4. (*s'améliorer du point de vue de*) ■ **qn/qc [y] gagne en qc** jd/etw gewinnt [dadurch] an etw (*dat*); ***son style gagnera en clarté*** sein Stil wird an

Klarheit gewinnen; ***simplifiez, vous y gagnerez en clarté*** vereinfachen Sie, Sie erreichen dadurch mehr Klarheit [*o* das macht die Sache klarer]
II. *vt* **1.** (*toucher, obtenir*) ■ **qn gagne qc** *argent* jd verdient etw; *récompense a.* jd verdient sich (*dat*) etw; *prix a.* jd holt sich (*dat*) etw; ***il gagne tout juste de quoi vivre*** er verdient gerade genug zum Leben
2. (*acquérir par le hasard*) ■ **qn gagne qc** *lot, argent* jd gewinnt etw
3. (*remporter*) ■ **qn gagne qc** *bataille, partie, match, course, procès, pari* jd gewinnt etw; ■ **qc est gagné(e)** etw ist gewonnen
4. (*économiser*) ■ **qn gagne qc** *place* jd gewinnt etw; *temps a.* jd macht etw gut; (*en rationalisant*) jd spart etw ein; ***qn gagne quinze secondes*** jd ist fünfzehn Sekunden schneller, jd macht fünfzehn Sekunden gut
5. (*obtenir comme résultat*) ■ **qn gagne qc [à qc]** *temps* jd gewinnt etw [bei etw]; *maladie* jd holt sich (*dat*) etw [bei etw]; *ennuis, problèmes, réprimande* jd handelt sich (*dat*) etw [bei etw] ein; *réputation* jd erwirbt [sich (*dat*)] etw [bei etw]; ***il a gagné du poids/trois kilos*** er hat zugenommen/drei Kilo zugenommen; ***qn gagne une réputation de tyran*** jd kommt in den Verruf ein Tyrann zu sein; ***vous n'y gagnerez rien*** [***de bon***]! Sie gewinnen doch nichts dabei!, es bringt Ihnen doch nichts!; ***qu'est-ce que j'y gagne?*** was bringt es mir?, was habe ich davon?; ■ **qn gagne qc à faire qc** jd gewinnt etw/holt sich (*dat*) etw/handelt sich (*dat*) etw ein/erwirbt [sich (*dat*)] etw, wenn er etw tut; ***vous n'y gagnerez rien à faire qc*** Sie haben nichts davon, wenn Sie etw tun
6. (*conquérir*) ■ **qn gagne qn/qc** *ami, partisan, estime, confiance* jd gewinnt jdn/etw; ***qn gagne les bonnes grâces de qn*** jd gewinnt jdn für sich; ■ **qn est gagné(e) par qc** *par la gentillesse, simplicité de qn* jd wird von etw eingenommen; ■ **qn se laisse ~ par qc** *par les prières, promesses de qn* jd lässt sich durch etw umstimmen; ■ **qn gagne qn à qc** *à sa cause, ses arguments* jd gewinnt jdn für etw; ***il m'a gagné à sa façon de voir les choses*** er hat mich von seiner Sichtweise überzeugt; ***il sut ~ des sympathisants à sa cause*** er verstand es, Anhänger für seine Sache zu gewinnen
7. (*atteindre*) ■ **qn gagne qc** *refuge, port, frontière* jd erreicht etw; *lieu, édifice a.* jd kommt irgendwo an; ***qn gagne qc en toute hâte/à grandes enjambées*** jd eilt/eilt mit Riesenschritten irgendwohin; ***qn gagne qc par le métro/le bus/la ligne n° 2*** jd fährt mit der Metro/dem Bus/der [Linie] 2 irgendwohin; ***qn gagne qc par le parc/la zone piétonne/le souterrain*** jd geht [*o* gelangt] durch den Park/die Fußgängerzone/die Unterführung irgendwohin; ***il gagna la Côte d'Azur en deux jours*** er erreichte die Côte d'Azur in zwei Tagen, er kam nach zwei Tagen an der Côte d'Azur an, nach zwei Tagen war er an der Côte d'Azur; ***il gagna la Tour Eiffel par le métro/la gare par le souterrain*** er fuhr mit der Metro zum Eiffelturm/er ging durch die Unterführung zum Bahnhof; ***elle gagna Lisbonne par l'autoroute/l'Angleterre par le tunnel*** sie fuhr auf der Autobahn nach Lissabon/durch den Tunnel nach England; sie nahm die Autobahn, um nach Lissabon/den Tunnel, um nach England zu kommen; ***elle gagna la porte à reculons*** sie wich zur Tür zurück; ***d'ici une heure, il aura gagné son domicile*** in einer Stunde wird er zu Hause [angekommen] sein; ■ **qc gagne qc** /*incendie, épidémie, maladie*/ etw greift auf etw (*akk*) über
8. (*envahir*) ■ **qc gagne qn** jd bekommt allmählich etw, etw überkommt jdn; /*sommeil a.*/ etw übermannt jdn; /*peur a.*/ etw kriecht in jdm hoch; /*maladie*/ etw befällt jdn; ***le froid la gagnait*** ihr wurde immer kälter, Kälte kroch in ihr hoch; ***l'envie me gagne de tout laisser tomber*** allmählich würde ich am liebsten alles hinwerfen [*o* hinschmeißen *fam*]; ■ **qn est gagné(e) par qc** *par le sommeil, par un sentiment* jd wird von etw übermannt; *par l'envie* jd verspürt etw; ■ **qn se laisse ~ par qc** jd verfällt in etw (*akk*); ***qn se laisse ~ par le découragement/la mélancolie*** jd verfällt in Mutlosigkeit/Melancholie [*o* jd wird melancholisch]; ***qn se laisse ~ par la bonne humeur*** jds Laune bessert sich allmählich
▸ **qn a <u>bien</u> gagné qc/qc est <u>bien</u> gagné(e)** jd hat etw ehrlich verdient/etw ist wohlverdient; ***il l'a bien gagné!*** (*il l'a bien cherché*) das geschieht ihm recht; **qn gagne <u>gros</u>** jd verdient eine Menge Geld, jd verdient Geld wie Heu *fam*, jd macht den großen Reibach *fam*; **c'<u>est</u> gagné!** *iron* da hätten wir's!, Volltreffer!; **c'<u>est</u> toujours ça de gagné, c'<u>est</u> [toujours] autant de gagné** das ist immerhin [*o* wenigstens] etwas, das ist besser als nichts; ***c'est toujours 50 F de gagné!*** das sind immerhin 50 Franc!
III. *vpr* (*rallier*) ■ **qn se gagne qn** *partisan, ami* jd gewinnt jdn
gagneur, -euse [gaɲœʀ, -øz] *m, f* Gewinner(in) *m(f)*; ***il a un tempérament de ~*** er ist ein Siegertyp [*o* ein Erfolgsmensch]
gai, e [ge, gɛ] *adj* **1.** (*joyeux*) fröhlich; *conversation a.* angeregt; *personne a.* vergnügt, gut gelaunt, aufgeräumt; *événement* lustig; *vie* froh; ***qn n'a pas l'air bien ~*** jd schaut nicht sehr fröhlich drein; ***une ambiance très ~e*** eine ausgelassene Stimmung; ***qn est très ~ de caractère*** jd ist immer fröhlich [*o* vergnügt], jd hat ein sonniges Gemüt; ***il n'a pas une vie très ~e*** er hat kein frohes [*o* leichtes] Leben; ***le repas fut très ~*** es war eine fröhliche [*o* vergnügte] Mahlzeit; ***tout cela n'est pas bien ~*** das ist alles nicht gerade lustig
2. (*clair et vif*) *vêtement, pièce* freundlich; *couleur* fröhlich, leuchtend, lebhaft; ***pour faire plus ~*** damit es freundlicher wirkt
3. (*éméché*) angeheitert, beschwipst *fam*
4. (*homosexuel*) *v.* **gay**
▸ **c'<u>est</u> ~!** *iron* na toll!; ***ça va être ~!*** das kann ja heiter [*o* lustig] werden!; ***c'est ~ les vacances avec toi*** wirklich toll, der Urlaub mit dir
gaiement *adv*, **gaîment** [gɛmɑ̃] *adv* fröhlich, vergnügt
▸ **<u>allons-y</u> ~!** *iron* na, dann wollen wir mal! *fam*
gaieté *f*, **gaîté** [gete] *f* Fröhlichkeit *f*, Heiterkeit *f*; [*personne a.*] gute Laune; (*caractère*) Frohsinn *m*; ***plein(e) de ~*** fröhlich, heiter; ***elle est pleine de ~*** sie ist immer fröhlich [*o* guter Dinge]; ***qc se déroule dans la ~*** bei etw herrscht eine fröhliche [*o* heitere] Stimmung
▸ **qn ne fait pas qc de ~ de <u>cœur</u>** jd tut etw nicht gerade frohen [*o* leichten] Herzens, jd tut etw nur ungern [*o* schweren Herzens]
gaillard, e [gajaʀ, jaʀd] **I.** *adj personne* kräftig; *vieillard, allure* rüstig; ***qn marche d'un pas gaillard*** jd schreitet kräftig aus; /*vieillard*/ jd schreitet rüstig aus
II. *m* **1.** (*costaud*) Kerl *m*, Mannsbild *nt*; ***un grand/robuste ~*** ein großer/kräftiger Bursche [*o* Kerl]
2. *fam* (*lascar*) Bürschchen *nt fam*; ***c'est un drôle de ~!*** das ist mir vielleicht ein Bürschchen!
▸ **<u>mon</u> ~** *fam* (*apostrophe*) Bürschchen, [mein] Freundchen
◆ **gaillard d'avant** NAUT Back *f*
gain [gɛ̃] *m* **1.** (*profit*) Gewinn *m*; ***tous mes ~s*** mein ganzer Gewinn; ***qn réalise des ~s considérables*** jd erzielt beträchtliche Gewinne; ***des ~s illicites*** unerlaubte Gewinne *pl*, unerlaubter Profit
2. (*économie*) Gewinn *m*; [*temps, place a.*] Ersparnis *f*; [*énergie*] Einsparung *f*; ■ **~ de** -gewinn/-ersparnis/-einsparung; ***cela représente un ~ horaire d'une journée*** dabei macht man einen Tag gut; ***qc permet un ~ de qc*** etw erlaubt es, etw zu sparen; ***cela permet un ~ journalier de trente minutes*** dadurch kann man jeden Tag dreißig Minuten gutmachen
3. POL Gewinn *m*; ***les ~s électoraux*** [*o* ***de voix***] [*o* ***d'électeurs***] die Stimmengewinne
▸ **qn donne ~ de <u>cause</u> à qn** jd gibt jdm Recht; JUR *a.* jd entscheidet zu jds Gunsten; **qn obtient** [*o* **a**] **~ de <u>cause</u>** jd bekommt Recht, jd setzt sich durch; JUR *a.* jd gewinnt seinen Fall; **qn est <u>âpre</u> au ~** jd ist gewinnsüchtig [*o* habgierig] [*o* profitgierig]; **qc <u>pousse</u> qn au ~** etw macht jdn profitgierig [*o* habgierig]; **qn <u>tire</u>** [*o* **<u>retire</u>**] **un ~ de qc** *de l'étude, d'une lecture* jd zieht aus etw Nutzen, jd profitiert von etw
gaine [gɛn] *f* **1.** (*sous-vêtement*) Hüfthalter *m*
2. (*étui*) Hülle *f*; [*pistolet*] Halfter *nt*; [*poignard, couteau, épée*] Scheide *f*; [*câble*] Mantel *m*; [*ressort*] Gehäuse *nt*
3. BOT [Blatt]scheide *f*; ANAT [*muscle*] Scheide *f*, Faszie *f spec*
◆ **gaine d'aération** Lüftungsschacht *m*
gala [gala] *m* [Gala]empfang *m*; (*pour collecter des fonds*) Galaveranstaltung *f*; ***qn organise un ~*** jd gibt einen [Gala]empfang; ***une soirée de ~*** ein Gala-abend
▸ **<u>de</u> ~** Gala-
◆ **gala de bienfaisance** Wohltätigkeitsveranstaltung *f*
galactique [galaktik] *adj* galaktisch
galamment [galamɑ̃] *adv* galant, zuvorkommend
galant, e [galɑ̃, ɑ̃t] *adj* **1.** (*courtois*) höflich, zuvorkommend; *antéposé vieilli* galant *geh*; ***un homme ~*** ein Kavalier *m*; ***quel ~ homme!*** welch ein Gentleman [*o* Kavalier]!; ***il se conduit en ~ homme*** er benimmt sich wie ein Gentleman [*o* Kavalier]; ■ **qn est ~** jd ist Kavalier
2. (*amoureux*) *art, poésie, aventure* galant, amourös; ***qn tient des propos ~s à qn*** jd umwirbt jdn; ***un rendez-vous ~*** ein Rendezvous *nt*; ***qn est en ~e compagnie*** jd ist in charmanter [*o* galanter] Begleitung; ***qc est exprimé(e) en termes ~s*** etw ist galant gesagt [*o* ausgedrückt]; ***qn est d'humeur ~e*** jd ist in einer neckischen Laune
galanterie [galɑ̃tʀi] *f* Höflichkeit *f*, Ritterlichkeit *f*
galaxie [galaksi] *f* **1.** ■ **la G~** (*la Voie lactée*) die Galaxis, die Milchstraße
2. (*système stellaire*) Galaxie *f*, Sternsystem *nt*
galbe [galb] *m* perfekte Rundung; [*meuble, objet d'ornement, poterie*] schöne Form, Formschönheit *f*; ***la ~ de ses cuisses/son épaule*** seine/ihre wohlgeformten Schenkel/wohlgeformte Schulter; ***le beau ~ de son visage/de sa jambe*** sein/ihr formvollendetes Antlitz/Bein
galbé, e [galbe] *adj partie du corps* wohlgeformt; *objet d'ornement* formschön; ***des jambes bien ~es*** formvollendete [*o* wohlgeformte] Beine
gale [gal] *f* **1.** MED Krätze *f*
2. ZOOL [*chat, chien, mouton*] Räude *f*
3. BOT Schorf *m*
▸ **qn/un animal est <u>mauvais</u>(e) comme la ~** jd/ein Tier ist richtig bösartig; /*personne a.*/ jd ist richtig gemein; **qn n'<u>a</u> pas la ~** jd beißt nicht; ***tu peux boire dans mon verre, je n'ai pas la ~*** du kannst ruhig aus meinem Glas trinken, ich bin nicht giftig
galéjer <5> [galeʒe] *vi* ■ **qn galèje** jd erzählt Märchen, jd gibt an
galère [galɛʀ] *f* **1.** *fam* (*situation pénible*): ***c'est la ~/c'est ~*** [das ist] echt ätzend *fam*; ***c'était vraiment un voyage ~*** die Reise war echt ätzend *fam*; ***quelle ~!*** so ein Mist! *fam*
2. *pl* HIST (*peine*): ***il fut condamné*** [*o* ***envoyé***] ***aux ~s*** er wurde auf die Galeere geschickt [*o* zu einer Galeerenstrafe verurteilt]
3. HIST (*navire*) Galeere *f*
▸ **qu'<u>allait-il</u> faire dans cette ~?** *prov* wie, um Himmels willen, war er da hineingeraten?; **qn s'<u>embarque</u> dans une ~** [*o* **sur une mauvaise ~**] jd lässt sich auf etwas ein; ***dans quelle ~ t'es-tu embarqué?*** worauf hast du dich da eingelassen?; **<u>vogue</u> la ~** lassen wir den Dingen ihren Lauf
galérer <5> [galeʀe] *vi* ■ **qn galère** *fam* (*chercher*) jd läuft sich (*dat*) die Hacken ab *fam*; (*travailler dur*) jd strampelt sich ab *fam*
galerie [galʀi] *f* **1.** (*passage*) Galerie *f*, Passage *f*; [*fourmilière, taupinière, égout*] Gang *m*; [*mine*] Stollen *m*; (*corridor*) Gang *m*, Flur *m*; ***~ d'aération*** Wetterschacht *m*; ***la ~ des Glaces à Versailles*** der Spiegelsaal von Versailles
2. ART [*musée*] Galerie *f*, Saal *m*; (*magasin*) [Kunst]galerie
3. (*tribune, balcon*) [*édifice public*] Tribüne *f*; [*édifice religieux*] Empore *f*; [*cloître*] Kreuzgang *m*; [*théâtre*] dritter Rang, Galerie *f*; (*arcade*) Säulengang *m*, Arkaden *pl*; (*colonnade*) Säulengang, Kolonnade *f*
4. [*véhicule*] Dachgepäckträger *m*
▸ **~ <u>marchande</u>** Geschäftspassage *f*, Ladenstraße *f*; **~ <u>marchande</u> virtuelle** INFORM Shopping Mall [ˈʃɔpɪŋmɔːl] *f*; **<u>première</u>/<u>deuxième</u> ~** THEAT dritter/vierter Rang; **qn <u>amuse</u> la ~** jd sorgt für Unterhaltung, jd zieht eine Schau ab *fam*; **qn <u>épate</u> la ~** jd setzt sich in Szene; **<u>pour</u> la ~** um sich in Szene zu setzen; ***qn pose pour la ~*** jd setzt sich in Szene; ***il parle pour la ~*** was er sagt, ist nur Effekthascherei

◆ **galerie d'art** Kunstgalerie *f;* **galerie de peinture** [*o* **de tableaux**] Gemäldegalerie *f*
galérien [galeʀjɛ̃] *m* Galeerensklave *m; **il/elle travaille comme un** ~* er/sie schuftet wie ein Sklave *fam*
▸ **de** ~: ***il mène une vie de** ~* er fristet ein erbärmliches Dasein [*o* ein Hundeleben]; ***c'est un travail de** ~* das ist die reinste Tretmühle
galet [galɛ] *m* [großer] [Kiesel]stein; ***une plage de** ~**s*** ein Kieselstrand *m*
galette [galɛt] *f* (*crêpe*) Galette *f* (*Buchweizen- oder Maispfannkuchen*); (*biscuit*) [runder] [Butter]keks; (*gâteau plat*) [pikante] Torte; ~ ***au fromage/maïs/aux pommes de terre*** Käse-/Maistorte *f*/Kartoffelkuchen *m*
▸ **la grosse** ~ *fam* die große Knete *fam*
◆ **galette des Rois** Dreikönigskuchen *m* (*flacher Blätterteigkuchen, in den eine Bohne oder eine kleine Figur eingebacken ist*) ▸ **qn tire la** ~ **des Rois** *Volksbrauch am 6. Januar: man teilt die „galette des Rois", und wer auf die eingebackene Bohne bzw. Figur stößt, wird zum König/zur Königin gekrönt*
galeux, -euse [galø, -øz] I. *adj* 1. (*malade*) *mouton* räudig; *plante, arbre* schorfig; ***un chien** ~* ein räudiger Hund; (*errant*) ein streunender Hund; ***qn traite qn comme un chien** ~* jd behandelt jdn wie einen Aussätzigen
2. (*sordide*) schäbig, verwahrlost, heruntergekommen
II. *m, f: **qn traite qn comme un** ~* jd behandelt jdn wie einen Aussätzigen
galimatias [galimatja] *m* (*écrit*) Unsinn *m,* Geschreibsel *nt fam;* (*propos*) [verworrenes [*o* konfuses]] Geschwätz, Geschwafel *nt fam*
galion [galjɔ̃] *m* Galeone *f,* Galione *f*
galipette [galipɛt] *f fam* Purzelbaum *m; **qn fait une** ~* jd macht [*o* schlägt] einen Purzelbaum
Galles [gal] *f v.* **pays, prince**
gallicisme [ga(l)lisism] *m* 1. (*idiotisme*) Spracheigentümlichkeit *f* des Französischen, typische französische Redewendung
2. (*traduction calquée*) Gallizismus *m*
gallinacé [galinase] *m* Hühnervogel *m*
gallium [galjɔm] *m* CHIM (*métal*) Gallium *nt*
gallois, e [galwa, waz] I. *adj* walisisch, aus [*o* von] Wales [weɪlz]
II. *m* (*langue*): *le* ~ das Walisische
III. *m, f* ■ **Gallois(e)** Waliser(in) *m(f)*
gallon [galɔ̃] *m* Gallone *f*
gallo-romain, e <~-~s> [ga(l)lɔʀɔmɛ̃, ɛn] I. *adj* galloromanisch
II. *m, f* ■ **Gallo-Romain(e)** Galloromane/-romanin *m/f*
galoche [galɔʃ] *f* [Holz]pantine *f*
galon [galɔ̃] *m* 1. COUT Borte *f,* Litze *f; **ourlet garni d'un** ~* bortenbesetzter Saum
2. *pl* MIL Tresse *f; **qn gagne ses** ~**s au combat*** jd verdient [sich (*dat*)] seine Tressen im Kampf [*o* Feld]
▸ **qn prend du** ~ jd wird befördert
galop [galo] *m* Galopp *m*
▸ **grand** ~ [*o* **triple**] gestreckter Galopp; **petit** ~ langsamer [*o* kurzer] Galopp, Kanter *m; **le cheval/le cavalier passe du trot au petit** ~* das Pferd fällt [*o* wechselt]/der Reiter wechselt vom Trab in den kurzen Galopp; **un animal se met au** [*o* **prend le**] ~ ein Tier fällt in Galopp, ein Tier beginnt zu galoppieren; **qn met un animal au** ~ jd setzt ein Tier in Galopp, jd galoppiert an; **qn pique un** ~ *fam* jd legt einen Sprint hin *fam,* jd sprintet [*o* spurtet] los *fam;* **au** ~/**au triple** [*o* **grand**] ~ SPORT im Galopp/im gestreckten [*o* in gestrecktem] Galopp; *fam* (*très vite*) blitzschnell, im [Schweins]galopp *fam,* mit einem Affenzahn *fam; **un cheval/un cavalier arrive au** ~* ein Pferd/ein Reiter kommt angaloppiert; ***un cheval/un cavalier arrive au triple** ~* ein Pferd kommt im gestreckten Galopp angejagt/ein Reiter kommt im gestreckten Galopp angeritten; ***qn arrive au** [**triple**] ~* *fam* jd kommt [blitzschnell] angerast [*o* angedüst] *fam; **le cheval/le cavalier partit au** ~* das Pferd/der Reiter galoppierte davon; ***et au** ~!* und zwar [ein bisschen] dalli *fam!*
◆ **galop d'essai** SPORT Probegalopp *m,* Aufgalopp *m;* (*période d'essai*) Probezeit *f;* (*test, examen blanc*) Probeprüfung *f*
galopade [galɔpad] *f* 1. (*course précipitée*) wildes Gerenne; ***dès la sortie des classes, c'était des** ~**s effrénées dans les couloirs*** bei Schulschluss stürzten die Schüler ungestüm durch die Gänge
2. SPORT Handgalopp *m,* Kanter *m;* (*chevauchée*) Ausritt *m*
galopant, e [galɔpɑ̃, ɑ̃t] *adj inflation* galoppierend; ***une démographie/délinquance** ~**e*** eine Bevölkerungsexplosion/ein rasanter Anstieg der Kriminalität [*o* eine rasante Zunahme von Straftaten]; ***un pays a une démographie** ~**e*** die Bevölkerung eines Landes nimmt rasend schnell zu
galoper <1> [galɔpe] *vi* 1. (*aller au galop*) ■ **qn/un animal galope** jd/ein Tier galoppiert; /*cavalier a.*/ jd reitet im Galopp; ***qn galope ventre à terre*** jd reitet in gestrecktem [*o* vollem] Galopp
2. (*courir*) ■ **qn galope** jd läuft; ***il devait sans cesse** ~ **d'une pièce à l'autre*** er musste ständig zwischen den beiden Räumen hin und her laufen [*o* rennen]; ***qn galope après qn*** jd läuft [*o* rennt] jdm hinterher
3. (*s'emballer*) ■ **qc galope:** ***son imagination galope*** seine/ihre Fantasie geht mit ihm/ihr durch
galopin [galɔpɛ̃] *m fam* (*gamin des rue*) Gassenjunge *m;* (*garnement*) Schlingel *m,* Bengel *m fam,* Lausbub *m fam; **espèce de petit** ~!* du kleiner Schlingel [*o* Bengel *fam*] [*o* Lausbub *fam*]
galvaniser <1> [galvanize] *vt* 1. (*stimuler*) ■ **qn/qc galvanise qn** jd/etw begeistert jdn, jd/etw reißt jdn mit; ***cette idée la galvanisait*** diese Idee elektrisierte sie
2. TECH ■ **qc est galvanisé(e)** etw ist/wird galvanisiert; ***de la tôle galvanisée*** verzinktes Blech, Zinkblech *nt*
3. (*électriser*) ■ **qn galvanise un animal/qc** *muscle, nerf, cobaye* jd behandelt ein Tier mit Stromstößen/jd stimuliert etw galvanisch, jd verabreicht einem Tier Stromstöße/jd galvanisiert etw
galvaudé, e [galvode] *adj* abgedroschen
galvauder <1> [galvode] *vt* ■ **qn galvaude qc** *réputation* jd kompromittiert etw; *nom a.* jd missbraucht etw; *talent a.* jd vergeudet etw
gambade [gɑ̃bad] *f souvent pl* Luftsprung *m; **qn/un animal fait des** ~**s*** jd/ein Tier macht [*o* vollführt *geh*] Luftsprünge
gambader <1> [gɑ̃bade] *vi* ■ **qn gambade** jd tollt herum; ■ **un animal gambade** ein Tier springt herum
gambas [gɑ̃bas] *fpl* Gambas *pl*
gamberger <2 a> [gɑ̃bɛʀʒe] I. *vi* ■ **qn gamberge** *fam* jd grübelt
II. *vt* ■ **qn gamberge qc** *fam* jd heckt etw aus
gamelle [gamɛl] *f* [*soldat*] Kochgeschirr *nt;* [*ouvrier*] Henkelmann *m fam;* [*campeur*] [Camping]topf ['kɛmpɪŋ-] *m;* [*chien*] [Fress]napf *m; **qn prépare la** ~ **du chien*** jd macht dem Hund sein Fressen
▸ **qn prend** [*o* [**se**] **ramasse**] **une** ~ *fam* jd fällt auf die Nase *fam*
gamète [gamɛt] *f* Keimzelle *f,* Geschlechtszelle *f,* Gamet *m spec*
gamin, e [gamɛ̃, in] I. *adj* kindisch; *air* jungenhaft; *manières* unreif, kindisch; ***il a l'esprit** ~* er ist kindisch; ***elle fait encore très** ~**e*** sie wirkt noch recht mädchenhaft
II. *m, f fam* Kind *nt; **une** ~**e de dix ans*** ein zehnjähriges Mädchen; ***arrête de faire le** ~* benimm dich nicht so kindisch; ***quand j'étais** ~* als ich klein war; ***c'est vraiment une sale** ~**e*** sie ist ein richtiges Gör; ***les** ~**s des rues*** *vieux* die Gassenjungen; ***les** ~**s de Paris*** *vieux* die Pariser Gören
gaminerie [gaminʀi] *f* Kinderei *f; **arrête tes** ~**s!*** sei nicht so albern [*o* kindisch]!
gamma [ga(m)ma] *m* Gamma *nt*
gamme [gam] *f* 1. MUS Tonleiter *f; **la** ~ **majeure/mineure*** die Dur-/Molltonleiter
2. (*série*) Palette *f;* [*services a.*] Programm *nt;* [*produits a.*] Sortiment *nt,* Programm; [*couleurs, prix a., sentiment*] Skala *f;* [*solutions*] Reihe *f;* ■ ~ **de** -palette/-programm/-sortiment/-skala; ***toute une** ~ **de choses*** ein umfassendes Sortiment an Dingen; ***une** ~ **de nuances dans les verts*** Grüntöne in allen Schattierungen [*o* Abstufungen]; ***qc joue sur toute la** ~ **des sentiments*** etw lässt einen eine ganze Skala von Gefühlen durchleben
▸ ~ **ascendante/descendante** steigende/fallende Tonleiter; **qn fait des** ~**s** jd übt Tonleitern
gammée [game] *adj v.* **croix**
Gand [gɑ̃] Gent *nt*
gang [gɑ̃g] *m* [*malfaiteurs*] [Verbrecher]bande *f,* Gang [gæŋ] *f*
ganglion [gɑ̃glijɔ̃] *m* ■ ~ [**lymphatique**] Lymphknoten *m;* ~ ***nerveux*** Nervenknoten *m,* Ganglion *nt spec*
gangrène [gɑ̃gʀɛn] *f* 1. MED [Wund]brand *m,* Gangrän *f o nt*
2. (*fléau*) [Krebs]geschwür *nt*
gangrené, e [gɑ̃gʀəne] *adj* 1. MED brandig
2. (*miné*) zersetzt
gangster [gɑ̃gstɛʀ] *m* 1. (*membre d'un gang*) Gangster ['gæŋstɐ] *m*
2. (*crapule*) Halsabschneider *m*
gangstérisme [gɑ̃gsteʀism] *m* Gangstertum ['gæŋstɐ-] *nt,* Gangsterunwesen *nt;* (*comportement crapuleux*) Halsabschneiderei *f; **c'est du** ~!* das sind ja Gangstermethoden!
gangue [gɑ̃g] *f* [*minerai*] Gangart *f;* ■ ~ **de qc** dicke Schicht [*o* Kruste] aus etw; ***une** ~ **de terre/boue*** eine dicke Schicht Erde/Dreck, eine dicke Erd-/Dreckschicht [*o* Erd-/Dreckkruste]
ganse [gɑ̃s] *f* Paspel *f; **bordé(e) d'une** ~* paspeliert
gant [gɑ̃] *m* [Finger]handschuh *m;* BOXE Boxhandschuh; ***des** ~**s fourrés*** [fell]gefütterte Handschuhe; ***des** ~**s de peau*** Lederhandschuhe, Glacéhandschuhe
▸ **qn jette le** ~ [**à qn**] jd wirft [jdm] den Fehdehandschuh hin, jd fordert jdn heraus; **qn prend** [*o* **met** *fam*] **des/ne prend pas des** ~**s** [**avec qn**] jd fasst jdn/fasst jdn nicht mit Samthandschuhen [*o* Glacéhandschuhen] an; **qn raccroche les** ~**s** jd hängt die Boxhandschuhe an den Nagel; **qn relève le** ~ jd hebt den Fehdehandschuh auf, jd nimmt die Herausforderung an; **qn remet les** ~**s** jd zieht die Boxhandschuhe wieder an; **qn retourne qn comme un** ~ jd stimmt [*o* dreht *fam*] jdn völlig um; **qc va à qn comme un** ~ /*vêtement*/ etw passt jdm wie angegossen; /*rôle*/ etw ist jdm auf den Leib geschrieben; /*fonction*/ etw ist jdm auf den Leib geschnitten
◆ **gant de boxe** Boxhandschuh *m;* **gant de caoutchouc** Gummihandschuh *m;* **gant de crin** Massagehandschuh *m;* **gant de cuisine** Topfhandschuh *m;* **gant de données** INFORM Datenhandschuh *m;* **gant de toilette** Waschhandschuh *m,* Waschlappen *m*
ganté, e [gɑ̃te] *adj main* behandschuht; *personne* mit Handschuhen; ***ses mains** ~**es de noir/de cuir*** ihre schwarz behandschuhten/in Lederhandschuhen steckenden Hände; ■ **qn est** ~ jd trägt Handschuhe
ganterie [gɑ̃tʀi] *f* 1. (*magasin*) Handschuhgeschäft *nt,* Handschuhboutique *f*
2. (*usine*) Handschuhfabrik *f*
3. (*commerce*) Handschuhhandel *m*
4. (*industrie*) Handschuhindustrie *f*
gantier, -ière [gɑ̃tje, -jɛʀ] *m, f* 1. (*commerçant*) Handschuhhändler(in) *m(f)*
2. (*fabricant*) Handschuhmacher(in) *m(f)*
garage [gaʀaʒ] *m* 1. (*lieu*) Garage *f;* ~ ***souterrain*** Tiefgarage; ***qn met** [*o* **rentre**] **sa voiture au** ~* jd fährt sein Auto in die Garage; ***sortie de** ~* [Garagen]ausfahrt [freihalten]
2. (*entreprise*) [Auto]werkstatt *f,* Kfz-Werkstatt
◆ **garage à bicyclettes** [*o* **vélos**] Fahrradabstellraum *m;* **garage d'autobus** [Bus]depot *nt;* **garage d'avions** Hangar *m;* **garage de canots** Bootshaus *nt*
garagiste [gaʀaʒist] *mf* (*propriétaire*) Werkstattbesitzer(in) *m(f);* (*mécanicien*) Automechaniker(in) *m(f); **qn fait réviser sa voiture chez le** ~* jd bringt sein Auto zur Inspektion in die Werkstatt

garant, e [gaʀɑ̃, ɑ̃t] **I.** *m, f* Bürge/Bürgin *m/f;* (*signataire*) Unterzeichner(in) *m(f);* ■ **~(e) de qc** Bürge/Bürgin für etw; ***les États ~s d'un traité*** die Vertragsstaaten
▸ **qn est ~ de qn/qc** JUR jd bürgt für jdn/haftet für etw; **qn se porte ~ de qc** jd verbürgt sich für etw, jd garantiert etw; JUR jd leistet für etw Bürgschaft; ***ça, je m'en porte ~!*** das kann ich garantieren!; ***sa société s'est portée ~e du paiement*** seine Firma hat die Zahlungsgarantie übernommen
II. *m* ▸ **qc est le ~ de qc** etw ist die Garantie für etw; ***sa parole était mon seul ~*** ich hatte nur sein [Ehren]wort als Garantie, sein [Ehren]wort war meine einzige Garantie

garantie [gaʀɑ̃ti] *f* **1.** COM Garantie *f,* Gewährleistung *f;* (*certificat*) Garantie, Garantieschein *m;* ~ ***des vices*** Mängelhaftung *f;* ~ ***contractuelle/légale*** vertraglich vereinbarte/gesetzliche Garantiefrist [*o* gesetzliche Verjährungsfrist der Gewährleistung]; ***cette réparation est couverte par la ~*** diese Reparatur geht noch auf Garantie [*o* fällt noch unter die Garantie]
2. (*gage, sûreté*) Sicherheit *f;* ***qn conserve qc en ~*** jd behält etw als Sicherheit; ■ **~ de qc** Garantie *f* für etw; *de sa bonne foi* Beweis *m* einer S. (*gen*); ***qn/qc présente toutes les ~s de sérieux*** jd/etw gewährleistet vollkommene Zuverlässigkeit
3. (*protection*) [*droits*] Garantie *f;* ■ **~ contre qc** Gewähr *f* [*o* Garantie] gegen etw; ***qc n'est pas une ~ contre qc*** etw bietet keine Garantie gegen etw
4. [*police d'assurance*] Versicherungsleistung *f;* ~ ***contre les risques*** Risikoversicherung *f*
▸ **~ pièces et main-d'œuvre** Gewährleistung *f,* [Reparatur]garantie *f;* **qn prête qc sous bonnes ~s** jd leiht etw gegen Sicherheiten; **qn a/donne la ~ que +** *indic* jd hat/gibt die Zusicherung, dass; ***pouvez-vous me donner votre ~ que*** können Sie mir zusichern [*o* garantieren], dass; **qn donne des ~s** jd gibt Sicherheiten [*o* Garantien]; **qn prend des ~s** jd sichert sich ab; **qn donne sa ~ [à qn]** jd leistet Bürgschaft [für jdn]; **qc offre [*o* présente] des ~s** etw bietet Sicherheiten; ***qc présente toutes les ~s*** etw bietet jegliche [*o* jedwede] Sicherheit [*o* jede Garantie]; **sans ~** *fam* ohne Gewähr; **sous ~** mit Garantie; ***qc est* [*encore*] *sous ~*** auf etw (*dat*) ist [*o* etw hat] [noch] Garantie
◆ **garantie de paiement** Bürgschaftserklärung *f;* (*par une banque*) Bankbürgschaft *f*

garantir <8> [gaʀɑ̃tiʀ] *vt* **1.** (*donner pour certain*) ■ **qn/qc garantit qc** jd/etw garantiert etw; ■ **qn/qc garantie qc à qn** jd/etw garantiert jdm etw [*o* sichert jdm etw zu]; ***je vous le garantis!*** das garantiere ich Ihnen!; ***je ne te garantis rien*** ich kann dir für nichts garantieren; ■ **qn garantit [à qn] que +** *indic* jd garantiert [jdm], dass; ■ **qc est garanti(e)** (*être certain*) etw steht fest; ***ce fauteuil est garanti d'époque*** dieser Sessel ist mit Garantie [*o* garantiert] stilecht; ***garanti pure laine*** garantiert reine [*o* aus reiner] Wolle, Wollsiegelqualität; ***le succès de qc est garanti*** etw hat garantiert Erfolg; ***c'est le bide garanti!*** das wird garantiert ein Reinfall!
2. (*être sous contrat de garantie*) ■ **qn garantit qc [à qn]** jd gibt [jdm] eine Garantie auf etw (*akk*); ■ **qc est garanti(e)** auf etw (*dat*) ist Garantie, etw hat Garantie; ***ma montre est garantie un an*** auf meiner Uhr ist ein Jahr Garantie, meine Uhr hat ein Jahr Garantie
3. JUR ■ **qn garantit qc** *paiement, créance* jd bürgt [*o* haftet] für etw
▸ **c'est garanti!** *fam* das steht fest!, das ist [ganz] sicher!, darauf kannst du Gift nehmen! *fam*

garce [gaʀs] *f péj fam* [durchtriebenes] Luder *fam*
▸ **vieille ~, sale ~** [altes] Miststück *fam*

garçon [gaʀsɔ̃] *m* **1.** (*personne de sexe masculin*) Junge *m;* ***elle aime bien s'habiller en ~*** sie zieht sich gern wie ein Junge an
2. (*jeune homme*) junger Mann; ***un ~ plein d'avenir*** ein viel versprechender junger Mann; ***il ira loin, ce ~*** der wird es noch weit bringen; ***un beau ~*** ein hübscher Kerl, ein gut aussehender Bursche
3. (*fils*) Sohn *m,* Junge *m fam; pl a.* Jungs *pl;* ***et le ~?*** und Ihr/dein Sohn [*o* Junge *fam*]?; ***mes ~s*** meine Jungs *fam*
4. (*serveur*) Kellner *m,* Ober *m;* ~! Herr Ober!
5. + *subst* (*employé*) -gehilfe *m,* -junge *m;* ~ ***coiffeur/boulanger/boucher*** Friseur-/Bäcker-/Metzgergehilfe [*o* Bäcker-/Metzgerjunge]; ■ **~ de** *de laboratoire* -gehilfe; ~ ***de ferme/de magasin*** Knecht *m*/Verkaufsgehilfe
▸ **qn est beau [*o* joli] ~** jd sieht gut aus, jd ist ein hübscher Kerl; **brave ~** guter Kerl; **qn est un grand ~** jd ist [schon] ein großer Junge, jd ist schon groß; (*devrait être raisonnable*) jd ist doch kein kleiner Junge mehr, jd ist doch schon groß [*o* ein großer Junge]; **jeune ~** Junge *m,* Jugendliche(r) *m form;* **~ manqué**: ***c'est un véritable ~ manqué, quel ~ manqué!, celle-là!*** an ihr ist ein Junge verloren gegangen; **mauvais ~** Ganove *m;* ***au fond, ce n'est pas un mauvais ~*** eigentlich ist er kein schlechter Kerl; **petit ~** kleiner Junge; (*débutant*) Anfänger *m,* grüner Junge; **qn traite qn en [*o* comme un] petit ~** jd behandelt jdn wie einen kleinen [*o* dummen] Jungen; **vieux ~** alter [*o* eingefleischter] Junggeselle; ***qn fait vieux ~*** jd kommt einem vor wie [so] ein schrulliger alter Junggeselle; ***il a des manies de vieux ~*** er ist ein schrulliger alter Junggeselle; **qn reste vieux ~** jd bleibt unverheiratet [*o* ledig], jd hat keine abgekriegt *pej fam;* ***qn est resté vieux ~*** jd hat nie geheiratet, jd ist ledig geblieben; **mon ~** *fam* mein Junge; *hum, iron* junger Mann
◆ **garçon d'ascenseur** Fahrstuhlführer *m;* (*jeune*) Liftboy [-bɔɪ] *m;* **garçon de cabine** Kabinensteward *m;* **garçon de café** Kellner *m;* **garçon de courses** Bote *m;* (*jeune*) Laufbursche *m,* Botenjunge *m;* **garçon d'écurie** Stallbursche *m;* **garçon d'honneur** Brautführer *m;* **garçon de salle** [*hôpital*] Stationshelfer *m;* [*restaurant*] Angehörige(r) *m* des Reinigungspersonals *form;* ***qn est ~ de salle*** jd macht in einem Restaurant sauber

garçonnière [gaʀsɔnjɛʀ] *f vieux* Zweitwohnung *f,* Junggesellenwohnung *f; hum* sturmfreie Bude *fam*

garde¹ [gaʀd] *f* **1.** ∅ (*surveillance*) Bewachung *f;* [*magasin, archives*] Verantwortung *f* (*de* für); ***qn a la ~ de qn/qc*** *d'une frontière, d'un prisonnier* jd bewacht jdn/etw; *d'une maison, d'enfants* jd hütet jdn/etw; *d'un magasin, d'archives* jd hat die Verantwortung für etw; ***puis-je vous confier la ~ de mes bagages?*** darf ich Ihnen mein Gepäck anvertrauen?
2. JUR [*divorce*] Sorgerecht *f* (*de* für); ***ce week-end, c'est moi qui ai la ~ des enfants*** dieses Wochenende habe ich die Kinder
3. (*veille*) Wache *f;* [*soldat a.*] Wachdienst *m;* [*infirmière*] (*la nuit*) [Nacht]dienst *m;* (*le week-end*) [Sonntags]dienst *m,* Wochenenddienst *m;* ***qn organise une ~ de nuit*** jd organisiert Nachtwachen
4. (*escorte, patrouille*) Wache *f;* ***la relève de la ~*** die Wachablösung; ***une ~ personnelle*** eine Leibgarde
5. [*épée*] Stichblatt *nt,* Glocke *f;* [*poignard*] Heft *nt;* ***jusqu'à la ~*** bis ans Heft
▸ **qn constitue qn à la ~ des enfants** jd spricht jdm das Sorgerecht für die Kinder zu; **qn a la ~ à trèfle/pique/au roi** jd kann Kreuz/Pik/den König bedienen; **qn/un animal fait bonne ~** jd/ein Tier passt gut auf; */animal a./* ein Tier wacht; **sous bonne ~** unter strenger [*o* scharfer] Bewachung; **~ impériale** kaiserliche Leibgarde; **~ judiciaire** gerichtliche Verwahrung; **~ mobile** Bereitschaftspolizei *f;* **~ montante/descendante** aufziehende/abrückende Wache; **~ pontificale** päpstliche Leibgarde, Schweizergarde *f;* **~ républicaine** *Gendarmeriekorps in Paris zur Bewachung der Regierungsgebäude und zum Ehrendienst;* **la vieille ~** POL die alte Garde; **qn n'a ~ de faire qc** *littér* jd hütet sich [wohl] etw zu tun; **qn est de ~** jd hat Bereitschaftsdienst; */médecin, pharmacie a./* jd hat Notdienst; */infirmière/* (*de nuit*) jd hat Nachtdienst; (*le week-end*) jd hat Bereitschaftsdienst [*o* Wochenenddienst]; **qn est [*o* se tient] sur ses ~s** jd ist auf der Hut; **qn se met en ~** jd geht in Positur; **qn met qn en ~ [contre qn/qc]** jd warnt jdn [vor jdm/etw]; **qn/un animal monte la ~** jd/ein Tier passt auf; MIL jd steht [auf] Wache, jd hält [*o* schiebt *fam*] Wache; ***qn/un animal monte la ~ devant qc*** ein Tier weicht nicht von etw; **qn prend ~ de ne pas faire qc** jd gibt Acht [*o* achtet darauf] etw nicht zu tun; **prends/prenez ~!** (*exhortation*) pass auf/passen Sie auf!, nimm dich/nehmen Sie sich in Acht!; (*menace a.*) Vorsicht!, hüte dich/hüten Sie sich!; **qn prend ~ à qn/qc** (*prête attention*) jd achtet auf jdn/etw; (*se méfie*) jd nimmt sich vor jdm/etw in Acht; ***sans y prendre ~*** ohne es zu merken; **qn prend ~ que [*o* à ce que] qn/un animal ne fasse [pas] qc/que qc ne se fasse [pas]** jd achtet darauf, dass jd/ein Tier etw [nicht] tut/dass etw [nicht] geschieht; **qn prend qn sous sa ~** jd nimmt jdn unter seine Fittiche; ***le médecin lui-même l'a pris sous sa ~*** der Arzt kümmert sich persönlich um ihn; **qn relève la ~** jd löst die Wache ab; **à la ~ de qn/qc** in jds Obhut (*dat*)/in der Obhut einer S. (*gen*); ***qn confie qn à la ~ de qn*** jd vertraut jdn jdm an, jd überlässt jdn jdm; ***l'enfant est laissé à la ~ de la mère/du père*** das Kind wurde der Mutter/dem Vater zugesprochen, die Mutter/der Vater bekam das Sorgerecht für das Kind; **de ~** *pharmacie* Dienst habend; ***le médecin de ~*** der Arzt, der Bereitschaftsdienst [*o* Notdienst] hat; ***l'infirmière de ~*** (*de nuit*) die Nachtschwester; (*le week-end*) die Schwester, die Bereitschaftsdienst [*o* Wochenenddienst] hat; ***qui est le vétérinaire de ~?*** welcher Tierarzt hat Bereitschaftsdienst [*o* Notdienst]?; **en ~!** en garde!; **sous la ~ de qn** unter jds Bewachung (*dat*); ***sous la ~ de la police*** unter Polizeibewachung; ***qn/qc est sous la ~ de qn*** jd/etw wird von jdm bewacht
◆ **garde à vue** Polizeigewahrsam *m;* ***la police a mis* [*o placé*] *le suspect en ~ à vue*** die Polizei hat den Verdächtigen in Gewahrsam genommen, der Verdächtige befindet sich in Polizeigewahrsam; **garde de jour/de nuit** Tagdienst/Nachtdienst *m;* **garde d'enfants** (*personne*) Tagesmutter *f;* ***qn fait des ~s d'enfants*** jd hütet Kinder; **garde d'honneur** Ehrengarde *f*

garde² [gaʀd] *m* **1.** [*prisonnier*] Bewacher *m;* [*propriété*] Wächter *m*
2. MIL (*sentinelle*) Wache *f,* [Wach]posten *m;* (*soldat*) Gardist *m;* ■ **les ~s** die Garde
▸ **~ champêtre** [von der Gemeinde angestellter] Hilfspolizist; HIST Feldhüter *m,* Feldschütz *m;* **~ forestier** Forsthüter *m,* Forstschütz *m;* **~ maritime** Angehörige(r) *m* der Küstenwacht; *pl* Küstenwacht *f;* **~ mobile** Bereitschaftspolizist *m;* **~ républicain** Angehörige(r) *m* der „garde républicaine"; **~ rouge** Rotgardist *m*
◆ **garde des Sceaux** Justizminister *m;* **garde du corps** Leibwächter *m; pl a.* Leibwache *f*

garde-à-vous [gaʀdavu] *m inv* (*position*) Hab[t]achtstellung *f,* stramme Haltung
▸ **qn est/se met/reste au ~-~-~** jd steht stramm, jd steht stramm/nimmt Hab[t]achtstellung ein/behält die Hab[t]achtstellung bei; **~-~-~!** stillgestanden!

garde-barrière <~s-~s> [gaʀd(ə)baʀjɛʀ] *mf* Bahnwärter(in) *m(f),* Schrankenwärter(in) *m(f)* **garde-boue** [gaʀdəbu] *m inv* Schutzblech *nt* **garde-chasse** <~s-~[s]> [gaʀdəʃas] *mf* Jagdaufseher(in) *m(f),* Wildhüter(in) *m(f)* **garde-chiourme** <~s-~> [gaʀdəʃjuʀm] *mf* Gefängniswärter(in) *m(f),* KZ-Aufseher(in) *m(f)* **garde-corps** [gaʀdəkɔʀ] *m inv* **1.** (*parapet*) [Schutz]geländer *nt;* (*muret*) Brüstung *f* **2.** NAUT Reling *f* **garde-côte** <~-~s> [gaʀdəkot] *m* **1.** MIL Küstenwachtschiff *nt* **2.** (*bateau de police*) Wasser[schutz]polizeiboot *nt* **garde-feu** [gaʀdəfø] *m inv* Ofenschirm *m* **garde-fou** <~-~s> [gaʀdəfu] *m* Geländer *nt;* (*muret*) Brüstung *f,* Balustrade *f* **garde-malade** <~s-~s> [gaʀd(ə)malad] *mf* Krankenpfleger(in) *m(f)* **garde-manger** [gaʀdmɑ̃ʒe] *m inv* Vorratsschrank *m* **garde-meuble** <~-~s> [gaʀdəmœbl] *m* Möbellager *nt;* ***qn met qc au ~-~*** jd lagert etw [in einem Möbellager] ein, jd stellt etw in einem Möbellager unter

gardénal® [gaʀdenal] *m* Phenobarbital *nt;* ***qn prescrit du ~*** jd verschreibt Barbiturate

gardénia [gaʀdenja] *m* Gardenie *f*

garde-pêche <~s-~> [gaʀdəpɛʃ] **I.** *mf* (*personne*) Fischereiaufseher(in) *m(f)* **II.** *m inv* (*bateau*) Fischereischutzboot *nt;* ***une vedette ~-~*** ein Fischereikreuzer *m* **garde-port** <~s-~s> [gaʀdəpɔʀ] *mf* Hafenmeister(in) *m(f)*

garder <1> [gaʀde] **I.** *vt* **1.** (*surveiller*) ■ **qn/un animal garde qn/qc** *trésor, prisonnier, frontière* jd/ein Tier bewacht jdn/etw; *magasin, bagages* jd/ein Tier passt auf etw (*akk*) auf; *maison* jd/ein Tier hütet etw, jd/ein Tier passt auf etw (*akk*) auf; ■ **qn garde qn/un animal** *enfant, animal* jd betreut [*o* hütet] jdn/ein Tier; *personne âgée* jd betreut [*o* pflegt] jdn; ■ **qn fait ~ qn** *enfant* jd lässt jdn hüten; *personne âgée* jd lässt jdn pflegen; ■ **qn donne** [*o* **laisse**] **qn/un animal/qc à ~ à qn** jd vertraut jdm jdn/etw an; ■ **qc est gardé(e)** etw wird bewacht, etw steht unter Bewachung; ***toutes les issues sont gardées*** alle Ausgänge werden bewacht; ***un passage à niveau gardé*** ein beschrankter Bahnübergang; ■ **qn lui garde qc** *documents, objets précieux* jd verwahrt etw für jdn; *place* jd hält etw für jdn frei
2. (*stocker, ne pas jeter*) ■ **qn garde qc** jd hebt [*o* bewahrt] etw auf; *marchandises* jd lagert etw; *objet précieux* jd bewahrt etw; ~ ***au frais*** kühl lagern; ***qn garde qc sous clé*** jd hält etw unter Verschluss, jd hat etw weggeschlossen
3. (*conserver, ne pas perdre*) ■ **qn garde qn/un animal** jd behält jdn/ein Tier; ■ **qn garde qc** *qualité, facultés* jd verliert etw nicht; *emploi, fonction, position, droits a.* jd behält etw; *attitude a., jeunesse* jd bewahrt sich (*dat*) etw; *espoir* jd gibt etw nicht auf; *défaut, manie, mauvaise habitude* jd behält etw bei; *séquelles, cicatrice, trace* jd behält etw zurück, etw bleibt jdm [*o* bei jdm zurück]; ***qn garde son calme*** jd bleibt ruhig [*o* gelassen]; ***qn garde l'anonymat*** jd bleibt anonym; ***qn garde bon espoir*** [*o* ***l'espoir***] ***de faire qc*** jd hofft immer noch [zuversichtlich] etw zu tun; ***nous n'avons gardé aucun espoir*** wir haben alle Hoffnung aufgegeben; ***qn en a gardé un certain goût/ a gardé un certain goût pour qc*** jd findet immer noch Geschmack daran/an etw (*dat*); ***qn garde un bon/mauvais souvenir/un souvenir ému de qn/qc*** jd behält jdn/etw in guter/schlechter Erinnerung/behält eine nostalgische Erinnerung an jdn/etw; ***elle avait gardé toutes ses facultés*** [***mentales***] sie war noch im Vollbesitz ihrer geistigen Kräfte; ***il ne peut rien ~, il perd toujours tout*** er kann auf nichts aufpassen, er verliert immer alles; ***nous vous en gardons une infinie reconnaissance*** wir werden Ihnen stets unendlich dankbar sein; ■ **qn garde qc** [**envers** [*o* **à l'égard de**] **qn**] *dépit, amertume, ressentiment* bei jdm bleibt etw [gegen jdn] [zurück], jd empfindet etw [gegen jdn]; ■ **qc garde qc** *parfum, couleur, goût, caractéristique* etw behält etw, etw verliert etw nicht; *valeur a.* etw hat etw noch; ***le vin gardait un arrière-goût de bouchon*** der Wein schmeckte nach Korken
4. (*mettre de côté, réserver*) ■ **qn garde qc** jd hebt etw auf; ***j'ai gardé le meilleur pour la fin!*** das Beste kommt erst noch!, ich habe mir das Beste bis zuletzt aufgehoben [*o* aufgespart]!; ***qn garde une place pour qn*** jd belegt einen Platz für jdn, jd hält jdm einen Platz frei
5. (*maintenir*) ■ **qn garde qc** *rythme* jd behält etw bei; *distance* jd wahrt etw; ■ **qn garde qc** + *adj/adv* jd hält etw + *adj*; ***qn garde les yeux baissés/fermés*** jd hält den Blick gesenkt/die Augen geschlossen; ***gardez le moteur en marche*** lassen Sie den Motor [weiter]laufen
6. (*retenir*) ■ **qn garde qn/qc** jd hält jdn/etw fest; ***nous vous gardons à dîner*** wir behalten euch zum Abendessen da; ***qn garde les élèves en retenue*** jd lässt die Schüler nachsitzen; ***qn garde qn en otage*** jd hält jdn als Geisel fest; ***on l'a gardé prisonnier*** man hat ihn gefangen gehalten; ***elle garda ma main dans la sienne*** sie hielt meine Hand fest, sie behielt meine Hand in der ihren
7. (*ne pas enlever*) ■ **qn garde qc** *vêtement, chaussures, montre* jd behält etw an; *chapeau, lunettes, masque* jd behält etw auf; *écharpe* jd behält etw um; ***il garda son chapeau à la main*** er behielt seinen Hut in der Hand
8. (*ne pas révéler*) ■ **qn garde qc** [**pour soi**] jd behält etw für sich; ***saurait-il ~ le secret?*** kann er das Geheimnis [be]wahren [*o* hüten] [*o* für sich behalten]?; ***garde ça pour toi*** behalte das für dich; ***gardez vos réflexions!*** behalten Sie Ihre Bemerkungen für sich!
9. (*ne pas quitter*) ■ **qn garde qc** *lieu* jd hütet etw; ***le malade devait ~ le lit/la chambre*** der Kranke musste das Bett/Zimmer hüten; ***cette grippe lui fit ~ la chambre pendant une semaine*** wegen seiner/ihrer Grippe musste er/sie eine Woche das Zimmer hüten
► **non gardé(e)** *domaine, propriété* unbewacht; *passage à niveau* unbeschrankt
II. *vpr* **1.** (*se conserver*) ■ **qc se garde** /*aliment*/ etw hält sich; ***ça se garde au frais*** das muss man kühl lagern, das muss kühl gelagert werden
2. (*s'abstenir*) ■ **qn se garde de faire qc** jd hütet sich, etw zu tun; ***je m'en garderai bien!*** ich werde mich hüten!

garderie [gaʀdəʀi] *f* **1.** (*jardin d'enfant*) [Kinder]tagheim *nt*, [Kinder]tagesstätte *f*; ***qn met un enfant à la ~*** jd bringt ein Kind ins [Kinder]tagheim [*o* in die [Kinder]tagesstätte]
2. (*service de surveillance*) Schülerhort *m*

garde-robe <~-~s> [gaʀdəʀɔb] *f* (*ensemble de vêtements*) Garderobe *f*; (*meuble*) Kleiderschrank *m*; ***qn renouvelle sa ~~*** jd erneuert seine Garderobe

gardien, ne [gaʀdjɛ̃, jɛn] *m, f* **1.** [*château, domaine, propriété, parking, parc, usine*] Wächter(in) *m(f)*; [*musée, entrepôt*] Aufseher(in) *m(f)*; [*zoo, cimetière*] Wärter(in) *m(f)*; [*prison*] Aufseher(in) *m(f)*, Wärter(in) *m(f)*; [*immeuble*] Hausmeister(in) *m(f)*; ■ ~ **de** -wächter/-aufseher/-wärter
2. (*défenseur*) Hüter(in) *m(f)*; ***la constitution est la ~ne des libertés*** die Verfassung ist die Hüterin unserer Freiheiten; ***ils sont les ~s de l'ordre public*** sie sind die Ordnungshüter
◆ **gardien(ne) de but** Torhüter(in) *m(f)*, Torwart/Torfrau *m/f*; **gardien de la paix** [Verkehrs]polizist(in) *m(f)*, Schutzmann *m*; **gardien(ne) de musée** Museumswärter(in) *m(f)*; **gardien de nuit** Nachtwächter(in) *m(f)*; **gardien(ne) de phare** Leuchtturmwärter(in) *m(f)*; **gardien(ne) de prison** Gefängniswärter(in) *m(f)*, Gefängnisaufseher(in) *m(f)*; ***ne fais pas une tête de ~ de prison!*** mach kein so finsteres Gesicht!; **gardienne d'enfants** Kindergärtnerin *f*

gardiennage [gaʀdjenaʒ] *m* **1.** (*d'immeuble*) Hausmeisterdienst *m*, Hausmeistertätigkeit *f*; (*de locaux*) Aufseherdienst *m*, Wachdienst *m*; NAUT Hafenamt *nt*; ***qn fait du ~*** (*surveille un immeuble*) jd ist Hausmeister; (*surveille des locaux*) jd ist Wächter, jd versieht den Wachdienst; ***une société de ~*** eine Wach- und Schließgesellschaft
2. (*surveillance d'enfants*) [Kinder]betreuung *f*

gardon [gaʀdɔ̃] *m* Rotauge *nt*, Plötze *f*
► **qn est frais(fraîche) comme un ~** jd ist voll in Form [*o* topfit]

gare¹ [gaʀ] *f* Bahnhof *m*; [*R.E.R.*] Station *f*; ***la ~ centrale*** der Hauptbahnhof
► ~ **fluviale** Liegeplatz *m*; ~ **maritime** Hafenbahnhof *m*; ~ **routière** (*pour les camions*) Autohof *m*; (*pour les cars, bus*) [Omni]busbahnhof *m*; **qc entre/est en ~** etw fährt ein/ist eingefahren
◆ **gare d'arrivée/de départ** Zielbahnhof *m*/Abfahrtsbahnhof *m*; **gare de marchandises/de voyageurs** Güterbahnhof *m*/Personenbahnhof *m*; **gare de triage** Rangierbahnhof *m*, Verschiebebahnhof *m*

gare² [gaʀ] *interj* **1.** (*avertissement*) ■ ~ **à qn/qc!** Vorsicht!, Achtung!; ~ ***à ta tête!*** Vorsicht, zieh den Kopf ein!, pass auf deinen Kopf auf!; ***essayez, mes enfants ... mais ~ aux conséquences!*** versucht es nur, ... ihr werdet schon sehen!
2. (*menace*) ■ ~ [**à qn/qc**]! Vorsicht!; ~ ***à toi!*** Vorsicht!, pass bloß auf!; ***et on se tait, sinon, ~!*** und jetzt ist Ruhe, sonst könnt ihr was erleben [*o* setzt es was *fam*]!; ***et ~ au premier qui bouge!*** und wehe dem, der sich als Erster bewegt!; ~ ***à tes fesses!*** *fam* Vorsicht, sonst gibt's eins auf den Hintern [*o* Po] [*o* sonst setzt's was]! *fam*
► **sans crier ~** ohne Vorwarnung

garenne [gaʀɛn] *f* (*bois*) Hasenwäldchen *nt*; *v. a.* **lapin**

garer <1> [gaʀe] **I.** *vt* **1.** ■ **qn gare qc** jd parkt etw, jd stellt etw ab; ■ **qn laisse qc garé(e) quelque part** jd parkt etw irgendwo, jd lässt etw irgendwo [stehen], jd stellt etw irgendwo ab; ■ **qn est garé(e) quelque part** jd hat irgendwo geparkt, jd parkt [*o* steht] irgendwo; ■ **qc est garé(e) quelque part** etw steht [*o* parkt] irgendwo
2. *fam* (*mettre à l'abri*) ■ **qn gare qc** jd räumt etw weg
II. *vpr* **1.** (*stationner*) ■ **qn/qc se gare** /*conducteur, voiture*/ jd/etw parkt; ***je me suis garée à 100 m d'ici*** ich stehe [*o* parke] etwa 100 m von hier, ich habe 100 m von hier geparkt
2. (*se ranger sur le côté*) ■ **qn/qc se gare** /*piéton*/ jd/etw weicht aus; /*conducteur, véhicule a.*/ jd/etw fährt auf die Seite; ***les passants avaient à peine le temps de se ~*** die Passanten hatten kaum Zeit auszuweichen [*o* zur Seite zu springen]
3. (*se protéger*) ■ **qn se gare de qn/qc** jd hütet sich vor jdm/weicht einer S. (*dat*) aus

gargantuesque [gaʀgɑ̃tɥɛsk] *adj* riesig, unersättlich

gargariser <1> [gaʀgaʀize] *vpr* **1.** MED ■ **qn se gargarise** [**à** [*o* **avec**] **qc**] jd gurgelt [mit etw]
2. ■ **qn se gargarise de qc** *péj fam de mots, formules* jd berauscht sich an etw (*dat*), jd zieht sich an etw (*dat*) hoch *fam*

gargouille [gaʀguj] *f* **1.** ARCHIT Wasserspeier *m*
2. (*tuyau*) Regenrinne *f*

gargouillement [gaʀgujmɑ̃] *m* [*intestins, ventre*] Gluckern *nt*; [*eau a.*] Gurgeln *nt*; ***on entend les ~s de son estomac*** man kann seinen Magen knurren hören; ***ses intestins font toutes sortes de ~*** in seinem/ihrem Bauch gluckert es

gargouiller <1> [gaʀguje] *vi* ■ **qc gargouille** /*intestins, ventre*/ etw gluckert; /*eau a.*/ etw gurgelt; /*estomac*/ etw knurrt

gargouillis [gaʀguji] *m v.* **gargouillement**

garnement [gaʀnəmɑ̃] *m* Bengel *m*, Schlingel *m*; *pl a.* Gören *pl*

garni, e [gaʀni] *adj* GASTR mit Beilage
► **bien ~** *portefeuille, bourse* voll, dick *fam*; *réfrigérateur* voll, gut bestückt; *bibliothèque* gut bestückt

garnir <8> [gaʀniʀ] **I.** *vt* **1.** (*orner*) ■ **qn/qc garnit qc** [**de qc**] *étagères, table* jd/etw schmückt [*o* dekoriert] etw [mit etw]; *boîte, coffret* jd bezieht etw [mit etw], jd kleidet etw [mit etw] aus; ■ **qc est garni(e) de qc** /*table, étagères*/ etw ist mit etw geschmückt [*o* dekoriert]; /*vêtement*/ etw ist mit etw besetzt [*o* verziert]; ***garni(e) de fourrure*** pelzbesetzt, pelzverbrämt
2. (*pourvoir*) ■ **qc garnit une chose** eine S. ist mit etw versehen [*o* ausgestattet]; *trousse* eine S. ist mit etw gefüllt; ■ **qn garnit qc de qc** jd versieht etw mit etw; (*renforcer*) jd verstärkt etw mit etw; ***on a garni les sièges de cuir*** die Sitze wurden mit Leder überzogen; ■ **qc est garni(e) de qc** etw ist mit etw versehen; (*être renforcé*) etw ist mit etw verstärkt; ***une poignée garnie de cuir*** ein lederüberzogener [*o* lederbezogener] Griff
3. (*être rempli*) ■ **qc est garni(e) de qc** etw ist mit etw gefüllt
4. MIL ■ **qn garnit qc** [**de qc**] jd bestückt etw [mit etw]
II. *vpr* ■ **qc se garnit** [**de personnes/choses**] etw füllt sich [mit Menschen/Dingen]

garnison [gaʀnizɔ̃] *f* Garnison *f*
► **qn est en ~ quelque part** jd ist irgendwo stationiert

garniture [gaʀnityʀ] *f* **1.** (*ornement*) [*vêtement, chapeau*] Besatz *m*, Verzierung *f*
2. (*renfort*) Verstärkung *f*
3. GASTR Beilage *f*; ***et comme ~?*** und als Beilage?
4. (*revêtement*) [*coffret*] Auskleidung *f*, Ausfütterung *f*; ***la ~ d'une chose est en qc*** eine S. ist mit etw ausgekleidet [*o* ausgefüttert]
5. (*ensemble assorti*) ■ ~ **de** *de bureau* -garnitur *f*; *de boutons* Garnitur ... + *subst*; ***une ~ de table*** eine Garnitur Tischwäsche; ***une ~ de toilette*** ein Frottier-Set *nt*
6. AUT Innenausstattung *f*
► ~ **périodique** [Damen]binde *f*, [Monats]binde *f*
◆ **garniture de foyer** Kamingerät *nt*; **garniture de frein** Bremsbelag *m*; **garniture de lit** Bettgarnitur *f*

Garonne [gaʀɔn] *f* ■ **la Garonne** die Garonne
garou [gaʀu] *m v.* **loup**
garrigue [gaʀig] *f* Garide *f;* (*dans le Midi*) Gar[r]igue *f* (*Landschaft mit bestimmter Strauchformation in den Mittelmeerländern bzw. deren Vegetation*)
garrot [gaʀo] *m* **1.** MED: ***qn pose/fait un*** ~ jd bindet eine Arterie ab; ***il avait un*** ~ ***au bras droit*** man hatte ihm den rechten Arm abgebunden
2. (*quadrupède*) Widerrist *m*
3. (*supplice*) Garrotte *f,* Würgschraube *f*
garrotter <1> [gaʀɔte] *vt* ■ **qn garrotte qn** jd fesselt jdn; (*museler*) jd macht jdn mundtot
gars [ga] *m fam* Bursche *m,* Kerl *m;* ***salut les*** ~! hallo, Jungs! *fam;* ***c'est un drôle de*** ~ er ist ein komischer Kauz [*o* Kerl]; ***un beau*** ~ ein gut aussehender Bursche [*o* junger Mann]; ***c'est un brave petit*** ~ er ist ein netter Kerl [*o* Junge]
► **mon** [**petit**] ~ *fam* mein Kleiner [*o* Junge]
◆ **gars du milieu** Ganove *m*
Gascogne [gaskɔɲ] *f* ■ **la Gascogne** die Gascogne
gascon, ne [gaskɔ̃, ɔn] **I.** *adj* gascognisch
II. *m* (*langue*) Gascognisch *nt;* ***le*** ~ das Gascognische
III. *m, f* ■ **Gascon(ne)** Gascogner(in) *m(f)*
gas-oil *m,* **gasoil** [gazwal] *m ∅* Diesel[kraftstoff *m*] *m,* Dieselöl *nt*
gaspillage [gaspijaʒ] *m* Verschwendung *f,* Vergeudung *f;* ■ ~ **de** -verschwendung, -vergeudung; ***quel*** ~! so eine Verschwendung [*o* Vergeudung]!, das ist ja die reinste Verschwendung!
gaspiller <1> [gaspije] *vt* ■ **qn gaspille qc** jd verschwendet etw, jd vergeudet etw, jd geht verschwenderisch mit etw um; *fortune, patrimoine, héritage* jd verschleudert etw
gastéropode [gasteʀɔpɔd] *m gén pl* Schnecke *f,* Gastropode *m spec*
gastralgie [gastʀalʒi] *f* Magenkrampf *m,* Gastralgie *f spec;* ***qn souffre de*** ~ jd leidet an Magenkrämpfen
gastrique [gastʀik] *adj* Magen-
gastrite [gastʀit] *f* Magenschleimhautentzündung *f,* Gastritis *f spec*
gastroentérite [gastʀoɑ̃teʀit] *f* Magen-Darm-Entzündung *f,* Gastroenteritis *f spec*
gastronome [gastʀɔnɔm] *mf* Feinschmecker(in) *m(f)*
gastronomie [gastʀɔnɔmi] *f* [feine] Kochkunst, Gastronomie *f*
gastronomique [gastʀɔnɔmik] *adj restaurant, menu* Feinschmecker-; *guide, critique* Gastronomie-; ***qc est*** ~ *hum* etw ist höhere Kochkunst
gastroscopie [gastʀɔskɔpi] *f* Magenspieglung *f,* Gastroskopie *f spec*
gâteau <x> [gato] **I.** *m* Kuchen *m;* (*pâtisserie individuelle*) Gebäck *nt;* ***et en dessert, vous prenez du*** ~ ***ou un fruit?*** hätten Sie lieber Gebäck oder Obst zum Dessert?; ■ ~ **à** -kuchen; ***un*** ~ ***au chocolat/à la crème*** ein Schokoladenkuchen/eine Cremetorte
► **petit** ~, ~ **sec** Keks *m;* **qn fait un** ~ jd bäckt einen Kuchen; **c'est du** ~! *fam* das ist ja das reinste Kinderspiel!, das ist ja kinderleicht! *fam;* **c'est pas du** ~! *fam* das ist kein Zuckerschlecken *fam*
II. *app inv fam maman, papa* total in sein/ihr Kind vernarrt; *tonton, grand-père, grand-mère etc* Bilderbuch- *fam*
◆ **gâteau d'anniversaire** Geburtstagskuchen *m,* Geburtstagstorte *f;* **gâteau de cire** [*o* **de miel**] [Bienen]wabe *f,* [Honig]wabe *f;* **gâteau de riz** Reispudding *m;* **gâteau de semoule** Grießpudding *m*
gâter[1] <1> [gate] *vt* **1.** (*traiter avec indulgence*) ■ **qn gâte qn** jd verwöhnt jdn; ■ **qn est gâté(e)** jd ist/wird verwöhnt; ***c'est un enfant gâté*** er/sie ist völlig verwöhnt [*o* verzogen], er/sie ist ein verzogenes Gör *pej*
2. (*avoir de la chance*) ■ **qn est gâté(e)** jd hat Glück; ***pas un jour de pluie: nous avons été gâtés!*** kein einziger Tag Regen: wir hatten wirklich Glück!; ***et voilà qu'il pleut! vraiment, nous sommes gâtés!*** und jetzt regnet es auch noch! wir haben wirklich Glück!
gâter[2] <1> [gate] **I.** *vt* **1.** (*pourrir*) ■ **qc est gâté(e)** /*aliments*/ etw ist verdorben; /*fruits a., dent*/ etw ist faul; ***les livres avaient été gâtés par l'humidité*** die Feuchtigkeit hatte den Büchern geschadet; ■ **qc gâte qc** etw verdirbt etw
2. (*compromettre*) ■ **qn gâte qc** jd verdirbt [*o* gefährdet] etw
3. (*enlaidir*) ■ **qc gâte qc** etw verunstaltet [*o* verunziert] [*o* verschandelt *fam*] etw
4. (*empoisonner*) ■ **qn/qc gâte qc** jd/etw verdirbt etw; ***ne gâtez pas leur plaisir*** verderben Sie ihnen die Freude nicht, seien Sie kein Spielverderber; ***cet incident déplorable gâta mes vacances*** dieser leidige Zwischenfall verdarb mir die Ferien
► **cela ne gâte rien** *euph* das kann nichts schaden
II. *vpr* **1.** ■ **qc se gâte** /*viande*/ etw wird schlecht; /*fruits a.*/ etw fault
2. (*se détériorer*) ■ **qc se gâte** /*ambiance*/ etw schlägt um; /*temps a., relations*/ etw verschlechtert sich; ***et puis, les choses ont commencé à se*** ~ ***entre eux*** doch dann kamen sie nicht mehr so gut miteinander aus, doch dann lief es nicht mehr so gut zwischen [*o* mit] ihnen *fam;* ***ça va se*** ~ [***pour toi***]! das kann unangenehm [für dich] werden!
gâterie [gatʀi] *f* (*friandise*) Süßigkeiten *pl;* ***il ne manque jamais d'apporter quelques*** ~***s*** er bringt immer was Süßes [*o* was zum Naschen] mit *fam*
gâte-sauce <~-~s> [gatsos] *m* Küchenjunge *m*
gâteux, -euse [gatø, -øz] **I.** *adj* **1.** *péj* (*sénile*) verkalkt *fam,* vertrottelt *fam*
2. (*fou de*): ***il adore sa petite fille; il en est*** ~ er betet seine Enkelin an; das macht ihn ganz närrisch [*o* kindisch]
II. *m, f péj* kindische(r) Alte(r)
gâtisme [gatism] *m* Verkalkung *f*
gauche [goʃ] **I.** *adj* **1.** (*opp: droit*) linke(r, s); ***ailier*** ~ Linksaußen *m*
2. (*maladroit*) linkisch; *geste* ungeschickt; *style* unbeholfen
3. (*tordu*) *planche, règle* verzogen, wellig
II. *m* BOXE Linke *f;* ***un crochet du*** ~ ein linker Haken
III. *f* **1.** (*côté gauche*) Linke *f,* linke Seite; ***sur la*** ~ links, auf der linken Seite
2. POL ■ **la** ~ die Linke
► **de** ~ **à droite** von links nach rechts; **extrême** ~ äußerste Linke; **à** ~ links; ***la première rue à*** ~ die erste [Straße] links; ***elle est très à*** ~ sie steht politisch sehr weit links; **à la** ~ **de qn** zu jds Linken; **à ma/ta** ~ zu meiner/deiner Linken; ***elle est à ma*** ~ ***sur la photo*** sie ist links neben mir auf dem Foto; **de** ~: ***la première maison de*** ~ das erste Haus links; ***dans le tiroir de*** ~ in der linken Schublade; ***des idées de*** ~ linke Ansichten; ***les partis de*** ~ die Parteien der Linken; **jusqu'à la** ~ *fam* (*complètement*) bis zum Letzten, völlig; ***il est endetté jusqu'à la*** ~ er steckt bis zum Hals in Schulden *fam;* **sur la** ~ [**de qc**] auf der linken Seite [einer S. (*gen*)]
gauchement [goʃmɑ̃] *adv* ungeschickt, unbeholfen
gaucher, -ère [goʃe, -ɛʀ] **I.** *adj* linkshändig; ***qn est*** ~(**-*ère***) jd ist Linkshänder(in)
II. *m, f* Linkshänder(in) *m(f)*
gaucherie [goʃʀi] *f* (*comportement*) Unbeholfenheit *f;* (*trait de caractère*) linkische [*o* unbeholfene] Art; ***la*** ~ ***de son allure*** sein/ihr linkisches [*o* unbeholfenes] Benehmen
gauchir <8> [goʃiʀ] **I.** *vi* ■ **qc gauchit** /*planche, règle*/ etw verzieht sich, etw wellt sich
II. *vt* ■ **qc gauchit qc**: ***l'humidité a gauchi cette planche*** das Brett hat sich durch die Feuchtigkeit verzogen; ■ **qn gauchit qc** *idées* jd verfälscht etw, jd stellt etw falsch dar; *faits* jd verdreht etw
III. *vpr* ■ **qc se gauchit** etw verzieht sich, etw wellt sich
gauchisant, e [goʃizɑ̃, ɑ̃t] *adj* nach links tendierend, linksgerichtet
gauchisme [goʃism] *m* Linksextremismus *m,* Linksradikalismus *m*
gauchiste [goʃist] **I.** *adj* linksextrem, linksradikal
II. *mf* Linksradikale(r) *f(m),* Linksextreme(r) *f(m)*
gaudriole [godʀijɔl] *f* **1.** *pl fam* (*plaisanterie*) anzügliche [*o* zweideutige] Witze *pl*
2. *fam* (*aventure sexuelle*) Liebesabenteuer *pl,* Bettgeschichten *pl*
gaufrage [gofʀaʒ] *m* Gaufrage *f*
gaufre [gofʀ] *f* GASTR Waffel *f*
gaufré, e [gofʀe] *adj* gaufriert
gaufrette [gofʀɛt] *f* [Eis]waffel *f*
gaufrier [gofʀije] *m* Waffeleisen *nt*
Gaule [gol] *f* ■ **la Gaule** Gallien *nt*
gaule [gol] *f* **1.** (*perche*) [lange] Stange
2. (*canne à pêche*) [Angel]rute *f*
► **qn plie** [*o* **remballe**] **les** [*o* **ses**] ~**s** *fam* jd kann alles wieder einpacken
gauler <1> [gole] *vt* **1.** (*abattre avec une gaule*) ■ **qn gaule qc** jd schlägt etw ab [*o* herunter]
2. *arg* (*se faire prendre*) ■ **qn se fait** ~ [**par qn**] jd lässt sich [von jdm] schnappen *fam*
gaullien, ne [goljɛ̃, jɛn] *adj:* ***le mythe*** ~ der Mythos de Gaulle; ***une innovation*** ~***ne*** eine Neuerung, die de Gaulle eingeführt hat
gaullisme [golism] *m* Gaullismus *m*
gaulliste [golist] **I.** *adj* gaullistisch
II. *mf* Gaullist(in) *m(f)*
gaulois, e [golwa, waz] **I.** *adj* **1.** (*de la Gaule*) gallisch
2. (*grivois*) derb, saftig *fam;* ***esprit*** ~ deftiger Humor
II. *m, f* ■ **Gaulois(e)** Gallier(in) *m(f)*
III. *f* (*cigarette*) ■ **Gauloise** Gauloise *f*
gauloiserie [golwazʀi] *f* **1.** (*propos*) derber [*o* saftiger *fam*] Witz
2. (*caractère*) derbe Art
gausser <1> [gose] *vpr littér* (*se moquer*) ■ **qn se gausse de qn/qc** jd macht sich über jdn/etw lustig; ***quand j'entends dire des choses pareilles, je me gausse!*** wenn ich so etwas höre, kann ich nur lachen!
gavage [gavaʒ] *m* Nudeln *nt,* Stopfen *nt*
gaver <1> [gave] **I.** *vt* ■ **qn gave un animal** jd nudelt [*o* stopft] ein Tier; ■ **qn gave qn** [**de qc**] jd stopft jdn [mit etw] voll *fam;* ■ **qn est gavé(e)** [**de qc**]: ***j'en ai jusque là, je suis gavé!*** ich bin voll bis oben hin! *fam;* ***on gave les écoliers de connaissances*** man paukt [*o* trichtert] den Schülern Wissen ein *fam*
II. *vpr* ■ **qn se gave** [**de qc**] jd stopft sich [mit etw] voll *fam;* ***il se gave de romans policiers*** er verschlingt Krimis
gavroche [gavʀɔʃ] *m* [Pariser] Straßenjunge [*o* Gassenjunge]
gay [gɛ] **I.** *adj inv* homosexuell, schwul *fam;* *magazine, bar, boîte de nuit* Schwulen- *fam,* für Schwule *fam;* ***établissements*** ~ Schwulentreffs *pl;* ***les milieux*** ~ die Schwulenszene
II. *mpl* Schwule *pl fam*
gaz [gaz] *m* **1.** CHIM Gas *nt*
2. (*combustible*) Gas *nt;* ***qn allume le*** ~ jd macht [*o* stellt] das Gas an; ***qn baisse le*** ~ jd dreht [*o* stellt] das Gas kleiner; ***qn coupe*** [*o* ***ferme***] ***le*** ~ jd stellt [*o* dreht] das Gas ab
3. *pl* MIL Gas *nt*
► ~ **moutarde** Senfgas *nt;* ~ **asphyxiant** Giftgas *nt;* ~ **carbonique** Kohlendioxid *nt;* ~ **comprimé** Druckgas *nt;* ~ **hilarant** Lachgas *nt;* ~ **irritant** Reizgas *nt;* ~ **lacrymogène** Tränengas *nt;* ~ **liquéfié** Flüssiggas *nt;* ~ **naturel** Erdgas *nt;* **qn roule pleins** ~ *fam* jd fährt mit Vollgas, jd rast; **qc tourne à pleins** ~ *fam* etw läuft auf vollen Touren; ~ **rare** Edelgas *nt;* ~ **toxique** Giftgas *nt;* **qn a le** ~ jd hat Gasanschluss; **qn a des** ~ jd hat Blähungen; **qn coupe les** ~ jd nimmt [das] Gas weg; **qn donne** [*o* **met**] **les** ~ jd gibt Gas; **qn relève le** ~ jd liest das Gas ab; **au** ~ mit Gas
◆ **gaz d'échappement** *pl* Auspuffgase *pl;* **gaz d'éclairage** Leuchtgas *nt;* **gaz de combat** Kampfgas *nt,* chemische Kampfstoffe *pl;* **Gaz de France** *Französische Gasgesellschaft;* **gaz de marais** Sumpfgas *nt;* **gaz de pétrole liquéfié** Autogas *nt;* **gaz de ville** Stadtgas *nt*

gaze [gɑz] *f* **1.** (*pansement*) [Verband]mull *m*
2. (*étoffe*) Gaze *f*
gazéifié, e [gɑzeifje] *adj* mit Kohlensäure angereichert; ***"eau non ~e"*** „[Wasser] ohne Kohlensäure"
gazelle [gazɛl] *f* Gazelle *f*
gazer <1> [gɑze] **I.** *vt* MIL ■ **qn gaze qn** jd vergast jdn, jd tötet jdn durch Giftgas
II. *vi fam* ■ **qn/qc gaze** jd/etw rast, jd/etw fährt mit Vollgas
▸ **ça gaze/ne gaze pas [avec qn]** *fam* das läuft/läuft nicht [mit jdm] *fam;* ***alors, ça gaze ce matin?*** na, gut drauf heute Morgen? *fam*
gazette [gazɛt] *f vieilli* **1.** (*journal*) Zeitung *f;* ***il ne faut pas croire tout ce qu'on lit dans les ~s*** man darf nicht alles glauben, was in den Gazetten steht
2. (*commère*) Klatschbase *f*
gazeux, -euse [gɑzø, -øz] *adj* **1.** (*de la nature du gaz*) gasförmig
2. (*qui contient du gaz*) mit Kohlensäure versetzt, kohlensäurehaltig; ***eau ~euse*** Mineralwasser *nt,* Sprudel *m*
gazier [gɑzje] *m* (*ouvrier*) Arbeiter *m* eines Gaswerks; (*employé*) Angestellte(r) *m* eines Gaswerks
gazinière [gɑzinjɛʀ] *f* Gasherd *m*
gazoduc [gɑzodyk] *m* [Fern]gasleitung *f*
gazole [gazɔl] *m* Diesel[öl *nt*] *m*
gazomètre [gɑzɔmɛtʀ] *m* Gasometer *m*
gazon [gɑzɔ̃] *m* **1.** (*herbe*) Rasen *m*
2. (*pelouse*) Rasenfläche *f*
▸ **~ anglais** englischer Rasen
gazouillement [gazujmɑ̃] *m* [*oiseau*] Zwitschern *nt,* Gezwitscher *nt;* [*ruisseau, source*] Murmeln *nt;* [*bébé*] Lallen *nt,* Plappern *nt*
gazouiller <1> [gazuje] *vi* ■ **qn/un animal/qc gazouille** /*bébé*/ jd lallt, jd plappert; /*oiseau*/ ein Tier zwitschert; /*ruisseau, source*/ etw murmelt
gazouillis [gazuji] *m v.* **gazouillement**
geai [ʒɛ] *m* Häher *m*
géant, e [ʒeɑ̃, ʒeɑ̃t] **I.** *adj* riesig, riesengroß, Riesen-; ***une tortue ~e*** eine Riesenschildkröte; ***un paquet ~*** eine Großpackung [*o* Familienpackung]; ***des projets ~s*** Riesenpläne *pl;* ***une entreprise ~e*** ein gigantisches Unternehmen, ein Riesenunternehmen *nt*
II. *m* **1.** (*par la taille*) Riese/Riesin *m/f*
2. (*par le génie*) führende Größe
3. COM Gigant *m;* ***~ de l'édition*** Verlagsriese *m*
geignard, e [ʒɛɲaʀ, aʀd] **I.** *adj péj fam* weinerlich; ***enfant ~*** Heulpeter *m fam;* (*fille*) Heulsuse *f fam*
II. *m, f péj fam* Jammerlappen *m fam*
geindre <*irr*> [ʒɛ̃dʀ] *vi* **1.** ■ **qn geint [de qc]** (*gémir de douleur*) jd stöhnt [vor etw (*dat*)]; (*moins fort*) jd wimmert [vor etw (*dat*)]; *de froid, de peur* jd jammert [vor etw (*dat*)]; (*moins fort*) jd wimmert [vor etw (*dat*)]
2. *péj fam* (*pleurnicher*) ■ **qn geint** jd jammert dauernd [rum *fam*]; ***cet enfant n'arrête pas de ~*** dieses Kind ist ständig am Maulen *fam*
geisha [gɛʃa, gɛjʃa] *f* Geisha *f*
gel [ʒɛl] *m* **1.** (*temps, congélation*) Frost *m*
2. (*blocage*) Einfrieren *nt;* [*négociations*] Unterbrechung *f;* ***~ des salaires*** Einfrieren der Gehälter, Lohnstopp *m*
3. (*pommade*) Gel *nt*
▸ **qc craint le ~** etw ist frostempfindlich
gélatine [ʒelatin] *f* Gelatine *f*
gélatineux, -euse [ʒelatinø, -øz] *adj substance* gallertartig; ***sauce ~euse*** Soße, die geliert hat; geleeartige Soße; ***de la viande ~euse*** Fleisch *nt* mit Gallerte
gelé, e [ʒ(ə)le] *adj* **1.** (*pris par la glace*) *rivière* zugefroren, vereist; *terre* [hart] gefroren
2. (*endommagé par le froid*) erfroren; ***il a été transporté à l'hôpital, les pieds et les mains ~s*** er wurde mit Erfrierungen an Händen und Füßen ins Krankenhaus gebracht
3. (*frigorifié*) eiskalt; ***je suis ~ jusqu'aux os*** ich bin ganz durchgefroren *fam*
4. (*bloqué*) *avoirs, crédits, prix, salaires, situation* eingefroren
gelée [ʒ(ə)le] *f* **1.** *souvent pl* (*gel*) Frost *m*
2. (*jus*) (*de substances animales*) Gelee *nt,* Aspik *m;* (*de fruits*) Gelee; ■ **~ de** *de pommes, coings* -gelee; **~ *de framboises/de groseilles*** Himbeer-/Johannisbeergelee
▸ **~ blanche** Reif *m;* **~ royale** Gelée royale *nt;* **en ~** in Aspik [*o* Gelee]
geler <4> [ʒ(ə)le] **I.** *vt* **1.** (*transformer en glace*) ■ **qc gèle qc** etw lässt etw gefrieren, etw bringt etw zum Gefrieren
2. (*endommager par le gel*) ■ **qc gèle qc [à qn]** *membres* etw verursacht [bei jdm] Erfrierungen an etw (*dat*); *bourgeons* etw lässt etw erfrieren; ■ **qc gèle qn** etw lässt jdn frieren; ***ce vent me gèle*** mir ist eiskalt in diesem Wind
3. (*mettre mal à l'aise*) ■ **qn gèle qn** jd wirkt abstoßend auf jdn
4. (*bloquer*) ■ **qn gèle qc** *capitaux, crédits, entreprise, prix* jd friert etw ein; *salaires a.* jd stoppt etw; *négociations* jd unterbricht etw
II. *vi* **1.** (*se prendre en glace*) ■ **qc gèle** etw gefriert; /*rivière*/ etw friert zu; /*fleurs*/ etw erfriert; ***la récolte a gelé*** die Ernte hat Frost abbekommen
2. (*avoir froid*) ■ **qn gèle** jd friert; ***on gèle ici!*** hier ist es eiskalt!
3. *impers* ■ **il gèle** es friert
4. (*être loin de la solution*) ■ **qn gèle:** ***tu gèles!*** eiskalt!, ganz falsch!
III. *vpr* (*prendre froid*) ■ **qn se gèle:** ***vous allez vous ~*** sie werden noch erfrieren [*o* zu Eis]; ***qu'est-ce qu'on s'est gelé!*** wir haben uns vielleicht einen abgefroren! *fam*
▸ **qn se les gèle** *hum fam* jdm ist es verdammt kalt *fam,* jd friert sich (*dat*) einen ab *fam*
gélifiant [ʒelifjɑ̃] *m* Geliermittel *nt*
gélifier <1 a> [ʒelifje] *vt* ■ **qc gélifie qc** /*gélatine*/ etw geliert etw; /*gélifiant*/ etw geliert etw
gélule [ʒelyl] *f* Gelatinekapsel *f*
gelure [ʒ(ə)lyʀ] *f* Erfrierung *f*
Gémeaux [ʒemo] *mpl* ASTROL Zwillinge *pl*
▸ **qn est [du signe des] ~** jd ist Zwilling, jd ist im Zeichen der Zwillinge geboren
gémir <8> [ʒemiʀ] *vi* **1.** (*geindre*) ■ **qn gémit** jd stöhnt; ***qn gémit sur son sort*** jd jammert über sein Schicksal; ■ **qn gémit de** *de douleur* jd stöhnt [vor etw (*dat*)]
2. (*grincer*) ■ **qc gémit** /*lit, porte*/ etw knarrt, etw quietscht; /*plancher*/ etw ächzt, etw knarrt; /*ressort*/ etw quietscht; /*vent*/ etw heult
gémissement [ʒemismɑ̃] *m* [*blessé, malade, personne souffrante*] Stöhnen *nt;* [*lit, porte*] Knarren *nt,* Quietschen *nt;* [*ressort*] Quietschen *nt;* [*plancher*] Ächzen *nt,* Knarren *nt;* [*vent*] Heulen *nt;* ***tu me fatigues avec tes ~s continuels*** ich kann dein ewiges Stöhnen [*o* Jammern] nicht mehr ertragen
gemme [ʒɛm] *adj v.* **sel**
gémonies [ʒemɔni] *loc* ▸ **qn voue qn/qc aux ~** *littér* jd prangert jdn/etw öffentlich an
gênant, e [ʒɛnɑ̃, ɑ̃t] *adj* **1.** (*qui incommode*) hinderlich; *stationnement* behindernd; ***rien de plus ~ que ...*** es gibt nichts Störenderes, als ...; ***c'est bien ~*** das ist wirklich ärgerlich
2. (*embarrassant*) *intervention, révélation* peinlich; *question, situation a.* unangenehm; *personne* lästig, unbequem; ***un regard ~*** ein Blick, der in Verlegenheit bringt [*o* verlegen macht]
gencive [ʒɑ̃siv] *f* Zahnfleisch *nt*
▸ **qn en prend plein les ~s** *fam* jd kriegt voll eins aufs Auge [verpasst] *fam;* **qn envoie [*o* flanque] qc à qn dans les ~s** *fam* jd wirft jdm etw an den Kopf *fam,* jd gibt jdm eins aufs Auge *fam;* ***je lui ai envoyé ça dans les ~s*** das hab ich ihm einfach so an den Kopf geworfen *fam*
gendarme [ʒɑ̃daʀm] *m* **1.** (*policier*) Polizist *m* (*in ländlichen Gebieten und kleinen Ortschaften*)
2. *fam* (*personne autoritaire*) Dragoner *m,* Feldwebel *m*
▸ **qn joue au[x] ~[s] et au[x] voleur[s]** jd spielt Räuber und Gendarm; **~ couché** *fam* Bodenwelle *f;* **~ mobile** Bereitschaftspolizist *m;* **qn fait le ~** *fam* jd spielt den Polizisten [*o* Aufpasser]
gendarmer <1> [ʒɑ̃daʀme] *vpr* ■ **qn se gendarme [contre qn/qc]** jd setzt sich [gegen jdn/etw] zur Wehr; ■ **qn se gendarme pour faire qc/pour que +** *subj* jd wird energisch [*o* schlägt einen energischen Ton an], um etw zu tun/damit
gendarmerie [ʒɑ̃daʀməʀi] *f* **1.** (*corps militaire*) Gendarmerie *f* (*Einheit der Armee mit Polizeifunktion in Landbezirken*)
2. (*bâtiment*) Gendarmerie[kaserne *f*] *f*
▸ **~ maritime** Hafenpolizei *f;* **~ mobile** Bereitschaftspolizei *f*
gendre [ʒɑ̃dʀ] *m* Schwiegersohn *m*
gène [ʒɛn] *m* Gen *nt*
gêne [ʒɛn] *f* **1.** (*malaise physique*) Beschwerden *pl;* ***qn a de la ~ à respirer/marcher/avaler*** jd hat Atem-/Geh-/Schluckbeschwerden
2. (*désagrément*): ***qn/qc est/devient une ~ pour qn*** jd/etw ist jdm lästig/wird zur Last für jdn; /*bruit, circulation*/ etw stellt für jdn eine Belästigung dar
3. (*trouble*) Befangenheit *f,* Verlegenheit *f;* ***la timidité est la cause de sa ~ en société*** seine Schüchternheit ist der Grund dafür, dass er in Gesellschaft so gehemmt ist [*o* solche Hemmungen hat]
▸ **là où [il] y a de la ~, [il n']y a pas de plaisir** *prov fam* wo es förmlich [*o* gezwungen] zugeht, fühlt man sich nicht wohl; je ungezwungener, desto lustiger; **qn est dans la ~** jd ist in Geldverlegenheit [*o* Geldnot]; **qn est sans ~** jd hat [*o* kennt] keine Hemmungen
gêné, e [ʒene] *adj* **1.** (*embarrassé*) *sourire, air* verlegen; *personne a.* befangen, gehemmt; *silence* betreten; ***je suis [vraiment] très ~*** das macht mich wirklich sehr verlegen, es ist mir [wirklich] sehr peinlich
2. (*mal à l'aise*) ■ **qn est ~ dans qc [par qc]** jd wird bei etw [durch etw] behindert; ***qn est ~ dans ses mouvements*** jd ist in seiner Bewegungsfreiheit eingeschränkt
3. (*à court d'argent*) in Geldverlegenheit [*o* Geldnot]; ***en ce moment je suis un peu ~*** ich bin zur Zeit ein bisschen knapp bei Kasse *fam*
généalogie [ʒenealɔʒi] *f* **1.** [*personne*] Abstammung *f,* Herkunft *f;* [*famille, animal de race*] Stammbaum *m;* [*espèce*] Stammesgeschichte *f*
2. (*science*) Ahnenforschung *f,* Genealogie *f*
▸ **qn dresse [*o* fait] la ~ de qn** jd stellt jds Stammbaum auf
généalogique [ʒenealɔʒik] *adj* genealogisch
généalogiste [ʒenealɔʒist] *mf* Genealoge/-login *m/f*
gêner <1> [ʒene] **I.** *vt* **1.** (*causer une gêne*) ■ **qn/qc gêne qn** /*personne, bruit*/ jd/etw stört jdn, jd/etw belästigt jdn; /*chaussures*/ etw drückt jdn; ***cette voiture gêne les piétons*** dieser Wagen behindert die Fußgänger; ***ce complet neuf me gêne*** ich fühle mich in diesem neuen Anzug irgendwie eingezwängt
2. (*déranger*) ■ **qn/qc gêne [qn]** jd/etw stört [jdn]
3. (*mettre mal à l'aise*) ■ **qc gêne qn** etw macht jdn verlegen [*o* bringt jdn in Verlegenheit]
4. (*financièrement*) ■ **qc gêne qn** etw bringt jdn in finanzielle Schwierigkeiten
▸ **ça gêne/ne gêne pas qn de faire qc** (*dérange/ne dérange pas*) es stört jdn/stört jdn nicht, etw zu tun; **ça gêne qn de faire qc/que +** *subj* (*embarrasse*) es ist jdm peinlich, etw zu tun/dass; ***ça me gêne de vous dire ça*** ich sage Ihnen das nur äußerst ungern
II. *vpr* (*se contraindre*) ■ **qn se gêne [pour [*o* avec] qn]** jd geniert sich vor jdm; ■ **qn se gêne pour faire qc** jd geniert sich, etw zu tun; ***ne vous gênez pas pour moi!*** nur meinetwegen keine Umstände!; ***prenez vos aises! Avec moi, il ne faut pas vous ~*** machen Sie es sich bequem! Vor mir brau-

chen Sie keine Hemmungen zu haben [*o* Tun Sie sich meinetwegen keinen Zwang an]; ***il ne s'est pas gêné pour lui dire ce qu'il en pensait*** er sagte ihm/ihr offen, was er davon hielt
► **faut pas te/vous** ~! *iron fam* nur keine Hemmungen! *fam;* **je vais me** ~! *iron fam* ich werd' mir keinen Zwang antun! *fam;* **ne te gênes/vous gênez pas [pour moi]** tu dir/tut euch [wegen mir] keinen Zwang an; ***vas-y! ne te gêne pas!*** *iron fam* nur zu! tu dir nur keinen Zwang an!

général, e <-aux> [ʒeneʀal, o] I. *adj* 1. (*commun à un ensemble de personnes*) allgemein; ***bien*** ~ Allgemeinwohl *nt,* allgemeines Wohl; ***dans l'intérêt*** ~ im allgemeinen Interesse, im Interesse der Allgemeinheit; ***à la demande*** ~***e*** auf allgemeinen Wunsch [*o* allgemeine Bitte] [hin]
2. (*qui s'applique à un ensemble*) allgemein; ***amnistie*** ~***e*** Generalamnestie *f;* ***grève*** ~***e*** Generalstreik *m;* ***assemblée*** ~***e*** Generalversammlung *f,* Hauptversammlung *f;* ***en règle*** ~***e*** im Allgemeinen, in der Regel; ***qn dresse un tableau*** ~ ***de la situation*** jd gibt einen allgemeinen Überblick über die Lage
3. (*vague*) ■ **[qc est]** ~ [etw ist] ungenau [*o* vage]; ***ce que vous dites est trop*** ~ was Sie da sagen, ist zu allgemein [gehalten]
4. (*principal*): ***directeur*** ~ Generaldirektor *m;* ***procureur*** ~ Generalstaatsanwalt *m;* ***secrétaire*** ~ Generalsekretär *m;* ***quartier*** ~ Hauptquartier *nt;* ***officier*** ~ General *m,* Offizier *m* im Generalsrang
5. (*qui concerne tout l'organisme*): ***l'état*** ~ ***du patient*** der Allgemeinzustand des Patienten; ***atteint(e) de paralysie*** ~***e*** vollständig gelähmt
► **en** ~ (*le plus souvent*) in der Regel, meistens, gewöhnlich; (*dans l'ensemble*) insgesamt
II. *m* MIL General *m*
► ~ **deux/trois/quatre étoiles** Zwei-/Drei-/Viersternegeneral *m;* **du** ~ **au particulier** vom Allgemeinen aufs Besondere; **mon** ~! Herr General!
III. *f* ■ **Générale** 1. (*épouse du général*) Frau *f* des Generals
2. THEAT ■ **générale** Generalprobe *f*
◆ **général d'armée** General *m;* **général de brigade** Brigadegeneral *m;* **général de corps d'armée** Generalleutnant *m;* **général de division** Generalmajor *m;* **général en chef** Oberbefehlshaber *m,* Oberkommandierende(r) *m*

généralement [ʒeneʀalmɑ̃] *adv* 1. (*le plus souvent*) meist[ens], im Allgemeinen
2. (*opp: en détail*) allgemein
► ~ **parlant** allgemein gesprochen

généralisation [ʒeneʀalizasjɔ̃] *f* [*conflit*] Ausweitung *f;* [*maladie*] Ausbreitung *f;* [*mesure*] allgemeine Anwendung; [*cancer*] Metastasierung *f;* [*conclusion, proposition*] Verallgemeinerung *f*

généralisé, e [ʒeneʀalize] *adj mesure* allgemein angewandt; *infection* systemisch; *méfiance* allgemein; ***un cancer*** ~ ein Krebs, der Metastasen gebildet hat; ***une maladie*** ~***e*** eine Krankheit, die sich auf den ganzen Organismus [*o* Körper] ausgebreitet hat

généraliser <1> [ʒeneʀalize] I. *vt* 1. (*étendre à un ensemble*) ■ **qn généralise qc [à qc]** jd wendet etw allgemein [auf etw (*akk*)] an; *méthode a.* jd führt etw allgemein ein; *idée* jd verbreitet etw, jd verschafft einer S. (*dat*) allgemein Geltung; *coutume* jd verbreitet etw allgemein; ***cette mesure devrait être généralisée à tout le monde*** diese Maßnahme sollte jeden betreffen
2. (*tirer une conclusion générale de*) ■ **qn généralise qc** jd verallgemeinert etw
3. *absolu* ■ **qn généralise** jd verallgemeinert; ***il ne faut pas*** ~ man sollte nicht verallgemeinern
II. *vpr* ■ **qc se généralise** /*maladie*/ etw breitet sich auf den ganzen Organismus [*o* Körper] aus; /*mesure*/ etw wird allgemein angewandt; /*procédé*/ etw wird allgemein eingeführt; ***l'automobile se généralise de plus en plus*** ein Auto zu haben, wird immer normaler; immer mehr Menschen haben ein Auto; ***son cancer s'est généralisé*** sein/ihr Tumor hat Metastasen gebildet; ***la semaine de cinq jours se généralise*** die Fünf-Tage-Woche ist heute die Regel

généraliste [ʒeneʀalist] I. *adj médecin* Allgemeinmediziner(in) *m(f),* Arzt/Ärztin *m/f* für Allgemeinmedizin
II. *mf* Allgemeinmediziner(in) *m(f),* Arzt/Ärztin *m/f* für Allgemeinmedizin

généralité [ʒeneʀalite] *f* 1. (*presque totalité*) ■ **la** ~ **de qc** die Mehrzahl [*o* die Mehrheit] einer S. (*gen*)
2. (*globalité*): ***un phénomène dans sa*** ~ ein Phänomen *nt* in seiner Gesamtheit; ***une loi scientifique dont la*** ~ ***s'impose*** ein naturwissenschaftliches Gesetz, das Allgemeingültigkeit hat
3. *gén pl* (*idées générales*) Allgemeine(s) *nt; péj* (*banalités*) Gemeinplätze *pl*
► **dans la** ~ **des cas** meist[ens], in den meisten Fällen

générateur, -trice [ʒeneʀatœʀ, -tʀis] I. *adj* 1. (*reproducteur*) *acte* Zeugungs-; *fonction, organe, principe* Fortpflanzungs-
2. (*cause de*) ■ ~ **de qc** zu etw führend, etw erzeugend; ***qc est*** ~ ***d'énergie*** etw erzeugt Energie; ***qc est*** ~ ***de richesse*** etw bringt Reichtum
II. *m* 1. ELEC Generator *m*
2. INFORM ■ ~ **de** *de macros, sons* -erzeuger *m*
◆ **générateur de vapeur** Dampferzeuger *m,* Dampfkessel *m;* **génératrice de chauffage** Heizgenerator *m;* **génératrice d'éclairage** Lichtmaschine *f;* **génératrice d'électricité** Stromerzeuger *m,* Generator *m*

génération [ʒeneʀasjɔ̃] *f* 1. (*individus*) Generation *f;* ***la*** ~ ***de mai 68*** die 68er Generation
2. (*période*) Generation *f,* Menschenalter *nt*
3. (*fonction reproductrice*) Fortpflanzung *f;* ***organes de la*** ~ Fortpflanzungsorgane *pl*
4. (*action de créer*) Entstehung *f*
► **jeune** [*o* **nouvelle**] ~ junge [*o* neue] Generation; ~ **montante** kommende Generation; **nouvelle** ~ TECH neue Generation; **première/deuxième** [*o* **seconde**]/**troisième/quatrième** ~ erste/zweite/dritte/vierte Generation; ~ **spontanée** Urzeugung *f;* **de [la]** ... ~ INFORM, TECH *première, deuxième* der ... Generation

générer <5> [ʒeneʀe] *vt* 1. (*engendrer*) ■ **qc génère qc** etw erzeugt etw; ***la jurisprudence génère des exceptions*** die Rechtsprechung schafft Ausnahmen; ***revenus générés par qc*** Einnahmen *pl* aus etw
2. INFORM ■ **qn/qc génère qc** jd/etw generiert etw; ■ **qc [est] généré(e)** etw wird generiert

généreusement [ʒeneʀøzmɑ̃] *adv* 1. (*avec libéralité*) großzügig; (*avec abondance*) reichlich; ***vous pouvez vous servir*** ~ greifen Sie nur ordentlich zu
2. (*avec humanité*) großmütig, nobel

généreux, -euse [ʒeneʀø, -øz] I. *adj* 1. (*charitable*) großzügig; ■ **qn est** ~ **de qc** jd geht großzügig mit etw um
2. (*magnanime*) *caractère* nobel *geh; vainqueur* großmütig; *adversaire* großherzig, großmütig; ***elle a un caractère*** ~ sie ist großmütig, sie hat einen noblen Charakter *geh;* ***sentiments*** ~ edle Gesinnung *geh*
3. (*riche, vivifiant*) *climat* günstig; *terre* fruchtbar, ertragreich; *vin* feurig, edel
4. *hum* (*plantureux*) *formes, poitrine* üppig; *décolleté* tief
II. *m, f* ► **qn fait le/la** ~**(-euse)** *péj* jd spielt den Großzügigen/die Großzügige

générique [ʒeneʀik] I. *adj spéc: terme* ~ (*en général*) Oberbegriff *m;* (*en biologie*) Gattungsbegriff *m,* Gattungsname *m*
II. *m* Vorspann *m;* (*à la fin*) Nachspann *m*

générosité [ʒeneʀozite] *f* 1. (*libéralité*) Großzügigkeit *f,* Freigebigkeit *f;* ***dans un élan de*** ~ in einem Anflug von Großzügigkeit
2. (*magnanimité*) Hochherzigkeit *f,* Edelmut *m geh*
3. *pl* (*libéralités*) Gaben *pl,* Spenden *pl*
► **qn a la** ~ **de faire qc** jd besitzt die Großzügigkeit, etw zu tun

genèse [ʒənɛz] *f* 1. (*élaboration*) [*œuvre d'art, sentiment*] Enstehung *f;* [*phénomène*] Auftreten *nt;* [*idée*] Aufkommen *nt;* ***pour comprendre la*** ~ ***de ces événements*** um zu verstehen wie es zu diesen Ereignissen hat kommen können
2. REL ■ **la G**~ die Genesis, die Schöpfungsgeschichte

genêt [ʒənɛ] *m* Ginster *m*

généticien, ne [ʒenetisjɛ̃, jɛn] *m, f* Genetiker(in) *m(f),* Vererbungsforscher(in) *m(f)*

génétique [ʒenetik] I. *adj* genetisch; ***manipulation*** ~ Genmanipulation *f;* ***mutation*** ~ Genmutation *f;* ***recherche*** ~ Genforschung *f;* ***patrimoine*** ~ Erbmasse *f,* Erbgut *nt;* ***théorie*** ~ Vererbungstheorie *f*
II. *f* Genetik *f*

génétiquement [ʒenetikmɑ̃] *adv* genetisch

gêneur, -euse [ʒɛnœʀ, -øz] *m, f* Störenfried *m,* lästiger Mensch

Genève [ʒ(ə)nɛv] Genf *nt;* ■ **de** ~ Genfer; ***le lac de*** ~ der Genfer See

génial, e <-aux> [ʒenjal, jo] *adj* 1. (*qui a du génie*) genial
2. (*inspiré par le génie*) genial
3. *fam* (*formidable*) genial *fam,* super *fam,* toll *fam;* ***c'est vraiment pas*** ~! das ist wirklich nicht besonders toll! *fam*
► **[c'est]** ~! *fam* [das ist ja] super [*o* klasse] [*o* toll]! *fam*

génialement [ʒenjalmɑ̃] *adv* meisterlich, genial

génie [ʒeni] *m* 1. (*aptitude*) Genie *nt;* ***un homme politique d'un incontestable*** ~ ein Politiker von unbestreitbarer Genialität; ***avec*** ~ genial; ■ ~ **de qc**: ~ ***des affaires*** Geschäftssinn *m;* ~ ***de l'originalité*** Sinn *m* für Originalität; ***qn a le*** ~ ***des maths*** jd ist ein Mathegenie
2. (*personne*) Genie *nt;* ***un*** ~ ***méconnu*** ein verkanntes Genie
3. (*caractère inné*) [*langue*] Geist *m,* Wesensart *f;* ***le*** ~ ***national*** [*o* ***d'une nation***] der Geist eines Landes [*o* einer Nation]
4. MYTH (*être surnaturel*) Geist *m;* (*allégorie*) Genius *m;* ***un*** ~ ***ailé*** ein beflügelter Geist
5. MIL Pioniertruppe *f;* ***soldats du*** ~ Pioniere *pl*
6. (*ensemble de connaissances et de techniques*): ~ ***atomique*** Kerntechnik *f;* ~ ***chimique*** chemische Technologie, chemische Verfahrenstechnik; ~ ***civil*** Bauingenieurwesen *nt,* Hoch- und Tiefbau *m;* ~ ***électronique*** elektronische Technik; ~ ***industriel*** Anlagenbau *m;* ~ ***maritime*** Schiffsbau *m;* ~ ***mécanique*** Maschinen- und Gerätebau *m;* ~ ***militaire*** Kriegstechnik *f;* ~ ***rural*** Agrartechnik *f*
► **bon/mauvais** ~ guter/schlechter Geist; ~ **génétique** Gentechnologie *f;* **petit** ~ *iron* Neunmalkluge(r) *m fam;* ~ **poétique** dichterische Begabung; **qn a du** ~ jd besitzt Genie, jd ist begabt; **qn a le** ~ **de [faire] qc**: ***il a le*** ~ ***des affaires*** er hat Geschäftssinn; ***il a vraiment le*** ~ ***du mal*** er ist wirklich von einem bösen Geist besessen; ***il a le*** ~ ***de dire ce qu'il ne faut pas*** er hat wirklich die Gabe, immer das Falsche zu sagen; **qn est/n'est pas un** ~ jd ist ein Genie/jd ist nicht gerade ein Genie [*o* nicht gerade eine große Leuchte *fam*]; **de** ~ genial; ***alors là, tu as eu une idée de*** ~ *iron* das war wirklich eine geniale [*o* großartige] Idee von dir

genièvre [ʒənjɛvʀ] *m* 1. (*genévrier*) Wacholder *m;* ***baies de*** ~ Wacholderbeeren *pl*
2. (*eau-de-vie*) Wacholder[schnaps *m*] *m,* Genever *m*

génisse [ʒenis] *f* Färse *f,* Kalbe *f*

génital, e <-aux> [ʒenital, o] *adj* Geschlechts-; ***organes génitaux*** [*o* ***parties*** ~***es***] Geschlechtsorgane *pl,* Genitalien *pl*

géniteur, -trice [ʒenitœʀ, -tʀis] I. *m, f hum* (*père, mère*) Erzeuger(in) *m(f)*
II. *m* (*animal mâle*) männliches Zuchttier

génitif [ʒenitif] *m* LING Genitiv *m*

génocide [ʒenɔsid] *m* Völkermord *m,* Genozid *m spec*

génoise [ʒenwaz] *f* Biskuit[kuchen *m*] *nt o m*

génome [ʒenom] *m* Genom *nt*

génothèque [ʒenotɛk] *f* (*banque*) Genbank *f*

genou <x> [ʒ(ə)nu] *m* Knie *nt*

▸ **qn met un ~ en terre** jd beugt das Knie [*o* die Knie]; ***le soldat mit un ~ en terre pour tirer*** der Soldat kniete mit einem Bein nieder um zu schießen; **~x cagneux/rentrants** knubbelige Knie *pl fam*/X-Beine; **~x croisés** übereinander geschlagene Beine *pl;* **qn a qc jusqu'aux ~x** *eau* jd steht bis zu den Knien in etw (*dat*); *boue, sable* jd sinkt bis zu den Knien [*o* knietief] in etw (*dat*) ein; **qc lui arrive [jusqu']aux ~x, qc arrive [jusqu']aux ~x de qn** etw reicht [*o* geht] jdm bis zu den Knien; **qn n'arrive pas aux ~x de qn** jd kann jdm nicht das Wasser reichen *fam;* **qc coupe comme un ~:** ***ce couteau coupe comme un ~*** auf diesem Messer kann man ja [nach Rom] reiten *fam;* **qn demande qc à ~x [à qn]** jd bittet [jdn] auf Knien um etw; **qn est à ~x devant qn [*o* aux ~x de qn]** jd liegt vor jdm auf den Knien; **qn est sur les ~x** *fam* jd ist todmüde, jd fühlt sich wie zerschlagen [*o* gerädert *fam*]; **qn fait du ~ à qn** jd stößt jdn [heimlich] mit dem Knie an (*als Annäherungsversuch*); **qn se jette [*o* tombe] aux ~x de qn** jd fällt [*o* wirft sich] vor jdm auf die Knie; **qn se met à ~x** jd kniet sich hin [*o* kniet nieder]; **qn met qn à ~x** jd zwingt jdn in die Knie; **qc est à se mettre à ~x** etw ist einfach herrlich [*o* himmlisch *fam*]; **qn prend/tient qn sur ses ~x** jd nimmt jdn auf den Schoß/hat jdn auf dem Schoß; **à ~x** kniend, auf Knien; **à ~x!** auf die Knie!, hinknien! *fam*

genouillère [ʒənujɛʀ] *f* **1.** (*protection du genou*) [*gardien de but*] Knieschutz *m;* [*lugeur de compétition, joueur de hockey*] Knieschützer *m;* [*armure du chevalier*] Kniebuckel *m;* ***à cause de son rhumatisme, il doit porter une ~*** wegen seines Rheumas muss er einen Knieschoner [*o* eine Bandage am Knie] tragen
2. TECH [*tuyau*] Knie[stück *nt*] *nt;* [*porte*] bewegliches [*o* verschiebbares] Scharnier

genre [ʒɑ̃ʀ] *m* **1.** (*espèce, sorte*) Art *f,* Sorte *f;* ■ **un ~ de** eine Art von …, eine Art …; ***un ~ de roman*** eine Art Roman; ***je n'aime pas ce ~ de femme*** diese Sorte Frau mag ich gar nicht; ***~ de vie*** Lebensart, Lebensweise *f;* ■ **le ~ …:** ***c'est le ~ grognon*** das ist einer von der mürrischen Sorte *fam;* ***il a le ~ artiste*** er hat etwas von einem Künstler
2. (*allure*) Art *f;* ***je n'aime pas du tout son ~*** ich mag seine/ihre Art überhaupt nicht
3. ART Gattung *f;* ***~ dramatique*** Drama *nt;* ***~ comique*** Komödie *f;* ***~ épique*** Epik *f;* ***~ littéraire*** literarische Gattung, Literaturgattung
4. BOT, ZOOL Gattung *f*
5. LING Genus *m;* ***~ féminin*** weibliches Geschlecht, Femininum *nt;* ***~ masculin*** männliches Geschlecht, Maskulinum *nt;* ***~ neutre*** sächliches Geschlecht, Neutrum *nt*
▸ **c'est le ~/pas le ~ de la maison** *hum fam* das ist hier so üblich/nicht so üblich; **qc s'accorde en ~ et en nombre:** ***l'adjectif s'accorde en ~ et en nombre avec le nom*** das Adjektiv richtet sich in Geschlecht und Zahl nach dem Substantiv; **qn a [*o* fait] bon/mauvais ~** jd macht einen anständigen/zweifelhaften Eindruck; **ça fait bon/mauvais ~** das macht sich gut/schlecht; **qn/qc est d'un ~ douteux** jd/etw ist zweideutig [*o* dubios]; **~ humain** Menschengeschlecht *nt;* **qc donne à qn mauvais ~** etw lässt jdn zweifelhaft aussehen; **ce qui se fait [*o* ce qu'il y a] de mieux dans le ~** das Beste, was es in dieser Art gibt; **d'un nouveau ~** neuartig; **qn/qc est unique en son ~** jd/etw ist einzig in seiner Art; **qn se donne un ~** jd will unbedingt auffallen; ***c'est un ~ qu'il se donne*** er tut nur so als ob; **qc donne un ~ à qn** /*vêtement*/ jd fällt mit etw auf; **c'est/ce n'est pas mon/son ~** das liegt mir/ihm/ihr nicht, das ist nicht mein/sein/ihr Fall *fam;* ***lui/elle, ce n'est pas mon ~*** er/sie ist nicht mein Typ *fam;* ***Georges est en retard? ce n'est pas son ~*** Georg ist immer noch nicht da? das ist doch gar nicht seine Art!; **ce n'est pas mon/ton/son ~ de faire qc** es ist nicht meine/deine/seine/ihre Art etw zu tun; **qn fait du ~** jd muss unbedingt auffallen; **dans le [*o* son] ~:** ***dans le ~ on ne fait pas mieux*** in d[ies]er Art gibt es nichts Besseres; ***c'est un original dans son ~!*** der ist wirklich ein Unikum in seiner Art! *fam;* **dans le ~ …** *fam:* ***ce type-là, dans le ~ râleur, on ne fait pas mieux!*** so was Brummiges wie den da gibt's kein zweites Mal [*o* gibt's nicht noch einmal] *fam;* ***qc dans le ~ sérieux/drôle*** etwas Ernstes/Lustiges; ***dans le ~ belle ingénue*** in der Art der naiven Schönen; **de ~:** ***tableau/peinture/peintre de ~*** Genrebild *nt*/-malerei *f*/-maler *m;* **de ce/du même ~** in dieser Art/von derselben Art; ***des protestations de ce ~*** solche [*o* derartige] Proteste, Proteste dieser Art; **du ~:** ***il est spécialiste du ~*** er ist Fachmann auf dem Gebiet; **du ~ …** *fam* vom Typ … *fam;* ***une nana du ~ femme d'affaire*** ne Tussi vom Typ Geschäftsfrau *fam;* **en son ~** in seiner Art; **en tout ~ [*o* tous ~s]** allerlei, aller [*o* jeder] Art; ***vous y trouverez des chaussures en tout ~*** Sie werden dort jedwede Art von Schuh finden

gens [ʒɑ̃] **I.** *mpl,* + *adj antéposé: fpl* Leute *pl;* ***une foule de ~*** eine große Menge [*o* viele] Leute; ***tous les ~ du village*** alle Dorfbewohner, alle im Dorf; ***peu de ~*** wenig Leute, wenige; ***les bêtes comme les ~*** Mensch und Tier; ***certaines ~*** einige [Leute]; ***bonnes ~, écoutez …*** hört, ihr Leute, …; ***on ne laisse pas tomber les ~ comme ça!*** man lässt jemanden nicht einfach so fallen!; ***vous avez une drôle de façon de parler aux ~*** Sie haben eine komische Art, mit den Leuten zu reden
II. *fpl* Menschen *pl,* Leute *pl;* ***ces vieilles ~*** diese alten Menschen [*o* Leute]; ***de bonnes ~*** nette Leute; ***de mauvaises ~*** böse Leute
▸ **il ne faut pas juger les ~ sur la mine** *prov* man sollte die Menschen nicht nach ihrem Aussehen [*o* Äußeren] beurteilen; **~ bien** anständige Leute; **honnêtes ~** brave Bürger; **jeunes ~** (*garçons*) junge Männer; (*garçons et filles*) junge Leute; **petites ~** einfache Leute
◆ **gens d'armes** Soldaten *pl;* **gens de bien** anständige Leute; **gens de cœur** Menschen *pl* mit Herz; **gens d'Église** Geistliche(n) *pl;* **gens de la campagne** Menschen *pl* vom Lande, Landmenschen *pl;* **gens de la ville** Stadtmenschen *pl,* Städter *pl;* **gens de lettres** Literaten *pl,* Schriftsteller *pl,* Belletristen *pl;* **gens de maison [*o* de service]** Hauspersonal *nt,* Hausangestellte *pl;* **gens de mer** Seeleute *pl;* **gens de théâtre** Theaterleute *pl;* **les gens d'ici** die Leute [von] hier; **gens du métier** Leute *pl* vom Fach; **gens du monde** Leute *pl* von Welt; **gens du peuple** Leute *pl* aus dem Volk; **gens du voyage** fahrendes Volk

gent [ʒɑ̃(t)] *f* + *adj hum* Sippschaft *f;* ***la ~ féminine*** das schöne Geschlecht

gentiane [ʒɑ̃sjan] *f* (*plante, liqueur*) Enzian *m*

gentil, le [ʒɑ̃ti, ij] *adj* **1.** (*aimable*) nett; ***il m'a dit des choses ~les*** er hat mir Nettigkeiten gesagt *fam;* ***un mot ~*** ein freundliches [*o* nettes] Wort; ***ce serait ~*** das wäre lieb [*o* nett]; ***qn a l'air ~*** jd macht einen freundlichen [*o* netten] Eindruck; ■ **~ avec qn** nett [*o* lieb] zu jdm; ***si vous êtes ~(le) avec moi, je suis prêt à …*** wenn Sie ein bisschen lieb zu mir sind, bin ich bereit, …
2. *a. antéposé* (*joli*) nett, niedlich
3. (*sage*) brav, artig
4. (*rondelet*): ***~le somme*** hübsches [*o* nettes] Sümmchen
▸ **~ tout plein** *fam:* ***qn est ~ tout plein*** jd ist lieb und nett; ***qc est ~ tout plein*** etw ist richtig niedlich; **qn est/sera ~ de faire qc** jd ist so nett [*o* freundlich] etw zu tun; **[tout ça,] c'est [bien] ~, mais …** *fam* das ist ja alles schön und gut, aber … *fam;* **c'est ~ à lui/toi/vous [de faire qc]** es ist nett von ihm/dir/Ihnen [etw zu tun]

gentilhomme <gentilshommes> [ʒɑ̃tijɔm] *m* Edelmann *m*
▸ **~ campagnard** Landedelmann *m*

gentillesse [ʒɑ̃tijɛs] *f* **1.** (*amabilité*) Freundlichkeit *f,* Nettigkeit *f*
2. (*action aimable*) Liebenswürdigkeit *f,* Nettigkeit *f;* *iron* (*méchanceté*) Liebenswürdigkeit, Nettigkeit; ***c'est une ~ que je n'oublierai pas*** dass Sie so freundlich [*o* liebenswürdig] waren, werde ich nicht vergessen
▸ **qn est d'une grande ~ [avec [*o* envers] qn]** jd ist sehr nett [*o* freundlich] zu jdm; **qn a la ~ de faire qc** jd ist so nett [*o* liebenswürdig] etw zu tun; **qn a des ~s pour [*o* envers] qn** jd ist nett [*o* freundlich] [*o* liebenswürdig] zu jdm; **qn dit des ~s à qn** jd sagt jdm Liebenswürdigkeiten [*o* Nettigkeiten]; *iron* jd wirft jdm Liebenswürdigkeiten an den Kopf *fam;* **qn fait à qn la ~ de faire qc:** ***faites-moi la ~ d'accepter!*** machen Sie mir doch die Freude und sagen Sie zu!

gentiment [ʒɑ̃timɑ̃] *adv* **1.** (*aimablement*) freundlich, nett; ***je vous préviens ~*** ich rate Ihnen im Guten *fam*
2. (*sagement*) brav, artig

gentleman <s *o* -men> [dʒɛntləman, ʒɑ̃tleman, -mɛn] *m* Gentleman ['dʒɛntlmæn] *m*
▸ **en ~** wie ein Gentleman

génuflexion [ʒenyflɛksjɔ̃] *f* Kniebeuge *f*

géo [ʒeo] *f fam abr de* **géographie** Geographie *f*

géode [ʒeɔd] *f* Geode *f*

géodésie [ʒeɔdezi] *f* Vermessungskunde *f,* Geodäsie *f spec*

géographe [ʒeɔgʀaf] *mf* Geograph(in) *m(f)*

géographie [ʒeɔgʀafi] *f* **1.** (*science*) Geographie *f,* Erdkunde *f;* ***la ~ d'un pays/d'une région*** die Geographie [*o* geographische Beschaffenheit] eines Landes/einer Region
2. (*manuel*) Geographiebuch *nt,* Erdkundebuch
▸ **~ économique** Wirtschaftsgeographie *f;* **~ humaine** Anthropogeographie *f,* Kulturgeographie *f;* **~ physique** physikalische Geographie

géographique [ʒeɔgʀafik] *adj* geographisch; ***connaissances ~s*** Kenntnisse *pl* in Geographie [*o* Erdkunde]; ***carte ~*** Landkarte *f;* ***science ~*** Geographie *f;* ***coordonnées ~s*** geographische Koordinaten *pl,* Gradnetz *nt* der Erde; ***Institut G~ National*** staatliches Vermessungsamt (*in Frankreich*)

géographiquement [ʒeɔgʀafikmɑ̃] *adv* geographisch gesehen

geôle [ʒol] *f gén pl littér* Kerker *m,* Gefängnis *nt*

geôlier, -ière [ʒolje, -jɛʀ] *m, f littér* Kerkermeister(in) *m(f)*

géologie [ʒeɔlɔʒi] *f* Geologie *f;* ***la ~ d'un pays/d'une région*** die Geologie [*o* geologische Beschaffenheit] eines Landes/einer Region

géologique [ʒeɔlɔʒik] *adj* geologisch; *temps, époque* erdgeschichtlich; ***connaissances ~s*** Kenntnisse in Geologie

géologue [ʒeɔlɔg] *mf* Geologe/-login *m/f*

géomètre [ʒeɔmɛtʀ] *mf* Geometer *m*

géométrie [ʒeɔmetʀi] *f* Geometrie *f*
▸ **~ euclidienne/non euclidienne** euklidische/nicht euklidische Geometrie; **~ plane** ebene Geometrie, Geometrie *f* der Ebene; **à ~ variable:** ***un avion à ~ variable*** ein Flugzeug mit ausfahrbaren Tragflächenteilen [*o* mit verstellbaren Tragflächen]; ***une politique à ~ variable*** eine Politik, die sich den jeweiligen Umständen anpasst
◆ **géométrie dans l'espace** Geometrie *f* des Raumes

géométrique [ʒeɔmetʀik] *adj* geometrisch

géomorphologie [ʒeomɔʀfɔlɔʒi] *f* Geomorphologie *f*

géophysicien, ne [ʒeofizisjɛ̃, jɛn] *m, f* Geophysiker(in) *m(f)*

géophysique [ʒeofizik] *f* Geophysik *f*

géopoliticien, ne [ʒeopɔlitisjɛ̃, jɛn] *m, f* Geopolitiker(in) *m(f)*

géopolitique [ʒeopɔlitik] **I.** *adj* geopolitisch
II. *f* Geopolitik *f*

géostationnaire [ʒeostasjɔnɛʀ] *adj* geostationär

géothermique [ʒeotɛʀmik] *adj* geothermisch

gérance [ʒeʀɑ̃s] *f* **1.** (*fonction*) [*entreprise, société*] Geschäftsführung *f;* [*succursale*] Leitung *f;* [*entreprise artisanale, fonds de commerce*] Pacht *f;* [*immeuble*] Verwaltung *f*
2. (*durée*) Pachtdauer *f;* ***la ~ arrive à échéance*** die Pacht läuft aus
▸ **qn a/met/prend qc en ~** jd hat etw in Pacht [*o* gepachtet]/gibt etw in Pacht [*o* verpachtet etw]/nimmt etw in Pacht [*o* pachtet etw]

géranium [ʒeʀanjɔm] *m* Geranie *f*

gérant, e [ʒeʀɑ̃, ɑ̃t] *m, f* **1.** (*mandataire pour le compte d'autrui*) [*entreprise, affaire*] Geschäftsführer(in) *m(f);* [*portefeuille, immeuble*] Verwalter(in) *m(f);* [*fonds de commerce, entreprise artisanale*] Pächter(in) *m(f);* ***~ d'une succursale*** Filialleiter(in) *m(f)*
2. (*administrateur*) [*journal*] Herausgeber(in) *m(f)*

gerbe [ʒɛʀb] *f* **1.** (*botte*) [*blé*] Garbe *f*
2. (*bouquet*) Strauß *m;* ~ ***de fleurs*** Blumenstrauß
3. (*jet*): ~ ***d'eau*** Wasserstrahl *m,* Fontäne *f;* ~ ***d'écume*** Gischt *m o f;* ~ ***de balles*** Kugelhagel *m;* ~ ***d'étincelles*** Funkenregen *m*
▸ **qn dépose une** ~ jd legt einen Kranz nieder; **en** ~**s**: ***qc retombe en ~s colorées*** etw kommt als farbiger Funkenregen herunter

gerboise [ʒɛʀbwaz] *f* Wüstenspringmaus *f*

gercer <2> [ʒɛʀse] **I.** *vt* ■ **qc gerce qc** etw macht etw rissig, etw lässt etw rissig werden
II. *vi* ■ **qc gerce** etw springt auf [*o* wird rissig]; ***j'ai les lèvres gercées*** ich habe aufgesprungene Lippen
III. *vpr* ■ **qc se gerce** etw springt auf, etw wird rissig

gerçure [ʒɛʀsyʀ] *f gén pl:* ***qn a des ~s aux mains/aux lèvres*** jd hat rissige [*o* aufgesprungene] Hände/Lippen

gérer <5> [ʒeʀe] *vt* **1.** (*administrer*) ■ **qn gère qc** *entreprise, succursale* jd leitet etw, jd ist Geschäftsführer einer S. (*gen*); *magasin, tutelle* jd führt etw; *fortune, biens, capital, immeuble, portefeuille* jd verwaltet etw; ***qn gère une société*** jd ist mit der Gesellschaftsführung beauftragt
2. INFORM ■ **qn/qc gère qc** jd/etw verwaltet etw
3. (*planifier, maîtriser*) ■ **qn gère qc** *impulsions* jd beherrscht etw; *crise a.* jd bekommt etw in den Griff *fam; temps libre* jd geht sinnvoll mit etw um; *passé* jd setzt sich mit etw auseinander

gériatrie [ʒeʀjatʀi] *f* Altersheilkunde *f,* Geriatrie *f spec*

gériatrique [ʒeʀjatʀik] *adj* geriatrisch; ***service*** ~ geriatrische Abteilung

germain, e [ʒɛʀmɛ̃, ɛn] **I.** *adj* **1.** *v.* **cousin**
2. germanisch
II. *m, f* ■ **Germain(e)** Germane/Germanin *m/f*

Germanie [ʒɛʀmani] *f* ■ **la Germanie** Germanien *nt*

germanique [ʒɛʀmanik] **I.** *adj* **1.** (*relatif à la Germanie*) germanisch
2. (*allemand*) deutsch; ***les pays ~s*** die Länder deutscher Sprache und Kultur, die deutschsprachigen Länder
II. *m* ■ **le** ~ das Germanische

germaniser <1> [ʒɛʀmanize] *vt* ■ **qn germanise qn/qc** jd germanisiert jdn/etw

germanisme [ʒɛʀmanism] *m* Germanismus *m*

germaniste [ʒɛʀmanist] *mf* Germanist(in) *m(f)*

germanium [ʒɛʀmanjɔm] *m* CHIM Germanium *nt*

germanophile [ʒɛʀmanɔfil] **I.** *adj* deutschfreundlich, germanophil
II. *mf* Person *f,* die eine Vorliebe für alles Deutsche hat

germanophobe [ʒɛʀmanɔfɔb] **I.** *adj* deutschfeindlich, germanophob
II. *mf* Person *f,* die eine Abneigung [*o* einen Widerwillen] gegen alles Deutsche hat

germanophone [ʒɛʀmanɔfɔn] **I.** *adj* deutschsprachig; ■ **qn est** ~ jd hat Deutsch als Muttersprache
II. *mf* Deutschsprachige(r) *f(m)*

germe [ʒɛʀm] *m* **1.** BIO Krankheitskeim *m,* Krankheitserreger *m;* ***qn est porteur de ~s*** jd ist Bazillenträger
2. (*pousse*) Keim *m;* ~ ***de blé*** Weizenkeim; ***~s de soja*** Sojakeime *pl;* ***~s de pommes de terre*** Keimlinge *pl,* Augen *pl*
3. (*source*) [*crise, discorde, idée*] Keim *m geh;* ***tout ~ de vie semble absent*** jede Spur von Leben scheint zu fehlen
▸ **en** ~ im Keim

germé, e [ʒɛʀme] *adj:* ***du blé*** ~ Weizenkeime *pl;* ***des pommes de terre ~es*** Kartoffeln, die schon gekeimt haben

germer <1> [ʒɛʀme] *vi* **1.** BOT ■ **qc germe** /*bulbe, graine, pomme de terre*/ etw keimt; /*graine a.*/ etw geht auf
2. *fig* (*naître*) ■ **qc germe** [**dans qc**] /*sentiment, idée*/ etw keimt [in etw (*dat*)] auf *geh*

germination [ʒɛʀminasjɔ̃] *f* **1.** BOT Keimen *nt,* Keimung *f*
2. (*naissance*) [*sentiments, idées*] Aufkeimen *nt geh*

gérondif [ʒeʀɔ̃dif] *m* Gerundiv *nt,* Gerundivum *nt*

gérontocratie [ʒeʀɔ̃tɔkʀasi] *f* Gerontokratie *f*

gérontologie [ʒeʀɔ̃tɔlɔʒi] *f* Altersforschung *f,* Gerontologie *f*

gérontologue [ʒeʀɔ̃tɔlɔg] *mf* Gerontologe/-login *m/f*

gésier [ʒezje] *m* [Muskel]magen *m,* [Kau]magen *m*

gésir <*irr, déf*> [ʒeziʀ] *vi littér* ■ **qn/un animal/qc gît** jd/ein Tier/etw liegt [da]
▸ **ci-gît, ici gît** hier ruht, hier liegt begraben

gestation [ʒɛstasjɔ̃] *f* **1.** (*grossesse*) Trächtigkeit *f;* (*de la femme*) Schwangerschaft *f;* ***durée de la*** ~ Tragezeit *f;* (*chez la femme*) Dauer *f* der Schwangerschaft
2. (*genèse*) Reifen *nt,* Reifwerden *nt,* Entstehen *nt*
▸ **en** ~: ***qc est en*** ~ etw reift heran

geste¹ [ʒɛst] *m* **1.** (*mouvement*) Geste *f,* [Hand]bewegung *f;* ■ ~ **de qc**: ***un ~ du bras*** eine Bewegung mit dem Arm; ***un ~ de la main*** eine Handbewegung, ein Handzeichen *nt;* ~ ***d'approbation/de peur/de tendresse/de nervosité*** zustimmende/ängstliche/zärtliche/nervöse Geste; ***un ~ d'amour*** ein Zeichen *nt* der Liebe
2. (*action*) Geste *f;* ~ ***héroïque*** Heldentat *f;* ~ ***généreux*** großzügige [*o* noble] Geste *fam;* ***elle tenta de trouver une excuse au ~ de son frère*** sie versuchte, eine Entschuldigung für das Verhalten ihres Bruders zu finden; ■ ~ **de qc**: ~ ***de générosité*** großzügige [*o* noble] Geste *fam;* ~ ***d'encouragement*** aufmunternde Geste; ~ ***d'humeur*** Ausdruck *m* der Gereiztheit; ~ ***de solidarité*** Geste der Solidarität; ***~s d'urgence*** erste Hilfe
▸ **qn joint le ~ à la parole** jd lässt seinen Worten Taten folgen; **qn encourage qn du ~ et de la voix** jd feuert jdn durch Gestikulieren und Zurufe an; **beau** ~ schöne Geste; ~ **historique** historischer Akt; ~ **malheureux** unglückliche [Hand]bewegung; ~ **symbolique** symbolische Geste [*o* Handlung]; **qn communique** [*o* **s'exprime**] [*o* **se fait comprendre**] **par ~s** jd macht sich durch Gebärden [*o* Gesten] verständlich; **qn n'a qu'un ~ à faire pour faire qc/pour que qn fasse qc** jd braucht bloß ein Wort zu sagen [*o* bloß den kleinen Finger zu rühren], um etw zu tun/und [schon] tut jd etw; **qn fait un ~** *fig* jd gibt seinem Herzen einen Stoß; **qn fait/ne fait pas un ~ pour faire qc/pour que qn fasse qc**: ***il n'a pas fait un ~ pour m'aider*** er hat keinen Finger gerührt, um mir zu helfen; ***tu devrais faire un ~ pour que ta femme puisse prendre quelques jours de repos*** du solltest schon etwas tun, damit deine Frau ein paar Tage Ruhe bekommt; **d'un** ~ mit einer Geste; **pas un** ~! keine Bewegung!

geste² [ʒɛst] *f* (*poèmes épiques*) Geste *f spec* (*Zyklus von Heldenliedern um einen bestimmten Helden*)

gesticulation [ʒɛstikylasjɔ̃] *f péj* **1.** (*gestes désordonnés*) Gestikulieren *nt,* Gestikuliererei *f fam*
2. (*agitation stérile*) geschäftiges Getue

gesticuler <1> [ʒɛstikyle] *vi péj* ■ **qn gesticule** jd gestikuliert

gestion [ʒɛstjɔ̃] *f* **1.** [*entreprise, succursale*] Leitung *f,* Geschäftsführung *f;* [*biens, capital, fortune, portefeuille, immeuble*] Verwaltung *f;* [*tutelle*] Führung *f;* ***mauvaise*** ~ Misswirtschaft *f*
2. INFORM Verwaltung *f*
◆ **gestion d'entreprise** Unternehmensführung *f;* **gestion des entreprises** (*science*) Betriebswirtschaft[slehre *f*] *f;* **gestion des stocks** Lagerwirtschaft *f*

gestionnaire [ʒɛstjɔnɛʀ] **I.** *adj* geschäftsführend
II. *mf* ADMIN Geschäftsführer(in) *m(f),* Geschäftsleiter(in) *m(f)*
III. *m* INFORM ■ ~ **de** *de fichiers, projets, temps* -verwaltungsprogramm *nt*
◆ **gestionnaire Web** INFORM Webmaster ['wɛp-] *m*

gestuel, le [ʒɛstɥɛl] **I.** *adj* gestisch; ***langage*** ~ Gebärdensprache *f*
II. *f* ■ **gestuelle** Gestik *f*

geyser [ʒezɛʀ] *m* Geysir *m,* Geiser *m; fig* Fontäne *f*

ghetto [geto] *m* Getto *nt*

G.I. [dʒiaj] *m abr de* **Government Issue** G.I. *m*

gibbon [ʒibɔ̃] *m* Gibbon *m*

gibecière [ʒibsjɛʀ] *f vieilli* Umhängetasche *f;* [*chasseur a.*] Jagdtasche *f*

gibelotte [ʒiblɔt] *f Kaninchenfrikassee in Weißwein*

gibet [ʒibɛ] *m* Galgen *m;* ***condamné au*** ~ zum Tod am Galgen [*o* durch den Strang] verurteilt

gibier [ʒibje] *m* **1.** (*animaux*) Wild *nt*
2. (*viande*) Wildbret *nt,* Wild *nt*
3. *fig* (*personnes*) Beute *f,* Opfer *nt*
▸ **gros** ~ Hochwild *nt,* Schalenwild *nt;* ***les policiers ont réussi à pincer du gros ~*** die Polizisten haben einen guten Fang gemacht *fam;* **menu** [*o* **petit**] ~ Niederwild *nt*
◆ **gibier à plumes/à poil** Federwild *nt* [*o* Flugwild *nt*]/Haarwild *nt;* **gibier de potence** Galgenvogel *m fam*

giboulée [ʒibule] *f* Schauer *m;* ***~s de grêle/de neige/de pluie*** Hagel-/Schnee-/Regenschauer *pl;* ***~s de mars*** Aprilschauer *pl,* Aprilwetter *nt*

giboyeux, -euse [ʒibwajø, -jøz] *adj* wildreich

gibus [ʒibys] *m* Chapeau claque *m,* Klappzylinder *m*

giclée [ʒikle] *f* [*boue, eau, sang*] Spritzer *m;* [*encre*] Klecks *m;* [*vapeur*] Strahl *m*

gicler <1> [ʒikle] *vi* **1.** (*jaillir*) ■ **qc gicle** /*eau*/ etw spritzt [heraus]; /*vapeur*/ etw strömt [her]aus; /*boue*/ etw spritzt auf; ■ **qn/qc fait ~ qc**: ***fais attention de ne pas faire ~ de l'eau sur le plancher*** pass auf, dass kein Wasser auf den Boden spritzt
2. *fam* ■ **qn gicle** (*partir*) jd zischt ab *fam,* jd zieht Leine *fam;* (*être renvoyé*) jd kann abzischen *fam,* jd fliegt *fam;* ■ **qn fait ~ qn** jd verscheucht jdn

gicleur [ʒiklœʀ] *m* Vergaserdüse *f*

gifle [ʒifl] *f* **1.** (*claque*) Ohrfeige *f;* ***une bonne*** ~ eine kräftige [*o* anständige] Ohrfeige
2. (*affront*) Ohrfeige *f,* Schlag *m* ins Gesicht
▸ **qn donne une ~ à qn** jd gibt [*o* verpasst *fam*] jdm eine Ohrfeige; **qn flanque une ~ à qn** *fam* jd knallt jdm eine *fam,* jd haut jdm eine runter *fam,* jd klebt jdm eine *fam;* **qn reçoit une** ~ jd bekommt [*o* kriegt *fam*] eine Ohrfeige

gifler <1> [ʒifle] *vt* **1.** (*donner une gifle*) ■ **qn gifle qn** jd ohrfeigt jdn; ***gifle le donc!*** gib ihm doch eine Ohrfeige!, hau ihm doch eine runter! *fam*
2. (*frapper violemment*) ■ **qc gifle qc** /*pluie, vent*/ etw peitscht an etw (*akk*); ***la pluie lui giflait la figure*** der Regen peitschte ihm/ihr ins Gesicht
3. (*humilier*) ■ **qc gifle qn** etw ist für jdn ein Schlag ins Gesicht

gigantesque [ʒigɑ̃tɛsk] *adj* riesig, gigantisch, Riesen-

gigantisme [ʒigɑ̃tism] *m* **1.** [krankhafter] Riesenwuchs, Gigantismus *m spec*
2. (*caractère démesuré*) Riesenhaftigkeit *f,* gigantisches Ausmaß; [*ville*] riesenhafte Ausdehnung; [*bêtise*] riesiges Ausmaß

giga-octet [ʒigaɔktɛ] *m* INFORM Gigabyte [-bait] *nt*

G.I.G.N. [ʒeiʒeɛn] *m abr de* **Groupe d'Intervention de la Gendarmerie Nationale** *Spezialeinheit zur Bekämpfung des Terrorismus*

gigogne [ʒigɔɲ] *adj v.* **lit, poupée, table**

gigolo [ʒigɔlo] *m péj* Gigolo *m*

gigot [ʒigo] *m* Keule *f,* Schlögel *m* AUS; ~ ***d'agneau/de chevreuil/de mouton*** Lamm-/Reh-/Hammelkeule *f*

gigoter <1> [ʒigɔte] *vi fam* ■ **qn gigote** jd zappelt herum *fam;* /*bébé*/ jd strampelt

gilde [gild] *f v.* **guilde**

gilet [ʒilɛ] *m* **1.** (*vêtement*) Weste *f*
2. (*maillot de corps*) Unterhemd *nt*
3. (*lainage*) Strickjacke *f;* ~ ***de laine*** Wolljacke *f*
▸ **qn vient pleurer dans le ~ de qn** jd klagt jdm sein Leid, jd heult sich bei jdm aus *fam*

◆ **gilet de sauvetage** Schwimmweste *f;* **gilet pare-balles** kugelsichere Weste

gin [dʒin] *m* Gin *m*

gingembre [ʒɛ̃ʒɑ̃bʀ] *m* Ingwer *m*

gingivite [ʒɛ̃ʒivit] *f* Zahnfleischentzündung *f,* Gingivitis *f spec*

girafe [ʒiʀaf] *f* Giraffe *f*

▶ **grande** ~ lange Latte; **qn peigne la** ~ *fam* jd vertrödelt seine Zeit *fam*

giratoire [ʒiʀatwaʀ] *adj* Kreis- *f; **sens*** ~ Kreisverkehr *m; **danse*** ~ Rundtanz *m*

girl [gœʀl] *f* Girl *nt*

girofle [ʒiʀɔfl] *m v.* **clou**

giroflée [ʒiʀɔfle] *f* Goldlack *m*

girolle [ʒiʀɔl] *f* Pfifferling *m,* Eierschwamm *m* AUS, Eierschwammerl *nt* AUS

giron [ʒiʀɔ̃] *m* Schoß *m*

▶ **qn rentre dans le** ~... *littér: **il est rentré dans le*** ~ ***familial/maternel*** er ist in den Schoß der Familie/zur mütterlichen Obhut zurückgekehrt; ***il est rentré dans le*** ~ ***de l'Église*** er hat sich in den Schoß der Kirche begeben

girond, e [ʒiʀɔ̃, ɔ̃d] *adj fam* mollig *fam,* rundlich

girouette [ʒiʀwɛt] *f* **1.** (*objet*) Wetterfahne *f,* Wetterhahn *m*
2. *fam* (*personne versatile*) wetterwendischer Mensch; ***qn est une vraie*** ~ jd ist wetterwendisch

gis [ʒi] *indic prés de* **gésir**

gisais [ʒizɛ] *imparf de* **gésir**

gisant [ʒizɑ̃] **I.** *pprés de* **gésir**
II. *m* Liegende(r) *m,* liegende Figur

gisement [ʒizmɑ̃] *m* Vorkommen *nt,* [Lager]stätte *f; **le*** ~ ***électoral*** das Wählerpotenzial

gisent [ʒiz], **gisez** [ʒize], **gisons** [ʒizɔ̃], **gît** [ʒi] *indic prés de* **gésir**

gitan, e [ʒitɑ̃, an] **I.** *adj* Zigeuner-
II. *m, f* Zigeuner(in) *m(f)*
III. *f* (*cigarette*) ■ **Gitane** Gitane *f*

gîte¹ [ʒit] *m* **1.** (*abri*) Unterkunft *f*
2. (*terrier*) Lager *nt;* [*lièvre a.*] Sasse *f*
3. MIN Lager[stätte *f*] *nt,* Vorkommen *nt;* ~ ***métallifère*** Erzfeld *nt,* Erzlager
▶ **le** ~ **et le couvert** Unterkunft und Verpflegung, Kost und Logis [loˈʒiː]; ~ **rural** Ferienhaus *nt* auf dem Lande
◆ **gîte à la noix** Schwanzstück *nt;* **gîte d'étape** [Wander]hütte *f*

gîte² [ʒit] *f* NAUT Schlagseite *f,* Krängung *f spec*
▶ **qc donne de la** ~ etw hat Schlagseite, etw krängt *spec*

gîter <1> [ʒite] *vi* **1.** (*être incliné*) ■ **qc gîte** etw hat Schlagseite, etw krängt *spec; **le bateau gîte dangereusement*** das Schiff hat schwer Schlagseite, das Schiff krängt stark *spec*
2. (*être échoué*) ■ **qc gîte** etw läuft auf [Grund], etw strandet

givrage [ʒivʀaʒ] *m* Vereisen *nt,* Vereisung *f*

givrant, e [ʒivʀɑ̃, ɑ̃t] *adj: **brouillard*** ~ Raureif *m* bildender Nebel

givre [ʒivʀ] *m* [Rau]reif *m; **il y a du*** ~ ***sur qc*** etw ist vereist

givré, e [ʒivʀe] *adj* **1.** (*couvert de givre*) vereist; *fenêtre* bereift, mit Eisblumen überzogen; *arbre* mit [Rau]reif überzogen
2. *fam* (*fou*): ***qn est*** ~ jd hat eine Meise [*o* einen Knall] *fam*
3. GASTR: ***citron*** ~*/**orange*** ~***e*** Zitronen-/Orangensorbet *nt* (*das in der vereisten Schale serviert wird*); ***verre*** ~ Glas *nt* mit Zuckerrand

givrer <1> [ʒivʀe] **I.** *vt* ■ **qc givre qc** *paysage* etw überzieht etw mit Raureif; *objet* durch etw ist/wird etw vereist
II. *vi, vpr* ■ **qc [se] givre** etw vereist

glabre [glabʀ] *adj* bartlos

glaçage [glasaʒ] *m* **1.** (*action*) [*photographie*] Glänzendmachen *nt;* [*étoffe, tissu*] Appretieren *nt;* [*papier*] Satinieren *nt;* (*résultat*) [*photographie*] Hochglanz *m;* [*étoffe, tussu*] Glanzappretur *f;* [*papier*] Satinierung *f*
2. GASTR [*légumes, viande*] Glasieren *nt;* [*fruits, marrons*] Kandieren *nt*

glace¹ [glas] *f* **1.** (*eau congelée*) Eis *nt*
2. *pl* (*banquise*) ewiges Eis; ~***s polaires*** Polareis *nt*
3. GASTR [Speise]eis *nt;* (*préparation pour glaçage*) Glasur *f,* Zuckerguss *m;* ■ ~ **à** *au chocolat, au citron, à la vanille* -eis; ~ ***à la fraise/à la framboise*** Erdbeer-/Himbeereis
▶ **qn/qc est bloqué(e) par** [*o* **pris(e) dans**] **les** ~**s** jd/etw sitzt im Eis fest; **qn est** [*o* **reste**] **de** ~ jd ist aus Eis; ***qn reste de*** ~ ***devant qc*** etw lässt jdn kalt; **qc [se] prend en** ~ etw bekommt eine Eisschicht, etw friert zu; **qn/qc rompt** [*o* **brise**] **la** ~ jd/etw bricht das Eis [*o* bringt das Eis zum Schmelzen]; **la** ~ **est rompue** das Eis ist gebrochen; **de** ~ eisig, frostig; ***un visage de*** ~ eine eiskalte [*o* starre] Miene

glace² [glas] *f* **1.** (*plaque de verre*) [Glas]scheibe *f*
2. (*miroir*) Spiegel *m*
◆ **glace à main** Handspiegel *m;* **glace sans tain** Einwegspiegel *m*

glacé, e [glase] *adj* **1.** (*recouvert de glace*) vereist
2. (*très froid*) eiskalt, eisig; *boisson* eiskalt, eisgekühlt; *personne* durch[ge]froren; ***eau*** ~***e*** eiskaltes Wasser, Eiswasser *nt*
3. GASTR (*recouvert d'un glaçage*) *fruit, marrons* kandiert; *gâteau* glasiert, mit Zuckerguss; ***café/chocolat*** ~*/**crème*** ~***e*** Eiskaffee *m*/Eisschokolade *f*/Eis[krem *f*] *nt*
4. (*recouvert d'un apprêt brillant*) glanzappretiert; ***papier*** ~ Glanzpapier *nt*
5. (*inamical*) *accueil* kühl, frostig; *regard a.* eiskalt
▶ **qn boit/sert qc** ~: ***ce vin doit être servi frais, mais pas*** ~ dieser Wein soll zwar kalt, aber nicht eisgekühlt serviert werden; ***qn boit*** ~ jd trinkt etwas Eiskaltes

glacer <2> [glase] **I.** *vt* **1.** (*rafraîchir*) ■ **qn glace** [*o* **fait** ~] **qc** jd stellt etw kalt
2. (*pénétrer de froid*) ■ **qc glace qn/qc** etw lässt jdn/etw zu Eis erstarren; ***ce vent glace les oreilles*** bei diesem Wind bekommt man eiskalte Ohren [*o* frieren einem die Ohren ab *fam*]
3. (*recouvrir d'un glaçage*) ■ **qn glace qc** *viande* jd glasiert etw; *gâteau a.* jd überzieht etw mit Zuckerguss; *fruits, marrons* jd kandiert etw
4. (*impressionner*) ■ **qn/qc glace qn** [**de qc**] jd/etw lässt jdn [vor etw (*dat*)] erstarren, jd/etw lähmt jdn [vor etw (*dat*)]
II. *vpr* ■ **qc se glace** etw erstarrt [*o* gefriert]; ***le sang se glace dans les veines*** das Blut erstarrt in den Adern

glaciaire [glasjɛʀ] *adj régime, roche, vallée* Gletscher-; *érosion a., relief* Glazial-; *calotte* Eis-; ***période*** ~ Eiszeit *f*

glacial, e <s *o* -aux> [glasjal, jo] *adj* **1.** (*très froid*) eiskalt, eisig; ***froid*** ~ eisige Kälte, Eiseskälte *f*
2. (*relatif aux régions polaires*): ***la zone*** ~***e*** die kalte Zone; ***l'océan*** ~ ***arctique/antarctique*** das Nördliche/Südliche Eismeer, das Nordpolar-/Südpolarmeer
3. (*inamical*) *air, silence, ton* eisig; *sourire, accueil* frostig, kühl; ***elle est d'un abord*** ~ sie ist eiskalt

glaciation [glasjasjɔ̃] *f* Eiszeit *f,* Glazial[zeit *f*] *nt*

glacier [glasje] *m* **1.** GEOG Gletscher *m*
2. (*fabricant de glaces*) Eiskonditor *m;* (*gérant*) Eisdieleninhaber *m;* (*marchand de glaces*) Eisverkäufer(in) *m(f)*

glacière [glasjɛʀ] *f* **1.** (*chambre froide*) Eisschrank *m;* (*réfrigérateur portable*) Kühlbox *f*
2. (*lieu très froid*) Eiskeller *m fam*

glacis [glasi] *m* **1.** POL Pufferzone *f;* MIL Glacis *nt*
2. ART Lasur *f*

glaçon [glasɔ̃] *m* **1.** (*cube de glace*) Eiswürfel *m*
2. (*morceau de glace*) Stück *nt* Eis, Eisklumpen *m*
3. *fam* (*personne*) Eisberg *m*
4. (*membre froid*): ***mes pieds sont comme des*** ~***s*** meine Füße sind richtige Eisklötze *fam; **mes mains sont de vrais*** ~***s*** meine Hände sind richtige Eispfoten *fam*

gladiateur [gladjatœʀ] *m* Gladiator *m*

glaïeul [glajœl] *m* Gladiole *f*

glaires [glɛʀ] *fpl* Schleim *m*

glaise [glɛz] *f* (*argile*) Lehm *m;* (*à modeler*) Ton *m,* Töpfererde *f;* ~ ***à modeler*** Töpferton, Modellierton

glaiseux, -euse [glɛzø, -øz] *adj* lehmig

glaive [glɛv] *m* Schwert *nt; **le*** ~ ***de la justice*** das Schwert der Gerechtigkeit

gland [glɑ̃] *m* **1.** BOT Eichel *f*
2. ANAT Eichel *f*
3. (*ornement*) Troddel *f,* Quaste *f*

glande [glɑ̃d] *f* Drüse *f*
▶ ~**s endocrines** endokrine [*o* innersekretorische] Drüsen *pl;* ~**s exocrines** Drüsen *pl* mit äußerer Sekretion; ~ **lacrymale** Tränendrüse *f;* ~ **mammaire** Brustdrüse *f;* ~ **salivaire** Speicheldrüse *f;* ~ **sébacée** Talgdrüse *f;* ~**s sudoripares** Schweißdrüsen *pl;* ~**s surrénales** Nebennieren *pl;* **qn a des** ~**s** *fam* jd hat geschwollene Drüsen; **qn a les** ~**s** *arg* (*est anxieux*) jd hat Schiss *sl,* jd hat die Hosen voll *sl;* (*est en colère*) jd hat eine Stinkwut [im Bauch] *fam,* jd ist stinkwütend *fam;* **qc file** [*o* **fout**] **les** ~**s à qn** *arg* (*met en colère*) etw macht jdn stinkwütend *fam;* (*rend anxieux*) etw macht jdm Schiss *sl*

glander <1> [glɑ̃de] *vi fam* ■ **qn glande** jd bummelt [*o* gammelt] herum *fam*

glandeur, -euse [glɑ̃dœʀ, -øz] *m, f fam* (*qui glande*) Nichtstuer(in) *m(f),* Bummelant(in) *m(f) fam*

glandouiller <1> [glɑ̃duje] *vi fam v.* **glander**

glaner <1> [glane] *vt* **1.** AGR (*ramasser*) ■ **qn glane [qc]** jd hält Nachlese, jd liest etw [nach]
2. *fig* ■ **qn glane qc** *anecdotes, informations, idées* jd sammelt etw, jd trägt etw zusammen; ***j'ai réussi à*** ~ ***quelques renseignements*** ich habe einiges in Erfahrung bringen können

glaneur, -euse [glanœʀ, -øz] *m, f* Ährenleser(in) *m(f)*

glapir <8> [glapiʀ] *vi* **1.** (*pousser des cris aigus*) ■ **un animal glapit** */renard/* ein Tier bellt; */chiot/* ein Tier kläfft; */lapin/* ein Tier pfeift durchdringend
2. *péj* ■ **qn glapit** jd kreischt

glapissement [glapismɑ̃] *m* [*chiot*] Kläffen *nt,* Gekläff; [*renard*] Bellen *nt;* [*lapin*] durchdringendes Pfeifen; [*personne*] Kreischen *nt,* Gekreisch[e] *nt*

Glaris [glaʀis] Glarus *nt*

glas [glɑ] *m* Totenglocke *f,* Totengeläut[e] *nt; **"pour qui sonne le*** ~**"** „wem die Stunde schlägt"
▶ **qn sonne le** ~ jd läutet die Totenglocke; **qc sonne le** ~ **de qc** *fig* etw kündigt das Ende einer S. (*gen*) an

glasnost [glasnɔst] *f* POL Glasnost *f*

glaucome [glokom] *m* grüner Star, Glaukom *nt spec*

glauque [glok] *adj littér* **1.** (*verdâtre*) graugrün; ***la lumière*** ~ ***du petit jour*** das aschgraue [*o* fahle] Licht des anbrechenden Tages
2. (*lugubre*) düster

glinglin [glɛ̃glɛ̃] *m v.* **saint-glinglin**

glissade [glisad] *f* **1.** (*action de glisser*) (*par jeu*) Schlittern *nt,* Schlitterpartie *f;* (*accidentellement*) Ausrutschen *nt,* Ausgleiten *nt; **attention aux*** ~***s!*** Vorsicht Rutschgefahr!
2. (*pas de danse*) gleitender Tanzschritt, Glissade *f spec*
▶ **qn fait une** ~ jd macht eine [unfreiwillige] Rutschpartie

glissant, e [glisɑ̃, ɑ̃t] *adj* **1.** (*qui glisse*) glatt; *poisson, savon a.* glitschig; *chaussée, route, sol, terrain a.* rutschig; ***attention, chaussée*** ~***e*** Vorsicht Straßenglätte
2. (*dangereux*): ***qn s'aventure sur un terrain*** ~ jd begibt sich auf dünnes Eis [*o* schwankenden Boden]; ***qn s'aventure sur une pente*** ~***e*** jd schlägt einen gefährlichen Weg ein, jd begibt sich auf gefährlichen Boden

glisse [glis] *f* **1.** (*façon de glisser*) Gleiten *nt*

2. (*qualité du ski*) Gleitfähigkeit *f*

glissement [glismɑ̃] *m* 1. (*action de glisser*) Rutschen *nt;* [*barque*] Gleiten *nt;* [*ski*] Gleitfähigkeit *f*
2. (*bruit*) flüchtiges [*o* leises] Geräusch
3. *fig* (*évolution*) Ruck *m;* ~ ***à gauche/à droite*** Linksruck/Rechtsruck *m*
◆ **glissement de sens** Bedeutungsverschiebung *f;* **glissement de terrain** Erdrutsch *m*

glisser <1> [glise] I. *vi* 1. (*être glissant*) ■ **qc glisse** etw ist rutschig, etw ist glatt
2. (*avancer*) ■ **qn/qc glisse [sur/dans qc]** /*bateau, patineur, skieur*/ jd/etw gleitet [über etw (*akk*)]; ***de gros nuages glissent dans le ciel*** große Wolken ziehen am Himmel dahin; ■ **qn fait ~ qc [sur qc]** jd schiebt etw [über etw (*akk*)]
3. (*tomber*) ■ **qn/qc glisse de/le long de qc** jd/etw rutscht von etw ab; ***une larme glissa le long de sa joue*** eine Träne kullerte ihm/ihr über die Wange; ■ **qn fait/laisse ~ qc quelque part** jd lässt etw irgendwohin gleiten; ***il fit ~ l'argent dans sa poche*** er ließ das Geld in seine Tasche gleiten; ■ **qn se laisse ~ [quelque part]** jd lässt sich [irgendwo] hinabgleiten [*o* hinunterrutschen]; ***laisse-toi ~ [contre le mur*** [*o* ***le long du mur***]] lass dich [die Mauer entlang] hinabgleiten; ***laissez-vous simplement ~ [sur le dos/ventre]*** rutschen Sie einfach [auf dem Rücken/Bauch] hinunter
4. (*déraper*) ■ **qn/qc glisse [sur qc]** /*personne*/ jd rutscht [*o* gleitet] [auf etw (*dat*)] aus; /*véhicule*/ etw rutscht [auf etw (*dat*)] [weg], etw kommt [auf etw (*dat*)] ins Rutschen; ***mon pied a glissé*** ich bin [mit dem Fuß] ausgerutscht; ***le couteau a glissé sur le bois*** das Messer ist am Holz abgerutscht
5. (*coulisser*) ■ **qc glisse [sur qc]** etw gleitet [auf etw (*dat*)], etw lässt sich [auf etw (*dat*)] schieben; ***les rideaux ne glissent plus bien*** die Vorhänge lassen sich nicht mehr gut auf- und zuschieben
6. (*échapper de*) ■ **qc glisse de qc** etw rutscht aus [*o* von] etw [heraus]; ■ **qc glisse à qn de [*o* entre] qc**: ***le verre m'a glissé des doigts/mains*** das Glas ist mir aus den Fingern/Händen gerutscht; ***les boucles d'oreille m'ont glissé entre les doigts/mains*** die Ohrringe sind mir durch die Finger/Hände geglitten; ***le ballon lui a glissé entre les jambes*** der Ball ist ihm durch die Beine [hindurch]gerutscht
7. (*effleurer*) ■ **qc glisse sur qc** etw gleitet über etw (*akk*); ***un sourire glissa sur son visage*** ein Lächeln huschte über sein/ihr Gesicht
8. (*ne pas faire impression*) ■ **qc glisse sur qn** /*critique, réflexion, remarque, reproche*/ etw gleitet von jdm ab
9. (*pénétrer furtivement*) ■ **qc glisse dans qc**: ***un rayon de soleil glisse dans la chambre*** ein flüchtiger Sonnenstrahl streicht durch das Zimmer; ***une lueur glissa par la porte*** es drang schwaches Licht durch die Tür
10. (*évoluer lentement*) ■ **qn/qc glisse [de qc] à/dans/vers qc** jd/etw gleitet [*o* rutscht] [von etw] in etw (*akk*) [ab]; ***l'ensemble des électeurs a glissé vers la gauche*** bei den Wählern hat es einen Linksruck gegeben
▶ **ça glisse!** es ist glatt!; **glissons/glissez [sur qc]!** (*n'insistons pas*): ***glissons sur ce sujet*** über dieses Thema wollen wir rasch hinweggehen, dieses Thema wollen wir nur kurz streifen; ***qn glisse sur le passé de qn*** jd hält sich nicht lange mit jds Vergangenheit auf
II. *vt* 1. (*introduire*) ■ **qn glisse qc à qn** jd schiebt jdm etw zu; ■ **qn glisse qc [à qn] dans/derrière/entre/sous qc** jd schiebt [jdm] etw in/hinter/zwischen/unter etw (*akk*); ***il glisse toujours des proverbes dans sa conversation*** er lässt immer Sprichwörter einfließen, wenn er sich unterhält; ***elle m'a glissé un regard en coulisse*** sie hat mir einen verstohlenen Blick zugeworfen
2. (*dire discrètement*) ■ **qn glisse qc à qn/qc** jd flüstert jdm etw zu; ***il m'a glissé le nom à l'oreille*** er hat mir den Namen zugeflüstert [*o* ins Ohr geflüstert]
III. *vpr* 1. (*s'introduire*) ■ **qn/un animal se glisse quelque part** jd/ein Tier schlüpft irgendwohin; ***le voleur a réussi à se ~ dans la maison*** der Dieb hat sich ins Haus schleichen können
2. (*s'insinuer*) ■ **qc se glisse dans qc** etw schleicht sich in etw (*akk*) [ein]; ***le doute commence à se ~ dans mon esprit*** langsam beschleichen mich Zweifel

glissière [glisjɛʀ] *f* Gleitschiene *f,* Laufschiene *f*
◆ **glissière de sécurité** Leitplanke *f*

global, e <-aux> [glɔbal, o] *adj* Gesamt-; ***perspective ~e*** globale Sicht; ***vue ~e*** Überblick *m,* Übersicht *f;* ***traiter un problème en termes ~aux*** ein Problem global abhandeln; ***ce voyage nous revient à une somme ~e de 10 000 F*** diese Reise kostet uns insgesamt 10 000 F

globalement [glɔbalmɑ̃] *adv* alles in allem, insgesamt; ***qn condamne qc ~*** jd verurteilt etw global [*o* in Bausch und Bogen]

globalisation [glɔbalizasjɔ̃] *f* Pauschalisierung *f*

globaliser <1> [glɔbalize] *vt* ■ **qn globalise qc** jd pauschalisiert etw

globalité [glɔbalite] *f* Gesamtheit *f,* Totalität *f*
▶ **dans sa/leur ~** in seiner/ihrer Gesamtheit

globe [glɔb] *m* 1. (*sphère*) Kugel *f*
2. (*Terre*) Globus *m,* Erdkugel *f*
▶ ~ **électrique** Kugelleuchte *f;* ~ **oculaire** Augapfel *m;* ~ **terrestre** Globus *m,* Erdkugel *f,* Erdball *m geh;* **qn met qn/qc sous ~** jd packt jdn/etw in Watte

globe-trotter <~-~s> [glɔbtʀɔtɛʀ, -tʀɔtœʀ] *mf* Weltenbummler *m,* Globetrotter *m*

globule [glɔbyl] *m* Blutkörperchen *nt*
▶ ~ **blanc** weißes Blutkörperchen; ~ **rouge** rotes Blutkörperchen; ~ **sanguin** Blutkörperchen *nt*

globuleux [glɔbylø] *adj:* ***yeux ~*** hervorstehende Augen

gloire [glwaʀ] *f* 1. (*renommée*) Ruhm *m*
2. (*mérite*) Verdienst *nt;* ***il s'attribue la ~ de cette découverte*** er nimmt das Verdienst für diese Entdeckung in Anspruch
3. (*personne*) Berühmtheit *f*
4. (*prestige*) Ruhm *m;* ***qn est auréolé(e) de ~*** jd ist vom strahlenden Glanz des Ruhms umgeben
▶ **en pleine ~** auf dem Gipfel seines/ihres Ruhms; **vieille ~** Star *m* der Vergangenheit; ***les vieilles ~s*** die ehemaligen Größen; **qn chante la ~ de qn/qc** jd preist jds Ruhm/den Ruhm einer S. (*gen*); **qn se couvre de ~** jd erntet Ruhm, jd bedeckt sich mit Ruhm; **qc est la ~ de qn/qc** etw ist jds Stolz/der Stolz einer S. (*gen*); **c'est pas la ~!** *fam* das ist nichts Berühmtes! *fam;* **qn se fait [une] ~ de qc** *littér* jd rühmt sich einer S. (*gen*); ***et il s'en fait ~ en plus?*** und er ist auch noch stolz darauf?, und damit gibt er auch noch an? *fam;* **qn rend ~ à qn [de qc]** jd ehrt jdn [für etw], jd rechnet jdm etw hoch an; **qn tire ~ de qc** jd rühmt sich einer S. (*gen*); **à la ~ de qn/qc** zu jds Ehre/um etw zu ehren; ***à la ~ de Dieu*** zum Ruhme Gottes, zur Ehre Gottes; ~ **à qn/qc**: ~ ***à Dieu*** Ehre sei Gott; ~ ***à notre patrie*** Ruhm unserem Vaterland; **en ~** mit einem Heiligenschein, mit einer Gloriole; **pour la ~** aus reinem Idealismus

glorieusement [glɔʀjøzmɑ̃] *adv* glorreich, ruhmreich; ***il nous l'a ~ annoncé*** er hat es uns stolz angekündigt

glorieux, -euse [glɔʀjø, -jøz] *adj* 1. (*qui donne la gloire*) ruhmreich; *victoire a.* glorreich; *héros a.* ruhmbedeckt; *action* ruhmvoll, rühmenswert; ***exploit ~*** Ruhmestat *f*
2. *péj* (*fier*) eingebildet; ***ne sois pas si ~!*** sei nicht so eingebildet!; ■ ~ **de qc/de faire qc** stolz auf etw/etw zu tun
▶ **qc n'est pas ~** etw ist nicht besonders rühmlich

glorification [glɔʀifikasjɔ̃] *f* Glorifizierung *f,* Verherrlichung *f*

glorifier <1 a> [glɔʀifje] I. *vt* ■ **qn glorifie qn/qc** jd rühmt jdn/etw; *Dieu* jd [lob]preist jdn; *mémoire* jd ehrt etw; *héros, victoire* jd verherrlicht [*o* glorifiziert] jdn/etw
II. *vpr* ■ **qn se glorifie de qc** jd rühmt sich einer S. (*gen*), jd ist stolz auf etw (*akk*); ***qn se glorifie d'avoir fait qc*** jd rühmt sich, etw getan zu haben

gloriole [glɔʀjɔl] *f péj* [kleinliche] Eitelkeit, Selbstgefälligkeit *f;* ***par pure ~*** aus reiner Angeberei *fam*

glose [gloz] *f* 1. *rare* (*note marginale*) Glosse *f*
2. *péj* (*commérage*) Glosse *f,* spöttische [*o* hämische] Bemerkung

gloser <1> [gloze] *vi péj* ■ **qn glose sur qn/qc** jd macht über jdn/etw seine Glossen

glossaire [glɔsɛʀ] *m* Glossar *nt*

glotte [glɔt] *f* Stimmritze *f,* Glottis *f spec*

glouglou [gluglu] *m fam* Gluckern *nt*
▶ **qc fait ~** etw macht gluck gluck *fam,* etw gluckert

gloussement [glusmɑ̃] *m* 1. (*cri de la poule*) Glucken *nt*
2. *fam* (*petit rire ou cri*) Glucksen *nt,* glucksendes Lachen

glousser <1> [gluse] *vi* 1. ■ **un animal glousse** ein Tier gluckt
2. *fam* ■ **qn glousse** jd gluckst, jd lacht glucksend

glouton, ne [glutɔ̃, ɔn] I. *adj* gefräßig, verfressen *fam;* ***appétit ~*** unbändiger Appetit, Riesenappetit *m*
II. *m, f* Vielfraß *m fam*

gloutonnement [glutɔnmɑ̃] *adv* gierig; ***ne mange pas aussi ~*** iss nicht so gierig, schling nicht so *fam*

gloutonnerie [glutɔnʀi] *f* Gefräßigkeit *f*

glu [gly] *f* 1. (*colle*) Leim *m*
2. *fam* (*personne*) Klette *f fam*

gluant, e [glyɑ̃, ɑ̃t] *adj* 1. (*collant*) klitschig; *main* klebrig
2. *fam* (*importun et répugnant*) schmierig

glucide [glysid] *m* Kohle[n]hydrat *nt*

glucose [glykoz] *m* Traubenzucker *m,* Glucose *f spec*

gluten [glytɛn] *m* Kleber *m,* Gluten *nt*

glycémie [glisemi] *f* Blutzucker *m,* Glykämie *f spec*

glycérine [gliseʀin] *f* Glyzerin *nt,* Glycerin *nt spec*

glycine [glisin] *f* Glyzinie *f,* Glyzine *f*

G.M.T. [ʒeɛmte] *loc abr de* **Greenwich mean time** WEZ; ***à 15 h ~*** um 15 Uhr WEZ

gnangnan [ɲɑ̃ɲɑ̃] *adj inv fam* ■ **qn est ~** jd ist eine Tranfunzel [*o* lahme Ente] *fam;* ■ **qc est ~** etw ist lahm *fam*

gneiss [gnɛs] *m* Gneis *m*

gniôle [ɲol] *f v.* **gnôle**

gnocchi [ɲɔki] *mpl* Gnocchi *pl* (*italienische Gries- oder Kartoffelklößchen*)

gnognot[t]e [ɲɔɲɔt] *f fam* ▶ **c'est/c'est pas de la ~** das ist wertloses Zeug [*o* wertloser Käse] *fam*/das ist schon was Besonderes [*o* das ist nicht von Pappe *fam*]

gnôle [ɲol] *f fam* Schnaps *m,* Kurze(r) *m fam*

gnome [gnom] *m* Gnom *m*

gnon [ɲɔ̃] *m fam* (*coup*) Schlag *m,* Hieb *m*
▶ **des personnes s'envoient des ~s** Menschen versetzen sich [gegenseitig] Hiebe, Menschen polieren sich [gegenseitig] die Fresse *sl;* **qn flanque un ~ à qn** jd verpasst jdm eine *fam;* **qn prend [*o* reçoit] un ~** jd kriegt eine [*o* eins] verpasst [*o* versetzt] *fam*

go [go] *loc* ▶ **tout de ~** *fam* mir nichts, dir nichts *fam,* so geradeweg *fam*

Go [ʒeo] *abr de* **giga-octet** INFORM GB *nt*

G.O. [ʒeo] *fpl abr de* **grandes ondes** Langwelle *f,* LW *f*

goal [gol] *m* Torwart *m,* Torhüter *m*

gobelet [gɔblɛ] *m* (*pour boire*) Becher *m;* (*pour lancer les dés*) [Würfel]becher; ~ ***en carton/plastique*** Papp-/Plastikbecher

gober <1> [gɔbe] *vt* 1. (*avaler*) ■ **qn gobe qc** *huître* jd schlürft etw; *œuf* jd trinkt etw aus, jd schlürft etw aus
2. *fam* (*croire naïvement*) ■ **qn gobe qc** jd schluckt etw *fam*

goberger <2 a> [gɔbɛʀʒe] *vpr fam* ■ **qn se goberge** (*en faisant bonne chère*) jd schlemmt, jd schlägt sich (*dat*) den Bauch voll *fam;* (*en se prélassant*) jd lässt es sich (*dat*) wohl sein, jd aalt sich *fam*

godailler <1> [gɔdaje] *vi v.* **goder**

godasse [gɔdas] *f fam* Latschen *m fam,* Treter *m fam*

godemiché [gɔdmiʃe] *m* Godemiché *m*

goder <1> [gɔde] *vi* ■ **qc gode** etw wirft [unerwünschte] Falten

godet [gɔdɛ] *m* **1.** *(petit récipient)* kleiner Napf, Näpfchen *nt;* *(pour la peinture)* Farbennapf *m,* Ölnapf *m*
2. *fam (verre)* Glas *nt;* ***tu viens boire un ~?*** gehst du einen mit mir trinken? *fam;* ***après avoir éclusé plus d'un ~, ils ont ...*** nachdem sie ordentlich einen gezwitschert hatten, haben sie ... *fam*
3. TECH *[transporteur à godets]* [Förder]becher *m;* *[excavateur à godets]* Eimer *m;* *[pelle mécanique]* Löffel *m;* *[pelleteuse mécanique]* Schaufel *f*
4. COUT eingesetzte Falte; ***une jupe à ~s*** ein Glockenrock *m*

godiche [gɔdiʃ] **I.** *adj fam (niais)* dämlich *fam;* *(maladroit)* unbeholfen
II. *f fam* Tollpatsch *m,* Tölpel *m;* ***comme ~, on fait pas mieux!*** meine Güte, wie tollpatschig, schlimmer geht's gar nicht! *fam*

godille [gɔdij] *f* **1.** *(aviron)* Wriggriemen *m,* Wrickriemen *m*
2. SKI Wedeln *nt*
► **à la ~** schlampig, liederlich

godiller <1> [gɔdije] *vi* **1.** NAUT ■ **qn godille** jd wrickt [*o* wrigg[el]t]
2. SKI ■ **qn godille** jd wedelt

godillot [gɔdijo] *m* **1.** *vieilli fam (grosse chaussure)* Treter *m fam,* Quadratlatschen *m fam*
2. *(partisan inconditionnel)* Vasall *m*

goéland [gɔelɑ̃] *m* große Möwe

goélette [gɔelɛt] *f* Schoner *m*

goémon [gɔemɔ̃] *m* Tang *m*

gogo¹ [gogo] *m* Trottel *m fam*

gogo² [gogo] *loc* ► **à ~** *fam* in rauen Mengen *fam,* so viel man will

goguenard, e [gɔg(ə)naʀ, aʀd] *adj* spöttisch

goguenardise [gɔg(ə)naʀdiz] *f* Spott *m,* spöttische Art

gogues [gɔg] *mpl fam* Klo *nt fam,* Lokus *m fam*

goguette [gɔgɛt] *loc* ► **en ~** *fam (gai)* heiter, gut aufgelegt; *(éméché)* angeheitert, angesäuselt *fam*

goinfre [gwɛ̃fʀ] **I.** *adj* verfressen *fam*
II. *mf péj* Vielfraß *m fam,* Fresssack *m fam*

goinfrer <1> [gwɛ̃fʀe] *vpr péj fam* ■ **qn se goinfre [de qc]** jd frisst sich [mit etw] voll *fam,* jd schlägt sich *(dat)* den Bauch [mit etw] voll *fam*

goinfrerie [gwɛ̃fʀəʀi] *f péj* Gefräßigkeit *f,* Verfressenheit *f fam*

goitre [gwatʀ] *m* Kropf *m*

golden [gɔldɛn] *f* Golden Delicious *m*

golf [gɔlf] *m* Golf *nt,* Golfspiel *nt*
► **~ miniature** Minigolf *nt*

golfe [gɔlf] *m* Golf *m,* Meerbusen *m;* ■ **le ~ de ...** der Golf von ... ***le ~ de Botnie*** der Bottnische Meerbusen; ***le ~ de Gascogne*** der Golf von Biscaya, die Biscaya
► **~ Persique** Persischer Golf

golfeur, -euse [gɔlfœʀ, -øz] *m, f* Golf[spiel]er(in) *m(f)*

gomina [gɔmina] *f vieilli* Pomade *f*

gominer <1> [gɔmine] *vpr* ■ **qn se gomine/est gominé(e)** jd tut sich *(dat)* Pomade ins Haar/jd hat Pomade im Haar

gommage [gɔmaʒ] *m* **1.** *(action de gommer)* Ausmerzen *nt*
2. COSMETIQUE Rubbeln *nt*

gomme [gɔm] *f* **1.** *(substance)* Gummi *m o nt,* Gummiharz *nt*
2. *(objet)* [Radier]gummi *m o nt*
► **~ à encre** Tintenradierer *m;* **~ arabique** Gummiarabikum *nt;* **qn met [toute] la ~** *fam* jd gibt [voll] Gummi [*o* Stoff] *fam;* **à la ~** *fam (sans valeur):* ***idée à la ~*** Schrottidee *f fam;* ***affaire à la ~*** unseriöse Sache [*o* Kiste *fam*]; ***paroles à la ~*** leeres Gewäsch [*o* Geschwätz] *fam;* ***promesse à la ~*** faules Versprechen *fam;* ***un type à la ~*** eine Null *fam*

gommé, e [gɔme] *adj* gummiert

gommer <1> [gɔme] *vt* **1.** *(effacer)* ■ **qn gomme qc** jd radiert etw aus
2. *(atténuer)* ■ **qn gomme qn/qc [de qc]** *de sa mémoire, vie* jd streicht jdn/etw [aus etw], jd beseitigt etw
3. *(enduire)* ■ **qn gomme qc** jd gummiert etw

gommette [gɔmɛt] *f* farbige Etikette

gond [gɔ̃] *m* Angel *f*
► **qn/qc fait sortir qn de ses ~s, qn/qc jette [*o* met] qn hors de ses ~s** jd/etw bringt jdn aus der Fassung [*o* zum Explodieren]; **qn sort de ses ~s** jd gerät [vor Zorn [*o* Wut]] außer sich

gondolage [gɔ̃dɔlaʒ] *m [papier]* Sichwellen *nt,* Wellung *f;* *[bois]* Sichwerfen *nt,* Verwerfung *f*

gondolant, e [gɔ̃dɔlɑ̃, ɑ̃t] *adj fam* zum Totlachen [*o* Kugeln] *fam*

gondole [gɔ̃dɔl] *f* **1.** *(barque)* Gondel *f*
2. *(étagère)* Gondel *f*

gondolement [gɔ̃dɔlmɑ̃] *m v.* **gondolage**

gondoler <1> [gɔ̃dɔle] **I.** *vi* ■ **qc gondole** */carton, papier/* etw wellt sich; */planche/* etw [ver]wirft sich [*o* verzieht sich]; */tôle/* etw verbiegt sich
II. *vpr* **1.** *(se déformer)* ■ **qc se gondole** */carton, papier/* etw wellt sich; */tôle a./* etw verbiegt sich; */planche/* etw [ver]wirft sich [*o* verzieht sich]
2. *fam (rire)* ■ **qn se gondole** jd lacht sich schief *fam*

gondolier, -ière [gɔ̃dɔlje, -jɛʀ] *m, f* Gondoliere *m*

gonflable [gɔ̃flabl] *adj* aufblasbar; ***qc est ~ en trois minutes*** etw kann man in drei Minuten aufblasen

gonflage [gɔ̃flaʒ] *m [pneus]* Aufpumpen *nt;* *[ballon]* Aufblasen *nt;* *[montgolfière]* Füllen *nt*

gonflant, e [gɔ̃flɑ̃, ɑ̃t] **I.** *adj* **1.** *(bouffant) chevelure, cheveux* locker und füllig; ***pour obtenir une chevelure plus ~e*** um mehr Volumen in das Haar zu bekommen
2. *fam (exaspérant)* nervtötend
II. *m* Volumen *nt*
► **qc donne du ~ aux cheveux** etw gibt [*o* verleiht] dem Haar Volumen

gonflé, e [gɔ̃fle] *adj* **1.** *(enflé)* [an]geschwollen; ***des yeux ~s*** verquollene Augen; ***il a le visage tout ~ par la cortisone*** durch das Kortison hat er ein ganz aufgeschwemmtes [*o* aufgedunsenes] Gesicht; ■ **~ de qc** voll mit etw; *cœur* erfüllt von etw
2. *(exagéré)* übertrieben; *incident* aufgebauscht
3. *fam (culotté)* dreist, frech

gonflement [gɔ̃fləmɑ̃] *m* **1.** *[ballon]* Aufblasen *nt;* *[montgolfière]* Füllen *nt;* *[pneu]* Aufpumpen *nt;* *[plaie]* Schwellung *f;* *[organe]* Vergrößerung *f,* Schwellung; *[visage]* [An]schwellung; ***la cortisone provoque souvent un ~ du visage*** Kortison führt oft zu einem aufgeschwemmten [*o* aufgedunsenen] Gesicht
2. *(augmentation) [effectifs]* Erhöhung *f;* *[épargne]* Anwachsen *nt;* ***~ du crédit*** Aufblähung *f* des Kreditvolumens
3. *(surestimation) [facture, note de frais]* Frisieren *nt fam;* *[incident]* Aufbauschen *nt;* ***le ~ du chiffre des victimes*** die Übertreibung bei der Angabe der Zahl der Opfer

gonfler <1> [gɔ̃fle] **I.** *vt* **1.** *(remplir)* ■ **qn/qc gonfle qc** *(d'air) ballon* jd bläst etw auf; *montgolfière* jd füllt etw; *pneus* jd pumpt etw auf; ***le vent gonfle les voiles*** der Wind bläht die Segel; ***gonfle ta poitrine/tes poumons*** atme tief ein, hol tief Luft; ***le torrent est gonflé par les pluies*** der Wildbach ist durch den Regen angeschwollen; ***l'orage a gonflé la rivière*** durch das Gewitter ist der Fluss angeschwollen; ■ **qc gonfle qn [de qc]** *d'un sentiment* etw erfüllt jdn [mit etw]
2. *(enfler)* ■ **qc gonfle qc [à qn]** *estomac* durch etw wird [jdm] etw aufgebläht, etw verursacht [bei jdm] ein Völlegefühl; *jambes* durch etw schwillt [jdm] etw an; ***le manque de sommeil avait gonflé ses yeux*** weil er/sie so wenig geschlafen hatte, waren seine/ihre Augen ganz dick [*o* verquollen]; ***le chagrin lui gonflait le cœur*** vor Kummer war es ihm/ihr ganz schwer ums Herz; ***l'orgueil gonfle son cœur*** er/sie bläht sich stolz *geh,* er/sie ist stolzgeschwellt
3. *(accroître)* ■ **qn/qc gonfle qc** *effectifs* jd erhöht etw, jd erweitert etw; *somme* jd/etw vergrößert etw; *budget* jd/etw erhöht etw; ***de nouveaux admirateurs sont venus ~ les rangs de ses fans*** es sind noch weitere Bewunderer zu dem Kreis seiner/ihrer Fans hinzugekommen
4. *(surestimer)* ■ **qn gonfle qc** *prix, valeur, facture* jd treibt etw hoch; *chiffres, importance* jd übertreibt etw; *incident* jd bauscht etw auf
5. *fam (exaspérer)* ■ **qn/qc gonfle qn** jd/etw nervt jdn gründlich *fam*
6. TECH ■ **qn/qc gonfle qc** *moteur* jd frisiert etw/etw wirkt sich leistungssteigernd auf etw *(akk)* aus
► **qn les gonfle à qn** *fam* jd geht jdm auf den Wecker *fam*
II. *vi* ■ **qc gonfle** */bois/* etw quillt [auf] [*o* verquillt]; */membre/* etw schwillt an [*o* wird dick]; */pâte/* etw geht auf; */riz/* etw quillt; */dépenses, effectifs, volume/* etw nimmt zu, etw steigt an; ■ **qc fait ~ qc** etw treibt etw in die Höhe; ***le vent fait ~ sa robe*** der Wind bauscht ihr Kleid; ***la levure fait ~ la pâte*** Hefe lässt den Teig aufgehen; ■ **qn fait [*o* laisse] ~ qc** GASTR *riz* jd lässt etw quellen; *pâte* jd lässt etw gehen
III. *vpr* **1.** *(grossir)* ■ **qc se gonfle** */poitrine/* etw schwillt; */voiles/* etw schwillt, etw bläht sich [auf]; */rivière/* etw schwillt an; */ballon/* etw füllt sich
2. *(être envahi par un sentiment)* ■ **qn/qc se gonfle de qc** jd ist erfüllt von einer S. *(dat);* ***qn/son cœur se gonfle d'orgueil*** er/sie bläht sich stolz *geh,* er/sie ist stolzgeschwellt; ***il/son cœur se gonfle d'espoir*** er ist voller Hoffnung, er ist von Hoffnung erfüllt

gonflette [gɔ̃flɛt] *f péj fam (culturisme)* Bodybuilding ['bɔdibɪldɪŋ] *nt;* *(musculation)* Muskelpakete *pl*

gong [gɔ̃(g)] *m* Gong *m;* ***coup de ~*** Gongschlag *m*

goniomètre [gɔnjɔmɛtʀ] *m* Goniometer *nt*

gonocoque [gɔnɔkɔk] *m* Gonokokkus *m*

gonzesse [gɔ̃zɛs] *f péj fam* **1.** *(femme)* Tussi *f fam*
2. *(homme)* Schlappschwanz *m sl,* Memme *f fam*

goret [gɔʀɛ] *m* **1.** *(porcelet)* Ferkel *nt,* Läufer *m*
2. *(enfant sale)* Ferkel *nt fam*

gorge [gɔʀʒ] *f* **1.** ANAT Hals *m;* *littér (poitrine, seins)* Busen *m,* Brust *f;* ***j'ai mal à la ~*** ich habe Halsschmerzen; ***je n'ai pas envie de me faire couper la ~*** ich habe keine Lust, mir die Kehle [*o* Gurgel *fam*] durchschneiden zu lassen; ***qn saisit qn à la ~*** jd packt jdn an der Kehle [*o* Gurgel *fam*]
2. GEOG Schlucht *f;* ***les ~s du Verdon*** die Verdon-Schlucht
3. TECH *[poulie]* Rille *f;* *[serrure]* Zuhaltung *f*
► **qn fait des ~s chaudes de qc** *fam* jd ergeht sich in Klatschereien über etw *(akk) fam;* ***des commères font des ~s chaudes de qc*** Klatschtanten zerreißen sich die Mäuler über etw *(akk) fam;* **à ~ déployée [*o* à pleine ~]** aus vollem Hals, aus Leibeskräften; **qn a la ~ nouée [*o* serrée]** jdm ist die Kehle wie zugeschnürt, jd hat einen Kloß im Hals *fam;* **qn a la ~ prise** jd ist heiser, jd hat eine raue Kehle; **qn a la ~ sèche** jd hat eine trockene Kehle; **qn s'éclaircit/se racle la ~** jd räuspert sich; **qc monte à la ~ de qn** etw entringt sich jds Kehle; ***un sanglot lui est monté à la ~*** er/sie schluchzte laut auf; **qn/qc prend [qn] à la ~** *(empêche de respirer)* */fumée/* etw kratzt jdn im Hals [*o* in der Kehle]; */odeur/* etw beißt jdn in der Nase; *(émeut)* etw erschüttert jdn zutiefst; *(gêne financièrement)* jd setzt jdm das Messer an die Kehle *fam;* **qn fait rendre ~ à qn** jd fordert von jdm unrechtes Gut zurück; **qc reste à qn en travers de [*o* dans] la ~** etw bleibt jdm im Hals [*o* in der Kehle] stecken, etw geht jdm quer runter *fam;* **qn est saisi(e) à la ~ par qc** etw schnürt jdm die Kehle zu[sammen]; **qn/un animal saute à la ~ de qn** jd/ein Tier springt [*o* fährt] jdm an die Kehle [*o* Gurgel]; **qn tient qn à la ~** jd hat jdn in der Hand

gorgée [gɔʀʒe] *f* Schluck *m*
► **qn boit une grande ~ de qc** jd trinkt [*o* nimmt] einen kräftigen [*o* tüchti-

gen] Schluck aus etw; **qn boit qc à grandes/petites ~s** jd trinkt etw in [*o* mit] hastigen Schlucken/in kleinen Schlucken [*o* schlückchenweise]; **qn boit une petite ~ de qc** jd trinkt [*o* nimmt] einen kleinen Schluck aus etw, jd nippt an etw (*dat*); **qn avale** [*o* **boit**] [*o* **prend**] **une ~ de qc** jd nimmt [*o* trinkt] einen Schluck aus etw

gorger <2 a> [gɔʀʒe] **I.** *vt* **1.** (*gaver*) ■ **qn gorge qn [de qc]** *enfant* jd stopft jdn [mit etw] voll *fam*, jd überfüttert jdn [mit etw]; ■ **qn gorge un animal [de qc]** *oie* jd nudelt [*o* stopft] ein Tier [mit etw]
2. (*remplir*) ■ **qc est gorgé(e) de qc**: ***fruits gorgés de soleil*** von der Sonne verwöhnte Früchte *pl*; ***gorgée d'eau*** wasserdurchtränkte Erde; ■ **qn est gorgé(e) de qc** *de souvenirs* jd ist von einer S. innerlich ganz erfüllt; *d'idées* jd ist von einer S. völlig durchdrungen
II. *vpr* ■ **qn se gorge de qc**: ***il s'est gorgé d'air pur*** er hat seine Lungen mit guter Luft voll gepumpt *fam*; ***il s'est gorgé d'impressions exotiques*** er hat unzählige exotische Eindrücke in sich aufgenommen

gorgonzola [gɔʀgɔ̃zɔla] *m* Gorgonzola *m*

gorille [gɔʀij] *m* **1.** (*singe*) Gorilla *m*
2. *fam* (*garde du corps*) Gorilla *m*

gosier [gozje] *m* Kehle *f*; [*oiseau*] Schlund *m*; ***qn se rafraîchit*** [*o* ***s'humecte***] ***le ~*** jd tut etw gegen seine trockene [*o* ausgedörrte] Kehle
▶ **qn a le ~ en feu** jdm brennt der Hals wie Feuer *fam*; **qn chante/crie à plein ~** jd singt aus voller Brust [*o* vollem Hals]/jd schreit aus vollem Hals [*o* aus Leibeskräften]; **qc reste à qn en travers du ~** *fig* jd kriegt etw in die falsche Kehle *fam*

gospel [gɔspɛl] *m* Gospel *m o nt*, Gospelsong *m*

gosse [gɔs] *mf fam* Kind *nt*, Kleine(r) *f(m)*, [kleiner] Junge/[kleines] Mädchen
▶ **qn est beau/belle ~** jd ist ein hübscher junger Mann [*o* sieht gut aus]/ein hübsches Ding; **pauvre ~** armes Kind; **sale ~** elender Lausebengel, Rotzbengel *m fam*; **c'est un vrai/une vraie ~** er ist noch ein richtiger Junge [*o* richtig jungenhaft]/sie ist noch richtig kindlich; **qn fait un ~ à qn** jd macht jdm ein Kind *fam*; **qn fait des ~s** jd macht Kinder *fam*; **qn est resté(e) très ~** jd ist immer noch ein Kind
◆ **gosse de riches** *péj*: ***va donc, eh ~ de riches!*** hau doch ab, du verwöhntes Kapitalistenblag *fam*; ***on n'y rencontre que des ~s de riches*** da trifft man nur Kinder reicher Eltern

gothique [gɔtik] **I.** *adj* gotisch; *écriture* gotische [*o* deutsche] [*o* gebrochene] Schrift
II. *m* Gotik *f*
▶ **~ flamboyant** [*o* **fleuri**]/**primitif/rayonnant** Spät-/Früh-/Hochgotik *f*

gouache [gwaʃ] *f* **1.** (*peinture à l'eau*) Gouachefarbe *f*, Temperafarbe *f*
2. (*tableau*) Guasch *f*, Gouache *f spec*

gouaille [gwaj] *f fam* Spottlust *f*, derber Spott; ***la ~ parisienne*** der Hang der Pariser zu beißendem Spott

gouailleur, -euse [gwɑjœʀ, -jøz] *adj fam* spöttisch; ***une personne ~euse*** ein Spötter/eine Spötterin

gouape [gwap] *f arg* (*voyou*) Schlägertype *f fam*; ***une petite ~*** ein kleiner Gauner [*o* Ganove]

gouda [guda] *m* Gouda ['gauda] *m*

goudron [gudʀɔ̃] *m* Teer *m*; (*pour des routes a.*) Asphalt *m*; ***~ de houille*** Steinkohlenteer *m*

goudronnage [gudʀɔnaʒ] *m* Teeren *nt*, Teerung *f*

goudronné, e [gudʀɔne] *adj* geteert; ***carton ~*** Teerpappe *f*, Dachpappe *f*; ***papier ~*** Teerpapier *nt*; ***toile ~e*** Teerleinwand *f*

gouffre [gufʀ] *m* **1.** GEOG, GEOL Abgrund *m*, Schlund *m*
2. (*abîme insondable*) Abgrund *m*; ***il est dans un ~ de désespoir*** er ist in tiefster Verzweiflung; ***~ de malheurs/de misères*** abgrundtiefes Unglück/abgrundtiefe Not; ***un ~ se creuse*** ein Abgrund tut sich auf; ***qn touche le fond du ~*** jd ist am Boden zerstört
▶ **~ béant** gähnender Abgrund; **qn est un ~ de qc** jd ist eine Ausgeburt an [*o* von] etw (*dat*); **qc est un ~ [financier]** etw ist ein Fass ohne Boden

gouge [guʒ] *f* TECH Hohlmeißel *m*, Hohlbeitel *m*

gouine [gwin] *f péj pop* Lesbe *f*

goujat [guʒa] *m* Rüpel *m*, Flegel *m*

goujaterie [guʒatʀi] *f* Rüpelhaftigkeit *f*, Flegelhaftigkeit *f*; ***quelle ~!*** das ist ja wohl die Höhe!

goujon [guʒɔ̃] *m* Gründling *m*
▶ **qn taquine le ~** *fam* jd angelt

goulache *m o f*, **goulasch** [gulaʃ] *m o f* Gulasch *m o nt*

goulet [gulɛ] *m* **1.** NAUT enge Hafeneinfahrt
2. GEOG Engpass *m*
◆ **goulet d'étranglement** Engpass *m*

goulot [gulo] *m* [*bouteille*] Hals *m*
▶ **qn boit [qc] au ~** jd trinkt [etw] aus der Flasche
◆ **goulot d'étranglement** Engpass *m*

goulu, e [guly] *adj* gefräßig; *regards* gierig; *baisers* heiß, feurig

goulûment [gulymɑ̃] *adv* gierig

goupille [gupij] *f* Stift *m*, Splint *m*

goupiller <1> [gupije] **I.** *vt* **1.** *fam* ■ **qn goupille qc** jd brütet [*o* heckt] etw aus *fam*; ***elle goupille un sale coup*** sie hat eine miese Sache vor *fam*; ■ **qn goupille qc d'une certaine façon** jd deichselt etw irgendwie *fam*; ■ **qc est goupillé(e) d'une certaine façon** (*combiné*) etw wird irgendwie eingefädelt *fam* [*o* in die Wege geleitet]; (*construit*) etw wird irgendwie konstruiert; ***c'est un truc qui a été mal goupillé*** das Ding war nicht geschickt eingefädelt *fam*
2. TECH ■ **qn goupille qc sur qc** jd befestigt etw mit einem Splint [*o* Stift] an etw (*dat*)
II. *vpr fam* ■ **qc se goupille d'une certaine façon** etw läuft irgendwie ab *fam*; ***comment est-ce que ça se goupille pour demain?*** wie soll das morgen über die Bühne gehen? *fam*, wie soll das morgen laufen? *fam*; ***dès le début, mon histoire s'était mal goupillée*** in der Geschichte war von Anfang an der Wurm drin *fam*; ***qc s'est bien/mal goupillé(e)*** etw hat geklappt/nicht geklappt *fam*

goupillon [gupijɔ̃] *m* **1.** REL Weih[wasser]wedel *m*
2. (*brosse*) Flaschenbürste *f*

gourd, e [guʀ, guʀd] *adj* **1.** (*engourdi*) starr [*o* steif] vor Kälte, steif gefroren
2. *fam* (*maladroit*) dusselig *fam*

gourde [guʀd] *f* **1.** (*récipient*) Trinkflasche *f*; MIL Feldflasche *f*; (*contenant du schnaps*) Flachmann *m*
2. BOT Flaschenkürbis *m*
3. *fam* (*personne*) Dussel *m fam*

gourdin [guʀdɛ̃] *m* Knüppel *m*, Prügel *m*

gourer <1> [guʀe] *vpr fam* ■ **qn se goure [de qc]** jd vertut sich [bei etw] *fam*

gourmand, e [guʀmɑ̃, ɑ̃d] **I.** *adj* **1.** ***une personne ~e*** ein Gourmand *m*, ein Schlemmer *m*; (*qui aime les sucreries*) eine Naschkatze *fam*; ■ **qn est ~** jd ist ein Leckermaul *fam*; (*aimer les sucreries*) jd ist eine Naschkatze *fam*, jd ist naschhaft; ■ **~ de qc**: ***elle est très ~e de sucreries*** sie mag Süßigkeiten für ihr Leben gern; ***il est très ~ de romans policiers*** er liest leidenschaftlich gern Krimis; ***une voiture très ~e [en essence]*** ein Wagen, der viel [Benzin] schluckt *fam*
2. *lèvres* voll, sinnlich; *bouche* lüstern; *regard* gierig
3. (*avide*) gierig; ***il est ~ de flatteries*** er hat es gern[e], wenn man ihm schmeichelt
II. *m, f* (*gourmet*) Gourmand *m*, Schlemmer(in) *m(f)*; (*qui aime les friandises*) Naschkatze *f fam*, Leckermaul *nt fam*

gourmandise [guʀmɑ̃diz] *f* **1.** (*caractère*) Feinschmeckerei *f*; ***je mange par ~*** ich esse aus purer Lust; ich esse [nur], weil es so gut schmeckt
2. ∅ (*défaut*) Gier[igkeit *f*] *f*
3. *pl* [Sch]leckereien *pl*
▶ **avec ~** gierig

gourme [guʀm] *f* ▶ **qn jette sa ~** jd stößt sich (*dat*) die Hörner ab, jd tobt sich aus

gourmet [guʀmɛ] *m* Gourmet *m*, Feinschmecker(in) *m(f)*
▶ **fin ~** großer Feinschmecker/große Feinschmeckerin

gourmette [guʀmɛt] *f* (*bijou*) Gliederarmband *nt* [mit Namensplakette]

gourou [guʀu] *m* Guru *m*

gousse [gus] *f* [*vanille*] Schote *f*; [*petits pois, haricot a.*] Hülse *f*; [*ail, échalote*] Zehe *f*

gousset [gusɛ] *m* Uhrtasche *f*

goût [gu] *m* **1.** ∅ (*sens*) Geschmack[ssinn *m*] *m*; ***les organes du ~*** die Geschmacksorgane; ***qc est amer au ~*** etw ist bitter im Geschmack, etw schmeckt bitter
2. ∅ (*saveur*) Geschmack *m*; ***qn relève le ~ de qc*** jd macht etw pikanter; ***qn affine le ~ de qc*** jd verfeinert den Geschmack einer S. (*gen*); ***qc laisse un mauvais ~*** etw hinterlässt einen üblen Nachgeschmack; ***qc est sans ~*** etw schmeckt nach nichts; ■ **qc a un ~ de** + *adj* etw schmeckt + *adj*; ■ **qc a un ~ de qc** etw schmeckt nach etw
3. ∅ (*envie*) Lust *f*; ■ **qn a ~ de faire qc** jd hat Lust etw zu tun; ***~ de vivre*** Lebenslust, Lebensfreude *f*; ***~ d'entreprendre*** Unternehmungslust; ***~ d'écrire*** Spaß *m* [*o* Freude *f*] am Schreiben
4. ∅ (*penchant pour*) ■ **~ de qc** *des livres, de l'ordre* Sinn *m* für etw; ***~ de l'épargne*** Sparsamkeit *f*; ***~ du risque*** Risikofreudigkeit *f*, Risikobereitschaft *f*; ***~ de l'organisation*** Organisationstalent *nt*; ***~ des responsabilités*** Verantwortungsfreude *f*; ***~ du sensationnel*** Sensationslust *f*; ■ **~ pour qc** *pour les mathématiques* Interesse *nt* an etw (*dat*); *pour la provocation* Hang *m* zu etw; *pour la boisson* Vorliebe *f* für etw; ***il a peu de ~ pour ce genre de travail*** diese Art von Arbeit ist nicht nach seinem Geschmack; ***c'est affaire de ~*** das ist Geschmackssache
5. *pl* (*préférences*) Geschmack *m*; ***il a des ~s de luxe*** er hat einen Hang zum Luxus
6. ∅ (*jugement*) Geschmack *m*; ***le bon ~*** der gute Geschmack; ***qn a un ~ sûr*** jd hat einen sicheren Geschmack
▶ **des ~s et des couleurs, on ne discute pas** *prov* über [den] Geschmack lässt sich nicht streiten; **au ~ du jour** im Zeitgeschmack, modisch; ***qn se met au ~ du jour*** jd geht mit der Zeit [*o* Mode]; **tous les ~s sont dans la nature** *prov* die Geschmäcker sind verschieden; **qn fait passer** [*o* **perdre**] **à qn le ~ du pain** *fam* jd bringt [*o* legt *fam*] jdn um; **qc a un ~ de revenez-y** *fam* etw schmeckt nach mehr *fam*; **bon/mauvais ~** guter/schlechter Geschmack; **[qc est] de bon/mauvais ~** [etw ist] geschmackvoll/geschmacklos; **qn a bon/mauvais ~** jd hat einen guten/schlechten Geschmack; **qc a bon/mauvais ~** etw schmeckt gut/schlecht; **d'un ~ douteux** von zweifelhaftem Geschmack; **qn a le ~ fin** jd hat eine feine Zunge; **qn a du ~** jd hat Geschmack; **qc a du ~** etw schmeckt nach etwas; **qc a un ~** (*à une saveur désagréable*) etw schmeckt komisch; **qn n'a plus ~ à rien/à la vie** jd hat zu nichts mehr Lust/keinen Spaß [*o* keine Freude] mehr am Leben; **qc n'a plus de ~ pour qn** etw macht jdm keinen Spaß [*o* keine Freude] mehr; **qc est du ~ de qn** etw ist [nach] jds Geschmack; **qn prend ~ à qc** jd findet Geschmack [*o* Gefallen] an etw (*dat*); **qn reprend ~ à qc** jd hat wieder Spaß [*o* Freude] an etw (*dat*); **qn ne trouve ~ à rien** jd hat zu nichts Lust; **qn trouve qn/qc à son ~** jd findet jdn/etw nach seinem Geschmack; **à mon/son ~** (*à mon/son avis*) meiner/seiner/ihrer Meinung nach, meines/seines/ihres Erachtens; **avec ~** geschmackvoll, mit Geschmack; **dans ce ~-là** *fam* in der Art; **dans le ~ de qn/qc** ART im Stil von jdm/etw, nach jds Manier/nach der Manier von etw; **de ~** *personne* mit Geschmack; **par ~** zum Vergnügen; **sans ~** geschmacklos, ohne Geschmack; **chacun ses ~s** *prov* jeder nach seinem Geschmack

goûter <1> [gute] **I.** *vi* **1.** (*prendre une collation*) ■ **qn goûte** jd isst eine Kleinigkeit (*nachmittags*)
2. (*vérifier la saveur de*) ■ **qn goûte à qc** *à un plat, vin* jd probiert [*o* kostet *geh*] etw
3. (*faire l'expérience de*) ■ **qn goûte de qc** *d'un aliment* jd probiert etw; *de la prison* jd lernt etw kennen; *d'un métier a.* jd riecht in etw (*akk*) hinein *fam*
II. *vt* **1.** ■ **qn goûte qc** *aliment, vin* jd probiert [*o* kostet *geh*] etw
2. (*savourer*) ■ **qn goûte qc** jd genießt etw
3. *littér* (*apprécier*) ■ **qn goûte qc** jd schätzt etw, jd liebt etw
III. *m* kleine Zwischenmahlzeit (*am Nachmittag*)
goutte [gut] *f* **1.** Tropfen *m*
2. ∅ (*très petite quantité*) [*essence*] Tropfen *m;* [*alcool a.*] Schluck *m*
3. *pl* PHARM Tropfen *pl;* **~s pour le nez** Nasentropfen
4. *fam* (*eau-de-vie*) Schnaps *m;* ***vous prendrez bien une petite ~?*** Sie trinken doch ein Schnäpschen mit mir?
5. MED Gicht *f;* ~ ***articulaire*** Gicht in den Gelenken
► **c'est la ~ d'eau qui fait déborder le vase** *prov* das bringt das Fass zum Überlaufen; **des personnes se ressemblent comme deux ~s d'eau** Menschen gleichen sich wie ein Ei dem anderen; **c'est une ~ d'eau dans la mer** das ist nur ein Tropfen auf den heißen Stein; **qn a la ~ au nez** *fam* jdm läuft [*o* trieft *fam*] die Nase; **à grosses ~s** in dicken [*o* großen] Tropfen; ***il pleut à grosses ~s*** es regnet große [*o* dicke] Tropfen; ***qn sue à grosses ~s*** jd trieft vor Schweiß; **qn passe entre les ~s** jd laviert sich durch; **qn prend une ~ de qc** jd trinkt einen Schluck von etw; **~ à ~** tropfenweise, tröpfchenweise; ***l'eau coule ~ à ~*** das Wasser tropft [*o* tröpfelt]; ***qn verse qc ~ à ~ [dans qc]*** jd träufelt etw in etw (*akk*)
goutte-à-goutte [gutagut] *m inv* MED Tropf *m;* ***qn fait un ~-~-~ à qn*** jd legt jdm einen Tropf an; ***qn alimente qn au ~-~-~*** jd ernährt jdn künstlich
gouttelette [gutlɛt] *f* Tröpfchen *nt*
goutter <1> [gute] *vi* ■ **qc goutte** /*liquide, robinet*/ etw tropft; /*canalisation*/ etw ist undicht; ***le toit/le plafond goutte*** es tropft vom Dach/von der Decke
gouttière [gutjɛʀ] *f* **1.** [*toit*] Rinne *f*
2. MED Schiene *f*
gouvernable [guvɛʀnabl] *adj* regierbar
gouvernail [guvɛʀnaj] *m* **1.** NAUT, AVIAT Ruder *nt;* ~ ***de profondeur*** [*sous-marin*] Tiefenruder; [*avion*] Höhenruder; ~ ***de direction*** Seitenruder
2. *littér* (*direction*) Ruder *nt;* ***qn est au ~*** jd ist [*o* sitzt] am Ruder; ***qn saisit le ~*** jd nimmt das Steuer in die Hand; ***qn tient le ~*** jd hat das Steuer [fest] in der Hand; ***qn abandonne*** [*o* ***quitte***] ***le ~*** jd gibt das Steuer aus der Hand
gouvernant, e [guvɛʀnɑ̃, ɑ̃t] **I.** *adj classe* herrschend; *parti* regierend, Regierungs-
II. *mpl* POL Entscheidungsträger *pl*
III. *f* **1.** (*femme qui tient le ménage*) Haushälterin *f*
2. (*préceptrice*) Gouvernante *f,* Erzieherin *f*
gouverne [guvɛʀn] *f* ► **pour ma/sa [propre] ~** zu meiner/seiner/ihrer Orientierung
gouvernement [guvɛʀnəmɑ̃] *m* **1.** (*autorité politique*) Regierung *f;* ***le ~ insurrectionnel*** die von Aufständischen gebildete Regierung
2. (*exécutif*) Regierung *f;* ***sous un ~ socialiste*** unter einer sozialistischen Regierung
3. (*régime*) Regierungsform *f*
4. ∅ (*fait de gouverner*) Regieren *nt;* ***méthode de ~*** Regierungsstil *m;* ***organe de ~*** Regierungsorgan *nt*
► **un ~ fantoche** eine Marionettenregierung; **~ provisoire** Übergangsregierung *f;* **qn confie le ~ à qn** jd überträgt jdm die Regierung[sgewalt]; **qn constitue** [*o* **forme**] **le ~** jd bildet die Regierung; **qn entre au ~** jd kommt in die Regierung; **qn est au ~** jd ist an der Regierung; **qn remanie le ~** jd bildet die Regierung um; **qn fait tomber un ~** jd stürzt eine Regierung
gouvernemental, e <-aux> [guvɛʀnəmɑ̃tal, o] *adj* Regierungs-; *journal* regierungsfreundlich; *troupes* regierungstreu; ***député ~*** Abgeordneter der Regierungspartei
gouverner <1> [guvɛʀne] **I.** *vi* **1.** ■ **qn gouverne** jd regiert
2. NAUT ■ **qn gouverne** jd steuert
II. *vt* **1.** POL ■ **qn gouverne qn/qc** jd regiert jdn/etw
2. ■ **qc gouverne qn/qc** *sentiments, raison* etw beherrscht jdn/etw; *motif* etw bestimmt etw
3. NAUT ■ **qn gouverne qc** jd steuert etw
4. GRAM ■ **qc gouverne qc** etw regiert etw
III. *vpr* ■ **qn/qc se gouverne [soi-même]** jd/etw regiert sich selbst
gouvernés [guvɛʀne] *mpl* Volk *nt,* Bürger *pl*
gouverneur [guvɛʀnœʀ] *m* Gouverneur *m*
► **~ militaire** Militärgouverneur *m*
goyave [gɔjav] *f* Gua[ja]ve *f*
G.P.L. [ʒepeɛl] *m abr de* **gaz de pétrole liquéfié** Flüssiggas *nt*
G.R. [ʒeɛʀ] *m abr de* **grande randonnée** *markierter französischer Fernwanderweg*
grabat [gʀaba] *m* einfache Liege
grabataire [gʀabatɛʀ] **I.** *adj* bettlägerig
II. *m, f* Bettlägerige(r) *f(m)*
grabuge [gʀabyʒ] *m* ► **il y a du ~** *fam* es kracht *fam;* **qn fait du ~** *fam* jd schlägt Krach *fam*
grâce [gʀɑs] *f* **1.** ∅ (*charme*) [*personne, mouvements*] Anmut *f,* Grazie *f;* [*paysage*] Reiz *m;* [*fleurs*] Schönheit *f;* ***qn a de la ~*** jd besitzt Anmut; ***avec ~*** anmutig, graziös; *parler* charmant
2. ∅ (*faveur*) Gunst *f;* ***qn demande une ~ à qn*** jd ersucht jdn um eine Gefälligkeit; ***qn obtient*** [*o* ***reçoit***] ***une ~*** jd erfährt einen Gunstbeweis; ***qn accorde une ~ à qn*** jd erweist jdm eine Gunst
3. ∅ JUR (*clémence*) Begnadigung *f,* Gnade[nakt *m*] *f;* ***qn accorde la ~ à qn*** jd begnadigt jdn; ***qn se pourvoit en ~*** jd reicht ein Gnadengesuch ein
4. ∅ REL Gnade *f;* ***action de ~*** Danksagung *f;* ***la ~ de Dieu*** die Gnade Gottes
5. (*inspiration*) Begnadetsein *nt*
► **~ à Dieu** *littér* Gott sei Lob und Dank; **à la ~ de Dieu** aufs Geratewohl, auf gut Glück; (*comme exclamation*) komme, was wolle!; **qn cherche les bonnes ~s de qn** jd sucht jds Gunst [*o* Wohlwollen] zu gewinnen; **qn gagne les bonnes ~s de qn** jd gewinnt jds Gunst [*o* Wohlwollen]; **qn est dans les bonnes ~s de qn** jd steht in jds Gunst (*dat*), jd ist bei jdm gut angeschrieben *fam;* **qn fait qc avec** [*o* **de**] **bonne/mauvaise ~** jd tut etw bereitwillig/widerwillig, jd tut etw gern/ungern; **qn aurait mauvaise ~ à faire qc** es wäre wirklich ungerechtfertigt von jdm, etw zu tun [*o* wenn er etw tun würde]; **qn a la ~** jd ist begnadet; **qn crie** [*o* **demande**] **~** jd bittet [*o* fleht] um Gnade; **qn est en ~ auprès de qn** jd steht in jds Gunst (*dat*), jd ist bei jdm gut angeschrieben *fam;* **qn fait des ~s [à qn]** jd ist übertrieben freundlich zu jdm; **qn fait ~ [à qn]** jd gewährt [jdm] Gnade; **qn fait ~ à qn de qc** jd erlässt jdm etw; (*épargne*) jd erspart jdm etw; **qn rend ~ à qn** jd sagt jdm Dank, jd spricht jdm seinen Dank aus; **qn rentre en ~ auprès de qn** jd wird von jdm wieder in Gnaden aufgenommen; **qn/qc trouve ~ aux yeux de qn** [*o* **auprès de qn**] [*o* **devant qn**] jd/etw findet Gnade vor jdm [*o* vor jds Augen (*dat*)]; **~ à qn/qc** durch jdn/etw, dank eines Menschen [*o* einem Menschen]/einer S. (*gen o dat*); ***j'ai réussi ~ à toi*** dir habe ich es zu verdanken, dass ich es geschafft habe
gracier <1 a> [gʀasje] *vt* ■ **qn gracie qn** jd begnadigt jdn
gracieusement [gʀasjøzmɑ̃] *adv* **1.** (*aimablement*) freundlich
2. (*gratuitement*) kostenlos, umsonst
gracieux, -euse [gʀasjø, -jøz] *adj* **1.** (*charmant*) anmutig, graziös
2. (*aimable*) freundlich
3. (*gratuit*) kostenlos
gracile [gʀasil] *adj littér* grazil, zierlich
gradation [gʀadasjɔ̃] *f* allmähliche [*o* schrittweise] Steigerung; (*en peinture*) Abstufung *f,* Abtönung *f;* (*en rhétorique*) Gradation *f*
grade [gʀad] *m* **1.** ADMIN Dienstgrad *m;* MIL *a.* Rang *m;* ~ ***de capitaine*** Rang eines Hauptmanns, Hauptmannsrang; ***le plus ancien dans le ~*** der Dienstälteste, der Rangälteste
2. UNIV Grad *m;* ~ ***universitaire*** akademischer Grad
3. GEOM Gon *nt*
4. TECH [*huile*] Viskosität *f*
► **qn avance** [*o* **monte**] **en ~** jd wird befördert; **qn en prend pour son ~** *fam* jd bekommt [*o* kriegt] eins aufs Dach *fam*
gradé, e [gʀade] *m, f* einer, der/eine, die einem unteren Dienstgrad angehört; ***les soldats et les ~s*** die Soldaten der unteren Dienstgrade
gradient [gʀadjɑ̃] *m* Gradient *m;* ~ ***de pression*** Druckgradient
gradin [gʀadɛ̃] *m* [*théâtre*] stufenförmig ansteigende Sitzreihen; [*stade, arène*] [Zuschauer]ränge *pl*
► **en ~s** stufenförmig [*o* terrassenförmig] angelegt
graduation [gʀadɥasjɔ̃] *f* Graduierung *f;* (*échelle*) Gradeinteilung *f*
gradué, e [gʀadɥe] *adj* **1.** (*qui comporte une graduation*) mit einer Skala [*o* Gradeinteilung] versehen; ***verre ~*** Messbecher *m;* ***règle ~e*** Lineal *nt* mit Zentimetereinteilung
2. (*progressif*) in unterschiedliche Gruppen eingeteilt, abgestuft
graduel, le [gʀadɥɛl] *adj introduction* schrittweise [*o* stufenweise]; *amélioration, aggravation, progression* allmählich; ***réchauffement ~ de la température*** allmähliche Erwärmung; ***la présentation des difficultés sera ~le*** der Schwierigkeitsgrad wird langsam gesteigert; ***par des efforts ~s*** durch allmähliche Leistungssteigerung
graduellement [gʀadɥɛlmɑ̃] *adv* Schritt für Schritt, schrittweise; (*peu à peu*) allmählich, nach und nach
graduer <1> [gʀadɥe] *vt* **1.** (*augmenter graduellement*) ■ **qn gradue qc** jd steigert etw allmählich; ***dans ce livre, les difficultés sont graduées*** dieses Buch weist einen steigenden Schwierigkeitsgrad auf
2. (*diviser en degrés*) ■ **qn gradue qc** jd graduiert etw, jd versieht etw mit einer Gradeinteilung
graffiti <[s]> [gʀafiti] *m* Graffito *m o nt,* Graffiti *m o nt fam;* ***qn couvre un mur de ~[s]*** jd bemalt eine Wand, jd malt eine Wand voll *fam,* jd sprüht eine Wand voller Graffiti[s]
grailler <1> [gʀɑje] *vi* **1.** ■ **un oiseau graille** ein Vogel krächzt
2. *fam* (*manger*) ■ **qn graille** jd futtert *fam*
graillon [gʀɑjɔ̃] *m* **1.** (*odeur de graisse*) Geruch *m* von Bratfett
2. *fam* (*crachat*) Spucke *f*
► **qc sent le ~** etw riecht nach Bratfett
graillonner <1> [gʀɑjɔne] *vi fam* ■ **qn graillonne** jd spuckt [aus]
grain [gʀɛ̃] *m* **1.** (*céréales*) Korn *nt;* AGR *a.* Getreide *nt;* ***alcool de ~[s]*** Korn[branntwein *m*] *m*
2. (*graine*) Korn *nt;* [*framboise, figue*] Körnchen *nt;* [*grenade*] Kern *m;* ~ ***de blé*** Weizenkorn
3. (*fruit*) ■ **~ de** *de café* -bohne *f; de poivre, moutarde* -korn *nt;* ~ ***de groseille/cassis*** Preisel-/Johannisbeere *f;* ~ ***de raisin*** [Wein]traube *f,* Weinbeere *f*
4. (*particule*) Korn *nt,* Körnchen *nt;* ~ ***de poussière*** Staubkorn
5. ∅ (*petite quantité*) Spur *f,* Quäntchen *nt;* ***il n'y a pas un ~ de vérité dans ce qu'il dit*** es ist kein Körnchen Wahrheit an dem, was er sagt; ***il n'a pas un ~ de bon sens*** er hat keinen Funken Verstand
6. (*texture*) [*pierre, papier*] Korn *nt;* [*peau*] Beschaffenheit *f;* [*cuir*] Narbe *f,* Narben *m;* [*étoffe*] Textur *f;* ***une soie gros ~*** eine grobe Seide
7. NAUT (*coup de vent*) Bö[e] *f;* (*averse soudaine*) [Regen]schauer *m,* [Regen]guss *m*
► **qn sépare le bon ~ de l'ivraie** jd trennt die Spreu vom Weizen; **qn fourre** [*o* **met**] **son ~ de sel** *fam* jd gibt seinen Senf dazu *fam;* **qn a un ~** *fam* jd

hat einen kleinen Stich [*o* eine kleine Meise] *fam;* **qn veille au** ~ jd ist auf der Hut, jd sieht sich vor; **en** ~**s** *café, poivre* ungemahlen
◆ **grain de beauté** Schönheitsfleck *m,* Leberfleck *m;* **grain de sable** Sandkorn *nt;* (*incident*) Störfaktor *m;* ***un ~ de sable dans l'engrenage*** Sand im Getriebe

graine [gʀɛn] *f* Samen *m;* BOT *a.* Samenkorn *nt;* AGR *a.* Saatgut *nt*
► [**c'est de la**] **mauvaise** ~ [das ist ein] sauberes Früchtchen *fam;* **qn casse la/une** ~ *fam* jd futtert *fam;* **qc monte en** ~ etw schießt ins Kraut; **qn a monté en** ~ *fam* jd ist in die Höhe geschossen *fam;* **prends-en de la** ~ *fam* nimm dir daran ein Beispiel; [**c'est de la**] ~ **de qc!**: ***c'est de la ~ de voleur!*** aus dem wird einmal ein Dieb!

graineterie [gʀɛn(ə)tʀi] *f* Samenhandlung *f*

graissage [gʀɛsaʒ] *m* [Ab]schmieren *nt;* ***huiles de*** ~ Schmieröl *nt*

graisse [gʀɛs] *f* **1.** Ø PHYSIOL Fett *nt;* (*embonpoint*) Fett
2. Ø GASTR Fett *nt;* ~ ***d'oie*** Gänsefett, Gänseschmalz *nt*
3. *pl* (*matières grasses*) Fette *pl;* ~***s végétales/animales*** pflanzliche/tierische Fette
4. TECH (*lubrifiant*) Schmierfett *nt,* Schmiermittel *nt;* ~***s minérales*** Mineralfette *pl*
► **qn est bouffi**(**e**) **de** ~ jd hat Speck angesetzt; **qn prend de la** ~ jd wird fett, jd setzt Speck an
◆ **graisse à frire** Bratfett *nt*

graisser <1> [gʀese] **I.** *vi fam* ■ **qc graisse** etw wird fett
II. *vt* **1.** (*enduire de graisse*) ■ **qn graisse qc** *souliers, bottes, poêle* jd fettet etw ein; *machine, engrenage, voiture* jd schmiert etw [ab]
2. (*salir*) ■ **qn graisse qc** *habits* jd macht etw fettig, jd macht Fettflecken auf etw (*akk*)

graisseux, -euse [gʀɛsø, -øz] *adj* **1.** (*couvert de graisse*) fettig; *main a.* schmierig; *cahier, serviette* voll Fett
2. *nourriture* fett; *bourrelet, tache* Fett-; ***tumeur*** ~ Fettgeschwulst *f*
3. PHYSIOL *tissu* Fett-

graminée [gʀamine] *f* Gras *nt;* ■ ~**s** Gräser *pl,* Süßgräser *pl spec*

grammaire [gʀa(m)mɛʀ] *f* Grammatik *f;* ■ **de** ~ Grammatik-

grammairien, ne [gʀa(m)mɛʀjɛ̃, jɛn] *m, f* Grammatiker(in) *m(f)*

grammatical, e <-aux> [gʀamatikal, o] *adj analyse* grammati[kali]sch; *exercice, règle a.* Grammatik-; *phrase* grammati[kali]sch richtig [*o* korrekt]

grammaticalement [gʀamatikalmɑ̃] *adv* grammati[kali]sch

gramme [gʀam] *m* Gramm *nt*
► **qn n'a pas un** ~ **de qc** jd hat keine Spur + *subst;* ***elle n'a pas un ~ de graisse*** an ihr ist kein Gramm Fett; ***il n'a pas un ~ de bon sens*** [*o* ***de jugeote*** *fam*] er hat keinen Funken [*o* nicht für fünf Pfennig] Verstand *fam*

grand, e [gʀɑ̃, gʀɑ̃d] **I.** *adj antéposé* **1.** (*de dimension, taille*) groß; *format, mât* Groß-; *arbre* hoch; *bras, jambe, avenue* lang
2. (*plus âgé*) groß, erwachsen; ***mon ~ frère*** mein großer Bruder
3. (*nombreux*) *foule* groß; ***un ~ choix de qc*** eine große [*o* reiche] Auswahl an etw (*dat*)
4. (*extrême*) groß; ***qn est d'une ~e jeunesse*** jd ist noch sehr jung
5. (*bien rempli*): ***un ~ verre d'eau*** ein volles [*o* ganzes] Glas Wasser
6. (*intense*) *bruit, cri, éclats de voix, rire* laut; *vent* heftig, stark; *coup de poing* gewaltig; *soupir* schwer, tief; *chaleur, froid* groß; ~***e marée*** Springflut *f;* ***pendant les ~es chaleurs/~s froids*** während der großen Hitze/Kälte; ***il fait un ~ froid*** es ist sehr kalt; ***qn a ~ besoin de qc/de faire qc*** jd hat etw dringend nötig [*o* braucht etw dringend]/hat es dringend nötig, etw zu tun
7. (*important*) groß; *entreprise, exploitation, industrie, producteur, banque* Groß-; ~ ***propriétaire foncier*** Großgrundbesitzer *m*
8. (*essentiel*) groß; ~***e manifestation*** Großkundgebung *f;* ***le ~ jour/moment*** der große Tag/Augenblick
9. (*passionné*) *menteur, rêveur* groß; *travailleur* tüchtig, unermüdlich; *collectionneur* eifrig, leidenschaftlich, passioniert; *buveur, fumeur, mangeur* stark
10. (*grave*) *blessé, malade, invalide* Schwer-; ~ ***brûlé*** Mensch *m* mit schweren Verbrennungen
11. (*respectable*) nobel; ~***e dame/~ monsieur*** große Dame/hoher Herr; ***c'est une ~e dame de la chanson*** sie ist eine bedeutende Vertreterin des Chanson
12. (*fameux*) *artiste, scientifique* groß, bedeutend; *vin* besondere(r, s)
13. (*généreux*) groß; *âme a.* edel; ~***s sentiments*** edle Gesinnung
14. (*exagéré*) *phrases* hochtrabend; *mots a.* groß; ***employer de ~s mots*** groß daherreden *fam;* ***faire de ~es phrases*** große Reden schwingen *fam;* ***prendre de ~s airs*** vornehm tun; ***faire de ~s gestes*** gestikulieren
► **au** ~ **jamais** nie und nimmer; **à mon/son/...** ~ **qc:** ***à notre ~e joie*** zu unserer großen Freude; ***à ma ~e surprise*** zu meiner großen Überraschung
II. *adv* ► **qn ouvre** [**tout**] ~ **qc, qn ouvre qc tout**(**e**) ~(**e**) jd macht etw [ganz] weit auf; **qn voit** ~ jd plant großzügig; ***qn a vu trop*** ~ jd hat sich übernommen; **en** ~ im Großen, im großen Maßstab; ***le mariage se fera en*** ~ die Hochzeit wird groß gefeiert
III. *m, f* **1.** (*en taille*) Große(r) *f(m);* (*en âge*) Große(r) *f(m);* SCOL älterer Schüler/ältere Schülerin; ***jeu pour petits et ~s*** Spiel für Groß und Klein
2. (*vue célébrité*) ■ **un** ~ **de qc:** ***c'était un ~ du football*** das war eine Fußballgröße, er war einer der besten Fußballer; ***c'est un ~ de la linguistique*** er ist einer der größten Sprachwissenschaftler; ***ce groupe est un ~ de la production de chocolat*** dieser Konzern ist einer der größten Schokoladenhersteller
3. *pl* ECON (*entreprises dominantes*) Spitzenunternehmen *pl*
► **comme un** ~/**une** ~**e** wie ein Großer/eine Große; **les deux/trois/quatre/... G~s** POL die zwei/drei/vier/... Großen; **mon** ~/**ma** ~**e** mein Lieber/meine Liebe; ***alors, mon ~, comment vas-tu?*** na, mein Lieber, wie geht es dir?

grand-angle <~s-~s> [gʀɑ̃tɑ̃gl] *m* Weitwinkel[objektiv *nt*] *m* **grand-angulaire** <~s-~s> [gʀɑ̃tɑ̃gylɛʀ] *m* Weitwinkel[objektiv *nt*] *m*
grand-chose [gʀɑ̃ʃoz] *loc* ■ **pas/plus** ~-~ nicht viel/nicht mehr viel; ■ **pas** ~-~ **de** + *adj:* ***pas ~-~ de bon/de vrai*** nicht viel Gutes/Wahres ► **il n'y a pas/plus** ~-~ **à faire** es gibt nicht viel/nicht mehr viel zu tun
grand-croix [gʀɑ̃kʀwa] **I.** <~-~> *f* (*décoration*) [*Légion d'Honneur*] Großkreuz *nt* **II.** <~s-~> *m* (*personne*) [*Légion d'Honneur*] Träger *m* des Großkreuzes **grand-duc** <~s-~s> [gʀɑ̃dyk] *m* Großherzog *m* **grand-duché** <~s-~s> [gʀɑ̃dyʃe] *m* Großherzogtum *nt* **Grande-Bretagne** [gʀɑ̃dbʀətaɲ] *f* ■ **la Grande-Bretagne** Großbritannien *nt* **grande-duchesse** <~s-~s> [gʀɑ̃ddyʃɛs] *f* Großherzogin *f*

grandement [gʀɑ̃dmɑ̃] *adv* **1.** (*beaucoup*) *être reconnaissant* sehr; *aider a., contribuer* viel; *se tromper a.* gewaltig; *avoir raison, avoir tort* völlig, vollkommen
2. (*généreusement*) *loger* großzügig; *agir* großmütig, edel; ***faire les choses*** ~ alles in großem Stil tun

grandeur [gʀɑ̃dœʀ] *f* **1.** Ø (*dimension*) Größe *f;* ***de quelle ~ est qc?*** wie groß ist etw?; ***de même*** ~ gleich groß; ***qc est de la ~ de qc*** etw ist so groß wie etw; ***de toutes les ~s*** in allen Größen
2. Ø (*importance*) Größe *f*
3. Ø (*puissance*) Größe *f*
4. (*générosité*) [menschliche] Größe, edle Gesinnung; ~ ***d'âme*** Seelengröße *f,* Seelenadel *m*
5. MATH Größe *f;* ASTRON Größe[nklasse *f*]
► **bêtise/gaffe de première** ~ Riesendummheit *f*/grober Schnitzer *fam*
◆ **grandeur nature** *adj inv* lebensgroß, in Lebensgröße

grand-guignolesque <~-~s> [gʀɑ̃giɲɔlɛsk] *adj* schauerlich

grandiloquence [gʀɑ̃dilɔkɑ̃s] *f* Ø geschwollene Ausdrucksweise

grandiloquent, e [gʀɑ̃dilɔkɑ̃, ɑ̃t] *adj style* schwülstig; *discours* geschwollen; ***personne ~e*** Mensch, der geschwollen redet

grandiose [gʀɑ̃djoz] *adj* großartig

grandir <8> [gʀɑ̃diʀ] **I.** *vi* **1.** (*pousser*) ■ **qn/qc grandit** jd/etw wächst; /*ombre a.*/ etw wird länger; ***qn/qc grandit de dix centimètres*** jd/etw wächst zehn Zentimeter [*o* wird zehn Zentimeter größer]
2. (*devenir plus mûr*) ■ **qn grandit** jd wird älter
3. (*augmenter*) ■ **qc grandit** etw wächst; /*influence, pouvoir, mécontentement a.*/ etw wird größer, etw nimmt zu; /*foule*/ etw wird größer, etw wächst an; ***l'obscurité grandit*** es wird [immer] dunkler
► **qn sort grandi**(**e**) **de qc** jd geht gestärkt aus etw hervor; **qn grandit en qc:** ***qn grandit en beauté*** jd wird schöner; ***qn grandit en sagesse/vertu*** jd wird weiser/tugendhafter
II. *vt* **1.** (*faire paraître plus grand*) ■ **qc grandit qn** etw macht jdn größer, etw lässt jdn größer erscheinen; ■ **qc grandit qc** etw vergrößert etw
2. (*faire paraître plus important*) ■ **qn grandit qc** jd bauscht etw auf; ■ **qc grandit qc:** ***l'imagination grandit le danger*** in der Fantasie erscheint die Gefahr noch bedrohlicher
3. (*rendre prestigieux*) ■ **qc grandit qn** jd gewinnt durch etw; ***sa conduite ne le grandit pas*** sein Verhalten ehrt ihn nicht gerade; ***sa conduite ne le grandit pas à mes yeux*** durch sein Verhalten hat er in meinen Augen nicht gewonnen
III. *vpr* **1.** (*se rendre plus grand*) ■ **qn se grandit en faisant qc** jd macht sich größer, indem er etwas tut
2. (*se rendre plus respectable*) ■ **qn se grandit par qc** jd gewinnt durch etw

grandissant, e [gʀɑ̃disɑ̃, ɑ̃t] *adj* wachsend; *foule* größer werdend, anwachsend

grand-maman <~[s]-~s> [gʀɑ̃mamɑ̃] *f fam* Großmama *f fam,* Oma *f fam*
grand-mère <~[s]-~s> [gʀɑ̃mɛʀ] *f* **1.** Großmutter *f* **2.** *fam* (*vieille femme*) Oma *f fam* ► **il ne faut pas pousser** ~-~ **dans les orties** nun mach[t] mal halblang **grand-messe** <~[s]-~s> [gʀɑ̃mɛs] *f* Hochamt *nt* **grand-oncle** <~s-~s> [gʀɑ̃tɔ̃kl] *m* Großonkel *m* **grand-papa** <~s-~s> [gʀɑ̃papa] *m fam* Großpapa *m fam,* Opa *m fam* **grand-peine** [gʀɑ̃pɛn] *loc* ► **qn a** ~-~ **à faire qc** jd hat Mühe etw zu tun; **à** ~-~ mit Mühe und Not, mit großer Mühe **grand-père** <~s-~s> [gʀɑ̃pɛʀ] *m* **1.** Großvater *m* **2.** *fam* (*vieil homme*) Opa *m fam* **grand-route** <~-~s> [gʀɑ̃ʀut] *f* Landstraße *f* **grand-rue** <~-~s> [gʀɑ̃ʀy] *f* Hauptstraße *f* **grands-parents** [gʀɑ̃paʀɑ̃] *mpl* Großeltern *pl* **grand-tante** <~s-~s> [gʀɑ̃tɑ̃t] *f* Großtante *f* **grand-voile** <~[s]-~s> [gʀɑ̃vwal] *f* Großsegel *nt*

grange [gʀɑ̃ʒ] *f* Scheune *f*

granit[**e**] [gʀanit] *m* Granit *m*

granitique [gʀanitik] *adj* granitartig; *roche, relief* Granit-; (*qui contient du granit*) granithaltig

granivore [gʀanivɔʀ] **I.** *adj* körnerfressend
II. *m* Körnerfresser *m*

granny [gʀani] *f* Granny Smith ['græni'smɪθ] *m*

granulation [gʀanylasjɔ̃] *f* **1.** MED, BIO Körnung *f*
2. Ø TECH Granulierung *f,* Granulieren *nt*
3. PHOT Körnung *f,* Körnen *nt*

granulé, e [gʀanyle] **I.** *adj* körnig; *surface a.* gekörnt
II. *mpl* ■ ~**s** Granulat *nt*

granuleux, -euse [gʀanylø, -øz] *adj* körnig, gekörnt; *cuir* narbig, genarbt; *peau* nicht ebenmäßig

graphe [gʀaf] *m* Graph *m*

graphème [gʀafɛm] *m* Graphem *nt*

grapheur [gʀafœʀ] *m* Grafikprogramm *nt*

graphie [gʀafi] *f* Schreibweise *f,* Schreibung *f*

graphique [gʀafik] **I.** *adj* grafisch; INFORM Grafik-; ***arts ~s*** Grafik *f;* ***le traitement ~ des données*** die grafische Darstellung von Daten; ***un système de signes ~s*** ein System von Schriftzeichen

II. *m* Schaubild *nt,* grafische Darstellung; [*circulation des trains*] Diagramm *nt;* ~ ***à barre*** Balkendiagramm; ~ ***de statistiques*** statistisches Schaubild

graphiquement [gʀafikmɑ̃] *adv* grafisch

graphisme [gʀafism] *m* **1.** ∅ (*écriture individuelle*) Handschrift *f,* Schriftzüge *pl;* (*aspect d'une lettre*) Schriftzug *m*
2. ART (*style*) persönlicher [*o* individueller] Stil
3. ∅ (*design*) grafische [*o* zeichnerische] Gestaltung

graphiste [gʀafist] *mf* Grafiker(in) *m(f)*

graphite [gʀafit] *m* Graphit *m*

graphologie [gʀafɔlɔʒi] *f* ∅ Graphologie *f*

graphologique [gʀafɔlɔʒik] *adj* graphologisch

graphologue [gʀafɔlɔg] *mf* Graphologe/-login *m/f*

grappe [gʀap] *f* Traube *f;* ~ ***de fleurs/cassis*** Blütentraube/Traube Johannisbeeren; ~ ***de raisin*** Weintraube; ~ ***de personnes*** Menschentraube; ***des ~s d'enfants s'accrochent aux touristes*** Scharen von Kindern heften sich an die Fersen der Touristen
► **en** ~[s] traubenförmig; **par** ~s in Trauben

grappillage [gʀapijaʒ] *m* **1.** [*fruits*] [Ab]pflücken *nt*
2. [*idées, connaissances*] Aufschnappen *nt*

grappiller <1> [gʀapije] I. *vi* **1.** (*picorer*) ■ **qn grappille** jd isst einzelne Trauben, jd pickt einzelne Trauben ab
2. (*faire de petits profits*) ■ **qn grappille** jd schlägt [*o* schindet] überall etwas heraus; (*emprunter ça et là*) /*écrivain, artiste*/ jd klaut hier und da *fam*
II. *vt* **1.** (*prendre ça et là*) ■ **qn grappille qc** *grains de raisin* jd nimmt hier und da etwas mit; *fruits, fleurs* jd pflückt hier und da etw [ab]
2. (*recueillir de part et d'autre*) ■ **qn grappille qc** *connaissances* jd klaubt sich (*dat*) hier und da etw zusammen; *nouvelles, idées* jd schnappt hier und da etw auf; *argent* jd schlägt überall etw heraus

grappin [gʀapɛ̃] *m* Greifer *m;* [*embarcation*] [Dregg]anker *m*
► **qn met** [*o* **jette**] **le ~ sur qn/qc** *fam sur une personne* jd bekommt jdn in die Finger *fam,* jd erwischt jdn *fam; sur l'héritage* jd reißt sich (*dat*) etw unter den Nagel *fam; sur une jeune fille* jd belegt jdn mit Beschlag

gras, se [gʀɑ, gʀɑs] I. *adj* **1.** fett; *crème, acides* Fett-; ***matières ~ses*** Fett *nt;* ***un corps*** ~ ein Fett[stoff *m*] *m;* ***foie*** ~ Gänseleberpastete *f,* Stopfleber *f*
2. *aliment* fett, fetthaltig
3. (*gros*) dick; *personne a.* fett *pej;* (*charnu*) fleischig
4. (*graisseux*) fettig; (*glissant*) glitschig; (*collant*) schwer, lehmig; ***terre ~se*** Lehmerde *f*
5. TYP (*épais*) dick; *crayon* weich; ***caractère*** ~ Fettdruck *m*
6. ***plante ~se*** Fettpflanze *f*
7. *toux* schleimig, mit Auswurf
8. (*pâteux*) *voix* rau, belegt; *rire* dreckig, ordinär
II. *m* **1.** ∅ GASTR Fett *nt,* Fette(s) *nt*
2. ∅ (*graisse*) Fett *nt;* ***taches de*** ~ Fettflecken *pl;* ***j'ai les mains couvertes de*** ~ ich habe fettige Hände
3. ∅ (*partie charnue*): ~ ***de la jambe*** Wade *f;* ***elle m'enfonça la seringue dans le ~ de la fesse*** sie gab mir die Spritze mitten in den Po
► **en** ~ TYP fett [gedruckt]; ***imprimé(e) en*** ~ fett gedruckt; ***écrit(e) en*** ~ dick geschrieben
III. *adv* **1.** *manger* fett
2. *tousser* mit Auswurf
► **qn fait** ~ REL jd isst Fleisch

gras-double <~-~s> [gʀɑdubl] *m* Kaldaunen *pl,* Kutteln *pl*

grassement [gʀɑsmɑ̃] *adv* **1.** *rire* ordinär, dreckig
2. *payer* reichlich, sehr gut
3. *péj vivre* wie die Made im Speck

grasseyer <1> [gʀaseje] *vi* ■ **qn grasseye** jd spricht das R [als Zäpfchen-R] in der Kehle

grassouillet, te [gʀasujɛ, jɛt] *adj fam* pummelig *fam; femme a.* mollig *fam*

gratifiant, e [gʀatifjɑ̃, jɑ̃t] *adj travail* befriedigend; ***effet*** ~ Anreiz *m*

gratification [gʀatifikasjɔ̃] *f* Gratifikation *f;* ~ ***de fin d'année*** Weihnachtsgeld *nt*

gratifier <1 a> [gʀatifje] *vt* **1.** (*accorder*) ■ **qn gratifie qn de qc** *d'un pourboire, d'une récompense* jd lässt jdm etw zukommen; *d'un avantage* jd lässt jdm etw zuteil werden; ■ **qn gratifie qn de qc** *d'un sourire* jd schenkt jdm etw; *d'un bonjour* jd bedenkt jdn mit etw
2. *iron* (*donner*) ■ **qn gratifie qn de qc** *d'une amende, paire de gifles* jd verpasst jdm etw *fam;* ***il nous gratifia d'un long sermon*** er beglückte uns mit einem langen Sermon *fam*

gratin [gʀatɛ̃] *m* **1.** GASTR (*plat cuisiné*) Gratin *nt;* (*croûte*) Kruste *f*
2. ∅ *fam* (*haute société*) ■ **le** ~ die Oberschicht; ***tout le ~ de la ville*** alles, was in der Stadt Rang und Namen hat
► ~ **dauphinois** Gratin *nt* Dauphinois; **au** ~ überbacken, gratiniert

gratiné, e [gʀatine] I. *adj* **1.** GASTR überbacken, gratiniert
2. *fam* (*incroyable*) *correction, engueulade* gehörig, anständig *fam; aventures* unglaublich, verrückt *fam;* ***je me suis payé une cuite ~e*** ich hatte ganz schön einen sitzen *fam;* ***l'examen était vraiment*** ~ die Prüfung war die reinste Härte [*o* war gesalzen] *fam*
II. *f* ■ **gratinée** *mit Käse überbackene Zwiebelsuppe*

gratiner <1> [gʀatine] I. *vi* ■ **qc gratine** etw bekommt eine Kruste; ***qn fait ~ qc*** jd überbackt [*o* überbäckt] [*o* gratiniert] etw
II. *vt* ■ **qn gratine qc** jd überbackt [*o* überbäckt] [*o* gratiniert] etw

gratis [gʀatis] I. *adj fam* kostenlos, unentgeltlich; *billet* Frei-; ***le spectacle est*** ~ die Vorstellung ist gratis
II. *adv fam* umsonst *fam,* gratis

gratitude [gʀatityd] *f* ∅ Dankbarkeit *f;* ***qn témoigne*** [*o* ***manifeste***] [*o* ***exprime***] ***sa ~ à qn*** jd zeigt jdm seine Dankbarkeit

gratouiller <1> [gʀatuje] I. *vi* ■ **qc gratouille** etw juckt
II. *vt* ■ **qc gratouille qn** etw juckt jdn

grattage [gʀataʒ] *m* **1.** (*action*) Abkratzen *nt;* [*mot*] Ausradieren *nt;* ***il y a eu plusieurs ~s, regardez bien le document*** da ist mehrmals radiert worden, betrachten Sie die Urkunde mal genauer
2. (*au jeu*) Rubbeln *nt;* ***vous pouvez gagner deux fois: au ~ et au tirage*** Sie können gleich zweimal gewinnen: beim Rubbeln und bei der Ziehung

gratte-ciel [gʀatsjɛl] *m inv* Wolkenkratzer *m* **gratte-cul** <~-~s> [gʀatky] *m* Hagebutte *f* **gratte-dos** [gʀatdo] *m inv* Rückenkratzer *m*

grattement [gʀatmɑ̃] *m* Kratzen *nt*

gratte-papier <~-~[s]> [gʀatpapje] *mf péj* Schreiberling *m*

gratter <1> [gʀate] I. *vi* **1.** (*démanger*) ■ **qc gratte** etw kratzt
2. (*récurer*) ■ **qc gratte** etw scheuert
3. (*grincer*) ■ **qc gratte** /*plume, disque*/ etw kratzt
4. (*griffer*) ■ **qn/un animal gratte** jd/ein Tier kratzt
5. *fam* (*aller au-delà de l'apparence*) ■ **qn gratte** jd schaut [*o* guckt *fam*] dahinter; ***si on gratte un peu, il n'y a rien de solide derrière*** wenn man ein bisschen daran kratzt, bleibt nichts mehr übrig *fam*
6. *fam* (*jouer d'un instrument*) ■ **qn gratte de qc** *de la guitare* jd klimpert auf etw (*dat*); *du violon* jd kratzt auf etw (*dat*)
II. *vt* **1.** (*entamer*) ■ **qn gratte qc** jd kratzt etw ab; *carottes* jd schabt etw; ■ **un animal gratte qc** (*creuse le sol*) ein Tier scharrt auf etw (*dat*); (*griffe*) ein Tier kratzt an etw (*dat*); ***les poules grattent le sable*** die Hühner scharren im Sand
2. (*enlever*) ■ **qn gratte qc** jd kratzt etw ab [*o* weg]; *inscription* jd kratzt etw aus; *mot* jd radiert etw aus [*o* weg]
3. (*frotter*) ■ **qn gratte qc** *allumette* jd reibt etw an; ■ **qn gratte qn** jd kratzt jdn; ■ **qn gratte qc** *boutons* jd kratzt an etw (*dat*) [herum]; ***gratte-moi le dos*** kratz mir den Rücken, kratz mich am Rücken
4. (*démanger*) ■ **qc gratte qn** etw kratzt jdn; /*cicatrice*/ etw juckt jdn; ■ **qc gratte qc** etw kratzt an etw (*dat*); ***ça me gratte à la jambe*** mich kratzt [*o* juckt] es am Bein; ***le vin gratte la gorge*** der Wein kratzt im Hals
5. *fam* (*mettre de côté*) ■ **qn gratte qc sur qc** jd schlägt etw bei etw heraus *fam;* ***on a réussi à ~ 1000 F sur nos deux salaires*** wir haben es geschafft, von unseren beiden Gehältern 1000 F abzuzwacken *fam*
III. *vpr* ■ **qn/un animal se gratte** [**qc**] jd/ein Tier kratzt sich (*dat*) etw, jd/ein Tier kratzt sich [an etw (*dat*)]; ***qn se gratte jusqu'au sang*** jd kratzt sich blutig
► **tu peux toujours te** ~ *fam* du kannst mich mal *fam*

grattoir [gʀatwaʀ] *m* Reibfläche *f*

grattons [gʀatwaʀ] *mpl* gebratene Speckwürfel *pl*

gratuit, e [gʀatɥi, ɥit] *adj* **1.** (*qui ne coûte rien*) *entrée* frei; *consultations* kostenlos, unentgeltlich; *échantillon, dégustation, supplément* Gratis-; ***enseignement*** ~ Schulgeldfreiheit *f;* ***à titre*** ~ kostenlos, gratis
2. (*non motivé*) *affirmation* willkürlich; *supposition* ungerechtfertigt; *accusation* grundlos; *geste, acte* unmotiviert; *cruauté* unnötig
3. *littér* (*désintéressé*) uneigennützig

gratuité [gʀatɥite] *f* **1.** ∅: ***la ~ de l'enseignement*** die Schulgeldfreiheit; ***la ~ de l'assistance médicale*** kostenlose medizinische Behandlung
2. ∅ [*affirmation*] Willkürlichkeit *f;* [*hypothèse*] Unbegründetheit *f;* [*geste, acte*] Unmotiviertheit *f*

gratuitement [gʀatɥitmɑ̃] *adv* **1.** (*gratis*) kostenlos; *distribuer a.* gratis
2. (*sans justification*) *affirmer* willkürlich; *supposer* ungerechtfertigterweise; *risquer sa vie* grundlos; *agir* unmotiviert; *commettre un crime* ohne Motiv

gratuitiel [gʀatɥisjɛl] *m* CAN INFORM Freeware ['fri:vɛːɐ, 'fri:wæːə] *f*

gravats [gʀavɑ] *mpl* [Bau]schutt *m*

grave [gʀav] I. *adj* **1.** (*digne, solennel*) ernst; *assemblée* feierlich; *magistrat* würdevoll; ***le visage*** ~ mit ernstem Gesicht
2. (*important*) *raison, question* ernst; *responsabilité* schwer; ***j'ai des choses ~s à vous dire*** ich habe Ihnen etwas Ernstes zu sagen; ***ce n'est pas*** ~ das ist nicht schlimm
3. (*lourd de conséquences*) ernst; *situation a.* bedenklich; *ennuis a.* ernstlich; *avertissement a.* ernsthaft; *sanction* hart; *faute, erreur* schwer[wiegend], gravierend; *accident* schwer
4. (*inquiétant*) schwer; *maladie a., état, menace* ernst; *état* Besorgnis erregend; *nouvelles* schlimm; *blessé* Schwer-
5. *accent* fallend
6. *son, note* tief; *voix a.* dunkel
II. *m souvent pl* MUS, RADIO, TV Tiefe *f;* ***les ~s et les aigus*** die Tiefen und Höhen

gravement [gʀavmɑ̃] *adv* **1.** (*dignement*) ernst; *regarder a.* ernsthaft; *marcher* würdevoll
2. (*de manière importante*) schwer; *être menacé, être malade a.* ernstlich; ***il est ~ coupable*** er trägt [*o* ihn trifft] eine schwere Schuld

graver <1> [gʀave] I. *vt* **1.** ■ **qn grave qc sur qc/dans qc** jd ritzt etw in etw (*akk*) [ein]; *sur du bois a.* jd schnitzt etw in etw (*akk*) [ein]; ■ **qn grave qc sur qc** ART *sur cuivre* jd sticht etw in etw (*akk*); *sur bois, pierre* jd schneidet etw in etw (*akk*); *sur pierre, métal* jd graviert etw in etw (*akk*) [ein]; ■ **qc est gravé(e) à qc** *à l'eau-forte* etw ist/wird radiert; ■ **qn grave qc** TYP jd druckt etw; ■ **qn fait ~ qc** *cartes de visite* jd lässt etw drucken; ***elle a fait ~ son nom sur la bague*** sie hat ihren Namen in den Ring eingravieren lassen
2. (*garder la trace*) ■ **qn grave qc dans qc**: ***il grava cette scène dans sa mémoire*** er prägte sich (*dat*) diese Szene fest ein; ■ **qc est gravé(e) dans** [*o* **sur**] **qc**: ***qc est gravé(e) dans mon esprit*** etw hat sich mir fest eingeprägt, etw hat sich mir tief ins Gedächtnis [ein]gegraben; ***ses années de prison sont gravées à jamais sur son visage*** die Jahre der Haft haben ihn/sie für immer gezeichnet
II. *vpr* ■ **qc se grave dans** [*o* **sur**] **qc**: ***un détail s'est gravé dans sa mémoire*** eine Einzelheit hat sich ihm fest eingeprägt [*o* hat sich ihm tief ins Gedächtnis [ein]gegraben]

graveur, -euse [gʀavœʀ, -øz] *m, f* ART Graveur(in) *m(f);* ***il est ~ à l'eau-***

-forte er ist Radierer
◆ **graveur de CD-ROM** INFORM CD-ROM-Brenner *m*
gravide [gʀavid] *adj* trächtig
gravier [gʀavje] *m* 1. ∅ Kies *m; **une allée de** ~* ein Kiesweg *m*
2. (*petit caillou*) [kleiner] Kiesel[stein]
3. GEOL Kies *m*
gravillon [gʀavijɔ̃] *m* 1. ∅ (*revêtement*) [*route*] Splitt *m;* [*jardin*] Kies *m*
2. *souvent pl* (*petit caillou*) Kieselstein *m; **attention, risque de projection de ~s!*** Vorsicht Rollsplitt!
gravillonner <1> [gʀavijɔne] *vt* ■ **qn gravillonne qc** jd streut Splitt auf etw (*akk*)
gravir <8> [gʀaviʀ] *vt* 1. (*grimper*) ■ **qn gravit qc** jd klettert auf etw (*akk*) [hinauf]; ***elle gravit péniblement la côte avec son vélo*** sie kämpfte sich mit ihrem Fahrrad den Berg hoch
2. (*franchir*) ■ **qn gravit qc** *degré* jd rückt etw [hin]auf; ***qn gravit les échelons de la hiérarchie professionnelle*** jd kommt beruflich [*o* im Beruf] vorwärts, jd steigt auf der Karriereleiter nach oben; ***qn gravit les échelons de la hiérarchie sociale*** jd steigt gesellschaftlich auf
gravitation [gʀavitasjɔ̃] *f* ∅ Gravitation *f; **loi de la ~ universelle*** Gravitationsgesetz *nt*
gravité [gʀavite] *f* 1. ∅ (*solennité*) Ernst *m;* [*ton a.*] Feierlichkeit *f; **il nous regardait avec ~*** er sah uns mit ernster Miene an
2. ∅ (*importance*) [*faute, sanction*] Schwere *f;* [*catastrophe*] Ausmaß *nt; **il ne voit pas la ~ du problème*** er sieht nicht wie ernst dieses Problem ist
3. ∅ (*caractère dangereux*) Schwere *f;* [*situation, moment*] Ernst *m; **un accident sans ~*** ein leichter Unfall
4. ∅ PHYS Schwerkraft *f; **les lois de la ~*** die Gravitationsgesetze
graviter <1> [gʀavite] *vi* 1. PHYS, ASTRON ■ **qc gravite autour de qc** etw dreht sich [*o* kreist] um etw
2. ■ **qn gravite autour de qn** jd ist ständig um jdn, jd weicht jdm nicht von der Seite; ■ **qn gravite dans** [*o* **autour de**] **qc**: ***elle gravite dans les milieux diplomatiques/autour du pouvoir*** sie verkehrt in diplomatischen/einflussreichen Kreisen; ■ **qc gravite dans qc**: ***pays qui gravite dans l'orbite d'une grande puissance*** Land im Einflussbereich einer Großmacht
gravure [gʀavyʀ] *f* 1. ∅ (*technique*) (*en général*) Gravierkunst *f;* (*en joaillerie*) Gravieren *nt,* Gravierung *f;* (*sur cuivre*) Kupferstich *m;* (*sur bois*) Holzschnitt *m;* (*à l'eau-forte*) Radieren *nt,* Radierung *f*
2. (*œuvre*) (*en général*) Gravüre *f;* (*en joaillerie*) Gravur *f;* (*sur cuivre*) Kupferstich *m;* (*sur bois*) Holzschnitt *m;* (*à l'eau-forte*) Radierung *f*
3. (*reproduction*) Stich *m*
◆ **gravure de mode** Modezeichnung *f; **elle avait l'air d'une ~ de mode*** sie sah aus wie aus einer Modezeitschrift
gré [gʀe] *loc* ▶ **de ~ ou de <u>force</u>** ob jd will oder nicht, wohl oder übel; **de <u>bon</u> ~** gern, bereitwillig; **<u>bon</u> ~ <u>mal</u> ~** ob jd will oder nicht, wohl oder übel; **de <u>mauvais</u> ~** widerwillig; **de mon/son/... <u>plein</u> ~** freiwillig, aus freien Stücken; **qc <u>est</u> au ~ de qn** etw ist nach jds Geschmack, etw sagt jdm zu; **qn <u>sait</u> ~ à qn de qc** *soutenu* jd ist jdm für etw verbunden *geh,* jd weiß jdm Dank für etw *veraltet geh; **je vous saurais ~ de frapper avant d'entrer*** ich wäre Ihnen dankbar [*o* verbunden *geh*], wenn Sie erst anklopfen würden; **qn <u>trouve</u> qn/qc à son ~** jd findet jdn/etw nach seinem Geschmack; **<u>à</u> ton/votre ~** wie es dir/Ihnen beliebt, wie du willst/wie Sie wollen; **<u>au</u> ~ de qn** (*de l'avis de*) jds Meinung [*o* Ansicht] nach; (*selon les désirs de*) nach Belieben [*o* Wunsch]; **<u>au</u> ~ de qc**: ***qc flotte au ~ de qc*** *du vent* etw weht in etw (*dat*); *de l'eau* etw treibt auf etw (*dat*); ***la feuille/le cerf-volant vole au ~ du vent*** das Blatt treibt im Wind/der Drachen segelt mit dem Wind; ***il vagabondait au ~ de sa fantaisie*** er trieb sich nach Lust und Laune herum; ***au ~ des événements*** [*o* ***circonstances***] je nach den Ereignissen [*o* Umständen]; **<u>contre</u> le ~ de qn** gegen jds Willen; ***il a obéi contre son ~*** er gehorchte widerwillig; **<u>de</u> ~ à ~** gütlich, in gegenseitigem Einvernehmen
grec, grecque [gʀɛk] I. *adj* 1. (*propre à la Grèce*) griechisch
2. (*venant de Grèce*) aus Griechenland; ***le vainqueur est ~*** der Sieger kommt aus Griechenland
▶ **<u>à</u> la grecque** auf griechische Art
II. *m* (*langue*) Griechisch *nt; **le ~ ancien et le ~ moderne*** Altgriechisch und Neugriechisch
III. *m, f* ■ **Grec(Grecque)** Grieche/Griechin *m/f*
Grèce [gʀɛs] *f* ■ **la Grèce** Griechenland *nt*
gréco-romain, e <~-~s> [gʀekoʀɔmɛ̃, ɛn] *adj* griechisch-römisch
grecque [gʀɛk] *f* Mäander *m*
gréement [gʀemɑ̃] *m* ∅ (*action*) Takelung *f,* Auftakeln *nt;* (*matériel*) Takelage *f* [-'laːʒə]
green [gʀin] *m* Green [griːn] *nt*
gréer <1> [gʀee] *vt* ■ **qn grée qc** jd takelt etw auf
greffage [gʀefaʒ] *m* ∅ Veredelung *f,* Pfropfen *nt,* Pfropfung *f*
greffe¹ [gʀɛf] *f* 1. BOT (*greffage*) Veredelung *f,* Pfropfen *nt,* Pfropfung *f; **la ~ en écusson*** das Okulieren, die Okulation; ***la ~ en fente*** das Spaltpfropfen
2. (*greffon*) Pfropfreis *nt,* Edelreis *nt*
3. MED Transplantation *f,* Verpflanzung *f;* [*peau a.*] Übertragung *f; **~ d'organe*** Organtransplantation, Organverpflanzung; ***une ~ a pris*** eine Transplantation ist gelungen
greffe² [gʀɛf] *m* Geschäftsstelle *f* des Gerichts
greffer <1> [gʀefe] I. *vt* 1. BOT ■ **qn greffe qc** jd veredelt etw; ■ **qn greffe qc sur qc** jd pfropft etw auf etw (*akk*)
2. MED ■ **qn greffe qc à qn** jd transplantiert jdm etw
II. *vpr* ■ **qc se greffe sur qc** /*difficultés, complications*/ etw kommt zu etw hinzu
greffier, -ière [gʀefje, -jɛʀ] *m, f* Justizbeamter/-beamtin *m/f*
greffon [gʀefɔ̃] *m* 1. BOT Pfropfreis *nt,* Edelreis *nt*
2. MED Transplantat *nt*
grégaire [gʀegɛʀ] *adj* Herden-
grégorien, ne [gʀegɔʀjɛ̃, jɛn] I. *adj* gregorianisch
II. *m* ∅ gregorianischer Gesang
grêle¹ [gʀɛl] *adj membre, silhouette* lang und dünn; *apparence* schmächtig; *son* hoch und dünn; *voix* zart
grêle² [gʀɛl] *f* Hagel *m; **averse de ~*** Hagelschauer *m;* ■ **~ de qc** *de pierres, balles* -hagel; ***une ~ de coups s'abattit sur l'enfant*** Schläge prasselten auf das Kind nieder
grêlé, e [gʀele] *adj* pockennarbig
grêler <1> [gʀele] *vi impers* ■ **il grêle** es hagelt
grêlon [gʀɛlɔ̃] *m* Hagelkorn *nt*
grelot [gʀəlo] *m* Schelle *f,* kleines Glöckchen
grelottement [gʀəlɔtmɑ̃] *m* (*léger tremblement*) [leichtes] Zittern; (*fort tremblement*) Schlottern *nt; **~ de fièvre*** Schüttelfrost *m*
grelotter <1> [gʀəlɔte] *vi* 1. (*trembler*) ■ **qn grelotte** [**de qc**] (*légèrement*) jd zittert [vor etw (*dat*)]; (*fortement*) jd schlottert [vor etw (*dat*)]; ***qn grelotte de fièvre*** jd hat Schüttelfrost; ***qn grelotte de froid*** jd zittert [*o* schlottert] vor Kälte
2. *littér* (*résonner*) ■ **qc grelotte** etw klingelt [*o* läutet]
greluche [gʀəlyʃ] *f péj fam* Tussi *f*
grenade [gʀənad] *f* 1. BOT Granatapfel *m*
2. MIL Granate *f; ~ **lacrymogène/incendiaire/fumigène*** Tränengas-/Brand-/Rauchgranate
grenadier [gʀənadje] *m* 1. BOT Granatapfelbaum *m*
2. MIL Grenadier *m*
grenadine [gʀənadin] *f* (*sirop*) Grenadine *f; **un diabolo ~*** *Limonade mit Granatapfelsirup*
grenaille [gʀənɑj] *f* ∅ (*grains de métal*) Schrot *nt o m*
grenat [gʀəna] I. *m* Granat *m*
II. *app inv* granatfarben
grenier [gʀənje] *m* 1. [*maison*] Speicher *m,* [Dach]boden *m; **qn fouille de la cave au ~*** jd durchsucht das ganze Haus
2. [*ferme*] Speicher *m; ~ **à blé*** Kornspeicher, Getreidespeicher; *~ **à foin*** [*o* ***fourrage***] Heuboden *m*
3. *littér* (*région fertile*) Kornkammer *f liter*
grenouille [gʀənuj] *f* 1. Frosch *m*
2. *fam* (*météo*) Wetterfrosch *m*
◆ **grenouille de bénitier** *fam* Betbruder/-schwester *m/f fam*
grenouillère [gʀənujɛʀ] *f* Strampelhose *f*
grenu, e [gʀəny] *adj peau* nicht ebenmäßig; *marbre, papier* körnig, gekörnt; *cuir* narbig, genarbt; *roche* mit sichtbaren Kristallen
grès [gʀɛ] *m* 1. MINER Sandstein *m; ~ **siliceux/ferrugineux*** Kiesel-/Eisensandstein
2. (*poterie*) Steingut *nt; **une cruche de ~*** [*o* ***en ~***] ein Steinkrug *m*
grésil [gʀezil] *m* ∅ METEO Graupeln *pl*
grésillement [gʀezijmɑ̃] *m* [*friture*] Brutzeln *nt;* [*radio, haut-parleur*] Knistern *nt,* Rauschen *nt;* [*téléphone*] Knacken *nt*
grésiller¹ <1> [gʀezije] *vi* ■ **qc grésille** /*huile, friture*/ etw brutzelt; /*interrupteur, radio, haut-parleur*/ etw knistert, etw rauscht; /*téléphone*/ etw knackt; /*disque*/ etw kratzt
grésiller² <1> [gʀezije] *vi impers* METEO ■ **il grésille** es graupelt
grève¹ [gʀɛv] *f* Streik *m; **appel à la ~*** Streikaufruf *m; **déclenchement d'une ~*** Streikausbruch *m*
▶ **~ <u>surprise</u>** Blitzstreik *m;* **~ sur le <u>tas</u>** Sitzstreik *m;* **~ <u>générale</u>** Generalstreik *m;* **~ <u>perlée</u>** Bummelstreik *m;* **~ <u>sauvage</u>** wilder Streik; **~ <u>tournante</u>** *die Belegschaftsgruppen streiken abwechselnd;* **qn <u>est</u> en ~** jd streikt; **qn <u>fait</u>** [**la**] **~** jd streikt; **qn se <u>met</u> en ~** jd tritt in den Streik [*o* Ausstand]; **<u>en</u> ~** *entreprise, usine* bestreikt; *ouvrier* streikend
◆ **grève bouchon** Schwerpunktstreik *m;* **grève d'avertissement** Warnstreik *m;* **grève de la faim** Hungerstreik *m;* **grève du zèle** Bummelstreik *m*
grève² [gʀɛv] *f soutenu* (*rivage*) Gestade *nt geh*
grever <4> [gʀəve] *vt* ■ **qc grève qc** etw belastet etw; ■ **qn grève qn/qc de qc** jd belastet jdn/etw mit etw
gréviste [gʀevist] *mf* Streikende(r) *f(m); **les ~s de la faim*** die Menschen im Hungerstreik
gribouillage [gʀibujaʒ] *m* Gekritzel *nt,* Kritzelei *f fam; **les enfants ont fait des ~s sur les murs*** die Kinder haben auf die Wände gekritzelt
gribouiller <1> [gʀibuje] I. *vi* ■ **qn gribouille** [**sur qc**] jd kritzelt [auf etw (*akk*)]; ***quand elle s'ennuyait pendant les réunions, elle gribouillait*** wenn sie sich während der Sitzungen langweilte, kritzelte sie vor sich hin
II. *vt* ■ **qn gribouille qc** [**sur qc**] jd kritzelt etw [auf etw (*akk*)]; ■ **qn gribouille qc** [**à qn**] jd kritzelt [jdm] etw [hin]; ***le message était gribouillé*** die Nachricht war hingekritzelt; ***l'enfant avait gribouillé des dessins sur son cahier*** das Kind hatte Zeichnungen auf sein Heft gekritzelt
gribouilleur, -euse [gʀibujœʀ, -jøz] *m, f* (*écrivain*) Schreiberling *m;* (*peintre*) Farbenkleckser(in) *m(f)*
gribouillis [gʀibuji] *m v.* **gribouillage**
grief [gʀijɛf] *m* [Grund *m* [*o* Anlass *m*] zur] Klage *f,* Beschwerde *f*
▶ **qn <u>a</u> des ~s contre qn** jd hat jdm gegenüber Grund [*o* Anlass] zur Klage, jd hat jdm gegenüber Beschwerden vorzubringen; **qn <u>fait</u> ~ à qn de qc/d'avoir fait qc** *soutenu* jd wirft jdm etw vor/vor etw getan zu haben; **qn <u>formule</u> ses ~s contre qn** jd bringt seine Beschwerden [*o* Klagen] gegen jdn vor; **qn <u>nourrit</u> des ~s contre qn** jd hegt einen tiefen Groll gegen jdn
grièvement [gʀijɛvmɑ̃] *adv* schwer
griffe [gʀif] *f* 1. [*mammifère, oiseau*] Kralle *f;* [*prédateur*] Klaue *f; **coup de ~*** Krallenhieb *m; **le chat sort ses ~s*** die Katze zeigt ihre Krallen; ***le chat rentre ses ~s*** die Katze zieht ihre Krallen ein; ***le tigre plante ses ~s dans***

qc der Tiger schlägt seine Klauen in etw (*akk*)
2. (*marque*) [*couturier*] Etikett *nt* [im Kleidungsstück]; [*fabricant*] Markenzeichen *nt*, Zeichen *nt* des Herstellers; (*signature*) [*ministre, haut personnage*] Unterschrift *f*; ***cet article porte sa*** ~ dieser Artikel trägt seinen Stempel; ***on reconnaît là sa*** ~ man erkennt hier seinen/ihren Stil
▸ **toutes ~s dehors** aggressiv, die Konfrontation suchend; **qn arrache qn des ~s de qn** jd befreit jdn aus jds Klauen; **qn est entre les ~s de qn** [*o* **sous la ~ de qn**] jd ist in jds Klauen (*dat*) *fam*, jd ist in jds Händen [*o* Gewalt] (*dat*); **un animal fait ses ~s** ein Tier wetzt die Krallen; **qn montre** [*o* **sort**] **ses/les ~s** jd zeigt die Krallen *fam*; **qn rentre ses/les ~s** jd zieht die Krallen ein *fam*; ***ma lettre lui a fait rentrer ses ~s*** mein Brief hat ihn/sie versöhnlich gestimmt; **qn tombe entre les ~s de qn** [*o* **sous la ~ de qn**] jd gerät in jds Klauen (*akk*) *fam*

griffé, e [gʀife] *adj vêtement* mit dem Etikett des Herstellers

griffer <1> [gʀife] **I.** *vt* ■ **un animal/qn griffe qn** ein Tier/jd kratzt jdn; ■ **qn/qc griffe qc** jd/etw zerkratzt etw; ***les ronces ont griffé ses jambes*** seine/ihre Beine sind von den Brombeersträuchern zerkratzt
II. *vi* ■ **un animal griffe** ein Tier kratzt

griffon [gʀifɔ̃] *m* **1.** (*chien*) Griffon *m*
2. (*vautour*) [Gänse]geier *m*
3. MYTH Greif *m*

griffonnage [gʀifɔnaʒ] *m* (*écriture*) Gekritzel *nt*; (*dessin*) Kritzelei *f*

griffonner <1> [gʀifɔne] **I.** *vi* ■ **qn griffonne [sur qc]** jd kritzelt [auf etw (*akk*)]; ***quand elle s'ennuyait, elle griffonnait sur son bloc-notes*** wenn sie sich langweilte, kritzelte sie auf ihrem Notizblock herum
II. *vt* ■ **qn griffonne qc [à qn] [sur qc]** jd kritzelt [jdm] etw [auf etw (*akk*)]; ■ **qn griffonne qc [à qn]** jd kritzelt [jdm] etw hin; ***il griffonne des dessins n'importe où*** er bekritzelt alles mit Zeichnungen *fam*

griffure [gʀifyʀ] *f* (*égratignure*) Kratzer *m*; (*coup de griffe*) Krallenhieb *m*

grignotage [gʀiɲɔtaʒ] *m* [*libertés*] allmähliche Einschränkung; [*capital*] allmähliche Aufzehrung; [*salaires*] Schwinden *nt*; [*majorité*] allmähliche Untergrabung [*o* Schwächung]; [*espaces verts*] allmähliches Verschwinden

grignotement [gʀiɲɔtmɑ̃] *m* Knabbern *nt*

grignoter <1> [gʀiɲɔte] **I.** *vi* **1.** (*manger peu*) ■ **qn grignote** jd isst eine Kleinigkeit; *biscuits à apéritif* jd knabbert etw
2. (*manger*) ■ **un animal grignote** ein Tier knabbert
II. *vt* **1.** (*manger petit à petit*) ■ **qn grignote qc** jd knabbert etw
2. (*pour les animaux*) ■ **un animal grignote qc** (*ronger*) ein Tier knabbert an etw (*dat*) [herum]; (*manger entièrement*) ein Tier knabbert etw auf
3. (*restreindre*) ■ **qn/qc grignote qc** *libertés* jd schränkt etw allmählich [*o* nach und nach] ein; *capital* etw zehrt etw allmählich [*o* nach und nach] auf; *salaires* durch etw schwindet etw; *espaces verts* jd reduziert etw immer mehr/etw verdrängt etw mehr und mehr
4. (*rattraper*) ■ **qn grignote qn/qc** *adversaire* jd kommt [immer näher] an jdn heran; *retard technologique* jd holt etw auf
5. (*recueillir ça et là*) ■ **qn grignote qc** *argent* jd ergattert etw *fam*; *avantages, droits* jd schlägt etw heraus *fam*

grigou [gʀigu] *m fam* Geizkragen *m fam*

grigri [gʀigʀi] *m* Talisman *m*

gril [gʀil] *m* Grill *m*; ***faire cuire de la viande sur le*** [*o* ***au***] ~ Fleisch grillen; ***bifteck cuit sur le*** ~ gegrilltes Steak [ste:k, ʃte:k]
▸ **qn est sur le ~** jd sitzt wie auf heißen [*o* glühenden] Kohlen *fam*

grill <s> [gʀil] *m abr de* **grill-room** Grillrestaurant *nt*

grillade [gʀijad] *f* gegrilltes Stück Fleisch, Grillade *f*; ***nous allons faire des ~s dimanche*** wir grillen nächsten Sonntag; ***elle ne mange que des ~s*** sie isst nur Gegrilltes

grillage [gʀijaʒ] *m* (*treillis*) [Draht]gitter *nt*; (*clôture*) Drahtzaun *m*; ~ ***en bois*** hölzernes Gitter, Holzgitter

grillager <2 a> [gʀijaʒe] *vt* ■ **qn grillage qc** *fenêtre* jd vergittert etw; *terrain, jardin* jd zäunt etw ein; ***des fenêtres grillagées*** vergitterte Fenster, Gitterfenster

grille [gʀij] *f* **1.** (*clôture*) Drahtzaun *m*; (*porte*) Gittertür *f*
2. [*cellule*] Gitterstäbe *pl*; [*fenêtre a.*] Gitter *nt*; [*parloir*] Sprechgitter [*château fort*] Fallgitter, Fallgatter *nt*; [*égout*] Gitterrost *m*; [*poêle à charbon, four*] [Feuer]rost *m*; [*radiateur de voiture*] Luftschlitz *m*
3. (*planning*): ***la ~ des horaires*** der Stundenplan; ***la ~ des horaires des trains*** der [Zug]fahrplan; ~ ***des rémunérations*** [*o* ***salaires***] Besoldungstabelle *f*; ~ ***des tarifs*** Tariftabelle *f*; ***la ~ des programmes de radio/de télévision*** der Ablaufplan fürs Radio/Fernsehen
4. JEUX: ~ ***de mots croisés/loto*** Kästchen *pl* des Kreuzworträtsels/Lottoscheins; ***voici notre nouvelle ~ de mots croisés*** hier unser neues Kreuzworträtsel; ***remplissez votre ~ de loto avant lundi*** füllen Sie Ihren Lottoschein vor Montag aus
5. (*système d'analyse*) Entschlüsselungsschema *nt*, Entschlüsselungshilfe *f*
6. ELEC Gitter *nt*

grille-pain [gʀijpɛ̃] *m inv* Toaster ['to:ste] *m*

griller <1> [gʀije] **I.** *vi* **1.** GASTR ■ **qn fait ~ qc** *café, châtaignes* jd röstet etw; *pain a.* jd toastet etw; *viande, poisson* jd grillt etw; ■ **qc grille** /*café, châtaignes*/ etw wird geröstet; /*pain a.*/ etw wird getoastet, etw ist im Toaster; /*viande, poisson*/ etw wird gegrillt, etw liegt auf dem Grill; ***on a mis les côtelettes à*** ~ wir haben die Koteletts auf den Grill gelegt; ***il met les châtaignes à*** ~ er legt die Kastanien auf den Rost [*o* aufs Feuer]
2. (*être impatient de*): ***qn grille d'envie/d'impatience de faire qc*** jd brennt darauf, etw zu tun
3. *fam* (*avoir trop chaud*) ■ **qn grille** jd kommt vor Hitze fast um
II. *vt* **1.** GASTR ■ **qn grille qc** *café, châtaignes* jd röstet etw; *pain a.* jd toastet etw; *viande, poisson* jd grillt etw; ***des marrons grillés*** heiße Maroni
2. (*détruire*) ■ **qc grille qc** /*soleil, feu*/ etw verbrennt etw; ***le gel a grillé les bourgeons*** die Knospen sind in der Kälte erfroren
3. ELEC *fam* (*mettre hors d'usage*) ■ **qc est grillé(e)** etw ist durchgebrannt
4. *fam* (*devancer*) ■ **qn grille qn** jd überrundet jdn; *dans la vie professionnelle/amoureuse* jd sticht jdn aus; ■ **qn grille qc** *feu rouge, stop* jd überfährt etw
5. *fam* (*fumer*) ■ **qn grille qc** jd pafft etw *fam*
▸ **qn est grillé(e)** *fam* jd ist erledigt *fam*

grillon [gʀijɔ̃] *m* Grille *f*; ***un ~ chante*** eine Grille zirpt

grill-room <~-~s> [gʀilʀum] *m v.* **grill**

grimaçant, e [gʀimasɑ̃, ɑ̃t] *adj* [fratzenhaft] verzerrt

grimace [gʀimas] *f* **1.** Grimasse *f*, Fratze *f*; ~ ***de douleur*** schmerzverzerrtes Gesicht; ~ ***de colère*** wutverzerrtes Gesicht; ~ ***de désapprobation*** missbilligende Miene; ~ ***de dégoût*** angewiderte Miene
2. *pl* [*clown, enfant*] Grimassen *pl*, Fratzen *pl*; ***faire des ~s*** Grimassen [*o* Fratzen] schneiden [*o* machen]
3. *pl littér* (*minauderies*) Getue *nt*, Gehabe *nt*
▸ **qn fait la ~** jd verzieht das Gesicht

grimacer <2> [gʀimase] **I.** *vi* ■ **qn grimace [de qc]** jd verzieht das Gesicht [vor etw (*dat*)]; /*clown*/ jd schneidet [*o* macht] Grimassen [*o* Fratzen]; ***le soleil le faisait ~*** wegen der Sonne blinzelte er
II. *vt littér* ■ **qn grimace qc** *sourire* jd zwingt sich zu etw, jd verzieht das Gesicht [*o* den Mund] zu etw; *bonjour* jd bringt etw gezwungen heraus, jd presst [sich (*dat*)] etw heraus; ***qn grimace des remerciements*** jd bedankt sich mit einem gezwungenen Lächeln

grimacier, -ière [gʀimasje, -jɛʀ] *adj* ■ **qn est ~** jd ist ein Grimassenschneider [*o* Fratzenschneider]

grimer <1> [gʀime] **I.** *vt* ■ **qn grime qn** jd schminkt jdn
II. *vpr* ■ **qn se grime** jd schminkt sich

grimoire [gʀimwaʀ] *m* **1.** (*livre de magie*) Zauberbuch *nt*
2. (*écrit inintelligible*) unverständliches Schriftstück; (*écrit illisible*) unleserliches [*o* schwer lesbares] Schriftstück

grimpant, e [gʀɛ̃pɑ̃, ɑ̃t] *adj plante, rosier* Kletter-

grimpée [gʀɛ̃pe] *f* ■ **la ~ [de qc]** der Aufstieg [auf etw (*akk*)]; (*à pied*) (*randonnée*) die Besteigung [einer S. (*gen*)]; (*escalade*) die Klettertour [auf etw (*akk*)]; (*à bicyclette*) die Bergfahrt [auf etw (*akk*)]; ***la ~ du col du Tourmalet*** der Aufstieg zum Pass des Tourmalet

grimper <1> [gʀɛ̃pe] **I.** *vi* **1.** (*monter*) ■ **qn/un animal grimpe [sur qc]** /*alpiniste, singe, chamois*/ *sur une parois* jd/ein Tier klettert [etw hinauf [*o* hoch]]; ■ **qn/un animal grimpe sur/à qc/grimpe dans qc** jd/ein Tier klettert auf etw (*akk*)/klettert in etw (*akk*); ■ **qc grimpe le long de qc** /*plante*/ etw rankt sich an etw (*dat*) empor [*o* in die Höhe]
2. (*s'élever*) ■ **qc grimpe** /*chemin*/ etw steigt an; ***le sentier grimpe dans la montagne*** der Weg geht ins Gebirge hinauf; ***ça grimpe dur*** es geht steil bergauf
3. *fam* (*augmenter rapidement*) ■ **qc grimpe** etw klettert [*o* steigt] [in die Höhe]
II. *vt* (*monter*) ■ **qn grimpe qc** *escalier, étage* jd steigt etw hinauf [*o* hoch]; *côte a.* jd klettert etw hinauf [*o* hoch], jd besteigt etw; (*à vélo, en voiture*) jd fährt etw hinauf [*o* hoch]; ■ **qc grimpe qc** /*voiture*/ etw fährt etw hinauf [*o* hoch]; ***la voiture/le randonneur grimpait péniblement la côte*** das Auto/der Wanderer kam nur mühsam den Berg hoch
III. *m* SPORT Klettern *nt* [mit dem Seil]

grimpette [gʀɛ̃pɛt] *f fam* kurzer Aufstieg

grimpeur, -euse [gʀɛ̃pœʀ, -øz] **I.** *adj* Kletter-
II. *m, f* **1.** (*alpiniste*) Kletterer/Kletterin *m/f*
2. (*cycliste*) Bergfahrer(in) *m(f)*

grinçant, e [gʀɛ̃sɑ̃, ɑ̃t] *adj* **1.** *charnière, essieux, ton* quietschend; *voix, musique* schrill
2. *ironie, humour* beißend, gallig

grincement [gʀɛ̃smɑ̃] *m* [*roue, poulies, porte*] Quietschen *nt*; [*plume*] Kratzen *nt*
◆ **grincements de dents** Zähneknirschen *nt*

grincer <2> [gʀɛ̃se] *vi* ■ **qc grince** /*roue, poulie, porte*/ etw quietscht; /*porte, lit a., parquet*/ etw knarrt; /*plume*/ etw kratzt
▸ **qn grince des dents** jd knirscht mit den Zähnen

grincheux, -euse [gʀɛ̃ʃø, -øz] **I.** *adj enfants* quengelig; *personne* mürrisch, griesgrämig; ***qn est d'humeur ~euse*** jd ist übellaunig [*o* schlecht gelaunt]
II. *m, f* mürrischer [*o* griesgrämiger] Mensch, Griesgram *m*

gringalet [gʀɛ̃galɛ] *m péj* mickriges [*o* schmächtiges] Kerlchen

griotte [gʀijɔt] *f* Weichselkirsche *f*

grippage [gʀipaʒ] *m* Klemmen *nt*, Festsitzen *nt*; [*moteur*] Festfressen *nt*; [*système*] Stockung *f*

grippal, e <-aux> [gʀipal, o] *adj virus* Grippe-; *état* grippal

grippe [gʀip] *f* Grippe *f*; ***une épidémie de ~*** eine Grippeepidemie, eine Grippewelle; ***une bonne*** [*o* ***mauvaise***] ~ eine heftige Grippe; ***qn attrape la ~*** jd bekommt die Grippe, jd holt sich (*dat*) die Grippe *fam*; ***qn a la ~*** jd hat [die] Grippe
▸ ~ **asiatique** asiatische Grippe; ~ **espagnole** spanische Grippe; ~ **intestinale** Darmgrippe *f*; **qn prend qn en ~** jd kann jdn nicht mehr leiden [*o* ausstehen]

grippé, e [gʀipe] *adj* grippekrank; ***qn est ~*** jd hat [die] Grippe

gripper <1> [gʀipe] **I.** *vi* ■ **qc grippe** etw klemmt, etw sitzt fest; /*moteur*/ etw frisst sich fest; /*système*/ etw stockt
II. *vpr* ■ **qc se grippe** etw klemmt, etw sitzt fest; /*moteur*/ etw frisst sich fest; /*système*/ etw stockt

grippe-sou <~-~s> [gʀipsu] **I.** *m fam* Pfennigfuchser(in) *m(f) fam*
II. *adj inv fam*: ***il/elle est assez ~~*** er/sie ist ein ganz schöner/ziemlicher Pfennigfuchser/eine ziemliche Pfennigfuchserin *fam*

gris, e [gʀi, gʀiz] **I.** *adj* **1.** grau; *ton a.* Grau-; ***qc est ~ de poussière*** etw

ist mit Staub bedeckt
2. METEO (*couvert*) grau; *temps a.* trüb; *ciel a.* verhangen
3. (*morne*) grau; *vie a.* öde, eintönig; *pensées a.* düster
4. (*éméché*) blau *fam*
▶ ~ **acier** [*o* **fer**] stahlgrau; ~ **anthracite** anthrazitfarben; ~ **ardoise** schiefergrau; ~ **perle** perlgrau; **cheval** ~ **pommelé** Apfelschimmel *m;* ~ **souris** mausgrau
II. *m* Grau *nt*
grisaille [ɡʀizɑj] *f* 1. ∅ (*ennui*) Öde *f,* Eintönigkeit *f;* ***la ~ de la vie quotidienne*** der graue Alltag
2. (*couleur*) [*horizon, aube, paysage*] Grau *nt;* ***la ~ d'hiver*** das winterliche Grau
grisant, e [ɡʀizɑ̃, ɑ̃t] *adj vin, succès* berauschend; *odeur, parfum, femme* betörend
grisâtre [ɡʀizɑtʀ] *adj* gräulich; *existence, vie* öde, eintönig
gris-bleu [ɡʀiblø] *adj inv* graublau
grisé [ɡʀize] *m* Schraffur *f,* Schraffierung *f,* schraffierte Fläche
griser <1> [ɡʀize] I. *vt* 1. (*enivrer*) ■ **qc grise** [**qn**] etw macht [jdn] betrunken, etw steigt [jdm] zu Kopf
2. (*exciter*) ■ **qc grise** [**qn**] etw berauscht [jdn]; ***il se laisse ~ par la vitesse*** er verfällt dem Geschwindigkeitsrausch
3. (*étourdir*) ■ **qc grise** [**qn**] /*flatteries*/ etw steigt [jdm] zu Kopf; /*succès a.*/ etw berauscht [jdn]; /*bonheur*/ etw macht [jdn] [be]trunken; ■ **qn se laisse ~ par qc**: ***elle se laisse ~ par le succès*** der Erfolg steigt ihr zu Kopf[e] [*o* berauscht sie]; ■ **qn grise qn de qc** jd reißt jdn durch etw mit
II. *vpr* 1. (*s'enivrer*) ■ **qn se grise avec qc** jd berauscht [*o* betrinkt] sich an etw (*dat*)
2. (*s'étourdir*) ■ **qn se grise de qc** jd berauscht sich an etw (*dat*)
3. (*s'exalter*) ■ **qn se grise de qc** jd lässt sich von etw mitreißen
griserie [ɡʀizʀi] *f* ∅ (*état*) Rausch *m;* (*action*) Berauschen *nt;* ■ ~ **de qc** -rausch
gris-gris [ɡʀiɡʀi] *m v.* **grigri**
grisonnant, e [ɡʀizɔnɑ̃, ɑ̃t] *adj personne* leicht ergraut; *cheveux, tempes a.* angegraut; *cheveux a.* graumeliert
grisonnement [ɡʀizɔnmɑ̃] *m* ∅ leichter Grauton; (*action*) Grauwerden *nt;* ***il avait un léger ~ sur les tempes*** er hatte leicht ergraute [*o* angegraute] Schläfen
grisonner <1> [ɡʀizɔne] *vi* ■ **qn/qc grisonne** jd/etw ergraut [*o* wird grau]; ***il grisonne beaucoup ces derniers temps*** er bekommt in letzter Zeit sehr viel graue Haare [*o* sehr viel graues Haar]
Grisons [ɡʀizɔ̃] *mpl* ■ **les Grisons** Graubünden *nt*
grisou [ɡʀizu] *m* Grubengas *nt,* Schlagwetter *nt;* ***coup de ~*** Schlagwetterexplosion *f*
gris-vert [ɡʀivɛʀ] *adj inv* graugrün
grive [ɡʀiv] *f* Drossel *f;* ***~ musicienne*** Singdrossel
grivèlerie [ɡʀivɛlʀi] *f* ∅ Zechprellerei *f*
grivois, e [ɡʀivwa, waz] *adj* schlüpfrig, anzüglich
grivoiserie [ɡʀivwazʀi] *f* (*parole, histoire*) schlüpfrige [*o* anzügliche] Geschichte; (*attitude, geste*) Anzüglichkeit *f*
grizzli *m,* **grizzly** [ɡʀizli] *m* Grislibär *m,* Grizzlybär *m*
grog [ɡʀɔɡ] *m* Grog *m*
groggy [ɡʀɔɡi] *adj inv* 1. *fam* groggy *fam;* ***après cinq coupes de champagne, elle était ~*** nach fünf Gläsern Champagner war sie hinüber *fam*
2. SPORT groggy *fam,* schwer angeschlagen
grognard [ɡʀɔɲaʀ] *m Soldat der Napoleonischen Garde*
grogne [ɡʀɔɲ] *f* ∅ *fam* Murren *nt*
grognement [ɡʀɔɲmɑ̃] *m* 1. [*cochon, sanglier*] Grunzen *nt,* Gegrunze *nt;* [*ours*] Brummen *nt,* Gebrumm *nt;* [*chien*] Knurren *nt,* Geknurr *nt*
2. [*personne*] Murren *nt,* Gemurre *nt;* ***il parlait juste par ~s*** er brummte nur vor sich hin
grogner <1> [ɡʀɔɲe] I. *vi* 1. ■ **un animal grogne** /*cochon, sanglier*/ ein Tier grunzt; /*ours*/ ein Tier brummt; /*chien*/ ein Tier knurrt
2. (*ronchonner*) ■ **qn grogne** jd murrt; /*enfant*/ jd quengelt; ■ **qn grogne contre** [*o* **après**] **qn** (*rouspéter*) jd murrt [*o* meckert *fam*] über jdn; ***il est toujours à ~ après sa femme*** er meckert ständig an seiner Frau herum *fam*
II. *vt* ■ **qn grogne qc** jd brummelt etw vor sich hin
grognon, ne [ɡʀɔɲɔ̃, ɔn] *adj* mürrisch; *personne a.* knurrig, brummig; *enfant* quengelig; ***un vieil homme ~*** ein alter Brummbär
groin [ɡʀwɛ̃] *m* 1. [*porc*] Schnauze *f;* [*sanglier*] Rüssel *m*
2. *fam* (*visage laid*) Fratze *f*
grolle [ɡʀɔl] *f fam* Schuh *m*
grommeler <3> [ɡʀɔmle] I. *vi* 1. ■ **un animal grommelle** ein Tier grunzt
2. ■ **qn grommelle** jd murrt; ***il grommelait dans sa barbe*** er murmelte [*o* brummte] in seinen Bart
II. *vt* ■ **qn grommelle qc** [**contre qn**] jd brummt etw [gegen jdn]
grommellement [ɡʀɔmɛlmɑ̃] *m* 1. [*sanglier*] Grunzen *nt*
2. (*bougonnement incompréhensible*) Gemurmel *nt;* (*expression de mécontentement*) Murren *nt,* Gemurre *nt;* ***arrêtez vos ~s!*** hört auf zu murren!, Schluss mit dem Gemurre!
grondement [ɡʀɔ̃dmɑ̃] *m* 1. [*canon*] Donner *m;* [*tonnerre*] Grollen *nt,* Rollen *nt;* [*torrent*] Brausen *nt,* Tosen *nt;* [*chien*] Knurren *nt;* [*moteur*] Dröhnen *nt*
2. ■ ~ **de qc**: ***les ~s de colère de la foule*** das Toben der Menge
gronder <1> [ɡʀɔ̃de] I. *vi* 1. ■ **un animal/qc gronde** /*chien*/ ein Tier knurrt; /*tonnerre*/ etw grollt, etw rollt; /*orage*/ etw tost; [*canon*] etw donnert; /*volcan*/ etw brodelt
2. (*être menaçant*) ■ **qc gronde** etw gärt; /*conflit*/ etw braut sich zusammen; ***la colère gronde en lui*** er kocht [*o* schäumt] vor Wut
II. *vt* ■ **qn gronde qn** jd schimpft jdn aus, jd schimpft mit jdm; ***tu vas te faire ~*** man wird dich ausschimpfen
grondeur, -euse [ɡʀɔ̃dœʀ, -øz] *adj* 1. ***d'un ton ~*** in wütendem Ton; ***sa voix était ~euse*** seine/ihre Stimme klang verärgert
2. *torrent, vent* tosend, brausend
groom [ɡʀum] *m* Page *m,* Hoteljunge *m*
gros, se [ɡʀo, ɡʀos] I. *adj* 1. a. *antéposé* (*de dimensions imposantes*) dick; *manteau a., camion, chaussures* schwer; *caractères d'imprimerie* fett; *lèvres, poitrine* voll; *lèvres* wülstig; *rate, foie* vergrößert; ***~ses joues*** dicke Backen *pl;* ■ ~ **comme qc** so groß wie etw, von der Größe einer S. (*gen*); ***~ comme le poing*** faustgroß
2. *antéposé* (*le plus important dans une classification*) groß; *bétail, gibier, calibre* Groß-; ***de ~ calibre*** großkalibrig
3. a. *antéposé* (*corpulent*) *personne* dick; ***~ et gras*** dick und fett; ***une ~se dondon*** *fam* eine dicke Nudel *fam;* ***~ comme une boule*** kugelrund
4. *antéposé* (*abondant*) *pluies, chute de neige* stark; *récolte* reich; (*prolongé*) *sécheresse* lang; (*grand*) groß; (*violent*) stark; *fièvre a.* hoch, heftig; *rhume a.* dick; (*profond*) *soupir* tief, schwer; (*sonore*) *voix* dröhnend, laut
5. *antéposé* (*considérable*) groß; *faute, erreur a.* schwer; *somme, dépenses a., salaire, frais* hohe(r, s); *affaire a.* gut, einträglich; (*généreusement mesuré*) *quart d'heure, kilo* gut; ***il achète par*** [*o* ***en***] ***~ses quantités*** er kauft große Mengen [*o* en gros]; ***~ consommateur*** Großverbraucher *m*
6. *antéposé* (*important*) Groß-; *dégâts* schwer; *opération a.* groß; ***un ~ client*** ein guter Kunde
7. *antéposé* (*passionné*) *mangeur* groß; *buveur* stark; *joueur* leidenschaftlich; *fainéant* groß; ***~ malin, va!*** du Schlaumeier [*o* Schlauberger]!; ***~ bêta*** [*o* ***nigaud***]***!*** du Dummkopf! *fam*
8. *antéposé* (*peu raffiné*) grob; *vin* gewöhnlich; *pull, couverture* dick; *plaisanterie a.* derb; *rire* laut, schallend; *bon sens* einfach, grobschlächtig; ***~ rouge*** billiger Rotwein
9. (*exagéré*) *histoire* übertrieben; ***c'est un peu ~!*** (*incroyable*) das ist ein bisschen zu dick aufgetragen!; (*scandaleux*) das ist ein starkes Stück
10. *antéposé* (*de base*) *industrie* Schwer-; *travaux* schwer, grob; ***~ œuvre*** Rohbau *m*
11. (*plein de*) ■ ~ **de qc**: ***qn a les yeux ~ de larmes*** jd hat Tränen in den Augen; ***qn a le cœur ~ de désirs*** jd hat das Herz voller Wünsche; ***son cœur est ~ de chagrin*** sein Herz ist schwer vor Kummer; ***une décision ~se de promesses*** eine hoffnungsvolle Entscheidung; ***un regard ~ de menaces*** ein drohender Blick; ***un incident ~ de conséquences*** ein folgenschweres Ereignis; ***la situation politique est ~se de menaces*** die politische Situation ist sehr bedrohlich
12. (*houleux*) *mer* schwer, hoch; ***la mer était ~se*** es herrschte hoher [*o* starker] Seegang [*o* Wellengang]; (*gonflé*) *rivière* angestiegen
II. *m, f* 1. (*personne corpulente*) Dicke(r) *f(m)*
2. *souvent pl fam* (*riche*) Reiche(r) *f(m);* ***les ~ s'en tirent toujours*** die Reichen kommen immer gut weg
▶ ~ **plein de soupe** *péj* Fettkloß *m fam,* Dickwanst *m fam;* **ma** ~**se** *hum fam* meine Süße *fam;* **mon** ~ *hum fam* mein Süßer *fam*
III. *m* 1. ∅ COM Großhandel *m,* Engroshandel *m;* ***commerçant*** [*o* ***marchand***] [*o* ***négociant***] ***en ~*** Großhändler *m,* Engroshändler *m;* ***entreprise de ~*** Großhandelsunternehmen *nt;* ***indice des prix de ~ et de détail*** Groß- und Einzelhandelsindex *m;* ***qn pratique des prix de ~*** jd verkauft zu Großhandelspreisen
2. ∅ (*la plus grande partie*) ■ **le ~ de …** der/die/das meiste …; ***le ~ du travail*** die Hauptarbeit, der Großteil der Arbeit; ***le ~ de la troupe*** das Gros der Truppe, die Haupttruppe; ***le ~ de l'assistance*** die große Mehrheit des Publikums; ***le ~ de l'orage*** das Schlimmste des Sturms
▶ **qn achète** [**qc**] **en** ~ jd kauft [etw] en gros [*o* im Großen]; **qc est écrit**(**e**) **en ~ quelque part** etw steht irgendwo groß [geschrieben]; **qn fait le plus ~** jd macht das Gröbste; **qn vend** [**qc**] **en** ~ jd verkauft [etw] en gros [*o* im Großen]; **au ~ de qc**: ***au ~ de l'hiver*** im tiefsten Winter; ***au ~ de l'été*** im Hochsommer; **en** ~ (*grosso modo*) *avoir raison* im Großen [und] Ganzen; *dire, expliquer* in groben Zügen, so ungefähr; *coûter* ungefähr
IV. *adv* 1. (*beaucoup*) *risquer, toucher* viel; *gagner a.* gut; *coûter a.* eine Menge; *jouer, parier* mit hohem Einsatz, hoch; ***je donnerais ~ pour savoir …*** ich würde viel darum geben, wenn ich wüsste …
2. (*en grand format*) *écrire* groß; *voir* vergrößert
▶ **il y a ~ à parier que** + *indic* ich wette hundert zu eins, dass
gros-cul [ɡʀoky] <~-~s> *m fam* Brummi *m fam*
groseille [ɡʀozɛj] I. *f* Johannisbeere *f;* ***gelée de ~*** [***s***] Johannisbeergelee *nt*
II. *app inv* (*rouge*) hellrot
◆ **groseille à maquereau** Stachelbeere *f*
groseillier [ɡʀozeje] *m* Johannisbeerstrauch *m*
gros-grain <~-~s> [ɡʀoɡʀɛ̃] *m* (*ruban*) Seidenripsband *nt;* (*tissu*) Seidenrips *m* **Gros-Jean** [ɡʀoʒɑ̃] *loc* ▶ **qn est** [*o* **se retrouve**] ~-~ **comme devant** *fam* jd ist [genau]so klug wie vorher **gros-porteur** <~-~s> [ɡʀopɔʀtœʀ] I. *adj avion* Großraum- II. *m* Großraumflugzeug *nt*
grossesse [ɡʀosɛs] *f* Schwangerschaft *f;* ***interruption volontaire de ~*** Schwangerschaftsabbruch *m;* ***test de ~*** Schwangerschaftstest *m;* ***robe de ~*** Umstandskleid *nt*
▶ ~ **extra-utérine** Bauchhöhlenschwangerschaft *f;* ~ **nerveuse** Scheinschwangerschaft *f*
grosseur [ɡʀosœʀ] *f* 1. (*volume*) Dicke *f;* ***de la ~ de qc*** von der Größe einer S. (*gen*); ***de la ~ du poing*** faustgroß, faustdick
2. ∅ (*épaisseur*) [*mur, bâton*] Dicke *f;* [*fil*] Stärke *f*
3. (*embonpoint*) Dicke *f;* ***il est d'une ~ maladive*** er leidet an Fettsucht
4. (*tumeur*) Geschwulst *f*
grossier, -ière [ɡʀosje, -jɛʀ] *adj* 1. (*rudimentaire*) grob; *instrument* primitiv; *réparation* notdürftig; *imitation* schlecht; *travail* grob ausgeführt; *aliment*

nicht raffiniert; ***lavage*** ~ Grobwäsche *f*
2. (*approximatif*) grob; *estimation a.* ungefähr
3. *postposé* (*lourd*) *traits* grob; (*balourd*) *manières* ungehobelt, ungeschliffen; *personne* ungebildet, unkultiviert; (*peu subtil*) *plaisanterie, ruse, mensonge* plump; *plaisanterie* dumm; ***c'était un homme ~ dans ses manières*** er war ein Mann mit unfeinen Manieren; ***c'est un esprit ~*** er ist ungehobelt
4. (*stupide*) grob; *erreur, faute a., ignorance* krass
5. (*malpoli*) *personne* flegelhaft, rüpelhaft; *postposé* (*vulgaire*) derb; *langage a.* unfein; *geste, plaisanterie a.* unanständig, obszön; ***quel ~ personnage*** was für ein Flegel [*o* Rüpel]; ***qn se montre ~ envers qn*** jd benimmt sich jdm gegenüber unanständig
6. *postposé littér* (*bas*) niedrig

grossièrement [gʀosjɛʀmɑ̃] *adv* 1. (*de façon rudimentaire*) *esquisser, tisser* grob; *emballer, réparer* notdürftig; *exécuter* oberflächlich; *imiter* schlecht
2. (*de façon très forte*) *se tromper* schwer, gewaltig *fam*
3. (*de façon peu raffinée*) grob, ungehobelt
4. (*de façon impolie*) flegelhaft, rüpelhaft
5. (*de façon vulgaire*) grob, unflätig; *insulter* wüst

grossièreté [gʀosjɛʀte] *f* 1. ∅ (*impolitesse*) Grobheit *f*; ***il a répondu avec ~*** er hat grob geantwortet; (*plus fort*) Flegelhaftigkeit *f*, Rüpelhaftigkeit *f*; ***il a agi avec ~*** er hat sich flegelhaft [*o* wie ein Flegel] verhalten
2. *pl* (*mots, paroles*): ***qn abreuve qn de ~s*** jd überschüttet jdn mit unflätigen [*o* unanständigen] Bemerkungen
3. ∅ (*rusticité*) [*fabrication*] Primitivität *f*, Einfachheit *f*; [*travail*] grobe Ausführung; [*exécution*] Oberflächlichkeit *f*; [*étoffe*] Grobheit *f*
4. ∅ (*manque de finesse*) [*traits*] Grobheit *f*; (*manque de subtilité*) [*mensonge*] Plumpheit *f*; ~ ***des manières*** unfeine Manieren, ungehobeltes [*o* ungeschliffenes] Benehmen

grossir <8> [gʀosiʀ] I. *vi* 1. (*devenir gros*) ■ **qn grossit** jd nimmt zu, jd wird dicker; ***il a grossi du visage*** er hat im Gesicht zugenommen, er ist im Gesicht voller geworden; ***il a beaucoup grossi*** er hat ziemlich [*o* stark] zugenommen; ■ **qc grossit** etw wird größer; */fruit a./* etw wächst
2. (*enfler*) ■ **qc grossit** */nuage/* etw wird größer; */rivière/* etw schwillt an; */bosse/* etw wird größer, etw schwillt an; */ganglions, tumeur/* etw wächst, etw wird größer
3. (*augmenter*) ■ **qc grossit** */économies, capital/* etw wächst an; */foule/* etw wird größer; ***le nombre des écologistes grossit*** die Zahl der Umweltschützer nimmt zu
4. (*s'amplifier*) ■ **qc grossit** */bruit faible/* etw wird lauter; */bruit fort/* etw schwillt an; */information, nouvelle/* etw bekommt immer mehr Gewicht
II. *vt* 1. (*faire paraître plus gros*) ■ **qc grossit qn** */vêtement, miroir/* etw macht jdn dick; ■ **qc grossit qc** */loupe, microscope, miroir/* etw vergrößert etw; ***qc grossit dix fois*** etw vergrößert zehnfach [*o* auf das Zehnfache]
2. (*faire augmenter de volume*) ■ **qn/qc grossit qc** *capital, économies, patrimoine* jd/etw vermehrt etw; *note de frais, facture* jd treibt etw in die Höhe; ***la pluie grossit les rivières*** durch den Regen schwellen die Flüsse an; ***qn grossit sa voix*** jd spricht/singt mit verstellter/tiefer Stimme; ■ **qc fait ~ qn** */sucre, pain/* etw macht jdn dick
3. (*faire augmenter en nombre*) ■ **des personnes grossissent qc** *foule* Menschen schließen sich einer S. (*dat*) an; *cortège* Menschen reihen sich in etw (*akk*) ein; *équipe* Menschen verstärken etw; *nombre des écoliers* Menschen lassen etw anwachsen; ***elles grossissent les rangs des manifestants*** sie reihen sich unter die Demonstranten ein; ■ **des choses grossissent qc** *liste* Sachen machen etw [noch] länger
4. (*exagérer*) ■ **qn grossit qc** */journaliste, médias/* jd übertreibt etw, jd bauscht etw auf; ■ **qc grossit qc** etw lässt etw bedeutender erscheinen

grossissant, e [gʀosisɑ̃, ɑ̃t] *adj* 1. (*qui devient plus gros*) *flot* anschwellend, ansteigend; *foule, nombre* größer werdend; ***un bruit ~*** (*faible*) ein lauter werdendes Geräusch; (*fort*) ein anschwellender Lärm
2. (*qui fait paraître plus gros*) *miroir, verre* Vergrößerungs-

grossissement [gʀosismɑ̃] *m* 1. (*prise de poids*) [*personne*] Gewichtszunahme *f*, Dickerwerden *nt*; [*muscle*] Größerwerden *nt*
2. OPT Vergrößerung *f*; ***quel ~ permet ce microscope?*** welche Vergrößerung hat dieses Mikroskop?
3. (*enflure*) [*bosse*] Anschwellen *nt*; [*tumeur*] Größerwerden *nt*
4. (*augmentation de volume*) [*fleuve*] Anschwellen *nt*; [*capital, fortune*] Vergrößerung *f*, Vermehrung *f*; ***le ~ du bruit*** (*faible*) das Lauterwerden des Geräuschs; (*fort*) das Anschwellen des Lärms; ***le ~ du capital*** der Kapitalzuwachs
5. (*augmentation en nombre*) [*foule, population*] Anwachsen *nt*
6. (*exagération*) [*événement, fait, affaire*] Aufbauschen *nt*

grossiste [gʀosist] I. *adj*: ***épicier*** ~ Lebensmittelgroßhändler *m*
II. *mf* Grossist(in) *m(f)*, Großhändler(in) *m(f)*

grosso modo [gʀosomɔdo] *loc* (*sans entrer dans les détails*) *expliquer, décrire* in groben Zügen; (*approximativement*) *calculer, estimer* ungefähr; ~ ~ ***il s'agit de …*** im Großen [und] Ganzen [*o* im Wesentlichen] handelt es sich um …; ***il y avait 200 personnes ~ ~*** grob gerechnet waren es 200 Leute

grotesque [gʀɔtɛsk] I. *adj* grotesk; *histoire, remarque a.* absurd; ***le caractère ~ d'une situation*** das Groteske an einer Situation
II. *m* Groteske(s) *nt*; ***il s'aperçut du ~ de la situation*** er wurde sich (*dat*) bewusst, wie grotesk die Situation war

grotesquement [gʀɔtɛskəmɑ̃] *adv* grotesk; ***elle est accoutrée ~*** ihre Aufmachung ist [*o* wirkt] grotesk

grotte [gʀɔt] *f* (*naturelle*) Höhle *f*; (*artificielle, peu profonde*) Grotte *f*

grouillant, e [gʀujɑ̃, jɑ̃t] *adj* 1. (*qui s'agite confusément*) *foule, masse* wimmelnd; ***le marché est ~ de monde/d'activité*** auf dem Markt wimmelt es von Menschen/herrscht reges Treiben
2. (*populeux*) *bistrot* voll; ***le bistrot est ~ de monde*** im Bistro wimmelt es von Leuten

grouillement [gʀujmɑ̃] *m* Gewimmel *nt*

grouiller <1> [gʀuje] I. *vi* 1. (*s'agiter*) ■ **des personnes/animaux grouillent quelque part** */touristes/* irgendwo wimmelt es von Menschen/Tieren; ***la foule grouille dans toutes les directions*** die Menge läuft lebhaft durcheinander; ***la fourmilière grouille*** im Ameisenhaufen wimmelt es; ***les vers grouillent dans cette motte de terre*** in dieser Erdscholle wimmelt es von Würmern
2. (*être plein de*) ■ **qc grouille de qc** *de touristes, monde, pucerons* etw wimmelt von etw, etw ist voll von etw
II. *vpr fam* ■ **qn se grouille** jd macht schnell *fam*; ***allez, grouille-toi!*** los, Beeilung! *fam*

groupe [gʀup] *m* 1. [*personnes, animaux, choses*] Gruppe *f*; ***un ~ de badauds/manifestants*** eine Gruppe von Schaulustigen/Demonstranten; ***réduction de ~*** Gruppenermäßigung *f*; ~ ***de maisons*** Häusergruppe; ~ ***d'arbres*** Gruppe von Bäumen, Baumgruppe; ***classez les bûchettes par ~s de deux!*** legt je zwei Rechenhölzchen zusammen!
2. (*association*) Gruppe *f*; ~ ***de travail*** Arbeitsgruppe; ~ ***d'études*** Forschungsgruppe; ~ ***littéraire*** Literatengruppe; ~ ***musical*** Musikensemble *nt*; ~ ***d'instrumentistes*** Instrumentalensemble *nt*
3. POL: ~ [***politique*** [*o* ***parlementaire***]] ≈ Fraktion *f*; ***les ~s de la majorité*** die Fraktionen der Regierungsparteien; ***les ~s d'opposition*** die Fraktionen der Oppositionsparteien
4. (*division, classification*) [*verbes*] [Konjugations]gruppe *f*; [*animaux*] Familie *f*; ***le ~ des félins*** die Familie der Katzen
► ~ **électrogène** Stromaggregat *nt*; ~ **financier** Bankenkonzern *m*; ~ **frigorifique** Kühlaggregat *nt*; ~ **industriel** Unternehmensgruppe *f*, Industriekonzern *m*; ~ **sanguin** Blutgruppe *f*; ~ **scolaire** Schulzentrum *nt*; **de** ~ *cabinet* Gemeinschafts-; *thérapie, discipline* Gruppen-; **en** ~ Gruppen-; *travail* Gruppen-, Team- ['tiːm-]; *voyage* Gruppen-, Gesellschafts-; **par** ~s in Gruppen; ***par ~s de trois/quatre*** in Dreier-/Vierergruppen; ***lire par ~s de mots*** in Wortgruppen lesen
◆ **groupe à risque[s]** Risikogruppe *f*; **groupe de pression** Interessenverband *m*, Pressuregroup ['prɛʃəgruːp] *f*, Lobby ['lɔbi] *f*; **groupe de tête** SPORT Spitzengruppe *f*; ECON Führungsgruppe *f*; ***un pays/une entreprise fait partie du ~ de tête des …*** ein Land *nt*/eine Firma gehört zu den führenden …

groupement [gʀupmɑ̃] *m* 1. (*réunion*): ~ ***de capitaux*** Kapitalzusammenlegung *f*; ~ ***d'entreprises/d'usines*** Zusammenschluss *m* mehrerer Unternehmen/Fabriken; ~ ***d'intérêts*** Interessengemeinschaft *f*; ~ ***syndical/professionnel*** Gewerkschafts-/Berufsverband *m*; ~ ***de partis politiques*** Parteienzusammenschluss
2. (*action*) [*personnes*] Einteilung *f* in Gruppen (*akk*); ***le ~ des enfants par catégories d'âge*** die Einteilung der Kinder in Altersgruppen
◆ **groupement d'achat** Einkaufsgenossenschaft *f* (*Zusammenschluss mehrerer Unternehmen, Unternehmensmitarbeiter oder Privatpersonen mit dem Ziel, als Großabnehmer Einkäufe zu tätigen*); **groupement d'intérêt économique** wirtschaftlicher Interessenverband

grouper <1> [gʀupe] I. *vt* 1. (*réunir*) ■ **qn groupe des personnes** jd teilt Menschen in Gruppen ein [*o* auf]; ■ **qn groupe des choses** jd gruppiert Dinge, jd stellt Dinge zusammen; *ressources, moyens* jd legt Dinge zusammen
2. (*classer*) ■ **qn groupe des personnes dans qc** *dans une catégorie* jd ordnet Menschen in [*o* unter] etw (*akk*) ein; ■ **qn groupe qc** *ses idées* jd ordnet etw; ■ **qn groupe qc par qc** *par couleurs, par formes* jd sortiert etw nach etw; ***il faut ~ nos efforts*** wir müssen mit vereinten Kräften vorgehen
II. *vpr* ■ **des personnes/choses se groupent** (*pour former un groupe*) Menschen bilden eine Gruppe; (*pour agir ensemble*) */personnes, partis/* Menschen/Dinge schließen [*o* tun] sich zusammen; ***allez, les enfants, groupez-vous par quatre!*** kommt, Kinder, bildet Vierergruppen!; ***plusieurs personnes se groupent autour de qn*** mehrere Menschen gruppieren sich um jdn

groupie [gʀupi] *mf* Groupie *nt*

groupuscule [gʀupyskyl] *m péj* Splittergruppe *f*

gruau [gʀyo] *m* Grütze *f*; ***farine de ~*** Auszugsmehl *nt*, feinstes Weizenmehl

grue [gʀy] *f* 1. ORN Kranich *m*; ~ ***couronnée*** Kronenkranich
2. *péj vieilli fam* (*prostituée*) Nutte *f sl*; (*fille de mauvaise vie*) Schlampe *f sl*
3. CONSTR, NAUT Kran *m*
► ~ **américaine/de prise de vue** CINE Kamerakran *m*

gruger <2 a> [gʀyʒe] *vt* ■ **qn gruge qn** jd übervorteilt jdn, jd betrügt jdn; ■ **qn se fait ~ par qn** jd wird von jdm übervorteilt [*o* betrogen]; ***qn se laisse ~ jusqu'au dernier sou*** jd wird bis aufs Hemd ausgezogen *fam*

grumeau <x> [gʀymo] *m* [*sable, terre*] Klumpen *m*; [*farine, sel*] Klümpchen *nt*; ***qc fait*** [*o* ***forme***] ***des ~x*** */sauce, crème, farine/* etw klumpt, etw wird klumpig; ***le sel est en ~x*** das Salz klumpt [*o* ist klumpig]

grumeleux, -euse [gʀym(ə)lø, -øz] *adj* 1. GASTR klumpig
2. *peau* uneben; *fruit, chair* körnig

grutier, -ière [gʀytje, -jɛʀ] *m, f* Kranführer(in) *m(f)*

gruyère [gʀyjɛʀ] *m* Greyerzer *m*, Gruyère *m*

Guadeloupe [gwadlup] *f* ■ **la Guadeloupe** [die Insel] Guadeloupe *nt*

guano [gwano] *m* (*provenant d'oiseaux*) Guano *m*; (*provenant de poissons*) Fisch-Guano

gué [ge] *m* Furt *f*
► **qn/qc passe** [*o* **traverse**] [**une rivière**] **à** ~ jd/etw durchquert eine Furt

guenilles [gənij] *fpl* Lumpen *pl*, zerlumpte Kleidung; ***en*** [*o* ***vêtu(e)***] ***de*** ~ in Lumpen [gekleidet]

guenon [gənɔ̃] *f* 1. ZOOL Affenweibchen *nt*, Äffin *f*

2. *fam* (*femme laide*) hässliches Weib; ***elle est une vraie*** ~ sie ist hässlich wie die Nacht *fam*

guépard [gepaʀ] *m* Gepard *m*

guêpe [gɛp] *f* Wespe *f*

▸ **pas folle la** ~! *fam* (*en parlant de soi*) ich bin doch nicht blöd! *fam;* (*en parlant de quelqu'un d'autre*) der/die ist [doch] nicht blöd! *fam*

guêpier [gepje] *m* (*nid de guêpes*) Wespennest *nt*

▸ **qn se fourre** [*o* **tombe**] **dans un** ~ jd gerät [*o* kommt] in Schwierigkeiten; ***dans quel*** ~ ***est-il encore allé se fourrer?*** in was für Schwierigkeiten steckt er denn schon wieder?

guère [gɛʀ] *adv* **1.** (*pas beaucoup, pas très*) ■ **ne ...** ~ *parler* kaum, fast gar nichts; *manger, voir* fast gar nichts, kaum etwas; ■ **ne ...** ~ **de ...** kaum ...; ***il n'y a*** ~ ***de monde ici*** es ist kaum jemand da; ***elle n'a*** ~ ***de courage pour se lever*** sie kommt kaum [*o* nur schwer] aus dem Bett; ■ **ne ...** ~ **...** *difficile, poli, raisonnable* nicht gerade ..., nicht besonders ...; ***ce n'est*** ~ ***gentil de ta part*** das ist nicht besonders nett von dir; ■ **qn/qc ne fait** [**plus**] ~ **qc** jd/etw tut kaum [noch] etw; ***qn n'aime*** ~ ***qc*** jd mag etw nicht so gerne; ***qn ne se soucie*** ~ ***de l'avenir*** jd sorgt sich kaum [*o* nicht sehr] um die Zukunft; ***il n'a*** ~ ***avancé*** er ist kaum [*o* so gut wie nicht] vorangekommen; ■ **ne ...** ~: ***ça ne va*** ~ ***mieux*** es geht mir/ihm/... nicht viel besser; ***ce n'est*** ~ ***pire*** das ist nicht viel schlimmer; ■ **ne ...** ~ **...**: ***on ne lui donne*** ~ ***plus de 40 ans*** man schätzt ihn/sie auf knapp über 40, er/sie sieht kaum älter als 40 aus; ■ ~ **plus** kaum mehr; ***elle doit avoir 40 ans,*** ~ ***plus*** sie ist sicher 40, aber kaum [*o* nicht viel] älter; ■ ~ **plus** kaum mehr; ■ ~ **plus ...** nicht viel ...; ~ ***plus raisonnable/poli/aimable qu'avant*** nicht viel vernünftiger/höflicher/liebenswürdiger als vorher

2. (*pas souvent*) ■ **qn ne fait** [**plus**] ~ **qc** jd tut etw nicht [mehr] oft, jd tut etw [nur noch] selten; ■ **qc ne se fait** [**plus**] ~ man tut etw kaum [noch], man tut etw [nur noch] selten; ***cela ne se dit*** ~ das wird kaum gebraucht

3. (*pas longtemps*) ■ **ne ...** ~ nicht lange; ***ça ne dure*** ~ das dauert nicht lange; ***il n'a*** ~ ***attendu*** er hat nicht lange gewartet

4. (*seulement*) ■ **ne ...** [**plus**] ~ **que** nur [noch] ...; ***il n'y a*** ~ ***que la pluie qui pourrait soulager*** nur Regen könnte helfen

guéridon [geʀidɔ̃] *m* rundes[, einbeiniges] Tischchen

guérilla [geʀija] *f* (*unité*) Guerilla *f;* (*guerre*) Guerillakrieg *m*

guérillero *m*, **guérilléro** [geʀijeʀo] *m* Guerillero *m*

guérir <8> [geʀiʀ] **I.** *vt* **1.** (*soigner*) ■ **qn/qc guérit qn/un animal** [**de qc**] jd/etw heilt jdn/ein Tier [von etw]; ■ **qn/qc guérit qc** jd heilt [*o* kuriert] etw, etw heilt etw

2. PSYCH ■ **qn/qc guérit qn** [**de qc**] jd heilt [*o* kuriert] jdn [von etw], etw heilt jdn [von etw]; *de son obsession, sa peur, son souci, sa timidité a.* jd/etw befreit jdn von etw; ■ **qn est guéri**(**e**) **de qc** *d'un préjugé, d'une* [*mauvaise*] *habitude, de sa timidité* jd hat etw abgelegt; ***qn est guéri***(***e***) ***de son habitude de faire qc*** jd hat [es] sich (*dat*) abgewöhnt, etw zu tun

3. (*apaiser*) ■ **qc guérit qc** *ennui* etw heilt etw; *douleur, peine* etw hilft gegen etw; ***le temps guérit tous les chagrins*** [die] Zeit heilt alle Wunden *prov*

II. *vi* **1.** (*recouvrer la santé*) ■ **qn/un animal guérit** jd/ein Tier wird wieder gesund; ***il est guéri de son rhume*** sein Schnupfen ist auskuriert, er hat seinen Schnupfen auskuriert; ***elle n'est toujours pas guérie*** sie ist immer noch nicht [wieder] gesund [*o* nicht wiederhergestellt]

2. (*s'apaiser, disparaître*) ■ **qc guérit** */plaie/* etw heilt [zu]; */blessure/* etw [ver]heilt; */chagrin, passion, douleur morale/* etw vergeht; ***son chagrin met longtemps à*** ~ sein/ihr Kummer vergeht nur langsam

III. *vpr* **1.** (*se soigner*) ■ **qn se guérit lui-même** jd heilt [*o* kuriert] sich selbst; ■ **qn se guérit par qc** jd heilt [*o* kuriert] sich [selbst] mit etw; ■ **qc se guérit** */maladie/* etw lässt sich erfolgreich behandeln; */plaie/* etw heilt [zu]; */blessure/* etw [ver]heilt; ■ **qc se guérit par qc** etw wird mit etw erfolgreich behandelt, etw lässt sich mit etw erfolgreich behandeln

2. PSYCH ■ **qn se guérit de qc** jd legt etw ab, jd macht sich frei von etw; *de son chagrin d'amour, sa jalousie, timidité a.* jd überwindet etw; *d'une habitude, de ses illusions* jd gibt etw auf; ***il s'est guéri de l'alcoolisme*** er hat seine Alkoholabhängigkeit überwunden, er ist vom Alkohol losgekommen

guérison [geʀizɔ̃] *f* **1.** (*processus*) [*malade*] Genesung *f;* [*blessure*] Heilung *f;* ***j'attends sa*** ~ ***complète*** [***pour faire qc***] ich warte ab, bis er/sie wieder völlig gesund ist[, bevor ich etw tue]; ***qn est en*** [***bonne***] ***voie de*** ~ jd ist [*o* befindet sich] auf dem Weg der Besserung; ***ses blessures sont en*** [***bonne***] ***voie de*** ~ seine/ihre Verletzungen verheilen [gut]

2. (*action*) [*malade*] Heilung *f;* ***ce médecin a obtenu la*** ~ diesem Arzt ist die Heilung gelungen

3. (*apaisement*) ■ ~ **de qc** *du chagrin, de la timidité, souffrance morale* Bewältigung *f* einer S. (*gen*); *de l'obsession, de la passion* Heilung *f* [*o* Befreiung *f*] von etw; ***il a pu parvenir à la*** ~ ***de ses obsessions*** er hat sich von seinen Zwangsvorstellungen befreien können

guérissable [geʀisabl] *adj maladie* heilbar; ■ **qn est** ~ jd kann geheilt werden; ■ **qc est** ~ */plaie/* etw kann/wird [ver]heilen

guérisseur, -euse [geʀisœʀ, -øz] *m, f* Heilpraktiker(in) *m(f);* (*rebouteux*) Heiler(in) *m(f)*

guérite [geʀit] *f* **1.** MIL Schilderhäuschen *nt*

2. CONSTR Baubude *f*

guerre [gɛʀ] *f* Krieg *m;* ***un pays se prépare à la*** ~ ein Land *nt* rüstet zum Krieg [*o* für den Krieg], ein Land trifft Kriegsvorbereitungen; ***qn meurt à la*** ~ jd fällt [im Krieg], jd kommt im Krieg um; ~ ***de conquête/libération/mouvement/position/tranchée*** Eroberungs-/Befreiungs-/Bewegungs-/Stellungs-/Grabenkrieg; ~ ***civile/mondiale/révolutionnaire*** Bürger-/Welt-/Revolutionskrieg; ~ ***atomique/bactériologique*** atomarer/bakteriologischer Krieg; ~ ***douanière/économique*** Zoll-/Wirtschaftskrieg; ~ ***de propagande/des nerfs/des tarifs*** Propaganda-/Nerven-/Preiskrieg

▸ ~ **éclair** *fam* Blitzkrieg *m;* **de bonne** ~ *procédé, mesure* zulässig, legitim; (*fair-play*) fair; **la drôle de** ~ *Phase im Zweiten Weltkrieg von September 1939 bis Mai 1940;* ~ **froide** kalter Krieg; **la Grande** ~, **la** ~ **de 14** der Erste Weltkrieg; **de** ~ **lasse**: ***de*** ~ ***lasse j'ai cédé/abandonné*** ich war es [einfach] leid und habe eben nachgegeben/und habe es aufgegeben; ~ **ouverte** offener Krieg; ***entre eux, c'est la*** ~ ***ouverte*** sie bekriegen sich, zwischen ihnen herrscht Krieg; ~ **sainte** Heiliger Krieg; **qn déclare la** ~ **à qc** jd sagt einer S. (*dat*) den Kampf an; **qn/un pays fait la** ~ **à qn/à un pays** jd/ein Land führt Krieg gegen jdn/ein Land; **qn fait la** ~ **à qc** jd bekämpft etw, jd führt einen Kampf gegen etw; **qc a fait la** ~ *hum* etw sieht ziemlich ramponiert [*o* mitgenommen] aus *fam;* ***elles ont fait la*** ~, ***tes chaussures?*** deine Schuhe sehen ja ziemlich ramponiert aus! *fam;* **qn part en** ~ **contre qc** jd zieht gegen etw zu Felde; **qn va à la** ~, **qn part pour la** ~ jd zieht in den Krieg; **à la** ~ **comme à la** ~ es gibt Schlimmeres; gelobt sei, was hart macht *iron;* **en** ~ [**avec** [*o* **contre**] **qn/qc**] im Krieg[szustand] mit jdm/etw; ***un pays entre en*** ~ ***contre un pays*** ein Land tritt in den Krieg gegen ein [anderes] Land ein; ***qn/un pays vit en*** ~ ***avec qn*** jd/ein Land lebt im Unfrieden mit jdm/einem Land

◆ **guerre de Sécession** Sezessionskrieg *m;* **guerre des étoiles** Krieg *m* der Sterne

guerrier, -ière [gɛʀje, -jɛʀ] **I.** *adj* **1.** *soutenu chant, danse* Kriegs-; ***les exploits*** ~***s de qn*** jds Heldentaten, die er im Krieg vollbracht hat

2. *air, humeur, nation, race* kriegerisch

II. *m, f* Krieger(in) *m(f)*

guet [gɛ] *loc* ▸ **qn fait le** ~ jd passt auf; */cambrioleur/* jd steht Schmiere *sl;* **qn est au** ~ jd hat [*o* steht] Wache; */cambrioleur/* jd steht Schmiere *sl*

guet-apens [gɛtapɑ̃] *m inv* Hinterhalt *m*

▸ **qn attire qn dans un** ~-~ jd lockt jdn in einen Hinterhalt; **qn tend un** ~-~ **à qn** jd lauert jdm in einem Hinterhalt auf; **qn tombe dans un** ~-~ jd gerät in einen Hinterhalt

guêtre [gɛtʀ] *f* Gamasche *f;* [*alpiniste*] Schneegamasche

▸ **qn traîne ses** ~**s quelque part** *péj* jd treibt sich irgendwo herum *fam*

guetter <1> [gete] *vt* **1.** (*épier*) ■ **qn/un animal guette qn/un animal/qc** *victime, suspect, ennemi, proie* jd/ein Tier lauert jdm/einem Tier/einer S. auf; ***la police guette les allées et venues du suspect*** die Polizei beobachtet, wann der Verdächtige kommt und geht

2. (*attendre*) ■ **qn guette qn/qc** jd hält nach jdm/etw Ausschau, jd wartet [gespannt] auf jdn/etw; ■ **qn guette qc** *occasion, moment propice, signal* jd wartet etw ab; ***qn guette l'arrivée/le passage/la sortie de qn*** jd wartet [ab], dass jd [an]kommt/vorbeikommt/herauskommt

3. (*menacer*) ■ **qc guette qn** */maladie/* etw bedroht jdn; */danger a./* etw lauert auf jdn

guetteur [getœʀ] *m* **1.** HIST (*veilleur*) [Turm]wächter *m*, Späher *m*

2. MIL (*sentinelle*) Wach[t]posten *m;* (*éclaireur*) Späher *m*

3. NAUT Leuchtturmwärter(in) *m(f)*

gueulante [gœlɑ̃t] *f arg* (*cris de protestation*) Protestgeschrei *nt*

▸ **qn pousse sa** ~ *fam* jd schlägt Krach *fam;* **qn pousse une** ~ [**contre qn**] jd lässt [jdm gegenüber] eine Schimpfkanonade los *fam*

gueulard, e [gœlaʀ] **I.** *adj fam personne* laut; *musique* dröhnend; ■ **qn est** ~ jd brüllt immer [wie verrückt *fam*]

II. *m, f fam* Schreier(in) *m(f);* (*enfant*) Schreihals *m fam*

gueule [gœl] *f* **1.** (*bouche*) [*animal*] Maul *nt*

2. *fam* (*figure*) Visage *f sl*, Fresse *f vulg;* ***qn a une bonne*** ~ jd sieht ganz nett [*o* sympathisch] aus; ***qn a une sale*** ~ (*est laid*) jd ist potthässlich *fam;* (*n'est pas sympa*) jd sieht fies aus *fam*

3. *fam* (*bouche*) (*organe de la parole*) Klappe *f fam*, Schnauze *f sl;* (*organe de la nourriture*) Maul *nt sl;* ***cette eau-de-vie vous brûle la*** ~ dieser Schnaps ist der reinste Rachenputzer! *fam*

4. (*ouverture*) [*canon*] Mündung *f;* [*tunnel*] (*pour véhicules*) Einfahrt *f*/Ausfahrt *f;* (*pour piétons*) Eingang *m*/Ausgang *m;* [*four*] Öffnung *f;* [*fleur*] [rachenförmige] Öffnung

▸ **qn a la** ~ **de bois** *fam* jd hat einen Kater *fam;* ~ **d'empeigne** *fam* Ohrfeigengesicht *nt fam;* **qn a la** ~ **de l'emploi** *fam* man sieht jdm seinen Beruf an; ***il est boucher, eh bien, il a la*** ~ ***de l'emploi!*** er ist Metzger, so sieht er auch aus!; **qn a la** [*o* **fait**] **une** ~ **d'enterrement** *fam* jd läuft mit [einer] Trauermiene herum *fam;* **qn se jette** [*o* **se précipite**] **dans la** ~ **du loup** (*risque des ennuis*) jd bringt sich in Teufels Küche *fam;* (*va voir qn qu'il craint*) jd wagt sich in die Höhle des Löwen; **qn/qc a une drôle de** ~ *fam* jd/etw sieht [ganz schön] komisch aus *fam;* **qn arrive la** ~ **enfarinée** *fam* jd kommt ganz harmlos daher; **qn est une fine** ~ *fam* jd ist ein Leckermaul *fam;* **qn a une grande** ~ *fam* jd hat eine große Klappe *fam;* [**qn est**] **une grande** ~ *fam* [jd ist] ein Großmaul *nt fam;* **les** ~**s noires** *arg* die Kumpel, die Bergleute; **qn s'en met plein la** ~ *fam* jd schlägt sich (*dat*) den Bauch voll *fam*, jd haut ganz schön rein *fam;* **qc a de la** ~ *fam* etw ist [absolute] Spitze *fam;* **qn se bourre la** ~ *fam* jd lässt sich voll laufen *fam;* **qn bourre** [*o* **casse**] **la** ~ **à qn** *fam* jd haut jdm eins in die Fresse *sl;* **qn se casse la** ~ *fam* (*tombe*) jd fällt auf die Schnauze *sl;* (*échoue*) jd fällt auf die Nase *fam;* **qc se casse la** ~ (*tombe*) etw fliegt runter *fam;* (*échoue*) etw ist ein Reinfall [*o* Flop] *fam;* **qn fait la** ~ [**à qn**] *fam* jd ist sauer [auf jdn] *fam;* **qn fait une sale** ~ *fam* jd ist stinksauer *fam;* **bien fait pour ta/sa** ~! *fam* [das] geschieht dir/ihm/ihr recht! *fam;* **qn se fend la** ~ *fam* jd lacht sich kaputt [*o* schief] *fam;* **qn ferme sa** ~ *fam* jd hält die Klappe *fam;* [***ferme***] ***ta*** ~! [halt die] Schnauze! *sl*, halt's Maul! *sl*, halt die Klappe! *fam;* **qn se fout de la** ~ **de qn** *fam* (*se moque de qn*) jd lacht sich über jdn schief *fam;* (*traite qn avec culot*) jd veräppelt jdn *fam*, jd verarscht jdn *vulg;* **qn se soûle la** ~ *fam* jd besäuft sich *sl*, jd lässt sich voll laufen *sl*

gueule-de-loup <~s-~-~> [gœldəlu] *f* BOT Löwenmäulchen *nt*, Löwenmaul *nt*, Froschgoscherl *nt* AUS

gueulement [gœlmɑ̃] *m fam* (*cri de douleur*) Gebrüll *nt;* (*cri de colère*) Gezeter *nt pej*, Geschrei *nt*

▸ **qn pousse des ~s** jd brüllt [vor Schmerzen]

gueuler <1> [gœle] I. *vi fam* 1. (*parler fort*) ■ **qn gueule** jd brüllt [wie verrückt *fam*], jd schreit [herum *fam*]
2. (*chanter fort*) ■ **qn gueule** jd grölt *fam*
3. (*hurler de douleur*) ■ **qn gueule [de qc]** jd brüllt [vor etw (*dat*)]; ■ **qc fait ~ qn** */souffrance/* jd brüllt vor etw (*dat*), etw lässt jdn aufschreien
4. (*protester*) ■ **qn gueule** jd meckert [herum] *fam*; ■ **qn gueule contre qn/qc** jd meckert über jdn/etw *fam*; (*plus fort*) jd wettert gegen jdn/etw *fam*; ■ **qn/qc fait ~ qn** jd tobt wegen jdm/etw
5. (*faire marcher fort*) ■ **qn fait ~ qc** *radio, télévision* jd stellt etw auf volle Lautstärke; ***arrête de faire ~ cette radio!*** stell doch das [verflixte] Radio endlich leiser!
▸ **ça va ~!** *fam* dann gibt's Zoff! *fam*
II. *vt fam* ■ **qn gueule qc** *ordre* jd brüllt etw; *chanson* jd grölt etw

gueuleton [gœltɔ̃] *m fam* [tolles] Fressgelage *fam*; ***qn offre un ~ à qn*** (*à la maison*) jd veranstaltet ein [tolles] Fressgelage für jdn *fam*; (*au restaurant*) jd lädt jdn zu einem [tollen] Fressgelage ein *fam*

gueuletonner <1> [gœltɔne] *vi fam* ■ **qn gueuletonne** (*bien manger*) jd schlemmt; (*faire un gueuleton*) jd macht ein Fressgelage *sl*

gueuse [gøz] *f vieux* (*prostituée*) Dirne *f*
▸ **qn court la ~** *vieilli* jd treibt sich mit zweifelhaften Frauen herum

gueux [gø] *m vieux* (*vagabond*) Landstreicher *m*; (*miséreux*) Bettler *m*

gugusse [gygys] *m* (*clown*) Komiker *m*; *péj fam* (*charlot*) Komiker *m*, Clown [klaun] *m*
▸ **qn fait le ~, qn joue les ~s** jd albert herum

gui [gi] *m* BOT Mistel *f*

guibol[l]e [gibɔl] *f fam* Bein *nt*; ***une belle paire de ~s!*** tolle Beine! *fam*

guichet [giʃɛ] *m* 1. (*comptoir*) [*poste, banque, gare*] Schalter *m*; [*théâtre, cinéma, piscine*] Kasse *f*
2. (*petite fenêtre*) Fensterchen *nt*, [kleine] Öffnung; (*pour faire passer qc*) Durchreiche *f*
▸ **~ automatique** [**d'une banque**] Geldautomat *m*; **qn joue à ~s fermés** jd spielt vor ausverkauftem Haus

guichetier, -ière [giʃ(ə)tje, -jɛʀ] *m, f* [*poste, banque, gare*] Schalterbeamte(r)/-beamtin *m/f*; [*théâtre, cinéma, piscine*] Kassierer(in) *m(f)*

guidage [gidaʒ] *m* 1. TECH Führung *f*
2. AVIAT Steuerung *f*

guide [gid] I. *mf* 1. (*de profession*) Führer(in) *m(f)*; ~ [*touristique*] Reiseführer(in); ~ ***de montagne/de musée*** Berg-/Museumsführer(in); ***qn sert de ~ à qn*** jd spielt für jdn den Führer, jd führt jdn herum
2. (*conseiller*) Ratgeber(in) *m(f)*; ***mon ~ spirituel est Montaigne*** ich lasse mich vor allem von Montaigne inspirieren
II. *m* (*livre*) Führer *m*; (*conseils pratiques*) Handbuch *nt*, Ratgeber *m*; ~ ***touristique/gastronomique*** Reise-/Restaurantführer; ■ ~ **de** *de camping, des hôtels, restaurants* -führer; ~ ***de l'étudiant*** Studienführer; ~ ***du parfait bricoleur*** Ratgeber [*o* Handbuch] für den perfekten Heimwerker
III. *m* TECH Führungsvorrichtung *f*, Führungsschiene *f*
IV. *f souvent pl* (*rênes*) Zügel *pl*

guide-interprète <~s-~s> [gidɛ̃tɛʀpʀɛt] *mf* Fremdenführer(in) *m(f)* und Dolmetscher(in) *m(f)*

guider <1> [gide] I. *vt* 1. (*accompagner*) ■ **qn guide qn/un animal/qc** jd führt jdn/ein Tier/etw; ■ **un animal guide qn** ein Tier führt jdn
2. (*conseiller*) ■ **qn guide qn [dans qc]** *dans ses démarches, études* jd berät jdn [bei etw], jd steht jdm [bei etw] zur Seite; ***qn guide les pas de qn*** jd lenkt jds Schritte
3. (*diriger*) ■ **qc guide qn/qc [quelque part]** */panneau/* etw weist [*o* zeigt] jdm/einer S. den Weg [irgendwohin]; */télécommande/* etw steuert etw [irgendwohin]; ■ **qn guide qc [quelque part]** jd steuert [*o* lenkt] etw [irgendwohin]; ■ **qn/un animal se laisse ~ par qc** jd/ein Tier lässt sich von etw leiten
II. *vpr* ■ **qn se guide sur qc** *sur les étoiles* jd richtet sich nach etw

guidon [gidɔ̃] *m* [*vélo*] Lenker *m*, Lenkstange *f*

guigne[1] [giɲ] *loc* ▸ **qn se soucie de qn/qc comme d'une ~** *fam* jd kümmert sich nicht die Bohne um jdn/etw *fam*

guigne[2] [giɲ] *f fam* Pech *nt*; ***quelle ~!*** so ein Pech!
▸ **qn a la ~** jd hat Pech; **qn/qc porte la ~ [à qn]** jd/etw bringt [jdm] Unglück

guigner <1> [giɲe] *vt* ■ **qn guigne qn** (*à la dérobée*) jd schaut heimlich zu jdm hin, jd schielt zu jdm hin *fam*; (*avec convoitise*) jd wirft [*o* hat] ein Auge auf jdn *fam*; ■ **qn guigne qc** *poste* jd hat es auf etw (*akk*) abgesehen, jd schielt nach etw *fam*; *héritage a.* jd spekuliert auf etw (*akk*)

guignol [giɲɔl] *m* 1. (*marionnette*) Kasper *m*, Kasperle *nt o m* SDEUTSCH
2. (*théâtre*) Kaspertheater *nt*, Kasperletheater *nt* SDEUTSCH
3. (*personne*) Kasper *m*, Clown [klaun] *m*; ***qn fait le ~*** jd albert herum

guilde [gild] *f* 1. HIST (*corporation*) Gilde *f*
2. (*association commerciale*) Innung *f*, Verband *m*

guili-guili [giligili] *loc inv* ▸ **qn fait ~-~** [*o* **des ~-~**] **à qn** *fam* jd macht [bei] jdm killekille *fam*; **~-~!** killekille! *fam*

guillemets [gijmɛ] *mpl* Anführungszeichen *pl*; (*en parlant de la typographie allemande a.*) Gänsefüßchen *pl fam*; ***qn met qc entre ~*** jd setzt etw in Anführungszeichen; ***qn ouvre/ferme les ~*** jd schreibt die Anführungszeichen unten/oben; ***ouvrez/fermez les ~!*** Anführungszeichen unten/oben!
▸ **entre ~** in Anführungszeichen

guilleret, te [gijʀɛ, ɛt] *adj* 1. (*gai*) munter; ***qn est tout ~ dès le matin*** jd ist frühmorgens schon putzmunter *fam*; ***qn est tout ~ à l'idée de faire qc*** jd ist ganz aufgekratzt bei dem Gedanken etw zu tun *fam*
2. (*leste*) *propos* keck

guillotine [gijɔtin] *f* Guillotine *f*, Fallbeil *nt*

guillotiner <1> [gijɔtine] *vt* ■ **qn guillotine qn** jd guillotiniert jdn, jd richtet jdn mit der Guillotine hin

guimauve [gimov] *f* 1. (*sucrerie*): [**pâte de**] ~ *den Marshmallows ähnelnde Süßigkeit aus Schaumzucker*
2. BOT Eibisch *m*
3. (*mièvrerie*) Schmalz *m*, Kitsch *m*
▸ [**qn est**] **mou(molle) comme de la ~** [jd ist] träge [*o* tranig *fam*]; ***sa main est molle comme de la ~*** er/sie hat einen schlaffen Händedruck; **à la ~** *histoire, film* rührselig, schmalzig *pej*; *chanson* schnulzig *fam*; ***quelle ~***, [***ce film***]! so ein Kitsch!

guimbarde [gɛ̃baʀd] *f* 1. MUS Maultrommel *f*
2. *fam* [alte] Klapperkiste *fam*

guimpe [gɛ̃p] *f* [Nonnen]schleier *m*

guincher <1> [gɛ̃ʃe] *vi fam* ■ **qn guinche** jd schwoft *sl*

guindé, e [gɛ̃de] *adj* 1. (*raide*) *personne, air, attitude* steif, verkrampft; ***il prenait un air ~*** er verkrampfte sich
2. (*engoncé*) steif
3. (*emphatique*) *style* gestelzt, gekünstelt

guinder <1> [gɛ̃de] I. *vt* 1. NAUT ■ **qn guinde qc** *mât, charge* jd hievt etw hoch
2. (*rendre emphatique*) ■ **qn guinde qc**: ***qn guinde son allure/ses gestes*** jd verkrampft sich, jd verhält sich/bewegt sich verkrampft; ***qn guinde son style*** jd schreibt einen steifen [*o* gekünstelten] Stil
3. (*engoncer*) ■ **qc guinde qn** etw lässt jdn steif [*o* verkrampft] wirken
II. *vpr* 1. (*devenir affecté*) ■ **qn se guinde** jd verkrampft sich
2. (*devenir emphatique*) ■ **qc se guinde** */style/* etw wird gekünstelt

Guinée [gine] *f* ■ **la Guinée** Guinea *nt*

guingois [gɛ̃gwa] *loc* ▸ **tout va de ~** *fam* alles läuft [*o* geht] schief *fam*; **de ~** schief

guinguette [gɛ̃gɛt] *f* Gartenwirtschaft *f mit Tanzlokal, außerhalb der Stadt und meist an einem Fluß gelegen*, ≈ Heurige *m* AUS

guirlande [giʀlɑ̃d] *f* Girlande *f*; (*collier de fleurs*) Blumenkette *f*; ~ ***de papier*** Papiergirlande; ~ ***lumineuse*** Lichterkette *f*; ~ ***de fleurs*** Blumengirlande

guise [giz] *loc* ▸ **à ma/sa ~** wie es mir/ihm/ihr gefällt [*o* passt]; ***à votre ~!*** [ganz] wie Sie wollen!; **en ~ de qc** als etw; ***en ~ d'encouragement/de récompense*** als [*o* zur] Ermutigung/Belohnung

guitare [gitaʀ] *f* Gitarre *f*
▸ ~ **électrique/sèche** elektrische/akustische Gitarre; ~ **havaïenne** Hawaiigitarre *f*

guitariste [gitaʀist] *mf* Gitarrenspieler(in) *m(f)*; (*de profession*) Gitarrist(in) *m(f)*

gus [gys] *m fam* Kerl *m fam*, Typ *m fam*; ***ce drôle de ~*** dieser komische Heini *fam*

gustatif, -ive [gystatif, -iv] *adj nerf, papille* Geschmacks-; ***sensibilité ~ive*** Geschmacksempfindung *f*

guttural, e <-aux> [gytyʀal, o] I. *adj* 1. *langue* guttural; *son, voix a.* kehlig; *toux* tief, trocken
2. PHON: ***consonne ~e*** Gutturallaut *m*
II. *f* ■ **gutturale** Gutturallaut *m*

Guyane [gɥijan] *f* ■ **la Guyane** Guyana *nt*

gym [ʒim] *f fam abr de* **gymnastique**

gymnase [ʒimnɑz] *m* 1. SPORT Turnhalle *f*
2. CH (*lycée*) Gymnasium *nt*

gymnaste [ʒimnast] *mf* Turner(in) *m(f)*

gymnastique [ʒimnastik] *f* 1. (*sans appareils*) Gymnastik *f*; (*éducation physique*) Turnen *nt*, Sport *m*, Turn-/Sportunterricht *m*; (*avec appareils*) Geräteturnen; ***professeur de ~*** Turn-/Sportlehrer(in) *m(f)*; ***appareil de ~*** Turngerät *nt*; ***qn fait de la ~*** jd turnt/macht Gymnastik
2. (*exercices physiques*) Gymnastik *f*; ~ ***corrective*** Heilgymnastik; ***qn fait de la ~*** jd macht Gymnastik
3. (*discipline*) Kunstturnen *nt*; ***qn fait de la ~*** jd turnt
4. (*gymnastique intellectuelle*): ~ ***intellectuelle*** [*o* ***de l'esprit***] geistiges Training ['trɛːnɪŋ]; ~ ***de la pensée*** Denkarbeit *f*, Kopfarbeit *f*
5. (*contorsion*) Verrenkungen *pl*; ***qn fait de la ~ pour faire qc*** jd macht Verrenkungen um etw zu tun

gynéco [ʒineko] *mf fam abr de* **gynécologue** Frauenarzt/-ärztin *m/f*, Gynäkologe/-login *m/f*

gynécologie [ʒinekɔlɔʒi] *f* Frauenheilkunde *f*, Gynäkologie *f*; ***elle est spécialisée en ~*** sie ist Fachärztin für Frauenheilkunde [*o* Gynäkologie]

gynécologique [ʒinekɔlɔʒik] *adj examen* gynäkologisch, frauenärztlich; *troubles* Unterleibs-

gynécologue [ʒinekɔlɔg] *mf* Frauenarzt/-ärztin *m/f*, Gynäkologe/-login *m/f*

gypse [ʒips] *m* Gips *m*

gyromètre [ʒiʀɔmɛtʀ] *m* Kurskreisel *m*

gyrophare [ʒiʀofaʀ] *m* Rundumlicht *nt spec*; (*de couleur bleue/jaune a.*) Blau-/Gelblicht *nt*

H

H, h [aʃ, ˈaʃ] *m* H *nt,* h *nt*
▶**h comme Henri** H wie Heinrich; **le ~ aspiré** das aspirierte [*o* behauchte] H; **le ~ muet** das stumme H

h *abr de* **heure**: ***il est 3 ~ [de l'après-midi]*** es ist 3 Uhr [nachmittags]

ha *abr de* **hectare** ha

habile [abil] *adj* **1.** (*adroit*) *personne, mains* geschickt; *coup de crayon* gekonnt; ***qn est ~ de ses mains/de ses [dix] doigts*** jd hat geschickte Hände/Finger, jd ist geschickt; ***qn est ~ dans son métier*** jd beherrscht sein Metier; ■ **qn est ~ à qc/à faire qc**: ***elle est ~ au tricot/à tapisser*** sie kann gut stricken/tapezieren
2. (*diplomatique*) *personne* geschickt, gewandt; *démarche, manœuvre, opération, raisonnement, tactique* geschickt, klug; ***ce n'était pas bien ~ de ta part*** das war nicht sehr geschickt von dir; ***il serait plus ~ de faire/de ne pas faire cela*** es wäre klüger, das zu tun/nicht zu tun
3. (*malin*) schlau, clever
4. (*bien fait*) *film, intrigue, pièce de théâtre* gut [gemacht]
5. JUR (*capable*) ■ **qn est ~ à faire qc** jd ist befähigt [*o* berechtigt] etw zu tun; ***qn est ~ à contracter un mariage*** jd ist heiratsfähig; ***qn est ~ à succéder à qn*** jd ist erbfähig

habilement [abilmɑ̃] *adv* geschickt; *agir, se conduire, jouer a.* klug; *tromper, fausser a.* gekonnt

habileté [abilte] *f* **1.** (*adresse*) [*artisan, bricoleur, artiste*] Geschicklichkeit *f,* Geschick *nt;* [*dactylo, voleur, prestidigitateur*] Fingerfertigkeit *f;* [*musicien, orfèvre*] Kunstfertigkeit *f;* **~ *manuelle*** handwerkliche Geschicklichkeit; ■ **l'~ à qc** das Geschick in etw (*dat*); ***son ~ au tricot*** sein/ihr Geschick im Stricken; ***son ~ à faire qc*** die Geschicklichkeit, mit der er/sie etw tut
2. (*diplomatie*) Geschick *nt;* **~ *politique/diplomatique*** politisches/diplomatisches Geschick
3. (*ruse*) Raffiniertheit *f,* Raffinesse *f*

habilitation [abilitasjɔ̃] *f* **1.** JUR Ermächtigung *f*
2. (*autorisation officielle*) Befugnis *f,* Ermächtigung *f;* **~ *à diriger une thèse*** Befugnis zur Betreuung von Dissertationen

habiliter <1> [abilite] *vt* ■ **qn habilite qn à faire qc** jd ermächtigt jdn, etw zu tun; ■ **qn est habilité(e) à faire qc** jd ist ermächtigt, etw zu tun; ■ **qn est habilité(e) par qn à faire qc** jd ist/wird von jdm ermächtigt, etw zu tun

habillage [abijaʒ] *m* **1.** (*action d'habiller*) Anziehen *nt,* Ankleiden *nt*
2. TECH (*action de recouvrir*) [*machine, radiateur, système d'aération/de chauffage*] Verkleidung *f;* [*produit*] Verpackung *f;* [*bouteille*] Etikettierung *f* und Versiegelung *f;* [*appareil, montre*] Einmontieren *nt* [in das/ein Gehäuse]
3. TECH (*enveloppe*) Verkleidung *f;* [*produit*] Verpackung *f;* [*bouteille*] Etikett *nt* und Versiegelung *f;* [*appareil, montre*] Gehäuse *nt*
▶ **~ intérieur** AUT Innenausstattung *f*

habillé, e [abije] *adj* **1.** ***qn est bien/mal ~*** jd ist gut/schlecht gekleidet [*o* angezogen]; ■ **qn est ~ de qc** *d'un short, d'une chemise* jd trägt etw, jd hat etw an; ***la mariée était ~e de blanc*** die Braut war [ganz] weiß [*o* in Weiß] gekleidet; ***qn se couche tout ~*** jd legt sich mit den Kleidern ins Bett
2. *robe, chaussures* schick, festlich; ***qc est/fait [très/trop] ~*** etw ist/wirkt [sehr/zu] schick [*o* festlich]

habillement [abijmɑ̃] *m* **1.** (*action*) Einkleiden *nt,* [Neu]einkleidung *f*
2. (*ensemble des vêtements*) Kleidung *f;* ***l'industrie de l'~*** die Bekleidungsindustrie

habiller <1> [abije] **I.** *vt* **1.** (*vêtir*) ■ **qn habille qn/qc** jd zieht jdn/etw an; ***elle habille [toujours] ses enfants de laine/de bleu marine*** sie zieht ihren Kindern [immer] Wollsachen/dunkelblaue Kleider [*o* Sachen *fam*] an; ■ **qc habille qn** etw kleidet jdn [gut]; ***un rien l'habille*** ihn/sie kleidet einfach alles
2. (*déguiser*) ■ **qn habille qn en qc** jd verkleidet jdn als etw
3. (*fournir en vêtements*) ■ **qn habille qn** /*couturier*/ jd arbeitet für jdn; *recrues, enfants* jd kleidet jdn ein; *nécessiteux a.* jd versorgt jdn mit Kleidung; ■ **qn se fait ~ par [*o* chez] qn** jd lässt bei jdm arbeiten
4. (*recouvrir, décorer*) ■ **qn habille qc [de qc]** *fauteuil* jd bezieht etw [mit etw]; *livre* jd bindet etw [in etw (*akk*)] ein; *mur* jd verkleidet etw [mit etw]; *machine, véhicule* jd verkleidet [*o* umhüllt] etw [mit etw]; *bouteille* jd etikettiert und versiegelt etw; *montre, appareil* jd montiert etw in das/ein Gehäuse ein
II. *vpr* **1.** (*se vêtir*) ■ **qn s'habille** jd zieht sich an; (*des vêtements de cérémonie*) jd macht sich fein; ■ **qn s'habille ...** *à la dernière mode* jd kleidet sich ...; ***qn s'habille court/long*** jd trägt kurz/lang; ***qn s'habille chaudement/légèrement*** jd zieht sich warm/dünn an; ***faut-il s'~ pour cette soirée?*** muss man sich für diesen Abend feinmachen?; ***elle ne sait pas s'~*** sie hat keinen Schick; ■ **qn s'habille de [*o* en] qc** jd zieht [sich (*dat*)] etw an; ***qn s'habille de [o en] noir/blanc*** jd kleidet sich schwarz/weiß, jd trägt schwarze/weiße Kleidung [*o* Sachen *fam*]
2. (*se déguiser*) ■ **qn s'habille en qc** jd verkleidet sich als etw; ***tu t'habilles en quoi?*** als was verkleidest du dich?
3. (*acheter ses vêtements*) ■ **qn s'habille [chez qn]** jd kleidet sich [bei jdm] ein, jd kauft seine Kleidung bei jdm; ***qn s'habille de neuf*** jd kleidet sich neu ein

habilleur, -euse [abijœʀ, -jøz] *m, f* THEAT Garderobier/Garderobiere *m/f*

habit [abi] *m* **1.** *pl* (*vêtements*) Kleidung *f,* Kleider *pl;* **~*s du dimanche/de deuil/de travail*** Sonntags-/Trauer-/Arbeitskleidung
2. (*costume de fête*) Frack *m;* ***qn paraît en ~*** jd erscheint im Frack; ***l'~ est obligatoire [o de rigueur]*** es besteht Frackzwang; **~ *de gala*** Galaanzug *m;* **~ *de soirée*** Gesellschaftsanzug *m,* Abendanzug *m*
3. (*uniforme*): **~ [*militaire*]** Uniform *f;* **~ [*de prêtre*]** [Priester]gewand *nt;* **~ [*ecclésiastique*]** Ornat *m;* **~ [*religieux*]** Ordenstracht *f;* **~ [*de magistrat*]** [Richter]robe *f*
▶ **l'~ ne fait pas le moine** *prov* der Schein trügt; **l'~ vert** *Ornat der Mitglieder der Académie Française;* **qn prend l'~** jd geht ins Kloster; **qn quitte l'~** jd tritt aus dem Orden aus
◆ **habit de lumière** Glitzerkostüm *nt,* Glitzeranzug *m*

habitabilité [abitabilite] *f* **1.** [*maison, appartement*] Bewohnbarkeit *f*
2. [*ascenseur, voiture*] Geräumigkeit *f,* Kapazität *f*

habitable [abitabl] *adj appartement, maison* bewohnbar; ***ce quartier n'est plus ~*** in diesem Viertel kann man nicht mehr wohnen

habitacle [abitakl] *m* **1.** AUT Fahrgastraum *m*
2. AVIAT (*poste de pilotage*) [Piloten]kanzel *f,* Cockpit *nt;* (*poste d'équipage*) Besatzungsraum *m*
3. NAUT Kompasshaus *nt*

habitant, e [abitɑ̃, ɑ̃t] *m, f* **1.** [*maison, pays, île, planète*] Bewohner(in) *m(f);* [*ville, pays a.*] Einwohner(in) *m(f);* ***les ~s de la maison*** die Hausbewohner
2. *poét* ■ **~ de qc** *de l'Olympe, des bois* Bewohner(in) *m(f)* einer S. (*gen*)
▶ **qn loge chez l'~** /*touriste*/ jd wohnt privat, jd ist privat untergebracht

habitat [abita] *m* **1.** BOT Standort *m,* Habitat *nt spec*
2. ZOOL [natürlicher] Lebensraum, Habitat *nt spec*
3. GEOG Siedlungsweise *f,* Siedlungsform *f;* **~ *rural/urbain*** ländliche/städtische Siedlung; **~ *dispersé*** Streusiedlung *f;* **~ *groupé*** geschlossene Siedlung; **~ *sédentaire/nomade*** sesshafte/nomadische Lebensweise
4. (*conditions de logement*) Wohnverhältnisse *pl;* (*lieu d'habitation*) Wohnort *m;* (*type d'habitat*) Wohnweise *f;* (*architecture*) Bauweise *f;* **l'~ [*social*]** der [soziale] Wohnungsbau

habitation [abitasjɔ̃] *f* **1.** (*fait de loger*) Wohnen *nt;* ***les conditions d'~*** die Wohnverhältnisse; ***des locaux à usage d'~*** Wohnraum *m,* Wohnungen *pl*
2. (*demeure*) Wohnung *f;* (*logis*) Behausung *f;* ***qn change d'~*** jd wechselt die Wohnung
◆ **habitation à loyer modéré** Sozialwohnung *f*

habiter <1> [abite] **I.** *vi* **1.** (*demeurer*) ■ **qn habite quelque part** jd wohnt irgendwo; ■ **qn habite ...** + *adj/adv* jd wohnt [*o* lebt] ...; ***ils habitent seuls/ensemble*** sie leben allein/zusammen; ***qn habite à la campagne/en ville*** jd lebt auf dem Land/in der Stadt; ***qn habite au numéro 17*** jd wohnt in [der] Nummer 17; ■ **qn habite avec qn** jd wohnt [*o* lebt] mit jdm zusammen; ■ **qn habite chez qn** jd wohnt bei jdm; ■ **qn habite dans qc** jd wohnt in etw (*dat*); ■ **qn habite en qc** *en Allemagne, France* jd wohnt [*o* lebt] in etw (*dat*); ■ **qn habite sur qc** *sur la côte, les quais* jd wohnt an etw (*dat*)
2. *soutenu* (*être dans*) ■ **qc habite en qn/qc** /*mal*/ etw sitzt in jdm/etw; /*sentiment, idée*/ etw beseelt jdn/etw *geh*
II. *vt* **1.** (*occuper, peupler*) ■ **qn habite qc** *maison, étage, banlieue, ville, rue* jd wohnt in etw (*dat*); *pays* jd lebt in etw (*dat*); *campagne* jd wohnt auf etw (*dat*); *la côte, les quais* jd wohnt an etw (*dat*); ***qn habite [le] 17, rue Leblanc*** jd wohnt in der Rue Leblanc [Nummer] 17; ■ **un animal habite qc** *bois* ein Tier lebt in etw (*dat*); *campagne* ein Tier lebt auf etw (*dat*); ■ **qc est habité(e)** etw ist bewohnt; ***la maison n'a pas l'air habitée*** das Haus sieht nicht bewohnt aus
2. *soutenu* (*être dans*) ■ **qc habite qn/qc** etw ist [*o* lebt] in jdm/etw; /*âme*/ etw wohnt in jdm/etw *geh;* /*peur, haine*/ etw sitzt in jdm

habitude [abityd] *f* **1.** (*geste répétitif*) Angewohnheit *f;* ***mauvaise ~*** schlechte [An]gewohnheit, Unart *f;* ***on a ses [petites] ~s*** man hat so seine Gewohnheiten; ***qn retrouve ses ~s*** jd gewöhnt sich wieder ein; ***qn retombe dans ses ~s*** jd verfällt wieder in den alten Trott; ***ce n'est pas son ~ [o dans ses ~s] d'être en retard*** normalerweise ist er nicht unpünktlich; ***cela sort de ses ~s*** das ist ganz gegen seine/ihre Gewohnheit; ***il a des ~s de vieux garçon*** er hat die Marotten eines Junggesellen
2. (*coutume*) Brauch *m,* Gepflogenheit *f geh;* ***l'~ veut que ...*** es ist Brauch [*o* üblich], dass ...
3. (*accoutumance*) Gewohnheit *f;* ***qn est esclave de ses ~s*** jd ist [der] Sklave seiner Gewohnheiten

4. (*pratique*) Gewohnheit *f*; *qc est une question d'~* etw ist eine Frage der Gewohnheit; *j'ai perdu l'~ de ce travail* ich bin diese Arbeit nicht mehr gewohnt; *j'en ai perdu l'~* ich bin nicht mehr daran gewöhnt

▶ **l'~ est une seconde nature** *prov* der Mensch ist ein Gewohnheitstier *hum*; **contrairement à son ~** entgegen seiner/ihrer Gewohnheit; **qn a l'~ de qc** (*en a la pratique*) jd ist etw gewohnt; (*est familier avec*) jd ist an etw (*akk*) gewöhnt; (*s'y connaît*) jd kennt sich mit/in etw (*dat*) etw aus; **qn a l'~ de faire qc** (*en a la pratique*) jd ist [es] gewohnt etw zu tun; (*fait habituellement*) jd tut etw gewöhnlich; **qn a pour ~ de faire qc** jd hat die Angewohnheit etw zu tun; **qn perd l'~ de faire qc** jd gewöhnt es sich (*dat*) ab etw zu tun; *qn fait perdre une ~ à qn* jd gewöhnt jdm etw ab; *on a perdu l'~ de faire qc* jd ist es nicht mehr gewohnt etw zu tun; **qn prend l'~ de faire qc** jd gewöhnt sich (*dat*) an etw zu tun, jd macht es sich (*dat*) zur Gewohnheit etw zu tun; **à son ~** wie es so seine/ihre Gewohnheit ist, wie gewöhnlich; **d'~** gewöhnlich, normalerweise; *qn fait qc comme d'~* jd tut etw wie gewöhnlich [*o* immer] [*o* üblich]; *qc est meilleur(e) que d'~* etw ist besser als sonst; *plus tôt que d'~* früher als sonst [*o* gewöhnlich]; **par ~** aus [reiner] Gewohnheit

habitué, e [abitɥe] *m, f* [*magasin*] Stammkunde/-kundin *m/f*, [*café, bistrot, restaurant*] Stammgast *m*; ■ **qn est un(e) ~(e) de qc** *du théâtre, musée* jd geht regelmäßig in etw (*akk*); *des champs de courses* jd geht regelmäßig auf etw (*akk*); *c'est un ~ de la maison* (*un ami*) er ist ein Freund des Hauses, er geht bei uns ein und aus; (*un client*) er ist [bei uns] Stammkunde

habituel, le [abitɥɛl] *adj* (*coutumier*) *formule de politesse, vœux* üblich; *sens du terme a.* [allgemein] üblich, gebräuchlich; *la façon ~le de faire qc* die [allgemein] übliche Art etw zu tun; *à l'heure ~le* zur gewohnten Zeit; *il est ~ de faire qc* es ist allgemein üblich etw zu tun; *c'est le coup ~!* das ist mal wieder typisch!; *le rire qui lui est ~* sein/ihr übliches Lachen; *elle n'était pas dans son état ~* sie war nicht so wie sonst; *ce n'est pas très ~* es ist nicht sehr üblich

habituellement [abitɥɛlmɑ̃] *adv* gewöhnlich; (*d'habitude*) normalerweise, in der Regel; (*selon la coutume*) gewohnheitsgemäß

habituer <1> [abitɥe] I. *vt* 1. (*accoutumer*) ■ **qn/qc habitue qn à qc** jd/etw gewöhnt jdn an etw (*akk*); ■ **qn habitue qn/un animal à faire qc** jd gewöhnt jdn/ein Tier daran, etw zu tun

2. (*avoir l'habitude*) ■ **qn/un animal est habitué(e) à qc** jd/ein Tier ist an etw (*akk*) gewöhnt; ■ **qn/un animal est habitué(e) à faire qc** jd/ein Tier ist es gewohnt [*o* daran gewöhnt], etw zu tun; *qn y est habitué(e)* jd ist es gewohnt, jd ist daran gewöhnt

II. *vpr* 1. (*s'accoutumer*) ■ **qn/un animal s'habitue à qn/qc** jd/ein Tier gewöhnt sich an jdn/etw; *à une ville, un nouvel environnement a.* jd lebt sich in etw (*dat*) ein; ■ **qc s'habitue à qc** etw gewöhnt sich an etw (*akk*)

2. (*prendre l'habitude*) ■ **qn s'habitue à qc** jd gewöhnt sich an etw (*akk*); ■ **qn s'habitue à faire qc** jd gewöhnt [es] sich (*dat*) an, etw zu tun; ■ **qn s'est habitué(e) à ce que** + *subj* jd ist es gewohnt, dass

hâbleur, -euse [ˊɑblœʀ, -øz] I. *adj personne, propos* prahlerisch, aufschneiderisch

II. *m, f* Prahler(in) *m(f)*, Aufschneider(in) *m(f)*

hachage [ˊaʃaʒ] *m* [*légumes, fines herbes*] Hacken *nt*; [*viande*] Durchdrehen *nt*

hache [ˊaʃ] *f* (*à manche long*) Axt *f*; (*à manche court*) Beil *nt*

▶ **qn déterre/enterre la ~ de guerre** jd gräbt das Kriegsbeil aus/begräbt das Kriegsbeil; **taillé(e) à la ~** [*o* **à coups de ~**] *visage* grob [geschnitten]

haché, e [ˊaʃe] I. *adj* 1. (*coupé menu*) *fines herbes, légumes* klein gehackt; *viande ~e* Hackfleisch *nt*, Gehackte(s) *nt*; *bifteck ~* Hacksteak [-steːk, -ʃteːk] *nt*

2. (*entrecoupé*) *débit, phrases, style* abgehackt; *des phrases ~es de "n'est-ce pas?"* immer wieder durch „nicht wahr?" unterbrochene Sätze

II. *m ∅* Gehackte(s) *nt*, Hackfleisch *nt*

hache-légumes [ˊaʃlegym] *m inv* Gemüseschneidemaschine *f*, Gemüseschneider *m*; (*grille*) Schneid[e]werk *nt*

hacher <1> [ˊaʃe] *vt* 1. (*couper*) ■ **qn/qc hache qc** *fines herbes, légumes* jd/etw zerkleinert etw, jd/etw hackt etw [klein]; *viande* jd dreht etw durch [den Wolf]; *il faut ~* [*menu*] *les fines herbes* man muss die Kräuter fein hacken [*o* wiegen]

2. (*entrecouper*) ■ **qc hache qc** *phrase, discours* etw unterbricht etw; *sa toux hache son discours* seine/ihre Rede wird immer wieder durch seinen/ihren Husten unterbrochen; ■ **qn hache qc de qc** jd unterbricht etw mit etw

▶ **qn se ferait** [*o* **laisserait**] **~** [**en morceaux**] **pour qn/qc** jd würde sich für jdn/etw in Stücke reißen lassen; *elle se ferait plutôt ~ que de le trahir* sie würde sich eher in Stücke reißen lassen, als ihn zu verraten

hachette [ˊaʃɛt] *f* (*à manche long*) kleine Axt; (*à manche court*) kleines Beil

hache-viande [ˊaʃvjɑ̃d] *m inv* Fleischwolf *m*, Faschiermaschine *f* A

hachis [ˊaʃi] *m* 1. (*chair à saucisse*) [*porc*] Hackfleisch *nt*, Mett *nt*

2. (*plat*): *~ de légumes/de viande* klein gehacktes Gemüse/Fleisch; *~ de poisson* klein gehackter Fisch; *~ de fines herbes et d'oignons* gemischte fein gehackte Kräuter und Zwiebeln

◆ **hachis Parmentier** *Gratin aus Hackfleisch und Kartoffelbrei, die übereinander geschichtet werden*

hachisch [ˊaʃiʃ] *m v.* **haschisch**

hachoir [ˊaʃwaʀ] *m* 1. (*couteau*) Hackbeil *nt*; (*avec lame courbe*) Wiegemesser *nt*

2. (*machine*): *~ à légumes* Gemüseschneidemaschine *f*, Gemüseschneider *m*; *~ à viande* Fleischwolf *m*

3. (*planche*) Hackbrett *nt*

hachurer <1> [ˊaʃyʀe] *vt* ■ **qn hachure qc** jd schraffiert etw

hachures [ˊaʃyʀ] *fpl* Schraffur *f*, Schraffierung *f*

haddock [ˊadɔk] *m* geräucherter Schellfisch

hagard, e [ˊagaʀ, aʀd] *adj* verstört; *il regardait autour de lui, l'œil ~* er blickte verstört um sich; *il avait l'air ~* er sah ganz verstört aus

haie [ˊɛ] *f* 1. (*clôture*) Hecke *f*

2. SPORT Hürde *f*; *course de ~s* (*équitation*) Hürdenrennen *nt*, Hindernisrennen *nt*; (*athlétisme*) Hürdenlauf *m*; *il a gagné aux 110 mètres ~s* er hat den Hürdenlauf über 110 Meter gewonnen

3. [*personnes*] Reihe *f*; *des personnes forment* [*o* *font*] *une ~ le long de la rue* Menschen stellen sich [in einer Reihe] am Straßenrand auf; *des personnes font* [*o* *forment*]/*ont formé la ~* Menschen bilden ein Spalier/stehen Spalier; *une ~ de policiers* eine Absperrkette der Polizei; *des policiers forment* [*o* *font*] *une ~* Polizisten bilden eine Absperrkette; *deux ~s* ein Spalier *nt*

▶ **~ vive** [grüne] Hecke

◆ **haie d'honneur** Ehrenspalier *nt*

haillon [ˊɑjɔ̃] *m gén pl* Lumpen *pl*

haine [ˊɛn] *f* 1. Hass *m*; *qn a de la ~ pour qn* jd hasst jdn; *qn prend qn/qc en ~* jd fängt an, jdn/etw zu hassen; jd/etw zieht sich (*dat*) jds Hass zu; *la ~ de qc* der Hass auf etw (*akk*) [*o* gegen etw]; *qn a la ~ de qc* jd hasst etw, etw ist jdm verhasst; *elle a de la ~ dans son regard* aus ihren Augen lodert Hass; *par ~ de qn/qc* aus Hass auf [*o* gegen] jdn/etw

2. *pl* (*rivalités*) Hass *m*; *les ~s entre les hommes* der Hass zwischen den Menschen

haineusement [ˊɛnøzmɑ̃] *adv regarder* hasserfüllt; *parler* voller Hass, gehässig; *qn répond ~* jd gibt eine gehässige Antwort

haineux, -euse [ˊɛnø, -øz] *adj* (*plein de haine*) hasserfüllt; (*plein de méchanceté*) *personne, parole, remarque* gehässig; *joie* hämisch, boshaft

haïr <irr> [ˊaiʀ] I. *vt* ■ **qn hait qn/qc** jd hasst jdn/etw; ■ **qn hait qn de faire qc** jd hasst jdn, weil er etw tut; ■ **qn hait de faire qc** jd hasst es, etw zu tun; ■ **qn se fait ~ de qn** jd macht sich bei jdm verhasst

II. *vpr* ■ **qn se hait** [**lui-même**] jd hasst sich [selbst]; ■ **qn se hait pour qc** jd hasst sich wegen etw; ■ **qn se hait d'avoir fait qc** jd hasst sich, weil er etw getan hat; ■ **ils se haïssent** sie hassen sich

haïssable [ˊaisabl] *adj personne* hassenswert; *comportement* verabscheuenswürdig; *temps* abscheulich

halage [ˊalaʒ] *m* (*par un bateau*) Schleppen *nt*; (*par des hommes, des chevaux*) Treideln *nt*

hâle [ˊɑl] *m* [Sonnen]bräune *f*

hâlé, e [ˊɑle] *adj* [sonnen]gebräunt; *teint ~* gebräuntes Gesicht

haleine [alɛn] *f* Atem *m*; *~ fraîche* frischer Atem; *mauvaise ~* Mundgeruch *m*; *qn a* [*une*] *mauvaise ~* jd hat Mundgeruch, jd riecht aus dem Mund; *son ~ sent l'ail/l'alcool* er/sie riecht nach Knoblauch/Alkohol; *qn retient son ~* jd hält den Atem an; *qn perd ~* jdm geht die Luft aus; *qn reprend son ~* jd holt Luft; (*s'arrête*) jd verschnauft

▶ **de longue ~** *projet, travail* langwierig; **qn est hors d'~** jd ist außer Atem; **à perdre ~** *parler, discuter* nonstop; *rire, courir* wie verrückt *fam*; **sans perdre ~** *travailler* ununterbrochen, ohne sich (*dat*) eine Atempause zu gönnen; **qn/qc tient qn en ~** jd/etw hält jdn in Atem

haler <1> [ˊale] *vt* 1. (*hisser*) ■ **qn hale qc** jd holt etw ein

2. (*remorquer*) ■ **qn/un animal hale qc** *bateau, péniche* jd/ein Tier treidelt etw; ■ **qc hale qc** etw schleppt etw

hâler <1> [ˊɑle] *vt* ■ **qc hâle qc** etw bräunt etw; ■ **qc est hâlé(e) par qc** etw ist von etw gebräunt; *son teint est hâlé par le soleil* sein/ihr Gesicht ist sonnengebräunt

haletant, e [ˊal(ə)tɑ̃, ɑ̃t] *adj personne, respiration* keuchend; *chien* hechelnd; *cheval* schnaubend; *je voyais sa poitrine ~e* ich sah, wie seine/ihre Brust sich schnell hob und senkte; ■ **qn est ~** jd keucht; ■ **un animal est ~** /*chien*/ ein Tier hechelt; /*cheval*/ ein Tier schnaubt; ■ **qn est ~ de qc** *de soif* jd vergeht fast vor etw (*dat*); *de curiosité, d'impatience a.* jd platzt fast vor etw (*dat*) *fam*; *d'émotion* jd zittert vor etw (*dat*), jd atmet schwer vor etw (*dat*); *de fièvre* jds Atem fliegt wegen etw

halètement [ˊalɛtmɑ̃] *m* [*personne*] Keuchen *nt*; [*asthmatique*] Kurzatmigkeit *f*; [*chien*] Hecheln *nt*; [*cheval*] Schnauben *nt*

haleter <4> [ˊal(ə)te] *vi* ■ **qn/un animal halète** /*coureur*/ jd keucht, jd schnappt nach Luft; /*chien*/ ein Tier hechelt; ■ **qn halète de qc** *de soif* jd vergeht fast vor etw (*dat*); *de curiosité, d'intérêt a.* jd platzt fast vor etw (*dat*) *fam*; *d'émotion* jd zittert vor etw (*dat*), jd atmet schwer vor etw (*dat*)

hall [ˊol] *m* Halle *f*; (*entrée*) Eingangshalle; *~ de la gare/de l'aéroport* Bahnhofs-/Flughafenhalle

hallali [alali] *m* Halali *nt*

▶ **qn/qc sonne l'~** jd/etw bläst das Halali

halle [ˊal] *f* 1. (*partie d'un marché*) Markthalle *f*; ■ **~ à** *aux bestiaux, poissons, au vin* -halle *f*

2. *pl* (*marché d'une ville*) Markthallen *pl*

3. (*hangar*) Halle *f*; *~ de montage/des machines* Montage-/Maschinenhalle *f*

4. HIST ■ **les H~s** die Pariser Markthallen

hallebarde [ˊalbaʀd] *f* Hellebarde *f*

▶ **il pleut** [*o* **tombe**] **des ~s** *fam* es gießt in Strömen *fam*

hallucinant, e [a(l)lysinɑ̃, ɑ̃t] *adj ressemblance* verblüffend, frappierend *geh*; *spectacle* umwerfend, atemberaubend; *sa ressemblance avec toi est ~e* er/sie sieht dir täuschend ähnlich

hallucination [a(l)lysinasjɔ̃] *f* 1. MED Halluzination *f*; *~s visuelles/auditives* optische/akustische Halluzinationen *pl*

2. (*vision*) Halluzination *f*, Sinnestäuschung *f*; *j'ai dû avoir une ~* ich muss wohl an Halluzinationen leiden; *ils ont été victimes d'une ~ collective* gemeinsam sind sie das Opfer einer Sinnestäuschung geworden

hallucinatoire [a(l)lysinatwaʀ] *adj* halluzinatorisch

halluciné, e [a(l)lysine] I. *adj* 1. (*qui a des hallucinations*) *drogué, fou* an

Halluzinationen leidend, halluzinierend; ■ **qn est** ~ jd leidet an Halluzinationen, jd hat Halluzinationen
2. (*bizarre*) *air, regard* irr
II. *m, f* 1. MED halluzinierende(r) Geisteskranke(r) *f(m)*; *un(e)* ~(*e*) ein Mann, der/eine Frau, die an Halluzinationen leidet
2. (*visionnaire*) Spinner(in) *m(f) fam*
hallucinogène [a(l)lysinɔʒɛn] I. *adj* halluzinogen *spec*
II. *m* Hallozinogen *nt spec*
halo [ˊalo] *m* [*lampe, phare, réverbère*] Lichthof *m;* [*astre, lune, soleil*] Hof *m*, Halo *m spec;* ■ ~ **de qc** Hof um etw; PHOT Lichthof
► ~ **de gloire** Glorienschein *m*
halogène [alɔʒɛn] I. *m* Halogen *nt*
II. *app* Halogen-; ***lampe/phare*** ~ Halogenlampe *f*/-scheinwerfer *m*
halte [ˊalt] I. *f* 1. Halt *m*, Pause *f;* (*pour se restaurer*) Rast *f;* MIL Marschpause; ***qn fait*** ~ jd hält an, jd macht Halt; ***qn fait une*** ~ (*s'arrêter*) jd macht Halt; (*se reposer*) jd legt eine Pause ein; (*se restaurer*) jd macht Rast; ***il a fait une*** ~ ***d'une heure*** er hat eine Stunde Halt/Pause/Rast gemacht
2. CHEMDFER (*lieu d'arrêt*) Haltepunkt *m*
II. *interj* ■ ~! halt!, stopp! *fam;* (*attention!*) Moment mal!
► ~ **à ...!** Schluss mit ...!; ~ ***au chômage!*** Schluss mit der Arbeitslosigkeit!, stoppt die Arbeitslosigkeit!; **qn dit** ~ **à qc** jd fordert das Ende einer S. (*gen*); ~**-là!** [**qui va là?**] MIL halt! [wer da?]
haltère [altɛʀ] *m* Hantel *f;* ***qn fait des*** ~***s*** jd turnt [*o* trainiert] mit der Hantel/mit Hanteln
haltérophile [alteʀɔfil] *mf* Gewichtheber(in) *m(f)*
haltérophilie [alteʀɔfili] *f* Gewichtheben *nt*
hamac [ˊamak] *m* Hängematte *f*
Hambourg [ˊɑ̃buʀ] Hamburg *nt*
hambourgeois, e [ˊɑ̃buʀʒwa, waz] I. *adj* hamburgerisch, Hamburger
II. *m, f* ■ **Hambourgeois(e)** Hamburger(in) *m(f)*
hamburger [ˊɑ̃buʀgœʀ, ˊɑ̃bœʀgœʀ] *m* Hamburger *m*
hameau <x> [ˊamo] *m* Weiler *m*
hameçon [amsɔ̃] *m* Angelhaken *m;* ***le poisson mord à l'*** ~ der Fisch beißt an
► **qn mord à** [*o* **gobe**] **l'**~ jd beißt an *fam;* **qn tend l'**~ **à qn** jd legt jdm einen Köder aus
hampe[1] [ˊɑ̃p] *f* 1. (*manche*) [*lance*] Schaft *m;* [*drapeau*] Stange *f*
2. BOT Schaft *m*
3. (*trait vertical*) [*lettre*] senkrechter [Haupt]strich
hampe[2] [ˊɑ̃p] *f* (*poitrine*) [*cerf*] Brust *f*
2. (*ventre*) [*bœuf*] Querrippe *f*
hamster [ˊamstɛʀ] *m* Hamster *m*
han [ˊɑ̃] I. *m* ächzender Laut, Stöhnen *nt;* ***qn soulève qn/qc avec un*** ~ jd hebt jdn/etw laut ächzend [*o* stöhnend] hoch; ***qn pousse*** [*o* ***fait***] ***un*** ~ jd ächzt, jd stöhnt
II. *interj* hau ruck
hanche [ˊɑ̃ʃ] *f* Hüfte *f;* ***elle balance les*** ~***s*** sie wiegt sich in den Hüften *geh;* ***elle roule*** [*o* ***tortille***] ***les*** ~***s*** sie wackelt mit den Hüften; ***qn est fort des*** ~***s*** jd hat breite Hüften
handball *m*, **hand-ball** [ˊɑ̃dbal] *m* Handball *m*
handballeur, -euse [ˊɑ̃dbalœʀ, -øz] *m, f* Handballspieler(in) *m(f)*, Handballer(in) *m(f) fam*
handicap [(ˊ)ɑ̃dikap] *m* 1. SPORT Handikap ['hændikæp] *nt*, Vorgabe *f;* ***course à*** ~ Handikaprennen *nt*
2. MED, PSYCH Handikap *nt*, Behinderung *f*
3. (*désavantage*) Handikap *nt;* (*retard*) Rückstand *m*
handicapé, e [ˊɑ̃dikape] I. *adj* behindert
II. *m, f* Behinderte(r) *f(m)*
► ~ **mental** geistig Behinderte(r) *f(m);* ~ **moteur** motorisch Behinderte(r) *f(m);* ~ **physique** Körperbehinderte(r) *f(m)*
handicaper <1> [ˊɑ̃dikape] *vt* 1. SPORT ■ **qn handicape qn/un animal** jd handikapt jdn/ein Tier ['hændikæpt], jd erlegt jdm/einem Tier ein Handikap auf
2. (*désavantager*) ■ **qc handicape qn/qc** [**dans qc**] etw ist für jdn/etw [bei etw] ein Handikap, etw benachteiligt [*o* behindert] jdn/etw [in etw (*dat*)/bei etw]
handisport [ˊɑ̃dispɔʀ] *adj* Behinderten-
hangar [ˊɑ̃gaʀ] *m* 1. AGR, CHEMDFER [offener] Schuppen
2. (*entrepôt*) Lagerschuppen *m*, Lagerhalle *f*
3. AVIAT, NAUT: ~ ***à avions*** Hangar *m;* ~ ***à bateaux*** Bootshaus *nt*, Bootsschuppen *m*
hanneton [ˊan(ə)tɔ̃] *m* ZOOL Maikäfer *m*
► **qc n'est pas piqué(e) des** ~**s** *péj* etw ist nicht von Pappe *fam*
Hanovre [ˊanɔvʀ] Hannover *nt*
hanse [ˊɑ̃s] *f* HIST Hanse *f;* ■ **la H**~ die Hanse
hanséatique [ˊɑ̃seatik] *adj* hanseatisch, Hanse-; *ligue, ville* Hanse-
hanter <1> [ɑ̃te] *vt* 1. (*fréquenter*) ■ **qn hante qc** *un endroit* jd verkehrt in etw (*dat*), jd frequentiert etw *geh*
2. ■ **qc hante qc** /*fantôme, esprit*/ etw spukt in etw (*dat*), etw geht in etw (*dat*) um; ■ **qc est hanté(e)** in etw (*dat*) spukt es; ■ **qc est hanté(e) par qc** in etw (*dat*) geht etw um; ***ce château est hanté*** [***par un esprit***] in diesem Schloss spukt es
3. (*obséder*) ■ **qc hante qn/qc** etw verfolgt jdn, etw lässt jdm keine Ruhe; ***qc hante le sommeil de qn*** etw verfolgt jdn noch im Schlaf; ■ **qn/qc est hanté(e) par qc** *par une idée, un désir* jd/etw ist beherrscht von etw; ***il était hanté par le souvenir de sa femme*** die Erinnerung an seine Frau ließ ihn nicht los
hantise [ˊɑ̃tiz] *f* Angstvorstellungen *pl;* ■ **la** ~ **de qc** *des examens, de la maladie* die ständige Angst vor etw (*dat*); ***il en a la*** ~ die Angst davor lässt ihn nicht los; ***par*** ~ ***de qc/de faire qc*** aus ständiger Angst vor etw (*dat*)/davor, etw zu tun; ***qc est la*** ~ ***de qn*** etw wird bei jdm zur Horrorvorstellung *fam*
happening [ˊap(ə)niŋ] *m* Happening ['hæpənɪŋ] *nt*
happer <1> [ˊape] *vt* ■ **qc happe qn** /*train, voiture*/ etw erfasst jdn; ■ **qn se fait** ~ **par qc** *par un train, une voiture* jd wird von etw erfasst; ■ **un animal happe qc** ein Tier schnappt etw
happy end <~ ~s> [ˊapiɛnd] *m o f* Happy End ['hæpiˀɛnt] *nt*
hara-kiri [ˊaʀakiʀi] *m* Ø Harakiri *nt*
► **qn** [**se**] **fait** ~ jd begeht [*o* macht] Harakiri
harangue [ˊaʀɑ̃g] *f* 1. (*discours solennel*) [feierliche] Rede
2. (*sermon*) [endlose] Strafpredigt [*o* Moralpredigt]
haranguer <1> [ˊaʀɑ̃ge] *vt* ■ **qn harangue qn** jd hält eine [feierliche] Ansprache an jdn
haras [ˊaʀɑ] *m* Gestüt *nt*
harassant, e [aʀasɑ̃, ɑ̃t] *adj métier, travail* ermüdend, beschwerlich, mühselig; *journée* [sehr] anstrengend
harassé, e [ˊaʀase] *adj* erschöpft, ausgelaugt
harasser <1> [ˊaʀase] *vt* ■ **qn est harassé(e) de qc** *de travail* jd ist/wird mit etw überhäuft [*o* eingedeckt *fam*]
harcelant, e [ˊaʀsəlɑ̃, ɑ̃t] *adj personne* lästig, aufdringlich; *question* lästig, quälend; *soucis* quälend
harcèlement [ˊaʀsɛlmɑ̃] *m* 1. MIL (*action*) Störmanöver *nt;* ***guerre de*** ~ Kleinkrieg *m;* ***tir de*** ~ Störfeuer *nt*
2. (*chicanerie*) Belästigung *f*
► ~ **sexuel** sexuelle Belästigung
harceler <4> [ˊaʀsəle] *vt* 1. (*poursuivre*) ■ **qn harcèle qn** jd bedrängt jdn, jd setzt jdm zu; ■ **qn/un animal harcèle un animal** jd/ein Tier macht Jagd auf ein Tier, jd/ein Tier stellt einem Tier [hartnäckig] nach
2. MIL ■ **qn harcèle qn/qc** *ennemi, ville* jd greift jdn/etw dauernd an
3. (*importuner*) ■ **qn harcèle qn** jd belästigt jdn; ***qn harcèle qn pour obtenir qc*** jd bedrängt jdn, um etw zu bekommen; ■ **qn harcèle qn de qc** *de questions, réclamations, d'exigences* jd setzt jdm [mit etw] zu, jd bedrängt jdn [mit etw]; ■ **qn est harcelé(e) de qc** *de soucis* jdn quält etw
hardes [ˊaʀd] *fpl péj* Klamotten *pl fam*
hardi, e [ˊaʀdi] *adj* 1. (*audacieux*) *personne* kühn, verwegen, beherzt; *réponse* mutig, beherzt; *entreprise, projet, spéculation* kühn, gewagt, verwegen
2. *vieilli* (*provocant*) *décolleté, scène* gewagt; *fille* verwegen, keck
3. (*original*) *imagination, pensée, style, talent* kühn, eigenwillig
► ~, **les gars!** *fam* wacker voran! *veraltend;* ~, **petit!** *fam* nur Mut, [mein] Kleiner!
hardiesse [ˊaʀdjɛs] *f* 1. (*audace*) Kühnheit *f*, Unerschrockenheit *f;* ***il a*** [*o* ***montre***] ***de la*** ~ er zeigt [*o* beweist] Unerschrockenheit
2. (*originalité*) [*style, expression artistique*] Kühnheit *f*, Eigenwilligkeit *f*
3. *pl* (*libertés*): ~***s du langage*** freche Ausdrücke *pl;* ***les*** ~***s de son style*** sein/ihr gewagter Stil
hardiment [ˊaʀdimɑ̃] *adv* 1. (*courageusement*) kühn, beherzt
2. (*carrément*) *parler* geradeheraus *fam; regarder* unerschrocken
3. (*à la légère*) *partir, s'engager* unüberlegt
4. (*effrontément*) *nier, dévisager* unverfroren, dreist
hardware [ˊaʀdwɛʀ] *m* Hardware ['hɑː(r)tvɛːɐ, 'hɑː(r)dwæːə] *f*
harem [ˊaʀɛm] *m* Harem *m*
hareng [ˊaʀɑ̃] *m* Hering *m*
► ~ **saur** Bückling *m;* **qn est maigre** [*o* **sec**] **comme un** ~ [**saur**] *fam* jd ist spindeldürr; **des personnes sont serrées comme des** ~**s** *fam* Menschen sitzen/stehen wie die Heringe *fam*
harengère [ˊaʀɑ̃ʒɛʀ] *f péj* lautes, ordinäres Weib; ***elle crie comme une*** ~ sie keift wie ein Marktweib
hargne [ˊaʀɲ] *f* (*comportement agressif*) Gereiztheit *f*, Bissigkeit *f;* (*colère*) Zorn *m* (*contre* auf + *akk*), Groll *m* (*contre* gegen); (*méchanceté*) Gehässigkeit *f;* ***avec*** ~ (*agressif*) gereizt, bissig; (*méchant*) gehässig; ***il est dans une telle*** ~ ***aujourd'hui*** er ist heute furchtbar gereizt
hargneusement [ˊaʀɲøzmɑ̃] *adv répondre* gereizt, bissig; *critiquer* scharf; *aboyer* böse, bösartig
hargneux, -euse [ˊaʀɲø, -øz] *adj* (*agressif*) *personne* gereizt, unwirsch; (*méchant*) gehässig; *ton a., critique* bissig, scharf; *mine* mürrisch; *humeur a.* mies; *caractère* zänkisch; *chien* bissig, bösartig
haricot [ˊaʀiko] *m* Bohne *f*
► **c'est la fin des** ~**s!** *fam* das ist das Ende!, jetzt hört alles auf!; ~ **blanc** weiße Bohne; ~ **grimpant** Stangenbohne *f;* ~ **nain** Buschbohne *f;* ~ **rouge** Feuerbohne *f;* ~ **sec** dicke Bohne; ~ **vert** grüne Bohne, Fisole *f* AUS; (*très fin*) Prinzessbohne *f;* **qn lui court** [*o* **tape**] **sur le** ~ *fam* jd geht jdm auf den Wecker *fam;* **des** ~**s!** *fam* denkste! *fam*
◆ **haricot à écosser** Stangenbohne *f;* **haricot beurre** Wachsbohne *f;* **haricot de mouton** GASTR Hammelragout *nt;* **haricot mange-tout** [mittelfeine] grüne Bohne
harissa [(ˊ)aʀisa] *f* GASTR Harissa *nt* (*pikante Tomatensoße, als Beilage zu Couscous*)
harki [ˊaʀki] *m algerischer Soldat in einer Hilfstruppe der französischen Armee*
harmonica [aʀmɔnika] *m* 1. (*instrument à bouche*) [Mund]harmonika *f*
2. CH, BELG (*accordéon*) Ziehharmonika *f*
harmonie [aʀmɔni] *f* 1. MUS (*théorie des accords*) Harmonielehre *f*
2. (*fanfare*) Blasorchester *nt*
3. POES, LITTER Harmonie *f*, Wohlklang *m*
4. ART Harmonie *f;* [*proportions a.*] Ausgewogenheit *f*
5. (*relation*) [*couple, plusieurs personnes*] Harmonie *f;* [*vues, sentiments a.*] Übereinstimmung *f;* ***ce couple vit en*** [***bonne*** [*o* ***parfaite***]] ~ dieses Paar

lebt in guter [*o* völliger] Harmonie [miteinander]; ***leurs vues sont en ~*** ihre Ansichten harmonieren [*o* stimmen überein]; ***qc est en ~ avec qc*** etw passt gut zu etw, etw harmoniert [gut] mit etw; */idées, opinion/* etw steht [*o* ist] im Einklang mit etw *geh;* ***qn met qc en ~ avec qc*** jd stimmt etw auf etw (*akk*) ab

harmonieusement [aʀmɔnjøzmɑ̃] *adv* harmonisch

harmonieux, -euse [aʀmɔnjø, -jøz] *adj chant, musique, son* harmonisch; *instrument, voix* wohlklingend; *style* angenehm; *ensemble, formes, couleurs* harmonisch; *équilibre a.* wohl ausgewogen

harmonique [aʀmɔnik] *adj* harmonisch

harmonisation [aʀmɔnizasjɔ̃] *f* **1.** [*chanson*] Harmonisierung *f;* [*instruments*] Stimmen *nt;* ~ ***des couleurs*** Farbabstimmung *f*
2. ECON Harmonisierung *f,* Angleichung *f*
► ~ **vocalique** PHON Vokalharmonie *f*

harmoniser <1> [aʀmɔnize] **I.** *vt* **1.** (*accorder*) ■ **qn harmonise des choses** *intérêts, idées* jd bringt Dinge miteinander in Einklang; *actions, couleurs, plans* jd stimmt Dinge aufeinander ab; ■ **qn harmonise qc avec qc** jd bringt etw in Einklang mit etw; *actions, plan* jd stimmt etw auf etw (*akk*) ab; ***elle a harmonisé la couleur des rideaux avec celle de sa moquette*** sie hat die Vorhänge und den Teppichboden farblich aufeinander abgestimmt
2. MUS ■ **qn harmonise qc** jd harmonisiert etw
II. *vpr* ■ **plusieurs choses s'harmonisent** mehrere Dinge harmonieren [miteinander]; ■ **qc s'harmonise avec qc** etw harmoniert mit etw, etw passt gut zu etw

harmonium [aʀmɔnjɔm] *m* MUS Harmonium *nt*

harnachement [ˈaʀnaʃmɑ̃] *m* **1.** (*action*) Anschirren *nt*
2. (*harnais*) Geschirr *nt*
3. *fam* (*équipement*) [schwere] Montur *fam*

harnacher <1> [ˈaʀnaʃe] **I.** *vt* **1.** (*mettre le harnais*) ■ **qn harnache un animal** jd schirrt ein Tier an
2. *péj* (*être accoutré*) ■ **qn est harnaché(e) [de qc]** jd ist [mit etw] ausstaffiert
II. *vpr* ■ **qn se harnache** */alpiniste, chasseur, soldat/* jd steigt in die [*o* seine] Montur *fam*

harnais [ˈaʀnɛ] *m* **1.** [*cheval, bœuf, âne*] Geschirr *nt*
2. [*parapentiste, plongeur, sauteur*] Gurtwerk *nt,* Gurtzeug *nt*
► **[qn est] blanchi(e) sous le ~** [jd ist] im Dienst ergraut

haro [ˈaʀo] *loc* ► **qn crie ~ sur le baudet** jd entrüstet sich [lauthals]; **qn crie ~ sur qn/qc** jd entrüstet sich [lauthals] über jdn/etw

harpe [ˈaʀp] *f* Harfe *f*

harpie [ˈaʀpi] *f* ORN Harpyie *f*
► **vieille ~** *péj* alter Drachen *sl*

harpiste [ˈaʀpist] *mf* Harfenspieler(in) *m(f);* (*de profession*) Harfenist(in) *m(f)*

harpon [ˈaʀpɔ̃] *m* **1.** PECHE Harpune *f;* ***qn pêche au ~*** jd jagt mit der Harpune
2. CONSTR (*crampon*) Klammer *f,* Haken *m*

harponnage [ˈaʀpɔnaʒ] *m,* **harponnement** [ˈaʀpɔnmɑ̃] *m* Harpunieren *nt*

harponner <1> [ˈaʀpɔne] *vt* **1.** PECHE ■ **qn harponne un poisson** jd harpuniert einen Fisch
2. *fam* ■ **qn harponne qn** *malfaiteur* jd erwischt [*o* schnappt] jdn *fam;* ■ **qn se fait ~ par qn** *par un marchand, représentant* jd wird von jdm aufgehalten

hasard [ˈazaʀ] *m* **1.** (*événement fortuit*) Zufall *m;* ***c'est un vrai*** [*o* ***pur***] ~ [***que je sois venue***] das ist reiner [*o* purer] Zufall[, dass ich gekommen bin]; ***par un heureux/malheureux/curieux ~*** durch einen glücklichen/unglücklichen/merkwürdigen Zufall; ***c'est par le plus grand des ~s que*** + *indic* es ist/war ein reiner Zufall, dass
2. (*fatalité*) Zufall *m,* Schicksal *nt;* ***le ~ a voulu que*** + *subj* der Zufall wollte es, dass; es traf sich, dass; ***c'est un caprice*** [*o* ***un coup***] [*o* ***l'effet***] [*o* ***un fait***] ***du ~ si …*** es ist reiner Zufall, dass; ***les caprices du ~*** die Launen des Schicksals; ***elle ne laisse rien au ~*** sie überlässt nichts dem Zufall; ***il s'en remet*** [*o* ***s'abandonne***] ***au ~*** er überlässt es dem Zufall; ***qn tente le ~*** (*défier le destin*) jd fordert das Schicksal heraus; (*tenter sa chance*) jd versucht sein Glück; ***il faut faire la part du ~*** man muss [immer] mit Überraschungen rechnen
3. *pl* (*aléas, risque*) ■ **les ~s de qc** *de la guerre* die Wirren *pl* einer S. (*gen*); *de la vie* die Wechselfälle *pl* einer S. (*gen*); *de la conversation* der zufällige Verlauf einer S. (*gen*)
► **le ~ fait bien les choses** *prov* Glück muss der Mensch haben; **à tout ~** (*par précaution*) für alle Fälle; (*sans être sûr du succès*) *demander, essayer* auf gut Glück; **au ~** (*n'importe où*) *marcher, prendre une route* aufs Geratewohl, auf gut Glück; ***qn prend/choisit un livre/exemple au ~*** jd greift ein beliebiges Buch/Beispiel heraus; **au ~ de qc** anlässlich einer S. (*gen*); ***au ~ des circonstances*** wie es sich gerade so trifft/traf; ***au ~ de l'improvisation*** wie es jdm gerade einfällt/einfiel; ***au ~ des rencontres*** bei zufälligen Begegnungen; ***je l'ai trouvé au ~ de mes voyages*** bei meinen Reisen bin ich [ganz] zufällig darauf gestoßen; **comme par ~** *iron* [ganz] zufällig; **par ~** zufällig; ***vous n'auriez pas par ~ de la monnaie?*** haben Sie zufällig [*o* vielleicht] Kleingeld?; ***si par ~ tu passes*** falls du zufällig vorbeikommst; ***tout à fait par ~*** rein [*o* ganz] zufällig

hasarder <1> [ˈazaʀde] **I.** *vt littér* **1.** (*risquer*) ■ **qn hasarde qc** jd setzt etw aufs Spiel
2. (*tenter*) ■ **qn hasarde qc** *entreprise, démarche* jd wagt etw
3. (*avancer*) ■ **qn hasarde qc** jd wagt etw; *hypothèse a.* jd wagt es, etw aufzustellen; *question a.* jd wagt es, etw zu stellen; *remarque, suggestion a.* jd wagt es, etw zu machen
II. *vpr littér* **1.** (*s'aventurer*) ■ **qn se hasarde quelque part** jd wagt sich irgendwohin
2. (*se risquer à*) ■ **qn se hasarde à faire qc** jd wagt es, etw zu tun

hasardeux, -euse [ˈazaʀdø, -øz] *adj entreprise, manœuvre, hypothèse, démarche* gewagt, riskant; *affirmation* kühn

hasch [ˈaʃ] *m abr de* **haschisch** *fam* Hasch *nt fam*

haschich *m,* **haschisch** [ˈaʃiʃ] *m* Haschisch *nt o m*

hase [ˈaz] *f* ZOOL Häsin *f*

hâte [ˈɑt] *f* Eile *f,* Hast *f*
► **en grande ~** schleunigst; **en toute ~** in aller Eile; **qn a ~ de faire qc, qn n'a qu'une ~, c'est de faire qc** jd kann es kaum erwarten, etw zu tun; **qn met de la ~ à faire qc** jd beeilt sich, etw zu tun; ***qn met peu de ~ à faire qc*** jd beeilt sich nicht besonders, etw zu tun; ***qn met trop de ~ à faire qc*** jd tut etw übereilt [*o* überstürzt]; **à la ~** hastig, auf die Schnelle *fam;* **avec [trop de] ~** [zu] schnell, [zu] hastig; **en ~** schnell, in [aller] Eile; **sans ~** gemächlich

hâter <1> [ˈɑte] **I.** *vt* ■ **qn/qc hâte qc** jd/etw beschleunigt etw
II. *vpr* (*se dépêcher*) ■ **qn se hâte** jd beeilt sich; ■ **qn se hâte vers qc** jd eilt zu etw; ■ **qn se hâte de faire qc** jd tut etw schnell
► **hâte-toi/hâtons-nous/hâtez-vous lentement** eile mit Weile *prov*

hâtif, -ive [ˈɑtif, -iv] *adj* **1.** (*trop rapide*) *conclusion, décision, réponse* übereilt, überstürzt; *travail* zu schnell [*o* hastig] gemacht; ***c'est un travail ~*** diese Arbeit ist zu schnell gemacht worden
2. (*précoce*) *croissance, développement* zu schnell, zu hastig; *fruit, légume, variété* sehr früh [reifend]

hâtivement [ˈɑtivmɑ̃] *adv conclure, décider* übereilt; *répondre* hastig; *partir* übereilt, überstürzt; *travailler* zu schnell, zu hastig

hauban [ˈobɑ̃] *m* [*voilier*] Want *f spec;* [*chapiteau de cirque*] Stützstange *f;* [*cadre de vélo*] Strebe *f;* [*pont*] Abspannseil *nt;* ■ **les ~s** [*biplan*] Verspannung *f;* [*hydravion*] Leitwerkverstrebung *f;* [*ring*] Seilverspannung

hausse [ˈos] *f* **1.** (*action*) [*prix, salaires*] Anheben *nt,* Anhebung *f;* ~ ***illicite des prix*** Preistreiberei *f*
2. (*processus*) [*coût de la vie, salaires, niveau, température*] [An]steigen *nt,* Anstieg *m;* [*prix, cours a.*] Anziehen *nt;* ~ ***de la Bourse*** Anstieg der Börsenkurse, Hausse *f spec*
► **qn joue à la ~** BOURSE jd spekuliert auf Hausse; **qc est en [nette] ~** etw steigt [spürbar [*o* deutlich]]

haussement [ˈosmɑ̃] *m:* ~ ***d'épaules*** Achselzucken *nt*

hausser <1> [ˈose] **I.** *vt* **1.** (*surélever*) ■ **qn hausse qc** jd erhöht etw, jd macht etw höher; *maison* jd stockt etw auf
2. (*amplifier*) ■ **qn hausse qc:** ***qn hausse le ton/la voix*** jd hebt den Ton/die Stimme; ***hausse le ton!*** sprich lauter!
3. (*augmenter*) ■ **qn hausse qc** *impôts* jd erhöht etw; *prix a.* jd setzt etw herauf; ■ **qc fait ~ qc** *cours, impôts, prix* durch etw [*o* aufgrund einer S. (*gen*)] steigt etw
4. (*soulever*) ■ **qn hausse qc** *sourcils* jd hebt etw, jd zieht etw hoch; *épaules* jd zuckt mit etw
II. *vpr* **1.** (*se dresser*): ***qn se hausse*** [***de toute sa taille***] jd richtet sich [in seiner vollen Größe] auf; ***qn se hausse sur la pointe des pieds*** jd stellt sich auf die Zehenspitzen
2. (*s'élever*): ***qn se hausse au niveau de qn*** jd bringt sich auf jds Niveau (*akk*), jd erreicht jds Niveau; ***qn se hausse dans l'estime de qn*** jd steigt in jds Ansehen (*dat*)

haussier [ˈosje] *m* BOURSE Haussier *m spec*

haut, e [ˈo, ˈot] **I.** *adj* **1.** (*grand*) hoch; ***qc est ~ de 3 m/10 m*** etw ist 3 m/10 m hoch; ***qc est ~ de plafond*** etw ist hoch; ~ ***sur pattes*** langbeinig; ***de ~e taille*** groß; ***le plus ~ étage*** das oberste Stockwerk; ***dans les plus ~es branches de l'arbre*** auf den obersten Zweigen des Baumes
2. (*en position élevée*) *nuages* hoch; ***le soleil est ~ dans le ciel*** die Sonne steht hoch am Himmel
3. NAUT: ***qn navigue le pavillon ~*** jd fährt mit gehisster Flagge; ***marée ~e*** Flut *f;* ***la mer est ~e*** es ist Flut; ***quand la mer est ~e*** bei Flut; ***en ~e mer*** auf hoher See; ***les ~es eaux*** das Hochwasser; ***le Rhin est ~*** der Rhein hat Hochwasser
4. *montagne, plateau* Hoch-; *Rhin* Ober-; ***la ville ~e*** die Oberstadt
5. (*ancien*): ***le ~ Moyen-Âge*** das Frühmittelalter, das frühe Mittelalter; ***la ~e Antiquité*** die Frühantike
6. (*intense, fort*) *note, ton, température* hoch; *densité* groß; *fréquence, tension, voltage* Hoch-; *pression, température* Hoch-; ***à voix ~e, à ~e voix*** laut, mit lauter Stimme; ***courant à ~e tension*** Starkstrom *m*
7. (*élevé*) *cours, prix, salaire* hoch; ***le prix de l'or est au plus ~*** Gold erzielt Höchstpreise
8. (*supérieur*): ***~e bourgeoisie*** Großbürgertum *nt;* ~ ***commissaire*** Hochkommissar *m;* ~ ***commandement*** Oberkommando *nt;* ***un ~ fonctionnaire*** ein hoher Beamter; ***la ~e finance*** die Hochfinanz; ***une ~e personnalité*** eine hoch gestellte Persönlichkeit; ***la ~e société*** die Oberschicht, die Highsociety [ˈhaisəˈsaiəti]; ***au plus ~ niveau*** auf höchster Ebene; ***en ~ lieu*** höheren Orts, an höherer Stelle; ***la Chambre ~e*** das Oberhaus; ***de ~e naissance*** adelig, von hoher Abkunft; ***la ~e noblesse*** der Hochadel; ***de ~ rang*** von hohem Rang; ***les ~es mathématiques*** [die] höhere Mathematik; ***la ~e coiffure/~e couture*** die Haute Coiffure/Haute Couture
9. (*très grand*) hoch; ***qn a une ~e idée*** [***o opinion***] ***de qn/qc*** jd hat von jdm/etw eine hohe Meinung; ***la ~e estime*** [***o considération***] die Hochachtung; ***elle jouit d'une ~e considération*** sie wird sehr [*o* hoch] geschätzt; ***elle fait preuve d'une ~e intelligence*** sie ist äußerst [*o* höchst] intelligent; ***qc est de la plus ~e importance*** etw ist äußerst wichtig, etw ist von größter Wichtigkeit [*o* Bedeutung]; ***un instrument de ~e précision*** ein Präzisionsgerät *nt,* ein Feinmessgerät *nt;* ***~e trahison*** Hochverrat *m;* ***c'est du plus ~ comique*** *iron* [das ist wirklich] sehr witzig
10. (*héroïque*): ***les ~s faits*** die Heldentaten

11. LING: ***le ~ allemand*** [das] Hochdeutsch; HIST [das] Althochdeutsch

II. *adj/adv* **1.** *monter, sauter, voler* hoch

2. (*ci-dessus*): ***voir plus*** ~ siehe [weiter] oben

3. (*loin dans le temps*): ***il faut remonter très ~ dans l'histoire*** man muss weit in der Geschichte zurückgehen

4. (*fort*) *lire, parler, penser* laut

5. (*franchement*) laut [und deutlich]; ***qn dit tout ~ ce que les autres pensent tout bas*** jd spricht aus [*o* sagt], was die anderen denken

6. (*à un haut degré*): ***un fonctionnaire ~ placé*** ein hoher Beamter; ***qn vise*** [***trop***] ~ jd will [zu] hoch hinaus; ***qn place qn très ~ dans son estime*** jd hat Hochachtung vor jdm

7. MUS: ***qn chante trop*** ~ jd singt zu hoch; ***sa voix monte*** ~ seine/ihre Stimme steigt hoch

▸ **qn parle ~ et clair** jd redet [laut und] deutlich; (*sans ambiguïté*) jd spricht eine deutliche Sprache; **qn pend qn ~ et court** jd hängt jdn kurzerhand auf; **qn prend qn de ~** jd ist jdm gegenüber hochnäsig, jd behandelt jdn von oben herab; **qn prend qc de ~** (*prend la mouche*) jd kriegt etw in den falschen Hals *fam;* **qn regarde/traite qn de ~** jd betrachtet/behandelt jdn von oben herab; **qn tombe de ~** jd ist sehr überrascht, jd fällt aus allen Wolken *fam;* **qn voit les choses de ~** er sieht die Dinge gelassen; **qc ne vole pas ~** etw ist ziemlich blöd *fam;* **d'en ~** von oben; **en ~** (*sans mouvement*) oben; (*avec mouvement*) nach oben; ***jusqu'en ~*** bis nach oben; ***tout en ~*** ganz oben; ***regarde en ~*** sieh [*o* schau] mal nach oben; ***de bas en ~*** von unten nach oben; **en ~ de qc** *de l'immeuble* oben in etw (*dat*); ***en ~ de la côte*** oben auf dem Berg; ***il vit en ~ de l'immeuble*** er wohnt im oberen Teil [*o* auf der letzten Etage] des Gebäudes

III. *m* **1.** (*hauteur*) Höhe *f;* ***qc a un mètre de ~*** etw ist einen Meter hoch

2. (*altitude*) Höhe *f;* ***qc est à un mètre de ~*** etw ist [*o* befindet sich] in einem Meter Höhe

3. (*opp: bas*) ■ **le ~ de qc** *d'une caisse, d'un mur, tableau* der obere Teil einer S. (*gen*); *d'un deux-pièces* das Oberteil einer S. (*gen*); ***le ~ d'un pyjama*** die Schlafanzugjacke; ***l'étagère du ~*** das oberste Regalbrett; ***les pièces du ~*** die Zimmer im oberen Stockwerk

4. (*sommet*) [*arbre*] Wipfel *m;* [*montagne*] Gipfel *m;* ***l'oiseau est perché au plus ~ de l'arbre*** der Vogel hockt ganz oben im Baum [*o* hockt in der Baumkrone]; ***du plus ~ de la montagne*** vom höchsten Punkt des Gebirges [aus]; ***qc est sur le ~ de la côte*** etw ist oben auf dem Berg

▸ **des ~s et des bas** Höhen und Tiefen, gute und schlechte Zeiten; ***il a des ~s et des bas*** [***de santé***] mal geht es ihm besser, mal wieder schlechter; **du ~ en bas** von oben bis unten; **qn atteint le ~ de l'échelle** [**sociale**] jd schafft es bis nach ganz oben *fam;* ***qn atteint le ~ de l'échelle administrative*** jd erreicht eine Spitzenposition innerhalb der Verwaltung; **qn/qc tient le ~ du pavé** jd/etw gehört zur Spitzenklasse; **du ~ de qc** von etw herunter; ***les voisins du ~*** [***de l'immeuble***] die Nachbarn von oben; ***il parle du ~ de la scène*** er spricht von der Bühne herunter; ***il est tombé du ~ de l'arbre*** er ist vom Baum heruntergefallen

◆ **haut de page** TYP, INFORM Seitenanfang *m*

hautain, e [ˊotɛ̃, ɛn] *adj personne* hochmütig, eingebildet; *air, regard, manière, ton* hochmütig, herablassend

hautbois [ˊobwa] *m* Oboe *f*

haut-de-forme [ˊod(ə)fɔʀm] *m inv* Zylinder *m*

haute [ˊot] *f fam* Hautevolee *f,* Highsociety ['haisə'saiəti] *f;* ***il fait partie*** [***des gens***] ***de la ~*** er gehört zur Hautevolee

haute-fidélité [ˊotfidelite] **I.** *f* ∅ Highfidelity ['haifi'deliti] *f*

II. *app inv chaîne* Hi-Fi- ['haifi]

hautement [ˊotmɑ̃] *adv + adj* äußerst, überaus, höchst; ***un pays ~ industrialisé*** ein hoch industrialisiertes Land; ***un travailleur ~ qualifié*** ein hoch qualifizierter Arbeiter

hauteur [ˊotœʀ] *f* **1.** (*grandeur*) [*montagne, mur, tour*] Höhe *f;* GEOM Höhe; ***qc fait 3/10 mètres de ~*** etw hat eine Höhe von 3/10 Metern, etw ist 3/10 Meter hoch; ■ [**qc a une**] **~ de …,** ■ [**qc a**] **… de ~** [etw hat eine] Höhe von …, etw ist … hoch; ***le mur a une ~ de 7 m*** [*o* ***a 7 m de ~***] die Mauer ist 7 m hoch; ***quelle est la ~ de ce mur?*** wie hoch ist diese Mauer?; ***la ~ est de 3/10 mètres*** die Höhe beträgt 3/10 Meter; ***la ~ de l'arbre était telle que*** + *indic* der Baum war so hoch, dass; ***qn se dresse de toute sa ~*** jd stellt sich auf die Zehenspitzen

2. (*altitude*) Höhe *f;* ***qc est à ~ d'appui/des yeux/d'homme*** etw ist in Brust-/Augen-/Kopfhöhe; ***l'avion prend/perd de la ~*** das Flugzeug gewinnt/verliert an Höhe; ***la ~ du soleil*** der Sonnenstand; ***saut en ~*** Hochsprung *m*

3. GEOG (*colline*) Anhöhe *f,* Hügel *m*

4. (*noblesse*) Größe *f;* ***la ~ de ses sentiments*** die Größe seines/ihres Empfindens

5. (*arrogance*) Hochmut *m;* ***qn parle avec ~*** jd spricht in herablassender [*o* hochmütiger] Weise

▸ **qn n'est pas/est à la ~** jd ist unfähig/fähig, jd entspricht nicht/entspricht den Anforderungen; **qn est à la ~** [**de qn/qc**] jd ist jdm/einer S. gewachsen; **qn tombe de** [**toute**] **sa ~** jd fällt der Länge nach hin; **à la ~ de qn/qc** (*à la même latitude*): ***quand ils arrivèrent à ma ~*** als sie mit mir auf gleicher Höhe waren; ***à la ~ du carrefour*** in Höhe der Kreuzung; ***à la ~ du port/d'une île*** in Höhe des Hafens/einer Insel

haut-fond <~s-~s> [ˊofɔ̃] *m* Untiefe *f* **haut-le-cœur** [ˊol(ə)kœʀ] *m inv* Übelkeit *f;* ***qn a un ~~~*** jdm ist schlecht [*o* übel]; ***il eut un ~~~*** ihm wurde schlecht [*o* übel] **haut-le-corps** [ˊol(ə)kɔʀ] *m inv* Aufschrecken *nt;* ***qn a un ~~~*** jd fährt hoch **haut-lieu** <~s-~x> [ˊoljø] *m* Hochburg *f* **haut-parleur** <~-~s> [ˊopaʀlœʀ] *m* Lautsprecher *m* **haut-relief** <~s-~s> [ˊoʀəljɛf] *m* Hochrelief *nt*

havane [ˊavan] **I.** *adj inv* (*couleur*) hellbraun

II. *f* GEOG ■ **la Havane** Havanna *nt*

III. *m* (*cigare*) Havanna[zigarre *f*] *f;* (*tabac*) Havanna[tabak *m*] *m*

havre [ˊavʀ] *m* [natürlicher] Hafen

▸ **~ de paix** Oase *f* des Friedens

havresac [ˊavʀəsak] *m* MIL Tornister *m;* (*sac à dos*) Rucksack *m*

hayon [ˊɛjɔ̃] *m* AUT Heckklappe *f*

hé [he, ˊe] *interj* (*pour appeler*) he *fam,* he, du da/Sie da *fam;* (*pour exprimer l'approbation, l'intérêt, l'ironie, la moquerie, surprise*) also; ***~ oui! elle a fini par trouver un emploi*** so ist es! sie hat endlich eine Arbeit gefunden; ***~ bien! en voilà des manières*** na [*o* also], so was! das sind ja schöne Manieren; ~! ~! alle Achtung!, Donnerwetter!

heaume [ˊom] *m* Helm *m*

hebdo [ɛbdo] *m fam abr de* **hebdomadaire** (*revue, magazine*) Wochenzeitschrift *f,* Zeitschrift, die wöchentlich erscheint [*o* rauskommt *fam*]

hebdomadaire [ɛbdɔmadɛʀ] **I.** *adj réunion* wöchentlich; *revue* Wochen-; ***"lundi fermeture ~", "fermeture ~ le lundi"*** "montags geschlossen"; ***le travail dominical est plus fatigant que le travail ~*** Sonntagsarbeit ist anstrengender als die Arbeit während der Woche; ***mon jour de repos ~ est le mardi*** dienstags habe ich meinen freien Tag; ***il rend une visite ~ à sa mère*** einmal pro Woche besucht er seine Mutter

II. *m* Wochenzeitschrift *f*

hebdomadairement [ɛbdɔmadɛʀmɑ̃] *adv* einmal in der Woche

hébergement [ebɛʀʒəmɑ̃] *m* Unterbringung *f*

héberger <2 a> [ebɛʀʒe] *vt* **1.** (*loger provisoirement*) ■ **qn héberge qn** *ami, sinistré, touriste* jd beherbergt jdn, jd bringt jdn [bei sich (*dat*)] unter; ***nous pouvons t'~*** du kannst bei uns übernachten; ***les sinistrés ont été hébergés par …*** die von dem Unglück Betroffenen fanden bei … eine Unterkunft

2. (*accueillir sur son sol*) ■ **qc héberge qn** etw nimmt jdn auf

hébété, e [ebete] *adj personne* verblödet, abgestumpft; *air, regard* dumpf; ***yeux ~s*** dumpf blickende Augen; ■ **qn est ~ de qc** *de douleur, fatigue, joie, stupeur* jd ist [wie] benommen [*o* [wie] betäubt] vor etw (*dat*); ■ **qn est ~ par qc** *par l'alcool, des stupéfiants* (*provisoirement*) jd ist von etw benommen; (*en permanence*) jd ist von etw stumpfsinnig geworden

hébétement [ebetmɑ̃] *m* Benommenheit *f;* ***un état d'~*** ein Zustand *m* der Benommenheit

hébraïque [ebʀaik] *adj* hebräisch

hébreu <x> [ebʀø] **I.** *adj féminin: israélite, juive* hebräisch

II. *m* ∅ (*langue*) ■ **l'~** das Hebräisch[e]

▸ **c'est de l'~** [**pour qn**] das sind böhmische Dörfer [für jdn]

III. *mpl* ■ **les Hébreux** die Hebräer

H.E.C. [ˊaʃøse] *loc abr de* **hautes études commerciales** *Elitehochschule für Betriebswirtschaft*

hécatombe [ekatɔ̃b] *f* **1.** (*massacre*) Blutbad *nt,* Massaker *nt*

2. (*fort pourcentage d'échec*) (*lors d'un examen*) gnadenlose Auswahl; (*lors des élections*) verheerende Niederlage; ***c'était l'~*** (*lors d'un examen*) die Leute sind reihenweise durchgefallen *fam;* (*lors des élections*) die Partei hat/die Kandidaten haben eine verheerende Niederlage erlitten

hectare [ɛktaʀ] *m* Hektar *m o nt*

hecto [ɛkto] *m fam abr de* **hectolitre** Hektoliter *m*

hectogramme [ɛktɔgʀam] *m* Hektogramm *nt* **hectolitre** [ɛktɔlitʀ] *m* Hektoliter *m* **hectomètre** [ɛktɔmɛtʀ] *m* Hektometer *m o nt* **hectowatt** [ɛktɔwat] *m* ELEC Hektowatt *nt*

hédonisme [edɔnism] *m* Hedonismus *m*

hédoniste [edɔnist] **I.** *adj* hedonistisch

II. *mf* Hedonist(in) *m(f)*

hégémonie [eʒemɔni] *f* Hegemonie *f;* ***guerre d'~*** Hegemonialkrieg *m*

hein [ˊɛ̃] *interj fam* **1.** (*comment?*) was?, hä? *fam*

2. (*renforcement de l'interrogation*): ***que vas-tu faire, ~?*** und, was machst du nun?

3. (*marque l'étonnement*): ~? ***qu'est-ce qui se passe?*** nanu? [*o* eh! *fam*] was ist denn da los?

4. (*n'est-ce pas?*): ***tu en veux bien, ~?*** du willst doch, oder? *fam*

hélas [elas] *interj soutenu* ach, leider; ***~ oui/non!*** ja/nein, leider!

▸ **~, trois fois ~!** leider Gottes!

héler <5> [ˊele] *vt* **1.** ■ **qn hèle qn/qc** *chauffeur, porteur, taxi* jd ruft jdn/etw [heran]; (*en faisant un signe*) jd winkt jdm/einer S.

2. NAUT ■ **qn hèle un bateau** jd ruft ein Schiff an, jd preit ein Schiff an *spec*

hélianthe [eljɑ̃t] *m* Sonnenblume *f,* Helianthus *m spec*

hélice [elis] *f* **1.** TECH [*ventilateur*] Flügelrad *nt;* [*avion*] Propeller *m;* [*bateau*] [Schiffs]schraube *f;* [*sous-marin*] Schraube; ***propulseur à ~*** Propellerantrieb *m*

2. ARCHIT Schnecke *f*

3. GEOM Spirale *f;* ***escalier en ~*** Wendeltreppe *f*

hélicoptère [elikɔptɛʀ] *m* Hubschrauber *m*

héliograveur, -euse [eljogʀavœʀ, -øz] *m, f* Druckformhersteller(in) *m(f)* im Tiefdruck

héliogravure [eljogʀavyʀ] *f* Heliogravüre *f spec*

héliomarin, e [eljomaʀɛ̃, in] *adj cure* auf der Heilkraft von Sonne und Seeluft basierend, die Heilkraft von Sonne und Seeluft nutzend; ***établissement/sanatorium ~*** *Sanatorium am Meer, das auf Heliotherapie spezialisiert ist*

héliothérapie [eljoteʀapi] *f* Heliotherapie *f*

héliotrope [eljɔtʀɔp] *m* BOT Heliotrop *nt,* Sonnenwende *f*

héliport [elipɔʀ] *m* Hubschrauberlandeplatz *m,* Heliport *m*

héliportage [elipɔʀtaʒ] *m* Hubschraubertransport *m,* Hubschrauberbeförderung *f*

héliporté, e [elipɔʀte] *adj blessé, troupe* per Hubschrauber befördert; *commando, opération, sauvetage* Hubschrauber-

hélitreuillage [elitʀœjaʒ] *m* Rettung *f* mit dem Hubschrauber

hélium [eljɔm] *m* CHIM Helium *nt*

hellène [ɛllɛn, elɛn] I. *adj* hellenisch
II. *mpl* ■ **les Hellènes** die Hellenen
hellénique [elenik, ɛllenik] *adj* hellenisch, altgriechisch
hellénisme [elenism, ɛllenism] *m* 1. LING Gräzismus *m*
2. HIST Hellenismus *m*, Griechentum *nt*
helléniste [elenist, ɛllenist] *mf* Hellenist(in) *m(f)*, Gräzist(in) *m(f)*
helvète [ɛlvɛt] I. *adj* helvetisch
II. *mf* ■ **Helvète** Helvetier(in) *m(f)*
helvétique [ɛlvetik] *adj* schweizerisch, Schweizer, eidgenössisch; ***la Confédération*** ~ die Schweizer Eidgenossenschaft
helvétisme [ɛlvetism] *m* Helvetismus *m*
hem [hɛm, ˊɛm] *interj* 1. (*hé, holà*) he [da] *fam*
2. (*hein*) wie, he *fam*
3. (*hum*) hm hm
hématie [emasi] *f* rotes Blutkörperchen, Erythrozyt *m spec*
hématite [ematit] *f* Hämatit *m*
hématologie [ematɔlɔʒi] *f* Hämatologie *f*
hématome [ematom] *m* Bluterguss *m*, Hämatom *nt spec*
hémicycle [emisikl] *m* 1. (*demi-cercle*) [*théâtre, parlement*] Halbrund *nt*; ***en*** ~ halbkreisförmig
2. (*salle*) halbrunder Saal mit ansteigenden Sitzreihen; [*Assemblée nationale*] Plenarsaal *m*
hémiplégie [emipleʒi] *f* halbseitige Lähmung, Hemiplegie *f spec*
hémiplégique [emipleʒik] I. *adj* halbseitig gelähmt
II. *mf* halbseitig Gelähmte(r) *f(m)*
hémisphère [emisfɛʀ] *m* 1. (*demi-sphère*) Halbkugel *f*
2. GEOG [Erd]halbkugel *f*, Hemisphäre *f spec*
3. ASTRON [Himmels]halbkugel *f*, Hemisphäre *f spec*
4. ANAT Gehirnhälfte *f*, Hemisphäre *f spec*
▶ ~ **cérébral** Großhirnhälfte *f*, Großhirnhemisphäre *f spec*; ~ **nord**, ~ **boréal** nördliche Halbkugel [*o* Hemisphäre *spec*]; ~ **sud**, ~ **austral** südliche Halbkugel [*o* Hemisphäre *spec*]
hémisphérique [emisfeʀik] *adj* halbkugelförmig
hémistiche [emistiʃ] *m* Halbvers *m*, Hemistichium *nt spec*
hémoglobine [emɔglɔbin] *f* Hämoglobin *nt*, Blutfarbstoff *m*
hémopathie [emopati] *f* Blutkrankheit *f*
hémophile [emɔfil] I. *adj personne* an Bluterkrankheit leidend, hämophil *spec*; ***qn est*** ~ jd ist Bluter
II. *m* Bluter *m*
hémophilie [emɔfili] *f* Bluterkrankheit *f*, Hämophilie *f spec*
hémorragie [emɔʀaʒi] *f* 1. (*saignement*) [starke] Blutung, Hämorrhagie *f spec*
2. (*perte*) (*en hommes*) Aderlass *m*; (*émigration*) [massenhafte] Abwanderung, Exodus *m*; (*fuite*) [*capitaux, devises*] Abfließen *nt* [ins Ausland]; ~ ***démographique*** Bevölkerungsschwund *m*
▶ ~ **cérébrale** Hirnblutung *f*
hémorroïdal, e <-aux> [emɔʀɔidal, o] *adj sang, varice* hämorrhoidal; *veine* Mastdarm-
hémorroïde [emɔʀɔid] *f gén pl* Hämorrhoide *f*
henné [ˊene] *m* Henna *f o nt*
hennir <8> [ˊeniʀ] *vi* ■ **un animal hennit** ein Tier wiehert
hennissement [ˊenismɑ̃] *m* Wiehern *nt*, Gewieher *nt*
hep [ˊɛp, hɛp] *interj* he *fam*, hallo
hépatique [epatik] I. *adj* Leber-; ***bile*** ~ Galle[nflüssigkeit *f*] *f*; ***colique*** ~ Gallenkolik *f*
II. *mf* Leberkranke(r) *f(m)*
hépatite [epatit] *f* Leberentzündung *f*, Hepatitis *f spec*
▶ ~ **virale** infektiöse Leberentzündung, Virushepatitis *f spec*
heptagone [ɛptagɔn, ɛptagon] *m* Siebeneck *nt*, Heptagon *nt spec*
héraldique [eʀaldik] I. *adj figure, ornement* Wappen-, heraldisch; ***science*** ~ Wappenkunde *f*
II. *f* Wappenkunde *f*, Heraldik *f spec*
héraut [ˊeʀo] *m* Herold *m*
herbacé, e [ɛʀbase] *adj* krautig; ***plante ~e*** krautige Pflanze, Kraut *nt*
herbage [ɛʀbaʒ] *m* 1. (*herbe*) Gras *nt*, Grünfutter *nt*
2. (*pâturage*) Weide *f*; ***il mène le troupeau à l'***~ [*o* ***dans un*** ~] er führt die Herde auf die Weide
herbe [ɛʀb] *f* 1. BOT Gras *nt*; ~***s*** [***folles***] wilde Gräser
2. MED, GASTR Kraut *nt*; ~ ***aromatique*** [*o* ***odorante***] Gewürzkraut; ~***s de cuisine*** [Küchen]kräuter *pl*; ~***s médicinales*** [*o* ***officinales***] Heilkräuter *pl*
3. *arg* (*drogue*) Hasch *nt fam*
▶ **qn coupe l'**~ **sous le[s] pied[s] de qn** jd schlägt jdn aus dem Feld; **fines** ~s Küchenkräuter *pl*; **mauvaise** ~ Unkraut *nt*; [**qn est de la**] **mauvaise** ~ [jd ist ein] Nichtsnutz *m*; **qn/qc pousse comme de la mauvaise** ~ jd/etw schießt in die Höhe; ~ **médicinale**, ~ **officinale** Heilkraut *nt*; **en** ~ *pianiste, poète* angehend; *champ, céréales* noch grün
◆ **herbes de Provence** Kräuter *pl* der Provence
herbeux, -euse [ɛʀbø, -øz] *adj* grasbewachsen
herbicide [ɛʀbisid] I. *adj*: ***produit*** ~ Unkrautbekämpfungsmittel *nt*
II. *m* Unkrautbekämpfungsmittel *nt*
herbier [ɛʀbje] *m* Herbarium *nt*; (*ouvrage*) *illustriertes Botanikbuch zur Pflanzenbestimmung*
herbivore [ɛʀbivɔʀ] I. *adj* Pflanzen fressend; ***un animal est*** ~ ein Tier ist ein Pflanzenfresser
II. *m* Pflanzenfresser *m*
herboriser <1> [ɛʀbɔʀize] *vi* ■ **qn herborise** jd sammelt Pflanzen jd botanisiert
herboriste [ɛʀbɔʀist] *mf* [Heil]kräuterhändler(in) *m(f)*
herboristerie [ɛʀbɔʀistəʀi] *f* [Heil]kräuterladen *m*
hercule [ɛʀkyl] *m* 1. (*homme fort*) Herkules *m*; ***il a une force d'***~ er ist ein [wahrer] Herkules
2. (*lutteur de foire*) Kraftmensch *m*
herculéen, ne [ɛʀkyleɛ̃, ɛn] *adj travail* Herkules-; ***force ~ne*** Bärenkräfte *pl*; ***il a une carrure ~ne*** er hat Schultern wie ein Herkules
hère [ˊɛʀ] *m* ▶ **pauvre** ~ armer Teufel [*o* Schlucker]
héréditaire [eʀeditɛʀ] *adj* 1. BIO (*transmissible*) *aptitudes, vice* erblich; (*transmis*) ererbt; ***caractères ~s*** Erbanlagen *pl*; ***maladie*** ~ Erbkrankheit *f*, erbliche Krankheit; ***patrimoine*** ~ Erbgut *nt*; ***c'est*** ~ das ist erblich
2. *biens, droit, monarchie* Erb-; *titre* erblich
3. *aversion, haine* tief sitzend; *ennemi, inimitié* Erb-
hérédité [eʀedite] *f* 1. JUR ■ **l'**~ **de qc** die Erblichkeit einer S. (*gen*); [***droit d'***]~ Erbanspruch *m*; ***par voie d'***~ durch Erbfolge
2. BIO (*transmission*) Vererbung *f*; (*patrimoine héréditaire*) Erbanlagen *pl*; ***qn a une*** ~ ***chargée*** [*o* ***une lourde*** ~] jd ist erblich belastet
hérésie [eʀezi] *f* 1. REL Ketzerei *f*, Häresie *f spec*
2. (*opinion scandaleuse*) Ketzerei *f*
3. (*comportement scandaleux*) Freveltat *f geh*
hérétique [eʀetik] I. *adj* 1. REL ketzerisch, häretisch *spec*
2. (*opp: conformiste*) ketzerisch; ***un penseur*** ~ ein Ketzer *m*, ein Abweichler *m*
II. *mf* 1. REL Ketzer(in) *m(f)*, Häretiker(in) *m(f) spec*
2. (*dissident*) Ketzer(in) *m(f)*
hérissé, e [ˊeʀise] *adj* 1. (*dressé*) *plumes, poil* gesträubt; *cheveux a.* hoch stehend; *barbe, cheveux* struppig; ~ ***de poils*** behaart
2. (*garni de pointes*) *cactus, tige* stachelig; ~ ***de clous*** mit Nägeln gespickt
3. (*parsemé*): ~ ***de difficultés/d'obstacles*** voller Schwierigkeiten/Hindernisse
hérisser <1> [ˊeʀise] I. *vt* 1. (*dresser ses poils, plumes*) ■ **un animal hérisse qc** *poils, plumes* ein Tier sträubt etw; *piquants* ein Tier richtet etw auf
2. (*faire dresser les poils*) ■ **qc hérisse qc** /*vent, froid, horreur*/ etw lässt etw zu Berge stehen; ***le froid/la peur lui hérisse les poils*** vor Kälte/Angst sträuben sich ihm/ihr die Haare
3. (*se dresser sur*) ■ **qc hérisse qc** etw ragt [spitz] aus etw hervor
4. (*garnir de choses pointues*) ■ **qn hérisse qc de qc** *de créneaux, clous* jd versieht etw mit etw
5. (*remplir*) ■ **qn hérisse qc de qc** jd spickt etw mit etw; ***de nombreuses citations/fautes/difficultés hérissent le texte*** der Text ist mit Zitaten/Fehlern/Schwierigkeiten gespickt
6. (*irriter*) ■ **qn/qc hérisse qn** jd/etw bringt jdn auf, jd/etw macht jdn wütend
II. *vpr* 1. (*se dresser*) ■ **qc se hérisse** /*poils*/ etw sträubt sich jdm; /*cheveux a.*/ etw steht jdm zu Berge
2. (*dresser ses poils, plumes*) ■ **un animal se hérisse** /*chat, chien*/ ein Tier sträubt sein Fell; /*oiseau*/ ein Tier sträubt sein Gefieder [*o* plustert sich auf]; /*porc-épic*/ ein Tier richtet seine Stacheln auf
3. (*se fâcher*) ■ **qn se hérisse** jd wird wütend, jd fährt hoch; ***il se hérisse facilement*** er ist schnell aufgebracht
hérisson [ˊeʀisɔ̃] *m* 1. ZOOL Igel *m*
2. *péj* (*personne difficile*) unzugänglicher [*o* abweisender] Mensch
3. (*égouttoir à bouteilles*) Abtropfgestell *nt* für Flaschen
4. AGR Stachelwalze *f*
5. (*brosse*) [*ramoneur*] Sonne *f*
héritage [eʀitaʒ] *m* 1. (*succession*) Erbschaft *f*; ***qn fait un*** ~ jd macht eine Erbschaft; ***qn laisse*** [*o* ***transmet***] ***qc en*** ~ ***à qn*** jd vererbt jdm etw; ***qn acquiert qc par voie d'***~ jd erbt etw
2. [*civilisation, coutumes, croyances, passé*] Erbe *nt*
▶ **à** ~ *tante, oncle* Erb-
hériter <1> [eʀite] I. *vi* 1. (*recueillir un héritage*) ■ **qn hérite** [**de qn**] jd erbt [von jdm]; ***il a hérité de son oncle*** er hat von seinem Onkel geerbt; ■ **qn hérite de qc** [**de qn**] jd erbt etw [von jdm]
2. (*par hérédité*) ■ **qn hérite de qc** [**de qn**] *qualités, défauts* jd erbt etw [von jdm]
3. (*recevoir*) ■ **qn hérite de qc** jd erbt etw
II. *vt* 1. (*recueillir en héritage*) ■ **qn hérite qc** jd erbt etw
2. (*par hérédité*) ■ **qn hérite qc** [**de qn**] jd erbt etw [von jdm]; ***j'ai hérité cette maladie de mon père*** ich habe diese Krankheit von meinem Vater geerbt
héritier, -ière [eʀitje, -jɛʀ] *m, f* 1. (*celui qui hérite*) Erbe/Erbin *m/f*; ***l'***~ ***de la couronne*** der Thronerbe
2. [*civilisation, gloire, tradition*] Erbe *m*
3. *fam* (*enfant*) Stammhalter *m*
hermaphrodite [ɛʀmafʀɔdit] I. *adj* zwittrig, zweigeschlechtig, doppelgeschlechtig; *plante a.* Zwitter-; *être humain a., dieu* hermaphroditisch
II. *m* 1. MYTH, ART Hermaphrodit *m*
2. BIO Zwitter *m*, Hermaphrodit *m*
hermétique [ɛʀmetik] *adj* 1. *fermeture* hermetisch; (*à l'air*) luftdicht; (*à l'eau*) wasserdicht; *joint a.* hermetisch abschließend; *récipient* hermetisch verschlossen
2. *œuvre, poésie* vieldeutig, hermetisch *geh*; *poète, écrivain* schwer verständlich
3. (*impénétrable*) verschlossen, undurchdringlich
hermétiquement [ɛʀmetikmɑ̃] *adv* hermetisch
hermétisme [ɛʀmetism] *m* [*œuvre, poésie, art*] geringe Verständlichkeit
hermine [ɛʀmin] *f* 1. ZOOL Hermelin *nt*
2. (*fourrure*) Hermelin *m*
herniaire [ˊɛʀnjɛʀ] *adj* Bruch-
hernie [ˊɛʀni] *f* 1. MED [Eingeweide]bruch *m*; ***qn attrape une*** ~ jd hebt

sich (*dat*) einen Bruch
2. [*pneu*] Wulst *m*
▶ ~ **discale** Bandscheibenvorfall *m;* ~ **étranglée** eingeklemmter Bruch; ~ **ombilicale** Nabelbruch *m*

Hérode [eʀɔd] *m* ▶ **qc est vieux(vieille) comme** ~ *fam* etw ist uralt, etw ist von Anno dazumal *fam; **cette histoire est vieille comme*** ~ das ist doch eine alte [*o* olle] Kamelle *fam*

héroïne¹ [eʀɔin] *f* (*drogue*) Heroin *nt*

héroïne² [eʀɔin] *f v.* **héros**

héroïnomane [eʀɔinɔman] *mf* Heroinsüchtige(r) *f(m)*

héroïque [eʀɔik] *adj* **1.** (*digne d'un héros*) heldenhaft, heroisch; *résistance a.* heldenmütig
2. (*légendaire*): ***les temps ~s/ l'époque*** ~ [***du cinéma/ de l'aviation***] die Pionierzeit [des Films/der Luftfahrt]

héroïquement [eʀɔikmɑ̃] *adv* heldenhaft, heroisch

héroïsme [eʀɔism] *m* Heldenmut *m,* Heroismus *m; **acte d'**~* Heldentat *f,* heroische Tat

héron [ˊeʀɔ̃] *m* Reiher *m*

héros, -oïne [ˊeʀo, -ɔin] *m, f* **1.** (*personnage principal*) [*événement, fête*] Hauptfigur *f,* Hauptperson *f;* [*roman, livre, film, pièce de théâtre a.*] Held(in) *m(f)*
2. (*personne*) Held(in) *m(f);* ~(***-oïne***) ***national***(***e***) Nationalheld(in)
3. MYTH Heros *m,* Heroe/Heroin *m/f geh*
▶ ~(**-oïne**) **du jour** Held(in) *m(f)* des Tages; **qn meurt en** ~ jd stirbt als Held; **en** ~ als Held, wie ein Held

herpès [ɛʀpɛs] *m* Herpes *m*
▶ ~ **génital** Herpes *m* im Genitalbereich

herse [ˊɛʀs] *f* **1.** AGR Egge *f*
2. [*forteresse*] Fallgitter *nt,* Fallgatter *nt*

hertz [ɛʀts] *m* Hertz *nt*

hertzien, ne [ɛʀtsjɛ̃, jɛn] *adj* hertzsche(r, s); ***ondes ~nes*** hertzsche Wellen

hésitant, e [ezitɑ̃, ɑ̃t] **I.** *adj* **1.** (*indécis*) *personne* zögernd, unentschlossen; *électeur* abwartend; *caractère* unschlüssig, schwankend; ***qn demeure ~ sur qc*** jd zögert bei etw, jd hat bei etw Zweifel; ***14% des électeurs se disent encore ~s*** 14% der Wähler sind noch unentschlossen [*o* haben noch nicht entschieden]
2. (*peu assuré*) *geste, démarche* zögernd; *voix a.* stockend; (*peu sûr*) *début* zögerlich
II. *mpl: **les 14% d'~s*** die 14% der noch abwartenden [*o* unentschlossenen] Wähler

hésitation [ezitasjɔ̃] *f* **1.** *pl* (*incertitudes*) Zögern *nt kein pl,* Unschlüssigkeit *f; **je n'ai plus d'~s*** ich habe keine Bedenken mehr; ***après bien des ~s*** nach langem Zögern [*o* Hin und Her]
2. (*arrêt*): ***elle marqua une ~/ un temps d'~*** sie hielt inne/einen Augenblick inne; ***il eut un moment d'~ avant de répondre*** er zögerte [*o* stockte] einen Moment, bevor er antwortete; ***en lecture, il a quelques petites ~s*** er stockt beim Lesen
▶ **avec/sans** ~ *réciter, redire* zögernd [*o* stockend]/ohne zu stocken; **sans** ~ *obéir, accepter* ohne Zögern, auf der Stelle; ***sans la moindre*** ~ ohne [auch nur] im Geringsten zu zögern

hésiter <1> [ezite] *vi* **1.** (*balancer*) ■ **qn hésite** jd zögert, jd zaudert; ***sans*** ~ ohne zu zögern, ohne Zögern; ***je ne sais pas ... j'hésite*** ich weiß nicht ... ich bin mir noch nicht sicher [*o* schlüssig]; ***il n'y a pas à*** ~! da gibt es nichts zu zögern!; ■ **qn hésite entre plusieurs choses** (*être indécis*) jd schwankt zwischen mehreren Dingen; ■ **qn hésite entre faire qc et faire qc** jd ist sich (*dat*) noch nicht schlüssig, ob er etw tut oder etw [anderes] tut; ■ **qn hésite sur qc** (*être incertain*) jd ist sich (*dat*) [noch] unschlüssig über etw (*akk*); ***il hésite sur la décision à prendre*** er ist sich noch unschlüssig [darüber], welche Entscheidung er treffen soll
2. (*craindre de*) ■ **qn hésite à faire qc** *à déranger, à aborder qn* jd kann sich nicht entschließen [*o* überwinden], etw zu tun; jd wagt es nicht, etw zu tun; jd hat Bedenken, etw zu tun; ***je n'hésiterai pas à appeler la police!*** ich werde ohne Bedenken die Polizei anrufen!; ***n'hésitez pas à dire toute la vérité*** sagen Sie ruhig die ganze Wahrheit
3. (*marquer un arrêt*) ■ **qn hésite** (*en récitant, en parlant*) jd stockt; ■ **un animal hésite** ein Tier macht plötzlich langsam

Hesse [ˊɛs] *f* ■ **la Hesse** Hessen *nt*

hétéro [eteʀo] *abr de* **hétérosexuel(le) I.** *adj fam* hetero *fam*
II. *mf fam* Hetero *mf fam*

hétéroclite [eteʀɔklit] *adj ensemble, objets* [bunt] zusammengewürfelt; *œuvre, bâtiment* uneinheitlich

hétérogène [eteʀɔʒɛn] *adj* heterogen, verschiedenartig, ungleichartig

hétérosexuel, le [eteʀosɛksɥɛl] **I.** *adj* heterosexuell
II. *m, f* Heterosexuelle(r) *f(m)*

hêtre [ˊɛtʀ] *m* **1.** (*arbre*) Buche *f*
2. (*bois*) Buche[nholz *nt*] *f*

heu [ˊø] *interj* **1.** (*pour ponctuer à l'oral*) äh; ***vous êtes Madame, ~ ... – Madame Giroux!*** Sie sind Frau, äh ... – Frau Giroux!
2. (*embarras*) hm; ~ ... ***comment dirais-je?*** hm ... wie soll ich sagen?
3. (*doute*) ho, ho!; ~! ... ***tu es bien certain que ...?*** ho, ho! ... bist du sicher, dass ...?

heur [œʀ] *loc* ▶ **qn/qc a l'~ de plaire à qn** *vieilli* jd/etw hat das Glück, jdm zu gefallen

heure [œʀ] *f* **1.** (*mesure de durée*) Stunde *f; **une ~ et demie*** anderthalb Stunden; ***ça a duré trois/ des ~s*** es hat drei Stunden/Stunden [*o* stundenlang] gedauert; ***pendant deux ~s*** zwei Stunden [lang]; ***des ~s entières, des ~s*** [***durant***] stundenlang; ***elle parle des ~s au téléphone*** sie telefoniert stundenlang; [***pendant***] ***deux ~s d'affilée*** zwei Stunden hintereinander [*o* ohne Unterbrechung]; ***j'ai une ~/ deux ~s de libre ce matin*** ich habe eine Stunde/zwei Stunden frei heute Morgen; ***deux ~s de maths/ de français*** zwei Stunden Mathematik-/Französisch[unterricht]; ***il y en a pour trois ~s de travail*** das sind drei Stunden Arbeit
2. (*division du temps*): ***vous avez l'~, s'il vous plaît?*** haben Sie die genaue Uhrzeit, bitte?, können Sie mir bitte sagen, wie spät es ist?; ***quelle ~ avez-vous?*** wie spät haben Sie?; ***quelle ~ est-il?*** wie viel Uhr [*o* wie spät] ist es?; ***à quelle*** ~? um wie viel Uhr?; ***je ne sais pas l'~ qu'il est*** ich weiß nicht, wie viel Uhr [*o* wie spät] es ist; ***qn demande l'~ à quelqu'un*** jd fragt jdn nach der Uhrzeit [*o*, wie viel Uhr es ist] [*o*, wie spät es ist]; ***pouvez-vous me donner l'~ s'il vous plaît?*** können Sie mir bitte die genaue Uhrzeit sagen?; ***qc donne l'~*** etw gibt [*o* zeigt] die Uhrzeit an; ***qn prend l'~ à la radio/ à l'horloge parlante*** jd stellt seine Uhr nach dem Radio/der Zeitansage; ***ma montre indique huit ~s quinze*** auf [*o* nach] meiner Uhr ist es Viertel nach acht [*o* 8 Uhr 15]; ***il est 3 ~s/ 3 ~s trente*** [***o et demie***] es ist drei Uhr/halb vier; ***trois ~s dix/ trois ~s moins dix*** zehn [Minuten] nach drei/zehn [Minuten] vor drei; ***trois ~s et quart*** [***o un quart***]***/ trois ~s moins le quart*** Viertel nach drei [*o* Viertel vier]/Viertel vor drei [*o* drei Viertel drei SDEUTSCH]; ***il est zéro*** ~ es ist null Uhr; ***dix ~s du matin/ du soir*** zehn Uhr morgens/abends; ***à la même*** ~ zur selben Zeit; ***le bus passe toutes les ~s*** der Bus fährt alle Stunde [*o* stündlich]; ***on se fixe une*** ~? legen wir eine Uhrzeit fest?; ***qn se trompe d'~*** jd irrt sich in der Uhrzeit
3. (*moment dans la journée*): ***je n'ai pas une ~ à moi!*** ich habe keinen Augenblick Zeit für mich!; ***aux premières ~s du jour*** in aller [Herrgotts]frühe; ***vers cette ~-là*** um diese Zeit; ***des ~s agréables*** angenehme Stunden; ***j'ai passé là des ~s mortelles à attendre*** (*des heures ennuyeuses*) ich habe dort entsetzlich langweilige Stunden mit Warten zugebracht; (*des heures d'angoisse*) ich habe dort entsetzlich qualvolle Stunden mit Warten zugebracht; ■ **l'~ de qc/de faire qc** [die] Zeit für etw/Zeit etw zu tun; ***c'est l'~ du déjeuner*** es ist Essenszeit; ***c'est l'~ d'aller se coucher*** es ist Schlafenszeit, es ist Zeit ins Bett zu gehen; ***l'~ de partir*** die Stunde des Aufbruchs; ***c'est l'~ de*** [***la***] ***fermeture*** (*d'un magasin*) es ist Ladenschluss[zeit]; (*d'un café, restaurant*) es ist Polizeistunde
4. (*moment dans le cours des événements*): ***des ~s mémorables*** denkwürdige Stunden; ***nous avons vécu des ~s difficiles*** wir haben schwierige Zeiten durchgemacht; ***qn traverse des ~s critiques*** jd macht schwierige [*o* kritische] Augenblicke [*o* Zeiten] durch; ***problèmes de l'~*** aktuelle [*o* akute] Probleme; ***l'~ est grave, ...*** es ist ein schwerwiegender Augenblick ...
▶ **qn/qc a eu son ~ de gloire** jd/etw hat seine Glanzzeit gehabt; ***cet artiste a eu son ~ de gloire*** die Glanzzeit dieses Künstlers ist vorüber; **l'~ H** die Stunde X; **à l'~ du laitier** am frühen Morgen; **à l'~ actuelle** (*actuellement*) zur Zeit, im Augenblick; **à une ~ avancée** [**de la nuit**] zu vorgerückter [*o* später] Stunde; ***jusqu'à une ~ avancée*** bis spät in die Nacht; **une bonne** ~ eine gute Stunde, gut eine Stunde; **de bonne** ~ (*tôt*) früh [am Morgen], in aller Frühe; (*précocement*) frühzeitig, vorzeitig; **il faut se lever de bonne ~ pour faire qc à qn** *fam* da muss man sich schon was einfallen lassen, um jdm etw zu tun; **à la bonne** ~! recht so!, bravo!; ~ **creuse** ruhige Zeit; *pl* ELEC, TELEC, TRANSP Zeit, in der wenig Betrieb ist; TRANSP fahrgastarme Zeit; ***venez entre 9 et 10 ~s, c'est une ~ creuse*** kommen Sie zwischen 9 und 10, da ist nicht viel Betrieb; ***consommer/ téléphoner/ conduire pendant les ~s creuses*** außerhalb der Stoßzeiten Strom verbrauchen/telefonieren/fahren; **dernière** ~: [***les nouvelles de***] ***dernière*** ~ letzte [*o* allerneueste] Meldungen; ***en dernière ~, on nous apprend que*** + *indic* den letzten Meldungen zufolge, soll ...; **qn a** [**bien**] **cru sa dernière ~ arrivée** jd glaubte schon, sein letztes Stündlein habe geschlagen; **à l'~ dite** zur festgesetzten [*o* angegebenen] Zeit [*o* Stunde]; **à ~ fixe** zu einer bestimmten Zeit; **à une ~ indue** zu unpassender Zeit [*o* Stunde]; **à l'~ juste** pünktlich; **à 2/3/... ~s justes** Punkt 2/3/... Uhr, genau [*o* pünktlich] um 2/3/...Uhr; ~ **légale** Normalzeit *f;* ~ **locale** Ortszeit *f;* **il est 2/3/4/... ~s passées** es ist [schon] nach zwei/drei/vier/... [Uhr]; **à mes/ses/... ~s perdues** in meiner/seiner/ihrer/... Freizeit [*o* freien Zeit]; **une petite** ~ eine knappe Stunde, ein Stündchen; **à 2/3/4/... ~s pile** Punkt [*o* Schlag] zwei/drei/vier Uhr; ~ **pleine** Stoßzeit *f;* **à l'~ précise** pünktlich; ***il est 4/ 6/... ~s précises*** es ist Punkt [*o* genau] vier/sechs/... [Uhr]; **à la première** ~ in aller Frühe; **de la première** ~ der ersten Stunde; ~ **supplémentaire** Überstunde *f;* **qn n'a pas d'~** (*peut recevoir à n'importe quelle ~*) jd hat keine festen Zeiten; (*n'a pas d'horaire régulier*) jd hält sich an keine festen Zeiten; **qn attend son** ~ jd wartet auf seine Stunde; **je ne vous demande pas l'~ qu'il est!** *fam* ich habe Sie nicht nach Ihrer Meinung gefragt!, das geht Sie nichts [*o* einen feuchten Kehricht *fam*] an!; **l'~ est à qc** es ist [an der] Zeit zu etw, der Augenblick einer S. (*gen*) ist gekommen; ***l'~ est au dialogue*** es ist an der Zeit, miteinander zu reden; **qc est à 2/3/4/... ~s de qc** (*distance mesurée en temps*) etw ist 2/3/4/... Stunden von etw entfernt; ***qc est à une ~ de route/ de train/ de marche de qc*** etw ist eine Auto-/Zug-/Wegstunde von etw entfernt; **à l'~ qu'il est** (*en ce moment précis*) jetzt, im Augenblick; (*dans les circonstances actuelles*) in der heutigen Zeit, zur Zeit, gegenwärtig; **il/c'est l'~** es ist Zeit; **l'~ c'est l'~** (*il faut être exact*) Pünktlichkeit ist alles; (*l'horaire est respecté*) die [Arbeits]zeit wird eingehalten; **c'est l'~ de qn** es ist jds [gewohnte] Zeit; (*c'est son ~ de chance, de gloire*) seine/ihre Stunde ist gekommen; ***ce doit être le facteur, c'est son*** ~ das ist bestimmt der Briefträger, er kommt immer um diese Zeit; **qn est qc à ses ~s** jd ist zeitweise [*o* von Zeit zu Zeit] [*o* gelegentlich] etw; **qn oublie l'~** jd denkt nicht an die [Uhr]zeit, jd vergisst die Zeit; **qn [re]met qc à l'~** *montre, horloge* jd stellt etw; **votre ~ sera la mienne** ich richte mich ganz nach Ihnen, ich bin jederzeit frei; **2/3/4/... ~s sonnent** es schlägt zwei/drei/vier/... Uhr; **sa dernière ~** [*o* **son ~**] **a sonné** [*o* **est venue**] [*o* **est arrivée**] seine/ihre [letzte] Stunde hat geschlagen [*o* ist gekommen]; **l'~ de qn est venue** jds [große] Stunde ist gekommen; **l'~ est venue de faire qc** der Augenblick ist gekommen, etw zu tun; es ist an der Zeit, etw zu tun; **qc vient à son** ~ etw kommt zur rechten Zeit [*o* im richtigen Moment]; **à l'~** *travailler* stundenweise; *être*

payé a. nach Stunden; (*ponctuellement*) pünktlich; ***ma montre est à l'~/ n'est pas à l'~*** meine Uhr geht richtig [*o* genau]/falsch; **à l'~ de qc, aux ~s de qc**: ***à l'~ du déjeuner*** zur [*o* um die] Mittagszeit ***aux ~s de [o des] repas/ de bureau/ de classe*** während der Essenszeit/der Bürostunden/Unterrichtsstunden; **à toute ~** zu jeder Tages- und Nachtzeit, zu jeder Zeit, jederzeit; ***qc est ouvert(e) à toute ~*** etw ist durchgehend geöffnet; ***repas chauds servis à toute ~*** durchgehend warme Küche; **à l'~ ...** (*à la mode*): ***qn vit à l'~ indienne/ anglaise*** jd lebt auf indische/englische Art; ***à l'~ audiovisuelle*** im Zeitalter der audiovisuellen Medien ***à l'~ électronique/ atomique*** im Elektronik-/Atomzeitalter; ***Sydney à l'~ olympique*** Sydney im Zeichen der Olympischen Spiele; **à l'~ de qc** (*dans le contexte de qc*): ***à l'~ des réformes/ des économies*** in einer Zeit der Reformen/der Sparmaßnahmen; ***à l'~ des économies, tu me demandes de ...*** zu [*o* in] Zeiten, wo es sparen heißt, willst du, dass ich ...; ***elle s'habille à l'~ des temps futurs*** sie kleidet sich im Zukunftslook [-lʊk]: **tout à l'~** (*il y a peu de temps*) [so]eben, gerade, vorhin; (*dans peu de temps*) gleich; **à tout à l'~!** bis gleich!; **avant l'~** *arriver* vor der [vereinbarten] Zeit, vorzeitig; *être mort* frühzeitig, allzufrüh; **dans les 24 ~s** in [*o* binnen] 24 Stunden; **~ de** *de Paris, Vienne, New York*: ***il est 18 ~s, ~ de Paris*** es ist 18 Uhr Pariser Ortszeit; **de l'~** *coûter, gagner, être payé* pro Stunde; **d'~ en ~** von Stunde zu Stunde; **d'une ~ à l'autre** jederzeit, jeden Augenblick; ***tout peut changer d'une ~ à l'autre*** von einer Stunde zur anderen kann sich alles ändern; **pour l'~** *soutenu* gegenwärtig, zur Stunde *geh;* **sur l'~** auf der Stelle; **24 ~s sur 24** rund um die Uhr, Tag und Nacht

◆ **heure d'affluence** [*train, circulation*] Hauptverkehrszeit *f,* Stoßzeit *f;* [*magasin*] Hauptgeschäftszeit *f;* **heure de diffusion** Sendezeit *f;* **heure de Greenwich** Greenwicher Zeit ['grinɪgʒɐ] *f;* **heure de pointe** [*train, circulation*] Spitzen[verkehrs]zeit *f;* [*téléphone*] Spitzen[verbrauchs]zeit *f;* [*magasin*] Hauptgeschäftszeit *f;* **heure d'été/d'hiver** Sommer-/Winterzeit *f;* **heure de travail** Arbeitsstunde *f;* **heure de vérité** Stunde *f* der Wahrheit; **heures de bureau** Bürostunden *pl,* Bürozeiten *pl;* **heures de réception [au public]** Öffnungszeiten *pl* [für den Publikumsverkehr]; **heures d'ouverture** Öffnungszeiten *pl*

heureusement [øʀøzmɑ̃] *adv* **1.** (*par bonheur*) zum Glück, glücklicherweise

2. (*c'est heureux*) ■ **~ pour qn** zu jds Glück *nt,* ein Glück für jdn ***~ pour elle!*** ein Glück für sie!, zu ihrem Glück!; ■ **~ que** + *indic fam* ein Glück, dass

3. (*de manière heureuse*): ***qc se termine ~*** etw geht gut aus, etw endet glücklich

heureux, -euse [øʀø, -øz] **I.** *adj* **1.** (*rempli de bonheur*) *personne, vie, souvenir* glücklich; ■ **qn est ~ de qc/de faire qc** jd freut sich über etw (*akk*)/etw zu tun, jd ist glücklich über etw (*akk*)/froh etw zu tun; ***M. et Mme F. sont ~ de vous annoncer la naissance ...*** Herr und Frau F. sind glücklich [*o* freuen sich], die Geburt ... anzeigen zu können; ***~ de vous revoir!*** [es] freut mich, Sie wieder zu sehen!; ***très ~!*** sehr erfreut!, [sehr] angenehm!; ■ **qn est ~ que** + *subj* jd freut sich, dass; jd ist froh, dass

2. (*chanceux*) glücklich; ***qn peut s'estimer ~ que*** + *indic o subj* jd kann froh sein, dass; jd kann von Glück sagen, dass; jd kann sich glücklich schätzen, dass *geh;* ***~ celui qui n'a jamais douté!*** glücklich [ist], wer noch nie gezweifelt hat; ***il est ~ au jeu/ en amour*** er hat Glück im Spiel/in der Liebe; ■ **c'est [o il est] ~ [pour qn] que** + *subj* das [*o* es] ist ein Glück [für jdn], dass

3. (*favorable*) *dénouement, issue, coïncidence* glücklich; *circonstances a.* günstig; *résultat* erfreulich; ***par un ~ hasard*** durch einen glücklichen Zufall, durch einen Glücksfall; ***un ~ présage*** ein gutes Omen; ***il est né sous une ~euse étoile*** er ist unter einem glücklichen [*o* günstigen] Stern geboren

4. (*bon*) *atmosphère, dispositions* fröhlich, gut; ***elle a un ~ caractère*** sie hat ein heiteres Gemüt; ***c'est une ~euse nature*** er/sie ist [*o* hat] eine Frohnatur [*o* glückliche Natur]

5. (*réussi*) *formule, repartie, réponse* treffend, passend; *trouvaille, choix* glücklich; *effet* günstig; *mélange* geglückt, gelungen

▶ **qn a tout pour être ~** jd hat alles, [was er braucht,] um glücklich zu sein; jdm fehlt nichts zu seinem Glück; **encore ~!** zum Glück!; **encore ~ que** + *subj* ein Glück [*o* gut], dass

II. *m, f* ▶ **qn/qc va faire [o fera] un(e) ~(-euse)/des ~(-euses)** *fam* jd/etw wird jemandem/irgendwelchen Leuten [eine] Freude machen; ***donne le joujou à ta sœur, tu vas faire une ~euse*** gib das Spielzeug deiner Schwester, sie wird sich darüber freuen; ***cette poupée va faire une ~euse*** über die Puppe wird sich aber jemand freuen

heuristique [øʀistik] **I.** *adj* heuristisch

II. *f* Heuristik *f*

heurt [ˊœʀ] *m* **1.** (*conflit*) Zusammenstoß *m*

2. *soutenu* (*impact*) [*portail, fenêtre*] Anstoßen *nt,* Schlagen *nt*

▶ **qc ne va pas sans ~s** etw verläuft nicht reibungslos [*o* glatt *fam*]; ***leur amitié n'alla pas sans ~s*** ihre Freundschaft verlief nicht ohne Reibereien; ***tout n'ira pas sans ~s*** es wird Reibereien geben; **sans ~** (*sans cogner*) ohne anzustoßen, sanft

heurté, e [ˊœʀte] *adj couleurs, tons* nicht harmonierend, sich beißend; *discours, débit* abgehackt; *style* holprig

heurter <1> [ˊœʀte] **I.** *vi* ■ **qn heurte à qc** jd schlägt an etw (*akk*); ***qn heurte à la porte*** jd klopft an die Tür

II. *vt* **1.** (*entrer rudement en contact*) ■ **qn/qc heurte qc** jd/etw stößt gegen etw; ***la voiture a heurté un arbre*** das Auto ist gegen [*o* an] einen Baum gefahren; ***sa tête heurta le mur*** er ist mit dem Kopf gegen die Mauer gestoßen; ***qc heurte qc [en tombant]*** etw prallt [*o* schlägt] auf etw (*akk*) [auf]; ■ **qn heurte qn** jd stößt [*o* prallt] mit jdm zusammen

2. (*bousculer*) ■ **qn heurte qn** jd stößt jdn an, jd stößt gegen jdn; ■ **qc heurte qn** */voiture, véhicule/* etw fährt jdn an

3. (*faire s'entrechoquer*) ■ **qn heurte qc** *verres* jd stößt etw gegeneinander [*o* aneinander]

4. (*choquer*) ■ **qn/qc heurte qn** jd/etw brüskiert jdn, jd stößt jdn vor den Kopf; ■ **qn/qc heurte qc** *sentiments, amour-propre* jd/etw verletzt etw

5. (*être en opposition avec*) ■ **qn/qc heurte qc** *bon sens, goût, convenances, traditions* jd/etw verstößt gegen etw; *préjugés, opinions* jd/etw erschüttert etw

▶ **qn heurte qn de front** jd greift jdn offen [*o* direkt] an; **qc heurte qn de front** etw ist eine starke Provokation für jdn; **qc heurte qc de front** etw steht in krassem Widerspruch zu etw

III. *vpr* **1.** (*buter contre*) ■ **qn se heurte à qc** jd stößt auf etw (*akk*), jd ist/wird mit etw konfrontiert; ***elle se heurte à un problème insoluble*** sie steht vor einem unlöslichen Problem; ***qn se heurte à l'incompréhension [totale] de qn*** jd stößt bei jdm auf [völliges] Unverständnis

2. (*se cogner contre*) ■ **qn se heurte à qn/qc [o contre qn/qc]** jd stößt mit jdm zusammen/gegen etw; ■ **des choses se heurtent** Dinge stoßen [*o* prallen [aufeinander]] zusammen; ***les deux véhicules se sont heurtés de plein fouet*** die beiden Fahrzeuge sind voll [*o* frontal] aufeinander geprallt, die beiden Fahrzeuge hatten einen Frontalzusammenstoß

3. (*entrer en conflit*) ■ **qn se heurte avec qn** jd hat mit jdm einen Zusammenstoß, jd gerät mit jdm aneinander; ■ **des choses se heurtent** Dinge passen nicht zusammen; ***les couleurs se heurtent*** die Farben beißen sich; ***les tons se heurtent violemment*** die Töne stoßen hart aufeinander; ***les idées se heurtaient dans sa tête*** die Gedanken überschlugen sich in seinem/ihrem Kopf

heurtoir [ˊœʀtwaʀ] *m* **1.** [*porte*] Türklopfer *m*

2. TECH (*butoir*) Anschlag *m;* (*pour la porte*) Türstopper *m;* CHEMDFER Prellbock *m*

hévéa [evea] *m* Kautschukbaum *m*

hexadécimal, e <-aux> [ɛgsadesimal, o] *adj* hexadezimal

hexagonal, e <-aux> [ɛgzagɔnal, o] *adj* **1.** GEOM sechseckig, hexagonal

2. *problème, frontières* [gesamt]französisch, national (*das Mutterland Frankreich betreffend*); *péj conception* engstirnig, beschränkt

hexagone [ɛgzagon, ɛgzagɔn] *m* **1.** GEOM Sechseck *nt,* Hexagon *nt*

2. ■ **l'~** [das Mutterland] Frankreich *nt* (*wegen seiner geographischen Form eines Sechsecks*)

hexamètre [ɛgzamɛtʀ] *m* Hexameter *m*

hg *abr de* **hectogramme** hg

hiatus [ˊjatys] *m* **1.** LING Hiatus *m*

2. (*interruption*) Unterbrechung *f,* Lücke *f;* ■ **~ entre qc et qc** Kluft *f* zwischen etw (*dat*) und etw (*dat*)

hibernation [ibɛʀnasjɔ̃] *f* **1.** (*chez un animal*) Winterschlaf *m;* ***un animal entre en ~*** ein Tier beginnt seinen Winterschlaf

2. (*inactivité*) Ruhephase *f*

▶ **~ artificielle** Hibernation *f,* [künstlich herbeigeführter] Heilschlaf

hiberner <1> [ibɛʀne] *vi* ■ **un animal hiberne** ein Tier hält Winterschlaf

hibou <x> [ˊibu] *m* Eule *f*

hic [ˊik] *m fam* Haken *m fam,* Schwierigkeit *f;* ***il y a un ~*** es gibt einen Haken [dabei]; ***voilà le ~*** da liegt [*o* sitzt] der Haken, da liegt der Hase im Pfeffer; ***le ~, c'est que*** + *indic* der Haken bei der Sache ist, dass

hideur [ˊidœʀ] *f* [*crime, action*] Abscheulichkeit *f,* Scheußlichkeit *f;* [*personne*] Hässlichkeit *f;* ***il est d'une ~ repoussante*** er ist von erschreckender Hässlichkeit, er ist abgrundhässlich

hideusement [ˊidøzmɑ̃] *adv* scheußlich

hideux, -euse [ˊidø, -øz] *adj vêtement, objets* grässlich, scheußlich, schrecklich; *visage, corps* hässlich; *monstre, être* abscheulich; *spectacle* grauenhaft, Grauen erregend

hier [jɛʀ] *adv* **1.** gestern; **~ [au] soir/~ matin** gestern Abend/gestern Morgen [*o* Vormittag]; ***la journée/ la matinée d'~*** der gestrige Tag/Vormittag; ***la réunion d'~*** die gestrige Versammlung, die Versammlung von gestern

2. (*passé récent*): ***ils ne se connaissent que d'~*** sie kennen sich erst seit kurzem [*o* noch nicht lange]

▶ **qc ne date pas d'~** etw ist nicht neu

hiérarchie [jeʀaʀʃi] *f* Hierarchie *f,* Rangordnung *f;* ***~ sociale*** soziale Rangordnung; ***la ~ militaire/ administrative*** die Militär-/Verwaltungshierarchie; ***elle est au sommet de la ~*** sie gehört zur Führungsspitze; ***~ des valeurs morales*** moralische Werteordnung

hiérarchique [ˊjeʀaʀʃik] *adj* hierarchisch; ***chef/ supérieur ~*** [Dienst]vorgesetzte(r) *f(m);* ***ordre ~*** hierarchische Ordnung, Rangordnung *f;* ***par la voie ~*** auf dem Dienstweg

hiérarchiser <1> [ˊjeʀaʀʃize] *vt* ■ **qn hiérarchise qc** *problèmes, besoins* jd gewichtet etw, jd bringt etw in eine Rangordnung; ■ **qc est hiérarchisé(e)** */société, milieu/* etw ist hierarchisch aufgebaut [*o* gegliedert]

hiéroglyphe [ˊjeʀɔglif] *m* Hieroglyphe *f*

hi-fi [ˊifi] **I.** *adj inv* Hi-Fi- ['haifi-, hai'fi:-]; ***chaîne hi-fi*** Hi-Fi-Anlage *f*

II. *f* ∅ Hi-Fi *f,* Highfidelity ['haifi'dɛleti] *f;* ***le marché de la hi-fi*** der Hi-Fi-Markt

high tech [ˊajtɛk] **I.** *adj inv* hochtechnologisch, der [*o* des] High-Tech ['hai'tɛk]

II. *f* ∅ High-Tech *f o nt,* Hochtechnologie *f*

hi-han [ˊiɑ̃] *interj* iah; ***l'âne jette [o pousse] des ~~*** der Esel schreit iah

hilarant, e [ilaʀɑ̃, ɑ̃t] *adj* sehr komisch [*o* lustig], urkomisch; ***c'était ~!*** das war urkomisch [*o* zum Lachen]!

hilare [ilaʀ] *adj* (*mort de rire*) in bester Laune, ausgelassen fröhlich, quietschfidel *fam;* (*béat*) lachend, [freude]strahlend

hilarité [ilaʀite] *f* Heiterkeit *f,* Gelächter *nt;* ***qn/qc déclenche [o déchaîne] l'~ générale*** jd/etw löst allgemeine Heiterkeit aus

Himalaya [imalaja] *m* ■ **l'Himalaya** der Himalaja

hindi [ˊindi, indi] *m* Hindi *nt;* ***qn parle le ~ [o l'~]*** jd spricht Hindi

hindou, e [ɛ̃du] I. *adj* hinduistisch, Hindu-
II. *m, f* ■ **Hindou(e)** 1. REL Hindu *m*
2. *vieilli* (*Indien*) Inder(in) *m(f)*
hindouisme [ɛ̃duism] *m* Hinduismus *m*
hip [ˊip] *interj* ▸ ~ ~ ~! **hourra!** hipp, hipp, hurra!
hippie <hippies> [ˊipi] I. *adj* Hippie-
II. *mf* Hippie *m,* Blumenkind *nt*
hippique [ipik] *adj* Pferde-; ***concours*** ~ Reit- [und Fahr]turnier *nt*
hippisme [ipism] *m* Pferdesport *m*
hippocampe [ipɔkɑ̃p] *m* Seepferdchen *nt*
hippodrome [ipodʀom] *m* [Pferde]rennbahn *f*
hippopotame [ipɔpɔtam] *m* Nilpferd *nt,* Flusspferd *nt*
hippy [ˊipi] *adj/subst v.* **hippie**
hirondelle [iʀɔ̃dɛl] *f* Schwalbe *f*
▸ **une ~ ne fait pas le printemps** *prov* eine Schwalbe macht noch keinen Sommer
◆ **hirondelle de mer** Seeschwalbe *f*
hirsute [iʀsyt] *adj tête* zottelig, zerzaust; *barbe a.* struppig; *personne* mit zotteligen [*o* zerzausten] Haaren
hispanique [ispanik] *adj* hispanisch, spanisch; ***institut d'études ~s*** Institut für Hispanistik
hispano-américain, e <~-~s> [ispanoameʀikɛ̃, ɛn] I. *adj* spanisch-amerikanisch, hispanoamerikanisch
II. *m, f* ■ **Hispano-américain(e)** Hispanoamerikaner(in) *m(f)*
hispanophone [ispanɔfɔn] I. *adj* Spanisch sprechend
II. *m, f* Spanischsprechende(r) *f(m)*
hisser <1> [ˊise] I. *vt* ■ **qn hisse qc** *drapeau* jd hisst etw; NAUT *voiles* jd hisst [*o* setzt] etw; *mât* jd richtet etw auf; ***hissez les voiles!*** setzt die Segel!; ■ **qn hisse qn/qc [quelque part]** jd zieht [*o* hievt] jdn/etw [irgendwohin] hoch, jd zieht jdn/etw in die Höhe
II. *vpr* 1. (*grimper*) ■ **qn se hisse sur qc** jd zieht [*o* hievt] sich [irgendwohin] hoch, jd klettert auf etw (*akk*); ***qn se hisse sur la pointe des pieds*** jd stellt sich auf die Zehenspitzen
2. (*s'élever*) ■ **qn se hisse à qc**: ***elle s'est hissée au pouvoir/au sommet de la hiérarchie/à la première place*** sie hat sich [in eine Machtposition/in die Führungsspitze] hochgearbeitet/auf den ersten Platz vorgearbeitet
histoire [istwaʀ] *f* 1. ∅ HIST Geschichte *f;* ***l'~ ancienne/moderne/contemporaine*** die Alte/Neue/Neueste Geschichte; ***l'~ jugera*** die Geschichte wird ihr Urteil fällen; ***son nom/cet événement restera dans l'~*** sein/ihr Name/dieses Ereignis wird in die Geschichte eingehen; ***livre/professeur/cours d'~*** Geschichtsbuch/-lehrer/-unterricht; ***j'ai ~ à 8 heures*** um 8 Uhr habe ich Geschichte [*o* Geschichtsunterricht]
2. (*étude du passé*) ■ **l'~ de qc** *d'un mot, château, d'une expression, ville* die Geschichte einer S. (*gen*); ~ ***de France*** Geschichte Frankreichs, französische Geschichte; ***l'~ des croyances et des idées religieuses*** Religionsgeschichte *f;* ~ ***de l'art/~ littéraire*** Kunst-/Literaturgeschichte *f;* ~ ***de la Révolution française*** Geschichte *f* der Französischen Revolution; ***il raconte l'~ de sa vie*** er erzählt seine Lebensgeschichte; ■ ~ **de qn** (*passé*) jds [Lebens]geschichte *f*
3. (*récit*) Geschichte *f;* (*propos mensonger*) [erfundene] Geschichte, [Lügen]märchen *nt;* ***livre d'~s*** (*vraies*) Sammlung *f* wahrer Geschichten; (*imaginaires*) Märchenbuch *nt;* ***une ~ vraie*** eine wahre Geschichte; ***l'~ romancée de qc*** die Geschichte einer S. (*gen*) in Romanform [*o* als Roman]; ***l'~ veut que*** + *subj* der Geschichte [*o* Erzählung] nach soll …, wie man erzählt, soll …; ***ce sont des ~s!*** das stimmt doch alles gar nicht!, das ist doch [alles] nur erfunden!; ***qn raconte des ~s*** jd erzählt Märchen, jd schwindelt
4. *fam* (*affaire*) Geschichte *f fam,* Sache *f,* Angelegenheit *f;* ~ ***d'espionnage/d'argent/de femmes*** Spionage-/Geld-/Frauengeschichte; ~ ***de gros sous/de fesse*** Geldangelegenheit/Bettgeschichte; ***l'~ des portefeuilles volés*** die Sache [*o* Geschichte] mit den gestohlenen Brieftaschen; ***il s'est mis*** [*o* ***fourré***] ***dans une drôle d'~/dans une sale ~!*** er ist [da] in eine [ganz] seltsame/böse [*o* unangenehme] Sache [hinein]geraten; ***qu'est-ce que c'est que cette ~?*** was heißt [*o* soll] das denn schon wieder?; ***qu'est-ce que cette ~ de départ/restaurant/…?*** was heißt hier, Abfahrt/Restaurant/…?
5. *fam* (*complications*) Schwierigkeiten *pl,* Scherereien *pl;* (*problèmes*) Ärger *m,* Streit *m;* ***c'est une femme/un homme à ~s, c'est une faiseuse/un faiseur d'~s*** das ist eine zänkische Frau/ein streitsüchtiger Mann; ***c'est toujours la même ~, avec toi!*** es ist immer das alte Lied mit dir!
▸ **des ~s de bonnes femmes** *péj* Gruselgeschichten *pl;* ~ **sans paroles** ohne Worte; **c'est de l'~ ancienne** das sind alte Geschichten, das ist schon längst vorbei [*o* lange her]; **le plus beau** [*o* **le meilleur**] **de l'~** das Schönste [*o* Beste] bei [*o* an] der [ganzen] Geschichte, der Witz bei [*o* an] der Sache; ~ **drôle** (*blague*) Witz *m,* lustige Geschichte; ~ **naturelle** Naturgeschichte *f;* **la petite ~** Ereignisse *pl* am Rande der Weltgeschichte; **pour la petite ~** am Rande bemerkt, nebenbei gesagt; **l'~ sainte** Biblische Geschichte; **qn/qc fait toute une ~ [de qc]** (*fait un scandale, crée des problèmes*) jd/etw macht viel Wirbel [*o* Aufhebens] [um [*o* wegen] etw], jd veranstaltet ein Riesentheater [wegen etw] *fam;* **qn s'attire des ~s** jd bekommt Schwierigkeiten [*o* Scherereien]; **qn cherche des ~s à qn** *fam* jd sucht mit jdm Streit, jd legt sich mit jdm an; **c'est une ~ à dormir debout** das ist eine unwahrscheinliche [*o* hanebüchene] Geschichte; **des ~s à dormir debout** [reinste] Lügenmärchen; **c'est une [tout] autre ~!** das ist [noch mal] eine [ganz] andere Sache!, das steht auf einem anderen Blatt!; **c'est toute une ~** das ist eine lange Geschichte!; ***c'est toute une ~ quand il part*** das ist vielleicht ein Theater, wenn er wegfährt; **qn fait des ~s à qn** jd macht [*o* bereitet] jdm Scherereien [*o* Unannehmlichkeiten]; **qn fait des ~s [pour qc]** jd macht ein [furchtbares] Theater [wegen etw]; **qn ne fait pas d'~s [pour faire qc]** *fam* jd macht kein Theater [*o* keine Scherereien] [um etw zu tun] *fam;* ~ **de faire qc** *fam* einfach nur um etw zu tun; ~ ***de!*** einfach nur so!; **sans ~s** *carrière* problemlos; *gens, personne a.* unauffällig; *vie* ruhig, ereignislos; [**allons** [*o* **allez**],] **pas d'~s!** (*on ne traîne pas!*) keine Zicken!; (*pas de chichis!*) kein Wenn und Aber!, keine Ausrede!; **quelle ~!** na so etwas!, das ist [ja] unmöglich!
◆ **histoire de fous** verrückte [*o* unglaubliche] Geschichte; ***c'est une ~ de fous!*** das ist der reinste Witz!
historien, ne [istɔʀjɛ̃, jɛn] *m, f* Historiker(in) *m(f),* Geschichtsforscher(in) *m(f),* Geschichtswissenschaftler(in) *m(f);* (*étudiant en histoire*) Geschichtsstudent(in) *m(f)*
historique [istɔʀik] I. *adj* historisch; *ouvrage, étude a.* geschichtlich, Geschichts-; ***vérité ~*** geschichtliche Wahrheit; ***c'est ~*** das ist historisch [*o* geschichtlich] belegt
II. *m* [*mot, institution*] [Entstehungs]geschichte *f;* [*question, dossier, affaire*] chronologischer Überblick
▸ **qn fait l'~ de qc** *d'une institution, d'un mot* jd zeichnet die Geschichte einer S. (*gen*) auf; *d'un dossier, problème, d'une question* jd gibt einen chronologischen [*o* geschichtlichen] Überblick über etw (*akk*)
historiquement [istɔʀikmɑ̃] *adv* historisch
hitlérien, ne [itleʀjɛ̃, jɛn] I. *adj l'Allemagne* Hitler-; *parti a.* Hitlers; ***les jeunesses ~nes*** die Hitlerjugend
II. *m, f* Hitleranhänger(in) *m(f)*
hit-parade <~-~s> [ˊitpaʀad] *m* Hitparade *f,* Hitliste *f;* ***premier au ~-~*** Nummer eins in der Hitparade; ■ **au ~-~ de qc** in der Hitliste einer S. (*gen*); ***au ~-~ de la politique/des livres d'enfants*** in der Hitliste der beliebtesten Politiker/Kinderbücher; ***au ~-~ financier*** in der [Rang]liste der Spitzenverdiener
HIV [ˊaʃive] *m abr de* **human immunodeficiency virus** HIV *nt*
hiver [ivɛʀ] *m* Winter *m;* ***nous étions en ~, c'était l'~*** es war Winter; ***au plus fort de l'~*** mitten im [strengsten] Winter; ***il fait un temps d'~*** es ist Winterwetter, es ist winterliches Wetter
▸ **qn ne passera pas l'~** jd wird den Winter nicht überleben [*o* überstehen]; **qn passera-t-il l'~?** wird jd über den Winter kommen?
hivernal, e <-aux> [ivɛʀnal, o] I. *adj* winterlich; *brouillard, pluies a.* Winter-; ***il fait un froid ~*** es ist winterlich kalt, es herrscht eine winterliche Kälte
II. *f* ■ **hivernale** Winterbesteigung *f*
hl *abr de* **hectolitre** hl
H.L.M. [ˊaʃɛlɛm] I. *m o f inv abr de* **habitation à loyer modéré** Sozialwohnung *f;* (*immeuble*) Wohnblock *m* mit Sozialwohnungen; ***qn habite un ~*** jd wohnt in einer Sozialwohnung
II. *app inv: cité ~* Siedlung *f* mit Sozialwohnungen; ***un ensemble ~*** ein Baukomplex *m* von Sozialwohnungen [*o* des sozialen Wohnungsbaus]
hm *abr de* **hectomètre** hm
ho [ˊo] *interj* he [Sie/du]!; ~ ~! (*pour appeler de très loin*) hallo, hallo!
hobby <hobbies> [ˊɔbi] *m* Hobby *nt*
hochement [ˊɔʃmɑ̃] *m* ◆ **hochement de tête** (*pour approuver*) Kopfnicken *nt;* (*pour désapprouver*) Kopfschütteln *nt;* ***il approuve d'un ~ de tête*** er nickt zustimmend
hocher <1> [ˊɔʃe] *vt* ■ **qn hoche la tête** (*pour approuver*) jd nickt [mit dem Kopf]; (*pour désapprouver*) jd schüttelt den Kopf [*o* mit dem Kopf]
hochet [ˊɔʃɛ] *m* Rassel *f*
hockey [ˊɔkɛ] *m* Hockey ['hɔki, 'hɔke] *nt*
◆ **hockey sur gazon** Hockey *nt;* **hockey sur glace** Eishockey *nt*
holà [ˊɔla] I. *interj vieilli: ~!* [***pas si vite!***] halt!, stop!, langsam!
II. *m* ▸ **qn met le ~ à qc** jd gebietet einer S. (*dat*) Einhalt, jd setzt einer S. (*dat*) ein Ende
holding [ˊɔldiŋ] *m o f* Holdinggesellschaft *f*
hold-up [ˊɔldœp] *m inv* [bewaffneter] Raubüberfall
hollandais, e [ˊɔllɑ̃dɛ, ɛz] I. *adj* holländisch
II. *m* (*langue*) Holländisch *nt;* **le ~** das Holländische
III. *m, f* ■ **Hollandais(e)** Holländer(in) *m(f)*
hollande [ˊɔllɑ̃d] I. *f* GEOG ■ **la Hollande** Holland *nt*
II. *m* (*fromage*) Holländer [Käse] *m*
holocauste [olokost] *m* 1. REL Brandopfer *nt;* ***offrir un animal en ~*** ein Tier als [Brand]opfer darbringen
2. (*génocide*) Holocaust *m*
hologramme [ɔlɔgʀam] *m* Hologramm *nt*
holographie [ɔlɔgʀafi] *f* Holographie *f*
homard [ˊɔmaʀ] *m* Hummer *m*
homéopathe [ɔmeɔpat, omeopat] I. *mf* Homöopath(in) *m(f)*
II. *app: **un médecin ~*** ein homöopathischer Arzt
homéopathie [ɔmeɔpati] *f* Homöopathie *f*
homéopathique [ɔmeɔpatik] *adj* homöopathisch
homérique [ɔmeʀik] *adj* homerisch; *rire a.* schallend
home-trainer <~-~s> [ˊomtʀɛnœʀ] *m* Heimtrainer [-trɛːnɐ] *m*
homicide [ɔmisid] *m* Tötung *f,* Totschlag *m*
▸ ~ **par imprudence** fahrlässige Tötung; ~ **involontaire/volontaire** Totschlag *m*/vorsätzliche Tötung, Mord *m*
hominidés [ɔminide] *mpl* Hominide(n) *pl;* ***le groupe des ~s*** die Gruppe der Hominiden
hominiens [ɔminjɛ̃] *mpl* Hominide(n) *pl*
hommage [ɔmaʒ] *m* 1. (*témoignage de respect*) Würdigung *f,* Huldigung *f geh;* (*œuvre ou manifestation en l'honneur de qn*) Hommage *f;* ***un ~ à la science*** eine Würdigung der Wissenschaft, eine Huldigung an die Wissenschaft; ***un concert en ~ au compositeur*** ein Konzert als Hommage für den Komponisten
2. *pl soutenu* (*compliments*) Empfehlung *f geh,* Gruß *m;* ***mes ~s, Madame!*** habe die Ehre [*o* meine Hochachtung], gnädige Frau!; (*au revoir*) ich empfehle mich, gnädige Frau!; ***présentez mes ~s à votre épouse*** meine Empfehlung an Ihre Frau [Gemahlin] *geh*
▸ **en ~ de gratitude** [*o* **de reconnaissance**] *soutenu* als Ausdruck *m* [*o* Zei-

chen *nt*] der Dankbarkeit; **qn rend un dernier ~ à qn** jd erweist jdm die letzte Ehre; **qn fait ~ de qc à qn** *d'un livre, écrit* jd widmet jdm etw; **qn rend ~ à qn** *soutenu* (*salue avec respect*) jd erweist jdm die Ehre; (*proclame le mérite de*) jd würdigt jds Verdienste; **qn rend ~ à qc** *à son talent, son initiative, ses qualités* jd würdigt etw

◆ **hommage de l'auteur/de l'éditeur** (*livre*) Dedikationsexemplar *nt* [des Autors/Verlegers]; (*dédicace*) Widmung *f*; ***avec un ~ de l'auteur*** mit einer Widmung des Autors

homme [ɔm] *m* **1.** (*être humain*) Mensch *m*; ***l'~ de Neandertal*** der Neandertaler; ***qc est le propre de l'~*** etw gehört zum Wesen des Menschen; ***les droits de l'~*** die Menschenrechte

2. (*opp: femme*) Mann *m*; ***une voix d'~*** eine Männerstimme; ***coiffeur pour ~s*** Herrenfriseur *m*; ***vêtements d'~*** [*o* ***pour ~s***] Herren[be]kleidung *f*; ***elle aime s'habiller en ~*** sie trägt gerne Männerkleidung; ***ils se retrouvent entre ~s chaque jeudi soir*** jeden Donnerstag machen sie einen Herrenabend; ***l'~ d'aujourd'hui*** der Mann von heute, der moderne Mann; ***un bel ~*** ein gut aussehender Mann; ■ **~ de qc:** ~ ***de mérite*** verdienter [*o* verdienstvoller] Mann; ~ ***de goût/cœur*** Mann mit Geschmack/Herz; ~ ***de génie*** genialer Mann [*o* Mensch], Mann von Genie; ~ ***d'esprit*** Mann von Geist, geistvoller [*o* geistreicher] Mann; ~ ***d'honneur*** Mann von Ehre, Ehrenmann *m*

3. (*adulte*) Mann *m*; ***un ~ mûr*** ein reifer Mann; ***un ~ dans la force de l'âge*** ein Mann im besten Alter; ***un ~ d'un certain âge*** ein älterer Herr; ***un vieil ~*** ein alter Mann; ***parvenu à l'âge d'~, il ...*** als er erwachsen geworden war, ... er; ***qc fait de qn un ~*** etw macht aus jdm einen Mann

4. (*viril moralement, sexuellement*) [richtiger] Mann

5. *pl* (*soldats, ouvriers, personnel*) Männer *pl*, Leute *pl fam*; ***c'est un meneur d'~s*** er/sie ist eine Führernatur; ***un bataillon/une armée de huit cents ~s*** eine 800 Mann starke Truppe/Armee von 800 Mann

▶ **autant d'~s, autant d'avis** *prov* tausend Köpfe, tausend Meinungen; **l'~ propose, [et] Dieu dispose** *prov* der Mensch denkt, Gott lenkt; **l'~ du jour** der Mann des Tages; **l'~ est un loup pour l'~** *prov* der Mensch ist sich selbst der ärgste Feind; **un ~ à la mer!** Mann über Bord!; **l'~ du moment** [genau] der richtige Mann; [genau] der Mann, den wir brauchen; **l'abominable ~ des neiges** der Yeti, der Schneemensch; **l'~ de la rue** der Mann auf der Straße; **l'~ de la situation** der geeignete Mann; **l'~ de ma/sa/... vie** der Mann meines/seines/ihres/... Lebens; **il y a un ~ dans la vie de qn** es gibt einen Mann in jds Leben (*dat*); **[qn est] un ~ arrivé** [jd ist] ein erfolgreicher [*o* gemachter *fam*] Mann; **qn est un autre ~** jd ist ein ganz anderer Mensch [geworden]; **un ~ averti en vaut deux** *prov* ein gewarnter Mann verhält sich klüger; **brave ~** anständiger [*o* ehrenwerter] Mann, braver Kerl *fam*; **~ fait** ausgewachsener Mann; **~ fini** erledigter [*o* toter *fam*] Mann; ***c'est un ~ fini!*** der ist erledigt!; (*psychologiquement*) er ist am Ende; **l'~ fort de qc** *du régime* der starke Mann einer S. (*gen*); *de la société, de l'entreprise* die Führungskraft einer S. (*gen*), die Nummer eins einer S. (*gen*) *fam*; **grand ~** großer [*o* berühmter] Mann; **jeune ~** junger Mann; ***hep! Jeune ~!*** he, junger Mann!; ***il était encore tout jeune ~*** er war noch ein Jüngling *hum*; **qn est un ~ mort** jd ist ein toter Mann; **les petits ~s verts** (*les Martiens*) die kleinen grünen Männchen [*o* Männlein]; **~ politique** Politiker *m*; **~ publique** Mann *m* der Öffentlichkeit; **comme un seul ~** wie ein Mann, geschlossen; **l'~ à abattre** der Mann, der weg muss [*o* der reif zum Abschießen ist] *fam*; **si t'es un ~!** wenn du ein Mann bist!; *iron* wenn du dich traust!; **qn est/n'est pas ~ à faire qc** jd ist [ganz]/nicht der Typ [Mann] etw zu tun; **~ à tout faire** Mädchen *nt* für alles; **qc ne nourrit pas son ~** etw ernährt nicht seinen Mann; **je suis votre ~** ich bin Ihr Mann, ich bin genau der richtige Mann; **d'~ à ~** *parler* von Mann zu Mann; *s'expliquer, régler qc* unter Männern; *hum* (*entre femmes*) unter uns

◆ **homme à femmes** Frauenheld *m*; **homme au foyer** Hausmann *m*; **homme d'action** Mann *m* der Tat; **homme d'affaires** Geschäftsmann *m*; ***~s d'affaires*** Geschäftsleute *pl*; **homme de confiance** Vertrauensmann *m*; **homme de dialogue** Mann *m* des Dialoges; **homme d'église** Kirchenmann *m*; **homme de la terre** naturverbundener Mensch; **homme de lettres** Literat *m*, Schriftsteller *m*; **homme de loi** Jurist *m*; **homme de main** Handlanger *m*; (*dans des besognes criminelles a.*) Helfershelfer *m*; **homme de paille** Strohmann *m*; **homme de peine** Hilfsarbeiter *m*; **homme de plume** Schriftsteller *m*, Mann *m* der Feder *geh*; **homme d'équipage** Mitglied *nt* der Schiffsmannschaft; ***les ~s d'équipage*** die Besatzung, die Schiffsmannschaft; ***le bateau compte 38 ~s d'équipage*** das Schiff zählt 38 Mann Besatzung; **homme des cavernes** Höhlenmensch *m*; **homme de science** Wissenschaftler *m*, Mann *m* der Wissenschaft; **homme de service** (*pour le nettoyage*) Putzmann *m*; (*à la cantine*) Kantinenangestellte(r) *m* (*an der Essensausgabe*); **homme d'État** Staatsmann *m*; **homme de terrain** Mann *m* mit praktischer Erfahrung, praxiserfahrener Mann; **homme de troupe** gemeiner Soldat; **homme d'intérieur** häuslicher Mann; **homme du monde** Mann *m* von Welt; ***des ~s du monde*** Männer *pl* der feinen Gesellschaft

homme-grenouille <~s-~s> [ɔmgʀənuj] *m* Froschmann *m*; ***elle est ~~ dans la marine militaire*** sie ist Taucherin bei der Marine **homme-objet** <~s-~s> [ɔmɔbʒɛ] *m* Mann *m* als Lustobjekt **homme-orchestre** <~s-~s> [ɔmɔʀkɛstʀ] *m* **1.** MUS Einmannorchester *nt* **2.** (*personne qui fait tout*) Allrounder ['ɔːlraundə] *m*, Allroundmann ['ɔːlraund-] *m*; ***elle joue les ~s~s*** sie spielt den Allrounder **homme-sandwich** <~s-~s> [ɔmsɑ̃dwitʃ] *m* Sandwichmann ['sɛntvɪtʃ-] *m*

homo [omo] *abr de* **homosexuel(le)** **I.** *adj fam* homo *fam*; ***il/elle est ~*** er/sie ist homo

II. *mf fam* Homo/Lesbe *m/f fam*

homogène [ɔmɔʒɛn] *adj mélange, substance* homogen; *ensemble, tout, nation, classe, dictionnaire a.* einheitlich

homogénéiser <1> [ɔmɔʒeneize] *vt* **1.** (*rendre homogène*) ■ **qn homogénéise qc** jd macht etw homogen, jd homogenisiert etw; *nomenclature, programme, production, qualité* jd vereinheitlicht etw; ■ **qn homogénéise des choses** *niveaux, produits* jd gleicht Dinge einander an

2. GASTR, CHIM ■ **qn homogénéise qc** jd homogenisiert etw

homogénéité [ɔmɔʒeneite] *f* Homogenität *f*; [*œuvre a.*] Einheitlichkeit *f*, Einheit *f*; ***qc n'a aucune ~*** etw ist völlig uneinheitlich [*o* ungleichartig]

homographe [ɔmɔgʀaf] **I.** *adj* gleich [*o* auf gleiche Art] geschrieben

II. *m* Homograph *nt*

homologie [ɔmɔlɔʒi] *f* **1.** (*équivalence*) Entsprechung *f*; ■ **~ entre des personnes/choses** Homologie *f* zwischen Menschen/Dingen

2. MATH Homologie *f*, Übereinstimmung *f*; ANAT Homologie

homologue [ɔmɔlɔg] **I.** *adj* **1.** MATH, GEOG, CHIM homolog

2. (*équivalent*) entsprechend; ■ **qc est ~ de qc** etw entspricht einer S. (*dat*), etw ist das Gegenstück von etw

II. *mf* Pendant *nt*, Gegenstück *nt*; (*collègue*) Kollege/Kollegin *m/f*

homologuer <1> [ɔmɔlɔge] *vt* **1.** (*reconnaître officiellement*) ■ **qc est homologué(e)** /*prix*/ etw ist [amtlich/staatlich] genehmigt; SPORT /*record, performance*/ etw ist/wird [offiziell] anerkannt; ■ **qn homologue qc** jd erkennt etw [offiziell] an, jd bestätigt etw [offiziell]

2. (*déclarer conforme aux normes*) ■ **qc est homologué(e)** etw entspricht den [gesetzlichen] Normen; (*conforme aux normes de sécurité*) etw entspricht den Sicherheitsnormen; ■ **qn homologue qc** *harnais de sécurité, siège-auto, voiture* jd erklärt etw als den Normen entsprechend, jd lässt etw [amtlich/staatlich] zu

3. JUR ■ **qn homologue qc** *acte* jd beglaubigt etw; *sentence* jd bestätigt etw [gerichtlich/offiziell]; *transaction* jd erkennt etw [offiziell] an, jd billigt etw

homonyme [ɔmɔnim] **I.** *adj* homonym, gleich lautend; ■ **qc est ~ de qc** etw hat die gleiche Lautung [*o* Aussprache] wie etw

II. *m* **1.** (*mot*) Homonym *nt*

2. (*personne*) Namensvetter/-schwester *m/f*

homonymie [ɔmɔnimi] *f* Homonymie *f*

homophone [ɔmɔfɔn] **I.** *adj* **1.** LING homophon, gleich lautend

2. MUS homophon

II. *m* LING Homophon *nt*

homophonie [ɔmɔfɔni] *f* **1.** LING Homophonie *f*; ■ **~ entre des choses** lautliche Übereinstimmung [zwischen Dingen]

2. MUS Homophonie *f*

homosexualité [ɔmɔsɛksɥalite] *f* Homosexualität *f*

homosexuel, le [ɔmɔsɛksɥɛl] **I.** *adj* homosexuell

II. *m, f* Homosexuelle(r) *f(m)*

hongre [ˊɔ̃gʀ] **I.** *adj cheval* kastriert; ***un poulain ~*** ein Fohlenwallach *m*

II. *m* Wallach *m*

Hongrie [ˊɔ̃gʀi] *f* ■ **la Hongrie** Ungarn *nt*

hongrois, e [ˊɔ̃gʀwa, waz] **I.** *adj* ungarisch

II. *m* (*langue*) Ungarisch *nt*; ***le ~*** das Ungarische

III. *m, f* ■ **Hongrois(e)** Ungar(in) *m(f)*

honnête [ɔnɛt] *adj* **1.** (*probe*) *personne* ehrlich, anständig; *commerçant, entreprise a.* redlich, reell; ***il y a encore des gens ~s!*** es gibt doch noch anständige [*o* ehrliche] Leute!

2. (*franc*) *personne* ehrlich, aufrichtig; ***qn est ~ avec qn/avec lui-même*** jd ist zu jdm ehrlich [*o* offen]/ehrlich gegen sich selbst; ***soyez ~ avec vous-même!*** machen Sie sich (*dat*) doch nichts vor!; ***allons, sois ~!*** los, sei mal ehrlich!; ***pour être ~, il n'a pas tort*** um ehrlich zu sein [*o* ehrlich [*o* offen] gesagt], er hat nicht unrecht

3. (*honorable*) *conduite* anständig; *intention, propos* ehrlich; *procédés, méthodes* reell, korrekt; ***il serait plus ~ de lui dire la vérité*** es wäre korrekter, ihm/ihr die Wahrheit zu sagen

4. *vieilli* (*vertueux*) *femme, fille* anständig

5. (*acceptable*) *compte rendu, travail, résultat* anständig, ganz [*o* recht] ordentlich *fam*; *prix, récompense* angemessen, anständig; *repas* passabel, ordentlich *fam*; *marché* korrekt; ***une moyenne ~*** ganz ordentlicher [*o* recht guter] Durchschnitt

honnêtement [ɔnɛtmɑ̃] *adv* **1.** (*sincèrement*) ehrlich; (*c'est vrai, je t'/vous assure*) [ganz] ehrlich, ehrlich gesagt; (*sois/soyez honnête*) sei/seien Sie [*o* sag/sagen Sie] [mal] ehrlich

2. (*convenablement*) anständig, [ganz [*o* recht]] gut [*o* ordentlich] *fam*; ***c'est ~ payé!*** das ist anständig [*o* korrekt] bezahlt!

3. (*loyalement*) anständigerweise; (*avec probité*) auf ehrliche Weise

honnêteté [ɔnɛtte] *f* **1.** (*probité*) Ehrlichkeit *f*, Redlichkeit *f*, Rechtschaffenheit *f*; (*en affaire*) Redlichkeit, Korrektheit *f*; ***il est d'une ~ scrupuleuse*** er ist absolut ehrlich; ***il est d'une parfaite ~*** er ist hochanständig; ***~ intellectuelle*** intellektuelle Redlichkeit; ***qn est d'une grande ~ intellectuelle*** jd ist unbestechlich in seinen Ansichten

2. (*franchise*) Ehrlichkeit *f*, Aufrichtigkeit *f*; ***ayez l'~ de faire qc*** seien Sie so ehrlich etw zu tun; ***qn répond/parle en toute ~*** jd antwortet/spricht ehrlich und offen [*o* in aller Offenheit]; ***en toute ~, je n'en sais rien!*** ganz ehrlich [*o* offen] gesagt, ich weiß nichts [davon]!

3. (*honorabilité*) [*conduite, procédé*] Anständigkeit *f*, Korrektheit *f*; [*intention*] Ehrenhaftigkeit *f*

honneur [ɔnœʀ] *m* **1.** ∅ (*principe moral*) Ehre *f*; ***un homme sans ~*** ein Mann ohne Ehrgefühl, ein unehrenhafter [*o* ehrloser] Mann; ***qn a le sens de l'~*** jd besitzt [*o* hat] Ehrgefühl; ***c'est une question*** [*o* ***affaire***] ***d'~*** das ist [eine] Ehrensache

2. ∅ (*réputation*) Ehre *f*, Ansehen *nt*; *vieilli* (*chasteté*) [*femme*] Ehre *veraltet*, Jungfräulichkeit *f*; ***il en va de mon/son/... ~!*** es geht um meine/seine/ihre/... Ehre!; ***l'~ de la famille*** die Familienehre; ***son ~ de femme est en jeu*** ihre Ehre als Frau steht auf dem Spiel

3. (*privilège*) Ehre *f*; ***les deux villes se disputent l'~ de faire qc*** die beiden Städte streiten sich um die Ehre etw zu tun

4. *pl* (*marques de distinctions*) Ehren *pl*, Ehrungen *pl*; ***qn aime/recherche les ~s*** jd ist auf Ehren aus [*o* erpicht]; ***qn méprise les ~s*** jdm liegt nichts an Ehrungen; ***elle est parvenue aux plus grands ~s*** sie ist zu höchsten Würden gelangt [*o* emporgestiegen]; ***qn est comblé(e)/couvert(e) d'~s*** jd ist/wird mit Ehren überhäuft

5. CARTES Honneurs *pl*

▶ **~ aux dames** den Damen der Vortritt, die Damen zuerst; **avec les ~s de la guerre** in [allen] Ehren, ehrenvoll; ***il s'en sort/tire [même] avec les ~s de la guerre*** er kommt [sogar noch] ganz gut dabei weg, er zieht sich [sogar noch] ganz gut aus der Affäre; **qn fait les ~s de la maison à qn** (*l'accueille chez lui*) jd empfängt jdn gebührend [bei sich]; (*lui fait visiter les lieux*) jd führt jdn durch sein Haus/seine Wohnung; **qn/qc a les ~s de la première page** jdm/einer S. ist/wird die erste Seite gewidmet, jd/etw steht [*o* erscheint] auf der ersten Seite; **avec [tous] les ~s dus au rang de qn** mit allen [jdm] gebührenden Ehren, wie es jdm gebührt; **qn rend les derniers ~s à qn** *form* jd erweist jdm die letzte Ehre; **qn fait un grand ~ à qn [en faisant qc]** jd erweist jdm eine große Ehre, indem er etw tut; **l'~ est sauf** die Ehre ist gerettet; **qn a l'~ de [faire] qc** jd hat die Ehre etw zu tun; ***j'ai eu l'~ de recevoir sa visite*** er/sie hat mich mit seinem/ihrem Besuch beehrt; ***nous avons l'~ de vous faire part de [o d'annoncer] la naissance/le mariage …*** *form* wir beehren uns [*o* haben die Ehre], die Geburt/Vermählung … bekanntzugeben *form*; ***j'ai l'~ de solliciter un poste de …*** *form* [hiermit] bewerbe ich mich um die Stelle als …; ***j'ai l'~ de vous informer que*** + *indic form* ich freue mich Ihnen mitteilen zu können, dass; hiermit teile ich Ihnen mit, dass; ich habe die Ehre Ihnen mitzuteilen, dass *form*; **à qui ai-je l'~?** *soutenu* mit wem habe ich die Ehre?; **qn/qc est à l'~** jd/etw steht hoch im Kurs [*o* in der Gunst]; **qc est [tout] à l'~ de qn** etw gereicht jdm [ganz] zur Ehre; **c'est beaucoup [*o* trop] d'~ [que vous me faites]!** Sie tun mir eine große/zu viel Ehre an!, das ist eine große Ehre/das ist der Ehre zu viel! *iron*, das ist des Guten zu viel!; **c'est faire trop d'~ à qn** damit erweist man jdm zu viel Ehre; *iron* (*ne mérite pas une telle faveur*) so viel Aufmerksamkeit hat jd nicht verdient; **qn est/fait l'~ de qn/qc** jd macht jdm/einer S. [alle] Ehre; ***elle est l'~ de la famille!*** sie ist die Zierde der Familie!; **qn/qc fait ~ à qn** jd/etw macht jdm Ehre, etw ehrt jdn; **qn fait ~ à qc** (*apprécie*) jd lässt sich (*dat*) etw gut schmecken; (*mange beaucoup de*) jd spricht einer S. (*dat*) tüchtig [*o* fleißig] zu; (*respecte*) *à ses engagements* jd hält etw ein, jd erfüllt etw; *à ses obligations* jd kommt einer S. (*dat*) nach; *à sa parole* jd hält etw; *à sa signature* jd steht zu etw; (*honore*) *à son nom, son siècle, sa ville* jd macht einer S. (*dat*) [alle] Ehre; **qn fait l'~ à qn de faire qc** *form* jd erweist jdm die Ehre etw zu tun *form*, jd ist so freundlich [*o* nett] etw zu tun; ***voulez-vous nous faire l'~ de …*** *form* es wäre uns eine Ehre, wenn Sie … *form*, wir würden uns freuen, wenn Sie …; ***faites-moi l'~ de vous lever quand je parle!*** seid so gut [*o* tut mir den Gefallen] und steht auf, wenn ich mit euch spreche; *iron* wärt ihr [vielleicht] so freundlich aufzustehen, wenn ich spreche?; **qn [re]met qc en ~** jd verhilft einer S. (*dat*) zu neuen Ehren, jd bringt etw wieder zu Ehren; **qn rend les ~s** jd erweist [jdm] die militärischen Ehren; **qn rend à qn les ~s qu'il mérite** jd lässt jdm die Ehre zukommen, die ihm/ihr gebührt; **l'~ revient à qn de faire qc** (*c'est son privilège*) jd hat die Ehre, etw zu tun; jdm wird die Ehre zuteil, etw zu tun *form*; **l'~ en revient à qn** (*c'est à son mérite*) es ist jds Verdienst; **qn se tire de qc avec ~** jd zieht sich ehrenvoll aus etw; **que me vaut l'~ de qc?** *form* was verschafft mir die Ehre einer S. (*gen*)?; **à toi/vous l'~!** du darfst/Sie dürfen anfangen!; **[qc est/reste] en ~** */coutume, procédé/* [etw wird/wird noch] in Ehren gehalten; */œuvre a./* etw genießt/genießt weiterhin [große] Anerkennung; */style, mode/* [etw ist/ist noch] sehr beliebt; **en l'~ de qn** zu jds Ehren; **en l'~ de qc** zu Ehren [*o* anlässlich] einer S. (*gen*); **en quel ~?** *hum* wozu?, aus welchem Anlass?; ***et en quel ~, je te prie?*** *iron* aus welchem besonderen Anlass [*o* Grund], wenn ich fragen darf?; ***en quel ~ tu te permets de …*** wie kommst du dazu, dir zu erlauben …, woher nimmst du dir das Recht, …; **pour l'~** um der Ehre willen, ehrenhalber; ***qn ne joue que pour l'~*** jd spielt nur um die Ehre; **sur l'~** auf Ehre und Gewissen; ***qn promet sur l'~ que*** + *indic* jd gibt sein Ehrenwort dafür, dass; ***qn répond de qc sur l'~*** jd steht [mit seiner Ehre] für etw ein

honnir <8> [ˊɔniʀ] *vt v.* **mal**

honorabilité [ɔnɔʀabilite] *f* Ehrenhaftigkeit *f*; [*personne a.*] Ehrbarkeit *f*, Achtbarkeit *f*

honorable [ɔnɔʀabl] *adj* 1. (*respectable*) *sentiments, conduite, intentions, procédé, buts* ehrenhaft; *personne, profession a.* ehrenwert, ehrbar, achtbar; *antéposé hum* verehrt; ***mes ~s collègues*** meine verehrten [Herren] Kollegen; ***mon ~ confrère*** mein verehrter [*o* werter *hum*] Herr Kollege; ***l'~ compagnie*** die ehrenwerte Gesellschaft

2. (*suffisant*) *moyenne* ganz gut, befriedigend, zufrieden stellend; *résultat, note a.* [ganz] ordentlich, anständig, passabel; *fortune* ansehnlich

honorablement [ɔnɔʀabləmɑ̃] *adv* 1. (*convenablement*) ganz [*o* recht] ordentlich [*o* gut]

2. (*respectablement*) auf ehrenhafte [*o* anständige] Weise; ***il est ~ connu*** er ist als ehrenhafter Mensch bekannt

honoraire [ɔnɔʀɛʀ] I. *adj membre, président* Ehren-; *professeur* emeritiert; *conseiller, notaire* ehrenamtlich

II. *mpl* ■ **~s** Honorar *nt*; ***qn verse des ~s*** jd [be]zahlt Honorar

honorer <1> [ɔnɔʀe] I. *vt* 1. (*traiter avec considération*) ■ **qn honore qn** jd ehrt jdn; ***vous m'honorez!*** ich fühle mich geehrt!; ***il fut honoré de son vivant*** er wurde zu Lebzeiten geehrt; ***mon honoré collègue*** *form* mein verehrter [Herr] Kollege *form*

2. (*faire honneur*) ■ **qc honore qn** */sentiments, conduite/* etw ehrt jdn, etw macht jdm Ehre; ***votre visite m'honore*** Ihr Besuch ehrt mich, Ihr Besuch ist für mich eine Ehre

3. (*gratifier*) ■ **qn honore qn de qc** *de son amitié, sa confiance, sa présence* jd ehrt jdn durch etw; *d'une distinction, d'un titre a.* jd verleiht jdm etw; ■ **qn est honoré(e)** *form*: ***je suis très honoré [de faire votre connaissance]*** es ist mir eine Ehre [Sie kennen zu lernen] *geh*

4. (*célébrer*) ■ **qn honore qn** *dieux, saints* jd verehrt jdn; ***qn ~ la mémoire de qn*** jd bewahrt jdm ein ehrendes Andenken

5. ■ **qn honore qc** *engagement* jd hält etw ein, jd kommt einer S. (*dat*) nach; *signature, parole* jd steht zu etw; *chèque, traité* jd löst etw ein

II. *vpr* ■ **qn s'honore d'être qc** jd rühmt sich etw zu sein

honorifique [ɔnɔʀifik] *adj* Ehren-, ehrenamtlich

honoris causa [ɔnɔʀiskoza] *adj* honoris causa [hoˈnoːrɪs ˈkauza], Ehren-

honte [ˊɔ̃t] *f* 1. (*déshonneur*) Schande *f*; ***quelle ~!*** was für eine [*o* welche] Schande!; ***c'est une ~ pour la famille!*** das ist eine Schande [*o* Blamage] für die Familie!; ***la ~ d'un échec/d'un refus*** die Schande [*o* die Schmach] einer Niederlage/einer Ablehnung

2. ∅ (*sentiment d'humiliation*): ***qn éprouve de la ~*** jd fühlt sich gekränkt; */adolescent/* jd geniert sich [ʒeˈniːɐt]

▶ **toute ~ bue** ohne jegliches Schamgefühl; **qn a toute ~ bue** jd hat alles [*o* jegliches] Schamgefühl verloren; **fausse ~** falsche Scham; ***allons, il n'y a pas de fausse ~ à avoir!*** nun los, nur keine falsche Scham!; **[qn est] rouge de ~** [jd ist] rot vor Scham, [jd ist] schamrot; **qn a ~ de qn** jd schämt sich für jdn; ***il avait ~ de ses parents*** er schämte sich seiner Eltern; ***tu devrais avoir ~ de toi!*** du solltest dich schämen!; **qn a ~ de qc** jd schämt sich [wegen] einer S. (*gen*); **qn a ~ [de faire qc/d'avoir fait qc]** jd schämt sich [etw zu tun/etw getan zu haben [*o* dass er etw getan hat]]; ***j'ai ~ de l'avouer*** ich schäme mich es zuzugeben; ***vous n'avez pas ~ de vous conduire ainsi!*** schämt ihr euch denn nicht [*o* schämt euch], euch so zu benehmen!; **qn n'a pas ~ de qc/de faire qc** jd schämt sich nicht für etw/etw zu tun; **qn n'a pas [*o* aucune] ~** jd schämt sich nicht [einmal]; **il n'y a pas de [*o* aucune] ~ à être/faire qc** es ist keine Schande, etw zu sein/zu tun; man braucht sich nicht zu schämen, etw zu sein/zu tun; **c'est une ~ [de faire qc]** es ist eine Unverschämtheit [etw zu tun]; **qn/qc est/fait la ~ de qc** jd/etw ist eine Schande für etw/macht [*o* bringt] einer S. (*dat*) Schande; ***il est la ~ de la famille*** er ist der Schandfleck der Familie; **qn/qc fait ~ à qn** jd schämt sich für jdn/etw; **qn fait ~ à qn [de qc]** jd schimpft jdn [wegen etw] aus, jd sagt jdm die Meinung [wegen etw]; ***fais-lui ~, il le mérite!*** mach ihm ruhig ein schlechtes Gewissen, er verdient es!; **qn meurt de ~ [de qc]** jd schämt sich wegen etw [*o* für etw] zu Tode; **qn rougit de ~** jd errötet vor Scham; **à ma/sa/… [grande] ~** zu meiner/seiner/ihrer/… [großen] Schande; **[c'est] la ~!** *fam* so eine Blamage!

honteusement [ˊɔ̃tøzmɑ̃] *adv* 1. (*avec bassesse*) schändlich, in schändlicher Weise

2. (*avec honte, de manière honteuse*) beschämt, voller Scham

3. (*scandaleusement*) unverschämt, unerhört

honteux, -euse [ˊɔ̃tø, -øz] *adj* 1. (*confus*) ■ **qn est ~ de qc** jd schämt sich einer S. (*gen*), jd ist beschämt über etw (*akk*); ***vous me voyez ~euse de mon ignorance!*** ich schäme mich meiner Unkenntnis!

2. (*cause de déshonneur*) beschämend; *défaite a., accusation* schmachvoll; *acte, attitude* schändlich, schimpflich; ***une fuite ~euse*** eine schmähliche Flucht; ■ **c'est ~/il est ~ de faire qc** (*cause de scandale*) es ist eine Schande etw zu tun; ***c'est ~!*** das ist empörend [*o* unerhört]!

3. *personne, partisan, nationaliste, bourgeois* heimlich

hooligan [ˊuligan] *m* Hooligan [ˈhuːlɪgn] *m*

hooliganisme [ˊuliganism] *m* Rowdytum [ˈrauditu:m] *nt*

hop [ˊɔp] *interj* 1. (*pour faire sauter*) hopp

2. (*pour faire presser*): **allez, ~!** los, hopp, hopp!

3. (*pour marquer que qc va vite*) hopp, husch

▶ **~ là!** hoppla!, hopsa!

hôpital <-aux> [ɔpital, o] *m* Krankenhaus *nt*, Klinik *f*; ***~ pour enfants*** Kinderkrankenhaus, Kinderklinik; ***~ psychiatrique*** psychiatrische Klinik; ***~ militaire*** [Militär]lazarett *nt*; ***qn sort de l'~*** jd wird aus dem Krankenhaus entlassen

hoquet [ˊɔkɛ] *m* Schluckauf *m kein pl*; (*un ou plusieurs sanglots*) Schluchzer *m*; ***qn a un ~ de surprise/de peur/de dégoût*** jd schluckt [tief] vor Überraschung/Angst/Widerwillen; ***à cette vue, elle eut un ~ de surprise*** als sie das sah, musste sie tief schlucken

▶ **qn a le ~** jd hat den Schluckauf

hoqueter <3> [ˊɔkte] *vi* ■ **qn hoquette** jd hat den Schluckauf; (*sanglote*) jd schluchzt

horaire [ɔʀɛʀ] I. *adj* Stunden-, pro Stunde; ***le tarif ~ de location*** die Mietgebühr pro Stunde

II. *m* 1. (*répartition du temps*) Zeitplan *m*; ***~ de travail*** Arbeitsplan *m*; ***qn a un ~ très chargé*** jd hat einen vollen Terminkalender; ***qn a un ~ souple*** jd ist nicht an eine feste Arbeitszeit gebunden; ***l'~ variable [o mobile] [o à la carte] [o souple] [o flexible]*** gleitende Arbeitszeit, Gleitzeit *f*

2. (*tableau*) [*trains, bus*] Fahrplan *m*; [*vols*] Flugplan *m*; [*cours*] Stundenplan *m*; ***en avance sur l'~*** früher als fahrplanmäßig

horde [ˊɔʀd] *f* Horde *f*

horizon [ɔʀizɔ̃] *m* 1. ∅ (*ligne*) Horizont *m*

2. (*perspective*) Aussicht *f*, [Aus]blick *m*; ***de là, on embrasse un vaste ~*** von dort aus hat man einen weiten [Aus]blick; ***un ~ de collines*** eine Hügellandschaft

3. (*perspectives*) Horizont *m*; ***qc élargit l'~ de qn*** etw erweitert jds Horizont; ***qn a un ~ limité*** jd hat einen begrenzten Horizont [*o* Gesichtskreis]; ***l'~ politique/international s'éclaircit/s'assombrit*** der politische/internationale Horizont hellt sich auf/verdüstert sich; ■ **des ~s** (*perspectives d'avenir*): ***qc révèle/ouvre … des ~s insoupçonnés*** etw eröffnet ungeahnte Möglichkeiten [*o* Perspektiven]

4. ASTRON Horizont *m*

▸ **des personnes viennent d'~s divers** Menschen sind von unterschiedlicher Herkunft und Bildung; **de nouveaux ~s, des ~s nouveaux** die Ferne; ***elle décida d'aller vers des ~s nouveaux*** sie beschloss zu neuen Ufern aufzubrechen; ***il lui faut toujours partir vers de nouveaux ~s*** es zieht ihn/sie immer wieder in die Ferne; ***elle rêvait d'~s nouveaux*** sie träumte von der Ferne; **qn/qc ouvre de nouveaux ~s à qn** jd/etw eröffnet jdm neue Perspektiven [*o* Möglichkeiten]; **qn change d'~** jd wechselt die [gewohnte] Umgebung; ***il a besoin de changer d'~*** er braucht Tapetenwechsel *fam;* **à l'~** am Horizont; ***une solution/une menace se profile/se dessine à l'~*** eine Lösung/eine Bedrohung zeichnet sich am Horizont ab; **à l'~ 2010/2050/...** gegen/um das Jahr 2010/2050/.. ; **pour tout ~** als einzige Aussicht; ***il avait les murs pour tout ~*** seine [ganze] Aussicht beschränkte sich auf die Mauern

horizontal, e <-aux> [ɔʀizɔ̃tal, o] **I.** *adj* waag(e)recht, horizontal
II. *f* ■ **horizontale** MATH Waag[e]rechte *f,* Horizontale *f,* waagerechte Gerade [*o* Linie]
▸ **à l'~e** in der Horizontalen; ***qc est à l'~e*** etw ist/liegt waagerecht [*o* horizontal]; ***les livres doivent être posés à l'~e*** die Bücher müssen waagerecht [*o* flach] liegen; ***qc se lit à l'~e*** etw liest sich waagerecht

horizontalement [ɔʀizɔ̃talmɑ̃] *adv* waag[e]recht, horizontal

horloge [ɔʀlɔʒ] *f* **1.** (*appareil*) Uhr *f;* (*dans les lieux publics*) [Normal]uhr; ~ ***murale*** Wanduhr; ~ ***de l'église/de la gare*** Kirchturmuhr/Bahnhofsuhr
2. INFORM Uhr *f*
3. BIO, MED: ~ ***intime*** innere Uhr; ~ ***biologique*** biologische Uhr
▸ ~ **parlante** Zeitansage *f;* ~ **physiologique** Biorhythmus *m;* [**qn est**] **réglé(e) comme une** ~ [bei jdm geht alles] genau auf die Minute, [jd ist] wie eine aufgezogene Uhr
◆ **horloge de parquet** Standuhr *f*

horloger, -ère [ɔʀlɔʒe, -ʒɛʀ] **I.** *adj* Uhren-
II. *m, f* (*personne*) Uhrmacher(in) *m(f)*
▸ ~**(-ère) bijoutier(-ière)** (*personne*) Juwelier(in) *m(f);* (*magasin*) Juwelierladen *m*

horlogerie [ɔʀlɔʒʀi] *f* **1.** (*secteur économique*) Uhrenindustrie *f;* (*commerce*) Uhrenhandel *m*
2. (*technique*) Uhrmacherei *f*
3. (*fabrique*) Uhrenfabrik *f*
4. (*mécanisme*) ■ **d'~** Uhren-; ***pièces d'~*** Uhrenteile *pl*
▸ ~ **bijouterie** Uhren- und Schmuckgeschäft *nt*

hormis [ˊɔʀmi] *prép littér* ■ ~ **qn/qc** mit Ausnahme eines Menschen/einer S. (*gen*), jd/etw ausgenommen, abgesehen von jdm/etw

hormonal, e <-aux> [ɔʀmɔnal, o] *adj* hormonal, hormonell; *traitement, troubles* Hormon-; ***insuffisance ~e*** Hormonmangel *m*

hormone [ɔʀmɔn] *f* Hormon *nt;* ***les ~s sexuelles/de croissance*** die Geschlechts-/Wachstumshormone

horodateur [ɔʀɔdatœʀ] *m,* **horodatrice** [ɔʀɔdatʀis] *f* Parkscheinautomat *m*

horoscope [ɔʀɔskɔp] *m* Horoskop *nt*
▸ **qn tire l'~ de** [*o* **à**] **qn** jd stellt jdm das Horoskop

horreur [ɔʀœʀ] *f* **1.** (*sensation de dégoût*) ■ ~ [**de qc**] *de la violence, de la médiocrité, des disputes* Abscheu *m* [vor etw (*dat*)], Horror *m* [vor etw (*dat*)]; ***qn devient pour qn un objet d'~*** jd wird für jdn zum Ekel; ***j'ai eu une vision d'~*** es bot sich mir ein abscheulicher Anblick; ***qc inspire de l'~ à qn*** etw flößt jdm Abscheu [*o* Widerwillen] ein
2. (*sensation d'épouvante*) Entsetzen *nt,* Schrecken *m;* ***cri/hurlement d'~*** Entsetzensschrei *m,* Schrei *m* des Entsetzens; ***film d'~*** Horrorfilm *m*
3. (*caractère horrible*) [*crime, supplice, scène de carnage, acte*] Abscheulichkeit *f,* Grauenhaftigkeit *f;* ***et pour comble de l'~, il ...*** und das Allerschlimmste [*o* Entsetzlichste] [bei der Sache] war, dass er ...
4. *fam* (*chose laide*) Scheußlichkeit *f,* Abscheulichkeit *f;* (*chose infâme*) Widerwärtigkeit *f,* Verabscheuungswürdigkeit *f;* (*femme laide*) Vogelscheuche *f fam,* Schreckschraube *f fam;* (*personne à éviter*) Ekel *nt fam*
5. *pl* (*paroles, écrits obscènes*) Abscheulichkeiten *pl,* scheußliche Dinge *pl;* (*actions infâmes a.*) Gräueltaten *pl;* ***qn passe son temps à débiter des ~s sur qn*** jd erzählt gerne schreckliche Dinge über jdn
▸ **les ~s de la guerre** die Schrecken [*o* Gräuel[taten]] des Krieges; **qn a ~ de qc** (*exècre*) jd verabscheut etw; (*déteste*) jd kann etw nicht ausstehen; ***qn a une sainte ~ de qc*** jd hat eine ausgesprochene Abneigung gegen etw; **qn a ~ de faire qc** jd hasst es, etw zu tun; **qn a ~ que** + *subj* (*ne supporte pas*) jd kann es nicht ertragen, wenn; jd hasst es, wenn; **qn a qn/qc en ~** jd mag jdn/etw nicht; **qn prend qn/qc en ~** jd kann jdn/etw nicht mehr ausstehen; **qn/qc fait ~** [**à qn**] jd/etw erregt Abscheu [*o* Widerwillen] [bei jdm], jd/etw widert jdn an; (*remplit d'épouvante*) */paroles, aveux, idées/* etw ruft bei jdm Entsetzen hervor; ***un crime qui fait ~*** ein abscheuliches [*o* Abscheu erregendes] Verbrechen; ***la viande lui fait ~*** er hat einen Widerwillen gegen Fleisch; ***cet homme lui faisait ~*** dieser Mann war ihm/ihr zuwider [*o* widerte ihn/sie an]; **dans toute son ~** in all seiner/ihrer [*o* in seiner/ihrer ganzen] Abscheulichkeit [*o* Grauenhaftigkeit]; **d'~** *frémir, être pâle, être muet, être glacé* vor Entsetzen; *être frappé, être saisi* von Grauen, von Entsetzen; ***qn est rempli(e) d'~*** jd ist voller Abscheu [*o* von Abscheu erfüllt]; ***elle était pâle d'~*** sie war schreckensbleich; ***j'en frémis encore d'~*** mich schaudert es noch vor Entsetzen; **quelle ~!** *fam* (*que c'est moche*) wie abscheulich [*o* grässlich]!; (*c'est dégoûtant*) wie entsetzlich!, wie schrecklich!; (*c'est ignoble*) was für ein Skandal!

horrible [ɔʀibl] *adj* **1.** *acte, crime* abscheulich, grauenhaft; *spectacle, scène a.* Grauen erregend; *accident, blessure, cris* schrecklich, entsetzlich, fürchterlich; ***c'est ~ de penser que*** + *indic* es ist entsetzlich [*o* schrecklich], wenn man daran denkt, dass
2. (*extrême*) *sentiment, peur, douleur, situation, chaleur, malentendu* schrecklich, fürchterlich; *mal de tête a.* entsetzlich
3. (*très laid*) abscheulich, grässlich; (*très mauvais*) *repas, temps* scheußlich; ■ ~ **à** *à voir, entendre* entsetzlich [*o* schrecklich] zu

horriblement [ɔʀibləmɑ̃] *adv* entsetzlich, schrecklich

horrifier <1 a> [ɔʀifje] *vt* ■ **qc horrifie qn** etw entsetzt jdn; ■ **qn est horrifié(e)** [**de** [*o* **par**] **qc**] jd ist entsetzt [über etw (*akk*)]; ***elle fut horrifiée à l'idée que*** + *indic o subj* sie dachte mit Entsetzen daran, dass

horripiler <1> [ɔʀipile] *vt* ■ **qn/qc horripile qn** jd/etw macht jdn wahnsinnig, jd/etw geht jdm auf die Nerven [*o* auf den Wecker *fam*]

hors [ˊɔʀ] *prép* ■ ~ **de** [**qc**] **1.** (*à l'extérieur de*) (*sans mouvement*) *de la ville, de son pays, du domicile conjugal* außerhalb einer S. (*gen*); (*avec mouvement rapprochant*) aus etw (*dat*) heraus; (*avec mouvement éloignant*) aus etw (*dat*) hinaus; ~ ***d'ici!*** hinaus!, raus hier! *fam;* ***le choc l'a projetée ~ du véhicule*** der Schock hat sie aus dem Auto [heraus]geschleudert; ***une fois ~ de l'eau, elle ...*** als sie aus dem Wasser heraus war, ...
2. (*à l'écart de*): ***il vit ~ de la réalité/du temps*** er ist wirklichkeitsfremd [*o* er lebt in einer Traumwelt]/er lebt außerhalb der Zeit; ***il vit ~ de son temps*** er lebt in einem anderen Zeitalter; ***une exposition ~ des sentiers battus*** eine [ganz] ausgefallene [*o* aus dem Rahmen fallende] Ausstellung; ***qn va ~ des sentiers battus*** jd geht ganz neue Wege, jd verlässt die ausgetretenen Pfade *geh*
3. (*au-delà de*): ~ ***d'atteinte/de portée*** außer Reichweite; ***à garder ~ de la portée des enfants*** für Kinder unzugänglich aufbewahren; ***qn est ~ de danger*** jd ist außer Gefahr; ***mais c'est ~ de comparaison!*** aber das ist doch kein Vergleich!, aber das ist doch gar nicht zu vergleichen!
4. (*dépasse de loin*): ***qc est ~ de proportion*** [*o* ***mesure***] ***avec qc*** etw steht in keinem Verhältnis zu etw; ***qc est ~ de prix*** etw ist unbezahlbar [*o* unerschwinglich]
5. (*ne peut plus faire de*): ***qc est ~ d'usage*** [*o* [***de***] ***service***] etw ist außer Betrieb; ***qn est ~ de combat*** jd ist kampfunfähig [*o* außer Gefecht]
▸ [**qn est**] ~ **de lui** [jd ist] außer sich; ***qn met qn ~ de lui*** jd bringt jdn aus der Fassung, jd macht jdn wütend

hors-bord [ˊɔʀbɔʀ] *m inv* [Boot mit] Außenbordmotor *m,* Außenborder *m fam;* ***course de ~~*** Außenborderrennen *nt* **hors-concours** [ɔʀkɔ̃kuʀ] *v.* **concours. hors-cote** [ˊɔʀkɔt] *m inv* Freiverkehr[smarkt *m*] *m* **hors-d'œuvre** [ˊɔʀdœvʀ] *m inv* Vorspeise *f,* Horsd'œuvre *nt* **hors-jeu** [ˊɔʀʒø] *m inv* Abseits *nt* **hors-la-loi** [ˊɔʀlalwa] *m inv* Bandit(in) *m(f),* Gesetzlose(r) *f(m)*

hortensia [ɔʀtɑ̃sja] *m* Hortensie *f*

horticole [ɔʀtikɔl] *adj* Garten[bau]-; ***exposition ~*** Gartenschau *f,* Gartenbauausstellung *f;* ***des instruments ~s*** Gartengeräte *pl*

horticulteur, -trice [ɔʀtikyltœʀ, -tʀis] *m, f* Gärtner(in) *m(f)*

horticulture [ɔʀtikyltyʀ] *f* (*production*) Gartenbau *m;* (*jardinage*) Gärtnerei *f*

hospice [ɔspis] *m* Altersheim *nt* für arme Leute; ***qn finira*** [*o* ***mourra***] ***à l'~!*** *péj* jd wird [noch mal] im Armenhaus enden!
◆ **hospice de vieillards** Altersheim *nt* für arme Leute

hospitalier, -ière [ɔspitalje, -jɛʀ] *adj* **1.** (*à l'hôpital*) Krankenhaus-; ***personnel ~*** Pflegepersonal *nt;* ***établissement ~*** Krankenhaus *nt*
2. (*accueillant*) gastfreundlich, gastlich

hospitalisation [ɔspitalizasjɔ̃] *f* (*action*) Einweisung *f* [*o* Einlieferung *f*] ins Krankenhaus; (*séjour*) Krankenhausaufenthalt *m*
▸ ~ **à domicile** ärztliche Betreuung zu Hause

hospitaliser <1> [ɔspitalize] *vt* ■ **qn hospitalise qn** jd weist [*o* liefert] jdn in ein Krankenhaus ein; ■ **qn fait ~ qn** jd lässt jdn in ein Krankenhaus bringen [*o* einweisen]; ■ **qn est hospitalisé(e)** jd ist [*o* liegt] im Krankenhaus/jd wird ins Krankenhaus eingewiesen

hospitalité [ɔspitalite] *f* Gastfreundlichkeit *f,* Gastlichkeit *f;* ***un accueil plein d'~*** ein sehr gastlicher Empfang
▸ **qn donne** [*o* **offre**] **l'~ à qn** jd gewährt jdm Gastfreundschaft, jd nimmt jdn bei sich auf

hostie [ɔsti] *f* Hostie *f*

hostile [ɔstil] *adj forces, nature* feindlich; *foule, milieu a.* feindlich [gesinnt]; *attitude, accueil, regard* feindselig; ■ **qn est ~ à qn** jd ist jdm nicht wohlgesinnt; ■ **qn est ~ à qc** jd steht einer S. (*dat*) feindlich [*o* ablehnend] gegenüber, jd ist gegen etw

hostilité [ɔstilite] *f* **1.** Feindseligkeit *f,* Feindschaft *f;* ***qn manifeste de l'~ à l'égard de qn*** jd zeigt sich [jdm gegenüber] feindselig [*o* ablehnend]; ***qn s'attire l'~ de qn*** jd zieht sich (*dat*) jds Feindschaft zu
2. *pl* MIL ■ **les ~s** die Kampfhandlungen *pl;* ***qn ouvre*** [*o* ***engage***] ***les ~s*** jd eröffnet den Kampf; ***il faut cesser les ~s*** wir müssen/ihr müsst die Kampfhandlungen einstellen; ***les ~s ont repris*** der Kampf wurde wieder aufgenommen

hosto [ɔsto] *m fam* (*hôpital*) Krankenhaus *nt;* ***encore un mot et je t'envoie à l'~!*** *fam* noch ein Wort und ich schlage dich krankenhausreif! *fam*

hôte [ot] **I.** *mf* [*personne, ville, pays*] Gast *m;* [*hôtel*] [Hotel]gast; [*logement*] Bewohner(in) *m(f)*
▸ ~ **payant(e)** zahlender Gast
II. *m* INFORM Host [hoʊst] *m*

hôte, -esse [ot, -ɛs] **I.** *m, f soutenu* (*maître de maison*) Gastgeber(in) *m(f)*
II. *f* ■ **hôtesse 1.** (~*esse de l'air*) Stewardess ['stjuːədɛs, 'ʃt-] *f,* Flugbegleiterin *f*
2. (~*esse d'accueil*) (*à l'entrée de l'entreprise*) Empfangssekretärin *f,* Dame *f* am Empfang; (*dans un service*) Dame *f* vom Service ['søːɐvɪs]; (*dans un hôtel*) Empfangsdame *f;* (*dans une exposition*) Hostess *f,* Hostess *f*
◆ **hôtesse d'accueil** (*à l'entrée de l'entreprise*) Empfangssekretärin *f,* Dame *f* am Empfang; (*dans un service*) Dame *f* vom Service; (*dans un hôtel*) Empfangsdame *f;* (*dans une exposition*) Hostess *f,* Hostess *f;* **hôtesse de l'air** Stewardess *f,* Flugbegleiterin *f*

hôtel [ɔtɛl, otɛl] *m* Hotel *nt;* ***qn descend à l'~*** jd steigt im Hotel ab; ***qn***

couche à l'~ jd übernachtet im Hotel
▶ ~ **particulier** herrschaftliches Stadthaus, Patrizierhaus *nt*
◆ **hôtel de la Monnaie** Münzstätte *f*, Münze *f*; **hôtel de passe** Stundenhotel *nt*; **hôtel des ventes** Auktionsgebäude *nt*; **hôtel de ville** Rathaus *nt*; **hôtel Matignon** *Amtssitz des französischen Premierministers*

hôtel-Dieu <~s-~> [otɛldjø, ɔtɛldjø] *m* Hospiz *nt* für Kranke

hôtelier, -ière [otəlje, ɔtəlje, -jɛʀ] I. *adj* Hotel-; ***école ~ière*** Hotelfachschule *f*; ***industrie ~ière*** Hotel[- und Gaststätten]gewerbe *nt*; ***la profession ~ière*** das Hotelfach
II. *m, f* Hotelbesitzer(in) *m(f)*, Hotelier [hotɛˈlieː, hotə-] *m*

hôtellerie [otɛlʀi, ɔtɛlʀi] *f* (*profession*) Hotelgewerbe *nt*, Hotellerie *f*

hôtel-restaurant <~s-~> [ɔtɛlʀɛstɔʀɑ̃, otɛlʀɛstɔʀɑ̃] *m* Hotel *nt* mit Restaurationsbetrieb

hôtesse [otɛs] *f v.* **hôte**

hotte [ˊɔt] *f* 1. (*panier porté sur le dos*) [Rücken]tragkorb *m*; [*viticulteur a.*] Butte *f*, Bütte *f* SDEUTSCH; ***la ~ du Père Noël*** der Sack des Weihnachtsmanns
2. [*cheminée*] Rauchfang *m*
▶ ~ **aspirante** [Dunst]abzugshaube *f*

hou [ˊu] *interj* 1. (*pour faire honte*) pfui; (*pour conspuer*) buh; ~, ***le vilain!*** pfui, [schäm dich] du böser Junge!
2. (*pour faire peur*) hu
▶ ~, ~! hallo!, huhu! *fam*

houblon [ˊublɔ̃] *m* Hopfen *m*

houe [ˊu] *f* Hacke *f*

houille [ˊuj] *f* Steinkohle *f*
▶ ~ **blanche** weiße Kohle, Wasserkraft *f*

houiller, -ère [ˊuje, -jɛʀ] I. *adj* Steinkohlen-; *terrain a.* steinkohlenhaltig; ***bassin ~*** [Stein]kohlenbecken *nt*, [Stein]kohlenrevier *nt*
II. *f* ■ **houillère** [Stein]kohlenbergwerk *nt*

houle [ˊul] *f* Seegang *m*, Dünung *f*; ***une forte ~*** hoher [*o* starker] Seegang

houlette [ˊulɛt] *f* Hirtenstab *m*, Bischofsstab *m*; [**qn est**] **sous la ~ de qn** [jd steht/ist] unter jds Führung [*o* Leitung] (*dat*)

houleux, -euse [ˊulø, -øz] *adj* 1. *mer* bewegt, wogend, stürmisch
2. *séance, assemblée* sehr lebhaft [*o* stürmisch] [verlaufend], turbulent; *salle* unruhig

houppe [ˊup] *f* [*toupet*] [Haar]büschel *nt*; (*coiffure*) Tolle *f*

houppelande [ˊuplɑ̃d] *f* Houppelande *f* (*langes, glockenförmiges Obergewand des Mannes*)

houppette [ˊupɛt] *f* Puderquaste *f*

hourra [ˊuʀa] I. *interj* hurra
II. *m* Hurra *nt* ***des ~s*** Hurrarufe *pl*; ***un*** [***immense***] ***~ salue qn*** jd wird mit [gewaltigem] Hurra[geschrei] begrüßt
▶ **qn pousse des ~s** jd bricht in Hurrageschrei [*o* Jubel[geschrei]] aus

house-boat <~-~s> [ˊausbot] *m* Hausboot *nt*

houspiller <1> [ˊuspije] *vt* ■ **qn houspille qn** jd schimpft jdn aus, jd weist jdn zurecht

housse [ˊus] *f* [*vêtement, appareil*] [Schutz]hülle *f*; [*siège*] Überzug *m*, Schoner *m*, [Schon]bezug *m*; (*pour décorer*) Überwurfdecke *f*; (*pour protéger*) Schutzdecke *f*; ~ ***de penderie*** Kleider[schutz]hülle; ~ ***de couette*** Bettbezug

houx [ˊu] *m* Stechpalme *f*, Ilex *f*

hovercraft [ˊɔvœʀkʀaft] *m* Luftkissenfahrzeug *nt*, Luftkissenboot *nt*, Hovercraft [ˈhoːvəkraːft] *nt*

H.S. [aʃɛs] *loc abr de* **hors service** ▶ **qn est ~** *fam* jd ist groggy *fam*

H.T. [aʃte] *loc abr de* **hors taxes** ohne MwSt.

hublot [ˊyblo] *m* [*bateau*] Bullauge *nt*; [*avion*] [Seiten]fenster *nt*; [*appareil ménager*] [Sicht]fenster *nt*

huche [ˊyʃ] *f* (*pétrin*) Backtrog *m*, Backmulde *f*; (*pour conserver le pain*) Brotkasten *m*
◆ **huche à pain** Brotkasten *m*

hue [ˊy] *interj* (*pour faire avancer un cheval*) hü; (*pour le faire tourner à droite*) hott

huées [ˊɥe] *fpl* (*cris de réprobation*) Protestgeschrei *nt*, Buhrufe *pl*; (*cris de dérision*) Hohngelächter *nt*, Hohngeschrei *nt*
▶ **sous les ~** unter Protestgeschrei, begleitet von Buhrufen; ***sous les ~ de la foule*** unter dem Protestgeschrei [*o* unter den Buhrufen] der Menge

huer <1> [ˊɥe] *vt* ■ **qn hue qn/qc** *orateur, acteur, pièce* jd pfeift jdn/etw aus, jd buht jdn/etw aus *fam*; ■ **qn se fait ~** jd wird ausgepfiffen

huguenot, e [ˊygno, ɔt] *m, f* Hugenotte/Hugenottin *m/f*

huile [ɥil] *f* 1. GASTR Öl *nt*; ~ ***pour friture*** Frittieröl; ~ ***végétale*** Pflanzenöl, pflanzliches Öl; ***cuisiner à l'~*** in/mit Öl braten; ■ ~ ***de*** *d'arachide, olive, de tournesol, maïs, noix* -öl
2. (*hydrocarbure*) [Motor]öl *nt*
3. ART (*peinture à l'huile*) ■ **une ~** ein Ölgemälde *nt*, ein Ölbild *nt*; ***peint(e) à l'~*** in Öl gemalt
4. *fam* (*notabilité*) hohes Tier *fam*; ***les ~s*** die Honoratioren
▶ **qn jette de l'~ sur le feu** jd gießt Öl ins Feuer; ~ **alimentaire** Speiseöl *nt*; **les saintes ~s** geweihtes Öl; ~ **solaire** Sonnenöl *nt*; ~ **vierge** kaltgeschlagenes Öl; **tout** [*o* **ça**] **baigne dans l'~** *fam* alles geht [*o* läuft] wie geschmiert *fam*
◆ **huile de coude** *fam* Mumm *m fam*; **huile de foie de morue** Lebertran *m*; **huile de graissage** Schmieröl *nt*; **huile de lin** Leinöl *nt*; **huile de paraffine** Paraffinöl *nt*; **huile de table** Tafelöl *nt*

huilé, e [ɥile] *adj* ▶ **bien ~** gut laufend [*o* funktionierend]

huiler <1> [ɥile] *vt* ■ **qn huile qc** *mécanisme, serrure, rouage* jd ölt etw, jd schmiert etw [mit Öl]; *cocotte, moule à tarte* jd ölt [*o* fettet] etw ein

huilerie [ɥilʀi] *f* (*usine*) Ölmühle *f*

huileux, -euse [ɥilø, -øz] *adj péj* ölig; *aspect, surface a.* schmierig; *cheveux, peau* fettig; ***des eaux ~euses*** ölverschmutzte Gewässer

huis [ɥi] *loc* ▶ **à ~ clos** hinter verschlossenen Türen, in geheimer Sitzung; JUR unter Ausschluss der Öffentlichkeit; ***qn demande le ~ clos*** jd stellt den Antrag auf Ausschluss der Öffentlichkeit

huisserie [ɥisʀi] *f* [*porte, fenêtre*] Rahmen *m*, Einfassung *f*

huissier [ɥisje] *m* 1. JUR (~ *de justice*) Gerichtsvollzieher(in) *m(f)*, Exekutor(in) *m(f)* AUS
2. (*appariteur*) [*sénat, parlement*] Amtsdiener(in) *m(f)*; [*faculté*] Pförtner(in) *m(f)*
◆ **huissier de justice** Gerichtsvollzieher(in) *m(f)*

huit [ˊɥit] I. *num* 1. (*cardinal*) acht; ***dans ~ jours*** in einer Woche; ***dans les ~ jours*** innerhalb von acht Tagen, binnen acht Tagen; ~ ***jours de vacances*** acht Tage Urlaub, eine Woche Urlaub; ***ils ont gagné ~ contre deux*** sie haben acht zu zwei gewonnen; ***ça coûte ~ francs*** das kostet acht Franc; ***le train part dans ~ minutes*** der Zug fährt in acht Minuten ab; ***sept et un font ~*** sieben und eins sind [*o* macht] [*o* gibt] acht
2. (*ordinal*): ***chapitre/page ~*** Kapitel *nt*/Seite *f* acht; ***le numéro ~*** die Nummer acht; ***à ~ heures*** um acht Uhr; ***je viens le ~ mai*** ich komme am achten Mai; ***nous sommes le ~ juin*** heute ist der achte Juni, wir haben den achten Juni; ***Henri VIII*** Heinrich VIII., Heinrich der Achte
▶ **en ~** *demain, lundi, mardi* in acht Tagen, in einer Woche
II. *m inv* 1. (*chiffre*) Acht *f*
2. (*numéro*) Nummer *f* acht, Acht *f*; ***j'habite*** [***au***] ***8, rue de l'Église*** ich wohne [in der] Rue de l'Église [Nummer] 8; ■ **le ~** die Nummer acht; TRANSP die Nummer acht, die Linie acht, die Acht *fam*; (*bus a.*) der Achter SDEUTSCH *fam*; ***quel cheval as-tu joué? – Le ~*** auf welches Pferd hast du gesetzt? – Auf die Nummer acht [*o* die Acht *fam*]
3. CARTES, JEUX Acht *f*; ***je joue le ~ de cœur*** ich spiele die Herzacht; ***qn mise le ~*** jd setzt auf die Acht
4. (*date*): ***nous sommes aujourd'hui le ~*** heute ist der Achte, wir haben heute den Achten
5. SCOL (*note*) acht Punkte [aus zwanzig] (*mangelhafte Note, die einer Fünf entspricht*); ***elle a eu*** [***un***] ***~ à l'interro de maths*** sie hat acht Punkte in der Mathearbeit geschrieben
▶ ~ **arabe/romain** arabische/römische Acht; **le grand ~** die Achterbahn
III. *f* ■ **la ~** die Acht; (*table a.*) der Tisch acht; (*chambre a.*) das Zimmer acht
IV. *pron* acht; ***seuls ~ sont venus*** nur acht sind gekommen; ***ils étaient ~ contre deux*** sie waren acht gegen zwei; ***un jour sur ~*** alle acht Tage
▶ **à ~** zu acht; **à nous ~** wir acht; **par ~** COM im Achterpack; ~ **par ~** *choses* je[weils] acht; *personnes a.* [jeweils] zu acht; **tous les ~** alle acht

huitaine [ˊɥitɛn] *f* [*jours*] etwa [*o* ungefähr] acht, an die acht
▶ **qn remet qc à ~** jd verschiebt etw um acht Tage [*o* eine Woche]; **qc est remis(e) à ~** etw ist/wird um 8 Tage [*o* eine Woche] verschoben; [*jugement, cause, cas*] etw ist/wird um 8 Tage [*o* eine Woche] vertagt; **dans une ~** in ungefähr [*o* etwa] acht Tagen [*o* einer Woche]; **sous ~** binnen acht Tagen [*o* einer Woche]; ***il recevra la lettre sous ~*** er wird den Brief innerhalb der nächsten Woche bekommen

huitante [ˊɥitɑ̃t] *adj inv* CH achtzig

huitième [ˊɥitjɛm] I. *adj antéposé* achte(r, s); ***la ~ fois*** das achte Mal; ***il habite au ~ étage*** er wohnt im achten Stock; ***il est arrivé ~*** er ist Achter geworden
II. *mf* ■ **le/la ~** der/die/das Achte
III. *m* 1. (*fraction*) Achtel *nt*
2. (*étage*) achter Stock, achte Etage
3. (*arrondissement*) achtes Arrondissement
IV. *f vieux* SCOL ≈ vierte Grundschulklasse
◆ **huitième de finale** Achtelfinale *nt*

huitièmement [ˊɥitjɛmmɑ̃] *adv* achtens

huître [ɥitʀ] *f* Auster *f*

hulotte [ˊylɔt] *f* Waldkauz *m*

hululement [ˊylylmɑ̃] *m* Schrei *m*, Ruf *m*

hululer <1> [ˊylyle] *vi* ■ **un oiseau hulule** ein Vogel schreit [*o* ruft]

hum [ˊœm] *interj* 1. (*pour exprimer le doute*) hm
2. (*pour exprimer la gêne, l'embarras, l'hésitation*) hm ...; (*pour exprimer une réticence*) hm; ~! ***je ne sais pas ...*** hm, ich weiß nicht ...
▶ ~, ~! (*pour s'éclaircir la voix*) hm, hm; (*pour attirer l'attention*) hm, hm; (*pour exprimer le doute*) so, so

humain, e [ymɛ̃, ɛn] I. *adj* 1. (*de l'homme, des hommes*) menschlich; *chair, vie, dignité* Menschen-; ***les êtres ~s*** die Menschen, die Menschheit; ***l'espèce ~e, le genre ~*** die Menschheit, das Menschengeschlecht *geh*; ***la condition ~e*** die Lebensbedingung des Menschen; ***destinée ~e*** menschliches Schicksal, Schicksal *nt* des Menschen; ***institution ~e*** von Menschen geführte Einrichtung; ***la justice ~e*** die irdische Gerechtigkeit; ***c'est ~!*** das ist doch menschlich!; ***c'est la nature ~e qui veut que*** + *subj* es liegt in der Natur des Menschen, dass; ***qc a forme ~e/une forme quasi ~e*** etw hat eine menschliche/menschenähnliche Gestalt, etw sieht aus wie ein Mensch; ***c'est au-dessus des forces ~es*** das übersteigt menschliche Kräfte; ***il n'a plus rien d'~*** er hat nichts Menschliches mehr an sich (*dat*)
2. (*compatissant, sensible*) menschlich, human; *paroles a.* mitfühlend; ***son film est ~, drôle ...*** sein Film ist aus dem Leben gegriffen, lustig ...
II. *m littér* 1. (*être ~*) Mensch *m*; ***les ~s*** die Menschen *pl*, die Menschheit
2. ■ **l'~** das Humane, das Menschliche

humainement [ymɛnmɑ̃] *adv* 1. (*avec humanité*) *traiter* menschlich, menschenwürdig, human
2. (*d'un point de vue humain*) aus menschlicher Sicht, menschlich gesehen; ~, ***on n'a pas le droit de ...*** menschlich gesehen dürfen wir nicht ...; ~ ***parlant*** nach menschlichem Ermessen
3. (*avec les capacités humaines*): ***faire tout ce qui est ~ possible*** alles

Menschenmögliche tun; ***ce n'est pas ~ possible!*** da kann kein Mensch was daran machen!, das liegt nicht in menschlicher Macht!

humanisation [ymanizasjɔ̃] *f* Humanisierung *f*

humaniser <1> [ymanize] I. *vt* ■ **qn humanise qc** *conditions de vie, travail* jd gestaltet [*o* macht] etw menschlicher [*o* humaner] [*o* menschenwürdiger], jd humanisiert etw

II. *vpr* ■ **qn s'humanise** (*devenir plus compréhensif*) jd wird menschlich[er] [*o* human[er]]; (*devenir plus sociable*) jd wird umgänglich[er]

humanisme [ymanism] *m* Humanismus *m*

humaniste [ymanist] I. *adj* humanistisch

II. *mf* Humanist(in) *m(f)*

humanitaire [ymanitɛʀ] *adj philosophie, sentiments* human, menschenfreundlich; *point de vue, organisation, aide* humanitär; ***des colis ~s*** Hilfsgüterpakete *pl*, Carepakete ['kæ:(r)-] *pl*

humanité [ymanite] *f* 1. (*le genre humain*) ■ **l'~** die Menschheit

2. ∅ (*bonté*) Menschlichkeit *f*; ***il fit preuve d'une grande ~*** er zeigte sich äußerst menschlich; ***qn traite qn avec ~*** jd behandelt jdn menschlich [*o* human]; ***geste d'~*** menschliche Geste, Geste des Mitgefühls

▶ **qn fait ses ~s** SCOL *vieilli* jd lernt Latein und Griechisch; ***elle fait ses ~s au lycée ...*** sie besucht den humanistischen Zweig des Gymnasiums ...

humanoïde [ymanɔid] I. *adj* menschenähnlich

II. *m* menschenähnliches Wesen

humble [œ̃bl] *adj* 1. *postposé* (*modeste*) *personne* unscheinbar

2. (*déférent*) *personne, voix, manières* ehrfurchtsvoll, ehrfürchtig; ***qn se fait ~*** jd gibt sich untertänig [*o* unterwürfig]

3. *antéposé* (*de condition sociale modeste*) *gens* einfach; *fonctionnaire, employé a.* klein; (*obscur*) *origine* bescheiden, niedrig; ***d'~ naissance*** [von] niedriger Herkunft

4. *antéposé* (*sans prétention*) einfach; *demeure, cadeau, vie a.* bescheiden; *travaux a.* niedrig

humblement [œ̃bləmɑ̃] *adv* 1. (*avec humilité*) demütig; ***il parle ~ de sa vie/son œuvre*** mit großer Bescheidenheit spricht er von seinem Leben/seinem Werk; ***je vous fais ~ remarquer que*** + *indic* in aller Bescheidenheit möchte ich Sie darauf aufmerksam machen, dass

2. *vivre* bescheiden, in aller Bescheidenheit

humecter <1> [ymɛkte] I. *vt* ■ **qn humecte qc** *front, doigts, timbre* jd feuchtet etw an, jd befeuchtet etw; *linge a.* jd sprengt etw ein

II. *vpr* ■ **qn s'humecte qc** *front, lèvres, mains* jd feuchtet sich (*dat*) etw an, jd befeuchtet sich (*dat*) etw; ■ **qc s'humecte** /*yeux*/ etw wird feucht

humer <1> [ˊyme] *vt* ■ **qn hume qc** *air frais, odeur* jd saugt etw ein, jd atmet etw [tief] ein; *plat* jd riecht [*o* schnuppert] an etw (*dat*); ■ **un animal hume qc** ein Tier schnuppert [*o* schnüffelt] an etw (*dat*); ***un animal hume l'air*** ein Tier schnuppert [*o* schnüffelt]

humérus [ymeʀys] *m* Oberarmknochen *m*

humeur¹ [ymœʀ] *f* 1. (*envie*) Stimmung *f*, Laune *f*; ***l'~ prend qn de faire qc*** es kommt jdm in den Sinn [*o* jdn überkommt die Lust], etw zu tun

2. (*tempérament*) Wesen *nt*, Naturell *nt*; ***incompatibilité d'~*** Unvereinbarkeit *f* der Charaktere; ***il y a [une profonde] incompatibilité d'~ entre eux*** charakterlich sind sie [grund]verschieden, vom Naturell her passen sie überhaupt nicht zusammen

3. (*irritation*) schlechte Laune; ***qn répond avec ~*** jd antwortet verstimmt [*o* unwirsch]; ***dans un mouvement [o un accès] d'~*** in einer Anwandlung [*o* einem Anfall] von schlechter Laune; ***geste d'~*** unwirsche [*o* verärgerte] Geste

▶ **qn est d'une ~ de dogue** jd ist mit dem linken Fuß aufgestanden; **bonne ~** (*s'agissant d'une maison, d'une fête*) gute Stimmung; (*s'agissant d'une personne a.*) gute Laune; ***un enfant plein de bonne ~*** ein Kind von heiterem Naturell; ***la maison est toujours pleine de bonne ~*** im Haus herrscht immer gute Stimmung; **[qn est] de bonne ~** [jd ist] gut gelaunt [*o* gut aufgelegt] [*o* [in] guter Stimmung]; ***qn/qc met qn de bonne ~*** jd/etw versetzt jdn in gute Laune, jd/etw macht jdn gut gelaunt; **mauvaise ~** schlechte Laune [*o* Stimmung]; **[qn est] de mauvaise ~** [jd ist] schlecht gelaunt [*o* schlecht aufgelegt] [*o* [in] schlechter Stimmung]; ***qn/qc met qn de mauvaise ~*** jd/etw versetzt jdn in schlechte Laune, jd/etw macht jdn schlecht gelaunt; **qn est/se sent d'~ à faire qc** jd ist/fühlt sich dazu aufgelegt, etw zu tun; jd hat Lust etw zu tun; ***je ne suis pas d'~ à rire*** mir ist nicht nach Lachen [*o* zum Lachen] zumute; ***je ne me sens pas d'~ à écouter tes jérémiades*** ich habe keine Lust [*o* ich bin nicht in der Stimmung dazu] ,dein Gejammer anzuhören; **qn passe son ~ sur qn** jd lässt seine schlechte Laune an jdm aus; **d'~** + *adj*: ***d'~ batailleuse*** streitsüchtig, streitlustig, zum Streiten aufgelegt; ***d'~ capricieuse*** launenhaft; ***d'~ égale/inégale*** ausgeglichen/launisch; ***d'~ maussade*** schlecht gelaunt *pred*, missmutig; ***qn est d'une ~ massacrante*** jd ist in einer unausstehlichen [*o* ganz miesen] Laune; ***qn est d'~ noire*** jd ist in düsterer Stimmung, jd hat düstere Laune; ***qn est d'~ chagrine/joyeuse*** jdm ist traurig/fröhlich zumute

humeur² [ymœʀ] *f* ▶ **~ aqueuse** [Augen]kammerwasser *nt*; **~ vitrée** Glaskörperflüssigkeit *f*

humide [ymid] *adj* 1. (*qui a pris l'humidité*) *linge, emballage, vêtement, herbe* feucht; ■ **~ de qc** feucht von etw; ***le pré est encore tout ~ de rosée matinale*** die Wiese ist noch taufrisch [*o* feucht von morgendlichem Tau]

2. (*qui a été mouillé*) *linge, emballage, vêtement, herbe, route, mains, visage* nass; *yeux* feucht; ***un regard ~*** ein tränenfeuchter Blick; ***ses yeux sont ~s d'émotion*** seine/ihre Augen sind feucht vor Rührung

3. (*moite*) *mains, fronts* feucht; (*de sueur a.*) schweißig, verschwitzt; ***qn a le front ~ de sueur*** jd hat eine schweißnasse Stirn; ***j'ai le corps ~ de sueur*** ich bin schweißgebadet

4. (*suintant d'humidité*) *pièce, cave, mur* feucht

5. METEO *climat, chaleur, froid* feucht; *temps* nass; *région* mit feuchtem Klima; (*des pluies*) *saison* regenreich; ***il fait une chaleur/un froid ~*** es ist feuchtwarm/nasskalt

humidificateur [ymidifikatœʀ] *m* Luftbefeuchter *m*

humidifier <1 a> [ymidifje] *vt* ■ **qn/qc humidifie qc** jd/etw feuchtet etw an, jd/etw befeuchtet etw; *air* jd/etw führt einer S. (*dat*) Feuchtigkeit zu

humidité [ymidite] *f* [*air, climat, atmosphère, pièce, cave, mur*] Feuchtigkeit *f*; ***l'~ de l'air, l'~ atmosphérique*** Luftfeuchtigkeit; ***un air saturé d'~*** eine hohe Luftfeuchtigkeit; ***tâche d'~*** Stockfleck *m*

▶ **craint l'~** trocken aufbewahren; **à protéger de l'~** vor Feuchtigkeit schützen

humiliant, e [ymiljɑ̃, jɑ̃t] *adj* demütigend, erniedrigend; *échec* schimpflich; ***j'ai dû lui faire un aveu ~*** ich musste ihm/ihr ein beschämendes Geständnis machen; ***c'est ~!*** das ist demütigend!

humiliation [ymiljasjɔ̃] *f* 1. ∅ (*état*) Demütigung *f*, Erniedrigung *f*; ***qn ressent une profonde ~*** jd fühlt sich tief gekränkt

2. (*affront*) Kränkung *f*; ***qn inflige les pires ~s à qn*** jd kränkt jdn schwer; ***qn essuie une ~*** jd erfährt eine Demütigung [*o* Kränkung]

humilier <1 a> [ymilje] I. *vt* ■ **qn humilie qn** jd demütigt [*o* erniedrigt] jdn; ■ **qn est/se sent humilié(e) par qc** jd ist/fühlt sich gedemütigt [*o* erniedrigt] [*o* gekränkt] durch etw

II. *vpr* ■ **qn s'humilie [devant qn]** jd demütigt [*o* erniedrigt] sich [vor jdm]

humilité [ymilite] *f* Demut *f*; ***avec ~*** mit Demut, demütig; ***plein d'~*** voller Demut

▶ **en toute ~** *demander pardon, avouer* demutsvoll, voll Demut; *dire* in aller Bescheidenheit

humoriste [ymɔʀist] *mf* Humorist(in) *m(f)*

humoristique [ymɔʀistik] *adj* humoristisch

humour [ymuʀ] *m* Humor *m*

▶ **~ noir** schwarzer Humor; **qn a [le sens] de l'~** jd hat [Sinn für] Humor, jd ist humorvoll; **qn fait de l'~** jd macht Späße [*o* Witze]; **qn manque d'~** jd hat keinen [Sinn für] Humor, jd ist humorlos, jdm fehlt der Humor

humus [ymys] *m* Humus *m*; ***couche d'~*** Humusschicht *f*

hune [ˊyn] *f* Mars *m*

hunier [ˊynje] *m* Marssegel *nt*

huppe [ˊyp] *f* Haube *f*, Schopf *m*

huppé, e [ˊype] *adj* 1. *oiseau* Hauben-, mit einer Haube, mit einem Schopf; ***alouette ~e*** Haubenlerche *f*

2. *fam personne* vornehm, piekfein *fam*; *restaurant, hôtel a.* nobel

hure [ˊyʀ] *f* 1. (*tête*) Kopf *m*; ***~ du sanglier*** Wildschweinkopf

2. GASTR Presskopf *m*, Schweinssülze *f*; ***une tranche de ~*** eine Scheibe Presskopf

hurlant, e [ˊyʀlɑ̃, ɑ̃t] *adj* brüllend, schreiend

hurlement [ˊyʀləmɑ̃] *m* [*personne*] Schrei *m*; [*foule*] Geschrei *nt*; [*loups, chiens, vent, sirène*] Heulen *nt*; [*chien*] Jaulen *nt*; ***qn pousse un ~*** jd stößt einen Schrei aus; ■ **les ~s** das Schreien, das Brüllen, das Geschrei; ■ **~ de** -schrei; ***~ de colère/de rage*** Wutgebrüll *nt*, Wutgeheul *nt*; ***~s de douleur*** Schmerzensschreie; ***~s de joie*** Freudenschreie *pl*, Freudengeschrei; ***~ d'horreur*** Entsetzensschrei, Schrei des Entsetzens

hurler <1> [ˊyʀle] I. *vi* 1. (*pousser des hurlements*) ■ **qn hurle [de qc]** jd schreit [*o* brüllt] [vor etw (*dat*)]; ■ **qn laisse ~ qn** *bébé* jd lässt jdn schreien

2. (*dire en criant*) ■ **qn hurle** jd schreit [*o* brüllt]

3. ■ **un animal hurle** ein Tier heult; /*chien a.*/ ein Tier jault

4. ■ **qc hurle** /*vent, tempête, sirène*/ etw heult; /*radio*/ etw plärrt; /*freins*/ etw kreischt; ■ **qn fait ~ qc** *radio, télévision* jd lässt etw grölen; *freins* jd lässt etw [auf]kreischen

II. *vt* ■ **qn hurle qc** *paroles, injures* jd schreit [*o* brüllt] etw hinaus; *menaces* jd stößt etw aus; *chanson* jd grölt [*o* plärrt] etw

hurluberlu, e [yʀlybɛʀly] *m, f* Spinner(in) *m(f)*, Luftikus *m*

hurrah [ˊuʀa] *interj v.* **hourra**

hussard [ˊysaʀ] *m* Husar *m*

hussarde [ˊysaʀd] *loc* ▶ **à la ~** *prendre des décisions* rücksichtslos; *aventure, amours* auf die Schnelle

hutte [ˊyt] *f* Hütte *f*

hW *abr de* **hectowatt** hW

hybride [ibʀid] I. *adj* 1. BIO Bastard-; *végétal a.* hybrid

2. (*composite*) gemischt, zwitterhaft; ***c'est une œuvre ~*** dieses Werk ist eine Mischform; ***une solution ~*** eine unbefriedigende Kompromisslösung

3. LING hybrid

II. *m* BIO Hybride *m o f*, Bastard *m*

hydratant, e [idʀatɑ̃, ɑ̃t] *adj* Feuchtigkeits-, feuchtigkeitsspendend

hydratation [idʀatasjɔ̃] *f* 1. COSMETIQUE Hydratation *f*, Feuchtigkeitsversorgung *f*

2. CHIM Hydra[ta]tion *f*

hydrate [idʀat] *m* Hydrat *nt*; ***~ de calcium*** Löschkalk *m*, gelöschter Kalk; ***~ de carbone*** *vieilli* Kohle[n]hydrat

hydrater <1> [idʀate] I. *vt* 1. COSMETIQUE ■ **qn/qc hydrate qc** jd/etw versorgt etw mit Feuchtigkeit, jd/etw führt einer S. (*dat*) Feuchtigkeit zu; ■ **qc est hydraté(e)** etw ist/wird mit Feuchtigkeit versorgt; ***une peau bien hydratée*** eine gut mit Feuchtigkeit versorgte Haut, eine feuchtigkeitshaltige Haut

2. CHIM ■ **qn hydrate qc** jd hydratisiert etw, jd verbindet etw mit Wasser; ***de la chaux hydratée*** gelöschter Kalk

II. *vpr* 1. COSMETIQUE ■ **qn s'hydrate** jd versorgt etw mit Feuchtigkeit

2. CHIM ■ **qc s'hydrate** etw hydratisiert, etw nimmt Wasser auf, etw bildet ein Hydrat

hydraulique [idʀolik] I. *adj* 1. *frein, presse, machine* hydraulisch

2. (*relatif à l'eau*) *installation, travaux* Kanalisations-; ***énergie [o force] ~*** Wasserkraft *f*

II. *f* ∅ Hydraulik *f*

hydravion [idʀavjɔ̃] *m* Wasserflugzeug *nt*
hydre [idʀ] *f* **1.** MYTH Hydra *f*
2. ZOOL Hydra *f;* ~ ***d'eau douce*** Süßwasserpolyp *m*
3. *péj littér:* ***l'~ du racisme*** das nicht auszurottende Übel des Rassismus
hydrocarbure [idʀokaʀbyʀ] *m* Kohlenwasserstoff *m*
hydrocéphale [idʀosefal] **I.** *adj* mit einem Wasserkopf
II. *mf* Wasserkopf *m*
hydrocéphalie [idʀosefali] *f* Wasserkopf *m,* Hydrozephalus *m spec*
hydrocution [idʀɔkysjɔ̃] *f* Kaltwasserschock *m*
hydroélectrique *adj,* **hydro-électrique** [idʀoelɛktʀik] *adj* hydroelektrisch; ***centrale*** ~ Wasserkraftwerk *nt*
hydrogène [idʀɔʒɛn] *m* Wasserstoff *m*
▸ ~ **lourd** schwerer Wasserstoff
hydroglisseur [idʀoglisœʀ] *m* Gleitboot *nt*
hydrolyse [idʀɔliz] *f* Hydrolyse *f*
hydromel [idʀomɛl] *m* Met *m*
hydrophile [idʀɔfil] *adj:* ***coton*** ~ Watte *f*
hydroxyde [idʀɔksid] *m* Hydroxyd *nt,* Hydroxid *nt*
hyène [jɛn, ˈjɛn] *f* Hyäne *f*
hygiaphone® [iʒjafɔn] *m* Sprechmembran *f* (*bei Post-, Bahnhofs- und Bankschaltern*); ***veuillez parler devant l'~*** sprechen Sie bitte durch die Schalteröffnung!
hygiène [iʒjɛn] *f* ∅ **1.** (*principes*) Hygiene *f,* Gesundheitslehre *f*
2. (*pratique*) Hygiene *f,* Sauberkeit *f;* ***qn a de l'~*** jd achtet auf Hygiene, jd ist auf Sauberkeit [*o* Hygiene] bedacht; ***qn manque d'~*** jd lässt es an Hygiene fehlen, jd ist nicht sehr auf Hygiene bedacht; ~ ***publique*** öffentliche Gesundheitspflege
3. (*bonnes conditions sanitaires*) Hygiene *f,* Sauberkeit *f;* ***locaux sans*** ~ unhygienische Räume *pl,* Räume ohne jegliche Hygiene; ***ça manque d'~ ici*** es mangelt an Hygiene hier; ***les services d'~*** das Gesundheitsamt
4. (*soin*) [*cheveu, bébé*] Pflege *f;* ~ ***buccale,*** ~ ***bucco-dentaire*** Mund- und Zahnpflege; ***articles d'~*** Hygieneartikel *pl,* [Körper]pflegemittel *pl*
▸ ~ **alimentaire** [gesunde] Ernährung[sweise]; ***bonne*** ~ ***alimentaire*** gesunde Ernährung[sweise]; ~ **corporelle** Körperpflege *f,* Körperhygiene *f;* ~ **mentale** geistiger Gesundheitszustand
◆ **hygiène de vie** gesunde Lebensweise
hygiénique [iʒjenik] *adj* **1.** (*de propreté*) hygienisch
2. (*sain*) Gesundheits-; ***promenade*** ~ Gesundheitsspaziergang *m*
hygrométrie [igʀɔmetʀi] *f* Luftfeuchtigkeitsmessung *f,* Hygrometrie *f*
hymen [imɛn] *m* Jungfernhäutchen *nt,* Hymen *nt*
hymne [imn] *m* (*chant*) Hymne *f,* Lobgesang *m;* ~ ***religieux*** geistlicher [*o* religiöser] Lobgesang; ■ ~ **à qc** Hymne an etw (*akk*); ~ ***à la paix/ à la nature/ à la liberté*** Hymne an den Frieden/an die Natur/an die Freiheit
▸ ~ **national** Nationalhymne *f*
hyper[-] [ipɛʀ] *préf* + *adj* hyper-, über-; + *subst* Hyper-, Über-; ***il est ~actif/ ~nerveux/ ~sensible/ ~tendu*** er ist überaktiv [*o* allzu aktiv]/hypernervös [*o* übernervös]/hypersensibel [*o* überempfindlich]/überreizt [*o* übermäßig angespannt]; ~***activité*** Überaktivität *f;* ~***acidité gastrique*** Übersäuerung *f* des Magens
hyperbole [ipɛʀbɔl] *f* MATH, LITTER Hyperbel *f;* ***l'auteur s'exprime ainsi par*** ~ der Autor drückt sich in Hyperbeln aus [*o* spricht in Hyperbeln]
hyperbolique [ipɛʀbɔlik] *adj* **1.** MATH *courbe* hyperbolisch, Hyperbel-; ***fonction*** ~ Hyperbelfunktion *f*
2. LITTER hyperbolisch; *compliments a.* übertrieben
hyperémotivité [ipɛʀemɔtivite] *f* übermäßige Emotivität, Übererregbarkeit *f* **hyperglycémie** [ipɛʀglisemi] *f* erhöhter Blutzuckergehalt [*o* Blutzuckerspiegel], Hyperglykämie *f spec* **hyperlien** [ipɛʀljɛ̃] *m* INFORM Hyperlink ['haipɐ-] *m* **hypermarché** [ipɛʀmaʀʃe] *m* großer Supermarkt
hypermétrope [ipɛʀmetʀɔp] **I.** *adj* weitsichtig
II. *mf* Weitsichtige(r) *f(m)*
hypermétropie [ipɛʀmetʀɔpi] *f* Weitsichtigkeit *f*
hyperonyme [ipeʀɔnim] *m* Oberbegriff *m*
hyperréalisme [ipɛʀʀealism] *m* Hyperrealismus *m* (*Kunstrichtung der 60er und 70er Jahre*) **hypertension** [ipɛʀtɑ̃sjɔ̃] *f* Bluthochdruck *m,* erhöhter Blutdruck, Hypertonie *f spec;* ***qn fait de l'~*** jd hat hohen [*o* erhöhten] Blutdruck **hypertexte** [ipɛʀtɛkst] *m* INFORM Hypertext ['haipɐ-] *m*
hypertrophie [ipɛʀtʀɔfi] *f* [übermäßige] Vergrößerung, Hypertrophie *f*
hypnose [ipnoz] *f* Hypnose *f*
hypnotique [ipnɔtik] *adj* hypnotisch; *sujet* hypnotisierbar
hypnotiser <1> [ipnɔtize] *vt* **1.** (*fasciner*) ■ **qn est hypnotisé(e)** [**par qn/qc**] jd ist [wie] hypnotisiert [*o* gebannt] [von jdm/etw]; ■ **qc hypnotise qn** etw hypnotisiert jdn; ■ **qn se laisse** ~ **par qn/qc** (*obnubiler*) jd lässt sich von jdm/etw blenden
2. (*provoquer l'hypnose*) ■ **qn hypnotise qn** jd hypnotisiert jdn, jd versetzt jdn in Hypnose
hypo[-] [ipo] *préf* + *subst* Unter-; ***régime ~lipidique*** fettarme Diät; ~***allergénique*** weitgehend frei von Allergenen
hypocagne [ipɔkaɲ] *f fam erstes Jahr der zweijährigen Vorbereitungsklasse für die École Normale Supérieure*
hypocalorique [ipokalɔʀik] *adj* kalorienarm
hypocondriaque [ipɔkɔ̃dʀijak] **I.** *adj péj personne* hypochondrisch, in der Einbildung krank; MED, PSYCH hypochondrisch
II. *mf péj* Hypochonder *m,* eingebildete(r) Kranke(r) *f(m);* MED, PSYCH Hypochonder
hypocrisie [ipɔkʀizi] *f* Heuchelei *f,* Scheinheiligkeit *f*
hypocrite [ipɔkʀit] **I.** *adj* heuchlerisch, scheinheilig; ***d'un air*** ~ mit heuchlerischer Miene, mit Heuchlermiene
II. *mf* Heuchler(in) *m(f),* Scheinheilige(r) *f(m);* ***qn fait l'~*** jd heuchelt, jd tut scheinheilig; ***quelle*** ~ ***tu fais, tout de même!*** du bist mir vielleicht eine Scheinheilige!; ***ne fais pas l'~!*** tu doch nicht so scheinheilig!
hypocritement [ipɔkʀitmɑ̃] *adv* heuchlerisch, scheinheilig
hypodermique [ipodɛʀmik] *adj* subkutan
hypoglycémie [ipoglisemi] *f* niedriger Blutzuckerspiegel
hypokhâgne [ipɔkaɲ] *f fam v.* **hypocagne**
hyponyme [iponim] *m* Unterbegriff *m,* Hyponym *nt spec*
hypophyse [ipɔfiz] *f* Hirnanhangdrüse *f,* Hypophyse *f*
hypotension [ipotɑ̃sjɔ̃] *f* [zu] niedriger Blutdruck, Hypotonie *f spec*
hypoténuse [ipɔtenyz] *f* Hypotenuse *f*
hypothécaire [ipɔtekɛʀ] *adj* hypothekarisch [gesichert], Hypotheken-; ***garantie*** ~ Hypothekensicherheit *f;* ***dette*** ~ Hypothekenschuld *f;* ***prêt*** ~ hypothekarisch gesichertes Darlehen; ***crédit*** ~ Hypothekarkredit *m*
hypothèque [ipɔtɛk] *f* Hypothek *f;* ***qn prend une*** ~ ***sur qc*** jd nimmt eine Hypothek auf etw (*akk*) auf; ***qn rembourse*** [*o* ***paie***] ***une*** ~ jd tilgt eine Hypothek; ***qc est grevé(e) d'~s*** etw ist mit Hypotheken belastet
hypothéquer <5> [ipɔteke] *vt* **1.** FIN ■ **qc est hypothéqué(e)** etw ist mit einer Hypothek/mit Hypotheken belastet; ■ **qn hypothèque qc** *créance* jd sichert etw hypothekarisch [*o* durch eine Hypothek]; *bien immobilier* jd nimmt eine Hypothek auf etw (*akk*) auf
2. ■ **qn hypothèque qc** *avenir* jd belastet [*o* gefährdet] etw [im Voraus]; ***ce serait*** ~ ***l'avenir*** damit würde er/sie sich (*dat*) die [*o* seine/ihre] Zukunft verbauen
hypothermie [ipotɛʀmi] *f* Unterkühlung *f,* Hypothermie *f spec*
hypothèse [ipɔtɛz] *f* **1.** (*supposition*) Hypothese *f,* Annahme *f,* Vermutung *f;* ***qn fait*** [*o* ***formule***] [*o* ***émet***] ***une*** ~ jd stellt eine Hypothese auf; ***qn fait des ~s sur qc*** jd stellt über etw (*akk*) Vermutungen an; ***on ne peut écarter cette*** ~ diese Hypothese [*o* Möglichkeit] ist nicht auszuschließen; ***on peut émettre l'~ que*** + *indic* man kann/könnte annehmen [*o* davon ausgehen], dass; ■ ~ **de qc** *d'une coïncidence, d'un accident, du suicide* Möglichkeit *f* einer S. (*gen*); ***qn avance/ envisage l'~ d'un accident/ d'un suicide*** jd stellt die Hypothese auf, dass es sich um einen Unfall/Selbstmord handelt; jd vermutet einen Unfall/Selbstmord
2. (*cas*): ***dans l'~ où*** angenommen, dass; ***dans cette*** ~ in diesem Fall; ***en toute*** ~ auf jeden Fall; ***dans la meilleure des ~s*** im günstigsten Fall
3. LOGIQUE, SCI Hypothese *f;* ***formulons*** [*o* ***posons***] ***l'~ que*** + *indic* nehmen wir einmal an, dass
◆ **hypothèse de travail** Arbeitshypothese *f*
hypothétique [ipɔtetik] *adj* **1.** *succès, héritage* hypothetisch; (*douteux*) fraglich, zweifelhaft
2. LOGIQUE, SCI hypothetisch
hypothétiquement [ipɔtetikmɑ̃] *adv* hypothetisch, als Hypothese
hystérie [isteʀi] *f* **1.** PSYCH Hysterie *f*
2. (*folie furieuse*) Hysterie *f;* ***qn pique une crise d'~*** jd wird hysterisch, jd kriegt einen hysterischen Anfall *fam;* ***c'est de l'~, ce qui se passe ici!*** das ist reine Hysterie, was hier abläuft!
▸ ~ **collective** Massenhysterie *f*
hystérique [isteʀik] **I.** *adj* hysterisch
II. *mf* **1.** PSYCH Hysteriker(in) *m(f)*
2. *péj* (*fou furieux*) Hysteriker(in) *m(f),* Wahnsinnige(r) *f(m)*
Hz *abr de* **hertz** Hz

I

I, i [i] *m inv* I *nt*, i *nt*
► ~ **accent circonflexe** I Accent circonflexe, I Zirkumflex; **i comme Irma** I wie Ida; ~ **tréma** I [mit] Trema; **droit(e) comme un** ~ kerzengerade, [gerade] wie eine Eins *fam*

ibérique [ibeʀik] *adj* iberisch

ibid. [ibid] *adv abr de* **ibidem** ibid., ib.

ibidem [ibidɛm] *adv* ibidem

ibis [ibis] *m* Ibis *m*

iceberg [ajsbɛʀg, isbɛʀg] *m* Eisberg *m*

ici [isi] *adv* **1.** (*en ce lieu*) hier; ***c'est ~ que*** + *indic* hier; ***sortez d'~!*** raus hier!; ***d'~ à Paris/au musée*** von hier [aus] bis Paris/zum Museum; ***à partir d'~*** von hier an [*o* ab]; ***~-même*** genau hier; ***tout près d'~*** ganz in der Nähe; ***loin d'~*** weit von hier [entfernt]; ***Madame la directrice, ~ présente, va …*** die [hier] anwesende Direktorin wird …; ***signez ~ [en bas de page/à la dernière page]*** unterschreiben Sie hier [unten auf der Seite/auf der letzten Seite]; ***ils sont ~ depuis des générations*** sie sind hier seit Generationen ansässig
2. (*vers ce lieu*) hierher; ***arrive*** [*o* ***viens***] ***~ immédiatement!*** komm sofort [hier]her!; ~, ***le chien!*** hierher!, bei Fuß!
3. (*à cette occasion*) hier[bei]
4. TELEC, AUDIOV ■ ~, **qn:** ~, ***Jeanne Dalbret*** hier [ist] Jeanne Dalbret, Jeanne Dalbret [am Apparat]; TELEC hier [ist] Jeanne Dalbret; AUDIOV Jeanne Dalbret [am Mikrofon]
► ~ **et là** hier und da; **d'~ peu** bald, in Kürze; **[qn/qc est] d'~** (*de cette région, de ce pays*) [jd/etw ist [*o* stammt]] von hier; *produit a.* hiesig; ***il est d'~/il n'est pas d'~*** er ist von hier [*o* ein Einheimischer]/nicht von hier [*o* kein Einheimischer]; ***les gens d'~*** die Leute aus dieser Gegend, die Einheimischen; **d'~ à** von hier nach + *Stadt*, von hier bis zu + *Ortsangabe*; **d'~ [à] 2010/là/[à] demain/[à] lundi** bis 2010/dahin/morgen/Montag; ***d'~ [à] la semaine prochaine*** bis zur nächsten Woche; ***d'~ une semaine/quelques semaines*** in einer/einigen Wochen; **d'~ [à ce] que qn fasse qc** bis jd etw tut; ***d'~ à ce qu'il se retrouve en prison, il n'y a qu'un pas!*** dann wird's auch nicht mehr lange dauern, bis er im Gefängnis landet; ***mais d'~ à ce qu'il accepte, je n'aurais jamais imaginé!*** aber, dass er [so einfach] akzeptiert, das hätte ich nie gedacht!; ***elle l'aime bien; mais d'~ à ce qu'elle l'épouse …*** sie mag ihn ganz gern, aber das heißt noch lange nicht, dass sie ihn heiratet; **jusqu'~** (*jusqu'à ce lieu*) bis hierher; (*jusqu'à maintenant/à un moment donné*) bis jetzt, bisher; **par ~** (*vers cet endroit*) hier entlang, hierher; (*s'il faut monter*) hier hinauf; (*s'il faut descendre*) hier hinunter; (*s'il faut aller en face*) hier hinüber; (*s'il faut passer par quelque part*) hier vorbei; (*dans cet endroit*) hier [in der Gegend], hierzulande; ***par ~ la sortie!*** hier entlang geht's zum Ausgang!

ici-bas [isiba] *adv hum* hier unten, hier auf Erden [*o* auf dieser Erde], im Diesseits; ***les choses d'~*** die irdischen Dinge

icône [ikon] *f* **1.** ART, REL Ikone *f*
2. INFORM Icon ['aikən] *nt*

iconoclaste [ikɔnɔklast] *mf* Bilderstürmer(in) *m(f)*, Ikonoklast *m*

iconographie [ikɔnɔgʀafi] *f* **1.** (*illustration*) [*œuvre, livre, publication*] Illustration *f*, Bebilderung *f*; ***index et ~ d'un livre*** Index *m* und Abbildungsverzeichnis *nt* eines Buches
2. (*ensemble*) [*Moyen-âge, église*] Bilddokumentation *f*, Sammlung *f* von Bildwerken

ictère [iktɛʀ] *m* Gelbsucht *f*

id. [id] *abr de* **idem** id.

idéal, e <-aux *o* s> [ideal, o] **I.** *adj* **1.** *fam* (*rêvé*) *femme, solution, maison, lieu de vacances* ideal; ***la beauté ~e*** die ideale [*o* vollkommene] Schönheit; ***des vacances ~es*** ein Traumurlaub *m*
2. (*imaginaire*) *monde, société* ideal
II. *m* **1.** (*modèle, valeur morale*) Ideal *nt*; ■ ~ **de qc** *de justice, liberté* ideale Vorstellung von etw; ~ ***de beauté*** Schönheitsideal; ***une personne sans ~*** ein Mensch *m* ohne Ideale
2. ∅ (*le mieux*) ■ **l'~**: ***l'~ serait que …*** + *subj* das Ideale [*o* Beste] wäre, wenn …; ***ce n'est pas l'~, mais …*** das ist nicht [gerade] das Ideale, aber …; ***dans l'~*** im Idealfall

idéalement [idealmɑ̃] *adv* ideal; ~ ***situé*** ideal gelegen; ~ ***belle*** von vollkommener Schönheit

idéaliser <1> [idealize] *vt* ■ **qn idéalise qn/qc** jd idealisiert jdn/etw

idéalisme [idealism] *m* Idealismus *m*

idéaliste [idealist] *mf* Idealist(in) *m(f)*

idée [ide] *f* **1.** (*projet, inspiration*) Idee *f*; (*suggestion a.*) Einfall *m*; ~ ***lumineuse*** glänzende Idee; ***qn suit le fil de ses ~s*** jd folgt seinem Gedankengang, jd lässt sich nicht von seiner Idee [*o* von seinen Gedanken] abbringen; ***qn perd le fil de ses ~s*** jd verliert den Faden, jd kommt aus dem Konzept; ***qn saute d'une ~ à l'autre*** jd macht Gedankensprünge; ***qn est plein(e) d'~s*** jd steckt voller Ideen [*o* Einfälle]; ***quelle drôle d'~*** [was für eine] komische Idee!, wie kommst du/kommt er/sie/… denn da drauf! *fam*; ***il/elle a de ces ~s!*** der/die hat [vielleicht] Ideen! *fam*; ***l'~ est à creuser*** die Idee [*o* das] könnte man sich mal durch den Kopf gehen lassen; ***pas mal, ce scénario, il y a de l'~*** das Drehbuch ist nicht schlecht, da steckt schon was drin *fam*
2. (*conception*) Idee *f*, Vorstellung *f*; (*opinion*) Meinung *f*, Ansicht *f*; ***~s toutes faites*** Voreingenommenheit *f*, vorgefertigte Meinung; ***des ~s religieuses/politiques*** religiöse/politische Ansichten [*o* Ideen] *pl*; ***des ~s révolutionnaires*** revolutionäre Ideen *pl*; ***qn a une certaine ~ de qc*** jd hat eine ganz bestimmte Vorstellung von etw; ***qn a des ~s très personnelles sur qc*** jd hat sehr eigene Ansichten über etw (*akk*); ***à chacun ses ~s*** jeder hat seine eigenen Vorstellungen [*o* Ansichten]; ***qn partage les ~s de qn*** jd teilt jds Ansichten [*o* Meinung]; ***qn a une haute ~ de qn/lui-même*** jd hat eine hohe Meinung von jdm/von sich selbst
3. (*pensée*) ■ ~ **de qc/que** + *indic* der Gedanke an etw (*akk*)/, dass; ***qn/qc donne l'~ à qn de faire qc*** jd/etw bringt jdn auf den Gedanken [*o* die Idee] etw zu tun; ***qn se fait à l'~ que …*** + *indic* jd gewöhnt sich an den Gedanken, dass; jd findet sich damit ab, dass
4. (*concept, notion*) Idee *f*; ■ ~ **de qc** Vorstellung *f* von etw; ***l'~ de l'infini/du nombre*** der Unendlichkeits-/Zahlenbegriff; ***l'~ du beau/du bien chez Platon*** die Idee [*o* der Begriff] des Schönen/des Guten bei Platon; ***son ~ de l'éducation d'un enfant est toute personnelle*** er/sie hat eine ganz eigene Auffassung [*o* Vorstellung] von Kindererziehung
5. (*esprit*): ***il n'a pas plus d'~ que …*** er hat nicht mehr Verstand als …; ***sors-toi de l'~ que*** + *indic* schlag es dir aus dem Kopf [*o* Sinn], dass; ***ça m'est sorti de l'~*** das ist mir ganz aus dem Sinn gekommen; ***on ne m'ôtera pas de l'~ que*** + *indic* man wird mich nicht davon abbringen, dass
6. (*thème*) Idee *f*; ***l'~ générale d'un film/roman*** die Grundidee eines Films/Buches; ***il a pris cette ~ dans un roman*** er hat die Idee in einem Roman aufgegriffen
7. (*suggestion pour*) ■ ~[-] + *subst* -idee *f*, -tipp *m*; ***~-cadeau*** Geschenkidee [*o* -tipp]; ***~-vacances*** Ferientipps *pl*
► **qn n'a qu'une ~ en tête** jd hat nur einen Gedanken; **qn se met cette ~ dans la tête** jd hat sich (*dat*) das in den Kopf gesetzt; **qn se met cette ~ dans la tête** jd hat sich (*dat*) in den Kopf gesetzt, dass; **qui lui a mis cette ~ dans la tête?** wer hat ihn/sie denn auf diese Idee gebracht?; **qn a une ~ [de] derrière la tête** *fam* jd hat eine Idee im Hinterkopf, jd hat etwas im Sinn; ~ **fixe** fixe Idee, Zwangsvorstellung *f*; **qn a les/des ~s larges, qn est large d'~s** jd hat großzügige [*o* liberale] Anschauungen [*o* Ansichten]; **qn n'a pas la moindre ~ de qc** jd hat nicht die geringste [*o* leiseste] Ahnung von etw; **~s noires** trübsinnige [*o* düstere] Gedanken *pl*; ~ **reçue** vorgefasste Meinung; **qn a une ~** jd hat eine Idee; ***j'ai mon ~!*** ich habe da so meine Idee!; **qn a eu l'~ de qc** jd kam auf die Idee, etw zu entwickeln [*o* konstruieren]; **qn a/n'a pas ~ de ce que** + *indic* jd kann sich (*dat*) vorstellen/nicht vorstellen, dass; **qn a [dans l'] ~ que** + *indic* jd hat den Eindruck, dass; **on n'a pas ~ de faire qc, a-t-on ~ de faire qc?** wie kann man nur [etw tun], wie kann man nur auf die Idee kommen etw zu tun; ***a-t-on ~ de sortir sans manteau?*** wie kann man [auch] nur ohne Mantel ausgehen?; **on n'a pas ~!, a-t-on ~!** das ist unvorstellbar!, das ist unglaublich!; **as-tu/avez-vous ~ de de que …?** + *indic* hast du/habt ihr eine Ahnung, was …?; ***as-tu ~ de ce qu'on pourrait lui offrir?*** weißt du [*o* hast du eine Ahnung], was wir ihm/ihr schenken könnten?; ***tu n'as pas ~ de ce que j'ai supporté!*** du kannst dir nicht vorstellen, was ich ertragen habe!; **qn caresse l'~ de faire qc** jd trägt sich [*o* spielt] mit dem Gedanken etw zu tun; **il faut que qn se change les ~s** jd braucht Ablenkung; **qn fait qc pour se changer les ~s** jd macht etw um auf andere Gedanken zu kommen; **qn a besoin de se changer les ~s, cela lui changera les ~s** das bringt ihn/sie auf andere Gedanken; **qn change d'~** jd ändert seine Meinung [*o* Ansicht], jd besinnt sich anders; **qc donne une ~ de qc à qn** etw gibt [*o* vermittelt] jdm eine Vorstellung [*o* einen [ersten] Eindruck] von etw; ***lisez cette lettre, ça vous donnera une ~ du personnage!*** lesen Sie den Brief, dann können Sie sich (*dat*) ein Bild von der Person machen!; **qn/qc lui donne des ~s** *fam* etw kann/könnte ihn/sie auf dumme Gedanken bringen; **qn enfourche une ~** jd reitet auf einem Gedanken herum; **qn se fait une ~ [de qn/qc]** jd macht sich (*dat*) [*o* jd hat] eine Vorstellung [von jdm/etw]; ***il se fait une haute ~ de son métier*** er hat eine hohe Meinung von seinem Beruf; **qn se fait des ~s** (*s'imagine des choses*) jd macht sich (*dat*) unnütz Sorgen; (*se fait des illusions*) jd macht sich (*dat*) falsche Hoffnungen; **pour fixer les ~s** zur Veranschaulichung; **qn se met dans l'~ que** + *indic* jd setzt sich (*dat*) in Kopf, dass; **ça m'est/lui est complètement sorti de l'~!** das war mir/ihm/ihr völlig entfallen!, da habe ich/da hat er/sie überhaupt nicht mehr dran gedacht!; **qc vient à l'~ de qn, l'~ lui vient de faire qc** jd kommt auf die Idee, etw zu tun; ***comment cette ~ t'est-elle venue?*** wie kamst du auf die Idee [*o* darauf]?; **à l'~ de qc** bei dem Gedanken an etw (*akk*); **à l'~ de faire qc/que** + *indic* bei dem Gedanken [daran], etw zu tun/dass; **à mon/son/**

... ~ *faire, vivre* wie ich es für richtig halte/er/sie/... es für richtig hält; *peindre a.* nach meinen/seinen/ihren/... [eigenen] Vorstellungen; **en** ~ in der Einbildung
◆ **idée de génie** geniale Idee; *iron* glorreiche [*o* gloriose] Idee
idée-force <~s-~s> [idefɔʀs] *f* tragende [*o* grundlegende] Idee
idem [idɛm] *adv* (*de même*) idem, dasselbe; *fam* (*itou*) ebenso, auch
identifiable [idɑ̃tifjabl] *adj* identifizierbar
identifiant [idɑ̃tifjɑ̃] *m* ◆ **identifiant de connexion** INFORM Internet-Adresse *f*
identification [idɑ̃tifikasjɔ̃] *f* **1.** (*action d'identifier*) Identifizierung *f*
2. PSYCH ■ ~ **à qn** Identifikation *f* mit jdm
identifier <1 a> [idɑ̃tifje] **I.** *vt* **1.** (*établir l'identité de*) ■ **qn identifie qn** jd identifiziert jdn, jd stellt jds Identität fest
2. (*déterminer la nature de*) ■ **qn identifie qc** *plantes, parfum, accent, bruit* jd bestimmt etw, jd ordnet etw ein; (*savoir l'origine de*) *véhicule, voix au téléphone, empreintes* jd identifiziert etw
3. (*assimiler à*) ■ **qn identifie qn/qc à qn/qc** [*o* **avec qn/qc**] [*o* **et qn/qc**] jd identifiziert jdn/etw mit jdm/einer S., jd setzt jdn/etw mit jdm/etw gleich
II. *vpr* ■ **qn s'identifie à qn** [*o* **avec qn**]/**qc** jd identifiziert sich mit jdm/etw
identique [idɑ̃tik] *adj* identisch; *conclusions* vollkommen gleich; *opinions* völlig übereinstimmend; ***un véhicule*** ~ ein Fahrzeug des gleichen Typs; ***qc est*** ~ ***à qc*** etw ist identisch mit etw; ***mon opinion est*** ~ ***à la vôtre*** ich bin ganz Ihrer Meinung, ich stimme völlig mit Ihnen überein; ***les jumelles Marie et Catherine sont*** ~***s*** die Zwillinge Marie und Catherine gleichen sich wie ein Ei dem anderen; ***je l'ai retrouvé*** ~ ***à l'image que je me suis toujours faite de lui*** er entsprach genau dem Bild, das ich immer von ihm gehabt hatte; ***il reste toujours*** ~ ***à lui-même*** er bleibt sich (*dat*) immer [selbst] treu
identité [idɑ̃tite] *f* **1.** [*personne*] Identität *f*; ***qn établit l'***~ ***de qn*** jd stellt jds Personalien fest; *d'un cadavre* jd identifiziert jdn; ***qn décline son*** ~ ***à qn*** jd weist sich jdm gegenüber aus, jd gibt jdm seine Personalien an; ***qn découvre l'***~ ***de qn*** jd stellt jds Identität fest, jd findet jds Identität heraus; ***sous une fausse*** ~ unter falschem Namen
2. (*similitude*) Übereinstimmung *f*; ***l'***~ ***de nos goûts et de nos opinions*** die völlige Übereinstimmung unseres Geschmacks und unserer Meinungen; ***il y a*** ~ ***entre qc et une chose*** etw gleicht einer S. (*dat*), etw weist große Ähnlichkeit mit einer S. auf; ***leur*** ~ ***d'esprit me fascine*** ihre geistige Übereinstimmung fasziniert mich
3. MATH Identität *f*
▶ ~ **judiciaire** Erkennungsdienst *m* [der Polizei]
idéogramme [ideɔgʀam] *m* Ideogramm *nt*
idéologie [ideɔlɔʒi] *f* Ideologie *f*; *péj* [weltfremde] Ideologie
idéologique [ideɔlɔʒik] *adj* ideologisch
idéologue [ideɔlɔg] *mf* Ideologe/-login *m/f*
idiomatique [idjɔmatik] *adj* idiomatisch
idiome [idjom] *m* Idiom *nt*
idiot, e [idjo, idjɔt] **I.** *adj* (*stupide*) dumm, blöd[e] *fam*; *action* idiotisch, sehr dumm; ***c'est*** ~ ***de ta part*** das ist idiotisch [*o* dumm] von dir; ***ce type est complètement*** ~ der Typ ist ein Vollidiot [*o* völlig bekloppt] *sl*; ***ta suggestion n'est pas*** ~***e*** dein Vorschlag ist gar nicht so dumm; ■ **c'est/il est** ~ **de faire qc** es ist idiotisch [*o* sehr dumm], etw zu tun
▶ **triple** ~ Vollidiot *m fam*; **qn ne veut pas mourir** ~ jd will nicht dumm sterben, jd will auch was mitkriegen *fam*
II. *m, f* Idiot(in) *m(f)*; ***c'est un*** ~! das ist ein Idiot!; ***espèce d'***~! [du/Sie] Idiot!; ***tu me prends pour une*** ~***e?*** hältst du mich für blöd? *fam*
▶ **qn fait l'**~ (*fait mine de ne pas comprendre*) jd stellt sich dumm; (*veut amuser*) jd macht Blödsinn [*o* Faxen] *fam*; (*se conduit stupidement*) jd benimmt sich wie ein Idiot
◆ **idiot du village** *fam* Dorftrottel *m fam*
idiotie [idjɔsi] *f* **1.** (*caractère idiot*) Dummheit *f*; [*personne a.*] Blödheit *f fam*; [*réflexion*] Blödsinnigkeit *f*; ***c'est d'une*** ~! das ist der reinste Blödsinn! *fam*, das ist absoluter Schwachsinn! *fam*; ***ce type est vraiment d'une*** ~ ***rare*** der Typ ist wirklich selten blöd *fam*; ***ne fais pas d'***~***s en mon absence*** mach keine Dummheiten in meiner Abwesenheit
2. (*œuvre stupide*) Quatsch *m fam*, Blödsinn *m*
3. (*parole idiote*) Blödsinn *m*; ***tu ne dis que des*** ~***s!*** du redest nur dummes Zeug [*o* nur Blödsinn]! *fam*
4. MED *vieilli* Idiotie *f*, [hochgradiger] Schwachsinn
▶ **qn fait l'**~ **de faire qc** jd ist so dumm etw zu tun
idiotisme [idjɔtism] *m* Idiotismus *m*
idoine [idwan] *adj littér* passend, geeignet; ■ ~ **à qc** *iron* genau richtig für etw, passend für etw
idolâtre [idɔlatʀ] **I.** *adj* **1.** REL götzendienerisch
2. *fig* abgöttisch; ***qn voue à qn un amour*** ~ jd liebt jdn abgöttisch; ■ **qn est** ~ **de qn/qc** jd liebt jdn/etw abgöttisch
II. *mf* Götzendiener(in) *m(f)*, Götzenanbeter(in) *m(f)*
idolâtrer <1> [idɔlatʀe] *vt* ■ **qn idolâtre qn/qc** jd liebt jdn/etw abgöttisch, jd verehrt jdn/etw; ***en Inde, la vache est idolâtrée*** in Indien wird die Kuh [als heilig] verehrt
idolâtrie [idɔlatʀi] *f* **1.** REL Götzendienst *m*
2. (*amour passionné*) abgöttische Liebe; ***un objet d'***~ ein Objekt *nt* abgöttischer Verehrung
idole [idɔl] *f* **1.** REL Götze *m*, Götzenbild *nt*
2. (*personne*) Idol *nt*, Abgott *m*; ***qn fait de qn son*** ~ jd macht [*o* erhebt] jdn zu seinem Idol [*o* Abgott]
idylle [idil] *f* **1.** (*entente parfaite*) Idylle *f*; ***en ce moment, au bureau, c'est l'***~ ***la plus complète*** im Moment herrscht bei uns im Büro die reinste Idylle
2. (*amour tendre*) romantische Liebe; ***l'***~ ***d'un été*** eine Sommerliebe
3. (*poème*) Idylle *f*
idyllique [idilik] *adj* idyllisch
if [if] *m* BOT Eibe *f*
I.G.F. [iʒeɛf] *m abr de* **impôt sur les grandes fortunes** Besteuerung *f* der großen Vermögen
igloo *m*, **iglou** [iglu] *m* Iglu *nt o m*
ignare [iɲaʀ] *adj* nichts wissend, völlig unwissend; ■ **qn est** ~ **en qc** jd hat von etw keine Ahnung
ignifugeant, e [iɲifyʒɑ̃, ʒɑ̃t, igni-] **I.** *adj* flammenhemmend
II. *m* Flammenhemmstoff *m*
ignifuger <2 a> [iɲifyʒe, ignifyʒe] *vt* ■ **qn/qc ignifuge qc** jd/etw macht etw flammwidrig [*o* feuersicher]
ignoble [iɲɔbl] *adj* **1.** (*honteux*) gemein, niederträchtig; *procédé a.* scheußlich; ***propos*** ~***s*** Gemeinheiten *pl*, Niederträchtigkeiten *pl*
2. (*répugnant*) *nourriture* widerlich, ekelhaft; ***elle vit dans un*** ~ ***taudis*** sie haust in einem menschenunwürdigen Loch
ignoblement [iɲɔbləmɑ̃] *adv* **1.** (*de façon honteuse*) gemein, niederträchtig
2. (*très mal*) entsetzlich schlecht
ignominie [iɲɔmini] *f soutenu* **1.** (*infamie*) Schandtat *f*; ***qn commet une*** ~ jd begeht eine Schandtat
2. (*opprobre*) Schändlichkeit *f*; ***qn se couvre d'***~ jd bedeckt sich mit Schande
ignominieusement [iɲɔminjøzmɑ̃] *adv soutenu* schimpflich, schändlich; ***qn trompe qn*** ~ jd betrügt jdn auf schändliche Weise
ignominieux, -euse [iɲɔminjø, -jøz] *adj soutenu* schimpflich, schändlich
ignorance [iɲɔʀɑ̃s] *f* **1.** (*manque d'instruction*) Unwissenheit *f*
2. (*méconnaissance*) Unkenntnis *f*, Unwissenheit *f*; ***l'***~ ***de la loi*** die Unkenntnis des Gesetzes; ***leur*** ~ ***du danger me fait peur*** ihr mangelndes Bewusstsein für die Gefahr macht mir Angst; ***reconnaissez votre*** ~ ***sur ce chapitre!*** geben Sie doch zu, dass Sie hiervon keine Ahnung haben!
3. (*inobservation*) ■ ~ **de qc** *du danger* Ignorieren *nt* einer S. (*gen*); *de la loi, d'une règle* Missachten *nt* einer S. (*gen*)
▶ ~ **crasse** grobe [*o* krasse] Unwissenheit; ***cet élève est d'une*** ~ ***crasse*** der Schüler hat wirklich null Ahnung *fam*; **dans l'**~ **de qc** in Unkenntnis einer S. (*gen*); **par** ~ aus Unkenntnis; ***qn pêche par*** ~ jd handelt aus Unkenntnis
ignorant, e [iɲɔʀɑ̃, ɑ̃t] **I.** *adj* **1.** (*inculte*) unwissend; ■ **qn est** ~ **en qc** jd ist in etw (*dat*) nicht bewandert, jd kennt sich in etw (*dat*) nicht aus
2. (*qui n'est pas au courant*) ■ **qn est** ~ **de qc** *des événements* jd ist über etw (*akk*) nicht informiert, jd weiß über etw (*akk*) nicht Bescheid; *des usages* jd kennt sich mit etw nicht aus
II. *m, f* Ignorant(in) *m(f)*; ***qn fait l'***~ jd stellt sich dumm, jd spielt den Ahnungslosen; ***quel*** ~ ***tu fais!*** was weißt du eigentlich [*o* denn überhaupt]?
▶ **qn fait qc en** ~: ***qn parle en*** ~ ***de qc*** jd redet von etw wie der Blinde von der Farbe; ***qn agit en*** ~ jd verhält sich wie der letzte Ignorant *fam*
ignoré, e [iɲɔʀe] *adj* **1.** (*inconnu*) unbekannt; *terre a.* unerforscht; ■ ~ **de qn** jdm unbekannt
2. (*tenu pour négligeable*) ignoriert; ~ ***de la société*** von der Gesellschaft ignoriert
ignorer <1> [iɲɔʀe] **I.** *vt* **1.** (*ne pas connaître*) ■ **qn ignore qn/qc** jd kennt jdn/etw nicht; ***nul n'est censé*** ~ ***la loi*** Unkenntnis schützt vor Strafe nicht; ***des gosses qui ignorent le savon*** Kinder, die noch nie eine Seife gesehen haben [*o* zu Gesicht bekommen haben]; ***des joues qui ignorent le rasoir*** Wangen, die überhaupt nicht wissen, was ein Rasierapparat ist; ■ **qn n'ignore pas qc** jd kennt etw genau [*o* sehr wohl]; ***je n'ignore pas ces problèmes*** ich bin mir dieser Probleme durchaus [*o* sehr wohl] bewusst; ■ **qn n'ignore rien de qc** jd weiß etw genau [*o* sehr wohl]; ***personne n'ignore rien de ce scandale*** jeder weiß genau über diesen Skandal Bescheid; ■ **qn ignore/n'ignore pas que** + *indic o subj soutenu* jd weiß nicht/weiß genau [*o* sehr wohl], dass; ■ **qn ignore comment/quand/où/si** jd weiß nicht, wie/wann/wo/ob
2. (*négliger*) ■ **qn ignore qn/qc** jd ignoriert jdn/etw, jd beachtet jdn/etw nicht
II. *vi* ▶ **afin que nul ne l'ignore** zur allgemeinen Beachtung, damit jedermann es wisse
III. *vpr* **1.** (*ne pas connaître sa nature*) ■ **qn/qc s'ignore**: ***il est un poète qui s'ignore*** er ist ein Dichter ohne es zu wissen [*o* und weiß es nicht]; ***il est un malade qui s'ignore*** er weiß nichts von seiner Krankheit; ***cet amour qui s'ignore*** diese Liebe, von der man nichts weiß
2. (*feindre de ne pas se connaître*) ■ **des personnes s'ignorent** Menschen ignorieren sich [*o* einander]; ***ils se sont ignorés toute la soirée*** sie haben sich den ganzen Abend lang ignoriert
3. (*devoir être connu*) ■ **qc ne s'ignore pas** etw sollte man kennen
iguane [igwan] *m* Leguan *m*
il [il] **I.** *pron pers sing* **1.** (*personne*) er; ***lui,*** ~ ***se moque de moi tout le temps*** er macht sich die ganze Zeit über mich lustig
2. *subst m* er/sie/es; ~ ***est beau ce costume*** er ist schön, der Anzug; der Anzug ist schön; ***regarde le soleil,*** ~ ***se couche*** sieh mal, die Sonne geht unter
3. *impers* es; ~ ***est possible que*** + *subj* es ist möglich, dass; ~ ***pleut*** es regnet; ~ ***faudrait que je descende en ville*** ich müsste in die Stadt fahren; ~ ***y a deux ans*** vor zwei Jahren; ~ ***paraît que ...*** es scheint, dass ...; *v. a.* **avoir**
4. *interrog, ne se traduit pas*: ***le courrier est-***~ ***arrivé?*** ist die Post schon da [*o* gekommen]?
II. *pron pers pl* ■ **ils** **1.** *sujet* sie, die *fam*; ***à ce qu'il paraît,*** ~***s vont encore augmenter les impôts*** wie's scheint, werden sie [*o* die *fam*] die Steuern

schon wieder erhöhen
2. *interrog, ne se traduit pas:* ***les garçons, sont-~s là?*** sind die Jungen da?
île [il] *f* 1. Insel *f*
2. *(Antilles)* ■ **les Îles** die Antillen
▸ ~s **anglo-normandes** Kanalinseln *pl,* Normannische Inseln *pl;* ~s **Britanniques** Britische Inseln *pl;* ~ **déserte** einsame Insel; ~ **flottante** schwimmende Insel *(Vanillesoße mit darauf schwimmender pochierter Meringuemasse)*
◆ **île de Beauté** Korsika *nt;* **île de la Cité** Ile *f* de la Cité
Île-de-France [ildəfʀɑ̃s] *f* ■ **l'Île-de-France** die Ile-de-France
illégal, e <-aux> [i(l)legal, o] *adj* illegal
illégalement [i(l)legalmɑ̃] *adv* illegal
illégalité [i(l)legalite] *f* Illegalität *f*
illégitime [i(l)leʒitim] *adj* 1. JUR *(non conforme au droit)* unrechtmäßig, illegitim *geh; (hors mariage) enfant* unehelich, außerehelich; ***union*** ~ außereheliche Verbindung
2. *(non justifié) soupçon, crainte, méfiance, optimisme* ungerechtfertigt, unbegründet; *prétention, revendication* nicht legitim, nicht berechtigt
illégitimement [i(l)leʒitimmɑ̃] *adv* 1. JUR auf unrechtmäßige Weise; ***les enfants qu'il avait eus*** ~ seine unehelichen [*o* außerehelichen] Kinder
2. *(injustement)* ungerechtfertigterweise, unbegründeterweise
illégitimité [i(l)leʒitimite] *f* Unrechtmäßigkeit *f,* Illegitimität *f geh*
illettré, e [i(l)letʀe] I. *adj* analphabetisch
II. *m, f* Analphabet(in) *m(f)*
illettrisme [i(l)letʀism] *m* Analphabetentum *nt,* Analphabetismus *m*
illicite [i(l)lisit] *adj* unerlaubt, unzulässig; ***les hausses ~s du prix de l'essence*** die Preistreiberei bei den Benzinpreisen
illicitement [i(l)lisitmɑ̃] *adv* verbotenerweise, illegal[erweise]
illico [i(l)liko] *adv fam* sofort, auf der Stelle; ***fiche-moi le camp*** ~! hau ab, aber dalli! *fam*
▸ ~ **presto** dalli, dalli *fam*
illimité, e [i(l)limite] *adj* 1. *(sans bornes)* unbegrenzt; *confiance a.* grenzenlos; *pouvoirs* uneingeschränkt; *reconnaissance* unendlich
2. *(indéterminé) durée* unbegrenzt; *congé* unbefristet
illisible [i(l)lizibl] *adj* 1. *(indéchiffrable) écriture* unleserlich
2. *(incompréhensible) article, roman* nicht lesbar
illisiblement [i(l)liziblәmɑ̃] *adv* unleserlich
illogique [i(l)lɔʒik] *adj* unlogisch
illogiquement [i(l)lɔʒikmɑ̃] *adv* unlogisch
illogisme [i(l)lɔʒism] *m* fehlende Logik; ***qc comporte de nombreux ~s*** etw ist voller logischer Fehler
illumination [i(l)lyminasjɔ̃] *f* 1. *(inspiration subite)* Erleuchtung *f*
2. *(action d'éclairer) [rue, quartier]* Beleuchtung *f; (pour mettre en valeur)* Illumination *f; (au moyen de projecteurs)* Anstrahlung *f*
3. *pl (lumières festives)* Festbeleuchtung *f,* festliche Beleuchtung
▸ **les grandes** ~s *hum* Festbeleuchtung *f*
illuminé, e [i(l)lymine] I. *adj* 1. *(très éclairé)* festlich beleuchtet, illuminiert; *(au moyen de projecteurs)* angestrahlt
2. *(radieux) visage* strahlend; ***le visage ~, elle me raconta son voyage*** sie strahlte übers ganze Gesicht, als sie mir von ihrer Reise erzählte
3. *péj (chimérique) personne* träumerisch, schwärmerisch
II. *m, f* 1. *péj (visionnaire)* Fantast(in) *m(f),* Spinner(in) *m(f)*
2. REL, HIST ■ **les** ~s die Illuminaten
illuminer <1> [i(l)lymine] I. *vt* 1. *(éclairer)* ■ **qn illumine qc** jd beleuchtet etw; ■ **qc illumine qc** etw erleuchtet etw; */éclair/* etw erhellt etw; ***tous les soirs on illumine les monuments historiques au moyen de projecteurs*** jeden Abend werden die historischen Bauten von Scheinwerfern angestrahlt; ***le jet d'eau est illuminé*** der Springbrunnen wird angestrahlt [*o* illuminiert]
2. *(faire resplendir)* ■ **qc illumine qn/qc**: ***la bonté illumine son regard*** Güte spricht ihm/ihr aus den Augen; ***la fierté/la joie illumine ses traits*** er/sie strahlt vor Stolz/Freude; ***la colère illumine ses yeux*** Zorn blitzt aus seinen/ihren Augen; ***l'intelligence illumine son visage*** dass er/sie intelligent ist, kann man ihm/ihr ansehen; ***la foi illumine son âme*** der Glaube erhellt seine/ihre Seele; ***rien que la vue du gâteau l'illumine*** schon allein beim Anblick des Kuchens beginnen seine/ihre Augen zu leuchten
II. *vpr* 1. *(s'éclairer vivement)* ■ **qc s'illumine** */vitrine/* etw wird beleuchtet; */monument/* etw wird angestrahlt; ***la ville s'illumine*** in der Stadt gehen die Lichter an; ***les rues s'illuminent de mille feux*** die Straßen erstrahlen im Lichterglanz
2. *(resplendir)* ■ **qn s'illumine** jd strahlt; ■ **qc s'illumine de qc**: ***ses yeux s'illuminaient de joie/colère*** seine/ihre Augen strahlten vor Freude/blitzten vor Zorn; ***à cette nouvelle, son visage s'est illuminé*** bei der Nachricht strahlte er/sie übers ganze Gesicht
illusion [i(l)lyzjɔ̃] *f* 1. *(erreur des sens)* Täuschung *f;* ■ ~ **de qc** Illusion *f* von etw; ***qc donne l'~ de qc*** etw vermittelt die Illusion von etw, etw spiegelt die Illusion von etw vor
2. *(croyance fausse)* Illusion *f;* ***qc donne à qn l'~ de faire qc*** etw gibt [*o* vermittelt] jdm die Illusion etw zu tun; ***qn entretient chez qn l'~ de la guérison*** jd lässt jdm die Illusion, dass er wieder gesund wird
▸ ~ **scénique** Raumillusion *f;* **qn a l'~ de faire qc** jd hat das Gefühl etw zu tun; **qn se berce d'~s** jd wiegt sich in Illusionen; **qn/qc fait ~ sur qn** jd/etw täuscht jdn; **qn se fait des** [*o* **de douces**] ~**s** [**sur qn/qc**] jd macht sich *(dat)* [über jdn/etw] Illusionen [*o* falsche Hoffnungen]; **qn se nourrit d'~s** jd gibt sich Illusionen hin, jd lebt in [*o* von] Illusionen; **qn perd ses ~s** jd verliert seine Illusionen
◆ **illusion d'optique** optische Täuschung
illusionner <1> [i(l)lyzjɔne] I. *vt* ■ **qn/qc illusionne qn** [**sur qc**] jd/etw täuscht jdn [über etw *(akk)*]
II. *vpr* ■ **qn s'illusionne** [**sur qn/qc**] jd macht sich *(dat)* [über jdn/etw] Illusionen [*o* falsche Hoffnungen]
illusionniste [i(l)lyzjɔnist] *mf* Zauberkünstler(in) *m(f)*
illusoire [i(l)lyzwaʀ] *adj* illusorisch, trügerisch; *promesse* leer; ***rêve*** ~ Wunschtraum *m;* ***il est ~ de faire qc*** es ist illusorisch etw zu tun
illustrateur, -trice [i(l)lystʀatœʀ, -tʀis] *m, f* Illustrator(in) *m(f)*
illustratif, -ive [i(l)lystʀatif, -iv] *adj* illustrativ; ***qc est ~ de qc*** etw illustriert [*o* veranschaulicht] etw; ***cette exposition est très ~ive des problèmes de l'environnement*** diese Ausstellung hat die Umweltprobleme sehr gut veranschaulicht
illustration [i(l)lystʀasjɔ̃] *f* 1. *(dessin)* Illustration *f*
2. *(action d'illustrer)* Illustrierung *f*
3. *(exemple)* Illustration *f;* ■ ~ **de qc** Illustration einer S. *(gen)*
illustre [i(l)lystʀ] *adj* berühmt
illustré, e [i(l)lystʀe] I. *adj* illustriert; ***journal*** ~ Comicheft[chen *nt*] *nt*
II. *m* Comic[heft *nt*] *m*
illustrer <1> [i(l)lystʀe] I. *vt* 1. *(orner)* ■ **qn illustre qc** [**avec** [*o* **de**] **qc**] jd illustriert etw [mit etw]
2. *(enrichir)* ■ **qn/qc illustre qc** [**avec** [*o* **de**] [*o* **par**] **qc**] jd/etw illustriert [*o* veranschaulicht] etw [durch etw]
3. *littér (rendre célèbre)* ■ **qn/qc illustre qn/qc** [**par qc**] jd/etw macht jdn/etw [durch etw] berühmt
II. *vpr* 1. *(se rendre célèbre)* ■ **qn s'illustre** jd macht sich *(dat)* einen Namen
2. *péj (se faire remarquer)* ■ **qn s'illustre** jd fällt auf
îlot [ilo] *m* 1. *(petite île)* kleine Insel, Inselchen *nt*
2. *(pâté de maisons)* Häuserblock *m*
3. *(groupe isolé)* Insel *f;* ~ ***de verdure*** grüne Insel, kleine Grünanlage
▸ ~ **directionnel** Verkehrsinsel *f*
îlotage [ilɔtaʒ] *m Einteilung in Überwachungszonen*
îlotier, -ière [ilɔtje, -jɛʀ] *m, f für einen bestimmten Häuserblock zuständiger Polizist*
image [imaʒ] *f* 1. *(dessin)* Bild *nt*
2. *(reflet)* Spiegelbild *nt;* CINE, TV Bild *nt;* ***l'~ de la lune se reflète à la surface de l'eau*** der Mond spiegelt sich im Wasser; ***une ~ floue/nette*** ein unscharfes/scharfes Bild; ***la dernière ~ de ce film de Truffaut*** die letzte Einstellung des Truffaut-Films
3. *(représentation figurée)* ■ ~ **de qc** Bild *nt* einer S. *(gen)*; ***qn offre l'~ du bonheur/malheur*** jd bietet ein Bild des Glücks/Elends
4. *(~ de marque)* Image [ˈɪmɪtʃ] *nt*
5. *(souvenir)* Bild *nt;* ***qn est poursuivi(e) par l'~ de qn*** jd wird von jds Bild verfolgt
6. *(métaphore)* Bild *nt;* ***qn s'exprime par ~s*** jd spricht in Bildern
▸ ~ **pieuse** Heiligenbild[chen *nt*] *nt;* ~ **réelle/virtuelle** reelles/virtuelles Bild; **sage comme une** ~ sehr artig, sehr brav; **qn est l'~ de qn** jd ist ganz jds Ebenbild; **qn se fait une ~ de qn/qc** jd macht sich *(dat)* ein Bild von jdm/etw; **à l'~ de qn/qc** so wie jd/etw; ***il se représente tous les hommes à son*** ~ er stellt sich vor, alle Menschen seien so wie er; ***Dieu nous a fait à son*** ~ Gott [er]schuf uns nach seinem Bilde
◆ **image de marque** Image *nt;* **image d'Épinal** Bilderbogen *m* von Epinal; ***cette réunion de famille était une touchante ~ d'Épinal*** dieses Familientreffen war reif fürs Bilderbuch *fam;* **image de synthèse** Computergrafik [kɔmˈpjuːtɐ-] *f*
imagé, e [imaʒe] *adj* anschaulich, bilderreich
imagerie [imaʒʀi] *f* 1. *(fabrication d'images)* Herstellung *f* von Bilderbogen
2. TECH, MED Bildherstellung *f*
▸ ~ **populaire** landläufige Meinung
imaginable [imaʒinabl] *adj* vorstellbar, denkbar
imaginaire [imaʒinɛʀ] I. *adj* 1. *(irréel)* imaginär; *crainte, maladie* eingebildet; ***animal*** ~ Fabeltier *nt*
2. MATH imaginär
II. *m* ■ **l'~** das Imaginäre
imaginatif, -ive [imaʒinatif, -iv] *adj* fantasievoll, fantasiereich, fantasiebegabt; ***qn est un esprit*** ~ jd hat [*o* besitzt] viel Fantasie, jd ist fantasievoll
imagination [imaʒinasjɔ̃] *f* 1. *(faculté)* Fantasie *f,* Vorstellungskraft *f;* ***qn se représente qc dans son*** ~ jd stellt sich *(dat)* etw in seiner Fantasie vor, jd malt sich *(dat)* etw aus; ***qn manque d'~*** jd hat keine Fantasie; ***vous ne manquez pas d'~: ça ne s'est pas du tout passé comme ça!*** Sie haben wohl zu viel Fantasie: so hat es sich absolut nicht abgespielt!
2. *souvent pl littér (idée chimérique)* Fantasie[n *pl*] *f;* ***ce sont de pures ~s!*** das ist reine Fantasie!
▸ ~ **débordante** blühende Fantasie; **qn a de l'~/trop d'~** jd hat/hat zu viel Fantasie; **en** ~ in Gedanken
imaginer <1> [imaʒine] I. *vt* 1. *(se représenter)* ■ **qn imagine qn/qc** jd stellt sich *(dat)* jdn/etw vor; ***qn imaginait qn plus vieux*** jd hat sich *(dat)* jdn älter vorgestellt; ***je t'imagine bien à ce poste/faire ce travail*** ich kann mir dich gut auf dieser Stelle vorstellen/ich kann mir gut vorstellen, dass du diese Arbeit machst; ■ **qn imagine que** + *indic o subj* jd stellt sich *(dat)* vor, dass; ■ **qn n'imagine pas que** + *subj* jd kann sich *(dat)* nicht vorstellen, dass; ***j'imagine qu'elle va/je n'imagine pas qu'elle puisse revenir*** ich stelle mir vor/kann mir nicht vorstellen, dass sie zurückkommt
2. *(croire, supposer)* ■ **qn imagine/ne peut ~ qn/qc**: ***vous ne pouvez pas ~ à quel point il m'ennuie*** Sie können sich *(dat)* nicht vorstellen [*o* Sie machen sich *(dat)* keinen Begriff davon] [*o* Sie haben keine Ahnung *fam*], wie sehr er mich anödet; ***sa lenteur dépasse tout ce qu'on peut*** ~ seine Langsamkeit übersteigt jegliches Vorstellungsvermögen; ***il est plus intelligent que vous ne l'imaginez*** er ist intelligenter als Sie glauben [*o* denken]; ***elle est libre, j'imagine*** sie ist frei, nehme ich an; ■ **qn imagine que** + *in-*

dic o subj jd glaubt [*o* vermutet], dass; ***j'imagine qu'il a voulu plaisanter*** ich glaube, dass er nur einen Spaß machen wollte
3. (*inventer*) ■ **qn imagine qc** jd denkt sich (*dat*) etw aus, jd lässt sich (*dat*) etw einfallen; ***il ne sait quoi ~ pour embêter sa sœur*** er denkt sich sonstwas aus, um seine Schwester zu ärgern *fam*
4. (*concevoir l'idée de*) ■ **qn imagine de faire qc** jd zieht in Erwägung etw zu tun
II. *vpr* **1.** (*se représenter*) ■ **qn s'imagine qn/qc [...]** jd stellt sich (*dat*) jdn/etw [...] vor; ***elle se l'était imaginé très différent*** sie hatte sich ihn ganz anders vorgestellt
2. (*se voir*) ■ **qn s'imagine ...** + *compl de lieu/manière/temps* jd sieht sich [in Gedanken] ...
3. (*croire faussement*) ■ **qn s'imagine qc** jd bildet sich (*dat*) etw ein; ■ **qn s'imagine faire qc** jd bildet sich (*dat*) ein, etw zu tun; ■ **qn s'imagine que** + *indic* jd bildet sich (*dat*) ein, dass; ***n'allez pas vous ~ que cette mode est marginale*** glauben Sie nicht, dass diese Mode eine Randerscheinung ist

imam [imam] *m* Imam *m*

imbattable [ɛ̃batabl] *adj* unbesiegbar; *champion, équipe* unschlagbar; *prix* nicht zu unterbieten; *record* nicht zu überbieten

imbécile [ɛ̃besil] I. *adj* sehr dumm, blöd[e] *fam; réponse a.* blödsinnig; ***ne prends pas cet air ~*** stell dich nicht dumm *fam*
II. *mf* Idiot(in) *m(f)*, Dummkopf *m fam;* ***qn fait l'~*** (*veut paraître stupide*) jd stellt sich dumm; (*se conduit stupidement*) jd benimmt sich blöd *fam;* ***qn prend qn pour un ~*** jd hält jdn für blöd [*o* für einen Dummkopf] *fam;* ***je ne tiens pas à passer pour un ~*** ich möchte nicht, dass man mich für einen Idioten [*o* Dummkopf] hält *fam*
▸ **il n'y a que les ~s qui ne changent pas d'avis** nur die Dummen lernen nichts dazu; ~ **heureux** glücklicher Dummer; ***c'est un ~ heureux*** er ist dumm aber glücklich; **le premier ~ venu** der erstbeste [*o* jeder] Idiot *fam*

imbécillité [ɛ̃besilite] *f* **1.** (*manque d'intelligence*) Dummheit *f*, Blödheit *f fam;* ***l'~ de ce film dépasse l'imagination*** man kann sich nicht vorstellen, wie schwachsinnig dieser Film ist *fam*
2. (*action stupide*) Dummheit *f*
3. (*chose stupide*) Schwachsinn *m fam*, Blödsinn *m fam;* ***il ne dit que des ~s*** er redet nur Blödsinn [*o* Mist] *fam*

imberbe [ɛ̃bɛʀb] *adj* bartlos

imbiber <1> [ɛ̃bibe] I. *vt* **1.** (*mouiller*) ■ **qn imbibe qc [de qc]** jd macht etw [mit etw] feucht; *étoffe* jd feuchtet etw [mit etw] an, jd befeuchtet etw [mit etw]; *éponge* jd macht etw [mit etw] nass; ■ **qc imbibe qc**: ***le vin renversé commence à ~ la nappe*** der verschüttete Wein zieht langsam in die Tischdecke; ■ **qc est imbibé(e) de qc** etw ist mit etw getränkt [*o* von etw durchtränkt]; ***des chaussures imbibées d'eau*** völlig durchnässte Schuhe; ***imbibé(e) de sang*** von Blut durchtränkt, mit Blut getränkt
2. (*imprégner*) ■ **qn est imbibé(e) de qc** jd ist von etw durchdrungen [*o* erfüllt]; ***qn est imbibé(e) [d'alcool]*** *péj fam* jd ist sturzbetrunken *fam*
II. *vpr* **1.** (*se mouiller*) ■ **qc s'imbibe [de qc]** etw saugt sich [mit etw] voll; ***la terre s'imbibe d'eau après de fortes pluies*** nach starken Regengüssen ist die Erde mit Wasser getränkt
2. *péj fam* ■ **qn s'imbibe [de qc]** jd lässt sich [mit etw] voll laufen *fam*

imbrication [ɛ̃bʀikasjɔ̃] *f* **1.** (*chevauchement*) sich überschneidende [*o* überlappende] Anordnung
2. (*enchevêtrement*) Ineinandergreifen *nt;* [*problèmes*] Verkettung *f;* ***l'~ de mes souvenirs m'empêche d'y voir clair*** der Wust von Erinnerungen macht es mir unmöglich, klar zu sehen

imbriquer <1> [ɛ̃bʀike] I. *vt* ■ **qn imbrique des choses** jd schiebt Dinge ineinander; *tuiles* jd ordnet Dinge stufenförmig an; ■ **qc est imbriqué(e) [dans qc]** etw ist [in etw (*akk*)] eingelassen; ***les tuiles sont mal imbriquées*** die Ziegel greifen schlecht ineinander [*o* liegen nicht übereinander]; ***cette vieille tour est imbriquée dans une construction neuve*** der alte Turm ist in eine moderne Konstruktion integriert
II. *vpr* **1.** (*se chevaucher*) ■ **des choses s'imbriquent** /*plaques, tuiles*/ Dinge greifen ineinander; ***les pièces de ce jeu s'imbriquent [les unes dans les autres]*** die Teile dieses Spiels lassen sich zusammenstecken
2. (*s'enchevêtrer*) ■ **des choses s'imbriquent** Dinge sind eng miteinander verbunden [*o* verknüpft]; ■ **qc s'imbrique dans qc** etw kommt erschwerend zu etw hinzu

imbroglio [ɛ̃bʀɔglijo, ɛ̃bʀɔljo] *m* Schlamassel *m fam*

imbu, e [ɛ̃by] *adj souvent péj* ■ **qn est ~ de qc** jd ist von etw überzeugt; ***qn est ~ de préjugés/principes*** jd ist voller Vorurteile/hat lauter Prinzipien
▸ ~ **de soi-même** von sich selbst überzeugt [*o* eingenommen]

imbuvable [ɛ̃byvabl] *adj* **1.** (*mauvais à boire*) ungenießbar, nicht zu trinken
2. *fam* (*détestable*) unerträglich, nicht zum Aushalten *fam;* ***un type ~*** ein Kotzbrocken *m fam;* ***discours/film/livre ~*** unerträglich schlechte Rede/schlechter Film/schlechtes Buch

IME [iɛmø] *m abr de* **Institut monétaire européen** FIN EWI *nt*

imitable [imitabl] *adj* imitierbar, nachahmbar; ***sa signature est facilement ~*** seine Unterschrift ist leicht nachzumachen [*o* kann man leicht nachmachen]

imitateur, -trice [imitatœʀ, -tʀis] *m, f* **1.** (*personne qui imite*) Nachahmer(in) *m(f)*
2. (*comédien*) Imitator(in) *m(f)*

imitatif, -ive [imitatif, -iv] *adj* nachahmend, imitierend

imitation [imitasjɔ̃] *f* **1.** (*action*) Imitation *f*, Nachahmung *f*
2. THEAT Imitation *f*
3. (*plagiat*) schlechte Kopie, schlechte Imitation; ***ce livre est une médiocre ~ des romans de Balzac*** dieses Buch ist eine schlechte Kopie [*o* ein schlechter Abklatsch *fam*] der Balzacschen Romane
4. (*contrefaçon*) [*signature*] Fälschung *f*, Nachmachen *nt;* ***il fabrique des ~s de meubles anciens*** er macht antike Möbel nach
▸ **pâle ~** farbloser Abklatsch; **à l'~ de qn/qc** nach jds Vorbild/nach dem Vorbild einer S.; ***il a voulu, à l'~ de son père, devenir artiste*** er wollte wie sein Vater Künstler werden; **[en] ~** Imitat *nt;* ***c'est un portefeuille [en] ~ cuir*** die Brieftasche ist eine Lederimitation [*o* ein Lederimitat]

imiter <1> [imite] *vt* **1.** (*faire la même chose que*) ■ **qn imite qn/qc** jd ahmt jdn/etw nach; ***il leva son verre et tout le monde l'imita*** er erhob sein Glas und alle folgten seinem Beispiel [*o* alle taten es ihm gleich]
2. (*prendre pour modèle*) ■ **qn imite qn/qc** *mère, père* jd eifert [*o* strebt] jdm nach; *qualités de qn* jd nimmt sich (*dat*) etw zum Vorbild, jd nimmt sich (*dat*) an etw (*dat*) ein Beispiel; ***un exemple à ~*** ein nachahmenswertes Beispiel
3. (*singer, reproduire*) ■ **qn imite qn/qc** jd macht jdn/etw nach; *personne, voix a.* jd imitiert jdn/etw; *signature a.* jd fälscht etw
4. (*avoir l'aspect de*) ■ **qc imite qc** etw ist einer S. (*dat*) nachempfunden

immaculé, e [imakyle] *adj* **1.** (*sans tache*) makellos; ***qc est d'une blancheur ~e*** [*o* ***d'un blanc ~***] etw ist blütenweiß; ***la nappe rose n'est pas restée longtemps ~e*** die rosa Tischdecke ist nicht lange ohne Flecken geblieben
2. *âme* rein; *honneur* unbefleckt; *réputation* makellos

immanence [imanɑ̃s] *f* Immanenz *f*

immanent, e [imanɑ̃, ɑ̃t] *adj* immanent; ■ **qn/qc est ~ à qc** etw ist jdm/einer S. immanent, jd/etw wohnt einer S. (*dat*) inne

immangeable [ɛ̃mɑ̃ʒabl] *adj* ungenießbar

immanquable [ɛ̃mɑ̃kabl] *adj* **1.** (*inévitable*) unvermeidbar, unvermeidlich
2. (*infaillible*) unfehlbar; *cible* nicht zu verfehlen
3. (*à ne pas rater*) nicht zu verpassen

immanquablement [ɛ̃mɑ̃kabləmɑ̃] *adv* (*inévitablement*) unvermeidbar, unvermeidlich; ***si vous travailliez davantage, vous réussiriez ~*** wenn Sie mehr arbeiten würden, würden Sie sicherlich [*o* ganz bestimmt] Erfolg haben; ***~ il viendra avec elle*** zwangsläufig kommt er mit ihr mit

immatériel, le [i(m)mateʀjɛl] *adj* **1.** (*spirituel*) immateriell
2. (*léger, aérien*) ätherisch

immatriculation [imatʀikylasjɔ̃] *f* **1.** (*inscription, enregistrement*) ■ **~ [à qc]** [*étudiant*] *à la faculté* Einschreibung *f* [an etw (*dat*)], Immatrikulation *f* [an etw (*dat*)]; [*commerçant*] *au registre du commerce* Eintragung *f* [in etw (*akk*)]; [*voiture*] Zulassung *f;* ***~ à la Sécurité sociale*** Anmeldung *f* bei der Sozialversicherung
2. (*numéro minéralogique*) amtliches Kennzeichen, Kraftfahrzeugkennzeichen *nt*

immatriculer <1> [imatʀikyle] *vt* ■ **qn immatricule qc** jd registriert etw, jd trägt etw ein; ■ **qn fait ~ qc** *voiture* jd meldet etw an, jd lässt etw zu; ■ **qn se fait ~ quelque part** *à la faculté* jd schreibt sich irgendwo ein, jd immatrikuliert sich irgendwo; ■ **qc est immatriculé(e) quelque part**: ***cette voiture est immatriculée dans la Manche*** der Wagen trägt ein Kennzeichen vom Departement der Manche; ***ma voiture est immatriculée 4589 VM 54*** mein Wagen ist auf das amtliche Kennzeichen 4589 VM 54 zugelassen

immature [imatyʀ] *adj* unreif

immaturité [imatyʀite] *f* Unreife *f*

immédiat, e [imedja, jat] I. *adj* **1.** (*très proche*) unmittelbar; *contact, voisin a.* direkt; *soulagement, effet* sofortig; *avenir* unmittelbar [bevorstehend]
2. (*sans intermédiaire*) unmittelbar, direkt; ***il fait partie de la parenté ~e*** er gehört zur nächsten Verwandtschaft
3. (*qui s'impose*) *question* dringlich; ***mesures ~es*** Sofortmaßnahmen *pl*
4. PHILOS unmittelbar
II. *m* unmittelbare Zukunft
▸ **dans** [*o* **pour**] **l'~** im Augenblick, für den Augenblick

immédiatement [imedjatmɑ̃] *adv* **1.** (*tout de suite*) sofort, unverzüglich; ***il est arrivé ~ après votre départ*** er ist unmittelbar nach eurer Abreise angekommen
2. (*sans intermédiaire*) unmittelbar, direkt

immémorial, e <-aux> [i(m)memɔʀjal, jo] *adj soutenu* uralt; ***depuis des temps ~aux*** seit Menschengedenken

immense [i(m)mɑ̃s] *adj* **1.** (*infini*) *mer* unermesslich weit, unendlich weit; *espace, monde* unermesslich groß, unendlich groß
2. (*énorme*) enorm; *avantage, influence, mérite* unglaublich; *fortune, foule, chantier* riesig; *succès, joie* Riesen- *fam; chagrin, gloire* ungeheuer

immensément [i(m)mɑ̃semɑ̃] *adv riche* ungeheuer, enorm

immensité [i(m)mɑ̃site] *f* **1.** (*étendue infinie*) [*plaine, mer*] unermessliche Weite, unendliche Weite; [*univers*] Unendlichkeit *f;* ***son regard se perdait dans l'~*** er/sie starrte ins Leere
2. (*énormité*) unglaubliches Ausmaß; ***j'hésite devant l'~ de la tâche*** ich zögere vor dieser gewaltigen Aufgabe; ***l'~ de ses richesses*** sein/ihr ungeheurer [*o* enormer] Reichtum; ***l'~ de ses prétentions*** seine/ihre enormen Ansprüche, seine/ihre Wahnsinnsansprüche *fam*

immergé, e [imɛʀʒe] *adj partie d'un iceberg, rocher, terres* unter Wasser liegend; *câble* unter Wasser verlegt; ***qc repose ~ à plus de 3000 m de fond*** etw liegt mehr als 3000 m tief unter Wasser

immerger <2 a> [imɛʀʒe] I. *vt* ■ **qn immerge qc [dans qc]** *déchets radioactifs* jd verklappt etw [in etw (*dat*)] *spec; trésor, corps* jd versenkt etw [in etw (*dat*)]; ***qn immerge un câble sous l'eau*** jd verlegt ein Kabel unter Wasser
II. *vpr* ■ **qc s'immerge** /*sous-marin*/ etw taucht, etw geht unter Wasser; ■ **qn s'immerge dans qc** (*étudier*) jd taucht in etw (*akk*) ein, jd studiert etw intensiv

immérité, e [imeʀite] *adj* unverdient

immersion [imɛʀsjɔ̃] *f* Eintauchen *nt;* [*câble*] Verlegen *nt* unter Wasser; [*déchets radioactifs*] Verklappung *f spec;* [*sous-marin*] [Unter]tauchen *nt*
immettable [ɛ̃metabl] *adj vêtement* nicht tragbar
immeuble [imœbl] **I.** *adj* unbeweglich; ***biens*** ~***s*** Immobilien *pl,* Liegenschaften *pl*
II. *m* **1.** (*bâtiment*) [Wohn]haus *nt,* [Wohn]gebäude *nt;* (*à usage locatif*) [Miets]haus *nt*
2. *gén pl* JUR Immobilien *pl,* Liegenschaften *pl,* unbewegliche Güter *pl*
◆ **immeuble à usage locatif** Mietshaus *nt;* **immeuble de bureaux** Bürogebäude *nt;* **immeuble de rapport** Mietshaus *nt;* **immeuble en copropriété** Haus *nt* mit Eigentumswohnungen
immigrant, e [imigʀɑ̃, ɑ̃t] **I.** *adj:* ***les populations*** ~***es*** die Einwanderer, die Immigranten
II. *m, f* Einwanderer/-wand[r]erin *m/f,* Immigrant(in) *m(f)*
immigration [imigʀasjɔ̃] *f* Einwanderung *f,* Immigration *f*
immigré, e [imigʀe] **I.** *adj* eingewandert, immigriert; ***travailleur*** ~ Gastarbeiter *m*
II. *m, f* Einwanderer/-wand[r]erin *m/f,* Immigrant(in) *m(f)*
◆ **immigré(e) de la deuxième/troisième génération** Einwanderer/-wand[r]erin *m/f* der zweiten/dritten Generation
immigrer <1> [imigʀe] *vi* ■ **qn immigre quelque part** jd immigriert irgendwo, jd wandert irgendwo ein
imminence [iminɑ̃s] *f* nahes [*o* unmittelbares] Bevorstehen; [*danger, conflit a.*] Drohen *nt*
imminent, e [iminɑ̃, ɑ̃t] *adj* nahe [*o* unmittelbar] bevorstehend; *conflit, danger a.* drohend; ***qc est*** ~ etw steht nahe [*o* unmittelbar] bevor; /*conflit, danger a.*/ etw droht
immiscer <2> [imise] *vpr* ■ **qn s'immisce dans qc** jd mischt sich in etw (*akk*) ein
immixtion [imiksjɔ̃] *f* ■ ~ **dans qc** Einmischung *f* in etw (*akk*)
immobile [i(m)mɔbil] *adj* **1.** (*sans mouvement*) *personne* unbeweglich, reg[ungs]los; *partie, pièce* fest, unbeweglich
2. (*qui n'évolue pas*) starr, unbeweglich
immobilier [imɔbilje] *m* ■ **l'**~ das Immobiliengeschäft; ***son père travaille dans l'***~ sein Vater handelt mit Immobilien, sein Vater ist im Immobiliengeschäft
immobilier, -ière [imɔbilje, -jɛʀ] *adj* Immobilien-; *placement a.* in Immobilien; ***agent*** ~ Immobilienhändler(in) *m(f),* [Immobilien]makler(in) *m(f);* ***annonce*** ~***ière*** Immobilienanzeige *f;* ***biens*** ~***s*** Immobilien *pl;* ***crédit*** ~ Immobiliarkredit *m;* ***crise*** ~***ière*** Krise *f* im Immobiliengeschäft; ***saisie*** ~***ière*** Immobiliarzwangsvollstreckung *f,* Immobiliarverpfändung *f;* ***promoteur*** ~ Bauträger[gesellschaft *f*] *m,* Bauherr *m;* ***revenus*** ~***s*** Einkommen *nt* aus Immobilien; ***société*** ~***ière*** Immobiliengesellschaft *f;* ***vente*** ~***ière*** Immobilienverkauf *m;* ***ensemble*** ~ Immobilienkomplex *m*
immobilisation [imɔbilizasjɔ̃] *f* **1.** (*arrêt*) [*véhicule*] Stehenbleiben *nt;* [*machine a.*] Stillstehen *nt,* Stillstand *m;* ***attendez avant de descendre l'***~ ***totale du convoi!*** warten Sie mit dem Aussteigen solange, bis der Zug ganz hält [*o* der Zug stillsteht]!; ***un accident entraîne l'***~ ***de la circulation*** ein Unfall bringt den Verkehr zum Erliegen, ein Unfall legt den Verkehr lahm
2. MED [*membre, fracture*] Ruhigstellung *f,* Immobilisation *f spec*
3. SPORT Haltegriff *m*
4. JUR Immobilisierung *f,* Umwandlung *f* [einer beweglichen Sache] in eine unbewegliche Sache
5. FIN [*capitaux*] Festlegung *f,* feste Anlage
immobiliser <1> [imɔbilize] **I.** *vt* **1.** (*stopper*) ■ **qc immobilise qc** etw bringt etw zum Stillstand; ***un accident a immobilisé la circulation*** ein Unfall hat den Verkehr zum Stillstand [*o* zum Erliegen] gebracht, ein Unfall hat den Verkehr lahmgelegt; ***une panne a immobilisé ma voiture*** mein Auto ist mit einer Panne liegen geblieben; ***qc immobilise qn de peur*** etw lässt jdn vor Angst erstarren; ***le trac m'immobilise*** die Angst lähmt mich; ***la grève immobilise les bateaux*** der Streik legt den Schiffsverkehr lahm; ***les douaniers ont immobilisé les camions*** die Zollbeamten haben die Lastwagen angehalten [*o* gestoppt]
2. MED ■ **qn immobilise qc** *membre* jd stellt etw ruhig, jd immobilisiert etw *spec;* ■ **qc immobilise qn/qc** etw legt jdn/etw lahm; ***sa fracture l'a immobilisé pendant un mois*** sein Bruch hat ihn für einen Monat außer Gefecht gesetzt [*o* lahmgelegt *fam*]
3. SPORT ■ **qn immobilise qn** jd hält jdn im Haltegriff
4. JUR ■ **qn immobilise qc** jd wandelt [eine bewegliche Sache] in eine unbewegliche Sache um, jd immobilisiert etw *spec*
5. FIN ■ **qn immobilise qc** *capitaux, actions* jd legt etw fest, jd legt etw an
II. *vpr* ■ **qn/qc s'immobilise** /*circulation, échanges commerciaux*/ etw kommt zum Erliegen; /*machine, train*/ etw bleibt stehen; /*voiture*/ etw bleibt liegen; /*personne*/ jd bleibt stehen; ***qn s'immobilise de peur/surprise*** jd ist vor Angst erstarrt/vor Freude wie gelähmt
immobilisme [imɔbilism] *m* Fortschrittsfeindlichkeit *f*
immobiliste [imɔbilist] **I.** *adj* fortschrittsfeindlich
II. *mf* Feind(in) *m(f)* des Fortschritts
immobilité [imɔbilite] *f* **1.** (*absence de mouvement*) Reg[ungs]losigkeit *f;* [*visage*] Unbewegtheit *f,* Starrheit *f;* ***le médecin lui a prescrit une*** ~ ***complète*** der Arzt hat ihm verboten sich zu bewegen
2. (*absence de changement*) Starre *f,* Unbeweglichkeit *f;* [*situation*] Festgefahrenheit *f*
immodéré, e [imɔdeʀe] *adj désir, usage* unmäßig; *consommation a.* maßlos; *dépenses, prix* übermäßig hoch, unverhältnismäßig hoch; *prétentions* übertrieben, überzogen
immodérément [imɔdeʀemɑ̃] *adv* unmäßig, maßlos
immolation [imɔlasjɔ̃] *f* Opferung *f*
immoler <1> [imɔle] **I.** *vt* **1.** (*offrir en sacrifice*) ■ **qn immole qn/un animal** [**à qn/qc**] jd opfert [jdm/einer S.] jdn/ein Tier, jd bringt [jdm/einer S.] jdn/ein Tier zum Opfer [dar]
2. *littér* (*massacrer*) ■ **qn immole qn** jd mordet jdn hin *liter;* ***la guerre immole d'innombrables victimes*** der Krieg fordert unzählige Opfer
3. *littér* (*sacrifier*) ■ **qn immole qn/qc** [**à** [*o* **pour**] **qc**] jd opfert jdn/etw [einer S. (*dat*)]
II. *vpr littér* ■ **qn s'immole** jd opfert sich; ***qn s'immole par le feu*** jd verbrennt sich selbst
immonde [i(m)mɔ̃d] *adj* **1.** (*d'une saleté extrême*) widerwärtig, dreckig *fam*
2. (*répugnant*) *crime, personne* gemein, niederträchtig; *action* schändlich, abscheulich; *propos* schmutzig, unanständig
3. HIST, REL unrein; ***chassez ces*** ~***s pensées*** vertreibt diese unkeuschen Gedanken; ***l'esprit*** ~ der böse Geist
immondices [i(m)mɔ̃dis] *fpl* Müll *m*
immoral, e <-aux> [i(m)mɔʀal, o] *adj* unmoralisch; *conduite a.* unsittlich; *personne a.* sittenlos
immoralisme [i(m)mɔʀalism] *m* Unmoral *f;* PHILOS Immoralismus *m*
immoralité [i(m)mɔʀalite] *f* Unsittlichkeit *f;* [*personne a.*] unsittliches [*o* unmoralisches] Verhalten; [*politique, société*] Unmoral *f*
immortaliser <1> [imɔʀtalize] **I.** *vt* ■ **qn/qc immortalise qn/qc** jd/etw macht jdn/etw unsterblich
II. *vpr* ■ **qn s'immortalise** [**par qc**] jd wird [durch etw] unsterblich
immortalité [imɔʀtalite] *f* Unsterblichkeit *f*
immortel, le [imɔʀtɛl] **I.** *adj* **1.** REL unsterblich
2. *soutenu amour, gloire, monument* unvergänglich, ewig; *personne* unvergessen; *souvenir, principe* unauslöschlich
II. *m, f fam* Unsterbliche(r) *f(m)*
III. *f* ■ **immortelle** Strohblume *f,* Immortelle *f*
immotivé, e [i(m)mɔtive] *adj* grundlos, unbegründet; ***il a été sanctionné pour absences*** ~***es*** er wurde entlassen, weil er mehrfach unentschuldigt gefehlt hat
immuable [imɥabl] *adj* unveränderlich; *sourire* ständig, dauernd; ***les heures de repas chez nous sont*** ~***s*** bei uns wird immer zu den gleichen Uhrzeiten gegessen; ***il est vêtu de son*** ~ ***complet à carreaux*** er hat seinen ewig karierten Anzug an; ***qn reste*** ~ ***dans ses convictions*** jd ist in seinen Überzeugungen unerschütterlich; ***l'***~ ***président de cette association*** der unverwüstliche Präsident dieses Vereins
immuablement [imɥabləmɑ̃] *adv* unausweichlich; ***qn/qc est/reste*** [*o* ***demeure***] ~ ***fidèle*** jd/etw ist/bleibt unverändert treu; ***elle a été*** ~ ***fidèle à ses convictions*** sie ist ihren Überzeugungen immer treu geblieben; ***les eaux coulent*** ~ das Wasser fließt unaufhörlich
immunisation [imynizasjɔ̃] *f* Immunisierung *f*
immuniser <1> [imynize] *vt* **1.** MED ■ **qn/qc immunise qn/un animal** [**contre qc**] jd/etw macht jdn/ein Tier [gegen etw] immun, jd/etw immunisiert jdn/ein Tier [gegen etw]; ■ **qn/un animal est immunisé(e)** [**contre qc**] jd/etw ist [gegen etw] immun
2. (*protéger*) ■ **qn/qc immunise qn contre qc** jd/etw macht jdn gegen etw immun; ■ **qn est immunisé(e) contre qc** jd ist gegen etw immun
immunitaire [imynitɛʀ] *adj:* ***défenses*** ~***s*** Abwehrkräfte *pl;* ***processus*** ~ Immunisierung *f;* ***réactions*** ~***s*** Immunreaktionen *pl;* ***système*** ~ Immunsystem *nt*
immunité [imynite] *f* **1.** MED Immunität *f*
2. POL, JUR Immunität *f*
▸ ~ **acquise** erworbene Immunität; ~ **diplomatique** diplomatische Immunität; ~ **fiscale** Steuerfreiheit *f;* ~ **naturelle** angeborene Immunität; ~ **parlementaire** parlamentarische Immunität; **qn lève/fait lever l'**~ **de qn** jd hebt jds Immunität auf/jd lässt jds Immunität aufheben
immunodéficience [imynodefisjɑ̃s] *f* Immunschwäche *f,* Immundefizienz *f spec*
immunodépresseur [imynodepʀesœʀ] *m* Immundepressivum *nt*
immunodépressif, -ive [imynodepʀesif, -iv] *adj* immundepressiv; ***médicament*** ~ Immundepressivum *nt*
immunologie [imynɔlɔʒi] *f* Immunologie *f*
immunothérapie [imynoteʀapi] *f* Immuntherapie *f*
impact [ɛ̃pakt] *m* **1.** (*heurt*) [*obus*] Einschlag[stelle *f*] *m;* [*balle*] Einschuss[stelle *f*] *m;* (*sur la terre, sur un mur*) Aufschlag[stelle *f*] *m*
2. (*influence*) Einfluss *m;* ~ ***publicitaire*** Werbewirksamkeit *f,* Werbeeinfluss *m;* ~ ***médiatique*** Medienwirksamkeit *f*
▸ **qn/qc a de l'**~**/un** ~**/n'a aucun** ~ [**sur qn/qc**] jd/etw hat Einfluss/einen gewissen Einfluss/überhaupt keinen Einfluss [auf jdn/etw], etw wirkt sich/wirkt sich überhaupt nicht [auf jdn/etw] aus, etw hat eine Auswirkung/überhaupt keine Auswirkung [auf jdn/etw]; ***la dramatique à la télévision a beaucoup moins d'***~ ***qu'à la radio*** die Dramatik ist im Fernsehen weitaus weniger wirkungsvoll als im Radio
impair, e [ɛ̃pɛʀ] **I.** *adj* ungerade; *organe* unpaarig; ***vers*** ~ Vers mit ungerader Silbenzahl
II. *m* **1.** MATH, JEUX ungerade Zahl; ***à la roulette, j'ai tout misé sur l'***~ ***et j'ai perdu*** ich habe beim Roulett alles auf Impair gesetzt und verloren
2. (*gaffe*) Fauxpas *m*
▸ **qn commet** [*o* **fait**] **un** ~ jd begeht [*o* macht] einen Fauxpas
impala [impala] *m* Impala *f*
impalpable [ɛ̃palpabl] *adj poussière* ganz fein; *danger, sentiment* nicht greifbar
imparable [ɛ̃paʀabl] *adj argument* nicht zu widerlegen, unwiderlegbar; *coup* nicht abzuwenden, unabwendbar; FBALL *tir* nicht haltbar, unhaltbar; ***ma riposte était si*** ~ ***qu'il en est resté coi*** meine Antwort war so schlagfertig, dass er darauf nichts erwidern konnte
impardonnable [ɛ̃paʀdɔnabl] *adj* unverzeihlich; ■ **qn est** ~ **de faire qc**

es ist unverzeihlich, dass jd etw tut
imparfait [ɛ̃paʀfɛ] *m* Imperfekt *nt*
▸ **à** l'~ im Imperfekt
◆ **imparfait de l'indicatif** Indikativ Imperfekt; **imparfait du subjonctif** Konjunktiv Imperfekt
imparfait, e [ɛ̃paʀfɛ, ɛt] *adj* unvollkommen; *être, personne, homme a.* nicht perfekt; *connaissances* unzulänglich, lückenhaft; *œuvre, roman* unausgereift; *prononciation* mangelhaft
imparfaitement [ɛ̃paʀfɛtmɑ̃] *adv* **1.** (*partiellement*) nur teilweise, unvollkommen, nur halb
2. (*médiocrement*) unzulänglich, unzureichend, ungenügend; ***il ne s'exprime que très ~ en anglais*** er kann sich auf Englisch mehr schlecht als recht verständlich machen
impartial, e <-aux> [ɛ̃paʀsjal, jo] *adj arbitre, juge* unparteilich; *historien* unvoreingenommen; *critique* objektiv; *verdict* unparteiisch
impartialement [ɛ̃paʀsjalmɑ̃] *adv* unparteilich, unvoreingenommen; *juger* unparteiisch
impartialité [ɛ̃paʀsjalite] *f* [*arbitre, juge*] Unparteilichkeit *f;* [*historien*] Unvoreingenommenheit *f;* [*critique*] Objektivität *f;* ***le tribunal a rendu son jugement avec ~*** das Gericht hat ein unparteiisches Urteil gesprochen
▸ **en toute** ~ ganz unvoreingenommen, ganz objektiv
impartir <8> [ɛ̃paʀtiʀ] *vt* **1.** *littér* (*attribuer*) ▪ **qn/qc impartit qc à qn** etw stattet jdn mit etw aus; ***la somme que je vous impartis …*** die Summe, die ich euch zugedenke [*o* zukommen lasse] …; ***le temps qui nous était imparti est écoulé*** die Zeit, die uns zur Verfügung stand, ist vorüber
2. ADMIN, JUR ▪ **qn/qc impartit qc à qn** *délai* jd/etw bewilligt jdm etw; ***qn impartit des pouvoirs à qn*** jd räumt jdm Befugnisse ein, jd erteilt jdm Befugnisse; ***dans les délais impartis*** innerhalb der bewilligten Frist
impasse [ɛ̃pɑs] *f* **1.** (*rue*) Sackgasse *f*
2. (*situation*) Sackgasse *f*
3. CARTES Schneiden *nt*
▸ ~ **budgétaire** Haushaltsdefizit *nt,* Haushaltsfehlbetrag *m;* **qn/qc s'engage dans une** ~ jd/etw gerät in eine Sackgasse; **qn/qc est dans l'**~ jd/etw steckt in einer Sackgasse; **qn fait l'**~ **à qc** jd schneidet etw; **qn fait des ~s** jd lernt auf Lücke *fam;* **qn fait l'**~ **sur qc** jd lässt etw aus, jd überspringt etw; **qn sort d'une** ~ jd kommt aus einer Sackgasse heraus
impassibilité [ɛ̃pasibilite] *f* [*regard*] Undurchdringlichkeit *f;* [*visage a.*] Unbewegtheit *f;* [*personne*] Gefasstheit *f;* ***il en a pris connaissance sans se départir de son ~*** er nahm es völlig unbewegt zur Kenntnis; ***qn garde son ~*** jd bewahrt die [*o* seine] Fassung
impassible [ɛ̃pasibl] *adj visage* unbewegt, undurchdringlich; *personne* unbewegt, unbeirrbar, gefasst; *nature* gefühllos; ***qn reste ~*** jd bewahrt die Fassung
impassiblement [ɛ̃pasibləmɑ̃] *adv* unbewegt; ***elle a réagi ~ à la mort de son père*** sie hat den Tod ihres Vaters gefasst aufgenommen
impatiemment [ɛ̃pasjamɑ̃] *adv* ungeduldig
impatience [ɛ̃pasjɑ̃s] *f* Ungeduld *f;* ***qn bout*** [*o* ***brûle***] [*o* ***meurt***] [*o* ***piaffe***] [*o* ***trépigne***] ***d'~*** jd kommt vor Ungeduld um, jd brennt vor Ungeduld, jd vergeht vor Ungeduld; ***qn bout*** [*o* ***brûle***] [*o* ***meurt***] ***d'~ de faire qc*** jd will brennend gern etw tun; jd brennt darauf, etw zu tun; ***qn attend qn/qc sans/avec ~*** jd erwartet jdn/etw geduldig [*o* mit Geduld]/ungeduldig [*o* mit Ungeduld]
impatiens [ɛ̃pasjɑ̃s] *f* Springkraut *nt,* Impatiens *f spec*
impatient, e [ɛ̃pasjɑ̃, jɑ̃t] **I.** *adj* ungeduldig; ▪ **qn est ~ de faire qc** jd brennt darauf, etw zu tun; ***je suis ~ de le rencontrer*** ich brenne darauf, ihn zu treffen; ich kann es kaum erwarten, ihn zu treffen
II. *m, f* Ungeduldige(r) *f(m)*
impatienter <1> [ɛ̃pasjɑ̃te] **I.** *vt* ▪ **qn/qc impatiente qn** [**avec** [*o* **par**] **qc**] jd/etw macht jdn [mit etw] ungeduldig; ***vous commencez à m'~*** ich bin mit meiner Geduld bald am Ende; ***il était impatienté de tous ces retards*** wegen der ewigen Verspätungen war er ärgerlich; ***il est impatienté de ne pas avoir de nouvelles*** er ist besorgt [*o* beunruhigt], weil er noch keine Nachricht hat
II. *vpr* ▪ **qn s'impatiente** [**de qc**] jd wird [wegen etw] ungeduldig, jd verliert [wegen etw] die Geduld; ▪ **qn s'impatiente contre qn/qc** jd regt sich über jdn/etw auf; ***je m'impatiente de les voir gaspiller tout leur temps*** ich rege mich auf, wenn ich sehe, wie sie ihre ganze Zeit vergeuden
impavide [ɛ̃pavid] *adj littér* furchtlos, unerschrocken
impayable [ɛ̃pɛjabl] *adj fam* unbezahlbar; ***t'as vu son costume? Il est vraiment ~*** hast du seinen neuen Anzug gesehen? Der ist ja echt zum Schießen [*o* Piepen] *fam*
impayé, e [ɛ̃peje] **I.** *adj facture* nicht bezahlt, unbezahlt; *chèque, traite* nicht eingelöst
II. *m* Außenstand *m,* ausstehende Zahlung
impeccable [ɛ̃pekabl] *adj* **1.** (*parfait*) einwandfrei, tadellos; ~! astrein! *fam,* klasse! *fam,* Spitze! *fam;* ***ton français est ~*** dein Französisch ist einwandfrei [*o* fehlerfrei] [*o* astrein *fam*]
2. (*irréprochable*) vorbildlich; *attitude, conduite* tadellos
3. (*très propre*) tadellos; ***sa tenue est toujours ~*** er/sie ist immer picobello gekleidet *fam;* ***son appartement est rangé de façon ~*** seine/ihre Wohnung ist tipptopp aufgeräumt *fam;* ***sa voiture est toujours ~*** sein/ihr Wagen ist immer blitzblank geputzt *fam*
impeccablement [ɛ̃pekabləmɑ̃] *adv* einwandfrei, tadellos; *se tenir a.* vorbildlich; ***tout a marché ~*** alles hat einwandfrei geklappt
impénétrable [ɛ̃penetʀabl] *adj* **1.** (*où rien ne peut pénétrer*) undurchdringlich; ***qc est ~ aux balles*** etw ist kugelsicher
2. (*mystérieux*) unergründlich
3. (*fermé*) *visage, air* undurchdringlich; *personne a.* undurchschaubar; ***qn a un caractère ~*** jd ist schlecht zu durchschauen, jd ist undurchdringlich; ▪ **qn est ~ à qc** jd ist einer S. (*dat*) gegenüber unzugänglich; ***il est ~ à ce qui l'entoure*** er ist für seine Umgebung unempfänglich
impénitent, e [ɛ̃penitɑ̃, ɑ̃t] *adj* unverbesserlich; ***c'est un fumeur ~*** er kann das Rauchen einfach nicht lassen
impensable [ɛ̃pɑ̃sabl] *adj* undenkbar; ▪ **il est ~ de faire qc/que qn fasse qc** es ist undenkbar, etw zu tun/dass jd etw tut
imper [ɛ̃pɛʀ] *m fam abr de* **imperméable** Regenmantel *m*
impératif [ɛ̃peʀatif] *m* **1.** *souvent pl* (*nécessité*) dringendes Erfordernis, [unabdingbare] Notwendigkeit; ***des ~s d'horaire nous obligent …*** aus zeitlichen Gründen sind wir gezwungen …; ***les ~s de la mode veulent que*** + *subj* die Mode schreibt vor, dass
2. LING Imperativ *m,* Befehlsform *f*
▸ ~ **catégorique** kategorischer Imperativ
impératif, -ive [ɛ̃peʀatif, -iv] *adj* **1.** *consigne, ordre* strikt, zwingend; *geste* gebieterisch; *ton* Befehls-, gebieterisch; *mandat* imperativ; ***disposition ~ive*** Mussvorschrift *f;* ***loi ~ive*** zwingendes Recht
2. (*qui s'impose*) *besoins* dringlichste(r, s), vordringlich; *nécessité* dringend; ***qc rend qc ~*** etw macht etw dringend erforderlich
3. LING: ***forme ~ive*** Imperativ *m,* Befehlsform *f*
impérativement [ɛ̃peʀativmɑ̃] *adv* **1.** (*obligatoirement*) unbedingt; ***il faut ~ que*** + *subj* es ist unerlässlich, dass
2. (*nécessairement*) notwendigerweise
3. (*avec autorité*) gebieterisch
impératrice [ɛ̃peʀatʀis] *f* Kaiserin *f*
imperceptible [ɛ̃pɛʀsɛptibl] *adj* **1.** (*non perceptible*) nicht wahrnehmbar; ▪ [**qc est**] ~ **à qn** [etw ist] für jdn nicht wahrnehmbar; ***qc est ~ à l'oreille*** etw ist nicht hörbar, etw ist unhörbar; ***qc est ~ à l'œil*** etw ist für das menschliche Auge nicht erkennbar
2. (*infime, minime*) kaum wahrnehmbar, kaum merklich, unmerklich
imperceptiblement [ɛ̃pɛʀsɛptibləmɑ̃] *adv* unmerklich
imperfection [ɛ̃pɛʀfɛksjɔ̃] *f* **1.** ∅ (*caractère imparfait*) Unvollkommenheit *f*
2. *souvent pl* (*défaut*) [*matière*] Fehler *m;* [*roman, plan*] Schwäche *f,* Schwachstelle *f;* [*visage*] Unebenheit *f*
impérial, e <-aux> [ɛ̃peʀjal, jo] **I.** *adj* **1.** (*d'empereur*) *couronne, dignité, famille* Kaiser-; *sceptre, pouvoir* kaiserlich
2. (*dominateur, altier*) herrisch
II. *f* ▪ **impériale** obere Etage; ***un bus à ~e*** ein Doppeldeckerbus *m*
impérialisme [ɛ̃peʀjalism] *m* **1.** POL Imperialismus *m*
2. (*despotisme*) Despotismus *m;* ***l'~ de l'argent*** die Herrschaft des Geldes
impérialiste [ɛ̃peʀjalist] **I.** *adj* imperialistisch
II. *mf* Imperialist(in) *m(f)*
impérieusement [ɛ̃peʀjøzmɑ̃] *adv* **1.** (*impérativement*) dringend
2. (*instamment*) inständig
impérieux, -euse [ɛ̃peʀjø, -jøz] *adj* **1.** (*autoritaire*) herrisch, gebieterisch
2. (*pressant*) dringend; *nécessité* zwingend; *réalité* unausweichlich; ***c'est son désir ~*** es ist sein/ihr dringlichster Wunsch; ***qc rend qc ~*** etw macht etw dringend notwendig
impérissable [ɛ̃peʀisabl] *adj* unvergänglich
imperméabilisation [ɛ̃pɛʀmeabilizasjɔ̃] *f* Imprägnieren *nt,* Imprägnierung *f*
imperméabiliser <1> [ɛ̃pɛʀmeabilize] *vt* ▪ **qn imperméabilise qc** jd imprägniert etw; ***ce produit imperméabilise les chaussures*** mit diesem Produkt imprägniert man Schuhe
imperméabilité [ɛ̃pɛʀmeabilite] *f* **1.** (*propriété*) Wasserundurchlässigkeit *f*
2. (*insensibilité*) Unempfänglichkeit *f,* Unzugänglichkeit *f*
imperméable [ɛ̃pɛʀmeabl] **I.** *adj* **1.** (*que l'eau ne traverse pas*) *sol* wasserundurchlässig; *tissu, toile* wasserfest, wasserdicht; ~ ***à la pluie*** regendicht; ~ ***à l'eau*** wasserundurchlässig, wasserdicht
2. (*insensible*) ▪ ~ **à qc** *à des arguments* für etw unzugänglich; *à l'art, à un sentiment* für etw unempfänglich
II. *m* Regenmantel *m*
impersonnel, le [ɛ̃pɛʀsɔnɛl] *adj* **1.** (*froid, banal*) unpersönlich
2. (*qui ne concerne pas une personne*) allgemein gültig
3. GRAM unpersönlich
impertinence [ɛ̃pɛʀtinɑ̃s] *f* Unverschämtheit *f,* Impertinenz *f geh;* ***je supporte mal l'~ de ses propos*** ich kann seine unverschämten [*o* frechen] Äußerungen schlecht ertragen; ***avec ~*** unverschämt; ***arrête tes ~s, tu nous fais remarquer!*** wenn du weiterhin so unverschämt bist, fallen wir noch auf!
impertinent, e [ɛ̃pɛʀtinɑ̃, ɑ̃t] **I.** *adj* unverschämt, frech; *manières, personne a.* impertinent *geh*
II. *m, f* unverschämter Mensch; ***petit ~*** Frechdachs *m fam*
imperturbabilité [ɛ̃pɛʀtyʀbabilite] *f* Unerschütterlichkeit *f*
imperturbable [ɛ̃pɛʀtyʀbabl] *adj* unerschütterlich; ***il reste d'une sérénité ~*** er bleibt heiter und gelassen; ***qn reste ~*** jd lässt sich nicht erschüttern, jd bleibt unerschütterlich; ***qn est d'un caractère ~*** jdn kann nichts erschüttern, jd ist unerschütterlich; ***elle est d'un sang-froid ~*** sie behält immer ihre Kaltblütigkeit
imperturbablement [ɛ̃pɛʀtyʀbabləmɑ̃] *adv* unerschütterlich
impétigo [ɛ̃petigo] *m* Eiterflechte *f,* Impetigo *f spec*
impétueusement [ɛ̃petɥøzmɑ̃] *adv soutenu* ungestüm, stürmisch
impétueux, -euse [ɛ̃petɥø, -øz] *adj* **1.** (*tumultueux*) heftig; *ouragan a.* tobend; *vent a.* sehr stark; *torrent* reißend; *rythme* mitreißend
2. (*fougueux*) ungestüm; *caractère, personne, jeunesse a.* stürmisch, hitzig; *orateur* feurig
impétuosité [ɛ̃petɥozite] *f soutenu* **1.** (*violence*) Heftigkeit *f;* [*ouragan, tempête a.*] Gewalt *f;* [*rythme*] mitreißender Schwung; ***il faut se méfier de***

l'~ des torrents de montagne vor reißenden Gebirgsbächen sollte man sich in Acht nehmen
2. (*fougue*) Ungestüm *nt;* [*passion*] Heftigkeit *f; l'~ de ses réactions était imprévisible* dass er/sie so heftig reagieren würde, war nicht vorauszusehen
impie [ɛ̃pi] **I.** *adj soutenu* gottlos
II. *mf soutenu* **1.** (*athée*) Gottlose(r) *f(m)*
2. (*blasphémateur*) Gotteslästerer/-lästerin *m/f*
impiété [ɛ̃pjete] *f* Gottlosigkeit *f*
impitoyable [ɛ̃pitwajabl] *adj* (*sans pitié*) unerbittlich; *jugement a.* unbarmherzig; *personne a.* hartherzig; *critique* erbarmungslos, schonungslos; *regard* mitleid[s]los, unversöhnlich; *haine* erbittert
impitoyablement [ɛ̃pitwajabləmɑ̃] *adv* mitleid[s]los, ohne Mitleid, erbarmungslos
implacable [ɛ̃plakabl] *adj ennemi, juge, destin, sort, certitude* unerbittlich; *soleil, monde, mal* erbarmungslos; *film, critique* schonungslos
implacablement [ɛ̃plakabləmɑ̃] *adv* unerbittlich; *critiquer* schonungslos; *le soleil est ~ brûlant* die Sonne brennt erbarmungslos; *il analysa ~ les comptes* er prüfte die Abrechnungen mit peinlicher Genauigkeit
implant [ɛ̃plɑ̃] *m* Implantat *nt;* ~ *capillaire* Haarimplantat *nt; qn se fait mettre des ~s* [*capillaires*] jd lässt sich Haare implantieren
implantation [ɛ̃plɑ̃tasjɔ̃] *f* **1.** (*installation*) Ansied[e]lung *f;* [*population a.*] Sesshaftwerden *nt*
2. MED Implantation *f*
implanter <1> [ɛ̃plɑ̃te] **I.** *vt* **1.** (*introduire*) ■ **qn implante qn/qc quelque part** jd siedelt jdn/etw irgendwo an; ■ **qc est implanté(e) quelque part** / *industrie*/ etw ist irgendwo angesiedelt; / *système*/ etw ist irgendwo eingeführt; / *arbre*/ etw ist irgendwo eingepflanzt; ■ **qn est implanté(e) quelque part** jd ist irgendwo sesshaft; *ils sont implantés en Amérique depuis 200 ans* sie sind seit 200 Jahren in Amerika sesshaft
2. (*enraciner*) ■ **qn implante qc** [**dans qc**] *usages* jd führt etw [in etw (*dat*)] ein; *on implante des idées/ préjugés dans l'esprit des gens* den Leuten werden Vorstellungen/Vorurteile in den Kopf gesetzt [*o* eingetrichtert *fam*]; ■ **qc est implanté(e)** [**dans qc**] / *habitudes, préjugés*/ etw ist tief [in etw (*dat*)] verwurzelt
3. MED ■ **qn implante qc à qn** jd pflanzt jdm etw ein, jd implantiert jdm etw
II. *vpr* **1.** (*se fixer*) ■ **qn/qc s'implante quelque part** jd/etw siedelt sich irgendwo an; / *immigrants a.*/ jd wird irgendwo sesshaft; / *parti politique*/ etw fasst irgendwo Fuß
2. (*s'installer*) ■ **qc s'implante** / *idées, préjugés*/ etw setzt sich fest; / *usages*/ etw bürgert sich ein
implémenter <1> [ɛ̃plemɑ̃te] *vt* INFORM ■ **qn implémente qc** jd implementiert etw
implication [ɛ̃plikasjɔ̃] *f* **1.** *gén pl* (*conséquence*) Auswirkung *f,* Folge *f*
2. LOGIQUE, MATH Implikation *f*
3. (*mise en cause*) ■ ~ **de qn dans qc** jds Verwicklung *f* in etw (*akk*)
implicite [ɛ̃plisit] *adj* implizit; *il ne l'a pas dit expressément, mais c'était le sens ~ de ses propos* er hat es nicht ausdrücklich gesagt, aber das war es, was er eigentlich damit gemeint hatte
implicitement [ɛ̃plisitmɑ̃] *adv* implizit; *convenir* stillschweigend; *sa réponse constitue ~ un refus* seine/ihre Antwort enthält ein unausgesprochenes Nein
impliquer <1> [ɛ̃plike] **I.** *vt* **1.** (*signifier*) ■ **qc implique qc/de faire qc** etw bedeutet etw/etw zu tun, etw heißt etw/etw zu tun; ■ **qc implique que** + *indic* etw bedeutet, dass; etw heißt, dass
2. (*demander*) ■ **qc implique qc** etw setzt etw voraus *ce travail implique de la concentration* diese Arbeit erfordert Konzentration; ■ **qc implique que** + *subj* etw setzt voraus, dass; *la collaboration implique qu'on se fasse confiance* die Zusammenarbeit setzt Vertrauen voraus [*o* erfordert Vertrauen]
3. (*mêler*) ■ **qn implique qn** [**dans qc**] jd verwickelt jdn [in etw (*akk*)]; *dans une querelle a.* jd zieht jdn [in etw (*akk*)] hinein; *plusieurs hommes politiques sont impliqués dans cette affaire* mehrere Politiker sind in diese Sache verwickelt
4. (*avoir pour conséquence*) ■ **qc implique qc/de faire qc** etw impliziert etw/etw zu tun; ■ **qc implique qc** LOGIQUE, MATH etw impliziert etw
II. *vpr* ■ **qn s'implique** [**dans qc**] jd setzt sich [für etw] ein
implorant, e [ɛ̃plɔʀɑ̃, ɑ̃t] *adj littér* flehend, flehentlich *geh*
implorer <1> [ɛ̃plɔʀe] *vt* **1.** (*supplier*) ■ **qn implore qn/qc** [**de faire qc**] jd fleht jdn/etw an [etw zu tun]
2. (*solliciter*) ■ **qn implore qc** jd fleht um etw, jd bittet inständig um etw; *pardon a.* jd erbittet etw, jd erfleht etw
imploser <1> [ɛ̃ploze] *vi* ■ **qc implose** etw implodiert
implosion [ɛ̃plozjɔ̃] *f* **1.** PHYS Implosion *f*
2. (*éclatement*) Zerfall *m*
impoli, e [ɛ̃pɔli] **I.** *adj* unhöflich; ■ ~ **envers qn** unhöflich jdm gegenüber; ■ **il est ~ de faire qc** es ist unhöflich, etw zu tun
II. *m, f* unhöflicher Mensch
impoliment [ɛ̃pɔlimɑ̃] *adv* unhöflich
impolitesse [ɛ̃pɔlitɛs] *f* Unhöflichkeit *f; avec ~* unhöflich
impondérable [ɛ̃pɔ̃deʀabl] **I.** *adj événement* unvorhersehbar; *facteurs ~s* Imponderabilien *pl geh*
II. *m gén pl* Imponderabilien *pl geh*
impopulaire [ɛ̃pɔpylɛʀ] *adj* unpopulär; *qn se rend ~* jd macht sich unbeliebt
impopularité [ɛ̃pɔpylaʀite] *f* Unpopularität *f; l'~ croissante du ministre* der wachsende Popularitätsverlust des Ministers
import [ɛ̃pɔʀ] *m abr de* **importation** Import *m*
importable[1] [ɛ̃pɔʀtabl] *adj* (*qu'on peut importer*) importierbar
importable[2] [ɛ̃pɔʀtabl] *adj* (*immettable*) untragbar; *ce complet est devenu ~* den Anzug kann man nicht mehr tragen
importance [ɛ̃pɔʀtɑ̃s] *f* **1.** (*rôle*) Bedeutung *f,* Wichtigkeit *f;* [*personne*] Einfluss *m,* Ansehen *nt; qn minimise l'~ de qc* jd spielt die Bedeutung einer S. (*gen*) herunter
2. (*ampleur*) Ausmaß *nt;* [*dégâts, sinistre a.*] Umfang *m;* [*production*] Volumen *nt,* Menge *f;* [*population*] Größe *f;* [*somme*] Höhe *f;* [*effectifs*] Stärke *f; l'~ de la somme réclamée était telle que* die geforderte Summe war so hoch [*o* beträchtlich], dass; *nous ne pouvons pas évaluer l'~ de l'échec des négociations* die Folgen, die sich aus dem Scheitern der Verhandlungen ergeben, sind noch nicht abzusehen
▶ **[d'une] ~ capitale** von größter [*o* entscheidender] Bedeutung; **de la dernière ~** höchst [*o* äußerst] wichtig; **de la plus haute** [*o* **de première**] **~** von größter Wichtigkeit, von größter Bedeutung; **qn accorde** [*o* **attache**] [*o* **donne**] **de l'~ à qc** jd misst einer S. (*dat*) Bedeutung bei; **qn se donne de l'~** *péj* jd macht sich wichtig, jd spielt sich auf; **qc est d'~** etw hat Bedeutung, etw ist von Bedeutung; **qn/qc prend de l'~** jd/etw gewinnt an Bedeutung; **d'~** *littér* ordentlich, kräftig; **sans ~** unwichtig, bedeutungslos; *tu t'es trompé? c'est sans ~* du hast dich vertan? [ist] halb [*o* nicht] so schlimm
important, e [ɛ̃pɔʀtɑ̃, ɑ̃t] **I.** *adj* **1.** (*qualitativement*) wichtig, bedeutend; *personnage a.* einflussreich; *j'ai quelque chose d'~ à te dire* ich habe dir etwas Wichtiges zu sagen; ■ ~ **à** + *infin: c'est ~ à savoir* das ist wichtig zu wissen, das muss man wissen; *j'ai encore quelque chose d'~ à faire* ich habe noch etwas Wichtiges zu erledigen; ■ **il est** [*o* **c'est**] **~ de faire qc** es ist wichtig, etw zu tun; ■ **il est ~ que** + *subj* es ist wichtig, dass
2. (*quantitativement*) beträchtlich, beachtlich; *dégâts, retard a.* erheblich; *somme a.* ansehnlich; *des effectifs ~s ont été engagés dans la lutte contre les incendies de forêt* eine große Zahl an Hilfstrupps wurde im Kampf gegen die Waldbrände eingesetzt
3. *péj* wichtigtuerisch *fam,* angeberisch *fam; il prend des airs ~s* er macht [*o* tut] sich wichtig *fam*
II. *m* Wichtige(s) *nt,* Hauptsache *f;* ■ **l'~** [**c'**]**est de faire qc** wichtig ist, etw zu tun; die Hauptsache ist, etw zu tun; ■ **l'~, c'est que** + *subj* wichtig ist, dass; die Hauptsache ist, dass; *l'~, c'est qu'ils soient heureux* Hauptsache, sie sind glücklich
III. *m, f* ▶ **qn fait l'~(e)** *péj* jd tut [*o* macht] sich wichtig *fam,* jd gibt an *fam*
importateur, -trice [ɛ̃pɔʀtatœʀ, -tʀis] **I.** *adj* Import-, Einfuhr-; *un pays ~ de blé* ein Getreide importierendes Land
II. *m, f* Importeur *m*
importation [ɛ̃pɔʀtasjɔ̃] *f* **1.** COM Import *m;* ■ **~s** (*ce qui est importé*) Importe *pl,* Importwaren *pl*
2. (*introduction*) Einführung *f;* [*maladie*] Einschleppung *f; certains pays totalitaires redoutent l'~ des idées démocratiques* einige totalitäre Staaten fürchten, dass demokratisches Gedankengut in das Land eingeschleust [*o* hineingetragen] werden könnte
▶ **d'~** Import-; *c'est de la viande d'~* das ist importiertes Fleisch
importer[1] <1> [ɛ̃pɔʀte] *vt* **1.** COM ■ **qn importe qc** jd importiert etw
2. (*introduire*) ■ **qn importe qc quelque part** jd führt etw irgendwo ein; *maladie* jd schleppt etw irgendwo ein; *idées* jd schleust etw irgendwo ein, jd trägt etw irgendwo hinein; *l'Allemagne a importé une importante main-d'œuvre venue de Turquie* Deutschland hat eine Menge Arbeitskräfte aus der Türkei ins Land geholt; ■ **qc est importé(e) de quelque part** etw wird von irgendwo eingeführt; *ces danses modernes sont importées d'Afrique* diese modernen Tänze sind aus Afrika herübergekommen
importer[2] <1> [ɛ̃pɔʀte] *vi* **1.** (*être important*) ■ **qc importe ...** + *adv* etw ist ... wichtig; *cela importe peu/ beaucoup* das ist von geringer/großer Bedeutung; ■ **il importe de faire qc** es ist wichtig, etw zu tun; ■ **il importe que** + *subj* es ist wichtig, dass
2. (*intéresser*) ■ **qc importe à qn** etw ist jdm [*o* für jdn] wichtig; *qc importe fort peu à qn* etw ist jdm völlig egal, etw interessiert jdn überhaupt nicht; *ce qui m'importe, c'est ...* was für mich zählt, ist ..., worauf es mir ankommt, ist ...
▶ **n'importe comment** (*sans méthode*) ohne [klare] Linie, ohne zu denken; (*par tous les moyens*) irgendwie; **n'importe lequel/laquelle** irgendeiner/irgendeine; **que m'importe!** was kümmert's mich!, was geht mich das schon an!; **n'importe** (*cela m'est égal*) [ist mir] egal; (*néanmoins*) nichtsdestotrotz; **n'importe où** irgendwo[hin]; *il est prêt à la suivre n'importe où* er würde ihr überallhin folgen; **peu importe**: *je parviendrai à mes fins, peu importe[nt] les difficultés!* ich werde es schon schaffen, gleich welche Schwierigkeiten sich mir [*o* welche Schwierigkeiten sich mir auch immer] in den Weg stellen werden; *prenez le bus ou le métro, peu importe!* ob Sie mit dem Bus oder der Metro fahren, kommt auf eins [*o* auf dasselbe] raus! *fam,* ob Sie mit dem Bus oder der Metro fahren, ist gehupft wie gesprungen! *fam;* **peu importe que** + *subj* [es ist] ganz egal, ob *fam,* es spielt keine Rolle, ob; **qu'importe** [**qc**] was macht [etw] schon, was bedeutet [etw] schon; **qu'importe que** + *subj: qu'importe que vous soyez ou non content!* was macht es schon [*o* was spielt es schon für eine Rolle], ob Sie zufrieden oder unzufrieden sind!; **qu'importe si** + *indic* was macht [*o* bedeutet] es schon, wenn; **n'importe quand** irgendwann; *vous pouvez venir n'importe quand, je suis toute la journée chez moi* Sie können kommen, wann Sie wollen, ich bin den ganzen Tag zu Hause; **n'importe quel(le)** + *subst* irgendein(e, r); *je ne suis pas disposé à acheter cette maison à n'importe quel prix* ich bin wirklich nicht bereit, das Haus zu jedem Preis zu kaufen; *n'importe quel élève serait capable de résoudre ce problème* jeder x-beliebige Schüler könnte diese Aufgabe lösen; **n'importe qui** irgendwer; *n'importe qui pourrait faire ce travail* jeder x-Beliebige könnte diese Arbeit machen; *ce n'est pas n'importe qui* das ist nicht irgendwer; **n'importe quoi** irgendwas; (*des bêtises*) Mist *m fam,* Unsinn *m; je préfère manger n'importe quoi, plutôt que ces lentilles* ich würde alles lieber

essen als diese Linsen; ***qn dit n'importe quoi*** jd redet Unsinn; ***les journaux écrivent n'importe quoi*** die Zeitungen schreiben den größten [*o* letzten] Mist *fam;* **n'importe <u>quoi</u>!** so ein Quatsch [*o* Unsinn]! *fam;* ***je rêve d'un coupé décapotable – N'importe quoi! Et pourquoi pas d'un jet privé?*** ich träume von einem Cabrio – Sonst noch was! Warum nicht gleich von einem Privatjet?

import-export <~s-~s> [ɛ̃pɔʀɛkspɔʀ] *m* Import-Export *m*

importun, e [ɛ̃pɔʀtœ̃, yn] **I.** *adj soutenu arrivée, visite, visiteur* ungelegen; *curiosité, demande* aufdringlich; *plainte, lamentation* unangebracht; ***je ne voudrais pas être*** ~ ich möchte nicht aufdringlich sein
II. *m, f soutenu* aufdringlicher Mensch

importuner <1> [ɛ̃pɔʀtyne] *vt* ■ **qn importune qn [de [*o* par] [*o* avec] qc]** jd belästigt jdn [mit etw]; ***ces enfants bruyants m'importunent*** diese lärmenden Kinder werden mir lästig; ***vous importunez votre voisin par vos bavardages*** Sie stören Ihren Nachbarn mit Ihrem Gerede; ■ **qc importune qn** etw belästigt jdn, etw ist jdm lästig; ■ **qn est importuné(e) par qc** jd wird durch etw belästigt

imposable [ɛ̃pozabl] *adj* steuerpflichtig; ***qn n'est pas*** ~ jd wird steuerlich nicht veranlagt

imposant, e [ɛ̃pozɑ̃, ɑ̃t] *adj* **1.** (*majestueux*) imposant; *stature a.* stattlich; *bâtiment, monument a.* gewaltig; *allure* gemessen
2. (*très important*) beachtlich; *somme a.* beträchtlich, ansehnlich; *mise en scène, spectacle* grandios

imposé, e [ɛ̃poze] *adj prix, date* vorgeschrieben, festgesetzt; ***le minimum ~ par la loi*** der gesetzlich vorgeschriebene Mindestsatz

imposer <1> [ɛ̃poze] **I.** *vt* **1.** (*exiger*) ■ **qc impose qc [à qn]** etw zwingt [jdn] zu etw; *jugement, concentration* etw erfordert etw [von jdm], etw verlangt etw [von jdm]; ***cette situation impose une décision rapide*** die Situation erfordert schnelles Handeln [*o* zwingt zu schnellem Handeln]; ***ton état de santé impose beaucoup de repos*** dein Gesundheitszustand verlangt viel Ruhe, in deinem Gesundheitszustand brauchst du viel Ruhe; ***la maladie m'impose un régime alimentaire*** die Krankheit zwingt mich zu einer Diät; ■ **qn impose qc** jd fordert etw, jd verlangt etw; *date* jd setzt etw fest; ***pendant la guerre on imposait le couvre-feu*** während des Krieges wurde eine Ausgangssperre verhängt; ***le législateur/la loi impose l'obligation de …*** der Gesetzgeber/das Gesetz schreibt vor, dass; ■ **qn impose qc à qn** jd erlegt jdm etw auf; *tâche, travail, peine a.* jd bürdet jdm etw auf, jd verlangt etw von jdm; ***la tâche/le travail que vous m'imposez …*** die Aufgabe/die Arbeit, die Sie mir aufbürden …; ■ **qn impose à qn de faire qc** jd verlangt von jdm etw zu tun, jd zwingt jdn dazu etw zu tun
2. (*faire accepter de force*) ■ **qn impose qn/qc [à qn/qc]** jd setzt [jdm gegenüber] jdn/etw durch, jd zwingt jdm/einer S. jdn/etw auf; *silence* jd gebietet [jdm] etw; *présence* jd drängt jdm etw auf; ***je n'impose pas ma présence*** ich dränge mich nicht auf; ***il a imposé à sa collaboration des conditions que nous avons dû accepter*** für seine Mitarbeit hat er uns Bedingungen gestellt, die wir akzeptieren mussten; ***il nous a imposé son candidat/sa volonté*** er hat uns gegenüber seinen Kandidaten/seinen Willen durchgesetzt [*o* durchgedrückt *fam*]
3. (*faire reconnaître*) ■ **qn impose qc** jd setzt etw durch, jd macht etw bekannt; ***qn sait ~ son nom*** jdm gelingt es, sich (*dat*) einen Namen [*o* sich bekannt] zu machen; ***il est toujours difficile d'~ un nouveau produit sur le marché*** es ist immer schwierig, ein neues Produkt auf dem Markt durchzusetzen; ***elle impose sa marque à ses romans*** sie drückt ihren Romanen ihren persönlichen Stempel auf; ***il sait ~ son autorité*** er weiß sich durchzusetzen, er weiß sich Respekt zu verschaffen
4. FIN ■ **qn impose qc** jd belegt etw mit einer Steuer, jd besteuert etw; ■ **qn impose qn** jd veranlagt jdn steuerlich; ■ **qc est imposé(e) [sur qc]** etw wird [nach etw] besteuert, etw wird [nach etw] mit einer Steuer belegt; ■ **qn est imposé(e) [sur qc]** jd wird [nach etw] steuerlich veranlagt
II. *vi* (*inspirer le respect*) ■ **qn/qc en impose à qn [par qc]** jd/etw imponiert jdm [durch [*o* mit] etw], jd/etw macht auf jdn [durch [*o* mit] etw] großen Eindruck; ■ **qn s'en laisse ~ [par qn/qc]** jd lässt sich [von jdm/etw] beeindrucken
III. *vpr* **1.** (*se faire reconnaître*) ■ **qn s'impose** jd setzt sich durch, jd behauptet sich; ■ **qn s'impose [contre qn]** SPORT jd behauptet sich [gegen jdn]
2. (*devenir indispensable*) ■ **qc s'impose [à qn]** /*prudence, repos*/ etw ist [zwingend] geboten; /*solution*/ etw drängt sich [jdm] auf, etw zwingt sich [jdm] auf; ***dans son état, le repos au lit s'impose*** in seinem Zustand ist strengste Bettruhe geboten [*o* angesagt]; ***quand on est à Paris, une visite au Louvre s'impose*** wenn man in Paris ist, ist ein Besuch im Louvre quasi ein Muss; ***vous n'auriez pas dû soulever cette question, ça ne s'imposait pas*** diese Frage hätten Sie nicht aufwerfen müssen, das war nicht unbedingt nötig; ***il est venu avec des fleurs, ça ne s'imposait vraiment pas*** er hat Blumen mitgebracht, das wäre doch wirklich nicht nötig gewesen
3. (*se donner comme devoir*) ■ **qn s'impose qc** jd macht sich (*dat*) etw zur Pflicht, jd erlegt sich (*dat*) etw auf; ■ **qn s'impose de faire qc** jd macht sich (*dat*) zur Pflicht, etw zu tun; jd erlegt sich (*dat*) auf, etw zu tun; ***il s'est imposé de ne plus fumer*** er hat sich (*dat*) vorgenommen, nicht mehr zu rauchen
4. (*être importun*) ■ **qn s'impose** jd drängt sich auf
▸ **<u>ça</u> s'impose** das muss [einfach] sein *fam,* das ist ein Muss

imposition [ɛ̃pozisjɔ̃] *f* (*taxation*) Besteuerung *f;* [*personne*] steuerliche Veranlagung
◆ **imposition des mains** Handauflegung *f*

impossibilité [ɛ̃pɔsibilite] *f* Unmöglichkeit *f;* ***une ~ absolue*** eine absolute [*o* völlige] Unmöglichkeit
▸ ~ **<u>matérielle</u>** praktische Unmöglichkeit, faktische Unmöglichkeit; **il y <u>a</u> ~/n'y <u>a</u> aucune ~ à ce que** + *subj* es ist unmöglich/es steht dem nichts im Wege, dass; **<u>dans</u> l'~ [matérielle] de faire qc:** ***qn est*** [*o* ***se trouve***] ***dans l'~ de faire qc*** jdm ist es unmöglich, etw zu tun; jd ist außerstande, etw zu tun; ***qc met qn dans l'~ de faire qc*** etw macht es jdm unmöglich, etw zu tun; ***je suis dans l'~ de vous recevoir cette semaine*** ich kann Sie diese Woche unmöglich empfangen

impossible [ɛ̃pɔsibl] **I.** *adj* **1.** (*irréalisable*) unmöglich; ■ **qc est ~ à qn** etw ist jdm [*o* für jdn] unmöglich [*o* nicht möglich]; ■ **il est ~ [à qn] de faire qc** es ist [jdm [*o* für jdn]] unmöglich [*o* nicht möglich] etw zu tun; ■ **il est ~ que** + *subj* es ist unmöglich, dass; ■ **qc est ~ à faire** man kann etw unmöglich tun; ***ces conditions sont ~s à remplir*** es ist unmöglich diese Bedingungen zu erfüllen, diese Bedingungen sind unerfüllbar
2. (*insupportable*) unmöglich; ***qn rend la vie ~ à qn*** jd macht jdm das Leben unerträglich
3. *fam* (*invraisemblable*) unmöglich *fam;* ***il travaille à des heures ~s*** er arbeitet zu den unmöglichsten Tages- und Nachtzeiten
▸ ~ **n'est pas <u>français</u>** *prov* nichts ist unmöglich
II. *m* Unmögliche(s) *nt;* ***qn promet l'~ à qn*** jd verspricht jdm das Unmögliche; ***qn demande l'~ à qn*** jd verlangt von jdm Unmögliches; ***qn tente l'~*** jd versucht alles, was nur möglich ist [*o* alles nur Mögliche], jd versucht das Unmögliche
▸ **qn <u>fait</u> l'~ [pour qn/qc]** jd tut das [*o* alles] Menschenmögliche [für jdn], jd tut sein Möglichstes [für jdn]; **il a <u>fait</u> l'~ pour que** + *subj* er hat das [*o* alles] Menschenmögliche getan, damit …, er hat sein Möglichstes getan, damit …; **à l'~ nul n'est <u>tenu</u>** *prov* man kann von niemandem Unmögliches verlangen; **<u>par</u> ~:** ***si par ~ je ne pouvais me rendre à votre invitation …*** wenn ich aus irgendwelchen unerfindlichen Gründen Ihre Einladung nicht wahrnehmen kann …; ***si par ~ il était reçu au bac …*** sollte er wie durch ein Wunder doch zum Abitur zugelassen werden …

imposteur [ɛ̃pɔstœʀ] *m* Betrüger(in) *m(f),* Hochstapler(in) *m(f)*

imposture [ɛ̃pɔstyʀ] *f* Schwindel *m,* Betrug *m*

impôt [ɛ̃po] *m* Steuer *f;* ~ **[*retenu*] *à la source*** Quellensteuer
▸ ~ **<u>sécheresse</u>** Dürresteuer *f;* ~ **<u>direct</u>** direkte Steuer; ~ **<u>foncier</u>** Grundsteuer *f;* ~ **<u>indirect</u>** indirekte Steuer; **~s <u>locaux</u>** Gemeindesteuern *pl,* Kommunalsteuern *pl;* **<u>assujetti</u>(e) [*o* <u>soumis</u>(e)] à l'~** steuerpflichtig; **<u>exonéré</u>(e) d'~** *revenus* steuerfrei; *personne* von der Steuer befreit
◆ **impôt sur le capital** Vermögensteuer *f;* **impôt sur le chiffre d'affaires** Umsatzsteuer *f;* **impôt sur le revenu** [veranlagte] Einkommen[s]steuer; ~ ***sur le revenu mobilier*** Kapitalertrag[s]steuer; **impôt sur les bénéfices** Ertragsteuer *f;* [*société*] Körperschaftsteuer *f;* **impôt sur les grandes fortunes** Besteuerung *f* der großen Vermögen; **impôt sur les plus-values** Wertzuwachssteuer *f;* **impôt sur l'héritage** Erbschaft[s]steuer *f*

impotent, e [ɛ̃pɔtɑ̃, ɑ̃t] **I.** *adj* unbeweglich, steif; ***il a le bras droit*** ~ sein rechter Arm ist gelähmt [*o* steif]
II. *m, f* Gelähmte(r) *f(m),* Behinderte(r) *f(m)*

impraticable [ɛ̃pʀatikabl] *adj* **1.** (*inutilisable*) *route, piste* unbefahrbar; *sentier, terrain* nicht begehbar; *terrain de sport* unbespielbar
2. (*irréalisable*) undurchführbar, nicht durchführbar; *méthode* [in der Praxis] nicht anwendbar

imprécation [ɛ̃pʀekasjɔ̃] *f soutenu* Fluch *m,* Verwünschung *f*

imprécis, e [ɛ̃pʀesi, iz] *adj* ungenau; *évaluation* ungefähr; *limites* unklar; *souvenir, contour* undeutlich; ***je n'ai que des souvenirs fort ~ de notre première rencontre*** an unser erstes Treffen erinnere ich mich nur noch sehr undeutlich [*o* nur noch dunkel]; ***vous êtes trop ~ dans la conclusion*** Sie sind im Schlusswort zu unklar

imprécision [ɛ̃pʀesizjɔ̃] *f* **1.** (*approximation*) Ungenauigkeit *f*
2. (*vague*) [*souvenirs, contours*] Verschwommenheit *f,* Undeutlichkeit *f;* [*renseignement, signalement*] Ungenauigkeit *f;* ***l'~ de mes souvenirs est telle que*** ich kann mich nur noch so undeutlich [*o* dunkel] daran erinnern, dass; ***l'~ des frontières*** die Unklarheit über den Grenzverlauf
3. (*point imprécis*) Ungenauigkeit *f*

imprégnation [ɛ̃pʀeɲasjɔ̃] *f* **1.** TECH [*étoffe, bois*] Imprägnierung *f*
2. (*pénétration*) Beeinflussung *f,* Durchdringung *f*
3. (*alcoolémie*) Blutalkohol *m,* Alkoholspiegel *m* im Blut
▸ ~ **<u>alcoolique</u>** Blutalkohol *m,* Alkoholspiegel *m* im Blut

imprégner <5> [ɛ̃pʀeɲe] **I.** *vt* **1.** (*pénétrer profondément*) ■ **qn/qc imprègne qc [de qc]** *bois, étoffe* jd imprägniert etw [mit etw], jd tränkt etw [mit etw]; *mouchoir, tampon* jd tränkt etw [mit etw]; /*odeur*/ *rue, pièce* etw erfüllt etw, etw hängt in etw (*dat*); ***une maison tout imprégnée de lumière*** ein lichtdurchflutetes Haus *geh;* ***l'odeur de frites a imprégné mon manteau*** der Geruch von Pommes frites hat sich in meinem Mantel festgesetzt
2. (*marquer d'une empreinte*) ■ **qc imprègne qn** /*atmosphère*/ etw ergreift jdn; /*sentiment a.*/ etw erfüllt jdn; ***l'amertume imprégnait ses paroles*** Bitterkeit sprach aus seinen Worten; ■ **qn/qc est imprégné(e) de [*o* par] qc** jd/etw ist von etw geprägt; *d'un souvenir* jd/etw ist durchdrungen von etw, jd/etw ist erfüllt von etw; ***il était tout imprégné de son souvenir*** er war ganz von der Erinnerung an sie/ihn erfüllt; ***une lettre imprégnée d'ironie*** ein Brief voller Ironie, ein von Ironie durchsetzter Brief
▸ **qn <u>est</u> imprégné(e) [d'alcool]** jd ist voll wie eine Strandhaubitze *fam*
II. *vpr* **1.** (*se laisser pénétrer*) ■ **qc s'imprègne [de qc]** etw wird mit etw getränkt; ***les prairies se sont imprégnées d'humidité*** die Wiesen sind durchfeuchtet; ***l'atmosphère de la pièce s'était imprégnée de l'odeur de lavande*** das Zimmer hatte den Lavendelduft angenommen; ***le bois s'est imprégné d'eau*** das Holz hat sich mit Wasser voll gesogen; ***quand il sort, il ne pense qu'à s'~ d'alcool*** wenn er ausgeht, denkt er nur daran, sich zuzuschütten *fam;* ***imprègne-toi bien d'huile solaire*** lass das Sonnenöl gut einziehen
2. (*assimiler*) ■ **qn s'imprègne/se laisse ~ de qc** jd wird beeinflusst von etw/jd lässt sich von etw beeinflussen; ***pour s'~ d'une langue étrangère …*** wenn man eine Fremdsprache erfassen will …

imprenable [ɛ̃pʀənabl] *adj forteresse, château* uneinnehmbar; *vue* unverbaubar
imprésario <s *o* -rii> [ɛ̃pʀezaʀjo, ɛ̃pʀesaʀjo, ʀii] *m* Agent *m,* Impresario *m*
imprescriptible [ɛ̃pʀɛskʀiptibl] *adj* **1.** JUR *biens* unverjährbar
2. *(immuable) droits* unantastbar, immer geltend
impression [ɛ̃pʀesjɔ̃] *f* **1.** *(sentiment)* Eindruck *m;* ***deux personnes échangent leurs ~s*** zwei Menschen tauschen ihre Eindrücke aus; ***le film m'a fait une forte ~*** der Film hat mich sehr beeindruckt; ■ **une ~ de qc** ein Gefühl von etw; ***on éprouve dans cette pièce une ~ d'étouffement*** in diesem Zimmer hat man das Gefühl zu ersticken; ■ **l'~ de faire qc** das Gefühl etw zu tun; ***l'~ de ne servir à rien*** das Gefühl zu nichts nutze zu sein; ■ **l'~ que** + *indic* das Gefühl, dass; der Eindruck, dass
2. *(trace)* Abdruck *m,* Eindruck *m*
3. TYP Druck *m*
4. *[tissu]* Druck *m;* ***je trouve l'~ trop chargée*** ich finde das Muster zu überladen
5. *(première couche)* Grundierung *f*
▶ **une ~ de déjà-vu** ein Déjà-vu-Erlebnis *nt,* ein Déjà-vu-Gefühl *nt;* **une bonne/mauvaise ~ de qn/qc** ein guter/schlechter Eindruck von jdm/etw; **qn fait [une] bonne/mauvaise ~ [à qn]** jd macht einen guten/schlechten Eindruck [auf jdn]; **première ~** erster Eindruck; **qn a l'~ de faire qc/que** jd hat den Eindruck, etw zu tun/dass; **qn/qc donne [à qn] l'~ de faire qc/que** + *indic* jd/etw macht [auf jdn] den Eindruck, etw zu tun/dass; jd/etw vermittelt [jdm] den Eindruck, etw zu tun/dass; ***il donne l'~ d'être très occupé en ce moment*** er scheint im Augenblick sehr beschäftigt zu sein; **c'est mon ~** das ist mein Eindruck; **ce n'est qu'une ~** das ist nur [so] ein Eindruck; **qn/qc fait ~/fait [une] forte [*o* vive] ~ [sur/à qn]** jd/etw beeindruckt [jdn]/beeindruckt [jdn] stark, jd/etw macht [auf jdn] Eindruck/großen Eindruck; ***mes remontrances ne font sur lui que peu d'~*** meine Zurechtweisungen machen ihm/ihr wenig Eindruck [*o* beeindrucken ihn/sie wenig]; **qc laisse [à qn] une ~** etw hinterlässt [bei jdm] einen Eindruck; **à l'~** im Druck [befindlich]
impressionnable [ɛ̃pʀesjɔnabl] *adj* empfindsam
impressionnant, e [ɛ̃pʀesjɔnɑ̃, ɑ̃t] *adj* **1.** *(imposant)* beeindruckend, eindrucksvoll
2. *(considérable)* beachtlich, beträchtlich; ***ses plaies étaient plus ~es que réellement graves*** seine/ihre Wunden sahen schlimmer aus, als sie in Wirklichkeit waren
impressionner <1> [ɛ̃pʀesjɔne] **I.** *vt* **1.** *(frapper vivement)* ■ **qn/qc impressionne qn** jd/etw beeindruckt jdn, jd/etw macht jdm Eindruck; ***les films d'horreur m'impressionnent*** Horrorfilme machen mir Angst [*o* schüchtern mich ein]; ■ **qn est impressionné(e)/se laisse ~ par qn/qc** jd ist von jdm/etw beeindruckt/lässt sich von jdm/etw beeindrucken
2. PHOT ■ **qn/qc impressionne qc** jd/etw belichtet etw; ***la pellicule n'est pas impressionnée*** der Film ist nicht belichtet
II. *vi* ■ **qn/qc impressionne** jd/etw beeindruckt
impressionnisme [ɛ̃pʀesjɔnism] *m* Impressionismus *m*
impressionniste [ɛ̃pʀesjɔnist] **I.** *adj* impressionistisch
II. *mf* Impressionist(in) *m(f)*
imprévisible [ɛ̃pʀevizibl] **I.** *adj* unvorhersehbar, nicht voraussehbar; *personne* unberechenbar
II. *m* ■ **l'~** das Unvorhersehbare
imprévoyance [ɛ̃pʀevwajɑ̃s] *f* Sorglosigkeit *f;* ***quelle ~! Vous auriez dû penser que toutes les banques seraient fermées*** wie kurzsichtig! Sie hätten doch daran denken müssen, dass alle Banken geschlossen sind
imprévoyant, e [ɛ̃pʀevwajɑ̃, jɑ̃t] *adj* sorglos; ***ses parents ont vraiment été ~s*** seine/ihre Eltern waren wirklich kurzsichtig
imprévu, e [ɛ̃pʀevy] **I.** *adj* unvorhergesehen, unerwartet
II. *m* **1.** *(ce à quoi on ne s'attend pas)* ■ **l'~** das Unvorhergesehene, das Unerwartete; ***moi, j'ai horreur de la routine, j'aime l'~*** ich hasse Routine und liebe die Überraschung
2. *(incident fâcheux)* Zwischenfall *m;* ***je souhaite que nous nous rencontrions, mais il y a un ~*** ich möchte, dass wir uns treffen, aber es ist etwas dazwischengekommen
▶ **en cas d'~** falls etwas dazwischenkommt; **plein(e) d'~s** bewegt; ***des vacances pleines d'~s*** Ferien *pl* voller Überraschungen; **sauf ~** falls nichts dazwischenkommt
imprimante [ɛ̃pʀimɑ̃t] *f* Drucker *m*
▶ **~ graphique** Grafikdrucker *m;* **~ matricielle** Matrixdrucker *m;* **~ thermique** Thermodrucker *m*
◆ **imprimante à jet d'encre** Tintenstrahldrucker *m;* **imprimante [à] laser** Laserdrucker *m*
imprimé, e [ɛ̃pʀime] **I.** *adj* **1.** *livre, ouvrage* gedruckt
2. *étoffe, tissu* bedruckt
II. *m* **1.** POST Drucksache *f*
2. *(formulaire)* [vorgedrucktes] Formular
3. *(tissu)* bedruckter Stoff
4. *(ouvrage imprimé)* Gedruckte(s) *nt,* Druckwerk *nt*
imprimer <1> [ɛ̃pʀime] **I.** *vt* **1.** *(reproduire)* ■ **qn imprime qc** jd druckt etw; ***je me suis fait ~ des cartes de visite*** ich habe mir Visitenkarten drucken lassen
2. *(publier)* ■ **qn imprime qn/qc** jd veröffentlicht jds Werk/etw; ***un journal ne peut pas tout ~*** eine Zeitung kann nicht alles drucken; ***il n'a pas encore été imprimé*** er hat noch nichts veröffentlicht
3. *(apposer)* ■ **qn imprime qc [sur qc]** *cachet* jd drückt etw [auf etw *(akk)*]
4. *(marquer)* ■ **qn/qc imprime qc quelque part** *empreintes* jd/etw hinterlässt etw auf etw *(dat)*; ***l'animal a imprimé ses pas sur la neige*** das Tier hat Spuren [*o* Abdrücke] im Schnee hinterlassen; ***qc imprime des souvenirs dans ma mémoire*** etw prägt sich mir ein, etw gräbt sich mir ins Gedächtnis ein; ***l'âge a imprimé sur son front des rides profondes*** die Zeit hat tiefe Furchen in sein/ihr Gesicht eingegraben [*o* auf seinem/ihrem Gesicht hinterlassen]
5. *(donner)* ■ **qn/qc imprime qc à qc** jd/etw gibt einer S. *(dat)* etw; *énergie, oscillations* jd/etw überträgt etw auf etw *(akk)*; ***il faut modifier la direction imprimée jusqu'ici à cette politique*** man muss den bisherigen Kurs dieser Politik ändern; man muss die Richtung, die dieser Politik bisher gegeben war, ändern; ***il faut ~ un mouvement de rotation au mécanisme*** man muss dem Mechanismus eine Rotationsbewegung verleihen
II. *vpr (s'inscrire)* ■ **qc s'imprime quelque part** etw bleibt irgendwo; ***la trace s'est imprimée sur le sable*** die Spur hat sich in den Sand eingegraben; ***les traces des pattes du chat s'impriment sur le piano*** auf dem Klavier sind Abdrücke von Katzenpfoten; ***qc s'imprime dans la mémoire de qn*** etw prägt sich jdm ein, etw gräbt sich jdm ins Gedächtnis ein
imprimerie [ɛ̃pʀimʀi] *f* **1.** *(technique)* Buchdruck *m*
2. *(établissement)* [Buch]druckerei *f*
imprimeur, -euse [ɛ̃pʀimœʀ, -øz] *m, f* **1.** *(industrie)* [Buch]druckerei *f;* ***le manuscrit est chez l'~*** das Manuskript ist in der Druckerei [*o* beim Buchdrucker]
2. *(ouvrier)* [Buch]drucker(in) *m(f)*
improbabilité [ɛ̃pʀɔbabilite] *f* Unwahrscheinlichkeit *f*
improbable [ɛ̃pʀɔbabl] *adj* unwahrscheinlich; ■ **il est ~ que** + *subj* es ist unwahrscheinlich, dass
improductif, -ive [ɛ̃pʀɔdyktif, -iv] **I.** *adj* **1.** ECON *personnel* unproduktiv; *entreprise, placement a.* unwirtschaftlich, unrentabel; *population* nicht erwerbstätig; ***capital ~*** Kapital, das nicht arbeitet; totes Kapital
2. *(stérile) terre* unfruchtbar, ertraglos; *efforts* fruchtlos
II. *m, f (personne)* Nichterwerbstätige(r) *f(m)*
impromptu, e [ɛ̃pʀɔ̃pty] **I.** *adj repas* improvisiert; *discours* Stegreif-; *visite* Überraschungs-; ***nous avons fait un voyage ~ d'une semaine en Grèce*** wir sind für eine Woche spontan nach Griechenland gefahren *fam*
II. *adv* **1.** *(à l'improviste)* überraschend
2. *(sur-le-champ) parler, déclarer* ohne lange zu überlegen; *répondre a.* wie aus der Pistole geschossen *fam,* sofort
III. *m* LITTER Improvisation *f;* MUS Impromptu *nt*
imprononçable [ɛ̃pʀɔnɔ̃sabl] *adj* unaussprechbar
impropre [ɛ̃pʀɔpʀ] *adj* **1.** *(inadéquat)* nicht treffend; ***qn emploie un terme ~*** jd verwendet einen falschen Begriff [*o* einen Begriff, der nicht treffend ist]
2. *(inapte)* ■ **~ à qc/à faire qc** ungeeignet für etw/dafür, etw zu tun; **~ *à la consommation*** nicht zum Verzehr geeignet; **~ *au service militaire*** [wehrdienst]untauglich
improprement [ɛ̃pʀɔpʀəmɑ̃] *adv* nicht korrekt, nicht entsprechend; ***elle s'exprime ~*** sie drückt sich falsch aus
impropriété [ɛ̃pʀɔpʀijete] *f* **1.** *(emploi inadéquat)* falsche Anwendung, falscher Gebrauch
2. *(terme inadéquat)* falsch gebrauchtes Wort, falsch gebrauchter Begriff
improvisateur, -trice [ɛ̃pʀɔvizatœʀ, -tʀis] *m, f* Improvisator(in) *m(f);* ***qn a un talent d'~*** jd ist ein Improvisationstalent
improvisation [ɛ̃pʀɔvizasjɔ̃] *f* Improvisation *f;* ***elle a une faculté d'~ étonnante*** sie kann unglaublich gut improvisieren
improvisé, e [ɛ̃pʀɔvize] *adj* improvisiert; *discours a.* Stegreif-; *excursion* spontan
improviser <1> [ɛ̃pʀɔvize] **I.** *vt* **1.** *(réaliser spontanément)* ■ **qn improvise qc** jd improvisiert etw; *excuse* jd erfindet etw; ***il faut réfléchir avant de décider, on n'improvise pas une affaire aussi grave*** wir müssen wirklich überlegen, bevor wir uns entscheiden, eine solch wichtige Angelegenheit sollte man nicht übers Knie brechen *fam*
2. MUS, THEAT ■ **qn improvise qc** jd improvisiert etw
3. *(pourvoir d'une fonction)* ■ **qn improvise qn ...** jd setzt jdn vorübergehend als ... ein, jd lässt jdn vorübergehend als ... einspringen *fam;* ***pendant la guerre, on l'a improvisé infirmier*** während des Krieges wurde er als Sanitäter eingesetzt
II. *vi* ■ **qn improvise** jd improvisiert
III. *vpr* **1.** *(se réaliser sans préparation)* ■ **qc s'improvise** etw wird improvisiert; ***la maçonnerie, ça ne s'improvise pas*** Maurer sein, das lernt man nicht von heute auf morgen; ***un tel discours ne s'improvise pas*** eine solche Rede hält man nicht aus dem Stegreif
2. *(devenir sans préparation)* ■ **qn s'improvise ...:** ***pendant la guerre, elle s'est improvisée infirmière*** während des Krieges ist sie als Krankenschwester eingesprungen *fam*
▶ **on ne s'improvise pas ...** man wird nicht von einem auf den anderen Tag ...
improviste [ɛ̃pʀɔvist] *loc* ▶ **à l'~** *(inopinément)* unerwartet, überraschend, unvermutet; *(sans préparation)* auf die Schnelle *fam,* so mir nichts dir nichts *fam;* ***il m'a pris à l'~*** er hat mich überrascht; ***je n'aime pas que tu arrives à l'~*** ich habe es nicht gern, wenn du so unangemeldet vorbeikommst [*o* plötzlich hereinschneist *fam*]; ***on a organisé une boum à l'~*** wir haben ganz spontan eine Party organisiert *fam*
imprudemment [ɛ̃pʀydamɑ̃] *adv* unvorsichtig; ***n'agis pas ~!*** sei immer vorsichtig!
imprudence [ɛ̃pʀydɑ̃s] *f* Unvorsichtigkeit *f;* *[personne, action a.]* Leichtsinn *m;* *[conduite, propos, geste a.]* Unklugheit *f;* JUR Fahrlässigkeit *f;* ***il a regretté l'~ de ses propos*** er hat seine vorschnellen Äußerungen bedauert; ***il est d'une extrême ~ de toucher un fil électrique*** es ist schon mehr als unvorsichtig, ein elektrisches Kabel anzufassen; ***ne commettez pas d'~s sur la route!*** fahrt bitte vorsichtig!
▶ **qn a l'~ de faire qc** jd ist so unvorsichtig, etw zu tun; **qn ne fait pas**

d'~s jd ist vorsichtig; **par** ~ JUR fahrlässig; ***c'est par ~ qu'il a provoqué cet accident*** diesen Unfall hat er durch sein fahrlässiges Verhalten verursacht

imprudent, e [ɛ̃pʀydɑ̃, ɑ̃t] I. *adj* 1. (*téméraire*) *personne* unvorsichtig, leichtsinnig
2. (*dangereux*) unvorsichtig; *action, parole, propos a.* unbesonnen; ■ **il est ~ de faire qc** es ist unvorsichtig, etw zu tun
II. *m, f* unvorsichtiger Mensch, leichtsinniger Mensch

impubère [ɛ̃pybɛʀ] *adj* vorpubertär

impubliable [ɛ̃pyblijabl] *adj* nicht [*o* unmöglich] zu veröffentlichen; ***ce manuscrit est ~ dans son état actuel*** das Manuskript kann so nicht veröffentlicht werden

impudemment [ɛ̃pydamɑ̃] *adv soutenu* unverschämt, schamlos

impudence [ɛ̃pydɑ̃s] *f* Unverschämtheit *f*, Schamlosigkeit *f*
▸ **qn a l'~ de faire qc** jd besitzt [*o* hat] die Unverschämtheit, etw zu tun

impudent, e [ɛ̃pydɑ̃, ɑ̃t] I. *adj* unverschämt; *personne, geste a.* schamlos; *langage a.* frech; *mensonge a.* dreist
II. *m, f* (*homme*) unverschämter Kerl; (*femme*) unverschämte Person, schamlose Person

impudeur [ɛ̃pydœʀ] *f* Mangel *m* an Scham[gefühl]; (*indécence morale*) Schamlosigkeit *f*

impudique [ɛ̃pydik] *adj geste, acte, attitude* schamlos; *regard* lüstern; *texte* unmoralisch, unanständig; ***elle débordait d'une joie ~*** sie freute sich schamlos

impuissance [ɛ̃pɥisɑ̃s] *f* 1. (*faiblesse*) Machtlosigkeit *f*, Ohnmacht *f*; ■ ~ **à faire qc** Unvermögen *nt* etw zu tun
2. (*sur le plan sexuel*) Impotenz *f*
▸ **qn est dans l'~ de faire qc** jd ist nicht in der Lage [*o* ist außerstande] etw zu tun; **qn réduit qn à l'~** jd macht jdn machtlos; **qn est réduit(e) à l'~** jd ist machtlos; ***les malfaiteurs furent rapidement réduits à l'~*** die Täter konnten schnell unschädlich gemacht werden

impuissant, e [ɛ̃pɥisɑ̃, ɑ̃t] I. *adj* 1. (*démuni*) machtlos, ohnmächtig; *effort* ineffektiv, unwirksam, fruchtlos; ***le gouvernement est ~ face au chômage*** die Regierung ist angesichts der Arbeitslosigkeit machtlos; ■ ~ **à faire qc** nicht in der Lage [*o* außerstande] etw zu tun
2. (*sexuellement*) impotent
II. *m* Impotente(r) *m*

impulser <1> [ɛ̃pylse] *vt* ■ **qn impulse qc** jd regt etw an, jd bringt etw in Schwung; *économie* jd kurbelt etw an, jd gibt einer S. (*dat*) neue Impulse; ***une action impulsée par les étudiants*** eine von den Studenten angeregte Aktion

impulsif, -ive [ɛ̃pylsif, -iv] I. *adj* impulsiv
II. *m, f* impulsiver Mensch

impulsion [ɛ̃pylsjɔ̃] *f* 1. (*élan*) Impuls *m*, innerer Drang; ***mû par une ~ subite, …*** einem plötzlichen Impuls folgend, …; ***qn cède à une ~*** jd gibt einem Impuls nach; ■ ~ **à qc/à faire qc** Zwang *m* [*o* innerer Drang] zu etw/etw zu tun
2. (*incitation*) Impuls *m*, Anstoß *m*; ***qc reçoit une ~*** etw bekommt einen Impuls [*o* Anstoß]; ***qn donne une ~ à qc*** jd gibt einer S. (*dat*) einen Impuls [*o* Anstoß], jd kurbelt etw an
3. TECH, ELEC Impuls *m*
▸ **sous l'~ de qn/qc** *d'une personne* auf jds Betreiben [*o* Veranlassung] (*akk*); *d'un sentiment* von etw getrieben; ***il a agi sous l'~ de la vengeance*** er hat aus Rache [*o* von Rache getrieben] gehandelt

impunément [ɛ̃pynemɑ̃] *adv* ungestraft
▸ **on ne fait pas ~ qc** man tut etw nicht ungestraft

impuni, e [ɛ̃pyni] *adj* ungestraft; ***laisser un crime ~*** ein Verbrechen ungestraft lassen

impunité [ɛ̃pynite] *f* Straffreiheit *f*; ***qn est assuré(e) de l'~*** jdm wird/ist Straffreiheit zugesichert; ***il se croit assuré de l'~*** er glaubt ohne Strafe davonzukommen; ***qn jouit de l'~*** jd genießt Straffreiheit
▸ **en toute ~** ganz ungestraft

impur, e [ɛ̃pyʀ] *adj* 1. (*altéré*) unrein; *eau* schmutzig, verschmutzt; *air* schlecht, verunreinigt; *race* nicht rein
2. REL *animal* unrein
3. *soutenu* (*immoral*) unkeusch *geh*, unzüchtig *geh*; *pensée a., livre* unmoralisch

impureté [ɛ̃pyʀte] *f* 1. (*souillure, altération*) Verschmutzung *f*; ***il a quitté le quartier à cause de l'~ de l'air*** wegen der schlechten [*o* verunreinigten] Luft ist er aus dem Viertel weggezogen; ***en raison de l'~ de l'eau*** weil das Wasser nicht sauber ist
2. *gén pl* (*saletés, scories*) Unreinheit *f*
3. *soutenu* (*immoralité*) Unkeuschheit *f geh*, Unzüchtigkeit *f geh*; [*pensée*] Unreinheit *f*; REL Unkeuschheit *f*

imputable [ɛ̃pytabl] *adj* 1. (*attribuable*) ■ ~ **à qn/qc** jdm/einer S. zuzuschreiben; ***ce problème est ~ à la municipalité*** dieses Problem ist Sache der Stadt[verwaltung]
2. FIN *somme* anzurechnen; ■ ~ **sur** [*o* **à**] **qc** auf etw (*akk*) anzurechnen

imputation [ɛ̃pytasjɔ̃] *f* 1. (*accusation*) Beschuldigung *f*, Anschuldigung *f*
2. FIN (*affectation*) ■ ~ **de qc à qc** Anrechnung *f* von etw auf etw (*akk*); [*chèque*] Verrechnung *f* von etw auf etw (*akk*)

imputer <1> [ɛ̃pyte] *vt* 1. (*attribuer à*) ■ **qn impute qc à qn/qc** jd schreibt etw jdm/einer S. zu; *défaite, échec a.* jd führt etw auf jdn/etw zurück
2. FIN (*porter en compte*) ■ **qn impute qc à qc** jd rechnet etw auf etw (*akk*) an; ***les dépenses seront imputées sur les frais généraux*** die Ausgaben werden bei den Gemeinkosten verbucht

imputrescible [ɛ̃pytʀesibl] *adj* unverweslich, nicht verfaulend

in [in] *adj inv fam* in *fam*

inabordable [inabɔʀdabl] *adj* 1. (*inaccessible*) unzugänglich; *lieu a.* nicht erreichbar; *personne* unzugänglich, unnahbar; ***la côte/l'île est ~*** die Küste/Insel kann nicht angelaufen werden; ***il est de mauvaise humeur ce matin, il est ~*** der hat heute Morgen schlechte Laune, den braucht man gar nicht anzusprechen
2. (*trop cher*) unerschwinglich; ***des loyers ~s*** horrende Mieten; ***les cerises sont ~s en ce moment*** Kirschen sind momentan fast nicht zu bezahlen

inaccentué, e [inaksɑ̃tɥe] *adj* unbetont

inacceptable [inaksɛptabl] *adj* nicht akzeptabel, inakzeptabel *geh*; *projet, proposition a.* unannehmbar

inaccessible [inaksesibl] *adj* 1. (*qu'on ne peut atteindre*) unerreichbar; *lieu a.* unzugänglich; *sommet* nicht ersteigbar; ■ ~ **à qn/qc** für jdn/etw unerreichbar; *lieu a.* für jdn/etw unzugänglich; ***la côte/l'île est ~ aux bateaux*** die Küste/Insel kann von Schiffen nicht angelaufen werden
2. (*insensible*) ■ **qn est ~ à qc** jd ist für etw unempfänglich
3. (*incompréhensible*) unbegreiflich; ***ce sont des poèmes pratiquement ~s*** diese Gedichte kann man kaum verstehen
4. (*inabordable*) *personne* unzugänglich, unnahbar
5. (*trop cher*) unerschwinglich; ***les loyers sont ~s*** die Mieten sind horrend

inaccoutumé, e [inakutyme] *adj* (*exceptionnel*) ungewöhnlich; (*inhabituel*) ungewohnt; ■ ~ **à qc** *soutenu* an etw (*akk*) nicht gewöhnt, etw nicht gewöhnt

inachevé, e [inaʃ(ə)ve] I. *adj* unfertig; ***cette maison risque d'être encore ~e au commencement de l'hiver*** das Haus wird bei Wintereinbruch vielleicht immer noch nicht fertig sein; ***la symphonie ~e de Schubert*** die Unvollendete von Schubert
II. *m* ▸ **d'~**: ***qc laisse un goût d'~*** etw hinterlässt den Eindruck [*o* das Gefühl] des Unfertigen; ***à la fin, j'ai toujours une impression*** [*o* ***un sentiment***] ***d'~*** am Ende habe ich immer das Gefühl, dass noch etwas fehlt

inachèvement [inaʃɛvmɑ̃] *m* Unfertigkeit *f*; ***l'~ des travaux explique que la cathédrale n'ait qu'une tour*** da die Arbeiten nicht bis zum Ende ausgeführt worden sind [*o* nicht abgeschlossen worden sind], hat die Kathedrale nur einen Turm

inactif, -ive [inaktif, -iv] I. *adj* 1. (*oisif*) untätig
2. (*inefficace*) unwirksam
3. (*au repos*) *personne* nicht arbeitend; ***le commerce est ~*** das Geschäft stagniert [*o* floriert nicht]; ***pendant la grève les machines sont ~ives*** während des Streiks stehen die Maschinen still; ***quand je me suis cassé la jambe j'ai été ~ pendant trois semaines*** als ich mir das Bein gebrochen habe, konnte ich drei Wochen lang nicht arbeiten; ***les autres villes européennes ne vont pas rester ~ives*** die anderen europäischen Städte werden nicht untätig [*o* tatenlos] bleiben; ***que tout le monde se mette au travail! il ne faut pas laisser de bras ~s*** an die Arbeit! keiner soll untätig sein
II. *m, f* (*sans travail*) Nichterwerbstätige(r) *f(m)*

inaction [inaksjɔ̃] *f* Untätigkeit *f*, Nichtstun *nt*

inactivité [inaktivite] *f* [*commerce, affaires*] Stagnation *f*, Stillstand *m*; [*personne*] Untätigkeit *f*
▸ **en ~** [**partielle**] im [einstweiligen] Ruhestand; ***il s'est fait mettre en ~*** er hat sich in den einstweiligen Ruhestand versetzen lassen

inadaptation [inadaptasjɔ̃] *f* mangelnde Anpassung[sfähigkeit]; ■ ~ **à qc** mangelnde Anpassung[sfähigkeit] an etw (*akk*)

inadapté, e [inadapte] I. *adj* 1. (*inadéquat*) nicht geeignet, ungeeignet; *médicament* unwirksam; ■ ~ **à qc** nicht geeignet für etw, ungeeignet für etw; ***il mène une vie complètement ~e à ses ressources*** er führt ein Leben, das so gar nicht seinen Finanzen entspricht; er lebt über seine Verhältnisse
2. PSYCH verhaltensgestört
II. *m, f* Verhaltensgestörte(r) *f(m)*

inadéquat, e [inadekwa, kwat] *adj soutenu* inadäquat, unangemessen; ■ ~ **à qc** einer S. (*dat*) nicht angemessen [*o* unangemessen]

inadmissible [inadmisibl] *adj* 1. (*scandaleux*) untragbar; ***une telle paresse est ~*** eine solche Faulheit kann man nicht hinnehmen [*o* tolerieren]; ■ **il est ~ que** + *subj* es ist untragbar, dass; ***il est ~ que tout n'ait pas été tenté pour secourir ces malheureuses victimes*** man kann es nicht einfach so hinnehmen [*o* es ist skandalös], dass nicht alles dafür getan wurde, die unglücklichen Opfer zu retten; ■ **il est ~ de faire qc** es ist untragbar, etw zu tun
2. (*irrecevable*) *preuve, témoignage* unzulässig

inadvertance [inadvɛʀtɑ̃s] *f soutenu* 1. (*inattention*) Unachtsamkeit *f*
2. (*erreur d'inattention*) Versehen *nt*; ***ces fautes d'orthographe ne sont que des ~s*** diese Rechtschreibfehler sind nur Flüchtigkeitsfehler
▸ **par ~** aus Versehen, versehentlich

inaliénable [inaljenabl] *adj* unveräußerlich

inaltérable [inalteʀabl] *adj* 1. (*qui ne s'altère pas*) unveränderlich; ■ ~ **à qc**: ***couleur ~ au lavage/à la lumière*** waschechte/lichtechte Farbe; ***substance ~ à l'air/à la chaleur*** luft-/hitzebeständige Substanz
2. (*immuable*) unveränderlich, bleibend; *santé* unverwüstlich; ***elle est d'un ~ optimisme*** sie lässt sich (*dat*) ihren Optimismus durch nichts nehmen; ***mon amour/amitié pour toi restera ~*** meine Liebe für dich/Freundschaft zu dir bleibt bestehen

inamical, e <-aux> [inamikal, o] *adj* unfreundlich, feindselig

inamovibilité [inamɔvibilite] *f* ADMIN Unkündbarkeit *f*

inamovible [inamɔvibl] *adj* 1. ADMIN unkündbar; *fonctionnaire* auf Lebenszeit
2. *hum* (*éternel*) *chapeau, sourire* ewig; ***cette concierge est vraiment ~*** diese Concierge gehört schon mit zum Inventar

inanimé, e [inanime] *adj* 1. (*sans vie*) unbelebt
2. (*évanoui*) leblos

inanité [inanite] *f* Belanglosigkeit *f*; [*conversation a.*] Inhaltslosigkeit *f*; [*querelle*] Sinnlosigkeit *f*, Nichtigkeit *f*; [*efforts*] Vergeblichkeit *f*

inanition [inanisjɔ̃] *f* ▶ **qn meurt** [*o* **tombe**] **d'**~ jd stirbt an Entkräftung; ***je n'ai pas l'intention de me laisser mourir d'***~ ich habe nicht die Absicht zu verhungern *fam*

inaperçu, e [inapɛʀsy] *adj* ▶ **qn/qc passe** ~ jd/etw bleibt unbemerkt; ***tu ne vas pas passer*** ~, ***comme ça!*** so fällst du bestimmt auf; ***cet entretien passé presque*** ~ ***à l'étranger*** dieses Gespräch, dem die ausländische Öffentlichkeit kaum Beachtung geschenkt hat; dieses Gespräch, von dem die ausländische Öffentlichkeit kaum Notiz genommen hat

inapplicable [inaplikabl] *adj* nicht anwendbar, unanwendbar; *théorie a.* nicht umsetzbar; *mesure* nicht durchführbar; ■ ~ **à qc** unanwendbar auf etw (*akk*); ***cette mesure est*** ~ ***à la réalité*** diese Maßnahme ist in der Praxis nicht durchführbar [*o* lässt sich in der Praxis nicht durchführen]

inappliqué, e [inaplike] *adj* **1.** (*peu studieux*) faul
2. (*pas mis en pratique*) nicht angewandt

inappréciable [inapʀesjabl] *adj* **1.** (*précieux*) unschätzbar
2. (*difficile à évaluer*) verschwindend klein

inapte [inapt] *adj* **1.** (*incapable*) unfähig; ■ ~ **à qc/faire qc** unfähig zu etw/dazu, etw zu tun; ~ ***au travail*** arbeitsunfähig; ***il s'est montré*** ~ ***à diriger cette entreprise*** er hat gezeigt, dass er nicht dazu taugt [*o* dafür geeignet ist], das Unternehmen zu leiten
2. MIL [wehrdienst]untauglich

inaptitude [inaptityd] *f* mangelnde Eignung, Unfähigkeit *f;* MIL [Wehrdienst]untauglichkeit *f;* ■ ~ **à qc** Unfähigkeit zu etw; ■ ~ **à faire qc** Unfähigkeit etw zu tun

inarticulé, e [inaʀtikyle] *adj* unartikuliert

inassimilable [inasimilabl] *adj* **1.** (*indigestible*) unverdaulich
2. (*inadaptable*) *ethnie, immigrant* nicht assimilierbar *geh*
3. (*incompréhensible*) *notion, connaissance* nicht verständlich

inassouvi, e [inasuvi] *adj littér faim, passion, ambition, haine* ungestillt; *appétit, colère, désir* unbefriedigt; *personne* ungesättigt; ***les fauves sont toujours*** ~***s*** Raubtiere haben einen unersättlichen Hunger

inattaquable [inatakabl] *adj* **1.** *forteresse* uneinnehmbar; *personne, point de vue* unangreifbar; *argument* unwiderlegbar, unbestreitbar; *jugement, thèse* unanfechtbar
2. (*irréprochable*) untadelig; *conduite a.* einwandfrei, tadellos; ***elle est*** [***d'une vertu***] ~ sie hat einen untadeligen Lebenswandel

inattendu, e [inatɑ̃dy] **I.** *adj* unerwartet, unvorhergesehen; ***c'est vraiment*** ~ ***de sa part*** damit war bei ihm/ihr wirklich nicht zu rechnen, das hatte man von ihm/ihr wirklich nicht erwartet
II. *m* ■ **l'**~ das Unerwartete

inattentif, -ive [inatɑ̃tif, -iv] *adj* (*distrait*) unaufmerksam; ■ ~ **à qc** (*insouciant de*) unachtsam einer S. (*dat*) gegenüber; ***ils sont*** ~***s aux soucis qu'ils donnent à leurs parents*** sie machen sich keine Gedanken darüber, welche Sorgen sie ihren Eltern bereiten

inattention [inatɑ̃sjɔ̃] *f* (*distraction*) Unaufmerksamkeit *f;* ■ ~ **à qc** *vieilli* Unachtsamkeit *f* einer S. (*dat*) gegenüber
▶ **d'**~: ***un instant/une minute d'***~ ein Moment/eine Minute der Unaufmerksamkeit; ***une faute d'***~ ein Flüchtigkeitsfehler; **par** ~ aus Versehen

inaudible [inodibl] *adj* nicht hörbar, unhörbar; *péj* nicht anzuhören; ***ici, les émissions de cette station sont*** ~***s*** hier kann man diesen Sender nicht empfangen; ***parlez plus fort! depuis ma place, vous êtes*** ~ bitte sprechen Sie lauter! von meinem Platz aus kann ich Sie nicht hören; ***cette musique est vraiment*** ~ diese Musik kann man sich (*dat*) wirklich nicht anhören

inaugural, e <-aux> [inogyʀal, o] *adj cérémonie, séance, concert* Eröffnungs-; *vol, voyage* Jungfern-; ***discours*** ~ ***d'un congrès*** Eröffnungsrede *f* eines Kongresses; ***discours*** ~ ***d'un professeur qui prend ses fonctions*** Antrittsrede *f* eines Professors, der sein Amt übernimmt

inauguration [inogyʀasjɔ̃] *f* **1.** (*cérémonie*) [*exposition, ligne aérienne*] feierliche Eröffnung; [*statue, monument, plaque commémorative*] Enthüllung *f;* [*usine, locaux, route*] Einweihung *f*
2. *littér* (*commencement*) [*politique, période*] Einleitung *f;* ***l'***~ ***d'une ère nouvelle*** der Beginn einer [*o* der Auftakt zu einer] neuen Ära

inaugurer <1> [inogyʀe, inɔgyʀe] *vt* **1.** (*ouvrir solennellement*) ■ **qn inaugure qc** *bâtiment, usine, locaux, école* jd weiht etw ein; *exposition, ligne aérienne* jd eröffnet etw [feierlich]; *route* jd gibt etw [für den Verkehr] frei; *monument, plaque commémorative* jd enthüllt etw
2. (*introduire*) ■ **qn/qc inaugure qc** *période, politique, ère* jd/etw leitet etw ein; *méthode* jd führt etw ein
3. (*utiliser pour la première fois*) ■ **qn inaugure qc** *maison, machine, voiture* jd weiht etw ein

inauthentique [inotɑ̃tik] *adj ouvrage* unecht; *fait, rapport* unverbürgt

inavouable [inavwabl] *adj* unerhört, unmoralisch; *bénéfices* unlauter; ***il a des mœurs*** ~***s*** sein Benehmen ist unerhört; ***son acte est guidé par des motifs*** ~***s*** sein Handeln ist von unmoralischen Motiven gelenkt

inavoué, e [inavwe] *adj sentiment, amour* uneingestanden; *acte, crime* nicht gestanden

inca [ɛ̃ka] **I.** *adj* Inka-
II. *mpl* ■ **les Incas** die Inkas

incalculable [ɛ̃kalkylabl] *adj* **1.** (*considérable*) beträchtlich, beachtlich; *nombre* unermesslich groß; ***les difficultés risquent d'être*** ~***s*** die Probleme laufen Gefahr, uns über den Kopf zu wachsen
2. (*imprévisible*) unabsehbar

incandescence [ɛ̃kɑ̃desɑ̃s] *f* [Weiß]glühen *nt;* ***chauffer qc jusqu'à l'***~ etw erhitzen, bis es [weiß] glühend ist
▶ **à** ~ Glüh-; ***lampe/manchon à*** ~ Glühlampe *f*/-strumpf *m;* **en** ~ [weiß] glühend

incandescent, e [ɛ̃kɑ̃desɑ̃, ɑ̃t] *adj* **1.** [weiß] glühend; ***filament*** ~ Glühfaden *m*
2. *littér* (*ardent*) glühend; *imagination* lebhaft

incantation [ɛ̃kɑ̃tasjɔ̃] *f* **1.** (*formule magique*) Beschwörungsformel *f,* Zauberformel *f*
2. (*enchantement*) Zauber *m*

incantatoire [ɛ̃kɑ̃tatwaʀ] *adj* beschwörend; ***danse/chant/formule*** ~ Beschwörungstanz *m*/-gesang *m*/-formel *f*

incapable [ɛ̃kapabl] **I.** *adj* unfähig; ***c'est un homme tout à fait*** ~ er ist eine totale Niete *fam,* er ist völlig unfähig; ■ [**qn est**] ~ **de qc/de faire qc** [jd ist] zu etw nicht fähig/nicht fähig, etw zu tun; [jd ist] zu etw nicht imstande/nicht imstande, etw zu tun; ■ **qc est** ~ **de faire qc** etw kann etw nicht tun
II. *mf* (*personne*) unfähiger Mensch, Niete *f fam;* JUR Geschäftsunfähige(r) *f(m)*

incapacité [ɛ̃kapasite] *f* **1.** Unfähigkeit *f;* ■ ~ **de** [*o* **à**] **faire qc** Unfähigkeit etw zu tun
2. (*convalescence*) Arbeitsunfähigkeit *f;* ***j'ai eu 3 mois d'***~ ich war 3 Monate lang arbeitsunfähig [*o* krank geschrieben]
3. JUR Geschäftsunfähigkeit *f*
▶ ~ **partielle** verminderte Arbeitsfähigkeit; ~ **permanente/totale** dauernde/völlige Erwerbsunfähigkeit; [**qn est**] **dans l'**~ **de faire qc** [jd ist] nicht in der Lage etw zu tun, [jd ist] nicht imstande etw zu tun
◆ **incapacité de jouissance** eingeschränkte Geschäftsfähigkeit; **incapacité de travail** Arbeitsunfähigkeit *f;* **incapacité d'exercice** Geschäftsunfähigkeit *f*

incarcération [ɛ̃kaʀseʀasjɔ̃] *f* Inhaftierung *f*

incarcérer <5> [ɛ̃kaʀseʀe] *vt* ■ **qn incarcère qn** jd inhaftiert jdn

incarnat, e [ɛ̃kaʀna, at] **I.** *adj* blutrot
II. *m* Blutrot *nt*

incarnation [ɛ̃kaʀnasjɔ̃] *f* **1.** REL Inkarnation *f,* Fleischwerdung *f,* Menschwerdung *f*
2. (*personnification*) Inkarnation *f geh,* Personifizierung *f;* ***cet homme est l'***~ ***de la générosité*** dieser Mann ist die Großzügigkeit in Person

incarné, e [ɛ̃kaʀne] *adj* **1.** REL Fleisch geworden, Mensch geworden
2. (*personnifié*) in Person, leibhaftig
3. MED: ***un ongle*** ~ ein eingewachsener Nagel

incarner <1> [ɛ̃kaʀne] **I.** *vt* **1.** (*représenter*) ■ **qn/qc incarne qc** jd/etw verkörpert etw
2. THEAT, CINE ■ **qn incarne qn/qc** jd verkörpert jdn/etw
II. *vpr* **1.** REL ■ **qn s'incarne dans** [*o* **en**] **qn/qc** jd wird in jdm/etw leibhaftig
2. (*se matérialiser*) ■ **qc s'incarne en qn/dans qc** etw ist auf jdn/etw gerichtet; ***toute ma confiance/tout mon espoir s'incarne en toi/dans ce projet*** ich setze mein ganzes Vertrauen/meine ganze Hoffnung in dich/in dieses Projekt; ***leur idéal s'est incarné dans cette nouvelle secte*** diese neue Sekte verkörpert ihr Ideal
3. (*entrer dans la chair*): ***un ongle s'incarne*** ein Nagel wächst [ins Fleisch] ein

incartade [ɛ̃kaʀtad] *f* Streich *m,* Eskapade *f;* [*cheval*] Sprung *m* zur Seite; ***ils étaient punis à la moindre/première*** ~ sie wurden schon bei dem geringsten Verstoß [gegen die Ordnung [*o* Disziplin]] bestraft

incassable [ɛ̃kɑsabl] *adj* unzerbrechlich

incendiaire [ɛ̃sɑ̃djɛʀ] **I.** *adj* **1.** (*qui provoque l'incendie*) Brand-; ***projectiles*** ~***s*** Brandgeschosse *pl;* ***mélange*** ~ Brandsatz *m*
2. (*virulent*) *article, discours* aufwieglerisch, Hetz-; *lettre* bissig, wütend; *œillade* giftig; ***propos*** ~***s*** Hetzreden *pl*
3. (*aguicheur*) *femme, œillade* aufreizend; *lettre* leidenschaftlich
II. *mf* **1.** (*pyromane*) Brandstifter(in) *m(f)*
2. (*agitateur*) Hetzer(in) *m(f)*

incendie [ɛ̃sɑ̃di] *m* **1.** (*sinistre*) [Groß]feuer *nt,* [Groß]brand *m;* ***qn circonscrit*** [*o* ***maîtrise***] ***l'***~ jd bringt den Brand [*o* das Feuer] unter Kontrolle; ***un*** ~ ***s'est déclaré*** ein Brand [*o* ein Feuer] ist ausgebrochen
2. *poét* (*rougeoiement*) glühendes Rot, feuerrote Färbung
3. *littér* (*bouleversement*): ***l'***~ ***de la révolte se propage*** der Unruheherd dehnt sich aus
▶ ~ **criminel** Brandstiftung *f*
◆ **incendie de forêt** Waldbrand *m*

incendié, e [ɛ̃sɑ̃dje] **I.** *adj* **1.** (*ruiné*) brandgeschädigt
2. (*détruit*) abgebrannt
II. *m, f* Brandopfer *nt*

incendier <1 a> [ɛ̃sɑ̃dje] *vt* **1.** (*mettre le feu à*) ■ **qn/qc incendie qc** jd/etw setzt [*o* steckt] etw in Brand, jd zündet etw an
2. *poét* (*faire rougeoyer*) ■ **qc incendie qc** etw taucht etw in ein glühendes Rot, etw verleiht einer S. (*dat*) eine feuerrote Färbung
3. *littér* (*brûler*) ■ **qc incendie qc** [**à qn**]: ***cette gorgée de whisky m'incendie la gorge*** der Schluck Whisky brennt mir in der Kehle; ***la fièvre lui incendiait les joues*** seine/ihre Wangen glühten vor Fieber
4. *littér* (*enflammer*) ■ **qn incendie qn/qc** *imagination* jd beflügelt etw; *personne* jd entfacht in jdm ein Feuer
5. *fam* (*engueuler*) ■ **qn incendie qn** jd schreit jdn an, jd schnauzt jdn an *fam;* ■ **qn se fait** ~ [**par qn**] jd wird [von jdm] angeschrien, jd wird [von jdm] angeschnauzt *fam*

incertain, e [ɛ̃sɛʀtɛ̃, ɛn] **I.** *adj* **1.** (*opp: assuré*) unsicher; (*indécis*) unschlüssig; ***je suis*** ~ ***sur la conduite à suivre en pareil cas*** ich bin unsicher, wie man sich in einem solchen Fall verhalten soll; ***les experts sont*** ~***s du résultat*** die Experten sind sich über das Ergebnis unsicher; ***je suis encore*** ~ ***de pouvoir prendre des vacances cette année*** ich bin mir noch nicht sicher, ob ich dieses Jahr Urlaub nehmen kann; ***il hésitait,*** ~ ***du parti qu'il devait prendre*** er zögerte, unschlüssig, welche Entscheidung er treffen sollte
2. (*vague*) unbestimmt; *contours* verschwommen, unscharf; *durée* unbestimmt; *lumière* schwach; ***la limite entre l'amour et la haine est*** ~***e*** die

Grenze zwischen Liebe und Hass ist unscharf
3. (*douteux*) ungewiss; *avenir a., affaire, profit* unsicher; *temps* veränderlich, unbeständig; *origine* unbestimmt; ***la date de mon retour est encore ~e*** das Datum meiner Rückkehr steht noch nicht fest
II. *m* ■ **l'~** das Ungewisse

incertitude [ɛ̃sɛʀtityd] *f* 1. (*caractère imprévisible*) [*fait, résultat, avenir*] Ungewissheit *f;* [*réponse*] Unbestimmtheit *f;* [*personne*] Unsicherheit *f;* [*temps*] Unsicherheit, Unbeständigkeit *f*
2. *gén pl* (*aléa*) [*entreprise*] Unsicherheitsfaktoren *pl;* [*vie*] Ungewissheiten *pl*
▸ **dans** **l'~** im Ungewissen; ***qn laisse qn dans l'~ au sujet de qc*** jd lässt jdn über etw (*akk*) im Ungewissen [*o* Unklaren]

incessamment [ɛ̃sesamɑ̃] *adv* unverzüglich

incessant, e [ɛ̃sesɑ̃, ɑ̃t] *adj a. antéposé* unaufhörlich, unablässig, andauernd; *réclamations, récriminations, critiques, guerre, coups de téléphone* ständig; *bruit, pluie* anhaltend; *activité* unentwegt; *efforts* stetig; ***labeur ~*** unendliche Mühe

incessible [ɛ̃sesibl] *adj* JUR *part social, créance* nicht abtretbar; *droit, privilège, titre* unveräußerlich

inceste [ɛ̃sɛst] *m* Inzest *m,* Blutschande *f*

incestueux, -euse [ɛ̃sɛstɥø, -øz] *adj amour, désir, relations* inzestuös, blutschänderisch; ***un couple ~/une personne ~euse*** ein Paar, das/ein Mensch, der Inzest [*o* Blutschande] begeht

inchangé, e [ɛ̃ʃɑ̃ʒe] *adj* unverändert

inchantable [ɛ̃ʃɑ̃tabl] *adj* nicht singbar; ■ **qc est ~** etw lässt sich nicht singen, etw ist nicht zu singen

inchauffable [ɛ̃ʃofabl] *adj* schwer heizbar; ***qc est pratiquement ~*** etw ist praktisch nicht heizbar

incidemment [ɛ̃sidamɑ̃] *adv* nebenbei, beiläufig; ***qn nomme qn/qc ~*** jd erwähnt jdn/etw beiläufig

incidence [ɛ̃sidɑ̃s] *f* 1. ■ **~ de qc sur qc** Auswirkung *f* einer S. (*gen*) auf etw (*akk*), Folgen *pl* einer S. (*gen*) für etw; ***cet événement n'a eu aucune ~ sur sa décision*** dieses Ereignis hatte keinen [*o* keinerlei] Einfluss auf seine/ihre Entscheidung
2. PHYS Einfall *m,* Inzidenz *f spec*

incident, e [ɛ̃sidɑ̃, ɑ̃t] I. *adj* 1. beiläufig; *observation, question, remarque* Zwischen-; ***de manière toute ~e*** so ganz beiläufig [*o* nebenbei]
2. JUR *faits* Neben-; *jugement, procédure* Zwischen-; ***demande ~e*** Zwischenklage *f*
3. PHYS *rayon* Einfalls-, Inzidenz- *spec*
4. LING *proposition* eingeschoben
II. *m* 1. (*anicroche*) Zwischenfall *m;* ■ **~ de qc** *d'audience, de séance, procédure* Zwischenfall bei etw
2. (*événement sans importance*) Vorfall *m*
▸ **l'~ est** **clos** das Kapitel ist abgeschlossen, der Fall ist erledigt; **~ diplomatique** diplomatischer Zwischenfall; **~ technique** Betriebsstörung *f,* technische Panne; **sans** ~ ohne Zwischenfall, reibungslos
III. *f* ■ **incidente** LING eingeschobener Satz
◆ **incident de frontière** Grenzzwischenfall *m;* **incident de parcours** kleine Panne

incinérateur [ɛ̃sineʀatœʀ] *m* Verbrennungsofen *m;* (*pour collectivités*) Verbrennungsanlage *f*

incinération [ɛ̃sineʀasjɔ̃] *f* Verbrennung *f;* [*cadavre*] Feuerbestattung *f,* Einäscherung *f;* ***~ des ordures ménagères*** Müllverbrennung

incinérer <5> [ɛ̃sineʀe] *vt* ■ **qn incinère qn** jd äschert jdn ein; ■ **qn incinère qc** *ordures ménagères* jd verbrennt etw; ■ **qn se fait ~** jd lässt sich einäschern

incise [ɛ̃siz] *f* eingeschobener Satz

inciser <1> [ɛ̃size] *vt* ■ **qn incise qc** *abcès* jd schneidet etw auf; *écorce* jd schneidet etw ein; *peau* jd ritzt etw ein

incisif, -ive [ɛ̃sizif, -iv] *adj répartie, style, ton* bissig; *critique* beißend; *ironie* schneidend

incision [ɛ̃sizjɔ̃] *f* [*écorce*] Einschnitt *m,* Einkerbung *f;* [*organe*] [Ein]schnitt; [*plaie*] Schnitt *m*
▸ **qn** **fait** **une ~ à qc** jd macht einen Einschnitt in etw (*akk*)

incisive [ɛ̃siziv] *f* Schneidezahn *m*

incitatif, -ive [ɛ̃sitatif, -iv] *adj:* ***aide ~*** Förderungsmittel *pl;* ***mesure ~ive*** Förderungsmaßnahme *f*

incitation [ɛ̃sitasjɔ̃] *f* Ansporn *m,* Anreiz *m;* ■ **~ à qc/à faire qc** *au crime, meurtre, à la révolte, violence* Anstiftung *f* zu etw/etw zu tun; *à la débauche, paresse* Verführung *f* zu etw/etw zu tun, Verleitung *f* zu etw/etw zu tun; *à l'effort* Ansporn *m* zu etw/etw zu tun

inciter <1> [ɛ̃site] *vt* ■ **qn/qc incite qn à qc** jd/etw ermuntert jdn zu etw; *à l'achat* jd/etw verführt jdn zu etw; *à la paresse, au chapardage* jd/etw verleitet jdn zu etw; *au travail* jd motiviert jdn zu etw; ***qn incite qn à la méfiance*** jd flößt jdm Misstrauen ein; ■ **qn/qc incite qn à faire qc** jd/etw ermutigt jdn dazu, etw zu tun

incivil, e [ɛ̃sivil] *adj littér comportement, personne* ungehobelt

inclassable [ɛ̃klasabl] *adj* (*hors catégorie*) *activité, œuvre, personne* schwer einzuordnen; (*admirable*) herausragend

inclinable [ɛ̃klinabl] *adj* verstellbar

inclinaison [ɛ̃klinɛzɔ̃] *f* 1. [*pente, route, talus*] Gefälle *nt,* Neigung *f;* [*toit*] Schräge *f*
2. (*position penchée*) Schrägstellung *f,* Schräglage *f;* [*navire*] Schlagseite *f;* [*mur*] Schräge *f;* [*tête*] geneigte Haltung; [*tour*] Neigung *f;* ***l'~ de son chapeau*** sein/ihr schief sitzender Hut
3. ASTRON Inklination *f*
4. GEOM Neigung *f,* Inklination *f*

inclination [ɛ̃klinasjɔ̃] *f* 1. (*penchant*) Neigung *f;* ■ **~ à** [*o* **pour**] **qc** Neigung zu etw, Hang *m* zu etw; ■ **~ à faire qc** Neigung [*o* Hang] dazu, etw zu tun; ***une certaine ~ à mentir*** ein gewisser Hang zum Lügen
2. (*affection*) [Zu]neigung *f;* ■ **~ pour qn** Zuneigung für jdn
3. [*buste, corps, tête*] Verneigung *f,* Verbeugung *f*

incliné, e [ɛ̃kline] *adj* 1. *pente, terrain* abfallend, abschüssig; *toit* schräg; ***plan ~*** schiefe Ebene
2. (*penché*) *tour* schief; *mur a.* schräg; *arbre, tête* geneigt; ■ **~ vers qc** gegen etw geneigt; ***la branche est ~e vers le sol*** der Ast neigt sich zum Boden

incliner <1> [ɛ̃kline] I. *vt* 1. (*courber*) ■ **qn incline qc** *buste, corps* jd beugt etw; *bouteille* jd hält etw schräg; *dossier d'une chaise* jd verstellt etw; ***qn incline la tête*** jd neigt den Kopf; (*pour acquiescer*) jd nickt; ***qn incline le front*** jd neigt den Kopf; ***inclinez le corps en avant/en arrière/de côté!*** beugt euch nach vorne/nach hinten/zur Seite!; ■ **qc incline qc** *navire* etw legt etw auf die Seite; ***le vent incline la cime des arbres*** der Wind biegt die Baumwipfel
2. *littér* (*inciter*) ■ **qc incline qn à qc** etw veranlasst jdn zu etw; ■ **qc incline qn à faire qc** etw bringt jdn dazu, etw zu tun; etw veranlasst jdn dazu, etw zu tun; ***tout m'incline à penser que*** + *indic* alles bringt mich zu der Annahme, dass; ***ces résultats m'inclinent à croire que*** + *indic* diese Ergebnisse lassen mich vermuten, dass
II. *vi* 1. (*pencher pour*) ■ **qn/qc incline à** [*o* **vers**] **qc** *à l'autoritarisme, la clémence, vers l'indulgence, la sévérité* jd/etw neigt zu etw, jd tendiert zu etw; ■ **qn incline à faire qc** jd neigt dazu, etw zu tun; ***j'incline à penser que*** + *indic* ich neige zu der Ansicht, dass; ***j'incline à accepter cette offre*** ich bin geneigt dieses Angebot anzunehmen
2. (*inciter*) ■ **qc incline à qc** *à la baignade, la mélancolie, au romantisme* etw lädt zu etw ein; ■ **qc incline à faire qc** etw lädt dazu ein, etw zu tun; ***tout ceci incline à penser que*** dies alles führt zu der Annahme, dass
III. *vpr* 1. (*se courber*) ■ **qn s'incline** jd verneigt [*o* verbeugt] sich
2. (*rendre hommage*) ■ **qn s'incline** [**devant qn/qc**] jd verneigt sich [vor jdm/etw]
3. (*céder*) ■ **qn s'incline** [**devant qn/qc**] jd gibt nach, jd beugt sich [jdm/einer S.]
4. SPORT ■ **qn s'incline** [**devant qn**] jd unterliegt [jdm]
5. (*pencher*) ■ **qc s'incline** /*arbre, soleil*/ etw neigt sich; /*chemin, colline*/ etw fällt ab; /*mur*/ etw ist schräg; /*navire*/ etw hat Schlagseite

inclure <*irr*> [ɛ̃klyʀ] *vt* 1. (*joindre, ajouter*) ■ **qn inclut qc** [**dans qc**] jd fügt [einer S. (*dat*)] etw bei; ***qn inclut qc dans une liste*** jd fügt einer Liste etw hinzu; ***qn inclut une clause dans un contrat*** jd fügt eine Klausel in einen Vertrag ein, jd nimmt eine Klausel in einen Vertrag auf; ***qn inclut qc dans une enveloppe*** jd legt einem Brief etw bei
2. (*contenir, comprendre*) ■ **qc inclut qc** etw schließt etw ein
3. (*entraîner*) ■ **qc inclut que** + *subj* etw beinhaltet, dass; etw bedeutet, dass

inclus, e [ɛ̃kly, ɛ̃klyz] *adj* 1. (*compris*) einschließlich (+ *gen*); ***absent jusqu'au 10 mars ~*** bis einschließlich zehnten März abwesend, bis zehnten März einschließlich abwesend; ***le service est ~*** die Bedienung ist inbegriffen
2. (*ajouté*) ■ **~ dans qc** einer S. (*dat*) beigefügt; ***le billet de 500 F ~ dans l'enveloppe*** der beiliegende 500-Franc-Schein
3. MATH ■ **~ dans qc** in etw (*dat*) enthalten

inclusion [ɛ̃klyzjɔ̃] *f* 1. (*introduction*) ■ **~ dans qc** Einbeziehung *f* in etw (*akk*); ***l'~ de nouveaux membres*** die Aufnahme neuer Mitglieder
2. ANAT: ***c'est une ~ de dent de sagesse*** der Weisheitszahn ist impaktiert
3. MATH Inklusion *f,* Enthaltensein *nt*

inclusivement [ɛ̃klyzivmɑ̃] *adv* einschließlich; ***jusqu'au 14 juillet ~*** bis zum 14. Juli einschließlich, bis einschließlich 14. Juli

incoercible [ɛ̃kɔɛʀsibl] *adj littér* nicht zu bändigen; *désir a.* unstillbar; *besoin, toux* nicht zu unterdrücken; *rire a.* hemmungslos

incognito [ɛ̃kɔɲito] I. *adv* 1. (*non officiellement*) inkognito
2. (*anonymement*) inkognito
II. *m* Inkognito *nt*
▸ **qn** **garde** **l'~** jd wahrt sein Inkognito; **dans** **l'~** inkognito, unerkannt; ***je reste/voyage dans l'~*** ich bleibe/reise inkognito

incohérence [ɛ̃kɔeʀɑ̃s] *f* 1. (*caractère illogique*) [*discours, œuvre*] Zusammenhang[s]losigkeit *f;* [*conduite, personne*] Inkonsequenz *f;* [*raisonnement*] Inkohärenz *f geh*
2. (*illogisme*) Ungereimtheit *f;* ***il y a une ~ entre son discours et ses actes*** zwischen seinen/ihren Worten und seinen/ihren Taten besteht ein Widerspruch

incohérent, e [ɛ̃kɔeʀɑ̃, ɑ̃t] *adj* ungereimt; *langage, style, texte, histoire a.* unzusammenhängend; *comportement* inkonsequent; *gestes* unmotiviert

incollable [ɛ̃kɔlabl] *adj* 1. ***du riz ~*** Reis, der nicht klebt
2. *fam* (*imbattable*) unschlagbar; ■ **~ en** [*o* **sur**] **qc** unschlagbar in etw (*dat*); ***il est ~ sur ce sujet*** er ist auf diesem Gebiet unschlagbar

incolore [ɛ̃kɔlɔʀ] *adj* farblos; *regard, sourire* matt

incomber <1> [ɛ̃kɔ̃be] *vi* ■ **qc incombe à qn** etw fällt jdm zu; /*devoirs, responsabilité, travail a.*/ etw obliegt jdm; /*frais, réparations a.*/ etw geht zu jds Lasten; ■ **il incombe à qn de faire qc** es obliegt jdm, etw zu tun

incombustible [ɛ̃kɔ̃bystibl] *adj* nicht brennbar

incommensurable [ɛ̃kɔmɑ̃syʀabl] *adj* 1. *espace, foule, nombre* unermesslich; *bêtise* maßlos
2. MATH inkommensurabel

incommodant, e [ɛ̃kɔmɔdɑ̃, ɑ̃t] *adj chaleur* unangenehm; *odeur a.* lästig; *bruit a.* störend

incommode [ɛ̃kɔmɔd] *adj* 1. (*peu pratique*) unpraktisch; *heure* ungünstig; *outil* unzweckmäßig
2. (*inconfortable*) unbequem

incommodé, e [ɛ̃kɔmɔde] *adj vieilli* unpässlich

incommodément [ɛ̃kɔmɔdemɑ̃] *adv* 1. (*inconfortablement*) *installé,*

logé unbequem
2. (*de façon peu pratique*) unpraktisch, unzweckmäßig; *situé* ungünstig

incommoder <1> [ɛ̃kɔmɔde] *vt* ■ **qn/qc incommode qn** /*bruit, comportement, fumée, odeur*/ jd fühlt sich durch jdn/etw belästigt, jd/etw stört jdn; /*chaleur*/ etw wird jdm unangenehm; ■ **qn est incommodé(e) par qc** *par le bruit, la fumée, l'odeur* jd fühlt sich durch etw belästigt

incommodité [ɛ̃kɔmɔdite] *f* 1. [*logement, meuble, outil, salle*] Unzweckmäßigkeit *f*
2. (*désagrément*) Unannehmlichkeit *f*

incommunicabilité [ɛ̃kɔmynikabilite] *f* Verständigungsschwierigkeiten *pl*, Kommunikationsschwierigkeiten *pl*

incommunicable [ɛ̃kɔmynikabl] *adj* 1. *caractères, droits, privilèges* unübertragbar
2. *pensée, sentiment* nicht mitteilbar

incomparable [ɛ̃kɔ̃paʀabl] *adj* unvergleichlich

incomparablement [ɛ̃kɔ̃paʀabləmɑ̃] *adv* 1. *jouer, chanter* unübertrefflich
2. + *comp:* ~ ***mieux/plus évolué*** ungleich [*o* weitaus] besser/wesentlich weiter entwickelt; ~ ***moins de succès*** ungleich weniger Erfolg

incompatibilité [ɛ̃kɔ̃patibilite] *f* ■ ~ **de** *de caractère, d'humeur, idées, opinions* Unvereinbarkeit *f* (+ *gen*); ■ ~ **entre des choses** Unvereinbarkeit von Dingen; ■ ~ **entre des personnes** Unverträglichkeit *f* von Menschen; ***il y a ~ entre deux fonctions*** JUR es besteht Inkompatibilität *f* [*o* Unvereinbarkeit] zwischen zwei Ämtern; ***l'~ des groupes sanguins*** die Unverträglichkeit der Blutgruppen

incompatible [ɛ̃kɔ̃patibl] *adj* unvereinbar; *caractères* unverträglich; *groupes sanguins, médicaments* unverträglich, nicht kompatibel; ■ **~s** [**entre eux**] nicht [miteinander] vereinbar; ■ ~ **avec qc** unvereinbar mit etw; ***un comportement ~ avec sa fonction*** ein Verhalten, das mit seinem/ihrem Amt nicht in Einklang steht; ***les fonctions de juge sont ~s avec celles de notaire*** das Amt des Richters ist nicht vereinbar mit dem des Notars

incompétence [ɛ̃kɔ̃petɑ̃s] *f* 1. (*incapacité*) Inkompetenz *f*; ***il a atteint le seuil d'~*** er hat die Grenzen seiner Kapazität erreicht; ■ ~ **en** [*o* **dans**] [*o* **sur**] **qc** mangelnder Sachverstand [*o* mangelnde Kompetenz] in etw (*dat*)
2. JUR Unzuständigkeit *f*, Inkompetenz *f*

incompétent, e [ɛ̃kɔ̃petɑ̃, ɑ̃t] *adj* 1. (*incapable*) inkompetent; ■ ~ **en** [*o* **dans**] [*o* **sur**] **qc** nicht kompetent in etw (*dat*); ***je suis ~ en politique/dans ce domaine/sur ce sujet*** in der Politik/auf diesem Gebiet/bei diesem Thema kenne ich mich nicht aus
2. JUR *juge, tribunal* nicht zuständig

incomplet, -ète [ɛ̃kɔ̃plɛ, -ɛt] *adj* 1. (*inachevé*) unvollständig; *œuvre, travail* unvollendet
2. (*imparfait*) unvollständig, ungenügend; *culture a., vues* lückenhaft, beschränkt; *mesures* unzulänglich

incomplètement [ɛ̃kɔ̃plɛtmɑ̃] *adv* nicht vollständig; *renseigné* ungenügend

incompréhensible [ɛ̃kɔ̃pʀeɑ̃sibl] *adj* 1. (*illogique*) *agissements, comportement* unverständlich; *accident, refus a.* schwer begreiflich; *personne* undurchschaubar
2. (*inintelligible*) unverständlich
3. (*impénétrable*) *Dieu, univers* unbegreiflich; *mystère* rätselhaft

incompréhensif, -ive [ɛ̃kɔ̃pʀeɑ̃sif, -iv] *adj* verständnislos, ohne Verständnis; ***il s'est montré*** [***totalement***] ~ [***à mon égard***] er zeigte [überhaupt] kein Verständnis für mich

incompréhension [ɛ̃kɔ̃pʀeɑ̃sjɔ̃] *f* Unverständnis *nt*; ~ ***mutuelle*** gegenseitiges Unverständnis; ■ ~ **de qn** [**envers qn**] [*o* **à l'égard de qn**] jds Unverständnis [gegenüber jdm]; ■ ~ **entre deux/plusieurs personnes** fehlendes Verständnis zwischen zwei/mehreren Menschen

incompressible [ɛ̃kɔ̃pʀesibl] *adj* 1. FIN, JUR nicht einschränkbar; ***mes dépenses sont devenues ~s*** meine Ausgaben können nicht weiter eingeschränkt werden; ***une peine ~ de 16 ans de détention criminelle*** eine Gefängnisstrafe von 16 Jahren ohne Haftminderung
2. PHYS inkompressibel

incompris, e [ɛ̃kɔ̃pʀi, iz] I. *adj* nicht verstanden; *œuvre d'art a.* unverstanden; *artiste, génie* verkannt; ***le sujet/le texte est resté ~ de la majorité des élèves*** das Thema/der Text wurde von den meisten Schülern nicht verstanden; ***il se sentait ~ de tous*** er fühlte sich von allen unverstanden
II. *m, f* Unverstandene(r) *f(m)*; (*artiste*) verkannter Künstler/verkannte Künstlerin

inconcevable [ɛ̃kɔ̃svabl] *adj* (*inimaginable*) unvorstellbar; (*incompréhensible*) unbegreiflich; (*incroyable*) unglaublich; ***il est ~ d'imaginer que*** + *subj* es ist unvorstellbar, dass; ***de telles choses paraissent ~s*** Derartiges ist undenkbar

inconciliable [ɛ̃kɔ̃siljabl] *adj intérêts, tendances* unvereinbar; *personnes* unversöhnlich; ■ [**qc est**] ~ **avec qc** [etw ist] unvereinbar mit etw

inconditionnalité [ɛ̃kɔ̃disjɔnalite] *f* bedingungslose Anhängerschaft

inconditionnel, le [ɛ̃kɔ̃disjɔnɛl] I. *adj acceptation, consentement, foi* bedingungslos; *soumission a.* unbedingt; *appui, soutien a.* uneingeschränkt; ■ [**qn est**] ~ **de qn/qc** [jd ist] hundertprozentig für jdn/etw
II. *m, f* ■ **~(le) de qn/qc** bedingungsloser Anhänger/bedingungslose Anhängerin eines Menschen/einer S.; ***je suis un ~ des sports d'hiver*** ich bin ein begeisterter Wintersportler; ***les ~s de musique rock*** die Rockmusikfans [-fæns]

inconditionnellement [ɛ̃kɔ̃disjɔnɛlmɑ̃] *adv* bedingungslos

inconduite [ɛ̃kɔ̃dɥit] *f* unmoralischer Lebenswandel

inconfort [ɛ̃kɔ̃fɔʀ] *m* 1. [*logement*] Mangel *m* an Komfort; [*siège*] Unbequemlichkeit *f*
2. [*position, situation*] Misslichkeit *f*

inconfortable [ɛ̃kɔ̃fɔʀtabl] *adj* 1. *maison* ohne Komfort; *lit, siège, position* unbequem
2. *situation* misslich

inconfortablement [ɛ̃kɔ̃fɔʀtabləmɑ̃] *adv* unbequem

incongru, e [ɛ̃kɔ̃gʀy] *adj* unpassend; *remarque a.* unangebracht, deplatziert; *geste, comportement, manières a.* unschicklich; *ton* ungehörig; *situation* merkwürdig; *conversation* absurd

incongruité [ɛ̃kɔ̃gʀɥite] *f* 1. (*caractère*) [*remarque, conversation*] Unangebrachtheit *f*; [*geste, personne*] Unschicklichkeit *f*; [*ton*] Ungehörigkeit *f*; [*situation*] Merkwürdigkeit *f*
2. (*acte, parole*) Unschicklichkeit *f*; [*enfant*] Unartigkeit *f*; ***qn commet*** [*o* ***fait***] ***des ~s*** jd benimmt sich unschicklich

inconnaissable [ɛ̃kɔnɛsabl] I. *adj* unergründlich; ***l'avenir nous est ~*** wir kennen die Zukunft nicht
II. *m* ■ **l'~** PHILOS das Unergründliche

inconnu, e [ɛ̃kɔny] I. *adj* 1. (*ignoré*) unbekannt; ***il est ~ ici*** er ist hier nicht bekannt; ■ ~ **à** [*o* **de**] **qn** jdm unbekannt, [bei] jdm nicht bekannt; ~ ***dans notre région/du monde animal*** in unserer Gegend/in der Tierwelt unbekannt
2. (*nouveau*) *pays, terres, sensation, sentiment* unbekannt; *joie* nie gekannt; *odeur, parfum* ungewöhnlich
II. *m, f* (*personne*) Unbekannte(r) *f(m)*; ***devant des ~s*** vor Fremden; ■ **qn est un(e) ~(e) pour qn** jd ist für jdn ein Fremder/eine Fremde
▶ **belle** ~e schöne Unbekannte; **illustre** ~ *iron* unbekanntes Genie, unbeschriebenes Blatt *fam*
III. *m* ■ **l'~** das Unbekannte
IV. *f* ■ **inconnue** 1. (*élément inconnu*) unbekannte Größe, unbekannter Faktor
2. MATH Unbekannte *f*

inconsciemment [ɛ̃kɔ̃sjamɑ̃] *adv* 1. (*sans s'en rendre compte*) unbewusst
2. (*à la légère*) unüberlegt, leichtsinnig

inconscience [ɛ̃kɔ̃sjɑ̃s] *f* 1. (*légèreté*) Leichtsinn *m*
2. (*irresponsabilité*) Leichtfertigkeit *f*, Gedankenlosigkeit *f*
3. (*évanouissement*) Bewusstlosigkeit *f*
4. (*ignorance*) ■ **l'~ de qc** *de la situation* das Nichtwissen um etw; ■ **dans l'~ de qc** in Unkenntnis einer S. (*gen*)

inconscient, e [ɛ̃kɔ̃sjɑ̃, jɑ̃t] I. *adj* 1. (*évanoui*) bewusstlos
2. (*qui ne se rend pas compte*) leichtsinnig, gedankenlos; ■ [**qn est**] ~ **de qc** *de ses actes, fautes, du danger* [jd ist sich (*dat*)] einer S. (*gen*) nicht bewusst
3. PSYCH unbewusst; *geste, mouvement a.* unwillkürlich; *effort, élan* spontan
II. *m, f* 1. (*fou*) Geistesgestörte(r) *f(m)*
2. (*irresponsable*) Leichtfertige(r) *f(m)*, Leichtsinnige(r) *f(m)*
III. *m* PSYCH Unbewusste(s) *nt*

inconséquence [ɛ̃kɔ̃sekɑ̃s] *f* 1. (*incohérence*) [*comportement, démarche, personne*] Inkonsequenz *f*; [*théorie, raisonnement*] Unlogik *f*, Folgewidrigkeit *f*; ***il y a plusieurs ~s dans ta théorie*** deine Theorie ist in mehreren Punkten unlogisch
2. (*légèreté*) Leichtsinnigkeit *f*
3. (*acte irréfléchi*) Gedankenlosigkeit *f*

inconséquent, e [ɛ̃kɔ̃sekɑ̃, ɑ̃t] *adj* 1. (*illogique*) *comportement, personne* inkonsequent; *raisonnement* folgewidrig
2. (*irréfléchi*) *décision, démarche* unüberlegt; *personne* der/die unüberlegt [*o* unbesonnen] handelt

inconsidéré, e [ɛ̃kɔ̃sideʀe] *adj* unbesonnen, unbedacht, voreilig

inconsidérément [ɛ̃kɔ̃sideʀemɑ̃] *adv* ohne zu überlegen; ***qn se repose ~ sur de trompeuses espérances*** jd gibt sich voreilig falschen Hoffnungen hin

inconsistance [ɛ̃kɔ̃sistɑ̃s] *f* [*accusation, argumentation, raisonnement, preuve*] Unhaltbarkeit *f*, mangelnde Stichhaltigkeit; [*caractère*] Haltlosigkeit *f*; [*roman, film, scénario*] Inhaltslosigkeit *f*

inconsistant, e [ɛ̃kɔ̃sistɑ̃, ɑ̃t] *adj* 1. (*faible*) *accusation, argumentation, preuve, raisonnement* nicht haltbar, nicht stichhaltig; *espoir* falsch; *idée* schwach; *programme* inhaltslos; *intrigue, scénario, personnage de roman* flach
2. (*mou*) *caractère, personne* haltlos
3. (*trop liquide*) *bouillie, soupe* wässrig; *crème* zu dünn

inconsolable [ɛ̃kɔ̃sɔlabl] *adj* 1. *personne* untröstlich; ■ ~ **de qc** untröstlich über etw (*akk*)
2. *chagrin, douleur, malheur, peine* unermesslich

inconstance [ɛ̃kɔ̃stɑ̃s] *f* 1. (*versatilité*) [*caractère, personne, public*] Unbeständigkeit *f*, Wankelmütigkeit *f*; [*amant, maîtresse*] Unbeständigkeit, Flatterhaftigkeit *f*; ***l'~ de son humeur*** seine/ihre Launenhaftigkeit
2. (*incertitude*) [*fortune, gloire, puissance, sort, temps*] Unbeständigkeit *f*

inconstant, e [ɛ̃kɔ̃stɑ̃, ɑ̃t] *adj* 1. (*versatile*) *caractère, esprit, humeur* wankelmütig; *personne a.* wetterwendisch; *amant, maîtresse* unbeständig, flatterhaft; ■ ~ **dans qc** in etw (*dat*) unbeständig [*o* flatterhaft]
2. (*incertain*) *fortune* unbeständig; *temps a.* veränderlich

inconstructible [ɛ̃kɔ̃stʀyktibl] *adj terrain* nicht bebaubar

incontestable [ɛ̃kɔ̃tɛstabl] *adj* unbestreitbar; *droit a., principe, réussite* unbestritten; *fait a.* nicht zu leugnen, eindeutig; *preuve, qualité* einwandfrei; ■ **il est ~ que** + *indic* es ist nicht zu leugnen [*o* bestreiten], dass

incontestablement [ɛ̃kɔ̃tɛstabləmɑ̃] *adv* zweifellos, mit Sicherheit

incontesté, e [ɛ̃kɔ̃tɛste] *adj* unbestritten; *champion, leader a.* ungefochten; *personne* allgemein anerkannt

incontinence [ɛ̃kɔ̃tinɑ̃s] *f* Inkontinenz *f*
▶ ~ **nocturne** Bettnässen *nt*; ~ **verbale** MED Logorrhö[e] *f spec*; *hum* Verbaldiarrhöe *f fam*, verbaler Dünnschiss *fam*
◆ **incontinence de langage** [*o* **parole**] sprachlicher Fauxpas [*o* Ausrutscher]; **incontinence d'urine** [*o* **urinaire**] Inkontinenz *f*, unkontrollierter

Harnabfluss

incontinent [ɛ̃kɔ̃tinɑ̃] *adv vieilli littér* unverzüglich

incontinent, e [ɛ̃kɔ̃tinɑ̃, ɑ̃t] *adj vieillard* an Inkontinenz leidend; *vessie* inkontinent; ***cet enfant est*** ~ dieses Kind ist [ein] Bettnässer

incontournable [ɛ̃kɔ̃tuʀnabl] *adj argument* unvermeidlich, nicht außer Acht zu lassen; *fait, exigence* unumgänglich, nicht zu umgehen; ***ce problème est*** ~ an diesem Problem kommt niemand vorbei; ***cet homme est*** ~ an diesem Mann führt kein Weg vorbei

incontrôlable [ɛ̃kɔ̃tʀolabl] *adj* **1.** *affirmation, témoignage* nicht überprüfbar; *rumeur, source* nicht nachprüfbar
2. (*irrépressible*) unkontrollierbar; *besoin, envie, élan, impulsion, passion a.* unbezwingbar, unbezwinglich; *attirance a.* unwiderstehlich; *mouvement a.* unwillkürlich
3. (*ingouvernable*) unkontrollierbar; ***qc devient*** ~ etw gerät außer Kontrolle

incontrôlé, e [ɛ̃kɔ̃tʀole] *adj* unkontrolliert

inconvenance [ɛ̃kɔ̃vnɑ̃s] *f* **1.** (*incorrection*) [*proposition, question, situation*] Unschicklichkeit *f*
2. (*action, parole*) Unanständigkeit *f*

inconvenant, e [ɛ̃kɔ̃vnɑ̃, ɑ̃t] *adj* **1.** (*déplacé*) *conduite, proposition* unpassend; *enfant* ungezogen; ***qn trouve une personne*** ~***e*** ein Mensch berührt jdn peinlich
2. (*indécent*) *tableau, propos* unanständig

inconvénient [ɛ̃kɔ̃venjɑ̃] *m* **1.** (*opp.: avantage*) Nachteil *m;* [*situation*] negative Begleiterscheinung, Unangenehme(s) *nt*
2. *gén pl* (*conséquence fâcheuse*) unangenehme Folge
3. (*obstacle*): ***l'~, c'est que*** + *indic* das Problem ist, dass; der [einzige] Haken ist, dass *fam*
▸ **qn/qc a l'~ de faire qc** bei jdm/etw ist der Nachteil, dass; jds Nachteil/der Nachteil einer S. ist, dass; **il y a un ~/n'y a pas d'~ à faire qc/à ce que** + *subj* es spricht etwas/nichts dagegen, etw zu tun/dass; **qn voit un ~ à qc/à faire qc/à ce que** + *subj* jd hat einen Einwand gegen etw/dagegen, etw zu tun/dagegen, dass; **qn ne voit pas d'~ à qc/à faire qc/à ce que** + *subj* jd hat nichts gegen etw/dagegen, etw zu tun/dagegen, dass; **sans** ~ problemlos; ***peut-on sans*** ~ ***prendre ces deux médicaments ensemble?*** kann man ohne Risiko die beiden Medikamente gleichzeitig einnehmen?

incoordination [ɛ̃kɔɔʀdinasjɔ̃] *f spéc* [*opérations militaires, services administratifs*] mangelnde Koordination; MED Koordinationsstörung *f,* Inkoordination *f*

incorporable [ɛ̃kɔʀpɔʀabl] *adj* wehrpflichtig

incorporation [ɛ̃kɔʀpɔʀasjɔ̃] *f* **1.** (*mélange*) ■ **~ de qc dans qc** Vermengung *f* einer S. (*gen*) mit etw
2. (*annexion*) ■ **~ de qn/qc à** [*o* **dans**] **qc** jds Eingliederung *f*/die Eingliederung einer S. (*gen*) in etw (*akk*); ***l'~ d'une minorité dans une communauté*** die Integration einer Minderheit in eine Gemeinschaft
3. MIL Einziehung *f,* Einberufung *f*

incorporé, e [ɛ̃kɔʀpɔʀe] *adj* eingebaut

incorporel, le [ɛ̃kɔʀpɔʀɛl] *adj* körperlos

incorporer <1> [ɛ̃kɔʀpɔʀe] **I.** *vt* **1.** GASTR, TECH ■ **qn incorpore qc** [**à qc**] jd mengt [*o* mischt] [einer S. (*dat*)] etw bei; ~ ***délicatement les blancs battus en neige*** den Eischnee vorsichtig unterziehen
2. (*intégrer*) ■ **qn incorpore qn/qc dans** [*o* **à**] **qc** jd schließt jdn/etw in etw (*akk*) ein; *paragraphe* jd fügt etw in etw (*akk*) ein; *territoire* jd schließt etw an etw (*akk*) an; *personne, groupe* jd gliedert jdn in etw (*akk*) ein; ***elle fut incorporée dans la famille*** sie wurde in die Familie aufgenommen; ***qn incorpore qc dans un récit*** jd baut etw in eine Erzählung ein
3. MIL ■ **qn incorpore qn** [**dans qc**] jd zieht [*o* beruft] jdn [zu etw] ein
II. *vpr* ■ **qn s'incorpore à qc** jd fügt [*o* gliedert] sich in etw (*akk*) ein; ■ **qc s'incorpore à qc** etw vermengt sich mit etw

incorrect, e [ɛ̃kɔʀɛkt] *adj* **1.** (*défectueux*) *expression, style* nicht korrekt; *interprétation* unrichtig; *solution* falsch, nicht richtig; *montage* fehlerhaft; ***une lecture*** ~***e*** ein ungenaues Durchlesen
2. (*inconvenant*) *manières, tenue* unkorrekt, inkorrekt; *langage, ton* unangemessen
3. (*impoli*) *personne* ungesittet, unmanierlich; *conduite* ungehörig; ***il s'est montré*** ~ er hat sich unkorrekt [*o* inkorrekt] verhalten
4. (*déloyal*) *personne* ■ ~ **en qc/avec qn** nicht korrekt in etw (*dat*)/mit jdm

incorrectement [ɛ̃kɔʀɛktəmɑ̃] *adv* **1.** (*de façon défectueuse*) fehlerhaft
2. (*de façon inconvenante*) unkorrekt, inkorrekt

incorrection [ɛ̃kɔʀɛksjɔ̃] *f* **1.** (*faute*) Fehler *m,* Unrichtigkeit *f*
2. (*impropriété*) [*style*] Unkorrektheit *f,* Ungenauigkeit *f;* [*langage a.*] Fehlerhaftigkeit *f*
3. (*impolitesse*) [*attitude, démarche, geste, parole*] Unkorrektheit *f,* Inkorrektheit *f;* [*personne*] Ungehörigkeit *f*

incorrigible [ɛ̃kɔʀiʒibl] *adj a. antéposé* unverbesserlich

incorruptibilité [ɛ̃kɔʀyptibilite] *f* **1.** [*fonctionnaire, juge*] Unbestechlichkeit *f*
2. [*matériau, substance*] Festigkeit *f,* Haltbarkeit *f*

incorruptible [ɛ̃kɔʀyptibl] **I.** *adj* **1.** *fonctionnaire, juge* unbestechlich
2. *matériau, substance* haltbar; ***un bois rendu*** ~ ***à l'humidité*** imprägniertes Holz
II. *mf* (*personne*) Unbestechliche(r) *f(m)*

incrédule [ɛ̃kʀedyl] *adj personne, air* ungläubig; ***je reste*** ~ ich glaube es einfach nicht

incrédulité [ɛ̃kʀedylite] *f* Ungläubigkeit *f,* Argwohn *m;* ***je persiste dans mon*** ~ ich bleibe skeptisch [*o* argwöhnisch]
▸ **avec** ~ ungläubig

increvable [ɛ̃kʀəvabl] *adj* **1.** *fam personne* unermüdlich; *appareil, voiture* unverwüstlich; ***il est vraiment*** ~ er ist wirklich nicht totzukriegen *fam*
2. *pneu* pannensicher; ***un ballon*** ~ ein Ball, der nicht kaputtgeht

incriminer <1> [ɛ̃kʀimine] *vt* **1.** (*accuser*) ■ **qn incrimine qn** jd beschuldigt jdn; ***il cherche à m'~ dans cette affaire*** er versucht, mir in dieser Angelegenheit eine Schuld nachzuweisen; ***qn incrimine qn pour tout et n'importe quoi*** jd gibt jdm die Schuld an allem
2. (*mettre en cause*) ■ **qn incrimine qc** jd macht etw verantwortlich; ■ [**qc est**] **incriminé** etw wird beanstandet; ***qn incrimine la bonne foi/l'honnêteté de qn*** jd zieht jds Ehrlichkeit in Zweifel; ***la chose incriminée*** die besagte Sache

incrochetable [ɛ̃kʀɔʃtabl] *adj serrure, verrou* einbruchsicher; ***serrure*** ~ Sicherheitsschloss *nt*

incroyable [ɛ̃kʀwajabl] *adj a. antéposé* **1.** (*extraordinaire*) unglaublich, ungeheuerlich; ***il est*** [*o* ***c'est***] ~ ***de voir/penser/imaginer que*** + *subj*/***à quel point*** + *indic* es ist unglaublich [*o* unvorstellbar], dass/wie sehr; ***c'est*** ~ ***de voir à quel point tout a changé*** es ist unglaublich, wie sehr sich alles verändert hat; ***il est*** ~ ***d'aller aux Maldives quand on a la plage à côté de chez soi*** es ist verrückt, auf die Malediven zu fliegen, wenn man den Strand nebenan hat
2. (*bizarre*) unglaublich, eigenartig; ***si*** ~ ***que cela puisse paraître*** so unwahrscheinlich das auch scheinen mag
▸ ~ **mais vrai** kaum zu glauben, aber wahr

incroyablement [ɛ̃kʀwajabləmɑ̃] *adv* unglaublich

incroyance [ɛ̃kʀwajɑ̃s] *f* Unglaube[n] *m*

incroyant, e [ɛ̃kʀwajɑ̃, jɑ̃t] **I.** *adj* ungläubig, nicht gläubig
II. *m, f* Nichtgläubige(r) *f(m),* Ungläubige(r) *f(m)*

incrustation [ɛ̃kʀystasjɔ̃] *f* **1.** ART, COUT Einlegearbeit *f,* Intarsien *pl;* [*édifice*] Ornament *nt;* ***avec*** ~***s de dentelle*** mit eingesetzter Spitze
2. MINER Ablagerung *f;* [*chaudière*] Kesselstein *m*
3. INFORM Pop-up-Fenster [pɔp'ʌp-] *nt*
▸ **en** ~ AUDIOV eingeblendet

incruster <1> [ɛ̃kʀyste] **I.** *vt* **1.** ART ■ **qn incruste qc** jd verziert etw mit Einlegearbeit; ■ **qn incruste qc de qc** *d'ivoire, d'écaille* jd legt etw mit etw ein; ***qn incruste qc de diamants/mosaïques*** jd verziert etw mit [eingesetzten] Diamanten/[eingelegten] Mosaiken; ■ **qc est incrusté(e) de qc** etw ist mit etw eingelegt
2. (*entartrer*) ■ **qc est incrusté(e) de qc:** ***qc est incrusté(e) de calcaire*** etw ist verkalkt
II. *vpr* **1.** *fam* ■ **qn s'incruste** [**chez qn**] jd nistet sich [bei jdm] ein
2. ■ **qc s'incruste** [**quelque part**] /*coquillage, odeur*/ etw setzt sich [irgendwo] fest (*dat*); ***la nacre s'incruste dans l'ébène*** das Perlmutt wird in Ebenholz eingelegt
3. ■ **qc s'incruste de qc** *de tartre, calcaire* auf etw (*dat*) setzt sich etw fest
4. ■ **qc s'incruste quelque part:** ***ce souvenir s'est incrusté dans ma mémoire*** diese Erinnerung hat sich mir eingeprägt

incubateur [ɛ̃kybatœʀ] *m* Brutkasten *m*

incubation [ɛ̃kybasjɔ̃] *f* **1.** (*couvaison*) Bebrütung *f*
2. MED Inkubationszeit *f*
3. ~ ***artificielle*** künstliche Bebrütung

inculpation [ɛ̃kylpasjɔ̃] *f* JUR Anklagepunkt *m;* ***qn se trouve sous l'~ de qc*** jdm wird etw zur Last gelegt
▸ **qn notifie son ~ à qn** jd erhebt gegen jdn Anklage; **sous l'~ de qc** aufgrund der Anklage wegen etw; ***sous l'~ de vol*** aufgrund der Anklage wegen Diebstahls

inculpé, e [ɛ̃kylpe] *m, f* JUR Angeklagte(r) *f(m)*

inculper <1> [ɛ̃kylpe] *vt* ■ **qn inculpe qn de qc** jd erhebt gegen jdn Anklage wegen etw

inculquer <1> [ɛ̃kylke] *vt* ■ **qn inculque qc à qn** jd prägt [*o* bleut *fam*] jdm etw ein

inculte [ɛ̃kylt] *adj* **1.** *champ, lande, région, sol* unbebaut, brachliegend; ***terres*** ~***s*** Brachland *nt*
2. (*ignare*) ungebildet
3. *barbe, cheveux* ungepflegt

incultivable [ɛ̃kyltivabl] *adj* nicht bebaubar

inculture [ɛ̃kyltyʀ] *f* Bildungsmangel *m*

incurable [ɛ̃kyʀabl] **I.** *adj* **1.** MED unheilbar
2. (*incorrigible*) *aveuglement, bêtise, étourderie, personne* unverbesserlich; *ignorance* unendlich; *paresse* chronisch
3. *antéposé littér douleur, souffrance* nicht zu stillen, unstillbar; *blessure* unheilbar; *amour* niemals versiegend *geh*
II. *mf* MED unheilbar Kranke(r) *f(m)*

incurie [ɛ̃kyʀi] *f* Unbekümmertheit *f*

incursion [ɛ̃kyʀsjɔ̃] *f* **1.** (*raid*) ■ **~ de qn quelque part** *de bandes nomades, blindés, troupes ennemies* jds Einfall *m* in etw (*akk*); *de commandos, pillards* jds Überfall *m* auf etw (*akk*); *de touristes* jds Invasion *f* in etw (*akk*); *d'un groupe, d'une personne* jds Eindringen *nt* in etw (*akk*)
2. (*passage rapide*) Ausflug *m;* ***qn fait une*** ~ ***dans un domaine qui ne lui est pas familier*** jd begibt sich auf ein ihm unbekanntes Gebiet; ***nous avons fait une petite*** ~ ***en Autriche*** wir haben einen Abstecher nach Österreich gemacht

incurvé, e [ɛ̃kyʀve] *adj* (*courbe*) *dossier, ligne, nez* gebogen; *tracé* gekrümmt; ***un fauteuil à pieds*** ~***s*** ein Sessel mit geschwungenen Füßen; ***ici la côte est*** ~ hier ist die Küste eingebuchtet; ***la rue est*** ~***e*** die Straße macht einen Bogen; ***le flanc de la colline est*** ~ der Abhang des Hügels weist eine Einbuchtung auf

incurver <1> [ɛ̃kyʀve] **I.** *vt* ■ **qn incurve qc** *fer forgé, pied de chaise* jd biegt etw
II. *vpr* ■ **qc s'incurve** /*côte*/ etw macht eine Biegung; /*route*/ etw macht einen Bogen; /*profil, surface*/ etw wölbt sich; /*ligne*/ etw krümmt sich

Inde [ɛ̃d] *f* **1.** GEOG ■ **l'Inde** Indien *nt*

2. HIST ■ **les Indes** Indien *nt;* ***route des ~s*** der Weg nach Indien
▶ **aux** ~s nach Indien; **en** ~ in Indien
indéboulonnable [ɛ̃debulɔnablə] *adj fam:* ***ce type est ~*** der Typ sitzt fest auf seinem Posten [*o* im Sattel] *fam*
indécemment [ɛ̃desamɑ̃] *adv* schamlos
indécence [ɛ̃desɑ̃s] *f* **1.** (*impudeur*) [*attitude, vêtement*] Anstößigkeit *f;* [*chanson, danse, propos a.*] Unanständigkeit *f;* [*démarche, personne*] Schamlosigkeit *f*
2. (*inconvenance*) Ungehörigkeit *f,* Schande *f*
3. *pl* (*actes, propos*) Unanständigkeiten *pl*
▶ **qn a l'~ de faire qc** jd besitzt die Schamlosigkeit, etw zu tun
indécent, e [ɛ̃desɑ̃, ɑ̃t] *adj* **1.** (*impudique*) *tenue* anstößig; *chanson, danse, geste, propos a.* unanständig; *personne* schamlos
2. (*déplacé*) deplatziert; *joie* schamlos; *chance* unverschämt *fam* ■ **il est ~ de faire qc** es ist ungehörig [*o* deplatziert], etw zu tun; ■ **il est ~ que** + *subj* es ist ungehörig [*o* deplatziert], dass
indéchiffrable [ɛ̃deʃifʀabl] *adj* **1.** (*illisible*) unleserlich
2. *pensée* schwer durchschaubar; *personne a.* rätselhaft; *monde* unbegreiflich; *énigme* unerklärlich; *visage* unergründlich
indécis, e [ɛ̃desi, iz] **I.** *adj* **1.** (*hésitant*) *caractère, esprit, personne* unentschlossen; ■ **~ sur** [*o* **quant à**] **qc** unschlüssig über etw (*akk*); ***qn est ~ quant à qc*** jd ist sich (*dat*) über etw (*akk*) unschlüssig, jd ist sich (*dat*) in Bezug auf etw (*akk*) unschlüssig; ■ **qn est ~ entre qc et qc** jd schwankt zwischen etw und etw (*dat*)
2. (*douteux*) *situation* unentschieden; *question a.* ungelöst; *temps* unbeständig; *résultat* ungewiss; ***la victoire est restée longtemps ~e*** es blieb lange unklar, wer gewinnen würde
3. (*vague*) *contours, forme* unbestimmt
II. *m, f* Unentschlossene(r) *f(m)*
indécision [ɛ̃desizjɔ̃] *f* Unentschlossenheit *f;* ■ **~ sur** [*o* **quant à**] **qc** Unentschlossenheit in Bezug auf etw (*akk*)
▶ **dans** l'~: ***dans l'~ il préfère attendre*** wenn er unentschlossen ist, wartet er lieber ab; ***qn est dans l'~ sur qc*** jd ist sich (*dat*) über etw (*akk*) nicht schlüssig
indéclinable [ɛ̃deklinabl] *adj* undeklinierbar
indécrottable [ɛ̃dekʀɔtabl] *adj fam* **1.** (*incorrigible*) unverbesserlich; ***c'est un paresseux ~*** er ist unheimlich faul *fam*
2. (*borné*) stur
indéfectible [ɛ̃defɛktibl] *adj amour, attachement* unvergänglich; *confiance, volonté* unerschütterlich; *soutien, lien* beständig
indéfectiblement [ɛ̃defɛktibləmɑ̃] *adv soutenir* treu ergeben; *être attaché* eisern
indéfendable [ɛ̃defɑ̃dabl] *adj* **1.** *accusé, cas, cause, crime, position* nicht zu verteidigen; ***la ville était ~*** die Stadt war unmöglich zu verteidigen
2. (*insoutenable*) *méthode, procédés* unvertretbar; *point de vue* unhaltbar
indéfini, e [ɛ̃defini] *adj* **1.** (*indéterminé*) unbestimmt
2. (*illimité*) *espace, nombre, progrès, temps* unbegrenzt, unendlich
3. GRAM unbestimmt; ***un adjectif ~*** attributives Indefinitpronomen
indéfiniment [ɛ̃definimɑ̃] *adv* auf unbegrenzte Zeit, ewig *fam*
indéfinissable [ɛ̃definisabl] *adj* undefinierbar, unbestimmbar; *charme a., émotion, malaise, trouble* unerklärlich
indéformable [ɛ̃defɔʀmabl] *adj armature, chaussures* formbeständig; ***ce vêtement est ~*** dieses Kleidungsstück behält seine Form
indéfrisable [ɛ̃defʀizabl] *f vieilli* Dauerwelle *f*
indélébile [ɛ̃delebil] *adj* **1.** *empreinte, tache* nicht zu entfernen; *couleur* waschecht; ***encre ~*** (*pour documents*) dokumentenechte Tinte; (*pour vêtements*) Wäschetinte *f*
2. *impression, marque, souvenir* unauslöschlich
indélicat, e [ɛ̃delika, at] *adj* **1.** (*malhonnête*) gewissenlos, skrupellos
2. (*grossier*) taktlos, ohne Feingefühl
indélicatesse [ɛ̃delikatɛs] *f* **1.** (*malhonnêteté*) Skrupellosigkeit *f,* Gewissenlosigkeit *f*
2. (*grossièreté*) Taktlosigkeit *f;* ***qn a eu l'~ de lui rire au nez*** jd war so taktlos, vor ihm/ihr zu lachen
indémaillable [ɛ̃demɑjabl] *adj vieilli combinaison, jersey* maschenfest; *bas* laufmaschenfest
▶ **en** ~ aus maschenfestem Gewebe
indemne [ɛ̃dɛmn] *adj* unversehrt, unverletzt
▶ **qn sort ~ de qc** jd überlebt etw unversehrt; ***il est sorti ~ de l'accident*** er wurde bei dem Unfall nicht verletzt; ***on n'en sort pas ~*** *fig* das übersteht man nicht unbeschadet
indemnisable [ɛ̃dɛmnizabl] *adj personne* zu entschädigen; ***les dommages sont ~s*** für die Schäden ist aufzukommen
indemnisation [ɛ̃dɛmnizasjɔ̃] *f* Schaden[s]ersatz *m;* (*dédommagement versé par l'État aux victimes d'une injustice*) Entschädigung *f;* ~ ***des dommages de guerre*** Reparationszahlungen *pl* für die Kriegsschäden
indemniser <1> [ɛ̃dɛmnize] *vt* **1.** (*rembourser*) ■ **qn indemnise qn de qc** jd erstattet [jdm] etw; ***j'ai été indemnisé*** man hat mir die Kosten erstattet
2. (*régler un sinistre*) ■ **qn indemnise qn pour qc** jd leistet jdm Schaden[s]ersatz für etw; /*État*/ *victime, exproprié* jd entschädigt jdn; /*assurances, assureur*/ jd zahlt [jdm] den Schaden *fam,* jd reguliert [mit jdm] den Schaden
indemnité [ɛ̃dɛmnite] *f* **1.** (*réparation*) Schaden[s]ersatz *m;* (*payé par l'État à une victime, dans le cas d'expropriation*) Entschädigung *f;* (*forfait*) Abfindung *f;* ~ ***de guerre*** Kriegsentschädigung
2. (*prime*) Zulage *f;* [*maire, conseiller régional*] Bezüge *pl;* (*indemnité journalière*) Krankengeld *nt;* (*en cas de maternité*) Mutterschaftshilfe *f;* (*indemnité de chômage*) Arbeitslosengeld *nt;* ~ ***pour charges de famille*** Kindergeld *nt;* ***les ~s des fonctionnaires*** die Dienstaufwandsentschädigung
▶ ~ **journalière** Krankengeld *nt;* ~ **parlementaire** Diäten *pl*
◆ **indemnité de chômage** Arbeitslosengeld *nt;* **indemnité de déplacement** Reisekostenvergütung *f;* **indemnité de licenciement** Entlassungsabfindung *f;* **indemnité de logement** Wohnungsgeld *nt;* **indemnité de résidence** Ortszulage *f*
indémontable [ɛ̃demɔ̃tabl] *adj* ■ **qc est ~** etw kann nicht auseinander genommen werden; (*ne peut être enlevé de qc*) etw kann nicht abmontiert werden
indémontrable [ɛ̃demɔ̃tʀabl] *adj* nicht beweisbar
indéniable [ɛ̃denjabl] *adj fait, preuve, témoignage* unleugbar, nicht zu leugnen; ■ **il est ~ que** + *indic* es lässt sich nicht leugnen [*o* bestreiten], dass
indéniablement [ɛ̃denjabləmɑ̃] *adv* zweifellos
indépendamment [ɛ̃depɑ̃damɑ̃] **I.** *adv* unabhängig davon
II. *loc* ■ **~ de qc** **1.** (*outre*) zusätzlich zu etw
2. (*abstraction faite de*) ungeachtet einer S. (*gen*)
3. (*sans dépendre de*) unabhängig von etw
indépendance [ɛ̃depɑ̃dɑ̃s] *f* **1.** [*personne*] Unabhängigkeit *f;* ~ ***d'idées*** Eigenständigkeit *f* der Gedanken; ~ ***de caractère*** Charakterstärke *f;* ***en toute ~ d'esprit*** ganz unvoreingenommen
2. [*état, justice, nation, pays, peuple, société*] Unabhängigkeit *f;* ***la guerre de l'~ grecque*** der griechische Freiheitskrieg
3. (*absence de dépendance*): ***l'~ de ces deux événements*** die Unabhängigkeit dieser beiden Ereignisse [voneinander]
▶ **un pays accède à l'~** ein Land erlangt die Unabhängigkeit; **un pays proclame son ~** ein Land erklärt seine Unabhängigkeit
indépendant, e [ɛ̃depɑ̃dɑ̃, ɑ̃t] **I.** *adj* **1.** (*libre*) *vie, existence* unabhängig; *personne* (*qui ne dépend pas des autres*) unabhängig; (*qui se débrouille tout seul*) selbständig; (*qui est son propre maître*) eigenständig; ***il est trop ~ pour accepter ces conditions*** er liebt seine Unabhängigkeit zu sehr, als dass er diese Bedingungen annehmen würde
2. (*souverain*) *État, peuple* unabhängig
3. (*à son compte*) *travailleur, commerçant, artisan* selbständig; (*dans une profession libérale a.*) freiberuflich tätig; *artiste, architecte, photographe* freischaffend; *entreprise* selbständig, frei; *collaborateur, écrivain, journaliste* frei
4. (*indocile*) *personne, caractère* eigenwillig
5. (*séparé*) *chambre* separat, mit eigenem Eingang; *questions* von einander unabhängig; *roues* mit Einzelaufhängung; *systèmes* voneinander unabhängig; *enceinte de hi-fi* separat, getrennt
6. (*sans liaison avec*) ■ **~ de qn/qc** von jdm/etw unabhängig; ***pour des raisons ~es de notre volonté*** aus Gründen, die außerhalb unserer Kontrolle sind
7. GRAM: ***la proposition ~e*** der unabhängige Hauptsatz
II. *m* ART, POL ■ **les I~s** die Unabhängigen
III. *f* GRAM ■ **l'indépendante** der Hauptsatz
indépendantiste [ɛ̃depɑ̃dɑ̃tist] **I.** *adj* POL *groupe, idées, militant* separatistisch; *mouvement, parti a.* Unabhängigkeits-
II. *mf* Separatist(in) *m(f);* ***chef des ~s*** Anführer(in) *m(f)* der Separatisten
indéracinable [ɛ̃deʀasinabl] *adj croyance, sentiment* tief sitzend; *préjugé* unausrottbar; *personne* nicht wegzudenken
indéréglable [ɛ̃deʀeglabl] *adj* TECH *horloge* exakt, genau gehend; *mécanisme* absolut zuverlässig; ***ma montre est ~*** meine Uhr geht immer genau
indescriptible [ɛ̃dɛskʀiptibl] *adj a. antéposé* unbeschreiblich
indésirable [ɛ̃deziʀabl] **I.** *adj personne, présence, visite* unerwünscht
II. *mf* unerwünschte Person
indestructible [ɛ̃dɛstʀyktibl] *adj matériau, objet* unzerstörbar; *tissu* unverwüstlich; *foi, solidarité* unerschütterlich; *impression* unauslöschlich; *liaison, sentiment,* dauerhaft; *personne* unverwüstlich, nicht unterzukriegen *fam;* ***marque ~*** bleibender [*o* unvergesslicher] Eindruck
indétectable [ɛ̃detɛktabl] *adj avion* [durch Radar] nicht registrierbar; *erreur* nicht zu finden
indétermination [ɛ̃detɛʀminasjɔ̃] *f* **1.** (*indécision*) [*personne*] Unentschlossenheit *f;* (*permanente a.*) Entschlusslosigkeit *f*
2. (*imprécision*) [*sens, texte*] Unbestimmtheit *f*
indéterminé, e [ɛ̃detɛʀmine] *adj* **1.** (*non précisé*) unbestimmt; *date* nicht festgesetzt; MATH unbestimmt
2. (*incertain*) *durée* unbestimmt; *sens, sentiment, termes a.* vage
3. (*indistinct*) *contours, silhouette* verschwommen
4. (*indécis*) ■ **qn est ~ sur qc** jd ist sich (*dat*) in Bezug auf etw (*akk*) noch nicht sicher, jd ist in Bezug auf etw (*akk*) unentschlossen
indétrônable [ɛ̃detʀonablə] *adj champion, chanteur* unschlagbar; ***le chef d'État est ~*** der Staatschef sitzt fest im Sattel
index [ɛ̃dɛks] *m* **1.** (*doigt*) Zeigefinger *m*
2. (*table alphabétique*) Verzeichnis *nt,* Index *m,* Register *nt*
3. (*repère mobile*) Zeiger *m*
4. REL ■ **l'I~** der Index
▶ **qn/qc est à l'I~** jd/etw steht auf dem Index; **qn met qc à l'~** (*condamne*) jd setzt etw auf den Index; (*boycotte*) jd setzt jdn/etw auf die schwarze Liste
indexation [ɛ̃dɛksasjɔ̃] *f* ECON, FIN Indexierung *f,* Indexbindung *f,* Kopplung *f* an einen Index
indexé, e [ɛ̃dɛkse] *adj* ECON, FIN indexgebunden, an einen Index gekoppelt [*o* gebunden]
indexer <1> [ɛ̃dɛkse] *vt* ECON, FIN ■ **qn indexe qc sur qc** jd bindet [*o* koppelt] etw an etw (*akk*); ***indexé(e) sur l'indice officiel du coût de la vie*** an den Lebenshaltungskosten-Index gebunden [*o* gekoppelt]
indic [ɛ̃dik] *m arg abr de* **indicateur [de police]** [Polizei]spitzel *m*
indicateur, -trice [ɛ̃dikatœʀ, -tʀis] **I.** *adj panneau, plaque* Hinweis-; ***po-***

teau ~ Wegweiser *m; tableau* ~ Anzeigetafel *f; borne* ~ Markierungsstein *m*
II. *m, f* [*police*] Spitzel *m*
III. *m* **1.** CHEMDFER Kursbuch *nt*
2. ~ ***des rues*** Straßenverzeichnis *nt*
3. TECH Anzeiger *m*, Messgerät *nt;* ■ ~ **de** *de direction, niveau d'eau* -anzeiger *m; de vitesse a.* -messer *m; d'altitude, de pression* -messer, -messgerät
4. CHIM Wirtschaftsindikator *m*
5. ECON, BOURSE: ~ ***du marché*** Marktindikator *m; **l'~ de tendance*** Börsenindex *m*
▶ ~ **économique** Wirtschaftsindikator *m;* ~ **immobilier** Immobilien[markt]anzeiger *m*

indicatif, -ive [ɛ̃dikatif, -iv] I. *adj* **1.** (*qui renseigne*) *état, somme* annähernd; *vote* aufschlussreich; ***prix*** ~ Richtpreis *m*, unverbindliche Preisempfehlung; ***à titre*** ~ zur Information, zur Kenntnisnahme; ***ce chiffre n'est qu'~*** das ist nur ein Näherungswert *m; **le signe** ~ **de qc*** ein *nt* Anzeichen für etw, ein Hinweis *m* auf etw (*akk*)
2. LING: ***mode*** ~ Indikativ *m*, Wirklichkeitsform *f*
II. *m* **1.** TELEC Vorwahlnummer *f;* ~ ***départemental*** Ortsnetzkennzahl *f*
2. AUDIOV [*émission*] Erkennungsmelodie *f*
3. GRAM Indikativ *m*, Wirklichkeitsform *f*
▶ **à l'~** im Indikativ

indication [ɛ̃dikasjɔ̃] *f* **1.** (*information*) Hinweis *m*, Auskunft *f;* ■ ~ **sur qc** Hinweis auf etw (*akk*)
2. [*adresse, date, heure, numéro, prix, somme à payer*] Angabe *f;* [*virage dangereux*] Signalisierung *f*, Hinweis *m* (*de* auf + *akk*); ***quelle ~ porte cette pancarte?*** was steht auf diesem Schild?
3. (*prescription*) Anweisung *f;* ~ ***scénique*** Regieanweisung; ■ ~ **de qn/qc** *du médecin, mode d'emploi, de jeu* jds Anweisung/Anweisung zu etw
4. (*indice*) Hinweis *m;* ~ ***de qc*** Hinweis auf etw (*akk*), Anzeichen *nt* für etw
5. MED Indikation *f*
▶ **sauf** ~ **contraire** wenn nichts Gegenteiliges verlautet; **sur les ~s de qn** auf jds Angaben (*akk*) hin
◆ **indication de provenance** JUR, COM Herkunftsbezeichnung *f;* **indication d'erreur** Fehlermeldung *f;* **indication d'origine** JUR, COM Ursprungsbezeichnung *f*

indice [ɛ̃dis] *m* **1.** (*signe*) Anzeichen *nt;* (*constatation*) Zeichen *nt; **les premiers ~s du printemps*** die Vorboten des Frühlings; ***son silence est l'~ de son embarras*** sein Schweigen zeugt von seiner Verlegenheit
2. (*trace*) Spur *f* (*de* von)
3. (*preuve*) Beweis *m* (*de* für); JUR Indiz *nt*
4. ECON, FIN Indexzahl *f*, Indexziffer *f;* ADMIN Besoldungsgruppe *f*
5. MATH Index *m*
◆ **indice d'écoute** RADIO, TV Einschaltquote *f;* **indice de fréquentation** Besucherzahl *f;* **indice de satisfaction** (*pour un produit*) Zufriedenheitsgrad *m;* (*pour un politicien*) Beliebtheitsgrad *m;* **indice des prix** ECON Preisindex *m;* **indice d'octane** AUT Oktanzahl *f;* **indice du coût de la construction** *Index der Baukosten, der bei der Miete zugrunde gelegt wird;* **indice du coût de la vie** Lebenshaltungskosten-Index *m*

indiciaire [ɛ̃disjɛʀ] *adj:* ***grille*** ~ Besoldungsstaffelung *f;* ***classement*** ~ Einstufung *f* in eine Besoldungsgruppe

indicible [ɛ̃disibl] I. *adj littér angoisse, joie, peine* unaussprechlich, unsagbar; *charme* unbeschreiblich
II. *m littér* ■ **l'~** das Unaussprechliche

indien, ne [ɛ̃djɛ̃, jɛn] I. *adj* **1.** (*d'Inde*) indisch
2. (*d'Amérique*) indianisch
II. *m, f* ■ **Indien(ne)** **1.** (*habitant de l'Inde*) Inder(in) *m(f)*
2. (*indigène d'Amérique*) Indianer(in) *m(f);* [*Amérique du Sud*] Indio/Indiofrau *m/f*

indifféremment [ɛ̃difeʀamɑ̃] *adv* in gleicher Weise, unterschiedslos

indifférence [ɛ̃difeʀɑ̃s] *f* **1.** (*insensibilité*) Gleichgültigkeit *f;* ■ ~ **pour qn** [*o* **à l'égard de qn**] [*o* **envers qn**] Gleichgültigkeit jdm gegenüber; ***qn n'a que de l'~ pour qn*** jd bringt jdm Gleichgültigkeit entgegen; ***qn a pour une personne la plus complète*** ~ ein Mensch ist jdm vollkommen gleichgültig; ■ ~ **pour** [*o* **à**] **qc** Gleichgültigkeit gegenüber einer S. (*dat*)
2. (*manque d'intérêt*) Desinteresse *nt;* ~ ***en qc/ matière de qc*** Desinteresse an etw (*dat*)/in Bezug auf etw (*akk*)
3. (*détachement*) Teilnahmslosigkeit *f*, Indifferenz *f*

indifférencié, e [ɛ̃difeʀɑ̃sje] *adj* unterschiedslos, undifferenziert; ***j'ai un goût ~ pour tout ce qui est sucré/ pour la musique classique*** ich mag alles, was süß ist/jegliche klassische Musik

indifférent, e [ɛ̃difeʀɑ̃, ɑ̃t] I. *adj* **1.** (*insensible*) *attitude, personne* gleichgültig, indifferent, desinteressiert; *regard, visage a.* unbeteiligt, teilnahmslos; ***une mère ~e*** eine gefühllose Mutter; ■ **qn est ~ à qc** *à la mort* jd steht einer S. (*dat*) gleichgültig gegenüber; ■ **qn est ~ [à une personne]** jd ist gleichgültig, jd zeigt kein Interesse [an einem Menschen], ein Mensch ist jdm gleichgültig; ***des hommes ~s aux femmes*** Männer, die kein Interesse an Frauen haben [*o* zeigen]
2. (*égal*) ■ **qn est ~ [à qn]** jd ist jdm gleichgültig; ■ **qc est ~ [à qn]** etw ist [jdm] gleich[gültig] [*o* einerlei] [*o* egal *fam*]; ■ **il est ~ à qn de faire qc** es ist jdm gleichgültig [*o* egal *fam*], ob er etw tut; es macht jdm nichts aus, etw zu tun; ■ **il est ~ [à qn] que** + *subj* es ist [jdm] gleichgültig [*o* egal *fam*], ob
3. (*sans importance*) *conversation, question* belanglos; *sujet a.* nebensächlich; *renseignement* unwichtig
▶ **qn/qc laisse [qn]** ~ jd/etw lässt [jdn] gleichgültig [*o* kalt *fam*]
II. *m, f* Gleichgültige(r) *f(m)*

indifférer <5> [ɛ̃difeʀe] *vt* ■ **qn/qc indiffère qn** jd/etw lässt jdn indifferent *geh*, jd/etw tangiert jdn nicht *geh*

indigence [ɛ̃diʒɑ̃s] *f* **1.** (*misère*) Bedürftigkeit *f*, Not *f*
2. (*faiblesse*) [*esprit, idées, imagination, style, vocabulaire*] Dürftigkeit *f*, Armut *f;* ~ ***intellectuelle*** geistige Armut
▶ **dans l'~** in Armut, in Not

indigène [ɛ̃diʒɛn] I. *adj* **1.** (*autochtone*) einheimisch; ***les populations ~s*** die Einheimischen
2. (*opp: blanc*) *population, troupes* eingeboren; ***ville*** ~ Stadtteil *m* der Eingeborenen
3. BOT, ZOOL heimisch
II. *mf* **1.** (*autochtone*) Einheimische(r) *f(m); hum* Eingeborene(r) *f(m)*
2. (*opp: blanc*) Eingeborene(r) *f(m)*

indigent, e [ɛ̃diʒɑ̃, ʒɑ̃t] I. *adj* **1.** *personne* bedürftig
2. (*faible*) spärlich; *végétation a.* kümmerlich; *imagination* schwach
II. *m, f* Bedürftige(r) *f(m)*, Mittellose(r) *f(m)*

indigeste [ɛ̃diʒɛst] *adj* **1.** *aliment, cuisine, nourriture* schwer verdaulich *attr*, unverdaulich
2. *érudition, lecture, ouvrage, roman* schwer verdaulich *attr*

indigestion [ɛ̃diʒɛstjɔ̃] *f* Magenverstimmung *f*
▶ **qn a une ~ de qc** jd hat sich (*dat*) mit etw den Magen verdorben *fam; de cinéma, discours, grands mots, musique* jd hat von etw genug, jd hat etw satt *fam*, etw hängt jdm zum Hals raus *fam*

indignation [ɛ̃diɲasjɔ̃] *f* Empörung *f*, Entrüstung *f*
▶ **avec** ~ mit Entrüstung, empört

indigne [ɛ̃diɲ] *adj* **1.** (*qui ne mérite pas*) ■ **[qn est]** ~ **de qn/qc** *de l'amitié de qn, de la confiance de qn, de pardon* [jd ist] jds/einer S. unwürdig [*o* nicht würdig], jd verdient etw nicht; ■ **qn/qc est ~ de faire qc** jd/etw ist es nicht wert, etw zu tun; ■ **qn est ~ que** + *subj* jd hat nicht verdient, dass
2. (*inconvenant*) ■ **qc est ~ de qn** */action, attitude, comportement, sentiment/* etw ist unter jds Würde (*dat*), etw ist jds nicht würdig; ■ **il est ~ [de qn] de faire qc/qu'il fasse qc** es ist [jds/einer S.] nicht würdig, etw zu tun/dass er etw tut; es ist unter jds Würde, etw zu tun/dass er etw tut
3. (*odieux*) *acte, traitement* unwürdig, schändlich; *époux, fils, mère* der/die diesen Namen nicht verdient; ***une mère*** ~ eine Rabenmutter
4. *a. antéposé vieilli* (*très humble*): ***son ~ serviteur*** sein/ihr untertänigster Diener

indigné, e [ɛ̃diɲe] *adj gestes, paroles* aufgebracht; *personne* empört, entrüstet; *regard, visage* voller Entrüstung [*o* Empörung]; ■ ~ **de qc/de faire qc/que qn fasse qc** entrüstet über etw/darüber, etw zu tun/darüber, dass jd etw tut

indignement [ɛ̃diɲ(ə)mɑ̃] *adv* auf schändliche Weise, schändlich

indigner <1> [ɛ̃diɲe] I. *vt* ■ **qn/qc indigne qn** jd/etw empört jdn
II. *vpr* ■ **qn s'indigne** jd entrüstet sich, jd empört sich; ■ **qn s'indigne contre qn/contre** [*o* **de**] **qc** jd empört [*o* entrüstet] sich über jdn/etw; ■ **qn s'indigne de faire qc/[de ce] que** + *subj* jd empört [*o* entrüstet] sich darüber, etw zu tun/dass

indignité [ɛ̃diɲite] *f* **1.** (*bassesse*) [*âme, conduite, état, paroles, procédé*] Unwürdigkeit *f;* [*personne, action a.*] Nichtswürdigkeit *f*
2. (*acte*) Nichtswürdigkeit *f*, Gemeinheit *f*
3. (*traitement*) Schändlichkeit *f*, Gemeinheit *f*
▶ ~ **nationale**: ***qn a été frappé(e) d'~ nationale*** jdm wurden die bürgerlichen Ehrenrechte aberkannt

indigo [ɛ̃digo] I. *m* Indigo *m o nt*
II. *app inv* indigo[blau]

indiqué, e [ɛ̃dike] *adj* **1.** (*conseillé*) angebracht, ratsam
2. (*adéquat*) *personne, moyen, remède, sujet* geeignet
3. (*fixé*) *rendez-vous, lieu* angegeben; *heure a.* festgesetzt; *date a.* festgelegt
▶ **tout** ~: ***qc est tout*** ~ etw ist genau das Richtige; ***le Louvre est le lieu tout*** ~ der Louvre ist genau der richtige Ort; **pas du tout** ~ völlig unangebracht

indiquer <1> [ɛ̃dike] *vt* **1.** (*désigner*) ■ **qn indique qc [à qn]** jd zeigt auf etw (*akk*), jd zeigt jdm etw; ■ **qn indique qn/qc [de qc]** *d'un geste, de la main* jd deutet [mit etw] auf jdn/etw; ***il m'indiqua du regard le coupable*** er wies mich mit einem Blick auf den Schuldigen hin, er bedeutete mir den Schuldigen mit einem Blick; ***je lui ai indiqué de la main la direction*** ich wies ihm/ihr mit der Hand die Richtung; ■ **qc indique qc [à qn]** */aiguille, écriteau, flèche, voyant, panneau, horloge/* etw zeigt [jdm] etw an; ***qu'indique le panneau?*** was steht auf dem Schild?; ■ **qc indique que** + *subj* etw zeigt an, dass
2. (*recommander*) ■ **qn indique qn/qc [à qn]** jd empfiehlt [jdm] jdn/etw, jd nennt [jdm] jdn/etw
3. (*dire*) ■ **qn indique [à qn] qc** jd gibt [jdm] etw an; (*expliquer*) jd erklärt [jdm] etw; ***il m'a indiqué le mode d'emploi*** er hat mir die Gebrauchsanweisung erklärt; ***qn indique à qn comment/ ce que*** + *indic* jd sagt jdm, wie/was
4. (*révéler*) ■ **qc indique qc/que** + *indic* etw weist auf etw (*akk*) hin/weist darauf hin, dass; etw zeigt etw an/etw zeigt an, dass; ***le visage indique le caractère*** das Gesicht deutet auf den Charakter hin [*o* lässt Rückschlüsse auf den Charakter zu]
5. (*marquer*) ■ **qn indique qc** jd kennzeichnet etw, jd gibt etw an, jd macht etw kenntlich; (*esquisser*) jd skizziert etw
▶ **rien n'indique que** + *indic o subj* nichts spricht dafür, dass; **tout indique que** + *indic* alles weist [*o* deutet] darauf hin, dass

indirect, e [ɛ̃diʀɛkt] *adj* **1.** (*détourné*) indirekt; *chemin* nicht direkt; *moyens* indirekt wirkend; ***itinéraire*** ~ Umweg *m; **par des moyens ~s*** auf Umwegen
2. (*allusif*) *avis, façon, manière* indirekt; *blâme, critique, louange a.* versteckt
3. *influence, rôle, héritier, rapport* indirekt; */cause, conséquence, effet a./* mittelbar; ***j'ai appris cette nouvelle d'une façon ~e*** ich habe diese Neuigkeit indirekt [*o* auf Umwegen] erfahren

indirectement [ɛ̃diʀɛktəmɑ̃] *adv* indirekt, auf indirekte Weise

indiscernable [ɛ̃disɛʀnabl] *adj* **1.** (*identique*) nicht zu unterscheiden
2. (*imperceptible*) *différences, nuances* nicht erkennbar
indiscipline [ɛ̃disiplin] *f* Disziplinlosigkeit *f,* Undiszipliniertheit *f*
▶ **d'**~: ***acte d'***~ disziplinloses Verhalten; **pour** ~ aufgrund von disziplinlosem Verhalten
indiscipliné, e [ɛ̃disipline] *adj écolier, troupe, caractère* undiszipliniert; *cheveux* ungebändigt
indiscret, -ète [ɛ̃diskʀɛ, -ɛt] **I.** *adj* **1.** (*curieux*) *oreilles, yeux, personne* neugierig; *regard a.* indiskret
2. (*bavard*) *personne* indiskret, schwatzhaft; ***des commérages*** **~s** der Klatsch; ***langue*** **~*e*** lockere Zunge
3. (*inconvenant*) indiskret; *question a.* taktlos; *familiarité, démarche* zudringlich, aufdringlich, plump; *présence* lästig
II. *m, f* (*personne bavarde*) schwatzhafter Mensch; (*personne curieuse*) Neugierige(r) *f(m)*; ***c'est la reine des*** **~*ètes*** sie ist die Oberklatschbase *fam*
indiscrètement [ɛ̃diskʀɛtmɑ̃] *adv* indiskreterweise; (*par des bavardages*) durch Schwatzhaftigkeit
indiscrétion [ɛ̃diskʀesjɔ̃] *f* **1.** (*curiosité*) Indiskretion *f*
2. (*tendance à divulguer*) Indiskretion *f,* Schwatzhaftigkeit *f*
3. (*acte, bavardage*) Indiskretion *f,* indiskrete Äußerung; ***il commet beaucoup d'***~***s*** er ist sehr indiskret
▶ **sans** ~: ***sans*** ~***, peut-on savoir si/ quand/ où vous faites qc*** ohne indiskret zu sein, kann man fragen, ob/wann/wo Sie etw tun
indiscutable [ɛ̃diskytabl] *adj fait* unumstößlich; *succès, supériorité, réalité* unbestreitbar, eindeutig; *personne, crédibilité* über jeden Zweifel erhaben; *témoignage* hieb- und stichfest; ***il est*** ~ ***que*** es besteht kein Zweifel darüber, dass; es gibt keine Diskussion darüber, ob
indiscutablement [ɛ̃diskytabləmɑ̃] *adv* zweifellos, fraglos
indiscuté, e [ɛ̃diskyte] *adj* unbestritten
indispensable [ɛ̃dispɑ̃sabl] **I.** *adj* unbedingt notwendig; *précautions* unerlässlich; *devoir* unvermeidlich; *objet* unverzichtbar, unentbehrlich; *personne* unentbehrlich, unabkömmlich; ***il se croit vraiment*** ~ er hält sich wirklich für unentbehrlich; ***il a su se rendre*** ~ er hat sich unentbehrlich gemacht; ■ **il est** ~ **de faire qc/que** + *subj* man muss unbedingt etw tun; ***il est*** ~ ***que nous prenions une assurance*** wir müssen unbedingt eine Versicherung abschließen; ■ **[qn/qc est]** ~ **à qn/qc** [*o* **pour qc**] [jd/etw ist] für jdn unentbehrlich/für etw unerlässlich
II. *m* ■ **l'**~ das Nötigste
▶ **qn fait l'**~ jd tut das Notwendigste [*o* das Nötigste]
indisponibilité [ɛ̃dispɔnibilite] *f* [*d'une personne*] mangelnde Verfügbarkeit; SPORT Ausfall *m*; ***en cas d'***~ ***j'enverrai quelqu'un d'autre à ma place*** sollte ich [selbst] nicht verfügbar sein, werde ich jemand anderes schicken
indisponible [ɛ̃dispɔnibl] *adj* nicht verfügbar; SPORT nicht einsetzbar; ***plusieurs joueurs sont*** **~*s*** mehrere Spieler fallen aus
indisposé, e [ɛ̃dispoze] *adj* **1.** unpässlich
2. *euph femme* unwohl *veraltend*
indisposer <1> [ɛ̃dispoze] *vt* **1.** (*mécontenter*) ■ **qn/qc indispose qn** jd/etw verärgert jdn, jd/etw verstimmt jdn; ***il indispose les gens contre lui*** er bringt die Leute gegen sich auf
2. (*incommoder*) ■ **qc indispose qn** /*bruit, chaleur*/ jd verträgt etw schlecht; /*odeur, repas a.*/ von etw wird [es] jdm schlecht, etw verursacht jdm Übelkeit
indisposition [ɛ̃dispozisjɔ̃] *f* **1.** (*malaise*) Unpässlichkeit *f*
2. *euph* (*règles*) Unwohlsein *nt veraltend*
indissociable [ɛ̃disɔsjabl] *adj* nicht voneinander zu trennen; *amants, amis* unzertrennlich; ■ **[qc est]** ~ **de qc** [etw ist] im Zusammenhang mit etw zu betrachten
indissolubilité [ɛ̃disɔlybilite] *f* Unauflöslichkeit *f,* Unauflösbarkeit *f*
indissoluble [ɛ̃disɔlybl] *adj* unauflöslich, unauflösbar
indissolublement [ɛ̃disɔlybləmɑ̃] *adv* unauflösbar; ***des problèmes*** ~ ***liés*** aufs Engste miteinander verknüpfte Probleme
indistinct, e [ɛ̃distɛ̃, ɛ̃kt] *adj* **1.** *murmure* undeutlich; *vision a.* unklar; *couleur, objet* nicht deutlich erkennbar; *voix* nicht deutlich wahrnehmbar
2. *impression* oberflächlich; *projet* unausgereift; *sentiment* unbestimmt; *souvenir* blass
indistinctement [ɛ̃distɛ̃ktəmɑ̃] *adv* **1.** (*indifféremment*) ohne Unterschied; ***elle aimait*** ~ ***les jeunes et les vieux*** sie liebte Jung und Alt gleichermaßen; ***son amour se portait*** ~ ***sur les pauvres et les riches*** seine/ihre Liebe galt den Armen wie den Reichen
2. (*confusément*) *prononcer, apercevoir* undeutlich
indium [ɛ̃djɔm] *m* CHIM Indium *nt*
individu [ɛ̃dividy] *m* **1.** (*personne*) Individuum *nt,* menschliches Wesen; *péj* Individuum *nt*; ***drôle d'***~ komischer Kauz; ***sinistre*** ~ finsterer Geselle
2. SOCIOL Individuum *nt,* Einzelne(r) *f(m)*
3. BIO Individuum *nt,* Einzelexemplar *nt*
individualisation [ɛ̃dividɥalizasjɔ̃] *f* Individualisierung *f*; ~ ***de la peine*** JUR dem Einzelfall angepasste Strafzumessung
individualisé, e [ɛ̃dividɥalize] *adj caractère, solution* individuell; *style* persönlich geprägt; *groupe* mit eigenem Stil; *voiture, appartement, appareil, meubles* auf individuelle Bedürfnisse abgestimmt; *salaire* leistungsbezogen
individualiser <1> [ɛ̃dividɥalize] **I.** *vt* **1.** (*personnaliser*) ■ **qn individualise qc** *attitude* jd passt etw dem Einzelfall an; *appartement, meubles, voiture* jd stimmt etw auf individuelle Bedürfnisse (*akk*) ab; *style* jd gibt einer S. (*dat*) eine eigene Prägung; JUR jd passt etw dem Einzelfall an
2. (*particulariser*) ■ **qc individualise des personnes** etw unterscheidet Menschen voneinander, etw macht Menschen zu Individuen; ***les traits de caractère individualisent les êtres humains*** die Charakterzüge machen Menschen zu Individuen [*o* unterscheiden Menschen voneinander]
II. *vpr* (*se différencier*) ■ **qc s'individualise** /*cellule*/ etw wird zu einer neuen Einheit; /*forme, manière, style*/ etw wird individuell; (*s'accentuer*) etw wird ausgeprägter
individualisme [ɛ̃dividɥalism] *m* Individualismus *m*
individualiste [ɛ̃dividɥalist] **I.** *adj* **1.** PHILOS individualistisch
2. *péj* ichbezogen, egozentrisch
II. *mf* **1.** (*non conformiste*) Individualist(in) *m(f)*
2. *péj* Egozentriker(in) *m(f)*
individualité [ɛ̃dividɥalite] *f* **1.** (*personnalité*) Persönlichkeit *f*
2. PHILOS (*unité*) Wesenseinheit *f;* (*caractère*) Individualität *f;* (*être*) Einzelwesen *nt*
3. (*particularité*) [*artiste, caractère, style*] Individualität *f,* Eigenart *f;* ***il a un style d'une forte*** ~ er hat einen sehr individuell geprägten Stil
individuel, le [ɛ̃dividɥɛl] **I.** *adj* persönlich; *propriété a.* privat, Privat-; *responsabilité, initiative a.* eigen, Eigen-; *épreuve, intervention, réclamation* einzeln; *destin, cas* Einzel-; ***maison*** **~*e*** Einfamilienhaus *nt*
II. *m* SPORT Einzelwettkampf *m*
III. *m, f* (*sportif*) Einzelkämpfer(in) *m(f)*
individuellement [ɛ̃dividɥɛlmɑ̃] *adv* einzeln
indivis, e [ɛ̃divi, iz] *adj* JUR gemeinschaftlich; ***copropriétaires*** ~ Gesamthänder *pl*; ***succession*** **~*e*** ungeteilte Erbengemeinschaft, ungeteilter Nachlass
▶ **par** ~ gemeinschaftlich
indivisibilité [ɛ̃divizibilite] *f* Unteilbarkeit *f*
indivisible [ɛ̃divizibl] *adj* unteilbar
indivision [ɛ̃divizjɔ̃] *f* JUR Gesamthandsgemeinschaft *f*
▶ **en** ~: ***qc est en*** ~ etw wird gesamthänderisch verwaltet
Indochine [ɛ̃dɔʃin] *f* HIST ■ **l'Indochine** Indochina *nt*
indochinois, e [ɛ̃dɔʃinwa, waz] **I.** *adj* HIST indochinesisch
II. *m, f* HIST ■ **Indochinois(e)** Indochinese/-chinesin *m/f*
indocile [ɛ̃dɔsil] *adj caractère, jeunesse, enfant* aufsässig; *cheval* störrisch; *pensée* widerspenstig; ***qn est*** ~ ***à mes conseils/ au leçon de l'expérience*** jd hört nicht auf meinen Rat/lernt nicht aus der Erfahrung
indocilité [ɛ̃dɔsilite] *f* [*peuple, enfant*] Unbelehrbarkeit *f;* [*animal*] störrisches Wesen
indo-européen, ne [ɛ̃doœʀɔpeɛ̃, ɛn] **I.** *adj* indogermanisch, indoeuropäisch
II. *m* LING Indogermanisch *nt,* Indoeuropäisch *nt*
III. *m, f* ■ **Indo-européen(ne)** Indogermane/-germanin *m/f,* Indoeuropäer(in) *m(f)*
indolemment [ɛ̃dɔlamɑ̃] *adv* lässig; *parler* schludrig *fam*; ***qn est*** ~ ***assis(e) sur le canapé*** jd hängt auf dem Sofa herum *fam*
indolence [ɛ̃dɔlɑ̃s] *f* [*comportement, personne*] Trägheit *f;* [*geste*] Lässigkeit *f;* ~ ***d'esprit*** geistige Trägheit; ~ ***dans le regard*** verschleierter Blick
indolent, e [ɛ̃dɔlɑ̃, ɑ̃t] **I.** *adj personne, regard* träge; *caractère* phlegmatisch; *geste* lässig
II. *m, f* Phlegmatiker(in) *m(f)*
indolore [ɛ̃dɔlɔʀ] *adj extraction, opération* schmerzlos; *plaie, tumeur* nicht schmerzend
indomptable [ɛ̃dɔ̃tabl] *adj* **1.** *animal* unzähmbar, nicht zu bändigen; *enfant, peuple* unbezähmbar; *hum femme* widerspenstig
2. *tempérament* unbändig; *volonté a., persévérance, caractère* unbeugsam; *orgueil* nicht zu brechen, unbezwingbar
indompté, e [ɛ̃dɔ̃te] *adj* **1.** wild; *cheval a.* ungezähmt; *peuple a.* ungebändigt
2. *joie* unbändig; *courage* ungebrochen
Indonésie [ɛ̃donezi] *f* ■ **l'Indonésie** Indonesien *nt*
indu, e [ɛ̃dy] *adj* **1.** unpassend; ***à des heures*** **~*es*** zu unpassender [*o* unmöglicher *fam*] Zeit
2. *optimisme* unbegründet; *réclamation* unberechtigt
indubitable [ɛ̃dybitabl] *adj fait, preuve, vérité* unzweifelhaft; ■ **il est** ~ **que** + *indic* es steht außer Zweifel, dass
indubitablement [ɛ̃dybitabləmɑ̃] *adv* ganz ohne Zweifel
inducteur, -trice [ɛ̃dyktœʀ, -tʀis] **I.** *adj circuit, courant, champ, flux* Induktions-
II. *m* Induktionsapparat *m,* Induktor *m*
inductif, -ive [ɛ̃dyktif, -iv] *adj* induktiv
induction [ɛ̃dyksjɔ̃] *f* Induktion *f*
▶ **par** ~ durch Induktionsschluss
induire <irr> [ɛ̃dɥiʀ] *vt* **1.** (*inciter à*) ■ **qn/qc induit qn/qc à qc/à faire qc** jd/etw treibt jdn/etw zu etw; jd/etw bringt jdn/etw dazu, etw zu tun; (*à quelque chose de négatif*) jd/etw verleitet jdn zu etw/dazu, etw zu tun; ■ **qn induit qn en qc** *en tentation* jd führt jdn in etw (*akk*); ***qn induit qn en erreur*** jd führt jdn irre [*o* in die Irre]
2. (*tirer comme conclusion*) ■ **qn induit qc de qc** jd schließt etw aus etw; ■ **qn induit de qc que** + *indic* jd schließt aus etw, dass
3. (*provoquer*) ■ **qc induit qc** etw führt etw herbei
induit, e [ɛ̃dɥi, ɥit] **I.** *adj* **1.** ■ ~ **de qc** *effets, productivité* durch etw ausgelöst; *emplois* durch etw geschaffen
2. ELEC *circuit, fil* induziert; ***courant*** ~ Induktionsstrom *m*
II. *m* ELEC Anker *m*
indulgence [ɛ̃dylʒɑ̃s] *f* **1.** (*complaisance*) Nachsicht *f*; ■ ~ **pour** [*o* **envers**] [*o* **à l'égard de**] **qn/pour qc** Nachsicht gegenüber jdm/etw
2. (*clémence*) [*Dieu, jury, monarque*] Milde *f*; ■ ~ **pour qn** Milde jdm gegenüber; ***l'avocat a sollicité pour son client l'***~ ***du jury*** der Verteidiger hat die Geschworenen um Nachsicht für seinen Mandanten gebeten [*o* hat die Geschworenen gebeten, seinem Mandanten gegenüber Milde walten zu lassen]
3. (*bienveillance*) Wohlwollen *nt*; ***avec*** ~ wohlwollend; ***sans*** ~ gnadenlos; ***un verdict d'***~ ein mildes Urteil

4. REL Ablass *m*
▸ ~ plénière REL vollkommener Ablass
indulgent, e [ɛ̃dylʒɑ̃, ʒɑ̃t] *adj* **1.** nachsichtig
2. *Dieu, peine, monarque* mild; ***le tribunal a été ~ envers l'accusé*** das Gericht hat gegenüber dem Angeklagten Milde walten lassen
3. (*bienveillant*) *critique, professeur* wohlwollend; ■ **qn est ~ envers qn** jd ist jdm gegenüber wohlwollend gesinnt
indûment [ɛ̃dymɑ̃] *adv* unberechtigt[erweise]
induration [ɛ̃dyʀasjɔ̃] *f* MED Verhärtung *f*, Induration *f spec*
industrialisation [ɛ̃dystʀijalizasjɔ̃] *f* Industrialisierung *f*; ■ ~ **de qc** *d'un nouveau produit* Produktionsbeginn *m* für etw, Produktionsaufnahme *f* für etw
industrialiser <1> [ɛ̃dystʀijalize] **I.** *vt* ■ **qn industrialise qc** *région, pays, agriculture* jd industrialisiert etw; *découverte* jd vermarktet etw; (*mettre en production*) jd nimmt die Produktion von etw auf, jd beginnt mit der Herstellung [*o* Produktion] von etw
II. *vpr* **1.** (*s'équiper d'industrie*) ■ **qc s'industrialise** /*pays, région, secteur*/ etw wird industrialisiert, etw entwickelt seine Industrie
2. (*se fabriquer en série*) ■ **qc s'industrialise** etw wird industrialisiert
industrie [ɛ̃dystʀi] *f* **1.** (*secteur*) Industrie *f*
2. (*secteur spécialisé*) Industriezweig *m*; ■ ~ **de** -industrie *f*; ~ ***automobile/ alimentaire/ sidérurgique/ textile*** Automobil-/Nahrungsmittel-/Stahl-/ Textilindustrie; ~ ***de consommation*** Konsumgüterindustrie
3. (*activité*): ~ ***des loisirs*** Freizeitindustrie *f*; ~ ***du spectacle*** Unterhaltungsindustrie *f*; ~ ***cinématographique*** Filmgewerbe *nt*; ~ ***du livre*** Buch- und Pressewesen *nt*
▸ **qn exerce sa coupable** ~ *hum* jd treibt unehrliche Geschäfte; **grande/ petite** ~ Groß-/Kleinindustrie *f*; ~ **légère/lourde** Leicht-/Schwerindustrie *f*; **moyenne** ~ mittelständische Industrie
industriel, le [ɛ̃dystʀijɛl] **I.** *adj* **1.** *développement, fabrication, révolution, usage* industriell; *activité, équipement, secteur, entreprise* Industrie-; ***les arts ~s*** das Kunstgewerbe; ***véhicule*** ~ Nutzfahrzeug *nt*
2. *région, société, ville, zone* Industrie-
3. *produit* Industrie-; *pain* industriell hergestellt
II. *m, f* Industrielle(r) *f(m)*; ***un grand*** ~ ein Großindustrieller
industriellement [ɛ̃dystʀijɛlmɑ̃] *adv* **1.** *fabriqué* industriell
2. (*dans le domaine industriel*) industriell, was die Industrie betrifft; ***les pays ~ équipés*** die Industrieländer
industrieux, -euse [ɛ̃dystʀijø, -jøz] *adj littér* fleißig
inébranlable [inebʀɑ̃labl] *adj* **1.** (*robuste*) *position* sicher; *bataillon, garde* standfest; *construction, masse, objet* stabil
2. (*inflexible*) *fermeté, foi, volonté, courage* unerschütterlich; *personne a.* standhaft; *résolution* fest; ■ **qn est ~ dans qc**: ***qn est ~ dans sa foi/ résolution*** jds Glaube ist unerschütterlich/jds Entschluss ist unwiderruflich; ***qn est ~ dans ses convictions*** jd ist von seiner Meinung überzeugt
inécouté, e [inekute] *adj* ▸ **qc reste** ~ /*paroles, appels*/ etw bleibt ungehört; /*avis, conseil*/ etw bleibt unbeachtet
inédit, e [inedi, it] **I.** *adj* **1.** (*non publié*) unveröffentlicht
2. (*nouveau*) *moyen, numéro, procédé, spectacle* ganz neu; *anecdote, chanson a.* bisher unbekannt; *événement a.* nie dagewesen
II. *m* **1.** (*œuvre*) unveröffentlichtes Werk
2. (*chose nouvelle*) Neuheit *f*, etwas ganz Neues
inéducable [inedykabl] *adj enfant* schwer erziehbar; *peuple* unbelehrbar
ineffable [inefabl] *adj a. antéposé littér* unsäglich *geh*, unsagbar
ineffaçable [inefasabl] *adj* **1.** *empreinte, trace, couleur* nicht zu entfernen
2. *impression* unauslöschlich; *souvenir* unvergesslich
inefficace [inefikas] *adj mesure, remède* unwirksam, wirkungslos; *démarche a.* erfolglos; *employé* unfähig, ineffizient; *machine* nicht leistungsfähig
inefficacement [inefikasmɑ̃] *adv* ohne Wirkung; *travailler* ineffizient
inefficacité [inefikasite] *f* [*mesure, moyen, remède*] Wirkungslosigkeit *f*; [*démarche, secours*] Erfolglosigkeit *f*; [*pouvoir, service administratif*] Ineffizienz *f*; [*cadre*] Unfähigkeit *f*, Ineffizienz *f*; [*ouvrier*] Unproduktivität *f*
inégal, e <-aux> [inegal, o] *adj* **1.** (*différent*) *personnes, qualité, quantité* ungleich; *pieds de chaise* nicht gleich lang; ***de grandeur ~e*** von ungleicher Größe; ***leur importance est ~e*** sie sind nicht von gleicher Bedeutung
2. *chances, lutte* ungleich; *distribution, partage, répartition a.* ungerecht
3. *mouvement, pas, pouls, rythme* ungleichmäßig; *sol, surface* uneben
4. *caractère, conduite, personne* unausgeglichen; *humeur* wechselnd
5. (*imparfait*) *œuvre* von unterschiedlicher Qualität; *style* wechselhaft; ■ **qn est** ~ /*artiste, écrivain*/ jd ist nicht immer gleich gut, jd ist unterschiedlich gut
inégalable [inegalabl] *adj qualité* unerreichbar
inégalé, e [inegale] *adj art, artiste, exploit, record* unerreicht, unübertroffen
inégalement [inegalmɑ̃] *adv* ungleich
inégalitaire [inegalitɛʀ] *adj*: ***une société*** ~ eine Gesellschaft, die große soziale Unterschiede aufweist; ***politique fiscale*** ~ sozial unverträgliche Steuerpolitik
inégalité [inegalite] *f* **1.** (*différence*) [*hauteurs, parts, quantités*] Ungleichheit *f*; ■ ~ **entre des personnes/choses** Ungleichheit zwischen Menschen/Dingen; ***l'~ des parts réservées aux héritiers*** die ungleiche Verteilung der Erbanteile; ***l'~ entre l'offre et la demande*** die Diskrepanz [*o* das Missverhältnis] zwischen Angebot und Nachfrage
2. POL soziale Ungleichheit
3. (*disproportion*) [*lutte, partage*] Ungleichheit *f*; [*forces*] Missverhältnis *nt*; ~ ***des chances*** Chancenungleichheit
4. (*irrégularité*) [*mouvement, pouls, rythme*] Unregelmäßigkeit *f*; [*sol, surface*] Unebenheit *f*
5. (*inconstance*) [*caractère, conduite*] Unausgeglichenheit *f*; [*humeur*] Wechselhaftigkeit *f*, Veränderlichkeit *f*
6. (*imperfection*) [*style*] Wechselhaftigkeit *f*; [*œuvre*] unterschiedliche Qualität
7. MATH Ungleichung *f*
inélégance [inelegɑ̃s] *f* **1.** (*manque de distinction*) Mangel *m* an Eleganz
2. (*manque de courtoisie*) Unhöflichkeit *f*, Taktlosigkeit *f*
inélégant, e [inelegɑ̃, ɑ̃t] *adj* **1.** (*peu distingué*) unelegant; *mise, toilette a.* ohne Schick; *allure, femme, manières a.* ohne Eleganz
2. (*discourtois*) *démarche, geste, intervention, procédé* unhöflich, taktlos
inéligibilité [ineliʒibilite] *f* Nichtwählbarkeit *f*
▸ **qn est frappé(e) d'~** jd wird für nicht wählbar erklärt
inéligible [ineliʒibl] *adj* nicht wählbar
inéluctable [inelyktabl] *adj conséquence, issue, nécessité* unausweichlich; *destin, fatalité, sort, mort a.* unentrinnbar, unabwendbar
inéluctablement [inelyktabləmɑ̃] *adv* unausweichlich
inemployé, e [inɑ̃plwaje] *adj outil* unbenutzt; *moyens, capacités, espaces, talents* ungenutzt
inénarrable [inenaʀabl] *adj* unbeschreiblich
inentamable [inɑ̃tamabl] *adj bonne humeur, sérénité* untrübbar, durch nichts zu trüben; *conviction* felsenfest
inentamé, e [inɑ̃tame] *adj provisions, réserves* unangetastet, nicht angebrochen; *confiance, énergie, moral* ungebrochen
inéprouvé, e [inepʀuve] *adj méthode, procédé* unerprobt; *vertu* noch nie erprobt; *émotion, sentiment* bisher unbekannt
inepte [inɛpt] *adj* dumm
ineptie [inɛpsi] *f* **1.** (*caractère*) [*personne, propos, réponse*] Dummheit *f*
2. (*action, parole*) Dummheit *f*, Unsinn *m*
inépuisable [inepɥizabl] *adj* **1.** *ressources, richesses, sujet, personne* unerschöpflich; *source a.* nie versiegend; *terre* unerschöpflich reich
2. *indulgence, patience* unendlich; *curiosité* unstillbar
inéquitable [inekitabl] *adj* ungerecht
inerte [inɛʀt] *adj* **1.** (*sans vie*) *cadavre, corps* leblos; *membre* gefühllos; *proie* reg[ungs]los
2. (*apathique*) *personne* unbeteiligt; ***un visage*** ~ eine unbewegte Miene
3. PHYS *liquide* inert; *matière a.* träge; *gaz* Inert-
inertie [inɛʀsi] *f* **1.** (*apathie*) Passivität *f*, Unbeteiligtheit *f*; [*service administratif*] Trägheit *f*
2. PHYS [*matière*] Trägheit *f*
inespéré, e [inɛspeʀe] *adj* **1.** *chance, secours, succès* unverhofft
2. (*dépassant les espérances*) *profit* unerwartet hoch; *résultat* unerwartet gut
inesthétique [inɛstetik] *adj* unästhetisch
inestimable [inɛstimabl] *adj valeur* unschätzbar; *objet* von unschätzbarem Wert
inévitable [inevitabl] **I.** *adj* **1.** (*fatal*) *accident, conséquence, effet* unvermeidlich
2. (*nécessaire*) *action, geste* nicht zu vermeiden, unvermeidbar; *opération a.* unumgänglich; ■ **il est ~ que** + *subj* es ist nicht zu vermeiden, dass
3. *antéposé hum* (*habituel*) unvermeidlich
II. *m* ■ **l'~** das Unvermeidliche
inévitablement [inevitabləmɑ̃] *adv* zwangsläufig
inexact, e [inɛgzakt] *adj* **1.** (*erroné*) *calcul, renseignement, résultat* ungenau; *théorie* unrichtig
2. (*infidèle*) *traduction, citation, récit, historien* ungenau; ***très ~/ le plus*** ~ völlig falsch; ***non, c'est*** ~ nein, das stimmt nicht; ■ **il est ~ de faire qc** es ist nicht [ganz] richtig, etw zu tun; ■ **il est ~ que qn/qc fait** [*o* **fasse**] **qc** es stimmt nicht, dass jd/etw etw tut
3. *personne* unpünktlich
inexactement [inɛgzaktəmɑ̃] *adv* ungenau
inexactitude [inɛgzaktityd] *f* **1.** (*caractère erroné*) [*calcul, nouvelle, témoignage, théorie*] Unrichtigkeit *f*
2. (*manque de précision*) [*description, historien, rapport, récit*] Ungenauigkeit *f*
3. *gén pl* (*erreur*) (*dans un discours*) Unrichtigkeiten *pl*; (*dans un devoir*) Fehler *pl*; (*dans un témoignage*) falsche Angaben *pl*
4. (*manque de ponctualité*) Unpünktlichkeit *f*
inexcusable [inɛkskyzabl] *adj* unverzeihlich; *personne* nicht zu entschuldigen; ■ **qn est ~ de faire qc** es ist unverzeihlich von jdm, etw zu tun
inexécutable [inɛgzekytabl] *adj* nicht ausführbar
inexistant, e [inɛgzistɑ̃, ɑ̃t] *adj* **1.** (*qui n'existe pas*) nicht vorhanden, inexistent *geh*; ***la télévision était encore ~e*** das Fernsehen existierte noch nicht
2. (*imaginaire*) *difficultés, problèmes* nicht vorhanden
3. *péj* (*nul*) bedeutungslos; *réflexion a.* nichtig; *résultat a.* gleich null; *aide* unnütz; ***qn est*** ~ jd ist eine Null *fam*
inexistence [inɛgzistɑ̃s] *f* **1.** (*absence*) Nichtvorhandensein *nt*
2. (*nullité*) Nichtigkeit *f*
inexorable [inɛgzɔʀabl] *adj* **1.** (*impitoyable*) *juge, personne, froid, loi* unerbittlich, unbarmherzig; *volonté* eisern
2. (*inéluctable*) *fatalité, destin* verhängnisvoll; *vieillesse, fuite du temps* unabwendbar
inexorablement [inɛgzɔʀabləmɑ̃] *adv* unweigerlich
inexpérience [inɛkspeʀjɑ̃s] *f* [*apprenti, enfant, jeunesse*] Unerfahrenheit *f*; ■ ~ **de qn/qc** Unerfahrenheit mit jdm/in etw (*dat*)
inexpérimenté, e [inɛkspeʀimɑ̃te] *adj* **1.** *apprenti, conducteur* unerfahren; *alpiniste a., mains* ungeübt
2. *arme, méthode, procédé* unerprobt
inexpiable [inɛkspjabl] *adj* **1.** (*impardonnable*) *crime, faute, forfait* nicht

wieder gut zu machen
2. (*implacable*) *haine* unversöhnlich; *guerre, lutte* gnadenlos
inexplicable [inɛksplikabl] I. *adj* unerklärlich
II. *m* ■ **l'**~ das Unerklärliche
inexplicablement [inɛksplikabləmɑ̃] *adv* auf unerklärliche Weise
inexpliqué, e [inɛksplike] *adj phénomène* nicht geklärt; *catastrophe, disparition a.* nicht aufgeklärt
inexploitable [inɛksplwatabl] *adj documents* nicht verwertbar; *gisement* nicht abbaufähig; *richesses* nicht nutzbar
inexploité, e [inɛksplwate] *adj gisement, richesses* nicht ausgebeutet; *talent* ungenutzt
inexploré, e [inɛksplɔʀe] *adj* unerforscht
inexpressif, -ive [inɛkspʀesif, -iv] *adj regard, visage* ausdruckslos; *mots* nichts sagend; *acteur, orateur, musique, style* ohne Ausdruckskraft
inexprimable [inɛkspʀimabl] I. *adj bonheur, jouissance* unaussprechlich; *surprise, soulagement, émotion* unbeschreiblich
II. *m* ■ **l'**~ das Unaussprechliche
inexprimé, e [inɛkspʀime] *adj* unausgesprochen
inexpugnable [inɛkspygnabl] *adj soutenu* uneinnehmbar
in extenso [inɛkstɛ̃so] I. *adv* in extenso *geh*, in voller Länge, in aller Ausführlichkeit
II. *adj inv* ausführlich, vollständig
inextinguible [inɛkstɛ̃gibl] *adj littér besoin, désir, passion, ardeur* unstillbar; *soif a.* unlöschbar; *rire* homerisch; *fureur, haine* grenzenlos nicht zu bändigen
in extremis [inɛkstʀemis] I. *adv* (*au tout dernier moment*) im letzten Augenblick
II. *adj inv sauvetage, succès* in letzter Minute
inextricable [inɛkstʀikabl] *adj* 1. *a. antéposé enchevêtrement, lacis* unentwirrbar; *labyrinthe, dédale* unüberschaubar
2. *affaire* verwickelt, verzwickt; *situation* verzwickt, verworren; *problème* unlösbar; *complications* undurchschaubar
inextricablement [inɛkstʀikabləmɑ̃] *adv* ausweglos
infaillibilité [ɛ̃fajibilite] *f* Unfehlbarkeit *f*; [*méthode, procédé, remède a.*] Zuverlässigkeit *f*, absolute Sicherheit; ***qn prétend à l'***~ jd behauptet unfehlbar zu sein; ~ ***pontificale*** Unfehlbarkeit des Papstes
infaillible [ɛ̃fajibl] *adj* 1. (*fiable*) unfehlbar; *instrument, remède a.* zuverlässig; *méthode, recette a.* absolut sicher; *signe* untrüglich
2. (*prévu*) *résultat, succès* sicher, gewiss; *accident* vorprogrammiert
3. (*qui ne peut se tromper*) *Dieu* unfehlbar; *instinct* untrüglich
infailliblement [ɛ̃fajibləmɑ̃] *adv* unweigerlich, mit Sicherheit
infaisable [ɛ̃fəzabl] *adj* nicht machbar, nicht ausführbar
infalsifiable [ɛ̃falsifjabl] *adj* fälschungssicher
infamant, e [ɛ̃famɑ̃, ɑ̃t] *adj imputation, injure, propos* übel; *accusation, épithète a.* schändlich; *supplice* entehrend, entwürdigend; JUR entehrend; ***peine*** ~ Ehrenstrafe *f*; ***il n'est pas*** ~ ***de faire qc*** es ist keine Schande, etw zu tun
infâme [ɛ̃fɑm] *adj a. antéposé* 1. (*honteux*) *acte, conduite, trahison* schändlich; *métier* ehrlos; *entremetteur, spéculateur* gewissenlos
2. (*odieux*) *complaisance, flatterie, personne* niederträchtig, infam *geh*
3. (*répugnant*) *goût, odeur* abscheulich, Ekel erregend; *personne, saleté a.* widerlich; *logis, hôtel, taudis* übel
infamie [ɛ̃fami] *f* 1. (*déshonneur*) Schande *f*
2. (*bassesse*) [*personne*] Niederträchtigkeit *f*; [*action, crime a.*] Schändlichkeit *f*
3. (*calomnie, action*) Gemeinheit *f*
infant, e [ɛ̃fɑ̃, ɑ̃t] *m, f* Infant(in) *m(f)*
infanterie [ɛ̃fɑ̃tʀi] *f* Infanterie *f*, Bodenkampftruppen *pl*
▶ **d'**~ Infanterie-
◆ **infanterie de l'air** Luftlandetruppen *pl;* **infanterie de marine** Marineinfanterie *f*
infanticide [ɛ̃fɑ̃tisid] I. *adj:* ***mère*** ~ Kindesmörderin *f*; ***Hérode*** ~ der Kindesmörder Herodes
II. *mf* Kindesmörder(in) *m(f)*
III. *m* Kindesmord *m*
infantile [ɛ̃fɑ̃til] *adj* 1. MED, PSYCH Kinder-
2. *péj* (*puéril*) *comportement, personne* kindisch, infantil *geh*
infantilisant, e [ɛ̃fɑ̃tilizɑ̃, ɑ̃t] *adj* ■ **qc est** ~ etw verdummt einen
infantiliser <1> [ɛ̃fɑ̃tilize] *vt* ■ **qn/qc infantilise qn** jd/etw verdummt jdn
infantilisme [ɛ̃fɑ̃tilism] *m* 1. *péj* kindisches Benehmen; ***ça serait de l'***~ das wäre kindisch
2. MED, PSYCH Infantilismus *m*
infarctus [ɛ̃faʀktys] *m* Infarkt *m*
◆ **infarctus du myocarde** Herzinfarkt *m*
infatigable [ɛ̃fatigabl] *adj* unermüdlich; *amour, patience* unendlich; *douceur* ungemein
infatigablement [ɛ̃fatigabləmɑ̃] *adv* unermüdlich
infatué, e [ɛ̃fatɥe] *adj* eingebildet; ***il est*** ~ ***de lui-même*** er ist von sich (*dat*) eingenommen; ***ne sois pas trop*** ~ ***de tes mérites!*** bilde dir auf deine Verdienste nicht zu viel ein!
infécond, e [ɛ̃fekɔ̃, ɔ̃d] *adj soutenu* 1. *animal, fleur, plante, terre* unfruchtbar; *femme a.* steril
2. *théorie, travail* unergiebig; *esprit* unproduktiv
infect, e [ɛ̃fɛkt] *adj* 1. (*répugnant*) *bourbier, cloaque, marais, odeur* widerlich, Ekel erregend; *nourriture* ekelhaft; *lieu, logement* übel
2. (*très mauvais*) *auteur, film, spectacle* unter aller Kanone *fam*, mies *fam*; *temps* scheußlich
3. *fam* (*ignoble*) *attitude, conduite, personne* gemein, fies *fam*
infecter <1> [ɛ̃fɛkte] I. *vt* 1. MED ■ **qn infecte qn** jd steckt jdn an, jd infiziert jdn; ■ **qn/qc infecte qc** *blessure, plaie* jd/etw infiziert etw; ■ **qn/qc est infecté(e)** jd/etw ist infiziert, jd ist angesteckt
2. *soutenu* ■ **qn/qc infecte qn/qc** [**de qc**] jd/etw verpestet jdn/etw [mit etw]; *atmosphère* jd/etw verdirbt etw [mit etw]; *eau* jd/etw verschmutzt [*o* verunreinigt] etw [mit etw]
II. *vpr* MED ■ **qc s'infecte** etw entzündet sich
infectieux, -euse [ɛ̃fɛksjø, -jøz] *adj* ansteckend, Infektions-; *complications* infektiös; ***germe*** ~ Krankheitskeim *m*; ***maladie*** ~***euse*** Infektionskrankheit *f*
infection [ɛ̃fɛksjɔ̃] *f* 1. (*maladie*) Infektion *f*, Entzündung *f*
2. (*contamination*) Infektion *f*, Infizierung *f*, Ansteckung *f*
3. (*puanteur*) Gestank *m*
inféoder <1> [ɛ̃feɔde] I. *vt* ■ **qn inféode qn** HIST jd belehnt jdn; ■ **qn inféode qn/qc à qn/qc** (*soumettre*) jd ordnet jdn/etw jdm/einer S. unter; ***qn se laisse*** ~ ***à qc*** jd lässt sich von etw abhängig machen
II. *vpr* ■ **qn s'inféode à qn/qc** jd/etw begibt sich in jds Abhängigkeit (*akk*)/in die Abhängigkeit einer S. (*gen*)
inférer <5> [ɛ̃feʀe] *vt littér* ■ **qn infère qc de qc** jd folgert [*o* schließt] etw aus etw; ■ **qn infère de qc que** + *indic* jd folgert aus etw, dass; ***j'en infère que*** ich schließe daraus, dass
inférieur, e [ɛ̃feʀjœʀ] I. *adj* 1. *étage, membres, planètes* untere(r, s); *niveau a.* tiefer [liegend]; *lèvre, mâchoire* Unter-; (*dans la hiérarchie*) *classes sociales, échelon* untere(r, s); *animaux, végétaux* niedere(r, s); ***le cours*** ~ ***de la Seine*** der Unterlauf der Seine
2. (*en qualité*) *esprit, passion, travail* niedriger; *intelligence* geringer; ■ **qn est** ~ **à qn** jd ist jdm unterlegen; ■ **qn/qc est** ~ **à qc** jd/etw bleibt hinter etw (*dat*) zurück; ***qn se sent*** ~ jd fühlt sich minderwertig; ■ ~ **en qc** an etw (*dat*) unterlegen; ***qn ne lui est*** ~ ***en rien*** jd steht jdm in nichts nach; ~ ***en intelligence*** geistig unterlegen
3. (*en quantité*) geringer; ■ ~ **à qn/qc** geringer als jd/etw; *taille* kleiner als jd/etw; ***8 est*** ~ ***à 10*** 8 ist kleiner als 10; ***x*** ~ ***à y s'écrit x < y*** x kleiner als y schreibt man x < y; ■ ~ **en qc** geringer an etw (*dat*); ~ ***en nombre*** zahlenmäßig unterlegen
II. *m, f* Untergebene(r) *f(m)*; ***qn est l'*** ~ ***de qn*** [***en qc***] jd ist jdm [in etw (*dat*)] unterlegen
inférioriser <1> [ɛ̃feʀjɔʀize] *vt* 1. (*complexer*) ■ **qc infériorise qn** /*situation*/ etw erniedrigt jdn
2. (*rabaisser*) ■ **qn infériorise qn/qc** jd macht jdn/etw herunter *fam*
infériorité [ɛ̃feʀjɔʀite] *f* 1. (*moindre nombre, rang, force*) Unterlegenheit *f*; (*moindre valeur*) Minderwertigkeit *f*; ■ ~ **en qc** *en mérite, nombre, poids, taille* Unterlegenheit in Bezug auf etw (*akk*)
2. (*subordination*) Untergebenheit *f*
infernal, e <-aux> [ɛ̃fɛʀnal, o] *adj* 1. MYTH (*qui appartient aux enfers*) *caractère* höllisch; *divinité, puissance a.* der Hölle, Höllen-
2. (*diabolique*) *complot, entreprise, machination, ruse* teuflisch, diabolisch; *machine a.* Höllen-
3. (*insupportable*) *sort, temps* entsetzlich, schrecklich, grässlich; *chaleur a.* höllisch; *bruit a.* höllisch, Höllen-; *enfant* furchtbar, schrecklich; ***cet enfant est*** ~ dieses Kind ist ein kleiner Teufel [*o* einfach schrecklich]
4. (*endiablé*) *course, poursuite* höllisch; *travail a., équipée* verteufelt; *logique, progrès* teuflisch, verteufelt; *cycle* Teufels-; ***un rythme*** ~ ein Höllentempo
infestation [ɛ̃fɛstasjɔ̃] *f* Befall *m*
infester <1> [ɛ̃fɛste] *vt* 1. (*ravager*) ■ **des personnes infestent qc** /*brigands, pillards, pirates, troupes*/ Menschen machen etw unsicher, Menschen suchen etw heim; ■ **qc est infesté(e) de personnes** etw wird von Menschen heimgesucht [*o* unsicher gemacht]
2. (*envahir*) ■ **des animaux infestent qc** Tiere befallen etw; *maison, région* Tiere fallen [*o* dringen] in etw (*akk*) ein, Tiere verseuchen etw; ■ **qc est infesté(e) d'animaux** [*o* **par des animaux**] etw ist mit Tieren verseucht, etw ist voller Tiere
3. MED ■ **qc infeste qc** /*parasites*/ etw überschwemmt etw
infeutrable [ɛ̃føtʀabl] *adj* nicht [ver]filzend
infidèle [ɛ̃fidɛl] I. *adj* 1. (*qui trompe la confiance*) *femme, mari* untreu, nicht treu *pred; ami a.* treulos; ***sa femme est*** ~ seine Frau ist ihm untreu [*o* nicht treu]; ~ ***à sa parole*** [*o* ***la parole donnée***]/***son serment*** wort-/eidbrüchig; ~ ***à ses devoirs*** [*o* ***engagements***] pflichtvergessen; ■ **qn est** ~ **à qn/qc** jd wird jdm/einer S. untreu [*o* abtrünnig]; *à ses devoirs, engagements* jd kommt einer S. (*dat*) nicht nach; *à sa parole, à un serment* jd hält etw nicht, jd bricht etw
2. (*qui manque d'exactitude*) unzuverlässig; *mémoire a.* schlecht; *narrateur, traducteur a., portrait, traduction* ungenau; *récit* nicht wahrheitsgetreu, ungenau; ■ **qn/qc est** ~ jd/etw ist ungenau, etw stimmt nicht genau; /*narrateur, récit a.*/ jd/etw hält sich nicht an die Wahrheit; /*traducteur, traduction a.*/ jd/etw hält sich nicht an die Vorlage; ***ma mémoire est*** ~ mein Gedächtnis lässt mich im Stich
3. REL ungläubig
II. *mf* 1. *littér* (*personne inconstante en amour*) untreue Person; (*femme a.*) untreues Frauenzimmer *liter;* (*homme a.*) Don Juan *m*
2. REL Ungläubige(r) *f(m)*
infidélité [ɛ̃fidelite] *f* 1. ∅ (*manque de loyauté*) [*femme, mari*] Untreue *f*; [*ami a.*] Treulosigkeit *f*; REL Unglaube *m*, Ungläubigkeit *f*; ***je ne m'attendais pas à une telle*** ~ ***de sa part*** ich hätte nie gedacht, dass er/sie nicht zu seinen/ihren Verpflichtungen steht
2. (*action infidèle*) [*mari, épouse*] Seitensprung *m*; [*ami*] Treulosigkeit *f*; ■ ~ **à qn/qc** Untreue *f* gegenüber jdm/etw, Treulosigkeit gegenüber jdm; ***l'***~ ***à la parole donnée*** [*o* ***à une promesse***] der Wortbruch, die Nichteinhaltung des gegebenen Wortes *form;* ~ ***à un serment*** der Eidbruch

3. (*manque d'exactitude*) [*historien, traducteur, narrateur*] Unzuverlässigkeit *f;* [*mémoire a.*] Schwäche *f;* [*description, récit, traduction*] Ungenauigkeit *f;* ***qn fait des ~s à la vérité*** jd verfälscht die Wahrheit, jd weicht von der Wahrheit ab; ***la moindre ~ à la description des faits*** die geringste Abweichung von den Tatsachen; ***les ~s de ma mémoire sont telles que*** + *indic* mein Gedächtnis ist so unzuverlässig [*o* ich habe so ein schlechtes Gedächtnis], dass
▶ **qn commet des ~s [à qn/qc]** jd wird jdm/einer S. untreu; **qn fait des ~s à qn** jd ist jdm untreu, jd betrügt jdn; *hum* jd wird jdm untreu; ***qn fait des ~s à son marchand de légumes*** jd wird seinem Gemüsehändler untreu

infiltration [ɛ̃filtʀasjɔ̃] *f* 1. [*humidité, eau, liquide, gaz*] Eindringen *nt;* (*en ruisselant a.*) Einsickern *nt;* ***des ~s se sont produites jusque dans les fondations*** Feuchtigkeit ist bis in das Fundament gedrungen [*o* eingezogen]
2. MED (*injection*) Infiltration *f*
3. (*noyautage*) [*partisans*] Infiltration *f;* [*agitateurs, idées subversives, groupes a.*] Unterwanderung *f kein pl;* ***qn pénètre par ~*** jd schleust [*o* schmuggelt *fam*] sich ein
▶ **qn se fait faire des ~s [de qc]** jd unterzieht sich einer Infiltrationstherapie [mit etw]

infiltrer <1> [ɛ̃filtʀe] I. *vt* ■ **qn infiltre qc** jd unterwandert [*o* infiltriert] etw
II. *vpr* 1. (*pénétrer peu à peu*) ■ **qc s'infiltre [quelque part/par qc]** /*poussière*/ etw dringt [irgendwohin/durch etw] ein, etw dringt irgendwohin/durch etw; /*eau, liquide a.*/ etw sickert [durch etw] ein, etw sickert irgendwohin/durch etw; /*lumière a.*/ etw fällt [*o* sickert] [durch etw] ein, etw fällt [*o* sickert] irgendwohin/durch etw; /*air a.*/ etw strömt [durch etw] herein, etw strömt irgendwohin/durch etw; /*vent a.*/ etw bläst herein, etw bläst irgendwohin/durch etw; MED etw infiltriert etw; ***le pus s'est infiltré dans le tissu cellulaire*** der Eiter hat das Zellgewebe infiltriert; ***le vent s'infiltre par les joints des fenêtres/dans toute la maison*** der Wind dringt durch die Fensterritzen/ins ganze Haus [ein]; ***l'eau de pluie s'infiltre sous la terre*** das Regenwasser dringt [*o* sickert] in die Erde [ein]
2. (*noyauter*) ■ **qn/qc s'infiltre dans qc** /*agitateurs, groupe, idées subversives*/ jd/etw dringt in etw (*akk*) ein, jd schleust sich in etw (*akk*) ein; *dans une organisation, un pays a.* jd/etw unterwandert etw, jd/etw infiltriert etw; /*corruption, népotisme*/ etw befällt etw; ***cet intrigant s'infiltre partout*** dieser Intrigant mischt sich überall ein *fam*

infime [ɛ̃fim] *adj* 1. (*minuscule*) winzig [klein]; *quantité, nombre, somme* verschwindend klein [*o* gering]; *minorité* verschwindend [klein]; *détail* kleinste(r, s); ***jusqu'aux plus ~s détails*** bis in die kleinsten Details, bis ins kleinste Detail
2. (*situé au plus bas d'une hiérarchie*) *condition, degré, rang* niedrig; *personne* unbedeutend

infini, e [ɛ̃fini] I. *adj* 1. (*qui n'a pas de limites*) unendlich
2. MATH unendlich
3. (*immense, incalculable*) *distance, nombre* unendlich; *étendue, longueur a., durée* endlos; *foule* endlos, unüberschaubar
4. (*extrême*) *art, béatitude, douleur, précaution* unendlich; *reconnaissance a.* grenzenlos; *patience a.* grenzenlos, endlos; *bonheur, bonté, joie a.* grenzenlos, unermesslich; *richesses* unermesslich; ***votre visite nous a procuré une joie ~e*** wir haben uns unendlich über Ihren Besuch gefreut
5. (*interminable*) *lutte, propos* endlos, ewig, nicht enden wollend; *temps a.* unendlich; ***un temps ~ parut s'écouler*** es schien ewig zu dauern
II. *m* 1. (*ce qui est sans limites*) Unendlichkeit *f*
2. (*le divin*) ■ **l'~** das Unendliche
3. MATH ■ **l'~** das Unendliche; ***x est égal à l'~*** x strebt gegen unendlich
▶ **à l'~** endlos; *continuer, discuter a.* ewig; *s'étendre, prolonger a.* bis ins Unendliche [*o* Endlose]; MATH (*à une distance infiniment grande*) im Unendlichen; ***qc est varié(e) à l'~*** etw ist jedes Mal verschieden, etw wiederholt sich nie; ***ciel d'azur à l'~*** unendlicher blauer Himmel

infiniment [ɛ̃finimɑ̃] *adv* 1. unendlich; *vaste a.* grenzenlos
2. *plus grand, plus petit etc* wesentlich, [unendlich] viel
3. + *vb* außerordentlich; *regretter a.* unendlich
4. ■ **~ de** *de tendresse* unendlich viel; *d'attention, d'esprit, de soins a.* außerordentlich viel; ***elle a ~ d'esprit*** sie ist außerordentlich [*o* unendlich] geistreich; ***avec ~ de vigilance*** mit unendlicher [*o* außerordentlicher] Wachsamkeit

infinité [ɛ̃finite] *f* 1. (*caractère de ce qui est infini*) Unendlichkeit *f;* [*espace, temps a.*] Endlosigkeit *f*
2. (*très grand nombre*) ■ **une ~ de choses** eine Unmenge [*o* Unmasse *fam*] von Dingen, eine Unmenge [*o* Unmasse *fam*] Dinge (*gen*)
3. MATH (*quantité infinie*) ■ **une ~ de choses** eine unendliche Menge von Dingen

infinitésimal, e <-aux> [ɛ̃finitezimal, o] *adj* 1. MATH Infinitesimal-
2. (*infime*) *dose, quantité* winzig, unendlich klein

infinitif, -ive [ɛ̃finitif, -iv] I. *adj* Infinitiv-, infinitivisch; ***le mode ~*** der Infinitiv
II. *m* Infinitiv *m,* Grundform *f*
▶ **~ substantivé** substantivierter Infinitiv
III. *f* ■ **infinitive** Infinitivsatz *m*
◆ **infinitif de narration** historischer [*o* erzählender] Infinitiv

infirme [ɛ̃fiʀm] I. *adj* (*à la suite d'un accident*) behindert, invalide; (*pour cause de vieillesse*) gebrechlich, [alters]schwach; ■ **~ de qc** gelähmt an etw (*dat*); ***il est ~ des deux jambes/d'un bras*** er ist an beiden Beinen gelähmt/hat einen gelähmten Arm; ***il est ~ de naissance*** er ist von Geburt an behindert
II. *mf* Behinderte(r) *f(m)*
◆ **infirme de guerre** Kriegsversehrte(r) *f(m),* Kriegsbeschädigte(r) *f(m);* (*invalide*) Kriegsinvalide *m;* **infirme du travail** Berufsunfähige(r) *f(m);* (*invalide*) Arbeitsunfähige(r) *f(m)*

infirmer <1> [ɛ̃fiʀme] *vt* 1. (*démentir*) ■ **qn/qc infirme qc** *idée* jd/etw widerlegt etw; *témoignage a.* jd/etw entkräftet etw
2. JUR (*casser*) ■ **qn/qc infirme qc** jd/etw annulliert etw; *décision a.* jd erklärt etw für ungültig; *jugement a.* jd hebt etw auf

infirmerie [ɛ̃fiʀməʀi] *f* [*communauté*] Krankenhaus *nt;* [*école, internat*] Krankenzimmer *nt;* [*prison*] Krankenrevier *nt,* Krankenstation *f;* [*caserne, navire*] Krankenrevier, Sanitätsstation *f*

infirmier, -ière [ɛ̃fiʀmje, -jɛʀ] *m, f* [Kranken]pfleger/Krankenschwester *m/f;* ***une école d'~ières*** eine Krankenpflegeschule
▶ **~(-ière) [en] chef** Oberpfleger/-schwester *m/f;* **~(-ière) diplômé(e)** staatlich geprüfter Krankenpfleger/staatlich geprüfte Krankenschwester; **~(-ière) militaire** Sanitäter(in) *m(f);* **~(-ière) visiteur(-euse)** *Pfleger/Krankenschwester an einer Sozialstation,* ≈ Gemeindeschwester *f*

infirmité [ɛ̃fiʀmite] *f* 1. (*handicap*) Behinderung *f,* Gebrechen *nt geh;* ***les ~s de la vieillesse*** altersbedingte Behinderungen [*o* Gebrechen *geh*], Alterserscheinungen
2. (*imperfection*) Schwäche *f,* Mangel *m;* ***les ~s du langage*** sprachliche Schwächen [*o* Mängel], Sprachmängel; ***qc frappe qn/qc d'~*** etw schwächt jdn/etw

inflammable [ɛ̃flamabl] *adj* feuergefährlich, leicht entflammbar

inflammation [ɛ̃flamasjɔ̃] *f* Entzündung *f;* ***une ~ de la gorge/des bronches*** eine Halsentzündung/Entzündung der Bronchien [*o* eine Bronchitis]

inflammatoire [ɛ̃flamatwaʀ] *adj* entzündlich, Entzündungs-; ***un état ~*** eine Entzündung; ***anti~*** entzündungshemmend

inflation [ɛ̃flasjɔ̃] *f* 1. (*hausse des prix*) Inflation *f;* ***l'~ n'a été que de 0,3 %*** die Inflationsrate betrug nur 0,3 %
2. (*augmentation excessive*) rapide Zunahme; [*mots a.*] Inflation *f;* [*personnes a.*] -schwemme *f;* ***l'~ du nombre d'étudiants en médecine*** eine Medizinerschwemme; ***une ~ criminelle*** ein rapider Anstieg der Kriminalität
▶ **~ galopante** galoppierende Inflation; **~ rampante** schleichende Inflation; **~ verbale** Wortschwall *m,* Redeflut *f;* ***sans recourir à cette ~ verbale*** ohne Umschweife

inflationniste [ɛ̃flasjɔnist] *adj politique* inflationistisch; *tendance, pression a.* Inflations-, inflationär; *danger* Inflations-

infléchi, e [ɛ̃fleʃi] *adj* PHON umgelautet; ***une voyelle ~e*** ein umgelauteter Vokal, ein Umlaut *m*

infléchir <8> [ɛ̃fleʃiʀ] I. *vt* 1. (*incliner*) ■ **qc infléchit qc** etw beugt etw; *rayon a.* etw bricht etw, etw lenkt etw ab
2. (*modifier la direction de*) ■ **qn/qc infléchit qc** *loi, règle* jd/etw beugt etw, jd/etw legt etw frei aus; *esprit, lettre* jd/etw modifiziert etw; *politique, tendance, principe* jd/etw modifiziert [*o* korrigiert] etw; *sa propre politique* jd/etw revidiert etw; ■ **qn infléchit qc vers qc** *marche* jd lenkt etw in Richtung einer S. (*gen*) [*o* auf etw (*akk*)]
II. *vpr* 1. (*ployer*) ■ **qc s'infléchit** etw biegt sich [durch]
2. (*changer de direction*) ■ **qc s'infléchit** etw macht eine Biegung [*o* einen Bogen]; /*politique*/ etw wandelt sich, etw ändert seine Richtung; /*courbe*/ etw beginnt zu fallen; /*tendance*/ etw schlägt um

infléchissement [ɛ̃fleʃismɑ̃] *m* [Ab]änderung *f,* Modifizierung *f;* [*courant, politique a.*] Richtungswechsel *m,* Richtungsänderung

inflexible [ɛ̃flɛksibl] *adj personne* unbeugsam, unnachgiebig; *position a.* starr; *loi, règle* unumstößlich; *résolution* unabänderlich, endgültig, unumstößlich; *sévérité* unerbittlich, unnachgiebig; *volonté* unbeugsam, unerschütterlich; *résistance* unbeugsam, unüberwindlich; *sentiment moral* rigoros; ***il est demeuré ~ dans sa résolution*** er hielt unnachgiebig an seiner Entscheidung fest, er beharrte unnachgiebig auf seiner Entscheidung; ***les règles étaient ~s*** es herrschten strikte [*o* starre] Regeln; ***ma résolution sera ~*** meine Entscheidung steht endgültig [*o* unabänderlich] [*o* unumstößlich] fest

inflexiblement [ɛ̃flɛksibləmɑ̃] *adv* 1. (*impitoyablement*) unerbittlich, unnachgiebig
2. (*inébranlablement*) unerschütterlich, strikt

inflexion [ɛ̃flɛksjɔ̃] *f* 1. (*inclinaison*) [*tronc*] Beugen *nt;* [*tête, corps a.*] Neigen *nt;* ***il salua d'une légère ~ du corps/de la tête*** er grüßte mit einer leichten Verbeugung/einem leichten Kopfnicken
2. (*modification du ton*) Tonfall *m;* [*voix*] Schwanken *nt;* ***cette ~ de voix*** dieses Schwanken [in] der Stimme
3. PHON Umlaut *m;* ***un verbe prend une ~*** ein Verb bekommt einen Umlaut [*o* wird umgelautet]
4. (*changement de direction*) [*fleuve*] Biegung *f;* [*route a., courbe*] Krümmung *f;* [*rayon*] Beugung *f,* Ablenkung *f;* [*politique, doctrine*] Richtungswechsel *m,* Wandel *m,* Modifizierung *f;* ***l'~ de son attitude politique*** der Richtungswechsel [*o* Wandel] in seiner/ihrer politischen Haltung; ***qc fait subir quelques ~s à qc*** etw bewirkt einige Änderungen [*o* Modifizierungen] in etw (*dat*)

infliger <2 a> [ɛ̃fliʒe] *vt* 1. (*donner à titre de punition*) ■ **qn inflige qc à qn [pour qc]** *amende, contravention* jd verhängt etw gegen jdn [wegen etw], jd verpasst jdm etw [wegen etw] *fam; blâme, avertissement, correction* jd erteilt jdm etw [wegen etw]; ***qn inflige un châtiment à qn*** jd züchtigt jdn
2. (*faire subir*) ■ **qn/qc inflige qc à qn** *supplices* jd fügt jdm etw zu; *pertes a.* jd/etw bringt jdm etw bei; *souffrance, douleur, sort* jd/etw bereitet jdm etw; *coups* jd verabreicht jdm etw; *politique* jd erlegt jdm etw auf; *hum chose* jd drängt jdm etw auf; *récit* jd behelligt jdn mit etw; ***les violences infligées à un enfant*** die Gewalttätigkeiten, die einem Kind zugefügt werden; ***ces pays infligent la torture aux prisonniers politiques*** diese Länder wenden gegen politische Gefangene die Folter an; ***qn inflige sa présence à qn*** jd drängt sich jdm auf, jd drängt jdm seine Gegenwart auf; ***qn inflige un affront à qn*** jd tut jdm einen Affront an *geh,* jd kränkt jdn

inflorescence [ɛ̃flɔʀesɑ̃s] *f* Blütenstand *m*

influençable [ɛ̃flyɑ̃sabl] *adj* beeinflussbar; *esprit, personne a.* leicht zu beeinflussen; ***c'est un homme très*** ~ er ist leicht zu beeinflussen

influence [ɛ̃flyɑ̃s] *f* **1.** [*climat, milieu, opinion, personne*] Einfluss *m;* [*mesures*] [Aus]wirkung *f;* [*médicament*] Wirkung; ***des luttes d'***~ Machtkämpfe *pl*
2. (*autorité*) Einfluss *m*
▸ **qn a de l'**~ [**sur qn/qc** [*o* **dans qc**]] jd hat [auf jdn/etw] Einfluss, jd ist einflussreich; **qn/qc exerce de l'**~ [**sur qn/qc**] jd hat Einfluss [auf jdn/etw], jd übt [auf jdn/etw] Einfluss aus, etw beeinflusst jdn/etw/etw hat [auf jdn/etw], etw hat [auf jdn/etw] Einfluss/Auswirkungen; ***il exerce une*** ~ ***néfaste sur ses camarades*** er hat einen schlechten Einfluss auf seine Kameraden; **qn subit l'**~ **de qn** jd steht unter jds Einfluss (*dat*); **sous** ~ unter fremdem Einfluss; **sous l'**~ **de qn/qc** unter dem Einfluss eines Menschen/einer S.; ***sous l'***~ ***de la colère*** im Zorn, in der Wut; ***sous l'***~ ***de la boisson*** [*o* ***de l'alcool***]/ ***d'une drogue*** unter Alkohol-/Drogeneinfluss, unter Alkohol-/Drogeneinwirkung

influencer <2> [ɛ̃flyɑ̃se] *vt* ■ **qn/qc influence qn/qc** [**par qc**] jd/etw beeinflusst jdn/etw [durch etw]; /*mesures a.*/ etw hat eine Wirkung auf jdn/etw; ■ **qn se laisse** ~ [**par qn/qc**] jd lässt sich [von jdm/etw] beeinflussen

influent, e [ɛ̃flyɑ̃, ɑ̃t] *adj* einflussreich

influer <1> [ɛ̃flye] *vi* ■ **qn/qc influe sur qc** jd/etw beeinflusst etw, jd nimmt Einfluss/etw hat Einfluss auf etw (*akk*), etw wirkt sich auf etw (*akk*) aus

influx [ɛ̃fly] *m* ▸ ~ **nerveux** Nervenleitung *f;* (*élan*) Energie *f,* Elan *m*

info [ɛ̃fo] *f fam abr de* **information** Meldung *f;* ***une*** ~ ***non-stop*** Non-Stop-Nachrichten; ***les*** ~***s*** die Nachrichten

infogroupe [ɛ̃fogʀup] *m* INFORM Newsgroup ['nju:zgru:p] *f*

in-folio [infɔljo] **I.** *adj inv format, volume* Folio-; *livre* in Folio
II. *m inv* Foliant *m*

infonaute [ɛ̃fonot] *adj* INFORM Internet-

infondé, e [ɛ̃fɔ̃de] *adj* unbegründet

informateur, -trice [ɛ̃fɔʀmatœʀ, -tʀis] *m, f* Informant(in) *m(f);* (*personne qui informe la police*) Informant(in), Spitzel *m*

informaticien, ne [ɛ̃fɔʀmatisjɛ̃, jɛn] *m, f* Informatiker(in) *m(f)*

informatif, -ive [ɛ̃fɔʀmatif, -iv] *adj* (*riche en informations*) informativ; (*destiné à informer*) *brochure, réunion* Informations-; *publicité* Einführungs-

information [ɛ̃fɔʀmasjɔ̃] *f* **1.** (*renseignement*) Information *f; recevoir, fournir a.* Auskunft *f;* ***des*** ~***s supplémentaires*** weitere [*o* zusätzliche] Informationen *pl*
2. *souvent pl* (*nouvelles*) Information *f,* Meldung *f,* Nachrichten *pl;* ***les*** ~***s de 13 heures*** die Dreizehnuhrnachrichten; ***les*** ~***s économiques/ sportives*** der Wirtschafts-/Sportbericht; ***les*** ~***s politiques*** die politischen Meldungen; ***les*** ~***s télévisées*** die Fernsehnachrichten; ***un magazine d'***~ [*o* ***de l'***~] (*journal*) ein Nachrichtenmagazin *nt;* (*émission a.*) eine Nachrichtensendung; ***une*** ~ ***de dernière minute vient d'annoncer la chute du gouvernement*** soeben wird der Sturz der Regierung gemeldet
3. ∅ (*fait d'informer*) Information *f,* Auskunft *f;* ***un bureau destiné à l'***~ ***des voyageurs*** ein Informationsbüro *nt* für Reisende, eine Reiseauskunft; ***qc assure l'***~ ***de qn en matière de qc*** etw gibt jdm Auskunft [*o* etw versorgt jdn mit Informationen] über etw (*akk*)
4. (*ensemble des médias*): ***dans ce pays, le pouvoir a la haute main sur l'***~ in diesem Land haben die Machthaber das Nachrichtenwesen voll in der Hand
5. JUR Untersuchung *f,* Ermittlung *f*
6. INFORM, TECH Information *f,* Daten *pl;* ***le traitement automatique de l'***~ die elektronische Datenverarbeitung, die EDV
▸ ~ **génétique** genetische Information; ~ **judiciaire** [gerichtliche] Untersuchung; ~**s statistiques** statistische Daten; **qn fait de l'**~ jd leistet Informationsarbeit, jd informiert; **qn ouvre une** ~ [**contre qn**] [**sur qc**] jd leitet Ermittlungen [*o* eine Untersuchung] [gegen jdn] [in etw (*dat*)] ein; **qn prend** [*o* **recueille**] **des** ~**s sur** [*o* **au sujet de**] **qn/qc** jd holt Informationen [*o* Auskünfte] über jdn/etw ein, jd sammelt Informationen über jdn/etw **qn va aux** ~**s** jd zieht Erkundigungen ein; **pour** [**ton/votre**] ~ zu deiner/Ihrer Information; ***pour*** [***votre***] ~, ***sachez que*** + *indic* zu Ihrer Information sollten Sie wissen, dass

informatique [ɛ̃fɔʀmatik] **I.** *adj application, firme, industrie, phase, service* Computer- [kɔm'pju:tɐ-]; *système a., machine, problème* Datenverarbeitungs-; *saisie* Daten-; *connaissance, enseignement, recherche* Informatik-; *dépenses* für die Computerisierung [kɔmpjutəri'zi:rʊŋ]; *politique* der Computerisierung; ***l'ingénierie*** ~ die Systemplanung; ***des ensembles*** ~***s*** vernetzte Datenverarbeitungsanlagen; ***en matière*** ~ auf dem Gebiet der Datenverarbeitung
II. *f* Informatik *f,* [elektronische] Datenverarbeitung, EDV *f;* ***les réseaux d'***~ die Vernetzung in der EDV [*o* Datenverarbeitung] [*o* von Computern]

informatisation [ɛ̃fɔʀmatizasjɔ̃] *f* [*information*] Computerisierung [kɔmpjutəri'zi:rʊŋ] *f;* [*entreprise*] Umstellung *f* auf EDV [*o* Computer] [kɔmpju:tɐ]

informatisé, e [ɛ̃fɔʀmatize] *adj fichier* Computer- [kɔm'pju:tɐ-]; *système a.* EDV-, Datenverarbeitungs-; *communication a.* per Computer; *gestion, poste de travail* computerisiert

informatiser <1> [ɛ̃fɔʀmatize] **I.** *vt* ■ **qn informatise qc** *information, secteur, poste de travail* jd computerisiert etw [kɔmpjutəri'zi:ɐt]; *gestion, entreprise* jd stellt etw auf EDV [*o* Computer] [*o* elektronische Datenverarbeitung] um
II. *vpr* ■ **qc s'informatise** etw wird auf EDV [*o* Computer] umgestellt

informe [ɛ̃fɔʀm] *adj* **1.** (*sans forme distincte*) formlos; *ombre, silhouette a.* undeutlich
2. (*ébauché*) unfertig, unausgereift; *brouillon, essai a.* grob, Roh-; *plan, projet a.* unausgegoren
3. (*laid*) *être, vêtement* unförmig

informé [ɛ̃fɔʀme] *m* ▸ **jusqu'à plus ample** ~ bis auf weiteres, bis weitere Informationen vorliegen; JUR bis zur weiteren Ermittlung der Umstände

informel, le [ɛ̃fɔʀmɛl] *adj* (*inorganisé*) informell; *groupe a., bande* unorganisiert; (*sans caractère officiel*) inoffiziell

informer <1> [ɛ̃fɔʀme] **I.** *vt* **1.** (*mettre au courant de*) ■ **qn/qc informe qn de** [*o* **sur**] **qc** /*journal, revue, personne*/ jd/etw informiert [*o* unterrichtet] jdn über etw (*akk*), jd/etw setzt jdn von etw in Kenntnis; ***quand vous serez prêts à partir, vous voudrez bien m'en*** ~ wenn Sie aufbruchbereit sind, lassen Sie es mich bitte wissen; ■ **qn informe qn que** + *indic* jd teilt jdm mit [*o* informiert jdn darüber] [*o* setzt jdn davon in Kenntnis], dass; ***nous vous informons que*** hiermit teilen wir Ihnen mit, dass; ■ **qn est informé(e)** [**de qc**] jd ist [über etw (*akk*)] informiert, jd weiß [über etw (*akk*)] Bescheid; ***des personnes/ milieux bien informés*** gut informierte [*o* gut unterrichtete] Leute/Kreise; ***qn tient qn informé(e)*** jd hält jdn auf dem Laufenden; ***vous avez été cambriolé? je n'étais pas informé*** man hat bei Ihnen eingebrochen? das wusste ich nicht
2. JUR (*ouvrir une information*) ■ **qn informe sur qc** [**contre qn**] jd untersucht etw, jd ermittelt in etw (*dat*) [gegen jdn]; ■ **qn informe contre qn** jd ermittelt gegen jdn, jd leitet eine Untersuchung gegen jdn ein
II. *vi* ■ **qn/qc informe** jd/etw informiert, jd/etw liefert Informationen
III. *vpr* ■ **qn s'informe** [**de qc**] *d'une matière* jd informiert sich [über etw (*akk*)]; *d'un fait a.* jd erkundigt sich [nach etw]; ***je me suis informé de sa santé*** ich habe mich nach ihrem/seinem Gesundheitszustand erkundigt *form,* ich habe mich erkundigt, wie es ihr/ihm geht; ■ **qn s'informe sur** [*o* **au sujet de**] **qn/qc** *sur une chose* jd informiert sich über etw (*akk*); *sur une personne* jd zieht Erkundigungen über jdn ein; ■ **qn s'informe si** + *indic* jd erkundigt sich [*o* fragt], ob

informulé, e [ɛ̃fɔʀmyle] *adj* unausgesprochen; ***ne laisse pas tes pensées*** ~***es*** behalte deine Gedanken nicht für dich

infortune [ɛ̃fɔʀtyn] *f littér* (*malheur*) Unglück *nt;* (*adversité*) Missgeschick *nt;* ***les*** ~***s de qn*** jds Leidensweg *m;* ~ ***conjugale*** Eheproblem *nt*

infortuné, e [ɛ̃fɔʀtyne] **I.** *adj littér* unglücklich, unglückselig
II. *m, f littér* Unglückliche(r) *f(m)*

infraction [ɛ̃fʀaksjɔ̃] *f* Vergehen *nt,* Delikt *nt;* ■ ~ **à qc** Verstoß *m* gegen etw; *à la coutume a.* Verletzung *f* einer S. (*gen*); *au code de la route, à la loi a.* Übertretung *f* einer S. (*gen*)
▸ **qn commet une** ~ [**à qc**] jd begeht ein Delikt, jd begeht einen Verstoß gegen etw, jd verstößt gegen etw; **en** ~ [**avec qc**] strafbar [wegen eines Verstoßes gegen etw]; ***qn est*** [*o* ***se met***] ***en*** ~ [***avec qc***] jd macht sich strafbar, jd begeht einen Verstoß gegen etw

infranchissable [ɛ̃fʀɑ̃ʃisabl] *adj* unüberwindlich, unüberwindbar; *barrière, mur, obstacle a.* unbezwinglich

infrarouge [ɛ̃fʀaʀuʒ] **I.** *adj* infrarot; *rayon* Infrarot-
II. *m* Infrarotstrahlung *f; pl* Infrarotstrahlen *pl;* ***un système*** [*o* ***une installation***] ***à*** ~***s*** eine Infrarotanlage; ***cette télécommande est dotée d'un système*** ~ diese Fernbedienung funktioniert mit Infrarotstrahlen

infrason [ɛ̃fʀasɔ̃] *m* Infraschall *m*

infrastructure [ɛ̃fʀastʀyktyʀ] *f* **1.** (*équipements*) Infrastruktur *f;* ***l'***~ ***aérienne*** Bodenanlagen und -einrichtungen *pl;* ***l'***~ ***pétrolière*** die Infrastruktur der Erdölindustrie; ***l'***~ ***routière*** das Straßennetz
2. (*fondations*) [*voies ferrées*] Unterbau *m;* [*routes a.*] Tragschicht *f;* (*installations au sol*) Bodeninstallationen *pl;* ***les*** ~***s commerciales*** die Versorgung mit Einkaufsmöglichkeiten; ***l'***~ ***culturelle*** das Kulturangebot; ***l'***~ ***sportive*** die Infrastruktur für den Sport; ***l'***~ ***médicale*** die medizinische Versorgung; ■ ~ **de** *de communication, transport* -netz *nt; de gestion* organisatorischer Unterbau für; ***l'***~ ***de stationnement*** die Parkmöglichkeiten

infréquentable [ɛ̃fʀekɑ̃tabl] *adj péj personne, pays* geächtet; ***qn/qc est devenu(e)*** ~ man meidet jdn/etw [besser], man möchte nichts mehr mit jdm/etw zu tun haben; ***il est devenu*** ~ ***pour les hommes politiques*** die Politiker meiden ihn [*o* möchten nichts mehr mit ihm zu tun haben]; ***qn se rend*** ~ jd grenzt sich aus, jd manövriert sich ins Abseits

infroissable [ɛ̃fʀwasabl] *adj* knitterfrei

infructueux, -euse [ɛ̃fʀyktɥø, -øz] *adj* fruchtlos, erfolglos

infus, e [ɛ̃fy, yz] *adj v.* **science**

infuser <1> [ɛ̃fyze] **I.** *vt* **1.** (*laisser tremper*) ■ **qn infuse qc** jd lässt etw ziehen
2. (*communiquer*) ■ **qn infuse qc à qn** *conviction, courage, énergie* jd flößt jdm etw ein
II. *vi* ■ **qc infuse** etw zieht; ■ **qn fait** [*o* **laisse**] ~ **qc** jd lässt etw ziehen; ***une tasse de thé bien infusé*** eine Tasse starken Tee[s]

infusion [ɛ̃fyzjɔ̃] *f* **1.** (*action d'infuser*) Aufgießen *nt;* ***qc se fait par*** ~ ***dans l'eau chaude*** etw wird mit heißem Wasser aufgegossen
2. (*tisane*) Kräutertee *m;* ■ ~ **de** -tee *m*

ingénier <1 a> [ɛ̃ʒenje] *vpr* ■ **qn s'ingénie à faire qc** jd versucht mit allen Mitteln etw zu tun, jd tut sein Bestes um etw zu tun; *iron a.* jd legt es darauf an, etw zu tun

ingénierie [ɛ̃ʒeniʀi] *f* Engineering [ɛndʒɪ'nɪərɪŋ] *nt spec,* Projektplanung *f;* ~ ***financière*** Finanzengineering *nt;* ***une entreprise d'***~ ein Ingenieurbüro [ɪnʒe'niø:ɐ-]
▸ ~ **génétique** Gentechnologie *f*

ingénieur [ɛ̃ʒenjœʀ] *m* Ingenieur(in) *m(f);* ~ ***en chef/ de production*** Chef-/Produktionsingenieur; ~ ***général*** leitender Ingenieur
▸ ~ **agronome** Diplomlandwirt(in) *m(f);* ~ **chimiste** Chemieingenieur(in) *m(f);* ~ **civil** Ingenieur(in) *m(f)* in der Privatwirtschaft; ~ **diplômé** Diplomingenieur(in) *m(f);* ~ **système** INFORM Systemanalytiker(in) *m(f)*
◆ **ingénieur de l'État** bei einer Behörde angestellter Ingenieur/angestellte Ingenieurin; **ingénieur des Eaux et Forêts** Wasser- und Forstwirtschaftsingenieur(in) *m(f);* **ingénieur des Mines** Berg[bau]ingenieur(in) *m(f);* **ingénieur des Ponts et Chaussées** Straßenbauingenieur(in) *m(f);* **ingé-**

nieur des Travaux Publics Hoch- und Tiefbauingenieur(in) *m(f)*; **ingénieur du son** Toningenieur(in) *m(f)*

ingénieur-conseil <~s-~s> [ɛ̃ʒenjœʀkɔ̃sɛj] *m* beratender Ingenieur/beratende Ingenieurin

ingénieusement [ɛ̃ʒenjøzmɑ̃] *adv* geschickt, mit viel Geschick

ingénieux, -euse [ɛ̃ʒenjø, -jøz] *adj invention, machine, trouvaille* genial; *idée a.* glänzend; *explication a.* geistreich; *esprit, personne* erfinderisch, einfallsreich; *bricoleur* geschickt, findig; ***le besoin rend*** ~ Not macht erfinderisch *prov*; ***qn est doté(e) d'un esprit*** ~ jd ist ein findiger Kopf, jd ist einfallsreich

ingéniosité [ɛ̃ʒenjozite] *f* [*machine, projet, trouvaille*] Genialität *f*; [*inventeur a., personne*] Einfallsreichtum *m*, Findigkeit *f*; [*explication*] Einfallsreichtum; ***qn déploie des trésors d'***~ jd entwickelt ungeahnten Einfallsreichtum; ***l'~ de ton esprit*** dein Einfallsreichtum, deine Findigkeit

ingénu, e [ɛ̃ʒeny] I. *adj* (*sans malice*) *personne* offen, aufrichtig; *air, sourire, regard a.* unschuldig; (*naïf*) treuherzig, naiv, arglos; ***ne prends pas cet air*** ~ du brauchst gar nicht diese Unschuldsmiene aufzusetzen
II. *m, f* treuherziger [*o* argloser] Mensch
III. *f* THEAT ■ **ingénue** Naive *f*; ***elle joue les ~es*** sie spielt Naiven-Rollen [*o* die Rollen der Naiven]
► **qn joue les ~es** */femme/* jd spielt die Naive [*o* die Dumme]; */homme/* jd spielt den Naiven [*o* den Dummen]

ingénuité [ɛ̃ʒenɥite] *f* (*innocence*) Unschuld *f*, Unverdorbenheit *f*; (*naïveté*) Treuherzigkeit *f*, Arglosigkeit *f*; ***avec beaucoup d'~/en toute*** ~ in aller Unschuld

ingénument [ɛ̃ʒenymɑ̃] *adv* (*innocemment*) offen, aufrichtig; (*naïvement*) naiv, arglos

ingérable [ɛ̃ʒeʀabl] *adj situation* unkontrollierbar; *établissement* schwer zu führen

ingérence [ɛ̃ʒeʀɑ̃s] *f* Einmischung *f*; *militaire a.* Eingreifen *nt*; [*magistrat*] Interessensvermischung *f*; ■ ~ **dans qc** Einmischung in etw (*akk*)

ingérer <5> [ɛ̃ʒeʀe] I. *vt* ■ **qn ingère qc** *médicament* jd nimmt etw ein; *aliment* jd nimmt etw zu sich
II. *vpr* ■ **qn s'ingère dans qc** jd mischt sich in etw (*akk*) ein

ingestion [ɛ̃ʒɛstjɔ̃] *f* [*aliment*] [Nahrungs]aufnahme *f*; [*médicament*] Einnahme *f*; ***qn a des difficultés d'***~ jd hat Schluckbeschwerden

ingouvernable [ɛ̃guvɛʀnabl] *adj pays, peuple* unregierbar; *parlement* mehrheitsunfähig

ingrat, e [ɛ̃gʀa, at] I. *adj* 1. *jeunesse, patrie, personne* undankbar; ■ ~ **envers qn** undankbar gegenüber jdm
2. (*aride*) *métier, sujet, travail* undankbar; *sol* unfruchtbar, karg; *vie* mühevoll, mühselig
3. (*dépourvu de charme*) *visage* wenig anziehend, unattraktiv
II. *m, f* Undankbare(r) *f(m)*, undankbarer Mensch; ***qn est un(e)*** ~(*e*) jd ist undankbar, jd ist ein undankbarer Mensch

ingratitude [ɛ̃gʀatityd] *f* Undank *m*, Undankbarkeit *f*; ■ ~ **de qn/qc** jds Undank [*o* Undankbarkeit]/Undankbarkeit einer S. (*gen*); ■ ~ **envers qn** Undankbarkeit jdm gegenüber [*o* gegenüber jdm]; ***qn fait preuve d'une belle*** ~ jd erweist sich als ganz schön undankbar

ingrédient [ɛ̃gʀedjɑ̃] *m* [*mélange*] Bestandteil *m*; [*sauce, recette*] Zutat *f*; [*médicament a.*] Ingredienz *f spec*; ***le riz constitue l'~ principal de ce plat*** dieses Gericht besteht hauptsächlich aus Reis; ***tous les ~s sont réunis pour que*** + *subj* es sind alle [*o* sämtliche] Voraussetzungen gegeben [*o* erfüllt], dass

inguérissable [ɛ̃geʀisabl] *adj maladie* unheilbar; *plaie* nicht heilend; *douleur, souffrance* unstillbar; *chagrin, remords* unendlich; *habitude, paresse, vice* unverbesserlich; ■ **qc est** ~ */chagrin, douleur, souffrance/* etw ist durch nichts zu besänftigen

ingurgiter <1> [ɛ̃gyʀʒite] *vt* 1. (*avaler*) ■ **qn ingurgite qc** *nourriture* jd verschlingt etw, jd schlingt etw hinunter; *boisson* jd schüttet [*o* kippt *fam*] etw in sich (*akk*) hinein; ■ **qn fait ~ qc à qn** jd verabreicht jdm etw; *médicament a.* jd zwingt jdn etw zu schlucken
2. (*apprendre*) ■ **qn ingurgite qc** *leçon* jd paukt etw; *connaissances, science a.* jd stopft sein Hirn mit etw voll *fam*; ■ **qn fait ~ qc à qn** jd trichtert jdm etw ein *fam*

inhabile [inabil] *adj littér* 1. (*qui manque de diplomatie*) *discours* ungeschickt; *personne a.* ungewandt; *démarche, intervention a.* unangebracht
2. (*maladroit manuellement*) *travail* unbeholfen; *geste, personne a.* ungeschickt, linkisch; *dessin, écriture a.* linkisch

inhabileté [inabilte] *f* [*démarche, intervention*] Ungeschicktheit *f*; [*personne a.*] Ungeschicklichkeit *f*, Unbeholfenheit *f*; ***ce serait faire preuve d'~ que de faire qc*** es wäre ungeschickt, etw zu tun; ***il y avait de l'~ dans ta démarche*** dein Vorgehen war etwas ungeschickt [*o* unbeholfen]

inhabitable [inabitabl] *adj* unbewohnbar

inhabité, e [inabite] *adj région, terre* unbewohnt; *appartement, maison a.* leer stehend; ***la maison a vraiment l'air ~e*** es sieht so aus, als sei das Haus unbewohnt

inhabituel, le [inabitɥɛl] *adj* (*inaccoutumé*) ungewohnt; (*insolite*) ungewöhnlich

inhalateur, -trice [inalatœʀ, -tʀis] I. *adj* Inhalations-; ***un appareil*** ~ ein Inhalationsapparat *m*, ein Inhalator *m*
II. *m* Inhalator *m*, Inhalationsapparat *m*

inhalation [inalasjɔ̃] *f* Einatmen *nt*; MED Inhalation *f*; ***l'~ de ce gaz est mortelle*** dieses Gas wirkt beim Einatmen tödlich
► **qn fait une ~/des ~s** jd inhaliert

inhaler <1> [inale] *vt* ■ **qn inhale qc** jd atmet etw ein, jd inhaliert etw

inhérent, e [ineʀɑ̃, ɑ̃t] *adj* ■ **qc est ~ à qc** etw wohnt einer S. (*dat*) inne; */trait caractéristique a./* etw ist untrennbar mit etw verbunden; PHILOS etw ist einer S. (*dat*) inhärent

inhiber <1> [inibe] *vt* ■ **qn/qc inhibe qn/qc** jd/etw lähmt [*o* hemmt] jdn/etw; *élan a., agressivité* jd/etw dämpft etw; ■ **qn/qc est inhibé(e) [par qn/qc]** jd/etw ist [durch jdn/etw] gehemmt, jd ist voller Hemmungen, jd ist verklemmt *fam*; */volonté/* etw ist [durch jdn/etw] gelähmt

inhibiteur, -trice [inibitœʀ, -tʀis] *adj* hemmend; ***qc devient/est*** ~ etw entwickelt/hat eine hemmende Wirkung [*o* wirkt hemmend]

inhibition [inibisjɔ̃] *f* Hemmung *f*; [*processus psychique a.*] Gehemmtheit *f*

inhospitalier, -ière [inɔspitalje, -jɛʀ] *adj* ungastlich; *lieu, pays, rivage, terre a.* unwirtlich; *peuple a.* wenig gastfreundlich; *chambre a.* unwohnlich

inhumain, e [inymɛ̃, ɛn] *adj* 1. (*cruel*) unmenschlich, inhuman *geh*; *conditions de vie, traitement a.* menschenunwürdig
2. (*qui n'a rien d'humain*) unmenschlich; *science a.* inhuman *geh*

inhumanité [inymanite] *f* [*guerre, tyran*] Unmenschlichkeit *f*, Inhumanität *f geh*; [*conditions de vie, traitement a.*] Menschenunwürdigkeit *f*; ***des actes d'***~ Unmenschlichkeiten *pl*

inhumation [inymasjɔ̃] *f* Beerdigung *f*, Bestattung *f*, Beisetzung *f form*

inhumer <1> [inyme] *vt* ■ **qn inhume qn** jd bestattet [*o* beerdigt] jdn, jd setzt jdn bei *form*; ***qn a été inhumé(e)*** jd wurde bestattet [*o* beerdigt] [*o* beigesetzt *form*]

inimaginable [inimaʒinabl] *adj* unvorstellbar, unglaublich; ***ta paresse est*** ~ du bist unglaublich faul

inimitable [inimitabl] *adj* unvergleichlich, unnachahmlich

inimitié [inimitje] *f* Feindschaft *f*, Feindseligkeit *f*

ininflammable [inɛ̃flamabl] *adj gaz, liquide* nicht brennbar; *matière, tissu a.* feuerfest, feuerbeständig

inintelligemment [inɛ̃teliʒamɑ̃] *adv* unklug, ohne Sinn und Verstand

inintelligence [inɛ̃teliʒɑ̃s] *f* Mangel *m* an Intelligenz, Dummheit *f*, Begriffsstutzigkeit *f*

inintelligent, e [inɛ̃teliʒɑ̃, ʒɑ̃t] *adj habitude* dumm; *acte a.* unklug; *personne, raisonnement a.* nicht besonders intelligent

inintelligible [inɛ̃teliʒibl] *adj* unverständlich

inintéressant, e [inɛ̃teʀesɑ̃, ɑ̃t] *adj* uninteressant

ininterrompu, e [inɛ̃teʀɔ̃py] *adj* ununterbrochen; *ligne, effort a.* kontinuierlich; *vacarme a.* ständig, andauernd; *sommeil* ungestört; *spectacle* ohne Unterbrechung; ***qn travaille de façon ~e*** jd arbeitet ununterbrochen; ***après un succès*** ~ nach einer [ununterbrochenen] Erfolgsserie

inique [inik] *adj* [höchst] ungerecht

iniquité [inikite] *f* Ungerechtigkeit *f*; ***qn commet des ~s*** */juge/* jd fällt ungerechte Urteile

initial, e <-aux> [inisjal, jo] I. *adj* anfänglich, Anfangs-; *cause, état* ursprünglich; *position, situation* Ausgangs-; *choc, feuillets* erste(r, s); ***lettre ~e*** Anfangsbuchstabe *m*
II. *f* ■ **initiale** Anfangsbuchstabe *m*; [*nom propre a.*] Initiale *f*

initialement [inisjalmɑ̃] *adv* anfänglich, am Anfang, ursprünglich; ***mon retour était ~ prévu le 16 septembre*** meine Rückkehr war ursprünglich für den 16. September vorgesehen

initialisation [inisjalizasjɔ̃] *f* Initialisieren *nt*

initialiser <1> [inisjalize] *vt* ■ **qn initialise qc** jd initialisiert etw

initiateur, -trice [inisjatœʀ, -tʀis] *m, f* 1. (*novateur*) [*technique*] Initiator(in) *m(f) geh*, Schrittmacher(in) *m(f)*; [*idée a.*] Urheber(in) *m(f)*; [*mode a.*] Trendsetter(in) *m(f)*
2. (*instigateur*) Initiator(in) *m(f) geh*; [*révolte, sédition a.*] Urheber(in) *m(f)*; [*comité, organisation a.*] [Be]gründer(in) *m(f)*

initiation [inisjasjɔ̃] *f* 1. (*introduction à une connaissance*) Einführung *f*; ***un cours d'***~ ein Anfängerkurs *m*; ■ ~ **à qc** Einführung in etw (*akk*); ***mon ~ à la politique/philosophie*** meine Einweihung in die Politik/Philosophie
2. REL Initiation *f*, Initiierung *f*; ***des rites d'***~ Initiationsriten *pl*

initiatique [inisjatik] *adj* 1. Einweihungs-; ***qc est*** ~ etw dient der Einführung
2. REL Initiations-

initiative [inisjativ] *f* 1. (*idée première*) Einfall *m*, Idee *f*; ***c'est de moi que vient l'***~ die Idee stammt von mir, die Initiative geht von mir aus; ■ ~ **de qc** *d'une entreprise, d'un projet, voyage* Idee [*o* Anregung *f*] zu etw; ***qn a l'~ de qc*** jd hat die Idee zu etw, jd gibt die Anregung zu etw
2. (*trait de caractère*) Initiative *f*, Unternehmungsgeist *m*
► ~ **privée** Privatinitiative *f*; **de sa/leur propre** ~ aus eigenem Antrieb, aus eigener Initiative; **qn a de l'~** jd besitzt Initiative [*o* Unternehmungsgeist]; **qn garde l'~ de qc** jd behält die Initiative bei etw [*o* die Kontrolle über etw (*akk*)]; **qn prend des ~s** jd ergreift die Initiative; **qn prend l'~ de qc/de faire qc** jd ergreift die Initiative zu etw/jd tut etw von sich aus; **à** [*o* **sur**] **l'~ de qn** auf jds Initiative [*o* Anregung] (*akk*) [hin]
◆ **initiative de paix** Friedensinitiative *f*; **initiative de défense stratégique** strategische Verteidigungsinitiative

initié, e [inisje] I. *adj* eingeweiht
II. *m, f* Eingeweihte(r) *f(m)*, Initiierte(r) *f(m) spec*

initier <1 a> [inisje] I. *vt* 1. (*mettre au courant*) ■ **qn initie qn [à qc]** *à un art, métier, à une méthode, science* jd führt jdn in etw (*akk*) ein; *à un secret* jd weiht jdn [in etw (*akk*)] ein
2. (*impulser*) ■ **qn initie qc** jd leitet etw in die Wege, jd initiiert etw *geh*
3. REL (*faire accéder au mystère*) ■ **qn initie qn [à qc]** jd initiiert jdn, jd weiht jdn [in etw (*akk*)] ein; ■ **qn est initié(e) [à qc]** jd ist initiiert worden, jd ist [in etw (*akk*)] eingeweiht worden
II. *vpr* ■ **qn s'initie [à qc]** jd lernt etw kennen, jd erwirbt Anfangskenntnisse [in etw (*dat*)]; *à un métier, à une méthode* jd arbeitet sich [in etw (*akk*)] ein; *à un mystère* jd dringt [in etw (*akk*)] ein

injectable [ɛ̃ʒɛktabl] *adj* einspritzbar; *médicament* injizierbar *spec*; ***sous forme*** ~ als Injektionslösung

injecté, e [ɛ̃ʒɛkte] *adj* ► ~ **de sang** *yeux* blutunterlaufen; *face, visage* stark gerötet, hochrot

injecter <1> [ɛ̃ʒɛkte] *vt* **1.** (*introduire par pression*) ■ **qn injecte qc dans qc** jd spritzt etw in etw (*akk*) ein; *ciment* jd pumpt etw in etw (*akk*)
2. MED ■ **qn injecte qc [à qn] [dans qc]** jd injiziert *spec* [*o* spritzt] [jdm] etw [in etw (*akk*)]
3. (*fournir un apport financier*) ■ **qn injecte qc dans qc** jd pumpt etw in etw (*akk*); ***il a fallu ~ des millions dans cette entreprise*** Millionen mussten in dieses Unternehmen gepumpt [*o* investiert] werden

injecteur [ɛ̃ʒɛktœʀ] *m* Einspritzdüse *f*

injection [ɛ̃ʒɛksjɔ̃] *f* **1.** TECH [*liquide*] Einspritzen *nt,* Einspritzung *f;* [*ciment a.*] Injektion *f;* [*air*] Einpumpen *nt,* Einblasen *nt*
2. MED (*piqûre*) Injektion *f spec,* Spritze *f;* ■ **~ de** -injektion *spec,* -spritze
3. FIN (*apport financier*) Finanzspritze *f;* ■ **~ de** -spritze; ***une ~ de fonds publics*** eine Finanzspritze aus öffentlichen Mitteln
▶ **à ~** Einspritz-; *système a.* mit Einspritzpumpe; ***une voiture à ~*** ein Auto mit Einspritzmotor, ein Einspritzer *m*

injoignable [ɛ̃ʒwaɲabl] *adj* nicht erreichbar

injonction [ɛ̃ʒɔ̃ksjɔ̃] *f littér* Weisung *f geh,* Anweisung, Anordnung *f;* ■ **~ de faire qc** ADMIN Weisung etw zu tun; JUR Aufforderung *f* etw zu tun
▶ **sur l'~ de qn** auf jds Aufforderung (*akk*) [hin]

injouable [ɛ̃ʒwabl] *adj* ■ **qc est ~** *morceau de musique, pièce* etw ist unspielbar [*o* nicht spielbar]; *terrain* etw ist unbespielbar [*o* nicht bespielbar]

injure [ɛ̃ʒyʀ] *f* **1.** (*insulte*) Beleidigung *f;* (*insulte verbale a.*) Beschimpfung *f,* Schimpfwort *nt*
2. JUR Beleidigung *f,* Verbalinjurie *f spec*
3. (*affront*) Beleidigung *f,* Affront *m geh*
▶ **qn abreuve** [*o* **accable**] [*o* **couvre**] **qn d'~s** jd überschüttet jdn mit Beleidigungen [*o* Beschimpfungen]; **des personnes échangent des ~s** Menschen werfen sich [gegenseitig] Beleidigungen [*o* Schimpfwörter] an den Kopf; **qn fait ~ à qn** jd beleidigt jdn; **qn fait à qn l'~ de faire qc** jd tut jdm die Kränkung an, etw zu tun; jd kränkt jdn, indem er etw tut; **des personnes en viennent aux ~s** Menschen werden beleidigend [*o* ausfällig]

injurier <1 a> [ɛ̃ʒyʀje] **I.** *vt* ■ **qn injurie qn/qc** jd beleidigt jdn/etw; (*verbalement a.*) jd beschimpft jdn; *mémoire* jd beschmutzt etw
II. *vpr* ■ **des personnes s'injurient** Menschen beleidigen [*o* beschimpfen] sich [gegenseitig]

injurieux, -euse [ɛ̃ʒyʀjø, -jøz] *adj* beleidigend; ■ **~ pour** [*o* **à l'égard de**] **qn** beleidigend für jdn

injuste [ɛ̃ʒyst] *adj* ungerecht; *colère, soupçon a.* ungerechtfertigt; ■ **il est ~ que qn/qc fasse qc** es ist ungerecht, dass jd/etw etw tut; ■ **il est ~ de faire qc** es ist ungerecht, etw zu tun; ■ **qn est ~ envers qn** [*o* **avec qn**] [*o* **à l'égard de qn**] jd ist ungerecht jdm gegenüber; ***je ne voudrais pas me montrer ~ à ton égard*** ich möchte dir gegenüber nicht ungerecht sein

injustement [ɛ̃ʒystəmɑ̃] *adv* (*à tort*) zu Unrecht; (*iniquement*) ungerecht

injustice [ɛ̃ʒystis] *f* Ungerechtigkeit *f;* ***avec ~*** ungerecht

injustifiable [ɛ̃ʒystifjabl] *adj* durch nichts zu rechtfertigen

injustifié, e [ɛ̃ʒystifje] *adj* ungerechtfertigt

inlassable [ɛ̃lɑsabl] *adj* unermüdlich; *patience a.* unerschöpflich

inlassablement [ɛ̃lɑsabləmɑ̃] *adv* unermüdlich

inlay [inlɛ] *m* Inlay ['inleɪ] *nt*

inné, e [i(n)ne] *adj* angeboren; ■ **qc est ~ en qn** etw ist jdm angeboren

innerver <1> [inɛʀve] *vt* ■ **qc innerve qc** etw versorgt etw [mit Nerven], etw innerviert etw *spec;* ■ **qc est innervé(e)** etw ist mit Nerven versorgt, etw ist innerviert

innocemment [inɔsamɑ̃] *adv* in aller Unschuld; (*sans penser à mal a.*) unschuldig

innocence [inɔsɑ̃s] *f* **1.** (*opp: culpabilité*) Unschuld *f*
2. (*candeur*) Unschuld *f;* (*naïveté*) Arglosigkeit *f,* Naivität *f*
3. (*caractère inoffensif*) Harmlosigkeit *f*
▶ **qn abuse de l'~ de qn** jd nutzt jds Naivität [*o* Arglosigkeit] aus; **qn clame** [*o* **proteste de**] **son ~** jd beteuert seine Unschuld; **en toute ~** in aller Unschuld

innocent, e [inɔsɑ̃, ɑ̃t] **I.** *adj* **1.** (*opp: coupable*) unschuldig; ■ **qn est ~ de qc** jd ist einer S. (*gen*) nicht schuldig
2. (*anodin*) harmlos; *jeux, plaisanterie, raillerie a.* unschuldig
3. (*candide*) *air* unschuldig; *personne a.* unverdorben; ***qn prend un air ~*** jd setzt eine Unschuldsmiene auf
4. (*naïf*) *personne* naiv, arglos; (*crédule a.*) leichtgläubig
5. (*inoffensif*) *remède* harmlos; *manie a.* unschuldig
▶ **qc n'est pas ~** hinter etw (*dat*) steckt ein Hintergedanke; ***ce n'est pas ~ si qn fait qc*** jd tut etw nicht ohne Hintergedanken
II. *m, f* **1.** (*personne non coupable*) Unschuldige(r) *f(m)*
2. (*personne niaise*) (*homme*) Naivling *m,* Einfaltspinsel *m fam;* (*femme*) Unschuldslamm *nt*
▶ **aux ~s les mains pleines** *prov* den Seinen gibt's der Herr im Schlaf; **les saints I~s** REL die Unschuldigen Kinder [von Bethlehem]; **qn fait l'~(e)** jd spielt den Unschuldigen/die Unschuldige
◆ **innocent du village** Dorftrottel *m*

innocenter <1> [inɔsɑ̃te] *vt* **1.** (*disculper*) ■ **qn/qc innocente qn [de qc]** jd/etw beweist jds Unschuld [an etw (*dat*)], jd/etw entlastet jdn
2. (*excuser*) ■ **qn innocente qn/qc** jd entschuldigt jdn/etw

innocuité [inɔkɥite] *f* [*substance*] Unschädlichkeit *f,* Harmlosigkeit *f;* [*remède a.*] Unbedenklichkeit *f*

innombrable [i(n)nɔ̃bʀabl] *adj* unzählig, zahllos *attr;* ***une foule ~*** eine unübersehbare Menschenmenge

innommable [i(n)nɔmabl] **I.** *adj* unbeschreiblich, unvorstellbar
II. *m* Unbeschreibliche(s) *nt,* Unvorstellbare(s) *nt*

innovant, e [inɔvɑ̃, ɑ̃t] *adj* innovativ

innovateur, -trice [inɔvatœʀ, -tʀis] **I.** *adj méthode* neu, innovativ *geh; politique a.* der Erneuerung; ***une action ~trice*** eine Neuerung, eine Innovation *geh;* ■ **qc est ~** etw ist neu [*o* innovativ *geh*], etw beschreitet neue Wege
II. *m, f* Neuerer/Neuerin *m/f,* Innovator(in) *m(f) geh*

innovation [inɔvasjɔ̃] *f* Neuerung *f;* (*nouveauté a.*) Neuheit *f;* ECON, TECH, SOCIOL *a.* Innovation *f*

innover <1> [inɔve] **I.** *vt* ■ **qn innove qc** jd kreiert etw, jd führt etw neu ein
II. *vi* ■ **qn innove [en qc** [*o* **en matière de qc**]] jd führt Neuerungen [in etw (*dat*) [*o* auf dem Gebiet einer S. (*gen*)]] ein; ECON, TECH, SOCIOL *a.* jd innoviert [auf dem Gebiet einer S. (*gen*)]

inobservable [inɔpsɛʀvabl] *adj* nicht zu erkennen, nicht sichtbar

inobservance [inɔpsɛʀvɑ̃s] *f littér* [*prescriptions médicales*] Nicht[be]achtung *f,* Nichtbefolgung *f;* [*prescriptions morales a.*] Missachtung *f;* [*règles monastiques*] Nichteinhaltung *f,* Inobservanz *f spec*

inobservation [inɔpsɛʀvasjɔ̃] *f littér* Nichteinhaltung *f,* Missachtung *f*

inoccupation [inɔkypasjɔ̃] *f littér* [*personne*] Untätigkeit *f,* Nichtstun *nt,* Müßiggang *m geh;* ***l'~ d'un grand nombre de lits dans les hôpitaux/hôtels*** die Unterbelegung der Krankenhaus-/Hotelbetten

inoccupé, e [inɔkype] *adj* **1.** (*vide*) *place, siège* frei; *terrain a.* unbebaut; *appartement, maison* leer [stehend], unbewohnt; ***cette maison est ~e*** dieses Haus steht leer
2. (*vacant*) frei, unbesetzt
3. (*oisif*) untätig, müßig *geh*

inoculation [inɔkylasjɔ̃] *f* ■ **~ [de qc]** Inokulation *f* [einer S. (*gen*)]; (*vaccin a.*) Impfung *f* [mit etw]; (*infection a.*) Infizierung *f* [mit etw]

inoculer <1> [inɔkyle] *vt* **1.** MED ■ **qn/qc inocule qc à qn** jd/etw infiziert jdn mit etw; ***qn inocule un vaccin à qn*** jd impft jdn
2. (*transmettre*) ■ **qn inocule qc à qn** (*involontairement*) jd steckt jdn mit etw an; (*volontairement*) *doctrine, goût, vice* jd impft jdm etw ein; *passion, sentiment* jd überträgt etw auf jdn; ***ce politicien inocule dangereusement son poison*** es ist gefährlich, wie dieser Politiker sein Gift einträufelt

inodore [inɔdɔʀ] *adj* geruchlos; *fleur a.* nicht duftend; ***cette fleur est ~*** diese Blume duftet nicht

inoffensif, -ive [inɔfɑ̃sif, -iv] *adj* harmlos; *animal, piqûre a.* ungefährlich; *remède a.* unbedenklich

inondable [inɔ̃dabl] *adj* überschwemmungsgefährdet

inondation [inɔ̃dasjɔ̃] *f* **1.** (*débordement des eaux*) Überschwemmung *f,* Hochwasser *nt;* ***c'est l'~ dans la salle de bains!*** *hum fam* das ganze Bad steht unter Wasser
2. (*afflux massif*) ■ **~ de** *de produits, marchandises* -flut *f,* -schwemme *f*

inonder <1> [inɔ̃de] **I.** *vt* **1.** (*recouvrir d'eau*) ■ **qn/qc inonde qc** jd/etw überschwemmt etw, jd/etw setzt etw unter Wasser; ■ **qn est inondé(e)** jd ist Opfer einer Überschwemmung, jd ist hochwassergeschädigt; ■ **qc est inondé(e)** etw ist überschwemmt, etw steht unter Wasser
2. (*arroser, tremper*) ■ **qn inonde qn/qc de qc** jd überschüttet jdn mit etw/jd tränkt etw mit etw; ***il a inondé le tapis en renversant le vase*** er hat den Teppich durchnässt, indem er die Vase umgeworfen hat; ■ **qc inonde qn/qc** etw läuft in Strömen über jdn/etw; ■ **qn/qc est inondé(e) de qc** jd/etw ist mit etw überströmt; ***son visage était inondé de larmes*** sein/ihr Gesicht war tränenüberströmt; ***je me suis réveillée inondée de sueur*** ich wachte schweißgebadet auf
3. (*submerger*) ■ **qn inonde qn/qc [de qc]** jd überschwemmt jdn/etw [mit etw]; *de cadeaux* jd überhäuft [*o* überschüttet] jdn mit etw; ***la foule inonde les rues*** die Menge strömt durch [*o* überflutet] die Straßen
4. *fig* ■ **qc inonde qn/qc** /*odeur*/ etw erfüllt etw; /*joie, lumière, sentiment*/ etw durchflutet jdn/etw, etw erfüllt jdn; ***le bonheur intense qui inondait son visage*** sein/ihr freudestrahlendes Gesicht; ■ **qc est inondé(e) de** *de lumière, soleil* /*pièce*/ etw ist -durchflutet; /*paysage*/ etw ist -überflutet; *d'une odeur* etw ist erfüllt mit; ***la plage était inondée de soleil*** der Strand war sonnenüberflutet; ***la pièce était inondée de lumière*** das Zimmer war lichtdurchflutet
II. *vpr* ■ **qn s'inonde de qc** jd überschüttet sich mit etw, jd badet in etw (*dat*)

inopérable [inɔpeʀabl] *adj* inoperabel; ■ **qn/qc est ~** jd/etw ist inoperabel, jd/etw kann nicht operiert werden

inopérant, e [inɔpeʀɑ̃, ɑ̃t] *adj* unwirksam, wirkungslos; ***ce remède est ~*** dieses Mittel wirkt nicht; ***cette mesure est ~e*** diese Maßnahme greift nicht

inopiné, e [inɔpine] *adj* unerwartet, unvermutet, unvorhergesehen; ■ **qc est/n'est pas ~** etw kommt/kommt nicht unerwartet [*o* unvermutet] [*o* unvorhergesehen]

inopinément [inɔpinemɑ̃] *adv* unerwartet, unvermutet, unvorhergesehen; ***qc se fait ~*** etw kommt unerwartet [*o* unvermutet]

inopportun, e [inɔpɔʀtœ̃, yn] *adj demande* ungelegen, inopportun *geh; moment a., remarque* unpassend; ■ **qc est ~** /*demande, démarche*/ etw kommt ungelegen, es ist nicht der passende [*o* geeignete] Zeitpunkt für etw; ***le moment est ~*** es ist nicht der passende [*o* geeignete] Augenblick

inopportunément [inɔpɔʀtynemɑ̃] *adv* zur Unzeit, zu einem unpassenden [*o* ungeeigneten] Zeitpunkt; *venir, arriver a.* ungelegen

inopportunité [inɔpɔʀtynite] *f* Ungelegenheit *f,* Inopportunität *f geh;* ***qn comprend/sent l'~ de qc*** jd bemerkt/merkt, dass etw ungelegen kommt

inorganisation [inɔʀganizasjɔ̃] *f* [*personne*] Mangel *m* an Methode, Unfähigkeit *f* zum Organisieren [*o* zur Organisation]; [*réunion, organisme*] Mangel an [*o* Fehlen *nt* von] Organisation, Desorganisation *f geh*

inorganisé, e [inɔʀganize] *adj* **1.** (*mal préparé*) nicht organisiert
2. (*brouillon*) unmethodisch
3. (*qui n'appartient à aucun parti ou syndicat*) [parteilich/gewerkschaftlich] nicht organisiert
4. SCI unorganisiert

inoubliable [inublijabl] *adj* unvergesslich
inouï, e [inwi] *adj* **1.** unerhört, unglaublich
2. *fam* ■ **qn est ~** jd ist unglaublich
inox [inɔks] *abr de* **inoxydable** I. *m inv* [rostfreier] Edelstahl; (*pour éviers a.*) Nirosta® *m;* (*pour plats, couverts a.*) Cromargan® *nt*
II. *app inv acier* rostfrei; *cuve, tambour* Edelstahl-, aus [rostfreiem] Edelstahl
inoxydable [inɔksidabl] *adj* rostfrei
in petto [inpeto] *adv* insgeheim, im Stillen
input [input] *m* Input *m o nt*
inqualifiable [ɛ̃kalifjabl] *adj* unbeschreiblich; *crime a., agression* abscheulich
inquiet, -iète [ɛ̃kjɛ, -jɛt] I. *adj* **1.** (*anxieux, soucieux*) beunruhigt; *caractère, esprit, personne* ängstlich; ***c'est un caractère*** [*o* ***esprit***] ~ er/sie hat ein ängstliches Gemüt; ***ne sois pas*** ~ beruhige dich, mach dir keine Sorgen; ■ **[qn est] ~ de qc** [jd ist] wegen etw beunruhigt, jd macht sich (*dat*) wegen etw Sorgen; ■ **[qn est] ~ au sujet de** [*o* **pour**] **qn/qc** [jd ist] wegen jds [*o* jdm]/etw besorgt, jd macht sich (*dat*) wegen jdm/etw Sorgen; ***je suis ~ à ton sujet*** [*o* ***pour toi***] ich bin deinetwegen besorgt, ich mache mir deinetwegen Sorgen; ■ **qn est ~ de faire qc** es beunruhigt jdn, etw zu tun; jd ist beunruhigt [*o* besorgt] darüber, etw zu tun; ■ **qn est ~ que qn fasse qc** es beunruhigt jdn [*o* es macht jdm Sorgen], dass jd etw tut; ***je suis ~ de voir le peu d'empressement des Français*** ich bin besorgt [*o* beunruhigt] wegen der mangelnden Bereitwilligkeit der Franzosen
2. (*qui trahit l'appréhension*) *curiosité* ängstlich; *regard a.* beunruhigt, beklommen; *attente* unruhig, beklommen; *amour, geste* unsicher
II. *m, f* [ewig] besorgter Mensch
inquiétant, e [ɛ̃kjetɑ̃, ɑ̃t] *adj* **1.** (*alarmant*) beunruhigend, Besorgnis erregend; ***cela devient*** ~ es nimmt [allmählich] beunruhigende [*o* Besorgnis erregende] Formen an
2. (*patibulaire*) Furcht erregend, Furcht einflößend
inquiéter <5> [ɛ̃kjete] I. *vt* **1.** (*alarmer*) ■ **qn/qc inquiète qn** jd/etw beunruhigt jdn, etw macht jdm Sorgen
2. (*harceler*) ■ **qn/qc est inquiété(e)** [**par qn/qc**] jd wird [von jdm/etw] behelligt/etw wird [von jdm/etw] heimgesucht; ***la police ne l'a plus inquiété*** die Polizei hat ihn in Ruhe gelassen
3. SPORT (*menacer*) ■ **qn/qc inquiète qn** jd/etw bringt jdn in Bedrängnis [*o* Schwierigkeiten]
▶ **ça m'inquiète que qn fasse qc** es beunruhigt mich [*o* es macht mir Sorgen], dass jd etw tut
II. *vpr* **1.** (*s'alarmer*) ■ **qn s'inquiète** jd beunruhigt sich, jd macht sich (*dat*) Sorgen; ***il n'y a vraiment pas de quoi s'~*** es gibt wirklich keinen [*o* es besteht wirklich kein] Grund zur Sorge
2. (*s'enquérir*) ■ **qn s'inquiète de qn/qc** jd erkundigt sich nach jdm/etw
3. (*se soucier de*) ■ **qn s'inquiète au sujet de** [*o* **pour**] **qn/qc** [*o* **de qc**] jd macht sich (*dat*) Sorgen [*o* Gedanken] wegen jds/etw [*o* jdm/etw] [*o* über etw (*akk*)]; ***ne t'inquiète pas de*** [*o* ***pour***] ***ça*** mach dir darüber [*o* deswegen] [*o* deshalb] keine Gedanken [*o* Sorgen]; ■ **qn s'inquiète de faire qc** es beunruhigt jdn [*o* es macht jdm Sorgen], etw zu tun; ■ **qn s'inquiète de ce que qn/qc fait** [*o* **fasse**] **qc** es beunruhigt jdn, dass jd/etw etw tut; ***qn s'inquiète de savoir si/qui*** jd macht sich (*dat*) Gedanken darüber, ob/wer; ***qn s'inquiète de devoir faire qc*** jd befürchtet, etw tun zu müssen; jd macht sich (*dat*) Sorgen, dass er etw tun muss; ***qn s'inquiète de voir qc*** jd ist über etw (*akk*) beunruhigt [*o* besorgt], etw beunruhigt jdn; ***qn s'inquiète de voir qn/qc faire qc*** jd ist darüber beunruhigt [*o* besorgt], dass jd/etw etw tut
inquiétude [ɛ̃kjetyd] *f* Beunruhigung *f kein pl,* Sorge *f,* Besorgnis *f kein pl;* ***qc plonge qn dans l'~*** etw versetzt jdn in Beunruhigung [*o* Sorge]
▶ **qn est fou(folle)** [*o* **mort(e)**] **d'~** jd wird [fast] verrückt [*o* stirbt [fast]] vor Sorge, jd sorgt sich zu Tode; ~ **métaphysique** die letzten Fragen; **qn a** [*o* **éprouve**] **des ~s sur qn/qc** [*o* **au sujet de qn/qc**] jd macht sich (*dat*) wegen jds/etw [*o* jdm] [*o* über etw (*akk*)] Sorgen, jd ist wegen jds/etw [*o* jdm/etw] beunruhigt; **qn/qc cause** [*o* **donne**] **de l'~/des ~s à qn** jd/etw macht jdm Sorge/Sorgen, jd/etw ist für jdn Grund zur Besorgnis [*o* Beunruhigung]; **qn/qc inspire des ~s/n'inspire aucune ~** jd/etw gibt/gibt keinen Grund zur Sorge [*o* Beunruhigung], etw ist/ist nicht Besorgnis erregend; **qn nourrit des ~s pour qn** jd macht sich (*dat*) wegen jds [*o* jdm] Sorgen; ***aucune ~ à nourrir pour eux*** [es besteht] kein Grund, sich ihretwegen Sorgen zu machen; **sans ~/non sans ~** ohne Sorgen/nicht ohne Sorge [*o* Besorgnis] [*o* Beunruhigung]; ***soyez sans*** ~ keine Sorge, machen Sie sich (*dat*) keine Sorgen, seien Sie unbesorgt; ***qn est sans*** ~ [***sur qc***] jd hat keine Sorgen [mit etw]
inquisiteur, -trice [ɛ̃kizitœʀ, -tʀis] I. *adj air* streng forschend, inquisitorisch *geh; œil, ton, regard a.* scharf; *questions* bohrend, inquisitorisch *geh;* ***ne prends pas cet air*** ~ sieh mich nicht so durchdringend [*o* scharf] an
II. *m, f péj* Inquisitor(in) *m(f)*
III. *m* HIST, REL ■ **I~** Inquisitor *m*
▶ **le Grand I~** der Großinquisitor
inquisition [ɛ̃kizisjɔ̃] *f* **1.** HIST, REL ■ **I~** Inquisition *f*
2. *péj* (*enquête rigoureuse*) Inquisition *f;* ***c'est de l'~!*** das sind ja Inquisitionsmethoden!
inracontable [ɛ̃ʀakɔ̃tabl] *adj histoire* nicht wiederholbar, nicht weitererzählbar; *événement* nicht mit Worten zu beschreiben; ***cette histoire est*** ~ diese Geschichte kann man nicht weitererzählen
inratable [ɛ̃ʀatabl] *adj fam* ■ **qc est ~** bei etw kann nichts schief gehen [*o* danebengehen] *fam*
insaisissable [ɛ̃sezisabl] *adj* **1.** (*impossible à capturer*) nicht zu fassen; *ennemi a.* ungreifbar; *voleur a.* nicht dingfest zu machen
2. *fam* (*qu'on ne parvient pas à rencontrer*) nicht dingfest zu machen
3. (*qui échappe à toute influence*) ■ **qn est ~** jd ist nicht zu fassen
4. (*imperceptible*) nicht wahrnehmbar; *nuance a.* kaum wahrnehmbar; *différence a.* unmerklich; *ton, fréquence a.* unhörbar; ***les différences les plus ~s*** die geringsten [*o* unmerklichsten] Unterschiede
5. (*impossible à atteindre*) unerreichbar
6. JUR *rente, salaire* pfändungsfrei; *bien* unpfändbar
insalubre [ɛ̃salybʀ] *adj lieu, région* ungesund, der Gesundheit abträglich; *climat, logement a.* gesundheitsschädlich; *quartier* verslumt [-'slamt], heruntergekommen; ***des îlots ~s*** Elendsviertel *pl,* heruntergekommene, verslumte Straßenzüge
insalubrité [ɛ̃salybʀite] *f* [*climat*] Unzuträglichkeit *f;* [*lieu a.*] Gesundheitsschädlichkeit *f;* [*logement, immeuble, quartier*] gesundheitsgefährdender Zustand, Verslumung [-'slamʊŋ] *f*
insanité [ɛ̃sanite] *f* [*personne*] Unvernunft *f;* [*acte a.*] Unsinnigkeit *f;* [*propos*] Unsinn *m,* Schwachsinn *m fam;* ***j'ai entendu rarement propos d'une telle*** ~ ich habe noch selten so einen Unsinn [*o* Schwachsinn *fam*] gehört; ***qn se répand en ~s sur le compte de qn*** jd verbreitet abwegiges [*o* absurdes] Zeug über jdn
▶ **qn dit** [*o* **profère**] **des ~s** jd gibt Unsinn [*o* Schwachsinn *fam*] von sich
insatiable [ɛ̃sasjabl] *adj* **1.** (*que rien ne rassasie*) *animal, personne* unersättlich; *appétit, faim, soif a.* unstillbar
2. (*avide*) unersättlich; *avidité a.* unstillbar; *personne, ambition a.* nicht zu befriedigen; *curiosité* unstillbar, nicht zu befriedigen
insatisfaction [ɛ̃satisfaksjɔ̃] *f* Unzufriedenheit *f* (*devant* mit)
insatisfait, e [ɛ̃satisfɛ, ɛt] I. *adj* **1.** (*mécontent*) unzufrieden; ■ **~ de qc** unzufrieden mit etw
2. (*inassouvi*) unbefriedigt; *besoin, désir, passion a.* ungestillt; *personne a.* unzufrieden
II. *m, f* ▶ **un(e) éternel(le) ~(e)** jd, der ewig unzufrieden ist; ein ewig Unzufriedener/eine ewig Unzufriedene
inscription [ɛ̃skʀipsjɔ̃] *f* **1.** (*texte écrit*) Inschrift *f;* [*poteau indicateur, banderole, écriteau*] Aufschrift *f,* Beschriftung *f*
2. (*action d'inscrire sur une liste*) Anmeldung *f;* (*à un cours a.*) Einschreibung *f;* ***les ~s sont closes le 31 mars*** Anmeldeschluss ist der 31. März; ■ **~ de qn à qc** *à une école* jds Anmeldung bei etw [*o* an etw (*dat*)]; *à un concours, examen* jds [An]meldung zu etw; *à un club, parti* jds Eintritt *m* in etw (*akk*), jds Beitritt *m* zu etw; ***l'~ des enfants à l'école est obligatoire*** Kinder müssen zur Schule angemeldet werden; ■ **~ de qc à qc** Aufnahme *f* einer S. (*gen*) in etw (*akk*); ***qn procède à l'~ de qc à l'ordre du jour*** jd nimmt etw in die Tagesordnung auf, jd setzt etw auf die Tagesordnung; ■ **~ de qn en qc** [*o* **dans qc**] *dans une école* jds Anmeldung bei etw [*o* an etw (*dat*)]; *dans une faculté* jds Einschreibung an etw (*dat*); ***qn fait son ~ en faculté*** jd schreibt sich [an der Universität] ein, jd immatrikuliert sich; ■ **~ de qn sur qc** *sur les listes électorales, rôles de l'armée, registres de l'état civil* jds Eintragung *f* in etw (*akk*)
▶ ~ **funéraire** Grabinschrift *f;* ~ **hypothécaire** hypothekarische Eintragung, Eintragung *f* einer Hypothek; ~ **maritime** ≈ Seemannsamt *nt*
◆ **inscription de faux** [*o* **en faux**] Anfechtung *f* [*o* Bestreitung *f*] der Echtheit einer Urkunde
inscrire <*irr*> [ɛ̃skʀiʀ] I. *vt* **1.** (*écrire*) ■ **qn inscrit qc dans** [*o* **sur**] **qc** *dans o sur un carnet* jd schreibt [sich (*dat*)] etw in etw (*dat*) auf, jd notiert [sich (*dat*)] etw in etw (*dat*); *sur une enveloppe* jd schreibt etw auf etw (*akk*); ■ **qn inscrit qc à qc** *à l'ordre du jour, au programme* jd setzt etw auf etw (*akk*), jd nimmt etw in etw (*dat*) auf; *au budget* jd veranschlagt etw in etw (*dat*), jd bringt etw in etw (*dat*) unter; ***j'inscris tout de suite ton adresse*** ich schreibe [mir] deine Adresse sofort auf, ich notiere [mir] sofort deine Adresse; ■ **qc est inscrit(e)** [**quelque part**] etw steht irgendwo, etw steht geschrieben; /*devise, épitaphe, objectif a.*/ etw steht irgendwo geschrieben; ■ **qc est inscrit(e) à qc** *à un organisme* etw ist bei etw eingetragen; ■ **qc est inscrit(e) dans qc** *dans la mémoire, tête* etw ist in etw (*dat*) eingegraben; ■ **qc est inscrit(e) sur qc** *sur le visage* etw steht auf etw (*dat*) geschrieben; ***ton nom n'est pas inscrit dans l'annuaire*** dein Name steht nicht im Telefonbuch; ***c'est inscrit dans ma mémoire/ma tête*** das hat sich mir ins Gedächtnis/Hirn eingegraben; ***ta culpabilité était inscrite sur ton visage*** deine Schuld stand dir ins Gesicht geschrieben
2. (*porter sur une liste*) ■ **qn inscrit qn à qc** *à une école* jd meldet jdn an etw (*dat*) an; *dans un club* jd meldet jdn in etw (*dat*) an, jd schreibt jdn in etw (*dat*) ein; *sur une liste* jd trägt jdn in etw (*akk*) ein; (*pour prendre rendez-vous*) jd merkt jdn auf etw (*dat*) vor; ■ **qn est inscrit(e) à qc** *à une faculté* jd ist an etw (*dat*) eingeschrieben [*o* immatrikuliert]; ■ **qn est inscrit(e) sur qc** *sur une liste* jd ist auf etw (*dat*) eingetragen, jd steht auf etw (*dat*); ***qn est inscrit(e) dans un club*** jd ist Mitglied in einem Club; ***je suis inscrit sur la liste d'attente*** ich stehe auf der Warteliste; ***elle est inscrite à un cours d'allemand*** sie besucht einen Deutschkurs; ***il est inscrit à une auto-école*** er nimmt Fahrstunden; ■ **qn fait ~ qn** [**quelque part**] jd meldet jdn [irgendwo] an; ***qn fait ~ qn sur une liste*** jd lässt jdn auf einer Liste vormerken
3. GEOM ■ **qn inscrit qc dans qc** jd beschreibt einer S. (*dat*) etw ein [*o* etw in etw (*akk*) ein]
4. SPORT ■ **qn inscrit qc** *but, essai, point* jd erzielt etw
II. *vpr* **1.** (*s'affilier à*) ■ **qn s'inscrit à qc** *à une école* jd meldet sich an etw (*dat*) an; *à un examen, à des activités* jd meldet sich zu etw [an]; *à un parti, club* jd schreibt sich bei etw ein, jd wird bei etw Mitglied; *sur une liste* jd trägt sich in etw (*akk*) [*o* auf etw (*dat*)] ein; *à une faculté* jd schreibt sich an etw (*dat*) ein; ■ **qn se fait ~** [**quelque part**] jd meldet sich [irgendwo] an
2. (*s'insérer dans*) ■ **qc s'inscrit dans qc** /*décision, mesure, projet, réforme*/ *dans un cadre* etw passt in etw (*akk*); *dans une suite a.* etw fügt [*o* ordnet] sich in etw (*akk*) ein; *dans un objectif* etw trägt zu etw bei; *dans une politique* etw steht im Einklang mit etw
3. GEOM ■ **qc s'inscrit dans qc** etw wird einer S. (*dat*) einbeschrieben, etw wird in etw (*akk*) einbeschrieben

4. (*apparaître sous forme d'inscription*) ■ **qc s'inscrit sur qc** *sur un écran* etw erscheint auf etw (*dat*); *sur une affiche, enseigne lumineuse* etw steht auf etw (*dat*), etw ist auf etw (*dat*) zu lesen

inscrit, e [ɛ̃skʀi, it] I. *pp de* **inscrire**

II. *adj* 1. *candidat* gemeldet; *député* zu einer Fraktion gehörig, fraktionsgebunden; *électeur* in die Wählerliste eingetragen; *orateur* in die Rednerliste eingetragen

2. GEOM einbeschrieben

III. *m, f* Angemeldete(r) *f(m); à un examen* [gemeldeter] Kandidat/[gemeldete] Kandidatin; *à un parti* [eingetragenes] Mitglied *sur une liste électorale* Wahlberechtigte(r) *f(m); à une faculté* [eingeschriebener] Student/[eingeschriebene] Studentin

▶ ~ **maritime** beim Seemannsamt gemeldeter Seemann

insecte [ɛ̃sɛkt] *m* Insekt *nt*

insecticide [ɛ̃sɛktisid] I. *adj* Insekten[vertilgungs]-, Insektenbekämpfungs-; ***produit*** ~ Insekten[vertilgungs]mittel *nt,* Insektenbekämpfungsmittel, Insektizid *nt spec;* ***poudre*** ~ Insektenpulver *nt*

II. *m* Insekten[vertilgungs]mittel *nt,* Insektenbekämpfungsmittel, Insektizid *nt spec*

insectivore [ɛ̃sɛktivɔʀ] I. *adj animal* Insekten fressend; *fleur, plante a.* Fleisch fressend

II. *m* Insektenfresser *m*

insécurité [ɛ̃sekyʀite] *f* Unsicherheit *f;* ***un sentiment d'***~ ein Gefühl der Unsicherheit [*o* der Verunsicherung]

INSEE [inse] *m* ∅ *abr de* **Institut national de la statistique et des études économiques** *nationales Institut für Statistik und Wirtschaftsforschung,* ≈ statistisches Bundesamt

inséminateur, -trice [ɛ̃seminatœʀ, -tʀis] *m, f* Besamungstierarzt/-ärztin *m/f,* Inseminator(in) *m(f) spec*

insémination [ɛ̃seminasjɔ̃] *f* Insemination *f spec,* [*femme a.*] Befruchtung *f;* [*animal a.*] Besamung *f*

▶ ~ **artificielle** [künstliche] Insemination *spec;* [*femme a.*] künstliche Befruchtung; [*animal a.*] künstliche Besamung

inséminer <1> [ɛ̃semine] *vt* ■ **qn insémine qn/un animal** jd inseminiert jdn/ein Tier *spec; femme a.* jd befruchtet jdn künstlich; *animal a.* jd besamt ein Tier

insensé, e [ɛ̃sɑ̃se] I. *adj* 1. (*fou, absurde*) verrückt; *espoir, course, personne a.* wahnsinnig, irrsinnig; *acte, propos, projet a.* unsinnig, wahnwitzig; ***un acte*** ~ eine Wahnsinnstat; ***qn se lance dans une course*** ~***e*** jd fängt an, wie verrückt zu rennen

2. (*extravagant*) *architecture, mobilier* fantastisch, exzentrisch

▶ **c'est** ~! es ist verrückt, es ist Wahnsinn [*o* Irrsinn]

II. *m, f littér* Verrückte(r) *f(m),* Irre(r) *f(m),* Wahnsinnige(r) *f(m)*

insensibilisation [ɛ̃sɑ̃sibilizasjɔ̃] *f* örtliche Betäubung, Lokalanästhesie *f spec*

insensibiliser <1> [ɛ̃sɑ̃sibilize] *vt* ■ **qn insensibilise qn/qc** jd gibt jdm eine Narkose/jd betäubt etw, jd anästhesiert jdn/etw; ■ **qn est insensibilisé(e) à qc** *fig* jd ist gegenüber etw abgestumpft [*o* unempfindlich [geworden]]

insensibilité [ɛ̃sɑ̃sibilite] *f* 1. (*physique*) Empfindungslosigkeit *f,* Gefühllosigkeit *f;* ■ ~ **à** *à la souffrance* Unempfindlichkeit *f* gegen; *à la douleur, au froid a.* -unempfindlichkeit

2. (*morale*) Gefühllosigkeit *f,* mangelnde Sensibilität, Insensibilität *f geh;* ■ ~ **à qc** Gleichgültigkeit *f* gegenüber etw; *à la misère a.* Gefühllosigkeit gegenüber etw; *aux reproches a.* Unempfindlichkeit *f* gegenüber etw

insensible [ɛ̃sɑ̃sibl] *adj* 1. (*physiquement*) ■ **qn/qc est** ~ /*personne*/ jd spürt nichts; /*lèvres, membre*/ etw ist gefühllos [*o* taub]; ***la piqûre le laisse*** ~ er spürt die Spritze nicht; ■ ~ **à** unempfindlich gegen, -unempfindlich

2. (*moralement*) gefühllos, empfindungslos; ■ ~ **à qc** gleichgültig gegenüber etw, unbeeindruckt von etw; *à la pitié* unempfänglich für etw

3. (*imperceptible*) kaum wahrnehmbar; *variations a.* unmerklich *pente a.* unmerklich, kaum zu erkennen; *pouls a.* kaum spürbar; *mouvement, progrès a.* unmerklich, kaum spürbar; ***qc est*** ~ etw ist kaum wahrzunehmen; /*pente a.*/ etw ist kaum zu erkennen; /*mouvement, pouls, progrès a.*/ etw ist kaum zu spüren; ***son pouls se faisait*** ~ sein Puls wurde ganz schwach [*o* war kaum noch zu spüren]

▶ **qc laisse qn** ~ etw lässt jdn gleichgültig

insensiblement [ɛ̃sɑ̃sibləmɑ̃] *adv* (*imperceptiblement*) unmerklich; (*progressivement*) ganz allmählich; ***qn fait qc*** ~ jd tut etw ohne es zu merken

inséparable [ɛ̃sepaʀabl] I. *adj* 1. *amis* unzertrennlich; *idées* untrennbar, nicht voneinander zu trennen; ■ **qc est** ~ **de qc** etw ist nicht von etw zu trennen, etw ist mit etw untrennbar verbunden

2. *antéposé hum* (*éternel*) unvermeidlich, obligat *geh;* ***le voilà avec son*** ~ ***chapeau noir!*** da ist er ja mit seinem unvermeidlichen schwarzen Hut!

II. *mpl* ■ **les** ~**s** die Unzertrennlichen

inséparablement [ɛ̃sepaʀabləmɑ̃] *adv* untrennbar; ***des personnes font qc*** ~ Menschen tun etw immer gemeinsam

insérer <5> [ɛ̃seʀe] I. *vt* 1. (*intégrer*) ■ **qn insère qc dans qc** *argument* jd nimmt etw in etw (*akk*) auf, jd fügt etw in etw (*akk*) ein; *clause, note a.* jd setzt etw in etw (*akk*); *annonce* jd setzt etw in etw (*akk*), jd veröffentlicht etw in etw (*dat*); ***qn insère une annonce dans un journal*** jd gibt eine Annonce in einer Zeitung auf, jd inseriert in einer Zeitung

2. (*glisser*) ■ **qn insère qc dans qc** *fiche, signet* jd legt etw in etw (*akk*); *photo* jd schiebt etw in etw (*akk*); ■ **qn insère qc sous qc** *photo* jd rahmt etw hinter etw (*dat*); *greffe* jd schiebt etw unter etw (*akk*); *vaccin* jd spritzt etw unter etw (*akk*)

II. *vpr* 1. (*trouver sa place dans*) ■ **qc s'insère dans qc** /*changement, événement, projet*/ etw fügt [*o* ordnet] sich in etw (*akk*) ein, etw passt in etw (*akk*); /*objet*/ etw lässt sich in etw (*akk*) einsetzen

2. (*s'intégrer dans*) ■ **qn s'insère dans qc** jd integriert sich in etw (*akk*), jd fügt [*o* ordnet] sich in etw (*akk*) ein

insert [ɛ̃sɛʀ] *m* 1. MEDIA Insert *nt*

2. TECH Heizeinsatz *m*

insertion [ɛ̃sɛʀsjɔ̃] *f* 1. (*introduction*) ■ ~ **dans qc** [*clause, formule, note*] Einfügen *nt* [*o* Aufnahme *f*] in etw (*akk*); [*annonce*] Aufgabe *f* in etw (*dat*); [*article*] Veröffentlichung *f* in etw (*dat*); ***je me suis occupé de l'*~ *d'une annonce dans le journal*** ich habe mich um eine Annonce in der Zeitung gekümmert; ■ ~ **sous qc** *d'une greffe* Einschieben *nt* unter etw (*akk*); *d'un vaccin* Einspritzen *nt* unter etw (*akk*); *d'un implant* Einpflanzen *nt* unter etw (*akk*); ***qn pratique l'*~ *de qc sous qc*** *d'une greffe* jd schiebt etw unter etw (*akk*); *d'un vaccin* jd spritzt etw unter etw (*akk*); *d'un implant* jd pflanzt etw unter etw (*akk*)

2. (*intégration*) Eingliederung *f,* Integration *f;* ***les problèmes d'*~ *d'un groupe*** die Integrationsprobleme einer Gruppe; ***un centre*** [***d'hébergement et***] ***d'***~ ein Übergangslager *nt;* ■ ~ **dans qc** Eingliederung [*o* Integration] in etw (*akk*); ***l'*~ *sociale de qn*** jds [Wieder]eingliederung in die Gesellschaft

insidieusement [ɛ̃sidjøzmɑ̃] *adv* 1. (*par ruse*) hinterhältig, auf hinterlistige Weise

2. MED schleichend

insidieux, -euse [ɛ̃sidjø, -jøz] *adj* 1. *flatterie, question, promesse* hinterhältig; *personne, manières a.* hinterlistig

2. (*imperceptible*) schleichend

3. (*pénétrant*) *odeur, parfum* durchdringend

4. MED *affection, maladie* heimtückisch

insigne[1] [ɛ̃siɲ] *m* Abzeichen *nt;* [*ordre a.*] Ehrenzeichen *nt; pl* [*fonction a.*] Insignien *pl*

insigne[2] [ɛ̃siɲ] *adj littér* [ganz] besondere(r, s); *iron* bemerkenswert

insignifiance [ɛ̃siɲifjɑ̃s] *f* [*œuvre, personne*] Bedeutungslosigkeit *f;* [*acte, fait a.*] Belanglosigkeit *f;* ***l'*~ *de qn/qc est telle que*** jd/etw ist so unbedeutend, dass; *d'un acte, fait* etw ist so belanglos, dass; ***à la limite de l'***~ nahezu [*o* fast] ohne Bedeutung

insignifiant, e [ɛ̃siɲifjɑ̃, jɑ̃t] *adj œuvre* unbedeutend; *personne a.* unwichtig; *acte, affaire, fait a.* belanglos, unwichtig; *somme, dommages a.* gering; *paroles a.* belanglos, nichts sagend; *allure a.* unscheinbar; *visage* nichts sagend

insinuant, e [ɛ̃sinɥɑ̃, ɑ̃t] *adj façons* schmeichlerisch; *ton, voix a.* einschmeichelnd; *personne a.* schöntuerisch; *propos a.* schönrednerisch

insinuation [ɛ̃sinɥasjɔ̃] *f* 1. (*allusion*) Andeutung *f,* Anspielung *f*

2. (*accusation sournoise*) Andeutung *f,* Unterstellung *f*

▶ **qn procède par** ~**s** jd lässt Andeutungen fallen, jd spricht in [*o* macht nur] Andeutungen

insinuer <1> [ɛ̃sinɥe] I. *vt* (*laisser entendre*) ■ **qn insinue qc** jd deutet etw an; (*accuser a.*) jd unterstellt etw; ***que voulez-vous*** ~ ***par là?*** was wollen Sie damit andeuten [*o* sagen]?; ■ **qn insinue que** + *indic o subj* jd deutet an, dass; (*pour accuser qn*) jd unterstellt, dass; ***je n'insinue pas que*** ich will nicht andeuten [*o* sagen] [*o* unterstellen], dass

II. *vpr* 1. (*pénétrer doucement*) ■ **qc s'insinue dans qc** /*eau*/ etw dringt in etw (*akk*) [ein]; /*humidité a.*/ etw zieht in etw (*akk*) [ein]

2. (*se glisser*) ■ **qn/qc s'insinue dans qc** /*personne*/ jd schlängelt sich durch etw; /*doute, idée, jalousie, sentiment*/ etw schleicht sich in etw (*akk*) ein, etw macht sich in etw (*dat*) breit; ***des doutes commençaient à s'***~ ***dans mon esprit*** allmählich beschlichen mich Zweifel; ***qn s'insinue partout*** *péj* jd drängt sich überall dazwischen; ***qn s'insinue dans les bonnes grâces de qn*** jd schmeichelt sich bei jdm ein

insipide [ɛ̃sipid] *adj* 1. (*fade*) geschmacklos; *boisson, mets* fad[e]; ***cette soupe est totalement*** ~ die Suppe schmeckt ganz fad[e] [*o* nach nichts]

2. (*ennuyeux*) fad[e], langweilig

insistance [ɛ̃sistɑ̃s] *f* Beharrlichkeit *f,* Hartnäckigkeit *f;* ■ ~ **à faire qc** Beharrlichkeit [*o* Hartnäckigkeit], wenn es darum geht, etw zu tun; ■ ~ **à ne pas faire qc** hartnäckige Weigerung etw zu tun

▶ **avec** ~ beharrlich, hartnäckig

insistant, e [ɛ̃sistɑ̃, ɑ̃t] *adj nécessité* dringend; *appel, demande a.* inständig; *ton* dringlich, drängend; *rumeur* hartnäckig; *regard* eindringlich; *curiosité* hartnäckig, aufdringlich; *caricature* betont, überzogen

insister <1> [ɛ̃siste] *vi* 1. (*s'obstiner*) ■ **qn insiste** jd gibt nicht nach; ***insistez!*** geben Sie nicht nach!, lassen Sie nicht locker!; ***inutile d'***~ gib's auf/geben Sie es auf; ***s'il refuse, n'insistez pas!*** wenn er ablehnt, bestehen Sie nicht darauf! [*o* lassen Sie die Sache auf sich beruhen!]; ***je n'ai pas insisté*** ich habe es gut sein lassen, ich habe nicht weiter darauf bestanden; ***si, j'insiste*** doch, ich bestehe darauf; ■ **qn insiste à** [*o* **pour**] **faire qc** jd besteht darauf, etw zu tun; jd will unbedingt etw tun; ***qn insiste pour demander que*** + *subj* jd besteht darauf, dass; jd verlangt hartnäckig, dass; ■ **qn insiste pour que qn fasse qc** jd besteht darauf, dass jd etw tut

2. (*persévérer*) ■ **qn insiste** jd gibt nicht auf, jd hält durch

3. (*mettre l'accent sur*) ■ **qn insiste sur qc** jd betont etw; *sur un sujet* jd beharrt auf etw (*dat*); *sur une tâche* jd bearbeitet etw besonders gründlich; ***j'insiste beaucoup sur la nécessité d'arriver à l'heure*** ich lege großen Wert auf pünktliches Erscheinen

▶ **sans** ~ ohne besonderen Nachdruck

insolation [ɛ̃sɔlasjɔ̃] *f* 1. METEO (*ensoleillement*) Sonnenscheindauer *f,* Insolation *f spec*

2. MED (*coup de chaleur*) Sonnenstich *m*

3. (*exposition à la lumière solaire*) Sonnen[baden *nt*] *nt;* PHOT Belichtung *f*

insolemment [ɛ̃sɔlamɑ̃] *adv* 1. (*avec impertinence*) respektlos, frech

2. (*d'une façon provocante*) unverschämt, aufreizend

insolence [ɛ̃sɔlɑ̃s] *f* 1. (*impertinence*) Respektlosigkeit *f,* Frechheit *f;* ***avec*** ~ respektlos, frech

2. (*propos irrespectueux*) respektlose [*o* freche] Bemerkung; ***il n'en est plus à une ~ près*** auf eine Frechheit mehr oder weniger kommt es ihm auch nicht mehr an
3. (*arrogance*) Unverschämtheit *f*, Anmaßung *f*, Insolenz *f geh*

insolent, e [ɛ̃sɔlɑ̃, ɑ̃t] I. *adj* 1. (*impertinent*) respektlos, frech; ***qn est ~ envers qn*** jd verhält sich jdm gegenüber respektlos, jd ist frech zu jdm
2. (*arrogant*) anmaßend; *exigence a.* unverschämt
3. (*provocant*) unverschämt; *corps, beauté* aufreizend; ***~ de beauté*** von aufreizender Schönheit
II. *m, f* respektloser [*o* frecher] Mensch, respektlose [*o* freche] Person; ***petit(e) ~(e)*** kleiner Frechdachs; ***qn est un ~*** jd ist respektlos [*o* frech]

insolite [ɛ̃sɔlit] *adj* (*inhabituel*) ungewöhnlich, außergewöhnlich; (*bizarre a.*) seltsam

insolubilité [ɛ̃sɔlybilite] *f* 1. (*état de ce qui ne peut être dissous*) Unlöslichkeit *f*; ***l'~ d'une poudre dans l'eau*** die Wasserunlöslichkeit eines Pulvers
2. (*état de ce qui ne peut être résolu*) Unlösbarkeit *f*; ***qn est convaincu de l'~ d'un problème*** jd ist von der Unlösbarkeit eines Problems überzeugt

insoluble [ɛ̃sɔlybl] *adj* 1. (*qui ne peut se dissoudre*) unlöslich; ***qc est ~ dans l'eau*** etw ist wasserunlöslich, etw löst sich nicht in Wasser [auf]
2. (*qui ne peut être résolu*) unlösbar

insolvabilité [ɛ̃sɔlvabilite] *f* Zahlungsunfähigkeit *f*, Insolvenz *f form*

insolvable [ɛ̃sɔlvabl] *adj* zahlungsunfähig, insolvent *form*

insomniaque [ɛ̃sɔmnjak] I. *adj* an Schlaflosigkeit leidend; ***cet enfant est ~*** dieses Kind hat Schlafstörungen
II. *mf* jd, der an Schlaflosigkeit leidet; an Schlaflosigkeit Leidende(r) *f(m)*; ***un sédatif pour ~*** ein Beruhigungsmittel gegen Schlaflosigkeit

insomnie [ɛ̃sɔmni] *f* Schlaflosigkeit *f*; ***un remède contre l'~*** ein Schlafmittel, ein Mittel gegen Schlaflosigkeit
▶ **qn a des ~s** jd hat [*o* leidet unter] Schlafstörungen

insondable [ɛ̃sɔ̃dabl] *adj abîme, gouffre* bodenlos, unermesslich tief; *mystère, pensée, secret* unergründlich, unerforschlich; *douleur* unermesslich, grenzenlos; *bêtise, maladresse* bodenlos, grenzenlos

insonore [ɛ̃sɔnɔʀ] *adj* schalldämmend; *cloison, plancher a.* schalldicht; ***qn rend qc ~*** jd macht etw schalldicht, jd isoliert etw gegen Schall

insonorisation [ɛ̃sɔnɔʀizasjɔ̃] *f* Schalldämmung *f*, Schallisolierung *f*

insonorisé, e [ɛ̃sɔnɔʀize] *adj* schallisoliert, schalldicht

insonoriser <1> [ɛ̃sɔnɔʀize] *vt* ■ **qn insonorise qc** jd macht etw schalldicht, jd isoliert etw gegen Schall

insortable [ɛ̃sɔʀtabl] *adj* nicht gesellschaftsfähig; ***cet enfant est ~*** mit diesem Kind kann man nirgends hingehen

insouciance [ɛ̃susjɑ̃s] *f* 1. (*détachement*) Unbekümmertheit *f*, Sorglosigkeit *f*
2. (*imprévoyance*) Sorglosigkeit *f*, Leichtsinn *m*; ■ **~ [en face] de qc** Sorglosigkeit gegenüber etw
▶ **qn vit dans l'~** jd führt ein sorgloses [*o* unbekümmertes] Leben

insouciant, e [ɛ̃susjɑ̃, jɑ̃t] I. *adj* 1. (*sans souci*) unbekümmert; *vie a.* sorgenfrei
2. (*sans inquiétude*) ■ **~ de qc** *de l'avenir, du lendemain* ohne einen Gedanken an etw (*akk*); *du danger a.* etw nicht achtend; ■ **qn est ~ de qc** jd macht sich (*dat*) keine Gedanken [*o* Sorgen] um etw; *du danger* jd achtet etw nicht
II. *m, f* sorgloser Mensch; *péj* leichtsinniger Mensch, Leichtsinnige(r) *f(m)*; ***quel ~ tu fais!*** was bist du für ein leichtsinniger Mensch!, du bist aber leichtsinnig!

insoucieux, -euse [ɛ̃susjø, -jøz] *adj littér* sorgenfrei, ohne Sorgen; ***vous avez tort d'être aussi ~ du lendemain*** Sie sollten nicht so unbekümmert in die Zukunft sehen

insoumis, e [ɛ̃sumi, iz] I. *adj* 1. (*indiscipliné*) widerspenstig, aufsässig
2. (*en rébellion*) nicht unterworfen; MIL (*déserteur*) sich unerlaubt von der Truppe entfernt habend, eigenmächtig abwesend; ***le Maroc ~*** das freie Marokko
II. *m, f* Aufständische(r) *f(m)*, Rebell(in) *m(f)*; MIL Soldat *m*, der sich unerlaubt von der Truppe entfernt hat; eigenmächtig abwesender Soldat; ***tu ne pourras pas demeurer éternellement un ~*** du kannst dich nicht ewig auflehnen

insoumission [ɛ̃sumisjɔ̃] *f* Widersetzlichkeit *f*; [*personne a.*] Aufsässigkeit *f*, Widerspenstigkeit *f*; MIL eigenmächtige Abwesenheit; ***tout acte d'~ sera sévèrement réprimé*** jede widersetzliche Handlung wird streng bestraft

insoupçonnable [ɛ̃supsɔnabl] *adj* über jeden Verdacht [*o* Zweifel] erhaben

insoupçonné, e [ɛ̃supsɔne] *adj perspective* ungeahnt, unerwartet; *domaine, richesse, puissance, valeur a.* unvermutet; ***qc se fait, ~ de tous*** etw geschieht, ohne dass es jemand ahnt [*o* vermutet]

insoutenable [ɛ̃sutnabl] *adj* 1. (*injustifiable*) unhaltbar, nicht haltbar *pred*
2. (*insupportable*) unerträglich

inspecter <1> [ɛ̃spɛkte] *vt* 1. (*contrôler*) ■ **qn inspecte qc** *entreprise, propriété* jd inspiziert etw; *travaux a.* jd kontrolliert etw; *bagages a.* jd kontrolliert [*o* untersucht] etw; *école a.* jd besucht etw; ■ **qn inspecte qn** *professeur* jd macht bei jdm einen Unterrichtsbesuch, jd besucht jdn; *fonctionnaire* jd nimmt bei jdm eine Inspektion vor, jd beurteilt jdn; ■ **qc est inspecté(e)** etw wird inspiziert; */travaux a./* etw wird kontrolliert; */bagages a./* etw wird kontrolliert [*o* untersucht]; ■ **qn est inspecté(e)** */professeur/* jd bekommt Unterrichtsbesuch, jd wird besucht; */fonctionnaire/* jd wird beurteilt
2. (*examiner attentivement*) ■ **qn inspecte qn/qc** jd inspiziert jdn/etw; *horizon* jd sucht etw ab; *lieu a.* jd kontrolliert etw, jd sucht etw ab; *objet a.* jd untersucht etw; *personne a.* jd mustert jdn [eingehend]

inspecteur, -trice [ɛ̃spɛktœʀ, -tʀis] *m, f* Inspektor(in) *m(f)*; ■ **~ de** *des contributions* -inspektor(in); *de l'infanterie* -inspekteur *m*; **~(-trice) *des écoles maternelles*** Schulrat/-rätin *m/f* (*für den Vorschulbereich*)
▶ **~ des travaux finis** *hum* Drückeberger(in) *m(f)*; **~ général** SCOL ≈ Regierungsschulrat/-rätin *m/f* (*für alle Lehrer eines Faches zuständiger Beamter bei der Schulbehörde*); **~ pédagogique régional** SCOL ≈ Oberschulrat/-rätin *m/f* (*für die Lehrer eines Faches in einer Region zuständiger Beamter*); **~ primaire** Schulrat/-rätin *m/f* (*für den Grundschulbereich*)
◆ **inspecteur d'Académie** SCOL ≈ Schulamtsdirektor(in) *m(f)*; **inspecteur de police** Polizeiinspektor(in) *m(f)*; **inspecteur des finances** ≈ Generalinspektor *m* (*hoher Beamter bei der Generalinspektion der Finanzen*); **inspecteur des Ponts et Chaussées** ≈ Oberregierungsbaurat *m* (*Leiter der obersten Straßenaufsichtsbehörde*); **inspecteur(-trice) du travail** Gewerbeaufsichtsbeamte(r)/-beamtin *m/f*

inspection [ɛ̃spɛksjɔ̃] *f* 1. (*vérification*) Kontrolle *f*; [*travaux a.*] Inspizierung *f*; [*bagages a.*] Untersuchung *f*; [*comptes a.*] [Über]prüfung *f*; [*lieux*] Inspizierung, [Über]prüfung
2. (*visite d'un inspecteur*) Inspektion *f*, Schulbesuch *m*; [*professeur*] [Unterrichts]besuch *m*
3. (*corps de fonctionnaires*) Behörde *f*; ■ **~ de** -amt *nt*; *des Finances* -inspektion *f*; **~ *du Travail*** Gewerbeaufsichtsamt; **~ *des monuments historiques*** Denkmalamt; **~ *de la Sécurité sociale*** ≈ Bundesversicherungsamt
▶ **~ en règle** gründliche Kontrolle [*o* Überprüfung]; **~ générale des services** *Generalaufsichtsbehörde in der Polizeiverwaltung*; **~ académique** SCOL ≈ Oberschulamt *nt*; **~ générale** SCOL *oberste Schulaufsichtsbehörde*; **~ primaire** SCOL *Schulaufsichtsbehörde für den Grundschulbereich*; **~ régionale** SCOL ≈ Schulamt *nt*; **qn fait l'~ de qc** jd kontrolliert [*o* durchsucht] [*o* inspiziert] etw

inspirant, e [ɛ̃spiʀɑ̃, ɑ̃t] *adj* ■ **qc est ~** etw inspiriert einen; ***ce n'est pas très ~*** das inspiriert einen nicht gerade

inspirateur, -trice [ɛ̃spiʀatœʀ, -tʀis] I. *adj* 1. inspirierend; ***un vent ~ a soufflé sur lui*** ihn hat die Muse geküsst *hum*
2. ANAT: ***muscles ~s*** Atemmuskeln *pl*
II. *m, f* 1. (*initiateur, modèle*) [*acte*] Inspirator(in) *m(f) geh*; [*personne*] Vorbild *nt*; [*décision, mesure*] Initiator(in) *m(f) geh*; [*doctrine*] Vordenker(in) *m(f)*; ***qn/qc est l'~(-trice) de qn/qc*** *d'une personne, d'un acte* jd/etw inspiriert jdn/etw; *d'une décision, mesure* jd entwirft [*o* initiiert *geh*] etw, etw beeinflusst jdn/etw
2. *gén f* (*égérie*) Muse *f*
3. (*instigateur*) Anstifter(in) *m(f)*, Urheber(in) *m(f)*

inspiration [ɛ̃spiʀasjɔ̃] *f* 1. (*intuition*) Eingebung *f*, Einfall *m*; ***tu as eu une mauvaise ~ en l'invitant*** es war kein guter Einfall [von dir], ihn/sie einzuladen
2. (*instigation*) ■ **~ [de qc]** Anregung *f* [*o* Anstoß *m*] [für etw]
3. (*souffle créateur*) *poétique* Inspiration *f*, Eingebung *f*; *céleste, divine a.* Erleuchtung *f*; ***tu attends sans doute que l'~ se manifeste*** *hum* wahrscheinlich wartest du darauf, dass dich die Muse küsst
4. ANAT Atemzug *m*; (*opp: expiration*) Einatmen *nt*; ***qn fait [o prend] une grande ~*** jd nimmt einen tiefen Atemzug, jd atmet tief ein
▶ **selon l'~ du moment** nach Lust und Laune; **qn a la bonne/mauvaise ~ de faire qc** jd hat die gute/schlechte Eingebung, etw zu tun; jd ist gut/schlecht beraten, etw zu tun; **qn a de l'~/n'a pas** [*o* **manque**] **d'~** jd hat Ideen/keine Ideen, jdm fällt etwas/nichts ein; **qn cherche l'~** jd wartet auf eine Eingebung [*o* Inspiration] [*o* Erleuchtung]; **qn suit son ~/l'~ de qn** jd hört auf seine/jds Eingebung, jd folgt seiner/jds Eingebung; **d'~ …** *médiévale, orientale …* inspiriert, … beeinflusst; ***c'est une musique d'~ orientale*** das ist eine orientalisch inspirierte Musik, das ist eine von orientalischen Klängen beeinflusste Musik; **sous l'~ de qn/qc** unter jds Einfluss (*dat*)/unter dem Einfluss einer S. (*gen*); *crime a.* auf jds Anstiftung (*akk*)

inspiré, e [ɛ̃spiʀe] *adj* 1. (*créateur*) genial, voller Inspiration; REL erleuchtet; ■ **qn est ~** jd ist inspiriert, jd hat eine Inspiration; ***qn prend un air ~*** jd tut so, als habe er eine Erleuchtung [*o* Inspiration] gehabt
2. (*suggéré par*) ■ **~ [de qc]** [von etw] beeinflusst; *mode, œuvre a.* von etw inspiriert
▶ **qn est bien/mal ~ de faire qc** jd ist gut/schlecht [*o* nicht gut] beraten, wenn er etw tut; jd tut gut/nicht gut daran, etw zu tun; ***qn a été mal ~ d'avoir fait qc*** jd war schlecht [*o* nicht gut] beraten, als er etw tat

inspirer <1> [ɛ̃spiʀe] I. *vt* 1. ANAT ■ **qn inspire [qc]** jd atmet [etw] ein
2. (*susciter*) ■ **qn/qc inspire qc [à qn]** *horreur, respect* jd/etw flößt [jdm] etw ein; *confiance a.* jd/etw erweckt etw [in jdm]; *dégoût a.* jd/etw erregt etw [in jdm]; *inquiétude* jd/etw gibt [jdm] Grund [*o* Anlass] zu etw; *prudence* jd/etw mahnt [jdn] zu etw; ***qc inspire du dégoût/de l'inquiétude*** etw ist Ekel/Besorgnis erregend [*o* beunruhigend]; ***qc inspire du respect/de l'horreur*** etw ist Respekt/Furcht einflößend; ***qc inspire de la confiance*** etw ist Vertrauen erweckend; ***qn/qc inspire de l'amour/de la vengeance [à qn]*** jd/etw weckt [in jdm] Liebe[sgefühle]/Rachegefühle, jd/etw ruft [in jdm] ein Gefühl der Liebe/Rachegefühle wach
3. (*suggérer*) ■ **qn/qc inspire qc à qn** jd/etw veranlasst jdn zu etw, jd redet jdm etw ein; *acte, décision, démarche a.* jd überredet jdn zu etw; *réflexion, idée* jd/etw bringt jdn auf etw (*akk*); *œuvre d'art, roman* jd/etw inspiriert jdn zu etw; ■ **qn inspire à qn de faire qc** jd veranlasst [*o* überredet] jdn [dazu], etw zu tun
4. (*être à l'origine de*) ■ **qn/qc inspire qc** jd/etw veranlasst etw; *décision, orientation a.* jd/etw regt etw an; *conjuration* jd zettelt [*o* stiftet] etw an; *œuvre* jd/etw inspiriert etw; *personnage de roman* jd dient als Vorbild [*o* Modell] für etw; ■ **qc est inspiré(e) par qn/qc** etw ist von jdm/etw beeinflusst; *par une idée a.* etw ist von etw inspiriert; *par la mode a., par un sentiment* etw ist von etw diktiert; */opération, attentat, conjuration/* etw wird von jdm veranlasst [*o* angestiftet] [*o* angezettelt]

5. (*rendre créatif*) ■ **qn/qc inspire qn** jd/etw inspiriert jdn; *fam* (*plaire*) jd/etw begeistert jdn; REL, MYTH jd/etw spricht durch jdn
6. (*influencer*) ■ **qn/qc inspire qn** jd/etw beeinflusst jdn; jd sagt jdm, was er zu tun hat/etw leitet jdn
7. (*insuffler*) ■ **qn inspire qc dans qc** jd pumpt etw in etw (*akk*)
II. *vpr* ■ **qn/une chose s'inspire de qn/qc** jd/eine S. lässt sich von jdm/etw inspirieren [*o* anregen], jd/eine S. orientiert sich an jdm/etw; */film, livre/* etw dient einer S. (*dat*) als Vorlage; ***un film qui s'inspire d'un roman*** ein Film nach der Vorlage eines Romans [*o* nach einem Roman]

instabilité [ɛ̃stabilite] *f* **1.** (*inconstance*) Wechselhaftigkeit *f*; [*caractère, personne*] (*de comportement*) Unbeständigkeit *f*; (*psychique*) Labilität *f*; ***l'~ des prix*** die Instabilität der Preise, die Preisschwankungen; ***l'~*** [***d'humeur***] die Launenhaftigkeit
2. (*précarité*) mangelnde Stabilität, Instabilität *f*; [*situation*] Unsicherheit *f*; ***l'~ ministérielle sous la 3ème République*** die Instabilität der Kabinette [*o* der ständige Wechsel der Minister] in der 3. Republik; ***un facteur d'~*** ein Unsicherheitsfaktor *m*
3. (*mobilité*) nichtsesshafte Lebensweise

instable [ɛ̃stabl] **I.** *adj* **1.** (*inconstant*) *sentiment* wechselhaft; *temps a.* unbeständig, veränderlich; *caractère, personne* (*dans son comportement*) unbeständig; (*dans son psychisme*) labil; (*qui ne tient pas en place*) unruhig, rastlos
2. (*précaire*) *régime politique* instabil; *situation a., paix* unsicher; *objet* unstabil, wackelig
3. (*mobile*) *tribu nomade* nichtseßhaft; *population a.* nomadisierend
4. CHIM instabil
II. *mf* labiler Mensch; (*élève, enfant*) psychisch unausgeglichenes Kind

installateur, -trice [ɛ̃stalatœʀ, -tʀis] *m, f* Installateur(in) *m(f)*; ■ **~ de** -installateur(in); *de télévision* -monteur(in) *m(f)*; ***l'~ de ma nouvelle machine à laver*** der Handwerker, der [mir] meine neue Waschmaschine installiert [*o* angeschlossen] hat

installation [ɛ̃stalasjɔ̃] *f* **1.** (*mise en place*) [*eau courante, électricité, gaz, téléphone*] Installation *f*, Anschluss *m*; [*machine*] Montage *f*; [*campement, meuble*] Aufstellen *nt*; [*troupes*] Einquartierung *f*; [*port*] Bau *m*; ***l'~ de l'électricité/de l'eau courante*** der Strom-/Wasseranschluss; ***l'~ des nouvelles machines a eu lieu récemment*** die neuen Maschinen sind vor kurzem installiert [*o* montiert] worden; ***l'~ de l'électricité dans ce village s'est faite seulement dans les années 30*** dieses Dorf ist erst in den dreißiger Jahren an die Stromversorgung angeschlossen worden
2. *gén pl* (*objets mis en place*) Anlagen *pl*; *mécaniques* Einrichtungen *pl*; ***les ~s électriques/sanitaires*** die Elektro-/Sanitäranlagen, die elektrischen/sanitären Anlagen; ***des ~s industrielles/portuaires/d'arrosage*** Industrie-/Hafen-/Beregnungsanlagen
3. (*entrée en fonctions*) [*gouvernement, magistrat*] [Amts]einsetzung *f*; [*évêque a.*] Investitur *f*; [*fonctionnaire a.*] Bestallung *f*
4. (*emménagement*) Einzug *m*
▶ **~ de <u>fortune</u>** behelfsmäßige [*o* notdürftige] Einrichtung

installé, e [ɛ̃stale] *adj* **1.** (*aménagé*) *appartement, atelier* eingerichtet
2. (*mis en place*) installiert; ■ **qn est ~** jd hat sich eingerichtet; ***qn est bien ~*** jd hat sich gemütlich eingerichtet
3. (*qui jouit d'une situation confortable*) etabliert; ***c'est un homme ~*** er ist ein gemachter Mann; ■ **qn est ~** jd hat sich etabliert

installer <1> [ɛ̃stale] **I.** *vt* **1.** (*mettre en place*) ■ **qn installe qc** [**à qn**] *chauffage central* jd installiert [jdm] etw; *câbles, tuyaux a.* jd verlegt [jdm] etw; *téléphone a.* jd legt [jdm] etw, jd schließt [jdm] etw an; *eau courante, électricité* jd schließt [jdm] etw an, jd schließt jdn an etw (*akk*) an; *meuble* jd stellt [jdm] etw auf; *tente* jd schlägt [*o* baut] [jdm] etw auf; *rideaux* jd hängt [jdm] etw auf, jd bringt [jdm] etw an; *barrage* jd stellt etw auf; ***on installe l'électricité/l'eau courante à qn*** man schließt jdm Strom/Wasser an, man schließt jdn an die Strom-/Wasserversorgung an, jd bekommt [einen] Strom-/Wasseranschluss; ***on installe le téléphone à qn*** jd bekommt einen Telefonanschluss; ■ **qn fait ~ qc** *chauffage* jd lässt etw installieren; *eau courante, électricité, téléphone a.* jd lässt etw legen [*o* anschließen]
2. (*aménager*) ■ **qn installe qc** [**dans qc**] jd richtet etw [in etw (*dat*)] ein; ■ **qn installe qc en qc** jd richtet etw als etw ein
3. (*caser, loger*) ■ **qn installe qn/qc quelque part** jd bringt jdn/etw irgendwo unter; *chose a.* jd stellt etw irgendwohin; *personne a.* jd bringt jdn irgendwohin; *dans un fauteuil* jd setzt jdn irgendwohin; *dans un lit* jd bringt [*o* legt] jdn irgendwohin; *dans un nouveau lieu* jd hilft jdm, sich irgendwo einzurichten; ***les chinois ont installé une délégation commerciale à Sarrebruck*** die Chinesen haben in Saarbrücken eine Handelsdelegation eingerichtet; ■ **qn/qc est installé(e) quelque part** jd hat sich irgendwo niedergelassen; ***qn installe qn quelque part comme médecin/avocat*** jd richtet jdm irgendwo eine [Arzt-/Anwalts]praxis ein
4. (*établir officiellement*) ■ **qn installe qn** [**quelque part**] jd setzt jdn [irgendwohin] ein; *fonctionnaire* jd führt jdn in sein Amt ein; *dans une fonction a.* jd führt jdn irgendwohin ein; ***le secrétaire d'État va ~ une cellule de crise*** der Staatssekretär wird einen Krisenstab einsetzen
II. *vpr* **1.** (*s'asseoir*) ■ **qn s'installe** [**quelque part**] jd setzt sich [irgendwohin]; (*commodément*) jd macht es sich (*dat*) [irgendwo] bequem; ***installez-vous*** [***à votre aise***]! machen Sie es sich (*dat*) bequem
2. (*se loger*) ■ **qn s'installe** [**quelque part**] jd richtet sich [irgendwo] ein; *chez qn* jd quartiert sich [irgendwo] ein; *à la campagne, dans une ville* jd lässt sich irgendwo nieder, jd zieht irgendwohin
3. (*s'établir*) ■ **qn/qc s'installe** [**quelque part**] jd lässt sich [irgendwo] nieder; */artisan a./* jd eröffnet [irgendwo] eine Werkstatt; */médecin a./* jd eröffnet [irgendwo] eine Praxis; */commerçant, patron d'un restaurant/* jd eröffnet [irgendwo] ein Geschäft/Restaurant; ***qn s'installe comme qc*** jd lässt sich als etw nieder; ***un cirque s'est installé sur la place du village*** ein Zirkus hat auf dem Dorfplatz seine Zelte aufgeschlagen
4. (*se fixer*) ■ **qn/qc s'installe** [**dans qc**] */froid/* etw hält sich; */idée, image, souvenir a./* etw setzt sich [in etw (*dat*)] fest, etw nistet sich in etw (*dat*) ein; *dans le mensonge, la mauvaise foi* jd verharrt in etw (*dat*)

instamment [ɛ̃stamɑ̃] *adv* dringend; *prier a.* inständig

instance [ɛ̃stɑ̃s] *f* **1.** *gén pl* (*autorité*) Instanz *f*; [*parti a.*] Gremium *nt*; ***les ~s juridiques/dirigeantes*** die Gerichts-/Führungsinstanzen [*o* Führungsgremien]; ***qc émane des plus hautes ~s*** etw kommt von oberster Stelle; ***qn s'adresse à l'~ la plus élevée*** jd wendet sich an [die] oberste Stelle
2. JUR (*poursuite en justice*) Verfahren *nt*
3. (*insistance*) Drängen *nt kein pl*, dringende Bitte; **avec ~** dringend; *prier a.* inständig; ***qn fait des ~s à qn de faire qc*** jd bittet jdn dringend [*o* inständig] [darum] [*o* jd drängt jdn], etw zu tun
▶ **<u>première</u>/<u>seconde</u> ~** JUR erste/zweite Instanz; **qn/qc <u>est</u> en ~ de qc** jd/etw steht kurz vor etw (*dat*); ***qn est en ~ de divorce*** jd lebt in Scheidung; ***qn est en ~ de séparation avec qn*** jd lebt von jdm getrennt; **qn <u>introduit</u> une ~** jd strengt ein Verfahren an; [**qc est**] **<u>en</u> ~** (*non résolu*) [etw ist] in der Schwebe; (*en cours de discussion*) etw steht zur Anhörung; JUR [etw ist] anhängig; **qc est <u>en</u> ~ quelque part** */courrier, lettre/* etw liegt irgendwo [abholbereit]; **<u>sur</u>** [*o* **<u>devant</u>**] **les ~s de qn** auf jds Drängen (*akk*), auf jds inständige[s] [*o* dringende] Bitten (*akk*) [hin]

instant [ɛ̃stɑ̃] *m* Augenblick *m*; ***sans perdre un ~*** ohne eine Minute [*o* einen Augenblick] zu verlieren; ■ **~ de qc** Augenblick einer S. (*gen*); ***un ~ de faiblesse/plaisir/tendresse*** ein Augenblick der Schwäche/Freude/Zärtlichkeit, ein schwacher/freudiger/zärtlicher Augenblick [*o* Moment]; ***qn aimerait avoir un ~ de répit*** [*o* ***détente***] jd hätte gerne einen Augenblick [*o* Moment] Ruhe [*o* einen ruhigen Augenblick]
▶ **à <u>chaque</u>** [*o* **<u>tout</u>**] **~** ständig, dauernd, alle Augenblicke; ***vous pouvez faire appel à moi à tout ~*** Sie können mich jederzeit herbeirufen; **<u>mes</u>/<u>ses</u> <u>derniers</u> ~s** die letzten Augenblicke meines/seines/ihres Lebens; **~ <u>fatal</u>** Moment, in dem der Tod eintritt; Eintritt *m* des Todes; **au <u>même</u> ~** im selben Augenblick [*o* Moment], gleichzeitig; **qn <u>vit</u> dans l'~** jd lebt nur dem Augenblick; **<u>à</u> l'~** [**<u>même</u>**] (*juste avant*) [gerade] eben, gerade; (*juste après*) sofort, augenblicklich; **<u>à</u> l'~ où** + *indic* in dem Augenblick [*o* Moment] als; **<u>dans</u> l'~** [**<u>même</u>**] sofort, augenblicklich; **<u>dans</u> un ~** gleich, sofort; **<u>dès</u> l'~ que** + *indic* sobald; ***dès l'~ que vous êtes satisfait, c'est le principal*** wenn Sie nur zufrieden sind, so ist das die Hauptsache; Hauptsache, Sie sind zufrieden; **<u>dès</u> l'~ où** + *indic* (*puisque*) da [ja]; (*dès que*) sobald, [schon] gleich als; **<u>de</u> tous les ~s** *compagnon* ständig; *lutte a.* ununterbrochen; **<u>d'un</u> ~ à l'autre** jeden Augenblick [*o* Moment], gleich; **<u>en</u> <u>un</u> ~** im Nu; **<u>par</u> ~s** ab und zu; **<u>pour</u> l'~** im Augenblick [*o* Moment]; [**<u>pendant</u>**] **<u>un</u> ~** einen Augenblick [*o* Moment] [lang]; **<u>un</u> ~!** einen Augenblick [*o* Moment]!; **pas <u>un</u>** [**<u>seul</u>**] **~** keinen [einzigen] Augenblick [*o* Moment]

instant, e [ɛ̃stɑ̃, ɑ̃t] *adj soutenu besoin, demande, sollicitation* dringend; *prière, supplication a.* inständig; *envie* heftig; ***qc se fait ~*** etw wird immer dringender; */prière, supplication a./* etw wird immer inständiger; */envie/* etw wird immer heftiger

instantané, e [ɛ̃stɑ̃tane] **I.** *adj* **1.** (*immédiat, subit*) unmittelbar; *mort a.* augenblicklich; *réponse, riposte a.* prompt, sofort; *effet a.* sofortig; ■ **qc est ~** */réponse, riposte/* etw kommt prompt [*o* sofort] [*o* auf der Stelle]; */mort/* etw tritt sofort [*o* augenblicklich] [*o* auf der Stelle] ein; ***l'effet de qc est ~*** etw wirkt sofort [*o* auf der Stelle]
2. GASTR *potage, soupe* löslich, Instant-; *café a.* Pulver-
3. PHOT *vieilli*: ***un cliché ~, une photo ~e*** eine Momentaufnahme
II. *m* PHOT Momentaufnahme *f*

instantanément [ɛ̃stɑ̃tanemɑ̃] *adv* sofort, augenblicklich, auf der Stelle

instar [ɛ̃staʀ] *loc* ▶ **<u>à</u> l'~ de qn** [genau] wie jd, jds Beispiel (*dat*) folgend *geh*

instauration [ɛ̃stɔʀasjɔ̃] *f* [*monnaie, impôt, usage*] Einführung *f*; [*régime, système a.*] Errichtung *f*; [*gouvernement*] Bildung *f*; [*mentalité*] Prägung *f*; [*processus*] Einleitung *f*; ***qn procède à l'~ de qc*** *d'une monnaie, d'un impôt, usage* jd führt etw ein; *d'un régime, système a.* jd errichtet etw; *d'un gouvernement* jd bildet etw; *d'une mentalité* jd prägt etw; *d'une mode a.* jd kreiert etw; *d'un processus* jd leitet etw ein

instaurer <1> [ɛ̃stɔʀe] **I.** *vt* ■ **qn instaure qc** *monnaie, impôt, usage* jd führt etw ein; *régime, système a.* jd errichtet etw; *gouvernement* jd bildet etw; *mode a.* jd kreiert etw; *liens* jd stellt etw her, jd knüpft etw; *processus* jd leitet etw ein
II. *vpr* ■ **qc s'instaure** [**quelque part**] */système/* etw bürgert sich [irgendwo] ein, etw etabliert sich [irgendwo]; */pratique a./* etw greift [irgendwo] um sich, etw wird [irgendwo] zur Gewohnheit; */état d'esprit/* etw macht sich [irgendwo] breit; */doute/* etw nistet sich [irgendwo] ein; ***le doute s'instaure dans les esprits/dans l'esprit de qn*** man beginnt zu zweifeln [*o* es regen sich Zweifel]/jdn beschleichen Zweifel; ■ **qc s'instaure** [**entre des personnes**] */collaboration/* etw kommt [zwischen Menschen] zustande; */débat, dialogue, discussion a./* etw kommt [zwischen Menschen] in Gang

instigateur, -trice [ɛ̃stigatœʀ, -tʀis] *m, f* ■ **~(-trice)** [**de qc**] Verantwortliche(r) *f(m)* [für etw], Initiator(in) *m(f)* [einer S. (*gen*)]; [*complot, crime a.*] Anstifter(in) *m(f)* [einer S. (*gen*)]; ■ **qn est l'~(-trice) de qc** jd ist für etw verantwortlich; *d'une décision, équipée a.* jd veranlasst etw; *d'un complot, crime a.* jd stiftet zu etw an; *d'une politique a.* jd führt etw ein; *d'un combat a.* jd verursacht etw; ■ **qc est l'~(-trice) de qc** etw verursacht etw; ***qc a été l'~(-trice) de ma décision de faire qc*** etw hat mich dazu veranlasst, etw zu tun

instigation [ɛ̃stigasjɔ̃] *f* Anstiftung *f kein pl*, Aufhetzung *f kein pl*; ***qn obéit aux ~s de qn*** jd lässt sich von jdm aufhetzen; ■ **~ à qc** *à la haine* Aufhetzung zu etw; *à la violence a.* Anstiftung zu etw
▶ **<u>à</u>** [*o* **<u>sur</u>**] **l'~ de qn** auf jds Betreiben [*o* Veranlassung] (*akk*); (*en parlant d'un crime*) auf jds Anstiftung (*akk*)

instiller <1> [ɛ̃stile] *vt* ■ **qn/un animal instille qc dans qc** jd/ein Tier träufelt etw in etw (*akk*); *médicament a.* jd tropft etw in etw (*akk*)

instinct [ɛ̃stɛ̃] *m* **1.** (*tendance innée*) Instinkt *m;* ***l'~ grégaire/ sexuel*** der Herden-/Geschlechtstrieb [*o* Sexualtrieb]; ***l'~ maternel*** der Mutterinstinkt; ■ **~ de** *de conservation, mort* -trieb *m;* ***l'~ de propriété*** das Revierverhalten, das Territorialverhalten

2. (*intuition, sentiment spontané*) Instinkt *m;* ***les ~s*** die Triebe; ***les mauvais/ plus bas ~s*** die niederen/niedrigsten Triebe [*o* Instinkte]; ***nos ~s voyageurs*** unser Reisetrieb; ■ **~ de** *du beau, bien* Sinn *m* [*o* Gespür *nt*] für; *des sciences, de la musique* Begabung *f* für; *des affaires, du commerce* [sicheres] Gespür [*o* [sicherer] Instinkt] für

▸ **qn a l'~ de qc** jd hat einen angeborenen Sinn für etw; ***qn a l'~ de la musique*** jd ist musikalisch [begabt]; ***qn a l'~ du commerce*** jd hat Geschäftssinn; **qn a l'~ de faire qc** jd hat den Trieb, etw zu tun; ***cet enfant a l'~ d'apprendre très développé*** dieses Kind hat einen ausgeprägten Lerntrieb; **d'**[*o* **par**] **~** instinktiv

instinctif, -ive [ɛ̃stɛ̃ktif, -iv] *adj élan, sympathie* spontan; *désir, geste, sentiment, tendance a.* instinktiv; *personne a.* instinktgesteuert *pej*

instinctivement [ɛ̃stɛ̃ktivmɑ̃] *adv* instinktiv

instit [ɛ̃stit] *mf fam abr de* **instituteur**(**-trice**) [Grundschul]lehrer(in) *m(f)*

instituer <1> [ɛ̃stitɥe] **I.** *vt* **1.** (*fonder, instaurer*) ■ **qn institue qc** *pratique* jd führt etw ein; *régime, système a.* jd errichtet etw; *règlement a.* jd setzt etw in Kraft; *organisation, ordre* jd richtet etw ein, jd gründet etw

2. ADMIN (*établir en fonction*) ■ **qn institue qn** *fonctionnaire* jd setzt jdn ein; REL *évêque a.* jd investiert jdn

3. JUR (*nommer par testament*) ■ **qn institue qn qc** *héritier, légataire* jd setzt jdn als etw (*akk*) [*o* zu etw] ein

II. *vpr* **1.** (*s'instaurer*) ■ **qc s'institue** etw bildet sich; /*relations a., régime*/ etw etabliert sich; /*habitude*/ etw bürgert sich ein; ***l'habitude de fumer s'institue insidieusement*** Rauchen wird zur Gewohnheit, ohne dass man es merkt

2. (*s'ériger en*) ■ **qn s'institue qn** jd macht sich zu jdm

institut [ɛ̃stity] *m* Institut *nt;* ■ **I~ de** Institut für; **~ *d'université*** Universitätsinstitut; ■ **I~** [**de France**] Institut *nt* de France (*die fünf französischen Akademien für Wissenschaft und Kunst*)

▸ **I~ Pasteur** Institut *nt* Pasteur, Pasteur-Institut *nt;* **~ universitaire de formation des maîtres** pädagogische Hochschule; **I~ universitaire de technologie** Fachhochschule *f;* **I~ monétaire européen** Europäisches Währungsinstitut

◆ **institut de beauté** Schönheitssalon *m,* Kosmetikinstitut *nt*

instituteur, -trice [ɛ̃stitytœʀ, -tʀis] *m, f* [Grundschul]lehrer(in) *m(f)*

▸ **~**(**-trice**) **spécialisé**(**e**) Sonderschullehrer(in) *m(f);* **~**(**-trice**) **stagiaire** [Grundschul]lehrer(in) *m(f)* während des pädagogischen Praktikums

institution [ɛ̃stitysjɔ̃] *f* **1.** (*établissement d'enseignement*) *privée* Institut *nt; libre, religieuse a.* [Privat]schule *f*

2. (*création, fondation*) Einrichtung *f;* [*association a.*] Gründung *f;* [*tribunal a., régime*] Errichtung *f;* [*relation*] Einleitung *f,* Herstellung *f;* [*mesure, usage*] Einführung *f*

3. (*chose instituée*) Institution *f,* Einrichtung *f*

4. *pl* POL Institutionen *pl*

5. JUR [*héritier, légataire*] Einsetzung *f;* REL *a.* [*ecclésiastique, évêque a.*] Investitur *f;* **~ *d'héritier*** Erbeinsetzung *f*

▸ **qc est d'~ …** etw ist … Ursprungs; ***qc est d'~ apostolique/ humaine*** etw ist apostolischen/menschlichen Ursprungs; **qn/qc est une** [**véritable**] **~** *fam* jd/etw ist eine [richtige] Institution

institutionnaliser <1> [ɛ̃stitysjɔnalize] **I.** *vt* ■ **qn institutionnalise qc** jd institutionalisiert etw

II. *vpr* ■ **qc s'institutionnalise** etw wird zur Institution

institutionnel, le [ɛ̃stitysjɔnɛl] *adj* institutionell

instructeur, -trice [ɛ̃stʀyktœʀ, -tʀis] **I.** *adj* **1.** MIL *officier, sergent* Ausbildungs-

2. JUR *juge, magistrat* Untersuchungs-

II. *m, f* MIL Ausbilder(in) *m(f)*

instructif, -ive [ɛ̃stʀyktif, -iv] *adj* instruktiv, informativ; *lecture, ouvrage, voyage a.* lehrreich

instruction [ɛ̃stʀyksjɔ̃] *f* **1.** *vieilli* (*enseignement*) Bildungswesen *nt,* Schulwesen *nt;* MIL Ausbildung *f;* ***l'~ primaire/ secondaire*** die Primar-/Sekundarstufe, die Grundschule/die weiterführenden Schulen; ***l'~ religieuse*** der Religionsunterricht; ***l'~ des enfants*** das Unterrichten von Kindern; ***l'~ en France est gratuite*** der Schulbesuch ist in Frankreich unentgeltlich

2. (*connaissances*) Wissen *nt kein pl,* Kenntnisse *pl;* (*culture*) Bildung *f kein pl*

3. *souvent pl* (*consigne, prescription*) Anweisung *f,* Instruktion *f;* MIL *a.* Direktive *f;* ADMIN Verordnung *f;* (*interne*) Dienstanweisung, Direktive *f*

4. *gén pl* (*mode d'emploi*) Gebrauchsanweisung *f,* Gebrauchsanleitung *f;* ■ **~s de** *de lavage, mise en route, montage* -anweisung, -anleitung

5. JUR Ermittlungsverfahren *nt,* Voruntersuchung *f*

▸ **~ civique** Gemeinschaftskunde[unterricht *m*] *f;* **qn a de l'~/n'a pas d'~** jd hat/hat keine Bildung, jd ist/ist nicht gebildet; **qn ouvre une ~** JUR jd leitet ein Ermittlungsverfahren ein, jd leitet Voruntersuchungen ein; **sur ~ de qn** JUR auf jds [An]weisung (*akk*)

◆ **instruction de saut** INFORM Sprungbefehl *m*

instruire <*irr*> [ɛ̃stʀɥiʀ] **I.** *vt* **1.** (*donner un enseignement*) ■ **qn instruit qn** [**sur qc**] jd belehrt jdn [über etw (*akk*)]; *enfants, élèves* jd lehrt jdn [etw] *geh,* jd unterrichtet jdn [in etw (*dat*)]; ■ **qc instruit qn** [**sur qc**] etw vermittelt jdm Kenntnisse [über etw (*akk*)], etw informiert jdn [über etw (*akk*)]; ■ **qn/qc instruit qn dans qc** jd/etw lehrt jdn etw, jd unterrichtet jdn in etw (*dat*); *dans un art a.* jd bringt jdm etw bei

2. (*informer*) ■ **qn instruit qn de qc** jd unterrichtet jdn von etw [*o* über etw (*akk*)], jd informiert jdn über etw (*akk*), jd setzt jdn von etw in Kenntnis; ■ **qn est instruit**(**e**) **de qc** jd ist von etw [*o* über etw (*akk*)] unterrichtet [*o* über etw (*akk*) informiert] [*o* über etw (*akk*) auf dem Laufenden]; ***un homme bien instruit de qc*** jd, der sich in [*o* mit] etw (*dat*) gut auskennt

3. JUR ■ **qn instruit qc** *dossier* jd ermittelt in etw (*dat*); *affaire a.* jd untersucht etw; ■ **qn instruit contre qn** jd ermittelt gegen jdn

II. *vi* ■ **qc instruit** etw bildet

III. *vpr* **1.** (*acquérir des connaissances*) ■ **qn s'instruit** [**dans qc**] jd bildet sich, jd erwirbt [in etw (*dat*)] Kenntnisse, jd eignet sich (*dat*) Wissen [über etw (*akk*)] an; *hum* jd tut etwas für die Bildung

2. JUR ■ **qc s'instruit** in etw (*dat*) wird ermittelt, die Ermittlungen in etw (*dat*) laufen

instruit, e [ɛ̃stʀɥi, it] *adj* gebildet

instrument [ɛ̃stʀymɑ̃] *m* **1.** (*outil, ustensile*) Werkzeug *nt;* (*appareil a.*) Gerät *nt;* ■ **~ de** -instrument; *d'analyse, de mesure a.* -gerät; *de torture a.* -werkzeug; **~ *de travail*** Arbeitszeug *nt,* Arbeitsgerät; ***un ~ de chirurgie*** ein chirurgisches Instrument

2. MUS ■ **~** [**de musique**] [Musik]instrument *nt;* ■ **~ à** *à cordes, percussion* -instrument; **~ *à vent*** Blasinstrument

3. (*moyen*) Instrument *nt,* Werkzeug *nt;* ■ **~ de** *de sélection a.* -instrument; *de propagande a.* -werkzeug, -mittel *nt; de la connaissance* Mittel zum Erwerb von; ***un ~ de la paix*** ein Instrument des Friedens; ■ [**qn est l'**]**~ de qc** [jd ist] Werkzeug [*o* Instrument] einer S. (*gen*); ***un ~ de plaisir*** ein Lustobjekt *nt;* ***qn est l'~ de la réussite de qn*** jd verhilft jdm zum Erfolg

▸ **~ ancien** MUS altes [Musik]instrument; **qn joue d'un ~** jd spielt ein [Musik]instrument

◆ **instrument de bord** [Bord]instrument *nt*

instrumental, e <-aux> [ɛ̃stʀymɑ̃tal, o] *adj* **1.** (*qui utilise des instruments*) instrumentell *geh*

2. MUS *ensemble, musique* Instrumental-; [***épreuve de***] ***facture ~e*** [Prüfung *f* im] Instrumentenbau *m*

instrumentation [ɛ̃stʀymɑ̃tasjɔ̃] *f* MUS Instrumentierung *f,* Instrumentation *f*

instrumentiste [ɛ̃stʀymɑ̃tist] *mf* MUS Instrumentalist(in) *m(f)*

insu [ɛ̃sy] *loc* ▸ **à l'~ de qn** (*en cachette*) ohne jds Wissen; (*inconsciemment*) ohne dass jd es [be]merkt; ***qn fait qc à son ~*** jd macht etw ohne es zu [be]merken; ***à l'~ du monde*** ohne dass es die Welt gemerkt [*o* bemerkt] hätte, unbemerkt; ***à l'~ de tout le monde*** [von allen] unbemerkt

insubmersible [ɛ̃sybmɛʀsibl] *adj* unsinkbar; ■ **qc est ~** etw kann nicht sinken, etw sinkt nicht, etw ist unsinkbar

insubordination [ɛ̃sybɔʀdinasjɔ̃] *f* Insubordination *f form,* Ungehorsam *m,* Widersetzlichkeit *f;* MIL Gehorsamsverweigerung *f,* Insubordination; ***l'~ ouvrière*** die Arbeitsverweigerung, die Verweigerungshaltung der Arbeiter

insubordonné, e [ɛ̃sybɔʀdɔne] *adj* aufsässig, ungehorsam, widersetzlich; *militaire, troupes* meuternd, den Gehorsam verweigernd

insuccès [ɛ̃syksɛ] *m* Misserfolg *m*

insuffisamment [ɛ̃syfizamɑ̃] *adv* unzureichend, ungenügend; + *adj* nicht + *adj* genug, nicht genügend + *adj;* ***il a ~ travaillé*** er hat nicht genügend gearbeitet; ***il a ~ dormi*** er hat nicht genug geschlafen

insuffisance [ɛ̃syfizɑ̃s] *f* **1.** (*manque*) ■ **~** [**de qc**] Knappheit *f* [an etw (*dat*)], Mangel *m* [an etw (*dat*)]; ***l'~ de la récolte*** die schlechte Ernte

2. (*faiblesse*) Schwäche *f;* (*médiocrité*) Unzulänglichkeit *f*

3. MED Insuffizienz *f;* **~ *cardiaque/ rénale/ respiratoire*** Herz-/Nieren-/Atmungsinsuffizienz

insuffisant, e [ɛ̃syfizɑ̃, ɑ̃t] *adj* **1.** (*en quantité*) *moyens, personnel, ressources* nicht genügend, zu wenig; *nombre, dimension* nicht genügend groß, nicht ausreichend; ***nous étions en nombre ~*** wir waren nicht genügend Leute [*o* zu wenig[e] [Leute]]; ■ **qn/qc est ~** jd/etw reicht nicht aus; /*nombre, dimension*/ etw ist nicht groß genug, etw ist zu klein

2. (*en qualité*) unzureichend; *employé* unzulänglich; *candidat, élève* zu schwach; *travail* ungenügend, unzulänglich; ■ **qn/qc est ~** jd/etw ist unzulänglich; /*élève, candidat a.*/ jd ist zu schwach, jd ist nicht gut genug; /*travail a.*/ etw genügt nicht; /*promesse*/ etw ist unzureichend, etw reicht nicht aus

insuffler <1> [ɛ̃syfle] *vt* **1.** ■ **qn insuffle qc dans qc** *air, oxygène* jd pumpt etw in etw (*akk*); ***qn insuffle de l'air/ de l'oxygène dans les poumons de qn*** jd beatmet jdn [künstlich]/mit Sauerstoff

2. (*inspirer*) ■ **qn insuffle qc à qn/qc** *courage, ardeur, terreur* jd flößt jdm etw ein; *désir, amour* jd erfüllt jdn/etw mit etw; ***qn insuffle de la vengeance à qn*** jd bringt jdn auf Rachegedanken

insulaire [ɛ̃sylɛʀ] **I.** *adj* Insel-; *faune, flore a.* insular

II. *mf* Inselbewohner(in) *m(f),* Insulaner(in) *m(f); pl a.* Inselbevölkerung *f*

insularité [ɛ̃sylaʀite] *f* Insellage *f,* insulare Lage, Insularität *f geh*

insuline [ɛ̃sylin] *f* Insulin *nt*

insultant, e [ɛ̃syltɑ̃, ɑ̃t] *adj air, personne* unverschämt; *morgue, paroles, propos, raillerie, ton a., soupçon* beleidigend; ■ [**qn/qc est**] **~ pour qn/qc** [jd ist] unverschämt zu jdm, etw ist beleidigend für jdn/etw, jd/etw beleidigt jdn/etw

insulte [ɛ̃sylt] *f* (*injure*) Beleidigung *f;* (*affront a.*) Kränkung *f;* **~ *à qc*** *au bon sens* Beleidigung für etw; *à l'intelligence* Beleidigung einer S. (*gen*); *à la mémoire, religion, l'honneur* Verunglimpfung *f* [*o* Beleidigung] einer S. (*gen*); *à la pauvreté, misère* Schlag *m* ins Gesicht für etw

▸ **c'est faire ~ à qn/qc que de faire qc** es ist eine Beleidigung für jdn/etw, etw zu tun [*o* wenn man etw tut]; **qn fait ~ à qn/qc en faisant qc** jd beleidigt jdn/etw, indem/wenn er etw tut

insulter <1> [ɛ̃sylte] **I.** *vt* ■ **qn insulte qn** jd verunglimpft [*o* beleidigt] jdn; (*par des paroles a.*) jd beschimpft jdn; ■ **qn se fait ~** [**par qn**] jd wird [von jdm] beleidigt; (*par des paroles a.*) jd wird [von jdm] beschimpft; ***je ne suis pas venu ici pour me faire ~*** ich bin nicht hier, um mich beleidigen/beschimpfen zu lassen

II. *vpr* ■ **des personnes s'insultent** Menschen beleidigen [*o* beschimpfen] sich [gegenseitig]

insupportable [ɛ̃sypɔʀtabl] *adj* **1.** (*intolérable*) unerträglich
2. (*désagréable*) *caractère* unausstehlich; *enfant, humeur a.* unerträglich

insupporter <1> [ɛ̃sypɔʀte] *vt fam* ■ **qn/qc m'/l'/... insupporte qn** jd/etw geht mir/ihm/ihr/... auf die Nerven

insurgé, e [ɛ̃syʀʒe] I. *adj* aufständisch, rebellierend
II. *m, f* Aufständische(r) *f(m)*, Rebell(in) *m(f)*

insurger <2 a> [ɛ̃syʀʒe] *vpr* **1.** (*se révolter*) ■ **des personnes s'insurgent [contre qn/qc]** Menschen lehnen sich [gegen jdn/etw] auf Menschen erheben sich [gegen jdn/etw]
2. (*protester*) ■ **qn s'insurge [contre qc]** jd begehrt auf, jd protestiert [gegen etw], jd wehrt sich gegen etw

insurmontable [ɛ̃syʀmɔ̃tabl] *adj* **1.** (*infranchissable*) *difficulté* unüberwindbar, unüberwindlich; *obstacle a.* unbezwinglich
2. (*invincible*) *douleur* unüberwindlich; *angoisse, répulsion a.* unbezwinglich

insurpassable [ɛ̃syʀpasabl] *adj finesse, intelligence* unübertrefflich; *performance, personne a., bêtise* unschlagbar; ■ **qn/qc est ~** jd/etw ist nicht zu übertreffen; /*performance, personne a., bêtise*/ jd/etw ist unschlagbar, jd/etw ist nicht zu schlagen

insurrection [ɛ̃syʀɛksjɔ̃] *f* Aufstand *m*, Erhebung *f*

insurrectionnel, le [ɛ̃syʀɛksjɔnɛl] *adj force* aufständisch, des Aufstands; *gouvernement* der Aufständischen; ***un mouvement ~*** ein Aufstand *m*

intact, e [ɛ̃takt] *adj* **1.** *objet* unversehrt, unbeschädigt, intakt; *argent, somme* vollständig; *produit* einwandfrei; *richesse* unberührt
2. *honneur, réputation* unversehrt, makellos; *principes* unverletzt; *enthousiasme* ungebrochen; *soutien* uneingeschränkt; ***qn maintient*** [*o* ***garde***] ***qc ~ principes*** jd hält etw hoch; *enthousiasme, soutien* jd verliert etw nicht; ***qc sort ~ de qc*** etw übersteht etw [*o* geht aus etw hervor] ohne Schaden genommen zu haben

intangibilité [ɛ̃tɑ̃ʒibilite] *f* Unantastbarkeit *f*, Unverletzlichkeit *f*

intangible [ɛ̃tɑ̃ʒibl] *adj constitution, droit, loi, principe* unantastbar, unverletzlich; *objectif, but* unverrückbar

intarissable [ɛ̃taʀisabl] *adj mine, imagination, source, sujet* unerschöpflich; *eau, puits a.* nie versiegend; *pleurs* unstillbar; *personne, verve* unermüdlich; *bavard* nicht zu bremsen *fam*; ■ **qn est ~ [sur qc]** jd findet [bei etw] kein Ende, jd ist [bei etw] nicht zu bremsen *fam*

intégral, e <-aux> [ɛ̃tegʀal, o] I. *adj* vollständig; *audition, texte, version* ungekürzt; *horreur* total; ***bronzage ~*** nahtlose Bräune; ***nu ~*** völlige Nacktheit; ***une andouille ~e*** *fam* eine totale Flasche *fam*
II. *f* ■ **intégrale 1.** MATH Integral *nt*
2. LITTER Gesamtausgabe *f*; MUS *a.* Gesamtaufnahme *f*

intégralement [ɛ̃tegʀalmɑ̃] *adv* vollständig, ganz

intégralité [ɛ̃tegʀalite] *f* Gesamtheit *f*, Vollständigkeit *f*; ***l'~ de mon salaire*** mein ganzes [*o* gesamtes] Gehalt; ***l'~ de cette somme/du texte*** der ganze [*o* gesamte] Betrag/Text
▶ **dans son ~** insgesamt, im ganzen; *bâtiment, projet* in seiner/ihrer Gesamtheit; **en ~** ganz, vollständig

intégrant, e [ɛ̃tegʀɑ̃, ɑ̃t] *adj* ▶ **qn/qc est une [*o* fait] partie ~e de qc** jd gehört fest zu etw, etw ist integraler [*o* fester] Bestandteil einer S. (*gen*), jd/etw ist untrennbar mit etw verbunden

intégration [ɛ̃tegʀasjɔ̃] *f* **1.** (*fusion*) *économique, européenne, politique* Integration *f*, Einigung *f*
2. (*assimilation*) ■ **~ [dans qc]** Integration *f* [*o* Eingliederung *f*] [in etw (*akk*)]
3. ECON (*concentration*) vertikale Konzentration, vertikaler Zusammenschluss
4. UNIV *fam* (*admission*) ■ **~ à qc** Aufnahme *f* in etw (*akk*)

intègre [ɛ̃tɛgʀ] *adj* integer; *personne a., vie* ehrenhaft, unbescholten; *juge a.* unbestechlich

intégré, e [ɛ̃tegʀe] *adj* integriert; ■ **~ à [*o* dans] qc** in etw (*akk*) integriert

intégrer <5> [ɛ̃tegʀe] I. *vt* **1.** (*incorporer*) ■ **qn/qc intègre qc [à [*o* dans] qc]** jd/etw nimmt etw [in etw (*akk*)] auf, jd/etw integriert etw [in etw (*akk*)]; *idée, technique* jd/etw übernimmt etw; /*calculateur/ données* etw speist etw [in etw (*akk*)] ein, etw überträgt etw [in etw (*akk*)]; /*pays/ organisme* etw tritt einer S. (*dat*) bei, etw tritt in etw (*akk*) ein; ***cette société intègre de nombreux secteurs d'activité*** diese Firma umschließt zahlreiche Erwerbszweige; ■ **qc est intégré(e) à [*o* dans] qc** etw ist in etw (*akk*) integriert [*o* eingebunden]; *à un organisme a.* etw gehört zu etw, etw ist Bestandteil einer S. (*gen*)
2. (*entrer dans*) ■ **qn intègre qc** *diplôme* jd geht in etw (*akk*), jd steigt in etw (*dat*) ein
3. MATH ■ **qn/qc intègre qc** *fonction* jd/etw integriert etw
II. *vi* UNIV *fam* ■ **qn intègre à qc** jd wird in etw (*akk*) aufgenommen
III. *vpr* ■ **qn/qc s'intègre [à [*o* dans] qc]** jd/etw integriert sich [in etw (*akk*)], jd gliedert sich in etw (*akk*) ein/etw passt sich [in etw (*akk*)] an

intégrisme [ɛ̃tegʀism] *m* Fundamentalismus *m*

intégriste [ɛ̃tegʀist] I. *adj* fundamentalistisch
II. *mf* Fundamentalist(in) *m(f)*

intégrité [ɛ̃tegʀite] *f* **1.** (*honnêteté*) Integrität *f*; [*personne a., vie*] Ehrbarkeit *f*, Unbescholtenheit *f*; [*juge, justice*] Unbestechlichkeit *f*
2. (*intégralité*) [*personne*] Unversehrtheit *f*; [*honneur, vertu a.*] Makellosigkeit *f*; [*édifice, œuvre*] Gesamtheit *f*; [*territoire*] Integrität *f*; ***qn conserve*** [*o* ***sauvegarde***] ***l'~ d'un édifice/une œuvre*** jd erhält ein Gebäude/ein Werk in seiner Gesamtheit; ***la rumeur met en cause l'~ de son honneur*** das Gerücht stellt seine/ihre Ehrbarkeit in Frage; ***qn a conservé l'~ de ses facultés*** jd ist noch im Vollbesitz seiner geistigen Kräfte

intellect [ɛ̃telɛkt] *m* Intellekt *m*

intellectualisme [ɛ̃telɛktɥalism] *m* Intellektualismus *m*

intellectuel, le [ɛ̃telɛktɥɛl] I. *adj* **1.** (*relatif à l'intelligence*) intellektuell, geistig; *fatigue* geistig; *travail* geistig, Kopf-; *vie* Geistes-, geistig
2. (*opp: manuel*) *travailleur* Kopf-, Geistes-
II. *m, f* Intellektuelle(r) *f(m)*

intellectuellement [ɛ̃telɛktɥɛlmɑ̃] *adv* geistig, intellektuell

intelligemment [ɛ̃teliʒamɑ̃] *adv* intelligent, klug

intelligence [ɛ̃teliʒɑ̃s] *f* **1.** (*faculté de comprendre*) Intelligenz *f*; *pl* intellektuelle [*o* geistige] Fähigkeiten *pl*
2. (*clairvoyance*) Klugheit *f*, Intelligenz *f*; ***avec ~*** klug, intelligent; ***qn fait preuve de beaucoup d'~*** jd erweist sich als äußerst klug
3. (*compréhension*) ■ **~ de qn/qc** Verständnis *nt* eines Menschen/einer S.; ***qn a l'~ des affaires*** jd versteht etwas von Geschäften
4. (*personne*) intelligenter Mensch; ***une ~ remarquable/supérieure*** ein bemerkenswert intelligenter/hochintelligenter Mensch [*o* eine Geistesgröße]; ***les plus hautes ~s*** die größten Geister
▶ **~[s] avec l'ennemi** heimliche Verbindung mit dem Feind; ***qn entretient des ~s avec l'ennemi*** jd steht heimlich mit dem Feind in Verbindung; **qn a des ~s dans la place** jd hat Informanten [*o* Verbindungsleute] eingeschleust; **~ artificielle** künstliche Intelligenz; **qn vit en bonne/mauvaise ~ avec qn** jd lebt in gutem Einvernehmen mit jdm/hat ein gespanntes Verhältnis zu jdm; **qn agit/est d'~ avec qn** jd handelt im Einvernehmen mit jdm/jd ist sich (*dat*) mit jdm einig; ***il a agi d'~ avec mes pires ennemis*** er hat mit meinen schlimmsten Feinden gemeinsame Sache gemacht; **d'~** *regard, signe, sourire* verschwörerisch

intelligent, e [ɛ̃teliʒɑ̃, ʒɑ̃t] *adj* intelligent; *aide, choix, décision, question, réponse a.* klug
▶ **c'est ~!** *iron* das ist [vielleicht] intelligent!

intelligentsia [ɛ̃teliʒɛntsja, inteligɛnsja] *f* Intelligenz *f*, Intellektuelle *pl*, Intelligentsia *f*

intelligibilité [ɛ̃teliʒibilite] *f* Verständlichkeit *f*; ***qc manque totalement d'~*** etw ist völlig unverständlich

intelligible [ɛ̃teliʒibl] *adj* verständlich; *voix a.* vernehmbar, hörbar; ■ **[qc est] ~ à qn** [etw ist] jdm verständlich, jd versteht etw

intelligiblement [ɛ̃teliʒibləmɑ̃] *adv s'exprimer* verständlich; *parler a.* deutlich

intello [ɛ̃telo] *mf péj fam abr de* **intellectuel** Intelligenzler(in) *m(f)*

intempérance [ɛ̃tɑ̃peʀɑ̃s] *f* Maßlosigkeit *f*, Unmäßigkeit *f*; (*gloutonnerie a.*) Völlerei *f*, Fresssucht *f*; (*ivrognerie a.*) Trinkerei *f*, Trunksucht *f*; ***son ~ sexuelle*** sein/ihr zügelloses Sexualleben
◆ **intempérance de langage** *littér* (*volubilité*) Redefreudigkeit *f*; (*écarts de langage*) zügelloses Reden

intempérant, e [ɛ̃tɑ̃peʀɑ̃, ɑ̃t] *adj* **1.** (*gourmand*) fresssüchtig, verfressen; (*ivrogne*) trunksüchtig; (*sexuellement*) sexbesessen
2. (*excessif, immodéré*) unmäßig, maßlos

intempéries [ɛ̃tɑ̃peʀi] *fpl* schlechtes Wetter; ***indemnités d'~*** Schlechtwettergeld *nt*

intempestif, -ive [ɛ̃tɑ̃pɛstif, -iv] *adj* **1.** (*inconvenant*) *allusion, gaieté* unpassend; *zèle* blind; *curiosité, demande, question* unbequem
2. *littér* (*à contretemps*) unzeitgemäß; ***son arrivée ~ive a failli tout faire rater*** weil er/sie völlig ungelegen dazukam, wäre beinahe alles schief gegangen
3. (*accidentel*) *alarme* zur Unzeit ausgelöst

intemporel, le [ɛ̃tɑ̃pɔʀɛl] *adj* zeitlos; ***il mène une existence qui semble ~le*** er scheint außerhalb der Zeit zu leben

intenable [ɛ̃t(ə)nabl] *adj* **1.** (*intolérable*) *situation* unerträglich; *chaleur, odeur a.* nicht auszuhalten
2. (*indéfendable*) unhaltbar
3. (*insupportable*) *adulte* renitent; *classe a.* aufsässig; *enfant* aufsässig, widerspenstig; ■ **qn est ~** jd ist nicht zu bändigen

intendance [ɛ̃tɑ̃dɑ̃s] *f* **1.** (*administration, gestion*) Verwaltung *f*; MIL Logistik *f*; **~ [universitaire]** [Schul]verwaltung
2. (*bureaux de l'intendant*) Verwaltung *f*
3. *fam* (*questions matérielles et économiques*) Management ['mænɪdʒmənt] *nt fam*; ***qn fait*** [*o* ***s'occupe***] ***de l'~*** jd kümmert sich ums Management; ***l'~ laisse à désirer*** die materielle Organisation lässt zu wünschen übrig
▶ **l'~ suit** die konkrete Umsetzung ist gesichert

intendant, e [ɛ̃tɑ̃dɑ̃, ɑ̃t] I. *m, f* **1.** SCOL Verwaltungsdirektor(in) *m(f)*
2. (*régisseur*) Verwalter(in) *m(f)*; [*entreprise*] Verwaltungsdirektor(in) *m(f)*
II. *m* **1.** HIST Intendant *m*
2. MIL Quartiermeister *m alt*, für die Versorgung der Truppen zuständiger Generalstabsoffizier

intense [ɛ̃tɑ̃s] *adj* **1.** (*vif, fort*) intensiv; *couleur a.* kräftig; *lumière a.* hell; *joie, plaisir* groß; *chaleur* groß, stark; *froid* streng, eisig; *douleur, vibrations* heftig, stark; *moment* intensiv
2. (*dense*) *activité* rege; *circulation* rege, dicht, stark; ***la circulation est ~*** es herrscht reger [*o* dichter] [*o* starker] Verkehr

intensément [ɛ̃tɑ̃semɑ̃] *adv regarder, vivre* intensiv; *travailler a.* konzentriert; ***son pouls se mit à battre ~*** sein Puls fing heftig zu schlagen an

intensif, -ive [ɛ̃tɑ̃sif, -iv] I. *adj* **1.** *entraînement, travail* intensiv; *propagande a.* massiv; *soins, traitement a.* gründlich
2. AGR: ***agriculture ~ive*** intensive Landwirtschaft; ***la culture ~ive*** der Intensivanbau
3. LING *mot, particule, qualificatif* verstärkend, Verstärkungs-; ***verbe ~*** intensives Verb, Intensivum *nt*
II. *m* Verstärkungswort *nt*; LING Intensivum *nt*

intensification [ɛ̃tɑ̃sifikasjɔ̃] *f* Intensivierung *f*; [*lutte a.*] Verstärkung *f*; [*efforts, production a.*] Steigerung *f*

intensifier <1 a> [ɛ̃tɑ̃sifje] I. *vt* ■ **qn intensifie qc** jd intensiviert etw; *action, lutte, mobilisation a.* jd verstärkt etw; *culture, efforts, production, travail a.* jd steigert etw; *chute des cours* jd beschleunigt etw
II. *vpr* ■ **qc s'intensifie** */phénomène/* etw nimmt an Intensität zu, etw verstärkt sich; */agitation, combat a./* etw wird heftiger; */sentiment a./* etw wird heftiger [*o* stärker] [*o* intensiver]; */production/* etw steigert sich, etw wird gesteigert; ***le froid s'intensifie*** es wird immer kälter; ***la construction de grands immeubles s'intensifie*** es werden immer mehr Hochhäuser gebaut

intensité [ɛ̃tɑ̃site] *f* 1. [*regard, chaleur*] Intensität *f;* [*sensation, sentiment a., incendie, tremblement de terre*] Stärke *f;* [*lumière a.*] Helligkeit *f,* Stärke; [*tempête, vent*] Stärke, Heftigkeit *f;* [*froid*] Strenge *f;* ***l'~ lumineuse*** die Lichtstärke
2. ELEC Stromstärke *f*
▸ **de faible/d'une grande** ~ schwach/stark; *sentiment, tempête, tremblement de terre, vent a.* schwach/heftig; *lumière a.* schwach/hell; *moment a.* von geringer/hoher Intensität; ***un courant de faible/d'une grande ~*** Schwach-/Starkstrom *m;* **qc augmente/diminue d'~** etw wird stärker/schwächer; */sentiment a./* etw wird heftiger [*o* verstärkt sich]/wird schwächer; */tempête, tremblement de terre, vent a./* etw wird heftiger/lässt nach; */lumière a./* etw wird heller/schwächer; */fièvre/* etw steigt/fällt

intensivement [ɛ̃tɑ̃sivmɑ̃] *adv* intensiv

intenter <1> [ɛ̃tɑ̃te] *vt* JUR ■ **qn intente qc à** [*o* **contre**] **qn** *procès* jd strengt etw gegen jdn an; *action* jd leitet etw gegen jdn in die Wege

intention [ɛ̃tɑ̃sjɔ̃] *f* Absicht *f,* Intention *f geh;* ***l'~ de qn est de faire qc*** jd hat die Absicht, etw zu tun; ***quelle est ton ~?*** was hast du vor?
▸ **qc part d'une bonne** ~ einer S. (*dat*) liegt eine gute Absicht zugrunde; ***ton intervention partait d'une bonne ~*** du hast es gut gemeint; **qn agit dans une bonne** ~ jd handelt in guter Absicht; **qn a de bonnes/mauvaises ~s** [**à l'égard de qn**] jd hat [jdm gegenüber] gute/keine guten Absichten, jd meint es gut mit jdm/jd führt etwas gegen jdn im Schilde; **avec les meilleures ~s** [**du monde**] in der [aller]besten Absicht; ***avec les meilleures ~s du monde, il arrive parfois qu'on se trompe*** trotz der besten Absichten irrt man sich manchmal; **qn a l'~ de faire qc** jd hat vor [*o* die Absicht], etw zu tun; **qn n'a pas** [*o* **n'a nullement**] **l'~ de faire qc** jd hat nicht die Absicht [*o* denkt [gar] nicht daran], etw zu tun; **il n'entre** [*o* **n'est**] **pas dans les ~s de qn de faire qc** es liegt nicht in jds Absicht (*dat*) [*o* jd denkt nicht daran], etw zu tun; **c'est l'~ qui compte** der gute Wille zählt; **à l'~ de qn** für jdn [gedacht]; REL *messe, prière* für jdn; ***qn fait qc à l'~ de qn*** jd tut etw für jdn [*o* im Hinblick auf jdn]; **à cette** ~ zu diesem Zweck, deshalb; **avec** [*o* **dans**] **l'~ de faire qc** in der Absicht [*o* mit dem Vorsatz], etw zu tun; **sans** ~ unabsichtlich; ***c'était sans ~*** es war keine Absicht; ***sans ~ de faire qc*** ohne die Absicht [*o* den Vorsatz], etw zu tun; ***coups et blessures ayant entraîné la mort sans l'~ de la donner*** Körperverletzung mit Totschlag ohne vorsätzliche Tötungsabsicht

intentionné, e [ɛ̃tɑ̃sjɔne] *adj* ▸ [**qn est**] **bien/mal** ~ [**à l'égard de qn**] [jd ist] [jdm] wohlgesinnt/übelgesinnt, jd meint es gut mit jdm/hat jdm gegenüber keine guten Absichten; ***qn qui a l'air mal ~*** jd, der aussieht, als führte er etwas im Schilde

intentionnel, le [ɛ̃tɑ̃sjɔnɛl] *adj* absichtlich; ■ **qc est** ~ etw ist Absicht; JUR etw ist Vorsatz

intentionnellement [ɛ̃tɑ̃sjɔnɛlmɑ̃] *adv* absichtlich, mit Absicht; JUR vorsätzlich, mit Vorsatz

inter [ɛ̃tɛʀ] *m* 1. TELEC *abr de* **interurbain** Fernamt *nt*
2. FBALL *abr de* **intérieur** Halbstürmer(in) *m(f);* ***l'~*** [***droit/gauche***] der Halbrechte/Halblinke

inter[-] [ɛ̃tɛʀ] *préf* 1. + *adj* (*idée de relation réciproque, d'intervalle ou de répartition*) *parlementaire, zonal* inter- + *adj; universitaire a., régional* über- + *adj; diocésain, professionnel, religieux* + *subst*-übergreifend; *personnel, territorial a., étatique,* [-]*humain* zwischen- + *adj;* ***interconfessionnel*** überkonfessionell, zwischenkirchlich, interkonfessionell *geh;* ***intersidéral*** zwischen den Sternen; ***interinsulaire/interreligieux*** zwischen den verschiedenen Inseln/religionsübergreifend; ***la cohabitation interraciale*** das Zusammenleben zwischen verschiedenen/den [verschiedenen] Rassen; ***des mariages interraciaux*** Mischehen *pl;* ***la frontière interzonale*** die Interzonengrenze
2. + *adj allemand, européen* inner-; *africain a.* inter-; ***interberlinois/interbalkanique*** zwischen den beiden Teilen Berlins/auf dem Balkan
3. + *subst bibliothèques, gares, industries, stations* zwischen den [verschiedenen] + *subst; rives, sexes* zwischen den [beiden]; *facultés, quartiers* + *subst pl* übergreifend; ***interentreprises*** zwischenbetrieblich; ***intercités*** Intercity-; ***interdisciplines*** interdisziplinär; ***inter-États*** zwischenstaatlich; ***interpartis*** überparteilich, parteienübergreifend; ***intervilles*** städteverbindend; ***les interstations*** die Strecken zwischen den Stationen; ***un réseau interbibliothèques*** ein Fernleihsystem *m*

interactif, -ive [ɛ̃tɛʀaktif, -iv] *adj* interaktiv, Dialog-

interaction [ɛ̃tɛʀaksjɔ̃] *f* Wechselwirkung *f;* SOCIOL *a.* Interaktion *f;* INFORM Dialog *m*
▸ **en** ~ in [gegenseitiger] Wechselwirkung, interaktiv *spec*

interallié, e [ɛ̃tɛʀalje] *adj* interalliiert

interbancaire [ɛ̃tɛʀbɑ̃kɛʀ] *adj* Interbanken-; ***carte ~*** ≈ ec-Karte *f* (*Karte mit Abhebungsmöglichkeiten bei allen Banken*)

intercalaire [ɛ̃tɛʀkalɛʀ] I. *adj:* ***un jour ~*** ein Schalttag *m;* ***un feuillet ~*** ein Trennblatt *nt;* ***une fiche ~*** eine Einlage
II. *m* Trennblatt *nt*

intercaler <1> [ɛ̃tɛʀkale] I. *vt* ■ **qn intercale qc dans qc/entre qc et qc** jd schiebt etw in etw (*akk*) ein/zwischen etw und etw (*akk*); *rendez-vous a.* jd bringt etw in etw (*dat*) unter/zwischen etw und etw (*dat*) unter; *feuillet* jd legt etw in etw (*akk*) [ein]/zwischen etw und etw (*akk*); *citation, exemple, mot* jd baut etw in etw (*akk*) ein
II. *vpr* ■ **qn/qc s'intercale dans qc/entre des choses/personnes** jd/etw reiht sich in etw (*akk*) ein/schiebt sich zwischen Dinge/Menschen; */coureur/* jd platziert sich zwischen Menschen; */joueur/* jd rückt in etw (*akk*) vor/zwischen Menschen vor; ***qc doit venir s'~ entre deux choses*** etw muss zwischen zwei Dinge passen

intercéder <5> [ɛ̃tɛʀsede] *vi* ■ **qn intercède pour** [*o* **en faveur de**] **qn** [**auprès de qn**] jd setzt sich [bei jdm] für jdn ein, jd verwendet sich [bei jdm] für jdn; ■ **qn intercède** [**auprès de qn**] **pour faire qc/pour que qn/qc fasse qc** jd setzt sich [bei jdm] dafür ein [*o* verwendet sich [bei jdm] dafür], etw zu tun/dass jd/etw etw tut

intercepter <1> [ɛ̃tɛʀsɛpte] *vt* ■ **qn/qc intercepte qn/qc** *ballon, ennemi, lettre, message* jd/etw fängt jdn/etw ab; *message radio, téléphone* jd/etw hört etw ab; *lumière* etw hält [*o* schirmt] etw ab; *suspect* jd stellt jdn; *véhicule* jd hält etw an, jd stoppt etw; *bateau* jd bringt etw auf

interception [ɛ̃tɛʀsɛpsjɔ̃] *f* [*ballon, ennemi, message*] Abfangen *nt;* [*message radio, téléphone*] Abhören *nt;* [*chaleur, rayon*] Abhalten *nt;* [*véhicule*] Anhalten *nt,* Stoppen *nt;* [*bateau*] Aufbringen *nt;* ■ **l'~ de qn/qc** das Abfangen durch jdn/etw; ***au cours d'une banale ~ des services de police*** bei einem einfachen Abfangen durch die Polizei

intercession [ɛ̃tɛʀsesjɔ̃] *f littér* Vermittlung *f,* Fürsprache *f;* REL Fürbitte *f*

interchangeable [ɛ̃tɛʀʃɑ̃ʒabl] *adj* austauschbar

interclasse [ɛ̃tɛʀklɑs] I. *m* SCOL Fünfminutenpause *f,* kleine Pause
II. *app match, rencontre, tournoi* Schul-, zwischen den Klassen

interclubs [ɛ̃tɛʀklœb] *adj inv* Vereins-

intercommunal, e <-aux> [ɛ̃tɛʀkɔmynal, o] *adj* gemeindeübergreifend, interkommunal *geh*

intercommunautaire [ɛ̃tɛʀkɔmynotɛʀ] *adj* EU-, innergemeinschaftlich

interconnecter <1> [ɛ̃tɛʀkɔnɛkte] *vt* ■ **qn interconnecte qc** jd schaltet etw zusammen, jd verbindet etw

interconnexion [ɛ̃tɛʀkɔnɛksjɔ̃] *f* Zusammenschaltung *f*

intercontinental, e <-aux> [ɛ̃tɛʀkɔ̃tinɑ̃tal, o] *adj relations* zwischen den Kontinenten, interkontinental; *ligne aérienne, missile* Interkontinental-

intercostal, e <-aux> [ɛ̃tɛʀkɔstal, o] *adj* MED interkostal *spec,* Interkostal- *spec;* ***des douleurs ~es*** Schmerzen *pl* im Brustraum, Interkostalneuralgie *f spec*

intercours [ɛ̃tɛʀkuʀ] *m* SCOL kleine Pause

interculturel, le [ɛ̃tɛʀkyltyʀɛl] *adj* interkulturell

interdépartemental, e <-aux> [ɛ̃tɛʀdepaʀtəmɑ̃tal, o] *adj* departementübergreifend; *compétition a.* zwischen den Departements; ■ **qc est ~** etw bezieht mehrere Departements ein

interdépendance [ɛ̃tɛʀdepɑ̃dɑ̃s] *f* [*peuples, régions*] gegenseitige Abhängigkeit; [*problèmes a.*] Verflechtung *f,* Interdependenz *f geh*

interdépendant, e [ɛ̃tɛʀdepɑ̃dɑ̃, ɑ̃t] *adj peuples, régions* voneinander abhängig; *problèmes a.* miteinander verflochten, interdependent *geh;* ***chaque élément est ~*** jedes Element ist von den anderen abhängig

interdiction [ɛ̃tɛʀdiksjɔ̃] *f* 1. (*opp: autorisation*) Verbot *nt;* ■ **~ de qc** [**à qn**] *d'un film* Verbot einer S. (*gen*) [für jdn]; *des jeux de hasard, du stationnement* -verbot [für jdn]; ***qn décide l'~ de qc à qn*** jd beschließt jdm etw zu verbieten; ■ **~ de faire qc** Verbot etw zu tun; ***~ de pénétrer sur le chantier/de stationner/de fumer*** Betreten der Baustelle/Parken/Rauchen verboten; ***l'~ de fumer/de stationner*** das Rauch-/Parkverbot; ***qn décide l'~ de bâtir sur un certain terrain*** jd beschließt ein Bauverbot für ein bestimmtes Gelände; ***~ est faite à qn de faire qc*** es ist jdm verboten [*o* untersagt], etw zu tun; ***~ absolue de sortir*** absolutes Ausgehverbot
2. (*suspension*) [*officier ministériel*] Suspendierung *f;* [*prêtre*] Inderdikt *nt*
▸ **frappé(e) d'~** [vom Dienst] suspendiert; *prêtre* mit einem Interdikt belegt; **~ judiciaire** Entmündigung *f;* **~ légale** Aberkennung *f* der bürgerlichen Rechte; **qn lève une ~** jd hebt ein Verbot auf
◆ **interdiction de séjour** JUR Aufenthaltsbeschränkung *f*

interdire <*irr*> [ɛ̃tɛʀdiʀ] I. *vt* 1. (*défendre*) ■ **qn interdit qc** [**à qn**] jd verbietet [*o* untersagt *form*] [jdm] etw; ■ **qn interdit** [**à qn**] **de faire qc** jd verbietet [*o* untersagt *form*] es [jdm], etw zu tun; jd verbietet jdm, etw zu tun; ■ **qn interdit** [**à qn**], **que qn fasse qc** jd verbietet [jdm], dass jd etw tut
2. (*empêcher*) ■ **qc interdit qc** [**à qn**] etw verbietet [jdm] etw; */obstacle/* etw macht [jdm] etw unmöglich, etw verwehrt jdm etw; *espoir* etw erstickt etw im Keim; ***la gravité de la crise nous interdit tout espoir*** angesichts der Schwere der Krise dürfen wir uns keine Hoffnungen machen; ■ **qc interdit** [**à qn**] **de faire qc** etw verbietet es [jdm], etw zu tun; */obstacle/* etw hindert einen/jdn daran, etw zu tun; ■ **qc interdit que qn fasse qc** etw verbietet es, dass jd etw tut; */obstacle/* etw verhindert, dass jd etw tut; ***rien n'interdit de faire qc*** nichts hindert einen daran, etw zu tun
3. (*empêcher l'accès de*) ■ **qn interdit qc à qn** *club* jd schließt jdn aus etw aus, jd verweist jdn einer S. (*gen*); ***qn interdit sa porte à qn*** jd verbietet jdm das Haus
4. JUR, REL ■ **qn interdit qn** *huissier, officier ministériel* jd suspendiert jdn [vom Dienst]; *prêtre* jd belegt jdn mit einem Interdikt, jd verhängt ein Interdikt über jdn
II. *vpr* ■ **qn s'interdit qc/de faire qc** jd unterlässt etw/unterlässt es, etw zu tun; jd verbietet sich (*dat*) etw/verbietet es sich (*dat*), etw zu tun; ***qn s'interdit le tabac et l'alcool*** jd verbietet [*o* versagt] sich (*dat*) den Tabak- und Alkoholgenuss

interdisciplinaire [ɛ̃tɛʀdisiplinɛʀ] *adj* interdisziplinär

interdisciplinarité [ɛ̃tɛʀdisiplinaʀite] *f* Interdisziplinarität *f*

interdit, e[1] [ɛ̃tɛʀdi, it] I. *m* Verbot *nt*
▸ **qn jette** [*o* **prononce**] **l'~ contre** [*o* **sur**] **qn** JUR jd entmündigt jdn; REL jd verhängt ein Interdikt über jdn, jd belegt jdn mit einem Interdikt
II. *adj accès, entrée, passage, stationnement, reproduction* verboten; *film* indiziert; *sujet* unerwünscht; ***chantier ~*** Betreten der Baustelle verboten;

■ ~ **à qn** für jdn verboten; ***passage ~ sauf aux riverains*** Anlieger frei; ~ ***aux moins de 16 ans*** frei ab 16; ~ ***aux chiens*** Hunde nicht zugelassen; *magasin* Hunde müssen draußen bleiben; ~ ***au public*** kein Zutritt; ■ **il est** ~ [**à qn**] **de faire qc** es ist [jdm] verboten, etw zu tun; ***il est formellement ~ de fumer*** es ist strengstens verboten zu rauchen, Rauchen strengstens verboten *form;* ■ **qn/qc est ~ de qc** *d'un endroit* jd hat keinen Zutritt zu etw/jdm wird der Zutritt zu etw untersagt/etw ist irgendwo untersagt; ***qn/qc est ~ d'antenne*** jd hat/bekommt Sendeverbot/etw darf nicht gesendet werden; ***qn est ~ de séjour*** für jdn gilt eine Aufenthaltsbeschränkung/jdm wird eine Aufenthaltsbeschränkung auferlegt; ***qn est ~ de résidence*** jdm ist/wird die Niederlassung verboten; ***qc est ~ de vente*** der Verkauf einer S. (*gen*) ist verboten

◆ **interdit(e) de séjour** jd, für den eine Aufenthaltsbeschränkung gilt

interdit, e² [ɛ̃tɛʀdi] *adj* sprachlos

intéressant, e [ɛ̃teʀesɑ̃, ɑ̃t] I. *adj* 1. (*qui éveille l'intérêt*) interessant; *performance a.* bemerkenswert

2. (*avantageux*) *prix, taux* interessant; *affaire, offre a.* lohnend; ■ ~ **pour qn** für jdn interessant; ***il est ~ pour qn de faire qc*** es ist interessant [*o* es lohnt sich] für jdn, etw zu tun; ■ **qc est ~ à faire** etw ist es wert, getan zu werden; ***c'est ~ à signaler*** das ist erwähnenswert; ■ **il est ~ de faire qc** es ist interessant, etw zu tun

3. (*qui suscite la bienveillance*) berücksichtigenswert

▶ **qn cherche à se rendre** ~ jd will sich interessant machen; **qn n'est pas/est peu** ~ *péj* jd ist nichts wert/nichts Besonderes

II. *m, f* ▶ **qn fait l'**~(**e**) *péj* jd macht sich interessant, jd spielt sich auf

intéressé, e [ɛ̃teʀese] I. *adj* 1. (*concerné*) betroffen

2. (*qui recherche son intérêt personnel*) eigennützig; *amitié a.* selbstsüchtig, Zweck-; ***tes visites sont toujours ~es*** deine Besuche haben immer einen bestimmten Zweck

3. (*qui s'intéresse à qc*) interessiert

II. *m, f* (*personne concernée*) Betroffene(r) *f(m);* (*personne qui s'intéresse à qc*) Interessierte(r) *f(m)*

intéressement [ɛ̃teʀɛsmɑ̃] *m* Gewinnbeteiligung *f;* ***l'~ des travailleurs aux bénéfices*** die Gewinnbeteiligung der Arbeiter

intéresser <1> [ɛ̃teʀese] I. *vt* 1. (*captiver*) ■ **qn/qc intéresse qn** jd/etw interessiert jdn; ***rien ne l'intéresse*** er/sie hat für nichts Interesse, nichts interessiert ihn/sie; ***il ne sait pas ~ son auditoire/les élèves*** er versteht es nicht, das Interesse seiner Zuhörer/der Schüler zu wecken; ■ **qn intéresse qn à qc** jd weckt jds Interesse für etw; ■ **qn est intéressé(e) à faire qc** jd ist daran interessiert, etw zu tun

2. ECON ■ **qn intéresse qn à qc** *employés, salariés* jd beteiligt jdn an etw (*dat*); ■ **qn est intéressé(e) dans qc** jd ist an etw (*dat*) beteiligt

3. (*concerner*) ■ **qc intéresse qn** etw betrifft jdn/etw

▶ **cause toujours** [*o* **continue**], **tu m'intéresses!** *fam* du kannst so lange reden, wie du willst! *fam,* red nur, interessiert mich brennend! *fam;* **est-ce que ça t'intéresse/vous intéresse** [*o* **t'intéresserait/vous intéresserait**] **de faire qc?** hättest du/hättet ihr Lust [*o* Interesse], etw zu tun?; **ça ne m'intéresse pas** [**du tout**] [**de faire qc**] es passt mir [überhaupt] nicht[, etw zu tun]

II. *vpr* ■ **qn s'intéresse à qn/qc** jd interessiert sich für jdn/etw; ***il s'est vivement intéressé à elle/à cette affaire*** er hat größtes Interesse für sie/diese Angelegenheit gezeigt

intérêt [ɛ̃teʀɛ] *m* 1. (*curiosité, attention*) Interesse *nt;* ■ ~ **pour qn/qc** Interesse für jdn/etw

2. *souvent pl économique, commercial, particulier, public, général* Interesse *nt;* ***l'~ général doit passer avant les ~s particuliers*** das Gemeinwohl muss Vorrang vor Privatinteressen haben; ***le syndicat assure la défense de nos ~s*** die Gewerkschaft vertritt unsere Interessen; ***faire qc contre ses ~s*** [*o* ***son*** ~] etw gegen seine Interessen tun

3. (*avantage*): ***quel ~ y a-t-il à faire ça?*** was haben wir davon, wenn wir das tun?; ***son attitude lui est dictée par son*** ~ seine/ihre Haltung wird von seinen/ihren persönlichen Interessen bestimmt

4. *souvent pl* FIN Zinsen *pl;* ■ **7/8/15%/... d'**~ 7/8/15%/... Zinsen

5. (*importance*) Bedeutung *f,* Wichtigkeit *f;* ***qc est d'un ~ vital/capital*** etw ist lebenswichtig/äußerst wichtig

6. (*attrait, originalité*) [*film, livre*] Reiz *m;* ***ce travail offre peu d'~*** diese Arbeit ist uninteressant; ***il est important de trouver un ~ dans le travail*** es ist wichtig, Interesse an der Arbeit zu finden; ***qc perd son ~/gagne de l'~*** etw wird uninteressant/interessant; ***l'~ dramatique d'un roman policier*** die Spannung eines Kriminalromans; ***je n'ai trouvé le moindre ~ à cette histoire*** ich konnte dieser Geschichte nicht das geringste Interesse abgewinnen

▶ **dans l'~ général** im Sinne des Allgemeinwohls; **du plus haut** ~ von äußerster Bedeutung [*o* Wichtigkeit], von äußerstem Interesse; **d'~ public** von öffentlichem Interesse; **qn a** [**tout**] ~ **à faire qc** jd täte gut daran, etw zu tun; es liegt [*o* ist] [ganz] in jds Interesse (*dat*), etw zu tun; [**il**] **y a** ~! *pop* [*et comment*] und ob!; (*ça vaut mieux*) das will ich hoffen!; **qn a des ~s dans qc** *dans une affaire, entreprise* jd ist an etw (*dat*) beteiligt; **qn porte** [*o* **témoigne**] **de l'~ à qn** jd bringt jdm Interesse entgegen; **qn prend ~ à qc/à faire qc** jd interessiert sich für etw/jd tut etw mit Interesse; **qc présente** [*o* **offre**] **un ~/de l'~** etw ist von Interesse; /*film, livre, travail a.*/ etw ist interessant; ***cette proposition ne présente aucun*** ~ dieser Vorschlag ist irrelevant [*o* bringt nichts *fam*]; **qn prête ~ à qc** jd bringt einer S. (*dat*) Interesse entgegen, jd interessiert sich für etw; **qn trouve son ~ dans qc/en faisant qc** jd kommt bei etw auf seine Kosten/kommt auf seine Kosten, wenn er etw tut; es bringt jdm etwas, etw zu tun *fam;* **qn ne voit pas l'~ de faire qc** jd hält nichts davon, etw zu tun; jd sieht nicht, was es bringt, etw zu tun *fam;* **avec/sans** ~ (*avec/sans attention*) mit Interesse [*o* sehr interessiert]/ohne [besonderes] Interesse; **avec/sans ~**[**s**] FIN verzinslich/zinslos; ***prêt avec ~ annuel de 10%*** Darlehen *nt* mit 10% Jahreszins; **dans l'~ de qn/qc** in jds Interesse (*dat*)/im Interesse einer S. (*gen*); ***tu devrais te taire dans ton propre*** ~ es wäre in deinem eigenen Interesse [*o* du tätest gut daran], zu schweigen; **par** ~ aus Eigennutz; **sans** [**aucun**] ~ *film, histoire* [völlig] uninteressant; *considérations, détail a.* [völlig] belanglos [*o* irrelevant]; *solution* völlig irrelevant

◆ **intérêts d'emprunt** Darlehenszinsen *pl*

interface [ɛ̃tɛʀfas] *f* INFORM Schnittstelle *f,* Interface ['ɪntəfeɪs] *nt*

▶ ~ **graphique** graphische Benutzerschnittstelle [*o* Benutzeroberfläche]; ~ **parallèle** parallele Schnittstelle

◆ **interface utilisateur** Benutzeroberfläche *f;* **interface série** serielle Schnittstelle

interférence [ɛ̃tɛʀfeʀɑ̃s] *f* 1. PHYS Interferenz *f;* TV, RADIO Überlagerung *f*

2. (*perturbation réciproque*) Störung *f;* ■ ~ **entre des choses/personnes** gegenseitige Behinderung zwischen Dingen/Menschen; ***il y a eu ~ entre l'action de la police et celle de la gendarmerie*** Polizei und Gendarmerie haben sich gegenseitig behindert

3. (*ingérence*) Einmischung *f*

4. (*conjonction*) Zusammenspiel *nt,* Zusammenwirken *nt*

interférer <5> [ɛ̃tɛʀfeʀe] *vi* 1. (*se mêler à*) ■ **qc interfère avec qc** etw gerät [*o* kommt] mit etw in Konflikt; ■ **qc interfère dans qc** etw greift in etw (*akk*) ein; ■ **qc interfère sur qc** etw wirkt sich auf etw (*akk*) aus; ■ **des choses interfèrent** Dinge behindern sich gegenseitig; ***les différents domaines n'interfèrent pas*** die verschiedenen Bereiche überschneiden sich nicht

2. (*intervenir*) ■ **qn interfère dans qc** jd mischt sich in etw (*akk*) ein

intergouvernemental, e <-aux> [ɛ̃tɛʀ guvɛʀnəmɑ̃tal, o] *adj* zwischenstaatlich

intérieur, e [ɛ̃teʀjœʀ] I. *adj* 1. (*opp: extérieur*) Innen-

2. *communication, vol, demande* Inlands-; *commerce, marché* Binnen-; *politique* Innen-; *dette* landesintern; ***les affaires ~es*** die inneren Angelegenheiten

3. PSYCH *joie, sentiment, voix* innere(r, s); *monde, vie* Innen-; THEAT, CINE *façon de jouer, jeu* verinnerlicht

II. *m* 1. [*boîte, tiroir*] Innere(s) *nt;* (*aménagement*) [*magasin, maison*] Innenausstattung *f*

2. (*logement*) Zuhause *nt;* ***il habite dans un ~ très confortable*** er hat ein sehr gemütliches Zuhause [*o* Heim]

3. [*pays*] [Landes]innere(s) *nt*

▶ **qc est fermé(e) de l'**~ etw ist von innen verschlossen; **à l'**~ (*dedans*) innen; (*dans la maison*) drinnen; **à l'~ de qc** im Inneren einer S. (*gen*); ***à l'~ du magasin*** im Geschäft; ***à l'~ du monde arabe*** innerhalb [*o* in] der arabischen Welt; ***à l'~ de la ville*** in der Stadt; ***à l'~ de nos frontières*** innerhalb [*o* diesseits] unserer Grenzen; ***à l'~ des terres*** im Landesinneren; **à l'I**~ (*au ministère de l'Intérieur*) im Innenministerium; **d'**~ *homme, femme* häuslich; *robe, veste, vêtement* Haus-; **de l'**~ von innen [her]; ***j'ai vécu ces problèmes de l'~*** ich habe diese Probleme am eigenen Leib erfahren; ***j'ai vu de l'~ ce qui se passait dans ce domaine*** ich habe aus der Nähe gesehen, was in diesem Bereich los war

intérieurement [ɛ̃teʀjœʀmɑ̃] *adv* 1. (*au-dedans de qc*) innen

2. *pester, jurer, rire, se révolter* innerlich, insgeheim, im Stillen

intérim [ɛ̃teʀim] *m* 1. (*fonction*) Vertretung *f*

2. (*durée d'un intérim*) Übergangszeit *f,* Interim *nt geh*

3. (*activité d'un intérimaire*) Zeitarbeit *f,* befristete Arbeit

▶ **qn assure** [*o* **fait**] **l'**~ jd übernimmt die Vertretung; **qn fait de l'**~ [*o* **des ~s**] jd arbeitet als Aushilfskraft *f* [*o* Vertretung *f*]; **par** ~ (*provisoirement*) in Vertretung, in der Zwischenzeit; *directeur, ministre, président* stellvertretend, kommissarisch; ***le travail par*** ~ die Zeitarbeit; ***agence de travail par*** ~ Zeitarbeitsagentur *f,* Büro *nt* für die Vermittlung von Aushilfskräften

intérimaire [ɛ̃teʀimɛʀ] I. *adj* 1. (*temporaire*) Aushilfs-; ***employé(e)/salarié(e)*** ~ Zeitarbeitnehmer(in) *m(f);* ***secrétaire*** ~ Aushilfssekretärin *f*

2. (*par intérim*) *directeur, ministre, président* stellvertretend; *charge, fonction* interimistisch *geh;* ***le gouvernement*** ~ die Übergangsregierung

II. *mf* 1. (*employé intérimaire*) Zeitarbeitnehmer(in) *m(f),* Aushilfskraft *f*

2. (*remplaçant*) Vertretung *f*

interindividuel, le [ɛ̃tɛʀɛ̃dividɥɛl] *adj* zwischenmenschlich

intériorisation [ɛ̃teʀjɔʀizasjɔ̃] *f* ■ ~ **de qc** Verinnerlichung *f* einer S. (*gen*), Internalisierung *f* einer Sache (*gen*) *geh; d'une idée, pensée, règle, d'un rôle a.* Sichzueigenmachen *nt* einer S. (*gen*)

intérioriser <1> [ɛ̃teʀjɔʀize] *vt* 1. (*opp: extérioriser*) ■ **qn intériorise qc** *réactions, problèmes, rancœurs* jd zeigt etw nicht nach außen hin, jd behält etw für sich; *sentiment a.* jd äußert etw nicht

2. (*s'approprier*) ■ **qn intériorise qc** *idée, opinion, pensée, rôle, règle* jd verinnerlicht etw, jd macht sich (*dat*) etw zu eigen, jd internalisiert etw *geh*

interjection [ɛ̃tɛʀʒɛksjɔ̃] *f* Ausrufewort *nt,* Interjektion *f*

interligne [ɛ̃tɛʀliɲ] *m* Zeilenzwischenraum *m;* MUS Raum *m* zwischen zwei Notenlinien; ***il écrit qc dans les ~s*** er schreibt etw zwischen die Zeilen; ***un double*** ~ ein doppelter Zeilenabstand

interlocuteur, -trice [ɛ̃tɛʀlɔkytœʀ, -tʀis] *m, f* Gesprächspartner(in) *m(f);* POL, COM Verhandlungspartner(in) *m(f)*

interloqué, e [ɛ̃tɛʀlɔke] *adj* fassungslos; [***qn est***] ***~ d'entendre/de voir qc*** [jd ist] fassungslos etw zu hören/sehen

interloquer <1> [ɛ̃tɛʀlɔke] *vt* ■ **qn/qc a interloqué qn** jd/etw hat jdn aus der Fassung gebracht; ■ **qn est interloqué(e) par qc** jd ist fassungslos über etw (*akk*)

interlude [ɛ̃tɛʀlyd] *m* TV Pausenfüller *m,* Programmfüller *m;* THEAT Zwischenspiel *nt;* ***un petit ~ musical*** eine kleine Zwischenmusik

intermède [ɛ̃tɛʀmɛd] *m* 1. MUS, THEAT Zwischenspiel *nt,* Einlage *f*

2. (*interruption*) Zwischenspiel *nt*

intermédiaire [ɛ̃tɛʀmedjɛʀ] I. *adj espace, niveau, couleur, ton* Zwischen-; *époque, solution* Übergangs-; ■ ~ **entre qc et qc** *position, solution, date* zwischen etw (*dat*) und etw (*dat*); ***une position ~ entre qc et qc*** eine Zwischenposition zwischen etw und etw
II. *mf* 1. (*médiateur*) Vermittler(in) *m(f)*, Mittelsmann *m*
2. COM Zwischenhändler(in) *m(f)*
▶ **sans** ~ direkt
III. *m* ▶ **par** **l'~ de qn/qc** über jdn/etw, durch jdn/etw, durch jds Vermittlung/durch die Vermittlung einer S. (*gen*)
interminable [ɛ̃tɛʀminabl] *adj* nicht enden wollend, endlos
interminablement [ɛ̃tɛʀminabləmɑ̃] *adv* unendlich lang
interministériel, le [ɛ̃tɛʀministeʀjɛl] *adj* interministeriell
intermittence [ɛ̃tɛʀmitɑ̃s] *f* Unregelmäßigkeit *f*
▶ **par** ~ von Zeit zu Zeit, ab und zu, in unregelmäßigen Abständen
intermittent, e [ɛ̃tɛʀmitɑ̃, ɑ̃t] *adj pouls, travail* unregelmäßig; *lumière, douleur* kommend und gehend, diskontinuierlich *geh*; ***j'ai un bruit ~ dans le moteur*** ich habe zeitweise ein Geräusch im Motor; ***des fièvres ~es*** Fieberanfälle *pl*
internat [ɛ̃tɛʀna] *m* 1. SCOL Internat *nt*
2. UNIV, MED (*formation*) Facharztausbildung *f* (*an einem Krankenhaus*); (*concours*) *Zulassungsprüfung zu einer Facharztpraktikumsstelle*
international, e <-aux> [ɛ̃tɛʀnasjɔnal, o] I. *adj* international; ***langue/politique ~e*** Weltsprache *f*/-politik *f*; ***match ~*** Länderspiel *nt*; ***communication ~e*** Auslandsgespräch *nt*
II. *m, f* SPORT Nationalspieler(in) *m(f)*
III. *f* POL ■ **l'Internationale** die Internationale
internationalement [ɛ̃tɛʀnasjɔnalmɑ̃] *adv* auf internationaler Ebene; ~ ***connu(e)*** international bekannt
internationalisation [ɛ̃tɛʀnasjɔnalizasjɔ̃] *f* Internationalisierung *f*
internationaliser <1> [ɛ̃tɛʀnasjɔnalize] I. *vt* ■ **qn internationalise qc** jd internationalisiert etw; *conflit a.* jd trägt etw auf internationaler Ebene aus; *débat a.* jd führt etw auf internationaler Ebene
II. *vpr* ■ **qc s'internationalise** etw weitet sich international aus; /*conflit, problème a.*/ etw nimmt internationale Ausmaße an
internationalisme [ɛ̃tɛʀnasjɔnalism] *m* Internationalismus *m*
internationaliste [ɛ̃tɛʀnasjɔnalist] I. *adj* internationalistisch
II. *mf* Vertreter(in) *m(f)* des Internationalismus, Internationalist(in) *m(f)*
internaute [ɛ̃tɛʀnot] I. *adj* INFORM Internet-
II. *mf* INFORM Internet-Surfer(in) *m(f)* [-søːɐfɐ]
▶ ~ **novice** Newbie ['njuːbi] *m fam*
interne [ɛ̃tɛʀn] I. *adj partie* Innen-; *structure, hémorragie* innere(r, s); *problème, agrégation, concours, promotion* intern; ***les débats ~s au sein d'un parti*** die parteiinternen [*o* parteipolitischen] Debatten
II. *mf* 1. SCOL Internatsschüler(in) *m(f)*
2. UNIV, MED Facharzt/-ärztin *m/f* in der Ausbildung
interné, e [ɛ̃tɛʀne] *adj prisonnier* interniert, inhaftiert; *malade mental* eingewiesen
internement [ɛ̃tɛʀnəmɑ̃] *m* POL Internierung *f*; MED Einweisung *f* in eine geschlossene Anstalt
interner <1> [ɛ̃tɛʀne] *vt* ■ **qn interne qn** [**dans qc**] *dans un camp de concentration* jd interniert jdn [in etw (*dat*)]; *dans une prison* jd inhaftiert jdn [in etw (*dat*)]; *dans un hôpital* jd weist jdn [in etw (*akk*)] ein
Internet [ɛ̃tɛʀnɛt] *m* INFORM Internet *nt*
▶ **qn accède à** ~ jd kommt ins Internet; **qn commerce sur** ~ jd treibt im Internet Handel; **qn transfère qc sur l'~** jd überträgt etw via Internet
internetais, e [ɛ̃tɛʀnetɛ] *adj* INFORM Internet-
interparlementaire [ɛ̃tɛʀpaʀləmɑ̃tɛʀ] *adj* interparlamentarisch
interpellation [ɛ̃tɛʀpelasjɔ̃] *f* 1. (*arrestation*) [vorläufige] Festnahme (*zur Überprüfung der Personalien*); ***il y a eu une dizaine d'~s*** ungefähr zehn Personen wurden festgenommen
2. (*interrogation*) Befragung *f*; POL Interpellation *f*, Zur-Rede-Stellen *nt*
3. (*apostrophe*) Anpöbelung *f*, Anpöbeln *nt*
interpeller <1> [ɛ̃tɛʀpəle] I. *vt* 1. (*apostropher*) ■ **qn interpelle qn** jd ruft jdm zu; (*avec brusquerie*) jd fährt jdn an, jd spricht jdn unwirsch [*o* barsch] an
2. (*sommer de s'expliquer*) ■ **qn interpelle qn** [**sur qc**] *gouvernement, ministre* jd interpelliert jdn [zu etw]; *orateur* jd stellt jdn [wegen etw] zur Rede; /*gendarme, police*/ jd nimmt jdn [vorläufig] fest (*zur Überprüfung der Personalien*)
3. (*émouvoir*) ■ **qc interpelle qn** etw berührt jdn
II. *vpr* (*s'apostropher*) ■ **des personnes s'interpellent** Menschen herrschen sich an
interpénétration [ɛ̃tɛʀpenetʀasjɔ̃] *f* Verflechtung *f*, gegenseitige Durchdringung
interpénétrer <5> [ɛ̃tɛʀpenetʀe] *vpr* ■ **des choses s'interpénètrent** /*problèmes*/ Dinge sind verflochten; /*influences*/ Dinge durchdringen sich
interphone® [ɛ̃tɛʀfɔn] *m* Sprechanlage *f*
interplanétaire [ɛ̃tɛʀplanetɛʀ] *adj* interplanetar, interplanetarisch
Interpol [ɛ̃tɛʀpɔl] *m* Interpol *f*
interposé, e [ɛ̃tɛʀpoze] *adj* ▶ **par qn/qc** ~ durch jdn/etw, mit jds Hilfe/mit Hilfe einer S. (*gen*); ***il me l'a fait dire par personne ~e*** er hat es mir ausrichten lassen
interposer <1> [ɛ̃tɛʀpoze] I. *vt* ■ **qn interpose qc** jd stellt/setzt/legt etw dazwischen; ■ **qn interpose qc entre qc et qc** jd stellt/setzt/legt etw zwischen etw (*akk*) und etw (*akk*)
II. *vpr* ■ **qn s'interpose** [**entre des choses/personnes**] jd tritt dazwischen, jd tritt [*o* stellt sich] zwischen Dinge/Menschen; ■ **qn s'interpose** [**dans qc**] jd greift [in etw (*akk*)] ein
interposition [ɛ̃tɛʀpozisjɔ̃] *f* Eingreifen *nt*, Einschreiten *nt*; ■ ~ **entre deux choses/personnes** Dazwischentreten *nt* zwischen zwei Dinge/Menschen
interprétariat [ɛ̃tɛʀpʀetaʀja] *m* Dolmetscherberuf *m*; ***école d'~*** Dolmetscherschule *f*; ***l'~ est mieux payé que la traduction*** [das] Dolmetschen ist besser bezahlt als [das] Übersetzen
interprétation [ɛ̃tɛʀpʀetasjɔ̃] *f* 1. (*action d'expliquer*) Interpretation *f*; [*œuvre, texte a.*] Auslegung *f*; [*événement, fait, incident a.*] Erklärung *f*; ~ ***des rêves*** Traumdeutung *f*
2. CINE, MUS, THEAT Interpretation *f*; [*acteur, artiste a., rôle*] Darstellung *f*
▶ **qn donne** [**à qn**] **une ~ de qc** (*explique*) *d'un rêve, conte* jd deutet [jdm] etw; *d'un événement, fait, incident* jd interpretiert etw, jd gibt [jdm] eine Erklärung für etw; (*joue*) /*artiste*/ jd interpretiert etw [für jdn]; *rôle* jd stellt etw dar, jd verkörpert etw
interprète [ɛ̃tɛʀpʀɛt] *mf* 1. CINE, MUS, THEAT Interpret(in) *m(f)*; [*rôle, personnage a.*] Darsteller(in) *m(f)*
2. (*traducteur*) Dolmetscher(in) *m(f)*
3. (*porte-parole*) [*idée, pensée*] Dolmetsch *m geh*; [*personne, groupe a.*] Sprecher(in) *m(f)*; ■ ~ **auprès de qn** Fürsprecher(in) *m(f)* bei jdm
▶ **qn fait l'~, qn sert d'~** (*traduit*) jd dolmetscht; **qn sert d'~ à qn/qc** (*est le porte-parole de qn/qc*) jd fungiert als [*o* ist] jds Sprecher/jd ist das Sprachrohr einer S. (*gen*)
interpréter <5> [ɛ̃tɛʀpʀete] I. *vt* 1. CINE, MUS, THEAT ■ **qn interprète qn/qc** jd interpretiert jdn/etw; *personnage, rôle* jd stellt jdn/etw dar, jd verkörpert jdn/etw
2. (*comprendre*) jd interpretiert jdn/etw, jd versteht jdn/etw
▶ **qn interprète qc en bien/mal** jd legt etw positiv/negativ aus
II. *vpr* ■ **qc s'interprète d'une certaine façon** /*œuvre*/ etw lässt sich irgendwie interpretieren; /*réponse a.*/ etw lässt sich irgendwie deuten [*o* verstehen]; /*événement, fait, incident a.*/ etw lässt sich irgendwie erklären
interprofessionnel, le [ɛ̃tɛʀpʀɔfesjɔnɛl] *adj* berufsübergreifend
interrégional, e <-aux> [ɛ̃tɛʀʀeʒjɔnal, o] *adj* überregional
interrogateur, -trice [ɛ̃teʀɔgatœʀ, -tʀis] I. *adj* fragend
II. *m, f* Prüfer(in) *m(f)*
interrogatif, -ive [ɛ̃teʀɔgatif, -iv] I. *adj* 1. LING Frage-, Interrogativ-
2. *air, regard* fragend
II. *m* Fragewort *nt*
III. *f* ■ **interrogative** Fragesatz *m*, Interrogativsatz *m*
interrogation [ɛ̃teʀɔgasjɔ̃] *f* 1. (*question*) Frage *f*; ***les sourcils levés en signe d'~*** mit fragend erhobenen Augenbrauen; ***les yeux pleins d'une ~ muette*** mit stumm fragendem Blick
2. SCOL Test *m*, Arbeit *f*
▶ ~ **directe/indirecte** direkte/indirekte Frage; ~ **écrite/orale** Arbeit *f*/mündliche Prüfung
interrogatoire [ɛ̃teʀɔgatwaʀ] *m* Verhör *nt*, Vernehmung *f*
▶ ~ **musclé** *hum* Verhör, das sich gewaschen hat [*o* das es in sich hat] *fam*; **qn subit un** ~ jd wird verhört [*o* vernommen]
interrogeable [ɛ̃teʀɔʒabl] *adj répondeur* mit Fernabfrage
interroger <2 a> [ɛ̃teʀɔʒe] I. *vt* 1. (*questionner*) ■ **qn interroge qn** [**sur qc**] jd stellt jdm Fragen [über etw (*akk*)]; (*pour un sondage*) jd befragt jdn [über etw (*akk*)]; /*police*/ jd verhört [*o* vernimmt] jdn, jd nimmt ins Verhör; SCOL jd fragt jdn [mündlich] [über etw (*akk*)] ab; (*par écrit*) jd lässt jdn eine Arbeit [über etw (*akk*)] schreiben; ***elle m'interrogea du regard*** sie sah mich forschend an; ***40 % des personnes interrogées*** 40 % der Befragten [*o* befragten Personen]; ***la police l'a interrogé sur son alibi*** die Polizei hat ihm Fragen zu seinem Alibi gestellt; ■ **qn interroge qc** *données, serveur télématique* jd fragt etw ab; ***qn interroge son répondeur à distance*** jd macht eine Fernabfrage
2. (*scruter*) ■ **qn interroge qc** *ciel* jd betrachtet etw prüfend; *horizon* jd sucht etw [mit den Augen] ab; (*sonder, analyser*) *conscience* jd befragt [*o* prüft] etw; *mémoire* jd forscht in etw (*dat*) nach; *événement, fait* jd analysiert etw; *boîte noire* jd untersucht etw genau
II. *vpr* ■ **qn s'interroge** [**sur qc**] jd stellt sich (*dat*) Fragen [über etw (*akk*)]; ***tout le monde s'interroge sur la conduite à tenir*** jedermann fragt sich, wie vorgegangen werden soll
interrompre <14> [ɛ̃teʀɔ̃pʀ] I. *vt* 1. (*couper la parole à*) ■ **qn interrompt qn** [**dans qc**] jd unterbricht jdn [bei etw], jd fällt jdm [bei etw] ins Wort; (*déranger*) jd unterbricht [*o* stört] jdn [bei etw]
2. (*arrêter*) ■ **qn/qc interrompt qc** *conversation, course, études, match, travail, voyage* jd/etw unterbricht etw; *grossesse* jd bricht etw ab; *silence* jd bricht etw; ***le trafic est interrompu*** der Verkehr ist unterbrochen [*o* liegt lahm]; ***les rencontres sont interrompues pendant l'été*** während des Sommers finden keine Treffen statt
II. *vpr* 1. (*s'arrêter*) ■ **qn s'interrompt** jd hält inne; ***ne vous interrompez pas pour moi!*** lassen Sie sich von mir nicht stören!
2. (*être interrompu*) ■ **qc s'interrompt** /*discussion, film, événement*/ etw wird unterbrochen; /*conversation*/ etw stockt
interrupteur [ɛ̃teʀyptœʀ] *m* Schalter *m*, Unterbrecher *m*
◆ **interrupteur marche-arrêt** Ein-Aus-Schalter *m*, Kippschalter *m*
interruption [ɛ̃teʀypsjɔ̃] *f* 1. (*opp: continuation*) (*définitive*) Abbruch *m*; (*provisoire*) Unterbrechung *f*; ***l'arbitre a décidé l'~ du match*** der Schiedsrichter hat entschieden das Spiel abzubrechen/zu unterbrechen; ■ ~ **de** *de séance* Unterbrechung (+ *gen*); *de courant* -ausfall *m*; ~ ***de travail*** Arbeitsniederlegung *f*; ~ ***de deux heures/trois mois/...*** zweistündige/dreimonatige/... Unterbrechung; ***une ~ de séance de dix minutes a été décidée*** es wurde beschlossen die Sitzung 10 Minuten zu unterbrechen, es wurde eine 10minütige Unterbrechung der Sitzung beschlossen
2. [*conversation, discours*] Unterbrechung *f*; ***qu'étais-je donc en train de dire juste avant votre ~?*** was wollte ich nur gerade sagen, bevor Sie mich unterbrachen?; ***diverses ~s ont gêné l'orateur*** mehrere Zwischenrufe ha-

ben den Redner gestört
▶ sans ~ ununterbrochen, ohne Unterbrechung; *magasin ouvert sans* ~ Geschäft durchgehend geöffnet
◆ **interruption [volontaire] de grossesse** Schwangerschaftsabbruch *m*
intersaison [ɛ̃tɛʀsɛzɔ̃] *f* Zwischensaison [-zɛzõ:, -zɛzɔŋ] *f;* SPORT Spielpause *f*, Saisonwechsel *m*
intersection [ɛ̃tɛʀsɛksjɔ̃] *f* **1.** [*routes, voies ferrées*] Kreuzung *f;* ***à l'~ des deux voies ferrées*** am Schnittpunkt [*o* Kreuzungspunkt] der beiden Schienenstränge
2. GEOM Schnittpunkt *m*
interstellaire [ɛ̃tɛʀstelɛʀ] *adj* interstellar
interstice [ɛ̃tɛʀstis] *m* Spalt *m*
intersyndical, e <-aux> [ɛ̃tɛʀsɛ̃dikal, o] **I.** *adj* gewerkschaftsübergreifend, übergewerkschaftlich
II. *f* ■ **intersyndicale** übergewerkschaftliche Versammlung
intertropical, e <-aux> [ɛ̃tɛʀtʀɔpikal, o] *adj* subtropisch
interurbain, e [ɛ̃tɛʀyʀbɛ̃, ɛn] **I.** *adj communication* Fern-; *poste téléphonique* für Ferngespräche; ***trafic*** ~ Überlandverkehr *m*
II. *m* TELEC ■ **l'~** das Fernmeldeamt
intervalle [ɛ̃tɛʀval] *m* **1.** (*écart*) Abstand *m*
2. (*espace de temps*) [Zwischen]zeit *f*, Zeitspanne *f;* ■ **à huit jours/deux mois/... d'~** innerhalb von acht Tagen/zwei Monaten/...
3. MUS Intervall *nt*
▶ **à ~s réguliers** regelmäßig, in regelmäßigen Abständen; **dans l'~** in der Zwischenzeit; **par ~s** von Zeit zu Zeit, hin und wieder
◆ **intervalle de temps** Zeit[spanne *f*] *f*
intervenant, e [ɛ̃tɛʀvənɑ̃, ɑ̃t] *m, f* (*participant*) Beteiligte(r) *f(m);* (*orateur*) Redner(in) *m(f)*
intervenir <9> [ɛ̃tɛʀvəniʀ] *vi* **1.** (*entrer en action*) ■ **qn intervient** */police/* jd schreitet ein; */pompiers/* jd greift ein; */armée/* jd interveniert, jd greift ein; ■ **qn intervient [en faveur de/contre qn] [auprès de qn]** jd interveniert [für/gegen jdn/etw] [bei jdm], jd setzt sich/setzt sich nicht für jdn [bei jdm] ein
2. (*survenir*) ■ **qc intervient** */accord/* etw kommt zustande; */empêchement, contre-temps/* etw kommt dazwischen; */fait/* etw tritt ein, etw taucht auf *fam;* ***cette décision/mesure intervient au moment le plus défavorable*** diese Entscheidung/Maßnahme kommt äußerst ungelegen
3. (*prendre part*) ■ **qn intervient dans qc** jd greift in etw (*akk*) ein, jd mischt sich in etw (*akk*) ein
4. (*prendre la parole*) ■ **qn intervient** jd schaltet sich ein
intervention [ɛ̃tɛʀvɑ̃sjɔ̃] *f* **1.** (*action d'intervenir*) Intervention *f;* [*CRS, forces de l'ordre, police a.*] Einschreiten *nt;* [*État, O.N.U. a., pompiers, secours*] Eingreifen *nt;* ***l'~ excessive de l'État dans l'économie*** die zu starke Einmischung des Staates in die Wirtschaft; ■ **~ de qn [en faveur de/contre qn/qc]** jds Intervention [für/gegen jdn/etw], jds Eintreten *nt* für/gegen jdn/etw
2. (*prise de parole*) Beitrag *m*
3. MED Eingriff *m;* (*grave*) Operation *f*
▶ **~ armée** bewaffnete Intervention; **~ chirurgicale** Eingriff *m*
interventionnisme [ɛ̃tɛʀvɑ̃sjɔnism] *m* **1.** ECON Interventionismus *m;* POL Sicheinmischen *nt*
2. (*façon excessive d'intervenir*) [ständiges] Sicheinmischen, Dazwischenfunken *nt fam*
interventionniste [ɛ̃tɛʀvɑ̃sjɔnist] *adj* interventionistisch
interversion [ɛ̃tɛʀvɛʀsjɔ̃] *f* [*lettres, mots*] Umstellung *f;* ***~ des rôles*** Rollentausch *m*
intervertir <8> [ɛ̃tɛʀvɛʀtiʀ] *vt* ■ **qn intervertit qc** *lettres, mots* jd stellt etw um; *rôles* jd [ver]tauscht etw
interview [ɛ̃tɛʀvju] *f* Interview ['ɪntəvju:] *nt*
interviewé, e [ɛ̃tɛʀvjuve] *m, f* Interviewte(r) [ɪntɐ'vju:tɐ] *f(m)*
interviewer[1] <1> [ɛ̃tɛʀvjuve] *vt* ■ **qn interviewe qn** jd interviewt jdn [ɪntɐ'vju:t]; *fam* jd löchert jdn
interviewer[2] [ɛ̃tɛʀvjuvɛʀ] *m,* **intervieweur, -euse** [ɛ̃tɛʀvjuvœʀ, -øz] *m* Interviewer(in) *m(f)* [ɪntɐ'vju:ɐ]
intestat [ɛ̃tɛsta] *loc* ▶ **qn meurt ~** jd stirbt ohne ein Testament zu hinterlassen
intestin [ɛ̃tɛstɛ̃] *m souvent pl* Darm *m meist sing;* ***j'ai les ~s dérangés*** meine Verdauung ist völlig gestört; ***des troubles de l'~*** Darmbeschwerden *pl*
▶ **~ grêle** Dünndarm *m;* **gros ~** Dickdarm *m*
intestinal, e <-aux> [ɛ̃tɛstinal, o] *adj* Darm-; ***le transit ~*** die Verdauung; ***j'ai des problèmes ~aux*** ich habe Darmprobleme
intime [ɛ̃tim] **I.** *adj* **1.** (*secret*) intim; *chagrin, confidences, renseignement a.* geheim; *hygiène, toilette, vie* Intim-; *vie* privat; *caresse* ~ Intimität *f;* ***journal ~*** Tagebuch *nt;* ***la personnalité ~ de X*** X als Privatperson
2. (*privé*) *cérémonie, mariage* im engen [*o* intimen] Kreis; *dîner, souper* intim
3. (*confortable*) *ambiance, atmosphère, intérieur, salon* intim *geh*, anheimelnd, gemütlich
4. (*très proche*) *rapports, relations* intim; *ami a.* eng; *littér* (*subtil*) *union* innig; *liaison, relation* eng
5. (*très uni*) ■ **qn est ~ avec qn** jd ist mit jdm eng befreundet; ■ **deux personnes sont ~s** zwei Menschen sind sehr intim [*o* sind sich sehr vertraut] [*o* stehen sich sehr nahe]
6. (*profond*) *nature, structure* innerste(r, s); ***mon impression/sentiment ~, c'est que*** + *indic* in meinem Innersten habe ich den Eindruck/das Gefühl, dass
▶ **qc fait ~** etw wirkt anheimelnd [*o* gemütlich] [*o* behaglich]
II. *mf gén pl* engster Freund/engste Freundin, Vertraute(r) *f(m)*
▶ **pour les ~s** für Freunde
intimement [ɛ̃timmɑ̃] *adv* **1.** (*profondément*): ***je suis ~ convaincu*** [*o* ***persuadé***] ***que*** + *indic* ich bin in meinem Innersten davon überzeugt, dass
2. (*étroitement*) engstens; ***des idées/personnes ~ liées*** aufs Engste miteinander verknüpfte Gedanken/miteinander verbundene Menschen
intimer <1> [ɛ̃time] *vt:* ***qn intime à qn*** [***l'ordre***] ***de faire qc*** jd befiehlt jdm, etw zu tun; jd bedeutet jdm, etw zu tun *geh*
intimidant, e [ɛ̃timidɑ̃, ɑ̃t] *adj* einschüchternd; ***une réserve ~e*** eine Zurückhaltung, die einschüchternd wirkt [*o* die verunsichert]; ■ **qn/qc est ~** jd/etw verunsichert [*o* schüchtert ein]
intimidation [ɛ̃timidasjɔ̃] *f* Einschüchterung *f;* ***des tentatives d'~*** Einschüchterungsversuche *pl*
intimider <1> [ɛ̃timide] *vt* ■ **qn/qc intimide qn** jd/etw schüchtert jdn ein
intimiste [ɛ̃timist] *adj film, œuvre, récit, sujet* persönlich
intimité [ɛ̃timite] *f* **1.** (*vie privée*) Intimsphäre *f*, Privatleben *nt*, Intimität *f;* ***elle veut préserver l'~ de son foyer*** sie möchte die Intimität ihres Familienlebens schützen
2. (*relation étroite*) Intimität *f*, Vertrautheit *f*
3. (*confort*) [*appartement, salon*] anheimelnde [*o* gemütliche] Atmosphäre, Intimität *f*
▶ **dans la plus stricte ~** im engsten Familienkreis; **dans l'~** im Privatleben, privat; **dans l'~ de qn** in jds engstem Kreis; ***il a vécu plusieurs semaines dans l'~ de X/de la famille royale*** er hat mehrere Wochen lang Xs Privatleben geteilt/im engsten Kreis der königlichen Familie zugebracht
intitulé, e [ɛ̃tityle] *m* [*livre, ouvrage*] Titel *m;* [*chapitre, texte*] Überschrift *f;* [*loi*] Betitelung *f;* [*jugement*] Rubrum *nt*
intituler <1> [ɛ̃tityle] **I.** *vt* ■ **qn intitule qc ...** jd betitelt etw ..., jd gibt einer S. (*dat*) den Titel ...; ***comment avez-vous intitulé votre livre?*** welchen Titel haben Sie Ihrem Buch gegeben?, wie haben Sie Ihr Buch betitelt?; ■ **qc est intitulé(e) ...** etw trägt den Titel ..., etw heißt ...
II. *vpr* ■ **qc s'intitule ...** etw trägt den Titel ..., etw heißt ...
intolérable [ɛ̃tɔleʀabl] *adj chaleur, douleur, souffrance* unerträglich; *pratique, situation a.* nicht hinnehmbar [*o* akzeptabel], intolerabel *geh*
intolérance [ɛ̃tɔleʀɑ̃s] *f* **1.** (*sectarisme*) Intoleranz *f;* ***essaie de faire preuve d'un peu moins d'~!*** versuch etwas toleranter zu sein!
2. MED ■ **~ à qc** Unverträglichkeit *f* von etw, überempfindliche [*o* allergische] Reaktion auf etw (*akk*); ***qn fait une ~ à la cortisone*** jd verträgt Cortison nicht
intolérant, e [ɛ̃tɔleʀɑ̃, ɑ̃t] *adj* intolerant
intonation [ɛ̃tɔnasjɔ̃] *f* **1.** *souvent pl* Ton[fall *m*] *m;* ***on sentait bien aux ~s de sa voix qu'il était ému*** der Klang [*o* Ton] seiner Stimme verriet seine Ergriffenheit; ***qn a des ~s du midi*** jd hat einen südlichen Tonfall; ***elle prenait des ~s douces en lui parlant*** sie sprach sanft [*o* in sanften Tönen] zu ihm/ihr; ***il a su trouver les ~s justes*** er verstand es, den richtigen Ton zu treffen
2. LING (*accent*) Betonung *f;* (*distribution des accents*) Intonation *f*
3. MUS Intonation *f*
intouchable [ɛ̃tuʃabl] *adj* unantastbar; ***il se croyait ~*** er hielt sich für unantastbar; er glaubte, man könne ihm nichts anhaben
intox [ɛ̃tɔks] *f fam abr de* **intoxication** Schwindel *m*, Augenwischerei *f*
▶ **qn fait de l'~** jd manipuliert
intoxication [ɛ̃tɔksikasjɔ̃] *f* **1.** (*empoisonnement*) Vergiftung *f;* ***~ au mercure*** Quecksilbervergiftung
2. (*lavage de cerveau*) Manipulation *f*
▶ **~ alimentaire** Nahrungsmittelvergiftung *f*
intoxiqué, e [ɛ̃tɔksike] *adj* ■ **[qn est] ~ [par qc]** *par une substance, un aliment* [jd hat sich] [durch etw] vergiftet; *par une drogue* [jd ist] süchtig, [jd ist] [von etw] abhängig; *par une propagande, la publicité* [jd ist] [durch etw] verdorben; ***~ par la télé*** fernsehsüchtig
intoxiquer <1> [ɛ̃tɔksike] **I.** *vt* **1.** (*empoisonner*) ■ **qn/qc intoxique qn** jd/etw vergiftet jdn; ***tu nous intoxiques avec ta fumée!*** du bringst uns mit deiner Raucherei noch um!, wir bekommen deinetwegen noch eine Nikotinvergiftung!; ***le pompier était légèrement intoxiqué*** der Feuerwehrmann hatte sich (*dat*) eine leichte Rauchvergiftung zugezogen
2. (*pervertir*) ■ **qn/qc intoxique qn** */émission, télévision/* etw verdirbt jdn; */publicité, publicitaire/* jd/etw manipuliert jdn; ■ **qn se laisse ~ [par qc]** jd lässt sich [von etw] irreführen [*o* hinters Licht führen]
II. *vpr* ■ **qn s'intoxique** jd vergiftet sich, jd zieht sich (*dat*) eine Vergiftung zu
intraduisible [ɛ̃tʀadɥizibl] *adj auteur, expression, mot* unübersetzbar; *réaction, sentiment* unbeschreibbar
intraitable [ɛ̃tʀɛtabl] *adj caractère, personne* unnachgiebig; *adversaire, concurrent* erbarmungslos, unerbittlich; ■ **~ sur qc** *sur le règlement, la discipline, les horaires* unerbittlich in Bezug auf etw (*akk*)
intra-muros [ɛ̃tʀamyʀos] *adv habiter, se dérouler* in der Innenstadt, im Stadtzentrum; ***Paris ~*** das innere Stadtgebiet von Paris; ***visite ~*** Besichtigung *f* der Innenstadt
intramusculaire [ɛ̃tʀamyskylɛʀ] *adj* intramuskulär
intransigeance [ɛ̃tʀɑ̃ziʒɑ̃s] *f* Unnachgiebigkeit *f*, unversöhnliche Haltung; ***l'~ du patronat*** die Kompromisslosigkeit der Arbeitgeber
intransigeant, e [ɛ̃tʀɑ̃ziʒɑ̃, ʒɑ̃t] *adj attitude, caractère, personne* unnachgiebig; *adversaire* unerbittlich; *morale* starr, kompromisslos
intransitif, -ive [ɛ̃tʀɑ̃zitif, -iv] *adj* intransitiv
intransitivement [ɛ̃tʀɑ̃zitivmɑ̃] *adv* intransitiv
intransmissible [ɛ̃tʀɑ̃smisibl] *adj caractère acquis* nicht vererbbar; *droit a.* nicht übertragbar
intransportable [ɛ̃tʀɑ̃spɔʀtabl] *adj chose, meuble* nicht transportabel [*o* transportierbar]; *blessé, malade* nicht transportfähig

intra-utérin, e [ɛ̃tʀayteʀɛ̃, in] *adj* intrauterin *spec*, innerhalb der Gebärmutter [liegend/erfolgend]

intraveineux, -euse [ɛ̃tʀavɛnø, -øz] I. *adj* intravenös
II. *f* ■ **intraveineuse** intravenöse Injektion

intrépide [ɛ̃tʀepid] *adj* (*courageux*) unerschrocken, furchtlos; (*audacieux*) waghalsig

intrépidité [ɛ̃tʀepidite] *f* Furchtlosigkeit *f*, Unerschrockenheit *f*; (*audace*) Waghalsigkeit *f*, Tollkühnheit *f*

intrigant, e [ɛ̃tʀigɑ̃, ɑ̃t] I. *adj* hinterhältig, intrigant
II. *m, f* Intrigant(in) *m(f)*

intrigue [ɛ̃tʀig] *f* 1. CINE, LITTER, THEAT Handlung *f*, Plot *m spec*
2. (*manœuvre*) Intrige *f*, Intrigenspiel *nt*, Machenschaften *pl*; ***des ~s politiques*** politische Intrigen; ***~s de couloir*** Hintertreppenintrigen *pl*
▶ ~ **amoureuse** Liebesabenteuer *nt*, Liebschaft *f*

intriguer <1> [ɛ̃tʀige] I. *vt* (*travailler qn*) ■ **qn/qc intrigue qn** jd/etw beschäftigt jdn; (*piquer la curiosité de qn*) jd/etw macht jdn neugierig, jd/etw weckt jds Neugier; ***son comportement m'intrigue*** sein/ihr Benehmen gibt mir Rätsel auf [*o* beschäftigt mich]; ■ **qn est intrigué(e)** jd rätselt; ***je ne suis pas inquiet, je suis intrigué, c'est tout*** ich bin nicht beunruhigt, ich frage mich nur; ***il l'observa, intrigué*** er beobachtete ihn/sie, rätselnd; ***intrigués, les policiers tentaient …*** stutzig geworden, versuchten die Polizisten …
II. *vi* ■ **qn intrigue** jd intrigiert, jd spinnt Intrigen

intrinsèque [ɛ̃tʀɛ̃sɛk] *adj* immanent, eigentlich, wahr

intrinsèquement [ɛ̃tʀɛ̃sɛkmɑ̃] *adv* an sich

introducteur, -trice [ɛ̃tʀɔdyktœʀ, -tʀis] *m, f* ■ **l'~ de qc** der[jenige], der etw einführt; ***qn est l'~ de qc*** jd führt etw ein

introduction [ɛ̃tʀɔdyksjɔ̃] *f* 1. (*entrée en matière*) Einleitung *f*; [*livre a.*] Vorwort *nt*
2. [*objet, sonde, nourriture*] Einführen *nt*; ***l'~ en Europe de la peste*** das Einschleppen der Pest nach Europa; ***après l'~ du visiteur dans le hall, …*** nachdem der Besucher in die Halle geführt worden war, …
3. (*adoption*) [*réforme, loi, système, produit*] Einführung *f*
4. (*initiation*) ■ ~ **à qc** *à une discipline, science* Einführung *f* in etw (*akk*)
▶ **d'**~ *chapitre* einleitend, einführend; ***quelques mots*** [*o* ***paroles***] ***d'~*** einige einführende [*o* einleitende] Worte; **en** ~ [**de qc**] einleitend [zu etw]; ***en ~ de son discours, il a …*** als Einleitung zu seiner Rede hat er …

introduire <*irr*> [ɛ̃tʀɔdɥiʀ] I. *vt* 1. (*faire entrer*) ■ **qn introduit qc** [**dans qc**] jd führt etw [in etw (*akk*)] ein; *clé* jd steckt etw hinein, jd steckt etw in etw (*akk*); *pièce de monnaie* jd wirft etw ein, jd wirft etw in etw (*akk*); ***ils introduisent du pastis en contrebande*** sie schmuggeln Pastis ein; ■ **qn introduit qc à qn** *sonde* jd führt jdm etw ein; ■ **qn introduit qn quelque part** *dans un lieu* jd führt [*o* geleitet *geh*] jdn irgendwohin; *dans la famille, le milieu, monde* jd führt jdn irgendwo ein
2. (*faire adopter*) ■ **qn introduit qc** [**quelque part**] *habitude, idées nouvelles, usage* jd führt etw [irgendwo] ein; *mode a.* jd bringt etw [irgendwo] auf
3. (*débuter*) ■ **qn introduit qc** *discours, dissertation* jd leitet etw ein
II. *vpr* 1. (*se faire admettre*) ■ **qn s'introduit quelque part** *dans une famille, un milieu, monde* jd führt sich irgendwo ein
2. (*s'infiltrer*) ■ **qn s'introduit quelque part** *dans une maison* jd verschafft sich (*dat*) irgendwo Einlass; *dans un groupe, cortège* jd schmuggelt sich irgendwo ein; ***il est parvenu à s'~ au milieu des invités*** es ist ihm gelungen, sich unter die Gäste zu schmuggeln
3. (*se mettre*) ■ **qn s'introduit qc dans qc** *dans la bouche, le nez, les oreilles* jd steckt sich (*dat*) etw in etw (*akk*); *dans le vagin* jd führt etw in etw (*akk*) ein
4. (*pénétrer*) ■ **qc s'introduit dans qc** /*eau, fumée*/ etw dringt in etw (*akk*); /*impureté*/ etw kommt in etw (*akk*)
5. (*être adopté*) ■ **qc s'introduit** [**quelque part**] /*habitude, usage, mode*/ etw bürgert sich [irgendwo] ein

intronisation [ɛ̃tʀɔnizasjɔ̃] *f* [*évêque, pape*] Inthronisation *f*; [*roi a.*] Thronerhebung *f*; [*personne*] Amtseinführung *f*; [*gouvernement*] Einsetzung *f*

introniser <1> [ɛ̃tʀɔnize] *vt* ■ **qn intronise qn** [**…**] jd inthronisiert jdn, jd setzt jdn feierlich [als …] ein

introspection [ɛ̃tʀɔspɛksjɔ̃] *f* Selbstbeobachtung *f*, Introspektion *f spec*

introuvable [ɛ̃tʀuvabl] *adj* 1. (*perdu*) *chose, personne* unauffindbar
2. (*rare*) nicht [mehr] aufzutreiben *fam*

introversion [ɛ̃tʀɔvɛʀsjɔ̃] *f* Introvertiertheit *f*, Introversion *f spec*

introverti, e [ɛ̃tʀɔvɛʀti] I. *adj* introvertiert, in sich (*akk*) gekehrt
II. *m, f* Introvertierte(r) *f(m)*

intrus, e [ɛ̃tʀy, yz] I. *adj* fremd, nicht dazugehörig; ***visiteur ~*** ungebetener Gast
II. *m, f* Eindringling *m*
▶ **cherchez l'**~ wer/was gehört nicht dazu?, wer/was fällt hier aus der Reihe?

intrusion [ɛ̃tʀyzjɔ̃] *f* Eindringen *nt*; ■ ~ **dans qc** Eindringen in etw (*akk*); *dans une discussion, affaire* Einmischung *f* in etw (*akk*); ***je n'aime pas beaucoup cette ~ dans mes affaires*** ich schätze es nicht sehr, wenn man sich derart in meine Angelegenheiten einmischt

intuitif, -ive [ɛ̃tɥitif, -iv] I. *adj* intuitiv
II. *m, f* intuitiver Mensch

intuition [ɛ̃tɥisjɔ̃] *f* Intuition *f*; ~ ***soudaine*** plötzliche Eingebung
▶ ~ **féminine** weibliche Intuition; **qn a de l'**~ jd hat Intuition; **qn procède par** ~ jd geht intuitiv vor

intuitivement [ɛ̃tɥitivmɑ̃] *adv* intuitiv

inusable [inyzabl] *adj* unverwüstlich; *fam personne* unverwüstlich *fam*

inusité, e [inyzite] *adj* ungebräuchlich

inutile [inytil] I. *adj objet, connaissances* unnütz, nutzlos; *paroles, efforts, mesures, démarches* zwecklos; *précautions, alarme* überflüssig; *dépense, risques* unnötig; *personne* unnütz; ***si ma présence est ~, …*** wenn ich nicht benötigt werde, …; ***je me suis senti quelque peu ~*** ich kam mir überflüssig vor; ■ **qc est ~ à qn** etw nützt jdm nichts, etw ist jdm nicht von Nutzen; ■ **il est/n'est pas ~ de faire qc/que** + *subj* es ist unnötig/es wäre angebracht, etw zu tun/dass; ■ ~ **de faire qc** (*en vain*) zwecklos etw zu tun; (*sans utilité*) unnötig etw zu tun; ~ ***d'espérer de l'aide*** zwecklos auf Hilfe zu hoffen; ~ ***d'être polyglotte*** unnötig mehrere Sprachen zu sprechen
▶ ~ **de** [**te/vous**] **dire que** + *indic* unnötig zu sagen, dass; ~ ***de vous dire que je suis parti*** ich bin natürlich gegangen; ich brauche Ihnen wohl nicht zu sagen, dass ich gegangen bin; ~ **d'insister!** spar dir/sparen Sie sich die Mühe!
II. *m* ■ **l'**~ das Unnütze, das Überflüssige

inutilement [inytilmɑ̃] *adv* (*sans utilité*) unnötig; (*en vain*) vergeblich

inutilisable [inytilizabl] *adj* (*qui n'offre aucune utilité*) unbrauchbar, nicht zu gebrauchen; (*dont on ne peut se servir*) nicht benutzbar, nicht zu benutzen; ***mon ordinateur est actuellement ~*** ich kann meinen Computer zur Zeit nicht benutzen

inutilisé, e [inytilize] *adj* (*dont on ne se sert pas*) unbenutzt; (*dont on ne profite pas*) *ressources, talent, capacité* ungenutzt

inutilité [inytilite] *f* Nutzlosigkeit *f*; ***j'ai compris l'~ de ma présence ici*** ich habe verstanden, dass ich hier überflüssig bin

invaincu, e [ɛ̃vɛ̃ky] *adj sportif* unbesiegt, ungeschlagen; *sommet* unbezwungen

invalidation [ɛ̃validasjɔ̃] *f* Ungültigkeitserklärung *f*, Annullierung *f*; ~ ***d'un député*** Annullierung [*o* Ungültigkeitserklärung] der Wahl eines Abgeordneten

invalide [ɛ̃valid] I. *adj* invalid[e]; ***personne ~*** Invalide *mf*
II. *mf* Invalide *mf*
◆ **invalide de guerre** Kriegsinvalide *mf*, Kriegsversehrte(r) *f(m)*; **invalide du travail** Arbeitsinvalide *mf*

invalider <1> [ɛ̃valide] *vt* ■ **qn invalide qn/qc** /*Conseil d'État, juge*/ *donation, élection, testament* jd erklärt etw für ungültig [*o* nichtig], jd annulliert etw; *personne, député* jd erklärt jds Wahl für ungültig, jd annulliert jds Wahl; ***le député invalidé*** der Abgeordnete, dessen Wahl annulliert [*o* für ungültig erklärt] worden ist

invalidité [ɛ̃validite] *f* 1. [*personne*] Invalidität *f*, Erwerbsunfähigkeit *f*; ***les personnes atteintes d'une ~ de 40 %*** die zu 40 % erwerbsunfähigen Personen; ***pension d'~*** Invalidenrente *f*
2. JUR Ungültigkeit *f*
▶ **qn frappe qc d'**~ jd annulliert etw, jd erklärt etw für ungültig

invariable [ɛ̃vaʀjabl] *adj* 1. LING unveränderlich
2. (*qui ne change pas*) unverändert; (*que l'on ne peut changer*) unveränderlich; ***l'ordre ~ des saisons*** die stets gleich bleibende [*o* unveränderte] Abfolge der Jahreszeiten

invariablement [ɛ̃vaʀjabləmɑ̃] *adv* unweigerlich; ***il est ~ en retard*** er kommt immer zu spät; ***il demande ~ la même somme*** er verlangt ständig denselben Betrag

invasion [ɛ̃vɑzjɔ̃] *f* 1. MIL Invasion *f*, [gewaltsames] Eindringen
2. *fig* Invasion *f*; ■ ~ **de** *de touristes, mouches, rats, sauterelles, d'insectes* -invasion; *de produits étrangers* Schwemme *f* (+ *gen*)

invective [ɛ̃vɛktiv] *f* Beleidigung *f*, Schmähung *f geh*

invectiver <1> [ɛ̃vɛktive] I. *vt* ■ **qn invective qn** jd beleidigt [*o* schmäht *geh*] jdn
II. *vpr* ■ **des personnes s'invectivent** Menschen beleidigen sich gegenseitig

invendable [ɛ̃vɑ̃dabl] *adj* unverkäuflich; ■ **qc est ~** etw lässt sich nicht verkaufen

invendu, e [ɛ̃vɑ̃dy] I. *adj* unverkauft, nicht verkauft
II. *mpl* Restposten *pl*, Ladenhüter *pl fam*; PRESSE nicht verkaufte Exemplare *pl*

inventaire [ɛ̃vɑ̃tɛʀ] *m* 1. COM Inventur *f*
2. IND [*biens, meubles*] Verzeichnis *nt*, Inventar *nt*; *fig* (*compte*) Bestandsaufnahme *f*
▶ **qn fait l'**~ COM jd macht Inventur; **qn fait l'~ de qc** jd macht eine Aufstellung einer S. (*gen*), jd macht die Bestandsaufnahme einer S. (*gen*)

inventer <1> [ɛ̃vɑ̃te] *vt* 1. (*découvrir*) ■ **qn invente qc** jd erfindet etw
2. (*imaginer*) ■ **qn invente qc** *excuse, histoire* jd erfindet etw, jd denkt sich (*dat*) etw aus
▶ **ça ne s'invente pas** es ist [wirklich] nicht erfunden; **je n'invente rien** ich erfinde da nichts

inventeur, -trice [ɛ̃vɑ̃tœʀ, -tʀis] *m, f* Erfinder(in) *m(f)*; ***c'est l'~ de la greffe du cœur*** er hat die [Operationsmethode zur] Herzverpflanzung entwickelt

inventif, -ive [ɛ̃vɑ̃tif, -iv] *adj* einfallsreich; *esprit, personne a.* erfinderisch, findig; ***richesse ~ive*** Einfallsreichtum *m*

invention [ɛ̃vɑ̃sjɔ̃] *f* 1. (*création, découverte*) Erfindung *f*; [*technique opératoire, méthode*] Entwicklung *f*; ***l'~ de ce procédé date de 1850*** dieses Verfahren wurde 1850 erfunden
2. (*imagination*) Erfindungsgabe *f*, Einfallsreichtum *m*
3. (*mensonge*) Erfindung *f*; ***c'est une ~ de sa part!*** das hat er/sie erfunden!; ***ce sont des ~s pures et simples!*** das ist alles erstunken und erlogen! *fam*
▶ **de mon/son** ~ von mir/ihm/ihr erfunden; ***un cocktail de mon ~*** ein von mir kreierter Cocktail

inventivité [ɛ̃vɑ̃tivite] *f* Einfallsreichtum *m*

inventorier <1 a> [ɛ̃vɑ̃tɔʀje] *vt* ■ **qn inventorie qc** jd macht eine Aufstellung einer S. (*gen*); *biens, meubles a.* jd inventarisiert etw; *manuscrits,*

documents, dossiers jd stellt ein Verzeichnis einer S. (*gen*) auf
invérifiable [ɛ̃veʀifjabl] *adj* nicht überprüfbar [*o* verifizierbar *geh*]
inverse [ɛ̃vɛʀs] **I.** *adj évolution, tendance, phénomène* gegenläufig; *mouvement* seitenverkehrt, spiegelbildlich; *direction, sens, mouvement* entgegengesetzt; ***en proportion*** ~ ***de qc*** umgekehrt proportional zu etw; ***dans un miroir tout apparaît dans un sens*** ~ in einem Spiegel erscheint alles seitenverkehrt
II. *m* Gegenteil *nt;* ***c'est lui qui a commencé le premier, ou l'~?*** hat er als Erster angefangen, oder [war es] umgekehrt?; ***c'est l'~ qui est vrai*** genau das Gegenteil trifft zu, in Wahrheit ist es genau umgekehrt
►**à** l'~ hingegen, im Gegenteil dazu; **à** l'~ **de qn/qc** ganz anders als jd/etw
inversement [ɛ̃vɛʀsəmɑ̃] *adv* hingegen, jedoch
►**et/ou** ~ und/oder umgekehrt
inverser <1> [ɛ̃vɛʀse] **I.** *vt* ■ **qn inverse qc** *mots, phrases* jd stellt etw um; *rôles* jd tauscht etw; *courbe, évolution, mouvement, progression, tendance* jd kehrt etw um; *courant électrique* jd polt etw um, jd wendet etw; ***on peut*** ~ ***l'ordre des mots*** man kann die Wortstellung ändern [*o* die Wörter umstellen]; ■ **[qc est] inversé(e)** */tendance/* [etw ist] gegenläufig; */règle/* [etw ist] ins Gegenteil verkehrt; */image/* [etw ist] seitenverkehrt [*o* spiegelbildlich]
II. *vpr* ■ **qc s'inverse** */mouvement, rapport de force, tendance/* etw kehrt sich um, etw verkehrt sich ins Gegenteil
inversion [ɛ̃vɛʀsjɔ̃] *f* Umkehrung *f;* LING Inversion *f*
invertébré [ɛ̃vɛʀtebʀe] *m* wirbelloses Tier; ***les*** ~***s*** die Wirbellosen
investigateur, -trice [ɛ̃vɛstigatœʀ, -tʀis] **I.** *adj* forschend; *esprit, tempérament* Forscher-
II. *m, f* Ermittler(in) *m(f)*
investigation [ɛ̃vɛstigasjɔ̃] *f* Ermittlung *f,* Nachforschung *f;* ***journalisme d'~*** Ermittlungsjournalismus *m*
investir <8> [ɛ̃vɛstiʀ] **I.** *vt* **1.** FIN ■ **qn investit qc [dans qc]** *argent, capital* jd legt etw an, jd investiert etw [in etw (*akk*)]; *fig énergie, temps, travail* jd investiert [*o* steckt *fam*] etw [in etw (*akk*)]
2. (*prendre d'assaut*) ■ **qn/qc investit qc** */touristes, loubard/* jd breitet sich in etw (*dat*) aus; */armée, troupes/ ville, région* jd/etw belagert etw; */police/* jd/etw besetzt etw; (*encercler*) jd/etw umzingelt etw; */chars/* etw kreist etw ein
3. (*pourvoir*) ■ **qn investit qn de qc** *d'un pouvoir, d'une autorité* jd verleiht jdm etw; *fonction, rôle* jd betraut jdn mit etw; ***il l'a investi de pouvoirs supplémentaires*** er hat ihm zusätzliche Befugnisse erteilt; ***elle m'a investi de sa confiance*** sie hat mir ihr volles Vertrauen geschenkt; ■ **qn est investi(e) de qc** jd verfügt über etw (*akk*)
II. *vi* FIN ■ **qn investit** jd investiert
III. *vpr* ■ **qn s'investit [dans qc]** jd engagiert sich [voll] [bei etw], jd setzt sich [bei etw] voll ein; ***vous ne vous investissez pas suffisamment dans votre travail*** Sie engagieren sich nicht genügend bei Ihrer Arbeit, Sie zeigen bei Ihrer Arbeit nicht genügend persönlichen Einsatz
investissement [ɛ̃vɛstismɑ̃] *m* **1.** ECON, FIN Investition *f;* ***les dépenses d'~*** die Investitionskosten; ***le nouveau chauffage était un bon*** ~ die neue Heizung war eine gute Investition
2. (*engagement*) ■ ~ **de qn dans qc** *dans une tâche, un projet, travail* jds Engagement *nt* bei etw; ***je réclame un*** ~ ***total de tous les employés*** ich verlange den vollen persönlichen Einsatz aller Angestellten
3. (*prise*) Besetzung *f;* MIL (*siège*) Belagerung *f*
investisseur [ɛ̃vɛstisœʀ] *m* Anleger(in) *m(f),* Investor(in) *m(f)*
investiture [ɛ̃vɛstityʀ] *f* Investitur *f*
invétéré, e [ɛ̃veteʀe] *adj* unverbesserlich; *menteur a.* hartnäckig; ***son père est un alcoolique/fumeur*** ~ sein/ihr Vater ist Gewohnheitstrinker/-raucher
invincibilité [ɛ̃vɛ̃sibilite] *f* Unbesiegbarkeit *f,* Unbezwingbarkeit *f,* Unschlagbarkeit *f*
invincible [ɛ̃vɛ̃sibl] *adj adversaire, armée, héros* unbesiegbar, unbezwingbar, unschlagbar; *courage, détermination* unerschütterlich; *argument* unwiderlegbar; *dégoût, peur, difficultés, timidité* unüberwindbar; *charme, envie* unwiderstehlich; *sommeil* unbezwingbar
invinciblement [ɛ̃vɛ̃sibləmɑ̃] *adv soutenu* unwiderstehlich; ***la fatigue s'empara*** ~ ***de lui*** unbezwingbare Müdigkeit überfiel ihn
inviolabilité [ɛ̃vjɔlabilite] *f parlementaire* Immunität *f; territorial* Unantastbarkeit *f,* Unverletzlichkeit *f*
inviolable [ɛ̃vjɔlabl] *adj droit, frontière, lieu* unantastbar; *parlementaire, diplomate* immun; *coffre-fort, serrure* nicht aufbrechbar [*o* knackbar *fam*]
inviolé, e [ɛ̃vjɔle] *adj* ungeschändet, unangetastet
invisibilité [ɛ̃vizibilite] *f* Unsichtbarkeit *f*
invisible [ɛ̃vizibl] **I.** *adj* **1.** (*qu'on ne voit pas*) unsichtbar; (*imperceptible a.*) nicht sichtbar; *danger a.* nicht erkennbar, verborgen; *phénomène* nicht wahrnehmbar; ~ ***à l'œil nu*** mit dem bloßen Auge nicht erkennbar; ***l'amélioration est totalement*** ~ es lässt sich noch keine Besserung feststellen; ***le panneau est*** ~ ***de la route*** das Schild ist von der Straße aus nicht zu sehen
2. (*opp: approchable*) *personne* nicht anzutreffen; ***un député*** ~ ein Abgeordneter, der nie anzutreffen ist [*o* der sich nicht blicken lässt *fam* ; ***depuis cet incident, elle est devenue*** ~ seit diesem Zwischenfall hat sie sich in Luft aufgelöst [*o* lässt sie sich nicht mehr blicken *fam*]
II. *m* ■ **l'~** das Unsichtbare
invisiblement [ɛ̃viziblәmɑ̃] *adv* (*sans que cela se voie*) unbemerkt, ungesehen; (*imperceptiblement*) unmerklich
invitation [ɛ̃vitasjɔ̃] *f* **1.** Einladung *f;* ■ ~ **à qc** *à un bal, spectacle, une conférence, exposition, réunion, soirée* Einladung zu etw; ~ ***au restaurant/théâtre*** Einladung ins Restaurant/Theater; ~ ***à dîner/déjeuner*** Einladung zum Abend-/Mittagessen
2. (*incitation*) ■ ~ **à qc/faire qc** Aufforderung *f* zu etw/etw zu tun

►**à** [*o* **sur**] **l'~ de qn** (*à la prière de*) auf jds Bitte (*akk*) hin; (*aux ordres de*) auf jds Aufforderung (*akk*) hin; **sans** ~ ungeladen, ungebeten
invite [ɛ̃vit] *f* INFORM Eingabeaufforderung *f,* Prompt *m spec*
invité, e [ɛ̃vite] *m, f* Gast *m;* ~***(e) d'honneur*** Ehrengast *m;* ***vous êtes mon*** ~***(e)*** Sie sind mein Gast, ich lade Sie ein
inviter <1> [ɛ̃vite] **I.** *vt* **1.** (*convier*) ■ **qn invite qn** jd lädt jdn ein; ***vous venez? c'est moi qui invite!*** kommt ihr mit? ich lade euch ein!; ■ **qn invite qn à qc** *à un anniversaire, mariage* jd lädt jdn zu etw ein, jd lädt jdn zu etw *geh;* ***il nous a tous invités chez lui*** er hat uns alle zu sich [nach Hause] eingeladen; ■ **qn invite qn à faire qc:** ***puis-je vous*** ~ ***à danser/dîner?*** darf ich Sie zum Tanz auffordern/zum Abendessen einladen?; ***j'ai été invité à danser/dîner*** ich bin zum Tanz aufgefordert/zum Abendessen eingeladen worden
2. (*prier de*) ■ **qn invite qn à faire qc** jd bittet jdn, etw zu tun; (*avec insistance*) jd ersucht jdn, etw zu tun; (*avec autorité*) jd fordert jdn auf, etw zu tun; ***elle ne m'a même pas invité à entrer*** sie hat mich nicht einmal hineingebeten; ***il l'invita de la main à s'approcher*** er winkte ihn/sie zu sich heran, er bedeutete ihm/ihr mit einer Handbewegung näherzukommen *geh;* ■ **qn est invité(e) à faire qc** jd wird ersucht/ist aufgefordert etw zu tun
3. (*inciter à*) ■ **qc invite [qn] à qc/à faire qc** etw lädt [jdn] zu etw ein/etw lädt [jdn] ein etw zu tun, etw regt [jdn] zu etw an/etw regt [jdn] an etw zu tun; ***ces événements invitent à la réflexion*** diese Ereignisse stimmen nachdenklich [*o* regen zum Nachdenken an]
II. *vpr* ■ **qn s'invite [à qc]** jd lädt sich selbst [zu etw] ein; ***il a eu le culot de s'~ à mon anniversaire!*** er war so dreist und hat sich selbst zu meinem Geburtstag eingeladen!, er ist ungebeten [*o* ungeladen] zu meinem Geburtstag gekommen
in vitro [invitʀo] *adj/adv inv* im Reagenzglas [durchgeführt], in vitro *spec*
invivable [ɛ̃vivabl] *adj* unerträglich; *fam lieu, locaux* unbewohnbar
in vivo [invivo] *adj/adv inv* am [lebenden] Objekt, in vivo *spec*
involontaire [ɛ̃vɔlɔ̃tɛʀ] *adj héros, spectateur, témoin* unfreiwillig; *erreur, faute, réflexion* unbeabsichtigt; *geste, mouvement* unwillkürlich
involontairement [ɛ̃vɔlɔ̃tɛʀmɑ̃] *adv* unabsichtlich
invoquer <1> [ɛ̃vɔke] *vt* **1.** (*se servir de*) ■ **qn invoque qc** *raison, excuse* jd bringt etw vor, jd führt etw an; *circonstance atténuante* jd beruft sich auf etw (*akk*), jd macht etw geltend; ***qn invoque un prétexte*** jd benutzt einen Vorwand; ***qn invoque le prétexte de qc*** jd nimmt etw zum [*o* als] Vorwand
2. *soutenu* (*implorer*) ■ **qn invoque qn/qc** *Dieu, Saint* jd ruft jdn an; *aide, secours* jd fleht [*o* bittet] um etw, jd erfleht etw
invraisemblable [ɛ̃vʀɛsɑ̃blabl] *adj* **1.** (*qui ne semble pas vrai*) *histoire, fait, nouvelle* unwahrscheinlich; *argument* unglaubwürdig
2. (*incroyable*) unglaublich; *insolence, erreur, désordre a.* unerhört; *vêtement, chapeau, couleur a.* unmöglich
invraisemblance [ɛ̃vʀɛsɑ̃blɑ̃s] *f* Unglaubwürdigkeit *f;* (*contradiction*) Ungereimtheit *f;* ***son récit était rempli d'~s*** sein Bericht strotzte von Ungereimtheiten *fam;* ***ses explications étaient d'une*** ~! seine/ihre Erklärungen waren dermaßen unglaubwürdig!
invulnérabilité [ɛ̃vylneʀabilite] *f* Unverwundbarkeit *f*
invulnérable [ɛ̃vylneʀabl] *adj* unverwundbar; ■ ~ **à qc** *aux attaques, coups* gefeit gegen etw
iode [jɔd] *m* Jod *nt*
►**à** ~ *lampe, phare* Jod-
iodé, e [jɔde] *adj eau, air* jodhaltig; ***une odeur*** ~***e*** ein Geruch *m* nach Jod
iodler <1> [jɔdle] *vi v.* **jodler**
ion [jɔ̃] *m* Ion *nt*
ionisant, e [jɔnizɑ̃, ɑ̃t] *adj* ionisierend
ionisation [jɔnizasjɔ̃] *f* Ionisation *f,* Ionisierung *f*
ioniseur [jɔnizœʀ] *m* Ionisator *m*
iota [jɔta] *m* ■ **un** ~ ein Jota *nt;* ***il n'y a pas à y changer un*** ~ es ist auch nicht das Geringste [*o* nicht ein Jota *geh*] daran zu ändern
ipso facto [ipsofakto] *adv* ipso facto *spec,* automatisch
irai [iʀɛ] *fut de* **aller**
Irak [iʀak] *m* ■ **l'Irak** der Irak; ***en*** ~ im/in den Irak
Iran [iʀɑ̃] *m* ■ **l'Iran** der Iran; ***en*** ~ im/in den Iran
irascible [iʀasibl] *adj* jähzornig
iridium [iʀidjɔm] *m* CHIM Iridium *nt*
iris [iʀis] *m* **1.** ANAT Iris *f,* Regenbogenhaut *f*
2. BOT Iris *f,* Schwertlilie *f*
irisation [iʀizasjɔ̃] *f gén pl* Schillern *nt kein pl,* Irisieren *nt kein pl*
irisé, e [iʀize] *adj* schillernd, irisierend
irlandais, e [iʀlɑ̃dɛ, ɛz] **I.** *adj* irisch, irländisch
II. *m, f* ■ **Irlandais(e)** Ire/Irin *m/f,* Irländer(in) *m(f)*
Irlande [iʀlɑ̃d] *f* ■ **l'Irlande** Irland *nt;* ■ **l'Irlande du Nord** Nordirland *nt;* ***en*** ~ ***du Nord*** in/nach Nordirland
ironie [iʀɔni] *f* Ironie *f;* ***il est d'une*** ~ ***blessante*** er ist verletzend ironisch; ***il a dit cela par*** ~ er hat das ironisch gemeint
► ~ **du sort** Ironie *f* des Schicksals
ironique [iʀɔnik] *adj* ironisch
ironiquement [iʀɔnikmɑ̃] *adv* ironisch
ironiser <1> [iʀɔnize] *vi* ■ **qn ironise [sur qn/qc]** jd spöttelt [über jdn/etw]
irradiation [iʀadjasjɔ̃] *f* **1.** PHYS Bestrahlung *f*
2. MED (*douleur*) Ausstrahlen *nt,* Irradiation *f spec*
irradier <1 a> [iʀadje] **I.** *vi* MED (*se diffuser*) ■ **qc irradie [quelque part]** */douleur, mal/* etw strahlt [irgendwohin] aus, etw irradiert [irgendwohin] *spec;* PHYS */lumière/* etw strahlt [*o* sendet Strahlen] [irgendwohin]
II. *vt* MED ■ **qc irradie qn/qc** *personne, sein, tumeur* jd/etw wird mit etw bestrahlt; ■ **[qn/qc est] irradié(e)** [jd/etw ist/wird] bestrahlt; (*radioactive-*

ment) [jd/etw ist/wird] verstrahlt

irraisonné, e [iʀɛzɔne] *adj* irrational; *geste* unüberlegt

irrationalisme [iʀasjɔnalism] *m* Irrationalismus *m*

irrationnel, le [iʀasjɔnɛl] I. *adj* irrational
II. *m* ■ **l'**~ das Irrationale

irrattrapable [iʀatʀapabl] *adj* nicht wieder gut zu machen

irréalisable [iʀealizabl] *adj* nicht zu verwirklichen, nicht realisierbar; ***vous rêvez! c'est totalement*** ~! Sie träumen! das ist einfach nicht machbar!

irréalisme [iʀealism] *m* mangelnder Realismus, mangelnde Wirklichkeitsnähe; ***il fait toujours preuve de beaucoup d'***~ er ist immer sehr unrealistisch

irréaliste [iʀealist] *adj* unrealistisch, wirklichkeitsfremd

irrecevable [iʀəs(ə)vabl] *adj* unzulässig

irréconciliable [iʀekɔ̃siljabl] *adj* unversöhnlich

irrécupérable [iʀekypeʀabl] *adj* 1. *voiture, ferraille* nicht mehr brauchbar [*o* verwendbar]; ***la voiture/le réfrigérateur est*** ~ der Wagen/Kühlschrank ist nicht mehr zu reparieren
2. (*incorrigible*) *jeunesse* verloren; ***un drogué/alcoolique*** ~ ein Drogenabhängiger/Alkoholiker, dem nicht zu helfen ist [*o* den man nicht retten kann]

irrécusable [iʀekyzabl] *adj juge, témoin* nicht ablehnbar [*o* zurückweisbar]; *preuve, témoignage* nicht anfechtbar, unwiderlegbar, glaubwürdig

irréductible [iʀedyktibl] I. *adj* 1. *ennemi, personne* unbezwingbar; *obstacle* unüberwindbar; *opposition* unnachgiebig; *volonté* eisern
2. MATH *équation* irreduzibel; ***une fraction*** ~ ein Bruch *m*, der sich nicht weiter kürzen lässt
3. MED *fracture, hernie* der/die sich nicht wieder in die normale Lage zurückbringen lässt
II. *mf* Unbelehrbare(r) *f(m)*

irréductiblement [iʀedyktibləmɑ̃] *adv* ganz und gar

irréel, le [iʀeɛl] I. *adj* 1. irreal; *aspect, monde, univers a.* unwirklich; *histoire a.* nicht wirklich
2. GRAM: ***le mode*** ~ der Irreal[is]; ***une phrase*** ~***le*** ein Satz im Irreal[is]
II. *m* GRAM Irreal[is] *m*

irréfléchi, e [iʀefleʃi] *adj* unüberlegt; *personne a.* unbedacht, unbesonnen; (*spontané*) spontan

irréfutable [iʀefytabl] *adj* unwiderlegbar

irréfutablement [iʀefytabləmɑ̃] *adv* unwiderlegbar

irrégularité [iʀegylaʀite] *f* 1. (*inégalité*) [*respiration, rythme, pouls*] Unregelmäßigkeit *f;* [*écriture a.*] Ungleichmäßigkeit *f;* [*traits a.*] Unebenmäßigkeit *f; pl* [*surface, terrain*] Unebenheiten *pl*
2. *gén pl* (*illégalité*) Regelwidrigkeit *f*, Irregularität *f;* ■ ~**s de qc** *de fonctionnement, gestion* Verstöße *pl* gegen etw; ~ ***de procédure*** Formfehler *m*
3. (*manque de régularité*) [*élève, équipe, sportif*] schwankende Leistungen *pl;* ***l'***~ ***de ses résultats*** seine/ihre schwankenden Leistungen

irrégulier, -ière [iʀegylje, -jɛʀ] *adj* 1. (*inégal*) *façade, forme, intervalles* unregelmäßig; *écriture a.* ungleichmäßig; *traits a.* unebenmäßig; *terrain* uneben; *visites, intervalles* unregelmäßig; ***il a des horaires*** ~***s*** er hat keine festen Zeiten
2. (*discontinu*) *développement, pas, pouls, rythme, sommeil, vitesse* unregelmäßig, ungleichmäßig; *effort, entraînement, travail* nicht regelmäßig; *résultats* schwankend; (*instable*) *élève, équipe, sportif* nicht konstant
3. (*illégal*) *absence, opération* regelwidrig; *situation a.* irregulär *geh; procédure* fehlerhaft; ***des opérations*** ~***ières*** zweifelhafte Geschäfte *pl*, Unregelmäßigkeiten *pl*
4. GRAM *pluriel, verbe* unregelmäßig

irrégulièrement [iʀegyljɛʀmɑ̃] *adv* 1. (*inégalement*) unregelmäßig
2. (*illégalement*): ***beaucoup de travailleurs étrangers sont en France*** ~ viele ausländische Arbeitnehmer sind illegal in Frankreich; ***il s'est absenté*** ~ er hat sich unerlaubt entfernt; ***ils ont été*** ~ ***expulsés*** sie sind nicht ordnungsgemäß ausgewiesen worden; ***il a été contré*** ~ ***dans la surface*** er wurde im Strafraum gefoult [gə'fault]

irrémédiable [iʀemedjabl] I. *adj erreur, défaut* nicht wieder gut zu machen; *défaite* endgültig; *désastre, malheur* unabänderlich; *mal, maladie* unheilbar; *situation* hoffnungslos, ausweglos; *aggravation* unaufhaltsam
II. *m* Schlimmste(s) *nt*

irrémédiablement [iʀemedjabləmɑ̃] *adv* hoffnungslos

irremplaçable [iʀɑ̃plasabl] *adj* unersetzbar

irréparable [iʀepaʀabl] I. *adj objet, machine, voiture* nicht [mehr] zu reparieren; *désastre, dommage, erreur, gaffe* nicht wieder gut zu machen; *perte* unersetzbar
II. *m* [Aller]schlimmste(s) *nt*

irréparablement [iʀepaʀabləmɑ̃] *adv* hoffnungslos

irrépressible [iʀepʀesibl] *adj* unbezähmbar, unkontrollierbar

irréprochable [iʀepʀɔʃabl] *adj* mustergültig; *vie* untadelig; *travail* tadellos, einwandfrei; *tenue, toilette* tadellos

irrésistible [iʀezistibl] *adj* 1. *charme, mouvement, puissance, sourire, personne* unwiderstehlich; *désir, envie* unbezähmbar, unbändig; *passion* unbezähmbar; *logique* [be]zwingend
2. (*qui fait rire*) *film, histoire* sehr komisch [*o* lustig]; ■ **qn est** ~ jd ist [ur]komisch [*o* zum Schießen *fam*]

irrésistiblement [iʀezistibləmɑ̃] *adv attirer, évoquer* unwiderstehlich; *avancer* unaufhaltsam

irrésolu, e [iʀezɔly] *adj caractère, personne* unentschlossen, unschlüssig; *énigme, problème, question* ungelöst

irrésolution [iʀezɔlysjɔ̃] *f soutenu* Unentschlossenheit *f*, Unschlüssigkeit *f*

irrespect [iʀɛspɛ] *m* Respektlosigkeit *f;* ■ ~ **envers qn** Respektlosigkeit jdm gegenüber

irrespectueux, -euse [iʀɛspɛktɥø, -øz] *adj* respektlos; ■ ~ **envers qn** respektlos jdm gegenüber; ■ **qn est** ~ **de qc** jd respektiert etw nicht

irrespirable [iʀɛspiʀabl] *adj* unerträglich; *gaz* irrespirabel *spec;* ***l'air de cette pièce est*** ~ die Luft in diesem Raum ist zum Schneiden

irresponsabilité [iʀɛspɔ̃sabilite] *f* Unverantwortlichkeit *f;* JUR Unzurechnungsfähigkeit *f*

irresponsable [iʀɛspɔ̃sabl] I. *adj attitude, comportement* unverantwortlich; *personne* verantwortungslos; JUR unzurechnungsfähig
II. *mf* Verantwortungslose(r) *f(m)*

irrétrécissable [iʀetʀesisabl] *adj* nicht einlaufend; ***ce jean est garanti*** ~ diese Jeans läuft garantiert nicht ein

irrévérencieux, -euse [iʀeveʀɑ̃sjø, -jøz] *adj* respektlos; *remarque, geste a.* abfällig, despektierlich *geh*

irréversibilité [iʀevɛʀsibilite] *f* Unumkehrbarkeit *f*, Irreversibilität *f spec*

irréversible [iʀevɛʀsibl] I. *adj mouvement, phénomène, situation* nicht rückgängig zu machen, nicht umkehrbar; *maladie, processus biologique/chimique* irreversibel *spec*
II. *m* ■ **l'**~ das Unabänderliche

irrévocable [iʀevɔkabl] *adj décision, jugement, refus* unwiderruflich, endgültig; *volonté* unumstößlich

irrévocablement [iʀevɔkabləmɑ̃] *adv* unwiderruflich

irrigable [iʀigabl] *adj* AGR bewässerbar

irrigation [iʀigasjɔ̃] *f* Bewässerung *f;* ***canal d'***~ Bewässerungskanal *m*

irriguer <1> [iʀige] *vt* 1. AGR ■ **qn irrigue qc** jd bewässert etw
2. MED ■ **qc irrigue qc** etw versorgt etw mit Blut; ■ **qc est irrigué(e)** etw wird durchblutet

irritabilité [iʀitabilite] *f* (*coutumière*) Reizbarkeit *f;* (*momentanée*) Gereiztheit *f*

irritable [iʀitabl] *adj* reizbar; ***elle très*** ~ ***aujourd'hui*** sie ist heute sehr gereizt

irritant, e [iʀitɑ̃, ɑ̃t] *adj* 1. (*agaçant*) lästig, nervtötend
2. MED reizauslösend; ***substance*** ~***e*** Reizstoff *m;* ***le gaz lacrymogène est*** ~ Tränengas ist ein Reizgas; ***ce produit peut être*** ~ ***pour les yeux*** dieses Mittel kann eine Reizung der Augen hervorrufen

irritation [iʀitasjɔ̃] *f* 1. (*énervement*) Gereiztheit *f;* ***il était au comble de l'***~ er war aufs Höchste verärgert [*o* gereizt], er war äußerst ungehalten
2. MED Reizung *f*, leichte Entzündung

irrité, e [iʀite] *adj* 1. gereizt, verärgert, aufgebracht; ■ **qn est** ~ **contre qn** jd ist verärgert [*o* ungehalten] über jdn, jd ist ärgerlich auf [*o* über] jdn
2. MED leicht entzündet, gereizt

irriter <1> [iʀite] I. *vt* 1. (*énerver*) ■ **qn/qc irrite qn** jd/etw verärgert jdn, jd/etw fällt jdm auf die Nerven; ***je ne voulais pas vous*** ~ ich wollte Sie nicht verärgern [*o* aufbringen]
2. MED ■ **qc irrite qc** etw reizt etw; ***ce produit n'irrite pas la peau*** dieses Mittel ist sehr hautfreundlich; ***la fumée de cigarette m'irrite le nez*** der Zigarettenrauch beißt mir in der Nase
II. *vpr* 1. ■ **qn s'irrite [de qc/contre qn]** jd ist verärgert [*o* ungehalten *geh*] [über etw/jdn], jd regt sich [über etw/jdn] auf; ***ne t'irrite pas contre lui*** ärgere dich nicht über ihn
2. MED ■ **qc s'irrite** etw entzündet sich; ***mon nez/ma gorge s'irrite dans cette pièce enfumée*** in diesem verrauchten Raum beißt es mir in der Nase/kratzt es mir im Hals

irruption [iʀypsjɔ̃] *f* ■ **l'**~ **de qn [quelque part]** jds plötzliches Auftauchen [an einem Ort], jds plötzliches Eindringen [in einen Ort]; ■ ~ **de qc [dans qc]**: ***l'***~ ***de l'eau dans les bas quartiers*** das Hereinbrechen der Wassermassen über die tiefer liegenden Stadtviertel; ***l'***~ ***de la deuxième guerre mondiale*** der Ausbruch des Zweiten Weltkriegs; ***l'***~ ***de ce mot dans notre vocabulaire*** das plötzliche Auftauchen dieses Worts in unserem Sprachgebrauch
▶ **qn/qc <u>fait</u>** ~ **[quelque part]** jd stürmt [*o* platzt *fam*] [irgendwo] herein/etw bricht [irgendwo] herein; ***le chômage fit soudain*** ~ ***dans ma vie*** die Arbeitslosigkeit brach plötzlich über mich herein

Islam [islam] *m* ■ **l'**~ der Islam

islamique [islamik] *adj* islamisch

islandais, e [islɑ̃dɛ, ɛz] I. *adj* isländisch
II. *m* (*langue*) Isländisch *nt*
III. *m, f* ■ **Islandais(e)** Isländer(in) *m(f)*

Islande [islɑ̃d] *f* ■ **l'Islande** Island *nt;* ***en*** ~ in/nach Island

isobare [izobaʀ] *f* Isobare *f*

isocèle [izɔsɛl] *adj* gleichschenklig

isolable [izɔlabl] *adj* isolierbar; ***cette idée n'est pas*** ~ ***de son contexte*** dieser Gedanke ist nicht aus seinem Kontext lösbar; ***les différents éléments sont*** ~***s les uns des autres*** die verschiedenen Elemente können einzeln betrachtet werden

isolant, e [izɔlɑ̃, ɑ̃t] I. *adj* CONSTR isolierend, wärme- und schalldämmend; ELEC *matériau, ruban adhésif, gaine* Isolier-
II. *m* Isoliermaterial *nt*, Isolierstoff *m;* ~ ***électrique*** Isolator *m;* ~ ***thermique et phonique*** wärme- und schalldämmendes Material; ~ ***d'étanchéité*** Abdichtungsmaterial *nt*

isolation [izɔlasjɔ̃] *f* Isolierung *f*, Isolation *f;* ~ ***électrique*** Isolierung *f;* ~ ***phonique/thermique*** Schall-/Wärmedämmung *f*

isolationnisme [izɔlasjɔnism] *m* Isolationismus *m*

isolationniste [izɔlasjɔnist] *adj* isolationistisch

isolé, e [izɔle] I. *adj* 1. (*éloigné*) *endroit, lieu* abgelegen, abgeschieden, entlegen; ***une maison*** ~***e*** ein einsam gelegenes Haus
2. (*seul*) *personne* isoliert; *bâtiment, maison, arbre* allein stehend, frei stehend; ***il a toujours vécu très*** ~ er hat immer sehr zurückgezogen gelebt; ***je me suis toujours senti un peu*** ~ ***dans cette ville*** ich habe mich in dieser Stadt immer etwas einsam [*o* isoliert] gefühlt
3. (*unique*) einzeln; (*rare*) vereinzelt; ***ce cas n'est pas*** ~ dies ist kein Einzelfall

4. CONSTR, ELEC isoliert
II. *m, f* Einzelperson *f*, Einzelne(r) *f(m)*
isolement [izɔlmɑ̃] *m* 1. (*solitude*) [*personne*] Einsamkeit *f*; [*lieu, maison, village, région*] Abgeschiedenheit *f*, Abgelegenheit *f*; [*détenu, malade*] Isolation *f*; ***les vieux souffrent de leur*** ~ die Alten leiden unter ihrer Vereinsamung; ***elle vit dans un ~ complet*** sie lebt vollkommen zurückgezogen [*o* isoliert]
2. ELEC, CONSTR Isolation *f*
3. POL [*pays*] Isolation *f*, Isolierung *f*
isolément [izɔlemɑ̃] *adv* einzeln, getrennt; ***chaque problème pris*** ~ jedes Problem für sich genommen
isoler <1> [izɔle] I. *vt* 1. (*séparer des autres*) ■ **qn/qc isole qn** *malade, prisonnier* jd/etw isoliert jdn; ***ces grands ensembles anonymes isolent les individus entre eux/les uns des autres*** in diesen anonymen Wohnsilos sind die Menschen [voneinander] isoliert; ■ **qn/qc isole qc** jd sperrt etw [ab]/durch etw wird etw abgeschnitten [*o* isoliert]; ***la neige isole le village du monde extérieur*** durch den Schnee ist die Ortschaft von der Außenwelt abgeschnitten; ***la police a isolé le quartier*** die Polizei hat das Viertel [ab]gesperrt; ***ce village est isolé du reste du monde*** dieses Dorf ist von der restlichen Welt abgeschieden
2. CONSTR, ELEC ■ **qn isole qc [de qc]** jd isoliert [*o* schützt] etw [gegen etw]; ■ **qc isole qn [de qc]** TECH etw schützt jdn [vor etw (*dat*)]
3. BIO, CHIM ■ **qn isole qc** *virus, bactérie, gène* jd isoliert etw
4. (*considérer à part*) ■ **qn isole qc** jd betrachtet etw isoliert [*o* für sich]; ***en isolant certaines phrases de leur contexte*** wenn man bestimmte Sätze aus dem Zusammenhang löst
II. *vi* ■ **qc isole [de qc]** */matériau, laine de verre/* etw isoliert [gegen etw], etw schützt vor etw (*dat*)
III. *vpr* ■ **qn s'isole [de qn/qc]** jd zieht sich zurück, jd kapselt sich ab, jd sondert sich [von jdm/etw] ab; ***ils se sont isolés du groupe quelques instants*** sie haben sich einige Augenblicke von der Gruppe entfernt; ***elle s'est isolée du monde*** sie hat sich von der Welt abgekehrt
isoloir [izɔlwaʀ] *m* Wahlkabine *f*, Wahlzelle *f*
isotherme [izɔtɛʀm] I. *adj* 1. ***bouteille/camion/sac*** ~ Thermosflasche *f*/Kühlwagen *m*/Kühl[halte]tasche *f*
2. METEO isotherm
II. *f* METEO Isotherme *f*
Israël [isʀaɛl] *m* ■ **Israël** Israel *nt*; ***en*** ~ in/nach Israel; ***l'État d'~*** der israelische Staat
israélien, ne [isʀaeljɛ̃, jɛn] I. *adj* israelisch
II. *m, f* ■ **Israélien(ne)** Israeli *mf*
israélite [isʀaelit] I. *adj* REL israelitisch
II. *mf* ■ **Israélite** Israelit(in) *m(f)*
issu, e [isy] *adj* 1. (*né de*) ■ ~ **de qc** aus etw stammend; ■ **qn/qc est ~ de qc** jd/etw stammt [*o* kommt] aus etw; ***il est ~ de sang royal*** er ist königlicher Abstammung
2. (*résultant de*) ■ **[qc est] ~ de qc** [etw ist] aus etw entstanden [*o* hervorgegangen], etw ist das Resultat einer S. (*gen*)
issue [isy] *f* 1. (*sortie*) Ausgang *m*
2. (*solution*) Ausweg *m*, Lösung *f*
3. (*conclusion*) Ausgang *m*, Ende *nt*; ***qc a une ~ fatale/heureuse*** etw nimmt ein fatales/glückliches Ende, etw hat einen fatalen/glücklichen Ausgang
► ~ <u>fatale</u> (*mort*) Tod *m*; <u>**à**</u> **l'~ de qc** nach etw; <u>**sans**</u> ~ *problème* unlösbar; *avenir, situation* ausweglos; ***chemin/route/voie sans*** ~ Sackgasse *f*; ***nous nous trouvons dans une situation sans*** ~ wir befinden uns in einer Sackgasse
◆ **issue de secours** Notausgang *m*
isthme [ism] *m* Landenge *f*, Isthmus *m*
Italie [itali] *f* ■ **l'Italie** Italien *nt*; ***en*** ~ in/nach Italien
italien, ne [italjɛ̃, jɛn] I. *adj* italienisch
II. *m* (*langue*) Italienisch *nt*
III. *m, f* ■ **Italien(ne)** Italiener(in) *m(f)*
italique [italik] I. *adj caractère, lettre* kursiv, schräg gedruckt
II. *m* Kursivschrift *f*, Kursive *f*
► <u>**en**</u> ~[s] kursiv
itinéraire [itineʀɛʀ] *m* (*parcours*) Weg *m*, Route *f*; *fig intellectuel, philosophique, religieux* Werdegang *m*; ***~ biographique*** Lebensweg *m*
◆ **itinéraire de délestage** Umleitung *f*
itinérant, e [itineʀɑ̃, ɑ̃t] I. *adj cirque, théâtre, troupe, exposition* Wander-
II. *m, f* Fahrende(r) *f(m)*
I.U.F.M. [iyɛfɛm] *m abr de* **institut universitaire de formation des maîtres** PH *f*
I.U.T. [iyte] *m abr de* **institut universitaire de technologie** Technische Hochschule
I.V.G. [iveʒe] *f abr de* **interruption volontaire de grossesse** Schwangerschaftsabbruch *m*
ivoire [ivwaʀ] *m* 1. Elfenbein *nt*; ***en ~/d'~*** aus Elfenbein; ***trafic d'~*** Elfenbeinschmuggel *m*
2. ANAT Zahnbein *nt*, Dentin *nt spec*
ivoirien, ne [ivwaʀjɛ̃, jɛn] I. *adj* der Elfenbeinküste; ***l'économie ~ne*** die Wirtschaft der Elfenbeinküste; ***plusieurs enfants ~s*** mehrere von der Elfenbeinküste stammende Kinder
II. *m, f* ■ **Ivoirien(ne)** Staatsangehörige(r) *f(m)* der Elfenbeinküste
ivre [ivʀ] *adj* 1. (*soûl*) betrunken; ***légèrement*** ~ beschwipst *fam*, leicht angetrunken
2. *soutenu* (*aveuglé par*) ■ ~ **de qc** *de bonheur, joie, d'amour, d'orgueil* trunken von etw [*o* vor etw (*dat*)]; *de colère, vengeance* blind vor etw (*dat*); ***il est tellement ~ de bonheur/d'amour que*** er lebt in einem derartigen Glücks-/Liebestaumel, dass; ***~ de sang*** blutrünstig
► ~ <u>**mort**</u>(e) völlig [*o* sinnlos] betrunken, volltrunken
ivresse [ivʀɛs] *f* 1. (*ébriété*) Trunkenheit *f*; ***en état d'~*** in [be]trunkenem Zustand; ***~ au volant*** Trunkenheit am Steuer
2. (*exaltation*) Taumel *m*, Rausch *m*; ***ces instants d'~*** diese berauschenden Augenblicke; ■ ~ **de** *du pouvoir, bonheur* -taumel, -rausch; ***~ du combat*** Kampfestaumel; ***~ de la victoire*** Siegestaumel, Siegesrausch; ***~ du danger*** Rausch der Gefahr; ***~ de l'action*** Tatenrausch; ***dans l'~ du succès*** im Erfolgsrausch
ivrogne [ivʀɔɲ] *mf* Trinker(in) *m(f)*, Säufer(in) *m(f)*; ***tu vas finir par devenir un(e) ~*** du wirst noch zum Trinker/zur Trinkerin; ***vieil ~*** alter Trunkenbold
ivrognerie [ivʀɔɲʀi] *f* Trunksucht *f*

J

J, j [ʒi] *m* J *nt*, j *nt*
► **j comme <u>Joseph</u>** J wie Johannes
j' [ʒ] *pron v.* **je**
jabot [ʒabo] *m* 1. ORN Kropf *m*
2. COUT Jabot *nt*
jacasser <1> [ʒakase] *vi* 1. ***une pie jacasse*** eine Elster schreit [*o* schnattert]
2. *péj fam* ■ **qn jacasse** jd schwatzt *fam*, jd schnattert *fam*
jachère [ʒaʃɛʀ] *f* AGR (*procédé*) Brachlegen *nt*; (*terre*) Brache *f*, Brachland *nt*; ***on laisse une terre en*** ~ man lässt ein Feld brachliegen, man legt ein Feld brach
jacinthe [ʒasɛ̃t] *f* Hyazinthe *f*
jack [(d)ʒak] *m* Buchse *f*
jacobin, e [ʒakɔbɛ̃, in] I. *adj* POL zentralistisch
II. *m, f* HIST ■ **Jacobin(e)** Jakobiner(in) *m(f)*
jacobinisme [ʒakɔbinism] *m* Zentralismus *m*; ***sans faire preuve d'un ~ excessif, je pense que*** + *indic* ohne übertrieben zentralistisch zu sein, so glaube ich doch, dass
jacquard [ʒakaʀ] I. *m* Jacquard *m*, Jacquardgewebe *nt*
II. *app inv pull, tissu* mit Jacquardmuster, Jacquard-
jacquerie [ʒakʀi] *f* Bauernaufstand *m*
Jacques [ʒak] *m* ► **qn <u>fait</u> le** ~ jd albert herum, jd macht Blödsinn
jacter <1> [ʒakte] *vi pop* ■ **qn jacte** jd quasselt *fam*, jd quatscht *fam*
jade [ʒad] *m* Jade *m o f*; ***en/de*** ~ aus Jade; ***une statuette de*** ~ ein Jadefigürchen *nt*
jadis [ʒadis] *adv* früher [einmal], einstmals; ***mes amis de*** ~ meine einstigen [*o* früheren] Freunde; ***ses compagnons de*** ~ seine alten Kameraden
jaguar [ʒagwaʀ] *m* ZOOL Jaguar *m*
jaillir <8> [ʒajiʀ] *vi* 1. ■ **qc jaillit [de qc]** */eau, source/* etw schießt [aus etw] empor; */pétrole, geyser a./* etw sprudelt [aus etw] hervor; */sang, larmes/* etw quillt aus etw; */vapeur/* etw entweicht [aus etw]; */éclair/* etw leuchtet auf; */flammes/* etw schlägt [*o* lodert] [aus etw] empor
2. (*fuser*) ■ **qc jaillit de qc/dans qc**: ***un grand cri jaillit de sa poitrine*** ein lauter Schrei brach aus seiner/ihrer Brust; ***des rires jaillissaient de toutes parts*** allenthalben [*o* von allen Seiten] erschallte plötzlich Gelächter; ***des éclairs jaillirent dans le ciel*** Blitze zuckten über den Himmel; ***la lumière jaillit tout à coup dans la pièce*** das Zimmer war plötzlich in Licht getaucht
3. ■ **qn jaillit [de qc/quelque part]** jd taucht plötzlich [aus etw/irgendwo] auf
4. *littér* (*se manifester vivement*) ■ **qc jaillit [de qc/dans qc]** */vérité/* etw bricht [aus etw] hervor; */solution, idée/* etw blitzt [in etw (*dat*)] auf
jaillissement [ʒajismɑ̃] *m* [*eau, liquide*] Hochschießen *nt*; [*pétrole*] Sprudeln *nt*; [*sang, larmes*] Hervorquellen *nt*; [*flammes*] Hochschlagen *nt*, Emporschlagen *nt*; ***un ~ de vapeur l'a gravement brûlé*** ein plötzlich entweichender Dampfstrahl hat ihn schwer verbrannt; ***un extraordinaire ~ d'idées*** eine außerordentliche Fülle neuer Ideen
jais [ʒɛ] *m* MINER Gagat *m*, Jet[t] *m o nt spec*; ***des bijoux en*** ~ Schmuck *m*

aus Gagat [*o* Jet[t]]

▶ **noir(e) comme du** ~ kohlrabenschwarz; **de** ~ tiefschwarz, pechschwarz *fam*

jalon [ʒalɔ̃] *m* **1.** (*piquet*) Absteckpfahl *m*, Pflock *m*

2. *fig* Schritt *m*

▶ **qn pose les ~s de qc** jd legt den Grundstein für etw, jd zeichnet den Weg für etw vor; **qn pose des ~s** jd trifft Vorbereitungen

jalonnement [ʒalɔnmɑ̃] *m* Abstecken *nt*, Markieren *nt*

jalonner <1> [ʒalɔne] *vt* **1.** (*tracer*) ■ **qn jalonne qc** *itinéraire, route, terrain* jd markiert etw, jd steckt etw ab

2. (*border*) ■ **qc jalonne qc** */balise, piquet/* etw begrenzt [*o* markiert] etw; ***des bouées jalonnent le chenal*** Bojen markieren die Fahrrinne; ***des champs de fleurs jalonnent la route*** Blumenfelder säumen die Straße

3. (*marquer*) ■ **qc jalonne qc** */échecs, succès/* etw prägt etw; ***sa carrière a été jalonnée d'obstacles*** seine/ihre Karriere war voller Hindernisse

jalousement [ʒaluzmɑ̃] *adv* **1.** (*avec envie*) neidisch

2. (*soigneusement*) sorgsam

jalouser <1> [ʒaluze] **I.** *vt* ■ **qn jalouse qn/qc** jd beneidet jdn/etw, jd ist auf jdn/etw neidisch

II. *vpr* ■ **des personnes se jalousent** Menschen sind neidisch aufeinander

jalousie¹ [ʒaluzi] *f* **1.** (*en amour, amitié*) Eifersucht *f*; ***son mari est d'une ~ maladive*** ihr Mann ist krankhaft eifersüchtig; ***fou/ malade de*** ~ wahnsinnig/krank vor Eifersucht

2. (*envie*) Neid *m*, Missgunst *f*; ***par*** ~ aus Neid; ***ils vont crever de*** ~! *fam* sie werden vor Neid platzen! *fam*

3. *pl* (*mesquineries*) Eifersüchteleien *pl*

jalousie² [ʒaluzi] *f* (*volet*) Jalousie *f*

jaloux, -ouse [ʒalu, -uz] **I.** *adj* **1.** (*en amour, amitié*) eifersüchtig; ■ **~ de qn** auf jdn eifersüchtig; ***elle n'est plus ~ouse de son mari*** ihr Mann weckt in ihr keine Eifersuchtsgefühle mehr

2. (*envieux*) neidisch, neiderfüllt; ■ **~ de qn/qc** neidisch auf jdn/etw; ***il a toujours été ~ de la réussite de son frère*** schon immer hat er seinem Bruder den Erfolg geneidet [*o* missgönnt]

3. (*très attaché à*) ■ **[qn est] ~ de qc** *de sa réputation, de son indépendance, de ses prérogatives* [jd ist] sorgsam bedacht auf etw (*akk*)

II. *m, f* **1.** (*en amour, amitié*) Eifersüchtige(r) *f(m)*

2. (*envieux*) Neider(in) *m(f)*; ***c'est un(e) ~(-ouse)*** er/sie ist ein Neidhammel *fam*

▶ **[il n']y a/aura pas de** ~ *fam* dann gibt's keinen Streit; **qn/qc fait des** ~ jd/etw wird beneidet, jd/etw weckt [*o* erregt] Neid

jamais [ʒamɛ] *adv* **1.** *avec construction négative* (*de mémoire d'homme*) nie[mals]; *avec construction positive ou interrogative* je[mals]; ***je n'ai ~ vu*** [*o* ***j'ai ~ vu*** *fam*] ***quelqu'un d'aussi égoïste*** noch nie bin ich einem solchen Egoisten begegnet; ***c'est le plus grand égoïste que j'ai ~ vu*** das ist der größte Egoist, der mir je[mals] begegnet ist; ***a-t-on ~ vu quelqu'un d'aussi égoïste?*** hat man schon jemals einen solchen Egoisten getroffen?; ***je n'ai ~ vu de ma vie …*** ich habe noch nie in meinem Leben … gesehen; ~ ***parents ne furent plus heureux*** *soutenu* nie gab es glücklichere Eltern; ***c'est le plus grand violoniste qui ait ~ existé*** das ist der größte Geiger, den es je gegeben hat

2. (*en aucun cas*) nie[mals]; ***il n'est ~*** [*o* ***il est ~*** *fam*] ***trop tard pour …*** es ist nie zu spät, um …; ***elle sort souvent, mais ~ sans son chien*** sie geht oft aus, aber nie ohne ihren Hund; ***[non,]*** ~! [nein,] nie!; ***des enfants ~ contents*** nie zufriedene [*o* ständig unzufriedene] Kinder; ***ne recommence ~ ça!*** mach das nie wieder!; ~ ***je n'aurais cru ça de sa part*** niemals [*o* nie im Leben] hätte ich das von ihm/ihr geglaubt

3. (*seulement*) nur, lediglich; ***je n'ai ~ reçu que 200 F pour ce travail*** für diese Arbeit habe ich nur [*o* lediglich] 200 F bekommen; ***ce n'est ~ qu'un enfant*** er/sie ist schließlich [*o* doch] nur ein Kind; ***ça ne fait ~ que commencer*** das ist [doch] erst [*o* nur] der Anfang; ***il n'a ~ fait que critiquer les autres*** er hat immer nur die anderen kritisiert; ***ça ne fait ~ que la sixième fois que je te le dis!*** ich sage dir das ja schließlich erst zum sechsten Mal!; ***ça ne fait ~ que deux heures qu'il est parti*** er ist schließlich erst vor zwei Stunden aufgebrochen

4. *avec construction positive* (*un jour*) je[mals]; ***il désespère d'avoir ~ de l'avancement*** er gibt die Hoffnung auf, je befördert zu werden

5. (*dans une comparaison*): ***plus cher/ beau que*** ~ teurer/schöner denn je [*o* als je zuvor]; ***moins cher/ beau que*** ~ billiger [*o* weniger teuer]/weniger schön denn je [*o* als je zuvor]; ***pire/ meilleur que*** ~ schlimmer/besser denn je [*o* als je zuvor]

▶ **ne ~ plus** [*o* **~ plus** *fam*], **ne plus ~** [*o* **plus ~** *fam*] nie mehr, nie wieder; ***ne recommencez plus ~ une chose pareille!*** macht so etwas nie wieder [*o* nie mehr]!; ***vous l'avez revu après cet incident? – Plus ~!*** haben sie ihn nach diesem Zwischenfall noch einmal getroffen? – Nie wieder!; ***plus ~ [ça]!*** nie wieder so was!; ***il est parti pour ne plus ~ revenir*** er ist fortgegangen und nie wieder zurückgekommen; **on ne sait** ~! man kann nie wissen!; **à [tout]** ~ *soutenu* auf immer; **sans ~ faire qc** ohne je[mals] etw zu tun; ***nous sommes restés deux ans sans ~ recevoir de ses nouvelles*** zwei Jahre sind wir ohne jegliche Nachricht von ihm/ihr geblieben; **si ~ qn fait qc** wenn jd je[mals] etw tut; ***si ~ vous passez par Paris, …*** sollten Sie je[mals] nach Paris kommen, …

jambe [ʒɑ̃b] *f* Bein *nt*; (*de pantalon*) [Hosen]bein; ***ne te promène pas ~s nues!*** lauf nicht mit nackten Beinen herum!; ***une ~ articulée*** [*o* ***artificielle***] eine [Bein]prothese; ■ **les ~s …** *allongées, croisées, écartées, étendues, repliées* mit … Beinen

▶ **les ~s en l'air** Beine in der Luft, mit den Beinen in der Luft; **qn a des/retrouve ses ~s de vingt ans** jd ist noch gut zu Fuß/jd wird wieder jung; **qn a les ~s en** [*o* **comme du**] **coton** [*o* **flanelle**] jd hat weiche Knie; **qn prend ses ~s à son cou** jd nimmt seine Beine unter die Arme; **ça lui fait une belle ~!** *iron fam* was nützt [*o* bringt *fam*] jdm das schon?; **qn en a plein les ~s** *fam* jd ist völlig geschafft *fam*; **qn a qc dans les ~s** *distance, kilomètres* jd ist bereits etw gelaufen; **qn n'a plus de ~s** *fam* jd kann kaum noch laufen; **qc lui coupe** [*o* **brise**] **les ~s** *fam* (*fatigue*) etw schafft jdn *fam*, etw macht jdn k. o. *fam*; (*stupéfie*) etw macht mich/ihn/sie/… baff *fam*; ***la peur lui a coupé les ~s*** er/sie hat zitternde Knie vor Angst; **qn a les ~s coupées** [*o* **brisées**] (*est crevé*) jd ist k. o. *fam*; (*est stupéfait*) jd ist baff *fam*; **qn se dégourdit** [*o* **se dérouille**] **les ~s** *fam* jd vertritt sich (*dat*) die Beine; **qn est dans les ~s d'une personne** ein Mensch hat jdn wieder/dauernd zwischen den Füßen *fam*; **qn se jette dans les ~s de qn** jd läuft jdm direkt vor die Füße *fam*; **qn tient la ~ de qn** *fam* jd hält jdn auf; **qn ne tient plus sur ses ~s** jd kann sich nicht mehr auf den Beinen halten; **qn tire** [*o* **traîne**] **la** ~ jd zieht das Bein nach, jd hinkt; **à toutes ~s** Hals über Kopf *fam*; **par-dessous la** ~: ***qn prend qc par-dessous la*** ~ jd nimmt etw auf die leichte Schulter; ***qn fait/ traite qc par-dessous la*** ~ jd erledigt etw auf die Schnelle/handelt etw auf die Schnelle ab *fam*; ***qn traite qn par-dessous la*** ~ jd behandelt jdn von oben herab

◆ **jambe de bois** Holzbein *nt*; **jambe de force** Strebe *f*

jambière [ʒɑ̃bjɛʀ] *f* Beinschutz *m*

jambon [ʒɑ̃bɔ̃] *m* Schinken *m*; ***sandwich au*** ~ Schinkensandwich [-sɛntvɪtʃ] *nt*; ~ ***de Bayonne/ Parme*** Bayonne-/Parmaschinken; ~ ***de Paris*** gekochter Schinken; ~ ***de pays*** Katenschinken

◆ **jambon à l'os** Knochenschinken *m*

jambonneau <x> [ʒɑ̃bɔno] *m* Eisbein *nt*

jante [ʒɑ̃t] *f* Felge *f*

janvier [ʒɑ̃vje] *m* Januar *m*; ***en ~, au mois de*** ~ im Januar; ***début/ fin*** ~ Anfang/Ende Januar; ***à partir du premier*** ~ ab [dem] ersten Januar; ***il est né le 31 ~ 1963*** er ist am 31. Januar 1963 geboren; ***Toulouse, le 16*** ~ Toulouse, den 16. Januar; ***vendredi, 8 ~ 1995*** Freitag, den 8. Januar 1995; ***[le] 6 ~ est un grand jour pour moi*** der 6. Januar ist ein großer Tag für mich; ***[le mois de] ~ a 31 jours*** der Januar hat 31 Tage; ***au*** [*o* ***le***] ***premier ~ tous les magasins sont fermés*** am ersten Januar sind alle Geschäfte geschlossen; ~ ***est souvent moins froid que février*** der Januar ist häufig milder als der Februar; ~ ***est un mois d'hiver*** der Januar ist ein Wintermonat; ***il a fait beau pendant tout le mois de*** ~ es war den ganzen Januar über schön[es Wetter]; ***son anniversaire est le 3*** ~ er/sie hat am 3. Januar Geburtstag

Japon [ʒapɔ̃] *m* ■ **le Japon** Japan *nt*; ***au*** ~ in/nach Japan

japonais, e [ʒapɔnɛ, ɛz] **I.** *adj* japanisch

II. *m* (*langue*) Japanisch *nt*

III. *m, f* ■ **Japonais(e)** Japaner(in) *m(f)*

jappement [ʒapmɑ̃] *m* Kläffen *nt kein pl*, Gekläff[e] *nt kein pl pej fam*

japper <1> [ʒape] *vi*: ***un chien/ chacal jappe*** ein Hund kläfft/ein Schakal heult

jaquette [ʒakɛt] *f* **1.** COUT (*pour homme*) Cut [kat] *m*, Cutaway ['katəwe] *m*; *vieilli* (*pour femme*) [Strick]weste *f*

2. [*livre*] Schutzumschlag *m*, Buchhülle *f*

3. MED Jacketkrone *f*

jardin [ʒaʀdɛ̃] *m* Garten *m*

▶ **~ à l'anglaise/à la française** englischer/französischer Garten; **~ intérieur** Innengarten *m*; **~ ouvrier** Schrebergarten *m*; **~ potager** Gemüsegarten *m*; **~ public** Park *m*, öffentliche [Park]anlage; **~ secret** Innerste(s) *nt*, ganz persönlicher Bereich; **~s suspendus** hängende Gärten *pl*; **~ zoologique** zoologischer Garten; **qn cultive son** ~ (*améliore ses compétences*) jd bildet sich weiter, jd erweitert seine Kenntnisse; (*se retire*) jd zieht sich ins Privatleben zurück; **de** ~ *chaise, table, meuble* Garten-

◆ **jardin d'agrément** Ziergarten *m*; **jardin d'appartement** Zimmergarten *m*; **jardin d'enfants** Kindergarten *m*; **jardin d'hiver** Wintergarten *m*

jardinage [ʒaʀdinaʒ] *m* Gartenarbeit *f*, Gärtnerei *f*; ***amateur de*** ~ Hobbygärtner(in) *m(f)*, Gartenfreund(in) *m(f)*

jardiner <1> [ʒaʀdine] *vi* ■ **qn jardine** jd gärtnert

jardinerie [ʒaʀdinʀi] *f* (*rayon*) Gartenzubehör *nt*; (*magasin*) Gartencenter [-sɛntɐ] *nt*

jardinet [ʒaʀdinɛ] *m* Gärtchen *nt*

jardinier, -ière [ʒaʀdinje, -jɛʀ] **I.** *adj plante* Garten-; ***culture ~ière*** Gartenbau *m*

II. *m, f* Gärtner(in) *m(f)*

III. *f* ■ **jardinière** **1.** GASTR: **~ière [de légumes]** Gemüseallerlei *nt*

2. (*bac à plantes*) Blumenkasten *m*

◆ **jardinière d'enfants** Kindergärtnerin *f*

jargon [ʒaʀgɔ̃] *m péj* **1.** (*charabia*) Kauderwelsch *nt*

2. (*langue technique*) Jargon *m*; ~ ***juridique/ médical/ sportif*** Juristen-/Ärzte-/Sportjargon; ~ ***administratif*** Behördenjargon

jarre [ʒaʀ] *f* Tonkrug *m*

jarret [ʒaʀɛ] *m* Kniekehle *f*; (*chez l'animal*) Sprunggelenk *nt*

◆ **jarret de veau** Kalbshachse *f*, Kalbsstelze *f* AUS

jarretelle [ʒaʀtɛl] *f* Strumpfhalter *m*, Straps *m*

jarretière [ʒaʀtjɛʀ] *f* Strumpfband *nt*

jars [ʒaʀ] *m* Gänserich *m*, Ganter *m*

jaser <1> [ʒaze] *vi* (*médire*) ■ **qn jase [sur qn/qc]** jd redet [*o* klatscht] [über jdn/etw]; ■ **qc fait ~ [qn]** etw führt zu Gerede [*o* Klatsch] [bei jdm], etw wird [von jdm] beredet

▶ **ça jase** *fam* es wird geredet [*o* geklatscht]

jasmin [ʒasmɛ̃] *m* Jasmin *m*

jatte [ʒat] *f* DIAL Schale *f*; ***une ~ de soupe*** eine Tasse Suppe

jauge [ʒoʒ] *f* ■ **~ de qc**: ~ ***d'essence*** Benzinuhr *f*; ~ ***d'épaisseur*** Dick[t]enlehre *f*, Fühlerlehre *f*; ~ ***[de niveau] d'huile*** Ölstandanzeiger *m*; ***aspirateur avec ~ de remplissage*** Staubsauger *m* mit Filterwechselanzeige

jauger <2 a> [ʒoʒe] *vt* **1.** TECH ■ **qn jauge qc** jd misst etw

2. (*apprécier*) ■ **qn jauge qn/qc** jd beurteilt jdn/etw, jd schätzt jdn/etw ein

[*o* ab], jd taxiert jdn/etw; ***elle me jaugeait du regard*** sie sah mich abschätzend an
3. NAUT (*contenir*) ■ **qc jauge …** */bateau, navire/* etw hat einen Tonnengehalt [*o* eine Tonnage] von …

jaunâtre [ʒonɑtʀ] *adj* gelblich

jaune [ʒon] I. *adj* (*de couleur jaune*) gelb; ~ ***d'or*** goldgelb
▶ **qn rit** ~ jd lacht gezwungen
II. *m* 1. (*couleur*) Gelb *nt;* ~ ***pâle/foncé*** Blass-/Dunkelgelb; ***le*** ~ ***est ma couleur préférée*** Gelb ist meine Lieblingsfarbe
2. [*œuf*] Eigelb *nt,* Dotter *m o nt*
▶ ~ **canari** Kanariengelb *nt;* ~ **citron** Zitronengelb *nt;* ***une jupe*** ~ ***citron*** ein zitronengelber Rock; ~ **paille** Strohgelb *nt;* ***qc est*** ~ ***paille*** etw ist strohgelb; **en** ~ *habillé, peint* gelb
III. *mf* 1. (*Asiatique*) ■ **Jaune** Gelbe(r) *f(m),* Asiate/Asiatin *m/f*
2. *péj* (*briseur de grève*) Streikbrecher(in) *m(f)*
◆ **jaune d'œuf** Eigelb *nt,* Dotter *m o nt*

jaunir <8> [ʒoniʀ] I. *vi* ■ **qc jaunit** */tapisserie, papier, rideaux/* etw vergilbt; */feuille d'arbre a., peau, vêtement/* etw färbt sich gelb
II. *vt* ■ **qc jaunit qc** */lumière, soleil/* etw macht etw gelb, etw vergilbt etw; */nicotine/* etw färbt etw gelb; ***il a les doigts jaunis par la nicotine*** er hat vom Nikotin gelb gefärbte Finger, er hat gelbe Nikotinfinger

jaunisse [ʒonis] *f* Gelbsucht *f*
▶ **qn en fait une** ~ *fam* jd ärgert sich grün und gelb *fam*

jaunissement [ʒonismɑ̃] *m* [*feuille, peau, vêtement*] Gelbwerden *nt;* [*rideaux, tapisserie, papier*] Vergilben *nt*

java [ʒava] *f für den "bal musette" typischer Tanz*
▶ **qn fait la** ~ *pop* jd feiert; ***ils ont fait la*** ~ ***toute la nuit*** sie haben die ganze Nacht durchgefeiert [*o* gesumpft *sl*]

Java [ʒava] *m* INFORM Java ['dʒɑːvə] *nt*

javel [ʒavɛl] *f* ∅ Javel-Wasser *nt; v. a.* **eau de Javel**

javelliser <1> [ʒavelize] *vt* ■ **qn javellise qc** *eau* jd chlort etw

javelot [ʒavlo] *m* Speer *m*

jazz [dʒɑz] *m* Jazz [dʒɛs, jats] *m;* ***chanteur/instrument/musicien de*** ~ Jazzsänger *m*/-instrument *nt*/-musiker *m*

jazzman <s *o* -men> [dʒɑzman, -mɛn] *m* Jazzmusiker [dʒɛs-, jats-] *m,* Jazzer ['dʒɛsɐ, 'jatsɐ] *m*

je <j'> [ʒə, ʒ] I. *pron* ich; ***moi,*** ~ ***m'appelle Jean*** ich heiße Jean; ***que vois***~? was sehe ich?, was muss ich sehen?
II. *m* ∅ 1. LING Ichform *f*
2. (*ego*) Ich *nt*

Jean [ʒɑ̃] *m* REL Johannes *m*

jean [dʒin] *m* 1. (*tissu*) Jeansstoff ['dʒiːns-] *m;* ***ensemble en*** ~ Jeansanzug *m*
2. *sing o pl* (*pantalon*) Jeans *f o pl*

jean-foutre [ʒɑ̃futʀ] *m inv* Taugenichts *m,* Tunichtgut *m*

jeannette [ʒanɛt] *f* Ärmelbügelbrett *nt*

jeep® [dʒip] *f* Jeep® *m*

je-m'en-foutisme [ʒ(ə)mɑ̃futism] *m* ∅ *fam* Ist-mir-wurscht-Haltung *f fam,* Nach-mir-die-Sintflut-Haltung *f fam*

je-m'en-foutiste [ʒ(ə)mɑ̃futist] *inv* I. *adj fam:* ***attitude*** ~-~-~ Ist-mir-wurscht-Haltung *f fam,* Nach-mir-die-Sintflut-Haltung *f fam;* ***personne*** ~-~-~ Null-Bock-Typ *m fam;* ***elle est plutôt*** ~-~-~ ihr ist alles wurscht[egal] [*o* piepegal] [*o* piepe] *fam*
II. *mf fam* Null-Bock-Typ *m fam*

je-ne-sais-quoi [ʒən(ə)sɛkwa] *m inv* ■ **un** ~-~-~-~ ein Ich-weiß-nicht-was *nt;* ***elle a un*** ~-~-~-~ sie hat ein gewisses Etwas

jérémiade [ʒeʀemjad] *f souvent pl fam* Gejammer *nt kein pl fam*

jerk [dʒɛʀk] *m* ∅ Jerk *m*

jerrycan *m,* **jerrican**[**e**] [(d)ʒeʀikan] *m* [Benzin]kanister *m*

jersey [ʒɛʀzɛ] *m* 1. (*tissu*) Jersey ['dʒøːɐzi] *m;* ~ ***de laine/soie*** Woll-/Seidenjersey
2. (*tricot*) Jersey *nt*
3. (*point de tricot*): ***qc est tricoté(e) en*** ~ [***endroit***] etw ist glatt rechts gestrickt

Jersey [ʒɛʀzɛ] ■ [**l'île de**] **Jersey** [die Insel] Jersey ['dʒøːɐzi]

jésuite [ʒezɥit] I. *adj* Jesuiten-; *architecture* jesuitisch; ***l'enseignement*** ~ der Unterricht der Jesuiten
II. *m* 1. REL Jesuit *m*
2. *péj* (*hypocrite*) Jesuit *m,* Heuchler *m*

Jésus [ʒezy] *m* 1. REL Jesus *m*
2. (*statue*) ■ **j**~ Jesus *m;* (*comme enfant*) Jesuskind *nt*
3. (*enfant sage*) ■ **j**~ Engel *m*
4. (*saucisson*) ■ **j**~ *kurze dicke Dauerwurst*
▶ ~, **Marie** [**, Joseph**]! Jesses [Maria]! SDEUTSCH, Jesus [Maria und Josef]!; **doux** ~! [mein] Gott!, du liebe Zeit! *fam;* **mon** [**petit**] **j**~ mein Engel[chen]

Jésus-Christ [ʒezykʀist] *m* Jesus Christus *m;* ***la naissance de*** ~-~ die Geburt Jesu Christi
▶ **après/avant** ~-~ nach/vor Christus [*o* Christi Geburt]

jet¹ [ʒɛ] *m* 1. [*tuyau*] Düse *f*
2. (*action*) Werfen *nt;* (*résultat*) Wurf *m;* [*filet*] Auswerfen; [*bombe*] Abwerfen/Abwurf; ***le passant a reçu un*** ~ ***de gravillons*** der Passant bekam eine Ladung Splitt ab
3. (*distance parcourue*) Wurf *m;* ***un*** ~ ***de 100 mètres*** ein Hundertmeterwurf
4. METAL [Ab]guss *m;* ***d'un seul*** ~ aus einem Guss
5. (*jaillissement*) Strahl *m;* ■ ~ **de** -strahl
6. BOT (*nouvelle pousse*) Trieb *m,* Spross *m;* (*tige*) Zweig *m*
▶ **à un** ~ **de pierre** [nur] einen Steinwurf [*o* Katzensprung *fam*] weit [entfernt]; **à** ~ **continu** ununterbrochen, unaufhörlich; ~ **dentaire** Munddusche *f;* **un/le premier** ~ ein Rohentwurf/der erste Entwurf; **du premier** ~ auf Anhieb, beim ersten Versuch; **d'un** [**seul**] ~ *écrire, traduire* in einem Zug[e]
◆ **jet d'eau** Fontäne *f*

jet² [dʒɛt] *m* AVIAT Jet *m,* Düsen[verkehrs]flugzeug *nt*

jetable [ʒ(ə)tabl] *adj* Wegwerf-

jeté [ʒ(ə)te] *m* 1. SPORT (*action*) Werfen *nt;* (*résultat*) Wurf *m*
2. (*au tricot*) [Maschen]umschlag *m;* ***il fait des*** ~***s*** er nimmt Maschen auf
3. (*pas de danse*) Jeté *nt*
◆ **jeté de lit** Bettüberwurf *m;* **jeté de table** Tischläufer *m*

jetée [ʒ(ə)te] *f* [Hafen]mole *f*

jeter <3> [ʒ(ə)te] I. *vt* 1. (*lancer*) ■ **qn jette qc** [**quelque part**] jd wirft etw [irgendwohin]; (*avec force*) jd schleudert etw [irgendwohin]; ***qn jette les dés*** jd würfelt
2. (*envoyer pour donner*) ■ **qn jette qc à qn** jd wirft jdm etw zu; ■ **qn jette qc à un animal** jd wirft einem Tier etw vor
3. (*laisser tomber*) ■ **qn jette qc** *sonde, grappin* jd wirft etw aus; *bouée* jd legt etw aus; *pistolet* jd lässt etw fallen; ***qn jette l'ancre*** jd wirft den Anker aus, jd geht vor Anker, jd ankert; ***qn jette ses cartes*** jd wirft die Karten hin, jd hört zu spielen auf
4. (*se débarrasser*) ■ **qn jette qc** jd wirft etw weg [*o* fort]; *liquide* jd gießt [*o* schüttet] etw weg [*o* aus]; ***qc est bon(ne) à*** ~ */voiture/* etw ist schrottreif; */objet/* etw ist reif für die Mülltonne; ■ **qn jette qc quelque part** jd wirft etw irgendwohin; *liquide* jd schüttet [*o* gießt] etw irgendwohin; ■ **qc jette qc** *lest* etw wirft etw ab
5. *fam* (*se débarrasser de*) ■ **qn jette qn** jd wirft [*o* schmeißt *fam*] jdn hinaus; *employé a.* jd feuert jdn *fam;* ***qn jette qn sur le pavé*** [*o* ***dans la rue***] jd setzt jdn vor die Tür [*o* auf die Straße]; ■ **qn se fait** ~ [**par qn**] *fam* jd wird [von jdm] hinausgeworfen; */employé a./* jd wird [von jdm] gefeuert *fam*
6. (*mettre rapidement*) ■ **qn jette qc quelque part** jd wirft etw irgendwohin; ***elle a jeté quelques vêtements dans sa valise*** sie warf ein paar Kleider in den Koffer; ***qn jette qc sur ses épaules*** jd wirft sich (*dat*) etw um [*o* über]; ***qn jette quelques lignes sur le papier*** jd wirft ein paar Zeilen aufs Papier
7. (*mettre en place*) ■ **qn jette qc** *pont de fortune* jd schlägt etw; NAUT *passerelle* jd fährt etw aus; ■ **qn jette qc** [**de qc**] *les bases, les fondements* jd legt etw [zu etw]
8. (*projeter*) ■ **qn jette qc** [**à qn**] jd wirft mit etw [nach jdm]; ■ **qn jette qc contre qc/quelque part** jd wirft etw gegen [*o* an] etw/irgendwohin; ■ **qc jette qn/qc contre qc** */tempête, mer/* etw wirft jdn/etw gegen etw
9. (*pousser*) ■ **qn jette qn quelque part** *à terre, par la fenêtre, dans la rivière* jd wirft jdn irgendwohin
10. (*émettre*) ■ **qc jette qc**: ***qc jette des étincelles*** etw sprüht Funken; ***qc jette des feux*** etw blitzt; ***qc jette un vif éclat*** etw glänzt; ***qc jette des reflets dorés*** etw schimmert golden
11. (*répandre*) ■ **qn/qc jette qc** *trouble, discorde* jd/etw stiftet etw; *désordre, terreur a.* jd/etw verbreitet etw; ***qn/qc jette le trouble dans les esprits*** jd/etw verwirrt die Geister; ***qn/qc jette la panique au sein d'un groupe*** jd/etw versetzt eine Gruppe von Menschen in Panik; ■ **qn jette qc sur qn** *faute* jd gibt jdm etw, jd wälzt etw auf jdn ab; ***qn/qc jette le discrédit sur qn*** jd/etw bringt jdn in Verruf [*o* Misskredit]; ***qn jette la honte sur qn*** jd macht jdm Schande; ***qn jette l'opprobre sur qn*** jd fügt jdm [eine] Schmach zu *geh*
12. (*plonger*) ■ **qn/qc jette qn dans qc** *dans l'épouvante* jd/etw versetzt jdn in etw (*akk*); *dans des égarements, des emportements* jd/etw ruft bei jdm etw hervor; *dans les frais, les dettes* etw stürzt jdn in etw (*akk*); ***qn/qc jette qn dans l'angoisse/la confusion*** jd/etw versetzt jdn in große Angst/große Verwirrung; ***qn/qc jette qn dans l'embarras/la confusion*** jd/etw bringt jdn in große Verlegenheit/große Verwirrung; ***qn/qc jette qn dans la perplexité*** jd/etw macht jdn völlig ratlos; ***qn/qc jette qn dans le désespoir*** jd/etw stürzt jdn in tiefe Verzweiflung; ***qn/qc jette qn dans la stupeur*** jd/etw bestürzt jdn tief, jd/etw macht jdn tief betroffen
13. (*dire*) ■ **qn jette qc** *cris, insultes* jd stößt etw aus; *remarque* jd lässt etw fallen; ***qn jette qc à qn*** *insultes, menaces* jd wirft jdm etw an den Kopf
14. (*bouger*) ■ **qn jette qc quelque part** *tête, poings* jd wirft etw irgendwohin; ***elle lui jette ses bras autour du cou*** sie wirft ihm die Arme um den Hals
15. (*regarder*) ■ **qn jette qc à qn/sur qc** *un regard, un* [*coup d'*]*œil* jd wirft jdm etw zu; (*pour surveiller*) jd wirft etw auf jdn/etw (*akk*)
▶ **qn jette qn en prison** jd wirft jdn ins Gefängnis; **qn/qc en jette** *fam* jd/etw macht was her *fam;* **ça jette!** *fam* das ist echt was! *fam,* das macht [echt] was her! *fam;* **n'en jetez plus** [**la cour est pleine**] *fam* hören Sie auf damit, lassen Sie das [sein], lassen Sie es gut sein; **qn s'en jette un** [**derrière la cravate**] *fam* jd gießt [*o* kippt] sich (*dat*) einen hinter die Binde *fam;* ***viens, on va s'en*** ~ ***un*** komm, wir gehen einen heben *fam*
II. *vpr* 1. (*s'élancer, se précipiter*) ■ **qn/un animal se jette quelque part** jd/ein Tier stürzt irgendwohin; ***qn/un animal se jette de côté/en arrière*** jd/ein Tier springt beiseite [*o* auf die [*o* zur] Seite]/zurück; ***qn se jette à genoux/plat ventre*** jd wirft sich auf die Knie/flach hin; ■ **qn se jette de quelque part** jd stürzt sich von irgendwo; ***qn se jette par la fenêtre*** jd stürzt sich aus dem Fenster; ■ **qn se jette quelque part** jd stürzt sich irgendwohin; ***qn se jette à l'eau*** jd geht ins Wasser, jd ertränkt sich; ***elle se jette sous les roues d'une voiture/d'un train*** sie wirft sich vor ein Auto/vor einen Zug; ■ **qc se jette quelque part** *dans le précipice* etw stürzt in etw (*akk*); ***la voiture s'est jetée contre un arbre*** der Wagen prallte gegen einen Baum; ■ **qn se jette à/dans qc de qn**: ***qn se jette au cou de qn*** jd fällt jdm um den Hals; ***qn se jette aux pieds de qn*** jd wirft sich jdm zu Füßen, jd wirft sich vor jdm nieder; ***qn se jette dans les bras de qn*** jd wirft sich jdm in die Arme; ■ **qn/un animal se jette sur qn/qc** jd/ein Tier stürzt sich auf jdn/etw, jd/ein Tier fällt über jdn/etw her; *sur le lit* jd wirft

sich auf etw (*akk*), jd lässt sich auf etw (*akk*) fallen
2. (*s'engager*) ■ **qn se jette à qc:** ***qn se jette à l'assaut*** [***de qc***] jd stürmt [etw]; ***qn se jette*** [***à corps perdu***] ***dans qc*** *dans une entreprise, le travail* jd stürzt sich [mit Feuereifer] in etw (*akk*); *dans la mêlée, la bataille, une aventure* jd stürzt sich [blindlings] in etw (*akk*); *dans la politique, les affaires* jd steigt [voll] in etw (*akk*) ein; ***il se jette dans de grands discours*** er ergeht sich in großen Reden
3. (*déboucher dans*) ■ **un cours d'eau se jette dans qc** ein Fluss mündet in etw (*akk*)
4. (*être jetable*) ■ **qc se jette** etw wird weggeworfen
5. (*s'envoyer*) ■ **plusieurs personnes se jettent qc** mehrere Menschen werfen sich (*dat*) etw zu; ***ils se jettent des injures à la figure*** sie werfen sich Beleidigungen an den Kopf, sie schleudern sich Beleidigungen ins Gesicht

jeteur, -euse [ʒ(ə)tœʀ, -øz] *m, f* ▶ ~(-euse) **de sort** jd, der den bösen Blick hat

jeton [ʒ(ə)tɔ̃] *m* 1. JEUX Jeton *m*, Spielmarke *f*, Spielmünze *f*; (*à la roulette*) Chip [tʃɪp] *m*
2. TELEC Jeton *m*, Telefonmarke *f*
▶ **faux** ~ *fam* falscher Fuffziger *fam*; **vieux** ~ *fam* alter Trottel *fam*; **qn a les ~s** *fam* jd hat Angst, jd hat Muffe *fam*; **qn/qc donne** [*o* **fiche**] **les ~s à qn** *fam* jd/etw macht jdm Angst, jd/etw jagt jdn ins Bockshorn *fam*
◆ **jeton de présence** Sitzungsgeld *nt*, Anwesenheitsvergütung *f*

jeu <x> [ʒø] *m* 1. (*fait de s'amuser*) Spielen *nt*, Spiel *nt*
2. (*jeu avec règles*) Spiel *nt*; ■ ~ **de** -spiel; ~ ***éducatif/intellectuel*** Lern-/Denkspiel; ***règle du*** ~ Spielregel *f*; ***le foot est un*** ~ ***d'équipe*** Fußball ist ein Mannschaftsspiel
3. (*boîte, cartes*) Spiel *nt*; ■ ~ **de** -spiel; ~ ***de cartes*** Kartenspiel; ~ ***de construction*** Baukasten *m*
4. (*partie*) Spiel *nt*, Partie *f*; SPORT Spiel *nt*; ***on fait encore un*** ~? spielen wir noch eine Runde?; ***qui mène le*** ~? wer führt?
5. (*terrain*) [Spiel]platz *m*; SPORT Spielfeld *nt*; ■ ~ **de** -platz; ~ ***de quilles*** Kegelbahn *f*; ***le ballon est hors*** ~ der Ball ist im Aus; ***qn met qn hors*** ~ jd stellt jdn vom Platz; ***qn remet le ballon en*** ~ jd wirft den Ball ein
6. (*jeu de hasard*) Spiel *nt*; ***dette de*** ~ Spielschuld *f*; ***qn a la passion du*** ~ jd ist dem Spiel verfallen, jd ist ein Spieler/eine Spielerin; ***qn se ruine au*** ~ jd verspielt sein ganzes Vermögen
7. (*manière de jouer*) Spiel *nt*; ***qn a un*** ~ ***défensif*** jd spielt defensiv
8. TECH Spiel *nt*; ***qc a du*** ~ etw hat [zu viel] Spiel
9. (*série*) ■ ~ **de qc** Satz *m* einer S. (*gen*); ~ ***d'aiguilles*** Spiel *nt* Stricknadeln; ~ ***de voiles*** Satz [*o* Stell *nt*] Segel; ~ ***d'orgues*** Orgelregister *nt*; ~ ***d'avirons*** Ruderwerk *nt*; ***l'imprimeur a tiré un*** ~ ***d'épreuves*** der Drucker hat einen Satz Fahnen gemacht
10. (*habileté*) Spiel *nt*; ■ ~ **de qc** Spiel einer S. (*gen*); ~ ***d'esprit*** Scherz *m*; ~ ***de l'amour*** Liebesspiel
11. (*interaction*) ■ ~ **de qc** *des alliances, institutions* Zusammenspiel *nt* von etw
12. (*manège*) [*destin, hasard, sort, vie*] Spiel *nt*
▶ **heureux au** ~, **malheureux en amour** *prov* Glück im Spiel, Pech in der Liebe; **le** ~ **ne** [*o* **n'en**] **vaut pas la chandelle** *prov* das ist nicht der Mühe wert, es lohnt sich nicht; ~ **de con**[**s**] blödes Spiel; **c'est un** ~ **d'enfant** das ist [doch] ein Kinderspiel [*o* kinderleicht], das ist [doch] ein Klacks *fam*; ~[**x**] **de main**[**s**], ~[**x**] **de vilain**[**s**] *prov* das Spiel wird noch böse enden; **qn a beau** ~ jd hat leichtes Spiel; ***tu as beau*** ~ ***de critiquer*** du hast leicht kritisieren; ~ **dangereux** gefährliches Spiel; **qn joue double** ~ jd treibt ein doppeltes Spiel [*o* Doppelspiel]; **qn joue franc** ~ jd spielt mit offenen Karten; **qn joue le grand** ~ jd zieht alle Register; ***il lui a joué le grand*** ~ ***de l'amour éternel*** er hat ihr nach allen Regeln der Kunst die ewige Liebe vorgegaukelt; **qn joue gros** ~ (*mise beaucoup d'argent*) jd spielt hoch [*o* mit hohem Einsatz]; (*risque gros*) jd riskiert viel; **le libre** ~ **de qc** *des articulations, des forces* das freie Spiel einer S. (*gen*); **les J~x olympiques** die Olympischen Spiele; **qn pratique un** ~ **ouvert** jd spielt offen; **ce petit** ~ das Spielchen; ***continue ce petit*** ~ ***et tu verras*** mach nur so weiter und du wirst schon sehen; **qn se prend à son propre** ~ jd geht in die eigene Falle; ~ **radiophonique/télévisé** Quizsendung *f* [*o* Ratespiel *nt*] im Rundfunk/Fernsehen; ~ **vidéo** Videospiel *nt*; **qn/qc est** [*o* **fait**] **vieux** ~ jd/etw ist altmodisch [*o* von gestern *fam*]; **qn a du** ~**/un beau** ~ CARTES jd hat gute Karten; **qn cache** [**bien**] **son** ~ jd verstellt sich [gut], jd lässt sich (*dat*) nicht in die Karten sehen; **qn découvre** [*o* **dévoile**] [*o* **abat**] [*o* **laisse voir**] **son** ~ jd legt die [*o* seine] Karten [offen] auf den Tisch, jd deckt die [*o* seine] Karten auf; **qn entre dans le** ~ jd macht mit; **qn entre dans le** ~ **de qn** jd spielt jds Spiel mit; ***je ne veux pas entrer dans ton*** ~ lass mich aus dem Spiel; **qn entre en** ~ (*intervient*) jd schaltet sich ein; (*entre en scène*) jd tritt auf; **qc entre en** ~ [**dans qc**] etw kommt [bei etw] zum Tragen; **c'est un** ~ **pour qn de faire qc** es ist jdm ein Leichtes [*o* für jdn ein Kinderspiel], etw zu tun; **qc est** [**mis**(**e**)] **en** ~ etw steht auf dem Spiel; **c'est pas du** ~! *fam* das ist unfair!; **ce n'est qu'un** ~ das ist doch nur ein Spiel; **qn/une équipe fait le** ~ jd/eine Mannschaft macht das Spiel; **qn se fait un** ~ **de faire qc** für jdn ist es ein Leichtes [*o* ein Kinderspiel], etw zu tun; **qn fait le** ~ **de qn** jd arbeitet jdm in die Hände, jd dient [ungewollt] jds Interessen (*dat*); **faites vos ~x!** machen Sie Ihr Spiel!; **les ~x sont faits** (*les dés sont jetés*) die Würfel sind gefallen; (*au casino*) nichts geht mehr!; **qn joue le** ~ jd hält sich an die Spielregeln; **qn laisse du** ~ **à qn/qc** jd lässt jdm etwas Zeit; *à des transactions, négociations* jd lässt für etw mehr Spielraum; **qn lit dans** [*o* **perce**] [*o* **voit clair dans**] **le** ~ **de qn** jd durchschaut jds Spiel; **qn met qc en** ~ *honneur, vie* jd setzt etw aufs Spiel; *argent* jd setzt etw; *possibilités, ressources* jd bietet etw auf; *moyens* jd setzt etw ein; **qn se pique au** ~, **qn se prend** [*o* **laisse prendre**] **au** ~ jd kommt auf den Geschmack, jd findet [plötzlich] Gefallen an der Sache; **en** ~ betroffen; ***les forces en*** ~ die betroffenen Kräfte; **par** ~ zum [*o* aus] Spaß
◆ **jeu d'adresse** Geschicklichkeitsspiel *nt*; **jeu d'eau** Wasserspiel *nt*; **jeu de bourse** Börsengeschäfte *pl*; **jeu de caractères** TYP, INFORM Zeichensatz *m*; **jeu d'écritures** [Um]buchung *f*; **jeu de hasard** Glücksspiel *nt*; **jeu de jambes** Beinarbeit *f*; **jeu de lumière** Lichtspiel *nt*; **jeu de massacre** Wurfbude *f*; **jeu de mots** Wortspiel *nt*; **jeu de patience** Geduldsspiel *nt*; **jeu de physionomie** Mienenspiel *nt*; **jeu de piste** Schnitzeljagd *f*; **jeu de puce** Flohspiel *nt*; **jeu de rôle**[**s**] Rollenspiel *nt*; **jeu de société** Gesellschaftsspiel *nt*

jeu-concours <~x-~> [ʒøkɔ̃kuʀ] *m* Preisausschreiben *nt*

jeudi [ʒødi] *m* Donnerstag *m*; ***le*** ~ ***matin*** am Donnerstagmorgen, donnerstagmorgens; ~ ***matin*** [am] Donnerstagmorgen; ~ ***dans la nuit*** Donnerstagnacht; ~ ***prochain/dernier*** nächsten [*o* kommenden]/letzten Donnerstag; ***le*** ~, ***tous les ~s*** donnerstags, jeden Donnerstag; ***ce*** ~ diesen Donnerstag; ***nous sommes*** ~ [***18 juin***] heute ist Donnerstag[, der 18. Juni]; ~, ***on part en vacances*** am Donnerstag fahren wir in Urlaub; *v. a.* **lundi**
▶ ~ **saint** Gründonnerstag *m*

jeun [ʒœ̃] *loc* ▶ **à** ~ MED nüchtern; (*pas ivre*) nüchtern; ***venez à*** ~ kommen Sie nüchtern [*o* mit nüchternem Magen]; ***médicament à prendre à*** ~ Medikament nüchtern [*o* auf nüchternen Magen] einnehmen

jeune [ʒœn] I. *adj* 1. (*opp: vieux*) jung; *plante, animal a., enfant* klein; ***plus*** ~ ***que*** jünger als; ***elle n'est plus très*** ~ sie ist nicht mehr die Jüngste
2. *antéposé* (*cadet*): ***sa*** ~ ***sœur/son*** ~ ***frère*** seine/ihre kleine Schwester/ihr/sein kleiner Bruder; ***le*** ~ ***Durandol*** der junge Durandol
3. *antéposé* (*moins âgé que la moyenne*) jung; ~ ***dirigeant d'entreprise*** Jungunternehmer *m*
4. (*inexpérimenté*) ■ **qn est** ~ jd ist unerfahren; ***qn est*** ~ ***dans le métier*** jd ist ein Neuling *m*
5. *postposé* (*qui fait jeune*) jugendlich; ***il a le corps*** ~ er hat die Figur eines jungen Mannes; ***elle a le caractère*** ~ sie ist jung [geblieben]
6. *antéposé*: ***dès son plus*** ~ ***âge*** schon als Kind; ***dans ses ~s années, dans son*** ~ ***temps*** in seiner/ihrer Jugend
7. *postposé* (*nouveau*) *industrie, pays, vin* jung
8. ■ **qn/qc fait qc** ~: ***elle s'habille*** ~ sie kleidet sich jugendlich; ***ce vin se boit*** ~ dieser Wein wird jung getrunken
▶ **coup de** ~: ***qc donne un coup de*** ~ ***à qn*** etw lässt jdn wesentlich jünger erscheinen; ***qn a pris un coup de*** ~ jd sieht wesentlich jünger aus; **c'est un peu** ~! *fam*, **ça fait** [**un peu**] ~! das ist ganz schön knapp! *fam*; **qn fait** ~ jd sieht jung aus
II. *mf* 1. (*personne*) junger Mann/junge Frau
2. *pl* (*jeunes gens*) Jugend *f*; ***les ~s d'aujourd'hui*** die heutige Jugend; ***place aux ~s*** Platz dem Nachwuchs

jeûne [ʒøn] *m* REL Fasten *nt*; MED Fasten, Fastenkur *f*; ***qn observe*** [*o* ***s'impose***] [*o* ***pratique***] ***le*** ~ ***du carême*** jd beachtet die Fastenzeit

jeûner <1> [ʒøne] *vi* ■ **qn jeûne** jd fastet; (*pour maigrir a.*) jd hungert; ■ **un animal jeûne** ein Tier frisst nicht [*o* bleibt ohne Futter]; ■ **qn fait** ~ **qn** */médecin/* jd verordnet jdm eine Fastenkur

jeunesse [ʒœnɛs] *f* 1. (*état*) Jugend *f*; (*période*) Jugend[zeit *f*]; ***rêve/folie de*** ~ Jugendtraum *m*/-torheit *f*; ***dans ma*** ~ in meiner Jugend
2. (*personnes jeunes*) Jugend *f*; ~ ***agricole/ouvrière*** Land-/Arbeiterjugend; ~ ***étudiante*** studierende Jugend; ***~s communistes*** kommunistische Jugend; ***~s hitlériennes*** Hitlerjugend
3. [*vin, eau-de-vie*] junges Alter
4. (*fraîcheur*) Jugendlichkeit *f*, Frische *f*; ***il a un air de*** ~ er sieht jugendlich aus; ***elle est pleine de*** ~ sie steckt voll jugendlichem Elan; ■ ~ **de qc:** ~ ***d'esprit*** geistige Frische; ***la*** ~ ***de son sourire*** sein/ihr jugendliches Lächeln; ***elle a une grande*** ~ ***d'imagination*** sie hat eine sehr jugendliche Fantasie; ***il est d'une grande*** ~ ***de cœur*** er ist im Herzen sehr jung geblieben
▶ **si** ~ **savait, si vieillesse pouvait** *prov* wenn die Jugend wüsste und das Alter könnte; ~ **délinquante** straffällige Jugend, jugendliche Straftäter *pl*; ~ **dorée** verwöhnte Jugend; ***qn a vécu une*** ~ ***dorée*** jd ist in seiner Jugend in jeder Beziehung verwöhnt worden; **qn n'est plus de la première** [*o* **de prime**] ~ jd ist nicht mehr der/die Jüngste, jd ist nicht mehr ganz jung; **seconde** ~ zweiter Frühling; **il faut que** ~ **se passe** *prov* die Jugend muss sich austoben; **une** ~ *fam* ein junges Ding *fam*

jeunet, te [ʒœnɛ, ɛt] *adj fam* reichlich jung

jeûneur, -euse [ʒønœʀ, -øz] *m, f* Fastende(r) *f(m)*

jeunot, te [ʒœno, ɔt] I. *adj* reichlich jung; ***un enfant*** [***tout***] ~ ein [ganz] kleines Kind
II. *m, f fam* junges Bürschchen/junges Ding *fam*; ***un petit ~/une petite ~te*** ein ganz junges Bürschchen/Ding *fam*

J.O. [ʒio] I. *mpl abr de* **Jeux olympiques** Olympische Spiele *pl*
II. *m ∅ abr de* **Journal officiel** Amtsblatt *nt*, [Bundes]gesetzblatt *nt*

joaillerie [ʒɔajʀi] *f* 1. (*bijouterie*) Juweliergeschäft *nt*
2. (*art, métier*) Juwelierhandwerk *nt*, Juwelierkunst *f*; ***qn apprend la*** ~ jd erlernt das Juwelierhandwerk
3. (*marchandises*) Juwelierwaren *pl*, Schmuckwaren *pl*

joaillerie-orfèvrerie <~s-~s> [ʒɔajʀiɔʀfɛvʀəʀi] *f* Juwelier- und Goldwarengeschäft *nt*

joaillier, -ière [ʒɔaje, -jɛʀ] I. *m, f* Juwelier(in) *m(f)*
II. *app: ouvrier*~ Goldschmied(in) *m(f)*

joaillier-orfèvre, -ière-~ <~s-~s> [ʒɔajeɔʀfɛvʀ, -jɛʀ] *m, f* Juwelier(in) und Goldschmied(in) *m(f)*

job [dʒɔb] *m fam* Job *m fam*

Job [ʒɔb] *loc* ▶ **qn est pauvre comme** ~ jd ist bettelarm, jd ist arm wie eine Kirchenmaus *fam*

jobard, e [ʒɔbaʀ, aʀd] I. *adj personne* leichtgläubig, einfältig; *air* dämlich
II. *m, f* Trottel *m*, Dummkopf *m*

jobardise [ʒɔbaʀdiz] *f* Leichtgläubigkeit *f*, Einfältigkeit *f*

jockey [ʒɔkɛ] *m* Jockei *m*, Jockey ['dʒɔke, -ki] *m*
Joconde [ʒɔkɔ̃d] *f* ■ **la** ~ die Mona Lisa
jodler <1> [jɔdle] *vi* ■ **qn jodle** jd jodelt
jogging [(d)ʒɔgiŋ] *m* **1.** (*footing*) Jogging *nt*; *qn fait du* ~ jd joggt
2. (*survêtement*) Jogginganzug *m*
joie [ʒwa] *f* **1.** (*bonheur*) Freude *f*; *avec* ~ freudig, erfreut; ~ *de vivre/créer* Lebens-/Schaffensfreude, Lebens-/Schaffenslust *f*; ~ *de posséder* Besitzerstolz *m*; *cri de* ~ Freudenschrei *m*; *éruption de* ~ Freudenausbruch *m*; *qn est au comble de la* [*o fou de*] [*o transporté de*] ~ jd ist außer sich vor Freude, jd freut sich wahnsinnig; *qn nage dans la* ~ jd schwimmt in eitel Wonne [*o* Freude]; *c'est une* ~ *de faire qc* es ist eine [wahre] Freude, etw zu tun
2. *pl* (*plaisirs*) Freuden *pl geh*; *sans* ~*s* freudlos; ~*s de la paternité* Vaterfreuden; ~*s du monde/paradis* irdische/paradiesische Freuden
▶ **fausse** ~ verfrühte Freude; *il a éprouvé une fausse* ~ er hat sich zu früh gefreut; **qn/qc est la plus grande** ~ **de qn** jd/etw ist jds größte Freude; **pour la plus grande** ~ **de qn** zu jds größter Freude; *pour ma plus grande* ~ zu meiner größten Freude; **à ma/sa/... grande** ~ zu meiner/seiner/ihrer/... großen Freude; ~ **maligne** Schadenfreude *f*; **qn/qc est la seule** [*o* **toute la**] ~ **de qn** jd/etw ist jds ganze [*o* einzige] Freude; **qn/qc est** [*o* **fait**] **la** ~ **de qn** jd/etw bereitet [*o* macht] jdm Freude; **qn fait la** ~ **à qn de qc/de faire qc** jd macht [*o* bereitet] jdm die Freude einer S. (*gen*)/, etw zu tun; **qn se fait une** [**telle**] ~ **de faire qc** es ist jdm eine große Freude, etw zu tun; **qc met qn en** ~ etw erheitert jdn, etw macht [*o* stimmt] jdn fröhlich; **avec** ~ mit Freuden; **de** ~ vor Freude; *qn saute de* ~ jd macht Freudensprünge; *qn pleure de* ~ jd weint vor Freude, jd vergießt Freudentränen; **en** ~: *qn est en* ~ jd ist vergnügt [*o* fröhlich]; *qn a le cœur en* ~ jd frohlockt, jd jubelt im Innern; **c'est pas la** ~! *fam* da gibt's nichts zu lachen!
joindre <*irr*> [ʒwɛ̃dʀ] **I.** *vt* **1.** (*faire se toucher*) ■ **qn joint plusieurs choses** jd fügt mehrere Dinge zusammen [*o* aneinander]; ■ **qn joint qc à qc** jd fügt etw an etw (*akk*); *qn joint les mains* jd faltet die Hände; *qn joint les talons* jd schlägt die Hacken zusammen
2. (*relier*) ■ **qn/qc joint plusieurs choses/qc à qc** jd/etw verbindet mehrere Dinge miteinander/etw mit etw
3. (*rassembler*) ■ **plusieurs personnes joignent plusieurs choses**: *ils joignent leurs efforts* sie machen gemeinsame Anstrengungen; *ils joignent leurs moyens* sie legen zusammen
4. (*ajouter*) ■ **qn joint qc à une chose** *à un dossier* jd legt [*o* fügt] einer S. (*dat*) etw bei; *à une lettre a.* jd schickt etw in einer S. (*dat*) mit; *il joint le geste à la parole* er lässt seinen Worten Taten folgen
5. (*allier*) ■ **qn/qc joint qc à qc** jd/etw verbindet [*o* vereint] etw mit etw
6. (*atteindre*) ■ **qn joint qn** jd erreicht jdn; *où puis-je vous* ~? wo kann ich Sie erreichen?
II. *vi* ■ **qc joint** /*fenêtre, porte*/ etw ist dicht, etw schließt gut; *cette fenêtre ne joint pas bien* dieses Fenster ist nicht ganz dicht [*o* schließt nicht richtig]; ■ **plusieurs choses joignent bien/mal** /*lattes*/ mehrere Dinge sind/sind nicht fugendicht
III. *vpr* **1.** (*se mêler*) ■ **qn se joint à qn/qc** jd schließt sich jdm/einer S. an; *ne mangez pas tout seul, joignez-vous à nous* essen Sie doch nicht allein, setzen Sie sich zu uns [*o* leisten Sie uns Gesellschaft]
2. (*s'associer*) ■ **qn se joint à qn** [**pour faire qc**] jd tut sich mit jdm zusammen [um etw zu tun]; ■ **qn se joint à qc** jd tritt einer S. (*dat*) bei, jd tritt in etw (*akk*) ein
3. (*participer à*) ■ **qn se joint à qc** jd beteiligt sich an etw (*dat*)
4. (*se toucher*) ■ **deux choses se joignent** zwei Dinge berühren sich
joint[1] [ʒwɛ̃] *m* TECH (*espace*) Fuge *f*; (*garniture*) [*couvercle, robinet*] Dichtung *f*; ~ *en caoutchouc* Gummidichtung
▶ **qn cherche/trouve le** ~ jd sucht/findet einen Weg [*o* eine Lösung]; *elle a trouvé le* ~ sie hat den Dreh [*o* Bogen] raus *fam*
◆ **joint de cardan** Kardangelenk *nt*, Kreuzgelenk *nt*; **joint de culasse** Zylinderkopfdichtung *f*
joint[2] [ʒwɛ̃] *m fam* (*drogue*) Joint [dʒɔɪnt] *m sl*
joint, e [ʒwɛ̃, ɛ̃t] **I.** *pp de* **joindre**
II. *adj* **1.** *mains* gefaltet; *pieds* geschlossen; *à pieds* ~*s* mit geschlossenen Beinen
2. *efforts* gemeinsam; *compte a.* Gemeinschafts-
3. (*ajouté*) ■ ~ [**à qc**] [einer S. (*dat*)] beigefügt [*o* beigelegt]; *pièce* ~*e* Anlage *f*; *lettre* ~*e au paquet* dem Paket beigefügter Brief
4. (*qui n'a pas de jeu*): *mal/bien* ~ undicht/dicht
5. *lattes, planches* verfugt, fest miteinander verbunden
jointif, -ive [ʒwɛ̃tif, -iv] *adj lattes, planches* fugendicht
jointure [ʒwɛ̃tyʀ] *f* **1.** ANAT Gelenk *nt*; ~ *du genou/du poignet* Knie-/Handgelenk; *qn fait craquer les* ~*s de ses doigts* jd knackt mit den Fingern
2. TECH Verbindungsstelle *f*, Fuge *f*
joint venture <~ ~s> [dʒɔjntvɛntʃœʀ] *f* Jointventure [dʒɔɪnt'vɛntʃə(r)] *nt*
jojo [ʒoʒo] *loc* ▶ **qn est un affreux** ~ jd ist ein ganz übler Bursche
joker [(d)ʒɔkɛʀ] *m* Joker ['dʒo:kɐ] *m*
joli, e [ʒɔli] *adj* **1.** (*agréable*) hübsch, fesch AUS *fam*; *intérieur, vêtement a., chanson* nett; *voix a.* angenehm; *objet* schön
2. (*considérable*) [ganz] beachtlich, prima *fam*; *position* gut, prima *fam*; *une* ~*e somme* ein nettes [*o* hübsches] Sümmchen *fam*
3. *iron: un* ~ *monsieur* ein [ziemlich] übler Patron [*o* Kunde] *fam*; *un* ~ *coco* ein sauberes Früchtchen *fam*; *un* ~ *gâchis* ein schöner Schlamassel *fam*; *c'est du* ~ *travail!* da hast du [*o* habt ihr] ja was Schönes angerichtet! *fam*
▶ **c'est bien** ~, **mais ...** das ist [ja] alles gut und schön, aber ...; **qn est** ~(**e**) **à croquer** jd ist zum Anbeißen *fam*; **c'est du** ~! das ist ja reizend!, das ist ja eine nette Bescherung! *fam*; **c'est pas** ~ ~! das ist aber gar nicht schön!; *c'est pas* ~ ~ *de faire qc* es ist aber gar nicht schön, etw zu tun; **c'est** ~ **de faire qc!** man tut etw doch nicht!; *c'est* ~ *de taper son petit frère!* man schlägt seinen kleinen Bruder doch nicht!; **qn fait du** ~ jd richtet etwas Schönes an; **le plus** ~ [**de l'histoire**], **c'est que** + *indic* das Schönste [an [*o* bei] der Geschichte] ist, dass
joliesse [ʒɔljɛs] *f littér* Anmut *f*
joliment [ʒɔlimɑ̃] *adv* **1.** (*agréablement*) hübsch, nett; *elle a* ~ *dit son poème* sie hat ihr Gedicht schön aufgesagt
2. (*considérablement*) ganz schön *fam*; *qn gagne* ~ *sa vie* jd verdient ganz schön
3. *iron* schön; *tu as* ~ *travaillé! tout est à refaire* du hast ja wirklich saubere Arbeit geleistet! alles muss neu gemacht werden
jonc [ʒɔ̃] *m* Binse *f*; *canne de* ~ Rohrstock *m*
jonchée [ʒɔ̃ʃe] *f* ■ **une** ~ **de** ein -teppich *m*
joncher <1> [ʒɔ̃ʃe] **I.** *vt* ■ **qc jonche qc** etw bedeckt etw; *des vêtements jonchent le lit* Kleidungsstücke liegen auf dem Bett verstreut; ■ **qn/qc jonche qc de qc** etw übersät etw mit etw; *les enfants jonchent le chemin de fleurs* die Kinder streuen Blumen auf den Weg
II. *vpr* ■ **qc se jonche de qc** etw bedeckt sich mit etw
jonction [ʒɔ̃ksjɔ̃] *f* **1.** [*routes*] Einmündung *f*; [*canaux, fleuves*] Zusammenfluss *m*; [*voies ferrées*] Gleisanschluss *m*; *gare de* ~ Anschlussbahnhof *m*, Knotenpunktbahnhof *m*; *à la* ~ *de la route et de la voie ferrée* an der Stelle, an der die Landstraße auf die Bahnlinie trifft
2. ELEC Verbindung *f*
3. MIL Vereinigung *f*; *deux armées opèrent leur* ~ zwei Armeen vereinigen sich
jongler <1> [ʒɔ̃gle] *vi* ■ **qn/un animal jongle** [**avec plusieurs choses**] jd/ein Tier jongliert [mit mehreren Dingen]; ■ **qn jongle avec des choses** *avec les idées, chiffres* jd jongliert mit Dingen; *avec les difficultés* jd wird spielend mit Dingen fertig, jd meistert Dinge spielend
jonglerie [ʒɔ̃gləʀi] *f* **1.** (*tour d'adresse*) Kunststück *nt*
2. *péj* (*manœuvre*) Hokuspokus *m*, fauler Zauber; *ses* ~*s m'agacent* seine/ihre faulen Tricks nerven mich *fam*
jongleur, -euse [ʒɔ̃glœʀ, -øz] *m, f* Jongleur/Jongleuse *m/f*; *c'est un habile* ~ *de mots* er jongliert geschickt mit Worten
jonque [ʒɔ̃k] *f* Dschunke *f*
jonquille [ʒɔ̃kij] **I.** *f* Osterglocke *f*
II. *app inv* hellgelb
jouable [ʒwabl] *adj* spielbar; *pièce a.* aufführbar
▶ **c'est** ~ das ist machbar
joual, e <s> [ʒwal] **I.** *adj* frankokanadisch
II. *m* Frankokanadisch *nt*
joue [ʒu] *f* **1.** ANAT Backe *f*, Wange *f geh*; GASTR Backe; ~*s rebondies* Pausbacken *pl*; *qn a les* ~*s creuses* jd ist hohlwangig; ~ *contre* [*o* **à**] ~ Wange an Wange
2. *pl* [*fauteuil, canapé, stalle*] Wangen *pl*; [*poulie*] Backen *pl*
▶ **qn présente** [*o* **tend**] **l'autre** ~ jd hält auch die andere Wange hin; **qn se cale les** ~**s** *fam* jd isst [*o* futtert] tüchtig drauflos *fam*, jd haut rein *fam*; **en** ~: *en* ~! legt an!; *qn met son fusil en* ~ jd legt sein Gewehr an, jd bringt sein Gewehr in Anschlag; *qn tient qn/qc en* ~ jd hat auf jdn/etw angelegt
jouer <1> [ʒwe] **I.** *vi* **1.** (*s'amuser*) ■ **qn/un animal joue** jd/ein Tier spielt; ■ **qn fait** ~ **qn** jd veranstaltet Spiele für jdn; ■ **qn laisse** ~ **qn** jd lässt jdn spielen; ■ **qn/un animal joue avec qc** jd/ein Tier spielt mit etw; ■ **qn joue avec qc** *avec des sentiments* jd spielt mit etw; *elle joue avec l'idée de faire qc* sie spielt mit dem Gedanken, etw zu tun; *ne joue pas avec ces choses-là!* diese Dinge solltest du nicht auf die leichte Schulter nehmen!
2. SPORT ■ **qn joue** [**contre qn**] jd spielt [gegen jdn]; ■ **qn joue à qc** *au foot, rugby, tennis* jd spielt etw
3. (*risquer*) ■ **qn joue avec qc** *avec sa vie, santé* jd spielt mit etw
4. MUS ■ **qn joue** [**de qc**] *du piano, violon* jd spielt [etw]; *qn joue en mesure* jd spielt im Takt
5. (*utiliser*) ■ **qn joue de qc** *de son influence* jd macht etw geltend; *du couteau* jd greift schnell zu etw
6. THEAT, CINE ■ **qn joue** [**quelque part**] [**dans qc**] jd spielt [irgendwo] [in etw (*dat*)]
7. (*affecter d'être*) ■ **qn joue à qn** jd spielt jdn
8. BOURSE ■ **qn joue à qc/sur qc** *à la bourse* jd spekuliert an etw (*dat*); *sur les valeurs* jd spekuliert mit etw; *il joue à la baisse/hausse* er spekuliert auf Baisse/Hausse
9. (*miser*) ■ **qn joue sur qc** jd setzt auf etw (*akk*)
10. (*faire des effets*) ■ **qc joue quelque part**: *le soleil joue dans le feuillage* die Sonnenstrahlen spielen im Laub
11. (*avoir du jeu*) ■ **qc joue** etw hat Spiel
12. (*intervenir*) ■ **qc joue** /*mesure*/ etw gilt; /*relations*/ etw greift, etw wirkt; *mon apparence soignée a joué en ma faveur* mein gepflegtes Äußeres hat sich positiv für mich ausgewirkt; ■ **qn fait** ~ **qc** *relations, appui politique* jd lässt etw spielen; *clause* jd wendet etw an
▶ **bien joué!** gut so!, gut gemacht!; **qn joue serré** jd passt höllisch auf; **c'est pour** ~ das ist nur zum [*o* aus] Spaß; **à toi/vous de** ~! du bist/ihr seid dran [*o* an der Reihe]!
II. *vt* **1.** (*au jeu*) ■ **qn joue qc** *pion* jd zieht mit etw; *carte* jd spielt etw [aus]; *revanche* jd gibt etw; *qn joue la belle* jd spielt um die Entscheidung; *je joue atout cœur* Herz ist Trumpf
2. (*miser*) ■ **qn joue qn/un animal/qc** jd setzt auf jdn/ein Tier/etw
3. (*risquer*) ■ **qn joue qc** *somme d'argent, sa tête* jd riskiert etw; *sa réputation a.* jd setzt etw aufs Spiel
4. MUS ■ **qn joue qc** [**à qn**] jd spielt etw [vor], jd spielt [jdm] etw [vor]
5. THEAT, CINE ■ **qn joue qc** *pièce, rôle* jd spielt etw; *quelle pièce joue-t-on*

au théâtre? welches Stück wird im Theater gespielt [*o* gegeben]?; ■ **qn fait ~ qc [par qn]** jd lässt etw [von jdm] spielen
6. (*feindre*) ■ **qn joue qc** *la surprise* jd täuscht etw vor; ***qn joue la comédie*** jd spielt Theater; ***qn joue la victime/l'incompris*** jd spielt das Opfer/den Unverstandenen; ***qn joue le héros*** jd spielt den Helden
7. (*tromper*) ■ **qn joue qn** jd täuscht jdn
▸ **rien n'est encore joué** noch ist nichts entschieden
III. *vpr* **1.** (*se moquer*) ■ **qn se joue de qn/qc** jd hält [*o* hat] jdn zum Besten; *des lois* jd setzt sich über etw (*akk*) hinweg; *des difficultés* jd meistert etw spielend, jd wird spielend mit etw fertig
2. (*être joué*) ■ **qc se joue** etw wird gespielt; ***ce jeu peut se ~ à huit*** dieses Spiel kann zu acht gespielt werden; ■ **qc se joue [quelque part]** etw wird [irgendwo] gespielt; /*film a.*/ etw läuft [irgendwo]; /*spectacle*/ etw wird [irgendwo] gegeben; ■ **qc se joue d'une certaine façon** /*instrument*/ etw spielt man irgendwie
3. (*se dérouler*) ■ **qc se joue quelque part** /*crime, drame*/ etw spielt sich irgendwo ab
4. (*se décider*) ■ **qc se joue** + *compl de temps* etw entscheidet sich + *Zeitangabe;* ***tout se jouera demain*** morgen wird sich alles entscheiden
▸ **en se jouant** spielend, mühelos

jouet [ʒwɛ] *m* Spielzeug *nt;* ***des ~s*** Spielzeug, Spielsachen *pl;* ***marchand de ~s*** Spielwarenhändler *m*
▸ **qn/qc est le ~ de qc** *du vent, des vagues* jd/etw ist der Spielball einer S. (*gen*); **qn est le ~ de qn** jd ist jds Spielzeug; ***il est le ~ de sa femme*** seine Frau macht mit ihm, was sie will; **qn est le ~ de qc** *d'une illusion, hallucination* jd ist das Opfer einer S. (*gen*); *de la moquerie générale* jd ist die Zielscheibe einer S. (*gen*)

joueur, -euse [ʒwœʀ, -øz] **I.** *adj animal, enfant* verspielt; ***qn a un tempérament ~*** jd ist immer zu Späßen aufgelegt; /*enfant*/ jd spielt gern
II. *m, f* JEUX, SPORT Spieler(in) *m(f);* ■ **[qn est] un(e) ~(-euse) de** *de cartes, golf, foot* [jd ist] ein(e) -spieler(in); ***c'est un ~ heureux/malchanceux*** er hat Glück/Pech im Spiel
▸ **qn se montre beau ~** jd ist ein fairer Spieler; **qn est mauvais ~** jd ist ein schlechter Verlierer

joufflu, e [ʒufly] *adj* pausbäckig, pausbackig; ***bébé ~*** pausbackiges [*o* pausbäckiges] Baby ['be:bi], Pausback *m fam*

joug [ʒu] *m* **1.** AGR Joch *nt*
2. (*contrainte*) [*loi*] Zwang *m;* [*mariage, travail*] Joch *nt geh*
▸ **qn brise [*o* rompt] [*o* secoue] le ~** jd schüttelt das Joch ab; **sous le ~:** ***qn met qn sous le ~*** jd unterjocht jdn; ***qn tombe sous le ~ de qn*** jd wird von jdm unterjocht

jouir <8> [ʒwiʀ] *vi* **1.** (*sexuellement*) ■ **qn jouit** jd hat einen Orgasmus; ■ **qn fait ~ qn** jd bringt jdn zum Orgasmus; ***j'ai une de ces rages de dent! je jouis, je te le dis!*** *iron* ich habe unheimlich Zahnschmerzen! das tut vielleicht gut!
2. (*apprécier*) ■ **qn/un animal jouit de qc** jd/ein Tier genießt etw; *de sa victoire a.* jd kostet etw aus; ■ **qc fait ~ qn** *fam* etw macht [*o* bereitet] jdm großes Vergnügen, etw macht jdm einen Heidenspaß [*o* Riesenspaß] *fam*
3. (*avoir l'avantage de*) ■ **qn jouit de qc** jd erfreut sich einer S. (*gen*), jd genießt etw; *de privilèges, d'avantages* jd genießt etw; *d'une réputation intacte* jd hat etw; JUR *de droits* jd genießt etw, jd ist im Besitz [*o* Genuss] einer S. (*gen*); *d'un bien* jd ist Inhaber einer S. (*gen*); ***qn jouit d'une fortune*** jd ist vermögend; ***qn jouit de toutes ses facultés*** jd ist im Vollbesitz seiner geistigen Kräfte; ■ **qc jouit de qc** etw hat etw; ***l'appartement jouit d'une belle vue*** von der Wohnung aus hat man einen schönen Blick; ***qc jouit d'une grande faveur* [*auprès de qn*]** etw ist [bei jdm] sehr beliebt, etw erfreut sich großer Beliebtheit

jouissance [ʒwisɑ̃s] *f* **1.** (*orgasme*) Orgasmus *m*
2. (*plaisir*) Vergnügen *nt,* Freude *f;* ***qn est avide de ~s*** jd ist vergnügungssüchtig [*o* genusssüchtig]
3. (*usage*) ■ **la ~ de qc** die Nutzung einer S. (*gen*); ***qn est en pleine ~ de ses facultés mentales*** jd ist voll zurechnungsfähig; ***maison à vendre avec ~ immédiate*** Haus zur sofortigen Inbesitznahme zu verkaufen
4. JUR ■ **~ de qc** *de son droit, privilège* Genuss *m* einer S. (*gen*); *de son appartement* Nutzung *f* einer S. (*gen*); FIN Dividendenanspruch *m,* Gewinnberechtigung *f,* Zinsgenuss; ~ ***usufruitière*** Nutznießung *f,* Nießbrauch *m;* ***action de ~*** Genussaktie *f*
▸ **qn entre en ~ de qc** jd kommt in den Genuss einer S. (*gen*)

jouisseur, -euse [ʒwisœʀ, -øz] **I.** *adj femme* sinnlich; ***homme ~*** Genießer *m*
II. *m, f* Genussmensch *m,* Genießer(in) *m(f)*

joujou <x> [ʒuʒu] *m* **1.** *enfantin* (*jouet*) Spielzeug *nt*
2. (*objet*) Spielzeug *nt*
▸ **qn fait ~ [avec qc]** jd spielt [mit etw]

joule [ʒul] *m* Joule *nt*

jour [ʒuʀ] *m* **1.** (*24 heures*) Tag *m;* ***dans trois ~s*** in drei Tagen; ***tous les deux ~s*** alle zwei Tage, jeden zweiten Tag
2. (*opp: nuit*) Tag *m;* ***qn dort le ~*** jd schläft während des Tages [*o* tagsüber] [*o* am Tag[e]]
3. (*opp: obscurité*) Tageslicht *nt;* ***au ~*** bei Tageslicht; ***le ~ se lève*** der Tag bricht an, es wird hell; ***les volets laissent filtrer le ~*** Tageslicht dringt durch die Fensterläden; ***il fait ~ jusqu'à neuf heures*** es ist bis neun Uhr hell
4. (*jour précis*) Tag *m;* ***le ~ de Noël*** am Weihnachtstag; ***jeudi, c'est son ~ de congé*** Donnerstag ist sein/ihr freier Tag
5. *pl soutenu* (*vie*) ■ **mes/tes/... ~s:** ***ses ~s sont comptés*** seine/ihre Tage sind gezählt; ***l'auteur de ses ~s*** sein/ihr Erzeuger; ***il ne veut pas finir ses ~s à l'hospice*** er möchte sein Leben nicht im Altersheim beenden; ***dans les bons comme dans les mauvais ~s*** in guten wie in schlechten Zeiten; ***des ~s meilleurs*** bessere Tage [*o* Zeiten]
6. (*interstice*) Spalte *f*
7. COUT Hohlsaum *m*
▸ **au ~ d'aujourd'hui** *fam* heutzutage; **tous les ~s que [le bon] Dieu fait** tagaus, tagein; **c'est pas tous les ~s fête** *fam* (*on n'a pas toujours lieu de se réjouir*) es gibt nicht immer was zu feiern *fam;* (*il faut profiter du bon temps*) man muss die Feste feiern, wie sie fallen; **tout vient à son ~ et à son heure** alles hat seine Zeit; **le ~ J** der Tag X; **du ~ au lendemain** von heute auf morgen; **[le] ~ et [la] nuit, nuit et ~** Tag und Nacht; **c'est le ~ et la nuit** das ist ein himmelweiter Unterschied, das ist [ein Unterschied] wie Tag und Nacht; **deux personnes/choses sont comme le ~ et la nuit** zwei Menschen/Dinge sind [so verschieden] wie Tag und Nacht [*o* grundverschieden]; **qc est long(longue) comme un ~ sans pain** etw ist ewig lang; **à chaque ~ suffit sa peine** *prov* morgen ist auch noch ein Tag; **le ~ tant attendu** der heiß ersehnte Tag; **l'autre ~** *fam* neulich, vor kurzem; **d'un ~ à l'autre** (*sous peu*) jeden Tag; (*soudain*) von einem Tag auf den anderen; **un ~ ou l'autre** früher oder später, über kurz oder lang; **un beau ~** eines schönen Tages; **qn est beau(belle) comme le ~** jd ist hinreißend schön; **les beaux ~s** die schönen Tage, die schöne Jahreszeit; **qc fait les beaux ~s de qn** etw versüßt jdm das Leben; **qn/qc a de beaux ~s devant lui** jd hat noch das ganze Leben vor sich (*dat*)/etw ist noch lange nicht hinüber; **qn est dans un bon/mauvais ~** [*o* **un de ses bons/mauvais ~s**] jd hat einen guten/schlechten Tag; **ce ~:** ***notre entretien de ce ~*** unser heutiges Gespräch; ***à ce ~*** bis heute; **un de ces ~s** demnächst, in den nächsten Tagen; **à un de ces ~s!** *fam* bis bald!; **chaque ~** jeden Tag; **c'est clair comme le ~** das ist [doch] sonnenklar; **il est clair comme le ~ que** + *indic* es liegt [doch] klar auf der Hand, dass; es ist [doch] sonnenklar, dass *fam;* **~ faste/néfaste** Glücks-/Unglückstag *m;* **faux ~** Zwielicht *nt;* **~ férié** Feiertag *m;* **à ~ fixe** zu einem festgesetzten Termin, an einem bestimmten Tag; **le grand ~** der große Tag; **au grand ~** vor aller Augen, in aller Öffentlichkeit; ***qn étale qc au grand ~*** jd stellt etw offen zur Schau; ***qc émerge* [*o* *apparaît*] *au grand ~*** etw kommt ans [Tages]licht [*o* an den Tag]; ***qn expose qc au grand ~*** jd legt etw offen dar; **des grands ~s** *tenue, vêtements* Festtags-; **huit ~s** acht Tage, eine Woche; **qn donne ses huit ~s** (*démissionne*) jd kündigt; **qn donne ses huit ~s à qn** (*renvoie*) jd entlässt jdn, jd kündigt jdm; **~ naissant** Morgengrauen *nt;* **~ ouvrable** Werktag *m;* **au petit ~** bei Tagesanbruch, im Morgengrauen; **en plein ~** am helllichten Tag[e], mitten am Tag[e]; **quinze ~s** vierzehn Tage; **~ tombant** Abenddämmerung *f;* ***au ~ tombant*** bei Einbruch der Nacht; **tous les ~s** alle Tage, täglich, jeden Tag; **de tous les ~s** *robe, habit* Alltags-; *histoire* alltäglich; **c'est du tous les ~s** *fam* das ist [doch] an der Tagesordnung, das gibt's [doch] alle Tage *fam;* **vieux ~s** Alter *nt;* **le vrai ~ de qn:** ***qn se montre sous son vrai ~*** jd zeigt sein wahres Gesicht; jd zeigt sich, wie er [wirklich] ist; **qn attente à ses ~s** jd setzt seinem Leben ein Ende; **qn donne le ~ à qn** jd schenkt jdm das Leben; **qc donne le ~ à qc** etw kann etw nach sich ziehen; ***les rancœurs donnent le ~ à la haine*** aus Groll kann Hass werden; ***l'imbécillité donne le ~ au racisme*** Dummheit führt zum Rassismus; **qn est à ~ [dans qc]** jd ist [mit etw] nicht im Rückstand; **qc est à ~** etw ist auf dem neuesten Stand; **c'est [pas] mon/ton/... ~ [aujourd'hui]!** heute ist wirklich [nicht] mein/dein/... Tag!; **il fait [grand] ~** es ist [tag]hell; **qc se fait ~** *soutenu* etw bricht sich (*dat*) Bahn, etw kommt zum Durchbruch; /*vérité*/ etw kommt ans [Tages]licht [*o* an den Tag]; /*défaut*/ etw kommt ans Licht; **ça ne se fait pas en un ~** gut Ding will Weile haben, so schnell geht das auch wieder nicht *fam;* **demain, il fera ~** morgen ist [auch] wieder ein Tag; **qn met qc à ~** jd bringt etw auf den neuesten Stand; INFORM jd aktualisiert etw; **qn se met à ~ [dans qc]** jd holt seinen Rückstand [in etw (*dat*)] auf; **qn/qc met qc au ~** jd/etw fördert etw zutage; *antiquités* jd gräbt etw aus; **qn perce qn/qc à ~** jd durchschaut jdn; *secret a.* jd kommt hinter etw (*akk*) *fam;* **les ~s se suivent et ne se ressemblent pas** *prov* kein Tag gleicht dem anderen; **le ~ tombe [*o* baisse]** es wird dunkel, der Tag neigt sich *geh;* **qn/qc voit le ~** jd/etw wird geboren; /*enfant a.*/ jd erblickt das Licht der Welt *geh;* **qn ne voit plus le ~ [dans qc]** *fam* jd verliert [bei etw] den Überblick; jd weiß nicht mehr, wo [bei etw] hinten und vorne ist *fam;* **à ~[s]:** ***clôture à ~*** Lattenzaun *m;* ***broderie à ~s*** Ajourarbeit *f;* **~ après ~** Tag für Tag; tagaus, tagein; tagtäglich; **au ~ le ~** (*sans souci du lendemain*) in den Tag hinein; (*précairement*) von der Hand in den Mund; (*cas par cas*) von Fall zu Fall; **les ~s de:** ***les ~s de pluie/tempête*** bei Regen/Sturm; ***les ~s de marché*** an Markttagen; **qn est [*o* travaille] de ~** jd hat Tagschicht [*o* Tagdienst]; **de ~ en ~** von Tag zu Tag; **de nos ~s** heute, heutzutage; **du ~** *saint, curiosité* des Tages; *goût* heutig, Zeit-; *mode, plat* Tages-; *œuf* Frisch-, frisch gelegt; *produits* frisch; ***nouvelles du ~*** Neues vom Tage, neueste Nachrichten; **par ~** täglich, pro Tag; **~ pour ~** auf den Tag [genau]; **sous un ~** + *adj* in einem + *adj* Licht; **un ~** (*autrefois*) eines Tages; (*plus tard*) eines Tages; ***un ~ qu'il pleuvra*** wenn es einmal regnet; **d'un ~** Eintags-
◆ **jour du Jugement dernier** Tag *m* des Jüngsten Gerichts; **jour du Seigneur** Tag *m* des Herrn

journal <-aux> [ʒuʀnal, o] **I.** *m* **1.** PRESSE (*quotidien*) Zeitung *f;* (*local*) Anzeiger *m;* (*hebdomadaire*) Zeitschrift *f;* **~ *quotidien*** Tageszeitung; ***~ du matin/soir*** Morgen-/Abendzeitung, Abendblatt *nt;* ***elle écrit pour un ~*** sie schreibt für eine Zeitung; ***il lit les ~aux tous les jours*** er liest jeden Tag die Zeitung; ***c'est dans le ~*** das steht in der Zeitung; ***~ de mode*** Modemagazin *nt,* Modezeitschrift
2. (*bureaux*) Zeitung *f*
3. ECON, COM Journal *nt*
4. (*journal intime*) Tagebuch *nt*
▸ **~ électrique [*o* lumineux]** Nachrichten *pl* in Leuchtschrift [*o* Wanderschrift]; **~ filmé** Wochenschau *f;* **~ intime** Tagebuch *nt;* **~ mural** Wandzeitung *f;* **J~ officiel** Amtsblatt *nt,* [Bundes]gesetzblatt *nt;* **~ parlé** [Rundfunk]nachrichten *pl;* ***elle travaille au ~ parlé*** sie arbeitet in der Nach-

richtenredaktion; ~ **télévisé** [Fernseh]nachrichten *pl; plusieurs ~aux télévisés* mehrere Nachrichtensendungen
II. *app: livre* ~ Journal *nt; papier* ~ Zeitungspapier *nt*
◆ **journal de bord** Bordbuch *nt;* NAUT *a.* Logbuch *nt*
journalier, -ière [ʒuʀnalje, -jɛʀ] I. *adj (quotidien)* täglich; *salaire, gain* Tages-
II. *m, f* AGR Tagelöhner(in) *m(f)*
journalisme [ʒuʀnalism] *m* Journalismus *m*
journaliste [ʒuʀnalist] *mf* Journalist(in) *m(f); ~ **économique/sportif*** Wirtschafts-/Sportjournalist; ~ ***politique*** politischer Journalist; ~ ***parlementaire*** parlamentarischer Berichterstatter; ~ ***à la radio/télévision*** Rundfunk-/Fernsehjournalist
journalistique [ʒuʀnalistik] *adj* journalistisch; *style a.* Zeitungs-
journée [ʒuʀne] *f* 1. *(durée du jour)* Tag *m; **pendant** [o **durant**] **la*** ~ tagsüber; ***à longueur de*** ~ von früh bis spät; ~ ***de grèves*** Streiktag; ***qn passe des ~s entières à faire qc*** jd verbringt Tage damit, etw zu tun
2. *(temps de travail)* Arbeitstag *m; ~ **de 8 heures*** Achtstundentag *m; ~ **de repos*** freier Tag
3. *(salaire)* Tagelohn *m; (recette)* Tageseinnahmen *pl*
4. *(distance): ~ **de marche*** Tage[s]marsch *m; ~ **de voyage*** Tage[s]reise *f; **c'est à trois ~s de train*** man braucht [*o* fährt] mit dem Zug drei Tage dorthin
▸ ~ **porte[s] ouverte[s]** Tag *m* der offenen Tür; **qn se fait une bonne** ~ jd verdient gut; **ce fut une chaude** ~ das war ein Tag, an dem es heiß herging; ~ **continue** durchgehende Arbeitszeit; **toute la sainte** ~ den lieben, langen Tag; **qn fait une ~/des ~s** jd arbeitet im Tag[e]lohn [*o* als Tagelöhner(in)]; **qn a gagné sa ~!** *iron* jd hat sich *(dat)* sein Geld [heute] verdient! **à la** ~ *travailler* tageweise; *payer a.* nach Tagen
◆ **journée d'action** Aktionstag *m;* **les journées d'études** die Studientage
journellement [ʒuʀnɛlmɑ̃] *adv* täglich; ***cela se voit*** ~ das sieht man alle Tage
joute [ʒut] *f* 1. HIST Tjost *m o f,* Turnier *nt; ~ **nautique*** SPORT Fischerstechen *nt,* Schifferstechen *nt*
2. *(rivalité)* Wettstreit *m; ~ **oratoire*** Wortgefecht *nt,* Rededuell *nt*
jouvence [ʒuvɑ̃s] *f: **bain/cure/eau de** ~* Verjüngungsbad *nt/*-kur *f/*-wasser *nt* [*o* Verjüngungselixier *nt*]; ***Fontaine de J~*** Jungbrunnen *m*
jouvenceau, -elle <x> [ʒuvɑ̃so, -ɛl] *m, f hum (jeune homme)* Jüngling *m; (jeune fille)* Maid *f veraltet*
jovial, e <s *o* -aux> [ʒɔvjal, jo] *adj* fröhlich, heiter; ***caractère*** ~ fröhliches [*o* heiteres] Wesen, Frohnatur *f; **qn a l'air*** ~ [*o **une mine ~e***] jd sieht fröhlich [*o* heiter] aus; ***qn est d'humeur ~e*** jd ist fröhlich gestimmt
jovialement [ʒɔvjalmɑ̃] *adv* heiter, fröhlich; *saluer* freundlich, herzlich
jovialité [ʒɔvjalite] *f* Fröhlichkeit *f,* Heiterkeit *f; **il est plein de*** ~ er ist ein sehr fröhlicher [*o* heiterer] Mensch; ***il nous a salués avec*** ~ er grüßte uns freundlich [*o* herzlich]
joyau <x> [ʒwajo] *m* Juwel *nt; fig a.* Kleinod *nt; ~**x de la couronne*** Kronjuwelen *pl*
joyeusement [ʒwajøzmɑ̃] *adv* fröhlich, vergnügt
joyeux, -euse [ʒwajø, -jøz] *adj chant* fröhlich; *personne a.* vergnügt; *personne a., bande, compagnie* lustig; ***qn est de ~euse humeur*** jd ist froh gelaunt [*o* gut gelaunt]; ***il est tout ~ à l'idée de faire qc*** er ist überglücklich bei dem Gedanken, etw zu tun; ***~euse fête!*** frohes Fest!; ~ ***anniversaire!*** herzlichen Glückwunsch zum Geburtstag!
jubilation [ʒybilasjɔ̃] *f* Jubel *m*
jubilé [ʒybile] *m* fünfzigjähriges [Dienst]jubiläum
jubiler <1> [ʒybile] *vi fam* ■ **qn jubile** jd jubelt, jd jauchzt, jd freut sich unheimlich *fam*
juché, e [ʒyʃe] *adj* ■ **qn/un animal est ~ sur qc** jd/ein Tier sitzt hoch oben auf etw *(dat)*
jucher <1> [ʒyʃe] I. *vt* ■ **qn juche qn/qc sur qc** jd stellt [*o* setzt] [*o* legt] etw hoch oben auf etw *(akk); **il juche l'enfant sur ses épaules*** er setzt das Kind oben auf seine Schultern
II. *vi* ■ **un oiseau juche quelque part** ein Vogel baumt irgendwo auf; ■ **qn juche quelque part** jd wohnt hoch oben irgendwo; ***elle juche au sixième*** sie wohnt hoch oben im sechsten Stock
III. *vpr* ■ **qn/un animal se juche sur qc** jd/ein Tier setzt sich hoch oben auf etw *(akk)*
judaïque [ʒydaik] *adj* jüdisch; *loi* mosaisch
judaïsme [ʒydaism] *m* Judaismus *m,* jüdische Religion
judas [ʒyda] *m* 1. *(traître)* ■ **J~** Judas *m*
2. ARCHIT Guckloch *nt,* Spion *m*
judiciaire [ʒydisjɛʀ] *adj* 1. *(relatif à la justice) institution* richterlich; ***autorité*** ~ Justizbehörde *f; **police*** ~ Kriminalpolizei *f; **tribunal*** ~ ordentliches Gericht; ***pouvoir*** ~ Judikative *f; **organisation*** ~ Gerichtsverfassung *f*
2. *(qui se fait en justice) acte, enquête, expertise* gerichtlich; *acte a.* Gerichts-; ***aide*** ~ Prozesskostenbeihilfe *f; **casier*** ~ Strafregister *nt; **conseil*** ~ Vormund *m; **décision*** ~ Gerichtsbeschluss *m; **erreur*** ~ Justizirrtum *m; **vente*** ~ Zwangsversteigerung *f*
judiciairement [ʒydisjɛʀmɑ̃] *adv* gerichtlich; ***qn informe*** ~ jd stellt gerichtliche Ermittlungen [*o* Erhebungen] an; ***qn assiste qn*** ~ jd befreit jdn von den Prozesskosten; ***qn conseille qn*** ~ jd berät jdn in Rechtsangelegenheiten; ***qc est vendu(e)/liquidé(e)*** ~ etw wird zwangsversteigert/zwangsliquidiert
judicieusement [ʒydisjøzmɑ̃] *adv* sinnig; *employer son temps* sinnvoll; *conseiller* klug, gut
judicieux, -euse [ʒydisjø, -jøz] *adj* klug, gescheit, vernünftig; *raisonnement* treffend, stichhaltig; ***il serait plus ~ de faire qc*** es wäre klüger [*o* gescheiter] [*o* vernünftiger], etw zu tun
judo [ʒydo] *m* Judo *nt; **prise de*** ~ Judogriff *m; **qn fait du*** ~ jd macht Judo
judoka [ʒydoka] *mf* Judoka *m*
juge [ʒyʒ] *m* 1. *(magistrat)* Richter(in) *m(f); ~ **administratif*** Verwaltungsrichter(in); ~ ***de l'application des peines*** *Richter, der den Strafvollzug oder die Strafvollstreckung überwacht;* ~ ***des enfants*** Jugendrichter(in); ***Madame le*** ~ Frau Richterin
2. *(arbitre)* Richter(in) *m(f); **ils sont seuls ~s de ce qu'ils doivent faire*** sie allein können entscheiden was sie zu tun haben; ***je vous laisse*** ~ ich überlasse es Ihnen
3. SPORT ■ ~ **de** -richter(in) *m(f); ~ **d'arrivée/de ligne de fond/de touche*** Ziel-/Grundlinien-/Linienrichter(in)
4. JEUX: ~ ***d'un concours*** Preisrichter(in) *m(f)*
▸ **qn est [à la fois] ~ et partie** jd ist Richter in eigener Sache; **qn est bon/mauvais** ~ jd kann die Sache gut/schlecht beurteilen; **qn se fait** [*o* **s'érige en**] ~ **de qn** jd wirft sich zum Richter über jdn auf; **qn va devant le[s] ~[s]** jd geht vor Gericht
◆ **juge de paix** Friedensrichter(in) *m(f);* **juge d'instruction** Untersuchungsrichter(in) *m(f)*
jugé [ʒyʒe] *loc* ▸ **qn fait qc au** ~ jd tut etw nach Augenmaß [*o* Gefühl] *fam; **elle a répondu au*** ~ sie hat geraten
jugeable [ʒyʒabl] *adj* aburteilbar
juge-arbitre <~s-~s> [ʒyʒaʀbitʀ] *m* Schiedsrichter(in) *m(f)* **juge-commissaire** <~s-~s> [ʒyʒkɔmisɛʀ] *mf* beauftragter Richter/beauftragte Richterin
jugement [ʒyʒmɑ̃] *m* 1. JUR *(action de juger)* Urteil *nt; (accusé)* Aburteilung *f; **une affaire passe en*** ~ ein Fall wird verhandelt; ***qn fait passer qn en*** ~ jd stellt jdn vor Gericht; ***qn poursuit qn en*** ~ jd bringt jdn vor Gericht, jd verklagt jdn
2. *(sentence)* Urteil *nt; ~ **par défaut*** Versäumnisurteil
3. *(opinion)* Urteil *nt; ~ **de valeur*** Werturteil; ***qn porte des ~s trop rapides*** [*o **sommaires***] ***sur qn/qc*** jd urteilt vorschnell über jdn/etw
4. *(discernement)* Urteil[sfähigkeit *f*] *nt,* Urteilsvermögen *nt; **qn a du*** ~ jd hat Urteilsvermögen; ***qn manque de*** ~ jdm fehlt es an Urteilsvermögen [*o* Urteilsfähigkeit], jd ist unkritisch; ***un homme de*** ~ ein Mensch mit sicherem Urteil, ein Mensch mit gutem Urteilsvermögen; ***erreur de*** ~ Fehleinschätzung *f,* falsche Beurteilung; ***qn a une grande sûreté de*** ~ jd ist sehr sicher in seinem Urteil
▸ **J~ de Salomon** salomonisches Urteil; **J~ dernier** Jüngstes Gericht
jugeote [ʒyʒɔt] *f fam* Grips *m fam,* Köpfchen *nt fam*
▸ **qn n'a pas pour deux sous de ~!** jd hat nicht für fünf Pfennig Verstand *fam*
juger <2 a> [ʒyʒe] I. *vt* 1. JUR ■ **qn juge qc** */tribunal/* jd entscheidet in etw *(dat);* ■ **qn juge qn:** ***le tribunal juge qn pour qc*** das Gericht verurteilt jdn wegen etw; ***le tribunal juge qn coupable*** das Gericht befindet jdn für schuldig; ■ **qn est jugé(e) pour qc** jd wird wegen etw verurteilt
2. *(arbitrer)* ■ **qn juge qc** jd entscheidet etw; *différend* jd schlichtet etw; ***à toi de ~ si …*** du musst entscheiden [*o* beurteilen], ob …
3. *(porter une appréciation)* ■ **qn juge qc** *livre, situation* jd beurteilt etw; ■ **qn juge qn d'après qc** jd beurteilt jdn nach etw
4. *(estimer)* ■ **qn juge qn/qc …** jd hält jdn/etw für …; ■ **qn juge … de faire qc** jd hält es für …, etw zu tun; ***faites comme vous jugerez bon*** machen [*o* tun] Sie, was Sie für richtig halten; ■ **qn juge que** + *indic* jd ist der Meinung [*o* Ansicht] [*o* meint], dass; ***qn juge qu'il est nécessaire de faire qc*** jd hält es für notwendig, etw zu tun
II. *vi* 1. JUR ■ **qn juge** jd entscheidet; ***le tribunal jugera*** das Gericht wird darüber befinden [*o* wird das Urteil sprechen]
2. *(arbitrer)* ■ **qn juge de qc** jd schlichtet etw
3. *(estimer)* ■ **qn juge de qc** jd beurteilt etw; ***jugez-en par vous-même*** urteilen Sie selbst
4. *(s'imaginer)* ■ **qn juge de qc** jd kann sich *(dat)* etw vorstellen [*o* denken]; ***jugez de ma surprise*** stellen Sie sich meine Überraschung vor
▸ **autant que qn puisse en** ~ soweit jd das beurteilen kann; **à en ~ par qc** nach etw zu urteilen
III. *vpr* 1. JUR ■ **qc se juge** etw wird verhandelt
2. ■ **qn se juge …** jd hält sich für …; ***qn se juge perdu(e)*** jd glaubt [*o* wähnt *geh*] sich verloren
juger [ʒyʒe] *loc* ▸ **au** ~ nach Augenmaß, nach Gefühl *fam; (environ)* ungefähr, über den Daumen gepeilt *fam*
jugulaire [ʒygylɛʀ] I. *adj* Jugular-
II. *f* 1. ANAT Drosselvene *f,* Jugularvene *f*
2. MIL *(mentonnière)* Kinnriemen *m*
juguler <1> [ʒygyle] *vt* ■ **qn/qc jugule qc** jd/etw dämmt etw ein; *désir* jd unterdrückt etw; *révolte* jd schlägt [*o* wirft] etw nieder; *fièvre* etw senkt etw; ■ **qn jugule qn** jd unterdrückt jdn
juif, -ive [ʒɥif, ʒɥiv] I. *adj* jüdisch; *quartier* Juden-
II. *m, f* ■ **Juif(-ive)** Jude/Jüdin *m/f*
▸ **le J~ errant** der Ewige Jude
juillet [ʒɥijɛ] *m* Juli *m; **en ~, au mois de*** ~ im Juli; ***Toulouse, le 5*** ~ Toulouse, den 5. Juli; *v. a.* **janvier**
▸ **le Quatorze J~** der vierzehnte Juli
juillettiste [ʒɥijetist] *mf* Juliurlauber(in) *m(f)*
juin [ʒɥɛ̃] *m* Juni *m; **en ~, au mois de*** ~ im Juni; ***Mannheim, le 18*** ~ Mannheim, den 18. Juni; *v. a.* **janvier**
jules [ʒyl] *m fam (amoureux)* Kerl *m fam,* Typ *m fam; (mari)* bessere Hälfte *fam*
julienne [ʒyljɛn] *f* Julienne[suppe *f*] *f*
▸ **en** ~ in feinen Streifen
jumbo-jet <~-~s> [dʒœmbodʒɛt] *m* Jumbo[jet *m*] ['jumbo(dʒɛt)] *m*
jumeau, -elle <x> [ʒymo, -ɛl] I. *adj* Zwillings-; ***des lits ~x*** zwei [gleiche]

Einzelbetten; ***des maisons jumelles*** ein Doppelhaus *nt*
II. *m, f* **1.** Zwilling *m;* (*frère*) Zwillingsbruder *m;* (*sœur*) Zwillingsschwester *f;* ***c'est une ~elle*** sie ist ein Zwilling; ***ce sont des ~x/~elles*** sie sind Zwillinge
2. (*sosie*) Doppelgänger(in) *m(f)*
▸ **deux personnes se ressemblent comme deux ~x(-elles)** zwei Menschen sehen sich zum Verwechseln ähnlich; **vrai(es)/faux(fausses) ~x(-elles)** eineiige/zweieiige Zwillinge
III. *m* GASTR Schulterstück *nt*
jumelage [ʒymlaʒ] *m* Partnerschaft *f;* ~ ***de deux villes*** Partnerschaft zwischen zwei Städten, Städtepartnerschaft
jumeler <3> [ʒymle] *vt* **1.** POL ■ **qn jumelle deux villes** jd erklärt zwei Städte zu Partnerstädten, jd verbindet zwei Städte durch eine Partnerschaft; ■ **une ville et une ville sont jumelées** eine Stadt und eine Stadt sind Partnerstädte [*o* durch eine Partnerschaft verbunden]
2. TECH ■ **qn jumelle qc** *mât, vergue* jd verstärkt etw; *poutre* jd verkuppelt etw; ***roues jumelées*** Doppelrad *nt;* ***pneus jumelés*** Zwillingsreifen *pl;* ***bielles jumelées*** Gabelpleuel *m*
jumelles [ʒymɛl] *fpl* **1.** OPT Fernglas *nt,* Feldstecher *m*
2. TECH Backen *pl*
◆ **jumelles de campagne** Feldstecher *m,* Fernglas *nt;* **jumelles de nuit** Nachtglas *nt;* **jumelles de théâtre** [*o* **spectacle**] Opernglas *nt*
jument [ʒymɑ̃] *f* Stute *f*
▸ **~ poulinière** Zuchtstute *f;* **qn est une ~ poulinière** *fam* jd ist eine richtige Gebärmaschine *fam*
jumping [dʒœmpiŋ] *m* Springreiten *nt*
jungle [ʒœ̃gl] *f* Dschungel *m*
junior [ʒynjɔʀ] I. *adj catégorie, équipe* Junioren-; ***joueurs ~s*** Junioren *pl;* ***mode*** ~ Mode *f* für die Jugend, junge Mode, Young Fashion ['jaŋ'fæʃn]; ***elle s'habille en*** ~ sie kleidet sich sehr jugendlich
II. *mf* Junior(in) *m(f);* ***les ~s*** die Junioren; ***le championnat/l'équipe des ~s*** Juniorenmeisterschaft *f*/-mannschaft *f*
junkie [dʒœnki] I. *mf fam* Junkie *m fam*
II. *adj fam* drogenabhängig
junte [ʒœ̃t] *f* Junta ['xʊnta, 'jʊnta] *f;* ~ ***militaire*** Militärjunta
jupe [ʒyp] *f* **1.** (*vêtement*) Rock *m;* ~ ***droite/plissée*** enger Rock/Faltenrock; ~***-portefeuille*** Wickelrock
2. [*piston*] Mantel *m;* [*aéroglisseur*] Schürze *f;* [*auto*] Spoiler *m*
▸ **[qn est [*o* vit] [*o* est fourré(e)]] dans les ~s de sa mère** *fam* jd hängt [immer noch] an Mutters Rockzipfel
jupe-culotte <~s-~s> [ʒypkylɔt] *f* Hosenrock *m*
jupette [ʒypɛt] *f* Röckchen *nt*
jupon [ʒypɔ̃] *m* Unterrock *m*
▸ **qn court le ~** jd ist ein Schürzenjäger, jd ist [*o* läuft] hinter jedem Rock her *fam*
Jura [ʒyʀa] *m* ■ **le Jura** der Jura
jurassien, ne [ʒyʀasjɛ̃, jɛn] I. *adj* Jura-; ***montagne ~ne*** Juragebirge *nt,* Jura *m;* ***qn est de souche ~ne*** jd stammt aus dem Jura
II. *m, f* ■ **Jurassien(ne)** Bewohner(in) *m(f)* des Jura, Jurassier(in) *m(f)*
jurassique [ʒyʀasik] I. *adj:* ***terrain/système*** ~ Juraformation *f;* ***période*** ~ Jura *m*
II. *m* Jura *m,* Juraformation *f*
juré, e [ʒyʀe] I. *adj ennemi* geschworen, erklärt; *haine* erbittert, unversöhnlich
II. *m, f* JUR Geschworene(r) *f(m)*
jurer <1> [ʒyʀe] I. *vt* **1.** (*promettre*) ■ **qn jure qc à qn** jd schwört [*o* gelobt *geh*] jdm etw; ***il lui a juré un amour éternel*** er hat ihr ewige Liebe geschworen; ■ **qn jure [à qn] de faire qc** jd schwört [*o* gelobt *geh*] [jdm], etw zu tun; ■ **qn jure [à qn] que** + *indic* jd schwört [*o* gelobt *geh*] [jdm], dass; ***jure-moi que*** schwöre [mir], dass; ***je le jure [sur la bible]*** ich schwöre es [auf die Bibel]; ■ **qn fait ~ à qn de faire qc** jd lässt jdn schwören, dass er etw tut; ***il m'a fait ~ de n'en rien dire à personne*** er hat mich schwören lassen, dass ich niemandem etwas davon sage
2. (*affirmer*) ■ **qn jure à qn que** + *indic:* ***je vous jure que ce n'était pas facile*** es war wirklich nicht einfach, glauben Sie mir!; ***pouvez-vous me ~ les avoir vus?*** können Sie mir beschwören, dass Sie sie gesehen haben?; ***je te/vous jure que oui/non!*** ja, wirklich!/nein, wirklich nicht!
3. (*se promettre*) ■ **qn jure qc de qn** *la ruine, la mort* jd schwört jdm etw; ***il a juré la mort de son ennemi*** er hat den Tod seines Feindes geschworen, er hat seinem Feind den Tod geschworen; ■ **qn jure de faire qc** jd schwört etw zu tun; ***qn jure de se venger*** jd schwört Rache
4. (*croire*) ■ **qn jurerait/aurait juré que** + *indic* jd möchte [*o* könnte] schwören/hätte schwören mögen [*o* können], dass
▸ **qn ne jure que par qn/qc** jd schwört auf jdn/etw; **je te/vous jure!** *fam* also ehrlich *fam!*
II. *vi* **1.** (*pester*) ■ **qn jure [contre [*o* après] qn/qc]** jd flucht [über [*o* auf] jdn/etw], jd wettert [gegen jdn/etw]
2. (*détonner*) ■ **qc jure [avec qc]** etw passt nicht [zu etw]; ***ces couleurs jurent entre elles*** diese Farben beißen sich
3. (*certifier de*) ■ **qn jure de qc** jd beteuert etw
▸ **qn en jurerait** jd könnte darauf schwören; ***je n'en jurerais pas*** ich könnte es nicht beschwören; **il ne faut ~ de rien** man kann nie wissen
III. *vpr* **1.** ■ **des personnes se jurent qc** Menschen schwören sich (*dat*) [*o* einander] etw
2. ■ **qn se jure de faire qc** jd nimmt sich (*dat*) fest vor, etw zu tun
juridiction [ʒyʀidiksjɔ̃] *f* **1.** (*compétence*) Gerichtsbarkeit *f;* ~ ***administrative/commerciale/pénale*** Verwaltungs-/Handels-/Strafgerichtsbarkeit
2. (*tribunal*) Gericht *nt,* Instanz *f;* ***qn a recours à la ~ supérieure*** jd ruft die höhere Instanz an
3. (*ressort*) Zuständigkeit[sbereich *m*] *f;* ***adressez-vous au tribunal de votre ~*** wenden Sie sich an das für Sie zuständige Gericht
◆ **juridiction de droit commun** ordentliches Gericht; **juridiction d'exception** Sondergericht *nt,* Ausnahmegericht *nt;* **juridiction d'instruction** Ermittlungsgericht *nt*
juridique [ʒyʀidik] *adj* **1.** (*judiciaire*) gerichtlich, auf dem Rechtsweg; *procès a.* Gerichts-; *action a.* vor Gericht
2. (*qui a rapport au droit*) juristisch, Rechts-; ***statut*** ~ rechtlicher Status; ***vide*** ~ Gesetzeslücke *f;* ***du point de vue*** ~ juristisch gesehen; ***qn fait des études ~s*** jd studiert Jura
juridiquement [ʒyʀidikmɑ̃] *adv* **1.** (*en justice*) gerichtlich; *demander* vor Gericht
2. (*du point de vue du droit*) juristisch gesehen
juridisme [ʒyʀidism] *m* übertriebene Gesetzestreue
jurisconsulte [ʒyʀiskɔ̃sylt] *mf* Rechtsberater(in) *m(f),* Jurist(in) *m(f)*
jurisprudence [ʒyʀispʀydɑ̃s] *f* Rechtsprechung *f*
▸ **qc fait ~** etw gilt als Grundsatzurteil
juriste [ʒyʀist] *mf* Jurist(in) *m(f),* Rechtswissenschaftler(in) *m(f)*
juron [ʒyʀɔ̃] *m* Fluch *m*
jury [ʒyʀi] *m* **1.** JUR Geschworene(n) *pl;* ***président du ~*** Obmann *m* der Geschworenen
2. SPORT, LITTER, ART Jury *f,* Preisgericht *nt;* SCOL, UNIV Prüfungskommission *f*
jus [ʒy] *m* **1.** [*fruit, viande*] Saft *m;* ■ **~ de** -saft; ***la pêche est pleine de ~*** der Pfirsich ist saftig; ***la viande rend du ~*** das Fleisch saftet [*o* gibt Saft ab]; ***qc cuit dans son ~*** etw schmort im eigenen Saft
2. *pop* (*café*) Kaffee *m*
3. *fam* (*courant*) Strom *m,* Saft *m fam*
▸ **c'est du [vrai] ~ de chaussette** *fam* das ist [reinster] Blümchenkaffee *fam;* **qn a du ~ de navet dans les veines** jd hat keinen Saft in den Knochen; **~ de la treille** [*o* **de la vigne**] *fam* Wein *m,* Rebensaft *m geh;* **qn laisse cuire** [*o* **mijoter**] **qn dans son ~** *fam* jd lässt jdn im eigenen Saft schmoren *fam;* **ça vaut le ~!** *fam* das bringt's *fam!;* **au ~!** *fam* [ab] ins Wasser! *fam*
◆ **jus de fruit** Fruchtsaft *m*
jusqu'au-boutisme [ʒyskobutism] *m* ∅ Durchhalten *nt* bis zum Ende [*o* um jeden Preis], Durchhaltepolitik *f*
jusqu'au-boutiste [ʒyskobutist] I. *adj:* ***politique ~~*** Durchhaltepolitik *f;* ***qn est ~~*** jd geht immer bis zum Äußersten, jd geht aufs Ganze *fam*
II. *mf* Vertreter(in) *m(f)* der harten Linie
jusque [ʒysk] I. *prép* **1.** (*limite de lieu*) ■ **jusque,** ■ **jusqu'** bis; ***jusqu'aux genoux*** bis zu den Knien [*o* an die Knie]; ***jusqu'à lui*** bis zu ihm; ***jusqu'à Paris/en Australie*** bis nach Paris/Australien; ***jusqu'après la frontière*** bis hinter die Grenze; ~ ***dans la maison*** bis ins Haus; ***jusqu'où*** bis wohin; ~ ***sur le toit*** bis aufs Dach; ***ils ont grimpé jusqu'à 3000 m*** sie sind bis auf 3000 m gestiegen; ***va ~-là!*** geh bis dorthin!; ***viens jusqu'ici!*** komm bis hierher!
2. (*limite de temps*) ■ **jusque,** ■ **jusqu'** bis; ***jusqu'à midi/au soir*** bis Mittag/bis zum Abend; ***jusqu'au 31 décembre inclus*** bis einschließlich 31. Dezember; ***jusqu'à maintenant*** bis jetzt, bis zum heutigen Tage; ***jusqu'à la mort*** bis zum [*o* in den *geh*] Tod; ***jusqu'au moment où*** solange bis; ***de lundi jusqu'à dimanche*** von Montag bis Sonntag; ***jusqu'après Noël*** bis nach Weihnachten; ***jusqu'en mai*** bis Mai; ~ ***passé minuit*** bis nach Mitternacht; ~ ***vers midi*** bis gegen Mittag; ***jusqu'ici*** bis zum heutigen Tage, bis heute; ***~-là*** bis dahin; ***jusqu'alors*** bis zu jenem Tag; ***jusqu'à quand*** bis wann, wie lange
3. (*y compris*) ■ **jusque,** ■ **jusqu'** sogar, bis; ~ ***dans*** sogar im/in der; ***jusqu'entre*** bis [*o* sogar] zwischen; ~ ***sous*** sogar [*o* bis] unter; ***tous jusqu'au dernier*** alle ohne Ausnahme; ***il a tout mangé, jusqu'aux os*** er hat alles gegessen, sogar die Knochen
4. (*au plus*) ■ **jusqu'à** bis zu; ***jusqu'à dix personnes*** bis zu zehn Personen; ***jusqu'à concurrence de 1000 F*** bis zu 1000 F
5. (*limite*) ■ **jusqu'à** + *adv* bis; ***jusqu'à un [certain] point*** bis zu einem [gewissen] Punkt; ***jusqu'à quel point*** wie sehr, in welchem Maße; ***~-là*** soweit; ***jusqu'où*** wie weit
6. (*assez pour*) ■ **jusqu'à faire qc:** ***elle a mangé jusqu'à en être malade*** sie hat gegessen, bis es ihr schlecht war; ***elle pousse la bêtise jusqu'à faire qc*** in ihrer Dummheit geht sie so weit, dass sie etw tut; ***il va jusqu'à prétendre que*** + *indic* er geht so weit zu behaupten, dass; ■ **jusqu'à qc:** ***il est respectueux jusqu'à l'adoration*** sein Respekt grenzt schon an Bewunderung; ***amour paternel poussé jusqu'à la passion*** bis zur Leidenschaft gesteigerte Vaterliebe
▸ **qn en a jusque-là!** *fam* jdm steht es bis oben [*o* bis hier]! *fam;* **qn s'en met jusque-là** *fam* jd schlägt sich (*dat*) den Bauch bis oben hin voll *fam,* jd isst, bis nichts mehr rein geht *fam*
II. *conj* ■ **jusqu'à ce que** + *subj* bis
justaucorps [ʒystokɔʀ] *m* **1.** SPORT Bodysuit ['bɔdisju:t] *m,* Body ['bɔdi] *m fam;* ~ ***de gymnastique*** Gymnastikanzug *m,* Turnanzug *m*
2. HIST (*pourpoint*) [Leder]wams *nt*
juste [ʒyst] I. *adj* **1.** (*équitable*) gerecht; *condition* fair [fɛːɐ]; ***ce n'est pas ~ de faire qc*** es ist ungerecht, etw zu tun; ***il faut être ~ et reconnaître que*** + *indic* gerechterweise muss man anerkennen, dass
2. *antéposé* (*fondé*) berechtigt; ***elle a de ~s raisons de se réjouir*** sie hat guten [*o* allen] Grund zur Freude
3. (*trop court*) *vêtement* zu kurz; (*trop étroit*) zu eng; *ouverture* schmal, klein
4. (*à peine suffisant*) knapp; ***il gagne sa vie, mais c'est tout ~*** er verdient seinen Lebensunterhalt, aber ganz knapp
5. (*exact*) richtig; *heure* genau; ***le calcul est ~*** die Rechnung stimmt; ***c'est ~!*** das stimmt [*o* ist richtig]!; ***à 8 heures ~s*** Punkt [*o* Schlag] 8 Uhr, genau [*o* pünktlich] um 8 Uhr; ***elle se fait une idée ~ de ce qui l'attend*** sie weiß

genau, was sie erwartet; ***qn apprécie qc à sa ~ valeur*** [*o* ***à son ~ prix***] jd beurteilt etw nach seinem wahren Wert
6. (*pertinent*) treffend; *remarque* passend, zutreffend
7. MUS richtig; ***il a une voix*** ~ er singt richtig; ***le piano n'est pas*** ~ das Klavier ist verstimmt
II. *m* REL Gerechte(r) *f(m)*
III. *adv* **1.** (*avec exactitude*) richtig; *viser, tirer a.* genau; *penser a.* folgerichtig; *raisonner* treffend; ***qn parle*** ~ jd findet die richtigen Worte; ***qn devine/tombe*** ~ jd trifft ins Schwarze, jd trifft den Nagel auf den Kopf *fam*; ***la montre va*** ~ die Uhr geht richtig; ***le calcul tombe*** ~ die Rechnung geht auf
2. (*exactement*) [ganz] genau; ~ ***le contraire*** genau das Gegenteil; ***il habite ~ à côté*** er wohnt direkt nebenan/daneben; ~ ***après que*** + *indic* direkt nachdem; ~ ***quand*** gerade als; ***il a plu ~ ce qu'il fallait*** es hat gerade genug geregnet
3. (*seulement*) bloß, nur
4. (*à peine*) *mesurer, prévoir* knapp; ***il est arrivé bien*** ~ er kam in letzter Minute; ***cela entre*** ~ das passt [*o* geht] gerade noch hinein
▸ **tout** ~ gerade noch, mit Ach und Krach *fam*; **c'était** ~ [*o* **du** ~]! das war knapp!; **qn dit** ~ jd hat Recht; **qn voit** ~ jd sieht es richtig; **au** ~ eigentlich; **comme de** ~ wie üblich; **au plus** ~ ganz knapp
justement [ʒystəmɑ̃] *adv* **1.** (*à bon droit*) zu Recht
2. *remarquer* richtig; *penser* [folge]richtig; *raisonner* treffend
3. (*exactement*) genau
4. (*précisément*) gerade
5. (*à plus forte raison*) genau; ~, ***c'est pourquoi je t'avertis*** gerade [*o* eben] darum warne ich dich
justesse [ʒystɛs] *f* **1.** (*précision*) Genauigkeit *f*; [*réponse, note*] Richtigkeit *f*; [*oreille*] Schärfe *f*; ~ ***du tir*** Treffsicherheit *f*; ***des calculs d'une grande*** ~ sehr genaue Berechnungen *pl*; ***elle chante avec*** ~ sie singt richtig
2. (*pertinence*) Richtigkeit *f*; [*expression a.*] Korrektheit *f*; [*remarque a.*] Zutreffen *nt*; [*raisonnement*] Stichhaltigkeit *f*, Triftigkeit *f*; ***ce qu'il dit manque de*** ~ was er sagt, ist nicht ganz zutreffend; ***elle s'exprime avec*** ~ sie trifft immer das richtige Wort
▸ **de** ~ ganz knapp
justice [ʒystis] *f* **1.** (*principe moral, respect des droits*) Gerechtigkeit *f*; ~ ***sociale*** soziale Gerechtigkeit; ~ ***divine*** [*o* ***céleste***] göttliche Gerechtigkeit; ***sens de la*** ~ Gerechtigkeitssinn *m*; ***qn agit avec*** ~ jd handelt gerecht; ***qn fait régner la*** ~ jd lässt Gerechtigkeit walten
2. (*loi*) Gesetz *nt*, Recht *nt*; ***qn administre la*** ~ jd spricht Recht
3. (*juridiction*) Gericht[sbarkeit *f*] *nt*, Justiz *f*; ~ ***administrative/commerciale/civile*** Verwaltungs-/Handels-/Zivilgerichtsbarkeit; ~ ***militaire*** Militärjustiz; ~ ***de paix*** Friedensgericht
4. (*allégorie*) ■ **la J**~ Justitia *f*
▸ **en bonne** [*o* **toute**] ~ mit gutem [*o* vollem] Recht; ~ **immanente** immanente Gerechtigkeit; **qn est raide comme la** ~ *fam* jd ist zugeknöpft; **il n'y a pas de** ~! es gibt keine Gerechtigkeit!; **ce n'est que** ~ das ist nur recht und billig; **qn/qc fait** [*o* **rend**] ~ **à qn/qc** jd/etw lässt jdm/einer S. Gerechtigkeit [*o* Recht] widerfahren *geh*; *à son courage, mérite* jd erkennt etw an; ***il faut lui rendre cette*** ~ das muss man ihm/ihr lassen; **qn se fait** ~ [*se suicide*] jd richtet sich selbst *geh*; (*se venge*) jd verschafft sich (*dat*) selbst Recht; **qc fait** ~ **de qc** *des promesses de qn* etw straft etw Lügen; *des mensonges de qn* etw bringt etw an den Tag; **qn obtient** ~ jd kommt zu seinem Recht; **qn rend la** ~ jd spricht Recht; **en** ~ vor Gericht; ***qn poursuit qn en*** ~ jd verfolgt jdn gerichtlich; ***qn assigne qn en*** ~ jd lädt jdn vor [*o* vor Gericht]
justiciable [ʒystisjabl] *adj* **1.** JUR ■ **qn est ~ de qc** jd unterliegt der Zuständigkeit einer S. (*gen*), jd ist der Gerichtsbarkeit einer S. (*gen*) unterworfen
2. (*qui peut être jugé par*) ■ **qn est ~ de qn** jd unterliegt jds Urteil (*dat*)
3. (*qui relève de*) ■ **qn/qc est ~ de qc** jd/etw bedarf einer S. (*gen*)
justicier, -ière [ʒystisje, -jɛʀ] *m, f* (*redresseur de torts*) Verfechter(in) *m(f)* der Gerechtigkeit; (*vengeur*) rächender Engel; ***un dieu*** ~ ein Gott, der Gerechtigkeit walten lässt; ***il se pose en*** ~ er wirft sich zum Richter auf
justifiable [ʒystifjabl] *adj* vertretbar; ***qc est*** ~ etw kann gerechtfertigt werden
justificatif, -ive [ʒystifikatif, -iv] **I.** *adj* PRESSE *exemplaire* Beleg-; ***pièce ~ive, document*** ~ Beleg *m*, Beweisstück *nt*
II. *m* **1.** (*preuve*) Beweis[stück *nt*] *m*; ~ ***de l'identité*** [*o* ***d'identité***] Ausweis[papier *nt*] *m*
2. PRESSE Belegexemplar *nt*
justification [ʒystifikasjɔ̃] *f* **1.** [*acte, conduite*] Rechtfertigung *f*
2. (*preuve*) Beweis *m*, Nachweis *m*; [*paiement*] Beleg *m*
3. TYP, INFORM Justierung *f*
justifier <1 a> [ʒystifje] **I.** *vt* **1.** (*donner raison à*) ■ **qn/qc justifie qc** jd/etw rechtfertigt etw; *espérances, point de vue* jd/etw bestätigt etw; ***ma prudence est justifiée par les événements*** die Geschehnisse rechtfertigen meine Vorsicht
2. (*expliquer*) ■ **qn/qc justifie qc** jd/etw rechtfertigt etw; ***rien ne justifie tes craintes, tes craintes ne sont pas justifiées*** deine Befürchtungen sind unbegründet [*o* nicht gerechtfertigt]
3. (*disculper*) ■ **qn justifie qn/qc** jd rechtfertigt jds Tun/etw
4. (*prouver*) ■ **qn justifie qc** *paiement, créance* jd liefert den Beweis für etw, jd belegt etw; ***pouvez-vous ~ vos affirmations?*** können Sie Ihre Behauptungen beweisen?
5. TYP, INFORM ■ **qn justifie qc** jd justiert etw, jd macht etw bündig; ***justifié(e) à droite/gauche*** rechts-/linksbündig
II. *vi* ■ **qn justifie de qc** *paiement* jd belegt etw; ***pouvez-vous ~ de votre identité?*** können Sie sich ausweisen?
III. *vpr* **1.** (*se disculper*) ■ **qn se justifie** [**de qc**] [**auprès de qn**] jd rechtfertigt sich [wegen etw] [vor jdm]
2. (*s'expliquer*) ■ **qc se justifie** [**par qc**] etw lässt sich [durch etw] rechtfertigen, etw ist [durch etw] zu rechtfertigen
jute [ʒyt] *m* Jute *f*; ***sac de*** ~ Jutesack *m*
juter <1> [ʒyte] *vi* ■ **un fruit jute** eine Frucht tropft [*o* saftet]
juteux, -euse [ʒytø, -øz] *adj* **1.** *fruit* saftig
2. *fam* (*lucratif*) einträglich, lukrativ
juvénile [ʒyvenil] *adj* jugendlich
juxtaposé, e [ʒykstapoze] *adj* nebeneinander liegend, nebeneinander stehend; *idées* gegenübergestellt; ***mots ~s*** Juxtakomposita *pl*; ***propositions ~es*** unverbundene Satzreihe, asyndetische Parataxe
juxtaposer <1> [ʒykstapoze] *vt* ■ **qn juxtapose qc à qc** [*o* **qc et qc**]/ **plusieurs choses** jd reiht etw an etw (*akk*)/mehrere Dinge aneinander
juxtaposition [ʒykstapozisjɔ̃] *f* Aneinanderreihung *f*; ***la ~ de plusieurs idées*** die Gegenüberstellung von mehreren Ideen

K

K, k [kɑ] *m* K *nt*, k *nt*
▸ **k comme Kléber** K wie Kaufmann
K **1.** CHIM *abr de* **potassium** (**kalium**) K
2. PHYS *abr de* **kelvin** K
kabyle [kabil] **I.** *adj* kabylisch
II. *m* (*langue*) Kabylisch *nt*
III. *mf* ■ **Kabyle** Kabyle/Kabylin *m/f*
kafkaïen, ne [kafkajɛ̃, jɛn] *adj* kafkaesk
kaki¹ [kaki] *m* BOT Kakipflaume *f*
kaki² [kaki] **I.** *adj inv* k[h]akifarben
II. *m* ∅ K[h]aki *nt*
kaléidoscope [kaleidɔskɔp] *m* Kaleidoskop *nt*
kamikaze [kamikaz] **I.** *adj* Kamikaze-
II. *m* **1.** (*pilote*) Kamikaze[flieger *m*] *m*
2. (*avion*) Kamikazeflugzeug *nt*
kanak, e [kanak] *adj/subst v.* **canaque**
kangourou [kɑ̃guʀu] *m* Känguru *nt*
kantien, ne [kɑ̃tjɛ̃, jɛn] *adj*: ***la méthode ~ne*** die Methode Kants; ***l'impératif*** ~ der kantsche Imperativ; ***la philosophie ~ne*** die kantsche Philosophie, die Philosophie Kants; ***la morale ~ne*** der kantsche Moralbegriff
kaolin [kaɔlɛ̃] *m* Kaolin *nt*, Porzellanerde *f*
kapok [kapɔk] *m* Kapok *m*
karaté [kaʀate] *m* Karate *nt*
karatéka [kaʀateka] *mf* Karateka *m*
kart [kaʀt] *m* [Go-]Kart *m*
karting [kaʀtiŋ] *m* Go-Kart-Sport *m*; ***piste de*** ~ Go-Kart-Bahn *f*
kascher [kaʃɛʀ] *adj* koscher
kayak [kajak] *m* Kajak *m o nt*
kéfir *m*, **képhir** [kefiʀ] *m* Kefir *m*
kelvin [kɛlvin] *m* Kelvin *nt*
Kenya [kenja] *m* ■ **le Kenya** Kenia *nt*
képi [kepi] *m* Käppi *nt*
kératine [keʀatin] *f* Keratin *nt*
kermesse [kɛʀmɛs] *f* **1.** Wohltätigkeitsbasar *m*
2. BELG, NORD (*ducasse*) Kirmes *f*, Kirchweih[fest *nt*] *f*
kérosène [keʀozɛn] *m* Kerosin *nt*
ketchup [kɛtʃœp] *m* Ketschup ['kɛtʃap] *m o nt*
kg *m abr de* **kilogramme** kg
khâgne [kaɲ] *f fam Klasse, in der man sich nach dem Baccalauréat für die Aufnahmeprüfung auf die „École normale supérieure* (*lettres*)*" vorbereitet*
khâgneux, -euse [kaɲø, -øz] *m, f fam Student/Studentin, der/die die „Khâgne" besucht*
khmer, -ère [kmɛʀ] **I.** *adj art, temple* der Khmer; *République* Khmer-
II. *m* (*langue*) Khmer *nt*
III. *m, f* ■ **Khmer**(**-ère**) Khmer *mf*
▸ ~ **rouge** roter Khmer

khôl [kol] *m* Kajal[stift *m*] *nt*
kHz *m abr de* **kilohertz** kHz *nt*
kibboutz <[im]> [kibuts, kibutsim] *m* Kibbuz *m*
kibboutznik [kibutsnik] *m* Kibbuznik *m*
kidnapper <1> [kidnape] *vt* ■ **qn kidnappe qn** jd kidnappt jdn ['kɪdnæpt], jd entführt jdn; ■ **qn se fait ~ par qn** jd wird von jdm gekidnappt [*o* entführt]
kidnappeur, -euse [kidnapœʀ, -øz] *m, f* Kidnapper(in) *m(f)* ['kɪdnæpɐ], Entführer(in) *m(f)*
kidnapping [kidnapiŋ] *m* Kidnapping ['kɪdnæpɪŋ] *nt*
kif-kif [kifkif] *loc* ▸ **c'est** ~~ [**bourricot**], **c'est du kif** *fam* das ist Jacke wie Hose *fam*, das ist gehupft [*o* gehopst] wie gesprungen *fam*
kiki [kiki] *loc* ▸ **c'est parti, mon** ~ *fam* jetzt geht's los, jetzt geht's rund *fam*; **qn serre le ~ à qn** *fam* jd drückt jdm die Gurgel zu
kil [kil] *m* ◆ **kil de rouge** *pop* Liter *m* Rotwein
kilo [kilo] *m abr de* **kilogramme** Kilo *nt*
kilo- [kilo] *préf* Kilo-
kilogramme [kilɔgʀam] *m* Kilogramm *nt*
kilohertz [kiloɛʀts] *m* Kilohertz *nt*
kilométrage [kilɔmetʀaʒ] *m* [*parcours, route*] Kilometrieren *nt*, Kilometrierung *f*; [*voiture*] Kilometerstand *m*, Kilometerzahl *f*
kilomètre [kilɔmɛtʀ] *m* Kilometer *m*; ***140 ~s à l'heure, 140 ~s-heure*** 140 Stundenkilometer; ***140 km/h*** 140 km/h
▸ ~ **carré** Quadratkilometer *m*; **qn bouffe du** ~ *fam* jd frisst Kilometer *fam*
kilométrique [kilɔmetʀik] *adj borne, mesure, prix de revient* Kilometer-; *distance* in Kilometern
kilo-octet [kiloɔktɛ] *m* INFORM Kilobyte [-bait] *nt*
kilotonne [kilotɔn] *f* Kilotonne *f*
kilowatt [kilowat] *m* Kilowatt *nt*
kilowattheure [kilowatœʀ] *m* Kilowattstunde *f*
kimono [kimɔno] I. *m* Kimono *m*
II. *app inv manches* Kimono-; *robe* im Kimonoschnitt
kiné [kine] *mf fam*, **kinési** [kinezi] *mf fam abr de* **kinésithérapeute** Krankengymnast(in) *m(f)*
kinésithérapeute [kineziteʀapøt] *mf* Krankengymnast(in) *m(f)*, Heilgymnast(in) *m(f)*
kinésithérapie [kineziteʀapi] *f* Krankengymnastik *f*, Heilgymnastik *f*
kiosque [kjɔsk] *m* 1. (*petit pavillon*) [Garten]pavillon *m*, Gartenhäuschen *nt*; ~ ***à musique*** Musikpavillon
2. (*lieu de vente*) Kiosk *m*; ~ ***à journaux/friandises*** Zeitungs-/Süßigkeitenstand *m*, Zeitungskiosk; ~ ***de fleuriste*** Blumenkiosk, Blumenstand *m*
3. [*sous-marin*] Kommandoturm *m*; [*bateau*] Ruderhaus *nt*
4. (*téléphonique*) telefonischer Auskunftsdienst; (*minitel*) Forum *nt*
kir [kiʀ] *m* Kir *m* (*Aperitif aus Weißwein und Johannisbeerlikör*)
▸ ~ **royal** Kir *m* royal (*Aperitif aus Champagner und Johannisbeerlikör*)
kirsch [kiʀʃ] *m* Kirschwasser *nt*
kit [kit] *m* [Fertig]bausatz *m*, Fertigteile *pl*
▸ **en** ~ als [Fertig]bausatz, in Fertigteilen
kitchenette [kitʃənɛt] *f* Kochnische *f*, Kochecke *f*
kit[s]ch [kitʃ] I. *adj inv* kitschig
II. *m inv* Kitsch *m*
kiwi [kiwi] *m* 1. (*fruit*) Kiwi *f*
2. (*oiseau*) Kiwi *m*
klaxon [klaksɔn] *m* Hupe *f*
▸ **qn donne un coup de** ~ jd hupt; ***qn donne un petit coup de*** ~ jd hupt kurz
klaxonner <1> [klaksɔne] I. *vi* ■ **qn/qc klaxonne** jd/etw hupt
II. *vt* ■ **qn klaxonne qn/qc** jd hupt jdn/etw an; ***klaxonne-le!*** hup mal!
kleenex® [klinɛks] *m* Tempo[taschentuch *nt*]® *nt*
kleptomane [klɛptɔman] I. *adj* kleptomanisch; ***elle est*** ~ sie ist Kleptomanin
II. *mf* Kleptomane/-manin *m/f*
kleptomanie [klɛptɔmani] *f* Kleptomanie *f*
km *abr de* **kilomètre** km
km/h *abr de* **kilomètre-heure** km/h
knock-out [(k)nɔkaut] I. *adj inv* knockout, k. o.
▸ **qn/qc met qn** ~~ jd/etw schlägt jdn k. o.
II. *m inv* Knockout *m*, K.-o.-Schlag *m*
knout [knut] *m* Knute *f*; ***un coup de*** ~ ein Peitschenhieb *m*
Ko [kao] *m* INFORM *abr de* **kilo-octet** KB *nt*
K.-O. [kao] *abr de* **knock-out** I. *adj inv fam* 1. (*assommé*) benommen; SPORT k. o.; ***le boxeur*** ~~ der k. o. geschlagene Boxer
2. (*épuisé*) k. o. *fam*, [fix und] fertig *fam*
▸ **qn met qn** ~~ (*assomme*) jd schlägt jdn k. o.; **qc met qn** ~~ (*assomme*) etw betäubt jdn; / *coup*/ jd geht unter etw (*dat*) k. o.; **qn/qc met qn** ~~ (*épuise*) jd/etw macht jdn [fix und] fertig *fam*
II. *m inv fam* K. o. *m*, K.-o.-Schlag *m*; ***qn subit un*** ~~ jd steckt eine K.-o.-Niederlage ein
koala [kɔala] *m* Koala[bär *m*] *m*
kohol [kɔɔl] *m* Kajal[stift *m*] *m*
kolkhoze [kɔlkoz] *m* Kolchose *f*
kopeck [kɔpɛk] *m* (*monnaie*) Kopeke *f*
▸ **pas un** ~ *fam* kein Pfennig *m*; ***tu n'auras pas un*** ~! du kriegst keinen Pfennig!
kouglof [kuglɔf] *m* Gugelhopf *m*, Gugelhupf *m*
Koweit *m*, **Koweït** [kɔwɛt] *m* ■ **le Koweït** Kuwait *nt*, Kuweit *nt*
krach [kʀak] *m* 1. BOURSE Börsenkrach *m*
2. (*faillite*) Konkurs *m*, Bankrott *m*
kraft [kʀaft] *v.* **papier**
Kremlin [kʀɛmlɛ̃] *m* ■ **le Kremlin** der Kreml
krypton [kʀiptɔ̃] *m* CHIM Krypton *nt*
Ku Klux Klan [kyklyksklɑ̃] *m* Ku-Klux-Klan *m*
Kuwait [kɔwɛt] *m v.* **Koweït**
kyrie [kiʀje] *m inv* Kyrie[eleison *nt*] *nt*
kyrielle [kiʀjɛl] *f fam* ■ **une ~ de** *de personnes* eine Schar von, Scharen von; *de choses* eine [ganze] Reihe von, eine Latte von *fam*; ***ils sont une ~ à postuler pour ce poste*** sie haben sich in Scharen um diese Stelle beworben
kyste [kist] *m* Zyste *f*

L

L, l [ɛl] *m inv* L *nt*, l *nt*
▸ **l comme Louis** L wie Ludwig
l *abr de* **litre** l
l' *art v.* **le**
la¹ [la] *art/pron v.* **le**
la² [la] *m inv* MUS A *nt*, a *nt*; ***le ~ du diapason*** der Stimmton, der Kammerton, das eingestrichene A; *v. a.* **do**
▸ **qn donne le** ~ MUS jd gibt den Stimmton [*o* den Kammerton] an; (*fait autorité*) jd gibt den Ton an
là¹ [la] *adv* 1. (*avec déplacement*) (*quelque part, opp: ici*) dorthin, dahin; (*ici*) hierher; ***je passe par*** ~ ich gehe/fahre da [*o* dort] entlang; **de** ~ von dort [aus] [*o* da [aus]]; ***viens*** ~! komm [hier]her!
2. (*sans déplacement*) (*quelque part, opp: ici*) dort, da; (*ici*) hier; (*à la maison*) da, zu Hause; [***quelque part***] ***par*** ~ hier irgendwo; ***il y a ~ une contradiction*** darin liegt ein Widerspruch; ***c'est ~ qu'est la difficulté*** hier[in] [*o* da[rin]] liegt die Schwierigkeit; ***vous êtes tous*** ~? seid ihr alle da?; ***ici ou*** ~? hier oder da?; ***le mercredi, je ne suis pas*** ~ am Mittwoch bin ich nicht da [*o* zu Hause]
3. (*à ce moment-là*) da; ***à partir de*** ~ von da an; ***jusque-***~ bis dahin
4. (*en ce moment*) da
5. (*alors*) also da [*o* dann]; ~, ***tu m'as étonné(e)*** [also] da hast du mich erstaunt
6. ■ *subst-*~ da; ***cette histoire-***~ diese Geschichte [da]
▸ ~ **contre** *vieilli* da dagegen; **qn/qc en est** ~ so steht es um jdn/etw, mit jdm/etw ist es so weit gekommen; ***les choses en sont*** ~ so stehen die Dinge; **tout est** ~ (*c'est l'essentiel*) das ist die Hauptsache
là² [la] *interj* na; ~, ***mon bébé*** na, mein Kleines; ~, ~ na, na; schon gut
là- [la] *préf* + *adv -dessous, -dessus, -dedans, -derrière* dort, da; ***la maison ~-derrière*** das Haus dort hinten
là-bas [labɑ] *adv* 1. (*avec déplacement*) (*direction*) dorthin, dahin; (*lieu*) dort, da; ***si tu vas*** ~~ wenn du dorthin gehst; ***quand tu arriveras*** ~~ wenn du dort ankommst
2. (*sans déplacement*) dort
label [labɛl] *m* 1. (*marque de qualité*) Handelsmarke *f*, Schutzmarke *f*; ■ ~ **de** -zeichen *nt*; ~ ***d'origine*** Ursprungszeugnis *nt*; ~ ***de qualité*** Gütezeichen *nt*; ~ ***de garantie*** Qualitätsgarantie *f*; ~ ***d'authenticité*** Echtheitszeichen *nt*
2. (*signe distinctif*) Markenzeichen *nt*
labeur [labœʀ] *m littér* [harte [*o* mühsame]] Arbeit
labial, e <-aux> [labjal, jo] I. *adj* 1. ANAT labial; *muscle* Labial-; ***mouvement*** ~ Lippenbewegung *f*
2. LING Labial-
II. *f* ■ **labiale** Labial[laut *m*] *m*
labo [labo] *m fam abr de* **laboratoire** Labor *nt*
laborantin, e [labɔʀɑ̃tɛ̃, in] *m, f* Laborant(in) *m(f)*
laboratoire [labɔʀatwaʀ] *m* 1. (*salle*) Labor *nt*; ~ ***de chimie/physique*** chemisches/physikalisches Labor; ~ ***de langues*** Sprachlabor
2. (*ensemble de chercheurs*) Labor *nt*
▸ **de** ~ *chef, produit* Labor-; *appareil, instrument, animal* Versuchs-; **en** ~ im Labor
◆ **laboratoire d'analyses** diagnostisches Labor, Labor für Laboratoriumsdiagnostik; **laboratoire d'essais** Versuchslabor *nt*
laborieusement [labɔʀjøzmɑ̃] *adv* unter Anstrengungen, mit Mühen;

argent ~ gagné mühsam verdientes Geld

laborieux, -euse [labɔʀjø, -jøz] *adj* **1.** (*pénible*) mühsam; *recherche a.* langwierig; *digestion* träge; ***tu n'as encore pas fini? eh bien, c'est ~!*** *fam* bist du immer noch nicht fertig? das dauert!
2. (*travailleur*) *classes, masses* arbeitend; *personne* arbeitsam; ***la population de cette région est ~euse*** die Bewohner dieser Gegend arbeiten hart; ***une existence ~euse*** ein arbeitsreiches Leben
3. *esprit, humour, plaisanterie, style* schwerfällig

labour [labuʀ] *m* **1.** Bearbeiten *nt,* Bearbeitung *f;* (*avec une charrue*) Pflügen *nt;* ***cheval de ~*** Ackergaul *m*
2. *pl* (*terres labourées*) gepflügter Boden

labourable [labuʀabl] *adj* bestellbar, kultivierbar

labourage [labuʀaʒ] *m* Ackerbau *m;* [*terre, sol*] Bearbeitung *f,* Bestellung *f;* ***cette terre n'a besoin que d'un ~ léger*** dieser Boden muss nur leicht bearbeitet werden

labourer <1> [labuʀe] **I.** *vt* **1.** AGR ■ **qn laboure qc** jd pflügt etw [um]
2. (*creuser*) ■ **un animal/qc laboure qc** ein Tier/etw wühlt etw auf; ***l'ancre laboura le fond*** der Anker wühlte [*o* rührte] den Boden auf; ***il a le front labouré de rides*** er hat eine von Falten zerfurchte Stirn
3. (*griffer*) ■ **qn/qc lui laboure qc** jd/etw zerkratzt jdm etw; ***ces lanières me labourent les épaules*** diese Riemen schneiden mir in die Schultern [ein]; ***l'obus lui a labouré la jambe*** die Granate hat ihm das Bein zerfetzt [*o* zerrissen]
II. *vi* ■ **qn laboure** jd pflügt
III. *vpr* ■ **qn se laboure qc** jd zerkratzt sich (*dat*) etw

laboureur, -euse [labuʀœʀ, -øz] *m, f littér* Landmann/-frau *m/f alt*

labyrinthe [labiʀɛ̃t] *m* **1.** (*dédale*) Labyrinth *nt*
2. (*complication*) Labyrinth *nt,* Gewirr *nt,* Wirrwarr *m*

lac [lak] *m* See *m*
▶ ~ **Majeur** Lago Maggiore [ma'dʒoːʀə] *m;* ~ **Supérieur** Oberer See; **qc est/tombe dans le ~** *fam* etw ist ins Wasser gefallen/fällt ins Wasser
◆ **lac de Constance** Bodensee *m;* **lac des Quatre-Cantons** Vierwaldstätter See *m;* **lac de Genève, lac Léman** Genfer See *m;* **lac de Neuchâtel** Neuenburger See *m*

laçage [lasaʒ] *m* Binden *nt,* Schnüren *nt;* [*corset*] Schnüren

lacer <2> [lase] **I.** *vt* ■ **qn lace qc** *chaussure, lacet* jd bindet etw [zu]; *corset* jd schnürt etw
II. *vpr* ■ **qc se lace ...** /*chaussures*/ etw wird ... gebunden [*o* geschnürt]; /*bustier, corset*/ etw wird ... geschnürt; ***des chaussures qui se lacent jusqu'en haut*** hoch geschnürte Schuhe

lacérer <5> [laseʀe] *vt* **1.** (*déchirer*) ■ **qn lacère qc** jd zerreißt etw
2. (*taillader*) ■ **qn [lui] lacère qc** jd zerschneidet [jdm] etw

lacet [lasɛ] *m* **1.** [*botte, chaussure*] Schnürsenkel *m;* [*corset, robe* Schnürband *nt;* ***qn casse son ~*** jdm reißt der Schnürsenkel
2. (*virage*) Serpentine *f;* [*rivière*] Schleife *f*
3. (*oscillation*) Schlingern *nt*
4. (*piège*) Schlinge *f;* ***qn prend un animal au ~*** jd fängt ein Tier mit [*o* in] der Schlinge; ***le ~ est une forme de braconnage*** das Schlingenstellen [*o* das Schlingenlegen] ist eine Form der Wilderei
▶ **à ~s** geschnürt; ***des chaussures à ~s*** geschnürte Schuhe, Schnürschuhe *pl;* **en ~** (*en zigzag*) in Serpentinen; ***route en ~[s]*** Serpentinenstraße *f;* **sans ~[s]** ohne Schnürsenkel

lâchage [lɑʃaʒ] *m fam* (*abandon*) Aufgabe *f,* Fallenlassen *nt;* [*petit ami*] Sitzenlassen *nt fam*

lâche [lɑʃ] **I.** *adj* **1.** (*poltron*) *attitude, personne* feige
2. (*méprisable*) *attitude, personne, procédé* feige
3. (*détendu*) *corde, ficelle, nœud, vêtement* locker
4. (*peu rigoureux*) locker, lasch *fam; morale, règlement a.* lose; *expression, style* schwach, kraftlos; ***l'intrigue est plutôt ~*** die Handlung ist eher schwach
II. *mf* **1.** (*poltron*) Feigling *m,* Angsthase *m fam,* Schlappschwanz *m fam;* ***espèce de [grand] ~!*** du [alter] Feigling [*o* Angsthase *fam*]!
2. (*individu méprisable*) (*femme*) niederträchtige Person; (*homme*) gemeiner Kerl

lâchement [lɑʃmɑ̃] *adv* **1.** (*peureusement*) feige
2. (*de façon méprisable*) auf gemeine [*o* niederträchtige] Weise

lâcher <1> [lɑʃe] **I.** *vt* **1.** (*laisser aller*) ■ **qn lâche qn/un animal/qc** jd lässt jdn/ein Tier/etw los; (*involontairement*) jd lässt etw fallen; *oiseau, pigeon* jd lässt ein Tier fliegen; *ballon* jd lässt etw fliegen [*o* steigen]; ■ **qn lâche qc** (*délibérément*) *bêtise, mot* jd gibt etw von sich; *cri, juron a.* jd stößt etw aus; (*involontairement*) jdm rutscht etw heraus; *cri, juron a.* jdm entfährt etw; ■ **qn/qc lâche qc** *bombe* jd/etw wirft etw ab; *bordée* jd/etw feuert etw ab; *information* jd/etw verbreitet etw; ***voilà le grand mot lâché!*** jetzt ist es raus! [*o* ausgesprochen!]; ***le cheval lâche une ruade*** das Pferd schlägt aus; ***si tu me lâches la main*** wenn du meine Hand loslässt; ***qn lâche un pet*** jd lässt einen fahren *fam*
2. *fam* (*abandonner*) ■ **qn lâche qc** *études, métier, poste, projet* jd gibt etw auf; ■ **qn lâche qn/qc [pour qn/qc]** jd lässt etw [für jdn/etw] fallen [*o* sausen *fam*]; *personne* jd lässt jdn [wegen jdm/etw] fallen [*o* sitzen *fam*]; *avantage, occasion* jd lässt sich (*dat*) etw entgehen; ***je ne vous lâcherai pas tant que vous n'aurez pas payé*** ich werde Sie nicht in Ruhe lassen, solange Sie nicht bezahlt haben!; ■ **qc lâche qn** /*voiture, moteur*/ etw lässt jdn im Stich; ■ **qc ne lâche pas qn** etw lässt jdn nicht los; /*idée a.*/ etw geht jdm nicht aus dem Kopf
3. SPORT *arg* ■ **qn/qc lâche qn/qc** jd/etw lässt jdn/etw hinter sich (*dat*), jd/etw hängt jdn/etw ab *fam*
▶ **lâche-moi [avec qc]!** *fam* lass mich [mit etw] in Ruhe [*o* in Frieden]! *fam;* **qn lâche tout** *fam* jd wirft [*o* schmeißt *fam*] alles hin
II. *vi* ■ **qc lâche** etw versagt; /*corde*/ etw gibt nach, etw lockert sich; /*nœud*/ etw löst sich; ■ **qn lâche** *fam* jd gibt auf, jd macht schlapp *fam;* ***on ne lâche plus maintenant!*** jetzt bloß nicht schlappmachen! *fam*
III. *m* [*ballons*] Steigenlassen *nt;* ~ ***de pigeons*** Taubensteigen *nt*

lâcheté [lɑʃte] *f* **1.** (*couardise*) Feigheit *f;* ***il a fait preuve de la plus grande ~*** er hat äußerste Feigheit an den Tag gelegt, er hat sich äußerst feige gezeigt
2. (*bassesse*) Gemeinheit *f,* Niederträchtigkeit *f*
▶ **par ~** aus Feigheit

lâcheur, -euse [lɑʃœʀ, -øz] *m, f fam* Schlappschwanz *m fam,* Laschkopf *m fam;* (*qui fuit les situations pénibles*) Drückeberger(in) *m(f) fam*

lacis [lasi] *m* Geflecht *nt,* Gewirr *nt;* [*veines*] Netz *nt;* ~ ***de branches*** Geflecht aus Zweigen; ~ ***de ruelles*** Gewirr von Straßen

laconique [lakɔnik] *adj* knapp, kurz und bündig; *réponse a.* lakonisch; *personne* einsilbig, kurz angebunden

laconiquement [lakɔnikmɑ̃] *adv* lakonisch, kurz und bündig

lacrymal, e <-aux> [lakʀimal, o] *adj* Tränen-

lacrymogène [lakʀimɔʒɛn] *adj:* ***gaz/grenade ~*** Tränengas *nt*/Tränengasbombe *f*

lactaire [laktɛʀ] *m* Milchling *m,* Reizker *m*

lactation [laktasjɔ̃] *f* (*sécrétion*) Milchabsonderung *f,* Milcherzeugung *f;* ***période de ~*** [*femme*] Stillzeit *f;* ***elle a une ~ insuffisante*** sie hat nicht genügend Milch

lacté, e [lakte] *adj* **1.** GASTR *bouillie* Milch-; ***farine ~*** Kindermehl *nt;* ***le régime du bébé est exclusivement ~*** das Baby bekommt ausschließlich Milchkost
2. MED: ***fièvre ~e*** Milchfieber *nt*
3. *littér* (*d'aspect laiteux*) *peau, suc* milchig

lactique [laktik] *adj* Milch-; ***les ferments ~s*** Milchsäurebakterien *pl*

lacunaire [lakynɛʀ] *adj* lückenhaft, unvollständig

lacune [lakyn] *f* Lücke *f;* ***qn/qc présente des ~s*** jd/etw weist Lücken auf
▶ **qn comble une ~/ses ~s** jd füllt eine Lücke/seine/ihre Lücken

lacustre [lakystʀ] *adj* in Seen vorkommend; *cité, village* Pfahl-

lad [lad] *m* Stallbursche *m,* Stalljunge *m*

là-dedans [lad(ə)dɑ̃] *adv* da drin; ***cache-toi ~!*** versteck dich da drin!; ***je ne reste pas ~*** ich bleibe nicht hier drin; ***mets tes affaires ~!*** stell deine Sachen da hinein [*o* da rein *fam*]!; ***pourquoi me suis-je embarqué ~?*** warum hab ich mich nur darauf eingelassen?; ***je n'ai rien à voir ~*** ich habe nichts damit zu tun

là-dessous [lad(ə)su] *adv* darunter, da drunter *fam; fig* dahinter; ***qu'y a-t-il ~?*** was steckt [*o* verbirgt sich] dahinter?

là-dessus [lad(ə)sy] *adv* **1.** (*sur cela*) (*direction, ici*) hier hinauf [*o* rauf *fam*]; (*direction, là-bas*) dort [*o* da] hinauf [*o* rauf *fam*]; (*lieu, ici*) darauf, [hier] [oben] drauf *fam;* (*lieu, là-bas*) darauf, [dort [*o* da]] [oben] drauf *fam;* (*à ce sujet*) darüber; ***monte ~*** steig hier rauf; ***la valise est ~*** der Koffer liegt [dort [*o* da]] oben drauf; ***compte ~*** verlass dich d[a]rauf
2. (*sur ce*) daraufhin, damit

ladite [ladit] *adj v.* **ledit**

ladre [lɑdʀ] **I.** *adj littér* geizig
II. *mf littér* Geizhals *m,* Geizkragen *m*

ladrerie [lɑdʀəʀi] *f littér* Geiz *m*

lagon [lagɔ̃] *m* Lagune *f*

lagopède [lagɔpɛd] *m* Schneehuhn *nt*

lagune [lagyn] *f* Lagune *f*

là-haut [lao] *adv* **1.** (*au-dessus*) (*direction*) dort [*o* da] hinauf [*o* rauf *fam*]; (*lieu*) dort [*o* da] oben; ~ ***sur la montagne*** [da] oben auf dem Berg
2. (*dans le ciel*) dort [*o* da] oben

La Haye [la'ɛ] Den Haag *nt*

laïc, laïque [laik] *adj/subst v.* **laïque**

laïcisation [laisizasjɔ̃] *f* Entkonfessionalisierung *f,* Laizisierung *f spec*

laïciser <1> [laisize] *vt* ■ **qn laïcise qc** jd entkonfessionalisiert etw, jd laizisiert etw *spec*

laïcité [laisite] *f* Trennung *f* von Kirche und Staat, Laizismus *m spec;* [*enseignement*] religiöse Neutralität

laid, e [lɛ, lɛd] **I.** *adj* **1.** (*opp: beau*) hässlich; ***qn est ~ à faire peur*** jd sieht zum Fürchten aus *fam;* ***qn/qc est ~ comme un pou*** jd ist hässlich wie die Nacht *fam*/etw ist potthässlich *fam*
2. (*moralement*) *action, défaut, habitude* hässlich, unschön; ***pourquoi as-tu commis une action aussi ~e?*** warum hast du so etwas Hässliches getan?
II. *m* Hässliche(s) *nt*

laidement [lɛdmɑ̃] *adv* **1.** (*sans goût*) hässlich
2. (*bassement*) hässlich, unschön

laideron [lɛdʀɔ̃] *m* hässliches Mädchen, hässliches Entlein *fam*

laideur [lɛdœʀ] *f* **1.** (*opp: beauté*) Hässlichkeit *f*
2. (*bassesse*) Hässlichkeit *f,* Niedrigkeit *f,* Gemeinheit *f*
3. *pl* (*chose laide*) Hässlichkeit *f;* ***les ~s de la guerre*** die hässlichen Seiten des Krieges
▶ **dans toute sa ~** in seiner/ihrer ganzen Hässlichkeit

laie [lɛ] *f* Wildsau *f,* Bache *f*

lainage [lɛnaʒ] *m* **1.** (*étoffe*) Wollstoff *m;* (*vêtement*) Wollene(s) *nt,* Wollsachen *pl;* ***en/de ~*** Woll-
2. (*vêtement chaud*) etwas Warmes

laine [lɛn] *f* Wolle *f;* ***en ~*** aus Wolle, wollen; ***gilet de ~*** Wolljacke *f,* Strickjacke *f;* ***l'industrie de la ~*** die Wollindustrie; ***qn file la ~*** jd spinnt Wolle
▶ **qn se laisse manger [*o* tondre] la ~ sur le dos** jd lässt sich ausnehmen [wie eine Weihnachtsgans] *fam,* jd lässt sich (*dat*) [noch] die letzte Mark abnehmen *fam;* **une petite ~** etwas Warmes; ~ **vierge** reine Schurwolle
◆ **laine à tricoter** Strickwolle *f;* **laine de verre** Glaswolle *f*

laineux, -euse [lɛnø, -øz] *adj* **1.** TEXTIL wollig; ***bien ~*** schön wollig
2. (*qui rappelle la laine*) wollig; *feuille, plante a.* behaart

lainier, -ière [lɛnje, -jɛʀ] I. *adj industrie, production* Woll-; ***famille ~ière*** Spinnereifamilie *f*
II. *m, f* 1. *(marchand, producteur)* Wollhändler(in) *m(f)*
2. *(ouvrier)* Woll[spinnerei]arbeiter(in) *m(f)*

laïque [laik] I. *adj* 1. POL *(opp: confessionnel)* laizistisch, nicht konfessionell
2. REL *(opp: ecclésiastique)* weltlich, Laien-; ***vie ~*** weltliches Leben; ***mouvement ~*** Laienbewegung *f;* ***géré(e) par des ~s*** von Laien[priestern] geführt
II. *mf* Laie *m*

laisse [lɛs] *f* Leine *f*
▶ **qn tient un animal en ~** jd führt [*o* hält] ein Tier an der Leine; ***tenu(e) en ~*** an der Leine; ***tenez le chien en ~*** nehmen Sie den Hund an die Leine; **qn tient qn en ~** jd hält jdn an der Leine, jd gängelt jdn, jd führt jdn am Gängelband

laissé-pour-compte, ~e-~-~ <~s-~-~> [lesepuʀkɔ̃t] I. *adj* 1. *(rejeté) personne* abgeschoben; ***enfants ~s-~-~ du système scolaire*** am Schulsystem gescheiterte Kinder
2. COM *(refusé)* nicht angenommen
II. *m, f (exclu)* Abgeschobene(r) *f(m)*
III. *m* COM *(marchandise retournée)* zurückgesandte Ware, Retourware *f spec;* *(invendable)* Restposten *m*

laisser <1> [lese] I. *vt* 1. *(faire rester)* ■ **qn/qc laisse qn/qc quelque part** jd/etw lässt jdn/etw irgendwo; ***je laisse les gosses à la maison*** ich lasse die Kinder zu Hause; ***qn est laissé(e) dans l'ignorance de qc*** jd wird über etw *(akk)* in Unwissenheit gelassen; ***la boule n'a pas laissé une seule quille debout*** die Kugel hat keinen Kegel stehen lassen; ***il nous laisse dans le doute*** er lässt uns im Zweifel; ***je vous laisse à vos illusions*** ich lasse Ihnen Ihre Illusionen
2. + *adj/adv* ■ **qn/qc laisse qn/qc** jd/etw lässt jdn/etw + *adj/adv;* ***qc me laisse insensible*** etw lässt mich unberührt; ***elle/cela me laisse totalement froid/indifférent*** sie/das lässt mich total kalt/gleichgültig; ***laisse-la tranquille!*** lass sie in Ruhe!; ***le feu n'a rien laissé intact*** das Feuer hat nichts ganz gelassen; ***cela me laisse perplexe*** das macht mich perplex
3. *(ne pas prendre)* ■ **qn/qc laisse qc** jd/etw lässt etw [stehen]; ***elle a laissé la moitié du repas*** sie hat die Hälfte ihres Essens übrig gelassen [*o* stehen lassen]; ***la tempête n'a laissé que trois arbres*** der Sturm hat nur drei Bäume stehen lassen
4. *(provoquer)* ■ **qc laisse qc [à qn]** etw hinterlässt etw [bei jdm], von etw bleibt [jdm] etw; ***cette aventure m'a laissé un cruel souvenir*** dieses Abenteuer ist mir in schrecklicher Erinnerung geblieben; ***ce produit laisse des auréoles*** bei dem Mittel bleiben Ränder zurück
5. *(léguer)* ■ **qn laisse qc [à qn]** *(après sa mort)* jd hinterlässt [jdm] etw; *(après son départ)* jd [über]lässt jdm etw; *message, mot* jd hinterlässt [jdm] etw
6. *(garder)* ■ **qn laisse qc à qn** jd lässt etw für jdn übrig, jd hebt etw für jdn auf; ***je vous ai laissé la meilleure chambre*** ich habe das beste Zimmer für Sie freigehalten
7. *(abandonner)* ■ **qn laisse qn/qc** *personne* jd verlässt jdn; *passé* jd lässt etw hinter sich *(dat)*; ***j'ai tout laissé derrière moi*** ich habe alles hinter mir gelassen, ich habe alles aufgegeben; ***je l'ai laissé en pleine forme*** als ich ihn verließ [*o* als ich von ihm wegging], war er in bester Form; ***laissez la place à votre droite et prenez ...*** lassen Sie den Platz rechts liegen und fahren Sie ...; ***salut! je vous laisse*** tschüs! ich gehe jetzt; ***la tempête a laissé le village en piteux état*** der Sturm hat das Dorf in einem verheerenden Zustand zurückgelassen
8. *(procurer)* ■ **qc laisse qc [à qn]** *bénéfice* etw bringt [jdm] etw ein, etw wirft etw [für jdn] ab
9. *(céder)* ■ **qn laisse qn/qc à qn** jd [über]lässt jdm jdn/etw; ***je lui ~ la place*** ich überlasse ihm/ihr den Platz; ***je lui ai laissé la voiture*** ich habe ihm/ihr das Auto gelassen
10. *(accorder)* ■ **qn laisse qc à qn** jd lässt jdm etw; *pourboire a.* jd gibt jdm etw; ***il lui laissa la vie*** er ließ ihn/sie leben [*o* am Leben]
11. *(confier)* ■ **qn laisse qn/qc à qn** *affaire* jd überlässt jdm jdn/etw; ***je vous laisse les clés*** ich lasse [*o* gebe] euch die Schlüssel; ***je lui ai laissé mes enfants*** ich habe meine Kinder bei ihm/ihr gelassen, ich habe ihm/ihr meine Kinder anvertraut; ***laisse-moi le soin de ...*** lass es meine Sorge sein ..., überlass es mir ...
12. *(continuer de confier)* ■ **qn laisse qn/qc à qn** jd lässt jdm weiter[hin] jdn/etw; ***je lui laisse toute ma confiance*** ich schenke ihm weiterhin uneingeschränktes Vertrauen, er hat mein volles Vertrauen
13. *(perdre)* ■ **qn laisse qc quelque part** jd verliert etw irgendwo, jd büßt etw irgendwo ein; *vie a.* jd lässt etw irgendwo; *santé* jd ruiniert [sich *(dat)*] etw irgendwo; ***j'ai laissé quelques plumes dans l'histoire*** ich habe in der Geschichte einige Federn gelassen [*o* lassen müssen]
14. *(déposer)* ■ **qn/qc laisse qn quelque part** jd/etw setzt jdn irgendwo ab; ***nous l'avons laissée à sa porte*** wir haben sie vor ihrer Tür abgesetzt
15. *(oublier)* ■ **qn laisse qc [quelque part]** jd lässt etw [irgendwo] liegen, jd vergisst etw [irgendwo]
▶ **laisse!/laissez!** lass/lasst doch [*o* nur]!; ***laisse! ça ne vaut pas la peine de s'énerver*** lass [es] doch [gut sein]! es lohnt nicht, sich aufzuregen
II. *aux* 1. ■ **qn/qc laisse** + *infin* jd/etw lässt + *infin;* ***qc laisse espérer*** etw lässt hoffen; ***il ne laisse jamais rien voir de ses sentiments*** er zeigt seine Gefühle nie, er lässt seine Gefühle nie raus *fam;* ***laissez dire!*** lasst sie/ihn/die Leute doch reden!; ■ **qn/qc laisse qn/qc faire qc** jd/etw lässt jdn/etw etw tun; ***ses paroles nous laissent redouter un refus*** seine Worte lassen uns eine Absage befürchten; ***il ne m'a pas laissé rentrer*** er hat mich nicht reingelassen [*o* reinkommen lassen]; ***laisse-moi/laissez-moi rire!*** dass ich nicht lache!
2. ■ **qn/qc se laisse ...** + *infin:* ***qn se laisse duper/exploiter/persuader*** jd lässt sich täuschen/ausbeuten/überzeugen; ***ce vin se laisse boire*** dieser Wein lässt sich trinken [*o* ist nicht übel]; ***il se laisse désirer*** er lässt sich bitten; ***je ne me laisse pas marcher sur les pieds*** ich lasse mir nichts gefallen, ich lasse mir nicht auf der Nase herumtanzen *fam;* ***il s'est laissé prendre*** er ist reingefallen *fam*
▶ **qn se laisse aller** jd lässt sich gehen [*o* hängen *fam*]; **qn se laisse aller à qc/à faire qc** jd lässt sich zu etw hinreißen/hinreißen etw zu tun; **qn ne s'en laisse pas conter** jd lässt sich *(dat)* nichts vormachen [*o* erzählen]; **qn laisse courir** *fam* [*o* **pisser** *fam*] jd lässt die Dinge laufen *fam,* jd schert sich nicht [*o* schert sich einen Dreck] darum *fam;* ***laisse pisser!*** vergiss es! *fam;* **qc laisse à désirer** etw lässt zu wünschen [übrig]; **je me suis laissé dire que** + *indic* ich habe mir sagen lassen, dass; **qn laisse entendre que** + *indic* jd gibt zu verstehen, dass; jd lässt durchblicken, dass *fam;* **qn laisse faire** jd lässt die Dinge laufen *fam;* ***laisse faire le temps!*** lass die Zeit wirken [*o* ihre Wirkung tun]!, die Zeit wird das Ihre tun!; **qn laisse faire qn** jd lässt jdn machen; **qn se laisse faire** jd lässt sich *(dat)* alles gefallen; ***je n'ai pas l'intention de me ~ faire*** ich werde mir das nicht gefallen lassen; **laisse-toi faire** sei doch nicht so!; **qn laisse passer [qc]** jd lässt etw durchgehen; **je vous laisse à penser que** + *indic* ihr könnt euch denken, dass; ***je vous laisse à penser qu'il n'était pas fier!*** ihr könnt euch denken, dass er nicht [gerade] stolz war!; **qc laisse à penser** etw gibt [einem] zu denken; **qn laisse tomber qc** jd lässt etw [gut] sein; ***il vaut mieux ~ tomber cette histoire*** es ist besser, diese Sache fallen zu lassen [*o* diese Sache zu vergessen *fam*]; ***laisse tomber!*** lass es [gut sein]!, vergiss es! *fam;* **qn se laisse vivre** jd lebt [fröhlich] in den Tag hinein [*o* fröhlich vor sich hin]; **qn/qc ne laisse pas de faire qc** *littér (ne manque pas)* jd/etw fehlt nicht etw zu tun *geh;* *(ne cesse pas)* jd lässt nicht davon ab [*o* jd hört nicht auf], etw zu tun

laisser-aller [leseale] *m inv* Nachlässigkeit *f* **laisser-faire** [lesefɛʀ] *m inv* Laisser-faire[-Stil *m*] *nt,* Gewährenlassen *nt,* Nichteinmischen *nt*

laissez-passer [lesepɑse] *m inv* Passierschein *m*

lait [lɛ] *m* 1. GASTR, ZOOL, ANAT Milch *f;* ■ **~ de** -milch
2. COSMETIQUE Milch *f;* ~ ***hydratant*** Feuchtigkeitsmilch; ~ ***démaquillant*** Reinigungsmilch
3. *(liquide laiteux)* Milch *f;* ■ **~ de** *d'amande, de chaux, coco* -milch
▶ ~ **concentré** [*o* **condensé**] Kondensmilch *f;* ***tube de ~ concentré*** Tubenmilch *f;* ~ **entier** Vollmilch *f;* **petit** ~ Molke *f;* **qn boit du petit ~** jd ist sichtlich zufrieden; **qc se boit comme du petit ~** etw trinkt sich [*o* lässt sich trinken] wie Wasser, etw geht runter wie nichts *fam;* **au ~** Milch-
◆ **lait de beauté** Schönheitsmilch *f;* **lait de poule** Eiermilch *f;* **lait de toilette** *(pour le corps)* Körpermilch *f;* *(pour le visage)* Gesichtsmilch *f;* **lait en poudre** Milchpulver *nt,* Trockenmilch *f;* **lait longue conservation** haltbare Milch; **lait U.H.T.** H-Milch *f*

laitage [lɛtaʒ] *m* Milchprodukt *nt*

laitance [lɛtɑ̃s] *f* [Fisch]milch *f*

laiterie [lɛtʀi] *f* 1. *(industrie)* Molkerei *f*
2. *(secteur économique)* Molkereiwesen *nt,* Milchwirtschaft *f*

laiteux, -euse [lɛtø, -øz] *adj* milchig

laitier, -ière [letje, -jɛʀ] I. *adj* Milch-; ***coopérative ~ière*** Molkereigenossenschaft *f*
II. *m, f* Milchhändler(in) *m(f),* Milchmann/-frau *m/f*
III. *f (vache)* ■ **laitière** Milchkuh *f*
IV. *m* TECH Schlacke *f*

laiton [lɛtɔ̃] *m* Messing *nt;* ***fil de ~*** Messingdraht *m*

laitue [lety] *f* Kopfsalat *m,* grüner Salat

laïus [lajys] *m fam* Rede *f,* Ansprache *f;* *hum* Sermon *m,* Predigt *f;* ***qn fait un ~*** jd hält eine Rede [*o* Ansprache]; ***il nous a fait tout un ~*** er hat uns die Ohren voll gelabert *fam,* er hat einen Sermon abgelassen *fam*

lala [lala] *interj v.* **oh**

lama [lama] *m* 1. *(animal)* Lama *nt;* ***laine de ~*** Lamawolle *f*
2. *(moine)* Lama *m;* ***le dalaï-~*** der Dalai-Lama

lamantin [lamɑ̃tɛ̃] *m* Seekuh *f,* Lamantin *m spec*

lamaserie [lamɑzʀi] *f* Lamakloster *nt*

lambada [lɑ̃bada] *f* Lambada *m*

lambda [lɑ̃bda] *app inv* ■ **le/la ...** ~ der/die/das x-beliebige ...; ***l'élève ~*** der Durchschnittsschüler

lambeau <x> [lɑ̃bo] *m* ■ **~ de** -fetzen *m;* ***les ~x d'un empire*** die Überreste eines Reiches
▶ **en ~x** in Fetzen, zerrissen; ***il met ses livres en ~x*** er zerfetzt seine Bücher

lambin, e [lɑ̃bɛ̃, in] I. *adj* lahm *fam,* vertrödelt *fam*
II. *m, f vieilli* Trödler(in) *m(f),* lahme Ente *fam*

lambiner <1> [lɑ̃bine] *vi* ■ **qn lambine** jd trödelt [herum]

lambris [lɑ̃bʀi] *m* 1. *(boiserie)* Täfelung *f;* ***qn revêt qc de ~*** jd täfelt etw
2. *(en stuc, marbre)* Verkleidung *f*
▶ **en ~** getäfelt

lambrisser <1> [lɑ̃bʀise] *vt* 1. *(de boiserie)* ■ **qn lambrisse qc** jd täfelt etw, jd paneeliert etw; ■ **qc est lambrissé(e) de ...** etw ist ...getäfelt, etw ist mit ... getäfelt
2. *(avec du plâtre)* ■ **qn lambrisse qc** jd verputzt [*o* bewirft] etw mit Gips

lame [lam] *f* 1. *(pour couper)* Klinge *f;* *(partie tranchante)* Schneide *f;* ■ **~ de** -klinge; ~ ***de scie*** Sägeblatt *nt;* ***j'ai aiguisé la ~*** ich habe die Klinge geschärft
2. *(pièce plate)* [Metall]plättchen *nt;* *[persienne]* Lamelle *f;* *[xylophone]* *(en bois)* Holzstab *m;* *(en métal)* Metallplättchen; ***~s métalliques du convecteur*** metallene Rippen *pl* [*o* Lamellen *pl*] des Heizkörpers; ~ ***de parquet*** Parkettstab *m;* ~ ***de ressort*** Federblatt *nt*
3. *(plaque de verre)* Glasplättchen *nt;* *[microscope]* Objektträger *m*
4. *(vague)* Welle *f,* Woge *f*
▶ **fine ~** geschickter Fechter/geschickte Fechterin; ***les plus fines ~s*** die

besten Fechter/Fechterinnen
◆ **lame de fond** Grundsee *f;* (*phénomène*) gewaltige Woge
lamé, e [lame] **I.** *adj* mit Lamé durchwirkt; ***robe ~e** [**argent/ or**]* [Silber-/Gold]lamékleid *nt*
II. *m* Lamé *m;* ***robe en ~*** Lamékleid *nt*
▶ **en ~ argent/or** aus Silber-/Goldlamé, silber-/golddurchwirkt
lamelle [lamɛl] *f* **1.** (*petite lame*) Lamelle *f,* Plättchen *nt,* Blättchen *nt;* [*jalousie*] Lamelle; [*radiateur*] Rippe *f;* [*microscope*] Deckglas *nt;* (*tranche fine*) dünne Scheibe, Scheibchen *nt;* ~ ***de mica/ verre*** Muskovit-/Glasplättchen
2. BOT [*champignon*] Lamelle *f;* ***champignons à ~s*** Blätterpilze *pl*
lamellé[-collé] <~s[-~s]> [lamɛle(kɔle)] *m* Sperrholz *nt,* Schichtholz *nt*
lamentable [lamɑ̃tabl] *adj* **1.** (*pitoyable*) *air, état, mine* erbärmlich, jämmerlich; *ton, voix* kläglich
2. (*honteux*) *histoire* erbärmlich; *comportement a.* schändlich; ***il a terminé sa vie de façon ~*** er hat sein Leben auf bedauernswerte [*o* erbärmliche] Weise beendet
3. (*minable*) *personne* erbärmlich, kläglich; *connaissances, résultats, travail* dürftig; *salaire* kümmerlich; ***en maths, il est absolument ~*** in Mathe ist er die absolute Niete *fam;* ***je trouve ce jeu de mots tout à fait ~*** ich finde dieses Wortspiel ganz schön dürftig
lamentablement [lamɑ̃tabləmɑ̃] *adv* **1.** (*de façon pitoyable*) jämmerlich
2. (*de façon minable*) kläglich; ***qn/ qc échoue ~*** jd/etw scheitert jämmerlich [*o* kläglich]; ***l'équipe a joué ~*** die Mannschaft hat erbärmlich schlecht gespielt
lamentation [lamɑ̃tasjɔ̃] *f gén pl* Jammern *nt kein pl,* Gejammer *nt kein pl,* Klage *f;* ***cris et ~s*** Schreie und Klagen; ***cessez vos ~s*** hören Sie auf zu jammern
lamenter <1> [lamɑ̃te] *vpr* ■ **qn se lamente** [**sur qc**] jd klagt [*o* jammert] [über etw (*akk*)]; ***ne vous lamentez pas à tout propos!*** jammern Sie nicht wegen jeder Kleinigkeit!; ■ **qn se lamente d'avoir à faire/fait qc** jd beklagt sich darüber, dass er etw tun muss/etw getan hat
laminage [laminaʒ] *m* **1.** TECH Walzen *nt;* ~ ***à chaud/ à froid*** Warm-/Kaltwalzen; ***opération de ~*** Walzvorgang *m*
2. (*écrasement*) Überrollen *nt,* Niederwalzen *nt;* ***ces dernières années on assiste au ~ des syndicats*** wir erleben in den letzten Jahren mit, wie die Gewerkschaften überrollt werden
laminer <1> [lamine] *vt* **1.** TECH ■ **qn lamine qc** jd walzt etw; ***on lamine à chaud ou à froid*** man walzt warm oder kalt
2. (*écraser*) ■ **qn/qc lamine qn/qc** jd/etw walzt jdn/etw nieder; *marge, résistance* jd/etw bricht etw; ***les Américains ont été laminés par les Soviétiques*** die Amerikaner sind von den Russen überrollt worden; ■ **qn se fait ~** [**par qn**] / *équipe, parti/* jd wird [von jdm] überrollt, jd wird [von jdm] [vernichtend] geschlagen; / *troupe a./* jd wird [von jdm] niedergeworfen
laminoir [laminwaʀ] *m* IND Walzwerk *nt*
▶ **qn passe au ~** *vieilli* jdm wird [ganz schön] zugesetzt *fam,* jd wird in die Mangel genommen *fam*
lampadaire [lɑ̃padɛʀ] *m* **1.** (*d'intérieur*) Stehlampe *f*
2. (*réverbère*) [Straßen]laterne *f;* (*sur l'autoroute*) Straßenbeleuchtung *f,* [Straßen]lampe *f*
lamparo [lɑ̃paʀo] *m* PECHE Laterne *f*
▶ **au ~** mit Laternen
lampe [lɑ̃p] *f* **1.** (*appareil*) Lampe *f;* ■ **~ à** -lampe
2. (*ampoule*) [Glüh]birne *f;* ■ **~ à** -lampe *f;* ***~ à arc/ à incandescence*** Bogen-/Glühlampe; ***~ à flash*** Blitzlichtbirne
▶ **~ électrique** Taschenlampe *f;* **~ fluorescente** Leuchtstofflampe *f,* Leuchtstoffröhre *f;* **qn s'en met** [*o* **fout**] **plein la ~** *fam* jd schlägt sich (*dat*) den Bauch [*o* die Wampe] voll *fam*
◆ **lampe à bronzer** Höhensonne *f;* **lampe à souder** Lötlampe *f;* **lampe d'architecte** Architektenleuchte *f,* Architektenlampe *f;* **lampe de bureau** Schreibtischlampe *f;* **lampe de chevet** Nachttischlampe *f;* **lampe de poche** Taschenlampe *f;* **lampe témoin** Kontrollicht *nt,* Kontrolllampe *f*
lampée [lɑ̃pe] *f fam* Schluck *m,* Zug *m;* ***en trois ~s*** in drei Zügen; ***une bonne ~*** ein kräftiger Schluck
▶ **à grandes ~s** in langen Zügen
lamper <1> [lɑ̃pe] *vt fam* ■ **qn lampe qc** jd kippt etw [runter] *fam;* ***elle a lampé le verre d'un trait*** sie hat das Glas in einem Zug runtergekippt *fam*
lampe-tempête <~s-~s> [lɑ̃ptɑ̃pɛt] *f* Sturmlaterne *f*
lampion [lɑ̃pjɔ̃] *m* Lampion *m,* Laterne *f*
lampiste [lɑ̃pist] *mf* kleiner Mann; ***encore une fois, on s'en prend au ~*** immer auf die Kleinen *fam*
lamproie [lɑ̃pʀwa] *f* Neunauge *nt,* Lamprete *f spec*
lance [lɑ̃s] *f* **1.** (*arme*) Lanze *f*
2. (*tuyau*) Schlauch *m*
▶ **qn rompt une ~** [*o* **des ~s**] **avec** [*o* **contre**] **qn** jd hat ein Wortgefecht [*o* einen Wortstreit] mit jdm; **qn rompt une ~ pour qn** *littér* jd bricht eine Lanze für jdn *geh*
◆ **lance à eau** [Leiter]strahlrohr *nt;* **lance d'arrosage** Schlauchdüse *f,* Spritzdüse *f;* **lance d'incendie** Feuerspritze *f*
lancée [lɑ̃se] *f* Schwung *m,* Elan *m*
▶ **sur ma/sa/... ~** mit dem gleichen Schwung; ***le pétrole, sur sa ~, va bientôt atteindre ...*** wenn der Preisaufschwung anhält [*o* wenn der Trend so bleibt], wird das Benzin bald ... kosten
lance-flammes [lɑ̃sflam] *m inv* Flammenwerfer *m* **lance-fusées** [lɑ̃sfyze] *m inv* Raketenwerfer *m* **lance-grenades** [lɑ̃sgʀənad] *m inv* Granatwerfer *m*
lancement [lɑ̃smɑ̃] *m* **1.** [*satellite*] Start *m;* [*fusée*] Abschuss *m*
2. [*bateau*] Stapellauf *m*
3. COM Einführung *f,* Herausbringen *nt;* ***le ~ d'un nouveau parfum*** die Präsentation eines neuen Parfums; ***prix de ~*** Einführungspreis *m*
lance-missiles [lɑ̃smisil] *m inv* Raketenabschussrampe *f* **lance-pierre** <~-~s> [lɑ̃spjɛʀ] *m* Steinschleuder *f* ▶ **qn mange au** [*o* **avec un**] **~-~** *fam* jd schlingt eine Kleinigkeit [he]runter *fam*
lancer <2> [lɑ̃se] **I.** *vt* **1.** (*projeter*) ■ **qn/qc lance qc** [**quelque part**] jd wirft etw [irgendwohin]; *jambe* jd wirft etw hoch [*o* in die Höhe]; / *avion/* etw wirft etw ab; *fusée* jd/etw schießt etw ab; / *canon/* etw feuert etw ab; / *volcan, torchère/* etw stößt etw aus; ■ **qn lance qc à qn** jd wirft jdm etw zu; ***qn lance des flèches contre qn/ qc*** jd schießt mit Pfeilen auf jdn/etw; ***ses yeux lancent des éclairs lorsqu'il est en colère*** seine Augen blitzen, wenn er wütend ist; ***elle lançait des œillades à tous les garçons*** sie machte allen Jungen schöne Augen; ***elle a lancé [le poids] à plus de 20 mètres*** sie hat [die Kugel] mehr als 20 Meter weit gestoßen
2. (*faire connaître*) ■ **qn/qc lance qn/qc** jd/etw bringt jdn/etw heraus; *acteur, chanteur a.* jd lanciert jdn; *mode* jd führt etw ein, jd bringt etw auf; *idée* jd/etw bringt etw auf; *pièce* jd bringt etw auf die Bühne; *film* jd lässt etw anlaufen; ***c'est Paris qui lance la mode*** Paris macht die Mode; ***ce film a lancé Depardieu*** dieser Film hat Depardieu bekannt gemacht
3. (*donner de l'élan*) ■ **qn lance qn** jd bringt jdn in Schwung [*o* in Fahrt]; ■ **qn lance un animal** jd treibt ein Tier an; ■ **qn lance qc** *moteur, voiture* jd lässt [*o* wirft] etw an; *balançoire* jd gibt einer S. (*dat*) Schwung; *balancier* jd versetzt etw in Schwingung; ***quand un cheval est lancé, il est difficile de l'arrêter*** wenn ein Pferd in vollem Galopp ist, ist es schwer zu stoppen; ***départ lancé*** fliegender Start; ***et voilà Globluwarski qui lance Montarolo dans le trou, et but!!!*** und da schickt Globluwarski Montarolo in die Gasse und Tor!!!; ■ **qn lance qn sur qc** jd bringt jdn auf etw [zu sprechen]; ***quand il est lancé, on ne l'arrête plus*** wenn er einmal in Fahrt ist [*o* wenn er [richtig] loslegt], ist er nicht mehr zu bremsen *fam*
4. (*diriger*) ■ **qn lance qn/un animal sur qn/qc/quelque part** jd hetzt jdn/ein Tier auf jdn/irgendwohin; *détective, personne, police* jd setzt jdn auf jdn/etw an; ***vous m'avez lancé dans une sacrée aventure*** Sie haben mich in ein verflixtes Abenteuer gestürzt; ***la France lancera-t-elle ses troupes contre l'Irak?*** wird Frankreich seine Truppen [zum Angriff] gegen den Irak einsetzen?
5. (*inaugurer*) ■ **qn/qc lance qc** *programme* jd/etw führt etw ein; *foire* jd/etw eröffnet etw; *campagne* jd/etw leitet etw ein; *bateau* jd/etw lässt etw vom Stapel
6. COM, FIN ■ **qn/qc lance qc** *marque, produit* jd/etw führt etw ein, jd/etw bringt etw auf den Markt; *affaire* jd/etw bringt etw in Gang, jd/etw fädelt etw ein; *entreprise* jd/etw ruft etw ins Leben, jd/etw zieht etw auf; *emprunt, souscription* jd/etw legt etw auf
7. (*proposer, envoyer*) ■ **qn lance qc** *nouvelle* jd setzt [*o* bringt] etw in Umlauf, jd verbreitet etw; *idée* jd bringt etw auf; *ultimatum* jd stellt etw; *invitation* jd verschickt etw; *mandat* jd stellt etw aus, jd erlässt etw; *projet* jd zieht etw auf, jd lässt etw anlaufen; ***qn lance une proclamation/ une proposition*** jd gibt etwas bekannt/schlägt etwas vor
8. (*émettre*) ■ **qn lance qc** *juron* jd stößt etw aus; *cri a.* jd gibt etw von sich; *accusation, menace* jd spricht etw aus; *appel* jd lässt etw ergehen; ***qn lance un avertissement*** jd spricht eine Warnung aus; ■ **qn lance qc à qn** *juron* jd wirft jdm etw an den Kopf *fam; appel, avertissement* jd richtet etw an jdn; *accusation* jd bringt etw gegen jdn vor
9. (*asséner*) ■ **qn lance qc à qn** [**quelque part**] *coup* jd versetzt [*o* verpasst *fam*] jdm etw [irgendwohin]; *gifle* jd gibt [*o* verpasst *fam*] jdm etw [irgendwohin]; ***le cheval lança soudain une ruade*** das Pferd schlug plötzlich aus; ***qn lance des gifles*** jd teilt Ohrfeigen aus
II. *vpr* **1.** (*se précipiter*) ■ **qn se lance** [**quelque part**] jd wirft sich [irgendwohin]; (*de haut en bas*) jd stürzt sich [irgendwohin]; ***les troupes se sont lancées à l'assaut*** die Truppen sind zum Angriff übergegangen [*o* haben zum Angriff angesetzt]; ***je me suis lancé à sa poursuite*** ich bin hinter ihm/ihr hergestürzt; ***qn se lance dans le vide*** jd stürzt sich in die Tiefe; ***allez, lance-toi!*** los, spring!
2. (*s'engager*) ■ **qn se lance** [**dans qc**] jd stürzt sich in etw (*akk*); *dans la bagarre, une histoire* jd lässt sich auf etw (*akk*) ein; *dans un projet* jd geht etw an; ***je me lance; advienne que pourra!*** ich wag's; möge kommen, was will!; ***elle se lance toujours dans de longues digressions*** sie ergeht sich immer in langatmigen Abschweifungen; ***qn se lance dans le cinéma*** jd versucht sein Glück im Film[geschäft]; ***qn se lance dans la lecture d'un roman*** jd wagt sich an die Lektüre eines Romans; jd macht sich daran, einen Roman zu lesen *fam*
3. (*prendre son élan*) ■ **qn se lance** jd holt Schwung
4. (*faire carrière*) ■ **qn/qc se lance** jd/etw macht sich (*dat*) einen Namen; / *artiste a./* jd kommt [groß] heraus; *hum* jd macht sich
III. *m* **1.** SPORT Wurf *m;* [*poids*] Stoß *m;* ***~ de disque/ javelot/ marteau*** Diskus-/Speer-/Hammerwerfen *nt;* ***au ~ du poids*** im Kugelstoßen; ***les disciplines de ~*** die Wurf- und Stoßdisziplinen *pl*
2. PECHE Spinnangeln *nt*
▶ **~ franc** (*au basket*) Freiwurf *m;* **au ~** PECHE mit der Spinnangel; ***la pêche au ~*** das Spinnangeln
lance-roquettes [lɑ̃sʀɔkɛt] *m inv* (*contre avions*) Flugabwehrraketenstarter *m;* (*contre blindés*) Panzerfaust *f* **lance-torpilles** [lɑ̃stɔʀpij] *m inv* Torpedoausstoßrohr *nt,* Lancierrohr *nt spec*
lancette [lɑ̃sɛt] *f* Lanzette *f*
lanceur, -euse [lɑ̃sœʀ, -øz] **I.** *m, f* **1.** (*personne qui lance*) Werfer(in) *m(f);* ***~(-euse) de poids*** Kugelstoßer(in) *m(f)*
2. (*initiateur*) Initiator(in) *m(f);* [*programme*] jd, der etw einführt; [*projet*] jd, der etw aufzieht; [*mode*] Schöpfer(in) *m(f);* [*produit*] jd, der etw auf den Markt bringt; ***il a été le ~ de nombreux parfums*** er hat zahlreiche Parfums auf den Markt gebracht; ***elle a été la ~euse de l'expression ...*** sie hat den Ausspruch ... geprägt; ***qn a été le ~ d'une vedette*** jd hat einen Star

groß herausgebracht
II. *m* ESPACE Trägerrakete *f*
lancinant, e [lɑ̃sinɑ̃, ɑ̃t] *adj* **1.** *douleur, mal* stechend
2. *pensée, souvenir* quälend; *air, musique* eindringlich; *regret* schmerzlich
Land <Länder> [lɑ̃d, lɑ̃dɛʀ] *m* [Bundes]land *nt*
landau <s> [lɑ̃do] *m* **1.** (*voiture d'enfant*) Kinderwagen *m*
2. (*voiture à cheval*) Landauer *m*
lande [lɑ̃d] *f* **1.** (*terrain*) Heide[land *nt*] *f*; ***la ~ de Lunebourg*** die Lüneburger Heide; ***les L~s*** die Landes (*Landschaft im Südwesten Frankreichs*)
2. (*végétation*) Gestrüpp *nt*
langage [lɑ̃gaʒ] *m* **1.** (*moyen d'expression*) Sprache *f*; ~ ***gestuel*** Gestik *f*; ~ ***des sourds-muets*** Taubstummensprache
2. (*vocabulaire, style*) [*personne*] Sprache *f*, Ausdrucksweise *f*; ~ ***parlé*** Umgangssprache; ~ ***argotique*** Slang [slæŋ] *m*; ~ ***fleuri*** blumige Sprache; ***surveille ton ~!*** achte auf deine Sprache [*o* Ausdrucksweise]!
3. (*façon de s'exprimer*) ■ ~ **de** -sprache *f*; ~ ***de l'art/ du cœur/ de la raison*** Sprache der Kunst/des Herzens/der Vernunft
4. (*jargon*) Sprache *f*, Jargon *m pej*; ~ ***administratif/ juridique/ technique*** Verwaltungs-/Juristen-/Fachsprache; ~ ***philosophique/ scientifique*** philosophische/wissenschaftliche Sprache, Philosophen-/Wissenschaftlerjargon *pej*
5. INFORM: ~ [***de programmation***] Programmiersprache *f*
► ~ **de charretier** ungehobelte Sprache; ~ **machine** INFORM Maschinensprache *f*; ~ **évolué** INFORM höhere Programmiersprache; **qn tient un ~ ... à qn** jd spricht ... zu jdm; ***elle m'a tenu un ~ étonnant*** sie hat mir erstaunliche Dinge gesagt; ***je n'aime pas qu'on me tienne ce ~!*** ich mag es nicht, wenn man so [*o* in diesem Ton] mit mir spricht!; **en ~ ...** + *adj* in der ...sprache; ***en ~ administratif/ technique*** in der Verwaltungs-/Fachsprache
langagier, -ière [lɑ̃gaʒje, -jɛʀ] *adj* sprachlich
lange [lɑ̃ʒ] *m* **1.** (*carré d'étoffe*) Wickeltuch *nt*
2. *pl vieilli* (*couches*) Windeln *pl*
langer <2 a> [lɑ̃ʒe] *vt* ■ **qn lange qn** jd wickelt jdn
langoureusement [lɑ̃guʀøzmɑ̃] *adv* verliebt, hingebungsvoll
langoureux, -euse [lɑ̃guʀø, -øz] *adj* **1.** (*amoureux*) *œillades, propos* hingebungsvoll, verliebt, schwärmerisch; *regard a.* schmachtend
2. (*alangui*) *air, ton* schmachtend; *pose* verführerisch
langouste [lɑ̃gust] *f* Languste *f*
langoustier [lɑ̃gustje] *m* Fischerboot *nt* für den Langustenfang
langoustine [lɑ̃gustin] *f* Kaisergranat[hummer *m*] *m*
langue [lɑ̃g] *f* **1.** ANAT, GASTR Zunge *f*
2. (*langage*) Sprache *f*; ~ ***diplomatique/ journalistique*** Diplomaten-/Journalistensprache; ***faute de ~*** sprachlicher Fehler; ~ ***du barreau*** Rechtssprache; ~ ***écrite/ parlée*** geschriebene/gesprochene Sprache
3. (*qc en forme de ~*) Zunge *f*; ~ ***glaciaire*** Gletscherzunge; ~ ***de terre*** Landzunge; ~ ***de feu*** (*horizontale*) Feuerzunge; (*verticale*) Feuersäule *f*
► **qn tourne sept fois sa ~ dans sa bouche avant de parler** jd denkt nach, bevor er spricht; jd wägt seine Worte; **qn donne sa ~ au chat** jd gibt das Raten auf; **qn n'a pas la ~ dans sa poche** jd ist nicht auf den Mund gefallen, jd ist um keine Antwort verlegen; **qn a la ~ bien affilée** jd hat ein großes [*o* tüchtiges] Mundwerk; **qn a la ~ chargée** jd hat eine belegte Zunge; ~ **étrangère** Fremdsprache *f*; ~ **fourchue** gespaltene Zunge; ***qn a la ~ fourchue*** jd spricht mit gespaltener [*o* doppelter] Zunge; ~ **maternelle** Muttersprache; **mauvaise ~** Lästermaul *nt fam*; ***qn est mauvaise ~*** jd hat eine böse Zunge, jd ist ein Lästermaul *fam*; ***les mauvaises ~s prétendent que*** böse Zungen behaupten, dass; ~ **morte** tote Sprache; ~ **officielle** Amtssprache *f*; ~ **pâteuse** trockener Mund; ***j'ai la ~ pâteuse*** die Zunge klebt mir am Gaumen; **qn a la ~ bien pendue** jd hat ein großes [*o* tüchtiges] Mundwerk; ~ **verte** Slang *m*; ~ **vivante** lebende Sprache; **qn a avalé** [*o* **perdu**] **sa ~** *fam* jdm hat es die Sprache verschlagen *fam*; **qn/ qc délie la ~ à qn** jd bringt jdn zum Sprechen [*o* Reden], jd/etw löst jdm die Zunge; **les ~s se délient** langsam lösen sich die Zungen; **qn se mord la ~ d'avoir fait qc** jd könnte sich (*dat*) die Zunge abbeißen, dass er etw getan hat; **des personnes ne parlent pas la même ~** Menschen sprechen [*o* reden] nicht die gleiche Sprache; **qc passe dans la ~** etw findet Eingang in den Sprachgebrauch; **qn retrouve sa ~** jd findet seine [*o* die] Sprache wieder; **qn tient sa ~** jd hält seine Zunge im Zaum, jd hält seinen [*o* den] Mund; **qn tire la ~** *fam* (*est dans le besoin*) jd muss sich einschränken; (*financièrement*) jd muss knapsen *fam*; (*a soif*) jdm hängt [vor Durst] die Zunge zum Hals heraus *fam*; **qn tire la ~ à qn** jd streckt jdm die Zunge heraus
◆ **langue cible** Zielsprache *f*; **langue de bois** Phrasendrescherei *f fam*; ***qn pratique la ~ de bois*** jd drischt leere Phrasen; ***dans la ~ de bois communiste*** in der phrasenhaften Sprache der Kommunisten; **langue de départ** Ausgangssprache *f*, Quellsprache *f*; **langue de vipère** böse [*o* scharfe] [*o* spitze] Zunge; ***c'est une ~ de vipère*** er/sie hat eine böse Zunge; **langue source** Quellsprache *f*
langue-de-chat <~s-~-~> [lɑ̃gdəʃa] *f* Katzenzunge *f* (*Feingebäck*)
Languedoc [lɑ̃gdɔk] *m* ■ **le Languedoc** das Languedoc
languette [lɑ̃gɛt] *f* [*chaussure*] Zunge *f*; MUS (*anche*) Zunge; (*en menuiserie*) Stift *m*, Zapfen *m*
langueur [lɑ̃gœʀ] *f* **1.** (*mélancolie*) Wehmut *f*, Herzschmerz *m iron*
2. (*torpeur*) Mattheit *f*, Mattigkeit *f*
languir <8> [lɑ̃giʀ] **I.** *vi* **1.** (*s'enliser*) ■ **qc languit** / *pièce*/ etw zieht sich hin, etw schleppt sich dahin; / *conversation a.*/ etw stockt, etw schläft ein *fam*; / *intérêt*/ etw verebbt; ***la conversation commençait à ~*** die Unterhaltung geriet ins Stocken
2. (*patienter*) ■ **qn languit** jd harrt aus; ■ **qn fait ~ qn** jd spannt jdn auf die Folter; ***je ne languirai pas longtemps ici*** ich werde hier nicht lange ausharren; ***elle l'a fait ~ des années avant de l'épouser*** sie hat ihn jahrelang schmachten lassen, bevor sie ihn geheiratet hat
3. *vieilli* (*dépérir*) ■ **qc languit** / *fleur, plante*/ etw geht ein, etw stirbt ab
4. *littér* (*s'étioler*) ■ **qn languit** [**de qc**] jd verzehrt sich [in etw (*dat*)] *liter*, jd vergeht vor etw (*dat*); ***je languis d'amour pour elle*** ich verzehre mich in Liebe für sie *liter*, ich vergehe vor Liebe für sie; ***je languis d'ennui/ dans l'inaction*** ich vergehe vor [lauter] Langeweile/Untätigkeit
II. *vpr* ■ **qn se languit de qn** jd sehnt sich nach jdm; ■ **qn se languit** [**de qc**] jd fühlt sich einsam [wegen einer S. (*dat*)], jd wird wehmütig [über etw (*akk*)]; (*s'ennuyer*) jd langweilt sich [wegen einer S. (*dat*)]; ***je commence à me ~ de ton absence*** ich fange an, mich einsam zu fühlen, da du nicht da bist
languissant, e [lɑ̃gisɑ̃, ɑ̃t] *adj* **1.** (*morne*) *action, récit, ton* schleppend; *conversation a.* stockend; *atmosphère* öde; *regard* schmachtend; ***ton de voix ~*** schleppende Stimme
2. (*défaillant*) *affaires* schleppend; *personne* dahinschmachtend [*o* siechend] *pej*; *végétation* dahinvegetierend; *santé* dahinschwindend
lanière [lanjɛʀ] *f* **1.** (*en tissu*) Streifen *m*; (*en cuir*) Riemen *m*; ***découper en ~s*** in Streifen schneiden
2. (*courroie*) Riemen *m*
lanoline [lanɔlin] *f* Lanolin *nt*
► **à la ~** Lanolin-
lanterne [lɑ̃tɛʀn] *f* Laterne *f*
► ~ **japonaise** Japanlampe *f*; BOT Lampionblume *f*; ~ **magique** Laterna magica *f*; ~ **rouge** Schlusslicht *nt*; ~ **vénitienne** Lampion *m*; **qn éclaire la ~ de qn** jd klärt jdn auf
lanterneau <x> [lɑ̃tɛʀno] *m* (*dans une coupole*) Laterne *f*; (*cage vitrée*) Oberlicht *nt*
lanterner <1> [lɑ̃tɛʀne] *vi* **1.** (*traîner*) ■ **qn lanterne** jd trödelt [herum] *fam*
2. (*attendre*) ■ **qn fait ~ qn** jd lässt jdn warten
lanthane [lɑ̃tan] *m* CHIM Lanthan *nt*
lapalissade [lapalisad] *f* Binsenweisheit *f*, Binsenwahrheit *f*
lapement [lapmɑ̃] *m* Schlabbern *nt fam*; ***on entendait des bruits de ~*** man hörte Schlabbergeräusche *pl* [*o* ein Schlabbern] *fam*
laper <1> [lape] **I.** *vt* ■ **qn lape qc** jd schlürft etw; ■ **un animal lape qc** ein Tier schlabbert etw *fam*
II. *vi* ■ **qn lape** jd schlürft; ■ **un animal lape** ein Tier schlabbert *fam*
lapereau <x> [lapʀo] *m* junges Kaninchen
lapidaire [lapidɛʀ] **I.** *adj* **1.** (*concis*) lapidar, kurz und bündig; ***style ~*** Lapidarstil *m*
2. (*sur pierre*) *inscription* in Stein gehauen; ***musée ~*** Lapidarium *nt spec*, Sammlung *f* von Steindenkmälern
II. *mf* Steinschneider(in) *m(f)*
lapidation [lapidasjɔ̃] *f* Steinigung *f*
lapider <1> [lapide] *vt* **1.** (*attaquer*) ■ **qn lapide qn/un animal** jd bewirft jdn/ein Tier mit Steinen
2. (*tuer*) ■ **qn lapide qn** jd steinigt jdn
lapin [lapɛ̃] *m* **1.** ZOOL, GASTR Kaninchen *nt*; ~ ***domestique*** Hauskaninchen; ~ ***nain*** Zwergkaninchen; ~ ***en civet*** Kaninchenragout *nt*; *v. a.* **lapine**
2. (*fourrure*) Kaninchenfell *nt*, Kanin *nt spec*
► **chaud ~** *fam* geiler Bock *fam*; **qn pose un ~ à qn** *fam* jd versetzt jdn; **comme un ~** blitzschnell; ***ils ont détalé comme des ~s*** sie sind [blitzschnell] auf und davon; ***qn court comme un ~*** jd flitzt [*o* saust] [davon]; **mon** [**petit**] ~ mein [kleines] Häschen
◆ **lapin de garenne** Wildkaninchen *nt*
lapine [lapin] *f* **1.** ZOOL weibliches Kaninchen; *v. a.* **lapin**
2. *fam*: ***c'est une vraie ~*** die ist vielleicht gebärfreudig *fam* [*o* eine richtige Gebärmaschine *pej fam*]
lapis[**-lazuli**] [lapis(lazyli)] *m inv* Lapislazuli *m*
laps [laps] *m* ► **le ~ de temps** der Zeitraum, die Zeit; ***qn attend un bref ~ de temps*** jd wartet eine kurze Zeit lang
lapsus [lapsys] *m* Lapsus *m*
► ~ **révélateur** freudscher Versprecher; **qn fait un ~** (*en parlant*) jd verspricht sich; (*en écrivant*) jd verschreibt sich
laquage [lakaʒ] *m* Lackieren *nt*
laquais [lakɛ] *m* **1.** (*valet*) Lakai *m*, Diener *m*
2. *vieilli* (*larbin*) Lakai *m*; ~ ***du pouvoir*** Diener *m* der Macht
laque [lak] **I.** *f* **1.** (*pour les cheveux*) [Haar]spray [-ʃpreː, ʃpreː] *nt o m*, Haarlack *m*; ***bombe de ~*** Haarspray[dose *f*]
2. (*peinture*) Lack[farbe *f*] *m*; ***couche de ~*** Lackschicht *f*
3. ART (*vernis*) Lack *m*
4. ZOOL (*latex*) Latex *m*; ***arbre à ~*** Lackbaum *m*
II. *m* (*objet*) Lackarbeit *f*
laqué, e [lake] *adj* **1.** (*peint*) lackiert; ~ ***clair/ noir*** hell/schwarz lackiert
2. GASTR *porc* glasiert; ***canard ~*** Pekingente *f*
laquelle [lakɛl] *pron v.* **lequel**
laquer <1> [lake] *vt* ■ **qn laque qc** [**en** ...] jd lackiert etw [...]; ***qn laque qc en blanc*** jd lackiert etw weiß
larbin [laʀbɛ̃] *m péj fam* Lakai *m*; ***mentalité de ~*** Untergebenenmentalität *f*
larcin [laʀsɛ̃] *m littér* kleiner Diebstahl, Dieberei *f*
lard [laʀ] *m* Speck *m*; ***faire revenir les morceaux de ~ à la poêle*** Speckwürfel in der Pfanne auslassen
► **qn ne sait pas si c'est du ~ ou du cochon** jd weiß nicht, woran er ist; ***ce n'est ni ~ ni cochon*** das ist weder Fisch noch Fleisch *fam*; ~ **gras** Bauchspeck *m*; **gros ~** Fettwanst *m fam*; ~ **maigre** durchwachsener Speck; **qn** [**se**] **fait du ~** *fam* jd legt sich auf die faule Haut; **qn lui rentre dans le ~** *fam* er/sie kriegt es mit jdm zu tun *fam*; **au ~** mit Speck
larder <1> [laʀde] *vt* **1.** GASTR ■ **qn larde qc** jd spickt etw
2. (*blesser*) ■ **qn larde qn de qc** jd durchbohrt jdn mit etw; ***les bras lardés de piqûres de seringue*** von Nadeleinstichen zerstochene Arme

lardon [laʀdɔ̃] *m* **1.** GASTR Speckwürfel *m;* ~ ***frit*** Griebe *f,* Grammel *f* AUS
2. *fam* (*enfant*) Balg *m o nt fam,* Blag *nt fam*
▶ **aux** ~**s** mit Speck[würfeln]

largable [laʀgabl] *adj* abwerfbar; ***qn/qc est*** ~ jd/etw kann abgeworfen werden; ***les parachutistes ne sont pas*** ~***s*** die Fallschirmspringer können nicht abgesetzt werden

largage [laʀgaʒ] *m* Abwurf *m;* ***la France a opéré un*** ~ ***de troupes/de matériel sur la frontière*** Frankreich hat Truppen über dem Grenzgebiet abgesetzt/Material über dem Grenzgebiet abgeworfen

large [laʀʒ] **I.** *adj* **1.** *antéposé* (*opp: étroit*) breit; *cercle* weit; ■ ~ **de qc:** ***qn est*** ~ ***de carrure/d'épaules*** jd ist breitschultrig, jd hat breite Schultern; ***qn est*** ~ ***de fesses/hanches*** jd hat einen breiten Hintern/breite Hüften; ***qn est*** ~ ***de dos*** jd hat einen breiten Rücken; ***le corbeau ouvrit un*** ~ ***bec*** der Rabe machte den Schnabel weit auf
2. (*opp: long*) breit; ■ ~ **de 10/40/... mètres** 10/40/... Meter breit
3. (*ample*) *vêtement* weit
4. *antéposé* (*important*) breit; *champ d'action, diffusion* weit; *mesure, part, succès* groß, beachtlich; *concessions* erheblich, weit gehend; ***un*** ~ ***débat*** eine ausführliche Debatte; ***de*** ~***s extraits*** umfassende Auszüge *pl*
5. *postposé* (*ouvert*) *personne* liberal [denkend], offen; *acception, sens* weit; *idées* großzügig; *esprit* offen; *conscience* weit; ***une conception*** ~ ***de la morale*** liberale Moralvorstellungen *pl;* ***qn qui a les idées*** ~***s*** jd, der liberale Vorstellungen hat [*o* liberal denkt]; ■ ~ **de qc:** ~ ***d'esprit/d'idées*** offen, vorurteilsfrei, liberal [denkend]
6. (*généreux*) *personne* großzügig
II. *adv calculer, prévoir, servir, tailler, voir* großzügig; ***qn habille qn*** ~ jd kauft etwas zu große Kleider für jdn, jd kauft jdm die Kleider auf Zuwachs *fam;* ***des bottes qui chaussent*** ~ Stiefel, die groß ausfallen; ***un manteau qui se porte*** ~ ein Mantel, der weit getragen wird
▶ **qn n'en mène pas** ~ *fam* jd kriegt's mit der Angst zu tun *fam;* **qn ratisse** ~ jd geht auf Wählerfang
III. *m* (*haute mer*) offenes Meer, offene See; ***au*** ~ auf offenem Meer, auf offener See
▶ **le grand** ~ das weite Meer, die offene See; ***le vent du*** [***grand***] ~ der [offene] Seewind, die [weite] Meeresluft; ***l'air du*** [***grand***] ~ der Duft der großen weiten Welt; **qn est au** ~ (*est à l'aise*) jd fühlt sich wohl; (*dans un vêtement*) jd ist bequem angezogen, jd hat es bequem *fam;* (*dans un appartement*) jd hat Platz; (*financièrement*) jd hat Luft *fam;* **qc gagne le** ~ etw fährt aufs offene Meer [hinaus]; **qn prend le** ~ *fam* (*s'enfuit*) jd sucht das Weite, jd ergreift die Flucht; (*s'esquive*) jd macht sich aus dem Staub *fam,* jd verdrückt sich *fam;* **au** ~ auf offenem Meer, auf offener See; **au** ~ **de qc:** ***au*** ~ ***de la côte*** vor der Küste; **de** ~ breit; ***un champ de 30 mètres de*** ~ ein Feld von 30 Meter Breite, ein 30 Meter breites Feld

largement [laʀʒəmɑ̃] *adv* **1.** (*opp: étroitement*) weit; ***elle écartait*** ~ ***les bras*** sie breitete die Arme aus; ***il écartait*** ~ ***les jambes*** er machte die Beine breit
2. (*à grande échelle*) weit; ***une opinion*** ~ ***répandue*** eine weit verbreitete Meinung
3. (*amplement*) bei weitem; ***vous avez*** ~ ***le temps*** Sie haben reichlich Zeit
4. (*de beaucoup*) bei weitem; ***Marseille est*** ~ ***premier*** Marseille führt mit Abstand; ~ ***assez*** weitaus genug; ~ ***trop*** viel zu viel; ***vous débordez*** ~ ***du sujet*** Sie gehen weit über das Thema hinaus
5. (*généreusement*) reichlich; *indemniser, payer, récompenser a.* großzügig; ***poivrer*** ~ kräftig pfeffern
6. (*au minimum*) mindestens, gut; ***il est*** ~ ***onze heures*** es ist längst elf Uhr; ***il vous faudra*** ~ ***une heure*** Sie werden gut eine Stunde [*o* eine gute Stunde] brauchen
7. *fam* (*assez*): ***c'est*** ~ ***suffisant*** das reicht gut; ***il y en a déjà*** ~ es ist schon genug davon da

largesse [laʀʒɛs] *f* **1.** *pl* (*dons*) Zuwendungen *pl;* [*individu*] großzügige Gaben; ***les*** ~***s du gouvernement sont rares*** die Regierung ist selten großzügig
2. *soutenu* (*générosité*) Großzügigkeit *f*

largeur [laʀʒœʀ] *f* **1.** (*opp: longueur, hauteur*) Breite *f;* ***sur toute la*** ~ auf der ganzen Breite; ***la*** ~ ***est de ...*** die Breite beträgt ...; ***coupe le tissu dans la*** ~**!** schneide den Stoff der Breite nach!
2. (*opp: mesquinerie*): ~ ***d'esprit*** [*o* ***d'idées***] Toleranz *f,* liberale Gesinnung; ~ ***de vues*** Aufgeschlossenheit *f*
▶ **dans les grandes** ~**s** *fam* gewaltig; ***tu te trompes dans les grandes*** ~***s*** da täuschst du dich gewaltig [*o* gründlich]

larguer <1> [laʀge] *vt* **1.** NAUT ■ **qn largue qc** jd macht etw los; *échelle* jd lässt etw herunter; *voile* jd macht etw klar
2. AVIAT ■ **qn/qc largue qn/qc** jd/etw wirft etw ab; *parachutistes, troupes* jd/etw setzt jdn ab; *eau, insecticide* jd/etw sprüht etw
3. *fam* ■ **qn largue qn/qc** (*laisser tomber*) *personne* jd macht mit jdm Schluss; *projets, travail* jd lässt etw fallen [*o* sausen *fam*], jd schmeißt etw hin *fam;* (*renvoyer*) jd wirft jdn hinaus, jd schmeißt jdn raus *fam,* jd setzt jdn vor die Tür *fam;* ***je largue tout!*** ich schmeiß alles hin! *fam;* ■ **qn se fait** ~ [**par qn**] jd kriegt [von jdm] den Laufpass *fam;* (*est renvoyé*) jd wird [von jdm] rausgeschmissen *fam*
4. SPORT (*dépasser largement*) ■ **qn largue qn** jd lässt jdn hinter sich (*dat*), jd hängt jdn ab; ■ **qn est largué(e)** (*ne plus comprendre*) jd ist hinterher, jd rafft nichts *fam*

larme [laʀm] *f* **1.** (*pleur*) Träne *f;* ■ ~**s de** Tränen *pl* der/des; ~***s de joie*** Freudentränen; ***baigné(e) de*** ~***s*** tränenüberströmt; ***qc vous tire les*** ~***s*** etw treibt einem die Tränen in die Augen
2. *fam* (*goutte*) Tropfen *m;* ***une*** ~ ***de champagne?*** ein Schlückchen *nt* Champagner?
▶ **qn verse** [*o* **pleure**] **toutes les** ~**s de son corps** jd weint [*o* heult *fam*] sich (*dat*) die Augen aus [*o* aus dem Kopf], jd heult wie ein Schlosshund *fam;* ~**s de crocodile** *fam* Krokodilstränen *pl;* **qn a toujours la** ~ **à l'œil** jd weint leicht, jd hat nah ans [*o* am] Wasser gebaut *fam;* [**qn a**] **des** ~**s dans la voix** [jd spricht] mit tränenerstickter Stimme; **qn a les** ~**s aux yeux** jd hat Tränen in den Augen; **les** ~**s lui viennent aux yeux** jdm kommen die Tränen, jdm stehen die Tränen in den Augen; **qn pleure à chaudes** ~**s** jd vergießt heiße Tränen, jd zerfließt in Tränen, jd weint schrecklich *fam* [*o* bitterlich *veraltet*]; **ému(e) jusqu'aux** ~**s** zu Tränen gerührt; **qn a la** ~ **facile** jd weint leicht, jd hat nah ans [*o* am] Wasser gebaut *fam;* **qn écrase une** ~ jd zerdrückt eine Träne im Auge, jd drückt eine Träne ab *fam;* **qn fond en** ~**s** jd bricht in Tränen aus; **qn rit aux** ~**s** jd lacht Tränen; **qn sèche les larmes de qn** jd trocknet jds Tränen; **qn sèche ses** ~**s** jd trocknet seine Tränen; **qn y va de sa** [**petite**] ~ jd vergießt Tränen der Rührung, jd weint vor Rührung; **en** ~**s** in Tränen [aufgelöst]; **sans une** ~ ohne eine Träne [zu vergießen]

larmoiement [laʀmwamɑ̃] *m* **1.** MED Tränen *nt* [der Augen]; ***qc provoque un*** ~ ***continuel*** etw führt dazu, dass die Augen ständig tränen
2. *gén pl* (*pleurnicheries*) Gejammer *nt kein pl,* Geflenne *nt kein pl fam*

larmoyant, e [laʀmwajɑ̃, jɑ̃t] *adj* rührselig *fam; ton, voix, personne* weinerlich; *œil* tränend; ***comédie*** ~ Rührstück *nt*

larmoyer <6> [laʀmwaje] *vi* **1.** ■ **qc larmoie** /*œil*/ etw tränt; /*voix*/ etw ist weinerlich; ■ **qn larmoie** jdm tränen die Augen; ■ **qc fait** ~ **qn** durch etw tränen jds Augen, etw treibt jdm die Tränen in die Augen; ***le soleil me fait*** ~ durch die Sonne [*o* wegen der Sonne] tränen meine Augen
2. (*pleurnicher*) ■ **qn larmoie** [**sur qc**] jd jammert [über etw (*akk*)]

larron [laʀɔ̃] *m vieilli* Dieb *m*
▶ **des personnes s'entendent comme** ~**s en foire** Menschen halten zusammen wie Pech und Schwefel; **le bon et le mauvais** ~ die beiden Schächer *pl;* **le troisième** ~ der lachende Dritte

larvaire [laʀvɛʀ] *adj* **1.** ZOOL Larven-
2. (*primitif*) unterentwickelt; ***qc est à l'état*** ~ etw ist unterentwickelt [*o* im Anfangsstadium]; ***existence*** ~ Dahinvegetieren *nt*

larve [laʀv] *f* **1.** ZOOL Larve *f*
2. *péj fam* (*chiffe molle*) Waschlappen *m fam,* nasser Sack *fam*
3. (*personne déchue*) menschliches Wrack

larvé, e [laʀve] *adj* **1.** (*latent*) *état* latent; *mésentente a.* unterschwellig; *conflit a.* schwelend; *inflation* schleichend; *guerre* verdeckt; *dictature, opposition* verkappt
2. MED heimtückisch, versteckt; *fièvre a.* schleichend

laryngé, e [laʀɛ̃ʒe] *adj,* **laryngien, ne** [laʀɛ̃ʒjɛ̃, jɛn] *adj* Kehlkopf-

laryngite [laʀɛ̃ʒit] *f* Kehlkopfentzündung *f,* Laryngitis *f spec*

larynx [laʀɛ̃ks] *m* Kehlkopf *m,* Larynx *m spec*

las, se [lɑ, lɑs] *adj* **1.** *geste* müde; *personne a.* abgespannt
2. *littér* ■ [**qn est**] ~ **de qc** [jd ist] einer S. (*gen*) müde [*o* überdrüssig]; ■ **qn est** ~ **de faire qc** jd ist es müde [*o* leid], etw zu tun; ~ ***de l'existence*** lebensmüde, des Lebens überdrüssig

lasagne <[s]> [lazaɲ] *f* Lasagne *f*

lascar [laskaʀ] *m fam* schlauer Bursche [*o* Fuchs]; ***alors, mes*** [***petits***] ~***s*** also, ihr [kleinen] Schlauberger *fam;* ***ne joue pas au*** ~ ***avec moi!*** spiel hier nicht den schlauen Mann! *fam*

lascif, -ive [lasif, -iv] *adj pose, tempérament* lasziv; *danse, personne a., bouche* sinnlich; *bouche, personne, pose* lüstern *pej*

lascivement [lasivmɑ̃] *adv* lasziv

lasciveté [lasivte] *f,* **lascivité** [lasivite] *f littér* [*pose, tempérament*] Laszivität *f;* [*danse, personne, traits a., bouche*] Sinnlichkeit *f;* [*bouche, personne, pose*] Lüsternheit *f pej;* ***quelle*** ~ ***dans sa démarche!*** was für einen lasziven Gang er/sie hat!

laser [lazɛʀ] **I.** *m* Laser ['leɪze] *m*
II. *app* Laser-; ***rayonnement*** ~ Laserstrahlung *f*

lassant, e [lɑsɑ̃, ɑ̃t] *adj* ermüdend; *reproches a.* zermürbend; ***les enfants, vous êtes*** ~***s!*** Kinder, ihr strapaziert meine Nerven!

lasser <1> [lɑse] **I.** *vt* ■ **qn/qc lasse qn/qc** jd/etw ermüdet jdn; *patience* jd/etw überstrapaziert etw; ***au risque de vous*** ~ auf die Gefahr hin, dass ich Ihnen auf die Nerven falle [*o* dass ich Sie langweile]; ■ **qn est lassé(e) de qc** jd ist einer S. (*gen*) müde [*o* überdrüssig], jd hat etw satt *fam;* ***qn est lassé(e) de tout*** jd hat alles satt *fam;* ■ **qn est lassé(e) de faire qc** jd ist es müde [*o* leid], etw zu tun
II. *vpr* ■ **qn se lasse** [**de qc**] jd wird [einer S. (*gen*)] müde [*o* überdrüssig]; ***je ne me lasse pas de ce film*** ich kann diesen Film immer wieder sehen; ■ **qn se lasse** [**de faire qc**] jd wird es müde[, etw zu tun]; ***sans se*** ~ ohne es müde zu werden, ohne es satt [*o* ohne genug] zu kriegen *fam*

lassitude [lɑsityd] *f* **1.** (*fatigue physique*) Müdigkeit *f,* Mattigkeit *f*
2. (*fatigue morale*) Überdruss *m;* ***quand la*** ~ ***commence à s'installer*** wenn sich Überdruss breit macht, wenn man überdrüssig wird
▶ **par** ~ *abandonner* aus Überdruss; *accepter* um des [lieben] Friedens willen *fam*

lasso [laso] *m* Lasso *m o nt;* ■ **qn prend qn/un animal au** ~ jd fängt jdn/ein Tier mit dem Lasso [ein]

latence [latɑ̃s] *f* MED Latenz *f;* ***période de*** ~ Latenzzeit *f,* Inkubationszeit *f;* ***phase/temps de*** ~ POL Phase *f* gespannter Ruhe; ***période de*** ~ PSYCH Latenzperiode *f*

latent, e [latɑ̃, ɑ̃t] *adj* latent; *antagonisme, conflit a.* unterschwellig; *conflit a.* schwelend; *complicité* heimlich; ***à l'état*** ~ unterschwellig, im latenten Stadium; ***contenu*** ~ ***d'un rêve*** latenter Trauminhalt *spec,* verschlüsselte Bedeutung eines Traumes

latéral, e <-aux> [lateʀal, o] **I.** *adj* Seiten-; ***deux couchettes*** ~***es*** zwei seitliche Liegen; ***passe*** ~***e*** seitlicher Pass; ***jeu*** ~ Flügelspiel *nt,* Spiel *nt* über außen; ***arrière*** ~ Außenverteidiger *m;* ***consonne*** ~***e*** Lateral[laut *m*] *m;* ***aire*** ~***e*** Seitenfläche *f*
II. *f* ■ **latérale** Lateral[laut *m*] *m*

latéralement [lateʀalmɑ̃] *adv* seitlich, von der Seite
latéralisation [lateʀalizasjɔ̃] *f* Lateralisierung *f spec*, Lateralisation *f spec*
latéralisé, e [lateʀalize] *adj* ▶ **bien/mal** ~ gut/schlecht lateralisiert *spec*
latex [latɛks] *m* **1.** (*matière synthétique*) Latex *m*
2. BOT Latex *m*, Milchsaft *m*
latin, e [latɛ̃, in] **I.** *adj* **1.** GEOG, HIST, LING lateinisch; *thème, version a.* Latein-; *civilisation, histoire* römisch
2. (*opp: anglo-saxon*) romanisch; *tempérament* südländisch; ***Amérique ~e*** Lateinamerika *nt*
3. REL (*opp: orthodoxe*) römisch-katholisch; *croix* lateinisch
II. *m* (*langue*) Latein *nt; **le** ~* Latein
▶ ~ **de cuisine** Küchenlatein *nt;* **qn y perd son** ~ jd ist mit seinem Latein am Ende; **c'est à y perdre son** ~ das ist ja zum Verrücktwerden! *fam*
III. *m, f* ■ **Latin(e)** **1.** HIST Römer(in) *m(f)*
2. GEOG (*opp: Anglo-saxons*) Südländer(in) *m(f)*
latiniser <1> [latinize] *vt* ■ **qn latinise qc** jd latinisiert etw
latinisme [latinism] *m* Latinismus *m*
latiniste [latinist] *mf* **1.** (*étudiant, élève*) Lateiner(in) *m(f)*, Lateinschüler(in) *m(f)*
2. (*professeur, spécialiste*) Latinist(in) *m(f)*
latinité [latinite] *f* **1.** (*caractère*) südländische Art
2. HIST (*civilisation*) lateinische Welt [*o* Kultur]
latino-américain, e <~-~s> [latinoameʀikɛ̃, ɛn] **I.** *adj* lateinamerikanisch
II. *m, f* ■ **Latino-américain(e)** Lateinamerikaner(in) *m(f)*
latitude [latityd] *f* **1.** GEOG Breite *f;* (*degré*) Breitengrad *m;* ***calculer la ~*** die Breite [*o* den Breitengrad] berechnen
2. *pl* (*régions*) Breiten *pl;* ***sous nos ~s*** in unseren Breiten
3. (*liberté*) [Handlungs]spielraum *m*, [Handlungs]freiheit *f*
▶ ~ **nord/sud** nördliche/südliche Breite; ***Bordeaux est à 45° de ~ nord*** Bordeaux liegt auf 45° nördlicher Breite; **basses/hautes ~s** niedrige/hohe Breiten; **sous toutes les ~s** in allen Breiten; **toute** ~ freie Hand; ***on m'a laissé toute ~*** man hat mir freie Hand gelassen
latrines [latʀin] *fpl* Latrine *f*
latte [lat] *f* **1.** TECH Latte *f*
2. *pl* SKI *fam* Bretter *pl fam*
▶ **coup de** ~ *fam* [Fuß]tritt *m*
latter <1> [late] *vt* ■ **qn latte qc** jd verlattet etw, jd verschlägt [*o* versieht] etw mit Latten
lattis [lati] *m* Lattenwerk *nt*, Latten *pl;* ***la tonnelle est constituée d'un ~*** die Gartenlaube besteht aus einem Lattengerüst *nt*
laudanum [lodanɔm] *m* Laudanum *nt*
laudateur, -trice [lodatœʀ, -tʀis] *m, f littér* Lobredner(in) *m(f);* ***n'écoutez pas les ~s*** glaubt den Schmeichlern nicht
laudatif, -ive [lodatif, -iv] *adj* lobend; ***en termes ~s*** mit lobenden Worten
lauréat, e [lɔʀea, at] **I.** *adj* preistragend; ***les élèves/étudiants ~s*** die Preisträger unter den Schülern/Studenten, die mit einem Preis ausgezeichneten Schüler/Studenten
II. *m, f* Preisträger(in) *m(f);* ~ ***du prix Nobel*** Nobelpreisträger(in)
laurier [lɔʀje] *m* **1.** BOT Lorbeer[baum *m*] *m*
2. GASTR Lorbeer *m*
3. *pl* (*gloire*) Lorbeeren *pl;* ***~s de la victoire*** Siegeslorbeeren
▶ **qn se couvre de ~s** jd erntet Lorbeeren; **qn s'endort** [*o* **se repose**] **sur ses ~s** jd ruht sich auf seinen Lorbeeren aus
laurier-cerise <~s-~s> [lɔʀjes(ə)ʀiz] *m* Kirschlorbeer *m* **laurier-rose** <~s-~s> [lɔʀjeʀoz] *m* Oleander *m* **laurier-sauce** <~s-~> [lɔʀjesos] *m* Echter Lorbeer **laurier-tin** <~s-~s> [lɔʀjetɛ̃] *m* Steinlorbeer *m*
lavable [lavabl] *adj* abwaschbar; *tissu, vêtement* waschecht; ~ ***en machine*** waschmaschinenfest; ~ ***uniquement à la main*** nur mit der Hand waschbar [*o* zu waschen]
lavabo [lavabo] *m* **1.** (*cuvette*) Waschbecken *nt*
2. *pl* (*toilettes*) Toilette *f*
lavage [lavaʒ] *m* Wäsche *f;* [*murs*] Reinigung *f*, Abwaschen *nt;* [*sol*] [Auf]wischen *nt;* [*plaie*] Auswaschen *nt*, Reinigen *nt;* ■ ~ **à qc** [*tissu*] Reinigen mit etw; [*cheveux, corps, linge*] Waschen *nt* mit etw; [*sol*] Putzen *nt* mit etw; ***un ~ à la serpillière est indispensable*** der Boden muss feucht gewischt werden; ■ ~ **de** MED -spülung *f;* ~ ***à 30°*** 30°-Wäsche; ~ ***du linge*** Wäschewaschen *nt;* ~ ***de la vaisselle*** Geschirrspülen *nt*
▶ **au** ~ beim Waschen; ***au troisième ~*** bei der dritten Wäsche
◆ **lavage de cerveau** Gehirnwäsche *f;* **lavage de tête** *fam* Kopfwäsche *f fam*, Rüffel *m fam;* ***qn prend un bon ~ de tête*** jd kriegt ordentlich den Kopf gewaschen *fam*
lavallière [lavaljɛʀ] *f* Künstlerschleife *f*
lavande [lavɑ̃d] **I.** *f* **1.** BOT Lavendel *m*
2. (*parfum*) Lavendel[wasser *nt*] *m*
II. *app inv* lavendelblau
lavandière [lavɑ̃djɛʀ] *f* Wäscherin *f*, Waschfrau *f*
lavandin [lavɑ̃dɛ̃] *m* Lavandinpflanze *f* (*Hybride aus Lavendel und Großem Speik*)
lavasse [lavas] *f fam* [dünne] Brühe *fam;* ***ce café, c'est de la vraie ~*** dieser Kaffee ist eine richtig dünne Brühe *fam*, das ist richtiger Blümchenkaffee *fam*
lave [lav] *f* Lava *f;* ***des paquets de ~*** Lavabrocken *pl;* ***torrent de ~*** Lavastrom *m*
lave-glace <~-~s> [lavglas] *m* Scheibenwaschanlage *f;* ***donne un petit coup de ~~!*** sprüh mal kurz die Scheibe an! **lave-linge** [lavlɛ̃ʒ] *m inv* Waschmaschine *f* **lave-mains** [lavmɛ̃] *m inv* [kleines] Handwaschbecken
lavement [lavmɑ̃] *m* **1.** MED Einlauf *m*
2. REL Waschung *f*
laver <1> [lave] **I.** *vt* **1.** (*nettoyer*) ■ **qn lave qc** jd wäscht etw; *vaisselle* jd spült etw, jd wäscht etw ab; *mur* jd wäscht etw ab, jd reinigt etw; *sol* jd wischt etw; *plaie* jd reinigt etw; ■ **qn lave qc à qn** jd wäscht jdm etw; *estomac* jd spült jdm etw, jd pumpt jdm etw aus; ■ **qn lave qc à qc** jd wäscht etw mit etw; *à la machine* jd wäscht etw in etw (*dat*); *à la serpillière* jd wischt etw mit etw; *à la brosse, à l'éponge* jd reinigt etw mit etw; ***qn lave qc à la main*** jd wäscht etw von Hand; ■ **qn fait** ~ **qc** jd lässt etw waschen; ■ **qc lave** [**qc**] + *compl de manière* /*lave-linge, programme*/ etw wäscht [etw]; /*lave-vaisselle*/ etw spült [etw]; ■ **qc lave qc** etw wäscht etw rein; ***la pluie a lavé l'horizon*** der Regen hat den Horizont rein gewaschen [*o* klar gewaschen]; ***qn lave qc au jet*** jd spritzt etw ab
2. (*disculper*) ■ **qn/qc lave qn de qc** jd/etw wäscht jdn von etw rein, jd/etw entlastet jdn von etw; ■ **qn lave qc** jd rächt etw; ***qc est lavé(e) dans le sang*** etw wird mit Blut gerächt
3. ART ■ **qn lave qc** jd laviert etw; ***lavé(e) à l'encre de Chine*** mit Tusche laviert
II. *vpr* **1.** ■ **qn se lave** jd wäscht sich; ■ **qn se lave qc** jd wäscht sich (*dat*) etw; *dents* jd putzt sich (*dat*) etw
2. ■ **qc se lave** etw wird gewaschen; ***qc se lave à 90°*** etw wird bei 90° gewaschen; ***le cuir ne se lave pas*** Leder lässt sich nicht waschen
3. (*s'innocenter*) ■ **qn se lave de qc** jd wäscht sich von etw rein
laverie [lavʀi] *f* Wäscherei *f*
▶ ~ **automatique** Waschsalon *m*
lavette [lavɛt] *f* **1.** (*chiffon*) [Spül]lappen *m*, Spültuch *nt*
2. *fam* (*personne*) Waschlappen *m fam*
laveur, -euse [lavœʀ, -øz] *m, f* ■ ~ **de** *de carreaux, vitres* -putzer(in) *m(f); de voiture* -wäscher(in) *m(f)*
lave-vaisselle [lavvɛsɛl] *m inv* Geschirrspülmaschine *f*
lavis [lavi] *m* **1.** (*technique*) Laviertechnik *f*, Wischtechnik *f*
2. (*œuvre*) Lavur *f*, lavierte Zeichnung
▶ **au** ~ in Laviertechnik
lavoir [lavwaʀ] *m* Waschhaus *nt*
lawrencium [lɔʀɑ̃sjɔm] *m* CHIM Lawrencium *nt*
laxatif, -ive [laksatif, -iv] **I.** *adj* abführend; ***remède ~*** Abführmittel *nt;* ***le miel est ~*** Honig wirkt abführend
II. *m* Abführmittel *nt*, Laxativ[um] *nt spec*
laxisme [laksism] *m* Laxheit *f*, laxe Haltung
laxiste [laksist] **I.** *adj* lax, locker
II. *mf* jd, der eine laxe Haltung hat; ***les ~s sont au pouvoir*** die Vertreter eines laxen Führungsstils sind an der Regierung
layette [lɛjɛt] *f* Babywäsche ['be:bi-] *f*, Babykleidung *f;* ***le rayon ~*** die Abteilung für Babyausstattung
le, la <l', les> [lə, la, le] **I.** *art déf* der/die/das
II. *pron sujet* er/sie/es; *compl dir* ihn/sie/es (*akk*); *compl indir* ihm/ihr/ihm (*dat*); ***la voilà!*** da ist sie ja!; ***je le/la connais*** ich kenne ihn/sie; ***tu l'as suivie?*** bist du ihr gefolgt?; ***tu es déçu, je ~ comprends*** du bist enttäuscht, ich verstehe das; ***je l'espère bien!*** ich hoffe es [sehr]!
lé [le] *m* [*étoffe, papier peint*] Bahn *f*
leader [lidœʀ] **I.** *m* **1.** COM Marktführer *m;* SPORT Spitzenreiter(in) *m(f);* (*équipe*) Beste(r) *f(m)*, Stärkste(r) *f(m);* ***il est ~ du classement*** er ist Tabellenerster [*o* Tabellenführer *m*] *m*, er liegt an der Spitze der Gesamtwertung
2. (*chef*) Führer(in) *m(f);* ***le ~ palestinien*** der Palästinenserführer
II. *app inv* führend; ~ ***dans le secteur de l'automobile*** führend in der Autobranche
leadership [lidœʀʃip] *m* Führungsrolle *f*, Führungsposition *f*
leasing [liziŋ] *m* Leasing *nt*
lèche [lɛʃ] *f fam* Kriecherei *f fam*, Stiefelleckerei *f fam*
▶ **qn fait de la** ~ [**à qn**] jd kriecht [vor jdm] *fam*, jd schleimt [bei jdm] [he]rum *sl*
lèche-botte[s] [lɛʃbɔt] *mf inv fam* Kriecher(in) *m(f) fam*, Speichellecker(in) *m(f) fam* ▶ **qn fait du ~~** [**à qn**] jd kriecht [vor jdm] *fam*, jd schleimt [bei jdm] [he]rum *sl* **lèche-cul** <~-~s> [lɛʃky] *mf vulg* Arschkriecher(in) *m(f) sl*
lèchefrite [lɛʃfʀit] *f* Fettpfanne *f*
lécher <5> [leʃe] **I.** *vt* **1.** ■ **qn/un animal lèche qn/qc** *assiette, cuillère, visage* jd/ein Tier leckt jdn/etw ab; *bol, plat* jd/ein Tier leckt etw aus; *lait* jd/ein Tier leckt etw auf; ■ **qn/un animal lui lèche qc** jd/ein Tier leckt jdm etw [ab]; ***le chat est venu me ~/ me ~ la main*** die Katze hat mich abgeleckt/mir die Hand [ab]geleckt
2. (*effleurer*) ■ **qc lèche qc** /*vagues*/ etw umspült etw; /*flammes*/ etw züngelt an etw (*dat*) empor
3. (*fignoler*) ■ **qn lèche qc** jd feilt [*o* bosselt *fam*] an etw (*dat*) [herum]; ■ **qc est léché(e)** etw ist ausgefeilt; /*œuvre, tableau a.*/ etw ist [wie] geleckt *fam*
II. *vpr* ■ **qn se lèche qc** jd leckt sich (*dat*) etw ab; ■ **un animal se lèche** ein Tier leckt sich; ■ **un animal se lèche qc** ein Tier leckt sich (*dat*) etw
lécheur, -euse [leʃœʀ, -øz] *m, f péj* Kriecher(in) *m(f) fam*
lèche-vitrines [lɛʃvitʀin] *m* Einkaufsbummel *m;* (*après la fermeture des magasins*) Schaufensterbummel *m*
▶ **qn fait du** ~ jd macht einen Einkaufbummel/Schaufensterbummel
leçon [l(ə)sɔ̃] *f* **1.** SCOL (*à apprendre*) Lektion *f;* (*cours*) Stunde *f;* ■ ~ **de** (*à apprendre*) -lektion; (*cours*) -stunde; ***qn prend des ~s de piano/de danse*** jd nimmt Klavier-/Tanzunterricht
2. (*morale*) Lehre *f*, Lektion *f;* ***les ~s de l'expérience*** die Lehre, die man aus der Erfahrung zieht; ***la ~ de cette histoire*** die Moral von der Geschichte
3. (*réprimande*) Lektion *f;* ***elle mérite une [bonne] ~*** sie hat eine ordentliche [*o* tüchtige] Lektion verdient
▶ ~ **particulière** Privatstunde *f;* (*rattrapage*) Nachhilfestunde *f;* **qn a** [**bien**] **appris sa** ~ /*élève*/ jd hat seine Lektion gelernt; (*répète servilement*) jd sagt sein Sprüchlein gut auf; **qn donne une ~ à qn** (*réprimande*) jd erteilt jdm

eine Lektion; **qn donne/prend des ~s** jd gibt/nimmt Privatstunden; **qn fait la ~ à qn** (*met en garde*) jd nimmt jdn ins Gebet *fam;* (*réprimande*) jd liest jdm die Leviten *fam,* jd rückt jdm den Kopf zurecht *fam;* /*professeur, parents, chef*/ jd hält jdm eine Strafpredigt [*o* eine Standpauke] *fam;* **qn n'a pas de ~ [de qc] à recevoir [de qn]** jd muss sich (*dat*) [von jdm] nichts [über etw (*akk*)] sagen lassen, jd muss sich (*dat*) [von jdm] keine Lektionen [in etw (*dat*)] erteilen lassen; ***nous n'avons de ~ à recevoir de personne pour ce qui est de l'honnêteté en politique*** was die Ehrlichkeit in der Politik betrifft, brauchen wir uns von niemandem etwas sagen zu lassen; **qn récite sa ~** (*répète servilement*) jd betet etw her; **qc sert de ~ à qn** etw ist jdm eine Lehre; ***que cela te serve de ~!*** das möge [*o* soll] dir eine Lehre sein!; **qn tire une [*o* la] ~ de qc** jd zieht aus etw eine Lehre
◆ **leçon de choses** Anschauungsunterricht *m,* Sachkundeunterricht *m*

lecteur, -trice [lɛktœʀ, -tʀis] **I.** *m, f* **1.** (*personne qui lit*) Leser(in) *m(f)*
2. (*qui fait la lecture*) Vorleser(in) *m(f);* ***je faisais le ~*** ich las vor
3. UNIV, SCOL Lektor(in) *m(f);* ***poste de ~*** Lektorenstelle *f*
II. *m* AUDIOV Lesegerät *nt;* INFORM Laufwerk *nt;* ■ **~ de** -leser *m;* ~ ***de cartes [perforées]*** Lochkartenleser; ~ ***de son*** Tonabnehmer *m;* ~ ***de bande*** Magnetbandleser; ~ ***de cassettes*** Kassettenrecorder *m;* ~ ***de CD*** CD-Player [tseːˈdeːpleɪɐ] *m;* ~ ***de CD-ROM*** CD-Rom-Laufwerk; ~ ***de disquettes*** [Disketten]laufwerk; ~ ***de DVD*** DVD-Laufwerk; ~ ***optique*** Scanner [ˈskɛnɐ] *m*
▸ **qn introduit qc dans le ~ de disquettes** jd schiebt etw in das Diskettenlaufwerk

lecture [lɛktyʀ] *f* **1.** (*action de lire*) Lesen *nt;* ***j'aime la ~*** ich lese gern; ***apprendre la ~*** lesen lernen; ***cet auteur est d'une ~ difficile*** dieser Autor ist schwer zu lesen
2. (*action de lire à haute voix*) Vorlesen *nt;* ***quand elle a commencé la ~ du poème*** als sie begann das Gedicht vorzulesen; ***il a une ~ très hésitante*** er liest sehr zögernd vor
3. (*façon d'interpréter*) Auslegung *f,* Lesart *f*
4. (*qc qui se lit*) Lektüre *f,* Lesestoff *m;* REL Lesung *f;* ***j'ai emporté de la ~*** ich habe Lesestoff [*o* etwas zum Lesen] mitgebracht; ***mauvaises ~s*** Schund[lektüre *f*] *m;* ***mes ~s favorites*** meine Lieblingslektüre
5. AUDIOV, INFORM Lesen *nt;* ~ ***optique*** optische Zeichenerkennung
▸ **en première/deuxième ~** POL in erster/zweiter Lesung; **qn donne ~ de qc** jd verliest etw; **qn fait la ~ [de qc] à qn** jd liest jdm [etw] vor

ledit, ladite <lesdit(e)s> [lədi, ladit, ledi, ledit] *adj antéposé* der/die/das genannte, besagte(r, s); ***ladite méthode*** [die] besagte [*o* die genannte] Methode

légal, e <-aux> [legal, o] *adj* gesetzlich; *moyens, voies a., armes* legal; *âge* gesetzlich [vorgeschrieben]; *administrateur, adresse* rechtmäßig; *authentification, cours* amtlich; ***règle ~e/ texte ~*** Gesetzesvorschrift *f*/-text *m;* ***fête ~e*** gesetzlicher Feiertag; ***l'heure ~e*** von der Standardzeit abweichende Zeit; ***monnaie ~e*** gesetzliches Zahlungsmittel; ***moyens légaux*** Rechtsmittel *pl;* ***par les voies ~es*** (*légalement*) auf legalem Wege; (*par les autorités*) auf dem Rechtsweg; ***cette décision n'est pas ~e*** diese Entscheidung ist nicht rechtmäßig

légalement [legalmɑ̃] *adv* **1.** (*conformément à la loi*) legal, rechtmäßig; ***j'ai agi ~*** ich habe rechtmäßig gehandelt
2. (*au vu de la loi*) vom rechtlichen Standpunkt aus gesehen; ***il est ~ coupable*** nach dem Gesetz ist er schuldig

légalisation [legalizasjɔ̃] *f* **1.** [*avortement, drogue*] Legalisierung *f*
2. (*authentification*) amtliche Beglaubigung

légaliser <1> [legalize] *vt* **1.** (*autoriser*) ■ **qn légalise qc** jd legalisiert etw
2. (*authentifier*) ■ **qn légalise qc** jd beglaubigt etw [amtlich]; ■ **qn fait ~ qc** jd lässt etw [amtlich] beglaubigen

légalisme [legalism] *m* strikte Gesetzestreue, Legalismus *m spec*

légaliste [legalist] **I.** *adj* an Vorschriften starr festhaltend, legalistisch *spec;* ***scrupules ~s*** Skrupel *pl* im Hinblick auf das Gesetz; ***qn est très ~*** jd hält starr an Vorschriften fest, jd befolgt strikt das Gesetz
II. *mf* jd, der starr an Vorschriften festhält [*o* das Gesetz strikt befolgt], Legalist(in) *m(f) spec,* Paragraphenreiter(in) *m(f) pej fam*

légalité [legalite] *f* **1.** (*respect de la loi*) Legalität *f,* Gesetzlichkeit *f;* ***qn sort de la ~*** jd bewegt sich außerhalb der Legalität; ***elle a fini par rentrer dans la ~*** sie steht wieder auf dem Boden des Gesetzes
2. [*gouvernement, loi, régime*] Rechtmäßigkeit *f*

légat [lega] *m* Gesandte(r) *m*

légataire [legatɛʀ] *mf* Vermächtnisnehmer(in) *m(f),* Erbe/Erbin *m/f,* Legatar(in) *m(f) spec*
▸ **~ universel(le)** Universalerbe/-erbin *m/f*

légation [legasjɔ̃] *f* Gesandtschaft *f,* Legation *f spec,* ständige Auslandsvertretung [eines Staates]

légendaire [leʒɑ̃dɛʀ] *adj* **1.** (*mythique*) *animaux* Fabel-; *figure* Sagen-; *histoire* sagenhaft, legendär
2. (*célèbre*) legendär

légende [leʒɑ̃d] *f* **1.** (*mythe*) Sage *f,* Legende *f;* ***un personnage de ~*** eine legendäre Gestalt
2. [*carte, croquis, dessin, plan*] Legende *f,* Zeichenerklärung *f;* [*photo*] Text *m,* Unterschrift *f*
3. (*affabulation*) Märchen *nt*
▸ **qn/qc entre dans la ~** jd/etw geht in die Geschichte ein

léger, -ère [leʒe, -ʒɛʀ] **I.** *adj* **1.** (*de faible poids*) leicht; *vêtement a.* dünn
2. MIL, IND leicht; ***industrie ~e*** Leichtindustrie *f;* ***catégorie des poids ~s*** Leichtgewichtsklasse *f*
3. (*de faible intensité*) leicht; *peine a.* mild; *doute, soupçon a.* leise; *bruit* schwach; *couche de neige* dünn; *ironie* fein
4. (*sans gravité*) leicht; ***les blessés ~s*** die Leichtverletzten
5. GASTR leicht
6. LITTER, MUS leicht; ***musique ~ère*** Unterhaltungsmusik *f;* ***poésie ~ère*** leichte [*o* heitere] Poesie
7. (*gracieux, délicat*) anmutig; *nuages* zart
8. (*insouciant*) unbeschwert; ***d'un cœur ~*** leichten Herzens
9. (*frivole*) *comportement, personne* unbesonnen, leichtfertig
10. (*volage, grivois*) *personne* frivol; *comportement, propos a.* anzüglich, lose; ***femme ~e*** leichtes Mädchen; ***mœurs ~ères*** lose Sitten *pl;* ***au dessert, la conversation est devenue plus ~ère*** beim Nachtisch wurde die Unterhaltung lockerer
11. *péj* (*superficiel*) oberflächlich
▸ **à la ~ère** leichtfertig, ohne zu überlegen; ***décision prise à la ~ère*** leichtfertig getroffene Entscheidung; ***il prend tout à la ~ère*** er nimmt alles auf die leichte Schulter
II. *m* SPORT Leichtgewicht *nt*
III. *app catégorie* Leichtgewichts-; *poids* Leicht-

légèrement [leʒɛʀmɑ̃] *adv* **1.** (*un peu*) etwas, ein bisschen; *euph* (*vraiment*) leicht
2. (*avec des choses légères*) leicht; ***je vais m'habiller ~*** ich werde etwas Leichtes anziehen; ***armé ~*** leicht bewaffnet
3. (*avec grâce, délicatement*) anmutig, leicht; ***tu pourrais marcher plus ~*** du könntest etwas leichtfüßiger gehen [*o* etwas weniger trampeln *fam*]
4. (*sans gravité*) leicht; ~ ***blessé/ handicapé/ sourd*** leicht verletzt/behindert/taub
5. (*sans réfléchir*) unbesonnen, leichtfertig

légèreté [leʒɛʀte] *f* **1.** (*faible poids*) Leichtheit *f,* Leichtigkeit *f*
2. (*faible intensité*) [*peine*] Milde *f*
3. [*cuisine, plat, repas, tabac, thé, vin*] Bekömmlichkeit *f;* ***qc est d'une grande ~*** etw ist sehr bekömmlich [*o* leicht]
4. (*grâce, délicatesse*) Anmut *f;* [*couleurs*] Sanftheit *f,* Zartheit *f*
5. (*insouciance*) Unbesonnenheit *f,* Leichtfertigkeit *f*
6. (*grivoiserie*) Leichtfertigkeit *f,* Frivolität *f;* [*histoire*] Anzüglichkeit *f,* Schlüpfrigkeit *f*
7. (*superficialité*) Oberflächlichkeit *f*

légiférer <5> [leʒifeʀe] *vi* ■ **qn légifère** jd erlässt Gesetze

légion [leʒjɔ̃] *f* **1.** HIST Legion *f*
2. MIL ■ **la L~** die [Fremden]legion
3. (*grand nombre*) Schar *f,* Heer *nt*
▸ **L~ étrangère** Fremdenlegion *f;* **qn s'engage dans la L~** MIL jd tritt in die Fremdenlegion ein; *hum* jd kann sich gleich aufhängen, jd kann sich (*dat*) eine Kugel durch den Kopf jagen *fam;* **des choses/des personnes sont/ne sont pas ~** Dinge/Menschen sind zahlreich [*o* gibt es wie Sand am Meer *fam*]/sind nicht zahlreich [*o* sind dünn gesät]
◆ **Légion d'honneur** Ehrenlegion *f;* ***elle a reçu la L~ d'honneur*** sie ist zum Mitglied der Ehrenlegion ernannt worden

légionnaire [leʒjɔnɛʀ] **I.** *m* **1.** HIST Legionär *m*
2. MIL Fremdenlegionär *m*
II. *mf* (*membre de la Légion d'Honneur*) Mitglied *nt* der Ehrenlegion

législateur, -trice [leʒislatœʀ, -tʀis] *m, f* Gesetzgeber(in) *m(f)*

législatif, -ive [leʒislatif, -iv] **I.** *adj* gesetzgebend, legislativ; ***pouvoir ~*** gesetzgebende Gewalt, Legislative *f*
II. *fpl* ■ **législatives** Parlamentswahlen *pl*

législation [leʒislasjɔ̃] *f* Gesetzgebung *f;* ~ ***commerciale/financière/ civile/ criminelle*** Handels-/Finanz-/Zivil-/Strafrecht *nt;* ***la ~ française*** das französische Recht

législature [leʒislatyʀ] *f* Legislatur[periode *f*] *f*

légiste [leʒist] *mf* Jurist(in) *m(f),* Rechtsgelehrte(r) *f(m)*

légitimation [leʒitimasjɔ̃] *f* **1.** POL rechtliche Anerkennung, Legitimierung *f,* Legitimation *f geh*
2. JUR Ehelich[keits]erklärung *f,* Legitimation *f geh*

légitime [leʒitim] *adj* **1.** JUR rechtsgültig; *enfant, père* ehelich; *droits* rechtmäßig, legitim *geh;* ***femme ~*** Ehefrau *f;* ***il fit d'elle sa compagne ~*** er machte sie zu seiner rechtmäßig angetrauten Ehefrau
2. (*justifié*) berechtigt; *demande, revendication a.* legitim *geh; excuse a.* gerechtfertigt; *sanction, récompense, salaire* gerecht; ***il serait plus ~ ici de parler de rigueur que d'intransigeance*** es wäre hier richtiger, von Strenge zu sprechen als von Unnachgiebigkeit

légitimement [leʒitimmɑ̃] *adv* legitimerweise; JUR rechtmäßig, rechtsgültig; ***on pourrait ~ en conclure que*** man könnte mit Recht daraus schließen, dass; es wäre durchaus gerechtfertigt [*o* rechtens], daraus zu schließen, dass

légitimer <1> [leʒitime] *vt* **1.** (*justifier*) ■ **qn/qc légitime qc** *conduite, attitude* jd/etw rechtfertigt etw
2. (*reconnaître*) ■ **qn/qc légitime qc** *titre, pouvoir* jd/etw erklärt etw für rechtmäßig, jd/etw legitimiert etw *geh*
3. JUR ■ **qn/qc légitime qn/qc** jd/etw legitimiert jdn/etw; *enfant a.* jd/etw erkennt jdn als ehelich an, jd erklärt jdn als ehelich; ■ **qn/qc est légitimé(e)** /*enfant*/ jd wird als ehelich erklärt; /*union, mariage religieux*/ etw wird legitimiert [*o* rechtsgültig geschlossen]

légitimité [leʒitimite] *f* Rechtmäßigkeit *f,* Legitimität *f geh*
▸ **en toute ~** ganz legitim

Lego® [lego] *m* Lego® *nt;* ***mon fils adore les ~s*** mein Sohn liebt Lego; ***elle joue avec ses ~s*** sie spielt mit ihren Legosteinen *pl*
▸ **en ~** aus Legosteinen

legs [lɛ(g)] *m* **1.** JUR Vermächtnis *nt,* Legat *nt geh;* ***il a fait un ~ à un musée*** er hat einem Museum ein Vermächtnis ausgesetzt
2. (*héritage*) Erbe *nt*

léguer <5> [lege] *vt* **1.** JUR ■ **qn lègue qc à qn** jd vermacht [*o* vererbt] [*o* hinterlässt] jdm etw
2. (*transmettre*) ■ **qn lègue qc à qn** jd vererbt jdm etw; *tradition* jd gibt etw

an jdn weiter

légume [legym] I. *m* 1. Gemüse *nt kein pl*; ***marchand de fruits et ~s*** Obst- und Gemüsehändler *m*; ***des ~s crus*** rohes Gemüse; ***poisson aux petits ~s*** Fisch *m* mit Gemüseallerlei *nt*
2. *fam* (*malade*): ***qn termine sa vie à l'état de ~*** jd vegetiert vor seinem Tod nur noch vor sich hin
▸ **~s secs** Hülsenfrüchte *pl*; **~s verts** grünes Gemüse (*grüne Erbsen, grüne Bohnen, Rosenkohl etc.*)
II. *f* ▸ **une grosse ~** *fam* ein hohes Tier *fam*

légumineuse [legyminøz] *f* Hülsenfrucht *f*; *pl* Hülsenfrüchtler *pl*

leitmotiv <s *o* e> [lajtmɔtif, lɛtmɔtiv] *m* Leitmotiv *nt*

Léman [lemɑ̃] *v.* **lac**

lemming [lemiŋ] *m* Lemming *m*

lémurien [lemyʀjɛ̃] *m* Lemur(e) *m*

lendemain [lɑ̃dmɛ̃] *m* 1. ∅ (*jour suivant*) ■ **le ~** am Tag darauf, am (darauf) folgenden Tag, tags darauf; ***il revint dès le ~ matin/soir*** er kam bereits am nächsten [*o* (darauf) folgenden] Morgen/Abend wieder; ***le ~ était un lundi*** der (darauf) folgende Tag [*o* der Tag darauf] war ein Montag; ■ **le ~ de qc** am Tag nach etw; ***le facteur prépare la tournée du ~*** der Postbote bereitet die Runde des nächsten Tages vor
2. (*avenir*) Zukunft *f*, Morgen *nt*; ***elle n'a pas le souci du ~*** sie kümmert sich nicht um das Morgen [*o* die Zukunft]; ***de beaux projets sans ~*** wunderschöne Pläne ohne Zukunft; ***une aventure sans ~*** ein flüchtiges (Liebes)abenteuer
3. (*conséquence*) Folge *f*, Nachspiel *nt*; ***cette affaire aura de fâcheux ~s*** diese Angelegenheit wird böse Folgen [*o* ein böses Nachspiel] haben
▸ **triste comme un ~ de fête** trostlos; **des ~s qui chantent** eine bessere Zukunft; **il ne faut pas** [*o* **jamais**] **remettre au ~ ce qu'on peut faire le jour même** *prov* was du heute kannst besorgen, das verschiebe nicht auf morgen; ***il a tendance à remettre tout au ~*** er neigt dazu, alles auf später zu verschieben [*o* alles aufzuschieben]; **au ~ de qc** kurz nach etw

lénifiant, e [lenifjɑ̃, jɑ̃t] *adj* (schmerz)lindernd; *propos* beschwichtigend

léninisme [leninism] *m* Leninismus *m*

lent, e [lɑ̃, lɑ̃t] *adj* 1. (*qui manque de rapidité*) langsam; *esprit a.* schwerfällig; *musique* getragen; ***il allait à pas ~s*** er ging langsam [*o* gemächlich], er schlenderte; ■ **qn/qc est ~ à faire qc** es dauert lange, ehe jd/etw etw tut; ***il est ~ à se décider/à comprendre*** es dauert lange, ehe er sich entschei-det/ehe er begreift; ***décidément, vous êtes ~s à comprendre!*** seid ihr vielleicht begriffsstutzig [*o* schwer von Begriff *fam*]!; ***ces mesures furent ~es à entrer en application*** diese Maßnahmen wurden nur langsam in die Praxis umgesetzt; es dauerte lange, bis diese Maßnahmen in die Praxis umgesetzt wurden
2. (*qui met du temps à opérer*) langsam; *poison* schleichend, langsam wirkend

lente [lɑ̃t] *f* Nisse *f*

lentement [lɑ̃tmɑ̃] *adv* langsam
▸ **~, mais sûrement** langsam, aber sicher

lenteur [lɑ̃tœʀ] *f* 1. (*opp: vitesse*) Langsamkeit *f*; ***la ~ des travaux*** das schleppende Vorangehen der Arbeiten; ***elle se déplace avec ~*** sie geht langsam
2. *pl* (*atermoiements*) Umständlichkeit *f*, Schwerfälligkeit *f*; ***les ~s de l'administration*** der schwerfällige Verwaltungsapparat, der Amtsschimmel *fam*
◆ **lenteur d'esprit** Begriffsstutzigkeit *f*

lentille [lɑ̃tij] *f* 1. BOT, GASTR Linse *f*; ***plat de ~s*** Linsengericht *nt*
2. OPT Linse *f*; ***~ grossissante*** vergrößernde Linse, Vergrößerungslinse *f*; ***elle porte des ~s*** sie trägt Kontaktlinsen
▸ **~ concave/convexe** Konkav-/Konvexlinse *f*, Streu-/Sammellinse *f*; **~ convergente** Sammellinse *f*, Konvexlinse *f*; **~s cornéennes** Kontaktlinsen *pl*, Haftschalen *pl veraltend*; **~s dures/souples** harte/weiche (Kontakt)linsen *pl*
◆ **lentilles de contact** Kontaktlinsen *pl*

léopard [leɔpaʀ] *m* Leopard *m*; ***~ femelle*** Leopardenweibchen *nt*; ***manteau de ~*** Leopardenmantel *m*, Mantel *m* aus Leopardenfell

lépidoptères [lepidɔptɛʀ] *mpl* Schmetterlinge *pl*, Falter *pl*

lèpre [lɛpʀ] *f* 1. MED Lepra *f*, Aussatz *m veraltet*; ***atteint(e) de la ~*** an Lepra erkrankt, leprakrank
2. *littér* (*mal qui ronge*) Plage *f*, (um sich greifendes) Übel; ***mur rongé de ~*** abbröckelnde Mauer

lépreux, -euse [lepʀø, -øz] I. *adj* 1. MED leprakrank, aussätzig *veraltet*, leprös *spec*
2. *mur* heruntergekommen; *édifice a.* verwahrlost
II. *m, f* Leprakranke(r) *f(m)*, Aussätzige(r) *f(m) veraltet*
▸ **qn traite qn en** [*o* **comme un(e)**] **~(-euse)** jd behandelt jdn wie einen Aussätzigen/eine Aussätzige

lequel, laquelle <lesquels, lesquelles> [ləkɛl, lakɛl, lekɛl] I. *pron interrog* welche(r, s); ***regarde cette fille! – Laquelle?*** sieh nur dieses Mädchen! – Welches?; ***je ne sais lesquels prendre!*** ich weiß nicht, welche ich nehmen soll!; ***demandez à l'un de vos élèves, n'importe ~!*** fragen Sie einen Ihrer Schüler, ganz gleich welchen!; ■ **~ de** [*o* **parmi**] **plusieurs personnes/choses** wer von mehreren Menschen/welches von mehreren Dingen; ***laquelle d'entre vous s'appelle Marion?*** wer von euch heißt Marion?; ***lesquels parmi ces élèves passent l'examen d'entrée?*** wer von diesen Schülern macht die Aufnahmeprüfung?; ***avec ~ (des apprentis) t'entends-tu le mieux?*** mit welchem (der Lehrlinge) verstehst du dich am besten?; ***dans ~ de ces flacons y a-t-il/dois-je verser de l'alcool?*** in welchem dieser Fläschchen ist Alkohol/in welches dieser Fläschchen soll ich Alkohol schütten?; ***auxquels de ces messieurs devrai-je m'adresser?*** an welche dieser Herren soll ich mich wenden?; ***savez-vous desquelles il s'agit?*** wissen Sie, um welche es sich handelt?
II. *pron rel* 1. *compl* der/die/das, welche(r, s); ***la situation délicate dans laquelle nous nous trouvons*** die heikle Situation, in der [*o* welcher] wir uns befinden; ***la personne à laquelle je fais allusion*** die Person, auf die [*o* welche] ich anspiele; ***les grévistes, au nombre desquels il se trouve*** die Streikenden, zu denen [*o* welchen] er zählt; ***la liberté, au nom de laquelle on s'est tant battu*** die Freiheit, in deren Namen so oft gekämpft wurde
2. *sujet* der/die/das; JUR besagte(r, s); ***la concierge, laquelle ...*** die Hausmeisterin, die ...; ***une maison, laquelle ...*** ein Haus, das ...

les [le] *v.* **le**

lesbien, ne [lɛzbjɛ̃, jɛn] I. *adj* lesbisch
II. *f* ■ **lesbienne** Lesbierin *f*, Lesbe *f fam*

lèse-majesté [lɛzmaʒɛste] *f v.* **crime**

léser <5> [leze] *vt* ■ **qn est lésé(e)** jd ist/wird benachteiligt; */enfant a./* jd wird zurückgesetzt; JUR jd wird übervorteilt; ***partie lésée*** Geschädigte(r) *f(m)*, übervorteilte Partei; ■ **qn/qc lèse qn/qc** jd/etw benachteiligt jdn; *intérêts* jd/etw schadet einer S. (*dat*)

lésiner <1> [lezine] *vi* ■ **qn lésine (sur qc)** jd geizt (mit etw)

lésion [lezjɔ̃] *f* Verletzung *f*; ***~s internes*** innere Verletzungen *pl*

lessivable [lesivabl] *adj* abwaschbar

lessivage [lesivaʒ] *m* [*mur*] Abwaschen *nt*; [*sol*] Schrubben *nt*, Scheuern *nt*; ***cette maison aurait bien besoin d'un grand ~ des murs et des sols*** in diesem Haus müssten die Wände einmal ordentlich abgewaschen und die Böden geschrubbt [*o* gescheuert] werden

lessive [lesiv] *f* 1. (*détergent*) Waschmittel *nt*; ***de la ~ liquide/en poudre*** flüssiges Waschmittel/Waschpulver *nt*
2. (*lavage*) Wäsche *f*; ***le lundi est jour de ~ chez nous*** bei uns ist Montag Waschtag
3. ∅ (*linge*) Wäsche *f*
▸ **qn fait la ~** jd wäscht (Wäsche)

lessiver <1> [lesive] *vt* 1. (*nettoyer*) ■ **qn lessive qc** *pièce, sol* jd schrubbt [*o* scheuert] etw; *murs, papier peint* jd wäscht etw ab
2. *fam* (*être épuisé*) ■ **qn est lessivé(e)** jd ist total k. o. [*o* kaputt] *fam*

lest [lɛst] *m* Ballast *m*
▸ **qn jette** [*o* **lâche**] **du ~** jd wirft Ballast ab; (*fait des concessions*) jd macht Zugeständnisse; **sur (son) ~** *navire* unbeladen, unbefrachtet

lestage [lɛstaʒ] *m* Beladen *nt* mit Ballast

leste [lɛst] *adj* 1. (*vif*) behänd(e) *geh*, flink; ***un vieillard encore ~*** ein noch rüstiger Alter; ***d'un pas ~*** mit behänden Schritten *geh*
2. (*licencieux*) pikant, anzüglich, gewagt

lestement [lɛstəmɑ̃] *adv* behänd *geh*; ***elle a mené ~ cette affaire*** sie hat dieses Geschäft zügig abgewickelt

lester <1> [lɛste] I. *vt* 1. (*garnir de lest*) ■ **qn leste qc** jd belädt etw mit Ballast, jd beschwert etw; ■ **qc est lesté(e) (de qc)** etw ist (mit etw) beschwert
2. *fam* (*remplir*) ■ **qn leste qc (de qc)** jd stopft etw (mit etw) voll *fam*; ***ce n'est pas ça qui va ~ son portefeuille*** davon wird seine Brieftasche auch nicht dicker *fam*
II. *vpr fam* ■ **qn se leste** jd stopft sich voll *fam*; ***qn se leste l'estomac*** jd stopft sich (*dat*) den Bauch voll *fam*; ***elle avale en toute hâte un sandwich, histoire de se ~ l'estomac*** sie verdrückt schnell ein Sandwich, nur um etwas im Magen zu haben *fam*; ■ **qn est lesté(e)** jd ist voll *fam*

léthargie [letaʀʒi] *f* Lethargie *f*; ***on essaya de la sortir*** [*o* ***tirer***] ***de sa ~*** man versuchte, sie aus ihrer Lethargie zu reißen
▸ **qn tombe en ~** jd verfällt in Lethargie

léthargique [letaʀʒik] *adj* 1. (*engourdi*) lethargisch; ***cette chaleur me met dans un état ~*** diese Hitze macht mich ganz benommen [*o* lethargisch]; ***c'est un esprit ~*** er/sie ist lethargisch
2. MED lethargisch

letton, e [lɛtɔ̃, ɔn] I. *adj* lettisch
II. *m* (*langue*) Lettisch *nt*
III. *m, f* ■ **Letton(e)** Lette/Lettin *m/f*

Lettonie [lɛtɔni] *f* ■ **la Lettonie** Lettland *nt*

lettre [lɛtʀ] *f* 1. (*missive*) Brief *m*; ***elle a envoyé la ~ par avion*** sie hat den Brief per Luftpost geschickt; ***je dois mettre cette ~ à la poste*** ich muss diesen Brief aufgeben; ***elle a répondu à sa ~*** sie hat seinen/ihren Brief beantwortet; ***~ manuscrite/dactylographiée*** hand-/maschinengeschriebener [*o* getippter] Brief; ■ **~ de** -schreiben *nt*; *d'affaires, adieux* -brief *m*; ***~ d'invitation*** Einladungsschreiben; ***~ d'amour*** Liebesbrief; ***~ de démission*** Kündigungsschreiben *nt*; ***~ de menaces*** Drohbrief; ***~ d'injures*** Schmähbrief
2. (*signe graphique*) Buchstabe *m*; ***~ minuscule/majuscule*** kleiner/großer Buchstabe; ***~ initiale/finale*** Anfangs-/Endbuchstabe *m*; ***remplir en ~s capitales!*** in Großbuchstaben ausfüllen!; ***c'est en grosses ~s dans les journaux*** es steht ganz groß in den Zeitungen
3. *pl* UNIV (*opp: sciences*) Geisteswissenschaften *pl*; ***section de ~s classiques/modernes*** Fachbereich *m* für Alt-/Neuphilologie *f*; ***il enseigne à la faculté des ~s*** er unterrichtet an der philosophischen Fakultät; ***docteur ès ~s*** Doktor *m* der Philologie; ***professeur de ~s*** Lehrer(in) *m(f)* für Philologie
4. ∅ (*le sens strict*) ■ **la ~ de qc** der (genaue) Wortlaut einer S. (*gen*); *d'un terme* der engere Sinn einer S. (*gen*); ***si l'on s'en tient à la ~ du règlement*** wenn man sich an den genauen Wortlaut der Bestimmungen hält, wenn man die Bestimmungen wortwörtlich nimmt
▸ **qc est à écrire/est écrit(e) en ~s d'or** etw sollte mit goldenen Lettern geschrieben werden/etw steht mit goldenen Lettern geschrieben; **qc passe comme une ~ à la poste** *fam* etw geht reibungslos [*o* glatt] über die Bühne; */réforme, proposition, excuse/* etw wird ohne weiteres angenommen [*o* akzeptiert]; ***à la douane, on est passé comme une ~ à la poste*** wir sind reibungslos [*o* anstandslos] durch den Zoll gekommen; **~ anonyme** anonymer Brief; **cinq ~s** *euph* Scheibenhonig *m fam*, Scheibenkleister *m fam*; **~s clas-**

siques: *il fait des études de ~s classiques* er studiert [französische] Literatur und Altphilologie; ~ **exprès** Eilbrief *m;* **qc reste ~ morte** etw bleibt unbeachtet; ~ **ouverte** offener Brief; ~ **piégée** Briefbombe *f;* ~ **recommandée** [**avec avis de réception**] Einschreibebrief *m* [mit Rückschein]; **en toutes ~s** (*opp: en chiffres*) in Worten; (*sans abréviation*) ausgeschrieben; (*écrit noir sur blanc*) schwarz auf weiß; (*sans doute possible*) klar und deutlich; ***écrivez les mots en toutes ~s!*** schreiben Sie die Wörter aus!; ***c'est écrit en toutes ~s sur sa figure qu'il ment*** es steht ihm im Gesicht geschrieben, dass er lügt; **qn a des ~s** *iron* jd ist gebildet; **qn prend qc à la ~** jd nimmt etw [wort]wörtlich; **à la ~** (*rigoureusement*) aufs Wort [genau]; **avant la ~** vorzeitig, frühzeitig; **par ~** brieflich
◆ **lettre de cachet** königlicher Haftbefehl; **lettre de change** Wechsel *m;* **lettre de crédit** Kreditbrief *m;* **lettre de noblesse**: ***qn obtient*** [*o* ***acquiert***] ***ses ~s de noblesse*** jd macht sich (*dat*) einen Namen; ***ce sport nouveau n'a eu aucun mal à obtenir ses ~s de noblesse*** diese neue Sportart hat mühelos Beliebtheit erlangt; ***qn perd ses ~s de noblesse*** jd büßt seinen [guten] Ruf ein; **lettre de recommandation** Empfehlungsschreiben *nt,* Empfehlungsbrief *m;* **lettre de voiture** Frachtbrief *m;* **lettres de créance** Beglaubigungsschreiben *pl*
lettré, e [letʀe] *adj* **1.** (*cultivé*) gebildet
2. BELG (*qui sait lire et écrire*): ***je suis ~*** ich kann lesen und schreiben
leu [lø] *v.* **queue**
leucémie [løsemi] *f* Leukämie *f*
leucémique [løsemik] **I.** *adj* leukämisch; ***elles sont ~s*** sie leiden an Leukämie
II. *mf* Leukämiekranke(r) *f(m);* ***c'est un(e) ~*** er/sie ist an Leukämie erkrankt, er/sie leidet an Leukämie
leucocyte [løkɔsit] *m* weißes Blutkörperchen, Leukozyt *m*
leur¹ [lœʀ] *pron pers, inv* ihnen (*dat*), sie (*akk*); ***je le ~ ai dit*** ich habe es ihnen gesagt; ***il ~ est difficile de venir*** sie können nur schwer kommen; ***et les cadeaux? – Je les ~ ai déjà donnés*** und die Geschenke – Ich habe sie ihnen bereits gegeben; ***je ~ ai téléphoné*** ich habe sie angerufen
leur² <leurs> [lœʀ] **I.** *adj poss, au sing* ihr(e); *au pl* ihre; ***les enfants ont fêté l'anniversaire de ~ père/mère*** die Kinder haben den Geburtstag ihres Vaters/ihrer Mutter gefeiert; ***ils sont trop tolérants pour ~ aîné*** sie lassen ihrem Ältesten zu viel durchgehen; ***les arbres perdent ~s feuilles*** die Bäume verlieren ihre Blätter; ***les passagers sont priés de présenter ~[s] passeport[s]*** die Reisenden werden gebeten, ihre Pässe [*o* ihren Pass] vorzuzeigen; ***ils ont échangé ~s cartes de visite*** sie haben ihre Visitenkarten ausgetauscht; ***à ~ avis*** ihrer Meinung nach; ***à ~ approche*** bei ihrem Näherkommen; ***je dois dire à ~ bénéfice/détriment ...*** zu ihren Gunsten/ihrem Nachteil muss ich sagen, ...
II. *pron poss* ■ **le/la ~** ihre(r, s), der/die/das ihre [*o* ihrige *geh*]; ■ **les ~s** ihre, die ihren [*o* ihrigen *geh*]; ***nous avons aussi un oncle, mais le ~ est plus sympa*** wir haben auch einen Onkel, aber der ihre [*o* aber ihrer] ist netter; ***notre enfant et le ~*** unser Kind und das ihre [*o* und ihr[e]s]
III. *m* **1.** *pl* (*les proches*) ■ **les ~s** die Ihren; ***vous n'êtes pas des ~s*** Sie sind keiner der Ihren
2. (*partisans, disciples*): ***eux et les ~s*** sie und ihre Anhänger
leurre [lœʀ] *m* **1.** (*artifice*) Trick *m,* Täuschungsmanöver *nt,* Gaukelspiel *nt geh*
2. PECHE künstlicher Köder; CHASSE Federspiel *nt;* MIL Attrappe *f*
leurrer <1> [lœʀe] **I.** *vt* ■ **qn leurre qn** jd täuscht jdn; ■ **qn se laisse ~ [par qc]** jd lässt sich [durch etw] täuschen
II. *vpr* ■ **qn se leurre [sur qc]** jd macht sich (*dat*) [über etw (*akk*)] Illusionen, jd macht sich (*dat*) etwas vor; ***ne nous leurrons pas*** machen wir uns nichts vor, geben wir uns keinen Illusionen hin; ***ne nous leurrons pas de vaines espérances*** geben wir uns keinen falschen Hoffnungen hin
levage [ləvaʒ] *m* **1.** GASTR [*pâte*] Gehen *nt*
2. (*action de soulever*) Hub *m,* [An]heben *nt*
levain [ləvɛ̃] *m* (*pour pain*) Sauerteig *m;* (*pour gâteau*) Vorteig *m;* ***pain au ~/sans ~*** Sauerteigbrot/ungesäuertes Brot
▸ **le ~ de la discorde** der Keim der Zwietracht
levant [ləvɑ̃] **I.** *adj v.* **soleil**
II. *m* (*est*) Morgen *m veraltet,* Osten *m;* ***la terrasse est exposée au ~*** die Terrasse liegt gegen [*o* gen] Morgen *veraltet* [*o* geht nach Osten]
levée [l(ə)ve] *f* **1.** POST Leerung *f;* ***heures de ~*** Leerungszeiten *pl*
2. [*interdiction, blocus, siège, séance*] Aufhebung *f*
3. MIL [*troupes*] Aushebung *f veraltet;* [*recrues*] Einberufung *f*
◆ **levée de boucliers** allgemeiner Aufstand; **levée d'écrou** Haftentlassung *f;* **levée de jugement** Urteilsabschrift *f;* **levée des scellés** Entsiegelung *f;* **levée de terre** Erdwall *m,* Erddamm *m;* **levée du corps** Aussegnung *f* des/der Toten
lève-glace <~-~s> [lɛvglas] *m* Fensterheber *m*
lever <4> [l(ə)ve] **I.** *vt* **1.** (*soulever*) ■ **qn lève qc** jd hebt etw [hoch]; *vitre* (*d'une auto*) jd kurbelt etw hoch; (*dans un train*) jd schiebt etw hoch; *store* jd zieht etw hoch; *rideau* (*au théâtre*) jd zieht etw hoch [*o* auf]; *jambe* jd hebt etw; *bras* (*pour prendre qc*) jd streckt etw in die Höhe; (*pour saluer*) jd hebt etw zum Gruß; *tête, visage* jd hebt etw; ***ils défilent en levant le bras*** sie marschieren mit zum Gruß gestrecktem Arm vorbei; ***qn lève la main*** (*pour voter, pour prêter serment*) jd hebt die Hand; (*pour prendre la parole*) jd meldet sich; ***il lève le récipient vers la lumière*** er hält das Gefäß gegen das Licht; ***un soldat leva le drapeau blanc*** ein Soldat hielt die weiße Fahne in die Höhe; ***elle ne lève pas la tête*** [*o* ***le nez***] ***de son livre*** sie sieht [*o* blickt] nicht von ihrem Buch auf; ***un passant lève le nez*** ein Passant blickt auf; ***elle n'ose même pas ~ les yeux*** sie wagt es nicht einmal aufzublicken; ***qn lève un regard implorant vers qn*** jd blickt flehend zu jdm auf
2. (*sortir du lit*) ■ **qn lève qn** *enfant* jd holt jdn aus dem Bett; *malade* jd hilft jdm beim Aufstehen; ■ **qn fait ~ qn** jd bringt jdn zum Aufstehen, jd holt jdn aus dem Bett
3. (*suspendre*) ■ **qn/qc lève qc** jd/etw hebt etw auf; *séance a.* jd schließt etw; *hypothèque* jd/etw tilgt etw; ■ **qc est levé(e)** */audience, séance/* etw ist geschlossen; PSYCH */résistances/* etw wird beseitigt
4. (*écarter*) ■ **qn/qc lève qc** jd/etw beseitigt etw, jd/etw räumt etw aus dem Weg; *doute* jd/etw zerstreut etw
5. FIN, FISC ■ **qn lève qc** *fonds, capitaux* jd bringt etw auf; *impôt* jd erhebt etw
6. MIL ■ **qn lève qn/qc** *armée, troupes* jd stellt jdn/etw auf; *recrues* jd zieht [*o* beruft] jdn ein
7. CHASSE ■ **qn lève un animal** (*avec un bruit*) jd scheucht ein Tier auf; (*avec un leurre*) jd lockt ein Tier an
8. *fam* (*draguer*) ■ **qn lève qn** jd reißt jdn auf *sl*
9. (*établir*) ■ **qn lève qc** *plan, carte* jd erstellt etw
10. CARTES: ***qn lève un/le pli*** jd macht einen/den Stich
II. *vpr* **1.** (*se mettre debout*) ■ **qn se lève [de qc]** jd steht [von etw] auf, jd erhebt sich [von etw]; ***qn se lève de table*** jd steht vom Tisch auf
2. (*sortir du lit*) ■ **qn se lève** jd steht auf; ■ **qn est levé(e)** jd ist auf[gestanden]; ***sitôt*** [*o* ***à peine***] ***levé, il ...*** kaum auf den Beinen, ... er; gleich nach dem Aufstehen ... er
3. (*commencer à paraître*) ■ **qc se lève** */lune, soleil/* etw geht auf; */jour, aube/* etw bricht an
4. (*se soulever*) ■ **qc se lève** */rideau/* etw geht auf, etw hebt sich; */main/* etw geht in die Höhe
5. (*commencer à s'agiter*) ■ **qc se lève** */mer/* etw wird unruhig; */vent/* etw kommt auf; */orage/* etw zieht auf
6. (*devenir meilleur*) ■ **qc se lève** */temps/* etw klart auf; */brouillard, brume/* etw lichtet sich
III. *vi* **1.** (*gonfler*) ■ **qc lève** */pâte/* etw geht; ■ **qc fait ~ qc** *pâte* etw lässt etw aufgehen; ■ **qn laisse** [*o* **fait**] **~ qc** jd lässt etw gehen
2. (*pousser*) ■ **qc lève** etw sprießt, etw keimt auf; */semence, culture, récolte/* etw geht auf
IV. *m* [*personne*] Aufstehen *nt;* HIST [*roi, duc*] Lever *nt,* Morgenaudienz *f;* ***au ~ du soleil*** bei Sonnenaufgang
◆ **lever du jour** Tagesanbruch *m;* **lever du** [*o* **de**] **rideau** Anfang *m;* ***avant le ~ du rideau*** bevor der Vorhang aufgeht
lève-tard [lɛvtaʀ] *mf inv* Langschläfer(in) *m(f),* Spätaufsteher(in) *m(f)* **lève-tôt** [lɛvto] *mf inv* Frühaufsteher(in) *m(f)* **lève-vitre** <~-~s> [lɛvvitʀ] *m* Fensterheber *m*
levier [ləvje] *m* **1.** (*pour soulever*) Hebel *m*
2. (*tige de commande*) Hebel *m*
3. (*stimulant*) Stimulus *m,* Triebfeder *f*
▸ **qn fait ~ sur qc** jd setzt unter etw (*dat*) den Hebel an; ***à l'aide d'une barre de fer, il fit ~ sur le rocher*** er setzte eine Brechstange unter dem Felsbrocken als Hebel an
◆ **levier de [changement de] vitesse** Schalthebel *m;* **levier de commande** Schalthebel *m* ▸ **qn est aux ~s de commande** *fig* jd hat das Steuer in der Hand, jd sitzt an den Schalthebeln; **levier de frein** Handbremshebel *f*
lévitation [levitasjɔ̃] *f* Levitation *f*
levraut [ləvʀo] *m* Junge(s) *nt* einer Häsin; ***la hase et ses ~s*** die Feldhäsin und ihre Jungen
lèvre [lɛvʀ] *f* **1.** [*bouche*] Lippe *f*
2. [*vulve*] Schamlippe *f*
3. MED [*plaie*] Rand *m*
▸ **grandes/petites ~s** äußere/innere [*o* große/kleine] Schamlippen; ~ **inférieure/supérieure** [*bouche*] Unter-/Oberlippe *f;* **qn a qc sur les** [*o* **au bord des**] **~s** jdm liegt etw auf der Zunge; **qc lui brûle les ~s** etw brennt jdm auf der Zunge; **qn ne desserre pas les ~s** jd macht den Mund nicht auf *fam;* **qc est sur toutes les ~s** etw ist in aller Munde; **qn pince les ~s** jd kneift die Lippen zusammen; **qn est suspendu(e) aux ~s de qn** jd hängt an jds Lippen (*dat*); **aux ~s**: ***la cigarette aux ~s*** die Zigarette im Mund; ***les premiers mots qui lui viennent aux ~s*** die ersten Worte, die über seine/ihre Lippen kommen
levure [l(ə)vyʀ] *f* **1.** ∅ GASTR Hefe *f,* Germ *f* AUS
2. CHIM Hefe *f;* ***les ~s sont des champignons*** die Hefen sind Pilze
▸ ~ **alsacienne** [*o* **chimique**] Backpulver *nt*
◆ **levure de bière** Bierhefe *f;* **levure de boulanger** [frische] Hefe
lexème [lɛksɛm] *m* Lexem *nt*
lexical, e <-aux> [lɛksikal, o] *adj* lexikalisch
lexicographie [lɛksikɔgʀafi] *f* Lexikographie *f*
lexicologie [lɛksikɔlɔʒi] *f* Lexikologie *f*
lexique [lɛksik] *m* **1.** (*dictionnaire bilingue*) Wörterbuch *nt;* (*dictionnaire technique, spécialisé a.*) Lexikon *nt;* (*en fin d'ouvrage*) Glossar *nt*
2. (*vocabulaire*) Wortschatz *m,* Lexik *f spec;* (*d'un texte, d'un auteur*) Wortschatz
Leyde [lɛjd] Leyden *nt*
lézard [lezaʀ] *m* **1.** ZOOL Eidechse *f;* ***un ~ femelle*** ein Eidechsenweibchen *nt*
2. (*peau*) Eidechs[en]leder *nt;* ***sac à main/chaussures en ~*** Handtasche *f*/Schuhe *pl* aus Eidechsleder
▸ **[il n'y a pas de ~** *fam* kein Problem *fam*
lézarde [lezaʀd] *f* Riss *m*
lézarder¹ <1> [lezaʀde] *vi fam* ■ **qn lézarde** jd sonnt sich, jd aalt sich in der Sonne *fam*
lézarder² <1> [lezaʀde] **I.** *vt* ■ **qc lézarde qc** *mur, façade* etw macht etw rissig; ■ **qc est lézardé(e)** etw ist rissig
II. *vpr* ■ **qc se lézarde** */mur, façade/* etw wird rissig, etw bekommt Risse
liaison [ljɛzɔ̃] *f* **1.** TELEC, MIL, TRANSP Verbindung *f;* ***nous sommes en ~ di-***

recte avec M. wir sind direkt mit M. verbunden; ***a-t-on pu établir/rétablir la ~?*** konnte man die Verbindung herstellen/wieder herstellen?; ***~ aérienne/routière/ferroviaire/maritime*** Luft-/Straßen-/Zug-/Schiffsverbindung
2. (*enchaînement*) Zusammenhang *m;* ***il n'y a aucune ~ entre les deux événements*** die beiden Ereignisse sind in keiner Weise miteinander verknüpft [*o* stehen in keinerlei Zusammenhang]; ***elle établit la ~ entre les deux crimes*** sie brachte die beiden Straftaten miteinander in Verbindung; ***cette remarque, apparemment sans ~ avec le reste ...*** diese anscheinend in keinem Zusammenhang mit dem Rest stehende Bemerkung ...
3. PHON Liaison *f*
4. (*relation amoureuse*) Verhältnis *nt,* Liaison *f geh*
5. GASTR Binden *nt;* ***faites une ~ à l'œuf*** mit einem Ei binden; ***la ~ de la sauce peut se faire avec de la farine ou de la maïzena*** die Soße kann mit Mehl oder Stärke gebunden werden
6. MUS [Binde]bogen *m;* (*entre notes de même degré*) [Halte]bogen *m*
► ~ **radio** Funkverbindung *f;* ~ **téléphonique** Telefonverbindung *f;* **qn a/rompt une ~ [avec qn]** jd hat/beendet ein Verhältnis [mit jdm]; **qn fait la ~** PHON jd macht die Liaison; **en ~ avec qn** in Verbindung mit jdm; ***elle l'a mis en ~ avec d'autres chercheurs*** sie hat ihn mit anderen Forschern in Verbindung gesetzt; ***restons en ~!*** lassen Sie uns in Verbindung bleiben!; ***ils travaillent en ~ étroite avec leurs partenaires*** sie arbeiten eng mit ihren Partnern zusammen; ***il a agi en ~ avec la police*** er hat im Einvernehmen mit der Polizei gehandelt; ***pouvez-vous entrer en ~ avec Tokyo?*** können Sie mit Tokio Verbindung aufnehmen?; ***vous êtes en ~ avec Tokyo/votre correspondant, parlez!*** Sie sind mit Tokio/Ihrem Gesprächspartner verbunden, sprechen Sie bitte!; ***ils se sont constamment tenus en ~ avec le quartier général*** sie sind stets mit dem Hauptquartier in Verbindung [*o* Kontakt] geblieben
◆ **liaison de données** Datenübermittlung *f,* Datenverbindung *f*

liane [ljan] *f* Liane *f*

liant, e [ljɑ̃, ljɑ̃t] **I.** *adj* umgänglich; *personne a.* gesellig, kontaktfreudig; ***qn a l'esprit ~*** jd ist kontaktfreudig
II. *m* **1.** [*métal*] Geschmeidigkeit *f,* Biegsamkeit *f,* Elastizität *f*
2. (*substance*) [*vernis, peinture*] Bindemittel *nt;* CONSTR Bindemittel; ***~ hydraulique*** hydraulisches Bindemittel

liasse [ljas] *f* [*documents*] Stoß *m;* [*billets*] Bündel *nt;* ***en ~ de 25/100/1000*** in Bündeln zu je 25/100/1000; ***mettez ces factures en ~ de 100*** bündeln Sie diese Rechnungen zu je 100

Liban [libɑ̃] *m* ■ **le Liban** der Libanon

libanais, e [libanɛ, ɛz] **I.** *adj* libanesisch
II. *m* (*langue*) Libanesisch *nt*
III. *m, f* ■ **Libanais(e)** Libanese/Libanesin *m/f*

libations [libasjɔ̃] *fpl* **1.** ANTIK Trankopfer *nt*
2. (*beuverie*) Trinkgelage *nt*

libellé [libele] *m* Wortlaut *m;* ***l'avocat lit le ~ de l'acte d'accusation*** der Anwalt verliest die Anklageschrift

libeller <1> [libele] *vt* **1.** (*remplir*) ■ **qn libelle qc** *chèque, mandat* jd stellt [*o* schreibt] etw aus
2. (*formuler*) ■ **qc est libellé(e)** etw ist formuliert [*o* abgefasst]; ■ **qn libelle qc** jd formuliert etw, jd fasst etw ab
3. (*rédiger dans les formes*) ■ **qc est libellé(e)** /*contrat*/ etw ist aufgesetzt; ■ **qn libelle qc** jd setzt etw auf

libellule [libelyl] *f* Libelle *f*

libéral, e <-aux> [libeʀal, o] **I.** *adj* **1.** liberal; *démocratie* frei; ***économie ~e*** freie Marktwirtschaft
2. (*non salarié*) *activité* freiberuflich; ***professions ~es*** selbständige Berufe
3. (*permissif*) *personne, parent* freizügig, tolerant; *éducation* frei
4. *vieilli* (*généreux*) *personne* freizügig, großzügig
II. *m, f* POL Liberale(r) *f(m)*

libéralisation [libeʀalizasjɔ̃] *f* Liberalisierung *f*

libéraliser <1> [libeʀalize] *vt* ■ **qn libéralise qc** jd liberalisiert etw

libéralisme [libeʀalism] *m* **1.** ECON, POL Liberalismus *m*
2. (*tolérance*) [*personne*] Liberalität *f;* [*règlement*] Großzügigkeit *f*

libéralité [libeʀalite] *f littér* **1.** ∅ (*générosité*) Großzügigkeit *f,* Freigebigkeit *f*
2. *pl* (*dons*) Zuwendungen *pl*

libérateur, -trice [libeʀatœʀ, -tʀis] **I.** *adj* befreiend
II. *m, f* Befreier(in) *m(f)*

libération [libeʀasjɔ̃] *f* **1.** [*prisonnier*] [Haft]entlassung *f;* ***~ de prisonniers politiques*** Freilassung *f* politischer Gefangener
2. [*personne, esclave, peuple, pays*] Befreiung *f*
3. HIST ■ **la L~** die Befreiung (*Frankreichs von deutscher Besatzung*)
► ~ **conditionnelle** bedingte Haftentlassung, bedingter Straferlass
◆ **libération de la femme** Befreiung *f* [*o* Emanzipation *f*] der Frau; **libération des prix** Freigabe *f* der Preise

libératoire [libeʀatwaʀ] *adj paiement* schuldentilgend; ***prélèvement ~*** pauschaler Steuerabzug [*o* pauschale Abschöpfung] an der Quelle

libéré, e [libeʀe] *adj* (*émancipé*) emanzipiert

libérer <5> [libeʀe] **I.** *vt* **1.** (*relâcher*) ■ **qn libère qn** *prisonnier* (*arbitrairement détenu*) jd lässt jdn frei, jd setzt jdn auf freien Fuß; (*régulièrement condamné*) jd entlässt jdn [aus der Haft]; ■ **qn est libéré(e)** jd wird freigelassen; jd wird [aus der Haft] entlassen
2. (*délivrer*) ■ **qn libère qn/qc [de qn/qc]** *pays, peuple* jd befreit jdn/etw [von jdm/etw]; ■ **qn libère qn de qc** jd befreit jdn von etw
3. (*décharger*) ■ **qn/qc libère qn de qc** jd/etw befreit jdn von etw; *d'une obligation, d'un engagement* jd/etw entlässt jdn aus etw; *d'une promesse* jd/etw entbindet jdn von etw; ***ce dernier versement l'a libéré de sa dette*** diese letzte Zahlung hat seine Schulden getilgt; ***tu me libérerais d'une grande charge*** du würdest mir eine große Last abnehmen; ***êtes-vous libéré de vos obligations militaires?*** sind Sie vom Wehrdienst befreit?
4. (*dégager*) ■ **qn libère qc** *voie, passage* jd macht etw frei; *chambre* jd räumt etw; *levier* jd löst etw; ***il avait libéré le cran de sûreté de l'arme*** er hatte die Waffe entsichert
5. (*rendre sa liberté à*) ■ **qn libère qn** jd lässt jdn gehen; ***le terroriste a accepté de ~ les otages*** der Terrorist hat eingewilligt die Geiseln freizugeben
6. (*laisser libre*) ■ **qn libère qc** *lieu* jd räumt etw; ***cela me libérerait un peu de temps*** dadurch hätte ich etwas mehr Zeit
7. (*déclencher*) ■ **qc libère qc** *émotion* etw löst etw aus; *instinct* etw ruft etw wach
8. (*soulager*) ■ **qn libère qc** *cœur* jd schüttet etw aus; *conscience* jd erleichtert etw
9. MIL, SCOL ■ **qn libère qn** *soldat, classe, contingent* jd entlässt jdn
10. ECON ■ **qn libère qc** *échanges* jd liberalisiert etw; *prix* jd gibt etw frei
11. PHYS ■ **qc libère qc** etw setzt etw frei; *énergie a.* etw gibt etw ab
II. *vpr* **1.** (*se dégager, se délivrer*) ■ **qn se libère [de qc]** jd befreit sich [von etw]; ***libérez-vous de vos angoisses*** machen Sie sich von Ihren Ängsten frei; ***je n'arrive plus à me ~ de mes soucis*** ich schaffe es nicht mehr, meine Sorgen abzuschütteln
2. (*s'acquitter*) ■ **qn se libère de qc** jd entledigt sich einer S. (*gen*); *d'une dette a.* jd gilt etw ab
3. (*se rendre libre*) ■ **qn se libère** jd macht sich frei
4. (*devenir vacant*) ■ **qc se libère** /*poste, place*/ etw wird frei

libériste [libeʀist] *mf* Drachenflieger(in) *m(f)*

libéro [libeʀo] *m* Libero *m*

liberté [libɛʀte] *f* **1.** ∅ (*opp: oppression, emprisonnement*) Freiheit *f;* ***la privation de la ~*** der Freiheitsentzug; ***qn rend la ~ à un prisonnier/esclave*** jd lässt einen Gefangenen/Sklaven frei
2. ∅ (*indépendance*) Freiheit *f,* Unabhängigkeit *f;* ***désir [o soif] de ~*** Freiheitsdrang *m*
3. ∅ (*loisir*) freie Zeit; ***quelques heures/jours de ~*** einige freie Stunden/Tage
4. (*droit*) Freiheit *f;* ***~ d'association/de réunion/de pensée [o d'opinion]*** Vereins-/Versammlungs-/Meinungsfreiheit *f*
5. ∅ (*absence de contrainte*) Ungezwungenheit *f;* ***elle s'exprima avec une grande ~*** sie sprach ganz zwanglos; ***il lui a laissé toute ~ de choix*** er hat ihm/ihr völlig freie Wahl gelassen; ***~ d'esprit/de jugement*** geistige Unabhängigkeit/freie Urteilsbildung; ***~ de langage*** ungezwungene Ausdrucksweise; ***~ de mœurs/d'action*** Sitten-/Handlungsfreiheit *f;* ***chacun a sa ~ de jugement*** jeder kann selbst urteilen [*o* sich (*dat*) selbst ein Urteil bilden]
6. ∅ (*aisance*): ***~ de mouvements*** Bewegungsfreiheit *f*
► ~ **sous caution** Freilassung *f* gegen [eine] Kaution [*o* Sicherheitsleistung]; **L~, Égalité, Fraternité** Freiheit, Gleichheit, Brüderlichkeit; **[qn est] en ~ provisoire** [jd ist] gegen Kaution freigelassen; **[qn est] en ~ surveillée** [jd ist] auf Bewährung frei[gelassen]; **~s syndicales** gewerkschaftliche Rechte *pl;* **qn a toute ~ pour faire qc** (*a tout pouvoir*) jd ist bevollmächtigt etw zu tun; ***son patron lui laisse toute ~*** sein/ihr Vorgesetzter lässt ihm/ihr völlige Handlungsfreiheit [*o* völlig freie Hand]; **en toute ~** (*sans contrainte*) völlig frei; ***j'ai fait ce choix en toute ~*** ich habe diese Wahl völlig frei getroffen; ***vous pouvez parler en toute ~*** Sie können völlig frei [*o* offen] sprechen; **qn prend la ~ de faire qc** jd erlaubt sich (*dat*), etw zu tun; jd nimmt sich (*dat*) die Freiheit, etw zu tun; **qn prend des ~s avec qn** (*est trop familier*) jd nimmt sich (*dat*) jdm gegenüber Freiheiten heraus; (*sexuellement*) jd wird [jdm gegenüber] zudringlich; **qn prend des ~s/ne prend pas la moindre ~ avec qc** jd geht mit etw frei um/jd hält sich ganz genau an etw (*akk*); **qn reprend sa ~** (*quitte son conjoint*) jd trennt sich von seinem Partner; (*rompt un engagement*) jd macht einen Rückzieher *fam;* **en ~** (*opp: en captivité*) in Freiheit; (*opp: en prison*) auf freiem Fuß; ***on les a remis en ~*** man hat sie wieder freigelassen [*o* auf freien Fuß gesetzt]; ***on a remis les animaux en ~*** man hat die Tiere wieder freigelassen; ***mise en ~ d'un prisonnier politique*** Freilassung *f* eines politischen Gefangenen
◆ **liberté de conscience** Glaubensfreiheit *f;* **liberté de la presse** Pressefreiheit *f;* **liberté de mouvement** JUR Freizügigkeit *f;* (*marge de manœuvre*) Handlungsfreiheit *f;* **liberté d'expression** Meinungsfreiheit *f;* **liberté du culte** Konfessionsfreiheit *f,* Religionsfreiheit *f*

libertin, e [libɛʀtɛ̃, in] **I.** *adj* **1.** (*dissolu*) *personne* ausschweifend, lose; *mœurs* lose, locker
2. (*grivois*) *œuvre, roman* frivol, anstößig *pej; propos* anzüglich, schlüpfrig; ***il adopte volontiers une attitude ~e*** er gibt sich gern frivol
II. *m, f* Libertin *m geh;* ***cette femme est une ~e*** diese Frau ist frivol

libertinage [libɛʀtinaʒ] *m* [*personne*] ausschweifender [*o* unsolider] Lebenswandel, Zügellosigkeit *f;* [*œuvre*] Frivolität *f*

libidineux, -euse [libidinø, -øz] *adj littér* lüstern, geil

libido [libido] *f* Libido *f*

libraire [libʀɛʀ] *mf* Buchhändler(in) *m(f)*

librairie [libʀeʀi] *f* Buchhandlung *f*
► **en ~** im Buchhandel; ***on ne trouve plus ce livre en ~*** dieses Buch ist vergriffen [*o* nicht mehr im Handel]; ***nouveautés parues en ~*** Neuerscheinungen *pl* auf dem Büchermarkt
◆ **librairie d'art** Kunstbuchhandlung *f*

librairie-papeterie <~s-~s> [libʀeʀipapɛtʀi] *f* Buch- und Schreibwarenhandlung *f*

libre [libʀ] *adj* **1.** *personne, état, presse, expression, élection* frei; ■ **qn est ~** jd ist frei; /*prisonnier a.*/ jd ist auf freiem Fuß
2. (*opp: contraint*) ■ **qn est ~ de qc/de faire qc** jdm steht etw frei/es steht jdm frei, etw zu tun; ***elle est ~ de ses choix*** sie kann frei wählen, ihr steht die Wahl frei; ***vous êtes parfaitement ~ de refuser*** es steht Ihnen vollkommen frei abzulehnen, Sie können jederzeit ablehnen

3. (*opp: occupé*) frei; *toilettes a.* nicht besetzt; ***je n'ai qu'une seule main*** ~ ich habe nur eine Hand frei; ***cette place est-elle*** ~? ist dieser Platz noch frei?
4. (*disponible*) ■ **qn est** ~ jd ist frei; ***qn se rend*** ~ jd nimmt sich (*dat*) Zeit; ***il tâchera de se rendre*** ~ ***dans la matinée*** er wird versuchen sich (*dat*) den Vormittag freizuhalten; ***qn n'est pas*** ~ jd hat keine Zeit
5. (*sans contrainte*) frei; *manières* ungezwungen; *propos, mœurs* locker; *discussion* offen; ***il est*** ~ ***comme l'air*** er ist frei wie der Vogel in der Luft; ***il se sentait très*** ~ ***avec elle*** er fühlte sich ihr gegenüber frei und ungezwungen
6. (*opp: marié*) *personne* frei, ungebunden; ***il est jeune et son cœur est*** ~ er ist jung und er hat sein Herz noch nicht verschenkt
7. (*opp: fidèle*) *interprétation, adaptation, traduction* frei
8. (*opp: entravé*) *cheveux* offen; ***cette mode laisse le corps de la femme plus*** ~ diese Mode engt den weiblichen Körper weniger ein; ***une robe qui laisse la taille/le cou*** ~ ein Kleid, das nicht eng an der Taille/am Hals anliegt; ***sa respiration est plus*** ~ er/sie atmet freier
9. TECH *mécanisme* ausgerückt; ***pignon/engrenage*** ~ Ritzel/Zahnradgetriebe, das frei durchdreht
10. (*opp: confus*) *esprit, tête* klar; ***il faudrait avoir l'esprit plus*** ~ ***pour faire ça*** dazu braucht man einen klaren Kopf
11. (*autorisé*) *entrée, accès* frei; ***parking*** ~ ***pour notre clientèle*** kostenloser Kundenparkplatz; ~ ***accès à la mer*** freier Zugang zum Meer
12. (*opp: imposé*) frei; SCOL, UNIV wahlfrei; ***le sujet de la dissertation est*** ~ das Aufsatzthema kann frei gewählt werden; ***exercices*** ~***s*** SPORT Kür[übungen *pl*] *f*; ***figures*** ~***s*** Kür *f*
13. COM *commerce* frei; *prix* ungebunden
▸ [**qn est**] ~ **de tout(e) ...** [jd ist] ohne ..., jd hat keinerlei ...; ***il est*** ~ ***de tout préjugé*** er hat keinerlei Vorurteile; ***je suis*** ~ ***de tout engagement*** ich habe keinerlei Verpflichtungen; **qn a qn/qc de** ~ jd hat jdn/etw frei; ***non, je n'ai personne de*** ~ ***actuellement*** nein, im Augenblick ist niemand frei; ***j'ai un seul jour de*** ~ ***dans la semaine*** ich habe einen einzigen Tag pro Woche frei [*o* freien Tag pro Woche]; ***si vous avez quelques heures de*** ~***s*** sollten Sie ein paar Stunden zur Verfügung haben; **il y a qn/qc de** ~ es ist jd/etw frei; ***il n'y a plus une seule cabine/un seul mécanicien de*** ~ es ist keine einzige Kabine/kein einziger Mechaniker mehr frei; [**il est**] ~ **à qn de faire qc** es steht jdm frei, etw zu tun

libre-échange <~s-~s> [libʀeʃɑ̃ʒ] *m* Freihandel *m*, freier Handel, freier Markt; ***zone de*** ~-~ Freihandelszone *f*

librement [libʀəmɑ̃] *adv* 1. (*sans pression*) frei
2. (*sans contrainte*) frei; ***elle s'exprimait*** ~ sie sprach frei und ungezwungen; ***avec lui, on peut parler*** ~ mit ihm kann man [ganz] offen reden
3. (*sans entrave*) frei; ***il respire déjà plus*** ~ er atmet bereits freier
4. (*sans suivre à la lettre*) frei; ***elle traduit très*** ~ sie übersetzt sehr frei
5. (*sans interdiction légale*) frei

libre-penseur, -euse <~s-~s> [libʀəpɑ̃sœʀ, øz] *m* Freidenker(in) *m(f)*, Freigeist *m*

libre-service <~s-~s> [libʀəsɛʀvis] *m* 1. (*magasin*) Selbstbedienungsgeschäft *nt*, Selbstbedienungsladen *m* 2. (*restaurant*) Selbstbedienungsrestaurant *nt*, SB-Restaurant *nt* 3. ∅ (*système de vente*) Selbstbedienung *f*

librettiste [libʀetist] *mf* Librettist(in) *m(f)*

Libye [libi] *f* ■ **la Libye** Libyen *nt*

lice [lis] *loc* ▸ **qn entre en** ~ jd tritt in Aktion

licence [lisɑ̃s] *f* 1. UNIV Licence *f* (*akademischer Grad nach mindestens dreijährigem Studium*); ■ ~ **de qc** Licence *f* in etw (*dat*); ***il fait une*** ~ ***d'allemand*** er macht eine Licence in Deutsch
2. COM, JUR (*autorisation*) Lizenz *f*; ***il paye une*** ~ ***annuelle*** er zahlt eine jährliche Lizenzgebühr; ~ ***de débit de boisson*** Schankkonzession *f*, Schankerlaubnis *f*; ~ ***de pêche*** Angelberechtigung[sschein *m*] *f*; ~ ***d'exploitation*** [***de brevets***] Nutzungsrecht *nt* [am Patent]; ~ ***de transport*** Transportlizenz *f*; ***elle demande une*** ~ ***d'importation/d'exportation*** sie beantragt eine Import-/Exportlizenz [*o* Einfuhr-/Ausfuhrerlaubnis]
3. SPORT (*document*) Lizenz *f*; ***joueur titulaire d'une*** ~ Lizenzspieler *m*
4. ∅ *vieilli* (*caractère licencieux*) ■ ~ **de qc** *des propos* Anstößigkeit *f* einer S. (*gen*); ~ ***des mœurs*** Verfall *m* der Sitten
▸ ~ **orthographique** eigenwillige Handhabung der Rechtschreibung; ~ **poétique** dichterische Freiheit; **sous** ~: ***fabriqué(e) sous*** ~ in Lizenz hergestellt
◆ **licence en droit** Licence *f* der Rechtswissenschaften; **licence ès lettres** Licence *f* der Geisteswissenschaften; **licence ès sciences** Licence *f* der Naturwissenschaften

licencié, e [lisɑ̃sje] I. *adj* UNIV mit Licence; ***elle est*** ~***e*** sie hat die Licence; ■[**qn est**] ~ **en qc** [jd hat] eine Licence in etw (*dat*); ***elles sont*** ~***es en droit*** sie haben eine Licence in Jura; ***ils sont*** ~***s ès lettres/sciences*** sie haben eine Licence der Geisteswissenschaften/Naturwissenschaften
II. *m, f* 1. UNIV ■ ~ **en qc** jd, der eine Licence in etw (*dat*) hat
2. SPORT Lizenzspieler(in) *m(f)*; ■ ~ **de qc** Lizenzspieler(in) für etw
◆ **licencié(e) ès lettres** jd, der eine Licence der Geisteswissenschaften hat; **licencié(e) de/ès sciences** jd, der eine Licence der Naturwissenschaften hat

licenciement [lisɑ̃simɑ̃] *m* Entlassung *f*; ~ ***abusif/collectif*** ungerechtfertigte Entlassung/Massenentlassung; ***lettre de*** ~ Kündigung[sschreiben *nt*] *f*
▸ ~ **économique** konjunkturbedingte Entlassung

licencier <1 a> [lisɑ̃sje] *vt* ■ **qn licencie qn** jd entlässt jdn

licencieux, -euse [lisɑ̃sjø, -jøz] *adj littér œuvre, écrit* anstößig; *propos a.* anzüglich; *mœurs, vie* ausschweifend, zügellos

lichen [likɛn] *m* 1. BOT Flechte *f*
2. ∅ MED Knötchenausschlag *m*

licite [lisit] *adj* erlaubt, zulässig

licorne [likɔʀn] *f* Einhorn *nt*
◆ **licorne de mer** Narwal *m*, Einhornwal *m*

licou [liku] *m* Halfter *m o nt*

lie [li] *f* 1. (*dépôt*) [Boden]satz *m*; ~ ***de vin*** Weinstein *m*
2. (*rebut*) Abschaum *m*
▸ **qn boit qc jusqu'à la** ~ *calice, coupe* jd leert etw bis zur Neige *geh*
◆ **lie de vin** *v.* **lie-de-vin**

lié, e [lje] *adj* 1. (*proche*) ■ **des personnes sont** ~**es** Menschen stehen sich (*dat*) nahe; ■ **qn est** ~ **avec qn** jd steht jdm nahe
2. MUS *notes* gebunden; *notes de même degré* gehalten

Liechtenstein [liʃtɛnʃtajn] *m* ■ **le Liechtenstein** Liechtenstein *nt*

liechtensteinois, e [liʃtɛnʃtajnwa, waz] I. *adj* liechtensteinisch
II. *m, f* ■ **Liechtensteinois(e)** Liechtensteiner(in) *m(f)*

lied <er *o* s> [lid] *m* Lied *nt*

lie-de-vin [lidvɛ̃] *adj inv* burgunderrot, weinrot

liège [ljɛʒ] *m* Kork *m*; ***des bouchons de*** ~ Korken *pl*; ***en*** ~ aus Kork

Liège [ljɛʒ] Lüttich *nt*

lien [ljɛ̃] *m* 1. (*attache*) Band *nt*; (*corde, chaîne*) Fessel *f*, Bande *pl geh*
2. (*rapport*) Verbindung *f*, Zusammenhang *m*; ***qc est sans*** ~ ***avec qc*** etw steht in keinem Zusammenhang mit etw, etw hängt nicht mit etw zusammen; ***sans aucun*** ~ ohne jeglichen [logischen] Zusammenhang; ■ ~ **entre deux/plusieurs choses** Zusammenhang *m* [*o* Verknüpfung *f*] zwischen zwei/mehreren Dingen; ***il y a un*** ~ ***logique/évident entre ... et ...*** es besteht ein logischer/offensichtlicher Zusammenhang zwischen ... und ...; ***il n'y a aucun*** ~ ***entre ces événements*** diese Ereignisse sind in keiner Weise miteinander verknüpft
3. (*ce qui unit*): ***ils se découvrirent un*** ~ ***de plus*** sie entdeckten eine weitere Gemeinsamkeit; ***le*** ~ ***qui les unit, c'est la haine*** der gemeinsame Hass verbindet sie; ***un*** ~ ***très fort l'attache à sa patrie*** er/sie ist seiner/ihrer Heimat eng verbunden; ***j'ai gardé des*** ~***s en France*** ich habe noch Verbindungen in Frankreich
4. *pl* (*ce qui contraint*) Bande *pl geh*, Fesseln *pl geh*
5. INFORM Link *m*
▸ ~ **affectif** gefühlsmäßige Bindung; ***qn développe des*** ~***s affectifs avec qn*** jd freundet sich mit jdm an; **qn noue des** ~**s** [**avec qn**] jd freundet sich [mit jdm] an, jd knüpft [mit jdm] Freundschaftsbande *geh*
◆ **lien d'amitié** Freundschaftsbande *pl geh*, freundschaftliche Bande *pl geh*; **lien de parenté** Verwandtschaftsverhältnis *nt*; ***quel est votre*** ~ ***de parenté?*** wie sind Sie/seid ihr miteinander verwandt?; **liens du mariage** Bande *pl* der Ehe *geh*; **liens du sang** Blutsbande *pl geh*

lier <1 a> [lje] I. *vt* 1. (*être en relation*) ■ **qc est lié(e)** [**à qc**] etw hängt [mit etw] zusammen, etw steht [mit etw] im [*o* in] Zusammenhang [*o* in Verbindung]; ***ces événements sont étroitement liés*** diese Ereignisse sind eng miteinander verknüpft; ***tout est lié!*** alles hängt zusammen!
2. (*unir*) ■ **qn/qc est lié(e)** [**à qn/qc**] jd/etw ist [mit jdm/etw] verbunden; ***il se sent profondément lié à sa terre natale*** er fühlt sich seiner Heimat[erde] tief verbunden; ***les deux mots sont liés par un trait d'union*** die beiden Wörter sind mit einem Bindestrich verbunden; ***deux cercles liés par un trait*** zwei mit einem Strich verbundene Kreise; ■ **qn/qc lie qn/qc** [**à qn/qc**] jd/etw verbindet jdn/etw [mit jdm/etw]; ***l'amitié qui nous lie depuis toujours*** die Freundschaft, die uns seit jeher verbindet; *v. a.* **lié**
3. (*attacher*) ■ **qn lie qc** jd bindet etw zusammen; ■ **qn lie qn** [**à qc**] jd fesselt jdn [an etw (*akk*)]; ■ **qn est lié(e)** jd ist gefesselt; ■ **qc est lié(e)** etw ist zusammengebunden; ***le paquet était lié avec de la ficelle*** das Paket war zusammengeschnürt
4. (*astreindre*) ■ **qn est lié(e) par qc** jd ist durch etw gebunden; ***je suis lié par un serment*** ich bin durch einen Schwur gebunden
5. MUS ■ **qn lie qc** *notes* jd bindet etw, jd spielt/singt etw gebunden
6. GASTR ■ **qn lie qc** jd bindet etw, jd dickt etw ein, jd legiert etw *spec*
7. CONSTR ■ **qn/qc lie qc** jd/etw bindet etw
II. *vpr* ■ **qn se lie à** [*o* **avec**] **qn** jd freundet sich mit jdm an; ***elle ne se lie pas facilement*** sie schließt nicht so leicht Freundschaft

lierre [ljɛʀ] *m* Efeu *m*

lieu[1] <x> [ljø] *m* 1. (*endroit*) Ort *m*; ***vous, en ce*** ~ [*o* ***ces*** ~***x***]? Sie, hier [*o* an diesem Ort]?; ***il est revenu sur le*** ~ ***de son méfait*** er ist zum Ort seines Verbrechens zurückgekehrt; ***avez-vous noté la date et le*** ~ ***du rendez-vous?*** haben Sie Ort und Zeit der Verabredung notiert?; ■ ~ **de** -ort; *de culte* -stätte *f*; ~ ***de séjour/naissance*** Aufenthalts-/Geburtsort; ~ ***de travail*** Arbeitsstätte, Arbeitsort; ~ ***de rendez-vous*** [*o* ***rencontre***] Treffpunkt *m*; ***c'est un*** ~ ***de promenade très coté*** dort/hier gehen die Leute gern spazieren; ~ ***de pèlerinage*** Wallfahrtsort; ~ ***de débauche*** Ort der Ausschweifung
2. *pl* (*locaux*) Räumlichkeiten *pl*
▸ ~ **de perdition** Ort *m* des Lasters, Lasterhöhle *f*; ~ **commun** Gemeinplatz *m*; **en haut** ~ an höherer Stelle; **haut** ~ **de qc** Hochburg *f* einer S. (*gen*); *d'art* Zentrum *nt* einer S. (*gen*); ~ **public** öffentlicher Ort; **les L~x saints** die heiligen Stätten; **en** ~ **sûr** (*à l'abri*) in Sicherheit; (*en prison*) hinter Schloss und Riegel; **en tous** ~**x** *littér* allerorts *geh*; **qc a** ~ etw findet statt; /*événement, accident*/ etw ereignet sich; **qn a** [**tout**] ~ **de faire qc** jd hat [allen] Grund [*o* Anlass], etw zu tun; **qc a** [**tout**] ~ **de faire qc** etw ist dazu angetan, etw zu tun *geh*; **il y a** [**tout**] ~ **de faire qc** es ist [durchaus] angebracht, etw zu tun; ***il n'y a pas*** ~ ***de s'inquiéter*** es besteht kein Grund [*o* Anlass] zur Beunruhigung; **s'il y a** ~ wenn nötig; **qc donne** ~ **à qc** (*provoque*) etw führt zu etw; (*fournit l'occasion de*) etw gibt den Anlass zu etw; **ce n'est pas le** ~ **de faire qc** (*il ne convient pas*) es ist nicht angebracht, etw zu tun; (*ce n'est pas l'endroit pour*) es ist hier nicht der Ort, etw zu tun; (*ce n'est pas le moment pour*) es ist nicht der richtige Zeitpunkt, etw zu tun; **qn évacue les** ~**x** jd verlässt eine Örtlichkeit; /*bandit*/ jd verlässt den Tatort; **qc tient** ~ **de qc** [**à qn**] etw ersetzt [jdm] etw; ***sa nourrice lui tient*** ~ ***de mère*** seine/ihre Tagesmutter ersetzt ihm/ihr die Mutter; **qn vide les** ~**s** jd verschwindet *fam*; ***la police leur fait vider les*** ~***x*** die Polizei vertreibt sie;

au ~ de qc/de faire qc [an]statt einer S. (*gen*)/etw zu tun; ***au ~ d'un 't' tu as tapé un 'r'*** statt eines 't' hast du ein 'r' getippt; ***au ~ de vous amuser, vous feriez mieux de travailler*** [an]statt euch zu amüsieren, solltet ihr lieber arbeiten; ***au ~ de cela*** statt dessen; **de ~** GRAM *préposition* des Orts; ***adverbe de ~*** adverbiale Bestimmung des Ortes; ***complément de ~*** Ortsangabe *f*, Ortsbestimmung *f*; **en premier/second/dernier ~** an erster/zweiter/letzter Stelle, als Erstes/Zweites/Letztes, zuerst/anschließend/schließlich; **sur les ~x [de qc]** am/an den Ort [einer S. (*gen*)]; ***elle s'est rendue immédiatement sur les ~x*** sie hat sich sofort an Ort und Stelle begeben; ***la police est déjà sur les ~x*** die Polizei befindet sich bereits an Ort und Stelle [*o* vor Ort]; ***sur les ~x du crime*** am/an den Tatort; ***sur les ~x de l'accident*** am/an den Unfallort

lieu² <s> [ljø] *m* ZOOL Seelachs *m*
►**~ jaune** Pollack *m*, Steinköhler *m*; **~ noir** Seelachs *m*, Köhler *m*

lieu-dit <~x-~s> *m*, **lieudit** <s> [ljødi] *m* Ort, der den Namen … trägt (*Ort, der einen Flurnamen trägt*); ***le car s'arrête au ~ de la "Pierre du Diable"*** der Bus hält am „Teufelsstein"

lieue [ljø] *f* (*mesure*) Meile *f*; NAUT Seemeile
►**à vingt** [*o* **dix**] [*o* **cent**] **~s à la ronde** in der ganzen Gegend; ***il est connu à dix ~s à la ronde pour être un escroc de la pire espèce!*** das weiß hier doch jeder, was für ein ausgemachter Gauner er ist!; **qn est à cent** [*o* **mille**] **~s de faire qc** jd ist meilenweit davon entfernt, etw zu tun; jd tut etw nicht im Geringsten

lieuse [ljøz] *f v.* **moissonneur**

lieutenant [ljøt(ə)nɑ̃] *m* **1.** MIL Oberleutnant *m*; (*dans la marine militaire*) Oberleutnant zur See
2. (*dans la marine marchande*) [Schiffs]offizier *m*
◆**lieutenant de vaisseau** Kapitänleutnant *m*

lieutenant-colonel [ljøt(ə)nɑ̃kɔlɔnɛl] *m* MIL Oberstleutnant *m*

lièvre [ljɛvʀ] *m* **1.** ZOOL [Feld]hase *m*; *v. a.* **hase**
2. SPORT (*athlète*) Schrittmacher *m*
►**qn court deux/plusieurs ~s à la fois** jd will auf zwei/mehreren Hochzeiten tanzen; **qn court comme un ~** jd läuft wie ein Wiesel; **qn lève un ~** *fig* jd berührt ein heikles Thema, jd schneidet ein heikles Thema an

lifter <1> [lifte] *vt* TENNIS ■ **qn lifte qc** jd spielt etw mit Topspin; ■ **lifté(e)** mit Topspin

liftier, -ière [liftje, -jɛʀ] *m, f* Fahrstuhlführer(in) *m(f)*; (*adolescent*) Liftboy *m*/-girl *nt* [-bɔɪ, -gøːɐl]

lifting [liftiŋ] *m* Facelifting ['feɪs-] *nt*; ***il s'est fait faire un ~*** er hat sich liften lassen

ligament [ligamɑ̃] *m* Band *nt*

ligature [ligatyʀ] *f* **1.** MED (*opération*) Unterbindung *f*, Ligatur *f spec*; (*nœud*) Ligatur
2. BOT Baumanbinder *m*
3. TYP Ligatur *f*
◆**ligature des trompes** Tubenligatur *f*

ligaturer <1> [ligatyʀe] *vt* MED ■ **qn ligature qc** jd unterbindet etw

light [lajt] *adj inv boisson, cigarettes* light [lait]

lignage [liɲaʒ] *m* TYP Zeilenzahl *f*
►**de haut ~** (*noble*) adliger Abstammung, aus edlem Geschlecht *liter*

ligne [liɲ] *f* **1.** (*trait*) Strich *m*, Linie *f*; MATH Linie; ***il a tracé une ~*** er hat einen Strich gezogen; ***les cinq ~s de la portée musicale*** die fünf Notenlinien; ***~ droite*** gerade Linie, Gerade *f*; ***~ horizontale*** waagrechte [*o* horizontale] Linie, Waagrechte *f*, Horizontale *f*; ***~ verticale*** senkrechte [*o* vertikale] Linie, Senkrechte *f*, Vertikale *f*; ***~ courbe/brisée/pointillée*** gekrümmte/gebrochene/gepunktete Linie
2. (*limite*): ***~ de flottaison/de partage*** Wasser-/Begrenzungslinie *f*; ***~ [de l'équateur]*** Äquator *m*, Linie *f spec*
3. SPORT (*ligne d'arrivée*) Ziellinie *f*; [*terrain, court*] Linie *f*; ***elle a franchi la ~ la première*** sie ist als Erste durchs Ziel gegangen; ***~ de côté*** Seitenlinie; ***~ de fond*** (*au tennis, volley-ball*) Grundlinie; (*au basket-ball*) Endlinie; ***~ de service*** Aufschlaglinie; ***~ de but*** Torlinie; (*au rugby*) Mallinie; ***la ~ d'avants/de demis*** die Stürmer-/Läuferreihe; ***la ~ des arrières*** die Verteidigung
4. [*main*] Linie *f*; ***~ de cœur/vie*** Herz-/Lebenslinie; ***elle lit dans les ~s de sa main*** sie liest ihm/ihr aus der Hand
5. (*rangée*) [*personnes, choses*] Reihe *f*
6. (*suite de mots*) Zeile *f*; ***payé(e) à la ~*** pro Zeile bezahlt; ***résumez ce texte en une dizaine de ~s*** fassen Sie diesen Text in etwa zehn Zeilen zusammen; ***il ne m'a pas écrit une seule ~*** er hat mir keine einzige Zeile geschrieben
7. (*forme*) [*tailleur*] Schnitt *m*; [*nez*] Form *f*; [*voiture, meuble*] Linie *f*
8. ∅ (*silhouette*) [schlanke] Linie, Figur *f*
9. TELEC Leitung *f*; ELEC, TELEC (*câble*) Leitung *f*; ***la ~ est mauvaise*** die Verbindung ist schlecht; ***les ~s sont encombrées*** die Leitungen sind überlastet; ***il a fait installer une ~ téléphonique*** er hat einen Telefonanschluss legen lassen
10. TRANSP, CHEMDFER, AVIAT, NAUT Linie *f*; (*route*) Strecke *f*; ***~ de banlieue*** Vorortstrecke, Vorortlinie; ***qn fait la ~ Paris-New York*** jd fliegt die Strecke Paris-New York; ***~ [de navigation] régulière*** planmäßig befahrene Strecke; ***~ maritime/aérienne*** Schiffahrts-/Fluglinie
11. PECHE Angelschnur *f*, Angelleine *f*; ***il lance la ~*** er wirft die Angel aus
12. (*procédure*) Vorgehensweise *f*; ***indiquez-moi la ~ à suivre!*** sagen Sie mir, wie ich vorgehen [*o* verfahren] soll!; ***les grandes ~s de l'ouvrage*** die Leitgedanken des Werkes; ***les ~s essentielles du projet*** die Grundzüge des Projekts; ***la ~ directrice du poème*** der Leitgedanke des Gedichts
13. COUT Kollektion *f*; COSMETIQUE Pflegelinie *f*, [Pflege]serie *f*
14. MIL Linie *f*, Front *f*; ***les ~s adverses*** [*o* ***ennemies***] die feindlichen Linien; ***~s fortifiées*** befestigte Stellungen *pl*; ***~ Maginot*** Maginotlinie
►**la dernière ~ droite avant l'arrivée** die Zielgerade; ***dans la dernière ~ droite avant l'arrivée*** *fig* kurz vor dem Ziel; ***c'est la dernière ~ droite avant l'arrivée*** *fig* das ist der Endspurt *fam*; **qc entre en ~ de compte** etw spielt eine Rolle; **qn prend** [*o* **fait entrer**] **qc en ~ de compte** jd denkt an etw (*akk*); *désir* jd hat etw im Kopf; **qc prend qc en ~ de compte** etw berücksichtigt etw; **~ [à] haute/basse tension** Hochspannungs-/Niederspannungsleitung *f*; **~ blanche [continue/discontinue]** [durchgehende/unterbrochene] weiße Linie [*o* Mittellinie]; **la ~ ascendante/descendante** (*en généalogie*) die aufsteigende/absteigende Linie; **qn met la dernière ~ à qc** jd schreibt etw zu Ende; **en ~ directe** in direkter [*o* gerader] Linie; **~ droite** TRANSP Gerade *f*, gerader [Strecken]abschnitt; ***10 km en ~ droite*** 10 km Luftlinie; **en ~ droite, en droite ~** (*par filiation directe*) in direkter [*o* gerader] Linie, geradlinig; (*tout droit, directement*) geradewegs, direkt; ***la route filait en ~ droite vers le sud*** die Straße führte kerzengerade nach Süden; ***j'ai couru en ~ droite jusqu'à la pharmacie*** ich bin direkt [*o* schnurstracks *fam*] zur Apotheke gelaufen; **grande ~** CHEMDFER Hauptstrecke *f*, Fernstrecke *f*; **dans les grandes ~s** im Großen [und] Ganzen; ***il a décrit son projet dans les grandes ~s*** er hat sein Vorhaben in groben Zügen umrissen; **~ mélodique** Melodie *f*; **qn met qn/qc sur la même ~ que qn/qc** jd stellt jdn/etw mit jdm/etw gleich, jd vergleicht jdn/etw mit jdm/etw; **~ politique** politische Linie; **première/deuxième/troisième ~** RUGBY Spieler(in) *m(f)* der ersten/zweiten/dritten Reihe; **en première ~** MIL in vorderster Linie, an vorderster Front; *fig* an vorderster Front; **~ supplémentaire** MUS Hilfslinie *f*; **~ téléphonique** Telefonleitung *f*; ***le réseau de ~s téléphoniques*** das Fernsprechnetz; **qn a/garde la ~** jd ist/bleibt schlank; **qn donne vingt/cent/… ~s à qn** jd lässt jdn zwanzig/hundert/… Zeilen abschreiben; **qn est en ~** jd telefoniert [*o* spricht] gerade; ***parlez, vous êtes en ~ avec Tokyo*** sprechen Sie bitte, Sie sind mit Tokio verbunden; ***allô, qui est en ~?*** hallo, wer ist am Apparat?, hallo, mit wem spreche ich, bitte?; **qn est/reste dans la ~ [de qn/qc]** jd ist/bleibt linientreu, jd ist/bleibt auf jds Linie/auf der Linie einer S. (*gen*); ***elle est tout à fait dans la ~ du parti*** sie folgt treu der Parteilinie; **qn fait vingt/cent/… ~s** jd schreibt zwanzig/hundert/… Zeilen ab; **qn lit entre les ~s** jd liest zwischen den Zeilen; **qn monte en ~** jd geht [*o* rückt] an die Front; **qn passe la ~** NAUT jd überquert den Äquator, jd passiert [*o* kreuzt] die Linie *spec*; **qn pêche à la ~** jd angelt; **qn va à la ~** jd fängt eine neue Zeile an; **à la ~!** neue Zeile!, Absatz!; **en ~** in einer Reihe; INFORM online ['ɔnlain]; ***allez, en ~ pour le départ!*** zum Start aufstellen!; ***les enfants se mettent en ~*** die Kinder stellen sich [in einer Reihe] auf; **hors ~** überragend, außergewöhnlich; INFORM offline ['ɔflain]; **sur toute la ~** auf der ganzen Linie
◆**ligne d'action** Vorgehensweise *f*; ***quelle ~ d'action le parti envisage-t-il?*** welchen Kurs wird die Partei einschlagen?; **ligne d'arrivée** SPORT Ziellinie *f*, Ziel *nt*; **ligne de chemin de fer** Eisenbahnstrecke *f*; **ligne commentaire** INFORM Kommentarzeile *f*; **ligne de commande** INFORM Befehlszeile *f*; **ligne de conduite** Grundsätze *pl*, Prinzipien *pl*; **ligne de démarcation** Grenze *f*; MIL Demarkationslinie *f*; **ligne de départ** SPORT Startlinie *f*, Start *m*; **ligne d'état** INFORM Statuszeile *f*; **ligne de faîte** Kammlinie *f*; **ligne de feu** Schusslinie *f*; **ligne de fond** PECHE Grundangel *f*; **lignes de force** Leitlinien *pl*; PHYS [magnetische] Kraftlinien *pl*, Feldlinien *pl*; **ligne de mire** Visierlinie *f*; **ligne de partage des eaux** Wasserscheide *f*; **ligne de tir** Schusslinie *f*; **ligne de touche** (*au football, basketball*) Seitenlinie *f*; (*au rugby*) Marklinie *f*; **ligne de visée** Visierlinie *f*; **ligne d'horizon** Horizont *m*

lignée [liɲe] *f* **1.** (*descendance*) Nachkommenschaft *f*; ***il est le dernier d'une longue ~ de princes espagnols*** er ist der letzte Nachkomme eines alten spanischen Prinzengeschlechts
2. (*catégorie*) Reihe *f*; ***qn est de la ~ de qn*** jd zählt zu jdm

ligneux, -euse [liɲø, -øz] *adj* verholzt; *fibres, matière* holzig; ***des plantes ~euses*** Holzgewächse *pl*

lignifier <1 a> [liɲifje] *vpr* ■ **qc se lignifie** etw verholzt

lignite [liɲit] *m* [junge] Braunkohle, Lignit *m*

ligoter <1> [ligɔte] *vt* **1.** (*lier les pieds et les mains*) ■ **qn ligote qn** jd fesselt jdn
2. (*attacher*) ■ **qn ligote qn à qc** jd fesselt [*o* bindet] jdn an etw (*akk*)
3. (*priver de liberté*) ■ **qn est ligoté(e)** jd ist unfrei

ligue [lig] *f* Liga *f*; ***L~ contre l'alcoolisme*** Liga zur Bekämpfung des Alkoholismus
►**la L~ des droits de l'homme** die Liga für Menschenrechte

liguer <1> [lige] **I.** *vt* ■ **des personnes sont liguées contre qn** Menschen haben sich gegen jdn verschworen
II. *vpr* ■ **des personnes se liguent [contre qn]** Menschen verschwören sich [gegen jdn]; POL Menschen verbünden sich [gegen jdn]; ***tout se ligue contre moi!*** alles hat sich gegen mich verschworen!; ***ils se sont ligués autour de leur collègue*** sie haben sich gemeinsam hinter ihren Kollegen/ihre Kollegin gestellt

lilas [lila] **I.** *adj inv* lila, fliederfarben
II. *m* Flieder *m*; ***~ blanc*** weißer Flieder; ***du ~ pousse au fond du jardin*** am Ende des Gartens wächst Flieder; ***elle a cueilli du*** [*o* ***des***] ***~*** sie hat Flieder gepflückt

lilliputien, ne [li(l)lipysjɛ̃, jɛn] **I.** *adj* winzig [klein]
II. *m, f* Liliputaner(in) *m(f)*

limace [limas] *f* **1.** ZOOL Nacktschnecke *f*
2. *fam* (*lambin*) Trödler(in) *m(f)*

limaçon [limasɔ̃] *m* ANAT Schnecke *f*

limaille [limaj] *f* Feilspäne *pl*; ***c'est de la ~*** das sind Feilspäne
◆**limaille de fer** Eisenfeilspäne *pl*

limande [limɑ̃d] *f* Kliesche *f*, Scharbe *f*
►**qn est plat(e) comme une ~ /femme/** jd ist flach [*o* platt] wie ein [Bügel]brett *fam*

limande-sole <~s-~s> [limɑ̃dsɔl] *f* Rotzunge *f,* Limande *f*
lime¹ [lim] *f* (*outil*) Feile *f*
▶ **le dernier coup de** ~ der letzte Schliff
◆ **lime à ongles** Nagelfeile *f*
lime² [lim] *f* (*fruit*) Limette *f,* Limone *f*
limer <1> [lime] I. *vt* ■ **qn lime qc** *métal, bois* jd feilt etw [glatt]; *aspérité* jd feilt etw weg; *clé, ongles* jd feilt etw; *barreau de cellule* jd feilt etw durch
II. *vpr* ■ **qn se lime qc** *ongles* jd feilt sich (*dat*) etw
limier [limje] *m* 1. (*détective*) Spürhund *m fam,* Schnüffler *m fam*
2. (*chien de chasse*) Spürhund *m*
▶ **fin** ~: *ce policier est un fin* ~ dieser Polizist hat eine feine Spürnase *fam*
liminaire [liminɛʀ] *adj* einführend; *note, discours a.* einleitend
limitatif, -ive [limitatif, -iv] *adj* einschränkend, beschränkend; *liste* abgeschlossen; *liste non-~ive* offene Liste
limitation [limitasjɔ̃] *f* Einschränkung *f,* Beschränkung *f;* ■ ~ **de qc** *d'un droit, pouvoir* Beschränkung einer S. (*gen*); *sans ~ de temps* unbefristet, ohne zeitliche Beschränkung; ~ *des armements* Rüstungsbegrenzung *f,* Rüstungsbeschränkung
◆ **limitation des naissances** Geburtenbeschränkung *f;* **limitation des prix** Preisbegrenzung *f,* Preisbeschränkung *f;* **limitation de vitesse** Geschwindigkeitsbegrenzung *f*
limite [limit] I. *adj* 1. *cas* ~ Grenzfall *m; poids* ~ [zulässiges] Höchstgewicht; *âge* ~ Höchstalter *nt,* Altersgrenze *f; prix* ~ Preisgrenze *f,* Preislimit *nt; vitesse* ~ Höchstgeschwindigkeit *f; hauteur/largeur* ~ maximale Höhe/Breite; *charge* ~ Höchstlast *f*
2. (*à la limite du possible*) fast unmöglich; *ce cas me paraît* ~ dieser Fall erscheint mir höchst unwahrscheinlich; *conditions ~s de survie* extreme Überlebensbedingungen *pl*
3. *fam* (*pas terrible*) ■ **qn est** ~ jd ist nicht [gerade] umwerfend *fam;* ■ **qc est** ~ etw ist nicht [gerade] umwerfend *fam,* etw haut einen nicht vom Hocker *fam*
II. *f* 1. [*territoire, étendue*] Grenze *f;* [*terrain, court*] Begrenzung[slinie *f*] *f;* [*forêt, prairie*] Rand *m;* [*lac*] Ufer *nt*
2. [*temps*] Frist *f;* ~ *pour les inscriptions* Einschreibefrist; *n'attendez pas la dernière ~ pour vous inscrire!* schreiben Sie sich nicht in allerletzter Minute ein!; *dans les ~s du temps qui m'est imparti* in der mir bewilligten Zeit [*o* vorgegebenen Frist]
3. (*bornes*) Grenzen *pl; il n'y a pas de ~ à la bêtise!* der Dummheit sind keine Grenzen gesetzt!; *sa colère ne connaît pas de ~s* seine/ihre Wut kennt keine Grenzen; *les ~s de ce qui est permis* die Grenzen des Erlaubten; *ambition/vanité sans ~s* grenzenloser [*o* maßloser] Ehrgeiz/Stolz; *pouvoir sans ~s* uneingeschränkte Macht; *ce film est à la ~ du supportable* dieser Film ist kaum noch zu ertragen; *ceci atteint les ~s du ridicule* dies grenzt [bereits] ans Lächerliche; *franchement, cela passe les ~s du ridicule* das ist [ja nun] wirklich zu lächerlich
4. MATH Grenzwert *m,* Limes *m spec*
▶ **il y a des ~s** alles hat seine Grenzen; **qn connaît ses ~s** jd kennt seine Grenzen; **qn dépasse les ~s** jd geht zu weit; **à la ~** na ja; *à la ~, je ferais mieux de quitter mon mari* wahrscheinlich wäre es das Beste, ich würde meinen Mann verlassen; *à la ~, on croirait qu'il le fait exprès!* man könnte fast meinen, er macht das absichtlich!; *à la ~, j'aurais mieux fait de ne pas écrire* wahrscheinlich hätte ich am besten überhaupt nicht geschrieben; *à la ~, je peux accepter cette offre* im äußersten Fall [*o* wenn es wirklich sein muss,] kann ich dieses Angebot annehmen; *à la ~, je peux accepter qu'il triche, mais pas qu'il vole!* dass er betrügt, kann ich gerade noch akzeptieren, aber nicht, dass er stiehlt!; **dans les ~s de qc** im Rahmen einer S. (*gen*); *pour rester dans les ~s du sujet* um den Rahmen des Themas nicht zu sprengen; *je vous aiderai dans les ~s du possible* ich werde Ihnen helfen so gut es geht; *dans la ~ de nos moyens* soweit es unsere Mittel erlauben; **dans une certaine** ~ bis zu einem gewissen Grad; **jusqu'à la** ~ [**de qc**] bis zum Äußersten [einer S. (*gen*)]; *jusqu'à la ~ de ses forces* bis zur Erschöpfung
◆ **limite d'âge** Alters[höchst]grenze *f;* **limite d'élasticité** Elastizitätsgrenze *f*
limité, e [limite] *adj* begrenzt; *sens* eng; *un devoir en temps* ~ eine befristete [*o* zeitlich begrenzte] schriftliche Arbeit; *vos objectifs sont trop ~s* Ihre Ziele sind zu eng gesteckt; *je n'ai qu'une confiance ~e en cet homme* ich kann diesem Mann nur begrenzt Vertrauen schenken [*o* nur bedingt vertrauen]
limiter <1> [limite] I. *vt* 1. (*restreindre*) ■ **qn/qc limite qc** jd/etw schränkt etw ein; *pouvoir, liberté a.* jd/etw engt etw ein, jd/etw beschneidet etw; *cela limite nos moyens d'action* das schränkt uns in unserer Handlungsfreiheit ein; *il faut à tout prix ~ les dégâts!* der Schaden muss unbedingt begrenzt werden; *nous limiterons notre étude à l'essentiel* wir werden unsere Studie auf das Wesentliche beschränken; ■ **qc est limité(e)** etw ist begrenzt; *la durée de l'épreuve est limitée à une heure* die Prüfungsdauer ist auf eine Stunde begrenzt
2. (*délimiter*) ■ **qc limite qc** etw begrenzt etw
II. *vpr* 1. (*s'imposer des limites*) ■ **qn se limite** [**dans qc**] jd schränkt sich [bei etw] ein; (*en mangeant, buvant*) jd mäßigt sich [bei etw]; (*dans son comportement*) jd zügelt sich [in etw (*dat*)], jd nimmt sich [bei etw] zurück
2. (*se borner*) ■ **qn/qc se limite à qc/à faire qc** jd/etw beschränkt sich auf etw (*akk*)/darauf, etw zu tun; *limitez-vous à l'essentiel!* beschränken Sie sich auf das Wesentliche!; *mes ambitions se limitaient à survivre* das einzige, was ich wollte, war überleben
limitrophe [limitʀɔf] *adj* angrenzend, benachbart; *les pays ~s de la France* die Nachbarstaaten [*o* Anrainerstaaten] Frankreichs; *les villes ~s de l'Allemagne* die an Deutschland grenzenden Städte
limogeage [limɔʒaʒ] *m* Abhalfterung *f fam,* Absägen *nt fam*
limoger <2 a> [limɔʒe] *vt* ■ **qn limoge qn** jd stellt jdn kalt *fam,* jd sägt jdn ab *fam,* jd halftert jdn ab *fam*
limon [limɔ̃] *m* (*terre*) Schlamm *m;* ~ *calcaire* Löss *m*
limonade [limɔnad] *f* Limonade *f,* Kracherl *nt* AUS, SDEUTSCH
limoneux, -euse [limɔnø, -øz] *adj* schlammig; *les eaux ~euses du Nil* das schlammhaltige Wasser des Nils
limousin, e [limuzɛ̃, in] I. *adj: la région ~e* die Gegend des Limousin; *la montagne ~e* das Gebirge im Limousin
II. *m* ■ **le Limousin** das Limousin
III. *m, f* ■ **Limousin(e)** Bewohner(in) *m(f)* des Limousin
limousine [limuzin] *f* [Luxus]limousine *f*
limpide [lɛ̃pid] *adj* 1. (*pur*) klar; *regard a.* offen; *couleur, air* rein; *des yeux d'un bleu* ~ wasserblaue Augen
2. (*intelligible*) klar; *c'est ~, pourtant!* aber das ist doch sonnenklar! *fam*
limpidité [lɛ̃pidite] *f* 1. (*pureté*) Klarheit *f;* [*regard a.*] Offenheit *f;* [*air, couleur*] Reinheit *f; l'eau a la ~ du cristal* das Wasser ist kristallklar; *la ~ de son regard* sein/ihr klarer [*o* offener] Blick
2. (*clarté*) Klarheit *f;* [*explication*] Anschaulichkeit *f*
lin [lɛ̃] *m* 1. TEXTIL Leinen *nt; en* ~ aus Leinen; *le ~ est à la mode cette année* Leinen ist dieses Jahr Mode
2. BOT Flachs *m; fibres de* ~ Flachsfasern *pl*
linceul [lɛ̃sœl] *m* Leichentuch *nt*
linéaire [lineɛʀ] *adj* 1. (*droit*) linear
2. (*simple*) eindimensional; *cette vision trop ~ de la science* diese allzu vereinfachte Sicht der Wissenschaften
linge [lɛ̃ʒ] *m* 1. ∅ (*lessive*) Wäsche *f; j'ai du ~ à laver* ich muss Wäsche waschen
2. ∅ (*sous-vêtements, vêtements*) [Unter]wäsche *f; prends du ~ de rechange* nimm [Unter]wäsche zum Wechseln mit
3. (*morceau de tissu*) Tuch *nt; filtrer dans un ~ propre* durch ein sauberes Tuch filtern
▶ **qn lave son ~ sale en famille** jd wäscht seine schmutzige Wäsche nicht in der Öffentlichkeit; [**qn est**] **blanc**(**blanche**) [*o* **pâle**] **comme un** ~ [jd ist] weiß [*o* bleich] wie die Wand, [jd ist] leichenblass [*o* kreidebleich]; **le gros/petit** ~ die Bett- und Tischwäsche/Leibwäsche; ~ **sale** (*affaires familiales*) schmutzige Wäsche; **qn fait le** ~ jd wäscht und bügelt
◆ **linge de corps** Unterwäsche *f,* Leibwäsche *f;* **linge de maison** Haushaltswäsche *f;* **linge de table** Tischwäsche *f;* **linge de toilette** Handtücher *pl*
lingerie [lɛ̃ʒʀi] *f* 1. ∅ (*dessous*) Damenwäsche *f; elle porte de la ~ de soie* sie trägt seidene [Unter]wäsche
2. (*local*) Wäschekammer *f,* Office ['ɔfɪs] *nt spec*
lingot [lɛ̃go] *m* 1. (*d'or*) [Gold]barren *m*
2. (*masse de métal*) Block *m;* ~ *d'acier/de fonte/d'or* Stahlblock/Eisenblock/Barrengold *nt*
◆ **lingot d'or** Goldbarren *m*
linguiste [lɛ̃gɥist] *mf* Sprachwissenschaftler(in) *m(f),* Linguist(in) *m(f)*
linguistique [lɛ̃gɥistik] I. *adj* 1. (*relatif à la science du langage*) linguistisch, sprachwissenschaftlich
2. (*relatif à la langue*) Sprach-; *géographie/atlas ~ de l'Inde* Sprachgeographie *f*/-atlas *m* Indiens; *communauté/famille* ~ Sprachgemeinschaft *f*/-familie *f; les problèmes sont aussi d'ordre* ~ die Probleme sind auch sprachlicher Natur
II. *f* Sprachwissenschaft *f,* Linguistik *f;* ~ *appliquée/diachronique* angewandte/diachronische Sprachwissenschaft
linguistiquement [lɛ̃gɥistikmɑ̃] *adv* sprachlich
lino [lino] *m abr de* **linoléum** Linoleum *nt*
linotte [linɔt] *f* Hänfling *m*
linteau <x> [lɛ̃to] *m* Sturz *m;* [*cheminée*] Sims *m*
lion [ljɔ̃] *m* Löwe *m; v. a.* **lionne**
▶ **qn tourne comme un ~ en cage** jd geht auf und ab wie ein Tiger im Käfig; **qn se bat comme un** ~ jd kämpft wie ein Löwe; **qn a mangé** [*o* **a bouffé**] **du** ~ *fam* jd ist kaum zu bremsen *fam,* jd birst [fast] vor Energie
Lion [ljɔ̃] *m* ASTROL Löwe *m*
▶ **qn est** [**du signe du**] ~ jd ist [ein] Löwe, jd ist im Zeichen des Löwen geboren
lionceau <x> [ljɔ̃so] *m* Löwenjunge(s) *nt*
lionne [ljɔn] *f* Löwin *f; v. a.* **lion**
lipide [lipid] *m* Lipid *nt,* Fett *nt*
liposome [lipozom] *m* Liposom *nt*
lippu, e [lipy] *adj* dick, wulstig; *bouche ~e* voller Mund, volle Lippen
liquéfaction [likefaksjɔ̃] *f* [*gaz*] Verflüssigung *f*
liquéfier <1 a> [likefje] I. *vt* ■ **qn liquéfie qc** jd verflüssigt etw
II. *vpr* ■ **qc se liquéfie** /*gaz*/ etw wird flüssig; /*solide*/ etw schmilzt
liqueur [likœʀ] *f* Likör *m*
liquidateur, -trice [likidatœʀ, -tʀis] *m, f* Liquidator(in) *m(f);* ~ *judiciaire* Konkursverwalter *m*
liquidation [likidasjɔ̃] *f* 1. (*solde*) Ausverkauf *m;* ~ *totale du stock pour cause de cessation de commerce* Totalausverkauf [*o* Räumungsverkauf] wegen Geschäftsaufgabe
2. FIN [*succession, biens, compte*] Liquidation *f;* [*dette*] Begleichung *f,* Tilgung *f*
3. JUR [*commerce, société*] Liquidation *f,* Auflösung *f*
4. (*calcul*) [*intérêts, impôt, retraite*] Berechnung *f,* Festsetzung *f;* [*dépens*] Ermittlung *f*
▶ ~ **judiciaire** gerichtlicher Abwicklung [*o* Liquidation]; **qn met qn en ~ judiciaire** jd eröffnet das Konkursverfahren gegen jdn
◆ **liquidation de fin de mois/de quinzaine** Abschluss *m* [*o* Liquidation *f*] zum Ultimo/zur Mitte des Monats, Ultimo-/Medioabschluss *m*

liquide [likid] I. *adj* 1. flüssig; ***la sauce est trop*** ~ die Soße ist zu dünn[flüssig]
2. ***argent*** ~ Bargeld *nt*
3. PHON liquid; ***consonne*** ~ Liquid *m*, Liquida *f*
II. *m* 1. (*fluide*) Flüssigkeit *f;* (*aliment fluide*) flüssige Nahrung; ***les ~s et les solides*** die flüssigen und die festen Körper; ***le malade ne peut prendre que des ~s*** der Kranke kann nur flüssige Nahrung zu sich nehmen
2. ∅ (*argent*) ■ **du** ~ Bargeld *nt*
▸ ~ **vaisselle** Spülmittel *nt;* **en** ~ in bar; ***elle a payé en*** ~ sie hat [in] bar bezahlt
III. *f* PHON Liquid *m*, Liquida *f*
liquider <1> [likide] *vt* 1. COM ■ **qn liquide qc** *marchandise* jd verkauft etw aus, jd stößt etw ab; *stock a.* jd räumt etw
2. *fam* (*se débarrasser de*) ■ **qn liquide qc** jd schafft sich (*dat*) etw vom Hals *fam*, jd erledigt etw; ■ **qc est liquidé(e)** etw ist/wird erledigt; ***voilà une affaire de liquidée*** so, das wäre erledigt; ■ **qn liquide qn** *adversaire politique* jd schaltet jdn aus
3. *fam* (*tuer*) ■ **qn se fait** ~ jd wird liquidiert; ■ **qn liquide qn** jd liquidiert jdn
4. *fam* (*finir*) ■ **qn liquide qc** *verre* jd trinkt etw leer; *boisson a.* jd trinkt etw aus; *nourriture* jd isst etw auf; *assiette* jd isst etw leer
5. JUR ■ **qn liquide qc** jd liquidiert etw; *société, compte* jd löst etw auf; *dette* jd tilgt etw, jd [be]zahlt etw ab; *impôt* jd errechnet etw, jd ermittelt etw, jd setzt etw fest
liquidité [likidite] *f* Liquidität *f;* ■ **les ~s** flüssige [*o* liquide] Mittel; ***~s internationales*** internationale Liquidität
lire¹ <*irr*> [liʀ] I. *vi* 1. (*s'adonner à la lecture*) ■ **qn lit** jd liest
2. (*déchiffrer*) ■ **qn lit** jd liest, jd kann lesen; ***il ne sait ni ~ ni écrire*** er kann weder lesen noch schreiben; ***tu apprends à*** ~? lernst du lesen?
3. (*deviner*) ■ **qn lit dans qc** *dans la main, les cartes* jd liest aus etw; *dans le cœur* jd liest in etw (*dat*); *dans les pensées* jd liest etw; ***elle a lu dans les lignes de ma main*** sie hat mir aus der Hand gelesen
II. *vt* 1. ■ **qn lit qc** jd liest etw; ***tiens, voilà de quoi*** ~ hier hast du etwas zu lesen; ■ **qn lit qn** *auteur* jd liest jdn; (*reçoit une lettre*) jd bekommt von jdm einen Brief; ***en espérant vous/te ~ bientôt*** in Erwartung Ihrer/deiner Nachricht [*o* Antwort]; ***j'étais content de la*** ~ ich habe mich über ihren Brief gefreut; ***elle a lu tout Proust*** sie hat den ganzen Proust gelesen, sie hat alles von Proust gelesen; ■ **qn est lu(e)** /*auteur*/ jd wird gelesen; ***un auteur qui mérite d'être lu*** ein Autor, den man lesen sollte; ■ **qn fait ~ qn/qc à qn** jd lässt jdn lesen/jdn etw lesen, jd gibt jdm etw zu lesen; ***j'ai fait ~ tous les classiques à mes enfants*** ich habe meine Kinder alle Klassiker lesen lassen, ich habe meinen Kindern alle Klassiker zu lesen gegeben
2. (*faire la lecture*) ■ **qn lit qc [à qn]** jd liest [jdm] etw [vor]; ***il lit des poèmes à la radio*** er liest Gedichte im Radio [vor]; ***je leur lis une histoire tous les soirs*** jeden Abend lese ich ihnen eine Geschichte vor
3. (*prendre connaissance de*) ■ **qn lit qc** jd liest etw; ■ **qn fait/laisse ~ qc à qn** jd gibt jdm etw zu lesen/jd lässt jdn etw lesen
4. (*déchiffrer*) ■ **qn lit qc** jd liest etw, jd kann etw lesen; ***apprendre à ~ l'arabe*** Arabisch lesen lernen; ***que constate-t-on en lisant ce graphique?*** was lässt sich aus dieser Grafik herauslesen?; ***je ne lis pas le chinois*** ich kann die chinesische Schrift nicht lesen
5. (*deviner*) ■ **qn lit qc dans qc** jd liest etw von etw ab; *dans le regard* jd liest etw in etw (*dat*); *dans la main, les cartes* jd liest etw aus etw; ***qn lit qc dans les yeux de qn*** jd liest etw in jds Augen (*dat*); *désir, consentement* jd liest jdm etw von den Augen ab
6. JUR ■ **qn lit qc** *arrêt, jugement* jd verliest etw
▸ **lu et approuvé** *form* gelesen und genehmigt *form;* **qc est à** ~ etw ist lesenswert; **c'est à** ~! das sollte man gelesen haben!; **à ~ qn** nach dem, was jd schreibt; wenn man glaubt, was jd schreibt; **lire, lisez** (*corrigez*): ***"d'après l'auteur" lisez "d'après le traducteur"*** Erratum: „d'après le traducteur" anstelle von „d'après l'auteur"
III. *vpr* 1. ■ **qc se lit** etw wird gelesen; ***ça ne se lit plus aujourd'hui*** das wird heute [*o* heutzutage] nicht mehr gelesen; ***ce roman se lit facilement/très vite*** dieser Roman liest sich leicht/sehr schnell
2. (*se déchiffrer*) ■ **qc se lit d'une certaine façon** man liest etw irgendwie, etw wird auf eine bestimmte Weise gelesen; ***l'hébreu se lit de droite à gauche*** das Hebräische liest man von rechts nach links; ***le braille se lit au toucher*** die Blindenschrift wird ertastet [*o* tastend gelesen]
3. (*se comprendre*) ■ **qc se lit d'une certaine façon** etw wird irgendwie interpretiert; ***ce texte peut se ~ de deux manières*** dieser Text kann auf zweierlei Weise verstanden werden
4. (*se deviner*) ■ **qc se lit quelque part** man kann etw irgendwo sehen; ***la surprise se lisait sur son visage*** man konnte ihm/ihr die Überraschung vom Gesicht ablesen; ***la douleur se lit sur ses traits*** der Schmerz steht ihm/ihr im Gesicht geschrieben
▸ **qc/ça se laisse** ~ etw/das lässt sich lesen [*o* kann man lesen]
lire² [liʀ] *f* Lira *f*
lis¹ [lis] *m* Lilie *f*
lis² [li] *indic prés de* **lire**
lisais [lizɛ] *imparf de* **lire**
lisant [lizɑ̃] *ppr és de* **lire**
Lisbonne [lisbɔn] Lissabon *nt*
lisent [liz] *indic prés de* **lire**
liseré [liz(ə)ʀe] *m*, **liséré** [lizeʀe] *m* Borte *f*
liseron [lizʀɔ̃] *m* BOT Winde *f*
liseur, -euse [lizœʀ, -øz] I. *m, f* Leser(in) *m(f);* ***c'est un ~ acharné*** er/sie ist ein Bücherwurm; ***une grande ~euse de science-fiction*** eine eifrige Sciencefictionleserin ['saiəns'fɪkʃn-]
II. *f* ■ **liseuse** 1. (*vêtement*) Bettjäckchen *nt*
2. (*couvre-livre*) Buchhülle *f*
3. (*petite lampe*) Leselampe *f*
lisez [lize] *indic prés de* **lire**
lisibilité [lizibilite] *f* Leserlichkeit *f*, Lesbarkeit *f*
lisible [lizibl] *adj* 1. gut zu lesen, gut lesbar; *écriture* leserlich; ***la signature est peu/n'est pas*** ~ die Unterschrift ist kaum/nicht zu lesen [*o* unleserlich]; ***inscription peu*** ~ undeutliche [*o* schlecht zu lesende] Aufschrift
2. (*digne d'être lu*) lesenswert; ***à peine*** ~ kaum lesbar
3. (*qui peut être lu*) ■ **qc est** ~ /*texte, œuvre*/ etw kann gelesen werden, man kann etw lesen; ***le texte est ~ à plusieurs niveaux*** dieser Text kann auf mehreren Ebenen gelesen werden; ***ces livres sont ~s à tout âge*** diese Bücher kann man in jedem Alter lesen
lisiblement [lizibləmɑ̃] *adv* leserlich; ***veuillez écrire très*** ~ schreiben Sie bitte sehr deutlich
lisière [lizjɛʀ] *f* 1. Webkante *f*
2. (*limite*) Rand *m;* [*champ a.*] Rain *m*
lisons [lizɔ̃] *indic prés de* **lire**
lisse [lis] *adj* glatt
lisser <1> [lise] I. *vt* ■ **qn/un animal lisse qc** jd/ein Tier streicht etw glatt; *papier, plumes* jd/ein Tier glättet etw
II. *vpr* ■ **qn/un animal se lisse qc** jd/ein Tier glättet sich (*dat*) etw; *moustache* jd streicht sich (*dat*) etw glatt
listage [listaʒ] *m* 1. ∅ (*action*) Auflisten *nt;* (*par une imprimante*) Ausdrucken *nt*
2. INFORM Auflistung *f;* (*document imprimé*) Ausdruck *m*
liste [list] *f* 1. Liste *f;* ~ ***des absents/abréviations*** Liste der Abwesenden/Verzeichnis *nt* der Abkürzungen, Abwesenheitsliste/Abkürzungsverzeichnis; ***en tête/en fin de*** ~ [ganz] oben/unten auf der Liste; ~ ***des numéros gagnants*** Liste der Gewinnzahlen; ***les ~s des inscriptions sont closes*** es werden keine Bewerber mehr aufgenommen
2. (*nombre*) ■ ~ **des choses/personnes** Liste *f* von Dingen/Menschen, Reihe *f* von Dingen/Menschen; ***la ~ des mécontents s'allonge de jour en jour*** die Unzufriedenen werden täglich mehr; ***la ~ de ses mérites est longue*** er/sie hat eine ganze Reihe Vorzüge
▸ ~ **civile** Zivilliste *f;* ~ **électorale** Wählerliste *f;* **qn est sur la ~ noire** jd steht auf der schwarzen Liste; **qn/qc est sur la ~ rouge** jd/etw steht nicht im Telefonbuch, jd hat eine Geheimnummer; **qn fait la ~ de qc** jd macht [sich (*dat*)] eine Liste [*o* Aufstellung] von etw; ***s'il fallait faire la ~ de tous ses défauts*** wenn man all seine/ihre Fehler aufzählen [*o* auflisten] wollte
◆ **liste de mariage** Geschenkliste *f* (*in einem Geschäft hinterlegte Wunschliste eines Brautpaars*)
lister <1> [liste] *vt* 1. INFORM (*faire un listage*) ■ **qn liste qc** jd macht einen Ausdruck von etw, jd druckt etw aus; (*faire une liste*) jd listet etw auf
2. (*mettre en liste*) ■ **qn liste qn/qc** *personnes, mots* jd listet jdn/etw auf; ***quand avez-vous listé les absents?*** wann haben Sie die Abwesenheitsliste erstellt?
listing [listiŋ] *m* Liste *f;* (*document imprimé*) Ausdruck *m;* ***elle a sorti un ~ des abonnés*** sie hat die Abonnentenliste ausgedruckt
lit [li] *m* 1. (*meuble*) Bett *nt;* ***au pied/à la tête du*** ~ am Fuß-/Kopfende des Bettes; ~ ***pour deux personnes*** Doppelbett; ***chambre d'hôtel à deux ~s*** Zweibettzimmer *nt;* ***un hôtel de 150 ~s*** ein Hotel mit 150 Betten
2. [*fleuve, rivière*] Bett *nt*
3. (*couche*) ■ ~ **de qc** Schicht *f* einer S. (*gen*); ***sur un ~ d'algues fraîches/de mousse/de braises*** auf einer Schicht frischer Algen/Moos/auf der Glut
▸ **qn fait un ~ en portefeuille** *jd faltet Laken und Decke eines Bettes zum Scherz so, dass man sich darin nicht ausstrecken kann;* **des personnes font ~ à part** Menschen schlafen getrennt [*o* haben getrennte Schlafzimmer]; **~s jumeaux** zwei [gleiche] Einzelbetten; **du même/d'un autre** ~ aus derselben/aus einer anderen Ehe; ~ **pliant** Klappbett *nt;* **du premier/second** ~ aus erster/zweiter Ehe; **~s superposés** Etagenbett *nt;* **qn est cloué(e) au** ~ jd ist ans Bett gefesselt; **qn défait le** ~ jd zerwühlt sein Bett; ***le ~ n'a même pas été défait!*** das Bett ist nicht einmal benützt worden!, in diesem Bett hat niemand geschlafen!; **qn est au** ~ jd ist im Bett; **qn fait le** ~ jd macht das Bett; **comme on fait son ~, on se couche** *prov* wie man sich bettet, so schläft [*o* liegt] man; **qn garde [o ne quitte pas] le** ~ jd hütet das Bett; **qn met qn au** ~ jd bringt jdn ins [*o* zu] Bett; **qn meurt dans son** ~ jd stirbt im Bett; **qc sort de son** ~ /*fleuve, rivière*/ etw tritt über die Ufer; **qn tire qn du** ~ jd holt jdn aus dem Bett; **qn est tombé(e) du** ~ *fam* jd ist wohl aus dem Bett gefallen; **qn va [o se met] au** ~ jd geht ins [*o* zu] Bett; **au** ~ im/ins Bett; ***j'aime bien lire au*** ~ ich lese gern im Bett; ***allez, les enfants, au*** ~! los, Kinder, [ab] ins Bett!
◆ **lit à baldaquin** Himmelbett *nt;* **lit de camp** Feldbett *nt;* **lit de fortune** Notbett *nt*, behelfsmäßiges Bett; **lit de mort** Sterbebett *nt;* ***elle demanda un curé à son ~ de mort*** auf ihrem Sterbebett sandte sie nach einem Priester; **lit d'enfant** Kinderbett *nt;* **lit de noces** Hochzeitsbett *nt;* **lit du vent** NAUT Windrichtung *f*
lit [li] *indic prés de* **lire**
litanie [litani] *f* 1. [*reproches, plaintes*] Leier *f fam;* ***c'est toujours la même*** ~ es ist immer die alte Leier [*o* das alte Lied] *fam*
2. *pl* REL Litanei *f*
litchi [litʃi] *m* 1. (*arbre*) Litschibaum *m*
2. (*fruit*) Litschi[pflaume *f*] *f*
literie [litʀi] *f* 1. (*sommier et matelas*) Bettrost *m* und Matratze *f;* ***le rayon ~*** die Bettenabteilung
2. (*linge*) Bettwäsche *f*, Bettzeug *nt fam*
lithium [litjɔm] *m* CHIM Lithium *nt*
lithographie [litɔgʀafi] *f* 1. (*estampe*) Lithographie *f*, Steindruck *m*
2. ∅ (*technique, art*) Lithographie *f*

lithographier <1 a> [litɔgʀafje] *vt* ■ **qn lithographie qc** jd lithographiert [*o* lithografiert] etw

lithographique [litɔgʀafik] *adj* lithographisch, Steindruck-

litière [litjɛʀ] *f* Streu *f;* [*cheval, vache*] [Ein]streu
◆ **litière pour chats** Katzenstreu *f*

litige [litiʒ] *m* (*contestation*) Streit *m;* JUR Streitfall *m,* Streitigkeit *f;* ***point de*** ~ umstrittener Punkt; ***l'O.N.U. a réglé le ~ entre les deux États*** die UNO hat den Streit zwischen den beiden Staaten beigelegt [*o* geschlichtet]
▸ **en** ~ im Streit; ***nous sommes toujours en*** ~ [***avec X***] wir liegen immer noch im Streit [mit X]; ***point en*** ~ strittiger [*o* streitiger] Punkt

litigieux, -euse [litiʒjø, -jøz] *adj* umstritten; JUR strittig, streitig, Streit-

litote [litɔt] *f* Litotes *f;* ***et quand je dis ..., c'est une*** ~! *hum* und wenn ich ... sage, dann ist das noch zu wenig gesagt! [*o* ist das stark untertrieben!]

litre [litʀ] *m* **1.** (*mesure*) Liter *m;* ***un ~ d'eau/de lait*** ein Liter Wasser/Milch
2. (*bouteille*) Literflasche *f;* (*contenu*) Liter *m*

littéraire [liteʀɛʀ] **I.** *adj* **1.** (*relatif à la littérature*) literarisch; ***histoire*** ~ Literaturgeschichte *f;* ***explication*** ~ Textinterpretation *f;* ***langue*** ~ Schriftsprache *f;* ***elle a des talents ~s*** sie ist schriftstellerisch begabt; ***les milieux ~s*** die literarischen Kreise
2. (*opp: scientifique*) geisteswissenschaftlich; ***il a l'esprit*** ~ er ist sprachlich veranlagt
3. (*académique*) literarisch
II. *mf* (*opp: scientifique*) schöngeistiger Mensch; (*élève*) sprachlich [*o* für geisteswissenschaftliche Fächer] begabter Schüler/begabte Schülerin; (*étudiant, professeur*) Geisteswissenschaftler(in) *m(f)*

littéral, e <-aux> [liteʀal, o] *adj* **1.** *traduction, interprétation* wörtlich, wortgetreu; *copie, transcription* buchstabengetreu; ***le sens ~ d'un mot/texte*** der eigentliche Sinn eines Wortes/Texts
2. MATH Buchstaben-

littéralement [liteʀalmɑ̃] *adv* wortgetreu, [wort]wörtlich; (*au sens fort*) buchstäblich; ***il était ~ épuisé*** er war buchstäblich [völlig] erschöpft; ***j'en ai ~ la preuve*** ich kann das regelrecht beweisen

littérature [liteʀatyʀ] *f* **1.** Literatur *f;* ***c'est de la bonne/mauvaise*** ~ das ist gute/schlechte Literatur
2. (*métier*) Schriftstellerei *f,* Schriftstellern *nt*
3. (*documentation*) Literatur *f;* ***il existe une abondante ~ sur le sujet*** zu diesem Thema gibt es sehr viel Literatur
▸ **c'est de la** ~ *péj* das ist doch nur Blabla *fam;* **qn fait de la** ~ jd schriftstellert

littoral, e <-aux> [litɔʀal, o] **I.** *adj* Küsten-; ***flore/faune ~e*** Litoralflora *f/*-fauna *f*
II. *m* Küstengebiet *nt*

Lituanie [litɥani] *f* ■ **la Lituanie** Litauen *nt*

lituanien, ne [litɥanjɛ̃, jɛn] **I.** *adj* litauisch
II. *m* (*langue*) Litauisch *nt*
III. *m, f* ■ **Lituanien(ne)** Litauer(in) *m(f)*

liturgie [lityʀʒi] *f* Liturgie *f*

liturgique [lityʀʒik] *adj* liturgisch; ***fête*** ~ kirchliches Fest

livide [livid] *adj* blass, bleich; *lèvres a.* farblos; *lumière, reflet* fahl

lividité [lividite] *f* [*teint*] extreme Blässe
▸ ~ **cadavérique** Leichenblässe *f,* Totenblässe *f*

living [liviŋ] *m,* **living-room** <~-~s> [liviŋʀum] *m* Wohnzimmer *nt*

livrable [livʀabl] *adj* lieferbar; ~ ***à domicile*** wird [ins Haus] geliefert; ~ ***franco domicile*** frei Haus lieferbar

livraison [livʀɛzɔ̃] *f* Lieferung *f;* ***délai de*** ~ Lieferfrist *f;* ~ ***de marchandises*** Warenlieferung
▸ ~ **à domicile** Lieferung *f* ins Haus; ~ **franco domicile** Lieferung *f* frei Haus; **payable à la** ~ zahlbar bei Lieferung; **qn prend** ~ **de qc** jd holt etw ab

livre[1] [livʀ] *m* **1.** Buch *nt;* ■ ~ **de** -buch; ~ ***d'histoire/de géographie/d'anglais*** Geschichts-/Erdkunde-/Englischbuch; ~ ***de droit*** juristisches Handbuch
2. ∅ (*industrie*) ■ **le** ~ das Buchwesen; ***salon du*** ~ Buchmesse *f;* ***l'industrie du*** ~ das Buch- und Druckgewerbe; ***le syndicat du*** ~ ~ die IG Druck und Papier
3. (*partie*) Band *m;* ***les ~s de Moïse*** die Bücher Mose
▸ **le ~ lui tombe des mains** er/sie findet ein Buch todlangweilig [*o* sterbenslangweilig] *fam;* ***un ~ qui vous tombe des mains*** ein todlangweiliges Buch *fam;* ~ **blanc** Weißbuch *nt;* **grand** ~ Hauptbuch *nt;* **à** ~ **ouvert** mühelos; ***elle lit l'anglais/traduit Goethe à ~ ouvert*** sie liest fließend [*o* mühelos] Englisch/übersetzt fließend Goethe; ~ **scolaire** Schulbuch *nt;* **qn parle comme un** ~ jd redet wie ein Gelehrter/eine Gelehrte, jd drückt sich gewählt aus
◆ **livre à succès** Bestseller *m;* **livre de bord** NAUT Logbuch *nt;* **livre de caisse** Kassenbuch *nt;* **livre de chevet** Lieblingslektüre *f,* Lieblingsbuch *nt;* **livre de classe** Schulbuch *nt;* **livre de cuisine** Kochbuch *nt;* **livre de lecture** Fibel *f,* Lesebuch *nt;* **livre de l'élève** Schülerausgabe *f;* **livre d'enfant, livre pour enfants** Kinderbuch *nt;* **livre de poche** Taschenbuch *nt;* **livre de prières** Gebetbuch *nt;* **livre des psaumes** Psalmbuch *nt;* **livre d'images** Bilderbuch *nt;* **livre d'or** Goldenes Buch; **livre du maître** Lehrerausgabe *f;* **livre journal** Journal *nt;* **livres de commerce** [Geschäfts]bücher *pl*

livre[2] [livʀ] *f* **1.** (*unité monétaire*) Pfund *nt*
2. (*demi-kilogramme*) Pfund *nt*
3. CAN (*0,453 kg*) Pfund *nt*
4. HIST (*ancienne monnaie française*) Livre *m o nt*
◆ **livre sterling** (*unité monétaire*) Pfund *nt* Sterling ['stœːɐlɪŋ]

livrée [livʀe] *f* Livree *f*

livre-journal <~s-~aux> [livʀəʒuʀnal] *m v.* **livre**

livrer <1> [livʀe] **I.** *vt* **1.** ■ **qn livre qc** *commande* jd liefert etw; ■ **qn livre qn** jd beliefert jdn; ■ **qn se fait** ~ **qc** jd lässt sich (*dat*) etw liefern
2. (*dénoncer*) ■ **qn livre qn à qn** *à la police* jd übergibt jdn jdm; *à l'ennemi* jd liefert jdn jdm aus; ■ **qn livre qn** jd verrät jdn; ***les assassins furent livrés à la justice*** die Mörder wurden der Gerechtigkeit überantwortet
3. (*abandonner*) ■ **qn/qc est livré(e) à qn/qc** jd/etw wird jdm/einer S. preisgegeben [*o* überlassen]; ***la ville a été livrée au pillage*** die Stadt wurde der Plünderung preisgegeben; ***l'enfant/le pays est livré à lui-même*** das Kind/Land ist sich (*dat*) selbst überlassen; ■ **qn livre qn/qc à qn/qc** jd liefert jdn/etw jdm/einer S. aus; ***le gouvernement a livré le pays à l'anarchie*** die Regierung hat das Land der Anarchie preisgegeben
4. (*dévoiler*) ■ **qn livre qc** jd gibt etw preis, jd verrät etw
II. *vpr* **1.** (*se consacrer*) ■ **qn se livre à qc** jd gibt sich einer S. (*dat*) hin, jd widmet sich einer S. (*dat*); ***il se livrait au commerce illicite de qc*** er betrieb unerlaubten Handel mit etw; ***elle se livre à des recherches dans son laboratoire*** sie forscht in ihrem Labor; ***la police se livra à une enquête*** die Polizei stellte Nachforschungen an; ***ils se livrent à leurs occupations habituelles*** sie gehen ihren gewohnten Beschäftigungen nach
2. (*s'abandonner*) ■ **qn se livre à qn/qc** jd gibt sich jdm/einer S. hin; *à la douleur, au désespoir* jd überlässt sich einer S. (*dat*); ***elle se livra corps et âme à son amant*** sie gab sich rückhaltlos [*o* mit Leib und Seele] ihrem Geliebten hin; ***ils se livraient aux pires excès*** sie gaben sich den schlimmsten Exzessen hin
3. (*se rendre*) ■ **qn se livre** [**à qn**] jd stellt sich [jdm]
4. (*se confier*) ■ **qn se livre à qn** jd offenbart sich jdm; ***qn ne se livre pas facilement*** jd öffnet sich nicht ohne weiteres

livresque [livʀɛsk] *adj:* ***un savoir purement*** ~ [*o* ***des connaissances purement ~s***] reines Buchwissen

livret [livʀɛ] *m* **1.** (*brochure*) Heft *nt*
2. MUS Libretto *nt,* Textbuch *nt*
▸ ~ **militaire** Wehrpass *m;* ~ **scolaire** Zeugnis[heft *nt*] *nt*
◆ **livret de caisse d'épargne** Spar[kassen]buch *nt;* **livret de famille** Familienbuch *nt;* **livret matricule** Wehrstammbuch *nt*

livreur, -euse [livʀœʀ, -øz] *m, f* Lieferant(in) *m(f),* Auslieferer(in) *m(f)*

lob [lɔb] *m* Lob *m*

lobby <-ies *o* s> [lɔbi] *m* Lobby *f*

lobbying [lɔbiiŋ] *m* Lobbyismus *m*

lobe [lɔb] *m* **1.** ANAT Lappen *m*
2. BOT Lappen *m*
3. ARCHIT Bogen *m*
◆ **lobe de l'oreille** Ohrläppchen *nt*

lober <1> [lɔbe] **I.** *vi* ■ **qn lobe** jd lobbt, jd schlägt einen Lob
II. *vt* ■ **qn lobe qn** jd überlobbt jdn

local, e <-aux> [lɔkal, o] **I.** *adj* **1.** *journal, chronique, page* Lokal-; *tradition, coutume, plaisanterie, diction* einheimisch, lokal; *autorités, éclaircie, averse* örtlich; ***arrivée à 1 h 30 heure ~e*** Ankunft 1 Uhr 30 Ortszeit; ***c'est une coutume ~e?*** ist das hier [so] üblich?; ***d'intérêt*** ~ von lokalem Interesse; ***notabilités ~es*** Honoratioren *pl* des Ortes; ***hebdomadaire*** ~ lokale Wochenzeitung; ***carte ~e*** regionale Karte; ***industrie ~e*** ortsansässige Industrie
2. *maladie, douleur, traitement* örtlich; *anesthésie a.* lokal
II. *m* **1.** (*salle*) Raum *m;* ***des locaux*** Räumlichkeiten *pl*
2. *pl* (*bureaux*) [Büro]räume *pl;* ***on l'a emmené dans les locaux de la police*** man hat ihn mit aufs Revier genommen
▸ ~ [**à usage**] **commercial** Geschäftsraum *m;* ***les locaux à usage commercial sont soumis à une législation précise*** gewerblich genutzte Räume unterliegen genauen gesetzlichen Bestimmungen
◆ **local d'habitation** Wohnraum *m*

localement [lɔkalmɑ̃] *adv* (*par endroits*) örtlich, stellenweise; (*à un endroit précis*) lokal

localisable [lɔkalizabl] *adj* lokalisierbar

localisation [lɔkalizasjɔ̃] *f* **1.** (*action de localiser*) Lokalisierung *f;* [*avion, navire*] Ortung *f*
2. (*fait d'être localisé*) Lokalisierung *f,* Lokalisation *f*
3. (*action de circonscrire*) [*conflit*] Lokalisierung *f,* örtliche Begrenzung; [*incendie a.*] Eindämmung *f*

localiser <1> [lɔkalize] **I.** *vt* **1.** (*situer*) ■ **qn localise qn/qc** jd macht jdn/etw ausfindig, jd lokalisiert jdn/etw; *avion, navire* jd ortet etw; ***pouvez-vous vous ~?*** können Sie Ihre Position angeben?; ***il tenta de ~ le carrefour sur la carte*** er versuchte, die Kreuzung auf der Karte zu finden; ***j'essaie de ~ d'où vient le bruit*** ich versuche herauszufinden, woher das Geräusch kommt
2. (*circonscrire*) ■ **qn localise qc** jd lokalisiert etw, jd dämmt etw ein; *région, secteur* jd grenzt etw ein; ■ **qc est localisé(e)** etw ist örtlich begrenzt
II. *vpr* ■ **qc se localise** etw begrenzt sich örtlich

localité [lɔkalite] *f* Ort *m,* Ortschaft *f*

locataire [lɔkatɛʀ] *mf* Mieter(in) *m(f);* ***vous êtes ~?*** wohnen Sie zur Miete?

locatif, -ive [lɔkatif, -iv] **I.** *adj* **1.** Miet-; ***logement à usage*** ~ Mietwohnung *f;* ***charges ~ives*** Mietnebenkosten *pl;* ***risque*** ~ Haftung *f* [des Mieters] für Schäden an der Mietsache; ***réparations ~ives*** zulasten des Mieters gehende Reparaturen
2. GRAM *préposition* lokal; ***proposition ~ive*** Umstandssatz *m* des Ortes, Lokalsatz *m;* ***le cas*** ~ der Lokativ
II. *m* Lokativ *m*

location [lɔkasjɔ̃] *f* **1.** [*maison, appartement, terrain*] (*par le locataire*) Mieten *nt;* (*par le propriétaire*) Vermieten; [*voiture, bateau, matériel*] Verleih *m,* Vermieten; ***voiture de*** ~ Mietauto *nt,* Leihwagen *m*
2. (*loyer*) Miete *f*

3. (*maison à louer*): ***nous prenons une ~ pour les vacances*** für die Ferien mieten wir eine Unterkunft
4. [*place de train, d'avion*] [Platz]reservierung *f;* [*place de théâtre*] Vorverkauf *m*
▸ **de** ~ Miet-; **en** ~: ***elle a pris/donné l'appartement en*** ~ sie hat die Wohnung gemietet/vermietet; ***j'ai pris ce terrain en*** ~ ich habe das Grundstück gemietet [*o* gepachtet]; ***ils nous ont donné le terrain en*** ~ sie haben das Grundstück an uns vermietet [*o* verpachtet]; ***appartement en ~ saisonnière*** Ferienmietwohnung *f*
location-vente <~s-~s> [lɔkasjɔ̃vɑ̃t] *f* Leasing ['liːzɪŋ] *nt,* Mietkauf *m*
▸ **en** ~-~ auf Leasing-Basis, auf Mietkauf-Basis
loche [lɔʃ] *f* Grundel *f,* Gründel *f;* ~ ***d'étang*** Schlammpeizger *m;* ~ ***de rivière*** Steinbeißer *m,* Dorngrundel; ~ ***franche*** Schmerle *f,* Bartgrundel
◆ **loche de mer** Fünfbärtelige Seequappe
lock-out [lɔkaut] *m inv* Aussperrung *f*
locomoteur, -trice [lɔkɔmɔtœʀ, -tʀis] I. *adj* lokomotorisch; ***organe*** ~ Fortbewegungsorgan *nt*
II. *m, f* TECH Lokomotive *f*
locomotion [lɔkɔmosjɔ̃] *f* Fortbewegung *f;* ***muscles de la*** ~ lokomotorische Muskeln *pl*
locomotive [lɔkɔmɔtiv] *f* 1. TECH Lokomotive *f;* ***le conducteur de la*** ~ der Lokomotivführer; ~ ***à vapeur*** Dampflok[omotive] *f*
2. (*collectivité*) treibende Kraft; (*personne a.*) Motor *m*
locuteur, -trice [lɔkytœʀ, -tʀis] *m, f* Sprecher(in) *m(f)*
▸ ~ **natif**/~**trice native** Muttersprachler(in) *m(f)*
locution [lɔkysjɔ̃] *f* 1. (*expression*) Ausdruck *m*
2. LING [Rede]wendung *f*
▸ ~ **adverbiale** adverbialer Ausdruck; ~ **figée** feststehende Redewendung; ~ **verbale** verbaler Ausdruck, Verbalphrase *f*
loft [lɔft] *m* Loft *m*
logarithme [lɔgaʀitm] *m* Logarithmus *m;* ***table de ~s*** Logarithmentafel *f*
loge [lɔʒ] *f* 1. [*concierge*] Loge *f*
2. [*comédien*] Garderobe *f*
3. THEAT Loge *f*
4. [*francs-maçons*] ■ **L**~ Loge *f*
▸ [**qn est**] **aux premières** ~**s** [jd erlebt etw] aus nächster Nähe [mit], [jd ist] ganz vorne
logement [lɔʒmɑ̃] *m* 1. (*appartement*) Wohnung *f;* MIL Quartier *nt,* Unterkunft *f;* ~ ***provisoire*** Behelfsunterkunft; ~ ***de deux pièces*** Zweizimmerwohnung
2. ∅ (*hébergement*) Wohnungsmarkt *m;* MIL Einquartierung *f,* Unterbringung *f;* ***politique en matière de*** ~ Wohnungspolitik *f;* ***crise du*** ~ Wohnungskrise *f*
3. TECH Gehäuse *nt;* [*billes*] Lager *nt;* ***le ~ du pêne de la serrure*** das Schließblech; ***le ~ de la cassette/du plateau*** das Kassettenfach/CD-Fach
◆ **logement de fonction** Dienstwohnung *f*
loger <2 a> [lɔʒe] I. *vi* 1. (*habiter*) ■ **qn loge quelque part** jd wohnt irgendwo; ■ **un animal loge quelque part** ein Tier lebt irgendwo
2. (*séjourner*) ■ **qn loge quelque part** *dans un hôtel* jd übernachtet irgendwo
3. (*tenir dans*) ■ **qc loge quelque part** /*vêtements, affaires*/ etw passt [*o* geht] irgendwo hinein, etw hat irgendwo Platz
II. *vt* 1. (*héberger*) ■ **qn loge qn** [**quelque part**] jd bringt jdn [irgendwo] unter; MIL jd quartiert jdn [irgendwo] ein; ■ **qn est logé(e)** [**quelque part**] jd ist [irgendwo] untergebracht; MIL jd ist irgendwo einquartiert
2. (*placer*) ■ **qn loge qn** [**quelque part**] jd bringt jdn [irgendwo] unter; ■ **qn loge qc quelque part** *valises, armoire* jd stellt etw irgendwo ab, jd verstaut etw irgendwo; ***qui t'a logé cette idée dans la tête?*** wer hat dir denn den Floh ins Ohr gesetzt? *fam*
3. (*contenir*) ■ **qc loge qn/qc** etw bietet Platz für jdn/etw
4. (*envoyer*) ■ **qn loge qc quelque part**: ***qn loge la flèche en plein centre de la cible*** jd trifft mit dem Pfeil mitten ins Ziel; ***qn loge une balle dans la tête de qn*** jd jagt jdm eine Kugel in den Kopf
III. *vpr* 1. (*trouver un logement*) ■ **qn se loge quelque part** jd kommt irgendwo unter
2. (*se placer*) ■ **un animal se loge quelque part** ein Tier verkriecht sich irgendwohin; ■ **qc se loge quelque part** /*ballon, balle*/ etw bleibt irgendwo stecken
3. (*tenir dans*) ■ **des personnes se logent quelque part** Menschen passen irgendwo hinein
4. (*s'installer*) ■ **qc se loge quelque part** /*sentiment*/ etw setzt sich irgendwo fest, etw nistet sich irgendwo ein
logeur, -euse [lɔʒœʀ, -ʒøz] *m, f* Vermieter(in) *m(f)*
loggia [lɔdʒja] *f* Loggia *f*
logiciel [lɔʒisjɛl] *m* Software ['zɔftvɛːɐ, 'sɔftwæːə] *f*
▸ ~ **anti-virus** Anti-Virus-Programm *nt;* ~ **graphique** Grafikprogramm *nt;* ~ **intégré** Softwarepaket *nt;* ~ **libre** [*o* **gratuit**] Freeware ['friːvɛːɐ, 'friːwæːə] *f*
◆ **logiciel d'application** [individuelles] Anwendungsprogramm; **logiciel de courrier électronique** Mailprogramm ['meɪl-] *nt;* **logiciel d'enseignement** Lernprogramm *nt;* **logiciel de jeu** Spielprogramm *nt;* **logiciel de navigation** Navigationsprogramm *nt;* **logiciel de traitement de texte** Textverarbeitungsprogramm *nt*
logicien, ne [lɔʒisjɛ̃, jɛn] *m, f* Logiker(in) *m(f)*
logique [lɔʒik] I. *adj* logisch; ***vous n'êtes pas*** ~ Sie widersprechen sich (*dat*); ■ **il est ~ que + *subj*/de faire qc** es ist logisch, dass/, etw zu tun
▸ [**qn est**] ~ **avec lui-même** [jd ist] konsequent
II. *f* 1. (*cohérence*) Logik *f;* ***qc manque de*** ~ etw entbehrt der Logik, etw ist unlogisch
2. (*manière de raisonner*) Logik *f*
3. PHILOS, MATH Logik *f;* ~ ***formelle/mathématique*** formale/mathematische Logik
▸ **qc est dans la ~ des choses** etw liegt in der Natur der Sache; **en** [*o* **selon**] **toute** ~ logischerweise, aller Logik zufolge
logiquement [lɔʒikmɑ̃] *adv* 1. (*normalement*) logischerweise
2. *penser, raisonner* logisch; ***essayons de discuter*** ~! bleiben wir bei der Sache!
logis [lɔʒi] *m littér* Heimstatt *f liter;* ***qn quitte très tôt le ~ familial*** jd verlässt schon sehr früh das Elternhaus; ***qn rentre au*** ~ jd kehrt an den heimischen Herd zurück *liter*
logistique [lɔʒistik] I. *f* Logistik *f*
II. *adj* logistisch
logithèque [lɔʒitɛk] *f* Softwaresammlung *f*
logo[type] [lɔgɔ(tip)] *m* [*entreprise*] Firmenzeichen *nt,* Logo *nt;* [*produit*] Warenzeichen *nt,* Markenzeichen *nt*
loi [lwa] *f* 1. (*prescription légale*) Gesetz *nt;* ***qn propose une*** ~ jd bringt eine Gesetzesvorlage ein; ~ ***Grammond*** Grammondsches Gesetz; ■ ~ **sur** [*o* **de**] -gesetz *nt;* ~***s de la guerre*** Kriegsrecht *nt*
2. (*ordre imposé*) Gesetz *nt;* (*par Dieu*) Gebot *nt;* ***qn érige qc en*** ~ jd erhebt etw zum Gesetz; ***les tables de la L~*** die Gesetzestafeln; ~ ***divine*** göttliches Gebot, Gebot *nt* Gottes; ■ ~ **de qc** Gebot *nt* einer S. (*gen*); ***les ~s de la bienséance/du jeu*** die Anstandsregeln/Spielregeln; ~***s de la mode*** Diktat *nt* der Mode; ***la ~ du destin*** die Fügung des Schicksals
3. PHYS, MATH Gesetz *nt;* ■ ~ **de qc**: ~ ***de Newton*** newtonsches Gesetz; ~ ***de la pesanteur*** Gesetz der Schwerkraft [*o* Schwere]; ~ ***de la chute des corps*** Fallgesetz; ~ ***de l'équilibre*** Gesetz des Gleichgewichts; ~ ***d'inertie*** Trägheitsgesetz
▸ **la ~ du moindre effort** das Prinzip des geringsten Arbeitsaufwandes; **la ~ du plus fort** das Gesetz des Stärkeren; **la ~ du hasard** das Gesetz des Zufalls; **la ~ de la jungle** das Gesetz des Dschungels; **la ~ du milieu** das Gesetz der Unterwelt; **c'est la ~ des séries** ein Unglück kommt selten allein[e]; ***selon la ~ des séries*** da ja ein Unglück selten allein[e] kommt; **la ~ du silence** das Schweigegesetz der Mafia; **la ~ du talion** das Prinzip Auge um Auge, Zahn um Zahn; das Prinzip, Gleiches mit Gleichem zu vergelten; ~ **anticasseurs** Gesetz gegen gewalttätige Ausschreitungen bei Demonstrationen; ~ **antidopage** Dopingbestimmungen *pl;* ~ **civile/pénale** Zivilgesetz/Strafgesetz; **la ~ est dure, mais c'est la** ~ *prov* das Gesetz ist hart, aber so ist nun einmal das Gesetz; ~ **électorale** Wahlbestimmungen *pl;* **la ~ est la même pour tous** vor dem Gesetz sind alle [Menschen] gleich; **qn a la ~ pour lui** jd hat das Recht auf seiner Seite; ***j'ai la ~ pour moi*** das Gesetz ist [*o* steht] auf meiner Seite; **nul n'est censé ignorer la** ~ *prov* Unkenntnis *f* schützt vor Strafe nicht *prov;* **qn/qc dicte** [*o* **impose**] **sa** ~ jd/etw befiehlt; **qn fait la ~ chez qn** jd befiehlt bei jdm; **qn se fait une ~ de qc** jd macht sich (*dat*) etw zur Pflicht; **qn se met hors la** ~ jd macht sich strafbar; **qn subit la ~ de qn** jd muss sich jds Macht (*dat*) unterordnen
loi-cadre <~s-~s> [lwakɑdʀ] *f* Rahmengesetz *nt,* Mantelgesetz *nt*
loin [lwɛ̃] *adv* 1. (*distance*) *aller, partir* weit [weg]; *être, se trouver a.* weit [entfernt]; ■ ~ **de** weit [weg] von, weit [entfernt] von; ***les déserteurs sont déjà*** ~ die Deserteure sind schon über alle Berge; ***je vais à la gare, suis-je encore*** ~? ich will zum Bahnhof, ist das noch weit?; ***vous n'êtes plus très*** ~ das ist nicht mehr weit; ***c'est encore assez*** ~ das ist noch ganz schön weit; ***approchez-vous un peu! vous êtes trop*** ~ kommen Sie näher! Sie sind [*o* stehen] zu weit weg; ***aussi ~ que vous alliez*** Sie können noch so weit gehen
2. *aller, pousser, chercher* weit; ***voir plus ~ page 28*** siehe Seite 28; ***tu cherches la solution/le bonheur beaucoup trop*** ~ die Lösung/das Glückt liegt viel näher; ***il est inutile de chercher la réponse si*** ~ es ist nutzlos, die Antwort so weit weg zu suchen
3. (*dans le temps*) (*passé*) lange her; (*futur*) weit weg; ***comme tout cela est*** ~ wie lange das schon her ist; ***c'est une coutume qui date de*** ~ das ist ein alter [*o* althergebrachter] Brauch; ***les examens sont encore*** ~ die Prüfungen sind noch weit weg, bis zu den Prüfungen ist noch viel Zeit; ***le temps n'est pas ~ où il te faudra partir*** du wirst bald gehen müssen; ■ ~ **de**: ***nous sommes déjà ~ de l'été*** der Sommer ist schon lange vorbei; ***il n'est pas très ~ de minuit*** es ist kurz vor [*o* fast] Mitternacht; ***nous sommes encore ~ des vacances*** die Ferien sind noch weit weg, bis zu den Ferien ist es noch weit [*o* lange hin]
4. (*au lieu de*) ■ ~ **de faire qc** weit entfernt davon, etw zu tun; ~ ***de cela*** weit davon entfernt
5. (*opp: près*) ■ **qn/qc est/n'est pas ~ de qc** jd/etw ist weit/nicht weit von etw entfernt; ■ **qn/qc est/n'est pas ~ de faire qc** jd/etw ist weit/nicht weit davon entfernt, etw zu tun; ***je suis ~ de le critiquer*** es liegt mir fern, ihn zu kritisieren; ***j'étais vraiment ~ de m'attendre à une telle visite*** ich hatte nicht im Entferntesten mit einem solchen Besuch gerechnet; ***il n'était pas ~ de se mettre en colère*** er war nahe daran, wütend zu werden
▸ **il y a/il n'y a pas ~ de qc à qc** zwischen etw (*dat*) und etw (*dat*) ist ein/kein großer Unterschied; ***de là à dire que tout est fichu, il y a*** ~ deshalb gleich zu sagen, dass alles im Eimer ist, hieße maßlos übertreiben; ***il y a ~ d'un projet à sa réalisation*** von einem Plan bis zu seiner Verwirklichung ist [es] ein weiter Weg; **qn cherche trop** ~ jd macht es viel zu kompliziert; ***il faudrait aller chercher ~ pour …*** man muss schon lange suchen, bis …; ~ **s'en faut** weit gefehlt; **qn ira** ~ jd wird es weit [*o* zu etwas] bringen; **qn n'ira plus très** ~ /*mourant*/ jd macht es nicht mehr lange *fam;* **ça n'ira pas plus** ~ das geht nicht weiter; **j'irais même plus** ~ ich ginge sogar noch weiter, ich würde sogar noch weiter gehen; **qc mène qn** ~: ***cela nous mènerait trop*** ~ das würde zu weit führen; ***cette bêtise risque de te mener*** ~ diese Dummheit kann dich teuer zu stehen kommen; ***qc ne mène pas*** ~ mit etw kommt man nicht weit; **qc risque de me/le/la/… mener** ~ das

wird Folgen für mich/ihn/sie/... haben; **qn revient de** ~ jd ist noch einmal davongekommen; **qn/qc va [trop]** ~ jd/etw geht zu weit; **qn voit** ~ jd denkt weit voraus; **au** ~ in der Ferne; ***il est parti au*** ~ er ist in die Ferne gezogen; **d'aussi** ~ [*o* **du plus** ~] **que** + *indic o subj* sobald; ***d'aussi*** ~ ***qu'il m'en souvienne*** soweit ich [zurück]denken kann; **de** ~ (*d'une longue distance*) von weitem, aus der Ferne; (*de beaucoup*) bei weitem, mit Abstand; (*très vaguement*) *s'intéresser à qc, s'occuper de qc* nur [ganz] am Rande; *suivre* aus der Ferne; ***qn n'est informé(e) de qc que de*** ~ jd ist nur grob von etw unterrichtet; **et de** ~ und das mit Abstand [*o* bei weitem]; **de** ~ **en** ~ ab und zu, von Zeit zu Zeit; ~ **de là** [ganz] im Gegenteil; ~ **de moi qc** etw liegt mir fern; **pas** ~ **de 10/1000/...** fast 10/1000/...; **pas plus** ~ **que** *fam* erst

lointain, e [lwɛ̃tɛ̃, ɛn] I. *adj* **1.** (*éloigné*) fern; *causes* mittelbar; *époque* weit zurückliegend; *souvenir* alt; ***aux temps*** ~***s de mon enfance*** in fernen Kindertagen
2. (*indirect*) entfernt; *parenté a.* weitläufig; ***rapport*** ~ loser Zusammenhang
3. (*détaché, absent*) *personne* in Gedanken versunken; *regard* abwesend; ***tu as l'air*** ~ du siehst aus, als wärst du mit deinen Gedanken ganz woanders [*o* weit weg]
II. *m* **1.** *soutenu* Ferne *f*
2. *pl* ART Hintergrund *m*
▶ **au** [*o* **dans le**] ~ in der Ferne

loi-programme <~s-~s> [lwapʀɔgʀam] *f Rahmengesetz für ein langfristiges Programm im finanz- oder sozialpolitischen Bereich*

loir [lwaʀ] *m* Siebenschläfer *m*
▶ **qn dort comme un** ~ jd schläft wie ein Murmeltier

Loire [lwaʀ] *f* ■ **la Loire** die Loire

Loire-Atlantique [lwaʀatlɑ̃tik] *f* ■ **la Loire-Atlantique** Loire-Atlantique *f* (*französisches Departement*)

loisible [lwazibl] *adj soutenu* ■ **il est** ~ **de faire qc** man kann etw tun; ■ **il est** ~ **à qn de faire qc** es steht jdm frei, etw zu tun

loisir [lwaziʀ] *m* **1.** *sing o pl* (*temps libre*) Freizeit *f,* freie Zeit
2. (*passe-temps*) Freizeitbeschäftigung *f*
▶ **qn a des** ~**s** jd hat freie Zeit, jd hat Freizeit; **qn a/n'a pas le** ~ **de faire qc** jd hat Zeit/keine Zeit etw zu tun; **qn a tout** ~ **de faire qc** jd hat genügend Zeit etw zu tun; **qc laisse/ne laisse pas beaucoup de** ~ **à qn** etw lässt jdm viel/wenig Freizeit; **[tout] à** ~ in [aller] Ruhe; **de** ~ *activité, centre* Freizeit-; ***heures de*** ~, ***moments de*** ~ Freizeit *f,* freie Zeit

lolo [lolo] *m* **1.** *enfantin* (*lait*) Milch *f*
2. *pop* (*sein*) Titten *pl sl*

lombago [lœ̃bago] *m v.* **lumbago**

lombaire [lɔ̃bɛʀ] I. *adj* Lenden-; *ponction* Lumbal-
II. *f* Lendenwirbel *m*

lombalgie [lɔ̃balʒi] *f* Lendenschmerzen *pl,* Lumbalgie *f spec*

lombes [lɔ̃b] *mpl* Lenden *pl*

lombric [lɔ̃bʀik] *m* Regenwurm *m*

londonien, ne [lɔ̃dɔnjɛ̃, jɛn] I. *adj* Londoner
II. *m, f* ■ **Londonien(ne)** Londoner(in) *m(f)*

Londres [lɔ̃dʀ] London *nt*

long, longue [lɔ̃, lɔ̃g] I. *adj* **1.** *a. antéposé* (*dans l'espace*) lang; *détour* groß; ~ ***de 5 km*** 5 km lang; ***trop*** ~ ***de 10 cm*** [um] 10 cm zu lang
2. *antéposé* (*dans le temps*) lang; *habitude* alt; ***ce sera*** ~ das wird lange dauern; ***à longue échéance, à*** ~ ***terme*** langfristig; ■ **qn est** ~ **à faire qc** jd braucht lange um etw zu tun; ■ **qc est** ~ **à faire** man braucht lange um etw zu tun; ***la réponse fut longue à venir*** die Antwort ließ lange auf sich warten
▶ **qc en dit** ~ etw besagt viel, etw spricht Bände; **qc en dit** ~ **sur qc** etw sagt viel über etw (*akk*); **qn s'habille/est habillé(e) [trop]** ~ jd trägt [zu] lange Kleidung; **qn en sait** ~ **[sur qc]** jd weiß gut Bescheid [über etw (*akk*)]; **qn en sait trop/plus** ~ jd weiß zu viel/mehr darüber
II. *m* ▶ **de** ~ **en large** hin und her, auf und ab; **en** ~ **et en large** lang und breit; **en** ~, **en large et en travers** *fam* in allen Einzelheiten; **[tout] au** ~ **de qc:** ***tout au*** ~ ***du parcours*** die ganze Strecke; ***tout au*** ~ ***de sa vie/du récit*** sein ganzes Leben [lang]/während des ganzen Berichts; ***tout au*** ~ ***des jours*** tagein, tagaus; **de** ~ lang; ***qc a 2 km de*** ~ etw ist 2 km lang; **de tout son** ~ *tomber* der Länge nach; ***il s'était étendu de tout son*** ~ er hatte sich lang hingestreckt; **en** ~ in der Länge, der Länge nach; **le plus** ~ der längste Weg; **tout du** ~ **[de qc]** *allée* [etw] von vorn bis hinten; *page, jupe* [etw] von oben bis unten; ***tout du*** ~ ***de la forêt*** den ganzen Wald entlang; **[tout] le** ~ **de qc:** [*tout*] ***le*** ~ ***de la rivière/du mur*** am ganzen Flussufer/an der ganzen Wand entlang; ***il a eu des cauchemars tout le*** ~ ***de la nuit*** er hat die ganze Nacht Alpträume gehabt
III. *f* LING langer Vokal; MUS lange Note; POES lange Silbe
▶ **à la longue** auf [die] Dauer, mit der Zeit

long-courrier <~-~s> [lɔ̃kuʀje] I. *m* (*avion*) Langstreckenflugzeug *nt;* (*bateau*) Überseedampfer *m,* Hochseedampfer *m*
II. *app:* ***avion*** ~~ Langstreckenflugzeug *nt*

longe [lɔ̃ʒ] *f* **1.** Leine *f;* (*pour mener*) Zügel *m;* (*pour faire travailler*) Longe *f*
2. GASTR [*chevreuil, porc*] -rücken *m;* ~ ***de veau*** Kalbsnierenbraten *m*

longer <2 a> [lɔ̃ʒe] *vt* **1.** (*border*) ■ **qc longe qc** */mur/* etw läuft an etw (*dat*) entlang; */bois/* etw zieht sich an etw (*dat*) entlang; */sentier/* etw führt an etw (*dat*) entlang; */rivière/* etw fließt an etw (*dat*) entlang; ***la forêt est longée par la frontière suisse*** am Wald entlang verläuft die Schweizer Grenze
2. (*aller le long de*) ■ **qc longe qc** */bateau/* etw fährt an etw (*dat*) entlang; ■ **qn longe qc** (*en voiture*) jd fährt an etw (*dat*) entlang; (*à pied*) jd geht an etw (*dat*) entlang

longeron [lɔ̃ʒʀɔ̃] *m* TECH Längsträger *m;* [*charpente*] Längsbalken *m;* ~ ***d'aile*** Tragflächenholm *m,* Flügelholm *m*

longévité [lɔ̃ʒevite] *f* **1.** (*longue durée de vie*) Langlebigkeit *f*
2. (*durée de vie*) Lebensdauer *f*

longiligne [lɔ̃ʒiliɲ] *adj personne* schmal und hoch gewachsen; *animal* langglied[e]rig; *voiture* lang gestreckt, lang gezogen

longitude [lɔ̃ʒityd] *f* Länge *f*
▶ ~ **est/ouest** östliche/westliche Länge

longitudinal, e <-aux> [lɔ̃ʒitydinal, o] *adj* Längs-

longitudinalement [lɔ̃ʒitydinalmɑ̃] *adv* der Länge nach, in der Längsrichtung

longtemps [lɔ̃tɑ̃] I. *adv* (*longuement*) lange; ***ça fait*** ~ ***que*** es ist lange her, dass; ***il y a encore*** ~ ***à attendre?*** muss ich/müssen wir noch lange warten?
▶ ~ **avant/après** lange [Zeit] vorher/danach; ~ **avant/après qc** lange [Zeit] vor etw (*dat*)/nach etw; **aussi** ~ **que** + *indic* so lange wie; ***aussi*** ~ ***que vous serez là à discuter*** so lange [wie] Sie hier herumdiskutieren
II. *m* ▶ **qn en a pour** ~ jd braucht lange; **qn n'en a plus pour** ~ jd hat nicht mehr lange zu leben, jd macht es nicht mehr lange *fam;* **il y a** ~ das ist schon lange her; ***il y a très*** ~, ... vor langer Zeit; **il y a** ~ **que** + *indic* es ist schon lange her, dass; ***il y a*** ~ ***que je t'aime*** ich liebe dich schon seit langem; ***il y a*** ~ ***que j'ai fini*** ich bin schon lange [*o* längst] fertig; ***il n'y a pas*** ~ ***que j'ai déménagé*** ich bin vor kurzem erst umgezogen; **il y en a pour** ~**?** dauert [*o* geht] es lange?; **avant** ~ bald; ***ils ne me reverront pas avant*** ~ die sehen mich so bald [*o* schnell] nicht wieder; **dans** ~ *fam revenir* bald; *être* noch nicht so bald; **de** ~: ***on ne le reverra pas de*** ~ den sehen wir so bald [*o* schnell] nicht wieder; **depuis** ~ *habiter dans un endroit* seit langem; *avoir terminé un travail* schon lange; ***il n'était pas là depuis*** ~ ***lorsque je suis arrivé*** als ich ankam, war er noch nicht lange da; **d'ici** ~: ***on ne le reverra plus d'ici*** ~ den werden wir hier so schnell [*o* bald] nicht wieder sehen; **pour** ~ für länger, für längere Zeit; **voilà** ~ **que** + *indic:* ***voilà*** ~ ***que je n'ai pas eu de leurs nouvelles*** ich habe schon lange nichts mehr von ihnen gehört

longuement [lɔ̃gmɑ̃] *adv* lange; *expliquer* lang und breit; *s'étendre sur un sujet* ausführlich; *étudier* eingehend; ***une réponse*** ~ ***méditée*** eine wohl bedachte Antwort

longuet, te [lɔ̃gɛ, ɛt] I. *adj fam* ■ **un** [*o* **quelque**] **peu** ~ ein bisschen [zu] lang; ***j'ai trouvé le film plutôt*** ~ ich fand den Film recht lang *fam*
II. *m* langes Brötchen

longueur [lɔ̃gœʀ] *f* **1.** (*opp: largeur*) Länge *f;* ■ **[qc a une]** ~ **de ...,** ■ **[qc a] ... de** ~ [etw hat eine] Länge von ..., etw ist ... lang; ***la planche a une*** ~ ***de 70 cm*** [*o* ***a 70 cm de*** ~] das Brett ist 70 cm lang; ***la*** ~ ***de ce champ est le triple de sa largeur*** das Feld ist dreimal so lang wie breit
2. (*dimension*) Länge *f*
3. (*grande dimension*) Länge *f;* [*livre a.*] Umfang *m* einer S.
4. (*durée*) Länge *f* einer S. (*gen*)
5. (*longue durée*) [*négociations*] Langwierigkeit *f;* [*travail*] lange Dauer; ***la*** ~ ***de l'attente au péage*** die langen Wartezeiten an der Mautstelle
6. *pl* LITTER, CINE Längen *pl*
7. SPORT, CYCLISME Länge *f*
8. SPORT (*saut*) Weitsprung *m*
▶ **qc a une** ~ **de** + *compl de mesure* etw ist + *Maßangabe* lang; **qc est d'une** ~ **de** + *compl de mesure* etw hat eine Länge von + *Maßangabe;* **qc tire** [*o* **traîne**] **en** ~ etw zieht sich in die Länge; **qn fait traîner qc en** ~ jd zieht etw in die Länge; **à** ~ **de qc:** ***à*** ~ ***d'année/de journée/de temps*** das ganze Jahr/den ganzen Tag/die ganze Zeit; **d'une** ~ SPORT um eine Länge; **en** ~ *fendre* der Länge nach; ***cette pièce fait 5 mètres en*** ~ das Zimmer ist 5 Meter lang, das Zimmer misst 5 Meter in der Länge
◆ **longueur d'avance** Führung *f* ▶ **qn a une** ~ **d'avance sur qn** jd liegt vor jdm in Führung; **longueur d'onde** Wellenlänge *f* ▶ **des personnes sont sur la même** ~ **d'onde** *fam* Menschen haben die gleiche [*o* liegen auf der gleichen] Wellenlänge *fam*

longue-vue <~s-~s> [lɔ̃gvy] *f* Fernrohr *nt,* Teleskop *nt*

look [luk] *m* [*personne*] Look *m;* [*appartement*] Note *f;* [*bâtiment*] Gesicht *nt;* [*magazine*] Aufmachung *f*

looping [lupiŋ] *m* **1.** AVIAT Looping *m o nt*
2. (*changement complet*) Wende *f* um 180°

lope [lɔp] *f péj fam,* **lopette** [lɔpɛt] *f péj fam* Schwuchtel *f fam,* Tunte *f fam*

lopin [lɔpɛ̃] *m* ■ ~ **[de terre]** Stück *nt* Land

loquace [lɔkas] *adj* gesprächig

loquacité [lɔkasite] *f* Gesprächigkeit *f;* ***quelle*** ~! mein Gott, was redet der/die viel!

loque [lɔk] *f* **1.** (*vêtement*) Lumpen *m,* Fetzen *m;* ***elle était vêtue de*** ~***s*** sie war in Lumpen gekleidet
2. *péj* (*personne*) ■ ~ **[humaine]** [menschliches] Wrack
▶ **qc tombe en** ~**s** etw ist in Fetzen; **en** ~**s** zerlumpt

loquet [lɔkɛ] *m* [*porte*] [kleiner] Riegel; ***qn met le*** ~ jd schiebt den Riegel vor

lordose [lɔʀdoz] *f* Rückgratverkrümmung *f,* Lordose *f spec*

lorgner <1> [lɔʀɲe] I. *vt* **1.** (*reluquer*) ■ **qn lorgne qn** jd starrt jdn an
2. (*guigner*) ■ **qn lorgne qc** jd schielt nach etw; *poste a.* jd liebäugelt mit etw; ■ **un animal lorgne qc/un animal** ein Tier lässt etw/ein Tier nicht aus den Augen
3. (*épier*) ■ **qn lorgne qn/qc** *gestes* jd verfolgt jdn/etw genau; *ébats amoureux* jd beobachtet jdn/etw verstohlen
II. *vi* ■ **qn lorgne sur qn** jd schielt nach jdm; ■ **qn lorgne sur qc** *sur la montre, une copie* jd schielt auf etw (*akk*); *sur un journal* jd schielt in etw (*akk*)

lorgnette [lɔʀɲɛt] *f* Opernglas *nt*
▶ **qn regarde qc par le petit bout de la** ~ jd sieht etw zu einseitig [*o* eng]

lorgnon [lɔʀɲɔ̃] *m* (*face-à-main*) Lorgnon *nt;* (*pince-nez*) Kneifer *m*
loriot [lɔʀjo] *m* Pirol *m*
lorrain, e [lɔʀɛ̃, ɛn] I. *adj* lothringisch
II. *m, f* ■ **Lorrain(e)** Lothringer(in) *m(f)*
III. *f* ■ **la Lorraine** Lothringen *nt*
lors [lɔʀ] *adv* ▶ ~ **de** + *subst* (*au moment de*) als + *vb*, bei + *subst;* ~ ***de notre arrivée*** als wir ankamen, bei unserer Ankunft; ~ ***d'un congrès/d'une conférence de presse*** auf einem Kongress/einer Pressekonferenz; **depuis** ~ seitdem; **dès** ~ (*à partir de ce moment-là*) seitdem; (*de ce fait*) folglich, infolgedessen; **dès** ~ **que** + *indic* sobald
lorsque <lorsqu'> [lɔʀsk(ə)] *conj* (*quand*) ■ ~ **qn/qc fait/fera qc** wenn jd/etw etw tut/tun wird; ■ ~ **qn/qc faisait/a fait qc** als jd/etw etw tat/getan hat; ***lorsqu'il fera beau, nous sortirons*** wenn das Wetter schön ist, werden wir hinausgehen; ***lorsqu'il fit beau, nous sortîmes*** *littér* als das Wetter schön wurde, sind wir hinausgegangen
losange [lɔzɑ̃ʒ] *m* Raute *f,* Rhombus *m*
▶ **en** [**forme de**] ~ rautenförmig; **en** ~**s** *pavage* mit Rautenmuster
losangé, e [lɔzɑ̃ʒe] *adj dessin* rautenförmig, Rauten-; *tissu* mit Rautenmuster
lot [lo] *m* **1.** (*prix*) Gewinn *m,* Preis *m*
2. (*assortiment*) Stapel *m;* [*draps, livres a.*] Stoß *m;* [*vaisselle a.*] größere Menge; [*chiffons*] Haufen *m;* (*aux enchères*) Posten *m;* ***dans le ~ des candidats à ce poste*** unter den ganzen Kandidaten für diesen Posten; ■ **un ~ de ...** (*de choses différentes*) ein Satz *m* ...; (*de choses identiques*) ein ...pack *m;* ***un ~ de six assiettes*** ein Satz mit sechs Tellern
3. (*parcelle*) Parzelle *f;* ***morceler qc en plusieurs ~s*** etw [in Parzellen] aufteilen, etw parzellieren
4. (*part*) Anteil *m,* Teil *m*
5. INFORM: ***traitement par ~s*** Stapelverarbeitung *f*
6. *soutenu* (*sort*) Los *nt geh*
▶ **un beau petit** ~ *fam* eine kleine Schönheit; **le gros** ~ das Große Los, der Hauptgewinn; **qn gagne** [*o* **tire**] **le gros** ~ jd gewinnt [*o* zieht] das Große Los; **qn a gagné le gros** ~ *iron* / *femme enceinte*/ jd hat sich (*dat*) ein Kind andrehen lassen; **tu as gagné le gros ~ ou quoi?** hast du das Große Los gewonnen?
◆ **lot de consolation** Trostpreis *m*
loterie [lɔtʀi] *f* **1.** (*jeu*) Lotterie *f*
2. (*hasard*) Lotteriespiel *nt*
▶ **L~ nationale** staatliche Lotterie; **qn met qc en** ~ jd gibt etw zur Verlosung, jd gibt etw in die Tombola; **à la** ~ *gagner, perdre, jouer* in der Lotterie
loti, e [lɔti] *adj* ▶ **qn est bien/mal** ~ jd hat es gut/schlecht getroffen
lotion [losjɔ̃] *f* Lotion *f,* Gesichtswasser *nt;* ~ ***capillaire*** Haarwasser *nt;* ~ ***médicamenteuse*** medizinische Lotion
▶ ~ **après-rasage** Aftershave *nt,* Rasierwasser *nt*
lotir <8> [lɔtiʀ] *vt* **1.** (*diviser en lots*) ■ **qn lotit qc** jd parzelliert etw, jd teilt etw in Parzellen auf; JUR jd teilt etw auf
2. (*mettre en possession d'un lot*): ***elle nous a lotis chacun de qc*** sie hat jedem von uns etw vermacht; ***chacun a été loti d'une maison*** jeder wurde mit einem Haus bedacht
lotissement [lɔtismɑ̃] *m* **1.** (*ensemble immobilier*) Siedlung *f;* (*terrain à bâtir*) Baugelände *nt*
2. (*division en lots*) Parzellierung *f;* JUR Aufteilung *f*
loto [lɔto] *m* **1.** (*jeu de société*) Lotto(spiel *nt*) *nt*
2. (*loterie*) ■ **le** ~ Lotto *nt;* ***le tirage du ~*** die Ziehung der Lottozahlen
▶ **L~ national** staatliche Lotterie; **L~ sportif** Toto *nt*
lotte [lɔt] *f* [Aal]quappe *f*
◆ **lotte de mer** Seeteufel *m*
lotus [lɔtys] *m* Lotos *m;* ***fleurs de ~*** Lotosblüten *pl*
louable¹ [lwabl] *adj* (*digne de louange*) lobenswert, rühmenswert; ***la jalousie n'est pas un sentiment très ~*** Eifersucht ist kein Gefühl, das Anerkennung verdient
louable² [lwabl] *adj pièce, appartement, maison* zu vermieten
louage [lwaʒ] *m* [*navire*] Charter *m;* [*choses, immeuble*] Mietvertrag *m;* ~ ***d'animaux de ferme*** Leihpachtvertrag *m;* ~ ***d'ouvrage et d'industrie*** Werkvertrag *m;* ~ ***de services*** Dienstvertrag *m*
louange [lwɑ̃ʒ] *f* **1.** *soutenu* (*glorification*) Lobpreisung *f geh;* ~ ***à toi, Seigneur*** gelobt sei der Herr; ***qc est digne de ~*** etw ist lobenswert
2. *gén pl* (*paroles*) Lobrede *f,* Lobeshymne *f;* ***on l'a couvert de ~s*** man hat ihn mit Lob überschüttet
▶ **qn célèbre** [*o* **chante**] **les ~s de qn/qc** jd singt ein Loblied auf jdn/etw; **à la ~ de qn** zu jds Lob, zu jds Ehre
loubard, e [lubaʀ, aʀd] *m, f fam* Rowdy ['raudi] *m fam*
louche¹ [luʃ] I. *adj* **1.** (*douteux*) zweifelhaft; *passé a.* dunkel; *affaire* undurchsichtig, dubios; *histoire* dubios, fragwürdig; ***individu ~*** zwielichtige Gestalt
2. *lumière* trüb; *regard* verschleiert
II. *m* (*chose suspecte*) ■ **du** ~: ***il y a du ~ dans cette affaire*** an der Sache stimmt etwas nicht, an der Sache ist etwas faul *fam;* ***tu vois toujours du ~ partout*** du hörst überall die Flöhe husten *fam*
louche² [luʃ] *f* (*ustensile*) Schöpflöffel *m,* [Schöpf]kelle *f*
▶ **qn serre la ~ à qn** *vieilli pop* jd gibt jdm die Flosse [*o* Pfote] *fam*
loucher <1> [luʃe] *vi* **1.** MED ■ **qn louche** jd schielt
2. *fam* (*lorgner*) ■ **qn louche sur qn/qc** jd schielt nach jdm/etw; ■ **qc fait ~ qn** / *vêtement*/ etw weckt jds Neid; / *belle poitrine*/ etw zieht jds Blicke auf sich
louer¹ <1> [lwe] I. *vt* **1.** (*vanter*) ■ **qn/qc loue qc** jd/etw rühmt [*o* preist] etw, jd lobt etw
2. (*féliciter*) ■ **qn loue qn** [**de** [*o* **pour**] **qc**] jd lobt jdn [für etw]; ***je vous loue infiniment pour votre choix*** ich kann Ihnen zu Ihrer Wahl nur gratulieren [*o* Sie zu Ihrer Wahl nur beglückwünschen]; ■ **qn loue qn de faire qc** jd lobt jdn dafür, dass er etw tut
3. REL (*glorifier*) ■ **qn loue qn/qc** jd preist jdn/etw
II. *vpr* ■ **qn se loue de qn/qc/de faire qc** jd preist sich glücklich [wegen jdm/etw/, dass er etw tun kann]
III. *vi* ■ **qn loue** jd lobt
louer² <1> [lwe] I. *vt* **1.** (*donner en location*) ■ **qn loue qc** [**à qn**] jd vermietet [jdm] etw
2. (*prendre en location*) ■ **qn loue qc** jd mietet etw
3. (*retenir*) ■ **qn loue qc** *chambre, place* jd lässt etw reservieren; ***j'ai loué deux places au théâtre*** ich habe zwei Theaterkarten vorbestellt
▶ [**qc est**] **à** ~ [etw ist] zu vermieten
II. *vpr* ■ **qc se loue** etw wird vermietet; ■ **qn se loue** jd verdingt sich
loueur, -euse [lwœʀ, -øz] *m, f* ■ ~(**-euse**) **de** Vermieter(in) *m(f)* von; ***il est ~ de voitures/chambres meublées*** er vermietet Autos/möblierte Zimmer
louf [luf] *adj pop v.* **loufoque**
loufiat [lufja] *m péj pop* Kellner *m*
loufoque [lufɔk] *adj fam* **1.** (*extravagant*) verrückt
2. (*burlesque*) verrückt
loufoquerie [lufɔkʀi] *f fam* **1.** (*caractère*) Verrücktheit *f;* ***ce type/cette histoire est d'une ~!*** der Typ/die Geschichte ist irre! *fam;* ***la ~ de son comportement fait que*** sein/ihr Verhalten ist so verrückt, dass *fam*
2. (*action, parole*) Verrücktheit *f*
Louis [lwi] *m* Ludwig *m*
loukoum [lukum] *m* Lokum *nt*
loulou, te [lulu, ut] I. *m, f fam* (*terme d'affection*) Liebling *m,* Schatz *m*
II. *m fam* (*loubard*) Rowdy *m fam*
III. *f fam* (*nénette*) ■ **louloute** Tussi *f fam*
loup [lu] *m* **1.** (*mammifère*) Wolf *m; v. a.* **louve**
2. (*poisson*) Barschfisch *m*
3. (*masque*) schwarze Halbmaske
4. TYP Lücke *f;* CONSTR [Konstruktions]fehler *m;* COUT [Fabrikations]fehler
5. *fam* (*terme d'affection*) ■ **mon** ~ mein Liebling, mein Schatz
▶ **qn met** [*o* **introduit**] [*o* **enferme**] **le ~ dans la bergerie** jd sperrt den Fuchs in den Hühnerstall; **quand on parle du ~ on en voit la queue** wenn man vom Teufel spricht, dann kommt er; **qn est connu(e) comme le ~ blanc** jd ist bekannt wie ein bunter Hund; **le grand méchant** ~ der böse Wolf; **jeune** ~ ehrgeiziger junger Mann; **qn crie** [*o* **hurle**] **au** ~ jd schlägt Alarm; **les ~s ne se dévorent** [*o* **mangent**] **pas entre eux** eine Krähe hackt der anderen kein Auge aus; **qn hurle avec les ~s** jd heult mit den Wölfen
◆ **loup de mer** **1.** (*marin*) [alter] Seebär **2.** (*poisson*) Barsch *m* ▶ **vieux ~ de mer** alter Seebär
loupage [lupaʒ] *m fam* **1.** TECH Pfusch *m kein pl fam*
2. (*échec*) Fehlschlag *m,* Flop *m fam*
loupe [lup] *f* **1.** OPT Lupe *f,* Vergrößerungsglas *nt*
2. MED Grützbeutel *m,* Balggeschwulst *f*
3. BOT Knorren *m*
▶ **à la** ~ *travailler* mit der [*o* einer] Lupe, mit dem [*o* einem] Vergrößerungsglas; *examiner, regarder, relire* genau, gründlich; ***qn regarde qc à la ~*** jd nimmt etw [genau] unter die Lupe
loupé [lupe] *m fam* **1.** TECH (*défaut*) Macke *f fam*
2. (*erreur*) Patzer *m fam;* ***c'était un vrai ~*** es war eine einzige Pleite *fam*
louper <1> [lupe] I. *vt fam* **1.** (*ne pas réussir*) ■ **qn loupe qc** *examen* jd verhaut etw *fam; travail* jd verpfuscht etw *fam;* ***qn loupe sa mayonnaise/un gâteau*** die Majonäse/der Kuchen gelingt jdm nicht [*o* missglückt jdm]; ***qn loupe son suicide*** jds Selbstmordversuch geht daneben *fam;* ***Marseille a loupé sa saison*** Marseille hat eine schlechte Saison gehabt; ***Platini loupait rarement ses passes*** Platini schoss selten einen Fehlpass; ■ **qc est loupé(e)** / *soirée*/ etw geht in die Hose *fam;* / *mayonnaise, gâteau*/ etw ist nichts geworden *fam;* ***eh bien, c'est loupé*** tja, das war wohl nichts *fam,* tja, das ging wohl daneben *fam;* ■ **qn fait ~ qc** jd vermasselt etw *fam*
2. (*manquer*) ■ **qn loupe qn/qc** jd verpasst jdn/etw; *cible* jd verfehlt etw
▶ **qn n'en loupe pas une** *iron* jd benimmt sich immer daneben *fam;* ***tu n'en loupes pas une*** du greifst auch immer voll daneben *fam;* **qn ne loupe/loupera pas qn** jd kriegt jdn/wird jdn kriegen *fam;* **loupé!** daneben! *fam*
II. *vi fam* (*échouer*) ■ **qc loupe** / *tentative*/ etw geht daneben *fam;* / *projet a.*/ etw geht schief *fam;* / *affaire*/ etw ist ein Flop *fam*
▶ **ça n'a pas loupé** das musste [ja] so kommen
III. *vpr fam* **1.** (*manquer son suicide*) ■ **qn se loupe** jds Selbstmordversuch geht daneben *fam*
2. (*se manquer*) ■ **des personnes se loupent** Menschen verpassen sich; ***nous nous sommes loupés de 10 minutes*** wir haben uns um 10 Minuten verpasst
loup-garou <~s-~s> [lugaʀu] *m* Werwolf *m*
loupiot, e [lupjo, jɔt] *m, f fam* Kind *nt*
loupiote [lupjɔt] *f fam* (*lampe*) Funzel *f fam,* kleines Lämpchen
lourd, e [luʀ, luʀd] I. *adj* **1.** *a. antéposé* (*de grand poids*) schwer
2. (*pesant*) *jambes, paupières, tête* schwer; *sommeil* tief; ***j'ai l'estomac ~*** ich habe Magendrücken; ***elle a le cœur ~*** ihr ist es schwer ums Herz; ■ ~ **de qc** *de menaces, de sous-entendus* voll von etw; ***qc est ~ de promesses*** etw ist viel versprechend; ***un moment ~ de signification*** ein bedeutungsschwerer Moment
3. *a. antéposé* (*important*) *impôts, dettes, charges* hoch; *perte* schwer; *industrie* Schwer-; *équipement* umfangreich
4. *a. antéposé* (*grave*) *faute, handicap, responsabilités* schwer
5. *a. antéposé* (*pénible*) *tâche* schwer; *thérapeutique* hart; ***emploi du***

temps très ~ voller Stundenplan
6. *a. antéposé* (*sévère*) *défaite, peine* schwer
7. (*gauche*) schwerfällig; *geste, style, démarche a., compliment, plaisanterie* plump
8. *a. antéposé* (*oppressant*) *chaleur* drückend, schwül; *nuages* schwer; *silence* beklemmend, bedrückend; ***le temps est*** ~ es ist schwül, es ist drückend
9. (*opp: fin, délicat*) *silhouette* plump; *monument, statue a.* klobig, wuchtig, ungeschlacht; *parfum, vin* schwer; *odeur* stark; *nourriture* schwer [verdaulich]
10. *terre, liquide* schwer; ***sol*** [*o* ***terrain***] ~ schwerer [*o* lehmiger] Boden
▶ **il fait** ~ es ist schwül, es ist drückend
II. *adv peser* schwer
▶ **pas** ~ *fam* (*pas beaucoup*) verdammt wenig[e] *fam*; ***vous pouvez l'avoir pour pas*** ~ Sie können das fürn Appel und 'n Ei haben *fam*; **plus** ~: ***il en sait plus*** ~ ***qu'il ne veut bien le dire*** er weiß viel mehr, als er zugeben möchte
III. *mpl* SPORT ■ ~**s** [Sportler *pl* der] Schwergewichtsklasse *f*
IV. *app* SPORT ■ ~**s** *catégorie* Schwergewichts-
lourdaud, e [luʀdo, od] I. *adj* trampelig *fam*
II. *m, f* Trampel *m o nt fam*
lourde [luʀd] *f arg* Tür *f*
lourdement [luʀdəmɑ̃] *adv* 1. *charger, tomber* schwer
2. *se tromper* schwer, gewaltig *fam*; *insister* hartnäckig
3. *grever* schwer; *imposer* hoch
lourder <1> [luʀde] *vt pop* (*virer*) ■ **qn lourde qn** jd schmeißt jdn raus *fam*, jd feuert jdn *fam*; ■ **qn se fait** ~ jd wird rausgeschmissen [*o* gefeuert *fam*], jd fliegt *fam*
lourdeur [luʀdœʀ] *f* 1. (*gaucherie*) Schwerfälligkeit *f*; [*démarche, geste, style a.*] Plumpheit *f*
2. [*administration*] Langsamkeit *f*; [*État, système*] Bürokratismus *m*
3. (*caractère massif*) Plumpheit *f*
4. ~***s d'estomac*** Magendrücken *nt*; ~***s à la tête*** Kopfdruck *m*
5. METEO Schwüle *f*; ***la*** ~ ***du climat/temps/de l'atmosphère*** das drückend schwüle Klima/Wetter/die drückende Atmosphäre
▶ **avec** ~ schwerfällig
loustic [lustik] *m fam* 1. (*drôle de zig*) komischer Vogel *fam*, seltsamer Kerl [*o* Knabe] *fam*
2. (*plaisantin*) Spaßvogel *m*
loutre [lutʀ] *f* 1. ZOOL Otter *m*
2. (*fourrure*) Otter[n]fell *nt*
◆ **loutre de mer** Meerotter *m*
Louvain [luvɛ̃] Löwen *nt* (*belgische Stadt*)
louve [luv] *f* Wölfin *f*; *v. a.* **loup**
louveteau <x> [luvto] *m* 1. ZOOL junger Wolf
2. (*jeune scout*) Wölfling *m*
louvoiement [luvwamɑ̃] *m* Winkelzug *m*, geschicktes Lavieren; ***allons, assez de*** ~***s!*** jetzt reicht's, weich nicht immer aus!
louvoyer <6> [luvwaje] *vi* 1. NAUT ■ **qn/qc louvoie** jd/etw kreuzt
2. (*tergiverser*) ■ **qn louvoie** jd laviert geschickt; ***il louvoya quelque temps avant de refuser*** er redete einige Zeit drum herum, bevor er ablehnte *fam*
lover <1> [lɔve] I. *vpr* ■ **qn/un animal se love quelque part** jd/ein Tier rollt sich irgendwo ein
II. *vt* ■ **qn love qc** *cordage* jd schießt etw auf; *câble* jd rollt etw auf; ■ [**qn/un animal est**] **lové(e) quelque part** [jd/ein Tier hat sich] irgendwo eingerollt
loyal, e <-aux> [lwajal, jo] *adj* 1. (*fidèle*) loyal; *services, ami, sujet* treu
2. (*honnête*) *ami* aufrichtig; *adversaire, conduite, procédés* fair
▶ **à la** ~**e** *régler* [auf] fair[e Weise]
loyalement [lwajalmɑ̃] *adv reconnaître* offen, ehrlich, aufrichtig; *être dévoué* treu; *discuter, se battre* fair
loyalisme [lwajalism] *m* Loyalität *f*; [*troupes*] Regierungstreue *f*; ■ ~ **envers qn/qc** Loyalität jdm/einer S. gegenüber
loyaliste [lwajalist] I. *adj* loyal; *troupes* regierungstreu
II. *mpl* HIST Loyalisten *pl*
loyauté [lwajote] *f* 1. (*fidélité*) Loyalität *f*; ■ ~ **envers qn/qc** Loyalität jdm/einer S. gegenüber
2. (*honnêteté*) Aufrichtigkeit *f*; [*adversaire, conduite, procédé*] Fairness *f*
▶ **avec** ~ *reconnaître* offen, ehrlich, aufrichtig
loyer [lwaje] *m* [*appartement*] Miete *f*; [*ferme*] Pacht *f*
◆ **loyer de l'argent** Zins[satz *m*] *m*
L.S.D. [ɛlɛsde] *m abr de* **Lysergsäurediäthylamid** LSD *nt*
lu, e [ly] *pp de* **lire**
lubie [lybi] *f* Marotte *f fam*
▶ **sa dernière** ~ seine/ihre neueste Marotte *fam*; **qn a des** ~**s** jd hat Marotten *fam*; **il prend à qn la** ~ **de faire qc** jd kommt auf den verrückten Gedanken, etw zu tun
lubricité [lybʀisite] *f* Lüsternheit *f*; [*personne a., scène*] Geilheit *f*
▶ **qn se livre à la** ~ jd gibt sich sexuellen Ausschweifungen hin
lubrifiant, e [lybʀifjɑ̃, jɑ̃t] I. *adj* (*pour une machine*) Schmier-; (*pour l'amour*) Gleit-
II. *m* (*pour une machine*) Schmiermittel *nt*; (*pour l'amour*) Gleitmittel *nt*
lubrification [lybʀifikasjɔ̃] *f* Schmieren *nt*
lubrifier <1 a> [lybʀifje] *vt* ■ **qn/qc lubrifie qc** jd/etw schmiert etw
lubrique [lybʀik] *adj* lüstern; *personne, regard a.* geil; *propos, scène, spectacle* obszön
Luc [lyk] *m* REL Lukas *m*
lucarne [lykaʀn] *f* 1. (*petite fenêtre*) Dachfenster *nt*, Dachluke *f*; [*mansarde*] Fenster *nt*; [*entrée, mur, cachot*] Fensterchen *nt*
2. FBALL obere Ecke
▶ **l'étrange** ~ das Fenster zur Welt
lucide [lysid] *adj* 1. (*clairvoyant*) *intelligence, jugement* scharf; *témoin d'une époque* klarsichtig, scharfblickend; ***un esprit*** ~ ein heller [*o* klarer] Kopf; ***qn a un regard*** ~ jd sieht klar
2. (*conscient*) *mourant, accidenté, personne opérée* bei [vollem] Bewusstsein; ***il est redevenu*** ~ er hat das Bewusstsein wiedererlangt; ***elle n'était déjà plus*** ~ sie hatte das Bewusstsein bereits verloren; ***le malade a des intervalles*** [*o* ***des moments***] ~***s*** der Kranke hat lichte Momente
lucidement [lysidmɑ̃] *adv* klarsichtig, scharfblickend
lucidité [lysidite] *f* 1. (*clairvoyance*) [*esprit*] Klarheit *f*; [*jugement*] Schärfe *f*; [*observateur*] Scharfblick *m*
2. (*conscience*) klares Bewusstsein; ***il n'a plus toute sa*** ~ er ist nicht mehr bei ganz klarem Verstand; ***l'âge n'avait en rien entamé sa*** ~ trotz seines/ihres Alters war er/sie noch im Vollbesitz seiner/ihrer geistigen Kräfte; ***des moments de*** ~ lichte Augenblicke [*o* Momente]
Lucifer [lysifɛʀ] *m* Luzifer *m*
luciole [lysjɔl] *f* Glühwürmchen *nt*, Leuchtkäfer *m*
lucratif, -ive [lykʀatif, -iv] *adj* lukrativ
lucre [lykʀ] *m péj* Profit *m*
▶ **esprit de** ~ Gewinnsucht *f*
ludiciel [lydisjɛl] *m* Computerspiel [kɔm'pju:tɐ-] *nt*
ludique [lydik] *adj* Spiel-; ***activités*** ~***s*** Spielen *nt*
ludothèque [lydɔtɛk] *f* Spielothek *f*
luette [lɥɛt] *f* Zäpfchen *nt*
lueur [lɥœʀ] *f* 1. (*faible clarté*) Schein *m*, Schimmer *m*, Licht *nt*; [*braises*] Glühen *nt*; [*couchant*] Glut *f*; ***les premières*** ~***s de l'aube*** [*o* ***du jour***] das erste Tageslicht; ***les*** ~***s de la ville*** die Lichter der Stadt
2. (*éclat fugitif*) Schimmer *m*, Andeutung *f*, Spur *f*; ***elle avait une*** ~ ***malicieuse/de désir dans le regard*** der Schalk schaute ihr aus den Augen/ein Verlangen lag in ihrem Blick; ***une*** ~ ***de colère passa dans ses yeux*** die Wut funkelte in seinen/ihren Augen
3. (*signe passager*) Funke[n] *m*; [*intelligence*] Spur *f*; ~ ***d'espoir*** Hoffnungsschimmer *m*, Funken Hoffnung; ***elle n'a plus la moindre*** ~ ***de raison*** sie ist nicht mehr bei klarem Verstand
▶ **à la** ~ **de qc** *d'une bougie* beim Licht [*o* Schein] einer S. (*gen*); ***à la*** ~ ***de la raison*** mit Hilfe der Vernunft
luge [lyʒ] *f* Schlitten *m*
▶ **qn fait de la** ~ jd fährt Schlitten; **en** ~ mit dem Schlitten; ***descente en*** ~ Schlittenabfahrt *f*
lugubre [lygybʀ] *adj* düster; *maison, figure, pensée a.* finster; *pensées, personne* trübsinnig; *personne* trübselig; *paysage a.* trist; ***les cris*** ~***s des corbeaux*** das schauerliche Gekrächze der Raben
lugubrement [lygybʀəmɑ̃] *adv* düster
lui [lɥi] *pron pers* 1. (*personne masc o fém*) *compl* ihn/sie/es (*akk*), ihm/ihr (*dat*); ***je lui ai demandé si*** ich habe ihn/sie gefragt, ob; ***je lui ai répondu que*** ich habe ihm/ihr geantwortet, dass
2. (*personne o animal masc*) *sujet* er/sie/es; *compl* ihn/sie/es (*akk*), ihm/ihr (*dat*); ***c'est*** ~[, ***mon fils/mon enfant/mon chat***] das ist er[, mein Sohn]/das ist es[, mein Kind]/das ist sie[, meine Katze]; ~, ***épouser cette fille?*** er, dieses Mädchen heiraten?; ~[, ***il***] ***n'a pas ouvert la bouche*** er hat den Mund nicht aufgemacht; ***je veux le voir,*** ~! den möchte ich sehen!; ***tu l'as aidé,*** ~? hast du ihm geholfen?; ***je les aime bien, elle et*** ~ ich mag sie beide, sie und ihn
3. + *prép* ihn/sie/es (*akk*), ihm/ihr (*dat*); ***avec*** ~ mit ihm/ihr; ***sans*** ~ ohne ihn/sie/es; ***la maison est à lui*** das Haus gehört ihm; ***c'est un ami à*** ~ das ist ein Freund von ihm; ***c'est à lui de savoir*** er muss es wissen; ***tu ne connais pas mon chat? Voilà, une photo de*** ~ was, du kennst meine Katze nicht? Hier ist ein Foto von ihr; ***je suis fier de*** ~ ich bin stolz auf ihn; ***tu as confiance en*** ~***?*** hast du Vertrauen zu ihm?
4. *comparaison*: ***tu es comme*** ~ du bist wie er; ***mon frère est plus fort/aussi fort que*** ~ mein Bruder ist stärker als er/genauso stark wie er; ***je connais Paris aussi bien que*** ~ ich kenne Paris genauso gut wie er
5. (*soi*) sich; ***il ne pense qu'à*** ~ er denkt nur an sich (*akk*); ***il est fier de*** ~ er ist stolz auf sich (*akk*)
▶ ~ **que/qui** er, den/der; ***c'est*** ~ ***qui me l'a dit*** er war es, der es mir gesagt hat; ***c'est*** ~ ***que j'ai entendu à la radio*** er war es, den ich im Radio gehört habe
luire <irr> [lɥiʀ] *vi* 1. (*briller*) ■ **qc luit** /*soleil*/ etw scheint; /*étoile, lune*/ etw leuchtet; ***le soleil commence à*** ~ ***à l'horizon*** am Horizont geht die Sonne auf; ***le jour/l'aurore commence à*** ~ der Tag/die [Morgen]dämmerung bricht an; ***un pâle rayon de soleil luisait dans la cellule*** ein schwacher Sonnenstrahl drang in die Zelle; ***le jour luit à travers la jalousie*** das Tageslicht dringt durch die Jalousie
2. (*réfléchir la lumière*) ■ **qc luit sous qc** /*feuilles*/ etw leuchtet in etw (*dat*); /*lac, rosée*/ etw glitzert in etw (*dat*); /*casque, tuiles, cuivre*/ etw blinkt [*o* glänzt] in etw (*dat*); ***les tuiles luisaient au soleil/sous la lumière/sous la lune*** die Ziegel glänzten in der Sonne/im Licht/im Mondlicht [*o* Mondschein]; ■ **qc luit de qc** etw glänzt vor etw (*dat*); ***les maisons luisent de propreté*** die Häuser strahlen vor Sauberkeit
3. (*se manifester*) ■ **qc luit dans qc** *dans les yeux, le regard* etw ist an etw (*dat*) abzulesen
4. (*exprimer*) ■ **qc luit de qc** *d'envie, de désir, bonheur* etw strahlt vor etw (*dat*); ***ses yeux luisaient de colère/fièvre*** seine/ihre Augen funkelten vor Wut/seine/ihre Augen waren fieberglänzend; ***son corps luit de santé*** sein/ihr Körper strotzt vor Gesundheit
5. *littér* (*apparaître*) ■ **qc luit**: ***un*** [***faible***] ***espoir luit encore*** es besteht noch ein [kleiner] Hoffnungsschimmer

6. (*faire miroiter*) ■ **qn/qc fait ~ qc** *espoirs* jd/etw weckt etw

luisant, e [lɥizɑ̃, ɑ̃t] I. *adj* glänzend; *métal a.* schimmernd; *arme* blitzend, blinkend; *yeux* (*de joie a.*) leuchtend, strahlend; (*de colère*) funkelnd, blitzend; ■ **~ de qc** *de fièvre, graisse, sueur* glänzend vor etw (*dat*); *de santé* strotzend vor etw (*dat*); ***les joues ~es de colère*** vor Wut glühende Wangen; ~ ***de fièvre*** fieberglänzend; ***son manteau était ~ d'usure aux coudes*** vom vielen Tragen glänzte sein/ihr Mantel an den Ellenbogen
II. *m* [*étoffe, satin*] Glanz *m*

lumbago [lœ̃bago] *m* Hexenschuss *m*, Lumbago *m spec*

lumière [lymjɛʀ] *f* 1. (*clarté naturelle*) Licht *nt*; ~ ***des étoiles/du soleil/du jour/de la lune*** Sternen-/Sonnen-/Tages-/Mondlicht
2. (*éclairage artificiel*) Licht *nt*; ***les ~s de la ville*** die Lichter der Stadt; ■ **les ~s** AUT (*phares*) das Licht
3. *pl* (*connaissances*) Wissen *nt*; ***j'aurais besoin de vos ~s*** ich bräuchte Ihren/euren Rat; ***je n'ai aucune ~ sur la question*** von dieser Sache habe ich keine Ahnung; ■ **les Lumières** LITTER die Aufklärung; ***le siècle des L~s*** das Zeitalter [*o* Jahrhundert] der Aufklärung
4. [*foi, raison, Dieu*] Licht *nt*
5. (*ouverture*) [*canon*] Zündloch *nt*; [*machine à vapeur*] Öffnung *f*, Kanal *m*, Schlitz *m*; [*rabot*] Keilloch *nt*
▶ **qn entrevoit la ~ au bout du tunnel** jd sieht Licht am Ende des Tunnels; ~ **blanche** Weißlicht *nt*; ~ **noire** Schwarzlicht *nt*; [**qn/qc est**] **en pleine ~** [jd/etw ist] im vollen Licht; *fig* jd steht im Rampenlicht; **qn a de la ~** (*du courant*) jd hat Licht; **donne/donnez de la ~** mach/macht/machen Sie mal das Licht an; **qc donne de la ~** etw gibt Licht; **qn est/n'est pas une ~** jd ist ein heller Kopf *fam*/keine Leuchte *fam*; ***une des ~s de son siècle*** eine der Geistesgrößen seines/ihres Jahrhunderts; **qn fait la ~ sur qc** *sur les agissements de qn* jd klärt etw auf; *sur une affaire* jd bringt Licht in etw (*akk*); **qc jette** [*o* **projette**] **une ~ sur qc** etw wirft ein Licht auf etw (*akk*); ***qc jette une ~ nouvelle sur qc*** etw rückt etw in ein anderes Licht; **qn met qc en ~** jd macht auf etw (*akk*) aufmerksam; **qc met qc en ~** etw bringt etw ans Licht [*o* an den Tag]; **que la ~ soit** es werde Licht; **à la ~ de qc** *des récents événements* angesichts [*o* in Anbetracht] einer S. (*gen*); *d'une bougie* im Licht [*o* Schein] einer S. (*gen*)

lumignon [lymiɲɔ̃] *m* Lämpchen *nt*

luminaire [lyminɛʀ] *m* 1. (*lampe*) Leuchte *f*; ***magasin de ~s*** Lampengeschäft *nt*
2. REL Kirchenleuchter *m*; ***~s de cire*** Wachskerzen *pl*

luminescence [lyminesɑ̃s] *f* Lumineszenz *f*

luminescent, e [lyminesɑ̃, ɑ̃t] *adj* lumineszierend

lumineusement [lyminøzmɑ̃] *adv expliquer* einleuchtend

lumineux, -euse [lyminø, -øz] *adj* 1. (*qui répand la lumière*) leuchtend, Leucht-; *enseigne* Leucht-; *fontaine* beleuchtet, angestrahlt; *faisceau, onde, rayon, source* Licht-; ***intensité lumineuse*** Leuchtkraft *f*
2. *couleur* leuchtend; *yeux a., regard* strahlend; *teint* frisch
3. *pièce, appartement* hell
4. *explication* einleuchtend
5. *idée* glänzend; *intelligence* außergewöhnlich

luminosité [lyminozite] *f* 1. [*ciel, couleur*] Leuchten *nt*; ***la ~ de son regard*** sein/ihr strahlender Blick
2. [*pièce, appartement*] Helligkeit *f*
3. PHOT Helligkeit *f*; ***il n'y a pas suffisamment de ~*** es ist nicht hell genug

lump [lœ̃p] *m* Seehase *m*

lunaire [lynɛʀ] I. *adj* 1. ASTRON Mond-
2. *visage, paysage* Mond-
3. *projet* utopisch; *rêve* unrealistisch; ***personnage ~*** Fantast(in) *m(f)*, Träumer(in) *m(f)*
II. *f* BOT Mondviole *f*

lunaison [lynɛzɔ̃] *f* Mondumlaufzeit *f*, Lunation *f spec*

lunatique [lynatik] *adj personne* launisch, launenhaft; *humeur* wechselhaft

lunch <[e]s> [lœntʃ] *m* Lunch *m*

lundi [lœ̃di] *m* Montag *m*; ***le ~ matin*** am Montagmorgen, montagmorgens; ~ ***matin*** [am] Montagmorgen; ~ ***dans la nuit*** Montagnacht; ~ ***prochain/dernier*** nächsten [*o* kommenden]/letzten Montag; ***le ~, tous les ~s*** montags; [***le***] ~ ***14 août*** Montag, den 14. August; ***nous sommes ~*** [***23 septembre***] heute ist Montag[, der 23. September]; ***demain, c'est ~*** morgen ist Montag; ~, ***exceptionnellement, je ne travaillerai pas*** am Montag arbeite ich ausnahmsweise nicht; ***ah non, ~ ça ne va pas*** nein, am Montag geht es nicht; ***d'accord pour ~*** Montag geht in Ordnung *fam*, einverstanden mit [*o* wegen] Montag *fam*; ***nous passons le ~ à la campagne/en famille/chez ma mère*** wir verbringen den Montag auf dem Land/in der Familie/bei meiner Mutter; ***nous partirons ce ~*** wir fahren diesen Montag; ***ce ~-là, il faisait très chaud*** an diesem [*o* jenem] Montag war es sehr heiß; ***le ~ est le premier jour de la semaine*** der Montag ist der erste Tag der Woche; ***est-ce que tu seras là ~?*** bist du am [*o* diesen] Montag da?; ***la fête a lieu ~/aura lieu ~ 11 juin*** das Fest findet am Montag/findet Montag, den 11. Juni statt; ***je serai absent tous les ~s d'août*** ich bin an keinem Montag im August da; ***qc est prévu pour ~*** etw ist für Montag vorgesehen; ***ils se sont rencontrés un ~/par un beau ~ de mai*** sie haben sich an einem Montag/an einem schönen Montag im Mai kennen gelernt; ***après dimanche, c'est ~*** nach dem Sonntag kommt der Montag
◆ **lundi de Pâques** Ostermontag *m*; **lundi de Pentecôte** Pfingstmontag *m*

lune [lyn] *f* Mond *m*
▶ **qn fait voir à qn la ~ en plein midi** jd streut jdm Sand in die Augen; **con** *pop* [*o* **bête** *fam*] **comme la ~** dumm wie die Nacht *fam*; **nouvelle ~** Neumond *m*; **pleine ~** Vollmond *m*; (*visage*) Vollmondgesicht *nt*; ~ **rousse** *Zeit der späten Nachtfröste im April/Mai*; **vieille ~** alter Zopf; **il y a** [**bien**] **des ~s** *vieux* vor vielen Monden *poet*; **un animal aboie** [*o* **hurle**] **à la ~** ein Tier heult den Mond an; **qn décroche la ~** [**pour qn**] jd holt [für jdn] die Sterne vom Himmel; **qn demande la ~** jd verlangt Unmögliches; **qn est dans la ~** jd ist nicht bei der Sache; **qn promet la ~ à qn** jd verspricht jdm das Blaue vom Himmel [herunter]; **qn tombe de la ~** jd fällt [wie] aus allen Wolken
◆ **lune de miel** (*après le mariage*) Flitterwochen *pl*; (*harmonie parfaite*) große Harmonie

luné, e [lyne] *adj fam* ▶ [**qn est**] **bien/mal ~** [jd ist] gut/schlecht gelaunt, [jd ist] guter/schlechter Laune

lunetier, -ière [lyn(ə)tje, -jɛʀ] I. *adj industrie* Brillen-
II. *m, f* (*fabricant*) Brillenfabrikant(in) *m(f)*; (*marchand*) Augenoptiker(in) *m(f)*

lunette [lynɛt] *f* 1. *pl* (*verres*) Brille *f*, Augengläser *pl* AUS
2. (*instrument*) Fernrohr *nt*, Teleskop *nt*; ~ ***astronomique*** astronomisches Fernrohr, keplersches Fernrohr
3. [*cabinets*] [Toiletten]brille *f*, Klobrille *fam*; [*toit*] kleines Dachfenster; [*guillotine*] runde Öffnung
▶ ~ **arrière** AUT Heckscheibe *f*; **~s noires** dunkle Brille; **mets tes/mettez vos ~s!** *fam* mach deine/macht eure/machen Sie Ihre Augen auf!
◆ **lunette d'approche** Fernrohr *nt*, Teleskop *nt*; **lunettes de plongée** Taucherbrille *f*; **lunettes de soleil** Sonnenbrille *f*

lunetterie [lynɛtʀi] *f* 1. (*commerce*) Brillenhandel *m*
2. (*fabrication*) Brillenherstellung *f*

lunule [lynyl] *f* [Nagel]möndchen *nt*, Lunula *f spec*

lupanar [lypanaʀ] *m littér* Freudenhaus *nt geh*

lupin [lypɛ̃] *m* Lupine *f*

lurette [lyʀɛt] *f* ▶ **il y a** [*o* **ça fait**] **belle ~** [**que** + *indic*] *fam* es [*o* das] ist schon ewig [*o* Ewigkeiten] her[, dass] *fam*; **depuis belle ~** *fam* schon seit ewigen Zeiten *fam*

luron, ne [lyʀɔ̃, ɔn] *m, f* ▶ **joyeux ~** *fam*, **gai ~** *fam* Lebemann/-dame *m/f*

lus [ly] *p simple de* **lire**

lustrage [lystʀaʒ] *m* Lüstrieren *nt*; [*feutres*] Glattstreichen *nt*

lustre¹ [lystʀ] *m* 1. (*lampe*) Kronleuchter *m*; ~ ***de cristal*** Kristalleuchter *m*
2. *soutenu* [*cérémonie, personne*] Glanz *m*
3. *soutenu* [*miroir, ébène, peau*] Glanz *m*
▶ **qc donne/redonne du ~ à qc** (*brillant*) etw macht etw glänzend/wieder glänzend; (*prestige*) etw verleiht einer S. (*dat*) Glanz/neuen Glanz

lustre² [lystʀ] *m* ▶ **qn n'a pas vu qn depuis des ~s, il y a des ~s que qn n'a pas vu qn** jd hat jdn eine Ewigkeit nicht mehr gesehen

lustré, e [lystʀe] *adj* glänzend

lustrer <1> [lystʀe] I. *vt* 1. (*faire briller*) ■ **qn lustre qc** *voiture* jd poliert etw; *étoffe, cuir* jd lüstriert etw; ■ **qc lustre qc** /*pluie*/ etw macht etw glänzend; ■ **un animal lustre qc** *sa fourrure, son poil* ein Tier putzt etw
2. (*user*) ■ **qn lustre qc** jd scheuert etw blank
II. *vpr* 1. ■ **qc se lustre** /*vêtement*/ etw wird blank gescheuert
2. ■ **un animal se lustre qc** *fourrure, poil* ein Tier putzt sich (*dat*) etw; ■ **qn se lustre qc** *cheveux, tempes* jd glättet sich (*dat*) etw

lustrine [lystʀin] *f* Lüster *m*

lutécium [lytesjɔm] *m* CHIM Lutetium *nt*

luth [lyt] *m* Laute *f*

luthéranisme [lyteʀanism] *m* Luthertum *nt*

lutherie [lytʀi] *f* Geigenbau *m*, Bau *m* von Saiteninstrumenten

luthérien, ne [lyteʀjɛ̃, jɛn] I. *adj* lutherisch; ***culte ~*** evangelischer Gottesdienst
II. *m, f* ■ **Luthérien(ne)** Lutheraner(in) *m(f)*

luthier [lytje] *m* Geigenbauer(in) *m(f)*, Saiteninstrumentenbauer(in) *m(f)*

lutin, e [lytɛ̃, in] I. *adj littér*: ***un enfant ~*** ein [kleiner] Lausbub; ***d'un air ~*** mit schelmischer [*o* verschmitzter] Miene
II. *m* 1. (*farfadet*) Kobold *m*
2. (*enfant espiègle*) Schlingel *m*

lutiner <1> [lytine] *vt* ■ **qn lutine qn** jd schäkert mit jdm

lutrin [lytʀɛ̃] *m* Lesepult *nt*

lutte [lyt] *f* 1. (*combat*) Kampf *m*; ■ ~ [**de qn**] **contre/pour qn/qc** [jds] Kampf gegen/für jdn/etw
2. (*antagonisme*) ■ ~ **de choses/entre des choses** Kampf *m* [*o* Ringen *nt*] zwischen Dingen; ***la ~ entre le devoir et la passion*** der Kampf zwischen Pflicht und Leidenschaft, der Kampf der Pflicht mit der Leidenschaft
3. SPORT Ringen *nt*, Ringkampf *m*
▶ ~ **pour la vie** Kampf *m* ums Dasein; ~ **antidrogue** Rauschgiftbekämpfung *f*; ***brigade chargée de la ~ anti-drogue*** Rauschgiftdezernat *nt*; ~ **finale** Endkampf *m*; ~ **gréco-romaine** griechisch-römisches Ringen; **de haute ~** nach hartem Kampf; ~ **libre** Freistilringen *nt*; **qn fait de la ~** jd ringt, jd ist Ringer(in); **en ~** [**contre qn/qc**]: ***les syndicats sont en ~ contre les patrons*** die Gewerkschaften kämpfen gegen die Arbeitgeber; ***qn entre en ~ avec qn*** jd nimmt den Kampf mit jdm auf; ***les travailleurs en ~*** die streikenden Arbeiter
◆ **lutte des classes** Klassenkampf *m*; **lutte d'influence** Machtkampf *m*

lutter <1> [lyte] *vi* 1. (*combattre*) ■ **qn lutte** jd kämpft; ■ **qn lutte contre qn/un animal/qc** jd kämpft gegen jdn/ein Tier; *contre la mort* jd ringt mit etw; *contre le sommeil, le vent* jd kämpft gegen etw an
2. (*mener une action*) ■ **qn lutte** jd kämpft; ■ **qn lutte contre qc** jd bekämpft etw; ■ **qn lutte pour qc/faire qc** jd kämpft für etw/jd kämpft dafür, etw zu tun
3. (*rivaliser*) ■ **des personnes luttent pour faire qc** Menschen wetteifern darin, etw zu tun; ■ **des personnes/des choses luttent de qc** *de vitesse, bonté* Menschen/Dinge versuchen sich gegenseitig an etw (*dat*) zu überbieten; ***deux voiliers luttent de vitesse*** zwei Segelboote fahren um die Wette

lutteur, -euse [lytœʀ, -øz] *m, f* 1. SPORT Ringer(in) *m(f)*, Ringkämpfer(in) *m(f)*
2. (*battant*) Kämpfer(in) *m(f)*

lux [lyks] *m* Lux *nt*
luxation [lyksasjɔ̃] *f* [*épaule, hanche*] Auskugelung *f*, Ausrenkung *f*; [*genou, coude*] Verrenkung *f*
luxe [lyks] *m* **1.** (*opulence*) Luxus *m*
2. (*chose coûteuse*) Luxus *m*; ***c'est du*** ~! so ein Luxus!, das ist reiner Luxus!
3. (*profusion*) ■ ~ **de qc** *de végétation* Üppigkeit *f* einer S. (*gen*); ~ ***de détails*** Fülle *f* von Einzelheiten; ***un*** ~ ***de précautions*** eine Menge Vorsichtsmaßnahmen
► **ce n'est pas du** ~ *fam* das ist nicht überflüssig [*o* unnötig]; **qn s'offre** [*o* **se paie**] [*o* **se permet**] **le** ~ **de faire qc** jd leistet es sich (*dat*), etw zu tun; ***je me suis payé le*** ~ ***de lui dire ce que je pensais de lui*** ich habe mir erlaubt, ihm zu sagen, was ich von ihm halte; **de** [**grand**] ~ *hôtel, article* Luxus-; *chien* Mode-; *voiture a., train* der Luxusklasse; *boutique* mit Luxusartikeln; *magazine* mit luxuriöser Aufmachung
Luxembourg [lyksɑ̃buʀ] *m* **1.** (*pays, ville*) ■ **le Luxembourg** Luxemburg *nt*
2. (*palais, jardin*): ***le*** [***palais du***] ~ *Sitz des französischen Senats;* ***le*** [***jardin du***] ~ *Park in Paris*
luxembourgeois, e [lyksɑ̃buʀʒwa, waz] **I.** *adj* luxemburgisch, Luxemburger *inv*
II. *m, f* ■ **Luxembourgeois(e)** Luxemburger(in) *m(f)*
luxer <1> [lykse] **I.** *vt* ■ **qn luxe qc** [**à qn**] *genou, coude* jd/etw verrenkt [jdm] etw; *épaule, hanche* jd/etw renkt [*o* kugelt] [jdm] etw aus; ■ [**qc est**] **luxé(e)** /*genou, coude*/ [etw ist] verrenkt; /*épaule, hanche*/ [etw ist] ausgerenkt [*o* ausgekugelt]
II. *vpr* ■ **qn se luxe qc** *épaule, hanche* jd kugelt [*o* renkt] sich (*dat*) etw aus; *genou, coude* jd verrenkt sich (*dat*) etw
luxueusement [lyksɥøzmɑ̃] *adv* luxuriös
luxueux, -euse [lyksɥø, -øz] *adj a. antéposé* luxuriös; *suite, studio, hôtel* Luxus-
luxure [lyksyʀ] *f littér* Wollust *f*, Sinneslust *f*, Fleischeslust *f liter;* ***qn mène une vie de*** ~ jd führt ein ausschweifendes Leben
luxuriance [lyksyʀjɑ̃s] *f soutenu* [*végétation*] Üppigkeit *f*; [*forêt*] üppige Vegetation; ***la*** ~ ***de son style*** seine/ihre blumenreiche Sprache; ***la*** ~ ***de son imagination*** seine/ihre blühende Fantasie
luxuriant, e [lyksyʀjɑ̃, jɑ̃t] *adj imagination* blühend; *style* [*texte*] blumenreich; [*appartement*] luxuriös; *végétation* üppig
luxurieux, -euse [lyksyʀjø, -jøz] *adj littér* wollüstig, lüstern; ***qn mène une vie*** ~***euse*** jd führt ein ausschweifendes Leben
luzerne [lyzɛʀn] *f* Luzerne *f*
lycée [lise] *m* Gymnasium *nt*
► ~ **agricole** landwirtschaftliches Gymnasium; ~ **hôtelier** Hotelfachschule *f*; ~ **professionnel**, ~ **technique** technisches Gymnasium; **au** ~ im/in das Gymnasium; ***il est élève au*** ~ ***Fabert à Metz*** er geht aufs Fabert-Gymnasium in Metz; ***qn va au*** ~ jd geht ins [*o* aufs] Gymnasium
◆ **lycée d'enseignement général et technologique** *Gymnasium mit zusätzlichen technischen Fächern;* **lycée d'enseignement professionnel** Berufsfachschule *f*
lycéen, ne [liseɛ̃, ɛn] **I.** *adj* Gymnasial-; ***la nouvelle démocratie*** ~***ne*** die neue Demokratie an den Gymnasien
II. *m, f* Gymnasiast(in) *m(f)*
lymphatique [lɛ̃fatik] *adj* **1.** MED Lymph-; *système* lymphatisch
2. *personne* träge, phlegmatisch; *constitution* schwach, zart; ***tempérament*** ~ Trägheit *f*, Phlegma *nt*
lymphe [lɛ̃f] *f* Lymphe *f*
lymphocyte [lɛ̃fɔsit] *m* Lymphozyt *m*
lynchage [lɛ̃ʃaʒ] *m* Lynchen *nt*, Lynchjustiz *f*
lyncher <1> [lɛ̃ʃe] *vt* ■ **qn lynche qn** jd lyncht jdn
lynx [lɛ̃ks] *m* Luchs *m*
lyophilisation [ljɔfilizasjɔ̃] *f* Gefriertrocknung *f*
lyophiliser <1> [ljɔfilize] *vt* ■ **qn lyophilise qc** jd gefriertrocknet etw; ***café lyophilisé*** Pulverkaffee *m*
lyre [liʀ] *f* Lyra *f*, Leier *f*
lyrique [liʀik] *adj* **1.** LITTER lyrisch; ***poète*** ~ Lyriker(in) *m(f)*
2. MUS *soprano* lyrisch; *drame, comédie, théâtre* Musik-; ***artiste*** ~ (*dans un opéra*) Opernsänger(in) *m(f)*; (*dans une opérette*) Operettensänger(in) *m(f)*; ***art*** ~ Gesangskunst *f*; ***orchestre*** ~ Orchester *nt* für das Musiktheater; ***soirée*** ~ Liederabend *m*; ***concert*** ~ Konzert *nt* für Singstimme
3. (*poétique*) *style* lyrisch, gefühlsbetont; *roman, film* stimmungsvoll; *écrivain* voller Empfindsamkeit
4. (*passionné*) *envolée, ton* rührselig; *personne a.* schwärmerisch; ***elle devenait*** ~ sie geriet ins Schwärmen
lyrisme [liʀism] *m* **1.** LITTER Lyrik *f*
2. [*roman, scène, film*] gefühlsbetonte [*o* lyrische] Stimmung; [*auteur*] Lyrismus *m*; ***le film est plein de*** ~ der Film ist sehr stimmungsvoll
3. (*manière passionnée*) Rührseligkeit *f*; ***sa manière de voir les choses/ sa vision du monde est totalement dénuée de*** ~ er/sie hat eine sehr nüchterne [*o* realistische] Betrachtungsweise/Weltanschauung
lys [lis] *m v.* **lis**

M

M, m [ɛm] *m inv* M *nt*, m *nt*
► **m comme Marcel** M wie Martha
m [ɛm] *abr de* **mètre** m
M. <MM.> *m abr de* **Monsieur**: ***M. Trouvé*** Herrn Trouvé; *v.* **monsieur**
m' [m] *pron pers v.* **me**
ma [ma] *adj poss v.* **mon**
mac [mak] *m arg abr de* **maquereau** Loddel *m fam*, Zuhälter *m*
macabre [makɑbʀ] *adj* makaber; ***humour*** ~ schwarzer Humor
macadam [makadam] *m* **1.** (*revêtement routier*) Makadam *m o nt*
2. *fam* (*trottoir, rue*) Straße *f*
macadamiser <1> [makadamize] *vt* ■ **qn macadamise qc** jd makadamisiert etw
macaque [makak] *m* **1.** ZOOL Makak *m*
2. (*personne*) hässlicher Kerl
◆ **macaque rhésus** Rhesusaffe *m*
macaron [makaʀɔ̃] *m* **1.** GASTR Makrone *f*
2. (*autocollant*) Aufkleber *m*; (*badge*) Abzeichen *nt*, Plakette *f*
3. *fam* (*décoration*) Orden *m*, Blech *nt fam*
4. (*coiffure*) Schnecke *f*
macaroni [makaʀɔni] *m* **1.** GASTR Makkaroni *pl*
2. *péj fam* (*Italien*) Makkaronifresser *m fam*
macchabée [makabe] *m pop* Leiche *f*
macédoine [masedwan] *f* **1.** GASTR [*fruits*] Obstsalat *m*, Fruchtsalat *m*; [*légumes*] Mischgemüse *nt*, gemischtes Gemüse
2. *fam* (*mélange confus*) Kuddelmuddel *nt fam*
3. GEOG ■ **la Macédoine** Makedonien *nt*, Mazedonien *nt*
macération [maseʀasjɔ̃] *f* **1.** GASTR Einlegen *nt*; PHARM Mazeration *f*
2. REL (*mortification*) Kasteiung *f*
macérer <5> [maseʀe] **I.** *vi* **1.** (*tremper longtemps*) ■ **qc macère** [**dans qc**] GASTR etw ist [in etw (*dat*)] eingelegt; PHARM etw mazeriert [in etw (*dat*)]; ■ **qn fait** [*o* **laisse**] ~ [**qc**] [**dans qc**] GASTR jd legt etw [in etw (*akk*)] ein; PHARM jd lässt etw [in etw (*dat*)] mazerieren
2. *péj* (*croupir*) ■ **qn macère dans qc** jd hängt in etw (*dat*) herum *fam*; ***il macère dans son jus/ dans sa crasse*** er schmort in seinem eigenen Saft/ sitzt in seinem eigenen Dreck; ■ **qn laisse qn** ~ jd lässt jdn zappeln *fam*; ■ **qn laisse qn** ~ **dans qc** *dans son ignorance* jd lässt jdn in etw (*dat*) zappeln *fam*; ***qn laisse qn*** ~ ***dans son jus*** jd lässt jdn in seinem eigenen Saft schmoren; ***qn laisse qn*** ~ ***dans sa crasse*** jd lässt jdn in seinem eigenen Dreck sitzen
II. *vt* ■ **qc est macéré(e) dans qc** GASTR etw ist in etw (*akk*) eingelegt; PHARM etw mazeriert in etw (*dat*)
Mach [mak] *m* Mach *nt*
► **à** ~ **2/3/...** mit 2/3/... Mach
mâche [mɑʃ] *f* Feldsalat *m*, Ackersalat *m* SDEUTSCH, Vogerlsalat *m* AUS
mâchefer [mɑʃfɛʀ] *m* Schlacke *f*
mâcher <1> [mɑʃe] *vt* **1.** (*broyer, mastiquer*) ■ **qn/un animal mâche qc** jd/ein Tier kaut etw
2. (*mordiller*) ■ **qn mâche qc** jd kaut an etw (*dat*)
3. TECH ■ **qc mâche qc** etw zerfetzt etw
machette [maʃɛt] *f* Machete *f*
machiavélique [makjavelik] *adj* machiavellistisch
machiavélisme [makjavelism] *m* Machiavellismus *m*
mâchicoulis [mɑʃikuli] *m* Pechnase *f*, Pecherker *m*
machin [maʃɛ̃] **I.** *m fam* **1.** (*truc*) Ding[s] *nt fam*, Dingsda *nt fam*; ***des tas de*** ~***s, plein de*** ~***s*** eine Menge Zeugs *fam*
2. (*untel*) ■ **Machin**: ***c'est M***~! das ist der Dings! *fam*; ***eh! M***~! he! du da! *fam*
► **M**~ **Chouette** der/die Dings *fam*; **vieux** ~ *péj* alter Knacker *fam*
II. *f fam* ■ **Machine** die Dings *fam*
machinal, e <-aux> [maʃinal, o] *adj* mechanisch
machinalement [maʃinalmɑ̃] *adv* mechanisch
machination [maʃinasjɔ̃] *f* Intrige *f*; ■ ~**s** Machenschaften *pl*
machine [maʃin] *f* **1.** (*appareil*) Maschine *f*; ***siècle de la*** ~ Maschinenzeitalter *nt*
2. (*voiture*) Wagen *m*; (*locomotive*) Lokomotive *f*; (*moto*) Motorrad *nt*, Maschine *f fam*; (*avion*) Maschine
3. (*organisation*) Apparat *m*; ~ ***économique/ administrative/ judiciaire*** Wirtschafts-/Verwaltungs-/Justizapparat *m*
4. *péj* (*robot*) Maschine *f*
► ~ **agricole** landwirtschaftliche Maschine; **qn fait** [**un peu**] ~ **arrière** jd

macht einen [kleinen] Rückzieher; ~ **infernale** Höllenmaschine *f fam;* ~ **volante** HIST Flugmaschine *f;* **à la** ~ *laver* in der Maschine; *écrire* mit der Maschine; ***elle apprend à taper à la*** ~ sie lernt Maschine schreiben; ***tu ferais mieux d'écrire à la*** ~ es wäre besser, wenn du es tippst *fam;* ***qc est tricoté(e) à la*** ~ etw ist maschinengestrickt [*o* mit der Maschine gestrickt]
◆ **machine à affranchir** [*o* **timbrer**] Frankiermaschine *f;* **machine à bois** Holzmaschine *f;* **machine à café** Kaffeemaschine *f;* **machine à calculer** Rechenmaschine *f,* Rechengerät *nt;* (*de poche*) Taschenrechner *m;* **machine à coudre** Nähmaschine *f;* **machine à écrire** Schreibmaschine *f;* **machine à laver/à laver la vaisselle** Waschmaschine *f*/[Geschirr]spülmaschine *f;* **machine à sous** (*jeu de hasard*) Spielautomat *m;* (*distributeur automatique*) Münzautomat *m;* **machine à traitement de texte** Textverarbeitungsgerät *nt;* **machine à vapeur** Dampfmaschine *f;* **machine de bureau** Büromaschine *f;* **machine de guerre** Kriegsmaschine *f;* **machine de mort** Todesmaschine *f*

Machine [maʃin] *f v.* **machin**

machine-outil <~s-~s> [maʃinuti] *f* Werkzeugmaschine *f;* (*secteur*) Maschinenbau *m*

machiner <1> [maʃine] *vt péj* (*ourdir*) ■ **qn machine qc** jd heckt etw aus *fam,* jd brütet etw aus *fam;* ***qn machine une trahison*** jd zettelt eine Verschwörung an, jd schmiedet ein Komplott

machinerie [maʃinʀi] *f* **1.** (*équipement*) Maschinen *pl,* Maschinenpark *m*
2. (*salle des machines*) [*navire*] Maschinenraum *m;* [*usine*] Maschinenhalle *f*

machinisme [maʃinism] *m* Einsatz *m* von Maschinen

machiniste [maʃinist] *mf* **1.** THEAT Bühnenarbeiter(in) *m(f);* AUDIOV Bühnentechniker(in) *m(f)*
2. (*conducteur*) Fahrer(in) *m(f)*

machisme [mat(t)ʃism] *m* männlicher Chauvinismus, Machismo *m geh*

machiste [mat(t)ʃist] **I.** *adj* [männlich-]chauvinistisch
II. *m* Chauvinist *m*

macho [matʃo] **I.** *adj fam comportement* Macho- *fam;* ***un homme*** ~ ein Macho *m fam*
II. *m fam* Macho *m fam,* Chauvi *m fam*

mâchoire [mɑʃwaʀ] *f* **1.** [*mammifère*] Kiefer *m;* ■ **les ~s** die Kauwerkzeuge; [*mammifère*] der Kiefer
2. *pl* TECH Backen *pl*
▸ ~ **inférieure/supérieure** Unterkiefer/Oberkiefer; **qn bâille à se décrocher la** ~ jd gähnt herzhaft

mâchonnement [mɑʃɔnmɑ̃] *m* Kauen *nt*

mâchonner <1> [mɑʃɔne] *vt* **1.** (*mâcher sans avaler*) ■ **un animal mâchonne qc** ein Tier kaut etw; ■ **qn mâchonne qc** *chewing-gum, tabac* jd kaut etw
2. (*mordiller*) ■ **qn mâchonne qc** *cigare, crayon, paille, brin d'herbe* jd kaut an etw (*dat*)
3. (*marmonner*) ■ **qn mâchonne qc** jd murmelt etw, jd brummelt etw *fam;* ***qu'est-ce qu'il mâchonne là?*** was murmelt [*o* brummelt *fam*] er da vor sich hin?

mâchouiller <1> [mɑʃuje] *vt fam* ■ **qn mâchouille qc** jd kaut auf etw (*dat*) herum

maçon, ne [masɔ̃, ɔn] **I.** *adj:* ***abeille/fourmi/guêpe ~ne*** Arbeiterin *f*
II. *m, f* **1.** (*ouvrier*) Maurer(in) *m(f)*
2. (*franc-maçon*) Freimaurer(in) *m(f)*

maçonnage [masɔnaʒ] *m* Maurerarbeit *f*

maçonner <1> [masɔne] *vt* ■ **qn maçonne qc** (*construire*) *mur* jd mauert etw; (*jointoyer*) *mur* jd fugt etw aus; (*recouvrir*) *parois d'un puits* jd mauert etw aus; (*boucher*) *portes, fenêtres* jd mauert etw zu

maçonnerie [masɔnʀi] *f* **1.** (*ouvrage maçonné*) Mauerwerk *nt*
2. (*secteur*) Rohbausektor *m;* ***la ~ emploie de nombreux Portugais*** viele Portugiesen arbeiten auf dem Bau
3. (*franc-maçonnerie*) Freimaurerei *f*
▸ **grosse** ~ Rohbau *m;* **petite** ~ Verputzarbeiten *pl,* Gipsarbeiten *pl*

maçonnique [masɔnik] *adj* Freimaurer-

macramé [makʀame] *m* Makramee *nt*

macreuse [makʀøz] *f* **1.** ORN Trauerente *f*
2. GASTR Schulterstück *nt* vom Rind

macro [makʀo] *f fam abr de* **macro-instruction** INFORM Makro *nt*

macro- [makʀo] *préf* Makro-

macrobiotique [makʀobjɔtik] **I.** *adj* makrobiotisch
II. *f* Makrobiotik *f*

macroéconomie [makʀoekɔnɔmi] *f* Makroökonomie *f*

macroéconomique [makʀoekɔnɔmik] *adj* makroökonomisch

macro-instruction <~-~s> [makʀoɛ̃stʀyksjɔ̃] *f* Makro[befehl *m*] *nt,* Makroanweisung *f*

macromolécule [makʀomɔlekyl] *f* Makromolekül *nt*

macroordinateur [makʀoɔʀdinatœʀ] *m* INFORM Großrechner *m spec*

maculage [makylaʒ] *m* **1.** (*barbouillage*) Beschmieren *nt;* ***le ~ des tombes*** die Grabsteinschmierereien
2. TYP Schmutzflecken *pl,* Schmutzspuren *pl*

maculer <1> [makyle] *vt* ■ **qn macule** [**de qc**] jd beschmutzt [*o* beschmiert] etw [mit etw]; ***un élève macule qc d'encre*** ein Schüler bekleckst etw mit Tinte; ■ **qc est maculé(e)** [**de** [*o* **par**] **qc**] etw ist [mit etw] verschmiert; ***des feuilles maculées*** TYP Makulatur *f*

Madagascar [madagaskaʀ] *f* Madagaskar *nt*

madame <mesdames> [madam, medam] *f* **1.** (*femme à qui on s'adresse*) ■ ~ gnädige Frau *geh,* meine Dame (*wird meist nicht übersetzt*); *iron* Madame *f;* ■ **M~** + *nom* Frau *f* + *Name;* ***pardon*** ~ entschuldigen Sie[, meine Dame]; ***bonjour ~, comment allez-vous?*** guten Tag, wie geht es Ihnen?; ***bonjour M~ Larroque*** guten Tag Frau Larroque; ***bonjour mesdames*** guten Tag meine Damen; ***Mesdames, mesdemoiselles, messieurs!*** Meine Damen und Herren!; ***je vous dis ~ ou mademoiselle?*** sage ich Frau oder Fräulein zu Ihnen?
2. (*femme dont on parle*) die gnädige Frau *veraltend;* ***ce matin, M~ Pujol ne fera pas son cours*** Frau Pujol wird heute Morgen keinen Unterricht halten; ***comment va M~ votre mère?*** *vieilli* wie geht es Ihrer Frau Mutter? *veraltend*
3. ■ **M~ la/le ...** + *subst la Duchesse, Comtesse, le juge, professeur* + *subst sans art:* ~ ***la Présidente*** Frau Präsidentin
4. (*sur une enveloppe*): ***M~ Dupont*** An Frau Dupont; ***Monsieur et M~ Pujol*** An Herrn und Frau Pujol, An die Eheleute Pujol *geh*
5. (*en-tête*): ***M~,*** Sehr geehrte Frau + *Name,*; ***Chère ~,*** Liebe Frau + *Name,*; (*dans lettre officielle*) Sehr geehrte Frau + *Name,*; ***M~, Mademoiselle, Monsieur,*** Sehr geehrte Damen und Herren,
6. <madames> *fam* (*dame*) Dame *f;* ***elle est une petite ~ maintenant*** sie ist jetzt eine richtige junge Dame; ***elle joue à la ~*** sie spielt die feine Dame
▸ **M~ Je-sais-tout** Neunmalkluge *f;* **M~ Tout-le-monde** Frau *f* Jedermann

madeleine [madlɛn] *f* GASTR Madeleine *f*
▸ **qn pleure comme une M~** jd heult wie ein kleines Mädchen

mademoiselle <mesdemoiselles> [mad(ə)mwazɛl, med(ə)mwazɛl] *f* **1.** (*jeune femme à qui on s'adresse*) ■ ~ meine Dame (*wird meist nicht übersetzt*), gnädiges Fräulein *veraltend geh;* ■ **M~** + *nom* Frau *f* + *Name,* Fräulein *nt* + *Name veraltend;* ***pardon*** ~ entschuldigen Sie[, meine Dame]; ***bonjour ~, comment allez-vous?*** guten Tag, wie geht es Ihnen; ***bonjour M~ Labiche*** guten Tag Frau Labiche; ***bonjour mesdemoiselles*** Guten Tag, meine Damen; ***Mesdames, mesdemoiselles, messieurs!*** Meine Damen und Herren!; ***je vous dis madame ou ~?*** sage ich Frau oder Fräulein zu Ihnen?; ~ ***a oublié quelque chose?*** hat die junge Dame etwas vergessen?
2. (*femme dont on parle*) das gnädige Fräulein *veraltend geh;* ***ce matin, M~ Pujol ne fera pas son cours*** Frau Pujol wird heute Morgen keinen Unterricht halten; ***M~ votre sœur m'a priée de ...*** *vieilli* Ihr Fräulein Schwester hat mich gebeten ... *veraltend*
3. (*sur une enveloppe*): ***M~ Ève Aporé*** An Frau [*o* Fräulein *veraltend*] Ève Aporé; ***Mesdemoiselles Anne et Paule Ichinel*** An die Damen Anne und Paule Ichinel
4. (*en-tête*): ~, Sehr geehrte Frau + *Name,*; ***Chère ~,*** Liebe Frau + *Name,*; Liebes Fräulein [+ *Name*], *veraltend;* (*dans lettre officielle*) Sehr geehrte Frau + *Name,*; Sehr geehrtes Fräulein [+ *Name*], *veraltend;* ***Madame, M~, Monsieur,*** Sehr geehrte Damen und Herren,

madère [madɛʀ] **I.** *m* Made[i]ra[wein *m*] *m*
II. *app sauce* Made[i]ra-

Madère [madɛʀ] *f* Made[i]ra *nt*

madone [madɔn] *f* **1.** REL ■ **la M~** die Madonna
2. (*femme*) Madonna *f*

madras [madʀɑs] *m* **1.** (*étoffe*) Madras *m*
2. (*foulard*) Kopftuch *nt* [aus Madras]

Madrid [madʀid] *f* Madrid *nt*

madrier [madʀije] *m* Bohle *f*

madrigal <-aux> [madʀigal, o] *m* Madrigal *nt*

madrilène [madʀilɛn] **I.** *adj:* ***le climat*** ~ das Madrider Klima; ***la circulation*** ~ der Verkehr in Madrid
II. *mf* ■ **Madrilène** Madrider(in) *m(f)*

maelström [malstʀøm] *m* Ma[h]lstrom *m*

maestria [maɛstʀija] *f* Bravour *f*
▸ **avec** ~ meisterhaft

maestro [maɛstʀo] *m* Maestro *m*

maf[f]ia [mafja] *f* **1.** ■ **la Maf[f]ia** die Mafia
2. (*bande*) Bande *f,* Gang *f*
3. *péj fam* (*coterie*) Filzokratie *f fam;* ***c'est une vraie*** ~! das ist eine richtige Mafia! *fam*

maf[f]ieux, -euse [mafjø, -jøz] *adj* Mafia-; ***implication ~euse*** Verbindung *f* mit der Mafia

maf[f]ioso <-si> [mafjozo, i] *m* Mafioso *m*

magasin [magazɛ̃] *m* **1.** (*boutique*) Geschäft *nt,* Laden *m;* ~ ***spécialisé*** Fachgeschäft; ■ ~ **de/à** -geschäft, -laden; ***les ~s à grande surface*** die Supermärkte
2. (*entrepôt*) [*boutique*] Lager *nt;* [*port a.*] Speicher *m;* MIL Magazin *nt,* Depot *nt;* ■ ~ **à:** ~ ***à blé/à grains*** Getreide-/Kornspeicher *m;* ■ ~ **de** *d'armes, de vivres* -lager *nt;* ~ ***d'explosifs*** Depot *nt* für Sprengstoffe
3. TECH, PHOT Magazin *nt*
▸ ~ **général** COM *Lager für Waren unter staatlicher Kontrolle;* **grand** ~ Kaufhaus *nt;* **qn court** [*o* **fait**] **les ~s** jd klappert die Geschäfte [*o* Läden] ab *fam;* **qn tient un** ~ jd hat [*o* führt] einen Laden [*o* ein Geschäft]; **en** ~ auf Lager, vorrätig
◆ **magasin de détail** Einzelhandelsgeschäft *nt;* **magasin de gros** Zwischenhandelsgeschäft *nt;* **magasin des accessoires** THEAT Requisitenkammer *f;* (*grenier des souvenirs*) Mottenkiste *f;* **magasin d'usine** Verkaufsstelle *f* in der Fabrik

magasinage [magazinaʒ] *m* **1.** COM [Ein]lagerung *f*
2. CAN (*shopping*) Einkaufen *nt;* ***qn fait son*** ~ jd erledigt seine Einkäufe

magasiner <1> [magazine] *vi* CAN ■ **qn magasine** jd macht Einkäufe, jd kauft ein

magasinier, -ière [magazinje, -jɛʀ] *m, f* Lagerverwalter(in) *m(f),* Lagerist(in) *m(f)*

magazine [magazin] *m* **1.** PRESSE Zeitschrift *f,* Magazin *nt;* ■ ~ **de** *de sport, télévision* -zeitschrift; ~ ***d'actualités*** politisches Magazin; ~ ***de cinéma*** Filmzeitschrift; ~ ***de jeux*** Rätselheft *nt*
2. AUDIOV (*émission*) Magazin *nt*

3. AUDIOV, PRESSE (*séquence*) allgemeine Informationen; ***partie/ rubrique/ séquence*** ~ allgemeiner Teil/Rubrik *f* Verschiedenes
▸ ~ **féminin** Frauenzeitschrift *f*, Frauenmagazin *nt*
mage [maʒ] I. *m* 1. ASTROL Magier *m*
2. REL: ***les M~s d'Orient*** die Weisen aus dem Morgenland
II. *app* ■ **les Rois ~s** die Heiligen Drei Könige
Maghreb [magʀɛb] *m* ■ **le** ~ der Maghreb
maghrébin, e [magʀebɛ̃, in] I. *adj* maghrebinisch, nordafrikanisch
II. *m, f* ■ **Maghrébin(e)** Nordafrikaner(in) *m(f)*
magicien, ne [maʒisjɛ̃, jɛn] *m, f* 1. (*sorcier*) Magier *m*, Zauberer/Zauberin *m/f*
2. (*auteur de prodiges*) Zauberer/Zauberin *m/f*
3. (*illusionniste*) Zauberkünstler(in) *m(f)*
magie [maʒi] *f* 1. (*pratiques occultes*) Magie *f*, Zauberkunst *f*
2. (*séduction*) Zauber *m*, Wunderkraft *f*
▸ ~ **noire** schwarze Magie; **c'est de la ~!** das grenzt schon an Zauberei!; **qn fait de la** ~ jd verschreibt sich der Magie; **comme par** ~ [wie] von selbst, [wie] von alleine
magique [maʒik] *adj* 1. (*surnaturel*) Zauber-; *pouvoir* magisch
2. *miroir* Zauber-; ***baguette*** ~ Zauberstab *m*
3. (*merveilleux*) *spectacle* zauberhaft, bezaubernd; ***un théâtre, c'est*** ~ ein Theater hat etwas Magisches
magiquement [maʒikmɑ̃] *adv* (*inexplicablement*) eigenartigerweise, auf rätselhafte [*o* mysteriöse] Weise; (*brusquement*) plötzlich; ~ ***disparu*** spurlos verschwunden
magistral, e <-aux> [maʒistʀal, o] *adj* 1. (*fameux*) meisterhaft; *œuvre* Riesen-; *réussite* gewaltig; ***un bide*** ~ ein grandioser Flop; ***le plus*** ~ ***échec*** der größte Misserfolg
2. *hum claque* schallend; *coup de pied, raclée* tüchtig, gehörig, ordentlich
3. (*doctoral*) *ton, air* schulmeisterlich, belehrend
4. UNIV: ***cours*** ~ Vorlesung *f*; ***enseignement*** ~ Frontalunterricht *m*
5. (*radical*) ■ **qc est** [*o* **a un effet**] ~ [**contre qc**] etw hilft besonders gut [*o* unheimlich *fam*] [gegen etw]
6. PHARM [nach Anweisung des Arztes] erst anzufertigen
magistralement [maʒistʀalmɑ̃] *adv* 1. (*génialement*) meisterhaft; *se tirer de, interpréter a.* gekonnt
2. *se tromper, se planter* ganz schön, gründlich
magistrat [maʒistʀa] *m* ADMIN Verwaltungsbeamter/-beamtin *m/f*; JUR *Bezeichnung für den Richter oder den Staatsanwalt*
magistrature [maʒistʀatyʀ] *f* 1. (*fonction judiciaire*) *Amt des Richters oder des Staatsanwalts*
2. (*corps des magistrats*) *Richterschaft oder Staatsanwaltschaft*
▸ ~ **assise/debout** (*fonction*) Richteramt *nt*/Amt *nt* des Staatsanwalts; (*magistrats*) Richterschaft *f*/Staatsanwaltschaft *f*; ~ **suprême** höchstes [*o* oberstes] Amt im Staat
magma [magma] *m* 1. GEOL Magma *nt*
2. (*mélange informe*) [*idées, données*] Konglomerat *nt*; (*bouillie*) Matsch *m*, Brei *m*, Masse *f*
magnanime [maɲanim] *adj personne, action* großmütig, großherzig; *pensées* edel; ***qn a un cœur*** [*o* ***une âme***] ~ jd hat ein großes Herz
magnanimité [maɲanimite] *f* Großherzigkeit *f*; ***la ~ de ses sentiments*** seine/ihre edle Gesinnung; ***qn fait preuve de ~ à l'égard de qn*** jd zeigt jdm gegenüber seinen Großmut
magnat [maɲa] *m* ■ ~ **de** -magnat *m*
magner <1> [maɲe] *vpr pop* ■ **qn se magne** [**qc**] jd beeilt sich; ***magne-toi*** [***le popotin***]! beeil dich!, mach schon! *fam*
magnésie [maɲezi] *f* Magnesia *f*, Talkerde *f*, Bittererde *f*
magnésium [maɲezjɔm] *m* CHIM Magnesium *nt*
magnétique [maɲetik] *adj* 1. PHYS magnetisch; *pôle a., carte, champ, ruban, piste* Magnet-; ***bande*** ~ Tonband *nt*; [*ordinateur*] Magnetband *nt*; ***disque*** ~ Diskette *f*
2. ***pouvoir*** [*o* ***puissance***] ~ magnetische Anziehungskraft
magnétiser <1> [maɲetize] *vt* 1. PHYS ■ **qn magnétise qc** jd magnetisiert etw
2. (*fasciner*) ■ **qn/qc magnétise qn** jd/etw fesselt jdn, jd/etw zieht jdn an
magnétiseur, -euse [maɲetizœʀ, -øz] *m, f* Magnetiseur(in) *m(f)*
magnétisme [maɲetism] *m* 1. PHYS Magnetismus *m*
2. (*fascination*): ***qn subit le ~ de qn*** jd ist von jdm gefesselt
magnéto¹ [maɲeto] *f* (*dynamo*) Dynamo[maschine *f*] *m*, Generator *m*
magnéto² [maɲeto] *m* 1. *fam abr de* **magnétophone** Kassettenrecorder *m*
2. *fam abr de* **magnétoscope** Video[gerät *nt*] *nt*
magnétocassette [maɲetokasɛt] *m* Kassettenrecorder *m*
magnétophone [maɲetɔfɔn] *m* Kassettenrecorder *m*; (*à bandes*) Tonband[gerät *nt*] *nt*
▸ **qn enregistre qc au** ~ jd nimmt etw auf Band auf
◆ **magnétophone à cassettes** Kassettenrecorder *m*
magnétoscope [maɲetɔskɔp] *m* Video[gerät *nt*] *nt*, Videorecorder *m*
▸ **qn enregistre qc au** ~ jd nimmt etw auf Video auf
magnétoscoper <1> [maɲetɔskɔpe] *vt* ■ **qn magnétoscope qc** [**à qn**] jd nimmt [jdm [*o* für jdn]] etw auf Video auf
magnificence [maɲifisɑ̃s] *f* 1. (*somptuosité*) Pracht *f*, Prunk *m*; ***la ~ d'une réception*** ein prachtvoller [*o* glanzvoller] Empfang; ***il était vêtu avec*** ~ er war prachtvoll [*o* prunkvoll] gekleidet
2. *soutenu* (*prodigalité*) Großzügigkeit *f*
magnifier <1> [maɲifje] *vt littér* 1. (*glorifier*) ■ **qn magnifie qn/qc** jd preist jdn/etw, jd rühmt jdn/etw
2. (*idéaliser*) ■ **qn/qc magnifie qc** jd/etw verherrlicht etw
magnifique [maɲifik] *adj a. antéposé* 1. (*très beau*) *fleur, paysage* wunderschön; *femme a.* hinreißend; *projet* fantastisch, fabelhaft; *performance, acteur* hervorragend; *temps* herrlich; ***il a une situation*** ~ er hat es beruflich großartig getroffen
2. (*somptueux*) *appartement* luxuriös; *réception* prachtvoll, glänzend; *repas* hervorragend, ausgezeichnet; *spectacle* großartig, herrlich; *cadeau* wunderschön
magnifiquement [maɲifikmɑ̃] *adv interpréter, jouer* großartig, hervorragend; *se tirer de* glänzend; *relié* prachtvoll
magnitude [maɲityd] *f* 1. GEOL ■ ~ **1/2/3** Magnitude *f* 1/2/3
2. ASTRON Größe *f*
magnolia [maɲɔlja] *m* Magnolie *f*
magnum [magnɔm] *m* Familienflasche *f*; [*champagne*] Magnum[flasche *f*] *f*
magot [mago] *m fam* (*argent*) Moneten *pl fam*, Zaster *m fam*; (*économies*) Ersparnisse *pl*; (*butin*) Beute *f*; ***il a amassé un petit ~/un joli*** ~ er hat eine kleine/hübsche Summe gespart
magouillage [magujaʒ] *m fam*, **magouille** [maguj] *m péj* Mauschelei *f fam*; ***une sombre magouille*** Machenschaften *pl*; ***magouille électorale*** Wahlmanipulation *f*
magouiller <1> [maguje] I. *vi* ■ **qn magouille** jd mauschelt *fam*
II. *vt* ■ **qn magouille qc**: ***qu'est-ce qu'il magouille?*** was mauschelt er da? *fam*
magouilleur, -euse [magujœʀ, -jøz] I. *adj fam* durchtrieben
II. *m, f fam* [durchtriebener] Fuchs/[gerissenes] Luder
magret [magʀɛ] *m*: ~ ***de canard*** Entenbrust *f*
Mahomet [maɔmɛt] *m* Mohammed *m*
mahométan, e [maɔmetɑ̃, an] *adj vieilli* mohammedanisch
mahous, se [maus] *adj fam v.* **maous**
mai [mɛ] *m* Mai *m*; ***en ~, au mois de*** ~ im Mai; ***Toulouse, le 5*** ~ Toulouse, den 5. Mai
▸ **Premier** ~, **1ᵉʳ M~** Erster Mai; **en** ~, **fais ce qu'il te plaît** *prov* im Mai kann man sich schon leicht anziehen; *v. a.* **janvier**
maigre [mɛgʀ] I. *adj* 1. (*opp: gros*) mager; *jambe* dünn; ***joues ~s, visage*** ~ schmales Gesicht
2. GASTR mager; *lard a.* durchwachsen; *bouillon* klar; *fromage, lait* Mager-
3. *postposé* REL *jour, repas* fleischlos
4. *antéposé* (*faible*) *résultat, sujet* mager, dürftig; *revenu a.* gering, niedrig; *salaire a.* kümmerlich; *espoir* schwach, gering; *profit* bescheiden
5. *a. antéposé chevelure, végétation* spärlich; *récolte* mager; *repas* karg, dürftig
6. (*avide*) *sol, terre* mager, unergiebig
7. TYP: ***caractères ~s*** magere Schrift
8. *postposé* CHIM *charbon, chaux* Mager-; *argile* mager, kurz
▸ **qn fait** ~ REL jd macht einen Fastentag
II. *mf* (*personne*) Dünne(r) *f(m)*
▸ **faux(fausse)** ~ *jd, der schlanker wirkt, als er in Wirklichkeit ist*
III. *m* 1. *pl* (*basses eaux*) Untiefen *pl*
2. GASTR ■ **le** ~ mageres Fleisch
▸ **en** ~ TYP in magerer Schrift
maigrelet, te [mɛgʀəlɛ, ɛt] I. *adj* ein bisschen [*o* etwas] dünn; *personne a.* ein bisschen [*o* etwas] mager
II. *m, f*: ***un petit*** ~ ein mageres [*o* dünnes] kleines Kerlchen; ***une petite ~te*** ein mageres [*o* dünnes] kleines Ding
maigrement [mɛgʀəmɑ̃] *adv*: ***qn est ~ payé*** jd ist schlecht bezahlt; ***qn vit*** ~ jd lebt mehr schlecht als recht
maigreur [mɛgʀœʀ] *f* 1. (*opp: embonpoint*) Magerkeit *f*; ***qn est d'une ~ effrayante*** jd ist erschreckend mager
2. [*sol, terre*] Magerkeit *f*, Unergiebigkeit *f*
3. [*profit*] Bescheidenheit *f*; [*ressources, revenus*] geringe Höhe; [*style*] Knappheit *f*; [*sujet*] Unergiebigkeit *f*
4. (*rareté*) [*végétation*] Spärlichkeit *f*; ***la ~ de l'auditoire*** die geringe Anzahl von Zuschauern
maigrichon, ne [mɛgʀiʃɔ̃, ɔn] *adj fam v.* **maigrelet**
maigriot, te [megʀijo, jɔt] *adj fam v.* **maigrelet**
maigrir <8> [megʀiʀ] I. *vi* ■ **qn/un animal maigrit** jd/ein Tier nimmt ab; ***il a maigri de figure*** er hat im Gesicht abgenommen, er ist im Gesicht schmaler geworden; ***j'ai maigri de cinq kilos*** ich habe fünf Kilo abgenommen; ■ **qc fait** ~ etw macht schlank; ***l'exercice physique fait*** ~ durch Körpertraining nimmt man ab; ■ **qn se fait** ~ jd nimmt ab
II. *vt* ■ **qc maigrit qn** etw macht jdn schlank
mail [mel] *m* INFORM *v.* **email**
mailing [meliŋ] *m* COM Mailing *nt*
maille¹ [mɑj] *f* 1. COUT Masche *f*
2. [*filet*] Masche *f*; ***filet à fines ~s*** feinmaschiges Netz
3. [*chaîne*] Glied *nt*; [*armure*] Ring *m*
4. (*tissu*): ***industrie de la*** ~ Strickwarenindustrie *f*
▸ ~ **à l'endroit/à l'envers** rechte/linke Masche; ~ **filée** Laufmasche *f*; **une** ~ **file** eine Masche läuft; **un animal glisse** [*o* **passe**] **entre** [*o* **à travers**] **les ~s** [**du filet**] /*poisson, oiseau*/ ein Tier schlüpft durch die Maschen [*o* durch das Netz]; **qn glisse** [*o* **passe**] **entre** [*o* **à travers**] **les ~s** [**du filet**] jd geht [*o* schlüpft] [jdm] durch das Netz, jd geht jdm durch die Maschen [*o* Lappen *fam*]; ***je suis encore passé entre les ~s du filet*** ich bin noch einmal davongekommen
maille² [mɑj] *f* ▸ **qn a** ~ **à partir avec qn** jd gerät mit jdm aneinander
maillechort [majʃɔʀ] *m* Neusilber *nt*
maillet [majɛ] *m* Holzhammer *m*
mailloche [majɔʃ] *f* 1. TECH schwerer Holzhammer
2. MUS [*grosse caisse*] Schlegel *m*; [*xylophone*] Klöppel *m*
maillon [majɔ̃] *m* (*anneau*) Glied *nt*

▶ **qn est un ~ de la chaîne** jd ist ein Glied in der Kette

maillot [majo] *m* **1.** (*pour se baigner*) (*de femme*) Badeanzug *m;* (*d'homme*) Badehose *f*
2. SPORT Trikot *nt*
3. (*sous-vêtement*) Unterhemd *nt*
▶ **~ jaune** SPORT gelbes Trikot
◆ **maillot de bain** (*de femme*) Badeanzug *m;* (*d'homme*) Badehose *f;* **~ *de bain une pièce/deux pièces*** einteiliger/zweiteiliger Badeanzug, Bikini *m;* **maillot de corps** Unterhemd *nt*

main [mɛ̃] *f* **1.** ANAT Hand *f; **qn est adroit(e)** [o **habile**] **de ses ~s*** jd ist geschickt [mit den Händen], jd ist fingerfertig; ***qn est maladroit(e) de ses ~s*** jd hat zwei linke Hände *fam;* ***signé(e) de sa propre ~*** eigenhändig unterzeichnet; ***le vase m'a échappé des ~s*** die Vase ist mir entglitten
2. [*Dieu, fatalité*] Hand *f*
3. (*symbole du mariage*) Hand *f; **qn accorde la ~ de sa fille à qn*** jd gibt jdm seine Tochter zur Frau; ***elle lui a accordé sa ~*** sie hat ihm das Jawort gegeben; ***qn demande la ~ d'une jeune fille*** jd hält um die Hand eines Mädchens an; ***qn obtient la ~ d'une jeune fille*** jd bekommt ein Mädchen zur Frau
4. [*artiste, maître*] meisterliche Kunst
5. CARTES Blatt *nt*
6. FBALL Hand[spiel *nt*] *f*
▶ **les ~s en l'air!** Hände hoch!; **la ~ sur le cœur** von ganzem Herzen, ganz aufrichtig; ***qn affirme qc la ~ sur le cœur*** jd beteuert etw; **qn met la ~ au collet à qn** jd packt jdn beim Schlafittchen [*o* Kragen] *fam;* **la ~ sur la conscience** nach bestem Wissen und Gewissen; **qn donne un coup de ~ [à qn]** jd ist [jdm] behilflich, jd hilft [jdm]; **qn passe la ~ dans le dos à qn** jd schmiert jdm Honig um den Bart [*o* um das Maul] *fam;* **qn tombe aux [*o* entre les] ~s de l'ennemi** jd fällt dem Feind in die Hände; **qn a une ~ de fer** jd hat die Zügel fest in der Hand; **qn a une ~ de fer dans un gant de velours** jd tritt sanft aber bestimmt auf; *péj* jd ist ein Wolf im Schafspelz; **qn en met sa ~ au feu** jd legt dafür die [*o* seine] Hand ins Feuer; **qn flanque sa ~ sur la figure** [*o* **la gueule** *pop*] **de qn** *fam* jd haut jdm eine runter *fam* [*o* in die Fresse *vulg*]; **de ~ d'homme** von Menschenhand; **de ~ de maître** von Meisterhand, meisterlich; **qn met la ~ à la pâte** *fam* jd legt selbst Hand an; **qn met la ~ à la poche** [*o* **au porte-monnaie**] jd greift in die Tasche; ***les chômeurs doivent davantage mettre la ~ au porte-monnaie*** die Arbeitslosen müssen noch tiefer in die Tasche greifen; **les ~s dans les poches** (*fainéant*) untätig, faul; (*facilement*) einfach so *fam,* ganz locker *fam;* (*sans préparation*) ohne große Vorbereitung; **rien dans les ~s, rien dans les poches** mit leeren Händen; **qn prend qn la ~ dans le sac** jd ertappt jdn auf frischer Tat; **qn est adroit(e) de ses ~s** jd ist geschickt [mit den Händen], jd ist fingerfertig; **à ~ armée** bewaffnet; **qn a la ~ baladeuse** *fam* jd fummelt gern *fam;* **qn fait ~ basse sur qc** jd reißt sich (*dat*) etw unter den Nagel *fam;* **de sa blanche ~** *iron* mit eigenen Händen; **en [de] [*o* entre de] bonnes/entre de mauvaises ~s** in guten/in den falschen Händen; **~ courante** Handlauf *m;* **cousu(e) ~** handgenäht, von Hand genäht; **du cousu ~** *fam* Qualitätsarbeit *f;* **qn met la dernière ~ à qc** jd legt [die] letzte Hand an etw (*akk*) *geh;* **à deux ~s** mit beiden Händen; **qn applaudit des deux ~s** *fig* jd begrüßt das sehr; **qn signe** [*o* **souscrit à**] **qc des deux ~s** jd unterschreibt etw voll und ganz; **à ~ droite/gauche** rechter/linker Hand; **grand(e) comme la ~** lächerlich klein; **qn fait qc haut la ~** jd macht etw souverän [*o* mit links *fam*]; **haut les ~s!** Hände hoch!; **qn a la haute ~ sur/dans qc** jd hat etw fest in der Hand; **qn a la ~ heureuse/malheureuse** jd hat eine/hat keine glückliche Hand; **qn a la ~ légère** jd ist nachsichtig; **qn a la ~ leste** jdm rutscht leicht die Hand aus *fam;* **à ~ levée** (*d'un seul trait*) in einem Zug; (*en levant la main*) durch Handzeichen; ***il fait à ~ levée de très bonnes caricatures*** er macht aus dem Handgelenk sehr gute Karikaturen; **qn a les ~s libres** jd hat freie Hand; **qn laisse les ~s libres à qn** jd lässt jdm freie Hand; **qn a les ~s liées** jdm sind die Hände gebunden; **de longue ~** *soutenu* von langer Hand; **qn a la ~ lourde** (*est sévère*) jd ist streng; ***les juges ont eu la ~ lourde*** die Richter haben die Strafe streng bemessen; **qn a la ~ lourde [sur qc]** (*abuse de qc*) jd ist nicht gerade zimperlich, jd spart nicht an etw (*dat*); **qn n'y va pas de ~ morte** (*est brutal*) jd schlägt ganz schön zu *fam;* (*est sévère*) jd ist streng; (*ne fait pas de détail*) jd geht ganz schön ran [*o* zur Sache] *fam;* (*demande trop d'argent*) jd hat gesalzene Preise *fam;* **à ~s nues** mit bloßen Händen; **petite ~** Schneiderlehrling *m;* **à pleines ~s** mit vollen Händen; **de première/seconde ~** aus erster/zweiter Hand; **qn remet** [*o* **donne**] **qc à qn en ~s propres** jd überreicht jdm etw persönlich; **à quatre ~s** für vier Hände; *jouer* vierhändig; **qn tend à qn une ~ secourable** jd hilft jdm, jd reicht jdm seine hilfreiche Hand *geh;* **qn/qc est en ~s sûres** jd/etw ist in sicheren Händen; **qn a la ~ verte** jd hat ein Händchen für Pflanzen *fam,* jd hat eine grüne Hand; **les ~s vides** (*sans rien*) *débuter, commencer, partir* ohne etwas; *revenir, rentrer, repartir* mit leeren Händen; (*sans succès*) unverrichteter Dinge; **qn a la ~** CARTES jd spielt aus, jd kommt raus *fam;* **qn a** [*o* **tient**] **qc [bien] en ~** jd hat etw [fest] in der Hand; *document* jd hat etw in den Händen; ***qn a de bonnes cartes en ~s*** jd hat gute Karten; **qn a qn sous la ~** (*connaît qn*) jd hat jdn an der Hand; (*a qn à sa disposition*) jd hat jdn zur Verfügung; **qn a qc sous la ~** jd hat etw bei der Hand, jd hat etw parat; **qn bat des ~s** jd klatscht in die Hände; **qc change de ~** etw geht in andere Hände über; */ objet, propriété a./* etw wechselt den Besitzer; **qc lui claque** [*o* **pète**] **dans les ~s** *fig fam* etw zerschlägt sich für jdn; **qn claque dans les ~s de qn** *vulg* jd verreckt jdm unter den Händen *vulg;* **qn donne d'une ~ ce qu'il reprend de l'autre** jd gibt mit der einen Hand und nimmt's mit der anderen; **qn donne la ~ à qn [pour faire qc]** jd gibt jdm die Hand [bei etw]; CARTES jd passt zugunsten von jdm; **des personnes se donnent la ~** Menschen halten Händchen *fam;* **des personnes peuvent se donner la ~** *hum* (*se ressemblent*) Menschen können einander die Hand reichen; **qn en donnerait sa ~ à couper** jd lässt sich (*dat*) dafür die Hand abhacken [*o* abschlagen] *fam;* **qn/qc est aux ~s de qn** jd/etw ist in jds Händen (*dat*); **qn se fait la ~ [avec** [*o* **sur**] **qc]** jd übt [mit etw]; **qn fait les ~s de qn** jd manikürt jdn; **qc est fait(e) [à la] ~** etw ist handgearbeitet [*o* Handarbeit]; **qn force la ~ à qn** (*force qn*) jd zwingt jdn; (*insiste auprès de qn*) jd drängt jdn; **qn se frotte les ~s** jd reibt sich (*dat*) die Hände; **qn impose les ~s [à qn]** jd legt [jdm] die Hand auf; ***il soigne en imposant les ~s*** er heilt durch Handauflegen; **qn se lave les ~s de qc** jd zeigt sich für etw nicht verantwortlich; ***je m'en lave les ~s!*** ich wasche meine Hände in Unschuld!; **qn lève** [*o* **porte**] **la ~ sur qn** jd erhebt die Hand gegen jdn *geh;* **qn/qc lie les ~s à qn** jdm sind durch jdn/etw die Hände gebunden; **qn mange dans la ~ de qn** jd frisst jdm aus der Hand *fam;* **qn met la ~ sur qn/qc** (*trouve*) jd findet jdn/etw; (*attrape*) jd nimmt jdn fest [*o* greift jdn auf]/jd nimmt etw an sich (*akk*); ***si je mets la ~ sur lui, il va prendre une fessée*** wenn ich ihn erwische, werde ich ihm den Hintern versohlen *fam;* **qn ne met pas la ~ à qc** jd lässt die Finger [*o* Hände] von etw *fam;* ***il ne met pas la ~ au jardinage/aux travaux ménagers*** er lässt die Finger von der Gartenarbeit/Hausarbeit *fam,* er rührt im Garten/im Haushalt keinen Finger *fam;* **qn passe la ~** (*renonce*) jd gibt die Verantwortung aus der Hand; (*prend sa retraite*) jd setzt sich zur Ruhe; CARTES jd passt; ***qn passe la ~ à un jeune*** jd macht einem Jüngeren Platz; ***passe la ~!*** gib's auf! *fam,* lass es sein!; **des perseonnes passent dans** [*o* **entre**] **les ~s de qn** jd hat mit Menschen zu tun; **qc passe de ~ en ~** etw geht von Hand zu Hand; **qc passe par** [*o* **dans**] **les ~s de qn** etw bleibt an jdm hängen *fam;* **qn perd la ~** jd kommt aus der Übung; CARTES jd muss passen; **qn prend la ~** CARTES jd ist am Zug; **qn prend qn en ~** jd nimmt jdn unter seine Fittiche *fam;* **qn prend qc en ~** jd nimmt etw in die Hand; **qn prend qn par la ~** jd nimmt jdn bei der Hand, jd führt jdn an der Hand; **qn se prend par la ~** *hum fam* jd gibt sich (*dat*) einen Stoß [*o* Ruck *fam*]; **qn prête la ~ à qn/qc** (*aide*) jd geht jdm/geht bei etw zur Hand; **qn prête la ~ à qc** (*participe*) jd macht [*o* mischt *fam*] bei etw mit; **qn se remet entre les ~s de qn** jd begibt sich in jds Obhut (*akk*); **qn reprend qc en ~** jd bekommt etw wieder unter Kontrolle [*o* in den Griff]; **qn se salit les ~s** jd macht sich (*dat*) die Hände schmutzig; **qn serre la ~ à qn** jd schüttelt jdm die Hand; **des personnes se serrent la ~** Menschen schütteln sich (*dat*) die Hände; **qn tend la ~** (*mendie*) jd bettelt, jd streckt [*o* hält] die Hand hin; **qn tend la ~ à qn** (*dit bonjour*) jd hält [*o* streckt] jdm die Hand hin; (*propose son aide*) jd bietet jdm seine Hilfe an; ***tendez-vous la ~*** reicht euch die Hand [zur Versöhnung]; **qn tient qn par la ~** jd hält jdn an der Hand; **qn/qc tombe aux** [*o* **entre les**] **~s de qn** jd/etw fällt jdm in die Hände [*o* in jds Hände (*akk*)]; **qn/qc lui tombe sous la ~** er/sie bekommt jdn/etw in die Finger [*o* Hände] *fam,* jd/etw kommt ihm/ihr unter die Finger *fam;* **qn se tord les ~s [de qc]** jd ringt die Hände [aus etw]; **des personnes en viennent aux ~s** Menschen werden handgreiflich; **à ~** *frein, sac* Hand-; **à la ~** *porter* in der Hand; *écrire, prendre* mit der Hand; **[la] ~ dans la ~** Hand in Hand; **de la ~ [droite/gauche]** mit der [rechten/linken] Hand; **de la ~ de qn** von jdm; ***de la ~ même de l'auteur*** vom Autor persönlich; **de ses ~s** mit den Händen; ***qn travaille de ses ~s*** jd arbeitet mit den Händen [*o* handwerklich]; **de la ~ à la ~** direkt; **de ~ en ~** von Hand zu Hand; **d'une ~** mit einer Hand; **en ~** in der Hand; **en sous ~** unter der Hand; *agir, faire qc* im Verborgenen; *négocier* heimlich; **[qc est] entre les ~s de qn** */ destin/* [etw liegt] in jds Händen (*dat*); */ décision a./* [etw liegt] bei jdm; */ demande, document/* [etw ist] in jds Händen (*dat*)
◆ **main de Fatma** Hand *f* der Fatima

main-d'œuvre <~s-~> [mɛ̃dœvʀ] *f* **1.** (*personnel*) Arbeitskräfte *pl;* ***la ~~ immigrée*** die Gastarbeiter *pl*
2. (*travail*): ***le coût de la ~~*** die Arbeitskosten *pl*

main-forte [mɛ̃fɔʀt] *f* ▶ **qn prête ~-~ à qn** jd kommt jdm zu Hilfe, jd leistet jdm Beistand

mainlevée [mɛ̃l(ə)ve] *f* [*hypothèque*] Löschung *f;* [*saisie*] Aufhebung *f,* Rückgängigmachen *nt*

mainmise [mɛ̃miz] *f* **1.** (*influence*) ■ **~ [sur qc]** Einflussnahme *f* [auf etw (*akk*)]
2. (*prise de possession*) ■ **~ [sur qc]** [In]besitznahme *f* [einer S. (*gen*)], Aneignung *f* [einer S. (*gen*)]; *sur un territoire* Einnahme *f* [von etw]

maint, e [mɛ̃, mɛ̃t] *adj gén pl, antéposé littér* manch *inv geh,* manche(r, s) *geh;* ■ **~es personnes/choses** zahlreiche Menschen/Dinge; ***en ~s endroits*** mancherorts *geh;* ***~es [et ~es] fois, à ~es reprises*** mehrfach, [so] manches Mal, zu wiederholten Malen; ***~es [et ~es] personnes*** unzählige Menschen

maintenance [mɛ̃tnɑ̃s] *f* [technische] Wartung

maintenant [mɛ̃t(ə)nɑ̃] *adv* **1.** (*en ce moment*) jetzt, nun; **dès ~** ab sofort; ■ **~ que** + *indic* nun, da … *geh,* jetzt, nachdem …
2. (*actuellement*) heute, heutzutage; ***les jeunes de ~*** die Jugend von heute
3. (*désormais*) von jetzt an
4. *en tête de phrase* (*cela dit*) jetzt aber; (*pour exprimer une incertitude*) ob aber nun; ***une chose est certaine, il y a un cadavre; ~, y a-t-il eu crime?*** eins ist sicher, es gibt eine Leiche; aber ist daraus zu schließen [*o* heißt das also], dass ein Verbrechen geschehen ist?; ***je les ai vus plusieurs fois ensemble. M~, ça ne signifie pas grand-chose*** ich habe sie mehrmals zusammen gesehen. Aber das will natürlich nicht viel heißen

maintenir <9> [mɛ̃t(ə)niʀ] **I.** *vt* **1.** (*conserver*) ■ **qn maintient qc** *paix, ordre* jd erhält etw [aufrecht]; *tradition, habitude* jd behält etw bei, jd pflegt etw; *privilège, candidature, offre* jd hält an etw (*dat*) fest; *contrat* jd lässt etw weiterlaufen [*o* fortbestehen]; *armée* jd lässt etw bestehen; *politique* jd setzt etw fort; *influence* jd erhält etw aufrecht; *système* jd behält etw bei; *rendez-vous* jd belässt es bei etw; *impôt* jd belässt etw; ■ **qn maintient qn** *employé* jd hält jdn; ***il était impossible de le ~ dans son emploi de technicien*** man konnte ihn unmöglich als Techniker halten; ***ils maintiennent les malades dans un état de sous-alimentation*** sie lassen die Kranken in einem

Zustand der Unterernährung
2. (*soutenir*) ■ **qn/qc maintient qn/un animal/qc** jd/etw stützt jdn/ein Tier/etw; ***qn maintient qc en équilibre*** jd hält etw im Gleichgewicht; ***il maintenait sa tête hors de l'eau*** er hielt seinen Kopf über Wasser; ***elle maintenait ses cheveux avec un ruban*** sie hielt ihre Haare mit einem Band zusammen
3. (*contenir*) ■ **qn/qc maintient qn/qc** jd/etw hält jdn/etw zurück; ***le gouvernement veut ~ les prix*** die Regierung will die Preise stabil halten
4. (*affirmer*) ■ **qn maintient qc** jd hält an etw (*dat*) fest; *accusation, décision a.* jd bleibt bei etw; *opinion, question a.* jd beharrt auf etw (*dat*); ■ **qn maintient que** + *indic* jd bleibt dabei, dass; ***je l'ai dit et je le maintiens*** ich habe das gesagt und ich bleibe dabei
II. *vpr* ■ **qn/qc se maintient** jd/etw hält sich; /*candidat a.*/ jd behauptet sich; /*santé, prix, chiffre*/ etw bleibt stabil; /*paix*/ etw bleibt erhalten; /*institution*/ etw besteht fort; ***qn se maintient en forme*** jd hält sich fit; ***elle se maintient en surface*** sie hält sich über Wasser
▸ **ça se maintient** *fam* man tut, was man kann *fam*

maintien [mɛ̃tjɛ̃] *m* **1.** (*conservation*) Aufrechterhaltung *f;* [*décision a.*] Beibehaltung *f;* [*candidature*] Behauptung *f;* [*libertés, paix*] Erhaltung *f,* Wahrung *f;* [*contrat, régime, engagement, traditions*] Weiterbestehen *nt,* Fortbestand *m;* [*prix*] Stabilität *f;* [*troupes*] Belassung *f;* ~ ***sous les drapeaux*** Verlängerung *f* des Wehrdienstes
2. (*comportement*) Haltung *f;* ***des leçons de ~*** Anstandsunterricht *m*
3. (*soutien*) Halt *m*
◆ **maintien dans les lieux** JUR Fortsetzung *f* des Mietverhältnisses

maire [mɛʀ] *m* Bürgermeister *m;* [*grande ville*] Oberbürgermeister
▸ **des personnes passent devant** [**monsieur**] **le ~** *fam* Menschen heiraten; ***ils sont passés devant le ~*** sie haben den Gang aufs Standesamt gemacht
◆ **maire d'arrondissement** Bezirksbürgermeister *m*

mairesse [mɛʀɛs] *f hum* **1.** (*femme maire*) Bürgermeisterin *f;* [*grande ville*] Oberbürgermeisterin
2. (*femme du maire*) Frau *f* des Bürgermeisters

mairie [meʀi] *f* **1.** (*hôtel de ville*) Rathaus *nt*
2. (*administration*) Stadtverwaltung *f,* Bürgermeisteramt *nt;* ***il faut que je passe à la ~*** ich muss aufs Rathaus *fam;* ***il est employé à la ~*** er arbeitet bei der Stadtverwaltung
3. (*fonction de maire*) Amt *nt* des Bürgermeisters

mais [mɛ] **I.** *conj* **1.** (*pourtant*) aber; ***il n'est pas encore arrivé? ~ il est déjà 8 heures*** ist er noch nicht da? es ist doch schon 8 Uhr
2. (*en revanche*) [je]doch, indessen *geh*
3. (*or en plus*): ***non seulement ... ~*** [***encore***] nicht nur ..., sondern auch [*o* sondern dazu noch]
4. (*or au contraire*) sondern; ***ce n'est pas bleu, ~ c'est gris*** das ist nicht blau, sondern grau
5. (*renforcement*) aber doch; ~ ***oui, bien sûr!*** aber klar!, aber gewiss [doch]!; ~ ***si!*** aber [ja] doch!; ~ ***non*** aber nein; ***rien, ~ vraiment rien!*** nichts, aber auch gar nichts!; ~ ***aie confiance!*** hab doch Vertrauen ; ~ ***je te jure que*** aber ich schwöre dir, dass
6. (*surprise*) also; ~ ***c'est pas possible*** also das ist doch nicht möglich [*o* nicht die Möglichkeit]; ~, ***vous n'avez pas encore mangé?*** was, ihr habt noch nicht gegessen?
7. (*réserve*) aber, jedoch, allerdings; ***oui, ~ il faut d'abord que je ...*** ja, allerdings muss ich zuerst ...
8. (*impatience*) also; ~ ***enfin, combien de temps faut-il encore vous attendre?*** also bitte, wie lange sollen wir denn noch auf euch warten?; ~ ***encore*** aber davon abgesehen, aber darüber hinaus
9. *fam* (*indignation*): ***non ~*** [***des fois***], ***tu me prends pour ...*** also hör mal, hältst du mich für ...; ***ah*** [***ça***] ~! also so etwas!; ~ ***enfin*** also jetzt aber
II. *m* Aber *nt;* ***il n'y a pas de ~*** [***qui tienne***]! da gibt es kein Aber!

maïs [mais] *m* Mais *m*
▸ ~ **soufflé** Popcorn *nt*

maison [mɛzɔ̃] **I.** *f* **1.** (*habitation*) Haus *nt;* ■ ~ **de** *de banlieue, poupée* -haus; ***qn a une ~ de campagne*** jd hat ein Haus auf dem Land
2. (*famille*) Haus *nt;* ***le fils de la ~*** der Sohn des Hauses; ***une fille de bonne ~*** ein Mädchen aus gutem Hause
3. (*entreprise*) Haus *nt,* Firma *f;* (*restaurant*) Haus; ■ ~ **de** *de disques* -firma; ~ ***de gros/vins en gros*** Großhandel *m*/Weingroßhandel *m,* Weingroßhandlung *f;* ~ ***de commerce*** Handelshaus, Geschäft *nt;* ~ ***de confiance*** vertrauenswürdiges Geschäft; ~ ***de couture*** Modehaus; ~ ***de détail*** Einzelhandel[sgeschäft *nt*] *m;* ■ ~ **du** *du Café, Disque, Tissu* (*commerce*) -handel *m;* (*centre*) -haus
4. (*établissement*) Einrichtung *f;* ■ ~ **de** -haus *nt;* ~ ***de jeunes/de fous*** Jugendhaus/Irrenanstalt *f pej*
5. (*famille noble, descendance*): ***la M~ de Bourbon*** das Haus der Bourbonen, die Bourbonen; ***la M~ d'Autriche*** das Haus Österreich
6. *vieilli* (*domesticité*) Hausstand *m*
▸ ~ **du bon Dieu** gastfreundliches Haus; ~ **mère** Stammhaus *nt,* Hauptniederlassung *f;* ~ **centrale** Zentralgefängnis *nt;* ~ **close** Freudenhaus *nt,* Bordell *nt;* ~ **commune** Gemeindehaus *nt;* ~ **familiale** Familienferienheim *nt;* **gros**(**se**) **comme une ~** (*évident*) sonnenklar *fam,* glasklar *fam;* ***ton mensonge est gros comme une ~*** du lügst wie gedruckt *fam;* ***j'ai vu arriver la catastrophe grosse comme une ~*** es war für mich sonnenklar [*o* man konnte sich an drei Fingern abzählen], dass es zur Katastrophe kommen würde *fam;* **qn est de la ~** jd gehört zur Familie; **qn ferme sa ~ à qn** jd verbietet jdm das Haus; **qn tient la ~** jd führt den Haushalt; **à la ~** zu Hause; ***qn rentre à la ~*** jd kommt nach Hause, jd kommt heim *fam;* **x ans de ~** x Jahre Betriebszugehörigkeit; ***cet employé a quinze ans de ~*** dieser Angestellte gehört seit fünfzehn Jahren zur Firma
II. *app inv* **1.** (*particulier à une maison*) hauseigen; *diplôme, ingénieur a.* betriebseigen; *esprit, genre* des Hauses
2. (*fait à la maison*) hausgemacht; (*fait dans un ménage a.*) selbst gemacht
3. *fam* (*terrible*) *bagarre* ausgewachsen; *exposé, travail* hervorragend
◆ **maison d'arrêt** Gefängnis *nt;* **maison de correction** Besserungsanstalt *f veraltend;* **maison de Dieu** Gotteshaus *nt;* **maison d'édition** Verlag *m;* **maison d'éducation surveillée** Heim *nt* für Schwererziehbare; **maison de jeux** Spielbank *f,* Spielkasino *nt;* **maison de maître** Herrenhaus *nt;* **maison de passe** Stundenhotel *nt;* **maison de rapport** Mietshaus *nt;* **maison de redressement** Erziehungsanstalt *f;* **maison de rendez-vous** Luxusbordell *nt;* **maison de repos** Erholungsheim *nt,* Sanatorium *nt;* **maison de retraite** Altersheim *nt;* **maison de santé** Nervenheilanstalt *f;* **maison des jeunes et de la culture** Jugend- und Kulturzentrum *nt,* Haus *nt* der Jugend; **maison de tolérance** Freudenhaus *nt,* Bordell *nt*

Maison-Blanche [mɛzɔ̃blɑ̃ʃ] *f* ■ **la Maison-Blanche** das Weiße Haus

maisonnée [mɛzɔne] *f* Hausgemeinschaft *f*

maisonnette [mɛzɔnɛt] *f* Häuschen *nt*

maître, -esse [mɛtʀ, -ʀɛs] **I.** *adj* **1.** (*principal*) Haupt-; *question a.* zentral; *œuvre* Meister-; CARTES höchste(r, s); ***idée ~esse*** Leitgedanke *m;* ***la pièce ~esse de la collection*** das wichtigste Stück der Sammlung; ***une femme ~esse de son existence*** eine Frau, die ihr Leben fest im Griff hat
2. (*qui peut disposer de*) ■ **qn est ~ de qc** jd ist Herr einer S. (*gen*), jd ist Herr über etw (*akk*); ***qn est ~ de son temps/de ses loisirs*** jd kann frei über seine Zeit/kann über seine Freizeit verfügen; ***qn est ~ de son sujet*** jd beherrscht sein Thema; ■ **qn est ~ de faire qc** es steht jdm frei [*o* jd hat die Freiheit], etw zu tun; ***elle est ~ de ses décisions*** sie kann frei entscheiden; ***je la laisse ~ de faire ce qu'elle voudra*** ich überlasse es ihr [*o* ich lasse ihr die Freiheit], so zu handeln, wie sie möchte
3. *antéposé* (*intensif*) *filou, fripon* ausgewachsen; ***une ~esse femme*** eine Frau, die die Zügel fest in der Hand hat; eine energische Frau
▸ **qn est ~** [**à qc**]/**qc est ~** CARTES jd sticht [mit etw]/etw sticht; **qn est ~ chez soi** jd ist [der] Herr im Hause; **qn est ~ de soi** jd hat sich in der Gewalt, jd besitzt Selbstbeherrschung; **qn se rend ~ de qn/qc** jd bringt jdn in seine Gewalt/jd bekommt etw unter Kontrolle; ***qn se rend ~ de la situation*** jd meistert die Situation, jd wird Herr der Lage; **qn reste ~ de soi** jd bewahrt seine Selbstbeherrschung; **qn reste ~ de qc** jd bleibt Herr einer S. (*gen*); ***il est resté ~ de la situation*** er blieb Herr der Lage
II. *m, f* **1.** (*autorité*) Herr(in) *m(f);* (*patron*) Chef(in) *m(f);* POL Herr *m*
2. *seulement m* (*chose qui nous dirige*) Lehrmeister *m*
3. (*instituteur*) [Grundschul]lehrer(in) *m(f);* ■ ~(**-esse**) **de** *de piano, violon* -lehrer(in); *de danse a.* -meister(in) *m(f)*
4. (*propriétaire*) [*chien*] Herrchen *nt*/Frauchen *nt fam*
5. *seulement m* (*artisan*) ■ ~ + *app maçon, graveur* -meister(in) *m(f)*
6. *seulement m* ART, LITTER, UNIV Meister *m;* JUR *Anrede eines Rechtsanwaltes oder Notars;* ***permettez-moi, cher M~,*** ... gestatten Sie, verehrter Herr Rechtsanwalt, ...; ***M~ Renard et M~ Corbeau*** Meister Fuchs und Meister Rabe
▸ **qn passe ~ dans l'art de qc/de faire qc** jd ist Meister in etw (*dat*)/darin, etw zu tun; ***il est passé ~ dans l'art de travestir la vérité*** er versteht es meisterhaft, die Wahrheit zu verschleiern; **seul ~ à bord** [**après Dieu**] alleiniger Herr an Bord [nach Gott]; ~(**-esse**) **des lieux** Besitzer(in) *m(f);* **tel ~, tel valet** *prov* wie der Herr, so der Knecht [*o* so 's Gscherr *fam*]; ~(**-esse**) **auxiliaire** [Aus]hilfslehrer(in) *m(f);* **grand ~** Großmeister *m,* Hochmeister *m;* **petit ~** junger Meister; **premier ~/~ principal** Hauptbootsmann/Oberbootsmann *m;* **second ~** (*de première classe*) Bootsmann *m;* (*de deuxième classe*) Maat *m;* **qn est son** [**propre**] **~** jd ist sein eigener Herr; **qn est passé**(**e**) **~ en qc** jd beherrscht etw meisterhaft; **nul ne peut servir deux ~s** man kann nicht zwei Herren dienen; **qn prend qn pour ~** jd nimmt sich (*dat*) jdn zum Vorbild, jd orientiert sich an jdm; **qn a trouvé son ~** jd hat seinen Meister gefunden; **de ~** (*magistral*) *œuvre, coup* Meister-; *tableau* eines großen Meisters; ***pour un coup d'essai, ce fut un coup de ~*** die Probe wurde zum Meisterstück; **en ~** *parler* in gebieterischem Ton; *s'installer* nach Hausherrenmanier; *agir, régner* souverän, mit Autorität; *jouer* meisterhaft
III. *f* ■ **maîtresse** **1.** (*liaison*) Geliebte *f;* [*souverain*] Mätresse *f*
2. REL Vorsteherin *f*
◆ **maître à penser** Vordenker *m,* großer Denker; ~ ***à penser de qn*** jds geistiges Vorbild; **maître artisan** Handwerksmeister(in) *m(f);* **maître chanteur** Erpresser(in) *m(f);* **maître d'armes** Fechtmeister *m;* **maître**(**-esse**) **de ballet** Ballettmeister(in) *m(f);* **maître de cérémonies** Zeremonienmeister *m;* **maître**(**-esse**) **d'école** Schulmeister(in) *m(f) veraltet,* Grundschullehrer(in) *m(f);* **maître de conférences** Dozent(in) *m(f);* **maître de forge**[**s**] Hüttenbesitzer *m;* **maître**(**-esse**) **de maison** Hausherr/-frau *m/f;* **maître d'équipage** Bootsmann/-frau *m/f;* **maître des requêtes** JUR *hohes Amt im Conseil d'État;* **maître**(**-esse**) **d'externat** Aufsichtführende(r) *f(m)* im Gymnasium; **maître d'hôtel** Oberkellner(in) *m(f);* **maître**(**-esse**) **d'internat** Aufsichtführende(r) *f(m)* im Internat; **maître d'œuvre** Bauleiter(in) *m(f);* **maître d'ouvrage** Bauherr(in) *m(f);* **maître nageur** Bademeister(in) *m(f);* **maître queux** *soutenu* Chefkoch/-köchin *m/f*

maître-assistant, maîtresse-assistante <~s-~s> [mɛtʀasistɑ̃, mɛtʀɛsasistɑ̃t] *m, f* Dozent(in) *m(f)* **maître-autel** <~s-~s> [mɛtʀotɛl] *m* Hauptaltar *m,* Hochaltar *m* **maître-chien** <~s-~s> [mɛtʀəʃjɛ̃] *m* Hundeführer(in) *m(f)*

maîtrisable [metʀizabl] *adj* bezwingbar; *langue* beherrschbar; ***une langue/peur difficilement ~*** eine schwer zu beherrschende Sprache/eine schwer zu bezwingende Angst

maîtrise [metʀiz] *f* **1.** (*contrôle*) ■ ~ **de qc** *d'un animal, véhicule, de l'ato-*

me, de la fabrication Kontrolle *f* über etw (*akk*); *d'une langue, d'un marché* Beherrschung *f* [*o* Beherrschen *nt*] einer S. (*gen*); *d'un terrain* Herrschaft *f* über etw (*akk*); ***la ~ des mers/ de l'air*** die See-/Luftherrschaft
2. (*habileté*) Können *nt*
3. (*sang-froid*) ■ ~ **[de soi]** [Selbst]beherrschung *f,* Selbstkontrolle *f*
4. (*examen*) Magister[prüfung *f*] *m;* (*grade*) Magister[titel] *m,* Magister Artium *m spec;* ■ ~ **de qc** *de lettres classiques, sciences économiques, sociologie, etc* Magister in etw (*dat*); ***elle a passé sa ~ de lettres classiques*** sie hat ihren Magister in Altphilologie gemacht
5. MUS, REL (*manécanterie*) Kantorei *f*
6. (*encadrement*) leitende Angestellte *pl*
7. *vieilli* (*distinction*) Meisterwürde *f*
8. (*chez les scouts*) Führerschaft *f,* Anführer *pl*
▶ **avec** ~ mit großem Können

maîtriser <1> [metʀize] **I.** *vt* **1.** (*dominer*) ■ **qn maîtrise qc** *difficulté, problème, situation* jd meistert etw, jd bewältigt etw; *incendie, inflation, émeute* jd bringt etw unter Kontrolle; *langue, sujet* jd beherrscht etw
2. (*dompter*) ■ **qn maîtrise qn** jd überwältigt jdn; ■ **qn maîtrise un animal** jd bändigt ein Tier
3. (*contenir*) ■ **qn maîtrise qc** *émotion, passion* jd bezähmt etw, jd zügelt etw; *réactions, gestes* jd kontrolliert etw; *larmes, rire* jd hält etw zurück, jd unterdrückt etw; *nerfs* jd behält etw
II. *vpr* ■ **qn se maîtrise** jd beherrscht sich

maïzena® [maizena] *f* Maisstärkemehl *nt,* Maizena® *nt*

majesté [maʒɛste] *f* **1.** (*dignité*) [*Dieu, personnage, souverain*] Majestät *f;* [*fonction, loi*] Hoheit *f;* [*souffrance*] Erhabenheit *f;* ***la ~ de son allure*** sein/ihr majestätischer Gang
2. (*beauté grandiose*) Majestät *f,* Erhabenheit *f*
▶ **qn en** ~ ART: ***la Vierge en ~*** die thronende Jungfrau Maria; ***le Christ en ~*** der thronende Christus, Majestas Domini *f geh;* **Sa M~** Seine/Ihre Majestät; **Votre M~** Eure Majestät; **M~!** Majestät!

majestueusement [maʒɛstɥøzmɑ̃] *adv* majestätisch

majestueux, -euse [maʒɛstɥø, -øz] *adj* **1.** (*noble, digne*) majestätisch; *air, allure, démarche a.* würdevoll; *vieillard* würdig
2. (*grandiose*) majestätisch, erhaben; *taille* beeindruckend, majestätisch

majeur, e [maʒœʀ] **I.** *adj* **1.** (*très important*) *empêchement, ennui, inconvénient* sehr groß, bedeutend; *difficulté, intérêt a.* Haupt-; *événement* wichtig, bedeutend; ***sa préoccupation ~e*** seine/ihre Hauptsorge; ***son défaut ~*** sein/ihr Hauptfehler
2. (*le plus important*) Haupt-, wichtigste(r, s); *antéposé partie* größte(r, s), überwiegende(r, s)
3. JUR volljährig, mündig; *fig* (*apte à se diriger*) *peuple* mündig
4. MUS *accord, gamme* Dur-; *intervalle, tierce* groß; ***do/ ré/ mi/ fa/ ... ~*** C/ D/E/F/...-Dur; ***ton/ mode ~*** großer Ganzton/Dur[tonart *f*] *nt;* ***sonate en ré ~*** Sonate in D-Dur
5. CARTES hohe(r, s); ***tierce/ quarte ~e*** hohe Dreier-/Viererstraße
6. REL: ***les ordres ~s*** die höheren Weihen
7. LOGIQUE *prémisse, terme* Haupt-
▶ **qn est ~ et vacciné(e)** *fam* jd ist kein kleines Kind mehr
II. *m* ANAT Mittelfinger *m*
III. *m, f* JUR Volljährige(r) *f(m)*
IV. *f* ■ **majeure** **1.** CARTES (*couleur*) Oberfarbe *f;* ***les deux ~es quatrièmes*** die zwei Viereroberfarben; ***la ~e cinquième est la méthode de bridge la plus fréquemment jouée*** die Fünferoberfarbeneröffnung ist die häufigste Spielart im Bridge
2. LOGIQUE Obersatz *m*

major [maʒɔʀ] **I.** *app inv* (*de rang supérieur*): ***chirurgien ~*** Stabschirurg *m;* ***commandant ~*** Oberstleutnant *m;* ***infirmier ~*** Stabssanitäter *m*
II. *m* **1.** MIL Standortkommandant *m;* (*grade*) Oberstabsfeldwebel *m;* NAUT Kommandant *m* eines Flottenstützpunktes
2. MED, MIL *vieilli* Stabsarzt *m*
3. SCOL, UNIV Jahrgangsbeste(r) *f(m)*
▶ **~ général** MIL Generalfeldmarschall *m*

majoration [maʒɔʀasjɔ̃] *f* **1.** ADMIN, JUR [*frais, prix, impôts, taxe, traitement*] Erhöhung *f;* ***une ~ de 10 % pour paiement tardif*** ein [Ver]säumniszuschlag *m* von 10 % wegen verspäteter Zahlung
2. COM Zuschlag *m,* Marge *f spec*

majordome [maʒɔʀdɔm] *m* Haushofmeister *m,* Majordomus *m*

majorer <1> [maʒɔʀe] *vt* ■ **qn majore qc** jd erhöht etw; *devis, impôts, prix a.* jd hebt etw an; *salaires a.* jd bessert etw auf; ***il a majoré la facture de 3,5 %*** er hat die Rechnung um 3,5 % heraufgesetzt

majorette [maʒɔʀɛt] *f* Majorette *f*

majoritaire [maʒɔʀitɛʀ] **I.** *adj* **1.** POL Mehrheits-; ***le parti socialiste est ~ dans l'Assemblée*** die sozialistische Partei ist in der Nationalversammlung in der Mehrheit; ***le système ~*** das Mehrheitswahlrecht
2. JUR, COM *participation* Mehrheits-; ***associé ~*** Mehrheitsaktionär *m;* ***nous sommes ~s dans ce groupe*** wir sind Mehrheitseigner [*o* Mehrheitsbesitzer] in dieser Gruppe
II. *mf* Mitglied *nt* der Mehrheitsfraktion

majoritairement [maʒɔʀitɛʀmɑ̃] *adv* in der Mehrheit, mehrheitlich

majorité [maʒɔʀite] *f* **1.** [*suffrages, voix, votes*] Mehrzahl *f;* [*membres présents a.*] Mehrheit *f;* ***il y a une ~ de filles dans cette classe*** die Mädchen sind in dieser Klasse in der Überzahl; ■ **une ~ de 5/6/7/...** eine Mehrheit von 5/6/7/...; ***~ des deux tiers*** Zweidrittelmehrheit *f*
2. POL: ***~ présidentielle*** präsidentielle Mehrheit; ***~ gouvernementale*** Regierungsmehrheit *f*
3. JUR Volljährigkeit *f,* Mündigkeit *f;* ***la ~ civile*** die Mündigkeit; ***qn a la ~*** [*civile*] jd ist mündig; ***la ~ électorale*** das [passive] Wahlalter; ***la ~ pénale*** die Strafmündigkeit; ***il a atteint sa ~*** er ist volljährig [*o* mündig] geworden
▶ **dans la ~ des cas** in den meisten Fällen; **~ absolue/relative/simple** absolute/relative/einfache Mehrheit; **~ renforcée** qualifizierte Mehrheit; **~ silencieuse** schweigende Mehrheit; **qn a la ~** jd hat die Mehrheit, jd ist in der Mehrheit; **à une ~ +** *adj* mit + *adj* Mehrheit; ***le député socialiste a été élu à une ~ de 1500 voix*** der sozialistische Abgeordnete wurde mit einer Mehrheit von 1500 Stimmen [*o* mit 1500 Stimmen Mehrheit] gewählt; **dans leur ~** der größte Teil der (+ *gen*); ***les Français pensent dans leur ~ ...*** die Mehrheit der Franzosen denkt ...; **en ~** überwiegend

majuscule [maʒyskyl] **I.** *adj* große(r, s); *lettre a.* Groß-; ***avec un M ~*** mit einem großen M
II. *f* Großbuchstabe *m*
▶ **en ~s [d'imprimerie]** in Blockschrift, in Blockbuchstaben

mal[1] [mal] **I.** *adv* **1.** (*opp: bien*) schlecht; *loger a.* notdürftig; *placer* ungeschickt; *arranger* unpraktisch; ***il est encore ~ remis de sa maladie*** er hat sich noch nicht gut von seiner Krankheit erholt; ***notre entreprise va ~*** unserer Firma geht es schlecht; ***je vis ~ ici*** ich fühle mich hier nicht wohl; ***le malade respire ~*** der Kranke atmet schwer; ***il a hélas ~ réussi*** er hat leider kein Glück gehabt; ***tu as ~ pris la tasse*** du hast die Tasse ungeschickt angefasst; ***il s'y prend ~*** er fängt es ungeschickt an
2. (*inopportunément*) ungünstig; *arriver* zu einem ungünstigen Zeitpunkt; ***~ choisi*** unpassend; ***le moment est vraiment ~ choisi*** das ist wirklich nicht der richtige Zeitpunkt
3. (*de façon inconvenante*) *répondre* unverschämt; ***qn se tient ~*** jd benimmt sich schlecht; ***réflexion ~ placée*** deplatzierte Bemerkung; ***ça te va bien ~ de te plaindre*** es steht dir schlecht an, dich zu beklagen
4. (*immoralement*) *agir, se conduire* schlecht; ***ça va ~ finir*** [*o* ***se terminer***]! das wird böse enden!
5. (*de façon erronée*) *comprendre, interpréter, informer, voir* falsch; ***je me suis ~ exprimé*** ich habe mich unklar [*o* undeutlich] ausgedrückt; ***qn juge qn ~*** jd beurteilt jdn falsch; ***ils ont été ~ inspirés*** sie sind keiner guten Eingebung gefolgt, sie hatten keinen guten Riecher *fam*
6. (*défavorablement*) *considérer* schlecht; ***qn prend ~ qc*** [*o* ***qc ~***] jd versteht etw falsch; ***elle a ~ pris ma remarque et ne veut plus me voir*** sie hat meine Bemerkung in den falschen Hals gekriegt *fam* und will mich nicht mehr sehen; ***qn/ qc est ~ vu(e)*** jd/etw wird nicht gern gesehen
▶ **ça la fout ~** *pop* das macht sich schlecht, das macht einen schlechten [*o* miserablen] [*o* miesen *fam*] Eindruck; **qn se met ~ avec qn** jd bekommt es mit jdm zu tun; **qc va de ~ en pis** etw wird immer schlimmer, etw verschlimmert sich; */ résultats/* etw wird immer schlechter; **pas ~** *avec ou sans nég* (*assez bien*) ganz gut, nicht schlecht; (*passablement, assez*) ziemlich; *sans nég fam* (*opp: très peu*) ganz schön *fam;* ***je m'en fiche pas ~*** das ist mir ganz egal *fam,* das ist mir völlig wurscht *fam;* **pas ~ de personnes/de qc/de choses** *sans nég fam* ziemlich viele Menschen/viel etw/viele Dinge; *v. a.* **tomber, tourner**
II. *adj inv* **1.** (*immoral, mauvais*) schlecht; ■ **qn fait quelque chose/ne fait rien de ~** jd tut etw Böses/nichts Böses; ***j'ai dit quelque chose de ~?*** habe ich etwas Falsches gesagt?; ■ **c'est/il est ~ de faire qc** es ist nicht richtig, etw zu tun; ■ **c'est ~ à qn de faire qc** es ist gemein von jdm, etw zu tun; ***si tu travaillais un peu, ça ne serait pas ~*** wenn du ein bisschen arbeiten würdest, wäre das nicht verkehrt *fam*
2. (*malade*) *se porter, se sentir, se trouver* schlecht; ***qn est ~*** jdm geht es schlecht, jd fühlt sich schlecht
3. (*pas à l'aise*) ■ **qn est ~** jd fühlt sich unwohl [*o* nicht wohl]; ***on est ~ sur ces chaises*** auf diesen Stühlen sitzt man schlecht [*o* unbequem]
4. (*en mauvais termes*) ■ **qn est ~ avec qn** jd ist mit jdm zerstritten; ***ils sont ~ ensemble*** sie sind aufeinander böse
▶ **pas ~** *fam* nicht übel; ***elle est pas ~*** *fam* sie sieht nicht schlecht aus; [***c'est***] ***pas ~;*** ***mais vous pouvez mieux faire*** gar nicht so übel; aber Sie können Besseres leisten; **au plus ~** ganz schlecht

mal[2] <maux> [mal, mo] *m* **1.** ■ **le ~** (*opp: bien*) das Böse; REL *a.* das Übel
2. ∅ (*action, parole, pensée mauvaise*) Böse(s) *nt,* Schlechte(s) *nt;* ***qn fait le ~ pour le ~*** jd handelt absichtlich schlecht; ***je n'en pense pas de ~*** ich denke nicht schlecht darüber; ***qn dit du ~ de qn/ qc*** jd spricht schlecht über jdn/etw, jd zieht über jdn/etw her *fam*
3. ∅ (*maladie*) Übel *nt*
4. ■ ~ **de** *de dos, gorge, tête, ventre* -weh *nt,* -schmerzen *pl*
5. (*calamité*) Übel *nt*
6. ∅ (*peine*) Mühe *f*
7. ∅ (*dégât*) Schaden *m,* Unheil *nt*
▶ **qn a ~ aux cheveux** *fam* jd hat einen Kater *fam;* **qn se donne un ~ de chien [pour faire qc]** *fam* jd gibt sich (*dat*) irrsinnige Mühe [*o* jd rackert sich ab] [etw zu tun] *fam;* **qn a un ~ de chien [à faire qc]** *fam* jd hat größte Mühe [etw zu tun]; **qn a ~ au cœur** jdm ist schlecht [*o* übel]; **qn/qc fait ~ au cœur [à qn]** (*touche*) jd/etw tut jdm leid; (*au cours d'une émotion profonde*) jd/etw tut jdm weh, etw geht jdm nah [*o* zu Herzen]; **qn ne ferait pas de ~ à une mouche** *fam* jd würde [*o* könnte] keiner Fliege etwas zuleide tun; **qn prend son ~ en patience** jd wappnet sich mit Geduld; **qn prend le ~ à la racine** jd packt das Übel an der Wurzel; **aux grands maux, les grands remèdes** *prov* große Übel müssen mit den entsprechenden Mitteln bekämpft werden; **qc fait ~ au ventre [à qn]** etw tut jdm in der Seele weh; **~ blanc** (*furoncle*) Fingerentzündung *f,* Umlauf *m spec;* **qn a un ~ fou à faire qc** jd hat irrsinnige Schwierigkeiten etw zu tun *fam;* **il n'y a pas grand ~ à qc/à faire qc** es ist nichts Schlimmes bei etw/dabei, etw zu tun; **honni soit qui ~ y pense** ein Schelm, der Böses denkt *geh;* **le moindre ~** das kleinere Übel; **de [*o* entre] deux maux, il faut choisir le moindre** *prov* es heißt, das kleinere von zwei Übeln zu wählen; **~ nécessaire** notwendiges Übel; **on n'a rien sans ~** *prov* ohne Fleiß kein Preis *prov;* **qn a ~** jd hat Schmerzen; **qn a ~ à qc** jdm tut etw weh; ***qn a ~ à la tête/ au dos/ aux reins*** jd hat Kopfschmerzen [*o* Kopfweh]/Rückenschmerzen/Kreuz-

schmerzen [*o* Kreuzweh]; ***qn a ~ à la jambe*** jd hat Schmerzen im Bein; ***j'ai ~ partout*** mir tut alles weh; **qn a des** [*o* **souffre de**] **maux de** *d'estomac, de ventre, de tête* jd leidet an [*o* hat] -schmerzen; **il n'y a pas de ~** das ist nicht schlimm, das macht nichts; **il n'y a pas de** [*o* **rien de**] **~ à qc/faire qc** es ist doch nichts [Schlimmes] bei etw/dabei, etw zu tun; **qn a** [**bien**] **du ~/le plus grand ~ à faire qc** jd hat [große] Mühe/die größte Mühe, etw zu tun; ***qn a du ~ à supporter qc*** jdm fällt es schwer, etw zu ertragen; jd kann etw nur schwer ertragen; **qn change en ~** jd ändert sich zum Schlechten; **qn/qc donne du ~ à qn** jd/etw bereitet jdm Mühe; **qn se donne du ~** [**pour faire qc**] jd gibt sich (*dat*) große Mühe [etw zu tun]; **qn se donne le ~ de faire qc** jd macht sich (*dat*) die Mühe, etw zu tun; **qn fait ~ à qn** jd tut jdm weh, jd verletzt jdn; **qc fait ~** [**à qn/à qc**] etw tut [jdm/an etw (*dat*)] weh; ***ces chaussures me font ~ aux pieds*** diese Schuhe drücken mich; ***tes mots me font*** ~ deine Worte verletzen mich; **qn/qc fait du ~ à qn** (*blesse*) jd/etw tut jdm weh; (*nuit*) jd/etw schadet jdm; **qn fait le ~** jd tut Böses; **le ~ est fait** das Unglück ist geschehen; **qn se fait ~** jd tut sich (*dat*) weh; **qc ne fait pas de ~ à qn** etw kann jdm nichts schaden *fam;* **ça me ferait ~** *fam* dass ich nicht lache! *fam;* **ça te/lui/... ferait ~ de faire qc** *fam* das bringt dich/ihn/sie/... doch nicht um, etw zu tun *fam;* ***ça te ferait ~ d'arriver à l'heure?*** würde es dir etwas ausmachen pünktlich zu sein?; **qn ne ferait pas ~ de faire qc** jd täte gut [*o* nicht schlecht] daran, etw zu tun; jdm könnte es nichts schaden, etw zu tun *fam,* es wäre nicht schlecht [*o* verkehrt], wenn jd etw täte; **qn met qn à ~** jd geht [*o* springt *fam*] übel mit jdm um; **un animal met qn à ~** ein Tier richtet jdn übel zu; **qn met qc à ~** jd macht etw zunichte; ***dans ce film la morale est mise à ~*** in diesem Film wird die Moral mit Füßen getreten; **sans penser à ~** ohne sich (*dat*) etwas Böses dabei zu denken; **qn prend** [**du**] **~** jd erkältet sich; **qn prend qc en ~** jd nimmt etw übel; **~ en a pris à qn de faire qc** jd hat den Fehler gemacht, etw zu tun; **qn tourne qc en ~** jd legt etw negativ aus; **qn va faire ~** *fam* (*avoir du succès*) etw wird einen Riesenerfolg haben; **qn veut du ~ à qn** (*n'aime pas*) jd hat etwas gegen jdn; (*fait du mal*) jd will jdm Böses; (*nuit*) jd will jdm schaden; **qn ne voit** [*o* **trouve**] **pas** [*o* **rien**] **de ~ à qc/à faire qc** jd findet nichts [Schlimmes] bei etw/dabei, etw zu tun; ***je ne vois pas de ~ à ça*** für mich ist da nichts [Schlimmes] dabei; **qn/qc en ~ de** jd/etw, dem/der es an etw (*dat*) fehlt [*o* mangelt]; ***c'est un peintre en ~ d'inspiration/un enfant en ~ de tendresse*** das ist ein Maler, dem es an Inspiration fehlt/ein Kind, dem es an Zärtlichkeit fehlt; **non sans ~** nicht ohne Mühe

◆ **mal d'amour** Liebeskummer *m;* **mal de crâne** *fam* Schädelbrummen *nt fam;* **mal de l'air** Luftkrankheit *f;* **mal de mer** Seekrankheit *f;* **mal des montagnes** Höhenkrankheit *f;* **mal de vivre** Malaise *f geh,* Verdrossenheit *f,* Lebensüberdruss *m;* **mal du pays** Heimweh *nt;* **mal du siècle** LITTER Weltschmerz *m*

malabar [malabaʀ] *m fam* Muskelprotz *m,* Kraftprotz *m*

malade [malad] I. *adj* 1. (*souffrant*) krank; ***tu as l'air*** ~ du siehst krank aus; ■ **~ de** *de l'estomac, des reins* -krank; *du cœur a.* -leidend; *de la peste* -krank, erkrankt an (+ *dat*); **~ *du sida*** aidskrank ['eɪds-], an Aids erkrankt
2. (*bouleversé*) ■ **~ de qc** *de jalousie, peur, d'inquiétude* krank vor etw (*dat*); ***j'en ai été*** ~ *fam* das hat mich ganz krank gemacht *fam;* ■ **qn est ~ de faire qc** es macht jdn krank, etw zu tun
3. *fam* (*cinglé*) ■ **qn est ~** [**de faire qc**] jd tickt nicht richtig [*o* spinnt] [etw zu tun] *fam;* ***un peu*** ~ nicht ganz richtig [im Kopf] *fam*
4. (*en mauvais état*) *économie* krank; *entreprise* angeschlagen; *industrie* in einer Krise; ***le gouvernement est*** ~ die Regierung steht auf wackeligen Füßen
▶ **qn est ~ à crever** *fam* [*o* **mourir**] jd ist [tod]sterbenskrank *fam;* **qn se fait porter ~** jd lässt sich krank schreiben; **qc rend qn ~** etw macht jdn krank; **qn tombe ~** jd wird krank
II. *mf* Kranke(r) *f(m);* (*patient*) Patient(in) *m(f)*
▶ **grand(e) ~** Schwerkranke(r) *f(m);* **~ imaginaire** eingebildete(r) Kranke(r) *f(m),* Hypochonder *m;* **~ mental(e)** geistig Behinderte(r) *f(m);* **comme un(e) ~** *fam* wie ein Geistesgestörter/eine Geistesgestörte

maladie [maladi] I. *f* 1. Krankheit *f;* ■ **~ de** *de cœur, foie, peau* -krankheit; ~ ***infantile/mentale*** Kinder-/Geisteskrankheit, psychische Erkrankung; ~ ***héréditaire*** Erbkrankheit; ~ ***d'Alzheimer*** Alzheimersche Krankheit, Alzheimer *m fam;* ~ ***de Parkinson/Hodgkins*** Parkinsonsche/Hodgkinssche Krankheit
2. (*manie*) Manie *f;* ***c'est chez elle une vraie*** ~ das ist krankhaft [*o* eine richtige Manie] bei ihr; ■ **~ de faire qc** krankhafte Angewohnheit etw zu tun; ***qn a la ~ de la nouveauté/vitesse/propreté*** jd ist ein Neuigkeits-/Geschwindigkeits-/Sauberkeitsfanatiker; ***elle a la ~ de tout ranger*** sie hat einen krankhaften Ordnungssinn
▶ **~ diplomatique** vorgeschützte Krankheit, Ausrede *f;* **~ honteuse** Geschlechtskrankheit *f;* **longue et douloureuse** [*o* **pénible**] **~** heimtückische Krankheit; **~ professionnelle** Berufskrankheit *f;* **~ sexuellement transmissible** Geschlechtskrankheit *f;* **qn fait une ~** jd macht eine Krankheit durch; **qn fait une ~ de qc** *fam* jd macht eine Staatsaktion [*o* ein Drama] aus etw; [**qn est**] **en ~** [jd ist] krank geschrieben
II. *app inv assurance, caisse* Kranken-; *budget, dépenses* Gesundheits-; ***mutuelle*** ~ Zusatzkasse *f*
◆ **maladie de la vache folle** Rinderwahnsinn *m;* **maladie des forêts** Waldsterben *nt;* **maladie du sommeil** Schlafkrankheit *f*

maladif, -ive [maladif, -iv] *adj* 1. (*souffreteux*) *personne* kränkelnd; *air, pâleur* kränklich; *adolescence* von Krankheit gezeichnet; ***qn est*** ~ jd kränkelt
2. (*maniaque*) *besoin, curiosité, peur* krankhaft

maladivement [maladivmɑ̃] *adv* krankhaft

maladresse [maladʀɛs] *f* 1. (*gaucherie*) [*comportement, geste, expression*] Ungeschicklichkeit *f;* [*mouvement, style*] Unbeholfenheit *f*
2. (*bévue, gaffe*) Fauxpas *m,* Taktlosigkeit *f*
▶ **par ~** aus Ungeschick[lichkeit]

maladroit, e [maladʀwa, wat] I. *adj* 1. (*opp: habile, leste*) *geste, ouvrage, personne* ungeschickt; *caresses, expression, style* unbeholfen
2. (*inopportun*) *intervention, parole, remarque* unangebracht, unpassend, taktlos; *zèle, obséquiosité* übertrieben; (*peu diplomate*) *personne* ungeschickt; ■ **il est ~ de faire qc** es ist taktlos [*o* unangebracht], etw zu tun
3. (*peu assuré*) unbeholfen
II. *m, f* 1. (*personne malhabile*) Schussel *m fam,* Tollpatsch *m fam*
2. (*gaffeur*) Tölpel *m*

maladroitement [maladʀwatmɑ̃] *adv* 1. (*gauchement*) ungeschickt; ***qn s'exprime*** ~ jd drückt sich unbeholfen aus
2. (*inopportunément*) ungeschickterweise

malaga [malaga] *m* 1. (*vin*) Malaga[wein] *m*
2. (*raisin*) Malagatraube *f*

mal-aimé, e <~-~s> [maleme] *m, f* Ungeliebte(r) *f(m)*

malaise [malɛz] *m* 1. (*trouble, gêne*) Unbehagen *nt; politique, social* Missstand *m;* ***le ~ étudiant/paysan*** die Unzufriedenheit der Studenten/Bauern
2. MED Unwohlsein *nt,* Unpässlichkeit *f;* ***j'éprouve un léger*** ~ ich fühle mich etwas unwohl
▶ **qn a un ~** (*a des nausées*) jdm ist unwohl [*o* nicht wohl] [*o* schlecht]; (*s'évanouit*) jd wird ohnmächtig; ***je vais avoir un*** ~ mir wird schlecht; **il y a comme un ~** es herrscht eine unbehagliche Stimmung

malaisé, e [maleze] *adj soutenu ascension, chemin* beschwerlich; *tâche* schwierig [zu bewältigen]; ■ **il est ~ de faire qc** es ist schwierig, etw zu tun

malaisément [malezemɑ̃] *adv* nur schwer

malappris, e [malapʀi, iz] I. *adj vieilli* unerzogen, flegelhaft
II. *m, f vieilli* Flegel *m,* Rüpel *m*

malaria [malaʀja] *f* Malaria *f,* Sumpffieber *nt*

malavisé, e [malavize] *adj soutenu conseil* unklug; *personne* unbesonnen; *remarque* unüberlegt; ■ **qn est ~ de faire qc** es ist unklug von jdm, etw zu tun; ***il a été ~ de refuser cette offre*** es war unklug von ihm, dieses Angebot abzulehnen

malaxage [malaksaʒ] *m* [*beurre*] [Durch]kneten *nt;* [*ciment, mortier*] Mischen *nt;* ***le ~ de la farine et du jaune d'œuf*** das Verkneten des Mehls mit dem Eigelb [*o* von Mehl und Eigelb]

malaxer <1> [malakse] *vt* ■ **qn malaxe qc** *argile, beurre* jd knetet etw [durch]; *ciment, mortier* jd mischt etw; ~ ***les ingrédients/la farine et le jaune d'œuf*** die Zutaten/Mehl und Eigelb miteinander verkneten

malaxeur, -euse [malaksœʀ, -øz] I. *adj appareil, cylindre* Knet-, Rühr-
II. *m* (*machine*) Rührgerät *nt;* ■ **~ à** *à béton, mortier* -mischmaschine *f*

malchance [malʃɑ̃s] *f* Missgeschick *nt,* Pech *nt;* ***elle est poursuivie par la*** ~ sie ist vom Pech verfolgt
▶ **qn a de la ~** jd hat kein Glück, jd hat Pech; **qn joue de ~** jd ist ein Pechvogel [*o* Unglücksrabe] *fam;* **par ~** durch einen unglücklichen Zufall; ***c'est par ~ que notre équipe a perdu*** unsere Mannschaft hat unglücklich verloren

malchanceux, -euse [malʃɑ̃sø, -øz] I. *adj* 1. *personne* vom Pech verfolgt
2. *essai, tentative* missglückt, fehlgeschlagen
II. *m, f* Unglücksrabe *m fam,* Pechvogel *m fam*

malcommode [malkɔmɔd] *adj* unpraktisch; *meuble a.* unzweckmäßig; *outil a.* unhandlich; *vêtement, horaires* unbequem; ■ **il est ~ à qn de faire qc** es ist jdm [*o* für jdn] lästig, etw zu tun

maldonne [maldɔn] *f* 1. (*malentendu*) Missverständnis *nt;* (*erreur*) Fehler *m*
2. CARTES Fehler *m* beim Kartengeben
▶ **il y a ~!** vergeben!, falsch gegeben!; *fig fam* so war das nicht gedacht!; **qn fait ~** jd gibt falsch, jd vergibt sich

mâle [mɑl] I. *adj* 1. BIO *animal, fleur, organes* männlich; ***léopard/merle*** ~ Leoparden-/Amselmännchen *nt;* ***enfant*** ~ männlicher Nachkomme
2. TECH, ELEC: ***la pièce*** ~ das männliche Teil
3. (*viril, énergique*) männlich
II. *m* 1. (*homme*) Mann *m;* (*animal*) Männchen *nt;* ***la couronne de France se transmettait de ~ en ~*** die Krone Frankreichs wurde von einem männlichen Nachkommen an den nächsten weitergegeben
2. *fam* (*homme très viril*) ■ **un ~** ein echter Mann

malédiction [malediksjɔ̃] *f* 1. (*fatalité*) Fluch *m;* (*malheur*) Unheil *nt;* ***c'est une*** ~ es ist wie verhext *fam*
2. (*action de maudire*) Verfluchung *f,* Verwünschung *f;* ***la ~ paternelle*** der väterliche Fluch
▶ **qn donne sa ~ à qn** *vieilli* jd verflucht jdn; **~!** *soutenu* verflucht!

maléfice [malefis] *m soutenu* Fluch *m,* böser Zauber; ***qc écarte les ~s*** etw schützt gegen bösen Zauber

maléfique [malefik] *adj soutenu* unheilvoll, unheilbringend

malencontreusement [malɑ̃kɔ̃tʀøzmɑ̃] *adv* (*malheureusement*) unglücklicherweise; (*mal à propos*) unpassenderweise; (*fâcheusement*) ärgerlicherweise; ***il est intervenu fort ~ dans la discussion*** er hat sich im unpassenden Augenblick [*o* sehr ungeschickt] in die Diskussion eingeschaltet

malencontreux, -euse [malɑ̃kɔ̃tʀø, -øz] *adj* (*inopportun*) unpassend, unangebracht; (*fâcheux*) ärgerlich; (*désagréable*) unangenehm; ***il est arrivé à un moment*** ~ er ist in einem unpassenden Augenblick gekommen

malentendant, e [malɑ̃tɑ̃dɑ̃] I. *adj* schwerhörig
II. *m, f* Hörbehinderte(r) *f(m),* Schwerhörige(r) *f(m)*

malentendu [malɑ̃tɑ̃dy] *m* Missverständnis *nt;* ***qn dissipe un*** ~ jd beseitigt ein Missverständnis

malfaçon [malfasɔ̃] *f* (*à l'usine*) Fabrikationsfehler *m;* (*mauvais travail*) mangelhafte [*o* unsachgemäße] Ausführung

malfaisant, e [malfəzɑ̃, ɑ̃t] *adj* 1. (*nuisible*) *animal* schädlich; *être* bösartig

2. (*pernicieux*) *théorie* schädlich; *influence a.* schlecht, negativ; *pouvoir, esprit* böse; *idées, pensée* bösartig

malfaiteur, -trice [malfɛtœʀ, -tʀis] *m, f* Übeltäter(in) *m(f)*

malformation [malfɔʀmasjɔ̃] *f* Missbildung *f,* Geburtsfehler *m;* ■ **~ de** *de la hanche, du fœtus* Missbildung (+ *gen*); **~ *du cœur*** Herzfehler *m*

malfrat [malfʀa] *m fam* Gangster *m fam;* ***un petit*** **~** ein kleiner Gauner

malgache [malgaʃ] **I.** *adj* madagassisch
II. *m* (*langue*) Madagassisch *nt*
III. *mf* ■ **Malgache** Madagasse/-gassin *m/f*

malgré [malgʀe] **I.** *prép* **1.** (*en dépit de*) trotz (+ *gen o dat*); **~ *tout*** trotz allem [*o* alledem]; ***et*** **~ *cela*** und trotzdem
2. (*contre le gré de*) wider Willen; (*opp: grâce à*) trotz (+ *gen*) *geh;* **~ *moi/ elle/ lui/…*** gegen meinen/ihren/seinen/… Willen; ***j'ai décidé*** **~ *mes parents …*** ich habe gegen den Willen meiner Eltern beschlossen …; ***j'ai entendu*** **~ *moi ce que vous venez de dire*** ohne zu wollen habe ich gehört, was Sie gerade gesagt haben; ***ce n'est pas grâce à lui mais*** **~ *lui que j'ai réussi/ que ce projet a été terminé*** er hat nichts dazu beigetragen, dass es mir gelungen ist/dass dieses Projekt zu Ende geführt wurde; nicht dank seiner, sondern eher trotz seiner ist es mir gelungen/wurde dieses Projekt zu Ende geführt *geh*
II. *conj abusif* (*bien que, encore que*) ■ **~ que** + *subj* obwohl, obgleich

malhabile [malabil] *adj geste, personne* ungeschickt; *parole, mot a.* unbeholfen; ■ **[qn est] ~ en qc/à faire qc** [jd ist] in etw (*dat*) ungeschickt/ungeschickt darin, etw zu tun; ***il était*** **~ *en affaires*** er war ein ungeschickter Geschäftsmann

malhabilement [malabilmɑ̃] *adv* ungeschickt; ***en t'y prenant aussi*** **~** wenn du dich so ungeschickt anstellst

malheur [malœʀ] *m* **1.** (*événement pénible*) Unglück *nt;* ***il a connu beaucoup de/ de grands*** **~*s dans sa vie*** er hat in seinem Leben viel/großes Unglück [*o* Leid] erfahren; ***ce n'est qu'un petit*** **~** das ist nur ein kleines Missgeschick
2. ∅ (*adversité, malchance*) Unglück *nt*
3. *fam* (*inconvénient, ennui*): ***c'est ça le*** **~!** das ist das Dumme! *fam*
▸ **c'est dans le ~ qu'on reconnaît ses vrais amis** *prov* Freunde in der Not gehen hundert auf ein Lot; **le ~ des uns fait le bonheur des autres** *prov* des einen Not ist des andern Brot; **~ aux vaincus!** wehe den Besiegten!; **à quelque chose ~ est bon** *prov* alles hat auch seine guten Seiten; **un ~ ne vient jamais seul** *prov* ein Unglück kommt selten allein; **qn a [bien] des ~s** jd hat wirklich kein Glück, jd hat wirklich Pech; **qn a le ~ de faire qc** (*malchance*) jd tut unglücklicherweise etw; (*tort*) jd tut dummerweise etw; **il arrive ~ à qn** *euph* (*qn meurt*) es stößt jdm etwas [Schlimmes] zu; **un ~ est vite arrivé** ein Unglück ist schnell geschehen; **le ~, c'est que** + *indic o subj* das Dumme ist, dass; **le ~ est sur qn/qc** jd/etw ist vom Unglück verfolgt; **qn/qc fait le ~ de qn** jd/etw stürzt jdn ins Unglück, jd/etw ist jds Unglück; **qn/qc fait** [*o* **va faire**] **un ~** *fam* (*fait un scandale*) jd wird gewalttätig/etw gibt Ärger [*o* wird Ärger geben] *fam;* **qn/qc fait un ~** *fam* (*a un gros succès*) jd/etw hat einen Riesenerfolg; **qn joue de ~** jd ist vom Pech verfolgt; **[ne] parle/parlez pas de ~!** *fam* mal/malt/malen Sie den Teufel nicht an die Wand! *fam;* **qc porte ~** etw bringt Unglück; **le ~ veut que** + *subj* leider Gottes; **~ à moi/lui/…!** weh[e] mir/ihm/ihr/…!; **de ~** (*maudit*) verflixt *fam;* (*de mauvais augure*) Unglücks-; ***cette pluie de*** **~** *fam* dieser verdammte [*o* verflixte] Regen *fam;* **par ~** unglücklicherweise; **pour mon/son/… ~** zu meinem/seinem/ihrem/… Unglück; **quel ~ que** + *subj* was für ein Pech, dass; wie schade, dass; **~!** *fam* so ein Pech!

malheureusement [maløʀøzmɑ̃] *adv* (*hélas*) leider, bedauerlicherweise
▸ **~ pour qn** unglücklicherweise, bedauerlicherweise; **~ *pour moi, je dois constater que*** zu meinem Bedauern muss ich feststellen, dass

malheureux, -euse [maløʀø, -øz] **I.** *adj* **1.** *antéposé* (*infortuné*) *victime* unglücklich, unglückselig
2. *a. antéposé* (*regrettable, fâcheux*) unglücklich; *affaire a.* unglückselig; *incident, erreur, suites* bedauerlich; *initiative, parole* ungeschickt; ■ **c'est/il est ~ que** + *subj* es ist bedauerlich, dass
3. (*qui souffre, désolé*) *air, personne* unglücklich; ■ **qn est ~ de faire qc** jd bedauert etw zu tun; es tut jdm Leid, dass er etw tut
4. (*malchanceux*) *candidat, joueur* glücklos; ***ses amours*** **~*euses*** seine/ihre unglücklichen Liebesgeschichten; ■ **qn est ~ à qc** *à la loterie, au jeu* jd hat kein Glück in etw (*dat*); ***qn est*** **~ *au jeu*** jd hat kein Glück [*o* hat Unglück] im Spiel
5. *antéposé* (*insignifiant*) lächerlich; ***une*** **~*euse pièce de dix francs*** ein lumpiges Zehnfrancstück *fam;* ***pas même un*** **~ *coup de fil*** nicht [einmal] ein Anruf; ***une douzaine de*** **~ *spectateurs*** ein lächerliches Dutzend Zuschauer
6. (*funeste*) *époque, temps* unglücklich, unglückselig
▸ **si c'est pas ~ [de faire qc]!** *fam* (*indigne*) wenn das keine Schande ist [etw zu tun]!; (*tragique*) wenn das nicht tragisch ist [etw zu tun]!
II. *m, f* **1.** (*indigent*) Notleidende(r) *f(m);* ***ce*** **~ *n'a aucune ressource pour vivre*** dieser arme Kerl hat nichts zum Leben
2. (*infortuné*) Unglückselige(r) *f(m)*
▸ **[petit(e)] ~(-euse)!** [du] Kind des Wahnsinns! *fam*

malhonnête [malɔnɛt] *adj* **1.** (*indélicat, déloyal*) unehrlich; (*procédé a.*) unlauter; *affaire a.* krumm *fam;* ***c'est un commerçant/ joueur*** **~** das ist ein Händler/Spieler, der betrügt; ***ce serait*** **~ *de sa part de la quitter maintenant qu'elle est enceinte*** es wäre nicht recht [*o* nicht richtig] [*o* unehrenhaft *geh*] von ihm, sie jetzt, da sie schwanger ist, zu verlassen
2. *vieilli* (*inconvenant, impoli*) *désirs, personne* unanständig; *comportement, paroles, proposition a.* unschicklich *geh;* ■ **il est ~ de faire qc** man tut etw nicht

malhonnêtement [malɔnɛtmɑ̃] *adv agir* unehrlich; *gagner de l'argent, s'enrichir* auf unlautere Weise; *se comporter* unehrenhaft *geh,* unfair; ***qn répond*** **~** jd gibt eine unverschämte Antwort; ***qn joue*** **~** jd betrügt beim Spiel

malhonnêteté [malɔnɛtte] *f* **1.** (*opp: probité*) Unehrlichkeit *f*
2. (*déloyauté*) [*comportement*] Unehrenhaftigkeit *f,* Unlauterkeit *f;* [*intentions a.*] Unaufrichtigkeit *f*
3. (*action malhonnête*) Betrügerei *f*

Mali [mali] *m* ■ **le Mali** Mali *nt*

malice [malis] *f* **1.** (*espièglerie*) Schalkhaftigkeit *f,* Schelmerei *f,* Spitzbüberei *f;* ***il y avait dans ses yeux de la*** **~** ihm/ihr schaute der Schalk aus den Augen, ihm/ihr saß der Schalk [*o* Schelm] im Nacken; ***sa réponse pleine de*** **~** seine/ihre schelmische Antwort
2. (*méchanceté*) Böswilligkeit *f,* böse Absicht
▸ **qn n'entend** [*o* **ne voit**] **pas ~ à qc** jd hat keine böse Absicht bei etw; **avec ~** schelmisch; **par ~** aus Böswilligkeit [*o* Boshaftigkeit]; **sans ~** arglos; **non sans ~** schelmisch, nicht ohne Schalk

malicieusement [malisjøzmɑ̃] *adv* schelmisch, schalkhaft

malicieux, -euse [malisjø, -jøz] *adj réflexion, réponse* schelmisch; *regard, rire, sourire a.* verschmitzt; *enfant, personne* spitzbübisch; ***elle a un esprit*** **~** sie ist gewitzt

maligne [maliɲ] *v.* **malin**

malignité [maliɲite] *f* **1.** *soutenu* [*accusation, dénonciation, personne, rapport*] Boshaftigkeit *f,* Bösartigkeit *f;* ***sans*** **~** ohne Böswilligkeit *f*
2. MED [*cancer, maladie, tumeur*] Bösartigkeit *f,* Malignität *f spec*

malin, -igne [malɛ̃, -iɲ] **I.** *adj* **1.** (*astucieux*) *personne* gewitzt, schlau, clever *fam; air* pfiffig; *sourire* verschmitzt; ***elle n'est pas très*** **~*igne*** sie ist nicht sehr helle *fam*
2. *a. antéposé* (*méchant*) boshaft; *influence* schlecht, negativ; *esprit* böse; *plaisir* diebisch; ***joie*** **~*igne*** Schadenfreude *f*
3. MED *fièvre, tumeur* bösartig, maligne *spec*
▸ **c'est ~!** *iron fam* wie intelligent!; **ce n'est pas [bien] ~ [de faire qc]** *fam* (*c'est idiot*) das ist nicht gerade sehr schlau[, etw zu tun]; (*c'est facile*) das ist keine Hexerei [*o* gar nicht so schwierig][, etw zu tun]; **ce n'est pas plus ~ que ça!** *fam* so einfach ist das!; **qn se croit ~ [de faire qc]** jd kommt sich (*dat*) schlau vor [etw zu tun] *fam*
II. *m* (*démon*) ■ **le M~** der böse Geist, der Teufel
III. *m, f* (*personne astucieuse*) Schlaukopf *m fam*
▸ **gros(se) ~(-igne)** *iron* Schlauberger *m fam,* Schlaumeier *m fam;* **petit(e) ~(-igne)** gerissener Kerl/gerissenes Luder *fam;* ***ce sont toujours les petits*** **~*s qui réussissent à …*** die ganz Gerissenen schaffen es immer, …; **qn fait le/la ~(-igne)** [*o* **son/sa ~(-igne)**] jd spielt sich auf, jd spuckt große Töne *fam;* **qn joue au plus ~** jd will der Schlauere sein; **à ~, ~ et demi** *prov* auch ein Schlaukopf findet seinen Meister

malingre [malɛ̃gʀ] *adj* schwächlich, schmächtig, mickerig *pej fam*

malintentionné, e [malɛ̃tɑ̃sjɔne] *adj geste, remarque* böswillig; *personne a.* übel gesinnt

malle [mal] *f* Überseekoffer *m*
▸ **qn fait sa ~** [*o* **ses ~s**] jd packt seine Koffer [und geht]; **qn se fait la ~** *fam* jd haut ab *fam,* jd verduftet *sl*
◆ **malle arrière** AUT *vieilli* Kofferraum *m*

malléabilité [maleabilite] *f* **1.** [*personne*] Flexibilität *f,* Anpassungsfähigkeit *f; péj* [*caractère, esprit a.*] Formbarkeit *f*
2. TECH [*argile*] Knetbarkeit *f;* [*métal*] Formbarkeit *f,* Geschmeidigkeit *f*

malléable [maleabl] *adj* **1.** (*souple*) *personne* anpassungsfähig, flexibel; *péj caractère, esprit a.* formbar; (*docile*) gefügig, fügsam
2. TECH *argile* knetbar, formbar; *métal* weich

malléole [maleɔl] *f* Knöchel *m*
▸ **~ externe/interne** Wadenbein-/Schienbeinknöchel *m*

malle-poste <~s-~> [malpɔst] *f* Postkutsche *f*

mallette [malɛt] *f* (*petite valise*) Handkoffer *m,* Handköfferchen *nt;* (*porte-documents*) Aktenkoffer *m*

mal-logé, e <~-~s> [mallɔʒe] *m, f:* ***un*** **~-~** ein notdürftig Untergebrachter

malmener <4> [malməne] *vt* **1.** (*rudoyer*) ■ **qn malmène qn/qc** jd behandelt jdn/etw schlecht; ■ **qc malmène qn/qc** etw richtet jdn/etw übel zu; ■ **qn se fait ~** jd wird roh behandelt
2. (*critiquer*) ■ **qn malmène qn/qc** jd kritisiert jdn/etw vernichtend, jd verreißt jdn/etw *fam,* jd macht jdn/etw herunter *fam;* ■ **qn se fait ~** (*est critiqué*) jd wird heruntergemacht *fam,* jdm wird zugesetzt
3. MIL, SPORT (*bousculer*) ■ **qn malmène qn** jd setzt jdm zu; ■ **qn se fait ~** jd wird hart bedrängt, jdm wird zugesetzt

malnutrition [malnytʀisjɔ̃] *f* (*mauvaise alimentation*) Unterernährung *f;* (*fausse alimentation*) schlechte Ernährung, falsche Ernährungsweise

malodorant, e [malɔdɔʀɑ̃, ɑ̃t] *adj* übel riechend

malotru, e [malɔtʀy] *m, f* Rüpel *m,* ungehobelter Kerl/freches Luder

malpoli, e [malpɔli] **I.** *adj fam* (*mal élevé*) unerzogen, unhöflich; *enfant a.* ungezogen
II. *m, f fam* unhöflicher [*o* flegelhafter] Mensch/unhöfliche Person

malpropre [malpʀɔpʀ] **I.** *adj* **1.** (*sale*) *mains, objet* schmutzig; *vêtement, personne a.* unsauber, schmuddelig *fam; travail* schlampig *fam,* unsauber ausgeführt
2. *vieilli* (*indécent*) *allusion, histoire, paroles* unanständig, schmutzig
3. *vieilli* (*indélicat*) *conduite, personne* unehrenhaft, unkorrekt; *action, affaires* schmutzig, unsauber
II. *mf fam* fieser Kerl/fieses Weib *fam*
▸ **comme un(e) ~** wie der letzte Dreck *sl*

malproprement [malpʀɔpʀəmɑ̃] *adv* nicht ordentlich; *travailler* unsauber, schlampig *fam,* schludrig *fam;* ***apprends à ne pas manger*** **~!** lerne, ordentlich [*o* anständig] zu essen!

malpropreté [malpʀɔpʀəte] *f* **1.** (*saleté*) [*mains, objet*] Schmutzigkeit *f,* Unsauberkeit *f;* [*lieu, personne, vêtements a.*] Schmuddeligkeit *f fam*
2. *vieilli* [*action, conduite, personne*] Gemeinheit *f*

malsain, e [malsɛ̃, ɛn] *adj curiosité, imagination* krankhaft; *doctrine* schädlich, gefährlich; *influence* schlecht, schädlich; ***littérature ~e*** Literatur, die einen schlechten Einfluss hat
► **ça devient ~ [pour qn]** *fam* es wird gefährlich [*o* kritisch] [für jdn]

malséant, e [malseɑ̃, ɑ̃t] *adj littér attitude, geste, tenue* unschicklich *geh; propos, remarque* ungehörig

malsonnant, e [malsɔnɑ̃, ɑ̃t] *adj littér épithète, injure* unflätig; *propos* anstößig

malstrom [malstʀøm] *m v.* **maelström**

malt [malt] *m* Malz *nt*
► **pur ~** Malt-Whisky *m*

maltage [maltaʒ] *m* Malzen *nt*, Mälzen *nt*

maltais, e [maltɛ, ɛz] **I.** *adj* maltesisch
II. *m* (*langue*) Maltesisch *nt*
III. *m, f* ■ **Maltais(e)** Malteser(in) *m(f)*
IV. *f* (*orange*) ■ **maltaise** *kleine tunesische Orange*

Malte [malt] *f* ■ **[l'île de] Malte** [die Insel] Malta

maltraiter <1> [maltʀete] *vt* **1.** (*brutaliser*) ■ **qn maltraite qn/un animal** jd misshandelt jdn/ein Tier; ■ **qn/un animal se fait ~ [par qn]** jd/ein Tier wird [von jdm] misshandelt
2. (*malmener*) ■ **qn maltraite qc** *droit* jd missachtet etw, jd tritt etw mit Füßen; *grammaire* jd verstößt gegen etw, jd missachtet etw; *langue* jd malträtiert etw *fam*, jd verhunzt etw *fam*
3. (*critiquer*) ■ **qn maltraite qn/qc** *auteur, pièce* jd macht jdn/etw herunter *fam*, jd verreißt jdn/etw *fam;* ■ **qn/qc se fait ~ par qn** jd/etw wird von jdm heruntergemacht [*o* verrissen] *fam*
4. (*traiter avec rigueur*) ■ **qc maltraite qn** / *destin, vie* / etw springt hart mit jdm um, etw meint es nicht gut mit jdm

malus [malys] *m* Malus *m*

malveillance [malvɛjɑ̃s] *f* **1.** (*hostilité, animosité*) Feindseligkeit *f;* ***il n'a aucune ~ à son égard*** er hat überhaupt nichts gegen ihn/sie
2. JUR (*intention de nuire*) Böswilligkeit *f*, böse Absicht
► **avec ~** feindselig; **par [pure] ~** aus [reiner] Boshaftigkeit; **sans ~** ohne böse Absicht

malveillant, e [malvɛjɑ̃, jɑ̃t] *adj esprit, geste, personne* boshaft, böswillig; *propos, remarque* gehässig; *regard* feindselig

malvenu, e [malvəny] *adj soutenu* **1.** (*déplacé*) *intervention, requête* unangebracht, deplatziert, fehl am Platz; ■ **qn est ~ à [*o* de] faire qc** (*peu qualifié*) jd hat keinen Grund etw zu tun; es ist deplatziert, dass jd etw tut
2. *arbre, plante* kümmerlich; *enfant* schwächlich, schmächtig

malversations [malvɛʀsasjɔ̃] *fpl* Veruntreuung *f*, Unterschlagung *f*

malvoisie [malvwazi] *m* (*vin*) Malvasier *m*

malvoyant, e [malvwajɑ̃, jɑ̃t] **I.** *adj* sehbehindert
II. *m, f* Sehbehinderte(r) *f(m)*

maman [mamɑ̃] *f* **1.** (*mère*) Mutter *f*, Mutti *f fam*
2. (*appellation*) Mama *f*, Mami *f*, Mutti *f*
► **future ~** werdende Mutter; **qn joue à la ~** jd spielt Mama; **qn à sa ~** *fam:* ***c'est le petit chéri à sa ~*** das ist Mamas [kleiner] Liebling

mamelle [mamɛl] *f* **1.** ANAT [*chèvre, vache*] Euter *nt o m;* [*chienne, chatte, singe, lapine*] Zitze *f*, Brust *f*
2. *pl péj fam* [*femme*] Titten *pl sl*
► **les deux ~s de qc** *littér* die beiden Lebensgrundlagen einer S. (*gen*)

mamelon [mam(ə)lɔ̃] *m* **1.** ANAT Brustwarze *f*
2. GEOG [Berg]kuppe *f*

mamelonné, e [mam(ə)lɔne] *adj paysage* hügelig

mamel[o]uk [mamluk] *m* Mameluck *m*

mamie [mami] *f fam* **1.** (*grand-mère*) Großmama *f*, Oma *f fam*
2. (*appellation*) Oma *f*, Omi *f*

mammaire [mamɛʀ] *adj* Brust-; *glande a.* Milch-

mammifère [mamifɛʀ] **I.** *adj:* ***animal/femelle ~*** Säugetier *nt*/Säugetierweibchen *nt*
II. *mf* Säugetier *nt*

mammographie [mamɔgʀafi] *f* Mammographie *f*

Mammon [mamɔ̃] *m* Mammon *m*

mammouth [mamut] *m* Mammut *nt*

mamours [mamuʀ] *mpl fam* Zärtlichkeiten *pl*
► **qn fait des ~ à qn** (*fait des câlins*) jd schmust mit jdm; (*flatte*) jd schmiert jdm Honig um den Bart [*o* ums Maul] *fam;* **des personnes se font des ~** Menschen schmeicheln einander, Menschen schmieren einander Honig um den Bart [*o* ums Maul] *fam*

mam'selle [mamzɛl] *f fam*, **mam'zelle** [mamzɛl] *f fam abr de* **mademoiselle**

mamy [mami] *f v.* **mamie**

management [manadʒmɛnt] *m* Management ['mænɪdʒmənt] *nt;* ***le ~ de l'entreprise*** die Unternehmensführung, das Management des Unternehmens

manager¹ [manadʒɛʀ, manadʒœʀ] *m* ECON, THEAT, SPORT Manager(in) *m(f)* ['mænɪdʒɐ]

manager² <2 a> [mana(d)ʒe] *vt* ■ **qn manage qc** jd managt etw ['mænɪdʒt]

manant [manɑ̃] *m* **1.** HIST (*roturier*) Bauer/Bäuerin *m/f*
2. *soutenu* (*rustre*) Bauerntölpel *m fam*

manche¹ [mɑ̃ʃ] *f* **1.** [*vêtement*] Ärmel *m;* ***à ~s courtes/longues*** mit kurzen/langen Ärmeln, kurz-/langärmelig; ***sans ~s*** ohne Ärmel, ärmellos; ***~s ballon/gigot/raglan*** Puff-/Keulen-/Raglanärmel *pl*
2. TENNIS Satz *m;* CARTES Spiel *nt*, Partie *f;* AUT, CYCLISME Runde *f;* SKI Durchlauf *m*
3. GEOG ■ **la Manche** der Ärmelkanal
► **en ~s de chemise** in Hemdsärmeln; ***qn se met en ~s de chemise*** jd legt die Jacke ab; **première/seconde ~** *fig* erste/zweite Runde; **qn a qn dans sa ~** *vieilli* jd hat jdn in der Tasche *fam;* **qn fait la ~** *fam* (*fait la quête*) jd geht mit dem Hut um; (*mendie*) jd bettelt; **qn retrousse ses ~s** jd krempelt [sich (*dat*)] die Ärmel hoch; **qn tire la ~ à qn** jd bettelt jdn an; **qn se fait tirer la ~** jd lässt sich bitten; **qn tire qn par la ~** jd zupft jdn am Ärmel; *fig* jd macht jdn aufmerksam, jd macht sich bei jdm bemerkbar; **en deux/cinq/... ~s** SPORT in zwei/fünf/... Spielen; TENNIS in zwei/fünf/... Sätzen; CARTES in zwei/fünf/... Partien
◆ **manche à air** Windsack *m;* **manche à vent** Lüfteranlage *f*

manche² [mɑ̃ʃ] *m* [*outil, charrue, parapluie*] Griff *m;* [*couteau a.*] Heft *nt;* [*casserole, cuillère, fourchette, balai, hache, pinceau, pioche*] Stiel *m;* MUS [*guitare, violon*] Hals *m;* GASTR [*côtelette, gigot*] Knochenende *nt*
► **qn jette le ~ après la cognée** jd wirft die Flinte ins Korn; **qn est du côté du ~** *fam* jd ist auf der Seite des Stärkeren; **qc branle dans le ~** *fam* etw steht auf wackligen Füßen *fam;* **qn tombe sur un ~** *fam* jd bekommt eine harte Nuss zu knacken, jd stößt auf Schwierigkeiten; **comme un ~** *fam* ungeschickt; **quel ~!** *fam* was für ein Tollpatsch!
◆ **manche à balai** Besenstiel *m;* AVIAT *fam* Steuerknüppel *m; fig* Bohnenstange *f*

manchette [mɑ̃ʃɛt] *f* **1.** [*chemise*] Manschette *f*
2. PRESSE Schlagzeile *f*
3. SPORT (*étranglement*) Manschette *f;* (*coup*) Schlag *m* mit dem Unterarm
4. *vieilli* ■ **~ de qc** *de lustrine, mousseline, toile* Ärmelschoner *m* [*o* Manschette *f*] aus etw
► **qc fait la ~ des journaux** etw macht Schlagzeilen; **en ~** PRESSE, TYP als Randbemerkung, als Marginalie *geh*

manchon [mɑ̃ʃɔ̃] *m* **1.** Muff *m*
2. TECH (*bague, douille, cylindre*) Muffe *f*
3. TECH [*lampe*] Glühstrumpf *m*
◆ **manchon à incandescence** [Gas]glühstrumpf *m*

manchot, e [mɑ̃ʃo, ɔt] **I.** *adj* (*amputé d'un bras*) einarmig; ***il est ~ d'une main/des deux mains/bras*** ihm ist die Hand/ihm sind beide Hände/Arme amputiert worden
► **qn [n']est pas ~** *fam* jd ist nicht ungeschickt
II. *m* (*pingouin*) Pinguin *m*
III. *m, f* (*personne*) Einarmige(r) *f(m)*

mandale [mɑ̃dal] *f pop* Ohrfeige *f*

mandant, e [mɑ̃dɑ̃, ɑ̃t] *m, f* JUR, POL Mandant(in) *m(f);* COM Auftraggeber(in) *m(f)*

mandarin [mɑ̃daʀɛ̃] *m* **1.** HIST Mandarin *m*
2. *péj* Kulturbonze *m*

mandarinat [mɑ̃daʀina] *m* **1.** HIST Mandarinenwürde *f*
2. *péj artistique, littéraire, politique* [elitäres] Kastenwesen

mandarine [mɑ̃daʀin] *f* Mandarine *f*

mandarinier [mɑ̃daʀinje] *m* Mandarinenbaum *m*

mandat [mɑ̃da] *m* **1.** (*mission*) Auftrag *m;* JUR, POL Mandat *nt;* ***le ~ législatif*** [*o* ***parlementaire***] das Abgeordnetenmandat; ***il s'est acquitté de son ~*** er hat seinen Auftrag erfüllt; ***j'ai reçu ~ de faire qc*** ich bin beauftragt worden etw zu tun
2. COM, FIN Postanweisung *f;* ***~ international*** Auslandspostanweisung *f*
► **qn donne ~ à qn de faire qc** jd erteilt jdm den Auftrag etw zu tun; **par ~** durch Postanweisung; **[territoire] sous ~** HIST Mandat[sgebiet] *nt*
◆ **mandat d'amener** JUR Vorführungsbefehl *m;* **mandat d'arrêt, mandat de dépôt** JUR Haftbefehl *m;* **mandat de comparution** JUR (*adressé à l'accusé*) Vorführungsbefehl *m;* (*adressé au témoin*) Vorladung *f;* **mandat de paiement** Zahlungsanweisung *f;* **mandat de perquisition** JUR Durchsuchungsbefehl *m*, Haussuchungsbefehl *m;* **mandat de virement** Überweisung[sauftrag *m*] *f;* **mandat d'expulsion** JUR (*d'un domicile*) Räumungsbefehl *m;* (*d'un pays*) Ausweisungsbefehl *m*

mandataire [mɑ̃datɛʀ] *mf* JUR, POL Mandatar *m spec*, Beauftragte(r) *f(m)*, Bevollmächtigte(r) *f(m); fig* Verfechter(in) *m(f)*
◆ **mandataire aux Halles** Kommissionär(in) *m(f) spec*

mandat-carte <~s-~s> [mɑ̃dakaʀt] *m* Postanweisung *f*

mandater <1> [mɑ̃date] *vt* **1.** JUR, POL (*donner pouvoir*) ■ **qn mandate qn [pour faire qc]** jd bevollmächtigt jdn [dazu, etw zu tun], jd erteilt jdm [die] Vollmacht[, etw zu tun]; (*charger de*) jd beauftragt jdn [damit, etw zu tun]; ■ **qn est mandaté(e)** jd ist bevollmächtigt, jd hat die Vollmacht; ***j'ai été mandaté pour la gestion de cette affaire*** ich bin damit beauftragt worden, dieses Geschäft abzuwickeln
2. FIN (*payer*) ■ **qn mandate qc [à qn]** jd überweist [jdm] etw per Post

mandat-lettre <~s-~s> [mɑ̃dalɛtʀ] *m Postanweisung, die in einem Brief geschickt wird und auf der Post einzulösen ist* **mandat-poste** <~s-~> [mɑ̃dapɔst] *m* Postanweisung *f*

mander <1> [mɑ̃de] *vt vieilli* (*convoquer*) ■ **qn mande qn** jd lässt jdn [zu sich] rufen; ■ **qn mande qn [quelque part]** jd lässt jdn [irgendwohin] kommen; ***on m'a mandé d'urgence*** ich wurde dringend einbestellt [*o* gerufen]

mandibule [mɑ̃dibyl] *f* **1.** ANAT (*maxillaire inférieur*) [*animal, homme*] Unterkiefer[knochen] *m*
2. ZOOL (*pièce buccale*) Mundwerkzeuge *pl*, Mandibel *f spec*
3. *pl fam* (*mâchoire*) Fresse *f vulg*

mandoline [mɑ̃dɔlin] *f* Mandoline *f*

mandragore [mɑ̃dʀagɔʀ] *f* Mandragora *f*, Mandragore *f;* ***la racine de ~*** die Alraunwurzel

mandrill [mɑ̃dʀil] *m* Mandrill *m*

mandrin [mɑ̃dʀɛ̃] *m* **1.** [*perceuse*] Bohrfutter *nt;* [*machine-outil*] Spannfutter *nt*
2. (*pièce mécanique*) [Dreh]dorn *m*

manécanterie [manekɑ̃tʀi] *f* Knabenchor *m*

manège [manɛʒ] *m* **1.** (*attraction foraine*) Karussell *nt;* ■ **~ de d'autos,**

avions, de chevaux de bois -karussell
2. (*pour chevaux*) Reitbahn *f*
3. (*agissements*) Hin und Her *nt;* (*intrigue*) Manöver *nt;* ***je comprends son petit*** ~ ich durchschaue sein Spielchen *fam*
▶ **tournez ~s!** und ab geht die Post! *fam*

manette [manɛt] *f* **1.** TECH [Schalt]hebel *m;* ***la*** ~ ***des gaz*** der Gashebel
2. (*de jeu*) Joystick ['dʒɔɪstɪk] *m*
◆ **manette de jeu** INFORM Joystick ['dʒɔɪstɪk] *m*

manganèse [mɑ̃ganɛz] *m* CHIM Mangan *nt*

mangeable [mɑ̃ʒabl] *adj* essbar; ***tout juste*** ~! gerade noch genießbar

mangeaille [mɑ̃ʒɑj] *f fam* Fraß *m fam;* ***odeurs de*** ~ Essensgestank *m*

mangeoire [mɑ̃ʒwaʀ] *f* Futtertrog *m,* Futterkrippe *f*

manger <2 a> [mɑ̃ʒe] **I.** *vt* **1.** (*se nourrir de*) ■ **qn mange un animal/qc** jd isst ein Tier/etw; ■ **qn mange qn** jd frisst jdn; ■ **un animal mange qn/un animal/qc** ein Tier frisst jdn/ein Tier/etw; ***qu'y a-t-il à*** ~ ***ce soir?*** was gibt es heute Abend zu essen?; ***nous n'avons rien à*** ~ wir haben nichts zu essen; ***vous mangerez bien un morceau avec nous avant de partir?*** Sie essen/ihr esst doch noch eine Kleinigkeit mit uns, bevor Sie gehen/ihr geht?
2. (*ronger*) ■ **un animal/qc mange qc** / *mites, rouille, lèpre*/ ein Tier/etw zerfrisst etw; ■ **qc est mangé(e) par** [*o* **de**] **un animal/qc** etw ist/wird von einem Tier/etw zerfressen
3. *hum* (*dévorer*) ■ **qn mange qn/qc** jd frisst jdn/etw [auf]; ***qn mange qn/qc des yeux*** jd verschlingt jdn/etw mit den Augen; ***qn mange qn de baisers*** jd küsst jdn ab
4. (*dilapider*) ■ **qn/qc mange qc** *argent, capital, temps* jd vergeudet [*o* verschwendet] etw/etw verschlingt etw
5. (*consommer, consumer*) ■ **qc mange qc** *charbon, électricité* etw verbraucht etw; *essence a.* etw schluckt etw *fam*
6. (*absorber*) ■ **qc mange qc** etw schluckt etw *fam;* ***les grandes surfaces ont mangé le petit commerce*** die großen Verbrauchermärkte haben die kleinen Händler geschluckt [*o* vertrieben]
7. (*envahir*) ■ **qc mange qc:** ***sa barbe lui mangeait le visage*** der Bart verdeckte sein Gesicht; ***les grands yeux mangeaient l'étroit visage*** die großen Augen beherrschten das schmale Gesicht
8. *fam* (*ne pas articuler*) ■ **qn mange qc** *mots* jd verschluckt etw
▶ **qn mange comme quatre** jd isst für vier; **il faut** ~ **pour vivre et non pas vivre pour** ~ *prov* man soll essen, um zu leben und nicht leben, um zu essen; **je ne vais pas/il/elle ne va pas te** ~ ich werde/er/sie wird dich schon nicht fressen
II. *vi* ■ **qn/un animal mange** jd isst/ein Tier frisst; ***c'est l'heure de*** ~ es ist Essenszeit; ***il nous a invités à*** ~ er hat uns zum Essen eingeladen; ***on mange très bien ici*** hier isst man sehr gut; ■ **qn fait** ~ **qn/un animal** jd füttert jdn/ein Tier
▶ **qn donne à** ~ **à qn** jd gibt jdm zu essen; *à un malade, bébé a.* jd füttert jdn; **qn donne à** ~ **à un animal** jd gibt einem Tier sein Fressen, jd füttert ein Tier
III. *vpr* ■ **qc se mange d'une certaine façon** etw wird irgendwie gegessen; ***tu crois que ça se mange?*** glaubst du, dass man das essen kann?; ***un rôti, ça se mange chaud*** ein Braten muss heiß gegessen werden
IV. *m fam* (*repas*) Essen *nt*

mange-tout [mɑ̃ʒtu] **I.** *m inv zarte grüne Bohnen oder Erbsen, die mit der Hülse gegessen werden*
II. *app inv:* ***pois*** ~~ Zuckererbsen *pl;* ***haricots*** ~~ zarte Stangenbohnen

mangeur, -euse [mɑ̃ʒœʀ, -ʒøz] *m, f* ■ ~ **de** *de légumes, pain, viande* -esser(in) *m(f);* ***ces*** **~*s de temps*** diese Leute, die einem die Zeit stehlen; ***c'est un vrai*** ~ ***d'argent*** er schmeißt das Geld nur so zum Fenster raus *fam,* er vergeudet das Geld nur so
▶ **gros** ~/**grosse** ~**euse** starker Esser/starke Esserin
◆ **mangeur d'hommes** (*animal*) Menschenfresser *m*

mangouste [mɑ̃gust] *f* (*animal*) Manguste *f*

mangue [mɑ̃g] *f* Mango[frucht] *f*

manguier [mɑ̃gje] *m* Mangobaum *m*

maniabilité [manjabilite] *f* [*machine*] leichte Bedienung; [*voiture a.*] Wendigkeit *f;* [*appareil*] leichte Handhabung; [*livre, outil*] Handlichkeit *f;* ***la*** ~ ***de cette machine est grande*** diese Maschine ist leicht zu bedienen

maniable [manjabl] *adj* **1.** *machine* leicht zu bedienen; *appareil* leicht zu handhaben; *livre, outil* handlich; *voiture* wendig
2. *vieilli* (*souple*) *caractère, personne* anpassungsfähig

maniacodépressif, -ive [manjakodepʀesif, -iv] **I.** *adj* manisch-depressiv
II. *m, f* Manisch-Depressive(r) *f(m)*

maniaque [manjak] **I.** *adj* **1.** (*méticuleux*) *soin* pingelig *fam; personne a.* pedantisch
2. (*obsédé*): ***elle est*** ~ ***du travail*** sie ist arbeitswütig; ***il est*** ~ ***du vélo/de l'ordre/de*** [***la***] ***propreté*** er ist ein Fahrrad-/Ordnungs-/Sauberkeitsfanatiker, er hat einen Fahrrad-/Ordnungs-/Sauberkeitsfimmel *fam*
3. MED, PSYCH *état, euphorie* manisch
II. *mf* **1.** (*personne trop méticuleuse*) Pedant(in) *m(f);* (*original*) Sonderling *m;* ■ ~ **de** *de l'ordre, du tennis, vélo* -fanatiker(in) *m(f);* ***un*** ~ ***de la propreté*** ein Sauberkeitsfanatiker; ***c'est un*** ~ ***du travail*** er ist ein Workaholic [wøːɐkə'hɔlɪk] *fam*
2. MED, PSYCH (*malade*) Wahnsinnige(r) *f(m),* Irre(r) *f(m)*
▶ ~ **sexuel** Triebtäter *m,* Sexualtäter *m*

maniaquerie [manjakʀi] *f* **1.** (*attachement à des habitudes*) Pedanterie *f,* Pingeligkeit *f fam*
2. (*obsession du détail*) Spitzfindigkeit *f*

manichéisme [manikeism] *m* Manichäismus *m*
▶ **qn fait du** ~ jd betreibt Schwarzweißmalerei

manie [mani] *f* **1.** (*tic*) Eigenheit *f,* Tick *m;* ***une douce*** ~ eine Manie *fam,* ein leichter Tick *fam;* ■ [**qn a la**] ~ **de faire qc** [jd hat die] Manie, etw zu tun; ***fâcheuse*** ~ unangenehme Angewohnheit
2. (*obsession*) ■ ~ **de** *de l'exactitude, de la propreté* -tick *m fam,* -fimmel *m fam,* -zwang *m;* ~ ***de la persécution*** Verfolgungswahn *m;* ***il a la*** ~ ***de la contradiction*** er muss einfach immer widersprechen
3. MED, PSYCH Manie *f spec,* krankhafte Sucht

maniement [manimɑ̃] *m* **1.** (*manipulation*) Handhabung *f;* [*appareil*] Bedienung *f;* [*voiture*] Manövrieren *nt,* Lenken *nt*
2. (*gestion*) [*fonds*] Verwaltung *f;* [*affaires a.*] Führung *f;* (*maîtrise*) [*langue*] Beherrschen *nt;* ***le*** ~ ***des mots*** das Umgehen mit den Worten
▶ **qc est d'un** ~ ... etw ist ... zu bedienen; / *voiture a.*/ etw ist ... zu lenken; / *objet, outil*/ etw ist ... zu handhaben
◆ **maniement d'armes** Gewehrgriffe *pl*

manier <1 a> [manje] **I.** *vt* **1.** (*manipuler*) ■ **qn manie qc** *objet, outil* jd geht mit etw um, jd handhabt etw; *appareil* jd bedient etw; ***qn manie le pinceau*** jd führt den Pinsel
2. (*diriger*) ■ **qn manie qc/un animal:** ***un appareil difficile à*** ~ ein schwer zu bedienendes Gerät; ***qn sait*** ~ ***un cheval*** jd kann mit einem Pferd umgehen
3. (*maîtriser*) ■ **qn manie qc** *langue, situation* jd geht mit etw um; ***le gouvernement ne sait pas comment*** ~ ***la crise économique*** die Regierung weiß nicht, wie sie die Wirtschaftskrise in den Griff bekommen soll; ***elle sait*** ~ ***l'ironie/l'humour*** sie ist sehr ironisch/humorvoll
4. (*gérer*) ■ **qn manie qc** *fonds* jd verwaltet etw; ***un homme d'affaires manie de grosses sommes d'argent*** ein Geschäftsmann geht mit großen Geldbeträgen um
II. *vpr* ■ **qc se manie** + *adv* etw lässt sich + *adv* kneten

manière [manjɛʀ] *f* **1.** (*façon*) Art *f,* Weise *f,* Art und Weise *f;* ***ce n'est pas la bonne*** ~ [***de s'y prendre***] das geht nicht auf diese Art und Weise, so geht es nicht; ■ ~ **de faire qc** Art und Weise etw zu tun; ***sa*** ~ ***d'agir*** seine/ihre Handlungsweise; ***sa curieuse*** ~ ***de s'exprimer*** seine/ihre merkwürdige Ausdrucksweise; ***c'est une*** ~ ***de parler*** das ist so eine Redensart; ***c'est sa*** ~ ***d'être habituelle*** so ist er/sie immer; ***chacun peut utiliser la*** ~ ***qui lui convient*** jeder kann es auf seine Weise tun
2. *pl* (*comportement*) Manieren *pl,* Benehmen *nt*
3. (*style*) [*artiste, écrivain*] Stil *m*
4. *vieilli* (*sorte de*) ■ ~ **de qc** Art *f* von etw; ***en*** ~ ***de plaisanterie*** als Scherz
▶ **de** [**la**] **belle** ~ tüchtig; ***il s'est fait remettre en place de belle*** ~ ***par le directeur*** der Direktor hat ihm ordentlich den Kopf zurechtgerückt *fam;* **qn apprend les bonnes ~s** jd lernt gutes Benehmen; ***je vais t'apprendre les bonnes*** **~*s, moi*** dir werde ich Manieren beibringen!; **d'une certaine** ~ in gewisser Weise [*o* Hinsicht]; **la** ~ **forte** härtere Maßnahmen *pl;* ***qn emploie la*** ~ ***forte*** jd greift hart durch; **d'une** ~ **générale** im Allgemeinen, im Großen und Ganzen; **qn a la** ~ jd hat den [richtigen] Dreh raus *fam;* **il y a la** ~ es kommt auf die Art und Weise an; **il y a** ~ **et** ~ [**de faire qc**] es kommt ganz auf die Art und Weise an[, wie man etw tut], man kann etw so oder so tun; **qn fait des ~s** jd ziert sich, jd stellt sich an *fam;* **c'est** ~ **de parler** *fam* das ist nur so dahingeredet; **ce ne sont pas des ~s** das ist doch kein Benehmen [*o* keine Art]; **à la** ~ ... nach ... Art; ***il se lève tôt, à la*** ~ ***paysanne*** er steht früh auf, wie die Bauern; **à la** ~ **de qn/qc** wie jd/etw; ***il écrit des poèmes à la*** ~ ***de Hugo*** er schreibt Gedichte im Stil Hugos; **à ma/sa/...** ~ auf meine/seine/ihre/... Weise; **de** ~ GRAM der Art und Weise, Modal-; ***complément de*** ~ Modalbestimmung *f,* Umstandsbestimmung *f* der Art und Weise; **de** ~ + *adj* auf + *adj* Art und Weise; **de** ~ **à faire qc** um etw zu tun; ~ **de faire qc** *fam* um halt etw zu tun *fam,* so halt, um etw zu tun *fam;* ***on est allé au ciné,*** ~ ***d'occuper le temps, quoi*** wir sind ins Kino gegangen, um halt die Zeit totzuschlagen *fam;* **de cette** ~ auf diese Weise; **de la même** ~ auf die gleiche Art und Weise; **de** ~ [**à ce**] **que** + *subj* so ..., dass; **de quelle** ~? (*de quelle façon?*) ja und wie denn?; **de quelle** ~! (*en beauté*) und [*o* aber] wie überragend!; **de telle** ~ **que** + *indic o subj* so [*o* derart], dass; **de toute** ~ auf jeden Fall, auf alle Fälle; **d'une** ~ ... auf ... [Art und] Weise; **d'une** ~ **qui** + *subj* auf eine Art und Weise, die; **d'une** ~ **ou d'une autre** so oder so, in jedem Fall; **en** ~ **de** als + *subst;* **en aucune** ~ keineswegs; **en quelque** ~ auf gewisse [*o* in gewisser] Weise; **en voilà des ~s!** das sind [mir] ja schöne Manieren [*o* Sitten]!; **sans ~s** ohne viel Aufheben[s], [ganz] einfach; ***acceptez l'invitation sans*** **~*s!*** nehmen Sie die Einladung einfach an!

maniéré, e [manjeʀe] *adj* gekünstelt; *ton, personne a.* affektiert; *voix a.* geziert; *écrivain, genre, langage, style a.* manieriert

maniérisme [manjeʀism] *m* Manierismus *m*

manieur, -euse [manjœʀ, -jøz] *m, f* ■ ~ **de qn/qc** einer, der/eine, die mit jdm/etw umgehen kann; ~ ***d'hommes*** Führungspersönlichkeit *f*

manif [manif] *f abr de* **manifestation** *fam* Demo *f fam*

manifestant, e [manifɛstɑ̃, ɑ̃t] *m, f* Demonstrant(in) *m(f)*

manifestation [manifɛstasjɔ̃] *f* **1.** POL Demonstration *f*
2. (*événement*) Veranstaltung *f*
3. (*expression*) [*joie, tendresse*] Bezeigung *f,* Bekunden *nt,* Bekundung *f;* [*opinion, sentiment*] Äußerung *f;* [*admiration, désir, humeur*] Ausdruck *m,* Bekunden; [*maladie*] Auftreten *nt;* ~ ***d'amitié*** Freundschaftsbezeigung *f;* ***la première*** ~ ***d'une maladie*** das erste Anzeichen für eine Krankheit
4. (*révélation*) [*Dieu, vérité*] Offenbarung *f*

manifeste [manifɛst] **I.** *adj vérité* offenkundig; *erreur, sentiment a.* offensichtlich; *différence a.* sichtlich; ■ **il est** ~ **que** + *indic* es ist offensichtlich [*o* klar], dass; ***il est*** ~ ***qu'il n'était pas au courant*** offensichtlich wusste er nicht Bescheid
II. *m* **1.** POL, LITTER Manifest *nt*
2. COM Manifest *nt*

manifestement [manifɛstəmɑ̃] *adv* ganz offensichtlich

manifester <1> [manifɛste] **I.** *vt* ■ **qn/qc manifeste qc [à qn]** jd/etw bringt [jdm gegenüber] etw zum Ausdruck; *intention, désir, amitié a.* jd/etw bekundet [jdm] etw, jd/etw tut [jdm] etw kund; *opinion, volonté, sentiment a.* jd/etw äußert [jdm gegenüber] etw; ***ces contradictions manifestent un grand désarroi*** diese Widersprüche offenbaren eine große Verwirrung
II. *vi* ■ **qn manifeste [pour qc/contre qc/pour faire qc]** jd demonstriert [für etw/gegen etw/um etw zu tun]
III. *vpr* **1.** (*se révéler*) ■ **qc se manifeste** /*émotion, sentiment, maladie*/ etw äußert sich; /*crise a.*/ etw tritt auf; /*difficulté a.*/ etw tritt zutage; ■ **qn se manifeste à qn** REL jd offenbart sich jdm
2. (*se faire connaître*) ■ **qn se manifeste** /*témoin*/ jd meldet sich; /*candidat*/ jd stellt sich vor
3. (*s'exprimer*) ■ **qn se manifeste** jd äußert sich
4. (*se montrer*) ■ **qn se manifeste** jd taucht auf, jd tritt in Erscheinung; ***ils se sont manifestés pour empêcher la réunion*** sie sind erschienen [*o* in Aktion getreten], um die Versammlung zu verhindern; ***elle est tombée, personne ne s'est manifesté pour l'aider*** sie ist hingefallen; niemand hat Anstalten gemacht ihr zu helfen
5. (*donner de ses nouvelles*) ■ **qn se manifeste** jd lässt von sich hören

manigance [manigɑ̃s] *f gén pl* Machenschaften *pl*, Intrige *f*

manigancer <2> [manigɑ̃se] *vt* ■ **qn manigance qc** jd heckt etw aus *fam*

manille [manij] *f* **1.** *Kartenspiel bei dem zwei gegen zwei spielen;* (*dix d'une couleur*) *Name für die Zehnerkarte, die bei diesem Spiel Trumpf ist*
2. TECH Kettenschäkel *m*

manillon [manijɔ̃] *m Name für das Ass, die zweitwichtigste Karte im Kartenspiel „Manille"*

manioc [manjɔk] *m* Maniok *m*

manipulable [manipylabl] *adj* manipulierbar, beeinflussbar

manipulateur, -trice [manipylatœʀ, -tʀis] **I.** *m, f* **1.** TECH technischer Assistent/technische Assistentin; ~***trice de laboratoire*** MTA *f*; ~***trice en radiologie*** Röntgenassistentin *f*
2. (*prestidigitateur*) Zauberkünstler(in) *m(f)*
3. *péj* Manipulator(in) *m(f)*
II. *m* TECH Morsetaste *f*

manipulation [manipylasjɔ̃] *f* **1.** [*appareil, ordinateur*] Bedienung *f*; [*outil*] Handhabung *f*; [*produit, substance*] Umgehen *nt* (*de* mit)
2. *pl* (*expériences*) Versuche *pl*; ***les ~s génétiques*** die Genmanipulation
3. (*prestidigitation*) Zauberkunststücke *pl*, Taschenspielertricks *pl*
4. *péj* (*manœuvre*) [*foule, opinion*] Manipulation *f*; ~***s électorales*** Wahlmanipulation; ~ ***médiatique*** Manipulation durch die Medien

manipuler <1> [manipyle] *vt* **1.** ■ **qn manipule qc** *appareil* jd bedient etw; *outil* jd handhabt etw; *produit, substance* jd geht mit etw um, jd hantiert mit etw; ***manipule cet appareil avec précaution*** geh vorsichtig mit diesem Gerät um
2. *péj* (*fausser*) ■ **qn manipule qc** jd manipuliert etw; *écritures a.* jd frisiert etw *fam*, jd fälscht etw
3. (*manœuvrer*) ■ **qn manipule qn/qc** jd manipuliert jdn/etw; ■ **qn se fait/laisse ~ [par qn/qc]** jd lässt sich [von jdm/etw] manipulieren

manitou [manitu] *m* Manitu *m*
▸ **bon/grand/mauvais** ~ REL guter/großer/böser Manitu; **grand** ~ *fam* hohes Tier *fam*; ***c'est lui, le grand ~ ici!*** er ist hier der Häuptling! *iron*

manivelle [manivɛl] *f* [*automobile, cric, treuil*] Kurbel *f*
▸ **à la** ~ mit der Kurbel; ***j'ai dû faire démarrer mon moteur à la*** ~ ich musste meinen Motor ankurbeln

manne [man] *f* **1.** REL Manna *nt*; *fig* Gabe *f* des Himmels
2. BOT Manna *nt*
3. ZOOL (*éphémère*) Eintagsfliege *f*
4. (*panier*) Tragekorb *m*

mannequin [mankɛ̃] *m* **1.** (*présentateur de modèles*) Mannequin *nt*
2. (*pour le tailleur, la couturière*) Schneiderpuppe *f*; (*pour la vitrine*) Schaufensterpuppe *f*; (*pour le peintre, sculpteur*) Gliederpuppe *f*
3. *péj* (*pantin*) Hampelmann *m*

manœuvrabilité [manœvʀabilite] *f* (*possibilité de manœuvrer*) Beweglichkeit *f*, Manövrierfähigkeit *f*; (*facilité de manœuvrer*) Wendigkeit *f*

manœuvrable [manœvʀabl] *adj* (*maniable*) manövrierfähig; (*facile à manier*) *véhicule, bateau* wendig; ***cette machine est très*** ~ diese Maschine ist sehr leicht zu bedienen

manœuvre [manœvʀ] **I.** *f* **1.** (*maniement*) [*outil*] Handhabung *f*; [*machine*] Bedienung *f*; [*véhicule*] Lenken *nt*, Manövrieren *nt*; ***la ~ de la grue*** das Manövrieren des Krans
2. (*action de manœuvrer*) Manöver *nt*
3. (*tentative*) Manöver *nt*, Versuch *m*; ***but de la*** ~ Zweck *m* der Übung; ***il a tenté une ultime*** ~ er hat einen letzten Versuch unternommen [*o* gestartet *fam*]; ~ ***d'évitement*** Ausweichmanöver; ~ ***de diversion*** Ablenkungsmanöver; ~ ***de débordement/ repli/ d'encerclement*** Umgehungs-/Rückzugs-/Einkreisungsmanöver; ~ ***d'approche/ d'intimidation*** Annäherungs-/Einschüchterungsversuch
4. MIL (*exercice*) Manöver *nt*, Truppenübung *f*
5. *péj* (*agissement, machination*) Manöver *nt*, Machenschaften *pl*; ~ ***électorale/ dilatoire/frauduleuse*** Wahl-/Hinhalte-/Betrugsmanöver *nt*
▸ **fausse** ~ (*erreur de manipulation*) falscher Handgriff, Bedienungsfehler *m*; (*démarche maladroite*) Fehler *m*; **grandes ~s** MIL Großmanöver *pl*; *fig* Vorbereitungen *pl*; **qn fait une ~**: ***qn fait une ~ pour se garer/ pour éviter qc*** jd führt ein Einpark-/Ausweichmanöver durch; **ça y va [à] la** ~ *fam* es geht ganz schön rund *fam*; **qn va un peu vite à la** ~ *fam* jd überstürzt die Dinge ein wenig; **en ~s** MIL im Manöver
II. *m* Hilfsarbeiter(in) *m(f)*

manœuvrer <1> [manœvʀe] **I.** *vt* **1.** (*faire fonctionner*) ■ **qn manœuvre qc** *machine* jd bedient etw; *outil* jd handhabt etw, jd geht mit etw um
2. (*conduire*) ■ **qn manœuvre qc** *véhicule* jd steuert etw, jd lenkt etw
3. *péj* (*manipuler*) ■ **qn manœuvre qn** jd manipuliert jdn; ■ **qn se laisse ~ par qn** jd lässt sich von jdm manipulieren
II. *vi* **1.** (*agir habilement*) ■ **qn manœuvre** jd manövriert geschickt, jd geht geschickt vor
2. MIL (*faire l'exercice*) ■ **qn manœuvre** jd exerziert
3. AUT ■ **qn manœuvre** jd manövriert

manœuvrier, -ière [manœvʀije, -jɛʀ] *m, f vieilli* Taktiker(in) *m(f)*

manoir [manwaʀ] *m* Gutshof *m*, Herrenhaus *nt*, Landsitz *m*

manomètre [manɔmɛtʀ] *m* Manometer *m*, Druckmesser *m*

manouche [manuʃ] *mf* Zigeuner(in) *m(f)*

manquant, e [mɑ̃kɑ̃, ɑ̃t] *adj* (*en moins*) *chaînon, numéro, pièce, somme* fehlend; *personne* abwesend; (*épuisé*) *article* nicht vorrätig; ***il y a plusieurs pièces ~es*** mehrere Stücke fehlen; ***la somme ~e*** der Fehlbetrag

manque [mɑ̃k] **I.** *m* **1.** (*carence*) Mangel *m*; ■ ~ **de** *d'argent, oxygène, de temps, personnel* -mangel; ■ ~ **de qc** *d'intelligence, de sérieux, main d'œuvre, matériel, nourriture, sommeil, vivres* Mangel an etw (*dat*); ***le ~ de chance*** das Pech; ~ ***de mémoire*** Gedächtnisschwäche *f*; ***le ~ d'organisation/ ton ~ d'organisation nous fait perdre beaucoup de temps*** die schlechte Organisation [*o* die Desorganisation *geh*]/dein Mangel an Organisationstalent [*o* deine Desorganisation *geh*] kostet uns viel Zeit; ~ ***de goût*** schlechter Geschmack; ~ ***d'égards*** Rücksichtslosigkeit *f*; ~ ***d'imagination*** Fantasielosigkeit *f*; ~ ***de respect*** Respektlosigkeit *f*
2. *pl* (*lacunes*) Lücken *pl*; (*défauts*) Mängel *pl*, Unzulänglichkeiten *pl*
3. (*vide*) Lücke *f*
4. MED (*privation*) Entzugserscheinungen *pl*
5. *sans dét, inv* JEUX manque
▸ ~ **de chance** [*o* **bol** *fam*] [*o* **pot** *fam*]**!** so ein Pech!; **qn est en [état de]** ~ MED jd hat Entzugserscheinungen; ~ **à gagner** Einbuße *f*; **qn en ~ de qc** jd, dem es an etw (*dat*) mangelt [*o* fehlt]; **par ~ de qc** aus Mangel an etw (*dat*), mangels einer S. (*gen*)
II. *f* ▸ **à la** ~ *fam* mies *fam*

manqué, e [mɑ̃ke] *adj* **1.** *occasion, rendez-vous* verpasst; *essai* fehlgeschlagen; *photo, roman, travail* misslungen
2. *postposé iron fam* verhindert *fam*; ***il est un cuisinier*** ~ an ihm ist ein Koch verloren gegangen, er ist ein verhinderter Koch

manquement [mɑ̃kmɑ̃] *m* Vergehen *nt*; ■ ~ **à qc** *à la discipline, la loi, au devoir* Verstoß *m* gegen etw, Verletzung *f* einer S. (*gen*)

manquer <1> [mɑ̃ke] **I.** *vt* **1.** (*opp: atteindre*) ■ **qn/qc manque qn/qc** *cible, but* jd/etw verfehlt jdn/etw; *ballon* jd verfehlt etw, jd trifft etw nicht; (*ne pas attraper*) jd fängt etw nicht
2. (*opp: rencontrer*) ■ **qn manque qn** jd verfehlt [*o* verpasst] jdn
3. (*rater*) ■ **qn manque qc** jd verpasst etw; *marche* jd verfehlt etw; ***tu as manqué une bonne occasion*** da ist dir etwas entgangen, da hast du etwas verpasst
4. (*opp: réussir*) ■ **qn manque qc** jdm misslingt etw; *ouvrage, repas a.* jdm missrät etw; *expérience a.* jdm missglückt etw; ***j'ai manqué cette photo*** dieses Foto ist nichts geworden; ***un essai manqué*** ein missglückter [*o* fehlgeschlagener] [*o* misslungener] Versuch; ***qn manque un virage*** jd wird aus der Kurve getragen, jd fliegt aus der Kurve *fam*
5. (*échouer à*) ■ **qn manque qc** *examen* jd besteht etw nicht, jd fällt durch etw *fam*; *vie a.* jd vergeudet [*o* verpfuscht *fam*] etw; *vocation* jd verfehlt etw; ***il a manqué son examen*** er ist durchgefallen [*o* durch die Prüfung gefallen] *fam*, er hat [die Prüfung] nicht bestanden; ***la sensation d'avoir tout manqué dans sa vie*** das Gefühl, es in seinem Leben zu nichts gebracht zu haben
6. (*opp: assister à*) ■ **qn manque qc** jd geht nicht zu etw [*o* in etw (*akk*)]; *cours, école a.* jd fehlt in etw (*dat*); *réunion* jd verpasst [*o* versäumt] etw, jd ist bei etw nicht anwesend; *film, séance, rendez-vous* jd verpasst [*o* versäumt] etw; ***un élève manque la classe/ les cours de qn*** ein Schüler fehlt [im Unterricht]/fehlt bei jdm; ***un film qu'il ne faut pas*** ~ ein Film, den man sich (*dat*) ansehen sollte
▸ **qc à ne pas** ~ (*à voir absolument*) etw, das man gesehen haben muss; (*à saisir*) etw, das man sich (*dat*) nicht entgehen lassen darf; **qc est à ne pas** ~ etw darf man sich (*dat*) nicht entgehen lassen; /*film a.*/ etw ist ein Muss; **qn ne manque pas qn** jd gibt jdm kein Pardon; ***si vous recommencez, je ne vous manquerai pas*** wenn ihr [jetzt] keine Ruhe gebt, dann setzt es was *fam*; ***la prochaine fois, je ne te manquerai pas*** beim nächsten Mal bist du dran *fam*; **qn n'a rien manqué** jd hat nichts versäumt [*o* verpasst]; **qn n'en manque pas une** *fam* jd tritt [aber auch] in jedes Fettnäpfchen *fam*
II. *vi* **1.** (*être absent*) ■ **qn manque [quelque part]** jd fehlt [irgendwo]; ***qn manque à l'appel*** jd fehlt
2. (*faire défaut*) ■ **qc manque [à qn/quelque part]** /*idées, travail, arguments*/ es fehlt [jdm/irgendwo] an etw (*dat*), jd hat kein etw; ***les idées me manquent*** ich habe keine Ideen, es fehlt mir an Ideen; ***qc commence à*** ~ etw geht [langsam] aus [*o* zur Neige *geh*]; ***rien ne manque à son bonheur*** nichts fehlt [mehr] zu seinem/ihrem Glück; ■ **il manque qn/qc [à qn/qc/ quelque part]** es fehlt [jdm/einer S./irgendwo] jd/etw; ***il manque un bouton à mon chemisier*** an meiner Bluse fehlt ein Knopf
3. (*être regretté de*) ■ **qn/qc manque à qn** jd/etw fehlt jdm, jd vermisst jdn/etw; ■ **ça manque à qn de ne pas faire qc** *fam* es fehlt jdm, etw nicht zu tun; jd vermisst es, etw nicht zu tun
4. (*rater*) ■ **qc manque** etw scheitert, etw misslingt, etw missglückt; /*attentat, expérience, tentative a.*/ etw schlägt fehl
5. (*être insuffisant*) ■ **qc manque [à qn/qc]** /*forces, courage, moyens, temps*/ es fehlt [jdm/einer S.], es fehlt [jdm/einer S.] an etw (*dat*), jd/etw hat nicht genug etw; ***qc a failli ~*** /*médicaments, provisions*/ etw wäre beinahe ausgegangen; ***les mots me manquent*** mir fehlen die Worte, ich finde keine Worte; ***les occasions ne manquent pas*** es gibt genug [*o* genügend]

Gelegenheiten; ***le courage lui a manqué au dernier moment*** im letzten Augenblick fehlte ihm/ihr [*o* verließ ihn/sie] der Mut; ■ **qc manque [à qn] pour faire qc** es fehlt [jdm] etw, um etw zu tun; jdm fehlt etw, um etw zu tun

6. (*trahir*) ■ **qc manque à qn** etw verlässt jdn; */jambes, pied/* etw versagt jdm den Dienst; ***les forces me manquaient*** die Kräfte verließen mich, meine Kräfte schwanden; ***la voix m'a manqué*** meine Stimme versagte; ***le souffle me manquait*** ich geriet außer Atem

7. (*ne pas respecter*) ■ **qn manque à qc** *à sa parole, promesse* jd hält etw nicht; *à ses devoirs, obligations* jd erfüllt etw nicht; *aux règles de la politesse* jd hält etw nicht ein, jd verstößt gegen etw; *à l'honneur* jd verstößt gegen etw

8. (*ne pas avoir assez de*) ■ **qn manque de qn/qc [pour faire qc]** jd hat nicht genug [*o* zu wenig] jdn/etw[, um etw zu tun], jdm fehlt [*o* mangelt] es an jdm/etw[, um etw zu tun], jdm fehlt jd/etw[, um etw zu tun]; ***on manque d'air ici*** hier ist schlechte Luft; ***nous manquons d'hommes*** wir haben nicht genügend [*o* genug] Leute, uns fehlt es an Leuten, uns fehlen die Leute; ■ **qn ne manque pas de qc** *d'audace, aplomb, de culot* jdm fehlt [*o* mangelt] es nicht an etw (*dat*); *d'expérience, de patience a.* jd hat genug [*o* genügend] etw (*akk*); ***tu ne manques pas de toupet!*** du bist ganz schön frech [*o* unverfroren]!; ■ **qn manque de qc à qn** jd lässt es jdm gegenüber an etw (*dat*) fehlen, jdm mangelt es jdm gegenüber an etw (*dat*); ■ **qc manque de qn/qc** einer S. (*dat*) fehlt jd/etw, einer S. (*dat*) fehlt es an jdm/etw; */entreprise, pays a./* etw hat nicht genug [*o* genügend] jdn/etw; ***la soupe manque de sel/d'assaisonnement*** [an] der Suppe fehlt [das] Salz/die Würze, an der Suppe ist zu wenig Salz/die Suppe ist nicht genügend gewürzt; ***l'entreprise manque de personnel*** das Unternehmen hat nicht genug [*o* genügend] Personal, dem Unternehmen fehlt es an [*o* fehlt das] Personal; ■ **ça manque de qn/qc [dans une chose]** es fehlt jd/etw [in einer S. (*dat*)], in einer S. (*dat*) fehlt jd/etw; *dans un plat* [an] einer S. (*dat*) fehlt etw; ***ça manque d'assaisonnement dans cette paella*** [an] der Paella fehlt die Würze, die Paella ist nicht genügend gewürzt; ■ **il manque de qn/qc [quelque part]** es fehlt jd/etw [irgendwo], es fehlt an jdm/etw [irgendwo], es gibt nicht genug [*o* genügend] jdn/etw [irgendwo]; ***il manque du vin dans la cave*** es ist nicht genug Wein im Keller

9. (*faillir*) ■ **qn manque [de] faire qc** jd tut beinahe [*o* fast] etw; ***elle avait manqué [de] mourir*** sie wäre beinahe gestorben

10. (*ne pas omettre*) ■ **qn/qc ne manque pas de faire qc** jd/etw tut etw auf jeden Fall [*o* bestimmt]; */personne a./* jd versäumt es nicht, etw zu tun; ■ **qn n'a pas manqué de faire qc** jd hat es nicht versäumt, etw zu tun; ■ **qc n'a pas manqué de faire qc** etw hat natürlich etw getan; ***ça n'a pas manqué d'arriver*** das musste ja passieren; ***on ne peut ~ d'être frappé*** davon muss man einfach beeindruckt sein

► **qn/qc <u>vient</u> à ~** es ist nicht mehr genug [*o* genügend] jd/etw da, es fehlt an jdm/etw, jd/etw geht aus; **ça n'a <u>pas</u> manqué!** das musste ja so kommen!; **je n'y manquerai <u>pas</u>** Sie können sich/du kannst dich darauf verlassen; **il ne manquait <u>plus</u> que ça** das hat [jetzt] gerade noch gefehlt; **il ne manquerait <u>plus</u> que ça** das hätte [jetzt] gerade noch gefehlt; **il ne manquerait <u>plus</u> que qn/qc fasse qc** das hätte [jetzt] gerade noch gefehlt, dass jd/etw etw tut

III. *vpr* **1.** (*rater son suicide*) ■ **qn se manque** jds Selbstmordversuch misslingt, jd schafft es nicht [sich umzubringen] *fam;* ***elle s'est manquée trois fois*** sie hat schon drei Selbstmordversuche unternommen

2. (*ne pas se rencontrer*) ■ **des personnes se manquent** Menschen verfehlen [*o* verpassen] sich; ***nous nous sommes manqués de 5 minutes*** wir haben uns um 5 Minuten verfehlt [*o* verpasst]

3. (*ne pas entrer en collision*) ■ **deux choses se sont manquées [de peu]** zwei Dinge wären fast [*o* beinahe] kollidiert [*o* zusammengestoßen]

mansarde [mɑ̃saʀd] *f* Mansarde *f*

mansardé, e [mɑ̃saʀde] *adj* Dach-; ***chambre ~e*** Mansardenzimmer *nt,* Dachzimmer *nt;* ***une pièce ~e*** ein Raum *m* mit schrägen Wänden; (*petite pièce*) eine Dachkammer; ■ **qc est ~** etw hat schräge Wände

mante [mɑ̃t] *f* Gottesanbeterin *f*

► **~ <u>religieuse</u>** Gottesanbeterin *f; fig* männermordendes Ungeheuer

manteau <x> [mɑ̃to] *m* **1.** (*vêtement*) Mantel *m;* ■ **~ de** -mantel

2. (*ce qui recouvre*) Gewand *nt;* ■ **~ de** *d'hypocrisie* Deckmantel *m* einer S. (*gen*), Mäntelchen *nt* einer S. (*gen*); **~ *de neige*** Schneedecke *f,* weißes Kleid *liter;* **~ *de tristesse*** große Traurigkeit; ***qc est enveloppé(e) d'un ~ d'ombre/de nuit*** etw ist in Dunkelheit gehüllt; ***il se revêtit d'un ~ d'indifférence*** er umgab sich mit Gleichgültigkeit

3. (*partie de cheminée*) Kaminmantel *m,* Kamineinfassung *f*

4. GEOL Mantel *m*

► **<u>sous</u> le ~** unter der Hand

mantille [mɑ̃tij] *f* Mantille *f*

manucure [manykyʀ] *mf* Handpfleger(in) *m(f);* (*femme a.*) Maniküre *f*

manucurer <1> [manykyʀe] *vt* ■ **qn manucure qn/qc** jd manikürt jdn/etw; ■ **qn se fait ~/~ qc** jd lässt sich/sich (*dat*) etw maniküren

manuel [manɥɛl] *m* (*livre didactique*) Lehrbuch *nt;* (*manuel d'utilisation*) Handbuch *nt;* **~ *scolaire*** Schulbuch *nt;* ■ **~ de** -[lehr]buch *nt; de bricolage* -buch; *de savoir-vivre* Handbuch einer S. (*gen*); **~ *de lecture*** Lesebuch, Fibel *f;* **~ *de littérature*** Lesebuch; **~ *d'entretien*** Wartungsheft *nt*

manuel, le [manɥɛl] **I.** *adj* **1.** (*opp: intellectuel*) *métier* handwerklich; *travailleur* Hand-; *travail a., activité* manuell; ***qn préfère les activités ~les*** jd arbeitet lieber mit den Händen; ***habileté ~le*** Handfertigkeit *f*

2. (*opp: automatique*) manuell

II. *m, f* (*personne*) (*qui travaille de ses mains*) Handarbeiter(in) *m(f);* (*douée de ses mains*) Bastler(in) *m(f);* ***je ne suis vraiment pas un ~*** ich habe wirklich zwei linke Hände, ich bin wirklich nicht praktisch veranlagt

manuellement [manɥɛlmɑ̃] *adv* manuell; *actionner, fabriquer a.* von Hand

manufacture [manyfaktyʀ] *f* HIST Manufaktur *f;* (*atelier*) Werkstatt *f;* ■ **~ de** -manufaktur

manufacturer <1> [manyfaktyʀe] *vt* ■ **qn manufacture qc** jd verarbeitet etw; ***produit manufacturé*** industrielles Erzeugnis [*o* Produkt]

manu militari [manymilitaʀi] *adv* gewaltsam; *fig* kurzerhand, ohne viel Federlesens; ***qn fait sortir qn ~ ~*** jd macht kurzen Prozess und setzt jdn vor die Tür *fam*

manuscrit, e [manyskʀi, it] **I.** *adj* (*écrit à la main*) handschriftlich, handgeschrieben; *page* Manuskript-

II. *m* **1.** TYP Manuskript *nt*

2. (*texte écrit à la main*) Manuskript *nt;* HIST *a.* Handschrift *f*

◆ **manuscrits de la mer Morte** Schriftrollen *pl* vom Toten Meer

manutention [manytɑ̃sjɔ̃] *f* **1.** (*manipulation*) Warenumschlag *m;* ■ **~ de** -umschlag *m;* ***les frais de ~*** die Lager- und Transportkosten

2. (*local*) Lager *nt*

manutentionnaire [manytɑ̃sjɔnɛʀ] *mf* Lagerist(in) *m(f)*

maoïsme [maɔism] *m* Maoismus *m*

maoïste [maɔist] **I.** *adj* maoistisch

II. *mf* Maoist(in) *m(f)*

maous, se [maus] *adj fam* enorm *fam;* ***un brochet/lièvre ~*** ein Prachtexemplar *nt* von einem Hecht/Hasen, ein Mordshecht *m*/-hase *m fam*

mappemonde [mapmɔ̃d] *f* **1.** (*carte*) Weltkarte *f*

2. (*globe terrestre*) [Erd]globus *m*

maquer <1> [make] *vt pop* (*être le souteneur de*) ■ **qn maque une femme** jd schickt eine Frau anschaffen [*o* auf den Strich] *fam,* jd hat eine Frau für sich laufen *sl;* ***elle est maquée*** die hat schon einen Macker *sl;* */prostituée/* die hat einen Loddel [*o* Luden] *sl*

maquereau[1] <x> [makʀo] *m* ZOOL Makrele *f*

maquereau[2] <x> [makʀo] *m pop* (*souteneur*) Louis *m fam,* Loddel *m sl,* Lude *m sl,* Zuhälter *m*

maquerelle [makʀɛl] *f pop* Puffmutter *f fam*

maquette [makɛt] *f* **1.** (*modèle réduit*) [maßstäbliches [*o* maßstabgetreues]] Modell; ■ **~ de qc** Modell *nt* einer S. (*gen*); **~ *d'avion/de bateau*** Flugzeug-/Schiffsmodell; (*jouet*) Modellflugzeug *nt*/-schiff *nt*

2. TYP Umbruch *m;* (*couverture*) Druckvorlage *f;* [*disque, cassette*] Probeaufnahme *f*

3. (*projet*) Entwurf *m*

4. ART (*ébauche*) Rohfassung *f*

maquettiste [maketist] *mf* **1.** ARCHIT, THEAT Modellbauer(in) *m(f);* (*menuisier*) Modellschreiner(in) *m(f)*

2. PRESSE (*graphiste*) Grafiker(in) *m(f)*

maquignon, ne [makiɲɔ̃, ɔn] *m, f* **1.** (*marchand de chevaux*) Pferdehändler(in) *m(f);* (*de bovins*) Viehhändler(in) *m(f)*

2. *péj* (*commerçant douteux*) Roßtäuscher(in) *m(f),* Bauernfänger(in) *m(f);* (*marchandeur*) Geschäftemacher(in) *m(f)*

maquignonnage [makiɲɔnaʒ] *m péj* Machenschaften *pl,* Manipulation *f,* Schiebung *f fam;* **le ~ *électoral*** die Wahlmanipulation

maquillage [makijaʒ] *m* **1.** (*soins de beauté*) (*action*) Schminken *nt;* (*résultat*) Make-up [meːk'ap] *nt;* THEAT, CINE, TV Maske *f*

2. (*produits de beauté*) Make-up *nt;* ***la trousse de ~*** der Schminkbeutel, die Kosmetiktasche

3. (*falsification*) [*documents, pièce d'identité*] Fälschung *f;* [*photo*] Retusche *f;* [*faits, vérité*] Verfälschung; [*voiture*] Frisieren *nt*

maquiller <1> [makije] **I.** *vt* **1.** (*farder*) ■ **qn maquille qn/qc** jd schminkt jdn/etw; ***qn maquille son visage*** jd schminkt sich; ■ **[qn est] maquillé(e)** [jd ist] geschminkt

2. (*falsifier*) ■ **qn maquille qc** jd fälscht etw; *résultat a.* jd manipuliert etw; *faits, vérité* jd verfälscht etw; *voiture* jd frisiert etw; *photo* jd retuschiert etw; ■ **qn maquille qc en qc** jd tarnt etw als etw

II. *vpr* (*se farder*) ■ **qn se maquille** jd schminkt sich; ■ **qn se maquille qc** jd schminkt sich (*dat*) etw

maquilleur, -euse [makijœʀ, -jøz] *m, f* Maskenbildner(in) *m(f)*

maquis [maki] *m* **1.** BOT Macchia *f*

2. (*labyrinthe*) [*administration, procédure*] Dschungel *m*

3. (*groupe de résistance*) Partisanengruppe *f;* HIST Maquis *m spec*

► **qn <u>prend</u> le ~** jd geht in den Untergrund; HIST *a.* jd schließt sich dem Maquis an

maquisard, e [makizaʀ, aʀd] *m, f* HIST [französischer] Partisan/[französische] Partisanin, Maquisard *m spec*

marabout [maʀabu] *m* **1.** ORN Marabu *m*

2. REL Marabut *m*

maraîchage [maʀɛʃaʒ] *m* Gemüse[an]bau *m*

maraîcher, -ère [maʀeʃe, -ɛʀ] **I.** *adj* Gemüse-; *région* Gemüse[an]bau-; ***des produits ~s*** Gartenbauerzeugnisse *pl,* Gemüse *nt*

II. *m, f* Gemüsegärtner(in) *m(f),* Gemüseanbauer(in) *m(f)*

marais [maʀɛ] *m* **1.** GEOG Sumpf *m*

2. *péj* (*bourbier*) Sumpf *m*

3. (*quartier de Paris*) ■ **le M~** das Marais-Viertel, der Marais

► **~ <u>salant</u>** Salzgarten *m*

marasme [maʀasm] *m* **1.** (*stagnation*) [Konjunktur]flaute *f;* **le ~ *des affaires*** die flaue Geschäftslage; ***qc est en plein ~*** etw steckt mitten in der [Konjunktur]flaute

2. *vieilli* (*découragement*) [seelisches] Tief; ***qn tombe dans le ~*** jd stürzt in den Abgrund, jd versinkt in Depressionen

marathon [maʀatɔ̃] **I.** *m* **1.** SPORT Marathon *m*

2. POL Marathon *m*

II. *app discussion* endlos; *séance a.* Marathon-

marathonien, ne [maʀatɔnjɛ̃, jɛn] *m, f* Marathonläufer(in) *m(f)*

marâtre [maʀɑtʀ] *f vieilli* Rabenmutter *f*

maraudage [maʀodaʒ] *m* Mundraub *m;* JUR Felddiebstahl *m*

maraude [maʀod] *f* Mundraub *m*

► **qn va à la ~** jd begeht Mundraub; JUR jd begeht Felddiebstahl; **en ~** (*en quête de chapardage*) auf [Diebes]tour; (*en quête de client*) auf Kundenfang; ***qn/ un animal est en ~*** jd ist auf Diebestour/ein Tier streunt herum; ***des taxis en ~*** Taxis, die auf Kundensuche sind

marauder <1> [maʀode] *vi* **1.** (*chaparder*) ■ **qn maraude** jd stiehlt, jd klaut *fam;* /*soldat*/ jd marodiert

2. (*attendre le client*) ■ **qc maraude** /*taxi*/ etw ist auf Kundensuche

maraudeur, -euse [maʀodœʀ, -øz] **I.** *m, f* (*chapardeur*) Dieb(in) *m(f);* (*soldat*) Marodeur *m*

II. *app oiseau* diebisch; *animal* streunend

marbre [maʀbʀ] *m* **1.** (*pierre*) Marmor *m*

2. (*objet, statue*) Marmorplastik *f*

3. [*cheminée*] [Marmor]sims *m;* [*commode*] [Marmor]platte *f*

► **qn passe qc au ~** *voiture* jd lässt etw richten; **de ~** *cœur, visage* steinern; ***qn est/ reste de ~*** jd ist/bleibt ungerührt; ***qc me laisse de ~*** etw lässt mich kalt; ***qn est de ~*** jd steht da wie ein Fels [in der Brandung]; **sur le ~** TYP druckfertig

marbrer <1> [maʀbʀe] *vt* **1.** (*décorer de veines*) ■ **qn marbre qc** *bois, gâteau, papier, mur* jd marmoriert etw; ■ [**qc est**] **marbré(e)** *papier, mur* [etw ist] marmoriert; ***gâteau marbré*** Marmorkuchen *m*

2. (*marquer de marbrures*) ■ **qc marbre qc:** ***le froid lui marbrait le visage*** er/sie hatte ein blau gefrorenes Gesicht, sein/ihr Gesicht war blau vor Kälte; ***qc a marbré la peau à qn*** jd hat einen blauen Fleck von etw; ■ [**qn/ qc est**] **marbré(e)** (*par des coups*) /*peau, visage*/ [jd/etw ist] voller blauer Flecken; /*personne a.*/ jd hat blaue Flecken; (*par le froid*) [jd/etw ist] blau gefroren

marbrerie [maʀbʀəʀi] *f* **1.** (*industrie*) Marmor[- und Naturstein]verarbeitung *f,* Marmor[- und Naturstein]industrie *f;* ***la ~ funéraire*** der Grabsteinmetzbetrieb

2. (*atelier*) Marmor[- und Naturstein]werk *nt,* Steinmetzbetrieb *m*

marbrier, -ière [maʀbʀije, -ijɛʀ] **I.** *adj* Marmor-

II. *m, f* Steinmetz(in) *m(f)*

marbrure [maʀbʀyʀ] *f* **1.** (*décoration*) [*boiserie, tranche d'un livre, papier*] Marmorierung *f*

2. (*marque violacée*) blauer Fleck; ***peau marbrée*** transparente Haut

marc [maʀ] *m* **1.** (*résidu*) Trester *m;* [*café, thé*] Satz *m;* ■ **~ de** -satz; **~ *de pommes/ raisins*** Apfel-/Traubentrester

2. (*eau de vie*) Tresterschnaps *m*

► **qn croit au ~ de café** jd liest im Kaffeesatz

Marc [maʀk] *m* REL Markus *m*

marcassin [maʀkasɛ̃] *m* Frischling *m;* ***civet de ~*** Wildschweinpfeffer *m*

marchand, e [maʀʃɑ̃, ɑ̃d] **I.** *adj* (*commercial*) *marine, navire, qualité* Handels-; *valeur a.* Verkehrs-, Markt-; *prix* Großhandels-, Einkaufs-; *rue* Geschäfts-; ***galerie ~e*** Einkaufspassage *f*

II. *m, f* (*commerçant*) Händler(in) *m(f);* ***une ville de ~s*** eine Handelsstadt; ■ **~ de** -händler(in) *m(f);* ***de marrons*** -verkäufer(in) *m(f);* **~ *d'illusions*** Scharlatan *m,* Schaumschläger *m;* **~ *de rêve/ de mort*** Illusionist *m*/Händler *m* des Todes

► **~ au détail** Einzelhändler(in) *m(f);* **~ en gros** Großhändler(in) *m(f),* Grossist(in) *m(f) spec;* **~ à la sauvette** [illegaler] Straßenhändler/[illegale] Straßenhändlerin, [illegaler] fliegender Händler/[illegale] fliegende Händlerin; **~ ambulant** Straßenhändler(in) *m(f),* fliegender Händler; **~ forain** Schausteller(in) *m(f)*

◆ **marchand de biens** Immobilienmakler(in) *m(f);* **marchand de canons** *péj* Waffenschieber(in) *m(f);* **marchand de sable** Sandmännchen *nt;* **marchand(e) des quatre saisons** Obst- und Gemüsehändler(in) *m(f);* **marchand de tapis** *péj* Geschäftemacher(in) *m(f);* ***qn est un vrai ~ de tapis*** jd ist groß im Feilschen; ***une discussion de ~ de tapis*** eine fruchtlose Diskussion

marchandage [maʀʃɑ̃daʒ] *m* **1.** (*discussion*) Handeln *nt,* Feilschen *nt péj*

2. (*tractation*) Mauschelei *f,* Kuhhandel *m fam;* ***le ~ électoral*** die Wahlabsprachen

3. JUR Vermittlung *f* von Leiharbeit[skräften], Verleihen *nt* von Arbeitskräften

marchander <1> [maʀʃɑ̃de] **I.** *vt* ■ **qn marchande qc** *prix, marchandise* jd handelt [*o* feilscht *pej*] um etw

► **qn ne marchande pas qc** [**à qn**] *éloges* jd spart [*o* geizt] nicht mit etw [für jdn]; ***qn ne marchande pas ses efforts/ sa peine*** jd scheut keine Anstrengung[en]/Mühe[n]

II. *vi* ■ **qn marchande** jd handelt, jd feilscht *pej*

marchandeur, -euse [maʀʃɑ̃dœʀ, -øz] *m, f* **1.** (*personne*) Feilscher(in) *m(f);* ***c'est une ~euse*** sie muss immer feilschen

2. JUR Vermittler(in) *m(f)* von Leiharbeit[skräften]

marchandisage [maʀʃɑ̃dizaʒ] *m* Merchandising ['møːɐtʃəndaɪzɪŋ] *nt*

marchandise [maʀʃɑ̃diz] *f* **1.** (*chose à vendre*) Ware *f;* ***une ~ rare*** eine Mangelware

2. (*stock, cargaison*) ■ **la ~** die Ware

► **qn étale sa ~** *fam* jd zeigt, was er hat; **qn trompe** [**qn**] **sur la ~** COM jd verkauft jdm schlechte Ware, jd legt jdn rein *fam,* jd haut jdn übers Ohr *fam;* (*ne pas tenir ses promesses*) jd täuscht falsche Tatsachen vor; **qn fait valoir sa ~** jd preist seine Ware an

marche¹ [maʀʃ] *f* **1.** (*action*) Gehen *nt;* SPORT Lauf *m;* ***qn poursuit sa ~*** jd setzt seinen Weg fort

2. (*allure*) Gang *m;* [*navire*] Fahrt *f*

3. (*trajet*) Weg *m;* ***une demi-heure de ~*** eine halbe Wegstunde, eine halbe Stunde Weg[s]; ***après des heures de ~*** nach stundenlangem Marsch

4. MIL, POL (*cortège*) Marsch *m;* ***une ~ pacifique/ de protestation/ de silence*** ein Friedens-/Protest-/Schweigemarsch

5. (*mouvement continu*) [*étoile*] Bahn *f;* [*caravane*] Zug *m;* [*véhicule*] Fahren *nt,* Fahrt *f;* (*fonctionnement*) [*machines*] Betrieb *m,* Laufen *nt;* [*entreprise, horloge*] Gang *m;* ***le sens de la ~*** die Fahrtrichtung; ***qc est en ~*** etw läuft; ***rien ne peut plus arrêter la ~ de qc*** nichts kann etw mehr [auf seinem Weg] aufhalten; ***la ~ de la caravane se poursuivait lentement*** die Karawane zog langsam ihres Weges; ***qn place le bouton sur le repère: ~*** jd stellt den Knopf auf Start

6. [*maladie, procès*] Verlauf *m;* [*événements, opérations a.*] Gang *m;* [*roman a.*] Entwicklung *f;* [*progrès*] Gang, Lauf *m;* [*temps*] Lauf

7. MUS Marsch *m;* **~ *funèbre/ militaire/ nuptiale*** Trauer-/Militär-/Hochzeitsmarsch

► **~ arrière** AUT Rückwärtsgang *m;* **en ~ arrière** AUT rückwärts; **qn fait** [**une**] **~ arrière** AUT jd setzt zurück, jd fährt rückwärts; ***en faisant ~ arrière*** beim Zurücksetzen, beim Rückwärtsfahren; **qn fait ~ arrière** *fig* jd macht einen Rückzieher; **la bonne ~** das reibungslose Funktionieren; **~ forcée** MIL Gewaltmarsch *m;* **la longue M~** HIST der Lange Marsch; **qc est en ~** etw ist auf dem Vormarsch; /*procédure*/ etw ist eingeleitet, etw läuft; **qn fait ~ sur qc** (*à pieds*) jd marschiert auf etw (*akk*) [zu] [*o* in Richtung einer S. (*gen*)]; (*en véhicule*) jd fährt in Richtung einer S. (*gen*); **qn ferme/ouvre la ~** jd marschiert am Schluss/an der Spitze des Zuges; **qn met qc en ~** *machine, appareil* jd schaltet etw ein, jd stellt etw an; *radio, télé a.* jd schaltet etw an; *voiture, moteur* jd lässt etw an; ***qn essaie de/ réussit à mettre qc en ~*** jd versucht/jdm gelingt es, etw in Gang zu bringen; **qn/qc se met en ~** jd macht sich auf den Weg/etw setzt sich in Bewegung; **~ à suivre** Vorgehensweise *f,* Verfahrensweise *f;* **en ~** im Gang; *moteur* laufend; *révolution* auf dem Vormarsch; ***ne pas monter dans le train en ~*** nicht in den fahrenden Zug einsteigen; ***alors, en ~!*** also los jetzt!; **en avant ~!** vorwärts Marsch!

marche² [maʀʃ] *f* (*degré*) Stufe *f;* [*véhicule*] Trittbrett *nt;* ***qn descend/ monte les ~s quatre à quatre*** jd nimmt vier Stufen auf einmal

marche³ [maʀʃ] *f* HIST (*province frontière*) Mark *f*

marché [maʀʃe] *m* **1.** (*lieu de vente*) Markt *m;* **~ *couvert*** Markthalle[n *pl*] *f;* ***le jour du ~*** der Markttag; ***la place du ~*** der Marktplatz; ■ **~ à** -markt

2. (*opérations financières*) Markt *m;* ***le ~ des capitaux*** der Finanzmarkt

3. (*contrat*) Vertrag *m;* ***je te propose un ~*** ich schlage dir ein Geschäft [*o* einen Handel] vor; ***qn passe*** [*o* ***conclut***] **un ~ avec qn/ qc** jd schließt einen Vertrag [*o* ein Geschäft] mit jdm/etw ab

4. (*débouché économique*) Markt *m;* ***qn/ qc pénètre des nouveaux ~s*** jd/etw erschließt neue Märkte

5. (*l'offre et la demande*) ■ **~ de** -markt *m;* ***le ~ du travail/ de l'emploi*** der Arbeitsmarkt; ***le ~ des changes/ devises*** der Devisenmarkt; ***le ~ pétrolier/ du pétrole*** der Erdölmarkt; ***l'économie de ~*** die Marktwirtschaft

6. (*pays, région*) Markt *m;* ***le ~ mondial*** der Weltmarkt

► **bon ~** *adj inv* billig, preiswert, preisgünstig; **à bon ~** günstig, billig; **M~ commun** Europäische Gemeinschaft, Gemeinsamer Markt; **~ conclu!** [die Sache ist] abgemacht!; **~ financier** Kapitalmarkt *m;* **~ libre** freier Markt; **meilleur ~** *adj inv* billiger, günstiger, preiswerter; **~ monétaire** Geldmarkt *m;* **~ noir** Schwarzmarkt *m;* **~ unique** Europäischer Binnenmarkt; **qn a emporté le ~** jd hat den Auftrag [*o* Zuschlag] bekommen; **qn emportera le ~** jd macht das Geschäft, jd bekommt den Auftrag; **qn fait les ~s** (*comme vendeur*) jd verkauft auf dem Markt; (*comme acheteur*) jd geht auf dem Markt einkaufen; **qn fait son ~** jd geht auf den Markt; **des personnes font un ~** Menschen machen ein Geschäft [*o* schließen ein Geschäft ab]; ***le ~ que nous avons fait ensemble*** die Abmachung [*o* Vereinbarung], die wir [miteinander] getroffen haben; **qn lance qc sur le ~** jd bringt [*o* wirft] etw auf den Markt; **qn va au ~** jd geht auf den Markt; **par-dessus le ~** obendrein, zu allem Überfluss; **sur le ~** auf dem Markt

◆ **marché à terme** Termingeschäft *nt;* **marché aux puces** Flohmarkt *m;* **marché de dupes** schlechter Tausch; ***qn fait un ~ de dupes*** jd macht einen schlechten Tausch

marchéage [maʀʃeaʒ] *m* Marketing-Mix *m*

marchepied [maʀʃəpje] *m* **1.** (*marche*) Trittbrett *nt*

2. (*escabeau*) Tritt *m*

► **qn se fait de qn/qc un ~** jd benutzt jdn als Steigbügelhalter/etw als Sprungbrett; **qn/qc sert de ~ à qn** jd dient jdm als Steigbügelhalter/etw dient jdm als Sprungbrett

marcher <1> [maʀʃe] *vi* **1.** (*se déplacer*) ■ **qn marche** jd geht; ***l'enfant commence à ~*** das Kind fängt an zu laufen; ***qn a du mal à ~*** jd kann sich nur mit Mühe fortbewegen; ■ **qn marche sur qc** jd läuft auf etw (*dat*); *sur le sable, la route a.* jd geht auf etw (*dat*); ■ **qn marche avec qc** jd geht mit etw [*o* an etw (*dat*)]; ■ **qn fait ~ qn** jd verschafft jdm Bewegung; (*aide à marcher*) jd hilft jdm [*o* hält jdn] beim Gehen; (*apprend à marcher*) jd bringt jdm das Laufen bei

2. (*poser le pied*) ■ **qn marche sur/dans qc** jd tritt auf/in etw (*akk*); (*ne pas respecter*) jd tritt etw mit Füßen; ***défense de ~ sur les pelouses!*** Rasen betreten verboten!; ***les gens se marchaient sur les pieds*** die Leute traten sich gegenseitig auf den Füßen herum

3. (*avancer*) ■ **qn/qc marche à qc** jd/etw geht einer S. (*dat*) entgegen; *au combat* jd/etw zieht in etw (*akk*); ***qn marche à la rencontre de qn*** jd geht jdm entgegen; (*vu de la personne approchée*) jd kommt jdm entgegen; ■ **qn marche sur** [*o* **vers**] **qn/qc** jd geht auf jdn/etw zu; (*vu de la personne approchée*) jd kommt auf jdn/etw zu; MIL jd marschiert auf jdn/etw zu

4. (*fonctionner*) ■ **qc marche** etw läuft; /*montre a.*/ etw geht; /*télé, radio a.*/ etw ist an; /*organe*/ etw arbeitet, etw funktioniert; ■ **qc marche à qc** etw wird mit etw betrieben, etw läuft mit etw; ■ **qn fait ~ qc** jd bringt etw zum Laufen; *machine, appareil* jd schaltet etw ein, jd stellt etw an; *radio, télé a.* jd schaltet etw an; *voiture, moteur* jd lässt etw an; ***qn sait faire ~ qc*** jd weiß, wie etw funktioniert [*o* wie man etw bedient]; ***qn fait ~ qn*** jd treibt jdn an

5. (*réussir*) ■ **qc marche** */affaire, film/* etw läuft; */études/* etw geht voran; */procédé/* etw funktioniert; */ruse/* etw funktioniert, etw klappt *fam;* ***rien ne marche aujourd'hui*** heute geht [*o* läuft] alles schief; ■ **qn marche** *fam* jd blickt durch *fam,* jd hat den Durchblick *fam;* ***qn ne marche pas fort*** jd ist nicht gut drauf *fam;* (*en classe*) jd hat nicht viel drauf *fam;* ***qn marche du tonnerre de Dieu*** jd blickt voll durch *fam*

6. *fam* (*croire naïvement*) ■ **qn marche** jd glaubt [*o* frisst *fam*] alles, jd fällt auf alles rein *fam;* ■ **qn marche dans qc** jd fällt auf etw (*akk*) rein *fam;* ***je ne marche pas dans la combine!*** das zieht bei mir nicht! *fam;* ■ **qn fait ~ qn** jd nimmt jdn auf den Arm *fam;* ***tu me fais ~*** du willst mich wohl auf den Arm nehmen *fam*

7. *fam* (*être d'accord*) ■ **qn marche** [**avec qn**] jd zieht mit *fam;* ***je ne marche pas!*** da mache ich nicht mit!; ■ **qn marche pour qc** jd ist für etw

8. (*être en activité*) ■ **qc marche** */métro/* etw fährt

▸ **qn marche droit** jd benimmt sich, jd reißt sich am Riemen *fam;* **qn marche à reculons** jd geht rückwärts; ***j'ai l'impression que nous marchons à reculons*** ich habe den Eindruck, dass wir Rückschritte machen; **marche ou crève!** friss oder stirb!; **ça marche!** (*est possible*) das geht!; *fam* (*d'accord!*) o.k., [ist] gebongt! *fam;* (*c'est parti!*) geht in Ordnung!

marcheur, -euse [maʀʃœʀ, -øz] *m, f* Läufer(in) *m(f);* SPORT Geher(in) *m(f);* POL Demonstrant(in) *m(f),* Teilnehmer(in) *m(f)* eines Marsches; ■ **~ de** -marschierer(in) *m(f)*

marcottage [maʀkɔtaʒ] *m* Absenken *nt*

marcotte [maʀkɔt] *f* Absenker *m*

marcotter <1> [maʀkɔte] *vt* ■ **qn marcotte qc** jd senkt etw ab

mardi [maʀdi] *m* Dienstag *m;* ***le ~ matin*** am Dienstagmorgen, dienstagmorgens; ~ ***matin*** [am] Dienstagmorgen; ~ ***dans la nuit*** Dienstagnacht; ~ ***prochain/dernier*** nächsten [*o* kommenden]/letzten Dienstag; ***le ~, tous les ~s*** dienstags, jeden Dienstag; ***ce ~*** diesen Dienstag; ***nous sommes ~ [18 juin]*** heute ist Dienstag[, der 18. Juni]; ~, ***on part en vacances*** am Dienstag fahren wir in Urlaub

▸ ~ **gras** Fastnachtsdienstag *m,* Karnevalsdienstag *m,* Faschingsdienstag *m;* (*carnaval*) Karneval *m,* Fasching *m; v. a.* **lundi**

mare [maʀ] *f* 1. (*eau stagnante*) Tümpel *m;* (*après la pluie*) Pfütze *f,* Lache *f*

2. (*flaque*) ■ **~ de** -lache *f*

◆ **mare aux canards** Ententeich *m; hum* (*flaque d'eau*) Pfütze *f*

marécage [maʀekaʒ] *m* Sumpf *m*

marécageux, -euse [maʀekaʒø, -ʒøz] *adj* sumpfig; *région a., plante* Sumpf-

maréchal, e <-aux> [maʀeʃal, o] I. *m* Marschall *m*

II. *f* ■ **la Maréchale** Frau Marschall

◆ **maréchal de camp** Feldmarschall *m;* **maréchal de France** Marschall *m* von Frankreich; **maréchal des logis** Unteroffizier *m;* **maréchal des logis-chef** Stabsunteroffizier *m*

maréchal-ferrant <~aux-~s> [maʀeʃalfeʀɑ̃] *m* Hufschmied *m*

maréchaussée [maʀeʃose] *f hum* Gesetzeshüter *pl;* HIST Gendarmerie *f*

marée [maʀe] *f* 1. (*mouvements de la mer*) Ebbe *f* und Flut *f,* Tide *f,* Gezeiten *pl;* ***le calendrier des ~s*** der Gezeitenkalender

2. POL Erdrutsch *m;* ***la ~ néo-nazie/rose*** erdrutschartige Vermehrung [der Anhänger] der Neonazis/der Sozialisten; ■ **~ de qc** *du chômage, de la mortalité* rasanter Anstieg einer S. (*gen*); *de bonheur* Welle *f* von etw, Woge *f* von etw; ***la ~ montante du chômage*** der rasante Anstieg der Arbeitslosigkeit; ■ **~ de personnes/choses/d'animaux** Flut *f* von Menschen/Dingen/Invasion *f* von Tieren, Schwarm *m* von Tieren

3. COM (*poissons et fruits de mer*) Fische und Meeresfrüchte *pl;* ***la ~ [fraîche]*** [fang]frische Fische und Meeresfrüchte

▸ ~ **basse/haute** Ebbe *f*/Flut *f,* Niedrig-/Hochwasser *nt;* **à ~ basse/haute** bei Ebbe [*o* Niedrigwasser]/Flut [*o* Hochwasser]; ~ **descendante/montante** Ebbe *f*/Flut *f,* ablaufendes/auflaufendes Wasser; **grande** ~ Springflut *f;* ~ **humaine** Menschenflut *f;* ~ **noire** Ölpest *f*

◆ **marée d'équinoxe** *Springtide zur Zeit der Tagundnachtgleichen*

marelle [maʀɛl] *f* Himmel und Hölle

marémoteur, -trice [maʀemɔtœʀ, -tʀis] *adj* Gezeiten-; ***usine ~trice*** Gezeitenkraftwerk *nt*

marengo [maʀɛ̃go] *adj inv:* ***veau/poulet [à la] M~*** Kalbs-/Hähnchenragout *nt* à la Marengo

mareyeur, -euse [maʀɛjœʀ, -jøz] *m, f* [See]fischgroßhändler(in) *m(f)*

margarine [maʀgaʀin] *f* Margarine *f*

marge [maʀʒ] *f* 1. (*espace blanc*) Rand *m;* ***dans la ~*** am Rand; *écrire, noter, dessiner* auf den Rand

2. (*espace*) Spielraum *m;* (*délai a.*) Frist *f;* ■ **~ de** -spielraum; *de fluctuation a.* -spanne *f;* ~ ***de tolérance/d'erreur*** Toleranz[bereich *m*] *f*/zulässige Abweichung [*o* Fehlerspielraum]; ~ ***de réflexion*** Bedenkzeit *f;* ~ ***bénéficiaire*** Gewinnspanne; ~ ***de sécurité*** Sicherheitsabstand *m;* (*temporelle*) Spielraum, Sicherheitsspanne; (*financière*) Spielraum, Pufferzone *f;* ***la ~ de liberté*** der Freiraum

3. COM (*bénéfice*) Gewinn[spanne *f*] *m*

▸ ~ **bénéficiaire** Gewinnspanne *f;* **qn a de la ~** (*a largement le temps*) jd hat noch [genug] Zeit; (*l'argent*) jd hat [stille] Reserven; **qn vit en ~** jd lebt am Rande der Gesellschaft; **en ~ de qc** am Rande einer S. (*gen*); *de l'actualité* weitab von etw

margelle [maʀʒɛl] *f* Rand *m*

margeur [maʀʒœʀ] *m* (*dispositif*) Randsteller *m*

marginal, e <-aux> [maʀʒinal, o] I. *adj* 1. (*accessoire*) marginal; *phénomène a.* Rand-; *occupation, travail, rôle* Neben-

2. (*en marge de la société*) asozial; *existence* am Rande der Gesellschaft; *groupe* Rand-; ***personne ~*** Außenseiter(in) *m(f);* (*asocial*) Asoziale(r) *f(m);* (*qui s'est retiré de la société*) Aussteiger(in) *m(f)*

3. (*peu orthodoxe*) außerhalb der gesellschaftlichen Norm; *existence, groupe a.* Aussteiger-

4. (*non conformiste*): ***personne ~e*** Außenseiter(in) *m(f)*

5. (*consigné en marge*) Rand-; ***note/remarque ~e*** Randnotiz *f*/-bemerkung *f,* Marginalie *f*

6. ECON Grenz-

II. *m, f* 1. (*asocial*) Asoziale(r) *f(m);* (*en marge de la société*) Außenseiter(in) *m(f);* (*qui s'est retiré de la société*) Aussteiger(in) *m(f);* ***les ~aux d'une société*** die Randgruppen einer Gesellschaft; ***il finira ~*** er wird noch in der Gosse enden

2. (*non conformiste*) Außenseiter(in) *m(f)*

3. POL Autonome(r) *f(m)*

marginalisation [maʀʒinalizasjɔ̃] *f* Ausgrenzung *f,* Marginalisierung *f spec*

marginaliser <1> [maʀʒinalize] I. *vt* ■ **qn/qc marginalise qc** jd/etw drängt etw in den Hintergrund; ■ **qn/qc marginalise qn** *groupe social* jd/etw grenzt jdn aus, jd/etw marginalisiert jdn *spec; homme politique, parti politique* jd/etw drängt jdn ins Abseits

II. *vpr* ■ **qn se marginalise [de qc]** jd grenzt sich [aus etw] aus, jd grenzt sich [von etw] ab

marginalité [maʀʒinalite] *f* Außenseitertum *nt,* Marginalität *f spec*

marguerite [maʀgəʀit] *f* 1. BOT Margerite *f*

2. INFORM, TYP Typenrad *nt*

▸ **qn effeuille la ~** jd zählt aus: er/sie liebt mich, er/sie liebt mich nicht

mari [maʀi] *m* [Ehe]mann *m*

mariage [maʀjaʒ] *m* 1. (*institution*) Ehe *f;* (*épousailles*) Heirat *f;* ***qn parle de ~*** jd spricht von Heirat [*o* vom Heiraten]; ■ **~ de** -ehe/-heirat; ~ ***de convenance*** standesgemäße Ehe/Heirat [*o* Standesheirat]; ~ ***d'intérêt*** Vernunftehe/-heirat; ***qn fait un ~ d'intérêt*** jd heiratet aus Vernunftgründen

2. (*cérémonie*) Hochzeit *f;* [***cérémonie de***] ~ Trauung *f*

3. (*vie conjugale*) Ehe *f;* ***voilà dix ans que leur ~ dure*** sie sind jetzt zehn Jahre verheiratet; ***des personnes fêtent leurs 25 ans de ~*** Menschen feiern ihre silberne Hochzeit

4. (*accord*) Vereinigung *f;* (*combinaison a.*) Zusammenstellung *f,* Kombination *f;* ■ **~ de** Zusammenstellung [*o* Kombination] von, -zusammenstellung, -kombination; ***le ~ de ces couleurs*** die Kombination [*o* Zusammenstellung] dieser Farben, diese Farbkombination, diese Farbzusammenstellung

▸ **qn fait un beau [*o* riche] ~** jd macht eine gute Partie; ~ **blanc** Scheinehe *f;* ~ **civil/religieux** standesamtliche/kirchliche Trauung; **qn demande qn en ~** jd hält um jds Hand an; **qn donne qn en ~ à qn** jd verheiratet jdn mit jdm; **qn fait un ~** jd nimmt eine Trauung vor; **qn parle ~ à qn** jd spricht jdm gegenüber von Heirat [*o* vom Heiraten]; **qn promet qn en ~** jd verspricht jdm jds Hand

◆ **mariage à l'essai** Ehe *f* auf Probe, Probeehe *f;* **mariage en blanc** Hochzeit *f* in Weiß

Marianne [maʀjan] *f* POL [die französische] Marianne

marié, e [maʀje] I. *adj* ■ **[qn est] ~** [jd ist] verheiratet

II. *m, f* (*personne*) Bräutigam/Braut *m/f;* ***les ~s*** das Brautpaar

▸ **jeune ~** frisch gebackener Ehemann; (*le jour de la cérémonie*) Bräutigam *m;* **jeune ~e** frisch gebackene Ehefrau; (*le jour de la cérémonie*) Braut *f;* **jeunes ~s** junge Eheleute, junges Paar; (*le jour de la cérémonie*) frisch vermähltes Paar, Brautpaar *nt*

marie-couche-toi-là [maʀikuʃtwala] *f inv vieilli* Flittchen *nt fam*

marier <1 a> [maʀje] I. *vt* 1. (*procéder au mariage de*) ■ **qn marie qn** jd traut jdn

2. (*donner en mariage*) ■ **qn marie qn à [*o* avec] qn** jd verheiratet jdn mit jdm

3. CAN, BELG, NORD (*épouser*) ■ **qn marie qn** jd heiratet jdn

4. (*combiner*) ■ **qn marie des choses** jd verbindet [*o* kombiniert] Dinge [miteinander]; *couleurs, goûts, parfums* jd stimmt Dinge [harmonisch] aufeinander ab; ■ **qc marie des choses** in etw (*dat*) verbinden sich Dinge harmonisch miteinander

▸ **à ~** unverheiratet, noch nicht verheiratet; ***qn est bon(ne) à ~*** jd ist eine gute Partie; (*en âge de se marier*) jd ist im heiratsfähigen Alter; **je ne suis pas marié(e) avec lui/elle** *fam* ich bin [schließlich] nicht mit ihm/ihr verheiratet, wir sind schließlich nicht verheiratet

II. *vpr* 1. (*contracter mariage*) ■ **des personnes se marient** Menschen heiraten; ■ **qn se marie [avec qn]** jd heiratet [jdn]

2. (*s'harmoniser*) ■ **des choses se marient [ensemble]** Dinge harmonieren [zusammen]; ■ **qc se marie à [*o* avec] qc** etw harmoniert mit etw

marihuana *f,* **marijuana** [maʀiʀwana] *f* Marihuana *nt*

marin, e [maʀɛ̃, in] I. *adj* 1. (*relatif à la mer*) Meeres-; *faune, flore, plante a.* Unterwasser-; *air, carte, mille, monstre* See-; *sel* Meer-; *nœud* Seemanns-; ***un écosystème ~*** ein Meeresbiotop *nt*

2. (*relatif au marin*) *col, costume* Matrosen-

II. *m* 1. (*navigateur*) Seefahrer *m;* ***un peuple de ~s*** ein Seefahrervolk *nt*

2. (*matelot*) Seemann *m,* Matrose/Matrosin *m/f*

◆ **marin d'eau douce** Süßwassermatrose/-matrosin *m/f;* **marin pêcheur** [Berufs]fischer(in) *m(f)*

marina [maʀina] *f* Marina *f*

marinade [maʀinad] *f* Marinade *f;* ***une ~ de saumon*** marinierter Lachs

marine [maʀin] I. *f* 1. Marine *f;* ***l'infanterie de ~*** die Marineinfanterie; ■ **la ~** die Marine; ■ **~ de** -marine; *de commerce a., pêche* -flotte *f;* ~ ***de plaisance*** Vergnügungsschifffahrt *f*

2. ART Seestück *nt*

▸ ~ **marchande** Handelsmarine *f;* ~ **militaire** Kriegsmarine *f;* **M~ nationale** Marine *f*

II. *m* MIL (*soldat*) Marineinfanterist(in) *m(f)* (*der englischen o. amerikani-*

schen Marine); ■ **les M~s** die Marinetruppen [der US-Marine]
III. *app gén inv* dunkelblau, marineblau

mariner <1> [maʀine] I. *vt* GASTR ■ **qn marine qc** [**dans qc**] jd mariniert etw [in etw (*dat*)], jd legt etw [in etw (*dat*)] ein; ■ [**qc est**] **mariné(e)** [etw ist/wird] mariniert
II. *vi* 1. GASTR ■ **qc marine** etw zieht in [der] Marinade
2. *fam* ■ **qn marine** (*être mouillé*) jd dünstet vor sich (*akk*) hin *fam*; (*transpirer a.*) jd schmort vor sich (*akk*) hin *fam*; ■ **qn marine** [**quelque part**] (*attendre*) jd schmort irgendwo *fam*; ***j'ai mariné pendant une heure*** ich habe eine Stunde lang vor mich hingeschmort *fam*; ***je ne marinerai pas ici*** hier werde ich nicht alt *fam*

marinier, -ière [maʀinje, -jɛʀ] *m, f* Flussschiffer(in) *m(f)*, Binnenschiffer(in) *m(f)*

marinière [maʀinjɛʀ] I. *f* (*vêtement*) Matrosenbluse *f*
II. *app inv* GASTR ■ **[à la]** ~ Seemannsart (*in Weißwein und Zwiebeln zubereitet*)

mariolle [maʀjɔl] I. *adj fam* 1. (*fanfaron*) ■ [**qn est**] ~ [jd ist] großspurig; ***il était beaucoup moins ~ quand ...*** er wurde kleinlaut, als ...
2. (*malin*) ■ [**qn est**] ~ [jd ist] vorwitzig
II. *mf fam* Witzbold *m fam*, Spaßvogel *m*
▸ **qn fait le** ~ jd spielt sich auf

marionnette [maʀjɔnɛt] *f* 1. (*figurine*) Marionette *f*
2. (*pantin*) Marionette *f*, Hampelmann *m pej*

marionnettiste [maʀjɔnetist] *mf* Puppenspieler(in) *m(f)*

marital, e <-aux> [maʀital, o] *adj* JUR *autorisation* des Ehemanns; *autorité, pouvoir a.* ehemännlich

maritalement [maʀitalmɑ̃] *adv* in einer [eheähnlichen] Lebensgemeinschaft; ***des personnes vivent ~*** Menschen leben [in einer eheähnlichen Lebensgemeinschaft] zusammen

maritime [maʀitim] *adj* 1. (*du bord de mer*) maritim; *climat a.* See-; *plante* Strand-; *province, région, ville* Küsten-; ■ **qc est** ~ /*climat*/ etw ist maritim; /*province, région, ville*/ etw liegt an der Küste [*o* am Meer]
2. (*qui se fait sur mer*) *commerce, navigation* See-; *trafic* Schiffs-; *transport* zur See, zu Wasser
3. (*naval*) *compagnie* Schiffahrts-; *arsenal* Marine-; *puissance, autorité, droit, port* See-; ***gare ~*** Seehafen *m*

marivaudage [maʀivodaʒ] *m littér* Getändel *nt liter*

marjolaine [maʀʒɔlɛn] *f* Majoran *m*

mark [maʀk] *m* Mark *f*
▸ **deutsche M~** deutsche Mark

marketing [maʀkɛtiŋ] *m* Marketing *nt*
▸ ~ **téléphonique** Telefonmarketing *nt*

marlou [maʀlu] *m pop* Lude *m sl*, Loddel *m sl*

marmaille [maʀmɑj] *f fam* Rasselbande *f fam*

marmelade [maʀmәlad] *f* Kompott *nt*; [*oranges*] Marmelade *f*; ■ ~ **de** -kompott; *d'oranges* -marmelade
▸ **en** ~ verkocht; ***qc est en ~*** etw ist völlig verkocht [*o* nur noch Brei]; ***qn a le nez en ~*** jds Nase ist nur noch Brei *fam*

marmite [maʀmit] *f* [Koch]topf *m*
▸ ~ **autoclave** Dampfkochtopf *m*, Schnellkochtopf *m*; ~ **norvégienne** Kochkiste *f*; **qn fait bouillir la** ~ jd sorgt für den Lebensunterhalt

marmiton [maʀmitɔ̃] *m* Küchenjunge *m*

marmonnement [maʀmɔnmɑ̃] *m* Gemurmel *nt*

marmonner <1> [maʀmɔne] I. *vt* ■ **qn marmonne qc** jd murmelt etw; ***qn marmonne des injures*** jd grummelt Beschimpfungen vor sich (*akk*) hin *fam*
II. *vi* ■ **qn marmonne** jd nuschelt, jd murmelt vor sich (*akk*) hin

marmoréen, ne [maʀmɔʀeɛ̃, ɛn] *adj* 1. GEOL Marmor-
2. *littér pâleur, froideur* marmorn; *impassibilité, rigidité, immobilité* steinern; ***avec une impassibilité ~ne*** wie versteinert; ***un visage d'une froideur ~ne*** ein Gesicht *nt*, so hart und kalt wie Marmor [*o* Stein]

marmot [maʀmo] *m* 1. *fam* (*petit garçon*) Knirps *m fam*, Pimpf *m fam*
2. *pl* (*petits enfants*) Kinder[schar *f*] *pl*, Knirpse *pl*

marmotte [maʀmɔt] *f* Murmeltier *nt*
▸ **qn dort comme une** ~ jd schläft wie ein Murmeltier

marmotter <1> [maʀmɔte] I. *vt* ■ **qn marmotte qc** jd murmelt etw; ***qn marmotte qc entre ses dents*** jd murmelt etw in seinen Bart *fam*
II. *vi* ■ **qn marmotte** jd brabbelt vor sich (*akk*) hin *fam*

Marne [maʀn] *f* ■ **la Marne** die Marne

marne [maʀn] *f* Mergel *m*

marner <1> [maʀne] I. *vt* AGR ■ **qn marne qc** jd düngt etw mit Mergel, jd mergelt etw
II. *vi vieilli pop* (*trimer*) ■ **qn marne** jd schuftet *fam*

marneux, -euse [maʀnø, -øz] *adj* mergelig; ***sol ~*** Mergelboden *m*

Maroc [maʀɔk] *m* ■ **le Maroc** Marokko *nt*

marocain, e [maʀɔkɛ̃, ɛn] I. *adj* marokkanisch
II. *m, f* ■ **Marocain(e)** Marokkaner(in) *m(f)*

maronite [maʀɔnit] I. *adj* maronitisch
II. *mf* Maronit(in) *m(f)*

maronner <1> [maʀɔne] *vi fam* ■ **qn maronne** jd mault [rum] *fam*, jd meckert [rum] *fam*; ■ **qn/qc fait ~ qn** jd/etw ärgert jdn [*o* etw wurmt jdn *fam*]; ***ça me fait vraiment ~ de voir que*** es fuchst [*o* wurmt] mich wirklich, dass *fam*

maroquin [maʀɔkɛ̃] *m* 1. (*cuir*) Saffian[leder *nt*] *nt* (*cuir grené*) Maroquin *nt o m*
2. (*portefeuille ministériel*) Ministersessel *m*

maroquinerie [maʀɔkinʀi] *f* 1. (*boutique*) Leder[waren]geschäft *nt*; ***un article/des articles de ~*** ein Lederartikel *m*/Lederwaren *pl*
2. (*fabrication*) Lederwarenindustrie *f*; (*commerce*) Lederwarenhandel *m*
3. (*articles en maroquin*) Lederwaren *pl*

maroquinier, -ière [maʀɔkinje, -jɛʀ] *m, f* 1. (*commerçant*) Lederwarenhändler(in) *m(f)*
2. (*fabricant*) Lederwarenhersteller(in) *m(f)*

marotte [maʀɔt] *f* Marotte *f*; ***à chacun sa ~!*** jeder hat [so] seine Marotten!
▸ **qn a la ~ de** [**faire**] **qc** jd hat den Fimmel, etw zu tun; ***le nettoyage est une vraie ~ chez elle*** sie hat einen richtigen Putzfimmel *fam*; ***elle a la ~ du tricot*** sie hat einen richtigen Strickfimmel *fam*

marquage [maʀkaʒ] *m* 1. (*identification*) Kennzeichnung *f*; [*arbre a.*] Markierung *f*
2. (*signalisation*) Markierung *f*; ***attention! Chaussée en cours de ~*** Achtung! Markierungsarbeiten!
3. SPORT (*surveillance*) Decken *nt*

marquant, e [maʀkɑ̃, ɑ̃t] *adj* 1. (*important*) *signe* bedeutsam; *fait, événement a.* einschneidend; *personnage, œuvre* bemerkenswert, bedeutend; *souvenir* prägend; ***je n'y ai rien vu de très ~*** ich habe dort nichts Aufregendes gesehen
2. (*grave*) *fait, événement* gravierend

marque [maʀk] *f* 1. (*trace*) [*doigt*] Abdruck *m*; [*fatigue, accident*] Spur *f*; (*tache*) Fleck *m*, Mal *nt*; (*lacération*) Striemen *m*; ***~ d'un pas*** [Fuß]spur; ***j'ai encore la ~ là où je me suis cogné*** man sieht noch, wo ich mich gestoßen habe; ***les ~s de la variole*** Pockennarben *pl*; ***la ~ du fer rouge*** das Brandmal; [*animal*] das Brandzeichen
2. (*repère*) Zeichen *nt*; SPORT Start *m*
3. (*témoignage*) ■ ~ **de** -beweis *m*; *de sympathie a., de respect, d'estime* -bezeugung *f*; *d'honneur* -zeichen *nt*; ***une ~ de bonne volonté*** ein Beweis [des] guten Willens
4. (*estampille*) [*argent*] [Feingehalts]stempel *m*, Repunze *f spec*; [*meuble*] Kennzeichen *nt*; [*œuf, viande*] Stempel *m*; [*animal*] Kennzeichen; (*au fer rouge*) Brandzeichen; *fig* [*artiste*] Handschrift *f*; [*génie a., bon sens, talent*] Zeugnis *nt*
5. COM Marke *f*
6. (*insigne*) ■ ~ **de** -abzeichen *nt*; ■ ~ **de qn** jds Abzeichen
7. SPORT (*score*) [Punkte]stand *m*; ***la ~ était de 2 à 1*** es stand 2:1; ***une équipe mène à/ouvre la ~*** eine Mannschaft liegt in Führung/macht den ersten Punkt
8. GRAM Merkmal *nt*; ***la ~ du pluriel*** das Pluralzeichen, das Pluralmerkmal
▸ ~ **déposée** [eingetragenes] Warenzeichen; **qc porte la ~ de qn/qc** etw trägt jds Stempel/zeugt von etw; *d'un artiste a.* etw trägt jds Handschrift; **qn prend ses ~s** SPORT (*se prépare*) jd trifft seine Startvorbereitungen; /*coureur*/ jd geht an den Start; *fig* jd trifft seine Vorbereitungen; **qn trouve ses ~s** jd findet sich zurecht; **à vos ~s!** auf die Plätze!; **de** ~ *produit* Marken-; *personnage* hohe(r, s); ***un visiteur/une visiteuse de ~*** hoher Besuch
◆ **marque de fabrique** Warenzeichen *nt*

marqué, e [maʀke] *adj* 1. (*net*) *curiosité* ausgeprägt; *prédisposition, préférence a.* deutlich, ausgesprochen; *traits de visage a.* markant; *différence, distinction, changement, trait* deutlich; ***la différence de taille n'est pas très ~e*** der Größenunterschied fällt kaum auf
2. (*engagé*) ■ [**qn est**] ~ POL [jd ist] engagiert; [***qn est***] ***~ à droite/à gauche*** [jd ist] rechts-/links[gerichtet], [jd ist] rechts-/linksorientiert
3. (*traumatisé*) ■ [**qn est**] ~ [jd ist] vorbelastet; ■ **qc est ~ par qc** etw ist von etw gezeichnet

marquer <1> [maʀke] I. *vt* 1. (*indiquer*) ■ **qn/un animal marque qc** [**de/avec qc**] jd/ein Tier markiert etw [mit etw]; *place* jd besetzt etw [mit etw]; ■ **qc marque qc** *heure, degré* etw zeigt etw an; *limite* etw markiert etw; ***la pointeuse marque le moment précis de qc*** die Stechuhr stempelt die genaue Zeit einer S. (*gen*); ■ **qc marque que** + *indic* etw zeigt, dass; ***qc marque que le printemps est proche*** etw kündigt an, dass der Frühling naht; ■ **qc est marqué(e) par qc** etw ist mit etw [*o* durch etw] markiert
2. (*distinguer par un signe*) ■ **qn marque qn/un animal/qc** [**à** [*o* **par**] **qc**] jd kennzeichnet [*o* markiert] jdn/ein Tier/etw [mit etw]; ***qn marque qn/un animal au fer rouge*** jd brandmarkt jdn/versieht ein Tier mit einem Brandzeichen
3. (*laisser une trace sur*) ■ **qc marque qc** etw hinterlässt Spuren auf etw (*dat*); ***la fatigue a marqué son visage*** sein/ihr Gesicht ist von Müdigkeit gezeichnet; ■ **qn/qc marque qn/qc** jd/etw prägt jdn/etw; ***qn/qc marque son époque*** jd/etw prägt das Gesicht seiner Zeit; ***qn marque qn/qc de son empreinte*** jd prägt jdn/etw; ***le froid marque sa peau*** [***de marbrures***] er/sie ist blau vor Kälte [*o* blau gefroren]; ■ [**qn/qc est**] **marqué(e)** [**par qc**] [jd/etw ist] [durch etw] gezeichnet; ***elle a le visage marqué*** ihr Gesicht ist gezeichnet; (*par les intempéries*) ihr Gesicht ist von Wind und Wetter gegerbt
4. (*souligner*) ■ **qn marque qc** [**par qc**] *cadence, rythme* jd schlägt etw [mit etw]; *paroles* jd unterstreicht etw [mit etw]; *événement* jd begeht etw feierlich [mit etw]; ***les spectateurs marquent la cadence en frappant dans leurs mains*** die Zuschauer klatschen im Takt mit; ■ **qc marque qc** [**par qc**] *poitrine, taille* etw betont etw [durch etw]; /*livre*/ etw unterstreicht etw; ***pour ~ cet événement*** zur Feier des Tages; ■ [**qc est**] **marqué(e)** *poitrine, taille* [etw ist/wird] betont; /*trait*/ etw ist markant
5. (*représenter*) ■ **qc marque qc** *fin, étape, progrès* etw signalisiert etw; ***cet événement marque une date importante dans l'histoire de ce pays*** dieses Ereignis ist ein Meilenstein in der Geschichte des Landes
6. (*respecter*) ■ **qn marque qc** *stop, feu rouge* jd beachtet etw; ***qn ne marque pas le feu rouge*** jd übersieht die rote Ampel; ***qn marque un temps d'arrêt*** jd hält kurz an; (*dans un mouvement*) jd hält inne; ■ **qc est marqué(e) par qc** etw ist durch etw gezeichnet
7. (*inscrire*) ■ **qn marque qc** [**quelque part**] jd notiert etw [irgendwo], jd schreibt [sich (*dat*)] etw [irgendwohin] auf; ■ **qn marque qc à qc** jd markiert [*o* kennzeichnet] etw mit etw; ***qn marque qc d'un trait/d'une croix*** jd

streicht/kreuzt etw an; ■ **qn marque que** + *indic* jd gibt an [*o* vermerkt], dass; ■ **[qc est] marqué(e)** [etw ist [*o* steht]] geschrieben; ***le prix marqué*** der angegebene Preis; ■ **qn marque qn ...** jd vermerkt [*o* notiert] jdn als ...; ***je le marque présent*** ich vermerke [*o* notiere] ihn als anwesend; ■ **qn est marqué(e) ...** jd wird als ... vermerkt [*o* notiert]; ***il a été marqué absent*** er wurde als abwesend vermerkt [*o* notiert]
8. (*exprimer*) ■ **qc marque qc** etw zeugt von etw, etw lässt etw erkennen; ■ **qn marque qc [à qn]** jd verleiht [jdm gegenüber] einer S. (*dat*) Ausdruck; *surprise, indépendance a., intérêt, rancune, refus, désaccord* jd zeigt [jdm] etw, jd gibt [jdm] etw zu verstehen; *fidélité* jd beweist [jdm] etw; ■ **qn marque que** + *indic* jd gibt zu verstehen, dass
9. SPORT ■ **qn marque qc** *essai, but* jd schießt [*o* markiert *spec*] etw; *point* jd macht [*o* erzielt] etw
10. SPORT (*surveiller de près*): ***qn marque qn*** jd deckt [*o* markiert *spec*] jdn
II. *vi* **1.** (*jouer un rôle important*) ■ **qn/qc marque [dans qc]** jd/etw hinterlässt einen bleibenden Eindruck [in etw (*dat*)]; ***rien qui marque*** nichts von Bedeutung; ***un fait qui marquera dans l'histoire*** ein Meilenstein in der Geschichte; ***des choses qui marquent dans la vie de qn*** Dinge, die jds Leben prägen
2. (*laisser une trace*) ■ **qc marque** /*bouteille*/ etw macht Flecken; /*tampon*/ etw stempelt; /*crayon*/ etw schreibt
▶ **qn/qc marque mal** *fam* jd/etw macht sich nicht gut *fam*

marqueté, e [maʀkəte] *adj* ■ **[qc est]** ~ **[de qc]** [etw ist] mit Intarsien [aus etw] verziert; ***les parquets ~s*** das Intarsienparkett

marqueterie [maʀkɛtʀi] *f* ART Einlegearbeit *f*, Intarsie *f*

marqueur, -euse [maʀkœʀ, -øz] **I.** *m, f* SPORT Torjäger(in) *m(f)*; (*au basket*) Korbjäger(in) *m(f)*
II. *m* **1.** (*crayon*) Textmarker *m*; (*fluorescent*) Leuchtstift *m*
2. (*appareil*) Stanzapparat *m*
3. INFORM Tag [tæk] *m*

marquis, e [maʀki, iz] *m, f* Marquis/e *m/f*

marquise [maʀkiz] *f* (*auvent*) Markise *f*

marraine [maʀɛn] *f* **1.** [*enfant*] Patentante *f*, Patin *f*, God[e]l *f* AUS; ***la ~ de baptême*** die Taufpatin
2. (*à une inauguration*): ***qn est ~ de qc*** jd tauft etw
3. (*protectrice*) Mentorin *f*

marrant, e [maʀɑ̃, ɑ̃t] *adj fam* **1.** (*drôle*) ■ **[qn/qc est]** ~ [jd/etw ist] witzig [*o* ulkig]
2. (*bizarre*) ■ **qn/qc est** ~ jd/etw ist komisch [*o* ulkig]; ***c'est ~, ...*** komisch [*o* ulkig], ...

marre [maʀ] *adv fam* ▶ **qn en a ~ [de qn/qc]** jd hat [von jdm/etw] die Nase [*o* Schnauze *sl*] voll *fam*, jd hat jdn/etw satt *fam*; **qn en a ~ de faire qc** jd hat es satt, etw zu tun; jd hat die Nase [*o* Schnauze *sl*] voll davon, etw zu tun *fam*; **[il] y en a ~** jetzt ist es [aber] genug, jetzt reicht's [aber]; **c'est ~** jetzt reicht's [aber]

marrer <1> [maʀe] **I.** *vpr fam* ■ **qn se marre** jd lacht sich kaputt [*o* halb tot] [*o* tot] *fam*; ***alors là, je me marre!*** dass ich nicht lache!, ich lach mich tot!
II. *vi* ■ **une personne fait ~ qn [avec qc]** ein Mensch bringt jdn [mit etw] zum Lachen; *iron* jd kann über einen Menschen [und etw] nur lachen; ***tu me fais ~ avec tes histoires*** über dich und deine Geschichten kann ich nur lachen

marri, e [maʀi] *adj littér* untröstlich; ***je suis ~ de faire qc*** ich bin untröstlich etw zu tun; ***ne prends pas ce petit air ~!*** setz nicht so eine Leidensmiene auf!

marron [maʀɔ̃] **I.** *m* **1.** (*fruit*) Marone *f*, Esskastanie *f*
2. (*couleur*) Kastanienbraun *nt*, Rotbraun *nt*; [*yeux*] Braun *nt*
3. *fam* (*coup de poing*) Schlag *m*, Hieb *m*; ***je lui ai flanqué un ~*** ich habe ihm/ihr eine runtergehauen *fam* [*o* gescheuert *sl*]
▶ **qn tire les ~s du feu** (*pour le profit d'autrui*) jd holt die Kastanien aus dem Feuer; (*profite d'une situation*) jd sahnt ab *fam*; **chauds les ~s!** heiße Maronen [*o* Maroni]!; **~s glacés** kandierte [*o* glacierte] Maronen; **qn est ~** *pop* jd sieht ganz schön alt aus *sl*; ***tu es ~!*** reingefallen! *fam*
II. *app inv* kastanienbraun, rotbraun; *yeux* braun

marron, ne [maʀɔ̃, ɔn] *adj* **1.** *avocat* Winkel-; *courtier, homme d'affaires* zwielichtig; ***médecin ~*** Kurpfuscher *m*
2. HIST *esclave, nègre* entlaufen

marronnier [d'Inde] [maʀɔnje dɛ̃d] *m* [Ross]kastanie *f*

mars [maʀs] *m* **1.** (*mois*) März *m*; ***au mois de ~, en ~*** im März; ***Toulouse, le 5 ~*** Toulouse, den 5. März; *v. a.* **janvier**
2. MYTH ■ **M~** Mars *m*
3. ASTRON ■ **M~** Mars *m*

marseillais, e [maʀsɛjɛ, jɛz] **I.** *adj* **1.** (*de Marseille*) Marseiller; ***le caractère ~*** der Marseiller Charakter
2. (*qui exagère*) *histoire* übertrieben, hanebüchen; ***qn est [un peu] ~*** jd übertreibt gerne [ein bisschen]
II. *f* ■ **la Marseillaise** die Marseillaise

Marseille [maʀsɛj] Marseille *nt*
▶ **qn est de ~** (*exagère*) jd übertreibt gerne

marsouin [maʀswɛ̃] *m* **1.** ZOOL Tümmler *m*
2. MIL Marineinfanterist(in) *m(f)*

marsupial, e <-aux> [maʀsypjal, jo] **I.** *adj* Beutel-; ***poche ~e/repli ~*** Beutel *m*/Bruttasche *f*
II. *m* Beuteltier *nt*

marteau <x> [maʀto] **I.** *m* **1.** (*outil*) Hammer *m*; [*commissaire-priseur*] Hammer; [*médecin*] [Reflex]hammer; ***le coup de ~*** der Hammerschlag
2. (*heurtoir*) Türklopfer *m*
3. SPORT Hammer *m*; (*discipline*) Hammerwerfen *nt*, Hammerwurf *m*; ***le lancement du ~*** der Hammerwurf, das Hammerwerfen; ***le lanceur de ~*** der Hammerwerfer
4. MUS Hammer *m*
5. [*horloge*] Schlagwerk *nt*
6. ANAT Hammer *m*
▶ **qn est entre le ~ et l'enclume** jd sitzt zwischen den Stühlen; **~ perforateur** Bohrhammer *m*; **~ piqueur** Schlagbohrhammer *m*; **~ pneumatique** Presslufthammer *m*
II. *adj fam* plemplem *fam*; ***ça l'a rendu vraiment ~*** seitdem hat er sie nicht mehr alle *fam*; ***qn est complètement ~*** jd hat 'nen Hammer [*o* 'ne Meise] *fam*

marteau-pilon <~x-~s> [maʀtopilɔ̃] *m* Maschinenhammer *m*

marteau-piolet <~x-~s> [maʀtopjɔlɛ] *m* Eishammer *m*

martel [maʀtɛl] *m* ▶ **qn se met ~ en tête** jd macht sich (*dat*) Gedanken, jd macht sich verrückt

martelage [maʀtəlaʒ] *m* Hämmern *nt*

martèlement [maʀtɛlmɑ̃] *m* **1.** (*coups de marteau*) Hämmern *nt*
2. [*obus, pas*] Dröhnen *nt*; [*touches de machine à écrire*] Hämmern *nt*

marteler <4> [maʀtəle] *vt* **1.** (*façonner au marteau*) ■ **qn martèle qc** jd hämmert etw
2. (*frapper*) ■ **qn martèle qc à qn** jd schlägt auf jds etw (*akk*) ein; ■ **qc martèle qc** etw hämmert auf etw (*akk*) ein; ***ses pas martelaient le sol gelé*** seine/ihre Schritte dröhnten auf dem gefrorenen Boden; ■ **qc martèle qc à qn** etw zermartert jdm etw; ***qc me martèle la cervelle*** etw geht mir nicht aus dem Kopf; ***ce bruit me martèle la tête/les tempes*** dieser Lärm dröhnt mir im Kopf/pocht mir in den Schläfen
3. (*scander*) ■ **qn martèle qc** *vers* jd skandiert etw; *mots a.* jd stößt etw hervor; *notes* jd hämmert etw

martellement [maʀtɛlmɑ̃] *m v.* **martèlement**

martial, e <-aux> [maʀsjal, jo] *adj* **1.** (*décidé*) *air* martialisch *geh*, soldatisch; *allure* zackig, stramm
2. (*de guerre*) *cour* Stand-; ***loi ~e*** Standrecht *nt*; ***arts ~aux*** Kampfsportarten *pl*
3. *littér* (*belliqueux*) kriegerisch, martialisch *geh*

martien, ne [maʀsjɛ̃, jɛn] **I.** *adj* Mars-
II. *m, f* ■ **Martien(ne)** Marsbewohner(in) *m(f)*

martinet¹ [maʀtinɛ] *m* (*fouet*) Klopfpeitsche *f*

martinet² [maʀtinɛ] *m* ORN Mauersegler *m*

martingale [maʀtɛ̃gal] *f* **1.** COUT Riegel *m*; [*imperméable*] Gürtel *m*
2. JEUX System *nt*

Martinique [maʀtinik] *f* ■ **la Martinique** [die Insel] Martinique *nt*

martin-pêcheur <~s-~s> [maʀtɛ̃pɛʃœʀ] *m* Eisvogel *m*

martre [maʀtʀ] *f* Marder *m*

martyr, e [maʀtiʀ] **I.** *m, f* **1.** (*héros*) Märtyrer(in) *m(f)*
2. (*victime*) Märtyrer(in) *m(f)*; (*bouc émissaire*) Sündenbock *m*; ***ne prends pas ces airs de ~*** setz' [bloß] nicht so eine Leidensmiene auf; ***qn joue le ~*** jd spielt den Märtyrer
II. *app enfant* misshandelt; *mère* [arm und] geplagt; *pays, peuple, ville* geschunden

martyre [maʀtiʀ] *m* **1.** REL Martyrium *nt*
2. (*grande douleur*) Qual *f*; ***sa vie n'a été qu'un long ~*** sein/ihr Leben war eine einzige Qual
▶ **qn souffre le ~** jd leidet Höllenqualen

martyriser <1> [maʀtiʀize] *vt* **1.** (*faire souffrir*) ■ **qn/qc martyrise qn/un animal** jd/etw quält jdn/ein Tier; /*maladie a.*/ etw plagt [*o* peinigt] jdn/ein Tier; ***ce professeur martyrise ses élèves*** dieser Lehrer macht seinen Schülern das Leben zur Hölle
2. (*torturer*) ■ **qn martyrise qn** jd foltert jdn; REL jd lässt jdn den Märtyrertod sterben

marxisant, e [maʀksizɑ̃, ɑ̃t] *adj* marxistisch gefärbt [*o* angehaucht *iron*]

marxisme [maʀksism] *m* Marxismus *m*

marxisme-léninisme [maʀksism(ə)leninism] *m* ∅ Marxismus-Leninismus *m*

marxiste [maʀksist] **I.** *adj* marxistisch
II. *mf* Marxist(in) *m(f)*

marxiste-léniniste <~s-~s> [maʀksistleninist] **I.** *adj* marxistisch-leninistisch
II. *mf* Marxist-Leninist/Marxistin-Leninistin *m/f*

mas [mɑ] *m* [Bauern]hof *m* (*in der Provence*)

mascara [maskaʀa] *m* Wimperntusche *f*, Mascara *f*

mascarade [maskaʀad] *f* **1.** (*accoutrement*) Maskerade *f*; (*comédie*) Theater *nt*; ***maintenant, finie la ~!*** Schluss mit dem Theater [*o* Zirkus]!; ***ce procès est une vraie ~*** dieser Prozess ist eine einzige Farce
2. (*fête déguisée*) Kostümfest *nt*, Maskenball *m*; ART, HIST Maskenspiel *nt*

mascotte [maskɔt] *f* Maskottchen *nt*

masculin, e [maskylɛ̃, in] **I.** *adj* **1.** (*mâle, viril*) Männer-; *voix a., sexe, personnage* männlich; *péj allure, silhouette* maskulin; ***un métier dit ~*** ein sogenannter Männerberuf; ***elle a des manières ~es*** sie benimmt sich wie ein Mann
2. (*composé d'hommes*) Männer-; *main d'œuvre, population* männlich
3. GRAM, POES männlich; *forme, genre, nom a.* maskulin; *rime a.* stumpf
II. *m* GRAM, POES Maskulinum *nt*
▶ **au/du ~** ins/im Maskulinum; ***ce mot est du ~*** dieses Wort ist Maskulinum

masculiniser <1> [maskylinize] *vt* **1.** (*opp: féminiser*) ■ **qc masculinise qn** etw vermännlicht jdn
2. BIO ■ **qn/qc masculinise qn** jd nimmt bei jdm eine Geschlechtsumwandlung zum Mann vor/etw führt bei jdm zur Virilisierung [*o* etw vermännlicht jdn]

masculinité [maskylinite] *f* männliches Geschlecht

maso [mazo] *abr de* **masochiste** I. *adj inv fam* ■ [**qn est**] ~ [jd ist] Maso *fam* [*o* Masochist(in)]
II. *mf inv fam* Masochist(in) *m(f)*, Maso *m fam*
masochisme [mazɔʃism] *m* Masochismus *m*
masochiste [mazɔʃist] I. *adj* masochistisch; ■ [**qn est**] ~ [jd ist] Masochist(in)
II. *mf* Masochist(in) *m(f)*
masquage [maskaʒ] *m* 1. (*dissimulation*) Verschleierung *f*
2. PHOT, TYP Maskierung *f*
masque [mask] *m* 1. THEAT Maske *f*
2. (*protection du visage*) [Schutz]maske *f*; [*ouvrier soudeur, plongeur*] Brille *f*; [*escrimeur*] Maske; [*apiculteur*] [Imker]hut *m*; ■ ~ **de** -brille/-maske/-hut
3. (*apparence trompeuse*) Maske *f*, Deckmantel *m*; ***qn prend un*** ~ jd setzt eine Maske auf
4. (*air*) Miene *f*; ***il a un*** ~ ***impénétrable*** er verzieht keine Miene; ~ ***de tristesse*** Trauermiene; ***un*** ~ ***livide*** ein aschfahles Gesicht
5. MED (*pour une anesthésie*) Narkosemaske *f*; (*de protection*) Mundschutz *m*
6. COSMETIQUE Gesichtsmaske *f*
7. MIL Deckung *f*
8. *vieilli* (*personne déguisée*) Maske *f veraltet*
▶ ~ **antirides/facial** Antifalten-/Gesichtsmaske *f*; ~ **funéraire/mortuaire** Totenmaske *f*; **qn arrache son** ~ **à qn** jd reißt jdm die Maske vom Gesicht, jd entlarvt jdn; **qn baisse** [*o* **jette**] [*o* **lève**] **le** ~ jd lässt die Maske fallen
◆ **masque à gaz** Gasmaske *f*; **masque à oxygène** Sauerstoffmaske *f*; **masque de beauté** Schönheitsmaske *f*; **masque de grossesse** Mutterflecken *pl*; **masque de plongée** Tauchermaske *f*
masqué, e [maske] *adj* 1. (*recouvert d'un masque*) maskiert; *enfant a.* mit Maske; *bal, soirée* Masken-; [***qn est***] ~ ***d'un bas*** mit Strumpfmaske, jd trägt eine Strumpfmaske
2. (*dissimulé*) *feux* abgeblendet; *virage, sortie* verdeckt; *tir* aus der Deckung
masquer <1> [maske] I. *vt* 1. (*dissimuler*) ■ **qn/qc masque qn/qc** jd/etw verdeckt jdn/etw; *goût, odeur* jd/etw überdeckt etw; *lumière* d dunkelt etw ab/etw verdunkelt etw; *vérité, réalité* jd/etw verschleiert etw; MIL jd/etw tarnt jdn/etw; ■ **qn/qc masque qc** [**à qn**] jd/etw verbirgt [jdm] etw; *vérité a., réalité* jd verschleiert etw, jd verheimlicht [jdm] etw; ■ **qc masque qn à qn** etw verbirgt jdn vor jdm; ***le mur mitoyen nous masque les voisins*** wegen der Grenzmauer sehen wir die Nachbarn nicht; ***qc masque l'essentiel*** etw vernebelt das Wesentliche
2. (*recouvrir d'un masque*) ■ **qn masque qc** [**de qc**] jd maskiert etw [mit etw]
II. *vpr* 1. (*mettre un masque*) ■ **qn se masque** jd maskiert sich, jd setzt sich (*dat*) eine Maske auf; ■ **qn se masque qc** jd maskiert sich (*dat*) etw
2. (*se dissimuler*) ■ **qn/qc se masque** [**derrière/sous qc**] jd/etw versteckt [*o* verbirgt] sich [hinter/unter etw (*dat*)]; /*personne a.*/ jd verschanzt sich hinter/unter etw (*dat*)
massacrant, e [masakʀɑ̃, ɑ̃t] *adj* unausstehlich
massacre [masakʀ] *m* 1. (*tuerie*) Massaker *nt*, Gemetzel *nt*, Blutbad *nt*; ■ ~ **de personnes/d'animaux** Massaker [*o* Gemetzel] an Menschen/Abschlachten *nt* von Tieren; ***qn fait un*** ~ ***de personnes/d'animaux*** jd richtet unter Menschen/Tieren ein Gemetzel an, jd richtet unter Menschen ein Massaker [*o* Blutbad] an/schlachtet Tiere ab; ***qn envoie des personnes au*** ~ jd schickt Menschen auf die Schlachtbank [*o* in den Tod]
2. (*destruction*) Verwüstung *f*, Zerstörung *f*; (*détérioration*) Verunstaltung *f*; (*travail mal fait*) Pfusch *m fam*, Murks *m fam*; ***qc est un vrai*** ~ etw ist völlig verpfuscht [*o* verhunzt] *fam*, etw ist ein einziger Pfusch [*o* Murks] *fam*; ***tu vas au*** ~ du läufst ins offene Messer; ***cette interprétation était un vrai*** ~ diese Interpretation hat das Werk völlig verunstaltet
▶ **jeu de** ~ Wurfspiel *nt*; **qn fait un** ~ (*gâchis*) jd richtet eine Schweinerei an *fam*; *fam* (*remporte un grand succès*) jd landet einen Volltreffer *fam*
massacrer <1> [masakʀe] I. *vt* 1. (*tuer sauvagement*) ■ **qn massacre qn/des animaux** jd metzelt [*o* macht] jdn nieder/schlachtet Tiere ab; ***on a massacré toute la population du village*** alle Dorfbewohner wurden niedergemacht [*o* niedergemetzelt]; ■ **qn fait** ~ **qn** jd lässt jdn niedermachen [*o* ermorden]
2. *fam* (*esquinter*) ■ **qn massacre qc** (*par des coups*) jd schlägt etw kurz und klein; (*en découpant*) *viande, volaille* jd zerhackt etw; (*dénaturer*) jd verhunzt etw total *fam*; ■ **qc massacre qc** /*typhon, tempête*/ etw verwüstet etw; ■ **qn massacre qn** jd macht jdn fertig [*o* nieder], jd verhackstückt jdn *fam*; /*boxeur*/ jd macht Hackfleisch aus jdm *fam*
II. *vpr* ■ **des personnes se massacrent/se font** ~ Menschen machen sich [gegenseitig] nieder/lassen sich abschlachten
massacreur, -euse [masakʀœʀ,-øz] *m, f* 1. (*tueur*) Mörder(in) *m(f)*
2. (*gâcheur*) Pfuscher(in) *m(f)*
massage [masaʒ] *m* Massage *f*; ~ ***cardiaque/facial*** Herz-/Gesichtsmassage
▶ ~ **thaïlandais** thailändische Massage
masse[1] [mas] *f* 1. (*volume important*) Masse *f*; ■ ~ **de** -masse; ***les*** ~***s d'air froid/chaud*** kalte/warme Luftmassen *pl*
2. (*grand nombre*) Menge *f*, Masse *f*; [*estivants*] Flut *f*; ■ **la** ~ die [breite] Masse
3. (*volume*) Masse *f*
4. *pl* POL (*peuple*) Massen *pl*; ***les*** ~***s populaires/laborieuses*** die [Volks]masse[n]/die Arbeiterschaft
5. PHYS (*poids*) Masse *f*
6. MUS: ***la*** ~ ***instrumentale*** die Instrumente; ***la*** ~ ***orchestrale*** das Orchester; ***la*** ~ ***vocale*** der Gesang
7. ELEC Masse *f*; ***le fil de*** ~ das Massekabel
▶ ~ **atomique** Atomgewicht *nt*; ~ **critique** kritische Masse; **la grande** ~ **des gens** die breite Masse [der Leute]; ~ **monétaire** Geldmenge *f*, Geldvolumen *nt*; ~ **salariale** Lohn- und Gehaltsaufkommen *nt*; **il y en a des** ~**s** *fam* davon gibt es eine Menge [*o* massenhaft *fam*]; ***des types comme lui, il n'y en a pas des*** ~***s*** Typen wie ihn findest du nicht an jeder Ecke; ***des maisons comme ça, il y en a des*** ~***s en banlieue*** solche Häuser gibt es in den Vororten in Massen [*o* massenhaft *fam*]; **qn est à la** ~ *fam* jd hat einen Sprung in der Schüssel *fam*, jd ist nicht ganz dicht *fam*; **qn met qc à la** ~ ELEC jd erdet etw; **dans la** ~ aus einem Stück; ***qc est sculpté(e)/taillé(e) dans la*** ~ etw ist aus einem Block gehauen/etw ist aus einem Block; **de** ~ Massen-; **en** ~ in Massen; ***des personnes/choses arrivent en*** ~ Menschen kommen in Scharen/Dinge kommen in Massen [an]; ***ils quittent en*** ~ ***le pays*** sie verlassen das Land in Scharen [*o* massenweise]; ***l'arrivée en*** ~ ***des ouvriers*** die herbeiströmenden Arbeitermassen; **comme une** ~: ***qn tombe comme une*** ~ jd fällt [*o* plumpst] wie ein nasser Sack ins Bett *fam*; ***il s'est affaissé comme une*** ~ ***sur le canapé*** er ist aufs Sofa geplumpst [wie ein nasser Sack] *fam*; ***qn s'est abattu comme une*** ~ jd sinkt in sich (*dat*) zusammen; **pas des** ~**s** *fam* nicht besonders
masse[2] [mas] *f* (*outil*) großer Hammer; ***des coups de*** ~ Hammerschläge *pl*
◆ **masse d'armes** HIST Morgenstern *m*
massepain [maspɛ̃] *m* Marzipan *nt*
masser[1] <1> [mase] I. *vt* (*grouper*) ■ **qn masse des personnes** [**quelque part**] jd versammelt Menschen [irgendwo]; *troupes* jd zieht Menschen [irgendwo] zusammen, jd massiert Menschen irgendwo; ■ [**des personnes sont**] **massées** [**quelque part**] [Menschen sind] [irgendwo] [zusammen]geschart, Menschen scharen sich [irgendwo] [zusammen]; ■ [**des choses sont**] **massées** [**quelque part**] /*meubles, caisses*/ [Dinge sind] [irgendwo] zusammengestellt, Dinge stehen [irgendwo] auf einem Haufen; /*livres, journaux*/ [Dinge sind] [irgendwo] gestapelt, Dinge stapeln sich [irgendwo]
II. *vpr* (*se grouper*) ■ **des personnes se massent** [**quelque part**] Menschen scharen sich [irgendwo] zusammen
masser[2] <1> [mase] *vt* (*faire un massage à*) ■ **qn masse qn/qc** jd massiert jdn/etw; ■ **qn masse qc à qn** jd massiert jdm etw; ■ **qn se fait** ~/~ **qc** jd lässt sich/sich (*dat*) etw massieren
masseur, -euse [masœʀ, -øz] *m, f* Masseur(in) *m(f)*; ~***euse*** [***thaïlandaise***] Masseuse *f*
masseur-kinésithérapeute, -euse [masœʀkineziteʀapøt, -øz] *m, f* Physiotherapeut(in) *m(f)*
massicot [masiko] *m* Papierschneidemaschine *f*
massicoter <1> [masikɔte] *vt* ■ **qn massicote qc** jd schneidet etw zu
massif, -ive [masif, -iv] I. *adj* 1. *carrure, personnage* massig; *bâtiment, meuble* wuchtig; *esprit* schwerfällig; *visage* grob[schlächtig]
2. (*pur*) *argent, bois, métal, or* massiv
3. (*important*) massiv; *bombardement a.* heftig; *départ, arrivée, manifestation* Massen-; *dose* hoch; *réponse* deutlich, entschieden
II. *m* 1. BOT Beet *nt*; ■ ~ **de** *de fleurs, rosiers, tulipes* -beet; ~ ***d'arbres*** Baumgruppe *f*
2. GEOG Bergmassiv *nt*; ***le*** ~ ***du Mont-Blanc*** das Mont-Blanc-Massiv
▶ **M**~ **Central** Zentralmassiv *nt*
massivement [masivmɑ̃] *adv* 1. (*en nombre*) massiv; *démissionner, licencier* in großer Zahl; *partir* in Massen, massenweise; *répondre* entschieden; ***qn investit*** ~ ***dans qc*** jd steckt enorme Summen in etw (*akk*); ***une entreprise licencie*** ~ ***des gens*** ein Unternehmen entlässt einen großen Teil der Leute; ***la population a*** ~ ***répondu oui au référendum*** die überwältigende Mehrheit der Bevölkerung hat bei der Volksabstimmung mit ja gestimmt
2. (*à haute dose*) in hoher Dosierung, in hohen Dosen
mass media [masmedja] *mpl* Massenmedien *pl*
massue [masy] I. *f* Keule *f*
II. *app inv* überzeugend, schlagend; ***un argument*** ~ ein Totschlagargument *nt fam*
mastic [mastik] I. *m* 1. (*pâte*) Spachtelmasse *f*; [*menuisier, vitrier*] Kitt *m*
2. TYP Druckfehler *m*
▶ **qn fait un** ~ TYP jdm unterläuft ein Druckfehler
II. *adj inv* (*beige clair*) kittfarben
masticage [mastikaʒ] *m* [*vitre, fuite*] Kitten *nt*; [*trou*] Spachteln *nt*
masticateur, -trice [mastikatœʀ, -tʀis] *adj* Kau-
mastication [mastikasjɔ̃] *f* Kauen *nt*
masticatoire [mastikatwaʀ] I. *adj* Kau-
II. *m* Kaumasse *f*
mastiquer[1] <1> [mastike] *vt, vi* ANAT ■ **qn mastique** [**qc**] jd kaut [etw]
mastiquer[2] <1> [mastike] *vt* TECH ■ **qn mastique qc** jd kittet etw; *trou* jd spachtelt etw
mastoc [mastɔk] *adj inv fam personne* massig; *meuble, voiture, statue a.* wuchtig
mastodonte [mastɔdɔ̃t] *m* 1. (*chose énorme*) Monstrum *nt*; (*personne énorme*) Koloss *m*; (*organisation*) Mammutorganisation *f*
2. ZOOL Mastodon *nt*
mastroquet [mastʀɔkɛ] *m vieilli fam* 1. (*café*) Schenke *f*
2. (*tenancier de café*) [Schank]wirt(in) *m(f)*
masturbation [mastyʀbasjɔ̃] *f* Onanie *f*, Selbstbefriedigung *f*, Masturbation *f*
masturber <1> [mastyʀbe] I. *vt* ■ **qn masturbe qn** jd befriedigt jdn, jd masturbiert jdn
II. *vpr* ■ **qn se masturbe** jd onaniert, jd befriedigt sich selbst, jd masturbiert
m'as-tu-vu [matyvy] *mf inv fam* Angeber(in) *m(f)*
masure [mɑzyʀ] *f* baufälliges Haus, Bruchbude *f fam*
mat [mat] I. *adj inv* ■ **qn/qc est** ~ jd/etw ist [schach]matt
▶ **qn fait/met qn** ~ jd setzt jdn [schach]matt
II. *m* Matt *nt*

mat, e [mat] *adj* **1.** (*sans reflet*) matt; *fard a.* mattierend; ***or/argent*** ~ Mattgold *nt*/-silber *nt*
2. (*opp: pâle*) dunkel
3. (*sourd*) dumpf
mât [mɑ] *m* **1.** (*poteau*) Mast *m*
2. NAUT Mast *m*; ~ ***d'artimon/de misaine/de beaupré*** Besan-/Fockmast/Bugspriet *nt o m*; ~ ***de hune/de perroquet*** Mars-/Bramstenge *f*
▸ **grand** ~ Großmast *m*
◆ **mât de charge** Lademast *m*, Ladebaum *m*; **mât de cocagne** Klettermast *m*
mat' [mat] *m fam abr de* **matin**
matador [matadɔʀ] *m* Matador *m*
matamore [matamɔʀ] *m vieilli* Maulheld *m fam*, Großmaul *nt fam*
▸ **qn fait le** ~ jd reißt das Maul auf *fam*, jd nimmt den Mund [ziemlich] voll *fam*
match <[e]s> [matʃ] *m* Spiel *nt*; TENNIS *a.* Match [mætʃ] *nt*; POL, ECON Machtkampf *m*; ***un*** ~ ***sportif*** eine Sportveranstaltung; ■ ~ **de** *de boxe* -kampf *m*; *de football, rugby, basket* -spiel; *de tennis* -match
▸ ~ **aller/retour** Hin-/Rückspiel *nt*; ~ **nul** Unentschieden *nt*, unentschiedenes Spiel
maté [mate] *m* Mate[tee *m*] *m*
matelas [matlɑ] *m* **1.** (*pièce de literie*) Matratze *f*; ■ ~ **de** -matratze
2. (*couche épaisse*) ■ ~ **de qc** Polster *nt* aus etw; ***le*** ~ ***d'air*** das Luftpolster; ***un*** ~ ***de billets de banque*** ein finanzielles Polster
▸ ~ **pneumatique** Luftmatratze *f*
◆ **matelas à ressorts** Federkernmatratze *f*
matelasser <1> [matlase] *vt* **1.** (*rembourrer*) ■ **qn matelasse qc** jd polstert etw [auf]
2. (*doubler*) ■ **qn matelasse qc** jd wattiert etw; ■ **qc est matelassé(e)** etw ist wattiert
matelassier, -ière [matlasje, -jɛʀ] *m, f* Polsterer/Polsterin *m/f*
matelot [matlo] *m* Matrose *m*
matelote [matlɔt] **I.** *f* GASTR *Fischragout in Weinsoße*
II. *app inv sauce* Wein-
mater¹ <1> [mate] *vt* **1.** (*dompter*) ■ **qn mate qn** jd bringt jdn zur Vernunft [*o* Räson]
2. (*réprimer*) ■ **qn mate qc** jd bezwingt etw; *révolte, rébellion* jd bekommt etw in den Griff
3. ECHECS ■ **qn mate qn/qc** jd setzt jdn/etw [schach]matt
mater² <1> [mate] *vt arg* (*regarder*) ■ **qn mate qn** jd glotzt jdn an *fam*; ■ **qn mate qc** jd glotzt auf etw (*akk*) *fam*
mâter <1> [mɑte] *vt* NAUT ■ **qn mâte qc** jd bemastet etw
matérialisation [mateʀjalizasjɔ̃] *f* **1.** (*concrétisation*) Realisierung *f*; [*idée a.*] Umsetzung *f*; [*projet a.*] Verwirklichung *f*; [*promesse*] Einhaltung *f*; PSYCH Materialisation *f*
2. PHYS [*énergie, rayonnement*] Materialisation *f*
matérialiser <1> [mateʀjalize] **I.** *vt* **1.** (*concrétiser*) ■ **qn/qc matérialise qc** jd realisiert etw/etw bringt etw zum Ausdruck, jd verwirklicht etw; *idée a.* jd/etw setzt etw um; *doute* jd/etw erhärtet etw
2. (*signaliser*) ■ **qc matérialise qc** etw markiert [*o* kennzeichnet] etw; ***qc matérialise qc sur l'écran*** etw zeigt etw auf dem Bildschirm; ■ **[qc est] matérialisé(e) [par qc]** [etw ist] [durch etw] markiert [*o* gekennzeichnet]
3. PHILOS ■ **qn matérialise qc** jd materialisiert etw
4. (*symboliser*) ■ **qc matérialise qc** etw stellt etw dar, etw ist Ausdruck einer S. (*gen*)
II. *vpr* ■ **qc se matérialise** etw nimmt Gestalt an; */espoir/* etw geht in Erfüllung; ***le projet n'a pu se*** ~ das Projekt konnte nicht in die Tat umgesetzt werden
matérialisme [mateʀjalism] *m* Materialismus *m*
▸ ~ **dialectique** dialektischer Materialismus
matérialiste [mateʀjalist] **I.** *adj* **1.** (*terre à terre*) materialistisch; *personne, préoccupation a.* materiell; ***qn est*** ~ jd ist Materialist(in)
2. PHILOS materialistisch
II. *mf* **1.** (*opp: idéaliste*) Materialist(in) *m(f)*
2. PHILOS Materialist(in) *m(f)*
matérialité [mateʀjalite] *f* **1.** (*caractère objectif*) Tatsächlichkeit *f*; ***la*** ~ ***des faits*** der Tatbestand
2. PHILOS Stofflichkeit *f*
matériau <x> [mateʀjo] *m* **1.** (*matière*) Material *nt*; (*étoffe a.*) Stoff *m*; CONSTR *a.* Werkstoff *m*
2. ∅ (*substance*) Stoff *m*, Material *nt*
3. *pl* CONSTR (*éléments*) Material *nt*; ~***x de construction*** Baustoffe *pl*, Baumaterial; ~***x de démolition*** Schutt *m*, Abbruchmaterial *spec*
4. *pl* (*éléments constitutifs*) [Ausgangs]material *nt*; [*science*] Grundlagen *pl*
matériel, le [mateʀjɛl] **I.** *adj* **1.** (*concret*) materiell; *démarche, trace* konkret; *preuve a.* konkret, faktisch; ***obstacle*** ~ (*financier*) finanzielles Problem; (*technique*) technisches Problem; ***je n'ai pas eu le temps*** ~ ***d'y aller*** ich hatte einfach nicht die Zeit, dort hinzugehen; ***j'ai été empêché par un obstacle*** ~ mir ist etwas dazwischengekommen; ***j'ai été dans l'impossibilité*** ~***le de vous joindre*** es war mir faktisch unmöglich, Sie zu erreichen
2. (*qui concerne des objets*) *défaillance* Material-; *dégâts* materiell, Sach-; *organisation* technisch
3. (*en nature*) *aide, avantages, besoins* materiell; *biens a.* Sach-
4. (*opp: spirituel*) materiell; *civilisation* materialistisch; ***c'est un esprit*** ~ er/sie ist [sehr] materialistisch [*o* materiell orientiert]
5. PHILOS (*immanent*) materiell, dinglich, stofflich
II. *m* **1.** (*équipement*) Material *nt*; INFORM Hardware ['ha:tvɛ:ɐ, 'ha:dwæ:ə] *f*; ~ ***audiovisuel/scolaire*** Video-/Schulmaterial; (*assortiment*) Video-/Schulbedarf *m*; ***le*** ~ ***humain*** das menschliche Potenzial; ■ ~ **de** -material; *de camping, d'escalade, de pêche, peinture, plongée* -ausrüstung *f*; *de sport* -artikel *pl*; ~ ***d'instruction*** Lehrmittel *pl*
2. (*assortiment proposé dans un magasin*) ■ ~ **de** *de bureau, sport* -bedarf *m*; ~ ***de peinture*** Malerbedarf
3. (*matières de base*) [Ausgangs]material *nt*, Grundlagen *pl*
matériellement [mateʀjɛlmɑ̃] *adv* **1.** (*sur le plan financier*) materiell; ***qn est*** ~ ***défavorisé(e)*** jd ist finanziell schlecht gestellt
2. (*effectivement*) faktisch; ***je n'en ai*** ~ ***pas le temps*** ich habe einfach keine Zeit
maternage [matɛʀnaʒ] *m* [mütterliche] Betreuung; *péj* Bemuttern *nt*
maternel, le [matɛʀnɛl] **I.** *adj* **1.** (*de la mère*) Mutter-; *amour, instinct a., geste, tendresse* mütterlich; ***allaitement*** ~ Stillen *nt*
2. (*du côté de la mère*) *parenté* mütterlicherseits; *biens* von mütterlicher Seite; ***la grand-mère*** ~***le/le grand-père*** ~ die Großmutter/der Großvater mütterlicherseits
3. (*pour la mère*) *protection* Mutter-; *aide* Familien-
II. *f* ■ **maternelle** Kindergarten *m*
maternellement [matɛʀnɛlmɑ̃] *adv* mütterlich
materner <1> [matɛʀne] *vt péj* ■ **qn materne qn** jd bemuttert jdn; ■ **qn se fait** ~ jd lässt sich bemuttern
maternité [matɛʀnite] **I.** *f* **1.** (*bâtiment*) Entbindungsheim *nt*
2. BIO Schwangerschaft *f*
3. (*condition de mère*) Mutterschaft *f*
4. ART (*tableau*) Mutter-und-Kind-Bild *nt*; (*vierge*) Maria *f* mit dem Kind
II. *app* Mutterschafts-; ***congé/allocation*** ~ Mutterschaftsurlaub *m*/-geld *nt*
mathématicien, ne [matematisjɛ̃, jɛn] *m, f* (*chercheur*) Mathematiker(in) *m(f)*; (*professeur*) Mathematiklehrer(in) *m(f)*; ***un*** ~ ***de génie*** ein Mathematikgenie *nt*
mathématique [matematik] **I.** *adj* **1.** (*relatif aux mathématiques*) mathematisch; *sciences* Mathematik-
2. (*rigoureux*) absolut, mathematisch
II. *fpl* Mathematik *f*; ***qn est doué(e) pour les*** ~***s*** jd ist mathematisch begabt; ~***s concrètes/appliquées/pures*** konkrete/angewandte/reine Mathematik
▸ ~**s spéciales** *zweites Vorbereitungsjahr mit Schwerpunkt Mathematik für die Aufnahmeprüfung an eine Elitehochschule*; ~**s supérieures** *erstes Vorbereitungsjahr nach dem Abitur mit Schwerpunkt Mathematik für die Aufnahmeprüfung an eine Elitehochschule*
mathématiquement [matematikmɑ̃] *adv* **1.** (*de façon mathématique*) mathematisch
2. (*rigoureusement*) exakt, mathematisch
3. (*statistiquement*) statistisch gesehen; ***c'est*** ~ ***impossible*** das ist praktisch unmöglich
matheux, -euse [matø, -øz] *m, f fam* **1.** (*élève/étudiant en maths*) Mathematiker(in) *m(f) fam*
2. (*personne douée en maths*) Mathematiker(in) *m(f)*, Mathe-Experte/-Expertin *m/f fam*
math[s] [mat] *fpl fam abr de* **mathématiques** Mathe *f*
▸ ~ **spé** *fam zweites Vorbereitungsjahr mit Schwerpunkt Mathematik für die Aufnahmeprüfung an eine Elitehochschule*; ~ **sup** *fam erstes Vorbereitungsjahr nach dem Abitur mit Schwerpunkt Mathematik für die Aufnahmeprüfung an eine Elitehochschule*
matière [matjɛʀ] *f* **1.** (*substance*) Material *nt*; (*organique a.*) Stoff *m*; ~ ***synthétique/plastique*** Kunststoff/Plastik *nt*; ~ ***colorante/combustible*** Farb-/Brennstoff
2. PHILOS, PHYS Materie *f*
3. (*sujet*) Material *nt*, Stoff *m*; ~ ***d'une discussion*** Gegenstand *m* [*o* Thema *nt*] einer Diskussion, Diskussionsthema; ■ ~ **à qc/à faire qc** Grund *m* zu etw/etw zu tun; ***je ne trouve pas là*** ~ ***à rire/se réjouir*** ich finde, da gibt es keinen Grund zum Lachen/zur Freude [*o* da gibt es nichts zu lachen/keinen Grund sich zu freuen]; ***sa conduite donne*** ~ ***à [la] critique*** sein Benehmen gibt Anlass zu Kritik, an seinem Benehmen gibt es manches zu kritisieren; ***qc donne*** ~ ***à discussion/réflexion*** etw gibt Diskussionsstoff/Stoff zum Nachdenken; ***qc donne*** ~ ***à de multiples interprétations*** etw lässt die verschiedensten Interpretationen zu
4. SCOL Fach *nt*; (*à l'écrit, à l'oral*) Prüfungsfach; ***une*** ~ ***artistique*** ein musisches Fach; ■ ~ **de** *d'examen* -fach
5. ART Material *nt*; ***la*** ~ ***picturale*** das Bildmaterial
▸ ~**s [fécales]** Fäkalien *pl*; ~ **grasse** Fett *nt*; ~ **grise** ANAT graue Substanz; *hum* [kleine] graue Zellen; ***fais marcher ta*** ~ ***grise!*** streng mal deine [kleinen] grauen Zellen [*o* deinen Grips] an! *fam*; ~ **première** Rohstoff *m*; ~ **vivante** lebende Materie; **il y a** ~ **à qc/à faire qc** es gibt Grund zu etw/Grund etw zu tun; ***il n'y a pas là*** ~ ***à plaisanterie/plaisanter*** es gibt keinen Grund, sich darüber lustig zu machen; ***il y a*** ~ ***à critique dans le comportement de qn*** jds Verhalten gibt Anlass zur Kritik; ***il y a*** ~ ***à comédie*** darin liegt [*o* das liefert] Stoff für eine Komödie; **en** ~ **de …** was … betrifft [*o* angeht], in Sachen …; ***en*** ~ ***de sport*** was den Sport betrifft [*o* angeht], in Sachen Sport; ***en*** ~ ***de finance/d'impôts*** was Finanzen/Steuern angeht [*o* betrifft], in Sachen Finanzen/Steuern, in finanziellen/steuerlichen Dingen [*o* in Steuersachen]; ■ **qc en** ~ **de qc** etw bezüglich einer S. (*gen*); ***des décisions/prestations en*** ~ ***de qc*** Entscheidungen/Leistungen bezüglich einer S. (*gen*); **en** ~ … in Sachen …; ***en*** ~ ***financière*** in Sachen Finanzen, in finanziellen Angelegenheiten [*o* Dingen]; ***en*** ~ ***judiciaire*** in Rechtssachen, in rechtlichen Angelegenheiten; ***en*** ~ ***criminelle*** in Strafsachen; **en la** ~ (*dans ce domaine*) auf diesem Gebiet; (*en la circonstance*) im vorliegenden Fall; **sans** ~ ohne Grund, grundlos
matin [matɛ̃] **I.** *m* **1.** (*début du jour*) Morgen *m*; (*matinée a.*) Vormittag *m*; [***c'est par***] ***un*** ~ ***de juillet*** an einem Julimorgen, eines Julimorgens
2. *poét* [*vie*] Frühling *m*; ***qn est au*** ~ ***de la vie*** jd steht am Anfang seines Le-

bens, für jdn hat das Leben [gerade] erst angefangen
▶ **du ~ au soir [et du soir au ~]** von morgens bis abends, rund um die Uhr; **l'autre ~** neulich morgens; **un beau ~** eines [schönen] Morgens; **de bon/grand ~** frühmorgens/in aller Frühe [*o* Herrgottsfrühe]; **ce ~** heute Morgen; ***notre réunion de ce ~*** unsere Sitzung heute Morgen; **chaque ~** jeden Morgen; **petit ~** Morgengrauen *nt;* ***au petit ~*** im Morgengrauen; **un de ces quatre ~s** eines Tages; **tous les ~s** jeden Morgen; **qn est du ~** *fam* (*est de l'équipe du matin*) jd hat Frühschicht, jd hat vormittags Dienst; (*est en forme le matin*) jd ist ein Tagmensch *fam;* **au ~** morgens, am Morgen; (*dans la matinée*) vormittags, am Vormittag; **du ~** morgendlich; ***la récréation du ~*** die Pause am Morgen/Vormittag, die morgendliche Pause; ***6/11 heures du ~*** 6 Uhr morgens/11 Uhr vormittags [*o* morgens]; ***l'équipe du ~*** die Tagschicht; **le ~** morgens, am Morgen; (*tous les matins*) jeden Morgen; **un ~** eines Morgens
II. *adv* ***à prendre ~, midi et soir*** morgens, mittags und abends einnehmen; ***mardi ~*** [am] Dienstagmorgen; ***tous les lundis ~[s]*** jeden Montagmorgen; ***hier/demain ~*** gestern/morgen früh
▶ **~ et soir** morgens und abends; ***qn travaille ~, midi et soir*** jd arbeitet rund um die Uhr; **il faut se lever ~** *hum* da muss man schon früh[er] aufstehen; **qn se lève ~** *vieux* jd steht früh auf

mâtin, e [mɑtɛ̃] *m* Kalb *nt* [von einem Hund] *fam,* Mordshund *m fam*

matinal, e <-aux> [matinal, o] *adj* **1.** (*du matin*) morgendlich; *rosée, toilette a.* Morgen-; *gelée* Nacht-; *heure* Morgen-, früh
2. (*qui se lève tôt*) ■ **qn est ~** jd steht [immer] früh auf; ***je suis ~e*** ich bin [eine] Frühaufsteherin; ***qu'est-ce qui vous a rendu aujourd'hui si ~?*** was hat Sie heute Morgen [schon] so früh aus dem Bett geholt?

mâtiné, e [mɑtine] *adj* **1.** (*métissé*) nicht reinrassig; ■ **~ de:** ***un épagneul ~ de dogue*** eine Mischung aus Spaniel und Dogge
2. (*mêlé*) gemischt (*de* mit); ***un français ~ d'italien*** eine Mischung aus Französisch und Italienisch

matinée [matine] *f* **1.** (*matin*) Vormittag *m;* ***une belle ~ d'octobre*** ein schöner Oktobermorgen
2. LITTER, MUS Matinee *f;* CINE, THEAT Frühvorstellung *f,* Nachmittagsvorstellung *f;* ***~ dansante*** Tanztee *m*
▶ **qn fait la grasse ~** jd steht spät auf, jd schläft aus [*o* bis in die Puppen *fam*]; **toute la ~** den ganzen Vormittag [über]; **dans la ~** im Laufe des Vormittags, am Vormittag, irgendwann vormittags *fam;* ***je passerai vous voir dans la ~*** ich komme vormittags [*o* im Laufe des Vormittags] bei Ihnen vorbei; ***lundi/mardi dans la ~, dans la ~ de lundi/mardi*** am Montag-/Dienstagvormittag, im Laufe des Montag-/Dienstagvormittags; **en ~** CINE, THEAT nachmittags; ***qn va au cinéma en ~*** jd geht in die Frühvorstellung [*o* Nachmittagsvorstellung]

maton, ne [matɔ̃, ɔn] *m, f arg* [Gefängnis]wärter(in) *m(f)*

matou [matu] *m* Kater *m*

matraquage [matʀakaʒ] *m* **1.** (*coups de matraque*) Schlagstockeinsatz *m* (*de qn* gegen jdn); ***le ~ des manifestants par la police*** der Schlagstockeinsatz der Polizei gegen die Demonstranten
2. MEDIA (*intoxication*) [*public, masses*] Dauerberieselung *f,* Dauerbeschuss *m;* [*chanteur, produit*] Fördern *nt,* Powern ['pauən] *nt fam;* [*chanson, image*] ständige Wiederholung; ***~ publicitaire*** Dauerberieselung [*o* Dauerbeschuss] durch die Werbung; ***~ d'une chanson/d'un disque*** ständiges Spielen eines Songs/einer Platte; ***le concert de ce chanteur a été précédé d'un ~ à la télé*** das Konzert dieses Sängers wurde durch Fernsehauftritte gepowert *fam;* ***qn résiste au ~*** jd lässt sich nicht beeinflussen

matraque [matʀak] *f* Schlagstock *m*

matraquer <1> [matʀake] *vt* **1.** (*frapper*) ■ **qn matraque qn** jd knüppelt jdn nieder, jd schlägt mit einem Schlagstock auf jdn ein
2. (*escroquer*) ■ **qn matraque qn** jd haut jdn übers Ohr *fam;* ■ **qn se fait ~** jd lässt sich übers Ohr hauen *fam;* ***on s'y fait ~*** man wird dort ausgenommen wie eine Weihnachtsgans *fam*
3. MEDIA (*répéter avec insistance*) ■ **qn/qc matraque qn/qc** jd/etw bombardiert jdn/etw; *chanteur, produit, chanson* jd fördert jdn/etw, jd/etw powert jdn/etw ['pauɐt] *fam*
4. (*critiquer*) ■ **qn matraque qn/qc** jd verreißt jdn/etw *fam;* ■ **qn/qc se fait ~ par qn** jd/etw wird von jdm verrissen

matraqueur, -euse [matʀakœʀ, -øz] **I.** *adj* manipulativ
II. *m, f* **1.** SPORT Schläger(in) *m(f)*
2. (*personne qui matraque*) Totschläger(in) *m(f)*

matriarcal, e <-aux> [matʀijaʀkal, o] *adj* matriarchalisch

matriarcat [matʀijaʀka] *m* Matriarchat *nt*

matrice [matʀis] *f* **1.** ANAT *vieilli* Gebärmutter *f*
2. TECH, TYP Matrize *f*
3. ADMIN Matrikel *f;* ***~ cadastrale*** Grundsteuerrolle *f;* ***~ [du rôle des contributions]*** Original *nt* der Steuerrolle
4. MATH Matrix *f*

matricide [matʀisid] **I.** *adj* muttermordend
II. *mf* (*personne*) Muttermörder(in) *m(f)*
III. *m* (*crime*) Muttermord *m*

matriciel, le [matʀisjɛl] *adj algèbre, calcul* Matrizen-

matricule [matʀikyl] **I.** *m* ADMIN, MIL Kennummer *f;* [*militaire*] Personenkennziffer *f;* ■ **~ de** -nummer
▶ **ça va barder pour son ~** *fam* der/die kann was erleben *fam*
II. *f* ADMIN Kartei *f;* [*faculté*] Matrikel *f;* ***~ d'avocats*** Anwaltsliste *f*
III. *app* MIL, JUR: ***numéro ~*** Kennummer *f;* ***livret/registre ~*** Wehrstammbuch *nt/*-rolle *f*

matrimonial, e <-aux> [matʀimɔnjal, jo] *adj* Ehe-; *agence* Heirats-; *biens* ehelich; ***le régime ~*** der Güterstand, die Güterregelung; ***le juge aux affaires ~es*** der Scheidungsrichter

matrone [matʀɔn] *f péj* Matrone *f*

Matthieu [matjø] *m* REL Matthäus *m*

maturation [matyʀasjɔ̃] *f* Reifen *nt;* [*fruits, raisins a.*] Reifwerden *nt;* [*fromage a.*] Reifung *f;* BIO *a.* [*cellule*] Reifung; [*théorie, idées, talent*] [Heran]reifen; ***il faut attendre la ~ de qc*** man muss warten, bis etw reif ist; ***avec la ~*** mit der Reife

mature [matyʀ] *adj* (*psychiquement*) reif; (*sexuellement*) geschlechtsreif; *cellule* teilungsfähig

maturité [matyʀite] *f* **1.** BOT Reife *f;* ***~ précoce*** Frühreife; ***qc vient à ~*** etw wird reif, etw reift heran
2. BIO (*âge*) Reife *f;* ***à l'âge de la ~*** in reife[re]m Alter
3. (*plénitude*) [*affaire, intelligence*] Höhepunkt *m;* [*aptitude, talent*] Blüte *f;* [*personne*] Reife *f;* ***qn manque de ~*** jdm fehlt die Reife, jd fehlt es an Reife, jd ist [noch] unreif; ***qn/qc arrive à ~*** jd/etw entfaltet sich

maudire <8> [modiʀ] *vt* ■ **qn maudit qn/qc** jd verflucht jdn/etw

maudit, e [modi, it] **I.** *adj* **1.** *antéposé* (*damné*) verdammt; *engeance, personne a.* verflucht; *histoire, idée a.* verteufelt *fam,* verflixt *fam*
2. *postposé* (*réprouvé*) *poète, écrivain* verfemt; (*funeste*) verflucht; *lieu a.* unheilvoll; *sujet a.* verteufelt *fam*
▶ **~ soit qc** verflucht sei etw
II. *m, f* (*rejeté*) Ausgestoßene(r) *f(m);* REL (*damné*) Verdammte(r) *f(m)*
III. *m* ■ **le M~** der Böse

maugréer <1> [mogʀee] *vi* ■ **qn maugrée** jd schimpft [*o* flucht] vor sich (*akk*) hin; ■ **qn maugrée contre qn/qc** jd schimpft [*o* flucht] auf jdn/etw

maure [mɔʀ] *adj* HIST maurisch

Maure, Mauresque [mɔʀ, mɔʀɛsk] *m, f* Maure/Maurin *m/f*

mauresque [mɔʀɛsk] *adj* maurisch

Maurice [mɔʀis] *app* ■ **l'île Maurice** [die Insel] Mauritius

Mauritanie [mɔʀitani] *f* ■ **la Mauritanie** Mauretanien *nt*

mausolée [mozɔle] *m* Mausoleum *nt*

maussade [mosad] *adj* missmutig, griesgrämig; *ciel* grau; *humeur* schlecht; *journée* trist, trostlos; *temps, paysage* trist, unwirtlich; ***qn a le caractère ~*** jd ist immer schlechter Laune

mauvais, e [movɛ, ɛz] **I.** *adj* **1.** *antéposé* (*de qualité médiocre*) schlecht; *appareil, marchandise a., aliment* minderwertig; ***ce vin est ~*** dieser Wein ist nicht gut, das ist ein schlechter Wein
2. *antéposé* (*déficient*) *dents, mémoire, santé* schlecht; *film, œuvre, roman, pièce de théâtre, livre a.* schwach; ***il parle un très ~ anglais*** er spricht sehr schlecht Englisch [*o* ein sehr schlechtes Englisch]; ***qn a une ~e digestion/circulation/vue*** jd hat Verdauungsbeschwerden/Kreislaufprobleme/schlechte Augen; ***qn a de ~es jambes*** jd hat Probleme mit den Beinen; ***qn a ses bons et ses ~ jours*** jd hat gute und schlechte [*o* seine guten und schlechten] Tage; ***la balle est ~e*** TENNIS der Ball ist aus
3. *antéposé* (*peu doué*) *acteur, élève, parents* schlecht; ■ **[qn est] ~ en qc** [jd ist] schlecht in etw (*dat*)
4. *antéposé* (*erroné*) *adresse, date, direction, méthode, moyens, numéro* falsch, verkehrt; ***j'ai fait un ~ calcul/le ~ choix*** ich habe mich verrechnet/[mit meiner Wahl] vertan, ich habe falsch [*o* verkehrt] gerechnet/eine schlechte Wahl getroffen
5. *antéposé* (*inadéquat*) *heure, jour* verkehrt, ungünstig; *moment, date a.* falsch; *plaisanterie* schlecht; *excuse* schlecht, fadenscheinig; ***un bien ~ jour*** ein denkbar ungünstiger Tag
6. *antéposé* (*dangereux*) schwer, schlimm; ***qn a fait une ~e chute*** jd ist schwer gestürzt; ***qn risque d'attraper un ~ coup*** jd riskiert es, in eine Schlägerei verwickelt zu werden; ■ **[qc est] ~ pour qn/qc** [etw ist] nicht gut für jdn/etw, etw schadet jdm/etw; ***un ~ médicament pour les enfants*** ein für Kinder nicht geeignetes Medikament; ***qc est ~ pour la santé*** etw ist ungesund, etw schadet der Gesundheit; ■ **il est ~ de faire qc** es ist nicht gut, etw zu tun
7. *antéposé* (*défavorable*) *bulletin, critique, jugement, rapport* schlecht; ***le sondage a été ~*** die Umfrage ist schlecht ausgefallen
8. *antéposé* (*désagréable*) schlecht; *goût, odeur a.* unangenehm; *rêve a.* schlimm; *passe, posture* misslich, schwierig, unangenehm; *saison* unwirtlich, trist; ***qc a un ~ goût*** etw schmeckt nicht gut; ***qn fait un ~ rêve*** jd träumt schlecht
9. *antéposé* (*immoral*) *fréquentation, relations* schlecht; *conduite* schlimm; *instinct* nieder, niedrig; *lecture* schlecht, Schund-; ***une ~e action*** etwas Schlechtes, eine böse Tat; ***pour ~e conduite*** (*en prison*) wegen schlechter Führung; (*à l'école*) wegen Verstoßes gegen die Schulordnung; ***il n'a pas un ~ fond*** er ist im Grunde kein schlechter Mensch
10. (*méchant*) *intention, langue, personne, regard* böse; *sujet* übel; *sourire* hämisch; ***un ~ garçon*** ein böser Bube; ***c'est de la ~e graine!*** ein übles Pack! *fam*
11. (*agité*) ■ **qc est ~** *mer* etw ist bewegt [*o* stürmisch]
▶ **qn l'a [o la trouve] ~e** *fam* jd ist sauer *fam,* jdm stinkt's *sl;* **il n'est pas/ne serait pas ~ de faire qc/que** + *subj* es ist/wäre nicht schlecht, etw zu tun/wenn; ***il ne serait pas ~ que tu revoies tes cours*** es wäre nicht schlecht, wenn du deine Unterlagen noch einmal anschauen würdest; **pas ~** nicht schlecht
II. *adv* ▶ **il fait ~** es ist schlechtes Wetter; **il fait ~ de faire qc** *littér* man tut etw lieber nicht; **qc sent ~** (*se présente mal*) etw wird brenzlig *fam*
III. *m* **1.** (*ce qui est mauvais*) Schlechte(s) *nt*
2. (*personne*) schlechter Mensch; ***les bons et les ~*** die Guten und die Schlechten

mauve [mov] **I.** *adj* blasslila
II. *m* (*couleur*) Blasslila *nt*
III. *f* BOT Malve *f*

mauviette [movjɛt] *f* (*personne chétive*) Schwächling *m; fam* (*poule mouillée*) Angsthase *m fam*

max [maks] *m fam abr de* **maximum** ▶ **un ~** verdammt viel; *boire a.* bis zum Abwinken *fam; s'éclater* tierisch *fam; **ça m'a coûté/j'ai dépensé un*** ~ das hat mich ein Schweinegeld gekostet/ich habe ein Schweinegeld ausgegeben *fam; **j'ai dû travailler un*** ~ ich habe mich mächtig ins Zeug legen müssen *fam*

maxi [maksi] I. *préf* Super-; *bouteille* Riesen-; COUT Maxi-
II. *adj inv* 1. *(très long)* [knöchel]lang, Maxi-; ***une jupe/robe/un manteau*** ~ ein Maxirock *m*/-kleid *nt*/-mantel *m*
2. *fam (maximal)* maximal
III. *f (robe)* Maxikleid *nt*
IV. *m* 1. *(mode)* Maxi *nt*, Maximode *f*; ***la mode est au*** ~ man trägt [jetzt] Maxi
2. *(manteau long)* langer Mantel, Maximantel
V. *adv fam* maximal; ***trois jours*** ~ maximal drei Tage

maxillaire [maksilɛʀ] I. *adj* ANAT Kiefer-
II. *m* Kiefer *m*; ***le*** ~ ***supérieur/inférieur*** der Ober-/Unterkiefer

maximal, e <-aux> [maksimal, o] *adj* maximal; *efficacité a.* größtmöglich; *vitesse, température a.* Höchst-, höchste(r, s); ***la peine*** ~***e*** die Höchststrafe

maximaliste [maksimalist] *adj* maximalistisch; ***qn est*** ~ jd ist Maximalist(in)

maxime [maksim] *f* Maxime *f*

maximiser <1> [maksimize] *vt* ■ **qn maximise qc** jd maximiert etw

maximum <s *o* -ima> [maksimɔm, maksima] I. *adj* maximal; *rendement, tension, nombre, valeur a.* Höchst-; *concentration, dose a.* Höchst-, Maximal-; ***une aide*** ~ so viel Hilfe wie möglich, die größtmögliche Hilfe
II. *m* Maximum *nt*, Höchstmaß *nt*; JUR Höchststrafe *f*; MATH Maximum; ■ ~ **de qc** Maximum an etw *(dat)*; *forces a.* Höchstmaß an etw *(dat)*; *capacité, profit a.* Maximal-; *vitesse* Höchst-; ***le froid a atteint son*** ~ ***cette nuit*** es war die kälteste Nacht; ***le*** ~ ***d'efforts*** die größtmögliche Anstrengung; ***le nombre*** ~ ***d'élèves*** die maximale Schülerzahl
▶ **qn fait le** ~ jd tut sein Möglichstes; jd tut, was in seinen Kräften steht; **au** ~ *travailler* so viel wie [nur irgendwie] möglich; *éviter* so weit wie [nur irgendwie] möglich; ***qn utilise qc au*** ~ jd reizt etw aus; ***qc protège qn au*** ~ etw bietet jdm maximalen Schutz; **au [grand]** ~ allerhöchstens; **un** ~ *fam s'amuser, s'éclater* wahnsinnig *fam*; ***j'ai dû travaillé un*** ~ ich habe mich mächtig ins Zeug legen müssen *fam*; ***il a vraiment bafouillé un*** ~ er hat wirklich den letzten Stuss dahergeredet *fam*

Mayence [majɛ̃s] Mainz *nt*

mayonnaise [majɔnɛz] *f* Majonäse *f*; ***œuf dur/thon*** ~ hartes Ei/Thunfisch *m* mit Majonäse

mazagran [mazagʀɑ̃] *m Kaffeegefäß aus Steingut*

mazout [mazut] *m* [Heiz]öl *nt*
▶ **à** ~ Öl-; **au** ~ Öl-

mazouter <1> [mazute] *vt* ■ **qn/qc mazoute qc/un animal** jd/etw verseucht etw/ein Tier mit Öl; ***les oiseaux mazoutés*** die ölverseuchten Vögel

me <m'> [mə] *pron pers* 1. *compl* mich *(akk)*, mir *(dat)*; ***il m'aime*** er liebt mich; ***maman m'a dit ...*** Mutti hat mir gesagt, ...
2. + *vpr* mich *(akk)*; + *vpr + compl dir* mir *(dat)*; ***je*** ~ ***lave*** ich wasche mich; ***je*** ~ ***lave les mains*** ich wasche mir die Hände
3. *avec être, devenir, sembler soutenu* mir; ***ton amitié m'est le plus grand des biens*** deine Freundschaft geht mir über alles; ***cela m'est une joie de vous recevoir*** es ist mir eine Freude, Sie zu empfangen; ***rien qui*** ~ ***soit plus étranger que ...*** nichts liegt mir ferner als ...; ***ça m'est bon de rentrer au pays*** es tut [mir] gut heimzukommen; ***le café*** ~ ***devenait indispensable*** ich konnte nicht mehr auf den Kaffee verzichten; ***cela*** ~ ***semble bon*** das scheint mir gut
4. *pour renforcer fam* mir *fam*; ***tu vas*** ~ ***le réciter, ton poème, oui ou non?*** wirst du mir jetzt dein Gedicht aufsagen, oder nicht?
5. *en remplacement de l'adj poss* mir; ***tu*** ~ ***bouches la vue*** du versperrst mir die Sicht; ***le cœur*** ~ ***battait fort*** mein Herz schlug heftig
6. *avec un présentatif:* ~ ***voici/voilà*** hier [*o* da] bin ich; ~ ***voilà ...*** + *adj* nun bin ich ...; ~ ***voilà tout ragaillardi*** nun bin ich [wieder] frisch und munter

M^e^ *loc abr de* **Maître** ■ ~ **X** Herr X

mea culpa [meakylpa] *m* ∅ *littér* Schuldbekenntnis *nt*
▶ **qn dit** [*o* **fait**] **son** ~ ~ jd bekennt sich schuldig

méandre [meɑ̃dʀ] *m* 1. *[fleuve, rivière, cours d'eau]* Mäander *m*, Windung *f*; *[route, chemin]* Kurve *f*
2. *pl [explication, politique, diplomatie]* Umschweife *pl*; *[pensée]* Windungen *pl*, verschlungene Pfade *pl*; *[phrase]* Schnörkel *m*

méat [mea] *m* 1. ANAT: ***le*** ~ ***urinaire*** die Harnröhrenmündung
2. BOT Zwischenzellraum *m*, Interzellularraum *m*

mec [mɛk] *m fam* 1. *(homme)* Kerl *m fam*, Typ *m fam*; ***les*** ~***s et les nanas*** Männlein und Weiblein *fam*
2. *(amant, compagnon)* Macker *m fam*, Kerl *m fam*
▶ **pauvre** ~ *(pour indiquer le mépris)* Blödmann *m fam*; **..., les** ~**s, ...** ..., Jungs, ... *fam*

mécanicien, ne [mekanisjɛ̃, jɛn] *m, f* 1. *(ouvrier)* Mechaniker(in) *m(f)*; ■ ~**(ne)** + *subst auto, automobile, avion, bateau* -mechaniker(in); ***il est*** ~ ***navigant*** er ist Bordwart *m* [*o* Bordingenieur *m*]
2. CHEMDFER Lok[omotiv]führer(in) *m(f)*

mécanique [mekanik] I. *adj* 1. mechanisch; ***les jouets*** ~***s*** Spielzeug *nt* zum Aufziehen; ***rasoir*** ~ Rasierapparat *m* für die Nassrasur, Nassrasierer *m*
2. *fam difficulté* technisch; ***j'ai des ennuis*** ~***s*** ich habe Ärger mit der Technik [*o* Mechanik]
3. *(machinal)* mechanisch, automatisch
II. *f* 1. *(étude des machines)* Mechanik *f*, Technik *f*; ***qn a le génie de la*** ~ jd ist technisch begabt
2. *(mécanisme)* Mechanik *f*, Mechanismus *m*; ~ ***de précision*** Feinmechanik
3. *fam (machine)* Maschine *f*; ***fabriqué(e) à la*** ~ maschinell hergestellt
4. *fam [corps humain]* Maschine *f fam*, Mechanismus *m fam*; ***je ne me sens pas bien, la*** ~ ***est fatiguée*** ich fühle mich nicht wohl, ich bin völlig erschöpft
5. SCI Mechanik *f*; ***la*** ~ ***céleste/quantique*** die Himmels-/Quantenmechanik; ***la*** ~ ***relativiste*** die relativistische Mechanik; ***la*** ~ ***ondulatoire*** die Wellentheorie
6. *soutenu [politique, passions]* Kräftespiel *nt*; *[entreprise]* [Geschäfts]ablauf *m*; ~ ***de l'âme*** seelischer Haushalt
▶ **qn roule les** [*o* **des**] ~**s** *fam* jd plustert sich auf *fam*, jd spielt den starken Mann *fam*

mécaniquement [mekanikmɑ̃] *adv* 1. *(machinalement)* mechanisch
2. *(opp: manuellement)* mechanisch, maschinell
3. SCI mechanisch

mécanisation [mekanizasjɔ̃] *f* Mechanisierung *f*

mécaniser <1> [mekanize] I. *vt* ■ **qn mécanise qc** jd mechanisiert etw
II. *vpr* ■ **qc se mécanise** */industrie, usine/* etw wird mechanisiert, etw stellt auf mechanischen Betrieb um

mécanisme [mekanism] *m* 1. TECH Mechanismus *m*
2. *[corps humain]* Mechanismus *m*
3. *(processus) psychologique, économique, politique* Prozess *m*, Vorgang *m*; *biologique a.* Mechanismus *m*; ***le*** ~ ***de la parole*** das Sprechen; ***le*** ~ ***de la pensée*** der Denkmechanismus, die Denkstruktur
4. ∅ *(machine)*: ***le*** ~ ***administratif*** der Verwaltungsapparat; ***le*** ~ ***économique*** das Wirtschaftssystem; ***le*** ~ ***politique*** das Zusammenspiel der politischen Kräfte
◆ **mécanisme de défense** Abwehrmechanismus *m*; **mécanisme de change** FIN Wechselkursmechanismus *m*; **mécanisme d'entraînement** TECH Laufwerk *nt*

mécaniste [mekanist] *adj* PHILOS mechanistisch

mécano [mekano] *m fam abr de* **mécanicien** Mechaniker *m*

meccano® [mekano] *m* Technikbaukasten *m*

mécénat [mesena] *m* Mäzenatentum *nt*
◆ **mécénat [d'entreprise]** Förderung *f* [*o* Unterstützung *f*] [durch ein Unternehmen]

mécène [mesɛn] *m (protecteur des arts)* Mäzen(in) *m(f)*; *(personne qui soutient)* Förderer/Förderin *m/f*

méchamment [meʃamɑ̃] *adv* 1. *(de façon méchante)* ■ **qn fait qc** ~ jd tut etw boshaft
2. *fam (avec une valeur intensive)* unheimlich *fam*, verdammt *fam*; ***ben dis donc, tu es*** ~ ***en retard*** du hast dich aber ganz schön verspätet *fam*; ***il est*** ~ ***amoché*** er ist böse [*o* übel] zugerichtet

méchanceté [meʃɑ̃ste] *f* 1. *(opp: gentillesse)* Gemeinheit *f*, Bosheit *f*, Boshaftigkeit *f*; ***il ne l'a pas dit par*** ~ er hat das nicht böse gemeint; ***elle m'a regardé avec*** ~ sie hat mich böse angesehen; ***c'était de la pure*** ~ das war reine [*o* pure] Gemeinheit [*o* Bosheit]
2. *(acte, parole)* Gemeinheit *f*, Bosheit *f*, Boshaftigkeit *f*; ***il n'arrête pas de faire des*** ~***s à sa petite sœur*** er ist immer so gemein zu seiner kleinen Schwester

méchant, e [meʃɑ̃, ɑ̃t] I. *adj* 1. *(opp: gentil) personne* böse, gemein, boshaft; *enfant* ungezogen, unartig, böse; *animal* bösartig; *expression, paroles* böse; ***elle est*** ~***e avec son petit frère*** sie ist böse [*o* gemein] [*o* nicht lieb] zu ihrem kleinen Bruder; ***attention, chien*** ~! Vorsicht, bissiger Hund!; ***il se donne un air*** ~ er gibt sich böse; ***elle est de*** ~***e humeur aujourd'hui*** sie hat heute ganz schlechte [*o* üble] Laune
2. *antéposé (sévère)* schlimm; *grippe a., affaire* übel, schrecklich; *soleil* sengend, gleißend; ***la mer devînt*** ~***e*** das Meer wurde gefährlich
3. *antéposé (sans valeur)* erbärmlich
4. *antéposé fam (extraordinaire)* wahnsinnig *fam*; ***elle a un*** ~ ***look, Madonna!*** Madonna sieht ja unheimlich stark aus *fam*
▶ **qc/ce n'est pas [bien]** ~ etw/das ist nicht [weiter] schlimm; **quelque chose de pas** ~ nichts Schlimmes
II. *m, f* Böse(r) *f(m)*; ***Aline, tu es une*** ~***e!*** Aline, du bist böse [*o* ein böses Mädchen]!
▶ **qn fait le/la** ~**(e)** *fam* jd muckt auf *fam*

mèche[1] [mɛʃ] *f* 1. *(touffe) [cheveux]* Strähne *f*; *(en souvenir de qn)* Haarlocke *f*
2. *[bougie, briquet, chandelle, lampe]* Docht *m*; *[mine, bombe]* Zündschnur *f*; *[arquebuse, canon]* Lunte *f*; *[fouet]* Schnur *f*; *[archet]* [Bogen]bezug *m*, [Haar]bezug
3. TECH *(foret)* Bohrer *m*, Bohreinsatz *m*
4. MED Drain [dʀɛ:n] *m*
▶ **qn a des** ~**s** jd hat Strähnen; **qn découvre** [*o* **évente**] **la** ~ jd riecht Lunte; **qn se fait faire des** ~**s** jd lässt sich *(dat)* Strähnchen machen; **qn vend la** ~ jd verrät ein Geheimnis

mèche[2] [mɛʃ] *loc* ▶ **il n'y a pas** ~ *fam* da ist nichts zu machen *fam*; **qn est de** ~ **avec qn** *fam* jd steckt mit jdm unter einer Decke, jd macht mit jdm gemeinsame Sache; **des personnes sont de** ~ Menschen stecken unter einer Decke, Menschen machen gemeinsame Sache [miteinander]

méchoui [meʃwi] *m* 1. *(mouton)* Hammel *m* am Spieß
2. *(repas)* [am Spieß] gebratener Hammel; ***on fait un*** ~ ***samedi*** wir braten am Samstag einen Hammel

Mecklembourg-Poméranie [mɛklɑ̃buʀpɔmeʀani] *m* ■ **le Mecklembourg-Poméranie** Mecklenburg-Vorpommern *nt*

mécompte [mekɔ̃t] *m gén pl soutenu (déception)* Enttäuschung *f*

méconnaissable [mekɔnɛsabl] *adj (difficile à reconnaître)* ■ **qn/qc est** ~ jd/etw ist nicht wieder zu erkennen, jd/etw ist kaum wieder zu erkennen; ■ **une chose rend qn/qc** ~ durch eine S. ist jd/etw nicht/kaum wieder zu erkennen; ***la maladie l'a rendu*** ~ die Krankheit hat ihn entstellt; ***pour se***

rendre ~, elle s'est déguisée um sich unkenntlich zu machen, verkleidete sie sich; *le quartier est devenu tout à fait ~* das Viertel ist nicht [mehr] wieder zu erkennen

méconnaissance [mekɔnɛsɑ̃s] *f littér* ■ **~ de qc** *de la loi, des textes* Unkenntnis *f* einer S. (*gen*); *une ~ totale de la situation* eine vollkommene Fehleinschätzung der Situation

méconnaître <irr> [mekɔnɛtʀ] *vt littér* **1.** (*mésestimer*) ■ **qn méconnaît qn/qc** *talent, personne* jd verkennt jdn/etw; *mérites* jd schätzt etw nicht richtig ein
2. (*ignorer*) ■ **qn méconnaît qc** *faits, vérité* jd kennt etw nicht; ■ **qn ne méconnaît pas que ne ...** + *subj* jd erkennt [*o* sieht] sehr wohl, dass; jd ist sich (*dat*) durchaus im Klaren darüber, dass; ■ **qn méconnaît-il que ne ...?** + *subj* ist sich (*dat*) jd im Klaren darüber, dass ...?
3. (*ne pas tenir compte de*) ■ **qn méconnaît qc** *règlement, loi, principe* jd beachtet etw nicht; *usage* jd setzt sich über etw (*akk*) hinweg

méconnu, e [mekɔny] *adj* verkannt

mécontent, e [mekɔ̃tɑ̃, ɑ̃t] **I.** *adj* (*insatisfait*) *personne* unzufrieden, ungehalten; *air, regard a., geste* ärgerlich; ■ **~ de qn/qc** unzufrieden mit jdm/etw; ■ **~ de faire qc**: *il est ~ d'avoir raté son train* er ist unzufrieden [*o* verärgert], weil er den Zug verpasst hat
▸ **qn n'est pas ~ de faire qc** jd ist nicht unglücklich darüber, etw zu tun; **qn n'est pas ~ que** + *subj* jd ist nicht unglücklich darüber, dass
II. *m, f* Nörgler(in) *m(f)*; POL Unzufriedene(r) *f(m)*; *c'est un perpétuel ~* er ist ewig unzufrieden; ■ **les ~s de qc** *du socialisme, régime* die mit etw Unzufriedenen

mécontentement [mekɔ̃tɑ̃tmɑ̃] *m* Unzufriedenheit *f*; *il se sentait plein de ~* er fühlte tiefe Unzufriedenheit

mécontenter <1> [mekɔ̃tɑ̃te] *vt* ■ **qn/qc mécontente qn** (*déplaire*) jd/etw missfällt jdm; (*contrarier, irriter*) jd/etw verstimmt jdn

mécréant, e [mekʀeɑ̃, ɑ̃t] *m, f* Ungläubige(r) *f(m)*

médaille [medaj] *f* **1.** (*prix, distinction*) Medaille [me'daljə]; (*décoration*) Orden *m*; *~ militaire* ≈ Tapferkeitsmedaille; *~ du sauvetage* [Lebens]rettungsmedaille; *~ du travail* *Jubiläumsmedaille für verdienstvolle Mitarbeit*; *~ de la famille* *Verdienstmedaille für außergewöhnliche Familienarbeit*
2. (*insigne d'identité*) [*chien*] Marke *f*
◆ **médaille d'argent/d'or** Silber-/Goldmedaille *f*; **médaille de bronze** Bronzemedaille *f*

médaillé, e [medaje] **I.** *adj chien, vache, sportif, employé* [mit einer Medaille] ausgezeichnet; *militaire, mère* [mit einem Orden] dekoriert
II. *m, f* Träger(in) *m(f)* einer Medaille/eines Ordens; SPORT Medaillengewinner(in) *m(f)* [me'daljən-]; *M. Untel, ~ militaire, ...* Herr Soundso, Träger der Tapferkeitsmedaille, ...

médaillon [medajɔ̃] *m* **1.** (*bijou*) Medaillon *nt*
2. GASTR ■ **~ de** *de sole, veau, foie gras* -medaillon *nt*
3. (*bas-relief*) Medaillon *nt*
4. (*grosse médaille*) große [Schau-/Gedenk]münze

médecin [mɛdsɛ̃] *m* Arzt/Ärztin *m/f*; ■ **les ~s** (*la profession médicale*) die Ärzteschaft
▸ ~ **légiste** Gerichtsarzt/-ärztin *m/f*, Gerichtsmediziner(in) *m(f)*; ~ **traitant** behandelnder Arzt/behandelnde Ärztin
◆ **médecin de campagne** Landarzt/-ärztin *m/f*; **médecin de famille** Hausarzt/-ärztin *m/f*; **médecin de permanence** Bereitschaftsarzt/-ärztin *m/f*

médecine [medsin] *f* **1.** SCI Medizin *f*; *il fait des études de ~, il est étudiant en ~* er studiert Medizin, er ist Medizinstudent
2. (*profession*) Arztberuf *m*; *qn exerce la ~* jd ist Arzt [*o* als Arzt tätig]
▸ ~ **douce** Naturheilkunde *f*, Naturheilverfahren *pl*; ~ **générale** Allgemeinmedizin *f*; *docteur X, ~ générale* Doktor X, Arzt/Ärztin für Allgemeinmedizin; ~ **légale** Gerichtsmedizin *f*; ~ **préventive** vorbeugende Medizin, Präventivmedizin *f*
◆ **médecine du travail** Arbeitsmedizin *f*

Médée [mede] *f* Medea *f*

média <[s]> [medja] *m* Medium *nt*; *les ~s* die [Massen]medien

médian, e [medjɑ̃, jan] **I.** *adj* Mittel-
II. *f* ■ **médiane** GEOM [*triangle*] Seitenhalbierende *f*

médiaplanning [medjaplaniŋ] *m* Werbeplan *m*

médiateur, -trice [medjatœʀ, -tʀis] **I.** *adj* **1.** (*qui arbitre*) vermittelnd, Vermittler-; *une commission ~trice* ein Vermittlungsausschuss *m*
2. GEOM Median-
II. *m, f* **1.** (*négociateur*) Vermittler(in) *m(f)*; [*conflits a.*] Schlichter(in) *m(f)*
2. (*intercesseur*) Mittelsmann *m*
▸ ~ **chimique** PHYSIOL [Neuro]transmitter *m*
III. *f* GEOM ■ **médiatrice** Mittelsenkrechte *f*

médiathèque [medjatɛk] *f* *Sammlung von Informations- und Unterhaltungsmaterial für Medien aller Art*

médiation [medjasjɔ̃] *f* **1.** (*entremise*) [*négociations*] Vermittlung *f*; [*conflits a.*] Schlichtung *f*; *qn propose* [*o offre*] *sa ~ dans un conflit* jd bietet in einem Streitfall seine Dienste als Vermittler an, jd bietet [sich] an in einem Streitfall zu vermitteln
2. PHILOS Vermittlung *f*

médiatique [medjatik] *adj* **1.** *campagne* Medien-; *image* durch die Medien bestimmt; *impact/opération ~* Einfluss *m*/Aktion *f* der Medien; *la télévision est un support ~ important* das Fernsehen ist ein wichtiges [Massen]medium
2. *sport, personne, sujet, événement* medienwirksam; *qn/qc est ~* jd/etw ist medienwirksam, jd/etw kommt an *fam*, jd ist telegen

médiatisation [medjatizasjɔ̃] *f* Vermarktung *f* durch die Medien

médiatiser <1> [medjatize] *vt* ■ **qn médiatise qc** jd vermarktet etw in den Medien; (*excessivement*) jd spielt etw in den Medien hoch

médical, e <-aux> [medikal, o] *adj* ärztlich; *examen/acte ~* ärztliche Untersuchung/Leistung; *prescription ~e* ärztliche Verordnung; *corps ~* Ärzteschaft *f*; *visite ~e* Arztbesuch *m*; *il ne se vante jamais de ses succès ~aux* er rühmt sich nie seiner Erfolge als Arzt

médicalement [medikalmɑ̃] *adv* medizinisch [gesehen]

médicalisation [medikalizasjɔ̃] *f* **1.** (*action de médicaliser*) ■ **~ [de qc]** *d'une ambulance, d'un bâtiment* medizinische Ausrüstung [einer S. (*gen*)]
2. (*fait d'être médicalisé*) ■ **~ d'un groupe de personnes** *du troisième âge* medizinische Betreuung einer Bevölkerungsgruppe; *~ de la mort/maternité/délinquance* medizinische Betreuung der Sterbenden/werdenden Mütter/Straffälligen; *l'extrême ~* medizinische Überbetreuung

médicaliser <1> [medikalize] *vt* **1.** (*équiper*) ■ **qn médicalise qc** *ambulance, bâtiment* jd stattet etw mit medizinischen Geräten aus
2. (*établir une assistance médicale*) ■ **qn médicalise des personnes** jd richtet eine medizinische Betreuung für Menschen ein; *la mort/maternité a été médicalisée* für die Sterbenden/werdenden Mütter wurde eine medizinische Betreuung eingerichtet

médicament [medikamɑ̃] *m* Medikament *nt*; ■ **~ contre qc** Mittel *nt* gegen etw

médicamenteux, -euse [medikamɑ̃tø, -øz] *adj* heilend, Heil-; *une plante ~euse* eine Heilpflanze, eine Arzneipflanze; *les propriétés ~euses de qc* die Heilwirkung einer S. (*gen*)

médication [medikasjɔ̃] *f* medikamentöse Behandlung

médicinal, e <-aux> [medisinal, o] *adj* Arznei-, Heil-

médico- [mediko] *préf* medizinisch- **médico-légal, e** <~-~aux> [medikolegal, o] *adj* gerichtsmedizinisch

médiéval, e <-aux> [medjeval, o] *adj* mittelalterlich

médiéviste [medjevist] **I.** *adj*: *un universitaire ~* ein Mediävist *m*
II. *mf* Mediävist(in) *m(f)*

médiocre [medjɔkʀ] **I.** *adj* **1.** (*en quantité insuffisante*) *profit, revenu, salaire* dürftig, mager, bescheiden
2. (*de qualité insuffisante*) mittelmäßig; *œuvre, vers, film* zweitklassig; *devoir* schwach; *sol* karg; *vie* belanglos, unbedeutend
3. *élève, étudiant* schwach; ■ **[qn est] ~ en qc** [jd ist] schwach in etw (*dat*)
4. *péj personne* (*mesquin*) kleinlich; (*pas très intelligent*) schlicht, einfach; *qc d'intérêt ~* etw von geringem Interesse; *des cœurs ~s* Engherzige *pl*; *des esprits ~s* Kleingeister *pl*
II. *mf* schlichter [*o* einfacher] Mensch; *qc s'adresse aux ~s* etw ist auf den Durchschnitt [*o* die breite Masse] ausgerichtet
III. *m* Mittelmäßigkeit *f*, Durchschnittlichkeit *f*; *il se complaît dans le ~* er gefällt sich in seiner Durchschnittlichkeit [*o* Mittelmäßigkeit]

médiocrement [medjɔkʀəmɑ̃] *adv* **1.** (*assez peu*) nicht übermäßig
2. (*assez mal*) mäßig [*o* nicht besonders] [gut], schlecht und recht

médiocrité [medjɔkʀite] *f* **1.** (*insuffisance en quantité*) ■ **~ de qc** *d'un salaire, profit, des revenus* Bescheidenheit *f* [*o* Dürftigkeit *f*] einer S. (*gen*)
2. (*insuffisance en qualité*) Mittelmäßigkeit *f*; ■ **~ de qn/qc** *d'un auteur, livre* Mittelmäßigkeit eines Menschen/einer S.; *d'une vie, existence* Belanglosigkeit *f* einer S. (*gen*); *~ de sentiment* Gefühlsleben *nt* ohne Höhen und Tiefen; *la ~ de la douleur/de la joie/du plaisir* der nur halb empfundene Schmerz/die nur halb empfundene Freude/das halbe Vergnügen

médire <irr> [mediʀ] *vi* ■ **qn médit** jd lästert; ■ **qn médit de qn** jd macht jdn schlecht, jd spricht schlecht über jdn

médisance [medizɑ̃s] *f* **1.** (*action*) Lästern *nt*
2. (*propos*) Lästerung *f*

médisant, e [medizɑ̃, ɑ̃t] **I.** *adj*: *qn est ~* jd spricht schlecht über andere, jd macht andere schlecht; *c'est une personne ~e* er/sie hat ein Lästermaul; *qn tient des propos ~s sur qn* jd spricht schlecht über jdn; *elle se livre à un bavardage ~ à propos de* [*o sur*] *qn* sie verbreitet Schlechtes über jdn; *des commentaires ~s* abfällige Bemerkungen
II. *m, f* Lästerzunge *f fam*, Lästermaul *nt fam*

méditatif, -ive [meditatif, -iv] *adj air* nachdenklich; *caractère a., esprit* grüblerisch

méditation [meditasjɔ̃] *f* **1.** (*réflexion*) Nachsinnen *nt*, Nachdenken *nt*; ■ **~ sur/de qc** Nachsinnen [*o* Nachdenken] über etw (*akk*)
2. REL Meditation *f*

méditer <1> [medite] **I.** *vi* **1.** (*réfléchir*) ■ **qn médite** jd denkt nach; ■ **qn médite [sur qc]** jd denkt [*o* sinnt] [über etw (*akk*)] nach
2. (*projeter*) ■ **qn médite de faire qc** jd erwägt etw zu tun, jd überlegt sich (*dat*) ob er etw tun soll
3. REL ■ **qn médite** jd meditiert
II. *vt* **1.** (*réfléchir sur*) ■ **qn médite qc** jd macht sich (*dat*) über etw (*akk*) Gedanken, jd lässt sich (*dat*) etw durch den Kopf gehen
2. (*projeter*) ■ **qn médite qc** jd erwägt etw, jd zieht etw in Erwägung; *stratagème* jd klügelt etw aus; *il médite sa vengeance* er sinnt auf Rache

Méditerranée [mediteʀane] **I.** *f* ■ **la ~** das Mittelmeer
II. *app*: *la mer ~* das Mittelmeer

méditerranéen, ne [mediteʀaneɛ̃, ɛn] **I.** *adj bassin, rivage, région, côte* Mittelmeer-; *climat, flore* mediterran; *le caractère ~ de qn* jds südländische Wesensart
II. *m, f* **1.** (*d'un pays au bord de la Méditerranée*) Südländer(in) *m(f)*
2. (*du sud de la France*) Südfranzose/-französin *m/f*

médium [medjɔm] *m* **1.** (*personne*) Medium *nt*
2. MUS mittlere Lage, Mittellage *f*

médius [medjys] *m* Mittelfinger *m*

médoc [medɔk] *m* **1.** (*vin*) Médoc *m*
2. (*région*) ■ **le Médoc** das Médoc[gebiet]

méduse [medyz] *f* Qualle *f*

méduser <1> [medyze] *vt* ■ **qc méduse qn** etw verblüfft jdn, etw macht jdn sprachlos; ■ **qn est** [*o* **reste**] **médusé(e) par qc** jd ist durch etw wie vor den Kopf geschlagen [*o* gestoßen]; ***elle resta médusée devant ce spectacle horrible*** dieser schauerliche Anblick lähmte sie

meeting [mitiŋ] *m* **1.** POL Versammlung *f,* Tagung *f;* (*en plein air*) Kundgebung *f*
2. SPORT Veranstaltung *f;* ~ ***sportif*** Sportveranstaltung; ~ ***aérien*** [*o* ***d'aviation***] Flugschau *f;* ~ ***d'athlétisme*** Leichtathletikwettkämpfe *pl*

méfait [mefɛ] *m* **1.** (*faute*) Vergehen *nt,* Missetat *f*
2. *gén pl* (*conséquence néfaste*) ■ **les ~s de qc** *de l'alcool, du tabac* die verheerenden Folgen [*o* Auswirkungen] einer S. (*gen*); ***les ~s de la gelée/grêle*** die Frost-/Hagelschäden; ***les ~s du grand air/journalisme*** der schädliche Einfluss von Wind und Wetter/des Journalismus

méfiance [mefjɑ̃s] *f* Misstrauen *nt,* Argwohn *m geh;* ***qc éveille la ~ de qn*** etw weckt jds Misstrauen [*o* Argwohn *geh*]; ***pour apaiser*** [*o* ***dissiper***] ***la ~ de sa femme, …*** um das Misstrauen seiner Frau zu zerstreuen, …

méfiant, e [mefjɑ̃, jɑ̃t] **I.** *adj* misstrauisch, argwöhnisch *geh;* ■ **~ [à l'égard de qn/qc]** misstrauisch [gegenüber jdm/etw]; ***il est ~ à l'égard de notre projet/groupe*** er steht unserem Vorhaben/unserer Gruppe misstrauisch gegenüber
II. *m, f* misstrauische [*o* argwöhnische *geh*] Natur; ***c'est une ~e*** sie ist [von Natur aus] misstrauisch [*o* argwöhnisch *geh*]

méfier <1 a> [mefje] *vpr* **1.** (*être soupçonneux*) ■ **qn se méfie [de qn/qc]** jd misstraut [jdm/einer S.]; ***je me méfie de cette offre*** ich traue diesem Angebot nicht
2. (*faire attention*) ■ **qn se méfie** jd nimmt sich in Acht, jd ist auf der Hut, jd passt auf; ***je ne me suis pas méfié*** ich war zu arglos; ***méfiez-vous!*** Vorsicht!, seien Sie auf der Hut!

méforme [mefɔʀm] *f* SPORT schlechte körperliche Verfassung; ***qn est en ~*** jd ist nicht fit [*o* in Form]

méga [mega] *m fam abr de* **mega-octet** Mega *nt fam*

méga- [mega] *préf* **1.** (*qui a un million de qc*) Mega- **2.** *fam* (*pour intensifier*) Riesen- *fam* **mégahertz** [megaɛʀts] *m* Megahertz *nt*

mégalithe [megalit] *m* Megalith *m*

mégalo [megalo] *adj fam abr de* **mégalomane** total überspannt *fam*

mégalomane [megalɔman] **I.** *adj* größenwahnsinnig
II. *mf* Größenwahnsinnige(r) *f(m);* ***qn est un/une ~*** jd ist größenwahnsinnig, jd leidet an Größenwahn

mégalomanie [megalɔmani] *f* Größenwahn *m,* Megalomanie *f spec*

méga[lo]pole [mega(lɔ)pɔl] *f* Megalopole *f*

méga-octet <~-~s> [megaɔktɛ] *m* INFORM Megabyte [-bait] *nt*

mégaphone [megafɔn] *m* Sprachrohr *nt,* Megaphon *nt;* ***le ~ crie: …*** aus dem Sprachrohr [*o* Megaphon] tönt es: …

mégarde [megaʀd] *loc* ▶ **qn fait qc par ~** jd tut etw aus Versehen

mégatonne [megatɔn] *f* Megatonne *f* **mégawatt** [megawat] *m* Megawatt *nt*

mégère [meʒɛʀ] *f péj* Megäre *f geh*

mégot [mego] *m fam* Kippe *f fam,* Stummel *m*

mégotage [megɔtaʒ] *m fam* Halbheit *f;* [*argent*] Pfennigfuchserei *f fam;* ***qu'est-ce que c'est que ce ~?*** was sollen denn diese halben Sachen? *fam;* (*quand il s'agit d'argent*) was soll diese Pfennigfuchserei? *fam*

mégoter <1> [megɔte] *vi fam* ■ **qn mégote [sur qc]** jd feilscht [wegen etw]

méhari <s *o* méhara> [meaʀi, a] *m* Mehari *nt* (*schnellfüßiges Reitdromedar in Nordafrika*)

meilleur, e [mɛjœʀ] **I.** *adj* **1.** *comp de* **bon** besser; ***qn est en ~e santé/de ~e humeur*** jdm geht es besser/jd ist besser gelaunt; ***il l'a acheté ~ marché*** er hat es billiger [*o* preiswerter] gekauft; ***il n'y a rien de ~*** es gibt nichts Besseres; ■ **~ que qn/qc** besser als jd/etw; ***c'est ~ avec de la crème*** [***que sans crème***] das schmeckt mit Sahne besser [als ohne]; ***il a ~e mine aujourd'hui*** heute sieht er besser aus; ■ **un/une ~(e) … [que qn/qc]** ein besserer/eine bessere/ein besseres … [als jd/etw]; ***il est ~ cavalier*** [***que son frère***] er ist ein besserer Reiter [*o* er reitet besser] [als sein Bruder]; ***j'ai une ~e idée*** ich habe eine bessere Idee; ***il est ~ peintre que dessinateur*** er ist als Maler besser als als Zeichner, er malt besser als er zeichnet; ■ **~ que** *avec ou sans ne* besser als; ***cet homme est ~ que je*** [***ne***] [***le***] ***pensais*** dieser Mann ist besser, als ich dachte
2. *superl* ■ **le/la ~(e)** + *subst* der/die/das beste + *subst;* ***la ~e élève/solution/équipe*** die beste Schülerin/Lösung/Mannschaft; ***c'est le ~ livre que j'aie jamais lu*** das ist das beste Buch, das ich je gelesen habe; ***j'ai obtenu le ~ prix*** ich habe den günstigsten Preis ausgehandelt; ■ **le/la ~(e) de** der/die/das Beste (+ *gen*); ***la ~e de la classe*** die Beste [in] der Klasse; ■ **le/la ~(e) … de** der/die/das beste … (+ *gen*); ***X est le ~ élève de la classe/joueur de l'équipe*** X ist der beste Schüler der Klasse/Spieler der Mannschaft, X ist der Klassen-/Mannschaftsbeste; ***cet écrivain est le ~ de son temps*** dieser Schriftsteller ist der beste seiner Zeit; ***il fait preuve de la ~e des volontés*** er zeigt besten Willen; ■ **le/la … le/la ~(e)** der/die/das [aller]beste …; ***l'élève le ~ ne pourrait pas résoudre ce problème*** der [aller]beste Schüler könnte diese Aufgabe nicht lösen
II. *adv* ▶ **il fait ~** es ist wärmer [*o* angenehmer]; **qc sent ~** etw riecht [*o* duftet] besser [*o* angenehmer]
III. *m* ■ **le ~** das Beste; ***le ~, ce serait de sortir tout de suite*** am besten gehen wir sofort [hinaus]; ***le ~ de l'histoire*** der Clou der Geschichte; ***le ~ de l'histoire, c'est que*** + *indic* das Beste an der Geschichte ist, dass
▶ **qn garde** [*o* **laisse**] **le ~ pour la fin** jd spart [*o* hebt] sich (*dat*) das Beste für den Schluss auf; **pour le ~ et pour le pire** auf Gedeih und Verderb; **dans la vie, il faut savoir prendre le ~** man muss dem Leben die guten Seiten abgewinnen, man muss das Beste aus dem Leben zu machen wissen; **qn donne le ~ de soi-même** jd gibt sein Bestes; **qn prend le ~** jd macht das Beste daraus
IV. *m, f* ■ **le/la ~(e) [de qc]** der/die/das Beste [einer S. (*gen*)]
▶ **que le ~ l'emporte** der Beste soll gewinnen [*o* siegen]; **que le ~ gagne!** auf dass der Beste gewinne!, möge der Beste gewinnen!; **j'en passe, et des ~es** und so weiter und so fort

méjuger <2 a> [meʒyʒe] **I.** *vi littér* ■ **qn méjuge de qn/qc** jd unterschätzt [*o* verkennt] jdn/etw
II. *vt littér* ■ **qn méjuge qn/qc** jd schätzt jdn/etw falsch ein
III. *vpr* ■ **qn se méjuge** (*se sous-estime*) jd unterschätzt sich; (*à dessein*) jd setzt sich herab

mélaminé, e [melamine] *adj* kunststoffbeschichtet, melaminbeschichtet

mélancolie [melɑ̃kɔli] *f* **1.** (*langueur*) Melancholie *f,* Schwermut *f;* ***elle sombra*** [*o* ***tomba***] ***dans la ~*** sie verfiel in Melancholie [*o* Schwermut]
2. (*caractère de qc*) ■ **~ de qc** melancholische Stimmung einer S. (*gen*)
▶ **qn n'engendre pas la ~** jd ist kein Kind von Traurigkeit

mélancolique [melɑ̃kɔlik] *adj* **1.** *caractère, tempérament, pensée, personne, regard* melancholisch, schwermütig; *yeux* voll[er] Melancholie [*o* Schwermut]
2. *musique, paysage* melancholisch; *souvenir* Melancholie auslösend

mélancoliquement [melɑ̃kɔlikmɑ̃] *adv* traurig

mélange [melɑ̃ʒ] *m* **1.** (*action*) Mischen *nt,* Mischung *f;* ■ **~ de qc et de qc/de plusieurs choses** Mischen von etw und etw/von mehreren Dingen
2. (*résultat*) Gemisch *nt,* Mischung *f;* CHIM Gemenge *nt;* ■ **~ de qc et de qc/de plusieurs choses** Gemisch aus etw und etw/aus mehreren Dingen; ***un ~ de légumes variés*** eine Gemüsemischung, ein Gemüseallerlei *nt*
3. (*réunion*) Ansammlung *f,* Anhäufung *f;* ■ **~ de qc et qc** *littér* (*réunion de caractères opposés*) Mischung *f* aus etw und etw
4. *pl* LITTER (*variétés*) Sammelband *m,* ausgewählte Schriften *pl*
5. *pl* LITTER (*recueil d'articles en l'honneur de qn*) Festschrift *f*
▶ **~ détonant** CHIM explosive Mischung; (*couple mal assorti*) explosive Mischung; **qn évite les ~s** jd vermeidet [es] durcheinander zu trinken; **qn fait des ~s** jd trinkt [alles] durcheinander; **qn se méfie des ~s** jd achtet darauf, nicht [zu viel] durcheinander zu trinken; **sans ~** *bonheur, joie* ungetrübt, rein
◆ **mélange des genres** LITTER [Stil]mischung *f;* (*attitude*) [Durcheinander]mischen *nt*

mélangé, e [melɑ̃ʒe] *adj* gemischt; ***couleur ~e*** Mischfarbe *f*

mélanger <2 a> [melɑ̃ʒe] **I.** *vt* **1.** (*mettre ensemble*) ■ **qn mélange qc à** [*o* **avec**] [*o* **et**] **qc** jd mischt etw und etw, jd vermischt etw mit etw; ■ **qn mélange plusieurs choses [ensemble]** jd [ver]mischt mehrere Dinge [miteinander]
2. (*mettre en désordre*) ■ **qn mélange des choses** jd bringt Dinge durcheinander [*o* in Unordnung]
3. (*confondre*) ■ **qn mélange des choses** jd verwechselt Dinge, jd bringt Dinge durcheinander; ***il mélange tout*** er bringt alles durcheinander
II. *vpr* ■ **qc et qc se mélangent** etw und etw lässt sich mischen; ■ **plusieurs choses se mélangent** mehrere Dinge lassen sich [miteinander ver]mischen; ***le bleu et le jaune se mélangent pour donner du vert*** Blau und Gelb gemischt ergeben Grün

mélangeur [melɑ̃ʒœʀ] **I.** *m* Mischbatterie *f*
II. *app:* ***robinet ~*** Mischbatterie *f*

mélanine [melanin] *f* Melanin *nt*

mélanome [melanom] *m* ▶ **~ [malin]** [bösartiges] Melanom

mélasse [melas] *f* **1.** (*résidu*) Melasse *f*
2. *fam* (*mélange confus*) Mischmasch *m fam;* (*boue*) Matsch *m fam;* (*brouillard*) Waschküche *f fam*
▶ **qn est dans la ~** *fam* jd sitzt in der Tinte *fam;* ***il commence à être dans la ~*** er gerät in die Tinte *fam*

Melba [mɛlba] *adj v.* **pêche**

mêlé, e [mele] **I.** *adj* **1.** (*mélangé*) [miteinander] vermischt; *couleurs, races* Misch-; ***des tons dégradés ~s*** [***ensemble***] [miteinander] vermischte Farbschattierungen; ***voix ~es*** Stimmengewirr *nt;* ■ **qc ~ à qc** etw vermischt mit etw; ***du sucre ~ à du vin*** Zucker vermischt mit Wein, mit Wein vermischter Zucker; ■ **~ de qc [et de qc]** *soutenu* mit etw [und etw] vermischt; ***une langue ~e de français et d'espagnol*** eine Mischsprache aus Französisch und Spanisch
2. (*composite*) *assemblée, monde, société* gemischt; *style* uneinheitlich, heterogen
3. (*impliqué*) ■ **qn est ~ à qc** *à une affaire, un complot, un scandale* jd ist in etw (*akk*) verwickelt
II. *f* ■ **mêlée 1.** (*corps à corps*) Handgemenge *nt,* Schlägerei *f;* (*dans un débat d'idées*) Gefecht *nt;* ***qn jette ses idées dans la grande ~e*** jd führt seine Ideen ins Gefecht; ***la ~e politique*** die politische Kampfbahn
2. (*personnes/choses mêlées*) Durcheinander *nt,* Wirrwarr *m;* ■ **~e de qc [et de qc]** Durcheinander [*o* Wirrwarr] von etw [und etw]; *de plantes a.* Gestrüpp *nt* von etw [und etw]
3. RUGBY Gedränge *nt*
▶ **qn entre/se jette dans la ~e** jd stürzt sich in den Kampf, jd schaltet sich in den Kampf ein; **[qn est/reste] au-dessus de la ~e** [jd hält sich] im Abseits; ***il est resté au-dessus de la ~e*** er hat sich herausgehalten

mêler <1> [mele] **I.** *vt* **1.** (*mélanger*) ■ **qn/qc mêle qc et** [*o* **avec**] **qc/des choses** jd/etw mischt etw und etw/[verschiedene] Dinge, jd/etw vermischt etw mit etw/[verschiedene] Dinge; *voix* Menschen vereinigen etw; *ingrédients* jd vermengt [*o* verrührt] etw; ***ce récit mêle la réalité et la fiction*** dieser Bericht ist eine Mischung aus Dichtung und Wahrheit
2. (*ajouter*) ■ **qn/qc mêle qc à qc** jd/etw mischt [*o* mengt] etw einer S. (*dat*) bei; ***il a mêlé des détails pittoresques à son récit*** er hat in seinen Bericht malerische Einzelheiten eingeflochten; ***je mêle l'utile à l'agréable*** ich verbinde das Angenehme mit dem Nützlichen; ■ **qn mêle une chose de qc** *soutenu* jd mengt etw einer S. (*dat*) bei *geh*

3. (*mettre en désordre*) ■ **qn mêle qc** jd bringt etw durcheinander [*o* in Unordnung]; *fils* jd verwirrt etw; *cartes* jd mischt etw
4. (*impliquer*) ■ **qn mêle qn à qc** jd verwickelt jdn in etw (*akk*)
II. *vpr* 1. (*se mélanger*) ■ **qc et qc/des choses se mêlent** etw und etw/[verschiedene] Dinge mischen sich; ***leurs voix se mêlaient pour former un chœr/duo*** ihre Stimmen vereinigten sich zu einem Chor/Duo; ***dans ce récit, la réalité et la fiction se mêlent d'une manière très heureuse*** dieser Bericht ist eine gelungene Mischung aus Dichtung und Wahrheit; ■ **qc se mêle à** [*o* **avec**] **qc** etw verquickt sich mit etw
2. (*joindre*) ■ **qn se mêle à qc** *à un groupe* jd gesellt sich einer S. (*dat*) hinzu; ***ils se mêlaient à la foule*** sie mischten sich unter die Menge
3. (*participer*) ■ **qn se mêle à qc** *à la conversation, aux affaires* jd mischt sich in etw (*akk*) ein; *à un jeu* jd steigt in etw (*akk*) ein
4. *péj* (*s'occuper*) ■ **qn se mêle de qc** jd mischt sich in etw (*akk*) ein
5. *péj* (*avoir la prétention*) ■ **qn se mêle de faire qc** jd will auch noch etw tun; ***le voilà qui se mêle de faire des vers!*** und jetzt will er auch noch dichten!
▸ **qn se mêle de ce qui ne le regarde pas** jd kümmert sich um Dinge [*o* Sachen], die ihn nichts angehen; **mêle-toi/mêlez-vous de ce qui te/vous regarde** kümmre dich/kümmern Sie sich um deine/Ihre eigenen Angelegenheiten; **de quoi je me mêle?** und was geht dich/Sie das [eigentlich] an?; **de quoi tu te mêles?** *fam* was geht dich das überhaupt an? *fam*

mélèze [melɛz] *m* Lärche *f*

méli-mélo <~s-~s> [melimelo] *m fam* Durcheinander *nt*, Kuddelmuddel *m o nt fam*; ■ **~-~ de qc et qc/plusieurs choses** wirres Durcheinander von etw und etw/mehreren Dingen

mélisse [melis] *f* Melisse *f*; ***eau de*** ~ Melissengeist® *m*

mélo [melo] I. *m péj fam abr de* **mélodrame** Melodram[a] *nt*
II. *adj inv péj fam abr de* **mélodramatique** rührselig

mélodie [melɔdi] *f* 1. (*air*) Melodie *f*, Weise *f liter*
2. (*poème mis en musique*) Lied *nt*
3. ■ ~ **de qc** Satzmelodie *f* von etw; ~ ***de la phrase*** Satzmelodie; ~ ***du vers*** Versmelodie *f*

mélodieusement [melɔdjøzmɑ̃] *adv* melodisch

mélodieux, -euse [melɔdjø, -jøz] *adj* melodisch; *voix a.* melodiös

mélodique [melɔdik] *adj* melodisch; ***la phrase*** ~ die Phrase

mélodramatique [melɔdʀamatik] *adj* melodramatisch

mélodrame [melɔdʀam] *m* Melodrama *nt*

mélomane [melɔman] I. *adj* musik liebend, musikbegeistert
II. *mf* Musikliebhaber(in) *m(f)*

melon [m(ə)lɔ̃] *m* 1. (*fruit, plante*) Melone *f*
2. (*chapeau*) Melone *f*
◆ **melon d'eau** Wassermelone *f*

melting-pot <~-~s> [mɛltiŋpɔt] *m* Schmelztiegel *m*

membrane [mɑ̃bʀan] *f* Membran[e] *f*; ~ ***cellulaire*** Zellmembran
▸ ~ **conjonctive** Bindehaut *f*

membraneux, -euse [mɑ̃bʀanø, -øz] *adj* membranartig

membre [mɑ̃bʀ] I. *m* 1. ANAT [Körper]glied *nt*; ***les ~s*** die Glieder, die Gliedmaßen
2. (*sexe masculin*) Glied *nt*
3. (*adhérent*) ■ ~ **[de qc]** Mitglied *nt* [einer S. (*gen*)]; ~ ***du club*** Klubmitglied; ~ ***à part entière*** Vollmitglied
4. MATH ■ ~ **[de qc]** Seite *f* [einer S. (*gen*)]; ***le ~ de gauche de l'équation*** die linke Seite der Gleichung
▸ ~ **antérieur/postérieur** vorderes/hinteres Gliedmaß, Vorderbein *nt*/Hinterbein *nt*; ~ **inférieur/supérieur** unteres/oberes Gliedmaß; **premier/second** ~ MATH erstes/zweites Glied; ~ **viril** männliches Glied; **qn tremble de tous ses ~s** jd zittert an allen Gliedern [*o* am ganzen Körper]
II. *app État, pays* Mitglieds-
◆ **membre de phrase** Satzglied *nt*

membré, e [mɑ̃bʀe] *adj littér* ▸ **bien/mal** ~ gut/schlecht gebaut; **[qn est]** ~ **comme qn** [jd hat] jds Körperbau; ***elle est ~e comme un homme*** sie hat den Körperbau eines Mannes

membrure [mɑ̃bʀyʀ] *f* 1. *littér* [*personne*] Körperbau *m*
2. CONSTR Gurt *m*, Gurtung *f*
3. NAUT, ESPACE Spant *nt*

même [mɛm] I. *adj* 1. (*identique*) ■ **le/la** ~ [ein und] derselbe/[eine und] dieselbe/[ein und] dasselbe; ■ **les ~s** [ein und] dieselben; ■ **un(e)** ~ ein und derselbe/eine und dieselbe/ein und dasselbe; ■ **ce(tte)** ~ genau dieser/diese/dieses
2. + *prép, souvent sans dét* gleich; ***en*** [*o* ***dans le***] ~ ***temps*** zur gleichen Zeit; ***deux enfants de*** [***la***] ~ ***taille*** zwei gleich große Kinder
3. (*semblable*) gleich; ***elles portent toutes deux la ~ robe*** beide tragen das gleiche Kleid; ■ **le/la ~ … que** (*identique*) der-/die-/dasselbe … wie; ***elle porte la ~ robe qu'hier*** sie trägt dasselbe Kleid wie gestern
4. (*pour donner une valeur superlative au nom*) ■ **qn est le/la … ~** jd ist der/die/das … selbst [*o* in Person]; ***elle est la gaieté/gentillesse ~*** sie ist die Fröhlichkeit/Liebenswürdigkeit selbst [*o* in Person]; ***son fils était la bonne humeur ~*** sein/ihr Sohn war die personifizierte gute Laune
5. (*pour renforcer le mot précédent*) ■ **le/la/ce(tte) … ~** selbst der/die/das …; ■ **les/ces … ~[s]** selbst die/diese …; ***les murs ~[s] ont des oreilles*** selbst die Mauern haben Ohren
6. + *pron* ■ **moi-/toi-/soi-/lui-/elle-/vous-~** ich/du/sich/er/sie/Sie selbst; ***je le ferai moi-~*** ich werde es selbst tun, ich selbst werde es tun; ***toi-~, tu dis bien que*** + *indic* du sagst doch selbst, dass; du selbst sagst doch, dass; ■ **nous-/vous-/eux-/elles-~s** wir/ihr/sie/sie selbst; ■ **de moi-/lui-/soi-/d'elle-~** von mir/ihm/sich/ihr aus; ■ **de nous-/vous-/d'eux-/elles-~s** von uns/euch/sich/sich aus; ***elle a fait cela d'elle-~*** sie hat das von sich aus gemacht

II. *pron indéf* ■ **le/la** ~ (*une chose identique*) der-/die-/dasselbe; (*une chose semblable*) der/die/das Gleiche; ■ **les ~s** (*des choses identiques*) dieselben; (*des choses semblables*) die Gleichen
III. *adv* 1. (*aussi, de plus, jusqu'à*) [ja] sogar; ***il lui dit des injures et ~ la frappa*** er beschimpfte und schlug sie sogar; ~ ***aujourd'hui*** selbst heute
2. (*pour renforcer*): ***ici*** ~ genau an dieser Stelle; ***et, par là ~, il s'accuse*** und genau dadurch klagt er sich an; ***j'envoie la lettre aujourd'hui ~*** ich schicke den Brief noch heute ab; ~ ***pas*** nicht einmal
3. *fam* ■ ~ **que** + *indic* auch noch; ***il a pris ma voiture, ~ qu'il a eu un accident*** er hat meinen Wagen genommen und hat auch noch einen Unfall gebaut
▸ **qn est à ~ de faire qc** jd ist imstande [*o* in der Lage], etw zu tun; jd kann etw tun; **qn est de ~** *soutenu* jd ist ebenso; **à ~ qc**: ***à ~ le goulot*** direkt aus der Flasche; ***à ~ le sol/la peau*** direkt auf der Erde/der Haut, auf der nackten Erde/Haut; **[il en est** [*o* **il en va**]] **de ~ de** [*o* **pour**] **qn/qc/lorsque …** [dies gilt] auch [*o* ebenso] [*o* desgleichen] für jdn/etw/, wenn …; ***il n'en sera bientôt plus de ~*** desgleichen wird bald nicht mehr gelten [*o* zutreffen]; ***il n'en fut pas de ~ de X*** für X traf desgleichen nicht zu, für X galt desgleichen nicht; **de ~ que** + *subj o indic* [eben]so wie; **tout de ~** dennoch, trotzdem, trotz alledem; **tout de ~!** *fam* (*quand même*) doch; (*enfin*) na endlich; ***ce n'est plus un gamin, il a tout de ~ quinze ans!*** er ist kein Kind mehr, er ist doch immerhin schon 15!; ***ce n'est tout de ~ pas des choses à dire!*** solche Dinge sagt man doch nicht!; ***tu aurais pu tout de ~ prévenir!*** du hättest doch wirklich anrufen können!; ***me voilà! – Ah, tout de ~!*** hier bin ich! – Ah, [kommst du] doch noch!

mémé [meme] *f fam* 1. *enfantin* (*grand-mère*) Oma *f*
2. *péj* (*femme d'un certain âge*) [alte] Oma; ***elle fait ~*** sie wirkt alt

mémento [memɛ̃to] *m* 1. (*agenda*) Notizbuch *nt*
2. (*livre*) Handbuch *nt*, Abriss *m*
3. REL Fürbitte *f*; ~ ***des vivants/des morts*** Fürbitte [*o* Memento *nt*] für die Lebenden/Toten

mémère [memɛʀ] *f fam* 1. *enfantin* (*grand-mère*) Großmama *f*, Oma *f*
2. *péj* (*femme d'un certain âge*) [alte] Oma
▸ **qn/qc fait ~** jd wirkt alt/etw macht alt

mémoire[1] [memwaʀ] *f* 1. (*faculté de se souvenir*) Gedächtnis *nt*, Erinnerungsvermögen *nt*; *visuelle, auditive, affective, associative, collective, sélective* Gedächtnis; ***elle fouillait [dans] sa ~ pour y retrouver ce nom*** sie versuchte sich an diesen Namen zu erinnern; ■ ~ **de qc** *des dates, odeurs* Gedächtnis für etw; ***elle a la ~ des chiffres/noms*** sie hat ein gutes Zahlen-/Namensgedächtnis; ***elle n'a pas la ~ des lieux*** sie hat einen schlechten [*o* keinen] Ortssinn
2. (*souvenir*) ■ ~ **de qn/qc** Erinnerung *f* an jdn/etw; ■ **de … ~** *fâcheuse, glorieuse, sinistre, triste …* Angedenkens; ***empereur de sinistre ~/soldat de glorieuse ~*** Kaiser unseligen Angedenkens/Soldat seligen Angedenkens; ■ **de ~ de qn/d'animal**: ***de ~ d'homme*** seit Menschengedenken; ***de ~ de sportif*** seitdem man Sport treibt; ***de ~ de chat*** seitdem es Katzen gibt
3. INFORM Speicher *m*; ***une capacité de ~ de …*** eine Speicherkapazität von …
▸ **qn a une ~ d'éléphant** jd hat ein fantastisches Gedächtnis; **[…,] si j'ai bonne ~, …** […,] wenn mich mein Gedächtnis nicht täuscht; […,] wenn ich mich richtig erinnere [*o* nicht täusche], …; **qn a [une] bonne/mauvaise ~** jd hat ein gutes/schlechtes Gedächtnis; ~ **centrale** Hauptspeicher *m*; **qn a la ~ courte** jd hat ein kurzes Gedächtnis; ~ **externe/interne** INFORM externer/interner Speicher; ~ **morte** INFORM ROM *m*, Festwertspeicher *m*; **qc lui est présent(e)** [*o* **vivant(e)**] **à la ~** jd kann sich genau an etw (*akk*) erinnern; **qn a/garde qc présent(e)** [*o* **vivant(e)**] **à la ~** jd hat etw nicht vergessen/behält etw im Gedächtnis [*o* in Erinnerung]; ~ **vive** INFORM RAM [ræm] *m*, Arbeitsspeicher *m*, Schreib-Lese-Speicher *m*; **qn a de la ~** jd hat ein gutes Gedächtnis; **qn a peu/beaucoup de ~** jd hat ein schlechtes/gutes Gedächtnis; **qn n'a pas de ~** jd ist [sehr] vergesslich; ***pardonne-moi, je n'ai plus de ~*** tut mir Leid, aber ich werde vergesslich [*o* ich kann mir nichts mehr merken]; **qn n'a plus qc en ~** jd kann sich an etw (*akk*) nicht mehr erinnern; **qn a/garde qc en** [*o* **dans sa**] **~** jd behält etw im Gedächtnis; **qn conserve** [*o* **garde**] **la ~ de qn/qc** jd bewahrt die Erinnerung an jdn/etw; **qn se farcit la ~ de qc** (*surcharge sa mémoire de*) jd stopft sich (*dat*) sein Gedächtnis mit etw voll; **qn/qc met qc en ~** jd/etw speichert etw; **qn perd la ~** (*en raison de l'âge*) jd wird vergesslich; (*en raison d'un accident*) jd verliert das Gedächtnis; **qn me/lui/… rafraîchit la ~** jd hilft meinem/seinem/ihrem/… Gedächtnis nach; **qn lui remet qc en ~** jd ruft jdm etw ins Gedächtnis zurück, jd erinnert mich/ihn/sie/… an etw (*akk*); **qn se remet qc en ~** jd ruft sich (*dat*) etw ins Gedächtnis zurück; **qc lui remonte** [*o* **revient**] **à la ~** etw fällt jdm wieder ein; **qc lui sort de la ~** etw entfällt jdm; **qn fait qc à la ~ de qn** jd tut etw zum Gedenken [*o* Andenken] an jdn; **dans la ~ de qn** *des hommes, des peuples* in jds Erinnerung (*dat*); **qn fait qc de ~** jd tut etw [frei] aus dem Gedächtnis; **pour ~** informationshalber, nur zur Information
◆ **mémoire cache** INFORM Cache[speicher] ['kæʃ-] *m*; **mémoire RAM** [*o* **à accès direct**] INFORM RAM [ræm] *m*; **mémoire ROM** INFORM ROM *m*; **mémoire tampon** INFORM Pufferspeicher *m*

mémoire[2] [memwaʀ] *m* 1. *pl* (*journal*) Memoiren *pl*
2. (*dissertation*) [wissenschaftliche] Arbeit
3. (*exposé*) Bericht *m*; JUR Gesuch *nt*; ***un ~ justificatif*** eine Rechtfertigungsschrift
4. (*facture*) [detaillierte] Rechnung, Kostenaufstellung *f*
◆ **mémoire de maîtrise** Magisterarbeit *f*

mémorable [memɔʀabl] *adj* (*qui fait date*) denkwürdig; (*inoubliable*) unvergesslich

mémorandum [memɔʀɑ̃dɔm] *m* 1. (*note diplomatique*) Memorandum *nt*

2. (*carnet de notes*) Notizbuch *nt,* Notizensammlung *f*

mémorial <-aux> [memɔʀjal, jo] *m* **1.** (*monument*) Denkmal *nt;* ***le ~ de La Fayette*** das Denkmal [zu Ehren] La Fayettes
2. (*écrit*) ■ **M~** Chronik *f;* ***un M~ domestique*** eine Familienchronik

mémorialiste [memɔʀjalist] *mf* Memoirenschreiber(in) *m(f)*

mémorisation [memɔʀizasjɔ̃] *f* Sicheinprägen *nt,* [Auswendig]lernen *nt;* INFORM Speicherung *f;* ***des difficultés de ~*** Lernschwächen *pl;* ■ **~ de qc** *d'un résumé, d'une poésie* Auswendiglernen einer S. (*gen*); *de données* Speicherung einer S. (*gen*)

mémoriser <1> [memɔʀize] *vt* **1.** (*apprendre*) ■ **qn mémorise qc** jd lernt etw auswendig, jd prägt sich (*dat*) etw ein; ***il n'arrive pas à ~ ses tables de multiplication*** er kann sich (*dat*) sein Einmaleins nicht merken
2. INFORM ■ **qc mémorise qc** etw speichert etw

menaçant, e [mənasɑ̃, ɑ̃t] *adj* **1.** *poing, voix, air* drohend; *décision* bedrohlich; ***un geste ~*** eine Drohgebärde
2. *ciel, nuage* bedrohlich; ***des nuages ~s*** Gewitterwolken *pl*

menace [mənas] *f* **1.** (*parole, geste, acte*) Drohung *f;* ■ **~ de qc** *d'amende, de punition, de privation* Androhung von etw; ***des ~s de mort*** Morddrohungen *pl*
2. (*danger*) Bedrohung *f;* ■ **~ de qc:** ***~ de guerre/d'invasion*** [drohende] Kriegs-/Invasionsgefahr; ***~ de représailles*** Bedrohung durch Repressalien; ***~ de pluie/de grêle*** drohender Regen/Hagel; ***des ~s d'orage*** drohende Gewitter *pl,* Gefahr *f* von Gewittern; ***la ~ d'un tremblement de terre*** die drohende Gefahr eines Erdbebens
▸ **qn fait qc sous la ~ [de qn/qc]** jd tut etw unter [jds] Zwang (*dat*)/unter dem Zwang einer S. (*gen*)

menacé, e [mənase] *adj* bedroht, gefährdet; ***ses jours sont ~s*** er schwebt in Lebensgefahr, sein Leben ist bedroht

menacer <2> [mənase] **I.** *vt* **1.** (*faire peur avec*) ■ **qn menace qn [de qc]** *de son couteau, d'un bâton, d'une arme* jd bedroht jdn [mit etw]; *de la main, du poing* jd droht jdm [mit etw]
2. (*faire des menaces de*) ■ **qn menace qn de qc/de faire qc** *de prison, de renvoi, de mort* jd droht jdm etw an [*o* jdm mit etw]/jd droht jdm [an], dass er etw tun wird; ***autrefois on était menacé de prison pour le moindre méfait*** früher drohte einem das Gefängnis für die kleinste Missetat
3. (*constituer une menace*) ■ **qc menace qn/qc** etw bedroht jdn/etw; *santé* etw gefährdet etw; */guerre/* etw droht jdm/einer S.
II. *vi* **1.** ■ **qc menace** */orage, grêle, tempête, guerre, famine/* etw droht
2. ■ **qc menace de faire qc** */mur, pont, usine, chômage/* etw droht etw zu tun; ***le pont menace de s'écrouler*** die Brücke droht einzustürzen; ***la pluie menace de tomber*** der Regen kann jeden Moment losbrechen

ménage [menaʒ] *m* **1.** (*entretien de la maison*) Haushalt *m;* ***j'ai horreur du ~*** ich mache nicht gern[e] den Haushalt
2. (*couple*) Ehepaar *nt;* ***un ~ sans enfants*** ein kinderloses Ehepaar
3. (*famille*) Haushalt *m;* ***un ~ de cinq personnes*** ein Haushalt mit fünf Personen
4. ECON Haushalt *m*
▸ **qn/un animal fait bon/mauvais ~ avec qn/un animal** jd/ein Tier verträgt sich gut/nicht gut mit jdm/einem Tier, jd versteht sich gut/nicht gut mit jdm; **qn fait bon/mauvais ~ avec qc** jd ist in Bezug auf etw (*akk*) vorbildlich/nicht vorbildlich; **qc fait bon/mauvais ~ avec qc** etw verträgt sich gut/nicht gut mit etw; **des personnes/choses font bon/mauvais ~** Menschen/Dinge passen gut/nicht gut zusammen, Menschen vertragen sich gut/nicht gut [miteinander]; **qn/un animal ne fait pas bon ~ avec qn/un animal** jd/ein Tier verträgt sich nicht mit jdm/einem Tier, jd versteht sich nicht mit jdm; **qn ne fait pas bon ~ avec qc** jd lässt in Bezug auf etw (*akk*) zu wünschen übrig; **qc ne fait pas bon ~ avec qc** etw verträgt sich nicht mit etw; **des personnes/choses ne font pas bon ~** Menschen/Dinge passen nicht zusammen, Menschen vertragen sich nicht [miteinander]; **jeune ~** junges Ehepaar; **qn est [*o* vit]/se met en ~ [avec qn]** jd lebt/zieht [mit jdm] zusammen; ***ils se sont mis en ~*** sie sind zusammengezogen; **qn fait le ~ [de qc]** jd räumt [etw] auf; **qn fait son ~** jd räumt [seine Wohnung] auf; (*nettoie à fond*) jd macht Hausputz; **qn fait le ~** *fam* (*réorganise*) jd schafft Ordnung; **qn fait des ~s** jd geht putzen; **qn se monte en ~, qn monte son ~** jd richtet sich ein; **~ à trois** Dreiecksverhältnis *nt;* **de ~** *pain, jambon, toile* hausgemacht; *querelle, scène* Ehe-; ***il lui a fait une scène de ~*** er hat ihr eine Szene gemacht

ménagement [menaʒmɑ̃] *m gén pl* Schonung *f kein pl;* ***il faut la traiter avec ~*** sie muss schonend [*o* behutsam] behandelt werden
▸ **[qn fait qc] sans ~** [jd tut etw] schonungslos [*o* rücksichtslos]

ménager <2 a> [menaʒe] **I.** *vt* **1.** (*employer avec mesure*) ■ **qn ménage qc** *ses revenus, les condiments* jd geht sparsam mit etw um; *ses forces, sa voiture, ses vêtements* jd schont etw; *ses paroles, expressions, sa critique* jd mäßigt etw; ***les concepteurs de cette cuisine ont voulu ~ les pas de l'utilisateur*** die Planer der Küche wollten dem Benutzer unnötige Schritte ersparen; ***il ménageait ses paroles*** er blieb wortkarg
2. (*traiter avec égards*) ■ **qn ménage qn** (*pour raisons de santé*) jd schont jdn, jd behandelt jdn schonend; (*par respect ou par intérêt*) jd behandelt jdn rücksichtsvoll; (*dans un souci de clémence*) jd behandelt jdn nachsichtig; ■ **qn ménage qc** *son cœur, foie, ses artères* jd schont etw; ■ **qn ménage qc de qn** *les oreilles, la sensibilité* jd nimmt auf jds etw (*akk*) Rücksicht
3. (*préparer*) ■ **qn/qc ménage qc [à qn]** *une surprise, un rebondissement* jd/etw hält etw [für jdn] bereit; *une entrevue* jd führt [für jdn] etw herbei
4. *soutenu* (*aménager*) ■ **qn ménage qc** *meuble* jd stellt etw auf; *pièce* jd richtet etw ein; *escalier* jd installiert etw
II. *vpr* **1.** (*prendre soin de soi*) ■ **qn se ménage** jd schont sich
2. (*se réserver*) ■ **qn se ménage qc** *du temps* jd hält sich (*dat*) etw frei; ***il se ménage une porte de sortie*** er hält sich (*dat*) eine Hintertür offen

ménager, -ère [menaʒe, -ʒɛʀ] **I.** *adj* Haushalts-; ***les ordures ~ères*** der Hausmüll; ***les travaux/arts ~s*** die Hausarbeit/Hauswirtschaft
II. *f* ■ **ménagère 1.** (*femme*) Hausfrau *f*
2. (*service de couverts*) Besteckgarnitur *f*

ménagerie [menaʒʀi] *f* **1.** (*animaux*) Menagerie *f*
2. (*lieu d'exposition*) Tiergehege *nt*

mendiant, e [mɑ̃djɑ̃, jɑ̃t] **I.** *m, f* Bettler(in) *m(f)*
II. *m* GASTR ■ **~[s]** ≈ Studentenfutter *nt*
▸ **les quatre ~s** *Mischung aus Rosinen, getrockneten Feigen, Haselnüssen und Mandeln*
III. *adj* REL: ***un ordre ~*** ein Bettelorden *m*

mendicité [mɑ̃disite] *f* **1.** (*action*) Betteln *nt;* ***~ interdite!*** Betteln verboten!
2. (*condition*): ***il l'a réduit à la ~*** er hat ihn an den Bettelstab gebracht; ***qn arrive à sortir de la ~*** jdm gelingt es, dem Bettlerdasein zu entkommen

mendier <1 a> [mɑ̃dje] **I.** *vi* ■ **qn mendie** jd bettelt
II. *vt* ■ **qn mendie qc** jd bettelt um etw; *péj des suffrages, voix, louanges* jd erbettelt etw

menées [məne] *fpl* Machenschaften *pl*

mener <4> [məne] **I.** *vt* **1.** (*conduire*) ■ **qn/qc mène qn/un animal/qc quelque part** *à l'école, au champ, chez le médecin, devant le juge, en prison* jd/etw bringt jdn/ein Tier/etw irgendwohin; *dans une salle* jd/etw führt jdn/ein Tier/etw irgendwohin; ***le général mène ses troupes au combat*** der General führt seine Truppen in den Kampf; ***on les a menés en car à l'hôtel*** sie wurden mit dem Bus zum Hotel gebracht; ■ **qn/qc mène qc à qc** *à la guerre* jd/etw führt etw in etw (*akk*); *au bord du gouffre* jd/etw führt etw an etw (*akk*); ■ **qc mène qn à qc** */études, recherches, enquête/* etw bringt jdn zu etw; ***ces mesures mèneraient la France à la ruine*** diese Maßnahmen würden Frankreich ruinieren [*o* in den Ruin führen]; ***ses efforts l'ont mené au succès*** seine Anstrengungen waren von Erfolg gekrönt
2. (*être en tête*) ■ **qn/un animal mène qc** jd/ein Tier führt etw an; SPORT jd liegt an der Spitze einer S. (*gen*)
3. (*diriger*) ■ **qn mène qc** jd leitet etw; *négociations* jd führt etw; *enseignement* jd hält etw; ■ **qn mène qc contre qn** *offensive, entreprise* jd führt etw gegen jdn durch; *processus* jd führt etw gegen jdn
4. (*administrer*) ■ **qn mène qc** *affaire, ménage, vie* jd führt etw; *existence* jd fristet etw; ***ils mènent une existence calme*** sie führen ein ruhiges Leben
5. (*faire agir*) ■ **qn/qc mène qn** jd/etw leitet jdn; ***seul l'intérêt le mène*** er handelt nur aus Eigeninteresse; ***il se laisse ~ par sa femme*** er lässt sich von seiner Frau leiten; ***les idées mènent le monde*** die Ideen regieren die Welt
6. GEOM ■ **qn mène qc** jd zieht etw; ***il mène une droite (D) passant par le point (P)*** er zieht eine Gerade (D) durch den Punkt (P); ***menez une circonférence par trois points donnés*** beschreiben Sie einen Kreis um drei gegebene Punkte
II. *vi* **1.** (*aller en direction de*) ■ **qc mène quelque part** etw führt irgendwohin
2. (*mettre sur la voie de*) ■ **qc mène à qn/qc** *au coupable, à la vérité, au succès* etw führt zu jdm/etw
3. SPORT ■ **qn/une équipe/un pays mène [à la marque]** jd/eine Mannschaft/ein Land führt; ***la France menait [par] deux buts à zéro*** Frankreich führte mit 2 zu 0 [Toren]

ménestrel [menɛstʀɛl] *m* [fahrender] Sänger, Spielmann *m*

meneur, -euse [mənœʀ, -øz] *m, f péj* Anführer(in) *m(f),* Anzettler(in) *m(f);* ***cette femme est une ~euse*** diese Frau ist eine Aufwieglerin
◆ **meneur de jeu** SPORT Spielmacher *m;* (*animateur*) Conférencier *m;* RADIO, TV Showmaster [ˈʃoumaːstɐ] *m,* Spielleiter *m;* **meneur d'hommes** Führernatur *f*

menhir [meniʀ] *m* Menhir *m,* Hinkelstein *m fam*

méninge [menɛ̃ʒ] *f* ANAT Hirnhaut *f*
▸ **qn se creuse les ~s** *fam* jd zermartert sich (*dat*) das Hirn *fam;* **qn ne se fatigue pas les ~s** *fam* jd strengt sein Hirn nicht übermäßig an *fam;* **il faudrait que qn se fatigue les ~s** *fam* jd müsste sein Hirn ein wenig anstrengen *fam*

méningite [menɛ̃ʒit] *f* Hirnhautentzündung *f,* Meningitis *f spec*
▸ **qn ne risque pas d'attraper [*o* ne va pas attraper] une ~** *fam* jd überanstrengt sein Hirn nicht *fam*

ménisque [menisk] *m* Meniskus *m*

ménopause [menopoz] *f* Wechseljahre *pl,* Menopause *f spec*

menotte [mənɔt] *f* **1.** *pl* (*entraves*) Handschellen *pl*
2. *fam* (*main d'enfant*) [Patsch]händchen *nt*
▸ **qn passe les ~s à qn** jd legt jdm die Handschellen an

mensonge [mɑ̃sɔ̃ʒ] *m* **1.** (*opp: vérité*) Lüge *f;* ***qn raconte un ~*** jd lügt; ***qn raconte un ~ à qn*** jd belügt jdn; ***qn dit des ~s*** jd lügt
2. ∅ (*action, habitude*) Lügen *nt*
▸ **gros ~** *enfantin:* ***il a raconté un gros ~ à sa maman*** er hat seine Mutti [böse] angeschwindelt; **pieux ~** fromme Lüge; **c'est [bien] vrai, ce ~?** *hum* und das soll ich dir glauben?; **qn vit dans le ~** sein/ihr Leben ist nur eine einzige Lüge [*o* besteht nur aus Lügen]

mensonger, -ère [mɑ̃sɔ̃ʒe, -ʒɛʀ] *adj propos, récit, ragot* erlogen, unwahr; *promesse* falsch

menstruation [mɑ̃stʀyasjɔ̃] *f* Monatsblutung *f,* Regel *f,* Menstruation *f*

menstruel, le [mɑ̃stʀyɛl] *adj* Menstruations-, menstrual *spec;* ***le flux ~*** die Monatsblutung

mensualisation [mɑ̃sɥalizasjɔ̃] *f* ■ **~ de qc** *de l'impôt, la redevance TV, la facture EDF-GDF* monatliche Zahlung einer S. (*gen*)

mensualiser <1> [mɑ̃sɥalize] *vt* **1.** (*payer au mois*) ■ **qn mensualise qn** jd bezahlt [*o* entlohnt] jdn monatlich; ■ **qn est mensualisé(e)** jd wird monatlich bezahlt [*o* entlohnt], jd bezieht einen Monatslohn/ein Monatsge-

halt
2. (*payer chaque mois*) ■ **qn mensualise qc** *l'impôt, la redevance TV, la facture EDF-GDF* jd [be]zahlt etw monatlich
mensualité [mɑ̃sɥalite] *f* **1.** (*somme payée chaque mois*) monatliche Zahlung; (*remboursement de crédit*) Monatsrate *f;* ***je paie ma facture EDF par ~s*** ich zahle meine Stromrechnung mit einem monatlichen Dauerauftrag; ***cette voiture est payable par ~s*** man kann den Wagen in Monatsraten abzahlen
2. (*salaire mensuel*) [Monats]lohn *m;* [Monats]gehalt *nt*
mensuel, le [mɑ̃sɥɛl] **I.** *adj* monatlich; ***un magazine ~*** eine Monats[zeit]schrift
II. *m* Monats[zeit]schrift *f*
mensuellement [mɑ̃sɥɛlmɑ̃] *adv* monatlich
mensuration [mɑ̃syʀasjɔ̃] *f* **1.** (*mesure des dimensions du corps*) Maßnehmen *nt*
2. *pl* (*dimensions du corps*) Maße *pl*
mental, e <-aux> [mɑ̃tal, o] **I.** *adj* **1.** (*psychique*) geistig
2. (*intellectuel, de tête*) *prière* still; ***des opérations ~es*** Denkvorgänge *pl;* ***des troubles ~aux/maladies ~es*** Geistesstörungen *pl*/-krankheiten *pl;* ***le calcul ~*** das Kopfrechnen
II. *m* ∅ geistige Verfassung; ***le sportif a un bon ~*** der Sportler ist in guter geistiger Verfassung, der Sportler ist mental gut drauf *fam*
mentalement [mɑ̃talmɑ̃] *adv* im Kopf
mentalité [mɑ̃talite] *f* **1.** (*mœurs*) Mentalität *f;* ***il a une ~ mercantile*** er denkt nur an Profit; ***avec sa ~ de fonctionnaire ...*** mit seiner Beamtenmentalität ...
2. SOCIOL Mentalität *f*
► **[qn a une] belle** [*o* **drôle de**] [*o* **sacrée**] **~!** *péj* jd hat ja eine [reizende] Einstellung!, das sind ja Sitten!
menteur, -euse [mɑ̃tœʀ, -øz] **I.** *adj personne* verlogen, lügnerisch; ***ne le crois pas, il est ~*** glaube ihm nicht, er ist verlogen [*o* ein Lügner]
II. *m, f* Lügner(in) *m(f)*
menthe [mɑ̃t] *f* **1.** BOT Minze *f*
2. (*essence de menthe*) Pfefferminz *kein art;* ***qc sent la ~*** etw riecht/schmeckt nach Pfefferminz
3. (*sirop, boisson*) Pfefferminzgetränk *nt*
► **~ poivrée** Pfefferminze *f;* **à la ~** *bonbon, thé, tisane* Pfefferminz-; **de ~** Pfefferminz-; ***alcool de ~*** Pfefferminz[likör *m*] *m*
menthol [mɑ̃tɔl] *m* ∅ Menthol *nt*
mention [mɑ̃sjɔ̃] *f* **1.** (*fait de signaler*) Erwähnung *f;* ***cette décision mérite une ~ spéciale*** diese Entscheidung muss besonders erwähnt werden; ***digne de ~*** erwähnenswert
2. (*indication*) Vermerk *m;* ***rayer les ~s inutiles*** Unzutreffendes bitte streichen
3. (*appréciation*) Prädikat *nt*
► **avec [la] ~ bien/assez bien/très bien** SCOL, UNIV mit „gut"/„befriedigend"/„sehr gut"; **avec [la] ~ honorable/très honorable** UNIV mit „magna cum laude"/„summa cum laude"; **qn/qc fait ~ de qn/qc** jd/etw erwähnt jdn/etw
mentionner <1> [mɑ̃sjɔne] *vt* ■ **qn/qc mentionne qn/qc** jd/etw erwähnt jdn/etw
mentir <10> [mɑ̃tiʀ] *vi* **1.** (*dire des mensonges*) ■ **qn ment [à qn]** jd lügt, jd belügt [*o* beschwindelt *fam*] jdn, jd schwindelt [jdn an] *fam*
2. *rare* (*tromper*) ■ **qc ment** etw trügt
► **qn ment comme il respire** jd lügt wie gedruckt; **sans ~** ungelogen
menton [mɑ̃tɔ̃] *m* Kinn *nt*
► **[qn a un] double ~** [jd hat ein] Doppelkinn, [jd hat einen] Goder A US; **[qn a le/un] ~ en galoche** [jd hat ein] hervorspringendes Kinn
mentonnière [mɑ̃tɔnjɛʀ] *f* **1.** (*pour retenir une coiffure*) (*en cuir*) Kinnriemen *m;* (*en tissu*) Kinnband *nt*
2. MUS Kinnstütze *f*
3. HIST Kinnreff *nt*
mentor [mɛ̃tɔʀ] *m littér* Mentor *m*
menu [məny] *m* **1.** (*liste des plats*) Speisenfolge *f,* Menü *nt;* ***qu'y a-t-il au ~?, quel est le ~ aujourd'hui?*** was steht [heute] auf dem Speiseplan?, was gibt es heute zu essen?
2. (*repas*) Mahlzeit *f;* (*au restaurant*) [Tages]menü *nt;* ***elle varie ses ~s*** sie kocht abwechslungsreich
3. (*carte*) (*au restaurant*) Speisekarte *f*
4. INFORM Menü *nt*
5. *fam* (*programme*) ■ **le ~ de qc** *de la soirée, réunion* das Programm einer S. (*gen*); ***qu'est-ce qu'il y a au ~ de la soirée?*** was steht für den Abend auf dem Programm?
► **~ contextuel** INFORM Kontextmenü; **~ déroulant** INFORM Pull-Down-Menü [pʊl'daun-] *nt;* **~ gastronomique/touristique** Feinschmeckermenü *nt*/Menü im Angebot
◆ **menu démarrer** INFORM Startmenü; **menu enfant** ≈ Kinderteller *m;* **menu système** INFORM Systemmenü *nt*
menu, e [məny] **I.** *adj postposé* **1.** (*frêle*) *personne* zierlich; *jambes, bras* schmächtig, dünn; *taille* schmal
2. *antéposé* (*qui a peu d'importance*) *détails, occupations, faits* unwichtig, nebensächlich; *soucis, dépenses* gering; ***~es difficultés*** keine großen Schwierigkeiten
3. *souvent antéposé* (*qui a peu de volume*): ***une graine ~e*** ein winziges Korn; ***de ~s objets*** kleine Gegenstände; ***de ~s souliers*** zierliche Schuhe; ***à pas ~s*** trippelnd; ***des ~s bruits*** schwache Geräusche
► **qn fait qc par le ~** *raconte, détaille, cite* jd tut etw haargenau [*o* bis ins Kleinste]
II. *adv haché, coupé* fein
menuet [mənɥɛ] *m* Menuett *nt*
menuiserie [mənɥizʀi] *f* **1.** ∅ (*métier*) Tischlern *nt,* Schreinern *nt* SDEUTSCH; ***il apprend la ~*** er erlernt die Tischlerei [*o* das Tischlerhandwerk]
2. (*atelier*) Tischlerei *f,* Tischlerwerkstatt *f,* Schreinerei *f* SDEUTSCH
3. CONSTR (*huisserie*) Rahmen *pl* (*für Fenster und Türen*); ***la ~ alu[minium]*** Alu[minium]rahmen *pl*
menuisier [mənɥizje] *m* Tischler(in) *m(f),* Schreiner(in) *m(f)* SDEUTSCH
Méphistophélès [mefistofelɛs] *m* Mephisto[pheles] *m*
méplat [mepla] *m* (*dans le relief*) [ebener] Absatz, flache Stelle; (*sur le visage, le corps*) glatte Fläche
méprendre <13> [mepʀɑ̃dʀ] *vpr littér* ■ **qn se méprend [sur qn/qc]** jd täuscht sich [in jdm/etw]; ***elle s'est méprise sur le sens de mes paroles*** sie hat mich missverstanden, sie hat meine Worte falsch gedeutet; ***ne te méprends pas sur le titre du livre*** lass dich vom Titel des Buches nicht fehlleiten [*o* in die Irre führen]; ***il se méprend sur moi*** [*o* ***sur mon compte***] er täuscht sich in mir
► **à s'y ~** zum Verwechseln
mépris [mepʀi] *m* **1.** (*opp: estime*) Verachtung *f;* ***il m'a toisé avec ~*** er musterte mich verächtlich; ***j'ai un ~ sans bornes pour elle*** ich empfinde eine tiefe Verachtung für sie
2. (*opp: prise en compte*) ■ **~ de qc** *du danger, des conventions, de la loi* Missachtung *f* einer S. (*gen*); ***qn vit au*** [*o* ***dans le***] ***~ de qc*** jd missachtet etw
► **qn fait qc au ~ de qc** *du qu'en-dira-t-on, du bon sens* jd tut etw einer S. (*dat*) zum Trotz; *du danger* jd tut etw einer S. (*gen*) ungeachtet; ***il l'a fait au ~ de sa vie*** er hat dabei sein Leben aufs Spiel gesetzt
méprisable [mepʀizabl] *adj* verachtenswert
méprisant, e [mepʀizɑ̃, ɑ̃t] *adj* verächtlich; ***ce qu'elle est ~e quand elle parle de ses collègues!*** wie verächtlich sie über ihre Kollegen spricht!; ■ **qn est ~ de qn** *littér* jd verachtet jdn
méprise [mepʀiz] *f* Irrtum *m,* Versehen *nt*
► **qn fait qc par ~** jd tut etw irrtümlicherweise [*o* aus Versehen] [*o* versehentlich]
mépriser <1> [mepʀize] *vt* **1.** (*opp: estimer*) ■ **qn méprise qn/qc** jd verachtet jdn/etw; *personne a., lâcheté, paresse* jd lehnt jdn/etw ab; *personne a., richesse* jd schätzt jdn/etw gering; *danger, mort* jd fürchtet etw nicht; *avis* jd beachtet etw nicht, jd schlägt etw in den Wind
2. (*opp: prendre en compte*) ■ **qn méprise qc** *conventions, loi* jd missachtet etw; *insultes* jd beachtet etw nicht
mer [mɛʀ] *f* **1.** (*opp: continent*) Meer *nt; démontée, étale, grosse a.* See *f*
2. (*bord de mer*): ***il passe ses vacances à la ~*** er verbringt seine Ferien am Meer [*o* an der See]
3. (*eau de mer*) Meer[wasser *nt*] *nt*
4. (*marée*): ***quand la ~ est basse/haute*** bei Hoch-/Niedrigwasser, bei Ebbe/Flut
5. (*grande quantité*): ***une ~ de sable/de documents*** eine Unmenge Sand/Unterlagen; ***une ~ de colzas*** ein Meer *nt* von Rapsfeldern; ***une ~ d'amertume*** tiefe Verbitterung; ***le champ de blé était devenu une ~ blonde*** das Weizenfeld war wogendes Gold geworden
6. (*sur la Lune*) Meer *nt,* Mare *nt spec*
► **la ~ d'Aral** der Aralsee; **la ~ de Chine** das Chinesische Meer; **~ d'huile** spiegelglatte See; **qn avalerait** [*o* **boirait**] **la ~ et les poissons** jd könnte [vor Durst] die ganze Wasserleitung austrinken; **la ~ des Sargasses** die Sargassosee; **la ~ Adriatique** die Adria, das Adriatische Meer; **la ~ Baltique** die Ostsee; **la ~ Caspienne** das Kaspische Meer; **la ~ Égée** die Ägäis; **~ fermée** Binnenmeer *nt;* **haute** [*o* **pleine**] **~** hohe See, offenes Meer; **mer intérieure** zum eigenen Hoheitsbereich gehörendes Meeresgebiet; **la ~ Méditerranée** das Mittelmeer; **la ~ Morte** das Tote Meer; **la ~ Noire/Rouge** das Schwarze/Rote Meer; **la ~ Tyrrhénienne** Tyrrhenisches Meer; **ce n'est pas la ~ à boire!** das ist doch kein Ding der Unmöglichkeit!, das ist doch nicht die Welt!; **qn met qc à la ~** jd lässt etw zu Wasser; ***on a mis les canots de sauvetage à la ~*** die Rettungsboote wurden ausgebracht [*o* ausgesetzt]; **qc prend la ~** / *bateau, navire*/ etw sticht in See, etw läuft aus; **qc tient la ~** etw ist seetüchtig; **qn va à la ~** jd fährt ans Meer [*o* an die See]; **en ~** *disparaître, être, périr* auf See; **par ~** *voyage, transport, commerce* See-; *voyager, expédier, être transporté* auf dem Seeweg
◆ **mer du Nord** Nordsee *f;* **mers du Sud** Südsee *f*
mercanti [mɛʀkɑ̃ti] *m péj* Geschäftemacher(in) *m(f),* Profitgeier *m fam;* ***les ~s de la guerre*** die Kriegsgewinnler
mercantile [mɛʀkɑ̃til] *adj péj* eigennützig
mercantilisme [mɛʀkɑ̃tilism] *m* **1.** *péj littér* Profitgier *f*
2. ECON, HIST Merkantilismus *m*
mercaticien, ne [mɛʀkatisjɛ̃, jɛn] *m, f* Marktforscher(in) *m(f)*
mercatique [mɛʀkatik] *f* Marketing *nt*
mercenaire [mɛʀsənɛʀ] **I.** *mf* Söldner(in) *m(f)*
► **qn travaille comme un ~** jd schuftet wie ein Sträfling
II. *adj littér esprit, attitude, personne* geschäftstüchtig, profitorientiert
mercerie [mɛʀsəʀi] *f* **1.** (*magasin*) Kurzwarengeschäft *nt,* Kurzwarenhandlung *f*
2. (*commerce*) Kurzwarenhandel *m*
3. (*ensemble des marchandises*) Kurzwaren *pl;* (*nécessaire de couture*) Nähzeug *nt*
mercerisé, e [mɛʀsəʀize] *adj* merzerisiert
merchandising [mɛʀʃɑ̃dajziŋ, mɛʀʃɑ̃diziŋ] *m* Merchandising ['mœːɐtʃəndaizɪŋ] *nt*
merci [mɛʀsi] **I.** *interj* **1.** (*pour remercier*) danke; ■ **~ à vous/toi/M. Dupont** ich danke Ihnen/dir/Herrn Dupont; ***~ à toi pour tout*** ich danke dir für alles; ■ **~ de qc/faire qc** danke [*o* vielen Dank] für etw/danke [*o* vielen Dank], dass jd etw tut; ***~ de vos bons vœux*** danke [*o* vielen Dank] für Ihre

guten Wünsche; ~ ***de porter cette lettre*** danke [*o* vielen Dank], dass du/Sie diesen Brief [für mich] aufgibst/aufgeben; ~ ***d'avoir arrosé les plantes*** danke [*o* vielen Dank] fürs Blumengießen; ■ ~ **pour qc** danke für etw; ~ ***pour*** [*o* ***de***] ***vos deux livres*** danke für Ihre beiden Bücher
2. (*pour refuser*) ■ **[non,]** ~ [nein] danke; ■ ~ **bien** [nein,] vielen Dank
3. (*pour exprimer l'indignation, la déception*) na danke
► ~ **beaucoup** vielen Dank; ~ **bien** schönen Dank, danke schön; ~ **mille fois** tausend Dank *fam;* **qn dit** ~ **[à qn]** jd sagt [jdm] danke [*o* danke schön]; **qn dit** ~ **[à qn] de faire qc** jd bedankt sich [bei jdm] dafür, dass er etw tut; **qn dit** ~ **[à qn] pour qc** jd bedankt sich [bei jdm] für etw
II. *m* (*remerciement*) Dank *m,* Wort *nt* des Dankes; ***il ne m'a jamais dit un*** ~ er hat mir nie ein Wort des Dankes gesagt
► **un grand** ~ **[à qn] [de faire qc]** [jdm] recht schönen [*o* herzlichen] Dank [dafür, dass er etw tut]; **un grand** ~ **[à qn] [pour qc]** [jdm] recht schönen [*o* herzlichen] Dank [für etw]; **qn dit un grand** ~ **[à qn] [de faire qc]** jd bedankt sich recht herzlich [bei jdm] [dafür, dass er etw tut]; **qn dit un grand** ~ **[à qn] [pour qc]** jd bedankt sich recht herzlich [bei jdm] [für etw]; **mille** ~**s** tausend Dank
III. *f* ► **qn a** [*o* **tient**] **qn à sa** ~ jd hat jdn in seiner Gewalt; **[qn/qc est] à la** ~ **de qn/qc** [jd/etw ist] jdm/einer S. ausgeliefert; ***un ouvrier à la*** ~ ***d'un licenciement*** ein Arbeiter, der stets Gefahr läuft, entlassen zu werden; ***à la*** ~ ***du vent/des flots*** dem Wind/den Wellen preisgegeben; **sans** ~ erbarmungslos, unbarmherzig

mercier, -ière [mɛʀsje, -jɛʀ] *m, f* Kurzwarenhändler(in) *m(f)*

mercredi [mɛʀkʀədi] *m* Mittwoch *m;* ***le*** ~ ***matin*** am Mittwochmorgen, mittwochmorgens; ~ ***matin*** [am] Mittwochmorgen; ~ ***dans la nuit*** Mittwochnacht; ~ ***prochain/dernier*** nächsten [*o* kommenden]/letzten Mittwoch; ***le*** ~, ***tous les*** ~***s*** mittwochs, jeden Mittwoch; ***ce*** ~ diesen Mittwoch; ***nous sommes*** ~ [***18 juin***] heute ist Mittwoch[, der 18. Juni]; ~, ***on part en vacances*** am Mittwoch fahren wir in Urlaub; *v. a.* **lundi**
◆ **mercredi des Cendres** Aschermittwoch *m*

mercure [mɛʀkyʀ] **I.** *m* CHIM Quecksilber *nt*
II. *f* ASTRON, MYTH ■ **Mercure** Merkur *m*

mercurochrome® [mɛʀkyʀokʀom] *m* Mercuchrom® *nt,* ≈ Jodtinktur *f*

merde [mɛʀd] **I.** *f* **1.** *vulg* (*excrément*) Scheiße *f vulg;* [*chien, chat, oiseau, vache*] -scheiße *vulg;* ***il a marché dans la*** ~ er ist in Scheiße getreten *vulg*
2. *fam* (*ennui*) Scheiße *f fam;* ***en ce moment, je n'ai que des*** ~***s*** bei mir geht zur Zeit alles in die Hose *fam;* ***qu'il reste dans sa*** ~ dann soll er eben im Dreck sitzen bleiben; ***on n'est pas dans la*** ~, ***tiens!*** so, jetzt sitzen wir ganz schön im Dreck [*o* in der Scheiße *fam*]; ***on va quand même pas le laisser dans la*** ~ wir können ihn doch nicht in der Scheiße sitzen lassen *fam*
3. *fam* (*saleté*) Dreck *m;* (*ennui de santé*) Wehwehchen *nt fam,* Übel *nt;* ***il doit y avoir une*** ~ ***dans le carburateur*** da muss Dreck im Vergaser sein
4. *fam* (*personne, chose sans importance*) Dreck *m fam;* ***pour lui, on n'est que des*** ~***s*** für ihn sind wir doch nur [der letzte] Dreck *fam;* ***j'ai encore deux trois petites*** ~***s à régler*** ich muss noch zwei drei Kleinigkeiten erledigen
5. *arg* (*haschich*) Shit [ʃɪt] *m o nt sl*
► **qn a de la** ~ **dans les yeux** *fam* jd hat Tomaten auf den Augen *fam;* **qn est dans la** ~ **[jusqu'au cou]** *fam* jd sitzt [*o* steckt] [bis zum Hals] im Dreck *fam,* jdm steht die Scheiße bis zum Hals *vulg;* **c'est de la** ~ *fam* das ist [doch] alles Mist *fam* [*o* große Scheiße *vulg*]; ***c'est de la*** ~, ***ce stylo*** dieser Stift ist doch Mist *fam* [*o* Scheiße *vulg*]; **qn fout** [*o* **sème**] **la** ~ *fam* jd veranstaltet ein Chaos *fam;* **qn ne se prend pas pour une** ~ *fam* jd hält sich für [et]was Besonderes [*o* wunder was *fam*]; **qn remue la** ~ *fam* jd rührt in der Scheiße *fam;* **plus on remue la** ~, **[et] plus ça sent mauvais** *prov fam* je mehr man in der Scheiße rührt, desto mehr stinkt's *fam;* **qn traîne qn dans la** ~ *fam* jd zieht jdn durch den Dreck [*o* Schmutz] *fam;* **de** ~ *fam temps, boulot, voiture etc* Scheiß- *fam*
II. *interj fam* **1.** (*pour exprimer la colère, l'impatience, le mépris*) Scheiße *f fam;* ~! [verdammte] Scheiße! *fam;* ***et*** ~! so eine Scheiße! *fam*
2. (*pour exprimer la surprise, l'émotion, la prise de conscience soudaine de qc*) verdammt *fam*
► ~ **à celui qui lira/entend ça** *fam* wer das liest/hört, kann mich mal *fam;* **[ben]** ~ **alors!** *fam* (*quand on est en colère*) [ja] verdammt noch [ein]mal! *fam;* (*quand on est surpris, ému*) ach du Schande! *fam;* **eh** ~! *fam* [verdammter] Mist! *fam*

merder <1> [mɛʀde] *vi fam* ■ **qn merde** jd macht Mist *fam;* ■ **qc merde** etw geht [*o* läuft] schief *fam;* ***il y a quelque chose dans le moteur qui merde*** mit dem Motor stimmt was nicht

merdeux, -euse [mɛʀdø, -øz] **I.** *m, f fam* (*homme*) [arroganter] Lümmel [*o* Flegel] *fam;* (*femme*) eingebildete Gans [*o* Pute] *fam*
► **petit(e)** ~**(-euse)** Rotznase *f fam;* (*gamin a.*) Bengel *m fam;* (*gamine a.*) Gör[e *f*] *nt fam*
II. *adj fam* **1.** (*mal à son aise*) ■ **qn se sent** ~ jd fühlt sich beschissen *fam*
2. (*peu satisfaisant*) [ziemlich] mies *fam*

merdier [mɛʀdje] *m fam* **1.** (*désordre*) [totales] Chaos *fam;* (*pièce*) Saustall *m fam;* ***tu me fous le*** ~ du veranstaltest ein Chaos
2. (*situation complexe*) [totales] Chaos *fam*

merdique [mɛʀdik] *adj fam* beschissen *fam*

merdoyer <6> [mɛʀdwaje] *vi fam* ■ **qn merdoie** **1.** (*en parlant*) jd stottert herum *fam*
2. (*en faisant qc*) jd murkst *fam,* jd macht Murks *fam*

mère [mɛʀ] **I.** *f* **1.** (*femme*) Mutter *f;* ***elle ne peut pas être*** ~ sie kann keine Kinder bekommen; ~ ***de deux enfants*** Mutter von zwei Kindern [*o* zweier Kinder]; ***elle est une*** [***vraie***] ~ ***pour lui*** sie ist wie eine [richtige] Mutter zu ihm
2. (*animal*) Muttertier *nt,* Alte *f*
3. *fam* (*madame*) ■ **la** ~ ... die alte ... *fam;* ***la*** ~ ***Michel*** die alte Michel *fam;* ***la pauvre*** ~ ***Dubois*** die arme Dubois *fam*
4. REL: ~ ***Angélique*** Mutter Angélique; ***ma*** ~ ehrwürdige Mutter
5. (*aïeule*) Urmutter *f*
6. (*sur le vinaigre*) [Essig]mutter *f*
► ~ **poule** Glucke *f;* ***elle n'est pas*** ~ ***poule*** sie ist keine Mutter, die sich an ihre Kinder klammert; ~ **adoptive** Adoptivmutter *f;* ~ **célibataire** ledige Mutter; ~ **maquerelle** *fam* Puffmutter *f fam;* ~ **porteuse** Leihmutter *f;* ~ **supérieure** REL Mutter Oberin; **qc est la** ~ **de qc** *littér* (*origine*) etw ist die Mutter einer S. (*gen*)
II. *app:* ***branche*** ~ Hauptast *m;* ***langue*** ~ Grundsprache *f;* ***idée*** ~ Grundgedanke *m;* ***maison/société*** ~ Mutterhaus *nt*/-gesellschaft *f;* ***la reine*** ~ die Königinmutter; ***fille*** ~ ledige Mutter; ***cellule*** ~ Ursprungszelle *f*
◆ **mère abbesse** Äbtissin *f;* **mère au foyer** Hausfrau *f* und Mutter *f;* **mère de famille** Mutter *f;* **mère de vinaigre** Essigmutter *f;* **mère patrie** Vaterland *nt*

merguez [mɛʀgɛz] *f kleine, scharf gewürzte Paprikabratwurst aus Lammfleisch*

méridien [meʀidjɛ̃] *m* GEOG Meridian *m,* Längenkreis *m*
◆ **méridien de Greenwich, méridien d'origine** Meridian *m* von Greenwich ['grɪnɪdʒ], Nullmeridian *m*

méridional, e <-aux> [meʀidjɔnal, o] **I.** *adj* **1.** (*du Midi de la France*) südfranzösisch
2. (*du Bassin méditerranéen*) mediterran; ***parler avec les mains est une caractéristique*** ~***e*** mit den Händen reden ist typisch südländisch
3. (*au/du sud*) südlich; ***la pointe/côte*** ~***e d'un pays*** die Südspitze/-küste eines Landes
II. *m, f* **1.** (*du Midi de la France*) ■ **Méridional(e)** Südfranzose/-französin *m/f*
2. (*du Bassin méditerranéen*) Südländer(in) *m(f)*

meringue [məʀɛ̃g] *f* Baiser *nt,* Meringe *f;* ***des*** ~***s*** Schaumgebäck *nt*

meringué, e [məʀɛ̃ge] *adj gâteau, tarte* mit Baiserüberzug, mit Schaummasse

mérinos [meʀinos] *m* **1.** (*mouton*) Merino *m,* Merinoschaf *nt*
2. (*laine*) Merino[wolle *f*] *m*
► **qn laisse pisser le** ~ *pop* jd lässt alles [*o* die Dinge] [einfach] laufen

merise [məʀiz] *f* Wildkirsche *f,* Vogelkirsche *f*

merisier [məʀizje] *m* **1.** (*arbre*) Wildkirsche *f,* Vogelkirsche *f*
2. (*bois*) Kirschbaum[holz *nt*] *m;* ***une armoire en*** [*o* ***de***] ~ ein Schrank *m* aus Kirschbaum[holz]

méritant, e [meʀitɑ̃, ɑ̃t] *adj* verdienstvoll

mérite [meʀit] *m* **1.** (*qualité de qn, valeur de qc*) Verdienst *nt;* ***elle a bien du*** ~ sie hat ihre Verdienste; ***les*** ~***s de cet appareil/de cette organisation*** die Vorzüge dieses Apparats/dieser Organisation
2. ∅ (*qualités intellectuelles et morales*) Wert *m*
3. (*distinction*) ■ **le M**~ der Verdienstorden
► **qn/qc a le** ~ **de qc/faire qc** jd/etw ist/tut immerhin [*o* wenigstens] etw; ***il a le*** ~ ***de la sincérité/d'être sincère*** er ist immerhin [*o* wenigstens] aufrichtig; ***cet exemple a le*** ~ ***de la simplicité/d'être simple*** dieses Beispiel ist wenigstens einfach; **de** ~ verdiente

mériter <1> [meʀite] **I.** *vt* **1.** (*avoir droit à qc*) ■ **qn mérite qc** jd verdient etw; ***il méritait mieux*** er hätte Besseres verdient; ■ **qn mérite de faire qc/que qn fasse qc** jd verdient, etw zu tun/dass jd etw tut; jd ist es wert, dass jd etw tut; ***cet élève mérite de réussir/d'être récompensé*** dieser Schüler verdient den Erfolg/, dass man ihn belohnt; ***elle mérite que l'on ait de la reconnaissance pour elle*** sie verdient Anerkennung
2. (*valoir*) ■ **qc mérite qc** etw ist etw wert; ■ **qc mérite de** + *infin* etw ist es wert + *infin,* etw verdient es [*o* etw sollte] + *infin;* ***ce meuble mériterait d'être verni*** das Möbel[stück] wäre es wert, lackiert zu werden; ***cela mérite réflexion*** darüber sollte man nachdenken; ***cette lettre mérite une réponse*** dieser Brief ist eine Antwort wert; ***ce film mérite d'être vu*** [***par tous***] dieser Film ist [für alle] sehenswert
II. *vi littér* ■ **qn mérite [bien] de qc** jd macht sich um etw verdient

méritocratie [meʀitɔkʀasi] *f* Leistungsgesellschaft *f*

méritoire [meʀitwaʀ] *adj action, œuvre* verdienstvoll; *effort* lobenswert, löblich

merlan [mɛʀlɑ̃] *m* Wittling *m*

merle [mɛʀl] *m* Amsel *f*
► **[qn est un] beau** [*o* **joli**] [*o* **vilain**] ~ [jd ist ein] durchtriebenes [*o* gerissenes] [*o* fieses] Stück *fam;* ~ **blanc** weißer Rabe; **qn siffle comme un** ~ jd kann gut pfeifen

merlin [mɛʀlɛ̃] *m* Spalthammer *m*

merlu [mɛʀly] *m* Seehecht *m,* Hechtdorsch *m*

merluche [mɛʀlyʃ] *f* Stockfisch *m*

mérou [meʀu] *m* [Brauner] Zackenbarsch, [Großer] Sägebarsch

mérovingien, ne [meʀɔvɛ̃ʒjɛ̃, jɛn] **I.** *adj* merowingisch
II. *m, f* ■ **Mérovingien(ne)** Merowinger(in) *m(f)*

merveille [mɛʀvɛj] *f* Wunder *nt;* [*art, création*] Meisterwerk *nt;* ***les*** ~***s de la nature*** die Wunder der Natur
► **les Sept M**~**s du monde** die sieben Weltwunder; **[qn/qc est] la huitième** ~ **du monde** [jd/etw ist] das achte Weltwunder; **[qn est] une petite** ~ [jd ist] einfach wunderbar; **[qc est] une petite** ~ [etw ist] ein kleines Wunder; **qn crie** [*o* **chante**] ~ jd ist des Lobes voll; ***il n'y a pas de quoi chanter*** ~ es besteht kein Grund zum Jubeln; **qn est une** ~ jd ist [einfach] wunderbar; **qn/qc est une** ~ **de qc** *d'ingéniosité, d'habileté, de précision* jd/etw ist ein Wunder an etw (*dat*); **qn/qc fait** ~ jd/etw wirkt Wunder; **qn/qc fait des** ~**s** jd/etw vollbringt Wunder; **à** ~ ausgezeichnet, wunderbar

merveilleusement [mɛʀvɛjøzmɑ̃] *adv* wunderbar, wundervoll, herrlich; ***il fait*** ~ ***bien la cuisine*** er kocht fantastisch

merveilleux, -euse [mɛʀvɛjø, -jøz] I. *adj* 1. (*admirable, exceptionnel*) wunderbar, fantastisch; (*très beau a.*) wunderschön; ***il apprend avec une facilité ~euse*** er lernt unglaublich leicht
2. *postposé* (*surnaturel, magique*) *monde, pays, talisman* Wunder-
II. *m* ■ **le ~** das Wunderbare; LITTER das Fantastische; ■ **le ~ de qc** (*l'extraordinaire*) das Besondere an etw (*dat*)

mes [me] *adj v.* **mon**

mésalliance [mezaljɑ̃s] *f* Missheirat *f,* Mesalliance *f geh*

mésallier <1 a> [mezalje] *vpr* ■ **qn se mésallie** jd heiratet unter seinem Stand [*o* nicht standesgemäß]

mésange [mezɑ̃ʒ] *f* Meise *f*
▶ ~ **bleue** Blaumeise *f;* ~ **charbonnière** Kohlmeise *f*

mésaventure [mezavɑ̃tyʀ] *f* Missgeschick *nt*

mesdames [medam] *fpl v.* **madame**

mesdemoiselles [medmwazɛl] *fpl v.* **mademoiselle**

mésentente [mezɑ̃tɑ̃t] *f* Unstimmigkeit *f;* ***il y a souvent des ~s entre eux*** zwischen ihnen kommt es oft zu Differenzen [*o* Unstimmigkeiten]

mésentère [mezɑ̃tɛʀ] *m* Dünndarmgekröse *nt,* Mesenterium *nt spec*

mésestime [mezɛstim] *f littér* Geringschätzung *f,* Missachtung *f;* ***elle le tenait en ~*** sie strafte ihn mit Missachtung

mésestimer <1> [mezɛstime] *vt littér* ■ **qn mésestime qn/qc** *difficulté, danger, adversaire, pouvoir* jd unterschätzt jdn/etw; *opinion* jd misst einer S. (*dat*) wenig Bedeutung bei

Mésopotamie [mezɔpɔtami] *f* ■ **la Mésopotamie** Mesopotamien *nt*

mésopotamien, ne [mezɔpɔtamjɛ̃, jɛn] I. *adj* mesopotamisch
II. *m, f* ■ **Mésopotamien(ne)** Mesopotamier(in) *m(f)*

mesquin, e [mɛskɛ̃, in] *adj* 1. (*étriqué*) *pensée, attitude, milieu* engstirnig; *vie, existence* armselig
2. (*avare*) schäbig, kleinlich; ***ça fait ~*** das ist schäbig

mesquinement [mɛskinmɑ̃] *adv* 1. (*bassement*) schäbig; ***il a critiqué ~ cet ouvrage*** er hat dieses Werk einer kleinlichen Kritik unterzogen
2. (*chichement*) kleinlich

mesquinerie [mɛskinʀi] *f* 1. ∅ (*étroitesse*) Engstirnigkeit *f;* **avec ~** kleinlich
2. ∅ (*avarice*) Knauserei *f*
3. (*attitude, action*) Schäbigkeit *f*

mess [mɛs] *m* [Offiziers]messe *f*

message [mesaʒ] *m* 1. (*nouvelle*) Nachricht *f,* Mitteilung *f;* ***puis-je laisser un ~?*** kann ich eine Nachricht hinterlassen?; ~ **radio** Funkspruch *m;* ***il avait un ~ urgent pour le boss*** er hatte eine dringende Meldung für den Boss
2. (*note écrite*) Zettel *m*
3. (*communication solennelle*) kurze Ansprache; ***il a prononcé un ~ de bienvenue*** er hat eine Begrüßungsansprache gehalten
4. LING Botschaft *f*
5. (*thèse*) Aussage *f*
6. INFORM, TELEC Meldung *f;* ~ ***d'erreur*** Fehlermeldung
▶ ~ **électronique** E-Mail ['iːmeɪl] *nt o f;* ~ **publicitaire** Werbespot *m;* ~ **téléphoné** telefonisch aufgegebenes Telegramm

messager, -ère [mesaʒe, -ʒɛʀ] *m, f* 1. (*émissaire*) Bote/Botin *m/f*
2. *littér* (*annonciateur*) ■ **~(-ère) de qc** [Vor]bote/[Vor]botin *m/f* einer S. (*gen*); ***l'hirondelle est la ~ère du printemps*** die Schwalbe ist ein Frühlingsbote [*o* [Vor]bote des Frühlings]

messagerie [mesaʒʀi] *f* INFORM Mailsystem ['meɪl-] *nt*
▶ ~ **électronique** elektronische Post, elektronischer Briefkasten; ~ **rose** *elektronischer Briefkasten für Kontaktanzeigen*

messageries [mesaʒʀi] *fpl* 1. (*service de transport*) Transportunternehmen *nt;* ~ ***aériennes/maritimes*** Luft-/Seefrachtagentur *f*
2. (*transport rapide*) Eilzustelldienst *m*
3. PRESSE Zeitungsvertriebsgesellschaft *f*
4. (*dans le domaine du téléachat ou de la télédistribution*) Zustelldienst *m*

messe [mɛs] *f* 1. (*service religieux*) Messe *f;* ***il va à la ~*** er geht in die Kirche; ***qn sert la ~*** jd ministriert
2. MUS Messe *f*
▶ **pas de ~[s] basse[s] sans curé** *fam* keine Geheimnistuerei *fam;* ~ **basse** stille Messe; *péj* (*conciliabule*) Getuschel *nt fam;* **qn dit** [*o* **fait**] **des ~s basses** jd tuschelt *fam;* ~ **chantée** [Hoch]amt *nt;* ~ **noire** schwarze Messe
◆ **messe de mariage** kirchliche Trauung; **messe de minuit** Christmette *f;* **messe des morts** [*o* **de requiem**] Totenmesse *f,* Seelenmesse *f*

messianique [mesjanik] *adj* 1. REL messianisch
2. *littér* messianisch

messie [mesi] *m* 1. (*chez les juifs, les chrétiens*) ■ **le M~** der Messias
2. (*sauveur, homme providentiel*) Messias *m,* Erlöser *m*
▶ **qn est accueilli(e) comme le ~** *fam* jd wird empfangen wie der Retter in der Not; **qn attend le ~** *fam* jd wartet auf ein Wunder; **qn attend qn comme le ~** *fam* jd wartet sehnlichst [*o* sehnsüchtig] auf jdn; **qn est attendu(e) comme le ~** *fam* jd wird sehnlichst [*o* sehnsüchtig] erwartet

messieurs [mesjø] *mpl v.* **monsieur**

mesurable [məzyʀabl] *adj* messbar; ***les dégâts ne sont pas ~s*** die Schäden sind nicht zu ermessen [*o* abzuschätzen]

mesurage [məzyʀaʒ] *m* Messen *nt*

mesure [m(ə)zyʀ] *f* 1. (*action*) Messen *nt* (*de qc* einer S. (*gen*)), Messung *f* (*de qc* einer S. (*gen*)); ***une erreur de ~*** ein Messfehler *m*
2. (*unité*) Maß *nt,* Maßeinheit *f;* ■ **~ de** -maß; ~ ***de capacité/longueur*** Hohl-/Längenmaß
3. (*dimension, taille*) Maß *nt;* [*température*] Messung *f,* Messwert *m;* ■ **~s de qn** (*mensurations*) jds Maße *pl*
4. (*élément de comparaison*) Maß *nt;* ■ **~ de qc** Bezugspunkt *m* [*o* Anhaltspunkt *m*] für etw; ***l'homme est la ~ de toute chose*** der Mensch ist das Maß aller Dinge
5. (*récipient, contenu*) Maß *nt;* ~ ***à blé/grains*** Weizen-/Kornmaß; ***deux ~s d'avoine*** zwei Maß Hafer
6. (*modération*) Maß *nt;* ***il perdit tout sens de la ~*** er verlor jeglichen Sinn für das rechte Maß; ***avec ~*** maßvoll
7. (*disposition*) Maßnahme *f;* ~ ***d'austérité*** Sparmaßnahme; ***des ~s de sécurité*** Sicherheitsmaßnahmen *pl;* ***elle a pris les ~s qui s'imposaient*** sie hat die gebotenen Maßnahmen ergriffen [*o* getroffen]
8. MUS Takt *m;* ~ ***à deux/trois temps*** Zweiviertel-/Dreivierteltakt; ***il a perdu la ~*** er ist aus dem Takt gekommen; ***on compte une ~ pour rien*** man zählt einen Takt vor
9. LITTER, POES Versmaß *nt,* Metrum *nt*
▶ **pour faire bonne ~** um das Maß voll zu machen; **la ~ est comble** [*o* **pleine**] das Maß ist voll; **il n'y a pas de commune ~ entre qc et qc** man kann etw und etw nicht mit demselben Maßstab messen; [**qc est**] **sans commune ~ avec qc** [etw ist] mit etw nicht zu vergleichen; ~ **conservatoire** JUR Gerichtsvollzug *m,* Zwangsvollzug *m* (*bei nicht bezahlten Rechnungen und Schulden*); ~ **disciplinaire** Disziplinarstrafe *f;* **la juste ~** das rechte Maß; **qn bat** [*o* **scande**] [*o* **tape**] **la ~** MUS jd gibt den Takt an; ***le public battait la ~ de la tête et des pieds*** das Publikum nickte und stampfte im Takt [mit]; **qn donne** [**toute**] **sa ~** jd zeigt sein Können; **qn donne la ~ de son talent/ses capacités** jd zeigt sein wahres Können; **qn est en ~ de faire qc** jd ist imstande [*o* jdm ist es möglich], etw zu tun; **qn passe** [*o* **dépasse**] [*o* **excède**] **la ~** jd geht über das Maß hinaus; **qn prend la ~ de qn/qc** jd lotet jdn/etw aus; **qn prend les ~s de qn/qc** *d'un meuble, d'une pièce* jd misst etw aus; *personne* jd nimmt bei jdm Maß; **qn prend ses ~s** jd sieht sich vor, jd trifft Vorkehrungen; **à ~** nach und nach; **à ~ que** + *indic* je mehr …, desto; ***à ~ que nous avancions, la forêt devenait plus épaisse*** je weiter wir vordrangen, desto dichter wurde der Wald; [**qn est**] **à la ~ de qn** jd ist jdm gewachsen, jd kann sich mit jdm messen; ***un rôle à la ~ de son talent*** eine seinem/ihrem Talent angemessene Rolle; **dans la ~ de qc** *des possibilités, des moyens* im Rahmen einer S. (*gen*); ***dans la ~ du possible*** im Rahmen des Möglichen, soweit möglich; **dans la ~ où** + *indic* sofern, insoweit [als]; **dans une certaine/large/moindre ~** in gewissem/hohem/geringerem Maße; **en ~** im Takt; **outre ~** übermäßig, zu sehr; **par ~ de qc** aus Gründen einer S. (*gen*); ***par ~ d'économie/de sécurité*** aus Sparsamkeits-/Sicherheitsgründen; ***par ~ de prudence*** vorsichtshalber; **sans ~** über alle Maßen; *ambition, orgueil* maßlos *pej,* unmäßig *pej; volonté, courage* äußerste(r, s); **sur ~[s]** *costume, tailleur* maßgeschneidert, nach Maß; *emploi du temps, voyage* genau abgestimmt; *mari* passend
◆ **mesure d'urgence** Notmaßnahme *f,* Sofortmaßnahme *f*

mesuré, e [məzyʀe] *adj ton* gemäßigt; *pas* gemessen; *personne* besonnen, bedächtig; ■ **qn est ~ dans qc**: ***elle est ~e dans ses paroles/actions*** sie spricht bedächtig/handelt mit Bedacht

mesurer <1> [məzyʀe] I. *vi* (*avoir pour mesure*) ■ **qn/qc mesure …** jd/etw misst …; /*personne a.*/ jd ist … groß; ***combien mesures-tu?*** wie groß bist du?; ***qc mesure 1 m 70*** [***de haut/de large/de long***] etw ist 1,70 m hoch/breit/lang; ***cette pièce mesure 4 mètres sur 5*** dieser Raum misst 4 mal [*o* auf] 5 Meter, dieser Raum ist 4 mal [*o* auf] 5 Meter groß
II. *vt* 1. (*déterminer les dimensions*) ■ **qn mesure qn** jd misst jdn [*o* jds Größe]; ■ **qn mesure qc** jd misst etw; *temps* jd nimmt etw; *table, terrain a.* jd vermisst etw; *pièce* jd vermisst etw, jd misst etw aus; *une certaine quantité de qc* jd misst etw ab
2. (*évaluer*) ■ **qn mesure qc** *étendue, bêtise, vanité* jd ermisst etw; *efficacité, valeur a.* jd schätzt etw ein; *danger, portée, conséquence, risque a.* jd schätzt etw ab [*o* ein]; ***elle sait ~ la valeur des gens*** sie kann die Leute richtig einschätzen; ***à son âge, on ne mesure pas le danger*** in seinem/ihrem Alter kann man die Gefahr noch nicht abschätzen [*o* einschätzen]; ***quand on mesure ce qui les sépare*** wenn man bedenkt, was sie trennt; ***elle ne mesure pas l'étendue des dégâts*** das Ausmaß des Schadens ist ihr nicht bewusst; ***qn mesure qn des yeux*** [*o* ***du regard***] jd mustert jdn von oben bis unten
3. (*juger d'après*) ■ **qn mesure qc à** [*o* **d'après**] **qc** jd misst etw an etw (*dat*)
4. (*limiter*) ■ **qn mesure qc** [**à qn**] jd schränkt etw ein, jd stellt jdm etw nur knapp [*o* beschränkt] zur Verfügung; *nourriture a.* jd hält jdn mit etw knapp *fam;* ***qn ne mesure pas sa peine*** [*o* ***ses efforts***] jd scheut keine Mühe[n]; ***celui-là, il mesure sa peine*** [*o* ***son effort***] der tut auch nur das Nötigste; ***le temps nous est mesuré*** wir haben nur beschränkt Zeit [zur Verfügung]; ***on nous mesure les crédits*** unser Kreditrahmen ist eng bemessen
5. (*modérer*) ■ **qn mesure qc** *paroles, propos* jd mäßigt etw; ***un diplomate doit savoir ~ ses propos*** ein Diplomat muss seine Worte abwägen können
III. *vpr* 1. (*se confronter à*) ■ **qn se mesure à** [*o* **avec**] **qn** jd misst sich mit jdm; ■ **deux personnes se mesurent** zwei Menschen messen sich [aneinander], zwei Menschen messen ihre Kräfte; ***des personnes se mesurent des yeux*** [*o* ***du regard***] Menschen messen sich mit Blicken
2. (*être confronté à*) ■ **qn se mesure à qn/qc** jd legt sich mit jdm an; *à des difficultés* jd hat etw zu bewältigen
3. (*être mesurable*) ■ **qc se mesure** [**en qc**] etw wird [in etw (*dat*)] gemessen; ***qc ne se mesure pas*** etw kann man nicht messen

métabolique [metabɔlik] *adj* Stoffwechsel-

métabolisme [metabɔlism] *m* Stoffwechsel *m,* Metabolismus *m;* ~ ***basal*** Grundumsatz *m*

métacarpe [metakaʀp] *m* Mittelhand *f,* Metakarpus *m spec*

métacarpien, ne [metakaʀpjɛ̃, jɛn] I. *adj* Mittelhand-
II. *m* Mittelhandknochen *m*

métairie [meteʀi] *f* Pachtgut *nt,* Pachthof *m* (*der Pachtzins wird in Naturalabgaben, Anteilen am Ertrag geleistet*)

métal <-aux> [metal, o] *m* **1.** MIN, CHIM Metall *nt*; ***le minerai d'un*** ~ ein [Mineral]erz *nt*; ***industrie des ~aux*** Metallindustrie *f*; ***des ~aux blancs/lourds/non ferreux*** Weiß-/Schwermetalle *pl*/Nichteisen-Metalle *pl*; ***en*** [*o* ***de***] ~ Metall-
2. ∅ FIN Metallgeld *nt*, Hartgeld *nt*; (*étalon*) Metallwert *m*
3. ∅ (*matériau*) Metall *nt*
▶ ~ **jaune** Gold *nt*; ~ **précieux** Edelmetall *nt*

métalangage [metalɑ̃gaʒ] *m*, **métalangue** [metalɑ̃g] *f* Metasprache *f*

métalinguistique [metalɛ̃gɥistik] *adj* metasprachlich

métallifère [metalifɛʀ] *adj* erzhaltig

métallique [metalik] *adj* **1.** (*en métal*) Metall-; ***fil*** ~ Draht *m*
2. (*qui rappelle le métal*) metallisch; ***un son*** ~ ein metallisches Geräusch, ein metallischer Klang
3. CHIM Metall-
4. FIN *monnaie* Hart-; *encaisse* Münz-, Hartgeld-

métallisé, e [metalize] *adj couleur* metallisch; *peinture* Metallic-; *papier* Metall- *nt*; ***gris/bleu*** ~ metallicgrau/metallicblau, graumetallic/blaumetallic; ***papier peint*** ~ Metallic-Tapete *f*

métalliser <1> [metalize] *vt* ■ **qn métallise qc** *miroir* jd versilbert etw; *peinture* jd metallisiert etw

métallo [metalo] *m fam abr de* **métallurgiste** Metaller *m fam*

métallurgie [metalyʀʒi] *f* ∅ **1.** (*industrie*) Metallindustrie *f*; ~ ***lourde/de transformation*** Schwerindustrie/Metall verarbeitende Industrie
2. (*technique*) Hüttenkunde *f*, Metallurgie *f*; ***procédés/outillage de la*** ~ metallurgische Verfahren/Werkzeuge *pl*; ■ ~ **de** -gewinnung *f* und -verarbeitung *f*

métallurgique [metalyʀʒik] *adj* metallurgisch; *industrie a.* Metall-; ***usine*** ~ Hütte[nwerk *nt*] *f*

métallurgiste [metalyʀʒist] *mf* **1.** (*ouvrier*) Metallarbeiter(in) *m(f)*
2. (*industriel*) Schwerindustrielle(r) *f(m)*

métamorphique [metamɔʀfik] *adj* metamorph

métamorphisme [metamɔʀfism] *m* Metamorphismus *m*; ***des ~s régionaux/de contact*** Regional-/Kontaktmetamorphose *f*

métamorphose [metamɔʀfoz] *f* **1.** ∅ BIO, ZOOL (*processus*) ■ ~ **d'un animal** [**en qc**] Metamorphose *f* [*o* Entwicklung *f*] eines Tieres [zu etw]
2. *pl* BIO, ZOOL (*transformation*) Metamorphose *f*, Entwicklung *f*
3. ∅ (*évolution*) ■ ~ **de qn/qc** [**en qc**] *d'une personne, société* jds Veränderung *f*/Veränderung *f* einer S. (*gen*), jds Verwandlung *f*/Umwandlung *f* einer S. (*gen*) [in etw (*akk*)], jds Metamorphose *f*/Metamorphose *f* einer S. (*gen*) [in etw (*akk*)] *geh*; ***il s'est opéré en lui une véritable*** ~ in ihm ist eine richtige Verwandlung vor sich gegangen, er hat eine wahre Metamorphose durchgemacht *geh*
4. *pl* (*transformation*) Verwandlungen *pl*, Metamorphosen *pl geh*
5. MYTH Metamorphose *f*

métamorphoser <1> [metamɔʀfoze] **I.** *vt* **1.** (*transfigurer*) ■ **qc métamorphose qn** etw verwandelt [*o* verändert] jdn
2. MYTH ■ **qn métamorphose qn en animal/qc** jd verwandelt jdn in ein Tier/in etw (*akk*)
3. (*rendre méconnaissable*) ■ **qc métamorphose qn** etw verwandelt [*o* verändert] jdn
II. *vpr* **1.** BIO, ZOOL ■ **un animal se métamorphose** ein Tier macht eine Metamorphose durch [*o* ändert seine Gestalt] [*o* metamorphosiert *spec*]
2. (*se transformer*) ■ **qn se métamorphose** [**en qn/en animal**] jd macht eine Verwandlung durch, jd verändert sich, jd verwandelt sich [in jdn/ein Tier]

métaphore [metafɔʀ] *f* Metapher *f*

métaphorique [metafɔʀik] *adj* metaphorisch; *emploi a.* übertragen; *expression a.* bildlich; *style a.* bildhaft

métaphoriquement [metafɔʀikmɑ̃] *adv* metaphorisch, bildlich, in Bildern

métaphysique [metafizik] **I.** *adj* **1.** PHILOS metaphysisch; ***le problème de qc est*** ~ etw ist ein metaphysisches Problem
2. (*abstrait*) abstrakt, abgehoben
II. *f* **1.** PHILOS Metaphysik *f*
2. ∅ (*spéculations*) Spekulationen *pl*, graue Theorie *fam*; ***qn fait de la*** ~ jd ergeht sich in Spekulationen [*o* grauer Theorie *fam*]

métaphysiquement [metafizikmɑ̃] *adv* metaphysisch

métapsychologie [metapsikɔlɔʒi] *f* Metapsychologie *f*

métastase [metastɑz] *f* Metastase *f*; (*cancéreuse a.*) Tochtergeschwulst *f*

métatarse [metataʀs] *m* Mittelfuß *m*

métatarsien, ne [metataʀsjɛ̃, jɛn] **I.** *adj* Mittelfuß-; ***l'arcade ~ne*** das Fußgewölbe
II. *m* Mittelfußknochen *m*

métayage [metɛjaʒ] *m* Landpacht *f* (*gegen Naturalabgaben, Anteil am Ertrag*); ***qn met un domaine en*** ~ jd verpachtet einen landwirtschaftlichen Betrieb gegen Naturalabgaben [*o* Anteile am Ertrag]

métayer, -ère [meteje, -jɛʀ] **I.** *m, f* Pachtbauer/-bäuerin *m/f* (*der den Pachtzins in Naturalabgaben, Anteilen am Ertrag leistet*)
II. *f* (*épouse*) Bäuerin *f*

métazoaire [metazɔɛʀ] *m* Vielzeller *m*, Metazoon *nt spec*

métempsycose [metɑ̃psikoz] *f* ∅ Seelenwanderung *f*, Metempsychose *f spec*

météo [meteo] **I.** *adj inv abr de* **météorologique** Wetter-; *carte, station a.* meteorologisch
II. *f* **1.** *abr de* **météorologie** Wetterdienst *m*, meteorologischer Dienst; ***le bulletin de la*** ~ der Wetterbericht, der Bericht des Wetterdienstes
2. ∅ (*bulletin*) Wetterbericht *m*, Wettervorhersage *f*

météore [meteɔʀ] *m* Sternschnuppe *f*; (*météorite*) Meteor *m*
▶ **qn passe comme un** ~ jd ist nur eine Eintagsfliege *fam*, jd macht eine steile, aber kurze Karriere

météorique [meteɔʀik] *adj* **1.** ASTRON Meteoriten-
2. *gloire* meteorhaft, kometenhaft; *carrière* steil, aber kurz; ■ **qc est** ~ etw ist eine Eintagsfliege *fam*

météorite [meteɔʀit] *m o f* Meteorit *m*

météorologie [meteɔʀɔlɔʒi] *f* **1.** SCI Meteorologie *f*, Wetterkunde *f*
2. (*organisme*) meteorologisches Institut, Wetteramt *nt*

météorologique [meteɔʀɔlɔʒik] *adj* meteorologisch; *station a., bulletin, carte, prévisions* Wetter-

météorologiste [meteɔʀɔlɔʒist] *mf* Meteorologe/-login *m/f*

météorologue [meteɔʀɔlɔg] *mf* Meteorologe/-login *m/f*

métèque [metɛk] *m péj vieilli* (*étranger*) Kanake *m pej fam*; ***tous ces ~s!*** dieses Ausländerpack! *pej fam*

méthane [metan] *m* Methan[gas *nt*] *nt*

méthanier [metanje] *m* Gastanker *m*, NPG-Tanker *m* [für Methan]

méthode [metɔd] *f* **1.** (*technique*) Methode *f*, Verfahren[sweise *f*] *nt*; ~ ***comptable*** Rechenmethode, Rechenverfahren; ***le service des ~s*** die Fertigungsplanung; ■ ~ **de** -methode; *de culture a., financement, d'amortissement* -weise *f*; *de fabrication a.* -verfahren; ***des ~s d'apprentissage du français/d'enseignement de langues*** Methoden *pl* zum Erlernen der französischen Sprache/Methoden des Sprachunterrichts; ***quelle est votre ~ de travail?*** wie arbeiten Sie [*o* gehen Sie vor]?
2. (*manuel*) ■ ~ **de** *de piano, violon, guitare* -schule *f*; *de lecture* -buch *nt*; *de comptabilité* Einführung *f* in (+ *akk*); ***des ~s d'allemand*** Deutsch[lehr]bücher *pl*
3. ∅ *fam* (*manière de faire*) Methode *f*; ***qn indique à qn la ~ à suivre*** jd zeigt jdm, wie's geht *fam*; ***qn a sa ~ pour faire qc*** jd hat so seine Methode[n], um etw zu tun
4. ∅ (*ordre, logique*) Methode *f*, System *nt*; ***qn a beaucoup de*** ~ jd ist sehr methodisch
5. ∅ PHILOS, SCI Methode *f*
▶ **la bonne ~ pour faire qc** die richtige Methode um etw zu tun; ***qn a trouvé la bonne*** ~ jd hat es richtig angefangen, jd hat den richtigen Dreh gefunden *fam*; ***qn a une bonne ~ pour faire qc*** jd weiß eine gute Methode [*o* einen Weg] um etw zu tun; ~ **globale** Ganzwortmethode *f*, Ganzheitsmethode *f*; **qn connaît la ~ pour faire qc** *fam* jd hat den Dreh raus, wie man etw macht *fam*; **avec/sans** ~ methodisch/unmethodisch; *agir, travailler, procéder a.* mit/ohne Methode, mit/ohne System

méthodique [metɔdik] *adj* methodisch, systematisch; ***le classement de qc est*** ~ etw ist methodisch [*o* systematisch] geordnet

méthodiquement [metɔdikmɑ̃] *adv* methodisch; *agir, procéder, travailler a.* mit Methode

méthodiste [metɔdist] **I.** *adj* methodistisch; ■ **qn est** ~ jd ist Methodist
II. *mf* Methodist(in) *m(f)*

méthodologie [metɔdɔlɔʒi] *f* Methodologie *f*, Methodik *f*

méthylène [metilɛn] *m* Methylen *nt*

méthylique [metilik] *adj*: ***alcool*** ~ Methylalkohol *m*, Methanol *nt*

méticuleusement [metikyløzmɑ̃] *adv* sorgfältig; *travailler, nettoyer a.* gründlich, peinlich genau *pej*

méticuleux, -euse [metikylø, -øz] *adj* sorgfältig; *personne a.* [peinlich] genau, exakt; *travail* (*soigné*) sorgfältig; (*qui demande beaucoup d'attention*) exakt, präzise; *propreté, hygiène* peinlich; *hygiène* äußerste(r, s); ***c'est un esprit*** ~ er/sie ist gewissenhaft; ***qn est ~ dans son travail*** jd arbeitet sorgfältig [*o* gewissenhaft]; ***qn prend un soin ~ à qc*** jd achtet peinlich genau auf etw (*akk*)

méticulosité [metikylozite] *f* [große] Sorgfalt, [peinliche] Genauigkeit

métier [metje] *m* **1.** (*profession*) Beruf *m*; [*artisan a.*] Handwerk *nt*; [*commerçant a.*] Gewerbe *nt*; ***des ~s féminins/masculins*** Frauen-/Männerberufe; ***qu'est-ce que vous faites comme ~?*** [*o* ***quel ~ faites-vous?***] was machen Sie beruflich? [*o* was sind Sie von Beruf?]; ***c'est son ~, après tout!*** da ist schließlich ihr/sein Beruf [*o* Metier]!; ***il lui a enseigné le*** ~ er hat ihn/sie ausgebildet; ***elle est depuis dix ans dans le*** ~ sie ist [*o* steht] seit zehn Jahren im Beruf; ***dans le cadre de son*** ~ im Rahmen seiner/ihrer Tätigkeit; ■ ~ **de** -beruf; (*dans l'artisanat*) -handwerk; (*dans le commerce*) -gewerbe; ***un ~ d'avenir*** ein Zukunftsberuf [*o* Beruf mit Zukunft]; ***elle a appris le ~ de soudeuse*** sie hat Schweißerin gelernt
2. *souvent pl* (*secteur d'activité*) Berufszweig *m*, Berufe *pl*; ∅ [*entreprise, firme*] Tätigkeitsbereich *m*, Sparte *f*
3. ∅ (*rôle*) ■ ~ **de qc** Rolle *f* als etw; *des intellectuels, de l'opposition a.* Aufgabe *f* als etw; ***le ~ de roi*** das Königsein; ***elle exerce*** [*o* ***fait***] ***bien son ~ de maîtresse de maison*** sie ist eine gute Hausfrau
4. ∅ (*technique*) handwerkliches Können; (*habileté*) Geschick *nt*
5. TECH, TEXTIL Webstuhl *m*; ~ ***Jacquard*** Jacquardmaschine *f*; ~ ***à tisser/tricoter/broder*** Webstuhl/Strickmaschine *f*/Stickrahmen *m*; ~ ***à filer la laine/le coton*** Woll-/Baumwollspinnmaschine *f*; ~ ***à tapisserie/dentelle*** Hochwebstuhl/Tüllmaschine *f*
▶ **qn embrasse le ~ des armes** jd wird Berufssoldat; [**qn apprend**] **le ~ de la guerre** [jd erlernt] das Kriegshandwerk; [**qn exerce**] **le plus vieux ~ du monde** [jd übt] das älteste Gewerbe de Welt [aus]; **chacun son ~, et les vaches seront bien gardées** *prov* aus Dingen, von denen man nichts versteht, sollte man sich besser raushalten *fam*; **qn a un bon** ~ jd hat eine gute [*o* einträgliche] Arbeit; **qn fait mille ~s** jd ist ein richtiger Tausendsassa, jd macht alles Mögliche; **petits ~s** Kleingewerbe *nt*; **il n'est point de sot ~, il n'y a pas de sot** ~ *prov* jeder Beruf hat seinen Wert; **qn a du** ~ jd kennt sich aus, jd hat Berufserfahrung; **vous n'allez pas m'apprendre le ~!** mir können Sie nichts [mehr] erzählen!; **je connais mon ~!** ich weiß schon, was ich tue [*o* mache] [*o* zu tun habe]; **qn connaît** [*o* **sait**] **son** ~ jd versteht sein Handwerk [*o* seine Sache], jd beherrscht sein Metier; **qn est du** ~ jd ist vom

Fach; **qn fait ~ de qc** jd gibt etw als Beruf an; **qn fait son ~** jd tut [auch nur] seine Pflicht; **qn gâche** [*o* **gâte**] **le ~** jd verdirbt die Preise; **qn met qc sur le ~** jd nimmt etw in Arbeit, jd beginnt an etw (*dat*) zu arbeiten; **qn parle ~** jd fachsimpelt; **qn remet qc sur le ~** (*reprend*) jd nimmt etw wieder in Arbeit; (*améliore*) jd vervollkommnet etw, jd macht etw besser [*o* vollkommener]; **c'est rien, c'est le ~ qui rentre** [das macht nichts,] aus Schaden wird man klug *prov;* **de ~** *garagiste, architecte, sociologue* von Beruf, seines Zeichens *veraltend; termes* Fach-; *argot a.* Berufs-; ***qn a vingt ans de ~*** jd hat zwanzig Jahre Berufserfahrung; **chacun son ~** Schuster bleib bei deinen Leisten *prov*

métis, se [metis] **I.** *adj personne* Mischlings-; *population* Misch-, gemischtrassig; *animal* gemischtrassig, gekreuzt; *plante* Hybrid-; ***tissu ~/toile ~se*** halbleinenes Gewebe, Mischgewebe *nt* (*aus Baumwolle und Leinen*); ***un chien ~*** ein Mischling *m,* eine Rassenmischung; ■ **qn est ~** jd ist ein Mischling
II. *m* (*personne*) Mischling *m*

métissage [metisaʒ] *m* [Rassen]mischung *f;* [*animaux a., plantes*] Kreuzung *f*

métonymie [metɔnimi] *f* Metonymie *f*

métrage [metʀaʒ] *m* **1.** COUT Stoffmenge *f;* ***il faut un petit ~*** man braucht nur wenig Stoff; ***un petit/grand ~ de soierie*** ein kleines/großes Stück Seide; ***quel ~ vous faut-il?*** wie viele Meter brauchen Sie?
2. (*mesure*) Vermessung *f;* ***qn procède au ~ de qc*** jd vermisst etw
► **court ~** Kurzfilm *m* (*unter zwanzig Minuten*); **long ~** Spielfilm *m;* **moyen ~** Film *m* von mittlerer Länge (*zwischen 20 und 60 Minuten*)

mètre [mɛtʀ] *m* **1.** (*unité de mesure*) Meter *m o nt;* ***trois ~s sur cinq*** drei auf [*o* mal] fünf Meter; ***à cinquante ~s d'ici*** in fünfzig Metern Entfernung, fünfzig Meter von hier [entfernt]; ***marchandise vendue au ~*** Meterware *f*
2. (*instrument*) [Zenti]metermaß *nt;* **~ rigide** Meterstab *m*
3. SPORT: ***le 100/200/1500/... ~s*** die 100/200/1500/... Meter, der 100/200/1500/...-m-Lauf, der Hundert-/Zweihundert-/Fünfzehnhundertmeterlauf; ***qn court le 100 ~s en 10 secondes*** jd läuft die 100 Meter in 10 Sekunden; ***le 110 ~s haies*** die 110 Meter Hürden, der 110-m-Hürdenlauf; ***le 4 fois 100 ~s*** die 4 x 100-m-Staffel
4. POES Metrum *nt,* Versmaß *nt;* (*unité rythmique a.*) Versfuß *m;* (*vers*) Reimvers *m*
► **~ cube** Kubikmeter *m o nt;* **~ étalon** Urmeter *nt;* **par 500 ~s de fond** in 500 Meter Tiefe; **~ carré** Quadratmeter *m o nt;* **qn pique un cent ~s** *fam* jd legt einen Spurt ein *fam;* **~ pliant** Meterstab *m,* Zollstock *m*
◆ **mètre de couturière** Maßband *nt;* **mètre [à] ruban** Maßband *nt;* (*métallique*) [selbst aufrollendes] Metermaß

métrer <5> [metʀe] *vt* ■ **qn mètre qc** jd vermisst etw; *tissu* jd misst etw ab

métreur, -euse [metʀœʀ, -øz] *m, f* Bauleiter(in) *m(f)*

métrique [metʀik] **I.** *adj* **1.** SCI metrisch; ***la tonne/le quintal ~*** die Tonne/der Doppelzentner; ***la géométrie ~*** innere Geometrie
2. POES metrisch
II. *f* Metrik *f*

métro [metʀo] *m abr de* **métropolitain** U-Bahn *f,* Untergrundbahn; (*de Paris*) Metro *f;* (*station*) U-Bahn[-Station *f*], Metro[station]; ***station de ~*** U-Bahn-Haltestelle *f,* Metrostation; **~ *souterrain/aérien*** U-Bahn [*o* Untergrundbahn]/Hochbahn; **~ *urbain*** Stadtbahn/U-Bahn/Metro; **~ *régional/express*** Nahverkehrsbahn/Schnellbahn; ***en ~*** mit der U-Bahn/Metro; ***il y a un ~ direct*** es gibt eine direkte U-Bahn-Linie/Metrolinie
► **~, boulot, dodo** Metro, Arbeit, Bett

métronome [metʀɔnɔm] *m* Metronom *nt*

métropole [metʀɔpɔl] *f* **1.** (*grande ville*) Metropole *f;* **~ *d'équilibre*** regionales Zentrum, Provinzmetropole *f* (*als Gegengewicht zu Paris*); ***la ~ du cinéma/~ financière*** die Kino-/Finanzmetropole
2. ∅ (*pays*) Mutterland *nt*

métropolitain, e [metʀɔpɔlitɛ̃, ɛn] **I.** *adj* **1.** GEOG des Mutterlandes; *troupes a.* Heimat-; ***la France ~e*** [das Mutterland] Frankreich
2. REL: ***l'église ~e*** die Metropolitankirche; ***l'évêque ~*** der Metropolit
II. *m* **1.** *form* (*métro*) Untergrundbahn *f*
2. REL Metropolit *m*

mets [mɛ] *m* Gericht *nt,* Speise *f; pl* Gerichte *pl,* Speisen *pl; + adj a.* Essen *nt;* ***mon ~ favori*** mein Lieblingsessen, mein Leibgericht

mettable [metabl] *adj* ■ **qc n'est pas ~** etw ist nicht tragbar, man kann etw nicht anziehen
► **qn n'a rien de ~/qn n'a qu'une certaine chose de ~** jd hat nichts anzuziehen/jd hat nur ein Kleidungsstück, das er [noch] anziehen [*o* tragen] kann

metteur, -euse [metœʀ, -øz] *m, f* ◆ **metteur(-euse) en ondes** Spielleiter(in) *m(f),* Regisseur(in) *m(f);* **metteur(-euse) en pages** [Schrift]setzer(in) *m(f)* (*der die Satzspalten zu Seiten umbricht*), Metteur(in) *m(f);* **metteur(-euse) en scène** CINE, TV Regisseur(in) *m(f);* THEAT *a.* Spielleiter(in) *m(f)*

mettre <*irr*> [mɛtʀ] **I.** *vt* **1.** (*placer, poser*) ■ **qn met qc quelque part** jd tut etw irgendwohin; *dans qc a.* jd steckt etw irgendwohin; (*à plat*) jd legt etw irgendwohin; (*debout*) jd stellt etw irgendwohin; *main, bras, poing, pied, tête* jd legt etw irgendwohin; *coudes* jd stützt etw irgendwohin; ***j'ai mis les tables ensemble*** ich habe die Tische zusammengestellt; ***où ai-je mis mes lunettes?*** wo habe ich meine Brille hingetan [*o* hingelegt]?; ***qn met qc en l'air*** jd hebt etw [hoch]; ***qn met les mains/les poings sur les hanches*** jd stützt [*o* stemmt] die Hände/Fäuste in die Hüften; ***qn lui met la main aux fesses*** jd betatscht jdm den Hintern *fam;* ***qn lui met les mains devant les yeux*** jd hält jdm die Hände vor die Augen; ***qn met la tête à la fenêtre*** jd streckt [*o* steckt] den Kopf aus dem Fenster [*o* zum Fenster hinaus]; ***qn met le pied à l'étrier*** jd setzt den Fuß in den Steigbügel; ■ **qn met qn quelque part** *sur une chaise, une place* jd setzt jdn irgendwohin; *dans un lit* jd legt jdn irgendwohin; *contre un mur, derrière une personne* jd stellt jdn irgendwohin; *dans une chambre* jd bringt jdn irgendwo unter; ***qn met qn au lit*** jd bringt jdn ins [*o* zu] Bett; ***qn met qn sur ses pieds*** jd stellt jdn hin [*o* auf die Beine]; ***qn met un enfant sur son pot*** jd setzt ein Kind auf den Topf; ***on ne peut pas vous mettre ensemble!*** man kann euch nicht zusammen lassen!; ***je vous mets ensemble/à part*** (*asseoir*) ich setze euch zusammen [*o* nebeneinander]/auseinander; ***qn met des gardes aux portes*** jd stellt Wachen vor die Türen
2. (*déposer*) ■ **qn met qc quelque part** *à la banque, poste, boîte* jd bringt etw irgendwohin; *au garage, parking* jd stellt etw irgendwohin [*o* irgendwo ab]; ***qn met qc à l'abri*** [*o* ***en lieu sûr***] jd bringt etw in Sicherheit; ***qn met de l'argent à la banque*** jd bringt Geld zur [*o* auf die] Bank; ***qn met des lettres à la boîte*** jd bringt Briefe zum Briefkasten, jd steckt Briefe ein [*o* in den Briefkasten]; ***la voiture a été mise à la fourrière*** das Auto wurde abgeschleppt
3. (*accrocher*) ■ **qn met qc quelque part** jd hängt etw irgendwohin; ***qn met des tableaux au mur*** jd hängt Bilder auf [*o* an die Wand]
4. (*jeter*) ■ **qn met qc quelque part** jd wirft etw irgendwohin
5. (*ajouter*) ■ **qn met qc dans qc** jd tut [*o* gibt] etw in etw (*akk*); ***tu as mis trop de sel dans la soupe*** du hast die Suppe versalzen
6. (*répandre*) ■ **qn met qc sur qc** (*salir*) jd kleckert etw auf etw (*akk*) *fam,* jd bekleckert etw mit etw *fam;* (*étaler*) *sur une tartine* jd streicht etw auf etw (*akk*), jd bestreicht etw mit etw; *shampooing, cirage* jd gibt etw auf etw (*akk*); ***qn met de la crème sur qc*** jd cremt etw ein; ***il met beaucoup de cirage sur ses chaussures*** er cremt seine Schuhe dick ein; ***elle en a mis partout*** sie hat alles voll gekleckert *fam*
7. (*ajuster*) ■ **qn met qc à qc** *à un balai, une pioche, charrue* jd macht etw an etw (*akk*), jd bringt etw an etw (*dat*) an; *pièce de rechange* jd baut etw in etw (*akk*) ein
8. (*coudre*) ■ **qn met qc à qc** *bouton* jd näht etw an etw (*akk*) [an]; *pièce* jd näht etw auf etw (*akk*) [auf]
9. (*introduire*) ■ **qn met qc dans qc** *dans la serrure, le distributeur* jd steckt etw in etw (*akk*); *dans l'enveloppe a.* jd tut etw in etw (*akk*); *dans les gestes, la vie* jd bringt etw in etw (*akk*); ***qn met un peu plus d'humour dans sa vie*** jd räumt dem Humor mehr Platz in seinem Leben ein; ■ **qn met qc quelque part** *trouble* jd stiftet etw irgendwo; *désordre* jd schafft etw irgendwo; ***il a mis le désordre dans la famille*** er hat Unfrieden in der Familie gestiftet
10. (*conditionner*) ■ **qn met qc en qc** *en sac* jd füllt etw in etw (*akk*); *en bouteilles a.* jd füllt etw in etw (*akk*) ab, jd zieht etw auf etw (*akk*) *spec*
11. (*écrire*) ■ **qn met qc [sur qc/au bas de qc]** *nom, signature* jd setzt etw auf/unter etw (*akk*); *adresse* jd schreibt etw auf/unter etw (*akk*); *sur un livre* jd schreibt [*o* setzt] etw in etw (*akk*); *sur une liste* jd setzt etw auf etw (*akk*); *sur une étiquette* jd schreibt etw auf etw (*akk*); ***qn met le prix sur un produit*** jd zeichnet eine Ware aus; ■ **qn met qc à qn/quelque part** *mot, somme* jd schreibt jdm etw/schreibt etw irgendwohin; *note* jd gibt jdm etw; ■ **qn met que** + *indic* jd schreibt, dass
12. (*conduire*) ■ **qn/qc met qn quelque part** jd/etw bringt [*o* etw fährt] jdn irgendwohin
13. (*nommer*) ■ **qn met qn quelque part** *dans un service* jd setzt jdn irgendwo ein, jd gibt jdm irgendwo eine Stelle; *à un poste-clé* jd setzt [*o* stellt] jdn irgendwohin
14. (*inscrire*) ■ **qn met qn quelque part** *à l'hospice, en pension* jd gibt [*o* steckt *fam*] jdn irgendwohin; *dans une école* jd schickt jdn irgendwohin; *sur une liste* jd schreibt jdn irgendwohin, jd trägt jdn irgendwo ein
15. (*classer*) ■ **qn met qn à/parmi qc** *au nombre des meilleurs, parmi les meilleurs* jd zählt jdn zu etw; ■ **qn met qn quelque part** jd stellt jdn irgendwohin; ***qn met une personne à la place d'honneur*** ein Mensch bekommt bei jdm den Ehrenplatz
16. (*porter*) ■ **qn met qc** jd trägt etw; (*revêtir*) *vêtement* jd zieht etw an; *chapeau, lunettes* jd setzt etw auf; *lentilles de contact* jd setzt etw ein, jd macht etw rein *fam; maquillage* jd trägt [*o* legt] etw auf; *bijou* jd legt etw an; *bague, broche* jd steckt etw an; ***qn met du rouge à lèvres/du mascara*** jd schminkt sich (*dat*) die Lippen/tuscht sich (*dat*) die Wimpern; ***elle ne met jamais de maquillage*** sie schminkt sich nie, sie trägt nie Make-up
17. (*consacrer*): ***qn/qc met un certain temps à faire qc/pour faire qc*** jd/etw braucht eine gewisse Zeit, um etw zu tun; ***j'ai mis deux heures à faire ce travail*** ich habe zwei Stunden für diese Arbeit gebraucht; ***elle a mis six mois à répondre à ma lettre*** es hat sechs Monate gedauert, bis sie auf meinen Brief geantwortet hat; ***je n'ai pas mis longtemps à comprendre*** ich habe gleich begriffen; ***tu y as mis le temps*** du hast dir aber Zeit gelassen, das hat aber [lange] gedauert; ***la viande a mis longtemps à cuire*** das Fleisch hat lange gebraucht [bis es gar war]; ***j'ai mis une heure pour venir*** ich habe eine Stunde [für den Weg] gebraucht; ■ **qn met qc à qc/à faire qc** *forces, énergie* jd verwendet etw auf etw/darauf, etw zu tun; jd setzt etw für etw ein/dafür ein, etw zu tun; *ardeur, zèle* jd geht mit etw an etw (*akk*)/daran, etw zu tun; *orgueil* jd setzt etw in etw (*akk*)/daran, etw zu tun; ***qn met beaucoup de soin à qc/à faire qc*** jd gibt sich (*dat*) große Mühe mit etw/[damit], etw zu tun; ■ **qn met qc dans qc** *espoirs, confiance* jd setzt etw in etw (*akk*); *cœur* jd hängt etw an etw (*akk*); *forces* jd setzt etw für etw ein; ***qn met sa confiance dans qc*** jd setzt [sein] Vertrauen in etw (*akk*), jd vertraut auf etw (*akk*)
18. (*investir*) ■ **qn met qc dans/pour qc** jd investiert etw in etw (*akk*); *dans l'achat a.* jd legt etw für etw an; *dans une affaire a.* jd legt etw in etw (*dat*) an, jd steckt etw in etw (*akk*) *fam;* ■ **qn met qc sur qc/un animal** jd setzt etw auf etw (*akk*)/ein Tier
19. (*placer dans une situation*) ■ **qn/qc met qn dans qc** *dans un état* jd/etw versetzt jdn in etw (*akk*); *dans l'embarras, une situation* jd/etw bringt

jdn in etw (*akk*); ***qn met qn à l'aise*** jd sorgt dafür, dass jd sich wohl fühlt; (*calmer*) jd beruhigt jdn; ***qn met qn au régime*** jd setzt jdn auf Diät, jd verordnet jdm eine Diät

20. (*transformer*) ■ **qn met qc à/en qc** *au pluriel, futur, subjonctif, à la forme passive, en vers* jd setzt etw in etw (*akk*); *en ordre* jd bringt etw in etw (*akk*); *en fraction, centimètres* jd formt etw in etw (*akk*) um, jd drückt etw in etw (*dat*) aus; ***qn met qc en allemand/ anglais/ russe*** jd übersetzt etw ins Deutsche/Englische/Russische; ***qn met qc en bon français*** jd übersetzt etw in richtiges Französisch, jd drückt etw in gutem Französisch aus; ***qn met qc au propre*** [*o* ***au net***] jd schreibt etw ins Reine; ***qn met qc en forme*** jd gestaltet etw aus; ***qn met une montre à l'heure*** jd stellt eine Uhr; ***qn met qc en musique/ en pages*** jd vertont/umbricht etw

21. (*faire fonctionner*) ■ **qn met qc** *lumière* jd macht etw an, jd schaltet etw ein; *radio, chauffage, télé a.* jd stellt [*o* schaltet] etw an; *contact* jd stellt etw her; *programme, émission* jd stellt etw ein [*o* an]; ■ **qn met qc d'une certaine façon**: ***qn met qc plus fort*** jd dreht etw auf; *radio, télé a., réveil* jd stellt etw lauter; *chauffage* jd stellt etw höher [ein]; ***qn met qc plus bas*** jd stellt etw leiser; *chauffage* jd stellt etw niedriger [ein], jd dreht etw zu; ***qn met le réveil à cinq heures*** jd stellt den Wecker auf fünf Uhr [ein]

22. (*installer*) ■ **qn met qc [chez soi]**, ■ **qn fait ~ qc [chez soi]** *chauffage central, porte* jd baut etw [bei sich] ein; *serrure a.* jd bringt etw [bei sich] an; *rideaux* jd hängt etw [bei sich] auf; *moquette* jd [ver]legt etw [bei sich]; *eau, électricité, gaz* jd legt etw [bei sich] an; ***il a fait ~ l'eau courante*** er hat sich (*dat*) fließend Wasser legen lassen; ***qn met du papier peint/ une peinture dans qc*** jd tapeziert/streicht etw; ***elle a mis une peinture blanche dans le couloir*** sie hat den Gang weiß gestrichen

23. ■ **qn met qc à** + *infin*: ***qn met qc à cuire*** jd setzt etw auf, jd kocht etw; ***qn met qc à chauffer/ à bouillir*** jd setzt etw auf, jd macht etw heiß; ***qn met qc à laver*** jd wäscht etw; ***qn met qc à sécher*** jd trocknet etw; *linge a.* jd hängt etw [zum Trocknen] auf; ***qn a mis qc à cuire*** jd hat etw aufgesetzt; ***qn a mis du linge à laver*** jd ist gerade beim [*o* am] Waschen

24. (*envoyer*) ■ **qn met qc dans qc** *fléchette* jd trifft mit etw in etw (*akk*); *ballon a.* jd setzt etw in etw (*akk*); *balle* jd schlägt etw in etw (*akk*); *poing* jd schlägt mit etw in etw (*akk*); ***je lui mets mon poing dans la figure*** ich hau ihm/ihr eine rein [*o* runter] *fam*

▸ **qn a voulu <u>trop</u> en ~** *fam* jd hat zu dick aufgetragen *fam;* **qn met qn <u>au-dessus</u>/<u>au-dessous</u> de qn** jd stuft jdn höher/niedriger ein als jdn; **qn <u>les</u> met** *fam* jd macht sich auf die Socken *fam*, jd haut ab *sl;* **mettons/mettez <u>que</u>** + *indic o subj* nehmen wir/Sie einmal an, dass; gehen wir einmal davon aus, dass; ***mettons que je me suis trompé, et on n'en parle plus*** dann habe ich mich eben geirrt, Schwamm drüber *fam;* ***mettez que c'est un imbécile fini, et alors?!*** selbst wenn er [wirklich] ein ausgemachter Idiot ist [*o* sein sollte], na und?! *fam;* **<u>qu'est-ce qu</u>'on lui/leur a mis!** *fam* dem/denen haben wir's aber gegeben [*o* gezeigt] *fam;* **mettons!** gut, gehen wir einmal davon aus; nur mal angenommen

II. *vpr* **1.** (*se placer*) ■ **qn se met ...**: ***qn se met debout/ assis/ à genoux/ au garde-à-vous*** jd steht auf/setzt sich [hin]/kniet sich hin/nimmt Haltung an; ■ **qn se met quelque part** (*debout*) jd stellt sich irgendwohin; (*assis*) jd setzt sich irgendwohin; (*couché*) jd legt sich irgendwohin; *du côté des vainqueurs, du plus fort, au service de qn* jd stellt sich irgendwohin; *dans une sale affaire, une drôle de situation* jd gerät irgendwohin; ***qn se met dans un drôle d'état*** jd bekommt Zustände *fam*

2. ■ **qn se met qc quelque part** jd macht sich (*dat*) etw irgendwohin; *dans les cheveux a.* jd steckt sich (*dat*) etw irgendwohin; *sur la tête* jd setzt sich (*dat*) etw irgendwohin; *sur le dos* jd nimmt etw irgendwohin; ***qn se met de la crème sur la figure*** jd cremt sich (*dat*) das [*o* sein] Gesicht ein; ***qn se met qc sous la dent*** jd schiebt sich (*dat*) etw zwischen die Zähne; ***qn se met de la poussière dans les yeux*** jd bekommt [*o* kriegt *fam*] Staub in die Augen; ***qn se met les doigts dans le nez*** jd bohrt in der Nase; ***elle s'est mise de l'encre sur les doigts*** sie hat sich (*dat*) die Finger mit Tinte beschmiert; ***elle s'en est mise partout*** sie hat sich völlig bekleckert *fam;* ***la reine se met la couronne sur la tête*** die Königin setzt sich (*dat*) die Krone auf; ***mets-toi bien ça dans le crâne*** merke dir das [gut]

3. (*devenir*) ■ **qc se met à qc**: ***le temps se met au chaud/ froid/ beau*** es wird wärmer/kälter/schöner [*o* das Wetter wird schöner] [*o* das Wetter bessert sich]; ***on dirait que ça se met à la pluie*** es sieht nach Regen aus; ***ça se met à la pluie*** es wird regnerisch

4. (*se ranger*) ■ **qc se met quelque part** etw kommt [*o* gehört] irgendwohin; ***je ne sais pas où se met ce verre*** ich weiß nicht, wohin das Glas kommt [*o* gehört]

5. (*porter*) ■ **qn se met qc** *habit, maquillage, parfum* jd trägt etw; ***il s'était mis plein de parfum*** er hatte sich stark parfümiert; ■ **qn se met en qc** jd zieht etw an; ■ **qn s'est mis(e) en qc** jd hat etw angezogen, jd trägt etw; ***elle s'était mise en robe du soir*** sie hatte ein Abendkleid angezogen, sie trug ein Abendkleid; ***elle s'était mise en rouge/ très simplement*** sie war ganz rot gekleidet [*o* in Rot]/ganz einfach gekleidet; ■ **qn se met d'une certaine façon**: ***qn se met/ s'est mis(e) nu(e)*** [*o* ***à poil***] jd zieht sich [nackt] aus/hat sich [nackt] ausgezogen [*o* ist nackt]; ■ **qc se met à un certain moment** /*chapeau, habit*/ man trägt etw zu einem bestimmten Anlass

6. (*commencer à*) ■ **qn/qc se met à faire qc** jd/etw beginnt [*o* fängt an] etw zu tun; (*ne pas s'arrêter*) jd/etw tut etw unaufhörlich [*o* ununterbrochen]; ***la neige s'est mise à tomber/ il s'est mis à pleuvoir*** es fing an [*o* begann] zu schneien/zu regnen; ■ **qn se met à qc** jd fängt mit etw an, jd beginnt etw; *au travail a.* jd macht sich an etw (*akk*); *à une langue a.* jd fängt an [*o* beginnt] etw zu lernen; *au régime a.* jd macht etw

7. (*prendre goût à*) ■ **qn se met à qc** jd freundet sich mit etw an; ***qn se met à la peinture/ à la gymnastique*** jd fängt an zu malen/Gymnastik zu treiben; ***qn se met à l'alcool*** jd fängt an zu trinken, jd verfällt dem Alkohol; ■ **qn se met à faire qc** jd fängt an etw zu tun

8. ■ **qn se met en qc**: ***qn se met en route*** [*o* ***en chemin***]/ ***en mouvement*** [*o* ***en marche***] jd macht sich auf den Weg/setzt sich in Bewegung; ***des personnes se mettent en rang/ file*** Menschen stellen sich auf/hintereinander [*o* in einer Reihe] auf; ■ **qc se met en qc**: ***qc se met en marche/ en place*** etw setzt sich in Bewegung/beginnt zu greifen [*o* setzt sich durch]; ■ **qn se met en qc avec qn/des personnes se mettent en qc** *en rapport, relation, communication* jd setzt sich mit jdm in etw (*akk*)/Menschen setzen sich in etw (*akk*); ***qn se met en accord avec qn/ des personnes se mettent en accord*** jd kommt mit jdm überein/Menschen kommen überein; ***qn se met en accord avec ses idées*** jd handelt in Übereinstimmung mit seiner Überzeugung; ■ **qn se met en qc** *en forme* jd bringt sich in etw (*akk*); ***qn se met en travers*** [***de qc***] jd stellt [*o* legt] sich [bei etw] quer, jd stellt sich einer S. (*dat*) in den Weg

9. ■ **qn/qc se met à qc**: ***qn/ qc se met à la tête*** [***de qc***]/ ***à la disposition*** [***de qn/ qc***] jd/etw stellt sich an die Spitze einer S. (*gen*)/jdm/etw zur Verfügung; ***qn se met au courant*** [***de qc***] jd verschafft sich (*dat*) einen Überblick [über etw (*akk*)], jd macht sich mit etw vertraut; ***qn/ qc se met à l'heure*** [***de qc***] jd/etw geht mit der Zeit, jd/etw passt sich einer S. (*dat*) an

10. ■ **qn se met à/en/dans qc**: ***qn se met en colère/ dans une colère effroyable/ dans son tort*** jd wird wütend/schrecklich wütend/setzt sich ins Unrecht (*dat*); ***qn se met en frais/ en sueur/ en peine*** jd stürzt sich in Unkosten/legt sich ins Zeug *fam*/müht sich ab

11. (*bloquer*) ■ **qc se met dans qc** jd gerät in etw (*akk*); ***la ficelle s'est mise dans les rayons*** das Seil ist in die Speichen geraten

12. *fam* ■ **qn se met avec qn** (*constituer une équipe*) jd tut sich mit jdm zusammen; (*prendre parti pour a.*) jd stellt sich auf jds Seite (*akk*); (*vivre avec a.*) jd zieht mit jdm zusammen

▸ **qn n'<u>a</u> rien à se ~** jd hat nichts anzuziehen; **qn ne <u>sait</u> plus où se ~** jd möchte am liebsten im Erdboden versinken *fam;* **des personnes se mettent <u>à</u> un certain nombre pour faire qc** Menschen tun sich in einer gewissen Anzahl zusammen, um etw zu tun; ***ils se sont mis à cinq/ à plusieurs*** sie haben sich zu fünft/zu mehreren zusammengetan; **qn s'<u>en</u> met jusque-là** *fam* jd besäuft sich sinnlos *fam*, jd lässt sich voll laufen *sl;* **qn s'<u>y</u> met** (*commence à travailler*) jd macht sich dran *fam* [*o* an die Arbeit]; ***et si on s'y mettait!*** wir sollten uns besser ranhalten *fam* [*o* an die Arbeit machen]!; **qn/qc s'<u>y</u> met** (*s'en mêle*) jd mischt sich ein/etw kommt dazwischen; /*infection*/ etw kommt dazu; /*animal*/ ein Tier geht dran *fam;* **<u>qu'est-ce qu'ils</u> se mettent!** die heizen sich (*dat*) ganz schön ein!; ***qu'est-ce qu'ils se mettaient*** die haben sich (*dat*) ganz schön was gegeben

meuble [mœbl] **I.** *m* **1.** (*mobilier*) Möbel[stück *nt*] *nt;* ***des ~s anciens*** antike Möbel *pl*

2. JUR bewegliches Gut

▸ **qn <u>est</u> [*o* <u>vit</u>] dans ses ~s** jd hat sich häuslich eingerichtet; **qn <u>s'installe</u> [*o* <u>se met</u>] dans ses ~s** jd richtet sich häuslich ein; **qn <u>sauve</u> les ~s** jd rettet, was noch zu retten ist

II. *adj* **1.** *terre, sol* locker

2. JUR beweglich

◆ **meuble de télé** TV-Schrank *m;* **meubles de bureau** Büromöbel *pl;* **meubles de cuisine** Küchenmöbel *pl;* **meubles de jardin** Gartenmöbel *pl;* **meubles de rangement** Schränke *pl;* **meubles de repos** Schlaf[zimmer]möbel *pl;* **meubles de salle de bain** Badezimmermöbel *pl*

meublé, e [mœble] **I.** *adj* ■ **[qc est] ~** [etw ist] möbliert

II. *m* (*chambre*) möbliertes Zimmer; (*appartement*) möblierte Wohnung; ***qn est en*** [*o* ***habite un***] **~** jd wohnt möbliert

meubler <1> [mœble] **I.** *vt* **1.** (*garnir de meubles*) ■ **qn meuble qc [de qc]** jd richtet etw [mit etw] ein, jd möbliert etw [mit etw]; ***une idée pour ~ un salon*** eine Idee, wie man ein Wohnzimmer einrichten könnte; ■ **qn meuble qc en qc**: ***qn meuble qc en style/ en moderne/ en style Louis XVI*** jd richtet etw mit Stilmöbeln/modern/im Louis-seize-Stil ein

2. (*constituer le mobilier*) ■ **une chose meuble qc** in etw (*dat*) steht eine S., etw ist mit einer S. eingerichtet [*o* möbliert]; ***un lit et une chaise meublent la chambre*** in dem Zimmer steht ein Bett und ein Stuhl, die Einrichtung des Zimmers besteht aus einem Bett und einem Stuhl

3. (*décorer*) ■ **qc meuble qc**: ***une chose meuble très bien qc*** eine S. ist für etw vorteilhaft, eine S. macht sich gut in etw (*dat*)

4. (*remplir*) ■ **qn meuble qc [de qc]** *mémoire, pensée* jd füllt etw mit etw [an]; *de détails inutiles a.* jd überlädt etw mit etw; *imagination a.* jd gibt einer S. (*dat*) Nahrung, jd beschäftigt etw mit etw; *silence* jd überbrückt etw [mit etw]; *conversation* jd hält etw [mit etw] in Gang; ■ **qn meuble qc avec qc/en faisant qc** *solitude* jd füllt etw mit etw aus/füllt etw aus, indem er etw tut; *loisirs a.* jd beschäftigt sich in etw (*dat*) mit etw/damit, etw zu tun

II. *vpr* ■ **qn se meuble [d'une certaine façon]** jd richtet sich [irgendwie] ein; ***ils se sont meublés en style Louis XVI/ à neuf*** sie haben sich im Louis-seize-Stil/neu eingerichtet; ***elle s'est meublée pour pas cher*** sie hat sich billig eingerichtet; ■ **qn se meuble quelque part** jd kauft seine Möbel irgendwo

meuf [mœf] *f arg* Tussi *f sl*

meugler <1> [møgle] *vi* ■ **un animal meugle** ein Tier muht [*o* macht muh]

meuh [mø] *interj* muh

meule[1] [møl] *f* **1.** [*moulin*] Mühlstein *m*, Mahlstein *m*

2. (*appareil à aiguiser*) Schleifstein *m;* (*à polir*) Polierscheibe *f*

3. GASTR [*fromage*] Laib *m;* ■ **~ de** -laib; **~ de gruyère** Laib Greyerzer Käse

meule[2] [møl] *f* AGR Schober *m;* (*gerbier a.*) Hocke *f;* ***qn met qc en ~s*** jd stellt etw zu Schobern/Hocken auf; ■ **~ de** *de foin, paille* -schober

meunier, -ière [mønje, -jɛʀ] **I.** *adj* **1.** IND Mühlen-; ***l'industrie ~ière*** die Handelsmühlen *pl*

2. GASTR nach [*o* auf] Müllerinart; ***une truite ~ière*** eine Forelle nach Müllerinart

II. *m, f* (*minotier*) Müller(in) *m(f)*
III. *f* (*femme de meunier*) ■ **meunière** Müllerin *f*, Müllersfrau *f*
meure [mœʀ] *subj prés de* **mourir**
meurent [mœʀ], **meurs** [mœʀ], **meurt** [mœʀ] *indic prés de* **mourir**
meurtre [mœʀtʀ] *m* Mord *m*; ~ ***avec préméditation*** vorsätzliche Tötung; ***au*** ~! Hilfe! Mörder!; ■ ~ **de qn** Mord an jdm
▸ **qn crie au** ~ jd schreit Zeter und Mordio *fam*
meurtrier, -ière [mœʀtʀije, -ijɛʀ] I. *adj* mörderisch; *épidémie, arme a., accident, coup* tödlich; *carrefour, route* lebensgefährlich; ***les colères du dictateur sont parfois ~ières*** die Wutanfälle des Diktators sind manchmal tödlich
II. *m, f* Mörder(in) *m(f)*; ***un ~ professionnel*** ein [Berufs]killer *m*
III. *f* ARCHIT ■ **meurtrière** Schießscharte *f*
meurtrir <8> [mœʀtʀiʀ] I. *vt* 1. (*contusionner*) ■ **qn/qc meurtrit qc** *main, poignet* jd/etw zerquetscht etw; *visage* jd/etw richtet etw übel zu; ***le coup lui avait meurtri le visage*** der Schlag hatte sein/ihr Gesicht übel zugerichtet, sein/ihr Gesicht war grün und blau geschlagen; ***il me serrait la main à la*** ~ er zerquetschte mir fast die Hand; ■ **qc est meurtri(e)** [**par qn/qc**] /*corps*/ etw ist [von etw] zerschunden [*o* mit Blutergüssen übersät]; /*bras, pied*/ jd/etw zerquetscht etw; ***elle avait les pieds meurtris par ses chaussures*** ihr taten von ihren Schuhen die Füße weh
2. (*endommager*) ■ **qc meurtrit qc** *fruits, légumes* etw beschädigt etw; ■ **qc est meurtri(e)** [**par qc**] etw ist [von etw] beschädigt, etw hat Flecken [*o* Druckstellen]; ***des fruits meurtris*** Obst *nt* mit Flecken [*o* Druckstellen]
3. *soutenu* (*blesser*) ■ **qc meurtrit qn** /*reproches, humiliation*/ etw verletzt jdn tief; /*vie*/ etw beutelt jdn; ***les reproches lui meurtrissaient le cœur*** die Vorwürfe schnitten ihm/ihr tief ins Herz; ***âme meurtrie/cœur meurtri*** gequälte Seele/gequältes Herz
II. *vpr* ■ **qn se meurtrit qc** jd schlägt sich (*dat*) etw auf
meurtrissure [mœʀtʀisyʀ] *f* 1. (*marque*) Bluterguss *m*, blauer Fleck *fam*
2. (*tache*) (*sur des fruits, légumes*) Fleck *m*, Druckstelle *f*
3. *littér* [*cœur, âme*] Wunde *f*; ***les ~s que la vie vous impose*** die Wunden, die das Leben schlägt
meus [mø] *indic prés de* **mouvoir**
Meuse [møz] *f* ■ **la Meuse** die Maas
meut [mø] *indic prés de* **mouvoir**
meute [møt] *f* 1. CHASSE Meute *f*; ***qn lâche*** [*o* ***lance***] ***la ~ sur un animal*** jd hetzt die Meute auf ein Tier; ***des chiens de*** ~ Jagdhunde *pl*
2. *littér* (*grand nombre*) Meute *f*, Horde *f*
meuve [møv] *subj prés de* **mouvoir**
meuvent [mœv] *indic prés de* **mouvoir**
mévente [mevɑ̃t] *f* Absatzrückgang *m*; ***qn/qc subit une*** ~ jds Absatz/der Absatz einer S. (*gen*) geht zurück
mexicain, e [mɛksikɛ̃, ɛn] I. *adj* mexikanisch; ■ **qn/qc est** ~ jd/etw kommt [*o* ist] aus Mexiko, jd ist Mexikaner
II. *m, f* ■ **Mexicain(e)** Mexikaner(in) *m(f)*
Mexique [mɛksik] *m* ■ **le Mexique** Mexiko *nt*
mezzanine [mɛdzanin] *f* 1. (*étage*) Zwischengeschoss *nt*, Halbgeschoss *nt*, Mezzanin *nt*
2. THEAT [*salle de spectacle*] erster Rang; (*place*) Platz *m* im ersten Rang
3. (*fenêtre*) Mezzaninfenster *nt*
mezzo [mɛdzo] *m*, **mezzo-soprano** <~-~s> [mɛdzosɔpʀano] I. *m* (*voix*) Mezzosopran[stimme *f*] *m*
II. *f* Mezzosopran *m*
MF[1] [ɛmɛf] *f abr de* **modulation de fréquence** FM
MF[2] [ɛmɛf] *mpl abr de* **millions de francs** Mio F
Mgr *loc abr de* **Monseigneur** Mgr
mi [mi] *m inv* E *nt*, e *nt*; *v. a.* **do**
mi- [mi] *préf* ■ **mi-…, mi-…** *devant adj* halb …, halb …; *devant subst a.* Zwischending *nt* zwischen … und … *fam*; ***une réaction mi-amère, mi-étonnée*** eine halb erbitterte, halb erstaunte Reaktion; ***pièce mi-cuisine, mi-salle à manger*** Raum, der halb Küche, halb Esszimmer ist; Küche *f* mit Essecke; ***un jeu mi-ping-pong, mi-tennis*** ein Zwischending zwischen [*o* eine Mischung aus] Tischtennis und Tennis
miam-miam [mjammjam] *interj fam* lecker, lecker!, jam, jam! *fam*
miaou [mjau] *interj* miau; ***un chat fait*** ~ eine Katze miaut
mi-août [miut] *f* ∅ Mitte *f* August; ***à la*** ~-~ Mitte August
miasme [mjasm] *m gén pl* [ungesunde] Ausdünstung, Miasma *nt geh*
miauler <1> [mjole] *vi* ■ **un animal miaule** ein Tier miaut; (*se plaindre a.*) ein Tier maunzt *fam*
mi-avril [miavʀil] *f* ∅ Mitte *f* April; ***à la*** ~-~ Mitte April **mi-bas** <~-~> [mibɑ] *m* Kniestrumpf *m*, Halbstrumpf *m*
mica [mika] *m* 1. MINER Glimmer *m*, Mika *f o m*
2. (*vitre*) Muskovit *m*, Moskauer Glas *nt*
mi-carême <~-~s> [mikaʀɛm] *f* Mittfasten *pl*
miche [miʃ] *f* 1. (*pain*) [Brot]laib *m*; ***une ~ de pain*** ein Brotlaib; (*quantité*) ein Laib Brot; ***une ~ de deux kilos*** ein Zwei-Kilo-Laib
2. *pl fam* (*fesse*) Hintern *m fam*, Po *m fam*
mi-chemin [miʃmɛ̃] *loc* ▸ **qn s'arrête à** ~-~ jd gibt auf halbem Weg [*o* mittendrin] auf; **à** ~-~ auf halbem Weg, nach der Hälfte der Strecke; ***qc est à*** ~-~ etw liegt auf halbem Weg; ***nous ne sommes qu'à*** ~-~ wir haben erst die Hälfte des Weges [*o* der Strecke] hinter uns; **à** ~-~ **entre qc et qc** (*à égale distance de*) in der Mitte zwischen etw und etw (*dat*); (*participant de*) [in der Mitte] zwischen etw und etw (*dat*) [angesiedelt] **mi-clos, e** [miklo, kloz] *adj* halb geschlossen *pred*
micmac [mikmak] *m fam* 1. (*manigance*) Machenschaften *pl*; ***qn fait un ~ incroyable*** jd wendet die unglaublichsten Tricks und Kniffe an *fam*; ***j'ai tout de suite deviné ton petit*** ~ ich habe dein Spiel[chen] gleich durchschaut, ich bin dir gleich auf die Schliche gekommen
2. ∅ (*affaire embrouillée*) Wirrwarr *nt*, Theater *nt fam*, Tamtam *nt fam*; ***tu parles d'un*** ~ so ein Theater [*o* Tamtam]
mi-combat [mikɔ̃ba] *loc* ▸ **à** [**la**] ~-~ nach der Hälfte des Kampfes **mi-corps** [mikɔʀ] *loc* ▸ **à** ~-~ an der Taille; ***jusqu'à*** ~-~ bis zur Taille; ***un portrait à*** ~-~ ein Brustbild *nt* **mi-côte** [mikot] *loc* ▸ **à** ~-~ auf halber Höhe **mi-course** [mikuʀs] *loc* ▸ **à** ~-~ nach der Hälfte der Strecke [*o* des Rennens]; ***qn n'est encore qu'à*** ~-~ *fig* jd hat erst die Hälfte der Leiter erklommen, jd ist noch nicht ganz oben
micro [mikʀo] I. *m* 1. AUDIOV *abr de* **microphone** Mikro[fon *nt*] *nt*, Mikrofon *nt*; ***au*** ~ am Mikrofon; ***qn parle/chante au/devant le*** ~ jd spricht/singt ins Mikro[fon]
2. INFORM *fam abr de* **micro-ordinateur** Mikrocomputer [-kɔmpjuːtɐ] *m*
II. *f* ∅ *fam abr de* **micro-informatique** INFORM Mikroinformatik *f*
microbe [mikʀɔb] *m* 1. BIO Mikrobe *f*
2. *fam* (*avorton*) Wurm *m*, Zwerg *m*
microbien, ne [mikʀɔbjɛ̃, jɛn] *adj* mikrobiell; *culture* Mikroben-
microbiologie [mikʀobjɔlɔʒi] *f* ∅ Mikrobiologie *f*
microchirurgie [mikʀoʃiʀyʀʒi] *f* Mikrochirurgie *f*
microcircuit [mikʀosiʀkɥi] *m* [Mikro]chip *m*
microclimat [mikʀoklima] *m* Mikroklima *nt*
microcosme [mikʀɔkɔsm] *m* Mikrokosmos *m*, [in sich (*dat*) geschlossene] Gruppe; (*littéraire a.*) Zirkel *m*
micro-cravate <~s-~s> [mikʀokʀavat] *m* kabelloses [*o* schnurloses] Mikrofon, Ansteck-Mikrofon *nt*
microéconomie [mikʀoekɔnɔmi] *f* Mikroökonomie *f*
microédition [mikʀoedisjɔ̃] *f* Desktop-Publishing [-'pabliʃɪŋ] *nt*
microélectronique [mikʀoelɛktʀɔnik] *f* Mikroelektronik *f*
microfiche [mikʀofiʃ] *f* Mikrofilmblatt *nt*, Mikrofiche *m o nt*
microfilm [mikʀofilm] *m* Mikrofilm *m*; ***qn met qc sur*** ~ jd nimmt etw auf Mikrofilm auf
micro-informatique [mikʀoɛ̃fɔʀmatik] *f* ∅ Mikroinformatik *f*
micromètre [mikʀomɛtʀ] *m* 1. (*mesure*) Mikrometer *m o nt*
2. (*instrument*) Mikrometer[schraube *f*] *nt*, Messschraube *f*
micro-onde <~-~s> [mikʀoɔ̃d] I. *f* Mikrowelle *f*; ***four à ~-~s*** Mikrowelle[ngerät *nt*] *f*
II. *m* ■ ~-~**s** Mikrowelle[ngerät *nt*] *f*
micro-ordinateur <~-~s> [mikʀoɔʀdinatœʀ] *m* Mikrocomputer [-kɔmpjuːtɐ] *m*
micro-organisme <~-~s> [mikʀoɔʀganism] *m* Mikroorganismus *m*
microphone [mikʀɔfɔn] *m* Mikrofon *nt*
microphotographie [mikʀofɔtɔgʀafi] *f* Mikrofoto[grafie *f*] *nt*
microphysique [mikʀofizik] *f* ∅ Mikrophysik *f*
micropilule [mikʀopilyl] *f* Mikropille *f*
microplaquette [mikʀoplakɛt] *f* INFORM Chip [tʃɪp] *m*
microprocesseur [mikʀopʀɔsɛsœʀ] *m* INFORM Mikroprozessor *m*; ***carte à*** ~ Chipkarte *f*
microscope [mikʀɔskɔp] *m* Mikroskop *nt*; ***qn observe/étudie qc au*** ~ jd betrachtet etw durch das/untersucht etw unter dem Mikroskop; ***étude de qc au*** ~ mikroskopische Untersuchung einer S. (*gen*)
▸ ~ **électronique** Elektronenmikroskop *nt*; **qn examine qc au** ~ *fig* jd untersucht etw minuziös, jd nimmt etw genau [unter] die Lupe *fam*
microscopique [mikʀɔskɔpik] *adj* 1. (*minuscule*) mikroskopisch [*o* winzig] [klein]
2. SCI mikroskopisch [klein]
microsillon [mikʀosijɔ̃] *m* Schallplatte *f*
micro-trottoir <~s-~s> [mikʀotʀɔtwaʀ] *m* Straßenumfrage *f*
miction [miksjɔ̃] *f* Urinieren *nt*, Wasserlassen *nt*, Miktio *f spec*
mi-cuisses [mikɥis] *loc* ▸ [**jusqu'**] **à** ~-~ bis über das Knie [*o* die Knie] **mi-décembre** [midesɑ̃bʀ] *f* ∅ Mitte *f* Dezember; ***à la*** ~-~ Mitte Dezember
midi [midi] I. *m* 1. *inv, sans art ni autre dét* (*heure*) zwölf [Uhr], Mittag *m*; ***hier/demain*** [**à**] ~ gestern/morgen Mittag [um zwölf Uhr]; ***il est ~ juste/et quart/moins dix*** es ist genau zwölf [Uhr]/viertel nach/zehn vor zwölf; ***de ~ à deux heures*** von zwölf bis zwei [Uhr]; ***sur le coup de*** ~ Schlag zwölf [Uhr]; ***il est ~ sonné*** es hat zwölf [Uhr] geschlagen
2. (*moment du déjeuner*) Mittag *m*; (*repas*) Mittagessen *nt*; ***ce*** ~ heute Mittag; ***tous les ~s*** jeden Mittag; ***le repas de*** ~ das Mittagessen; ***qu'est-ce que tu fais pour*** ~? was kochst du zum Mittagessen?; ***qn mange qc à*** ~ jd isst etw zu Mittag [*o* zum Mittagessen]; ■ **le** ~ mittags
3. (*sud*) Süden *m*; ***qc est exposé(e) au*** ~ etw liegt nach Süden, etw hat eine Südlage; ■ **le Midi** Südfrankreich *nt*; ***les gens du M~*** die Leute aus Südfrankreich, die Südfranzosen; ***un accent du M~*** ein südfranzösischer Akzent
▸ **qn cherche ~ à quatorze heures** jd sieht den Wald vor lauter Bäumen nicht, jd macht die Dinge komplizierter als sie sind; ***sans chercher ~ à quatorze heures*** ohne die Dinge unnötig zu komplizieren; **qn voit ~ à sa porte** jd sieht die Dinge so, wie er sie sehen möchte; jd biegt [*o* legt] sich (*dat*) die Dinge zurecht; **en plein** ~ (*en plein jour*) mitten am Tag; (*au sud*) genau nach Süden; ***qc s'est passé(e) en plein*** ~ etw ist am helllichten Tag geschehen; ***une fenêtre en plein*** ~ ein Südfenster *nt*; **à** ~ (*à douze heures*) um zwölf [Uhr]; (*aujourd'hui a.*) heute Mittag; (*à l'heure du déjeuner*) in der Mittagszeit, über Mittag; **entre** ~ **et deux** in der Mittagszeit, über Mittag, zwischen zwölf und zwei [Uhr]; **vers les** ~ *fam* gegen Mittag
II. *adv* mittags; ***mardi/demain*** ~ Dienstagmittag/morgen Mittag
midinette [midinɛt] *f péj* Backfisch *m*; ***c'est une*** ~ sie ist ein richtiger Backfisch; ***des lectures de*** ~ Jungmädchenlektüre *f*
mi-distance [midistɑ̃s] *loc* ▸ **à** ~-~ [**de qc**] *se situer* auf halbem Weg[e] [zu etw]; *rattraper* nach der Hälfte der Strecke; **à** ~-~ **entre qc et qc** auf halbem Weg zwischen etw und etw (*dat*), gleich weit von etw und etw entfernt; (*entre deux domaines abstraits*) im Grenzbereich zwischen etw (*dat*) und etw

(*dat*)

mie [mi] *f* ∅ [Brot]krume *f*, Weiche(s) *nt*

miel [mjɛl] *m* Honig *m; pl* Honig[arten *pl*] *m;* ***bonbon/pain d'épice au*** ~ Honigbonbon *nt*/-kuchen *m;* ***couleur de*** ~ honigfarben, honiggelb
▸ **qn est [tout sucre] tout** ~ jd ist zuckersüß [*o* honigsüß]; **qn fait son** ~ **de qc** jd macht das Beste aus etw

mielleusement [mjɛløzmɑ̃] *adv* zuckersüß, in zuckersüßem Ton

mielleux, -euse [mjɛlø, -øz] *adj attitude, air* übertrieben freundlich; *sourire, paroles, ton* honigsüß, zuckersüß

mien, ne [mjɛ̃, mjɛn] **I.** *pron poss* ■ **le/la** ~**(ne)** meine(r, s), der/die/das meine; ***vos enfants et les*** ~***s*** Ihre und meine Kinder, Ihre Kinder und meine [*o* die meinen]; ***c'est votre opinion, ce n'est pas la*** ~***ne*** das ist Ihre Meinung, nicht [die] meine; ***ce livre n'est pas le*** ~ diese Buch gehört mir nicht, das ist nicht mein Buch
II. *loc* ▸ **je fais** ~**(ne) qc** ich mache mir etw zu eigen, ich übernehme etw; **j'y mets du** ~ ich tue, was ich kann; ***j'y ai mis du*** ~ ich habe das Mein[ig]e getan, ich habe meinen Teil dazu beigetragen; **les** ~**s** die Meinen, meine Familie

miette [mjɛt] *f* [*pain, gâteau*] Krümel *m*, Brösel *m;* [*repas*] Überbleibsel *nt;* ***une*** ~ ***de gâteau/pain*** ein Kuchen-/Brotkrümel
▸ **qc est réduit(e) en** ~**s** /*verre, porcellaine*/ etw ist in tausend Stücke zersprungen; /*gâteau, pain*/ etw ist zerbröselt; (*par un bombardement*) etw ist zertrümmert; **qn ne s'en fait pas une** ~ *fam* das lässt jdn ziemlich kalt *fam*, jd lässt sich (*dat*) deshalb keine grauen Haare wachsen *fam;* **qn n'en a pas laissé une** ~ (*dans un repas*) jd hat keinen Krümel [*o* kein Krümchen] übrig gelassen; (*d'une fortune*) jd hat keinen Pfennig übrig gelassen; **qn met qc en** ~**s** *pain* jd zerkrümelt [*o* zerbröselt] [*o* zerbröckelt] etw; *verre, tasse, vase* jd zerschlägt etw, jd schlägt etw in tausend Stücke; *bonheur* jd zerstört etw völlig, jd macht etw völlig zunichte; **qn ne perd pas une** ~ **de qc** jdm entgeht nichts von etw, jd lässt sich (*dat*) nichts von etw entgehen; *d'une conversation, d'un exposé a.* jd lässt sich (*dat*) keine Silbe von etw entgehen; **qn ramasse les** ~**s** für jdn bleiben nur die Brosamen [*o* die kümmerlichen Reste] übrig; **qn réduit qn en** ~**s** jd macht Hackfleisch aus jdm *fam;* **une** ~ **de qc** ein winziges Stück einer S. (*gen*); ***il n'a pas une*** ~ ***de bon sens*** er hat nicht das kleinste [*o* geringste] bisschen gesunden Menschenverstand; **pas une** ~ kein bisschen, nicht das kleinste bisschen

mieux [mjø] **I.** *adv comp de* **bien** besser ***qn va*** [*o* ***se porte***] ~ jdm geht es besser; ***qc va*** ~ etw läuft besser; ***qn ne pouvait pas*** ~ ***trouver*** jd hätte es nicht besser treffen können; ***qn trouve*** ~ jd findet etwas Besseres; ***qn aime*** ~ ***faire qc*** jd tut etw lieber, jd möchte etw lieber tun; ***il vaudrait*** ~ ***que qn fasse qc*** es wäre besser, wenn jd etw täte; ***d'autant*** ~ ***que*** um so besser, als …; ■ ~ **que** besser als; ***qn aimerait*** ~ ***rester que partir*** jd würde lieber bleiben als gehen; ***elle le sait*** ~ ***que personne*** sie weiß es selbst am besten; ■ **plus/moins qn fait qc,** ~ **il fait qc** je mehr/weniger jd etw tut, desto besser tut er etw
▸ ~ **vaut tard que jamais** *prov* lieber [*o* besser] spät als nie; **pour** ~ **dire** besser gesagt; **qui dit** ~? wer bietet mehr?; **qn ferait** ~ **de faire qc** jd täte besser daran, etw zu tun; jd würde besser etw tun; ***il aurait*** ~ ***fait d'attendre*** [***plutôt que de partir***] er hätte lieber warten sollen[, als zu gehen], er hätte besser daran getan zu warten[, als zu gehen]; ***on ferait*** ~ ***de réfléchir avant de parler*** [man sollte lieber] erst denken, dann reden; **qn fait au** [*o* **pour le**] ~ jd tut sein Bestes; **comme …, on ne fait pas** ~ *ahuri, crétin, idiot, imbécile* eine(n) größere(n)/ein größeres … gibt es nicht [*o* kann es gar nicht geben]; ***comme bêtise, on ne fait pas*** ~ eine größere Dummheit kann man gar nicht machen; **qc lui va on ne peut** ~ etw passt jdm bestens, etw kommt jdm gerade recht [*o* gelegen]; ~ **vaut prévenir que guérir** *prov* vorbeugen ist besser als heilen; ~ **vaut tenir que courir** besser ein Spatz in der Hand als eine Taube auf dem Dach; **il vaut** ~ **faire qc,** ~ **vaut faire qc** es ist besser, etw zu tun; **il vaut** ~ **que** + *subj* es ist besser, wenn; **ça vaut** ~! (*c'est préférable*) das ist besser [so]!; ***dépêchons-nous, ça vaut*** ~! wir sollten uns besser [*o* lieber] beeilen!; **qc vaut** ~ **que qc,** ~ **vaut qc que qc** etw ist besser als etw; **qn vaut** ~ **que qn** jd ist mehr wert als jd; ~ **que rien** besser als nichts; **à qui** ~ ~ um die Wette; [**qn/qc va**] **de** ~ **en** ~ (*en s'améliorant*) [jdm geht es/etw läuft] immer besser; *iron* (*de pire en pire*) [etw wird] immer besser; ***de*** ~ ***en*** ~! das wird ja immer besser [*o* schöner]!; ~ **que jamais** besser denn je; **qn n'en fera que** ~ **qc** jd tut etw um so besser; ***qn n'en aime qn que*** ~ jd liebt jdn um so mehr; **tant** ~ [**pour qn**]! um so besser [für jdn]; **…,** ~ [**que ça**], **… …,** besser noch, …, …, ja … sogar …; ***il nous a écrit,*** ~, ***il est venu nous voir*** er hat uns geschrieben, ja er hat uns sogar besucht
II. *adv superl de* **bien** **1.** + *vb* (*de la meilleure façon*) ■ **le** ~ am besten
2. + *adj* (*très bien*) ■ **le** ~ am besten; *prêt, capable, disposé* am ehesten; *doué* am meisten; ***la ville le*** ~ ***éclairée*** die Stadt mit der besten Beleuchtung, die am besten beleuchtete Stadt
3. (*plus que d'autres*) ■ **le/la** ~ **…** + *adj* [**de**] *d'un groupe, ensemble* der/die/das am besten … + *adj;* ***la femme la*** ~ ***habillée de Paris*** die bestgekleidete [*o* am besten gekleidete] Frau von Paris; ***c'est le poste le*** ~ ***payé*** es ist der bestbezahlte [*o* am besten bezahlte] Arbeitsplatz
▸ [**qc est**] **des** ~ **faits** [etw ist] eine(r, s) der am besten gemachten, [etw ist] besonders gut gemacht; ***cet appartement est des*** ~ ***meublés*** diese Wohnung ist eine der besteingerichteten [*o* der am besten eingerichteten]; ***un compliment des*** ~ ***tournés*** ein besonders gelungenes Kompliment; ***un exemple des*** ~ ***choisis*** ein besonders gut gewähltes Beispiel
III. *adj comp de* **bien** **1.** (*en meilleure santé*) ■ **qn est** [*o* **se sent**] ~ [**que …**] jdm geht es besser [als …]; ***qn trouve qn*** ~ jd findet, jd sieht [wieder] besser aus; ***il la trouve*** ~ er findet, sie sieht [wieder] besser aus
2. (*plus agréable d'apparence*) ■ **qn est** ~ [**que …**] jd sieht besser aus [als …]; ***elle est*** ~ ***les cheveux courts*** kurze Haare stehen ihr besser
3. (*plus à l'aise*) ■ **qn est** ~ [**quelque part**] [**que …**] jd fühlt sich [irgendwo] wohler [als …]; ***vous serez*** ~ ***dans le fauteuil*** im Sessel sitzen Sie bequemer
4. (*préférable*) ■ **qc est** ~ [**que …**] etw ist besser [als …]; ***c'est*** ~ ***ainsi*** es ist besser so; ***ce serait*** ~ ***de rentrer par le train*** es wäre besser, wenn wir mit dem Zug heimfahren würden; ***parler est bien, se taire est*** ~ Reden ist Silber, Schweigen ist Gold *prov*
▸ **ce qu'il y a de** ~ (*le gratin*) alles, was Rang und Namen hat; die Crème de la Crème; **tout ce qu'il y a de** ~ (*très bien*) bestens; **c'est** ~ **que rien** [das ist] besser als nichts; **qui** ~ **est** noch dazu; *iron a.* es kommt noch besser; ***il a terminé et, qui*** ~ ***est, en un temps record*** er ist fertig und noch dazu in Rekordzeit; **c'est ce que qn pourrait faire de** ~ es ist das beste, was jd tun kann; **qn n'a rien trouvé de** ~ **que de faire qc** jdm ist nichts Besseres eingefallen, als etw zu tun; **qn n'a rien de** ~ **à faire** jd hat nichts Besseres zu tun; **qn ne fait rien de** ~ jd bringt nichts Besseres zustande; ***on ne fait rien de*** ~ es gibt nichts Besseres
IV. *adj superl de* **bien** (*le plus réussi*) ■ **qc est le** ~ etw ist am besten; ■ **qn est le** ~ jd sieht am besten aus; ***c'est avec les cheveux courts qu'elle est le*** ~ sie sieht mit kurzen Haaren am besten aus, kurze Haare stehen ihr am besten; ■ **qn/un animal est le** ~ jd/ein Tier fühlt sich am wohlsten, jdm/einem Tier geht es am besten
▸ **faute de** ~ solange sich nichts Besseres findet, in Ermangelung eines Besseren *geh;* **un léger** [*o* **petit**] ~ eine leichte Besserung; **il y a** ~**, mais c'est plus cher** es gibt Besseres, aber das kostet dann auch mehr; **ce n'est pas mal, mais il y a** ~ [es ist zwar nicht schlecht, aber] ich habe schon Besseres gesehen; **il y a un** ~ es ist eine Besserung eingetreten, es geht schon besser; **il y a du** ~ es gibt Fortschritte, man kann Fortschritte erkennen; **qn attendait** [*o* **espérait**] ~ **de qn** jd hätte mehr von jdm erwartet; **qn s'attendait à** ~ jd hätte mehr [*o* etwas Besseres] erwartet; **en attendant** ~ bis sich Besseres findet, solange sich nichts Besseres findet; **qn ne demande pas** ~ **que de faire qc** jd möchte nichts lieber [tun], als etw tun; jd möchte zu gerne etw tun; **qn est au** ~ **avec qn** jd versteht sich bestens mit jdm; **qn fait qc de son** ~ jd tut etw so gut er kann [*o* so gut wie möglich]; **qn fait de son** ~ jd tut sein Bestes; jd tut, was er kann; **en mettant les choses au** ~ im günstigsten Fall, wenn alles gut geht; **au** ~ (*au plus*) im günstigsten Fall, bestenfalls; (*de la meilleure manière*) so gut wie möglich; *rendre qc* zum bestmöglichen Preis; **au** ~ **de qc** (*au sommet de*): ***qn est au*** ~ ***de sa forme*** jd ist in Bestform [*o* Höchstform]; ***au*** ~ ***des vos intérêts*** zum Besten Ihrer Interessen; **en** ~ besser; *changer* zum Besseren; ***c'est sa sœur en*** ~ sie sieht aus wie ihre Schwester, nur besser
V. *loc* ■ **le** ~ das Beste; ***le*** ~ ***serait de ne rien dire*** es wäre das Beste [*o* am besten], nichts zu sagen; ***c'est le*** ~ ***à faire*** es ist das Beste[, was ich tun kann/du tun kannst/…]
▸ **le** ~ **est l'ennemi du bien** *prov* das Bessere ist des Guten Feind; **qn fait qc du** ~ **possible, qn fait le** ~ [*o* **du** ~] **qu'il peut** jd macht etw, so gut er kann; **pour le** ~: ***tout va*** [*o* ***est***] ***pour le*** ~ alles steht zum Besten; ***qn fait*** [*o* ***agit***] ***pour le*** ~ jd tut das Bestmögliche [*o* sein Bestes]

mieux-être [mjøzɛtʀ] *m* ∅ größerer Wohlstand; (*matériel a.*) höherer Lebensstandard **mieux-vivre** [mjøvivʀ] *m* ∅ mehr Lebensqualität

mièvre [mjɛvʀ] *adj* abgeschmackt; *paroles, sourire a.* töricht; *poésie, roman, peinture* süßlich, kitschig; *charme, beauté, personne* farblos, fade, süßlich

mièvrerie [mjɛvʀəʀi] *f* **1.** ∅ (*grâce fade*) [*propos, sourire*] Abgeschmacktheit *f;* [*poésie, peinture, roman, image*] Süßlichkeit *f*, Rührseligkeit *f;* [*personne*] Farblosigkeit *f*
2. *souvent pl* (*propos, écrit*) Abgeschmacktheit[en *pl*] *f;* (*attitude*) Gehabe *nt kein pl*

mi-février [mifevʀije] *f* ∅ Mitte *f* Februar; ***à la*** ~-~ Mitte Februar **mi-figue, mi-raisin** [mifig, miʀɛzɛ̃] *loc* süßsauer, sauersüß *fam; accueil* lau, nicht gerade begeistert; *personne* halbherzig; ***qc laisse qn*** ~-~ ~-~ jd weiß nicht, was er von etw halten soll **mi-fil, mi-coton** [mifil, mikɔtɔ̃] *loc* halb Leinen, halb Baumwolle; ***du tissu*** ~-~, ~-~ Leinen-Baumwoll-Mischung *f;* ■ **qc est** ~-~, ~-~ etw ist aus einer Leinen-Baumwoll-Mischung **mi-fin** <~-~s> [mifɛ̃] *adj* mittelfein

mignard, e [miɲaʀ, aʀd] *adj péj* affektiert; *sourire a.* süßlich; *manières a.* geziert; *fam personne* niedlich, süß; *beauté* grazil

mignon, ne [miɲɔ̃, ɔn] **I.** *adj* **1.** (*agréable à regarder*) hübsch, entzückend, reizend; *bébé, enfant, nez* süß, goldig *fam*, niedlich
2. (*joli de visage*) ■ [**qn est**] ~ *femme* [jd ist] hübsch; *jeune fille a.* [jd ist] süß; *jeune homme* jd sieht gut aus; (*charmant*) jd ist nett [*o* lieb]; *femme a.* [jd ist] reizend; ***elle est*** ~***ne de visage*** sie hat ein hübsches [*o* süßes] Gesicht
3. *fam* (*gentil*) ■ **qn est** ~ *enfant* jd ist lieb; ***sois*** ~***ne/ soyez*** ~***s*** sei/seid [doch] so lieb
II. *m, f* (*enfant*) goldiger [*o* süßer] Knopf [*o* Fratz] *fam;* (*jeune fille*) Hübsche *f*, Süße *f*, süßer Käfer *fam;* (*jeune homme*) hübscher [*o* süßer] Kerl; ***un*** ~ ***tout plein*** ein ganz[er] Süßer
▸ **mon/ma** ~**(ne)** mein [Gold]schatz, mein Schätzchen
III. *f fam* ■ **mignonne** Süße *f fam*, Mieze *f sl*

migraine [migʀɛn] *f* **1.** (*mal de tête*) Kopfschmerzen *pl*, Kopfweh *nt;* ***j'ai une horrible*** ~ ich habe schreckliche Kopfschmerzen
2. MED Migräne *f;* ***elle a une/ la*** ~ sie hat [eine] Migräne

migrant, e [migʀɑ̃, ɑ̃t] **I.** *adj travailleur* Wander-; *population* wandernd; ***les flux de populations*** ~***es*** die Völkerwanderungsströme
II. *m, f* Gastarbeiter(in) *m(f)*

migrateur, -trice [migʀatœʀ, -tʀis] **I.** *adj oiseau* Zug-; *animal* Wander-; ***un animal/ un oiseau est*** ~ ein Tier *nt* geht auf Wanderung/ein Vogel *m* ist ein Zugvogel
II. *m* (*animal*) Tier, das auf Wanderung geht; Migrant *m; pl* Migranten *pl;* (*oiseau a.*) Zugvogel *m*

migration [migʀasjɔ̃] *f* **1.** (*déplacement*) Wanderung *f*, Migration *f spec;*

[*vacanciers*] Zug *m;* [*population rurale, citadins*] Abwanderung *f;* ***les grandes ~s*** die großen Völkerwanderungen; ***les ~s des vacanciers*** die Völkerwanderung der Urlauber *fam*
2. ZOOL Wanderung[sbewegung *f*] *f,* Wanderzug *m,* Migration *f spec;* [*oiseaux a.*] [Vogel]zug *m;* ***les oiseaux en ~*** die nach Süden/Norden ziehenden Vögel
migratoire [migʀatwaʀ] *adj* Migrations- *spec; flux, mouvement* Wander[ungs]-; *solde* Ein-und Auswanderungs-
migrer <1> [migʀe] *vi* ■ **des animaux migrent [vers quelque part]** Tiere wandern [*o* ziehen] [irgendwohin]; */oiseaux/* Tiere ziehen [irgendwohin]; ■ **des personnes migrent [vers quelque part]** Menschen ziehen umher, Menschen wandern irgendwohin; (*immigrer a.*) Menschen wandern [irgendwo] ein [*o* ziehen irgendwohin]; (*émigrer a.*) Menschen wandern [irgendwohin] aus
mi-hauteur [mi'otœʀ] *loc* ▸ **à ~~ [de qc]** halbhoch, auf halber Höhe [einer S. (*gen*)]; ***l'eau était à ~~*** das Wasser stand halbhoch **mi-jambe[s]** [miʒɑ̃b] *loc* ▸ **à ~~** an der Wade; ***jusqu'à ~~*** bis zur Wade **mi-janvier** [miʒɑ̃vje] *f* Ø Mitte *f* Januar; ***à la ~~*** Mitte Januar
mijaurée [miʒɔʀe] *f* eingebildetes[, affektiertes] Frauenzimmer *fam,* eingebildete Pute *fam,* Dämchen *nt pej fam;* ***espèce de petite ~!*** eine eingebildete, dumme Pute!
▸ **qn fait la ~** jd kehrt die große Dame heraus, jd macht auf vornehm *fam;* */petite fille/* jd spielt das Dämchen *fam*
mijoter <1> [miʒɔte] **I.** *vt* **1.** (*faire cuire lentement*) ■ **qn mijote qc** jd kocht [*o* gart] etw auf kleiner Flamme
2. (*préparer avec soin*) ■ **qn mijote qc [à qn]** *de bons petits plats* jd kocht [jdm] etw mit Liebe, jd bereitet [jdm] etw mit Liebe zu; ***qn mijote de bons petits plats à qn*** jd bekocht jdn mit Liebe; ***qn aime bien ~ des petits plats*** jd köchelt gerne
3. *fam* (*manigancer*) ■ **qn mijote qc/de faire qc** jd brütet etw aus *fam/* trägt sich mit dem Gedanken, etw zu tun; *complot a.* jd schmiedet etw; ***qu'est-ce qu'elle mijote encore contre nous?*** was führt sie wieder gegen uns im Schilde?
II. *vi* **1.** (*cuire lentement*) ■ **qc mijote** etw köchelt; */plat, viande a./* etw gart; ■ **qn fait ~ qc** jd lässt etw köcheln; *plat, viande a.* jd lässt etw garen
2. *fam* (*attendre*) ■ **qn laisse qn ~** jd lässt jdn schmoren *fam*
III. *vpr fam* ■ **qc se mijote** es braut sich etw zusammen *fam*
mijoteuse® [miʒɔtøz] *f* Schmortopf *m*
mi-juillet [miʒɥijɛ] *f* Ø Mitte *f* Juli; ***à la ~~*** Mitte Juli **mi-juin** [miʒɥɛ̃] *f* Ø Mitte *f* Juni; ***à la ~~*** Mitte Juni
milan [milɑ̃] *m* Milan *m;* (*milan rouge a.*) Gabelweihe *f*
Milan [milɑ̃] Mailand *nt*
mildiou [mildju] *m* Mehltau *m;* ***le ~ de la vigne*** der falsche Reben-Mehltau
milice [milis] *f* Miliz *f*
milieu <x> [miljø] *m* **1.** Ø (*dans l'espace*) Mitte *f;* ***on coupe/casse/scie qc par le ~/en son ~*** jd schneidet/bricht/sägt etw in der Mitte durch [*o* mittendurch]; ■ **le ~ de qc** die Mitte einer S. (*gen*), die -mitte; ***qn/qc prend le ~ de la rue/route/chaussée*** jd/etw fährt in der Mitte der Straße [*o* Straßenmitte] [*o* mitten auf der Straße]; ■ **du ~** in der Mitte, mittlere(r, s); ***le bouton du ~*** der Knopf in der Mitte, der mittlere Knopf; ***la rangée du ~*** die mittlere Reihe; ***le doigt du ~*** der Mittelfinger; ***celui/celle du ~*** der/die/das mittlere
2. Ø (*dans le temps*) Mitte *f;* ■ **le ~ de qc** die Mitte einer S. (*gen*), die -mitte; ***le ~ du siècle/du vingtième siècle*** die Mitte des Jahrhunderts [*o* Jahrhundertmitte]/die Mitte des zwanzigsten Jahrhunderts; ***vers le ~ de la nuit/du jour/de l'après-midi*** gegen Mitternacht/um die Mittagszeit/zwischen 15 und 16 Uhr
3. Ø (*moyen terme*) Mittelweg *m,* Mittelding *nt fam;* ***qn ne connaît pas de ~, pas de ~ possible avec qn*** für jdn gibt es keinen Mittelweg, jd kennt [*o* für jdn gibt es] nur ein Entweder-oder; ***une voiture ~ de gamme*** ein Mittelklassewagen *m,* ein Mittelklasseauto *nt*
4. (*environnement*) Umwelt *f,* Milieu *nt; pl* Umweltbedingungen *pl* (*naturel a.*) Lebensraum *m;* (*humain a.*) Umgebung *f;* BIO Milieu; ***~ de culture*** Nährlösung *f*
5. CHIM Medium *nt*
6. SOCIOL Milieu *nt;* (*cadre a.*) Umgebung *f;* (*groupe social a.*) Umfeld *nt,* Kreise *pl;* ***le ~ ambiant*** die Umgebung, das Umfeld; ***les ~x populaires*** die einfache Bevölkerung; ***je me demande dans quel ~ tu vis*** ich frage mich, in welchen Kreisen [*o* in welchem Milieu] du verkehrst ***il est né dans un ~ très modeste*** er stammt aus bescheidenen Verhältnissen; ***le ~ des informaticiens*** die Informatikerkreise *pl*
7. *pl* (*gens*) Kreise *pl;* ***des ~x bien informés/proches du gouvernement*** gut unterrichtete/regierungsnahe Kreise; ***les ~x bancaires/d'affaires*** die Bank-/Geschäftskreise [*o* Geschäftswelt]
8. Ø (*criminels*) ■ **le ~** die Unterwelt; (*proxénètes, prostituées a.*) das Milieu; ***les gens du ~*** die Unterwelt [*o* die Gangster]/das Milieu
▸ **au beau [o en plein] ~ de qc** mitten in etw (*dat o akk*); ***au beau [o en plein] ~ du film/de la nuit*** mitten im Film/in der Nacht; ***qn arrive au beau [o en plein] ~ du film/de la nuit*** jd platzt mitten in den Film [hinein] *fam*/kommt mitten in der Nacht an; **qn garde le juste ~** jd hält die goldene Mitte [*o* das richtige Maß] ein; **qn se tient dans un juste ~** jd hält den goldenen Mittelweg ein; **il n'y a pas de ~ [entre qc et qc]** es gibt nur ein Entweder-oder, es gibt kein Mittelding [zwischen etw (*dat*) und etw (*dat*)]; ***il n'y a pas de ~ entre partir et rester*** es gibt nur ein Entweder-oder: gehen oder bleiben; **qn est dans son ~** jd ist [*o* fühlt sich] [ganz] in seinem Element; ***qn est dans son ~ chez qn/quelque part*** jd fühlt sich bei jdm/irgendwo wohl [*o* wie zu Hause]; **qn se sent/ne se sent pas dans son ~** jd fühlt sich wohl/nicht wohl in seiner Haut, jd fühlt sich in seinem Element/deplatziert; **qn tient le ~** (*ni bon ni mauvais*) jd hält sich [*o* liegt] in der Mitte; (*sans excès*) jd hält das richtige [*o* rechte] Maß [ein]; **qc tient le ~ entre qc et qc** etw ist ein Mittelding zwischen [*o* aus] etw und etw (*dat*); */attitude/* etw ist eine Mischung aus etw und etw; **au ~ [de qc]** (*au centre*) (*sans mouvement*) in der Mitte [einer S. (*gen*)]; (*avec mouvement*) in die Mitte [einer S. (*gen*)]; (*dans*) (*sans mouvement*) mittendrin, mitten in etw (*dat*); (*avec mouvement*) mitten in etw (*akk*); (*sur*) (*sans mouvement*) mittendrauf, mitten auf etw (*dat*); (*avec mouvement*) mittendrauf, mitten auf etw (*akk*); ***au ~ des rires et des tintements de verre*** unter Gelächter und Gläserklingen; **au ~ de qc** (*entre le début et la fin*) *de l'été, l'hiver, du texte, d'une période, du film* mitten in etw (*dat*); ***au ~ de la journée/de l'après-midi/de la page/de la descente*** mitten am Tag/Nachmittag/auf der Seite/am Hang; ***au ~ du repas …*** mitten beim Essen … *fam;* ***elle est arrivée au ~ du repas*** sie ist mitten ins Essen reingeplatzt *fam;* **au ~ d'un groupe/des personnes** mitten in einer Gruppe/unter Menschenn; ***au ~ de ta famille*** in[mitten *geh*] deiner Familie; ***au ~ des gens qui m'entouraient*** unter all den Leuten um mich herum
◆ **milieu de terrain** Mittelfeldspieler(in) *m(f)*
militaire [militɛʀ] **I.** *adj* Militär-; *autorités, pouvoir a., opération, exactitude, discipline, concision* militärisch; *service a.* Wehr-; *médecin a.* Stabs-; *route* strategisch wichtig; ***tenue ~*** Uniform *f;* ***salut ~*** Salutieren *nt,* militärischer Gruß; ***vie ~*** Soldatenleben *nt,* Leben *nt* beim Militär; ***marine ~*** [Kriegs]marine *f;* ***camp ~*** Truppenübungsplatz *m;* ***coup d'état ~*** Militärputsch *m;* ***matériel ~*** Heeresbestand *m*
II. *mf* (*personne*) Militärangehörige(r) *f(m); pl* Militär *nt,* Militärs *pl;* ***~ de carrière*** Berufssoldat(in) *m(f);* ***des ~s femmes*** Soldatinnen *pl,* weibliche Militärangehörige *pl*
militairement [militɛʀmɑ̃] *adv* militärisch
militant, e [militɑ̃, ɑ̃t] **I.** *adj* aktiv; (*violent*) militant
II. *m, f* [*parti, syndicat*] aktives Mitglied; [*idée*] aktiver Verfechter/aktive Verfechterin; ***les ~s ouvriers du parti*** die aktiven Parteimitglieder aus der Arbeiterschaft; ***les ~s de base*** die aktive Basis; ***une ~e communiste/chrétienne*** eine aktive Kommunistin/Christin; ***un ~ de la paix*** ein überzeugter [*o* aktiver] Pazifist
militarisme [militaʀism] *m* Militarismus *m*
militer <1> [milite] *vi* **1.** (*être militant*) ■ **qn milite [quelque part]** jd ist [irgendwo] aktiv, jd ist aktives Mitglied [irgendwo]
2. (*lutter*) ■ **qn milite pour/contre qc** jd kämpft für/gegen etw
3. (*plaider*) ■ **qc milite en faveur de/contre qn/qc** etw spricht für/gegen jdn/etw
mille[1] [mil] **I.** *adj inv* **1.** [ein]tausend; ***deux/trois/… ~*** zwei-/drei-/…tausend; ***~ un*** tausendundeins; ***~ un/deux/…francs*** [ein]tausend[und]ein/-zwei/…-Franc; ***~ cent francs*** [ein]tausendeinhundert Franc; ***un billet de ~ marks*** ein Tausendmarkschein *m;* ***en ~ neuf cent soixante-trois*** neunzehnhundertdreiundsechzig
2. *postposé* (*adjectif numéral ordinal*) [ein]tausend; ***le numéro ~*** die Nummer [ein]tausend, die Tausend; ***la page ~ cinq*** die Seite [ein]tausend[und]fünf [*o* 1005]; ***en l'an trois ~*** im Jahr dreitausend [*o* 3000]; ***en l'année ~ neuf cent quatorze*** [im Jahr] neunzehnhundertvierzehn [*o* 1914]
3. *antéposé* (*nombreux*) tausend; ***~ mercis*** danke vielmals, tausend Dank *fam;* ***~ regrets [o pardons]!*** ich bitte tausendmal um Entschuldigung [*o* Verzeihung]!, es tut mir furchtbar Leid!; ***~ amitiés*** tausend [*o* viele] Grüße; ***il pourrait gagner ~ fois plus*** er könnte das Tausenfache [*o* tausendmal so viel] verdienen
▸ **~ et un(e) …** *exemples, choses, problèmes* tausenderlei …
II. *m inv* **1.** *sans dét* (*nombre*) Tausend *f;* ***cinq sur ~*** Fünf von Tausend; ***8 pour ~ [de qc]*** 8 pro mille [einer S. (*gen*)], 8 Promille
2. COM (*quantité de mille objets*) Tausend *nt;* ***au ~*** im Tausend; ***un ~ d'épingles*** ein Tausend Nadeln; ***le roman a dépassé son centième ~*** der Roman hat eine Auflage von mehr als hunderttausend erreicht
3. (*cible*) Schwarze(s) *nt,* Zentrum *nt*
▸ **des ~ et des cents** *fam* ein Vermögen *nt;* **je vous le donne en ~** das erraten Sie nie; ich wette tausend zu eins, dass Sie das nicht erraten; **qn met [o tape] [en plein] dans le ~** jd trifft ins Schwarze
mille[2] [mil] *m* NAUT Seemeile *f;* ***~ marin [o nautique]*** Seemeile, nautische Meile
millefeuille <~-~s> [milfœj] *m Blätterteig-Creme-Schnitte*
millénaire [milenɛʀ] **I.** *adj* (*très vieux*) uralt; (*âgé d'environ mille ans*) um die tausend Jahre alt, tausendjährig; ***qc est plusieurs fois ~*** etw ist jahrtausendealt [*o* mehrere tausend Jahre alt]
II. *m* **1.** (*période*) Jahrtausend *nt,* Millenium *nt geh*
2. Ø (*anniversaire*) tausendster Jahrestag; (*cérémonie*) Tausendjahrfeier *f;* ***le deuxième ~*** der zweitausendste Jahrestag/die Zweitausendjahrfeier
mille-pattes [milpat] *m inv* Tausendfüß[l]er *m*
millepertuis [milpɛʀtɥi] *m inv* Johanniskraut *nt*
millésime [milezim] *m* [*vin*] Jahrgang *m;* [*monnaie, timbre*] [Ausgabe]jahr *nt;* [*automobile*] Baujahr *nt;* ***vin d'un bon ~*** Wein *m* aus einem guten Jahrgang; ***quel est le ~ de ce vin?*** aus welchem Jahr stammt der Wein?, was ist dieser Wein für ein Jahrgang?
millésimé, e [milezime] *adj vin* Jahrgangs-; ***une bouteille [de Bordeaux] ~e*** eine Flasche [Bordeaux] Jahrgangswein; ***un vin non ~*** ein Wein *m* ohne Jahrgang
millet [mijɛ] *m* Hirse *f*
milliard [miljaʀ] *m* **1.** (*mille millions*) ■ **un ~ [de personnes/de choses]** eine Milliarde [Menschen/Dinge]; ***deux/trois/… ~s [de personnes/choses]*** zwei/drei/… Milliarden [Menschen/Dinge]
2. (*milliard de francs*) Milliarde *f* [Francs]
▸ **des ~s de qc** Milliarden *pl* von etw

milliardaire [miljaʀdɛʀ] I. *adj* ■ **qn est** ~ jd ist Milliardär(in) *m(f)*, jd ist milliardenschwer *fam*; ***qn est plusieurs fois*** ~ jd ist Multimilliardär(in), jd ist mehrere Milliarden schwer *fam*
II. *mf* Milliardär(in) *m(f)*
► **je ne suis pas** ~! *fam* ich bin doch kein Milliardär!

milliardième [miljaʀdjɛm] I. *adj antéposé* [ein]milliardste(r, s)
II. *m* (*fraction*) Milliardstel *nt*
III. *mf* ■ **le/la** ~ der/die/das Milliardste

millibar [millibaʀ] *m* Millibar *nt*

millième [miljɛm] I. *adj antéposé* tausendste(r, s)
II. *m* (*fraction*) Tausendstel *nt*
III. *mf* ■ **le/la** ~ der/die/das Tausendste

millier [milje] *m* ■ ~[**s**] [**de personnes/choses**] Tausende *pl* [von Menschen/Dingen]; ***le premier*** ~ das erste Tausend; ***un*** ~ ***de personnes*** ungefähr [*o* um die] tausend Menschen; ***ils étaient des*** ~ ***à venir*** sie kamen zu Tausenden
► **des** ~**s de qc** Tausende *pl* von etw; ***des*** ~***s et des*** ~***s*** [***de personnes/ choses***] Tausende und Abertausende [von Menschen/Dingen]; ***plusieurs/ des dizaines de*** ~***s de personnes*** mehrere Zehntausend/Zehntausende von Menschenn; **par** ~**s** zu Tausenden; ***qc se chiffre par*** ~***s*** etw beläuft sich auf mehrere Tausend, etw geht in die Tausende *fam*

milligramme [miligʀam] *m* Milligramm *nt*

millilitre [mililitʀ] *m* Milliliter *m*

millimètre [milimɛtʀ] *m* Millimeter *m o nt*; ***huit*** ~***s/ 16*** ~***s*** 8-Millimeter-/ 16-Millimeter-Film *m*
► **qn travaille au** ~ **près** jd arbeitet millimetergenau [*o* ganz exakt]

millimétré, e [milimetʀe] *adj*: ***papier*** ~ Millimeterpapier *nt*

million [miljɔ̃] *m* 1. (*mille fois mille*) ■ **un** ~ [**de personnes/de choses**] eine Million [Menschen/Dinge]; ■ **deux/trois/...** ~**s** [**de personnes/de choses**] zwei/drei/... Millionen [Menschen/Dinge]
2. (~ *de francs*) Million *f*; ***quelques petits*** ~***s*** ein paar Milliönchen *pl fam*; ***qc se chiffre par*** ~***s*** etw beläuft sich auf mehrere Millionen, etw geht in die Millionen *fam*; ***des*** ~***s de bénéfices*** Millionengewinne
► **qn est riche à** ~**s** jd ist Multimillionär(in) *m(f)*, jd ist millionenschwer *fam*; **des** ~**s de personnes/choses** Millionen *pl* von Menschen/Dingen; ***des*** ~***s et des*** ~***s*** Tausende und Abertausende *pl*

millionième [miljɔnjɛm] I. *adj antéposé* millionste(r, s)
II. *m* Millionstel *nt*
III. *mf* ■ **le/la** ~ der/die/das Millionste

millionnaire [miljɔnɛʀ] I. *adj* ■ **qn est** ~ jd ist Millionär(in) *m(f)*; ***qn est plusieurs fois*** ~ jd ist Multimillionär(in)
II. *mf* Millionär(in) *m(f)*
► **je ne suis pas** ~! *fam* ich bin doch kein Millionär!, ich habe doch keinen Goldesel!

mi-long, -longue <~-~s> [milɔ̃, lɔ̃g] *adj* halblang; ***des bas*** ~***-~s/ des manches*** ~***-longues*** Kniestrümpfe *pl*/Halbärmel *pl* **mi-lourd** [miluʀ] I. *m* (*catégorie*) Halbschwergewicht *nt*; (*sportif a.*) Halbschwergewichtler *m*; ***championnat des*** ~***-~s*** Meisterschaft *f* im Halbschwergewicht II. *app inv*: ***la catégorie*** ~***-~*** das Halbschwergewicht; ***un boxeur*** ~***-~*** ein Halbschwergewicht[ler *m*] *nt* **mi-mai** [mimɛ] *f* ∅ Mitte *f* Mai; ***à la*** ~***-~*** Mitte Mai **mi-mars** [mimaʀs] *f* ∅ Mitte *f* März; ***à la*** ~***-~*** Mitte März

mime [mim] I. *mf* (*acteur*) Pantomime/-mimin *m/f*; (*imitateur*) Imitator(in) *m(f)*; ***l'art des*** ~***s*** die Kunst der Pantomime, die Pantomimik; ***un talent de*** ~ ein Imitationstalent *nt*, ein Nachahmungstalent *nt*
II. *m* ∅ 1. (*activité*) Pantomimik *f*, Pantomime *f*; ***qn fait du*** ~ jd führt Pantomimen auf
2. (*spectacle*) Pantomime *f*; ***un spectacle de*** ~ eine Pantomime-Vorstellung

mimer <1> [mime] *vt* 1. THEAT ■ **qn mime qc** jd mimt etw
2. (*imiter*) ■ **qn mime qn/qc** jd ahmt [*o* macht *fam*] jdn/etw nach; (*par dérision a.*) jd äfft jdn nach

mimétisme [mimetism] *m* 1. ∅ (*imitation*) unbewusste Nachahmung, Mimese *f spec*; (*chez l'homme*) Nachahmungstrieb *m*; ***par*** ~ in [*o* aus] unbewusster Nachahmung/aus Nachahmungstrieb
2. BIO (*adaptation*) Mimese *f*; (*imitation*) Mimikry *f*

mimique [mimik] *f* 1. ∅ (*jeu de physionomie*) Mimik *f* und Gestik *f*, Minen-und Gebärdenspiel *nt*; [*sourds-muets*] Zeichensprache *f*; ***qn a une*** ~ ***expressive pour dire qc à qn*** jd gibt jdm etw durch Mimik und Gestik deutlich zu verstehen
2. *pl* (*grimace*) komische Grimasse; ***qn/ un animal a*** [*o* ***fait***] ***de drôles de*** ~***s*** jd/ein Tier schneidet komische Grimassen [*o* Gesichter]

mimosa [mimoza] *m* Mimose *f*

mi-moyen <~-~s> [mimwajɛ̃] I. *m* (*catégorie*) Weltergewicht *nt*; (*sportif a.*) Weltergewichtler *m*; ***championnat des*** ~***-~s*** Meisterschaft *f* im Weltergewicht
II. *app inv*: ***la catégorie*** ~***-~*** das Weltergewicht; ***un boxeur*** ~***-~*** ein Weltergewicht[ler *m*] *nt*

minable [minabl] I. *adj* 1. (*misérable*) *lieu* ärmlich; *aspect* schäbig; *personne* armselig
2. (*médiocre*) erbärmlich; *personne a.* jämmerlich; *existence, vie a.* kümmerlich; *film, spectacle a.* kläglich; *devoir, résultat, argument* dürftig, kläglich; ***il était*** ~ ***quand il ...*** er machte eine klägliche [*o* erbärmliche] Figur, als er ...
II. *mf* Null *f fam*, Niete *f fam*; ***c'est une bande de*** ~***s*** das ist ein jämmerlicher Haufen *fam*

minage [minaʒ] *m* (*action*) Verminen *nt*; (*résultat a.*) Verminung *f*

minaret [minaʀɛ] *m* Minarett *nt*

minauderies [minodʀi] *fpl* geziertes [*o* affektiertes] Benehmen, albernes Getue *fam*; ***qn fait des*** ~ ***à qn*** jd kokettiert [*o* schäkert *fam*] mit jdm

mince [mɛ̃s] I. *adj* 1. (*fin*) dünn; ~ ***comme une feuille de papier*** [***à cigarette***] [*o* ***comme une pelure d'oignon***] hauchdünn
2. (*élancé*) schlank; *lèvres* schmal; [***qn est devenu***[***e***]] ~ ***comme un fil*** dünn wie ein Strich *m fam*, jd ist nur noch ein Strich [in der Landschaft] *fam*
3. (*modeste*) gering; *intérêt a.* mäßig; *profit, salaire, connaissances a.* mager, bescheiden; *rôle a.* klein, unbedeutend; *mérite, personnage, affaire* unbedeutend; *prétexte, preuve, résultat, réponse* dürftig; ***ce n'est pas une*** ~ ***affaire*** das ist keine Kleinigkeit; ***l'intérêt de qc est bien*** ~ etw ist von ziemlich geringem Interesse, etw ist nur mäßig interessant; ***le rôle de qn n'est pas*** ~ jd spielt keine unbedeutende Rolle [*o* eine wichtige Rolle]; ***mon mérite est plutôt*** ~ ich habe kein großes Verdienst an der Sache
II. *adv* dünn; *couper a.* in dünne Scheiben; ***qn peint*** ~ jd trägt [nur] dünn [*o* wenig] Farbe auf
III. *interj* ► ~ [**alors**]! *fam* Scheibenkleister! *fam*, [so ein] Mist! *fam*, verflixt [noch mal]! *fam*; (*ça alors*) Mann[omann]! *fam*, mein lieber Scholli! *fam*

minceur [mɛ̃sœʀ] I. *f* ∅ 1. [*feuille*] Dünnheit *f*, Dünne *f*, geringe Dicke; ***la*** ~ ***de qc est telle que*** + *indic* etw ist so dünn, dass
2. [*personne, taille*] Schlankheit *f*; [*lèvres*] Schmalheit *f*
3. [*profit, preuves, résultat*] Dürftigkeit *f*
II. *app régime* Schlankheits-; *cuisine a.* schlank

mincir <8> [mɛ̃siʀ] *vi* ■ **qn mincit** jd nimmt ab, jd wird dünner

mine¹ [min] *f* 1. ∅ (*aspect du visage*) Miene *f*, Gesicht[sausdruck *m*] *nt*; ***à la*** ~ ***éveillée/ funèbre*** mit aufgewecktem [*o* wachem] Gesicht[sausdruck]/ mit Leichenbittermiene *fam*; ***qn a une*** ~ ***renfrognée/ épanouie*** jd macht eine saure Miene [*o* ein saures Gesicht] *fam*/zeigt ein strahlendes Gesicht; ***qn a une*** ~ ***superbe*** jd sieht prächtig aus; ***qn prend sa*** ~ ***officielle*** jd setzt ein förmliches Gesicht auf, jd wird ganz förmlich
2. ∅ (*allure*) Gehabe *nt*, Auftreten *nt*; ***qn a la*** ~ ***de quelqu'un qui n'a rien compris*** jd sieht aus, als habe er nichts begriffen; ***il avait sa*** ~ ***affairée de directeur*** er legte sein geschäftiges Direktorengehabe an den Tag
► **qn a une** ~ **de déterré**(**e**) jd sieht aus wie eine wandelnde [*o* lebend[ig]e] Leiche *fam*; **qn a une** ~ **d'enterrement** jd macht eine Trauermiene [*o* Leichenbittermiene *fam*]; **qn a une** ~ **de papier mâché** jd ist kreideweiß; **qn fait une** ~ **de dix pieds de long** jd macht ein langes Gesicht; **qn prête à qn sur sa bonne** ~ jd leiht jdm Geld auf sein ehrliches Gesicht hin [*o* auf Treu und Glauben]; **qn a bonne** ~ jd sieht gut aus; *iron fam* (*a l'air ridicule*) jd sieht dumm [*o* alt *fam*] aus, jd steht dumm da; **qc a bonne** ~ etw sieht gut [*o* lecker] aus; ***qc n'a pas bonne*** ~ etw sieht nicht besonders [appetitlich] aus; **qn fait bonne** ~ **à qn** jd ist nett zu jdm; (*lui fait bon accueil*) jd empfängt jdn freundlich [*o* mit offenen Armen]; **qn fait grise** ~ jd macht ein verdrießliches Gesicht, jd sieht verdrossen aus; **qn fait grise** [*o* **mauvaise**] ~ **à qn** jd ist unfreundlich zu jdm; (*lui fait mauvais accueil*) jd empfängt jdn unfreundlich [*o* nicht gerade mit offenen Armen]; **qn a meilleure** ~ [**qu'auparavant**] jd sieht [wieder] besser aus [als vorher]; **qn a mauvaise** ~ jd sieht schlecht aus; **qn a une petite** ~ jd sieht angegriffen aus; **qn a une sale** ~ jd sieht furchtbar [schlecht] aus; **qn fait triste** ~ jd sieht bedrückt aus, jd macht ein bedrücktes Gesicht; **tu en as** [*o* **fais**] **une** ~! du machst vielleicht ein Gesicht!; (*as mauvaise mine*) du siehst aber schlecht aus!; **qn fait des** ~**s** *péj* / *enfant*/ jd macht ein Theater *fam*; / *femme a.*/ jd benimmt sich affektiert, jd macht ein Getue *pej*; **qn fait la** ~ jd zieht ein Gesicht, jd schmollt; **qn fait** ~ **de faire qc** (*fait semblant de*) jd tut so [*o* erweckt den Anschein], als ob er etw täte; (*paraît disposé à*) jd macht Anstalten etw zu tun; **qn ne fait pas** ~ **de faire qc** jd macht keine Anstalten etw zu tun; **il ne faut jamais juger les gens sur la** ~ man sollte die Leute nie nach ihrem Äußeren beurteilen; **qn/qc ne paye pas de** ~ jd sieht nach nichts [*o* völlig unauffällig] aus/etw sieht nicht besonders einladend aus; ~ **de rien** *fam* ganz unauffällig, einfach so; (*pour cacher qc*) als wäre nichts gewesen; ~ ***de rien, tu sais qu'il n'est pas bête*** auch wenn es nicht so aussieht, du weißt, er ist nicht dumm; **sous une** ~ **honnête/modeste/tranquille/...** unter seinem/ihrem ehrlichen/ bescheidenen/ruhigen/... Äußeren

mine² [min] *f* 1. (*gisement*) Lager[stätte *f*] *nt*; (*souterraine a.*) Mine *f*; ***une*** ~ ***à ciel ouvert/ souterraine*** ein ober-/unterirdisches Lager, ein Lager [*o* eine Mine] über/unter Tage; ***une région de*** ~***s*** ein Bergbaugebiet *nt*; (*de charbon a.*) ein [Kohlen]revier *nt*; ■ ~ **de** -vorkommen *nt*, -lager[stätte]; (*souterraine a.*) -mine
2. (*lieu aménagé*) Bergwerk *nt*, Mine *f*; [*minerai a.*] Grube *f*; [*charbon a.*] Zeche *f*; (*installations, entreprise*) Bergwerk; *pl a.* Bergbau *m*; ***qn travaille au fond d'une*** ~ jd arbeitet unter Tage; ***qn descend dans la*** ~ jd fährt [in die Mine/Grube] ein; (*travailler a.*) jd arbeitet unter Tage; ***galerie/ puits/ carreau de*** ~ Stollen *m*/Schacht *m*/Bergwerk; ***directeur des*** ~***s*** Bergwerksdirektor *m*; ***un paysage de*** ~ eine Bergbaulandschaft
3. *pl* UNIV ■ **les M**~**s** Hochschule *f* für Bergbau und Hüttenwesen (*heute Elitehochschule für Ingenieurwesen, mit Schwerpunkt Hüttenindustrie, Schwerindustrie, Geologie*); ***ingénieur des M***~***s*** Ingenieur(in) *m(f)* für Bergbau und Hüttenwesen
4. *pl* AUT ■ **les M**~**s** ≈ der TÜV
5. (*source*) ■ ~ [**de qc**] Fundgrube *f* [für etw]; *de renseignements* Quelle *f* für etw; *d'érudition, de science* Quelle einer S. (*gen*); ***qn a trouvé une*** ~ ***d'or*** jd ist auf eine wahre Goldmine gestoßen

mine³ [min] *f* [*crayon*] Mine *f*; ~ ***de plomb*** Bleistiftmine, Grafitmine; ***crayon à*** ~ ***dure/ tendre*** harter/weicher Bleistift

mine⁴ [min] *f* MIL Mine *f*; ***ils ont posé des*** ~***s sur toute la longueur du chemin*** sie haben den ganzen Weg vermint; ~ ***antichar/ antipersonnel/ terrestre/ flottante*** Panzerabwehr-/Tret-/Land-/Treibmine

miner <1> [mine] I. *vt* 1. MIL ■ **qn mine qc** jd vermint etw
2. (*ronger*) ■ **qc mine qc** / *eau*/ etw unterhöhlt [*o* unterspült] etw; / *humidité*/ etw greift etw an; *berge, falaise, pierre a.* etw höhlt etw aus, etw nagt an etw (*dat*); ***la falaise est minée par l'humidité*** der Felsen ist von der Feuchtigkeit angegriffen
3. (*affaiblir*) ■ **qc mine qn/qc** etw zermürbt jdn/etw; *personne a.* etw

macht jdn fertig *fam; force, énergie a.* etw zehrt etw auf; *santé* etw greift etw an, etw ruiniert etw; *bases, société, régime, unité* etw untermin ert [*o* untergräbt] etw; *gouvernement* etw bringt etw ins Wanken; ***le régime, miné de l'intérieur, s'effondra*** das von innen her morsche Staatssystem brach zusammen; ■ **qn est miné(e) par qc** jd wird von etw verzehrt; *par l'ambition, le doute* jd wird von etw zerfressen; *par l'inquiétude, le souci* jd wird von etw zermürbt; ***miné(e) par la jalousie/l'inquiétude/le doute*** voll(er) rasender Eifersucht/nagender Unruhe/Zweifel

II. *vpr fam* ■ **qn se mine** jd reibt sich auf; ■ **qn se mine qc**: ***elle se mine la santé*** sie ruiniert sich (*dat*) die Gesundheit, sie ruiniert ihre Gesundheit

minerai [minʀɛ] *m* Erz *nt;* ~ ***de*** -erz; ~ ***pauvre/de haut rendement*** Erz mit niedrigem/hohem Metallgehalt; ***production de*** ~ Erzgewinnung *f*

minéral, e <-aux> [mineʀal, o] **I.** *adj* Mineral-; *chimie* anorganisch; ***de l'eau ~e plate*** stilles Wasser; ***de l'eau ~e gazeuse*** Mineralwasser *nt* [mit Kohlensäure], Sprudel *m* SDEUTSCH

II. *m* Mineral *nt*

minéralier [mineʀalje] *m* Erzfrachter *m*

minéralogie [mineʀalɔʒi] *f* Mineralogie *f*

minéralogique [mineʀalɔʒik] *adj* **1.** AUT: ***plaque*** ~ Nummernschild *nt;* ***numéro*** ~ amtliches Kennzeichen

2. MINER mineralogisch; *collection a.* Mineralien-, Gesteins-

minerve [minɛʀv] *f* MED Zervikalstütze *f*

minet, te [minɛ, ɛt] **I.** *m, f* **1.** *fam* (*chat*) Mieze[katze *f*] *f fam*

2. (*mot tendre*): ***mon [gros/petit]*** ~/ ***ma [petite]*** ~***te*** mein Schatz [*o* Schätzchen] [*o* Mäuschen]

II. *m péj* Schönling *m*, Lackaffe *m fam*, Schickimicki *m fam*

III. *f* (*jeune fille*) ■ **minette** Püppchen *nt*

mineur [minœʀ] *m* **1.** MIN Bergarbeiter *m*, Bergmann *m*, Minenarbeiter *m*, Kumpel *m spec;* ~ ***de fond*** Untertag[e]arbeiter *m*, Grubenarbeiter *m;* ***village de ~s*** Bergarbeitersiedlung *f*

2. MIL Pionier *m*

mineur, e [minœʀ] **I.** *adj* **1.** JUR minderjährig; ***des enfants ~s*** Minderjährige *pl;* ***elle est ~e*** sie ist minderjährig [*o* noch nicht volljährig]

2. (*peu important*) unwichtig; *problèmes a.* zweitrangig, nebensächlich; *soucis a.* unbedeutend; *œuvre, écrivain, artiste* unbedeutend, zweitrangig; *genre* untergeordnet

3. MUS Moll-; *intervalle, tierce* klein; ***do/ré/mi/fa/...*** ~ c/d/e/f/...-Moll; ***ton/mode*** ~ kleiner Ganzton/Moll[tonart *f*] *nt;* ***en ré*** ~ in d-Moll

4. ***terme*** ~/ ***proposition ~e*** Mittelbegriff *m*/zweite Prämisse [*o* Untersatz *m*]

II. *m, f* JUR Minderjährige(r) *f(m);* ***établissement/film interdit aux ~s*** kein Zutritt für Minderjährige [*o* Personen unter 18 Jahren]/frei ab 18. ***émancipation du*** ~ Volljährigkeitserklärung *f* des/der Minderjährigen; ***c'est une ~e*** sie ist minderjährig [*o* noch nicht volljährig]

mini [mini] **I.** *préf + subst* Mini-, winzig; *-État, -entreprise a.* Klein[st]-; *-manif* Mini-, Klein[st]-

II. *adj inv fam mode, jupe* Mini-; ***une jupe très*** ~ ein sehr kurzer Rock, ein Minirock

III. *m inv* INFORM *fam* Minicomputer [-kɔmpju:tɐ] *m*

IV. *adv:* ***qn s'habille*** ~ jd trägt mini

miniature [minjatyʀ] **I.** *f* ART (*genre*) Miniaturmalerei *f;* (*dans un livre a.*) Buchmalerei *f;* (*tableau a.*) Miniatur[bild *nt*] *f;* (*lettre a.*) Initiale *f*

▶ **en** ~ im Kleinformat, in Miniatur[ausgabe]

II. *app* Miniatur-; *voiture* Modell-; ***train*** ~ Liliputbahn *f*

miniaturisation [minjatyʀizasjɔ̃] *f* Miniaturisierung *f*, Verkleinerung *f*

miniaturiser <1> [minjatyʀize] **I.** *vt* ■ **qn miniaturise qc** jd miniaturisiert etw, jd verkleinert etw

II. *vpr* ■ **qc se miniaturise** etw wird immer kleiner

miniaturiste [minjatyʀist] *mf* Miniaturmaler(in) *m(f)*

minibar [minibaʀ] *m* (*dans un train*) Getränkewagen *m;* (*dans un hôtel*) Minibar *f*

minibus [minibys] *m* Kleinbus *m*

minicassette® [minikasɛt] **I.** *f* Minikassette *f*

II. *m* Diktiergerät *nt*, Diktaphon *nt*

minichaîne [miniʃɛn] *f* Kompakt[stereo]anlage *f*

minier, -ière [minje, -jɛʀ] *adj* Bergbau-; *société* Bergwerks-; ***accident*** ~/ ***catastrophe ~ière*** Grubenunglück *nt;* ***bassin*** ~ Kohle-/Erzbecken *nt;* ***exploitation ~ière*** Bergbau *m;* ***richesses ~ières*** Bodenschätze *pl;* ***pays*** ~/ ***région ~ière*** Bergbaugebiet *nt*, Revier *nt*

minigolf [minigɔlf] *m* Minigolf *nt;* (*terrain*) Minigolfanlage *f*

minijupe [miniʒyp] *f* Minirock *m*

minimal, e <-aux> [minimal, o] *adj* **1.** (*le plus petit*) minimal *adaptation, compétence a., pension* Mindest-; *températures* tiefste(r, s), niedrigste(r, s), Tiefst-

2. LING, PHON *paire* Minimal-; *unité* kleinste(r, s)

3. ART: ***art*** ~ Minimal art *f*

minime [minim] **I.** *adj* winzig, unbedeutend; *avantage, avance, différence a.* minimal; *somme a., dégâts, dépenses* gering; *fait* belanglos, unbedeutend

II. *mf* SPORT (*catégorie*) B-Jugend *f* (*Altersklasse 14 bis 16 Jahre*); ***il/elle est*** ~ er/sie spielt in der B-Jugend

minimiser <1> [minimize] *vt* ■ **qn minimise qc** jd spielt etw herunter; *incident a., résultats* jd bagatellisiert etw, jd verharmlost etw; *valeur* jd setzt etw herab; ***qn minimise la valeur de qn*** jd setzt jdn herab

minimum <s *o* minima> [minimɔm, minima] **I.** *adj* Mindest-; *température* Tiefst-; *perte* minimal

II. *m* **1.** ∅ (*plus petite quantité*) Minimum *nt*, Mindestmaß *nt;* [*argent*] Minimum; ■ ~ **de qc** Minimum an etw (*dat*); *de précautions, d'imagination, d'intelligence a.* Mindestmaß an etw (*dat*); ~ ***de temps/travail*** minimaler Zeit-/Arbeitsaufwand; ***un*** ~ ***de points*** ein Minimum an Punkten, eine minimale Punktzahl; ***avec un*** ~ ***d'efforts*** mit ein bisschen Anstrengung; ***avec un*** ~ ***de frais*** mit einem minimalen Kostenaufwand

2. ∅ (*somme la plus faible*) Minimum *nt*, Mindestbetrag *m*

3. ∅ (*niveau le plus bas*) Tiefpunkt *m*, Tiefstand; [*échelle a.*] Tiefstwert *m;* ***qc a atteint son*** ~ etw hat einen Tiefstand [*o* seinen Tiefpunkt] erreicht; ***le cours des actions a atteint son*** ~ die Aktien haben einen Tiefstkurs erreicht

4. *pl* (*limite inférieure*) ■ ~**s** [*o* **minima**] **de** *de production* -minimum *nt*, Mindest-; ~***s de température*** Tiefsttemperatur *f*, Tiefstwert *m*

5. ∅ JUR Mindeststrafe *f*, niedrigstes Strafmaß

▶ **dans le** ~ **de <u>temps</u>** in kürzester Zeit; ~ **<u>garanti</u>** Mindestbetrag *m;* **le <u>strict</u>** ~ das unbedingt Notwendige; ~ **<u>vital</u>** (*salaire*) Minimallohn *m*, Mindestlohn *m;* (*subsistance*) Existenzminimum *nt;* **si qn <u>avait</u> un** ~ **de qc** *fam de savoir-vivre, délicatesse* wenn jd wenigstens [*o* nur] ein bisschen ... hätte; *d'argent, de bon sens a.* wenn jd ein Minimum an ... (*dat*) hätte; ***si qn avait un*** ~ ***de réflexion/d'honnêteté*** wenn jd nur ein [kleines] bisschen nachdenken würde/aufrichtig wäre; **il <u>faut</u>** [**<u>avoir</u>**] **un** ~ **de ...** *de savoir-vivre, délicatesse* man sollte wenigstens ein bisschen ... haben; *d'argent, de bon sens a.* man braucht ein Minimum an ...; ***il faut*** [***avoir***] ***un*** ~ ***de réflexion/d'honnêteté*** man sollte wenigstens ein [kleines] bisschen nachdenken/aufrichtig sein; **qn <u>réduit</u> qc au** ~ jd schränkt etw auf ein Minimum [*o* das Allernotwendigste] ein, jd reduziert etw auf ein Minimum; **<u>au</u>** [**<u>grand</u>**] ~ [aller]mindestens

◆ **minimum vieillesse** Mindestrente *f*

mini-ordinateur <~-~s> [miniɔʀdinatœʀ] *m* Minicomputer [-kɔmpju:tɐ] *m*

minipilule [minipilyl] *f* Minipille *f*

ministère [ministɛʀ] *m* **1.** (*administration*) Ministerium *nt;* ■ ~ **de** -ministerium, Ministerium für; ***les titulaires du*** ~ ***de l'Économie et des Finances*** die Wirtschafts- und Finanzminister *pl;* ***il est fonctionnaire du*** ~ ***de la Culture*** er ist [Ministerial]beamter im Kultusministerium

2. (*bâtiment*) Ministerium *nt;* ■ ~ **de** -ministerium, Ministerium für

3. (*cabinet, gouvernement*) Kabinett *nt;* (*portefeuille*) [Fach]ressort *nt*, Ministerium *nt;* ***on lui a attribué un*** ~ ***sans portefeuille*** er ist Minister ohne Geschäftsbereich [*o* Portefeuille]; ■ ~ **de** -ressort, -ministerium; ***sous le*** ~ [***de***] ***X*** während der Amtszeit von X [als Minister]

4. (*sacerdoce*) [geistliches] Amt; ***le*** ~ ***du prêtre*** das Priesteramt

▶ **par** ~ **d'<u>avocat</u>/d'<u>huissier</u>** durch einen Anwalt/Gerichtsvollzieher; **le** ~ **<u>public</u>** die Staatsanwaltschaft

◆ **ministère de l'Intérieur** Innenministerium *nt*, Ministerium *nt* für innere Angelegenheiten *form;* **ministère des Affaires étrangères** [*o* **des Relations extérieures**] Außenministerium *nt*, Ministerium *nt* für auswärtige Angelegenheiten *form;* (*en Allemagne a.*) Auswärtiges Amt

ministériel, le [ministeʀjɛl] *adj* **1.** ADMIN (*d'un ministère, d'un ministre*) Minister-; *circulaire, décision a.* ministeriell; *arrêté, département* Ministerial-; ***portefeuille*** ~ Geschäftsbereich *m* [eines Ministers]; ***département*** ~ Ministerium *nt*, Ressort *nt*

2. (*du gouvernement*) Regierungs-; *remaniement, solidarité a.* Kabinetts-

3. (*du ministre*) des Ministers

ministrable [ministʀabl] **I.** *adj* ministrabel

II. *mf* ministrabler Politiker/ministrable Politikerin; ***qn est un(e)*** ~ jd ist ministrabel

ministre [ministʀ] **I.** *m* **1.** POL Minister(in) *m(f);* ***Madame le*** ~ Frau Ministerin; ***elle est*** [***le***] ~ ***de la Santé et de la Famille*** sie ist Gesundheits- und Familienministerin; ■ ~ **de** Minister(in) für, -minister(in)

2. (*envoyé*) Gesandte(r) *f(m);* ~ ***plénipotentiaire*** Generalbevollmächtigte(r) *f(m)*, Gesandte(r) mit Generalvollmacht

▶ ~ **<u>délégué</u>** Staatssekretär(in) *m(f);* **<u>Premier</u>** ~ Premierminister(in) *m(f)*

II. *app inv bureau* Diplomaten-; *papier* Kanzlei-

◆ **ministre de l'Intérieur** Innenminister(in) *m(f)*, Minister(in) *m(f)* für innere Angelegenheiten *form;* **ministre des Affaires étrangères** [*o* **des Relations extérieures**] Außenminister(in) *m(f)*, Minister(in) *m(f)* für auswärtige Angelegenheiten *form;* **ministre d'État** POL Staatsminister(in) *m(f);* **ministre du culte** REL Repräsentant(in) *m(f)* einer Glaubensgemeinschaft

minitel® [minitɛl] *m* Btx-Terminal [-tø:ɐmɪnl] *m*, Bildschirmtext-Terminal; ***par*** ~ über Btx [*o* Bildschirmtext]

▶ ~ **<u>rose</u>** *Btx für „erotische Kontakte"*; ~ **à <u>synthèse</u> vocale** *Btx zugänglich für Blinde und Sehbehinderte, da die Informationen mündlich gegeben werden;* ~ **<u>vert</u>** *kostenlose Btx-Benutzung*

minitéliste [minitelist] *mf* Btx-Benutzer(in) *m(f)*

minium [minjɔm] *m* Mennige *f*

minois [minwa] *m* Gesichtchen *nt*, Puppengesicht *nt*

minorer <1> [minɔʀe] *vt* **1.** (*sous-estimer*) ■ **qn minore qc** *bénéfices* jd setzt etw niedriger an, jd mindert etw; *comptes* jd schöpft etw nicht aus; *événement* jd unterbewertet etw

2. (*diminuer*) ■ **qn minore qc** *quantité* jd vermindert etw; *taux a., prix* jd setzt etw herab

minoritaire [minɔʀitɛʀ] **I.** *adj* Minderheits-; *opinion* einer Minderheit [*o* Minorität]; *tendance* nicht mehrheitsfähig; ***un groupe*** ~ eine Minderheit; ■ **des personnes sont ~s** Menschen sind in der Minderheit

II. *mf* POL Mitglied *nt* einer Minderheit [*o* Minorität]; ■ **les ~s** die Minderheit, die Minorität

minorité [minɔʀite] *f* **1.** ∅ (*petit nombre de*) ■ ~ **de personnes/choses** Minderheit *f* von Menschen/an Dingen; ***une*** ~ ***de personnes*** eine Minderheit; ***dans une*** ~ ***de cas*** in den seltensten Fällen; ***une*** ~ ***de copies/la*** ~ ***des copies*** eine kleine Anzahl von Arbeiten/die wenigsten Arbeiten; ***une*** ~ ***de téléspectateurs/lecteurs*** eine Minderheit [*o* kleine Gruppe] von Zuschauern/Lesern; ***nous sommes une*** ~ ***de filles*** wir Mädchen sind in der

Minderheit
2. ∅ POL ■ **la ~ [de qc]** die Minderheit [*o* Minorität] [in etw (*dat*)]
3. (*groupe*) Minderheit *f*, Minorität *f*; ***droits/protection des ~s*** Minderheitenrechte *pl*/-schutz *m*
4. JUR Minderjährigkeit *f*; ***la ~ pénale*** Strafunfähigkeit *f*
► **~ agissante** aktive Minderheit; **qn est en ~** jd ist in der Minderheit; **qn met qn en ~** jd überstimmt jdn

minoterie [minɔtʀi] *f* (*moulin*) [Getreide]mühle *f*; (*meunerie*) Müllerei *f*

minou [minu] *m enfantin* (*chat*) Mieze[katze *f*] *f fam*; ~, ~! Miez, Miez! *fam*
► **mon** ~ mein Schatz

mi-novembre [minɔvɑ̃bʀ] *f* ∅ Mitte *f* November; ***à la ~~*** Mitte November

minuit [minɥi] *m* ∅ *sans dét* Mitternacht *f*, 12 Uhr nachts; ***à ~ et demi*** um halb ein Uhr [nachts], nachts um halb eins

minus [minys] *mf fam* Null *f fam*, Niete *f fam*; (*personne malingre a.*) Mickerling *m fam*; (*personne peu intelligente a.*) Trottel *m fam*

minuscule [minyskyl] I. *adj* 1. (*très petit*) winzig [klein]
2. *lettre: a, b, c, d, …* klein[geschrieben]; ***caractères ~s*** Kleinbuchstaben *pl*
II. *f* (*lettre*) Kleinbuchstabe *m*, kleiner Buchstabe; TYP *a.* Minuskel *f*

minutage [minytaʒ] *m* [genauer] Zeitplan, Timing ['taimɪŋ] *nt*; ***qn fait le ~ de qc*** jd legt einen genauen Zeitplan für etw fest, jd timt etw

minute [minyt] I. *f* 1. (*mesure*) Minute *f*; GEOM Minute
2. (*instant*) Minute *f*; ***je vous demande une ~ d'attention*** ich bitte Sie einen Augenblick [*o* einen Moment] um Ihre Aufmerksamkeit; ***tu as une ~?*** hast du mal eine Minute [*o* einen Augenblick] Zeit?; ***j'en ai pour deux ~s*** ich brauche zwei Minuten
3. JUR Original *nt*
► **~, papillon!** *fam* Augenblick [*o* Moment] [mal]!, [eine] Sekunde!; **~ de silence** Schweigeminute *f*; **~ de vérité** Stunde *f* der Wahrheit; **d'une ~ à l'autre** jeden Augenblick [*o* Moment], jede Minute; **de dernière ~** kurzfristig; *information* allerneueste(r, s); ***une information de dernière ~ vient d'annoncer*** letzten Meldungen zufolge; **[qn attend toujours] jusqu'à la dernière ~ [pour faire qc]** [jd wartet immer] bis zur letzten Minute[, bis er etw tut], jd schiebt es immer bis zur letzten Minute [*o* bis zum letzten Moment] auf, etw zu tun; jd macht etw immer auf den letzten Drücker *fam*; **qn fait toujours tout à la dernière ~** jd schiebt immer alles bis zur letzten Minute [*o* zum letzten Moment] auf, jd macht immer alles auf den letzten Drücker *fam*; **il n'y a pas une ~ à perdre** wir haben keine Minute [Zeit] zu verlieren; **à la ~** (*à l'instant même*) sofort, gleich, auf der Stelle; (*très rapide*) schnell; ***ce n'est tout de même pas à la ~*** es muss doch wohl nicht gleich [*o* sofort] sein; ***je pars à la ~*** ich bin gerade am Gehen; ***ils font des réparations à la ~*** sie führen Schnellreparaturen [*o* Sofortreparaturen] durch; **à la ~ où …** in dem Augenblick [*o* Moment], als …; **à la ~ près** auf die Minute genau; *arriver, partir* auf die Minute pünktlich; ~! *fam* Augenblick [*o* Moment] [mal]!, [eine] Sekunde!
II. *app inv fam steak, entrecôte* Minuten-; ***talon/clé ~*** Absatzschnellreparatur *f*/Schlüsselschnelldienst *m*

minuter <1> [minyte] *vt* 1. (*organiser*) ■ **qn minute qc** jd timt etw [taimt]; *cérémonie, spectacle, travail* jd legt einen Zeitplan für etw fest; *emploi du temps* jd organisiert etw durch; *opérations* jd stimmt etw zeitlich aufeinander ab; ■ **qc est minuté(e)**: ***dans son emploi du temps, tout est minuté*** auf seinem Terminplan ist alles [auf die Minute] genau geplant
2. (*limiter*) ■ **qn minute qc** jd schränkt etw ein; ***on nous a minuté le temps de parole*** man hat unsere Sprechzeit beschränkt

minuterie [minytʀi] *f* [Zeit]schaltuhr *f*; ***qn allume la ~ de l'escalier*** jd macht das Treppenhauslicht an

minuteur [minytœʀ] *m* Schaltuhr *f*

minutie [minysi] *f* ∅ Genauigkeit *f*, Akribie *f geh*; [*personne, travail a.*] Gründlichkeit *f*, Sorgfalt *f*; [*ouvrage a.*] Detailliertheit *f*, Detailtreue *f*; ***il opère avec beaucoup de ~*** jd geht sehr sorgfältig [*o* akribisch *geh*] vor

minutieusement [minysjøzmɑ̃] *adv* [peinlich] genau; (*dans le détail a.*) detailliert; (*avec soin a.*) sorgfältig, gründlich

minutieux, -euse [minysjø, -jøz] *adj* [peinlich] genau; *personne, examen, inspection a.* gründlich, sorgfältig; *description, exposé, travail* detailliert, minuziös; *ouvrage* minuziös; *dessin* detailgetreu; ***avec un soin ~*** mit äußerster Sorgfalt, äußerst gründlich; ***le modélisme est un travail extrêmement ~*** der Modellbau ist eine Arbeit, die äußerste Sorgfalt erfordert; ***qn fait une description ~euse de qc*** jd beschreibt etw haarklein [*o* haargenau]

mioche [mjɔʃ] *mf fam* Kind *nt*, Balg *m o nt fam*; *pl a.* Gören *pl fam*, Bälger *pl fam*

mi-octobre [miɔktɔbʀ] *f* ∅ Mitte *f* Oktober; ***à la ~~*** Mitte Oktober

mi-pente [mipɑ̃t] *loc* ► **à ~~** mitten am Hang

mirabelle [miʀabɛl] *f* 1. (*fruit*) Mirabelle *f*
2. (*eau-de-vie*) Mirabellenschnaps *m*

miracle [miʀɑkl] I. *m* 1. REL Wunder *nt*; ***un faiseur de ~s*** ein Wundertäter *m*
2. (*fait extraordinaire*) Wunder *nt*; [*art, technique a.*] Wunderwerk *nt*; ***qn croit aux ~s*** jd glaubt an [Zeichen und] Wunder; ■ **un ~ de qc** ein Wunder einer S. (*gen*); *d'équilibre, adresse, esprit, élégance* ein Wunder an etw (*dat*); **qc est un ~ de beauté** etw ist wunderschön
► **~ économique** Wirtschaftswunder *nt*; **qn/qc accomplit [*o* fait] des ~s** jd/etw wirkt Wunder, jd vollbringt [*o* tut] Wunder; **qn crie [au] ~** jd tut, als wäre es ein Wunder; ***pour un peu, on pourrait crier au ~*** das grenzt ja schon an ein Wunder; ***il n'y a pas de quoi crier ~*** da ist doch nichts Besonderes [*o* Außergewöhnliches] dabei; **tu crois/vous croyez aux ~s?** *fam* du glaubst/Sie glauben wohl noch an [Zeichen und] Wunder!; **c'est un [vrai] ~!** es ist ein [wahres] Wunder!, Wunder über Wunder!; **c'est [un] ~ que** + *subj* es ist ein Wunder, dass; **ce serait [un] ~ si** es wäre ein Wunder, wenn; **qc tient du ~** etw grenzt an ein Wunder; **par ~** durch [einen wunderbaren] Zufall; **comme par ~** wie durch ein Wunder
II. *app inv* Wunder-; ***solution/recette ~*** Patentlösung *f*/-rezept *nt*; ***qn a trouvé un travail ~*** jd hat die [*o* die ideale] Arbeit gefunden

miraculé, e [miʀakyle] I. *adj* durch ein Wunder geheilt
II. *m, f* (*d'une maladie*) durch ein Wunder Geheilte(r) *f(m)*; (*d'un accident*) jemand, der wie durch ein Wunder überlebt hat; ***c'est un(e) ~(e)*** er/sie ist durch ein Wunder geheilt/hat wie durch ein Wunder überlebt

miraculeusement [miʀakyløzmɑ̃] *adv* wie durch ein Wunder, auf wunderbare Weise; + *adj* erstaunlich; ***~ beau*** wunderschön

miraculeux, -euse [miʀakylø, -øz] *adj* wunderbar; *progrès, réussite a.* außergewöhnlich, erstaunlich; *guérison, remède a., traitement* Wunder-; ***l'apparition ~euse de la Vierge*** das Wunder der Marienerscheinung; ***un produit ~*** ein Wundermittel *nt*; ***il n'y a là rien de ~*** daran ist nichts Besonderes [*o* Außergewöhnliches]
► **c'est ~ que** + *subj* es ist ein Wunder, dass; es grenzt ans Wunderbare, dass

mirador [miʀadɔʀ] *m* [*prison*] Wach[t]turm *m*; [*chasse*] Hochsitz *m*, Kanzel *f spec*

mirage [miʀaʒ] *m* 1. (*vision*) Luftspiegelung *f*, Fata Morgana *f*
2. (*chimère*) Trugbild *nt*, Illusion *f*; ***tu as trop bu! c'est un ~*** du hast zu viel getrunken, du siehst weiße Mäuse *fam*

mire [miʀ] *f* 1. AUDIOV Testbild *nt*
2. [*arpenteur*] Messlatte *f*; [*arc, boussole*] Visier *nt*
► **qn prend sa ~** CHASSE, MIL jd zielt

mirer <1> [miʀe] I. *vt* 1. ■ **qn mire qc** *œufs* jd durchleuchtet etw
2. *littér* (*regarder*) ■ **qn mire qc dans qc** jd betrachtet das Spiegelbild einer S. (*gen*) in etw (*dat*); ***qn mire son visage dans l'eau*** jd betrachtet sein Spiegelbild im Wasser; ■ **qc mire qc dans qc** (*refléter*) etw spiegelt etw in etw (*dat*) wider; ***les arbres mirent leurs branches dans la rivière*** die Bäume spiegeln ihre Äste im Fluss wider
II. *vpr littér* ■ **qn se mire dans qc** jd betrachtet sein Spiegelbild in etw (*dat*); ■ **qc se mire dans qc** etw spiegelt sich in etw (*dat*) [wider]

mirettes [miʀɛt] *fpl fam* Augen *pl*, Gucker *pl fam*

mirifique [miʀifik] *adj hum* fantastisch, grandios; *promesse a.* großartig

mirliton [miʀlitɔ̃] *m* Tröte *f*; (*dans le jazz*) Kazoo *nt*

mirobolant, e [miʀɔbɔlɑ̃, ɑ̃t] *adj fam* großartig, grandios; *gains, salaire a.* phänomenal; ***qc n'est pas ~*** etw ist nicht gerade grandios [*o* großartig]

miroir [miʀwaʀ] *m* 1. (*glace*) Spiegel *m*; ***~ magique*** Zauberspiegel; ■ **~ de** -spiegel
2. ∅ (*reflet*) Spiegel[bild *nt*] *m*
► **~ déformant** Zerrspiegel *m*; **~ grossissant** Vergrößerungsspiegel *m*
◆ **miroir aux alouettes** (*instrument*) Lockvorrichtung *f* [um Lerchen zu fangen] (*mit Hilfe von Spiegeln*); (*piège*) Blendwerk *nt*; **miroir de courtoisie** Make-up-Spiegel [meːk'ap-] *m*

miroitement [miʀwatmɑ̃] *m* Glänzen *nt*, Schimmern *nt*; [*eau, mer, vitre a.*] Glitzern *nt*; [*lunettes a.*] Spiegeln *nt*; [*soie a.*] Schillern *nt*

miroiter <1> [miʀwate] *vi* ■ **qc miroite** etw schimmert, etw glänzt; /*eau, vitre a.*/ etw glitzert; /*lunettes a.*/ etw spiegelt; /*soie a.*/ etw schillert; ***qn fait ~ qc à qn*** [*o* ***aux yeux de qn***] jd malt jdm etw in den leuchtendsten Farben aus, jd schildert jdm etw in den verlockendsten Farben

miroitier, -ière [miʀwatje, -jɛʀ] *m, f* 1. (*vendeur*) Spiegelhändler(in) *m(f)*
2. (*producteur*) Spiegelhersteller(in) *m(f)*, Spiegelfabrikant(in) *m(f)*

miroton [miʀɔtɔ̃] *loc*, **mironton** [miʀɔ̃tɔ̃] *loc* ► **bœuf ~** gekochtes Rindfleisch mit Zwiebeln

mis [mi] *p simple de* **mettre**

mis, e [mi, miz] I. *pp de* **mettre**
II. *loc* ► **[qn est] bien/mal ~** *littér* [jd ist] gut/schlecht angezogen [*o* gekleidet]

misanthrope [mizɑ̃tʀɔp] I. *adj* ungesellig, menschenfeindlich, misanthropisch *geh*
II. *mf* Menschenfeind(in) *m(f)*, Misanthrop *m geh*

mise [miz] *f* 1. JEUX Einsatz *m*
2. FIN [Kapital]einlage *f*; ***~ initiale*** [*o* ***de départ***] Startkapital *nt*, Einstiegskapital *nt*
3. ∅ (*habillement*) Kleidung *f*; ***elle a toujours une ~ soignée*** sie trägt immer gepflegte Kleidung, sie ist immer gepflegt gekleidet
4. (*fait de mettre*) ■ **~ au/à la qc**: ***~ à l'amende*** Bestrafung *f* [mit einer Geldbuße]; ***~ au coin*** In-die-Ecke-Stellen *nt*; ***il y aura quelques ~s au coin*** es werden wohl einige in die Ecke gestellt werden; ***~ aux enchères*** Versteigerung *f*; ***~ à la retraite*** Versetzung *f* in den Ruhestand; ■ **~ en qc** Einfüllen *nt* in etw (*akk*); ***~ en boîtes*** Abfüllen *nt* in Dosen, Eindosen *nt*; ***~ en bouteilles*** Abfüllen *nt* in Flaschen [*o* Abfüllung *f*]; ***~ en bouteilles par le producteur*** Erzeugerabfüllung; ***~ en sacs*** Verpacken *nt*, Abpacken *nt*; ***~ en chantier de qc*** *d'un bâtiment* Baubeginn *m* einer S. (*gen*); *d'une réforme* Beginn *m* der Arbeit an einer S. (*dat*), Inangriffnahme *f* einer S. (*gen*); ***~ en circulation de qc*** *d'une monnaie* Ausgabe *f* einer S. (*gen*), In-Umlauf-Bringen *nt* einer S. (*gen*); *d'une route* Freigabe *f* für den Verkehr einer S. (*gen*); ***~ en condition*** Beeinflussung *f*, Manipulation *f*; ***~ en disponibilité*** Freistellung *f*, Beurlaubung *f*; ***~ en facteurs*** Zerlegung *f* in Faktoren; ***~ en gage*** Verpfändung *f*; ***~ en liberté de qn/qc*** jds Freilassung *f*/Freigabe einer S. (*gen*); ***~ en œuvre*** Verwirklichung *f*, Umsetzung *f*; ***~ en place de qc*** *de troupes, d'un dispositif* Bereitstellung *f* einer S. (*gen*); *d'une réforme* Umsetzung *f* einer S. (*gen*), Verwirklichung einer S. (*gen*); ***~ en pratique*** Umsetzung in die Praxis, praktische Anwendung; ***~ en service*** Inbetriebnahme *f*; ***~ en valeur de qc*** *d'une région* Entwicklung *f* einer S. (*gen*); *des terres* Verbesserung *f* einer S. (*gen*); *d'un, des yeux* Hervorhebung *f* einer S. (*gen*), Betonung *f* einer S. (*gen*); *d'un tableau* Zur-Geltung-Bringen *nt* einer S. (*gen*), Hervorhebung *f* einer S. (*gen*); ***~ en veilleuse*** Einfrieren *nt*; ***une ~ en veilleuse du programme nucléaire est envisagée*** man hat vor, das

Atomprogramm einzufrieren; ~ ***en vente*** [Ausschreibung *f* zum] Verkauf *m*
▶ ~ **hors service** Stillegung *f;* ~ **sous tension** Anschluss *m* an das Stromnetz; **qc n'est pas/plus de** ~ etw ist nicht/nicht mehr angebracht; **il n'est pas/plus de** ~ **de faire qc** es ist nicht/nicht mehr angebracht, etw zu tun; **qn sauve la** ~ **à qn** jd hilft jdm aus der Patsche *fam*
◆ **mise à l'épreuve** JUR Bewährung *f;* **mise à exécution** Durchführung *f;* [*idée, projet a.*] Ausführung *f,* Umsetzung *f;* [*loi a.*] Vollzug *m;* **mise à feu** [*fusée*] Zündung *f;* [*haut-fourneau*] Anheizen *nt;* **mise à flot** Wiederflottmachen *nt;* **mise à jour** (*action*) [*document, fichier*] Aktualisierung *f;* INFORM (*nouvelle version*) Update ['apdeɪt] *nt spec;* **mise à mort** Tötung *f;* [*homme a.*] Hinrichtung *f;* **mise à pied** (*suspension*) Beurlaubung *f,* Suspendierung *f;* **mise à prix** Mindestpreis *m,* Ausrufpreis *m;* **mise au monde** Zur-Welt-Bringen *nt,* Gebären *nt;* **mise au point** PHOT Einstellen *nt* der Blende; TECH [*moteur*] Tunen ['tjuːnən] *nt;* [*machine*] Einstellen *nt;* (*explication*) Richtigstellung *f,* Erklärung *f;* (*éclaircissements*) Klarstellung *f;* **mise de fonds** Kapitalaufwand *m;* (*mise initiale*) Startkapital *nt;* **mise en accusation** [**de qc**] Anklage *f* [gegen etw]; ***qc est la*** ~ ***en accusation de qc*** etw stellt eine Anklage gegen etw dar, etw prangert etw an; **mise en application** Anwendung *f;* **mise en bière** Einsargung *f;* **mise en boîte** *fam* Lächerlich-Machen *nt,* Durch-den-Kakao-ziehen *nt fam;* ***qn ne supporte pas la*** ~ ***en boîte*** jd verträgt es nicht, auf den Arm genommen zu werden; **mise en demeure** [**de payer**] Zahlungsaufforderung *f;* (*lettre a.*) [letzte] Mahnung; **mise en examen** [**pour qc**] Einleitung *f* eines Verfahrens [wegen einer S. (*gen*)]; **mise en forme** TECH Formen *nt,* Formgebung *f;* **mise en garde** Warnung *f;* **mise en jeu** Zusammenspiel *nt,* Wirksamwerden *nt;* **mise en marche** Inbetriebnahme *f;* **mise en mémoire** INFORM Speichern *nt;* **mise en ondes** AUDIOV Spielleitung *f,* Inszenierung *f;* **mise en page[s]** Umbruch *m,* Lay-out ['leɪ'aut] *nt;* **mise en plis** Wasserwelle *f;* ***une mise en plis s.v.p.*** Waschen und Legen, bitte; **mise en route** Ingangsetzen *nt;* **mise en scène** CINE Regie *f;* THEAT *a.* Inszenierung *f;* (*dans la vie privée*) Theater *nt,* Show [ʃoʊ] *f;* ***qn fait la*** ~ ***en scène d'un film/d'une pièce*** jd führt bei einem Film/einem Theaterstück Regie [*o* inszeniert ein Stück]; ***qn fait toute une*** ~ ***en scène*** [**à qn**] jd zieht [vor jdm] eine richtige Show ab; **mise en vigueur** Durchsetzung *f,* Inkraftsetzung *f;* **mise sur pied** Durchführung *f,* Organisation *f;* ***la*** ~ ***sur pied d'un tel programme est difficile*** es ist schwierig, ein solches Programm auf die Beine zu stellen

mi-septembre [misɛptɑ̃bʀ] *f* ∅ Mitte *f* September; ***à la*** ~~ Mitte September

miser <1> [mize] **I.** *vi* **1.** (*parier sur*) ■ **qn mise** [**sur un animal**] jd wettet [auf ein Tier], jd setzt auf ein Tier; ***qn mise aux courses/mise 8 contre 1*** jd wettet beim Pferderennen/wettet 8 zu 1; ■ **qn mise sur qn/qc** jd setzt auf jdn/etw
2. *fam* (*compter sur*) ■ **qn mise sur qn/qc pour faire qc** jd setzt auf jdn/etw um etw zu tun; ***on ne peut pas*** ~ ***là-dessus*** darauf kann man sich nicht verlassen
II. *vt* (*jouer*) ■ **qn mise qc** [**sur un animal**] jd setzt [*o* wettet] etw [auf ein Tier]

misérable [mizeʀabl] **I.** *adj* **1.** (*pauvre*) sehr arm; *personne, famille a.* bettelarm; *région a.* ärmlich; *logement, vêtements, aspect* armselig, ärmlich, schäbig; (*insuffisant*) *salaire* miserabel, erbärmlich; ***qn/qc est d'aspect*** ~ jd/etw sieht armselig [*o* schäbig] aus
2. (*pitoyable*) erbärmlich; *personne a.* armselig; *existence, fin a.* jämmerlich, kläglich; *conditions a.* miserabel; ***je me sens bien*** ~ ich fühle mich ziemlich elend [*o* miserabel] [*o* erbärmlich]
3. *antéposé* (*malheureux*) armselig, schäbig; *salaire, somme d'argent a.* lumpig *fam*
II. *mf littér* Arme(r) *f(m),* Notleidende(r) *f(m)*
▶ **ah! petit** ~! *hum* du kleiner Schuft [*o* Schurke]!

misérablement [mizeʀabləmɑ̃] *adv* **1.** (*dans la pauvreté*) erbärmlich, armselig
2. (*pitoyablement*) kläglich; ***elle a*** ~ ***essayé de sortir de ce piège*** sie hat verzweifelt versucht aus der Falle herauszukommen

misère [mizɛʀ] *f* **1.** (*détresse matérielle*) Elend *nt kein pl,* Not *f;* ***on réduit qn à la*** ~ jd stürzt jdn ins Elend; ***qn tire qn de la*** ~ jd erlöst jdn aus seinem Elend [*o* seiner Not]
2. (*détresse morale*) Elend *nt kein pl,* Leid *nt kein pl;* ***c'est une*** ~ es ist ein Kreuz *fam* [*o* Jammer]
3. *gén pl* (*malheurs*) Not *f kein pl;* ***les*** ~***s de la guerre*** das Elend des Krieges
4. (*bagatelle*) Nichtigkeit *f,* Lappalie *f*
▶ ~ **noire** große Not; **petites** ~**s** Wehwehchen *pl fam;* **qn crie** [*o* **pleure**] ~ jd klagt bitterlich; **qn fait des** ~**s à qn/à un animal** *fam* jd ärgert jdn/quält ein Tier; ***cet enfant insupportable ne me fait que des*** ~***s*** dieses unerträgliche Kind macht mir nur Ärger; **dans la** ~ in Not; ***qn tombe dans la*** ~ jd gerät in Not; **de** ~ *salaire, traitement* kümmerlich; **quelle** ~! welch ein Jammer!; ~ [**de** ~]! gütiger Himmel!

miséreux, -euse [mizeʀø, -øz] **I.** *adj mendiant* Not leidend; *quartier* Elends-
II. *m, f* Bedürftige(r) *f(m),* Arme(r) *f(m)*

miséricorde [mizeʀikɔʀd] *f* **1.** *littér* (*pardon*) Erbarmen *nt;* REL Barmherzigkeit *f;* ***qn implore la*** ~ jd fleht um Gnade; ***j'espère bénéficier de sa*** ~ ich hoffe auf seine/ihre Nachsicht
2. [*stalle d'église*] Miserikordie *f*
▶ ~! *vieilli* ojemine!, du lieber Gott!

miséricordieux, -euse [mizeʀikɔʀdjø, -jøz] *adj littér* gnädig; REL barmherzig

misogyne [mizɔʒin] **I.** *adj* frauenfeindlich
II. *m* Frauenfeind *m*

misogynie [mizɔʒini] *f* Frauenfeindlichkeit *f,* Frauenhass *m*

miss <es> [mis] *f* **1.** *inv* (*reine de beauté*) Miss *f*
2. (*mademoiselle*) Fräulein *nt;* ***ça va,*** ~? na, junges Fräulein?

missel [misɛl] *m* Messbuch *nt,* Missal[e] *nt*

missile [misil] *m* Rakete *f*
▶ ~ **air-air/air-sol/air-mer/mer-sol/sol-sol/sol-air** Luft-Luft-/Luft-Boden-/Luft-Wasser-/Wasser-Boden-/Boden-Boden-/Boden-Luft-Rakete *f;* ~ **antimissile** Abwehrrakete *f*

mission [misjɔ̃] *f* **1.** (*tâche*) Aufgabe *f; culturelle, dangereuse* Mission *f; diplomatique, économique, officielle, scientifique* Auftrag *m; aérienne* Einsatz *m;* ***qn confie à qn une*** ~ jd betraut jdn mit einer Aufgabe, jd vertraut jdm eine Aufgabe an
2. (*délégation*) Delegation *f;* ~ ***polaire*** Polarexpedition *f*
3. REL Mission *f*
4. (*vocation*) Mission *f*
▶ [**qn est**] **chargé(e) de** ~ [**auprès de qc**] [jd ist] Sonderbeauftragte(r) *f(m)* bei etw; **qn a/reçoit** [**pour**] ~ **de faire qc** jd hat/bekommt den Auftrag etw zu tun; ***j'ai reçu*** ~ ***d'aller sur place*** ich wurde angewiesen mich dorthin zu begeben; ~ **accomplie!** MIL Auftrag ausgeführt!; *fig* Auftrag erledigt!; **qn se donne pour** ~ **qc/de faire qc** jd macht sich (*dat*) etw zur Aufgabe/macht es sich (*dat*) zur Aufgabe, etw zu tun; **qn est en** ~ **quelque part** POL jd ist irgendwo auf einer Dienstreise; COM jd ist irgendwo auf einer Geschäftsreise; **avec** [**pour**] ~ **de faire qc** mit dem Ziel [*o* mit der Zielsetzung] etw zu tun
◆ **mission de reconnaissance** MIL Aufklärungseinsatz *m;* AVIAT Aufklärungsflug *m*

missionnaire [misjɔnɛʀ] **I.** *adj sœur, paroisse* Missions-; *institut, œuvre* missionarisch; *esprit* Missionars-
II. *mf* Missionar(in) *m(f)*

missive [misiv] **I.** *f soutenu* Schreiben *nt*
II. *app:* ***lettre*** ~ Mitteilungsschreiben *nt*

mistigri [mistigʀi] *m fam* Katze *f,* Mieze *fam*
▶ **qn refile le** ~ **à qn** jd wälzt alles auf jdn ab, jd schiebt jdm alles zu

mistral <s> [mistʀal] *m* Mistral *m*

mit [mi] *p simple de* **mettre**

mitaine [mitɛn] *f* Halbfingerhandschuh *m*

mitard [mitaʀ] *m arg* Knast *m sl*

mite [mit] *f* Motte *f*
▶ [**qc est**] **mangé(e)** [*o* **troué(e)**] **aux** ~**s** [etw ist] mottenzerfressen

mité, e [mite] *adj* mottenzerfressen

mi-temps [mitɑ̃] **I.** *f inv* SPORT Halbzeit *f*
▶ **la troisième** ~~ *hum* die gemütliche Runde (*nach dem Spiel*)
II. *m inv* (*travail*) Halbtagsstelle *f,* Halbtagsjob [-dʒɔp] *m fam*
▶ **à** ~~ *emploi, travail* Halbtags-; *travailler* halbtags

miter <1> [mite] *vpr* ■ **qc se mite** etw wird von Motten zerfressen

mîtes [mit] *p simple de* **mettre**

miteux, -euse [mitø, -øz] **I.** *adj immeuble, lieu* heruntergekommen; *personne* armselig, abgerissen; *repas* dürftig; *habit, meuble* schäbig
II. *m, f fam* armer Schlucker *fam*

mithridatiser <1> [mitʀidatize] *vt* ■ **qc mithridatise qn** etw macht jdn immun; ■ [**qn est**] **mithridatisé(e)** [jd ist] immun

mitigé, e [mitiʒe] *adj* **1.** (*mélangé*) *réaction* zwiespältig; *sentiments a., impression* gemischt; *accueil* mäßig
2. (*modéré*) *zèle* mäßig, gedämpft; ***je n'y ai pris qu'un plaisir*** ~ es war für mich nur ein halbes Vergnügen

mitiger <2 a> [mitiʒe] *vt vieilli* ■ **qn mitige qc** jd mildert etw

mitigeur [mitiʒœʀ] *m* Mischbatterie *f*

mitonner <1> [mitɔne] **I.** *vt fam* **1.** GASTR ■ **qn mitonne qc** [**à qn**] jd bereitet [jdm] etw zu
2. (*préparer minutieusement*) ■ **qn mitonne qc** [**à qn**] *affaire* jd bereitet etw von langer Hand vor, jd bereitet etw sorgfältig [für jdn] vor; *avenir* jd sorgt für etw, jd bahnt [jdm] den Weg für etw; *devoir, problème* jd klügelt etw [für jdn] aus
II. *vi fam* ■ **qc mitonne** etw gart auf kleiner Flamme; ***la soupe mitonnait lentement*** die Suppe köchelte leise vor sich hin; ■ **qn laisse** ~ **qc** jd lässt etw auf kleiner Flamme garen

mitose [mitoz] *f* Mitose *f,* mitotische Zellteilung

mitoyen, ne [mitwajɛ̃, jɛn] *adj mur* Trenn-; *cloison a.* Zwischen-; *maison* Neben-; ■ **qc est** ~ **avec** [*o* **de**] **qc** etw grenzt an etw (*akk*) an

mitoyenneté [mitwajɛnte] *f* Gemeineigentum *nt*
▶ **en** ~ in Mitbesitz [*o* Miteigentum]; ***les parties en*** ~ die mitbesitzenden Parteien, die Miteigentümer

mitraillade [mitʀɑjad] *f* Salve *f*

mitraillage [mitʀɑjaʒ] *m* Beschuss *m*

mitraille [mitʀɑj] *f* **1.** (*projectiles*) Geschosse *pl;* ***les troupes fuyaient sous la*** ~ die Truppen flüchteten unter dem Kugelregen
2. *fam* (*menue monnaie*) Kleingeld *nt*

mitrailler <1> [mitʀɑje] *vt* **1.** (*tirer*) ■ **qn/qc mitraille qn/qc** jd/etw schießt auf jdn/etw, jd/etw nimmt jdn/etw unter Beschuss
2. *fam* (*photographier*) ■ **qn mitraille qn/qc** jd knipst jdn/etw *fam,* jd lichtet jdn/etw ab *fam;* ***qn/qc est mitraillé(e) par qn*** jd/etw wird von jdm abgelichtet *fam*
3. (*assaillir*) ■ **qn mitraille qn de qc** jd bombardiert jdn mit etw *fam*

mitraillette [mitʀɑjɛt] *f* Maschinenpistole *f*

mitrailleur, -euse [mitʀɑjœʀ, -jøz] **I.** *adj fusil, pistolet* Maschinen-
II. *m, f* MG-Schütze/-Schützin *m/f*
III. *f* ■ **mitrailleuse** Maschinengewehr *nt,* MG *nt*

mitral, e <-aux> [mitʀal, o] *adj* Mitral-

mitre [mitʀ] *f* **1.** REL Mitra *f*
2. TECH Schornsteinaufsatz *m*
▶ **qn reçoit la** ~ jd wird zum Bischof geweiht

mitron, ne [mitʀɔ̃, ɔn] *m* (*en boulangerie*) Bäckerlehrling *m;* (*en pâtisse-*

rie) Konditorlehrling *m*
mi-voix [mivwa] *loc* ▶ **à ~-~** leise
mixage [miksaʒ] *m* Tonmischung *f;* ***table de ~*** Mischpult *nt*
mixer <1> [mikse] *vt* **1.** GASTR ■ **qn mixe qc** jd mixt etw
2. AUDIOV ■ **qn mixe qc** jd mischt etw ab
mixer *m,* **mixeur** [miksœʀ] *m* Mixer *m*
mixité [miksite] *f* Mischung *f* der Geschlechter; ***la ~ de l'enseignement*** die Koedukation, der Unterricht in gemischten Klassen; ***certains profs sont contre la ~*** manche Lehrer sind gegen gemischte Klassen
mixte [mikst] *adj* **1.** (*pour les deux sexes*) *chorale, classe, équipe* gemischt; *enseignement* in gemischten Klassen; *école* mit gemischten Klassen
2. (*formé d'éléments différents*) *mariage, végétation, peau* Misch-; *commission, salade* gemischt; *cuisinière* Kombi-; *cargo* mit Personen- und Frachtverkehr; ***genre ~*** Mischform *f;* ***société d'économie ~*** gesellschaftliche Mischform
mixture [mikstyʀ] *f* **1.** CHIM, PHARM Mixtur *f*
2. *péj* (*boisson*) Gebräu *nt*
M.J.C. [ɛmʒise] *f abr de* **maison des jeunes et de la culture** Jugendzentrum *nt*
M.L.F. [ɛmɛlɛf] *m abr de* **mouvement de libération de la femme** Frauenbewegung *f*
Mlle <s> [madmwazɛl] *f abr de* **Mademoiselle: *Mlle Larroque*** Frl. Larroque
▶ **Mlle Unetelle** Frl. Sowieso; *v.* **mademoiselle**
MM. [mesjø] *mpl abr de* **Messieurs: *MM. Trouvé et Bourré*** die Herren Trouvé und Bourré; *v.* **monsieur**
Mme <s> [madam] *f abr de* **Madame: *Mme Duchemin*** Fr. Duchemin; *v.* **madame**
mnémotechnique [mnemotɛknik] I. *adj* mnemotechnisch
II. *f* Mnemotechnik *f*
Mo [ɛmo] *m abr de* **méga-octet** INFORM MB *nt*
mob [mɔb] *f fam abr de* **mobylette**
mobile [mɔbil] I. *adj* **1.** (*opp: fixe*) beweglich; ***calendrier à feuillets ~s*** Loseblattkalender *m;* ***l'échelle ~ des salaires*** die gleitende Lohnskala
2. (*non sédentaire*) *forces de police, troupes* mobil; *population* nicht sesshaft; ***main d'œuvre ~*** Wanderarbeiter(in) *m(f)*
3. (*changeant*) *esprit* flatterhaft; *regard* unruhig; *traits* ausdrucksvoll; *yeux* flackernd
II. *m* **1.** (*motif*) Motiv *nt;* ***qc a pour ~ l'argent/l'amour*** das Geld/die Liebe ist die Triebfeder für etw; ***l'argent, premier ~ des affaires de ce monde*** Geld, der Leitgedanke [*o* das Leitmotiv] aller Geschäfte dieser Welt; ***l'intérêt était son seul ~*** er war nur auf seinen Vorteil bedacht
2. PHYS (*corps en mouvement*) Körper *m* in Bewegung
3. ART Mobile *nt*
mobilier, -ière [mɔbilje, -jɛʀ] I. *adj effets, propriété, valeurs* beweglich; *crédit, saisie* Mobiliar-; *vente* Fahrnis-; ***cote ~ière*** Wohnraumsteuer *f*
II. *m* **1.** (*ameublement*) Mobiliar *nt,* [Wohnungs]einrichtung *f,* Möbel *pl;* ***qn fait partie du ~*** *hum* jd gehört zum Inventar; ■ **~ de** *de bureau, cuisine, salle à manger, salon* -möbel
2. JUR (*biens meubles*) bewegliche Habe [*o* Güter]
▶ **~ national** Einrichtungsgegenstände *pl* der öffentlichen Hand; **~ scolaire** Schuleinrichtung *f;* **~ urbain** öffentliche Einrichtungen *pl* (*wie Parkbänke, Papierkörbe, Straßenlaternen, Toiletten*)
mobilisable [mɔbilizabl] *adj* **1.** *capital, énergie, ressources* verfügbar
2. MIL mobilisierbar
mobilisateur, -trice [mɔbilizatœʀ, -tʀis] *adj* **1.** (*motivant*) *mot d'ordre, slogan* motivierend; *sujet, thème* anregend
2. MIL: ***centre ~*** Einheit *f*
mobilisation [mɔbilizasjɔ̃] *f* **1.** [*capital, énergie, personnes, ressources*] Mobilisierung *f;* ■ **~ [de qn/qc] contre qn/qc** [jds] Mobilisierung/Mobilisierung [einer S. (*gen*)] gegen jdn/etw
2. MIL Mobilmachung *f*
mobiliser <1> [mɔbilize] I. *vt* **1.** (*mettre à contribution*) ■ **qn/qc mobilise qn/qc [pour/contre qc]** jd/etw mobilisiert jdn/etw [für/gegen etw]; ■ **des personnes sont mobilisées pour qc/pour faire qc** Menschen werden für etw mobilisiert/mobilisiert um etw zu tun; ***toute la famille était mobilisée*** *hum* die ganze Familie wurde mobil gemacht *fam*
2. (*motiver*) ■ **qn/qc mobilise qn** jd/etw mobilisiert [*o* begeistert] jdn; ■ **qn/qc mobilise qc** jd/etw mobilisiert etw; *l'ardeur de qn* jd/etw weckt etw
3. MIL ■ **qn mobilise qn** jd macht jdn mobil; *réservistes* jd zieht jdn ein
II. *vi* MIL ■ **qn mobilise** jd macht mobil
III. *vpr* ■ **des personnes se mobilisent [pour/contre qc]** Menschen mobilisieren sich [für/gegen etw]; ***le peuple tout entier doit se ~ contre le chômage*** das gesamte Volk muss seine Kräfte gegen die Arbeitslosigkeit aufbieten; ***les adhérents d'Amnesty international se mobilisent pour la défense des droits de l'homme*** die Mitglieder von Amnesty international machen sich für die Verteidigung der Menschenrechte stark; ***toute la profession se mobilise pour réhabiliter son image*** der ganze Berufsstand steht auf, um sein/ihr Ansehen wiederherzustellen
mobilité [mɔbilite] *f* **1.** (*opp: fixité, immobilité*) [*personne, membre*] Beweglichkeit *f;* [*corps a., armée*] Mobilität *f;* ***si j'avais une voiture, j'aurais plus de ~*** wenn ich ein Auto hätte, wäre ich beweglicher [*o* mobiler]
2. (*opp: sédentarité*) [*population, main d'œuvre*] Mobilität *f*
3. (*instabilité*) [*esprit*] Flatterhaftigkeit *f,* Wankelmut *m;* [*humeur*] Wechselhaftigkeit *f;* [*sentiments, caractère*] Unbeständigkeit *f;* [*regard*] Unruhe *f;* ***la ~ de son visage*** sein/ihr lebhaftes Mienenspiel; ***la ~ des choses*** der Wandel der Dinge
▶ **~ sociale** soziale Mobilität

mobylette® [mɔbilɛt] *f* Mofa *nt*
mocassin [mɔkasɛ̃] *m* Mokassin *m*
moche [mɔʃ] *adj fam* **1.** (*laid*) hässlich
2. (*regrettable*) scheußlich *fam*
mocheté [mɔʃte] *f fam* **1.** (*laideur*) Hässlichkeit *f*
2. (*chose laide*) Scheußlichkeit *f fam;* (*personne laide*) Vogelscheuche *f fam*
modal, e <-aux> [mɔdal, o] *adj* **1.** LING Modal-
2. MUS modal
modalité [mɔdalite] *f* **1.** *pl* (*procédure*) Modalitäten *pl;* ■ **~s de** *d'application, de paiement* -modalitäten; *d'inscription, d'entrée* -bedingungen *pl*
2. MUS, JUR Modalität *f*
3. LING ■ **de ~** Modal-
mode¹ [mɔd] I. *f* Mode *f;* ■ **la ~ de qc** die Mode einer S. (*gen*); ***les ~s d'une époque*** die Mode einer Zeit; ***c'était la ~ dans la famille*** das war in der Familie so üblich; ***qn travaille dans la ~*** jd arbeitet in der Modebranche; ***qn suit la ~*** jd folgt der [jeweiligen] Mode; ***qn décide de la ~*** jd bestimmt die Mode
▶ **à la ~ de Bretagne** *cousin* weit entfernt, um drei Ecken *fam;* **qn est habillé(e) à l'ancienne/la dernière ~** jd ist altmodisch/nach der neuesten Mode gekleidet; **c'est la nouvelle ~** *péj fam* das ist wohl die neueste Mode *fam;* **qn est [très] ~** jd ist [sehr] modisch gekleidet; **qc est passé(e) de ~** etw ist aus der Mode gekommen; **qc revient à la ~** etw wird wieder Mode, etw kommt wieder in Mode; **à la ~** modern, [in] Mode; ***Le Touquet a été longtemps la plage à la ~*** Le Touquet war lange Zeit der Strand schlechthin; ***qn est habillé(e) à la ~*** jd ist modisch gekleidet; **à la ~ de qc** im Stil einer S. (*gen*); *de Caen* nach der Art von etw; ***la décoration de son intérieur était à la ~ de l'époque*** seine/ihre Einrichtung entsprach dem Stil der Zeit; **de ~** *journal, magazine, présentation, ouvrage* Mode-; ***défilé de ~*** Mode[n]schau *f;* ***gravure de ~*** Modellzeichnung *f*
II. *app tissu* modisch; GASTR *bœuf* mit Karotten und Zwiebeln; ***coloris ~*** Modefarbe *f*
mode² [mɔd] *m* **1.** (*méthode*) ■ **~ de** *d'action, d'exploitation, d'expression, de production* -weise *f; de gouvernement* -form *f;* ***~ de pensée*** Denkweise; ***~ de paiement*** Zahlungsart *f;* ***~ de transport*** Verkehrsmittel *nt;* ***~ de vie*** Lebensart *f,* Lebensweise
2. GRAM, INFORM Modus *m;* ***~ de paysage*** INFORM Querformat *nt*
3. MUS Tonart *f*
▶ **~ autonome** INFORM Offlinebetrieb ['ɔflain-] *m*
◆ **mode d'emploi** Gebrauchsanweisung *f*
modelage [mɔd(ə)laʒ] *m* Modellierung *f*
modèle [mɔdɛl] I. *m* **1.** (*chose, personne à imiter*) Vorbild *nt;* GRAM Musterbeispiel *nt;* ***tu peux le prendre pour ~*** du kannst dir an ihm ein Beispiel nehmen; ***~ d'écriture*** Schreibvorlage *f;* ■ **[qn est] un ~ de qc: *qn est un ~ de bonté/courage/loyauté/vertu/hypocrisie/indulgence*** jd ist die Güte selbst/die Couragiertheit/Loyalität/Tugend/Scheinheiligkeit/Nachsicht in Person
2. COUT Modell *nt*
3. (*maquette*) Modell *nt*
4. AUT, TECH Modell *nt*
5. ART Modell *nt*
▶ **~ déposé** Gebrauchsmuster *nt;* **~ réduit de** *d'avion, de bateau* Modell-; **qn prend ~ sur qn** jd nimmt sich (*dat*) jdn zum Vorbild; **qn/qc sert de ~ à qn** jd ist jdm ein Vorbild/etw dient jdm als Muster [*o* Vorlage]; ***sa persévérance devrait nous servir de ~*** wir sollten uns an seiner/ihrer Ausdauer ein Vorbild nehmen; **sur le ~ de qc** nach der Vorlage einer S. (*gen*)
II. *app* (*exemplaire*) vorbildlich; *conduite, ouvrier a.* beispielhaft; *élève a.* Muster-; ***usine/ferme ~*** Musterbetrieb *m*
modelé [mɔd(ə)le] *m* [*corps, peinture, sculpture*] Plastizität *f;* [*visage*] Züge *pl;* [*région, terrain*] Relief *nt*
modeler <4> [mɔd(ə)le] I. *vt* **1.** (*pétrir*) ■ **qn modèle qc** *cire, glaise, poterie, statue* jd modelliert etw; *pâte* jd formt etw
2. (*façonner*) ■ **qn/qc modèle qn/qc** *corps, caractère, intelligence, relief* jd/etw formt etw
3. (*conformer*) ■ **qn modèle qc sur qc** jd orientiert sich in etw (*dat*) an etw (*dat*)
4. (*mouler*) ■ **qc modèle qc** etw betont etw
II. *vpr* ■ **qn se modèle sur qn/qc** jd orientiert sich an jdm/etw
modeleur, -euse [mɔd(ə)lœʀ, -øz] *m, f* **1.** (*artiste*) Bildhauer(in) *m(f)*
2. TECH Gießer(in) *m(f)*
modélisation [mɔdelizasjɔ̃] *f* Beschreibung *f* anhand von Modellen
modélisme [mɔdelism] *m* Modellbau *m*
modéliste [mɔdelist] *mf* **1.** COUT Modellzeichner(in) *m(f)*
2. (*adepte du modélisme*) Modellbauer(in) *m(f)*
modem [mɔdɛm] *m abr de* **modulateur démodulateur** INFORM, TELEC Modem *nt*
modérateur, -trice [mɔdeʀatœʀ, -tʀis] I. *adj* (*apaisant*) *action, influence* ausgleichend; *rôle* vermittelnd
II. *m, f* Mittler(in) *m(f);* ***qn joue le rôle de ~*** jd übernimmt die Vermittlerrolle
III. *m* PHYS Regulator *m*
modération [mɔdeʀasjɔ̃] *f* **1.** (*retenue*) Mäßigung *f;* ***qn fait/consomme qc avec ~*** jd tut/genießt etw in Maßen; ***il manifeste en toutes choses une grande ~*** er legt bei allen Dingen große Zurückhaltung an den Tag; ***l'orateur a fait preuve de ~ dans ses réponses*** der Redner zeigte sich in seinen Antworten beherrscht; ***la ~ dans le boire et le manger*** die Mäßigung beim Essen und Trinken
2. (*ralentissement*) Abschwächung *f,* Mäßigung *f;* ***~ des prix*** Zurückhaltung *f* bei den Preisen
3. FIN Ermäßigung *f;* JUR Milderung *f*

▶ à consommer avec ~ übermäßiger Konsum gefährdet die Gesundheit

modéré, e [mɔdeʀe] **I.** *adj* **1.** (*raisonnable*) *chaleur, froid, vent* mäßig; *idées, opinion* gemäßigt; *loyer, prix* moderat, gemäßigt; *personne* maßvoll; ■ [**qn est**] ~ **dans qc** [jd ist] maßvoll in etw (*dat*)
2. (*médiocre*) *désir, résultat* bescheiden; *enthousiasme, succès* mäßig; *optimisme* gemäßigt
II. *m, f* POL Gemäßigte(r) *f(m)*

modérément [mɔdeʀemɑ̃] *adv* maßvoll

modérer <5> [mɔdeʀe] **I.** *vt* (*tempérer*) ■ **qn/qc modère qn** jd/etw bremst jdn, jd verweist jdn in seine Schranken; ■ **qn/qc modère qc** *ambitions* jd/etw bremst [*o* dämpft] etw; *colère* jd/etw hält etw im Zaum; *dépenses* jd/etw schränkt etw ein; *désirs* jd ist in etw (*dat*) bescheiden; *expressions* jd mäßigt sich in etw (*dat*); *passion, transport* jd zügelt etw; *vitesse* jd verringert etw
II. *vpr* ■ **qn se modère** [**dans qc**] jd mäßigt sich [in etw (*dat*)]

moderne [mɔdɛʀn] **I.** *adj* **1.** (*opp: ancien*) modern; *pays* fortschrittlich
2. (*au goût du jour*) *idée* neuartig, neuzeitlich; *méthode, personne, style* modern; ***les temps ~s*** HIST die Neuzeit; ***histoire*** ~ Neuere Geschichte
3. SCOL *langues* modern; ***lettres ~s*** moderne Literatur
II. *m* **1.** ART Moderne *f*; ***je me suis meublé en*** ~ ich bin modern eingerichtet
2. LITTER moderner Autor/moderne Autorin

modernisateur, -trice [mɔdɛʀnizatœʀ, -tʀis] **I.** *adj* modernisierend; ***volonté ~trice*** Modernisierungswille *m*
II. *m, f* Modernisierer(in) *m(f)*

modernisation [mɔdɛʀnizasjɔ̃] *f* Modernisierung *f*

moderniser <1> [mɔdɛʀnize] **I.** *vt* ■ **qn modernise qc** jd modernisiert etw
II. *vpr* ■ **qc se modernise** etw wird modern umgestaltet; ■ **qn se modernise** jd richtet sich modern ein

modernisme [mɔdɛʀnism] *m* Modernismus *m*; ***qn affirme son*** ~ jd bekennt sich zur Moderne

moderniste [mɔdɛʀnist] **I.** *adj* modernistisch
II. *mf* Modernist(in) *m(f)*

modernité [mɔdɛʀnite] *f* [*genre, institution, œuvre, style*] Modernität *f*; [*institution*] moderner Charakter; [*pensée*] Neuartigkeit *f*

modeste [mɔdɛst] **I.** *adj* **1.** (*humble*) bescheiden; ***qn a un air*** ~ jd hat ein schlichtes Äußeres; ***qn adopte une attitude*** ~ jd gibt sich zurückhaltend; ■ **qn est** ~ **dans qc** jd ist anspruchslos [*o* bescheiden] in etw (*dat*)
2. (*médiocre*) *fortune, salaire, revenu* bescheiden; *intelligence* mittelmäßig
3. (*simple*) *maison* einfach; *repas, vie a., projet* bescheiden; *cadeau* klein
4. (*raisonnable*) bescheiden; *prétentions, exigences a.* gemäßigt
II. *mf* unscheinbarer Mensch
▶ **qn fait le** ~ jd mimt den Bescheidenen/die Bescheidene

modestement [mɔdɛstəmɑ̃] *adv* **1.** (*avec humilité*) in aller Bescheidenheit; *rougir* schamhaft
2. (*simplement*) einfach; *vivre a.* bescheiden

modestie [mɔdɛsti] *f* Bescheidenheit *f*; [*attitude a.*] Zurückhaltung *f*; [*air*] Schlichtheit *f*, Einfachheit *f*
▶ [**pas de**] **fausse** ~ [nur keine] falsche Bescheidenheit

modicité [mɔdisite] *f* [*loyer, revenus, salaire, prix*] geringe Höhe

modifiable [mɔdifjabl] *adj* veränderbar, modifizierbar

modificateur, -trice [mɔdifikatœʀ, -tʀis] *adj action, agent* Veränderung[en *pl*] hervorrufend; *gène* modifizierend

modificatif, -ive [mɔdifikatif, -iv] *adj* Änderungs-; ***note ~ive*** Änderung *f*

modification [mɔdifikasjɔ̃] *f* Änderung *f*; ■ ~ **dans qc** Veränderung in etw (*dat*)
▶ **qn apporte** [*o* **fait**] **des ~s** [**à qc**] jd nimmt Veränderungen [an etw (*dat*)] vor

modifier <1a> [mɔdifje] **I.** *vt* ■ **qn/qc modifie qc** jd/etw [ver]ändert etw; *comportement, conduite, habitudes, plan, projet* jd/etw ändert etw; ■ **qc modifie qc** GRAM etw definiert etw näher
II. *vpr* ■ **qc se modifie** etw ändert [*o* wandelt] sich

modique [mɔdik] *adj pension, prix, salaire* niedrig; *somme a.* geringfügig

modiquement [mɔdikmɑ̃] *adv* spärlich

modiste [mɔdist] *mf* Putzmacher(in) *m(f)*

modulable [mɔdylabl] *adj* veränderlich, veränderbar; *salle* umwandelbar; *meuble* verstellbar; *chaîne hi-fi* variabel zusammenstellbar

modulaire [mɔdylɛʀ] *adj mesure* Modul-; *architecture a.* modular, Baukasten-

modulateur, -trice [mɔdylatœʀ, -tʀis] **I.** *adj* modulierend
II. *m* Modulator *m*

modulation [mɔdylasjɔ̃] *f* **1.** (*changement de ton*) Tonschwankung *f*; MUS Modulation *f*; ART Farbabstufung *f*
2. (*adaptation*): ~ ***des prix*** Preisangleichung *f*, Anpassung *f* der Preise
3. PHYS Modulation *f*
◆ **modulation de fréquence** Frequenzmodulation *f*

module [mɔdyl] *m* (*élément d'un ensemble*) [Bau]element *nt*; ESPACE Raumkapsel *f*; SCOL Kurs *m*; INFORM Modul *nt*

moduler <1> [mɔdyle] **I.** *vt* **1.** (*adapter*) ■ **qn module qc** jd verändert etw, jd ändert etw ab; ***les peines doivent être modulées en fonction des délits*** das Strafmaß muss entsprechend der Vergehen bemessen werden
2. *soutenu* (*exécuter avec des modulations*) ■ **qn/qc module qc** *chant, sons, couleurs, phrase* jd/etw moduliert etw
3. RADIO, TELEC ■ **qn module qc** jd moduliert etw
II. *vi* MUS ■ **qn module** jd moduliert

modus vivendi [mɔdysvivɛ̃di] *m inv* Modus vivendi *m geh*

moelle [mwal, mwɛl] *f* **1.** ANAT, BOT Mark *nt*
2. *soutenu* (*substance essentielle*) Quintessenz *f*
▶ ~ **épinière** Rückenmark *nt*; ~ **grise/jaune/rouge** ANAT weißes/gelbes/rotes Knochenmark; **la substantifique** ~ die Quintessenz, die Substanz, das Wesentliche; **jusqu'à la** ~ *être gelé, transi* bis ins Mark; *fig être pourri* völlig, vollkommen, von Grund auf; ***je suis gelé jusqu'à la*** ~ [***des os***] ich bin bis auf die Knochen durchgefroren; ***le froid me saisit jusqu'à la*** ~ die Kälte kriecht mir bis in die Knochen

moelleusement [mwɛløzmɑ̃] *adv* genüsslich, genießerisch; ~ ***installé(e) dans un canapé*** gemütlich auf einem Sofa sitzend

moelleux, -euse [mwɛlø, -øz] **I.** *adj* (*au toucher*) [kuschelig] weich; *tapis* flauschig; (*au goût*) *vin* vollmundig; (*agréable*) *son, voix, timbre* warm
II. *m* [*lit, coussin*] Weichheit *f*; [*tapis*] Flauschigkeit *f*; [*vin*] vollmundiger Geschmack

moellon [mwalɔ̃, mwɛlɔ̃] *m* Baustein *m*

mœurs [mœʀ(s)] *fpl* **1.** (*coutumes*) Sitten und Bräuche *pl*; [*animal*] Lebensgewohnheiten *pl*; [*société*] Umgangsformen *pl*
2. (*règles morales*) Moral *f*; *austères, dissolues* Sitten *pl*
3. (*façon de vivre*) Lebenswandel *m*
▶ **bonnes/mauvaises** ~ gute Sitten *pl* [*o* Anstand *m*]/Sittenlosigkeit *f* [*o* Lasterhaftigkeit *f*]; ***une personne de bonnes/mauvaises*** ~ ein anständiger/liederlicher Mensch; ***ton comportement est contraire aux bonnes*** ~ dein Verhalten verstößt gegen die guten Sitten; **qn a des** ~ **particulières** *euph* jds Lebensstil weicht von der Norm ab; **qc entre dans les** ~ etw wird Sitte; */mauvaise habitude/* etw reißt ein; ***qc est entré(e)*** [*o* ***passé(e)***] ***dans les*** ~ etw ist jetzt so Sitte; **de** ~ *comédie, peinture, roman* Sitten-; (*sexuel*) *affaire, histoire* Bett-; **quelles** ~! was sind denn das für Sitten!

mohair [mɔɛʀ] **I.** *m* Mohair *m*, Mohär *m*
II. *app inv* Mohair-, Mohär-

moi [mwa] **I.** *pron pers* **1.** *sujet* ich; ~, ***je pense que ...*** ich denke, dass ...; ~ ***qui ai/suis ...*** ich, der/die ich ... habe/bin
2. *compl* mich (*akk*), mir (*dat*); ***regarde-~*** sieh mich an; ***donne-~ ça!*** gib es mir!; ***crois-~*** glaub mir
3. + *prép*: ***ce livre n'est pas à*** ~ das Buch gehört mir nicht; ***c'est un cousin à*** ~ das ist ein Vetter von mir; ***pense à*** ~ denk an mich; ***qn/qc est près de*** ~ jd/etw ist mir nahe; ***il compte sur*** ~ er zählt auf mich, er rechnet mit mir; ***sans*** ~ ohne mich
4. *fam* (*pour renforcer*): ***regardez-~ cet imbécile!*** schau dir diesen Schwachkopf an! *fam*; ***enlève-~ cette table de là!*** schaff mir diesen Tisch fort!
5. + *comp*: ***plus/aussi fort(e) que*** ~ stärker als ich/genauso stark wie ich; ***comme*** ~ wie ich
▶ **c'est** ~ (*me voilà*) hier bin ich!; (*je suis le responsable*) ich [bin es]!; **c'est** ~ **qui/que**: ***c'est*** ~ ***qui ai ...*** ich habe ...; **c'est** ~ **que**: ***c'est*** ~ ***que tu cherches?*** suchst du mich?; ***c'est*** ~ ***qu'elle a vue*** mich hat sie gesehen; ~, **je** ich; [**et**] ~ **qui**: ***et*** ~ ***qui croyais que ...*** und ich, der/die glaubte, dass ...; **à** ~! Hilfe!; **et** ~[**, alors**]? *fam* [ja,] und ich?, und was ist mit mir?
II. *m* PHILOS, PSYCH Ich *nt*

moignon [mwaɲɔ̃] *m* Stummel *m*; [*bras, jambe, dent*] Stumpf *m*

moi-même [mwamɛm] *pron v.* **même**

moindre [mwɛ̃dʀ] *adj antéposé* **1.** (*inférieur*) *degré, étendue* geringere(r, s); *inconvénient* kleinere(r, s); *prix* niedrigere(r, s); *qualité* mindere(r, s), schlechtere(r, s)
2. (*le plus petit*) ■ **le/la ~/les ~s ...** *bruit, chance, commentaire, effort, exception, exclusive* der/die/das geringste/die geringsten ...; *détail, artifice, averse, défaut* der/die/das kleinste/die kleinsten ...; ***le*** ~ ***mal*** das kleinere Übel; ***qn ne sait pas faire la*** ~ ***division*** jd kann die einfachste Teilungsaufgabe nicht lösen; ***il n'avait pas le*** ~ ***diplôme*** er hatte nicht ein einziges Zeugnis vorzuweisen; ***qn est partisan du*** ~ ***effort*** jd bringt sich nicht um; ■ **le/la ~ des ...**: ***ce serait la*** ~ ***des choses/des politesses*** es wäre doch das Mindeste/ein Gebot der Höflichkeit; ***le travail, c'est le*** ~ ***de ses soucis*** die Arbeit ist die geringste seiner/ihrer Sorgen
▶ **pas** [*o* **non**] **des ~s** nicht der/die/das geringste

moine [mwan] *m* **1.** REL Mönch *m*; ***couvent de ~s*** Männerkloster *nt*; ***qn se fait*** ~ jd geht ins Kloster
2. ZOOL Kegelrobbe *f*
3. *vieilli* (*bouillotte*) Wärmflasche *f*
▶ **qn est gras comme un** ~ jd ist kugelrund; **qn vit comme un** ~ jd lebt wie ein Mönch

moineau <x> [mwano] *m* **1.** ORN Sperling *m*, Spatz *m*
2. *péj* (*individu*) Halunke *m*
▶ **qn mange comme un** ~ jd isst wie ein Spatz

moinillon [mwanijɔ̃] *m fam* Mönchlein *nt fam*, junger Mönch

moins [mwɛ̃] **I.** *adv* **1.** *comp* weniger; ■ **qn/qc fait qc** ~ [**que qn/qc**] jd/etw tut etw weniger [als jd/etw]; ***crie ~! tu m'agaces*** hör auf so zu brüllen! das geht mir auf die Nerven; ***les prix augmentent*** ~ die Preise steigen langsamer; ■ ~ ... + *adj/adv* [**que**] nicht so ... + *adj/adv* [wie], weniger ... + *adj/adv* [als]; ***il roule*** ~ ***vite que moi*** er fährt langsamer als ich; ***moi, j'aurais obtenu ce produit*** ~ ***cher*** ich hätte dieses Produkt günstiger bekommen; ***on ne peut faire*** ~ ***pour lui*** das ist das Mindeste, was man für ihn tun kann; ■ ~ **de qc** [**que**] weniger von etw [als]; ***il nous a fallu*** ~ ***d'une heure*** wir haben nicht einmal eine Stunde gebraucht; ***pour les enfants de*** ~ ***de 13 ans*** für Kinder unter 13 Jahren; ***qc se situe à*** ~ ***de 3,6 %*** etw liegt unter 3,6 %; ■ ~ **de personnes** [**que**] weniger Menschen[, als]
2. *superl* ■ **qn/qc fait qc le** ~ jd/etw tut etw am wenigsten; ■ **le/la/les** ~ ... + *adj/adv* der/die/das am wenigsten ... + *adj/adv*; ***c'est le*** ~ ***bête de tous*** das ist der Intelligenteste von allen; ***parmi tous mes élèves, c'est le*** ~ ***doué*** von all meinen Schülern ist er der unbegabteste; ***cet appareil est le*** ~ ***coûteux*** [*o* ***cher***] ***de tous*** dieser Apparat ist der günstigste von allen; ■ **le** ~ am wenigsten; ■ **le** ~ **de qc** der/die/das wenigste etw; ***c'est ma fille qui dépense le*** ~ ***d'argent*** meine Tochter gibt am wenigsten [*o* das wenigste]

Geld aus; ■ **le ~ de personnes** die wenigsten Menschen; ***c'est lui qui a le ~ d'élèves*** er hat die wenigsten Schüler
► **en ~ de deux** *fam* in Null Komma nichts *fam*, im Nu *fam*; **encore ~** noch weniger; **~ …, plus …** je weniger …, desto mehr …; **on le serait à ~** man wäre es mindestens ebenso [*o* genauso]; **à ~ de qc** ausgenommen; ***à ~ d'un retard imprévu/ d'une panne/ d'un accident*** wenn nicht eine unvorhergesehene Verzögerung/eine Panne/ein Unfall eintritt; **à ~ de faire qc** wenn man nicht etw tut; ***je n'assisterai pas à cette réunion, à ~ de recevoir une invitation*** ich werde nicht zu diesem Treffen gehen, wenn ich keine Einladung bekomme [*o* außer ich bekomme eine Einladung] [*o* es sei denn, ich bekomme eine Einladung]; **à ~ que … ne …** + *subj* es sei denn, …; ***à ~ que vous ne veniez avec moi*** es sei denn, ihr kommt mit mir; **à tout le ~** wenigstens; **au ~** (*au minimum*) mindestens; *fam* (*je parie*) wetten, dass *fam*; (*j'espère*) hoffentlich; ***il a eu un accident au ~!*** wetten, dass er einen Unfall hatte? *fam*, er hat wahrscheinlich einen Unfall gehabt!; **[tout] au ~** zumindest, wenigstens; **si au ~** wenn wenigstens; **d'autant ~** um so weniger; **de ~, en ~** weniger; ***il a un an de ~ que moi*** er ist ein Jahr jünger als ich; **de ~ en ~** immer weniger; **des ~ …** *flatteurs, agréables* von den am wenigsten …; ***c'est un peintre, et pas des ~ habiles*** das ist ein Maler und nicht der ungeschickteste; **du ~** zumindest, wenigstens; ***il est du ~ payé pour ce travail*** er wird für diese Arbeit wenigstens bezahlt; **pour le ~**: ***c'est pour le ~ bizarre*** es ist zumindest eigenartig; **rien n'est ~ …** nichts ist weniger …; ***rien n'est ~ sûr [que ça]*** nichts ist unsicherer als das; **~ que rien** weniger als nichts; **~ … ~ …** je weniger …, desto weniger …; ***~ je mange, ~ j'ai faim*** je weniger ich esse, desto weniger Hunger habe ich
II. *prép* **1.** (*soustraction*) minus; ***tous les pays ~ la France*** alle Länder außer Frankreich; ***j'ai retrouvé mon portefeuille, ~ l'argent qui était dedans*** ich habe meine Brieftasche wieder gefunden, aber ohne das Geld, das drin war
2. (*heure*) vor; ***il est 6 heures ~ le quart*** es ist Viertel vor sechs, drei viertel sechs SDEUTSCH; ***il est midi ~ vingt*** es ist zwanzig vor zwölf
3. (*température*) minus
► **il était ~ cinq [*o* une]** *fam* es war fünf vor zwölf *fam*; **il fait ~ 3/10/…** es hat 3/10/… Grad minus
III. *m* **1.** (*minimum*) Mindeste(s) *nt*; ■ **le ~ de …** am wenigsten …; ***le ~ de temps possible*** so kurz wie möglich; ■ **le ~ que** + *subj* das Mindeste, was; ***le ~ que je puisse faire, c'est …*** das Mindeste, das ich tun kann, ist …
2. (*signe*) Minuszeichen *nt*
3. (*diminution*) Verlust[geschäft *nt*] *m*; (*inconvénient*) Manko *nt*
► **les ~ de 11/13/18/… ans** Kinder *pl* unter 11/13/Jugendliche *pl* unter 18/… Jahren
moins que rien [mwɛ̃kəʀjɛ̃] *mf inv fam* Nichtsnutz *m*, Taugenichts *m*
moins-value <~-~s> [mwɛ̃valy] *f* Wertminderung *f*; ***il a fait une ~-~ considérable*** er hat ein beträchtliches Verlustgeschäft gemacht
moire [mwaʀ] *f* COUT (*apprêt*) Moirierung *f*; (*tissu*) Moiréstoff *m*; ***le ruban de ~*** das Moiréband
moiré, e [mwaʀe] **I.** *adj* **1.** *soie* moiriert; *papier* marmoriert
2. *littér* schillernd, glänzend
II. *m* Moiré *nt*; ***le ~ métallique du zinc*** der metallische Glanz von Zink
moirer <1> [mwaʀe] *vt* ■ **qn moire qc** *étoffe, soie* jd moiriert etw; *métal, papier* jd marmoriert etw; *métal* jd strukturiert etw
mois [mwa] *m* **1.** (*période*) Monat *m*; ***je suis payé au ~*** ich werde monatlich bezahlt; ***le ~ de janvier/ mars/…*** der [Monat] Januar/März/…
2. (*salaire*) Gehalt *nt*
3. (*mensualité*) Monatsbeitrag *m*; [*loyer*] [Monats]miete *f*; [*électricité, crédit*] monatliche Rate, Monatsrate *f*
► **au ~ de janvier/d'août/…** im Januar/August/…; **une femme est dans son deuxième/troisième ~** eine Frau ist im zweiten/dritten Monat; **double ~, treizième ~** dreizehntes Monatsgehalt; **le premier/cinq/dernier du/de ce ~** der Erste/Fünfte/Letzte des/dieses Monats; **~ en r** [Sommer]monate *pl* mit R
moisi, e [mwazi] **I.** *adj* verschimmelt
II. *m* Schimmel *m*
moisir <8> [mwaziʀ] **I.** *vi* **1.** (*se gâter*) ■ **qc moisit** etw schimmelt
2. (*être inutilisé*) ■ **qc moisit** etw schimmelt vor sich hin, etw vergammelt *fam*; ■ **qn laisse ~ qc** *argent, capital* jd lässt etw brachliegen; *talent* jd lässt etw verkümmern
3. *fam* (*croupir*) ■ **qn moisit quelque part** jd hängt irgendwo herum *fam*; ***je moisis dans ce bled*** ich versumpfe in diesem Kaff *fam*
II. *vt* ■ **qc moisit une chose** eine S. schimmelt durch etw, eine S. wird durch etw schimmelig; ***la pluie a moisi les raisins*** der Regen hat die Trauben faulen lassen
moisissure [mwazisyʀ] *f* **1.** BOT Schimmelpilz *m*
2. (*couche de moisi*) Schimmel *m*; (*action*) Schimmelprozess *m*, Schimmeln *nt*
moisson [mwasɔ̃] *f* **1.** AGR Ernte *f*
2. (*grande quantité*) ■ **une ~ de** eine Menge [*o* Unzahl] [von]; ***une ~ d'images*** eine Menge [*o* Unzahl] Bilder [*o* von Bildern]
moissonnage [mwasɔnaʒ] *m* Mähen *nt*
moissonner <1> [mwasɔne] **I.** *vt* **1.** AGR ■ **qn moissonne qc** jd erntet etw; *champ* jd erntet etw ab
2. (*recueillir*) ■ **qn moissonne qc** *documents, idées, images, souvenirs* jd sammelt etw; *lauriers* jd erntet etw; *renseignements* jd trägt etw zusammen
3. *littér* (*faire périr*) ■ **qc moissonne qn** /*épidémie, guerre*/ etw rafft jdn dahin
II. *vi* ■ **qn moissonne** jd mäht
moissonneur, -euse [mwasɔnœʀ, -øz] **I.** *m, f* Landarbeiter(in) *m(f)*
II. *f* ■ **moissonneuse** Mähmaschine *f*
moissonneuse-batteuse <~s-~s> [mwasɔnøzbatøz] *f* Mähdrescher *m*
moissonneuse-lieuse <~s-~s> [mwasɔnøzljøz] *f* Mähbinder *m*
moite [mwat] *adj* feucht; ***~ d'humidité/ de sueur*** durchfeuchtet/schweißnass
moiteur [mwatœʀ] *f* Feuchtigkeit *f*; [*air, linge a.*] Feuchte *f*
moitié [mwatje] *f* **1.** (*partie, milieu*) Hälfte *f*; ***la ~ des personnes/ du temps*** die Hälfte der Menschen/die meiste [*o* halbe] Zeit; ***il a passé la ~ du concert à bâiller*** er hat beim Konzert die meiste Zeit gegähnt; ***qn passe la ~ de l'année en voyage*** jd verbringt das halbe Jahr mit Reisen; ***qn mange la ~ de ses mots*** jd verschluckt die Hälfte seiner Worte
2. *hum* (*épouse*) bessere Hälfte *hum fam*
► **~ moins/plus** halb so viel/um die Hälfte mehr; **qn est/se met de ~ dans qc [avec qn]** jd ist [mit jdm] zur Hälfte an etw (*dat*) beteiligt/beteiligt sich [mit jdm] zur Hälfte an etw (*dat*); **à ~** halb; ***il ne fait jamais rien à ~*** er macht nie halbe Sachen; **à ~ …** *vide, mûr, plein* halb…; *chemin, prix* halbe(r, s); ***à ~ prix*** zum halben Preis; **de ~** um die Hälfte; **pour ~** zur Hälfte; **~ … ~ …** halb … halb …
moitié-moitié [mwatjemwatje] *loc* halbe-halbe
► **qn fait ~-~** *fam* jd macht halbe-halbe *fam*
moka [mɔka] *m* GASTR **1.** (*café*) Mokka *m*
2. (*gâteau*) Mokkatörtchen *nt*
mol [mɔl] *adj v.* **mou**
molaire[1] [mɔlɛʀ] *f* ANAT Backenzahn *m*; ***les troisièmes ~s*** die dritten Zähne
molaire[2] [mɔlɛʀ] *adj masse* molar
molasse [mɔlas] *f* GEOL Molasse *f*
mole [mɔl] *f* CHIM Mol *nt*
môle [mol] *m* **1.** (*digue*) [Hafen]mole *f*, Hafendamm *m*
2. (*embarcadère*) Kai *m*
moléculaire [mɔlekylɛʀ] *adj* molekular; *constitution a., formule, masse, poids, structure* Molekül-
molécule [mɔlekyl] *f* Molekül *nt*
molécule-gramme <~s-~s> [mɔlekylgʀam] *f* Mol *nt*
moleskine [mɔlɛskin] *f* Kunstleder *nt*, Moleskin *m o nt*
molester <1> [mɔlɛste] *vt* ■ **qn moleste qn** jd belästigt jdn; (*physiquement*) jd schlägt auf jdn ein; ■ **qn se fait ~ [par qn]** jd wird [von jdm] belästigt; (*physiquement*) jd wird [von jdm] verprügelt
moleté, e [mɔl(ə)te] *adj* geriffelt
molette [mɔlɛt] *f* **1.** (*outil*) Roulett *nt*
2. (*pièce d'une mécanisme*) [*briquet*] Reibrad *nt*; [*jumelles, clé anglaise*] Feineinstellung *f*
3. (*roue de l'éperon*) Spornrad *nt*
mollard [mɔlaʀ] *m pop* Spucke *f fam*
mollasse [mɔlas] **I.** *adj* **1.** *fam* (*mou*) *personne* lasch *fam*; *comportement* schlaff *fam*
2. (*flasque*) *chair* schlaff; *pâte* dünnflüssig
II. *f fam* Transuse *f fam*
mollasserie [mɔlasʀi] *f fam* Schlaffheit *f fam*
mollasson, ne [mɔlasɔ̃, ɔn] **I.** *adj fam* tranfunzelig *fam*, tranig *fam*
II. *m, f fam* Tranfunzel *f fam*
molle [mɔl] *adj v.* **mou**
mollement [mɔlmɑ̃] *adv* **1.** (*doucement, confortablement*) *allongé, installé* gemütlich; *ramper* langsam; *tomber* leise; ***les jours s'écoulaient ~*** die Tage schleppten sich dahin
2. (*faiblement, sans ardeur*) *protester, réagir* schwach; *étudier, travailler* ohne Eifer
mollesse [mɔlɛs] *f* **1.** (*indolence*) [*comportement, vie, personne*] Trägheit *f*; [*manières, style*] Schwerfälligkeit *f*
2. (*laxisme*) Laxheit *f*
3. (*douceur*) [*matelas, oreiller, contours, traits, lignes*] Weichheit *f*; [*poignée de main*] Schlaffheit *f*
mollet [mɔlɛ] *m* Wade *f*
► **~s de coq** Storchenbeine *pl fam*
mollet, te [mɔlɛ, ɛt] *adj* **1.** *soutenu* (*mou*) *lit* weich
2. GASTR *œuf* weich; ***pain ~*** weiches Brötchen
molletière [mɔltjɛʀ] *f* Wickelgamasche *f*
molleton [mɔltɔ̃] *m* Molton *m*
molletonner <1> [mɔltɔne] *vt* ■ **qn molletonne qc** *couvre-lit, gant, vêtement* jd füttert etw mit Molton
mollir <8> [mɔliʀ] *vi* **1.** (*fléchir*) ■ **qn mollit** jd gibt nach; /*créancier*/ jd zeigt sich kulant; /*ennemi*/ jd weicht zurück; ■ **qn fait ~ qn** jd bringt jdn zum Einlenken; ***il n'a pu le faire ~ dans son intention de lutter*** er konnte ihn nicht von seinem Kampfwillen abbringen; ■ **qc fait ~ qn** etw lässt jdn einlenken; ■ **qc mollit** /*conviction, courage, résolution*/ etw schwindet; /*jambes*/ etw gibt nach [*o* wird weich]
2. (*perdre de sa force*) ■ **qc mollit** /*vent*/ etw lässt nach
3. (*se mollir*) ■ **qc mollit** /*cire, beurre*/ etw wird weich
mollo [mɔlo] *adv fam* ► **qn y va ~** jd geht behutsam vor; ~! *fam* sachte! *fam*, langsam!
mollusque [mɔlysk] *m* **1.** ZOOL Weichtier *nt*
2. *fam* (*mollasson*) Tranfunzel *f fam*
molosse [mɔlɔs] *m* großer Wachhund
molybdène [mɔlibdɛn] *m* CHIM Molybdän *nt*
môme [mom] *mf* **1.** *fam* (*enfant*) Balg *nt o m fam*, Kleine(r) *f(m) fam*; ***quand j'étais ~*** als ich noch klein war
2. *pop* (*fille*) Gör[e *f*] *nt fam*, Kleine *f fam*
► **tout(e) ~** *fam* [noch] ganz klein
moment [mɔmɑ̃] *m* **1.** (*intervalle*) (*long*) Weile *f*; (*court*) Moment *m*, Augenblick *m*; ***un [long] ~*** eine [ganze] Weile; ***voilà un bon ~ que j'attends***

ich warte [jetzt] schon eine ganze Weile; ■ ~ **de qc**: ***un ~ de détente/silence/réflexion*** ein Augenblick [*o* Moment] der Entspannung/Ruhe/Überlegung; ***un ~ de gêne/bonheur*** ein Störmoment *nt*/Glücksmoment *nt;* ***en constatant ma situation, j'ai eu un ~ de panique*** als ich meine Situation erkannte, packte mich für einen Augenblick die Panik

2. (*période*) Moment *m;* ***le ~ présent n'est pas indiqué pour faire qc*** der Augenblick ist nicht günstig um etw zu tun; ***il est dans un de ses mauvais ~s*** er hat seine berühmten fünf Minuten *fam*

3. (*occasion*) Gelegenheit *f;* ***il faut trouver le ~, il faut attendre le ~ opportun*** man muss den richtigen Augenblick [*o* Moment] abwarten; ***le bon/mauvais ~ pour faire qc*** der richtige/ein ungünstiger Zeitpunkt [*o* Augenblick] [*o* Moment] um etw zu tun

4. PHYS Moment *nt*

▶ **qn passe un bon/mauvais** [*o* **sale**] ~ jd verbringt eine gute [*o* schöne] Zeit/jdm geht es schlecht; **au dernier** ~ auf den letzten Drücker *fam;* **le dernier** ~ die letzte Minute; **les derniers ~s** das letzte Stündlein, die letzte Stunde; ***il vit ses derniers ~s*** sein letztes Stündlein hat geschlagen; **à un ~ donné** [*o* **précis**] plötzlich; **grand** ~: ***ce fut un grand ~*** das war ein großes Ereignis; ***qc est un grand ~ de l'histoire française/de*** [*o* ***dans***] ***sa vie*** etw ist ein großer Augenblick [in] der französischen Geschichte/in seinem/ihrem Leben; **c'est le ~ ou jamais** jetzt oder nie; **c'est un mauvais ~ à passer** das geht auch wieder vorbei, es kommen auch wieder bessere Zeiten; **au même** ~ in demselben Moment, gleichzeitig; **à mes/ses/... ~s perdus** in meiner/seiner/ihren/... freien Zeit; ***je m'occuperai de cela à mes ~s perdus*** ich werde mich darum kümmern, wenn ich mehr Zeit habe; **les premiers ~s** die erste Zeit, die Anfangszeit; ~ **psychologique** psychologisches Moment; **le ~ venu** bei Gelegenheit, zu gegebener Zeit; **qn a/n'a pas un ~ [à soi]** jd hat eine/hat keine Minute für sich; **c'est le ~ [de faire qc]** es ist an der Zeit[, etw zu tun]; **ce n'est pas le ~** es ist nicht der richtige Zeitpunkt [*o* Augenblick]; **qn profite du ~** jd packt die Gelegenheit beim Schopfe, jd nutzt die Gelegenheit; **qn ne trouve pas un ~** jd hat keine Zeit; **à ce ~-là** in dem Moment [*o* Augenblick]; **à certains ~s [..., à d'autres ~s ...]** zuweilen [*o* manchmal] [..., dann wieder ...]; **à un ~** für einen kurzen Augenblick [*o* Moment]; **à quel ~?** wann; **à tout/aucun** ~ jederzeit/nicht einen Augenblick; ***qn attend qn/qc à tout ~*** jd wartet jeden Moment auf jdn/etw; **au ~ de qc**: ***au ~ de la chute du mur de Berlin*** als die Berliner Mauer fiel; **au ~ de faire qc**: ***au ~ de partir, je me suis aperçu ...*** als ich losfahren wollte, bemerkte ich ...; **au ~ où** in dem Moment [*o* Augenblick], in dem; **dans un ~** gleich; ***qn ne rentrera que dans un ~*** jd kommt erst später zurück; **dès le ~ où** sobald; **du ~** derzeitig; **du ~ que** + *indic* da ja; **[à partir] du ~ où** sobald; **d'un ~ à l'autre** jeden Moment; **en ce ~** im Augenblick, zur Zeit; **par ~s** ab und zu; **pour le ~** im Moment [*o* Augenblick]; **pour un ~** einen Moment [*o* Augenblick] [lang]; **sur le ~** im ersten Augenblick; **un ~!** [einen] Moment [*o* Augenblick]!

momentané, e [mɔmɑ̃tane] *adj crise, fermeture, gêne* vorübergehend; *désir, ennui, problème* augenblicklich; *effort* kurzfristig; *arrêt, espoir* kurz, von kurzer Dauer

momentanément [mɔmɑ̃tanemɑ̃] *adv* zur Zeit, momentan

momie [mɔmi] *f* **1.** HIST Mumie *f*

2. *fam* (*personne empotée*) Tollpatsch *m;* ***qn reste planté(e) comme une ~*** jd sitzt da wie ein Ölgötze *fam*

momification [mɔmifikasjɔ̃] *f* Mumifizierung *f*

momifier <1a> [mɔmifje] **I.** *vt* **1.** (*transformer en momie*) ■ **qn momifie qn/qc** jd mumifiziert jdn/etw

2. *péj* (*scléroser*) ■ **qc momifie qn** etw macht jdn unbeweglich; ***les dirigeants momifiés*** die verknöcherten Führer

II. *vpr* (*se scléroser*) ■ **qn se momifie** jd wird unbeweglich; ■ **qc se momifie** */esprit/* etw verkümmert

mon, ma <mes> [mɔ̃, ma, me] *adj poss* mein(e); ~ ***cher ami*** mein lieber Freund; ***pardonnez-moi, ~ père!*** verzeih mir, Vater!; ~ ***Dieu!*** mein Gott!; ~ ***colonel/général/lieutenant!*** Herr Oberst/General/Leutnant!; ***je n'ai pas encore pris mes congés*** ich habe noch keinen Urlaub genommen; ***voilà ~ Guillaume qui commence à pleurer*** *fam* und da fängt der liebe Guillaume an zu weinen; ~ ***salaud*** [*o* ***cochon***]! *fam* Freundchen! *fam*

monacal, e <-aux> [mɔnakal, o] *adj* (*monastique*) klösterlich, Kloster-; (*ascétique*) mönchisch

Monaco [mɔnako] Monaco *nt*, Monako *nt*

monarchie [mɔnaʀʃi] *f* Monarchie *f;* ~ ***constitutionnelle*** konstitutionelle Monarchie

monarchique [mɔnaʀʃik] *adj* monarchisch; *État* mit einer Monarchie; ***la reine a usé de son autorité/pouvoir ~*** die Königin hat von ihrer Autorität/Macht als Monarchin Gebrauch gemacht

monarchisme [mɔnaʀʃism] *m* Monarchismus *m*

monarchiste [mɔnaʀʃist] **I.** *adj* monarchistisch

II. *mf* Monarchist(in) *m(f)*

monarque [mɔnaʀk] *m* Monarch(in) *m(f);* ~ ***absolu*** Alleinherrscher(in) *m(f);* ~ ***constitutionnel*** Staatsoberhaupt *nt* einer konstitutionellen Monarchie

monastère [mɔnastɛʀ] *m* Kloster *nt*

monastique [mɔnastik] *adj architecture, simplicité* klösterlich; *vie a.* Kloster-; *austérité, discipline, esprit, état, vœux* mönchisch; *ordres, habit* Mönchs-

monceau <x> [mɔ̃so] *m* **1.** (*tas*) ■ ~ **de choses** Haufen *m* Dinge [*o* von Dingen]

2. (*grande quantité*) ■ ~ **de choses** Menge *f* Dinge, viele Dinge; ***un ~ d'erreurs impardonnables*** eine Menge unverzeihlicher Fehler, viele unverzeihliche Fehler; ■ **des ~x de choses** Unmengen *pl* von etw

mondain, e [mɔ̃dɛ̃, ɛn] **I.** *adj vie, public* mondän, extravagant; *soirée, dîner* Gesellschafts-; *obligations, relations, réunion* gesellschaftlich; *plaisirs* weltlich; *personne* mit einem Hang zur mondänen Welt; ***chronique ~*** Klatschspalte *f*

II. *m, f* Mann *m*/Frau *f* von Welt

III. *f fam* (*police*) ■ **la mondaine** die Sitte *fam*

mondanité [mɔ̃danite] *f* **1.** (*goût pour la vie mondaine*) Hang *m* zur mondänen Welt

2. *pl* (*la vie mondaine*) Extravaganz *f*, Mondänität *f*

monde [mɔ̃d] *m* **1.** (*univers*) Welt *f;* ***le ~ planétaire*** das Planetensystem

2. (*terre*) Welt *f;* ***les cinq parties du ~*** die fünf Kontinente der Erde; ***qn fait le tour du ~*** jd macht eine Weltreise

3. (*planète*) Stern *m;* ***la guerre des ~s*** der Krieg der Sterne

4. (*habitants de la terre*) Welt *f;* ***le ~ entier te regarde*** die ganze Welt schaut auf dich

5. (*groupe social*) ■ **le ~ ...** die ... Welt; ***dans le ~ enseignant/judiciaire/intellectuel*** in Lehrer-/Juristen-/Intellektuellenkreisen *pl;* ~ ***rural*** Landbevölkerung *f;* ■ ~ **de qc** Welt *f* einer S. (*gen*); ~ ***du sport/théâtre/travail*** Sport-/Theater-/Arbeitswelt; ~ ***des affaires*** Geschäftswelt; ~ ***de la banque*** Welt der Banken

6. (*domaine*) Welt *f;* ***le ~ invisible*** die Welt des Unsichtbaren; ■ ~ **de qc** Welt einer S. (*gen*); ~ ***des idées/du rêve*** Gedankenwelt/Traumwelt

7. (*société*) Welt *f;* ***qn fait ses adieux au ~*** jd zieht sich von der Welt zurück; ***plaisirs du ~*** irdische Freuden *pl*

8. (*grand nombre de personnes*) Menschenmenge *f;* (*mouvementé*) Gewühl *nt;* ***il n'y aura pas suffisamment de place pour tout ce ~*** die vielen Menschen haben nicht genug Platz; ***peu/beaucoup de ~*** wenig/viele Leute

▶ **il y a du ~ au balcon** *fam* ganz schön viel Holz vor der Tür [*o* Hütte] *fam;* **c'est le ~ à l'envers** es ist eine verkehrte Welt; **on ne peut contenter tout le ~ et son père** *prov* man kann es nicht allen recht machen; **le ~ des vivants** die Lebenden; ***voilà déjà bien dix ans qu'il a quitté le ~ des vivants*** es ist nun gut zehn Jahre her, dass er nicht mehr unter uns weilt *geh;* **l'Ancien/le Nouveau M~** die Alte/die Neue Welt; **le ~ d'aujourd'hui** die Welt von heute, die heutige Welt; **l'autre ~** das Jenseits; **qn expédie qn dans l'autre ~** jd befördert jdn ins Jenseits; **en ce bas ~** hier, auf dieser Erde; **le beau** [*o* **grand**] ~ die bessere Gesellschaft; **tout le ~ il est beau, tout le ~ il est gentil** *prov* Friede, Freude, Eierkuchen *fam;* **le ~ entier** die ganze Welt, alle Welt; **un ~ fou** eine riesige Menge; **pas grand ~** nicht viele Leute; **un joli ~** *iron* eine nette [*o* reizende] [*o* entzückende] Gesellschaft; **tout est pour le mieux dans le meilleur des ~s** *prov* es steht alles zum Besten; **ce n'est pas perdu pour tout le ~** andere werden ihren Nutzen daraus ziehen; **le ~ est petit!** wie klein die Welt doch ist!; **tout ce/son petit ~** der/sein/ihr ganzer Nachwuchs; ***elle a mené tout son petit ~ à la foire*** sie ist mit Kind und Kegel auf die Messe gegangen; ***avec tout ce petit ~*** mit Kind und Kegel, mit dem ganzen Nachwuchs; **qn est seul(e) au ~** jd ist [ganz] allein auf der Welt; **tout le ~** alle; ***une affaire dont tout le ~ parle*** eine Geschichte, von der alle Welt [*o* jeder] spricht; **qc est vieux(vieille) comme le ~** etw ist so alt wie die Welt; ***c'est vieux comme le ~!*** das ist doch uralt!; **qn a du ~** jd hat Leute zu Besuch; **il y a du ~** [*o* **beaucoup de ~**] es sind viele Leute da; **il y a un ~ entre qn et qn/qc et qc** es liegen Welten zwischen jdm und jdm/etw und etw; **qn a/n'a pas encore tout son ~**: ***je n'ai pas encore tout mon ~*** wir sind noch nicht vollzählig; **qn connaît [bien] son ~** jd kennt seine Pappenheimer *fam;* **qn court le ~** jd reist in der Welt herum; **qn est encore/n'est plus de ce ~** jd weilt noch/weilt nicht mehr unter uns *geh*, jd lebt noch/lebt nicht mehr; **c'est un ~!** *fam* das ist doch der Hammer *fam;* **qc est à tout le ~** etw ist für alle da; **depuis que le ~ existe** seit Anbeginn der Welt; **qn se fait [tout] un ~ de qc/rien** jd macht ein Drama aus etw/macht aus einer Mücke einen Elefanten; **il faut de tout pour faire un ~** *prov* es gibt eben solche und solche; **qn ferait tout au ~ pour que** + *subj* jd würde alles tun, damit; **qn met qn au ~** jd bringt jdn zur Welt; **qn se moque** [*o* **se fiche** *fam*] [*o* **se fout** *pop*] **du ~** jdm ist alles [wurst]egal *fam* [*o* scheißegal *sl*]; **qn refait le ~** (*discute*) jd macht große Worte; (*palabre*) jd führt endlose Diskussionen; **ainsi va le ~** so ist das nun einmal, das ist der Lauf der Dinge; **le ~ comme il va** die Welt, so wie sie ist; **qn vient au ~** jd kommt auf die Welt; **au ~** auf der Welt; **de par le ~** *souvent* überall auf der Welt; **le/la ... du ~** *le plus beau, riche* der/die/das ... der Welt; ***je vais le mieux du ~!*** ich bin der glücklichste Mensch auf Erden; ***êtes-vous vexé? – Pas le moins du ~!*** sind Sie verärgert? – Nein, nicht im Geringsten!; **qn du ~** jd von Welt; **pour rien au ~** um keinen Preis, um nichts auf der Welt

monder <1> [mɔ̃de] *vt* ■ **qn monde qc** jd schält etw

mondial, e <-aux> [mɔ̃djal, jo] *adj* weltweit; *crise a., échelle, économie, guerre, population, politique, production* Welt-; ***une société a une vision ~e de l'économie*** ein Unternehmen *nt* denkt wirtschaftlich in weltweiten Dimensionen

mondialement [mɔ̃djalmɑ̃] *adv* weltweit

mondialisation [mɔ̃djalizasjɔ̃] *f* Globalisierung *f;* [*conflit a.*] weltweite Ausdehnung; [*production, technique a.*] weltweite Verbreitung

mondialiser <1> [mɔ̃djalize] **I.** *vt* ■ **qn/qc mondialise qc** jd/etw verbreitet etw weltweit; ***qn mondialise une crise*** eine Krise bekommt durch jdn eine weltweite Dimension

II. *vpr* ■ **qc se mondialise** etw verbreitet sich weltweit; */conflit, problème, échanges/* etw nimmt weltweite Ausmaße an

mondialisme [mɔ̃djalism] *m* weltweite Verbreitung

mond[i]ovision [mɔ̃d(j)ovizjɔ̃] *f* Satellitenfernsehen *nt;* ***qc est retransmis(e) en ~*** etw wird weltweit ausgestrahlt

monégasque [mɔnegask] **I.** *adj* monegassisch

II. *mf* ■ **Monégasque** Monegasse/-gassin *m/f*

monétaire [mɔnetɛʀ] *adj circulation, marché, masse, politique* Geld-; *système, stock, union, unité* Währungs-; *érosion* Kaufkraft-

mongol, e [mɔ̃gɔl] I. *adj* mongolisch
II. *m* Mongolisch *nt*
III. *m, f* ■ **Mongol(e)** Mongole/Mongolin *m/f*
Mongolie [mɔ̃gɔli] *f* ■ **la Mongolie** die Mongolei
mongolien, ne [mɔ̃gɔljɛ̃, jɛn] I. *adj* mongoloid
II. *m, f* Mongoloide(r) *f(m)*
mongolique [mɔ̃gɔlik] *adj* mongoloid; *région* mongolisch
mongolisme [mɔ̃gɔlism] *m* Mongolismus *m*
monisme [mɔnism] *m* PHILOS Monismus *m*
moniteur, -trice [mɔnitœʀ, -tʀis] I. *m, f* 1. (*personne qui encadre*) [Ferien]betreuer(in) *m(f)*; ■ ~(-**trice**) **de** *de sport, ski*-lehrer(in) *m(f)*; ~ ***d'auto-école*** Fahrlehrer; ~ ***d'une colonie de vacances*** Betreuer [in] einer Ferienkolonie
2. UNIV wissenschaftliche Hilfskraft *f*
II. *m* (*écran*) Monitor *m*; ~ ***de 15 pouces*** 15-Zoll-Monitor
monitorat [mɔnitɔʀa] *m* 1. (*formation*) Ausbildung *f* zum [Ferien]betreuer/zur [Ferien]betreuerin; ***j'ai passé mon*** ~ ich habe eine Ausbildung als [Ferien]betreuer gemacht
2. (*fonction*) [Ferien]betreuung *f*
monnaie [mɔnɛ] *f* 1. ECON, FIN Geld *nt*; ~ ***divisionnaire*** Scheidemünze *f*; ~ ***fiduciaire*** Zeichengeld, Papier- und Hartgeld; ■ ~ **de** *de papier, réserve* -geld; ~ ***de compte*** Giralgeld, Buchgeld
2. (*devise*) Währung *f*
3. (*petites pièces*) Kleingeld *nt*; ***vous n'auriez pas de la*** ~? haben sie es nicht kleiner?; ***de la*** ~ ***de 100 F*** 100 F in klein; ***ça va, j'ai la*** ~ es geht, ich habe es passend
4. (*argent rendu*) Wechselgeld *nt*, Rückgeld *nt*; ***qn rend la*** ~ jd gibt [Wechselgeld] heraus; ■ ~ **sur qc** Wechselgeld auf etw (*akk*)
5. (*pièce*) Münze *f*; ■ ~ **de** *d'argent, de bronze, nickel, d'or*-münze
6. (*institution*) ■ **la M~** die Münzanstalt
▶ ~ **d'échange** Tauschmittel *nt*; **qn rend à qn la** ~ **de sa pièce** jd zahlt es jdm mit gleicher Münze heim; ~ **de singe** wertloses Geld; ***qn est payé(e) en*** ~ ***de singe*** jd wird mit leeren Versprechungen abgespeist; **c'est** ~ **courante** das ist [so] üblich, das ist an der Tagesordnung; **fausse** ~ Falschgeld *nt*; **menue** [*o* **petite**] ~ Kleingeld *nt*; ~ **nationale** Landeswährung *f*; ~ **unique** einheitliche Währung; **qn bat** [*o* **frappe la**] ~ jd druckt Geld; **qn fait la** ~ **sur qc** [**à qn**] jd wechselt [jdm] etw, jd macht [jdm] etw klein *fam*; **qn fait de la** ~ [**à qn**] jd wechselt [jdm] Geld; **passez la** ~! *fam* her mit dem Geld!
monnaie-du-pape <~s-~-~> [mɔnɛdypap] *f* (*lunaire*) Silberblatt *nt*
monnayable [mɔnɛjabl] *adj* 1. (*vendable*) in Geld umsetzbar; ***qc n'est pas*** ~ (*ne rien rapporter*) etw bringt kein Geld ein; (*ne pas être achetable*) etw ist nicht käuflich; (*ne pas être vendable*) etw ist nicht verkäuflich
2. FIN (*convertible*) münzbar
monnayer <7> [mɔneje] I. *vt* 1. (*tirer argent de*) ■ **qn monnaie qc** jd macht etw zu Geld; *renseignement* jd verlangt Geld für etw; ***il n'a jamais monnayé ses efforts*** er wollte nie Geld für seine Mühen
2. FIN (*convertir*) ■ **qn monnaie qc** jd münzt etw
II. *vpr* ■ **qc se monnaie** etw ist für Geld zu haben; ■ **qc se monnaie contre qc** etw ist für etw zu haben
monnayeur [mɔnɛjœʀ] *m* 1. (*appareil*) Wechselautomat *m*
2. *v.* **faux-monnayeur**
mono[1] [mɔno] *mf fam abr de* **moniteur** Betreuer(in) *m(f)*
mono[2] [mɔno] I. *f abr de* **monophonie** Mono[phonie *f*] *nt*
▶ **en** ~ mit monophoner Übertragung
II. *adj inv abr de* **monophonique** monophon, mono *fam*
monobloc [mɔnoblɔk] I. *adj châssis, fusil* aus einem Stück
II. *m* Zylinderblock *m*
monochrome [mɔnokʀom] *adj* monochrom
monocle [mɔnɔkl] *m* Monokel *nt*
monocoque [mɔnɔkɔk] I. *adj* mit nur einem Rumpf; *voiture* mit selbsttragender Karosserie *f*
II. *m* NAUT Einrumpfboot *nt*
monocorde [mɔnɔkɔʀd] *adj chant, timbre, voix* monoton; *discours* eintönig
monoculture [mɔnokyltyʀ] *f* Monokultur *f*
monocycle [mɔnosikl] *m* Einrad *nt*
monocyte [mɔnosit] *m* Monozyt *m*
monogame [mɔnogam] *adj* monogam
monogamie [mɔnogami] *f* Monogamie *f*
monogamique [mɔnogamik] *adj* monogam[isch]
monogramme [mɔnɔgʀam] *m* Monogramm *nt*
monographie [mɔnɔgʀafi] *f* Monografie *f*, Einzeldarstellung *f*
monoï [mɔnɔj] *m inv* parfümiertes Kokosöl
monokini [mɔnokini] *m* Oben-ohne-Badeanzug *m*, Tanga *m*
monolingue [mɔnolɛ̃g] *adj* einsprachig
monolinguisme [mɔnolɛ̃gɥism] *m* [*pays, personne*] Einsprachigkeit *f*; ***le*** ~ ***constitue souvent un handicap*** die Kenntnis von nur einer Sprache ist oft ein Handikap
monolithe [mɔnolit] I. *adj* monolithisch
II. *m* Monolith *m*
monolithique [mɔnolitik] *adj* 1. *parti, système* eine [monolithische] Einheit bildend
2. ARCHIT monolithisch
monolithisme [mɔnolitism] *m* Uniformität *f*
monologue [mɔnɔlɔg] *m* Monolog *m*
▶ ~ **intérieur** innerer Monolog
monologuer <1> [mɔnɔlɔge] *vi* 1. (*parler pour soi*) ■ **qn monologue** jd führt Selbstgespräche
2. (*parler tout seul*) ■ **qn monologue** jd hält Monologe, jd monologisiert

monôme [mɔnom] *m* 1. MATH Monom *nt*
2. SCOL, UNIV *fam Schüler- oder Studentenumzug in geschlossenen Reihen*
monomoteur, -trice [mɔnomɔtœʀ, -tʀis] I. *adj* einmotorig
II. *m* einmotoriges Flugzeug
mononucléose [mɔnonykleoz] *f* pfeiffersches Drüsenfieber
monoparental, e <-aux> [monopaʀɑ̃tal, o] *adj famille* mit nur einem Elternteil; *autorité* auf nur eine Person beschränktes Erziehungsrecht; ***adulte*** ~ allein Erziehende(r) *f(m)*
monophasé, e [mɔnofɑze] I. *adj appareil, prise* einphasig; *courant* Einphasen-
II. *m* Einphasen-Wechselstrom *m*
monophonie [mɔnofɔni] *f* Monophonie *f*
monophonique [mɔnofɔnik] *adj* monophon
monoplace [mɔnoplas] I. *adj* einsitzig
II. *m* AUT, AVIAT Einsitzer *m*
monoplan [mɔnoplɑ̃] *m* Eindecker *m*
monopole [mɔnɔpɔl] *m* 1. ECON Monopol *nt*; ***qn exerce un*** ~ ***sur qc*** jd übt ein Monopol auf etw (*akk*) aus
2. (*exclusivité*) ■ **le** ~ **de qc** *de la vérité, du cœur* das alleinige Recht auf etw (*akk*)
▶ **qn a le** ~ **de qc** ECON jd hat das Monopol auf etw (*akk*); *fig* jd hat das alleinige Recht auf etw (*akk*); ***tu crois que tu as le*** ~ ***de l'intelligence?*** du glaubst wohl, dass du die Intelligenz für dich gepachtet hast? *fam*; **qc est le** ~ **de qn** etw ist jds Vorrecht [*o* Privileg]
monopolisation [mɔnɔpɔlizasjɔ̃] *f* 1. ECON Monopolisierung *f*
2. (*accaparement*) Beschlagnahmung *f*; ***combien de temps va durer cette*** ~ ***de mon transistor?*** wie lange willst du mein Radio noch in Beschlag nehmen [*o* mit Beschlag belegen]?
monopoliser <1> [mɔnɔpɔlize] *vt* 1. ECON ■ **qn monopolise qc** jd monopolisiert etw
2. (*accaparer*) ■ **qn monopolise qn/qc** jd nimmt jdn/etw in Beschlag, jd belegt jdn/etw mit Beschlag; *attention* jd zieht etw auf sich (*akk*), jd beansprucht etw ganz für sich; *parole* jd reißt etw an sich (*akk*); *vérité* jd hat etw gepachtet *fam*
monopolist[iqu]e [mɔnɔpɔlistik] *adj* monopolistisch
monorail [mɔnoʀɑj] I. *m* Einschienenbahn *f*
II. *adj inv* einer Einschienenbahn; ***train*** ~ Einschienenbahn *f*
monoski [mɔnoski] *m* Monoschi *m*, Monoski *m*
monosyllabe [mɔnosi(l)lab] *m* LING Einsilb[l]er *m*
▶ **par** ~**s** einsilbig
monosyllabique [mɔnosi(l)labik] *adj* einsilbig
monothéisme [mɔnoteism] *m* Monotheismus *m*
monothéiste [mɔnoteist] I. *adj* monotheistisch
II. *mf* Monotheist(in) *m(f)*
monotone [mɔnɔtɔn] *adj* monoton; *spectacle, style, paysage, vie, existence* eintönig
monotonie [mɔnɔtɔni] *f* [*discours, son, voix*] Monotonie *f*; [*existence, paysage, spectacle a.*] Eintönigkeit *f*
monovalent, e [mɔnovalɑ̃, ɑ̃t] *adj* einwertig
monseigneur <messeigneurs> [mɔ̃sɛɲœʀ, mesɛɲœʀ] *m pl peu usité* REL [Eure] Eminenz!; (*à un prélat*) Monsignore! [mɔnzɪnˈjoːrə]; ***M~*** [***de Neuville***]! Durchlaucht!; ***M~ de Neuville dit que*** + *indic* Seine Hoheit/Eminenz de Neuville sagt, dass
monsieur <messieurs> [məsjø, mesjø] *m* 1. (*homme à qui on s'adresse*) ■ ~ mein Herr *geh* (*wird meist nicht übersetzt*); ■ **M~** … + *nom* Herr *m* … + *Name*; ***bonjour*** ~, ***comment allez-vous?*** guten Tag, wie geht es Ihnen?; ***bonjour M~ Pujol*** guten Tag Herr Pujol; ***pardon*** ~, ***pouvez-vous me donner un renseignement?*** entschuldigen Sie[, mein Herr], könnten Sie mir eine Auskunft geben?; ***prenez place, messieurs*** nehmen Sie bitte Platz, meine Herren; ***messieurs et chers collègues …*** sehr verehrte Herren und liebe Kollegen …
2. (*homme dont on parle*): ***ce matin, M~ le Professeur Flémard ne fera pas son cours*** [Herr] Professor Flémard wird heute Morgen keinen Unterricht halten
3. ■ **M~ le …** + *subst l' abbé, le Comte, curé, Duc, Professeur, Juge, Président* Herr *m* … + *subst ohne art*; ***M~ le Ministre*** Herr Minister
4. (*sur une enveloppe*): ***M~ Vincent Pujol*** An Herrn Vincent Pujol
5. (*en-tête*): ***M~***, Sehr geehrter Herr + *Name*,; ***Cher*** ~, Lieber Herr + *Name*,; (*dans lettre officielle*) Sehr geehrter Herr + *Name*,
6. *soutenu* (*maître, patron*) ■ **M~**: ***puis-je servir le thé à M~?*** möchte der Herr seinen Tee trinken?; ***M~ désire?*** der Herr wünschen?
7. POL, MEDIA ■ **M~** … + *subst*: ***M~ cinéma*** Mister *m* Kino *fam*, der Kinospezialist; ***M~ environnement/ qualité de la vie*** Mister Umwelt/Lebensqualität *fam*, der Mann für Umweltfragen/für Fragen der Lebensqualität; ***M~ Météo de la une*** ≈ der Wetterfrosch vom ersten Programm
8. (*un homme*) ■ **un** ~ ein Herr *m*; ***les beaux messieurs*** die Herren der Schöpfung
9. (*homme considérable*): ***un*** [***grand***] ~ ein feiner Herr; ***il fait le*** ~ er spielt den feinen Herrn
10. HIST ■ **M~** Durchlaucht *f*
▶ **Messieurs dames** meine Damen und Herren; **M~ Je-sais-tout** Neunmalkluge(r) *m*; **M~ Tout-le-monde** Herr *m* Jedermann, Otto-Normalverbraucher *m*; **mon bon** [*o* **pauvre**] ~ *fam* mein Guter *m*; **mon petit** ~ *péj* mein Lieber; ~ **Untel** Herr Soundso
monstre [mɔ̃stʀ] I. *m* 1. (*animal fantastique*) Monster *nt*; (*personne laide*) Vogelscheuche *f fam*; (*personne moralement abjecte*) Ekel *nt*, Scheusal *nt*, Charakterschwein *nt fam*; ***le visage du*** ~ das Gesicht des Ungeheuers; ■ ~ **de qc** *de cruauté, méchanceté, d'égoïsme, orgueil* Ausgeburt *f* von etw
2. (*objet encombrant*) Ungetüm *nt*, Monstrum *nt*; ~ ***technologique*** techno-

logisches Monstrum
3. BIO, ZOOL Missbildung *f*
4. MYTH Ungeheuer *nt*
▸ **petit** ~ *hum* kleines Ungeheuer, kleines Monster *fam;* ~ **sacré** CINE, THEAT Größe *f*
II. *app fam* wahnsinnig *fam; travail* wahnsinnig [*o* enorm] viel *fam; manifestation, soldes, rabais* Riesen- *fam*

monstrueusement [mɔ̃stʀyøzmɑ̃] *adv* **1.** *antéposé* (*prodigieusement*) unheimlich; *intelligent a.* ungeheuer
2. (*ignoblement*) widerwärtig

monstrueux, -euse [mɔ̃stʀyø, -øz] *adj* **1.** (*difforme*) Furcht erregend
2. (*colossal*) riesig
3. (*ignoble*) *cruauté* abscheulich; *crime a.* schändlich, grausam; *égoïsme, orgueil, méchanceté* unerhört; *idée, chose* ungeheuer[lich]

monstruosité [mɔ̃stʀyozite] *f* **1.** (*caractère ignoble*) [*intentions*] Schändlichkeit *f;* [*crime a.*] Abscheulichkeit *f;* [*acte, comportement, idées, propos, parole*] Ungeheuerlichkeit *f;* [*guerre*] Gräuel *pl*
2. MED Missbildung *f,* Monstrosität *f*

mont [mɔ̃] *m* **1.** GEOG Berg *m;* ■ **le** ~ ...: ***le*** ~ ***Sinaï/Carmel*** der [Berg] Sinai/Karmel; ***le*** ~ ***Cervin*** das Matterhorn; ***le*** ~ ***Blanc*** der Montblanc; ***le col du*** ~ ***Cenis*** der Cenis-Pass; ■ **~s de** ...: ***les ~s d'Auvergne*** die Berge der Auvergne
2. *littér* (*montagne*) ■ **les ~s** die Berge
▸ **qn promet ~s et merveilles** jd verspricht das Blaue vom Himmel; **qn est toujours par ~s et par vaux** jd ist ständig auf Achse *fam*
◆ **mont des Oliviers** Ölberg *m*

montage [mɔ̃taʒ] *m* **1.** (*assemblage*) [*appareil*] Montage *f;* [*bijou*] Fassung *f;* [*manche, poche*] Annähen *nt;* [*montre*] Zusammenbauen *nt;* [*tente*] Aufstellen *nt;* ELEC Schaltung *f;* ***chaîne de*** ~ Montageband *nt*
2. AUDIOV, THEAT, TYP Montage *f;* [*maquette*] Bauen *nt;* [*opération, ouvrage*] Ausführung *f;* [*page*] Gestaltung *f;* [*pièce*] Einrichtung *f;* [*film*] Schnitt *m;* [*exposition*] Zusammenstellung *f;* ~ ***financier*** Finanzierung *f*
3. (*action*) Hinaufschaffen *nt,* Hochschaffen *nt*

montagnard, e [mɔ̃taɲaʀ, aʀd] **I.** *adj peuple* Berg-; *vie* in den Bergen; *costume, coutume, réflexe* der Bergbewohner
II. *m, f* Bergbewohner(in) *m(f)*
III. *m* HIST ■ **M~** Mitglied *nt* der Bergpartei (*radikale Partei der französischen Revolution*)

montagne [mɔ̃taɲ] *f* **1.** (*mont*) Berg *m;* (*région*) Gebirge *nt;* ***les ~s*** das Gebirge; ***qn préfère habiter la*** ~ jd wohnt lieber im Gebirge [*o* in den Bergen]; ~ ***vosgienne*** Vogesen *pl*
2. (*grande quantité*) ■ ~ **de qc** *de cadeaux, lettres, livres, travail* Berg *m* [*o* Berge *pl*] von etw
3. ■ **la M~** HIST die Bergpartei (*radikale Partei der französischen Revolution*)
▸ **c'est la** ~ **qui accouche d'une souris** der Berg hat gekreißt und eine Maus geboren *fam;* **~s à vaches** *hum* große Hügel *pl;* **gros comme une** ~ *fam* klar wie Kloßbrühe *fam;* **~s Rocheuses** Rocky Mountains ['rɔki'mauntəns] *pl;* **~s russes** Achterbahn *f;* **qn ferait battre des ~s** jd stiftet Unfrieden; **qn [se] fait une** ~ **de qc/rien** jd macht ein Drama aus etw/macht aus einer Mücke einen Elefanten *fam;* **qn/qc soulève des ~s** jd/etw versetzt Berge; **à la** ~ *être, rester* in den Bergen, im Gebirge; *aller, partir* in die Berge, ins Gebirge; **de** ~ *chaîne, guide, massif, station* Berg-; **en** ~ im Gebirge; ***excursion en*** ~ Bergtour *f;* ***en haute*** ~ im Hochgebirge

montagneux, -euse [mɔ̃taɲø, -øz] *adj* Berg-, Gebirgs-

montant, e [mɔ̃tɑ̃, ɑ̃t] **I.** *adj* **1.** *chemin* ansteigend; *colonne* aufsteigend; *mouvement* Aufwärts-; MIL Dienst antretend; ***marée*** ~***e*** Flut *f;* ***la génération/technocratie*** ~***e*** die junge Generation/die jungen Technokraten *pl*
2. *corsage, robe* hochgeschlossen; *chaussures* hoch; ***col*** ~ (*d'un pull*) Rollkragen *m;* (*d'une veste, chemise*) Stehkragen *m*
II. *m* **1.** (*somme*) Betrag *m*
2. (*pièce verticale*) [*fenêtre*] Sprieß *m;* [*lit, porte*] Pfosten *m;* [*échelle*] Leiterholm *m;* FBALL Pfosten

mont-de-piété <~s-~-~> [mɔ̃d(ə)pjete] *m vieilli* Pfandleihe *f,* Pfandleihanstalt *f*

monte [mɔ̃t] *f* **1.** (*manière de monter un cheval*) Reitweise *f*
2. ZOOL Decken *nt*
▸ **qn mène un animal à la** ~ jd bringt ein Tier zum Decken

monté, e [mɔ̃te] *adj* (*à cheval*) beritten
▸ **bien** ~ *vulg homme* gut bestückt *fam;* **[qn est] bien/mal** ~ (*a un bon/mauvais cheval*) jd sitzt auf einem guten/schlechten Pferd; **[qn est] bien/mal** ~ **en qc** (*bien/mal pourvu*) [jd ist] gut/schlecht versorgt mit etw; ***qn est bien*** ~ ***en vaisselle*** jd ist gut mit Geschirr ausgestattet; **qn est** ~ **contre qn** jd ist nicht gut auf jdn zu sprechen

monte-charge [mɔ̃tʃaʀʒ] *m inv* Lastenaufzug *m*

montée [mɔ̃te] *f* **1.** (*fait de croître*) [*eaux*] Ansteigen *nt,* Anstieg *m;* [*colère*] Steigerung *f,* Anwachsen *nt;* [*péril*] Erhöhung *f;* [*hostilité, mécontentement, intolérance, nationalisme, voilence*] Zunahme *f;* [*islam*] wachsende Einflussnahme; [*parti*] Aufstieg *m;* ***la*** ~ ***des prix/de la température*** der Preis-/Temperaturanstieg, das Ansteigen der Preise/der Temperaturen
2. (*poussée*) [*sève*] Aufsteigen *nt;* ~ ***du lait*** Milchproduktion *f*
3. (*côte, pente*) Steigung *f;* ***en haut de la*** ~ auf der Anhöhe
4. (*action de monter, d'escalader*) Aufstieg *m;* [*escalier*] Hinaufsteigen *nt;* (*vu d'en haut*) Heraufsteigen *nt;* [*ascenseur*] Hinauffahren *nt;* [*téléférique*] Bergfahrt *f;* (*ascension*) [*avion, ballon*] Aufstieg *m*
▸ ~ **en puissance** [*moteur*] Beschleunigung *f;* [*idéologie, entreprise*] zunehmende Bedeutung
◆ **montée du lait** Einschießen *nt* der Milch

monte-plats [mɔ̃tpla] *m inv* Speisenaufzug *m*

monter <1> [mɔ̃te] **I.** *vi* **1.** + *être* (*grimper*) ■ **qn monte [quelque part]** jd steigt [irgendwohin] hinauf; (*vu d'en haut*) jd steigt [irgendwo] herauf; */alpiniste/* jd steigt auf; ***qn monte sur qc*** jd steigt auf etw (*akk*); ***qn monte sur*** [*o* ***à***] ***une échelle*** jd besteigt eine Leiter; ***qn monte sur le trône*** jd besteigt den Thron; ***qn monte à une tribune/en chaire*** jd besteigt eine Rednertribüne/die Kanzel; ***qn monte dans sa chambre*** jd geht in sein Zimmer hinauf [*o* auf sein Zimmer]; ***qn monte sur le ring*** jd steigt in den Ring; ***qn monte sur un vélo*** jd steigt auf [*o* setzt sich auf] ein Fahrrad; ■ **qn monte faire qc** jd geht hinauf um etw zu tun; (*vu d'en haut*) jd kommt herauf um etw zu tun; ***qn monte en courant/titubant/tremblant*** jd rennt hinauf/geht schwankend/zitternd hinauf; (*vu d'en haut*) jd kommt heraufgerannt/kommt schwankend/zitternd herauf; ***il est monté à pied/bicyclette/cheval*** er ging zu Fuß hinauf/er fuhr mit dem Fahrrad hinauf/er ritt hinauf; (*vu d'en haut*) er kam zu Fuß herauf/er fuhr mit dem Fahrrad herauf/er kam heraufgeritten; ***qn monte par l'ascenseur*** jd fährt mit dem Aufzug hoch; (*vu d'en haut*) jd kommt mit dem Aufzug hoch
2. + *être* ■ **qn monte [quelque part]** *dans un avion, taxi, train, en avion* jd steigt [in etw (*akk*)] ein; *en bateau* jd geht auf etw (*akk*), jd geht an Bord einer S. (*gen*); ■ **qn monte à qc** *à bicyclette, mobylette, cheval* jd steigt auf etw (*akk*)
3. + *être* (*aller vers le nord*) ■ **qn monte quelque part** jd fährt nach irgendwohin [hoch]
4. + *être* (*s'élever*) ■ **qc monte [quelque part]** */avion, brouillard/* etw steigt [irgendwo/irgendwohin] auf; */flammes a./* etw schlägt [irgendwo] hoch; */route, chemin/* etw steigt [irgendwo/irgendwohin] an; */soleil/* etw geht [irgendwo] auf
5. + *être o avoir* (*progresser en hauteur*) ■ **qc monte** */baromètre, mer, niveau/* etw steigt; */lait/* etw kocht über; */bruits, sève/* etw steigt auf; */impatience, mécontentement, colère/* etw wächst; ***les larmes lui montèrent aux yeux*** Tränen stiegen ihm/ihr in die Augen
6. + *être* (*atteindre*) ■ **qc monte jusqu'à qc** */eau, neige, tas, pile/* etw reicht bis irgendwohin; */bas, chaussures, robe/* etw geht bis irgendwohin; ■ **qn/qc monte à qc** *à 200 km/h* jd/etw bringt es auf etw (*akk*); *à 1000 m d'altitude* jd/etw steigt auf etw (*akk*)
7. + *être o avoir* (*augmenter*) ■ **qc monte** */actions, croissance, prix/* etw steigt; */pression a./* etw nimmt zu; ■ **qn/qc fait** ~ **qc** jd/etw lässt etw steigen; ***qn/qc fait*** ~ ***la pression*** jd/etw steigert den Druck
8. + *être* (*passer à l'aigu*) ■ **qc monte** */ton, voix/* etw wird höher; ■ **qn monte** jds Stimme wird höher
9. + *être o avoir* (*faire une ascension sociale*) ■ **qn monte** jd steigt auf; ***c'est l'homme qui monte en ce moment*** das ist ein Mann, der gerade im Kommen ist
II. *vt* + *avoir* **1.** (*gravir*) ■ **qn monte qc** jd geht [*o* steigt] etw hinauf; (*vu d'en haut*) jd kommt etw herauf; *échelle, rampe* jd steigt auf etw (*akk*), jd besteigt etw; ■ **qc monte qc** etw führt hinauf; (*vu d'en haut*) etw führt herauf
2. (*porter en haut*) ■ **qn monte qc [à qn] [quelque part]** *courrier, petit-déjeuner* jd bringt [jdm] etw [irgendwohin] [hoch [*o* hinauf]]; (*vu d'en haut*) jd bringt [jdm] etw [irgendwohin] [herauf]; *valise, meubles a.* jd trägt [jdm] etw [irgendwohin] [hoch [*o* hinauf]]; (*vu d'en haut*) jd trägt [jdm] etw [irgendwohin] [herauf]; ■ **qc monte qc [à qn] [quelque part]** etw befördert [jdm] etw [irgendwohin] hinauf; (*vu d'en haut*) etw befördert [jdm] etw [irgendwohin] herauf
3. GASTR ■ **qn/qc monte qc** jd/etw schlägt etw
4. (*chevaucher*) ■ **qn monte un animal** jd reitet ein Tier
5. (*couvrir*) ■ **un animal monte un animal** ein Tier besteigt [*o* bespringt] ein Tier; ■ **qn fait** ~ **un animal par un animal** jd lässt ein Tier von einem Tier decken
6. (*augmenter*) ■ **qn monte qc** *prix* jd hebt etw an; ***monte un peu le son!*** dreh [*o* mach *fam*] ein bisschen lauter!
7. (*organiser*) ■ **qn monte qc** *affaire* jd zieht etw hoch; *association* jd gründet etw; *campagne publicitaire* jd zieht etw auf; *opération* jd führt etw aus; *projet* jd arbeitet etw aus; ***qn monte une pièce*** jd führt ein Stück auf; ***qn monte un film/un spectacle*** jd macht [*o* dreht] einen Film/inszeniert eine Show
8. (*fomenter*) ■ **qn monte qc [contre qn]** *complot* jd schmiedet etw [gegen jdn]; *coup* jd landet etw [gegen jdn]; *histoire* jd heckt etw aus
9. TECH (*assembler, construire, installer*) ■ **qn monte qc [sur qc]** jd montiert etw [auf etw (*akk*)]; *échafaudage, machine, maison, tente* jd stellt etw auf; *maison* jd baut etw; *mur* jd zieht etw hoch; *pneu neige* jd zieht etw auf, jd montiert etw; ***ils ont monté cette maison préfabriquée en une journée*** sie haben das Fertighaus an einem Tag aufgebaut; ■ **qn monte qc sur qc** *diamant* jd fasst etw in etw (*dat*) ein; ***est-il possible de*** ~ ***cette pièce d'or sur une épingle?*** ist es möglich, diese Goldmünze auf eine Anstecknadel zu montieren?
10. (*équiper*) ■ **qn monte qn/qc [en qc]** jd versorgt jdn/etw [mit etw]; ***il a commencé à*** ~ ***son ménage*** er hat angefangen, seinen Haushalt einzurichten
11. (*exciter*) ■ **qn monte qn [contre qn]** jd bringt jdn [gegen jdn] auf
III. *vpr* **1.** (*atteindre*) ■ **qc se monte à qc** etw beläuft sich auf etw (*akk*)
2. (*se pourvoir en*) ■ **qn se monte en qc** jd deckt sich mit etw ein

monteur, -euse [mɔ̃tœʀ, -øz] *m, f* **1.** TECH Monteur(in) *m(f);* ■ ~ ... + *subst:* ~ ***électricien*** Elektromonteur; ~***-ajusteur*** Monteur; ~***-mécanicien*** Maschinenschlosser *m*
2. CINE Cutter(in) *m(f),* Schnittmeister(in) *m(f);* TYP Metteur *m,* [Schrift]setzer(in) *m(f)*

montgolfière [mɔ̃gɔlfjɛʀ] *f* Heißluftballon *m,* Montgolfiere *f*

monticule [mɔ̃tikyl] *m* (*colline*) Hügel *m,* Anhöhe *f;* ■ ~ **de** *de pierres, sable* -haufen *m; terre a.* -hügel *m*

montmartrois, e [mɔ̃maʀtʀwa, waz] **I.** *adj artiste, chanson* vom Mont-

martre; *cabaret, revue* im Montmartre-Stil
II. *m, f* ■ **Montmartrois(e)** Bewohner(in) *m(f)* des Montmartre

montmorency [mɔ̃mɔʀɑ̃si] *f inv* Sauerkirsche *f*

montrable [mɔ̃tʀabl] *adj* präsentabel, vorzeigbar

montre¹ [mɔ̃tʀ] *f* [Armband]uhr *f*
► ~ **en main** auf die Minute genau; ~ **analogique** Analoguhr *f;* ~ **digitale** [*o* **numérique**] Digitaluhr *f;* ~ **marine** NAUT Schiffschronometer *nt;* ~ **mécanique** mechanische Uhr; **contre la** ~: ***course contre la*** ~ Wettlauf *m* mit der Zeit
◆ **montre à quartz** Quarzuhr *f*

montre² [mɔ̃tʀ] *f* ► **qn fait** ~ **de qc** *littér* (*fait preuve*) jd zeigt [*o* beweist] etw, jd legt etw an den Tag *liter;* (*fait étalage*) jd stellt etw zur Schau; [**qc n'est là que**] **pour la** ~ *littér* [etw ist nur] zur Schau [da]

montréalais, e [mɔ̃ʀealɛ, ɛz] I. *adj* aus Montreal
II. *m, f* ■ **Montréalais(e)** Einwohner(in) *m(f)* von Montreal

montre-bracelet <~s-~s> [mɔ̃tʀəbʀaslɛ] *f* Armbanduhr *f*

montrer <1> [mɔ̃tʀe] I. *vt* 1. (*faire voir*) ■ **qn montre qn/qc [à qn]** jd zeigt [jdm] jdn/etw; *lettre a.* jd lässt jdn etw lesen; *ville, appartement a.* jd führt [jdn] durch etw; *langue* jd streckt [jdm] etw heraus; ***qn montre sa fille au médecin/son chien au vétérinaire*** jd geht mit seiner Tochter zum Arzt/mit seinem Hund zum Tierarzt
2. (*laisser voir*) ■ **qn/qc montre qc** jd/etw lässt etw sehen
3. (*exhiber*) ■ **qn montre qn/un animal/qc** jd führt jdn/ein Tier/etw vor; *bijoux, fourrures a.* jd stellt etw zur Schau; ■ **qc montre qc** etw zeigt etw; ***la télé montre trop de films violents*** im Fernsehen werden zu viele gewalttätige Filme gezeigt
4. (*manifester*) ■ **qn/un animal montre qc** jd/ein Tier zeigt etw; ■ **une chose montre qc** einer S. (*dat*) sieht man etw an
5. (*indiquer*) ■ **qn montre qn/qc à qn** jd zeigt jdm jdn/etw; *chemin a.* jd weist jdm etw; ***qn montre qn/qc du doigt*** jd zeigt mit dem Finger auf jdn/etw; ■ **qc montre qc** etw gibt etw an
6. (*faire remarquer*) ■ **qn montre qc à qn** jd zeigt jdm etw auf; ***il veut me*** ~ ***que j'ai tort*** er will mir zeigen, dass ich unrecht habe
7. (*décrire*) ■ **qn/qc montre qn/qc [à qn]** jd/etw zeigt [jdm] jdn/etw, jd/etw stellt [jdm] jdn/etw dar
8. (*révéler*) ■ **qn/qc montre qc** jd/etw zeigt etw; ■ **qn/qc montre que/combien** + *indic* jd/etw zeigt, dass/wie; ***cela montre jusqu'à quel point il peut être désagréable*** daran kann man sehen, wie unangenehm er sein kann; ■ **qn montre qc à qn:** ***elle nous a enfin montré ses véritables intentions*** endlich erkennen wir ihre wahren Absichten
9. (*apprendre*) ■ **qn montre à qn comment on fait qc** jd zeigt jdm, wie man etw tut
II. *vpr* 1. (*faire voir l'un à l'autre*) ■ **deux personnes se montrent qc** zwei Menschen zeigen sich (*dat*) etw
2. (*apparaître*) ■ **qn/qc se montre [quelque part]** jd/etw zeigt sich [irgendwo], jd/etw lässt sich [irgendwo] sehen
3. (*se présenter*): ***qn se montre à son avantage*** jd zeigt sich von seiner guten Seite; ***qn se montre à la hauteur de sa tâche*** jd zeigt sich seiner Aufgabe gewachsen
4. (*se manifester*) ■ **qc se montre à qc** etw zeigt sich bei etw, etw tritt zutage; ***sa bassesse s'est montrée au grand jour*** seine/ihre Niederträchtigkeit kam deutlich zum Vorschein
5. (*se révéler*) ■ **qn/qc se montre ...** *généreux, efficace* jd/etw erweist sich [als] ..., jd zeigt sich ...

montreur, -euse [mɔ̃tʀœʀ, -øz] *m, f* ◆ **montreur de marionnettes** Puppenspieler(in) *m(f);* **montreur d'ours** Bärenführer(in) *m(f)*

monture [mɔ̃tyʀ] *f* 1. (*animal de selle*) Reittier *nt;* ***enfourchez vos ~s!*** aufgesessen!
2. OPT Gestell *nt*
3. [*bague, pierre*] Fassung *f;* ***serti(e) dans une*** ~ ***ancienne*** mit einer alten Fassung
► **qui veut voyager loin ménage sa** ~ *prov* wer weit reisen will, schont sein Fuhrwerk

monument [mɔnymɑ̃] *m* 1. (*construction commémorative*) Denkmal *nt,* Ehrenmal *nt*
2. (*édifice remarquable*) Monument *nt,* Kulturdenkmal *nt*
► ~ **classé** [*o* **historique**] unter Denkmalschutz stehendes Kulturdenkmal; ***qc est classé(e)*** ~ ***historique*** etw steht unter Denkmalschutz; ~ **funéraire** Grabmal *nt;* ~ **public** öffentliches Gebäude; **c'est un** ~ *fam* das ist ein Monument; **qn est un** ~ **de qc** *fam d'orgueil, de bêtise* jd ist ungeheuer + *adj*
◆ **monument aux morts** Ehrenmal *nt* für die Toten

monumental, e <-aux> [mɔnymɑ̃tal, o] *adj* 1. (*imposant*) monumental, gewaltig, kolossal
2. *fam* (*énorme*) *erreur* gewaltig *fam; orgueil* unbändig; ***qn est d'une bêtise ~e*** jd ist entsetzlich dumm *fam,* jd ist von grenzenloser [*o* bodenloser] Dummheit

moque [mɔk] *f* CH (*morve*) Rotz *m fam*

moquer <1> [mɔke] *vpr* 1. (*s'amuser de*) ■ **qn se moque de qn/qc** jd macht sich über jdn/etw lustig; (*tourner en ridicule*) jd spottet über jdn/etw, jd verspottet jdn/etw; ■ **qn se fait** ~ **de lui** jd wird ausgelacht
2. (*ne pas faire cas de*) ■ **qn se moque de qn/qc** jd/etw ist jdm gleichgültig, jd pfeift auf jdn/etw *fam;* ***qn se moque du qu'en dira-t-on*** jd kümmert sich nicht um das, was die Leute sagen; ■ **qn se moque de faire qc** es macht jdm nichts aus, etw zu tun; es kümmert jdn nicht, etw zu tun; ■ **qn se moque que** + *subj* es ist jdm gleichgültig, dass; jd schert sich nicht darum, dass
3. (*essayer de tromper*) ■ **qn se moque de qn** jd hält jdn zum Narren
► **qn s'en moque [pas mal]** das interessiert jdn nicht, jd hat damit nichts am Hut *fam*

moquerie [mɔkʀi] *f* Spott *m;* ***les ~s*** Spötteleien *pl;* ***il/elle a dit ça par*** ~ er/sie hat das [nur] zum Spott gesagt; ***qn est en butte à la*** ~ ***de ses camarades*** jd ist das Gespött seiner Kameraden

moquette [mɔkɛt] *f* Teppichboden *m,* Auslegeteppich *m;* ***qn fait poser de la*** ~ ***dans son appartement*** jd lässt seine Wohnung mit Teppichboden auslegen

moquetter <1> [mɔkete] *vt* ■ **qn moquette qc** jd legt etw mit Teppichboden aus; ■ **qn fait** ~ **qc** jd lässt etw mit Teppichboden auslegen; ■ **qc est moquetté(e)** etw ist mit Teppichboden ausgelegt

moqueur, -euse [mɔkœʀ, -øz] I. *adj air* spöttisch; *sourire a.* mokant; *personne a.* spottlustig; ***qn est très*** ~ jd macht sich gerne lustig; ***qn est d'humeur ~euse*** jd ist zum Spotten aufgelegt; ***qn a toujours l'air*** ~ jd sieht immer spöttisch aus
II. *m, f* Spötter(in) *m(f)*

moraine [mɔʀɛn] *f* Moräne *f;* ~ ***latérale/médiane/frontale*** [*o* ***terminale***] Seiten-/Mittel-/Endmoräne

moral, e <-aux> [mɔʀal, o] I. *adj* 1. (*spirituel*) *support, aide* moralisch; *force* innere(r, s); *souffrance* seelisch
2. (*éthique*) moralisch; *problème* ethisch; *valeurs* sittlich; ***qn se sent l'obligation ~e de faire qc*** jd fühlt sich moralisch verpflichtet etw zu tun; ***qn est dans l'impossibilité ~e de faire qc*** jd kann es nicht mit seinem Moralgefühl vereinbaren, etw zu tun
II. *m* 1. (*état psychologique*) Moral *f,* Stimmung *f;* ***le*** ~ ***de l'armée/de la population*** die Truppenmoral/die Stimmung in der Bevölkerung; ***comment va le*** ~? wie ist die Stimmung?; ***son*** ~ ***est atteint*** er/sie ist seelisch angeschlagen
2. (*vie psychique*) Geisteszustand *m*
► **qn a un** ~ **d'acier** jd hat eine eiserne Moral; **au** ~ **comme au physique** seelisch und körperlich; **qn a le** ~ **à zéro** jd hat einen seelischen Tiefpunkt; **le** ~ **est bas/bon** die Moral ist schlecht/gut, die Stimmung ist auf dem Tiefpunkt/Höhepunkt; **qn a bon** ~ jd fühlt sich innerlich wohl; **qn a mauvais** ~ jd ist niedergeschlagen; **qn a le** ~ (*est optimiste*) jd ist zuversichtlich; (*n'hésite pas*) jd hat keine Bange; **qn n'a pas le** ~ jd ist niedergeschlagen [*o* mutlos]; **qn garde le** ~ jd bleibt guten Mutes [*o* zuversichtlich]; **qn perd le** ~ jd verliert den Mut; **qn/qc remonte le** ~ **à qn** jd/etw macht jdm wieder Mut; **qn/qc lui sape le** ~ jd/etw hat ihm/ihr den Mut genommen; **qn soutient le** ~ **à qn** jd steht jdm bei; **au** ~ in moralischer Hinsicht
III. *f* ■ **morale** 1. (*code de la bonne conduite*) Moral *f,* Sitten *pl,* Sittlichkeit *f*
2. (*principes moraux*) Moral *f,* Grundsatz *m*
3. (*leçon*) Moral *f;* ***qn donne une leçon de ~e à qn*** jd hält jdm eine Moralpredigt; ***qn a besoin d'une leçon de ~e*** man muss jdm die Leviten lesen; ***quelle ~e pouvons-nous en tirer?*** was lernen wir daraus?
4. PHILOS (*éthique*) Moralphilosophie *f,* Sittenlehre *f*
► **qn fait la ~e à qn** jd hält jdm eine Moralpredigt [*o* eine Strafpredigt], jd liest jdm die Leviten

moralement [mɔʀalmɑ̃] *adv* 1. (*psychologiquement*) seelisch, innerlich
2. (*intimement*) im tiefsten Innern
3. (*conformément à la morale*) *agir, se conduire* moralisch einwandfrei
4. (*du point de vue de la morale*) *responsable, condamnable* moralisch

moralisateur, -trice [mɔʀalizatœʀ, -tʀis] I. *adj enseignement, influence* moralisch wirksam; *histoire, récit* erbaulich; *personne, ton, discours* moralisierend
II. *m, f* Moralprediger(in) *m(f)*

moralisation [mɔʀalizasjɔ̃] *f* moralische Verbesserung, moralischer Aufbau; ~ ***de la vie publique*** Stärkung *f* der öffentlichen Moral

moraliser <1> [mɔʀalize] I. *vi* 1. (*faire des réflexions morales*) ■ **qn moralise [sur qc]** jd moralisiert [über etw (*akk*)], jd stellt [über etw (*akk*)] moralische Betrachtungen an
2. (*prêcher*) ■ **qn moralise** jd moralisiert, jd predigt Moral
II. *vt* ■ **qn moralise qc** jd betrachtet etw in moralischer Hinsicht

moralisme [mɔʀalism] *m* Moralismus *m*

moraliste [mɔʀalist] I. *adj personne* moralisierend; *attitude* moralistisch
II. *mf* (*écrivain*) Moralist(in) *m(f);* (*moralisateur*) Moralprediger(in) *m(f)*

moralité [mɔʀalite] *f* 1. (*comportement moral*) moralische Gesinnung, Sittlichkeit *f;* ***d'une haute*** ~ von einwandfreier Moral; ***sans*** ~ ohne jede Moral; ***certificat de*** ~ Leumundszeugnis *nt;* ***qn prend des renseignements sur la*** ~ ***de qn*** jd holt Erkundigungen über jds Lebenswandel (*akk*) ein
2. (*valeur morale*) moralischer Wert
3. (*leçon*) Moral *f*

moratoire [mɔʀatwaʀ] I. *adj intérêts* Verzugs-
II. *m* (*délai de paiement*) Zahlungsaufschub *m,* Moratorium *nt;* (*suspension de paiement*) Zahlungseinstellung *f*

morbide [mɔʀbid] *adj* 1. (*malsain*) *idée, goût* morbide; *curiosité, imagination a.* krankhaft; *personne* kränklich; *littérature* voll krankhafter Vorstellungen
2. MED *état* krankhaft, Krankheits-

morbidité [mɔʀbidite] *f* 1. (*caractère morbide*) Krankhaftigkeit *f;* [*film, littérature*] morbide Grundhaltung
2. STATIST Erkrankungshäufigkeit *f,* Morbidität *f spec*

morceau <x> [mɔʀso] *m* 1. (*bout*) Stück *nt;* [*verre a.*] Scherbe *f;* [*tissu, papier a.*] Fetzen *m;* ***sucre en ~x*** Würfelzucker *m*
2. LITTER Stück *nt,* Abschnitt *m;* MUS Stück
► **bas ~x** Stücke minderer Qualität, billige Stücke; **un bon** ~ **de qc** ein ordentliches Stück von etw; **bons** [*o* **fins**] **~x** Leckerbissen *pl;* [**qc est**] **brisé(e)** [*o* **cassé(e)**] **en mille ~x** [etw ist] in tausend Stücke gesprungen; **~x choisis** ausgewählte Texte; **c'est un gros** ~ das ist eine Riesenaffäre; **c'est un sacré** ~ *fam* (*à propos d'une chose*) das ist ein gewaltiger Brocken; (*à propos*

d'une personne) das ist ein Riesenkerl; **qn casse** [*o* **crache**] [*o* **lâche**] [*o* **mange**] **le** ~ *fam* jd packt aus *fam;* **qn se ferait couper en ~x pour qn** jd würde sich für jdn in Stücke reißen lassen; **qn se ferait couper en ~x plutôt que de faire qc** jd würde sich lieber vierteilen lassen als etw zu tun; **qn emporte** [*o* **enlève**] **le** ~ jd trägt den Sieg davon; **qn mange** [*o* **prend**] **un** ~ jd nimmt eine Kleinigkeit zu sich, jd isst einen Happen; **qn recolle les ~x** jd kittet die Scherben wieder zusammen; **en ~x** *couper* in Stücke; *éclater, se briser* in tausend Stücke; ***qn met qc en ~x*** *vase* jd schlägt etw in Stücke; *livre* jd reißt etw in Stücke; ***le vase a éclaté en ~x*** die Vase ist in Stücke gegangen; ~ **par** ~ Stück für Stück

◆ **morceau de bravoure** Bravourstück *nt,* Glanzstück *nt;* **morceau de choix** erstklassiges Stück; **morceau de roi** Leckerbissen *m*

morceler <3> [mɔʀsəle] **I.** *vt* ■ **qn morcelle qc** *domaine, terrain, territoire a.* jd zerstückelt etw; *troupe, héritage* jd teilt etw auf

II. *vpr* ■ **qc se morcelle** */propriété, terrain/* etw lässt sich aufteilen

morcellement [mɔʀsɛlmɑ̃] *m* **1.** AGR (*action*) Aufteilung *f;* (*état*) Zerstückelung *f*

2. (*dispersion*) Zersplitterung *f*

mordant, e [mɔʀdɑ̃, ɑ̃t] **I.** *adj* **1.** (*incisif*) *personne, trait d'esprit* bissig; *ironie* beißend, ätzend, scharf; *ton, voix* schneidend, scharf

2. (*pénétrant*) bissig; *froid a.* beißend, schneidend; *vent* scharf

3. (*qui entame*) *acide* ätzend; *lime* scharf

4. CHASSE: ***bête ~e*** Beißer *m*

II. *m* **1.** [*scie, couteau*] Schärfe *f*

2. [*voix*] Schärfe *f*

3. [*style, écrit, réplique*] Geistesschärfe *f,* Lebendigkeit *f*

4. [*personne, troupe, équipe*] Schneid *m,* Angriffslust *f*

▸ **qn/qc a du** ~ jd hat Schwung/etw ist spritzig

mordicus [mɔʀdikys] *adv fam* hartnäckig, steif und fest

mordillement [mɔʀdijmɑ̃] *m* Herumnagen *nt,* Herumknabbern *nt*

mordiller <1> [mɔʀdije] *vt* ■ **qn/un animal mordille qc** jd/ein Tier knabbert an etw (*dat*) [herum], jd/ein Tier beißt auf etw (*dat*) [herum]; *crayon* jd kaut an etw (*dat*)

mordoré, e [mɔʀdɔʀe] *adj* goldbraun

mordre <14> [mɔʀdʀ] **I.** *vi* **1.** (*attaquer, se défendre*) ■ **un animal mord** ein Tier beißt; ■ **qn mord** *hum* jd beißt

2. (*se laisser prendre*) ■ **qn/un poisson mord** jd/ein Fisch beißt an; ■ **qn mord à qc** jd lässt sich durch etw ködern; ■ **un poisson mord à qc** ein Fisch beißt an etw (*dat*) an

3. (*prendre goût*) ■ **qn mord à qc** jd findet an etw (*dat*) Gefallen [*o* Geschmack]; ***qn commence à ~/a mordu aux maths*** jd empfindet allmählich Vergnügen an der Mathematik/ist begeistert von der Mathematik

4. (*saisir avec les dents*) ■ **qn/un animal mord dans qc** jd/ein Tier beißt in etw (*akk*) [hinein]

5. (*pénétrer*) ■ **qc mord dans qc** etw fasst in etw (*dat*)

6. (*empiéter*) ■ **qc mord sur qc** etw greift auf etw (*akk*) über, etw reicht in etw (*akk*) hinein

7. (*engrener*) ■ **qc mord** */pignon/* etw greift

II. *vt* **1.** (*pour attaquer, se défendre, manger*) ■ **qn/un animal mord qn** [**à qc**] jd/ein Tier beißt jdn [in etw (*akk*)]; ■ **qn/un animal lui mord qc** jd/ein Tier beißt jdm in etw (*akk*); ***qn/un animal mord le doigt de qn*** jd/ein Tier beißt jdm in den Finger; ■ **qn se fait** ~ **par qn/un animal** jd wird von jdm/einem Tier gebissen; ■ **un animal se fait** ~ **par un animal** ein Tier wird von einem Tier gebissen

2. (*entamer*) ■ **qc mord qc** */acide/* etw ätzt etw, etw greift etw an; */vis/* etw fasst in etw (*dat*); */lime/* etw frisst sich in etw (*akk*) hinein; */crampon/* etw hakt sich in etw (*dat*) fest

3. (*pincer*) ■ **qc mord qn** */froid, vent/* etw beißt jdn

4. (*serrer*) ■ **qc lui mord qc** etw nagt an etw (*dat*) von jdm

5. (*empiéter sur*) ■ **qn mord qc** jd übertritt etw; ■ **qc mord qc** etw berührt etw

III. *vpr* **1.** ■ **qn se mord qc** jd beißt sich (*dat*) auf etw (*akk*); *joues* jd beißt sich (*dat*) in etw (*akk*)

2. ■ **deux personnes/animaux se mordent** zwei Menschen/Tiere beißen sich

mordu, e [mɔʀdy] **I.** *pp de* **mordre**

II. *adj* **1.** (*amoureux*) ■ **qn est** ~ jd ist über beide Ohren verliebt

2. *fam* (*passionné*) ■ **qn est** ~ **de qc** jd ist von etw begeistert

III. *m, f fam* ■ **~(e) de** begeisterter -fan [-fæn], begeisterter -anhänger/begeisterte -anhängerin

morfal, e <s> [mɔʀfal] **I.** *adj fam* gefräßig

II. *m, f fam* Vielfraß *m fam*

morfondre <14> [mɔʀfɔ̃dʀ] *vpr* **1.** (*s'ennuyer*) ■ **qn se morfond** [**quelque part**] jd vergeht [irgendwo] vor Langeweile, jd versauert [irgendwo]; ■ **qn laisse qn se** ~ jd lässt jdn versauern

2. (*languir*) ■ **qn se morfond** jd bläst Trübsal; ■ **qn est morfondu(e)** jd ist bedrückt [*o* geknickt *fam*]

morgue¹ [mɔʀg] *f littér* (*attitude*) Überheblichkeit *f,* Dünkel *m;* ***qn répond avec*** ~ jd antwortet herablassend [*o* von oben herab]

morgue² [mɔʀg] *f* (*institut médico-légal*) [Leichen]schauhaus *nt;* (*salle d'hôpital*) Leichenkammer *f*

moribond, e [mɔʀibɔ̃, ɔ̃d] **I.** *adj* ■ **qn/un animal est** ~ jd/ein Tier ist todkrank [*o* liegt im Sterben]

II. *m, f* Sterbende(r) *f(m)*

moricaud, e [mɔʀiko, od] **I.** *adj fam* dunkelhäutig

II. *m, f péj* Schwarze(r) *f(m),* Mohr(in) *m(f) veraltet*

morigéner <5> [mɔʀiʒene] *vt* ■ **qn morigène qn** jd schilt jdn; ■ **qn se fait** ~ **par qn** jd wird von jdm gescholten [*o* zurechtgewiesen]

morille [mɔʀij] *f* Morchel *f*

morluche [mɔʀlyʃ] *m* MYTH Morlock *m*

mormon, e [mɔʀmɔ̃, ɔn] **I.** *adj* der Mormonen; *secte a.* Mormonen-

II. *m, f* ■ **M~(e)** Mormone/Mormonin *m/f*

morne [mɔʀn] *adj* trist; *journée, ville a.* trübselig; *vie a.* freudlos; *personne, air* gedrückt, niedergeschlagen; *silence* dumpf, bedrückt; *marché* schlecht, mies; *séance* in gedrückter Stimmung; ***qn regarde qn d'un œil*** ~ jd sieht jdn mit trübem Blick an

morose [mɔʀoz] *adj air, visage* missmutig, verdrießlich; *personne a.* niedergeschlagen; *temps* düster, finster; *situation* kläglich; *journée, vie* trist; *marché, climat* schlecht

morosité [mɔʀozite] *f* **1.** (*manque d'entrain*) Verdrossenheit *f,* Unlust *f,* gedrückte Atmosphäre; ~ ***économique*** schlechte Wirtschaftslage, Flaute *f*

2. *littér* (*caractère morose*) Niedergeschlagenheit *f*

Morphée [mɔʀfe] *m* Morpheus *m*

morphème [mɔʀfɛm] *m* Morphem *nt*

morphine [mɔʀfin] *f* Morphium *nt,* Morphin *nt spec*

morphinomane [mɔʀfinɔman] **I.** *adj* morphiumsüchtig

II. *mf* Morphiumsüchtige(r) *f(m),* Morphinist(in) *m(f)*

morphologie [mɔʀfɔlɔʒi] *f* **1.** BIO, ZOOL, BOT Morphologie *f;* GEOL Geomorphologie *f*

2. (*forme*) Gestalt *f*

3. LING Morphologie *f,* Formenlehre *f*

morphologique [mɔʀfɔlɔʒik] *adj* morphologisch

morphologiquement [mɔʀfɔlɔʒikmɑ̃] *adv* morphologisch, der Form nach

morpion [mɔʀpjɔ̃] *m* **1.** *fam* (*pou*) Filzlaus *f*

2. JEUX *Schreibspiel auf Rechenpapier*

3. *péj fam* (*petit garçon*) Lausebengel *m fam*

mors [mɔʀ] *m* Gebissstange *f,* Kandare *f*

▸ **un cheval prend le** ~ **aux dents** ein Pferd geht durch; **qn prend le** ~ **aux dents** (*s'emporte*) jd braust auf; (*s'y met avec énergie*) jd legt sich ins Zeug

morse¹ [mɔʀs] *m* ZOOL Walross *nt*

morse² [mɔʀs] **I.** *m* Morsezeichen *pl;* ***qn envoie un message en*** ~ jd morst eine Nachricht

II. *app:* ***l'alphabet*** ~ das Morsealphabet

morsure [mɔʀsyʀ] *f* **1.** (*action*) Biss *m;* (*plaie*) Bisswunde *f;* [*insecte*] Stich *m*

2. (*effet nuisible*): ***la*** ~ ***du gel*** der beißende Frost; ***les ~s du froid*** Frostschäden *pl;* ***la*** ~ ***de la jalousie*** die Stiche der Eifersucht; ***comme une*** ~ ***au cœur*** wie ein Stich ins Herz

mort, e [mɔʀ, mɔʀt] **I.** *pp de* **mourir**

II. *adj* **1.** (*qui n'est plus en vie*) *personne* tot; *animal a.* verendet

2. (*épuisé*) ■ **qn est** ~ jd ist [total] erledigt *fam;* ***qn est*** ~ ***de fatigue*** jd ist todmüde

3. ■ **qn est** ~ **de qc** *de jalousie, honte, peur* jd stirbt fast vor (*dat*)

4. *feuilles* welk, trocken; *arbre* morsch; *bois* dürr; *tissu, cellule* abgestorben; *chair* tot; ***dent ~e*** Zahn *m* mit abgetötetem Nerv

5. (*éteint*) erloschen; *yeux, regard a.* tot, leblos

6. (*sans animation*) ausgestorben, tot; ***saison ~e*** stille Jahreszeit, Sauregurkenzeit *f fam*

7. (*qui n'existe plus*) *langue* tot; *civilisation* ausgestorben; *amours* vergangen; ■ **qc est** ~ */passé, amitié/* etw ist [aus und] vorbei

8. (*hors d'usage*) aufgebraucht, leer; ***le moteur est*** ~ der Motor hat ausgedient

▸ **qn est** ~ **et bien** ~ jd ist für immer tot; **qn/qc est** ~ **et enterré(e)** jd/etw ist tot und begraben; ~ **ou vif** tot oder lebendig; **qn est plus** ~ **que vif(vive)** jd ist mehr tot als lebendig; **qn est comme** ~ [*o* **à demi** ~] [*o* **à moitié** ~] jd ist halbtot; **qn est** ~ **pour qn** jd ist für jdn gestorben; **qn est laissé(e) pour** ~ jd wird vermisst; **qn tombe** [**raide**] ~ jd fällt tot um

III. *m, f* **1.** (*personne morte*) Tote(r) *f(m);* ***les ~s de la guerre*** die Gefallenen; ***le jour des ~s*** Allerseelen *nt*

2. (*dépouille*) Leiche *f*

▸ **qn est un** ~ **en sursis** jd ist ein Todeskandidat, jd geht dem sicheren Tod entgegen; **qn est un** ~ **vivant** jd ist eine lebendige Leiche; **qn est blanc(blanche) comme un(e) ~(e)** jd ist leichenblass; **qn fait le** ~ (*comme s'il était mort*) jd stellt sich tot; (*ne réagit pas, ne répond pas*) jd rührt sich nicht, jd lässt nichts von sich hören; CARTES jd setzt aus; **il faut laisser les ~s ensevelir les ~s** *prov* es ist besser, die Dinge sich selbst zu überlassen; **qn ressuscite des ~s** jd steht von den Toten auf; **c'est à réveiller un ~, ça réveillerait un** ~ *fam* das weckt selbst einen Toten auf

IV. *f* **1.** (*cessation de la vie*) Tod *m;* ~ ***accidentelle*** Unfalltod; ***qn est mort(e) de*** ~ ***naturelle*** jd ist eines natürlichen Todes gestorben

2. (*personnification*) ■ **la M~** der Tod

3. (*destruction*) ■ **la** ~ **de qc** das Ende [*o* der Untergang] einer S. (*gen*)

▸ [**qn fait qc**] **la** ~ **dans l'âme** [jd tut etw] schweren Herzens; **il y a eu/il n'y a pas eu** ~ **d'homme** es hat Menschenleben gekostet/Menschen kamen nicht ums Leben; ~ **aux vaches!** *vieilli fam* nieder mit der Polente! *fam;* **qn est mort(e)/voudrait mourir de sa belle** ~ jd ist eines schönen Todes gestorben/möchte eines schönen Todes sterben; **la** ~ **éternelle** die ewige Verdammnis; **qn souffre mille ~s** jd stirbt tausend Tode; **pâle comme la** ~ totenbleich, totenblass; ~ **subite** plötzlicher Tod; **qn attrape la** ~ *fam* jd holt sich (*dat*) den Tod; **qn est blessé(e) à** ~ jd ist tödlich verletzt; **qn condamne qn à** [**la peine de**] ~ jd verurteilt jdn zum Tode, jd verhängt über jdn die Todesstrafe; **qn donne la** ~ **à qn/un animal** jd tötet jdn/ein Tier, jd bringt jdn um; **qn se donne la** ~ jd bringt sich um; **jusqu'à ce que** ~ **s'ensuive** bis der Tod eintritt; **qn est à la** ~ jd liegt im Sterben; **ce n'est pas la** ~ [**d'un homme/du petit cheval**] das ist doch nur halb so wild *fam;* **qn frappe qn à** ~ jd schlägt jdn tot; **qn frôle** [*o* **risque**] **la** ~ jd entgeht knapp dem Tod, jd geht knapp am Tod vorbei; **un chien/qn hurle à la ~** ein Hund/jd heult schauerlich; **qn met qn/un animal à ~** jd bringt jdn/ein Tier um, jd ermordet jdn; **qn pleure la ~ de qn** jd beweint jds Tod; **qn a trouvé la ~ dans qc** jd hat bei etw den Tod gefunden; **qn voit la ~ de près** [*o* **en face**] jd sieht dem Tod ins Auge; **à ~! à ~!** bringt ihn/sie um!; ***à ~ l'arbitre/la sorcière!*** bringt ihn/sie um, den Schiedsrichter/die Hexe!; ~ **à qn!**: ~ ***au tyran!*** Tod dem Tyrannen!; **à ~ qc!** nieder mit etw; **qn fait qc à ~** jd tut etw bis zum Letzten [*o* Gehtnichtmehr *fam*]; ***qn est fâché(e) à ~ avec qn*** jd ist mit jdm völlig zerstritten [*o* spinnefeind *fam*]; ***qn s'ennuie à ~*** jd langweilt sich tödlich; ***qn freine à ~*** jd bremst scharf; **qn/qc est ... comme la ~** *ennuyeux* jd/etw ist tödlich [*o* zum Sterben] ...; *monotone* jd/etw ist maßlos ...; ***qn/qc est triste comme la ~*** jd/etw ist todtraurig; **plutôt la ~!** lieber wäre ich tot!

mortadelle [mɔʀtadɛl] *f* Mortadella *f*

mortaise [mɔʀtɛz] *f* (*en menuiserie*) Zapfenloch *nt;* (*en serrurerie*) Steckschlossöffnung *f*

mortalité [mɔʀtalite] *f* Sterblichkeit *f,* Mortalität *f geh;* ***le taux de ~*** die Sterblichkeitsziffer, die Sterblichkeitsrate; ~ ***infantile*** Kindersterblichkeit

mort-aux-rats [mɔʀoʀa] *f inv* Rattengift *nt*

mortel, le [mɔʀtɛl] **I.** *adj* **1.** (*sujet à la mort*) sterblich
2. (*causant la mort*) tödlich; *maladie* mit tödlichem Ausgang; *coup, danger* Todes-; ***cette nouvelle lui serait ~le*** diese Nachricht würde ihn/sie umbringen
3. (*extrême*) *frayeur, haine* tödlich; *jalousie* unsterblich; *pâleur* Leichen-; *froid, chaleur* mörderisch; *ennemi* Tod-
4. *fam* (*ennuyeux*) sterbenslangweilig
5. (*pénible*) *silence* eisig; *attente* qualvoll
6. REL *péché* Tod-
II. *m, f souvent pl littér* Sterbliche(r) *f(m)*
▶ **heureux(-euse) ~(le)** *fam* glückliche(r) Sterbliche(r) *f(m);* **simple ~(le)** gewöhnliche(r) Sterbliche(r) *f(m)*

mortellement [mɔʀtɛlmɑ̃] *adv* **1.** (*de manière à causer la mort*) tödlich
2. (*extrêmement*) tödlich, tief; ~ ***ennuyeux*** sterbenslangweilig

morte-saison <~s-~s> [mɔʀt(ə)sɛzɔ̃] *f* Nebensaison *f,* Sauregurkenzeit *f fam*

mortier [mɔʀtje] *m* **1.** CONSTR Mörtel *m*
2. GASTR, PHARM Mörser *m*
3. MIL Granatwerfer *m*

mortification [mɔʀtifikasjɔ̃] *f* **1.** (*blessure d'amour-propre*) Kränkung *f*
2. (*pénitence*) Kasteiung *f*

mortifier <1 a> [mɔʀtifje] *vt* ■ **qc mortifie qn** */critique, refus/* etw kränkt jdn; ■ **qn est mortifié(e)** jd fühlt sich gekränkt

mort-né, e <~-~s> [mɔʀne] **I.** *adj enfant* tot geboren; *projet, entreprise* aussichtslos
II. *m, f* Totgeburt *f*

mortuaire [mɔʀtɥɛʀ] *adj rites, cérémonie* Trauer-; *chambre, registre, lit, habits* Sterbe-; *chapelle* Friedhofs-; *messe* Toten-; ***avis ~*** Todesnachricht *f;* ***couronne ~*** Kranz *m*

morue [mɔʀy] *f* **1.** ZOOL Stockfisch *m;* (~ *fraîche*) Kabeljau *m;* (~ *fumée*) Haddock ['hædɔk] *m;* ***huile de foie de ~*** Lebertran *m*
2. *vulg* (*injure*) Miststück *nt fam;* (*prostituée*) Nutte *f fam*

morve [mɔʀv] *f* Nasenschleim *m,* Rotz *m fam*

morveux, -euse [mɔʀvø, -øz] **I.** *adj nez* laufend; *enfant* rotznäsig *fam;* ***qn a le nez ~*** jd hat eine Rotznase *fam*
▶ **qn se sent ~**, jd muss sich sein Verhalten peinlich; **qui se sent ~, [qu'il] se mouche** *prov* wer sich getroffen fühlt, nehme es sich zu Herzen
II. *m, f péj fam* Rotznase *f fam;* (*garçon*) Rotzbengel *m fam;* (*jeune fille*) Rotzgöre *f fam*

mosaïque [mɔzaik] *f* Mosaik *nt;* ■ ~ **de** *d'états* -mosaik; *de champs* bunter Teppich von; *de peuples* -gemisch *nt*

moscovite [mɔskɔvit] **I.** *adj* Moskauer, moskauisch
II. *mf* ■ **Moscovite** Moskauer(in) *m(f),* Moskowiter(in) *m(f) veraltend*

mosquée [mɔske] *f* Moschee *f*

mot [mo] *m* **1.** LING Wort *nt;* ***les ~s latins*** die lateinischen Wörter [*o* Vokabeln]; ~ ***étranger*** Fremdwort
2. (*moyen d'expression*) Wort *nt;* ***les ~s me manquent*** mir fehlen die Worte; ***des ~s tendres*** zärtliche Worte *pl;* ***c'est le ~ juste*** das ist der passende Ausdruck
3. (*message*) ■ **un ~** ein paar Worte [*o* Zeilen] *pl;* ■ **un ~ de** *d'excuse, de félicitations, condoléances* ein -brief *m,* ein -schreiben *nt;* ***elle m'a laissé un ~ pour me dire que*** + *indic* sie hat mir eine kurze Nachricht hinterlassen, dass; ***envoie-lui un petit ~*** schreib ihm/ihr ein paar Zeilen
4. (*parole mémorable*) Wort *nt,* Ausspruch *m;* ***les ~s de qn*** jds Worte *pl;* ***le ~ de Cambronne*** [*o* ***de cinq lettres***] *verhüllend für 'merde'*
5. INFORM Wort *nt*
▶ **le fin ~ de l'affaire/de l'histoire** der wahre Sachverhalt der Affäre/Geschichte; **qn a le ~ sur le bout de la langue** [*o* **sur les lèvres**] jd hat das Wort auf der Zunge; **le ~ de l'énigme** des Rätsels Lösung *f;* **[et ce sera] le ~ de la fin** [und dies ist] das Schlusswort; **je vais lui faire rentrer ses ~s dans la gorge** ich werde ihm den Mund stopfen; **maître ~** Zauberwort *nt;* **qn glisse un ~ à l'oreille de qn [à propos] de qc** jd steckt jdm etw; **au bas ~** mindestens; **bon ~** Bonmot *nt;* ~ **composé** zusammengesetztes Wort, Kompositum *nt;* **à ~s couverts** verhüllt, durch die Blume; **[qn fait des] ~s croisés/fléchés** [jd löst] Kreuzworträtsel; **à demi ~** fast ohne Worte; ***nous nous comprenons à demi ~*** wir verstehen uns mit wenig Worten; **qn a le dernier ~** jd hat [*o* behält] das letzte Wort; **c'est mon dernier ~** das ist mein letztes Wort; **qn n'a pas encore dit son dernier ~** jd hat sein letztes Wort noch nicht gesprochen; **qn va dire deux ~s à qn** jd hat mit jdm ein Wörtchen zu reden, jd muss mit jdm ein Hühnchen rupfen *fam;* **qn dit deux ~s à qn** jd wechselt mit jdm ein paar Worte; **[qn explique/raconte qc] en deux ~s** [jd erklärt/erzählt etw] mit wenigen Worten; ***bref, en deux ~s*** kurz gesagt, mit einem Wort; ~ **grammatical** Partikel *f;* **c'est un bien grand ~** das ist ein übertriebener Ausdruck; **[tout de suite] les grands ~s** [gleich] hochtönende Worte; **un gros ~** ein Kraftausdruck, ein unanständiges Wort; **jamais** [*o* **pas**] **un ~ plus haut que l'autre** immer im gleichen ruhigen [*o* ausgeglichenen] Ton; **le premier ~ de qc**: ***qn ne comprend pas le premier ~ de qc*** jd versteht nicht die Bohne von etw *fam;* ***qn n'a pas dit le premier ~ de qc*** jd lässt kein Wort über etw (*akk*) verlauten; ***qn ne croit pas le premier ~ de qc*** jd glaubt kein Wort von etw; ***qn ne sait pas le premier ~ de qc*** jd hat nicht die leiseste Ahnung von etw; **pas un traître ~** kein Sterbenswörtchen; ***qn ne comprend pas un traître ~ de qc*** jd versteht nicht die Bohne von etw *fam;* **qn n'a qu'un ~ à dire** jd braucht nur ein Wort zu sagen; **qn a son ~ à dire** jd hat [auch noch] ein Wörtchen mitzureden; **qn cherche ses ~s** jd sucht nach Worten; **qui ne dit ~ consent** *prov* schweigen heißt zustimmen; **sans ~ dire** wortlos; **sans dire [un] ~** ohne ein Wort zu sagen; **disons** [*o* **lâchons**] **le ~** nennen wir es beim Namen; **des personnes se donnent** [*o* **passent**] **le ~** Menschen machen etw aus [*o* sprechen sich ab]; **qn échange quelques ~s avec qn** jd wechselt ein paar Worte mit jdm; **qn a eu des ~s avec qn** *fam* jd hatte einen heftigen Wortwechsel [*o* eine Auseinandersetzung] mit jdm; **qn lui glisse un ~ [à propos] de qc** jd bringt bei jdm etw zur Sprache; **qn joue avec les ~s** jd treibt ein Wortspiel; **qn joue sur les ~s** jd drückt sich zweideutig aus; **ah, ah, le [grand] ~ est lâché!** aha, jetzt ist es heraus!; **qn ne mâche pas ses ~s** jd nimmt kein Blatt vor den Mund; ***qn ne mâche pas ses ~s pour dire ce qu'il pense*** jd sagt ohne Umschweife, was er denkt; **qn mange ses ~s** jd spricht undeutlich, jd nuschelt *fam;* **passe/passez-moi le ~!** verzeih/verzeihen Sie mir den Ausdruck!; **qn se paye de ~s** jd begnügt sich mit schönen Worten; **qn n'en pense pas un** [*o* **le premier**] ~ jd meint es nicht ernst; **qn pèse ses ~s** jd wägt seine Worte; **qn ne pipe [pas] [un] ~** jd sagt keinen Ton [*o* Pieps *fam*]; **qn place son** [*o* **un**] ~ jd kommt zu Wort; **qn prend qn au ~** jd nimmt jdn beim Wort; **qn a toujours le ~ pour rire** jd ist immer zum Scherzen aufgelegt; **ce ne sont que des ~s** das sind nur leere Worte; **qn ne souffle ~ de qc à qn** jd hat jdm keine Silbe [von etw] gesagt, jd hat etw jdm gegenüber mit keiner Silbe erwähnt; **sans souffler ~** ohne ein Wörtchen zu sagen; **qn n'a pas pu lui tirer un ~** jd konnte jdm kein Wort entlocken; **qn en touche un ~** [*o* **deux ~s**] **à qn** jd erwähnt etw bei jdm; **à ces ~s** auf diese Worte hin, bei diesen Worten; **en un ~** [**comme en cent** [*o* **mille**]] mit einem Wort, kurz gesagt; **encore un ~** ein Wort noch; ~ **pour ~** Wort für Wort; **sur ces ~s** mit diesen Worten; **pas un [seul] ~** nicht eine Silbe
◆ **mot à mot** ▶ **c'est du ~ à ~** das ist eine [wort]wörtliche Übersetzung; **qn traduit qc ~ à ~** jd übersetzt etw [wort]wörtlich [*o* Wort für Wort]; **mot d'auteur** geflügeltes Wort; **mot d'emprunt** Lehnwort *nt;* **mot d'entrée** Stichwort *nt;* **mot d'ordre** Parole *f,* Wahlspruch *m;* **mot de passe** Losungswort *nt,* Kennwort *nt;* INFORM Passwort *nt;* **mot de passe de messagerie** INFORM Mail-Passwort ['meɪl-] *nt;* **mot vedette** (*entrée*) Stichwort *nt;* (*dans un catalogue*) Schlagwort *nt*

motard, e [mɔtaʀ] *m, f fam* Motorradfahrer(in) *m(f);* (*policier*) motorisierter Polizist

mot-clé <~s-~s> [mokle] *m* Schlüsselwort *nt;* [*dictionnaire*] Stichwort *nt*

motel [mɔtɛl] *m* Motel *nt*

moteur [mɔtœʀ] **I.** *m* **1.** TECH Motor *m;* ■ ~ **à** -motor; ~ ***à réaction*** Triebwerk *nt;* ~ ***diesel*** Dieselmotor
2. (*cause*) ■ **[qc est] le ~ de qc** [etw ist] der Antrieb für etw; ■ **[qn est] le ~ de qc** [jd ist] die treibende Kraft für etw
II. *app: bloc* ~ Motorblock *m;* ***frein*** ~ Motorbremse *f*
◆ **moteur à injection** Einspritzmotor *m*

moteur, -trice [mɔtœʀ, -tʀis] *adj muscle, nerf, trouble* motorisch, Bewegungs-; *force, arbre, roue* Antriebs-

motif [mɔtif] *m* **1.** (*raison*) Motiv *nt,* Beweggrund *m;* ***apparemment sans ~*** ohne sichtbaren Anlass
2. *pl* (*dans un jugement*) Urteilsbegründung *f*
3. (*ornement*) Motiv *nt,* Muster *nt;* ■ ~ **de** *de fleurs, feuilles* -muster
4. (*sujet*) Motiv *nt,* Vorlage *f*
▶ **pour le bon ~** mit der festen Absicht zu heiraten

motion [mosjɔ̃] *f* Antrag *m*
◆ **motion de censure** Misstrauensantrag *m*

motivant, e [mɔtivɑ̃, ɑ̃t] *adj* motivierend

motivation [mɔtivasjɔ̃] *f* **1.** (*justification*) ■ ~ **de qc** Grund *m* für etw
2. (*mobile*) Motivation *f,* Beweggründe *pl;* [*électeurs*] Motiv *nt*
3. (*engagement*) Motivation *f,* Motiviertheit *f*
▶ **de ~** Motiv-; ***lettre de ~*** ausführliches Bewerbungsschreiben

motivé, e [mɔtive] *adj absence* begründet; *personne* motiviert; ***absence non ~e*** unentschuldigtes Fehlen

motiver <1> [mɔtive] *vt* **1.** (*fournir un motif*) ■ **qn motive qc** jd begründet [*o* rechtfertigt] etw; JUR jd begründet etw
2. (*servir de motif*) ■ **qc motive qc** etw ist die Ursache für etw
3. (*stimuler*) ■ **qn/qc motive qn** jd/etw motiviert jdn; ■ **qc motive qn à faire qc** etw motiviert jdn dazu, etw zu tun; ■ **qn est motivé(e) par qc** jd wird durch etw motiviert

moto [moto] *f abr de* **motocyclette** Motorrad *nt*

motocross, moto-cross [motokʀɔs] *m inv* Moto-Cross *nt*

motoculteur [motokyltœʀ] *m* Traktor *m*

motocycle [motosikl] *m* Kraftrad *nt*

motocyclette [motosiklɛt] *f vieilli* Motorrad *nt*

motocyclisme [motosiklism] *m* Motorradsport *m*

motocycliste [motosiklist] **I.** *adj* Motorrad-
II. *mf* Motorradfahrer(in) *m(f)*

motonautisme [motonotism] *m* Motorbootsport *nt*
motoneige [motonɛʒ] *f* Schneemobil *nt*
motor-home <~-~s> [mɔtɔʀom] *m* Wohnmobil *nt*
motorisation [motoʀizasjɔ̃] *f* Motorisierung *f*
motorisé, e [motoʀize] *adj* motorisiert
motoriser <1> [motoʀize] *vt* **1.** (*munir de véhicules à moteur*) ■ **qn motorise des personnes/qc** jd motorisiert Menschen/etw, jd stattet Menschen/etw mit Motorfahrzeugen aus
2. *fam* (*avoir une voiture*) ■ **qn est motorisé(e)** jd ist motorisiert *fam*
motoski [motoski] *m* Schneemobil *nt*
mot-outil <~s-~s> [mouti] *m vieux* Beziehungswort *nt*, Partikel *f*
motrice [mɔtʀis] *f* Triebwagen *m*
motte [mɔt] *f* [*beurre*] Klumpen *m*; [*terre a.*] Scholle *f*; [*gazon*] Sode *f*; ***qn vend le beurre en*** ~ [*o* ***à la*** ~] jd verkauft die Butter am Stück
motus [mɔtys] *interj vieilli* ▸ ~ [**et bouche cousue!**] Mund halten und nichts verraten!
mot-valise <~s-~s> [movaliz] *m* Wortkreuzung *f*, Kofferwort *nt* (*aus mehreren Wortteilen verschmolzenes Wort*)
mou [mu] *m* Lunge *f* (*als Teil der Innereien*), Beuschel *nt* AUS
▸ **qn lui bourre le** ~ *fam* jd macht jdm etw vor; **qn lui rentre dans le** ~ *fam* jd fällt über jdn her
mou, mol, molle [mu, mɔl] **I.** *adj* **1.** (*opp: dur*) weich; *pain a.* nicht knusprig; *terre* aufgeweicht; *neige* nass
2. (*moelleux*): ***trop*** ~ *oreiller, matelas, lit* zu weich
3. (*opp: rigide*) *tige* biegsam; *ressort* ausgeleiert; ***chapeau*** ~ Schlapphut *m*
4. (*flasque*) schlaff
5. (*amorphe*) *personne* lahm, phlegmatisch; *geste,* [*poignée de*] *main* schlaff; *démarche* lässig; *jeu d'un musicien, athlète* kraftlos, lahm
6. (*sans forme*) weich; *cheveu a.* ohne Halt; *tissu a.* schlaff
7. (*faible*) *personne* willenlos; *résistance, protestation* schwach
8. (*sourd*) *bruit* dumpf
9. METEO schwül, drückend
II. *adv jouer* lahm, kraftlos; *dessiner* nicht energisch
III. *m* **1.** *fam* (*personne*): ***c'est un*** ~ er hat keinen starken Charakter, er ist ein Schlappschwanz *fam*
2. (*qualité*) Weiche(s) *nt*
▸ **qc a du** ~**, il y a du** ~ **dans qc** etw ist locker, etw gibt nach; **qn donne du** ~ jd lockert etw, jd lässt etw locker
mouchard, e [muʃaʀ, aʀd] **I.** *m, f* (*rapporteur*) Petzer/Petze *m/f fam*; *péj* (*indicateur de police*) Spitzel *m*, Denunziant(in) *m(f)*
II. *m* (*appareil*) elektronisches Aufzeichnungsgerät; [*avion*] Flugschreiber *m*
moucharder <1> [muʃaʀde] **I.** *vi fam* ■ **qn moucharde** jd petzt
II. *vt fam* ■ **qn moucharde qn** jd verpetzt [*o* verpfeift *fam*] jdn; (*à la police*) jd verpfeift jdn *fam*
mouche [muʃ] *f* **1.** ZOOL (*insecte*) Fliege *f*
2. PECHE [künstliche] Fliege
3. [*cible*] Schwarze(s) *nt*
4. COSMETIQUE Schönheitspflästerchen *nt*
5. SPORT [*fleuret*] Spitze *f*
▸ **qn est** [*o* **fait**] [*o* **joue**] **la** ~ **du coche** jd fuhrwerkt wie wild herum; ~ **tsé-tsé** Tsetsefliege *f*; **on ne prend** [*o* **attrape**] **pas les** ~**s avec du vinaigre** mit Speck fängt man Mäuse *prov*; **qn est une fine** ~ jd ist pfiffig [*o* clever *fam*]; **qn encule les** ~**s** *fam* jd betreibt Haarspalterei [*o* Korinthenkackerei *fam*]; **on entendrait une** ~ **voler** man könnte eine Stecknadel [zu Boden] fallen hören; **qn/qc fait** ~ jd/etw trifft ins Schwarze; **qn gobe les** ~**s** *fam* jd guckt Löcher in die Luft *fam*; **des personnes meurent** [*o* **tombent**] **comme des** ~**s** Menschen sterben [*o* fallen um] wie die Fliegen; **quelle** ~ **le/la pique?, quelle** ~ **l'a piqué(e)?** was ist in ihn/sie gefahren?; **qn prend la** ~ jd reagiert beleidigt, jd schnappt ein *fam*; **qc tue des personnes comme des** ~**s** etw lässt Menschen reihenweise sterben
moucher <1> [muʃe] **I.** *vt* **1.** (*nettoyer*) ■ **qn mouche son nez** jd schnäuzt seine Nase, jd putzt sich (*dat*) die Nase; ■ **qn lui mouche le nez,** ■ **qn mouche qn** jd putzt jdm die Nase
2. *fam* (*rembarrer*) ■ **qn mouche qn** jd staucht jdn zusammen *fam*
3. (*éteindre*) ■ **qn mouche qc** jd drückt etw aus
II. *vpr* ■ **qn se mouche** [**le nez**] jd schnäuzt sich, jd putzt sich (*dat*) die Nase
moucheron [muʃʀɔ̃] *m* **1.** ZOOL [kleine] Mücke
2. *fam* (*petit enfant*) Knirps *m fam*, Steppke *m fam*
moucheté, e [muʃte] *adj animal, pelage, fourrure, œuf* gesprenkelt; *poisson* gefleckt; *tissu* getupft, getüpfelt; *laine* meliert; *collant, bas* genoppt; *fleuret* mit einem Spitzenaufsatz
moucheture [muʃtyʀ] *f* ZOOL Sprenkelung *f*, Flecken *pl*
mouchoir [muʃwaʀ] *m* Taschentuch *nt*
▸ **des personnes arrivent** [*o* **se tiennent**] **dans un** ~ Menschen gehen knapp hintereinander durchs Ziel
◆ **mouchoir de poche** Taschentuch *nt* ▸ **qc est grand(e) comme un** ~ **de poche** etw ist winzig klein [*o* klein wie eine Streichholzschachtel]; **mouchoir en papier** Papiertaschentuch *nt*; **mouchoir en tissu** Stofftaschentuch *nt*
moudre <*irr*> [mudʀ] *vt* ■ **qn moud qc** jd mahlt etw
moue [mu] *f* schiefes Gesicht; ~ ***boudeuse*** Schmollmund *m*; ***qn fait une*** ~ ***de dégoût/de dédain*** jd verzieht mit Abscheu/verächtlich die Mundwinkel
▸ **qn fait la** ~ [**à qc**] jd zieht [bei etw] ein schiefes Gesicht
mouette [mwɛt] *f* Möwe *f*
▸ ~ **rieuse** Lachmöwe *f*
moufeter <1> [mufte] *vi fam* ■ **qn n'a pas moufté** jd hat sich nicht gemuckst *fam*, jd hat keinen Mucks getan [*o* von sich gegeben] *fam*; ***sans*** ~ ohne aufzumucken
mouf[f]ette [mufɛt] *f* Stinktier *nt*, Skunk *m*
moufle [mufl] *f* Fausthandschuh *m*, Fäustling *m*
mouflet, te [muflɛ, ɛt] *m, f fam* kleines Kind, Gör *nt fam*
mouflon [muflɔ̃] *m* Mufflon *nt*
moufter <1> [mufte] *vi v.* **moufeter**
mouillage [mujaʒ] *m* **1.** (*humectage*) Anfeuchten *nt*, Besprengen *nt*
2. (*coupage*) Panschen *nt*, Verdünnen *nt*
3. NAUT (*emplacement*) Ankerplatz *m*
4. NAUT [*navire*] Verankern *nt*; [*mine*] Legen *nt*; ***le*** ~ ***de l'ancre*** das Ankern
▸ **qc est/reste au** ~ etw liegt/liegt weiterhin vor Anker
mouillé, e [muje] **I.** *adj* **1.** (*trempé*) nass; ~ ***de sueur*** schweißnass
2. (*humide*) feucht
3. (*plein d'émotion*) *voix* bewegt
4. (*plein de larmes*) *regard* [tränen]feucht, tränennaß
5. PHON *l, n* mouilliert; *explosive* weich, Palatal-
II. *m* nasse Stelle; ***le chien sent le*** ~ der nasse Hund riecht
mouiller <1> [muje] **I.** *vt* **1.** (*rendre humide*) ■ **qn mouille qc** jd befeuchtet etw; ■ **qn/qc mouille qn** jd/etw macht jdn nass
2. (*tremper*) ■ **qc mouille qn/qc** etw durchnässt jdn/etw; ***les larmes lui mouillaient le visage*** sein/ihr Gesicht war in Tränen gebadet; ■ **qn se fait** ~ jd wird nass
3. GASTR ■ **qn mouille qc** jd verdünnt etw; ■ **qn mouille qc avec qc** *rôti* jd begießt etw mit etw
4. NAUT ■ **qn mouille qc** *navire* jd verankert etw; *ancre* jd wirft etw aus; *mines* jd legt etw
5. *fam* (*compromettre*) ■ **qn mouille qn** [**dans qc**] jd zieht jdn mit [in etw (*akk*)] hinein, jd verwickelt jdn [in etw (*akk*)]
II. *vi* **1.** ■ **qn/un bateau mouille** jd/ein Schiff geht vor Anker [*o* ankert]
2. *pop* (*avoir peur*) ■ **qn mouille** jd macht vor Angst in die Hosen *fam*, jd hat die Hosen gestrichen voll *fam*, jd hat Schiss *sl*
III. *vpr* **1.** (*être mouillé*) ■ **qn se mouille** jd wird nass; ■ **qn se mouille qc** jd macht sich (*dat*) etw nass; ***il s'est mouillé les pieds*** er bekam nasse Füße
2. (*se tremper*) ■ **qn se mouille** jd macht sich nass; ■ **qn se mouille qc** jd taucht etw ins Wasser
3. (*s'humecter*): ***les yeux se mouillent*** die Augen werden feucht
4. *fam* (*se compromettre*) ■ **qn se mouille dans qc** jd lässt sich [in etw (*akk*)] hineinziehen [*o* verwickeln]
5. *fam* (*s'engager*) ■ **qn se mouille** [**pour qn/pour faire qc**] jd legt sich mächtig ins Zeug [für jdn/um etw zu tun] *fam*
mouillette [mujɛt] *f Brotschnittchen zum Eintunken*
mouise [mwiz] *f fam* Elend *nt*, Misere *f*
▸ **qn est dans la** ~ jd sitzt in der Patsche [*o* Klemme] *fam*
moulage [mulaʒ] *m* (*action de mouler*) Gießen *nt*; (*empreinte*) Abguss *m*; (*objet*) [Ab]guss; ***qn prend un*** ~ ***de qc*** jd macht von etw einen Abguss; ~ ***en bronze*** Bronzeguss
moulant, e [mulɑ̃, ɑ̃t] *adj* eng anliegend
moule[1] [mul] *m* **1.** (*forme*) [Guss]form *f*, Gießform; GASTR Form; ~***s pour faire des pâtés de sable*** Sandförmchen *pl*; ■ ~ **à** [*o* **de**] **qc** -form; ~ ***à cake*** Kastenform; ~ ***à gaufres*** Waffeleisen *nt*; ~ ***à charlotte*** Puddingform
2. (*empreinte*) Abdruck *m*
3. (*modèle*): ***tous sur le même*** ~ alles nach demselben Muster; ***ils sont tous sortis du même*** ~ sie sind alle vom gleichen Schlag
▸ **le** ~ **est cassé** so jemanden gibt es nur einmal; **des personnes sont coulées** [*o* **faites**] **dans le même** ~ Menschen sind aus demselben Holz geschnitzt
moule[2] [mul] *f* **1.** ZOOL Miesmuschel *f*; ~***s marinières*** *Miesmuscheln im Weinsud mit Kräutern gekocht*
2. *fam* (*nouille*) Trottel *m fam*
mouler <1> [mule] *vt* **1.** (*fabriquer*) ■ **qn moule qc** jd formt etw
2. (*prendre un moulage de*) ■ **qn moule qc** jd macht einen Abdruck von etw
3. (*coller à*) ■ **qc moule qc** etw liegt eng an etw (*dat*) an; ***des vêtements qui moulent le corps*** eng anliegende [*o* hautnahe] Kleidungsstücke
4. (*adapter*) ■ **qn moule qc sur qc** *conduite* jd richtet etw nach etw aus, jd richtet sich in etw (*dat*) nach etw aus; ***qn moule son style sur celui/sa pensée sur celle d'un grand auteur*** jd orientiert sich in seinem Stil/seiner Denkweise an einem großen Autor
moulin [mulɛ̃] *m* Mühle *f*; ■ ~ **à** -mühle; ~ ***à légumes*** Passiersieb *nt*
▸ **qn est un** ~ **à paroles** *fam* jd ist eine Plaudertasche *fam*; **qn se bat contre des** ~**s à vent** jd kämpft gegen Windmühlen; **on entre ici comme dans un** ~ hier geht es zu wie in einem Taubenschlag
◆ **moulin à prières** Gebetsmühle *f*
mouliner <1> [muline] *vt* **1.** GASTR ■ **qn mouline qc** *légumes* jd püriert etw; *persil* jd hackt etw klein
2. INFORM *fam* ■ **qn mouline qc** etw verarbeitet etw
moulinet [mulinɛ] *m* PECHE Rolle *f*
▸ **qn fait des** ~**s avec qc** jd wirbelt etw durch die Luft; ***qn fait de grands*** ~***s des deux bras*** jd wirbelt mit beiden Armen in der Luft herum
moulinette® [mulinɛt] *f fam* Schnetzelmaschine *f*, Moulinette® *f*
▸ **qn passe qc à la** ~ *persil* jd zerkleinert etw; *données* jd durchsucht etw
moulu, e [muly] **I.** *pp de* **moudre**
II. *adj* **1.** (*en poudre*) gemahlen
2. (*fourbu*) ■ **qn est** ~ jd ist wie gerädert; ***qn est*** ~ ***de fatigue*** jd kann sich vor Müdigkeit nicht mehr auf den Beinen halten
moulure [mulyʀ] *f* Zierleiste *f*
moumoute [mumut] *f fam* **1.** (*perruque*) falsches Haarteil
2. (*veste*) Weste *f* aus Schafspelz

mourant, e [muʀɑ̃, ɑ̃t] I. *adj* 1. *personne* sterbend; ***qn est*** ~ jd liegt im Sterben
2. (*faiblissant*) schwächer werdend; *voix a.* ersterbend; *musique, son a.* verklingend; *feu, lumière a.* verlöschend; *jour* zu Ende gehend, sich neigend *poet*
II. *m, f* Sterbende(r) *f(m)*
mourir <*irr*> [muʀiʀ] I. *vi + être* 1. (*s'éteindre*) ■ **qn/un animal meurt** jd/ein Tier stirbt; ***tout le monde meurt*** alle Menschen sterben [*o* sind sterblich]; ■ **qc meurt** etw stirbt ab, etw geht ein; /*fleuve*/ etw kippt um; ■ **qn laisse** ~ **qc** jd lässt etw eingehen
2. (*venir de* ~) ■ **qn/un animal/qc est mort(e)** jd/ein Tier/etw ist tot; ***la plante est morte*** die Pflanze ist tot [*o* eingegangen]
3. (*être décédé*) ■ **qn est mort(e)/mourut** jd ist gestorben/starb; ■ **un animal est mort/mourut** ein Tier ist eingegangen/ging ein
4. (*disparaître*) ■ **qn/un animal meurt** [**de qc**] jd/ein Tier stirbt [an etw (*dat*)], ein Tier geht [an etw (*dat*)] ein; ***on meurt*** [***de qc***] man stirbt [an etw (*dat*)]; ■ **il meurt des … personnes** es sterben … Menschen; ***il meurt des centaines de personnes*** Hunderte von Menschen sterben; ***qn voudrait/ne veut pas*** ~ jd will sterben/will nicht sterben [*o* sein Leben nicht verlieren]; ***qn voudrait que qn meure*** jd wünscht jdm den Tod; ■ **qn est mort(e) de qc** *d'un cancer, d'une crise cardiaque* jd ist an etw (*dat*) gestorben; *de ses blessures* jd ist einer S. (*dat*) erlegen; *de chagrin* jd ist vor etw (*dat*) gestorben; ***qn est mort(e) de faim/soif/froid*** jd ist verhungert/verdurstet/erfroren; ***elle est morte dans un accident de voiture*** sie ist bei einem Autounfall ums Leben gekommen; ■ **qn est mort(e) …**: ***qn est mort(e) décapité(e)*** jd ist enthauptet worden; ***qn est mort(e) assassiné(e)/empoisonné(e)/fusillé(e)/pendu(e)*** jd ist ermordet/vergiftet/erschossen/erhängt [*o* aufgehängt] worden; ***qn est mort(e) noyé(e)*** jd ist ertrunken; ***qn est mort(e) électrocuté(e)*** jd ist an einem elektrischen Stromstoß gestorben; ■ **un animal est mort …**: ***le chat est mort écrasé par un camion*** die Katze ist von einem Lastwagen überfahren worden
5. (*tuer*) ■ **qn/qc fait** ~ **qn/un animal** jd/etw tötet jdn/ein Tier; ***tu vas faire*** ~ ***ta mère de chagrin*** du bringst deine Mutter noch vor lauter Kummer ins Grab
6. (*abandonner à la mort*) ■ **qn laisse** ~ **qn/un animal** jd lässt jdn sterben/jd lässt ein Tier eingehen; ■ **qn va se laisser/s'est laissé(e)** ~ jd geht zugrunde/ist zugrunde gegangen
7. (*disparaître peu à peu*) ■ **qc meurt** /*métier, civilisation, mot*/ etw verschwindet; /*dialecte a.*/ etw stirbt; /*agriculture, petit commerce a.*/ etw geht ein
8. (*s'affaiblir*) ■ **qn laisse** ~ **qc** *feu, flamme* jd lässt etw ausgehen
9. (*souffrir de*) ■ **qn meurt de qc** jd stirbt vor etw (*dat*); ***cet auteur est à*** ~ ***d'ennui*** dieser Autor ist sterbenslangweilig; ***tu me feras*** ~ ***d'inquiétude/de peur*** die Angst/Sorge um dich wird mich noch ins Grab bringen
▶ **c'est à** ~ **de <u>rire</u>** das ist zum Totlachen; **<u>à</u>** ~: ***qn se sent malade à*** ~ jd fühlt sich sterbenskrank [*o* sterbenselend]; ***c'est d'une tristesse à*** ~ das ist todtraurig; ***qn s'ennuie à*** ~ er langweilt sich tödlich; **qc n'a <u>jamais</u> fait** ~ **qn** etw hat noch keinen umgebracht; **on n'en meurt <u>pas</u>!** daran stirbt man nicht!; **qn n'en mourra <u>pas</u>!** das wird jdn nicht umbringen!; **<u>que</u> je meure si je mens/si ce n'est pas vrai!** ich will auf der Stelle tot umfallen, wenn ich lüge/wenn es nicht wahr ist!
II. *vpr littér* ■ **qn se meurt** jd liegt im Sterben; ***qn se meurt d'un cancer*** jd stirbt an Krebs; ***qn se meurt d'amour*** jd vergeht vor Liebe
mouroir [muʀwaʀ] *m péj* Sterbeheim *nt*, Endstation *f fam*
mouron [muʀɔ̃] *m* BOT Ackergauchheil *m*, Augentrost *m*
▶ **qn se <u>fait</u> du** ~ *fam* jd wird krank vor Sorgen; ***ne te fais pas de*** ~ mach dir mal keine Sorgen
mouscaille [muskaj] *f* ▶ **qn <u>est</u> dans la** ~ *fam* (*est fauché*) jd sitzt auf dem Trockenen *fam;* (*a des ennuis*) jd sitzt in der Tinte [*o* im Dreck] *sl*
mousquetaire [muskətɛʀ] *m* Musketier *m*
moussaillon [musajɔ̃] *m fam* kleiner Schiffsjunge
moussaka [musaka] *f* Moussaka *f* (*griechische Spezialität aus Hackfleisch und Auberginen*)
moussant, e [musɑ̃, ɑ̃t] *adj* schäumend; *bain* Schaum-; ***ce savon est trop*** ~ diese Seife schäumt zu sehr
mousse[1] [mus] I. *f* 1. (*écume*) Schaum *m*
2. BOT Moos *nt*
3. GASTR (*crème*) schaumige Cremespeise *f*, Mousse *f;* (*pâté*) leichte Pastete, Mousse
4. (*caoutchouc*) Schaumgummi *m*, Schaumstoff *m*
5. COSMETIQUE Schaum *m;* ~ ***coiffante*** [***o de coiffage***] Haarschaum *m*
II. *app inv vert* moos-; *caoutchouc* Schaum-
◆ **mousse à raser** Rasierschaum *m*
mousse[2] [mus] *m* Schiffsjunge *m*
mousseline [muslin] I. *f* (*tissu*) Musselin *m;* ***une*** ~ ein Stück Stoff aus Musselin
II. *app inv:* ***pommes*** ~ schaumiges Kartoffelpüree; ***sauce*** ~ Sauce hollandaise *f* mit Sahne
mousser <1> [muse] *vi* 1. (*produire de la mousse*) ■ **qc mousse** etw schäumt; /*champagne a.*/ etw perlt; ■ **qn/qc fait** ~ **qc** jd/etw bringt etw zum Schäumen
2. *fam* (*vanter*) ■ **qn fait** ~ **qn/qc** jd rührt für jdn/etw die Werbetrommel, jd preist jdn/etw in den höchsten Tönen an; ■ **qn se fait** ~ **auprès de qn** jd setzt sich bei jdm in ein günstiges Licht
mousseux, -euse [musø, -øz] I. *adj* schäumend
II. *m* Schaumwein *m*
mousson [musɔ̃] *f* Monsun *m*
moussu, e [musy] *adj* moosbewachsen, moosbedeckt, moosig
moustache [mustaʃ] *f* 1. *sing o pl* [*homme*] Schnurrbart *m*, Schnauzbart *m*, Schnauzer *m; sing* [*femme*] Damenbart *m; pl* [*chat, phoque, lion, souris*] Schnurrhaare *pl*
2. (*trace autour des lèvres*) [Schnurr]bart *m*
▶ ~[**s**] **en <u>brosse</u>** Bürstenschnurrbart *m*, englischer Schnurrbart; ~[**s**] **en <u>croc</u>**, ~[**s**] **en <u>guidon</u> de vélo** aufgezwirbelter Schnurrbart; ~[**s**] **à la <u>gauloise</u>** Walrossbart *m;* **qn <u>porte</u> la** ~ [*o* **des** ~**s**] jd trägt einen Schnurrbart
moustachu, e [mustaʃy] I. *adj homme* schnurrbärtig, mit Schnurrbart; *lèvre supérieure* bärtig
II. *m* Schnurrbärtige(r) *m*, Schnauzbärtige(r) *m*, Schnauz[bart *m*] *m fam*
moustiquaire [mustikɛʀ] *f* Moskitonetz *nt;* (*à la fenêtre*) Fliegenfenster *nt;* (*à la porte*) Fliegengitter *nt*
moustique [mustik] *m* 1. ZOOL Stechmücke *f*, Schnake *f* SDEUTSCH; (*sous les tropiques*) Moskito *m*
2. *péj* (*enfant*) Knirps *m;* (*personne malingre*) Würmchen *nt*
moût [mu] *m* [*vin*] Most *m;* [*bière*] Würze *f*
moutard [mutaʀ] *m fam* 1. (*petit garçon*) Balg *m fam*
2. *pl* (*enfants*) Blagen *pl fam*
moutarde [mutaʀd] I. *f* Senf *m;* ~ ***forte*** scharfer Senf
▶ **la** ~ **monte au <u>nez</u> de qn** der Ärger steigt in jdm hoch
II. *app inv* senf-
◆ **moutarde à l'ancienne** *Senf mit ganzen Pfefferkörnern;* **moutarde de Dijon** *extrascharfer Senf*
mouton [mutɔ̃] *m* 1. ZOOL Schaf *nt;* (*mâle châtré*) Hammel *m;* (*viande*) Hammel[fleisch *nt*] *m;* ***une veste en*** [***peau de***] ~ eine Jacke aus Schaf[s]pelz; ***un livre relié en*** ~ ein in Schafleder *nt* gebundenes Buch
2. *pl* (*écume*) Schaumkronen *pl;* (*poussière*) Staubflocken *pl;* (*nuages*) Schäfchenwolken *pl*, Lämmerwolken *pl*
3. (*homme doux*) gutmütiges Schaf
▶ **c'est le** ~ **à cinq <u>pattes</u>** das ist das achte Weltwunder, das ist etwas ganz Seltenes; **qn est <u>doux</u> comme un** ~ jd ist sanft wie ein Lamm; **qn est un** ~ **<u>enragé</u>** jd ist eine Furie; **qn est <u>frisé</u>(e) comme un** ~ jd hat Ringellöckchen; **qn <u>compte</u> les** ~**s** [**pour s'endormir**] jd zählt Schäfchen [um einzuschlafen]; **<u>revenons</u> à nos** ~**s** kommen wir wieder zur Sache zurück; **des personnes <u>suivent</u> qn comme des** ~**s** Menschen folgen jdm wie eine Hammelherde
◆ **mouton de Panurge** Herdenschaf *nt*
moutonné, e [mutɔne] *adj ciel* mit [*o* voller] Schäfchenwolken; *nuages* Schäfchen-
moutonnement [mutɔnmɑ̃] *m* [*mer, vague*] Kräuseln *nt*, Kräuselung *f;* ***le*** ~ ***des collines*** die wellenförmige Hügellandschaft
moutonner <1> [mutɔne] I. *vi* ■ **qc moutonne** /*mer, vagues*/ etw kräuselt sich, etw schäumt, etw trägt Schaumkronen; /*collines*/ etw wellt sich; ***les nuages moutonnent dans le ciel*** am Himmel bilden sich Schäfchenwolken
II. *vpr* ■ **qc se moutonne** /*mer*/ etw bedeckt sich mit Schaumkronen; /*ciel*/ etw bedeckt sich mit Schäfchenwolken
moutonneux, -euse [mutɔnø, -øz] *adj mer* voller Schaumkronen; *ciel* mit Schäfchenwolken bedeckt
mouture [mutyʀ] *f* 1. [*café, céréales*] (*action*) Mahlen *nt;* (*résultat*) Gemahlene(s) *nt;* ***la*** ~ ***du café n'est pas assez fine*** der Kaffee ist nicht fein genug gemahlen
2. *péj* (*reprise*) Aufguss *m*
3. (*version*) Version *f*, Ausführung *f*
▶ **<u>première</u>** ~ erster Entwurf
mouvance [muvɑ̃s] *f* 1. (*sphère d'influence*) Einflussbereich *m*
2. (*mouvement idéologique*) Bewegung *f*
mouvant, e [muvɑ̃, ɑ̃t] *adj* 1. (*ondoyant*) *foule, champs de blé* wogend; *ombre* sich hin- und herbewegend; *flamme* flackernd
2. (*changeant*) *pensée, univers* sich wandelnd; *situation* unbeständig
3. (*sans stabilité*) *terrain* unsicher, schwankend; ***sables*** ~***s*** Treibsand *m*
mouvement [muvmɑ̃] *m* 1. (*geste, action*) Bewegung *f*
2. (*impulsion*) Regung *f*, Reaktion *f;* ■ ~ **de qc** *de colère* Anfall *m* von etw; *d'humeur, de joie, d'indignation* Ausbruch *m* von etw; *de pitié, dégoût, d'impatience* Anwandlung *f* von etw
3. (*activité*) Bewegung *f;* (*animation*) Treiben *nt*, Umtrieb *m;* ***c'est un quartier plein de*** ~ das ist ein belebtes Viertel
4. (*action collective*) Bewegung *f*
5. (*organisation*) Bewegung *f*
6. (*déplacement*) Bewegung *f;* [*étoiles, nuages*] Bewegungen *pl;* ***les*** ~***s de foule*** die Massenbewegungen; ~***s portuaires*** Hafenverkehr *m;* ~***s de troupes*** Truppenbewegungen; ~***s de la population*** Bevölkerungsbewegungen
7. *pl* ECON [*capitaux, fonds*] Bewegungen *pl*, Verkehr *m;* [*marchandises*] Verkehr, Umlauf *m*
8. ADMIN (*changement d'affectation*) Veränderungen *pl*
9. GEOL ■ ~ **de** *de terrain* -bewegung *f*
10. (*évolution*) [*idées, histoire*] Wandel *m;* ~ ***d'opinion/idées*** geistige Strömung; ~ ***de réformes*** Reformbewegung *f;* ~ ***de société*** gesellschaftlicher Wandel
11. FIN: ~ ***des prix*** Preisschwankungen *pl;* ~ ***de baisse*** Abwärtsbewegung *f*, rückläufige Bewegung; ~ ***de hausse*** Aufwärtsbewegung *f*
12. MUS (*tempo*) Tempo[bezeichnung *f*] *nt;* (*partie de l'œuvre*) Satz *m;* LITTER Lebendigkeit *f*
13. (*mécanisme*) [*horlogerie, montre*] Werk *nt;* ~ ***à quartz*** Quarzsteuerung *f*
▶ **qn a un <u>bon</u>** ~ jd folgt einer guten Regung; ***allez, un bon*** ~ seien Sie großzügig; **un <u>faux</u>** ~ eine unglückliche Bewegung; **qn est <u>libre</u> de ses** ~**s** jd kann sich frei bewegen; [**qn cherche**] **le** ~ **<u>perpétuel</u>** [jd versucht] die Quadratur des Kreises; **<u>premier</u>** ~ erste Reaktion [*o* Eingebung]; **qn agit de son <u>propre</u>** ~ jd handelt aus eigener Initiative; **qn est <u>toujours</u> en** ~ jd ist

immer in Bewegung; **qn accélère** [*o* **presse**] **le** ~ jd beschleunigt das Tempo; **qn commande le** ~ jd ist der Anführer [der Bewegung]; **qn est dans le** ~ jd ist auf dem Laufenden; **qn/qc fait** ~ [**vers quelque part**] MIL jd/etw setzt sich [irgendwohin] in Bewegung [*o* Marsch]; **qc se met en** ~ etw setzt sich in Bewegung; **qc met qc en** ~ etw bringt etw in Gang; **qn suit le** ~ jd geht mit der Zeit

◆ **mouvement d'ensemble** Bewegungsablauf *m;* **mouvement de tenaille** Scherenbewegung *f*

mouvementé, e [muvmɑ̃te] *adj* **1.** (*plein de péripéties*) stürmisch; *vie a.* bewegt; *séance, débat a.* wild; *poursuite, récit, film, arrestation* dramatisch
2. (*accidenté*) uneben

mouvoir <*irr*> [muvwaʀ] **I.** *vt* **1.** (*mettre en mouvement*) ■ **qc fait** ~ **qc** etw bringt etw in Bewegung; ■ **qc est mû(mue) par qc** etw wird von etw angetrieben
2. (*pousser*) ■ **qn est mû(mue) par qc** *par le désir* jd wird von etw getrieben; *par un motif* etw treibt jdn an; *par l'intérêt, la pitié* jd handelt aus etw [heraus]; ***qn est mû(mue) par une impulsion*** jd folgt einer plötzlichen Eingebung
II. *vpr* **1.** (*être en mouvement*) ■ **qn/un animal se meut** jd/ein Tier bewegt sich
2. (*évoluer*) ■ **qn se meut** jd bewegt sich

moyen [mwajɛ̃] *m* **1.** (*procédé*) Mittel *nt;* (*solution*) Weg *m,* Mittel und Wege *pl;* (*manière*) Art *f* [und Weise *f*]; ***tous les ~s seront mis en œuvre pour faire qc*** man versucht alles um etw zu tun; ***qn ne recule devant aucun ~*** jd lässt kein Mittel unversucht, jd schreckt vor keinem Mittel zurück; ~ ***détourné*** Umweg *m*
2. *pl* (*capacités physiques*) körperliche Fähigkeiten, Kräfte *pl;* (*capacités intellectuelles*) geistige Fähigkeiten, Begabung *f;* ***qn est en pleine possession de ses ~s*** [*o* ***en possession de tous ses ~s***] jd ist im Vollbesitz seiner Kräfte; ***qn est encore en possession de tous ses ~s*** jd ist noch ganz rüstig
3. *pl* (*ressources financières*) [finanzielle] Mittel; ***il/elle a les ~s!*** *fam* er/sie kann es sich (*dat*) leisten!; ***vous participez selon vos ~s*** jeder gibt, wie er kann; ***qn n'a pas les ~s de faire qc*** es fehlt jdm an den nötigen Mitteln, um etw zu tun; jd kann es sich (*dat*) nicht leisten, etw zu tun; ***c'est au-dessus de mes ~s*** das übersteigt meine Mittel [*o* Verhältnisse]; ***qn vit au-dessus de ses ~s*** jd lebt über seine Verhältnisse; ***qn a de petits/gros ~s*** jd ist knapp/gut bei Kasse
4. *souvent pl* (*instruments*) ■ **~s de** -mittel *pl;* ***~s publicitaires/audiovisuels*** Werbemittel *pl*/audiovisuelle Mittel *pl;* ***nous n'avons qu'un ~ d'action*** das ist für uns der einzige Weg [*o* die einzige Möglichkeit] zu handeln; ***quel ~ de transport/de contrôle utilisez-vous?*** welches Transport-/Kontrollmittel benutzen Sie?

▸ **qn se débrouille avec les ~s du bord** jd kommt mit dem zurecht, was er hat; **qn fait qc avec des ~s de fortune** jd macht etw mit dem, was er hat [*o* mit den zur Verfügung stehenden Mitteln]; **un bon** ~ ein gutes Mittel, ein guter Trick; **tous les ~s** [**lui**] **sont bons pour faire qc** wenn es darum geht, etw zu tun, sind [jdm] alle Mittel recht; **qn emploie les** [*o* **recourt aux**] **grands ~s** [**pour faire qc**] jd ergreift energische Maßnahmen [um etw zu tun]; **par ses propres ~s** *rentrer* alleine; *être arrivé* aus eigener Kraft; **par tous les ~s** mit allen Mitteln; **il y a ~ de faire qc** es besteht die Möglichkeit, etw zu tun; **il n'y a pas ~** [**de faire qc**] [es ist] unmöglich[, etw zu tun]; **si qn en avait le ~** [*o* **les ~s**] wenn jd dazu in der Lage wäre; **qn perd ses ~s** jd kommt ganz aus der Fassung; **qn trouve ~ de faire qc** jd schafft es, etw zu tun; **à chacun selon ses ~s** jeder nach seinen Möglichkeiten; **au ~ de qc** mit Hilfe einer S. (*gen*); **par le ~ de** auf dem Umweg über; **pas ~ de faire qc/que** + *subj* es ist völlig unmöglich, etw zu machen/dass; **pas ~!** nichts zu machen!

moyen, ne [mwajɛ̃, jɛn] *adj* **1.** (*entre deux extrêmes*) mittlere(r, s); *classe, ondes* Mittel-
2. (*du type courant*) Durchschnitts-
3. (*ni bon, ni mauvais*) mittelmäßig
4. (*en calculant une moyenne*) durchschnittlich
5. (*intermédiaire*): ***le cours ~ d'un fleuve*** der Mittellauf eines Flusses; ***l'oreille ~ne*** das Mittelohr; ***à ~ terme*** mittelfristig; *v. a.* **moyenne**

Moyen Âge *m,* **Moyen-Âge** [mwajɛnɑʒ] *m* Mittelalter *nt*
▸ **c'est le ~ ~** *péj* das ist ja wie im [finstersten] Mittelalter

moyenâgeux, -euse [mwajɛnɑʒø, -øz] *adj* **1.** (*médiéval*) mittelalterlich
2. *péj* (*suranné*) mittelalterlich, vorsintflutlich

moyen-courrier <~-~s> [mwajɛ̃kuʀje] *m* Mittelstreckenflugzeug *nt*

moyennant [mwajɛnɑ̃] *prép récompense, un petit service* gegen; *2000 F* für; *un effort soutenu* mit; ~ ***un effort soutenu nous avons pu ...*** dank des nicht nachlassenden Einsatzes konnten wir ...
▸ ~ **quoi** womit, wofür

moyenne [mwajɛn] *f* **1.** STATIST, MATH Mittel *nt,* Mittelwert *m;* ■ ~ **de** *des notes, d'une classe* -durchschnitt *m; d'âge* Durchschnitts-; ***la ~ des températures*** der mittlere Temperaturenwert; ~ ***arithmétique/géométrique*** arithmetisches/geometrisches Mittel; ~ ***pondérée*** gewogener Mittelwert
2. SCOL Durchschnitt *m;* ***ses notes sont au-dessus/en dessous de la ~*** seine Noten liegen über/unter dem Durchschnitt; ***sa ~ générale*** sein/ihr allgemeiner Durchschnitt; ***la ~ annuelle*** der Jahresdurchschnitt
3. (*type le plus courant*) Durchschnitt *m*
4. (*vitesse*) ■ **une ~ de 80/100/150/... m/s/km/h** ein Durchschnitt von 80/100/150/... m/s/km/h; ***leur ~ horaire est de 120 km*** ihre durchschnittliche Geschwindigkeit beträgt 120 Stundenkilometer
▸ **qn arrive** [*o* **se classe**] **dans la ~** jd erreicht den Durchschitt; **qn est dans la ~** jd liegt im Durchschnitt; **qn/un véhicule fait une ~ de 100/150/...** [*o* **du 100/150/... de ~**] jd/ein Auto fährt mit einer durchschnittlichen Geschwindigkeit von 100/150 Stundenkilometern; **un élève à la ~** ein Schüler hat Durchschnittsniveau; **un élève à la ~ en qc** ein Schüler ist in etw (*dat*) durchschnittlich gut; **en ~** im Durchschnitt, durchschnittlich

moyennement [mwajɛnmɑ̃] *adv* mittelmäßig, mäßig; ***qn/qc est ~ bon*** jd/etw ist nicht besonders, jd/etw ist mittelprächtig *fam*

Moyen-Orient [mwajɛnɔʀjɑ̃] *m* ■ **le Moyen-Orient** der Mittlere Osten

moyeu <x> [mwajø] *m* Nabe *f*

M.S.T. [ɛmɛste] *f* MED *abr de* **maladie sexuellement transmissible** Geschlechtskrankheit *f*

mû, mue [my] *pp de* **mouvoir**

mucosité [mykozite] *f* Schleim *m*

mue [my] *f* **1.** ZOOL, ORN [*oiseau*] Mauser *f,* Mausern *nt;* [*serpent*] Häutung *f;* [*mammifère*] [Sich]haaren *nt;* (*époque*) [*oiseau*] Zeit *f* der Mauser; [*serpent*] Zeit der Häutung; [*mammifère*] Zeit des [Sich]haarens; ~ ***d'un serpent*** abgestreifte Schlangenhaut
2. (*transformation*) Mutation *f spec;* (*époque*) Zeit *f* des Stimmbruchs; ~ ***de la voix*** Stimmbruch *m;* ***il a sa ~*** er ist im Stimmbruch

muer <1> [mɥe] **I.** *vi* **1.** ■ **un animal mue** */oiseau/* ein Tier mausert sich; */serpent/* ein Tier häutet sich; */mammifère/* ein Tier haart [sich]
2. ■ **qn/qc mue** jd befindet sich [*o* ist] im Stimmbruch, jd mutiert *spec;* ***sa voix mue/a mué*** er befindet sich [*o* ist] im Stimmbruch/hat den Stimmbruch hinter sich (*dat*)
II. *vpr littér* ■ **qc se mue en qc** etw wandelt sich in etw (*akk*); ■ **qn se mue en qn** jd entwickelt sich zu jdm heran, jd mausert sich zu jdm *fam*

muesli [mysli] *m* Müsli *nt*

muet, te [mɥɛ, mɥɛt] **I.** *adj* **1.** (*privé de la parole*) stumm
2. (*silencieux*) stumm; ■ ~ **de qc** *de peur* stumm vor etw (*dat*); *d'admiration, de colère, d'étonnement, de surprise* sprachlos vor etw (*dat*)
3. (*inexprimé*) *désespoir, protestation, colère* stumm; *reproche* still; ***prière ~te*** stilles Gebet
4. (*sans indications*) ■ **qc est ~ sur qc** */loi/* etw sagt zu etw nichts
5. CINE, THEAT *film* Stumm-; *rôle, jeu* stumm; ***l'époque du cinéma ~*** die Zeit des Stummfilms
6. LING stumm
7. (*sans signes écrits*) *clavier* unbeschriftet; *carte géographique a.* stumm; (*sans prix*) *carte de restaurant* ohne Preisangaben
II. *m, f* Stumme(r) *f(m)*

muezzin [mɥɛdzin] *m* Muezzin *m*

mufle [myfl] *m* **1.** [*chien*] Schnauze[nspitze *f*] *f;* [*vache, chèvre, mouton*] Maul *nt*
2. (*goujat*) Muffel *m,* Rüpel *m*

muflerie [myfləʀi] *f* Rüpelhaftigkeit *f*

mugir <8> [myʒiʀ] *vi* ■ **un animal mugit** ein Tier muht [*o* brüllt]; ■ **qc mugit** */vent, sirène/* etw heult; */mer, flots/* etw tost

mugissement [myʒismɑ̃] *m* **1.** (*beuglement*) Muhen *nt,* Brüllen *nt*
2. (*bruit du vent, d'une sirène*) Heulen *nt;* (*de la mer*) Tosen *nt*

muguet [mygɛ] *m* **1.** BOT Maiglöckchen *nt*
2. MED Soor *m*

mulâtre, -tresse [mylɑtʀ, -tʀɛs] **I.** *adj* Mulatten-
II. *m, f* Mulatte/Mulattin *m/f*

mule[1] [myl] *f* (*pantoufle*) Pantoffel *m*

mule[2] [myl] *f* ZOOL Mauleselin *f*
▸ **qn est têtu(e) comme une ~** jd ist störrisch [*o* stur] wie ein Esel *fam*

mulet[1] [mylɛ] *m* ZOOL Maultier *nt,* Maulesel *m*
▸ **qn est chargé(e) comme un ~** *fam* jd ist beladen wie ein Packesel *fam*

mulet[2] [mylɛ] *m* (*poisson*) Meeräsche *f*

muletier, -ière [myltje, -jɛʀ] **I.** *adj:* ***sentier*** [*o* ***chemin***] ~ Maultierpfad *m,* Saumpfad *m*
II. *m, f* Maultiertreiber(in) *m(f)*

mulot [mylo] *m* Feldmaus *f*

multi- [mylti] *préf* mehr-, viel-, multi-

multicarte [myltikaʀt] *adj* Mehrfirmen-

multicellulaire [myltiselylɛʀ] *adj* vielzellig, mehrzellig

multicolore [myltikɔlɔʀ] *adj* mehrfarbig, bunt

multicoque [myltikɔk] **I.** *adj* mit mehreren Rümpfen
II. *m* Mehrrumpfboot *nt*

multiculturel, le [myltikyltyʀɛl] *adj* multikulturell

multidimensionnel, le [myltidimɑ̃sjɔnɛl] *adj espace* mehrdimensional; *culture* vielschichtig, multidimensional

multifenêtrage [myltif(ə)nɛtʀaʒ] *m* INFORM Fenstertechnik *f*

multifenêtre [myltif(ə)nɛtʀ] *adj* mit mehreren Bildschirmfenstern

multigrade [myltigʀad] *adj* Mehrbereichs-

multilatéral, e <-aux> [myltilateʀal, o] *adj* multilateral

multilingue [myltilɛ̃g] *adj* mehrsprachig

multilinguisme [myltilɛ̃gɥism] *m* Mehrsprachigkeit *f*

multimédia [myltimedja] **I.** *adj inv* **1.** *groupe, campagne de publicité* multimedial; *show, manifestation* Multimedia-
2. INFORM *configuration, kit, application, ordinateur* multimedial, Multimedia-
II. *m* **1.** ■ **le** ~ Multimedia *kein art*
2. (*ordinateur*) multimediales Computersystem [kɔm'pjuːtɐ-]

multimilliardaire [myltimiljaʀdɛʀ] **I.** *adj* ■ **qn est** ~ jd ist mehrfacher Milliardär/mehrfache Milliardärin
II. *mf* Multimilliardär(in) *m(f)*

multimillionnaire [myltimiljɔnɛʀ] **I.** *adj* ■ **qn est** ~ jd ist Multimillonär(in) *m(f)*
II. *mf* Multimillionär(in) *m(f)*

multinational, e <-aux> [myltinasjɔnal, o] **I.** *adj* multinational
II. *f* ■ **multinationale** multinationaler Konzern, Multi *m fam*

multipare [myltipaʀ] *adj* ■ **un animal est** ~ ein Tier wirft mehrere Junge; ***une femme*** ~ eine Frau, die mehrere Geburten hinter sich (*dat*) hat; eine

Multipara *spec*

multipartisme [myltipaʀtism] *m* Mehrparteiensystem *nt*

multiplace [myltiplas] I. *adj* mehrsitzig
II. *m* Mehrsitzer *m*

multiple [myltipl] I. *adj* 1. (*nombreux*) vielfach, mehrfach, zahlreich; (*varié*) *aspects, raisons, choix* vielfältig, mannigfaltig; *cas* verschiedenartig; ***à usages ~s*** zur vielseitigen Verwendung
2. (*maints*) *occasions* vielerlei *inv*, vielfach; ***à de ~s reprises*** zu wiederholten Malen, wiederholt
3. TECH *prise, tête* Mehrfach-
4. (*complexe*) vielschichtig; ***fracture ~*** komplizierter Knochenbruch
5. MATH ■ **qc est ~ de qc** etw ist ein Vielfaches von etw
II. *m* ■ **qc est le ~ de qc** etw ist das Vielfache von etw; ***12 est le plus petit commun ~ de 3 et de 4*** 12 ist das kleinste gemeinsame Vielfache von 3 und 4

multiplex [myltiplɛks] *m* ∅ Konferenzsendung *f*, Sendung mit Konferenzschaltung; ***émission réalisée en ~*** Konferenzsendung *f*, Sendung mit Konferenzschaltung

multipliable [myltiplijabl] *adj* multiplizierbar

multiplicande [myltiplikɑ̃d] *m* Multiplikand *m*

multiplicateur, -trice [myltiplikatœʀ, -tʀis] I. *adj*: ***effet ~*** Kettenreaktion *f*; ***milieu ~*** Kernkettenreaktionsbereich *m*
II. *m* MATH Multiplikator *m*

multiplicatif, -ive [myltiplikatif, -iv] *adj signe, notation* Multiplikations-, Mal-; *préfixe, adverbe* Multiplikativ-

multiplication [myltiplikasjɔ̃] *f* 1. MATH Multiplikation *f*, Multiplizieren *nt*, Malnehmen *nt*; ***table de ~*** Multiplikationstabelle *f*
2. HORT, BOT Vermehrung *f*
3. (*augmentation*) Vermehrung *f*; ***la ~ des pains*** die Brotvermehrung

multiplicité [myltiplisite] *f* Vielfalt *f*

multiplier <1 a> [myltiplije] I. *vt* 1. MATH ■ **qn multiplie un nombre par un autre** jd multipliziert eine Zahl mit einer anderen, jd nimmt eine Zahl mit einer anderen mal
2. (*augmenter le nombre de*) ■ **qn multiplie qc** jd vervielfacht etw; *efforts* jd steigert etw; *difficultés* jd weitet etw aus; *attaques, avertissements* jd wiederholt etw; ***qn multiplie les démarches auprès de qn*** jd sucht jdn wiederholt auf
3. HORT, BOT ■ **qn multiplie qc** jd vermehrt etw
II. *vpr* 1. (*augmenter*) ■ **plusieurs choses se multiplient** mehrere Dinge vermehren sich [*o* nehmen zu]
2. (*se reproduire*) ■ **des personnes/animaux/choses se multiplient** Menschen/Tiere/Dinge vermehren sich [*o* pflanzen sich fort]
3. (*se donner à fond*) ■ **qn se multiplie** jd strengt sich noch mehr an

multiposte [myltipɔst] I. *adj* Mehrplatz-
II. *m* Mehrplatzsystem *nt*

multiprocesseur [myltipʀɔsesœʀ] *m* Multiprocessing [-prosɛsɪŋ] *nt*

multiprogrammation [myltipʀɔgʀamasjɔ̃] *f* INFORM Multitasking [ˈmʌltitɑːskɪŋ] *nt*

multipropriété [myltipʀɔpʀijete] *f* Gemeinschaftseigentum *nt*

multiracial, e <-aux> [myltiʀasjal, jo] *adj* gemischtrassisch

multirisque [myltiʀisk] *adj* kombiniert

multisalles [myltisal] I. *adj* mit mehreren Sälen
II. *m inv* Gebäude *nt* mit mehreren Sälen

multistandard [myltistɑ̃daʀ] *adj* für mehrere Systeme

multitâche [myltitɑʃ] *adj* mit Multitasking

multitraitement [myltitʀɛtmɑ̃] *m* Multiprocessing [-prosɛsɪŋ] *nt*

multitude [myltityd] *f* 1. (*grand nombre*) ■ **~ de personnes/choses** Vielzahl *f* [*o* große Menge] [*o* Unmenge *f*] von Menschen/Dingen
2. (*foule*) [große] Menge

munichois, e [mynikwa, waz] I. *adj personne, bière* Münchner
II. *m, f* ■ **Munichois(e)** Münchner(in) *m(f)*

municipal, e <-aux> [mynisipal, o] I. *adj stade, employé, services* städtisch; *conseil, conseiller* Stadt-; *élections, impôt* Kommunal-
II. *fpl* ■ **municipales** Kommunalwahlen *pl*

municipalité [mynisipalite] *f* 1. (*conseil municipal*) Stadtrat *m*
2. (*commune*) Stadtgemeinde *f*

munir <8> [myniʀ] I. *vt* ■ **qn munit qn/qc de qc** jd versieht jdn/etw mit etw, jd rüstet [*o* stattet] jdn/etw mit etw aus
II. *vpr* 1. (*prendre avec soi*) ■ **qn se munit de qc** jd versieht sich mit etw, jd nimmt etw mit
2. (*s'armer*) ■ **qn se munit de qc** jd wappnet sich mit etw

munitions [mynisjɔ̃] *fpl* Munition *f*

muqueuse [mykøz] *f* Schleimhaut *f*

mur [myʀ] *m* 1. [*maison, ville, jardin*] Mauer *f*; [*pièce*] Wand *f*; ***~ d'enceinte*** Umfassungsmauer; ***~ de soutènement*** Stützmauer; ***~ mitoyen*** Grenzmauer; ***~ portant*** tragende Wand
2. SKI, ALPIN Steilhang *m*
3. SPORT (*obstacle*) Mauer *f*
4. (*ce qui sépare*) ■ **~ de** *de silence* Mauer *f* (+ *gen*); *d'hostilité, incompréhension* Mauer aus; *de pluie* -wand *f*; ***~ de feu*** Brandmauer
► **le ~ des Lamentations** die Klagemauer; ***ce n'est pas le ~ des Lamentations ici*** wir sind doch hier nicht an der Klagemauer; **les ~s ont des oreilles** die Wände haben Ohren; **entre quatre ~s** zwischen vier Wänden; **qn ne laisse que les quatre ~s** jd lässt nur die nackten Wände; **qn est dans nos ~s** jd weilt unter uns; **qn fait le ~** jd haut heimlich [über die Mauer] ab *fam*; **qn se heurte à un ~** jd stößt auf Granit [*o* strikte Ablehnung]; **c'est comme si on parlait à un ~** es ist als redete man gegen eine Wand; **qn rase les ~s** jd läuft an der Mauer entlang; (*se fait tout petit*) jd macht sich dünn
◆ **mur du son** Schallmauer *f* ► **qn/qc franchit le ~ du son** jd/etw durchbricht die Schallmauer

mûr, e [myʀ] *adj* reif; *fruit a., projet* ausgereift; *révolution* fällig; ***qn est ~ pour son âge*** jd ist für sein Alter schon recht reif; ***personne ~e*** [*o* ***d'âge ~***] Person *f* in reiferen Jahren [*o* reiferen Alters]; *péj* ältliche Person

muraille [myʀɑj] *f* 1. (*mur*) [dicke] Mauer; ***la Grande M~ de Chine*** die Chinesische Mauer; ***les ~s d'un château fort*** die Festungsmauern einer Burg
2. ALPIN Steilwand *f*

mural, e <-aux> [myʀal, o] *adj* Wand-

mûre [myʀ] *f* 1. (*fruit de la ronce*) Brombeere *f*
2. (*fruit du mûrier*) Maulbeere *f*

mûrement [myʀmɑ̃] *adv réfléchir* reiflich; *délibérer, peser* sorgfältig

murène [myʀɛn] *f* Muräne *f*

murer <1> [myʀe] I. *vt* 1. CONSTR ■ **qn mure qc** jd mauert etw zu, jd vermauert etw
2. (*isoler*) ■ **qc mure qn quelque part** /*avalanche, éboulement*/ etw schließt jdn von der Außenwelt ab; ■ **qc mure qn dans qc** *dans la solitude, le silence, son mutisme* etw macht jdn zum Gefangenen einer S. (*gen*); ■ **qn est muré(e) dans qc** jd ist in etw (*dat*) gefangen
II. *vpr* ■ **qn se mure chez soi** jd schließt sich von der Außenwelt ab; ■ **qn se mure dans qc** *dans son orgueil, le silence* jd verschanzt sich hinter einer Mauer aus etw; *dans sa douleur, solitude* jd verschließt sich in etw (*akk*)

muret [myʀɛ] *m*, **murette** [myʀɛt] *f* Mäuerchen *nt*

mûrier [myʀje] *m* 1. (*arbre*) Maulbeerbaum *m*
2. (*ronce*) Brombeerpflanze *f*; ***des buissons de ~s*** Brombeerhecken *pl*

mûrir <8> [myʀiʀ] I. *vi* 1. (*arriver à maturité*) ■ **un fruit mûrit** eine Frucht reift [*o* wird reif]
2. (*acquérir de la sagesse*) ■ **qn mûrit** jd wird reifer
3. (*évoluer*) ■ **qc mûrit** /*idée, projet*/ etw reift heran; /*talent, affaire*/ etw wird reif
4. MED ■ **qc mûrit** etw wird reif
II. *vt* 1. (*rendre mûr*) ■ **qc mûrit un fruit** etw bringt eine Frucht zur Reife, etw lässt eine Frucht reifen
2. (*rendre sage*) ■ **qc mûrit qn** etw lässt jdn reifer werden, etw macht jdn reifer; ***qc mûrit l'esprit*** etw lässt einen reifer werden, etw macht reif
3. (*méditer*) ■ **qn mûrit qc** *projet* jd lässt etw in sich (*dat*) heranreifen, jd brütet über etw (*dat*) *fam*; ***qn mûrit l'idée de faire qc*** jd trägt sich mit dem Gedanken, etw zu tun

mûrissant, e [myʀisɑ̃, ɑ̃t] *adj fruit* reifend; *personne* reiferen Alters

mûrissement [myʀismɑ̃] *m* 1. [*fruit*] Reifen *nt*
2. [*idée, projet*] Reifezeit *f*

murmure [myʀmyʀ] *m* 1. (*chuchotement*) Murmeln *nt*
2. (*réaction contenue*) ■ **~ de** Murmeln *nt* (+ *gen*)
3. *pl* (*paroles de mécontentement*) Murren *nt*
4. *littér* (*bruissement léger*) ■ **~ de qc** *d'un ruisseau* Murmeln *nt* [*o* Plätschern *nt*] einer S. (*gen*); *du vent* Säuseln *nt* einer S. (*gen*); *des feuilles* Rascheln *nt* einer S. (*gen*); ***le ~ des criquets/des oiseaux*** das Zirpen der Grillen/das Zwitschern der Vögel

murmurer <1> [myʀmyʀe] I. *vi* 1. (*chuchoter*) ■ **qn murmure** jd murmelt
2. (*protester*) ■ **qn murmure** jd murrt, jd brummelt; ***qn fait qc sans ~*** jd tut etw ohne zu murren
3. *littér* (*faire entendre un bruissement léger*) ■ **qc murmure** /*ruisseau*/ etw murmelt; /*fontaine*/ etw plätschert; /*vent*/ etw säuselt; /*feuillage*/ etw raschelt
II. *vt* ■ **qn murmure qc** jd murmelt etw; ■ **qn lui murmure qc** jd flüstert [*o* raunt] jdm etw zu; ***qn murmure qc à l'oreille de qn*** jd flüstert jdm etw ins Ohr; ■ **on murmure que** + *indic* man murmelt, dass; es geht das Gerücht, dass

mûron [myʀɔ̃] *m* Brombeere *f*

mus [my] *p simple de* **mouvoir**

musaraigne [myzaʀɛɲ] *f* Spitzmaus *f*

musarder <1> [myzaʀde] *vi* ■ **qn musarde** jd trödelt, jd bummelt

musc [mysk] *m* Moschus *m*

muscade [myskad] *f* Muskat *m*
► **passez ~** Hokuspokus verschwindibus!

muscle [myskl] *m* Muskel *m*; ***qn se déchire un ~*** jd zieht sich (*dat*) einen Muskelriss zu; ***qn se claque un ~*** jd zerrt sich (*dat*) einen Muskel
► **qn a des ~s d'acier** jd hat Muskeln hart wie Stahl, jd hat stählerne Muskeln; **~ cardiaque** Herzmuskel *m*; **~ lisse** glatter Muskel; **~ strié** quer gestreifter Muskel; **qn a du ~** [*o* **des ~s**] *fam* jd hat Muskeln; **qc a du ~** etw ist stark und dynamisch; **qn est tout en ~s** jd besteht nur aus Muskeln; **qn joue des ~s** jd lässt seine Muskeln spielen; **qc manque de ~** etw ist schlaff und energielos

musclé, e [myskle] *adj* 1. (*avec des muscles*) muskulös, kräftig
2. *fam ministre, gouvernement, discours* stramm; *régime, politique* straff, energisch
3. (*vif*) *style* handfest
4. *arg* (*compliqué*): ***il était plutôt ~, le problème*** das Problem war ganz schön verzwickt *fam*

muscler <1> [myskle] *vt* ■ **qc muscle qn** etw entwickelt [*o* stärkt] jds Muskeln; ***qc muscle le dos/les jambes*** etw stärkt die Rückenmuskulatur/Beinmuskulatur

musculaire [myskylɛʀ] *adj* Muskel-

musculation [myskylasjɔ̃] *f* Muskeltraining [-trɛːnɪŋ] *nt*, Bodybuilding [ˈbɔdibɪldɪŋ] *nt*

musculature [myskylatyʀ] *f* Muskulatur *f*

musculeux, -euse [myskylø, -øz] *adj* muskulös

muse [myz] *f* **1.** MYTH ■ **M~** Muse *f*
2. (*inspiratrice*) Muse *f*
▶ **qn taquine la ~** *fam* jdn hat die Muse geküsst

museau <x> [myzo] *m* **1.** [*chien*] Schnauze *f;* [*vache, poisson*] Maul *nt*
2. GASTR [Ochsen]maul *nt*
3. *fam* (*figure*) Mäulchen *nt*

musée [myze] *m* Museum *nt*
▶ **c'est le ~ des horreurs** *fam* das ist ein Gruselkabinett

museler <3> [myzle] *vt* **1.** (*mettre une muselière*) ■ **qn musèle un animal** jd bindet einem Tier einen Maulkorb um
2. (*bâillonner*) ■ **qn musèle qn/qc** jd legt jdm/einer S. einen Maulkorb an, jd macht jdn/etw mundtot; *liberté* jd unterdrückt etw

muselière [myzəljɛʀ] *f* Maulkorb *m*

musellement [myzɛlmɑ̃] *m* **1.** [*animal*] Anlegen *nt* des Maulkorbs
2. [*opposition, presse*] Knebeln *nt;* [*liberté*] Unterdrückung *f;* **on assiste au ~ des libertés** man erlebt, wie die Freiheiten unterdrückt werden

musette [myzɛt] **I.** *f* **1.** (*petite sacoche*) Brotbeutel *m,* Vespertasche *f*
2. MUS Musette *f*
II. *app orchestre, valse* Musette-; **bal ~** *volkstümliche Tanzveranstaltung mit Akkordeonmusik*

muséum [myzeɔm] *m* Naturkundemuseum *nt*

musical, e <-aux> [myzikal, o] *adj* **1.** (*relatif à la musique*) *études, critique* Musik-; *qualité, art* Ton-
2. (*comportant de la musique*) *soirée* musikalisch; *film* Musik-; **comédie ~e** Musical ['mju:zikl] *nt*
3. (*harmonieux*) *voix, son* klangvoll; *langue* musikalisch

musicalement [myzikalmɑ̃] *adv* musikalisch; **qc est ~ bon/mauvais** etw ist von der musikalischen Qualität her gut/schlecht

musicalité [myzikalite] *f* **1.** [*phrase, vers, langue*] Klangschönheit *f*
2. *vieilli* [*poste de radio*] Klangreinheit *f*

music-hall <~-~s> [myzikol] *m* **1.** (*spectacle*) Varieteevorstellung *f*
2. (*établissement*) Varieteetheater *nt*

musicien, ne [myzisjɛ̃, jɛn] **I.** *adj* musikalisch [begabt]
II. *m, f* (*de profession*) Musiker(in) *m(f);* (*amateur*) Musikant(in) *m(f)*
◆ **musicien(ne) de couloir** Straßenmusikant(in) *m(f)*

musique [myzik] *f* **1.** (*art*) Musik *f;* **qn joue** [*o* **fait**] **de la ~** jd musiziert; **~ classique/légère/religieuse** klassische/leichte/geistliche Musik; **~ folklorique/populaire/instrumentale/militaire/symphonique** Folklore-/Volks-/Instrumental-/Militär-/Orchestermusik; ■ **~ de** -musik; ■ **~ pour** -musik, Musik für
2. (*suite de sons*) [*vers, langue*] Melodik *f,* Musikalität *f*
3. MIL (*troupe*) Musikkorps [-ko:ɐ] *nt;* **~ de régiment** Regimentskapelle *f*
▶ **la ~ adoucit les mœurs** *prov* Musik beruhigt; **~ en tête** die Kapelle vorweg; **tu ne peux/vous ne pouvez pas changer de ~?** *fam* kannst du nicht/können Sie nicht das Thema wechseln?; **qn connaît la ~** *fam* jd ist im Bilde; **c'est toujours la même ~!** *fam* immer das gleiche Lied!; **qn met qc en ~** jd vertont etw; **en avant la ~!** *fam* auf geht's!; **qn fait qc en ~** jd tut etw mit Musik

musqué, e [myske] *adj* **1.** *odeur, parfum* Moschus-; *cheveux* nach Moschus duftend
2. *vieilli* (*de saveur ~e*) mit Muskat[eller]-Geschmack

must [mœst] *m fam* Muss *nt*

mustang [mystɑ̃g] *m* Mustang *m*

musulman, e [myzylmɑ̃, an] **I.** *adj monde* moslemisch, muslimisch *spec; religion, arabe, croissant* mohammedanisch, islamisch; ■ **qn est ~** jd ist ein Moslem
II. *m, f* Moslem *m,* Mohammedaner(in) *m(f),* Muslim/e *m/f spec*

mutant, e [mytɑ̃, ɑ̃t] **I.** *adj* BIO mutierend
II. *m, f* **1.** BOT, ZOOL Mutante *f*
2. LITTER Mutant(in) *m(f)*

mutation [mytasjɔ̃] *f* **1.** BIO Mutation *f;* **~ génétique** Genmutation
2. ADMIN Versetzung *f*
3. (*changement*) Umbruch *m;* **société en ~** Gesellschaft *f* im Umbruch [*o* Wandel]; **les ~s historiques** die historischen Veränderungen

muter <1> [myte] *vt* ADMIN ■ **qn mute qn** jd versetzt jdn

mutilation [mytilasjɔ̃] *f* **1.** (*amputation*) Verstümmelung *f;* **~ volontaire** Selbstverstümmelung
2. (*dégradation*) Verschandelung *f,* Beschädigung *f*
3. (*altération*) Verstümmelung *f*

mutilé, e [mytile] *m, f* Versehrte(r) *f(m);* **les** [**grands**] **~s de guerre** die [Schwer]kriegsbeschädigten, die Kriegsinvaliden

mutiler <1> [mytile] **I.** *vt* **1.** (*blesser gravement*) ■ **qn a été mutilé(e) à qc par qc** jd wurde durch etw an etw (*dat*) verstümmelt; **il fut atrocement mutilé au visage par l'explosion** die Explosion hat sein Gesicht fürchterlich entstellt; ■ [**qc est**] **mutilé(e)** [**par qc**] [etw ist] [durch etw] verstümmelt; /*visage*/ [etw ist] [durch etw] entstellt; ■ **qc a mutilé qn** etw hat jdn verstümmelt; ■ **qc lui a mutilé qc** etw hat jdm etw verstümmelt; ■ **mutilé(e) de qc** an etw (*dat*) verstümmelt; ■ **qn a été mutilé(e) de qc** (*amputé*) jd hat etw verloren
2. (*détériorer*) ■ **qn/qc mutile qc** *statue, arbre, paysage, monument* jd/etw verschandelt etw
3. (*tronquer*) ■ **qn mutile qc** *texte, ouvrage, film* jd verstümmelt etw
4. *littér* (*altérer*) ■ **qn mutile qc** *vérité* jd entstellt [*o* verzerrt] etw
II. *vpr* ■ **qn se mutile** [**volontairement**] jd verstümmelt sich selbst; ■ **qn se mutile qc** jd verstümmelt sich (*dat*) etw [*o* an etw (*dat*)]

mutin, e [mytɛ̃, in] **I.** *adj* (*espiègle*) verschmitzt, schelmisch; **qu'il est ~/qu'elle est ~e!** er/sie ist ein Schlingel!
II. *m* Meuterer *m*

mutiner <1> [mytine] *vpr* ■ **des personnes se mutinent** Menschen meutern

mutinerie [mytinʀi] *f* Meuterei *f*

mutisme [mytism] *m* Schweigen *nt;* **qn se réfugie** [*o* **se renferme**] [*o* **se retranche**] **dans le ~** jd hüllt sich in Schweigen; **qn observe un ~ total sur qc** jd schweigt sich vollkommen über etw (*akk*) aus

mutualisme [mytɥalism] *m* Genossenschaftswesen *nt*

mutualiste [mytɥalist] **I.** *adj assurance, société* auf Gegenseitigkeit; *esprit* **~** Genossenschaftsgeist *m*
II. *mf* Mitglied *nt* eines Versicherungsvereins auf Gegenseitigkeit/einer Zusatzkasse/Betriebskrankenkasse

mutualité [mytɥalite] *f* Genossenschaftswesen *nt*

mutuel, le [mytɥɛl] **I.** *adj* **1.** (*réciproque*) gegenseitig
2. *assurance, secours, société* auf Gegenseitigkeit
II. *f* ■ **mutuelle** Versicherung[sverein *m*] *f* [*o* Hilfskasse *f*] auf Gegenseitigkeit; [*entreprise*] Betriebskrankenkasse *f;* [*étudiants*] studentische Krankenversicherung

mutuellement [mytɥɛlmɑ̃] *adv* gegenseitig, einander; **ils s'aident ~** sie helfen einander [*o* sich gegenseitig]

mycologie [mikɔlɔʒi] *f* Pilzkunde *f*

mycologique [mikɔlɔʒik] *adj* Pilz-, pilzkundlich; **études ~s** Pilzforschung *f*

mycologue [mikɔlɔg] *mf* Pilzkundler(in) *m(f),* Mykologe/-login *m/f spec*

mycose [mikoz] *f* Pilzkrankheit *f;* **~ des orteils/ongles** Fuß-/Nagelpilz *m*

myélite [mjelit] *f* Rückenmarkentzündung *f,* Myelitis *f spec*

mygale [migal] *f* Vogelspinne *f*

myocarde [mjɔkaʀd] *m* Herzmuskel *m*

myopathe [mjɔpat] **I.** *adj* an Muskelschwund erkrankt
II. *mf* an Muskelschwund Erkrankte(r) *f(m)*

myopathie [mjopati] *f* Muskelschwund *m*

myope [mjɔp] **I.** *adj* kurzsichtig
II. *mf* Kurzsichtige(r) *f(m)*

myopie [mjɔpi] *f a. fig* Kurzsichtigkeit *f*

myosotis [mjɔzɔtis] *m* Vergissmeinnicht *nt*

myriade [miʀjad] *f* Myriade *f geh,* Unzahl *f;* **des ~s d'étoiles** Myriaden von Sternen, Myriaden Sterne *geh,* unzählige Sterne *pl*

myriapode [miʀjapɔd] *m* Tausendfüß[l]er *m*

myrrhe [miʀ] *f* Myrrhe *f*

myrte [miʀt] *m* Myrte *f*

myrtille [miʀtij] *f* Heidelbeere *f,* Blaubeere *f;* ■ **aux ~s** Heidelbeer-; **les fruits de la ~** Heidelbeeren *pl,* Blaubeeren *pl*

mystère [mistɛʀ] *m* **1.** (*secret*) Geheimnis *nt*
2. (*énigme*) [rätselhaftes] Geheimnis
3. LITTER Mysterienspiel *nt;* **~ de la Passion du Christ** Passionsspiel *nt*
4. ANTIK ■ **les ~s** die Mysterien; ■ **~ de qc** REL *de l'Incarnation, de la Rédemption, la Trinité* Mysterium *nt* einer S. (*gen*)
5. <WARENZ>, GASTR *Eisspezialität mit Meringue und Mandelsplittern*
▶ **~ et boule de gomme!** *hum* großes Geheimnis!, Staatsgeheimnis! *hum;* **qn s'entoure de ~** jd umgibt sich mit Geheimnissen, jd tut geheimnisvoll *fam;* **qn/qc est un ~ pour qn** jd/etw ist jdm ein Rätsel; **ce n'est un ~ pour personne** das ist kein [*o* ein offenes] Geheimnis; **qn fait** [**grand**] **~ de qc** jd macht ein [großes] Geheimnis aus etw; **il y a un ~ là-dessous** dahinter steckt [*o* verbirgt sich] ein Geheimnis; **pas tant de ~[s]** tu/tut nicht so geheimnisvoll! *fam,* [nur] keine Geheimnistuerei! *fam;* **~!** [großes] Geheimnis!; **que nous réserve l'avenir? ~!** was wird uns die Zukunft bringen? großes Geheimnis! [*o* wer weiß!]

mystérieusement [misteʀjøzmɑ̃] *adv* **1.** (*en secret*) heimlich
2. (*inexplicablement*) unerklärlicherweise, rätselhafterweise
3. (*d'une façon mystérieuse*) *se conduire, rire* geheimnisvoll; *apparaître* auf geheimnisvolle Weise

mystérieux, -euse [misteʀjø, -jøz] **I.** *adj* **1.** (*inconnu*) geheimnisvoll; (*tenu secret*) geheim
2. (*étrange*) geheimnisvoll; *circonstances, chose, histoire, personne a.* mysteriös, rätselhaft; *hasard, sentiment* seltsam
3. (*occulte*) geheimnisvoll
II. *m* ■ **le ~** das Geheimnisvolle; **le ~ dans cette histoire, c'est que** das Rätselhafte an dieser Geschichte ist, dass
III. *m, f* ▶ **qn fait le/la ~(-euse)** jd tut geheimnisvoll, jd spielt den Geheimnisvollen/die Geheimnisvolle

mysticisme [mistisism] *m* Mystizismus *m*

mystificateur, -trice [mistifikatœʀ, -tʀis] **I.** *adj* irreführend, trügerisch; **intention ~trice** betrügerische Absicht
II. *m, f* Betrüger(in) *m(f),* Gauner(in) *m(f) fam*

mystification [mistifikasjɔ̃] *f* (*tromperie*) Betrug *m,* Schwindel *m fam;* (*imposture*) Irreführung *f*

mystifier <1 a> [mistifje] *vt* ■ **qn mystifie qn** jd täuscht jdn; ■ **qn se fait/se laisse ~** [**par qn**] jd fällt [auf jdn] herein

mystique [mistik] **I.** *adj* **1.** (*religieux*) mystisch
2. (*exalté, fervent*) schwärmerisch
II. *mf* (*personne*) Mystiker(in) *m(f)*
III. *f* **1.** ■ **la ~** die Mystik
2. *fig* ■ **la ~ de qc** *de la force, paix* die Verherrlichung einer S. (*gen*)

mystiquement [mistikmɑ̃] *adv* (*de façon religieuse*) mystisch, religiös; (*de façon transcendante*) geistig, im Geist[e]

mythe [mit] *m* **1.** (*légende*) Mythos *m*
2. (*illusion*) Wunschtraum *m;* **qc devient un ~** etw ist nur noch ein Wunschtraum
3. (*image symbolique*) Mythos *m;* ■ **le ~ de qc** *de la galanterie française, belle Suédoise* der Mythos einer S. (*gen*)

mythifier <1 a> [mitifje] *vt* ■ **qn mythifie qn/qc** jd verherrlicht jdn/etw;

qn a été mythifié(e) jd wurde schon zu Lebzeiten zum Mythos
mythique [mitik] *adj* (*légendaire*) mythisch; (*imaginaire*) erdichtet; ***récit*** ~ Mythos *m*, Sage *f*; ***sa générosité*** ~, ***personne n'en a jamais profité*** niemand hat jemals etwas von seiner/ihrer legendären Großzügigkeit gehabt
mythologie [mitɔlɔʒi] *f* **1.** (*ensemble des mythes*) Mythologie *f*, Sagenwelt *f*
2. (*science*) Mythologie *f*
3. (*idéalisation*) Kult *m*; ***toute une*** ~ ***se crée autour de certaines vedettes*** um manche Stars wird ein regelrechter Kult getrieben
mythologique [mitɔlɔʒik] *adj* mythologisch
mythomane [mitɔman] **I.** *adj* krankhaft verlogen
II. *mf* krankhafter Lügner/krankhafte Lügnerin
mythomanie [mitɔmani] *f* [krankhafte] Lügensucht; ***il est atteint de*** ~ er hat einen krankhaften Drang zum Lügen
myxomatose [miksomatoz] *f* Myxomatose *f*

N

N, n [ɛn] **I.** *m inv* N *nt*, n *nt*
▸ **n comme Nicolas** N wie Nordpol
II. *m* (*Untel*) ■ **N.** [Herr/Frau] X; ***il a passé la soirée chez les N.*** er hat den Abend bei Familie X verbracht
III. *f* (*route nationale*) Nationalstraße *f*, ≈ Bundesstraße *f*; ■ **la N 7/10/...** die N 7/10/..., ≈ die B 7/10/...
IV. *adj* x, zig *fam*; ***il avait*** ~ ***raisons de ne pas venir*** er hatte x [*o* zig] Gründe nicht zu kommen
n' *v.* **ne**
na [na] *interj enfantin* so[, da hast du's], ätsch
nabab [nabab] *m* **1.** (*homme très riche*) Krösus *m*; ***il roule sur l'or, c'est un vrai*** ~ der schwimmt im Geld, der ist stinkreich *fam*; ~ ***de la finance*** Finanzriese *m*; ~ ***de la bourse*** Börsenkönig *m*
2. HIST Nabob *m*
nabot, e [nabo, ɔt] *m, f* Zwerg(in) *m(f)*
nacelle [nasɛl] *f* **1.** [*ballon*] Korb *m*, Gondel *f*; (*coque carénée*) Gondel; [*appareil de levage*] [Ausleger]korb
2. [*landau, poussette*] Aufsatz *m*
3. NAUT *littér* Nachen *m liter*, Kahn *m*
nacre [nakʀ] *f* Perlmutt[er *f*] *nt*
nacré, e [nakʀe] *adj* perlmuttfarben, perlmuttschimmernd
nadir [nadiʀ] *m* Nadir *m*, Fußpunkt *m*
nævus <nævi> [nevys, nevi] *m* Muttermal *nt*
nage [naʒ] *f* **1.** (*natation*) Schwimmen *nt*; (*façon de nager*) Schwimmstil *m*; ~ ***indienne/synchronisée/sur le dos*** Seiten-/Synchron-/Rückenschwimmen
2. NAUT (*action de ramer*) Rudern *nt*; ***chef de*** ~ Schlagmann *m*
▸ ~ **libre** Freistilschwimmen *nt*; **quatre** ~s Lagenschwimmen *nt*; **à la** ~ schwimmend; GASTR in Brühe gekocht; **en** ~ schweißgebadet; ***qn/qc met qn en*** ~ jd/etw bringt jdn ins Schwitzen
nageoire [naʒwaʀ] *f* Flosse *f*
nager <2 a> [naʒe] **I.** *vi* **1.** (*se mouvoir dans l'eau*) ■ **qn/un animal nage** jd/ein Tier schwimmt
2. (*baigner*) ■ **qc nage dans qc** *dans la graisse, le sang, la soupe* etw schwimmt in etw (*dat*); ■ **qn nage dans qc** *dans le bonheur, la félicité, la joie* jd schwimmt in etw (*dat*); ***il nage dans l'opulence*** er schwimmt im Geld
3. (*flotter*) ■ **qc nage sur qc** etw treibt [*o* schwimmt] auf etw (*dat*)
4. *fam* (*être au large*) ■ **qn nage dans qc** *dans un vêtement* jd ertrinkt in etw (*dat*) *fam*
5. *fam* (*ne pas comprendre*) ■ **qn nage** jd schwimmt *fam*, jd blickt nicht durch *fam*
6. (*ramer*) ■ **qn nage** jd rudert
▸ **qn sait** ~ *fig fam* jd weiß sich (*dat*) zu helfen
II. *vt* ■ **qn nage qc** jd schwimmt etw; ***il nage la brasse/la brasse papillon*** er schwimmt Brust/Schmetterling; ***il nage le crawl*** er krault; ***il nage le 100 mètres nage libre en 50 secondes*** er schwimmt die 100 m Freistil in 50 Sekunden
nageur, -euse [naʒœʀ, -ʒøz] **I.** *m, f* **1.** (*personne qui nage*) Schwimmer(in) *m(f)*
2. (*rameur*) Ruderer/Ruderin *m/f*
II. *app* Schwimm-; *maillot* Sport-; ***un bassin d'apprentissage pour les handicapés*** ~***s*** ein Lernbecken für behinderte Schwimmer
◆ **nageur de combat** Kampfschwimmer(in) *m(f)*
naguère [nagɛʀ] *adv soutenu* einst *geh*
naïade [najad] *f* **1.** MYTH Najade *f*, Nymphe *f*; ■ **N~s** Najaden *pl*
2. *hum* (*baigneuse*) [Wasser]nixe *f hum*; (*nageuse*) Schwimmerin *f*
naïf, -ïve [naif, -iv] **I.** *adj* **1.** *péj* (*crédule*) *personne* naiv, einfältig
2. (*naturel*) naiv, treuherzig; *grâce, gaieté* unverdorben; *question* unschuldig, arglos
3. ART, LITTER naiv
II. *m, f* **1.** (*personne crédule*) naiver Mensch, Naivling *m fam*; ***il passe pour un*** ~ er gilt als [recht] naiv; ***vous me prenez pour un*** ~? Sie halten mich wohl für naiv?
2. ART naiver Maler/naive Malerin; ***les*** ~***s*** die Naiven
nain, e [nɛ̃, nɛn] **I.** *adj personne* zwergenhaft; *arbre, plante* Zwerg-; *haricots* Busch-, Zwerg-; *pois* Perl-
II. *m, f* (*personne*) Zwerg(in) *m(f)*
▸ ~ **jaune** *kombiniertes Karten- und Brettspiel*
naissance [nɛsɑ̃s] *f* **1.** (*opp: mort*) Geburt *f*; ***le nombre des*** ~***s*** die Zahl der Geburten [*o* die Geburtenzahl]
2. (*mise, venue au monde*) Geburt *f*; ~ ***double*** Zwillingsgeburt; ***triple*** ~ Drillingsgeburt; ***cet enfant a eu une*** ~ ***difficile*** dieses Kind war eine schwierige Geburt
3. (*apparition*) [*amour, monde, mouvement, œuvre*] Entstehung *f*; [*idée, sentiment a.*] Aufkommen *nt*; [*jour*] Anbruch *m*; ***à la*** ~ ***du jour*** bei Anbruch des Tages, bei Tagesanbruch
4. [*cheveux, cou, seins*] Ansatz *m*; [*colonne*] Basis *f*; [*rivière*] Quelle *f*
5. (*origine*) Abstammung *f*; *vieilli* (*noblesse*) vornehme Herkunft
▸ **de bonne** [*o* **haute**] ~ [von] vornehmer Herkunft; **de** ~ **illustre/obscure** [von] nobler/zweifelhafter Abstammung; **qn/un animal donne** ~ **à qn/qc** jd/ein Tier bekommt jdn/ein Tier [*o* bringt jdn/ein Tier auf die Welt]; **qc donne** ~ **à qc** *à un produit, modèle* etw bringt etw hervor; *à un désir, besoin* etw weckt etw; **qc prend** ~ /*idée, œuvre, émeute*/ etw entsteht; ***l'émeute a pris*** ~ ***ici*** hier hat der Aufruhr seinen Anfang genommen; **à la** ~ bei der Geburt; **à la** ~ **de qc** *du bras, du cou, de la cuisse, de l'ongle* am Ansatz einer S. (*gen*); *de la rivière* an der Quelle einer S. (*gen*); **de** ~ *aveugle, muet, sourd* von Geburt an; ***les aveugles de*** ~ die Blindgeborenen; ***Allemand de*** ~ gebürtiger Deutscher; ***qn est fatigué(e) de*** ~ *hum* jd ist eine Schlaftablette *fam*
naissant, e [nɛsɑ̃, ɑ̃t] *adj sentiments* aufkeimend; *gloire* angehend; *bouton de fleur* aufgehend; CHIM entstehend, naszierend *spec*; ***à l'état*** ~ im Entstehungszustand, im Status nascendi *spec*
naître <*irr*> [nɛtʀ] **I.** *vi + être* **1.** (*venir au monde*) ■ **qn/un animal naît** jd/ein Tier wird geboren [*o* kommt auf die Welt]; ■ **qn naît ...** *aveugle, faible, libre, pauvre, riche* jd wird ... geboren; ■ **qn est né(e) ...** *Dupond, Schmidt* jd wird als ... geboren; *musicien, poète* jd ist zum ... geboren, jd ist der/die geborene ...; ■ **qn est né(e) de qn** jd wird als jds Sohn/Tochter geboren, jd kommt als jds Sohn/Tochter auf die Welt; ***cet enfant est né de père inconnu*** der Vater dieses Kindes ist unbekannt; ***elle est née de parents alcooliques*** ihre Eltern sind Alkoholiker; ■ **qn naît de qc** *d'une famille riche* jd stammt [*o* kommt] aus etw; ***aucun enfant ne naîtra de cette union*** kein Kind wird aus dieser Verbindung hervorgehen
2. (*apparaître*) ■ **qc naît** /*crainte, désir, sentiment, soupçon, conflit*/ etw entsteht; /*idée a.*/ etw wird geboren; /*fleur, plante*/ etw sprießt; /*fleuve, rivière*/ etw entspringt; /*difficulté*/ etw tritt auf; /*jour*/ etw bricht an; ***un sourire naît sur son visage*** ein Lächeln tritt auf sein/ihr Gesicht; ***l'amour naît subitement*** die Liebe, die plötzlich erwacht; ■ **qn/qc fait** ~ **qc** *difficultés, guerre, querelle* jd/etw verursacht etw, jd/etw gibt Anlass zu etw; *besoins, désirs, sentiments* jd/etw weckt etw, jd/etw ruft etw hervor, jd/etw lässt etw aufkommen; ***cette réponse fit*** ~ ***l'espoir*** diese Antwort weckte Hoffnung; ***Colbert fit*** ~ ***l'industrie en France*** unter Colbert erblühte [*o* entwickelte sich] die Industrie in Frankreich
3. (*résulter*) ■ **qc naît de qc** etw geht aus etw hervor; ***la haine née de toutes ces querelles*** der Hass, der durch all diese Streitereien entfacht worden ist; ***ce conflit est né d'intérêts opposés*** dieser Konflikt hat sich an den entgegengesetzten Interessen entzündet
4. (*être destiné à*) ■ **[qn est] né(e) pour qn/qc** [jd ist] für jdn/etw gemacht [*o* [wie] geschaffen]; ***ils sont vraiment nés l'un pour l'autre*** sie sind wirklich [wie] füreinander geschaffen; ■ **[qn est] né(e) pour faire qc** [jd ist] dafür gemacht [*o* geschaffen], etw zu tun
5. *littér* (*s'éveiller à*) ■ **qn naît à qc** jd öffnet sich einer S. (*dat*), jd entdeckt sein Interesse für etw
▸ **à** ~ dessen/deren Geburt bevorsteht; **qn n'est pas né(e) d'hier** jd ist ganz schön gewieft; ***je ne suis pas né(e) d'hier*** ich bin doch nicht von gestern
II. *vi impers + être littér* (*venir au monde*) ■ **il lui est né qn** jd wird [jdm] geboren; ***il leur est né un fils*** ihnen wurde ein Sohn geboren
naïvement [naivmɑ̃] *adv* (*ingénument*) naiv; ***je m'imaginais*** ~ ***que tu allais m'aider*** naiv wie ich bin, [*o* in meiner Einfalt] hatte ich gedacht, du würdest mir helfen
naïveté [naivte] *f* **1.** (*crédulité*) Naivität *f*; ***il faut être d'une bien grande*** ~ ***pour ...*** man muss ganz schön naiv [*o* einfältig] sein, um ...
2. (*ingénuité, candeur*) Natürlichkeit *f*, Arglosigkeit *f*
3. *gén pl* (*sottises*) Dummheit *f*

▸ **fausse** ~ gespielte Naivität [*o* Einfalt]; **qn a la ~ de faire qc** jd ist so naiv, etw zu tun

nana [nana] *f fam* Tussi *f fam*; ***nous les ~s*** wir Frauen

nanisme [nanism] *m* Zwergwuchs *m*

nanomètre [nanomɛtʀ] *m* Nanometer *nt o m*

nanti, e [nɑ̃ti] I. *adj* vermögend; ***les gens ~s*** die Wohlhabenden, die Reichen

II. *m, f* Reiche(r) *f(m)*

nantir <8> [nɑ̃tiʀ] I. *vt* 1. *littér* (*munir*) ■ **qn nantit qn de qc** jd stattet jdn mit etw aus; *de provisions* jd versorgt jdn mit etw

2. JUR ■ **qn nantit qc** jd gibt etw als Sicherheit, jd belastet etw

II. *vpr soutenu* (*se munir*) ■ **qn se nantit de qc** jd stattet sich mit etw aus, jd sieht sich mit etw vor *veraltend*

nantissement [nɑ̃tismɑ̃] *m* Verpfändung *f*

napalm [napalm] *m* Napalm *nt*

naphtaline [naftalin] *f* Naphthalin *nt*; ***boules de ~*** Mottenkugeln *pl*

naphte [naft] *m* [Roh]erdöl *nt*, Naphtha *nt o f*

napoléon [napɔleɔ̃] *m* Napoleondor *m*

Napoléon [napɔleɔ̃] *m* Napoleon *m*

napoléonien, ne [napɔleɔnjɛ̃, jɛn] *adj* napoleonisch

nappage [napaʒ] *m* (*action*) Glasieren *nt*, Überziehen *nt*; (*résultat*) Glasur *f*, Überzug *m*

nappe [nap] *f* 1. (*linge*) Tischtuch *nt*, Tischdecke *f*; ***~ d'autel*** Altartuch *nt*, Altardecke *f*

2. (*vaste étendue*) ■ **~ de** *de mazout, pétrole* -teppich *m*; *d'eau* -fläche *f*; *de brume* -schleier *m*; *de brouillard* -bank *f*; *de gaz* -wolke *f*; ***~ de feu*** Flammenmeer *nt*; ***la campagne est recouverte d'une ~ de brouillard*** die Landschaft liegt in dichtem Nebel

▸ ~ **phréatique**, ~ **d'eau souterraine** Grundwasser *nt*

napper <1> [nape] *vt* 1. GASTR ■ **qn nappe qc [de qc]** jd glasiert [*o* überzieht] etw [mit etw]

2. *soutenu* (*couvrir*) ■ **qc nappe qc** etw bedeckt etw, etw liegt über etw (*dat*)

napperon [napʀɔ̃] *m* [Zier]deckchen *nt*; (*sous l'assiette*) Set *nt*

naquis [naki] *p simple de* **naître**

narcisse [naʀsis] *m* 1. BOT Narzisse *f*

2. *littér* (*personne*) Narziss *m geh*

narcissique [naʀsisik] *adj* narzisstisch

narcissisme [naʀsisism] *m* Narzissmus *m*

narcodollars [naʀkodɔlaʀ] *mpl* Narkodollars *pl*, Drogendollars *pl*

narcose [naʀkoz] *f* Narkose *f*, Betäubung *f*

narcotique [naʀkɔtik] I. *adj* betäubend, narkotisch; *remède a.* Betäubungs-; ***plante ~*** Narkotikum *nt*

II. *m* Betäubungsmittel *nt*, Narkotikum *nt*

narcotraficant [naʀkotʀafikɑ̃] *m* Drogenhändler *m*

narghilé [naʀgile] *m*, **narguilé** [naʀgile] *m* Wasserpfeife *f*

narguer <1> [naʀge] *vt* 1. ■ **qn nargue qn** (*se moquer de*) jd verspottet jdn, jd [ver]höhnt jdn; (*agacer*) jd ärgert jdn

2. (*braver*) ■ **qn nargue qn/qc** jd trotzt jdm/einer S., jd fordert jdn/etw heraus

narine [naʀin] *f* Nasenloch *nt*; [*cheval*] Nüster *f*; (*aile*) Nasenflügel *m*

narquois, e [naʀkwa, waz] *adj* spöttisch

narquoisement [naʀkwazmɑ̃] *adv* spöttisch; ***ne parle pas aussi ~ de lui!*** spotte nicht über ihn!

narrateur, -trice [naʀatœʀ, -tʀis] *m, f* Erzähler(in) *m(f)*

narratif, -ive [naʀatif, -iv] *adj* erzählend, narrativ; *style, art a.* Erzähl-

narration [naʀasjɔ̃] *f* 1. (*récit*) Erzählung *f*; [*événements*] Bericht *m*, Schilderung *f*

2. LITTER Erzählung *f*

3. SCOL Erlebnisaufsatz *m*

▸ **qn fait la ~ de qc** jd erzählt/berichtet [*o* schildert] etw

narrer <1> [naʀe] *vt littér* ■ **qn narre qc** jd erzählt [*o* berichtet] etw

narthex [naʀtɛks] *m* Innenvorhalle *f* einer Kirche

nasal, e <-aux> [nazal, o] I. *adj* 1. ANAT Nasen-

2. PHON nasal; ***consonne ~e*** Nasal[laut *m*] *m*

3. *voix* näselnd

II. *f* ■ **nasale** Nasal[laut *m*] *m*

nasalisation [nazalizasjɔ̃] *f* Nasalierung *f*

nasaliser <1> [nazalize] *vt* ■ **qn/qc nasalise qc** jd/etw nasaliert etw

nase [nɑz] *adj pop* 1. (*cassé*) *chose* kaputt; ***ma télé est complètement ~*** mein Fernseher ist total hin[über] *fam*

2. (*épuisé*) k. o. *fam*, fertig *fam*; (*ivre*) dicht *fam*; (*cinglé*) bescheuert *sl*, durchgeknallt *sl*

naseau <x> [nazo] *m* Nüster *f*

nasillard, e [nazijaʀ, jaʀd] *adj* näselnd

nasillement [nazijmɑ̃] *m* Näseln *nt*; [*appareil, instrument a.*] näselndes Geräusch; [*canard*] Quaken *nt*

nasiller <1> [nazije] I. *vi* ■ **qn/qc/un animal nasille** jd/etw näselt; / *appareil, instrument a.*/ etw gibt ein näselndes Geräusch von sich; / *radio, haut-parleur, canard*/ etw/ein Tier quäkt

II. *vt littér* ■ **qn nasille qc** jd singt/spricht etw mit näselnder Stimme; ■ **qc nasille qc** etw näselt etw

nasse [nɑs] *f* PECHE [Fang]netz *nt*, Reuse *f*

natal, e <s> [natal] *adj maison, lieu, ville* Geburts-; *langue* Mutter-; ***terre ~e*** Heimat *f*; ***il est retourné dans son Allemagne/sa Bavière ~e*** er ist in sein heimatliches Deutschland/Bayern zurückgekehrt

nataliste [natalist] *adj* geburtenfreundlich, geburtenfördernd

natalité [natalite] *f* Geburtenzahl *f*, Geburtenziffer *f*

natation [natasjɔ̃] *f* (*nage*) Schwimmen *nt*; ***la ~ sportive*** der Schwimmsport; ***la ~ synchronisée*** Synchronschwimmen *nt*; ***il pratique la ~*** er betreibt Schwimmen als Sport

natatoire [natatwaʀ] *adj* Schwimm-

natif, -ive [natif, -iv] I. *adj* 1. (*originaire*) ■ **[qn est] ~ de ...** [jd ist] in ... geboren, [jd stammt] aus ...; ***elle est ~ive de Paris/Berlin*** sie ist gebürtige Pariserin/Berlinerin

2. *soutenu* (*inné*) natürlich; ***des dispositions ~ives pour la musique*** natürliche Anlage [*o* Begabung] zur Musik

3. MINER (*pur*) rein, gediegen

II. *m, f* Einheimische(r) *f(m)*; ***un ~/une ~ive de Toulouse*** ein gebürtiger Toulouser/eine gebürtige Toulouserin; ***les ~s du cancer*** die Krebsgeborenen, die im Zeichen des Krebses Geborenen

nation [nasjɔ̃] *f* 1. (*peuple*) Volk *nt*

2. POL (*pays*) Staat *m*, Nation *f*; ■ **la N~** der Staat, die Nation; ***l'Europe des N~s*** ein Europa *nt* der Nationen

▸ **les N~s unies** die Vereinten Nationen

national, e <-aux> [nasjɔnal, o] I. *adj* 1. (*appartenant à l'État*) national; *armée, fête, hymne, langue, patrimoine, poète* National-; *biens, territoire* Staats-; *volonté* Volks-

2. (*opp: local, régional*) national; *assemblée, congrès, équipe, route* National-; *bureau, obsèques* Staats-; *entreprise* staatlich; *grève* landesweit; ***une grève à l'échelon ~*** ein Streik *m* auf nationaler Ebene

II. *f* (*route*) ■ **la Nationale [7/10/...]** die Nationalstraße [7/10/...], ≈ die Bundesstraße [7/10/...]

III. *mpl* (*citoyens*) ■ **les nationaux** die Staatsangehörigen, die Staatsbürger

nationalisable [nasjɔnalizabl] *adj* der/die/das verstaatlicht werden kann

nationalisation [nasjɔnalizasjɔ̃] *f* Verstaatlichung *f*

nationaliser <1> [nasjɔnalize] *vt* ■ **qn nationalise qc** jd verstaatlicht etw

nationalisme [nasjɔnalism] *m* (*doctrine*) Nationalismus *m*; (*conscience*) Nationalbewusstsein *nt*; *péj* Nationalismus

nationaliste [nasjɔnalist] I. *adj* nationalistisch

II. *mf* Nationalist(in) *m(f)*

nationalité [nasjɔnalite] *f* 1. (*appartenance à une nation*) Staatsbürgerschaft *f*, Staatsangehörigkeit *f*; [*navire*] Nationalität *f*; ***double ~*** doppelte Staatsangehörigkeit; ***sans ~*** staatenlos

2. (*nation*) Nationalität *f*

▸ **de ~**: ***qn est de ~ française/allemande/...*** jd ist französischer/deutscher/... Staatsangehörigkeit, jd hat die französische/deutsche/... Staatsangehörigkeit, jd ist Franzose/Französin/Deutscher/Deutsche

national-socialisme [nasjɔnalsɔsjalism] *m* ∅ Nationalsozialismus *m*

national-socialiste, ~e~ <~aux~s> [nasjɔnalsɔsjalist] I. *adj* nationalsozialistisch

II. *m, f* Nationalsozialist(in) *m(f)*

nativité [nativite] *f* REL Geburt *f*; ■ **la N~** die Geburt Christi; ***Giotto a peint des ~s*** Giotto hat Heiligengeburten dargestellt

natte [nat] *f* 1. (*tresse*) Zopf *m*; ***elle s'est fait une ~*** sie hat sich (*dat*) einen Zopf geflochten

2. (*tapis*) Matte *f*; ■ **~ de** *de jonc, paille, roseaux, raphia* -matte *f*, Matte aus

natter <1> [nate] *vt* ■ **qn natte qc** *cheveux, laine, paille, soie* jd flicht etw; ■ **[qn est] natté(e)** jd trägt [*o* hat] die Haare geflochten; ***qn est natté(e) sur la nuque*** jd trägt die Haare im Nacken geflochten

naturalisation [natyʀalizasjɔ̃] *f* 1. POL Einbürgerung *f*, Naturalisation *f*; ***demande de ~*** Einbürgerungsantrag *m*, Einbürgerungsgesuch *nt*

2. BOT, ZOOL Einbürgerung *f*; LING Aufnahme *f* in den Sprachgebrauch; ***les Français ont procédé à la ~ de nombreux mots anglais*** die Franzosen haben zahlreiche englische Wörter in ihren Sprachgebrauch aufgenommen

3. (*empaillage, taxidermie*) Präparieren *nt*

naturalisé, e [natyʀalize] I. *adj personne* eingebürgert

II. *m, f* eingebürgerter Staatsbürger/eingebürgerte Staatsbürgerin

naturaliser <1> [natyʀalize] *vt* 1. (*accorder une nationalité à*) ■ **qn naturalise qn [... + *adj*]** jd bürgert jdn [als ... + *subst*] ein, jd naturalisiert jdn [als ... + *subst*]; ■ **qn se fait ~ [... + *adj*]** jd lässt sich [als ... + *subst*] einbürgern [*o* naturalisieren]; ***elle s'est fait ~ Française*** sie hat die französische Staatsbürgerschaft erworben

2. (*acclimater*) ■ **qn naturalise un animal/qc [quelque part]** *espèce, plante* jd bürgert ein Tier/etw [irgendwo] ein, jd macht ein Tier/etw [irgendwo] heimisch; *art, coutume* jd führt etw ein; *mot, locution* jd nimmt etw in seinen Sprachgebrauch auf

3. (*empailler*) ■ **qn naturalise un animal/qc** jd präpariert ein Tier/etw; ■ **qn fait ~ un animal/qc** jd lässt ein Tier/etw präparieren

naturalisme [natyʀalism] *m* Naturalismus *m*

naturaliste [natyʀalist] I. *adj* 1. ART, LITTER, PHILOS naturalistisch

2. SCI: ***savant ~*** Naturforscher(in) *m(f)*

II. *mf* 1. ART, LITTER, PHILOS Naturalist(in) *m(f)*

2. SCI (*scientifique*) Naturforscher(in) *m(f)*

3. (*taxidermiste*) Präparator(in) *m(f)*

nature [natyʀ] I. *f* 1. Natur *f*

2. (*caractère*) [*personne*] Wesen *nt*; *coléreuse, énergique, heureuse, insouciante, placide, violente a.* Natur *f*; [*chose, pouvoir*] Wesen; [*charges, engagement, proposition, sentiment*] Art *f*; [*substance, terrain*] Beschaffenheit *f*; ***il a une ~ insouciante*** er hat ein sorgloses Wesen [*o* Naturell *geh*]; ***la guerre va changer de ~*** die Form des Krieges wird sich ändern

▸ **qc est dans la ~ des choses** etw liegt in der Natur der Sache; **la ~ fait bien les choses** Mutter Natur richtet alles gut ein; **la ~ a horreur du vide** das ist der Horror vacui *geh*; ~ **humaine** Natur *f* des Menschen; ~ **morte** ART Stillleben *nt*; **petite** ~ *fam* sensibles Pflänzchen *fam*; **seconde** ~ zweite Natur; ***c'est devenu comme une seconde ~ chez lui*** das ist ihm zur zweiten Natur geworden, das ist ihm in Fleisch und Blut übergegangen; **de** toute[s] ~[s] aller [*o* jeder] Art, verschiedenste(r, s); **qc est/n'est pas dans la ~ de qn** etw ist/ist nicht jds Art (*nomin*), etw entspricht/entspricht nicht jds Art (*dat*); **il ne faut pas forcer la ~** man sollte nicht zu viel verlangen; **contre ~** gegen [*o* wider] die Natur, widernatürlich; **dans la ~** *fam:* ***qn disparaît dans la ~*** jd verschwindet von der Bildfläche *fam;* **d'après ~** nach der Natur; **de** [*o* **par**] **~** von Natur [aus]; ***c'est de ~!*** *fam* das ist halt so! *fam;* **de ~ à faire qc** so [geartet], dass jd/etw etw tut; ***une suggestion de ~ à mettre tout le monde d'accord*** ein Vorschlag, bei dem sich alle einig werden könn[t]en; ***ce n'est pas de ~ à arranger les choses*** dadurch wird's auch nicht besser; **en ~** (*en objets réels*) in Naturalien; ***elle l'a payé en ~*** *hum* sie hat ihn in natura bezahlt; **plus** + *adj* **que ~** unwahrscheinlich + *adj; personne* wie aus dem Bilderbuch; ***plus vrai[e] que ~*** unwahrscheinlich echt; ***plus rouge que ~*** röter als rot *fam;* ***plus grand[e] que ~*** überlebensgroß; ***un officier anglais plus vrai que ~*** ein englischer Offizier wie aus dem Bilderbuch

II. *adj inv* **1.** (*au naturel*) Natur-; *café, thé* ohne alles; *eau, vin* pur; *omelette, bœuf* nature

2. *fam* (*simple*) [ganz] natürlich, ungezwungen

naturel, le [natyʀɛl] **I.** *adj* **1.** (*opp: artificiel, fabriqué, provoqué*) natürlich; *droit, laine, loi, phénomène, produit, soie* Natur-; *père* ~ leiblicher Vater; *gaz* ~ Erdgas *nt;* ***richesses ~les*** Bodenschätze *pl;* ***la couleur ~le de ses cheveux*** seine/ihre natürliche Haarfarbe; ***tout en elle est ~*** alles an ihr ist Natur; ***des produits rigoureusement ~s*** reine Naturprodukte

2. (*inné*) *aptitude, intelligence, qualité, tendance* natürlich; ***elle a un talent ~ pour le violon*** sie hat ein natürliches Talent zum Geigespielen

3. (*normal*) natürlich, normal; ***c'était bien ~!*** das war doch selbstverständlich!; ■ **il est ~ de faire qc** es ist [ganz] natürlich [*o* normal], etw zu tun [*o* dass etw getan wird]; ■ **il est ~ que** + *subj* es ist [ganz] natürlich [*o* normal], dass; ***il est ~ qu'il ait pris cette décision*** es ist ganz normal, dass er diese Entscheidung getroffen hat

4. (*simple*) *manières, personne, style* natürlich

5. MUS (*opp: altéré*) ohne Vorzeichen; ***c'est un do ~, pas un do dièse*** das ist ein C, kein Cis

▶ **tout ~** ganz normal, natürlich, selbstverständlich

II. *m* **1.** (*caractère*) Wesen *nt;* ***son bon ~*** seine/ihre umgängliche Art

2. (*spontanéité*) Natürlichkeit *f*

▶ **chassez le ~, il revient au galop** *prov* niemand kann aus seiner Haut [heraus] *fam,* die Katze lässt das Mausen nicht *prov;* **qc part d'un bon ~** etw ist gut gemeint; **au ~** (*dans la réalité*) in Wirklichkeit, in echt *fam;* GASTR (*non préparé*) natur; ***thon au ~*** Thunfisch im eigenen Saft; **[qn est] d'un ~ ...** *angoissé, jaloux, timide, vindicatif* jd hat ein ... Wesen, jd ist ...; ***qn est d'un bon ~/d'un ~ mauvais*** jd ist umgänglich/jd hat einen üblen Charakter; ***qn est d'un ~ très réfléchi*** jd ist sehr überlegt

naturellement [natyʀɛlmɑ̃] *adv* **1.** (*bien entendu*) selbstverständlich, natürlich

2. (*opp: artificiellement*) auf natürliche Weise; ***notre sol est ~ fertile*** unser Boden ist von Natur aus fruchtbar

3. (*de façon innée*) von Natur aus

4. (*aisément*) ganz einfach, von selbst; ***les problèmes se résoudront tout ~*** die Probleme werden sich [ganz] von selbst lösen

5. (*spontanément*) natürlich, unbefangen; ***elle le tutoyait ~*** sie duzte ihn ganz selbstverständlich

6. (*automatiquement*) selbstverständlich, automatisch

▶ **~!** natürlich!

naturisme [natyʀism] *m* **1.** (*nudisme*) FKK *kein art,* Nudismus *m*

2. MED Naturheilkunde *f,* Naturheilverfahren *nt*

naturiste [natyʀist] **I.** *adj* **1.** (*nudiste*) *plage* FKK-, Nudisten-; *revue ~* Zeitschrift *f* für Freikörperkultur; *personne ~* FKK-Anhänger(in) *m(f)*

2. PHILOS naturalistisch

II. *mf* (*nudiste*) Nudist(in) *m(f) geh,* FKKler(in) *m(f) fam*

naturopathe [natyʀɔpat] *mf* [Natur]heilpraktiker(in) *m(f)*

naturopathie [natyʀɔpati] *f* Naturheilkunde *f*

naufrage [nofʀaʒ] *m* **1.** NAUT Untergang *m*

2. (*ruine*) [*argent, biens, fortune, honneur, valeurs*] Verlust *m;* [*entreprise, pays, réputation*] Ruin *m;* [*projet*] Scheitern *nt;* [*ambition*] Ende *nt;* ***il m'a sauvé du ~*** er hat mich vor dem Ruin [*o* Untergang] bewahrt

▶ **qn/qc fait ~** jd/etw erleidet Schiffbruch; *fig* jd/etw scheitert, jd/etw erleidet Schiffbruch; */projet, plan a./* etw misslingt; ***mes espoirs ont fait ~*** meine Hoffnungen sind zunichte gemacht worden

naufragé, e [nofʀaʒe] **I.** *adj* schiffbrüchig

II. *m, f* Schiffbrüchige(r) *f(m); fig* Gestrandete(r) *f(m),* gescheiterte Existenz

naufrageur, -euse [nofʀaʒœʀ, -ʒøz] *m, f* **1.** NAUT Strandräuber(in) *m(f)*

2. *littér* (*personne qui cause la ruine*) Totengräber(in) *m(f)*

nauséabond, e [nozeabɔ̃, ɔ̃d] *adj* **1.** (*écœurant*) widerlich, ek[e]lig

2. (*ordurier*) *œuvre, spectacle* abstoßend, abscheulich

nausée [noze] *f* **1.** (*haut-le-cœur*) Übelkeit *f,* Brechreiz *m*

2. (*dégoût*) Ekel *m,* Abscheu *m o f*

▶ **qn a la ~** [*o* **des ~**] jdm ist übel [*o* schlecht]; **qn a la ~ de qn/qc** (*est dégoûté*) jd/etw widert jdn an; **qn/qc donne la ~ [à qn]** von jdm/etw wird jdm [ganz] schlecht; ***rien que de voir cela, ça me donne la ~*** mir wird schon schlecht, wenn ich das nur sehe *fam*

nautique [notik] *adj ballet, fête, ski, sport* Wasser-; ***instructions ~s*** nautische Bücher *pl,* Seehandbücher *pl;* ***la joute ~*** das Fischerstechen

nautisme [notism] *m* Wassersport *m*

naval, e <s> [naval] **I.** *adj bataille, combat, force* See-; *base, école* Marine-; ***les constructions ~es*** der Schiff[s]bau; ***forces ~es*** Seestreitkräfte *pl;* ***chantier ~*** [Schiffs]werft *f*

II. *f* ■ **Navale** Marineakademie *f*

navarin [navaʀɛ̃] *m* Hammelragout *nt* [mit Teltower Rübchen]

navet [navɛ] *m* **1.** BOT Weiße Rübe

2. *péj fam* (*œuvre sans valeur*) Mist *m fam,* Krampf *m fam;* (*mauvais film*) Schund[film *m*] *m;* ***qc est un ~*** etw ist [ein] Mist *fam*

navette¹ [navɛt] *f* **1.** (*transport*) Pendelbus *m*/-zug *m*/-flugzeug *nt*/-schiff *nt*

2. (*va-et-vient*) Hin und Her *nt*

3. TEXTIL Schiffchen *nt*

▶ **~ spatiale** Raumfähre *f;* **qn/qc fait la ~ [entre un lieu et un autre]** jd/etw pendelt [zwischen einem Ort und einem anderen]; ***j'en ai assez de faire la ~ entre la cuisine et la salle à manger*** ich habe es satt, ständig zwischen Küche und Esszimmer hin und her zu laufen

navette² [navɛt] *f* BOT Rübsen *m,* Rübsamen *m*

navigabilité [navigabilite] *f* **1.** NAUT [*cours d'eau*] Schiffbarkeit *f*

2. NAUT [*bateau*] Seetüchtigkeit *f;* AVIAT [*avion*] Flugtüchtigkeit *f,* Flugtauglichkeit *f*

navigable [navigabl] *adj* schiffbar

navigant, e [navigɑ̃, ɑ̃t] **I.** *adj* AVIAT Flug-; NAUT Schiffs-

II. *m, f* ■ **les navigants** AVIAT das fliegende Personal; NAUT das zur See fahrende Personal

navigateur, -trice [navigatœʀ, -tʀis] *m, f* **1.** NAUT Seefahrer(in) *m(f)*

2. AUT, AVIAT, NAUT Navigator(in) *m(f)*

◆ **navigateur Web** INFORM Navigationsprogramm *nt,* Browser ['bʀauzɐ] *m spec*

navigation [navigasjɔ̃] *f* **1.** NAUT Schiffahrt *f;* ***~ à [la] voile*** Segeln *nt*

2. AUT, AVIAT, ESPACE, NAUT Navigation *f;* ***~ aérienne*** Flugnavigation; ***~ spatiale*** Raumfahrt *f*

◆ **navigation à vue** AVIAT Sichtflug *m;* NAUT Sichtnavigation *f;* **navigation de plaisance** NAUT Vergnügungsschifffahrt *f*

naviguer <1> [navige] *vi* **1.** AVIAT, NAUT (*voyager*) ■ **qn/qc navigue** */avion, passager [d'un avion], pilote/* jd/etw fliegt; */bateau, marin, passager [d'un bateau]/* jd/etw fährt; ***des marins qui ont navigué sur toutes les mers du globe*** Seeleute, die alle Meere des Globus befahren haben; ***en état de ~*** NAUT seetüchtig; AVIAT flugtauglich

2. (*piloter*) ■ **qn navigue** AVIAT jd fliegt; NAUT jd steuert; AUT (*guider*) jd ist Beifahrer(in); ***le pilote pouvait ~ à l'estime*** der Pilot konnte auf Sicht fliegen; ***qn navigue seul à la voile*** jd ist Einhandsegler(in)

3. (*savoir se diriger*) ■ **qn navigue/sait ~** jd weiß sich (*dat*) zu helfen, jd schlängelt sich durch *fam;* ***elle navigue habilement*** sie manövriert geschickt; ***qn navigue à contre-courant*** jd schwimmt gegen den Strom; ***qn navigue sur un nuage*** jd schwebt in den Wolken

4. *fam* (*errer*) ■ **qn/qc navigue** jd/etw irrt umher; ***ils naviguaient à travers Paris*** sie irrten durch Paris; ***un dossier navigue de bureau en bureau*** eine Akte wandert von Büro zu Büro

5. INFORM ■ **qn navigue dans qc** jd surft in etw ['sø:ɐft] (*dat*)

navire [naviʀ] *m* Schiff *nt;* ■ **~ à** *à vapeur, voiles* -schiff; *à rames* -boot *nt; à moteur diesel, propulsion atomique* Schiff mit; ■ **~ de** *de commerce, guerre* -[s]schiff; ***~ de débarquement*** Landungsfahrzeug *nt,* Landungsboot; ***~ baleinier/marchand*** Walfang-/Handelsschiff; ***~ bananier/charbonnier*** Bananen-/Kohledampfer *m,* Bananen-/Kohleschiff; ***~ pétrolier*** Tankschiff, Tanker *m*

navire-citerne <~s-~s> [naviʀsitɛʀn] *m* Tankschiff *nt* **navire-école** <~s-~s> [naviʀekɔl] *m* Schulschiff *nt* **navire-hôpital** <~s-~aux> [naviʀɔpital, o] *m* Lazarettschiff *nt* **navire-usine** <~s-~s> [naviʀyzin] *m* Fabrikschiff *nt*

navrant, e [navʀɑ̃, ɑ̃t] *adj* **1.** (*affligeant*) traurig, betrüblich; *événement, exemple, situation, spectacle a.* beklagenswert, bedauerlich; ■ **il est ~ que** + *subj* es ist bedauerlich, dass; ■ **il est ~ de faire qc** es ist bedauerlich, etw zu tun

2. (*décourageant*): ***tu es vraiment ~*** es ist schier zum Verzweifeln mit dir; ***c'est ~!*** es ist [ja] zum Verzweifeln!

navré, e [navʀe] *adj air, personne, ton* traurig; ■ **qn est ~ de qc** jdm tut etw Leid, jd bedauert etw [zutiefst]; ■ **qn est ~ de faire qc** jdm tut es Leid [*o* jd bedauert [es]], etw zu tun; ■ **[qn est] ~ que** + *subj* [jd ist] betrübt [*o* traurig] [darüber], dass; ***vraiment, je suis ~*** es tut mir wirklich Leid

navrer <1> [navʀe] *vt* ■ **qn/qc navre qn** (*affliger*) */conduite, misère/* jd/etw bestürzt jdn; (*contrarier*) jd/etw bringt jdn zur Verzweiflung; ***ce contretemps/malentendu me navre*** ich bedauere diesen Zwischenfall/dieses Missverständnis zutiefst

naze [nɑz] *adj v.* **nase**

nazi, e [nazi] *abr de* **national-socialiste** **I.** *adj* Nazi-

II. *m, f* Nazi *m*

nazisme [nazism] *m abr de* **national-socialisme** Nazismus *m,* Nationalsozialismus *m*

N.B. [ɛnbe] *loc abr de* **nota bene** merke, N.B.

N.D.L.R. [ɛndeɛlɛʀ] *loc abr de* **note de la rédaction** Anmerkung *f* der Redaktion, Anm. d. Red.

N.D.T. [ɛndete] *loc abr de* **note du traducteur** Anmerkung *f* des Übersetzers

ne <n'> [nə] *adv* **1.** (*avec autre mot négatif*) ■ **~ ... pas/point** nicht; ■ **~ ... guère** kaum; ■ **~ ... plus** nicht mehr; ■ **~ ... jamais** nie; ■ **~ ... personne** niemand; ■ **~ ... rien** nichts; ■ **~ ... ni ... ni** weder ... noch; ■ **~ ... aucun** kein

2. *sans autre mot négatif soutenu* nicht; ***je n'ose le dire*** ich wage nicht es zu sagen

3. (*seulement*) ■ **~ ... que** nur; ***il n'y a pas que vous qui le dites*** [*o* ***pour le dire***] Sie sind nicht der einzige, der das sagt

4. *soutenu* (*explétif*) *wird im Deutschen nicht übersetzt;* ***j'ai peur qu'il ~ vienne*** ich fürchte, er kommt; ***... à moins qu'il ~ neige ...*** es sei denn, es schneit

né, e [ne] I. *pp de* **naître**
II. *adj souvent écrit avec un trait d'union* (*de naissance*) geboren; ***une artiste~e*** eine geborene Künstlerin; ***Madame X, ~e Y*** Frau X, geborene Y
▶ **bien/mal** ~ [von] hoher/niederer Geburt, [von] vornehmer/niederer Herkunft; ***qn de bien*** ~ jd aus gutem Hause; ***les âmes bien ~es*** die guten [*o* edelmütigen] Seelen
néanmoins [neɑ̃mwɛ̃] *adv* trotzdem, dennoch, nichtsdestoweniger; ***il reconnaissait ~ que la vie là-bas était dure*** er gab immerhin zu, dass das Leben dort hart war
néant [neɑ̃] I. *m* (*inexistence*) Nichts *nt;* [*homme, pensée, vie*] Nichtigkeit *f,* Bedeutungslosigkeit *f;* PHILOS Nichts
▶ **qn tire qn du** ~ jd macht etwas aus jdm
II. *pron* (*rien*): ***signes particuliers:*** ~ besondere Kennzeichen: keine; ***je lui pose la question; ~, il se tait*** ich stelle ihm die Frage; nichts, er schweigt
▶ **qn/qc réduit qc à** ~ jd/etw macht etw zunichte; ***les risques de contamination sont réduits à*** ~ die Ansteckungsgefahr ist gebannt
nébuleux, -euse [nebylø, -øz] I. *adj* 1. METEO bewölkt, bedeckt, wolkig
2. (*confus, flou*) unklar, verschwommen; *projet, idées a.* diffus *geh; discours, explications a.* verworren
II. *f* ■ **nébuleuse** 1. ASTRON Nebel *m;* ***~euse spirale*** Spiralnebel
2. (*amas diffus*) vages Umfeld; ***qc est à l'état de ~euse*** etw hat noch keine klaren Formen angenommen
nébulisation [nebylizasjɔ̃] *f* Sprayen ['spreːən, 'ʃp-] *nt,* Zerstäuben *nt;* ***deux ~s, cinq ou six fois par jour*** fünf- oder sechsmal täglich zwei Sprühstöße
nébuliseur [nebylizœʀ] *m* Spray ['spreː, 'ʃpreː] *nt o m;* ***un ~ pour le nez*** ein Nasenspray; ***ce médicament existe aussi en*** ~ dieses Medikament gibt es auch als Spray
nébulosité [nebylozite] *f* 1. METEO Bewölkung *f;* ***ciel à ~ variable*** wechselnd bewölkter Himmel
2. *littér* (*obscurité*) Unklarheit *f,* Verworrenheit *f;* ***la ~ de vos explications est telle que*** Ihre Erklärungen sind derart verworren, dass
nécessaire [nesesɛʀ] I. *adj* 1. (*indispensable*) nötig, erforderlich, notwendig; *personne* nötig, notwendig; ■ **qn est ~ à qc** jd wird für etw gebraucht; ■ **qn est ~ à une personne** ein Mensch braucht jdn; ***tu m'es*** ~ ich brauche dich; ■ **qc est ~ à qn/qc** etw ist für jdn/etw erforderlich [*o* notwendig]; ■ **il est ~ de faire qc/que qn/qc fasse qc** es ist notwendig [*o* erforderlich], etw zu tun/dass jd/etw etw tut; ■ **qc est ~ pour** etw ist erforderlich [*o* notwendig] für/um zu/damit; ***si j'avais le temps ~ ...*** wenn ich die nötige Zeit hätte ...; ***une cure vous serait*** ~ Sie hätten eine Kur nötig; ***le mensonge est ~ aux hommes*** die Menschen brauchen die Lüge; ***est-il bien ~ de faire*** [*o* ***que vous fassiez***] ***ce voyage?*** müssen Sie diese Reise denn unbedingt machen?
2. PHILOS unbedingt; ***condition*** ~ MATH notwendige Voraussetzung
▶ **il n'est pas ~ d'espérer pour entreprendre** *prov* handeln statt hoffen, man muss nicht hoffen um zu handeln; **si** ~ falls nötig, gegebenenfalls
II. *m* 1. (*choses indispensables*) ■ **le** ~ das Notwendige [*o* Nötige]; ***je n'ai pas le ~ pour réparer cette machine*** ich habe nicht das nötige Werkzeug, um diese Maschine zu reparieren; ***le strict*** ~ das Allernötigste
2. (*trousse*) ■ **~ à/de qc:** ~ ***à couture*** [*o* ***ouvrage***] Reisenähzeug *nt,* Nähnecessaire *nt;* ~ ***de toilette*** [*o* ***voyage***] Kulturbeutel *m,* [Reise]waschbeutel *m;* ~ ***à ongles*** Nagelnecessaire *nt*
3. PHILOS (*opp: contingent*) Notwendige(s) *nt,* Wesentliche(s) *nt*
▶ **qn fait le** ~ jd veranlasst das Nötige; **qn manque du** ~ jdm fehlt es am Nötigsten
nécessairement [nesesɛʀmɑ̃] *adv* 1. (*inévitablement*) unbedingt
2. (*obligatoirement*) zwangsläufig; PHILOS notwendigerweise
▶ **pas** ~ nicht unbedingt
nécessité [nesesite] *f* 1. (*obligation*) Notwendigkeit *f;* ***qc n'est pas une*** ~ etw ist nicht unbedingt nötig; ■ ~ **de qc/de faire qc** Notwendigkeit einer S. (*gen*)/etw zu tun; ***l'exercice physique est une ~ de la santé*** körperliche Betätigung ist für die Gesundheit notwendig [*o* erforderlich]
2. *pl* (*besoins impérieux*) Erfordernisse *pl*
3. PHILOS Notwendigkeit *f*
▶ ~ **fait loi** Not kennt kein Gebot; ~ **absolue** dringende Notwendigkeit; ***en cas de ~ absolue*** im äußersten Notfall; **de première** ~ unentbehrlich, unbedingt notwendig; **qn est dans la** ~ jd lebt in Armut, jd leidet Not; **qn est** [*o* **se trouve**] **dans la ~ de faire qc** jd ist [*o* jd sieht sich] gezwungen etw zu tun; **qn/qc met qn dans la ~ de faire qc** jd/etw zwingt jdn, etw zu tun; **de toute** ~ unbedingt; **par** ~ notgedrungen, gezwungenermaßen; **sans** ~ unnötig[erweise]
nécessiter <1> [nesesite] *vt* ■ **qc nécessite qn/qc** etw erfordert jdn/etw; ***la décision nécessite quelques explications*** die Entscheidung bedarf einiger Erklärungen; ■ **qc nécessite que** + *subj* etw macht [es] erforderlich [*o* notwendig], dass
nécessiteux, -euse [nesesitø, -øz] I. *adj famille, personne* bedürftig, mittellos
II. *m, f* Bedürftige(r) *f(m),* Mittellose(r) *f(m)*
nec plus ultra [nɛkplysyltʀa] *m inv* Nonplusultra *nt;* ***le ~ ~ ~ du luxe*** das Nonplusultra an Luxus
nécrologie [nekʀɔlɔʒi] *f* 1. (*rubrique*) Todesanzeigen *pl*
2. (*notice*) Nachruf *m*
nécrologique [nekʀɔlɔʒik] *adj:* ***article/notice*** ~ Nachruf *m;* ***avis*** ~ Todesanzeige *f;* ***rubrique*** ~ Todesanzeigen *pl*
nécromancie [nekʀɔmɑ̃si] *f* Totenbeschwörung *f,* Geisterbeschwörung *f*
nécromancien, ne [nekʀɔmɑ̃sjɛ̃, jɛn] *m, f* Totenbeschwörer(in) *m(f),* Geisterbeschwörer(in) *m(f)*
nécrophage [nekʀɔfaʒ] *adj insecte* Aas fressend
nécropole [nekʀɔpɔl] *f* 1. *littér* (*cimetière*) Friedhof *m,* Gräberstadt *f liter*
2. HIST *égyptienne, étrusque, grecque* Gräberstadt *f,* Totenstadt *f*
nécrose [nekʀoz] *f* Gewebstod *m,* Nekrose *f spec*
nécroser <1> [nekʀoze] I. *vt* ■ **qc nécrose qc** etw führt dazu, dass etw abstirbt; etw verursacht das Absterben von etw
II. *vpr* ■ **qc se nécrose** etw stirbt ab
nectar [nɛktaʀ] *m* (*dans tous les sens*) Nektar *m*
nectarine [nɛktaʀin] *f* Nektarine *f*
néerlandais, e [neɛʀlɑ̃dɛ, ɛz] I. *adj* niederländisch; ***le climat*** ~ das Klima in den Niederlanden; ***les peintres ~s*** die niederländischen Maler, die Niederländer *pl*
II. *m* (*langue*) Niederländisch *nt*
III. *m, f* (*habitant*) ■ **Néerlandais(e)** Niederländer(in) *m(f)*
nef [nɛf] *f* ARCHIT [Kirchen]schiff *nt;* ~ ***centrale/latérale*** Haupt-/Seitenschiff
2. *vieux littér* (*bateau*) [Segel]schiff *nt;* ***la N~ des fous*** das Narrenschiff
néfaste [nefast] *adj* unheilvoll, verhängnisvoll; *régime, décision a.* un[glück]selig; *temps* ungünstig; *jour, journée* Unglücks-; ■ **qn/qc est ~ à qn/qc** jd/etw schadet jdm/einer S.; ***une mesure ~ à vos intérêts*** eine Maßnahme, die Ihren Interessen schadet
nèfle [nɛfl] *f* Mispel *f*
▶ **des ~s** *vieilli fam* (*rien du tout*) nichts und wieder nichts *fam;* ***pour des ~s*** für nichts und wieder nichts *fam,* ganz umsonst; **des ~s!** *vieilli fam* (*pas question!*) denkste! *fam,* Pustekuchen! *fam;* (*rien du tout*) rein gar nichts *fam,* überhaupt nichts
néflier [neflije] *m* Mispel[baum *m*] *f,* Mispelstrauch *m;* ***le ~ du Japon*** die Japanische Mispel
négateur, -trice [negatœʀ, -tʀis] I. *adj esprit, philosophie* verneinend, negierend
II. *m, f littér* Verneiner(in) *m(f)*
négatif, -ive [negatif, -iv] I. *adj* (*opp: positif*) negativ; ***températures ~ives*** Minusgrade *pl,* Temperaturen unter Null; ***cliché ~/image ~ive*** Negativ *nt*
2. (*opp: affirmatif*) *réponse, signe* negativ, verneinend; GRAM, LING *particule, préfixe* Verneinungs-; *adverbe* der Verneinung; ***phrase/proposition ~ive*** verneinter [*o* negierter] Satz; ***on rend la phrase ~ive en ...*** man verneint den Satz, indem man ...
II. *m* PHOT Negativ *nt*
▶ **qn met qc au** ~ LING jd verneint etw
III. *f* ▶ **qn répond par la ~ive** jd verneint etw; (*refuse*) jd lehnt [etw] ab; **dans la ~ive** (*sinon*) wenn nicht; (*si refusé*) im Falle einer Absage [*o* abschlägigen Antwort]
négation [negasjɔ̃] *f* 1. (*opp: affirmation*) Verneinung *f;* GRAM, LING Negation *f,* Verneinung *f*
2. (*rejet*) [*Dieu, science, valeurs, vérité*] Negierung *f,* Verneinung *f*
▶ **qc est la ~ de qc** etw bedeutet die Negierung einer S. (*gen*), etw heißt, etw zu negieren
négativement [negativmɑ̃] *adv* negativ; ***qn répond*** ~ jd verneint, jd lehnt ab, jd gibt eine abschlägige Antwort
négativisme [negativism] *m* Negativismus *m*
négativité [negativite] *f* 1. PHYS (*opp: positivité*) Negativität *f;* ***en état de*** ~ negativ geladen
2. (*attitude négative*) negative [*o* ablehnende] Haltung
négligé, e [negliʒe] I. *adj* 1. (*peu soigné*) *intérieur, personne* ungepflegt, unordentlich; *tenue a.* schlampig *fam; style, travail* nachlässig
2. (*laissé à l'abandon*) *ami, épouse* vernachlässigt; *rhume* nicht auskuriert, verschleppt; *plaie* nicht ausreichend versorgt, nachlässig behandelt; *occasion* versäumt, verpasst
II. *m* 1. *péj* (*laisser-aller*) Nachlässigkeit *f*
2. (*vêtement*) Negligee *nt*
négligeable [negliʒabl] *adj* unbedeutend; *élément, facteur a.* unwesentlich; *détail a.* belanglos; *moyens* geringfügig
▶ **non** ~ nicht unwesentlich
négligemment [negliʒamɑ̃] *adv* 1. (*nonchalamment*) lässig
2. (*sans soin*) nachlässig
négligence [negliʒɑ̃s] *f* 1. ∅ (*manque d'attention*) Nachlässigkeit *f;* JUR Fahrlässigkeit *f;* ~ ***coupable*** sträfliche Nachlässigkeit; ***par*** ~ aus Unachtsamkeit; JUR aus Fahrlässigkeit; ***par ma*** ~ aus Nachlässigkeit meinerseits
2. (*omission*) Nachlässigkeit *f;* (*faute légère*) Flüchtigkeitsfehler *m*
négligent, e [negliʒɑ̃, ʒɑ̃t] I. *adj* 1. (*peu attentif*) *élève, employé* nachlässig
2. (*nonchalant*) lässig
II. *m, f* (*personne peu attentive*) nachlässiger [*o* unachtsamer] Mensch
négliger <2 a> [negliʒe] I. *vt* 1. (*se désintéresser de*) ■ **qn néglige qc** *devoirs, intérêts, santé, tenue* jd vernachlässigt etw; *occasion* jd lässt etw ungenutzt; *conseil, détail, fait, mise, possibilité* jd lässt etw unbeachtet [*o* außer Acht]
2. (*délaisser*) ■ **qn néglige qn** *ami, épouse, famille* jd vernachlässigt jdn
3. (*omettre de faire*) ■ **qn néglige qc** jd versäumt etw; ■ **qc est négligé(e)** etw bleibt ungenutzt [*o* unversucht]; ■ **qn néglige de faire qc** jd versäumt [*o* unterlässt] es, etw zu tun
▶ **qc n'est pas à** ~ etw darf nicht außer Acht gelassen werden; ***ce remède n'est pas à*** ~ dieses Arzneimittel darf nicht unterschätzt werden
II. *vpr* (*se laisser aller*) ■ **qn se néglige** jd vernachlässigt sich
négoce [negɔs] *m soutenu* (*commerce*) Handel *m*
▶ **qn fait le ~ de qc** jd handelt mit etw; **qn fait du ~ avec qn** jd handelt mit jdm; **qn tient un ~ de** jd hat einen -handel [*o* ein -geschäft]; ***il tient un ~ de fruits et légumes*** er hat ein Obst- und Gemüsegeschäft
négociabilité [negɔsjabilite] *f* Begebbarkeit *f*
négociable [negɔsjabl] *adj* 1. COM begebbar, übertragbar
2. POL ■ **qc est** ~ über etw (*akk*) lässt sich verhandeln [*o* kann verhandelt

werden]

négociant, e [negɔsjɑ̃, jɑ̃t] *m, f* Händler(in) *m(f);* ■ ~ **en** *en fruits et légumes, vins* -händler(in) *m(f);* ~ ***en gros*** Großhändler *m;* ***il est*** ~ ***en matériaux/ produits chimiques*** er handelt mit Baumaterial/chemischen Produkten

négociateur, -trice [negɔsjatœʀ, -tʀis] *m, f* Unterhändler(in) *m(f)*

négociation [negɔsjasjɔ̃] *f* **1.** *gén pl* COM, JUR, POL (*pourparlers*) Verhandlung *f;* ***qn engage des ~s avec qn*** jd nimmt Verhandlungen [mit jdm] auf, jd tritt in Verhandlung [mit jdm]; ***des ~s commerciales/ salariales/ sur le désarmement/ sur la paix*** Wirtschafts-/Lohn-/Abrüstungs-/Friedensverhandlungen *pl*

2. COM (*discussion*) [*contrat*] Aushandlung *f;* FIN (*cession*) [*effet de commerce, lettre de change*] Begebung *f,* Übertragung *f*

3. POL ■ **la** ~ das Verhandeln

négocier <1 a> [negɔsje] **I.** *vi* POL ■ **qn négocie** [**avec qn**] jd verhandelt [mit jdm]

II. *vt* **1.** COM, JUR, POL ■ **qn négocie qc** [**avec qn**] (*discuter*) jd verhandelt [mit jdm] über etw (*akk*); (*obtenir après discussion*) jd handelt etw mit jdm aus; *traité a.* jd schließt etw mit jdm ab

2. COM, FIN ■ **qn négocie qc** (*réaliser après négociation*) jd handelt etw aus; *affaire, vente* jd schließt etw ab; (*céder à un tiers*) *effet de commerce, lettre de change, titre* jd begibt etw, jd überträgt etw; *contrat* jd übermittelt etw

3. AUT ■ **qn négocie qc** *tournant, virage* jd nimmt etw; *fig* jd meistert etw

III. *vpr* (*se discuter*) ■ **qc se négocie** */ accord, convention, traité/* über etw (*akk*) wird verhandelt; ***tout se négocie*** man kann über alles verhandeln

nègre [nɛgʀ] **I.** *m* **1.** *péj* (*noir*) Neger *m*

2. LITTER *fam* Ghostwriter ['goʊstraitɐ] *m*

▸ ~ **en chemise** GASTR Mohr *m* im Hemd; ~ **blanc** schwarzer Albino; **petit** ~ Kauderwelsch *nt fam,* gebrochenes Französisch; **qn travaille comme un** ~ jd schuftet wie ein Pferd *fam*

II. *adj* **1.** (*qui appartient aux noirs*) *art, musique* Neger- *pej,* der Schwarzen; (*africain*) afrikanisch

2. (*couleur*) dunkelbraun, schokoladenbraun

▸ ~ **blanc** *inv* (*ambigu*) zweideutig, uneindeutig

négresse [negʀɛs] *f péj* (*noire*) Negerin *f*

▸ ~ **blanche** schwarze Albinofrau

négrier, -ière [negʀije, -jɛʀ] **I.** *adj capitaine, vaisseau* Sklaven-

II. *m, f* **1.** HIST Sklavenhändler(in) *m(f)*

2. (*exploiteur*) Ausbeuter(in) *m(f)*

négrillon, ne [negʀijɔ̃, jɔn] *m, f fam* Negerkind *nt; hum* Negerlein *nt*

négritude [negʀityd] *f* Négritude *f*

négro [negʀo] *m péj fam* Nigger *m pej*

négroïde [negʀɔid] *adj* negroid

negro-spiritual <~-~s> [negʀospiʀitɥol, ols] *m* [Negro] Spiritual *nt o m*

neige [nɛʒ] *f* **1.** METEO Schnee *m*

2. *arg* (*drogue*) Schnee *m sl,* Stoff *m sl;* (*cocaïne*) Koks *m sl*

▸ ~ **de printemps** Frühlingsschnee *m;* **qc fond comme** ~ **au soleil** etw schwindet dahin; **blanc**(**blanche**) **comme** ~ unschuldig [wie ein Lamm]; ***il est blanc comme*** ~ er hat eine weiße [*o* reine] Weste *fam;* ~ **carbonique** Trockeneis *nt;* ~**s éternelles** ewiger Schnee; **qn va à la** ~ jd geht Ski fahren; **de** ~: ***paysage de*** ~ Schneelandschaft *f;* ***trains de*** ~ [Sonder]züge *pl* in Wintersportgebiete [*o* für Wintersportler]; ***vacances de*** ~ Skiurlaub *m;* ***classe de*** ~ Skilager *nt;* **de** ~ *littér cheveux* schneeweiß, schlohweiß *liter;* **en** ~, **à la** ~ GASTR: ***des œufs à la*** [*o* **en**] ~ Eischnee *m*

neiger <2 a> [neʒe] *vi impers* ■ **il neige** es schneit

neigeux, -euse [nɛʒø, -ʒøz] *adj* schneebedeckt, verschneit; ***temps*** ~ Schneewetter *nt;* ***duvet*** ~ *littér* schneeiger Flaum

néné [nene] *m pop* Titte *f fam*

nénette [nenɛt] *f fam* (*fille*) Tussi *f fam*

▸ **qn se casse la** ~ *pop* (*cherche à comprendre*) jd zerbricht sich (*dat*) den Kopf; (*fait des efforts*) jd bricht sich (*dat*) einen ab *fam*

nénuphar [nenyfaʀ] *m* Seerose *f*

néo- [neo] *préf* + *adj* neo- + *Fremdwort,* neu; + *subst* Neo- + *Fremdwort,* Neu-

néocapitalisme [neokapitalism] *m* Neokapitalismus *m*

néocapitaliste [neokapitalist] **I.** *adj* neokapitalistisch

II. *mf* Neokapitalist(in) *m(f)*

néoclassicisme [neoklasisism] *m* Neoklassizismus *m*

néoclassique [neoklasik] *adj* neoklassizistisch

néocolonialisme [neokɔlɔnjalism] *m* Neokolonialismus *m*

néocolonialiste [neokɔlɔnjalist] **I.** *adj* neokolonialistisch

II. *mf* Neokolonialist(in) *m(f)*

néofasciste [neofaʃist] **I.** *adj* neofaschistisch

II. *mf* Neofaschist(in) *m(f)*

néogothique [neogɔtik] **I.** *adj* neugotisch

II. *m* Neugotik *f*

néolibéral, e <-aux> [neolibeʀal, o] **I.** *adj* neoliberal

II. *m, f* Neoliberale(r) *f(m)*

néolibéralisme [neolibeʀalism] *m* Neoliberalismus *m*

néolithique [neolitik] **I.** *adj* neolithisch, jungsteinzeitlich; ***l'âge*** ~ das Neolithikum

II. *m* Neolithikum *nt,* Jungsteinzeit *f*

néologique [neɔlɔʒik] *adj* neu geprägt *pred;* ***emploi*** ~ neuer [Sprach]gebrauch

néologisme [neɔlɔʒism] *m* Neologismus *m,* sprachliche Neuprägung

néon [neɔ̃] *m* **1.** CHIM Neon *nt*

2. (*tube fluorescent*) Neonröhre *f*

néonatal, e <s> [neonatal] *adj* Neugeborenen-, neonatal; ***les influences pré- et ~es*** die Einflüsse vor und direkt nach der Geburt

néonazi, e [neonazi] **I.** *adj* neonazistisch

II. *mf* Neonazist(in) *m(f),* Neonazi *m*

néophyte [neɔfit] *mf* (*nouvel adepte*) neuer Anhänger/neue Anhängerin; (*débutant*) Anfänger(in) *m(f);* REL (*nouveau converti*) Neubekehrte(r) *f(m),* Neugetaufte(r) *f(m)*

néoprène® [neɔpʀɛn] *m* Neopren® *nt*

néoréalisme [neoʀealism] *m* Neorealismus *m*

néoréaliste [neoʀealist] *adj* neorealistisch

néphrétique [nefʀetik] *adj coliques* Nieren-

néphrite[1] [nefʀit] *f* MED Nierenentzündung *f,* Nephritis *f spec*

néphrite[2] [nefʀit] *f* MINER Nephrit *m*

néphrologue [nefʀɔlɔg] *mf* Nierenspezialist(in) *m(f)*

népotisme [nepɔtism] *m* Nepotismus *m,* Vetternwirtschaft *f*

Neptune[1] [nɛptyn] *m* MYTH Neptun *m*

Neptune[2] [nɛptyn] *f* ASTRON Neptun *m*

neptunium [nɛptynjɔm] *m* CHIM Neptunium *nt*

néréide [neʀeid] *f* Seeringelwurm *m,* Borstenwurm *m*

Néréide [neʀeid] *f* Meeresnymphe *f*

nerf [nɛʀ] *m* **1.** ANAT, MED Nerv *m;* ***les ~s moteurs/ auditifs/ optiques*** die Bewegungs-/Hör-/Sehnerven

2. *pl* PSYCH (*système nerveux, équilibre mental*) Nerven *pl;* ***qn a les ~s fragiles/ solides/ malades*** jd hat schwache/starke/kranke Nerven; ***qn est malade des ~s*** jd ist nervenkrank; ***je lui ai calmé les ~s*** ich habe ihn/sie zur Ruhe gebracht

3. (*ligament*) Sehne *f;* ***une viande pleine de ~s*** ein sehniges Fleisch

▸ **qn a des ~s d'acier** [*o* **les ~s à toute épreuve**] jd hat stählerne [*o* eiserne] Nerven, jd hat Nerven wie Drahtseile *fam;* **qn a les ~s en boule** [*o* **en pelote**] *fam* jds Nerven sind zum Zerreißen gespannt; **qn a les ~s à fleur de peau** *fam* jd hat schwache Nerven, jd hat ein dünnes Nervenkostüm *fam;* ~ **de la guerre** treibende Kraft; **qn a les ~s à vif** jd ist nervös, jd ist [nervlich] angespannt; **qn a du** ~ jd hat Kraft und Energie, jd ist energiegeladen; **qc a du** ~ */voiture/* etw ist spritzig; */moteur/* etw ist spurtschnell [*o* spurtstark]; */style, œuvre/* etw ist kraftvoll, etw ist ausdrucksvoll; **qn a ses ~s** *fam* jd ist gereizt [*o* genervt *fam*]; **les ~s de qn ont craqué** [*o* **lâché**] jd hat die Nerven verloren *fam,* jds Nerven haben versagt; **qn est sur les ~s** *fam* jd ist nervös, jd ist unruhig; **qn manque de** ~ jd ist energielos, jd ist kraftlos, jd ist lasch *fam;* **qc manque de** ~ */style, œuvre, pièce/* etw ist flach; */moteur/* etw ist lahm *fam;* **qn passe ses ~s sur qn/qc** *fam* jd reagiert sich an jdm/etw ab; **qn/qc lui porte** [*o* **tape**] **sur les ~s** *fam* jd/etw geht [*o* fällt] jdm auf die Nerven *fam,* jd/etw nervt jdn *fam;* **qn vit sur les ~s** *fam* jd ist [nervlich] angespannt; **tout en ~s** *fam:* ***il est tout en ~s*** er ist sehnig [*o* drahtig]; **un peu de** ~!, **du** ~! *fam* streng dich etwas an!, reiß dich zusammen! *fam*

◆ **nerf de bœuf** Ochsenziemer *m*

nerveusement [nɛʀvøzmɑ̃] *adv* **1.** (*de façon excitée*) nervös

2. (*avec vigueur*) kraftvoll, energisch; ***un style*** ~ ***concis*** ein knapper, prägnanter Stil; ***la voiture démarra*** ~ das Auto fuhr spritzig an

3. (*sur le plan nerveux*) nervlich

nerveux, -euse [nɛʀvø, -øz] **I.** *adj* **1.** ANAT, MED Nerven-; *spasme, troubles* nervös; ***tension ~ euse*** Nervenanspannung *f,* nervliche Anspannung

2. (*irritable*) nervös; *animal, personne a.* unruhig

3. (*émotif*) empfindlich

4. (*vigoureux*) *animal, personne* dynamisch; *style* ausdrucksvoll; *moteur, voiture* spritzig; ***il n'est pas très*** ~ ***dans son travail*** er ist bei der Arbeit nicht einer der Schnellsten

5. (*filandreux*) *viande* sehnig

II. *m, f* nervöser Mensch; ***c'est un*** [***grand***] ~ er ist ein Nervenbündel

nervi [nɛʀvi] *m* (*homme de main*) Handlanger *m;* (*tueur*) Profikiller *m fam*

nervosité [nɛʀvozite] *f* **1.** (*agacement*) Nervosität *f*

2. (*vigueur*) [*moteur, voiture*] Spurtfreudigkeit *f;* ***la voiture est d'une telle*** ~ ***que*** das Auto ist derart spritzig, dass

nervure [nɛʀvyʀ] *f* [*bois*] Maserung *f;* BOT Blattadern *pl,* Blattaderung *f,* Rippen *pl;* ZOOL Ader *f;* ARCHIT, TECH, TYP Rippe *f;* ***les ailes de la libellule ont de fines ~s*** die Flügel der Libelle sind fein geädert

nervurer <1> [nɛʀvyʀe] *vt* ARCHIT, TECH, TYP ■ **qn nervure qc** jd versieht etw mit Rippen, jd rippt etw; ■ **qc nervure qc** etw überzieht etw mit Rippen; ***une fine dentelle nervure les ailes de la libellule*** ein Netz aus Äderchen überzieht die Flügel der Libelle; ■ [**qc est**] **nervuré**(**e**) */aile, feuille/* [etw ist] geädert; */jupe/* [etw ist] gerippt

nes [nɛs] *m fam,* **nescafé**® [nɛskafe] *m* Nescafé® *m*

n'est-ce-pas [nɛspa] *adv* **1.** (*invitation à acquiescer*) ■ ~-~-~? oder [etwa nicht]?, nicht [wahr]?; ■ ~-~-~ **que qn/qc fait qc** [es] stimmt doch, dass jd/etw etw tut, oder?, jd/etw tut doch etw …, oder?; ***vous viendrez,*** ~-~-~? Sie kommen doch, oder?; ~-~-~ ***que je me suis bien débrouillé?*** ich bin doch gut zurechtgekommen, oder?

2. (*renforcement*) nicht [wahr]; ***ces gens-là,*** ~-~-~, ***ils ont la vie facile*** diese Leute haben ein leichtes Leben, nicht [wahr]

net, te [nɛt] **I.** *adj* **1.** *postposé* (*propre*) sauber; *copie, intérieur, tenue a.* ordentlich; (*sans tache*) *conscience* rein; ■ [**qn/qc est**] ~ **de qc** [jd/etw ist] frei von etw

2. *postposé* COM, FIN (*opp: brut*) Netto-; *produit a.* Rein-; ■ [**qc est**] ~ **de** *d'impôt, de droit* [etw ist] -frei

3. *postposé* (*précis*) klar; *position, réponse a.* eindeutig; *conduite a.* unmissverständlich; (*franc*) *situation* klar, unzweideutig; ***sa conduite n'est pas très ~te*** sein Verhalten ist ziemlich undurchsichtig; ***je serai*** ~ ***avec vous*** ich werde ganz offen zu Ihnen sein

4. **a.** *antéposé* (*évident*) klar, deutlich; *amélioration, augmentation, différence, tendance a.* spürbar; *odeur a.* eindeutig; *couleur* rein; ■ **il est** ~ **que qn/qc fait qc** es ist klar [*o* steht außer Frage] [*o* steht außer Zweifel], dass jd/etw etw tut

5. *postposé* (*distinct*) klar, deutlich; *dessin, écriture a.* sauber; *contours, image a.* scharf; *cassure, coupure* glatt, sauber; *souvenir* deutlich, genau
6. *fam* (*opp: cinglé*) klar [*o* sauber] [im Kopf] *fam*
II. *m* ▸ **qn met qc au ~** (*règle qc*) jd stellt etw klar, jd bringt etw ins Reine; (*recopie qc au propre*) jd schreibt etw ins Reine; **au** ~ (*au propre*) ins Reine geschrieben; ***le rapport est au*** ~ der Bericht ist ins Reine geschrieben; ***qn écrit qc directement au*** ~ jd schreibt etw direkt ins Reine
III. *adv* 1. (*brusquement*) *se casser* glatt; *s'arrêter* abrupt; *tuer* auf der Stelle; ***il l'a tuée*** ~ sie war auf der Stelle tot
2. (*franchement*) *dire, parler, refuser* klar und deutlich, unmissverständlich
3. COM netto

Net [nɛt] *m* INFORM ■ **le** ~ das Internet, das Web [wɛp]
netiquette [netikɛt] *f* INFORM Netiquette [netɪˈket] *f*
nettement [nɛtmɑ̃] *adv* 1. (*sans ambiguïté*) klar und deutlich, unmissverständlich; ***il prend ~ position*** er bezieht eindeutig Stellung
2. (*distinctement*) *apercevoir, apparaître, entendre, sentir* deutlich; *se détacher a.* scharf; *se souvenir a.* genau
3. (*largement*) eindeutig; ~ ***moins/ plus/ mieux*** deutlich weniger/mehr/besser
netteté [nɛtte] *f* 1. (*propreté*) Sauberkeit *f*; ***un travail d'une absolue*** ~ eine äußerst ordentliche [*o* saubere] Arbeit
2. (*précision*) Klarheit *f*
3. (*caractère distinct, franc*) Klarheit *f*; [*souvenir a.*] Deutlichkeit *f*; [*contours, image a.*] Schärfe *f*; ***la ~ de la fracture a permis de la réduire facilement*** da es ein glatter Bruch war, war er leicht einzurichten
nettoiement [netwamɑ̃] *m* Reinigung *f*, Säuberung *f*; [*forêt*] Ausholzen *nt*, Auslichten *nt*; ~ ***du sol*** [*o* ***des terres***] Unkrautvernichtung *f*, Unkrautvertilgung *f*; ***les services de*** ~ die Müllabfuhr
nettoyage [netwajaʒ] *m* 1. (*action de nettoyer*) Reinigen *nt*, Reinigung *f*; [*meuble, pièce a.*] Putzen *nt*; [*voiture*] -wäsche *f*
2. MIL, POL Säuberung *f*
▸ **grand ~ de printemps** großer Frühjahrsputz; ~ **à sec** chemische Reinigung; ~ **par le vide** *fam* Ausmisten *nt fam*; ***nous allons faire le ~ par le vide*** wir werden alles wegwerfen [*o* wegschmeißen *fam*]; ~ **complet** Vollreinigung *f*
nettoyer <6> [netwaje] I. *vt* 1. (*rendre propre*) ■ **qn nettoie qn/qc** *argenterie, chambre, cuivres, maison, meubles* jd putzt etw; *fossé, plaie, tapis* jd reinigt etw; *personne* jd macht jdn sauber; ■ **qn nettoie qn à/avec qc** jd macht jdn mit etw sauber; ■ **qn nettoie qc à/avec qc** *à l'eau, la brosse, avec du savon* jd reinigt etw mit etw; *au chiffon, à l'éponge a.* jd putzt etw mit etw; ***qn nettoie qc au balai*** jd fegt etw, jd kehrt etw; ***il nettoie à fond la maison*** er putzt das Haus gründlich; ***tu le fais ~ à sec, ton pull?*** lässt du deinen Pullover [chemisch] reinigen?
2. MIL, POL ■ **qn nettoie qc [de qc]** jd säubert etw [von etw]
3. *fam* (*vider*) ■ **qn/un animal nettoie qc** jd leert etw/ein Tier frisst etw leer; *appartement* jd räumt etw aus; *compte en banque* jd plündert etw *fam*
4. *pop* (*tuer*) ■ **qn/qc nettoie qn** jd/etw putzt jdn weg *fam*
5. *fam* (*ruiner*) ■ **qn/qc nettoie qn** jd/etw ruiniert jdn; ■ **qn se fait ~ [par qn]** jd wird [von jdm] ausgenommen [*o* gerupft] *fam*
6. *fam* (*épuiser*) ■ **qc nettoie qn** etw schafft jdn [total] *fam*
II. *vpr* ■ **qn/un animal se nettoie** jd säubert sich/ein Tier putzt sich; ■ **qn se nettoie qc** jd säubert sich (*dat*) etw; ■ **qc se nettoie [avec qc]** etw lässt sich [mit etw] reinigen; ***ces taches se nettoient difficilement*** diese Flecken lassen sich schwer entfernen
nettoyeur, -euse [netwajœʀ, -jøz] I. *m, f* Putzkraft *f*; ~(**-euse**) ***de vitres*** Fensterputzer(in) *m(f)*
II. *f* ■ **nettoyeuse** Reinigungsmaschine *f*
neuf [nœf] I. *num* 1. (*cardinal*) neun; ***ils ont gagné ~ à un*** sie haben neun zu eins gewonnen; ***ça coûte ~ francs*** das kostet neun Franc; ***le train part dans ~ minutes*** der Zug fährt in neun Minuten ab; ***dans ~ jours*** in neun Tagen; ***cinq et quatre font*** ~ fünf und vier sind [*o* macht] [*o* gibt] neun
2. (*ordinal*): ***chapitre/ page*** ~ Kapitel *nt*/Seite *f* neun; ***le numéro*** ~ die Nummer neun; ***à ~ heures*** um neun Uhr; ***je viens le ~ mai*** ich komme am neunten Mai; ***nous sommes le ~ juin*** heute ist der neunte Juni, wir haben den neunten Juni; ***Louis IX*** Ludwig IX., Ludwig der Neunte
II. *m inv* 1. (*chiffre*) Neun *f*
2. (*numéro*) Nummer *f* neun, Neun *f*; ***j'habite [au] 9, rue des Dragons*** ich wohne [in der] Rue des Dragons [Nummer] 9; ■ **le** ~ die Nummer neun; TRANSP die Nummer neun, die Linie neun, die Neun *fam*; (*bus a.*) der Neuner SDEUTSCH *fam*; ***quel cheval as-tu joué? – Le*** ~ auf welches Pferd hast du gesetzt? – Auf die Nummer neun [*o* die Neun *fam*]
3. CARTES, JEUX Neun *f*; ***je joue le ~ de cœur*** ich spiele die Herzneun; ***qn mise le*** ~ jd setzt auf die Neun
4. (*date*): ***nous sommes aujourd'hui le*** ~ heute ist der Neunte, wir haben heute den Neunten
5. SCOL (*note*) neun Punkte [von zwanzig] (*mangelhafte Note, die einer Fünf entspricht*); ***elle a eu [un] ~ à l'interro de maths*** sie hat neun Punkte in der Mathearbeit geschrieben
▸ ~ **arabe/romain** arabische/römische Neun
III. *f* ■ **la** ~ die Neun; (*table a.*) der Tisch neun; (*chambre a.*) das Zimmer neun
IV. *pron* neun; ***seuls ~ sont venus*** nur neun sind gekommen; ***ils étaient ~ contre deux*** sie waren neun gegen zwei
▸ **à** ~ zu neunt; **par** ~ COM im Neunerpack; ~ **par** ~ *choses* je[weils] zwei; *personnes* [jeweils] zu neunt; **tous les** ~ alle neun
neuf, neuve [nœf, nœv] I. *adj* 1. (*non encore utilisé*) neu
2. (*opp: vieux*) *édifice* neu; *peuple* jung; ***la ville neuve de Fez*** die Neustadt von Fez, der neue [Stadt]teil von Fez
3. (*original*) neu; *idée, pensée a.* neuartig; ***il faudrait jeter un regard ~ sur cette question*** man müsste diese Frage aus einem neuen Blickwinkel betrachten
4. (*inexpérimenté*) neu, unerfahren; *esprit* unvoreingenommen; ***il entre dans la vie avec un cœur*** ~ er geht unerfahren ins Leben; ***il est ~ dans le service/ métier*** er ist neu in der Abteilung/in diesem Beruf
▸ **flambant** ~(**neuve**) [funkel]nagelneu *fam*; **comme** ~(**neuve**) wie neu; **quelque chose/rien de** ~ etwas/nichts Neues; **quoi de** ~? was gibt's Neues?
II. *m* (*opp: vieux*) Neue(s) *nt*; ***le ~ et l'occasion*** Neues und Gebrauchtes, neue und gebrauchte Gegenstände *pl*
▸ **on ne peut pas faire du ~ avec du vieux** *prov* aus Altem wird nichts Neues; **il y a du** ~ es gibt etwas Neues; **à** ~ neu-; ***repeint(e) à*** ~ neu gestrichen, frisch gestrichen; ***il a fait remettre à ~ tout son vieux mobilier*** er hat seine alten Möbel [neu] herrichten lassen; **de** ~ neu; ***il s'est vêtu/ meublé de*** ~ er hat sich neu eingekleidet/neu eingerichtet
neurasthénie [nøʀasteni] *f* (*maladie*) Nervenschwäche *f*, Neurasthenie *f spec*; (*pessimisme*) Depressionen *pl*; ***qn tombe dans la*** ~ jd bekommt Depressionen
▸ **qn fait de la** ~ jd ist depressiv, jd hat Depressionen
neurasthénique [nøʀastenik] I. *adj* depressiv; *troubles* neurasthenisch *spec*
II. *mf* Neurastheniker(in) *m(f) spec*, depressiver Mensch
neuro [nøʀo] *préf + adj* neuro-; *+ subst* Neuro-
neurochirurgical, e <-aux> [nøʀoʃiʀyʀʒikal, o] *adj* neurochirurgisch
neurochirurgie [nøʀoʃiʀyʀʒi] *f* Neurochirurgie *f*
neurochirurgien, ne [nøʀoʃiʀyʀʒjɛ̃, jɛn] *m, f* Neurochirurg(in) *m(f)*
neuroleptique [nøʀɔlɛptik] *m* Neuroleptikum *nt*
neurologie [nøʀɔlɔʒi] *f* Nervenheilkunde *f*, Neurologie *f*
neurologique [nøʀɔlɔʒik] *adj* neurologisch; *clinique a.* Nerven-
neurologue [nøʀɔlɔg] *mf* Neurologe/-login *m/f*, Nervenarzt/-ärztin *m/f*
neurone [nøʀon] *m* 1. BIO, INFORM Neuron *nt*
2. *pl fig* (*cerveau*) graue Zellen *pl*; ***ses ~s ont disjoncté*** er/sie ist ausgerastet *fam*
neuropathie [nøʀopati] *f* Nervenleiden *nt*, Neuropathie *f spec*
neuropathologie [nøʀopatɔlɔʒi] *f* Neuropathologie *f*
neurophysiologie [nøʀofizjɔlɔʒi] *f* Neurophysiologie *f*
neurophysiologique [nøʀofizjɔlɔʒik] *adj* neurophysiologisch
neurophysiologiste [nøʀofizjɔlɔʒist] *mf* Neurophysiologe/-login *m/f*
neuropsychiatre [nøʀopsikjatʀ] *mf* Neuropsychiater(in) *m(f)*
neuropsychiatrie [nøʀopsikjatʀi] *f* Neuropsychiatrie *f*
neuropsychiatrique [nøʀopsikjatʀik] *adj* neuropsychiatrisch
neuropsychologie [nøʀopsikɔlɔʒi] *f* Neuropsychologie *f*
neuropsychologue [nøʀopsikɔlɔg] *mf* Neuropsychologe/-login *m/f*
neurovégétatif, -ive [nøʀoveʒetatif, -iv] *adj*: ***système*** ~ vegetatives Nervensystem
neutralisation [nøtʀalizasjɔ̃] *f* 1. POL, MIL (*fait de déclarer neutre*) Neutralisierung *f*
2. (*mise hors d'état de nuire*) Ausschalten *nt*, Ausschaltung *f*; ***la ~ des malfaiteurs a été l'affaire de quelques secondes*** es war eine Sache von wenigen Sekunden, die Übeltäter unschädlich zu machen
3. CHIM, MED, PHYS Neutralisierung *f*, Neutralisation *f*
neutraliser <1> [nøtʀalize] I. *vt* 1. (*empêcher d'agir*) ■ **qn/qc neutralise qn/qc** *concurrence, concurrent, système* jd/etw schaltet jdn/etw aus; *projet a.* jd/etw bringt etw zu Fall; *efforts* jd/etw macht etw zunichte, jd/etw vereitelt etw; MIL (*mettre hors d'état de nuire*) jd/etw schaltet jdn/etw aus, jd/etw macht jdn/etw unschädlich
2. CHIM, PHYS (*rendre neutre*) ■ **qn/qc neutralise qc** jd/etw neutralisiert etw, jd/etw hebt etw auf
3. POL (*déclarer neutre*) ■ **qn neutralise qn/qc** jd erklärt jdn/etw für neutral
4. (*affaiblir*) ■ **qn/qc neutralise qc** jd/etw schwächt etw ab; *couleur, goût a.* jd/etw mildert etw
5. (*interrompre momentanément*) ■ **qn neutralise qc** *circulation* jd stellt etw ein
6. (*annuler*) ■ **qn neutralise qc** *épreuve, examen* jd erklärt etw für ungültig
II. *vpr* ■ **des choses se neutralisent** /*influences, produits*/ Dinge neutralisieren sich
neutralisme [nøtʀalism] *m* Neutralismus *m*, Neutralitätspolitik *f*
neutraliste [nøtʀalist] I. *adj* neutralistisch
II. *mf* Verfechter(in) *m(f)* des Neutralismus [*o* der Neutralitätspolitik]
neutralité [nøtʀalite] *f* 1. (*impartialité*) Neutralität *f*; [*personne a.*] unparteiische Haltung; [*livre, ouvrage, rapport*] neutraler [*o* unparteiischer] Charakter; [*enseignement*] Ungebundenheit *f*; ***un historien qui reste dans la*** ~ ein Historiker, der nicht Partei ergreift
2. POL, CHIM, ELEC Neutralität *f*
neutre [nøtʀ] I. *adj* 1. (*impartial*) neutral; ***un livre/ ouvrage/ rapport est*** ~ ein Buch *nt*/Werk *nt*/Bericht *m* vertritt einen neutralen Standpunkt; ***qn reste*** ~ jd ergreift nicht Partei; ***l'État reste ~ entre les différentes religions*** der Staat verhält sich den verschiedenen Religionen gegenüber neutral; ***le chef de l'État doit être*** ~ das Staatsoberhaupt muss sich neutral verhalten
2. (*qui ne choque pas*) neutral; *couleur, personne a.* unauffällig; *style* farblos
3. POL neutral; *navire* unter neutraler Flagge
4. CHIM, ELEC neutral; ***sel*** ~ Neutralsalz *nt*; ***fil*** ~ Nullleiter *m*
5. GRAM, LING sächlich; ***qc est du genre*** ~ etw ist sächlich, etw ist Neutrum
6. ZOOL (*asexué*) geschlechtslos
II. *m* 1. *pl* POL neutrale Staaten *pl*, neutrale Mächte *pl*
2. GRAM, LING Neutrum *nt*, sächliches Geschlecht
3. ELEC Nullleiter *m*

neutron [nøtʀɔ̃] *m* Neutron *nt*
neuvième [nœvjɛm] **I.** *adj antéposé* neunte(r, s); ***au ~ siècle*** im neunten Jahrhundert; ***il est arrivé ~*** er ist Neunter geworden
II. *mf* ■ **le/la ~** der/die/das Neunte
III. *m* **1.** (*fraction*) Neuntel *nt*
2. (*étage*) neunter Stock, neunte Etage
3. (*arrondissement*) neuntes Arrondissement
IV. *f* **1.** MUS Neuntel *nt*
2. SCOL *vieux* ≈ dritte Grundschulklasse
neuvièmement [nœvjɛmmɑ̃] *adv* neuntens
névé [neve] *m* Firn[schnee *m*] *m*
neveu <x> [n(ə)vø] *m* Neffe *m*
▶ **~ à la mode de Bretagne** Neffe *m* zweiten/dritten Grades, Neffe *m* um drei Ecken *fam*; **je veux** [*o* **un peu**], **mon ~!** *fam* [aber klar,] und wie! *fam*
névralgie [nevʀalʒi] *f* **1.** Neuralgie *f*; ***~ sciatique*** Ischias *m*
2. *abusif* (*mal de tête*) Kopfschmerzen *pl*
névralgique [nevʀalʒik] *adj* **1.** MED neuralgisch; ***centre ~*** Nervenzentrum *nt*
2. (*sensible*) *point* wund, neuralgisch
névrite [nevʀit] *f* Nervenentzündung *f*, Neuritis *f spec*
névropathie [nevʀɔpati] *f vieilli* Neuropathie *f spec*
névrose [nevʀoz] *f* Neurose *f*
névrosé, e [nevʀoze] **I.** *adj* neurotisch
II. *m, f* Neurotiker(in) *m(f)*
névrotique [nevʀɔtik] *adj* neurotisch
new-look [njuluk] **I.** *adj inv politique, style* neuartig; ***la mode ~~*** die Mode des New Look, der New Look; ***cet accoutrement, c'est ton genre ~~?*** dieses Outfit, ist das dein neuer Look? ['autfɪt]
II. *m inv* New Look *m*
newton [njutɔn] *m* Newton *nt*
newtonien, ne [njutɔnjɛ̃, jɛn] *adj* newtonsche(r, s)
nez [ne] *m* **1.** ANAT Nase *f*; ***un ~ camus/droit/écrasé/épaté/grec*** eine breite/gerade/eingedrückte/platte/klassische Nase; ***un ~ busqué*** [*o* ***aquilin***]/***retroussé*** eine Adler-/Stupsnase; ***j'ai le ~ bouché*** meine Nase ist verstopft; ***il y a de quoi se boucher le ~*** *fam* da muss man sich (*dat*) ja die Nase zuhalten *fam*; ***mouche ton ~!*** putz dir die Nase; ***tu as la goutte au ~*** du hast einen Tropfen an der Nase; ***tu as le ~ qui coule*** deine Nase läuft, dir läuft die Nase; ***qn saigne du ~*** jd hat Nasenbluten
2. AVIAT, NAUT [*avion*] Spitze *f*, Nase *f*; [*bateau*] Bug *m*, Spitze; GEOG Bergnase
▶ **qn a le ~ en l'air** *fam* jd ist mit den Gedanken woanders; **au ~ et à la barbe de qn** *fam* direkt vor jds Augen [*o* Nase *fam*] (*dat*); **~ en bec d'aigle** Adlernase *f*; **qn met le ~ de qn dans son caca** *fam* jd stößt jdn mit der Nase auf die eigenen Fehler *fam*; **qn a toujours le ~ à la fenêtre** jd hat seine Augen überall; **qn met le** [*o* **son**] **~ à la fenêtre** *fam* jd streckt den Kopf aus dem Fenster *fam*; **si on te/lui pressait le ~ il en sortirait du lait** *fam* du bist/er/sie ist ja noch feucht hinter den Ohren *fam*; **comme le ~ au milieu de la figure** *fam* das sieht [selbst] ein Blinder *fam*; **~ en pied de marmite** *fam* Kartoffelnase *f fam*, Knollennase *f fam*; **~ en trompette** *fam* Himmelfahrtsnase *f fam*; **le ~ au vent** *fam* unbekümmert, vergnügt; **qn a le ~ creux** [**de faire qc**] *fam* jd hat einen [*o* den richtigen] Riecher [dafür, etw zu tun] *fam*; **faux ~** Pappnase *f*; **qn a le ~ fin** jd hat eine feine [*o* empfindliche] Nase; *fig* jd hat eine Spürnase, jd hat einen guten Spürsinn; **~ fleuri** Säufernase *f*; **qc sent** [*o* **pue**] **qc à plein ~** *fam* etw riecht [*o* stinkt] nach etw; **qn a le ~ pris** jd hat eine verstopfte Nase; **qn/un animal a du ~** *fam* jd/ein Tier hat eine feine Nase, ein Tier hat einen feinen Spürsinn; (*pour qc/une affaire*) jd hat einen [*o* den richtigen] Riecher, jd hat eine gute Nase; **qn a le ~ dans qc** *fam dans ses livres, mots croisés* er hockt dauernd über etw (*dat*) *fam*; **qn a qn dans le ~** *fam* jd hat jdn gefressen *fam*; **qn a le ~ sur qc** *sur son travail, sa copie* jd ist in etw (*akk*) vertieft; *sur un objet* jd stößt fast mit der Nase auf etw (*akk*) *fam*; ***tu ne vois pas tes lunettes? Mais tu as le ~ dessus!*** du findest deine Brille nicht? Sie liegt doch direkt vor deiner Nase [*o* Du stößt gleich mit der Nase darauf] *fam*; **qn baisse le ~** *fam* jd wird ganz klein *fam*; **qn bouffe le ~ à qn** jd streitet sich mit jdm; **des personnes se bouffent** [*o* **se mangent**] **le ~** *fam* Menschen liegen sich in den Haaren [*o* haben sich in der Wolle] *fam*; **qn se casse le ~** [**quelque part**] *fam* jd fällt auf die Nase *fam*; ***qn se casse le ~ à la porte de qn*** *fam* jd steht [bei jdm] vor verschlossener Tür; **qn est un ~** *fam* jd hat eine gute Nase; **qn** [**en**] **fait un** [**de ces**] **~** [*o* **un drôle de ~**] [*o* **un long ~**] *fam* jd macht [*o* zieht] ein Gesicht *fam*; **qn fourre** [*o* **met**] **son ~ quelque part** *fam* jd steckt seine Nase in etw (*akk*) *fam*; ***il fourre son ~ partout*** er steckt seine Nase in alles *fam*, er hat überall seine Nase drin *fam*; **qn lève le ~** [**de qc**] *fam* jd schaut [*o* blickt] [von etw] auf; **qn met le ~ quelque part** *fam* (*va, sort*) jd geht irgendwohin; ***voilà plusieurs jours que je n'ai pas mis le ~ dehors/dans cette pièce*** seit Tagen bin ich nicht rausgekommen/in dieses Zimmer gekommen; **qn montre le** [**bout de son**] [*o* **son**] **~** *fam* jd streckt den Kopf [he]rein *fam*, jd schaut [kurz] [he]rein *fam*; **qn parle du ~** jd spricht durch die Nase; **qc passe sous le ~ de qn** *fam* etw geht jdm durch die Lappen *fam*; ***le dessert te passera sous le ~*** du kriegst keinen Nachtisch *fam*; ***le bus m'est passé sous le ~*** der Bus ist mir vor der Nase weggefahren *fam*; **qc me/lui pend au ~** etw blüht mir/ihm/ihr; **qn se pique le ~** *vieilli fam* jd trinkt sich (*dat*) einen an *fam*; **qn pique du ~** *fam* (*s'endort*) jd nickt ein; **qc pique du ~**: ***l'avion a piqué du ~*** das Flugzeug ist im Sturzflug heruntergegangen; **ton ~ remue** *fam* du schwindelst [*o* lügst], das sieht man dir an der Nase[nspitze] an *fam*; **qc** [**re**]**tombe sur le ~ de qn** *fam* jd bekommt etw zu spüren, etw fällt auf jdn zurück; **qn rit au ~ de qn** jd lacht jdm ins Gesicht; **~ à ~** Auge in Auge; ***je me suis*** [***re***]***trouvé***(***e***) [*o* ***je suis tombé***(***e***)] ***~ à ~ avec elle*** ich stand ihr plötzlich gegenüber; **au ~ de qn** *fam fermer la porte* vor jds Nase (*dat*); ***il m'a raccroché au ~!*** er hat einfach aufgelegt! *fam*; **devant** [*o* **sous**] **le ~ de qn** *fam* vor jds Augen [*o* Nase *fam*] (*dat*); ***il lui a fourré la preuve sous le ~*** er hat ihm/ihr den Beweis unter die Nase gehalten *fam*; **sur le ~** auf der Nase
◆ **nez de gouttière** Wulst *f o m*
NF [ɛnɛf] *f abr de* **norme française** französische Norm
ni [ni] *conj* **1.** *après une autre nég* ■ **ne ... pas ... ~** weder ... noch; ■ **ne ... rien ~ personne ...** nichts und niemand; ■ **sans ... ~ ...** ohne ... und [ohne]; ***rien de fin ~ de distingué*** weder etwas Feines noch etwas Vornehmes; ***sans col ~ cravate*** ohne Kragen und [ohne] Krawatte; ***je ne veux ~ peux accepter*** weder will noch kann ich [das] annehmen
2. *avant une autre nég* ■ **... ~ ... ne ...** weder ... noch
3. *entre deux négations* ■ **... ne ... ~ ne ... ...** weder, noch ..., weder ..., noch ...
4. (*alternative négative*) ■ **... ne ... ~ ... ~,** ■ **~** [**ne ...**] **~ ne ...** weder ... noch; ***il n'est ~ plus bête ~ plus paresseux qu'un autre*** er ist weder dümmer noch fauler [*o* nicht dümmer und nicht fauler] als jeder andere; ***~ l'un ~ l'autre*** weder der eine noch der andere, keiner von beiden; ***je ne le vois ~ ne l'entends*** ich sehe [ihn nicht] und höre ihn nicht; ***~ plus ~ moins que*** nicht mehr und nicht weniger als
niable [njabl] *adj* ▶ **qc n'est pas ~** etw lässt sich nicht leugnen
niais, e [njɛ, njɛz] **I.** *adj* dümmlich, töricht; *style* einfältig
II. *m, f* Einfaltspinsel *m fam*
niaisement [njɛzmɑ̃] *adv* dümmlich, unbedarft
niaiserie [njɛzʀi] *f* **1.** (*caractère sot*) Einfalt *f*
2. (*chose sotte*) Unsinn *m kein pl*
nibard [nibaʀ] *m pop* Titte *f sl*; ***une sacrée paire de ~s*** ein paar verdammt gute Möpse *sl*
Nice [nis] Nizza *nt*
niche¹ [niʃ] *f* **1.** (*abri pour chien*) [Hunde]hütte *f*; ***tu ne sors plus de ta ~?*** *hum* kommst du gar nicht mehr aus deinem Bau? *fam*
2. (*alcôve*) Nische *f*
▶ **~ écologique** [ökologische] Nische; **à la ~!** in die Hütte!
niche² [niʃ] *f vieilli* (*farce, tour*): ***qn joue des ~s*** jd macht Blödsinn, jd treibt Unfug
▶ **qn fait des ~s à qn** jd neckt jdn, jd treibt seinen Spaß mit jdm
nichée [niʃe] *f* **1.** ORN Brut *f*
2. (*jeunes animaux*) Wurf *m*; *fam* (*enfants*) Nachwuchs *m*, Kinderschar *f*; ***une ~ de chiens/souris*** ein Wurf [junger] Hunde/Mäuse
nicher <1> [niʃe] **I.** *vi* **1.** (*faire son nid*) ■ **un animal niche quelque part** ein Tier nistet [*o* hat sein Nest] irgendwo
2. *fam* (*habiter*) ■ **qn niche quelque part** jd wohnt irgendwo
II. *vpr* **1.** (*installer son nid*) ■ **un animal se niche quelque part** ein Tier nistet sich irgendwo ein, ein Tier baut [sich (*dat*)] sein Nest irgendwo
2. *fam* (*se loger*) ■ **qn/qc se niche quelque part** /*personne*/ jd wohnt irgendwo; /*maison*/ etw liegt irgendwo versteckt
▶ **où qc** [**ne**] **va-t-il** [**pas**] **se ~** wie weit kann etw führen
nichon [niʃɔ̃] *m fam* Titte *f sl*
nickel [nikɛl] **I.** *m* CHIM Nickel *nt*
II. *adj inv fam* (*impeccable*) blitzblank *fam*
nicotine [nikɔtin] *f* Nikotin *nt*; ***à faible teneur en ~*** mit geringem Nikotingehalt
nid [ni] *m* **1.** ZOOL Nest *nt*; ■ **~ de** *de guêpes, d'oiseaux, de souris* -nest
2. (*logis*) Zuhause *nt*; ***au ~*** [bei sich] zu Hause; ***~ d'amoureux*** Liebesnest *nt*
3. (*repaire*) ■ **~ de** -nest *nt*; *de bandits, brigands a.* -höhle *f*; ■ **~ de** MIL *de mitrailleuse, résistance* -nest
4. *littér* (*source*) Brutstätte *f*
◆ **nid à poussière** Staubfänger *m*; **nid d'aigle** Adlerhorst *m*; **nid de vipères** *fig* Wespennest *nt*; **nid d'hirondelle** GASTR Schwalbennest *nt*
nid-d'abeilles <~s-~> [nidabɛj] *m* COUT Waffelmuster *nt*; TECH Lamellen *pl*; ***des serviettes*** [***à***] ***~s~*** Handtücher *pl* mit Waffelmuster; ***radiateur à ~s~*** Wabenkühler *m* **nid-de-poule** <~s-~-~> [nidpul] *m* Schlagloch *nt*
nidification [nidifikasjɔ̃] *f* Nestbau *m*
nidifier <1a> [nidifje] *vi* ■ **un animal nidifie** ein Tier baut sein Nest, ein Tier nistet
nièce [njɛs] *f* Nichte *f*
nielle [njɛl] *f* **1.** BOT Kornrade *f*
2. AGR Getreidebrand *m*; [*blé*] Gicht *f*
nieller <1> [njele] *vt* ■ **qc nielle qc** etw macht etw brandig; ***blé niellé*** von Gicht *f* [*o* Brand *m*] befallener Weizen
niellure [njelyʀ] *f* AGR Getreidebrand *m*
nième [ɛnjɛm] *adj v.* **énième**
nier <1a> [nje] **I.** *vt* **1.** (*ne pas reconnaître*) ■ **qn nie qc** jd leugnet etw, jd streitet etw ab; ■ **qn nie** [**d'**]**avoir fait qc** jd leugnet [*o* streitet ab] etw getan zu haben; ■ **qn nie que qn/qc fasse qc** jd bestreitet, dass jd/etw etw tut
2. (*refuser l'idée de*) ■ **qn nie qc** jd verleugnet etw
II. *vi* ■ **qn nie** jd leugnet
nigaud, e [nigo, od] **I.** *adj vieilli* dumm, einfältig
II. *m, f vieilli* Dummkopf *m*; ***ne pleure pas, gros ~*** wein doch nicht, du Dummerchen
Niger [niʒɛʀ] *m* ■ **le Niger** Niger *nt*
Nigeria [niʒeʀja] *m* ■ **le Nigeria** Nigeria *nt*
nigérian, e [niʒeʀjɑ̃, jan] **I.** *adj* nigerianisch
II. *m, f* ■ **Nigérian(e)** Nigerianer(in) *m(f)*
nigérien, ne [niʒeʀjɛ̃, jɛn] **I.** *adj* nigrisch
II. *m, f* ■ **Nigérien(ne)** Nigrer(in) *m(f)*
night-club <~-~s> [najtklœb] *m* Nachtklub *m*, Nachtlokal *nt*
nihilisme [niilism] *m* Nihilismus *m*
nihiliste [niilist] **I.** *adj* nihilistisch
II. *mf* Nihilist(in) *m(f)*
Nil [nil] *m* ■ **le Nil** der Nil; ***le ~ Blanc/Bleu*** der Blaue/Weiße Nil

nimbe [nɛ̃b] *m* (*auréole*) Heiligenschein *m,* Glorienschein *m; littér* [*lune*] Hof *m; le ~ doré des cheveux littér* der goldene Strahlenkranz seiner/ihrer Haare *liter*
nimber <1> [nɛ̃be] **I.** *vt* (*auréoler*) ■ **qn nimbe qc** jd umgibt etw mit einem Heiligenschein; ***le soleil couchant nimbe de rose les sommets*** *littér* die untergehende Sonne überzieht die Gipfel mit einem rosa Hauch; ■ **qn/qc est nimbé(e) de qc** jd/etw strahlt etw aus; ***nimbé(e) de mystère*** geheimnisumwittert; ***nimbé(e) de brouillard*** in Nebel gehüllt
II. *vpr littér:* ***la lune se nimbe de brume*** der Mond hüllt sich in einen Dunstschleier
nimbostratus [nɛ̃bostʀatys] *m* Nimbostratus *m*
nimbus [nɛ̃bys] *m* Nimbuswolke *f,* Regenwolke *f*
n'importe [nɛ̃pɔʀt] *v.* **importer**
ninas [ninas] *m* Zigarillo *m o nt*
niobium [njɔbjɔm] *m* CHIM Niob[ium *nt*] *nt*
niôle [ɲol] *f v.* **gnôle**
nipper <1> [nipe] **I.** *vt fam* ■ **qn nippe qn** jd zieht jdn an, jd staffiert jdn aus *fam;* ***tu es drôlement bien nippé aujourd'hui*** du hast dich heute aber in Schale geworfen; ***il est toujours mal nippé*** er ist immer unmöglich angezogen
II. *vpr fam* ■ **qn se nippe:** ***nippe-toi en vitesse*** zieh dir schnell was drüber *fam;* ***je me demande où il se nippe*** ich frag mich, wo der seine Klamotten kauft *fam*
nippes [nip] *fpl fam* Klamotten *pl fam*
nippon, [n]e [nipɔ̃, ɔn] **I.** *adj* japanisch
II. *m, f* ■ **Nippon(e),** ■ **Nippon(ne)** Japaner(in) *m(f)*
nique [nik] *f fam* ▸ **qn <u>fait</u> la ~ à qn** (*se moquer*) jd macht sich über jdn lustig; (*échappe*) jd entwischt jdm; **qn <u>fait</u> la ~ à qc** jd pfeift auf etw (*akk*)
niquer <1> [nike] *vt vulg* ■ **qn nique qn** jd vögelt jdn *sl,* jd fickt jdn *vulg,* jd bumst jdn *fam;* ***nique ta mère*** fick dich doch ins Knie *vulg;* ■ **qn se fait ~** jd wird gebumst *fam* [*o* gefickt *vulg*] [*o* gevögelt *sl*]; [*se fait avoir*] jd wird beschissen *sl*
nirvana [niʀvana] *m* Nirwana *nt*
nitouche [nituʃ] *f* ▸ **<u>sainte</u> ~** Unschuldsengel *m;* ***avec son air de sainte ~*** mit seiner/ihrer scheinheiligen Miene, mit seiner/ihrer Unschuldsmiene; ***qn fait la sainte ~*** jd tut scheinheilig, jd spielt den Unschuldigen/die Unschuldige
nitrate [nitʀat] *m* Nitrat *nt;* ■ **~ de** -nitrat *nt;* ***~ d'argent*** Silbernitrat, Höllenstein *m*
nitreux, -euse [nitʀø, -øz] *adj* salpeterhaltig; *acide* salpetrig; *terre* Salpeter-
nitrification [nitʀifikasjɔ̃] *f* Nitrifikation *f*
nitrifier <1 a> [nitʀifje] **I.** *vt* ■ **qc nitrifie qc** etw nitrifiziert etw, etw verwandelt etw in Nitrat
II. *vpr* ■ **qc se nitrifie** etw verwandelt sich in Nitrat
nitrique [nitʀik] *adj acide* Salpeter-; ***bactérie ~*** Nitrobakterie *f*
nitrite [nitʀit] *m* Nitrit *nt*
nitroglycérine [nitʀogliseʀin] *f* Nitroglyzerin *nt*
niveau <x> [nivo] *m* **1.** (*hauteur*) [*neige, sol*] Höhe *f;* (*dans un réservoir*) [*essence, huile*] -stand *m;* [*devise, production, monnaie*] Stand; [*études*] Niveau *nt,* Stand; ***le ~ de la mer/nappe phréatique*** der Meeres-/Grundwasserspiegel; ***le ~ de la rivière*** der Wasserstand [*o* Pegelstand] des Flusses
2. (*degré*) Niveau *nt;* ■ **~ de qc** *de concentration, pression* Maß *nt* an etw (*dat*); *de pollution* Grad *m* einer S. (*gen*), Grad an etw (*dat*); *de température* Höhe *f* einer S. (*gen*); ~ ***culturel*** [*o* ***de culture***] Bildungsniveau; ~ ***intellectuel/mental/scolaire*** intellektuelles/geistiges/schulisches Niveau; ~ ***social*** gesellschaftliche Stellung [*o* Stufe]; ***un ~ de sélection pointue*** ein hohes Selektionsniveau
3. (*étage*) Stockwerk *nt,* Etage *f*
4. TECH (*outil*) Wasserwaage *f,* Setzwaage *f,* Richtwaage *f*
▸ **au plus <u>haut</u> ~** auf höchster Ebene; **de <u>haut</u> ~** von hohem Rang [*o* Niveau]; *hôtel* von hohem Standard; **qn <u>est</u> au ~** jd entspricht den Anforderungen; **qn se <u>met</u> au ~ de qn** jd passt sich jds [geistigem] Niveau an; **qn <u>met</u> des choses au même ~** jd stellt Dinge auf eine [*o* die gleiche] Stufe; **<u>à</u> tous les ~x** auf allen Ebenen; **<u>au</u> ~ de qn/qc** (*espace*) auf der Höhe einer S. (*gen*) [*o* von etw]/auf jds Höhe (*dat*); (*valeur*) auf gleicher Höhe mit jdm/etw, auf dem Stand [*o* Niveau] einer S. (*gen*)/auf jds Stand [*o* Niveau] (*dat*); ***l'eau lui arrivait au ~ de la taille*** das Wasser reichte ihm/ihr bis zur Taille; ***au ~ du sol*** zu ebener Erde, ebenerdig; ***les deux vases sont au même ~*** die beiden Vasen stehen auf gleicher Höhe; ***qn est au ~ de sa tâche*** jd ist seiner Aufgabe gewachsen; ***les cours ne sont pas à son ~*** die Kurse entsprechen nicht seinem/ihrem [Leistungs]niveau; ***au ~ de la classe*** auf dem [Leistungs]niveau [*o* Stand] der Klasse; **<u>au</u> ~ de qc** *des prix, de la qualité* in Bezug auf etw (*akk*), was etw (*akk*) anbelangt; **<u>au</u> ~ ...** *abusif:* ***au ~ local/national/émotionnel*** auf lokaler/nationaler/emotionaler Ebene; ***au ~ gouvernemental*** auf Regierungsebene; ***au ~ de la C.E.*** auf EG-Ebene; **<u>de</u> ~** eben, waagerecht; ***deux choses sont de ~*** zwei Dinge sind auf gleicher Höhe
◆ **niveau à bulle** [**d'air**] Wasserwaage *f,* Setzwaage *f,* Richtwaage *f;* **niveau d'eau** TECH Kanalwaage *f;* **niveau de langue** Stilebene *f;* **niveau de vie** Lebensstandard *m*
nivelage [nivlaʒ] *m* Nivellieren *nt*
niveler <3> [nivle] *vt* **1.** (*aplanir*) ■ **qn/qc nivelle qc** jd/etw nivelliert etw; *sol, terrain* jd/etw ebnet etw [ein]
2. (*mettre au même niveau*) ■ **qn/qc nivelle qc** *conditions sociales, fortunes, intelligences, profits* jd/etw gleicht Dinge [einander] an, jd nivelliert etw *geh;* ***on nivelle qc par le bas*** man gleicht etw nach unten an
3. TECH (*mesurer*) ■ **qn nivelle qc** jd nivelliert etw
niveleuse [nivløz] *f* Planierraupe *f*
nivellement [nivɛlmɑ̃] *m* **1.** (*aplanissement*) Einebnen *nt,* Nivellieren *nt*
2. (*égalisation*) Angleichung *f,* Nivellierung *f*
3. TECH Nivellement *nt spec;* ***instrument de ~*** Nivelliergerät *nt*
nivoglaciaire [nivoglasjɛʀ] *adj:* ***le régime ~*** durch die Schmelz- und Gletscherwässer bedingte Wasserführung **nivopluvial, e** <-aux> [nivoplyvjal, jo] *adj:* ***le régime ~~*** durch die Schmelzwässer und Niederschläge bedingte Wasserführung
nobélium [nɔbeljɔm] *m* CHIM Nobelium *nt*
nobiliaire [nɔbiljɛʀ] **I.** *adj* Adels-; ***particule ~*** Adelsprädikat *nt*
II. *m* Adelsbuch *nt,* Adelskalender *m*
noble [nɔbl] **I.** *adj* **1.** (*de haute naissance*) adlig; ***famille ~*** adlige Familie, Adelsfamilie *f;* ***de naissance ~*** [von] vornehmer Herkunft, [von] adliger Abstammung; ***de race/sang ~*** edlen [*o* vornehmen] Geschlechts/Blutes, von edlem [*o* vornehmem] Geschlecht/Blut
2. (*de grande valeur*) edel; *métal, bois* Edel-; *branche, spécialités, section* angesehen
3. *a. antéposé* (*généreux*) edel, edelmütig *geh*
4. *a. antéposé* (*altier*) edel; *personne, maintien a.* würdevoll; *beauté, langage, manières, style, sentiment* erhaben
II. *mf* (*aristocrate*) Adlige(r) *f(m);* ***les ~s*** die Adligen, der Adel
noblement [nɔbləmɑ̃] *adv* **1.** (*généreusement*) edelmütig
2. (*dignement*) würdevoll, stolz
noblesse [nɔblɛs] *f* **1.** (*aristocratie*) Adel *m;* ***petite/haute ~*** niederer/hoher Adel, Hochadel; ~ ***terrienne/héréditaire*** Land-/Erbadel; ***lettre de ~*** Adelsbrief *m;* ■ **~ de** -adel; ~ ***d'épée/d'extraction/de cour/finance/robe*** Schwert-/Geburts-/Hof-/Geld-/Amtsadel; ***la ~ d'Empire*** der Adel des ersten Kaiserreiches
2. (*dignité*) [*comportement, manières, personne*] Würde *f;* [*style, tenue a.*] Erhabenheit *f*
3. (*générosité*) Großmut *m,* Edelmütigkeit *f;* [*esprit, sentiment*] Erhabenheit *f;* ~ ***de l'âme/du cœur*** Seelen-/Herzensadel *m*
▸ **~ <u>oblige</u>** Adel verpflichtet
nobliau <x> [nɔblijo] *m* Angehörige(r) *m* des niederen Adels
noce [nɔs] *f* **1.** *a. pl* (*mariage*) Hochzeit *f;* ***qn va à la ~*** jd geht auf eine [*o* zu einer] Hochzeit; ***~s d'argent/d'or/de diamant/platine*** silberne [*o* Silberhochzeit]/goldene/diamantene/eiserne Hochzeit
2. (*participants*) Hochzeitsgesellschaft *f*
3. *fam* (*partie de plaisir*) rauschendes Fest; ***dans une ~ effrénée*** in Saus und Braus *fam*
▸ **qn convole en <u>justes</u> ~s** *hum* jd tritt in den heiligen Stand der Ehe ein, jd läuft in den Hafen der Ehe ein; **qn n'a jamais été à <u>pareille</u> ~** jd hat es noch nie so gut gehabt; **qn épouse qn en <u>premières/secondes</u> ~s** jd heiratet jdn in erster/zweiter Ehe; **qn <u>est</u> de [la] ~** jd ist mit von der Partie; **qn n'<u>est</u> pas à la ~** *fam* jd ist schlecht [*o* übel] dran *fam;* **qn <u>fait</u> la ~** *fam* jd lebt in Saus und Braus *fam,* jd führt ein ausschweifendes Leben
noceur, -euse [nɔsœʀ, -øz] *m, f* lebenslustiger Mensch, Genussmensch *m;* ***c'est un sacré ~*** er genießt das Leben in vollen Zügen
nocif, -ive [nɔsif, -iv] *adj boisson, émanation, gaz, tabac* schädlich; *influence a., habitude, climat* schlecht; *idée, théorie* gefährlich
nocivité [nɔsivite] *f* [*boisson, émanation, gaz, influence, tabac*] Schädlichkeit *f;* [*habitude, idée, théorie*] Gefährlichkeit *f*
noctambule [nɔktɑ̃byl] **I.** *adj:* ***fêtard/noceur ~*** Nachtschwärmer *m*
II. *mf* Nachtschwärmer(in) *m(f)*
nocturne [nɔktyʀn] **I.** *adj* nächtlich; *oiseau, papillon, rapace, vie* Nacht-
II. *m* **1.** (*oiseau*) Nachtvogel *m*
2. MUS Notturno *nt,* Nokturne *f*
III. *f* (*manifestation ~*) Abendveranstaltung *f;* (*ouverture ~*) verlängerte [Laden]öffnungszeiten *pl* [am Abend]
▸ **<u>en</u> ~** am [späten] Abend; ***match en ~*** Flutlichtspiel *nt*
nodosité [nɔdozite] *f* **1.** MED Knoten *m*
2. BOT (*état*) knotige Beschaffenheit; (*nœud*) Knoten *m*
nodule [nɔdyl] *m* **1.** MED Knötchen *nt*
2. GEOL Knolle *f*
Noé [noe] *m* Noah *m*
noël [nɔɛl] *m* **1.** REL ■ **N~** Weihnachten *nt*
2. (*période de N~*) ■ **N~** Weihnachten *pl;* ***pour N~, nous irons ...*** an [*o* zu] Weihnachten fahren wir ...
3. *fam* (*cadeau*) ■ **mon/son ~** mein/sein/ihr Weihnachtsgeschenk *nt;* ***je n'ai rien eu pour mon ~*** ich habe zu Weihnachten nichts [geschenkt] bekommen, ich habe kein Weihnachtsgeschenk bekommen
4. (*chant*) Weihnachtslied *nt*
▸ **N~ au <u>balcon</u>, Pâques au tison** *prov* grüne Weihnachten, weiße Ostern; Weihnachten im Klee, Ostern im Schnee; **<u>joyeux</u> N~** fröhliche Weihnachten; **qn <u>chante</u> ~** jd singt Weihnachtslieder; **<u>de</u> N~** Weihnachts-; *arbre, messe a.* Christ-; ***nuit de N~*** Heilige Nacht, Weihnachtsnacht *f;* ***veillée de N~*** Weihnachtsandacht *f*
II. *f* ■ **la N~** das Weihnachtsfest, [das] Weihnachten
nœud [nø] *m* **1.** (*entrecroisement*) Knoten *m;* ***~ de cravate/pêcheur/tisserand*** Krawatten-/Fischer-/Weberknoten
2. NAUT (*vitesse*) Knoten *m*
3. BOT Knoten *m;* [*bois a.*] Ast *m;* ***bois sans ~*** astfreies Holz
4. (*point essentiel*) [*pièce, roman*] Knoten *m;* [*débat, chose*] springender Punkt, Kernpunkt *m*
5. (*carrefour*) Knotenpunkt *m;* ***~ ferroviaire/fluvial/routier*** Eisenbahn-/Schiffahrts-/[Straßen]verkehrsknotenpunkt
6. (*lien*) Bande *pl*
7. (*ornement*) Schleife *f*
8. ANAT, ASTRON Knoten *m;* ELEC Knotenpunkt *m*
9. *vulg* (*pénis*) Schwanz *m sl;* ***lâche-moi le ~!*** verpiss dich! *sl*
▸ **qn a un ~ dans la <u>gorge</u>** jds Kehle ist [wie] zugeschnürt, jd hat einen Kloß

im Hals *fam;* **qn fait un** ~ **à son mouchoir** jd macht sich (*dat*) einen Knoten ins Taschentuch; ~ **coulant** laufender Pahlstek; **double** ~ doppelter Knoten, Doppelknoten *m;* **qn tranche le** ~ **gordien** jd haut den gordischen Knoten durch; ~ **plat** Kreuzknoten *m;* ~ **simple** Hausfrauenknoten *m;* ~ **vital** ANAT Lebensknoten *m;* **il y a un** ~! die Sache hat einen Haken!; **qn fait un** ~ jd macht einen Knoten

◆ **nœud d'arrêt** Achtknoten *m;* **nœud de chaise** Pahlstek *m;* **nœud de vache** Altweiberknoten *m;* **nœud de vipères** Vipernnest *nt;* **nœud papillon** Fliege *f*

noie [nwa] *indic et subj prés de* **noyer**

noierai [nwaʀe] *fut de* **noyer**

noir, e [nwaʀ] **I.** *adj* **1.** (*opp: blanc*) schwarz; *yeux, peau a.* dunkel; *ciel a.* finster; *temps* düster; ~ ***comme l'encre*** [*o* ***le jais***] [*o* ***l'ébène***] [kohl]rabenschwarz, pechschwarz *fam*

2. (*foncé*): ***blé*** ~ Buchweizen *m;* ***lunettes*** ~***es*** Sonnenbrille *f;* ***pain*** ~ Schwarzbrot *nt;* ***du raisin*** ~ blaue [*o* dunkle] [Wein]trauben *pl;* ■ ~ **de qc** schwarz von etw [*o* vor etw (*dat*)]; ***ton col est*** ~ ***de saleté*** dein Kragen starrt vor Schmutz; ~ ***de suie*** rußgeschwärzt; ***la rue est*** ~***e de monde*** die Straße wimmelt von Menschen; ***il est rentré tout*** ~ ***de vacances*** er ist ganz braun gebrannt aus dem Urlaub zurückgekommen

3. (*propre à la race*) der Schwarzen; *musique a.* schwarz; *problème a.* Rassen-; ***personne*** ~***e*** Schwarze(r) *f(m);* ***il n'est pas*** ~ er ist kein Schwarzer; ***l'Afrique*** ~***e*** Schwarzafrika *nt*

4. (*obscur*) finster, dunkel; *ombre* schwarz; ***il faisait déjà nuit*** ~***e*** es war schon stockdunkel [*o* stockfinster]

5. (*sinistre*) düster, finster; *humour* schwarz; ***désespoir*** ~ tiefste Hoffnungslosigkeit; ***qn fait un tableau très*** ~ ***de qc*** jd malt etw in den schwärzesten Farben

6. (*mauvais*) *plan, âme* schwarz; *œil, regard* finster; ***ingratitude*** ~***e*** schnöder Undank; ***malchance*** ~***e*** höllisches Pech

7. LITTER, CINE *film, roman* schwarz; ***série*** ~***e*** schwarze Serie

8. *fam* (*ivre*) [völlig] blau *fam,* besoffen *sl*

9. (*illégal*): ***marché*** ~ Schwarzmarkt *m;* ***caisse*** ~***e*** Reptilienfonds *m*

10. (*satanique*) *magie, messe* schwarz

II. *m* **1.** (*couleur*) Schwarz *nt;* ***elle se met du*** ~ ***sur les paupières*** sie zieht sich (*dat*) einen [schwarzen] Lidstrich; ***le*** ~ ***gagne!*** Schwarz gewinnt!; ***les*** ~***s*** SPORT die Schwarzen

2. (*vêtement*) Schwarz *nt;* (*de deuil a.*) Trauerkleidung *f;* ***le*** ~ ***lui va bien*** Schwarz steht ihm/ihr gut

3. (*obscurité*) Dunkel *nt,* Dunkelheit *f;* ***dans le*** ~ im Dunkeln

4. *fam* (*café*) schwarzer Kaffee

▶ ~ **et blanc** schwarzweiß; ***le photographe fait du*** ~ ***et blanc*** der Fotograf macht Schwarzweißbilder; ***il a du monde une vision en*** ~ ***et blanc*** er sieht die Welt nur in Schwarz und Weiß; ~ **sur blanc** schwarz auf weiß; ***mettez-moi*** [*o* ***écrivez-moi***] ***ça*** ~ ***sur blanc!*** geben Sie mir das schriftlich!; **d'un** ~ **d'encre** pechschwarz; **qn broie du** ~ jd fängt Grillen *geh,* jd hängt trüben Gedanken nach, jd bläst Trübsal *fam;* **qn est dans le** ~ jd tappt im Dunkeln; **qn peint** [*o* **voit**] **tout en** ~ jd malt [*o* sieht] alles schwarz; **qn pousse qc au** ~ jd macht etw schlimmer, als es ist; jd malt etw in den schwärzesten Farben; **au** ~ schwarz; ***acheter/travailler/vendre au*** ~ schwarz kaufen/arbeiten [*o* schwarzarbeiten]/verkaufen; ***travail au*** ~ Schwarzarbeit *f;* **en** ~ *habillé, peint* schwarz; ***elle s'habille en*** ~ sie trägt [*o* geht in] Schwarz

III. *m, f* (*personne*) ■ **Noir(e)** Schwarze(r) *f(m)*

IV. *f* MUS ■ **noire** Viertelnote *f*

◆ **noir de fumée** Ruß *m*

noirâtre [nwaʀɑtʀ] *adj* schwärzlich

noiraud, e [nwaʀo, od] **I.** *adj* dunkel[häutig]

II. *m, f* dunkelhäutiger Typ

noirceur [nwaʀsœʀ] *f* **1.** (*perfidie*) Niedertracht *f;* [*âme*] Schwärze *f;* [*crime, forfait*] Ruchlosigkeit *f;* ***la*** ~ ***de son ingratitude/regard*** sein/ihr schnöder Undank/finsterer Blick

2. (*caractère sinistre*) schwarze Natur

3. *littér* (*couleur*) Schwärze *f*

noircir <8> [nwaʀsiʀ] **I.** *vt* **1.** (*salir*) ■ **qn/qc noircit qc** jd/etw macht etw schwarz [*o* schmutzig]; *visage* jd/etw schwärzt etw

2. (*colorer*) ■ **qn/qc noircit qc** *étoffe* jd/etw färbt etw schwarz; *meuble, poutre* jd beizt etw schwarz; ***le soleil lui avait noirci la peau*** seine Haut war sonnenverbrannt; ■ **[qc est] noirci(e)** [etw ist] schwarz

3. (*dénigrer*) ■ **qn noircit qn/qc** *situation* jd malt etw in den schwärzesten Farben; *personne* jd schwärzt jdn an; ***il a voulu*** ~ ***la réputation de son voisin*** er wollte seinen Nachbarn in Verruf bringen; ■ **qc noircit qc** *image, perspectives* etw wirft einen Schatten auf etw (*akk*)

4. (*couvrir d'écriture*) ■ **qn noircit qc** *cahier, feuille, papier* jd schreibt etw voll

II. *vi* (*devenir noir*) ■ **qn/qc noircit** /*façade, fruit*/ etw wird dunkel [*o* schwarz]; /*ciel a.*/ etw verdunkelt sich, etw verfinstert sich; /*bois, couleur*/ etw dunkelt nach; /*peau, personne*/ jd/etw wird braun

III. *vpr* **1.** (*devenir noir*) ■ **qc se noircit** /*façade*/ etw wird dunkel [*o* schwarz]; /*ciel a.*/ etw verdunkelt sich, etw verfinstert sich; /*bois, couleur*/ etw dunkelt nach

2. (*s'accuser*) ■ **qn se noircit** jd macht sich schlecht

3. *pop* (*s'enivrer*) ■ **qn se noircit** jd lässt sich voll laufen *fam*

noise [nwaz] *f* ▶ **qn cherche** ~ [*o* **des** ~**s**] **à qn** jd sucht Streit *m* mit jdm, jd sucht Händel *pl* mit jdm *geh*

noisetier [nwaztje] *m* Hasel[nuss]strauch *m*

noisette [nwazɛt] **I.** *f* **1.** (*fruit*) Haselnuss *f;* ■ **... à la** ~, ■ **...** ~[s] Nuss-

2. GASTR: ***une*** ~ ***de beurre*** eine Flocke Butter, ein Stück[chen *nt*] *nt* Butter

II. *app inv* (*couleur*) haselnussbraun

noix [nwa] *f* **1.** (*fruit*) Walnuss *f;* ■ ~ **de** -nuss *f;* ~ ***de cajou/d'arec/de coco/de kola/de muscade*** Cashew-/Betel-/Kokos-/Kola-/Muskatnuss ['kæʃu-]; ~ ***de galle*** Gallapfel *m*

2. *péj* (*individu stupide*) dumme [*o* doofe] Nuss *fam*

3. GASTR (*viande*) Nuss *f*

4. (*quantité*): ***une*** ~ ***de beurre*** ein walnussgroßes Stück Butter

▶ **vieille** ~ *fam* (*homme*) alter Sack *fam;* (*femme*) alte Ziege *fam;* **à la** ~ [**de coco**] *fam* wertlos; ***un mécanicien à la*** ~ ein [ganz] mieser Mechaniker; ***des promesses à la*** ~ leere Versprechungen; **des** ~! *fam* kommt gar nicht in Frage [*o* in die Tüte *fam*]!, denkste! *fam;* **quelle** ~! *fam* so'n Knallkopf [*o* Heini]! *fam*

noliser <1> [nɔlize] *vt* ■ **qn nolise qc** jd chartert etw

nom [nɔ̃] *m* **1.** (*dénomination*) Name *m;* ***quel est le*** ~ ***de qc/d'un animal?*** wie heißt etw/ein Tier?; ***qc a pour*** ~ ... etw heißt ..., etw wird ... genannt; ***changement de*** ~ Namensänderung *f;* ***sous un faux*** ~ unter falschem Namen; ■ ~ **de** -name; *de justice, liberté* Begriff *m* + *subst; de mère, père, d'artiste* Name + *subst,* Bezeichnung *f* + *subst;* ***le*** ~ ***de Martin est très répandu*** der Name Martin ist sehr verbreitet; ~ ***de femme mariée/de jeune fille*** Ehe-/Mädchenname [*o* Geburtsname]; ***le*** ~ ***de liberté/justice*** der Begriff Freiheit/Gerechtigkeit; ***qn n'est pas digne du*** ~ ***de père/pédagogue*** jd verdient es nicht, als Vater/Pädagoge bezeichnet zu werden; jd verdient den Namen [*o* die Bezeichnung] Vater/Pädagoge nicht

2. GRAM Substantiv *nt,* Nomen *nt,* Hauptwort *nt;* ~ ***féminin/masculin/neutre*** Femininum *nt*/Maskulinum *nt*/Neutrum *nt,* weibliches/männliches/sächliches Substantiv; ~ ***abstrait/concret*** Abstraktum *nt*/Konkretum *nt,* abstraktes/konkretes Substantiv

3. (*célébrité*) [großer] Name; ***un des plus grands*** ~***s de la littérature*** einer der ganz großen Namen in der Literatur

▶ ~ **d'un petit bonhomme,** ~ **d'un chien,** ~ **d'une pipe** [Himmel]herrgott [*o* Menschenskind] [noch mal]! *fam;* ~ **à charnière,** ~ **à rallonge,** ~ **à tiroirs** *hum* Bandwurmname *m;* **qn appelle les choses par leur** ~ jd nennt die Dinge beim Namen; **au** ~ **du ciel** [*o* **de Dieu**] *soutenu* um Himmels willen, allmächtiger Gott; ~ **de Dieu** [**de** ~ **de Dieu**]! (*de surprise*) ach du lieber Gott [*o* Himmel]! *fam;* (*de colère*) Herrgott noch mal! *fam,* Himmel, Arsch und Zwirn! *sl;* **au** ~ **de la loi** im Namen des Gesetzes; **qn traite qn de tous les** ~**s d'oiseaux** jd heißt jdn sonstwas *fam;* ~ **à particule** Name mit einem „von und zu"; **le** ~ **ne fait rien à la chose** der Name ändert nichts an der Sache; **au** ~ **du Père, du Fils et du Saint-Esprit** im Namen des Vaters, des Sohnes und des Heiligen Geistes; ~ **commun** Gattungsname *m;* ~ **composé** zusammengesetztes Substantiv, Kompositum *nt;* ~ **déposé** Markenname *m,* Warenzeichen *nt;* ~ **patronymique** Familienname *m;* **petit** ~ Vorname *m;* ***c'est quoi, ton petit*** ~? wie heißt du denn?; ~ **prédestiné** Name *m,* der [schon] alles sagt; ***il a un*** ~ ***prédestiné*** nomen est omen; **premier(-ière)/deuxième/troisième du** ~ der/die Erste/Zweite/Dritte seines/ihres Namens; ~ **propre** Eigenname *m;* **qc n'a pas de** ~ etw ist unbeschreiblich; **qn ne connaît qn/qc que de** ~ jd kennt jdn/etw nur dem Namen nach; ~ **à coucher dehors** [**avec un billet de logement**] *fam* unaussprechlicher Name; **on** [**ne**] **t'a pas demandé ton** ~! *fam* dich hat hier keiner gefragt! *fam;* **qn donne son** ~ **à qn/qc** jd/etw wird nach jdm benannt; ***elle m'a donné le*** ~ ***de mon père*** sie gab mir den Namen meines Vaters, sie nannte mich nach meinem Vater; **qn/qc n'est qu'un** ~ [**pour qn**] jd kennt jdn nur dem Namen nach/etw ist [für jdn] nur ein [leeres] Wort; /*ville*/ jd kennt etw nur dem Namen nach; **qn n'est qc que de** ~ jd ist etw nur dem Namen nach; **qn s'est fait un** ~ jd hat sich (*dat*) einen Namen gemacht; **comme son** ~ **l'indique** wie sein/ihr [*o* der] Name schon sagt; **qn a laissé un** ~ jd hat sich (*dat*) einen Namen gemacht; **qc n'ose pas dire son** ~ keiner will etw beim Namen nennen; ***c'est du racisme qui n'ose pas dire son*** ~ das ist [klamm]heimlicher Rassismus; das ist Rassismus, den keiner beim Namen nennen will; ***cet impôt n'ose pas dire son*** ~ diese Steuer will keiner beim Namen nennen, es ist eine [klamm]heimliche Steuer; **... ou j'y perdrai mon** ~ ... oder ich will nicht mehr + *Eigenname* heißen; **qn/qc porte le** ~ **de qn/qc** jd/etw heißt nach jdm/etw, jd/etw ist nach jdm/etw benannt, jd/etw trägt jds Namen/den Namen einer S. (*gen*); **qn/un animal porte le** [*o* **répond au**] ~ **de ...** jd/ein Tier heißt ..., jd/ein Tier hört auf den Namen ...; **qn porte bien/mal son** ~ jd trägt seinen Namen zu Recht/zu Unrecht; **qn prend un** ~ [**d'emprunt**] jd nimmt einen anderen Namen [*o* ein Pseudonym] an; **qn prête son** ~ **à qc** jd setzt sich für etw ein; **qn traite qn de tous les** ~**s** jd heißt jdn sonstwas *fam;* ***qn se fait traiter de tous les*** ~***s*** jd muss sich sonstwas heißen lassen *fam;* **au** ~ **de qn** in jds Namen (*dat*); JUR auf jds Namen (*akk*); **au** ~ **de qc** im Namen einer S. (*gen*); ***au*** ~ ***de quoi vous êtes-vous permis une chose pareille?*** mit welcher Berechtigung haben Sie das getan?, was hat Sie dazu berechtigt, etwas Derartiges zu tun?; **du** ~ **de** namens; ***du même*** ~ gleichnamig, gleichen Namens; **en mon/ton/votre** ~ in meinem/deinem/Ihrem Namen; **par mon/ton** ~ bei meinem/deinem Namen; ***maintenant je le connais par son*** ~ jetzt weiß [*o* kenne] ich [auch] seinen Namen; **sans** ~ unbeschreiblich, namenlos; *crime, ignominie a.* schändlich; **sous le** ~ **de ...** unter dem Namen ...

◆ **nom d'artiste** Künstlername *m;* **nom de guerre** Deckname *m;* **nom d'emprunt** falscher Name, Pseudonym *nt;* **nom de plume** Pseudonym *nt;* **nom de scène** [*o* **de théâtre**] Künstlername *m*

nomade [nɔmad] **I.** *adj* **1.** (*opp: sédentaire*) Nomaden-, nomadisierend; ZOOL wandernd

2. (*errant*) ruhelos; ***une vie/existence*** ~ ein Vagabundenleben *nt*

II. *mf* **1.** (*opp: sédentaire*) Nomade/Nomadin *m/f*

2. (*vagabond*) Vagabund(in) *m(f)*

nomadisme [nɔmadism] *m* Nomadentum *nt*

no man's land [nomanslɑ̃d] *m inv* Niemandsland *nt*

nombre [nɔ̃bʀ] *m* **1.** MATH Zahl *f;* ~ ***cardinal/fractionnaire/ordinal*** Kardinal-/Bruch-/Ordnungszahl

2. (*quantité*) [An]zahl *f;* ~ ***exact*** genaue [*o* exakte] Zahl; ***depuis un grand ~ d'années*** seit vielen Jahren; ***un petit ~ de personnes*** ein paar Leute
3. GRAM Numerus *m,* Zahl *f*
4. (*foule*) Menge *f;* ***ils succombèrent sous le ~ [de leurs ennemis]*** sie unterlagen der Überzahl [ihrer Feinde]
▸ **bon ~ de personnes/choses** zahlreiche *geh* [*o* viele] Menschen/Dinge, eine große Zahl Menschen/Dinge [*o* von Menschen/Dingen]; ***depuis bon ~ d'années*** seit etlichen Jahren; **un certain ~ de personnes/choses** einige Menschen/Dinge; ~ **entier** ganze Zahl; **en grand ~** zahlreich; ~ **imaginaire** imaginäre Zahl; ~ **premier** Primzahl *f;* **qn est du ~ [des personnes] qui** jd gehört zu denen [*o* den Menschen], die; ***qn n'est pas du ~ des invités*** jd ist nicht unter den geladenen Gästen; ***j'étais du ~*** ich war [auch] dabei [*o* da]; **des personnes font ~** Menschen lassen die Sache zahlenmäßig nach mehr aussehen; ***pour faire ~*** damit es nach mehr aussieht; **qc grossit le ~ de personnes** etw lässt die Zahl der Menschen [an]wachsen; **au ~ des personnes/choses** unter den Menschen/Dingen; ***au ~ des villes les plus bombardées, il y a eu Caen*** Caen zählt zu den am stärksten bombardierten Städten; ***je le compte au ~ de mes amis*** ich zähle ihn zu meinen Freunden; **au ~ de trois/quatre/cinq/...** zu dritt/viert/fünft/...; **en ~** (*nombreux*) zahlreich; (*selon le ~*) zahlenmäßig; ***inférieur(e)/supérieur(e) en ~*** zahlenmäßig unterlegen/überlegen; ***en genre et en ~*** in Geschlecht und Zahl, in Genus und Numerus; **en ~ ...:** ***en ~ égal*** genauso viel; ***en ~ insuffisant*** zu wenig; ***en moins grand ~*** weniger, nicht so viel; ***les gens sont venus en ~ égal/insuffisant/en moins grand ~*** es sind genauso viel[e]/zu wenig[e]/weniger [*o* nicht so viel[e]] Menschen gekommen; **sans ~** zahllos

nombreux, -euse [nɔ̃bʀø, -øz] *adj* **1.** (*abondant*) zahlreich; *famille a.* kinderreich; *assistance, clientèle, foule a.* groß; ***une famille peu ~euse/un public peu ~*** eine kleine Familie/ein kleines Publikum; ***la clientèle a été ~euse/peu ~euse*** es sind viele/wenig[e] Kunden gekommen
2. *antéposé* (*en grand nombre*) zahlreich; ■ **des personnes/animaux/choses [sont] ~/peu ~** [es gibt] viele/wenig[e] Menschen/Tiere/Dinge; ■ **des personnes/animaux/choses sont ~/peu ~ quelque part** es sind [*o* gibt] irgendwo viele/wenig[e] Menschen/Tiere/Dinge, irgendwo sind [*o* gibt es] viele/wenig[e] Menschen/Tiere/Dinge; ***les filles sont moins ~ses dans qc*** Mädchen sind schwächer in etw (*dat*) vertreten, es gibt [*o* sind] weniger Mädchen in etw (*dat*); ■ **des personnes/animaux sont ~/peu ~ à faire qc** viele/wenig[e] Menschen/Tiere tun etw; ■ **de/les ~ ...** zahlreiche/die zahlreichen ..., viele/die vielen ...; ***de ~euses fois*** sehr oft

nombril [nɔ̃bʀil] *m* [Bauch]nabel *m*
▸ **qn se prend pour le ~ du monde** [*o* **de la terre**] *fam* jd hält sich für den Nabel der Welt *fam;* **décolleté(e) jusqu'au ~** *fam* bis zum Bauchnabel ausgeschnitten *fam;* **qn se contemple** [*o* **se regarde**] **le ~** *fam* jd betreibt Nabelschau *fam*

nombrilisme [nɔ̃bʀilism] *m fam* Selbstbezogenheit *f;* ***qn fait du ~*** jd betreibt Nabelschau *fam*

nomenclature [nɔmɑ̃klatyʀ] *f* **1.** (*terminologie*) Nomenklatur *f;* GRAM Terminologie *f*
2. [*dictionnaire*] Stichwortliste *f*

nomenklatura [nɔmɛnklatuʀa] *f* Nomenklatura *f*

nominal, e <-aux> [nɔminal, o] *adj* **1.** *liste* Namens-; ***qn procède à l'appel ~ des personnes*** jd ruft Menschen namentlich auf
2. *forme, groupe, phrase, proposition* Nominal-; *emploi* nominal, substantivisch; ***syntagme ~*** Nominalphrase *f*
3. ECON nominal, nominell; *salaire, taux* Nominal-; *valeur* Nenn-
4. *autorité, chef* nominell

nominalement [nɔminalmɑ̃] *adv* **1.** (*de nom*) nominell
2. LING substantivisch, nominal
3. (*par son nom*) namentlich

nominalisation [nɔminalizasjɔ̃] *f* Nominalisierung *f*

nominalisme [nɔminalism] *m* Nominalismus *m*

nominaliste [nɔminalist] **I.** *adj* nominalistisch
II. *mf* Nominalist(in) *m(f)*

nominatif, -ive [nɔminatif, -iv] **I.** *adj* **1.** *état, liste* Namens-
2. FIN *action, titre* Namens-
II. *m* LING Nominativ *m*

nomination [nɔminasjɔ̃] *f* **1.** (*désignation*) ■ **~ à qc** Ernennung *f* zu etw; ~ ***à un poste de directeur/d'instituteur*** Ernennung zum Direktor/Einstellung *f* als Grundschullehrer
2. ADMIN (*notification*) Bestätigung *f;* (*titre, acte*) Ernennungsurkunde *f*
3. (*mention*) Nominierung *f*

nominativement [nɔminativmɑ̃] *adv* namentlich

nominé, e [nɔmine] *adj* ■ **[qn/qc est] ~** [jd/etw wird] nominiert

nommément [nɔmemɑ̃] *adv* namentlich

nommer <1> [nɔme] **I.** *vt* **1.** (*appeler*) ■ **qn nomme qn/un animal/qc** jd gibt jdm/einem Tier einen Namen/jd benennt etw; ■ **qn nomme qn/un animal/qc qc** jd nennt jdn/ein Tier/etw etw; ***une femme nommée Laetitia*** eine Frau namens Laetitia; ***ce que je nomme la liberté*** das was ich Freiheit nenne
2. (*citer le nom de*) ■ **qn nomme qn/qc [à qn]** jd nennt [jdm] jdn/etw; (*énumérer a.*) jd zählt [jdm] jdn/etw auf; ***qn/qc que je ne nommerai pas*** jd/etw, den/das ich nicht nennen möchte; (*personne a.*) jd, dessen Namen ich nicht nennen möchte
3. (*désigner*) ■ **qn nomme qn [qc]** jd ernennt jdn [zu etw]; *avocat, expert* jd beauftragt jdn; ***qn nomme qn son héritier*** jd setzt jdn als Erben ein; ***qn nomme qn à un poste/à une fonction*** jd beruft jdn auf einen Posten/in ein Amt
▸ **le/la bien/mal nommé(e)** jd, der seinen Namen zu Recht/zu Unrecht trägt; **pour ne pas le/la ~** *hum* um keinen Namen zu nennen; **le/la nommé(e)** ... der/die ... namens; ***connaissez-vous le nommé Lemercier?*** kennen Sie den [*o* einen gewissen] Lemercier?; **un(e) nommé(e)** einen gewissen/eine gewisse ..., ein Mann/eine Frau namens ...
II. *vpr* **1.** (*s'appeler*) ■ **qn/un animal/qc se nomme ...** jd/ein Tier/etw heißt ...
2. (*dire son nom*) ■ **qn se nomme** jd nennt seinen Namen; (*se présenter a.*) jd stellt sich vor; (*au téléphone a.*) jd meldet sich

non [nɔ̃] **I.** *adv* **1.** (*réponse*) nein; ■ **~ à qc** nein zu etw
2. (*de négation*) nicht; ***je pense que ~*** ich glaube nicht; ***moi, ~, mais*** ich nicht, aber; ***je lui ai dit que ~*** ich habe nein gesagt, ich habe ihm mit Nein geantwortet; ***je ne sais pas encore si je ferai ou ~ ce voyage*** ich weiß noch nicht, ob ich diese Reise mache oder nicht
3. (*d'opposition*) nicht; ■ **~ pas/point [... mais ...]** *soutenu* nicht [etwa]/keineswegs [... sondern ...]; ■ **~ plus [... mais ...]** nicht mehr [... sondern ...]; ***moi ~ plus*** ich auch nicht; ■ **[ne ...] pas ... ~ plus** auch nicht, ebenso wenig; ***[il n'est] pas question ~ plus de faire qc*** es kommt auch nicht [*o* ebenso wenig] in Frage, etw zu tun; ■ **~ [pas] que** + *subj* nicht [etwa], dass; ■ **~ sans [faire] qc** nicht ohne etw [zu tun]; ■ **~ sans que qn fasse qc** so sehr auch jd etw tut
4. *coupable, loin, réclamé, réservé, terminé, vérifiable* nicht; ~ ***moins [... que ...]*** nicht weniger [... als ...], genauso [... wie ...]; ~ ***négligeable*** beträchtlich; ~ ***polluant(e)*** umweltfreundlich; ~ ***dénué(e) d'humour*** humorig; ~ ***dépourvu(e) de difficultés*** nicht ohne Schwierigkeiten
5. ■ **~?** *fam* oder?; ***vous venez, ~?*** Sie kommen doch, oder?; ■ **~!** [ach] nein!, ehrlich?! *fam,* echt! *sl*
▸ **ah ~!** oh nein!; **ça ~!** kommt nicht in Frage!, nein und nochmals nein!; **mais ~!** (*atténuation*) ach was! *fam;* (*insistance*) nein!; ~ **mais [alors]!** *fam* also wirklich [*o* ehrlich]! *fam,* also echt! *sl;* **[oh] que ~!** *fam* ach was! *fam;* (*réponse à une question positive a.*) von wegen! *fam;* ~ **seulement ... mais [encore]** nicht nur, ... sondern [auch]; ~ ***seulement tu fais des bêtises, mais [encore] tu refuses de le reconnaître*** du machst nicht [etwa] nur Dummheiten [*o* nicht genug damit, dass du Dummheiten machst], du weigerst dich auch noch, es zuzugeben
II. *m inv* Nein *nt;* ***qn/qc obtient 48 % de ~*** jd/etw erhält 48 % Neinstimmen; ***qn répond à qc par un ~ catégorique*** jd lehnt etw kategorisch ab

non-activité <~-~s> [nɔnaktivite] *f* ADMIN Disposition *f;* ***qn se trouve en état de ~-~*** jd ist zur Disposition gestellt [worden]

nonagénaire [nɔnaʒenɛʀ] **I.** *adj* ■ **[qn est] ~** [jd ist] in den Neunzigern; (*âgé de 90 ans a.*) neunzigjährig, [jd ist] neunzig Jahre alt; (*âgé de 91 à 99 ans a.*) [jd ist] über neunzig Jahre alt, jd ist über neunzig; ■ **[qc est] ~** (*âgé de 90 ans*) neunzigjährig, [etw ist] neunzig Jahre alt; (*âgé de 91 à 99 ans*) [etw ist] über neunzig Jahre alt
II. *mf* Neunziger(in) *m(f);* (*personne âgée de 90 ans a.*) Neunzigjährige(r) *f(m)*

non-agression <~-~s> [nɔnagʀesjɔ̃] *f* Nichtangriff *m;* ***pacte de ~-~*** Nichtangriffspakt *m* **non-aligné, e** <~-~s> [nɔnaliɲe] *adj* ■ **[qc est] ~-~** [etw ist] blockfrei **non-alignement** <~-~s> [nɔnaliɲmɑ̃] *m* Blockfreiheit *f*

nonante [nɔnɑ̃t] *adj* BELG, CH neunzig

nonantième [nɔnɑ̃tjɛm] *adj antéposé* BELG, CH neunzigste(r, s)

non-assistance <~-~s> [nɔnasistɑ̃s] *f* unterlassene Hilfeleistung ▸ **~-~ à personne en danger** unterlassene Hilfeleistung **non-belligérance** <~-~s> [nɔ̃beliʒeʀɑ̃s, nɔ̃bɛlliʒeʀɑ̃s] *f* Status *m* einer nicht Krieg führenden Macht **non-belligérant** <~-~s> [nɔ̃beliʒeʀɑ̃, nɔ̃bɛlliʒeʀɑ̃] *adj* nicht Krieg führend *attr;* ■ **un pays est ~-~** ein Land ist nicht am Krieg beteiligt

nonce [nɔ̃s] *m* Nuntius *m*

nonchalamment [nɔ̃ʃalamɑ̃] *adv* lässig

nonchalance [nɔ̃ʃalɑ̃s] *f* **1.** (*indolence*) Teilnahmslosigkeit *f;* (*paresse*) Nachlässigkeit *f;* (*calme*) Gelassenheit *f;* ***avec ~*** teilnahmslos/nachlässig/gelassen; ***qn fait tout avec ~*** jd reißt sich (*dat*) kein Bein aus *fam*
2. (*lenteur*) [*démarche, geste*] Trägheit *f,* Gemächlichkeit *f;* [*pose*] Lässigkeit *f;* ***avec ~*** träge/lässig

nonchalant, e [nɔ̃ʃalɑ̃, ɑ̃t] *adj* **1.** (*indolent*) teilnahmslos; (*paresseux*) nachlässig; (*calme*) gelassen; ***humeur ~e*** Gelassenheit *f*
2. (*lent*) träge, gemächlich; (*alangui*) lässig, ungezwungen

nonciature [nɔ̃sjatyʀ] *f* Nuntiatur *f*

non-combattant, e <~-~s> [nɔ̃kɔ̃batɑ̃, ɑ̃t] **I.** *adj* nicht kombattant; ***unités ~-~es*** Führungs- und Logistiktruppen *pl* **II.** *m, f* Nichtkombattant(in) *m(f)* **non-comparution** <~-~s> [nɔ̃kɔ̃paʀysjɔ̃] *f* Nichterscheinen *nt* **non-conciliation** <~-~s> [nɔ̃kɔ̃siljasjɔ̃] *f Scheitern eines Versöhnungsversuchs bei Ehescheidungen* **non-conducteur, -trice** <~-~s> [nɔ̃kɔ̃dyktœʀ, -tʀis] *adj* nicht leitend *attr;* ■ **qc est ~-~** etw leitet nicht; ***qc est ~-~ de la chaleur*** etw leitet keine Wärme **non-conformisme** <~-~s> [nɔ̃kɔ̃fɔʀmism] *m* Nonkonformismus *m* **non-conformiste** <~-~s> [nɔ̃kɔ̃fɔʀmist] **I.** *adj* nonkonformistisch **II.** *mf* Nonkonformist(in) *m(f)* **non-conformité** <~-~s> [nɔ̃kɔ̃fɔʀmite] *f* Abweichung *f* (*avec* von); ***la ~-~ de qc avec qc*** das Missverhältnis zwischen etw und etw **non-constructible** <~-~s> [nɔ̃kɔ̃stʀyktibl] *adj* ■ **[qc est] ~-~** [etw ist] nicht bebaubar, etw ist kein Bauland **non-croyant, e** <~-~s> [nɔ̃kʀwajɑ̃, jɑ̃t] **I.** *adj* ■ **[qn/qc est] ~-~** [jd/etw ist] nichtgläubig **II.** *m, f* Nichtgläubige(r) *f(m)* **non-cumul** <~-~s> [nɔ̃kymyl] *m* ▸ **~-~ des peines** Konkurrenz *f* von Straftaten **non-dénonciation** <~-~s> [nɔ̃denɔ̃sjasjɔ̃] *f* Verletzung *f* der Anzeigepflicht; ■ **~-~ de qn/qc** Deckung *f* eines Menschen/Nichtanzeige *f* einer S. (*gen*) **non-discrimination** <~-~s> [nɔ̃diskʀiminasjɔ̃] *f* Nichtdiskriminierung *f* **non-dissémination** <~-~s> [nɔ̃diseminasjɔ̃] *f v.* **non-prolifération. non-dit** <~-~s> [nɔ̃di] *m* ■ **le ~-~** das Ungesagte, das Nichtausgesprochene **non-engagé, e** <~-~s> [nɔnɑ̃gaʒe] *adj* ■ **[qc est] ~-~** [etw ist] blockfrei **non-engagement** <~-~s> [nɔnɑ̃gaʒmɑ̃] *m* Neutralität *f;* (*non-alignement*) Blockfreiheit *f* **non-exécution** <~-~s> [nɔnɛgzekysjɔ̃] *f* Nichterfüllung *f* **non-existence** <~-~s> [nɔnɛgzistɑ̃s] *f* Nichtexistenz *f* **non-figuratif, -ive** <~-~s> [nɔ̃figyʀatif, -iv] I. *adj* nicht figürlich [*o* gegenständlich] II. *m, f* Vertreter(in) *m(f)* der nicht figürlichen [*o* gegenständlichen] Kunst, abstrakter Künstler/abstrakte Künstlerin **non-fumeur, -euse** <~-~s> [nɔ̃fymœʀ, -øz] *m, f* Nichtraucher(in) *m(f)* **non-ingérence** <~-~s> [nɔnɛ̃ʒeʀɑ̃s] *f* Nichteinmischung *f* **non-initié, e** <~-~s> [nɔninisje] I. *adj* ohne Fachkenntnis; ■ **qn est** ~-~ jd ist Laie [*o* Nichtfachmann/-frau] II. *m, f* Laie *m,* Nichtfachmann/-frau *m/f* **non-inscrit, e** <~-~s> [nɔnɛ̃skʀi, it] I. *adj* ■ **qn est** ~-~ jd ist fraktionslos II. *m, f* Fraktionslose(r) *f(m)* **non-intervention** <~-~s> [nɔnɛ̃tɛʀvɑ̃sjɔ̃] *f* Nichteinmischung *f,* Nichteingreifen *nt* **non-interventionniste** <~-~s> [nɔnɛ̃tɛʀvɑ̃sjɔnist] I. *adj* nicht interventionistisch; *politique* der Nichteinmischung; ■ **qn/un pays est** ~-~ jd/ein Land greift nicht ein [*o* interveniert nicht] II. *mf* Vertreter(in) *m(f)* der Nichteinmischungspolitik, Gegner(in) *m(f)* einer Interventionspolitik **non-lieu** <~-~x> [nɔ̃ljø] *m* Einstellung *f* des Verfahrens

nonne [nɔn] *f* Nonne *f*

nonobstant [nɔnɔpstɑ̃] I. *prép vieilli* ungeachtet (+ *gen*)
II. *adv vieilli* dennoch, dessenungeachtet

non-paiement <~-~s> [nɔ̃pɛmɑ̃] *m* Nichtbegleichung *f* **non-prolifération** <~-~s> [nɔ̃pʀɔlifeʀasjɔ̃] *f* Nichtweiterverbreitung *f;* ***traité de*** ~-~ [***des armes nucléaires***] Atomwaffensperrvertrag *m,* Kernwaffensperrvertrag *m* **non-recevoir** [nɔ̃ʀəsəvwaʀ] *m v.* **fin. non-représentation** <~-~s> [nɔ̃ʀəpʀezɑ̃tasjɔ̃] *f* ▸ ~-~ **d'enfant** JUR Vorenthaltung *f* des Umgangsrechts **non-respect** <~-~s> [nɔ̃ʀɛspɛ] *m* Nichtbeachtung *f;* ~-~ ***de la loi*** Übertretung *f* des Gesetzes **non-retour** [nɔ̃ʀətuʀ] *m v.* **point. non-salarié, e** <~-~s> [nɔ̃salaʀje] *m, f* Selbständige(r) *f(m)* **non-satisfaction** <~-~s> [nɔ̃satisfaksjɔ̃] *f* [*besoins*] Nichtbefriedigung *f;* [*revendications*] Nichterfüllung *f;* ***en cas de*** ~-~ bei Nichtgefallen **non-sens** [nɔ̃sɑ̃s] *m inv* 1. (*absurdité*) Unsinn *m* 2. SCOL Sinnfehler *m* **non-spécialiste** <~-~s> [nɔ̃spesjalist] *mf* Nichtfachmann/-frau *m/f* **non-stop** [nɔnstɔp] I. *adj inv* Nonstop- II. *m inv* 1. MEDIA Nonstopprogramm *nt* 2. (*vol*) Nonstopflug *m* ▸ **en** ~-~ nonstop; ***qc est ouvert(e) en*** ~-~ etw ist [*o* hat] durchgehend geöffnet **non-usage** <~-~s> [nɔnyzaʒ] *m* [*expression, mot*] Nichtgebrauch *m,* Nichtverwendung *f;* JUR Nichtnutzung *f* **non-valeur** <~-~s> [nɔ̃valœʀ] *f* Wertlosigkeit *f;* FIN totes Kapital; ■ **qc est une** ~-~ etw ist wertlos/totes Kapital **non-viable** <~-~s> [nɔ̃vjabl] *adj* ■ **qn/qc est** ~-~ jd/etw ist nicht lebensfähig **non-violence** <~-~s> [nɔ̃vjɔlɑ̃s] *f* Gewaltfreiheit *f* **non-violent, e** <~-~s> [nɔ̃vjɔlɑ̃, ɑ̃t] I. *adj* gewaltfrei, friedlich II. *m, f* Gewaltgegner(in) *m(f)* **non-voyant, e** <~-~s> [nɔ̃vwajɑ̃, jɑ̃t] *m, f* Blinde(r) *f(m)*

nord [nɔʀ] I. *m* 1. (*point cardinal*) Norden *m;* ***le*** ~ der Norden; ***les régions du*** ~ die nördlichen Gebiete, die Gebiete im Norden, der Norden; ***les villes du*** ~ ***du pays*** die Städte im Norden des Landes; ***au*** ~ im Norden; ***la pièce est exposée au*** ~ das Zimmer geht nach Norden; ***au*** ~ ***de qc*** im Norden von etw, nördlich von etw; ***le Danemark est situé au*** ~ ***de l'Allemagne*** Dänemark liegt nördlich von Deutschland; ***dans le*** ~ ***de*** im Norden von; ***du*** ~ aus dem Norden; ***le vent du*** ~ der Nordwind; ***vers le*** ~ nach Norden
2. (*région, pays*) ■ **N**~ Norden *m;* ***le N***~ der Norden; ***l'Europe du N***~ Nordeuropa *nt;* ***le N***~ ***canadien*** Nordkanada *nt;* ***les gens du N***~ die Leute aus dem Norden; ***l'autoroute du N***~ die Autobahn nach Norden; ***les Allemands du N***~ die Norddeutschen; ***du N***~ im Norden; ***dans le N***~ (*dans la région*) im Norden; (*vers la région*) in den Norden
▸ **le grand N**~ der hohe Norden; **qn perd le** ~ (*perd son calme*) jd dreht durch *fam;* (*perd la raison a.*) jd tickt nicht [mehr] richtig *fam*
II. *adj inv* Nord-; *latitude, partie, banlieue* nördlich; ***l'hémisphère N***~ die Nordhalbkugel, die nördliche Hemisphäre; ***le pôle N***~ der Nordpol; ***le cap N***~ das Nordkap

nord-africain, e <~-~s> [nɔʀafʀikɛ̃, ɛn] I. *adj* nordafrikanisch II. *m, f* ■ **Nord-Africain(e)** Nordafrikaner(in) *m(f)* **nord-américain, e** <~-~s> [nɔʀameʀikɛ̃, ɛn] I. *adj* nordamerikanisch II. *m, f* ■ **Nord-Américain(e)** Nordamerikaner(in) *m(f)* **nord-coréen, ne** <~-~s> [nɔʀkɔʀeɛ̃, ɛn] I. *adj* HIST nordkoreanisch II. *m, f* HIST ■ **Nord-Coréen(ne)** Nordkoreaner(in) *m(f)* **nord-est** [nɔʀɛst] I. *adj inv* nordöstlich II. *m inv* 1. (*point de l'horizon*) Nordosten *m;* ***au*** ~-~ ***de*** im Nordosten von, nordöstlich von 2. (*région*) ■ **Nord-Est** Nordosten *m*

nordique [nɔʀdik] I. *adj* nordisch
II. *mf* ■ **Nordique** Nordländer(in) *m(f)*

nord-ouest [nɔʀwɛst] I. *adj inv* nordwestlich II. *m inv* 1. (*point de l'horizon*) Nordwesten *m;* ***au*** ~-~ ***de*** im Nordwesten von, nordwestlich von 2. (*région*) ■ **Nord-Ouest** Nordwesten *m* **Nord-Sud** [nɔʀsyd] *adj inv* Nord-Süd- **nord-vietnamien, ne** <~-~s> [nɔʀvjɛtnamjɛ̃, jɛn] I. *adj* HIST nordvietnamesisch II. *m, f* HIST ■ **Nord-Vietnamien(ne)** Nordvietnamese/-vietnamesin *m/f*

noria [nɔʀja] *f* 1. (*machine*) [Wasser]schöpfrad *nt,* Noria *f spec*
2. (*succession*) Staffel *f,* Stafette *f;* ■ ~ **de** -staffel, -stafette

normal, e <-aux> [nɔʀmal, o] I. *adj* 1. (*ordinaire*) normal, gewöhnlich; *situation a.* alltäglich; *taille d'un vêtement a.* gängig; ***quand qc sera redevenu(e)*** ~(*e*) wenn sich etw normalisiert hat; [***qn n'est pas dans son***] ***état*** ~ [das ist nicht jds] Normalzustand
2. (*compréhensible*) normal; ***ce n'est pas*** ~ da stimmt doch was nicht *fam,* das ist doch nicht normal; ■ **il est/n'est pas** ~ **de faire qc** es ist/es ist nicht normal, etw zu tun; ■ **il est/n'est pas** ~ **que qn/qc fasse qc** es ist/es ist nicht normal, dass jd/etw etw tut; (*il est inacceptable*) es kann nicht angehen [*o* ist untragbar], dass jd/etw etw tut
3. (*sain*) ■ **qn est** ~ jd ist normal
4. GEOM, MATH *plan* Normal-; ***ligne*** ~***e*** Normale *f,* Tangentenlot *nt*
5. CHIM *liqueur* Normal-; ***solution*** ~***e, liqueur*** ~***e*** Normallösung *f*
II. *f* ■ **normale** 1. (*état habituel*) Normalfall *m;* (*norme*) Norm *f;* ***qc s'écarte de la*** ~***e*** etw weicht von der Norm ab; ***qc est conforme à la*** ~***e*** etw entspricht der Norm, etw ist normal; ***qc revient à la*** ~***e*** etw geht wieder seinen normalen Gang; ***une qualité au-dessus de la*** ~***e*** eine überdurchschnittliche Fähigkeit
2. MATH ■ ~**e à qc** Normale *f* einer S. (*gen*)
▸ ~**es saisonnières** METEO jahreszeitliche Durchschnittswerte; **N~e sup** *fam Elitehochschule zur Ausbildung von Lehrern an höheren Schulen*

normalement [nɔʀmalmɑ̃] *adv* 1. (*conformément aux normes*) normal
2. (*selon toute prévision*) normalerweise, eigentlich; ~ ***nous devons arriver à 5 heures*** wenn nichts dazwischenkommt, [*o* eigentlich] müssten wir um fünf Uhr ankommen

normalien, ne [nɔʀmaljɛ̃, jɛn] *m, f Schüler einer École normale* [*supérieure*]

normalisation [nɔʀmalizasjɔ̃] *f* 1. (*standardisation*) Normierung *f*
2. POL (*retour à la normale*) Normalisierung *f;* *péj* (*soumission à la norme*) Rückkehr *f* zu Ruhe und Ordnung [*o* Law and Order *pej*] ['lɔ:ənd'ɔ:də]

normaliser <1> [nɔʀmalize] I. *vt* 1. (*standardiser*) ■ **qn normalise qc** jd normt [*o* vereinheitlicht] etw
2. (*rendre normal*) ■ **qn normalise qc** jd normalisiert etw; ***qn normalise une liaison*** jd legalisiert ein Verhältnis
II. *vpr* ■ **qc se normalise** /*relations, situation*/ etw normalisiert sich

normalité [nɔʀmalite] *f* Normalität *f;* ***le pathologique et la*** ~ das Krankhafte und das Normale

normand, e [nɔʀmɑ̃, ɑ̃d] I. *adj* 1. GEOG normannisch
2. HIST normannisch
II. *m* (*langue*) Normannisch *nt*
III. *m, f* ■ **Normand(e)** 1. GEOG Normanne/Normannin *m/f*
2. *mpl* HIST ■ **Normands** Normannen *pl*

Normandie [nɔʀmɑ̃di] *f* ■ **la Normandie** die Normandie

normatif, -ive [nɔʀmatif, -iv] *adj* normativ

norme [nɔʀm] *f* 1. (*état habituel*) Norm *f;* ***une*** ~ ***à laquelle chacun doit se soumettre*** Regeln, an die sich jeder halten muss; ***qn reste dans la*** ~ jd bleibt [*o* bewegt sich] innerhalb der gesellschaftlichen Norm; ***qn est hors*** ~ jd passt in keine Schablone
2. (*critère*) Norm *f;* ***à quelle*** ~ ***vous référez-vous?*** welchen Maßstab setzen Sie an?
3. TECH (*standard*) Norm *f*

normé, e [nɔʀme] *adj* MATH normiert; *vecteur* Einheits-

Norvège [nɔʀvɛʒ] *f* ■ **la Norvège** Norwegen *nt*

norvégien, ne [nɔʀveʒjɛ̃, jɛn] I. *adj* norwegisch
II. *m* (*langue*) Norwegisch *nt*
III. *m, f* ■ **Norvégien(ne)** Norweger(in) *m(f)*

nos [no] *adj poss v.* **notre**

nostalgie [nɔstalʒi] *f* Wehmut *f,* Nostalgie *f;* ■ ~ **de qc** wehmütige Erinnerung an etw (*akk*), Sehnsucht *f* nach etw
▸ **qn a** [*o* **garde**] **la** ~ **de qc** jd sehnt sich nach etw; ***qn a la*** ~ ***de sa jeunesse*** jd denkt sehnsüchtig [*o* wehmütig] an seine Jugend zurück

nostalgique [nɔstalʒik] I. *adj* nostalgisch; *pensée, regard* wehmütig; ***qn est*** ~ jd ist in nostalgischer [*o* wehmütiger] Stimmung
II. *mf* Nostalgiker(in) *m(f);* ■ ~ **de** nostalgischer Anhänger/nostalgische Anhängerin (+ *gen*); POL Alt-; ***des*** ~***s du nazisme*** Altnazis *pl*

nota [**bene**] [nɔta(bene)] *m inv* Anmerkung *f*

notabilité [nɔtabilite] *f* [hoch] angesehene Persönlichkeit; ***les*** ~***s*** die Honoratioren

notable [nɔtabl] I. *adj* erheblich, beträchtlich; *progrès a.* beachtlich; *fait* bemerkenswert; *personne* wichtig, von Rang; ***c'est un fait*** ~ das ist bemerkenswert; ***rien de*** ~ keine besonderen Vorkommnisse, nichts Besonderes; ***fait*** ~, ***il venait les pieds nus*** bemerkenswert war, dass er barfuß kam
II. *mf* hoch angesehene Persönlichkeit; *pl* HIST Notabeln *pl;* ***les*** ~***s de la ville*** die Honoratioren der Stadt

notablement [nɔtabləmɑ̃] *adv* erheblich, beträchtlich; ***deux choses sont*** ~ ***différentes*** zwei Dinge sind grundverschieden

notaire [nɔtɛʀ] *m* Notar(in) *m(f)*
▸ **qn passe chez le** ~ jd sucht den Notar auf

notamment [nɔtamɑ̃] *adv* vor allem, besonders; ***qc a été peuplé(e)*** ~ ***par des Arabes*** etw wurde vorwiegend von Arabern bevölkert

notarial, e <-aux> [nɔtaʀjal, jo] *adj acte* notariell; *fonction* Notariats-

notariat [nɔtaʀja] *m* Notariat *nt*

notarié, e [nɔtaʀje] *adj acte* notariell beglaubigt

notation [nɔtasjɔ̃] *f* 1. MATH, PHYS, MUS Notation *f;* ~ ***alphabétique*** Buchstabennotation; ~ ***chimique*** chemische Zeichensprache; ~ ***musicale*** Notation, Notenschrift *f;* ~ ***littérale/numérale*** Buchstaben-/Zahlenschreibweise *f;* ~ ***sténographique*** Kurzschrift *f*
2. ADMIN Beurteilung *f;* SCOL Benotung *f*
3. (*courte remarque*) Anmerkung *f*

note [nɔt] *f* 1. SCOL Note *f;* ADMIN Beurteilung *f*
2. MUS (*signe*) Note *f;* (*son*) Ton *m*
3. (*communication*) Mitteilung *f,* Notiz *f;* (*diplomatique*) Schreiben *nt,* Note *f*
4. (*facture*) Rechnung *f;* ***qn donne*** [*o* ***présente***] ***la*** ~ ***à qn*** jd macht jdm die Rechnung fertig, jd fertigt jdm die Rechnung aus; ***qn règle la*** ~ jd begleicht [*o* bezahlt] die Rechnung; ■ ~ **de** -rechnung; ■ ~ **de 100/200/... F** Rechnung über 100/200/... F
5. (*touche*) Note *f;* ■ ~ **de qc** *de tristesse* Anflug *m* von etw; ***une*** ~ ***de fierté*** ein gewisser Stolz; ***qn introduit une*** ~ ***de gaieté en faisant qc*** jd gibt einer S. (*dat*) eine fröhliche Note, indem er etw tut
6. (*annotation*) Anmerkung *f,* Notiz *f;* ~ ***marginale*** Randbemerkung *f,* Rand-

notiz; *~s en bas de page* Fußnoten *pl; qn met une ~ sur qc* jd macht einen Vermerk [*o* eine Anmerkung] [*o* eine Notiz] auf etw (*akk*); *~s grammaticales* grammatikalische Erläuterungen

▶ **fausse** ~ MUS falsche Note; (*maladresse*) Missklang *m*, falscher Ton; *il y a eu une fausse ~* jd hat falsch gespielt/falsch gesungen; *fig* es kam zu Missstimmigkeiten; **la ~ juste** der richtige Ton; *qn trouve la ~ juste* jd trifft den richtigen Ton; **qc est une mauvaise ~ pour qn** etw spricht nicht für jdn, etw ist ein Minuspunkt für jdn; *une mauvaise ~ pour lui qui risque de lui coûter cher* ein Minus[punkt], der ihn teuer zu stehen kommen könnte; **qn donne la ~** (*sert de moteur*) jd gibt den Ton an; **qn/qc donne la ~** MUS jd/etw gibt den Ton an; */clé/* etw gibt die Tonart an; **qn/qc est dans la ~** jd/etw fällt nicht aus dem Rahmen; *qn/qc n'est pas du tout dans la ~* jd fällt aus dem Rahmen/etw passt überhaupt nicht; **qn/qc est dans la ~ de qc** jd/etw passt zu etw; *qc est dans la ~ de ce qu'on peut attendre* etw entspricht den Erwartungen; *c'est dans la ~ de ce qu'on peut attendre* etwas anderes kann man wohl nicht erwarten; **qn force la ~** jd übertreibt; **qn parle sans ~s** jd redet frei [*o* ohne Notizen]; **qn prend [bonne] ~ de qc** jd merkt sich (*dat*) etw [gut]; **qn prend qc en ~** (*inscrit*) jd notiert [sich (*dat*)] etw; (*enregistre*) jd nimmt etw zur Kenntnis; **qn prend des ~s** jd macht [sich (*dat*)] Notizen; **qn reste dans la ~** jd fällt nicht aus dem Rahmen

◆ **note de bas de page** Fußnote *f*; **note de la rédaction** Anmerkung *f* der Redaktion; **note de service** Hausmitteilung *f*

noter <1> [nɔte] *vt* **1.** (*inscrire*) ■ **qn note qc [quelque part]** jd notiert [sich (*dat*)] etw [irgendwo], jd schreibt [sich (*dat*)] etw [irgendwo] auf, jd schreibt etw [irgendwohin]; ■ **qn note que** + *indic* jd notiert sich (*dat*), dass; jd schreibt [sich (*dat*)] auf, dass

2. (*remarquer*) ■ **qn note qc** jd stellt etw fest; *erreur, faute, ressemblance a.* jd bemerkt etw; *progrès* jd nimmt Notiz von etw; *je note les progrès que vous avez faits* Ihre Fortschritte sind mir nicht verborgen geblieben; *notez-le bien, notons-le* wohlgemerkt; ■ **qn note que** + *indic* jd stellt fest, dass; (*prendre en compte*) jd berücksichtigt, dass; *note bien que* [bitte] denke daran, dass; *veuillez ~ que* bitte nehmen Sie zur Kenntnis, dass; ■ **qc est à ~** man darf etw nicht außer Acht lassen; ■ **il est à ~ que** + *indic* es ist festzustellen, dass

3. ADMIN, SCOL ■ **qn note qn/qc** jd benotet jdn/etw; *employé* jd beurteilt jdn; *qn note qn/qc 12 sur 20* jd benotet jdn/etw mit 12 von 20 Punkten; *le premier exercice sera noté sur 5* für die erste Aufgabe gibt es 5 Punkte; *je vous ai noté sur 10 au lieu de 20* ich habe Sie nach dem Punkteschlüssel mit 10 statt 20 Punkten benotet

4. (*souligner*) ■ **qn note qc [de qc]** jd streicht etw [aus etw] an; *qn note qc d'une croix* jd kreuzt etw an

5. MUS ■ **qn note qc** jd notiert etw

notice [nɔtis] *f* **1.** (*mode d'emploi*) Beipackzettel *m*; ~ [*explicative*] Gebrauchsanweisung *f*; ~ *d'entretien* Betriebsanleitung *f*, Betriebsanweisung

2. (*courte présentation*) Angaben *pl*; (~ *technique*) Erläuterung *f*; (*préface*) Einleitung *f*; ~ *nécrologique* Nachruf *m*

notificatif, -ive [nɔtifikatif, -iv] *adj* Benachrichtigungs-; *lettre ~ive* schriftliche Benachrichtigung, Benachrichtigungsschreiben *nt*

notification [nɔtifikasjɔ̃] *f* Mitteilung *f*, Benachrichtigung *f*; [*jugement*] Zustellung *f*

▶ **~ est faite [à qn] de qc** es wird [jdm] von etw Mitteilung gemacht; *du jugement* etw wird [jdm] zugestellt; **~ est faite à qn de faire qc** jd wird aufgefordert etw zu tun

notifier <1 a> [nɔtifje] *vt* ■ **qn notifie qc à qn** jd teilt jdm etw mit, jd benachrichtigt jdn von etw; ADMIN *a.* jd macht jdm von etw Mitteilung; *jugement* jd stellt jdm etw zu; ■ **qn notifie à qn que** + *indic* jd teilt jdm mit, dass

notion [nosjɔ̃] *f* **1.** (*idée*) Begriff *m*; *la ~ de liberté* der Begriff [der] Freiheit; *les ~s de sécurité et d'agrément du travail* das Konzept der Sicherheit und Ergonomie

2. (*conscience*) ■ **la ~ de qc** das Gefühl [*o* Gespür] [*o* der Sinn] für etw; *la ~ de l'heure* [*o du temps*] das Zeitgefühl; *la ~ du lieu* der Orientierungssinn

▶ **qn a des ~s de qc/n'a aucune ~ de qc** jd hat Ahnung/hat keine Ahnung von etw; *qn a quelques ~s de qc* jd hat ein bisschen Ahnung von etw; *d'une langue* jd hat ein paar Grundkenntnisse in etw (*dat*); *j'ai bien quelques ~s d'anglais, mais …* ich kann zwar ein bisschen [*o* ein paar Brocken *fam*] Englisch, aber …

notionnel, le [nosjɔnɛl] *adj*: *champ ~* Bedeutungsfeld *nt*, Wortfeld *nt*

notoire [nɔtwaʀ] *adj* offenkundig; *criminel, bêtise, inconduite, méchanceté* notorisch; ■ **il est ~ que** + *indic* es ist offenkundig, dass

notoirement [nɔtwaʀmɑ̃] *adv* (*manifestement*) offenkundig; *connu, reconnu* allgemein; (*incontestablement*) notorisch

notoriété [nɔtɔʀjete] *f* **1.** (*renommée*) Bekanntheit *f*; [*personne, œuvre a.*] Bekanntheitsgrad *m*; *qn gagne en ~* jd wird immer bekannter, jds Bekanntheit[sgrad] steigt; *qc donne de la ~ à qn* jd wird durch etw bekannt, etw macht jdn bekannt

2. (*caractère connu*) Bekanntheit *f*; *la ~ de ces événements est telle que* diese Ereignisse sind so bekannt, dass

▶ **qc est de ~ publique** etw ist öffentlich [*o* allgemein] bekannt; *il est de ~ publique que* + *indic* es ist allgemein bekannt, dass

notre <nos> [nɔtʀ, no] *adj poss* **1.** *antéposé* (*qui nous appartient*) unser *m o nt*, uns[e]re *f*; ~ *terre* die [*o* uns[e]re] Erde; ■ **N~** REL Unser; *N~ Père qui êtes aux cieux* Vater unser, der du bist im Himmel

2. (*valeur affective*) (*de majesté*) Unser *m o nt*, Unsere *f*; (*de modestie*) unser *m o nt*, uns[e]re *f*; *hum fam* unser *m o nt*, uns[e]re *f fam*; ~ *maître* der gnädige Herr; *comment va ~ malade aujourd'hui?* wie geht es denn uns[e]rem Patienten/uns[e]rer Patientin heute?

nôtre [notʀ] **I.** *pron poss* ■ **le/la ~/les ~s** der/die/das uns[e]re/die uns[e]ren [*o* unsern], uns[e]re(r, s)/uns[e]re, der/die/das unsrige/die unsrigen *veraltet geh*; *cette maison est la ~* dies ist unser Haus, dieses Haus gehört uns [*o* ist das uns[e]re *geh*]; *ce n'est pas votre valise, c'est la ~* es ist nicht Ihr Koffer, es ist der uns[e]re [*o* es ist uns[e]rer]; *leurs enfants sont très liés avec les ~s* ihre Kinder sind mit [den] uns[e]ren [*o* unsern] eng befreundet

▶ **à la [bonne] ~!** *fam* auf unser Wohl!

II. *m* ■ **les ~s** unsere Leute, die Uns[e]ren, die Unsern

▶ **qn est des ~s** jd gehört zu uns, jd ist einer von uns; *j'espère que vous serez des ~s ce soir* ich hoffe, dass Sie heute Abend dabei sind

III. *adj poss* ■ **qc est ~** *littér* etw ist der/die/das uns[e]re [*o* unsrige *veraltet geh*]; *cet objectif est ~* das ist unser Ziel; *ces principes, nous les avons faits ~s* wir haben uns diese Prinzipien zu Eigen gemacht

Notre-Dame [nɔtʀədam] *f inv* Unsere Liebe Frau; (*église*) Marienkirche *f*, Notre-Dame *f*; *cette église est consacrée à ~-~* diese Kirche ist Unserer Lieben Frau geweiht

nouba [nuba] *f fam* Sause *f fam*, Fete *f fam*

▶ **qn fait la ~** *fam* jd macht eine Sause [*o* Fete] *fam*; *qn a fait la ~ toute la nuit* jd hat die ganze Nacht durchgefeiert

nouer <1> [nwe] **I.** *vt* **1.** (*faire un nœud avec*) ■ **qn noue qc [autour de qc]** jd bindet etw [um etw]; *garrot, ceinture* jd bindet etw zu, jd bindet etw um etw; *lacet* jd bindet etw [zu], jd knüpft etw; *bras* jd legt etw fest um etw, jd schließt etw um etw; TECH *chaîne, trame* jd knotet etw zusammen; ■ **qn noue qc [à qc]** jd bindet/knüpft etw mit etw zusammen

2. ■ **qc noue qc** */émotion, sanglot/* etw schnürt etw zusammen; *gorge* etw schnürt etw zu; *l'angoisse lui a noué l'estomac* vor Angst krampfte sich ihm/ihr der Magen zusammen

3. (*entourer d'un lien*) ■ **qn noue qc [avec qc]** jd bindet etw [mit etw] zusammen; *paquet* jd [ver]schnürt etw [mit etw]; *bouquet* jd bindet etw [mit etw]; ■ **qn noue qc dans qc** jd knotet etw in etw (*akk*) ein

4. (*établir*) ■ **qn noue qc** *alliance, amitié* jd schließt etw; *contact, lien, relations* jd knüpft etw; *complot* jd schmiedet etw; *qn noue la conversation* jd knüpft eine Unterhaltung [*o* ein Gespräch] an

5. LITTER, THEAT ■ **qn noue qc** *action, intrigue* jd baut etw auf

II. *vpr* **1.** (*se serrer*) ■ **qc se noue** */doigts/* etw verflicht sich [miteinander]; *sa gorge se noua à cette vue* dieser Anblick schnürte ihm/ihr die Kehle zu; *leurs mains se nouèrent* sie fassten sich bei den Händen

2. (*devenir noueux*) ■ **qc se noue** */doigts/* etw wird knotig; */muscles/* etw verkrampft sich

3. (*s'établir*) ■ **qc se noue [entre des personnes]** */alliance/* etw wird [zwischen Menschen] geschlossen; */amitié a./* etw entsteht [zwischen Menschen]; */contact, lien/* etw wird [zwischen Menschen] geknüpft; */conversation/* etw kommt [zwischen Menschen] in Gang; *une conversation se noue entre des personnes* Menschen kommen miteinander ins Gespräch; ■ **qc se noue** *vieilli* */complot/* etw wird geschmiedet

4. (*s'attacher*) ■ **qn se noue qc [quelque part]** jd bindet sich (*dat*) etw [irgendwohin]; ■ **qc se noue [quelque part]** etw wird [irgendwohin] gebunden; *qc se noue autour de qc* etw wird um etw gebunden; (*accidentellement*) etw wickelt sich um etw

5. LITTER, THEAT: *l'intrigue se noue* der Knoten [der Handlung] schürzt sich

noueux, -euse [nwø, -øz] *adj* knorrig; *doigt, main* knotig

nougat [nuga] *m* türkischer Honig

▶ **c'est du ~** *fam* das ist Pipifax *fam*; *c'est pas du ~!* das ist kein Honigschlecken! *fam*

nougatine [nugatin] *f* Krokant *m*

nouille [nuj] **I.** *f* **1.** GASTR Nudel *f*

2. *fam* (*ballot*) Nulpe *f fam*; (*empoté*) Tranfunzel *f fam*

II. *adj* **1.** *fam* (*empoté*) tapsig *fam*

2. ART: *style ~* [schwülstiger] Jugendstil

3. *fam* (*tarte*) ■ **[qn/qc est] ~** [jd/etw ist] blöd *fam*; *lui, dans le genre ~, on fait pas mieux!* er ist so blöd, blöder geht's gar nicht! *fam*

nounou [nunu] *f enfantin* (*nourrice*) Tagesmutter *f*; (*garde d'enfant*) Kindermädchen *nt*

nounours [nunuʀs] *m enfantin* Teddy[bär *m*] *m*

nourri, e [nuʀi] *adj* lebhaft; *applaudissements a.* tosend; *conversation a.* angeregt; *fusillade* heftig; *tir* schwer; *feu ~* Kugelhagel *m*

nourrice [nuʀis] *f* **1.** (*qui allaite*) Amme *f*

2. (*gardienne*) Tagesmutter *f*

3. (*bidon*) [Reserve]kanister *m*; *la ~ de la chaudière* der Heizungstank

▶ **en ~** in Pflege; *qn est encore en ~* jd ist noch ganz klein

nourricier, -ière [nuʀisje, -jɛʀ] *adj* **1.** (*adoptif*) Pflege-

2. *poét* (*qui nourrit*) nährend; *sève, suc* nahrhaft; *la terre ~ière* die Nährmutter Erde *poet*

nourrir <8> [nuʀiʀ] **I.** *vt* **1.** (*donner à manger à*) ■ **qn nourrit qn/un animal** jd ernährt jdn/füttert ein Tier, jd gibt jdm zu essen/einem Tier zu fressen; ■ **qn nourrit qn/un animal à qc** *à la cuillère* jd füttert jdn/ein Tier mit etw; *qn nourrit qn/un animal au biberon* jd füttert jdn/ein Tier mit der Flasche [*o* dem Fläschchen], jd gibt jdm/einem Tier die Flasche [*o* das Fläschchen]; *qn nourrit qn au sein* jd gibt jdm die Brust, jd stillt jdn; ■ **qn est [bien/mal] nourri(e)** jd ist [gut/schlecht] genährt; *on est nourri* man hat zu essen

2. (*faire vivre*) ■ **qn nourrit qn** jd ernährt jdn; *population a.* jd versorgt jdn [mit Nahrungsmitteln]; ■ **qc nourrit qn** etw ernährt jdn, jd lebt von etw; *une région nourrit une ville* eine Region versorgt eine Stadt mit Nahrungsmitteln

3. (*alimenter*) ■ **qc nourrit qc** etw gibt einer S. (*dat*) Nahrung; *feu, rumeur a.* etw nährt etw; *polémique a., crainte* etw schürt etw; *lampe* etw speist etw

4. (*entretenir*) ■ **qn nourrit qc** *plan* jd hegt etw; *désir, espoir, haine a.* jd ist von etw erfüllt; *illusion a.* jd wiegt sich in etw (*dat*), jd gibt sich einer S. (*dat*)

hin; ***qn nourrit sa vengeance*** jd sinnt auf Rache, jd hegt Rachegefühle; ***qn nourrit le projet de faire qc*** jd hegt den Plan, etw zu tun

5. *soutenu* (*enrichir*) ■ **qn/qc nourrit qc [de qc]** *expérience* etw bereichert etw [mit etw]; *esprit a., réflexion* jd/etw gibt einer S. (*dat*) Nahrung, jd/etw nährt etw mit etw; *style* jd/etw schmückt etw [mit etw] aus; *conversation* jd lässt etw in etw (*akk*) einfließen, jd schmückt etw mit etw [aus]; ■ **qn/qc nourrit qn de qc** jd füttert jdn mit etw; */terre/* etw nährt jdn [mit etw]; ■ **qn est nourri(e) dans qc** jd ist in etw (*dat*) aufgewachsen; ***qn a été nourri(e) dans les bons principes*** jd hat eine gute Kinderstube gehabt; ***qn est nourri(e) à une école*** jd ist im Geiste einer Schule ausgebildet worden; ■ **qc est nourri(e) par qc** etw ist von etw erfüllt

► **qn est nourri(e) blanchi(e)** jd bekommt sein Essen und seine Wäsche gewaschen; **nourri(e) et logé(e)** bei freier Kost und Logis [lo'ʒi:]; ***qn est nourri(e) et logé(e)*** jd hat freie Kost und Logis

II. *vi* ■ **qc nourrit** etw ist nahrhaft; ***qc nourrit plus que qc*** etw ist nahrhafter als etw, etw hat einen höheren Nährwert als etw; ***ça ne nourrit pas*** das ist doch nichts Habhaftes

III. *vpr* **1.** (*s'alimenter*) ■ **qn/un animal se nourrit [de qc]** jd/ein Tier ernährt sich [von etw]; ***qn se nourrit bien*** jd achtet auf seine Ernährung

2. (*s'enrichir*) ■ **qn/qc se nourrit de qc** jd/etw lebt von etw; */préjugés a./* etw wird durch etw genährt; *de romans* jd verschlingt etw; ***qn se nourrit de lectures*** jd ist eine Leseratte; ***l'homme ne se nourrit pas que de pain*** der Mensch lebt nicht vom Brot allein

nourrissant, e [nuʀisɑ̃, ɑ̃t] *adj* nahrhaft

nourrisson [nuʀisɔ̃] *m* Säugling *m*

nourriture [nuʀityʀ] *f* **1.** (*produits*) Nahrung *f*, Nahrungsmittel *pl*; ~ ***pour animaux*** [Tier]futter *nt*; ~***s essentielles*** Grundnahrungsmittel

2. (*action*) Ernährung *f*; ***la ~ des animaux*** die Fütterung der Tiere

3. *littér* [*esprit*] Nahrung *f*

nous [nu] **I.** *pron pers* **1.** *sujet* wir; (*compl*) uns; ***il ~ a vus*** er hat uns (*akk*) gesehen; ***il ~ l'a donné(e)*** er hat es uns (*dat*) gegeben; ~, ***le soir,*** ~ ***ne mangeons rien*** [wir,] wir essen abends nichts; ~ ~ ***connaissons*** wir kennen uns; ~ ~ ***sommes promenés*** wir sind spazieren gegangen

2. + *prép* uns; ***contre/avec*** ~ mit/gegen uns; ***elle se souvient de*** ~ sie erinnert sich an uns; ***qc est à*** ~ etw gehört uns; ***un élève à*** ~ einer uns[e]rer Schüler, einer von uns[e]ren Schülern; ***à ~ deux*** zu zweit; ***à ~ deux maintenant*** und jetzt zu uns [beiden]

3. + *comp:* ***comme*** ~ wie wir; ***plus/aussi fort(e) que*** ~ stärker als wir/genauso stark wie wir

4. JUR (*de majesté*) ■ **N~** Wir

5. *fam* (*de solidarité*) *sujet* wir; *compl* uns; ***comment allons~?*** wie geht's uns denn? *fam*

► ~ **autres** wir; ~ ***autres[, les] Français*** wir Franzosen; ~**-mêmes** *sujet* wir [selbst]; *compl* uns selbst; ~, **on** *fam* wir

II. *m* Wir *nt*; ~ ***de majesté*** Pluralis *m* majestatis, Plural *m* der Majestät

nouveau, -vel, -velle <x> [nuvo, nuvɛl, nuvɛl, vo] **I.** *adj* **1.** (*récent*) neu

2. *postposé* (*inconnu jusqu'alors*) neu; *politique a.* andere(r, s); ***[qc n'est] rien de*** ~ [etw ist] nichts Neues

3. *antéposé* (*qui succède à d'autres*) neu; *effort* weitere(r, s); *an, année* neu, kommende(r, s); *élu, lune* Neu-; ***les ~x pauvres*** die neuen Armen; ***une ~velle fois*** erneut, von neuem; ***qn donne une ~velle preuve de qc*** jd stellt etw wieder einmal unter Beweis

4. *antéposé* (*de fraîche date*): ***les ~x venus*** die Neuankömmlinge; ***les ~x mariés*** die frisch Vermählten; ~ ***riche*** Neureiche(r) *f(m)*; ■ **qn est ~ en qc** [*o* **dans qc**] jd ist neu in etw (*dat*)

► **tout ~, tout beau** *prov* alles Neue hat seinen Reiz; **c'est ~ [ça]!** *fam* das ist ja ganz was Neues *fam*; **c'est ~, ça vient de sortir** *fam* das ist das Neueste vom Neuen

II. *m, f* Neue(r) *f(m)*

III. *m* ■ **du** ~ etwas Neues

IV. *loc* ► **à** [*o* **de**] ~ noch einmal, erneut, von neuem; ***qc aura lieu de ~ quelque part*** etw wird irgendwo wieder stattfinden; ***de ~!*** schon wieder!; *v. a.* **nouvelle**

nouveau-né, e <~-~s> [nuvone] **I.** *adj* neugeboren

II. *m, f* Neugeborene(s) *nt*

nouveauté [nuvote] *f* **1.** (*objet*) Neuheit *f*; *pl* MEDIA Neuerscheinungen *pl*; ■ **les ~s** COUT die neue Mode; ***les ~s de printemps*** die neue Frühjahrsmode

2. (*innovation*) Neuerung *f*; ***c'est une ~*** das ist ja ganz was Neues *fam*; ***la ~ exerce toujours un attrait*** Neues übt immer einen Reiz aus

3. (*caractère récent*) [*découverte, doctrine, invention*] Neuheit *f*

nouvel, le [nuvɛl] *adj v.* **nouveau**

nouvelle [nuvɛl] *f* **1.** (*événement*) Neuigkeit *f*; (*information*) Nachricht *f*; ***connaissez-vous la*** ~ wissen Sie schon das Neueste?; ***ce n'est pas une*** ~ das ist nichts Neues [*o* keine Neuigkeit]; ***nous avons appris la ~ que*** + *indic* wir haben gehört [*o* erfahren], dass; ■ **~ de qc** Nachricht von etw; ***la ~ de qc a réjoui/surpris qn*** es hat jdn gefreut/überrascht, etw zu erfahren [*o* von etw zu hören]

2. *pl* (*renseignements sur qn*) Nachricht *f*, Neuigkeit *f*; ***nous sommes sans ~s d'elle*** wir haben nichts von ihr gehört

3. *pl* MEDIA (*émission*) Nachrichten *pl*; (*information a.*) Meldung *f*

4. LITTER Novelle *f*

► **la Bonne N~** REL die Frohe Botschaft; **pas de ~s, bonnes ~s** *prov* keine Nachricht, gute Nachricht; **aux dernières** ~ laut den letzten [*o* neuesten] Nachrichten; **fausse** ~ Falschmeldung *f*; PRESSE Ente *f*; **première** ~! das ist ja ganz was Neues [*o* das Neueste vom Neuen]! *fam*; **qn a des ~s [de qn/qc]** jd weiß etwas [Neues] [von jdm/über etw (*akk*)], jd hat etwas [Neues] [von jdm/über etw (*akk*)] gehört *fam*; ***je n'ai pas de ~s d'elle*** ich habe nichts von ihr gehört; **tu auras/il aura de mes ~s** du kriegst/er kriegt es mit mir zu tun *fam*; **tu m'en diras/vous m'en direz des ~s** du wirst/Sie werden schon sehen; **qn donne de ses ~s** jd lässt [etwas] von sich (*dat*) hören; **qn prend des ~s de qn** jd erkundigt sich nach jdm; **qn va aux ~s** jd erkundigt sich, wie es geht; *v. a.* **nouveau**

Nouvelle-Calédonie [nuvɛlkaledoni] *f* ■ **la Nouvelle-Calédonie** Neukaledonien *nt*

nouvellement [nuvɛlmɑ̃] *adv* neulich, vor kurzem

Nouvelle-Zélande [nuvɛlzelɑ̃d] *f* ■ **la Nouvelle-Zélande** Neuseeland *nt*

nouvelliste [nuvelist] *mf* Novellist(in) *m(f)*

nova <novæ> [nɔva, e] *f* Nova *f*

novateur, -trice [nɔvatœʀ, -tʀis] **I.** *adj* innovativ; ***qc d'un type ~*** etw [von] ganz neuer Art

II. *m, f* Neuerer/Neuerin *m/f*

novembre [nɔvɑ̃bʀ] *m* November *m*; ***en ~, au mois de ~*** im November; ***Toulouse, le 14 ~*** Toulouse, den 14. November

► **le 11 ~** der 11. November (*Waffenstillstand mit Deutschland 1918*); *v. a.* **janvier**

novice [nɔvis] **I.** *adj* unerfahren (*dans qc* in etw (*dat*)); ***qn est ~ dans le métier*** jd ist neu im Beruf

II. *mf* **1.** (*débutant*) Anfänger(in) *m(f)*

2. REL Novize/Novizin *m/f*

noviciat [nɔvisja] *m* Noviziat *nt*

noyade [nwajad] *f* Ertrinken *nt*; *pl* Todesfälle *pl* durch Ertrinken; ***qn sauve qn de la ~*** jd rettet jdn vor dem Ertrinken

noyau <x> [nwajo] *m* **1.** BOT Kern *m*; [*cerise, pêche, prune a.*] Stein *m*; ■ **~ de** -kern; ***qn enlève les ~x des fruits*** jd entsteint Früchte

2. PHYS [Atom]kern *m*; BIO Zellkern *m*; GEOL Kern *m*; ELEC [Eisen]kern *m*; METEO [Kondensations]kern *m*

3. (*groupe humain*) Kern *m*; ■ **~ de personnes** *de manifestants* kleine Gruppe von Menschen; *de fidèles, d'opposants a.* kleiner Kreis von Menschen; ***un ~ d'opposition*** ein kleiner Kreis Oppositioneller [*o* von Oppositionellen]; ***des ~x de résistance*** Widerstandsnester *pl*

► **qc est rembourré(e) avec des ~x de pêche** *fam* etw ist hart und unbequem; ~ **dur** (*élément central*) Kern *m*; (*groupe intransigeant*) harter Kern

noyautage [nwajotaʒ] *m* Unterwanderung *f*

noyauter <1> [nwajote] *vt* ■ **qn noyaute qc** jd unterwandert etw

noyé, e [nwaje] **I.** *adj* ■ **[qn/un animal est] ~** [jd/ein Tier ist] ertrunken; ***chat ~*** ertränkte Katze

II. *m, f* Ertrunkene(r) *f(m)*

noyer[1] [nwaje] *m* **1.** (*arbre*) Nussbaum *m*

2. (*bois*) Nussbaum[holz *nt*] *m*

noyer[2] <6> [nwaje] **I.** *vt* **1.** (*tuer*) ■ **qn noie qn/un animal** jd ertränkt jdn/ein Tier

2. (*inonder*) ■ **qc noie qc** etw überschwemmt etw; *visage* etw strömt über etw (*akk*); ***qn noie qc sous l'eau*** jd setzt etw unter Wasser; ***ses yeux noyés de larmes*** seine/ihre in Tränen schwimmenden Augen; ***son visage noyé de pleurs*** sein/ihr tränenüberströmtes Gesicht

3. (*déborder*) ■ **qn est noyé(e) [sous qc]** jd ist [mit etw] überfordert, etw wächst jdm über den Kopf; ■ **qn est noyé(e)** *fam* (*ne comprend rien*) jd schwimmt, jd blickt nicht durch *fam*

4. (*se défaire de*) ■ **qn noie qc dans qc** *dans l'alcool* jd ertränkt etw in etw (*dat*); *dans le sang* jd erstickt etw in etw (*dat*)

5. GASTR ■ **qn noie qc** jd verdünnt etw

6. AUT ■ **qn noie qc** jd lässt etw absaufen *fam*

7. TECH (*enrober*) ■ **qn noie qc dans qc** jd lässt etw in etw (*akk*) ein; ***qn noie qc dans le béton*** jd betoniert etw ein

8. (*couvrir*) ■ **qc noie une chose** *contours, couleurs* eine S. verschwimmt in etw (*dat*); *cri* etw übertönt eine S., eine S. geht in etw (*dat*) unter; *paysage* eine S. versinkt in etw (*dat*), eine S. hüllt etw ein; ***qc noie les pensées*** [*o* ***l'esprit***] ***de qn*** etw schlägt jdm aufs Gemüt; ***la brume noie la vallée*** der Nebel hüllt das Tal ein, das Tal versinkt im Nebel; ***qc noie l'ensemble du tableau*** etw beherrscht das ganze Bild; ■ **[qc est] noyé(e) de** [*o* **dans**] **qc** [etw ist] in etw (*dat*) versunken, [etw ist] in etw (*akk*) gehüllt; ***qc est noyé(e) dans la verdure*** etw ist zugewachsen [*o* überwuchert]

9. (*plonger*) ■ **qn noie qn/qc dans** [*o* **sous**] **qc** jd überschüttet jdn/verwässert etw mit etw; ***tu noies l'essentiel de ta pensée dans des digressions*** das Wesentliche deines Gedankens geht in Abschweifungen unter; ***qn noie qn sous un déluge de paroles*** jd ergießt einen Wortschwall über jdn; ■ **qn/qc est noyé(e) dans qc** jd/etw geht in etw (*dat*) unter; ***qn est noyé(e) dans la masse*** *fig* jd ist eine(r) unter vielen; ***nous étions noyés dans la foule*** wir waren in der Menge eingekeilt

II. *vpr* **1.** (*mourir*) ■ **qn se noie [dans qc]** (*accidentellement*) jd ertrinkt [in etw (*dat*)]; (*volontairement*) jd ertränkt sich [in etw (*dat*)]

2. (*se perdre*) ■ **qn se noie dans qc** *dans les détails* jd verliert sich in etw (*dat*); *dans un raisonnement* jd verliert den Faden bei etw

3. (*disparaître*) ■ **qn/qc se noie dans qc** jd/etw geht in etw (*dat*) unter

nu, e [ny] **I.** *adj* **1.** (*sans vêtement*) nackt; *torse a.* frei; ***tête ~e*** mit bloßem Kopf, ohne Kopfbedeckung, barhäuptig *geh*; ***les pieds ~s*** barfuß; ***torse ~*** mit bloßem [*o* nacktem] Oberkörper; ***qn se met torse ~*** jd zieht das Hemd/den Pulli/… aus; (*chez le médecin*) jd macht den Oberkörper frei

2. *chambre, mur* nackt, kahl; *style* nüchtern; *vérité* rein, nackt

3. (*dépouillé*) *arbre, pays, plaine, crâne* kahl

4. (*non protégé*) *fil électrique, épée* blank

► **qn met qc à ~** (*à découvert*) jd legt etw frei; **qn/qc met qc à ~** (*découvre*) jd/etw deckt etw auf, jd/etw enthüllt etw; ***qn met son cœur à ~*** jd schüttet sein Herz aus

II. *m* ART Akt *m*

nuage [nɥaʒ] *m* **1.** METEO Wolke *f;* ■ **~s de** -wolken *pl*
2. (*amas*) ■ **~ de** -wolke *f; de fumée a.* -schwade *f; de sauterelles* -schwarm *m*
3. ■ **~ de** *de mousseline, tulle* Hauch *m* von; (*très petite quantité*) Schuss *m* + *subst;* ***un ~ [de lait]*** ein Schuss Milch
4. (*menace*) dunkle Wolken *pl;* ***aucun ~ ne semblait menacer leur bonheur*** kein Wölkchen schien ihr Glück zu trüben; ***l'avenir apparaissait chargé de ~s*** dunkle Wolken zogen am Horizont herauf
▸ **qn est dans les ~s** jd schwebt über [*o* in] den Wolken; ***qn est distrait(e), toujours dans les ~s*** jd ist [im Geiste] ganz woanders; **qn est [*o* marche] sur un ~** jd schwebt im siebten Himmel; **sans ~[s]** *ciel* wolkenlos; *bonheur, amitié* ungetrübt; ***vie sans ~*** unbeschwertes Leben

nuageux, -euse [nɥaʒø, -ʒøz] *adj* **1.** METEO Wolken-; *ciel* bewölkt, wolkig; ***le temps est ~*** es ist bewölkt; ***des passages ~*** wolkige Abschnitte
2. (*obscur*) *esprit* wirr; *style, théorie* unklar, vage

nuance [nɥɑ̃s] *f* **1.** (*couleur*) (*gamme*) [Farb]schattierung *f,* [Farb]nuance *f;* (*gradation*) Farbabstufung *f;* (*détail*) Nuance, Feinheit *f;* POL [politische] Schattierung; ***~s du noir et blanc*** Grautöne *pl;* ***les ~s du cœur*** die Regungen des Herzens; ***qc est une ~ de qc*** etw ist eine Spielart von etw
2. MUS Abstufung *f* der Tonstärke, dynamische Vortragsbezeichnung
3. (*différence légère*) kleiner Unterschied; POL [kleine] Abweichung; ***à quelques ~s près*** bis auf ein paar kleine Unterschiede; ***qn apporte quelques ~s à qc*** jd modifiziert [*o* relativiert] etw
4. (*touche légère*) ■ **~ de qc** Spur *f* [*o* Hauch *m*] von etw; *d'ironie, de tristesse a., d'inquiétude* Anflug *m* von etw; ***une ~ de complicité*** so etwas wie Komplizenschaft
▸ **tout en ~s** facettenreich; *pensée* differenziert, nuanciert; **sans ~** undifferenziert; *style a.* primitiv; ***qn est sans ~*** jd urteilt pauschal; **~!** Moment mal! *fam;* ***je n'ai pas dit ça, ~!*** Moment mal, das habe ich [doch] gar nicht gesagt!

nuancé, e [nɥɑ̃se] *adj* differenziert; *chant, style* nuanciert

nuancer <2> [nɥɑ̃se] *vt* **1.** (*exprimer avec des nuances*) ■ **qn nuance qc [de qc]** jd differenziert etw, jd modifiziert etw [durch etw]; *de scepticisme* jd schränkt etw durch etw ein; ***qn nuance sa pensée*** jd denkt differenziert
2. ART, MUS ■ **qn/qc nuance qc** jd/etw nuanciert etw; *couleur* jd tönt etw ab; *son* jd nimmt etw zurück, jd dämpft etw; ***l'automne nuance les feuillages*** der Herbst färbt das Laub in allen Schattierungen; ***qn nuance son style*** jd hat eine differenzierte [*o* subtile] Ausdrucksweise

nuancier [nɥɑ̃sje] *m* Farbmuster[palette *f*] *nt*

nubile [nybil] *adj* heiratsfähig

nubilité [nybilite] *f* Heiratsfähigkeit *f*

nucléaire [nykleɛʀ] **I.** *adj* atomar, nuklear; *guerre a., industrie* Atom-; *puissance* Nuklear-, Atom-; *arme, énergie, physique* Kern-, Atom-, Nuklear-; *charge, fission, transmutation* Kern-; *réaction* Kernketten-; ***centrale ~*** Kernkraftwerk *nt,* Atomkraftwerk *nt;* ***retraitement ~*** Wiederaufarbeitung *f* radioaktiver Abfälle, Atommüllaufbereitung *f;* ***électricité ~*** Atomstrom *m;* ***sécurité ~*** [*centrale*] Reaktorsicherheit *f;* MIL atomare [*o* nukleare] Sicherheit
II. *m* Kernenergie *f,* Atomenergie *f*

nucléarisation [nykleaʀizasjɔ̃] *f* Umstellung *f* auf Kernenergie; MIL nukleare [*o* atomare] Aufrüstung

nucléé, e [nyklee] *adj* ein- oder mehrkernig

nucléique [nykleik] *adj* Nuklein-

nucléon [nykleɔ̃] *m* Nukleon *nt*

nudisme [nydism] *m* Freikörperkultur *f,* Nudismus *m,* FKK *kein art fam;* ***qn pratique le ~*** jd ist Anhänger(in) der Freikörperkultur, jd macht FKK *fam*

nudiste [nydist] **I.** *adj* FKK-
II. *mf* Nudist(in) *m(f),* FKKler(in) *m(f) fam*

nudité [nydite] *f* **1.** (*absence de vêtement*) Nacktheit *f;* ***qn couvre sa ~*** jd bedeckt seine Blöße
2. (*dépouillement*) Kahlheit *f;* [*salle a., style*] Nüchternheit *f*
3. ART Akt *m*
▸ [**qc s'étale**] **dans toute sa ~** [etw zeigt sich] ungeschminkt; ***l'horreur dans toute sa ~*** das nackte Grauen; ***on voit ses défauts dans toute leur ~*** seine/ihre Fehler treten offen zutage

nue [ny] *f littér* (*nuage*) Wolke *f*
▸ **qn porte qn/qc aux ~s** jd hebt jdn/etw in den Himmel; **qn tombe des ~s** jd fällt aus allen Wolken

nuée [nɥe] *f* **1.** (*grand nombre*) ■ **~ de personnes/d'animaux** Schwarm *m* [von] Menschen/Tieren; ***une ~ de moustiques/d'oiseaux*** ein Schwarm [von] Mücken/Vögeln, ein Mücken-/Vogelschwarm
2. *littér* (*nuage*) Wolke *f;* ***une ~ d'orage*** eine Gewitterwolke
▸ **~ ardente** Glutwolke *f*

nuire <*irr*> [nɥiʀ] **I.** *vi* **1.** (*être nuisible*) ■ **qc nuit** etw schadet; ***qc ne nuit pas*** etw schadet nicht[s]
2. (*faire du tort*) ■ **qn/qc nuit à qn/qc** jd/etw schadet jdm/einer S.; *à la réalisation de qc* jd/etw behindert etw
II. *vpr* ■ **qn se nuit** jd schadet sich (*dat*) [selbst]; ■ **des personnes se nuisent** Menschen schaden sich [gegenseitig]

nuisance [nɥizɑ̃s] *f* Umweltbeeinträchtigung *f;* ***~s sonores*** Lärmbelästigung *f*

nuisible [nɥizibl] **I.** *adj* schädlich; *gaz a.* giftig; *influence a., habitude* schlecht; *climat* ungesund; ***animaux/insectes ~s*** Schädlinge *pl;* ■ [**qc est**] **~ à qc** [etw ist] schädlich für etw, etw schadet einer S. (*dat*); *au progrès* [etw ist] einer S. (*dat*) abträglich; ***qn a pris une décision ~ à qc*** jd hat eine Entscheidung auf Kosten [*o* zuungunsten] einer S. (*gen*) getroffen
II. *m* (*animal*) Schädling *m*

nuit [nɥi] *f* **1.** (*espace de temps*) Nacht *f;* (*~ d'hôtel*) Übernachtung *f*
2. (*fête, festival*) ■ **~ de** -nacht *f*
3. (*obscurité*) Dunkelheit *f,* Nacht *f;* ***la ~ tombe*** die Nacht bricht herein, es wird dunkel; ***avant que la ~ tombe*** bevor es dunkel [*o* Nacht] wird
▸ **la ~, tous les chats sont gris** *prov* nachts [*o* in der Nacht] sind alle Katzen grau; **la ~ porte conseil** *prov* guter Rat kommt über Nacht; **~ d'encre** stockfinstere Nacht; **~ et jour** Tag und Nacht; **qc remonte à/se perd dans la ~ des temps** etw stammt aus/verliert sich in grauer Vorzeit [*o* liegt im Dunkel der Vergangenheit]; **l'autre ~** neulich nacht[s]; **~ blanche** schlaflose Nacht; **~ bleue** Bombennacht *f;* **bonne ~ [à tous]!** gute Nacht [allerseits]!; **qn souhaite à qn une bonne ~** jd wünscht jdm [eine] gute Nacht; **à la ~ close** nach Einbruch der Dunkelheit [*o* Nacht]; **~ éternelle** *littér* ewige Ruhe; **les Mille et Une N~s** Tausendundeine Nacht; **il fait ~ noire** es ist stockfinstere Nacht, es ist stockdunkel [*o* stockfinster] *fam;* **qn est de ~** jd hat Nachtdienst; **il fait ~** es ist dunkel; ***il commence à faire ~*** es wird dunkel [*o* Nacht]; **qn fait la ~** (*est de garde la ~*) jd hat Nachtschicht; **qn fait sa ~** (*dort toute la ~*) jd schläft [die ganze Nacht] durch; **qn en rêve la ~** (*obsession*) jd wird davon im Traum [*o* Schlaf] verfolgt; (*désir*) jd träumt davon; **qn est surpris(e) par la ~** jd wird von der Dunkelheit überrascht; **à la ~ tombante** bei Anbruch der Dunkelheit [*o* Nacht]; **toute la ~** die ganze Nacht [über]; **la ~ venue** als es dunkel war, bei Dunkelheit; **dans la ~** nachts, in der Nacht; ***mardi, dans la ~*** Dienstagnacht; **de ~** Nacht-; *fête* nächtlich; *médecin* Bereitschafts-; ***l'équipe de ~*** die Nachtschicht; **cette ~** diese Nacht; ***l'orage de cette ~*** das Gewitter diese Nacht; **chaque ~** jede Nacht; **la ~** nachts; **une ~** eines Nachts
◆ **nuit de noces** Hochzeitsnacht *f*

nuitamment [nɥitamɑ̃] *adv littér* nachts, des Nachts *geh*

nuitée [nɥite] *f* Übernachtung *f*

nul, le [nyl] **I.** *adj antéposé littér* (*aucun*) kein; ***sans ~ doute*** zweifellos
II. *adj* **1.** *fam* (*médiocre*) ■ **qn/qc est ~** jd/etw bringt's nicht *sl;* / *personne a.*/ mit jdm ist nichts los; ***c'était ~*** das war ein Schuss in den Ofen *fam;* ***ma vie me semble ~le*** ich finde mein Leben echt öde *sl*
2. SPORT torlos; (*égalité*) unentschieden; ***ils ont terminé la partie sur un match ~*** sie haben null zu null/unentschieden gespielt; ***le score/match ~*** das Null zu Null/Unentschieden
3. (*incompétent*) ■ [**qn est**] **~** [**en** [*o* **dans**] [*o* **pour**]] **qc** [jd ist] miserabel [in etw (*dat*)], jd ist eine Null [*o* Niete] [in etw (*dat*)] *fam;* ***les élèves les plus ~s*** die größten Nieten [unter den Schülern] *fam;* ***il est ~ pour tout ce qui est manuel*** er hat zwei linke Hände, handwerklich ist er eine Null *fam*
4. (*mauvais*) ■ [**qc est**] **~** [etw ist] miserabel
5. (*minime*) *risque, différence* minimal; [**qc est**] ***quasiment*** [*o* ***pratiquement***] **~** [etw ist] [praktisch] gleich null; ***la différence est quasiment ~le*** es gibt kaum einen Unterschied
6. MATH Null-
7. JUR, POL *élection, testament* ungültig
▸ **~(le) et non avenu(e)** null und nichtig; **c'est ~ [de faire qc]** *fam* es ist unmöglich [*o* das Letzte *fam*][, etw zu tun]; **qn vote ~** jd gibt einen ungültigen Stimmzettel ab
III. *pron indéf* ■ **~ ne** *soutenu* (*personne*) niemand; (*aucun*) keiner
IV. *m, f* Nichts *nt,* Null *f fam*

nullard, e [nylaʀ, aʀd] **I.** *adj fam* unfähig; ***qn est ~ [en qc]*** jd ist eine Null [*o* Niete] [in etw (*dat*)] *fam*
II. *m, f fam* Niete *f,* Null *f fam*

nullement [nylmɑ̃] *adv* (*aucunement*) in keinster Weise, nicht im Geringsten; (*en aucun cas*) keinesfalls; ***sans ~ faire qc*** ohne im Geringsten [*o* in irgendeiner Weise] etw zu tun

nullité [nylite] *f* **1.** (*manque de valeur*) Nichtigkeit *f,* Belanglosigkeit *f;* ***qc est d'une parfaite ~*** etw ist absolut belanglos [*o* uninteressant]
2. (*incompétence*) Unfähigkeit *f*
3. (*personne nulle*) Niete *f,* Null *f fam*
4. JUR Nichtigkeit *f,* Ungültigkeit *f;* ***qn prononce la ~ de qc*** jd erklärt etw für ungültig [*o* nichtig]
▸ **qc est entaché(e) [*o* frappé(e)] de ~** etw wird für nichtig [*o* ungültig] erklärt

numéraire [nymeʀɛʀ] **I.** *adj valeur* Nenn-; ***espèces ~s*** gesetzliche Zahlungsmittel
II. *m* (*monnaie de cours légal*) Geld *nt,* gesetzliches Zahlungsmittel
▸ **en ~** in bar, in Bargeld

numéral, e <-aux> [nymeʀal, o] **I.** *adj* **1.** *cartes, symbole, système* Zahlen-
2. GRAM *adjectif* Zahl-
II. *m* GRAM Zahlwort *nt,* Numerale *nt*

numérateur [nymeʀatœʀ] *m* Zähler *m*

numération [nymeʀasjɔ̃] *f* **1.** MATH (*comptage*) Zählung *f;* (*système*) Zahlensystem *nt;* ***~ binaire/décimale*** Dual-/Dezimalsystem *nt,* Binär-/Zehnersystem *nt*
2. MED [Blut]senkung *f*
▸ **~ globulaire** [*o* **sanguine**] Blutsenkung *f*

numérique [nymeʀik] *adj* **1.** (*exprimé en nombre*) zahlenmäßig; MATH *valeur* Zahl-; *calcul a.* numerisch; ***en données ~s*** in Zahlen ausgedrückt
2. INFORM, TELEC digital; ***disque ~*** CD *f*

numériquement [nymeʀikmɑ̃] *adv* zahlenmäßig

Numéris [nymeʀis] *m* TELEC, INFORM ISDN *nt*

numériser <1> [nymeʀize] *vt* INFORM ■ **qn numérise qc** jd digitalisiert etw; ■ **numérisé(e)** digitalisiert

numéro [nymeʀo] *m* **1.** (*nombre*) Nummer *f;* ***à quel ~ habitez-vous?*** Nummer wie viel wohnen Sie?; ***le ~ de la rue*** die Hausnummer; ***le ~ gagnant*** die Gewinnzahl; ■ **~ de** -nummer
2. PRESSE Ausgabe *f,* Nummer *f;* ***le ~ de la page*** die Seitenzahl; ***qn reçoit quelques ~s*** jd erhält einige Exemplare [*o* Nummern]
3. (*spectacle*) Nummer *f; péj a.* Schau *f;* ■ **~ de** -nummer; *de danse* -vorführung *f*

4. *fam* (*personne*) Nummer *f fam; **qn est un sacré** ~* jd ist schon eine Nummer für sich *fam; **qn est un drôle de** ~* jd ist eine komische Type [*o* Nummer] *fam; **quel** ~!* was ist denn das für eine(r) [*o* eine Nummer]! *fam*
▸ **qn tire le bon/mauvais** ~ jd zieht das große Los/jd zieht eine Niete; ~ **vert** Nulltarif-Nummer *f;* **qn fait son** ~ **[à qn]** *fam* jd zieht seine Nummer [*o* eine Schau] [vor jdm] ab *fam;* **qn fait** [*o* **compose**] **un** ~ jd wählt eine Nummer; ~ **un** Haupt-; *souci, problème a.* Nummer eins, größte(r, s); *témoin a.* wichtigste(r, s); *ennemi public* Nummer eins; **le** ~ **un/deux/...** die Nummer eins/zwei/...
◆ **numéro d'appel** Rufnummer *f;* **numéro d'immatriculation** Zulassungsnummer *f*
numérotage [nymeʀɔtaʒ] *m* Nummerierung *f; **qn procède au** ~ **de qc*** jd nummeriert etw [durch]
numéroter <1> [nymeʀɔte] *vt* ■ **qn numérote qc** jd nummeriert etw
numerus clausus [nymeʀysklozys] *m inv* Numerus clausus *m*
numismate [nymismat] *mf* Münz[en]sammler(in) *m(f),* Numismatiker(in) *m(f)*
numismatique [nymismatik] I. *adj* numismatisch
II. *f* Numismatik *f*
nunuche [nynyʃ] *adj fam* albern
nu-pieds [nypje] I. *adj inv* barfuß II. *mpl* (*chaussures*) Sandalen *pl* **nu-propriétaire, ~e-~** <~s-~s> [nypʀɔpʀijetɛʀ] *m, f* mittelbarer Besitzer/mittelbare Besitzerin
nuptial, e <-aux> [nypsjal, jo] *adj* Hochzeits-; *anneau* Ehe-; *cérémonie* Trauungs-; *chambre, lit, messe* Braut-; ***bénédiction** ~**e*** Brautsegen *m,* Ehesegen *m;* (*cérémonie*) kirchliche Trauung [ohne Messe]
nuptialité [nypsjalite] *f* Zahl *f* der Eheschließungen, Heiratsziffer *f*
nuque [nyk] *f* Nacken *m*
Nuremberg [nyʀɑ̃bɛʀ] *m* Nürnberg *nt*
nurse [nœʀs] *f* Kindermädchen *nt*
nu-tête [nytɛt] *adj inv* ohne Kopfbedeckung, barhäuptig *geh; **qn est** ~~* jd hat nichts auf dem Kopf
nutritif, -ive [nytʀitif, -iv] *adj* 1. *aliment, mets, suc* nahrhaft; *valeur* Nähr-; ***la qualité/substance** ~**ive*** der Nährwert/-stoff; ***qc est riche en principes** ~**s*** etw hat einen hohen Nährwert
2. MED *besoins* Nahrungs-; *fonctions* Ernährungs-
nutrition [nytʀisjɔ̃] *f* Ernährung *f*
nutritionnel, le [nytʀisjɔnɛl] *adj* Ernährungs-; *troubles, maladie* ernährungsbedingt; ***la biochimie** ~**le*** die Ernährungswissenschaft; ***centre** ~* Ernährungsberatungsstelle *f*
nutritionniste [nytʀisjɔnist] *mf* Ernährungswissenschaftler(in) *m(f)*
nylon® [nilɔ̃] *m* Nylon® ['nailɔn] *nt*
nymphe [nɛ̃f] *f* 1. MYTH Nymphe *f; hum* Grazie *f*
2. ZOOL Puppe *f*
3. ANAT kleine [*o* innere] Schamlippe
nymphéa [nɛ̃fea] *m* weiße Seerose
nymphette [nɛ̃fɛt] *f* Nymphchen *nt*
nymphomane [nɛ̃fɔman] I. *adj* nymphoman
II. *f* Nymphomanin *f*
nymphomanie [nɛ̃fɔmani] *f* Nymphomanie *f*

O

O, o [o] *m inv* O *nt,* o *nt*
▸ **o accent circonflexe** O Accent circonflexe, O Zirkumflex; **e dans l'o** Ligatur *f* œ; **o comme Oscar** O wie Otto; **o tréma** Ö *nt,* O Umlaut *nt,* umgelautetes O
O. *abr de* **ouest**
ô [o] *interj* 1. *soutenu* (*appel*) oh
2. (*d'émotion*) oh; ~ ***joie!*** oh [*o* ach], wie schön
O.A.S. [oaɛs] *f abr de* **Organisation de l'armée secrète** *1961–1963 Geheimorganisation nationalistischer Algerienfranzosen mit dem Ziel, die Unabhängigkeit Algeriens zu verhindern*
oasis [ɔazis] *f* 1. GEOG Oase *f*
2. (*lieu reposant*) ■ ~ **de qc** Oase *f* einer S. (*gen*); ***une** ~ **de calme*** eine Oase der Ruhe
obédience [ɔbedjɑ̃s] *f* 1. *littér* (*soumission*) Abhängigkeit *f;* (*tendance*) Richtung *f;* ■ ~ **à qc** Festhalten *nt* an etw (*dat*); ~ ***religieuse*** Glaubensrichtung *f;* ~ ***maçonnique*** [Freimaurer]großloge *f*
2. REL Gehorsam *m*
▸ **d'**~ ...: ***d'*~ *communiste/maoïste/...*** kommunistischer/maoistischer/... Prägung
obéir <8> [ɔbeiʀ] *vi* 1. (*se soumettre*) ■ **qn/un animal obéit [à qn]** jd/ein Tier gehorcht [*o* folgt] [jdm]; ■ **un animal obéit à qc** ein Tier reagiert auf etw (*akk*); ■ **qn obéit à qc** jd gehorcht einer S. (*dat*); *à la loi a., une règle* jd befolgt etw; *à un ordre a.* jd befolgt etw, jd führt etw aus; *à ses principes* jd hält sich an etw (*akk*); ■ **qn se fait** ~ **[de qn]** jd setzt sich [bei jdm] durch; ■ **qn est obéi(e)** man gehorcht jdm; ***j'aime bien être obéi(e)*** ich möchte, dass man mir gehorcht
2. (*réagir*) ■ **qc obéit [à qc]** /*moteur*/ etw spricht [auf etw (*akk*)] an; /*frein a.*/ etw reagiert [auf etw (*akk*)]; ***l'outil obéit à la main*** das Werkzeug ist handlich
3. (*être soumis*) ■ **qn/qc obéit à qc** jd/etw ist einer S. (*dat*) unterworfen; *à la loi a.* jd/etw gehorcht einer S. (*dat*); *à un schéma* jd/etw folgt einer S. (*dat*); ***qc obéit aux fluctuations du marché*** etw verhält sich den Marktschwankungen entsprechend
4. (*céder à*) ■ **qn/qc obéit à qc** jd/etw lässt sich von etw leiten; *à l'impulsion, instinct, au sentiment a.* jd/etw folgt einer S. (*dat*); *à la conscience a.* jd hört auf etw (*akk*); *à la mode* jd macht etw mit
obéissance [ɔbeisɑ̃s] *f* Gehorsam *m; **qn sait maintenir qn/qc dans l'**~* jd kann jdn/etw im Zaum halten; ***refus d'**~* MIL Befehlsverweigerung *f;* ■ ~ **[de qn] à qn/qc** [jds] Gehorsam jdm/einer S. gegenüber; ***l'**~ **aux lois*** die Befolgung der Gesetze
▸ ~ **passive** erzwungener Gehorsam
obéissant, e [ɔbeisɑ̃, ɑ̃t] *adj* gehorsam
obélisque [ɔbelisk] *m* Obelisk *m*
obérer <5> [ɔbeʀe] *vt form* ■ **qc obère qc** etw belastet etw
obèse [ɔbɛz] I. *adj* [zu] dick, fettleibig, blad AUS *sl*
II. *mf* Fettleibige(r) *f(m)*
obésité [ɔbezite] *f* Fettleibigkeit *f*
objecter <1> [ɔbʒɛkte] *vt* ■ **qn objecte qc [à qn/qc]** jd hält etw dagegen, jd hält jdm/einer S. etw entgegen, jd wendet etw gegen etw ein; (*reprocher*) jd wirft [*o* hält] jdm/einer S. etw vor; ***qn objecte qc pour ne pas devoir faire qc*** jd führt etw an, um etw nicht tun zu müssen; ***je tiendrai compte de ce que vous venez de m'**~* ich werde Ihren Einwand/Ihre Einwände berücksichtigen; ***il a refusé en objectant le manque de temps*** er weigerte sich mit dem Einwand, keine Zeit zu haben; ■ **qn objecte [à qn] que** + *indic* jd wendet ein, dass; jd hält jdm entgegen, dass; (*reproche*) jd erhebt den Vorwurf, dass; jd wirft jdm vor, dass; ■ **qn a quelque chose/n'a rien à** ~ **[à qc]** jd hat etwas/nichts [gegen etw] einzuwenden
objecteur [ɔbʒɛktœʀ] *m* ◆ **objecteur de conscience** Wehrdienstverweigerer *m,* Kriegsdienstverweigerer *m*
objectif, -ive [ɔbʒɛktif, -iv] I. *adj* 1. (*impartial*) *observateur* objektiv; *article, jugement, rapport, récit a.* sachlich; *position* neutral
2. (*matériel*) objektiv, tatsächlich; ***contrainte** ~**ive*** Sachzwang *m*
3. LING Objekts-; ***le complément de nom est** ~* es handelt sich um einen Objektsgenitiv
II. *m* 1. (*but*) Ziel *nt; **qn se fixe pour** [o **se donne comme**] ~ **de faire qc*** jd setzt sich (*dat*) das Ziel, etw zu tun
2. OPT, PHYS Objektiv *nt;* PHOT *a.* Optik *f spec*
objection [ɔbʒɛksjɔ̃] *f* Einwand *m; **le projet se heurte à de nombreuses** ~**s*** das Projekt stößt auf zahlreichen Widerstand [*o* zahlreiche Hindernisse]
▸ ~ **[votre honneur]!** *hum* Einspruch [Euer Ehren]!; **qn fait une** ~ jd macht einen Einwand, jd bringt einen Einwand vor; ***j'aurais tout de même une** ~ **à faire*** ich habe trotzdem einen Einwand; **qn soulève une** ~ jd erhebt Einspruch [*o* einen Einwand]; **qc soulève une** ~ etw stößt auf Widerspruch; ***si qc ne soulève pas d'**~* wenn es keine Einwände gegen etw gibt; **si vous n'y voyez pas d'**~ wenn Sie keine weiteren Einwände haben
◆ **objection de conscience** Wehrdienstverweigerung *f,* Kriegsdienstverweigerung *f*
objectivement [ɔbʒɛktivmɑ̃] *adv* 1. (*sans parti pris*) objektiv; ***qn examine qc** ~* jd untersucht etw sachlich [*o* objektiv]
2. PHILOS objektiv
objectiver <1> [ɔbʒɛktive] *vt* 1. PHILOS, PSYCH (*rapporter à une réalité*) ■ **qn objective qc** jd objektiviert etw
2. (*exprimer*) ■ **qn objective qc** jd drückt etw aus
objectivité [ɔbʒɛktivite] *f* Objektivität *f,* Sachlichkeit *f;* [*observateur*] Objektivität *f; **qn dirige/regarde qc avec** ~* jd führt/sieht etw sachlich
▸ **en toute** ~ objektiv [gesehen]; ***qn juge en toute** ~* jd urteilt ganz objektiv
objet [ɔbʒɛ] *m* 1. (*chose*) Gegenstand *m; **un enfant n'est pas un** ~* ein Kind ist kein Ding [*o* Objekt]; ■ ~ **de** *d'art* -objekt *nt; de première nécessité* Ding *nt* von; *de voyage* -artikel *m;* ~ ***de piété*** religiöser Gegenstand; *pl* Devotionalien *pl*
2. (*sujet*) ■ ~ **[de]** Gegenstand *m* (+ *gen*); *de la discussion, méditation, du litige, procès a.* -gegenstand; *des recherches a.* -objekt *nt; **l'**~ **de cet ouvrage*** Gegenstand dieses Werkes, [das] Thema dieses Werkes
3. (*cible*) ■ ~ **de qc** Gegenstand *m* einer S. (*gen*); *de curiosité a., convoitise* Objekt *nt* einer S. (*gen*); *de raillerie* Zielscheibe *nt* einer S. (*gen*); ■ **qn/qc est un** ~ **de qc** jd/etw erregt etw; ***qn/qc est un** ~ **de pitié/mépris/d'horreur pour qn*** jd bemitleidet/verachtet/verabscheut jdn/etw, jd/etw erregt jds Mitleid/Verachtung/Abscheu; ***elle est l'**~ **de toute son affection*** seine ganze Zuneigung gilt nur ihr; ***il est préférable d'être un** ~ **d'envie***

qu'un ~ de raillerie es ist besser, beneidet als verspottet zu werden
4. (*but*) Zweck *m;* ***tel était l'~ de ses vœux*** darauf zielten alle seine/ihre Wünsche
5. GRAM, LING Objekt *nt*
6. PHILOS Objekt *nt*
▶ ~ **aimé** Angebetete(r) *f(m);* ~ **direct** direktes Objekt; ~ **indirect** indirektes Objekt; **~s trouvés** Fundbüro *nt;* **qn/qc a pour ~ qc** jd/etw hat etw zum Ziel; (*l'intention*) jd/etw beabsichtigt etw; **qn/qc a pour ~ de faire qc** jd will etw tun/etw soll etw tun; (*l'intention*) jd/etw beabsichtigt etw zu tun; **qn/qc est** [*o* **fait**] **l'~ de qc** jd/etw ist Gegenstand von etw; ***qn est l'~ des soins dévoués de qn*** jd wird aufopfernd von jdm gepflegt; ***qn est l'~ de mesures de surveillance*** jd wird überwacht; **sans ~** grundlos; *plainte* gegenstandslos; ***un suicide sans ~*** ein Selbstmord ohne Motiv

objurgation [ɔbʒyʀgasjɔ̃] *f littér* 1. (*admonestation*) Ermahnung *f*
2. (*prière instante*) flehentliche Bitte

obligataire [ɔbligatɛʀ] I. *adj emprunt* Obligations-; *marché* Renten-
II. *mf* Inhaber(in) *m(f)* einer Schuldverschreibung

obligation [ɔbligasjɔ̃] *f* 1. (*nécessité*) Verpflichtung *f;* ***qc n'est pas une ~*** etw ist kein Muss [*o* keine Verpflichtung]; ■ **~ de faire qc** Pflicht *f* etw zu tun; ***une mise à l'épreuve avec ~ de faire qc*** eine Bewährung mit der Auflage, etw zu tun
2. *pl* (*devoirs*) Verpflichtungen *pl;* (*civiques, scolaires*) Pflichten *pl;* ***les ~s militaires*** die Wehrpflicht; ***qn manque à ses ~s*** jd kommt seinen Pflichten/Verpflichtungen nicht nach, jd vernachlässigt seine Pflichten/Verpflichtungen; ***qn fait face*** [*o* ***honneur***] ***à ses ~s*** jd kommt seinen Pflichten/Verpflichtungen nach; ***qn contracte une ~ envers qn*** jd geht jdm gegenüber eine Verpflichtung ein; ■ **~s de** *de chrétien* Pflicht *f* als; *de citoyen* -pflicht *f;* *de père de famille* Verpflichtungen als
3. BOURSE Obligation *f*
4. JUR Pflicht *f;* ■ **~ de** -pflicht; ~ ***alimentaire*** Unterhaltspflicht
▶ **qn est dégagé de ses ~s militaires** (*exempté*) jd ist vom Militärdienst [*o* Wehrdienst] freigestellt; (*les ayant accomplies*) jd hat seinen Wehrdienst [*o* Militärdienst] abgeleistet; **qn se fait une ~ de faire qc** jd macht es sich (*dat*) zur Pflicht [*o* zur Aufgabe], etw zu tun; [**qn est**] **dans l'~ de faire qc** [jd ist] gezwungen etw zu tun; **sans ~** [**de la part de qn**] unverbindlich [für jdn]; **sans ~** [**d'achat**] ohne Kaufverpflichtung; ***c'est sans ~ d'achat*** Sie sind nicht zum Kauf verpflichtet, es besteht keine Kaufverpflichtung
◆ **obligation de réserve** Schweigepflicht *f;* ***qn rompt l'~ de réserve*** jd bricht die Schweigepflicht

obligatoire [ɔbligatwaʀ] *adj* 1. (*exigé*) Pflicht-, obligatorisch; ***présence ~*** Anwesenheitspflicht *f;* ■ **qc est ~** etw ist Pflicht [*o* obligatorisch]; ***votre présence à cette réunion est ~*** Sie sind verpflichtet an der Versammlung teilzunehmen; ***qc rend qc ~*** etw macht etw zur Pflicht
2. *fam* (*inévitable*) obligatorisch, unvermeidlich; ■ **c'est ~** [**que** + *subj*] es muss [ja] so kommen[, dass]

obligatoirement [ɔbligatwaʀmɑ̃] *adv* 1. (*nécessairement*) unbedingt; ***qn doit ~ faire qc*** jd ist verpflichtet etw zu tun; ***il faut ~ qc*** es ist Vorschrift, etw zu haben
2. *fam* (*forcément*) automatisch *fam;* ***ça devait ~ arriver!*** das musste ja so kommen! *fam*

obligé, e [ɔbliʒe] I. *adj* 1. (*nécessaire*) *conséquence* zwangsläufig; (*inévitable*) unvermeidlich, obligatorisch; ***c'était ~!*** *fam* das musste ja so kommen! *fam*
2. (*reconnaissant*) ■ **qn est ~ à qn** [**de qc**] jd ist jdm [für etw] verbunden *geh;* ***nous vous serions ~s de bien vouloir nous répondre*** für eine Antwort wären wir Ihnen sehr verbunden *geh*
II. *m, f* zu Dank Verpflichtete(r) *f(m);* ***je suis votre ~, madame!*** ich bin Ihnen zu Dank verpflichtet!; ***qn ne veut être l'~ de personne*** jd möchte sich niemandem verpflichtet fühlen

obligeamment [ɔbliʒamɑ̃] *adv* liebenswürdigerweise, entgegenkommenderweise; (*avec obligeance*) liebenswürdig, entgegenkommend, zuvorkommend

obligeance [ɔbliʒɑ̃s] *f* (*prévenance*) Zuvorkommenheit *f;* (*serviabilité*) Hilfsbereitschaft *f*
▶ **qn a l'~ de faire qc** jd ist so freundlich [*o* liebenswürdig], etw zu tun; ***vous pourriez avoir l'~ de ...*** würden Sie freundlicherweise [*o* liebenswürdigerweise] ...

obligeant, e [ɔbliʒɑ̃, ʒɑ̃t] *adj* 1. (*complaisant*) freundlich; *offre a.* entgegenkommend; *paroles, termes a.* liebenswürdig; *personne* zuvorkommend
2. (*serviable*) hilfsbereit

obliger <2 a> [ɔbliʒe] I. *vt* 1. (*forcer*) ■ **qn/qc oblige qn à faire qc** jd/etw zwingt jdn, etw zu tun; ***arrête, tu vas m'~ à me mettre en colère!*** hör auf, sonst muss ich wütend werden!; ***qn oblige ses enfants à faire qc*** jd hält seine Kinder an, etw zu tun; ■ [**qn est**] **obligé(e)** [**de faire qc**] [jd ist [*o* sieht sich]] gezwungen [etw zu tun]; ***on était bien obligés!*** es blieb uns [ja] nichts anderes übrig!; ***je suis obligé de partir à deux heures*** ich muss um zwei Uhr losgehen/-fahren
2. (*contraindre moralement*) ■ **qc oblige qn** [**à faire qc**] etw verpflichtet jdn [etw zu tun]; ■ **qn est obligé(e) à qc** jd ist zu etw verpflichtet
3. (*rendre service à*) ■ **qn oblige qn** [**en faisant qc**] jd tut jdm einen Gefallen[, indem er etw tut]; ***vous m'avez obligé par votre réponse rapide*** für Ihre schnelle Antwort bin ich Ihnen sehr dankbar [*o* verbunden *geh*]
4. JUR (*lier*) ■ **qc oblige qn** etw verpflichtet jdn; ***la signature de qn sur un document l'oblige*** jds Unterschrift auf einem Dokument ist bindend
II. *vpr* (*s'engager*) ■ **qn s'oblige à faire qc** jd verpflichtet sich, etw zu tun; ■ **qn s'oblige** jd verpflichtet sich; ■ **qn s'oblige pour qn** JUR jd verbürgt sich für jdn
III. *vi* ■ **qc oblige** etw verpflichtet

oblique [ɔblik] I. *adj* 1. (*de biais*) schräg; *chemin* Quer-
2. (*qui manque de droiture*) *conduite* hinterhältig; *manœuvres* krumm; *regard* schief, schräg
3. MATH *droite, ligne* schief, schräg; *prisme* schief; *projection* schiefwinkelig
▶ **en ~** schräg
II. *m* (*muscle*) schräger Muskel; ***~ de l'abdomen/de la nuque/de l'œil*** schräger Bauch-/Nacken-/Augenmuskel

obliquement [ɔblikmɑ̃] *adv* schräg; *se diriger, se mouvoir* quer; *contempler* [schräg] von der Seite

obliquer <1> [ɔblike] *vi* ■ **qn/qc oblique** [**quelque part**] jd/etw biegt [irgendwohin] ab, jd/etw biegt irgendwohin; */route a./* etw macht einen Bogen [irgendwohin]; */avion a./* etw fliegt einen Bogen [irgendwohin]

oblitérateur [ɔbliteʀatœʀ] I. *adj* Stempel-; ***appareil ~*** Stempelmaschine *f*
II. *m* (*appareil*) Stempelmaschine *f;* (*tampon*) Stempel *m*

oblitération [ɔbliteʀasjɔ̃] *f* 1. POST [Ab]stempeln *nt;* ***avec ~*** mit Stempel, gestempelt
2. MED [*artère, vaisseau*] Verschluss *m*

oblitérer <5> [ɔbliteʀe] *vt* 1. POST ■ **qn/qc oblitère qc** jd/etw stempelt etw [ab]; ■ [**qc est**] **oblitéré(e)** [etw wird/ist] gestempelt
2. MED ■ **qc oblitère qc** etw verschließt etw

oblong, -longue [ɔblɔ̃, -ɔ̃g] *adj* länglich

obnubiler <1> [ɔbnybile] *vt* 1. (*obscurcir*) ■ **qc obnubile qc** *esprit, pensée* etw verwirrt etw; ***un esprit obnubilé par les préjugés*** ein von Vorurteilen verblendeter Geist; ■ **qn se laisse ~ par qn/qc** jd lässt sich von jdm/etw blenden
2. (*obséder*) ■ **qc obnubile qn** etw verfolgt jdn; ■ [**qn est**] **obnubilé(e) par qc** [jd ist] besessen von etw

obole [ɔbɔl] *f* Obolus *m;* ***qn apporte*** [*o* ***verse***] ***son ~*** [***à qc***] jd trägt sein Scherflein [*o* seinen Obolus] [zu etw] bei

obscène [ɔpsɛn] *adj* obszön

obscénité [ɔpsenite] *f* Obszönität *f*

obscur, e [ɔpskyʀ] *adj* 1. (*sombre*) dunkel; *nuit a.* finster; *lieu* düster
2. (*incompréhensible*) unverständlich; *raison a., affaire* undurchsichtig, rätselhaft; *pensée* verworren; ***question ~e/point ~*** unklare [*o* unverständliche] Frage/unklarer Punkt; (*sans réponse*) ungeklärte Frage/ungeklärter Punkt
3. *antéposé péj* (*douteux*) obskur
4. (*vague*) unbestimmt; *sentiment a.* dunkel; *malaise a.* undefinierbar; *hasard* undurchsichtig
5. (*inconnu*) *poète, écrivain* unbekannt, obskur *pej*
6. (*humble*) unbedeutend; *besogne a.* undankbar; *naissance* niedrig

obscurantisme [ɔpskyʀɑ̃tism] *m* Obskurantismus *m*

obscurantiste [ɔpskyʀɑ̃tist] I. *adj* obskurantisch
II. *mf* Obskurant(in) *m(f)*

obscurcir <8> [ɔpskyʀsiʀ] I. *vt* 1. (*assombrir*) ■ **qn/qc obscurcit qc** jd verdunkelt etw/etw macht etw dunkel; *ciel, paysage* etw verdunkelt etw; ■ **qc est obscurci(e)** etw hat sich verdüstert; */ciel a./* etw hat sich verdunkelt [*o* verfinstert]; */regard a./* etw ist düster; ■ [**qc est**] **obscurci(e) par** [*o* **de**] **qc** */ciel/* [etw ist/wird] von etw verdunkelt; */paysage/* [etw ist] in etw (*akk*) gehüllt/etw hüllt sich in etw (*akk*); */éclat/* [etw ist/wird] von etw überschattet; */pièce/* [etw ist/wird] durch etw dunkel [*o* dämmrig]; ***les yeux obscurcis de larmes*** tränenverschleierte Augen
2. (*brouiller*) ■ **qn/qc obscurcit qc** jd/etw macht etw undurchsichtig [*o* rätselhaft]; *question, texte* etw macht etw unverständlich; *mystère* jd/etw macht etw obskur [*o* undurchdringlich]; ■ **qc obscurcit qc** etw überschattet etw; ***qc obscurcit les idées*** [*o* ***les pensées***] [*o* ***l'esprit***] etw macht benommen
3. (*altérer*) ■ **qc obscurcit qc** etw wirft einen Schatten auf etw (*akk*); *gloire, prestige a.* etw trübt etw
II. *vpr* 1. (*devenir obscur*) ■ **qc s'obscurcit** */ciel/* etw zieht sich zu, etw verdüstert [*o* verfinstert] sich; ***le jour s'obscurcit*** es wird dunkel; ***le temps s'est obscurci*** es zieht sich zu, es trübt sich ein
2. (*se brouiller*) ■ **qc s'obscurcit** etw wird undurchsichtig [*o* mysteriös]; */esprit/* etw verwirrt [*o* trübt] sich; */idées, pensées/* etw wird verworren, etw gerät durcheinander; */style/* etw wird unklar [*o* verworren]; */vue/* etw trübt sich; ***ma vue s'obscurcit*** mir wird schwarz vor Augen
3. (*perdre de son éclat*) ■ **qc s'obscurcit** */réputation/* auf etw (*akk*) fällt ein Schatten; */gloire a./* etw wird getrübt

obscurcissement [ɔpskyʀsismɑ̃] *m* [*ciel*] Verdunkelung *f,* Verfinsterung *f;* (*action d'obscurcir*) Verdunkeln *nt;* [*esprit, idée, pensée*] Verwirrung *f;* [*vue*] Trübung *f*

obscurément [ɔpskyʀemɑ̃] *adv* 1. (*vaguement*) undeutlich; *deviner, sentir a.* dunkel
2. (*de façon peu claire*) unklar
3. (*en restant ignoré*) unbemerkt

obscurité [ɔpskyʀite] *f* 1. (*absence de lumière*) Dunkel[heit *f*] *nt,* Finsternis *f*
2. (*manque de clarté*) Unklarheit *f;* [*affaire a.*] Undurchsichtigkeit *f;* [*texte, phrase, poème*] Unverständlichkeit *f;* [*pensée*] Verworrenheit *f;* ***l'affaire était d'une ~ telle que*** + *indic* die Sache war so undurchsichtig, dass
3. (*anonymat*) Bedeutungslosigkeit *f;* ***qn vit dans/sort de l'~*** jd führt ein Schattendasein/tritt aus seinem Schattendasein heraus [*o* hervor]

obsédant, e [ɔpsedɑ̃, ɑ̃t] *adj* der/die/das einen verfolgt [*o* nicht loslässt]; *voix* eindringlich; ***idée ~e*** Zwangsvorstellung *f,* fixe Idee; ***une musique ~e*** ein Ohrwurm *m;* ***une question ~e*** Frage, die einem ständig im Kopf herumgeht; ***un songe ~*** ein Traum, der immer wiederkehrt

obsédé, e [ɔpsede] *m, f* 1. (*érotomane*) Triebtäter *m,* Sittenstrolch *m fam*
2. (*fanatique*) ■ **~(e) de** *de foot* -fanatiker(in) *m(f),* -narr/-närrin *m/f;* **~(e)** ***d'alpinisme*** Bergfex *m* SDEUTSCH, AUS; **~(e)** ***de natation*** Wasserratte *f fam*

obséder <5> [ɔpsede] *vt* **1.** (*hanter*) ■ **qc obsède qn** etw verfolgt jdn; */ idée, peur a./* etw beherrscht jdn; */ problème, souci, souvenir, remords a./* etw lässt jdm keine Ruhe; ■ **[qn est] obsédé(e) par qc** [jd ist] von etw besessen; ***qn est obsédé(e) par l'argent*** jd hat nur [das] Geld im Kopf; ***il est obsédé par ce voyage*** er hat nur noch diese Reise im Kopf
2. *vieilli* (*importuner*) ■ **qn/qc obsède qn [de qc]** jd/etw setzt jdm [mit etw] zu

obsèques [ɔpsɛk] *fpl* Bestattung *f*, Beisetzung *f*; ***les ~ ont été célébrées à Deauville*** er/sie wurde in Deauville [feierlich] beigesetzt
▸ **~ nationales** Staatsbegräbnis *nt*

obséquieusement [ɔpsekjøzmɑ̃] *adv* unterwürfig; ***qn offre ~ ses services*** jd bietet untertänig seine Dienste an

obséquieux, -euse [ɔpsekjø, -jøz] *adj* unterwürfig; *attitude, personne, politesse a.* kriecherisch *pej*

obséquiosité [ɔpsekjozite] *f* Unterwürfigkeit *f*

observable [ɔpsɛʀvabl] *adj* ■ **[qc est] ~** [etw ist] zu beobachten

observance [ɔpsɛʀvɑ̃s] *f* **1.** REL (*règle*) Observanz *f*, Regel *f*; (*ordre*) Orden *m*
2. (*obéissance à la règle*) ■ **~ [de qc]** Einhaltung *f* [einer S. (*gen*)], Gehorsam *m* [gegen etw]
3. *soutenu* (*obéissance*) Einhaltung *f*, Beachtung *f*

observateur, -trice [ɔpsɛʀvatœʀ, -tʀis] **I.** *adj personne* aufmerksam; *regard a., esprit* wach; ***il est très ~*** er ist ein sehr guter Beobachter
II. *m, f* Beobachter(in) *m(f)*; ***les facultés d'~*** die Beobachtungsgabe

observation [ɔpsɛʀvasjɔ̃] *f* **1.** (*surveillance*) Beobachtung *f*; MIL *a.* Überwachung *f*; ***le sens de l'~*** die Beobachtungsgabe; ■ **~ de qc** Beobachtung einer S. (*gen*); *de la nature a.* -beobachtung
2. (*remarque*) Bemerkung *f*; (*reproche*) Tadel *m*; ***je n'admettrai aucune ~ de votre part*** von Ihnen lasse ich mir nichts sagen
3. (*constatation*) Beobachtung *f*
4. (*respect*) Einhaltung *f*; [*bienséance*] Respektierung *f*
▸ **qn fait des ~s à qn [sur qc]** jd macht jdm gegenüber Bemerkungen [über etw (*akk*)], jd spricht jdn auf etw (*akk*) an; ***qn fait toujours des ~s à qn [sur qc]*** jd nörgelt [*o* meckert] ständig an jdm [wegen etw] herum *fam*; ***qn fait toujours des ~s sur qc*** jd nörgelt [*o* meckert] ständig an etw (*dat*) herum; ***qn a quelques ~s à faire à qn*** jd hat jdm [noch] ein paar Dinge zu sagen; **d'~** MIL *mission* Erkundungs-; *poste* Beobachtungs-; ***avion d'~*** Aufklärungsflugzeug *nt*, Aufklärer *m*; ***corps/détachement d'~*** Spähzug *m*/-trupp *m*; **en ~** zur Beobachtung; ***qn met qn en ~*** jd stellt jdn unter Beobachtung; **pas d'~!** keine Widerrede!

observatoire [ɔpsɛʀvatwaʀ] *m* **1.** GEOL Observatorium *nt*; ASTRON *a.* Sternwarte *f*; METEO *a.* Wetterwarte *f*
2. MIL Beobachtungsposten *m*
3. ECON Wirtschaftsforschungsinstitut *nt*

observer <1> [ɔpsɛʀve] **I.** *vt* **1.** (*regarder attentivement*) ■ **qn observe qn/qc** jd beobachtet jdn/etw; (*suivre le déroulement de*) jd sieht [*o* schaut] jdm/einer S. zu; *spectacle* jd sieht sich (*dat*) etw an; ***qn observe qn/qc faire qc*** jd beobachtet [*o* schaut zu], wie jd/etw etw tut; ***plus j'observais cet enfant, plus …*** je genauer ich das Kind beobachtete [*o* ich mir das Kind ansah], desto …
2. (*surveiller*) ■ **qn observe qn/qc** jd beobachtet jdn/etw; MIL *a.* jd überwacht jdn/etw
3. (*remarquer*) ■ **qn observe qc/que + indic** jd bemerkt etw/bemerkt, dass; jd stellt etw fest/stellt fest, dass; ■ **qn fait ~ qc à qn/à qn que + indic** jd weist jdn auf etw (*akk*) hin/weist darauf hin, dass; jd macht jdn auf etw (*akk*) aufmerksam/macht jdn darauf aufmerksam, dass; ***je vous fais ~ que*** ich möchte Sie darauf hinweisen [*o* aufmerksam machen], dass
4. (*respecter*) ■ **qn observe qc** jd hält sich an etw (*akk*), jd befolgt etw; *coutume, tradition a.* jd beachtet etw; *attitude, maintien* jd nimmt etw ein; *bienséance, discrétion* jd wahrt etw; *jeûne, régime* jd hält etw ein; ***qn fait ~ une minute de silence à la mémoire de qn/qc*** jd lässt eine Gedenkminute für jdn/etw einlegen
II. *vi* ■ **qn observe** jd beobachtet; ***nous sommes juste là pour ~*** wir sind nur als Beobachter [*o* Zuschauer] da
III. *vpr* **1.** (*se surveiller*) ■ **qn s'observe** jd nimmt sich zusammen; ***qn ne s'observe pas*** jd lässt sich gehen; ***qn doit s'~ afin de ne pas faire qc*** jd muss sich zusammennehmen [*o* beherrschen], um nicht etw zu tun; jd muss aufpassen, dass er nicht etw tut
2. (*s'épier*) ■ **des personnes s'observent** Menschen beobachten sich

obsession [ɔpsesjɔ̃] *f* Obsession *f*, Besessenheit *f*; MED *a.* Zwangsvorstellung *f*; ■ **~ de** Versessenheit *f* auf (+ *akk*), -besessenheit; *de la réussite a.* -zwang *m*; *de la mort* -wahn *m*

obsessionnel, le [ɔpsesjɔnɛl] *adj* zwanghaft; *idée, névrose* Zwangs-; *délire* zwangsneurotisch

obsolète [ɔpsɔlɛt] *adj* veraltet; *structure a., emploi, débat* überholt

obstacle [ɔpstakl] *m* **1.** (*difficulté*) Hindernis *nt*; ***qn/qc tourne/franchit/renverse un ~*** jd/etw umgeht/überwindet ein Hindernis/räumt ein Hindernis aus dem Weg; ***qn/qc rencontre des ~s*** jd/etw stößt auf Hindernisse; ***qn/qc force les ~s*** jd/etw räumt Hindernisse gewaltsam aus dem Weg
2. (*barrage*) Hindernis *nt*; ***qc constitue un ~ à qc*** etw behindert etw
3. SPORT Hindernis *nt*
▸ **qn/qc fait ~ à qn/qc** jd/etw stellt sich jdm/einer S. in den Weg; **qn/un animal saute un ~** jd/ein Tier nimmt ein Hindernis

obstétricien, ne [ɔpstetʀisjɛ̃, jɛn] *m, f* Geburtshelfer(in) *m(f)*

obstétrique [ɔpstetʀik] **I.** *adj* Entbindungs-
II. *f* Geburtshilfe *f*

obstination [ɔpstinasjɔ̃] *f* **1.** (*entêtement*) Sturheit *f*, Starrsinn *m*, Eigensinn *m*; ■ **~ à qc/à faire qc** sture [*o* verbissene] Entschlossenheit zu etw/etw zu tun; ***cette ~ au refus/à se taire*** diese hartnäckige [*o* sture] Weigerung/dieses hartnäckige Schweigen
2. (*persévérance*) ■ **~ [à** [*o* **dans**] **qc]** Hartnäckigkeit *f* [bei etw]; *dans le travail* Ausdauer *f* [bei etw]

obstiné, e [ɔpstine] **I.** *adj* **1.** (*entêté*) stur, eigensinnig; ■ **~ dans qc** eigensinnig [*o* stur] in etw (*dat*)
2. (*persévérant*) hartnäckig; ■ **~ dans qc** hartnäckig bei etw
3. (*incessant*) *brouillard, pluie* anhaltend; *malchance* unaufhörlich; *toux* hartnäckig
II. *m, f* Dickkopf *m*, Starrkopf *m*

obstinément [ɔpstinemɑ̃] *adv* (*avec entêtement*) stur, eigensinnig; (*avec persévérance*) hartnäckig

obstiner <1> [ɔpstine] *vpr* ■ **qn s'obstine** jd bleibt stur, jd lässt nicht locker *fam*; ■ **qn s'obstine à/dans/sur qc** jd beharrt auf etw (*dat*), jd lässt sich nicht von etw abbringen; *sur un détail, problème, travail* jd beißt sich an etw (*dat*) fest, jd verbeißt sich in etw (*akk*); ***qn s'obstine dans le travail*** jd lässt sich nicht von seiner Arbeit abbringen; ***qn s'obstine au silence*** jd hüllt sich hartnäckig in Schweigen; ■ **qn s'obstine à faire qc** jd beharrt darauf [*o* lässt sich nicht davon abbringen], etw zu tun

obstruction [ɔpstʀyksjɔ̃] *f* **1.** MED Verschluss *m*
2. SPORT Behinderung *f*
3. POL Verschleppungstaktik *f*, Obstruktion *f*
▸ **qn fait de l'~** jd sperrt sich; POL jd betreibt Obstruktion [*o* eine Obstruktionspolitik]

obstructionnisme [ɔpstʀyksjɔnism] *m* Obstruktionspolitik *f*, Obstruktionstaktik *f*

obstruer <1> [ɔpstʀye] **I.** *vt* ■ **qn/qc obstrue qc** jd/etw blockiert etw; *passage, rue, sortie a., vue* jd/etw versperrt etw; MED *artère, vaisseau* etw verschließt etw; ■ **[qc est] obstrué(e) [de** [*o* **par**] **qc]** [etw ist] [durch [*o* mit] etw] blockiert/versperrt/verschlossen
II. *vpr* ■ **qc s'obstrue** etw verstopft

obtempérer <5> [ɔptɑ̃peʀe] *vi* ■ **qn obtempère** jd gehorcht; ***refus d'~*** Nichtbefolgung *f* einer Anordnung/eines Befehls; ■ **qn obtempère à qc** *à une sommation, un ordre* jd befolgt etw, jd kommt einer S. (*dat*) nach, jd leistet einer S. (*dat*) Folge *form*

obtenir <9> [ɔptəniʀ] *vt* **1.** (*recevoir*) ■ **qn obtient qc [à qn/de qn]** jd erhält [*o* bekommt] etw [für jdn/von jdm]; ***qn obtient un avantage*** jd schlägt einen Vorteil heraus; ***qn obtient de l'avancement*** jd wird befördert; ***qn a obtenu satisfaction*** jd hat sich durchgesetzt; ***qn ne peut rien ~*** jd kann nichts erreichen; ***il a obtenu la main de cette jeune fille*** er hat das Mädchen zur Frau bekommen; ■ **qn obtient de faire qc** jd erreicht es [*o* setzt durch], etw tun zu können; ■ **qn obtient de qn de faire qc** jd setzt [es] bei jdm durch, dass er etw tut; ***j'ai obtenu de lui de pouvoir partir en vacances avant les autres*** er war damit einverstanden, dass ich vor den anderen Urlaub mache; ■ **qn obtient [de qn] que + subj** jd erreicht [bei jdm], dass; jd bringt jdn dazu, dass; ***j'ai obtenu de lui qu'il ne dise rien*** er hat mir versprochen nichts zu sagen
2. (*parvenir à*) ■ **qn obtient qc** jd erzielt etw; *examen* jd besteht etw; *total, majorité* jd erhält [*o* bekommt] etw; *température* jd bekommt etw

obtention [ɔptɑ̃sjɔ̃] *f* [*résultat*] Erreichen *nt*, Erzielen *nt*; [*examen*] Bestehen *nt*; [*température*] Erhalten *nt*; [*pièce administrative*] Erhalten; ***après l'~ de qc*** nach Erhalt einer S. (*gen*); ***après l'~ de l'examen*** nach bestandener Prüfung; ***pour l'~ de qc*** um etw zu erreichen [*o* erzielen]/bestehen/erhalten [*o* bekommen]

obturateur, -trice [ɔptyʀatœʀ, -tʀis] **I.** *adj* **1.** PHOT Verschluss-
2. ANAT Schließ-
II. *m* **1.** PHOT Verschluss *m*
2. TECH Absperrhahn *m*

obturation [ɔptyʀasjɔ̃] *f* Verschluss *m*; **~ *dentaire*** Zahnfüllung *f*

obturer <1> [ɔptyʀe] *vt* ■ **qn/qc obture qc** jd/etw dichtet etw ab; ***qn obture une dent avec qc*** jd füllt einen Zahn mit etw

obtus, e [ɔpty, yz] *adj* **1.** (*borné*) begriffsstutzig, beschränkt; *personne a.* schwer von Begriff *fam*; *esprit* beschränkt
2. MATH *angle* stumpf

obus [ɔby] *m* Granate *f*; **~ *incendiaire*** Brandbombe *f*

obusier [ɔbyzje] *m* Haubitze *f*

oc [ɔk] *m*: ***langue d'~*** Okzitanisch *nt*

ocarina [ɔkaʀina] *m* Okarina *f*

occase [ɔkɑz] *f vieilli fam abr de* **occasion** Schnäppchen *nt*

occasion [ɔkazjɔ̃] *f* **1.** (*circonstance*) [günstige] Gelegenheit; ***en toute ~*** bei jeder Gelegenheit; ***qc est l'~ de qc*** etw gibt zu etw Anlass; ***il se marie et pour l'~ …*** er heiratet und für diesen Anlass …
2. COM (*offre avantageuse*) Gelegenheitskauf *m*, günstiger Kauf; ***une ~ unique/rare*** eine einmalige/seltene Gelegenheit; ***les ~s*** (*opp: objet neuf*) die Gebrauchtwaren; ***le neuf et l'~*** Neu- und Gebrauchtwaren *pl*; ■ **l'~** (*commerce*) der Gebrauchtwarenhandel
▸ **l'~ fait le larron** *prov* Gelegenheit macht Diebe; **les grandes ~s** die festlichen Gelegenheiten, die besonderen Anlässe; **à la moindre ~** beim geringsten Anlass; **à la première ~** bei der erstbesten Gelegenheit; **qn a l'~ de faire qc** jd hat die Gelegenheit, etw zu tun; **qn laisse passer** [*o* **échapper**] **une ~** jd verpasst eine günstige Gelegenheit; **qn manque** [*o* **perd**] [*o* **rate** *fam*] **l'~ de faire qc** jd verpasst [*o* versäumt] die Gelegenheit, etw zu tun; **qn saisit** [*o* **saute sur**] **l'~ de faire qc** jd packt [*o* ergreift] die Gelegenheit [beim Schopfe], etw zu tun; **à l'~** bei Gelegenheit, gelegentlich; ***il sait être méchant à l'~*** wenn es sein muss, kann er auch fies werden *fam*; **à l'~ de qc** anlässlich einer S. (*gen*); ***ils ne se voient qu'à l'~ des baptêmes et des enterrements*** sie sehen sich nur zu [*o* bei] Taufen und Beerdigungen; **d'~** (*occasionnel*) Gelegenheits-; *rencontre a.* zufällig; (*opp: neuf*) gebraucht, aus zweiter Hand; ***une voiture d'~*** ein Gebrauchtwagen *m*; **par la même ~**

bei der gleichen Gelegenheit
occasionnel, le [ɔkazjɔnɛl] *adj* gelegentlich; *client/travail* ~ Gelegenheitskunde *m*/-arbeit *f*
occasionnellement [ɔkazjɔnɛlmɑ̃] *adv* gelegentlich
occasionner <1> [ɔkazjɔne] *vt* ■ **qn/qc occasionne qc** [**à qn/qc**] jd/etw verursacht [jdm/an etw (*dat*)] etw
occident [ɔksidɑ̃] *m* **1.** POL ■ **l'Occident** der Westen, die westliche Welt
2. (*opp: orient*) Abendland *nt*
occidental, e <-aux> [ɔksidɑ̃tal, o] **I.** *adj* westlich; *côte, Indes* West-; ***les puissances ~es*** die Westmächte; ***les experts ~aux*** die Experten aus der westlichen Welt
II. *m, f* ■ **Occidental(e)** **1.** (*opp: Oriental*) Abendländer(in) *m(f)*
2. POL (*habitant*) Bewohner(in) *m(f)* eines westlichen Landes; (*en Europe occidentale*) Westeuropäer(in) *m(f)*; (*représentant*) Vertreter(in) *m(f)* eines westlichen Landes
occidentaliser <1> [ɔksidɑ̃talize] **I.** *vt* ■ **qn/qc occidentalise qn/qc** jd/etw passt jdn/etw der westlichen Kultur an; ■ **occidentalisé(e)** dem Westen angepasst, verwestlicht
II. *vpr* ■ **qn/qc s'occidentalise** jd/etw passt sich der westlichen Kultur an
occipital, e <-aux> [ɔksipital, o] **I.** *adj* Hinterhaupt[s]-
II. *m* Hinterhaupt *nt*
occiput [ɔksipyt] *m* Hinterkopf *m*
occire <*irr*> [ɔksiʀ] *vt hum* ■ **qn a occis qn/un animal** jd hat jdm/einem Tier den Garaus gemacht
occitan, e [ɔksitɑ̃, an] **I.** *adj* okzitanisch
II. *m* ■ **l'~** das Okzitanische
occlusion [ɔklyzjɔ̃] *f* **1.** MED Verschluss *m*; ~ ***des dents*** Zahnreihenschluss *m*, Okklusion *f spec*
2. PHON Verschluss *m*
3. TECH Absorptionsvermögen *nt* [für Gas]
► ~ **intestinale** Darmverschluss *m*
occlusive [ɔklyziv] *f* Verschlusslaut *m*
occulte [ɔkylt] *adj* **1.** *puissances, sciences* okkult
2. (*secret*) *influence, intervention, rôle* verborgen, geheim
occulter <1> [ɔkylte] *vt* **1.** (*dissimuler*) ■ **qn/qc occulte qc** *difficulté, problème* jd/etw verschleiert etw
2. (*cacher à la vue*) ■ **qn/qc occulte qc** *phare, lumière* jd/etw verdunkelt etw; ASTRON etw verfinstert etw
occultisme [ɔkyltism] *m* Okkultismus *m*
occupant, e [ɔkypɑ̃, ɑ̃t] **I.** *adj* MIL Besatzungs-
II. *m, f* (*résidant*) [*appartement, maison*] Bewohner(in) *m(f)*; *lieu* Besitznehmer(in) *m(f)*; ***les ~s d'une voiture*** die [Auto]insassen
► ~ **de bonne foi** JUR gutgläubiger Bewohner/gutgläubige Bewohnerin; **premier** ~ erster Besitznehmer/erste Besitznehmerin
III. *m* MIL ■ **l'~** die Besatzung[smacht]
occupation [ɔkypasjɔ̃] *f* **1.** (*passe-temps*) Beschäftigung *f*; ***ne reste pas sans*** ~ bleib nicht untätig
2. (*métier*) Beschäftigung *f*; ~ ***à temps complet*** Ganztagsbeschäftigung
3. MIL, POL Besetzung *f*; ■ **l'O~** die Besatzung[szeit (*Frankreichs durch die Deutschen*)
4. JUR Inbesitznahme *f*
► **d'~** MIL Besatzungs-
occupé, e [ɔkype] *adj* **1.** *personne* beschäftigt; *place, siège, toilettes* besetzt; *ligne téléphonique* besetzt, belegt; *chambre d'hôtel* belegt; ■ [**qn est**] ~ **à qc/à faire qc** [jd ist] mit etw beschäftigt/jd ist damit beschäftigt, etw zu tun
2. MIL, POL *pays, usine* besetzt
occuper <1> [ɔkype] **I.** *vt* **1.** (*remplir*) (*un espace*) ■ **qn/qc occupe qc** *étage, place* jd/etw nimmt etw ein; *temps, matinée* jd/etw beansprucht etw, jd/etw nimmt etw in Anspruch; ***qn occupe une maison/un appartement*** jd bewohnt ein Haus/eine Wohnung, jd wohnt in einem Haus/einer Wohnung; ■ **qc occupe qn** / *travail, métier*/ etw nimmt jdn in Anspruch
2. (*exercer*) ■ **qn occupe qc** *emploi, fonction, poste* jd hat etw [inne], jd bekleidet etw *geh*
3. (*employer*) ■ **qn occupe qn** jd beschäftigt jdn
4. (*donner quelque chose à faire*) ■ **qn/qc occupe qn** jd/etw beschäftigt jdn, jd gibt jdm etwas zu tun; ***ça t'occupera!*** da hast du [wenigstens] etwas zu tun!; ■ **qn occupe qn à qc/à faire qc** jd beschäftigt jdn mit etw/damit, etw zu tun
5. (*préoccuper*) ■ **qc occupe qn** etw beschäftigt jdn
6. (*utiliser*) ■ **qn occupe qc à qc/à faire qc** *journée, loisirs, temps* jd verbringt etw mit etw/damit, etw zu tun
7. MIL, POL ■ **qn occupe qc** *pays, usine* jd besetzt etw
II. *vpr* **1.** (*prendre en charge*) ■ **qn s'occupe de qn/qc** jd kümmert sich um jdn/etw; ***occupe-toi de tes affaires!*** kümmere dich um deine eigenen Angelegenheiten!; ■ **qn s'occupe de faire qc** jd tut [selbst] etw; ***je m'occupe de ranger le bureau*** ich werde das Büro aufräumen
2. (*avoir une activité*) ■ **qn s'occupe de qc** *de littérature, politique* jd beschäftigt sich mit etw
3. (*ne pas rester oisif*) ■ **qn s'occupe** jd beschäftigt sich; ***il ne sait pas s'~*** [***tout seul***] er kann sich nicht [allein] beschäftigen, er weiß nichts mit sich anzufangen
► **t'occupe!** *fam* halt dich da [bloß] raus!
occurrence [ɔkyʀɑ̃s] *f littér* Gelegenheit *f*; ***une ~ singulière*** ein seltsamer Umstand; ***en toute autre*** ~ bei jeder anderen Gelegenheit
► **en pareille** ~ in so einem Fall; **en l'~** im vorliegenden Fall
O.C.D.E. [osedeø] *f abr de* **Organisation de coopération et de développement économique** OECD *f*
océan [ɔseɑ̃] *m* **1.** GEOG Ozean *m*, Weltmeer *nt*; ***sur tous les ~s*** auf allen Meeren
2. (*l'Atlantique*) ■ **l'O~** der Atlantik
3. (*vaste étendue*) ■ **un ~ de qc** *de sable, verdure* ein Meer *nt* von etw; ***un ~ de lumières*** ein Lichtermeer
► **l'~ Atlantique** der Atlantik; **l'~ Arctique** das Nordpolarmeer, das Nördliche Eismeer; **l'~ Indien** der Indische Ozean; **l'~ Pacifique** der Pazifische Ozean, der Stille Ozean, der Pazifik
océanaute [ɔseanot] *mf* Tiefseeforscher(in) *m(f)*
océanique [ɔseanik] *adj* ozeanisch
océanographe [ɔseanɔgʀaf] *mf* Meeresforscher(in) *m(f)*
océanographie [ɔseanɔgʀafi] *f* Meeresforschung *f*
océanographique [ɔseanɔgʀafik] *adj* meereskundlich
océanologie [ɔseanɔlɔʒi] *f* Meeresforschung *f*
océanologue [ɔseanɔlɔg] *mf* Meeresforscher(in) *m(f)*
ocelot [ɔslo] *m* Ozelot *m*
ocre [ɔkʀ] **I.** *f* (*colorant*) Ocker *m o nt*
II. *adj inv* ocker[farben], ockergelb
ocré, e [ɔkʀe] *adj* ocker[farben], ockergelb
octaèdre [ɔktaɛdʀ] **I.** *adj* achtflächig
II. *m* Oktaeder *m*, Achtflächner *m*
octane [ɔktan] *m* Oktan *nt*
octave [ɔktav] *f* Oktave *f*
► **qn fait des ~s** jd greift Oktaven; **qn joue qc à l'~** jd spielt etw eine Oktave höher/tiefer; **à l'~**: ***tu n'as pas vu le signe à l'~?*** hast du das Oktavenzeichen nicht gesehen?
octet [ɔktɛ] *m* INFORM Byte [bait] *nt*
octobre [ɔktɔbʀ] *m* Oktober *m*; ***en ~, au mois d'~*** im Oktober; ***Toulouse, le 3*** ~ Toulouse, den 3. Oktober; *v. a.* **janvier**
octogénaire [ɔktɔʒenɛʀ] **I.** *adj* achtzigjährig
II. *mf* Achtzigjährige(r) *f(m)*
octogonal, e <-aux> [ɔktɔgɔnal, o] *adj* achteckig, oktogonal
octogone [ɔktogon, ɔktɔgɔn] *m* Achteck *nt*, Oktogon *nt*
octopode [ɔktɔpɔd] **I.** *adj* achtarmig
II. *m* Achtfüßer *m*, Oktopode *m spec*
octroi [ɔktʀwa] *m* ■ **l'~ de qc** die Bewilligung [*o* Gewährung] einer S. (*gen*)
octroyer <6> [ɔktʀwaje] **I.** *vt* ■ **qn octroie qc** [**à qn**] *faveur, pardon, permission* jd gewährt [jdm] etw; *délai, répit, somme d'argent a.* jd bewilligt [jdm] etw; ***qn octroie sa grâce à qn*** jd begnadigt jdn
II. *vpr* ■ **qn s'octroie qc** jd gönnt sich (*dat*) etw
octuor [ɔktɥɔʀ] *m* Oktett *nt*
oculaire [ɔkylɛʀ] **I.** *adj* **1.** ANAT *nerf, troubles* Seh-; ***globe*** ~ Augapfel *m*
2. (*visuel*): ***témoin*** ~ Augenzeuge/-zeugin *m/f*
II. *m* Okular *nt*
oculiste [ɔkylist] *mf* Augenarzt/-ärztin *m/f*
ode [ɔd] *f* Ode *f*
odeur [ɔdœʀ] *f* Geruch *m*; ■ ~ **de qc** Geruch von etw; ~ ***de cuisine*** Küchengeruch; ~ ***de moisi*** [*o* ***renfermé***] muffiger Geruch; ***je sens une ~ de brûlé*** hier riecht es verbrannt
► **qn vit/est mort(e) en ~ de sainteté** REL jd lebt/steht im Geruch der Heiligkeit; **qn n'est pas en ~ de sainteté auprès de qn** jd ist bei jdm nicht gut angeschrieben
odieusement [ɔdjøzmɑ̃] *adv* schändlich
odieux, -euse [ɔdjø, -jøz] *adj* **1.** (*ignoble*) schändlich; *crime, rôle, traitement a.* abscheulich; *personne* widerwärtig; *caractère* widerlich
2. (*insupportable*) *personne* unausstehlich; *soirée, vacances* entsetzlich; ***qn se rend ~ à tout le monde*** jd macht sich allgemein verhasst
odontologie [ɔdɔ̃tɔlɔʒi] *f* Zahnheilkunde *f*, Zahnmedizin *f*
odorant, e [ɔdɔʀɑ̃, ɑ̃t] *adj* stark riechend [*o* duftend]
odorat [ɔdɔʀa] *m* Geruch[ssinn *m*] *m*
odoriférant, e [ɔdɔʀifeʀɑ̃, ɑ̃t] *adj soutenu* wohlriechend, duftend
odyssée [ɔdise] *f* Odyssee *f geh*; ■ **l'O~** die Odyssee
œcuménique [ekymenik] *adj* REL ökumenisch; *fig* konsensfähig
œcuménisme [ekymenism] *m* ökumenische Bewegung, Ökumene *f*
œdème [ødɛm, edɛm] *m* Ödem *nt*
œdipe [edip, ødip] *m* **1.** PSYCH Ödipuskomplex *m*
2. MYTH ■ **Œ~** Ödipus *m*
œil <yeux> [œj, jø] *m* **1.** ANAT Auge *nt*
2. (*expression*) Blick *m*; ***qn regarde qn d'un ~ envieux/espiègle/hostile/méchant/...*** jd sieht jdn neidisch/verschmitzt/feindselig/böse/... an; ***qn a l'~ vif*** jd hat einen wachen Blick
3. (*point de vue*) ■ **d'un ~ ...** mit ... Augen, mit ... Blick; ***qn considère qc d'un ~ critique/favorable/...*** jd betrachtet etw mit kritischen/wohlwollenden/... Augen, jd betrachtet etw kritisch/wohlwollend/...; ***qn voit qn/qc d'un autre*** ~ jd sieht jdn/etw mit anderen Augen; ***qn ne voit plus les choses du même*** ~ jd sieht die Dinge jetzt anders
4. (*regard averti*) Auge *nt*; ***l'~ vigilant du chef*** der wachsame Blick des Chefs; ***l'~ d'un spécialiste*** das geübte Auge eines Spezialisten
5. BOT (*bourgeon*) Auge *nt*
6. (*trou*) [*fromage, pain*] Loch *nt*; [*aiguille*] Öhr *nt*; [*marteau, perle*] Bohrung *f*; [*meule, roue*] Achsbohrung; [*viseur*] Visier *nt*
7. (*judas*) Spion *m*
8. METEO: ***l'~ du cyclone*** das Auge des Zyklons
9. GASTR: ***il y a des yeux dans le bouillon*** auf der Brühe schwimmen Fettaugen
► ~ **d'aigle** Adleraugen *pl*; **yeux d'aigle** scharfer Blick, Augen *pl* wie ein Adler *nt*; **qn voit qn avec les yeux de l'amour** jd sieht jdn mit den Augen eines Liebenden; ~ **au beurre noir** blaues Auge; **yeux de biche** Rehaugen *pl*; **yeux de braise** feurige Augen *pl*; **qn fait** [*o* **roule**] **des yeux en boule**

de loto jd reißt die Augen auf; **yeux de chat** Katzenaugen *pl;* **qn lève les yeux au ciel** jd sieht flehentlich zum Himmel; **loin des yeux, loin du cœur** *prov* aus den Augen, aus dem Sinn; ~ **pour** ~, **dent pour dent** *prov* Auge um Auge, Zahn um Zahn; **qn voit qc avec les yeux de la foi** jd sieht etw mit den Augen des Gläubigen; **yeux de lynx** Augen *pl* wie ein Luchs; **l'**~ **du maître** [*o* **du chef**]: ***elle l'a vu tout de suite; ça, c'est l'**~ **du maître*** sie hat es sofort gesehen; sie hat wirklich den Blick; **qn a un** ~ **qui dit merde à l'autre** *pop* jd schielt; **yeux de merlan frit** Augen *pl* wie ein gestochenes Kalb; **qn ne ferme pas l'**~ **de la nuit** jd tut die ganze Nacht kein Auge zu; **qn est tout yeux, tout oreilles** jd ist ganz Auge und [ganz] Ohr; **qn n'a pas les yeux dans sa poche** jdm entgeht nichts, jd sieht alles; **qn ouvre des yeux comme des soucoupes** *fam* jd staunt Bauklötze *fam;* **qn/qc coûte les yeux de la tête** jd/etw kostet ein Vermögen; **qn a les yeux qui lui sortent de la tête** jdm gehen die Augen über; **qn n'a pas les yeux en face des trous** *fam* jd hat einen Knick in der Optik *fam;* **qn a les yeux [perdus] dans le vague** jd starrt ins Leere; **yeux de velours** Augen *pl* wie Samt; **qn a les yeux plus grands que le ventre** *fam* jds Augen sind größer als sein Magen; **qn a les yeux battus** jd sieht mitgenommen aus; **pour les beaux yeux de qn** *fam* um jds schöner Augen willen; **qn voit qc d'un bon/mauvais** ~ jd sieht etw gern/ungern; **qn a les yeux bouchés** jd hat Tomaten auf den Augen *fam;* **qn fait les yeux doux à qn** jd macht jdm schöne Augen; **enceinte jusqu'aux yeux** *fam* hochschwanger; **qn fait qc les yeux fermés** jd tut etw ohne hinzusehen; ***je pourrais faire ça les yeux fermés*** ich könnte das mit verbundenen Augen tun; **qn n'a pas froid aux yeux** jd hat keine Angst; **qn fait** [*o* **roule**] **des yeux furibonds** *fam* jd guckt wütend *fam;* **qn ouvre de grands yeux** jd macht große Augen; **qn fait les gros yeux à qn** jd sieht jdn scharf [*o* strafend] an; **le mauvais** ~ der böse Blick; ~ **noir**: ***qn jette un*** ~ ***noir à qn, qn regarde qn d'un*** ~ ***noir*** jd sieht jdn finster [*o* böse] an; **à l'**~ **nu** mit bloßem Auge; **de mes/ses/... propres yeux** mit eigenen Augen; ***qn a vu qn/qc de ses propres yeux*** jd hat jdn/etw mit eigenen Augen gesehen; **qn ouvre des yeux ronds** jd macht große Augen; **qn a l'**~ **[et le bon]** jd hat die Sache im Griff; **qn a l'**~ **sur qn/qc** jd hat ein Auge auf jdn/etw; **qn a l'**~ **à qc/tout** jd behält etw/alles im Auge; **qn n'a d'yeux que pour qn/qc** jd hat nur Augen für jdn/etw; **où as-tu/avez-vous donc les yeux?** wo hast du/habt ihr eigentlich deine/eure Augen?; **qc attire l'**~ etw zieht die Blicke auf sich, etw fällt auf; **qn baisse/lève les yeux** jd blickt zu Boden/blickt auf, jd schlägt die Augen nieder/hebt den Blick; **qn se bat l'**~ **de qc** *fam* jdm ist etw schnurz [*o* piepegal] *fam;* **qn caresse qc de l'**~ jd liebäugelt mit etw; **qn cherche qn des yeux** jd blickt sich suchend nach jdm um; **qn couve qn des yeux** jd sieht jdn zärtlich an; **qc crève les yeux** *fam* (*est évident*) etw ist nicht zu übersehen; **qc lui crève les yeux** *fam* etw springt jdm ins Auge; **qn n'en croit pas ses yeux** jd traut seinen Augen nicht; **qn dévore qn des yeux** jd verschlingt jdn mit den Augen; **qn ne dort que d'un** ~ jd hat einen leichten Schlaf; **qn fait de l'**~ **à qn** *fam* jd macht jdm schöne Augen; **qn fait de ces yeux** *fam* jd guckt wütend *fam;* **qn ferme les yeux de qn** jd drückt jdm die Augen zu; **qn ferme les yeux [sur qc]** jd drückt [bei etw] beide Augen zu; **qn jette un** ~ **[quelque part]** *fam* jd wirft einen Blick [irgendwohin]; **qn lève les yeux** jd sieht auf; **qn ouvre l'**~ *fam* (*se réveille*) jd wacht auf; **qn ouvre l'**~ **[et le bon]** (*surveille*) jd hält die Augen offen; **qn/qc ouvre les yeux à qn [sur qc]** jd/etw öffnet jdm die Augen [über etw (*akk*)]; **qn ne perd/quitte pas qn/qc des yeux** jd lässt jdn/etw nicht aus den Augen; **qn n'a plus que les yeux pour pleurer** jd ist verraten und verkauft *fam;* **qn se rince l'**~ *fam* jd bekommt allerhand zu sehen; **qn roule de ces yeux** *fam* jd guckt wütend *fam;* ***elle m'a roulé de ces yeux!*** sie hat mich vielleicht wütend angesehen!; **qc saute aux yeux [de qn]** etw springt [jdm] in die Augen; **qn/qc lui sort par les yeux** *fam* jd hat jdn/etw satt *fam;* **qn suit qn/qc des yeux** jd verfolgt jdn/etw mit den Augen; **qn/qc lui tape dans l'**~ *fam* jd/etw hat es jdm angetan; **qn tient qn à l'**~ jd behält jdn im Auge; **les yeux de qn sont tombés sur qn/qc** jds Blick ist auf jdn/etw gefallen; **qn tourne de l'**~ *fam* jd kippt um *fam;* **qn a des yeux pour ne pas voir** jd schläft mit offenen Augen; **qn a vu qn/qc, de ses yeux vu** jd hat jdn/etw mit eigenen Augen gesehen; **à l'**~ *fam* umsonst; **aux yeux de qn** in jds Augen (*dat*); **les yeux dans les yeux** Auge in Auge; **entre quatre-z-yeux** *fam* unter vier Augen; **sous l'**~ **de qn** (*sous la surveillance*) unter jds Aufsicht; **sous les yeux de qn** (*devant qn*) vor jds Augen (*dat*); **mon** ~! *pop* wer's glaubt wird selig! *fam*

◆ **œil de verre** Glasauge *nt*

œil-de-bœuf <<~s-~-~>> [œjdəbœf] *m* Ochsenauge *nt,* Rundfenster *nt* **œil-de-chat** <<~s-~-~>> [œjdəʃa] *m* Katzenauge *nt* **œil-de-perdrix** <<~s-~-~>> [œjdəpɛʀdʀi] *m* Hühnerauge *nt*

œillade [œjad] *f* (*clin d'œil*) [verstohlener] Blick; (*de connivence*) Wink *m* mit den Augen; (*amoureux*) zärtlicher Blick

▸ **qn fait** [*o* **lance**] **des ~s à qn** jd macht jdm schöne Augen *fam*

œillère [œjɛʀ] *f* Scheuklappe *f*

▸ **qn a des ~s** jd hat [*o* trägt] Scheuklappen

œillet[1] [œjɛ] *m* BOT Nelke *f*

◆ **œillet d'Inde** Studentenblume *f,* Tagetes *f spec*

œillet[2] [œjɛ] *m* (*petit trou*) [*chaussure*] Schnürloch *nt;* [*cordage*] Gatt *nt;* (*renfort métallique*) Öse *f;* (*rondelle*) Lochverstärkungsring *m*

œilleton [œjtɔ̃] *m* **1.** OPT Augenmuschel *f*

2. [*arme à feu*] Lochkimme *f*

3. BOT Schößling *m,* Trieb *m*

œnologie [enɔlɔʒi] *f* Lehre *f* vom Wein[bau], Önologie *f spec*

œnologique [enɔlɔʒik] *adj* önologisch *spec;* ***mes connaissances ~s*** meine Weinkenntnisse

œnologue [enɔlɔg] *mf* Weinfachmann/-fachfrau *m/f,* Önologe/-login *m/f*

œsophage [ezɔfaʒ] *m* Speiseröhre *f*

œstral, e <-aux> [østʀal, o] *adj:* ***cycle*** ~ (*chez l'être humain*) Östruszyklus *m;* (*chez les mammifères*) Brunstzyklus *m*

œstrogène [ɛstʀɔʒɛn] **I.** *m* Östrogen *nt*

II. *adj:* ***les hormones ~s*** die Östrogene

œuf [œf, ø] *m* Ei *nt;* ~***s de poisson*** Rogen *m*

▸ **qui vole un** ~ **vole un bœuf** *prov* wer einmal klaut, klaut immer *fam;* **c'est comme l'**~ **de [Christophe] Colomb** das ist das Ei des [Christoph] Kolumbus; ~ **à la coque** weich gekochtes Ei; ~ **à la russe** *hartes Ei auf mit Majonäse angerichtetem kleinen Gemüse;* ~ **en neige** Eischnee *m;* **qn bat des ~s en neige** jd schlägt Eiweiß zu Schnee; **qn met tous ses ~s dans le même panier** jd setzt alles auf eine Karte; ~ **au** [*o* **sur le**] **plat** Spiegelei *nt;* **[qn est] plein(e) comme un** ~ *pop* (*ivre*) [jd ist] voll wie eine Strandhaubitze *sl;* (*repu*) [jd ist] bis oben hin satt; **qc est plein(e) comme un** ~ etw ist proppenvoll *fam;* ~ **poché** pochiertes Ei; **va te faire cuire un** ~! *pop* rutsch mir doch den Buckel runter! *fam;* **qn fait l'**~ *fam* jd blödelt [*o* kaspert] rum *fam;* **qn marche sur des ~s** jd geht wie auf Eiern *fam; fig* jd geht vorsichtig zu Werke; **qn tond un** ~ jd dreht jeden Pfennig um; **qn tue** [*o* **étouffe**] **qc dans l'**~ jd erstickt etw im Keim; **aux ~s**: ***des pâtes aux ~s*** Eierteigwaren *pl;* ***shampoing aux ~s*** Eishampoo *nt;* **quel** ~! *fam* so ein Schwachkopf [*o* Blödmann]! *fam*

◆ **œuf à repriser** Stopfei *nt;* **œuf de Pâques** Osterei *nt*

œuvre [œvʀ] **I.** *f* **1.** ART, LITTER, TECH Werk *nt;* ~ ***de jeunesse*** Jugendwerk

2. (*travail*) [*personne, érosion, temps*] Werk *nt*

3. *pl* (*actes*) Taten *pl;* ***ce sont les ~s qui comptent*** [nur] die Taten zählen

4. (*organisation caritative*) karitativer Verein, Wohltätigkeitsverein *m*

▸ **à l'**~ **on connaît l'artisan** [*o* **l'ouvrier**] *prov* das Werk lobt den Meister; **bonnes ~s** wohltätige Werke *pl;* **~s mortes/vives** NAUT Teile *pl* über/unter der Wasserlinie; **qn fait** ~ **pie** *littér* jd tut ein gutes Werk; **qn fait** ~ **utile** jd tut etwas Nützliches; **qn est à l'**~ jd ist am Werk; **qn fait** ~ **de ...**: ***qn fait*** ~ ***d'ami/de médiateur/de pionnier*** jd erweist Freundschafts-/Vermittler-/Pioniersdienste *pl;* **qn met qc en** ~ **[pour faire qc]** jd setzt etw ein [um etw zu tun]; *animation, stratégie* jd stellt etw auf die Beine; ***les moyens mis en*** ~ die eingesetzten Mittel; ***qn met tout en*** ~ jd setzt alle Hebel in Bewegung; **qn se met à l'**~ jd macht sich an die Arbeit

II. *m* ART *littér* Gesamtwerk *nt*

▸ **le grand** ~ der Stein der Weisen; **gros/second** ~ Roh-/Ausbau *m*

◆ **œuvre d'art** *f* Kunstwerk *nt;* **œuvre de chair** *f vieilli* fleischliche Vereinigung

œuvrer <1> [œvʀe] *vi littér* ■ **qn œuvre [à** [*o* **pour**] **qc/pour faire qc]** jd müht sich [um etw/darum, etw zu tun] *geh;* ***elle œuvrait en vain*** sie mühte sich vergeblich *geh*

off [ɔf] *adj inv* **1.** CINE, TV *personne, voix* im Off

2. (*en marge*) *spectacle* alternativ

offensant, e [ɔfɑ̃sɑ̃, ɑ̃t] *adj* beleidigend

offense [ɔfɑ̃s] *f* (*affront*) Beleidigung *f,* Kränkung *f;* ■ ~ **à** [*o* **envers**] **qn** Beleidigung für jdn; ***"pardonne-nous nos ~s"*** „vergib uns unsere Schuld"

▸ **soit dit sans** ~ ohne Ihnen zu nahe treten zu wollen

offensé, e [ɔfɑ̃se] **I.** *adj* beleidigt, gekränkt; ***qn est*** ~(*e*) ***de qc*** etw hat jdn gekränkt

II. *m, f* Beleidigte(r) *f(m)*

offenser <1> [ɔfɑ̃se] **I.** *vt* **1.** (*outrager*) ■ **qn/qc offense qn** jd/etw beleidigt [*o* kränkt] jdn; *Dieu* jd versündigt sich gegen jdn

2. *littér* (*blesser*) ■ **qn/qc offense qc** jd/etw beleidigt etw; *loi, principe, règle, sentiment, souvenir* jd/etw verletzt etw

II. *vpr* (*se vexer*) ■ **qn s'offense [de qc]** jd fühlt sich [durch etw] gekränkt

offenseur [ɔfɑ̃sœʀ] *m* Beleidiger *m*

offensif, -ive [ɔfɑ̃sif, -iv] **I.** *adj* (*opp: défensif*) offensiv; *alliance, armes, guerre* Offensiv-; *armée* angreifend; ***un retour*** ~ ***du froid*** ein erneuter plötzlicher Kälteeinbruch

II. *f* ■ **offensive** Offensive *f;* ~***ive commerciale*** Werbekampagne *f;* ***l'~ive de l'hiver*** der Wintereinbruch; ***qn mène une ~ive contre qn/qc*** jd startet eine Offensive gegen jdn/etw; ***l'~ive de paix a échoué*** das Friedensangebot ist gescheitert

▸ **~ive de charme**: ***qn lance une ~ive de charme*** jd zeigt sich von seiner charmantesten [*o* besten] Seite, jd macht auf Charme *fam;* ***qn lance une ~ive de charme auprès de qn*** jd versucht mit viel Charme, jdn für sich zu gewinnen [*o* einzunehmen]; **qn passe à l'~ive** jd geht zum Angriff über; **qn prend l'~ive** jd ergreift die Offensive

offertoire [ɔfɛʀtwaʀ] *m* Offertorium *nt*

office [ɔfis] *m* **1.** (*agence, bureau*) Amt *nt,* Dienststelle *f;* ~ ***national météorologique*** nationales Wetteramt; ~ ***franco-allemand pour la jeunesse*** Deutsch-Französisches Jugendwerk; ~ ***du commerce extérieur*** Außenhandelsstelle *f;* ~ ***du tourisme*** Fremdenverkehrsamt

2. REL Messe *f,* Gottesdienst *f*

3. (*fonction, charge*) [käufliches] Amt; ~ ***ministériel*** Ministerialamt; ~ ***de notaire/d'avoué*** Notariat *nt*/Anwaltspraxis *f*

4. (*pièce*) Bedienstetenraum *m*

▸ **les bons ~s de qn** (*aide*) jds Hilfe *f;* ***grâce aux bons ~s de qn*** dank jds Hilfe; ***qn offre ses bons ~s*** jd bietet sich als Mittler an; **Monsieur/Madame Bons O~s** *fam* Mädchen *nt* für alles; **qn fait** ~ **de qc** jd fungiert als etw; **qc fait** ~ **de qc** etw dient als etw; **qn/qc remplit** [*o* **fait**] **son** ~ jd/etw erfüllt seine Aufgabe; ***fais ton*** ~! walte deines Amtes!; **d'**~ (*par voie d'autorité*) von Amts wegen; (*en vertu d'un règlement*) automatisch; (*sans demander*) einfach so; (*d'emblée*) eben, halt *fam*

officialisation [ɔfisjalizasjɔ̃] *f* amtliche [*o* offizielle] Bestätigung

officialiser <1> [ɔfisjalize] *vt* ■ **qn/qc officialise qc** jd/etw bestätigt etw offiziell

officiant [ɔfisjɑ̃] **I.** *m* Zelebrant *m*

II. *adj* zelebrierend

officiel, le [ɔfisjɛl] **I.** *adj* offiziell, amtlich; *langue, sceau* Amts-; *cachet, voiture* Dienst-; ***visite ~le*** Staatsbesuch *m;* ***de source ~le*** von amtlicher Seite

II. *m, f* Person *f* des öffentlichen Lebens; SPORT Funktionär(in) *m(f)*
officiellement [ɔfisjɛlmɑ̃] *adv* offiziell
officier¹ [ɔfisje] *m* 1. ADMIN, JUR *municipal* Beamte(r)/Beamtin *m/f; ~ public* Inhaber(in) *m(f)* eines öffentlichen Amtes; ■ ~ **de** *d'état civil, de justice, police* -beamte(r)/-beamtin
2. MIL Offizier(in) *m(f)*; ■ ~ **de** -offizier
3. (*titulaire d'une distinction*) ■ ~ **de**: ~ ***de la Légion d'honneur*** Offizier *m* der Ehrenlegion; ~ ***de l'ordre du mérite*** Verdienstordensträger(in) *m(f)*
officier² <1 a> [ɔfisje] *vi* ■ **qn officie** jd hält Gottesdienst; ■ **qn officie quelque part** *hum* jd führt irgendwo das Regiment
officieusement [ɔfisjøzmɑ̃] *adv* halbamtlich, offiziös *geh*
officieux, -euse [ɔfisjø, -jøz] *adj* halbamtlich, offiziös *geh*
officinal, e <-aux> [ɔfisinal, o] *adj herbe, plante* Heil-, Arznei-
officine [ɔfisin] *f* 1. PHARM Labor *nt*, Offizin *f*
2. *péj* (*lieu*): *une ~ **de fausses nouvelles*** eine Brutstätte für falsche Nachrichten; ***c'est une vraie ~ de ragots*** das ist die reinste Gerüchteküche
offrande [ɔfʀɑ̃d] *f soutenu* Almosen *nt; **qn verse son ~ pour qc*** jd trägt sein Scherflein zu etw bei; REL Opfer[gabe *f*] *nt*
offrant [ɔfʀɑ̃] *m* ► **le plus** ~ der/die Meistbietende
offre [ɔfʀ] *f* Angebot *nt*; (*aux enchères*) Gebot *nt*; ■ ~ **de** -angebot
► **l'~ et la demande** Angebot und Nachfrage
◆ **offre de Gascon** Angebot *nt* mit Haken; **offre publique d'achat** ECON öffentliches [Aktien]kaufangebot; **offre publique d'échange** ECON öffentliches [Aktien]tauschangebot
offrir <11> [ɔfʀiʀ] I. *vt* 1. (*faire un cadeau*) ■ **qn offre qc à qn [pour qc]** jd schenkt jdm etw [zu etw]; ***qn offre sa vie pour qn/qc*** jd opfert jdm sein Leben/opfert sein Leben für etw
2. (*payer pour qn*) ■ **qn offre qc [à qn]** jd bezahlt [*o* spendiert] [jdm] etw; ***il nous a offert le déjeuner*** er hat uns zum Mittagessen eingeladen
3. (*proposer*) ■ **qn offre qc [à qn]** *un verre, une cigarette* jd bietet [jdm] etw an; ***qn offre à boire/manger à qn*** jd bietet jdm etwas zu essen/trinken an; ***je vous offre le choix*** ich überlasse Ihnen die Wahl; ***je vous offre 100 Francs pour le vase*** ich biete Ihnen 100 Franc für die Vase; ■ **qn offre [à qn] de faire qc** jd bietet [jdm] an etw zu tun
4. (*donner, présenter*) ■ **qn offre qc [à qn]** *résistance, spectacle* jd bietet [jdm] etw; *excuse, explication* jd gibt etw ab, jd gibt jdm etw; *occasion* jd gibt jdm etw; ***le jeune couple offrait un bien charmant tableau*** die jung Vermählten boten einen bezaubernden Anblick
5. (*comporter*) ■ **qc offre qc [à qn/qc]** *avantage, inconvénient, sécurité* etw bietet [jdm/einer S.] etw; ***ce travail n'offre aucune difficulté*** diese Arbeit beinhaltet keinerlei Schwierigkeiten
II. *vpr* 1. (*se présenter*) ■ **qc s'offre à qn/qc** etw bietet sich jdm/einer S.; ***la première idée qui s'est offerte à mon esprit*** der erste Gedanke, der mir in den Sinn kam
2. (*se proposer*) ■ **qn s'offre pour faire qc** jd bietet sich an [*o* jd erbietet sich *geh*] etw zu tun; ■ **qn s'offre comme qc [à qn]** *comme accompagnateur, guide, précepteur* jd bietet sich [jdm] als etw an
3. (*s'accorder*) ■ **qn s'offre qc** jd leistet [*o* gönnt] sich (*dat*) etw
III. *vi* ■ **qn offre**: ***qn aime bien*** ~ jd beschenkt gern, jd macht gern Geschenke; ***c'est pour offrir?*** möchten Sie es verschenken [*o* als Geschenk]?
offset [ɔfsɛt] I. *app inv* Offset-
II. *m inv* Offsetdruck[verfahren *nt*] *m*
► **en** ~ im Offsetdruck
III. *f inv* Offsetdruckmaschine *f*
offshore [ɔfʃɔʀ] I. *adj inv* Offshore-
II. *m* Offshorebohrung *f*
offusquer <1> [ɔfyske] I. *vt* ■ **qn/qc offusque qn** jd/etw empört jdn
II. *vpr* ■ **qn s'offusque [de qc]** jd ist [über etw (*akk*)] empört, jd nimmt an etw (*dat*) Anstoß
ogival, e <-aux> [ɔʒival, o] *adj* spitzbogig; *arc* ~ Spitzbogen *m*
ogive [ɔʒiv] *f* 1. MIL Sprengkopf *m*
2. ARCHIT Spitzbogen *m*
ogre, ogresse [ɔgʀ, ɔgʀɛs] *m, f* 1. (*géant vorace*) Menschenfresser(in) *m(f)*; ***approche-toi, je ne suis pas un*** ~! komm her, ich fresse dich doch nicht!
2. *fam* (*gourmand*) Vielfraß *m fam*; ***avec un appétit d'***~ mit einem Bärenhunger; ***qn mange comme un*** ~ jd isst für drei *fam*
oh [o] I. *interj* oh; ~, ***comme c'est beau!*** oh, wie schön!; ~ ***vraiment!*** also wirklich!
► ~ **hisse!** hau ruck!; ~ **là là!** oje!
II. *m inv* ► **qn pousse des ~ de surprise** jd gibt erstaunte Ahs und Ohs von sich
ohé [oe] *interj* he[da] *fam*
ohm [om] *m* Ohm *nt*
ohmmètre [ommɛtʀ] *m* Ohmmeter *nt*
oie [wa] *f* 1. ORN Gans *f*
2. *fam* (*personne niaise*) blöde Gans *fam*
► ~ **blanche** dummes Küken, Gänschen *nt*
oignais [waɲɛ] *imparf de* **oindre**
oignon [ɔɲɔ̃] *m* 1. GASTR Zwiebel *f*
2. BOT [Blumen]zwiebel *f*
3. MED Ballen *m*
4. (*montre*) Taschenuhr *f*, Zwiebel *f hum fam*
► **aux petits** ~s *fam*: ***qn est [soigné(e)] aux petits ~s*** jd wird nach Strich und Faden verwöhnt *fam*; **c'est pas mes/tes/...** ~s *pop* das geht mich/dich/... [doch] nichts an; **occupe-toi [*o* mêle-toi] de tes ~s!** *pop* kümmere dich um deinen eigenen Kram! *fam*
oindre <*irr*> [wɛ̃dʀ] *vt vieilli* ■ **qn oint qn [de [*o* avec] qc]** jd salbt jdn [mit etw]
oiseau <x> [wazo] *m* 1. ORN Vogel *m*
2. *péj* (*type*) komischer Kauz, seltsamer Vogel
► ~ **de mauvais augure [*o* de malheur]** Unglücksprophet *m*; **qn est comme l'~ sur la branche** jd schwebt im Ungewissen; **petit à petit, l'~ fait son nid** *prov* gut Ding will Weile haben; **le petit ~ va sortir** gleich kommt das Vögelchen raus; ~ **rare** weißer Rabe; **l'~ s'est envolé** der Vogel ist ausgeflogen
◆ **oiseau de nuit** Nachtvogel *m*; (*personne*) Nachtschwärmer(in) *m(f)*, Nachteule *f*; **oiseau de paradis** Paradiesvogel *m*; **oiseau de proie** Raubvogel *m*; **oiseau des îles** exotischer Vogel
oiseau-lyre <~x-~s> [wazoliʀ] *m* Leierschwanz *m* **oiseau-mouche** <~x-~s> [wazomuʃ] *m* Kolibri *m*
oiseleur, -euse [wazlœʀ, -øz] *m, f* Vogelfänger(in) *m(f)*
oiselier, -ière [wazəlje, -jɛʀ] *m, f* Vogelhändler(in) *m(f)*
oiseux, -euse [wazø, -øz] *adj* müßig, unnütz
oisif, -ive [wazif, -iv] I. *adj* untätig, müßig; ***qn mène une vie ~ive*** jd frönt dem Müßiggang *geh*
II. *m, f* Müßiggänger(in) *m(f)*
oisillon [wazijɔ̃] *m* Vogeljunge(s) *nt*
oisivement [wazivmɑ̃] *adv* untätig
oisiveté [wazivte] *f* Müßiggang *m*
► **l'~ est [la] mère de tous les vices** *prov* Müßiggang ist aller Laster Anfang
oison [wazɔ̃] *m* Gänseküken *nt*
O.K. [okɛ] I. *interj fam* o.k., in Ordnung
II. *adj fam inv* ■ **qn/qc est** ~ jd/etw ist o.k. [*o* in Ordnung]; ***pour moi, c'est ~, on peut commencer*** o.k., meinetwegen können wir anfangen
okapi [ɔkapi] *m* Okapi *nt*
oléacée [ɔlease] *f* Ölbaumgewächs *nt*
oléagineux, -euse [ɔleaʒinø, -øz] I. *adj* ölhaltig
II. *m* Ölpflanze *f*
oléiculteur, -trice [ɔleikyltœʀ, -tʀis] *m, f* Ölfruchtbauer/-bäuerin *m/f*
oléifère [ɔleifɛʀ] *adj* ölhaltig
oléine [ɔlein] *f* Olein *nt*
oléoduc [ɔleɔdyk] *m* Pipeline ['paiplain] *f*, Erdölleitung *f*
olé olé [ɔleɔle] *adj inv fam* gewagt, frech
olfactif, -ive [ɔlfaktif, -iv] *adj cellule, nerf* Riech-; *organe, sens* Geruchs-
olibrius [ɔlibʀijys] *m fam* komischer Kauz
oligarchie [ɔligaʀʃi] *f* Oligarchie *f*
oligoélément [ɔligoelemɑ̃] *m* Spurenelement *nt*
oligopole [ɔligɔpɔl] *m* Oligopol *nt*
olivaie [ɔlivɛ] *f v.* **oliveraie**
olivâtre [ɔlivɑtʀ] *adj* grünlich; *teint* fahl
olive [ɔliv] I. *f* 1. (*fruit*) *noire, verte* Olive *f*
2. ELEC [olivenförmiger] Schnurzwischenschalter; COUT [olivenförmige] Schnurquaste
3. ARCHIT Eierstab *m*
II. *app inv* oliv[grün]; ***une robe*** ~ ein olives [*o* olivgrünes] Kleid
oliveraie [ɔlivʀɛ] *f* Ölbaumpflanzung *f*
olivette [ɔlivɛt] *f* 1. (*raisin*) Traube *f*
2. (*tomate*) Flaschentomate *f*
olivier [ɔlivje] *m* 1. (*arbre*) Ölbaum *m*, Olivenbaum *m*
2. (*bois*) Olivenholz *nt*; ■ **de [*o* en]** ~ aus Olivenholz
olographe [ɔlɔgʀaf] *adj* handschriftlich; ***testament*** ~ eigenhändig geschriebenes Testament
O.L.P. [oɛlpe] *f abr de* **Organisation de libération de la Palestine** PLO *f*
Olympe [ɔlɛ̃p] *m* ■ **l'~** der Olymp
olympiade [ɔlɛ̃pjad] *f* Olympiade *f*
olympien, ne [ɔlɛ̃pjɛ̃, jɛn] *adj air, regard* erhaben, majestätisch; *calme a.* olympisch *geh*; *dieu* olympisch, des Olymp
olympique [ɔlɛ̃pik] *adj esprit, flambeau, record, serment* olympisch; *piscine, stade, village* Olympia-; ***les jeux O~s*** die Olympischen Spiele
ombelle [ɔ̃bɛl] *f* Dolde *f*
ombellifère [ɔ̃belifɛʀ] *f* Doldenblütler *m*
ombilic [ɔ̃bilik] *m* Nabel *m*
ombilical, e <-aux> [ɔ̃bilikal, o] *adj* Nabel-
ombrage [ɔ̃bʀaʒ] *m* (*ombre*) Schatten *m*
► **qn/qc porte ~ à qn** jd fühlt sich durch jdn/etw zurückgesetzt; **qn prend ~ de qc** *soutenu* (*s'offusque*) jd nimmt an etw (*dat*) Anstoß, jd ist über etw (*akk*) empört; ***il prenait ~ de mes succès*** (*était jaloux*) er neidete mir meinen Erfolg
ombragé, e [ɔ̃bʀaʒe] *adj* schattig
ombrager <2 a> [ɔ̃bʀaʒe] *vt* ■ **qc ombrage qc** etw beschattet etw, etw spendet einer S. (*dat*) Schatten
ombrageux, -euse [ɔ̃bʀaʒø, -ʒøz] *adj* 1. (*craintif*) *âne, cheval, mulet* schreckhaft, leicht scheuend
2. (*susceptible*) *caractère, personne* mimosenhaft *pej*, empfindlich
ombre¹ [ɔ̃bʀ] *f* 1. (*opp: soleil*) Schatten *m*; (*ombre portée*) [Schlag]schatten; (*obscurité*) Dunkel *nt geh*; ***dans l'~ de la nuit*** im Dunkel [*o* Schatten *liter*] der Nacht
2. (*silhouette*) Schatten *m*
3. MYTH Schatten *m geh*; ***au royaume des ~s*** im Reich der Schatten
4. (*soupçon*) ■ **l'~ de qc**: ***l'~ d'une moustache*** ein Anflug von Schnurrbart; ***il y avait dans sa voix l'~ d'un reproche*** leiser Vorwurf lag in seiner/ihrer Stimme; ***il n'y a pas l'~ d'un doute/d'un soupçon*** es gibt nicht den leisesten Zweifel/den leisesten Verdacht; ***sans l'~ d'une hésitation*** ohne das geringste Zögern
5. (*menace*) ■ **l'~ de qc** *de la guerre, famine* das Schreckgespenst einer S. (*gen*)
6. *gén pl* ART Schattierung *f*

▶ **il y a une ~ au tableau** die Sache hat einen Haken *fam* [*o* eine Schattenseite]; **~s chinoises** Schattenspiel *nt;* **qn court après une ~** jd jagt einem Schatten nach; **qn est l'~ de qn** jd ist jds Schatten; **il/elle n'est plus que l'~ de lui-même/elle-même** er/sie ist nur noch der Schatten seiner/ihrer selbst; **qn/qc fait de l'~ [à qn]** jd/etw spendet [jdm] Schatten; ***tu me fais de l'~!*** du stehst mir im Licht [*o* in der Sonne]; **qn/qc fait de l'~ à qn/qc** (*fait concurrence*) jd/etw stellt jdn/etw in den Schatten; **qn sort de l'~** jd tritt ans Licht; **qn suit qn comme son ~** jd folgt jdm wie ein Schatten; **à l'~** (*opp: au soleil*) im Schatten; *fam* (*en prison*) im Knast *fam,* im Bau *fam;* **à l'~ de qc** im Schatten einer S. (*gen*); **à l'~ de qn/qc** (*sous la protection*) im Schutz jds/einer S.; **d'~** *arbre, plante* Schatten-; ***zone d'~*** Grauzone *f;* **dans l'~** (*discrètement*) im Dunkeln; ***qn reste dans l'~*** jd hält sich im Hintergrund; **dans l'~ de qn/qc** in jds Schatten (*dat*)/im Schatten einer S. (*gen*); **de l'~** (*clandestin*) Geheim-

◆ **ombre à paupières** Lidschatten *m*

ombre[2] [ɔ̃bʀ] *f* (*terre de Sienne*) Umbra[erde *f*] *f*

ombrelle [ɔ̃bʀɛl] *f* Sonnenschirm *m*

ombrer <1> [ɔ̃bʀe] *vt* ■ **qn ombre qc** *dessin, tableau* jd schattiert etw; ***elle ombre ses paupières*** sie trägt Lidschatten

ombreux, -euse [ɔ̃bʀø, -øz] *adj* schattig

oméga [ɔmega] *m inv* Omega *nt*

omelette [ɔmlɛt] *f* GASTR Omelett *nt;* ■ **~ à** -omelett

▶ **on ne fait pas d'~ sans casser des œufs** wo gehobelt wird, fallen auch Späne; **~ baveuse** flüssiges Omelett; **~ norvégienne** *mit Eischnee überbackenes und flambiertes Eis;* **qn fait une ~** (*casse accidentellement des œufs*) jd macht versehentlich die Eier kaputt

omettre <*irr*> [ɔmɛtʀ] *vt* **1.** (*négliger*) ■ **qn omet qc/de faire qc** jd verzichtet auf etw (*akk*)/unterlässt es, etw zu tun

2. (*ne pas tenir compte*) ■ **qn omet qc** jd berücksichtigt etw nicht, jd lässt etw außer Acht

3. (*oublier*) ■ **qn omet qc** jd vergisst etw; ■ **qn omet de faire qc** jd vergisst [*o* versäumt] etw zu tun

omis, e [ɔmi, iz] *pp de* **omettre**

omis [ɔmi] *p simple de* **omettre**

omission [ɔmisjɔ̃] *f* **1.** (*fait d'omettre qc*) [*mot, détail*] Auslassen *nt;* (*fait d'omettre de faire qc*) Unterlassen *nt;* ***l'~ de ce mot m'a coûté un point*** das Auslassen dieses Wortes hat mich einen Punkt gekostet

2. (*chose omise*) Auslassung *f;* (*acte omis*) Unterlassung *f,* Versäumnis *nt;* ***j'ai oublié une virgule, cette ~ m'a coûté un point*** ich habe ein Komma vergessen, diese Auslassung hat mich einen Punkt gekostet; ***sauf erreur ou ~*** Irrtum und Auslassung vorbehalten

▶ **qn pèche par ~** jd sündigt durch Unterlassung

omnibus [ɔmnibys] **I.** *m* **1.** CHEMDFER Personenzug *m*

2. HIST Pferdebahn *f*

II. *app:* ***train ~*** Personenzug *m*

omnipotence [ɔmnipɔtɑ̃s] *f* Allmacht *f,* Omnipotenz *f geh;* [*monarque, dictateur a.*] absolute Macht

omnipotent, e [ɔmnipɔtɑ̃, ɑ̃t] *adj* allmächtig

omnipraticien, ne [ɔmnipʀatisjɛ̃, jɛn] *m, f* Allgemeinmediziner(in) *m(f)*

omniprésence [ɔmnipʀezɑ̃s] *f* Allgegenwart *f*

omniprésent, e [ɔmnipʀezɑ̃, ɑ̃t] *adj* allgegenwärtig

omniscience [ɔmnisjɑ̃s] *f* Allwissenheit *f*

omniscient, e [ɔmnisjɑ̃, jɑ̃t] *adj* allwissend

omnisports [ɔmnispɔʀ] *adj inv* für alle Sportarten; ***club ~*** Sportverein *m;* ***salle ~*** Vielzwecksporthalle *f*

omnium [ɔmnjɔm] *m* **1.** SPORT Omnium *nt*

2. COM Holding[gesellschaft *f*] *f*

omnivore [ɔmnivɔʀ] **I.** *adj* allesfressend

II. *mf* Allesfresser(in) *m(f)*

omoplate [ɔmɔplat] *f* Schulterblatt *nt*

O.M.S. [oɛmɛs] *f abr de* **Organisation mondiale de la Santé** WHO *f*

on [ɔ̃] *pron* ■ **~**, ■ **l'~** *soutenu* **1.** (*tout le monde*) man; ***~ dit que*** man spricht davon, dass; ***en France, ~ consomme beaucoup de vin*** in Frankreich trinkt man viel Wein [*o* wird viel Wein getrunken]

2. (*quelqu'un*) man, jemand; ***est-ce qu'~ est venu pour faire la réparation?*** ist jemand zur Reparatur gekommen?; ***~ vous demande au téléphone*** Sie werden am Telefon verlangt; ***j'attends qu'~ apporte le dessert*** ich warte darauf, dass man mir das Dessert bringt; ich warte auf das Dessert

3. *fam* (*nous*) wir; ***~ s'en va, viens!*** komm, wir gehen!; ***nous, ~ veut bien!*** von uns aus, gern!; ***~ fait ce qu'~ peut*** wir tun, was wir können; ***~ est tous égaux devant la loi*** vor dem Gesetz sind wir alle gleich

4. *fam* (*tu, vous*) man, du/ihr/Sie; ***et ~ ne dit même pas merci!*** und man bedankt sich nicht einmal!; ***j'espère qu'~ sera bien sage*** ich hoffe, dass du schön brav sein wirst/ihr schön brav sein werdet; ***alors Marie, ~ s'en va déjà?*** na, Marie, gehst du denn schon?

5. *fam* (*il(s), elle(s)*) man; ***qu'~ est jolie aujourd'hui!*** wie hübsch man heute ist! *fam;* ***~ ne sait rien, mais ~ parle!*** man hat von nichts eine Ahnung, aber man reißt die Klappe auf! *fam,* keine Ahnung, aber die Klappe aufreißen! *fam*

onagre[1] [ɔnagʀ] *m* ZOOL, ANTIK Onager *m*

onagre[2] [ɔnagʀ] *f* BOT Nachtkerze *f*

onanisme [ɔnanism] *m* Onanie *f*

once [ɔ̃s] *f* **1.** ■ **une ~ de qc** ein Funken *m* [*o* Fünkchen *nt*] etw; ***pas une ~ de neige*** kein bisschen Schnee

2. (*mesure de poids*) Unze *f*

oncle [ɔ̃kl] *m* Onkel *m*

▶ **~ d'Amérique** *hum* [reicher] Onkel aus Amerika; **~ à héritage** *hum* Erbonkel *m;* **l'~ Sam** (*l'armée des U.S.A.*) Onkel Sam

oncologie [ɔ̃kɔlɔʒi] *f* Onkologie *f*

oncologiste [ɔ̃kɔlɔʒist] *mf* Onkologe/-login *m/f*

onction [ɔ̃ksjɔ̃] *f* **1.** REL Salbung *f*

2. MED Einreibung *f*

3. *soutenu* (*grande douceur*) *apostolique, ecclésiastique* Güte *f*

onctueusement [ɔ̃ktɥøzmɑ̃] *adv* salbungsvoll

onctueux, -euse [ɔ̃ktɥø, -øz] *adj* **1.** (*moelleux, lisse*) *potage, sauce* sämig, samtig; *pâte* glatt

2. (*doux au toucher*) cremig

3. (*mielleux*) einschmeichelnd, schleimig *pej*

onctuosité [ɔ̃ktɥozite] *f* [*crème à raser, savon liquide*] cremige Konsistenz; [*entremets*] sahnige Konsistenz; [*potage, sauce*] sämige Konsistenz

onde [ɔ̃d] *f* **1.** PHYS Welle *f;* ■ **les ~s** (*la radio*) der Rundfunk

2. *littér* (*vague*) Welle *f,* Woge *f;* ■ **~ de qc:** ***une ~ brusque de rougeur inonda son visage*** die Röte schoss ihm/ihr ins Gesicht; ***une ~ de plaisir envahit qn*** Freude überkommt jdn; ***une ~ de colère monta en lui*** Wut wallte in ihm auf

3. *littér* (*eau*) Nass *nt geh;* ■ **les ~s** die Fluten

4. *pl* (*ondulation*) *blé, herbe, foule* Wogen *nt;* [*flamme*] Züngeln *nt*

▶ **~ de choc** Schockwelle *f;* **~s courtes** Kurzwelle *f;* **~s très courtes** [*o* **ultracourtes**] Ultrakurzwelle *f;* **grandes ~s, ~s longues** Langwelle *f;* **~s moyennes, petites ~s** Mittelwelle *f;* **qn met qc en ~s** jd führt bei etw Regie; ***mise en ~s par X*** die Regie hatte X; **sur les ~s** im Rundfunk *m,* im Radio *nt;* **sur ~s ...** auf -welle *f;* ***sur ~s moyennes/grandes ~s*** auf Mittel-/Langwelle

ondée [ɔ̃de] *f* Schauer *m*

ondine [ɔ̃din] *f* Wasserjungfrau *f,* Undine *f,* Nixe *f*

on-dit [ɔ̃di] *m inv* Gerücht *nt,* Ondit *nt geh*

ondoiement [ɔ̃dwamɑ̃] *m* **1.** *littér* (*ondulation*) [*blé, herbe*] [sanftes] Wogen; [*vagues a.*] [leises] Auf und Ab

2. REL Nottaufe *f*

ondoyant, e [ɔ̃dwajɑ̃, jɑ̃t] *adj littér* **1.** (*onduleux*) wogend; *démarche* wiegend; *flamme* züngelnd; *vêtement, cheveux* wallend

2. (*sinueux*) *forme, courbe* weich

3. (*inconstant*) *personne* wankelmütig, unbeständig; *opinion, caractère* wechselhaft

ondoyer <6> [ɔ̃dwaje] **I.** *vi littér* (*onduler*) ■ **qc ondoie** */blé, herbe/* etw wogt; */cheveux/* etw wallt; ***de la fumée ondoyait dans le ciel*** Rauch wallte am Himmel

II. *vt* REL ■ **qn ondoie qn** jd nottauft jdn

ondulant, e [ɔ̃dylɑ̃, ɑ̃t] *adj* **1.** (*ondoyant*) *démarche* wiegend; *surface* wogend

2. MED *pouls* unregelmäßig; ***fièvre ~e*** abwechselnd steigendes und fallendes Fieber

ondulation [ɔ̃dylasjɔ̃] *f* **1.** (*mouvement onduleux*) [*blé, houle, vague*] Wogen *nt*

2. (*ligne sinueuse*): ***les ~s du terrain*** das wellige Gelände; ***les ~s de la rivière/route*** die Schlangenlinien des Flusses/der Straße

3. [*cheveux*] Wellen *pl;* ***j'admire l'~/l'~ naturelle de tes cheveux*** ich bewundere deine Wellen [*o* dein gewelltes Haar]/deine Naturwellen

ondulatoire [ɔ̃dylatwaʀ] *adj* wellenartig; ***mouvement ~*** Wellenbewegung *f*

ondulé, e [ɔ̃dyle] *adj* (*sinueux*) *cheveux, surface* gewellt; *chaussée, route* uneben; ***carton ~/tôle ~e*** Wellpappe *f*/-blech *nt*

onduler <1> [ɔ̃dyle] **I.** *vi* **1.** (*ondoyer*) ■ **qc ondule** */blé, houle, vague/* etw wogt; */serpent, troupe/* etw schlängelt sich

2. (*être sinueux*) ■ **qc ondule** */route/* etw schlängelt sich; */cheveux/* etw wellt sich

II. *vt* ■ **qn ondule ses cheveux** jd onduliert seine Haare; ■ **qn se fait ~ les cheveux** jd lässt sich (*dat*) seine Haare ondulieren

onduleux, -euse [ɔ̃dylø, -øz] *adj* **1.** (*ondoyant*) *démarche, mouvement* wiegend; ***la surface ~euse du lac*** die wogende Oberfläche des Sees

2. (*sinueux*): ***le tracé ~ de la route*** die kurvige Straßenführung; ***la ligne ~euse des collines*** die wellige Hügelkette; ***les courbes ~euses de la jeune femme*** die weichen Rundungen der jungen Frau

one-man-show [wanmanʃo] *m inv* One-Man-Show ['wanmænʃoʊ] *f,* Einmannshow *f*

onéreux, -euse [ɔneʀø, -øz] *adj* kostspielig; *loyer, marchandise* teuer; ***le loyer est trop ~*** die Miete ist zu hoch

ongle [ɔ̃gl] *m* ANAT Nagel *m;* ZOOL Kralle *f*

▶ **jusqu'au bout des ~s** bis in die Fingerspitzen; ***qn est parisien jusqu'au bout des ~s*** jd ist ein [wasch]echter Pariser; **~s en deuil** *hum* Trauerränder *pl;* **qn a les ~s crochus** jd ist ein Geizkragen *fam;* **~ incarné** eingewachsener Nagel; **qn se fait les ~s** jd maniküirt sich; **à ~s** *ciseaux, lime, vernis* Nagel-

onglée [ɔ̃gle] *f* vor Kälte taube [*o* klamme] Finger *pl*

▶ **qn a l'~** jd hat ganz blaue Fingerspitzen

onglet [ɔ̃glɛ] *m* **1.** GASTR *hochwertiges Steakfleisch*

2. TECH Gehrung *f*

3. [*livre, reliure*] Falz *m;* (*encoche*) Daumenindex *m*

4. [*canif, couteau, règle*] Einkerbung *f,* Kerbe *f*

onguent [ɔ̃gɑ̃] *m* Salbe *f*

ongulé, e [ɔ̃gyle] **I.** *adj* Huf-

II. *m* Huftier *nt;* ■ **les ~s** die Huftiere

onirique [ɔniʀik] *adj soutenu* Traum-

onirisme [ɔniʀism] *m soutenu* Traum *m*

oniromancie [ɔniʀɔmɑ̃si] *f* Traumdeutung *f*

onomastique [ɔnɔmastik] **I.** *adj* namenkundlich; ***index*** [*o* ***table***] ***~*** Namenverzeichnis *nt*

II. *f* Namenkunde *f,* Onomastik *f spec*

onomatopée [ɔnɔmatɔpe] *f* Schallwort *nt*, lautmalendes Wort
▶ par ~s: *il ne parle que par ~s* er gibt nur Grunzlaute von sich *fam*

ont [ɔ̃] *indic prés de* **avoir**

ontogenèse [ɔ̃tɔʒənɛz] *f* Ontogenese *f*

ontogénétique [ɔ̃tɔʒenetik] *adj* ontogenetisch

ontogénie [ɔ̃tɔʒeni] *f v.* **ontogenèse**

ontologie [ɔ̃tɔlɔʒi] *f* Ontologie *f*, Lehre *f* vom Sein [*o* vom Seienden]

ontologique [ɔ̃tɔlɔʒik] *adj* ontologisch

O.N.U. [ony] *f abr de* **Organisation des Nations unies** UNO *f*

onusien, ne [onyzjɛ̃, jɛn] *adj* UNO-

onyx [ɔniks] *m* Onyx *m*

onze [ɔ̃z] **I.** *num* **1.** (*cardinal*) elf
2. (*ordinal*): ***chapitre/page ~*** Kapitel *nt*/Seite *f* elf; ***Louis XI*** Ludwig XI., Ludwig der Elfte; ***je viens le ~ juin*** ich komme am elften Juni
II. *m inv* **1.** (*chiffre*) Elf *f*
2. FBALL (*équipe*) Elf *f*
3. (*numéro*) Nummer *f* elf, Elf *f*; ***il habite [au] 11, rue de la Gendarmerie*** er wohnt [in der] Rue de la Gendarmerie [Nummer] 11
4. (*date*): ***nous sommes aujourd'hui le ~*** heute ist der Elfte, wir haben heute den Elften
5. SCOL (*note*) elf Punkte [aus zwanzig] (*ausreichende Note, die einer Vier entspricht*); *v. a.* **cinq**

onzième [ɔ̃zjɛm] **I.** *adj antéposé* elfte(r, s); ***au ~ siècle*** im elften Jahrhundert; ***il est arrivé ~*** er ist Elfter geworden
II. *mf* ■ **le/la ~** der/die/das Elfte
III. *m* **1.** (*fraction*) Elftel *nt*, elfter Teil
2. (*étage*) elfter Stock, elfte Etage
3. (*arrondissement*) elftes Arrondissement
IV. *f vieux* SCOL ≈ erste Grundschulklasse

oocyte [ɔɔsit] *m v.* **ovocyte**

O.P.A. [opea] *f abr de* **offre publique d'achat** öffentliches [Aktien]kaufangebot

opacifier <1 a> [ɔpasifje] **I.** *vt* (*rendre opaque*) ■ **qc opacifie qc** etw trübt etw
II. *vpr* (*devenir opaque*) ■ **qc s'opacifie** etw trübt sich

opacité [ɔpasite] *f* **1.** (*opp: transparence*) [*verre, papier*] Undurchsichtigkeit *f*, Lichtundurchlässigkeit *f*; MED Trübung *f*
2. (*densité*) [*brouillard, obscurité*] Undurchdringlichkeit *f*
3. (*hermétisme*) [*texte, explication, doctrine*] Unverständlichkeit *f*; ***qc est d'une ~ totale*** etw ist völlig unzugänglich [*o* unverständlich]

opale [ɔpal] *f* Opal *m*

opalin, e [ɔpalɛ̃, in] **I.** *adj* opalartig
II. *f* ■ **opaline** **1.** (*matière*) Opalglas *nt*
2. (*objet*) Gegenstand *m* aus Opalglas; ***une collection d'~es*** eine Opalglas-Sammlung

opaque [ɔpak] *adj* **1.** (*opp: transparent*) undurchsichtig, opak; ***verre ~*** Milchglas *nt*; ***bas ~s*** blickdichte Strümpfe *pl*
2. (*dense*) *brouillard, fumée, nuit, obscurité* undurchdringlich
3. (*hermétique*) *texte* schwer zugänglich, unverständlich

op'art [ɔpaʀ] *m* Op-Art *f*

open [ɔpɛn] **I.** *adj inv* **1.** *tournoi* international
2. *billet* open, offen
II. *m inv* SPORT Open *nt*

O.P.E.P. [opeøpe] *f abr de* **Organisation des pays exportateurs de pétrole** OPEC *f*

opéra [ɔpeʀa] *m* **1.** (*œuvre lyrique*) Oper *f*
2. (*édifice*) Oper *f*; ■ **l'O~** (*à Paris*) die Oper
▶ **~ bouffe** Opera buffa *f komisch-heitere Oper*

opéra-ballet <~s-~s> [ɔpeʀabalɛ] *m* Opéra-ballet *f*, Ballettoper *f*

opérable [ɔpeʀabl] *adj* operabel

opéra-comique <~s-~s> [ɔpeʀakɔmik] *m* Opéra comique *f*

opérant, e [ɔpeʀɑ̃, ɑ̃t] *adj* wirksam

opérateur, -trice [ɔpeʀatœʀ, -tʀis] **I.** *m, f* **1.** TECH, TELEC Techniker(in) *m(f)*; AVIAT, NAUT Funker(in) *m(f)*; CINE, TV Kameramann/-frau *m/f*; FIN [Börsen]makler(in) *m(f)*; ***qui est l'~ de cette machine?*** wer bedient diese Maschine?
2. (*standardiste*) Telefonist(in) *m(f)*
II. *m* INFORM, MATH Operator *m*
◆ **opérateur(-trice) de saisie** Datentypist(in) *m(f)*; **opérateur de téléphonie numérique mobile** TELEC Mobilfunkanbieter *m*; **opérateur(-trice) du système** INFORM Operator(in) ['ɔpəreɪtɐ] *m*

opération [ɔpeʀasjɔ̃] *f* **1.** MED Operation *f*
2. MATH [Rechen]operation *f*; ***les quatre ~s fondamentales*** die vier Grundrechenarten
3. MIL [militärische] Operation, Unternehmen *nt*; ***qn mène une ~*** jd operiert; ■ **~ de** -unternehmen; ■ **l'~ ...** die Operation ... das Unternehmen ...; ***l'~ "tempête du désert"*** die Operation „Wüstensturm"
4. (*action organisée*) Aktion *f*; ■ **~ de** *de publicité, police, sauvetage* -aktion; ***nous montons une ~ de jumelage*** wir leiten eine Städtepartnerschaft in die Wege; ■ **l'~ ...** die Aktion ...; ***l'~ escargot/ville propre*** die Aktion Schneckentempo/saubere Stadt
5. COM, FIN (*transaction*) *boursière, commerciale, financière* Geschäft *nt*; ***~ de bourse*** Börsengeschäft; ***~s de paiement*** Zahlungsverkehr *m*; ***~ immobilière*** Immobiliengeschäft
6. TECH, CHIM, PHYSIOL Prozess *m*
7. REL Wirken *nt*
▶ **par l'~ du Saint-Esprit** *hum* durch den Heiligen Geist; [**qn fait**] **une bonne/mauvaise ~** [jd macht] ein gutes/schlechtes Geschäft

opérationnel, le [ɔpeʀasjɔnɛl] *adj* **1.** (*prêt*) *personne* einsatzfähig; *entreprise, machine* betriebsbereit, einsatzbereit
2. (*efficace*) *méthode, technique* operationell, funktionstüchtig
3. MIL: ***qn/qc est/reste ~*** jd/etw ist/bleibt einsatzbereit; ***base ~le*** Operationsbasis *f*

opératoire [ɔpeʀatwaʀ] *adj* **1.** MED *bloc, technique* Operations-; *choc, dépression, maladie* postoperativ
2. (*ponctuellement efficace*) *méthode* bedingt anwendbar; *moyens* bedingt einsetzbar

opercule [ɔpɛʀkyl] *m* **1.** TECH [Schutz]deckel *m*
2. ZOOL [*poisson*] Kiemendeckel *m*; [*gastéropodes*] Schalendeckel *m*; BOT Deckel *m*

opéré, e [ɔpeʀe] *m, f* Operierte(r) *f(m)*; ***grand(e) ~(e)*** Schweroperierte(r) *f(m)*

opérer <5> [ɔpeʀe] **I.** *vt* **1.** MED ■ **qn opère qn [de qc]/qn opère qc** jd operiert jdn [an etw (*dat*)]/jd operiert etw; ■ **qn se fait ~ [de qc]** jd lässt sich [an etw (*dat*)] operieren
2. (*réaliser*) ■ **qn/qc opère qc [sur qn/qc]** *changement, redressement, transformation* jd/etw führt etw [bei jdm/etw] herbei, jd/etw bewirkt etw [bei jdm/etw]; ***qn opère un choix*** jd trifft eine Wahl; ***qn opère une réforme*** jd führt eine Reform durch; ***qn opère un transfert*** jd nimmt einen Transfer vor; ***qc opère des miracles*** etw wirkt Wunder
II. *vi* **1.** (*faire effet*) ■ **qc opère** /*charme, nature, remède*/ etw wirkt; /*méthode, procédé*/ etw greift
2. (*procéder*) ■ **qn opère d'une certaine façon** jd geht irgendwie vor; ***je ne sais pas comment ~*** ich weiß nicht, wie ich vorgehen soll; ***les brigands opèrent nuitamment*** die Räuber treiben nachts ihr Unwesen; ***il faut ~ de cette manière*** man muss so vorgehen [*o* es so machen]
3. MED ■ **qn opère** jd operiert
4. (*travailler*) ■ **qn opère sur qc** jd arbeitet mit etw
III. *vpr* **1.** (*se réaliser*) ■ **qc s'opère** etw vollzieht sich
2. MED ■ **qc s'opère** etw ist operabel, etw kann operiert werden; ***ce type de tumeur s'opère très bien*** diese Art von Tumor lässt sich sehr gut operieren

opérette [ɔpeʀɛt] *f* MUS Operette *f*
▶ **d'~** *gouvernement* Marionetten-; *héros, souverain* Operetten-

ophidien [ɔfidjɛ̃] *m* ■ **les ~s** die Schlangen

ophtalmie [ɔftalmi] *f* Augenentzündung *f*

ophtalmique [ɔftalmik] *adj* Augen-

ophtalmologie [ɔftalmɔlɔʒi] *f* Augenheilkunde *f*, Ophthalmologie *f spec*

ophtalmologique [ɔftalmɔlɔʒik] *adj* Augen-

ophtalmologiste [ɔftalmɔlɔʒist] *mf*, **ophtalmologue** [ɔftalmɔlɔg] *mf* Augenarzt/-ärztin *m/f*, Ophtalmologe/-login *m/f spec*

ophtalmoscopie [ɔftalmɔskɔpi] *f* Augenspiegelung *f*

opiacé, e [ɔpjase] *adj* opiumhaltig; ***odeur ~e*** Opiumgeruch *m*

opiner <1> [ɔpine] *vi* ■ **qn opine [de qc]** *du bonnet, chef, de la tête* jd nickt zustimmend [mit etw]; ■ **qn opine à qc** jd stimmt einer S. (*dat*) zu, jd ist mit etw einverstanden

opiniâtre [ɔpinjɑtʀ] *adj* **1.** (*obstiné*) *travail, efforts* hartnäckig; *résistance, haine* erbittert; *caractère* verbissen; *personne* eigensinnig, halsstarrig
2. (*tenace*) *fièvre, toux* hartnäckig

opiniâtrement [ɔpinjɑtʀəmɑ̃] *adv* hartnäckig; *travailler* verbissen; *lutter* erbittert

opiniâtreté [ɔpinjɑtʀəte] *f* **1.** (*persévérance*) Beharrlichkeit *f*, Ausdauer *f*, Hartnäckigkeit *f*
2. (*entêtement*) Halsstarrigkeit *f*, Eigensinn *m*
▶ **avec ~** beharrlich/eigensinnig

opinion [ɔpinjɔ̃] *f* **1.** (*avis*) Meinung *f*
2. (*jugement collectif*) öffentliche Meinung; ***l'~ française*** die Öffentlichkeit in Frankreich, die Franzosen; ***l'~ ouvrière*** die Arbeiterschaft
3. (*croyance*) Glaube *m*
4. *gén pl* (*convictions*) Anschauung *f*; *politiques, religieuses a.* Überzeugung *f*; [**à**] ***chacun ses ~s*** jedem seine Meinung
▶ **bonne/mauvaise ~ de qn/qc** gute/schlechte Meinung von jdm/etw; **qn a une haute ~ de qn/qc** jd hat eine hohe Meinung von jdm/etw; **~ publique** öffentliche Meinung; **qn est de l'~ de qn** jd ist jds Meinung (*gen*); **qn est d'~ que** + *indic vieilli* jd ist der Meinung, dass; **qn se fait une ~ [sur qn/qc]** jd bildet sich (*dat*) eine Meinung [über jdn/etw]; **d'~** *journal, presse* politisch orientiert; ***délit d'~*** staatsfeindliche Äußerung; ***liberté d'~*** Meinungsfreiheit *f*; **sans ~** meinungslos; ***les sans ~*** die Meinungslosen

opiomane [ɔpjɔman] *mf* Opiumsüchtige(r) *f(m)*

opiomanie [ɔpjɔmani] *f* Opiumsucht *f*

opium [ɔpjɔm] *m* Opium *nt*

opossum [ɔpɔsɔm] *m* Opossum *nt*

opportun, e [ɔpɔʀtœ̃, yn] *adj démarche, intervention* passend, zweckdienlich; ***en temps ~*** zu gegebener Zeit; ***au moment ~*** im geeigneten Augenblick; ■ **il est ~ de faire qc** es ist angebracht [*o* ratsam], etw zu tun

opportunément [ɔpɔʀtynemɑ̃] *adv* im richtigen Augenblick [*o* Moment]

opportunisme [ɔpɔʀtynism] *m* Opportunismus *m*

opportuniste [ɔpɔʀtynist] **I.** *adj* opportunistisch
II. *mf* Opportunist(in) *m(f)*

opportunité [ɔpɔʀtynite] *f* **1.** (*bien-fondé*) Zweckmäßigkeit *f*, Opportunität *f*; ***nous avons discuté de l'~ de faire une réunion*** wir haben über die Zweckmäßigkeit eines Treffens diskutiert
2. *abusif* (*occasion*) günstige Gelegenheit

opposable [ɔpozabl] *adj* **1.** (*utilisable contre*) ■ **~ à qc** einer S. (*dat*) entgegensetzbar; ***cette décision n'est pas ~*** JUR gegen diese Entscheidung kann kein Einspruch erhoben werden
2. ANAT ■ **~ à qc** einer S. (*dat*) gegenüberstellbar

opposant, e [ɔpozɑ̃, ɑ̃t] **I.** *m, f* Gegner(in) *m(f)*; POL Oppositionelle(r) *f(m)*; ■ **~ à qn/qc** Gegner(in) eines Menschen/einer S.

II. *adj* oppositionell; ***partie*** ~***e*** JUR Einspruch *m* einlegende Partei

opposé, e [ɔpoze] I. *adj* 1. (*d'en face*) *parti* Gegen-; *équipe* gegnerisch; *côté* gegenüberliegend; *sens, direction* entgegengesetzt; ■ **~ à qc** einer S. (*dat*) gegenüberliegend
2. (*contraire*) *avis, opinion, intérêt* entgegengesetzt, konträr; *caractère, style* grundverschieden; PHYS *force, pression* Gegen-, entgegengesetzt; MATH *nombres* mit entgegengesetztem Vorzeichen; GEOM *angles* gegenüberliegend; ***couleur*** ~***e*** kontrastierende Farbe, Kontrastfarbe *f*; ***le sexe*** ~ das andere Geschlecht
3. (*hostile*) ■ **qn est ~ à qc** jd ist gegen etw, jd steht einer S. (*dat*) feindlich gegenüber
▶ **qn/qc est diamétralement ~ à qn/qc** jd/etw ist völlig anders als jd/etw; **des personnes/choses sont diamétralement ~es** Menschen/Dinge sind grundverschieden [*o* völlig verschieden]; **qn et qn/qc et qc sont diamétralement ~(e)s** jd und jd/etw und etw sind grundverschieden [*o* völlig verschieden]
II. *m* ■ **l'~** das Gegenteil; ***pourquoi soutiens-tu toujours l'~?*** warum behauptest du immer das Gegenteil?
▶ **à l'~** (*dans l'autre direction*) in der anderen/in die andere Richtung; (*au contraire*) im Gegenteil; **à l'~ de qn/qc** [ganz] anders als jd/etw; ***à l'~ de ton frère/de la plupart des gens*** anders als dein Bruder/als die meisten Leute

opposer <1> [ɔpoze] I. *vt* 1. (*différencier, comparer*) ■ **qn oppose des personnes/des choses** jd stellt Menschen/Dinge [vergleichend] gegenüber, jd vergleicht Menschen/Dinge miteinander; ■ **qn oppose qn et qn/qc et qc** jd stellt jdn und jdn/etw und etw [vergleichend] gegenüber, jd vergleicht jdn und jdn/etw und etw; ■ **qn oppose qn/qc à qn/qc** jd stellt jdn/etw jdm/etw [vergleichend] gegenüber, jd vergleicht jdn/etw mit jdm/etw
2. (*séparer*) ■ **qc oppose des personnes** etw macht Menschen zu Rivalen; ***des questions d'intérêt les opposent*** Interessenfragen machen sie zu Rivalen
3. MIL ■ **qc oppose des personnes** /*conflit, guerre*/ in etw (*dat*) stehen sich Menschen feindlich gegenüber; ■ **qc oppose qn à qn/qn et qn** in etw (*dat*) steht jd jdm/stehen sich jd und jd [feindlich] gegenüber; ***ce conflit oppose des pays voisins*** in diesem Konflikt stehen sich Nachbarstaaten feindlich gegenüber
4. SPORT ■ **qc oppose des personnes** /*combat, match*/ in etw (*dat*) treffen Menschen aufeinander; ■ **qc oppose qn à qn/qn et qn** in etw (*dat*) trifft jd auf jdn/treffen jd und jd aufeinander; ***ce match oppose l'équipe X à*** [*o* ***et***] ***l'équipe Y*** in diesem Spiel trifft die Mannschaft X auf die Mannschaft Y, in diesem Spiel treffen die Mannschaft X und die Mannschaft Y aufeinander
5. (*répondre par*) ■ **qn oppose qc à qn/qc** jd begegnet jdm/einer S. mit etw; ***qn oppose un refus à qn*** jd erteilt jdm eine Absage
6. (*objecter*) ■ **qn oppose qc** [**à qn/qc**] *arguments, raisons* jd führt etw [gegen jdn/etw] an; *prétexte* jd bringt etw [gegen jdn/etw] vor; ■ **qn oppose que** + *indic* jd wendet ein, dass
II. *vpr* 1. (*différer*) ■ **qn/qc s'oppose à qn/qc** jd/etw unterscheidet sich von jdm/etw; ■ **des personnes/choses s'opposent** Menschen/Dinge sind gänzlich verschieden; ***nos opinions s'opposent en de nombreux points*** unsere Meinungen gehen in vielerlei Hinsicht auseinander
2. (*combattre*) ■ **qn s'oppose à qn/des personnes s'opposent** MIL jd kämpft gegen jdn/Menschen kämpfen gegeneinander [*o* bekämpfen sich]; SPORT jd tritt gegen jdn an/Menschen treten gegeneinander an; POL jd rivalisiert mit jdm/Menschen rivalisieren miteinander
3. (*empêcher, entraver*) ■ **qn s'oppose à qc** jd ist gegen etw; ***les parents se sont opposés au mariage de leur fille*** die Eltern waren gegen die Heirat ihrer Tochter; ■ **qc s'oppose à qc** etw steht einer S. (*dat*) im Weg; ***rien ne s'oppose plus à leur bonheur*** ihrem Glück steht nun nichts mehr im Weg; ■ **qn s'oppose à ce que qn fasse qc** jd ist dagegen, dass jd etw tut

opposition [ɔpozisjɔ̃] *f* 1. (*résistance*) Widerstand *m*; ■ **~ [de qn] à qc** [jds] Ablehnung *f* einer S. (*gen*)
2. (*différence*) [*opinions, idées, caractères*] Gegensätzlichkeit *f*; [*styles a.*] Verschiedenartigkeit *f*; ***des ~s d'intérêt*** Interessenkonflikte *pl*; ***des ~s de couleurs*** Farbkontraste *pl*
3. POL Opposition *f*
4. ASTRON Opposition *f*
▶ **qn entre en ~ avec qn** jd geht in Opposition zu jdm; **qn fait de l'~** jd [be]treibt Opposition, jd opponiert; **qn fait ~** (*à la banque*) jd lässt sein Konto sperren; **qn fait ~ à qc** *à un chèque* jd lässt etw sperren; *à un mariage* jd erhebt Einspruch gegen etw; *à un partage* jd stellt sich einer S. (*dat*) entgegen; ***qn fait ~ à un paiement*** jd erlässt ein Zahlungsverbot; **d'~** *journal, parti, presse* Oppositions-; **en ~ avec qc** im Widerspruch zu etw; ***il agit en ~ avec ses principes*** er handelt entgegen seinen Prinzipien; **par ~ à qn/qc** (*contrairement*) ganz anders als jd/etw; (*par défi*) aus [purer] Opposition zu jdm/etw; **sans ~ [de qn]** ohne [jds] Widerspruch

oppositionnel, le [ɔpozisjɔnɛl] *adj* oppositionell

oppressant, e [ɔpʀesɑ̃, ɑ̃t] *adj* 1. (*angoissant*) beklemmend, bedrückend
2. (*suffocant*) *chaleur, temps* drückend

oppresser <1> [ɔpʀese] *vt* 1. (*angoisser*) ■ **qc oppresse qn** /*sentiment, souvenir, tristesse*/ etw bedrückt jdn; ***une angoisse l'oppressait*** Angst schnürte ihm/ihr die Kehle zu; ***des remords l'oppressaient*** Gewissensbisse quälten ihn/sie
2. (*suffoquer*) ■ **qc oppresse qn** /*chaleur, temps, vêtement*/ etw nimmt jdm die Luft zum Atmen, etw benimmt jdm den Atem *geh*

oppresseur, -euse [ɔpʀesœʀ] *m, f* Unterdrücker(in) *m(f)*

oppressif, -ive [ɔpʀesif, -iv] *adj loi, régime* repressiv; ***fiscalité ~ive*** drückende Steuerlast

oppression [ɔpʀesjɔ̃] *f* 1. (*tyrannie*) Unterdrückung *f*; (*action*) Unterjochung *f*; (*résultat*) Knechtschaft *f*
2. (*angoisse*) Beklemmung *f*
3. (*suffocation*) Atembeklemmung *f*

opprimé, e [ɔpʀime] *m, f* Unterdrückte(r) *f(m)*

opprimer <1> [ɔpʀime] *vt* ■ **qn/qc opprime qn/qc** jd/etw unterdrückt jdn/etw

opprobre [ɔpʀɔbʀ] *m littér* 1. (*réprobation publique*) Schande *f*; ***qn vit dans l'~*** jd lebt in Schmach und Schande *geh*
2. (*cause de honte*) Schandfleck *m*; ***elle est l'~ de sa famille*** sie ist der Schandfleck ihrer Familie
▶ **qn couvre qn d'~** jd bedeckt jdn mit Schande; **qn jette l'~ sur qn** jd bringt Schande über jdn

optatif, -ive [ɔptatif, -iv] I. *adj*: ***au mode ~*** im Optativ
II. *m* Optativ *m*

opter <1> [ɔpte] *vi* ■ **qn opte pour qn/qc** jd entscheidet sich für jdn/etw, jd wählt jdn/etw; ■ **qn opte entre qn et qn/qc et qc** jd wählt zwischen jdm und jdm/etw und etw; ***il faut que j'opte entre ces trois maisons*** ich muss mich für eines der drei Häuser entscheiden

opticien, ne [ɔptisjɛ̃, jɛn] *m, f* Optiker(in) *m(f)*

optimal, e <-aux> [ɔptimal, o] *adj* optimal

optim[al]isation [ɔptim(al)izasjɔ̃] *f* Optimierung *f*

optim[al]iser <1> [ɔptim(al)ize] *vt* ■ **qn optim[al]ise qc** jd optimiert etw

optimisme [ɔptimism] *m* Optimismus *m*

optimiste [ɔptimist] I. *adj* optimistisch
II. *mf* Optimist(in) *m(f)*

optimum, -ma <s *o* -ma> [ɔptimɔm] I. *adj* optimal
II. *m* Optimum *nt*

option [ɔpsjɔ̃] *f* 1. (*choix*) Wahl[möglichkeit *f*] *f*
2. SCOL (*matière à option*) Wahlfach *nt*; (*filière*) Zweig *m*
3. (*promesse d'achat, de location*) ■ **~ [sur qc]** Option *f* [auf etw (*akk*)], Vor[kaufs]recht *nt* [auf etw (*akk*)]; ■ **~ de** *d'achat, de vente* -option
4. AUT (*modèle*) Ausführung *f*; (*accessoire*) Extra *nt*
5. POL *politique, pacifiste* Einstellung *f*
▶ **à ~** SCOL: ***matière à ~*** Wahlfach *nt*; **en ~** AUT als Extra

optionnel, le [ɔpsjɔnɛl] *adj* SCOL Wahl-; COM auf Wunsch, wahlweise

optique [ɔptik] I. *adj axe, centre, nerf* Seh-; *verre* optisch; ***angle ~*** Gesichtswinkel *m*, Sehwinkel *m*
II. *f* 1. (*science*) Optik *f*; ***l'~ médicale*** die medizinische Optik
2. (*appareil optique*) optisches Gerät, Optik *f*
3. (*lentille*) [*caméra, microscope*] Optik *f*
4. (*point de vue*) Sehweise *f*, Sicht *f*; ***mon ~ est différente de la vôtre*** ich sehe das anders als Sie
▶ **dans l'~ de qn/qc** (*du point de vue de*) aus jds Sicht/aus der Sicht einer S. (*gen*); **dans l'~ de qc** (*par rapport à un événement futur*) in Hinblick auf etw (*akk*); **dans une ~ ...:** ***dans une ~ sociologique/politique*** aus soziologischer/politischer Sicht

opulence [ɔpylɑ̃s] *f* 1. (*richesse*) Überfluss *m*; ***qn nage dans l'~*** jd lebt im Überfluss
2. (*ampleur*) [*formes, poitrine*] Üppigkeit *f*

opulent, e [ɔpylɑ̃, ɑ̃t] *adj* 1. (*très riche*) *personne, pays* sehr reich; *vie* luxuriös
2. (*plantureux*) *formes, poitrine* üppig; ***des femmes ~es*** üppige Frauengestalten

opus [ɔpys] *m* Opus *nt*

opuscule [ɔpyskyl] *m* Heft *nt*

or[1] [ɔʀ] I. *m* 1. CHIM Gold *nt*; ***~ blanc/jaune/rouge*** Weiß-/Gelb-/Rotgold; ■ **d'~/en ~** Gold-/aus Gold [*o* golden]; ***pièce d'~/collier en ~*** Goldmünze *f*/Halskette *f* aus Gold
2. *littér* (*couleur*) [*automne, blés, feuillage*] Gold *nt*
▶ **c'est de l'~ en barre** das ist [pures] Gold; **pour tout l'~ du monde** um keinen Preis, nicht für alles Geld der Welt; **l'~ blanc** (*neige*) der Schnee; **qn est bon(ne)** [*o* **franc(franche)**] **comme l'~** jd ist ohne Falsch; **l'~ noir** (*pétrole*) das flüssige [*o* schwarze] Gold; **l'~ rouge** (*énergie solaire*) die Sonnenenergie; **tout ce qui brille n'est pas ~** *prov* es ist nicht alles Gold, was glänzt; **qn est cousu(e) d'~** jd hat Geld wie Heu *fam*; **qn couvre qn d'~** jd überhäuft jdn mit Geld; **qn parle d'~** jd spricht zur rechten Zeit das richtige Wort; **qn roule sur l'~** jd schwimmt im Geld *fam*; **qc vaut de l'~** etw ist Gold wert; **d'~** (*doré*) *blés, cheveux* golden; **en ~** (*très bon, idéal*) *sujet* äußerst dankbar; *caractère* gutmütig; ***un mari en ~*** ein Ehemann, der Gold wert ist; ***qn réalise une affaire en ~*** jd macht ein glänzendes Geschäft [*o* ein Bombengeschäft *fam*]; ***ce restaurant est une affaire en ~*** dieses Restaurant ist eine [wahre] Goldgrube
II. *app inv* 1. (*couleur*) golden
2. FIN, JUR *clause, étalon, valeur* Gold-
3. COM: ***les bijoux ~*** der Goldschmuck

or[2] [ɔʀ] *conj* 1. (*dans un syllogisme*): ***tous les hommes sont mortels, ~ Pierre est un homme, donc il est mortel*** alle Menschen sind sterblich, Pierre ist ein Mensch, also ist er sterblich
2. (*transition*) nun

oracle [ɔʀakl] *m* 1. (*prophétie*) Weissagung *f*; ANTIK *a.* Orakel *nt*
2. *soutenu* (*sage*) Prophet(in) *m(f)*
3. *soutenu* (*forte parole*) Prophezeiung *f*
▶ **qn rend des ~s** *soutenu* jd macht Prophezeiungen

orage [ɔʀaʒ] *m* 1. METEO Gewitter *nt*
2. (*dispute*) [häusliches] Gewitter, Streit *m kein pl*
3. *gén pl littér*: ***les ~s de la Révolution*** die Wirren der Revolution
▶ **il y a de l'~ dans l'air** es herrscht dicke Luft *fam*; **~ magnétique** magnetischer Sturm; **qc est à l'~**: ***le temps est à l'~*** METEO es sieht nach Gewitter aus, es ist gewittrig; *fig* die Zeiger stehen auf Sturm; **d'~** *pluie, temps* Gewitter-; ***vent d'~*** Gewittersturm *m*

orageux, -euse [ɔʀaʒø, -ʒøz] *adj* **1.** METEO *atmosphère, chaleur, ciel* gewittrig; *pluie, région, saison, nuage* Gewitter-
2. (*agité, houleux*) *adolescence, époque, vie* stürmisch; *discussion* heftig, hitzig; ***l'atmosphère à la maison est plutôt ~euse*** die Atmosphäre zu Hause ist eher gespannt
oraison [ɔʀɛzɔ̃] *f* REL (*lecture*) Kirchengebet *nt;* (*méditation*) stilles Gebet
▶ ~ **funèbre** Grabrede *f*
oral, e <-aux> [ɔʀal, o] **I.** *adj* **1.** (*opp: écrit*) mündlich; ***tradition ~e*** mündlich überlieferte Tradition
2. (*buccal*) *cavité* Mund-; ***médicament à prendre par voie ~e*** oral einzunehmendes Arzneimittel
3. PSYCH: ***stade*** ~ orale Phase
4. LING oral
II. *m* (*opp: écrit*) Mündliche(s) *nt;* SCOL mündliche Prüfung
▶ **à l'**~ mündlich; SCOL im Mündlichen
oralement [ɔʀalmɑ̃] *adv* mündlich
orange [ɔʀɑ̃ʒ] **I.** *f* (*fruit*) Orange *f,* Apfelsine *f;* ~ ***amère/sanguine*** Bitter-/Blutorange
▶ **on presse l'**~ **et on jette l'écorce** der Mohr hat seine Schuldigkeit getan, er kann gehen; **à l'**~ *tarte, glace* Orangen-; **d'**~**s** *confiture, liqueur, marmelade* Orangen-
II. *m* **1.** (*couleur*) Orange *nt*
2. TRANSP Gelb *nt;* ***le feu passe/est à l'***~ die Ampel schaltet auf Gelb/ist gelb; ***qn passe à l'***~ jd fährt bei Gelb über die Kreuzung
III. *adj inv* orange[farben]
orangé, e [ɔʀɑ̃ʒe] **I.** *adj* orange *inv,* orangefarben
II. *m* Orange *nt*
orangeade [ɔʀɑ̃ʒad] *f* Orangenlimonade *f*
oranger [ɔʀɑ̃ʒe] *m* Orangenbaum *m*
orangeraie [ɔʀɑ̃ʒʀɛ] *f* Orangenplantage *f*
orangerie [ɔʀɑ̃ʒʀi] *f* Orangerie *f*
orang-outan[g] <~s-~s> [ɔʀɑ̃utɑ̃] *m* Orang-Utan *m*
orateur, -trice [ɔʀatœʀ, -tʀis] *m, f* Redner(in) *m(f)*
oratoire [ɔʀatwaʀ] **I.** *adj* Rede-; ***ton*** ~ rednerischer Tonfall; ***joute*** ~ Wortgefecht *nt;* ***qn prend des précautions ~s*** jd drückt sich sehr vorsichtig aus
II. *m* (*chapelle*) Hauskapelle *f,* Oratorium *nt*
oratorio [ɔʀatɔʀjo] *m* Oratorium *nt*
orbital, e <-aux> [ɔʀbital, o] *adj station, mouvement, vitesse* Orbital-; *véhicule a.* Raum-
orbite [ɔʀbit] *f* **1.** ANAT Augenhöhle *f*
2. ASTRON Umlaufbahn *f*
3. (*sphère d'influence*) Dunstkreis *m geh*
▶ **dans l'**~ **de qn** in jds Bannkreis *m* (*dat*); **en** [*o* **sur**] ~ ESPACE: ***qn met qc en*** [*o* ***sur***] ~ jd bringt etw auf seine Umlaufbahn; **sur** ~ (*en voie de réussir*): ***qn met qn/qc sur*** ~ jd lanciert jdn/etw; ***qn/qc est sur*** ~ jd/etw ist in, jd/etw ist up to date [aptu'deɪt]
orchestral, e <-aux> [ɔʀkɛstʀal, o] *adj* Orchester-
orchestrateur, -trice [ɔʀkɛstʀatœʀ, -tʀis] *m, f* **1.** MUS Instrumentator(in) *m(f)*
2. (*organisateur*) Veranstalter(in) *m(f)*
orchestration [ɔʀkɛstʀasjɔ̃] *f* **1.** MUS Instrumentierung *f,* Orchestrierung *f*
2. (*organisation*) [*campagne d'opinion, de presse*] Inszenierung *f*
orchestre [ɔʀkɛstʀ] *m* **1.** MUS Orchester *nt;* ■ ~ **de/à** -orchester
2. THEAT, CINE (*emplacement*) Platz *m* im Parkett; (*public*) Parkett *nt*
▶ ~ **philharmonique** philharmonisches Orchester, Philharmonie *f*
orchestrer <1> [ɔʀkɛstʀe] *vt* **1.** MUS ■ **qn orchestre qc** jd orchestriert etw
2. (*organiser*) ■ **qn orchestre qc** *campagne d'opinion, publicitaire* jd inszeniert etw; *manifestation* jd organisiert etw
orchidée [ɔʀkide] *f* Orchidee *f*
ordinaire [ɔʀdinɛʀ] **I.** *adj* **1.** (*habituel*) *événement, fait, geste* alltäglich, üblich; ***c'est une réaction*** ~ das ist eine [ganz] normale Reaktion
2. (*courant*) *produit, tissu, vin* einfach; ***essence*** ~ Normalbenzin *nt*
3. *péj* (*médiocre*) [ganz] gewöhnlich
▶ **ça, alors, c'est pas** ~! *fam* das ist schon sehr ungewöhnlich!
II. *m* **1.** (*banalité, habitude*) Alltägliche *nt;* ***l'~ fatigue vite*** der Alltagstrott ermüdet schnell; ***une intelligence au-dessus de l'***~ eine überdurchschnittliche Intelligenz
2. (*menu habituel*) Alltagskost *f*
▶ **ça change de l'**~ das ist mal etwas anderes; **qc sort de l'**~ etw ist außergewöhnlich; ***un film qui sort de l'***~ ein außergewöhnlicher Film; **qc sort qn de l'**~ etw ist für jdn eine Abwechslung; **comme à/plus qu'à l'**~ wie gewohnt/mehr als gewohnt; **[comme] à mon/ton/...** ~ *vieilli* [sc] wie ich/du/... es gewohnt bin/bist/...; **d'**~ normalerweise
◆ **ordinaire de la messe** Ordo missae *m*
ordinairement [ɔʀdinɛʀmɑ̃] *adv* [für] gewöhnlich
ordinal, e <-aux> [ɔʀdinal, o] **I.** *adj* Ordnungs-
II. *m* GRAM Ordinalzahl *f,* Ordinale *f*
ordinateur [ɔʀdinatœʀ] *m* Computer [kɔm'pju:tɐ] *m*
▶ **assisté par** ~ computergestützt, computerunterstützt; ~ **embarqué** Bordcomputer *m;* ~ **neuronal** Neuronencomputer *m;* ~ **personnel** PC *m;* ~ **portable** Laptop ['læptɔp] *m;* **sur** ~: ***toute la gestion est sur*** ~ die ganze Geschäftsführung ist im Computer gespeichert; ***qn travaille sur*** ~ jd arbeitet am Computer
◆ **ordinateur de bureau** PC [pe:'tse:] *m;* **ordinateur de table** Desktop ['dɛsktɔp] *m*
ordination [ɔʀdinasjɔ̃] *f* Priesterweihe *f*
ordinogramme [ɔʀdinɔgʀam] *m* Flussdiagramm *nt*

ordonnance [ɔʀdɔnɑ̃s] **I.** *f* **1.** MED Rezept *nt*
2. JUR Anordnung *f;* ■ ~ **de** *de paiement, dépenses* -anweisung *f;* ~ ***de délégation*** Übertragung *f* der Anordnungsbefugnis; ~ ***de non-lieu/saisie*** Einstellungs-/Pfändungsbeschluss *m*
3. (*disposition*) [*phrase*] Gliederung *f;* [*poème, tableau a.*] Aufbau *m;* [*cérémonie*] Verlauf *m;* ***l'~ d'un repas*** die Speisenfolge
II. *m o f* HIST Ordonnanz *f*
ordonnancement [ɔʀdɔnɑ̃smɑ̃] *m* **1.** (*disposition*) [*bâtiments*] Anordnung *f;* [*cérémonie*] Verlauf *m;* [*poème, tableau*] Aufbau *m;* [*repas*] Zusammenstellung *f*
2. FIN (*mandatement*) Zahlungsanweisung *f*
3. IND (*suivi des commandes*) Auftragsabwicklung *f*
ordonnancer <2> [ɔʀdɔnɑ̃se] *vt* **1.** (*organiser*) ■ **qn ordonnance qc** *cérémonie, fête* jd organisiert etw; *repas* jd stellt etw zusammen
2. FIN ■ **qn ordonnance/fait** ~ **qc** jd weist etw an/lässt etw anweisen
ordonnateur, -trice [ɔʀdɔnatœʀ, -tʀis] *m, f* **1.** (*organisateur*) Organisator(in) *m(f);* ■ ~ **de qc** Organisator(in) einer S. (*gen*)
2. FIN Anweisungsberechtigte(r) *f(m)*
◆ **ordonnateur(-trice) des pompes funèbres** Leichenbestatter(in) *m(f)*
ordonné, e [ɔʀdɔne] **I.** *adj* **1.** (*méthodique*) *personne* methodisch [arbeitend/denkend]
2. (*qui a de l'ordre*) ordnungsliebend, ordentlich
3. (*opp: confus*) *vie* geregelt; *maison* ordentlich; *discours* strukturiert
4. MATH *ensemble* geordnet
II. *f* MATH ■ **ordonnée** Ordinate *f*
ordonner <1> [ɔʀdɔne] **I.** *vt* **1.** (*arranger*) ■ **qn ordonne qc** jd bringt Ordnung in etw (*akk*); MATH jd ordnet etw
2. REL ■ **qn ordonne qn** [**qc**] jd weiht jdn [zu etw]
II. *vpr* (*s'organiser*) ■ **qc s'ordonne** /*idées*/ etw ordnet sich; ***ma vie s'ordonne de nouveau*** in mein Leben kommt wieder Ordnung
ordonner <1> [ɔʀdɔne] *vt* (*commander*) ■ **qn ordonne qc** [**à qn**] jd befiehlt [jdm] etw; *travail* jd trägt jdm etw auf; MED jd verordnet [jdm] etw; JUR *huis clos, non-lieu, fermeture* jd ordnet etw an; ***qn ordonne le silence*** jd gebietet Ruhe *geh;* ■ **qn ordonne à qn de faire qc** jd befiehlt jdm, etw zu tun; JUR jd fordert jdn auf, etw zu tun; ■ **qn ordonne que** + *subj* jd ordnet an, dass
ordre[1] [ɔʀdʀ] *m* **1.** (*caractère ordonné*) [*maison, personne, pièce*] Ordnung *f;* ***moi, j'ai de l'***~ bei mir herrscht Ordnung
2. (*classement*) Reihenfolge *f; chronologique, logique a.* Abfolge *f;* ~ ***hiérarchique*** Hierarchie *f,* Rangfolge *f;* ~ ***numérique*** Zahlenfolge *f;* ***par*** ~ ***alphabétique*** alphabetisch, in alphabetischer Reihenfolge; ***l'~ des héritiers*** die Erbfolge; ***l'~ d'entrée en scène des acteurs est le suivant*** die Schauspieler treten in folgender Reihenfolge auf
3. (*genre*) Art *f,* Natur *f;* ***de quel*** ~? welcher Art [*o* Natur]?; ***de cet*** ~ dieser Art, derartig; ***d'~ politique/économique*** politischer/wirtschaftlicher Art
4. (*légalité*) Ordnung *f*
5. (*association*) [*architectes, experts comptables*] Verband *m;* [*avocats, médecins*] Kammer *f;* (*honorifique, historique*) Orden *m*
6. BOT, ZOOL Ordnung *f*
7. HIST (*classe sociale*) Stand *m*
8. REL (*sacrement*) Weihe *f;* (*congrégation*) Orden *m*
9. ARCHIT [Säulen]ordnung *f*
▶ **qc est dans l'**~ **des choses** etw liegt in der Natur der Dinge; **un** ~ **de grandeur** eine Größenordnung; **dans le même** ~ **d'idées** in diesem Zusammenhang; **dans un autre** ~ **d'idées** übrigens; **pour te donner un** ~ **d'idées** damit du dir das vorstellen kannst; [**qc est**] **en** ~ **de marche** [etw ist] betriebsbereit; **qn met bon** ~ **à qc** jd bringt etw in Ordnung; **qn est cité(e) à l'**~ **de qc** *de la Légion d'honneur, Libération, du Mérite agricole, des Palmes académiques* jdm wird der Orden einer S. (*gen*) verliehen; **de dernier** ~ *travail* miserabel; *problème* völlig unwichtig, nebensächlich; **en** ~ **dispersé** einzeln; **l'**~ **établi** die bestehende Ordnung; **de premier/deuxième/troisième** ~ erst-/zweit-/drittrangig; ***un artiste de troisième*** ~ ein drittklassiger Künstler; **l'**~ **public** die öffentliche Ordnung; **qn entre dans les** ~**s** jd tritt einem Orden bei; **qn rappelle qn à l'**~ jd ruft jdn zur Ordnung; **qn** [**re**]**met de l'**~ **dans qc** jd bringt etw [wieder] in Ordnung, jd schafft [wieder] Ordnung in etw (*dat*); **qn** [**re**]**met qc en** ~ jd bringt etw wieder in Ordnung; **qc rentre dans l'**~ etw geht wieder seinen gewohnten Gang; **qn tient qc en** ~ jd hält etw in Ordnung; **qn d'**~: ***c'est un homme d'***~ er ist ein ordnungsliebender Mensch; **dans l'**~ (*aux courses*) in der richtigen Reihenfolge; **de l'**~ **de** in der Größenordnung von; **en** ~ in Ordnung; **par** ~ **de qc** einer S. (*dat*) nach; ***par ~ de taille/d'ancienneté*** der Größe/dem Dienstalter nach
ordre[2] [ɔʀdʀ] *m* **1.** (*commandement*) Befehl *m;* MIL *a.* Order *f*
2. (*directives*) Anordnung *f,* Anweisung *f,* Weisung *f form;* ***sur ~ du médecin*** auf Anordnung des Arztes
3. COM, FIN (*commande*) Auftrag *m,* Order *f;* (*pour des marchandises*) Bestellung *f,* Order; ***qn passe un*** ~ jd erteilt einen Auftrag [*o* eine Order]/jd gibt eine Bestellung auf; ■ ~ **de** -auftrag; *d'achat, de vente a.* -order
▶ **jusqu'à nouvel** ~ bis auf weiteres, bis auf Widerruf *form;* **qn a** [**l'**]~ **de faire qc** jd hat [den] Befehl, etw zu tun; ***j'ai*** ~ [***du médecin***] ***de rester couché(e)*** der Arzt hat mir angeordnet im Bett zu bleiben; **qn n'a pas d'**~ **à recevoir de qn** jd lässt sich (*dat*) von jdm keine Vorschriften machen [*o* nichts befehlen]; **qn donne un** ~/**des** ~**s** [**à qn**] jd gibt [*o* erteilt] [jdm] einen Befehl/Befehle; **qn donne** [**l'**]~ [**à qn**] **de faire qc** jd gibt [*o* erteilt] [jdm] [den] Befehl, etw zu tun; jd befiehlt [jdm], etw zu tun; (*décréter*) jd ordnet an etw zu tun; **qn est aux** ~**s de qn** jd steht jdm zur Verfügung [*o* zu jds Diensten]; ***je ne suis pas à tes ~s*** du hast mir nichts zu befehlen [*o* zu sagen]; **qn intime l'**~ **à qn de faire qc** jd befiehlt jdm, etw zu tun; jd gibt jdm [den] Befehl,

etw zu tun; **à l'~ de** an die Order von; ***à l'~ de M. X*** an Herrn X, an Order Herr X; ***établissez votre chèque à l'~ de la société*** stellen Sie den Scheck auf die Gesellschaft aus; **à vos ~s!** zu Befehl!; **par ~** im Auftrag; **[qn est] sous les ~s de qn** [jd ist] jdm unterstellt, jd ist jds Untergebene(r); MIL [jd steht] unter jds Befehl (*dat*); ***qn a 27 000 employés sous ses ~s*** jdm sind 27 000 Beschäftigte unterstellt; **sur [l']~/les ~s de qn** in jds Auftrag (*dat*)
◆ **ordre d'appel** Einberufungsbefehl *m*, Einberufungsbescheid *m;* **ordre d'écrou** Haftbefehl *m;* **ordre de grève** Streikaufruf *m;* **ordre de mission** Dienstbefehl *m;* **ordre de route** Marschbefehl *m;* **ordre du jour** (*programme*) Tagesordnung *f;* MIL Tagesbefehl *m* ▸**qc est à l'~ du jour** (*d'actualité*) etw steht zur Debatte [*o* zur Diskussion]; **qn met qc à l'~ du jour** jd setzt etw auf die Tagesordnung

ordure [ɔʀdyʀ] *f* **1.** *pl* (*détritus*) Müll *m*, Abfall *m*, Abfälle *pl;* (*objets usés*) Gerümpel *nt pej;* ***défense de déposer des ~s*** Müllabladen verboten; ***une décharge d'~s*** eine Müllkippe, eine [Müll]deponie; ***l'enlèvement*** [*o* ***le ramassage***] ***des ~s*** die Müllabfuhr
2. *péj* (*personne*) Mistvieh *nt fam;* (*femme a.*) Miststück *nt fam;* (*homme a.*) Mistkerl *m fam;* (*chose abjecte*) Schrott *m fam*, letzter Dreck *fam;* ***qn se conduit comme une ~*** jd benimmt sich wie ein Schwein *sl*
3. *littér* (*boue, fange*) Dreck *m*, Schmutz *m*
4. *pl* (*propos obscènes*) Schweinereien *pl;* (*mots obscènes a.*) unanständige [*o* unflätige] Ausdrücke
▸ **~s ménagères** Hausmüll *m*, Haushaltsabfälle *pl;* **un animal fait ses ~s** ein Tier macht seinen Haufen; **qn jette/met qc aux ~s** jd wirft etw in den Müll; *frigo, meubles* jd gibt etw zum Sperrmüll; ***qc est tout juste bon(ne) à être jeté(e) aux ~s*** etw ist reif für den Müll[eimer], etw kann man nur noch wegwerfen; */frigo, meubles/* etw ist reif für den Sperrmüll

ordurier, **-ière** [ɔʀdyʀje, -jɛʀ] *adj* vulgär, ordinär; *propos, chanson a.* zotig

orée [ɔʀe] *f littér* [*bois, forêt*] Rand *m*, Saum *m liter*
▸ **à l'~ de qc** (*en lisière de*) am Rand einer S. (*gen*); (*au début de*) zu Beginn einer S. (*gen*); ***à l'~ de la forêt*** am Rand [*o* Saum *liter*] des Waldes, am Waldesrand, am Waldessaum *liter*

oreille [ɔʀɛj] *f* **1.** ANAT Ohr *nt;* ***qn a les ~s qui bourdonnent*** jd hat Ohrensausen, jdm summen die Ohren; ***qn garde qc au fond des ~s*** etw bleibt jdm im Ohr; ***qc lui reste dans l'~*** jd hat etw noch im Ohr, etw bleibt jdm im Ohr; ***des ~s décollées/pendantes*** abstehende/hängende Ohren [*o* Hängeohren] *pl;* ***l'animal aux longues ~s*** das Langohr; ***le béret sur l'~*** die Mütze schräg überm Ohr
2. (*ouïe*) Ohr *nt*, Gehör *nt;* MUS [musikalisches] Gehör; ***qc frappe l'~ de qn*** etw dringt an jds Ohr (*akk*); ***ton ~ commence à faiblir*** dein Gehör lässt nach; ***qn manque d'~/n'a pas d'~*** jd hat kein musikalisches Gehör, jd hat kein gutes Gehör [für Musik]
3. (*anse*) Henkel *m*
4. (*appuie-tête*) seitliche Kopfstütze; ***une bergère*** [*o* ***un fauteuil***] ***à ~s*** ein Ohrensessel *m*
▸ **qn a l'~ aux aguets** jd lauscht, jd spitzt die Ohren *fam;* **qn a les ~s en feuille de chou** *fam* jd hat abstehende Ohren [*o* Segelohren *fam*]; **qc n'est pas tombé(e) dans l'~ d'un sourd** etw ist mir/ihr/ihm/... nicht entgangen; */conseil, proposition/* etw ist nicht auf taube Ohren gestoßen; **qn a l'~ absolue** jd hat das absolute Gehör; **l'~ basse** mit hängenden Ohren, mit hängendem Kopf; ***qn a l'~ basse*** jd lässt die Ohren [*o* den Kopf] hängen; **qn écoute [qc] d'une ~ distraite** jd hört [einer S. (*dat*)] nur mit halbem Ohr zu; **dur(e) d'~** schwerhörig; ***qn est dur(e) d'~*** jd ist schwerhörig, jd hört schlecht; **~ externe/interne/moyenne** Außen-/Innen-/Mittelohr; **qn a l'~ fine** (*entend bien*) jd hat gute Ohren; (*perçoit les nuances*) jd hat ein feines Ohr [*o* Gehör]; **qn a l'~ juste** MUS jd hat ein musikalisches Gehör; **qc lui fait mal aux ~s** jd hört etw ungern; **qn en a plein les ~s [de qc]** *fam* jd kann es/etw nicht mehr hören, es/etw kommt jdm schon zu den Ohren raus *fam;* **qn fait la sourde ~** jd stellt sich taub; **qn a de l'~/n'a pas d'~** MUS jd hat ein musikalisches/kein [musikalisches] Gehör; **qn a l'~ de qn** jd findet bei jdm Gehör [*o* [immer] ein offenes Ohr]; **qn en a par-dessus les ~s [de qc]** *fam* jd kann es/etw nicht mehr hören; **qc arrive** [*o* **parvient**] [*o* **vient**] **aux ~s de qn** etw kommt jdm zu Ohren; **qn se bouche les ~s** jd stopft [*o* hält] sich (*dat*) die Ohren zu; *fig* jd hört nicht hin, jd schaltet die Ohren auf Durchzug *fam;* **qn lui casse les ~s** jd tötet jdm den [letzten] Nerv, jd geht [*o* fällt] jdm auf die Nerven; **qn lui chauffe les ~s** jd geht jdm auf den Geist [*o* auf den Wecker] *fam;* **qn corne aux ~s de qn** jd schreit [*o* blökt *fam*] jdm ins Ohr; **qn n'en croit pas ses ~s** jd traut seinen Ohren nicht; **qn dort sur ses deux ~s** jd schläft ruhig, jd ist ganz beruhigt; **qn dresse l'~** jd horcht auf, jd spitzt die Ohren *fam;* **qn/qc lui échauffe les ~s** jd/etw bringt jdn auf die Palme *fam*, jd/etw nervt jdn *fam;* **qn/qc lui écorche les ~s** jd/etw strapaziert jds Ohren; **qn n'écoute que d'une ~** jd hört nur mit einem [*o* halbem] Ohr zu [*o* hin]; **qn écoute de toutes ses ~s** jd macht [*o* sperrt] die Ohren auf *fam;* **qn ne l'entend pas de cette ~** jd ist damit nicht einverstanden; **qc entre par une ~ et ressort par l'autre** etw geht zum einen Ohr rein und zum anderen wieder raus; **qn est tout ~s** jd ist ganz Ohr; **qn ferme l'~ à qc** jd ist taub für etw, jd will etw nicht hören; **qn lui frotte** [*o* **tire**] **les ~s** *hum* jd zieht jdn an den Ohren; (*gronder a.*) jd zieht jdm die Ohren lang *fam;* **qn glisse qc à l'~ de qn** jd flüstert jdm etw ins Ohr [*o* jdm etw zu]; **qn se gratte l'~** (*hésite*) jd überlegt hin und her; **qn ouvre ses ~s** [*o* **l'~**] jd macht [*o* sperrt *fam*] die Ohren auf, jd hört gut zu; **qn prête l'~ [à qn/qc]** jd hört [jdm] gut zu/jd hört auf etw (*akk*), jd leiht jdm sein Ohr *geh;* **qn prête une ~ attentive [à qn/qc]** jd hört [jdm] aufmerksam zu/jd hört sich (*dat*) etw aufmerksam an; **qn prête une ~ complaisante** [*o* **favorable**] **à qn/qc** jd schenkt jdm/einer S. [bereitwillig] Gehör, jd hat ein offenes Ohr für jdn/etw; **qn lui rebat les ~s [avec qc]** jd liegt jdm [mit etw] [dauernd] in den Ohren; ***j'ai les ~s rebattues de cette histoire*** ich kann die Geschichte nicht mehr hören; **les ~s lui sifflent** [*o* **tintent**] jdm klingen die Ohren; ***les ~s ont dû vous tinter*** [*o* ***siffler***] Ihnen müssen [doch] die Ohren geklungen haben; **qn tend l'~** jd spitzt die Ohren *fam;* **les ~s lui tintent** (*bourdonnent*) jd hat Ohrensausen, es saust in jds Ohr; **qn se fait tirer l'~** jd lässt sich lange bitten; **à l'~ [de qn]** *dire, chuchoter qc* [jdm] ins Ohr; ***qn parle à l'~ de qn*** jd flüstert jdm [etwas] ins Ohr; **jusqu'aux ~s** bis über beide Ohren

oreiller [ɔʀeje] *m* [Kopf]kissen *nt*
▸ **sur l'~** *hum* im Bett; ***ce qu'on se dit sur l'~*** Bettgeflüster *nt*

oreillette [ɔʀɛjɛt] *f* **1.** ANAT Vorhof *m*, Vorkammer *f*
2. COUT Ohrenschützer *m;* [*casquette, toque*] Ohrenklappe *f;* ***à ~s*** mit Ohrenklappen

oreillons [ɔʀɛjɔ̃] *mpl* Mumps *m o f*, Ziegenpeter *m*

ores [ɔʀ] *adv* ▸ **d'~ et déjà** schon [*o* bereits] jetzt

orfèvre [ɔʀfɛvʀ] *mf* **1.** (*artisan*) Goldschmied(in) *m(f)*
2. (*marchand*) Juwelier(in) *m(f)*
▸ **qn est ~ en la matière** jd ist Experte/Expertin *m/f* auf diesem Gebiet, jd ist auf diesem Gebiet ein Könner

orfèvrerie [ɔʀfɛvʀəʀi] *f* **1.** (*travail*) Goldschmiedehandwerk *nt;* (*art*) Goldschmiedekunst *f*
2. (*objet*) Goldschmiedearbeit *f*
3. (*magasin*) Juweliergeschäft *nt*, Juwelierladen *m*

orfraie [ɔʀfʀɛ] *f* Seeadler *m*

organdi [ɔʀgɑ̃di] *m* Organdy *m*

organe [ɔʀgan] *m* **1.** ANAT, PHYSIOL Organ *nt; femelle, mâle* Geschlechtsorgan, Sexualorgan; ***les ~s de la digestion/respiration*** die Verdauungs-/Atmungsorgane; ***les ~s sexuels*** [*o* ***génitaux***] die Geschlechtsorgane [*o* Sexualorgane] [*o* Genitalien]
2. (*porte-parole*) Organ *nt*
3. (*instrument*) ■ **l'~ de** Instrument *nt* (+ *gen*); *de la domination, puissance a.* -instrument
4. *littér* (*voix*) Stimme *f;* (*voix puissante a.*) Organ *nt*
5. TECH Element *nt*, Teil *nt;* ■ **~ de** *d'assemblage, de transmission, mouvement* -element, -teil
6. ADMIN Organ *nt*, Apparat *m;* ***les ~s directeurs*** [*o* ***dirigeants***] [*parti*] die Führungsorgane, der Führungsapparat

organigramme [ɔʀganigʀam] *m* **1.** ADMIN Organisationsplan *m*, Organisationsschema *nt*, Organigramm *nt*
2. INFORM Flussdiagramm *nt*, Strukturdiagramm *nt*, Ablaufschema *nt*

organique [ɔʀganik] *adj* organisch

organiquement [ɔʀganikmɑ̃] *adv* **1.** (*quant à l'organisation*) strukturell
2. (*dans son essence*) durch und durch

organisateur, **-trice** [ɔʀganizatœʀ, -tʀis] **I.** *adj* organisatorisch; ***facultés ~trices*** organisatorische Fähigkeiten *pl*, Organisationstalent *nt*
II. *m, f* Organisator(in) *m(f);* [*cérémonie, fête, manifestation, voyage a.*] Veranstalter(in) *m(f);* ***tes talents d'~*** dein Organisationstalent
III. *m* INFORM Organizer ['ɔ:gənaizə] *m*

organisation [ɔʀganizasjɔ̃] *f* **1.** (*fait d'organiser*) Organisation *f;* [*cérémonie, fête, loisirs a.*] Gestaltung *f;* [*temps*] Einteilung *f;* ***~ du travail*** Arbeitsorganisation; ***qn n'a aucun sens de l'~*** jd hat kein Organisationstalent; ***l'~ de mes loisirs*** die Gestaltung meiner Freizeit, meine Freizeitgestaltung; ***qn a une bonne ~ de son emploi du temps*** jd teilt sich (*dat*) seine Zeit gut ein
2. (*structure*) Organisation *f*, Aufbau *m; politique* Organisation; ***l'~ des services*** die Betriebsorganisation
3. (*groupement*) Organisation *f;* ***~ syndicale/ouvrière*** gewerkschaftliche Organisation [*o* Gewerkschaft *f*]/Arbeiterorganisation; ***~ patronale/agricole*** Arbeitgeber-/Bauernverband *m;* ***~ de tourisme*** Tourismusunternehmen *nt*
◆ **Organisation de coopération et de développement économiques** Organisation *f* für wirtschaftliche Zusammenarbeit und Entwicklung; **Organisation de l'armée secrète** OAS *f* (*militärische Organisation zur Verhinderung der Unabhängigkeit Algeriens vom französischen Mutterland*); **Organisation de l'aviation civile internationale** Internationale Zivilluftfahrtorganisation; **Organisation de libération de la Palestine** Palästinensische Befreiungsorganisation; **Organisation de l'unité africaine** Organisation *f* für Afrikanische Einheit; **Organisation des États américains** Organisation *f* der Amerikanischen Staaten; **Organisation des Nations unies** Vereinte Nationen *pl*, Organisation *f* der Vereinten Nationen; **Organisation des Nations unies pour l'alimentation et l'agriculture** Ernährungs- und Landwirtschaftsorganisation *f* der Vereinten Nationen; **Organisation des Nations unies pour l'éducation, la science et la culture** Organisation *f* der Vereinten Nationen für Erziehung, Wissenschaft und Kultur; **Organisation des pays exportateurs de pétrole** Organisation *f* der Erdölexportierenden Länder; **organisation du traité de l'Atlantique Nord** [Nord]atlantikpakt *m*, NATO *f;* **Organisation internationale de police criminelle** Internationale kriminalpolizeiliche Organisation; **Organisation mondiale de la santé** Weltgesundheitsorganisation *f*

organisationnel, **le** [ɔʀganizasjɔnɛl] *adj* organisatorisch; *structure, système a.* Organisations-

organisé, **e** [ɔʀganize] *adj* **1.** (*structuré*) organisiert
2. (*méthodique*) *tête* methodisch; *esprit, personne a.* systematisch; ***elle est ~e dans son travail*** sie arbeitet systematisch [*o* methodisch] [*o* mit Methode]; ***qn a la tête ~e*** jd kann methodisch denken; ***qn est bien/mal ~*** jd ist gut/schlecht organisiert
3. *fam* (*manifeste*): ***c'est du vol ~!*** das ist [reinste] Halsabschneiderei!; ***c'est le cirque ~ ici!*** hier herrscht das reinste Chaos!
4. BIO organisiert

organiser <1> [ɔʀganize] **I.** *vt* **1.** (*préparer*) ■ **qn organise qc** jd organisiert etw; *cérémonie, conférence, manifestation, réunion, voyage a.* jd veranstaltet etw; *fête a.* jd macht etw; *campagne, opération, programme, péti-*

tion a. jd führt etw durch; *complot a.* jd zettelt etw an
2. (*planifier*) ■ **qn organise qc** jd organisiert etw; *travail a., temps* jd teilt [sich (*dat*)] etw ein; *loisirs a.* jd gestaltet etw; *vie* jd gestaltet [*o* plant] etw
3. (*structurer*) ■ **qn organise qc** *armée, mouvement* jd organisiert etw; *cadre, parti, services a.* jd ordnet etw
II. *vpr* 1. (*se donner une structure*) ■ **qc s'organise** /*mouvement, parti, résistance*/ etw organisiert sich; /*pays, société a.*/ etw gibt sich eine Organisation
2. (*gérer ses activités*) ■ **qn s'organise** (*activités privées*) jd teilt sich (*dat*) seine Zeit [richtig] ein; (*activités professionnelles*) jd teilt sich (*dat*) seine Arbeit [richtig] ein; ***elle sait s'~*** sie ist gut organisiert; ■ **qn s'organise pour qc** jd bereitet sich auf etw (*akk*) vor
organisme [ɔʀganism] *m* 1. BIO Organismus *m*, (*corps a.*) Körper *m*
2. ADMIN Einrichtung *f*, Institution *f*; *~* ***conventionné*** Körperschaft *f*; *~* ***de crédit*** Kreditinstitut; *~* ***de tourisme*** Touristikunternehmen *nt*
3. (*ensemble organisé*) Organismus *m*, Gebilde *nt*
organiste [ɔʀganist] *mf* Organist(in) *m(f)*
orgasme [ɔʀgasm] *m* Orgasmus *m*, [sexueller] Höhepunkt
orge [ɔʀʒ] *f* Gerste *f*
orgeat [ɔʀʒa] *m mit Mandelmilch zubereiteter Sirup*
orgelet [ɔʀʒəlɛ] *m* Gerstenkorn *nt*
orgiaque [ɔʀʒjak] *adj littér* 1. (*propre à la débauche*) orgiastisch, zügellos
2. ANTIK orgiastisch
orgie [ɔʀʒi] *f* 1. (*débauche*) Orgie *f*, Ausschweifung *f*; ANTIK Orgie; ***qn se vautre dans l'~*** jd führt ein Lotterleben [*o* ein ausschweifendes Leben]
2. *hum* (*profusion, excès*) ■ *~* **de** *de bonbons, de glaces* -orgie *f*; *de fleurs, lumières* Meer *nt* von; *de formes* Explosion *f* von; ***une ~ de couleurs*** eine Farborgie, ein Farbrausch *m*
orgue [ɔʀg] I. *m* 1. MUS Orgel *f*; *~* ***électronique/portatif*** elektronische/tragbare Orgel, Elektronenorgel/Portativ *nt*
2. GEOL Säulen *pl*; *~****s basaltiques*** Basaltsäulen
▸ *~* **positif** Positiv *nt*; **qn tient l'**~ jd spielt [die] Orgel, jd ist Organist(in)
II. *fpl* MUS [Kirchen]orgel *f*
▸ **grandes ~s** (*instrument*) Hauptorgel *f*; (*registre*) Hauptwerk *nt* [einer Orgel]; **petites ~s** (*instrument*) Chororgel *f*; (*registre*) kleines Werk [einer Orgel]
◆ **orgue de Barbarie** Drehorgel *f*, Leierkasten *m fam*; **orgues de Staline** Stalinorgel *f*
orgueil [ɔʀgœj] *m* 1. (*fierté*) Stolz *m*; *~* ***national*** Nationalstolz; ***qn a l'~ de qn/qc*** jd ist auf jdn/etw stolz
2. (*objet de fierté*) [ganzer] Stolz; ***qn/qc est l'~ de qn*** jd/etw ist jds ganzer Stolz
3. *péj* (*prétention*) Hochmut *m*, Überheblichkeit *f*, Stolz *m*; ***qn est pétri(e) d'~*** jd ist von Stolz gebläht [*o* geschwellt]
▸ **qn met son ~ dans qc/à faire qc** jd setzt seinen Stolz in [*o* an] etw (*akk*)/daran, etw zu tun; **qn tire [grand] ~ de qc** jd ist [sehr] stolz auf etw (*akk*)
orgueilleusement [ɔʀgøjøzmɑ̃] *adv* stolz
orgueilleux, -euse [ɔʀgøjø, -jøz] I. *adj* 1. (*fier*) stolz; ■ *~* **de qn/qc** stolz auf jdn/etw
2. *péj* (*prétentieux*) hochmütig, stolz, überheblich
II. *m, f* überheblicher [*o* hochmütiger] [*o* eingebildeter] Mensch
orient [ɔʀjɑ̃] *m* 1. HIST, GEOG ■ **l'Orient** der Orient, das Morgenland *veraltet*
2. ASTRON *littér* Osten *m*, Orient *m alt*
3. MINER Lüster *m*
4. (*loge maçonnique*) Loge *f*
▸ **Grand O~** Großloge *f*
orientable [ɔʀjɑ̃tabl] *adj* ■ [**qc est**] *~* [etw ist] verstellbar; *lampe a.* [etw ist] schwenkbar; *antenne, bras a.* [etw ist] beweglich; ***le bras de cette lampe est ~*** der Arm dieser Lampe ist schwenkbar [*o* beweglich]
oriental, e <-aux> [ɔʀjɑ̃tal, o] I. *adj* 1. (*situé à l'est d'un lieu*) östlich; *côte, frontière a.* Ost-; ***les Pyrénées ~es*** die Ost-Pyrenäen
2. (*relatif à l'Orient*) orientalisch
II. *m, f* ■ **Oriental(e)** Orientale/Orientalin *m/f*
orientalisme [ɔʀjɑ̃talism] *m* 1. (*science*) Orientalistik *f*
2. ART, LITTER Orientalismus *m*
orientaliste [ɔʀjɑ̃talist] I. *adj* orientalisierend
II. *mf* 1. (*savant*) Orientalist(in) *m(f)*
2. ART orientalisierender Maler/orientalisierende Malerin
orientation [ɔʀjɑ̃tasjɔ̃] *f* 1. (*tendance, direction*) [*enquête, établissement*] Ziel[setzung *f*] *nt*; [*recherches, science a.*] Orientierung *f*; [*campagne, parti politique, politique a.*] Richtung *f kein pl*, Kurs *m kein pl*, Orientierung; ***l'~ de sa pensée*** seine/ihre Denkrichtung; ***les nouvelles ~s de la médecine*** die neuen Zielsetzungen [in] der Medizin; ***le changement d'~*** der Richtungswechsel, der Kurswechsel
2. PSYCH, SCOL Beratung *f*, Orientierungshilfe *f*; *~* ***professionnelle*** Berufsberatung; *~* ***scolaire*** Schul[laufbahn]beratung
3. (*position*) [*antenne, lampe*] Ausrichtung *f*; [*maison a.*] Orientierung *f*; [*soleil*] Stand *m*; [*phare, lamelles*] Einstellung *f*; [*avion, navire*] Position *f*; ***qn change l'~ de qc*** *d'une antenne, d'un phare* jd stellt etw anders ein, jd verstellt etw; *d'un bras, d'une lampe* jd richtet etw anders aus, jd schwenkt etw; ***le système d'~*** das Leitsystem; ■ *~* **vers** [*o* **à**] Ausrichtung nach
orienté, e [ɔʀjɑ̃te] *adj média, ouvrage* einseitig, tendenziös; *article, récit a.* politisch gefärbt
orienter <1> [ɔʀjɑ̃te] I. *vt* 1. (*diriger*) ■ **qn oriente qc** *carte, plan* jd hält [*o* legt] etw richtig; ■ **qn oriente qc vers** [*o* **à**] [*o* **sur**] **qc** *carte, maison, miroir* jd richtet etw nach etw aus; *antenne, phare* jd richtet etw auf etw (*akk*); *bras d'une machine* jd lenkt [*o* steuert] etw in Richtung auf etw (*akk*); ***qn oriente une lampe vers qc*** jd richtet eine Lampe auf etw (*akk*); ***une fenêtre orientée au*** [*o* ***vers le***] ***nord*** ein nach Norden [aus]gerichtetes Fenster
2. (*guider*) ■ **qn/qc oriente qn/qc** [**vers qc**] *activité, conversation, débat* jd/etw lenkt etw [auf etw (*akk*)]; /*personne a.*/ jd leitet etw; *réflexions, recherches* jd/etw richtet etw auf etw (*akk*), jd gibt einer S. (*dat*) eine Zielrichtung; *touriste, visiteur, voyageur* jd/etw zeigt [*o* weist] jdm den Weg [zu etw], etw leitet jdn; ***le réceptionniste oriente les malades vers le bon service*** der Pförtner leitet die Patienten zur richtigen Abteilung weiter
3. PSYCH, SCOL ■ **qn oriente qn** jd berät jdn
4. MATH, GEOG ■ **qn oriente qc** *droite, grandeur* jd versieht etw mit einer Richtung; *carte* jd gibt auf etw (*dat*) die Himmelsrichtungen an, jd nordet etw; ***une droite orientée*** eine gerichtete Gerade
II. *vpr* 1. (*trouver son chemin*) ■ **qn/qc s'oriente** /*personne*/ jd orientiert sich; *fig a.* jd findet sich zurecht
2. (*se tourner vers*) ■ **qn/qc s'oriente vers qc** jd/etw wendet sich einer S. (*dat*) zu [*o* in Richtung einer S. (*gen*)]; /*entreprise a.*/ etw stellt sich auf etw (*akk*) um; /*parti, société a.*/ etw bewegt sich auf etw (*akk*) zu; ***le vent s'oriente au nord*** der Wind dreht nach Norden
orienteur, -euse [ɔʀjɑ̃tœʀ, -øz] *m, f* Schul[laufbahn]- und Berufsberater(in) *m(f)*
orifice [ɔʀifis] *m* 1. (*ouverture*) Öffnung *f*; [*mur a.*] Loch *nt*; [*puits a.*] Mündung *f*; *~* ***d'entrée/de sortie*** Eingangs-/Ausgangsöffnung
2. ANAT Öffnung *f*; ***les ~s naturels du corps*** die natürlichen Körperöffnungen
3. TECH Öffnung *f*; [*four a.*] Loch *nt*; [*canalisation*] Mündung *f*; [*tuyau*] Mündung, Loch; ***l'~ d'évacuation des eaux*** der Wasserabfluss
oriflamme [ɔʀiflɑm] *f* Banner *nt*; HIST Oriflamme *f*
origan [ɔʀigɑ̃] *m* 1. (*plante*) Dost *m*, Oreganum *nt*; (*marjolaine*) wilder Majoran
2. (*condiment*) Origano *m*, Oregano *m*
originaire [ɔʀiʒinɛʀ] *adj* ■ [**qn/qc est**] *~* **de** [jd/etw kommt [*o* stammt]] aus; /*personne, famille a.*/ [jd/etw ist] aus; ***la région dont il est ~*** die Gegend, aus der er stammt [*o* kommt]; *~* ***de Nancy*** aus Nancy [stammend]
originairement [ɔʀiʒinɛʀmɑ̃] *adv* ursprünglich
original, e <-aux> [ɔʀiʒinal, o] I. *adj* 1. (*premier, authentique*) *édition, illustration, produit, titre* Original-; *texte, version a., acception* ursprünglich, Ur-; *gravure* echt, original; ***l'exemplaire ~*** das Original; ***le document ~*** die Urschrift
2. (*inédit*) originell; (*personnel a.*) eigenständig; *idée a.* eigen
3. *péj* (*bizarre*) originell *fam*, eigenartig, sonderbar
II. *m, f* Original *nt fam*, Unikum *nt*, Sonderling *m*; ***arrête de faire l'~(e)!*** fall doch nicht ständig aus der Rolle!
III. *m* (*exemplaire primitif*) (*d'une œuvre d'art*) Original *nt*; (*d'un texte a.*) Urschrift *f*
originalement [ɔʀiʒinalmɑ̃] *adv* originell, anders als üblich
originalité [ɔʀiʒinalite] *f* 1. (*nouveauté*) Originalität *f*; (*personnalité a.*) Eigenständigkeit *f*
2. (*élément original*) origineller Zug; [*personne, œuvre a.*] Besonderheit *f*, Eigenheit *f*
3. *péj* (*bizarrerie*) [*personne*] Eigenartigkeit *f*, Wunderlichkeit *f*; ***l'~ de tes manières*** dein eigenartiges [*o* sonderbares] Benehmen
origine [ɔʀiʒin] *f* 1. (*commencement*) Ursprung *m*; [*événement, mouvement a.*] Ausgangspunkt *m*; ***aux ~s médiévales*** mittelalterlichen Ursprungs
2. (*cause*) [*échec*] Ursache *f*; [*fortune, réussite, succès a.*] Grundlage *f*; ***quelle est l'~ de qc?*** woher kommt etw?
3. (*ascendance*) Herkunft *f*, Abstammung *f kein pl*
4. (*provenance*) [*appel téléphonique, message*] Herkunft *f*; [*produit a.*] Ursprung *m*
5. MATH Ursprung *m*, Nullpunkt *m*
▸ **des ~s à nos jours** von den Anfängen bis zur Gegenwart; **qc a son ~ dans qc, qc tire son ~ de qc** etw ist auf etw (*akk*) zurückzuführen, etw hat seine Ursache in etw (*dat*); /*coutume*/ etw hat seinen Ursprung in etw (*dat*), etw ist aus etw entstanden; **qn est à l'~ de qc** jd hat etw in die Wege geleitet; **qc est à l'~ de qc** etw ist die Grundlage einer S. (*gen*); *d'une vocation* etw ist der Ursprung einer S. (*gen*); *d'un mal* etw ist die Wurzel einer S. (*gen*); **qn ne renie pas ses ~s** jd leugnet seine Herkunft nicht; **à l'~** ursprünglich; **d'~** im Originalzustand; *appellation, certificat* Ursprungs-; **d'~** … *animale, végétale* … Ursprungs; *aristocratique, bourgeoise, noble, paysanne* [von] … Herkunft [*o* Abstammung]; ***une maladie d'~ nerveuse*** eine Krankheit nervösen Ursprungs, eine nervös bedingte Krankheit; ***des protéines d'~ animale/végétale*** tierisches/pflanzliches Eiweiß; ***une famille d'~ paysanne*** eine Familie [von] bäuerlicher Herkunft [*o* Abstammung]; ***il est d'~ ouvrière*** er stammt aus einer Arbeiterfamilie; ***elle est d'~ française*** sie ist gebürtige Französin; ***un produit d'~ belge*** ein Produkt aus Belgien; ***un mot d'~ grecque*** ein Wort griechischen Ursprungs [*o* aus dem Griechischen]; **dès l'~** [schon [*o* gleich]] von Anfang an; ■ **dès l'~ de qc** gleich zu Beginn einer S. (*gen*); *d'une maladie a.* gleich beim Ausbruch einer S. (*gen*)
originel, le [ɔʀiʒinɛl] *adj* ursprünglich; *sens a.* eigentlich; *état a.* Ur-; ***tare ~le*** Geburtsfehler *m*; ***la grâce ~le*** die Urgnade; ***le péché ~*** die Erbsünde
originellement [ɔʀiʒinɛlmɑ̃] *adv* ursprünglich; ***l'homme est ~ pécheur*** der Mensch ist mit der Erbsünde belastet
orignal <-aux> [ɔʀiɲal, o] *m* Elch *m*
oripeaux [ɔʀipo] *mpl* 1. (*haillons*) [alte] Fetzen *pl*, zerlumpte Kleidung
2. (*apparence trompeuse*) Deckmantel *m*; ***sous les ~ de la démocratie/de la charité*** unter dem Deckmantel der Demokratie/der Barmherzigkeit
O.R.L. [oɛʀɛl] I. *mf abr de* **oto-rhino-laryngologiste** HNO-Arzt/-Ärztin *m/f*
II. *f abr de* **oto-rhino-laryngologie** HNO *f*; ***le département ~*** die HNO-Ab-

teilung

orme [ɔʀm] *m* Ulme *f,* Rüster *m*

ormeau <x> [ɔʀmo] *m* **1.** BOT junge Ulme
2. ZOOL Seeohr *nt*

ornement [ɔʀnəmɑ̃] *m* **1.** (*chose décorative*) Schmuck *m*
2. (*décoration*) Verzierung *f;* ARCHIT, ART *a.* Ornament *nt; fig* Zierde *f;* ***qc est caractérisé(e) par un excès d'~s*** etw ist überladen; ***sans ~s*** schmucklos, nüchtern; ***des ~s en stuc*** Stuckverzierungen *pl,* Stuckornamente *pl*
3. *pl* (*vêtement liturgique*) Ornat *m*
4. MUS Verzierung *f,* Ornament *nt; pl a.* Manieren *pl*
▶ **d'**~ *arbre, plante* Zier-

ornemental, e <-aux> [ɔʀnəmɑ̃tal, o] *adj style* dekorativ; *plante a.* Zier-; ***des motifs ~aux*** Ornamente *pl,* Ziermotive *pl;* ***qc n'est pas très ~*** etw ist nicht sehr dekorativ [*o* keine große Zierde]

ornementation [ɔʀnəmɑ̃tasjɔ̃] *f* Verzierung *f,* Ausschmückung *f;* MUS, ART *a.* Ornamentik *f*

ornementer <1> [ɔʀnəmɑ̃te] *vt* ■ **qn/qc ornemente qc [de qc]** jd/etw schmückt [*o* verziert] etw [mit etw]; *style* jd schmückt etw [mit etw] aus

orner <1> [ɔʀne] **I.** *vt* **1.** (*parer*) ■ **qn orne qc [de qc]** jd verschönert [*o* schmückt] etw [mit etw]; *appartement, balcon a.* jd dekoriert etw [mit etw]; *façade a.* jd verziert etw [mit etw]; ■ **qn orne qc [de qc]** *style, vérité* jd schmückt etw [mit etw] aus; *esprit* jd bereichert etw [mit etw]; ***qn orne son style*** jd schreibt in einem gefälligeren Stil
2. (*servir d'ornement*) ■ **qc orne qc** etw schmückt [*o* ziert *geh*] etw; ■ **[qc est] orné(e) [de qc]** */objet, vêtements/* [etw ist] [mit etw] verziert; */mur, pièce, salle/* [etw ist] [mit etw] geschmückt; ***des lettres ornées*** Zierbuchstaben *pl,* Initialen *pl*
II. *vpr* ■ **qn/qc s'orne de qc** jd schmückt sich mit etw/etw ist mit etw geschmückt

ornière [ɔʀnjɛʀ] *f* Spurrille *f*
▶ **qn sort de l'**~ (*se tire d'une situation difficile*) jd findet aus dem Schlamassel heraus *fam;* (*échappe à la routine*) jd verlässt die ausgetretenen Pfade *geh,* jd bricht aus dem alten Trott aus *fam*

ornithologie [ɔʀnitɔlɔʒi] *f* Ornithologie *f,* Vogelkunde *f*

ornithologique [ɔʀnitɔlɔʒik] *adj* ornithologisch, vogelkundlich

ornithologiste [ɔʀnitɔlɔʒist] *mf* Ornithologe/-login *m/f,* Vogelkundler(in) *m(f)*

ornithologue [ɔʀnitɔlɔg] *mf v.* **ornithologiste**

ornithorynque [ɔʀnitɔʀɛ̃k] *m* Schnabeltier *nt*

oronge [ɔʀɔ̃ʒ] *f* Blätterpilz *m;* (*amanite des Césars*) Kaiserling *m*
▶ **fausse** ~ Fliegenpilz *m*

orpailleur, -euse [ɔʀpajœʀ] *m* Goldwäscher(in) *m(f)*

Orphée [ɔʀfe] *m* Orpheus *m*

orphelin, e [ɔʀfəlɛ̃, in] **I.** *adj* Waisen-; *fig équipe* verwaist; ***un enfant ~*** ein Waisenkind *nt,* eine Waise; ***un enfant se trouve ~*** ein Kind wird Waise; ■ **~ de qn:** ***~ de père/mère*** vaterlos/mutterlos; ***qn est ~ de père/mère*** jd hat keinen Vater/keine Mutter mehr; ***qn est ~ de père et de mère*** jd ist Vollwaise; ■ **~ de qc** (*privé de*) ohne etw; ***qc est ~ de*** etw hat kein(e, en) … mehr; ***la commune est ~e de son école*** die Gemeinde hat keine Schule mehr
II. *m, f* Waise *f,* Waisenkind *nt*

orphelinat [ɔʀfəlina] *m* Waisenhaus *nt*

orphéon [ɔʀfeɔ̃] *m* Blaskapelle *f*

orque [ɔʀk] *m* Schwertwal *m*

ORSEC [ɔʀsɛk] *f abr de* **organisation des secours** Katastropheneinsatz *m*

orteil [ɔʀtɛj] *m* Zehe *f,* Zeh *m*
▶ **gros** ~ große Zehe, großer Zeh

orthocentre [ɔʀtosɑ̃tʀ] *m* Höhenschnittpunkt *m*

orthodontiste [ɔʀtodɔ̃tist] *mf* Kieferorthopäde/-pädin *m/f*

orthodoxe [ɔʀtɔdɔks] **I.** *adj* **1.** (*conforme à l'opinion générale*) *doctrine, historiens* orthodox; *personne, conduite, morale* konventionell; ***il n'est pas très ~ de faire qc*** es ist nicht üblich, etw zu tun; ***qc est assez peu ~*** etw ist ziemlich unorthodox [*o* unkonventionell]
2. REL orthodox; ~ ***russe*** russisch-orthodox
3. (*conforme au dogme*) *sentiment, théologie* orthodox; ***la doctrine ~*** die orthodoxe [*o* rechte] Lehre
▶ **qn/qc n'est/ne paraît pas [très] ~** jd/etw ist/scheint nicht [ganz] koscher *fam*
II. *mf* **1.** REL (*chrétien d'une Église orientale*) Orthodoxe(r) *f(m),* orthodoxer Christ/orthodoxe Christin
2. REL (*opp: hérétique*) Orthodoxe(r) *f(m)*
3. (*légaliste*) Vertreter (in) *m(f)* der reinen Lehre; ***les ~s du parti*** die Vertreter der reinen Parteilehre, die Orthodoxen in der Partei

orthodoxie [ɔʀtɔdɔksi] *f* **1.** (*conformisme*) orthodoxe [*o* etablierte] Lehrmeinung, Orthodoxie *f*
2. (*doctrine établie*) reine Lehre
3. REL Orthodoxie *f,* orthodoxe Kirche
4. REL (*opp: hérésie*) Orthodoxie *f,* rechte Lehre

orthogénie [ɔʀtoʒeni] *f* Geburtenkontrolle *f*

orthogonal, e <-aux> [ɔʀtɔgɔnal, o] *adj* orthogonal, rechtwinklig

orthographe [ɔʀtɔgʀaf] *f* **1.** (*façon d'écrire*) Rechtschreibung *f,* Orthographie *f;* [*mot*] Schreibung *f,* Schreibweise *f;* ***quelle est l'~ de votre nom?*** wie schreibt man Ihren Namen?, wie schreibt sich Ihr Name?; ***connaissances/réforme de l'~*** Rechtschreibkenntnisse *pl*/-reform *f*
2. (*maîtrise de la graphie*) Rechtschreibkenntnisse *pl,* Orthographiekenntnisse *pl;* ***qn a une bonne ~*** jd hat gute Rechtschreibkenntnisse, jd ist gut in Rechtschreibung; ***une faute d'~*** ein Rechtschreibfehler *m*
3. SCOL (*matière*) Rechtschreibung *f;* (*cours*) Rechtschreibunterricht *m*
◆ **orthographe d'accord** kontextabhängige Schreibung; **orthographe d'usage** [kontextunabhängige] Schreibung, normale Schreibung; ***les fautes d'~ d'usage*** Rechtschreibfehler

orthographier <1 a> [ɔʀtɔgʀafje] *vt* ■ **qn orthographie qc** jd schreibt etw [richtig]; ***comment orthographie-t-on votre nom?*** wie schreibt man ihren Namen [*o* wie schreibt sich ihr Name] [richtig]?; ***qc est mal orthographié(e)*** etw ist falsch [*o* nicht richtig] geschrieben; ***comment ce mot est-il orthographié?*** wie wird dieses Wort [richtig] geschrieben?

orthographique [ɔʀtɔgʀafik] *adj signe* orthographisch; *règle, système a.* Rechtschreib-; ***réaction ~*** Beeinflussung *f* der Aussprache durch die Schreibung

orthopédie [ɔʀtɔpedi] *f* Orthopädie *f*

orthopédique [ɔʀtɔpedik] *adj* orthopädisch

orthopédiste [ɔʀtɔpedist] *mf* Orthopäde/-pädin *m/f*

orthophonie [ɔʀtɔfɔni] *f* **1.** MED Logopädie *f,* Sprachheilkunde *f*
2. LING richtige Aussprache

orthophoniste [ɔʀtɔfɔnist] *mf* Logopäde/-pädin *m/f*

orthoptiste [ɔʀtɔptist] *mf* Orthoptist(in) *m(f);* ***qn va voir un ~*** jd geht in eine Sehschule

ortie [ɔʀti] *f* Brennessel *f*
▶ **qn jette qc aux ~s** jd wirft etw über Bord

ortolan [ɔʀtɔlɑ̃] *m* Ortolan *m*

orvet [ɔʀvɛ] *m* Blindschleiche *f*

os [ɔs] *m* **1.** ANAT Knochen *m;* ~ ***long*** langer Knochen, Röhrenknochen; ~ ***iliaque*** Darmbein *nt;* ■ **~ de** *du bassin, bras, crâne, de la jambe, main* -knochen; *du nez* -bein *nt*
2. *pl* (*ossements, restes*) Knochen *pl,* Gebeine *pl geh*
3. (*matière*) Knochen *m;* **en** ~ beinern, Bein-
▶ **qn n'a que les ~ et la peau** jd ist nur [*o* besteht nur aus] Haut und Knochen; **qn ne fait pas de vieux ~ [quelque part]** (*ne reste pas longtemps*) jd wird [bestimmt] nicht alt [irgendwo]; *fam* (*meurt rapidement*) jd wird nicht alt, jd macht es nicht mehr lange *fam;* **qn l'a dans l'~** *fam* jd steht dumm da, jd ist der Gelackmeierte *fam;* **il y a un ~** *fam* die Sache hat einen Haken; **qn donne [*o* jette] à qn un ~ à ronger** jd speist jdn mit einem Trostpflaster ab; **qn y laissera ses ~** jd wird sich (*dat*) dabei das Genick brechen *fam,* es wird jdn Kopf und Kragen kosten; **qn se rompt les ~** jd bricht sich (*dat*) alle Knochen; **qn tombe sur un ~** *fam* jdm kommt etwas dazwischen, etwas macht jdm einen Strich durch die Rechnung; **avec/sans ~** mit/ohne Knochen; **jusqu'à l'~** durch und durch; *manger* bis auf die Knochen, ratzekahl *fam; posséder* mit Haut und Haaren; *sucer* bis aufs Mark; **jusqu'aux ~** bis auf die Knochen [*o* die Haut]; ***qn est glacé(e) [o transi(e)] jusqu'aux ~*** jd ist völlig durchgefroren; ***ça m'a glacé jusqu'aux ~*** (*horrifié*) das hat mich bis ins Mark erschüttert
◆ **os à moelle** Markknochen *m;* **os de seiche** Schulp *m*

O.S. [oɛs] *mf abr de* **ouvrier spécialisé** Hilfsarbeiter(in) *m(f)*

oscar [ɔskaʀ] *m* **1.** CINE Oscar *m* (*de* für)
2. (*récompense*) Preis *m* (*de* für), Auszeichnung *f* (*de* für); ***les ~s de la chanson*** die Preise [*o* Auszeichnungen] für die besten Schlager

oscillation [ɔsilasjɔ̃] *f* **1.** (*va-et-vient, fluctuation*) Schwankung *f;* [*navire*] Schwanken *nt kein pl;* ■ **~ de** *de la température, tension artérielle, des cours* -schwankung; *des valeurs de Bourse* [Kurs]schwankung (+ *gen*); ***les ~s de ta pensée/ton esprit*** deine Wechselhaftigkeit/Wankelmütigkeit; ***les ~s de l'opinion publique*** die Wechselhaftigkeit [*o* das ständige Auf und Ab] der öffentlichen Meinung; ***une ~ des températures de -2 à +5°*** Temperaturschwankungen *pl* zwischen -2 und +5°
2. ELEC Schwingung *f,* Oszillation *f spec;* PHYS *a.* Schwingen *nt*

oscillatoire [ɔsilatwaʀ] *adj* PHYS, ELEC *amplitude* Schwingungs-; *phénomène, vibration a.* oszillatorisch; ***un mouvement ~*** eine Oszillation, ein Oszillieren *nt*

osciller <1> [ɔsile] *vi* **1.** (*balancer*) ■ **qn/qc oscille** jd/etw wankt [hin und her]; */personne a./* jd schwankt [hin und her]; */tête a./* etw wackelt [hin und her]; */flamme/* etw flackert; */pendule/* etw schwingt [hin und her]; ***qn oscille sur ses pieds*** jd tritt von einem Fuß auf den anderen; ■ **qc fait ~ qc** *objet* etw bringt etw ins Wanken; *flamme* etw lässt etw flackern; *pendule* etw bringt etw zum Schwingen
2. (*hésiter, varier*) ■ **qn/qc oscille [entre qc et qc [*o* de qc à qc]]** jd/etw schwankt [zwischen etw und etw [*o* von etw zu etw]]; */chose a./* etw pendelt [zwischen etw und etw] hin und her [*o* pendelt von etw zu etw]

oscillographe [ɔsilɔgʀaf] *m* Oszillograph *m*

oscilloscope [ɔsilɔskɔp] *m* Oszilloskop *nt*

osé, e [oze] *adj* **1.** (*téméraire*) kühn; *démarche, entreprise, expédition a.* waghalsig, gewagt
2. (*choquant*) gewagt

oseille [ozɛj] *f* **1.** BOT Sauerampfer *m*
2. *fam* (*argent*) Knete *f fam,* Kohle *f fam,* Kröten *pl fam;* ***qn a de l'~*** jd hat Moos [*o* Kohle] *fam;* ***qn gagne un peu d'~*** jd verdient ein paar Kröten *fam*

oser <1> [oze] **I.** *vt* **1.** (*avoir le courage de*) ■ **qn ose qc** jd wagt [*o* [ge]traut sich] etw; ***s'il l'ose*** wenn er es wagt, wenn er sich [ge]traut; ■ **qn ose faire qc** jd wagt [es] [*o* [ge]traut sich], etw zu tun; ***des choses que je n'ose pas répéter*** Dinge, die ich nicht zu wiederholen wage; ***je n'ose penser ce qui serait arrivé si*** nicht auszudenken [*o* ich wage nicht, mir vorzustellen], was passiert wäre, wenn
2. (*se permettre de*) ■ **qn ose faire qc** jd wagt etw zu tun, jd darf wohl etw tun; ***j'ose espérer que …*** ich wage zu hoffen [*o* ich darf wohl hoffen], dass …; ***si j'ose dire*** [*o* ***m'exprimer ainsi***] wenn ich so sagen darf
II. *vi* ■ **qn ose** jd wagt es, jd [ge]traut sich; ***agir, c'est ~*** handeln heißt [etwas] wagen; ***qui ose, gagne*** wer wagt, gewinnt

oseraie [ozʀɛ] *f* Weidenanlage *f,* Weidenpflanzung *f*

osier [ozje] *m* **1.** (*rameau*) Weidenrute *f,* Weidengerte *f;* **d'~** [*o* **en ~**] aus [Korb]weide; ***panier en ~*** Weidenkorb *m;* ***meubles en ~*** Korbmöbel *pl*

2. (*arbre*) Weide *f*, Weidenbaum *m*

Oslo [oslo] Oslo *nt*

osmium [ɔsmjɔm] *m* CHIM Osmium *nt*

osmose [ɔsmoz] *f* 1. BIO, CHIM Osmose *f*
2. (*interpénétration*) Osmose *f*, [gegenseitige] Durchdringung; (*entre des institutions a.*) Verflechtung *f*; (*entre des personnes, civilisations*) Osmose, [gegenseitige] Übereinstimmung

ossature [ɔsatyʀ] *f* 1. (*squelette*) Knochen *pl*, Knochengerüst *nt*; *grêle, robuste, puissante a.* Knochenbau *m*; ***l'~ de la tête*** der Schädel
2. (*charpente*) [*bateau*] Gerippe *nt*; [*immeuble, monument, voûte a.*] Skelett *nt*, tragende Teile *pl*; [*appareil*] Konstruktion *f*, tragende Teile; ***cette machine est dotée d'une solide ~*** diese Maschine ist stabil [gebaut]
3. (*éléments constitutifs*) Gerüst *nt*; [*société a.*] Grundpfeiler *pl*, [*discours, texte a.*] Gerippe *nt*, Gliederung *f*

osselet [ɔslɛ] *m* 1. *pl* JEUX *Geschicklichkeitsspiel mit [Plastik]knöchelchen*
2. ANAT Knöchelchen *nt*; ***les ~s de l'oreille*** die Gehörknöchelchen

ossements [ɔsmɑ̃] *mpl* Gebeine *pl*, Knochen *pl*

osseux, -euse [ɔsø, -øz] *adj* 1. (*relatif aux os*) Knochen-; ***des substituts non ~*** Knochenersatz *m*
2. (*maigre*) *corps, main, visage* knochig, hager

ossification [ɔsifikasjɔ̃] *f* Ossifikation *f spec*; ANAT *a.* Knochenbildung *f*; MED *a.* Verknöcherung *f*

ossifier <1 a> [ɔsifje] *vpr* ■ **qc s'ossifie** etw verknöchert, etw ossifiziert *spec*

osso buco [ɔssobuko] *m inv* Osso buco *m*

ossuaire [ɔsɥɛʀ] *m* 1. (*tas d'ossements*) Knochenhaufen *m*, Ansammlung *f* von Gebeinen
2. (*catacombes*) Beinhaus *nt*, Oss[u]arium *nt spec*

ostéite [ɔsteit] *f* Knochenentzündung *f*, Ostitis *f spec*

ostensible [ɔstɑ̃sibl] *adj mépris* offensichtlich, offenkundig; *geste* deutlich sichtbar, betont, ostentativ *geh*; ***d'une manière*** [*o* ***de façon***] ~ offensichtlich; (*pour se faire remarquer*) auffällig

ostensiblement [ɔstɑ̃sibləmɑ̃] *adv* deutlich sichtbar, betont, ostentativ *geh*; *manifester* offensichtlich, deutlich

ostensoir [ɔstɑ̃swaʀ] *m* Monstranz *f*

ostentation [ɔstɑ̃tasjɔ̃] *f* 1. (*affectation*) Großspurigkeit *f*; ***sans ~*** bescheiden, ohne Großspurigkeit
2. (*étalage indiscret*) Zurschaustellung *f*; ***avec ~*** ostentativ, deutlich sichtbar; ***sans ~*** *élégance, courage, politique* diskret, ohne Effekthascherei; ***qn met de l'~ dans qc*** jd ist mit etw auf Wirkung bedacht; ■ **~ de qc** *de générosité, charité* Zurschaustellen *nt* einer S. (*gen*); *de richesse a.* Prahlerei *f* mit etw; ***qn fait ~ de qc*** jd stellt etw zur Schau, jd prahlt mit etw

ostentatoire [ɔstɑ̃tatwaʀ] *adj richesse, reconnaissance* zur Schau gestellt; *amitié, charité a.* ostentativ *geh*; *attitude a., démonstration* betont auffällig, ostentativ *geh*

ostéomyélite [ɔsteomjelit] *f* Knochenmarkentzündung *f*, Osteomyelitis *f spec*

ostéopathe [ɔsteɔpat] *mf* Chiropraktiker(in) *m(f)*

ostéopathie [ɔsteɔpati] *f* 1. (*maladie*) Knochenleiden *nt*, Osteopathie *f spec*
2. (*spécialité*) Chiropraktik *f*

ostéoporose [ɔsteopɔʀoz] *f* Knochenschwund *m*, Osteoporose *f*

ostracisme [ɔstʀasism] *m* 1. (*exclusion*) Ächtung *f*, Bann *m geh*; ***qn subit un ~ de la part de qn, qn connaît l'~ de qn*** jd wird von jdm geächtet
2. HIST Scherbengericht *nt*, Ostrazismus *m*

ostréicole [ɔstʀeikɔl] *adj* Austern[zucht]-

ostréiculteur, -trice [ɔstʀeikyltœʀ, -tʀis] *m, f* Austernzüchter(in) *m(f)*

ostréiculture [ɔstʀeikyltyʀ] *f* Austernzucht *f*

ostrogoth, e [ɔstʀɔgo, gɔt] I. *adj* ostgotisch; ***le royaume ~*** das Ostgotenreich
II. *m, f* ■ **Ostrogoth(e)** 1. HIST Ostgote/-gotin *m/f*
2. *péj* (*rustre*) ungehobelter Klotz, Hinterwäldler(in) *m(f)*
3. (*zigoto*) komischer Kauz, seltsamer Vogel

otage [otaʒ] *m* Geisel *f*; ***qn est l'~ de qc*** jd ist Geisel [*o* Faustpfand *nt*] einer S. (*gen*)
▸ **qn prend/retient qn en ~** jd nimmt jdn als Geisel/hält jdn als Geisel fest

O.T.A.N. [ɔtɑ̃] *f abr de* **Organisation du traité de l'Atlantique Nord** NATO *f*

otarie [ɔtaʀi] *f* Ohrenrobbe *f*
◆ **otarie à crinière** Seelöwe *m*

ôter <1> [ote] I. *vt* 1. (*enlever*) ■ **qn/qc ôte qc [de qc]** jd/etw entfernt etw [von etw]; *objet a., main, pied* jd nimmt etw weg, jd nimmt etw von etw; *ornement a.* jd nimmt etw [von etw] ab; *tache, arête, noyau* jd/etw entfernt etw [aus etw]; *vêtement, gants* jd zieht etw aus; *chapeau* jd nimmt etw ab; *goût, odeur* etw beseitigt etw, etw nimmt einer S. (*dat*) etw; *scrupules, remords* jd/etw beseitigt etw; ***ôte les assiettes [de la table]*** räum die Teller ab; ***ôte tes mains de tes poches*** nimm die Hände aus den Taschen; ***comment ~ cette tache de la chemise?*** wie bekomme ich den Flecken aus dem Hemd?; ■ **qn ôte qc à qn** jd nimmt jdm etw weg; *objet a., menottes* jd nimmt jdm etw ab; ■ **qc ôte qc à qc** etw nimmt einer S. (*dat*) etw; ***cela n'ôte rien à tes mérites*** das schmälert deine Verdienste nicht
2. (*prendre*) ■ **qn/qc ôte qc à qn** *courage, espoir, envie, force, illusion* jd/etw nimmt jdm etw; ■ **qn/qc ôte qn à qn/qc**: ***on a ôté l'enfant à sa mère*** man hat das Kind seiner Mutter [*o* der Mutter ihr Kind] weggenommen; ***Dieu l'a ôté(e) à notre affection*** Gott hat ihn/sie von uns gerufen [*o* uns genommen]
3. (*retrancher*) ■ **qn ôte qc de qc** jd entfernt etw aus etw; *d'un article a.* jd streicht etw aus etw; *d'une liste* jd streicht etw von etw; *somme* jd zieht etw von etw ab, jd subtrahiert etw von etw; ***4 ôté de 9 égale 5*** 4 von 9 abgezogen [*o* subtrahiert] macht [*o* ergibt] 5, 9 weniger 4 macht 5 *fam*
II. *vpr* 1. (*s'écarter*) ■ **qn s'ôte [de quelque part]** jd entfernt sich [von irgendwo] *geh*, jd geht [von irgendwo] weg; ***ôtez-vous!*** entfernen Sie sich! *geh*, gehen Sie weg!
2. (*s'enlever*) ■ **qc s'ôte [de qc]** etw lässt sich [aus etw] entfernen; */tache a./* etw geht [aus etw (*dat*)] heraus; */rideau/* etw lässt sich abmachen, etw lässt sich [von etw] abnehmen
▸ **ôte-toi de là que je m'y mette!** *hum fam* Platz [*o* weg] da, jetzt komme ich!

otite [ɔtit] *f* Ohr[en]entzündung *f*, Otitis *f spec*; ***~ externe/ interne*** Entzündung *f* des Gehörgangs/des Innenohrs

oto-rhino <~-~s> [ɔtɔʀino] *mf abr de* **oto-rhino-laryngologiste** HNO-Arzt/-Ärztin *m/f*

oto-rhino-laryngologie [ɔtɔʀinolaʀɛ̃gɔlɔʒi] *f* Hals-Nasen-Ohren-Heilkunde *f*; ***le service d'~-~-~*** die HNO-Abteilung, die Hals-Nasen-Ohren-Abteilung

oto-rhino-laryngologiste <~-~-~s> [ɔtɔʀinolaʀɛ̃gɔlɔʒist] *mf* Hals-Nasen-Ohren-Arzt/-Ärztin *m/f*

otoscope [ɔtɔskɔp] *m* Ohrenspiegel *m*, Otoskop *nt*

ottoman, e [ɔtɔmɑ̃, an] I. *adj* osmanisch, ottomanisch; ***l'Empire ~*** das Osmanische Reich; ■ **qn est ~** jd ist Osmane/Osmanin [*o* Ottomane/Ottomanin]
II. *m, f* ■ **Ottoman(e)** Osmane/Osmanin *m/f*, Ottomane/Ottomanin *m/f*
III. *m* (*étoffe*) Ottoman *m*
IV. *f* (*siège*) ■ **ottomane** Ottomane *f*

ou [u] *conj* 1. (*alternative*) oder; ***ton père ~ ta mère*** [entweder] dein Vater oder deine Mutter, dein Vater oder auch deine Mutter; ***c'est l'un ~ l'autre*** entweder, oder; ~ ... ~ ... entweder ... oder ...
2. (*sinon*) oder, sonst; ***soyez sages, ~ vous serez punis*** seid brav, oder ihr werdet [*o* sonst werdet ihr] bestraft
3. (*en d'autres termes*) oder [auch]
4. (*approximation*) oder, bis; ***il peut bien y avoir 8 ~ 9 ans de cela*** es mag 8 oder [*o* bis] 9 Jahre her sein
▸ ~ **alors** oder, sonst; ***tu m'écoutes, ~ alors tu prends la porte*** [entweder] du hörst mir jetzt zu oder [aber] du verschwindest; du hörst mir jetzt zu, sonst kannst du verschwinden; ~ **bien** oder; ***tu restes ici, ~ bien tu viens avec nous?*** bleibst du hier oder kommst du mit uns?; ~ **bien ...** ~ **bien ...** entweder ... oder ...

où [u] I. *pron* 1. (*spatial sans déplacement*) wo; (*dans lequel a.*) in dem/der; (*sur lequel a.*) worauf, auf dem/der; ***là ~*** da, wo; ***la maison ~ j'habite*** das Haus, in dem [*o* wo *fam*] ich wohne; ■ ~ + *infin*: ***je ne sais pas ~ passer la nuit*** ich weiß nicht, wo ich die Nacht verbringen soll
2. (*spatial avec déplacement*) wohin; (*dans lequel a.*) in den/die/das; (*sur lequel*) auf den/die/das; ***je le suis partout ~ il va*** ich folge ihm überallhin; ***le pays ~ il s'est rendu*** das Land, in das er gegangen ist; ■ **d'~** woher; (*duquel*) aus dem/der; ***la chambre d'~ venaient les cris*** das Zimmer, aus dem die Schreie kamen; ***je me demande [l'endroit] d'~ tu sors*** ich frage mich, woher du kommst; ■ **par ~** durch den/die/das; ***le village par ~ nous sommes passés*** das Dorf, durch das wir gekommen sind; ***le chemin par ~ nous sommes passés*** der Weg, den wir genommen haben; ■ **jusqu'~** bis wohin; (*jusqu'auquel a.*) bis zu dem/der; ***voilà l'endroit jusqu'~ nous avons grimpé*** das ist die Stelle, bis zu der wir geklettert sind
3. (*temporel*) als, wo *fam*; *jour, matin, soir a.* an dem; *moment a., année, siècle* in dem; ***au moment ~*** in dem Augenblick, als [*o* wo *fam*]; ***à l'époque ~*** [zu dem Zeitpunkt,] als
4. (*abstrait*): ***à l'allure ~ il va*** bei seinem Tempo; ***dans l'état ~ tu es*** in deinem Zustand; ***au prix ~ j'ai acheté cet appareil*** zu dem Preis, zu dem ich diesen Apparat gekauft habe; ***dans l'obligation ~ j'étais de partir*** da ich gezwungen war zu gehen
II. *adv* 1. (*spatial sans déplacement*) wo; ***~ habitez-vous?*** wo wohnen Sie?; ***il faut savoir ~ s'arrêter*** man muss wissen, wo man aufhören muss
2. (*spatial avec déplacement*) wohin; ***~ allons-nous?*** wohin gehen wir?, wo gehen wir hin?; ***~ aller?*** wohin [soll ich/sie/sollen wir/sie gehen]?, wo soll ich/sie/sollen wir/sie hingehen?
3. (*abstrait*): ***~ en étais-je?*** wo war ich [stehen geblieben]?; ***~ voulez-vous en venir?*** worauf wollen Sie hinaus?
▸ **d'~** woher; ***d'~ êtes-vous?*** woher [*o* kommen] sind Sie?, wo kommen Sie her?; ***d'~ il était, il ne voyait rien*** von dort aus, wo er war [*o* von seinem Platz aus] konnte er nichts sehen; **jusqu'~** bis wo[hin], wie weit; *fig* wie weit; ***il essaie de voir jusqu'~ il peut aller*** er will herausfinden, wie weit er gehen kann; **par ~** auf welchem Weg, wie; *fig* wodurch; ***par ~ êtes-vous passé pour venir jusqu'ici?*** wie haben Sie hier hergefunden?; ***par ~ a-t-il bien pu entrer?*** wie ist er wohl hereingekommen?; ***par ~ ai-je bien pu lui déplaire*** wodurch könnte ich ihm/ihr wohl missfallen habe
III. *adv* 1. (*de là*) ■ **d'~** daher; ***d'~ ton silence/ mon étonnement*** daher dein Schweigen/mein Erstaunen, deshalb schweigst du/bin ich so erstaunt; ***d'~ l'on peut conclure que*** woraus man schließen kann, dass
2. (*là où*) wo; *aller* wohin; ***~ tu iras, j'irai*** wohin du gehst, dahin werde auch ich gehen; ***~ les choses se gâtent, c'est lorsque*** es wird dann schlimm, wenn
▸ **d'~ que** + *subj* woher auch [immer]; ***d'~ que vienne le vent ...*** woher auch immer der Wind weht, woher der Wind auch [immer] wehen mag; **on est puni par ~ l'on a péché** die Strafe folgt auf den Fuß *prov*; **par ~ que** + *subj* auf welchem Weg auch immer; ***par ~ que l'on passe*** auf welchem Weg man es auch [immer] versucht; ~ **que** + *subj* wo auch immer; ***~ que nous soyons*** wo wir auch [immer] sind [*o* sein mögen]

O.U.A. [oya] *f abr de* **Organisation de l'unité africaine** O.A.U. *f*

ouah [wa] *interj* 1. (*cri du chien*) wau
2. (*exprime l'admiration*) o ja!; (*joie a.*) juhu!

ouailles [ˊwaj] *fpl* **1.** *hum (disciples)* Jünger *pl*, Herde *f kein pl*
2. *(fidèles)* Schafe *pl*, Herde *f kein pl*
ouais [ˊwɛ] *adv fam* **1.** *(oui)* ja, mhm *fam*
2. *(sceptique)* soso
▶ **~!** *(hourra!)* juhu!, hurra!
ouate [wat] *f* **1.** *(coton)* Watte *f*; **~ *hydrophile*** Watte
2. TEXTIL Wattierung *f*; ***doublé(e) de*** **~** wattiert
▶ **qn est élevé(e) dans la ~** jd wird verhätschelt
ouaté, e [wate] *adj bruit, pas* gedämpft; *atmosphère* behaglich, wohlig; ***les bruits nous arrivent ~s*** wir hören die Geräusche nur gedämpft [*o* wie durch Watte]
ouater <1> [wate] *vt* **1.** *(doubler de ouate)* ■ **qn ouate qc** jd wattiert etw
2. *poét (duveter)* ■ **qc ouate qc** */brouillard/* etw hüllt etw ein [*o* in Watte]; */neige/* etw bedeckt etw [wie mit Watte]; ***un brouillard épais ouate l'atmosphère*** dicker Nebel hüllt alles in Watte; ***les collines étaient ouatées de neige*** die Hügel waren schneebedeckt [*o* lagen unter einer Schneedecke]
ouatiner <1> [watine] *vt* ■ **qn ouatine qc** jd wattiert etw
oubli [ubli] *m* **1.** *(perte du souvenir)* Vergessen *nt*; *[détail a.]* Auslassung *f*; ***qn cherche l'~ de qc dans qc*** jd sucht in etw *(dat)* Vergessen für etw, jd versucht etw mit Hilfe von etw zu vergessen
2. *(étourderie)* Nachlässigkeit *f*, Versäumnis *nt*; *[personne]* Vergesslichkeit *f*; ***qn répare un ~*** jd holt ein Versäumnis nach; ***par ~*** aus Vergesslichkeit
3. *(lacune)* Lücke *f*
4. *(manquement à)* *[convenances, devoir]* Vernachlässigung *f*; *[promesse, règle]* Nichteinhaltung *f*; ***~ du devoir/ du devoir filial*** Pflichtvergessenheit *f*/ Vernachlässigung seiner Sohnespflichten
5. *(détachement volontaire)* ■ **~ de qc** *des choses terrestres* Abkehr *f* von etw, Aufgabe *f* einer S. *(gen)*; ***l'~ de soi-même*** die Selbstverleugnung, die Selbstlosigkeit
6. *(pardon)* ■ **~ de qc** *des injures, offenses* Vergebung *f* einer S. *(gen)*
▶ **qn/qc sombre** [*o* **tombe**] **dans l'~** jd/etw gerät in Vergessenheit; ***qn meurt dans l'~*** jd stirbt von allen vergessen; **qn/qc tire qn/qc de l'~** jd/etw bringt jdn/etw wieder in Erinnerung, jd holt jdn/etw aus der Versenkung *fam*, jd/etw entreißt jdn/etw der Vergessenheit *geh*
oublié, e [ublije] *m, f* ▶ **le/la grand(e) ~(e) de qc** das Stiefkind einer S. *(gen)*; **les ~(e)s de qc** die Stiefkinder einer S. *(gen)*
oublier <1 a> [ublije] **I.** *vt* **1.** *(ne plus se rappeler)* ■ **qn oublie qc** jd vergisst etw; ■ **qn oublie que** + *indic* jd vergisst, dass; ***n'oublie pas que*** vergiss nicht [*o* denk daran], dass; ■ **qn fait ~ qn/qc [à qn]** jd lässt [jdn] jdn/etw vergessen; jd bringt jdn dazu, jdn zu vergessen/bringt jdn von etw ab; ■ **qc fait ~ qn/qc [à qn]** etw lässt [jdn] jdn/etw vergessen; ■ **qn fait ~ [à qn] que** + *indic* jd lässt [jdn] vergessen, dass; ***qn veut faire ~ que*** jd will vergessen machen, dass; ■ **qc fait ~ [à qn] que** etw lässt [jdn] vergessen, dass; ***qc ne doit pas faire ~ [à qn] que*** über etw *(dat)* darf man nicht vergessen, dass; über etw *(dat)* darf jd nicht vergessen, dass; ■ **[qn/qc est] oublié(e) [par qn/qc]** [jd/etw ist/wird] [von jdm/etw] vergessen; */personne, événement/* [jd/etw ist] [bei jdm] in Vergessenheit geraten; ***les entreprises n'ont pas été oubliées par cette réforme*** die Unternehmen sind bei dieser Reform nicht übergangen worden
2. *(négliger)* ■ **qn oublie qn/qc** jd vergisst jdn/etw, jd vernachlässigt jdn; ***qn se sent oublié(e)*** jd fühlt sich im Stich gelassen; ***n'oubliez pas le guide*** denken Sie auch an [ein Trinkgeld für] den Führer; ■ **qn oublie de faire qc** jd tut etw nicht; *(volontairement)* jd drückt sich davor, etw zu tun *pej fam*; ***il oublie un peu trop souvent d'y aller*** er geht zu selten hin; er drückt sich zu oft davor, hinzugehen *pej*; ■ **qn oublie que** + *indic* jd vergisst, dass; ***il ne faudrait pas ~ que*** man sollte berücksichtigen [*o* nicht vergessen], dass
3. *(omettre)* ■ **qn oublie qn/qc [quelque part]** jd vergisst jdn/etw [irgendwo]; *mot, phrase, virgule a.* jd lässt etw aus; *(volontairement) personne a.* jd übergeht jdn; ***il l'a oublié dans son testament*** er hat ihn in seinem Testament übergangen; ■ **qn oublie de faire qc** jd vergisst etw zu tun; ***n'oublie pas de faire qc*** vergiss nicht [*o* denk daran], etw zu tun; ***il a oublié d'être à l'heure*** er ist [auch] nicht gerade pünktlich
4. *(évacuer de son esprit)* ■ **qn oublie qn/qc** jd vergisst jdn/etw; *affront, injure a.* jd vergibt etw; *passé, personne, querelle a.* jd streicht jdn/etw aus seinem Gedächtnis
5. *(manquer à)* ■ **qn oublie qc** jd vergisst etw; *devoir, obligation a.* jd kommt einer S. *(dat)* nicht nach; *promesse* jd hält etw nicht
6. *(laisser par inadvertance)* ■ **qn oublie qc quelque part** jd vergisst etw irgendwo; *objets a.* jd lässt etw irgendwo liegen/hängen/stehen
▶ **qn se fait ~** jd hält sich zurück [*o* im Hintergrund]; **sans ~ qn/qc** und auch [*o* sowie] jd/etw; ***embrasse toute la famille, sans ~ tes grands-parents!*** viele Grüße an die ganze Familie und auch an deine Großeltern!
II. *vi* ■ **qn oublie** jd vergisst
III. *vpr* **1.** *(sortir de l'esprit)* ■ **qn/qc s'oublie** man vergisst jdn/etw
2. *(ne pas penser à soi)* ■ **qn s'oublie** jd denkt nicht an sich [selbst], jd vergisst sich selbst; ■ **qn ne s'oublie pas** jd denkt auch an sich
3. *(se laisser aller)* ■ **qn s'oublie** jd vergisst sich, jd verliert die Beherrschung; ■ **qn s'oublie à faire qc** jd lässt sich dazu hinreißen, etw zu tun
4. *(faire ses besoins)* ■ **qn/un animal s'oublie [quelque part]** jd macht sein Geschäft [irgendwohin]/ein Tier verrichtet sein Geschäft [irgendwo] *fam*
oubliette [ublijɛt] *f* **1.** *pl (placard)* Versenkung *f*; ***qn ressort qc des ~s*** jd holt etw aus der Versenkung *fam*; ***qc est/ passe aux ~s*** etw ist in der Versenkung verschwunden/verschwindet in der Versenkung *fam*
2. *pl (cachot)* Verlies *nt*
3. *(fosse)* Fallgrube *f*
▶ **qn met** [*o* **jette**] **qc aux ~s** jd lässt etw in der Versenkung verschwinden *fam*
oublieux, -euse [ublijø, -jøz] *adj soutenu* ■ **qn est ~ de qc** *(par inadvertance) des devoirs, obligations* jd ist nachlässig, was etw anbetrifft; jd vernachlässigt etw; *(délibérément) des services rendus, du passé* jd hat etw vergessen, jd will nichts mehr von etw wissen; *de la bienséance* jd missachtet etw, jd kümmert sich nicht um etw
ouèbe [wɛb] *m fam* INFORM Internet *nt*
oued [wɛd] *m* Wadi *nt*
ouest [wɛst] **I.** *m* Westen *m*; ■ **l'ouest/l'Ouest** der Westen; ***les régions de l'~*** die westlichen Gebiete, die Gebiete im Westen, der Westen; ***les villes de l'~*** die Städte im Westen; ***les pays de l'O~*** die westlichen Staaten; ***les gens de l'O~*** die Leute aus dem Westen; ***l'autoroute de l'O~*** die Autobahn nach Westen; ***le conflit entre l'Est et l'O~*** der Konflikt zwischen Ost und West, der Ost-West-Konflikt; ***l'Europe de l'~*** Westeuropa *nt*; ***à l'~*** *(dans/vers la région)* im/in den Westen; *(vers le point cardinal)* nach Westen, in westliche Richtung; ***la pièce est exposée à l'~*** das Zimmer geht nach Westen; ***le soleil se couche à l'~*** die Sonne geht im Westen unter; ***à l'~ de qc*** westlich von etw, westlich einer S. *(gen)*; ***la France est située à l'~ de la Suisse*** Frankreich liegt westlich der Schweiz; ***dans l'~ de*** im Westen von; ***vers l'~*** nach Westen, in westliche Richtung; ***d'~ en est*** von West[en] nach Ost[en]
▶ **d'~** *vent* West-; **qn passe à l'O~** jd setzt sich in den Westen ab, jd flieht in den Westen
II. *adj inv* West-; *banlieue, longitude, partie* westlich
ouest-allemand, e <~-~s> [wɛstalmɑ̃, ɑ̃d] *adj* westdeutsch **ouest-nord-ouest** [wɛstnɔʀwɛst] *m* Westnordwesten *m* **ouest-sud-ouest** [wɛstsydwɛst] *m* Westsüdwesten *m*
ouf [ˊuf] **I.** *interj* uff
▶ **qn fait ~** jd atmet auf; ***qn n'arrive même plus à faire ~*** jd kommt nicht einmal mehr dazu, Luft zu holen
II. *m (cri de soulagement)* Seufzer *m* [der Erleichterung]; **qn pousse un ~ [de soulagement]** jd stößt einen Seufzer [der Erleichterung] aus
oui [ˊwi] **I.** *adv* **1.** *(opp: non)* ja; ***répondez par ~ ou par non*** antworten Sie [mit] ja oder nein; ***qn répond ~*** jd antwortet mit ja, jd bejaht [die Frage]; ***ceux qui disent ~*** die, die ja sagen; die Jasager *pej*
2. *(intensif)* ja [,wirklich]; ***c'est une crapule, ~ une crapule!*** er ist ein Mistkerl, ja, wirklich ein [*o* ja ein richtiger] Mistkerl!; **~ *certes/ naturellement/ vraiment*** ja [aber] sicher/natürlich/wirklich
3. *(substitut d'une proposition)*: ***qn croit/ espère/ pense que ~*** jd glaubt/ hofft/denkt schon; ***qn craint/ dit/ prétend que ~*** jd befürchtet/sagt/behauptet es; ***qn fait signe que ~*** jd bestätigt es; *(de la tête)* jd nickt; ***j'ai l'impression que ~*** [ja,] ich habe schon den Eindruck; ***je dirais que ~*** ich würde schon sagen; ich würde sagen, ja
▶ **~ et non** ja und nein; **ni ~ ni non** weder ja noch nein; ***pour le moment, ma réponse [n']est ni ~ ni non*** im Moment kann ich weder ja noch nein dazu sagen [*o* weder mit ja noch mit nein antworten]; **~ ou non?** ja oder nein?, oder nicht?; ***vas-tu te décider, ~ ou non?*** entscheidest du dich jetzt, ja oder nein?; **qn répond par ~ ou par non** jd antwortet mit einem klaren Ja oder Nein; **ah ~?** *fam* ach [*o* ah] ja?, [ach] tatsächlich?; **ah** [*o* **ça**] [*o* **oh**] **~, [alors]!** oh ja [, das kann man wohl sagen]!; **hé ~!** jaja!, leider ja!; ***il pleut encore? – Hé ~!*** regnet es noch? – Leider [Gottes] ja!; **mais ~!** *fam* aber ja [*o* sicher]!, na klar!; **~ mais** ja, aber; **~ ou merde?** *fam* oder was ist? *fam*, ja oder nein?; **que ~!** *fam* na klar!, ganz bestimmt!; **~?** *fam* [wohl] endlich! *fam*; ***alors, tu arrives, ~?*** kommst du jetzt endlich?
II. *m inv* **1.** *(approbation)* Ja *nt*; ■ **~ à qn/qc** Ja zu jdm/etw
2. *(suffrage)* Jastimme *f*
▶ **pour un ~ [ou] pour un non** wegen jeder Kleinigkeit
ouï-dire [ˊwidiʀ] *m inv* Gerücht *nt*
▶ **par ~-~** *apprendre* gerücht[e]weise; *savoir, connaître* vom Hörensagen
ouïe¹ [ˊuj] *interj* au[a], autsch
ouïe² [wi] *f* **1.** *(sens auditif)* Gehör *nt*; ***qn a l'~ fine*** jd hat ein feines [*o* gutes] Gehör, jd hört gut; ***le sens de l'~*** der Gehörsinn, das Gehör
2. ZOOL Kieme *f*
3. MUS Schallloch *nt*
▶ **qn est tout ~** jd ist ganz Ohr
ouille [ˊuj] *interj v.* **ouïe¹**
ouïr <*irr, déf*> [wiʀ] *vt vieilli* ■ **qn ouït qn/qc** jd hört etw; JUR *expert, témoin* jd hört jdn [an]
▶ **qn a ouï dire que** + *indic* jd hat [gerüchteweise] gehört, dass; jd weiß vom Hörensagen, dass; **oyez!** *hum* hört, hört!
ouistiti [ˊwistiti] *m* **1.** ZOOL Pinseläffchen *nt*
2. *fam (zigoto)* Affe *m*, Heini *m fam*
▶ **[qn est] un drôle de ~** *fam* [jd ist] ein komischer Vogel [*o* Heini *fam*]
oukase [ukaz] *m* **1.** *soutenu (ordre)* Befehl *m*, [diktatorische] Weisung, Ukas *m geh*; ***qn se plie aux ~s de qn*** jd unterwirft sich jds Diktat *(dat)*, jd fügt sich jds Befehl *(dat)*
2. HIST, POL Ukas *m*
ouragan [uʀagɑ̃] *m* **1.** *(violente tempête)* Orkan *m*
2. *(déchaînement)* Wirbel *m*, Aufruhr *f*; ■ **~ de qc** Sturm *m* einer S. *(gen)*; ***un ~ de protestations*** ein Sturm der Entrüstung [*o* des Protestes], ein Proteststurm; ***un ~ de clameurs*** riesiges [*o* stürmisches] Geschrei
3. *(personne déchaînée)* Wirbelwind *m*; ***qn arrive en ~ [quelque part]*** jd kommt angestürmt, jd stürmt irgendwohin
ourdir <8> [uʀdiʀ] *vt littér* ■ **qn ourdit qc** jd fädelt etw ein; *complot a.* jd schmiedet etw; *intrigue a.* jd spinnt etw
ourler <1> [uʀle] *vt* **1.** COUT ■ **qn ourle qc** jd säumt etw [ein]; ■ **[qc est] ourlé(e) [de qc]** [etw ist] [mit etw] [ein]gesäumt; ***un jupon ourlé de dentelle*** ein Rock mit Spitzensaum, ein mit Spitze[n] [ein]gesäumter Rock
2. *littér* ■ **qn/qc ourle qc [de qc]** jd umrahmt etw [mit etw]/etw [um]säumt etw [mit etw]; ■ **[qc est] ourlé(e) [de qc]** [etw wird] von etw gesäumt; ***qn a les oreilles délicatement ourlées/ la bouche délicatement ourlée*** jd

hat zierliche Ohrmuscheln/schön geschwungene Lippen
ourlet [uʀlɛ] *m* **1.** COUT Saum *m*
2. TECH Rand *m*
3. ANAT Rand *m* der Ohrmuschel; *littér* Saum *m*
► **faux** ~ falscher Saum
ours [uʀs] **I.** *m* **1.** ZOOL Bär *m; v. a.* **ourse**
2. (*jouet d'enfant*) Bär *m*, Teddy[bär] *m*; ***un ~ en peluche*** ein Plüschbär [*o* Teddybär]
3. *fam* (*misanthrope*) Brummbär *m*, Griesgram *m*; ***qn vit comme un ~*** jd lebt wie ein Einsiedler, jd verkriecht sich in seiner Höhle
4. PRESSE Impressum *nt*
► **qn tourne comme un ~ en cage** *fam* jd läuft unruhig auf und ab [wie ein gefangenes Tier]; ~ **blanc** [*o* **polaire**]/**brun** Eis-/Braunbär; ~ **mal léché** *fam* ungehobelter Klotz, Rüpel *m*; ~ **marin** Seebär *m*, Pelzrobbe *f*
II. *adj inv fam* griesgrämig; (*sauvage a.*) verschlossen; (*misanthrope a.*) bärbeißig
ourse [uʀs] *f* Bärin *f*; *v. a.* **ours**
► **la Grande/Petite O~** der Große/Kleine Bär [*o* Wagen]
oursin [uʀsɛ̃] *m* Seeigel *m*
ourson [uʀsɔ̃] *m* Bärenjunge(s) *nt*
oust[e] [ˈust] *interj fam* husch[, husch]; (*pour chasser qn a.*) weg mit dir/euch! *fam*, verschwinde/verschwindet! *fam*; (*pour presser qn a.*) hopp[, hopp] *fam*
out [ˈaut] *adv* **1.** TENNIS aus, out; ***ta balle est ~*** dein Ball ist aus [*o* im Aus]
2. BOXE k. o., out *spec*
3. *fam* (*hors service*) kaputt; (*chose a.*) hin *fam*; (*personne a.*) k. o. *fam*
4. (*passé de mode*) out
outarde [utaʀd] *f* Trappe *f*
outil [uti] *m* **1.** (*instrument manuel*) Werkzeug *nt*; [*artisan a.*] Handwerkszeug *kein pl*; *agricole* Gerät *nt*; [*navigation*] Instrument *nt*
2. INFORM Werkzeug *nt*, Tool [tuːl] *nt spec*
3. (*moyen*) Instrument *nt*; (*ressource*) Hilfsmittel *nt*, Handwerkszeug *nt*; (*personne*) Werkzeug *nt*; ***l'~ informatique*** die Informatik; ***qn emploie l'~ militaire*** jd setzt das Militär als Druckmittel ein; ■ ~ **de** *de développement* Instrument (+ *gen*); *de sélection a.* -instrument; *de production* -anlage *f*; ***l'~ de travail*** das Werkzeug, das Arbeitsgerät
◆ **outil de recherche** INFORM Suchmaschine *f*
outillage [utijaʒ] *m* Werkzeug *nt*, Arbeitszeug *nt*; [*artisan a.*] Handwerkszeug; [*usine*] Ausstattung *f* [mit Maschinen]; [*atelier*] Ausstattung, Einrichtung *f*; [*fermier*] Geräte *pl*; [*jardinier*] [Garten]geräte; ***une usine d'~*** eine Werkzeugmaschinenfabrik
outiller <1> [utije] **I.** *vt* (*équiper*) ■ **qn outille qn/qc** jd rüstet jdn aus/stattet etw aus; *atelier a.* jd richtet etw ein; *fig* jd gibt jdm das notwendige Rüstzeug mit; ■ **[qn est] outillé(e) [en qc/pour qc]** [jd ist] [mit etw/für etw] ausgerüstet; ■ **[qc est] outillé(e) [en qc/pour qc]** etw ist [mit etw] ausgestattet/[für etw] ausgerüstet; ■ **[qn/qc est] outillé(e) pour faire qc** jd/etw ist dafür ausgerüstet, etw zu tun; */établissement/* [etw ist] darauf eingerichtet, etw zu tun; ***je ne suis pas outillé pour*** ich bin nicht dafür ausgerüstet
II. *vpr* ■ **qn s'outille [en qc/pour qc]** jd rüstet sich [mit etw/für etw] aus, jd besorgt sich (*dat*) das nötige Werkzeug [für etw]; ■ **qn s'outille pour faire qc** jd besorgt sich (*dat*) das notwendige Werkzeug, um etw zu tun; ***je me suis outillé pour le jardinage*** ich habe mir das notwendige Werkzeug für die Gartenarbeit [*o* die notwendigen Gartengeräte] besorgt
outilleur [utijœʀ] *m* Werkzeugmacher *m*
output [ˈaʊtput] *m* Output *nt o m*
outrage [utʀaʒ] *m* **1.** (*affront*) Beleidigung *f*, Kränkung *f*
2. *soutenu* (*atteinte*) ■ ~ **à qc** Beleidigung einer S. (*gen*); ***c'est un ~ au bon sens*** das ist eine Beleidigung des gesunden Menschenverstandes
3. *littér* (*dommage*) [*âge, temps*] Spuren *pl*
► ~ **à agent/magistrat** JUR Beamtenbeleidigung *f*/Missachtung *f* der Würde] des Gerichts; ~ **aux bonnes mœurs** JUR ≈ Verstoß *m* gegen die öffentliche Moral; ~ **à la pudeur** JUR Erregung *f* öffentlichen Ärgernisses; (*exhibitionnisme*) sexuelle Belästigung; ~**[s] du temps** *littér* Verfallserscheinungen *pl*, Spuren *pl*, die der Zahn der Zeit hinterlässt; [*personne, animal a.*] Alterserscheinungen *pl*; ***qn/qc subit les ~ du temps*** jd unterliegt dem Alterungsprozess/etw unterliegt dem Verfall, an jdm/etw nagt der Zahn der Zeit; **qn fait subir à qn les derniers ~s** *vieilli soutenu* jd tut jdm Gewalt an *geh*; **qn lave un ~** jd rächt [sich für] eine Beleidigung
outrageant, e [utʀaʒɑ̃, ʒɑ̃t] *adj* beleidigend; *critique, propos, parole a.* kränkend; *geste* unverschämt; *acte de barbarie* empörend; ***des paroles ~es*** Beleidigungen *pl*, Unverschämtheiten *pl*
outrager <2 a> [utʀaʒe] *vt* **1.** ■ **qn outrage qn** (*injurier*) jd beleidigt jdn; (*offenser*) jd kränkt jdn; ■ **[qn/qc est] outragé(e)** [jd fühlt sich] beleidigt/gekränkt, [jd ist] beleidigt/gekränkt; ***d'un air outragé*** mit beleidigter/gekränkter Miene
2. (*contrevenir à*) ■ **qn/qc outrage qc** *le bon sens, la morale* jd/etw verstößt gegen etw; *les bonnes mœurs, la pudeur* jd/etw verletzt etw; *la raison* jd/etw beleidigt etw
outrageusement [utʀaʒøzmɑ̃] *adv* übertrieben, zu sehr; ~ ***bête*** furchtbar dumm; ***elle se fout ~ de lui*** sie macht sich fürchterlich über ihn lustig; ***qn se farde ~*** jd schminkt sich übertrieben stark
outrance [utʀɑ̃s] *f* **1.** ∅ (*caractère excessif*) Übertreibung *f*; [*caractère, langage, œuvre*] Überspitztheit *f*; [*personne, conduite*] Überspanntheit *f*; ***qn pousse qc jusqu'à l'~*** jd treibt etw bis zum Äußersten [*o* [bis] zum Exzess]; ***il y a de l'~ dans qc*** etw wirkt exzessiv; ***avec ~*** ohne Maß [und Ziel]; ***qn fait tout avec ~*** jd übertreibt bei allem, jd kennt kein Maß
2. (*comportement*) Maßlosigkeit *f*, Exzess *m*; (*action excessive a.*) Extravaganz *f*; (*parole excessive*) Ausfälligkeit *f*; ***des ~s de langage*** sprachliche Entgleisungen, Ausfälligkeiten *pl*

► **à** ~ bis zum Äußersten, [bis] zum Exzess; ***la guerre à ~*** der totale Krieg
outrancier, -ière [utʀɑ̃sje, -jɛʀ] *adj propos* übertrieben; *idéologie a.* extrem; *caractère* überspannt; ***des termes ~s*** Übertreibungen *pl*
outrancièrement [utʀɑ̃sjɛʀmɑ̃] *adv* übermäßig
outre¹ [utʀ] *f* (*sac*) Schlauch *m*
► **[qn est] gonflé(e) comme une ~** [jd ist] aufgebläht wie ein Ballon; *fam* (*a trop mangé, trop bu*) [jd ist] voll bis oben[hin] *fam*; **qn est plein(e) comme une ~** jd ist sternhagelvoll *fam*
outre² [utʀ] **I.** *prép* (*en plus de*) außer
► ~ **[le fait] que** + *indic* abgesehen davon [*o* außer], dass; nicht nur ..., [sondern] [außerdem] auch; ~ ***qu'il en a le désir, il en a les moyens*** er hat nicht nur den Wunsch, [sondern] er hat [außerdem] auch die Möglichkeiten dazu
II. *adv* ► **en** ~ außerdem, zudem
outre-Atlantique [utʀatlɑ̃tik] *loc* auf der anderen Seite [*o* jenseits] des Atlantiks; *émigrer, partir* auf die andere Seite des Atlantiks; ***à la mode ~~*** wie es jenseits des Atlantiks Mode ist
outrecuidance [utʀəkɥidɑ̃s] *f* **1.** *soutenu* (*impertinence*) Dreistigkeit *f*, Unverfrorenheit *f*, Impertinenz *f geh*
2. *littér* (*fatuité*) Überheblichkeit *f*, Dünkel *m*; ***avec ~*** überheblich, voller Überheblichkeit [*o* Dünkel]
outrecuidant, e [utʀəkɥidɑ̃, ɑ̃t] *adj* **1.** *soutenu* (*impertinent*) ungehörig, unverschämt, impertinent *geh*
2. *littér* (*fat*) überheblich, eingebildet, dünkelhaft *geh*
outre-Manche [utʀəmɑ̃ʃ] *loc* auf der anderen Seite [*o* jenseits] des [Ärmel]kanals; *partir, se rendre* auf die andere Seite des [Ärmel]kanals
outremer [utʀəmɛʀ] **I.** *m* **1.** MINER Lapislazuli *m*, Lapis *m*, Lasurstein *m*
2. (*bleu*) Ultramarin[blau] *nt*; ***un ciel d'~*** ein leuchtend blauer [*o* tiefblauer] Himmel
II. *adj inv* ultramarin[blau], leuchtendblau, tiefblau
outre-mer [utʀəmɛʀ] *loc* in Übersee; (*dans les départements d'outre-mer*) in den Überseedepartements; ■ **d'~~** überseeisch, Übersee-; *personne, marchandise* aus Übersee; (*des départements d'outre-mer*) aus den Überseedepartements
outrepasser <1> [utʀəpɑse] *vt* ■ **qn outrepasse qc** *droits, limites* jd überschreitet etw; *pouvoir a., ordre* jd geht über etw (*akk*) hinaus
outrer <1> [utʀe] *vt* **1.** (*exagérer*) ■ **qn outre qc** *attitude* jd übertreibt etw; *accent, effet a.* jd überzieht etw; *pensée* jd kompliziert etw; ***cet acteur outre son jeu*** dieser Schauspieler überzieht [seine Rolle]; ***ce portrait est outré*** dieses Porträt ist überzeichnet
2. (*scandaliser*) ■ **qn/qc a outré qn** jd/etw empört jdn, etw entrüstet jdn; ■ **[qn est] outré(e) [de [*o* par] qc]** [jd ist] [über etw (*akk*)] empört [*o* entrüstet]
outre-Rhin [utʀəʀɛ̃] *adv* auf der anderen Seite [*o* jenseits] des Rheins, in Deutschland; *aller* auf die andere Seite des Rheins, nach Deutschland
outre-tombe [utʀətɔ̃b] *loc* im Jenseits; **d'~~** aus dem Jenseits
outsider [autsajdœʀ] *m* Außenseiter *m*, Outsider [ˈautsaidɐ] *m geh*
ouvert, e [uvɛʀ, ɛʀt] **I.** *pp de* **ouvrir**
II. *adj* **1.** *bouche, yeux* offen; *col, fenêtre, porte, robinet, valise a.* geöffnet; ■ **qc est ~** etw ist offen; */fenêtre, porte a./* etw ist auf; */bouche, col/* etw steht offen; ***qn laisse qc ~*** jd lässt etw offen
2. (*accessible au public*) *magasin* geöffnet; *téléski a.* in Betrieb; *fleur a.* aufgeblüht; ■ **qc est ~** etw ist offen; */magasin a./* etw hat offen [*o* geöffnet] [*o* auf]; */téléski a./* etw ist geöffnet [*o* in Betrieb]; */fleur a./* etw ist aufgeblüht; */centre a./* etw ist eröffnet; ■ **[qc est] ~ [à qn/qc]** [etw ist] [für jdn/etw] geöffnet, [etw steht] [jdm] offen; */autoroute/* [etw ist] [für jdn/etw] freigegeben; ■ **qn est ~** COM *fam* jd hat offen [*o* geöffnet] [*o* auf *fam*]
3. (*commencé*) ■ **qc est ~** etw wird/ist eröffnet; ***la pêche/la chasse est ~e*** die Angelsaison ist eröffnet/die Jagd ist offen; ***qn déclare qc ~*** jd eröffnet etw, jd erklärt etw für eröffnet
4. MED *fracture, plaie* offen
5. (*incertain*) *championnat, jeu, partie* offen; ***la partie est très ~e*** der Ausgang des Spiels ist noch offen
6. (*non restreint*) *débat* offen; *compétition a.* frei
7. (*déclaré, public*) *conflit, haine, lettre, opposition* offen; *guerre a.* erklärt; ***qn déclenche une campagne ~e contre qn*** jd löst eine öffentliche Kampagne gegen jdn aus; ***d'une façon ~e*** offen
8. (*franc, communicatif*) *caractère, personne, visage* offen
9. (*éveillé*) *esprit* aufgeschlossen; *milieu, personne a.* offen; ***c'est un esprit ~*** er/sie ist aufgeschlossen; ■ **[qn est] ~ sur** [*o* **à**] **qn/qc** [jd ist] offen für jdn/etw; ***qn est ~(e) sur le monde*** jd ist weltoffen
10. LING *son, syllabe, voyelle* offen
11. (*non protégé*) *rade, ville* offen; ***un port ~*** ein offener Seehafen
12. JUR *milieu* offen; ***en milieu ~*** im offenen [Straf]vollzug
► **qc est grand(e) ~** */porte, fenêtre/* etw ist weit offen [*o* geöffnet]; */yeux/* etw ist weit aufgerissen
ouvertement [uvɛʀtəmɑ̃] *adv* **1.** (*sans dissimulation*) offen [und ehrlich]
2. (*publiquement*) öffentlich
3. (*franchement*) offen [und ehrlich]
ouverture [uvɛʀtyʀ] *f* **1.** (*fait d'ouvrir*) [*fenêtre, porte*] Öffnen *nt*; [*robinet a.*] Aufdrehen *nt*; [*valise a., barrière*] Öffnung *f*; ***l'~ de cette porte est automatique*** [diese] Tür öffnet [sich] automatisch
2. (*fait de rendre accessible au public*) [*frontière, magasin*] Öffnung *f*; ***à l'~ [du magasin]*** bei Öffnung [des Geschäfts]; ***à quelle heure a lieu l'~ du magasin?*** um wie viel Uhr öffnet das Geschäft [*o* macht das Geschäft auf]?; ***les jours/heures d'~*** die Öffnungstage/-zeiten; [*banque a.*] die Geschäftszeiten; ■ ~ **à qn** Öffnung für jdn; ~ ***de l'autoroute à qn*** Freigabe *f* der Autobahn für jdn; ***l'~ au public*** die Eröffnung
3. (*commencement*) Eröffnung *f*; [*travaux*] Beginn *m*; ~ ***d'une/de la ses-***

sion INFORM Login [lɔkˀɪn] *nt; **la séance d'~*** die Eröffnungssitzung
4. (*orifice*) Öffnung *f;* [*couloir, grotte a.*] Eingang *m;* [*volcan a.*] Krateröffnung *f;* ***toutes les ~s de l'immeuble*** alle Fenster und Türen des Gebäudes; ***cette pièce n'a aucune ~*** dieses Zimmer hat keine Fenster[öffnung]
5. (*inauguration*) Eröffnung *f;* [*école, théâtre, usine a.*] Einweihung *f;* [*route*] Freigabe *f;* ***la célébration d'~*** die Eröffnungsfeier; [*bâtiment a.*] die Einweihung[sfeier]
6. (*attitude ouverte*) Offenheit *f;* ■ **~ de:** ~ ***d'esprit/ de vues*** Aufgeschlossenheit *f*/offene Einstellung; ***ton ~ de cœur*** dein offenes Herz; ■ **~ sur qn/ qc:** ***ton ~ sur le monde*** deine Weltoffenheit; ***qn n'a aucune ~ sur la vie/ sur l'extérieur*** jd schließt [*o* kapselt] sich ab; ***l'~ sur l'Europe*** die Öffnung nach Europa
7. (*avance, proposition*) Zugeständnis *nt,* Entgegenkommen *nt kein pl;* (*envers une femme*) Avancen *pl;* ***qn fait une timide ~*** jd macht einen schüchternen Annäherungsversuch; ■ **~s de** *de conciliation, négociations, paix* -angebot *nt,* -vorschläge *pl;* ■ **~ à** [*o* **vers**] **qc** Öffnung *f* in Richtung einer S. (*gen*) [*o* hin zu etw]; ***l'~ au centre/ à droite/ à gauche*** die Öffnung zur Mitte/nach rechts/nach links
8. MUS Ouvertüre *f*
9. MATH [*angle*] Größe *f;* [*compas*] Öffnung *f*
10. PHOT Blende *f*
11. ECHECS Eröffnung *f*
12. CARTES (*possibilité d'annoncer*) Ansage *f;* (*possibilité de commencer*) Ausspielen *nt*
13. SPORT Pass *m* (*der das Spiel öffnet*)
14. COM, JUR [*compte, succession*] Eröffnung *f;* [*crédit a.*] Freigabe *f;* [*information judiciaire a.*] Einleitung *f*
▸ **qn fait l'~** *fam* (*d'un magasin*) jd schließt auf; (*de la saison*) jd nimmt an der Saisoneröffnung teil; **qn trouve l'~** SPORT jdm gelingt der Durchbruch; ***qn trouve l'~ contre qc*** jd findet eine Lücke in etw (*dat*)

ouvrable [uvʀabl] *adj jour* Werk-; *heures* Öffnungs-; ***le lundi de Pâques est-il un jour ~?*** wird am Ostermontag gearbeitet?

ouvrage [uvʀaʒ] **I.** *m* **1.** (*objet fabriqué*) Arbeit *f;* ■ **~ de** -arbeit; ***un ~ de sculpture*** eine Bildhauerarbeit
2. (*livre*) Werk *nt,* Buch *nt;* ■ **~ de qc** Werk [*o* Buch] über etw (*akk*); ***un ~ de littérature/ de philosophie*** ein literarisches/philosophisches Werk [*o* Buch]; ***un ~ d'imagination*** [*o* ***de fiction***] ein Werk der fantastischen Literatur
3. (*fortification*) Befestigung *f,* Festungsanlage *f;* ~ ***avancé*** Außenwerk *nt;* ~ ***défensif*** Verteidigungsanlage *f,* Festung[sanlage] *f*
4. (*travail*) Arbeit *f;* COUT [Hand]arbeit; ***qn met une dernière main à l'~*** jd legt letzte Hand an
5. *littér* (*œuvre*) [*hasard, temps*] Werk *nt*
▸ **un ~ clef** ein wichtiges [*o* bedeutendes] Werk; **qn se met à l'~** jd macht sich an die Arbeit [*o* ans Werk]; **~s de franchissement** Überwege *pl* und Unterführungen *pl;* **gros ~** Rohbau *m;* **~ léger** Innenausbau *m;* **à ~** *sac* Handarbeits-; *boîte, corbeille, panier a.* Näh-
II. *f fam* ▸ **de la belle ~** eine gelungene [*o* schöne] Arbeit
◆ **ouvrage d'art** Kunstbau *m,* Ingenieurbau *m;* (*pont a.*) Brückenkonstruktion *f;* (*tunnel a.*) Tunnelkonstruktion *f;* (*tranchée a.*) Grabenkonstruktion *f;* **ouvrage de dame** Handarbeit *f,* Nadelarbeit *f alt*

ouvragé, e [uvʀaʒe] *adj* kunstvoll gearbeitet; *meuble a., bois* kunstvoll geschnitzt; *métal a.* kunstvoll geschmiedet; *signature* kunstvoll

ouvrant, e [uvʀɑ̃, ɑ̃t] *adj:* ***un toit ~*** ein Schiebedach *nt*

ouvré, e [uvʀe] *adj* **1.** ***jour ~*** Arbeitstag *m*
2. *soutenu* (*ouvragé*) *bijou* kunstvoll gearbeitet; *linge, lingerie, napperon a.* kunstvoll verziert; *meuble a., bois* kunstvoll geschnitzt; *métal a.* kunstvoll geschmiedet; ■ **~ de qc** mit etw [kunstvoll] verziert [*o* dekoriert]

ouvre-boîte <~-~s> [uvʀəbwat] *m* Dosenöffner *m,* Büchsenöffner *m*
ouvre-bouteille <~-~s> [uvʀ(ə)butɛj] *m* Flaschenöffner *m*

ouvreur, -euse [uvʀœʀ, øz] *m, f* **1.** CINE, THEAT Platzanweiser(in) *m(f)*
2. CARTES Erstansager(in) *m(f)*
3. SKI Vorläufer(in) *m(f)*

ouvrier, -ière [uvʀije, -ijɛʀ] **I.** *adj cité, classe, famille, mouvement, quartier, question, syndicat* Arbeiter-; *conflit* Arbeits-; *condition* der Arbeiter; *militant* der Arbeiterbewegung; ***la législation ~ière*** das Arbeitsrecht; ***le monde ~*** die Arbeiterschaft
II. *m, f* **1.** (*travailleur manuel*) Arbeiter(in) *m(f);* ***qn est ~ imprimeur/ maçon*** [***quelque part***] jd arbeitet [irgendwo] als Drucker/Maurer
2. *littér* (*acteur, artisan*) Schöpfer(in) *m(f);* ***qn est l'~ de sa fortune/ de son destin*** jd ist seines Glückes Schmied/bestimmt sein Schicksal selbst
▸ **~(-ière) de la onzième heure** jemand, der die Arbeit nicht gerade erfunden hat; ***tu es vraiment un ~ de la onzième heure*** du hast die Arbeit auch nicht [gerade] erfunden; **les mauvais ~s ont toujours de mauvais outils** *prov* wenn der Reiter nichts taugt, hat das Pferd Schuld; **~(-ière) agricole** Landarbeiter(in) *m(f);* **~(-ière) professionnel(le)** Facharbeiter(in) *m(f),* gelernter Arbeiter/gelernte Arbeiterin; **~(-ière) [hautement] qualifié(e)** Facharbeiter(in) *m(f);* **~(-ière) spécialisé(e)** Hilfsarbeiter(in) *m(f)*
III. *f* (*abeille, termite, fourmi*) ■ **ouvrière** Arbeiterin *f*
◆ **ouvrier(-ière) à façon** [Werk]lohnarbeiter(in) *m(f);* **ouvrier(-ière) d'usine** Fabrikarbeiter(in) *m(f),* Industriearbeiter(in) *m(f)*

ouvriériste [uvʀijeʀist] **I.** *adj attitude* arbeiterfreundlich; ***la doctrine ~*** die Doktrin des Arbeiterstaats; ***la démagogie ~*** die demagogische Idealisierung der Arbeiterklasse
II. *mf* Verfechter(in) *m(f)* der Doktrin des Arbeiterstaats; *péj* Rote(r) *f(m)*

ouvrier-joaillier <~s-~s> [uvʀijeʒɔaje] *m* Goldschmied(in) *m(f)*

ouvrir <11> [uvʀiʀ] **I.** *vt* **1.** (*opp: fermer*) ■ **qn ouvre qc** [**à qn**] jd öffnet [jdm] etw, jd macht [jdm] etw auf; (*à clé*) jd schließt [jdm] etw auf; *livre a.* jd schlägt [jdm] etw auf; *bec, bouche* jd öffnet [jdm] etw, jd macht etw auf; *fig a.* jd tut etw auf; *paupières, yeux* jd öffnet [jdm] etw, jd macht [*o* schlägt] etw auf; (*qn ouvre grand qc*) *oreille, œil, bec a.* jd sperrt etw auf *fam;* ***ouvre l'œil, et le bon!*** sperr' die Augen auf!
2. (*faire fonctionner*) ■ **qn ouvre qc** *chauffage* jd macht [*o* stellt] etw an; *télé a.* jd schaltet etw ein; *robinet, gaz* jd öffnet etw, jd dreht etw auf; *vanne* jd öffnet etw, jd macht etw auf
3. (*écarter, déployer*) ■ **qn/un animal ouvre qc** jd öffnet etw; *bras a., ailes* jd/ein Tier breitet etw aus; *couteau, mains a.* jd macht etw auf; *éventail, journal, livre a.* jd schlägt [*o* macht] etw auf; *lit* jd deckt etw auf; *parapluie a.* jd spannt [*o* macht] etw auf; *rideaux a.* jd zieht [*o* macht] etw auf
4. (*commencer*) ■ **qn ouvre qc** jd eröffnet etw; *campagne, discussion a.* jd beginnt mit etw; *dialogue a.* jd bringt etw in Gang
5. SPORT ■ **qn ouvre qc** *piste, slalom* jd eröffnet etw; ***qn ouvre la marque*** [*o* ***le score***] jd erzielt den ersten Treffer
6. (*fonder, créer*) ■ **qn ouvre qc** jd eröffnet etw; *magasin, restaurant, succursale, supermarché a.* jd macht etw auf *fam; école a.* jd richtet etw ein
7. (*rendre accessible*) ■ **qn/qc ouvre qc à qn** *frontière, lieu, refuge* jd/etw öffnet etw für jdn; *horizons, perspective* jd/etw eröffnet jdm etw; *groupe social* jd verschafft jdm Zugang zu etw; ***qn/ qc ouvre à qn les portes de qc*** jd/etw öffnet jdm die Türen zu etw, jd/etw verschafft jdm zu etw Zutritt; ***qn ouvre sa bourse à qn*** jd zückt für jdn den Geldbeutel; ***qn ouvre son cœur à qn*** jd schüttet jdm sein Herz aus
8. (*débloquer, frayer*) ■ **qn ouvre qc** [**à qn/qc**] jd öffnet etw [für jdn/etw]; *canal, col, piste a.* jd gibt etw [für jdn/etw] frei; *issue, passage* jd bahnt jdm/einer S. etw, jd macht etw [für jdn/etw] frei; *fig voie a.* jd ebnet jdm/einer S. etw; ■ **qc ouvre qc** [**à qn/qc**] etw öffnet etw [für jdn/etw]; *canal, col, piste a.* etw macht etw [für jdn/etw] frei; *issue, passage, voie* etw bahnt jdm/einer S. etw
9. (*être en tête de*) ■ **qn/qc ouvre qc** *marche, procession* jd/etw eröffnet etw, jd/etw führt etw an; *liste* jd steht auf Platz 1 einer S. (*gen*), jd steht an erster Stelle auf etw (*dat*)
10. (*inaugurer*) ■ **qn/qc ouvre qc** [**par qc**] jd/etw eröffnet etw [mit etw]
11. (*percer*) ■ **qn/qc ouvre qc** *abcès, jambe, ventre* jd öffnet etw, jd schneidet etw auf *fam; brèche* jd/etw schlägt etw; *route* jd baut etw
12. (*provoquer une blessure*) ■ **qc ouvre qc** *jambe, ventre* etw reißt etw auf, etw reißt eine Wunde in etw (*akk*); *crâne* etw schlägt ein Loch in etw (*akk*); ***le bord du trottoir lui a ouvert le front*** er hat sich (*dat*) den Kopf am Bordstein aufgeschlagen
13. (*rendre réceptif*) ■ **qn/qc ouvre qc à qc** *esprit, cœur* jd/etw macht etw für etw empfänglich, jd/etw öffnet etw [für etw]
14. COM, FIN ■ **qn ouvre qc** *compte* jd eröffnet etw; *emprunt* jd nimmt etw auf; ■ **qn ouvre qc à qn** *compte* jd eröffnet etw für jdn, jd richtet jdm etw ein; *crédit* jd gewährt jdm etw
15. JUR ■ **qn ouvre qc** *enquête, information* jd eröffnet etw, jd leitet etw ein
▸ **qn l'ouvre** *fam* jd macht den Mund [*o* die Klappe *fam*] auf; ***pas moyen de l'~ avec lui*** bei ihm kommt man nicht zu Wort
II. *vi* **1.** (*ouvrir la porte*) ■ **qn ouvre** jd öffnet, jd macht auf; (*à clé*) jd schließt auf; ***va donc ~!*** geh' schon aufmachen/aufschließen!, mach'/schließ' auf; ■ **qn ouvre à qn** jd öffnet jdm, jd macht jdm auf; (*à clé a.*) jd schließt jdm auf; ■ **qn se fait ~ par qn** jd lässt sich (*dat*) von jdm [die Tür] öffnen [*o* aufmachen]; (*à clé a.*) jd lässt sich (*dat*) von jdm [die Tür] aufschließen
2. (*être accessible au public*) ■ **qc ouvre** etw ist offen [*o* geöffnet] [*o* auf] *fam;* /*magasin a.*/ etw hat offen [*o* geöffnet] [*o* auf] *fam;* /*cinéma, théâtre*/ etw hat Vorstellung
3. (*être rendu accessible au public*) /*magasin*/ etw macht auf, etw öffnet; /*cinéma, théâtre*/ etw hat Einlass
4. (*se laisser débloquer*) /*fenêtre, porte*/ etw geht auf, etw lässt sich öffnen; ***qc ouvre mal*** /*fenêtre, porte*/ etw geht schwer [auf] [*o* klemmt] [*o* lässt sich schwer öffnen]
5. (*donner sur*) ■ **qc ouvre sur qc** /*fenêtre*/ etw geht auf etw (*akk*) [hinaus]; *sur la rue a.* etw geht nach etw; /*porte a.*/ etw führt auf etw (*akk*) [*o* zu etw]
6. (*commencer*) ■ **qc ouvre** [**par qc**] etw beginnt [mit etw], etw fängt [mit etw] an
7. SPORT ■ **qn ouvre** [**sur qn**] jd passt [zu jdm]
8. SKI ■ **qn ouvre** jd gibt die Zeit vor
9. CARTES ■ **qn ouvre** [**de qc**] jd eröffnet [mit etw], jd spielt [etw] auf
III. *vpr* **1.** (*opp: se fermer*) ■ **qc s'ouvre** etw öffnet sich; /*fenêtre, livre, porte a., parapluie, vêtement*/ etw geht auf; /*fleur a.*/ etw blüht [*o* geht] auf; /*foule*/ etw teilt sich; /*bras a.*/ etw breitet sich aus; ***qc s'ouvre mal*** etw geht schwer auf [*o* klemmt], etw lässt sich schwer öffnen
2. (*donner sur*) ■ **qc s'ouvre sur qc** etw geht auf etw (*akk*); /*porte a.*/ etw führt auf etw (*akk*)
3. (*commencer*) ■ **qc s'ouvre** [**par** [*o* **sur**] **qc**] etw beginnt [mit etw]; /*séance a., exposition*/ etw wird [mit etw] eröffnet
4. (*se présenter*) ■ **qc s'ouvre** [**devant qn/qc**] /*chemin, monde, paysage*/ etw tut sich [vor jdm/etw] auf; /*horizon, perspective a.*/ etw eröffnet sich [jdm]; /*vie*/ etw liegt vor jdm; ***tous les horizons s'ouvrent devant toi*** die Welt steht dir offen
5. (*béer*) ■ **qc s'ouvre quelque part** /*gouffre*/ etw tut sich irgendwo auf; /*brèche, terre a.*/ etw öffnet sich irgendwo
6. (*devenir accessible à*) ■ **qn/qc s'ouvre à** [*o* **sur**] **qc** *à l'amour, l'art, la pitié* jd/etw wird für etw empfänglich, jd/etw öffnet sich einer S. (*dat*); *au commerce a.* etw öffnet sich für etw; *au monde, à des problèmes, la souffrance* jd/etw beginnt etw wahrzunehmen; ***qc s'ouvre à l'extérieur*** etw öffnet sich [nach außen]
7. (*se confier*) ■ **qn s'ouvre à qn** jd vertraut sich jdm an; ■ **qn s'ouvre à qn de qc** jd redet [offen] mit jdm über etw (*akk*), jd vertraut jdm etw an

8. (*se blesser*) ■ **qn s'ouvre qc** *veines* jd öffnet sich (*dat*) etw, jd schneidet sich (*dat*) etw auf; *lèvre* jd beißt sich (*dat*) etw auf; *jambe, crâne* jd schlägt sich (*dat*) etw auf
ovaire [ɔvɛʀ] *m* 1. ANAT Eierstock *m*, Ovar[ium] *nt spec*
2. BOT Fruchtknoten *m*, Ovarium *nt spec*
ovale [ɔval] I. *adj* oval
II. *m* Oval *nt*; ***en*** ~ im Oval; ***en forme d'***~ in Form eines Ovals
ovariectomie [ɔvaʀjɛktɔmi] *f* Entfernung *f* eines Eierstocks/der Eierstöcke, Ovar[i]ektomie *f spec*
ovarien, ne [ɔvaʀjɛ̃, jɛn] *adj cycle, hormones* Ovarial-; *tumeur* Eierstock-
ovation [ɔvasjɔ̃] *f* stürmischer Beifall *kein pl*, Ovation *f geh*; ***qn reçoit une*** ~ jd erntet stürmischen Beifall
► **qn fait une ~ à qn** jd klatscht jdm stürmischen Beifall, jd bringt jdm eine Ovation [*o* Ovationen *geh*] dar; ***ils se levèrent pour lui faire une chaleureuse*** ~ sie brachten ihm stehende Ovationen dar
ovationner <1> [ɔvasjɔne] *vt* ■ **qn ovationne qn** jd jubelt jdm zu, jd bringt jdm Ovationen dar *geh*; ■ **qn se fait ~ [par qn]** jd erntet [von jdm] stürmischen Beifall [*o* Ovationen *geh*]; *péj* jd lässt sich [von jdm] bejubeln
overdose [ɔvœʀdoz, ɔvɛʀdoz] *f* Überdosis *f kein pl*
ovin, e [ɔvɛ̃, in] I. *adj race* der Schafe
II. *m* Schaf *nt*; ***l'élevage des ~s*** die Schafzucht
ovipare [ɔvipaʀ] I. *adj* Eier legend, ovipar *spec*; ■ **un animal est** ~ ein Tier legt Eier [*o* vermehrt sich durch Eiablage]; ***reproduction*** ~ Fortpflanzung *f* durch Eiablage, ovipare Fortpflanzung *spec*
II. *m* Eier legendes [*o* ovipares *spec*] Tier
OVNI [ɔvni] *m abr de* **objet volant non identifié** UFO *nt*, Ufo *nt*
ovocyte [ɔvɔsit] *m* Oozyte *f*
ovoïde [ɔvɔid] *adj* eiförmig
ovovivipare [ɔvovivipaʀ] I. *adj* ovovivipar
II. *m* ovovivipares Tier
ovulaire [ɔvylɛʀ] *adj fécondation* des Ei[e]s; ***ponte*** ~ Eisprung *m*
ovulation [ɔvylasjɔ̃] *f* Eisprung *m*, Ovulation *f spec*
ovule [ɔvyl] *m* 1. BIO Eizelle *f*, Ovum *nt spec*
2. BOT Samenanlage *f*
3. PHARM Vaginalzäpfchen *nt*
ovuler <1> [ɔvyle] *vi* ■ **qn ovule** jd hat einen Eisprung [*o* eine Ovulation *spec*]
oxyacétylénique [ɔksiasetilenik] *adj* Acetylensauerstoff-; *soudage, soudure* Autogen-; ***chalumeau*** ~ Acetylen[sauerstoff]brenner *m*
oxydable [ɔksidabl] *adj* oxydierbar, oxidierbar
oxydant, e [ɔksidɑ̃, ɑ̃t] I. *adj* oxydierend, oxidierend; *action a.* Oxydations-, Oxidations-
II. *m* Oxydationsmittel *nt*, Oxidationsmittel *nt*
oxydation [ɔksidasjɔ̃] *f* Oxydation *f*, Oxidation *f*
oxyde [ɔksid] *m* Oxyd *nt*, Oxid *nt*; ~ ***azotique*** Stick[stoff]oxyd [*o* -oxid]; ■ ~ **de** -oxyd, -oxid; ~ ***de carbone*** Kohlenmonoxyd [*o* -oxid]
oxyder <1> [ɔkside] I. *vt* CHIM ■ **qn/qc oxyde qc** jd/etw oxydiert [*o* oxidiert] etw; ■ **[qc est] oxydé(e)** [etw ist] oxydiert [*o* oxidiert]; */argenterie, orfèvrerie, vaisselle a./* [etw ist] angelaufen
II. *vpr* ■ **qc s'oxyde** etw oxydiert, etw oxidiert; */métal a./* etw rostet; */argenterie, orfèvrerie, vaisselle a./* etw läuft an
oxygénation [ɔksiʒenasjɔ̃] *f* Sauerstoffzufuhr *f*, Oxygenisation *f spec*; [*sang, tissu*] Anreicherung *f* mit Sauerstoff
oxygène [ɔksiʒɛn] *m* 1. CHIM Sauerstoff *m*, Oxygen[ium *nt*] *nt spec*
2. (*air pur*) Sauerstoff *m*, frische Luft
3. (*souffle nouveau*) frischer Wind; ***il a apporté un peu d'~ à l'entreprise*** er hat ein bisschen frischen Wind in die Firma [hinein]gebracht; ***une bouffée d'***~ eine Atempause [*o* Verschnaufpause *fam*]
oxygéné, e [ɔksiʒene] *adj cheveux* gebleicht, blondiert; ***eau ~e*** Wasserstoffperoxyd *nt*, Wasserstoffperoxid *nt*; ***un composé ~ de qc*** eine Sauerstoffverbindung von etw
oxygéner <5> [ɔksiʒene] I. *vt* ■ **qn oxygène qc** jd oxygeniert [*o* oxigeniert] etw; *cheveux* jd bleicht [*o* blondiert] etw
II. *vpr* ■ **qn s'oxygène** jd tankt frische Luft; ***qn s'oxygène les poumons*** *fam* jd pumpt sich (*dat*) die Lungen mit Sauerstoff voll *fam*
oxyure [ɔksjyʀ] *m* Madenwurm *m*
oyais [ɔjɛ] *imparf de* **ouïr**
oyant [ɔjɑ̃] *prés de* **ouïr**
oyez [ɔje] *indic prés et impératif de* **ouïr**
oyons [ɔjɔ̃] *indic prés de* **ouïr**
ozone [ozon, ɔzɔn] *f* Ozon *nt*; ***la couche d'***~ die Ozonschicht
ozonisation [ɔzɔnizasjɔ̃, ozonizasjɔ̃] *f* Ozonisierung *f*
ozoniser <1> [ozonize, ɔzɔnize] *vt* ■ **qn ozonise qc** jd ozonisiert etw

P

P, p [pe] *m* P *nt*, p *nt*
► **p comme Pierre** P wie Paula
pacage [pakaʒ] *m* Weide *f*; ***qn mène des bestiaux au*** ~ jd treibt Tiere auf die [*o* zur] Weide
pacemaker [pɛsmɛkœʀ] *m* [Herz]schrittmacher *m*
pacha [paʃa] *m* 1. HIST Pascha *m*
2. *fam* (*qui se laisse servir*) Pascha *m*; ***qn fait le*** ~ jd spielt den Pascha, jd führt sich wie ein Pascha auf
3. *fam* (*commandant*) Kapitän *m*
pachyderme [pakidɛʀm, paʃidɛʀm] *m* Dickhäuter *m*; ***qn a une démarche de*** ~ jd kommt daher wie ein Elefant
pacificateur, -trice [pasifikatœʀ, -tʀis] I. *adj geste* versöhnlich; *influence a.* ausgleichend; ***des mesures ~trices*** (*qui rétablissent la paix*) Befriedungsmaßnahmen *pl*; (*qui réconcilient*) Maßnahmen *pl* der Versöhnung
II. *m, f* Friedensstifter(in) *m(f)*; ***c'est le ~ de la Vendée*** er hat den Frieden in der Vendée wiederhergestellt, er hat die Vendée befriedet *geh*
pacification [pasifikasjɔ̃] *f* 1. (*restauration de la paix*) Befriedung *f geh*, Herstellung *f* des Friedens
2. (*apaisement*) Beruhigung *f*; ***la ~ des esprits s'est faite peu à peu*** die Gemüter haben sich langsam wieder beruhigt
pacifier <1 a> [pasifje] *vt* 1. (*restaurer la paix*) ■ **qn/qc pacifie qn/qc** *peuple* jd/etw befriedet jdn/etw *geh*; *pays a.* jd stellt den Frieden in etw (*dat*) wieder her
2. *soutenu* (*apaiser*) ■ **qn/qc pacifie qc** jd/etw beruhigt etw
pacifique [pasifik] *adj* friedlich; *personne, pays, peuple a.* friedliebend, friedfertig; ***son esprit*** ~ seine/ihre friedliche Gesinnung; ***il est d'humeur*** ~ er ist friedlich gestimmt
Pacifique [pasifik] *m* ■ **le** ~ der Pazifik, der Pazifische Ozean
pacifiquement [pasifikmɑ̃] *adv* friedlich, auf friedlichem Wege
pacifisme [pasifism] *m* Pazifismus *m*
pacifiste [pasifist] I. *adj doctrine, idéal* pazifistisch; *manifestation, marche* Friedens-
II. *mf* Pazifist(in) *m(f)*
pack [pak] *m* 1. (*paquet*) Großpackung *f*, Mehrfachpackung *f*; ***en ~ de six bouteilles*** im Sechserpack, in der Sechserpackung
2. RUGBY Stürmer *pl*
packaging [paka(d)ʒiŋ] *m* [Verkaufs]verpackung *f*
pacotille [pakɔtij] *f* (*mauvaise marchandise*) Ramsch *m*, wertloses Zeug; (*bijoux a.*) Talmi *nt*
► **de** ~ unecht; *fig a.* falsch, Schein-; ***des bijoux de*** ~ unechter Schmuck, Modeschmuck *m*
pacson [paksɔ̃] *m arg* 1. (*grosse quantité*) Packen *m fam*; [*personnes*] Haufen *m fam*; [*argent*] Batzen *m* [Geld] *fam*; ***il a touché le gros ~ au loto*** er hat im Lotto einen Volltreffer gelandet *fam*
2. (*paquet*) Paket *nt*
pacte [pakt] *m* Pakt *m*, Abkommen *nt*; ***qn/qc conclut un ~ avec qn/qc*** jd/etw schließt mit jdm/etw einen Pakt, jd/etw trifft [*o* schließt] mit jdm/etw ein Abkommen; ~ ***du sang*** mit Blut besiegelter Pakt; ■ ~ **de** POL -pakt, -abkommen; ***le ~ de Varsovie*** der Warschauer Pakt
► **qn fait [*o* conclut] un ~ avec le diable** jd schließt einen Pakt mit dem Teufel, jd geht mit dem Teufel einen Bund ein
pactiser <1> [paktize] *vi* 1. (*se commettre*) ■ **qn pactise avec qn** jd paktiert mit jdm, jd macht mit jdm gemeinsame Sache
2. (*transiger*) ■ **qn pactise avec qc** jd arrangiert sich mit etw
pactole [paktɔl] *m* 1. (*grosse somme d'argent*) Sümmchen *nt fam*, Batzen *m fam*; ~ ***du loto*** Hauptgewinn *m* im Lotto; ***un joli*** ~ ein hübsches Sümmchen, ein netter Batzen; ***c'est le*** ~ es ist eine wahre Goldgrube
2. *littér* (*source de richesse*) ■ **le P~** das große Los; ***qn a trouvé le P~*** jd hat das große Los gezogen
3. ■ **le Pactole** GEOG der Paktalos
paddock [padɔk] *m* 1. Paddock *m*
2. *fam* (*lit*) Falle *f fam*, Klappe *f fam*, Kiste *f fam*; ***qn va au*** ~ jd haut sich in die Falle [*o* Klappe] *fam*; ***au*** ~! ab in die Falle [*o* Kiste]! *fam*
paella [pae(l)ja, paela] *f* Paella *f*
paf [paf] I. *interj* 1. (*bruit*) peng!
2. *fam* (*et toc*) zack!, so!
II. *adj inv pop* blau *fam*, voll *fam*
P.A.F. [paf] *m abr de* **paysage audiovisuel français** französische Medienlandschaft
pagaie [pagɛ] *f* Paddel *nt*
pagaïe *f*, **pagaille** [pagaj] *f fam* Durcheinander *nt*, Chaos *nt*; ***c'est la ~ dans cette pièce*** das ist ja ein [fürchterliches] Durcheinander [*o* das reinste Chaos] in diesem Zimmer
► **qn met [*o* sème] la ~ dans qc** jd richtet in etw (*dat*) ein Chaos [*o* Durcheinander] an; *fig* jd versetzt etw in Aufruhr; ***qn met la ~ partout*** jd bringt alles durcheinander, jd verwandelt alles in ein Chaos; **en** ~ (*en quantité*) in

Massen, massenhaft *fam*, in rauen Mengen *fam*; (*en désordre*) unaufgeräumt, unordentlich *fam*; ***j'ai tout laissé en*** ~ ich habe alles wie Kraut und Rüben herumliegen lassen *fam*

paganiser <1> [paganize] *vt* ■ **qn/qc paganise qn/qc** jd/etw entchristlicht [*o* entchristianisiert] jdn/etw, jd/etw bringt jdn vom christlichen Glauben ab

paganisme [paganism] *m* Heidentum *nt*

pagayer <7> [pageje] *vi* ■ **qn pagaie** jd paddelt

pagayeur, -euse [pagɛjœʀ, -jøz] *m, f* Paddler(in) *m(f)*

page[1] [paʒ] *f* **1.** (*feuillet*) Seite *f*; (*deux côtés*) Blatt *nt*; ***il a arraché la*** ~ er hat das Blatt herausgerissen; ■ ~ **de** *d'un cahier, livre* Seite (+ *gen*), -seite; ***la ~ des sports*** die Sportseite, der Sportteil; ***en ~s région*** im Regionalteil; ***les ~s politiques/culturelles*** der politische/kulturelle Teil, der Politik-/Kulturteil; [***en***] ~ ***20*** [auf] Seite 20; ***un ouvrage de 1500 ~s*** ein 1500 Seiten starkes Werk, ein Werk von 1500 Seiten

2. (*événement, épisode*) Kapitel *nt*; ***une ~ glorieuse de l'Histoire*** ein ruhmreiches Blatt der Geschichte, ein Ruhmesblatt in der Geschichte; ***qc est une ~ capitale dans qc*** etw ist ein wichtiges Kapitel einer S. (*gen*) [*o* in etw (*dat*)]

3. INFORM Seite *f*; ***qn accède à une*** ~ jd greift auf eine Seite zu; ***qn visite une*** ~ jd lädt eine Seite

► **belle/fausse** ~ rechte/linke Seite; ~ **blanche** weißes Blatt; *fig* unbeschriebenes Blatt; **double** ~ Doppelseite *f*; ~**s jaunes** gelbe Seiten; ~ **personnelle** [*o* **perso** *fam*] INFORM Homepage ['hoʊmpeɪdʒ] *f*; **première** ~ Titelseite *f*, erste Seite; ***qc fait la première ~ des journaux*** etw bestimmt die Schlagzeilen der Zeitungen; ~ **visitée** INFORM geladene Seite; **qn met qc en** ~ jd macht den Umbruch für etw; ***il faut mettre qc en*** ~ etw muss umbrochen werden; **qn tourne la** ~ (*pour finir*) jd zieht einen Schlussstrich; (*pour recommencer*) jd schlägt ein neues Kapitel auf; ***tournons la*** ~! vergessen wir es!, Schwamm drüber! *fam*; **une ~ est tournée** ein neues Kapitel ist aufgeschlagen; **à la** ~ (*au courant*) auf dem Laufenden, auf dem neuesten Stand; (*dans le vent*) aktuell, in *fam*; ***les gens à la*** ~ die Szene, die Schickeria; ***qn/qc n'est plus à la*** ~ jd ist rückständig [*o* out] [aut], etw ist nicht mehr aktuell [*o* in]

◆ **page d'accueil** INFORM Homepage ['hoʊmpeɪdʒ] *f*; **page de codes** INFORM Codepage ['koːtpeɪdʒ] *f*; **page d'écriture** Seite *f* Schönschrift; ***une ~ d'écriture*** eine Seite Schönschrift; ***on faisait des ~s d'écriture*** wir mussten seitenweise schönschreiben [*o* Schönschrift üben]; **page de garde** Vorsatzblatt *nt*; **page de publicité** (*à la radio, télévision*) Werbespot *m*; (*dans la presse écrite*) Reklameseite *f*; **page Web** INFORM Webseite ['wɛp-] *f*

page[2] [paʒ] *m* HIST Page *m*

page-écran [paʒekʀɑ̃] *f* Bildschirmseite *f*

pageot [paʒo] *m pop* Falle *f fam*, Klappe *f fam*, Kiste *f fam*; ***qn se fout au*** ~ jd haut sich in die Falle [*o* Klappe] *fam*

pagination [paʒinasjɔ̃] *f* Paginierung *f*

paginer <1> [paʒine] *vt* ■ **qn pagine qc** jd paginiert etw, jd versieht etw mit Seitenzahlen; [***qc est***] ***bien/mal paginé(e)*** [etw ist] richtig/falsch paginiert, bei etw stimmen die Seitenzahlen nicht

pagne [paɲ] *m* Lendenschurz *m*

pagode [pagɔd] **I.** *f* Pagode *f*
II. *app inv*: ***des manches*** ~ Trompetenärmel *pl*

paie [pɛ] *indic et subj prés de* **payer**

paie [pɛ] *f* [*ouvrier, salarié*] Lohn *m*; [*employé*] Gehalt *nt*; [*officier*] Sold *m*; ***qn touche sa*** ~ jd bekommt seinen Lohn/sein Gehalt/seinen Sold

paiement [pɛmɑ̃] *m* **1.** (*action de payer*) Bezahlung *f*; [*dette a.*] Rückzahlung *f*, Begleichung *f*; [*amende, impôts, taxe*] Zahlung *f*; ~ ***en liquide/par chèque/en nature*** Barzahlung/Zahlung mit Scheck/in Naturalien; ***qn fait le ~ en liquide/par chèque/en nature*** jd zahlt bar/mit Scheck/mit Naturalien

2. (*récompense*) Lohn *m* (*de* für)

► ~ **comptant** [sofortige] Barzahlung; **qn devance le** ~ jd bezahlt im Voraus; **qn fait le ~ de qc** jd bezahlt etw, jd leistet die Zahlung für etw *form*

païen, ne [pajɛ̃, jɛn] **I.** *adj* **1.** REL heidnisch
2. *soutenu* (*impie*) unchristlich; *vie a.* gottlos; *bonheur a.* weltlich, heidnisch
II. *m, f* **1.** REL Heide/Heidin *m/f*
2. *soutenu* (*impie*) Heide/Heidin *m/f*, Ungläubiger/Ungläubige *m/f*; ***qn jure comme un*** ~ jd flucht gotteslästerlich [*o* wie ein Bierkutscher *fam*]

pairerai [pɛʀɛ] *fut de* **payer**

paillage [pajaʒ] *m* [*semis, sol*] Abdeckung *f*, Abdecken *nt*, Mulchen *nt*; [*arbre*] Umwickeln *nt* [mit Stroh]; ***qn effectue le ~ des arbres*** jd umwickelt die Bäume mit Stroh; ***qn fait un ~ pour qc*** jd deckt etw ab

paillard, e [pajaʀ, jaʀd] **I.** *adj propos, sens* anzüglich; *chanson, histoire a.* schlüpfrig; *personne* lasterhaft, liederlich
II. *m, f* (*homme*) Wüstling *m*; (*femme*) liederliches Frauenzimmer

paillardise [pajaʀdiz] *f* **1.** (*propos grivois*) Anzüglichkeit *f*, Zweideutigkeit *f*; ***des ~s*** lockere [*o* anzügliche] Reden *pl*; (*plaisanteries*) unanständige Witze *pl*
2. (*débauche*) Ausschweifung *f*; ***qn se vautre dans la*** ~ jd führt ein ausschweifendes [*o* liederliches] Leben

paillasse[1] [pajas] *f* **1.** (*matelas sommaire*) Matratze *f*
2. (*plan de travail*) Arbeitsplatte *f*; (*dans un labo*) Labortisch *m*
► **qn crève** [*o* **troue**] **la ~ à qn** *fam* jd macht jdn kalt *sl*, jd murkst jdn ab *sl*

paillasse[2] [pajas] *m vieilli* Clown [klaun] *m*; ***qn fait le*** ~ jd spielt den Clown [*o* Hanswurst]

paillasson [pajasɔ̃] *m* **1.** (*tapis-brosse*) Fußmatte *f*, [Fuß]abtreter *m*
2. *fam* (*personne servile*) Lakai *m*, Fußabtreter *m fam*
3. AGR Strohmatte *f*

paille [paj] **I.** *f* **1.** (*tige de céréale*) Stroh *nt*
2. (*tiges tressées*) Geflecht *nt*; ***des tabourets de*** ~ Hocker *pl* mit [aus Stroh] geflochtenen Sitzflächen
3. (*défaut*) Fehler *m*; *fig* Schwachstelle *f*
4. (*pour boire*) Strohhalm *m*, Trinkhalm *m*
► **la ~ humide des cachots** *hum* das Kittchen *fam*; ***qn finira sur la ~ humide des cachots*** jd landet noch im Kittchen *fam*; **qn voit la ~ dans l'œil de son voisin et ne voit pas la poutre dans le sien** *prov* jd sieht den Splitter im Auge des anderen, aber nicht den Balken im eigenen; **qn tire à la courte** ~ jd knobelt, jd knobelt es [mit Streichhölzern] aus; **sur la** ~ bettelarm, arm wie eine Kirchenmaus; ***qn est sur la*** ~ jd ist arm wie eine Kirchenmaus, jd sitzt auf dem Trockenen *fam*; ***qn/qc met qn sur la*** ~ jd/etw bringt jdn an den Bettelstab [*o* ist jds Ruin]; ***qn va finir sur la*** ~ jd wird noch an den Bettelstab kommen; **une** ~ *iron fam* (*événement*) eine Lappalie; (*somme*) eine Kleinigkeit
II. *app inv* (*couleur*) strohgelb
◆ **paille de fer** Stahlwolle *f*; **paille de riz** Reisstroh *nt*

pailler <1> [paje] *vt* ■ **qn paille qc** *fraisiers, semis* jd deckt etw mit Stroh ab; *arbre fruitier* jd umwickelt etw mit Stroh; *bouteille* jd steckt etw in eine Strohhülle; *chaise* jd macht [*o* flicht] einen Strohsitz für etw; ■ [**qc est**] **paillé(e)** /*bouteille*/ [etw steckt] in einer Strohhülle; /*chaise*/ mit einer Strohsitzfläche [*o* geflochtenen Sitzfläche], etw hat eine Strohsitzfläche [*o* geflochtene Sitzfläche]

pailleter <3> [paj(ə)te] *vt* (*orner de paillettes*) ■ **qn/qc paillette qc** *robe* jd besetzt [*o* bestickt] etw mit Pailletten; *cheveux* jd streut Pailletten auf etw (*akk*); ***des cristaux dorés paillettent la roche*** goldene Kristalle glitzern auf dem Felsen; ■ [**qc est**] **pailleté(e)** /*robe*/ [etw ist] mit Pailletten besetzt [*o* bestickt]; /*cheveux*/ [etw ist] mit Pailletten bestreut

paillette [pajɛt] *f* **1.** (*lamelle*) Plättchen *nt*; ■ ~ **de** *de mica, d'or, de soude, soudure* -plättchen
2. COUT Paillette *f*; ***des ~s argentées/d'or*** Silber-/Goldpailletten *pl*
► **en** ~**s** in Flocken; ***de la lessive/du savon en ~s*** Waschmittel-/Seifenflocken *pl*

paillis [paji] *m* Bodenbedeckung *f*, Mulch *m spec*; ***qn utilise des*** ~ jd bedeckt den Boden mit Mulch

paillon [pajɔ̃] *m* Strohhülle *f*

paillote [pajɔt] *f* Strohhütte *f*

pain [pɛ̃] *m* **1.** (*aliment*) Brot *nt*; (*gros pain*) [Laib *m*] Brot; ***du ~ frais/rassis*** frisches/alt[backen]es Brot; ***un ~ d'un kilo*** ein Kilo[laib *m*] *nt* Brot; ■ ~ **à** *au chocolat, aux raisins* -brötchen *nt*; *aux noix* -brot
2. (*en forme de pain*) ■ ~ **de** *de margarine, savon* Stück *nt* etw; *de glace* Block *m* etw; *de plastic* Stange *f* etw; *de cire a.* Barren *m* etw
3. GASTR ■ ~ **de** *de poisson* -auflauf *m*; *de légumes a.* -kuchen *m*; ***le ~ de viande*** der Hackbraten
4. (*nourriture*) Lebensunterhalt *m*; ***qn gagne son*** ~ jd verdient seinen Lebensunterhalt [*o* seine Brötchen *fam*]; ***qn a du mal à gagner son*** ~ jd muss sich (*dat*) sein Brot [*o* seinen Lebensunterhalt] sauer verdienen; ***il n'y a plus de ~ à la maison*** wir haben nichts mehr zu essen [*o* beißen *fam*]; ***qn partage son ~ avec qn*** jd teilt mit jdm
5. *pop* (*gifle*) Ohrfeige *f*, eine hinter die Ohren *fam*; ***qn flanque*** [*o* ***colle***] ***un ~ à qn*** jd verpasst jdm eine [hinter die Ohren] [*o* eine Ohrfeige] *fam*
► **qn ôte** [*o* **enlève**] [*o* **retire**] **à qn le ~ de la bouche** jd ruiniert jdn, jd nimmt jdm die Butter vom Brot *fam*; **qn s'ôte le ~ de la bouche pour qn** jd spart sich (*dat*) für jdn das Brot vom Munde ab; **qn a du ~ sur la planche** *fam* jd hat viel [Arbeit] am Hals [*o* viel um die Ohren] *fam*; ***il y du ~ sur la planche pour qn*** es gibt viel zu tun [*o* eine Menge Arbeit] für jdn; **qn gagne son ~ à la sueur de son front** *soutenu* jd verdient sein Brot im Schweiße seines Angesichts *geh*; ~ **azyme** ungesäuertes Brot, Oblate *f*; ~ **bénit** geweihtes Brot, Hostie *f*; **c'est ~ bénit** es ist ein Segen [*o* ein Geschenk des Himmels]; ***qc nourrit qn de ~ bénit*** etw ist ein wahrer Segen für jdn; ~ **bis** Mischbrot *nt*, Graubrot *nt*; **qn a mangé son ~ blanc** jd hat das Beste schon hinter sich (*dat*); **qn est bon(ne) comme du ~** [**blanc**] jd ist eine Seele von Mensch; **qn embrasse qn comme du bon ~** jd drückt jdn ans Herz, jd küsst jdn ab; ~ **brioché** Briochebrot *nt* (*gesüßtes Hefebrot*); ~ **complet** [*o* **entier**] Vollkornbrot *m*; ~ **grillé** Toast[brot *nt*] *nt*, geröstetes [*o* getoastetes] Brot; ~ **noir** Schwarzbrot *nt*; ~ **parisien** Pariser Brot; ~ **perdu** arme Ritter *pl* (*in Milch, Zucker und Ei eingeweichte Brotscheiben, die in Fett ausgebacken werden*); **petit** ~ Brötchen *nt*; **qc se vend** [*o* **s'enlève**] [*o* **s'envole**] [*o* **part**] **comme des petits ~s** etw geht weg wie [die] warme[n] Semmeln; ~ **quotidien** tägliches Brot; ***qn a son ~ quotidien*** jd hat sein Auskommen [*o* jeden Tag etwas zu essen]; **qn est** [**mis(e)**] **au ~ sec** jd wird auf trocken[es] Brot [*o* auf Wasser und Brot] gesetzt; ***qn est au ~ sec*** jd sitzt bei Wasser und Brot; ~ **viennois** Milchbrot *nt*; **qn mange le ~ de qn** jd lebt auf jds Kosten; **qn ne mange pas de ce ~-là** es ist nicht jds Fall, jd hat damit nichts am Hut *fam*; ***qn ne peut pas manger de ce ~-là*** jd kann das nicht einfach hinnehmen [*o* schlucken *fam*]; **ça ne mange pas de ~** *fam* es kann nicht[s] schaden; **ça ne mange pas de ~ de faire qc** *fam* es kostet ja nichts, etw zu tun; es kann nicht schaden, etw zu tun; **qn rompt le ~** jd bricht das Brot
◆ **pain à cacheter** Stange *f* Siegelwachs; **pain au lait** Butterwecke *f*; **pain de campagne** Bauern[weiß]brot *nt*; **pain de Gênes** Mandel[-Marzipan]biskuit *nt o m*; **pain de mie** Toastbrot *nt*; **pain d'épice[s]** Gewürzkuchen *m*; **pain de régime** Diätbrot *nt*; **pain de seigle** Roggenbrot *nt*; **pain de son** Vollkornbrot *nt*; **pain de sucre** Zuckerhut *m*

pair[1] [pɛʀ] *m* **1.** HIST Pair *m*
2. *gén pl* (*personne semblable*) (*dans un métier*) Berufskollegen *pl*; (*de rang*) Standesgenossen *pl*; (*dans une fonction*) Amtskollegen *pl*; ■ **mes/tes/.../leurs ~s** meines-/deines-/.../ihresgleichen; ***les deux évêques et leurs ~s*** die beiden Bischöfe und ihre Amtskollegen [*o* Bischofskollegen]

pair[2] [pɛʀ] *m* ► **qn mène des choses de ~** jd erledigt Dinge gleichzeitig; **qc va de ~ avec qc** etw geht mit etw einher [*o* Hand in Hand]; **des choses**

vont [*o* **marchent**] **de** ~ Dinge gehen miteinander einher [*o* Hand in Hand]; **au** ~ gegen Unterkunft und Verpflegung [*o* Kost und Logis *veraltet*]; FIN (*à égalité de valeur*) *acheter, vendre* zum Nennwert, al [*o* zu] pari *spec; s'échanger* eins zu eins; ***une jeune fille au*** ~ ein Aupairmädchen *nt;* ***un jeune homme au*** ~ ein Aupairjunge *m;* **hors** [**de**] ~ unvergleichlich

pair, e [pɛʀ] *adj* **1.** (*divisible par deux*) gerade; ***le côté ~ de la rue*** die Straßenseite mit den geraden Hausnummern
2. (*au nombre de deux*) paarig

paire [pɛʀ] *f* **1.** (*deux éléments identiques*) Paar *nt;* ■ **une** ~ **de** *de chaussures, gants* ein Paar + *subst pl; claques, gifles* ein paar + *subst pl;* ***une ~ de ciseaux/lunettes/tenailles*** eine Schere/Brille/[Beiß]zange; ***deux ~s de chaussures noires*** zwei Paar schwarze Schuhe; ***qn reçoit une ~e de gifles*** [*o* ***claques***] jd bekommt ein paar Ohrfeigen [*o* ein paar hinter die Ohren] [*o* rechts und links eine hinter die Ohren]
2. (*couple*) Paar *nt;* ■ ~ **de** Paar + *subst pl; de coquins, voyous, d'amis* -paar; *de chevaux, de boeufs* -gespann *nt*
3. CARTES Paar *nt,* Pärchen *nt;* ***j'ai une ~ de rois*** ich habe ein Paar [*o* Pärchen] Könige [*o* mit Königen]
▸ **c'est une autre** ~ **de** **manches** *fam* das ist etwas ganz anderes [*o* überhaupt kein Vergleich], das sind zwei Paar Stiefel *fam;* **les deux** **font** **la** ~ *fam* die zwei haben sich gesucht und gefunden *fam,* Gleich und Gleich gesellt sich gern; **qn se** **fait** **la** ~ *pop* jd macht sich aus dem Staub[e] *fam,* jd verdrückt [*o* verzieht] sich *fam;* **une** ~ [**de personnes/choses**] *fam* ein paar [Menschen/Dinge]; ***il y en a bien une ~ qui ont maugréé*** ein paar [Leute] haben ihren Unmut geäußert

pairie [peʀi] *f* **1.** (*dignité*) Pairswürde *f*
2. (*fief*) Pairie *f*

paisible [pezibl] *adj décor, endroit* friedlich; *caractère, personne a.* friedfertig, verträglich; *vie a., quartier, sommeil, rue* ruhig; ***on dort d'un sommeil ~*** jd schläft friedlich

paisiblement [peziblәmɑ̃] *adv* in aller Ruhe

paître <*irr*> [pɛtʀ] **I.** *vi* ■ **un animal paît** ein Tier weidet [*o* grast]; ■ **qn fait** [*o* **mène**] ~ **des animaux** jd weidet Tiere, jd lässt Tiere weiden [*o* grasen]
II. *vt* ■ **un animal paît qc** ein Tier weidet [*o* frisst] etw ab

paix [pɛ] *f* **1.** MIL, POL Frieden *m;* ***des manifestations en faveur de la ~*** Friedensdemonstrationen *pl*
2. (*entente*) Frieden *m,* Eintracht *f;* ***la ~ règne entre eux*** zwischen ihnen herrscht Frieden [*o* Eintracht]; ***il n'y a pas souvent la ~ dans le ménage*** der häusliche Frieden ist häufig gestört, der Haussegen hängt häufig schief *fam*
3. (*tranquillité*) Ruhe *f,* friedliche Stille; ***c'est la ~ quelque part*** irgendwo herrscht Ruhe [*o* die große Ruhe *fam*]; ***un moment de ~*** ein Augenblick *m* [der] Ruhe; ***je voudrais avoir un moment de ~*** ich hätte gerne einen Augenblick [meine] Ruhe; ***la ~ intérieure*** der innere Frieden, die innere Ruhe; ***un havre de ~*** eine Oase der Ruhe
▸ ~ **à ses** **cendres** [*o* **à sa** **mémoire**]! Friede seiner/ihrer Asche; **qn est en ~ avec sa** **conscience** jd ist mit seinem Gewissen im Reinen, jd hat ein ruhiges Gewissen; **si tu veux la ~, prépare la** **guerre** *prov* wer Frieden will, muss zum Krieg rüsten; ~ **armée** bewaffneter Frieden; ~ **civile** innerer Frieden; **une** ~ **royale** eine göttliche [*o* himmlische] Ruhe *fam;* ***depuis il me fiche une ~ royale*** seitdem habe ich [meine] Ruhe vor ihm; **qn** **a** **la** ~ jd hat seine Ruhe; **allez** **en** ~! gehet hin in Frieden!; **qn** **fait** **la** ~ **avec qn** jd schließt mit jdm Frieden; (*avec un ami*) jd versöhnt sich mit jdm; **on** **fout** [*o* **fiche**] **la** ~ **à qn** *fam* jd lässt jdn in Ruhe; **qn** **laisse** **qn en** ~ jd lässt jdn in Frieden [*o* in Ruhe] [*o* zufrieden]; **qu'il** **repose** **en** ~! er ruhe in Frieden!; **qn** **signe** **la** ~ jd unterzeichnet den Frieden [*o* Friedensvertrag]; **la** ~ **soit** **avec vous!** Friede sei mit Euch!; **qn** **vit** **en** ~ **avec qn** jd lebt mit jdm in Frieden [und Eintracht]; **la** ~ **de** der Frieden von; **la** ~! *fam* Ruhe [jetzt]!

pajot [paʒo] *m v.* **pageot**

Pakistan [pakistɑ̃] *m* ■ **le Pakistan** Pakistan *nt*

pakistanais, e [pakistanɛ, ɛz] **I.** *adj* pakistanisch
II. *m, f* ■ **Pakistanais(e)** Pakistaner(in) *m(f),* Pakistani *mf*

pal [pal] *m* Stange *f,* Pfahl *m;* HIST Pfahl *m*

PAL [pal] *abr de* **phase alternating line I.** *m inv* PAL-System *nt;* ***c'est du ~ ou du Secam?*** ist das PAL oder SECAM?; ***les programmes sont en ~*** die Programme werden im PAL-System ausgestrahlt
II. *app inv* PAL; ***le système ~*** das PAL-System

palabre [palabʀ] *m o f* **1.** *pl* (*discussions oiseuses*) Palaver *nt,* Hinundhergerede *nt*
2. (*débat coutumier*) Palaver *nt*

palabrer <1> [palabʀe] *vi* ■ **qn palabre** jd palavert [herum], jd redet herum

palace [palas] *m* Luxushotel *nt,* Nobelherberge *f iron*

paladin [paladɛ̃] *m* Paladin *m*

palais¹ [palɛ] *m* **1.** (*résidence somptueuse*) Palast *m;* ***le ~ présidentiel*** der Präsidentenpalast, das Präsidentenpalais; ***le P~ de l'Élysée*** der Elyseepalast; ***le ~ épiscopal*** das bischöfliche Palais; ***le ~ royal*** der königliche Palast [*o* Königspalast]
2. (*bâtiment public*): ***le ~*** [*o* ***P~***] ***des congrès/expositions/sports*** die Kongress-/Ausstellungs-/Sporthalle [*o* der Sportpalast]; ***le P~ de justice*** das Gericht[sgebäude]; (*à Paris*) der Justizpalast; ***le ~ de la découverte*** *Museum für Naturwissenschaft und Technik;* ***le P~ du Luxembourg*** *Sitz des französischen Senats in Paris;* ***le Grand/Petit P~*** das Grand/Petit Palais (*in Paris, frühere Ausstellungshallen der Weltausstellung*); ■ **le P~** das Gericht, der Gerichtshof; ***le langage du P~*** die Rechtssprache, die Juristensprache

palais² [palɛ] *m* ANAT Gaumen *m;* ***le régal des ~s*** der Gaumenkitzel *geh;* ***le plaisir du ~*** die Gaumenfreude
▸ **qn a le** ~ **desséché** jds Gaumen ist ganz trocken, jdm klebt die Zunge am Gaumen *fam;* ~ **dur/mou** ANAT harter [*o* knöcherner]/weicher Gaumen; **qn a le** ~ **fin** jd hat einen feinen Gaumen [*o* eine feine Zunge]; **qc** **flatte** **le** ~ etw kitzelt den Gaumen

Palais-Bourbon [palɛbuʀbɔ̃] *m* ∅ Palais-Bourbon *nt* (*Sitz der französischen Nationalversammlung in Paris*) **Palais-Royal** [palɛʀwajal] *m* ∅ Palais-Royal *nt* (*Palastkomplex am Seine-Ufer, Sitz des Staatsrats, des Verfassungsrats und des Kultusministeriums*)

palan [palɑ̃] *m* CONSTR, TECH Winde *f,* Flaschenzug *m;* NAUT Talje *f,* Takel *nt*

palatal, e <-aux> [palatal, o] **I.** *adj* palatal
II. *f* ■ **palatale** Gaumenlaut *m,* Palatal[laut *m*] *m*

palatin, e [palatɛ̃, in] *adj* **1.** HIST pfalzgräflich; ***comte ~*** Pfalzgraf *m;* ***électeur ~*** Kurfürst *m* von der Pfalz
2. GEOG pfälzisch

Palatinat [palatina] *m* ■ **le Palatinat** die Pfalz

pale [pal] *f* [*hélice*] Flügel *m;* [*ventilateur*] [Flügel]blatt *nt;* [*aviron, rame*] Schaufel *f,* [Ruder]blatt

pâle [pɑl] *adj* **1.** (*blême*) *personne, teint, visage* blass; ■ **qn est** ~ **de qc** *de colère, rage, terreur* jd ist blass vor etw (*dat*)
2. (*sans éclat*) *ciel, couleur, soleil* blass, fahl; *lueur, lumière a.* schwach; *style* farblos, schwach
3. (*clair*) *rose, vert, bleu* blass, zart
4. *antéposé* (*piètre*) *sourire* schwach, leicht; *imitation* farblos
▸ **qn se** **fait** **porter** ~ *fam* jd meldet sich krank

palefrenier, -ière [palfʀәnje, -jɛʀ] *m, f* Stallbursche/-magd *m/f;* HIST Stallknecht *m,* Pferdeknecht *m*

paléolithique [paleɔlitik] **I.** *adj* altsteinzeitlich, paläolithisch
II. *m* Altsteinzeit *f,* Paläolithikum *nt*

paléontologie [paleɔ̃tɔlɔʒi] *f* Paläontologie *f*

paléontologique [paleɔ̃tɔlɔʒik] *adj* paläontologisch

paléontologiste [paleɔ̃tɔlɔʒist] *mf,* **paléontologue** [paleɔ̃tɔlɔg] *mf* Paläontologe/-login *m/f*

paleron [palʀɔ̃] *m* [*bœuf, cheval*] Bug *m;* [*porc, mouton*] Schulterstück *nt;* ***un morceau de bœuf dans le ~*** ein Stück *nt* Rindfleisch vom Bug

Palestine [palɛstin] *f* ■ **la Palestine** Palästina *nt*

palestinien, ne [palɛstinjɛ̃, jɛn] **I.** *adj* palästinensisch
II. *m, f* ■ **Palestinien(ne)** Palästinenser(in) *m(f)*

palet [palɛ] *m* **1.** SPORT Puck *m,* Hartgummischeibe *f;* [*marelle*] Spielstein *m*
2. GASTR Keks *m*
◆ **palet de dame** *Keks mit Marmelade und Zuckerglasur*

paletot [palto] *m vieilli* [Strick]jacke *f*
▸ **qn lui** **saute** [*o* **tombe**] **sur le** ~ *pop* jd fällt über jdn her, jd überfällt jdn

palette [palɛt] *f* **1.** (*plateau de chargement*) Palette *f;* ■ ~ **de qc:** ***une ~ de farine/lessive/papier/sucre*** eine Palette Mehl/Waschmittel/Papier/Zucker
2. (*ensemble de couleurs, ustensile*) [Farben]palette *f*
3. (*gamme*) ■ ~ **de qc** *de procédés, produits, sentiments* Palette *f* von etw; ***toute une ~ de qc*** eine breite Palette von etw
4. GASTR Schulterstück *nt*
▸ ~ **de** **fards** Schminkset *nt*

palettisation [paletizasjɔ̃] *f* Palett[is]ierung *f*

palettiser <1> [paletize] *vt* ■ **qn palettise qc** *produits, marchandises* jd palett[is]iert etw; ■ **qc est palettisé(e)** etw ist/wird palett[is]iert [*o* auf Paletten gestapelt]

pâleur [pɑlœʀ] *f* [*personne*] Blässe *f;* [*peau, teint, visage a.*] blasse Farbe; [*ciel*] blasse [*o* fahle] Farbe
▸ ~ **maladive**: ***elle était d'une ~ maladive*** sie war kreidebleich

pâlichon, ne [pɑliʃɔ̃, ɔn] *adj fam personne* blässlich, etwas [*o* ein wenig] blass; *soleil* fahl; *sourire* leicht, schwach

palier [palje] *m* **1.** (*plateforme d'escalier*) Treppenabsatz *m;* ***on habite sur le même ~*** wir sind Flurnachbarn, wir wohnen auf derselben Etage
2. (*étape*) [Zwischen]phase *f,* [Zwischen]stadium *nt;* ***qc atteint un nouveau ~*** etw kommt in ein neues Stadium [*o* eine neue Phase]
3. [*route, voie*] ebene [*o* flache] Strecke, Ebene *f*
▸ **par** ~**s** stufenweise, schrittweise

pâlir <8> [pɑliʀ] *vi* **1.** (*devenir pâle*) ■ **qn pâlit** [**de qc**] *de colère, jalousie* jd wird blass [*o* bleich] [vor etw (*dat*)]; *d'envie* jd erblasst [vor etw (*dat*)]; ***je l'ai vu ~*** ich sah, wie er blass [*o* weiß] wurde; ***il a pâli de colère/rage*** er wurde weiß im Gesicht vor Zorn/Wut; ***elle a pâli d'effroi/de terreur*** sie wurde schreckensblass [*o* schreckensbleich]
2. (*perdre son éclat*) ■ **qc pâlit** [**à qc**] /*ciel, encre*/ *à la lumière, au soleil* etw verblasst [in etw (*dat*)]; /*couleur a.*/ etw verbleicht [in etw (*dat*)]; /*lumière*/ etw wird schwächer
▸ **qn/qc** **fait** ~ **qn** [**de jalousie**] jd/etw macht jdn neidisch; ***sa promotion a fait ~ ses collègues*** [***de jalousie***] seine/ihre Beförderung ließ seine/ihre Kollegen vor Neid erblassen

palissade [palisad] *f* (*de pieux*) Palisade *f,* Palisadenzaun *m;* (*de planches*) Bretterzaun *m,* Lattenzaun *m*

palissandre [palisɑ̃dʀ] *m* Palisander *m*

pâlissant, e [pɑlisɑ̃, ɑ̃t] *adj ciel* verblassend, blasser werdend; *lueur, lumière a.* schwächer werdend

palladium [paladjɔm] *m* CHIM Palladium *nt*

palliatif, -ive [paljatif, -iv] **I.** *adj* palliativ, [schmerz]lindernd
II. *m* **1.** (*mesure provisoire*) Notbehelf *m,* Überbrückungsmaßnahme *f*
2. MED Linderungsmittel *nt,* Palliativ[um] *nt spec*

pallier <1 a> [palje] *vt* **1.** (*compenser tant bien que mal*) ■ **qn/qc pallie qc** [**par qc/en faisant qc**] *un manque de qc, une difficulté, défaillance* jd/etw gleicht etw [durch etw] aus/gleicht etw aus[, indem er etw tut], jd/etw macht etw [mit etw] wett/macht etw wett[, indem er etw tut]
2. (*atténuer*) ■ **qn pallie qc** [**par qc/en faisant qc**] *conséquences, effets* jd mildert etw [durch etw/, indem er etw tut], jd schwächt etw [durch etw] ab/

schwächt etw ab[, indem er etw tut]; *un défaut* jd macht etw [mit etw] wett/macht etw wett[, indem er etw tut]
palmarès [palmaʀɛs] *m* **1.** (*liste des lauréats*) Liste *f* der Preisträger; ~ ***des villes qui …*** Rangfolge *f* [*o* Rangordnung *f*] der Städte, die …
2. (*ensemble des succès*) [*sportif*] Liste *f* [*o* Aufstellung *f*] der Siege; [*romancier, cinéaste, acteur*] Liste [*o* Aufstellung] der Erfolge
▶ **à mon/ton/…** ~ auf meiner/deiner/… Liste; **au** ~ **des …** auf der Liste der …
◆ **palmarès de la chanson** Hitliste *f*
palme [palm] *f* **1.** (*victoire*) Siegespalme *f geh*, Sieg *m*; ***qn remporte la*** ~ jd trägt die Siegespalme *geh* [*o* den Sieg] davon, jd gewinnt; ***qn décerne la palme à qn*** jd erklärt jdn zum Sieger
2. SPORT Schwimmflosse *f*; ~ ***de plongée*** Tauchflosse *f*
3. BOT Palmenzweig *m*
▶ **~s académiques** *Auszeichnung für besondere Verdienste um das Bildungswesen*
◆ **Palme d'or** goldene Palme (*Siegerpreis bei den Filmfestspielen in Cannes*)
palmé, e [palme] *adj* ZOOL *doigt, main* mit Schwimmhäuten [versehen]; BOT *feuille* fächerförmig; ***oiseau*** ~ Schwimmvogel *m*; ***pied*** ~/***patte*** ~***e*** Schwimmfuß *m*
palmeraie [palməʀɛ] *f* Palmenhain *m*
palmier [palmje] *m* **1.** BOT Palme *f*
2. GASTR ≈ Schweinsohr *nt*
palmipède [palmipɛd] **I.** *adj*: ***oiseau*** ~ Schwimmvogel *m*
II. *m* Schwimmvogel *m*
palombe [palɔ̃b] *f* Ringeltaube *f*
palonnier [palɔnje] *m* AVIAT Seitenruderpedal *nt*; TECH Steuerungshebel *m*; AUT Kompensator *m*, Stoßausgleicher *m*
pâlot, te [pɑlo, ɔt] *adj* ein wenig blass, blässlich
palourde [paluʀd] *f* Venusmuschel *f*
palpable [palpabl] *adj* **1.** (*concret*) *élément, avantage* greifbar; *preuve* handfest, handgreiflich; *différence, changement* spürbar; ***sur le terrain, il n'y a encore rien de*** ~ vor Ort ist noch nichts [Konkretes] davon zu spüren
2. (*qui peut être touché*) fühlbar, tastbar; MED *a.* palpabel *spec*
palper <1> [palpe] *vt* (*toucher*) ■ **qn [lui] palpe qc** MED jd tastet [jdm] etw ab, jd palpiert etw *spec*; *tissu, fruit, billet de banque* jd befühlt [*o* betastet] etw, jd prüft etw mit den Fingern
palpeur [palpœʀ] *m* TECH [*chaleur, lumière*] [Mess]fühler *m*, Sensor *m*; ***plaque électrique à*** ~ elektrische Schnellkochplatte
palpitant, e [palpitɑ̃, ɑ̃t] **I.** *adj* **1.** *vacances* aufregend; *aventure, histoire, livre a.* spannend; ***d'un intérêt*** ~ mit Nervenkitzel
2. ■ **qn est [tout(e)]** ~ **de qc** *de colère, fureur, joie, d'émotion* jd zittert vor etw (*dat*), jd ist [ganz] außer sich (*dat*) vor etw (*dat*)
II. *m arg* (*cœur*) Pumpe *f fam*
palpitation [palpitasjɔ̃] *f* **1.** *gén pl* (*battement du cœur*) Herzklopfen *nt*; ***il pouvait sentir les ~s de son cœur*** er konnte seinen/ihren Herzschlag spüren; ***ça me donne des ~s*** ich bekomme Herzklopfen [davon]
2. (*mouvement convulsif*) [*animal*] Zucken *nt*; [*paupières a.*] Blinzeln *nt*; [*narines a.*] Zittern *nt*; ***les ~s de l'animal blessé*** die Zuckungen des verletzten Tieres
▶ **qn a des ~s** MED jd hat [verstärktes] Herzklopfen [*o* einen beschleunigten Herzschlag]
palpiter <1> [palpite] *vi* **1.** ■ **qc palpite** /*cœur*/ etw schlägt [*o* klopft] [schneller]; (*de joie*) etw schlägt höher
2. ■ **qn/qc palpite** /*animal, cadavre, chair*/ jd/etw zuckt [krampfartig]; /*narines a.*/ etw zittert
3. *littér* ■ **qc palpite** /*flamme, lumière*/ etw flackert
paltoquet [paltɔkɛ] *m vieilli fam* aufgeblasener Kerl *fam*, eingebildeter Schnösel *fam*
paluche [palyʃ] *f pop* Flosse *f fam*, Pfote *f fam*; (*grossière et forte*) Pranke *f fam*; ***ôte donc tes ~s de là!*** Flossen [*o* Pfoten] weg da! *fam*; ***il en a de ces ~s !*** der hat vielleicht Pranken! *fam*
paludisme [palydism] *m* Malaria *f*, Paludismus *m spec*
pâmer <1> [pɑme] *vpr* **1.** ■ **qn se pâme de qc** *de joie* jd ist außer sich (*dat*) vor etw (*dat*); *de rire* jd kann sich nicht mehr halten vor etw (*dat*); *d'admiration* jd ist ganz [hin und] weg vor etw (*dat*) *fam*; ***il se pâme d'amour pour elle*** er vergeht vor Liebe zu ihr; ***qn se*** ~ **[*d'admiration*]** ***pour qn/qc*** jd ist ganz hingerissen von jdm/etw
2. *vieilli* (*s'évanouir*) ■ **qn se pâme** jd wird ohnmächtig, jdm schwinden die Sinne *geh*
pâmoison [pɑmwazɔ̃] *f* ▶ **qn tombe en** ~ **[devant qn/qc]** *hum* (*se pâme*) jd ist hin und weg [von jdm/etw] *fam*; *vieilli* (*s'évanouit*) jd fällt in Ohnmacht
pampa [pɑ̃pa] *f* Pampa *f*
pamphlet [pɑ̃flɛ] *m* Pamphlet *nt*; ***qn lance un*** ~ ***contre qn/qc*** jd verfasst ein Pamphlet gegen jdn/etw
pamphlétaire [pɑ̃fletɛʀ] *mf* Pamphletist(in) *m(f)*
pamplemousse [pɑ̃pləmus] *m* Pampelmuse *f*, Grapefruit ['greːpfruːt] *f*
pan¹ [pɑ̃] *m* **1.** [*chemise, manteau, veste, étoffe*] Zipfel *m*
2. [*immeuble, maison*] Teil *m*; [*mur a.*] Stück *nt*
3. (*partie d'une chose*) Teil *m o nt*, Stück *nt*; ***un*** ~ ***de sa vie*** ein Teil seines/ihres Lebens; ***un*** ~ ***de ciel*** ein Stück [vom] Himmel
▶ ~ **coupé** abgestumpfte Ecke, abgestumpfter Winkel
◆ **pan de chemise** Hemdzipfel *m* ▶ **qn est/se promène en ~s de chemise** jd ist im Hemd/läuft im Hemd herum; **pan de mur** (*intérieur*) Stück *nt* [von der] Wand; (*extérieur*) Mauerstück *nt*, ein Stück *nt* [von der] Mauer
pan² [pɑ̃] *interj* **1.** (*coup de feu*): ~, ~! peng, peng!, piff, paff!
2. (*gifle*) batsch; ***je vais [te] faire*** ~ ~ ***sur les fesses!*** du kriegst gleich einen Klaps auf den Popo!
3. (*explosion*) peng; ***et*** ~! ***La bouteille a éclaté*** und peng! Die Flasche explodierte
4. (*chute*) plumps; ~, ***le pot est tombé par terre*** und plumps fiel der Topf auf den Boden; ***et*** ~! ***Voilà tous mes plans qui s'écroulent!*** und hops sind alle meine Pläne dahin!
panacée [panase] *f* Allheilmittel *nt*, Wundermittel *nt*
panachage [panaʃaʒ] *m* **1.** POL Panaschieren *nt*, Panaschierung *f*
2. ■ ~ **[de choses]** *de couleurs* Mischung *f* [von Dingen]; *de plats, programmes* Zusammenstellung *f* [von Dingen], Auswahl *f* [an Dingen]
panache [panaʃ] *m* **1.** (*bravoure gratuite*) Schneid *m*, Forschheit *f*, Beherztheit *f*
2. (*plumet*) Federbusch *m*; MIL Panasch *m*; (*en forme de panache*) [*coiffure, plumes*] Busch *m*; ***la queue en [forme de]*** ~ ***de l'écureuil*** der buschige Schwanz des Eichhörnchens
▶ **qn/qc a du** ~ jd/etw macht Eindruck
◆ **panache de fumée** Rauchfahne *f*, Rauchwolke *f*
panaché, e [panaʃe] **I.** *adj fruits, glace, salade, style* gemischt; *liste électorale* panaschiert; *œillet, tulipe* mehrfarbig, vielfarbig
II. *m* Panaschee *nt*, Radler *m* SDEUTSCH, Alsterwasser *nt* NDEUTSCH
panacher <1> [panaʃe] *vt, vi* **1.** POL ■ **qn panache** jd panaschiert; ***qn panache une liste électorale*** jd wählt Kandidaten aus verschiedenen Listen
2. (*mélanger*) ■ **qn panache des choses** *couleurs* jd mischt Dinge; *exercices, programmes* jd variiert Dinge, jd bringt Abwechslung in Dinge; ***puis-je*** ~ **[*les plats*]**? kann ich [die Gerichte] selbst zusammenstellen?
panade [panad] *f fam* ▶ **qn est/tombe dans la** ~ jd sitzt [*o* steckt] im Schlamassel [*o* in der Klemme]/gerät in die Klemme *fam*
panafricain, e [panafʀikɛ̃, ɛn] *adj* panafrikanisch
panama [panama] *m* Panama[hut *m*] *m*
paname [panam] *m pop volkstümliche Bezeichnung für Paris*
panaméricain, e [panameʀikɛ̃, ɛn] *adj* panamerikanisch
panard [panaʀ] *m pop* Flosse *f fam*; ***les ~s*** die Quanten *fam*; ***il a des sacrés grands ~s!*** der hat ganz schöne Quadratlatschen! *fam*
panaris [panaʀi] *m* Nagelbettentzündung *f*, Umlauf *m*, Panaritium *nt spec*
pancarte [pɑ̃kaʀt] *f* Schild *nt*, [Anschlag]tafel *f*; ~ ***électorale/publicitaire*** Wahlplakat *nt*/Reklameschild
pancréas [pɑ̃kʀeɑs] *m* Bauchspeicheldrüse *f*, Pankreas *nt spec*
pancréatique [pɑ̃kʀeatik] *adj* Bauchspeicheldrüsen-, Pankreas- *spec*; ***suc*** ~ Bauchspeicheldrüsensaft *m*
panda [pɑ̃da] *m* Panda *m*
pané, e [pane] *adj* paniert
panégyrique [paneʒiʀik] *m* Lob[rede *f*] *nt*
▶ **qn fait le** ~ **de qn/qc** jd hält eine Lobrede auf jdn/etw, jd singt ein Loblied auf jdn/etw *hum*
panel [panɛl] *m* **1.** SOCIOL Panel ['pænl] *nt*, [ausgewählte] Personengruppe
2. (*commission*) Gremium *nt*, Team [tiːm] *nt*; ***faire un*** ~ ein Gremium [*o* Team] bilden
paner <1> [pane] *vt* ■ **qn pane qc** jd paniert etw
paneuropéen, ne [panøʀɔpeɛ̃, ɛn] *adj* gesamteuropäisch
pangermanisme [pɑ̃ʒɛʀmanism] *m* Pangermanismus *m*, Alldeutschtum *nt*
panier [panje] *m* **1.** Korb *m*; ~ ***de pêche*** Fischkorb; ~ ***de la friteuse*** Drahteinsatz *m* für die Fritteuse; ■ **un** ~ **de qc** ein Korb [voll] …; ***un*** ~ ***de cerises*** ein Korb [voll] Kirschen; ■ ~ **à** *à linge, œufs* -korb; ***petit*** ~ ***à ouvrage*** Handarbeitskörbchen *nt*; ~ ***à salade*** Salatschleuder *f*; ~ ***à provisions*** Einkaufskorb
2. PHOT (*pour diapositives*) [Dia]magazin *nt*
3. (*au basketball*) Korb *m*; ***il a marqué/réussi le*** ~ ***décisif*** er hat den entscheidenden Korb geschossen/erzielt
▶ **le** ~ **de la ménagère** der Warenkorb; **qn met les personnes/choses dans le même** ~ jd wirft alle Menschen/Dinge in einen Topf, jd schert alle Menschen über einen Kamm; **[qn est un]** ~ **percé** [jd ist ein(e)] Verschwender(in) *m(f)*, jdm rinnt das Geld durch die Finger; **qn jette** [*o* **met**] **qc au** ~ jd wirft [*o* schmeißt] etw weg [*o* in den Papierkorb]; ***ton projet est bon à jeter*** [*o* ***mettre***] ***au*** ~ dein Plan ist reif für den Papierkorb *fam*
◆ **panier à salade** *fam* grüne Minna *fam*, Polizeiwagen *m*; **panier de crabes** *fam*: ***c'est le véritable*** ~ ***de crabes*** hier geht einer dem anderen an den Kragen *fam*
panière [panjɛʀ] *f* großer Korb (*mit zwei Henkeln*)
panier-repas <~s-~> [panjeʀəpa] *m* Lunchpaket ['lan(t)ʃ-] *nt*
panification [panifikasjɔ̃] *f* Brotbacken *nt*, Brotherstellung *f*
panique [panik] **I.** *f* Panik *f*; ***ne cédons pas à la*** ~! nur keine Panik aufkommen lassen!; ***un vent de*** ~ ***souffle sur …*** eine Welle der Panik bricht in … + *dat* aus, [eine] Panikstimmung greift in … + *dat* um sich; ***qn est pris(e) de*** ~ jd ist/wird von Panik [*o* panischer Angst] ergriffen [*o* erfasst], jd gerät in Panik
▶ **c'est la** ~ [die] Panik bricht aus, alles ist in heller Panik!, da ist die Hölle los! *fam*; **pas de** ~! nur keine Panik!
II. *adj peur, terreur* panisch
paniquer <1> [panike] **I.** *vt fam* ■ **qn/qc panique qn** jd/etw versetzt jdn in Panik; ***ça me panique, quand je pense à …*** ich kriege [*o* bekomme] es mit der Angst zu tun, wenn ich an … + *akk* denke; ■ **[qn est] paniqué(e)** [jd ist] in Panik geraten, jd ist [völlig [*o* ganz]] durcheinander; ***les gens paniqués couraient dans tous les sens*** in panischer Angst [*o* von Panik ergriffen] liefen die Leute in alle Richtungen; ***je suis paniqué à l'idée de …*** ich werde ganz nervös bei dem Gedanken an … (+ *akk*)
II. *vi fam* ■ **qn panique** jd gerät in Panik, jd verliert die Nerven [*o* den Kopf]
III. *vpr* ■ **qn se panique** jd gerät in Panik, jd verliert die Nerven [*o* den Kopf]; ***inutile de vous*** ~! kein Grund zur Panik!

panne¹ [pan] *f* Panne *f;* ■ ~ **de qc** *de batterie, courant, d'électricité,* -ausfall *m; d'ordinateur a.* -panne; *de moteur* -schaden *m;* ***il y a eu une ~ de courant*** [*o* ***d'électricité***] der Strom ist ausgefallen; ***je suis tombé en ~ d'essence*** mir ist der Sprit *fam* [*o* das Benzin] ausgegangen, ich hatte kein Benzin mehr
▶ ~ **sèche**: ***c'est la ~ sèche!*** der Benzintank ist leer!, das Benzin ist alle!; ***je suis tombé en ~ sèche*** ich hatte keinen Tropfen Benzin mehr; **qn a une panne** jd hat eine Panne; **qn/qc est en ~** / *automobiliste, voiture/* jd/etw hat eine Panne; / *moteur, machine/* etw ist defekt [*o* kaputt]; **qn/qc est/reste en ~** (*ne peut pas continuer*) jd kommt [*o* weiß] nicht mehr weiter; / *projet/* etw geht nicht voran; / *travail/* etw bleibt liegen; **qn est en ~ de qc** *fam d'imagination, d'idées* jdm fehlt es an etw (*dat*); ***je suis en ~ de café*** mir ist der Kaffee ausgegangen, ich habe keinen Kaffee mehr; **qn met** [**qc**] **en ~** *bateau, navire* jd dreht [etw] bei, jd stoppt [etw]; **qn/qc reste en ~** / *automobiliste, voiture/* jd/etw bleibt [mit einer Panne] liegen; **qn/qc tombe en ~** jd/etw hat eine Panne; ***je suis tombé/ ma voiture est tombée en ~*** ich hatte eine Panne [mit dem Auto], ich bin mit dem Auto liegen geblieben

panne² [pan] *f* CONSTR Pfette *f;* ***la ~ faîtière/ inférieure/ intermédiaire*** die First-/Fuß-/Mittelpfette

panneau <x> [pano] *m* **1.** TRANSP Schild *nt;* ~ ***horaire*** Anzeigetafel *f;* ~ ***indicateur*** Hinweisschild; ■ ~ **de** -schild; ~ ***de signalisation*** [Straßen]verkehrsschild; ~ ***d'interdiction*** Verbotsschild; ~ ***de danger*** Hinweisschild für Gefahr; ~ ***de limitation de vitesse*** Schild für Geschwindigkeitsbegrenzung
2. (*pancarte*) Plakat *nt;* ~ ***d'exposition*** Stellwand *f;* ~ ***d'informations*** Informationstafel *f;* ~ ***publicitaire*** Werbeplakat, Reklameplakat
3. (*surface allouée*): ~ ***publicitaire*** Werbefläche *f,* Reklamefläche *f;* ~ ***électoral*** (*mur*) Plakatwand *f* für Wahlplakate; (*à installer*) Stellwand *f* für Wahlplakate
4. CONSTR Platte *f;* ■ ~ **de** *de bois, ciment* -platte; ~ ***d'aggloméré/ de particules*** Spanplatte, Pressholzplatte
5. (*au basket*) Korbbrett *nt*
6. ART Tafel *f*
▶ ~ **lumineux** Leuchttafel *f,* beleuchtete Schautafel; ~ **solaire** Sonnenkollektor *m,* Solarkollektor *m;* **qn donne** [*o* **tombe**] **dans le** ~ (*se laisse duper*) jd lässt sich hereinlegen *fam;* ***il est tombé dans le*** ~ er ist darauf reingefallen *fam*
◆ **panneau d'affichage** (*pour publicité*) Werbefläche *f,* Reklamefläche *f;* (*pour petites annonces, résultats*) Anschlagtafel *f,* Anschlagbrett *nt*

panonceau <x> [panɔ̃so] *m* Schild *nt*

panoplie [panɔpli] *f* **1.** ■ ~ **de qc** *d'arguments, de mesures, sanctions* Reihe *f* von etw; *de médicaments a.* Sortiment *nt* an etw (*dat*) *d'armes, d'instruments* Sammlung *f* von etw
2. (*jouet*) ■ ~ **de** *d'infirmière, de magicien* -ausrüstung *f;* ***il a reçu une ~ de Zorro/ de cowboy*** er hat eine [komplette] Zorro-/Cowboyausrüstung geschenkt bekommen

panorama [panɔʀama] *m* **1.** (*paysage*) Panorama *nt*
2. (*vue d'ensemble*) ■ ~ **de qc** Übersicht *f* [*o* Überblick *m*] über etw (*akk*)

panoramique [panɔʀamik] **I.** *adj restaurant, terrasse* Panorama-, Aussichts-; ***écran*** ~ Breitwand *f;* ***vue*** ~ Rundblick *m*
II. *m* CINE Panoramaaufnahme *f*

pansage [pɑ̃saʒ] *m* [*cheval*] Striegeln *nt*

panse [pɑ̃s] *f* **1.** [*vache, brebis*] Pansen *m*
2. *fam* (*ventre*) [Schmer]bauch *m,* Wanst *m fam*
▶ **qn s'en met plein la** ~ *fam* jd haut ordentlich rein *fam,* jd schlägt sich (*dat*) [ordentlich] den Bauch voll *fam;* **qn se remplit la** ~ *fam* jd stopft sich voll *fam,* jd stopft sich (*dat*) den Bauch voll *fam*

pansement [pɑ̃smɑ̃] *m* **1.** [*blessure*] Verbinden *nt; plaie a.*] Versorgen *nt;* ***qn fait un ~ à qn*** jd legt jdm einen Verband an
2. (*compresse*) Verband *m;* ~ [***adhésif***] [Heft]pflaster *nt*
▶ ~ **gastrique** Magenberuhigungsmittel *nt*

panser <1> [pɑ̃se] *vt* **1.** (*soigner*) ■ **qn panse qn/** [**lui**] **panse qc** *blessé, jambe, blessure* jd verbindet jdn/verbindet [jdm] etw; *plaie a.* jd versorgt etw
2. (*guérir*) ■ **qn/qc panse qc** *blessure morale, peine* jd/etw heilt etw; ***ces paroles ont pansé son cœur meurtri*** diese Worte waren Balsam [*o* eine Wohltat] für sein/ihr verwundetes Herz
3. ■ **qn panse un cheval** jd striegelt ein Pferd

pansu, e [pɑ̃sy] *adj personne* dickbäuchig, fettbäuchig *fam; bonbonne, vase* bauchig

pantagruélique [pɑ̃tagʀyelik] *adj appétit, déjeuner* Riesen-, enorm; ***festin/ repas*** ~ Schlemmermahl *nt,* Fressgelage *nt fam*

pantalon [pɑ̃talɔ̃] *m* Hose *f;* ■ ~ **de** *de golf, jogging, pyjama, ski* -hose
▶ ~ **bouffant** Pluderhose *f,* Pumphose *f;* ~ **corsaire** Caprihose *f*
◆ **pantalon à pattes d'éléphant** ausgestellte Hosen; **pantalon à pinces** Bundfaltenhose *f;* **pantalon fuseau** Steghose *f*

pantalonnade [pɑ̃talɔnad] *f* **1.** CINE, THEAT Klamaukstück *nt*
2. (*démonstration hypocrite*) Komödie *f,* [scheinheilige] Schauspielerei *fam;* ***arrête donc ces ~s!*** hör endlich mit der Schauspielerei auf!

pantelant, e [pɑ̃t(ə)lɑ̃, ɑ̃t] *adj littér* **1.** (*haletant*) ■ [**qn est**] ~ [**de qc**] *d'émotion, de peur* [jd ist] außer Atem [vor etw (*dat*)], [jd ist] atemlos; ***je suis resté tout ~ [d'émotion/ de peur]*** mir stockte der Atem [vor Aufregung/ Angst]; ***qc laisse qn ~ [d'émotion]*** etw verschlägt jdm den Atem
2. (*palpitant*) *animal, cadavre, chair* zuckend, bebend

panthéisme [pɑ̃teism] *m* Pantheismus *m*

panthéiste [pɑ̃teist] **I.** *adj* pantheistisch
II. *mf* Pantheist(in) *m(f),* Anhänger(in) *m(f)* des Pantheismus

panthéon [pɑ̃teɔ̃] *m* **1.** HIST ■ **le P~** das Pantheon
2. (*lieu où reposent des hommes illustres*) Pantheon *nt; fig* Ruhmeshalle *f* mit Ehrengräbern
▶ **au** ~ **de qc**: ***son nom restera au ~ de l'histoire*** sein/ihr Name wird in die Geschichte eingehen; ***il aura une place au ~ des artistes*** die Nachwelt wird ihn als bedeutenden Künstler ehren

panthère [pɑ̃tɛʀ] *f* **1.** Leopard *m,* Panther *m;* ~ ***noire*** schwarzer Panther; ***peau de*** ~ Leopardenfell *nt*
2. *fam* (*femme en colère*) Drachen *m fam*

pantin [pɑ̃tɛ̃] *m* (*marionnette*) Hampelmann *m;* ***qn gesticule comme un*** ~ jd hampelt [*o* zappelt] herum; ***elle a fait de lui un*** ~ sie hat aus ihm einen Hampelmann gemacht *fam*
▶ **qn fait le** ~ jd spielt den Kasper [*o* Clown] [klaun]

pantois, e [pɑ̃twa, waz] *adj* verdutzt, verblüfft; ***qc laisse qn*** ~ etw verschlägt jdm den Atem, etw verblüfft jdn; ***j'en suis resté*** ~ ich war ganz verblüfft

pantomime [pɑ̃tɔmim] *f* **1.** (*jeu du mime*) Pantomimik *f;* (*pièce mimée*) Pantomime *f*
2. *fig* Zirkus *m,* Theater *nt;* ***qu'est-ce que c'est que cette ~?*** was soll denn der Zirkus [*o* das ganze Theater]?

pantouflard, e [pɑ̃tuflaʀ, aʀd] **I.** *adj fam* stubenhockend *fam;* ***il est*** ~ er ist ein Stubenhocker *fam*
II. *m, f fam* Stubenhocker(in) *m(f)*

pantoufle [pɑ̃tufl] *f* Hausschuh *m,* Pantoffel *m*
▶ **en ~s** in Hausschuhen, in Pantoffeln; ***je suis en ~s*** ich habe Hausschuhe [*o* Pantoffeln] an, ich bin in Hausschuhen [*o* Pantoffeln] *fam*

pantoufler <1> [pɑ̃tufle] *vi fam* ■ **qn pantoufle** jd geht in die freie Wirtschaft, jd wechselt in die freie Wirtschaft über (*und verlässt den Staatsdienst*)

P.A.O. [peao] *f abr de* **publication assistée par ordinateur** INFORM DTP *nt*

paon [pɑ̃] *m* Pfau *m*
▶ **fier**(**fière**) [*o* **orgueilleux**(**-euse**)] [*o* **vaniteux**(**-euse**)] **comme un** ~ eitel [*o* aufgeblasen *fam*] wie ein Pfau

papa [papa] *m* Papa *m,* Vati *m*
▶ ~ **gâteau** *fam:* ***c'est un ~ gâteau*** er verwöhnt seine Kinder, er ist ganz vernarrt in seine Kinder; **des enfants jouent au ~ et à la maman** Kinder spielen Vater und Mutter; (*jouent au docteur*) Kinder machen Doktorspiele; **vas-y** ~! *fam* nun mach schon, Opa!; **à la** ~ *fam* ganz gemütlich [*o* gemächlich]; **de** ~ *fam théâtre, cinéma, chansons* Opas …; *administration, industrie, cuisine* wie zu Großvaters Zeiten, aus Großvaters Zeiten

papal, e <-aux> [papal, o] *adj appartement, bulle* päpstlich; *croix, ornements a.* Papst-

papauté [papote] *f* **1.** (*dignité*) Papstwürde *f,* Amt *nt* des Papstes; ***accéder à la*** ~ die Papstwürde erlangen
2. (*règne*) Papsttum *nt;* ***pendant la ~ de Jean XXIII*** während der Amtszeit von Papst Johannes XXIII.

pape [pap] *m* Papst *m;* ■ ~ **de qc** *fig du surréalisme, du jazz moderne* Papst *m* [auf dem Gebiet] einer S. (*gen*); ~ ***de la critique littéraire*** Literaturpapst
▶ **sérieux**(**-euse**) **comme un** ~ *fam* todernst

papelard [paplaʀ] *m fam* (*feuille*) Wisch *m fam; pl* (*papiers d'identité*) Papiere *pl;* (*paperasse*) Papierkram *m*

paperasse [papʀas] *f péj* (*papiers inutiles*) Papierkram *m;* (*grosse quantité de papiers*) Wust *m* von Papier

paperasserie [papʀasʀi] *f péj* (*à lire, remplir*) Papierkram *m,* Wust *m* [*o* Berge *pl*] von Papier; (*à écrire*) Schreibkram *m*
▶ ~ **administrative/procédurière** Papierkrieg *m fam*

paperassier, -ière [papʀasje, -jɛʀ] **I.** *adj personne, administration* mit großer Vorliebe für Formulare, Papier liebend
II. *m, f* Papierkrämer(in) *m(f)*

paperboard [papɛʀbɔʀd] *m* Flipchart ['flɪptʃa:(r)t] *f*

papeterie [papɛtʀi] *f* **1.** (*magasin*) Schreibwarengeschäft *nt,* Schreibwarenhandlung *f;* (*fourniture*) Schreibwaren *pl*
2. (*fabrication*) Papierherstellung *f,* Papierindustrie *f;* (*usine*) Papierfabrik *f*

papetier, -ière [pap(ə)tje, -jɛʀ] **I.** *adj* Papier-, Papier erzeugend
II. *m, f* **1.** (*vendeur*) Schreibwarenhändler(in) *m(f)*
2. (*fabricant*) Papierfabrikant(in) *m(f)*

papi [papi] *m fam v.* **papy**

papier [papje] *m* **1.** ∅ (*matière*) Papier *nt;* ■ **de/en** ~ Papier-, aus Papier; ***une feuille/ un bout*** [*o* ***morceau***] ***de*** ~ ein Blatt *nt*/ein Stück *nt* Papier; ~ ***collant/ glacé/ hygiénique*** Klebstreifen *m*/Glanz-/Toilettenpapier; ~ ***gommé*** gummiertes Papier; ~ ***sensible*** Bromsilberpapier; ~ ***mâché*** Papiermaché *nt,* Pappmaché *nt;* ~ ***bible/ buvard/ carbone/ crépon*** Dünndruck-/Lösch-/ Kohle-/Krepppapier; ~ ***en continu*** Endlospapier; ~ ***journal*** Zeitungspapier; ~ ***kraft*** Packpapier; ~ ***machine*** Schreibmaschinenpapier; ~ ***pelure*** Durchschlagpapier; ■ ~ **à/de qc** -papier; ~ ***à musique*** Notenpapier; ~ [***de***] ***brouillon*** Konzeptpapier; ~ ***d'emballage*** Einwickelpapier
2. (*feuille*) [Blatt *nt*] Papier *nt;* (*à remplir*) Formular *nt;* (*papillon*) Zettel *m;* (*d'une certaine importance*) Schriftstück *nt; pl* Unterlagen *pl,* [wichtige] Papiere *pl;* ***des ~s confidentiels/ personnels*** vertrauliche/persönliche Unterlagen; ***des ~s militaires/ d'affaires*** militärische/geschäftliche Unterlagen [*o* Geschäftspapiere]; ***signer des ~s*** Papiere unterzeichnen
3. *pl* (*papiers d'identité*) [Ausweis]papiere *pl*
4. PRESSE Artikel *m*
5. ∅ (*feuille de métal*) ■ ~ **de** *d'argent* -folie *f,* -papier *nt;* ~ ***d'étain*** Stanniol[papier] *nt;* ~ [***d'***]***aluminium*** Aluminiumfolie
▶ ~ **calque** Pauspapier *nt;* ~ **cul** *pop* Klopapier *nt fam;* ~ **émeri** Schmirgelpapier *nt;* **qn/qc est réglé(e) comme du ~ à musique** bei jdm geht alles nach Plan/etw ist genau festgelegt; **~s gras** [Papier]abfall *m;* ~ **libre** Papier *nt* ohne amtlichen Vermerk; **de ~ mâché**: ***qn a une figure/ une mine de ~ mâché*** jd ist kreidebleich; ~ **peint** Tapete *f;* **qn est dans les petits ~s de qn** jd ist bei jdm gut angeschrieben; ~ **timbré** Amtspapier *nt* (*amtliches Schriftstück mit Steuermarke*); **qn noircit du** ~ jd füllt Seiten [und Seiten], jd schreibt eine Seite nach der anderen [voll]; **sur le** ~ auf dem Papier

◆ **papier à en-tête** Briefpapier *nt* mit [vorgedrucktem] Briefkopf; **papier d'Arménie** Räucherpapier *nt;* **papier de soie** Seidenpapier *nt;* **papier de verre** Glaspapier *nt,* Schleifpapier *nt*

papier-filtre <~s-~s> [papjefiltʀ] *m* Filterpapier *nt* **papier-monnaie** <~s-~s> [papjemɔnɛ] *m* Papiergeld *nt*

papille [papij] *f* Papille *f*
▶ **~s gustatives** Geschmackspapillen *pl;* ***ce plat enchante/est un plaisir pour vos ~s [gustatives]*** dieses Gericht ist eine wahre Gaumenfreude; ***pour le plus grand plaisir de vos ~s [gustatives], j'ai ...*** für den verwöhnten Gaumen habe ich ...

papillon [papijɔ̃] **I.** *m* **1.** ZOOL Schmetterling *m*
2. *(autocollant)* [selbstklebender] Notizzettel
3. *fam (contravention)* Knöllchen *nt fam,* Strafzettel *m*
4. TECH *(écrou)* Flügelmutter *f*
II. *app nage* Delphin-, Schmetterlings-; ***200 m ~*** 200 m Delphin[schwimmen]; ***qn nage en brasse ~*** jd schwimmt im Butterflystil [*o* Schmetterlingsstil] [*o* Delphinstil]
◆ **papillon de nuit** Nachtfalter *m,* Nachtschmetterling *m;* **papillon des gaz** AUT Drosselklappe *f*

papillonnant, e [papijɔnɑ̃, ɑ̃t] *adj caractère, esprit, personne* flatterhaft, unbeständig; ***c'est un esprit ~*** das ist ein Flattergeist

papillonner <1> [papijɔne] *vi* ■ **qn papillonne** jd schwirrt [*o* flattert] herum *fam;* ***qn ~ autour de qn*** jd scharwenzelt um jdn herum *fam;* ■ **qn papillonne de qn à qn** jd flattert von jdm zu jdm *fam;* ***il papillonne d'une fille à une autre*** er schwirrt von einem Mädchen zum anderen *fam;* ■ **qn papillonne d'une chose à une autre** *sujet, activité* jd springt [*o* wechselt] von einer S. zur anderen

papillote [papijɔt] *f* **1.** *(bigoudi)* Papierlockenwickel *m*
2. *(pour les bonbons)* [Bonbon]papier[chen] *nt*
▶ **en ~** *poisson, volaille, viande (dans un papier huilé)* in [gefettetem] Papier [gebacken]; *(dans une feuille d'aluminium)* in [Alu]folie [gebacken]

papilloter <1> [papijɔte] *vi* ■ **qc papillote** */paupières/* etw zuckt; */yeux/* etw flackert [*o* blinzelt]; */étoile/* etw funkelt; */lampe, lumière/* etw flackert; ***il a les yeux qui papillotent*** er zwinkert [mit den Augen]

papiste [papist] *mf péj* Papist(in) *m(f)*

papotage [papɔtaʒ] *m* [leeres] Geschwätz *fam,* Gequassel *nt fam*

papoter <1> [papɔte] *vi* ■ **qn papote** jd schwatzt [*o* schwätzt] [*o* quasselt] *fam;* ***elle est en train de ~ avec la voisine*** sie hält ein Schwätzchen [*o* einen Schwatz] mit der Nachbarin *fam*

papouilles [papuj] *fpl fam* ▶ **qn fait des ~ à qn** *à un enfant* jd macht jdm killekille *fam; à un adulte* jd tätschelt jdn

paprika [papʀika] *m* Paprika *m*

papy [papi] *m fam* Opa *m fam*

papyrus [papiʀys] *m* **1.** BOT Papyrusstaude *f*
2. HIST *(feuille)* Papyrus *m; (manuscrit)* Papyrus[blatt *nt*] *m,* Papyrusrolle *f;* ***les ~ égyptiens*** die ägyptischen Papyri

pâque [pɑk] *f* ■ **la ~ [juive]** das Passah[fest]

paquebot [pakbo] *m* Passagierschiff *nt;* ***~ transatlantique*** Ozeandampfer *m*

pâquerette [pɑkʀɛt] *f* Gänseblümchen *nt*
▶ **au ras des ~s** *fam* [ziemlich] anspruchslos, nicht sehr geistreich

Pâques [pɑk] **I.** *m* Ostern *nt o pl;* ■ **de ~** *fête, lundi, vacances, semaine* Oster-
▶ **à ~ ou à la Trinité** *hum* in hundert Jahren
II. *fpl* Ostern *pl;* ***joyeuses ~!*** frohe Ostern!; ***je vous souhaite de joyeuses ~*** ich wünsche Ihnen frohe Ostern [*o* ein frohes Osterfest]
▶ **qn fait ses ~** jd besucht die Ostermesse [und empfängt die Osterkommunion]

paquet [pakɛ] *m* **1.** *(boîte)* Paket *nt;* ■ **un ~ de** ein Paket [voll] ...; *de cigarettes* eine Packung [*o* Schachtel] ...; *de linge, vêtements* ein Bündel *nt* ...; *de café, sucre, tabac* ein Päckchen *nt* ...; ***un ~ de lessive*** ein Paket [voll] Waschpulver
2. *(colis)* Paket *nt*
3. *fam (beaucoup)* ■ **un ~ de** *de billets, fric* ein Haufen *m* ... *fam,* ein Bündel *nt* ... *fam; de neige, d'eau* eine Ladung ... *fam;* ***il y a un ~ de neige*** es liegt ganz schön viel Schnee, es liegt eine ganze Menge Schnee; ***un joli/sacré ~ [d'argent, de fric]*** ein hübsches/ganz ordentliches Sümmchen *fam;* ***il y en a pour un ~ là-dedans!*** das kostet einen Haufen Geld [*o* ganz schön viel] *fam*
4. CARTES Stoß *m*
▶ **[qn est] un ~ de graisse/de nerfs** *fam* [jd ist] ein Fettkloß *m*/ein Nervenbündel *nt;* **comme un ~ de linge sale** *porter, soulever* wie einen Sack Kartoffeln; ***il m'a renvoyé comme un ~ de linge sale*** er hat mich abgewimmelt wie den letzten Dreck *fam;* **qn est un ~ d'os** jd ist ein Knochengerüst *fam,* jd ist nur Haut und Knochen; **qn fait ses ~s** jd packt seine Sachen [zusammen], jd schnürt sein Bündel; **qn met le ~** *fam (déploie ses efforts)* jd setzt alles d[a]ran *fam,* jd legt sich [mächtig] ins Zeug *fam; (paie beaucoup pour qc)* jd scheut keine Kosten; ***dis donc, il a mis le ~!*** alle Achtung, er hat sich nicht lumpen lassen! *fam;* ***nous avons du retard, faudra mettre le ~*** wir sind im Verzug, wir müssen uns ranhalten; **qn prend [*o* reçoit] son ~** *fam* jd kriegt [*o* bekommt] sein Fett ab *fam;* **qn risque le ~** jd setzt alles aufs Spiel [*o* auf eine Karte]
◆ **paquet de mer** Brecher *m,* Sturzwelle *f*

paquetage [paktaʒ] *m* [Marsch]gepäck *nt*

paquet-cadeau <~s-~x> [pakɛkado] *m* Geschenk[ver]packung *f;* ***vous pouvez me faire un ~-~?*** können Sie es mir bitte als Geschenk einpacken?

par [paʀ] *prép* **1.** *(agent, cause)* von; ***le but a été marqué ~ l'avant-centre*** das Tor wurde vom Mittelstürmer geschossen; ***les décisions sont prises ~ la direction*** die Entscheidungen werden von der Direktion getroffen; ***je l'ai appris ~ des voisins/le journal*** ich habe es von den [*o* durch die] Nachbarn/durch die [*o* aus der] Zeitung erfahren; ***elle fait tout ~ elle-même*** sie macht alles selbst; ***l'interprétation de cette œuvre ~ Karajan*** Karajans Interpretation dieses Werkes; ***l'exploitation de l'homme ~ l'homme*** die Ausbeutung des Menschen durch den Menschen; ■ **qn fait faire qc ~ qn** jd lässt etw von jdm [*o* durch jdn] machen; ***qn fait porter/envoyer qc ~ qn*** jd lässt etw durch jdn bringen/schicken
2. *(au moyen de)* durch; ***la porte ferme ~ un verrou*** die Tür ist/wird durch einen [*o* mit einem] Riegel verschlossen; ***~ tous les moyens*** mit allen Mitteln; ***répondre ~ oui ou ~ non*** mit ja oder nein antworten; ***qn tient qn/qc ~ qc*** jd hält jdn/etw an etw *(dat)* fest; ***~ chèque/carte bancaire*** mit [*o* per] Scheck/Scheckkarte; ***ils se ressemblent ~ leur sens de l'humour*** sie haben einen ähnlichen Humor; ***ils se ressemblent ~ bien des côtés*** sie sind sich in vielem ähnlich
3. *(origine)*: ***elle descend de Victor Hugo ~ sa mère*** mütterlicherseits stammt sie von Victor Hugo ab; ***c'est un oncle ~ alliance*** er ist ein angeheirateter Onkel
4. *gén sans art (cause, motif)* aus; ***~ sottise/devoir*** aus Dummheit/Pflichtbewusstsein; ***il a menti ~ omission*** er hat gelogen, indem er bewusst etwas verschwiegen hat; ***elle est remarquable ~ sa beauté*** sie fällt wegen ihrer Schönheit auf
5. *(direction) (avec un mouvement)* durch; *(sans mouvement)* aus; ***~ la fenêtre*** durch das/aus dem Fenster; ***il est venu ~ le chemin le plus court*** er kam auf dem schnellsten Weg hierher; ***il passe ~ ici*** er kommt hier vorbei [*o* durch]; ***je passe ~ la côte/~ l'intérieur*** ich fahre die Küste entlang/über Land [*o* durch das Landesinnere]; ***l'idée m'est passée ~ la tête*** der Gedanke ging mir durch den Kopf; ***~ où est-il entré/sorti?*** wo ist er hereingekommen/hinausgegangen?; ***~ où est-il parti/venu?*** in welche Richtung ist er gegangen?/aus welcher Richtung ist er gekommen?; ***il habite ~ ici/là*** er wohnt hier/dort in der Gegend; ***~ 5 mètres de fond*** in 5 Meter Tiefe; ***~ terre*** auf dem/den Boden; ***il se trouve ~ 10° de latitude sud*** er befindet sich auf dem 10. Grad südlicher Breite [*o* in Höhe des 10. Grades südlicher Breite]
6. *(distribution, mesure)* pro; ***ils entrent un ~ un*** sie gehen einzeln hinein; ***2 fois ~ semaine/mois*** zweimal pro [*o* in der] Woche/pro [*o* im] Monat; ***mettez-vous en rangs ~ deux*** stellt euch zu zweit [*o* in Zweierreihen] auf; ***heure ~ heure*** Stunde um Stunde; ***~ moments*** zeitweise; ***~ trois fois*** dreimal; ***~ centaines/milliers*** zu Hunderten/Tausenden; ***~ poignées/charretées*** ganze Hände voll/ganze Wagen voll [*o* ganze Wagenladungen]
7. ***~ temps de pluie/brouillard*** bei Regen[wetter]/Nebel; ***~ les temps qui courent*** heutzutage, in der heutigen Zeit; ***~ le passé*** früher
8. ***qn/qc commence*** [*o* ***débute***]***/finit ~ qc*** jd/etw beginnt/endet mit etw; ***qn commence ~ faire qc*** jd/etw tut etw zuerst [*o* zunächst]; ***commence donc ~ te taire!*** jetzt sei erst mal still [*o* ruhig]!; ***qn finit ~ faire qc*** jd tut etw schließlich [*o* am Ende] [*o* zum Schluss] [doch]; ***il a fini ~ accepter*** schließlich hat er akzeptiert
9. *(dans des exclamations, serments)* bei; ***~ tout ce que j'ai de plus cher, ...*** bei allem, was mir lieb ist, ...; ***~ pitié, aidez-moi!*** ich flehe euch an, helft mir!
▶ **~ contre** dafür, dagegen

para [paʀa] *m abr de* **parachutiste** Para *m*

para[-] [paʀa] *préf + adj/subst* **1.** *(qui est proche de)* para-, halb-; ***~-universitaire*** der Universität ähnlich; ***~-commercial*** halbkommerziell; ***~-public*** halböffentlich
2. *(qui protège contre)* -sicher; ***des constructions ~sismiques*** erdbebensichere Bauten *pl*

parabole [paʀabɔl] *f* **1.** REL Gleichnis *nt*
2. MATH Parabel *f; (trajectoire)* Kurve *f*
▶ **qn parle par ~s** jd redet in Gleichnissen

parabolique [paʀabɔlik] *adj* parabolisch; *antenne, miroir* Parabol-

paracentèse [paʀasɛ̃tɛz] *f* MED Punktion *f; [tympan]* Durchstechung *f;* ***on lui a fait une ~ [du tympan]*** man hat ihm/ihr das Trommelfell durchstochen

parachèvement [paʀaʃɛvmɑ̃] *m* Vollendung *f,* Abschluss *m*

parachever <4> [paʀaʃ(ə)ve] *vt* ■ **qn parachève qc** *œuvre* jd vollendet etw, jd bringt etw zum Abschluss; *travail a.* jd schließt etw ab, jd stellt etw fertig

parachutage [paʀaʃytaʒ] *m* **1.** MIL Fallschirmabwurf *m;* ■ **~ [de qn/qc]** *de matériel, munitions, d'armes* Abwerfen *nt* [von etw] [mit dem Fallschirm]; *de troupes, soldats* [jds] Absetzen *nt* [mit dem Fallschirm]
2. *fig* ■ **~ de qn:** ***les employés n'apprécient pas beaucoup le ~ de ce patron*** die Angestellten sind nicht erfreut darüber, dass man ihnen diesen Chef vor die Nase gesetzt hat *fam*

parachute [paʀaʃyt] *m* Fallschirm *m*
▶ **qn saute en ~** jd springt mit dem Fallschirm ab

parachuter <1> [paʀaʃyte] *vt* **1.** MIL ■ **qn/qc parachute qn/qc** *soldats, troupes* jd/etw setzt jdn [mit dem Fallschirm] ab; *armes, munitions, vivres* jd/etw wirft etw [mit dem Fallschirm] ab
2. *fam* ■ **qn parachute qn quelque part** *à un poste, dans un emploi* jd setzt [*o* pflanzt *fam*] jdn irgendwohin; ***on nous a parachuté un nouveau directeur*** man hat uns einen neuen Direktor vor die Nase gesetzt *fam;* ■ **[qn est] parachuté(e)** *à un poste, dans un emploi* jd wird auf etw *(akk)* gesetzt [*o* beordert]; *dans une situation, un milieu* jd ist/wird in etw *(akk)* hineingeworfen [*o* [hinein]katapultiert *fam*]

parachutisme [paʀaʃytism] *m* Fallschirmspringen *nt*

parachutiste [paʀaʃytist] **I.** *adj* MIL *troupe, unité* Fallschirmjäger-
II. *mf* MIL Fallschirmjäger(in) *m(f);* SPORT Fallschirmspringer(in) *m(f)*

parade [paʀad] *f* **1.** *(défense)* Abwehr[mittel *nt*] *f;* SPORT Parade *f;* ■ **~ à qc** *à une attaque, manœuvre, un argument* Entgegnung *f* [*o* Antwort *f*] auf etw

(*akk*); ***qn trouve la ~ à un argument*** jd findet ein Gegenargument *nt*
2. (*défilé*) Parade *f;* ~ ***militaire*** Militärparade
3. (*étalage*) Großtuerei *f,* Zurschaustellen *nt*
► **qn fait ~ de qc** *mérites, diplômes* jd stellt etw zur Schau, jd sucht mit etw Eindruck zu machen; *relations* jd prahlt mit etw, jd rühmt sich einer S. (*gen*); **comme à la ~** SPORT als Glanzleistung; **de ~** *arme, habit, uniforme, cheval* Parade-; *amabilité, générosité, non-conformisme* Schein-

parader <1> [paʀade] *vi* ■ **qn parade** jd stolziert herum [*o* einher]; (*se mettre en scène*) jd setzt sich in Szene

paradis [paʀadi] *m* **1.** REL Paradies *nt,* Himmel *m;* ***il ira au ~*** er kommt in den Himmel
2. *fig* Paradies *nt*
► ~ **sur terre** Paradies *nt* [*o* Himmel *m*] auf Erden; ~ **artificiels** Welt *f* der künstlichen Träume; ~ **fiscal** Steuerparadies *nt;* ~ **perdu** verlorenes Paradies; **le P~ terrestre** das irdische Paradies; **qn ne l'emportera pas au** [*o* **en**] ~: ***il/elle ne l'emportera pas au*** [*o* ***en***] ***paradis*** das wird er/sie mir [noch] büßen, das werde ich ihm/ihr heimzahlen

paradisiaque [paʀadizjak] *adj endroit, île* paradiesisch; *séjour a.* himmlisch

paradoxal, e <-aux> [paʀadɔksal, o] *adj* paradox, widersinnig

paradoxalement [paʀadɔksalmɑ̃] *adv* paradoxerweise

paradoxe [paʀadɔks] *m* **1.** (*opinion contraire*) Paradoxon *nt,* Widerspruch *m*
2. (*absurdité*) Paradox *nt*

parafe [paʀaf] *m v.* **paraphe**

parafer <1> [paʀafe] *vt v.* **parapher**

paraffine [paʀafin] *f* Paraffin *nt*

parafiscal, e <-aux> [paʀafiskal, o] *adj financement* durch indirekte Steuern; ***taxe ~e*** indirekte Steuer

parafiscalité [paʀafiskalite] *f* indirekter Steuereinzug

parages [paʀaʒ] *mpl* Gegend *f,* Umgebung *f*
► **dans les ~** [irgendwo] in der Gegend [*o* in der Nähe]

paragraphe [paʀagʀaf] *m* **1.** [*devoir, texte*] Abschnitt *m,* Absatz *m*
2. TYP Paragraphenzeichen *nt*

paraître <*irr*> [paʀɛtʀ] **I.** *vi* **1.** (*sembler*) ■ **qn/qc paraît ...** [**à qn**] jd/etw scheint [jdm] ... [zu sein]; ***ça me paraît*** [***être***] ***une erreur*** es scheint mir ein Irrtum zu sein, ich halte es für einen Irrtum; ***je vais te ~ indiscret*** du wirst mich für indiskret halten; ***je n'ai pas envie de ~ idiot*** ich möchte nicht, dass man mich für einen Idioten hält; ***il paraît vingt ans*** er sieht aus wie zwanzig; ***elle paraît plus vieille que son âge*** sie sieht älter aus [*o* wirkt älter], als sie [in Wirklichkeit] ist; ■ **qn/qc paraît faire qc** jd scheint etw zu tun, anscheinend tut jd etw; ■ **qc fait ~ qn ...** etw lässt jdn ... erscheinen
2. (*se présenter à la vue*) ■ **qn/qc paraît** [**quelque part**] */personne/* jd erscheint [*o* zeigt sich][irgendwo]; */soleil, étoile a./* etw geht [irgendwo] auf; */sourire/* etw zeigt sich [irgendwo]; ***il n'a pas paru de la journée*** er ist den ganzen Tag nicht aufgetaucht; ***qn paraît ~ en public*** jd tritt in der Öffentlichkeit auf
3. (*être publié*) ■ **qc paraît** */journal, livre, ouvrage/* etw erscheint, etw kommt heraus; ***à ~ prochainement*** erscheint demnächst [*o* in Kürze]; ■ **qn fait ~ qc** jd veröffentlicht etw; */éditeur a./* jd gibt [*o* bringt] etw heraus; */auteur a./* jd lässt etw herausgeben
4. (*être visible*) ■ **qc paraît** [**quelque part**] etw zeigt sich [irgendwo], etw kommt [irgendwo] zum Vorschein; ■ **qn laisse ~ qc** *émotion, sentiments, irritation* jd zeigt etw, jd lässt sich (*dat*) etw anmerken; ***sans rien laisser ~*** ohne sich (*dat*) etwas anmerken zu lassen
5. (*se mettre en valeur*): ***qn aime*** [*o* ***cherche à***] ~ jd stellt sich gern in den Vordergrund; ***désir de ~*** Geltungssucht *f*
II. *vi impers* **1.** ■ **il paraît/paraîtrait que** + *indic* (*le bruit court*) wie ich gehört habe, angeblich; ***il paraît que tu es arrivé premier?*** wie ich gehört habe, bist du [*o* angeblich bist du] als Erster angekommen?; ***il paraît que oui!*** anscheinend ja!, wie es scheint, ja!
2. (*sembler*) ■ **il paraît ...** [**à qn**] **de faire qc** *difficile, impossible, étrange* es scheint [jdm] ..., etw zu tun; jd hält es für ..., etw zu tun; ***il me paraît difficile de croire que*** + *indic o subj* es fällt mir schwer zu glauben, dass; ***il me paraît évident de dire bonjour le matin*** es scheint mir selbstverständlich, morgens guten Tag zu sagen [*o* dass man sich morgens guten Tag sagt]; ***il me paraît impossible de refuser*** ich kann unmöglich ablehnen; ■ **il paraît ...** [**à qn**] **que** + *subj impossible, étrange* es scheint [jdm] ..., dass; jd hält es für ..., dass
► **à ce qu'il paraît** *fam,* **paraît-il** angeblich; soviel ich gehört habe, [soll]; ***ta femme a un nouveau travail, paraît-il*** [*o* ***à ce qu'il paraît***]? deine Frau soll ja eine neue Arbeit haben?, deine Frau hat eine neue Arbeit, soviel ich gehört habe?; **sans qu'il y paraisse** ohne dass man etwas davon merkt; ***qn a réussi de faire qc sans qu'il y paraisse*** jdm ist es gelungen, etw zu tun, ohne dass es bemerkt wurde; **il n'y paraîtra plus** man wird nichts mehr davon merken [*o* sehen], davon wird nichts mehr zu sehen sein

paralittérature [paʀaliteʀatyʀ] *f* drittklassige Literatur

parallèle [paʀalɛl] **I.** *adj* **1.** (*supplémentaire*) *activité* Neben-; (*de remplacement*) *énergie, société, médecine* Alternativ-; (*non officiel*) *réseau, service d'ordre, police* inoffiziell, Geheim-; ***circuit ~*** [***de distribution***] Parallelvertrieb *m;* ***marché ~*** Parallelmarkt *m,* grauer Markt; ***cours*** [***de marché***] ~ inoffizieller Kurs
2. GEOM parallel; ***deux rues ~s*** zwei Parallelstraßen; ■ ~ **à qc** parallel zu etw
II. *f* GEOM Parallele *f*
III. *m* GEOG Breitenkreis *m;* ***le 38e ~*** der 38. Breitengrad
► **qn établit** [*o* **fait**] **un ~ avec qc/entre deux choses** jd zieht eine Parallele [*o* einen Vergleich] zu etw/zwischen zwei Dingen; **qn met deux choses/qc et qc en ~** jd vergleicht zwei Dinge miteinander/vergleicht etw mit etw

parallèlement [paʀalɛlmɑ̃] *adv* **1.** (*dans l'espace*) parallel [zueinander], nebeneinander; ■ ~ **à qn/qc** parallel zu jdm/etw
2. (*dans le temps*) gleichzeitig; ■ ~ **à qc** gleichlaufend mit etw, parallel zu etw

parallélépipède [paʀalelepipɛd] *m* GEOM Parallelepiped *nt,* Parallelflach *nt;* ~ ***rectangle*** Quader *m*

parallélisme [paʀalelism] *m* **1.** AUT [*roues*] Radstand *m,* Achsabstand *m*
2. ■ ~ **entre qc et qc** Parallelismus *m* [*o* Übereinstimmung *f*] zwischen etw und etw (*dat*); ■ ~ **de qc et qc** Parallelität *f* einer S. (*gen*) und einer S. (*gen*)

parallélogramme [paʀalelɔgʀam] *m* GEOM Parallelogramm *nt*

paralysant, e [paʀalizɑ̃, ɑ̃t] *adj* lähmend; *attitude* hemmend

paralysé, e [paʀalize] **I.** *adj bras, jambe, personne* gelähmt; ■ [**qn est**] ~ **de qc** [jd ist] an etw (*dat*) gelähmt
II. *m, f* Gelähmte(r) *f(m)*

paralyser <1> [paʀalize] *vt* **1.** (*empêcher d'agir*) ■ **qn/qc paralyse qn** */personne, émotion, peur/* jd/etw lähmt jdn; ■ **qn est paralysé(e) par qc** *par la peur, terreur, l'émotion* jd ist vor etw (*dat*) [wie] gelähmt
2. (*entraver*) ■ **qc paralyse qc** *trafic, activité, économie* etw legt etw lahm [*o* still], etw bringt etw zum Stillstand [*o* Erliegen]
3. MED ■ **qc paralyse qn/qc** etw lähmt [*o* paralysiert] jdn/etw

paralysie [paʀalizi] *f* **1.** MED Lähmung *f,* Paralyse *f*
2. (*arrêt complet*) [*circulation, trafic, échanges*] Stillstand *m,* Erliegen *nt;* [*économie a.*] Lähmung *f*
3. (*impuissance*) Machtlosigkeit *f,* Ohnmacht *f*

paralytique [paʀalitik] **I.** *adj* gelähmt; *femme, vieillard* lahm
II. *mf* Gelähmte(r) *f(m),* Paralytiker(in) *m(f);* REL Lahme(r) *f(m)*

paramédical, e <-aux> [paʀamedikal, o] *adj:* ***profession ~e*** medizinischer Hilfsberuf

paramètre [paʀamɛtʀ] *m* **1.** MATH Parameter *m;* INFORM *a.* Einstellung *f*
2. (*élément important*) [wesentliches] Element, [wesentliche] Komponente

paramilitaire [paʀamilitɛʀ] *adj* paramilitärisch

parangon [paʀɑ̃gɔ̃] *m* ► **un ~ de vertu** ein Muster *nt* an Tugendhaftigkeit, ein Ausbund *m* an Tugend *hum*

parano [paʀano] **I.** *adj abr de* **paranoïaque** *fam* gestört *fam;* ***il est un peu ~*** er sieht Gespenster, er spinnt ein bisschen
II. *mf fam abr de* **paranoïaque** komischer Typ/komische Tante *fam*
III. *f fam abr de* **paranoïa** Wahn *m fam*

paranoïa [paʀanɔja] *f* Verfolgungswahn *m,* Paranoia *f;* ***il est atteint de ~*** er leidet unter Verfolgungswahn

paranoïaque [paʀanɔjak] **I.** *adj* paranoisch; *personne* an Verfolgungswahn leidend; ***délire ~*** Verfolgungswahn *m;* ***c'est une vieille fille ~*** das ist eine alte überspannte Jungfer; ***je ne suis pas ~, mais ...*** ich leide nicht unter Verfolgungswahn, aber ...
II. *mf* Paranoiker(in) *m(f),* Geisteskranke(r) *f(m);* ***espèce de ~!*** *fam* du Spinner(in)!, du siehst wohl Gespenster! *fam*

paranormal, e <-aux> [paʀanɔʀmal, o] **I.** *adj* übersinnlich, paranormal
II. *m* Übersinnliche(s) *nt*

parapente [paʀapɑ̃t] *m* **1.** (*parachute*) Gleitschirm *m*
2. (*sport*) Gleitschirmfliegen *nt*

parapet [paʀapɛ] *m* Brüstung *f,* [Schutz]geländer *nt*

parapharmacie [paʀafaʀmasi] *f Produkte der Körper- und Schönheitspflege*

paraphe [paʀaf] *m* Namenszug *m,* Paraphe *f*

parapher <1> [paʀafe] *vt* JUR ■ **qn paraphe qc** *contrat* jd paraphiert etw; *page a.* jd zeichnet etw ab

paraphrase [paʀafʀɑz] *f* Paraphrase *f*

paraphraser <1> [paʀafʀɑze] *vt, vi* ■ **qn paraphrase** [**qn/qc**] jd paraphrasiert [jdn/etw]

paraplégie [paʀapleʒi] *f* Querschnittslähmung *f,* Paraplegie *f spec*

paraplégique [paʀapleʒik] **I.** *adj* querschnittsgelähmt
II. *mf* Querschnittsgelähmte(r) *f(m)*

parapluie [paʀaplɥi] *m* Regenschirm *m;* ~ ***pliant/télescopique*** Taschenschirm *m,* Knirps® *m*
► ~ **atomique** [*o* **nucléaire**] atomarer Schirm

parapsychique [paʀapsiʃik] *adj* parapsychisch, übersinnlich

parapsychologie [paʀapsikɔlɔʒi] *f* Parapsychologie *f*

parascolaire [paʀaskɔlɛʀ] *adj* außerschulisch

parasitaire [paʀazitɛʀ] *adj* parasitär

parasite [paʀazit] **I.** *adj* schmarotzend, parasitär; *animal, insecte, plante* Schmarotzer-
II. *m* **1.** BIO Schmarotzer *m,* Parasit *m;* ~ ***des fruits/des cultures/de la vigne*** Obst-/Acker-/Rebenschädling *m*
2. (*profiteur*) Schmarotzer(in) *m(f) pej,* Parasit *m pej*
3. *pl* RADIO, TV Störgeräusche *pl,* Nebengeräusche *pl*

parasiter <1> [paʀazite] *vt* **1.** BIO ■ **qc/un animal parasite qn/qc** */champignon, insecte, ver/* etw/ein Tier lebt als Parasit auf [*o* in] jdm/etw
2. ■ **qn parasite qn/qc** *personne, société, système* jd lebt auf jds Kosten (*akk*)/auf Kosten einer S. (*gen*)
3. RADIO, TV ■ **qc parasite qc** etw stört etw

parasitisme [paʀazitism] *m* Schmarotzertum *nt,* Parasitismus *m*

parasol [paʀasɔl] *m* Sonnenschirm *m*

paratonnerre [paʀatɔnɛʀ] *m* Blitzableiter *m*

paravalanche [paʀavalɑ̃ʃ] **I.** *adj* Lawinenschutz-
II. *m* Lawinenverbauung *f*

paravent [paʀavɑ̃] *m* Wandschirm *m,* spanische Wand

parc [paʀk] *m* **1.** (*jardin*) Park[anlage *f*] *m; botanique, zoologique* Garten *m;* ~ ***animalier/aquatique*** Tierpark/Freizeitpark mit Wassersportanlagen
2. (*région protégée*): ~ ***naturel/maritime/national/régional*** Natur-/Küstenschutzgebiet *nt*/National-/Regionalpark *m*

3. (*ensemble d'équipements*) Bestand *m;* ~ ***automobile/ immobilier/ informatique/ nucléaire/ audiovisuel*** Wagenpark *m* [*o* Wagenbestand]/Immobilienbestand/EDV-Bestand/nuklearer Bestand/Ausstattung *f* an audiovisuellen Geräten; ■ ~ **de qc** *de piscines, voitures* Bestand an etw (*dat*)
4. AGR Pferch *m*
5. (*bassin d'élevage*) ■ ~ **à qc** *à huîtres, moules* -park *m*
6. (*pour bébé*) Laufstall *m,* Laufgitter *nt*
► ~ **zoologique** zoologischer Garten
◆ **parc à huîtres** Austernpark *m;* **parc d'attractions** Vergnügungspark *m;* **parc de loisirs** Freizeitpark *m,* Freizeitanlage *f;* **parc des expositions** Messegelände *nt;* **parc de stationnement** Parkplatz *m*

parcellaire [paʀselɛʀ] *adj* bruchstückhaft, Teil-

parcellarisation [paʀselaʀizasjɔ̃] *f v.* **parcellisation**

parcelle [paʀsɛl] *f* 1. (*terrain*) Parzelle *f;* ■ **une ~ de ...** *de terrain* eine Parzelle [*o* ein Stück *nt*] ...; ***une ~ de terre*** eine Parzelle [*o* ein Stück] Land
2. (*fragment*): ***une ~ de bon sens*** eine Spur gesunden Menschenverstands; ***pas la moindre ~ de vérité*** kein Körnchen Wahrheit

parcellisation [paʀselizasjɔ̃] *f* [*terres*] Parzellierung *f;* [*travail, tâches, fonctions*] Aufteilung *f,* Zerstückelung *f*

parcelliser <1> [paʀselize] *vt* ■ **qn parcellise qc** jd teilt etw auf; *terres a.* jd parzelliert etw; *groupe, ensemble a.* jd splittert etw auf; *travail, tâches a.* jd unterteilt etw

parce que [paʀskə] *conj + indic* 1. (*car*) weil
2. (*sinon*) sonst; ***vous partez? ~ ~ je suis à vous dans deux minutes*** geht ihr? sonst bin ich nämlich in zwei Minuten fertig
► ~ ~! (*c'est comme ça!*) darum!, weil!

parchemin [paʀʃəmɛ̃] *m* (*document*) Pergament *nt;* (*diplôme universitaire*) Diplom *nt,* Urkunde *f*

parcheminé, e [paʀʃəmine] *adj littér peau* pergamenten, ledern; *visage* gegerbt

par-ci [paʀsi] *loc* ► ~-~, **par-là** hier und da

parcimonie [paʀsimɔni] *f* [übertriebene] Sparsamkeit; ***qn accorde ses éloges avec ~*** jd geizt mit seinem Lob, jd geht sparsam mit seinem Lob um; ***qn distribue/ donne qc avec ~*** jd verteilt etw nur sparsam

parcimonieusement [paʀsimɔnjøzmɑ̃] *adv* [sehr] sparsam

parcimonieux, -euse [paʀsimɔnjø, -jøz] *adj* [sehr] sparsam

parcmètre [paʀkmɛtʀ] *m* Parkuhr *f*

parcourir <*irr*> [paʀkuʀiʀ] *vt* 1. ■ **qn/un animal parcourt qc** *distance, trajet* jd/ein Tier legt etw zurück; *ville, rue* jd durchläuft etw; (*en tous sens*) jd/ein Tier läuft kreuz und quer durch etw; (*à la recherche de qc*) jd läuft etw ab; *région, pays* jd durchreist [*o* bereist] etw; (*en tous sens*) jd reist kreuz und quer durch etw; ■ **qc parcourt qc** */véhicule, son/ trajet, distance* etw legt etw zurück; */navire/* etw durchkreuzt etw; */ruisseau/* etw durchfließt etw, etw fließt durch etw; */objet volant/* etw durchfliegt etw, etw fliegt durch etw
2. (*examiner rapidement*) ■ **qn parcourt qc** *article, journal, lettre* jd überfliegt etw, jd sieht [*o* liest] etw flüchtig durch; ***qn parcourt qc des yeux/ du regard*** jd lässt seinen Blick über etw (*akk*) schweifen
3. ■ **qc parcourt qn** */frémissement, frisson, tremblement/* etw durchläuft [*o* überläuft] jdn; ***un frisson a parcouru son échine*** [***o lui a parcouru l'échine***]/ ***son corps*** [***o lui a parcouru le corps***] ein Schauer lief ihm/ihr über den Rücken/durchlief seinen/ihren Körper

parcours [paʀkuʀ] *m* 1. (*trajet*) [*véhicule*] [Fahr]strecke *f;* [*fleuve*] Lauf *m*
2. SPORT (*piste*) Strecke *f;* (*équitation*) Parcours *m;* (*épreuve*) Durchgang *m,* Runde *f;* ***l'équipe/ ce joueur a effectué un excellent ~*** es war ein ausgezeichneter Durchgang für die Mannschaft/diesen Spieler; ***après un très bon début de ~*** nach einer sehr guten Anfangsphase
◆ **parcours de santé** Trimm-dich-Pfad *m;* **parcours du combattant** Hindernislauf *m;* ***c'est vraiment le ~ du combattant pour obtenir qc ...*** das ist der reinste Hindernislauf [*o* da muss man sich richtig durchkämpfen], um etw zu erreichen; ***qn fait le ~ du combattant*** jd macht eine Gelände[kampf]übung

par-delà [paʀdəla] *prép* (*de l'autre côté*) jenseits (+ *gen*), hinter (+ *dat*); ~-~ ***les montagnes/ mers*** jenseits der Berge/der Meere; ■ ~-~ **qc** *les querelles, problèmes, difficultés* über etw (*akk*) hinaus **par-derrière** [paʀdɛʀjɛʀ] *adv* 1. *attaquer, emboutir* von hinten; *passer, entrer* hinten herum
2. (*dans le dos de qn*) hinten, im Rücken; *fig raconter, critiquer* hinten herum *fam;* ***qc se boutonne ~-~*** etw wird hinten zugeknöpft; ***qn critique les gens ~-~*** jd kritisiert die Leute hinter ihrem Rücken [*o* hinten herum *fam*]; ***il dit du mal des gens ~-~*** hinten herum redet er schlecht über die Leute *fam* **par-dessous** [paʀdəsu] I. *prép* (*avec mouvement*) unter (+ *akk*); (*sans mouvement*) unter (+ *dat*); ***il a jeté le papier ~-~ la table*** er hat das Papier unter den Tisch geworfen; ***elle se cache ~-~ la table*** sie versteckt sich unter dem Tisch; ~-~ ***son air bonhomme*** hinter seiner/ihrer gutmütigen Miene II. *adv* darunter, unten drunter *fam;* ***j'ai regardé ~-~*** ich habe darunter [*o* unten drunter *fam*] gesehen; ***il est passé ~-~*** er ist darunter hindurch [*o* drunter durch *fam*] gegangen **par-dessus** [paʀdəsy] I. *prép* (*avec mouvement*) über (+ *akk*); (*sans mouvement*) über (+ *dat*); ***il passe/ saute ~-~ la barrière*** er steigt/springt über die Barriere; ***il porte le pull ~-~ la chemise*** er trägt den Pullover über dem Hemd; ***elle est montée ~-~ mes épaules*** sie ist auf meine Schultern gestiegen ► ~-~ **tout** vor allem, vor allen Dingen II. *adv* darüber, oben drauf *fam*

pardessus [paʀdəsy] *m* Überzieher *m,* Mantel *m*

par-devant [paʀdəvɑ̃] I. *prép* JUR: ~-~ ***notaire*** vor dem Notar II. *adv attaquer, emboutir* von vorn[e]; *entrer, passer* vorn[e] herum; *se boutonner, être endommagé* vorn[e] **par-devers** [paʀdəvɛʀ] *prép vieilli* ► ~-~ **moi/ lui** (*en sa possession*) *garder, posséder, avoir* in meinem/seinem Besitz; (*dans son for intérieur*) *garder* für mich/für sich

pardi [paʀdi] *interj* (*dans une affirmation*) das ist gewiss [*o* doch klar]!; (*après une question*) aber natürlich!, na klar!; ***c'est qu'il y trouve son intérêt,*** ~! da kommt er bestimmt auf seine Kosten, das ist doch klar!

pardon [paʀdɔ̃] *m* Verzeihen *nt;* REL Vergebung *f;* ***qn accorde son ~ à qn*** jd verzeiht [*o* vergibt] jdm
► [**mille**] ~[**s**]! entschuldigen Sie bitte [vielmals]!, ich bitte [tausendmal [*o* vielmals]] um Entschuldigung [*o* Verzeihung]!; **qn demande ~ [à qn]** jd bittet [jdn] um Verzeihung [*o* Entschuldigung]; [***je vous demande***] ~, ***mais ...*** entschuldigen Sie bitte, aber ..., Entschuldigung [*o* Verzeihung], aber ...; ~! *pop:* ***je suis peut-être un imbécile, mais alors lui,*** ~! ich bin vielleicht blöd, aber der erst, mein lieber Mann! [*o* aber der übertrifft doch alles!] *fam;* ~? wie bitte?, was hast du/haben Sie gesagt?

pardonnable [paʀdɔnabl] *adj* verzeihlich, entschuldbar; ***votre attitude n'est pas ~*** Ihr/euer Verhalten ist unverzeihlich [*o* nicht zu entschuldigen]; ***vous êtes ~*** Sie können nichts dafür

pardonner <1> [paʀdɔne] I. *vt* (*absoudre*) ■ **qn pardonne qc [à qn]** jd verzeiht [*o* vergibt] jdm etw; ■ **qn pardonne à qn de faire qc** jd verzeiht jdm, dass er etw tut; ■ **qn pardonne qc [à qn]/à qn de faire qc** jd verzeiht [jdm] etw/verzeiht jdm, dass er etw tut; ***pardonnez-moi de vous déranger, mais ...*** entschuldigen [*o* verzeihen] Sie bitte, wenn ich Sie störe, aber ...; ***vous êtes pardonné*** Ihnen ist verziehen; ■ **qn se fait ~ [qc]** man verzeiht jdm [etw]; ***qn cherche/ veut se faire ~ [qc]*** jd will [*o* möchte], dass man ihm [etw] verzeiht; ***il a eu du mal à se faire ~ son talent/ ses succès*** man hat ihm sein Talent/seine Erfolge nur schwerlich gegönnt
► **pardonne-moi/pardonnez-moi** verzeih mir/verzeihen Sie mir/verzeiht mir, entschuldige/entschuldigen Sie/entschuldigt [bitte]; ***pardonne-moi, mais je crois ...*** entschuldige bitte [*o* es tut mir Leid], aber ich glaube ...
II. *vi* 1. ■ **qc ne pardonne pas** */maladie, poison/* etw ist verhängnisvoll; */erreur a./* etw ist unverzeihlich
2. ■ **qn pardonne** jd verzeiht, jd vergibt; ■ **qn pardonne à qn** jd verzeiht jdm
III. *vpr* 1. ■ **qn ne se pardonne pas qc** jd verzeiht sich (*dat*) etw nicht; ■ **qn ne se pardonne pas de faire/ d'avoir fait qc** jd verzeiht es sich (*dat*) nicht, etw zu tun/getan zu haben
2. ■ **qc se pardonne** *erreur, attitude* etw ist verzeihlich [*o* entschuldbar]; ***qc ne se pardonne pas*** etw ist unverzeihlich [*o* unentschuldbar]

pare- [paʀ] *préf + subst* -schutz *m;* ~***-pluie/~-feu*** Regen-/Feuerschutz; ***gilet ~-balles*** kugelsichere Weste

paré, e [paʀe] *adj* ■ [**qn est**] ~ [**contre qc**] *contre le froid, un danger, une éventualité* [jd ist] [gegen etw] geschützt [*o* gewappnet]

pare-avalanches [paʀavalɑ̃ʃ] *adj/subst v.* **paravalanche. pare--balles** <~-~> [paʀbal] *adj gilet* kugelsicher; *glace a.* schussfest; ***vitre ~-~*** Panzerglasscheibe *f* **pare-brise** <~-~> [paʀbʀiz] *m* Windschutzscheibe *f* **pare-chocs** <~-~> [paʀʃɔk] *m:* ~-~ ***arrière/ avant*** hintere/vordere Stoßstange *f* **pare-douche** <~-~[s]> [paʀduʃ] *m* (*protection pour la douche*) Duschabtrennung *f;* (*pour baignoire*) Badewannenaufsatz *m* **pare--étincelles** <~-~> [paʀetɛ̃sɛl] *m* [Schutz]gitter *nt* **pare-feu** <~-~> [paʀfø] I. *adj dispositif* Feuerschutz-, feuerbeständig; ***porte ~-~*** Feuertür *f* II. *m* 1. (*pare-étincelles*) [Schutz]gitter *nt* 2. (*en forêt*) Feuerschneise *f*

pareil, le [paʀɛj] I. *adj* 1. (*identique*) gleich; ***c'est toujours ~*** es ist immer das Gleiche; ***ce n'est pas ~*** das ist nicht das Gleiche; ***j'en ai un presque ~*** ich habe fast den Gleichen; ***à ~le époque*** zur gleichen Zeit; ***demain/ hier à ~le heure*** morgen/gestern zur gleichen Zeit; ■ ~ **à qn/qc:** ***qn/ qc est ~ à qn/ qc*** jd/etw ist jdm/einer S. gleich; ***il est ~ à lui-même*** er ist immer noch derselbe, er hat sich nicht geändert; ■ [**qn/qc est**] ~ **que qn/qc** [jd/etw ist] [genau]so wie jd/etw
2. (*tel*) solche(r, s), derartige(r, s); ~***le chose*** solch [*o* so] eine Sache, eine derartige Sache; ***en ~ cas*** in so einem Fall, in einem solchen Fall; ***en ~le circonstance/ occasion*** unter solchen Umständen/bei solch einer Gelegenheit; ***à une heure ~le!*** zu dieser [ungewöhnlichen] Zeit!
II. *m, f* 1. *pl péj* (*semblable*): ***vous et vos ~s*** Sie und Ihresgleichen/ihr und euresgleichen
2. *vieilli* (*équivalent*): ***il faut trouver le/ la ~***(***le***) ich muss dieselbe/denselben finden
► **c'est du ~ au même** *fam* das ist gehupft wie gesprungen *fam,* das ist Jacke wie Hose *fam;* **qn n'a pas son ~ pour faire qc** niemand versteht es so gut wie er, etw zu tun; niemand kann etw so gut [tun] wie er; **qn rend la ~le à qn** jd zahlt es jdm mit gleicher Münze heim; **sans ~**(**le**) ohnegleichen
III. *adv pop* (*de la même façon*) *s'habiller* gleich; ***elle ne chante plus ~*** sie singt nicht mehr gleich [*o* wie vorher]; ***qn fait ~*** (*la même chose*) jd tut das Gleiche [*o* dasselbe] *fam;* ***j'ai fait ~*** ich habe das Gleiche gemacht, ich habe es genauso gemacht

pareillement [paʀɛjmɑ̃] *adv* 1. (*également*) ebenso, ebenfalls; ***bonne année! – À vous ~!*** Prost Neujahr! – Gleichfalls!
2. (*de la même façon*) gleich

parent, e [paʀɑ̃, ɑ̃t] I. *mpl* 1. (*le père et la mère*) *naturels, spirituels* Eltern *pl;* ~***s adoptifs*** Adoptiveltern
2. *littér* (*ancêtres*) Vorfahren *pl;* ***nos premiers ~s*** unsere Stammeltern
II. *m, f* (*personne de la famille*) *éloigné, lointain, proche* Verwandte(r) *f(m);* ■ **qn est ~ avec qn [par qn]** jd ist [über jdn] mit jdm verwandt; ■ **des personnes sont ~s [par qn]** Menschen sind [über jdn] miteinander verwandt; ***ils sont ~s*** [***entre eux***] sie sind [miteinander] verwandt
► **qn/qc est le ~ pauvre de qn/qc** jd/etw ist das Stiefkind eines Menschen/einer S. (*gen*), jd/etw wird von jdm/etw benachteiligt; **qn traite qn en ~ pauvre** jd behandelt jdn wie einen armen Verwandten/eine arme Verwandte [*o* wie ein Stiefkind]
III. *m* BIO *femelle, mâle* Elternteil *m,* Elter *nt o m spec*

parental, e <-aux> [paʀɑ̃tal, o] *adj* elterlich

parenté [paʀɑ̃te] *f* 1. (*lien familial*) Verwandtschaft *f;* ■ ~ **entre des personnes** Verwandtschaftsverhältnis *nt* zwischen Menschen (*dat*); JUR Ver-

wandtschaftsgrad *m* zwischen Menschen (*dat*)
2. (*analogie*) Ähnlichkeit *f;* ■ ~ **entre des personnes/choses** *entre personnes, caractères, langues* Verwandtschaft *f* [*o* Ähnlichkeit] zwischen Menschen/Dingen (*dat*)
3. (*ensemble des parents*) Verwandtschaft *f*

parenthèse [paʀɑ̃tɛz] *f* **1.** TYP [runde] Klammer; MATH Klammer
2. (*digression*) Exkurs *m,* Einschub *m,* Parenthese *f*
3. (*incident*) Intermezzo *nt,* Zwischenspiel *nt*
► **qn ferme/ouvre la** [*o* **une**] ~ jd kommt zum eigentlichen Thema zurück/jd fügt [*o* schiebt] eine Zwischenbemerkung ein; ***je me permets d'ouvrir une*** ~ ich erlaube mir eine kleine Zwischenbemerkung; [**bon**,] **fermons la** ~! (*revenons à nos moutons*) zurück zum Thema!; (*ça suffit maintenant*) nun gut, Schluss damit!; **qn met qc entre ~s** TYP jd setzt etw in Klammern, jd klammert etw ein; (*oublie provisoirement qc*) jd klammert etw aus; [**soit dit**] **entre ~s/par** ~ nebenbei [bemerkt [*o* gesagt]]

parer¹ <1> [paʀe] **I.** *vt* **1.** (*orner*) ■ **qn/qc pare qn/qc** [**de qc**] jd/etw schmückt jdn/etw [mit etw]
2. (*attribuer à qn*) ■ **qn pare qn de qc** *de talents, vertus, qualités* jd schreibt jdm etw zu
3. (*préparer*) ■ **qn pare qc** *cuir, peaux* jd gerbt etw; *viande* jd bereitet etw vor; *étoffe* jd appretiert etw
II. *vpr* **1.** (*se faire beau*) ■ **qn se pare** [**de qc**] jd schmückt sich [mit etw]
2. *péj* ■ **qn se pare de qc** *de talents, vertus, d'un titre* jd legt sich (*dat*) [selbst] etw zu, jd schmückt sich mit etw

parer² <1> [paʀe] **I.** *vt* (*trouver la parade*) ■ **qn pare qc** *attaque, coup* jd wehrt etw ab; *argument* jd entkräftet etw
II. *vi* ■ **qn pare à qc** *à un danger* jd begegnet einer S. (*dat*), jd wendet etw ab; *à un inconvénient* jd hilft einer S. (*dat*) ab; *à une éventualité* jd beugt einer S. (*dat*) vor, jd schützt sich gegen etw

pare-soleil <~-~> [paʀsɔlɛj] *m* AUT Sonnenblende *f*

paresse [paʀɛs] *f* Faulheit *f,* Bequemlichkeit *f;* ~ ***intellectuelle/physique*** geistige/körperliche Trägheit; ***c'est par*** ~ ***que*** + *indic* aus Faulheit ..., aus Bequemlichkeit ...
► ~ **intestinale** Darmträgheit *f*
◆ **paresse d'esprit** geistige Trägheit, Denkfaulheit *f*

paresser <1> [paʀese] *vi* ■ **qn paresse** [**quelque part**] jd faulenzt [irgendwo] [herum]

paresseusement [paʀesøzmɑ̃] *adv* **1.** (*avec paresse*) faul
2. (*avec lenteur*) *avancer* schwerfällig; *couler* träge

paresseux, -euse [paʀesø, -øz] **I.** *adj* **1.** *personne* faul, bequem; *attitude, comportement* lässig; *démarche* schwerfällig; *esprit, caractère* träge; ***il est*** ~ ***d'esprit*** er ist denkfaul
2. MED *estomac, intestin* träge
II. *m, f* Faulenzer(in) *m(f),* Faulpelz *m fam*
III. *m* ZOOL Faultier *nt*

parfaire <*irr, déf*> [paʀfɛʀ] *vt* ■ **qn parfait qc** jd vervollkommnet etw

parfait, e [paʀfɛ, ɛt] **I.** *adj* **1.** (*sans défaut*) perfekt; *devoir, travail, manières, exécution d'une œuvre a.* tadellos; *élève, employé, mari a.* vorbildlich; *condition, exemple* ideal; *beauté* vollendet; ***le crime*** ~ das perfekte Verbrechen; ***vous avez été*** ~! Sie waren großartig [*o* fantastisch]!
2. (*total*) *discrétion, harmonie* vollkommen; *ignorance a.* total; *accord* völlig; ***qn reste/est dans la plus*** ~***e ignorance*** [**de qc**] jd weiß überhaupt nichts [von etw]; ***il a fait cela en*** ~***e bonne foi*** er hat es in bestem Glauben getan; ***deux tableaux d'une ressemblance*** ~***e*** zwei völlig [*o* vollkommen] gleiche Bilder
3. (*qui répond exactement à un concept*) *exemple* typisch; *gentleman, homme du monde, amour* vollendet; *idiot, crapule, imbécile* ausgemacht; ***c'est le type*** ~ ***du banquier*** er ist ein Bankmann, wie er im Buche steht
► [**c'est**] ~! [das ist ja] großartig [*o* wunderbar]!; ***vous refusez? –*** [***C'est***] ~! *iron* ihr lehnt ab? – Na gut [*o* schön]!
II. *m* **1.** GRAM Perfekt *nt*
2. GASTR Parfait *nt;* ~ ***au café*** Mokkaparfait

parfaitement [paʀfɛtmɑ̃] *adv* **1.** (*de façon parfaite*) *parler une langue* perfekt; *connaître, savoir, comprendre* sehr gut, [ganz] genau
2. (*tout à fait*) *étanche, clair, égal, heureux, exact* völlig, vollkommen; *idiot, ridicule* ausgesprochen; ***je suis*** ~ ***au courant*** ich weiß genau Bescheid, ich bin bestens informiert; ***vous avez*** ~ ***le droit de faire qc*** Sie haben durchaus das Recht, etw zu tun
► ~! [aber] natürlich [*o* sicher]!, jawohl!

parfois [paʀfwa] *adv* **1.** (*de temps en temps*) manchmal, gelegentlich, hin und wieder
2. (*dans certains cas*) manchmal, mitunter

parfum [paʀfœ̃] *m* **1.** (*substance*) Parfüm *nt;* (*d'origine naturelle*) Duftstoff *m,* Riechstoff *m;* ***des*** ~***s d'origine animale et d'origine végétale*** Duftstoffe *pl* [*o* Riechstoffe *pl*] tierischer und pflanzlicher Herkunft
2. (*odeur*) Duft *m*
3. GASTR Geschmack *m;* ***le*** ~ ***que je préfère, c'est la framboise*** am liebsten habe ich Himbeer[geschmack]; ***je voudrais une glace – Quel*** ~? ich möchte ein Eis – Welche Sorte? [*o* Was für ein Eis?]
► **qn est au** ~ *fam* jd ist im Bilde, jd weiß Bescheid; **qn met qn au** ~ *fam* jd klärt jdn [über etw (*akk*)] auf

parfumer <1> [paʀfyme] **I.** *vt* **1.** (*donner une bonne odeur*) ■ **qc parfume une chose** eine S. duftet nach etw; ***une odeur de café parfumait le salon*** im Wohnzimmer duftete es nach Kaffee
2. (*imprégner de parfum*) ■ **qn parfume qc** *linge, mouchoirs* jd parfümiert etw
3. GASTR ■ **qn/qc parfume qc** jd/etw aromatisiert etw, etw gibt [*o* verleiht] einer S.(*dat*) Geschmack; ***je parfume mes crêpes avec du rhum*** ich verfeinere meine Crêpes mit Rum; ■ **parfumé(e) à qc** mit dem Geschmack von etw; ***parfumé au café/au rhum*** mit Kaffee-/Rumgeschmack
II. *vpr* ■ **qn se parfume** jd parfümiert sich

parfumerie [paʀfymʀi] *f* **1.** (*magasin, usine*) Parfümerie *f;* (*produits*) Parfümeriewaren *pl*
2. (*fabrication*) Parfümherstellung *f*

parfumeur, -euse [paʀfymœʀ, -øz] *m, f* **1.** (*fabricant*) Parfümeur *m,* Parfümhersteller(in) *m(f)*
2. (*propriétaire d'une parfumerie*) Parfümerieinhaber(in) *m(f)*

pari [paʀi] *m* **1.** JEUX, SPORT Wette *f*
2. (*objectif*) Vorhaben *nt,* Zielsetzung *f;* ***il a complètement perdu son*** ~ seine Rechnung ist nicht aufgegangen; ***notre*** ~ ***est encore loin d'être gagné*** wir sind noch lange nicht am Ziel; ***c'est un*** ~ ***difficile*** das ist ein schwieriges Vorhaben [*o* Unternehmen]
► ~ **mutuel** [**urbain**] Totalisator *m,* Toto *nt;* **les ~s sont ouverts** es ist noch alles offen; wie es ausgeht, ist noch ungewiss; der Ausgang ist noch ungewiss; **qn fait un** ~ jd wettet, jd geht eine Wette ein; ***je fais le*** ~ ***que*** + *indic* ich wette, dass; **qn tient son** ~ jd hält sein Wort, jd hält eine Abmachung ein

paria [paʀja] *m* **1.** Ausgestoßene(r) *f(m),* Paria *m*
2. (*en Inde*) Paria *m*

parier <1 a> [paʀje] **I.** *vt* ■ **qn parie qc** [**à qn**] jd wettet [mit jdm] um etw; ■ **qn parie** [**qc**] [**à qn**] **que** + *indic* jd wettet [mit jdm] [etw], dass; ***je*** [***te***] ***parie une bouteille de champagne que*** ich wette [mit dir] eine Flasche Champagner, dass; ■ **qn parie qc** [**sur qn/un animal/qc**] jd setzt etw [auf jdn/ein Tier/etw]; ***tu paries que je ...*** wetten, dass ich ...; ***je parie tout ce que tu veux que*** ich gehe jede Wette ein, dass
► **je l'aurais parié** ich hätte darauf wetten können
II. *vi* ■ **qn parie** jd wettet; ■ **qn parie** [**sur qn/un animal/qc**] jd setzt [*o* wettet] auf jdn/ein Tier/etw; ***qn parie aux courses*** jd schließt Rennwetten ab, jd wettet bei Pferderennen
► **je parie**: ***vous avez soif, je parie?*** Sie haben/ihr habt Durst, stimmt's?, Sie haben/ihr habt sicher Durst?

pariétal, e <-aux> [paʀjetal, o] **I.** *adj:* ***os*** ~ Scheitelbein *nt;* ***lobe*** ~ Scheitellappen *m*
II. *m* Scheitelbein *nt*

parieur, -euse [paʀjœʀ, -jøz] *m, f* Wetter(in) *m(f)*

parigot, e [paʀigo, ɔt] **I.** *adj pop* pariserisch, Pariser-
II. *m, f fam* ■ **Parigot**(**e**) Pariser(in) *m(f)*

Paris [paʀi] *m* Paris *nt*
► ~ **ne s'est pas fait en un jour** *prov* Rom wurde [auch] nicht an einem Tag erbaut [*o* gebaut]

paris-brest <~-~[s]> [paʀibʀɛst] *m Cremegebäck*

parisianisme [paʀizjanism] *m* **1.** *péj* Vormachtstellung *f* [*o* tonangebende Stellung] von Paris; ***le reste de la France souffre de ce*** ~ ***des hommes politiques*** das restliche Frankreich leidet unter dem Parisfimmel der Politiker *fam* [*o* unter der Tatsache, dass die Politiker Paris als Zentrum allen Wirkens betrachten]
2. (*façon de parler*) [typischer] Pariser Ausdruck; (*habitude*) [typische] pariserische [An]gewohnheit

parisien, ne [paʀizjɛ̃, jɛn] **I.** *adj* Pariser; *mode a.* pariserisch; ***la vie*** ~***ne*** das Pariser Leben, das Leben in Paris
II. *m, f* ■ **Parisien**(**ne**) Pariser(in) *m(f)*

paritaire [paʀitɛʀ] *adj* paritätisch; ***représentation*** ~ paritätische Mitbestimmung

parité [paʀite] *f* **1.** (*égalité*) [*idées*] Übereinstimmung *f;* ***la*** ~ ***entre les*** [*o* ***des***] ***salaires*** die Lohngleichheit, die Lohnparität
2. FIN (*cours*) Parität *f;* ***la*** ~ ***du franc*** die Francparität

parjure [paʀʒyʀ] **I.** *adj* eidbrüchig, meineidig
II. *mf* Eidbrüchige(r) *f(m),* Meineidige(r) *f(m)*
III. *m* Meineid *m;* ***qn commet un*** ~ jd schwört einen Meineid

parjurer <1> [paʀʒyʀe] *vpr* ■ **qn se parjure** jd schwört einen Meineid

parka [paʀka] *m o f* Parka *m*

parking [paʀkiŋ] *m* Parkplatz *m;* ~ ***souterrain*** Tiefgarage *f*

parkinsonien, ne [paʀkinsɔnjɛ̃, jɛn] *m, f* an der Parkinsonkrankheit [*o* parkinsonschen Krankheit] Leidende(r) *f(m)*

parlant, e [paʀlɑ̃, ɑ̃t] *adj* **1.** (*éloquent*) *chiffres* [für sich selbst] sprechend; *preuve, exemple a.* deutlich; ***ces chiffres sont*** ~***s*** diese Zahlen sprechen für sich
2. (*très expressif*) *comparaison, description* anschaulich; *geste, regard* ausdrucksvoll
3. TECH: ***cinéma/film*** ~ Tonfilm *m;* ***horloge*** ~***e*** Zeitansage *f*
4. *fam* (*bavard*): ***qn n'est pas très*** ~ jd ist nicht sehr gesprächig

parlé, e [paʀle] *adj* gesprochen

Parlement [paʀləmɑ̃] *m* Parlament *nt*
► **le** ~ **européen** das Europäische Parlament

parlementaire [paʀləmɑ̃tɛʀ] **I.** *adj* parlamentarisch; *débat, discussion, commission a.* Parlaments-; ***indemnité***(***s***) ~(***s***) Diäten *pl*
II. *mf* **1.** Parlamentarier(in) *m(f),* Parlamentsmitglied *nt,* (Parlaments)abgeordnete(r) *f(m);* ~ ***européen***(***ne***) Abgeordnete(r) *f(m)* des Europäischen Parlaments
2. (*médiateur*) Unterhändler(in) *m(f),* Parlamentär *m*

parlementarisme [paʀləmɑ̃taʀism] *m* Parlamentarismus *m*

parlementer <1> [paʀləmɑ̃te] *vi* (*négocier*) ■ **qn parlemente** [**avec qn**] jd verhandelt [mit jdm]; (*avec l'ennemi*) jd tritt in Unterhandlungen [mit jdm]; (*discuter*) jd redet [*o* diskutiert] hin und her

parler <1> [paʀle] **I.** *vi* **1.** (*faculté physique*) ■ **qn parle** jd spricht; ***qn parle bas/haut/du nez*** jd spricht leise/laut/durch die Nase
2. (*exprimer*) ■ **qn parle** jd spricht, jd redet; ***qn parle en l'air/à tort et à travers*** jd sagt etwas aufs Geratewohl/redet ins Blaue hinein; ***tu pourrais*** ~ ***en termes un peu plus choisis*** du könntest dich gewählter ausdrücken;

qn parle par énigmes/ paraboles jd spricht in Rätseln/Gleichnissen; ***qn parle avec les mains*** jd redet mit den Händen; ***qn parle par gestes*** jd verständigt sich mit Gesten; ***l'acteur parle avec son corps*** der Schauspieler lässt seinen Körper sprechen; ■ **qn parle pour qn** jd spricht für jdn [*o* in jds Namen (*dat*)]; ■ **qn laisse ~ qn** jd lässt jdn reden [*o* zu Wort kommen]; ■ **qc parle** */armes, cœur/* etw spricht; */devoir/* etw ruft; ■ **qn laisse ~ qc** *cœur, sentiments* jd lässt etw sprechen, jd hört auf etw (*akk*); ***il laisse ~ son devoir avant de faire qc*** er hört zuerst den Ruf der Pflicht, ehe er etw tut; ■ **qn fait ~ qc** *armes* jd lässt etw sprechen; ***dès le début, il a fait ~ la poudre*** von Anfang an ging er zum Angriff über

3. (*converser*) ■ **qn parle à qn** jd spricht [*o* redet] mit jdm; (*adresser la parole*) jd spricht jdn an, jd spricht zu jdm; ***il faut absolument que je vous parle*** ich muss Sie unbedingt sprechen

4. (*s'entretenir*) ■ **qn parle de qn/qc** jd spricht [*o* redet] von jdm/etw [*o* über jdn/etw]; ***on a parlé de la pluie et du beau temps/ de choses et d'autres*** wir haben über Gott und die Welt geredet *fam*/über dies und das geredet; ■ **qn parle de qn/qc avec qn** jd spricht [*o* redet] mit jdm über jdn/etw; (*longuement*) jd unterhält sich mit jdm über jdn/etw; ***je préfère ne pas en ~*** ich möchte lieber nicht darüber reden; ■ **qc parle de qn/qc** */film, livre/* etw erzählt [*o* handelt] von jdm/etw; */article, journal/* etw berichtet über jdn/etw; (*brièvement*) etw erwähnt jdn/etw; ***ça parle de quoi, votre livre?*** wovon handelt Ihr Buch?, worum geht es in Ihrem Buch?

5. (*entretenir*) ■ **qn parle de qn/qc à qn** *de ses vacances, enfants, projets* jd erzählt jdm von jdm/etw; (*dans un but précis*) jd spricht mit jdm über jdn/etw; ***j'ai parlé de vous au directeur*** ich habe dem Direktor von Ihnen erzählt, ich habe mit dem Direktor über Sie gesprochen; ***je vais lui ~ de cette affaire*** ich werde mit ihm/ihr über diese Angelegenheit sprechen; ***on m'a parlé d'un hôtel 4 étoiles*** man hat mir etwas von einem 4-Sterne-Hotel erzählt

6. (*révéler des faits*) ■ **qn parle** jd gesteht; ***qn refuse de ~*** jd weigert sich zu reden; ***tu vas ~, oui!*** los, raus mit der Sprache!; ■ **qn fait ~ qn** jd bringt jdn zum Reden [*o* Sprechen]

7. (*manifester l'intention de*) ■ **qn parle de faire qc** jd spricht [*o* redet] davon, etw zu tun [*o* dass er etw tut]; ***on parle de supprimer 40 000 emplois*** es sollen 40 000 Arbeitsplätze abgeschafft werden

8. (*être éloquent*) ■ **qc parle de soi-même** */événements, faits, chiffres/* etw spricht für sich

9. ■ **... parlant** *psychologiquement, scientifiquement ...* gesehen, vom ... Standpunkt aus [betrachtet]; ***humainement parlant*** menschlich gesehen, vom menschlichen Standpunkt aus [betrachtet]

► **parlons peu, [mais] parlons bien** fassen wir uns kurz!; **qn parle pour ne rien dire** jd redet belangloses Zeug; **qn fait ~ de lui** jd macht von sich reden; **parle pour toi!** das kannst du für dich sagen[, aber für mich trifft es nicht zu], du vielleicht!; **sans ~ de qn/qc** ganz zu schweigen von jdm/etw; **parlons-en!** *iron* dass ich nicht lache!; **n'en parlons plus!** reden wir nicht mehr darüber!, vergessen wir es!; **ne m'en parlez pas!** hören Sie mir [nur] auf damit!; **moi qui vous parle** *fam* so wahr ich hier stehe; **parlez-moi de qc/de faire qc** *iron* kommen Sie mir bloß nicht mit etw/damit, etw zu tun; **tu parles!** *fam* von wegen!; **tu parles/vous parlez d'un qn/qc!** *fam voiture, bricoleur, spécialiste* und so etwas nennt sich ..., von wegen ...; ***tu parles d'un bricoleur! il est même pas capable d'enfoncer un clou*** von wegen Heimwerker! der kann nicht einmal einen Nagel einschlagen; ***tu parles d'une andouille/ d'un idiot*** so was von Trottel/Idiot; **tu parles/vous parlez comme [*o* si]** *fam*: ***tu parles/ vous parlez comme [o si] ça lui fait quelque chose!*** wenn du wüsstest/Sie wüssten, wie wenig ihm/ihr das ausmacht!, als ob ihm/ihr das was ausmachen würde!

II. *vt* **1.** ■ **qn parle qc** *langue, patois* jd spricht etw; ■ **qc est parlé(e)** *le français, breton* etw wird gesprochen

2. (*aborder un sujet*) ■ **qn parle qc** *affaires, boulot, politique* jd redet [*o* spricht] von etw [*o* über etw (*akk*)]; ***elles parlent chiffons/ boutique*** sie reden [*o* sprechen] über Kleider/Geschäfte; ***il adore ~ politique*** er politisiert gerne

III. *vpr* **1.** ■ **qc se parle** */dialecte, langue, patois/* etw wird gesprochen

2. ■ **des personnes se parlent** Menschen sprechen miteinander

► **qn se parle à lui-même** jd redet [*o* spricht] mit sich (*dat*) selbst, jd führt Selbstgespräche; ***elle se parlait à elle-même pour se donner du courage*** sie sprach sich (*dat*) selbst gut zu um sich Mut zu machen; **des personnes ne se parlent plus** Menschen reden [*o* sprechen] nicht mehr miteinander

IV. *m* **1.** (*manière*) Sprache *f*, Sprechweise *f*

2. (*langue régionale*) Mundart *f*

parleur, -euse [paʀlœʀ, -øz] *m, f* Schwätzer(in) *m(f)*

► **un beau ~** *péj* ein Schönredner *m*

parloir [paʀlwaʀ] *m* [*prison, internat, hôpital*] Besuchszimmer *nt;* [*couvent, école*] Sprechzimmer *nt*

parlot[t]e [paʀlɔt] *m fam* [leeres] Gerede, Geschwätz *nt fam*, Blabla *nt fam*

► **qn fait la ~ [avec qn]** jd hält [mit jdm] ein Schwätzchen

parmesan [paʀməzɑ̃] *m* Parmesan[käse *m*] *m*

parmi [paʀmi] *prép* **1.** (*entre*) unter (+ *dat*), von; ***pas un seul ~ les élèves n'avait ...*** keiner von den Schülern hatte ..., unter den Schülern war keiner, der ...; ***un exemple/ une solution ~ d'autres*** ein Beispiel *nt*/eine Lösung unter [*o* von] vielen; ***qn compte qn ~ ses amis*** jd zählt jdn zu seinen Freunden

2. (*dans*) (*sans mouvement*) [mitten] unter (+ *dat*); (*avec mouvement*) [mitten] durch; ***~ nous/~ les spectateurs, je salue ...*** unter uns [*o* in unserer Mitte]/unter den Zuschauern begrüße ich ...; ***des bancs étaient placés ~ les arbres*** unter [*o* zwischen] den Bäumen standen Bänke; ***il s'est frayé un chemin ~ la foule*** er bahnte sich einen Weg durch die Menge; ***il avançait ~ les rues désertes*** er ging durch die leeren Straßen; ***venez donc ~ nous!*** kommen Sie [*o* gesellen Sie sich] zu uns!

parodie [paʀɔdi] *f* **1.** LITTER, ART Parodie *f;* ***qc est une ~ de qc*** etw ist eine Parodie auf etw (*akk*)

2. *fig* Farce *f;* ■ **une ~ de qc**: ***c'était une ~ de procès/ d'examen*** der Prozess/die Prüfung war eine [einzige] Farce; ***c'est une ~ de justice*** das ist eine Verhöhnung der Gerechtigkeit, das spricht jeder Gerechtigkeit Hohn

parodier <1 a> [paʀɔdje] *vt* ■ **qn parodie qn/qc** *auteur, œuvre, style* jd parodiert jdn/etw; *personne* jd macht [*o* ahmt] jdn nach; *mot, phrase, expression* jd gibt etw in abgewandelter Form wieder; ***pour ~ un mot/ une phrase célèbre ...*** in Abwandlung eines berühmten Ausspruches/Satzes ...

parodique [paʀɔdik] *adj* parodistisch

paroi [paʀwa] *f* **1.** [*récipient, moule, verre, baignoire*] [Innen]wand *f*, [Innen]fläche *f;* [*caverne, grotte*] Wand; [*véhicule*] [Innen]wand

2. (*cloison*) [Zwischen]wand *f*, Trennwand

3. ANAT Wand *f;* ***la ~ abdominale*** die Bauchdecke

4. [*montagne, falaise*] [Fels]wand *f*

paroisse [paʀwas] *f* Pfarrgemeinde *f*

► **qn prêche pour sa ~** *fam* jd redet [*o* spricht] in eigener Sache [*o* pro domo]

paroissial, e <-aux> [paʀwasjal, jo] *adj* Pfarr-

paroissien, ne [paʀwasjɛ̃, jɛn] *m, f* Gemeinde[mit]glied *nt*, Mitglied *nt* der Pfarrgemeinde

► **un(e) drôle de ~(ne)** *fam* ein komischer Kauz, ein sonderbarer Heiliger/eine sonderbare Heilige

parole [paʀɔl] *f* **1.** *souvent pl* (*mot*) Wort *nt;* ***vos ~s n'y changeront rien*** was Sie gesagt haben, wird auch nichts daran ändern; ***je ne comprends pas le sens de ses ~s*** ich verstehe nicht, was er/sie [damit] meint; ***assez de ~s!*** genug der Worte!; ***merci pour ces bonnes ~s*** danke für die freundlichen [*o* netten] Worte; ***il n'a pas prononcé une ~*** er hat kein Wort gesagt; ***cette ~ célèbre est de ...*** dieses berühmte Wort [*o* dieser berühmte Ausspruch] stammt von ...

2. (*promesse*) [Ehren]wort *nt;* ***vous avez ma ~!*** Sie haben mein [Ehren]wort!

3. ∅ (*faculté de parler*) Sprache *f;* ***qn perd/ retrouve la ~*** jd verliert die Sprache/jd findet die Sprache wieder; ***il ne lui manque que la ~!*** es fehlt nur noch, dass er/sie spricht!

4. ∅ (*droit de parler*): ***qn a/ demande/ prend la ~*** jd hat/bittet um/ergreift das Wort; ***qn garde la ~*** jd hat weiterhin das Wort; ***qn passe la ~ à qn*** jd gibt das Wort an jdn weiter; ***qn donne/ refuse/ retire la ~ à qn*** jd erteilt/verweigert/entzieht jdm das Wort; ***la ~ est à qn*** jd hat das Wort; ***ici on n'a jamais droit à la ~!*** hier muss man immer den Mund halten!, hier kommt man nie zu Wort!; ***temps de ~*** Redezeit *f*

5. *pl* MUS Text *m*, Worte *pl*

► **~s en l'air** leeres Gerede [*o* Geschwätz *fam*]; **la ~ est d'argent et [*o* mais] le silence est d'or** *prov* Reden ist Silber, Schweigen ist Gold; **les ~s s'envolent, les écrits restent** *prov* was man schwarz auf weiß besitzt, kann man getrost nach Hause tragen; **qc est ~ d'évangile [pour qn]** die Richtigkeit einer S. (*gen*) wird nicht in Frage gestellt, etw ist für jdn [ein] Evangelium; ***qc n'est pas ~ d'évangile*** etw ist nicht der Weisheit letzter Schluss; **qn lui fait rentrer les [*o* ses] ~s dans la gorge** jd zwingt jdn, seine Worte zurückzunehmen; **~ [d'honneur]!** Ehrenwort!; **de belles ~s** schöne Worte *pl*, leere Phrasen *pl;* **qn prêche [*o* porte] la bonne ~** REL jd verkündet Gottes Wort; *iron* jd hält schöne Reden; **voilà une bonne ~!** *fam* endlich ein gescheiter Vorschlag!, das lässt sich hören!; **sur ces bonnes ~s** genug der schönen Worte; **qn a la ~ facile** jd ist redegewandt; **qn n'a qu'une ~** jd hält sein Wort, jd steht zu seinem Wort; **qn adresse la ~ à qn** jd spricht [*o* redet] jdn an, jd richtet das Wort an jdn; ***je ne lui adresse plus la ~*** ich rede nicht mehr mit ihm/ihr; **qn boit les ~s de qn** jd hängt an jds Lippen (*dat*); **qn coupe la ~ à qn** jd unterbricht jdn, jd fällt jdm ins Wort; **qn croit qn sur ~** jd glaubt jdm aufs Wort; **qn donne sa ~ [d'honneur] à qn [qu'il fait qc/ de faire qc]** jd gibt jdm sein [Ehren]wort, [dass er etw tut]; **qn est de ~** jd hält Wort; **qn s'étourdit de ~s** jd berauscht sich an Worten; **qn manque à sa ~** jd bricht sein Wort; **mesure tes ~s/mesurez vos ~s** pass auf, was du sagst/passen Sie auf, was Sie sagen; **qn ravale ses ~s** jd nimmt seine Äußerung zurück; **qn lui fait ravaler ses ~s** jd zwingt jdn dazu, seine Äußerung zurückzunehmen; **qn tient ~** jd hält Wort; **de ~** *femme, homme* zuverlässig; ***un homme de ~*** ein Mann von Wort; **en ~s** in Worten, in der Theorie; ***en ~s ils sont prêts à aider, mais ...*** solange es nur ums Reden geht, sind sie bereit zu helfen, aber ...; **sur ~** *libérer, prêter* im Vertrauen aufs Wort; **ma ~!** *fam* das gibt es doch nicht!, hat man [*o* hast du] da noch Worte!

◆ **la parole de Dieu** Gottes Wort *nt;* **parole d'honneur** Ehrenwort *nt*

parolier, -ière [paʀɔlje, -jɛʀ] *m, f* [*opéra, œuvre musicale*] Textdichter(in) *m(f);* [*chanson*] Texter(in) *m(f)*

paroxysme [paʀɔksism] *m* [*sentiment*] Höhepunkt *m;* [*crise, maladie a.*] Paroxysmus *m*

► **[qn est] au ~ de qc** *de la colère, douleur, fureur, joie* [jd ist] außer sich vor etw (*dat*); **qc est au ~/à son ~** */ bruit, violence/* etw ist auf dem [*o* seinem] Höhepunkt angelangt, etw hat das [*o* sein] Höchstmaß erreicht

paroxystique [paʀɔksistik] *adj situation, phase* kritisch

parpaing [paʀpɛ̃] *m* CONSTR Leichtbaustein *m*

parquer <1> [paʀke] **I.** *vt* **1.** ■ **qn parque qc** *véhicule, voiture* jd parkt etw, jd stellt etw ab

2. ■ **qn parque qn [dans qc]** *péj réfugiés, spectateurs* jd pfercht jdn [in etw (*akk*)] ein [*o* zusammen]

3. ■ **qn parque des animaux** jd pfercht Tiere ein

II. *vi, vpr* ■ **qn [se] parque [quelque part]** jd parkt [irgendwo]

parquet [paʀkɛ] *m* **1.** Holzfußboden *m*, Parkett[boden *m*] *nt*

2. JUR Staatsanwaltschaft *f*

parrain [paʀɛ̃] *m* **1.** (*celui qui parraine qn/qc*) [*acteur, artiste*] Förderer *m;* [*fondation, projet*] Schirmherr *m;* [*entreprise, initiative*] Sponsor *m;* (*pour in-*

troduire qn dans un groupe) Fürsprecher *m,* Bürge *m*
2. REL Patenonkel *m,* Pate *m; ~,* ***tu m'offres une glace?*** Onkel, kaufst du mir ein Eis?
3. *~* ***du bateau*** Schiffspate *m; ~* ***de la cloche*** *berühmte Persönlichkeit, die bei einer Glockenweihe anwesend ist*
4. [*mafia*] Pate *m*

parrainage [paʀɛnaʒ] *m* (*soutien*) Schirmherrschaft *f;* (*financier*) [finanzielle] Förderung
▶ **sous le ~ de qn** unter jds Schirmherrschaft (*dat*)

parrainer <1> [paʀene] *vt* 1. (*apporter son soutien*) ■ **qn parraine qc** jd übernimmt die Schirmherrschaft für etw
2. (*introduire*) ■ **qn parraine qn** jd bürgt für jdn, jc steht für jdn ein
3. (*sponsoriser*) ■ **qn parraine qn/qc** jd fördert [*o* sponsert] jdn/etw

parraineur, -euse [paʀɛnœʀ, -øz] *m, f* Sponsor(in) *m(f)*

parricide [paʀisid] I. *adj* (*quant au père*) vatermörderisch; (*quant à la mère*) muttermörderisch; ***crime*** *~* Vater-/Muttermord *m*
II. *m* (*quant au père*) Vatermord *m;* (*quant à la mère*) Muttermord *m*
III. *mf* (*quant au père*) Vatermörder(in) *m(f);* (*quant à la mère*) Muttermörder(in) *m(f)*

parsemer <4> [paʀsəme] *vt* 1. (*disperser*) ■ **qn parsème qc de qc** *gâteau* jd bestreut etw mit etw; ***qn parsème le sol de qc*** jd verstreut etw über den Boden, jd übersät den Boden mit etw; ***qn parsème son devoir/son discours de qc*** jd spickt seine Aufgabe/seine Rede mit etw; ■ **[qc est] parsemé(e) de qc** */discours, devoir/* [etw ist] gespickt [*o* durchsetzt] mit etw
2. (*être répandu sur*) ■ **qc parsème qc** etw besät [*o* bedeckt] etw; ■ **[qc est] parsemé(e) de qc** [etw ist] übersät [*o* besät] mit; ***un champ parsemé de fleurs*** ein mit Blumen übersätes Feld, ein Feld voller Blumen; ***un chemin parsemé de difficultés*** ein Weg *m* voller Schwierigkeiten

part [paʀ] *f* 1. (*portion*) Teil *m;* [*gâteau a.*] Stück *nt;* [*légumes*] Portion *f;* ***couper un gâteau en ~s égales*** einen Kuchen in gleiche Teile schneiden
2. (*partie*) Teil *m;* ***une bonne/infime ~ de qc*** ein großer/geringer Teil einer S. (*gen*) [*o* von etw]; ***chacun a sa ~ de peine*** jeder hat seinen Teil zu tragen
3. (*participation*) ■ **~ dans qc** Anteil *m* an etw (*dat*); ***il a pris une ~ importante dans le succès du projet*** er hat entscheidend zum Erfolg des Projektes beigetragen
4. FIN Anteil *m; ~* ***sociale*** Geschäftsanteil
5. FISC Steueranteil *m*
▶ **qn fait la ~ des choses** jd berücksichtigt alle Faktoren, jd trägt allen Faktoren Rechnung; **qn fait la ~ du feu** jd bringt ein Opfer; **qn a/réclame** [*o* **veut**] **sa ~ du gâteau** jd bekommt/will auch ein Stück vom Kuchen *fam,* jd hat/verlangt seinen Anteil; ***qn n'a pas sa ~ de gâteau*** [***dans/lors de qc***] jd geht [bei etw] leer aus; ***qn se réserve toujours la meilleure ~ du gâteau*** jd behält stets das Beste für sich; **qn se taille la ~ du lion** jd steckt den Löwenanteil ein; **autre ~** *fam* woanders, anderswo *fam;* **d'une ~..., d'autre ~ ...** einerseits ..., andererseits ...; **d'autre ~** außerdem, übrigens; **de ~ et d'autre [de qn/qc]** (*sans mouvement*) *être* auf beiden Seiten [einer Person/einer S.(*gen*)]; (*avec mouvement*) *se placer* auf beide Seiten [einer Person/einer S.(*gen*)]; ***les deux ministres sont assis/s'asseoient de ~ et d'autre de la Reine*** die beiden Minister sitzen/setzen sich zur Linken und zur Rechten der Königin [*o* rechts und links von der Königin]; ***de ~ et d'autre il y a eu des victimes*** auf beiden Seiten gab es Opfer; **qn fait à qn la ~ belle** jd bevorteilt [*o* begünstigt] jdn; **qn a la ~ belle** jd wird bevorzugt; **qn prend qc en bonne ~** *remarque, propos* jd nimmt etw nicht übel; *déclarations a.* jd fasst etw positiv auf; **à ~ entière** *citoyen* vollwertig, vollberechtigt; *membre a.* Voll-; ***il est Français à ~ entière*** er ist Franzose mit allen Rechten und Pflichten; ***il se sent Français à ~ entière*** er fühlt sich ganz und gar [*o* voll und ganz] als Franzose; **qn prend qc en mauvaise ~** jd nimmt etw übel; (*interprète en mal*) jd fasst etw falsch auf; **nulle ~** nirgends, nirgendwo; **quelque ~** (*sans mouvement*) *voir, lire, entendre* irgendwo; (*avec mouvement*) irgendwohin; *euph fam* (*dans le derrière*) in den Hintern [*o* Allerwertesten] *fam;* ***je vais lui fiche mon pied quelque ~*** ich gebe ihm/ihr einen Tritt in den Hintern *fam;* ***tu vas prendre ma main quelque ~*** du kriegst gleich eins hintendrauf *fam;* ***il faut que j'aille quelque ~*** ich muss mal wohin *fam;* **de toute[s] ~[s]** von allen Seiten, von überall[her]; **qn a ~ à qc** jd hat einen Anteil an etw (*dat*), jd hat an etw (*dat*) teil, jd ist an etw (*dat*) beteiligt; **qn fait la ~ de qc** jd berücksichtigt etw; **qn fait ~ de qc à qn** jd teilt jdm etw mit; *mariage, naissance* jd gibt jdm etw bekannt *form;* ***je lui ai fait ~ de mon étonnement*** ich habe ihm gesagt, wie erstaunt ich war; **qn prend ~ à qc** *à un vote, une manifestation* jd nimmt an etw (*dat*) teil; *à un débat a., aux frais* jd beteiligt sich an etw (*dat*); **qn prend qn à ~** jd nimmt jdn beiseite [*o* auf die Seite]; **à ~** (*différent des autres*) *cas, place* besondere(r, s); (*séparément*) *classer, ranger* getrennt, gesondert; ***c'est un cas à ~*** das ist ein Fall für sich; ***qn met qc à ~*** jd legt etw beiseite; **à ~ qn/qc** außer jdm/etw, abgesehen von jdm/etw; ***à ~ vous, je ne connais personne*** außer Ihnen kenne ich niemanden; **à ~ ça** *fam* abgesehen davon, ansonsten; **à ~ moi/soi** *littér garder, penser* bei mir/bei sich; ***je résolus à ~ moi de ...*** und ich beschloss im Stillen ...; **à ~ que** + *indic fam* abgesehen davon [*o* außer], dass; **de ma/sa ~/de la ~ de qn** in meinem/seinem/ihrem Auftrag/in jds Auftrag (*dat*); ***donnez-lui le bonjour de ma ~!*** grüßen Sie ihn/sie von mir!; ***je viens de la ~ de ma sœur*** ich komme im Auftrag meiner Schwester; **de ~ en ~:** ***il a été transpercé de ~ en ~*** er wurde völlig [*o* ganz] durchbohrt; **pour une [bonne [*o* grande]] ~** zum [großen] Teil; ***pour une large/petite ~*** zu einem großen/kleinen Teil; ***qn/qc ne joue que pour une petite ~*** jd/etw spielt nur eine geringfügige Rolle; **pour ma/sa ~** was mich/ihn/sie betrifft [*o* an[be]langt]; **[c'est] de la ~ de qui?** wer ist am Apparat bitte?

partage [paʀtaʒ] *m* 1. (*division*) [*terrain, territoire, gâteau*] [Auf]teilung *f;* [*surface, pièce a.*] Unterteilung; [*héritage, biens*] Teilung
2. (*répartition*) [*aliments, butin, rançon*] Aufteilung *f;* [*voix*] Verteilung *f;* ***le ~ des voix [entre les candidats] est le suivant*** die Stimmen verteilen sich wie folgt [auf die Kandidaten]
3. (*fait de partager*) [*appartement*] Teilen *nt;* ***il y a ~ des responsabilités entre les deux conducteurs*** die beiden Fahrer tragen gemeinsam die Verantwortung; ***il n'est pas habitué au ~ du pouvoir*** er ist es nicht gewohnt, die Macht zu teilen
▶ **en cas de ~ des voix** bei Stimmengleichheit; **qn a/reçoit qc en ~** *littér* jd erhält [*o* bekommt] etw als Erbe; *intelligence, talents* jd ist/wird mit etw ausgestattet [*o* bedacht]; **qn donne qc en ~ à qn** jd vererbt jdm etw, jd gibt jdm etw als Erbe mit; **qc donne qc en ~ à qn** etw bedenkt jdn mit etw; **sans ~** *régner* uneingeschränkt; *autorité, pouvoir* uneingeschränkt, unbestritten; *fidélité* absolut

partageable [paʀtaʒabl] *adj frais* aufteilbar; *gâteau* teilbar

partager <2 a> [paʀtaʒe] I. *vt* 1. (*diviser*) ■ **qn/qc partage qc [en qc]** *gâteau* jd teilt etw [in etw (*akk*)]; *pièce, terrain* jd/etw teilt etw [in etw (*akk*)] auf; *en morceaux, parts égales* jd teilt etw in etw (*akk*) [auf]; ***le mur partageait toute la ville*** die Mauer teilte die ganze Stadt; ***qn partage qc en deux/quatre*** jd halbiert/viertelt etw
2. (*répartir*) ■ **qn partage qc [entre des personnes/choses/qc et qc]** jd teilt etw [unter Menschen/Dingen/zwischen etw und etw (*dat*)] auf
3. (*avoir en commun*) ■ **qn partage qc [avec qn]** *appartement, frais, bénéfices* jd teilt etw [mit jdm]; *responsabilité a.* jd trägt etw gemeinsam [mit jdm]; *passion, goûts a.* jd hat etw gemeinsam [mit jdm]; (*s'associer à*) *avis, crainte, douleur, joie* jd teilt etw [mit jdm]; *douleur, soucis a.* jd nimmt Anteil an etw (*dat*); ***voulez-vous ~ notre repas?*** wollen Sie mit uns essen?; ***je partage votre déception/surprise*** ich bin genauso enttäuscht/überrascht wie Sie; ■ **[qc est] partagé(e)** *frais* [etw wird] geteilt; *avis* [etw ist] geteilt; *plaisir, amour* [etw ist] gegenseitig; ***les torts sont partagés*** (*entre tous*) die Schuld liegt bei allen [zusammen]; (*entre deux*) die Schuld liegt bei beiden
4. (*donner une part de ce que l'on possède*) ■ **qn partage qc [avec qn]** jd teilt etw [mit jdm]
5. (*hésiter*) ■ **qn est partagé(e) [entre qc et qc]** jd schwankt [zwischen etw und etw (*dat*)], jd ist [zwischen etw und etw (*dat*)] hin- und hergerissen; ***je suis très partagé(e) sur la conduite à tenir*** ich bin mir selbst noch nicht im Klaren, wie ich mich verhalten soll
6. (*être d'opinion différente*) ■ **des personnes sont partagés [sur qc/en ce qui concerne qc]** Menschen sind geteilter Meinung [über etw (*akk*)/was etw anbelangt], [über etw (*akk*)/was etw anbelangt,] gehen die Meinungen der Menschen auseinander; ***les avis sont partagés*** die Meinungen sind geteilt [*o* gehen auseinander]
▶ **qn est bien/mal partagé(e) par qc** *par la nature* jd wird von etw reichlich bedacht/stiefmütterlich behandelt; ***qn est bien/mal partagé(e) par le sort/hasard*** das Schicksal/der Zufall meint es gut/nicht gut mit jdm
II. *vpr* 1. (*se diviser*) ■ **qc se partage en qc** *en deux, morceaux, parts égales* etw teilt sich in etw (*akk*); ***le monde ne se partage pas en deux*** die Welt lässt sich nicht in zwei Hälften [*o* Teile] teilen
2. (*se répartir*) ■ **des personnes se partagent qc** *travail, butin, provisions, votes* Menschen teilen etw unter sich (*dat*) auf, Menschen teilen sich (*dat*) etw; ■ **qn/qc se partage entre des choses/qc et qc** *voix* etw verteilt sich auf Dinge/etw und etw (*akk*); ***les réactions des gens se partageaient entre qc et qc*** die Reaktionen der Leute schwankten zwischen etw und etw (*dat*); ***il se partage entre des activités différentes/son travail et sa famille*** er teilt seine Zeit zwischen verschiedenen Aktivitäten/seiner Arbeit und seiner Familie auf

partageur, -euse [paʀtaʒœʀ, -øz] *adj* ■ **qn est ~** jd teilt gerne

partagiciel [paʀtaʒisjɛl] *m* INFORM CAN Shareware ['ʃɛəvɛːɐ, 'ʃæəwæːə] *f*

partance [paʀtɑ̃s] *loc* ▶ **[qc est] en ~** (*sur le point de partir*) */avion/* [etw ist] abflugbereit; */train, bateau/* [etw ist] abfahrbereit; **qn/qc en ~ pour quelque part** (*à destination de*) jd/etw nach irgendwohin; **en ~ pour ...** (*à destination*) nach ...; ***le train en ~ pour Paris*** der Zug nach Paris

partant, e [paʀtɑ̃, ɑ̃t] I. *adj fam* ■ **qn est ~ [pour qc]** jd macht [bei etw] mit, jd ist [für etw] zu haben *fam;* ***je suis ~!*** ich bin dabei! *fam*
II. *m* 1. (*opp: arrivant*) Abfahrende(r) *f(m),* Abreisende(r) *f(m)*
2. SPORT Teilnehmer(in) *m(f),* Startende(r) *f(m);* ***qn figure parmi les ~s*** jd geht an den Start
▶ **non ~** Nichtstarter *m*

partenaire [paʀtənɛʀ] *mf* Partner(in) *m(f); ~* ***commercial*** Handelspartner
▶ **~s sociaux** Sozialpartner *pl,* Tarifpartner *pl*

partenariat [paʀtənaʀja] *m:* **en ~** in Zusammenarbeit (*dat*)

parterre [paʀtɛʀ] *m* 1. ■ **~ de** *de fleurs, gazon* -beet *nt*
2. THEAT Parkett *nt*

parthénogenèse [paʀtenoʒenɛz, -ʒənɛz] *f* Parthenogenese *f*

parti [paʀti] *m* 1. POL Partei *f; ~* ***unique*** Einheitspartei; *~* ***travailliste*** Labour Party ['leɪbə'pɑːtɪ] *f;* ***le ~ des mécontents*** die Unzufriedenen *pl;* ***nous représentons le ~ du progrès*** [*o* ***des rénovateurs***] wir stehen für den Fortschritt; ■ **~ de** *de droite, gauche, d'opposition* -partei
2. (*solution*) Lösung *f;* ***qn hésite entre deux ~s*** jd weiß nicht, welche Wahl er treffen soll
3. *vieilli* (*personne à marier*) Partie *f*
▶ **~ frère** Bruderpartei *f;* **un beau ~** eine gute Partie; **qn fait un mauvais ~ à qn** jd spielt jdm übel mit; (*physiquement*) jd richtet jdn übel zu; **~ pris** Voreingenommenheit *f;* ***qn a du ~ pris*** jd hat eine vorgefasste Meinung; **de/sans ~ pris** voreingenommen/unvoreingenommen; ***qn dit qc sans ~ pris*** jd sagt etw ganz unvoreingenommen; **qn prend ~** jd ergreift Partei; ***qn prend ~ dans une affaire*** jd bezieht in einer Angelegenheit Stellung; **qn prend le ~ de/contre qn/qc** jd tritt für/gegen jdn/etw ein; ***qn prend toujours le ~ du plus fort*** jd stellt sich immer auf die Seite des Stärkeren;

qn prend le ~ de faire qc jd entschließt sich, etw zu tun; **qn en prend son ~** jd findet sich damit ab; **qn prend un ~** jd fasst einen Entschluss; ***mon ~ est pris*** mein Entschluss steht fest; **qn tire ~ de qc** jd zieht Nutzen aus etw

parti, e [paʀti] *pp de* **partir**

partial, e <-aux> [paʀsjal, jo] *adj* parteiisch; *personne a.* voreingenommen; *juge a.* befangen; *critique* nicht objektiv

partialement [paʀsjalmɑ̃] *adv* parteiisch, in einseitiger Weise; ***qn se prononce ~ sur qc*** jd äußert sich einseitig über etw (*akk*)

partialité [paʀsjalite] *f* Parteilichkeit *f;* [*personne a.*] Voreingenommenheit *f*

participant, e [paʀtisipɑ̃, ɑ̃t] **I.** *adj:* ***les personnes ~es*** die Teilnehmer *pl*
II. *m, f* Teilnehmer(in) *m(f);* ■ **~ à qc** Teilnehmer(in) an etw (*dat*); *à un projet, attentat* Beteiligte(r) *f(m)* an etw (*dat*); ***qn compte parmi les ~s aux bénéfices*** jd wird am Gewinn beteiligt

participatif, -ive [paʀtisipatif, -iv] *adj* ECON *direction, gestion* in dem/der Mitbestimmung herrscht; *politique* der Mitbestimmung; *prêt, titre* Partizipations-

participation [paʀtisipasjɔ̃] *f* **1.** (*présence active*) ■ **~ [de qn] [à qc]** [jds] Teilnahme *f* [an etw (*dat*)]; *à un crime* [jds] Beteiligung *f* [an etw (*dat*)]; SCOL [jds] Beteiligung [an etw (*dat*)], [jds] Mitarbeit *f* [in etw (*dat*)]; ~ [***électorale***] [Wahl]beteiligung
2. ECON Mitbestimmung *f,* Partizipation *f;* ■ **~ à qc** Beteiligung *f* an etw (*dat*); ~ ***aux bénéfices*** Gewinnbeteiligung *f* [der Arbeitnehmer]
▸ **~ aux frais** Unkostenbeteiligung *f;* **qn prend une ~ dans une entreprise** jd beteiligt sich [finanziell] an einem Unternehmen, jd steigt in ein Geschäft ein *fam;* **avec la ~ de** unter Mitwirkung von

participe [paʀtisip] *m* Partizip *nt*

participer <1> [paʀtisipe] *vi* **1.** (*assister*) ■ **qn participe à qc** jd nimmt an etw (*dat*) teil
2. (*collaborer à*) ■ **qn participe [à qc]** jd beteiligt sich [an etw (*dat*)]; *à une escroquerie* jd macht [bei etw] mit; *à une affaire, entreprise a.* jd steigt [in etw (*akk*)] ein *fam; à un spectacle* jd wirkt [bei etw] mit; ***l'essentiel, c'est de ~*** Hauptsache, man ist dabei; Dabeisein ist alles
3. (*s'unir à*) ■ **qn participe à qc** *à la joie, douleur de qn* jd nimmt an etw (*dat*) Anteil
4. ECON ■ **qn participe à qc** *aux frais, dépenses* jd beteiligt sich an etw (*dat*); *aux bénéfices* jd wird an etw (*dat*) beteiligt
5. *littér* (*tenir de*) ■ **qn/qc participe de qc** jd/etw hat etwas von etw

participial, e <-aux> [paʀtisipjal, jo] **I.** *adj* Partizipial-
II. *f* Partizipialsatz *m,* Partizipialkonstruktion *f*

particularisme [paʀtikylaʀism] *m* Partikularismus *m*

particularité [paʀtikylaʀite] *f* Besonderheit *f,* besonderes Merkmal; [*personne a.*] Eigenart *f,* Eigenheit *f;* ***la ~ de cette machine, c'est …*** das Besondere an dieser Maschine ist …; ***qn/qc a [o présente] la ~ de*** das Besondere an jdm/etw ist, dass

particule [paʀtikyl] *f* **1.** (*grain*) Teilchen *nt,* Partikel *nt;* ~ ***de sable*** Sandkörnchen *nt;* ~ [***élémentaire***] [Elementar]teilchen
2. GRAM Partikel *f*
3. ~ [***nobiliaire***] Adelsprädikat *nt;* ***qn porte un nom à ~*** jd hat einen Namen mit „von"

particulier, -ière [paʀtikylje, -jɛʀ] **I.** *adj* **1.** (*spécifique*) *aspect, point, exemple* [ganz] bestimmt; *trait* typisch, charakteristisch; ***aptitudes ~ières*** besondere Begabungen *pl;* ***"signes ~s [néant]"*** „[keine] besondere[n] Kennzeichen"; ***le timbre si ~ de la voix de qn*** der unverkennbare [*o* unverwechselbare] Klang von jds Stimme; ■ **[qc est] ~ à qn/qc** [etw ist] jdm/einer S. eigen, [etw ist] charakteristisch für jdn/etw; ***cette habitude lui est ~ière*** diese Gewohnheit ist typisch für ihn/sie
2. (*spécial*) besondere(r, s); *cas a.* Sonder-; ***rien de ~*** nichts Besonderes
3. (*privé*) Privat-; ***leçons ~ières*** Nachhilfestunden *pl;* ***cabinet ~*** kleines Extrazimmer, Chambre séparée *nt;* ***un hôtel ~*** ein herrschaftliches Stadthaus; ***à titre ~*** als Privatperson
4. (*étrange*) eigenartig, sonderbar; ***ce spectacle est d'un genre ~*** diese Theatervorstellung fällt irgendwie aus dem Rahmen
▸ **qn/qc a quelque chose de/n'a rien de ~** jd/etw hat etwas Besonderes/an jdm/etw ist nichts Besonderes; **en ~** (*en privé*) unter vier Augen; (*notamment*) besonders, vor allem; (*séparément*) getrennt, gesondert; ***qn en a contre qn en ~*** jd hat etwas speziell gegen jdn
II. *m* **1.** (*personne quelconque*) Privatmann *m,* Privatperson *f;* ADMIN, COM Einzelne(r) *f(m);* ***vente aux ~s*** Privatverkauf *m,* Verkauf *m* [auch] an Privat; ***cette collection appartient à un ~*** diese Sammlung ist in Privatbesitz
2. *péj* komische Type *fam,* seltsame [*o* merkwürdige] Gestalt
▸ **simple ~** einfacher Privatmann, einfache Privatperson; **de ~ à ~** von [*o* aus] privater Hand

particulièrement [paʀtikyljɛʀmɑ̃] *adv* besonders; ***je n'y tiens pas ~*** ich lege keinen besonderen [*o* gesteigerten] Wert darauf

partie [paʀti] *f* **1.** (*portion d'un ensemble*) Teil *m; supérieure, inférieure a.* Partie *f;* ~ ***centrale*** Mittelteil
2. (*spécialité*) Gebiet *nt,* Fach *nt;* ***la mécanique, c'est sa ~*** von Mechanik versteht er etwas; ***la philo, ce n'était vraiment pas ma ~*** Philosophie war wirklich nicht meine Stärke; ***qn connaît sa ~*** jd beherrscht [*o* versteht] sein Fach
3. CARTES, SPORT Spiel *nt,* Partie *f;* ***qn gagne/perd la ~*** jd macht/verliert das Rennen; ***qn abandonne la ~*** jd gibt das Rennen [*o* den Kampf] auf; ~ ***nulle*** unentschieden; ■ **~ de qc:** ***une ~ de poker/tennis/d'échecs*** eine Partie Poker/Tennis/Schach
4. JUR Partei *f;* ***les deux ~s*** beide Seiten *pl*
5. MUS Part *m,* Stimme *f;* ***à quatre ~s*** für vier Stimmen, vierstimmig; ■ **~ de qc** -stimme, -part
6. *pl pop* Geschlechtsteile *pl;* ***un coup de pied dans les ~s*** ein Tritt *m* in die Eier *sl*
▸ **la ~ immergée [*o* cachée] de l'iceberg** das wahre Ausmaß der Sache; **~ de jambes en l'air** *fam* Nummer *f fam;* **qn fait ~ des meubles** jd gehört schon zum Inventar; **ce n'est pas une ~ de plaisir [*o* rigolade *fam*]** das ist weiß Gott kein Vergnügen [*o* Honigschlecken] *fam;* **~ adverse** Gegenpartei *f;* **qn a la ~ belle** jd steht gut da, jd ist fein raus *fam;* **~s belligérantes** Krieg führende Mächte *pl;* **une bonne [*o* grande]/petite ~/la majeure [*o* plus grande] ~ de qc** ein großer/kleiner/der größte Teil einer S. (*gen*); ***une petite/bonne/la majeure ~ du temps*** wenig/ziemlich viel/die meiste Zeit; **~ carrée** Schäferstündchen *nt* zu viert mit Partnertausch; **~s charnues** *fam* Hintern *m;* **~ civile** Nebenkläger(in) *m(f);* **~ fine** Abendgesellschaft *f;* **qn a ~ gagnée** jd hat gewonnenes Spiel; **en grande/majeure ~** zum großen Teil/zum größten Teil, großenteils/größtenteils; **~s honteuses** Schamteile *pl;* **la ~ est jouée** die Würfel sind gefallen; **qn a ~ liée avec qn** jd macht gemeinsame Sache mit jdm; **des personnes ont ~ liée** Menschen stecken unter einer Decke *fam;* **qn est ~ prenante dans qc** jd ist an etw (*dat*) beteiligt; **ce n'est que ~ remise** aufgeschoben ist nicht aufgehoben; **qn est de la ~** (*participe*) jd ist mit von der Partie; (*s'y connaît*) jd ist vom Fach; ***je suis de la ~*** ich bin dabei; **qn/qc fait ~ de qc** jd/etw gehört zu etw; *d'un parti, d'une association* jd ist Mitglied *nt* in etw (*dat*); **qn se met de la ~** jd macht mit; **qn prend qn à ~** jd greift jdn an, jd geht auf jdn los *fam;* **en ~** teilweise, zum Teil; **en ~ … en ~** teils … teils
◆ **partie de campagne** Landpartie *f,* Ausflug *m* aufs Land; **partie de chasse** Jagdpartie *f;* **partie de pêche** Angelpartie *f*

partiel, le [paʀsjɛl] **I.** *adj* Teil-; *information, vision* ungenau, lückenhaft; *éclipse* partiell; *élection* Nach-, Ersatz-; ***chômage ~*** Kurzarbeit *f;* ***travail à temps ~*** Teilzeitarbeit *f;* ***examen ~*** Klausur *f*
II. *m* UNIV Klausur *f*
III. *f* (*élection*) ■ **partielle** Nachwahl *f,* Ersatzwahl *f*

partiellement [paʀsjɛlmɑ̃] *adv* zum Teil, teilweise

partir[1] <10> [paʀtiʀ] *vi + être* **1.** (*quitter un lieu*) ■ **qn/qc part [de quelque part] [pour quelque part]** jd geht [von irgendwo] [weg], jd bricht [von irgendwo] [irgendwohin] auf; (*en voiture, train*) jd fährt ab; (*après un séjour*) jd reist ab; */bus, train, voiture/* etw fährt [von irgendwo] [nach irgendwohin] [ab]; */avion/* etw fliegt [von irgendwo] [nach irgendwohin] [ab], etw startet [von irgendwo] [nach irgendwohin]; */lettre/* etw geht raus; ***son chien est parti*** sein Hund ist weggelaufen; ***tu n'es pas encore parti?*** bist du noch nicht weg?; ***nos voisins sont partis sans laisser d'adresse*** unsere Nachbarn sind verzogen, ohne ihre Adresse zu hinterlassen; ***je vous demande de ~ d'ici immédiatement!*** ich bitte Sie, diesen Ort auf der Stelle zu verlassen!; ~, ***c'est mourir un peu*** *prov* scheiden tut weh; ***il faut que je parte!*** ich muss jetzt los! *fam;* ***nous sommes prêts à ~*** wir sind startbereit; ■ **qn part pour qc** *pour un voyage* jd bricht zu etw auf; *pour la guerre* jd zieht in etw (*akk*); *pour le front* jd geht [*o* rückt] an etw (*akk*); ***il est parti depuis quelques jours pour ses affaires*** er ist seit einigen Tagen auf Geschäftsreise; ■ **qn/qc fait ~ qn/un animal/qc** jd/etw vertreibt [*o* verscheucht] jdn/ein Tier/etw; *courrier* jd schickt etw ab
2. (*aller*) ■ **qn part quelque part** *dans sa chambre, à la chasse, en voyage* jd geht auf etw (*akk*); *au front* jd geht [*o* rückt] an etw (*akk*); *dans le jardin, en ville* (*à pied*) jd geht in etw (*akk*); *en vacances, en ville* (*en véhicule*) jd fährt in etw (*akk*); *à la campagne* jd fährt auf etw (*akk*); *à la guerre* jd zieht in etw (*akk*); *à la recherche de qn/qc* jd macht sich auf etw (*akk*); ***je pars devant*** ich gehe schon einmal voraus; ***qn part à la pêche*** jd geht zum Angeln [*o* angeln]; ***qn part à la conquête du marché*** jd ist dabei, den Markt zu erobern; ***qn part à la rencontre de qn*** jd geht jdm entgegen; ■ **qn part faire qc** jd geht [fort] [um] etw [zu] tun; ***je pars faire un tour*** ich gehe kurz spazieren; ***je pars chercher ma fille*** ich gehe meine Tochter abholen; ***il est parti passer quelques jours à Paris*** er ist für einige Tage nach Paris gereist; ■ **qn part en qc** *en chemin de fer, train, voiture* jd fährt mit etw; *en avion* jd fliegt mit etw; ■ **qn part + *compl de manière:*** ***qn part en vitesse*** jd rast los, jd stürmt los; ***qn part en hâte*** jd bricht in aller Eile [*o* eilig] auf; ***qn part en courant*** jd rennt los *fam;* ***je pars à pied*** ich gehe zu Fuß
3. (*quitter son foyer*) ■ **qn part [avec qn]** jd geht [mit jdm] auf und davon
4. *euph* (*mourir*) ■ **qn part** jd stirbt
5. (*démarrer*) ■ **qn/un animal/qc part** */coureur/* jd startet; */plante/* etw wächst; */moteur/* etw springt an; ***le cheval est bien parti*** das Pferd hat einen guten Start gehabt; ***à vos marques; prêts? partez!*** auf die Plätze, fertig, los!
6. (*commencer*) ■ **qc part …** *bien, mal* etw fängt … an, etw lässt sich … an; *doucement, vite* etw läuft … an; ***comme c'est parti on peut s'attendre à tout*** so wie es momentan aussieht, muss man mit allem rechnen; ■ **qn est parti(e) [à faire qc]** jd hat angefangen [*o* losgelegt *fam*] etw zu tun; ***une fois qu'il est parti …*** wenn er erst einmal losgelegt hat …; ■ **qn part à faire qc:** ***soudain il partit à rire*** plötzlich fing er zu lachen an; ***si tu pars comme ça …*** wenn du schon so anfängst; ■ **qn/qc part sur [*o* de] qc** *sur un principe, une donnée, un malentendu* jd/etw geht von etw aus, etw beruht auf etw (*dat*); ***des bruits, partis de rien*** Gerüchte, die aus dem Nichts entstanden sind; ***il est parti sur cette idée*** das war sein erster Gedanke
7. (*être lancé*) ■ **qc part** etw geht los; */fusée/* etw startet [von irgendwo], etw geht in die Luft; ***les réponses partaient spontanément*** die Antworten sprudelten spontan heraus; ***le mot est parti*** das Wort ist gefallen [*o* heraus]; ***le coup de feu est parti*** der Schuss ist losgegangen; ■ **qn fait ~ qc** *fusée, missile* jd schießt etw ab; *pétard* jd lässt etw losgehen
8. (*commencer à partir de*) ■ **qc part de qc** *d'une ville, d'un pays* etw beginnt in etw (*dat*); *d'une date* etw beginnt mit etw; ***la Moselle part du Ballon d'Alsace*** die Mosel entspringt am Elsässer Belchen; ***la branche qui part du tronc*** der Ast, der vom Stamm ausgeht

9. (*provenir de*) ■ **qc part de qc** *du cœur* etw kommt aus etw; *d'une bonne intention* etw entspringt einer S. (*dat*); ***qc part d'un bon sentiment*** etw ist gut gemeint

10. (*disparaître*) ■ **qc part** etw geht weg; */odeur, tache a./* etw geht [he]raus; */bouton/* etw geht los, etw geht ab; ■ **qc part à qc** */taches/ au lavage* etw geht bei etw [he]raus; */bouton/* etw geht bei etw ab [*o* los]; ■ **qn/qc fait ~ qc** *taches* jd/etw entfernt etw, mit etw bekommt man etw heraus; *points noirs* mit etw wird man etw los *fam*

11. (*se perdre en*) ■ **qn part dans qc** *dans des considérations, digressions* jd verliert sich in etw (*dat*); *dans des discussions, discours, explications* jd beginnt mit etw

► **qn/qc est bien/mal parti(e)** etw lässt sich gut/schlecht an, etw beginnt recht/wenig verheißungsvoll, jd hat etw richtig/falsch angefangen; ***il est bien parti pour gagner le tournoi*** er ist auf dem besten Weg, das Turnier zu gewinnen; ***je suis mal parti pour obtenir une augmentation*** *fam* es sieht nicht gerade aus, als würde ich eine Gehaltserhöhung bekommen; **qn est parti(e) de rien** jd hat mit nichts angefangen; **c'est parti!** *fam* es geht los!; ***top! c'est parti*** und los geht es!; **à ~ de** (*à compter de*) ab, von ... an; (*sur la base de*) aus; ***à ~ d'ici*** ab hier, von hier an; ***à ~ de là*** von da aus; ***à ~ de 5 F la paire*** das Paar ab 5 F; ***le fromage est obtenu à ~ du lait*** der Käse wird aus Milch hergestellt; **qn/qc est parti(e) pour faire qc** (*est en bonne voie*) jd/etw ist auf dem besten Weg, etw zu tun

partir² <10> [paʀtiʀ] *vi v.* **maille**

partisan, e [paʀtizɑ̃, an] **I.** *adj* **1.** (*favorable à*) ■ **[qn est] ~ de qc/de faire qc** [jd ist] für etw/ist dafür, etw zu tun
2. *péj* (*partial*) parteiisch; *querelle* Partei-; *haine* kleinlich; ***esprit*** ~ Voreingenommenheit *f,* Parteilichkeit *f*
► **qn est ~ du moindre effort** jd ist für den geringsten Aufwand
II. *m* **1.** (*adepte*) Befürworter(in) *m(f);* [*thèse a.*] Verfechter(in) *m(f);* [*personne*] Anhänger(in) *m(f)*
2. HIST, MIL Partisan *m;* ***des unités de ~s*** Partisaneneinheiten *pl*

partitif, -ive [paʀtitif, -iv] **I.** *adj article* Teilungs-
II. *m* Teilungsartikel *m*

partition [paʀtisjɔ̃] *f* **1.** MUS Partitur *f;* ***qn joue sans*** ~ jd spielt ohne Noten
2. POL (*division*) Teilung *f*
3. INFORM Partition *f;* ~ ***active/étendue*** aktive/erweiterte Partition

partout [paʀtu] *adv* **1.** überall; ***un peu*** ~ hier und da, da und dort; ***qn fourre son nez*** ~ jd steckt seine Nase überall rein *fam*
2. SPORT: ***à trois*** ~ drei zu drei [unentschieden]; ***on en est à deux manches*** ~ es steht zwei beide; ***40*** ~ (*au tennis*) 40 Einstand
► **de** ~ von überallher; ***il souffre de*** ~ es tut ihm überall weh; ~ **où** überall [da], wo; ~ ***où il va, on l'acclame*** überall, wo er auftritt, erntet er Beifall

partouze [paʀtuz] *f fam* [Sex]orgie *f*

parturiente [paʀtyʀjɑ̃t] *f* Gebärende *f,* Paturiens *f spec*

parure [paʀyʀ] *f* **1.** (*toilette*) Aufmachung *f;* ***la nature a revêtu sa ~ d'hiver*** die Natur hat ihr Winterkleid angelegt
2. (*bijoux*) Schmuck *m;* ■ ~ **de** *de diamants, perles* -schmuck, -geschmeide *nt;* ***éléments de*** ~ Schmuckstücke *pl*
3. (*sous-vêtements*): ***une ~ en soie*** eine seidene Wäschegarnitur
4. ■ ~ **de** *de salle de bains* -garnitur *f; de lit, table a.* -wäsche *f*

parution [paʀysjɔ̃] *f* Erscheinen *nt*

parvenir <9> [paʀvəniʀ] *vi + être* **1.** (*accéder à*) ■ **qn parvient à qc** *à la fortune* jd kommt zu etw; *à la gloire* jd erlangt etw
2. (*arriver*) ■ **qn parvient [jusqu']à qc** *au sommet, au camp* jd erreicht etw, jd gelangt bis zu etw; *à la vieillesse* jd erreicht etw; ***il est parvenu au terme de sa vie*** er ist am Ende seines Lebens angelangt; ■ **qc parvient à qn [de quelque part]** etw erreicht jdn [von irgendwoher]; */colis, lettre a./* etw kommt bei jdm [von irgendwoher] an; */bruit/* etw dringt [von irgendwoher] bis zu jdm [herüber]; */information/* etw geht jdm [von irgendwoher] zu; ■ **qn fait ~ à qn qc** *colis* jd schickt jdm etw; *nouvelles* jd lässt jdm etw zukommen; ■ **qc parvient [jusqu']à qn/qc** *à nous, nos oreilles* etw gelangt bis zu jdm/etw, etw dringt bis zu jdm/etw durch; *jusqu'à une époque* etw wird bis zu etw überliefert
3. (*réussir à*) ■ **qn parvient à faire qc** jd schafft es, etw zu tun; jdm gelingt es, etw zu tun
4. (*faire fortune*) ■ **qn est parvenu(e)** jd hat es geschafft

parvenu, e [paʀvəny] **I.** *adj péj* neureich
II. *m, f péj* Neureiche(r) *f(m),* Parvenu *m*

parvis [paʀvi] *m* [Kirchen]vorplatz *m*

pas¹ [pɑ] *m* **1.** (*enjambée, étape*) Schritt *m;* ***qn va à grands/petits*** ~ jd macht große/kleine Schritte; ■ ~ **vers qc** Schritt nach etw
2. (*trace*) *pl* Tritte *pl,* Fußstapfen *pl*
3. (*allure*) [*cheval*] Schritt *m;* [*personne a.*] Gang *m*
4. GEOG (*passage*) ■ **P~ de...** Straße *f* von ...
5. TECH ■ ~ **de** -gang *m;* ~ ***de vis*** Schraubengang
6. [*danse*] Schritt *m;* ■ ~ **de** *de tango, valse* -schritt
► **au ~ de charge** im Sturmschritt; **cela ne se trouve pas dans [*o* sous] le ~ d'un cheval** das liegt nicht [*o* findet sich nicht so ohne weiteres] auf der Straße; **au ~ de course** im Laufschritt; **qc va [*o* avance] à ~ de geant** etw macht sehr große Fortschritte [*o* Riesenfortschritte *fam*]; **au ~ de gymnastique** im Laufschritt; **à ~ de loup** ganz leise; **sur le ~ de la porte** in der Tür; **qn marche à ~ de velours** jd schleicht auf leisen Sohlen; **qn va d'un bon ~** jd geht zügig [*o* recht schnell]; **au ~ cadencé** im Gleichschritt; **qn fait les cent ~** jd geht auf und ab; **à ~ comptés [*o* mesurés]** gemessenen Schrittes; **à deux [*o* quelques] ~ [de quelque part]** ganz in der Nähe [von etw], in nächster Nähe; ***qc est à deux ~ [d'ici]*** etw ist nur ein paar Schritte von hier entfernt, bis zu etw ist es nur ein Katzensprung *fam;* **faux ~** Fehltritt *m;* (*maladresse*) Fauxpas *m;* ***j'ai fait un faux*** ~ ich bin irgendwie falsch aufgetreten/habe einen Fauxpas begangen; **à ~ feutrés** auf leisen Sohlen; **qc marche [*o* avance] à grands/petits ~** etw macht große [*o* rasche]/kleine Fortschritte; **qn se sort [*o* se tire] d'un mauvais ~** jd zieht den Kopf aus der Schlinge, jd zieht sich aus der Klemme *fam;* **qn fait le[s] premier[s] ~** jd tut [*o* macht] den ersten Schritt; **il n'y a que le premier ~ qui coûte** *prov* der erste Schritt ist immer der schwerste; **entre qc et qc [*o* de qc à qc] il n'y a qu'un ~** von etw bis zu etw ist nur ein kleiner Schritt; **qn a le ~ sur qn** *littér* jd hat vor jdm den Vortritt; **qn accélère [*o* allonge] [*o* presse] le ~** jd beschleunigt seinen Schritt, jd geht schneller; **qn avance/recule d'un ~** jd geht einen Schritt vorwärts/zurück; **qn cède le ~ à qn** jd lässt jdm den Vortritt; **qn double le ~** jd legt einen Schritt zu, jd beschleunigt seinen Schritt [*o* sein Tempo]; **qn emboîte le ~ à qn** jd folgt jdm auf dem Fuße [*o* den Fersen]; **qn fait un [grand] ~ vers qc** jd kommt einer S. (*dat*) ein [gutes] Stück näher; **qn franchit [*o* saute] le ~** jd wagt den Schritt [*o* Sprung]; **qn marche sur les ~ de qn** jd tritt in jds Fußstapfen (*akk*); **qn/qc marque le ~** jd/etw tritt auf der Stelle *fam;* **qn met [*o* remet] qn au ~** jd weist jdn zurecht, jd setzt [*o* rückt] jdm den Kopf zurecht; **qn prend le ~ sur qn** jd überflügelt jdn, jd lässt jdn hinter sich (*dat*); **qc prend le ~ sur qc** etw drängt etw in den Hintergrund; **qn ne quitte pas qn d'un ~** jd weicht jdm nicht von den Fersen [*o* der Seite]; **qn ralentit le ~** jd verlangsamt den Schritt; **qn retourne [*o* revient] sur ses ~** jd kehrt um; **~ à ~** Schritt für Schritt, schrittweise; **à chaque ~** (*partout*) auf Schritt und Tritt; (*à chaque instant*) immer und überall; **un ~ après l'autre** ein Schritt nach dem anderen; **au ~** *rouler* [im] Schritttempo; *marcher* im Gleichschritt; **de ce ~** sofort, auf der Stelle; **~ en avant/en arrière** Schritt *m* nach vorn/zurück
◆ **pas de deux** Pas de deux *m;* **pas de l'oie** Stechschritt *m*

pas² [pɑ] *adv* **1.** *après un vb; emploi sans ne: fam* ■ **[ne] ... ~** nicht; ***je ne crois*** ~ ich glaube nicht; ***cette maison n'a ~ le chauffage central*** das Haus hat keine Zentralheizung; ***il ne fait ~ son âge*** er sieht jünger aus als er ist; ***j'ai ~ le temps*** *fam* ich hab' keine Zeit *fam;* ***je n'ai ~ plus de renseignements que toi*** ich bin auch nicht besser informiert als du; ***ce film n'a ~ tellement de succès*** dieser Film hat keinen besonders großen Erfolg; ■ **[ne] ... ~ de** kein(e); ***[il n'y a] ~ de problèmes*** kein Problem!; ■ **[ne] ... ~ le/la/...:** ***je n'ai ~ la moindre idée*** ich habe nicht die geringste Ahnung; ***je ne vois ~ la plus petite lueur d'espoir*** ich habe nicht die geringste Hoffnung; ■ **[ne] ... ~ un(e) ...** kein einziger/keine einzige/kein einziges ..., nicht ein einziger/nicht eine einzige/nicht ein einziges ...; ■ **qn [n']a ~ ...:** ***je n'ai ~ peur*** ich habe keine Angst; ***tu n'as ~ besoin de me contredire!*** du brauchst mir gar nicht zu widersprechen!; ***ne cherche ~ de prétextes*** suche nicht nach Ausflüchten; ***[ne] ... ~ assez/autant/beaucoup/plus de ...*** nicht genug/so viel/viel/mehr ...; ■ **ne ~ +** *infin* nicht; ***comment ne ~ pleurer?*** wie sollte man da nicht weinen?
2. *sans vb* ■ ~ ... kein(e) ...; ~ ***de réponse*** keine Antwort; ~ ***bête!*** gar nicht dumm!; ~ ***un [seul] mot à qui que ce soit!*** und dass mir kein [einziges] Wort weitererzählt wird!
3. *sans ne* (*dans une réponse négative*) nicht; ~ ***le moins du monde*** überhaupt nicht, keineswegs; ~ ***que je sache*** soviel ich weiß, nicht
4. (*opposition*) nicht; ~ ***toi?*** du nicht?
5. ■ ~ + *adj* nicht; ***une histoire ~ ordinaire*** eine nicht gerade alltägliche [*o* eine ungewöhnliche] Geschichte; ***c'est vraiment ~ banal!*** das ist wirklich etwas Ausgefallenes!
► **absolument ~!** keinesfalls!, auf keinen Fall!; **~ encore** noch nicht; **~ plus que ça [*o* ~ tellement]** nicht besonders; **~ du tout** überhaupt nicht; ***as-tu de la monnaie sur toi? – P~ du tout!*** hast du Kleingeld bei dir? – Keinen [*o* nicht einen] Pfennig!; **ce n'est [*o* c'est *fam*] ~ que +** *subj o indic* nicht [etwa], dass; **~ de qn** *fam:* ***j'arrive, et ~ de Christian!*** und dann komme ich und kein Christian!; **[je ne veux] ~ de ça!** das gibt's [bei mir] nicht!, das kommt [bei mir] nicht in Frage!

pascal, e <-aux> [paskal, o] *adj* Oster-, österlich; *agneau a.* Passah-

pas-de-porte [pɑdpɔʀt] *m inv* COM *Abstandszahlung an den Vormieter eines Geschäftslokals* **pas-grand-chose** [pɑgʀɑ̃ʃoz] *mf inv* (*personne louche*) (*homme*) Taugenichts *m;* (*femme*) Frau, die nicht viel taugt; (*personne pauvre*) (*homme*) Habenichts *m;* (*femme*) Frau, die nicht viel hat

passable [pɑsabl] *adj* leidlich, annehmbar; *produit* einigermaßen [gut], halbwegs [gut]; ***mention*** ~ Ausreichend *nt*

passablement [pɑsabləmɑ̃] *adv* **1.** (*pas mal*) ganz schön
2. (*moyennement*) *jouer d'un instrument* so leidlich; *travailler* mittelmäßig
3. (*beaucoup*): ***il lui a fallu ~ de courage pour ...*** er/sie brauchte ganz schön viel Mut, um ...

passade [pɑsad] *f* **1.** (*aventure*) Strohfeuer *nt,* kurzes Intermezzo
2. (*caprice*) [vorübergehende] Laune

passage [pɑsaʒ] *m* **1.** (*venue*) [Vorbei]kommen *nt;* ***qn attend le ~ de qn/qc*** jd wartet darauf, dass jd/etw [vorbei]kommt; ***le ~ du facteur a lieu de plus en plus tard*** der Briefträger kommt immer später; ***le prochain ~ de notre représentant aura lieu dans quinze jours*** unser Vertreter kommt heute in vierzehn Tagen wieder
2. (*action*) [*liquide*] Durchfließen *nt;* [*véhicule*] Durchfahren *nt,* Durchfahrt *f;* [*oiseaux*] Vorüberziehen *nt;* ~ ***de troupeaux, ralentir!*** Vorsicht, Herdentiere!
3. (*court séjour*) [kurzer] Aufenthalt; ***mon ~ ici fut court*** ich habe mich nicht lange hier aufgehalten; ***lors de son dernier ~ chez X*** als er das letzte Mal bei X war; ■ ~ **à qc** *à la douane* Passieren *nt* einer S. (*gen*); *à Paris* Kurzaufenthalt *m* in etw (*dat*); *à la télévision* Auftritt *m* in etw (*dat*)
4. (*transformation*) ■ ~ **de qc à qc** Übergang *m* von etw zu etw; *de l'enfance à l'adolescence a.* Wandel *m* von etw zu etw; ■ ~ **de qc à qc** *au grade de capitaine* Beförderung *f* von etw zu etw; ■ ~ **[de qn] en [*o* dans] qc** SCOL *en sixième, première* [jds] Versetzung *f* in etw (*akk*)
5. (*chemin*) Weg *m,* Durchgang *m;* (*pour un véhicule*) Durchfahrt *f;* ***les valises encombrent le*** ~ die Koffer stehen im Weg [*o* versperren den Durch-

gang]
6. (*franchissement*) Passieren *nt;* [*col a.*] Überqueren *nt;* [*frontière a.*] Überschreiten *nt;* [*rivière*] Überqueren, Überfahrt *f;* NAUT Passage *f,* Überfahrt
7. (*fragment*) Passage *f;* [*morceau musical a.*] Stück *nt;* [*roman a.*] Stelle *f;* ~ ***de la Bible*** Bibelstelle
8. (*état transitoire*): ***qn est dans un ~ difficile*** jd macht gerade eine schwierige Phase durch; ~ ***nuageux/ pluvieux*** Durchzug *m* von Wolkenfeldern [*o* wolkigen Abschnitten]/eines Regengebietes
▸ ~ **clouté** [*o* **pour piétons**] Fußgängerüberweg *m,* Zebrastreifen *m;* ~ **interdit** Durchfahrt verboten; ~ **protégé** vorfahrtsberechtigte Straße; ~ **souterrain** Fußgängerunterführung *f;* **il y a du** ~ [*o* **beaucoup de** ~] *fam* es kommen viele Leute vorbei; (*circulation*) es ist viel Verkehr; **qn cède le ~ à qn/qc** jd lässt jdn vor; *à un véhicule, automobiliste* jd lässt jdm/einer S. (*dat*) die Vorfahrt; **qn livre ~ à qn/qc** jd macht [*o* gibt] jdm/einer S. den Weg frei; **qn se retourne sur le ~ de qn/qc** jd dreht sich um, wenn jd/etw vorbeikommt; **au** ~ (*ici et là*) hier und da, im Vorbeigehen; (*à l'occasion*) nebenbei, en passant; ***je vous signale au ~, que*** ich möchte Sie am Rande darauf hinweisen, dass; **au** ~ [**de qn/qc**]: ***au ~ d'un avion*** wenn ein Flugzeug vorbeifliegt; ***au ~ d'un cortège*** wenn ein Zug vorbeikommt; ***je l'ai saisi au ~*** ich habe ihn im Vorbeigehen erwischt *fam;* [**qn est**] **de** ~ (*fait un court séjour*) [jd ist] auf der Durchreise; ***le représentant de ~ ce jour-là*** der Vertreter, der an diesem Tag vorbeikommt; ***notre représentant sera de ~ à Chartres mercredi prochain*** unser Vertreter wird nächsten Mittwoch in Chartres sein; **de** ~ *personne* durchreisend; *engouement* vorübergehend; (*par où l'on passe*) *ville, lieu* der Durchreise; ***elle n'a que des amants de ~*** sie hat ihre Liebhaber immer nur für kurze Zeit; ***je n'ai été pour vous qu'un amant de ~*** ich war für Sie nur ein flüchtiges Abenteuer; ***Bailleul était une ville de ~ sur la route Lille-Dunkerque*** Bailleul war ein viel besuchter Halteort auf der Strecke Lille-Dünkirchen; **sur le ~ de qn/qc**: ***le cyclone a tout détruit sur son ~*** der Sturm hat auf seinem Weg alles zerstört; ***ne te mets donc pas toujours sur mon ~!*** steh mir doch nicht dauernd im Weg!
◆ **passage à l'acte** zur Tat Schreiten *nt;* **passage à niveau** Bahnübergang *m;* **passage à tabac** *fam* Prügel *pl;* **passage à vide** [*sportif, employé*] vorübergehende Formschwäche, vorübergehendes Formtief; [*conférencier*] Blackout ['blækˀaut] *m;* ***je n'ai pas suivi la conversation, j'ai eu un ~ à vide*** ich habe die Unterhaltung nicht verfolgt, ich war geistig weggetreten *fam*

passager, -ère [pɑsaʒe, -ɛʀ] **I.** *adj* **1.** (*de courte durée*) vorübergehend; *malaise a.* kurz; *beauté, bonheur* vergänglich, flüchtig; ***quelques pluies ~ères*** gelegentliche [Regen]schauer *pl*
2. (*très fréquenté*) *lieu, rue* belebt; (*par des voitures*) verkehrsreich
3. (*de passage*) *hôte, client* durchreisend; *oiseau* Zug-; ***hôte*** ~ Durchreisende(r) *f(m)*
II. *m, f* [*navire*] Passagier *m;* [*avion a.*] Fluggast *m;* [*train*] Fahrgast *m;* [*voiture*] Insasse/Insassin *m/f,* Mitfahrer(in) *m(f);* (*à côté du chauffeur*) Beifahrer(in) *m(f)*
▸ ~ **clandestin** blinder Passagier

passagèrement [pɑsaʒɛʀmɑ̃] *adv* vorübergehend, für kurze Zeit

passant, e [pɑsɑ̃, ɑ̃t] **I.** *adj lieu* belebt; (*par des voitures*) verkehrsreich; *rue a.* stark befahren
II. *m, f* Passant(in) *m(f)*
III. *m* [*ceinture*] Schlaufe *f*

passation [pasasjɔ̃] *f* **1.** (*transmission*) [*pouvoirs*] Übergabe *f*
2. COM, JUR [*acte*] Ausfertigung *f,* Ausstellung *f;* ~ ***d'écriture*** Buchung *f;* ***la ~ du contrat*** der Vertragsabschluss

passavant [pasavɑ̃] *m* **1.** COM, JUR *pour marchandises* Zollfreischein *m; pour voyageurs* Passierschein *m*
2. NAUT Laufsteg *m*

passe¹ [pɑs] *f* **1.** FBALL, RUGBY Pass *m;* ***qn fait une ~ à qn*** jd spielt jdm den Ball zu; ***une ~ mal ajustée*** eine schlechte Vorlage
2. [*prostituée*] Nummer *f fam;* ***combien de ~s tu fais par jour?*** wie viel Freier schaffst du pro Tag?
3. (*à l'escrime*) Ausfall *m,* Passade *f*
4. (*en tauromachie*) Passage *f*
5. JEUX Passe *nt*
6. (*chenal*) Fahr[t]rinne *f*
7. TYP Zuschuss *m*
▸ **qn est dans** [*o* **traverse**] **une bonne/mauvaise** ~ jd durchlebt eine gute [*o* glückliche] Zeit/macht eine schwere Zeit durch, jd hat eine Glückssträhne/Pechsträhne *fam;* **qn/qc est en ~ de faire qc** jd/etw ist auf dem besten Weg, etw zu tun
◆ **passe d'armes** (*échange verbal*) Wortgefecht *nt*

passe² [pɑs] *m fam abr de* **passe-partout** Hauptschlüssel *m*

passé, e [pɑse] **I.** *adj* **1.** (*dernier*) letzte(r, s), vergangene(r, s)
2. (*révolu*) vergangen; *angoisse* früher; ***cette époque est maintenant ~e*** diese Zeit ist nun vorbei
3. (*délavé*) *couleur, tissus* verblasst, verblichen; (*au soleil*) verschossen; (*au lavage*) verwaschen
4. (*plus de*): [***il est***] ***midi ~/deux/trois/… heures ~es*** es ist schon nach zwölf/zwei/drei/… Uhr, es ist schon zwölf/zwei/drei/… Uhr vorbei [*o* durch]; ***voilà une heure ~e que j'attends*** ich warte schon über eine Stunde auf dich
II. *m* **1.** Vergangenheit *f;* ***oublions le ~*** vergessen wir das Vergangene; vergessen wir, was früher war; ***tout ça c'est du ~*** all das gehört der Vergangenheit an, all das ist Schnee von gestern *fam*
2. (*vie écoulée*) Vergangenheit *f*
3. GRAM Vergangenheit *f;* ~ ***simple/~ composé/~ antérieur*** historisches Perfekt [*o* Passé simple *nt*]/Perfekt/zweites Plusquamperfekt [*o* Passé antérieur *nt*]
▸ **qn vit dans le ~** jd lebt in der Vergangenheit; **dans le ~** in der Vergangenheit; **comme par le ~** wie früher
III. *prép* (*après*) ■ ~ **qc** *6/8/… heures/le 15/20/… janvier* nach etw; *le village, la frontière* hinter etw; ~ ***minuit*** nach Mitternacht

passe-droit <~-~s> [pɑsdʀwa] *m* ungerechtfertigte Bevorzugung, ungerechtfertigte Vergünstigung; ***Jean-Louis essaie toujours d'obtenir des ~-~s*** Jean-Louis versucht immer für sich etwas herauszuschlagen *fam;* ***il n'y aura aucun ~-~*** hier bekommt keiner eine Sonderbehandlung

passéisme [paseism] *m* Festhalten *nt* an der Vergangenheit

passéiste [paseist] **I.** *adj* vergangenheitsbezogen, vergangenheitsorientiert **II.** *mf* vergangenheitsbezogener [*o* vergangenheitsorienter] Mensch, Ewiggestrige(r) *f(m)*

passe-lacet <~-~s> [pɑslasɛ] *m* Einfädler *m*

passement [pɑsmɑ̃] *m* Posament *nt*

passementerie [pɑsmɑ̃tʀi] *f* Posamenterie *f*

passementier, -ière [pɑsmɑ̃tje, -jɛʀ] *m, f* Posamentier(in) *m(f)*

passe-montagne <~-~s> [pɑsmɔ̃taɲ] *m* warme Mütze mit Hals

passe-partout [pɑspaʀtu] **I.** *adj inv* für jede Gelegenheit, Nullachtfünfzehn- *pej fam; phrase* Allerwelts- *fam* **II.** *m inv* **1.** (*clé*) Hauptschlüssel *m* **2.** (*scie*) Zweimann-Blattsäge *f*

passe-passe [pɑspɑs] *m v.* **tour.**

passe-plat <~-~s> [pɑspla] *m* Durchreiche *f*

passepoil [pɑspwal] *m* Biese *f*

passeport [pɑspɔʀ] *m* [Reise]pass *m;* ■ ~ **pour qc** *fig* Schlüssel *m* zu etw

passer <1> [pɑse] **I.** *vi* + *être o avoir* **1.** (*en un lieu*) ■ **qn passe** [**quelque part**] jd geht [irgendwo] vorbei; (*en véhicule*) jd fährt [irgendwo] vorbei; (*au cours de sa tournée*) */médecin, facteur/* jd kommt [irgendwo] vorbei; ***je ne fais que ~*** ich komme nur kurz [*o* auf einen Sprung] vorbei; (*pendant un voyage*) ich bin nur auf der Durchreise; ***le facteur est-il passé?*** war der Briefträger schon da?; ***le releveur du gaz passera demain*** morgen kommt der Gasmann; ***qn passe au bureau*** jd geht im Büro vorbei; ***qn passe en ville*** jd geht in die Stadt; ***qn fait ~ les piétons*** jd lässt die Fußgänger über die Straße; ■ **qc passe** [**quelque part**] */véhicule, bateau/* etw fährt [irgendwo] vorbei; */avion/* etw fliegt [irgendwo] vorbei; (*régulièrement*) */moyen de transport/* etw verkehrt [irgendwo], etw fährt [irgendwo]; */nuages, caravane/* etw zieht [irgendwo] vorbei; */frontière, route/* etw verläuft irgendwo; */coup, balle, ballon/* etw geht irgendwo vorbei; ***le train/ bus est-il passé?*** ist der Zug/Bus schon durch [*o* dagewesen]?; ***le train va bientôt ~*** der Zug wird gleich kommen; ***où passe l'autobus?*** wie [*o* wo] fährt der Bus?; ***l'autobus/ le train passe ici*** der Bus/Zug fährt hier durch; ***l'autobus passe rue Goethe*** der Bus fährt durch die Goethestraße; ■ **qn passe à qc** *à la pharmacie, poste* jd geht bei etw [*o* in etw (*dat*)] vorbei; (*avec un véhicule*) jd fährt bei etw vorbei; *à la douane* jd geht durch etw; ■ **qc passe à qc** */rivière/* etw fließt an etw (*dat*) vorbei; (*à travers*) etw fließt durch etw; */rue/* etw geht [*o* führt] an etw (*dat*) vorbei; ■ **qn passe dans qc** *dans une rue, le centre, une ville* jd geht/fährt durch etw; ***si tu passes dans le coin*** wenn du in der Gegend bist; ■ **qc passe dans qc** */véhicule/ dans une rue* etw fährt auf etw (*dat*); *dans une ville* etw fährt durch etw; */caravane/* etw zieht durch etw; */nuages/* etw zieht an etw (*dat*) [vorüber]; */courant électrique/* etw fließt durch etw; ***une brise légère passait dans les cimes des arbres*** ein leichter Wind strich durch die Wipfel der Bäume; ■ **qn passe par qc** *par une ville, rue* jd fährt durch etw; (*en prenant une certaine route*) jd fährt über etw (*akk*); *par une région* jd fährt durch etw; *par une rue, place* jd geht/fährt über etw (*akk*); *par la porte* jd geht durch etw; *par la fenêtre* jd steigt [*o* klettert] durch etw; *par le balcon* jd steigt über etw (*akk*); ***qn passe par chez qn*** jd geht bei jdm vorbei; ***par où êtes-vous passés?*** wie [*o* welche Strecke] sind Sie/seid ihr gegangen/gefahren?; ■ **qc passe par qc** */moyen de transport/* (*en prenant une certaine route*) etw fährt über etw (*akk*); *par une ville, rue* etw fährt durch etw; *par différents stades* etw durchläuft etw; ***tous les dossiers passent par ses mains*** alle Akten gehen durch seine/ihre Hände; ***une demande passe par plusieurs services*** ein Antrag geht über [*o* durch] verschiedene Dienststellen; ***pour arriver au pouvoir, il faut ~ par le parti*** der Weg zur Macht geht [*o* führt] über die Partei; ■ **qn passe sous qc** jd geht/fährt unter etw (*akk*) durch; *sous une clôture* jd kriecht unter etw (*dat*) durch; ■ **qc passe sous qc** */train, bateau, voiture/* etw fährt unter etw (*dat*) durch; */route, tunnel, canal/* etw führt unter etw (*dat*) durch; *sous un tunnel* etw fährt durch etw; */ballon, balle/* etw rollt unter etw (*dat*) durch; ■ **qc passe au bord de qc** */train/* etw fährt an etw (*dat*) vorbei; ***la route passe au bord d'un lac*** die Straße führt an einem See vorbei; ■ **qn/qc passe à côté de qc** jd/etw geht an etw (*dat*) vorbei; ■ **qn passe au-dessus de qc** jd geht/fährt/fliegt über etw (*akk*); ■ **qc passe au-dessus de qc** */véhicule/* etw fährt über etw (*akk*); */avion/* etw fliegt über etw (*akk*); */route/* etw verläuft oberhalb einer S. (*gen*); ■ **qn passe au travers de qc** jd entgeht einer S. (*dat*); ■ **qn passe chez qn** jd kommt [*o* geht] bei jdm vorbei; ***qn passe chez lui*** jd geht zu Hause vorbei; ***nous passons chez moi prendre un parapluie*** wir gehen bei mir [zu Hause] vorbei und nehmen einen Schirm mit; ■ **qn passe devant** jd geht vor; ■ **qn passe devant qn/qc** jd geht an jdm/etw vorbei; ***je passe devant vous pour vous montrer le chemin*** ich gehe Ihnen voraus [*o* vor Ihnen her], um Ihnen den Weg zu zeigen; ■ **qc passe devant qc** etw führt an etw (*dat*) vorbei; ■ **qn passe entre qc** jd geht/fährt zwischen etw (*dat*) durch; ■ **qc passe entre qc** */véhicule, bateau/* etw fährt zwischen etw (*dat*) durch; */route/* etw verläuft zwischen etw (*dat*); ***le cortège passe entre deux haies de spectateurs*** der Festzug bewegt sich durch ein Spalier von Zuschauern; ■ **qn passe près de qc** jd geht nahe an etw (*dat*) vorbei; ***nous sommes passés tout près de la victoire*** wir hätten um ein Haar gesiegt; ■ **qc passe près de qc** */véhicule/* etw fährt nahe an etw (*dat*) vorbei; */flèche, balle, coup/* etw geht nahe an etw (*dat*) vorbei, etw trifft etw um ein Haar; ■ **qn/qc passe sur qc** *sur une route* jd/etw fährt über etw

(*akk*); */lueur, sourire/* etw huscht über etw (*akk*)
2. (*traverser, franchir*) ■ **qn/un animal passe** (*dans un endroit peu accessible*) jd kommt durch; (*en montagne*) jd kommt hinauf; */sauteur, cheval/* jd kommt drüber; ■ **qc passe** */objet/* etw geht durch; */véhicule/* etw kommt durch; */café/* etw läuft durch; ■ **qn laisse ~ qn/qc** *personne, procession* jd lässt jdn/etw durch, jd lässt jdn/etw vorbei; (*laisser la priorité*) jd lässt jdm den Vortritt; *véhicule* jd lässt etw vorbei; ■ **qn passe par qn/qc** (*éprouver*) jd macht etw durch, jd durchlebt etw; ***qn passe par des difficultés*** jd hat Schwierigkeiten; ***j'ai dû ~ par la secrétaire*** ich musste mich zuerst an die Sekretärin wenden; ***il est passé par une grande école parisienne*** er war auf einer Pariser „Grande École"; ■ **qc passe par qc** */vent/* etw bläst durch etw; */lumière, jour/* etw scheint durch etw; (*être lié nécessairement*) etw ist nur durch etw möglich; ■ **qc passe à travers qc** */eau, lumière/* etw dringt durch etw; (*s'effondre dans*) etw bricht durch etw; ***des esprits qui passent à travers les murs*** Geister, die Mauern durchschreiten; ■ **qn/un animal passe à travers qc**: ***elle est passée à travers le pare-brise*** sie flog durch die Windschutzscheibe; ***la glace n'était pas solide, il est passé à travers*** das Eis war nicht dick genug, er ist eingebrochen; ***le poisson est passé à travers les mailles du filet*** der Fisch ist durch die Maschen des Netzes geschlüpft; ■ **qn/qc passe par-dessus qc**: ***il est passé par-dessus la rampe et il est tombé*** er ist über das Geländer hinuntergestürzt; ***le flot passait/les vagues passaient par-dessus la digue*** die Wassermassen/die Wellen überfluteten den Deich; ■ **qn passe sous qc** jd geht unter etw (*dat*) durch; ■ **qc passe sous qc** etw kommt unter etw (*dat*) durch; ■ **qn passe sur qc** jd geht/fährt über etw (*akk*); ***nous avons pris le bac pour ~ sur l'autre rive*** wir setzten mit der Fähre [ans andere Ufer] über; ***le passeur nous a fait ~ sur l'autre rive*** der Fährmann setzte uns ans andere Ufer über; ■ **qc passe sur qc** */véhicule/* etw fährt über etw (*akk*)
3. (*aller*) ■ **qn passe quelque part** jd geht irgendwohin; ***il est passé en Suisse*** er ist in die Schweiz entkommen [*o* geflüchtet]; ***qn passe dans le camp ennemi*** jd wechselt ins feindliche Lager über; ***nous passons dans l'isoloir*** wir betreten die Wahlkabine; ***nous sommes passés sur la file de droite*** wir wechselten auf die rechte Spur; ■ **qc passe dans qc** */argent/* etw geht für etw drauf *fam;* ***60 % du budget passeront dans les traitements*** 60 % des Budgets gehen für Gehälter ab [*o* weg]; ***des substances qui passent dans l'organisme*** Substanzen, die in den Organismus gelangen; ■ **qc passe en qc**: ***son argent de poche passe en bonbons*** er gibt sein [ganzes] Taschengeld für Bonbons aus; ■ **qc est passé(e) quelque part** etw ist irgendwo geblieben; ***où est donc passé l'argent?*** wo ist nur das Geld geblieben?; ■ **qn passe de qc à qc** jd wechselt von etw zu etw über; *à un ton sévère* jd geht von etw zu etw über; ***on était passé de l'élevage à l'agriculture*** man war von Viehzucht auf Ackerbau übergegangen; ***qn passe d'un extrême à l'autre*** jd fällt von einem Extrem ins andere; ***les invités passent de la salle à manger au salon*** die Gäste gehen vom Esszimmer in den Salon [hinüber]; ■ **qc passe [de qc] à qc** etw ändert sich [von etw] nach etw; ***le feu passe au rouge/vert*** die Ampel schaltet [*o* springt] auf Rot/Grün; ***le feu passe du vert à l'orange*** die Ampel springt [*o* wechselt] von Grün auf Gelb; ***la T.V.A. passe de 12 % à 15 %*** die Mehrwertsteuer erhöht sich von 12 % auf 15 %; ***la glace passe de l'état solide à l'état liquide*** das Eis wechselt vom festen in den flüssigen Zustand über; ■ **qc passe de qc en qc** etw geht von etw zu etw; ***la nouvelle est passée de bouche en bouche*** die Neuigkeit ist von Mund zu Mund gegangen
4. (*s'écouler*) ■ **qc passe** */temps, heures, années/* etw vergeht; ***faire ~ le temps*** die Zeit vertreiben; ***on ne voyait pas les heures ~*** die Stunden vergingen [*o* verflogen] im Nu; ***les semaines passèrent*** die Wochen vergingen, Woche um Woche verging; ***les vacances ont passé vite/trop vite*** die Ferien waren schnell/zu schnell vorbei; ***les vacances sont passées*** die Ferien sind vorbei; ■ **qn laisse ~ qc** *délai* jd lässt etw verstreichen; *chance* jd verpasst etw; *occasion* jd nutzt etw nicht
5. (*glisser sur*) ■ **qn passe** jd geht darüber hinweg; ***le ministre ne répondit pas à ces critiques, il passa*** der Minister ging nicht auf diese Vorwürfe ein, er ging [mit Schweigen] darüber hinweg; ■ **qn passe sur qc** *sur les problèmes* jd hält sich nicht mit etw auf; *sur des fautes* jd übersieht etw
6. (*devenir*) ■ **qn passe qc** jd wird etw; (*être promu*) jd wird zu etw befördert; ***qn passe directeur*** jd wird Direktor; ■ **qn passe à [*o* dans] [*o* en] qc** jd rückt in etw (*akk*) auf, jd kommt in etw (*akk*); ***qn passe en deuxième position/en tête du classement*** jd kommt auf den zweiten Platz/an die Tabellenspitze; ***qn passe de la douzième à la sixième place*** jd rückt vom zwölften auf den sechsten Platz auf [*o* vor]; ***qn passe [dans la classe supérieure]*** jd wird versetzt
7. AUT ■ **qn passe en qc** *en première, seconde, marche arrière* jd schaltet in etw (*akk*), jd legt etw ein; ■ **qc passe**: ***les vitesses passent mal*** der Wagen [*o* das Getriebe] lässt sich schlecht schalten, die Gänge gehen schwer
8. (*être présenté*): ***qn/qc passe à la radio/télé*** jd/etw kommt im Radio/Fernsehen; ***un acteur passe à la télévision*** ein Schauspieler tritt im Fernsehen auf [*o* kommt im Fernsehen]; ***ce film passe au Rex*** dieser Film läuft im Rex; ***qn passe à la radio/visite médicale*** jd wird geröntgt/untersucht
9. (*aborder*) ■ **qn passe à qc** *aux actes, ordres* jd geht zu etw über
10. (*disparaître*) ■ **qc passe** etw vergeht; */douleur a./* etw legt sich, etw klingt ab; */colère a./* etw verfliegt, etw legt sich; */fleurs/* etw verblüht; */mode, chagrin a./* etw geht vorüber; */averse, pluie, orage/* etw hört auf; */couleur/* etw verbleicht, etw verblasst; (*au soleil*) etw verschießt; ■ **qc est passé(e)** */danger, choc/* etw ist vorbei; ***le plus dur est passé*** das Schwerste ist überstanden; ***mon mal de tête est passé*** meine Kopfschmerzen sind weg; ■ **qc passe à qn** etw vergeht jdm; ■ **qc fait ~ qc** *douleur, toux* etw beseitigt etw, etw hilft gegen etw; *crampe* etw löst etw; ■ **qc fait ~ qc à qn** etw nimmt jdm etw; ***qn fait ~ à qn le goût [*o* l'envie] de qc/de faire qc*** jd nimmt jdm die Lust an etw (*dat*)/nimmt jdm die Lust daran, etw zu tun; ***il voulait être pompier mais ça lui a passé*** er wollte Feuerwehrmann werden, aber das ist vorbei [*o* ist ihm vergangen]; ■ **qn fait ~ qc à qn** jd gewöhnt jdm etw ab; ***je vais te faire ~ la manie de mentir*** dir werde ich das Lügen schon austreiben
11. (*dépasser*) ■ **qc passe [quelque part]** etw guckt [irgendwo] raus *fam;* ***ne laisse pas ton bras ~ par la portière, c'est dangereux*** lass deinen Arm nicht aus dem Fenster hängen, das ist gefährlich
12. (*ne pas profiter*) ■ **qn passe à côté de qc** jd lässt sich (*dat*) etw entgehen; ***je ne veux pas ~ à côté d'une chance aussi extraordinaire*** so eine einmalige Chance möchte ich mir nicht entgehen lassen
13. (*avoir la priorité sur*) ■ **qn passe avant/après** jd kommt vorher/nachher; (*être important*) jd ist wichtiger/nicht so wichtig; ***le travail d'abord, sa femme passe après*** zuerst kommt für ihn die Arbeit und dann erst seine Frau; ***il m'a fait ~ après les autres candidats*** er hat mich nach den anderen Prüflingen drangenommen; ■ **qc passe avant** (*est important*) etw hat [den] Vorrang, etw geht vor; ■ **qn/qc passe avant qn/qc** jd/etw ist wichtiger als jd/etw; ***le travail passe avant les plaisirs*** erst die Arbeit, dann das Vergnügen; ***sa femme/son travail passe avant tout [le reste]*** seine Frau/seine Arbeit ist ihm wichtiger als alles andere; ***il est passé avant son tour*** er kam dran, bevor er an der Reihe war; ***qn passe avant les autres*** jd kommt vor den anderen dran; ***qn fait ~ qn avant les autres*** jdn lässt jdn vor; ■ **qn fait ~ qc avant qc** jd stellt etw über etw (*akk*)
14. (*être accepté*) ■ **qn/qc passe** */loi, candidat/* jd/etw kommt durch; */proposition/* etw wird angenommen; */demande/* etw wird bewilligt; (*réussir un examen*) jd besteht, jd kommt durch; */plaisanterie/* etw kommt an; ***qn fait ~ un candidat/une loi*** jd bringt einen Kandidaten/ein Gesetz durch; ***comment faire ~ les hausses de prix?*** wie kann man die Preiserhöhungen durchbringen?; ***une scène ne passe pas à la représentation*** eine Szene fällt bei der Aufführung durch; ■ **qn laisse ~ qc** jd lässt etw durchgehen; *erreur* jd übersieht etw; ***nous ne pouvons pas laisser ~ cette affaire sans protester*** wir können diese Angelegenheit nicht protestlos übergehen; ***son humour passe mal*** sein/ihr Humor kommt schlecht an
15. (*être digéré*) ■ **qc passe** */repas/* etw wird verdaut; ***le ragoût ne passe pas*** [*o* ***a du mal à ~***] das Ragout liegt schwer im Magen; ***je prends un digestif pour faire ~ le déjeuner*** ich trinke einen Schnaps um das Essen zu verdauen
16. (*tolérer, accepter*) ■ **qn passe sur qc** jd nimmt etw hin; *sur une affaire* jd geht [*o* sieht] über etw (*akk*) hinweg; ***avec son fils, il ne passe sur rien*** er lässt seinem Sohn nichts durchgehen; ***sa mère est obligée de ~ sur bien des choses*** seine/ihre Mutter muss ihm/ihr manches nachsehen
17. ■ **qn passe pour …** jd gilt als …; ***qn passe pour un sot/un connaisseur*** jd gilt als dumm/[ein] Kenner; ***il pourrait ~ pour un Allemand*** man könnte ihn für einen Deutschen halten; ***je ne voudrais pas ~ pour un imbécile*** ich möchte nicht für einen Idioten gehalten werden; ■ **qn fait ~ qn pour qc** jd stellt jdn als etw hin; (*présenter comme*) jd gibt jdn als etw aus; ***pour qui allez-vous me faire ~*** wie stellen Sie mich denn hin?; ***qn fait ~ qn pour ce qu'il n'est pas*** jd bringt jdn in einen falschen Ruf; ■ **qn se fait ~ pour qc** jd gibt sich als etw aus
18. SCOL, UNIV ■ **qn passe [à qc]** *à une épreuve, un examen* jd geht [in etw (*akk*)] hinein; ***il est justement en train de ~*** er ist gerade drin *fam*
19. JUR, ADMIN (*être présenté*) ■ **qn/qc passe devant qn/qc** */projet de loi/ devant la Chambre* etw wird jdm/einer S. vorgelegt; ***qn/qc passe devant un tribunal [o en justice]*** jd/etw kommt vor Gericht
20. CARTES ■ **qn passe** jd passt
▸ **passe encore que** + *subj* es mag ja noch angehen, dass; ***passe encore qu'il ne soit pas venu, mais qu'il ne se soit pas excusé …*** dass er nicht gekommen ist, mag ja noch angehen, aber dass er sich nicht entschuldigt hat …; **qn passe outre à qc** jd setzt sich über etw (*akk*) hinweg; *à des objections* jd fegt etw vom Tisch, jd ignoriert etw; *à une mise en garde* jd achtet nicht auf etw (*akk*), jd schlägt etw in den Wind; ***malgré toutes les résistances, il passa outre*** trotz aller Widerstände setzte er seinen Willen durch; **ça passe ou ça casse** *fam* alles oder nichts; **qn passe prendre qn** jd holt jdn ab; **qn passe rendre visite à qn** [*o* **voir qn**] jd besucht jdn; **qn passe au-dessus de qn/qc** (*ignore*) jd geht über jdn/etw hinweg; **en passant** im Vorbeigehen; ***j'irai le voir en passant*** ich werde unterwegs bei ihm vorbeigehen; **soit dit en passant** nebenbei bemerkt; **il faut/faudra [bien] en ~ par là** da führt kein Weg dran vorbei; **qn est [déjà] passé(e) par là** jd hat etw schon durchgemacht; ***nous sommes tous passés par là*** da mussten wir alle schon durch, das haben wir alle schon durchgemacht; **ça te/lui passera** das wird dir/ihm/ihr schon vergehen; **où est passé qn/qc?** wo ist denn [bloß] jd/etw [hingekommen]?; **tout y passe** alles geht dabei drauf *fam;* **qn/qc y passe** jd/etw bleibt nicht verschont; (*meurt*) jd muss dran glauben *fam;* ***il faudra bien que nous y passions*** da müssen wir durch *fam;* ***nous y passerons tous*** da wird keiner ausgenommen, da kommen wir alle dran *fam*, da sind wir alle dran *fam;* ***on a eu la grippe, tout le monde y a [o est] passé*** wir hatten Grippe und keiner ist verschont geblieben; ***toute ma fortune y est passée*** mein ganzes Vermögen ist draufgegangen *fam;* **passons!** genug davon!
II. *vt* + *avoir* **1.** (*donner, remettre, transmettre*) ■ **qn passe qc** (*à l'un après l'autre*) jd reicht etw herum; *parole* jd gibt etw weiter; SPORT *ballon* jd spielt etw weiter; (*au football*) jd passt etw, jd spielt [*o* gibt] etw ab; ■ **qn passe qc à qn** jd gibt jdm etw; (*à table*) jd gibt [*o* reicht] jdm etw; *parole* jd gibt etw an jdn weiter; *message* jd richtet jdm etw aus; *consigne, travail, affaire* jd übergibt jdm etw; (*prêter*) jd leiht jdm etw; *maladie* jd steckt jdn mit etw an; SPORT jd spielt jdm etw zu; (*au football*) jd passt etw zu jdm, jd spielt [*o* gibt] etw an jdn ab; ***passe-moi le volant!*** lass mich mal ans Steuer!; ***on se passait les seaux*** die Eimer wurden weitergereicht; ■ **qn passe une personne à qn** (*au téléphone*) jd gibt jdm einen Menschen, jd verbindet jdn mit einem Menschen; ***passez-moi Monsieur Dupont*** geben Sie mir Monsieur Dupont, verbinden Sie mich mit Monsieur Dupont; ***il passa la communi-***

cation à la personne compétente er leitete das Gespräch an die zuständige Person weiter; ■ **qn fait ~ qc** jd reicht etw herum

2. SCOL, UNIV ■ **qn passe qc** *examen, écrit* jd macht etw, jd legt etw ab; ***qn passe un oral*** jd macht eine mündliche Prüfung, jd legt eine mündliche Prüfung ab, jd wird mündlich geprüft; ***qn passe sa thèse*** [*o* ***son doctorat***] jd promoviert; ***qn passe le conseil de révision*** jd wird gemustert, jd unterzieht sich einer Untersuchung; ***qn a passé un examen*** (*avec succès*) jd hat eine Prüfung bestanden; ■ **qn fait ~ qc à qn** jd unterzieht jdn einer S. (*dat*); ***qn fait ~ un examen de français à un élève*** jd prüft einen Schüler in Französisch; ***ce professeur fait ~ la biologie*** dieser Lehrer prüft [in] Biologie

3. (*occuper*) ■ **qn passe qc** *vacances, nuit, temps, hiver, vie* jd verbringt etw; *soirée, de bons moments* jd verlebt etw; ***qn passe le temps/sa vie à faire qc*** jd verbringt die Zeit/sein Leben damit, etw zu tun; ***qn passe son temps à ne rien faire*** jd verbringt [*o* vertrödelt *fam*] seine Zeit mit Nichtstun; ***elle passe ses nuits à lire*** sie liest die Nächte durch; ***des nuits passées à boire*** durchzechte Nächte *pl;* ***elle a passé sa vie à attendre*** sie hat ihr Leben lang nur gewartet; ***nous passons nos vacances au bord de la mer*** wir machen Urlaub am Meer; ***ils ont passé soixante jours en mer*** sie waren sechzig Tage auf See; ***il passe toutes ses soirées devant la télévision*** er sitzt jeden Abend vor dem Fernseher; ***j'ai passé trois mois à l'hôpital*** ich habe drei Monate im Krankenhaus gelegen; ***il a passé dix ans en prison*** er hat zehn Jahre im Gefängnis gesessen; ***nous avons passé un moment agréable à bavarder*** wir haben gemütlich geplaudert; ***je viendrai ~ un moment avec vous*** ich komme auf einen Augenblick bei Ihnen/euch vorbei

4. (*présenter*) ■ **qn passe qc** *film, diapositives* jd führt etw vor, jd zeigt etw; *disque* jd spielt etw; *cassette* jd spielt etw ab; ***que passent-ils au cinéma?*** was gibt's im Kino?

5. (*permettre*) ■ **qn passe qc à qn** *caprice, fantaisie* jd lässt jdm etw durchgehen; *faute* jd sieht über etw (*akk*) hinweg; ***on lui passe tout*** (*bêtises*) man lässt ihm alles durchgehen; (*désirs*) er bekommt alles, was er will

6. (*franchir*) ■ **qn passe qc** jd überschreitet etw; *frontière a., rivière, écluse* jd passiert etw; *seuil a.* jd schreitet über etw (*akk*); *rivière, équateur, montagne* jd überquert etw; *tunnel, écluse* jd fährt durch etw; *obstacle* jd überwindet etw; *mur du son* jd durchbricht etw; ***qn passe une rivière à la nage*** jd durchschwimmt einen Fluss; ***nous avons pris le bac pour ~ la rivière*** wir sind [*o* haben] mit der Fähre übergesetzt; ***le voleur a pu ~ la frontière*** der Dieb entkam über die Grenze; ***qn fait ~ la frontière à qn qui est poursuivi*** jd bringt einen Verfolgten über die Grenze; ■ **un animal passe qc** /*cheval/ haie* ein Tier überspringt [*o* nimmt] etw

7. (*dépasser*) ■ **qc passe qc** *imagination, forces, limites* etw übersteigt etw, etw geht über etw (*akk*) hinaus; ■ **qn passe qc** (*survivre*) jd überlebt etw; *hiver, temps difficile a.* jd übersteht etw; ***qn a passé la trentaine*** jd ist über dreißig; ***qn a passé l'âge où*** jd ist über das Alter hinaus, wo; ***tu as passé l'âge*** [***de ces jeux***] du bist zu alt [für solche Spiele]; ***qn a passé la limite d'âge pour qc*** jd hat die Altersgrenze für etw überschritten

8. (*faire traverser*) ■ **qn passe qc** jd bekommt [*o* bringt] etw durch; ■ **qn passe qn/qc quelque part** /*passeur*/ jd bringt jdn/etw irgendwohin; ■ **qn passe qc à travers qc** *main, patte* jd streckt etw durch etw; ■ **qn passe qc** [**dans qc**] *fil, lacet* jd zieht etw [durch etw] durch; ***qn passe le fil dans le chas de l'aiguille*** jd fädelt den Faden [in das Nadelöhr] ein; ■ **qn passe qc par qc** jd bringt etw durch etw; ***les déménageurs ont dû ~ l'armoire par la fenêtre*** die Möbelpacker mussten den Schrank durchs Fenster herein-/herauslassen

9. GASTR ■ **qn passe qc** *café* jd filtert etw; *thé* jd gießt etw durch ein Sieb; *purée, pois, tomates, sauce, soupe* jd passiert etw [durch]; *pommes de terre* jd püriert etw

10. (*calmer*) ■ **qn passe qc sur qn/qc** *colère, mauvaise humeur* jd lässt etw an jdm/etw aus

11. (*omettre*) ■ **qn passe qc** jd lässt etw aus; *pages* jd überspringt etw; *détails* jd lässt etw weg

12. (*étendre*) ■ **qn passe qc sur qc** jd trägt etw auf etw (*akk*) auf

13. (*enfiler*) ■ **qn passe qc** *vêtement* jd zieht etw an, jd zieht etw über; ***on lui passa les menottes*** man legte ihm Handschellen an; ***qn passe une bague au doigt de qn*** jd steckt jdm einen Ring an den Finger

14. AUT: ***qn passe une vitesse*** jd legt einen Gang ein; ***avant de ~ une vitesse, il faut débrayer*** vor dem Schalten muss man auskuppeln

15. COM, JUR (*conclure*) ■ **qn passe qc** *marché, contrat* jd schließt etw ab; *accord, convention* jd trifft etw

16. (*faire subir une action*) ■ **qn passe qn/qc à qc**: ***qn passe un mur à la chaux*** jd weißt eine Wand; ***qn passe le parquet à la cire*** jd wachst den Fußboden [ein]; ***qn passe le tapis/la pièce à l'aspirateur*** jd saugt den Teppich/das Zimmer; ***qn passe qc au hache-viande*** jd dreht etw durch den [Fleisch]wolf; ***qn passe qc au presse-purée*** jd püriert etw; ***qn passe qn à la radio*** jd röntgt jdn; ***qn passe qc sous le robinet*** jd spült etw ab

17. (*faire glisser*) ■ **qn passe qc** [**sur/dans qc**]: ***qn passe l'aspirateur*** jd staubsaugt, jd saugt Staub; ***qn passe le balai*** jd fegt; ***qn passe le chiffon*** jd wischt Staub; ***qn passe la serpillière*** jd wischt [feucht] auf; ***elle lui passa la main dans les cheveux*** sie fuhr ihm mit der Hand durchs Haar; ***passe-toi de l'eau sur le visage*** wasch dein Gesicht ab

18. (*à la douane*) ■ **qn passe qc** (*en fraude*) jd schmuggelt etw

▶ **qu'<u>est-ce</u> qu'il m'a/t'a/lui a passé!** *fam* der hat mich/dich/ihn/sie vielleicht abgekanzelt!, der hat mir/dir/ihm/ihr vielleicht einen Anschiss verpasst! *sl;* **et j'<u>en</u> passe** [*o* **j'<u>en</u> passe et des meilleures**] ich kann nicht alles aufzählen

III. *vpr* **1.** (*avoir lieu*) ■ **qc se passe** [**quelque part**] etw ereignet sich [irgendwo], etw trägt sich [irgendwo] zu; ***que se passe-t-il encore?*** was ist denn jetzt wieder los?, was gibt's denn nun schon wieder?; ***que se passe-t-il?*** was ist hier los?, was geht hier vor?; ***ce qui se passe dans la coulisse*** [*o* ***les coulisses***] was sich hinter den Kulissen abspielt; ***tout ce qui se passe à Paris ce mois-ci*** alles, was diesen Monat in Paris los ist; ***que se passa-t-il en lui?*** was ging in ihm vor?; ***que s'est-il passé?*** was war passiert [*o* geschehen]?; ***après tout ce qui s'est passé*** nach allem, was passiert [*o* geschehen] ist; ***comme si rien ne s'était passé*** als ob nichts geschehen wäre

2. (*s'écouler*) ■ **qc se passe** /*temps, jour, mois*/ etw vergeht

3. (*se dérouler*) ■ **qc se passe ...** etw verläuft ...; ***qc se passe bien/mal*** etw klappt/klappt nicht, etw läuft gut/schlecht, etw geht glatt/schief *fam;* ***tout cela s'est passé très vite*** alles ist ganz schnell gegangen; ***racontez comment les choses se sont passées/l'accident s'est passé*** erzählen Sie, wie sich alles abgespielt hat/wie sich der Unfall ereignet hat; ***si tout se passe bien*** wenn alles gut geht; ***si tout se passe comme prévu*** wenn alles so läuft wie geplant; ***tout se passe comme dans un conte de fées*** alles ist wie im Märchen

4. (*cesser*) ■ **qc se passe** /*migraine*/ etw geht vorüber; /*douleur a.*/ etw vergeht, etw legt sich, etw klingt ab; /*colère a.*/ etw verfliegt, etw legt sich; /*orage, pluie*/ etw hört auf; ***l'envie de tousser/la crampe se passa peu à peu*** der Hustenreiz ließ allmählich nach/der Krampf löste sich allmählich; ***l'enfant est très dissipé, mais cela se passera*** das Kind ist sehr wild, aber das wird sich geben

5. (*se dispenser de*) ■ **qn/qc se passe de qn/qc** jd/etw kommt ohne jdn/etw aus; ***qn/qc ne peut pas se ~ de qn/qc*** jd kann ohne jdn/etw nicht auskommen, jd kann auf jdn/etw nicht verzichten; ***qn se passerait bien de qc*** jd könnte gut auf etw (*akk*) verzichten; ***ils ne peuvent se ~ l'un de l'autre*** sie können ohne einander nicht leben; ***on ne peut plus se ~ de moi*** man kann mich nicht mehr entbehren; ***voilà qui se passe de commentaires*** Kommentar überflüssig; ***l'amour se passe de mots*** Liebe braucht keine Worte; ■ **qn se passe de faire qc** jd verzichtet darauf, etw zu tun; ***qn ne peut pas se ~ de faire qc*** jd kann nicht darauf verzichten, etw zu tun; ***je ne peux pas me ~ de dormir*** auf meinen Schlaf kann ich nicht verzichten

▶ **ça** [**ne**] **se passera pas <u>comme</u> ça!** so geht es ja nun nicht!

passereau <x> [pasʀo] *m* Spatz *m,* Sperling *m;* ***les ~x*** die Sperlingsvögel *pl*

passerelle [pasʀɛl] **I.** *f* **1.** (*petit pont*) [schmale] Fußgängerbrücke

2. AVIAT, NAUT (*voie d'accès*) Gangway ['gæŋweɪ] *f;* (*pont supérieur*) Brücke *f*

3. SCOL Übergangsklasse *f*

II. *app* SCOL *classe* Übergangs-

passe-temps [pastɑ̃] *m inv* Zeitvertreib *m;* ***qn fait qc par ~~*** jd tut etw zum Zeitvertreib; ***c'est son ~~ favori*** das ist sein/ihr Lieblingszeitvertreib

passe-thé [paste] *m inv* Teesieb *nt*

passeur, -euse [pasœʀ, -øz] *m, f* **1.** (*sur un bac*) Fährmann *m*

2. (*à la frontière*) Fluchthelfer(in) *m(f);* ~ ***de drogues*** Rauschgiftschmuggler *m*

passible [pasibl] *adj* COM, JUR ■ **qn/qc est ~ de qc** *d'une amende, peine* jd muss mit etw rechnen, jd/etw wird mit etw belegt; /*crime*/ auf etw (*akk*) steht etw; ***cette marchandise est ~ de droits*** diese Ware ist zollpflichtig [*o* mit Zoll belegt]

passif, -ive [pasif, -iv] **I.** *adj* **1.** (*apathique*) passiv

2. (*qui n'agit pas*) untätig; ***ne reste donc pas ~*** tu doch etwas; ***qn est le témoin ~ d'un événement*** jd sieht einem Geschehen tatenlos zu; ***tabagisme ~*** Passivrauchen *nt;* ***défense ~ive*** Zivilschutz *m*

3. GRAM *forme* passivisch, Passiv-; ***voix ~ive*** Passiv *nt*

II. *m* **1.** FIN (*opp: actif*) Passiva *pl;* ***bilan ~*** Passivseite *f;* ~ ***d'une succession*** Nachlassschulden *pl,* Nachlassverbindlichkeiten *pl*

2. GRAM Passiv *nt;* ***mettre qc au ~*** etw ins Passiv setzen; ***qc est au ~*** etw steht im Passiv

passing-shot <~-~s> [pasiŋʃɔt] *m* Passierschlag *m*

passion [pasjɔ̃] *f* **1.** (*inclination*) Leidenschaft *f;* ■ **~ de** [*o* **pour**] *du jeu, sport, des voitures, de la lecture* -leidenschaft; *du pouvoir* -gier *f; pour la littérature* Liebe *f* zu; *de l'histoire* starkes Interesse für; ~ ***de la liberté*** Freiheitsdrang *m;* ~ ***des voyages*** ausgeprägte Reiselust; ***qn a la ~ de son métier*** jd übt leidenschaftlich gern seinen Beruf aus

2. (*amour ardent*) Leidenschaft *f,* leidenschaftliche Liebe; ***qn vit une ~ avec qn*** jd hat eine leidenschaftliche Beziehung mit jdm; ***il lui déclara sa ~*** er erklärte ihr, dass er sie leidenschaftlich liebte

3. (*impulsions*) Leidenschaft *f;* ***qn maîtrise ses ~s*** jd zügelt seine Leidenschaft[en]

4. REL ■ **la P~** die Passion, das Leiden [und Sterben] Christi; ***la P~ selon saint Matthieu*** die Matthäuspassion

▶ ~ **<u>amoureuse</u>** leidenschaftliche Liebe; **qc <u>est</u> ma/sa/...** ~ etw ist meine/seine/ihre/... Leidenschaft; **<u>avec</u>/<u>sans</u>** ~ leidenschaftlich/leidenschaftslos; *discuter un problème* heftig/sachlich

passionnant, e [pasjɔnɑ̃, ɑ̃t] *adj* faszinierend, spannend, fesselnd

passionné, e [pasjɔne] **I.** *adj* leidenschaftlich; ***votre jugement est trop ~*** bei Ihrem Urteil lassen Sie sich zu stark von Ihrem Gefühl leiten; ■ **qn est ~ de** [*o* **pour**] **qc** *de musique* jd liebt etw leidenschaftlich, jd ist ein(e) Liebhaber(in) einer S. (*gen*); ***qn est un spectateur ~ de tous les matchs de football*** jd sieht leidenschaftlich gern Fußballspiele; ***qn est ~ de sport*** jd ist sportbegeistert

II. *m, f:* ***c'est un ~*** was er/sie tut, tut er/sie aus Leidenschaft; ■ **~ de qc**: ~ ***de cinéma/de foot*** großer Kino-/Fußballfan [-fæn]; ~ ***de la chasse*** leidenschaftlicher [*o* passionierter] Jäger/leidenschaftliche [*o* passionierte] Jägerin

passionnel, le [pasjɔnɛl] *adj crime* im Affekt begangen; *sentiment* leidenschaftlich; *réaction* emotional übertrieben; ***drame ~*** Eifersuchtsdrama *nt;* ***état ~*** Affekt *m*

passionnément [pasjɔnemɑ̃] *adv* leidenschaftlich; *être amoureux, épris*

a. bis über beide Ohren *fam; être dévoué* ganz und gar; *croire* ganz fest
passionner <1> [pasjɔne] **I.** *vt* **1.** (*intéresser vivement*) ■ **qn/qc passionne qn** */personne/* jd fasziniert jdn; */débat, lecture, spectacle/* etw fesselt jdn; */sujet/* jd findet etw äußerst interessant; */match/* jd findet etw total spannend *fam;* ■ [**qn est**] **passionné(e) par qn/qc** [jd ist] von jdm/etw fasziniert; ***je suis vraiment ~ par l'Histoire*** ich finde Geschichte wirklich äußerst interessant
2. (*empreindre de passion*) ■ **qn passionne qc** *débat* jd trägt Gefühl in etw (*akk*) hinein
II. *vpr* ■ **qn se passionne pour qc** *pour le sport, un film, roman* jd begeistert sich für jdn/etw; *pour la musique* jd ist ein Liebhaber einer S. (*gen*); *pour les sciences* jd interessiert sich leidenschaftlich für etw
passivement [pasivmɑ̃] *adv* passiv; *obéir* blind; *assister* tatenlos
passivité [pasivite] *f* Passivität *f,* Unbeteiligtsein *nt*
passoire [pɑswaʀ] *f* Sieb *nt*
▶ **c'est une** [**vraie**] **~!** (*en parlant de sa mémoire*) ich habe ein Gedächtnis wie ein Sieb! *fam;* (*en parlant d'une frontière*) die ist völlig durchlässig!
pastel [pastɛl] **I.** *m* **1.** (*crayon*) Pastellstift *m*
2. ART Pastell *nt*
3. BOT Waid *m*
▶ **au ~** *peindre* in Pastell; *portrait* Pastell-
II. *app inv couleur, teinte, ton* Pastell-
pastèque [pastɛk] *f* Wassermelone *f*
pasteur [pastœʀ] *m* **1.** (*prêtre*) [evangelischer] Pfarrer
2. *poét* (*berger*) Hirte *m;* (*chef*) Lenker *m;* REL Hüter *m*
▶ **le bon P~** der gute Hirte
pasteurisation [pastœʀizasjɔ̃] *f* Pasteurisierung *f*
pasteuriser <1> [pastœʀize] *vt* ■ **qn pasteurise qc** jd pasteurisiert etw; ■ [**qc est**] **pasteurisé(e)** [etw ist] pasteurisiert
pastiche [pastiʃ] *m* Nachahmung *f;* (*plaisant*) Parodie *f*
pasticher <1> [pastiʃe] *vt* ■ **qn pastiche qn/qc** jd ahmt jdn/etw nach
pasticheur, -euse [pastiʃœʀ, -øz] *m, f* Nachahmer(in) *m(f)*
pastille [pastij] *f* **1.** PHARM Pastille *f;* ■ **~ de** *de menthe, Vichy* -pastille, -bonbon *m o nt; de calcium, vitamine, chlore, bicarbonate, poudre à laver* -tablette *f;* ***des ~s en chocolat/sucre*** Schokoladen-/Zuckerplätzchen *pl*
2. (*petit disque*) Plättchen *nt;* ***~s plombées*** Bleiplättchen *pl*
3. (*gros pois*): ***à ~s*** gepunktet, mit großen Punkten
4. INFORM Auswahlknopf *m*
pastis [pastis] *m* **1.** Pastis *m* (*Anis-Aperitif*)
2. MIDI *fam* (*embarras*) Schlamassel *m fam;* ***me voilà dans un drôle de ~*** ich stecke [*o* sitze] ganz schön in der Klemme [*o* Patsche] *fam*
pastoral, e <-aux> [pastɔʀal, o] **I.** *adj* **1.** (*champêtre*) *mœurs* Hirten-; *chant, vie a., roman* Schäfer-
2. REL *instruction, lettre* Hirten-; *visite* bischöflich, des Bischofs *anneau, croix* Bischofs-
II. *f* ■ **pastorale** ART, LITTER, MUS Pastorale *f;* (*poésie*) Schäferdichtung *f,* Hirtendichtung *f*
pastorat [pastɔʀa] *m* Pfarramt *nt,* Amt *nt* des Geistlichen
pastourelle [pastuʀɛl] *f* Hirtenlied *nt*
pat [pat] **I.** *adj inv* ■ **qn est ~** jd ist patt
II. *m* Patt *nt*
patachon [pataʃɔ̃] *m v.* **vie**
patapouf [patapuf] **I.** *interj enfantin* (*patatras*) bauz
II. *m fam* Pummel *m fam,* Pummelchen *nt fam,* Dickerchen *nt fam*
▶ **gros ~** Fettmops *m fam*
pataquès [patakɛs] *m* **1.** (*situation confuse*) Schlamassel *m fam;* ***c'était un de ces ~*** es war das absolute Chaos *fam*
2. (*mauvaise liaison entre les mots*) falsche Bindung
patata [patata] *interj fam v.* **patati**
patate [patat] *f* **1.** *fam* (*pomme de terre*) Kartoffel *f*
2. *fam* (*imbécile*) Trottel *m fam*
▶ **~ douce** Süßkartoffel *f;* **qn en a gros sur la ~** *fam* das liegt jdm schwer im Magen; ***j'en ai vraiment gros sur la ~!*** das geht mir echt an die Nieren! *fam*
patati [patati] *interj* ▶ **et ~ et patata** *fam* und so weiter und so fort; et cetera, et cetera
patatras [patatʀa] *interj* **1.** (*bruit de chute*) krach bumm; (*quand un enfant tombe par terre*) bauz
2. (*hélas*) zack, bums
pataud, e [pato, od] **I.** *adj air, démarche* plump; *personne* ungeschickt, unbeholfen
II. *m, f* Tollpatsch *m*
III. *m* (*chien*) junger [*o* kleiner] tollpatschiger Hund
pataugas [patogas] *m* Bergstiefel *m;* (*pour ville*) Schnürstiefel *m*
pataugeoire [patoʒwaʀ] *f* Planschbecken *nt*
patauger <2 a> [patoʒe] *vi* **1.** (*barboter*) ■ **qn patauge dans qc** *dans la boue* jd watet in etw (*dat*); *dans une flaque d'eau* jd patscht in etw (*dat*) [herum]; *dans la neige* jd stapft in etw (*dat*) [herum]; ***les enfants pataugent dans le ruisseau*** die Kinder planschen im Bach
2. (*s'empêtrer*) ■ **qn patauge** [**dans qc**] *dans une explication* jd verhaspelt sich [bei etw]
patchouli [patʃuli] *m* Patschuli *nt*
patchwork [patʃwœʀk] *m* **1.** COUT Patchwork ['pætʃwɜːk] *nt*
2. (*mélange hétéroclite*) bunte Mischung, Querschnitt *m*
pâte [pɑt] *f* **1.** GASTR Teig *m;* ■ **~ à** -teig
2. *pl* GASTR Teigwaren *pl;* ***~s italiennes*** italienische Nudeln *pl*
3. (*substance molle*) Paste *f*
4. (*fromage*) Käse *m;* [***fromage à***] ***~ molle/dure*** Weich-/Hartkäse
5. (*en peinture*) Farben *pl*
▶ **une bonne ~** [**d'homme/de femme**] eine gute Haut *fam;* **~ brisée** Mürbeteig *m;* **~ dentifrice** Zahnpasta *f;* **~ feuilletée** Blätterteig *m;* [**qn est une**] **~ molle** [jd ist ein] Weichling *m* [*o* Mensch *m* ohne Rückgrat]; **~ sablée** Mürbeteig *m*
◆ **pâte à modeler** Knetmasse *f;* **pâte à papier** Papierbrei *m;* ***usine de ~ à papier*** Papierfabrik *f;* **pâte d'amandes** Marzipan *nt;* **pâtes de fruits** Geleefrüchte *pl*
pâté [pɑte] *m* **1.** GASTR Pastete *f;* ■ **~ de** -pastete
2. (*tache d'encre*) Tintenklecks *m*
3. (*sable moulé*): **~** [***de sable***] Sandberg *m*
◆ **pâté de campagne** Landleberpastete *f,* Bauernleberpastete *f;* **pâté de foie** Leberpastete *f;* **~ *de foie d'oie*** Gänseleberpastete *f;* **pâté de maisons** Häuserblock *m;* **pâté en croûte** Pastete *f* im Teigmantel
pâtée [pɑte] *f* **1.** [*chien, chat*] Futter *nt,* Futterbrei *m;* [*porc, volaille*] Mastfutter, Mastfutterbrei
2. *vieilli fam* (*correction*) Dresche *f fam*
patelin [patlɛ̃] *m fam* Nest *nt fam,* Kaff *nt pej*
patent, e [patɑ̃, ɑ̃t] *adj* offensichtlich, offenkundig; ***c'est un fait ~*** das ist klar, das liegt klar auf der Hand
patente [patɑ̃t] *f* **1.** COM Gewerbesteuer *f*
2. NAUT Gesundheitspass *m*
patenté, e [patɑ̃te] *adj* (*attitré*) anerkannt
pater [patɛʀ] *m inv* **1.** REL ■ **le P~** das Vaterunser
2. *fam* (*père*) Alter *fam,* alter Herr *fam;* **mon ~** mein Alter *fam,* mein alter Herr *fam*
patère [patɛʀ] *f* Kleiderhaken *m*
paternalisme [patɛʀnalism] *m* Paternalismus *m;* POL Bevormundung *f* [durch den Staat]
paternaliste [patɛʀnalist] *adj* paternalistisch; ***ne prends pas ce ton ~*** sprich nicht in diesem bevormundenden Ton
paternel, le [patɛʀnɛl] **I.** *adj* väterlich; ***mes grands-parents ~s*** meine Großeltern väterlicherseits
II. *m fam* (*père*) Alter *m,* alter Herr *fam;* ***si jamais le ~ apprend ça, ...*** wenn der Alte das erfährt, dann ... *fam*
paternellement [patɛʀnɛlmɑ̃] *adv* väterlich, wie ein Vater
paternité [patɛʀnite] *f* **1.** Vaterschaft *f*
2. [*roman, invention, projet*] [geistige] Vaterschaft, Urheberschaft *f;* ***qn revendique la ~ de qc*** jd nimmt für sich in Anspruch, der geistige Urheber einer S. (*gen*) zu sein
pâteux, -euse [pɑtø, -øz] *adj* **1.** (*comme de la pâte*) zähflüssig; *encre* dickflüssig; *pain* pappig; *masse* teigig; ***qn a la bouche/langue ~euse*** jd hat ein pelziges Gefühl im Mund; ***il parlait avec une voix ~euse*** er sprach unartikuliert
2. (*lourd*) *discours* langatmig; *style* zähflüssig
pathétique [patetik] **I.** *adj* ergreifend, bewegend; *appel* eindringlich; *roman* leidenschaftlich; ***dans le rôle de cette femme déchirée, elle est ~*** es ist ergreifend, wie sie die Rolle dieser zerrissenen Frau spielt
II. *m* Pathos *nt*
pathogène [patɔʒɛn] *adj* krankheitserregend, pathogen *spec;* ***agent ~*** Krankheitserreger *m*
pathologie [patɔlɔʒi] *f* Lehre *f* von den Krankheiten, Pathologie *f*
pathologique [patɔlɔʒik] *adj* MED pathologisch; *comportement, peur a.* krankhaft
pathologiquement [patɔlɔʒikmɑ̃] *adv* krankhaft; ***il est ~ incapable de supporter la vue d'une araignée*** es ist bei ihm schon pathologisch, dass er keine Spinnen sehen kann
pathologiste [patɔlɔʒist] *mf* Pathologe/-login *m/f*
pathos [patos] *m* Pathos *nt*
patibulaire [patibylɛʀ] *adj* finster, düster; ***mine ~*** Verbrechergesicht *nt*
patiemment [pasjamɑ̃] *adv* geduldig
patience[1] [pasjɑ̃s] *f* **1.** (*qualité*) Geduld *f*
2. CARTES Patience *f;* ***qn fait une ~*** jd legt eine Patience
▶ **~ d'ange** Engelsgeduld *f;* **la/ma ~ a des limites** die/meine Geduld hat ihre Grenzen; **qn s'arme de ~** jd fasst sich in Geduld *geh,* jd wappnet sich mit Geduld; **qn perd ~** jd verliert die Geduld; **~!** [nur] Geduld!; **~! *je trouverai bien moyen de me venger!*** abwarten! ich werde schon Mittel und Wege finden, mich zu rächen!
patience[2] [pasjɑ̃s] *f* BOT Gartenampfer *m*
patient, e [pasjɑ̃, jɑ̃t] **I.** *adj* **1.** (*calme*) geduldig; ***qn est ~ avec qn*** jd hat Geduld mit jdm
2. (*persévérant*) *observation* geduldig; *recherche* unermüdlich; *travail* ausdauernd; ***c'est un esprit ~*** er/sie ist geduldig
II. *m, f* MED Patient(in) *m(f)*
patienter <1> [pasjɑ̃te] *vi* ■ **qn patiente** jd wartet; ■ **qn fait ~ qn** jd lässt jdn [kurze Zeit] warten; ***ça te fera ~!*** das vertreibt dir die Zeit
▶ **pour ~** um sich (*dat*) die Zeit [beim Warten] zu vertreiben
patin [patɛ̃] *m* **1.** (*semelle*) Filzpantoffel *m*
2. [*luge*] Kufe *f*
3. [*frein*] Bremsklotz *m*
▶ **qn roule un ~ à qn** *fam* jd gibt jdm einen Zungenkuss
◆ **patin à glace** Schlittschuh *m* ▶ **qn fait du ~ à glace** jd fährt [*o* läuft] Schlittschuh; **patin à roulettes** Rollschuh *m* ▶ **qn fait du ~ à roulettes** jd fährt [*o* läuft] Rollschuh
patinage[1] [patinaʒ] *m* **1.** SPORT (*sur glace*) Eislaufen *nt,* Schlittschuhlaufen *nt;* (*sur roulettes*) Rollschuhlaufen *nt*
2. AUT [*roues*] Durchdrehen *nt;* [*embrayage*] Schleifen *nt*
▶ **~ artistique** Eiskunstlauf *m*
◆ **patinage de vitesse** Eisschnellauf *m;* **patinage en** [*o* **par**] **couple** Paarlauf *m*

patinage² [patinaʒ] *m* TECH Patinieren *nt*
patine [patin] *f* Patina *f*
patiner¹ <1> [patine] *vi* **1.** SPORT ■ **qn patine** (*sur patins à glace*) jd fährt [*o* läuft] Schlittschuh; (*sur roulettes*) jd fährt [*o* läuft] Rollschuh
2. AUT ■ **qc patine [sur qc]** */embrayage/* etw schleift; */roue/* etw dreht [auf etw (*dat*)] durch; */véhicule/* etw rutscht [auf etw (*dat*)]
3. (*piétiner*) ■ **qn/qc patine** jd/etw kommt keinen Schritt voran
patiner² <1> [patine] **I.** *vt* (*recouvrir de patine*) ■ **qn/qc patine qc** jd patiniert etw; ***le temps patine les vieilles pierres*** mit der Zeit setzen alte Steine Patina an; ***des statues patinées par le temps*** Statuen, die mit der Zeit Patina angesetzt haben
II. *vpr* ■ **qc se patine** etw setzt Patina an
patinette [patinɛt] *f* Roller *m*
patineur, -euse [patinœʀ, -øz] *m, f* Schlittschuhläufer(in) *m(f)*, Eisläufer(in) *m(f)*
▸ ~**(-euse) artistique** Eiskunstläufer(in) *m(f)*
◆ **patineur(-euse) à roulettes** Schlittschuhläufer(in) *m(f)*; **patineur(-euse) de vitesse** Eisschnellläufer(in) *m(f)*
patinoire [patinwaʀ] *f* **1.** (*piste de patinage*) Eisbahn *f*; ~ ***artificielle*** Kunsteisbahn; ~ ***couverte*** [überdachtes] Eisstadion
2. (*endroit glissant*) Rutschbahn *f fam*
patio [pɑtjo, pasjo] *m* Patio *m*
pâtir <8> [pɑtiʀ] *vi littér* (*souffrir*) ■ **qn/qc pâtit de qc** jd/etw leidet unter etw (*dat*); ***qn pâtit des erreurs de qn*** jd muss für jds Fehler büßen
pâtisserie [pɑtisʀi] *f* **1.** (*magasin*) Konditorei *f*; (*métier*) Konditorhandwerk *nt*
2. (*gâteaux*) Gebäck *nt kein pl*; (*ensemble de gâteaux*) Gebäck; (*préparation de gâteaux*) Backen *nt*; ***tout pour la*** ~ alles, was man zum Backen braucht; ■ **à** ~ *four, moule* Back-
pâtissier, -ière [pɑtisje, -jɛʀ] **I.** *m, f* **1.** (*qui fabrique les gâteaux*) Konditor *m*; ***ma mère est bonne ~ière*** meine Mutter kann gut backen
2. (*marchand de gâteaux*) Konditor/Konditorsfrau *m/f*
II. *adj v.* **crème**
patois [patwa] *m* Mundart *f*, Dialekt *m*
▸ **qn parle [en]** ~ jd spricht [in seiner] Mundart [*o* [in seinem] Dialekt]
patraque [patʀak] *adj fam* ■ **[qn est]** ~ [jd fühlt sich] ein bisschen daneben [*o* angeschlagen] *fam*, [jd ist] nicht ganz auf der Höhe *fam*
pâtre [pɑtʀ] *m littér* Hirt[e] *m*
patriarcal, e <-aux> [patʀijaʀkal, o] *adj* **1.** *société, autorité* patriarchalisch
2. REL Patriarchen-; *croix* des Patriarchen; ***siège*** ~ Patriarchat *nt*
patriarcat [patʀijaʀka] *m* Patriarchat *nt*
patriarche [patʀijaʀʃ] *m* Patriarch *m*
patricien, ne [patʀisjɛ̃, jɛn] *m, f* HIST Patrizier(in) *m(f)*
patrie [patʀi] *f* **1.** (*nation*) Heimat *f*, Vaterland *nt*; ***qn meurt pour la*** ~ jd stirbt für das Vaterland
2. (*lieu de naissance*) Geburtsort *m*, Geburtsstadt *f*
3. (*berceau*) Heimat *f*
patrimoine [patʀimwan] *m national, industriel, régional* Erbe *nt*; *familial* Vermögen *nt*; ***qn dilapide son*** ~ jd bringt das Erbe durch
▸ ~ **génétique** [*o* **héréditaire**] Erbgut *nt*, Erbmasse *f*
patriote [patʀijɔt] **I.** *adj* patriotisch; ***qn est*** ~ jd ist ein Patriot
II. *mf* Patriot(in) *m(f)*
patriotique [patʀijɔtik] *adj* patriotisch
patriotiquement [patʀijɔtikmɑ̃] *adv* patriotisch
patriotisme [patʀijɔtism] *m* Patriotismus *m*
patron¹ [patʀɔ̃] *m* **1.** (*employeur*) Arbeitgeber *m*, Chef *m*; ■ **les ~s** (*le patronat*) die Arbeitgeber; ***les [grands] ~s de l'industrie*** die Industrieführer
2. (*propriétaire, chef*) [*petite entreprise*] Besitzer *m*, Chef *m*; [*restaurant, café*] Besitzer, Wirt *m*
3. (*artisan*) ■ ~ ... + *subst boucher, boulanger* -meister *m*
4. (*leader*) [*organisation*] Chef *m*; ***le*** ~ ***des ~s*** der Präsident des Arbeitgeberverbands
5. *fam* (*chef*) Chef *m*, Boss *m fam*
6. REL Schutzpatron *m*
7. MED Chefarzt *m*
8. *fam* (*mari*) ■ **le** ~ der Chef
▸ **le saint** ~ der heilige Schutzpatron; *v. a.* **patronne**
◆ **patron de pêche** *Fischer mit eigenem Fischdampfer*; **patron de presse** Pressebaron *m*; **patron de thèse** Doktorvater *m*
patron² [patʀɔ̃] *m* **1.** COUT Schnittmuster *nt*
2. TECH Schablone *f*
▸ **demi-**~/~/**grand** ~: ***les tailles demi-***~, ~, ***grand*** ~ Größe *f* 3/4/5
patronage [patʀɔnaʒ] *m* **1.** (*protection*) Schirmherrschaft *f*
2. (*foyer*) Jugendgruppe *f*
▸ **sous le** ~ **de qn** unter jds Schirmherrschaft (*dat*)
patronal, e <-aux> [patʀɔnal, o] *adj* **1.** Arbeitgeber-; *responsabilité* der Arbeitgeber
2. REL: ***fête ~e*** Patronatsfest *nt*
patronat [patʀɔna] *m* Arbeitgeber *pl*, Arbeitgeberschaft *f*
patronne [patʀɔn] *f* **1.** (*employeuse*) Arbeitgeberin *f*, Chefin *f*
2. (*propriétaire, chef*) Besitzerin *f*, Chefin *f*; [*restaurant, café*] Besitzerin, Wirtin *f*
3. *fam* (*épouse*) ■ **la** ~ die Chefin
4. REL Schutzpatronin *f*; *v. a.* **patron**
patronner <1> [patʀɔne] *vt* (*appuyer*) ■ **qn patronne qn/qc** jd protegiert jdn, jd fördert jdn; *candidature, entreprise, initiative* jd unterstützt etw; ■ **[qn/qc est] patronné(e) par qn** [jd wird] von jdm protegiert [*o* gefördert]; */candidature, entreprise, initiative/* [etw wird] von jdm unterstützt
patronnesse [patʀɔnɛs] *f v.* **dame**
patronyme [patʀɔnim] *m littér* Familienname *m*
patronymique [patʀɔnimik] *adj*: ***nom*** ~ Familienname *m*
patrouille [patʀuj] *f* Patrouille *f*; (*de police*) Streife *f*; ***une voiture de*** ~ ***de la police*** ein Streifenwagen *m* der Polizei
▸ **[qn est] en** ~ [jd ist] auf Patrouille; */policiers/* [jd ist] auf Streife
◆ **patrouille de chasse** *kleine Formation aus Jagdflugzeugen mit Erkundungsauftrag*; **patrouille de reconnaissance** Spähpatrouille *f*
patrouiller <1> [patʀuje] *vi* ■ **qn/qc patrouille [quelque part]** jd/etw patrouilliert [irgendwo]; */avions a./* etw fliegt [irgendwo] Patrouille; */policiers/* jd fährt [irgendwo] Streife; ***ils ont patrouillé toute la nuit*** sie waren die ganze Nacht auf Patrouille
patrouilleur [patʀujœʀ] *m* **1.** (*soldat*) Soldat *m* auf Patrouille
2. AVIAT Aufklärer *m*; NAUT *a.* Patrouillenboot *nt*
patte [pat] *f* **1.** [*animal*] Bein *nt*; [*chien, chat a.*] Pfote *f*; [*lion, ours*] Pranke *f*, Tatze *f*
2. *fam* (*jambe*) Bein *nt*; ***t'en as de grandes*** ~! hast du große Flossen! *fam*
3. *fam* (*main*) Patsche *f fam*
4. *fam* (*habileté*) [*peintre, caricaturiste*] Hand *f*
5. (*languette*) Patte *f*, Klappe *f*; [*uniforme*] Schulterstück *nt*, Epaulette *f*; [*portefeuille*] Zunge *f*
6. *pl* (*favoris*) Koteletten *pl*
7. CH (*chiffon*) Lappen *m*
▸ **qn fait** ~ **de velours** jd ist katzenfreundlich; **un chat fait** ~ **de velours** eine Katze macht Samtpfötchen; **bas les ~s!** *fam* Hände [*o* Finger] weg!; (*femme à un homme a.*) [nimm deine] Pfoten [*o* Flossen] [da] weg! *fam*; **qn/un animal est bas(se)** [*o* **court(e)**]/**haut(e) sur ~s** *fam* jd/ein Tier ist kurzbeinig/langbeinig, jd/ein Tier hat kurze/lange Beine; **qn montre** ~ **blanche** jd weist sich aus, jd erfüllt bestimmte Voraussetzungen; **[qn a] une** ~ **folle** *fam* jd hat ein Hinkebein [*o* einen Hinkefuß] *fam*; **qn en a plein les ~s** *fam* jd hat ganz müde Füße [*o* Beine]; **à quatre ~s** auf allen vieren; **qn se fourre dans les ~s de qn** *fam* jd gerät in jds Klauen (*akk*) *fam*; **qn glisse** [*o* **passe**] **entre les ~s de qn** *fam* jd entwischt jdm *fam*; **qn graisse la** ~ **à qn** *fam* jd schmiert jdn *fam*; **un chien lève la** ~ ein Hund hebt das Bein; **qc marche sur une** ~ [*o* **trois ~s**] *fam* */voiture, appareil ménager/* etw läuft auf drei Töpfen *fam*; **qn retombe sur ses ~s** *fam* jd fällt wieder auf die Füße [*o* Beine] *fam*; **qc scie** [*o* **coupe**] **les ~s à qn** *fam* etw haut jdn glatt um *fam*; ***sa réponse m'a littéralement scié les ~s*** seine/ihre Antwort war so, dass mir die Spucke wegblieb [*o* ich völlig von den Socken war] *fam*; **qn se sort** [*o* **tire**] **des ~s de qn** *fam* jd befreit sich aus jds Klauen *fam*; **qn tire dans les ~s de qn** *fam* jd versucht jdm ein Bein zu stellen; **qn tombe sous la** ~ [*o* **entre les ~s**] **de qn** *fam* jd gerät [*o* fällt] jdm in die Finger *fam*; **à ~s** *fam* (*à pieds*) per pedes, zu Fuß
◆ **patte de derrière** Hinterbein *nt*; (*d'un petit animal*) Hinterpfote *f*; **patte de devant** Vorderbein *nt*; (*d'un petit animal*) Vorderpfote *f*; **pattes d'éléphant**: ***pantalons à ~s d'éléphant*** Hosen *pl* mit Schlag; **pattes de mouche** Gekritzel *nt*
patte-d'oie <~s-~> [patdwa] *f* **1.** *pl* (*rides*) Krähenfüße *pl*
2. (*carrefour en Y*) Gabelung *f*
pattemouille [patmuj] *f* Bügeltuch *nt*
pâturage [pɑtyʀaʒ] *m* **1.** (*herbage*) Weide *f*; ***gras ~s*** saftige Weiden *pl*, saftiges Weideland
2. (*action*) Weiden *nt*
pâture [pɑtyʀ] *f* **1.** (*nourriture*) Futter *nt*; *fig* [geistige] Nahrung
2. (*pâturage*) Weide *f*; ***le paysan mène ses vaches en*** ~ der Bauer treibt seine Kühe auf die Weide
▸ **vaine** ~ JUR Weiderecht *nt*; **qn donne** [*o* **jette**] **qc en** ~ **à un animal** jd wirft einem Tier etw zum Fraß vor; **qn/qc offre** [*o* **jette**] **qn/qc en** ~ **à qn/qc** *fig* jd opfert jdn jdm/einer S., jd/etw liefert jdm/einer S. mit etw ein gefundenes Fressen *fam*
pâturer <1> [pɑtyʀe] **I.** *vi* ■ **un animal pâture** ein Tier weidet
II. *vt* ■ **un animal pâture qc** ein Tier weidet etw ab
paume [pom] *f* **1.** [*main*] Handfläche *f*, Handteller *m*
2. (*jeu*) Paumespiel *nt*
paumé, e [pome] **I.** *adj fam* **1.** (*perdu*) *lieu, village* abgelegen; *bled* gottverlassen *fam*; *personne* verloren; *fig* aufgeschmissen *fam*; ***qn est*** ~ jd fühlt sich verloren, jd kommt sich verloren vor
2. (*socialement inadapté*) ■ **[qn est]** ~ [jd ist] völlig aus der Bahn geworfen [*o* daneben *fam*], [jd ist] völlig von der Rolle *fam*
II. *m, f fam* jemand, der völlig aus der Bahn geworfen ist *fam*, jemand, der total in der Luft hängt *fam*, jemand, der total von der Rolle ist *fam*
paumelle [pomɛl] *f* TECH [Angel]band *nt*
paumer <1> [pome] **I.** *vt fam* ■ **qn paume qc** jd verbummelt [*o* verschlampt] etw *fam*
II. *vpr fam* ■ **qn se paume** jd verläuft sich; ***ils se sont paumés en traversant Dijon*** sie haben sich in Dijon verfahren
paupérisation [popeʀizasjɔ̃] *f* Verarmung *f*
paupériser <1> [popeʀize] *vt* ■ **qc paupérise qn/qc** etw lässt jdn/etw verarmen
paupérisme [popeʀism] *m* Verarmung *f* breiter Bevölkerungsschichten; ***il n'y a pas de*** ~ ***dans ce pays*** in diesem Land gibt es keine Armut
paupière [popjɛʀ] *f* [Augen]lid *nt*
paupiette [popjɛt] *f* ■ ~ **de** *de veau, bœuf* -roulade *f*
pause [poz] *f* **1.** (*interruption*) Pause *f*; ■ ~**[-]** *fam pipi, repas, café* -pause
2. MUS ganze Pause
3. SPORT Halbzeit *f*
▸ **qn fait une** [*o* **la**] ~ jd macht eine Pause; **... de** ~ *dix minutes, une heure* ... Pause
pause-café <~s-~> [pozkafe] *f fam* Kaffeepause *f*

pauvre [povʀ] I. *adj* 1. (*dépourvu de biens/d'argent*) *personne, pays* arm; *gisement, sol* unergiebig; *mélange* mager; *mobilier, vêtement* ärmlich, billig; *végétation* spärlich, dürftig; *nourriture* ohne großen Nährwert; *style* farblos; ■ **qc est ~ en qc** etw ist arm an etw (*dat*); ***l'air est ~ en oxygène*** die Luft ist sauerstoffarm; ***une nourriture ~ en graisse*** eine fettarme Nahrung; ■ **qn est ~ en ...** *en livres, pièces de 5 F* jd hat wenige ...; *en café, farine* jd hat wenig ...
2. *antéposé* (*médiocre*) *argument, sourire* schwach; *chance, orateur, tacticien* schlecht; *excuse* fadenscheinig; *salaire* karg, kümmerlich
3. *antéposé* (*digne de pitié*) arm; ***mon ~ ami, si tu savais*** mein Lieber, wenn du wüsstest; ***le ~ cher homme/la ~ chère femme*** der Gute/die Gute; ***qn a un ~ petit air malheureux*** jd sieht mitleiderweckend unglücklich aus
4. *péj pop crétin, idiot, mec, type* arm; ~ ***con!*** du Blödmann! *fam*, du Arsch! *sl*
5. *antéposé fam* (*mal en point*) *tête, dos, jambes* arm *fam*; ~ ***France!*** armes Frankreich!
▶ ~ **de moi!** *vieilli* ich Arme(r)!, ich Ärmste(r)!
II. *mf* (*opp: riche*) Arme(r) *f(m)*
▶ **le/la** ~! der/die Arme!, der/die Ärmste!; **mon/ma** ~! *fam* mein Armer/meine Arme!
◆ **pauvre d'esprit** leicht geistig Behinderte(r) *f(m)*; **pauvre en esprit** BIBL Arme(r) *f(m)* im Geiste

pauvrement [povʀəmɑ̃] *adv* 1. (*chichement*) ärmlich; *meublé, vêtu a.* billig; *éclairé* schwach, schlecht; *vivre* in ärmlichen [*o* kümmerlichen] Verhältnissen; ***qn est logé(e)*** ~ jd lebt in einer ärmlichen Wohnung
2. (*médiocrement*) *s'exprimer* mehr schlecht als recht, ziemlich schlecht

pauvret, te [povʀɛ, ɛt] I. *adj* Mitleid erregend
II. *m, f* (*garçon*) armes [kleines] Kerlchen; (*fille*) armes [kleines] Ding

pauvreté [povʀəte] *f* Armut *f*; [*sol, terrain a.*] Kargheit *f*; [*style, vocabulaire a.*] Farblosigkeit *f*; [*habitation, mobilier*] Ärmlichkeit *f*, Billigkeit *f*; [*âme, cœur*] Kälte *f*; ~ ***de sentiments*** Gefühlsarmut; ***regardez un peu la ~ de son mobilier*** sie müssen mal sehen, wie ärmlich der eingerichtet ist
▶ ~ **n'est pas vice** *prov* Armut ist keine Schande

pavage [pavaʒ] *m* 1. (*travail*) Pflastern *nt*
2. (*revêtement*) Pflaster *nt*; ~ ***en mosaïque*** Mosaik[fuß]boden *m*

pavaner <1> [pavane] *vpr* ■ **qn se pavane** jd plustert sich auf *fam*; ***il aime se*** ~ er liebt es umherzustolzieren

pavé [pave] *m* 1. (*bloc, dalle*) Pflasterstein *m*
2. (*revêtement*) [Straßen]pflaster *nt*
3. *péj fam* (*livre*) dicker Wälzer *fam*
▶ **qn a un ~ sur l'estomac** *fam* jdm liegt das Essen wie ein Stein im Magen *fam*; **qn jette/qc est un ~ dans la mare** jd/etw sorgt für Wirbel *fam*; ~ **publicitaire** eingerahmter Werbetext; ~ **numérique** INFORM Ziffernblock *m*; **qn bat le** ~ jd schlendert durch die Straßen; **qn est sur le** ~ jd sitzt [*o* liegt] auf der Straße *fam*; **qn jette** [*o* **met**] **qn sur le** ~ jd setzt [*o* wirft] jdn auf die Straße *fam*
◆ **pavé de boœuf** *großes Rinder[filet]steak*

pavement [pavmɑ̃] *m* Pflaster *nt*; ~ ***de mosaïque*** Mosaik[fuß]boden *m*

paver <1> [pave] *vt* ■ **qn pave qc** *chaussée* jd pflastert etw; *cour, sol* jd belegt etw, jd legt etw aus; ***de larges dalles pavent la cour*** der Hof ist mit großen Steinplatten ausgelegt

paveur, -euse [pavœʀ, -øz] *m* Pflasterer/Pflasterin *m/f*

pavillon [pavijɔ̃] *m* 1. (*petite maison*) kleines Haus, Häuschen *nt*; (*dans un jardin*) Pavillon *m*
2. (*bâtiment*) [*hôpital, château*] Pavillon *m*
3. NAUT Flagge *f*
4. MUS [*cor à pistons, cor d'harmonie, phonographe*] Schalltrichter *m*; [*clarinette, trompette*] Schallstück *nt*; [*saxophone*] Trichter *m*
5. ANAT Ohrmuschel *f*
▶ **qn coule ~ haut** jd geht mit Glanz und Gloria unter *fam*; **qn baisse ~ [devant qn/qc]** jd streicht [vor jdm/einer S.] die Segel; **qn/qc bat ~ ...** *anglais, grec* jd/etw fährt unter ... Flagge (*dat*)
◆ **pavillon de banlieue** kleines Haus [*o* Einfamilienbungalow *m*] in einem Vorort; **pavillon de chasse** Jagdhütte *f*; **pavillon de complaisance** Billigflagge *f*; **pavillon de détresse** NAUT Notflagge *f*

pavillonnaire [pavijɔnɛʀ] *adj lotissement* mit Einfamilienhäusern; *banlieue, univers* nur aus Einfamilienhäusern bestehend

pavois [pavwa] *m* NAUT Schanzkleid *nt*
▶ **grand** ~ NAUT Flaggengala *f*; **qn/qc élève** [*o* **hisse**] **qn sur le** ~ jd singt ein Loblied auf jdn/etw bringt jdm viel Lob [*o* Ruhm] ein

pavoiser <1> [pavwaze] I. *vi fam* (*se réjouir*) ■ **qn pavoise** jd freut sich
▶ **il n'y a pas de quoi** ~ das ist kein Grund, stolz zu sein
II. *vt* ■ **qn pavoise qc** jd beflaggt etw

pavot [pavo] *m* Mohn *m*

payable [pɛjabl] *adj* zahlbar; ~ ***fin juillet*** Ende Juli zahlbar; ***qc est ~ en plusieurs fois/espèces/nature*** etw wird in Raten/[in] bar/mit [*o* in] Naturalien gezahlt [*o* bezahlt]; ~ ***à crédit/vue/échéance/tempérament*** zahlbar auf Kredit/bei Sicht/bei Fälligkeit/in Raten

payant, e [pɛjɑ̃, ɑ̃t] *adj* 1. (*opp: gratuit*) *entrée, place* etw, das bezahlt werden muss; *spectacle* etw, für das Eintritt bezahlt werden muss; *parking* gebührenpflichtig; ***c'est*** ~ das kostet Eintritt
2. (*rentable*) ■ [**qc est**] ~ / *coup, entreprise*/ [etw ist] gewinnbringend [*o* rentabel]; / *affaire, conduite, effort, politique*/ etw lohnt sich
3. (*qui paie*) *spectateur, hôte* zahlend

paye [pɛj] *f v.* **paie**

payement [pɛjmɑ̃] *m v.* **paiement**

payer <7> [peje] I. *vt* 1. (*acquitter*) ■ **qn paie qc** jd bezahlt etw; *facture a.* jd begleicht etw; *intérêt, loyer, achats a.* jd zahlt etw; ■ **qn paie qc en/par qc** *par chèque* jd [be]zahlt etw mit etw; *en nature a.* jd [be]zahlt etw in etw (*dat*); ***qn paie qc en espèces*** jd [be]zahlt etw [in] bar
2. (*rétribuer*) ■ **qn paie qn** jd bezahlt jdn; ***je paie ma femme de ménage à l'heure/à la semaine/au mois*** ich zahle meine Putzfrau stundenweise/wöchentlich/monatlich
3. (*verser de l'argent pour*) ■ **qn paie qc ...** *maison, marchandise, service, travail* jd bezahlt ... für etw; ***pour ~ les fins de mois*** um am Monatsende über die Runden zu kommen; ■ **qn fait ~ qc à qn ...** *10/20/...* F jd berechnet jdm ... für etw; ***il ne m'a pas fait ~ le déplacement*** für die Anfahrt hat er nichts genommen; ■ **qn fait ~/ne fait pas ~ qn** (*au restaurant*) jd bittet jdn zu [be]zahlen/berechnet jdm nichts; (*à l'entrée de qc*) jd verlangt Eintritt/keinen Eintritt von jdm
4. (*récompenser*) ■ **qn/qc paie qn [de qc]** jd/etw belohnt jdn [für etw]
5. (*offrir*) ■ **qn paie qc à qn** jd zahlt [*o* kauft] jdm etw; ***allez, viens! je te paie un coup!*** komm! ich gebe [dir] einen aus! *fam*
6. (*expier*) ■ **qn paie qc [de qc]** jd muss etw [mit etw] bezahlen, jd muss für etw büßen; ■ **qn fait ~ qc à qn** jd revanchiert sich bei jdm für etw; ***je vais vous faire ~ [cher] votre infamie!*** Ihre Unverschämtheit wird Sie teuer zu stehen kommen
▶ **qn/qc est bien/mal payé(e)** (*rémunéré*) jd/etw wird gut/schlecht bezahlt; **qn est bien/mal payé(e) de qc** (*recompensé*) jd wird für etw gut/schlecht belohnt, etw wird jdm gut/schlecht gelohnt; **qc est bien/mal payé(e)** (*recompensé*) etw wird belohnt/nicht belohnt; **qn est payé(e) pour ça** *fam* jd wird dafür bezahlt; **qn est [bien] payé pour le savoir** jd ist durch Schaden klug geworden; **il/elle me/te/... le paiera/tu me le paieras!** das soll er/sie mir/dir/.../das sollst du mir büßen!
II. *vi* 1. (*régler*) ■ **qn paie** jd zahlt; ***c'est moi qui paie*** ich zahle, das geht auf meine Rechnung
2. (*être rentable*) ■ **qc paie** etw lohnt sich; / *politique, tactique*/ etw zahlt sich aus, etw macht sich bezahlt; ***le crime ne paie pas*** Verbrechen lohnt sich nicht
3. (*expier*) ■ **qn paie pour qn/qc** jd muss für jdn/etw büßen
4. *fam* (*avoir un drôle d'air*) ■ **qn/qc paye:** ***lui avec son chapeau, ça payait!*** der mit seinem Hut, das musste man wirklich gesehen haben!; ***tu payes, avec ce costume 1900!*** mit diesem Kostüm 1900 fällst du garantiert auf [*o* schlägst du ein wie eine Bombe]! *fam*
5. *soutenu* (*faire preuve de*) ■ **qn paie de qc:** ***qn paie d'audace*** jd riskiert etw; ***qn paie d'effronterie*** [*o* ***de culot***] jd ist dreist [*o* frech]
III. *vpr* 1. *fam* (*s'offrir*) ■ **qn se paie qc** jd leistet [*o* gönnt] sich (*dat*) etw
2. *fam* (*se prendre*) ■ **qn se paie qc** *arbre, trottoir* jd knallt mit etw gegen etw *fam*; *crève, grippe* jd fängt sich (*dat*) etw *fam*; ***qn se paie une cuite*** jd lässt sich voll laufen *fam*, jd haut sich (*dat*) ordentlich einen rein *fam*
3. (*prendre en paiement*) ■ **qn se paie:** ***payez-vous et rendez-moi la monnaie!*** ziehen Sie ab, was Sie bekommen, und geben Sie mir den Rest wieder!
4. *soutenu* (*se repaître de*) ■ **qn se paie de qc:** ***qn se paie de culot*** jd ist dreist [*o* frech]; ***qn se paie d'illusions*** jd macht sich (*dat*) Illusionen; ***qn se paie de mots*** jd gibt leeres Zeug von sich *fam*
▶ **tout se paie** *fam* (*sera vengé*) alles rächt sich einmal

payeur, -euse [pɛjœʀ, -jøz] I. *adj*: ***organisme/service*** ~ Zahlstelle *f*, Auszahlungsstelle *f*
II. *m, f* Zahler(in) *m(f)*
▶ **mauvais** ~ säumiger Zahler

pays [pei] *m* 1. (*nation, État*) Land *nt*; ~ ***agricole/industriel/limitrophe*** Agrar-/Industrie-/Grenzland; ~ ***débiteur/créancier*** Schuldner-/Gläubigerland; ***les ~ membres de l'Union européenne*** die Mitgliedstaaten der Europäischen Union; ~ ***de destination/de provenance/de transit*** Bestimmungs-/Herkunfts-/Transitland; ~ ***exportateur/producteur de pétrole*** Erdöl exportierendes/Erdöl produzierendes Land; ***des ~ lointains*** ferne Länder *pl*
2. (*habitants*) Land *nt*; ***le Président s'adresse au*** ~ der Präsident wendet sich an die Bevölkerung
3. ∅ (*région natale*) ■ **le** ~ die Heimat; (*village natal*) der Heimatort; ***les gens du*** ~ die Einheimischen *pl*; ***il vit au*** ~ er lebt in seinem Heimatort; ***elle écrit au*** ~ sie schreibt nach Hause; ***il retourne*** [*o* ***rentre***] ***au*** ~ er kehrt [*o* geht] nach Hause [*o* an seinen Heimatort] zurück; ***le retour au*** ~ die Heimkehr
4. ∅ (*patrie*) ■ **le ~ de qn** jds Vaterland *nt*
5. ∅ (*terre d'élection*) ■ **le ~ de qc** *du vin, fromage, soleil, de la bière, musique* das Land einer S. (*gen*); (*région a.*) die Heimat einer S. (*gen*); ***le ~ de la tomate/du tournesol/de l'artichaut*** ein berühmtes Tomaten-/Sonnenblumen-/Artischockenanbaugebiet; ***nous sommes en plein ~ du vin*** wir sind mitten in einer Weingegend [*o* in einem Weinanbaugebiet]
6. (*milieu favorable à*) ■ **un ~ de** *de légumes, choux, pommes de terre* -[anbau]gebiet *nt*; ~ ***d'élevage*** Viehzuchtgebiet; ~ ***de vignes*** Weinbaugebiet; ***un ~ de lait*** ein Gebiet, in dem [*o* eine Gegend, in der] Milchwirtschaft betrieben wird
7. GEOG Gegend *f*; ~ ***tempéré*** Gegend mit gemäßigtem Klima; ~ ***montagneux*** gebirgige Gegend; ~ ***de montagnes*** Bergland *nt*, bergiges [*o* gebirgiges] Land; ***les ~ chauds/froids*** die warmen/kalten Länder
8. (*village*) Ort *m*; ***un petit ~ perdu*** ein kleines, abgelegenes Nest
▶ **qn est en ~ de connaissance** (*connaît la matière, le lieu*) jd kennt sich aus; (*est connu*) man kennt jdn; **des personnes sont en ~ de connaissance** Menschen kennen sich; ~ **balte** Baltenland *nt*, baltisches Land; ***les ~ baltes*** die baltischen Länder, das Baltikum; ~ **basque** Baskenland *nt*; **qn se conduit** [*o* **se comporte**] **comme en ~ conquis** jd benimmt sich [*o* führt sich auf], als ob ihm alles gehöre; **comme s'il/si elle était en ~ conquis** als ob er der Herr/sie die Herrin sei, als ob er/sie das Sagen hätte; ~ **natal** Heimatland *nt*, Geburtsland *nt*; **plat** ~ Flachland *nt*; **qn est du ~** jd stammt [*o*

ist] aus der Gegend; **qn voit du ~** jd reist viel [umher], jd sieht etwas von der Welt; ***il a vu du ~*** er hat viel von der Welt gesehen, er ist in der Welt herumgekommen; **saucisson/vin de** [*o* **du**] ~ (*de la région*) Wurst *f*/Wein *m* aus der Gegend; (*simple*) Bauernwurst/Landwein
◆ **pays d'accueil** [*jeux, conférences*] Gastgeberland *nt;* [*réfugiés*] Aufnahmeland *nt;* **pays de Cocagne** Schlaraffenland *nt;* **pays de Galles** Wales [weɪlz]; **pays membre de l'UE** EU-[Mitglieds]land *nt;* **pays en voie de développement** Entwicklungsland *nt;* **pays en voie d'industrialisation** Schwellenland *nt*

pays, e [pei, peiz] *m, f fam* (*compatriote*) Landsmann/-männin *m/f*

paysage [peizaʒ] *m* **1.** (*vue, région*) Landschaft *f;* ~ ***lunaire/méditerranéen*** Mond-/Mittelmeerlandschaft; ~ ***champêtre*** ländliche Gegend; ■ ~ **de** *de montagne, collines, forêts* -landschaft
2. (*situation*) *politique, social, économique* Landschaft *f;* ~ ***audiovisuel*** Fernsehlandschaft
3. ART (*tableau*) Landschaft *f,* Landschaftsbild *nt*
▸ ~ **urbain** Stadtbild *nt;* **qc fait bien dans le** ~ *fam* etw macht sich gut

paysagé, e [peizaʒe] *adj,* **paysager, -ère** [peizaʒe, -ʒɛʀ] *adj parc* landschaftlich gestaltet; ***jardin*** ~ Landschaftsgarten *m*

paysagiste [peizaʒist] **I.** *mf* **1.** HORT Landschaftsgärtner(in) *m(f);* ~ ***de jardin*** Gartengestalter(in) *m(f)*
2. ART Landschaftsmaler(in) *m(f)*
II. *app jardinier* Landschafts-; *architecte a.* Garten-

paysan, ne [peizɑ̃, an] **I.** *adj* **1.** (*agricole*) *problème, malaise, agitation, revendications* der Bauern; ***le monde*** ~ die Bauernschaft
2. (*rural*) *mœurs, vie, civilisation, coutumes* ländlich, bäuerlich
3. GASTR *omelette* Bauern-
4. *péj* (*rustre*) *air, manières* bäurisch, wie ein Bauer/eine Bäuerin
II. *m, f* **1.** (*agriculteur*) Bauer/Bäuerin *m/f*
2. *péj* (*rustre*) Bauerntrampel *m fam;* ***elle faisait ~ ne*** sie wirkte bäurisch; ***il a des manières de*** ~ er benimmt sich wie ein Bauer

paysannerie [peizanʀi] *f ∅* Bauernschaft *f,* Bauern *pl*

Pays-Bas [peiba] *mpl* ■ **les Pays-Bas** die Niederlande *pl*

P.C.[1] [pese] *m abr de* **poste de commandement** MIL Kommandozentrale *f;* TRANSP [Verkehrs]zentrale *f*

P.C.[2] [pese] *m abr de* **personal computer** INFORM PC *m*
◆ **P.C. de poche** Taschencomputer *m,* Handheld ['hændheld] *m spec*

P.C.[3] [pese] *m abr de* **Parti communiste** POL KP *f*

P.D.G. [pedeʒe] *m abr de* **Président-directeur général** *fam* Generaldirektor(in) *m(f),* Geschäftsführer(in) *m(f)*

péage [peaʒ] *m* **1.** (*barrière de contrôle*) Gebührenzahlstelle *f;* (*sur autoroute a.*) Mautstelle *f*
2. (*droit, taxe*) Benutzungsgebühr *f;* (*sur autoroutes*) Autobahngebühr *f*
▸ **à** ~ gebührenpflichtig

peau <x> [po] *f* **1.** [*personne*] Haut *f;* ***soins de la ~/maladie de*** ~ Hautpflege *f*/Hautkrankheit *f*
2. *pl* (*autour de l'ongle*) Nagelhaut *f;* (*morceaux de peau desséchée*) Hornhaut *f*
3. [*animal*] (*sans poils*) Haut *f;* (*avec poils*) Fell *nt;* (*cuir*) Leder *nt;* ■ ~ **de** *de mouton, buffle, serpent, d'éléphant* -leder; (*fourrure*) *de lapin, d'agneau* -fell; *de renard* -pelz *m;* ***reliure pleine*** ~ Ganzledereinband *m;* ***de*** ~ aus Leder, ledern; ***manteau en ~ de lapin*** Kaninmantel *m*
4. (*enveloppe des fruits*) [*pomme, orange, banane*] Schale *f;* [*pêche, tomate, raisin a.*] Haut *f*
5. (*pellicule*) [*lait, peinture*] Haut *f;* (*croûte*) [*fromage*] Rinde *f*
▸ **qn attrape qn par la ~ du cou** [*o* **du dos**] *fam* (*retient au dernier moment*) jd bekommt [*o* kriegt] jdn gerade noch rechtzeitig zu fassen; (*empoigne brutalement*) jd packt [*o* nimmt] jdn am [*o* beim] Wickel *fam;* **qc coûte** [*o* **vaut**] **la ~ des fesses** *fam* etw kostet ein Heidengeld [*o* eine Stange Geld] *fam;* **qn n'a que la ~ et les os** [*o* **sur les os**] jd ist nur noch Haut und Knochen; **il ne faut pas vendre la ~ de l'ours** [**avant de l'avoir tué**] man soll den Tag nicht vor dem Abend loben *prov,* man soll sich nicht zu früh freuen; **qn entre** [*o* **se met**] **dans la ~ du personnage** THEAT, CINE jd identifiziert sich völlig mit seiner Rolle; **qn est dans la ~ du personnage** THEAT, CINE jd geht ganz in seiner Rolle auf; **qn a la ~ dure** *fam* jd hat ein dickes Fell *fam;* ~**x mortes** Hornhaut *f;* **qn fait ~ neuve** jd wird ein neuer [*o* ganz anderer] Mensch; **qc fait ~ neuve** /*bâtiment*/ etw ist/wird von Grund auf erneuert, etw zeigt sich in einem neuen Gewand; /*organisme, institution, parti*/ etw erneuert sich, etw macht einen Wandel durch; /*parti*/ etw legt sich (*dat*) ein neues Image zu; **vieille** ~ *péj fam* (*femme âgée*) alte Schachtel *fam;* **qn est** [*o* **se sent**] **bien/mal dans sa** ~ jd fühlt sich wohl/nicht wohl in seiner Haut; **qn ne donne pas cher de la ~ de qn** *fam* jd gibt für jdn keinen Pfennig mehr *fam,* jd gibt jdm keine großen Chancen; **qn vend cher** [*o* **chèrement**] **sa** ~ *fam* jd verkauft seine Haut teuer [*o* so teuer wie möglich]; **qn a qn dans la** ~ *fam* jd ist verrückt nach jdm, jd ist jdm mit Haut und Haar[en] verfallen *fam;* **qn a qc dans la** ~ *fam jeu, danse, musique* jd hat etw im Blut, etw steckt jdm im Blut; **j'aurai ta/leur/... ~!** *fam* dich/die/... krieg ich noch! *fam;* **qn/un animal change de** ~ /*serpent*/ ein Tier häutet sich; /*personne*/ jd wandelt sich völlig; **qn craint pour sa** ~ jd hat Angst [*o* fürchtet] um sein Leben; **qn se fait crever** [*o* **trouer**] **la** ~ *fam* jd wird abgeknallt *fam;* **qn défend sa** ~ jd verteidigt [*o* kämpft um] sein Leben; **qn entre dans la ~ de qn** jd versetzt sich in jdn [*o* in jds Lage (*akk*)] hinein; **qn est dans la ~ de qn** jd steckt in jds Haut (*dat*) *fam;* **je ne voudrais pas être dans sa** ~ *fam* ich möchte nicht in seiner/ihrer Haut stecken *fam,* ich möchte nicht an seiner/ihrer Stelle sein; **qn fait la ~ à qn** *fam* jd macht jdn kalt *sl;* **qn joue** [*o* **risque**] **sa ~** [**pour qn/qc**] *fam* jd riskiert Kopf und Kragen [für jdn/etw]; **qn y a laissé sa ~** [*o* **la ~**] *fam* jd musste sein Leben lassen [*o* dran glauben *fam*]; **qn se met dans la ~ de qn** jd versetzt sich in jds Lage (*akk*); **qn sauve sa** ~ *péj fam* jd rettet seine [eigene] Haut; **qn tient à sa** ~ *fam* jd hängt an seinem Leben; ***ferme-la si tu tiens à ta ~!*** Schnauze, wenn dir dein Leben lieb ist! *fam;* **qn veut** [**avoir**] **la ~ de qn** *fam* (*veut tuer*) jd trachtet jdm nach dem Leben, jd will jdn umbringen; (*veut ruiner*) jd will jdm das Genick [*o* den Hals] brechen
◆ **peau de balle!** *pop* (*rien du tout*) gar nichts!; (*tu parles*) von wegen! *fam,* nichts da! *fam;* **peau de banane** *fam* brenzlige [*o* gefährliche] Sache; ***cette histoire, c'est une ~ de banane!*** an der Sache kannst du dir die Finger verbrennen! *fam;* **peau de chagrin** Chagrin[leder *nt*] *nt* ▸ **qc diminue comme une ~ de chagrin** etw schrumpft zusammen, etw wird immer weniger; **peau de chamois** Fensterleder *nt;* **peau de pêche** Pfirsichhaut *f;* **peau de vache** *fam* (*salaud*) gemeiner Kerl [*o* Schuft] *fam;* (*salope*) gemeines Stück [*o* Biest] *fam;* **peau d'orange** Orangenhaut *f*

peaufiner <1> [pofine] *vt* ■ **qn peaufine qc** *discours, travail, plan* jd feilt etw aus, jd arbeitet etw bis ins Einzelne aus

Peau-Rouge <~x-~s> [poʀuʒ] *mf* Rothaut *f*

peausserie [posʀi] *f* **1.** (*articles en cuir*) Lederwaren *pl;* ***un sac en belle*** ~ eine Tasche aus Feinleder
2. (*commerce*) Leder[waren]handel *m;* (*métier*) Leder[waren]geschäft *nt*

pécan *m,* **pecan** [pekɑ̃] *m* Pekannuss *f*

pécari [pekaʀi] *m* **1.** ZOOL Pekari *nt,* Nabelschwein *nt*
2. (*cuir*) Pekarileder *nt*

peccadille [pekadij] *f littér* (*faute légère*) kleine Sünde [*o* Verfehlung]; (*vétille*) Lappalie *f,* Nichtigkeit *f;* ***des ~s de jeunesse*** kleine Jugendsünden

péché [peʃe] *m* Sünde *f;* ***qn commet*** [*o* ***fait***] ***un*** ~ jd begeht eine Sünde, jd sündigt
▸ **les sept ~s capitaux** die sieben Todsünden; ~ **mignon** [kleine] Schwäche; ***c'est son ~ mignon*** er hat eine Schwäche dafür; ~ **mortel** Todsünde *f;* ~ **originel** Erbsünde *f*
◆ **péché de jeunesse** Jugendsünde *f*

pêche[1] [pɛʃ] *f* **1.** (*fruit*) Pfirsich *m*
2. *fam* (*coup de poing*) Schlag *m;* ***je vais te flanquer une ~!*** ich haue dir gleich eine runter! *fam*
▸ **qn a la ~** [*o* **une sacrée ~**] *fam* jd ist topfit [*o* in Bombenform] *fam;* **qn se fend la ~** *fam* jd lacht sich schief [*o* kaputt] *fam*
◆ **pêche Melba** Pfirsich Melba [Becher] *m*

pêche[2] [pɛʃ] *f* **1.** *∅* (*activité professionnelle*) Fischerei *f,* Fischfang *m;* (*activité de loisir*) Fischen *nt;* (*à la ligne*) Angeln *nt;* ~ ***maritime*** Seefischerei; ~ ***littorale/côtière/petite*** ~ Küstenfischerei; ***grande ~ au large/~ hauturière*** Hochseefischerei; ~ ***sous-marine*** Unterwasserjagd *f;* ■ **... de** ~ *filet, barque* Fischer-; ***produits de la*** ~ Fischereiprodukte *pl;* ***flotte de*** ~ Fischkutter *pl;* ***articles de*** ~ Angelzubehör *nt;* ***société*** [*o* ***association***] ***de*** ~ Anglerverein *m*
2. ■ ~ **à** *au saumon, thon, à la sardine, baleine, aux huîtres, moules* -fang *m; à la truite a.* -angeln *nt;* ***qn va à la ~ aux coquillages sur la plage*** jd sammelt Muscheln am Strand
3. ■ ~ **à** *au harpon* Fischfang *m* mit; *au filet* -fischerei *f;* ~ ***au lancer*** Spinnangeln *nt,* Fluganglen *nt;* ~ ***à la mouche*** Fliegenangeln *nt*
4. *∅* (*période*) Fangzeit *f;* ***la ~ est ouverte*** die Angelsaison ist eröffnet; (*en mer*) der Fang ist freigegeben
5. *∅* (*réserve*) Fischfanggebiet *nt*
6. *∅* (*prises*) Fang *m;* ***il a fait une belle ~*** er hat einen guten Fang gemacht
▸ **qn est/va à la** ~ jd ist/geht angeln
◆ **pêche à la ligne** Angeln *nt*

pêche-abricot <~s-~s> [pɛʃabʀiko] *f* gelber Pfirsich

pécher <5> [peʃe] *vi* **1.** REL ■ **qn pèche** [**par qc**] *par orgueil, ignorance, avarice* jd sündigt [aus etw]
2. (*commettre une erreur*) ■ **qn/qc pèche par qc**: ***qn pèche par trop de minutie/excès d'optimisme*** jd ist übergenau/[all]zu optimistisch; ***qn pèche par négligence/imprudence/imprévoyance*** jd ist [all]zu nachlässig/unvorsichtig/kurzsichtig; ***qc pèche par imprécision*** etw ist zu ungenau
3. (*être défectueux sur*) ■ **qc pèche sur qc** [*o* **par qc**] /*raisonnement, conclusion, jugement*/ *sur un point, sur bien des côtés* etw stimmt in etw (*dat*) nicht, etw ist in etw (*dat*) schwach, etw hat in etw (*dat*) Schwächen

pêcher[1] <1> [peʃe] **I.** *vi* (*prendre des poissons*) ■ **qn pêche** [**quelque part**] jd fischt [irgendwo]; (*avec une canne*) jd angelt [irgendwo]; ■ **qn pêche à qc** *à l'hameçon, au lancer, à la mouche* jd angelt mit etw; *au chalut* jd fischt mit etw; ***qn pêche à la ligne*** jd angelt
II. *vt* **1.** (*être pêcheur de*) ■ **qn pêche qc** jd fischt [auf] etw (*akk*); ***il pêche la morue*** er fischt auf Kabeljau; ***il pêche le saumon/le thon/la baleine*** er geht auf Lachs-/Thunfisch-/Walfang
2. (*attraper*) ■ **qn pêche qc** *poissons, baleine, crustacés, grenouilles* jd fängt etw; ***qn pêche des coquillages*** jd geht auf Muschelfang; (*sur la plage*) jd sammelt Muscheln [ein]; ■ **qn pêche qc à qc** *à la ligne, mouche, à l'asticot, au lancer* jd angelt etw mit etw; *au chalut, filet, harpon* jd fängt etw mit etw
3. *fam* (*chercher*) ■ **qn pêche qc** *idée, histoire, renseignement* jd gräbt etw aus; *costume, vieux meuble* jd stöbert etw auf; (*trouver une chose inattendue*) jd treibt etw auf; ***où est-ce qu'il est allé ~ ce renseignement?*** wo hat er denn diese Information [wieder] her? *fam;* ***où as-tu été ~ des fraises en cette saison?*** wo hast du denn die Erdbeeren zu dieser Jahreszeit aufgetrieben [*o* her]? *fam;* ***où a-t-il pêché*** [***l'idée***] ***que*** + *indic* wie kommt er denn darauf [*o* denn auf die Schnapsidee *fam*], dass
III. *vpr* ■ **qc se pêche quelque part/à qc** /*poisson*/ etw wird irgendwo/mit etw gefangen; *à la ligne, mouche, à l'asticot, au lancer* etw wird irgendwo/mit etw geangelt

pêcher[2] [peʃe] *m* Pfirsichbaum *m*

pêcherie [pɛʃʀi] *f* **1.** (*zone de pêche*) Fischfanggebiet *nt;* ***les ~s*** die Fischgründe *pl,* die Fanggründe *pl*
2. (*entreprise*) Fischfabrik *f*

pécheur, -eresse [peʃœʀ, -ʀɛs] *m, f* Sünder(in) *m(f)*
pêcheur, -euse [pɛʃœʀ, -øz] *m, f* **1.** (*professionnel*) Fischer(in) *m(f)*; ■ **~ de** *de perles, corail, d'éponges, huîtres* -fischer(in); *de baleines, saumons, crustacés, coquillages* -fänger(in) *m(f)*
2. (*amateur*) Angler(in) *m(f)*; ■ **~ de** *de crustacés* -fänger(in) *m(f)*; *de coquillages* -sammler(in) *m(f)*, -sucher(in) *m(f)*
pectine [pɛktin] *f* Pektin *nt*
pectoral, e <-aux> [pɛktɔʀal, o] **I.** *adj* **1.** ANAT, ZOOL Brust-
2. MED *sirop* Husten-; ***pâtes ~es*** Hustenpastillen *pl*, Hustenbonbons *pl*
II. *mpl* ANAT ■ **pectoraux** Brustmuskeln *pl*, Brustmuskulatur *f*
pécule [pekyl] *m* ∅ (*petites économies*) Ersparnisse *pl*; ***il a amassé un petit ~*** er hat sich (*dat*) eine kleine Summe zusammengespart; ***qn se constitue un petit ~*** jd schafft sich (*dat*) eine kleine Rücklage
pécuniaire [pekynjɛʀ] *adj* finanziell; ***il a des embarras ~s*** er hat finanzielle Schwierigkeiten, er ist in Geldverlegenheit
pécuniairement [pekynjɛʀmɑ̃] *adv* finanziell
pédagogie [pedagɔʒi] *f* **1.** (*science*) Pädagogik *f*, Erziehungswissenschaft *f*
2. (*méthode d'enseignement*) ■ **~ [de qc]** Lehrmethode *f*, Didaktik *f* [einer S. (*gen*)]; **~ *des langues étrangères/des mathématiques*** Fremdsprachendidaktik/Didaktik der Mathematik
3. ∅ (*qualité*) pädagogisches Geschick; ***il a beaucoup de ~*** er hat viel pädagogisches Geschick, er ist ein guter Pädagoge
pédagogique [pedagɔʒik] *adj* pädagogisch; *moyens, théorie a.* Lehr-; *méthode a.* Erziehungs-, Lehr-; *exposé* didaktisch [gut], anschaulich; ***qn a un sens ~*** jd hat pädagogisches Gespür [*o* pädagogische Fähigkeiten]; ***qn est très ~ [dans ses explications]*** jd geht [in seinen/ihren Erklärungen] sehr didaktisch vor
pédagogiquement [pedagɔʒikmɑ̃] *adv* **1.** SCOL, UNIV *bon, mauvais* pädagogisch [gesehen]
2. (*clairement*) *expliquer, exposer* auf pädagogische [*o* didaktische] Weise, anschaulich, verständlich
pédagogue [pedagɔg] **I.** *mf* Pädagoge/-gogin *m/f*
II. *adj* pädagogisch; ***il/elle est ~*** er ist ein guter Pädagoge/sie ist eine gute Pädagogin
pédale [pedal] *f* **1.** [*bicyclette, voiture*] Pedal *nt*; [*machine a., poubelle*] Fußhebel *m*; ■ **~ de** *d'accélérateur, embrayage, de frein* -pedal
2. MUS Pedal *nt*; ***clavier à ~s [de l'orgue]*** Pedalklaviatur *f* [der Orgel]
3. *péj fam* (*homosexuel*) Schwule(r) *m fam*
▶ **qn s'<u>emmêle</u> les ~s** *fam* jd gerät ins Schwimmen *fam*, jd verheddert sich *fam*; **qn <u>est</u> de la ~** *fam* jd ist vom anderen Ufer *fam*, jd ist schwul *fam*; **qn <u>perd</u> les ~s** *fam* (*panique*) jd gerät [*o* kommt] ins Schleudern *fam*; (*déconne*) jd dreht völlig durch *fam*
pédaler <1> [pedale] *vi* **1.** (*actionner les pédales*) ■ **qn pédale** / *cycliste/* jd tritt in die Pedale; ***qn pédale debout [o en danseuse]*** jd fährt stehend [*o* im Stehen] [Rad]; ***qn descend la pente sans ~*** jd fährt einen Berg hinunter ohne zu treten; ***qn pédale à toute allure*** jd tritt kräftig in die Pedale
2. *fam* (*faire vite*) ■ **qn pédale** jd legt einen Zahn zu *fam*
pédalier [pedalje] *m* **1.** [*bicyclette*] Kettentrieb *m*
2. MUS Pedalklaviatur *f*
pédalo® [pedalo] *m* Tretboot *nt*; ***qn fait du ~*** jd fährt [mit dem] Tretboot
pédant, e [pedɑ̃, ɑ̃t] **I.** *adj personne, air* schulmeisterlich, besserwisserisch; *ton a., discours* belehrend
II. *m, f* Schulmeister *m*, Besserwisser(in) *m(f) pej*
pédantisme [pedɑ̃tism] *m* [*personne*] schulmeisterliche Art, Besserwisserei *f pej*; [*explication, discours*] hochgestochene [*o* belehrende] Art; ***le ~ de ses explications*** seine/ihre hochgestochenen [*o* belehrenden] Erklärungen
pédé [pede] *m fam abr de* **pédéraste** Homo *m fam*
pédéraste [pedeʀast] *m* **1.** (*homosexuel*) Homosexuelle(r) *m*
2. (*pédophile*) Päderast *m*
pédérastie [pedeʀasti] *f* **1.** (*homosexualité*) [männliche] Homosexualität
2. (*pédophilie*) Päderastie *f*
pédestre [pedɛstʀ] *adj*: ***randonnée ~*** [Fuß]wanderung *f*; ***sentier ~*** Wanderweg *m*
pédiatre [pedjatʀ] *mf* Kinderarzt/-ärztin *m/f*, Facharzt/-ärztin *m/f* für Kinderkrankheiten
pédiatrie [pedjatʀi] *f* Kinderheilkunde *f*, Pädiatrie *f*; ***service de ~*** Kinderstation *f*
pedibus [pedibys] *adv fam* zu Fuß
pédicure [pedikyʀ] *mf* Fußpfleger(in) *m(f)*, Pediküre *f*
pedigree [pedigʀe] *m* Stammbaum *m*
pédologie [pedɔlɔʒi] *f* Bodenkunde *f*
pédoncule [pedɔ̃kyl] *m* **1.** BOT Stiel *m*, Stängel *m*
2. ZOOL, ANAT Stiel *m*; ***~s cérébraux*** Großhirnstiele *pl*
pédophilie [pedɔfili] *f* Pädophilie *f*
peeling [piliŋ] *m* Peeling ['pi:lɪŋ] *nt*
peep-show <~-~s> [pipʃo] *m* Peepshow ['pi:pʃoʊ] *f*
P.E.G.C. [peøʒese] *mf abr de* **professeur d'enseignement général de collège** Lehrer(in) *m(f)* des Sekundarbereichs I
pègre [pɛgʀ] *f* ∅ Unterwelt *f*, Mafia *f*
peigne [pɛɲ] *m* **1.** (*pour se coiffer*) Kamm *m*; (*pour retenir les cheveux*) [Zier]kamm, Steckkamm, Kämmchen *nt*; ***~ fin*** Staubkamm; **~ *à manche/de poche*** Stiel-/Taschenkamm
2. TEXTIL (*outil*) Kamm *m*; (*d'un métier à tisser*) [Weber]kamm
▶ **qn se donne un <u>coup</u> de ~** jd fährt sich (*dat*) [mal schnell] mit dem Kamm durch die Haare *fam*; **qn passe qc au ~ <u>fin</u>** (*fouille*) *région, maison, quartier* jd durchkämmt etw; (*examine minutieusement*) jd nimmt etw [genau] unter die Lupe *fam*; **qn est <u>sale</u>** [*o* **<u>crasseux</u>**] **comme un ~** *fam* jd starrt vor Dreck, jd ist ein [richtiger] Dreckfink *fam*

peigne-cul <~-~s> [pɛɲky] *m pop* Kotzbrocken *m sl*
peigner <1> [peɲe] **I.** *vt* **1.** ■ **qn peigne qc** *cheveux, barbe, moustache, poils, crinière* jd kämmt etw; ■ **qn peigne qn/un animal** jd kämmt jdn [*o* jdm die Haare]/ein Tier
2. TEXTIL ■ **qn peigne qc** *coton, laine* jd kämmt etw; *chanvre a., lin* jd hechelt etw; ***du fil peigné*** Kammgarn *nt*; ***une veste en laine peignée*** eine Jacke aus Kammgarn
II. *vpr* ■ **qn se peigne** jd kämmt sich; ■ **qn se peigne qc** jd kämmt sich (*dat*) etw
peignoir [pɛɲwaʀ] *m* **1.** (*vêtement en tissu éponge*) Bademantel *m*
2. (*blouse*) Umhang *m*; (*chez le coiffeur*) Frisierumhang
3. (*déshabillé*) [leichter] Morgenrock, Morgenmantel *m*
peinard, e [pɛnaʀ, aʀd] *adj fam personne, type* cool [ku:l]; *coin* ruhig, ungestört; *boulot, vie* bequem, gemütlich; ***on va être ~s*** (*pour se reposer*) wir werden unsere Ruhe haben; (*pour faire nos affaires*) wir werden ungestört sein; ***qn se tient ~*** jd hält sich abseits [*o* heraus]; ***qn a un boulot ~*** jd schiebt eine ruhige Kugel [in seinem Job] *fam*
peinardement [pɛnaʀdəmɑ̃] *adv fam* gemütlich; ***qn roule ~*** jd fährt gemächlich [*o* gemütlich] [dahin]
peindre <irr> [pɛ̃dʀ] **I.** *vi* ■ **qn peint [à qc]** jd malt [mit etw]
II. *vt* **1.** ■ **qn peint qc** jd streicht etw [an]; *carrosserie* jd spritzt etw; ■ **qn peint qc d'une certaine façon** *en blanc, vert* jd streicht etw irgendwie; *carrosserie* jd spritzt etw irgendwie; ***qn peint qc en rouge/jaune*** jd streicht etw rot/gelb [*o* in Rot/Gelb] [an]; ■ **qn peint qc à qc** *au pinceau, rouleau, à la brosse* jd streicht etw mit etw; *au pistolet* jd spritzt etw mit etw; ***qn peint qc à la chaux/laque*** jd tüncht/lackiert etw; ■ **qn peint qc sur qc** jd malt etw auf etw (*akk*); ■ **qc est peint(e)** (*décoré*) etw ist bemalt
2. ART ■ **qn peint qc [à qc]** *à la gouache, brosse, au pinceau* jd malt etw [mit etw]; *à l'huile* jd malt etw [in etw (*dat*)]; ***un tableau peint à l'huile*** ein in Öl gemaltes Bild, ein Ölbild *nt*
3. LITTER (*décrire*) ■ **qn peint qc** *scène, personne, société, vie, situation* jd schildert [*o* beschreibt] etw; *caractère a.* jd zeichnet etw
III. *vpr* ■ **qc se peint sur qc** / *angoisse, joie, désespoir, consternation/* etw spiegelt sich in etw (*dat*) wider, etw zeichnet sich auf etw (*dat*) ab; ***l'angoisse se peignait sur son visage*** die Angst stand ihm/ihr im Gesicht geschrieben
peine [pɛn] **I.** *f* **1.** (*chagrin, douleur*) Kummer *m*; (*douleur morale*) Schmerz *m*, Leid *nt*; ***qc plonge qn dans la ~*** etw bringt Kummer [*o* Leid] über jdn; ***qn est dans la ~*** jd trauert; ***qn noie sa ~ dans l'alcool*** jd ertränkt seine Sorgen [*o* seinen Kummer] im Alkohol
2. JUR (*sanction*) Strafe *f*; ***remise de ~*** Strafverminderung *f*; **~ *maximum*** Höchststrafe; **~ *de réclusion*** [***o de détention***] Haftstrafe; **~ *d'emprisonnement*** [***o de prison***] Gefängnisstrafe
▶ **~ d'<u>emprisonnement</u>** Haftstrafe *f*; **qn a toutes les ~s du <u>monde</u> à faire qc** jd hat alle [*o* die größte] Mühe, etw zu tun; **qn est <u>bien</u> en ~ de faire qc** *de répondre, d'aider* jd kann etw beim besten Willen nicht tun; **~ <u>capitale</u>** JUR Todesstrafe *f*; **qn est <u>dur</u>(e) à la ~** jd arbeitet hart; **c'est ~ <u>perdue</u> [que de faire qc]** das/es ist verlorene Mühe[, etw zu tun]; ***c'est ~ perdue!*** das ist verlorene [*o* vergebliche] Liebesmüh[e]!; **qn <u>a</u> de la ~ [*o* beaucoup de ~]** (*a du chagrin*) jd ist [sehr] traurig [*o* betrübt]; **qn <u>a</u> de la ~ [*o* beaucoup de ~] [à faire qc]** (*a du mal*) jd hat [große] Mühe [*o* [große] Schwierigkeiten] [etw zu tun]; ***j'ai de la ~ à me lever*** es fällt mir schwer [*o* ich habe Schwierigkeiten] aufzustehen; ***il a eu de la ~ à atteindre la moyenne*** er hat nur mit Mühe den Durchschnitt erreicht; ***elle a eu beaucoup de ~, mais elle y est arrivée*** es hat sie viel Mühe gekostet, aber sie hat es geschafft; **j'ai [de la] ~ à le/la croire** ich kann ihm/ihr kaum glauben; es fällt mir schwer, ihm/ihr zu glauben; **j'ai [de la] ~ à croire qc** ich kann etw kaum glauben; es fällt mir schwer, etw zu glauben; **je <u>crois</u> sans ~ qn/qc** ich glaube [es] jdm/ich glaube etw ohne weiteres; ***ça, je vous crois sans ~!*** das glaube ich Ihnen gern!; **qn se <u>donne</u> de la ~/beaucoup de ~** jd gibt sich (*dat*) Mühe/große [*o* viel] Mühe, jd bemüht sich/bemüht sich sehr; **qn se <u>donne</u> la ~ de faire qc** jd macht sich (*dat*) die Mühe, etw zu tun; **<u>donnez-vous</u> [*o* <u>prenez</u> [donc]] la ~ de ...** *form*: ***donnez-vous*** [***o prenez*** [***donc***]] ***la ~ d'entrer/de vous asseoir*** bitte, kommen Sie doch herein/setzen Sie sich doch; **ne vous donnez pas cette ~** machen Sie sich (*dat*) keine Umstände; **qn n'<u>épargne</u> pas sa ~** jd scheut keine Mühe; **qn <u>est</u> en ~ de qc** *soutenu* jdm fehlt es an etw (*dat*); **qn n'<u>est</u> pas en ~ pour faire qc** jd hat keine Schwierigkeiten, etw zu tun; es fällt jdm nicht schwer, etw zu tun; **qn en <u>est</u> pour sa ~** jd bemüht sich umsonst, jd strengt sich umsonst an; **ce n'<u>est</u> pas la ~ [de faire qc/que qn fasse qc]** es ist nicht nötig[, etw zu tun/dass jd etw tut], jd braucht etw nicht zu tun; ***ce n'est pas la ~ de crier!*** du brauchst/Sie brauchen nicht zu schreien!; **c'<u>est</u> bien la ~ [de faire qc/que qn fasse qc]** *iron* es lohnt sich wirklich nicht[, etw zu tun/dass jd etw tut], das lohnt sich vielleicht[, etw zu tun] *iron fam*; ***c'était bien la ~ de tant travailler!*** die viele Arbeit war für die Katz! *fam*; **qn/qc <u>fait</u> de la ~ à qn** (*fait du mal*) jd/etw verletzt jdn, jd/etw tut jdm weh; (*fait pitié*) jd/etw tut jdm Leid; ***il me fait de la ~*** er tut mir Leid; ***ça me fait de la ~ de le voir si triste*** es tut mir Leid [*o* es bekümmert mich], ihn so traurig zu sehen; **qn/qc <u>fait</u> ~ à voir** es tut weh, wenn man jdn/etw sieht; jd/etw ist unerträglich anzusehen; ***il faisait ~ à voir*** es tat einem in der Seele Leid [*o* weh], ihn so zu sehen; **qn ne <u>ménage</u> pas sa ~ pour faire qc** jd scheut keine Mühe, [um] etw zu tun; **qn se <u>met</u> en ~ de qc pour qn** jd bemüht sich um etw für jdn; **qn <u>purge</u> sa ~** JUR jd verbüßt seine Strafe; **qc <u>vaut</u> la ~** etw lohnt sich; **qc <u>vaut</u> la ~ d'être fait** es lohnt sich, etw zu tun; ***qc vaut la ~ d'être vu/lu*** etw ist sehenswert/lesenswert; ***faites ce voyage, il en vaut la ~*** machen Sie diese Reise, es lohnt sich; **qn <u>vaut</u> la ~ [que + *subj*]** jd ist es wert, [dass], jd verdient es, [dass]; **ça ne <u>vaut</u> [même] pas la ~ d'en parler** das ist [doch] nicht der Rede wert; **<u>avec</u> ~** mit Mühe [und Not], mühsam; **<u>pour</u> la/sa/... ~** (*en récompense*) als Lohn für die/seine/ihre/... Mühe [*o* Anstrengung] [*o* Arbeit]; (*en punition*) als Strafe

[dafür]; ***et qu'est-ce que j'ai pour la ~?*** und was kriege ich dafür? *fam*, und was ist der Lohn dafür?; **sans** ~ mühelos, leicht, ohne Schwierigkeiten; ***je le crois sans ~*** das glaube ich gerne; **sous ~ de qc** JUR: ***sous ~ de mort/d'amende*** unter Androhung der Todesstrafe/von Geldstrafe; ***défense d'afficher sous ~ d'amende*** Ankleben von Plakaten bei Geldstrafe verboten; ***défense d'entrer sous ~ de poursuites*** widerrechtliches Betreten wird strafrechtlich verfolgt; **sous ~ de faire qc**: ***roule doucement sous ~ de glisser*** fahr vorsichtig um nicht ins Schleudern zu kommen; ***la marche devenait impossible sous ~ de s'égarer*** es war unmöglich, die Wanderung fortzusetzen, wollte man sich nicht verlaufen [*o* wenn man sich nicht verlaufen wollte]

II. *adv* ■ **à ~** 1. (*très peu*) kaum, fast gar nicht; ***il avait à ~ de quoi vivre/manger*** er hatte kaum etwas zum Leben/zu essen

2. (*presque pas*) kaum; ***c'est à ~ si nous avons pu nous reposer*** wir konnten uns kaum ausruhen; ***je t'entends à ~*** ich kann dich kaum hören

3. (*tout au plus*) noch nicht einmal, nicht ganz; ***cela fait à ~ 20 F*** das kostet noch nicht einmal 20 F

4. (*même pas*): ***il y a à ~ huit jours*** es ist kaum [*o* noch nicht einmal] acht Tage her

5. (*juste*) *finir, commencer, partir* gerade [*o* eben] erst; (*aussitôt*) kaum; ***à ~ endormi, il se mit à …*** kaum war er eingeschlafen, fing er an zu …; ***à ~ arrivée, elle commença à …*** kaum war sie da, fing sie an zu …

▶ **à** ~! *iron* (*je ne te crois pas*) was du nicht sagst!

◆ **peines de cœur** Liebeskummer *m*; **peine de mort** Todesstrafe *f*

peiner <1> [pene] I. *vi* 1. (*éprouver de la difficulté*) ■ **qn peine [à faire qc/pour faire qc]** jd hat Mühe [*o* Schwierigkeiten] [etw zu tun], jd muss sich anstrengen [etw zu tun/um etw zu tun]; ■ **qn peine sur qc** *sur un problème, devoir* jd plagt sich mit etw [herum], jd müht sich mit etw ab; ***qn peine pour s'exprimer*** jd hat Mühe [*o* es fällt jdm schwer], sich auszudrücken

2. ■ **qc peine** /*moteur, voiture*/ etw hat Mühe [*o* Schwierigkeiten]

II. *vt* ■ **qc peine qn** etw macht jdn traurig, etw betrübt jdn; ■ **qn peine qn** (*décevoir*) jd enttäuscht jdn; (*faire de la peine*) jd tut jdm weh, jd verletzt jdn; ***comment, tu ne viens pas à mon anniversaire? tu me peines beaucoup*** wie, du kommst nicht zu meinem Geburtstag? das macht mich sehr traurig [*o* das enttäuscht mich sehr]; ■ **qn est peiné(e) [que** + *subj*]/**par qc** jd ist traurig [*o* betrübt] [dass]/[über etw (*akk*)]; ***il eut un air peiné*** er sah traurig [*o* bekümmert] aus; ***il dit d'un ton peiné que*** + *indic* (*triste*) er sagte in bekümmertem [*o* traurigem] Ton, dass; (*vexé*) er sagte in verletztem Ton, dass

peintre [pɛ̃tʀ] *m* 1. (*ouvrier*) Anstreicher(in) *m(f)*, Maler(in) *m(f)*

2. ART Maler(in) *m(f)*, Kunstmaler(in)

3. LITTER Schilderer *m*

◆ **peintre du dimanche** Sonntagsmaler(in) *m(f)*; **peintre en bâtiment** Anstreicher(in) *m(f)*

peinture [pɛ̃tyʀ] *f* 1. (*couleur*) Farbe *f*; ~ ***brillante/mate/laquée*** Glanz-/Matt-/Lackfarbe; ~ ***à l'eau/à l'huile*** Wasser-/Ölfarbe

2. (*couche, surface peinte*) Anstrich *m*; ***il refait les ~s de son appartement*** er streicht seine Wohnung neu [*o* frisch] [an]

3. ∅ (*action*) [An]streichen *nt*; ■ ~ **à qc** *au rouleau, pinceau, à la brosse* [An]streichen [mit etw]; ~ ***au pistolet*** Spritzen *nt*, Spritzlackierung *f*

4. ∅ ART (*action*) Malen *nt*; ~ ***à l'eau/à l'huile*** Malen mit Wasser-/Ölfarben, Wasserfarben-/Ölmalerei *f*

5. ART (*toile*) Gemälde *nt*, Bild *nt*; ~ ***murale*** Wandgemälde, Wandmalerei *f*; ~ ***à l'huile*** Ölgemälde

6. ∅ ART (*technique*) Malerei *f*; ■ ~ **à/sur** *à l'huile, sur porcelaine, verre* -malerei; ~ ***à fresque*** Freskomalerei

7. ∅ ART (*école, genre*) Malerei *f*; ■ **… de ~** *exposition, galerie* Gemälde-; *technique, styles* Mal-; ***musée de ~*** Museum *nt* für Malerei; ***école de ~*** Malschule *f*, Kunstschule *f*; (*courant*) Richtung *f* in der Malerei, Schule *f* der Malerei

8. ∅ LITTER, MUS (*description, évocation*) Schilderung *f*, Darstellung *f*; ***qn fait la ~ de qc*** jd stellt etw dar, jd zeichnet etw

▶ ~ **fraîche!** frisch gestrichen!; **qn ne peut pas voir qn/qc en ~** *fam* jd kann jdn/etw nicht ausstehen [*o* riechen *fam*]

peinturlurer <1> [pɛ̃tyʀlyʀe] I. *vt fam* ■ **qn peinturlure qc** jd beschmiert etw mit Farbe; ■ **qc est peinturluré(e) [de qc]** etw ist [mit etw] beschmiert

II. *vpr fam* ■ **qn se peinturlure qc** *visage, corps* jd bemalt sich (*dat*) etw

péjoratif, -ive [peʒɔʀatif, -iv] *adj* pejorativ, abwertend

péjorativement [peʒɔʀativmɑ̃] *adv* pejorativ, im pejorativen Sinne

P.E.L. [pɛl] *m abr de* **plan d'épargne-logement** Bausparvertrag *m*

pelade [pəlad] *f* Haarausfall *m*

pelage [pəlaʒ] *m* Fell *nt*

pelé, e [pəle] I. *adj animal, cou, terrain, colline* kahl

II. *m, f* ▶ **quatre ~s et un tondu** *fam* [nur] ein paar Hansel *fam*; **comme un(e) ~(e)** wie ein räudiger Hund

pêle-mêle [pɛlmɛl] I. *adv* [kunterbunt] durcheinander, [völlig] ungeordnet; ***les gens s'entassent ~~ dans le métro*** die Leute drängen sich drunter und drüber in die Metro *fam*; ***il y avait ~~ des pelotes de laine et des aiguilles*** Wollknäuel und Stricknadeln lagen kunterbunt [*o* wie Kraut und Rüben *fam*] durcheinander; ■ **des choses sont ~~** Dinge liegen kreuz und quer [*o* wie Kraut und Rüben *fam*] durcheinander, Dinge sind völlig ungeordnet

II. *m inv* ■ **un ~~ [de choses]** ein Durcheinander *nt* [von Dingen]

peler <4> [pəle] I. *vi* 1. (*perdre sa peau*) ■ **qn/qc pèle** /*personne, peau, nez*/ jd/etw schält [*o* pellt *fam*] sich

2. *fam* (*avoir froid*) ■ **qn pèle** jd friert sich (*dat*) einen ab *fam*

II. *vt* ■ **qn pèle qc** jd schält etw; *pomme de terre cuite a.* jd pellt etw

III. *vpr* ■ **qc se pèle …** *facilement, bien, mal* etw schält sich …, etw lässt sich … schälen

pèlerin [pɛlʀɛ̃] *m* 1. REL Pilger(in) *m(f)*

2. (*faucon*) Wanderfalke *m*; (*criquet*) Wanderheuschrecke *f*

pèlerinage [pɛlʀinaʒ] *m* 1. REL (*voyage*) Wallfahrt *f*, Pilgerfahrt *f*; ***qn fait un ~/va en ~*** jd macht eine Wallfahrt [*o* Pilgerfahrt]

2. (*lieu*) Wallfahrtsort *m*, Wallfahrtsstätte *f*

3. (*visite*) Pilgerfahrt *f*

pèlerine [pɛlʀin] *f* Pelerine *f*

pélican [pelikɑ̃] *m* Pelikan *m*

pelisse [pəlis] *f* pelzgefütterter Mantel

pelle [pɛl] *f* Schaufel *f*, Schippe *f*; [*jardinier*] Spaten *m*; [*enfant*] [Sand]schaufel *f*

▶ ~ **mécanique** [Löffel]bagger *m*; **qn ramasse qc à la ~** *fam* jd findet etw haufenweise *fam*; **qn [se] ramasse [*o* se prend] une ~** *fam* jd fällt auf die Nase *fam*; **qn roule une ~ à qn** *fam* jd knutscht mit jdm *fam*

◆ **pelle à charbon** Kohlenschaufel *f*, Kohlenschippe *f*; **pelle à tarte** Tortenheber *m*, Tortenschaufel *f*

pelletée [pɛlte] *f* 1. ■ ~ **de qc** *de terre, sable, charbon* Schaufel *f* [voll] etw

2. *fam*: ***une ~/des ~s d'injures*** eine Schimpfkanonade *fam*

pelleterie [pɛltʀi, pelɛtʀi] *f* 1. (*commerce*) Pelzhandel *m*, Rauchwarenhandel *m*

2. (*lieu*) Kürschnerei *f*

3. (*préparation*) Rauchwarenzurichtung *f*

4. (*peau apprêtée*) Pelz[ware *f*] *m*

pelleteuse [pɛltøz] *f* [Löffel]bagger *m*

pelletier, -ière [pɛltje, -jɛʀ] *m, f* Kürschner(in) *m(f)*

pellicule [pelikyl] *f* 1. PHOT, CINE Film *m*; ~ ***couleur/noir et blanc*** Farb-/Schwarzweißfilm; ~ ***photographique/cinématographique*** Film

2. (*mince couche*) [*boue, poussière, givre, crème*] [dünne] Schicht; [*pétrole*] Film *m*

3. *pl* MED Schuppen *pl*

pelote [p(ə)lɔt] *f* 1. Knäuel *nt*; ■ ~ **de** *de fil, ficelle, cordelette, laine* -knäuel

2. COUT: ~ [***d'épingles***] Nadelkissen *nt*

3. SPORT: ~ [***basque***] Pelota[spiel *nt*] *f*

peloter <1> [p(ə)lɔte] I. *vt fam* ■ **qn pelote qn/qc** jd betatscht [*o* befummelt] jdn/etw *fam*; ■ **qn se fait ~ [par qn]** jd wird [von jdm] betatscht [*o* befummelt] *fam*

II. *vpr fam* ■ **des personnes se pelotent** Menschen fummeln [herum] *fam*

peloton [p(ə)lɔtɔ̃] *m* 1. SPORT [Haupt]feld *nt*

2. POL, ECON [*personnes, pays, nations*] Gruppe *f*; ***un pays prend la tête [o se place en tête] du ~ des pays riches*** ein Land führt das Feld der reichen Länder an [*o* steht an der Spitze der reichen Länder]

3. MIL Trupp *m*; ***un ~ de soldats/sapeurs-pompiers*** ein Trupp Soldaten/Feuerwehrleute; ~ ***de gendarmerie*** Polizeitrupp

▶ **qn/un animal est dans le ~ de tête/de queue** SPORT jd/ein Tier befindet sich im vorderen/hinteren Feld, jd/ein Tier ist [*o* liegt] an der Spitze/am Ende des Feldes; SCOL jd gehört zu den Besten/zu den Schlechtesten; **qc est dans le ~ de tête/queue du/des …** ECON /*pays, entreprise*/ etw steht an der Spitze des/der … [*o* etw führt das Feld der … an]/etw gehört zu den rückständigsten der …; ***ce produit est dans le ~ de tête/de queue du marché*** dieses Produkt ist marktführend/gehört zu denen, die den Markt am wenigsten bestimmen; dieses Produkt findet großen/geringen Absatz auf dem Markt

◆ **peloton d'exécution** Exekutionskommando *nt*

pelotonner <1> [p(ə)lɔtɔne] *vpr* 1. (*se mettre en boule*) ■ **qn/un animal se pelotonne** jd/ein Tier rollt sich zusammen

2. (*se blottir*) ■ **qn/un animal se pelotonne contre qn/qc** jd kuschelt [*o* schmiegt] sich an jdn/etw [an]; ■ **qn/un animal se pelotonne quelque part** jd/ein Tier kuschelt sich irgendwo ein; ***qn se pelotonne dans son lit/sous les draps*** jd rollt [*o* kuschelt] sich in seinem Bett/unter dem Bettuch zusammen

pelouse [p(ə)luz] *f* 1. [*parc, jardin*] Rasen *m*

2. [*stade*] Rasen[platz *m*] *m*

3. [*champ de courses*] Rasenfläche *f*

peluche [p(ə)lyʃ] *f* 1. (*étoffe*) Plüsch *m*; ■ **en ~** Plüsch-, Stoff-; *tapis* Plüsch-; ***ours en ~*** Teddybär *m*

2. (*jouet*) Stofftier *nt*, Plüschtier *nt*

3. *fam* (*poil*) Fussel *f o m*

pelucher <1> [p(ə)lyʃe] *vi* ■ **qc peluche** etw fusselt

pelucheux, -euse [p(ə)lyʃø, -øz] *adj* fusselig

pelure [p(ə)lyʀ] I. *f* 1. [*fruit*] Schale *f*; [*pêche a.*] Haut *f*

2. *fam* (*manteau*) Mantel *m*; ***vous pouvez enlever vos ~s!*** ihr könnt eure Klamotten ausziehen! *fam*

II. *app*: ***papier ~*** (*pour machine à écrire*) Durchschlagpapier *nt*; (*pour texte imprimé*) Dünndruckpapier *nt*

◆ **pelure d'oignon** (*peau*) Zwiebelhäutchen *nt*; (*vin*) Bleichert *m*, Rosé[wein *m*] *m*

pelvien, ne [pɛlvjɛ̃, jɛn] *adj ceinture, cavité* Becken-

pelvis [pɛlvis] *m* Becken *nt*

pénal, e <-aux> [penal, o] *adj affaire, procédure* Straf-; *poursuite, responsabilité* strafrechtlich; ***code ~*** Strafgesetzbuch *nt*; ***droit ~*** Strafrecht *nt*; ***clause ~e*** Schadensersatz[festsetzungs]klausel *f*

pénalement [penalmɑ̃] *adv* strafrechtlich; ~ ***sanctionné(e)*** strafrechtlich verfolgt

pénaliser <1> [penalize] *vt* 1. SPORT ■ **qn pénalise qn/qc** jd bestraft jdn/etw, jd belegt jdn/etw mit einer Strafe; ■ **qn/qc est pénalisé(e)** jd/etw wird bestraft

2. (*désavantager*) ■ **qn/qc pénalise qn/qc [de qc]** jd/etw benachteiligt

jdn/etw [durch etw]; ■ **qn/qc est pénalisé(e)** jd ist/wird benachteiligt; ■ **qc est pénalisé(e)** */origine, religion, race/* etw ist von Nachteil, etw wirkt sich nachteilig aus
3. (*sanctionner*) ■ **qn/qc pénalise qn** jd/etw bestraft jdn; ■ **qn est pénalisé(e) pour qc [de qc]** jd wird für etw [mit etw] bestraft; ■ **qn/qc pénalise qn/qc [de qc]** (*sanctionner d'une amende*) jd/etw bestraft jdn/etw [mit etw]; ***on l'a pénalisé de 3000 F*** er wurde mit einer Strafe von 3000 F belegt, von ihm wurde eine Strafe von 3000 F erhoben; ■ **qc est pénalisé(e)** etw wird mit einer Strafe belegt; ***dans cet examen les fautes d'orthographe ne sont pas pénalisées*** bei dieser Prüfung werden [die] Rechtschreibfehler nicht gewertet

pénalité [penalite] *f* **1.** (*peine*) [Geld]strafe *f;* (*pour une omission, un retard*) Strafgebühr *f*
2. RUGBY Strafstoß *m;* ***il a tiré le coup de pied de*** ~ er hat den Strafstoß ausgeführt
◆ **pénalité de retard** (*pour une livraison*) Verzugsgebühr *f;* (*pour un paiement*) Säumniszuschlag *m*

penalty <-ties> [penalti] *m* (*sanction*) Strafstoß *m;* (*tir au but*) Elfmeter *m*

pénates [penat] *loc* ▶ **qn regagne ses** ~ *fam* jd kehrt ins traute Heim [*o* an den häuslichen Herd] zurück

penaud, e [pəno, od] *adj* (*honteux*) verlegen, beschämt; *personne a.* kleinlaut; *mine, air a.* betreten; (*déçu*) *mine, air* enttäuscht; *personne* vor den Kopf gestoßen; ***il est resté/s'en allait tout*** ~ er stand da/zog ab wie ein begossener Pudel *fam*

penchant [pɑ̃ʃɑ̃] *m* **1.** (*goût*) ■ ~ **pour qc** *pour la musique, les belles voitures* Vorliebe *f* für etw; *pour la paresse* Hang *m* zu etw; ~ ***pour la boisson/l'alcool*** Hang *m* [*o* Neigung *f*] zum Trinken/Alkohol
2. (*tendance*) ■ ~ **à qc/à faire qc** Neigung *f* zu etw/etw zu tun; (*à qc de négatif*) Hang *m* zu etw/etw zu tun; ***qn a un*** ~ ***à qc/à faire qc*** jd neigt zu etw/dazu, etw zu tun
▶ **mauvais** ~**s** niedere Instinkte *pl*

pencher <1> [pɑ̃ʃe] **I.** *vi* **1.** (*perdre l'équilibre*) ■ **qc penche** */moto, pile d'assiettes, pile de livres/* etw neigt sich [zur Seite]; */arbre/* etw biegt sich; */bateau a./* etw hat Schlagseite; ***le vent fait*** ~ ***l'arbre*** der Baum biegt sich im Wind
2. + *être* (*être obligé*) ■ **qc penche** */mur, tour/* etw ist schief; */bouteille/* etw steht schief; */voiture/* etw hängt; ***le tableau penche/penche à droite*** das Bild hängt schief/hängt nach rechts; ***la tour penchée de Pise*** der Schiefe Turm von Pisa; ***une écriture penchée*** eine schräge Schrift
3. (*se courber vers*) ■ **qn est penché(e) [sur qn/qc]** jd beugt sich [über jdn/etw]; ***penché(e) sur ses livres*** in seine/ihre Bücher vertieft; (*pour étudier*) über seine/ihre Bücher gebeugt
4. (*se prononcer pour*) ■ **qn penche pour qc** *pour une hypothèse, explication, possibilité* jd neigt einer S. (*dat*) zu, jd tendiert zu etw
5. (*avoir tendance à*) ■ **qn penche à ...:** ***je penche à croire que*** + *subj* meiner Ansicht nach ...
II. *vt* ■ **qn penche qc** *bouteille, carafe* jd neigt etw, jd hält etw schräg; *table, chaise* jd kippt etw; *tête* (*en avant, sur qc*) jd beugt etw; (*de honte*) jd senkt etw; (*sur le côté*) jd neigt etw [zur Seite]; ***qn penche la tête en arrière*** jd legt den Kopf zurück; ***qn penche la tête à la fenêtre*** jd streckt den Kopf aus dem Fenster
III. *vpr* **1.** (*baisser*) ■ **qn se penche** jd bückt sich, jd beugt sich nieder; ■ **qn se penche quelque part** *en avant, sur le côté, sur qc, par qc, vers qn* jd beugt sich irgendwohin; ***qn se penche par la fenêtre*** jd lehnt [*o* beugt] sich zum [*o* aus dem] Fenster hinaus; ***ne pas [o défense de] se*** ~ ***au-dehors!*** nicht hinauslehnen!
2. (*examiner*) ■ **qn se penche sur qc** *sur une question, un problème* jd beschäftigt [*o* befasst] sich mit etw; ***qn se penche sur les malheurs/le sort de qn*** jd beschäftigt sich [eingehend] mit jds Schicksal/Los

pendable [pɑ̃dabl] *adj* übel, schlimm; ***il m'a joué un tour*** ~! er hat mir übel mitgespielt!, er hat mir einen üblen Streich gespielt!

pendaison [pɑ̃dɛzɔ̃] *f* (*supplice*) Erhängen *nt*, [Auf]hängen *nt;* (*exécution*) Hinrichtung *f* durch den Strang; ***qn est condamné(e) à mort par*** ~ jd ist/wird zum Tod durch Erhängen [*o* durch den Strang] verurteilt

pendant¹ [pɑ̃dɑ̃] *m* ■ **le** ~ **[de qn/qc]** das Gegenstück [*o* Pendant] [zu jdm/etw]
▶ **qc fait** ~ **à qc** (*est complémentaire*) etw ist [*o* bildet] das [passende] Gegenstück zu etw; (*est équivalent*) etw entspricht einer S. (*dat*), etw findet seine Entsprechung in etw (*dat*); **des choses se font** ~ (*forment la paire*) Dinge passen zueinander, Dinge entsprechen sich [genau]; (*sont symétriques*) Dinge sind symmetrisch [zueinander]; **qn fait** ~ **à qn** jd ist das Pendant zu jdm; **des personnes se font** ~ Menschen entsprechen einander
◆ **pendant d'oreille** Ohrgehänge *nt*

pendant² [pɑ̃dɑ̃] **I.** *prép* **1.** (*au cours de*) während (+ *gen*); ~ ***l'hiver/le mois de janvier*** während des Winters/im Januar [*o* im Laufe des Monats Januar]; ~ ***la nuit*** in [*o* während] der Nacht
2. (*simultanément à*) während (+ *gen*); ~ ***ce temps*** während dieser Zeit, währenddessen; ***qu'as-tu fait*** ~ ***tout ce temps?*** was hast du denn während der ganzen Zeit [*o* die ganze Zeit über] gemacht?; ~ ***longtemps*** lange Zeit [über] [*o* hindurch]; ~ ***la journée/son séjour*** während des Tages [*o* tagsüber]/während seines/ihres Aufenthalts; ~ ***trois heures/jours/plusieurs années*** drei Stunden/Tage/mehrere Jahre [lang]; ~ ***un moment/quelques mois*** einen Augenblick/einige Monate lang; ***on a marché*** ~ ***des kilomètres et des kilomètres*** wir sind kilometerweit gelaufen
3. (*tandis que*) ■ ~ **que qn/qc fait qc** während jd/etw etw tut; (*aussi longtemps que*) solange jd/etw etw tut
▶ ~ **que qn y est** wenn jd schon mal dabei ist; ~ ***qu'on y est/que tu y es/que vous y êtes ...*** *iron* wenn wir nun schon mal dabei sind/wenn du nun schon mal dabei bist/wenn ihr nun schon mal dabei seid ...; ~ ***que j'y suis, il faut que je rappelle Martine*** da fällt mir gerade ein, ich muss Martine zurückrufen; ~ **que j'y pense, ...** da fällt mir gerade ein, ...
II. *adv* während (+ *gen*); ***c'était avant le cours ou*** ~? war es vor dem Unterricht oder während des Unterrichts?

pendant, e [pɑ̃dɑ̃, ɑ̃t] *adj* **1.** (*tombant*) *bras, branches* [herab]hängend, herunterhängend; *langue* heraushängend; ***un chien aux oreilles*** ~***es*** ein Hund mit Hängeohren [*o* Schlappohren *fam*]
2. (*ballant*) *jambes* baumelnd; ***qn reste les bras*** ~***s*** jd steht untätig herum
3. JUR: ***procès*** ~ anhängiges [*o* schwebendes] Verfahren; ***un procès est*** ~ ***contre qn*** gegen jdn ist ein Verfahren anhängig

pendeloque [pɑ̃d(ə)lɔk] *f* [Ohr]gehänge *nt*

pendentif [pɑ̃dɑ̃tif] *m* Anhänger *m*

penderie [pɑ̃dʀi] *f* (*placard mural*) Wandschrank *m;* (*garde-robe*) Garderobe *f;* (*armoire*) Kleiderschrank *m*

pendiller <1> [pɑ̃dije] *vi* ■ **qc pendille** etw flattert, etw baumelt

pendouiller <1> [pɑ̃duje] *vi fam* ■ **qc pendouille** etw hängt herunter, etw baumelt [herum] *fam*

pendre <14> [pɑ̃dʀ] **I.** *vi* + *être* **1.** (*être suspendu*) ■ **qc pend [quelque part]** etw hängt [irgendwo]; ***qc pend à qc*** etw hängt an etw (*dat*); ***qc pend de qc*** etw hängt von etw herunter
2. (*tomber*) ■ **qc pend** */joues/* etw hängt herunter; ■ **qc pend [quelque part]** */cheveux, papier, guirlande/* etw hängt [irgendwo] herunter; */bras, jambe/* etw hängt [irgendwo] herunter [*o* herab]; ■ **qn laisse** ~ **qc [quelque part]** jd lässt etw [irgendwo] herunterhängen [*o* herabhängen]; *jambe a.* jd lässt etw baumeln; ***son manteau pend jusqu'à terre*** sein/ihr Mantel reicht bis zum [*o* auf den] Boden; ***ta jupe pend derrière/sur le côté*** dein Rock hängt hinten herunter [*o* ist hinten zu lang]/hängt auf der Seite herunter, dein Rock zipfelt hinten/an der Seite *fam*
II. *vt* **1.** (*suspendre*) ■ **qn pend qc [quelque part]** jd hängt etw auf, jd hängt etw irgendwohin; *au mur, plafond, portemanteau, aux fenêtres* jd hängt etw an etw (*akk*); *dans l'armoire* jd hängt etw in etw (*akk*); *dans l'entrée* jd hängt etw in etw (*dat*) auf
2. (*mettre à mort*) ■ **qn est pendu(e) [à qc]** jd wird gehängt, jd wird [an etw (*dat*)] aufgehängt; ■ **qn pend qn [à qc]** jd hängt jdn, jd hängt jdn [an etw (*dat*)] auf, jd henkt [*o* erhängt] jdn
▶ **je veux [bien] être pendu(e) si ...** *fam* ich will Meier heißen [*o* soll mich doch der Teufel holen], wenn ... *fam*
III. *vpr* **1.** (*se suicider*) ■ **qn se pend** jd erhängt sich, jd hängt sich auf
2. (*s'accrocher*) ■ **qn se pend à qc** jd hängt sich an etw (*akk*)
3. *fam* (*s'agripper*) ■ **qn se pend à qc** *au bras, cou, à l'épaule de qn* jd hängt sich an etw (*akk*); (*par crainte*) jd klammert sich an etw (*dat*) fest; ***qn se pend au cou/au bras de qn*** jd hängt sich jdm an den Hals/an den Arm; (*par crainte*) jd klammert sich an jds Hals/Arm (*akk*)

pendu, e [pɑ̃dy] **I.** *pp de* **pendre**
II. *adj fam* (*agrippé*) ■ **qn est** ~ **à qc** *au bras, cou de qn, au téléphone* jd hängt an etw (*dat*) *fam; à la télévision* jd hängt vor etw (*dat*) [herum] *fam;* ***qn est*** ~ ***aux lèvres/aux paroles de qn*** jd hängt an jds Lippen (*dat*)
III. *m, f* Gehängte(r) *f(m)*, Gehenkte(r) *f(m)*
▶ **qn joue au** ~ JEUX jd spielt Henker [*o* Galgen]

pendulaire [pɑ̃dylɛʀ] *adj* **1.** ***mouvement*** ~ Pendelbewegung *f*, Pendeln *nt*
2. SOCIOL: ***migration*** ~ Pendeln *nt* [*o* Pendelbewegung *f*] der Bevölkerung

pendule [pɑ̃dyl] **I.** *f* Uhr *f;* (*pour la cuisine*) Küchenuhr; (*pour poser sur un meuble*) Standuhr; (*à balancier*) Pendeluhr; (*murale*) Wanduhr
▶ **qn remet les** ~**s à l'heure** jd sorgt für klare Verhältnisse, jd schafft Klarheit; (*verbalement a.*) jd stellt die Sache richtig, jd rückt die Dinge zurecht
II. *m* **1.** [*sourcier, radiesthésiste*] [siderisches] Pendel
2. PHYS Pendel *nt*

pendulette [pɑ̃dylɛt] *f* kleine Uhr; (*murale*) Wanduhr *f;* ~ ***de bureau*** Schreibtischuhr; ~ ***de voyage*** Reisewecker *m*

pêne [pɛn] *m* [*serrure*] Riegel *m*

pénétrant, e [penetʀɑ̃, ɑ̃t] **I.** *adj* **1.** *froid* schneidend, durchdringend; *pluie* bis auf die Haut durchgehend [*o* durchdringend]; ***air*** ~ schneidend kalte Luft
2. *odeur* penetrant, durchdringend
3. (*aigu*) *regard* durchdringend, scharf; ***il m'a regardé d'un œil*** ~ er hat mich mit durchdringendem [*o* scharfem] Blick angesehen
4. (*subtil*) *analyse, remarque, personne* scharfsinnig; ***c'est un esprit très*** ~ er/sie ist sehr scharfsinnig, er/sie hat einen sehr scharfen Verstand
II. *f* TRANSP, AUT ■ **pénétrante** Hauptverbindungsstraße *f*

pénétration [penetʀasjɔ̃] *f* **1.** ∅ (*action*) [*eau, projectile, armée ennemie, idées nouvelles*] Eindringen *nt*, Penetration *f spec;* [*produit*] Verbreitung *f;* (*acte sexuel*) Penetration *f;* ***le taux de*** ~ ***d'un produit sur le marché*** die Marktdurchdringung eines Produkts; ***force de*** ~ **[*d'un projectile*]** Durchschlagskraft *f* [eines Geschosses]
2. ∅ (*perspicacité*) Scharfsinn *m*, Verstandesschärfe *f;* ***un esprit doué d'une grande*** ~ ein [äußerst] scharfsinniger [*o* durchdringender] Verstand; ■ ~ **[de qc]** (*faculté de deviner*) Scharfblick *m* [für etw]; ***qn a une grande*** ~ ***de qc*** jd besitzt einen ausgeprägten Scharfblick für etw, jd durchschaut etw schnell

pénétré, e [penetʀe] *adj* **1.** (*imbu*) ■ ~ **de** *de son importance* [tief] überzeugt von etw; *de ses devoirs* erfüllt von etw
2. (*convaincu*) *ton, air* überzeugt; ***qn dit qc d'un ton [o sur un ton]*** ~ jd sagt etw im Brustton der Überzeugung; ***qn est*** ~ ***de son sujet*** jd ist ganz von seinem Thema eingenommen

pénétrer <5> [penetʀe] **I.** *vi* **1.** (*entrer*) ■ **qn/un animal/qc pénètre dans qc** */personne/* jd geht in etw (*akk*) hinein, jd tritt in etw (*akk*) ein; */véhicule/* etw fährt in etw (*akk*) hinein; (*par la force, abusivement*) jd/ein Tier/etw dringt in etw (*akk*) ein; */envahisseur, armée ennemie/* jd/etw fällt [*o* dringt] in etw (*akk*) ein; ***elle m'a fait*** ~ ***dans le salon*** sie ließ mich in das

Wohnzimmer eintreten; ***ils ont pénétré de force*** sie sind gewaltsam eingedrungen

2. (*s'introduire*) ■ **qn pénètre dans qc** *dans un groupe, club, milieu* jd verschafft sich (*dat*) Zutritt zu etw; (*clandestinement*) *dans un parti, groupe* jd infiltriert [*o* unterwandert] etw; ■ **qn pénètre sur qc** *sur un marché* jd dringt [*o* stößt] auf etw (*akk*) vor

3. (*prendre place*) ■ **qc pénètre dans qc** */idée, habitude, sentiment, conviction/* etw dringt [*o* geht] in etw (*akk*) ein, etw findet Eingang in etw (*akk*) *geh;* ***cette pratique n'a pas encore pénétré dans les mœurs*** diese Gewohnheit ist noch nicht Brauch [*o* allgemein üblich] geworden; ***qn fait ~ une idée dans la tête de qn*** jd setzt jdm eine Idee in den Kopf

4. (*s'insinuer*) ■ **qc pénètre [dans qc]** */rayons de soleil, vent, air, odeur, fumée/* etw dringt [in etw (*akk*)] ein, etw kommt [in etw (*akk*)] hinein/herein; */soleil a./* etw scheint [in etw (*akk*)] hinein/herein; */liquide, vernis, huile, encre, crème/* etw zieht [in etw (*akk*)] ein; */sang/* etw dringt [*o* sickert] durch etw [durch]; ***qn fait ~ de l'air/ du gaz [dans qc]*** jd lässt Luft/Gas [in etw (*akk*)] hinein; ***il faut faire ~ la crème*** die Creme muss [in die Haut] eingerieben werden; ■ **qc pénètre à travers qc** etw dringt durch etw; ***le liquide pénètre à travers une membrane*** die Flüssigkeit dringt durch eine Membran

5. (*s'enfoncer*) ■ **qc pénètre dans qc** */balle/* etw dringt in etw (*akk*) ein

II. *vt* **1.** (*transpercer*) ■ **qc pénètre qn** */froid, air, pluie, humidité/* etw durchdringt jdn, etw geht jdm durch und durch *fam;* ***l'humidité/ le froid nous pénétrait jusqu'aux os*** die Feuchtigkeit/die Kälte ging uns durch und durch *fam;* ■ **qc pénètre qc** etw dringt [*o* geht] durch etw durch; */odeur a./* etw setzt sich in etw (*dat*) fest; ■ **qn pénètre qn** (*pendant l'acte sexuel*) jd penetriert jdn

2. ■ **qc pénètre qn** */regard/* etw durchdringt [*o* durchbohrt] jdn, etw geht jdm durch und durch *fam*

3. (*imprégner*) ■ **qc pénètre qc** */mode, mode de vie, habitude/* etw setzt sich [in etw (*dat*)] durch

4. (*deviner*) ■ **qn pénètre qc** jd durchschaut etw; *secret* jd ergründet etw, jd kommt hinter etw (*akk*); *sens* jd erfasst etw

5. (*remplir*) ■ **qc pénètre qn/qc** */pitié, joie/* etw erfüllt jdn/etw; ***la joie/ une grande pitié me pénétrait le cœur*** Freude/großes Mitleid erfüllte mein Herz; ■ **qc pénètre qn de qc** *de joie, d'admiration* etw erfüllt jdn mit etw; ***il était pénétré par la beauté du spectacle*** er war von der Schönheit des Schauspiels ganz hingerissen; ***il se sentait pénétré d'effroi/ de pitié*** er war von Schauder/Mitleid erfüllt; ***qn est pénétré(e) par le remords*** jd ist ganz schuldbewusst, jd ist von Gewissensbissen geplagt

III. *vpr* ■ **qn se pénètre de qc** *d'une idée, vérité* jd macht sich (*dat*) etw bewusst, jd begreift etw; *de l'importance, l'utilité de qc* jd überzeugt sich von etw; *d'une philosophie, d'un texte* jd befasst sich eingehend mit etw; ***je n'arrive pas à me ~ de l'idée que*** + *indic* ich kann einfach nicht begreifen, dass; ***je me suis pénétré de philosophie hégélienne*** ich habe mich eingehend mit der Hegelschen Philosophie befasst; ***j'ai peine à me ~ de l'utilité de cette décision*** ich habe Mühe die Nützlichkeit dieser Entscheidung zu erkennen [*o* zu begreifen]; ***vous devez vous ~ du fait que*** + *indic* Sie müssen sich (*dat*) klar [*o* bewusst] machen, dass

pénible [penibl] *adj* **1.** (*fatigant*) *travail, voyage* anstrengend, ermüdend; (*difficile*) *tâche* schwierig; *ascension, chemin* beschwerlich, schwierig; *respiration* mühsam, schwer; *hiver* hart; ■ **qc est ~ [à qn]** */voyage, ascension, travail/* etw ist anstrengend [*o* beschwerlich] [*o* mühsam] [für jdn]; */effort/* etw fällt jdm schwer; ■ **il est/c'est ~ [à qn] de faire qc** es ist schwer [*o* hart] [für jdn], etw zu tun; **~ *à lire/ à supporter*** anstrengend zu lesen/schwer zu ertragen; ***les derniers kilomètres ont été ~s à parcourir*** die letzten Kilometer waren mühsam [zu gehen]; ***il lui est ~ de respirer*** das Atmen fällt ihm/ihr schwer

2. (*douloureux*) *nouvelle, circonstance, événement, sujet* traurig, schmerzlich; *moment, heure a.* schwer, furchtbar; (*désagréable*) *sujet, circonstance* unangenehm, unerquicklich; *maladie* schwer; ■ **qc est ~ à qn** (*douloureux*) etw ist schmerzlich für jdn; (*embarrassant*) etw ist jdm unangenehm; (*difficile à supporter*) etw ist jdm unerträglich; ■ **il est/c'est ~ [à qn] de faire qc** es fällt [jdm] schwer, etw zu tun; (*désagréable*) es ist [jdm] unangenehm, etw zu tun; ***il m'est ~ de constater/ d'avoir à vous dire que*** + *indic* es tut mir Leid [*o* es ist mir unangenehm], feststellen zu müssen/Ihnen sagen zu müssen, dass; ***il m'est ~ de vous voir dans cet état*** es tut mir Leid [*o* schmerzt mich], Sie in diesem Zustand zu sehen

3. *fam* (*agaçant*) *personne, caractère* schwierig, unerträglich, nervig *fam;* ***il/ elle est ~*** er/sie kann einen nerven *fam;* ■ **c'est ~ que** + *subj* es ist unerträglich, dass; ***c'est quand même ~ que tu ne comprennes pas ça!*** es ist unmöglich, dass du das nicht verstehst!

péniblement [penibləmɑ̃] *adv* **1.** (*difficilement*) mühsam, mit Mühe

2. (*cruellement*) *affecté* schmerzlich; (*désagréablement*) *surpris* unangenehm

3. (*tout juste*) mit Müh und Not, [nur] knapp

péniche [peniʃ] *f* (*bateau*) Frachtkahn *m*, Lastkahn *m;* ~ ***remorquée*** Schleppkahn *m*

◆ **péniche de débarquement** Landungsboot *nt*, Landungsschiff *nt*

pénicilline [penisilin] *f* Penizillin *nt*, Penicillin *nt*

péninsule [penɛ̃syl] *f* Halbinsel *f;* ***la ~ balkanique*** die Balkanhalbinsel; ***la ~ ibérique*** die Iberische Halbinsel

pénis [penis] *m* Penis *m*

pénitence [penitɑ̃s] *f* (*peine*) Buße *f;* (*sacrement a.*) Buße, Bußsakrament *nt*

► **qn fait ~** jd tut Buße

pénitencier [penitɑ̃sje] *m* Strafvollzugsanstalt *f*, Zuchthaus *nt veraltet*

pénitentiaire [penitɑ̃sjɛʀ] *adj administration, système* Strafvollzugs-; *colonie* Straf-; ***établissement ~*** Strafvollzugsanstalt *f;* ***régime ~*** Strafvollzug *m;* ***personnel ~*** Gefängnispersonal *nt*

penne [pɛn] *f* ORN Schwungfeder *f*, Schwanzfeder *f*

pénombre [penɔ̃bʀ] *f* **1.** (*clair-obscur*) Halbdunkel *nt*

2. ASTRON Halbschatten *m*

► **qn demeure [*o* reste] dans la ~** *fig* jd hält sich [*o* bleibt] im Hintergrund

pense-bête <~-~s> [pɑ̃sbɛt] *m* Merkhilfe *f*, Gedächtnisstütze *f;* (*petite feuille*) [Notiz]zettel *m;* (*signe*) Merkzeichen *nt;* ~-~ ***mural*** Memoboard [-bɔː(r)d] *nt*

pensée¹ [pɑ̃se] *f* **1.** (*idée*) Gedanke *m;* ~ ***ingénieuse/ géniale*** genialer Gedanke [*o* Einfall]; ***qn devine/ pénètre la ~/ les ~s de qn*** jd errät/durchschaut jds Gedanken

2. (*sentiment*) Gedanke *m;* ***j'ai découvert le fond de sa ~*** ich habe seine/ihre geheimsten Gedanken entdeckt; ***qn a une ~ émue pour qn*** jd ist in Gedanken bei jdm, jd denkt sehr an jdn; ***meilleures ~s à votre femme et à vous*** Ihnen und Ihrer Frau die allerherzlichsten Grüße

3. *pl* (*réflexion*) Gedanken *pl;* ***qn est absorbé(e) dans ses ~s*** jd hängt seinen Gedanken nach; ***qn est perdu(e)/ plongé(e) dans ses ~s*** jd ist [ganz] in Gedanken verloren/versunken; ***qn perd le fil de ses ~s*** jd verliert den Faden

4. ∅ (*opinion*) ■ **~ de qn** jds Meinung *f*, jds Gedanken *pl;* ***qn ne dissimule [o déguise] pas sa ~*** jd macht aus seiner Meinung keinen Hehl; ***je partage votre ~ là-dessus*** ich denke [genauso] wie Sie darüber; ***qn va jusqu'au bout de sa ~*** (*achève sa réflexion*) jd führt seinen Gedanken zu Ende; (*réalise ses intentions*) jd setzt seine Vorstellungen in die Tat um; ***allez, va jusqu'au bout de ta ~!*** los, spuck's schon aus! *fam*

5. ∅ PHILOS (*raison*) Denken *nt;* ***l'expression de la ~ par le langage*** der Ausdruck der Gedanken durch die Sprache

6. ∅ (*manière de penser*) Denken *nt*

7. (*esprit*) Gedanken *pl*, Sinn *m;* ***qc hante la ~ de qn*** etw geht jdm im Kopf herum, etw geht jdm nicht aus dem Sinn, etw verfolgt jdn; ***il m'est venu à la ~ que*** + *indic* mir ist gerade der Gedanke gekommen [*o* gerade in den Sinn gekommen], dass

8. ∅ (*philosophie*) *marxiste, chrétienne* Lehre *f;* [*Gandhi, Nietzsche, Hegel*] Philosophie *f*

9. ∅ (*fait de penser à*) ■ **la ~ de qn/qc** der Gedanke an jdn/etw, bei dem Gedanken an jdn/etw; ■ **la ~ de faire qc** der Gedanke etw zu tun, bei dem Gedanken etw zu tun; ***dans la ~ de vous être utile*** mit dem Gedanken Ihnen behilflich zu sein; ■ **la ~ que** + *indic* der Gedanke, dass

10. (*réflexion brève*) Sentenz *f*, Denkspruch *m*

► **libre ~** Freidenkertum *nt;* **loin de moi la ~ que** + *indic* ich bin weit davon entfernt zu glauben [*o* denken], dass; **mauvaises ~s** REL sündhafte Gedanken; **qn a une ~ pour qn** jd denkt an jdn; (*en souvenir*) jd gedenkt eines Menschen; ***ayez une ~ pour lui!*** gedenkt seiner! *geh;* **qn est en ~ avec qn** jd ist in Gedanken bei jdm; **qn lit les ~s/dans les ~s de qn** jd liest jds Gedanken/in jds Gedanken (*dat*); **qn se représente qc par la ~** jd stellt sich (*dat*) etw in Gedanken [*o* im Geiste] vor; **dans la ~ de qn** nach jds Vorstellungen; (*dans ce qu'il veut dire*) *d'un philosophe* nach jdm; ***qc n'est pas dans la ~ de qn*** etw ist nicht in jds Sinn (*dat*)

pensée² [pɑ̃se] *f* BOT Stiefmütterchen *nt*

penser <1> [pɑ̃se] **I.** *vi* **1.** (*réfléchir*) ■ **qn pense** jd denkt; ***faculté de ~*** Denkvermögen *nt*

2. (*juger*) ■ **qn pense d'une certaine façon [sur qc]** *différemment* jd denkt irgendwie [über etw (*akk*)]; ***je trouve qu'il pense juste*** ich finde, dass er Recht hat; ***je vais lui montrer ma façon de ~*** ich werde ihm zeigen, was ich davon halte

3. (*réfléchir à*) ■ **qn pense à qc** *à un problème, une offre* jd denkt über etw (*akk*) nach; ***pensez-y avant d'accepter*** denken Sie darüber nach, ehe Sie annehmen

4. (*songer à*) ■ **qn pense à qn/qc** jd denkt an jdn/etw; ***à quoi penses-tu?*** woran denkst du?; ***c'est tout simple, il suffisait d'y ~*** [*o* ***mais il fallait y ~***] das ist ganz einfach, man musste nur darauf kommen [*o* nur auf den Gedanken kommen]

5. (*évoquer*) ■ **qn/qc [lui] fait ~ à qn/qc** jd/etw erinnert [jdn] an jdn/etw

6. (*s'intéresser à*) ■ **qn pense à qn** *aux autres, malheureux* jd denkt an jdn

7. (*prévoir*) ■ **qn pense à qc** *à l'avenir, au danger, aux conséquences, à cette possibilité* jd denkt an etw (*akk*)

8. (*ne pas oublier*) ■ **qn pense à qn/qc** jd denkt an jdn/etw, jd vergisst etw nicht; ***j'essaierai d'y ~*** ich werde versuchen, daran zu denken; ■ **qn pense à faire qc** jd denkt daran, etw zu tun; ***pense à rapporter du pain!*** denke daran [*o* vergiss nicht], Brot mitzubringen!

9. (*rappeler*) ■ **qn/qc [lui] fait ~ à qn/qc** jd/etw erinnert [jdn] an jdn/etw; ■ **qn lui fait ~ à qc/à faire qc** jd erinnert jdn an etw (*akk*)/daran, etw zu tun [*o* dass er etw tun muss]; ***fais-moi ~ à poster la lettre*** erinnere mich daran, dass ich den Brief einwerfen muss; ***faites-m'y ~*** erinnern Sie mich daran; ■ **qc fait ~ à qn que** + *indic* etw erinnert jdn daran, dass; ***cela me fait ~ que*** das erinnert mich daran, dass; dabei fällt mir ein, dass

► **je pense bien!** *fam* und ob! *fam*, aber sicher!; **qn pense tout haut** jd denkt laut; **sans ~ à mal** ohne [sich (*dat*)] Böses [*o* Schlimmes] dabei zu denken; **qc donne [*o* laisse] à ~** etw gibt zu denken, etw stimmt nachdenklich; **qc laisse à ~ que** + *indic* etw lässt darauf schließen [*o* weist darauf hin], dass; **je te/vous laisse à ~ si** du kannst dir/Sie können sich ja denken [*o* vorstellen], wie; **rien que d'y ~** schon allein bei dem Gedanken, wenn ich nur daran denke; **qn fait qc sans y ~** jd tut etw ohne zu überlegen [*o* ganz gedankenverloren] [*o* ganz in Gedanken]; ***qn dit/ raconte qc sans y ~*** jd sagt/erzählt etw, ohne sich (*dat*) etwas [*o* viel] dabei zu denken; **n'y pensons plus!** vergessen wir's! *fam;* **mais j'y pense ...** da fällt mir ein ...; **pendant [*o* tant] que j'y pense** *fam* da ich gerade daran denke, dass ich es nicht vergesse; **tu n'y penses pas!/vous n'y pensez pas!** *fam* das ist doch wohl nicht dein/Ihr Ernst!; **qn ne pense qu'à ça** *fam* jd denkt immer nur an das eine *fam;* [**là**] **où je pense/vous pensez** *euph fam:* ***je vais te/vous foutre un coup de pied là où je pense*** du kriegst/ihr kriegt einen Tritt in den Allerwertesten *fam;* **qn ne pense qu'à faire qc** jd denkt nur daran, etw zu tun; ***il ne pense qu'à jouer/s'amuser*** er denkt nur ans Spielen/ans Vergnügen; **tu penses/vous pensez!** *fam* (*tu plaisantes/vous plaisantez*) das soll wohl ein Witz sein! *fam,* wo denkst du/denken Sie hin! *fam;* (*et comment*) und ob! *fam;* ***tu crois qu'il travaille? penses-tu!*** du glaubst, er arbeitet? Pustekuchen [*o* das soll wohl ein Witz sein]! *fam;* **tu penses/vous pensez si ...** + *indic fam* und ob ...! *fam;* ***tu penses s'il était heureux!*** und ob er glücklich war!, und wie glücklich er war!

II. *vt* **1.** (*avoir une opinion sur*) ■ **qn pense qc de qn/qc:** ***qu'en pensez-vous?*** was halten Sie davon?, wie denken Sie darüber?; ***qn pense du bien/du mal de qn*** jd denkt gut/schlecht über jdn, jd denkt Gutes/Schlechtes von jdm, jd hat eine gute/schlechte Meinung von jdm; ***qn pense du bien/du mal de qc*** jd hält viel/nicht viel von etw

2. (*avoir comme opinion*) ■ **qn pense qc** jd denkt etw; ***on ne sait jamais ce qu'elle pense vraiment*** man weiß nie, was sie wirklich denkt

3. (*imaginer*) ■ **qn pense qc** [**de qn**] jd denkt etw [von jdm], jd meint etw, jd stellt sich (*dat*) etw vor; ***cette idée n'est pas si bête qu'on le pense*** diese Idee ist gar nicht so dumm, wie man denkt [*o* meint]; ***c'est bien ce que je pensais*** das habe ich mir [doch] gedacht

4. (*croire*) ■ **qn pense que** + *indic* jd denkt [*o* glaubt], dass; ***penses-tu que ...?*** + *indic o subj* glaubst du, dass ...?; ***je ne pense pas que ...*** + *indic o subj* ich glaube nicht, dass ...; ***pensez-vous qu'il vienne*** [*o* ***viendra***]***?*** glauben [*o* meinen] Sie, dass er kommt?; ■ **qn pense qn ...** *intelligent, sincère, bête* jd hält jdn für ...; ***je le pensais diplomate, mais ...*** ich hielt ihn für diplomatisch, aber ...; ■ **qn pense qc:** ***je pense que oui/que non*** ich denke [*o* glaube] ja [*o* schon]/ich glaube nicht; ■ **qn pense faire qc** jd glaubt, etw zu tun [*o* dass er etw tut]; ***elle pense avoir réussi son examen*** sie glaubt, die Prüfung bestanden zu haben [*o* dass sie die Prüfung bestanden hat]

5. (*avoir l'intention de*) ■ **qn pense faire qc** jd hat vor [*o* die Absicht], etw zu tun; ***que pensez-vous faire à présent?*** was haben Sie jetzt vor?, was gedenken Sie jetzt zu tun? *geh;* ***je pense partir demain*** ich habe vor morgen abzureisen

6. *littér* (*concevoir*) ■ **qn pense qc** *plan, problème* jd durchdenkt etw; *aménagement, machine* jd entwirft [*o* konzipiert] etw; ■ **qc est ... pensé(e)** *bien, mal, fortement, suffisamment* etw ist ... durchdacht; ***un plan minutieusement pensé*** ein bis ins kleinste durchdachter Plan

7. LITTER (*se dire intérieurement*) ■ **pense qn** denkt jd; ***c'est dommage, pensa-t-elle*** das ist schade, dachte sie

▶ **tu penses/vous pensez bien que** + *indic fam* du kannst dir/Sie können sich (*dat*) wohl denken, dass; das ist doch wohl klar, dass; **qn n'en pense pas moins** jd denkt sich (*dat*) sein Teil; **pensez que** + *indic* (*tenez compte*) bedenken Sie, dass; (*imaginez*) stellen Sie sich (*dat*) vor, dass; ***pensez qu'elle n'a que 16 ans!*** bedenken Sie doch, dass sie erst 16 Jahre alt ist!; ***pensez qu'elle n'avait que 20 F sur elle!*** denken Sie mal [*o* stellen Sie sich vor], sie hatte nur 20 F bei sich!

penseur, -euse [pɑ̃sœʀ, -øz] *m, f* Denker(in) *m(f)*

▶ **libre ~(-euse)** Freidenker(in) *m(f)*

pensif, -ive [pɑ̃sif, -iv] *adj* nachdenklich

pension [pɑ̃sjɔ̃] *f* **1.** (*allocation*) Rente *f;* ~ ***d'orphelin/de veuf/veuve*** Waisen-/Witwer-/Witwenrente; ~ ***viagère*** Leibrente; ***bénéficiaire d'une*** ~ Rentenempfänger(in) *m(f)*

2. SCOL (*internat*) Internat *nt,* Internatsschule *f*

3. (*petit hôtel*) Pension *f*

4. (*hébergement*) Unterkunft und Verpflegung, Kost und Logis; ***la ~ coûte 270 F par jour*** Unterkunft und Verpflegung kosten 270 F am Tag

▶ ~ **alimentaire** (*en cas de divorce*) Unterhaltszahlung *f;* (*à un enfant naturel*) Alimente *pl;* ***qn paye une ~ alimentaire*** jd zahlt Unterhalt/Alimente; ~ **complète** Vollpension *f;* **qn est en ~ dans qc/chez qn** (*est nourri, logé*) jd ist bei jdm in Pension [*o* in Kost]; ***qn est en ~ dans un collège parisien/chez les Jésuites*** SCOL jd ist in einem Pariser Internat/ist bei den Jesuiten im Internat; **qn met qn en ~ dans qc/chez qn** SCOL: ***qn met qn en ~ dans un collège parisien/chez les Jésuites*** jd gibt jdn in ein Pariser Internat/zu den Jesuiten ins Internat; **qn prend ~ dans un hôtel** jd nimmt Vollpension [*o* Kost und Logis] in einem Hotel, jd wohnt in einem Hotel zur Pension; **qn prend ~ chez qn** (*est logé, nourri*) jd wohnt bei jdm zur Pension; (*s'installe chez qn*) jd lässt sich bei jdm häuslich nieder; **qn prend qn/un animal en ~** jd nimmt jdn/ein Tier in Pension [*o* in Kost], jd versorgt ein Tier; **sans ~** ohne Verpflegung

◆ **pension de famille** Familienpension *f;* **pension de guerre** Kriegsbeschädigtenrente *f;* (*pour la veuve, les orphelins*) Kriegshinterbliebenenrente *f;* **pension de retraite** [*o* **de vieillesse**] Altersrente *f,* Altersruhegeld *nt;* **pension d'invalidité** Berufsunfähigkeitsrente *f,* Erwerbsunfähigkeitsrente *f,* Invalidenrente *f veraltet*

pensionnaire [pɑ̃sjɔnɛʀ] *mf* **1.** SCOL Interne(r) *f(m),* Internatsschüler(in) *m(f)*

2. (*dans un hôtel, une famille*) Pensionsgast *m*

pensionnat [pɑ̃sjɔna] *m* SCOL Pensionat *nt*

pensionné, e [pɑ̃sjɔne] *m, f* (*qui touche une pension*) Rentner(in) *m(f),* Rentenempfänger(in) *m(f);* (*de la fonction publique*) Pensionär(in) *m(f),* Ruhegehaltsempfänger(in) *m(f) form*

pensivement [pɑ̃sivmɑ̃] *adv regarder* nachdenklich

pensum [pɛ̃sɔm] *m* SCOL Strafarbeit *f;* (*besogne ennuyeuse a.*) Pflichtarbeit *f*

pentagone [pɛ̃tagɔn] *m* GEOM Fünfeck *nt,* Pentagon *nt spec*

▶ **le P~** das Pentagon

pentathlon [pɛ̃tatlɔ̃] *m* SPORT Fünfkampf *m,* Pentathlon *nt*

pente [pɑ̃t] *f* [*route, coteau, terrain*] Gefälle *nt,* Neigung *f;* [*toit*] Schräge *f;* [*colline, montagne*] [Ab]hang *m;* ~ ***abrupte*** [*o* ***raide***] steiler [*o* schroffer] [Ab]hang, Steilhang *m;* ~ ***douce*** sanfter [Ab]hang, Flachhang; ***la ~ de la montagne*** der Berghang, der Gebirgshang; ***qn/une voiture gravit/monte la ~*** jd klettert/ein Auto fährt den Berg [*o* Hang] hinauf

▶ **qn est sur une ~ dangereuse** [*o* **glissante**] [*o* **savonneuse** *fam*] jd ist auf die schiefe Bahn [*o* auf Abwege] geraten *fam;* **qc est/monte en ~ douce** etw fällt leicht [*o* sanft] ab/steigt leicht [*o* sanft] an; **qn/qc est sur une** [*o* **la**] **mauvaise ~** mit jdm/etw geht es bergab, etw geht den Bach runter *fam;* ~ **naturelle** Veranlagung *f,* natürlicher Hang, natürliche Neigung; **qc est/monte en ~ raide** etw fällt steil [*o* stark] ab/steigt steil [*o* stark] an; **qn/qc remonte la ~** es geht wieder bergauf [*o* aufwärts] mit jdm/etw; (*après une maladie a.*) jd kommt wieder auf die Beine; /*entreprise*/ etw kommt aus der Talsohle heraus; **qn suit sa ~** jd folgt seinem Hang [*o* seiner Neigung]; **en ~** abfallend, abschüssig; *toit* schräg; ***des petites rues en ~*** kleine steile Straßen

Pentecôte [pɑ̃tkot] *f* Pfingsten *nt;* ***les vacances de*** [***la***] ~ die Pfingstferien; ***tu viens à la ~?*** kommst du [zu] [*o* an] Pfingsten?

penthotal® [pɛ̃tɔtal] *m* Pentothal *nt,* Wahrheitsserum *nt*

pentu, e [pɑ̃ty] *adj:* ***toit*** ~ schräges Dach, Schrägdach

pénurie [penyʀi] *f* Knappheit *f,* Mangel *m;* ■ ~ **de** *d'eau, de pétrole, céréales, vivres* -knappheit; *d'argent, de capitaux, devises a., de personnel, de main-d'œuvre* -mangel; *d'acheteurs* Mangel an (+ *dat*); ~ ***de logements*** Wohnungsnot *f,* Wohnungsmangel; ~ ***de matières premières*** Rohstoffknappheit; ***il y a*** [***une***] ***~ de qc*** es fehlt an etw (*dat*), etw ist knapp; ***il y a eu une ~ d'énergie/de pétrole*** es kam zu einem Engpass in der Energie-/Erdölversorgung; ***il y a eu plusieurs ~s*** es kam zu einer Verknappung [*o* zu Versorgungsschwierigkeiten] in mehreren Bereichen

pépé [pepe] *m fam* Opa *m fam*

pépée [pepe] *f fam* Biene *f fam,* Mieze *f sl*

pépère [pepɛʀ] **I.** *adj fam* gemütlich; *conduite a.* gemächlich; *vie a.* geruhsam, gemächlich; *travail a.* ruhig; ***un petit coin ~*** ein ruhiges [*o* gemütliches] Eckchen

II. *m* **1.** *enfantin pop* (*grand-père*) Opa *m fam*

2. *fam* Dicke(r) *m;* (*enfant*) Dickerchen *nt;* ***un gros ~*** ein gemütlicher Dicker

pépètes [pepɛt] *fpl vieilli fam* Mäuse *pl fam,* Moos *nt fam*

pépie [pepi] *f* Riesendurst *m fam;* ***qn a la ~*** jd hat einen Riesendurst *fam*

pépier <1 a> [pepje] *vi* ■ **un animal pépie** ein Tier piept

pépin [pepɛ̃] *m* **1.** [*raisin, baie, pomme, poire*] Kern *m;* ***fruits à ~*** Kernobst *nt*

2. *fam* (*ennui*) Ärger *m;* (*difficulté*) Schwierigkeiten *pl,* Problem *nt;* ***j'ai eu un*** [***gros***] ***~*** mir ist da was [Schlimmes] passiert; ***on pourrait avoir un ~*** wir könnten in Schwierigkeiten kommen, es könnte etwas passieren

3. *fam* (*parapluie*) [Regen]schirm *m*

pépinière [pepinjɛʀ] *f* **1.** Baumschule *f*

2. ■ ~ **de personnes** *de savants, jeunes talents, comédiens, musiciens* Nährboden *m* für Menschen; *de criminels a.* Brutstätte *f* für Menschen

pépiniériste [pepinjeʀist] *mf* Baumschulgärtner(in) *m(f)*

pépite [pepit] *f* [*or*] Klumpen *m*

péplum [peplɔm] *m* CINE Monumentalfilm *m*

pepsine [pɛpsin] *f* Pepsin *nt*

péquenaud, e [pekno, od] **I.** *adj péj fam* ungehobelt, bäurisch

II. *m, f péj fam* Bauerntölpel *m fam;* (*fille*) Bauerntrampel *m fam*

péquenot [pekno] *adj/subst v.* **péquenaud**

perçant, e [pɛʀsɑ̃, ɑ̃t] *adj* **1.** *froid* schneidend, durchdringend; ***le froid était ~*** die Kälte ging durch und durch

2. (*bon*) *vue, yeux* scharf; (*intense*) durchdringend; *regard* stechend, durchbohrend

3. (*aigu*) *cri* gellend, durchdringend; *voix* schrill

4. *esprit* scharfsinnig

perce [pɛʀs] *f v.* **tonneau**

percée [pɛʀse] *f* **1.** (*trouée*) Schneise *f;* (*dans un mur*) Durchbruch *m,* Bresche *f;* ***qn fait*** [*o* ***ouvre***] ***une ~ dans la forêt*** jd schlägt eine Schneise durch den Wald

2. RUGBY, FBALL Durchbruch *m;* MIL *a.* Durchstoß *m*

3. SCI, ECON Durchbruch *m;* ***une ~ technologique/commerciale*** ein Durchbruch auf technologischem/kommerziellem Gebiet

percement [pɛʀsəmɑ̃] *m* [Durch]bohrung *f;* [*cloison, mur, rue*] Durchbrechen *nt;* [*fenêtre, porte*] Durchbrechen *nt,* Ausbrechen *nt;* [*tunnel*] Durchstechen *nt,* Durchstich *m*

perce-neige <~-~[s]> [pɛʀsənɛʒ] *m o f* Schneeglöckchen *nt* **perce-oreille** <~-~s> [pɛʀsɔʀɛj] *m* Ohrenwurm *m,* Ohrenzwicker *m fam*

percepteur [pɛʀsɛptœʀ] *m* (*fonctionnaire*) Finanzbeamter/-beamtin *m/f,* Steuerbeamter/-beamtin *m/f;* (*administration*) Finanzamt *nt,* Finanzbehörde *f*

perceptible [pɛʀsɛptibl] *adj* **1.** *détails, différences* wahrnehmbar; (*à la vue a.*) sichtbar; *sons a.* hörbar, vernehmbar; ~ ***à l'œil nu*** mit bloßem Auge sichtbar [*o* wahrnehmbar]; ***des différences ~s à la vue*** sichtbare [*o* mit dem Auge wahrnehmbare] Unterschiede; ~ ***à l'oreille*** akustisch wahrnehmbar, hörbar, vernehmbar

2. (*sensible*) *amélioration, progrès, ironie, intention* spürbar, merklich; ***la malveillance était ~ à travers ses propos*** die böse Absicht war aus seinen/ihren Worten deutlich [*o* klar] zu erkennen

perceptif, -ive [pɛʀsɛptif, -iv] *adj* PSYCH Wahrnehmungs-, perzeptorisch, perzeptiv; ***champ ~*** Wahrnehmungsfeld *nt*

perception [pɛʀsɛpsjɔ̃] *f* **1.** ∅ (*action de percevoir par les sens*) Wahrnehmung *f;* (*par l'esprit*) [*situation*] Einschätzung *f;* ***la ~ des couleurs/des odeurs*** der Farben-/Geruchssinn

2. PSYCH, PHILOS Wahrnehmung *f*, Perzeption *f spec*
3. ∅ [*impôt, bénéfices, amende, cotisation*] Einziehung *f;* [*taxes a., péage*] Erhebung *f;* [*loyers échus*] Eintreibung *f*
4. (*bureau du percepteur*) Finanzamt *nt*

percer <2> [pɛʀse] **I.** *vi* **1.** (*s'ouvrir*) ■ **qc perce** /*abcès*/ etw geht [*o* bricht] auf
2. (*apparaître*) ■ **qc perce** /*dent*/ etw kommt durch; ■ **qc perce à travers qc** /*soleil*/ etw bricht [*o* kommt] durch etw [durch], etw scheint durch etw durch; ***l'aube perce à l'horizon*** der Morgen bricht an
3. (*transparaître*) ■ **qc perce dans qc** /*amertume, sentiment*/ etw klingt durch etw durch, etw kommt in etw (*dat*) zum Ausdruck; /*ironie a.*/ etw schwingt in etw (*dat*); ***une inquiétude perce dans sa voix*** aus seiner/ihrer Stimme klingt Unsicherheit, in seiner/ihrer Stimme schwingt Unsicherheit; ■ **qn laisse ~ qc** jd zeigt etw, jd lässt sich (*dat*) etw anmerken
4. (*être dévoilé*) ■ **qc perce** [**de qc**] über etw (*akk*) wird etw bekannt; ***rien n'a percé de leur entretien*** über ihre Zusammenkunft ist nichts [Näheres] bekannt geworden
5. (*devenir populaire*) ■ **qn perce** /*artiste*/ jd macht sich (*dat*) einen Namen, jd wird berühmt; ***elle a enfin réussi à ~*** endlich ist ihr der Durchbruch gelungen
II. *vt* **1.** (*forer*) ■ **qn perce qc** *trou* jd bohrt etw
2. (*faire des trous dans*) ■ **qn perce qc de qc:** ***qn perce qc d'un trou/ de trous*** jd bohrt ein Loch/Löcher in etw (*akk*); ***qc est percé(e) de trous*** etw ist durchlöchert
3. (*perforer*) ■ **qn/qc perce qc** *papier, pneu* jd/etw durchsticht etw, jd/etw macht ein Loch/Löcher in etw (*akk*); *tonneau* jd sticht [*o* zapft] etw an; /*balle/ mur, tôle* etw durchschlägt [*o* durchbohrt] etw; ■ **qc est percé(e)** /*pneu, bouteille*/ etw hat ein Loch/Löcher; ■ **qn perce qc** [**à qn**] *oreille, tympan* jd durchsticht [jdm] etw; *coffre-fort* jd bricht etw auf, jd knackt etw; *abcès, ampoule* jd sticht [jdm] etw auf
4. (*pénétrer*) ■ **qc perce qc** /*vent, pluie*/ etw dringt durch etw; /*humidité*/ etw dringt [*o* schlägt] durch etw durch; /*rouille*/ etw frisst etw durch; /*balle*/ etw durchbohrt etw
5. (*blesser*) ■ **qn perce qn de qc** *d'un coup d'épée, de lance, de couteau* jd durchbohrt jdn mit etw
6. (*être troué*) ■ **qc est percé(e)** /*chaussette, chaussure, poche*/ etw ist durchlöchert, etw hat Löcher; (*d'un seul trou*) etw hat ein Loch
7. (*ouvrir*) ■ **qn perce qc** [**quelque part**] *fenêtre, porte, baie, ouverture* jd bricht etw [irgendwo] durch, jd bricht etw [irgendwo] aus; *route, avenue, canal* jd baut etw [irgendwo], jd zieht etw irgendwo durch; *tunnel* jd baut etw [irgendwo], jd bohrt etw [irgendwo]; ***qn perce une route à travers la forêt/ dans le vieux quartier*** jd zieht eine Straße durch den Wald/durch die Altstadt; ***qn perce une ouverture dans le mur*** jd macht eine Öffnung in die Mauer; ■ **qn perce qc** (*creuser*) *rocher* jd durchbohrt etw; *mur a.* jd macht einen Durchbruch durch etw; ■ **qn perce qc de qc** *de fenêtres* jd durchsetzt etw mit etw
8. (*traverser*) ■ **qn perce qc** *ligne, front* jd durchbricht etw; ***qn perce la foule*** jd bahnt sich (*dat*) einen Weg durch die Menge
9. (*déchirer*) ■ **qc perce qc** /*soleil, flamme*/ *nuages, obscurité* etw durchbricht etw, etw bricht [*o* dringt] durch etw [durch]; /*cri, bruit*/ *silence* etw zerreißt [*o* durchdringt] etw, etw gellt durch etw; ***le bruit/ le cri*** [***me***] ***perce les oreilles/ les tympans*** der Lärm/der Schrei tut [mir] in den Ohren weh; ■ **qn perce qn de qc** *du regard* jd durchbohrt jdn mit etw
10. (*découvrir*) ■ **qn perce qc** *mystère, secret, énigme* jd kommt hinter etw (*akk*), jd ergründet etw *geh; complot* jd deckt etw auf

perceuse [pɛʀsøz] *f* Bohrmaschine *f;* ~ ***à percussion*** Schlagbohrmaschine

percevoir <12> [pɛʀsəvwaʀ] *vt* **1.** (*avec les sens*) ■ **qn/qc perçoit qc** jd/etw nimmt etw wahr; (*avec l'oreille a.*) jd vernimmt etw; (*avec les yeux*) jd erkennt etw; *battement de cœur* jd spürt etw
2. (*concevoir*) ■ **qn perçoit qn/qc** *évolution, gêne, nuance* jd spürt etw; *vérité, intention, problème* jd erkennt etw; ***qc est mal perçu(e) par qn*** /*mesure, projet, loi*/ etw wird von jdm falsch verstanden; /*problème, intention*/ etw wird von jdm nicht [richtig] erkannt; ■ **qn perçoit qn comme qc** jd versteht jdn als etw; *comme un perturbateur, marginal* jd sieht jdn als etw an, jd sieht in jdm etw
3. (*recevoir*) ■ **qn perçoit qc** *indemnité, honoraires* jd bekommt [*o* erhält] etw; *loyer, intérêts a.* jd nimmt etw ein, jd kassiert etw
4. FISC ■ **qn perçoit qc** *impôts, taxes, droits* jd erhebt etw; (*chez un individu*) jd zieht etw ein; *argent, cotisation, droit d'entrée, contribution* jd nimmt etw ein, jd kassiert etw

perche¹ [pɛʀʃ] *f* ZOOL Barsch *m*

perche² [pɛʀʃ] *f* **1.** (*pièce longue et mince*) Stange *f;* SPORT Stab *m*
2. AUDIOV Galgen *m*
3. SPORT ■ **la** ~ der Stabhochsprung
4. SKI Teller *m*
► **grande** ~ *fam* Bohnenstange *f fam*, lange Latte *fam;* **qn saisit la ~ qu'on lui tend** jd nimmt die Hilfe an[, die man ihm anbietet]; **qn tend la ~ à qn** jd hilft jdm aus der Verlegenheit [*o* Patsche *fam*]

percher <1> [pɛʀʃe] **I.** *vi* **1.** ■ **un animal perche sur qc** ein Tier setzt sich auf etw (*akk*), ein Tier lässt sich auf etw (*dat*) nieder; ■ **un animal est perché(e) quelque part** ein Tier sitzt [*o* hockt] irgendwo; ■ **qc est perché(e) sur qc** /*pot, objet*/ etw steht [hoch] oben auf etw (*dat*); /*maison*/ etw liegt [*o* steht] [ganz] oben auf etw (*dat*)
2. *fam* (*crécher*) ■ **qn perche quelque part** jd wohnt irgendwo
II. *vt fam* (*mettre*) ■ **qn perche qc sur qc** jd stellt etw hoch auf etw (*akk*), jd stellt etw auf etw (*akk*) hinauf
III. *vpr* **1.** ■ **un animal se perche sur qc** /*oiseau*/ ein Tier setzt sich auf etw (*akk*), ein Tier lässt sich auf etw (*dat*) nieder
2. *fam* (*se jucher*) ■ **qn se perche sur qc** jd setzt sich [oben] auf etw (*akk*); (*debout*) jd stellt sich auf etw (*akk*)

percheron [pɛʀʃəʀɔ̃] *m* (*cheval*) Percheron *m* (*Kaltblutpferd*)

perchiste [pɛʀʃist] *mf* **1.** SPORT Stabhochspringer(in) *m(f)*
2. AUDIOV Mikroassistent(in) *m(f)*, Mikrofonträger(in) *m(f)*
3. [*téléski*] Schleppliftaufseher(in) *m(f)*

perchoir [pɛʀʃwaʀ] *m* **1.** [Sitz]stange *f;* [*poules*] Hühnerstange *f*
2. *fam* (*mansarde*) Schwalbenparterre *nt fam*, Wohnung *f* unterm Dach; ***elle habite un vrai ~!*** sie wohnt wirklich unterm Dach [juchhe]! *fam;* ***descends de ton ~!*** komm von da oben runter!
3. PARL *fam Sitz des Präsidenten der französischen Nationalversammlung*

perclus, e [pɛʀkly, yz] *adj* ■ [**qn/qc est**] ~ **de qc** *de rhumatismes* [jd/etw ist] steif [*o* unbeweglich] durch etw; *de douleurs* [jd/etw ist] wie gelähmt vor etw (*dat*)

percolateur [pɛʀkɔlatœʀ] *m* Kaffeemaschine *f*, Kaffeeautomat *m*

percussion [pɛʀkysjɔ̃] *f* **1.** TECH (*choc*) Schlag *m*, Erschütterung *f*
2. MED Abklopfen *nt*, Perkussion *f spec*
3. ∅ MUS Schlaginstrumente *pl;* (*batterie*) Schlagzeug *nt*, Percussion [pɛrˈkaʃn] *f*
► **à** ~ *arme, fusil* Perkussions-; MUS *instrument* Schlag-

percussionniste [pɛʀkysjɔnist] *mf* MUS Schlagzeuger(in) *m(f)*

percuter <1> [pɛʀkyte] **I.** *vi* **1.** (*entrer dans*) ■ **qc percute contre qc** etw kracht [*o* prallt] gegen etw; ***le camion est allé ~ contre un arbre*** der Lastwagen ist gegen [*o* an] einen Baum gefahren
2. MIL ■ **qc percute contre qc** /*obus*/ etw schlägt auf etw (*dat*) auf
II. *vt* **1.** (*heurter*) ■ **qn/qc percute qc** jd/etw prallt auf etw (*akk*); ■ **qn/qc percute qn** jd/etw fährt jdn um
2. MIL, MUS, PHYS ■ **qc percute qc** etw schlägt auf etw (*dat*) auf

perdant, e [pɛʀdɑ̃, ɑ̃t] **I.** *adj* ***numéro/ billet ~*** Niete *f;* ***cheval ~*** Verlierer *m;* ■ **qn est ~** jd kommt schlecht weg
► **qn part ~** jd hat schlechte Ausgangschancen
II. *m, f* Verlierer(in) *m(f)*
► **mauvais(e)** ~(**e**) schlechter Verlierer/schlechte Verliererin

perdition [pɛʀdisjɔ̃] *f* ► **en** ~ *navire* in Seenot

perdre <14> [pɛʀdʀ] **I.** *vi* **1.** (*être battu*) ■ **qn perd** jd verliert; ■ **qn/qc perd à qc** *aux élections, au jeu* jd verliert bei etw; *au loto* jd verliert in etw (*dat*)
2. (*fuir*) ■ **qc perd** /*récipient*/ etw ist undicht [*o* leck], etw läuft aus
3. (*louper*) ■ **qn perd en ne faisant pas qc** jd verpasst etwas, weil er etw nicht tut
► **qn joue à qui perd gagne** jd gewinnt letztendlich; **qn y perd** COM jd muss draufzahlen [*o* drauflegen] *fam*
II. *vt* **1.** (*égarer*) ■ **qn perd qc** *objet* jd verliert etw; ■ **qn/qc est perdu(e)** jd/etw ist verloren; ■ **qn est perdu(e) quelque part** jd hat sich irgendwo verirrt
2. (*ne plus trouver*) ■ **qn/un animal perd qn/qc** *piste, trace, enfant, guide* jd/ein Tier verliert jdn/etw; *page* jd findet etw nicht mehr; ***qn perd son chemin*** jd verläuft [*o* verirrt] sich
3. (*oublier*) ■ **qn perd qc** *nom* jd vergisst etw
4. (*cesser d'avoir*) ■ **qn perd qc** jd verliert etw; *situation, crédit, réputation, estime a.* jd büßt etw ein; [*mauvaise*] *habitude* jd legt etw ab, jd gibt etw auf; ***qn a perdu l'habitude de faire qc*** jd ist es nicht mehr gewöhnt, etw zu tun; ***je lui ai fait ~ l'habitude de fumer au lit*** ich habe ihm/ihr abgewöhnt, im Bett zu rauchen; ■ **qc perd qc/de qc** *réputation, cachet* etw verliert etw; ***qc perd de son prestige*** etw verliert an Prestige, etw verliert sein Prestige; ***qc perd de sa valeur/ de son sens*** etw büßt einen Teil seines Wertes/seiner Bedeutung ein, etw verliert an Wert/Bedeutung; ***cet argument a perdu toute valeur*** dieses Argument ist wertlos geworden; ***ce fromage a perdu de sa fraîcheur*** dieser Käse ist nicht mehr ganz frisch; ***la voiture perd de la vitesse*** das Auto wird langsamer; ***un avion perd de l'altitude*** ein Flugzeug verliert an Höhe
5. (*se voir privé de*) ■ **qn perd qc** *cheveux, dents, bras, parole, forces, sang-froid, vie, âme* jd verliert etw; *éclat, teint a.* jd büßt etw ein; ***il perd ses cheveux*** ihm fallen [*o* gehen] die Haare aus; ***qn perd la mémoire*** jds Gedächtnis lässt nach; (*complètement*) jd verliert das Gedächtnis; ***qn perd la vue/ l'ouïe*** jd wird blind/taub, jd verliert sein Augenlicht/sein Gehör; ***qn perd du poids*** jd nimmt ab; ***il a perdu 10 kilos en un mois*** er hat in einem Monat zehn Kilo abgenommen; ***qn perd le goût de qc*** jd verliert die Freude an etw (*dat*); ***qn perd le goût du rire*** [***o de rire***] jdm vergeht das Lachen; ***qn perd ses moyens*** jd versagt [völlig]; ***qn perd le souffle/ haleine*** jd kommt außer Atem; ■ **qc/un animal perd qc** *poils, feuilles, pétales, eau* etw/ein Tier verliert etw; ***le cerf perd ses bois*** der Hirsch wirft sein Geweih ab
6. COM ■ **qn perd qc sur qc** *argent* jd verliert etw bei etw
7. (*être séparé de*) ■ **qn perd qn** jd verliert jdn; ***l'entreprise a perdu le tiers de son effectif*** die Firma hat ein Drittel ihrer Belegschaft eingebüßt
8. (*laisser s'échapper*) ■ **qn perd qc** *pantalon, chaussure, sang* jd verliert etw; ***le réservoir perd de l'eau*** der Behälter leckt
9. (*avoir le dessous dans*) ■ **qn/qc perd qc** *match, bataille, procès, partie, set, points* jd/etw verliert etw; ***qn perd le/ son service*** TENNIS jd gibt den/seinen Aufschlag ab
10. (*gaspiller*) ■ **qn perd qc** [**à qc/à faire qc**] *argent, minute, heure* jd verliert etw [mit etw/damit, etw zu tun]; *temps* jd vergeudet [*o* verschwendet] etw [mit etw/damit, etw zu tun]; *occasion* jd versäumt [*o* verpasst] etw; ***elle a perdu une bonne occasion de se taire*** sie hätte lieber schweigen sollen; ***ce rangement m'a fait ~ une heure*** diese Aufräumerei hat mich eine Stunde gekostet; ***sans ~ un instant*** [***o une minute***] ohne [auch nur] eine Minute zu verlieren
11. (*ruiner*) ■ **qn/qc perd qn** jd/etw stürzt jdn ins Verderben; /*personne, ambition, jeu a.*/ jd/etw ruiniert jdn, jd/etw richtet jdn zugrunde; ***il veut ~***

son adversaire en ... er will seinen Gegner ausschalten, indem er ...
12. (*ne plus contrôler*) ■ **qn perd qc** *tête, équilibre* jd verliert etw; ***qn perd l'esprit*** [*o* ***la raison***] jd verliert den Verstand
13. (*rater*) ■ **qn perd qc en ne faisant pas qc** [*o* **à ne pas faire qc**] [*o* **s'il ne fait pas qc**] jd versäumt [*o* verpasst] etw, dadurch, dass er etw nicht tut [*o* wenn er etw nicht tut]
14. ■ **qn perd qc** *confiance, courage, espoir, patience* jd verliert etw
▸ **qn a qc à ~** *temps, argent* jd hat etw zu vergeuden; **qn ne perd rien pour attendre** jd wird nicht so einfach [*o* ungeschoren] davonkommen; ***il ne perd rien pour attendre!*** der wird noch von mir hören! *fam;* **qn ne perd rien** [*o* **pas une bouchée**] [*o* **pas une miette**] **de qc** jd lässt sich (*dat*) nichts von etw entgehen; ***il n'a pas perdu une miette de votre conversation*** er hat jedes Wort von eurer Unterhaltung mitbekommen; **qn n'a rien à ~** [**dans qc**] jd hat [bei etw] nichts zu verlieren; **qn n'y perd rien!** jd verpasst [*o* versäumt] nichts!
III. *vpr* 1. (*s'égarer*) ■ **qn se perd** [**quelque part**] jd verirrt [*o* verläuft] sich [irgendwo]; (*en voiture*) jd verfährt sich [irgendwo]; ■ **qc se perd** [**quelque part**] */colis, lettre/* etw geht [irgendwo] verloren
2. (*s'attarder à*) ■ **qn se perd dans qc** *dans des explications, des détails* jd verliert [*o* verzettelt *fam*] sich in etw (*dat*)
3. (*se livrer à*) ■ **qn se perd en qc** *en conjectures, calculs, raisonnements, critiques* jd ergeht sich in etw (*dat*)
4. (*se plonger*) ■ **qn se perd dans qc** *dans ses pensées* jd versinkt [*o* verliert sich] in etw (*dat*); *dans ses réflexions* jd vertieft sich in etw (*akk*); ***elle s'était perdue dans ses pensées*** sie war ganz in Gedanken versunken
5. (*disparaître*) ■ **qn/qc se perd quelque part** jd/etw verschwindet irgendwo; */cri, paroles/ dans le tumulte, le brouhaha* etw geht in etw (*dat*) unter; */chemin, trace/* etw verliert sich irgendwo; ■ **qc se perd** */sens, bonnes habitudes/* etw geht verloren, etw gerät in Vergessenheit; */coutume, traditions a., métier/* etw stirbt aus
6. (*faire naufrage*) ■ **qc se perd** etw verschwindet; ***plusieurs bateaux/avions se sont perdus*** mehrere Schiffe/Flugzeuge sind verschollen
7. (*se gâter*) ■ **qc se perd** */fruits, légumes, récolte/* etw verdirbt
8. (*rester inutilisé*) ■ **qc se perd** */ressources/* etw bleibt ungenutzt; */occasions/* etw wird nicht wahrgenommen [*o* genutzt]; */initiatives/* etw verläuft im Sand, etw verkümmert; ***il ne faut pas laisser se ~ une telle occasion*** eine solche Gelegenheit darf man sich nicht entgehen lassen; ***il y a des gifles qui se perdent*** er/sie hätte [eigentlich] eine Ohrfeige verdient
▸ **je m'y perds** (*je m'embrouille*) ich blicke nicht mehr durch *fam;* (*je ne suis plus*) ich komme nicht mehr mit *fam*

perdreau <x> [pɛʀdʀo] *m* junges Rebhuhn

perdrix [pɛʀdʀi] *f* Feldhuhn *nt;* ~ ***grise*** Rebhuhn *nt;* ~ ***rouge*** Rothuhn *nt*

perdu, e [pɛʀdy] I. *pp de* **perdre**
II. *adj* 1. (*sans espoir*) *bataille, procès* verloren; *cause a.* aussichtslos
2. (*condamné*) *personne* verloren; *malade a.* nicht mehr zu retten
3. (*embrouillé*) *personne* verloren, durcheinander; ***elle était ~e*** sie wusste nicht mehr weiter; ***elle a l'air ~*** (*désemparé*) sie sieht verstört aus; ■ **qn est ~** [**dans qc**] (*absorbé*) jd ist in etw (*akk*) vertieft [*o* versunken]; ***elle était ~e dans ses rêveries/ses pensées*** sie war ganz traum-/gedankenverloren
4. *objet* verloren gegangen; *chien* streunend; (*sans propriétaire*) herrenlos
5. (*gaspillé*) ■ [**de**] ~ *soirée, temps, argent* vergeudet; *place* ungenutzt; *peine* verloren, vergeblich, vertan; (*manqué*) *occasion* verpasst, versäumt; ***c'est de l'argent/du temps ~!*** das ist Geld-/Zeitverschwendung!; ***il y a trop de place*** [***de***] ***~e!*** das ist Platzverschwendung!
6. (*de loisir*): ***pendant ses moments ~s*** [*o* ***à temps ~***], ***elle fait ...*** wenn sie etwas Zeit hat, macht sie ...; ***qn fait qc à temps ~*** jd tut etw, wenn er sonst nichts zu tun hat
7. (*isolé*) *pays* abgelegen; *coin, endroit a.* verloren
8. (*non consigné*) *verre, bouteille, emballage* Einweg-
▸ **il n'y a rien de ~, rien n'est ~** noch ist nicht alles verloren; **tout est ~** es ist alles verloren [*o* aus]; **~ pour ~** sei's drum *fam*

père [pɛʀ] *m* 1. (*géniteur*) Vater *m;* ~ ***de deux enfants*** Vater von zwei Kindern [*o* zweier Kinder]; ***il est ~ depuis hier*** er ist gestern Vater geworden; ***c'est Durand ~ qui a fait le discours*** Durand senior hat die Rede gehalten
2. (*inventeur, instigateur*) ■ **~ de qc** *d'une idée, théorie, technique, réforme, d'un projet* [geistiger] Vater einer S. (*gen*); (*fondateur*) *d'une institution, théorie a.* Begründer *m* einer S. (*gen*)
3. *fam* (*monsieur*) ■ **le ~ ...** der alte [Herr] ...
4. REL Pater *m;* ***les P~s Blancs*** die Weißen Väter; ***bonjour, mon ~!*** guten Tag, Herr Pater!; ■ **~ ...** Pater ...
5. *pl littér* (*ancêtres*) ■ **nos/vos ~s** unsere/eure Väter [*o* Vorfahren] *pl*
▸ **tel ~, tel fils** wie der Vater, so der Sohn; der Apfel fällt nicht weit vom Stamm *prov;* **de ~ en fils** von Generation zu Generation; ***c'est un métier qui se fait de ~ en fils*** dieser Beruf vererbt sich vom Vater auf den Sohn; ~ **Fouettard** Knecht *m* Ruprecht; ~ **adoptif** Adoptivvater; ~ **légal** gesetzlich anerkannter Vater; ~ **naturel** leiblicher Vater; ~ **peinard**: ***il mène une vie de ~ peinard*** er führt ein gemütliches Leben; ~ **spirituel** [**de qn**] [jds] geistiges Vorbild; ~ **tranquille** ruhiger Mensch; **Notre P~** Vaterunser *nt*
◆ **père de famille** Familienoberhaupt *nt,* Familienvater *m* ▸ **c'est le vrai ~ de famille** *hum* er ist der echte treusorgende [*o* ein mustergültiger] Familienvater; **père Noël** Weihnachtsmann *m* ▸ **qn croit encore au ~ Noël** jd glaubt noch an den Weihnachtsmann *fam,* jd hat noch Illusionen

pérégrinations [peʀegʀinasjɔ̃] *fpl* (*déplacements*) Umherreisen *nt,* Reiserei *f fam;* (*pour des démarches*) Lauferei *f fam;* ***après de nombreuses ~s il a enfin obtenu un visa*** nachdem er von Pontius zu Pilatus gelaufen war, hat er schließlich ein Visum bekommen

péremptoire [peʀɑ̃ptwaʀ] *adj argument* kategorisch, keinen Widerspruch duldend; *ton a.* energisch, entschieden

péremptoirement [peʀɑ̃ptwaʀmɑ̃] *adv répliquer* kategorisch, entschieden; *démontrer* eindeutig, unwiderlegbar

pérennité [peʀenite] *f* ∅ [*institution*] Fortbestand *m,* Weiterbestehen *nt;* [*amour, coutume*] Beständigkeit *f*

péréquation [peʀekwasjɔ̃] *f* 1. FISC, ECON (*répartition*) [*impôts, charges*] Ausgleich *m;* [*prix*] Anpassung *f;* [*notes*] Angleichung *f,* Anpassung *f;* ~ ***des impôts*** Steuerausgleich
2. (*réajustement*) [*salaires, traitements, pensions*] Angleichung *f,* Anpassung *f*

perestroïka [peʀɛstʀɔika] *f* Perestroika *f*

perfectible [pɛʀfɛktibl] *adj* verbesserungsfähig; ***l'homme est-il ~?*** kann der Mensch vollkommen werden?

perfection [pɛʀfɛksjɔ̃] *f* ∅ Vollkommenheit *f,* Perfektion *f;* ***qn est encore loin de la ~*** jd ist noch lange nicht vollkommen
▸ **qn est une ~** jd ist eine [wahre] Perle; **qc est une** [**petite**] **~** etw ist von vollendeter Perfektion, etw ist ein Wunder an Perfektion; **à la ~** *jouer, danser, lire* meisterhaft, hervorragend; ***qn fait qc à la ~*** jd tut etw perfekt

perfectionné, e [pɛʀfɛksjɔne] *adj machine, dispositif* hoch entwickelt

perfectionnement [pɛʀfɛksjɔnmɑ̃] *m* Verbesserung *f;* [*système, technique a.*] Perfektionierung *f;* ***qn apporte des ~s à qc*** jd perfektioniert etw; ***cours/stage de ~*** Fortbildungskurs *m*/-lehrgang *m;* ***doté(e) des derniers ~s*** hoch perfektioniert, mit den letzten technischen Neuerungen ausgestattet; ***classe de ~*** Sonderschulklasse *f* für sehr schwache Schüler

perfectionner <1> [pɛʀfɛksjɔne] I. *vt* ■ **qn perfectionne qc** *technique, procédé, système* jd verbessert [*o* perfektioniert] etw; *appareil a.* jd entwickelt etw weiter; *style, langue* jd verbessert [*o* vervollkommnet] etw
II. *vpr* ■ **qc se perfectionne** */technique, procédé/* etw wird perfekter, etw verbessert sich; ■ **qn se perfectionne dans/en qc** jd bildet sich in etw (*dat*) weiter [*o* fort]; ***elle veut se ~ dans la langue/en allemand*** sie möchte ihre Sprachkenntnisse/ihr Deutsch verbessern [*o* vervollkommnen]

perfectionnisme [pɛʀfɛksjɔnism] *m* Perfektionismus *m*

perfectionniste [pɛʀfɛksjɔnist] *mf* Perfektionist(in) *m(f)*

perfide [pɛʀfid] *adj littér* (*déloyal*) verräterisch; (*qui cherche à nuire*) *personne, manœuvre* heimtückisch, hinterhältig; *promesse* falsch, trügerisch; *allusion, insinuation, parole* niederträchtig, perfid[e] *geh*

perfidement [pɛʀfidmɑ̃] *adv littér* perfid[e] *geh,* heimtückisch

perfidie [pɛʀfidi] *f littér* Hinterhältigkeit *f*

perforateur, -trice [pɛʀfɔʀatœʀ, -tʀis] I. *adj* Bohr-
II. *m* Perforator *m*
III. *f* ■ **perforatrice** 1. CONSTR Bohrer *m,* Bohrmaschine *f;* (*pour les roches*) Gesteinsbohrer; ~***trice à air comprimé*** Pressluftbohrer
2. INFORM Lochkartenmaschine *f*

perforation [pɛʀfɔʀasjɔ̃] *f* 1. MED Durchbruch *m,* Perforation *f spec;* ***une ~ du tympan*** ein Loch *nt* im Trommelfell
2. (*trou*) Loch *nt,* Lochung *f;* ■ **des ~s** Perforierung *f,* Löcher *pl;* PHOT Perforation *f*

perforer <1> [pɛʀfɔʀe] *vt* 1. (*trouer*) ■ **qn/qc perfore qc** *carte, bande, feuille* jd/etw locht etw; (*de plusieurs trous*) jd/etw perforiert etw; *organe* jd/etw perforiert etw *spec; poumon* etw durchbohrt etw; ■ **qc est perforé(e)** */carte, bande, feuille/* etw ist gelocht/perforiert; */poumon/* etw ist/wird durchbohrt; */intestin, estomac/* etw ist durchgebrochen [*o* perforiert *spec*]; ***bande/carte perforée*** Lochstreifen *m*/Lochkarte *f*
2. (*poinçonner*) ■ **qn/qc perfore qc** *billet* jd/etw knipst etw

perforeuse [pɛʀfɔʀøz] *f* Locher *m*

performance [pɛʀfɔʀmɑ̃s] *f* 1. (*résultat sportif*) Leistung *f*
2. (*exploit*) [gute] Leistung; ***c'est une véritable ~!*** das ist wirklich eine Leistung!
3. *pl* [*machine, voiture, moteur*] Leistung[sfähigkeit *f*] *f;* ***qc réalise de bonnes ~s*** etw ist leistungsfähig [*o* leistungsstark]
4. LING Performanz *f*

performant, e [pɛʀfɔʀmɑ̃, ɑ̃t] *adj* 1. (*puissant*) *appareil, technique* leistungsfähig, leistungsstark
2. (*compétitif*) wettbewerbsfähig
3. (*efficace*) *cadre, manager* leistungsfähig, effizient

perfusion [pɛʀfyzjɔ̃] *f* MED Infusion *f;* ***qn est sous ~*** jd bekommt Infusionen; ***on l'a mis sous ~*** man hat ihm eine Infusion gemacht, man hat ihn an den Tropf gehängt *fam*

pergola [pɛʀgɔla] *f* Pergola *f*

péricarde [peʀikaʀd] *m* Herzbeutel *m*

péricliter <1> [peʀiklite] *vi* ■ **qc périclite** mit etw geht es bergab; */affaire, commerce a./* etw geht zugrunde; ***son commerce a rapidement périclité*** mit seinem Geschäft ging es schnell bergab

péridurale [peʀidyʀal] *f* Epiduralanästhesie *f*

périf [peʀif] *m fam abr de* **périphérique**

périgourdin, e [peʀiguʀdɛ̃, in] I. *adj* aus dem Périgord
II. *m, f* ■ **Périgourdin(e)** Bewohner(in) *m(f)* des Périgord; ***elle est P~e*** sie stammt aus dem Périgord

péril [peʀil] *m littér* [große] Gefahr
▸ **il y a/il n'y a pas ~ en la demeure** es ist Gefahr im Verzug/es besteht kein Grund zur Panik; **au ~ de sa vie** [*o* **ses jours**] *soutenu* unter Einsatz seines/ihres Lebens; **il y a ~ à faire qc** es ist gefährlich [*o* riskant], etw zu tun; **qn/qc met qn/qc en ~** jd/etw bringt jdn/etw in Gefahr, jd/etw gefährdet jdn/etw; **en ~** *navire* in Seenot; *monument, chef d'œuvre* in Gefahr, bedroht; *entreprise* gefährdet

périlleusement [peʀijøzmɑ̃] *adv littér* gefährlich

périlleux, -euse [peʀijø, -jøz] *adj* 1. (*dangereux*) gefährlich, riskant
2. (*délicat*) *sujet* heikel

périmé, e [peʀime] *adj* 1. *carte, passeport, visa* abgelaufen; *garantie a.* erloschen; *billet, chèque* ungültig
2. *conception, contenu, institution, loi* überholt, veraltet

périmer <1> [peʀime] *vpr* ■ **qc se périme** */carte, passeport, visa/* etw läuft ab, etw wird ungültig; */billet/* etw verfällt; */contenu, livre/* etw ist überholt, etw veraltet; */conception/* etw überlebt sich; ■ **qn laisse** [**se**] ~ **qc** *billet* jd lässt etw verfallen
périmètre [peʀimɛtʀ] *m* **1.** GEOM Umfang *m*
2. (*limite*) Gebiet *nt*, Bereich *m;* [*champ*] Ausdehnung *f;* ~ ***urbain*** [*o* ***d'une ville***] Stadtgebiet, Stadtbereich
3. (*zone*) Umkreis *m;* ~ ***de sécurité*** Sicherheitszone *f*, Sicherheitsgürtel *m;* ***dans un*** ~ ***de 100 km*** in einem Umkreis von 100 km
périnatal, e <s> [peʀinatal] *adj* perinatal
périnée [peʀine] *m* Damm *m*, Perineum *nt spec*
période [peʀjɔd] *f* **1.** (*époque*) Zeit *f;* ***une*** ~ ***troublée de l'histoire*** eine bewegte Zeit in der Geschichte, eine bewegte geschichtliche Epoche; ***pendant cette*** ~ in [*o* während] dieser Zeit; ***la*** ~ ***classique*** die Zeit der Klassik
2. (*espace de temps*) Zeitraum *m;* (*courte, longue a.*) Zeitspanne *f;* (*difficile, révolutionnaire*) Phase *f*, Zeit *f;* [*artiste*] Periode *f;* ***qc s'étend sur une*** ~ ***assez longue*** etw erstreckt sich über eine ziemlich lange Zeit [*o* einen ziemlich langen Zeitraum]; ***qn traverse une mauvaise*** ~ jd macht eine schwierige Phase [*o* Zeit] durch; ***pendant la*** ~ ***électorale*** während des Wahlkampfes; ~ ***transitoire*** Übergangszeit; ■ ~ **de qc** Zeit einer S. (*gen*); ~ ***de joie*** fröhliche Zeit; ***qn connaît une*** ~ ***de création*** jd hat eine kreative Phase; ***qn traverse une*** ~ ***de dépression*** jd hat eine depressive Phase; ~ ***de vie*** Lebensabschnitt *m*
3. (*laps de temps limité*) Zeit[raum *m*] *f;* ~ ***scolaire*** Schulzeit; ■ ~ **de** *de trois heures, plusieurs jours* Zeit[raum] von; *d'accoutumance, de garantie, rodage* -zeit; (*saison*) *d'hiver, de chasse, des vacances* -zeit; ~ ***de démarrage*** Anlaufzeit; ~ ***d'apprentissage*** Lehrzeit; ~ ***de sécheresse*** Dürrezeit, Dürreperiode *f;* ~ ***d'affluence*** (*sur la route*) Hauptverkehrszeit, Stoßzeit; (*dans les magasins*) Hauptgeschäftszeit; (*dans les endroits touristiques*) Hochsaison [-zɛzõ:, -zɛzɔŋ] *f;* ~ ***d'activité*** (*durée d'un emploi*) Beschäftigungszeit; (*durée de la vie active*) Zeit [*o* Dauer *f*] der Erwerbstätigkeit; ~ ***d'imposition*** Veranlagungsperiode *f*, Veranlagungszeitraum; ~ ***de référence*** Berechnungszeitraum; ***qn est dans une*** ~ ***de chance*** jd hat eine Glückssträhne; ***elle est dans une*** ~ ***d'ennuis*** sie hat zur Zeit viel Ärger; ***c'est la*** ~ ***des cerises/ asperges*** es ist Kirschen-/Spargelzeit
4. MIL Reserveübung *f;* ~ ***d'instruction*** Grundwehrdienst *m;* ***qn fait une*** ~ jd nimmt an einer Reserveübung teil
5. [*radioélément*] Halbwert[s]zeit *f;* PHYS, ELEC [*courant*] Periode *f;* [*onde*] Schwingungsdauer *f*, Periode; ASTRON [*terre*] Umlaufzeit *f;* ~ ***de révolution*** Umlauf[s]zeit; ~ ***d'incubation*** Inkubationszeit *f*
▶ ~ **creuse** Flaute *f;* **qn a sa** ~ **Beatles/Techno/Punk/...** *fam* jd hat seine Beatles-/Techno-/Punk-/...phase; **en** ~ **de qc** in Zeiten einer S. (*gen*); ***en*** ~ ***de crise*** in Krisenzeiten; **par** ~[**s**] zeitweise, von Zeit zu Zeit
◆ **période de double circulation** (*concernant l'euro*) Doppelwährungsphase *f;* **période de pointe** AUT Hauptverkehrszeit *f*, Stoßzeit *f;* COM Hochsaison *f;* **période des fêtes** Feiertage *pl;* ***nous serons fermé pendant la*** ~ ***des fêtes*** über die Feiertage haben wir geschlossen; **période d'essai** Probezeit *f*
périodicité [peʀjɔdisite] *f* Periodizität *f;* ***notre revue aura une*** ~ ***semestrielle*** unsere Zeitschrift wird halbjährlich erscheinen
périodique [peʀjɔdik] **I.** *adj* **1.** *phase, crise, phénomène, mouvement* regelmäßig wiederkehrend [*o* auftretend], periodisch; *retour* regelmäßig; *fièvre, affection* regelmäßig wiederkehrend, periodisch auftretend; ***la classification*** ~ das Periodensystem; ■ **qc est** ~ etw kehrt regelmäßig wieder, etw tritt regelmäßig [*o* periodisch] auf
2. PRESSE periodisch erscheinend; ***la presse*** ~ die Periodika *pl*
3. ***serviette*** [*o* ***garniture***] ~ Monatsbinde *f;* ***tampon*** ~ Tampon *m*
II. *m* PRESSE Zeitschrift *f*, Periodikum *nt spec*
périodiquement [peʀjɔdikmɑ̃] *adv* in regelmäßigen Abständen; *se produire, publier, paraître a.* periodisch
péripatéticienne [peʀipatetisjɛn] *f hum littér* Freudenmädchen *nt*
péripétie [peʀipesi] *f* **1.** unvorhergesehenes [*o* unerwartetes] Ereignis, Zwischenfall *m;* ***une vie pleine de*** ~***s*** ein ereignisreiches Leben; ***les négociations ont connu quelques*** ~***s*** bei den Verhandlungen gab es einige Zwischenfälle
2. LITTER, CINE, TV, THEAT plötzlicher Umschwung, entscheidende Wendung, Peripetie *f spec;* ■ **les** ~**s** die Höhepunkte, die Wendepunkte
périph [peʀif] *m fam abr de* **périphérique**
périphérie [peʀifeʀi] *f* **1.** GEOM: ***la*** ~ ***d'un cercle*** der Kreisumfang
2. (*banlieue*) Peripherie *f*, Stadtrand *m;* ***qn habite à la*** ~ ***de la ville*** jd wohnt am Stadtrand; ***je m'installe à la*** ~ ich ziehe an den Stadtrand; ***à la*** ~ ***de Paris*** am Stadtrand [*o* an der Peripherie] von Paris; ***l'immobilier dans la*** ~ ***de Paris est cher*** die Immobilien in den Außenbezirken [*o* in der Peripherie] von Paris sind teuer; ***la criminalité dans la*** ~ die Kriminalität in den Außenbezirken [*o* Randbezirken] [*o* Vorstädten]
périphérique [peʀifeʀik] **I.** *adj* **1.** ***un quartier*** ~ ein Viertel *nt* am Stadtrand, ein peripherer Stadtteil
2. MEDIA: ***poste/ radio/ station*** ~ *privater französischer Sender, der aus dem grenznahen Ausland sendet*
3. BIO *système nerveux* peripher
4. INFORM *mémoire, appareil* peripher
II. *m* **1.** ■ **le** ~ [**de Paris**] der Peripherique, die Ringautobahn [um Paris]; ~ ***intérieur/ extérieur*** innerer/äußerer Ring
2. INFORM Peripheriegerät *nt;* ~ ***d'entrée/ de sortie*** Eingabe-/Ausgabegerät *nt*
périphrase [peʀifʀɑz] *f* Umschreibung *f*, Periphrase *f spec*
périple [peʀipl] *m* **1.** HIST *soutenu* Seereise *f*
2. *fam* Rundreise *f*
périr <8> [peʀiʀ] *vi* **1.** *soutenu* ■ **qn périt** jd kommt um, jd kommt ums Leben, jd findet den Tod *geh;* ***qn périt en mer*** jd findet den Tod auf See *geh*, jd kommt auf See um [*o* ums Leben]; ***qn périt noyé*** jd ertrinkt; ***qn fait*** ~ ***qn*** jd schickt jdn in den Tod *geh*, jd bringt jdn um; ***qn périt d'ennui*** jd langweilt sich zu Tode
2. *soutenu* ■ **qc périt** */bateau/* etw geht unter, etw sinkt; */plante/* etw geht ein; */marchandises/* etw verdirbt; */civilisation, empire/* etw geht zugrunde, etw geht unter; */souvenir/* etw erlischt; ***la sécheresse a fait*** ~ ***la végétation*** durch die Trockenheit ist die Vegetation verkümmert
périscope [peʀiskɔp] *m* Periskop *nt*
périssable [peʀisabl] *adj denrée* leicht verderblich *pred*
péristyle [peʀistil] *m* Säulenhalle *f*, Peristyl *nt spec*
péritéléphonie [peʀitelefɔni] *f* Telefonzubehör *nt;* (*service*) Telefonzubehörsektor *m*
péritoine [peʀitwan] *m* Bauchfell *nt*
péritonite [peʀitɔnit] *f* Bauchfellentzündung *f*, Peritonitis *f spec*
perle [pɛʀl] *f* **1.** Perle *f;* ~ ***naturelle*** echte Perle, Naturperle; ~ ***en bois/ verre*** Holz-/Glasperle
2. *littér* [*sang*] Tropfen *m;* [*sueur, rosée a.*] Perle *f*
3. *fam* (*erreur*) Stilblüte *f*
▶ **c'est jeter des** ~**s aux pourceaux** [*o* **cochons**] das ist Perlen vor die Säue werfen; ~ **fine** echte Perle; **il/elle cherche/trouve la** ~ **rare** *hum fam* er sucht/findet seine Traumfrau/sie sucht/findet ihren Traummann; **qn enfile des** ~**s** *fam* jd vertrödelt seine Zeit; **c'est/qn est une** [**vraie**] ~ das/jd ist eine wahre Perle; **c'est/qn est la** ~ **des maris/secrétaires/...** das/jd ist ein Juwel von einem Ehemann/von einer Sekretärin/...; **qc est la** ~ **de qc** *d'une collection* etw ist das Schmuckstück [*o* der Juwel] einer S. (*gen*)
◆ **perle de culture** Zuchtperle *f*
perlé, e [pɛʀle] *adj* **1.** ***riz*** ~ polierter Reis; ***orge*** ~ Perlgraupen *pl*
2. *rire* perlend
perler <1> [pɛʀle] *vi* ■ **qc perle quelque part** */gouttes/* etw perlt irgendwo; ***quelques gouttes de sueur perlaient sur son front*** Schweißtropfen perlten ihm/ihr auf der Stirn
perlier, -ière [pɛʀlje, -jɛʀ] *adj industrie* Perlen-; ***huître*** ~***ière*** Perlmuschel *f*
permanence [pɛʀmanɑ̃s] *f* **1.** ADMIN, MED Bereitschaftsdienst *m;* ~ ***juridique*** juristischer Beratungsdienst
2. (*bureau*) [*parti, syndicat*] Geschäftsstelle *f;* [*commissariat de police*] Dienststelle *f;* SCOL Aufsichtsraum *m* (*Klassenraum, in dem Schüler bei Freistunden oder nach Schulschluss unter Aufsicht arbeiten können*); ~ ***électorale*** Büro *nt* eines Wahlkandidaten
3. ∅ (*persistance*) [*régime, pouvoir*] Fortbestand *m;* [*tradition*] Beständigkeit *f;* [*habitudes, situation*] Fortbestehen *nt*, Unveränderlichkeit *f*
▶ **qn assure** [*o* **tient**] **la** ~ jd hat Bereitschaftsdienst; **qn est de** ~ jd hat Bereitschaftsdienst; **en** ~ ständig, dauernd; *siéger* ununterbrochen, in Permanenz; *surveiller* rund um die Uhr
permanent, e [pɛʀmanɑ̃, ɑ̃t] **I.** *adj* **1.** (*constant*) *caractère, trait, phénomène* beständig, unveränderlich; *élément a.* fest; *souci, danger* ständig
2. (*continu*) ständig; *contrôle, collaboration, liaison a.* dauernd, permanent; *tension, troubles* anhaltend; *emploi* fest, dauerhaft; *spectacle* fortlaufend, durchgehend, ohne Unterbrechung; ***la collaboration est*** ~***e entre eux*** sie arbeiten ständig zusammen; ***exposition*** ~***e*** [***artistique***] Dauerausstellung *f;* ***formation*** ~***e*** Fortbildung *f;* ***cinéma*** ~ Nonstopkino *nt;* ***le spectacle est*** ~ ***dans cette rue*** in dieser Straße ist immer was los *fam;* ■ ~ **de ... à ...** *spectacle, cinéma* durchgehend [*o* ohne Unterbrechung] von ... bis ...; ***le cinéma est*** ~ ***de 12 heures à 24 heures*** das Kino zeigt nonstop Filme von 12 Uhr bis 24 Uhr, in diesem Kino werden von 12 Uhr bis 24 Uhr durchgehend Filme gezeigt
3. PRESSE, POL ständig; *personnel* fest angestellt, Stamm-; ***armée*** ~***e*** stehendes Heer
II. *m, f* [*parti, syndicat, association*] Funktionär(in) *m(f);* [*association*] fester [*o* ständiger] Mitarbeiter/feste [*o* ständige] Mitarbeiterin
III. *f* ■ **permanente** Dauerwelle *f*
permanganate [pɛʀmɑ̃ganat] *m* Permanganat *nt*
perméabilité [pɛʀmeabilite] *f* **1.** GEOL, PHYS, BIO Durchlässigkeit *f*, Permeabilität *f spec;* ~ ***à l'eau*** Wasserdurchlässigkeit
2. ■ ~ **de qn** [**à qc**] jds Aufgeschlossenheit *f* [für etw]; *aux influences, tentations* jds Empfänglichkeit *f* [für etw]; ■ ~ **de qc** [**à qc**] *d'une frontière* Durchlässigkeit *f* einer S. (*gen*) [für etw]
perméable [pɛʀmeabl] *adj* **1.** GEOL, PHYS, BIO durchlässig, permeabel *spec;* ~ ***à l'eau*** wasserdurchlässig
2. ■ ~ [**à qc**] *personne* zugänglich [für etw], empfänglich [für etw]; *frontière* durchlässig
permettre <*irr*> [pɛʀmɛtʀ] **I.** *vt impers* **1.** (*être autorisé*) ■ **il est permis** [**à qn**] **de faire qc** es ist [jdm] erlaubt, etw zu tun; jd darf etw tun; ***il est permis à tout le monde de se tromper!*** jeder kann sich mal irren!; ***est-il permis d'être aussi bête!*** wie kann man nur so dumm sein!; ***s'il m'est permis de faire une objection*** wenn ich mir einen Einwand erlauben darf; ***s'il est permis de s'exprimer ainsi, je dirais ...*** wenn ich mich so ausdrücken darf, dann würde ich sagen ...
2. (*être possible*) ■ **il est permis** [**à qn**] **de faire qc** jd kann es sich (*dat*) erlauben, etw zu tun; es ist [jdm] möglich, etw zu tun; ***autant qu'il est permis d'en juger*** soweit man darüber urteilen kann, soweit einem darüber ein Urteil zusteht; ***il ne m'est pas permis de donner mon avis*** ich kann mir kein Urteil erlauben
▶ **il n'est pas permis à tout le monde de faire qc** *de chanter, réussir, d'être intelligent* es kann nicht jeder etw tun
II. *vt* **1.** (*autoriser*) ■ **qn/qc permet à qn de faire qc** jd/etw erlaubt [*o* gestattet *geh*] jdm, etw zu tun; (*donner droit à*) etw berechtigt jdn dazu, etw zu tun; ***cette carte lui permet d'obtenir des réductions*** mit dieser Karte hat er Anspruch auf Ermäßigung; ■ **qn permet que qn fasse qc** jd erlaubt,

dass jd etw tut; ■ **qn/qc permet qc** [**à qn**] jd/etw erlaubt [*o* gestattet *geh*] [jdm] etw; */règlement, loi a./* etw lässt etw zu; ***mon médecin me permet le café/ l'alcool*** meine Arzt erlaubt, dass ich Kaffee/Alkohol trinke [*o* hat mir Kaffee und Alkohol gestattet *geh*]; ■ **qc est permis(e)** etw ist erlaubt [*o* zugelassen]; ■ **qc est permis(e) par qn/qc** jd/etw erlaubt etw; ***c'est permis par la loi*** das ist rechtlich zulässig, das ist dem Gesetz nach erlaubt; ***c'est permis par le règlement*** die Vorschrift erlaubt das

2. (*rendre possible*) ■ **qc permet** [**à qn**] **de faire qc** etw erlaubt [*o* ermöglicht] [*o* gestattet *geh*] [es jdm], etw zu tun; ***mon salaire ne me permet pas d'acheter cette voiture*** mit meinem Gehalt kann ich mir dieses Auto nicht leisten; mein Gehalt erlaubt es mir nicht, dieses Auto zu kaufen; ***si le temps le permet*** wenn es das Wetter erlaubt [*o* zulässt]; ***si les circonstances le permettent*** wenn es die Umstände erlauben [*o* zulassen]; ***être majeur permet de voter*** volljährig sein berechtigt zum Wählen; wenn man volljährig ist, darf man wählen; ■ **qc permet qc**: ***cette énigme permet toutes les hypothèses*** dieses Rätsel gibt Anlass zu allerlei Vermutungen; ***mes occupations ne me le permettent pas*** meine Beschäftigungen lassen das nicht zu; ***cette mesure permet tous les abus*** diese Maßnahme öffnet dem Missbrauch Tür und Tor

► **comme** [*o* **que**] **ce n'est** [*o* **c'est**] **pas permis** *fam* unmöglich, so was gibt es nicht, schlimmer geht es nicht mehr; ***elle est bête comme c'est pas permis*** sie ist dümmer, als die Polizei erlaubt *fam;* **permets-moi/permettez-moi de faire qc** (*l'autorisation*) gestatte/gestatten Sie, dass ich etw tue? *geh,* darf ich etw tun; (*ne m'en veux/veuillez pas*) nimm es/nehmen Sie es mir nicht übel [*o* entschuldige/entschuldigen Sie bitte], wenn ich etw tue; ***permettez-moi de vous présenter M. Dupont*** gestatten Sie, dass ich Ihnen Herrn Dupont vorstelle? *geh,* darf ich Ihnen Herrn Dupont vorstellen?; ***permets-moi de ne pas être d'accord, mais ..*** entschuldige bitte [*o* nimm es mir nicht übel], wenn ich nicht einverstanden bin, aber ...; **vous permettez?** gestatten Sie? *geh,* Sie gestatten? *geh,* darf ich?; ***j'aimerais passer, vous permettez?*** dürfte ich bitte vorbei?; **vous permettez que** + *subj* erlauben Sie, dass; hätten Sie etwas dagegen, wenn; ***vous permettez que je fume?*** haben Sie etwas dagegen [*o* macht es Ihnen etwas aus], wenn ich rauche?; **permettez!/tu permets!** [na] erlauben Sie mal!/[na] erlaube mal!, [na] ich bitte Sie!/[na] ich bitte dich!

III. *vpr* **1.** (*s'accorder*) ■ **qn se permet qc** *friandises, excès, fantaisie* jd erlaubt [*o* gönnt] sich (*dat*) etw

2. (*oser*) ■ **qn se permet de faire qc** jd erlaubt sich (*dat*), etw zu tun; ■ **qn se permet qc** *plaisanterie* jd erlaubt sich (*dat*) etw; *grossièreté a.* jd leistet sich (*dat*) etw; ***il se permet bien des choses*** er nimmt sich (*dat*) einiges heraus

3. (*être en mesure de*) ■ **qn se permet de faire qc** jd erlaubt [es] [*o* leistet es] sich (*dat*), etw zu tun; ***il peut se ~ d'être généreux*** er kann es sich erlauben [*o* leisten], großzügig zu sein

► **je me permettrai de faire faire qc à qn** *form:* ***je me permettrai de vous faire observer*** [*o* ***remarquer***] ***que*** + *indic* darf ich Sie darauf aufmerksam machen, dass; ich erlaube mir, Sie darauf aufmerksam zu machen, dass; **je me permets de faire qc** *form* ich erlaube mir, etw zu tun; ***je me permets de vous écrire*** ich wende mich an Sie

permis, e [pɛʀmi] **I.** *pp de* **permettre**

II. *m* **1.** (*permis de conduire*) (*papier*) Führerschein *m;* (*examen*) Führerschein, Fahrprüfung *f;* ***qn passe le ~*** jd macht den Führerschein [*o* die Fahrprüfung]; ***qn échoue au ~*** jd fällt durch die Fahrprüfung; ~ ***moto*** Motorradführerschein; ~ ***poids lourd*** Führerschein der Klasse III

2. (*licence*) ■ ~ **de** -genehmigung *f;* *de chasse, pêche* -schein *m;* ~ ***de construire*** Baugenehmigung, Bauerlaubnis *f;* ~ ***d'inhumer*** Totenschein

◆ **permis de conduire** Führerschein *m* ► **qn a trouvé son ~ de conduire dans une pochette-surprise** *fam* jd hat seinen Führerschein [wohl] in der Lotterie gewonnen *fam;* **permis de séjour** Aufenthaltserlaubnis *f,* Aufenthaltsgenehmigung *f;* **permis de travail** Arbeitserlaubnis *f*

permissif, -ive [pɛʀmisif, -iv] *adj éducation, personne* freizügig, permissiv *geh; société* permissiv *geh*

permission [pɛʀmisjɔ̃] *f* **1.** *∅* (*autorisation*) ■ ~ [**de faire qc**] Erlaubnis *f* [etw zu tun]

2. MIL Urlaub *m*

► **en** ~ MIL auf Urlaub; *partir* in Urlaub

◆ **permission de minuit** Ausgang *m* bis Mitternacht

permissionnaire [pɛʀmisjɔnɛʀ] *mf* MIL Urlauber(in) *m(f),* Soldat(in) *m(f)* auf Urlaub; ***train de ~s*** Urlauberzug *m*

permutable [pɛʀmytabl] *adj* austauschbar, auswechselbar

permutation [pɛʀmytasjɔ̃] *f* **1.** Umstellung *f,* Permutation *f;* [*lettres, syllabes a.*] Vertauschen *nt*

2. ADMIN [*fonctionnaires, employés*] [Stellen]tausch *m*

permuter <1> [pɛʀmyte] **I.** *vi* ■ **qn permute avec qn** jd tauscht mit jdm; ■ **deux personnes permutent** zwei Menschen tauschen miteinander

II. *vt* ■ **qn permute qc** jd stellt etw um, jd vertauscht etw

pernicieux, -euse [pɛʀnisjø, -jøz] *adj* ■ ~ [**pour qc**] schädlich [*o* gefährlich] [für etw]

péroné [peʀɔne] *m* Wadenbein *nt*

péronnelle [peʀɔnɛl] *f vieilli fam* [dumme] Schwatzliese

péroraison [peʀɔʀɛzɔ̃] *f* **1.** *péj* (*long discours*) Gerede *nt,* Volksreden *pl fam*

2. (*conclusion*) [*plaidoyer, plaidoirie*] Resümee *nt*

pérorer <1> [peʀɔʀe] *vi péj* ■ **qn pérore** jd hält Volksreden *fam*

Pérou [peʀu] *m* ■ **le Pérou** Peru *nt*

► **ce n'est pas le ~** damit kann man keine großen Sprünge machen *fam*

perpendiculaire [pɛʀpɑ̃dikylɛʀ] **I.** *adj* **1.** GEOM senkrecht; ***deux droites ~s*** [***entre elles***] zwei senkrecht zueinander stehende Geraden; ■ [**qc est**] ~ **à qc** [etw steht] senkrecht zu etw

2. ■ ~ [**à qc**] *rue, soleil* im rechten Winkel [*o* rechtwinklig] [zu etw]; ***la rue ~ à cette rue*** die Querstraße zu dieser Straße; ■ [**des choses sont**] **~s entre elles** [Dinge stehen] im rechten Winkel [zueinander]; ***les deux rues sont ~s*** [***entre elles***] die beiden Straßen verlaufen quer zueinander

II. *f* **1.** GEOM ■ ~ [**à qc**] Senkrechte *f* [zu etw]; ***abaissez une ~ à cette droite*** fällen Sie das Lot zu dieser Geraden

2. (*rue, route*) ■ ~ [**à qc**] Querstraße *f* [zu etw]

perpendiculairement [pɛʀpɑ̃dikylɛʀmɑ̃] *adv* ■ ~ [**à qc**] im rechten Winkel [*o* senkrecht] [zu etw]

perpète [pɛʀpɛt] *loc* ► **à** ~ *fam aller* ewig weit *fam,* ans Ende der Welt; *habiter* am Ende der Welt, j.w.d. *fam;* ***qn est condamné(e) à ~*** jd bekommt lebenslänglich; **jusqu'à** ~ *fam* (*loin*) ewig weit *fam;* (*longtemps*) *attendre* ewig [lange] *fam*

perpétrer <5> [pɛʀpetʀe] *vt* JUR ■ **qn perpètre qc** *crime* jd begeht [*o* verübt] etw; ■ **qc est perpétré(e)** [**par qn**] etw wird [von jdm] begangen [*o* verübt]

perpette [pɛʀpɛt] *loc v.* **perpète**

perpétuel, le [pɛʀpetɥɛl] *adj* **1.** (*incessant*) *obsession, angoisse, inquiétude, difficultés d'argent* dauernd, ständig; *murmure* fortwährend

2. (*continuel*) *lamentations, récriminations, mauvaise humeur* ständig, ewig *fam*

3. (*à vie*) *secrétaire, fonction, rente* auf Lebenszeit; *prison* lebenslänglich; ***les vœux ~s*** die ewigen Gelübde; ***concession ~le*** Erbbegräbnis *nt*

perpétuellement [pɛʀpetɥɛlmɑ̃] *adv* **1.** (*constamment*) ständig, dauernd

2. (*éternellement*) fortwährend

perpétuer <1> [pɛʀpetɥe] **I.** *vi* ■ **qn/qc perpétue qc** *tradition, nom* jd/etw lässt etw fortbestehen, jd/etw erhält etw aufrecht; *souvenir a.* jd/etw hält etw wach

II. *vpr* ■ **qc se perpétue** */abus/* etw hält an; */injustices a./* etw setzt sich fort; */tradition/* etw hält sich, etw besteht fort; */espèce/* etw erhält sich

perpétuité [pɛʀpetɥite] *f* ► **à** ~ *condamnation* auf Lebenszeit, lebenslänglich; ***concession à ~*** Erbbegräbnis *nt;* ***qn est condamné(e) à ~*** jd wird zu lebenslänglicher Freiheitsstrafe verurteilt, jd bekommt lebenslänglich

perplexe [pɛʀplɛks] *adj* (*incertain*) *personne, mine* ratlos; ***cette question me rend ~*** diese Frage bringt mich in Verlegenheit

perplexité [pɛʀplɛksite] *f* Ratlosigkeit *f,* Verlegenheit *f;* ***qn est dans une grande ~*** jd ist völlig ratlos; ***qc plonge*** [*o* ***jette***] ***qn dans la plus grande ~*** etw macht jdn völlig ratlos

perquisition [pɛʀkizisjɔ̃] *f* Haus[durch]suchung *f;* ***qn fait faire une ~ au domicile de qn*** jd lässt bei jdm eine Haus[durch]suchung machen

perquisitionner <1> [pɛʀkizisjɔne] **I.** *vi* ■ **qn perquisitionne** [**chez qn/au domicile de qn**] jd nimmt [bei jdm] eine Haus[durch]suchung vor

II. *vt* ■ **qn perquisitionne qn/qc** jd durchsucht jdn/etw

perron [pɛʀɔ̃] *m* Eingangstreppe *f*

perroquet [pɛʀɔkɛ] *m* **1.** (*oiseau*) Papagei *m*

2. (*personne bavarde*) Papagei *m*

3. (*boisson*) Pastis *m* mit Pfefferminzsirup

4. NAUT Bramsegel *nt*

► **grand/petit** ~ Großbram-/Vorbramsegel *nt;* **qn répète qc/parle comme un** ~ jd plappert etw nach/jd schwätzt wie ein Papagei *fam*

perruche [peʀyʃ, pɛʀyʃ] *f* **1.** (*oiseau*) Sittich *m*

2. *vieux* (*perroquet femelle*) Papageienweibchen *nt*

3. (*femme bavarde*) Schnattergans *f*

4. NAUT Kreuzbramsegel *nt*

perruque [peʀyk, pɛʀyk] *f* **1.** (*coiffure postiche*) Perücke *f*

2. *fam* (*travail personnel*) Missbrauch *m* für private Zwecke

► **qn fait de la** ~ jd betreibt Missbrauch für private Zwecke

perruquier [peʀykje, pɛʀykje] *m* Perückenmacher(in) *m(f)*

persan, e [pɛʀsɑ̃, an] **I.** *adj* persisch; *tapis, chat* Perser-

II. *m* **1.** (*langue*) Persisch *nt*

2. (*chat*) Perserkatze *f*

III. *m, f* ■ **Persan(e)** Perser(in) *m(f)*

perse [pɛʀs] **I.** *adj* persisch

II. *m* (*langue*) Persisch *nt*

III. *m, f* ■ **Perse** Perser(in) *m(f)*

IV. *f* ■ **la Perse** Persien *nt*

persécuté, e [pɛʀsekyte] **I.** *adj* verfolgt

II. *m, f* Verfolgte(r) *f(m)*

persécuter <1> [pɛʀsekyte] *vt* ■ **qn persécute qn** jd verfolgt jdn

persécuteur, -trice [pɛʀsekytœʀ, -tʀis] **I.** *adj Dieu* strafend; ***un roi ~*** ein König, der seine Feinde grausam verfolgt

II. *m, f* Verfolger(in) *m(f)*

persécution [pɛʀsekysjɔ̃] *f* Verfolgung *f;* ~ ***téléphonique*** Belästigung *f* per Telefon, Telefonterror *m*

persévérance [pɛʀseveʀɑ̃s] *f* Ausdauer *f,* Beharrlichkeit *f*

persévérant, e [pɛʀseveʀɑ̃, ɑ̃t] *adj* ausdauernd, beharrlich

persévérer <5> [pɛʀseveʀe] *vi* ■ **qn persévère** jd hält durch, jd gibt nicht auf; ***il faut ~!*** nur weiter so!; ■ **qn persévère dans qc** *dans ses efforts* jd lässt in etw (*dat*) nicht nach; *dans une recherche* jd stellt etw nicht ein; *dans l'erreur* jd hält hartnäckig an etw (*dat*) fest, jd verharrt in etw (*dat*); *dans sa volonté de faire qc* jd beharrt auf etw (*dat*); ***qn persévère dans la désobéissance*** jd ist weiterhin ungehorsam; ■ **qn persévère à faire qc** *littér* jd tut etw weiterhin

persienne [pɛʀsjɛn] *f* Fensterladen *m*

persiflage [pɛʀsiflaʒ] *m* **1.** *∅* (*fait de persifler*) Spötteln *nt,* Spöttelei *f*

2. (*propos, écrit*) Persiflage *f*

persifler <1> [pɛʀsifle] *vt littér* ■ **qn persifle qn/qc** jd spöttelt über jdn/etw; (*plus fort*) jd verspottet jdn/etw

persifleur, -euse [pɛʀsiflœʀ, -øz] **I.** *adj* spöttisch
II. *m, f* Spötter(in) *m(f)*

persil [pɛʀsi] *m* Petersilie *f*

persillade [pɛʀsijad] *f* **1.** (*assaisonnement*) feingehackte Petersilie mit Knoblauch
2. (*plat*) *mit Petersilie und Knoblauch geschmortes Rindfleisch*

persillé, e [pɛʀsije] *adj* **1.** (*avec du persil*) mit Petersilie
2. *fromage* mit Blauschimmel
3. *viande* durchwachsen

persique [pɛʀsik] *adj v.* **golfe**

persistance [pɛʀsistɑ̃s] *f* **1.** (*entêtement*) ■ ~ [**de qn**] [**dans qc**] [jds] Beharren *nt* [*o* Verharren *nt*] [in etw (*dat*)]; ***la ~ avec laquelle qn nie qc*** die Hartnäckigkeit, mit der jd etw leugnet
2. (*continuité*) ■ ~ **de qc** Anhalten *nt* einer S. (*gen*), Andauern *nt* einer S. (*gen*)

persistant, e [pɛʀsistɑ̃, ɑ̃t] *adj* **1.** (*qui continue*) anhaltend, andauernd
2. BOT immergrün

persister <1> [pɛʀsiste] *vi* **1.** (*persévérer*) ■ **qn persiste** [**dans qc**] jd besteht [*o* beharrt] auf etw (*dat*); *dans son projet* jd hält hartnäckig an etw (*dat*) fest; *dans son aveuglement* jd verharrt in etw (*dat*); ■ **qn persiste à faire qc** jd tut etw weiterhin
2. (*durer*) ■ **qc persiste** etw hält [*o* dauert] an; */mode/* etw hält sich; ***ce souvenir persiste dans ma mémoire*** diese Erinnerung bleibt in meinem Gedächtnis
▸ **qn persiste et signe** jd bleibt dabei

persona grata <~ ~> [pɛʀsɔnagʀata] *f* ▸ **qn est ~ ~** (*bien vu*) jd ist gern gesehen [*o* willkommen]; POL jd ist Persona grata

personnage [pɛʀsɔnaʒ] *m* **1.** ART, LITTER Figur *f*, Person *f*; CINE *a.* Rolle *f*; ARCHIT [Menschen]figur, [Menschen]gestalt *f*; ***les ~s de Walt Disney*** die Figuren Walt Disneys; ***une tapisserie/un tableau à ~s*** ein Wandteppich/ein Bild, auf dem Figuren [zu sehen] sind; ■ **le ~ de ...** *du cocu, de la soubrette* die Figur des/der ...; ***qn interprète le ~ de Dom Juan*** jd spielt den Dom Juan [*o* die Rolle des Dom Juan]; ***qn joue le ~ d'un musicien pauvre*** jd spielt einen armen Musiker
2. (*rôle dans la société*) Rolle *f*; ***qn soigne son ~*** jd pflegt sein Image [ˈɪmɪtʃ]
3. (*individu*) ■ ~ (*homme*) Kauz *m*, Mensch *m*; (*femme*) Person *f*; ***un grossier ~*** ein ungehobelter Kerl, ein Rüpel *m*; ***un ~ de petite apparence*** (*homme*) ein kleines Kerlchen; (*femme*) eine kleine Person
4. (*personnalité*) Persönlichkeit *f*; ***principaux ~s de la ville*** Stadtprominenz *f*, Honoratioren *pl* der Stadt; ***~s politiques*** politische Prominenz
▸ ~ **allégorique** allegorische Figur [*o* Gestalt]; ~ **principal** Hauptfigur *f*, Hauptperson *f*; (*rôle principal*) Hauptrolle *f*

personnalisation [pɛʀsɔnalizasjɔ̃] *f* Personalisierung *f*

personnalisé, e [pɛʀsɔnalize] *adj* personalisiert; *accessoire, vêtement* individuell entworfen; *service* individuell

personnaliser <1> [pɛʀsɔnalize] *vt* ■ **qn personnalise qc** **1.** (*adapter aux personnes*) jd gestaltet etw individuell; *services, publicité* jd richtet etw nach einer bestimmten Zielgruppe aus
2. (*rendre personnel*) jd verleiht einer S. (*dat*) eine persönliche Note

personnalité [pɛʀsɔnalite] *f* **1.** (*caractère*) Persönlichkeit *f*; [*style, œuvre, expression*] persönliche Note; ***son ouvrage manque de ~*** sein Werk ist nichts sagend
2. (*force de caractère*) Persönlichkeit *f*
3. (*personne connue*) Persönlichkeit *f*; ***~s du monde du cinéma*** Filmprominenz *f*
4. (*caractère personnel*) ■ ~ **de qc** Anpassung *f* einer S. (*gen*) an die individuellen Verhältnisse; ~ ***de l'impôt*** individuelle Besteuerung; ~ ***des peines*** individuelle Bestrafung
▸ **qn a une forte ~, qn a de la ~** jd ist eine ausgeprägte Persönlichkeit

personne¹ [pɛʀsɔn] *f* **1.** (*individu*) Person *f*; ***il y a au moins dix ~s avant moi*** es sind mindestens 10 Leute vor mir; ***une ~ a oublié son écharpe*** [irgend]jemand hat seinen Schal vergessen; ■ **la ~ qui/les ~s qui** derjenige, der/diejenigen, die
2. (*personnalité*) ■ **la ~ de ...** die Person des/der ...; ***la ~ du chef de l'État*** die Person des Staatsoberhauptes, das Staatsoberhaupt; ***je respecte sa ~*** ich respektiere ihn/sie als Menschen
3. (*femme*) Person *f*; (*jeune fille a.*) Mädchen *nt*; ***cette jeune ~*** diese junge Dame
4. (*être humain*) Mensch *m*; ***je la respecte en tant que ~*** ich respektiere sie als Menschen
5. (*toi/lui/elle-même*): ***tu ne penses qu'à ta ~*** du denkst nur an dich selbst; ***qn ne s'intéresse qu'à sa ~*** jd interessiert sich nur für sich selbst; ***il est toujours content/satisfait de sa ~*** er ist immer von sich überzeugt [*o* immer selbstzufrieden]
6. JUR, GRAM Person *f*
▸ ~ **à la charge de qn** Unterhaltsberechtigte(r) *f(m)* jdm gegenüber; ~ **étrangère/extérieure au service** Unbefugte(r) *f(m)*; ***interdit(e) à toute ~ étrangère/extérieure au service*** Unbefugten Zutritt verboten; ~ **âgée** alter Mensch; ***les ~s âgées*** die alten Menschen, die Senioren; ***foyer pour ~ âgées*** Altersheim *nt*, Seniorenheim *nt*; **qn est bien** [**fait(e)**] **de sa ~** jd sieht gut aus; ***qui est ce monsieur assez bien de sa ~?*** wer ist der gut aussehende Herr?; ~ **déplacée** Verschleppte(r) *f(m)*, Vertriebene(r) *f(m)*; **grande ~** Erwachsene(r) *f(m)*; ~ **humaine** Mensch *m*; **par ~ interposée** durch einen Vermittler [*o* Mittelsmann]; ~ **morale/physique** juristische/natürliche Person; **petite ~** (*petite fille*) [schnippisches] kleines Persönchen; ■ **ma/ta/sa petite ~** mich/dich/sich, meine/deine/seine/ihre Wenigkeit; **première/deuxième/troisième ~** [**du singulier/pluriel**] erste/zweite/dritte Person [Singular/Plural]; [**qn est**] **soigné de sa ~** jd hat ein gepflegtes Äußeres; **tierce ~** Dritte(r) *f(m)*; **qn paie de sa ~** jd setzt seine ganze Kraft [*o* setzt sich] voll und ganz ein, jd schont sich nicht; **en ~** JUR persönlich, in eigener Person; [**qn fait qc**] **en ~** [jd tut etw] [höchst]persönlich [*o* selbst] *fam*; **qn est qc en ~** jd ist etw in Person; ***qn est la vanité en ~*** jd ist die personifizierte Eitelkeit [*o* die Eitelkeit in Person]; ***qn est le calme en ~*** jd ist die Ruhe selbst; **en la ~ de qn** in jds Person (*dat*); ***le gouvernement, en la ~ du Premier ministre, a ...*** die Regierung, in der Person des Premierministers, hat ...; **par ~** pro Person
◆ **personne à charge** Unterhaltsberechtigte(r) *f(m)*; **personne de petite taille** Zwergwüchsige(r) *f(m)*, Kleinwüchsige(r) *f(m)*

personne² [pɛʀsɔn] *pron indéf* **1.** (*opp: quelqu'un*) ■ ~ [**ne**] ..., ■ **...** [**ne**] ... ~ niemand; ~ [***n'***]***est venu*** es ist niemand [*o* keiner] gekommen; ***il*** [***n'***]***y a ~*** es ist niemand [*o* keiner] da; ***je n'ai vu ~*** ich habe niemanden gesehen; ***je n'ai parlé à ~*** ich habe mit niemandem gesprochen; ***je n'ai besoin de ~*** ich brauche niemanden [*o* keinen]; ~ ***ne le sait*** keiner weiß es; ■ ~ **de ...**: ***il n'y a ~ de blessé?*** ist auch niemand [*o* keiner] verletzt?; ~ ***d'autre*** niemand sonst, kein anderer; ***je n'ai ~ de disponible pour l'instant*** ich habe momentan niemanden zur Verfügung; ***je frappe ... ~*** ich klopfe ... niemand zu Hause [*o* keiner da]
2. *soutenu* (*quelqu'un*) ■ **avant/sans que ~ fasse qc** bevor/ohne dass jemand etw tut; ***je doute que ~ soit venu*** ich bezweifle, dass jemand gekommen ist; ■ **avant/sans ~** vor jemandem/ohne jemanden; ***une place sans presque ~*** ein fast menschenleerer Platz
3. (*quiconque*) ■ **qn a qc/fait qc comme ~** jd hat etw/tut etw wie kein anderer/keine andere; ■ **... que ~** *plus/moins vite, fort, modeste ...* als jede(r) andere(r), ... als irgendwer; ***mieux que ~*** besser als irgendjemand [*o* irgendwer]; ***il est plus intelligent que ~*** das ist der intelligenteste Mensch, den ich je getroffen habe; ***il est meilleur cuisinier que ~*** er kann besser kochen als jeder andere; ***je suis meilleur juge que ~ dans cette affaire*** ich kann diese Sache besser beurteilen als jeder andere
▸ [**quand il s'agit de faire qc,**] [**il n'**]**y a plus ~** *fam* keiner [*o* kein Schwanz *fam*] ist mehr da[, wenn es darum geht, etw zu tun]; **je ne suis là** [*o* **je n'y suis**] **pour ~** ich bin für niemanden zu sprechen

personnel, le [pɛʀsɔnɛl] **I.** *adj* **1.** (*qui concerne qn*) persönlich; *lettre a.* privat; *objets* des persönlichen Gebrauchs; *biens, fortune* Privat-; ***à titre ~*** persönlich
2. (*original*) persönlich; *style, façon de s'habiller* eigen; *style, idées* eigenwillig
3. (*égoïste*) egoistisch; *joueur* der für sich allein spielt; *enfant* ichbezogen
4. GRAM persönlich; *forme* finit, bestimmt; *pronom a.* Personal-; ***mode ~*** *Bezeichnung für Indikativ, Konditional, Konjunktiv und Imperativ*
5. REL persönlich
II. *m* Personal *nt*; [*entreprise a.*] Angestellte *pl*, Belegschaft *f*; ~ ***enseignant*** Lehrkörper *m*, Lehrkräfte *pl*; ***le ~ navigant*** die Besatzung; ***depuis qu'il y a du ~ féminin dans l'armée*** seitdem auch Frauen in der Armee Dienst tun

personnellement [pɛʀsɔnɛlmɑ̃] *adv* persönlich

personnification [pɛʀsɔnifikasjɔ̃] *f* **1.** (*action*) Personifizierung *f*
2. (*incarnation*) ■ ~ **de qc** Personifikation *f* einer S. (*gen*); ***qn est la ~ de l'avarice*** jd ist der Geiz in Person [*o* der personifizierte Geiz]

personnifier <1 a> [pɛʀsɔnifje] *vt* **1.** (*donner des traits humains à*) ■ **qn personnifie qc** *objet, sentiment* jd personifiziert etw
2. (*incarner*) ■ **qn personnifie qn/qc** *le Français moyen, la bonté, l'avarice* jd ist jd/etw in Person; ■ **qc personnifie qn/qc** *une époque, un siècle, l'Amérique, la France* etw repräsentiert jdn/etw, etw ist Ausdruck einer S. (*gen*)

perspective [pɛʀspɛktiv] *f* **1.** GEOM, ART Perspektive *f*
2. (*panorama*) Ausblick *m*
3. (*voie en ligne droite*): ***la ~ des Champs-Élysées*** die Champs-Elysées; ***la ~ Nevski*** der Nevskij Prospekt
4. (*éventualité*) Aussicht *f*; ~ ***insoupçonnée*** ungeahnte Perspektive; ***quelle ~ réjouissante*** das sind ja schöne Aussichten; ■ **la ~ de qc** die Aussicht auf etw (*akk*); ■ **la ~ de faire qc** die Aussicht etw zu tun
5. (*point de vue*) Gesichtspunkt *m*; ***qn change de ~*** jd ändert den Blickwinkel [*o* die Perspektive]
▸ ~ **aérienne** Vogelperspektive *f*; **qc ouvre des ~s** etw eröffnet Perspektiven; **à la ~ de qc/de faire qc** bei der Aussicht auf etw (*akk*)/darauf, etw zu tun; **dans cette ~** deshalb, zu diesem Zweck; **en ~** (*en vue*) in Aussicht; GEOM, ART perspektivisch; (*dans son ensemble*) ganz
◆ **perspectives d'avenir** Zukunftsaussichten *pl*

perspicace [pɛʀspikas] *adj* scharfsinnig; *personne a.* scharfsichtig; *observation* scharf; ***d'un œil*** [*o* ***regard***] mit Scharfblick [*o* Scharfsicht]

perspicacité [pɛʀspikasite] *f* Scharfblick *m*, Scharfsinn *m*; ■ **la ~ de qc** *d'une prévision* Scharfsichtigkeit *f* einer S. (*gen*); *d'une remarque* Scharfsinnigkeit *f* einer S. (*gen*)

persuader <1> [pɛʀsɥade] **I.** *vt* ■ **qn/qc persuade qn de qc/de faire qc** (*intellectuellement*) jd/etw überzeugt jdn von etw/überzeugt jdn [davon], etw zu tun; ■ **qn persuade qn de faire qc** (*sentimentalement*) jd überredet jdn etw zu tun; ■ **qn/qc persuade qn que** + *indic* jd/etw überzeugt jdn davon, dass; ■ **qn est persuadé(e) de qc** jd ist von etw überzeugt; ■ **qn est persuadé(e) que** + *indic* jd ist davon überzeugt, dass
II. *vpr* ■ **qn se persuade de qc** jd ist von etw überzeugt; ■ **qn se persuade de que** + *indic* jd redet sich (*dat*) ein, dass

persuasif, -ive [pɛʀsɥazif, -iv] *adj* überzeugend

persuasion [pɛʀsɥazjɔ̃] *f* **1.** (*action*) (*intellectuelle*) Überzeugen *nt*; (*sentimentale*) Überreden *nt*; ***puissance de ~*** Überzeugungskraft *f*
2. (*conviction*) Überzeugung *f*

perte [pɛʀt] *f* **1.** (*fait d'égarer*) Verlust *m*; ***en cas de ~*** im Verlustfall
2. (*fait de ne plus disposer de qc*) ■ ~ **de qc** Verlust *m* einer S. (*gen*); ***à la***

moindre ~ d'équilibre, … wenn man nur ein wenig das Gleichgewicht verliert, …; ~ *du sommeil* Schlaflosigkeit *f*
3. (*deuil*) Verlust *m;* ■ ~ **de qn/d'un animal** jds Verlust/Verlust eines Tieres
4. (*opp: succès*) ■ **la ~ de qc:** *la ~ d'une bataille ne signifie pas la ~ de la guerre* eine verlorene Schlacht ist noch kein verlorener Krieg
5. (*gaspillage*) ■ ~ **de** *de temps, force, d'argent* -verschwendung *f*
6. (*diminution*) ■ ~ **de** *d'autorité* -verlust *m; de prestige a.* Einbuße *f* an etw (*dat*); *des facultés physiques* Nachlassen *nt* einer S. (*gen*)
7. (*écoulement*) ■ ~ **de** -verlust *m; qn signale à qn une ~ d'huile* jd macht jdn darauf aufmerksam, dass er Öl verliert
8. (*déperdition*) ■ ~ **de** *de chaleur, vitesse, puissance* -verlust *m*
9. COM Verlust *m; qc se solde par une ~* etw ist ein Verlustgeschäft
10. (*ruine*) Untergang *m,* Verderben *nt; mes créanciers veulent ma ~* meine Gläubiger wollen meinen Ruin [*o* mich ruinieren]
11. (*déchet*) Abfall *m*
12. GEOG ■ ~ **d'un fleuve** Versickern *nt* eines Flusses
13. *pl* (*dans une guerre*) Verluste *pl*
14. *pl* MED Ausfluss *m; ~ de sang* Blutungen *pl*
► **qn renvoie qn avec ~ et fracas** jd wirft jdn in hohem Bogen [*o* hochkantig] raus *fam;* **qn met qc aux ~s et profits** jd kann etw abschreiben [*o* vergessen] *fam;* **qn passe qc par ~s et profits** jd schreibt etw ab [*o* in den Kamin] *fam;* **qc est en ~ de vitesse** (*ralentit*) etw verliert an Geschwindigkeit; (*devient moins important*) etw verliert an Bedeutung; **qn dénonce la ~ de vitesse de qc** jd beklagt den Bedeutungsverlust einer S. (*gen*); *l'avion est en ~ de vitesse* das Flugzeug verliert an Geschwindigkeit; *les ventes sont en ~ de vitesse* der Verkauf lässt nach; **à ~ de vue** (*très loin*) so weit das Auge reicht; (*interminablement*) endlos; **~s blanches** Ausfluss *m;* **ce n'est pas une grande** [*o* **grosse**] **~** *fam* das ist kein großer Verlust; **qn fait qc en pure ~** jd tut etw völlig [*o* ganz] umsonst [*o* vergeblich]; ~ **sèche** reiner [*o* glatter] Verlust; **qn court** [*o* **marche**] [*o* **va**] **à sa ~** jd rennt in sein Verderben; **qn jure la ~ de qn** jd schwört jdm den Untergang; **qn fait qc à ~** jd tut etw mit Verlust
◆ **perte de connaissance** Ohnmacht *f,* Bewusstlosigkeit *f;* **perte de mémoire** Gedächtnisverlust *m;* **perte des eaux** Fruchtwasserabgang *m*

pertinemment [pɛʀtinamɑ̃] *adv* **1.** (*très bien*) ■ **qn sait ~ que** + *indic* jd weiß [ganz] genau, dass
2. *littér* (*avec pertinence*) *parler* sachkundig; *répondre* treffend, passend

pertinence [pɛʀtinɑ̃s] *f* [*propos, réponse*] Zutreffen *nt;* [*argument, raisonnement*] Richtigkeit *f,* Stichhaltigkeit *f;* **avec ~** *parler* sachkundig; *conseiller* sachdienlich; *la ~ de sa réponse me sidéra* seine treffende [*o* passende] Antwort verblüffte mich

pertinent, e [pɛʀtinɑ̃, ɑ̃t] *adj* **1.** treffend; *argument a.* stichhaltig; *réponse, propos a.* passend
2. LING relevant

perturbateur, -trice [pɛʀtyʀbatœʀ, -tʀis] **I.** *adj* störend; *manifestation* Unruhe stiftend
II. *m, f* Unruhestifter(in) *m(f),* Ruhestörer(in) *m(f);* (*élève*) Störenfried *m*

perturbation [pɛʀtyʀbasjɔ̃] *f* **1.** (*dérangement*) Störung *f; à la radio a.* Störgeräusch *nt*
2. METEO Störung *f*

perturbé, e [pɛʀtyʀbe] *adj* **1.** (*troublé*) ■ [**qn est**] ~ [jd ist] verstört [*o* durcheinander]
2. (*désorganisé*) *ordre* gestört; *service* durcheinander gebracht; *monde* auf den Kopf gestellt; *un trafic ~* eine Verkehrsbehinderung

perturber <1> [pɛʀtyʀbe] *vt* ■ **qn/qc perturbe qn/qc** jd/etw bringt jdn/etw durcheinander, etw wirkt sich störend auf etw (*akk*) aus

pervenche [pɛʀvɑ̃ʃ] **I.** *f* **1.** (*plante*) Immergrün *nt*
2. *fam* (*contractuelle*) Politesse *f*
II. *app inv* hellblau, vergissmeinnichtblau

pervers, e [pɛʀvɛʀ, ɛʀs] **I.** *adj* **1.** (*vicieux*) pervers
2. *littér* (*méchant*) boshaft; *qn prend un plaisir ~ à faire qc* jd hat ein hämisches Vergnügen daran, etw zu tun
II. *m, f* perverser Mensch; *c'est un ~* er ist pervers [veranlagt]

perversion [pɛʀvɛʀsjɔ̃] *f* **1.** (*fait de pervertir*) Pervertierung *f;* [*coutumes*] Verfall *m,* Verwilderung *f;* [*odorat, goût*] Störung *f*
2. PSYCH Perversion *f*

perversité [pɛʀvɛʀsite] *f* **1.** (*méchanceté*) Verderbtheit *f;* ■ ~ **de qn/qc** jds Verderbtheit/die Verderbtheit [*o* Niederträchtigkeit *f*] einer S. (*gen*)
2. (*acte*) Perversion *f*

perverti, e [pɛʀvɛʀti] **I.** *adj* pervertiert; *jeunesse* verdorben; *mœurs* verfallen, verwildert; *odorat* gestört
II. *m, f: ce sont des ~s* sie sind verdorben

pervertir <8> [pɛʀvɛʀtiʀ] *vt* **1.** (*corrompre*) ■ **qn/qc pervertit qn** jd/etw verdirbt jdn; ■ **qn/qc pervertit qc** jd/etw pervertiert etw
2. (*altérer*) ■ **qc pervertit qc** etw stört etw

pesage [pəzaʒ] *m* **1.** (*action*) [Ab]wiegen *nt; appareil de ~* Waage *f;* SPORT [*personne, jockey*] Wiegen
2. SPORT (*lieu de la pesée*) Wiegeplatz *m*

pesamment [pəzamɑ̃] *adv* **1.** (*lourdement*) schwer
2. (*sans grâce*) schwerfällig; *insister* hartnäckig

pesant, e [pəzɑ̃, ɑ̃t] **I.** *adj* **1.** (*lourd à porter*) schwer
2. (*qui cause une gêne*) schwer; *sommeil* bleiern
3. (*pénible*) *atmosphère, silence* bedrückend; *corvée, idée* lästig
4. (*sans vivacité*) schwerfällig; *pas* schwer
5. (*sans grâce*) schwerfällig; *style a.* unbeholfen; *allusion* plump
II. *m* ► **qc vaut son ~ d'or** [*o* **de moutarde**] [*o* **de cacahuètes**] *fam* etw ist nicht mit Gold aufzuwiegen [*o* zu bezahlen]

pesanteur [pəzɑ̃tœʀ] *f* **1.** PHYS Schwerkraft *f; accélération de la ~* Schwerebeschleunigung *f,* Erdbeschleunigung *f*
2. *pl* (*inertie*) Schwerfälligkeit *f;* ■ **les ~s de qn/qc** jds Schwerfälligkeit/die Schwerfälligkeit einer S. (*gen*)
3. (*malaise*) ■ ~ **de:** *~ d'estomac* Magendruck *m*
4. (*manque de finesse*) Schwerfälligkeit *f;* [*édifice a.*] Plumpheit *f;* [*style a.*] Unbeholfenheit *f*

pèse-bébé <~-~[s]> [pɛzbebe] *m* Säuglingswaage *f*

pesée [pəze] *f* **1.** (*action*) Wiegen *nt;* [*objets a.*] Abwiegen
2. (*quantité pesée*) [Ab]gewogene(s) *nt*
3. (*pression*) Druck *m*

pèse-lettre <~-~[s]> [pɛzlɛtʀ] *m* Briefwaage *f* **pèse-personne** <~-~[s]> [pɛzpɛʀsɔn] *m* Personenwaage *f*

peser <4> [pəze] **I.** *vt* **1.** (*mesurer le poids*) ■ **qn pèse qn/qc** jd wiegt jdn/etw; *marchandises, ingrédients* jd wiegt etw ab
2. (*estimer*) ■ **qn pèse qc** jd wägt etw ab; *une argumentation, ses mots, ses paroles a., une décision* jd überlegt sich (*dat*) etw reiflich
► **emballez** [*o* **enlevez**] [*o* **emballé**] [*o* **enlevé**], **c'est pesé** *fam* so, das wär's *fam,* und damit hat sich's *fam;* **tout bien pesé, …** nach reiflicher Überlegung
II. *vi* **1.** (*avoir un certain poids*) ■ **qn/qc pèse 10 kg/20 kg/lourd** jd/etw wiegt 10 kg/20 kg/viel; ■ **qn/qc ne pèse rien** jd/etw wiegt nicht viel
2. (*être lourd*) ■ **qc pèse** etw ist schwer; *ce manteau pèse sur mes épaules,* dieser Mantel liegt schwer auf meinen Schultern
3. (*exercer une pression*) ■ **qn/qc pèse sur/contre qc** jd/etw drückt auf etw (*akk*)/gegen etw
4. (*procurer une gêne morale*) ■ **qc pèse à qn** */climat de tensions/* etw macht jdm [schwer] zu schaffen; */lecture, solitude a./* etw fällt jdm schwer; ■ **qc pèse sur qn/qc** */soupçon, responsabilités/* etw lastet auf jdm; */remords/* etw quält jdn/etw; *sur la conscience a.* etw belastet etw
5. (*influencer*) ■ **qc pèse** etw fällt ins Gewicht; ■ **qn/qc pèse sur qn/qc** jd/etw beeinflusst jdn/etw
6. (*procurer une gêne physique*) ■ **qc pèse:** *ma tête pèse/mes jambes pèsent* ich habe einen schweren Kopf/schwere Beine; ■ **qc pèse sur qn/qc** */atmosphère/* etw macht jdm [schwer] zu schaffen; */frites, cassoulet/ sur l'estomac* etw liegt jdm schwer in etw (*dat*); *l'air pèse sur la poitrine* die Luft ist zum Ersticken
7. *fam* (*avoir une certaine importance*): *qn/qc pèse sept milliards de francs* jd/etw ist sieben Milliarden Franc schwer
III. *vpr* ■ **qn se pèse** jd wiegt sich

peseta [pezeta] *f* Peseta *f*

pessimisme [pesimism] *m* Pessimismus *m*

pessimiste [pesimist] **I.** *adj* pessimistisch
II. *m, f* Pessimist(in) *m(f)*

peste [pɛst] *f* **1.** MED ■ **la ~** die Pest
2. [*animal*]: *~ bovine/porcine* Rinder-/Schweinepest *f*
3. (*personne ou chose nuisible*) Plage *f; la ~ brune* POL die braune Pest
4. (*fillette espiègle*) kleine Hexe
► **qn craint** [*o* **évite**] [*o* **fuit**] **qn/qc comme la ~** jd fürchtet [*o* meidet] [*o* flieht] jdn/etw wie die Pest; **qn se garde** [*o* **se méfie**] **de qn/qc comme de la ~** jd hütet sich vor jdm/etw [*o* nimmt sich vor jdm/etw in Acht] wie vor der Pest

pester <1> [pɛste] *vi* ■ **qn peste** [**contre qn/qc**] jd schimpft [auf jdn/etw]

pesticide [pɛstisid] **I.** *adj* zur Schädlingsbekämpfung
II. *m* Schädlingsbekämpfungsmittel *nt,* Pestizid *nt spec*

pestiféré, e [pɛstifeʀe] *m, f* Pestkranke(r) *f(m)*
► **qn fuit qn comme un(e) ~(e)** jd flieht [*o* meidet] jdn wie die Pest

pestilence [pɛstilɑ̃s] *f* widerlicher Gestank

pestilentiel, le [pɛstilɑ̃sjɛl] *adj* widerlich

pet [pɛ] *m fam* Pup *m fam,* Furz *m fam; qn lâche un ~* jd lässt einen Furz *fam,* jd lässt einen fahren *fam*
► **qn a** [**toujours**] **un ~ de travers** (*est de mauvaise humeur*) jd hat [ständig] etwas auszusetzen [*o* zu meckern *fam*]; (*souffre d'un malaise peu grave*) jd hat [ständig] ein Wehwehchen *fam;* **qn/qc n'avance pas d'un ~** jd/etw kommt keinen Schritt [*o* Deut] voran; **qn/qc ne bouge** [*o* **remue**] **pas d'un ~** jd/etw bewegt sich keinen Millimeter; **qn/qc ne fait pas un ~ de travers** */enfant/* jd wagt [es] nicht aufzumucken *fam,* etw läuft wie geschmiert *fam;* **qn/qc ne vaut pas un ~** [**de lapin**] jd/etw ist keinen Pfifferling wert *fam*

pétale [petal] *m* Blütenblatt *nt*

pétanque [petɑ̃k] *f* Boulespiel *nt*

pétant, e [petɑ̃, ɑ̃t] *adj fam: huit/neuf/… heures ~[es]* Punkt [*o* Schlag *fam*] acht/neun/… [Uhr]; *midi ~* Punkt zwölf

pétarade [petaʀad] *f* Geknalle *nt,* Knallerei *f fam;* [*motocyclette*] Geknatter *nt*

pétarader <1> [petaʀade] *vi* ■ **qc pétarade** etw knattert

pétard [petaʀ] *m* **1.** (*explosif*) (*pour faire la fête*) Knaller *m,* Knallkörper *m;* (*pour prévenir, effrayer*) [Signal]knallkapsel *f;* (*pour détruire*) Petarde *f; qn lance/fait claquer des ~s* jd wirft Knaller/lässt Knaller los
2. *fam* (*bruit*) Krach *m fam*
3. *fam* (*cigarette de haschisch*) Joint [dʒɔɪnt] *m*
4. *arg* (*pistolet*) Knarre *f fam,* Schießeisen *nt fam*
5. *fam* (*postérieur*) Hinterteil *nt fam*
► [**qn est**] **coiffé(e) avec un ~** [*o* **en ~**] *fam* mit abstehenden Haaren, jdm stehen die Haare ab; **un ~ mouillé** ein Schlag *m* ins Wasser *fam,* ein Schuss *m* in den Ofen *fam;* **qn est/se met en ~** *fam* jd ist/wird fuchsteufelswild *fam; il se met en ~ tout de suite* er ist immer gleich auf hundertachtzig *fam;* **qn/qc fait du ~** *fam* (*fait du bruit*) jd/etw macht Krach *fam;* (*se fâche*) jd schlägt Krach *fam*

pétaudière [petodjɛʀ] *f* Durcheinander *nt*

pet-de-nonne <~s-~-~> [pɛdnɔn] *m kleiner, in Schmalz gebackener*

Krapfen
pété, e [pete] *adj fam* (*ivre*) stinkbesoffen *fam,* sturzbesoffen *fam; drogué* zu[gedröhnt] *sl*
péter <5> [pete] I. *vi* 1. *fam* ■ **qn pète** jd furzt *fam,* jd lässt einen fahren *fam*
2. *fam* (*éclater*) ■ **qc pète** etw platzt
3. *fam* (*se rompre*) ■ **qc pète** [**net**] *verre, assiette* etw [zer]springt; *couture* etw platzt
▶ **qn envoie qn** ~ *fam* jd jagt [*o* schickt] jdn zum Teufel *fam*
II. *vt fam* (*casser*) ■ **qn pète qc**: ***j'ai pété la couture de mon pantalon*** mir ist die Hosennaht geplatzt; ***elle a pété la sangle de son sac*** ihr ist der Riemen an ihrer Tasche abgerissen
pète-sec [pɛtsɛk] I. *adj inv fam* schroff, brüsk; *ton* schroff, scharf; *air* autoritär
II. *m, f inv fam* Feldwebel *m fam*
péteux, -euse [petø, -øz] *m, f fam* Angsthase *m fam,* Hosenscheißer *m fam*
pétillant, e [petijɑ̃, jɑ̃t] *adj* 1. (*avec des bulles*) *eau* prickelnd; *vin a.* perlend; *boisson* mit Kohlensäure; ***eau ~e*** Sprudel *m*
2. (*qui crépite*) knisternd; *feu a.* prasselnd
3. (*brillant*) glitzernd; ■ ~ [**de qc**]: ***des yeux ~s*** [*o* ***un regard*** ~] ***de malice/ gaieté*** schelmisch funkelnde [*o* blitzende]/vor Fröhlichkeit sprühende Augen
4. (*pétulant*) spritzig; ***qn est*** ~ [*o* ***a l'esprit*** ~] jd ist witzig, jd sprüht vor Geist; ~ ***d'esprit/ de fantaisie*** sprühend vor Geist/Fantasie
pétillement [petijmɑ̃] *m* 1. (*fait de pétiller*) Knistern *nt;* [*eau, boisson gazeuse*] Sprudeln *nt;* [*vin*] Perlen *nt*
2. (*scintillement*) Funkeln *nt*
pétiller <1> [petije] *vi* 1. (*faire des bulles*) ■ **qc pétille** etw sprudelt; */vin/* etw perlt; ***boissons à base de fruits qui pétillent*** Fruchtsaftgetränke *pl* mit Kohlensäure
2. (*faire un bruit léger*) ■ **qc pétille** etw knistert
3. (*briller*) ■ **qc pétille** [**de qc**] *de rage* etw funkelt [*o* blitzt] [vor etw (*dat*)]; *de gaieté* etw sprüht [vor etw (*dat*)]; ■ **qc pétille** *littér /pierre précieuse/* etw funkelt; */robe pailletée/* etw glitzert
4. (*briller par*) ■ **qn/qc pétille de qc** jd/etw sprüht vor etw (*dat*)
pétiole [pesjɔl] *m* Blattstiel *m*
petiot, e [pətjo, jɔt] I. *adj fam* [ganz] klein
II. *m, f fam* Kleine(r) *f(m)*
petit, e [p(ə)ti, it] I. *adj* 1. *antéposé* (*opp: grand*) klein; *lumière* schwach; *pluie* fein; ***un ~ verre*** ein Schnapsglas; ***en ~ comité*** in kleinem Kreis; ***au ~ jour*** bei Tagesanbruch; ***à ~e vitesse*** langsam; ***qn a une ~e faim/ angoisse*** jd hat ein wenig Hunger/Angst; ***qn coupe qc en ~s morceaux*** jd schneidet etw klein; ***qn fait un ~ salut/ un ~ sourire à qn*** jd grüßt jdn kurz/lächelt jdm kurz zu; ***fais-moi une ~e place*** rück ein bisschen zur Seite; ***ce n'est pas une ~e affaire*** das ist keine Kleinigkeit [*o* einfache Sache]
2. (*de courte durée*) kurz; ***un ~ séjour*** ein kurzer Aufenthalt
3. *antéposé* (*de basse extraction*) klein; ~ ***paysan*** Kleinbauer *m;* ~ ***noble*** Angehörige(r) *m* des niederen Adels; ~ ***curé de campagne*** einfacher Landpfarrer
4. *antéposé* (*jeune*) klein; ~ ***chat*** Kätzchen *nt;* ~ ***Jésus*** Jesuskind *nt;* ***les ~s Allemands*** die deutschen Kinder; ***un ~ Italien*** ein kleiner Italiener
5. (*cadet*) klein
6. (*destiné aux enfants*): ***les ~es classes*** die unteren Klassen; ***les élèves de la ~e section*** [***en maternelle***] die Kleinen
7. *antéposé fam* (*exprime la sympathie*) *conseil, faiblesses, habitudes* klein; ~ ***copain*** [*o* ***ami***] Freund *m;* ***on se fait une ~e bouffe*** [***sympa***] wir machen uns etwas Nettes zu essen *fam;* ***un ~ coup de rouge*** ein Schlückchen Rotwein; ***un ~ coin tranquille*** ein ruhiges Fleckchen; ***des ~es manies*** [kleine] Macken *fam*
8. (*exprime l'affection*) klein; *dame, monsieur* gut; *mots* leise; ~ ***chou***, ~ ***loup*** mein Schatz [*o* Liebling]; ***ma ~e femme*** meine liebe [*o* kleine] Frau; ***ton ~ mari*** deine bessere Hälfte *fam;* ***mon ~ père/ ma ~e mère*** mein Papi/meine Mami; ***qn se passe un ~ coup d'eau sur la figure*** jd macht sich ein wenig frisch
9. *antéposé* (*exprime la condescendance*): ***il joue au ~ chef*** er spielt den Chef; ***ma ~e Évelyne*** liebe [*o* beste] [*o* gute] Evelyn; ***mes ~es filles*** meine Lieben, meine Mädchen
10. *antéposé* (*mesquin*) *esprit* kleinlich; *intérêts* niedrig
11. *antéposé* (*médiocre*) *vin, année, cru* einfach; *santé* schwach, zart; ~ ***film*** Filmchen *nt*
12. *antéposé* (*pour atténuer*) klein; *heure, kilo, mètre* knapp; ***un ~ instant*** [*o* ***moment***] ein Momentchen; ***une ~e heure*** ein Stündchen
13. *antéposé* (*miniature*) klein; ***~s soldats*** Zinnsoldaten *pl;* ***~es voitures*** Spielzeugautos *pl*
▶ **qn fait** [*o* **joue**] **son/sa ~(e)** ... *chef* jd möchte ein kleiner/eine kleine ... sein; jd tut so, als wäre er ...; **qn se fait tout(e) ~(e)** jd macht sich ganz klein
II. *m, f* 1. Kleine(r) *f(m);* ***pauvre ~e!*** armes kleines Ding! *fam*
2. (*enfant de qn*) Kleine(r) *f(m),* Kind *nt;* ***le ~ du facteur*** der Sohn des Briefträgers; ***la ~e de la boulangère*** die Tochter der Bäckerin
3. (*jeune animal*) Junge(s) *nt*
4. (*personne de condition modeste*) kleiner Mann; ***les ~s*** die kleinen Leute [*o* Kleinen]
▶ **l'infiniment** ~ die unendlich kleine Größe; **un animal fait des ~s** ein Tier bekommt [*o* wirft] Junge; **qc fait des ~s** */ argent, capital, héritage/* etw vermehrt sich, etw kriegt Junge *fam;* **mon ~/ma ~e** (*gentiment*) mein Kleiner/meine Kleine, mein Junge/mein Mädchen; (*méchamment*) mein Guter/meine Gute, mein Lieber/meine Liebe; ~, ~, ~! put, put, put!
III. *adv* ▶ **qn voit** [*o* **calcule**] [*o* **mesure**] ~ jd rechnet [zu] knapp; ~ **à** ~ allmählich, nach und nach; **en** ~ im kleinen; ***tu dirais son grand-père en*** ~ wie sein Großvater, als er klein war; **qn fait qc en** ~ jd tut etw in kleinem Kreis
◆ **petit salé** gepökeltes Schweinefleisch
petit-beurre <~s-~> [p(ə)tibœʀ] *m* Butterkeks *m* **petit-bourgeois, ~e-~e** <~s-~> [p(ə)tibuʀʒwa, p(ə)titbuʀʒwaz] I. *adj péj* kleinbürgerlich, spießig *pej* II. *m, f péj* Kleinbürger(in) *m(f),* Spießer(in) *m(f) pej* **petit-déjeuner** <~s-~s> [p(ə)tideʒœne] I. *m* Frühstück *nt* II. *vi fam* ■ **qn petit-déjeune** jd frühstückt **petite-fille** <~s-~s> [p(ə)titfij] *f* Enkelin *f,* Enkeltochter *f*
petitement [pətitmɑ̃] *adv* 1. (*chichement*) bescheiden; *vivre a.* in ärmlichen Verhältnissen
2. (*à l'étroit*) sehr beengt
3. (*avec mesquinerie*) kleinlich; *penser* sehr einseitig
petite-nièce <~s-~s> [p(ə)titnjɛs] *f* Großnichte *f*
petitesse [pətitɛs] *f* 1. ∅ (*opp: grandeur*) Kleinheit *f;* [*revenus*] Geringfügigkeit *f;* ~ ***de taille*** kleiner Wuchs; ***il souffre de sa*** ~ er leidet darunter, dass er so klein ist
2. ∅ (*mesquinerie*) Kleinlichkeit *f;* ■ ~ **de qc**: ~ ***d'esprit*** Engstirnigkeit *f;* ~ ***de cœur*** Engherzigkeit *f;* ~ ***d'âme*** Gefühlsarmut *f*
3. (*acte, parole*) Schäbigkeit *f*
petit-fils <~s-~> [p(ə)tifis] *m* Enkel *m,* Enkelsohn *m* **petit-four** <~s-~s> [p(ə)tifuʀ] *m exquisites Kleingebäck*
pétition [petisjɔ̃] *f* Petition *f,* Eingabe *f,* Bittschrift *f;* ***qn signe une*** ~ jd unterschreibt eine Petition; ***qn recueille des signatures pour une*** ~ jd sammelt Unterschriften für eine Petition
◆ **pétition de principe** LOGIQUE Petitio principii *f*
petit-lait <~s-~s> [p(ə)tilɛ] *m* Molke *f* ▶ **qn boit du** ~-~ etw geht jdm ein wie Milch und Honig; **qc se boit comme du** ~-~ etw trinkt sich wie Wasser; **qn boit qc comme du** ~-~ jd trinkt etw wie Wasser **petit-nègre** [p(ə)tinɛgʀ] *m* ∅ ▶ **c'est du** ~-~ das ist Kauderwelsch; **qn parle** ~-~ jd redet Kauderwelsch **petit-neveu** <~s-~x> [p(ə)tin(ə)vø] *m* Großneffe *m* **petits-enfants** [p(ə)tizɑ̃fɑ̃] *mpl* Enkel[kinder] *pl* **petit-suisse** <~s-~s> [p(ə)tisɥis] *m kleiner runder sahniger Frischkäse*
pétoche [petɔʃ] *f fam* Schiss *m fam,* Bammel *m fam*
pétoire [petwaʀ] *f* (*fusil*) Schießeisen *nt fam,* Knarre *f fam*
peton [pətɔ̃] *m fam* Füßchen *nt*
pétrel [petʀɛl] *m* Sturmvogel *m*
pétri, e [petʀi] *adj littér* ■ [**qn est**] ~ **de ...** [jd ist] von ... erfüllt, [jd ist] voller ...; ***qn est ~ d'ignorance*** jd ist durch und durch unwissend; ***qn est ~ de bonnes manières*** jd hat die besten Umgangsformen
pétrification [petʀifikasjɔ̃] *f* 1. GEOL Versteinerung *f,* Petrifikation *f spec*
2. (*objet pétrifié*) Versteinerung *f,* Petrifikat *nt spec*
pétrifié, e [petʀifje] *adj* 1. (*changé en pierre*) versteinert
2. (*médusé*) ■ **qn est** ~ jd ist wie versteinert; ■ ~ **de qc** starr vor etw (*dat*)
pétrifier <1 a> [petʀifje] I. *vt* 1. (*changer en pierre*) ■ **qc pétrifie qc** etw versteinert [*o* petrifiziert *spec*] etw; ■ **qn pétrifie qn** jd versteinert jdn
2. (*frapper de stupeur*) ■ **qc pétrifie qn** [**de qc**] etw lässt jdn [vor etw (*dat*)] erstarren; ***sa timidité la pétrifiait*** ihre Schüchternheit lähmte sie
3. (*figer*) ■ **qn/qc pétrifie qn/qc** jd/etw lässt jdn/etw erstarren; ***ces institutions pétrifiées*** diese verknöcherten Institutionen
II. *vpr* 1. (*se changer en pierre*) ■ **qc se pétrifie** etw versteinert
2. (*se figer*) ■ **qc se pétrifie** etw erstarrt; */ sourire a./* etw gefriert
pétrin [petʀɛ̃] *m* 1. (*appareil*) Knetmaschine *f*
2. (*coffre*) Backtrog *m*
3. *fam* (*situation difficile*) Klemme *f fam,* Patsche *f fam*
▶ **qn est dans le** ~ *fam* jd sitzt in der Patsche *fam;* **qn se met** [*o* **se fourre**] [*o* **se fiche**] **dans le** ~ *fam* jd setzt sich in die Tinte *fam,* jd brockt sich (*dat*) etwas [Schönes] ein *fam;* ***il s'est mis dans un beau*** [*o* ***joli***] ~ da hat er sich (*dat*) etwas Schönes eingebrockt
pétrir <8> [petʀiʀ] *vt* 1. (*malaxer*) ■ **qn/qc pétrit qc** jd/etw knetet etw; *muscle* jd knetet etw [durch]
2. (*modeler*) ■ **qn/qc pétrit qn/qc** jd/etw formt jdn/etw; *personne a.* etw prägt jdn
pétrissage [petʀisaʒ] *m* Kneten *nt*
pétrochimie [petʀoʃimi] *f* Petrochemie *f*
pétrochimique [petʀoʃimik] *adj* petrochemisch
pétrodollar [petʀodɔlaʀ] *m* Petrodollar *m*
pétrole [petʀɔl] I. *m* [Erd]öl *nt;* ***pays producteurs de*** ~ Erdöl produzierende Länder *pl*
▶ ~ **brut** Rohöl *nt*
II. *app bleu, vert* Petrol-
pétroleuse [petʀɔløz] *f* 1. HIST Brandstifterin *f*
2. (*activiste*) Powerfrau ['paʊɐ-] *f*
pétrolier, -ière [petʀɔlje, -jɛʀ] I. *adj* [Erd]öl-; *produit* Erdöl-
II. *m* 1. (*navire*) [Öl]tanker *m*
2. (*industriel*) Ölmagnat *m*
3. (*technicien*) Erdölingenieur *m*
pétrolifère [petʀɔlifɛʀ] *adj* Erdöl-; *roche* erdölhaltig
pétulance [petylɑ̃s] *f* Ausgelassenheit *f,* Überschwenglichkeit *f;* ***la ~ andalouse*** das überschäumende Temperament der Andalusier
pétulant, e [petylɑ̃, ɑ̃t] *adj personne* ausgelassen, überschwänglich; *joie* überschäumend; *humeur* sprudelnd
pétunia [petynja] *m* Petunie *f*
peu [pø] I. *adv* 1. (*opp: beaucoup, très*) *modifie un vb* wenig; *modifie un adj ou un adv* nicht sehr; ***elle est ~ aimable*** sie ist nicht [gerade] sehr freundlich; ***qn n'est pas ~ fier*** jd ist nicht wenig stolz; ~ ***avant*** kurz davor; ~ ***après*** kurz [*o* bald] darauf [*o* danach]; ***assez/ bien/ très/ trop*** ~ ziemlich/recht/sehr/zu wenig; ***quelque*** ~ *littér* etwas, ein wenig [*o* bisschen]; ***si ~ que*** so wenig, dass; ***avant*** [*o* ***dans***] [*o* ***d'ici***] [*o* ***sous***] ~ bald, in Kürze; ***de-***

puis ~ seit kurzem; ***la maison est terminée depuis*** ~ das Haus ist erst seit kurzem fertig [*o* ist erst vor kurzem fertig geworden]; ■ ~ **de** + *subst de temps, café, d'argent* wenig + *subst; de biscuits, pièces, voitures* wenig[e]; ***cela a ~ d'importance*** das ist von geringer Bedeutung [*o* belanglos]; ***en ~ de temps*** in kurzer Zeit; ***à ~ de distance*** etwas [*o* wenig] entfernt; ***à ~ de frais*** mit wenig Kosten; ***il y a ~ de choses à en dire*** es gibt hierüber wenig zu sagen; ***qn part pour ~ de jours*** jd fährt für ein paar Tage weg
2. (*rarement*) selten; ~ ***souvent*** selten
▶ ~ **ou prou** *soutenu* mehr oder weniger; **c'est ~ dire** das ist noch gelinde ausgedrückt, das ist noch geschmeichelt; **ce n'est pas ~ dire** (*c'est une grosse somme*) das ist nicht gerade wenig; ~ **s'en fallait que qn eut fait qc** jd hätte beinahe [*o* fast] etw getan; ~ **s'en faut** es fehlt nicht viel, fast, so gut wie; ***ils ne sont pas encore ruinés, mais ~ s'en faut!*** sie sind noch nicht ruiniert, aber so gut wie [*o* aber es fehlt nicht viel]; ~ **s'en faut que qn fasse qc** es fehlt nicht viel und jd würde etw tun; ~ **à** ~ nach und nach, allmählich; **à ~ près** ungefähr, etwa; **de** ~ [nur] knapp; ***une voiture évite qn de ~*** ein Auto kann jdm gerade noch ausweichen; ***il est de ~ mon aîné*** er ist nur wenig [*o* um [ein] weniges] älter als ich; **très ~ pour moi** ohne mich; **je vous demande un** ~ also sagen Sie mir [*o* verraten Sie mir] doch einmal
II. *pron indéf* **1.** (*peu de personnes*) wenige
2. (*peu de choses*) wenig; ~ ***importe*** das ist nicht so wichtig; ~ ***s'en faut que je m'en aille*** es fehlt nicht viel und ich gehe; ***ça compte pour ~*** das zählt nicht viel
▶ **il y a ~**: ***il y a ~ à dire sur qn/qc*** es gibt nicht viel über jdn/etw zu sagen; ***d'ici à ce qu'il nous téléphone, il y a ~*** es wird nicht lange dauern bis er uns anruft
III. *m* **1.** ■ **le ~ de qc** *d'argent, de temps, café, vin* das bisschen etw, der/die/das wenige etw; ***ce ~ d'expérience*** das bisschen Erfahrung, die wenige Erfahrung; ***ton ~ de confiance en toi*** dein geringes Selbstvertrauen; ■ **le ~ de personnes/choses** die paar Menschen/Dinge; ■ **le ~ [de qc] que** das bisschen [etw], das [*o* was], der/die/das wenige [etw], das [*o* was]; ***le ~ de confiance que vous m'avez témoignée*** das geringe Vertrauen, das Sie mir entgegengebracht haben; ■ **le ~ [de choses] que** die paar [*o* wenigen] [Dinge], die; ***le ~ de fautes que j'ai vu*** die wenigen [*o* paar] Fehler, die ich gesehen habe
2. ■ **un ~** ein wenig, ein bisschen, etwas; ***elle est encore un ~ enfant et pourtant déjà femme*** sie ist noch Kind und doch schon Frau
3. ■ **un ~ de qc** ein bisschen [*o* wenig], etwas + *subst;* ***un ~ de monde*** ein paar Leute
4. *fam* (*intensif*) ■ **un ~**: ***attends un ~ que je t'attrape*** warte nur bis ich dich kriege; ***mettons-nous un ~ au travail*** lasst uns mal ein bisschen arbeiten; ■ **un ~[, que ...]** *fam* und ob; logo, [dass ...] *fam*
▶ **un [tout] petit ~ [de qc]** ein [ganz] klein wenig ..., ein [ganz] klein[es] bisschen ...; **un ~ beaucoup** *fam* ein bisschen viel; **un ~, beaucoup, passionnément, à la folie, pas du tout** er/sie liebt mich, von Herzen, mit Schmerzen, ein wenig, überhaupt nicht; **qn est un ~ là** *fam:* ***bien sûr que je suis un ~ là*** und ob ich hier bin *fam;* **un ~ partout** fast überall; **[et] pas qu'un ~!** [und] das nicht zu knapp [*o* wenig] *fam;* **un ~ plus, et ...** es fehlt nicht viel und ...; **pour un ~** fast, beinahe; **pour si ~** wegen so einer Kleinigkeit; **un tant soit ~** ein [ganz] klein wenig; **un ~[, mon neveu]!** *fam* und ob [*o* wie]! *fam*
IV. *loc* ▶ **pour ~ que** + *subj* (*si peu que ce soit*) womöglich; (*pourvu que*) wenn ... nur; **si ~ que** + *subj* wenn ... nur; ***si ~ qu'on lui donne, ...*** und wenn es auch noch so wenig ist [*o* mag es auch noch so wenig sein], das man ihm gibt, ...

peuchère [pøʃɛʀ] *interj* MIDI du liebe Zeit, ja mei SDEUTSCH, AUS
peuh [pø] *interj* (*mépris*) bah, pah; (*indifférence*) pf
peuplade [pœplad] *f* Volksstamm *m*
peuple [pœpl] *m* Volk *nt;* ***le ~ français*** das französische Volk, die Franzosen; ***le ~ chrétien*** die Christen; ***le ~ palestinien*** die Palästinenser; ■ **un ~ de** ein Volk von
▶ ~ **frère** Brudervolk *nt;* **le ~ élu** das auserwählte Volk; **il y a du ~ [o un de ces ~s]** *fam* es sind viele Leute da, es ist viel Volk da *fam;* **qn se moque [o se fiche** *fam*] [**o se fout** *fam*] **du ~** jd will die Leute für dumm verkaufen *fam*
peuplé, e [pœple] *adj* [dicht] bevölkert; *pays, région a.* [dicht] besiedelt; ■ **[qc est] ~ de personnes/choses** [etw ist] voller Menschen/Dinge; ***ce quartier est ~ d'Italiens*** in diesem Viertel leben viele Italiener
peuplement [pœpləmɑ̃] *m* **1.** (*action*) (*avec des hommes*) Bevölkern *nt,* Besied[e]lung *f;* (*avec des animaux*) Besetzen *nt;* (*avec des plantes*) Bepflanzung *f;* (*avec des arbres*) Aufforstung *f*
2. (*densité*) (*en population*) Bevölkerungszahl *f;* (*en espèces animales*) Besatz *m;* (*en espèces végétales*) Bestand *m*
peupler <1> [pœple] **I.** *vt* **1.** (*pourvoir d'une espèce vivante*) ■ **qn peuple qc [de [o par des] personnes]** jd besiedelt etw [mit Menschen]; ***la guerre peupla les camps de réfugiés*** durch den Krieg füllten sich die Flüchtlingslager; ■ **qn peuple qc d'animaux** jd besetzt etw mit Tieren; ■ **qn peuple qc de choses** *de plantes* jd bepflanzt etw neu mit etw; *d'arbres* jd forstet etw mit etw auf
2. (*occuper*) ■ **des personnes peuplent qc** *pays, région* Menschen bewohnen [*o* bevölkern] etw; *maison, immeuble* Menschen wohnen in etw (*dat*); ■ **des animaux peuplent qc** Tiere leben in etw (*dat*); ■ **des choses peuplent qc** */plantes/* Dinge wachsen in etw (*dat*)
3. *littér* (*animer*) ■ **qn peuple qc de personnes** *univers, roman* jd belebt etw mit Menschen
4. *littér* (*hanter*) ■ **des choses/personnes peuplent qc** Menschen/Dinge kommen in etw (*dat*) vor; */visions/* Dinge erfüllen [*o* beherrschen] etw; */rêves/* Dinge bevölkern [*o* beherrschen] etw
II. *vpr* ■ **qc se peuple de ...** *de personnes* etw bevölkert sich mit ...; *de rires joyeux* etw wird von ... erfüllt

peuplier [pøplije] *m* Pappel *f*
peur [pœʀ] *f* Angst *f;* ■ **la ~ de qn** jds Angst; ***la ~ de ma mère me fait rire*** ich muss über die Angst meiner Mutter lachen; ■ **la ~ de qn/qc** (*devant qn/qc*) die Angst vor jdm/etw; ***la ~ du ridicule*** die Angst sich lächerlich zu machen
▶ **la ~ donne des ailes** Angst beflügelt die Schritte; **la ~ du gendarme** die Angst vor der Polizei [*o* vor Strafe]; **qn a plus de ~ que de mal** jd kommt mit dem [bloßen] Schrecken davon; **n'ayons pas ~ des mots** scheuen wir uns nicht, es ganz offen [*o* deutlich] auszusprechen [*o* das Kind beim Namen zu nennen *fam*]; **la ~ au ventre** Angst im Bauch; **qn a une ~ bleue [de qn/qc]** jd hat eine Heidenangst [*o* Mordsangst] [vor jdm/etw] *fam;* **la Grande P~** HIST *historischer Begriff zur Bezeichnung der Repressalien, denen der französische Adel nach dem 14. Juli 1789 ausgeliefert war;* **qn en est quitte pour la ~** jd kommt mit dem [bloßen] Schrecken davon; **qn a ~ [de qn/qc]** jd hat Angst [vor jdm/etw]; **qn a ~ de faire qc** jd hat Angst davor, etw zu tun; **qn a ~ pour qn/qc** jd hat Angst um jdn; *pour la vie, la santé* jd fürchtet um etw; *pour l'avenir* jd macht sich (*dat*) Sorgen um etw; **qn a ~ que** + *subj* jd hat Angst [*o* befürchtet], dass; **qn a eu une de ces ~s** jd hat vielleicht eine Angst gehabt, jd hat vielleicht einen Schrecken bekommen; **qn n'a ~ de rien** jd hat vor nichts Angst, jd fürchtet sich vor nichts; **qn n'a qu'une ~, [c'est de] faire qc** jd befürchtet nur eins, und zwar etw zu tun; **qn n'a qu'une ~, [c'est] que** + *subj* jd hat nur Angst [*o* befürchtet nur], dass; **j'en ai bien ~** ich fürchte ja; **j'ai bien ~ que** + *subj* ich befürchte sehr, dass; **n'aie/n'ayez [donc] pas ~ [de faire qc]** [hab/habt] [doch] keine Angst [davor, etw zu tun]; **à faire ~** furchtbar; *laid a.* wie die Nacht *fam; histoire, conte* Schauer-; ***je suis à faire ~*** ich sehe vielleicht aus *fam;* **qn/qc fait ~ [à qn]** jd/etw macht [jdm] Angst; **qn lui a fait une de ces ~s** jd hat ihn/sie vielleicht erschreckt; **tu m'as/vous m'avez fait ~** du hast/Sie haben mir vielleicht Angst gemacht, du hast/Sie haben mich vielleicht erschreckt; **ça ne fait pas ~ à qn** *fam* das schafft jd mit links *fam;* **ça fait ~** *fam* das gibt's gar nicht *fam;* **qn prend ~** jd bekommt [*o* kriegt *fam*] Angst; **de ~** vor Angst; **de [o par] ~ de qc** aus Angst vor etw (*dat*); **de ~ de faire qc/que** + *subj* aus Angst davor, etw zu tun/dass; **par ~ que** + *subj* aus Angst davor, dass
peureusement [pœʀøzmɑ̃] *adv* ängstlich
peureux, -euse [pœʀø, -øz] **I.** *adj* ängstlich
II. *m, f* ängstlicher Mensch, Angsthase *m fam*
peut [pø] *indic prés de* **pouvoir**
peut-être [pøtɛtʀ] *adv* **1.** (*pour exprimer l'éventualité*) vielleicht; ■ **~-~ que** + *indic* vielleicht; **~-~ *viendra-t-il demain*** vielleicht kommt er morgen, er kommt vielleicht morgen
2. (*environ*) ungefähr
3. (*pour exprimer le doute*) mag [*o* kann] ja sein; ***ce médicament est ~-~ efficace, en tous les cas, il ne m'a fait aucun effet*** dieses Medikament mag [*o* kann] ja wirkungsvoll sein [*o* es kann ja sein, dass dieses Medikament wirkungsvoll ist], mir hat es auf alle Fälle nicht geholfen; ***il est ~-~ déjà passé*** vielleicht war er ja schon da
4. (*pour exprimer l'agacement*) vielleicht; ***tu as toujours raison, ~-~!*** und du hast vielleicht immer Recht; ***t'es fatigué; et moi ~-~, tu crois que je ne le suis pas?*** du bist müde; und meinst du etwa, ich nicht?
▶ **~-~ bien** kann gut sein; **~-~ bien que oui, ~-~ bien que non** vielleicht ja, vielleicht auch nein
peuvent [pœv], **peux** [pø] *indic prés de* **pouvoir**
pèze [pɛz] *m arg* Schotter *m fam,* Kohle *f fam*
pfennig [pfenig] *m* Pfennig *m*
pff[t] [pf(t)] *interj* **1.** (*dédain, indifférence, impatience, lassitude*) bah, pah
2. (*disparition subite*) pff[t]
P.G.C.D. [peʒesede] *m abr de* **plus grand commun diviseur** g.g.T. *m*
pH [peaʃ] *m abr de* **potentiel Hydrogène** pH-Wert *m*
phacochère [fakɔʃɛʀ] *m* Warzenschwein *nt*
phagocyte [fagɔsit] *m* Fresszelle *f,* Phagozyt[e *m*] *f spec*
phagocyter <1> [fagɔsite] *vt* **1.** BIO ■ **qc phagocyte qc** etw phagozytiert etw *spec*
2. (*neutraliser*) ■ **qc phagocyte qc** etw schluckt etw; ■ **qn se laisse ~ par qn/qc** jd lässt sich von jdm/etw völlig vereinnahmen
phalange¹ [falɑ̃ʒ] *f* **1.** ANAT (*du doigt*) Fingerglied *nt,* Phalanx *f spec;* (*de l'orteil*) Zehenglied *nt,* Phalanx *f spec*
2. (*os*) [*doigt, orteil*] Knochen *m*
phalange² [falɑ̃ʒ] *f* **1.** POL *littér* Falangisten *pl;* ■ **~ de** (*groupement*) [geschlossene] Gruppe von
2. ANTIK (*formation de combat*) Phalanx *f*
phalène [falɛn] *f* Spanner *m*
phallique [falik] *adj* Phallus-, phallisch
phallocrate [falɔkʀat] **I.** *adj* phallokratisch
II. *m* Phallokrat *m*
phallocratie [falɔkʀasi] *f* Phallokratie *f*
phalloïde [falɔid] *adj v.* **amanite**
phallus [falys] *m* Phallus *m*
phantasme [fɑ̃tasm] *m v.* **fantasme**
pharamineux, -euse [faʀaminø, -øz] *adj v.* **faramineux**
pharaon [faʀaɔ̃] *m* Pharao *m*
pharaonique [faʀaɔnik] *adj,* **pharaonien, ne** [faʀaɔnjɛ̃, jɛn] *adj* pharaonisch
phare [faʀ] **I.** *m* **1.** (*projecteur*) Scheinwerfer *m*
2. (*lumière*) Scheinwerfer *m*
3. (*tour*) (*en mer*) Leuchtturm *m;* (*sur un terrain d'aviation*) Leuchtfeuer *nt*
4. NAUT Rahsegel *nt*
5. *littér* Leitstern *m*
▶ ~ **antibrouillard** Nebelscheinwerfer *m;* **qn baisse les/ses ~s** jd blendet

[die Scheinwerfer] ab; **qn est/se met en ~s** jd hat das Fernlicht eingeschaltet/jd schaltet das Fernlicht ein; **qn roule en [pleins] ~s** jd fährt mit aufgeblendeten Scheinwerfern
II. *app: le "match ~" de la journée* das Spiel des Tages; *les livres ~ de l'époque* die bedeutendsten Bücher des Jahrhunderts
◆ **phare à iode** Halogenscheinwerfer *m;* **phare de recul** Rückfahrscheinwerfer *m*
pharisaïsme [faʀizaism] *m* 1. REL pharisäische Lehre
2. *péj littér* Pharisäertum *nt*
pharisien, ne [faʀizjɛ̃, jɛn] I. *m, f* 1. REL Pharisäer(in) *m(f)*
2. *péj littér* Pharisäer(in) *m(f) geh*
II. *adj* 1. REL pharisäisch
2. *péj littér* pharisäerhaft
pharmaceutique [faʀmasøtik] *adj* pharmazeutisch, Arzneimittel-; *préparation ~* Arznei[mittel *nt*] *f; qc a un goût ~* etw schmeckt wie [*o* nach] Arznei
pharmacie [faʀmasi] *f* 1. (*local*) Apotheke *f;* (*dans un hospice, un hôpital*) [Krankenhaus]apotheke
2. (*science*) Pharmazie *f;* **qn exerce la ~** jd übt den Apothekerberuf aus
3. (*armoire*) Hausapotheke *f,* Medikamentenschränkchen *nt*
4. (*médicaments*) Apotheke *f; ~ d'urgence* Notapotheke; **ma ~** meine Hausapotheke
◆ **pharmacie de garde** dienstbereite Apotheke
pharmacien, ne [faʀmasjɛ̃, jɛn] *m, f* Apotheker(in) *m(f)*
pharmacopée [faʀmakɔpe] *f* amtliche Arzneimittelliste, Pharmakopöe *f spec*
pharyngite [faʀɛ̃ʒit] *f* Rachenkatarr[h] *m,* Pharyngitis *f spec*
pharynx [faʀɛ̃ks] *m* Rachen *m,* Pharynx *m spec*
phase [fɑz] *f* Phase *f;* [*maladie a.*] Stadium *nt; ~s de la lune* Mondphasen *pl; en ~* phasengleich; *en opposition de ~* phasenverschoben
▶ **~ finale** Endphase *f;* [**qn est**] **en ~ terminale** [jd ist] im Endstadium; **qn est** [*o* **se sent**] **en ~ avec qn/qc** jd liegt mit jdm auf einer Wellenlänge/befindet sich im Gleichklang mit etw
phénicien, ne [fenisjɛ̃, jɛn] I. *adj* HIST phönizisch
II. *m* (*langue*) Phönizisch *nt*
III. *m, f* ■ **Phénicien(ne)** Phönizier(in) *m(f)*
phénix [feniks] *m* 1. (*personne d'exception*) außergewöhnliche Persönlichkeit
2. MYTH Phönix *m*
phénol [fenɔl] *m* Phenol *nt*
phénoménal, e <-aux> [fenɔmenal, o] *adj* 1. (*extraordinaire*) sagenhaft *fam,* unglaublich *fam*
2. PHILOS phänomenal; *monde* Erscheinungs-
phénomène [fenɔmɛn] *m* 1. (*fait observable*) Phänomen *nt;* PHILOS Phänomen
2. (*fait exceptionnel*) Phänomen *nt*
3. (*monstre*) Monstrum *nt*
4. *fam* (*individu excentrique*) komischer Kauz *fam,* Sonderling *m; on nous considère un peu comme des ~s* wir werden ein wenig wie Exoten betrachtet *fam*
phénoménologie [fenɔmenɔlɔʒi] *f* Phänomenologie *f*
phénotype [fenɔtip] *m* Phänotyp[us] *m*
philanthrope [filɑ̃tʀɔp] *mf* 1. (*ami du genre humain*) Menschenfreund(in) *m(f),* Philanthrop(in) *m(f)*
2. (*mécène*) Wohltäter(in) *m(f)* an der Menschheit
3. (*personne désintéressée*) selbstloser Mensch
philanthropie [filɑ̃tʀɔpi] *f* Menschenliebe *f,* Philanthropie *f*
philanthropique [filɑ̃tʀɔpik] *adj* der Menschenfreundlichkeit; *dans un but ~* zum Wohle der Menschheit; *à caractère ~* zu wohltätigen Zwecken
philatélie [filateli] *f* 1. (*science*) Briefmarkenkunde *f,* Philatelie *f*
2. (*fait de collectionner*) Briefmarkensammeln *nt; un passionné de ~* ein begeisterter Briefmarkensammler
philatélique [filatelik] *adj* Briefmarken-; *chronique* für Briefmarkensammler
philatéliste [filatelist] *mf* Briefmarkensammler(in) *m(f),* Philatelist(in) *m(f)*
philharmonie [filaʀmɔni] *f* Philharmonie *f*
philharmonique [filaʀmɔnik] *adj* philharmonisch
Philippines [filipin] *fpl* ■ **les Philippines** die Philippinen
philistin [filistɛ̃] *m* Philister *m*
philo [filo] *f fam abr de* **philosophie**
philodendron [filɔdɛ̃dʀɔ̃] *m* Philodendron *m o nt*
philologie [filɔlɔʒi] *f* Philologie *f; ~ romane* Romanistik *f*
philologique [filɔlɔʒik] *adj* philologisch
philologue [filɔlɔg] *mf* Philologe/Philologin *m/f*
philosophale [filɔzɔfal] *adj v.* **pierre**
philosophe [filɔzɔf] I. *mf* 1. (*penseur*) Philosoph(in) *m(f)*
2. (*spécialiste de philosophie*) (*professeur*) Philosophielehrer(in) *m(f);* (*élève*) Schüler(in) *m(f)* der Oberstufe mit Philosophie als Hauptfach
3. (*personne flegmatique*) Mensch *m* mit [philosophischer] Gelassenheit; *qn accepte qc en ~* jd nimmt etw mit [philosophischer] Gelassenheit hin
II. *adj* ■ [**qn est**] **~** [jd ist] gelassen
philosopher <1> [filɔzɔfe] *vi* ■ **qn philosophe** jd philosophiert
philosophie [filɔzɔfi] *f* 1. (*science*) Philosophie *f;* ■ **~ de** -philosophie; ■ **~ de qn** jds Philosophie
2. (*art de vivre*) Lebensphilosophie *f*
3. (*flegme*) [philosophische] Gelassenheit
4. (*conception*) ■ **~ de qc** Philosophie *f* einer S. (*gen*)
philosophique [filɔzɔfik] *adj* philosophisch; *esprit ~* Denkergeist *m*

philtre [filtʀ] *m* Liebestrank *m*
phimosis [fimozis] *m* Verengung *f* der Vorhaut, Phimose *f spec*
phlébite [flebit] *f* Venenentzündung *f,* Phlebitis *f spec*
phlegmon [flɛgmɔ̃] *m* Zellgewebsentzündung *f,* Phlegmone *f spec*
phlox [flɔks] *m* Phlox *m*
phobie [fɔbi] *f* 1. (*aversion*) ■ **~ de qc** Aversion *f* gegen etw
2. PSYCH Phobie *f*
phocéen, ne [fɔseɛ̃, ɛn] *adj: cité ~ne* Marseille *nt; l'équipe ~ne* die Marseiller Mannschaft
phonateur, -trice [fɔnatœʀ, -tʀis] *adj,* **phonatoire** [fɔnatwaʀ] *adj* Stimm-; *difficultés* Phonations-; *acte ~* Lautbildung *f*
phonème [fɔnɛm] *m* Phonem *nt*
phonéticien, ne [fɔnetisjɛ̃, jɛn] *m, f* Phonetiker(in) *m(f)*
phonétique [fɔnetik] I. *f* 1. (*science*) Phonetik *f*
2. (*transcription*) Lautschrift *f,* Phonetik *f,* phonetische Umschrift
II. *adj* phonetisch; *signes a.* Lautschrift-; *transcription, écriture a., loi* Laut-; *notation ~* Lautschrift[zeichen *pl*] *f*
phonétiquement [fɔnetikmɑ̃] *adv* phonetisch
phonique [fɔnik] *adj* 1. (*qui concerne les sons*) phonisch; *procédé* Lautbildungs-
2. (*qui concerne le bruit*) *isolation* Schall-; *nuisances* Lärm-
phono [fono] *m abr de* **phonographe**
phonographe [fɔnɔgʀaf] *m* Phonograph *m*
phonologie [fɔnɔlɔʒi] *f* Phonologie *f*
phonologique [fɔnɔlɔʒik] *adj* phonologisch
phonothèque [fɔnɔtɛk] *f* Tonarchiv *nt*
phoque [fɔk] *m* 1. (*animal*) Seehund *m,* Robbe *f*
2. (*fourrure*) Seehundfell *nt,* Seal [siːl] *m*
▶ **qn souffle comme un ~** jd schnauft wie ein Walross *fam*
phosphate [fɔsfat] *m* 1. CHIM Phosphat *nt*
2. (*engrais*) Phosphatdünger *m*
phosphater <1> [fɔsfate] *vt* ■ **qn phosphate qc** jd düngt etw mit Phosphat[dünger]
phosphore [fɔsfɔʀ] *m* CHIM Phosphor *m*
phosphorer <1> [fɔsfɔʀe] *vi fam* ■ **qn phosphore** [**sur qc**] *sur un projet* jd arbeitet [an etw (*dat*)] bis ihm der Kopf raucht *fam; sur une question* jd brütet [über etw (*dat*)]; *ça phosphore sec, par ici!* hier riecht's verdammt nach Arbeit! *fam*
phosphorescence [fɔsfɔʀesɑ̃s] *f* Leuchten *nt;* [*calcium*] Phosphoreszenz *f;* [*poissons*] Glitzern *nt; ~ de la mer* Meeresleuchten
phosphorescent, e [fɔsfɔʀesɑ̃, ɑ̃t] *adj* 1. PHYS phosphoreszierend
2. (*fluorescent*) *balles* blinkend, blitzend; *brume* glitzernd; *azur de la mer* leuchtend
photo [fɔto] I. *f abr de* **photographie** 1. (*cliché*) Foto *nt,* Aufnahme *f*
2. (*art*) Fotografie *f*
▶ **~ couleur** Farbfoto *nt;* **il vaut mieux avoir qn en ~ qu'en pension** [*o* **qu'à table**] *fam* jd frisst einem die Haare vom Kopf *fam;* **~ noir et blanc** Schwarzweißfoto *nt;* **~ instantanée** (*technique*) Sofortbilder *pl;* (*cliché*) Sofortbild *nt;* **qn fait une ~** jd macht ein Foto [*o* eine Aufnahme]; **qn fait de la ~** jd fotografiert; **qn/qc prend qn/qc en ~** jd/etw macht ein Foto [*o* eine Aufnahme] von jdm/etw; **tu veux ma ~?** *fam* was glotzt du mich so an? *fam;* **en ~** auf dem Foto [*o* Bild]
II. *app inv abr de* **photographique** Foto-; *des séances ~* Aufnahmen *pl; pellicule ~* Film *m*
◆ **photo de famille** Familienfoto *nt;* **photo d'identité** Passfoto *nt*
photochimie [fɔtoʃimi] *f* Fotochemie *f*
photocomposition [fɔtokɔ̃pozisjɔ̃] *f* Fotosatz *m*
photocopie [fɔtɔkɔpi] *f* Fotokopie *f*
photocopier <1 a> [fɔtɔkɔpje] *vt* ■ **qn photocopie qc** jd [foto]kopiert etw
photocopieur [fɔtɔkɔpjœʀ] *m,* **photocopieuse** [fɔtɔkɔpjøz] *f* [Foto]kopierer *m; ~ couleur* Farbkopierer
photoélectrique [fɔtoelɛktʀik] *adj* fotoelektrisch; *cellule, effet* Foto-
photo-finish <~s-~> [fɔtofiniʃ] *f* 1. (*cliché*) Zielfotografie *f*
2. (*appareil photo*) Zielkamera *f*
photogénique [fɔtɔʒenik] *adj* fotogen
photographe [fɔtɔgʀaf] *mf* Fotograf(in) *m(f)*
photographie [fɔtɔgʀafi] *f* 1. (*procédé*) Fotografie *f*
2. *vieilli* (*cliché*) Fotografie *f*
3. (*description*) ■ **~ de qc** *de la situation* getreues Bild einer S. (*gen*); *de la réalité* Abbild *nt* einer S. (*gen*); *qc donne une ~ de qc* etw gibt genau Aufschluss über etw (*akk*); *v. a.* **photo**
photographier <1 a> [fɔtɔgʀafje] *vt* 1. (*prendre en photo*) ■ **qn photographie qn/qc** jd fotografiert jdn/etw
2. (*mémoriser*) ■ **qn photographie qc** jd merkt sich (*dat*) etw genau
3. (*reproduire*) ■ **qc photographie qc** etw gibt ein getreues Bild einer S. (*gen*)
photographique [fɔtɔgʀafik] *adj* 1. (*relatif à la photographie*) fotografisch; *papier, appareil* Foto-; *papier* lichtempfindlich; *appareil ~* Kamera *f,* Fotoapparat *m; épreuve ~* Abzug *m*
2. (*comme sur une photographie*) fotografisch; *peinture* naturgetreu
photogravure [fɔtogʀavyʀ] *f* Fotoreproduktion *f,* Photogravüre *f*
photo-interprétation <~s-~s> [fɔtoɛ̃tɛʀpʀetasjɔ̃] *f* Luftbildinterpretation *f*
photolyse [fɔtɔliz] *f* Photolyse *f*
photomaton® [fɔtɔmatɔ̃] *m* Passbildautomat *m*
photomètre [fɔtɔmɛtʀ] *m* Photometer *nt*
photomontage [fɔtomɔ̃taʒ] *m* Fotomontage *f*
photon [fɔtɔ̃] *m* Photon *nt*

photophore [fɔtɔfɔʀ] *m* **1.** (*flambeau*) [Kerzen]fackel *f*
2. (*porte-bougie*) Windlicht *nt*
photopile [fɔtopil] *f* [Sperrschicht]photozelle *f*
photoroman [fɔtoʀɔmɑ̃] *m* Fotoroman *m*
photosensible [fɔtosɑ̃sibl] *adj* lichtempfindlich
photosynthèse [fɔtosɛ̃tɛz] *f* Photosynthese *f*
photothèque [fɔtɔtɛk] *f* **1.** (*collection de photos*) Fotothek *f*
2. (*bâtiment, organisme*) Fotothek *f*
phrase [fʀɑz] *f* **1.** LING Satz *m*
2. MUS Phrase *f*
▶ ~ **affirmative**/**négative** bejahter/verneinter Satz; ~ **complexe**/**simple** zusammengesetzter/einfacher Satz; ~ **déclarative**/**interrogative**/**exclamative** Aussage-/Frage-/Ausrufesatz *m;* ~ **toute faite** Redewendung *f,* allgemeine Redensart; **qn fait de grandes ~s** jd drischt Phrasen *fam;* ~ **musicale** Phrase *f;* ~ **nominale**/**verbale** Nominal-/Verbalphrase *f;* **petite** ~ [polemische] Bemerkung; **qn échange quelques ~s avec qn** jd tauscht mit jdm ein paar Sätze aus; **des personnes échangent quelques ~s** Menschen tauschen miteinander ein paar Worte aus; **qn fait des ~s** jd macht [*o* drischt] [leere] Phrasen *fam;* **sans ~s** (*essuyer un refus*) [jd tut etw] ohne weiteres; ***qn fait qc sans ~s*** jd tut etw sofort [*o* ohne Umschweife]; ***qc est fait sans ~s*** etw wird sofort getan
phrasé [fʀɑze] *m* Phrasierung *f*
phraséologie [fʀazeɔlɔʒi] *f* **1.** LING Phraseologie *f,* [*auteur*] Diktion *f;* ***la ~ juridique*** die juristische Ausdrucksweise
2. *littér* (*verbiage*) leere Phrasen, Phrasendrescherei *f*
3. (*jargon*): ***la ~ marxiste*** der marxistische Jargon; ***la ~ à la mode*** der aktuelle Jargon
phraséologique [fʀazeɔlɔʒik] *adj* phraseologisch
phraser <1> [fʀɑze] *vt* ■ **qn phrase qc** jd phrasiert etw
phraseur, -euse [fʀɑzœʀ, -øz] *m, f* Phrasendrescher(in) *m(f)*
phréatique [fʀeatik] *adj v.* **nappe**
phrygien [fʀiʒjɛ̃] *adj v.* **bonnet**
phtisie [ftizi] *f vieux* [Lungen]schwindsucht *f veraltet;* ~ ***galopante*** galoppierende Schwindsucht
phtisiologie [ftizjɔlɔʒi] *f* Fachabteilung *f* für Lungenkrankheiten
phtisique [ftizik] **I.** *adj vieilli* schwindsüchtig *veraltet*
II. *mf vieilli* Schwindsüchtige(r) *f(m) veraltet*
phylactère [filaktɛʀ] *m* **1.** (*dans une bédé*) Sprechblase *f*
2. ART Spruchband *nt*
3. REL Gebetsriemen *m*
phylloxera *m,* **phylloxéra** [filɔkseʀa] *m* Reblaus *f*
physicien, ne [fizisjɛ̃, jɛn] *m, f* Physiker(in) *m(f)*
physico-chimie <~-~s> [fizikoʃimi] *f* physikalische Chemie
physiologie [fizjɔlɔʒi] *f* Physiologie *f*
physiologique [fizjɔlɔʒik] *adj* physiologisch
physiologiquement [fizjɔlɔʒikmɑ̃] *adv* physiologisch [gesehen]
physiologiste [fizjɔlɔʒist] *mf* Physiologe/-login *m/f*
physionomie [fizjɔnɔmi] *f ouverte, rieuse* Gesicht *nt; antipathique* Physiognomie *f,* Gesichtsausdruck *m; boudeuse, chagrine* Miene *f;* ***jeux de ~*** Mimik *f;* ■ ~ **de qc** Gesicht einer S. (*gen*)
physionomiste [fizjɔnɔmist] **I.** *adj* ■ **qn est ~** jd hat ein gutes Personengedächtnis
II. *mf* Mensch *m,* der ein gutes Personengedächtnis hat
physiothérapie [fizjoteʀapi] *f* Physiotherapie *f*
physique [fizik] **I.** *adj* **1.** (*qui concerne le corps*) physisch; *effort, fatigue a.* körperlich; *culture* Körper-; ***éducation ~*** Turnen *nt,* Leibesübungen *pl;* ***exercice ~*** sportliche Betätigung
2. (*qui concerne la nature*) physisch
3. PHYS physikalisch; ***sciences ~s*** [die] Physik und [die] Chemie
4. (*sensuel*) *amour* körperlich; *plaisir a.* Sinnes-
▶ **c'est ~** jd kann nichts dafür
II. *m* **1.** (*aspect extérieur*): ***il fait très attention à son ~*** er legt viel Wert auf sein Äußeres; ***il a un beau ~*** er sieht gut aus
2. (*constitution*) Körperbeschaffenheit *f,* Physis *f spec;* ***grâce à son ~ robuste*** dank seiner/ihrer kräftigen [*o* robusten] Natur
▶ **qn a le ~ de l'emploi** man sieht jdm seinen Beruf an; ***il est boucher! eh bien, il a le ~ de l'emploi*** er ist Metzger! so sieht er auch aus!; **qn a un ~** jd hat das gewisse Etwas; **au ~** physisch
III. *f* Physik *f;* ***expérience de ~*** physikalisches Experiment
physiquement [fizikmɑ̃] *adv* **1.** (*concernant le corps*) physisch, körperlich
2. (*concernant l'aspect extérieur*): ~, ***elle est assez jolie*** sie ist eine hübsche Erscheinung; ***qn est très bien ~*** jd sieht gut aus
3. (*sexuellement*) auf sexueller Ebene, im sexuellen Bereich
4. PHYS physikalisch
phyto [fito] *préf* Phyto-, Pflanzen-; ***~géographie*** Phytogeographie *f,* Geobotanik *f;* ***produit ~sanitaire*** Mittel *nt* zur Pflanzenpflege; ***~biologie*** Phytophysiologie *f,* Pflanzenphysiologie *f;* ***les végétariens sont des ~phages*** die Vegetarier sind Pflanzenfresser; ***animaux ~phages*** Pflanzenfresser *pl* **phytoplancton** [fitoplɑ̃ktɔ̃] *m* Phytoplankton *nt* **phytothérapie** [fitoteʀapi] *f* Pflanzenheilkunde *f*
piaf [pjaf] *m fam* Spatz *m,* Sperling *m*
piaffement [pjafmɑ̃] *m* [ungeduldiges] Stampfen [*o* Scharren] [mit den Vorderhufen]
piaffer <1> [pjafe] *vi* **1.** ■ **un cheval piaffe** ein Pferd stampft [*o* scharrt] [ungeduldig mit den Vorderhufen]
2. (*s'agiter*) ■ **qn piaffe**: ***qn piaffe sur place*** jd tritt ungeduldig auf der Stelle [*o* von einem Fuß auf den anderen]; ***qn piaffe d'impatience sur le trottoir*** jd geht ungeduldig auf dem Bürgersteig hin und her
piaillard, e [pjɑjaʀ, jaʀd] **I.** *adj fam poule, moineau* piepsend; *enfant* plärrend; *femme* kreischend
II. *m, f fam* Schreihals *m fam;* ***quelle ~e*** mein Gott, was muss die immer schreien *fam*
piaillement [pjɑjmɑ̃] *m* [*oiseau*] Gepiep[s]e *nt; fam* [*enfant*] Geplärr[e] *nt;* [*femme*] Gekreisch[e] *nt*
piailler <1> [pjɑje] *vi* ■ **un animal piaille** ein Tier piep[s]t; ■ **qn piaille** *fam /enfant/* jd plärrt; */femme/* jd kreischt
piailleur, -euse [pjɑjœʀ, -jøz] *adj/subst v.* **piaillard**
pianissimo [pjanisimo] **I.** *adv* pianissimo, sehr leise
II. *m inv* Pianissimo *nt*
pianiste [pjanist] *mf* Pianist(in) *m(f),* Klavierspieler(in) *m(f)*
pianistique [pjanistik] *adj* Klavier-; *version* für Klavier
piano [pjano] **I.** *m* Klavier *nt*
▶ ~ **crapaud** kleiner Stutzflügel; ~ **du pauvre** Schifferklavier *nt;* ~ **droit** Klavier *nt;* ~ **mécanique** automatisches Klavier, Pianola® *nt;* **qn est/se met au ~** jd sitzt am Klavier/setzt sich ans Klavier; **qn joue du ~** jd spielt Klavier
II. *adv* leise, piano
▶ **qn [y] va ~** *fam* jd macht etw langsam, jd geht etw langsam an [*o* mit der Ruhe]; ***vas-y ~*** immer mit der Ruhe *fam,* sachte, sachte *fam*
◆ **piano à bretelles** *fam* Schifferklavier *nt;* **piano à queue** Flügel *m*
piano-bar <~s-~s> [pjanobaʀ] *m* Pianobar *f*
pianotage [pjanɔtaʒ] *m* [Klavier]geklimper[e] *nt fam;* (*d'une machine à écrire, d'un ordinateur*) Getippe *nt*
pianoter <1> [pjanɔte] **I.** *vi* ■ **qn pianote** **1.** (*sur un piano*) jd klimpert [auf dem Klavier] herum *fam*
2. (*sur un clavier d'ordinateur, de machine à écrire*) jd tippt auf etw (*dat*) herum; (*sur un minitel*) jd spielt auf etw (*dat*) herum
3. (*sur une surface plane*) *sur la table* jd trommelt ungeduldig mit dem Finger auf etw (*akk*); *sur la vitre* jd trommelt ungeduldig mit dem Finger gegen etw
II. *vt* ■ **qn pianote qc [sur qc]** jd klimpert etw auf etw (*dat*)
piaule [pjol] *f fam* Bude *f fam*
piaulement [pjolmɑ̃] *m* [*poulet*] Gepiep[s]e *nt,* Piep[s]en *nt;* [*rat*] Gequiek[s]e *nt,* Quiek[s]en *nt;* [*chat*] Miauen *nt;* [*poulie*] Gequietsche *nt,* Quietschen *nt;* [*chanteur de rock*] Gequäke *nt*
piauler <1> [pjole] *vi* **1.** ■ **un animal piaule** ein Tier piep[s]t, ein Tier quiek[s]t; ■ **qc piaule** */poulie, gond/* etw quietscht
2. *fam* ■ **qn piaule** jd plärrt
P.I.B. [peibe] *m abr de* **produit intérieur brut** ECON B.I.P. *nt*
pic¹ [pik] *m* **1.** (*montagne*) Pic *m;* (*sommet*) Gipfel *m,* Bergspitze *f;* ***le ~ du Midi*** der Pic du Midi
2. (*outil*) Spitzhacke *f;* (*piolet*) Eispickel *m*
3. (*sur une courbe statistique*) Höhepunkt *m*
▶ **à ~** steil; ***qn/qc coule à ~*** jd/etw versinkt ganz plötzlich; ***qn/qc tombe à ~*** jd kommt wie gerufen/etw kommt gerade recht
pic² [pik] *m* ZOOL Specht *m*
picador [pikadɔʀ] *m* Picador *m*
Picardie [pikaʀdi] *f* ■ **la Picardie** die Pikardie
picaresque [pikaʀɛsk] *adj* pikaresk; ***roman ~*** Schelmenroman *m*
piccolo [pikɔlo] *m* Pikkoloflöte *f*
pichenette [piʃnɛt] *f* Schnipsen *nt;* ***il repousse les miettes d'une ~*** er schnippt die Brotkrümel weg; ***qn fait une ~ sur l'oreille de qn*** jd schnipst jdm ans Ohr
pichet [piʃɛ] *m* [Wein]krug *m*
pickpocket [pikpɔkɛt] *m* Taschendieb *m*
pick-up [pikœp] *m inv vieilli* (*électrophone*) Plattenspieler *m*
pico- [piko] *préf* Piko-
picoler <1> [pikɔle] **I.** *vi fam* ■ **qn picole** jd pichelt [*o* bechert] *fam;* ***elle avait bien picolé*** die hatte ordentlich einen genommen *fam*
II. *vt fam* ■ **qn picole qc** jd pichelt etw *fam*
picorer <1> [pikɔʀe] **I.** *vi* **1.** ■ **un animal picore** ein Tier pickt
2. (*grignoter*) ■ **qn picore** jd knabbert; ***qn picore dans son assiette*** jd stochert in seinem Essen herum *fam*
II. *vt* **1.** ■ **un animal picore qc** ein Tier pickt etw [auf]
2. (*grignoter*) ■ **qn picore qc** *cacahuètes* jd knabbert etw; *raisin des vignes* jd isst mal hier, mal da etw; ***un enfant picore qc dans l'assiette de qn*** ein Kind stibitzt ab und zu etw von jds Teller *fam*
picot [piko] *m* **1.** (*marteau de carrier*) Spitzhammer *m*
2. (*pic du maçon*) Keil *m* zum Verdichten
3. (*filet de pêche*) Plattfischnetz *nt*
4. (*paille*) Stroh *nt* [für Strohhüte]
5. (*dans la dentelle*) Picot *m*
6. TECH: ***entraînement par ~s*** Stachelbandtransport *m*
picotement [pikɔtmɑ̃] *m* Kribbeln *nt; dans les yeux* Brennen *nt*
picoter <1> [pikɔte] *vt* **1.** (*piquer*) ■ **qc picote qc**: ***la fumée picote les yeux*** der Rauch brennt in den Augen; ***le froid picote/les orties picotent la peau*** die Kälte prickelt/die Brennesseln brennen auf der Haut; ***les herbes picotent les mollets*** die Gräser kitzeln an den Waden; ■ **qc lui picote qc**: ***la fumée me picote les yeux*** der Rauch brennt mir in den Augen; ***ça me picote le nez*** das kribbelt mir in der Nase; ■ **qc le/la picote** */yeux/* etw brennt ihm/ihr; */jambe, nez/* etw kribbelt ihm/ihr [*o* ihn/sie]
2. (*picorer*) ■ **un animal picote qc** (*ramasser*) ein Tier pickt etw [auf]; (*becqueter*) ein Tier pickt an etw (*dat*) [herum]
picrate [pikʀat] *m fam* Fusel *m fam*
pictogramme [piktɔgʀam] *m* Piktogramm *nt*
pictographique [piktɔgʀafik] *adj* Bilder-
pictural, e <-aux> [piktyʀal, o] *adj* malerisch; *qualités* Bild-
pie¹ [pi] **I.** *f* **1.** (*oiseau*) Elster *f*

2. *fam* (*femme bavarde*) Quasselstrippe *f fam*
▶ **comme une ~**: ***qn est voleur comme une*** ~ jd klaut wie ein Rabe *fam;* ***qn est bavard comme une*** ~ jd ist eine Quasselstrippe *fam*
II. *adj inv* scheckig
pie² [pi] *adj v.* **œuvre**
pièce [pjɛs] *f* **1.** (*salle*) Zimmer *nt*
2. (*monnaie*) Geldstück *nt,* Münze *f;* ~ ***d'un franc/de deux marks/...*** Einfranc-/Zweimarkstück *nt/...*
3. LITTER: ~ [***de théâtre***] [Theater]stück *nt*
4. MUS Stück *nt;* ~ ***vocale/instrumentale*** Vokal-/Instrumentalstück; ■ ~ **pour qc** Stück für etw
5. (*document*) Schriftstück *nt;* ***les ~s*** Unterlagen *pl;* ***les ~s du procès*** die Prozessakten; ~ ***d'un dossier*** Aktenstück *nt;* ***qn joint une ~ à un dossier*** jd legt einer Akte ein Schriftstück bei
6. (*élément constitutif*) Teil *nt;* [*collection, trousseau*] Stück *nt;* [*jeu d'échecs*] Figur *f;* ***une ~ du mobilier*** ein Möbelstück
7. (*certaine quantité*) ■ ~ **de** Stück *nt ...;* *de viande a.* -stück; *de blé* -feld *nt; de vin, cidre* -fass *nt;* ~ ***d'artifice*** Feuerwerkskörper *m*
8. (*pour rapiécer*) Flicken *m*
9. (*unité*): ***20 F/2 DM/...*** [***la***] ~ das Stück zu 20 F/2 DM/..., 20 F/2 DM/... das Stück
▶ **qc est garanti(e) ~s et main-d'œuvre** etw hat eine Reparaturgarantie; [**qc est**] **fait(e) de ~s et de morceaux** [etw ist] zusammengeflickt *fam,* [etw ist] zusammengeschustert *fam;* **belle** ~ Prachtexemplar *nt,* besonders schönes Stück; ~ **détachée** Einzelteil *nt;* **fausse** ~ falsches Geldstück, falsche Münze; ~ **justificative** Beleg[stück *nt*] *m;* ***joindre les ~s justificatives*** legen Sie die entsprechenden Unterlagen bei; ~ **montée** *mehrere Etagen hoher Kuchen aus kleinen Windbeuteln;* **petite/grosse** ~ kleine/große Münze, kleines/großes Geldstück; ~ **rapportée** *péj* Außenseiter(in) *m(f);* [**qc est fait(e)**] **d'une seule** ~ [etw ist] aus einem Stück [gemacht]; [**qn/qc est**] **tout d'une** ~ (*d'un seul morceau*) [jd/etw ist] aus einem Stück [gemacht]; ***c'est un homme tout d'une*** ~ er ist geradeheraus *fam;* [**qn fait qc**] **tout d'une** ~ (*avec raideur, raide*) [jd tut etw] steif; **de toutes ~s** *créer* selbst; *construire* von A bis Z; *reconstituer qc* vollständig; ***cette histoire est inventée de toutes ~s*** diese Geschichte ist von Anfang bis Ende erfunden [*o* völlig aus der Luft gegriffen]; **qn donne la ~ à qn** *fam* jd gibt jdm ein Trinkgeld; **qn** [**n'**]**est pas aux ~s** *fam* jd arbeitet [nicht] im Akkord; ***eh, oh, on n'est pas aux ~s!*** immer mit der Ruhe!, nur keine Hektik! *fam;* **qn juge sur ~** [*o* **avec ~s à l'appui**] jd entscheidet nach Aktenlage; **qn met/taille qn/qc en ~s** (*met en morceaux*) jd zerreißt [*o* haut *fam*] etw in Stücke/jd schlägt jdn/etw kurz und klein; (*anéantit*) *armée* jd zerschlägt etw; *adversaire en sport* jd schlägt jdn vernichtend, jd macht jdn fertig *fam;* (*démolit*) *argumentation, théorie* jd nimmt etw auseinander *fam,* jd zerreißt etw in der Luft *fam;* **qn vend/achète qc à la ~** jd verkauft/kauft etw stückweise [*o* einzeln]; [**qn fait qc**] **~ à ~** [jd tut etw] Stück für Stück; **aux ~s** Akkord-; *travailler* im Akkord; *être payé* nach Akkord
◆ **pièce d'archives** Archivdokument *nt;* **pièce d'artillerie** Artilleriegeschütz *nt,* Artilleriewaffe *f;* **pièce à conviction** Beweisstück *nt;* **pièce d'eau** Bassin *nt,* künstlich angelegtes Wasserbecken; **pièce de collection** Stück *nt* einer Sammlung; **pièce** [**en**] **euro** Euro-Münze *f;* **pièce de monnaie** Geldstück *nt,* Münze *f;* **pièce de musée** Museumsstück *nt;* **pièce de rechange** Ersatzteil *nt;* **pièce de théâtre** Theaterstück *nt;* **pièce d'identité** Ausweispapier *nt,* [Personal]ausweis *m*
-pièces [pjɛs] *m:* ***deux-/trois-/quatre-*** ~ Zwei-/Drei-/Vierzimmerwohnung *f*
piécette [pjesɛt] *f* kleines Geldstück, kleine Münze
pied [pje] *m* **1.** (*extrémité de la jambe*) Fuß *m;* [*cheval a.*] Huf *m;* [*chien a.*] Pfote *f;* [*gibier*] Klaue *f*
2. GASTR ■ ~ **de** -fuß *m*
3. (*support*) Bein *nt;* [*lit, établi, microphone*] Fuß *m*
4. (*place du pied*) [*chaussette, bas*] Fuß *m*
5. (*chaussure*): ***le ~ gauche est trop serré*** der linke Schuh drückt
6. (*base*) Fuß *m;* [*champignon*] Stiel *m;* ~ ***de mât*** Mastfuß
7. MATH [*perpendiculaire*] Basis *f*
8. (*plant*) ■ ~ **de** *de salade, tabac* -pflanze *f;* ~ ***de vigne*** Rebstock *m*
9. (*unité de mesure*) Fuß *m*
10. POES Versfuß *m*
▶ **qn fait un appel du ~ à qn** jd gibt jdm einen Wink mit dem Zaunpfahl; **de ~ en cap** von Kopf bis Fuß; **qc ne se trouve pas sous les ~s** [*o* **le ~**] **d'un cheval** etw findet sich nicht so ohne weiteres; [**qn fait qc**] **sur un ~ d'égalité**: [***qn est avec qn***] ***sur un ~ d'égalité*** [jd steht mit jdm] auf gleichem Fuße; ***qn traite qn sur un ~ d'égalité*** jd behandelt jdn wie seinesgleichen; **qn a le ~ à l'étrier** jd ist auf dem richtigen [*o* besten] Weg [zum Erfolg]; **qn met le ~ à l'étrier à qn** jd hilft jdm [*o* hebt jdn] in den Sattel; **qn fait le ~ de grue** jd steht sich (*dat*) die Beine in den Bauch *fam,* jd wartet umsonst; **qn est sur le ~ de guerre** MIL jd ist für den Kriegsfall gerüstet [*o* ist kriegsbereit]; **qn est sur le ~ de guerre** [**pour faire qc**] (*se prépare à*) jd trifft Vorbereitungen [um etw zu tun]; [**qn fait qc**] **au ~ de la lettre** [jd tut etw] genau wie vorgeschrieben; ***qn prend qc au ~ de la lettre*** jd nimmt etw wörtlich; ~ **du lit** Fußende *nt* des Bettes; **qn fait des ~s et des mains** [**pour obtenir qc**] jd bietet alles auf [*o* zieht alle Register] [um etw zu bekommen]; **qn met qn au ~ du mur** jd zwingt jdn zu einer Entscheidung; **qn a bon ~ bon œil** jd ist noch sehr rüstig und gesund, jd ist noch gut beieinander *fam;* **qn est à ~ d'œuvre** jd ist an Ort und Stelle; **qn a un ~ dans la place** jd hat schon einen Fuß in der Tür; [**qn a/roule**] **le ~ au plancher** [jd fährt mit] Bleifuß *fam;* **qn met les ~s dans le plat** jd tritt ins Fettnäpfchen; **~s et poings liés** (*ligoté*) an Händen und Füßen gefesselt; (*sans aucune liberté d'action*) ohnmächtig; **qn a les deux ~s dans le même sabot** [*o* **soulier**] jd ist etwas lahm; **qn met les ~s sous la table** *fam* jd streckt die Füße unter den Tisch *fam;* **qn met ~ à terre** jd steigt ab; **qn voudrait être à cent ~s sous terre** jd möchte vor Scham am liebsten in den Boden [*o* die Erde] versinken; **qn a/garde les deux ~s sur terre** jd steht/bleibt mit beiden Beinen [fest] auf der Erde; [**qn est/fait qc**] **des ~s à la tête** [*o* **de la tête aux ~s**] [jd ist/tut etw] von Kopf bis Fuß [*o* oben bis unten]; **qn a un ~ dans la tombe** jd steht mit einem Bein [*o* Fuß] im Grab; **bête comme ses ~s** *fam* saudumm *fam;* **qn part du bon/mauvais ~** jd fängt etw gut/schlecht an; **qn repart du bon/mauvais ~** jd hat eine gute/schlechte Basis für einen Neuanfang; **qn ne s'est pas levé(e) du bon ~** jd ist mit dem linken [*o* falschen] Fuß zuerst aufgestanden; ~ **bot** Klumpfuß *m;* **qn attend qn de ~ ferme** jd erwartet jdn unerschrocken, jd ist für das Zusammentreffen mit jdm gewappnet; ***le patron, je l'attends de ~ ferme*** der Chef, der kann ruhig kommen; **qn se lève du ~ gauche** [*o* **du mauvais ~**] jd steht mit dem linken [*o* falschen] Fuß zuerst auf; **qn vit sur un grand ~** jd lebt auf großem Fuß; [**qn fait qc**] **à ~s joints** (*jambes serrées*) [jd tut etw] mit geschlossenen Füßen; ***qn saute à ~s joints sur l'occasion*** jd fasst [*o* packt] die Gelegenheit sofort beim Schopf; ***ne saute pas à ~s joints dans cette affaire*** stürz dich da nicht sofort hinein; **qn marche d'un ~ léger** jd geht leichten Fußes; **au ~ levé** *faire un cours* unvorbereitet; *faire un discours* aus dem Stegreif; *remplacer qn* auf der Stelle [*o* stehenden Fußes]; **qn a le ~ marin** jd ist seefest; **des personnes s'en vont/marchent du même ~** Menschen gehen im Gleichschritt; **qn/qc met des personnes/choses sur le même ~** jd/etw stellt Menschen/Dinge auf eine Stufe, jd misst Menschen mit dem gleichen Maßstab; **des personnes/choses sont sur le même ~** Menschen/Dinge stehen auf einer Stufe [*o* sind gleichberechtigt]; **~s nus** barfuß; **plain ~** eingeschossig; ~ **plat** Plattfuß *m,* Senkfuß *m;* **à ~ sec** trockenen Fußes; **qn a ~** jd hat Grund [*o* Boden unter den Füßen]; **qn a un ~ quelque part** jd mischt irgendwo mit *fam;* **qn/qc casse les ~s à qn** *fam* jd/etw geht [*o* fällt] jdm auf die Nerven [*o* den Geist] [*o* den Wecker] *fam;* **qn s'emmêle les ~s** (*trébuche*) jd strauchelt; (*s'embrouille*) jd verheddert [*o* verhaspelt] sich; **qn est sur ~** (*est debout*) jd ist auf den Beinen; (*est rétabli*) jd ist wieder auf den Beinen; (*est en état d'alerte*) jd ist in Alarmbereitschaft; **c'est le ~!** *fam* das ist [echt] geil [*o* stark]! *fam;* ***c'est pas le ~!*** das ist nicht das Wahre! *fam;* [**c'est**] **bien fait pour ses ~s** *fam* das geschieht ihm/ihr recht; **qn fait du ~ à qn** jd füßelt mit jdm; **ça lui fait les ~s** *fam* das wird ihm/ihr eine Lehre sein; **qn foule qc aux ~s** jd tritt etw mit Füßen; **qn lâche ~** jd gibt [es] auf; **qn lèche les ~s à qn** jd kriecht vor jdm *sl,* jd geht jdm um den Bart; **qn lève le ~** (*s'enfuit*) jd macht sich aus dem Staub *fam;* (*ralentit*) jd nimmt den Fuß vom Gas[pedal]; ***qn lève le ~ avec la caisse*** jd brennt mit der Kasse durch *fam;* **qn marche sur le ~** [*o* **les ~s**] **de qn** jd tritt jdm auf den Fuß; **qn marche sur les ~s de qn** (*embête*) jd kommt jdm ins Gehege; **qn ne se laisse pas marcher sur les ~s** jd lässt sich (*dat*) nicht auf der Nase herumtanzen *fam;* **qn met/ne met jamais les ~s quelque part** jd setzt einen Fuß irgendwohin/betritt etw nie; ***elle ne pouvait pas mettre le ~ hors de chez elle*** sie konnte keinen Fuß vor die Tür setzen; **qn met qn à ~** jd enthebt jdn seiner Stellung; **qn met qc sur ~** *projet* jd stellt etw auf die Beine; *affaire a.* jd bringt etw zustande; *entreprise* jd baut etw auf; **qn ne peut plus mettre un ~ devant l'autre** jd kann keinen Fuß mehr vor den anderen setzen [*o* nicht mehr laufen]; **qn ne se mouche pas du ~** *fam* jd hat vielleicht Ansprüche *fam;* **qn perd ~** (*se noie*) jd hat keinen Grund mehr [*o* kann nicht mehr stehen]; (*est désemparé*) jd verliert den Boden unter den Füßen [*o* verliert den Halt]; (*ne comprend plus*) jd kommt nicht mehr mit *fam;* **qn prend/reprend ~ sur qc** jd fasst [festen] Fuß/wieder [festen] Fuß auf etw (*dat*); **qn prend son ~** [**à faire qc**] *fam* jd hat seinen Spaß; jd hat Spaß daran, etw zu tun; (*sexuellement*) jd kommt zum Höhepunkt, jd kommt *fam;* **qc remet qn/qc sur ~** *personne* etw bringt jdn wieder auf die Beine [*o* Füße]; *finances* etw saniert etw wieder; **qn ne remettra jamais/pas de sitôt les ~s quelque part** jd wird nie wieder/so schnell nicht wieder den Fuß irgendwohin setzen; **qn retombe sur ses ~s** jd kommt wieder in den Stand; (*se tire d'embarras*) jd kommt [*o* fällt] immer wieder auf die Füße; **qn ne sait pas sur quel ~ danser** jd weiß nicht, was er tun soll [*o* wie er sich verhalten soll]; ***avec lui, on ne sait jamais sur quel ~ danser*** bei ihm weiß man nie, woran man ist; **qc sèche sur ~** etw vertrocknet, etw verdorrt; **qn sèche sur ~** jd verkümmert; **qn sort** [**de qc**] [*o* **quitte qc**] **les ~s devant** [*o* **en avant**] jd verlässt etw tot; **qn tombe sur ses ~s** jd kommt heil auf [*o* unten an]; **qn tombe** [*o* **se jette**] **aux ~s de qn** jd wirft sich jdm zu Füßen; **qn se traîne** [*o* **rampe**] **aux ~s de qn** jd wirft sich vor jdm nieder [*o* in den Staub]; **qn/qc traîne les ~s** jd trödelt/etw schleppt sich dahin; **à ~** zu Fuß; ~ **à ~** *combattre* um jeden Zentimeter; *regagner du terrain* Zentimeter um Zentimeter; *défendre un projet* verbissen, hartnäckig; **au ~!** bei Fuß!; **au ~ de** am Fuß (+ *gen*); ***qn met qc au ~ de qc*** jd legt etw unter etw (*akk*); ***qn/qc est*** [***couché***] ***au ~ de qc*** jd/etw liegt unter etw (*dat*); **en ~** in ganzer Figur, ganzfigürlich; **qn marche les ~s en dedans** jd geht mit einwärts gekehrten Füßen; **sur ~** *récolte* auf dem Halm; *vigne, vin* am Weinstock; **qn fait qc comme un ~** *fam* jd tut etw furchtbar schlecht
◆ **pied à coulisse** Schublehre *f,* Schieb[e]lehre *f;* **pied de col** [*chemise*] [Kragen]bündchen *nt;* **pied de nez** lange Nase; ***qn fait un ~ de nez à qn*** jd dreht jdm eine lange Nase; **pied de page** TYP, INFORM Fußzeile *f*
pied-à-terre [pjetatɛʀ] *m inv* Zweitwohnung *f* **pied-d'alouette** <~s-~> [pjedalwɛt] *m* Gartenrittersporn *m* **pied-de-biche** <~s-~-~> [pjedbiʃ] *m* **1.** (*pour arracher les clous*) Nagelzieher *m* **2.** (*dans une machine à coudre*) [Näh]fuß *m* **pied-de-mouton** <~s-~-~> [pjedmutɔ̃] *m* Semmelpilz *m* **pied-de-poule** [pjedpul] **I.** *adj inv* mit Hahnentrittmuster *nt* **II.** <~s-~-~> *m* [Stoff *m* mit] Hahnentritt[muster *nt*] *m* **pied-de-veau** <~s-~-~> [pjedvo] *m* Aron[s]stab *m* **pied-droit** <~s-~s> [pjedʀwa] *m v.* **piédroit**
piédestal <-aux> [pjedɛstal, o] *m* Sockel *m*
▶ **qn met qn sur un ~** jd hebt jdn aufs Podest; **qn descend/tombe** [*o* **dégringole**] **de son ~** jd fällt vom Podest; ***qn/qc fait tomber qn de son ~***

jd/etw stößt jdn vom Sockel

pied-noir <~s-~s> [pjenwaʀ] I. *mf fam* Algerienfranzose/-französin *m/f*
II. *adj accent, parler* der Algerienfranzosen

piédroit [pjedʀwa] *m* Widerlager *nt*

piège [pjɛʒ] *m* Falle *f;* ■ ~ **à** -falle
► **qc/c'est un** [*o* **le**] ~ **à cons** *fam* etw/das ist eine faule Geschichte *fam,* bei etw/dabei kann man ganz schön reinfallen *fam;* **qn se prend/est pris(e) à son propre** ~ jd geht in die eigene/sitzt in der eigenen Falle; **qn prend qn/un animal au** ~ jd fängt ein Tier mit der Falle, jd lockt jdn in eine Falle; **qn tend un** ~ jd stellt eine Falle auf; **qn tend un** ~ **à qn** jd stellt jdm eine Falle; **qn tombe dans le/un** ~ jd geht in die/eine Falle

piégé, e [pjeʒe] *adj* in dem/der eine Sprengladung [*o* Bombe] versteckt ist; *colis* Sprengstoff-; ***lettre** ~**e*** Briefbombe *f;* ***voiture** ~**e*** Autobombe *f*

piégeage [pjeʒaʒ] *m* Fangjagd *f*

piéger <2 a, 5> [pjeʒe] *vt* **1.** (*attraper au piège*) ■ **qn piège un animal** jd fängt ein Tier mit der Falle [*o* Fallen]
2. (*faire tomber dans un traquenard*) ■ **qn piège qn** jd lockt jdn in die Falle; ■ **qn se fait** ~ **par qn** jd geht jdm in die Falle; ***qn s'est fait** ~ **par le radar*** jd ist in die Radarfalle gegangen; ■ **qn se laisse** ~ **par qn/qc** jd lässt sich von jdm/etw in die Falle locken; *par les bonnes paroles de qn* jd lässt sich von etw einfangen
3. (*mettre un explosif*) ■ **qn piège qc** jd bringt eine versteckte Sprengladung [*o* eine Bombe] an etw (*dat*) an; ***qn piège une lettre*** jd bastelt eine Briefbombe; ***qn piège un colis*** jd bastelt ein Sprengstoffpaket
4. MIL ■ **qn piège qc** jd macht etw scharf

piéride [pjeʀid] *f* Kohlweißling *m*

pierraille [pjeʀɑj] *f* **1.** (*petites pierres*) [*plage*] grober Kies; [*route*] Schotter *m;* ~ ***de volcan*** Vulkangeröll *nt*
2. (*étendue de pierres*) Geröllfeld *nt*

pierre [pjɛʀ] *f* **1.** (*matière minérale*) Stein *m; **en/de*** ~ Stein-, aus Stein; ■ ~ **à** -stein
2. (*caillou*) Stein *m*
3. (*pierre précieuse*) [Edel]stein *m*
4. ∅ (*immobilier*) ■ **la** ~ Immobilien *pl*
► **qc est la** ~ **d'achoppement** [**de qc**] etw ist der Stein des Anstoßes [einer S. (*gen*)]; **à coup de** ~ *tuer, casser* durch Steinwurf; **qn fait d'une** ~ **deux coups** jd schlägt zwei Fliegen mit einer Klappe *fam;* **qn apporte sa** ~ **à l'édifice** jd trägt [auch] seinen Teil dazu bei; **qc est une** ~ **dans mon/son/... jardin** etw ist auf mich/ihn/sie/... gemünzt; ~ **qui roule n'amasse pas mousse** *prov* wer unstet ist, bringt es zu nichts; Unstetigkeit führt nicht zu Reichtum; **qc est la** ~ **de touche de qc** etw ist der Prüfstein für etw; **qn/qc est la** ~ **angulaire de qc** jd/etw ist der Eckpfeiler [*o* Eckstein] einer S. (*gen*); **qn marque qc d'une** ~ **blanche** jd streicht etw rot [im Kalender] an; **dur(e) comme la** ~ hart wie Stein; ~ **fine** Halbedelstein *m;* ~ **funéraire** Grabstein *m;* **malheureux(-euse) comme les** ~**s** todunglücklich; ~ **philosophale** Stein *m* der Weisen; ~ **polie/taillée** polierter/gehauener [*o* behauener] Stein; ***âge de la** ~ **polie*** Jungsteinzeit *f;* ***âge de** ~ **taillée*** Altsteinzeit *f;* ~ **ponce** Bimsstein *m;* ~ **précieuse** Edelstein *m;* **qn pose la première** ~ [**de qc**] jd legt den Grundstein [zu etw]; **de/en** ~**s sèches** aus Bruchstein; ~ **tombale** Grabstein *m;* ~ **à aiguiser** Wetzstein *m;* **qn apporte sa** ~ **à qc** jd trägt [auch] seinen Teil zu etw bei; **il gèle à** ~ **fendre** es friert Stein und Bein; **qn jette la** [**première**] ~ **à qn** jd wirft den [ersten] Stein auf jdn; **qn ne laisse pas/il ne reste pas** ~ **sur** ~ **de qc** *littér* jd lässt von etw keinen Stein mehr auf dem anderen/es bleibt von etw kein Stein mehr auf dem anderen; ~ **à** [*o* **par**] ~ Stein für Stein; **de** ~ steinern; *cœur a.* aus Stein; *visage* versteinert; *regard* eiskalt
◆ **pierre d'autel** Altarstein *m;* **pierre de lune** Mondstein *m;* **pierre de taille** Quaderstein *m*

pierreries [pjɛʀʀi] *fpl* [geschliffene] Edelsteine *pl,* Juwelen *pl*

pierreux, -euse [pjeʀø, -øz] *adj* **1.** (*couvert de pierres*) steinig
2. (*qui ressemble à de la pierre*) steinartig; *fruit, poire* grobkörnig; ***qn a le teint*** ~ jd ist kalkweiß

pierrot [pjeʀo] *m* Pierrot *m*

pietà [pjeta] *f* Pieta *f*

piétaille [pjetɑj] *f* ■ **la** ~ das Fußvolk

piété [pjete] *f* **1.** REL Frömmigkeit *f*
2. *littér* (*attachement*) Verehrung *f*

piètement [pjɛtmɑ̃] *m* Beine *pl,* Füße *pl*

piétinement [pjetinmɑ̃] *m* **1.** (*fait de piétiner*) [*chevaux, légions en marche*] Trappeln *nt,* Getrappel *nt;* [*foule*] Trampeln *nt,* Getrampel *nt;* [*troupeau d'éléphants*] Stampfen *nt,* Gestampfe *nt;* (*dans la neige*) Stapfen *nt,* Gestapfe *nt*
2. (*stagnation*) Stillstand *m,* Stagnation *f*

piétiner <1> [pjetine] I. *vi* **1.** (*trépigner*) ■ **qn piétine** jd tritt von einem Bein aufs andere; ■ **qn piétine de qc**: ***qn piétine de colère*** [*o* ***rage***] jd stampft wütend [*o* zornig] mit den Füßen auf; ***qn piétine d'impatience*** jd tritt ungeduldig von einem Bein aufs andere
2. (*avancer péniblement*) ■ **qn piétine** jd kommt nur langsam [*o* kaum] von der Stelle [*o* vom Fleck] [*o* voran]; ***qn piétine sur place*** jd tritt auf der Stelle
3. (*ne pas progresser*) ■ **qn/qc piétine** jd/etw macht keine Fortschritte; /*affaire, enquête, recherche a.*/ etw kommt nicht voran *fam*
II. *vt* ■ **qn piétine qc** **1.** (*marcher sur*) *sol, neige* jd stampft [*o* tritt] etw fest; *pelouse* jd zertrampelt [*o* zertritt] etw; (*de rage*) jd trampelt auf etw (*dat*) herum
2. (*ne pas respecter*) jd tritt etw mit Füßen

piétisme [pjetism] *m* Pietismus *m*

piétiste [pjetist] I. *adj* pietistisch
II. *mf* Pietist(in) *m(f)*

piéton, ne¹ [pjetɔ̃, ɔn] *m, f* Fußgänger(in) *m(f)*

piéton, ne² [pjetɔ̃, ɔn] *adj,* **piétonnier, -ière** [pjetɔnje, -jɛʀ] *adj zone* Fußgänger-; *quartier, rue a.* den Fußgängern vorbehalten, autofrei, verkehrsfrei; ***c'est une rue** ~**ne*** [*o* ~***ière***] diese Straße ist [eine] Fußgängerzone

piètre [pjɛtʀ] *adj antéposé littér* sehr schlecht; *écrivain, musicien, élève a.* miserabel; *idée, opinion a.* geringschätzig; *résultat a.* kümmerlich, dürftig; *consolation* schwach; *excuse* dürftig, schwach; ***qn a*** ~ ***allure*** jd bietet einen kläglichen [*o* jämmerlichen] Anblick; ***qn fait*** ~ ***figure*** jd macht eine klägliche Figur

pieu <x> [pjø] *m* **1.** (*pièce de bois*) Pfahl *m*
2. *fam* (*lit*) Falle *f fam,* Klappe *f fam;* ***au*** ~! ab in die Falle [*o* die Klappe]! *fam;* ***je me suis acheté un nouveau*** ~ ich habe mir ein neues Bett gekauft

pieusement [pjøzmɑ̃] *adv* **1.** (*avec un sentiment de respect*) ehrfurchtsvoll, ehrfürchtig
2. REL fromm

pieuter <1> [pjøte] I. *vi pop* ■ **qn pieute quelque part** jd pennt [*o* pofft] irgendwo *fam*
II. *vpr pop* ■ **qn se pieute** jd haut sich in die Falle [*o* Klappe] *fam*

pieuvre [pjœvʀ] *f* **1.** ZOOL Tintenfisch *m,* Krake *f*
2. (*organisme*) Machtapparat *m;* (*personne*) Blutsauger *m*

pieux, -euse [pjø, -jøz] *adj* **1.** REL *personne* fromm; *histoire, lecture, pensée, vie a.* religiös; ***image** ~**euse*** Heiligenbild[chen *nt*] *nt*
2. *antéposé soutenu affection* liebevoll; *souvenir a.* ehrenvoll

pif¹ [pif] *m fam* (*nez*) Riecher *m fam; gros* Zinken *m fam*
► **au** ~ *marcher, agir, se repérer* nach [dem] Gefühl; *estimer* über den Daumen gepeilt *fam;* ***je préfère y aller au*** ~ ich gehe lieber nach dem Gefühl

pif² [pif] *interj* ► ~! ~! (*détonations*) peng! peng!; ~ **paf** (*geste de gifler*) klitsch, klatsch!

pif[f]er <1> [pife] *vt pop* ► **qn ne peut pas** ~ **qn** jd kann jdn nicht riechen *fam*

pifomètre [pifɔmɛtʀ] *m fam* guter [*o* richtiger] Riecher *fam*
► **au** ~ nach [dem] Gefühl

pige [piʒ] *f fam* (*année*) Jahr *nt;* ***qn a 40/50*** ~***s*** jd hat [schon] 40/50 Jahre auf dem Buckel *fam*
► **qn fait la** ~ **à qn** *fam* jd steckt jdn in die Tasche *fam,* jd stellt jdn in den Schatten, jd sticht jdn aus; **qn est payé(e) à la** ~ jd wird nach Zeilen bezahlt, jd bekommt ein Zeilenhonorar *nt;* **qn travaille à la** ~ jd arbeitet als freier Journalist/freie Journalistin

pigeon [piʒɔ̃] *m* **1.** ZOOL Taube *f*
2. *fam* (*dupe*) Gimpel *m fam,* Trottel *m fam;* ***cherchez un autre*** [***qui fasse le***] ~! sucht euch einen anderen Dummen [*o* Trottel *fam*] [aus]; ***il/elle est le** ~ **dans l'affaire*** er/sie ist der/die Dumme [*o* Gelackmeierte *fam*] bei der Sache; ***qn ne veut pas être le*** ~ jd will nicht übers Ohr gehauen werden *fam*
► ~ **ramier** Ringeltaube *f;* ~ **voyageur** Brieftaube *f;* **mon petit** ~ mein Täubchen; **qn joue à** ~ **vole** jd spielt „alle Vögel [*o* Hände] fliegen hoch"
◆ **pigeon d'argile** Tontaube *f;* ***tir au** ~ **d'argile*** Tontaubenschießen *nt*

pigeonnant, e [piʒɔnɑ̃, ɑ̃t] *adj poitrine* üppig, voll; *soutien-gorge* Stütz-

pigeonner <1> [piʒɔne] *vt fam* ■ **qn pigeonne qn** jd rupft jdn *fam,* jd nimmt jdn aus *fam;* ■ **qn se fait** [*o* **laisse**] ~ [**par qn**] jd lässt sich [von jdm] übertölpeln [*o* anschmieren] *fam*

pigeonnier [piʒɔnje] *m* **1.** (*colombier*) Taubenschlag *m,* Taubenhaus *nt*
2. (*logement*) Dachwohnung *f,* Mansardenwohnung *f*

piger <2 a> [piʒe] *vt, vi fam* ■ **qn pige** [**qc**] jd kapiert [etw] *fam;* ***ça y est, elle a pigé!*** sie hat es endlich kapiert *fam* [*o* geschnallt *sl*]!, na endlich ist der Groschen [bei ihr] gefallen!; ***tu piges?*** [hast du] kapiert? *fam*

pigiste [piʒist] *mf* freier Journalist/freie Journalistin

pigment [pigmɑ̃] *m* Pigment *nt;* (*colorant*) [Pigment]farbstoff *m*

pigmentation [pigmɑ̃tasjɔ̃] *f* **1.** [*peau*] Pigmentation *f,* Pigmentierung *f*
2. [*enduit, peinture*] Pigmentierung *f*

pignon [piɲɔ̃] *m* **1.** ARCHIT Giebel *m*
2. TECH (*roue dentée*) Zahnrad *nt;* (*petite roue*) Ritzel *m,* Triebrad *nt;* ***le** ~ **de la roue arrière*** [***de bicyclette***] das hintere Kettenzahnrad
3. BOT, GASTR (*graine*) Pinienkern *m*
► **qn a** ~ **sur rue** (*est bien établi*) jd ist wohlhabend [*o* gut betucht *fam*]

pignouf [piɲuf] *m fam* Flegel *m,* Rüpel *m,* ungehobelter Klotz *fam*

pilaf [pilaf] *app* GASTR: ***riz*** ~ Pilau *m,* Pilaw *m*

pilage [pilaʒ] *m* [Zer]stampfen *nt,* Zerstoßen *nt*

pilastre [pilastʀ] *m* Pilaster *m*

pile¹ [pil] *f* **1.** (*tas*) Stoß *m;* (*en bon ordre*) Stapel *m;* ■ ~ **de qc** *d'assiettes, de disques, linge, livres* Stoß einer S. (*gen*); (*en bon ordre*) Stapel einer S. (*gen*); *de bois a.* -stoß; **une** ~ ***de livres*** ein Stoß/Stapel Bücher
2. ELEC Batterie *f;* ~ ***solaire*** Solarzelle *f;* ~ ***sèche*** Trockenbatterie; ~ ***atomique*** Atomreaktor *m,* Kernreaktor *m*
3. (*pilier*) Pfeiler *m*
► **à** ~ batteriebetrieben, mit Batterie

pile² [pil] *adv* **1.** (*avec précision*) *arriver, arrêter* genau; (*brusquement*) *arrêter* plötzlich, jäh; (*juste*) *arriver* gerade richtig [*o* rechtzeitig]; **ça tombe** ~! das trifft sich gut!, das kommt wie gerufen!; ***tu es tombé*** ~, ***c'est exactement ce que je voulais*** du hast es [richtig] getroffen, das ist genau, was ich wollte
2. ***à 10/11/... heures*** ~ Punkt [*o* Schlag] 10/11/... Uhr, genau [*o* pünktlich] um 10/11/... Uhr; ***il est 11 heures*** ~! es ist genau [*o* Punkt] 11 Uhr

pile³ [pil] I. *f* ∅ Zahlseite *f* (*einer Münze*), Avers *m*
► **qn joue** [*o* **tire**] **qc à** ~ **ou face** jd entscheidet etw durch Münzenwerfen; ***on va jouer ça à** ~ **ou face!*** wir werfen eine Münze!; ~ **ou face?** Kopf oder Zahl?
II. *app: côté* ~ [***d'une pièce de monnaie***] Zahlseite *f* [einer Münze], Avers *m*

piler <1> [pile] I. *vt* ■ **qn pile qc** jd [zer]stößt [*o* zerkleinert] etw
II. *vi fam* ■ **qn pile** jd tritt [*o* latscht *fam*] voll auf die Bremse

pileux, -euse [pilø, -øz] *adj revêtement* haarig, Haar-; *système* ~ Behaarung *f*

pilier [pilje] *m* **1.** CONSTR Pfeiler *m*
2. (*soutien*) Stütze *f*, Säule *f*
3. RUGBY Stürmer *m* [der ersten Reihe]
◆ **pilier de bistrot** [*o* **bar**] *fam* Kneipenstammgast *m*; ***c'est un ~ de bar*** er hängt die meiste Zeit in der Kneipe *fam*

pillage [pijaʒ] *m* [*région, pays*] Plünderung *f*; [*appartement, magasin a.*] Ausplünderung
▶ **qn met qc au** ~ jd plündert etw aus; *frigidaire, magasin a.* jd plündert etw [leer]; **qc est mis(e)** [*o* **livré(e)**] **au** ~ (*est pillé*) etw wird ausgeplündert; *frigidaire, magasin a.* etw wird [leer] geplündert; (*est détourné*) etw wird unterschlagen [*o* veruntreut]

pillard, e [pijaʀ, jaʀd] **I.** *adj* (*voleur*) *nomades, soldats* plündernd; *oiseaux* diebisch
II. *m, f* Plünderer/Plünderin *m/f*

piller <1> [pije] *vt* **1.** (*mettre à sac*) ■ **qn pille qc** jd plündert etw [aus]
2. (*plagier*) ■ **qn pille qn** jd macht eine [geistige] Anleihe bei jdm; ■ **qn pille qc chez qn** jd plagiiert [*o* stiehlt] etw bei jdm, jd schreibt etw bei jdm ab, jd übernimmt etw von jdm

pilleur, -euse [pijœʀ, -jøz] *m, f* Plünderer/Plünderin *m/f*; ■ ~ (**-euse**) **de** *d'églises* -plünderer/-plünderin; ~ ***de parcmètre*** Parkgroschenplünderer; ~ (***-euse***) ***d'épaves*** Strandräuber(in) *m(f)*

pilon [pilɔ̃] *m* **1.** (*instrument*) Stößel *m*; PHARM Pistill *nt*
2. (*jambe artificielle*) Holzbein *nt*
3. GASTR Keule *f* (*unteres Teilstück einer Geflügelkeule*)
▶ **qn met** [*o* **passe**] **qc au** ~ jd stampft etw ein

pilonnage [pilɔnaʒ] *m* (*de l'aviation*) [pausenlose] Bombardierung, [pausenloses] Bombardieren; (*de l'artillerie*) Trommelfeuer *nt*

pilonner <1> [pilɔne] *vt* **1.** MIL ■ **qn/qc pilonne qc** jd/etw nimmt etw unter [Trommel]feuer, jd/etw nimmt etw pausenlos unter Beschuss; */aviation, pilote/* jd/etw bombardiert etw pausenlos
2. (*écraser au pilon*) ■ **qn pilonne qc** *plante séchée* jd zerstampft [*o* zerkleinert] etw

pilori [pilɔʀi] *m* Pranger *m*
▶ **qn cloue** [*o* **met**] **qn/qc au** ~ jd stellt jdn/etw an den Pranger, jd prangert jdn/etw an

pilosité [pilozite] *f* Behaarung *f*, Behaartheit *f*

pilotage [pilɔtaʒ] *m* Steuerung *f*; [*avion a.*] Führung *f*; [*auto a.*] Fahren *nt*
▶ **du** ~ **à vue** POL Politik *f* der kleinen Schritte; ~ **automatique** automatische Steuerung; **qn met** [*o* **enclenche**] **le** ~ **automatique** *fam* jd geht auf Sparflamme *fam*
◆ **pilotage sans visibilité** Blindflug *m*, Instrumentenflug *m*

pilote [pilɔt] **I.** *app* ■ [-]~ **1.** (*qui ouvre la voie*) Modell-; *projet, essai a.* Pilot-; (*expérimental*) Versuchs-; (*exemplaire*) Muster-
2. COM besonders günstig; *prix a.* Billig-
3. CHEMDFER, NAUT *bateau, navire* Lotsen-; *locomotive* Kontroll-
II. *m* **1.** AVIAT Pilot(in) *m(f)*, Flugzeugführer(in) *m(f)*; AUT [Renn]fahrer(in) *m(f)*; NAUT Lotse/Lotsin *m/f*
2. (*guide*) Führer(in) *m(f)*
3. INFORM Treiber *m*
▶ ~ **automatique** AVIAT, NAUT Autopilot *m*; [*navire a.*] Sollkurseinsteller *m*; **qn met** [*o* **enclenche**] **le** ~ **automatique** *fam* jd geht auf Sparflamme *fam*; ~ **automobile** [Auto]rennfahrer(in) *m(f)*; **qn sert de** ~ **à qn** jd dient jdm als Führer(in), jd führt jdn
◆ **pilote de course** Rennfahrer(in) *m(f)*; **pilote de ligne** Pilot(in) *m(f)* einer Verkehrsmaschine [*o* Linienmaschine]; **pilote d'essai** Testpilot(in) *m(f)*

piloter <1> [pilɔte] *vt* **1.** ■ **qn pilote qc** *avion* jd fliegt [*o* steuert] etw; *navire* jd lotst etw; *voiture* jd fährt [*o* lenkt] etw
2. (*guider*) ■ **qn pilote qn** jd führt jdn; ■ **qc est piloté(e) par qn** POL etw wird von jdm geführt
3. INFORM ■ **qn/qc pilote qc** jd/etw steuert etw

pilotis [pilɔti] *m* Pfahlwerk *nt*, Pfahlrost *nt*
▶ **sur** ~ auf Pfählen

pilule [pilyl] *f* PHARM Pille *f*; ■ **la** ~ die [Antibaby]pille *fam*
▶ **la** ~ **est amère** das ist eine bittere Pille *fam*; **la** ~ **est dure à avaler** das ist [für jdn] eine bittere Pille *fam*; **qn avale la** ~ jd schluckt es *fam*; **qn doit** [*o* **est obligé(e) d'**]**avaler la** ~ jd muss in den sauren Apfel beißen *fam*, jd muss die [bittere] Pille schlucken *fam*; **qn dore la** ~ **à qn** jd versüßt jdm die bittere Pille *fam*; **qn prend la** ~ jd nimmt die Pille; **qn prend la/une** ~ *fam* jd steckt eine Schlappe ein *fam*

pimbêche [pɛ̃bɛʃ] *f* eingebildetes Frauenzimmer [*o* Ding] *fam*, eingebildete Pute *fam*

piment [pimɑ̃] *m* **1.** GASTR scharfe Paprikaschote, Peperoni *f*
2. *fig* (*piquant*) Würze *f*
▶ ~ **doux** Paprika *f*; ~ **rouge** scharfe Paprikaschote, Peperoni *f*; **qc a du** ~ etw hat Würze; **qc donne du** ~ **à qc** etw gibt [*o* verleiht] einer S. (*dat*) [eine gewisse] Würze; **qn trouve du** ~ **à qc** jd findet etw reizvoll
◆ **piment en poudre** Cayennepfeffer *m*

pimenté, e [pimɑ̃te] *adj* **1.** *plat, sauce* scharf [*o* kräftig] gewürzt, pikant
2. *anecdote, plaisanterie, récit* pikant, würzig; ■ ~ **de qc** gewürzt mit etw

pimenter <1> [pimɑ̃te] *vt* **1.** GASTR ■ **qn pimente qc** jd würzt etw scharf [*o* kräftig]
2. (*assaisonner*) ■ **qn pimente qc** jd verleiht einer S. (*dat*) [eine gewisse] Würze; ■ **qn pimente qc de qc** jd würzt etw mit etw

pimpant, e [pɛ̃pɑ̃, ɑ̃t] *adj* (*élégant*) hochelegant, schick; (*coquet*) verführerisch

pimprenelle [pɛ̃pʀənɛl] *f* Pimpinelle *f*, Pimpernell *m*

pin [pɛ̃] *m* Kiefer *f*
▶ ~ **cembro** Zirbelkiefer *f*; ~ **maritime** Strandkiefer *f*, Seekiefer *f*; ~ **parasol** Schirmpinie *f*; ~ **sylvestre** Gemeine Kiefer, Föhre *f*; **de** [*o* **en**] ~ aus Kiefer[nholz]

pinacle [pinakl] *m* ▶ **qn est au** ~ *littér* jd ist auf dem Gipfel [*o* Höhepunkt] [angelangt]; **qn porte qn au** ~ *littér* jd lobt jdn überschwänglich, jd hebt jdn in den Himmel *fam*

pinaillage [pinɑjaʒ] *m fam* Kleinigkeitskrämerei *f*, Haarspalterei *f*

pinailler <1> [pinɑje] *vi fam* ■ **qn pinaille** jd reitet auf Kleinigkeiten herum *fam*; ■ **qn pinaille sur qc** jd nörgelt [*o* krittelt] an etw (*dat*) herum *fam*

pinailleur, -euse [pinɑjœʀ, -jøz] **I.** *adj fam* kleinlich, pingelig *fam*
II. *m, f fam* (*pointilleux*) Kleinkrämer(in) *m(f)*; (*chicaneur*) Nörgler(in) *m(f)*, Krittler(in) *m(f)*

pinard [pinaʀ] *m fam* Wein *m*

pince [pɛ̃s] *f* **1.** TECH Zange *f*; MED Pinzette *f*; (~ *à cheveux*) Klammer *f*, Klemme *f*; ■ ~ **à** *glace, sucre* -zange; ~ ***à cheveux*** Haarklammer; ~ ***à ongles*** Nagelknipser *m*
2. ZOOL Schere *f*, Zange *f*
3. COUT Abnäher *m*; ***pantalon à ~s*** Bundfaltenhose *f*
4. *fam* (*main*) Flosse *f fam*, Klaue *f sl*
5. (*levier*) Stemmeisen *nt*
▶ ~ **coupante** Beißzange *f*; ~ **universelle** Kombizange *f*; **qn serre la** ~ **à qn** *fam* jd schüttelt jdm die Flosse *fam*; **à ~s** *fam* per pedes, auf Schusters Rappen *hum*
◆ **pince à dénuder** Abisolierzange *f*; **pince à épiler** Pinzette *f*; **pince à linge** Wäscheklammer *f*

pincé, e [pɛ̃se] *adj* **1.** (*hautain*) selbstgefällig; (*contraint*) steif; *sourire* gezwungen; (*mécontent*) *ton* spitz
2. *nez, narines* schmal; *lèvres a.* zusammengekniffen
3. MUS gezupft; ***instrument à cordes ~es*** Zupfinstrument *nt*

pinceau <x> [pɛ̃so] *m* **1.** ART, TECH Pinsel *m*
2. OPT: ~ ***lumineux*** [*o* ***de lumière***] Lichtbündel *nt*
3. *fam* (*pied*) Flosse *f fam*
▶ **qn se mélange** [*o* **s'emmêle**] **les ~x** [**dans qc**] *fam* (*se prend les pieds*) jd stolpert [über etw (*akk*)]; **qn se mélange** [*o* **s'emmêle**] **les ~x** *fam* (*s'embrouille*) jd bringt alles durcheinander, jd vertut sich

pincée [pɛ̃se] *f* Prise *f*, Messerspitzevoll *f*; ■ **une** ~ **de ...** *de poivre, tabac* eine Prise ...; ***une ~ de sel*** eine Prise Salz

pincement [pɛ̃smɑ̃] *m* **1.** [*lèvres, narines*] Zusammenkneifen *nt*
2. MUS Zupfen *nt*
3. [*branches, bourgeons*] Abknipsen *nt*, Abschneiden *nt*
▶ **avec un** [**petit**] ~ **au cœur** mit schwerem Herzen, schweren Herzens; ***c'est avec un ~ au cœur qu'elle a appris ...*** es tat ihr in der Seele weh [*o* es gab ihr einen Stich [ins Herz]], als sie erfuhr ...; **qn a eu un** [**petit**] ~ **au cœur** es gab jdm einen [kleinen] Stich

pince-monseigneur <~s-~> [pɛ̃smɔ̃sɛɲœʀ] *f* Brecheisen *nt*, Brechstange *f* **pince-nez** <~-~> [pɛ̃sne] *m* Kneifer *m*, Zwicker *m*

pincer <2> [pɛ̃se] **I.** *vt* **1.** (*serrer accidentellement*) ■ **qn pince qc dans qc** *doigt, manteau* jd klemmt etw in etw (*dat*) ein; ***tu m'as pincé le doigt dans la portière!*** du hast mir den Finger in der Tür [ein]geklemmt!; ■ **qn se fait** ~ [**qc**] **par un animal** *par un crabe, une écrevisse* jd wird von einem Tier [in etw (*dat*)] gezwickt; ***il s'est fait ~ le doigt par un crabe*** ein Krebs hat ihn in den Finger gezwickt
2. (*serrer volontairement*) ■ **qn/un animal pince qn** jd/ein Tier zwickt jdn, jd kneift jdn; ■ **qn/un animal lui pince qc** *joue, bras, jambe* jd kneift jdm in etw (*akk*), ein Tier zwickt jdn in etw (*akk*)
3. (*serrer fortement*) ■ **qn pince qc** *bouche, lèvres* jd kneift [*o* presst] etw zusammen; *nez* jd hält etw zu; ■ **qc lui pince qc**: ***cette robe lui pince bien la taille*** dieses Kleid liegt eng an ihrer Taille an
4. *fam* (*arrêter*) ■ **qn pince qn** jd nimmt jdn fest, jd schnappt jdn *fam*; ■ **qn se fait** ~ [**par qn**] (*se fait prendre*) jd wird [von jdm] ertappt [*o* erwischt] *fam*; (*se fait arrêter*) jd wird [von jdm] festgenommen [*o* geschnappt *fam*]
5. MUS ■ **qn pince qc** jd zupft etw
6. COUT ■ **qn pince qc** jd näht etw ab, jd macht [einen] Abnäher an etw (*akk*)
7. AGR ■ **qn pince qc** *branches, bourgeons* jd knipst [*o* schneidet] etw ab
II. *vpr* **1.** (*accidentellement*) ■ **qn se pince** jd quetscht sich; ■ **qn se pince qc** jd quetscht sich (*dat*) etw, jd klemmt sich (*dat*) etw ein; ***il s'est pincé le doigt en fermant la porte*** er hat sich den Finger eingeklemmt, als er die Tür schloss
2. (*volontairement*) ■ **qn se pince** jd kneift [*o* zwickt] sich
3. (*froncer*) ■ **qn se pince qc** *nez* jd hält sich (*dat*) etw zu
III. *vi* **1.** (*serrer*) ■ **qc pince** etw greift; ■ **un animal pince** ein Tier zwickt
2. ■ **qc pince** */bise, froid/* etw beißt [*o* schneidet], etw ist beißend
▶ **qn en pince pour qn** *fam* jd ist in jdn verknallt *fam*; **ça pince** [**dur**] *fam* es ist eisig [*o* bitter] kalt

pince-sans-rire [pɛ̃ssɑ̃ʀiʀ] **I.** *mf inv*: ***c'est un/une ~-~-~*** er/sie hat einen trockenen Humor, er/sie macht gerne trockene Witze
II. *adj inv air* unbewegt; *ton* trocken

pincette [pɛ̃sɛt] *f* **1.** *pl* (*grande pince*) Feuerzange *f*
2. [*horloger*] Pinzette *f*
▶ **qn/qc n'est pas à prendre avec des ~s** *fam* (*est très sale*) jdn/etw möchte man nicht einmal mit der Zange anfassen *fam*; **qn n'est pas à prendre avec des ~s** *fam* (*est de très mauvaise humeur*) jd ist mit Vorsicht zu genießen

pinçon [pɛ̃sɔ̃] *m* blauer Fleck, Quetschfleck *m*

pinède [pinɛd] *f* Kiefernwald *m*, Pinienwald *m*

pingouin [pɛ̃gwɛ̃] *m* Pinguin *m*; (*oiseau arctique*) Alk *m*

ping-pong [piŋpɔ̃g] *m* Tischtennis *nt*; (*en amateur a.*) Pingpong *nt*

pingre [pɛ̃gʀ] **I.** *adj fam* knaus[e]rig *fam*, knick[e]rig *fam*
II. *mf fam* Geizkragen *m fam*, Knauser(in) *m(f) fam*
pingrerie [pɛ̃gʀəʀi] *f fam* Knauserei *f*, Knaus[e]rigkeit *f*, Knick[e]rigkeit *f*
pin-pon [pɛ̃pɔ̃] *interj* tatütata
pin's [pins] *m inv* Anstecker *m*, Pin *m*
pinson [pɛ̃sɔ̃] *m* Buchfink *m*
▸ **gai(e) comme un** ~ quietschvergnügt *fam*, kreuzfidel *fam*
pintade [pɛ̃tad] *f* Perlhuhn *nt*
pintadeau <x> [pɛ̃tado] *m* junges Perlhuhn
pinte [pɛ̃t] *f* Pinte *f* (*altes Flüssigkeitsmaß*), Pint [paint] *nt* (*englisches Hohlmaß*)
▸ **qn se paie une ~ de bon sang** *fam* jd amüsiert sich köstlich
pinter <1> [pɛ̃te] **I.** *vpr pop:* ***qn se pinte [la gueule]*** jd lässt sich voll laufen *fam*
II. *vi pop* ■ **qn pinte** jd säuft [sich voll] *fam;* ■ **[qn est] pinté(e)** jd ist besoffen [*o* voll] *fam*
pin up [pinœp] *f inv* Pin-up-Girl [pɪnˀapgøːɐl] *nt*
pioche [pjɔʃ] *f* **1.** (*outil*) [Kreuz]hacke *f;* ***à coups de*** ~ mit einer Hacke
2. JEUX [*domino*] Stoß *m;* [*cartes a.*] [Karten]stock *m*
piocher <1> [pjɔʃe] **I.** *vt* **1.** (*creuser*) ■ **qn pioche qc** jd hackt etw auf
2. *fam* (*étudier*) ■ **qn pioche qc** jd paukt [*o* büffelt] etw *fam*
3. JEUX ■ **qn pioche qc** jd zieht [*o* nimmt] etw [aus dem Stoß [*o* vom Haufen]]
4. (*dénicher*) ■ **qn pioche qc quelque part** *renseignement* jd fischt [*o* pickt] etw irgendwo heraus *fam; document* jd treibt etw irgendwo auf *fam*
II. *vi* **1.** (*creuser*) ■ **qn pioche** jd hackt, jd arbeitet mit der Hacke, jd gräbt [mit der Hacke]
2. *fam* (*bûcher*) ■ **qn pioche** jd büffelt *fam*, jd paukt *fam*
3. JEUX ■ **qn pioche** jd zieht [eine Karte vom Stoß], jd nimmt [eine Karte vom Stoß] auf; (*prend un domino*) jd zieht [einen Dominostein aus dem Stoß]
4. *fam* (*retirer*) ■ **qn pioche quelque part** *dans ses économies* jd nimmt von etw; *dans le tas* (*hors-d'œuvre*) jd bedient sich von etw; (*livres*) jd greift aus etw heraus; ***il n'y a qu'à ~ dans le tas!*** greifen Sie nur zu!
piolet [pjɔlɛ] *m* Pickel *m*
pion [pjɔ̃] *m* **1.** JEUX Stein *m;* ECHECS Bauer *m*
2. (*personne manœuvrée*) Schachfigur *f*
▸ **qn n'est qu'un ~ sur l'échiquier** jd ist nur eine einfache Schachfigur; **qn dame le ~ à qn** jd läuft jdm den Rang ab, jd sticht jdn aus
pion, ne [pjɔ̃, pjɔn] *m, f fam* SCOL Aufseher(in) *m(f)*, Aufsichtführende(r) *f(m)*, Aufpasser(in) *m(f) pej*
pioncer <2> [pjɔ̃se] *vi fam* ■ **qn pionce** jd pennt *fam*
pionnier, -ière [pjɔnje, -jɛʀ] **I.** *m, f* **1.** (*novateur*) [*recherche, médecine, aviation*] Pionier(in) *m(f);* [*progrès a., idées*] Wegbereiter(in) *m(f);* ***qn joue les ~s*** jd bahnt den Weg, jd leistet die Vorarbeit
2. (*défricheur*) Pionier(in) *m(f)*
II. *adj* bahnbrechend
pipe [pip] *f* Pfeife *f*
▸ **qn casse sa ~** *fam* jd kratzt ab *sl*, jd beißt ins Gras *fam;* **qn fait** [*o* **taille**] **une ~ à qn** *vulg* jd bläst jdm einen *vulg;* **qn se fend la ~** *fam* jd lacht sich kaputt [*o* schief] *fam;* **qn fume la ~** jd raucht Pfeife
◆ **pipe de bruyère** Bruyèrepfeife *f;* **pipe en terre** Tonpfeife *f*
pipeau <x> [pipo] *m* **1.** MUS (*chalumeau*) Hirtenflöte *f*
2. (*appeau*) Lockpfeife *f*
▸ **c'est du ~** *fam* das ist nur Nepp *fam*
pipelette [piplɛt] *f fam* (*personne indiscrète*) Klatschtante *f fam*, Tratsche *f fam;* (*personne bavarde*) Quasselstrippe *f fam*, Quasseltante *f fam*
pipeline [piplin] *m* Pipeline ['paiplain] *f*
piper <1> [pipe] **I.** *vi* ■ **qn ne pipe pas** jd sagt keinen Ton, jd hält den Mund *fam*, jd macht den Mund nicht auf *fam*
II. *vt* ■ **qn pipe qc** *dés* jd fälscht etw; *cartes a.* jd zinkt etw
pipette [pipɛt] *f* Pipette *f*
pipi [pipi] *m fam surtout enfantin* Pipi *nt fam*
▸ **c'est du ~ de chat** das ist ziemlich dünn [*o* dürftig]; (*boisson*) das ist das reinste [*o* das schmeckt wie] Spülwasser [*o* Abwaschwasser]; **qn fait ~** jd macht Pipi *Kindersprache;* **qn/un animal fait ~ [quelque part]** jd/ein Tier pinkelt [irgendwohin] *fam*
pipi-room <~-~s> [pipiʀum] *m hum fam* Klo *nt fam*
piquage [pikaʒ] *m* COUT Nähen *nt* [*o* Steppen *nt*] [mit der Maschine], Maschinennähen
piquant, e [pikɑ̃, ɑ̃t] **I.** *adj* **1.** *joue, plante, tige* stach[e]lig; *barbe a.* kratzig; *rose* dornig
2. GASTR *moutarde, radis* scharf; *odeur a.* stechend; *goût, sauce a.* pikant
3. *air, bise, froid* schneidend
4. *littér conversation, description, détail, style* anregend, prickelnd, pikant; (*cocasse*) amüsant, reizvoll; ■ **il est ~ de faire qc** *constater, découvrir* es ist amüsant, etw zu tun
5. *littér beauté, charme, personne* reizvoll, anziehend
6. *littér mot, réplique, remarque, allusion, trait* spitz, bissig
II. *m* **1.** (*épine*) Stachel *m;* [*rosier*] Dorn *m*
2. (*agrément*) ■ **le ~ de qc** der Reiz einer S. (*gen*)
▸ **le ~ de l'histoire, c'est que** + *indic* das Amüsante [*o* Witzige] an der Geschichte ist, dass; **qc a du ~** */récit, livre/* etw hat seinen Reiz; **qn donne du ~ à qc** *à un sujet, une histoire* jd macht etw interessant; **qc ne manque pas de ~** etw hat seinen [besonderen] Reiz
pique [pik] **I.** *f* **1.** (*arme*) Pike *f*, Spieß *m;* [*picador*] Lanze *f*
2. (*parole blessante*) bissige [*o* spitze] Bemerkung, Stichelei *f*
▸ **qn envoie** [*o* **lance**] **une ~/des ~s [à qn]** jd macht [jdm gegenüber] eine bissige [*o* spitze] Bemerkung/bissige [*o* spitze] Bemerkungen, jd wirft jdm eine bissige [*o* spitze] Bemerkung/bissige [*o* spitze] Bemerkungen an den Kopf, jd stichelt [gegen jdn]
II. *m* CARTES Pik *nt*, Schippe *f;* ***valet/as de ~*** Pikbauer *m*/Pikass *nt*
piqué, e [pike] **I.** *adj* **1.** (*marqué de trous/taches*) *bois* wurmstichig; *papier* stockfleckig, schimmelfleckig; *glace* fleckig; ■ **~ de/par qc:** ***~ de moisissures/ de rouille*** schimmel-/rostfleckig; ***fer ~ par la rouille*** Eisen *nt* voller Roststellen; ***~ par l'acide*** von Säure zerfressen [*o* durchlöchert]; ***~ de taches de rousseur*** sommersprossig, mit Sommersprossen übersät
2. (*aigri*) ■ **[qc est] ~** */vin/* [etw ist] sauer [*o* umgeschlagen]; */aliments/* etw hat einen Stich *fam*
3. *fam* (*fou*) bekloppt *fam;* ■ **qn est ~** jd spinnt *fam*, jd hat einen Stich *fam*
4. MUS staccato [gespielt]
5. COUT gesteppt, mit Steppstich [verziert]
II. *m* COUT Pikee *m;* ***gilet/ collerette de ~*** Pikeeweste *f*/-kragen *m*, Steppweste *f*/-kragen *m*
▸ **en ~** AVIAT im Sturzflug
pique-assiette <~-~[s]> [pikasjɛt] *mf fam* Schmarotzer(in) *m(f)*, Nassauer(in) *m(f) fam* **pique-feu** [pikfø] *m inv* Schüreisen *nt*, Schürhaken *m* **pique-fleurs** [pikflœʀ] *m inv* Blumenstecker *m* **pique-nique** <~-~s> [piknik] *m* Picknick *nt* **pique-niquer** <1> [piknike] *vi* ■ **qn pique-nique** jd macht [ein] Picknick, jd picknickt **pique-niqueur, -euse** <~-~s> [piknikœʀ, -øz] *m, f* jemand, der picknickt; jemand, der [ein] Picknick macht; ***les ~-~s*** die Leute, die picknicken
piquer <1> [pike] **I.** *vt* **1.** (*faire une piqûre*) ■ **qn/un animal/qc pique qn quelque part** jd/ein Tier/etw sticht jdn irgendwohin; */serpent, puce/* ein Tier beißt jdn irgendwohin; ***la guêpe m'a piqué au bras*** die Wespe hat mich in den Arm gestochen; ■ **qn/un animal/qc lui pique qc** *le bras* jd/ein Tier/etw sticht jdm in etw (*akk*); ■ **qn/un animal pique qn/qc [avec qc]** jd/ein Tier sticht jdn [mit etw]/sticht [mit etw] in etw (*akk*); ***piquez le fond de la tarte [avec une fourchette]*** den Tortenboden mit einer Gabel einstechen; ■ **qn se fait ~ [par un animal]** jd wird [von einem Tier] gestochen
2. (*vacciner*) ■ **qn se fait ~/fait ~ qn contre qc** jd lässt sich/lässt jdn gegen etw impfen
3. (*donner la mort*) ■ **qn fait ~ un animal** jd lässt ein Tier einschläfern
4. (*fixer avec une pointe*) ■ **qn pique qc quelque part** *insecte* jd spießt etw irgendwo auf; *photo, poster* jd heftet [*o* pinnt *fam*] etw an etw (*akk*)
5. (*prendre avec qc de pointu*) ■ **qn pique qc [avec qc]** *frite, olive, botte de paille* jd spießt etw [mit etw] auf, jd sticht [mit etw] in etw (*akk*) [hinein]
6. (*enfoncer par le bout*) ■ **qn pique qc dans qc** *aiguille, épingle, fleur, parasol* jd steckt etw in etw (*akk*)
7. (*picoter*) ■ **qc pique qn** */barbe, tissu/* etw kratzt [*o* juckt] jdn; ■ **qc [lui] pique qc** */liquide, moutarde, radis/* etw brennt [jdm] in etw (*dat*); */fumée a./* etw beißt [jdm] in etw (*dat*); ***la laine me pique la peau*** die Wolle kratzt auf meiner Haut; ***les orties lui ont piqué les jambes*** er hat sich die Beine an den Nesseln verbrannt; ***le froid pique le visage*** die Kälte schneidet ins Gesicht [*o* brennt im Gesicht]; ***attention, ça va te ~!*** pass auf, das brennt!
8. GASTR ■ **qn pique qc** jd sticht etw ein; ■ **qn pique qc de qc** *d'ail, de lardons* jd spickt etw mit etw
9. COUT ■ **qn pique qc** jd näht etw [mit der Nähmaschine], jd steppt etw [ab]
10. (*exciter*) ■ **qn/qc pique qc** *amour-propre* jd/etw spornt [*o* stachelt] etw an; *curiosité, intérêt* jd/etw weckt etw
11. *fam* (*faire brusquement*) ■ **qn pique qc:** ***qn pique un cent mètres*** jd startet zu einem Sprint, jd legt einen Spurt ein; ***qn pique une colère*** [*o* ***crise***] jd kriegt einen Wutanfall [*o* Koller] *fam*, jd flippt aus *fam;* ***qn pique un fard*** jd läuft rot an, jd kriegt einen knallroten Kopf *fam;* ***qn pique un somme*** [*o* ***roupillon***] jd macht ein Nickerchen *fam;* ***qn pique une suée*** jd kriegt einen Schweißausbruch *fam;* ***qn pique une tête*** jd macht einen Kopfsprung; ***qn pique une crise de larmes*** jd bricht in Tränen aus
12. *fam* (*attraper*) ■ **qn pique qc** *manie* jd nimmt etw an; *accent a.* jd schnappt etw auf; *maladie* jd holt sich (*dat*) etw, jd fängt sich (*dat*) etw
13. *fam* (*voler*) ■ **qn pique qc [à qn]** jd klaut [jdm] etw *fam;* ***je te pique ton stylo*** ich klau dir kurz *fam* [*o* ich nehme kurz] deinen Stift
14. *fam* (*arrêter*) ■ **qn pique qn** jd schnappt jdn *fam;* (*attraper*) jd erwischt jdn; ■ **qn se fait ~** jd wird geschnappt *fam;* (*être attrapé*) jd wird erwischt
15. MUS ■ **qn pique qc** jd spielt etw staccato
II. *vi* **1.** (*faire une piqûre*) ■ **qc/un animal pique** etw/ein Tier sticht; */serpent/* ein Tier beißt
2. (*descendre*) ■ **qc/un animal pique sur** [*o* **vers**] **qc** etw/ein Tier geht im Sturzflug [*o* stürzt] auf etw (*akk*) nieder
3. (*se diriger*) ■ **qn pique sur** [*o* **vers**] **qn/qc** jd geht/fährt schnurstracks auf jdn/etw zu, jd steuert [geradewegs] auf jdn/etw zu
4. (*irriter un sens*) ■ **qc pique** */fumée, ortie/* etw brennt; */moutarde, radis a./* etw ist scharf; */barbe, tissu/* etw kratzt; */froid, vent/* etw ist schneidend; */eau gazeuse/* etw prickelt
III. *vpr* **1.** (*se blesser*) ■ **qn se pique [à/avec/dans qc]** *avec une aiguille* jd sticht sich [mit etw]; *avec un rosier* jd sticht sich [an etw (*dat*)]; *avec des orties* jd verbrennt sich [an etw (*dat*)]
2. (*se faire une injection*) ■ **qn se pique** jd spritzt sich; */drogué/* jd spritzt *sl*, jd fixt *sl;* ■ **qn se pique à qc** jd spritzt [*o* injiziert] sich (*dat*) etw; */drogué/* jd spritzt etw *sl*
3. (*se couvrir de taches*) ■ **qc se pique** */linge, livre/* etw wird [stock]fleckig, etw bekommt Stockflecken; */métal/* etw bekommt Rostflecken; */miroir/* etw wird fleckig
4. (*s'aigrir*) ■ **qc se pique** etw wird sauer, etw schlägt um
5. *littér* (*se glorifier*) ■ **qn se pique de qc** *d'esprit, d'honneur, de vertu* jd rühmt sich einer S. (*gen*); *de littérature, poésie* jd bildet sich (*dat*) ein etwas von etw zu verstehen; ■ **qn se pique de faire qc** jd rühmt sich etw zu tun
piquet [pikɛ] *m* **1.** (*pieu*) [*parc*] Pflock *m*, Hering *m;* SKI Absteckstange *f*, Torstange *f;* ***~ de tente*** Hering, Zeltpflock
2. (*groupe de surveillance*): ***~ de grève*** Streikposten *m;* ***~ d'incendie***

Brandwache *f;* ~ ***de cavalerie*** in Bereitschaft stehende Kavallerieeinheit
3. SCOL *vieilli* In-die-Ecke-stellen *nt*
▸ **droit(e)** [*o* **raide**] **comme un** ~ [steif] wie ein Stock, stocksteif *fam;* [**qn est/reste**] **planté(e) comme un** ~ *fam* [jd steht da] wie angewurzelt [*o* wie ein Ölgötze *fam*]/jd bleibt wie angewurzelt stehen; ***ne reste pas là planté comme un*** ~! steh nicht [da]rum wie ein Ölgötze! *fam;* **qn met qn au** ~ SCOL *vieilli* jd stellt jdn in die Ecke; **qn va au** ~ SCOL *vieilli* jd geht [*o* stellt sich] in die Ecke
piquetage [piktaʒ] *m* Abstecken *nt* [mit Pflöcken]
piqueter <3> [pikte] *vt* **1.** (*jalonner*) ■ **qn piquette qc** jd steckt etw [mit Pflöcken] ab
2. (*moucheter*) ■ **qc piquette qc** */coquelicots/* etw bedeckt etw; ***des étoiles piquettent le ciel*** der Himmel ist mit Sternen übersät; ■ **qc est piqueté(e) de qc** */ciel/* etw ist mit etw übersät; */pelage, robe a./* etw ist mit etw gesprenkelt
piquette [pikɛt] *f* **1.** *péj* (*mauvais vin*) Krätzer *m*
2. *fam* (*défaite cuisante*) [vernichtende] Niederlage, Schlappe *f fam*
▸ **qn prend** [*o* **ramasse**] **une** ~ *fam* jd muss eine Schlappe einstecken *fam*
piqueur, -euse [pikœʀ, -øz] **I.** *adj insecte* stechend
II. *m* **1.** (*domestique*) Stallbursche *m;* CHASSE Pikör *m*
2. MIN Hauer *m*
III. *m, f* COUT [*chaussures*] Stepper(in) *m(f);* [*vêtements*] Näher(in) *m(f)*
piqûre [pikyʀ] *f* **1.** (*blessure*) [*épingle, guêpe, moustique*] Stich *m;* [*ortie*] Quaddel *f;* [*serpent*] Biss *m;* ■ ~ **de** *de guêpe, moustique, d'épingle* -stich; *de serpent* -biss; *d'amour-propre, d'orgueil* Verletzung *f* [*o* Kränkung *f*] + *gen;* ***c'était pour lui une*** ~ ***d'orgueil*** er war [*o* fühlte sich] in seinem Stolz verletzt [*o* gekränkt]
2. MED Spritze *f,* Injektion *f;* ■ ~ **de** *d'insuline, de morphine* -spritze, -injektion
3. [*miroir*] Fleck *m;* [*papier a.*] Stockfleck; [*métal*] [Rost]fleck
4. [*bois*] Loch *nt;* ~ ***de ver*** Wurmstich *m*
5. COUT (*point*) Steppstich *m;* (*succession de points*) Steppnaht *f*
▸ **qn fait une** ~ **à qn** jd gibt jdm eine Spritze [*o* Injektion]; **qn se fait faire une** ~ jd lässt sich (*dat*) eine Spritze geben
piranha [piʀana] *m* Piranha *m*
piratage [piʀataʒ] *m* Piraterie *f;* ~ ***informatique/industriel*** Software-/Produktpiraterie [ˈzɔftvɛːɐ-, ˈsɔftwæːə-]; ~ ***de vidéocassettes*** Videopiraterie
pirate [piʀat] **I.** *app bateau, émetteur, émission, radio, station* Piraten-; *publicité* illegal; ***édition*** ~ Raubdruck *m;* ***disque*** ~ Raubpressung *f;* ***enregistrement*** ~ Raubkopie *f*
II. *m* NAUT Pirat *m,* Seeräuber *m*
III. *mf* (*escroc*) Ausbeuter(in) *m(f),* Halsabschneider(in) *m(f) fam*
◆ **pirate de l'air** Luftpirat(in) *m(f);* **pirate de la route** Straßenräuber(in) *m(f);* **pirate du rail** Zugräuber(in) *m(f)*
pirater <1> [piʀate] *vt* ■ **qn pirate qc** *logiciel* jd kopiert etw illegal, jd macht eine Raubkopie von etw; *œuvre a.* jd macht einen Raubdruck von etw; ■ [**qc est**] **piraté(e)** */disque, logiciel/* [etw ist] illegal kopiert; ***logiciel piraté*** Raubkopie *f*
piraterie [piʀatʀi] *f* **1.** NAUT Seeräuberei *f,* Piraterie *f*
2. (*escroquerie*) Ausbeutung *f,* Betrug *m,* Wucherei *f*
▸ ~ **aérienne** Luftpiraterie *f*
pire [piʀ] **I.** *adj comp, superl de* **mauvais** **1.** *comp* schlimmer; ***il n'y a rien de*** ~ es gibt nichts Schlimmeres; ***j'ai entendu*** ~ ich habe Schlimmeres gehört; ■ **qn/qc est** ~ **que qn/qc** jd/etw ist schlimmer als jd/etw; ***rien de*** ~ ***que*** nichts Schlimmeres als
2. *superl* ■ **le/la** ~ der/die/das Schlimmste
▸ **de** ~ **en** ~ immer schlimmer; ~ **que ça!** noch [*o* viel] schlimmer; ~ **que jamais** schlimmer denn je [*o* als je zuvor], so schlimm wie noch nie; ***la situation économique est*** ~ ***que jamais*** die wirtschaftliche Situation war noch nie so schlecht; ~ **que tout** schlimmer, als man es sich vorstellen kann
II. *m* (*la plus mauvaise chose*) ■ **le** ~ das Schlimmste; ***le*** ~ ***de tout, c'est que*** + *indic* das Allerschlimmste [daran] ist, dass
▸ **le** ~ **n'est pas toujours sûr** man muss nicht immer mit dem Schlimmsten rechnen, man muss nicht alles schwarz sehen; **qc est bien** [*o* **cent fois**] ~ **que qc** etw ist weitaus [*o* viel] [*o* hundertmal *fam*] schlimmer als etw; **qn s'attend au** ~ jd rechnet mit dem Schlimmsten; **le** ~**, c'est que** + *indic* das Schlimmste [daran] ist, dass; **au** ~ schlimmstenfalls
piriforme [piʀifɔʀm] *adj* birnenförmig
pirogue [piʀɔg] *f* Piroge *f,* Einbaum *m*
pirouette [piʀwɛt] *f* **1.** [*danseur, acrobate, cheval*] Pirouette *f*
2. (*volte-face*) Kehrtwendung *f,* Meinungsänderung *f*
▸ **qn fait des** ~**s** jd ändert dauernd seine Meinung; **qn répond** [*o* **s'en tire**] **par une** ~ jd antwortet ausweichend, jd redet [*o* windet] sich heraus
pirouetter <1> [piʀwete] *vi* (*virevolter*) ■ **qn pirouette** jd dreht sich herum; */danseur, cheval, patineuse/* jd pirouettiert, jd dreht eine Pirouette; ***une lame a fait*** ~ ***la barque*** die Welle wirbelte das Boot herum
pis[1] [pi] *m* Euter *nt*
pis[2] [pi] **I.** *adj comp de* **mal** *inv littér* (*plus mal*) schlimmer; ■ ~ **que qc** schlimmer als etw
▸ **qui** ~ **est** *vieilli* was noch schlimmer ist
II. *adv* ▸ **qn dit** ~ **que pendre de qn/qc** jd lässt kein gutes Haar an jdm/etw; **de** ~ [**si**] [es ist] halb so schlimm[, wenn], macht nichts[, wenn]; **tant** ~ **pour qn/qc** [es ist] halb so schlimm, was jdn/etw betrifft; **tant** ~ **pour qn** (*bien fait*) geschieht jdm recht; (*dommage*) Pech für jdn; ***tant*** ~ ***pour toi!*** dein Pech!
III. *m littér* ■ **le** ~ das Schlimmste
▸ **au** ~ schlimmstenfalls
pis-aller [pizale] *m inv* Notlösung *f,* Notbehelf *m*
piscicole [pisikɔl] *adj* Fischzucht-
pisciculteur, -trice [pisikyltœʀ, -tʀis] *m, f* Fischzüchter(in) *m(f)*
pisciculture [pisikyltyʀ] *f* Fischzucht *f*
piscine [pisin] *f* Schwimmbad *nt;* ~ ***couverte*** Hallen[schwimm]bad; ~ ***découverte*** [*o* ***en plein air***] Freibad *nt*
◆ **piscine à vagues** Wellenbad *nt*
piscivore [pisivɔʀ] **I.** *adj* Fisch fressend
II. *m* Fischfresser *m*
pisse [pis] *f vulg* Pisse *f sl*
pisse-froid [pisfʀwa] *m inv fam* Griesgram *m,* Trauerkloß *m fam*
pissenlit [pisɑ̃li] *m* Löwenzahn *m*
▸ **qn mange** [*o* **bouffe**] **les** ~**s par la racine** *fam* jd sieht sich (*dat*) die Radieschen von unten an *fam*
pisser <1> [pise] **I.** *vi fam* **1.** (*uriner*) ■ **qn/un animal pisse** [**quelque part**] jd/ein Tier pinkelt *fam* [*o* pisst *sl*] [irgendwohin]
2. (*avoir une fuite*) ■ **qc pisse** */tonneau, tuyau/* etw leckt, etw ist undicht
3. (*se moquer de qc*) ■ **qn pisse sur qc** *les principes* jd pfeift auf etw (*akk*) *fam,* jd scheißt auf etw (*akk*) *vulg*
▸ **qn laisse** ~ [**le mérinos**] jd lässt [die Dinge] laufen; ***laisse*** ~! vergiss es! *fam,* steck's auf! *fam*
II. *vt fam* **1.** MED: ***qn pisse du sang*** jd hat Blut im Urin, jd pinkelt Blut *fam*
2. (*perdre*) ■ **qc pisse qc** */seau, réservoir, tuyau/* aus etw spritzt [*o* schießt] etw heraus; ■ **qn/qc pisse qc** */bras, jambe, nez, blessé/* aus jdm/etw schießt [*o* quillt] etw heraus
pisseur, -euse [pisœʀ, -øz] **I.** *m, f fam* Pisser(in) *m(f) sl*
II. *f pop* ■ **pisseuse** (*petite fille*) Kleine *f;* *péj* (*femme*) [blöde] Zicke *fam*
◆ **pisseur(-euse) de copie** Schreiberling *m fam*
pisseux, -euse [pisø, -øz] *adj* **1.** *fam* (*imprégné d'urine*) nach Pisse stinkend *sl,* verpinkelt *fam*
2. (*terne*) vergilbt, verwaschen; ***jaune*** ~ uringelb, pissgelb *sl*
pisse-vinaigre [pisvinɛgʀ] *mf inv fam* Sauertopf *m fam,* Miesmacher(in) *m(f) fam*
pissoir [piswaʀ] *m* Pissoir *nt*
pissotière [pisɔtjɛʀ] *f fam* Pissoir *nt,* Pinkelbude *f fam*
pistache [pistaʃ] **I.** *f* Pistazie *f*
II. *app inv* pistazienfarben; ***vert*** ~ pistaziengrün
pistage [pistaʒ] *m* Auflauern *nt,* Verfolgen *nt*
piste [pist] *f* **1.** (*trace*) [*cambrioleur, suspect*] Spur *f;* [*animal, gibier a.*] Fährte *f;* ***jeu de*** ~ Schnitzeljagd *f*
2. (*indice*) Anhaltspunkt *m,* Indiz *nt,* Hinweis *m*
3. AVIAT Piste *f,* Rollbahn *f;* TRANSP Weg *m;* ~ ***pour cavaliers*** Reitweg; ~ ***cyclable*** Radfahrweg; SKI Piste; (*pour la danse*) Tanzfläche *f;* (*pour le patinage*) Eisbahn *f,* Eisfläche *f;* (*de cirque*) Manege *f;* (*à l'hippodrome*) [Renn]bahn *f;* (*au vélodrome, d'un circuit automobile*) [Renn]bahn, [Renn]piste; ■ ~ **de** *d'atterrissage, d'envol, de décollage* -bahn; *de cirque* -manege, -arena *f;* *de danse* -fläche *f,* -boden *m;* *de ski* -piste; ~ ***de ski de fond*** [Langlauf]loipe *f*
4. (*chemin*) (*dans le désert*) Piste *f;* (*à la montagne*) Pfad *m*
5. AUDIOV Spur *f*
▸ **bonne/fausse** ~ richtige/falsche Spur [*o* Fährte]; ***qn met qn sur la bonne*** ~ jd bringt jdn auf die richtige Spur, jd hilft jdm weiter [*o* auf die Sprünge *fam*]; ~ **sonore** Tonspur *f;* **qn brouille les** ~**s** jd verwischt die Spuren; **qn entre en** ~ jd tritt in Aktion; **qn est/se met en** ~ jd ist auf dem Weg/macht sich auf den Weg; (*est engagé*) jd ist im/geht ins Rennen; **qn/un animal est sur la** ~ **de qn/qc/d'un animal** jd/ein Tier ist jdm/einer S./einem Tier auf der Spur; **qn/un animal se lance sur la** ~ **de qn/qc/d'un animal** jd/ein Tier nimmt jds Spur auf/die Spur einer S./eines Tieres auf; **qn/qc met qn sur la** ~ **de qn/qc/d'un animal** jd/etw bringt jdn auf jds Spur/auf die Spur einer S./eines Tieres; **en** ~! an den Start!, auf die Plätze!; **sur** ~: ***cyclisme sur*** ~ Bahnrennen *nt;* ***épreuve sur*** ~ Bahnrennen
◆ **piste d'essai** Teststrecke *f*
pister <1> [piste] *vt* ■ **qn piste qn/un animal** jd ist jdm/einem Tier auf der Spur, jd verfolgt jds Spur/die Spur eines Tieres; ***attention, on nous piste!*** Achtung, sie sind uns auf der Spur [*o* hinter uns her]!
pisteur, -euse [pistœʀ, -øz] *m, f* Pistenwart *m*
pistil [pistil] *m* Stempel *m,* Fruchtknoten *m*
pistolet [pistɔlɛ] *m* **1.** (*arme*) Pistole *f*
2. [*peintre*] Spritzpistole *f*
3. (*urinal*) Urinal *nt*
4. *fam* (*individu bizarre*): ***un drôle de*** ~ ein komischer Kauz
◆ **pistolet à eau** Wasserpistole *f;* **pistolet d'alarme** Schreckschusspistole *f,* Alarmpistole *f*
pistolet-mitrailleur <~s-~s> [pistɔlɛmitʀajœʀ] *m* Maschinenpistole *f*
piston [pistɔ̃] *m* **1.** TECH Kolben *m*
2. *fam* (*favoritisme*) Beziehungen *pl,* Vitamin *nt* B *fam*
3. MUS (*pièce mobile*) Ventil *nt,* Piston *nt;* (*instrument*) Kornett *nt,* Piston *nt;* ***il joue du*** ~ er spielt Kornett
▸ **qn a du** ~ *fam* jd hat [gute] Beziehungen, jd hat Vitamin B *fam;* **qn obtient** [*o* **a**] **qc par** ~ *fam* jd bekommt etw durch [gute] Beziehungen; ***il a eu ce poste par*** ~ er hat die Stelle durch [*o* über] Beziehungen bekommen
pistonner <1> [pistɔne] *vt fam* ■ **qn pistonne qn** [**auprès de qn**] jd empfiehlt jdn [bei jdm], jd tritt [bei jdm] für jdn ein, jd lässt für jdn seine Beziehungen spielen; ***pistonné par le père d'un copain, il obtient …*** dank der Beziehungen des Vaters eines Freundes erhält er …; ■ **qn se fait** ~ [**par qn**] jd profitiert von jds Beziehungen; ***il s'est fait*** ~ ***par son oncle pour ce poste*** sein Onkel hat ihm diese Stelle über Beziehungen beschafft; ***je vais essayer de me faire*** ~ ***pour ce stage*** ich werde versuchen, dieses Praktikum über Beziehungen zu bekommen
pistou [pistu] *m* GASTR: ***soupe au*** ~ Gemüsesuppe *f* mit Basilikum und Knoblauch

piteusement [pitøzmɑ̃] *adv* jämmerlich, kläglich

piteux, -euse [pitø, -øz] *adj air, apparence* erbärmlich; *état a.* jämmerlich; *résultat* kläglich, kümmerlich; ***qn fait ~euse mine*** jd zeigt [*o* macht] eine klägliche Miene

pithiviers [pitivje] *m mit Marzipan gefüllter Blätterteigkuchen*

pitié [pitje] *f* (*compassion*) Mitleid *nt*, Mitgefühl *nt*; (*miséricorde*) Erbarmen *nt*

▸ **qn a/prend ~ [de qn]** jd hat/bekommt Mitleid [mit jdm]; ***le Seigneur a eu ~ de moi!*** der Herr hatte Erbarmen mit mir [*o* hat sich meiner erbarmt]!; ***qn a ~ d'un ennemi vaincu*** jd hat Erbarmen mit einem besiegten Feind; ***Seigneur, prends ~ de nous!*** Herr erbarme dich unser!; **à faire ~** *maigre* erschreckend; ***il est d'une bêtise à faire ~*** er ist so dumm, dass es einem schon fast Leid tut; **qn fait qc à faire ~** (*très mal*) *chanter* jd tut etw erbärmlich [*o* jämmerlich] [*o* zum Erbarmen]; **qn fait ~ à qn** jd erregt [*o* erweckt] jds Mitleid, jd tut jdm Leid; *péj* jd kann jdm nur Leid tun jd tut jdm direkt Leid; ***elle fait ~*** sie tut einem Leid, sie kann einem Leid tun; **ça fait ~ à qn de faire qc** es tut jdm Leid [*o* weh], etw zu tun; ***ça nous faisait ~ de les voir si maigres*** es tat uns in der Seele weh, sie so abgemagert zu sehen; **qn prend qn en ~** jd bemitleidet jdn; **qn prend qc en ~** jd nimmt Anteil an etw (*dat*); **par ~** (*de grâce!*) ich bitte dich/Sie, um Himmels willen; *faire qc* aus Mitleid; **sans ~** *agir, combattre, répression* erbarmungslos, ohne Erbarmen; ***qn est sans ~*** jd hat [*o* kennt] kein Mitleid [*o* Erbarmen]; **quelle ~!** welch ein Jammer!; *péj* wie erbärmlich! [*o* jämmerlich]; ~! (*grâce!*) Erbarmen! *liter*, ich flehe Sie an!; ~! ***arrêtez de vous disputer comme ça!*** um [des] Himmels willen, hört endlich auf euch zu streiten!

piton [pitɔ̃] *m* **1.** [Schraub]haken *m*; ALPIN [Kletter]haken, Felshaken; ~ ***de rappel*** Abseilhaken
2. GEOG Bergspitze *f*, Berggipfel *m*

pitoyable [pitwajabl] *adj* **1.** (*qui inspire la pitié*) *aspect* Mitleid erregend, erbarmenswert; *état a., personne* bemitleidenswert
2. (*piteux*) erbärmlich, jämmerlich; *orateur, acteur a.* miserabel; *niveau de vie, résultat* kläglich

pitoyablement [pitwajabləmɑ̃] *adv* miserabel, erbärmlich

pitre [pitʀ] *m* Hanswurst *m hum*, Kasper *m fam*
▸ **qn fait le ~** jd spielt den Hanswurst [*o* Clown] [klaʊn], jd kaspert [*o* blödelt] herum *fam*

pitrerie [pitʀəʀi] *f souvent pl* Albernheiten *pl*, Faxen *pl*, Unfug *m*
▸ **qn fait des ~s** jd macht Faxen [*o* Blödsinn]

pittoresque [pitɔʀɛsk] **I.** *adj* **1.** bildhaft; *expression, langue a.* plastisch; *récit, détails, description a.* anschaulich; *style* bilderreich; *personnage* originell
2. *maison, paysage, quartier, rue, site, spectacle* malerisch, pittoresk
II. *m* ■ **le ~ de qn** das Originelle eines Menschen [*o* an einem Menschen], jds Originalität *f*; ■ **le ~ de qc** *d'un récit* die Anschaulichkeit einer S. (*gen*); *d'une histoire* das Amüsante an etw (*dat*); *d'un style* die Bildhaftigkeit einer S. (*gen*)

pivert [pivɛʀ] *m* Grünspecht *m*

pivoine [pivwan] *f* Pfingstrose *f*
▸ **rouge comme une ~** rot wie eine Tomate *fam*

pivot [pivo] *m* **1.** TECH [Dreh]zapfen *m*, Bolzen *m*; [*boussole*] Pinne *f*; [*dent*] Stift *m*
2. (*agent principal*) ■ **~ de qc** *d'une entreprise* Mittelpunkt *m* [*o* Drehpunkt *m*] einer S. (*gen*); *d'une économie* Basis *f* [*o* Grundlage *f*] einer S. (*gen*)

pivotant, e [pivɔtɑ̃, ɑ̃t] *adj* Dreh-

pivoter <1> [pivɔte] *vi* ■ **qn/qc pivote [sur qc]** jd/etw dreht sich [um etw]; ***il a pivoté sur ses talons*** er drehte sich auf dem Absatz herum; ■ **qc pivote vers qn/qc** /*tête*/ etw dreht sich zu jdm/etw; ■ **qn fait ~ qc** jd dreht etw [herum], jd lässt etw kreisen

pixel [piksɛl] *m* INFORM Pixel *nt*

pizza [pidza] *f* Pizza *f*

pizzeria [pidzeʀja] *f* Pizzeria *f*

pizzicato <pizzicati> [pidzikato] *m* Pizzikato *nt*

P.J. [peʒi] *f abr de* **Police judiciaire** Kriminalpolizei *f*

placage [plakaʒ] *m* **1.** (*revêtement*) [*marbre, bois*] Verkleidung *f*, Verblendung *f*; (*pour meubles*) Furnier *nt*; ~ ***d'acajou***, ~ ***en acajou*** Mahagonifurnier
2. SPORT *v.* **plaquage**

placard [plakaʀ] *m* **1.** (*armoire*) Wandschrank *m*, Einbauschrank *m*
2. (*affiche*) Plakat *nt*
3. TYP Korrekturfahne *f*, Druckfahne *f*, Fahnenabzug *m*
▸ **~ publicitaire** (*affiche*) Werbeplakat *nt*; (*dans un journal*) große Werbeannonce, Großanzeige *f*; **qn met qc au ~** *fam* jd legt etw auf Eis *fam*; **qn met qn au ~** jd lässt jdn in der Versenkung verschwinden *fam*
◆ **placard à balais** Besenkammer *f*; **placard à provisions** Vorratsraum *m*, Vorratskammer *f*

placarder <1> [plakaʀde] *vt* ■ **qn placarde qc [quelque part]** jd schlägt etw [irgendwo] an, jd plakatiert etw [irgendwo]; ■ **qn fait ~ qc [quelque part]** jd lässt etw [irgendwo] anschlagen [*o* plakatieren]; ■ **[qc est] placardé(e) [de qc]** [etw ist] voll [mit etw]; ***sa chambre est placardée de photos d'acteurs*** in seinem/ihrem Zimmer hängen überall Fotos von Schauspielern, sein/ihr Zimmer hängt voller Fotos von Schauspielern

place [plas] *f* **1.** (*lieu public*) Platz *m*; ***la ~ Rouge*** der Rote Platz; ■ **~ de** *de la gare, de l'église, du marché* -platz
2. (*endroit approprié*) Platz *m*, Ort *m*; ***qc est à sa ~*** etw ist an seinem [*o* am gewohnten] Platz [*o* Ort]; ***la ~ des mots*** die Wortstellung
3. (*endroit quelconque*) Platz *m*, Stelle *f*; ***restez à votre ~*** bleibt auf eurem Platz; ***à la même ~*** auf demselben Platz [*o* derselben Stelle]
4. (*espace*) Platz *m*; ***il n'y a pas assez de ~ pour …*** es ist nicht genug Platz [da] für …
5. (*emplacement réservé*) Platz *m*; ~ ***assise/debout*** Sitz-/Stehplatz; ***qn paie ~ entière*** jd bezahlt den vollen Preis; ***y a-t-il encore une ~ [de] libre?*** ist hier noch ein Platz frei?
6. (*billet*) Karte *f*; ■ **~ de** *de cinéma, concert, théâtre* -karte; ***j'ai déjà pris nos ~s pour le concert*** ich habe schon unsere Karten für das Konzert gekauft
7. SCOL, SPORT Platz *m*; ***elle a été classée dans les premières ~s*** sie war unter den Ersten
8. (*emploi*) Stelle *f*; ■ **~ de qc** Stelle als etw
9. MIL (*place forte*) Festung *f*; (*ville de garnison*) Garnison *f*, Standort *m*
10. BOURSE Börsenplatz *m*; FIN Finanzplatz *m*
▸ **une ~ pour chaque chose et chaque chose à sa ~** *prov* Ordnung muss sein; **qn a/obtient sa ~ au soleil** jd hat/erwirbt sich (*dat*) seinen Platz an der Sonne; **qn est [*o* figure] en bonne ~ [pour faire qc]** jd ist gut platziert [um etw zu tun]; **les ~s sont chères** *fam* die Konkurrenz ist groß; **qn est/reste cloué(e) sur ~** jd steht wie angewurzelt da/bleibt wie angewurzelt stehen; **~ financière** Finanzplatz *m*; **~ forte** Festung *f*; **qn fait ~ nette** jd räumt gründlich auf, jd schafft Ordnung; **sur la ~ publique** in aller Öffentlichkeit, vor aller Welt; **qn a de la ~ [pour faire qc]** jd hat [genügend] Platz [um etw zu tun]; **il y a de la ~/des ~s [pour qc]** es ist noch Platz/es sind noch Plätze frei [*o* es gibt noch Plätze] [für etw]; **il y a la ~ [de [*o* pour] faire qc]** es ist [genügend] Platz da [um etw zu tun]; **qn a sa ~ quelque part** jd hat seinen [festen] Platz irgendwo; **qn change qc de ~** jd stellt etw um; **qn demeure [*o* reste] en ~** jd sitzt fest in seiner Stellung [*o* im Sattel *fam*] [*o* auf seinem Posten *fam*]; **qn/qc est en ~** (*installé*) jd/etw ist auf [*o* an] seinem Platz; (*en fonction*) jd ist im Amt; ***le pouvoir en ~*** die amtierende Regierung; ***tout est en ~?*** ist alles an Ort und Stelle?; **qn est à sa ~ [quelque part]** jd ist [irgendwo] am richtigen Platz, jd gehört irgendwohin; ***il n'est vraiment pas à sa ~ ici*** das ist wirklich nicht der richtige Platz für ihn, er ist hier wirklich fehl am Platz; **qn/qc fait ~ à qn/qc** (*est remplacé par*) jd/etw weicht jdm/einer S.; **qn fait de la ~ [à qn] [quelque part]** jd macht [jdm] [irgendwo] Platz; **qn se fait une ~ quelque part** jd verschafft [*o* sichert] sich (*dat*) [irgendwo] einen Platz; **qn lui garde sa ~** jd hält jdm seinen Platz frei; **qn laisse qn sur ~** jd lässt jdn hinter sich (*dat*); **qn met qc en ~** (*aménage*) *meubles, machines* jd stellt etw auf; *lavabo, baignoire, chauffe-eau* jd installiert etw; (*met de l'ordre dans*) jd ordnet [*o* organisiert] etw; (*organise*) *circuit touristique, pont aérien* jd richtet etw ein, jd baut etw auf; **qn met qc à sa ~** jd stellt/legt etw an seinen Platz [*o* an Ort und Stelle]; **qc se met en ~** /*centre*/ etw wird eingerichtet; /*organisation a.*/ etw wird aufgebaut; /*système*/ etw wird eingeführt; /*régime politique*/ etw kommt an die Macht; **qn se met à la ~ de qn** jd versetzt sich in jds Lage (*akk*); **qn perd sa ~** jd verliert seine Stelle; **qn prend ~ quelque part** jd nimmt irgendwo Platz; **qc prend ~ quelque part** /*événement*/ etw findet irgendwo statt; **qn prend la ~ de qn** jd nimmt jds Platz ein, jd ersetzt jdn, jd löst jdn ab; **qc prend la ~ de qc** etw ersetzt etw, etw löst etw ab; **qn remet qn à sa ~** jd weist jdn zurecht [*o* in seine Schranken]; **qn se rend [*o* va] sur ~** jd begibt sich an Ort und Stelle [*o* vor Ort]; **qn ne reste [*o* tient] pas [*o* ne peut pas demeurer] en ~** jd kann nicht stillsitzen [*o* ruhig bleiben], jd bleibt nicht ruhig; ***je ne tenais plus en ~ d'impatience*** ich konnte nicht mehr stillhalten vor lauter Ungeduld; **qn sait rester [*o* se tenir] à sa ~** jd weiß, wo sein Platz ist [*o* wo er hingehört]; **des personnes sont en ~** Menschen sind zur Stelle [*o* auf ihrem Posten], Menschen stehen bereit; **qn/qc tient [*o* prend] de la ~** jd/etw nimmt [viel] Platz ein [*o* weg]; **qn ne tient pas en ~** jd kann nicht stillsitzen; **qn tient sa ~** (*tient son rang*) jd behauptet seinen Platz, jd hält seine Stellung [*o* seine Position]; **qn/un animal tient sa ~** (*a de l'importance*) jd/ein Tier nimmt seinen Platz [*o* einen breiten Raum] ein [*o* spielt eine wichtige Rolle]; **qn trouve [sa] ~ quelque part** jd findet [seinen] Platz irgendwo; **à la ~ [de qc]** an Stelle [einer S. (*gen*)]; **à ta/sa/… ~** an deiner/seiner/ihrer/… Stelle; **~ à qn/qc!** mehr Platz für jdn/etw!; ~ ***aux jeunes!*** mehr Platz den Jungen!; **dans la ~**: ***qn est dans la ~*** (*est un initié*) jd ist ein Insider [ˈɪnsaidɐ]; (*est à la tête de qc*) jd ist am Ruder; ***j'ai quelqu'un dans la ~*** ich verfüge über einen Insider; **de ~ en ~** hier und dort; **en ~!** auf die Plätze!; **par ~s** stellenweise, an manchen Stellen; METEO gebietsweise; **sur ~** an Ort und Stelle, vor Ort; ~! Platz da!
◆ **place d'armes** MIL Paradeplatz *m*, Exerzierplatz *m*; **place de choix** auserwählter Platz; **place de stationnement** Parkplatz *m*; **place d'honneur** Ehrenplatz *m*; **place du mort** Todessitz *m*

placé, e [plase] *adj* **1.** (*situé*) ■ **~ quelque part** *objet* irgendwo stehend; *personne* irgendwo sitzend; ■ **qn/qc est ~ quelque part** jd/etw befindet sich irgendwo; /*maison, terrain a.*/ etw liegt irgendwo; /*objet a.*/ etw steht irgendwo; /*personne a.*/ jd sitzt irgendwo; ***me voilà ~ dans une position délicate*** und nun bin ich in einer peinlichen Lage
2. SPORT platziert
▸ **qc est bien/mal ~** /*objet*/ etw steht gut/nicht gut, etw hat einen guten [*o* günstigen]/schlechten [*o* ungünstigen] Standort [*o* Platz]; /*terrain*/ etw hat eine gute [*o* günstige]/schlechte [*o* ungünstige] Lage; **qn est bien/mal ~** /*spectateurs*/ jd hat einen guten/schlechten Platz; **[qc est] bien/mal ~** /*confiance*/ [etw ist] gerechtfertigt [*o* angebracht]/nicht gerechtfertigt [*o* unangebracht]; /*fierté*/ [etw ist] berechtigt/falsch [*o* unangebracht] [*o* nicht angebracht]; ***c'est de la fierté mal ~e!*** Stolz ist hier [wirklich] fehl am Platz [*o* nicht angebracht]!; **[qn est] bien/mal ~** SPORT [jd ist] gut/schlecht platziert [*o* in guter/schlechter Position]; **qn est bien/mal ~ pour faire qc** *pour répondre* jd ist in der Lage/nicht in der Lage, etw zu tun; *pour se plaindre, se révolter, exiger* jd hat allen Grund/keinen Grund, etw zu tun; ***elle est bien ~e pour le savoir!*** sie muss es schließlich wissen!; ***tu es mal ~ pour me faire des reproches!*** du hast kein Recht, mir Vorwürfe zu machen!; **[qn est] haut ~** [jd ist] in hoher [*o* einflussreicher] Stellung; ***c'est un personnage haut ~*** das ist eine hoch gestellte Persönlichkeit

placebo [plasebo] *m* Placebo *nt*

placement [plasmɑ̃] *m* **1.** [Geld]anlage *f,* Kapitalanlage; ***qn fait un ~ obligataire/en actions*** jd legt sein Geld [*o* Kapital] in Obligationen/in Wertpapieren an; ~ ***à terme*** Festgeld *nt,* Termingeld *nt*
2. MED Unterbringung *f,* Einweisung *f*
3. (*installation dans un emploi*) Anstellung *f,* Unterbringung *f fam;* ***cette école assure le ~ de ses élèves*** diese Schule sorgt dafür, dass ihre Schüler eine Anstellung finden
4. (*mise en place*) [*spectateurs*] Platzanweisung *f;* [*convives, invités*] Platzverteilung *f,* Sitzordnung *f;* ***elle est chargée du ~ des spectateurs*** ihre Aufgabe ist es, den Zuschauern ihre Plätze anzuweisen
◆ **placement de père de famille** mündelsichere Anlage

placenta [plasɛ̃ta] *m* Plazenta *f*

placer <2> [plase] **I.** *vt* **1.** (*mettre*) ■ **qn place qc [quelque part]** (*verticalement*) jd stellt etw irgendwohin; (*à plat*) jd legt etw irgendwohin; ■ **qn place qc sur qc** jd setzt etw auf etw (*akk*); ■ **qn place qc quelque part** *sur/en orbite* jd bringt etw auf [*o* in] etw (*akk*); ■ **qn place qn quelque part** *sentinelle* jd stellt jdn irgendwo auf, jd platziert jdn irgendwo; ■ **qn place qn à qc** *à la deuxième place* jd platziert [*o* setzt] jdn auf etw (*akk*); ***il m'a placé(e) dans une situation délicate*** er hat mich in eine heikle Situation gebracht; ***qn place la barre très haut/à 200 000 F*** jd setzt die Grenze sehr hoch/auf 200 000 F
2. (*installer*) ■ **qn place qn** *spectateur* jd weist jdm den Platz an; *invité a.* jd setzt [*o* platziert] jdn; ■ **qn place qc** *coup, tir* jd platziert etw; ***le chanteur ne parvient pas à ~ sa voix*** MUS der Sänger hat keinen guten Stimmsitz
3. (*situer*) ■ **qn place qc quelque part** *au-dessus de qc, avant qc, au premier rang* jd setzt etw irgendwohin; *action* jd verlegt etw irgendwohin; *ville* für jdn liegt etw irgendwo, jd tut etw irgendwohin *fam;* ***je n'arrive pas à ~ un nom sur son visage*** ich verbinde mit seinem/ihrem Gesicht keinen Namen; ***il a placé tout son bonheur dans la vie familiale*** er setzte alles auf sein Familienleben
4. (*introduire*) ■ **qn place qc** *anecdote, plaisanterie, remarque* jd bringt etw an; ■ **qn place qc dans qc** jd flechtet [*o* fügt] etw in etw (*akk*) ein; *remarque a.* jd wirft etw in etw (*akk*) ein; ***qn ne peut pas ~ un mot*** jd kommt nicht zu Wort
5. (*pourvoir d'un emploi*) ■ **qn place qn [quelque part] [comme qc]** jd bringt jdn [irgendwo] [als etw] unter, jd beschafft [*o* besorgt] jdm [irgendwo] eine Stelle [als etw]; ***qn est placé(e) sous l'autorité*** [*o* ***la direction***] ***de qn*** jd ist jdm unterstellt, jd untersteht jdm; ***l'orchestre est placé sous la direction de …*** das Orchester steht unter der Leitung von …
6. FIN ■ **qn place qc [quelque part]** *argent, capitaux, économies* jd legt etw [irgendwo] an, jd platziert etw [irgendwo]; ■ **qn place qc en qc** *en actions, en fonds d'État* jd legt etw in etw (*dat*) an; ■ **qn place qc quelque part** *à la Caisse d'Épargne, sur un compte* jd deponiert etw irgendwo, jd bringt etw irgendwohin
7. (*réussir à vendre*) ■ **qn place qc** jd setzt etw ab; ■ **qn lui place qc** jd verkauft jdm etw
▶ **qn arrive à en ~ une** *fam* jd kommt zu Wort
II. *vpr* **1.** (*s'installer*) ■ **qn se place d'une certaine façon/quelque part** *en cercle, de face, contre le mur* jd setzt sich irgendwie [hin]/irgendwohin, jd nimmt irgendwie/irgendwo Platz; (*debout*) jd stellt sich irgendwie [hin]/irgendwohin; ***placez-vous l'un(e) à côté de l'autre*** setzt euch nebeneinander, nehmt nebeneinander Platz; ***placez-vous en cercle*** (*assis*) setzt euch im Kreis hin; (*debout*) stellt euch im Kreis auf
2. (*se situer*) ■ **qn se place d'une certaine façon/quelque part**: ***qn se place dans le cas où …*** jd setzt den Fall, dass; jd stellt sich (*dat*) vor, dass; ***qn se place sous la protection de qn*** jd stellt sich unter jds Schutz (*akk*); ***si je me place dans cette perspective*** wenn ich es von diesem Standpunkt aus betrachte; ***il faut toujours se ~ dans la situation la plus favorable*** man muss sich (*dat*) immer die günstigste Situation vorstellen
3. (*avoir sa place désignée*) ■ **qc se place quelque part** */meuble, objet, obstacle/* etw hat irgendwo seinen Platz; ***qc se place sur le chemin*** [*o* ***la route***] ***de qn*** */difficulté/* etw stellt sich jdm in den Weg; ***qc se place dans le cadre de qc*** */démarche, intervention/* etw steht im Zusammenhang mit etw, etw steht im Rahmen einer S. (*gen*)
4. (*avoir lieu*) ■ **qc se place …** + *compl de temps* etw findet … statt, etw ereignet sich …
5. (*prendre un certain rang*) ■ **qn/un animal se place [quelque part]** jd/ein Tier platziert sich [irgendwo]; ***il s'est placé deuxième*** er ist Zweiter geworden, er belegte den zweiten Platz; ***qn cherche à/sait se ~*** (*se mettre en bonne position*) jd versucht, sich zur Geltung zu bringen/jd weiß sich zu verkaufen
6. (*occuper la poste de*) ■ **qn se place [quelque part] [comme qc]** jd findet [irgendwo] eine Stelle [*o* Anstellung] [als etw], jd kommt [irgendwo] [als etw] unter *fam*

placeur, -euse [plasœʀ, -øz] *m, f* Platzanweiser(in) *m(f)*

placide [plasid] *adj attitude, comportement* ruhig, gelassen; *regard, sourire, personne* sanft; *personne* sanftmütig

placidement [plasidmɑ̃] *adv* ruhig

placidité [plasidite] *f* [innere] Ruhe, Gelassenheit *f,* Sanftmut *f*

placo[plâtre] [plako(platʀ)] *m* Isolierplatte *f*

plafond [plafɔ̃] **I.** *m* **1.** (*partie supérieure*) Decke *f*
2. (*limite supérieure*) obere Grenze, Höchstgrenze *f;* [*vitesse a.*] Limit *nt;* [*crédit a.*] Plafond *m;* [*somme d'argent*] Höchstbetrag *m*
3. METEO: ~ ***de nuages*** Wolkendecke *f*
▶ ~ **bas** METEO niedere Wolkendecke; **qc est bas(se)/haut(e) de ~** etw hat eine niedrige/hohe Decke; **faux ~** eingezogene Decke; ~ **flottant** Zwischendecke *f;* ~ **nuageux** METEO Wolkendecke *f;* **qn/qc crève le ~** jd/etw überschreitet die Höchstgrenze [*o* das Limit]; **qn saute au ~** *fam* jd springt [bis] an die Decke
II. *app* ■ [-]~ Höchst-; ***cours ~ d'une monnaie*** oberer Interventionskurs

plafonné, e [plafɔne] *adj investissement, somme* nach oben hin begrenzt, mit festgesetzter Höchstgrenze; ***salaire*** ~ höchste beitragspflichtige Lohnsumme

plafonnement [plafɔnmɑ̃] *m* Festsetzung *f* einer Höchstgrenze

plafonner <1> [plafɔne] **I.** *vi* (*atteindre son maximum*) ■ **qn plafonne** */écolier/* jd erreicht/hat seine bestmögliche Leistung erreicht [und stagniert]; ■ **qc plafonne** */salaire, ventes/* etw erreicht die Höchstgrenze, etw steigt nicht weiter an; ***la vitesse de cette voiture plafonne à 140 km/h*** die Höchstgeschwindigkeit dieses Autos liegt bei 140 Stundenkilometer
II. *vt* **1.** CONSTR ■ **qn plafonne qc** jd zieht eine Decke in etw (*dat*) ein
2. FIN ■ **qn plafonne qc** jd setzt eine Höchstgrenze für etw fest, jd begrenzt etw nach oben hin, jd deckelt etw

plafonnier [plafɔnje] *m* Deckenlampe *f,* Deckenleuchte *f*

plage [plaʒ] *f* **1.** (*station balnéaire*) Badeort *m,* Seebad *nt*
2. GEOG Strand *m;* ■ ~ **de** *de galets, sable* -strand
3. IND (*période*) Zeitabschnitt *m,* Zeitspanne *f;* AUDIOV Sendezeit *f;* ■ ~ **de qc** *de 30 secondes, 3 heures* [Zeit]abschnitt [*o* [Zeit]spanne] von etw; *de bonheur, calme* Phase *f* [*o* Periode *f*] einer S. (*gen*); ~ ***horaire*** Sendezeit; ~ ***musicale*** Musiksendung *f;* ~ ***fixe/variable*** Kernzeit *f* [*o* Fixzeit *f*]/Gleitzeit *f;* ~ ***de silence*** [*o* ***repos***] Ruhepause *f*
4. (*fourchette, gamme*) Spanne *f;* ■ ~ **de** *de fonctionnement, trafic* -bereich *m; de vitesse a.* -skala *f; de prix* -spanne
5. (*étendue*) Fläche *f;* ■ ~ **de** *de rasage* -fläche; *de lecture* -bereich *m*
6. AUDIOV Spur *f,* [Ton]rille *f*
▶ ~ **arrière** Heckablage *f;* **qn est/va à la ~** jd ist am/geht an den Strand; **de ~** *robe, serviette* Strand-; *sac a.* Bade-

plagiaire [plaʒjɛʀ] *mf* Plagiator(in) *m(f)*

plagiat [plaʒja] *m* Plagiat *nt*

plagier <1 a> [plaʒje] *vt* ■ **qn plagie qn/qc** jd eignet sich (*dat*) jds Gedanken [*o* Ideen] an/die Ideen einer S. (*gen*) an

plagiste [plaʒist] *mf* Strandpächter(in) *m(f)*

plaid [plɛd] *m* (*couverture*) [Reise]decke *f,* Autodecke, Plaid [pleɪt] *m o nt*

plaider <1> [plede] **I.** *vt* **1.** JUR: ***qn plaide la cause de qn*** jd hält ein Plädoyer für jdn, jd plädiert für jdn; ■ **qc est plaidé(e)** etw wird verhandelt
2. JUR ■ **qn plaide …** *l'incompétence, l'irresponsabilité* jd gibt [*o* schiebt] etw [als Grund] vor, jd beruft sich auf etw (*akk*); */avocat/* jd plädiert auf [*o* für] etw (*akk*); ***l'accusé plaide coupable/non-coupable*** der Angeklagte bekennt sich schuldig/nicht schuldig; ■ **qn plaide que** + *indic* jd gibt [*o* bringt] vor, dass; jd macht geltend, dass
II. *vi* **1.** (*appuyer*) ■ **qn plaide pour qn/en faveur de qn [auprès de qn]** jd tritt [*o* setzt sich] [bei jdm] für jdn ein; ■ **qn plaide pour qc** jd plädiert für etw [*o* tritt für etw ein]; ■ **qn plaide contre qn/qc** (*attaquer*) jd spricht sich gegen jdn/etw aus, jd nimmt Stellung gegen jdn/etw
2. JUR (*faire une plaidoirie*) ■ **qn plaide** */avocat/* jd plädiert, jd hält ein Plädoyer; ■ **qn plaide pour/contre qn** jd spricht sich in seinem Plädoyer für/gegen jdn aus
3. JUR (*intenter un procès*) ■ **qn plaide [contre qn]** jd führt einen Prozess [*o* prozessiert] [gegen jdn]
4. (*être à l'avantage*) ■ **qc plaide pour** [*o* **en faveur de**] **qn** */aveu, passé/* etw spricht für jdn [*o* zu jds Gunsten]; ■ **qc plaide pour que** + *subj* etw spricht dafür, dass
III. *vpr* ■ **qc se plaide quelque part** */affaire/* etw wird irgendwo verhandelt

plaideur, -euse [plɛdœʀ, -øz] *m, f* Prozesspartei *f,* prozessführende Partei; ***les ~s*** die Prozessgegner *pl,* die prozessführenden Parteien

plaidoirie [plɛdwaʀi] *f* **1.** (*défense*) Plädoyer *nt,* Verteidigung[srede *f*] *f;* ■ ~ **pour** [*o* **en faveur de**] **qn/qc** Verteidigungsrede *f* zu jds Gunsten/zugunsten einer S. (*gen*), Eintreten *nt* für jdn/etw
2. JUR Plädoyer *nt*

plaidoyer [plɛdwaje] *m* Plädoyer *nt,* Verteidigungsrede *f;* ■ ~ **pour** [*o* **en faveur de**] **qn/qc** Plädoyer für jdn/etw [*o* zu jds Gunsten/zugunsten einer S.]
◆ **plaidoyer pro domo** Plädoyer *nt* in eigener Sache [*o* pro domo]

plaie [plɛ] *f* **1.** (*blessure*) Wunde *f;* (*coupure*) Schnittwunde
2. (*souffrance morale*) Leid *nt,* Schmerz *m,* Wunde *f geh;* ~ ***secrète*** stilles Leid
3. (*malheur*) Plage *f*
4. *fam* (*personne*) Plage *f,* Quälgeist *m*
▶ ~ **d'argent n'est pas mortelle** *prov* Geld ist nicht alles; **qn ne rêve que ~s et bosses** jd ist streitsüchtig [*o* rauflustig]; **les dix ~s d'Égypte** BIBL die zehn ägyptischen Plagen; **qn panse ses ~s** jd kommt wieder langsam auf die Beine; **qn/qc rouvre une ~** jd/etw reißt alte Wunden auf; **quelle ~!** *fam* (*personne*) so eine Nervensäge! *fam;* (*chose désagréable*) so eine Plage [*o* ein Ärger]!, wie ärgerlich!

plaignant, e [plɛɲɑ̃, ɑ̃t] **I.** *adj* klagend
II. *m, f* Kläger(in) *m(f)*

plaindre <irr> [plɛ̃dʀ] **I.** *vt* (*s'apitoyer sur*) ■ **qn plaint qn** jd bedauert [*o* bemitleidet] jdn; ***je te plains vraiment/sincèrement*** du tust mir richtig/aufrichtig Leid; ■ **qn plaint qn de faire qc** jd bedauert jdn [dafür], dass er etw tut; ■ **qn se fait ~** jd lässt sich bedauern [*o* bemitleiden]
▶ **qn est [bien] à ~** jd ist [wirklich] bedauernswert [*o* zu bedauern]; **qn n'est pas à ~** jd hat keinen Grund zur Klage; ***avec sa retraite, il n'est pas à ~*** mit seiner Rente kann er sich nicht beklagen
II. *vpr* **1.** (*se lamenter*) ■ **qn se plaint [de qc]** *de douleurs, maux* jd klagt [über etw (*akk*)]; ***il se plaint tout le temps*** er hat immer irgendwelche Beschwerden
2. (*protester*) ■ **qn se plaint de qn/qc [à qn]** jd beschwert [*o* beklagt] sich [bei jdm] über jdn/etw; ***de quoi te plains-tu?*** worüber beklagst du dich?;

■ **qn se plaint de faire qc** jd beklagt [*o* beschwert] sich [darüber], dass er etw tut; ■ **qn se plaint que** + *subj* jd beschwert [*o* beklagt] sich, dass

plaine [plɛn] *f* Ebene *f,* Flachland *nt*

plain-pied [plɛ̃pje] *loc* ▸ **qc donne** [*o* **est ouvert(e)**] **de ~-~ sur qc** */salon/* etw geht ebenerdig auf etw (*akk*) hinaus; **qn entre de ~-~ dans qc** *dans le sujet* jd kommt sofort [*o* ohne Umschweife] auf etw (*akk*) zu sprechen; **qn est/se sent de ~-~ avec qn** jd ist/fühlt sich jdm ebenbürtig; **qn passe de ~-~ à qc** jd geht sofort zu etw über; **qn traite de ~-~ avec qn** jd behandelt jdn wie seinesgleichen; **[qc est] de ~-~** [etw liegt] ebenerdig; **de ~-~ avec qc** auf gleicher Höhe mit etw

plainte [plɛ̃t] *f* **1.** (*gémissement*) Klage *f,* Stöhnen *nt,* Jammern *nt pej;* ***le malade souffre sans une ~*** der Kranke leidet, ohne zu klagen; ***les ~s*** das Wehgeschrei
2. (*récrimination*) Beschwerde *f,* Klage *f*
3. JUR Klage *f,* [Straf]anzeige *f*
▸ **qn dépose une ~** [*o* **porte ~**] **[contre qn] [auprès de qn] [pour qc]** jd stellt [gegen jdn] [bei jdm] [wegen etw] einen Strafantrag, jd erstattet [gegen jdn] [bei jdm] [wegen etw] [Straf]anzeige, jd erhebt Klage [gegen jdn] [bei jdm] [wegen etw]
◆ **plainte en diffamation** Verleumdungsklage *f,* Verleumdungsanzeige *f*

plaintif, -ive [plɛ̃tif, -iv] *adj* klagend, jammernd *pej; voix a.* wehleidig *pej*

plaintivement [plɛ̃tivmɑ̃] *adv* klagend, jammernd *pej*

plaire <*irr*> [plɛʀ] **I.** *vi* **1.** (*être agréable*) ■ **qc plaît à qn** */livre, travail, vêtement/* etw gefällt jdm; */spectacle a./* etw findet Anklang bei jdm
2. (*charmer*) ■ **qn plaît** jd gefällt, jd kommt an *fam;* ■ **qn plaît à qn** jd gefällt jdm, jd spricht jdn an; *aux femmes, hommes* jd hat Erfolg bei jdm, jd kommt bei jdm gut an *fam;* ***c'est le genre d'homme qui plaît en société*** er ist der Typ, der bei den Leuten gut ankommt *fam;* ***les brunes me plaisent davantage*** ich stehe eher auf Dunkelhaarige *fam;* ***elle cherche à ~ à tous les hommes*** sie sucht allen Männern zu gefallen [*o* imponieren]
3. (*convenir*) ■ **qc plaît à qn** */idée, plan, projet, ton/* etw gefällt jdm, etw sagt jdm zu; ***si ça ne lui plaît pas*** wenn es ihm/ihr nicht gefällt [*o* passt]
4. (*être bien accueilli*) ■ **qc plaît** etw gefällt, etw findet Gefallen [*o* Anklang], etw kommt [gut] an *fam*
▸ **qn a tout pour ~** *iron* alles spricht gegen jdn
II. *vi impers* (*être agréable*) ■ **il plaît à qn [de faire qc]** es gefällt [*o* passt] jdm[, etw zu tun]; ***vous plairait-il de venir dîner à la maison?*** hätten Sie Lust zu uns zum Essen zu kommen?, würden Sie gerne zu uns zum Essen kommen?; ***il vous plaît de croire que la situation va changer, mais ...*** Sie möchten gerne glauben, dass sich die Lage ändert, aber ...
▸ **comme il te/vous plaira** wie es dir/Ihnen beliebt, wie du möchtest [*o* willst]/Sie möchten [*o* wollen]; **plaît-il?** wie bitte?; **quand ça te/vous plaira** wann du willst/Sie wollen; **s'il te/vous plaît** (*prière*) bitte; (*injonction*) wenn ich bitten darf!; (*accent d'insistance*) stell dir vor!, bitte schön!; **tant qu'il te/vous plaira** so viel du willst/Sie wollen, ganz nach Belieben *form o hum*
III. *vpr* **1.** (*se sentir à l'aise*) ■ **qn se plaît quelque part** jdm gefällt es irgendwo, jd fühlt sich irgendwo wohl; ***il se plaît dans les formalités*** er mag Förmlichkeiten; ■ **qn se plaît avec qn** jd ist gern mit jdm zusammen
2. (*prospérer*) ■ **qc se plaît quelque part** */arbre, plante/* etw gedeiht [*o* entwickelt sich] irgendwo gut
3. (*s'apprécier*) ■ **qn se plaît [avec qc]** jd gefällt sich (*dat*) [mit etw]; ■ **des personnes se plaisent** Menschen gefallen sich, Menschen mögen sich, Menschen finden Gefallen aneinander
4. (*prendre plaisir*) ■ **qn se plaît à faire qc** es gefällt jdm, etw zu tun; es macht jdm Freude [*o* Spaß], etw zu tun

plaisamment [plɛzamɑ̃] *adv conter* auf angenehme Art; *causer a.* angenehm; *être meublé* nett, hübsch

plaisance [plɛzɑ̃s] *f* NAUT Bootssport *m;* (*à voile*) Segelsport *m,* Freizeitsegeln *nt*
▸ **de ~:** ***bateau de ~*** Motorboot *nt,* Motorjacht *f;* (*à voile*) [Segel]jacht *f;* ***navigation de ~*** Bootssport *m;* (*à voile*) Segelsport *m,* Freizeitsegeln *nt;* ***port de ~*** Jachthafen *m*

plaisancier, -ière [plɛzɑ̃sje, jɛʀ] *m, f* [Motor]bootsbesitzer(in) *m(f);* (*avec un bateau à voile*) Sportsegler(in) *m(f),* Freizeitsegler(in) *m(f)*

plaisant, e [plɛzɑ̃, ɑ̃t] **I.** *adj* **1.** (*agréable*) nett; *lieu, maison a.* hübsch; *personne, séjour, souvenir a.* angenehm; ***qc est ~ à l'œil*** [*o* ***au regard***] etw erfreut das Auge *geh,* etw ist ein erfreulicher [*o* netter] Anblick
2. (*amusant*) lustig, amüsant
II. *m* ■ **le ~ de qc** *de l'histoire, de la chose* das Lustige an [*o* bei] etw (*dat*)
▸ **mauvais ~** übler Spaßvogel *m*

plaisanter <1> [plɛzɑ̃te] *vi* **1.** (*blaguer*) ■ **qn plaisante** jd scherzt, jd spaßt, jd macht Scherze [*o* Spaß]; ***je ne plaisante pas!*** ich mache keinen Spaß!, ich meine es ernst!; ■ **qn plaisante sur** [*o* **à propos de**] **qc** jd macht Witze über etw (*akk*); ***je ne suis pas d'humeur à ~*** ich bin nicht zu[m] Scherzen aufgelegt
2. ■ **qn ne plaisante pas sur** [*o* **avec**] **qc** *sur la discipline, avec l'exactitude* jd versteht keinen Spaß, was etw anbetrifft [*o* in Bezug auf etw (*akk*)]; ***on ne plaisante pas avec qn/qc, il ne faut pas ~ avec qn/qc*** *avec la police, les médicaments* mit jdm/etw ist nicht zu scherzen [*o* spaßen]
▸ **tu plaisantes/vous plaisantez** du machst/Sie machen wohl Spaß, das ist doch wohl nicht dein/Ihr Ernst, das soll wohl ein Witz sein

plaisanterie [plɛzɑ̃tʀi] *f* **1.** (*blague*) Scherz *m,* Witz *m;* ***il aime la ~*** er macht gerne Scherze [*o* Witze]; ***qn dit qc sur le ton de la ~*** jd sagt etwas im Scherz
2. *pl* (*raillerie*) Gespött *nt,* Gelächter *nt;* ***il est en butte aux ~s de ses camarades*** er ist dem Gespött seiner Kameraden ausgesetzt, seine Kameraden machen sich ständig über ihn lustig
3. (*farce*) Scherz *m,* Streich *m*
4. (*bagatelle*) Kleinigkeit *f,* Kinderspiel *f;* ***résoudre ce problème de math, c'est une ~ pour elle*** es ist eine Kleinigkeit [*o* ein Kinderspiel] für sie, diese Matheaufgabe zu lösen
▸ **~ de corps de garde** (*plaisanterie grossière*) derber [*o* anstößiger] Witz, Zote *f;* **~ de mauvais goût** geschmackloser Witz; **les ~s les plus courtes sont [toujours] les meilleures** man soll das Spiel nicht übertreiben; **mauvaise ~** schlechter [*o* übler] Scherz; **qn comprend/ne comprend pas** [*o* **n'entend pas**] **la ~** jd versteht Spaß/keinen Spaß; **qn pousse un peu loin/trop loin la ~** jd geht [mit seinen Scherzen] langsam [*o* ein wenig] zu weit/wirklich zu weit; **par ~** aus [*o* im] [*o* zum] Spaß

plaisantin [plɛzɑ̃tɛ̃] *m* **1.** (*blagueur*) Witzbold *m,* Spaßvogel *m*
2. *péj* (*fumiste*) Schwindler *m,* Scharlatan *m*
▸ **petit ~** kleiner Witzbold [*o* Scherzkeks *fam*]

plaisir [pleziʀ] *m* **1.** (*joie*) Vergnügen *nt,* Freude *f;* ■ **~ de qc** *du devoir accompli* Freude *f* über etw (*akk*); **~ *d'amour*** Liebeslust *f;* **~ *de la chasse*** Jagdvergnügen *nt;* ■ **~ de faire qc** Lust etw zu tun; ***le plaisir de vivre*** die Lebensfreude [*o* Lebenslust]
2. (*distraction*) [Freizeit]vergnügen *nt;* ***le ski nautique est un ~ coûteux*** Wasserski ist ein teures [Freizeit]vergnügen [*o* teurer Spaß]
3. *pl* (*jouissance sexuelle*) Lust *f;* (*physique a.*) Lustgefühl *nt,* Sinnenfreude *f;* ***les ~s de la table*** die Tafelfreuden; ***les [petits] ~s de la vie*** die [kleinen] Freuden des Lebens; ***il court après les ~s*** er ist immer auf Vergnügungen aus; ***l'abus des ~s ruine la santé*** wer sich zu sehr den Vergnügungen hingibt, ruiniert die Gesundheit
▸ **bon ~** (*volonté arbitraire*) Wunsch *m,* eigenes Belieben; ***si c'est là ton bon ~*** wenn das dein ausdrücklicher Wunsch ist, [ganz] wie es dir beliebt; ***qn décide qc selon son bon ~*** jd entscheidet etw nach Belieben [*o* Lust und Laune *fam*]; **~s défendus** verbotene Früchte [*o* Genüsse] *pl;* **qn éprouve** [*o* **prend**] **un malin ~ à faire qc** jd empfindet ein höllisches Vergnügen dabei, etw zu tun *fam,* es bereitet jdm höllisches Vergnügen [*o* höllischen Spaß], etw zu tun *fam,* es macht jdm einen Heidenspaß, etw zu tun *fam;* **menus ~s** kleine Vergnügungen [*o* Freuden] *pl;* **~ solitaire** Selbstbefriedigung *f;* **qn a ~ à faire qc** es macht jdm Freude [*o* Spaß], etw zu tun; es bereitet jdm Vergnügen, etw zu tun; ***nous avons ~ à travailler avec lui*** wir arbeiten gerne mit ihm zusammen; **qn a le ~ de faire qc:** ***M. et Mme X ont le ~ de vous faire part de la naissance/des fiançailles de ...*** wir freuen uns, Ihnen die Geburt/Verlobung von ... mitteilen zu können; **qn boude son ~** jd lässt sich (*dat*) die Freude verderben; **qn se donne du ~** (*fait l'amour avec qn*) jd vergnügt sich im Bett; (*se masturbe*) jd befriedigt sich selbst; **qn fait durer le ~** (*prolonge qc*) jd findet kein Ende; *iron* jd macht es spannend; **qc est un ~ [pour qn]** etw ist [jdm [*o* für jdn]] eine Freude [*o* ein Vergnügen]; **tout le ~ est pour moi** *form* das Vergnügen ist ganz auf meiner Seite [*o* meinerseits]; **c'est bien pour te/lui faire ~** [ich tue es] aber nur, um dir/ihm/ihr einen Gefallen zu tun; [ich tue es] aber nur dir/ihm/ihr zuliebe; **qn fait ~ [à qn]** (*rend service à qn*) jd tut jdm einen Gefallen, jd ist [jdm] gefällig; (*réjouit qn*) jd macht [*o* bereitet] jdm Freude; **qc fait ~ à qn** (*réjouit qn*) etw macht [*o* bereitet] jdm Freude, etw [er]freut jdn; **ça fait [toujours] ~** das findet [immer] Anklang, das kommt [immer] gut an *fam; iron fam* das ist alles andere als [*o* keineswegs] ein Vergnügen; ***tout est en désordre, tu parles si ça fait ~!*** alles ist in Unordnung, ich kann dir sagen, das ist alles andere als ein Vergnügen!; **ça fait ~ à qn de faire qc** es freut jdn, etw zu tun; jd tut etw gerne; ***et si ça me fait ~ de me promener sous la pluie?*** und wenn ich nun einmal gern im Regen spazierengehe?; **qn fait à qn le ~ de faire qc** (*sur invitation*) jd macht jdm die Freude [*o* das Vergnügen], etw zu tun; (*sur ordre*) jd tut etw gefälligst *fam,* jd tut jdm den [einen] Gefallen und tut etw *fam;* ***voulez-vous me faire le ~ de dîner avec moi?*** ich würde mich freuen, wenn Sie mit mir essen würden; würden Sie mir die Freude machen, mit mir zu essen?; ***tu vas me faire le ~ d'aller te laver les mains!*** geh dir gefälligst die Hände waschen!; ***maintenant fais-moi le ~ de te taire!*** jetzt tu mir den [einen] Gefallen und sei still!, jetzt hältst du gefälligst mal den Mund!; **qc fait ~ à voir** etw ist ein erfreulicher Anblick; es ist eine Freude [*o* ein Vergnügen], etw zu sehen; **qn fait ~ à voir** jd ist ein erfreulicher Anblick; **qn se fait un ~ de faire qc** es ist jdm ein Vergnügen [*o* eine Freude], etw zu tun; jd tut etw gerne; ***il se fera un ~ de vous reconduire*** es wird ihm ein Vergnügen sein, Sie nach Hause zu bringen; er wird Sie gerne nach Hause bringen; **qn prend [du] ~ à qc** jd hat [*o* findet] Freude [*o* Spaß] an etw (*dat*), etw macht jdm Freude [*o* Spaß]; ***j'ai pris beaucoup de ~ à notre conversation*** unsere Unterhaltung hat mir viel Spaß [*o* Freude] gemacht; **qn prend [du] ~ à faire qc** jd hat Freude [*o* Spaß] daran, etw zu tun; es macht jdm Freude [*o* Spaß] [*o* Vergnügen], etw zu tun; ***j'ai pris du ~ à converser avec vous*** es war mir ein Vergnügen, mich mit Ihnen zu unterhalten; **qn prend du** [*o* **son**] **~** jd kommt zum Orgasmus; **ça promet du ~!** *iron* das kann ja lustig [*o* heiter] werden!; **qn souhaite à qn bien du ~** *iron* jd wünscht jdm viel Vergnügen; ***eh bien, je vous souhaite bien du ~!*** na dann [wünsche ich euch] viel Vergnügen!; **à ~** *compliquer* über alle Maßen; *explorer* eingehend; *se tourmenter, mentir* grundlos, ohne Grund; **au ~!** *pop* [ich hoffe,] bis bald!; **avec [grand] ~** mit [größtem] Vergnügen, aber gerne; **de ~** *lieu* Vergnügungs-; *maison* Freuden-; **par** [*o* **pour le**] **~** aus [*o* zum] Vergnügen, zum Spaß; **pour ton/son/... ~** zu deinem/seinem/ihrem/... Vergnügen; **qn fait qc pour le ~** jd tut etw nur zum [*o* zu seinem [eigenen]] Vergnügen; **qn fait qc pour le ~ de faire qc** jd tut etw, [nur] weil es ihm Spaß macht etw zu tun; **sans ~** lustlos

plan [plɑ̃] *m* **1.** (*représentation graphique*) Plan *m*
2. (*projet*) Plan *m;* ■ **~ de** *de travail, d'action, études* -plan
3. ECON, FIN, POL Plan *m,* Programm *nt;* ■ **~ de qc** *de stabilisation, sauvetage, réorganisation* Plan zu etw; **~ *d'austérité*** Sparprogramm, Sparplan; **~ *de développement/d'urbanisme*** Entwicklungs-/Stadtentwicklungsplan, Entwicklungs-/Stadtentwicklungsprogramm; **~ *de financement*** Finanzierungsplan, Finanzierungsprogramm; **~ *de redressement*** Sanierungs-

programm; ~ ***économique/financier/quinquennal*** Wirtschafts-/Finanz-/Fünfjahresplan; ~ ***militaire*** Militärprogramm
4. (*canevas*) [*devoir, dissertation*] Plan *m*, Gliederung *f*; [*livre*] Entwurf *m*
5. PHYS, MATH Ebene *f*
6. AUDIOV Aufnahme *f*; (*cadrage*) Einstellung *f*; ~ ***américain*** amerikanische [Kamera]einstellung; ~ ***général*** Totale *f*, Gesamtaufnahme; ~ ***moyen*** Halbtotale; ~ ***rapproché*** Nahaufnahme
7. *fam* (*projet de sortie*) Pläne *pl*; (*idée*) Einfall *m*
► **qn tire des ~s sur la comète** jd baut Luftschlösser; ~ **cadastral** Katasterkarte *f*; ~ **fixe** statische Einstellung; **gros** ~ Großaufnahme *f*; ~ **incliné** schiefe Ebene; ***qc est en ~ incliné*** etw ist schräg [*o* geneigt]; **qn place** [*o* **met**] **qn/qc sur le même** ~ jd stellt jdn/etw auf eine [*o* die gleiche] Stufe; **au premier/deuxième/dernier** ~ AUDIOV im Vorder-/Mittel-/Hintergrund; **au premier/second** ~ [**de qc**] *de l'actualité, des préoccupations* an erster/zweiter Stelle [einer S. (*gen*)]; ***qc est au premier*** ~ etw steht im Vordergrund [*o* an erster Stelle]; ***qc met qn/qc au premier*** ~ etw stellt [*o* rückt] jdn/etw in den Vordergrund; ***qc passe au second*** ~ etw rückt [*o* tritt] in den Hintergrund, etw wird zweitrangig; **de premier/second** ~ ersten Ranges/zweitrangig, führend/unbedeutend; **qn laisse qn en** ~ *fam* jd lässt jdn im Stich, jd lässt jdn hängen *fam*; **qn laisse qc en** ~ *affaires, voiture* jd lässt etw zurück; *projet, travail* jd gibt etw auf, jd lässt etw fallen; **qn reste en** ~ [**quelque part**] *fam* jd sitzt [irgendwo] fest; **qc reste en** ~ *fam* /*travail*/ etw bleibt liegen; /*projet*/ etw wird aufgegeben; ***tout est resté en*** ~ alles blieb liegen; **qn tire des ~s** jd schmiedet [*o* macht] Pläne; **au** ~ **international/national/régional/...** auf internationaler/nationaler/regionaler/... Ebene; **sur** ~ nach Plan; **sur le** ~ ... in ... Hinsicht; ***sur le ~ moral*** in moralischer Hinsicht, moralisch gesehen, aus moralischer Sicht; **sur le ~ de qc** in Bezug auf etw (*akk*), was etw betrifft [*o* anbelangt]; **sur tous les ~s** in jeder Hinsicht [*o* Beziehung]
◆ **plan d'alignement** Baufluchtplan *m*; **plan d'eau** Wasserfläche *f*; **plan de bataille** Schlachtplan *m*; **plan de cuisson** Kochfläche *f*; **plan d'ensemble** Gesamtplan *m*, Totale *f*, Gesamtaufnahme *f*; **plan de travail** (*dans une cuisine*) Arbeitsfläche *f*; (*planning*) Arbeitsplan *m*, Arbeitsprogramm *nt*; **plan de vol** Flugplan *m*; **plan d'occupation des sols** Bebauungsplan *m*; **plan médias** Mediaplan *m*; **plan ORSEC** Katastropheneinsatzplan *m*

plan, e [plɑ̃, plan] *adj surface, terrain* eben, plan; GEOG, MATH zweidimensional; ***géométrie ~e*** nichträumliche [*o* zweidimensionale] Geometrie

planant, e [planɑ̃, ɑ̃t] *adj fam musique* zum Träumen anregend

planche [plɑ̃ʃ] *f* **1.** (*pièce de bois*) Brett *nt*
2. SPORT (*plongeoir*) Sprungbrett *nt*; NAUT (*passerelle*) Landungssteg *m*
3. (*illustration*) [Bild]tafel *f*
4. (*plate-bande*) Beet *nt*; ~ ***de pois/de haricots*** Erbsen-/Bohnenbeet
► **qn est** [**cloué(e)**] **entre quatre ~s** jd liegt unter der Erde; **qn brûle les ~s** jd spielt mit Leib und Seele; **qn fait la** ~ jd macht den toten Mann *fam*; **qn monte sur les ~s** jd steigt auf die Bühne [*o* Bretter]; ***qn veut monter sur les ~s*** jd will zum Theater, jd will Schauspieler werden
◆ **planche à billets** [Bank]notenpresse *f*; **planche à découper** Hackbrett *nt*; **planche à dessin** Zeichenbrett *nt*, Reißbrett *nt*; **planche à pain** Brotbrett *nt*; (*personne très maigre*) [schmales] Handtuch *fam*; **planche à repasser** Bügelbrett *nt*; (*femme avec peu de poitrine*) [Bügel]brett *nt fam*; ***c'est une vraie ~ à repasser*** sie ist flach wie ein Brett *fam*; **planche à roulettes** Rollbrett *nt*, Skateboard ['skeɪtbɔː(r)d] *nt*; **planche à voile** (*objet*) Surfbrett ['søːɐf-] *nt*; (*sport*) Windsurfing [-søːɐfɪŋ] *nt*; ***il fait de la ~ à voile*** er macht [*o* betreibt] Windsurfing, er geht windsurfen; **planche de salut** letzte Rettung [*o* Hoffnung], Rettungsanker *m*

plancher[1] [plɑ̃ʃe] I. *m* **1.** CONSTR Fußboden *m*; [*ascenseur, voiture, wagon*] Boden *m*
2. [*cotisations*] niedrigster Satz, Mindestsatz *m*; [*cours*] Mindestwert *m*
► **le ~ des vaches** *hum fam* der feste Boden, das feste Land, das Festland; **qn déblaie** [*o* **débarrasse**] **le** ~ *fam* jd verschwindet, jd haut ab *fam*, jd zieht Leine *fam*; ***débarrasse***[***- moi***] ***le*** ~!, mach, dass du wegkommst!, hau ab! *fam*, zieh Leine! *fam*
II. *app* ■ [-]~ *prix, salaire* Mindest-; ***cours/niveau ~ d'une action*** Mindestwert *m* einer Aktie; ***cours ~ d'une monnaie*** unterer Interventionswert

plancher[2] <1> [plɑ̃ʃe] *vi fam* **1.** (*être interrogé*) ■ **qn planche** [**sur qc**] jd wird [über etw (*akk*)] abgefragt [*o* geprüft]; (*présenter un rapport*) jd referiert [über etw (*akk*)], jd hält ein Exposee [über etw (*akk*)]
2. (*réfléchir*) ■ **qn planche sur qc** *sujet, rapport, problème* jd brütet über etw (*akk*) *fam*, jd beschäftigt sich mit etw

planchette [plɑ̃ʃɛt] *f* Brettchen *nt*, kleines Brett

planchiste [plɑ̃ʃist] *mf* Windsurfer(in) *m(f)* [-søːɐfɐ]

plancton [plɑ̃ktɔ̃] *m* Plankton *nt*

plané, e [plane] *adj* ► **vol** ~ Schweben *nt*, Gleitflug *m*; *fam* (*chute*) Bauchlandung *f fam*

planer <1> [plane] *vi* **1.** ■ **un oiseau plane** ein Vogel schwebt [*o* gleitet]
2. AVIAT ■ **qc plane** etw gleitet
3. (*flotter*) ■ **qc plane quelque part** /*fumée, nuages*/ etw schwebt irgendwo; /*vapeur a.*/ etw steht irgendwo; ***il y a de la vapeur qui plane dans la cuisine*** die Küche ist voller Dampf
4. (*peser*) ■ **qc plane sur qn/qc** /*danger*/ etw droht jdm/einer S., etw lauert auf jdn/etw; /*soupçons*/ etw liegt [*o* lastet] auf jdm; ■ **qn fait** [*o* **qn/qc laisse**] ~ **qc** [**sur qc**] *doutes* jd/etw lässt etw [über etw (*akk*)] aufkommen; ***un mystère plane sur toute cette affaire*** hinter dieser ganzen Sache steckt [*o* verbirgt sich] ein Geheimnis
5. *péj fam* (*rêver*) ■ **qn plane** jd schwebt in den Wolken [*o* in höheren Regionen [*o* Sphären]]; ***arrête donc de*** ~! hör endlich auf zu träumen!
6. *fam* (*être sous effet euphorisant*) ■ **qn plane** jd ist [total] weg[getreten] *fam*; (*sous l'effet d'une drogue*) jd ist high [hai] *fam*; ■ **qc fait ~ qn** etw bringt jdn zum Träumen
7. ■ **qn plane au-dessus de qc** *des dissensions, querelles* jd steht über etw (*dat*)
► **ça plane** *fam* alles Spitze *fam*

planétaire [planetɛʀ] *adj* **1.** (*mondial*) weltweit, global
2. ASTRON planetarisch; *année, système* Planeten-

planétarium [planetaʀjɔm] *m* Planetarium *nt*

planète [planɛt] *f* **1.** ASTRON Planet *m*
2. (*la Terre*) ■ **la** ~ der [Blaue] Planet; ***sur notre*** ~ auf unserem Planeten

planeur [planœʀ] *m* Segelflugzeug *nt*, Gleiter *m*

planificateur, -trice [planifikatœʀ, -tʀis] I. *adj autorité* maßgebend, wegweisend; *mesures* Planungs-
II. *m, f* Planer(in) *m(f)*; ECON Planungsfachmann/-fachfrau *m/f*, Planifikateur(in) *m(f)*

planification [planifikasjɔ̃] *f* Planung *f*; ECON Planifikation *f spec*; ~ ***démographique*** Geburtenregelung *f*, bevölkerungspolitische Planung; ~ ***économique*** wirtschaftliche Planung

planifier <1 a> [planifje] *vt* ■ **qn planifie qc** jd plant etw, jd stellt einen Plan für etw auf, jd erarbeitet ein Programm *nt* für etw; ■ [**qc est**] **planifié(e)** [etw ist] geplant; ***économie ~e*** Planwirtschaft *f*

planimétrie [planimetʀi] *f* Planimetrie *f*

planisphère [planisfɛʀ] *m* Weltkarte *f*

planning [planiŋ] *m* (*calendrier*) Terminkalender *m*; (*plan de travail*) Plan *m*; (*plan de production*) Fertigungsplan
► ~ **familial** Familienplanung *f*

planque [plɑ̃k] *f fam* **1.** (*cachette*) Versteck *nt*
2. (*travail tranquille*) ruhiger Posten [*o* Job]
3. (*lieu protégé*) Unterschlupf *m*; *péj* Druckposten *m fam*

planqué, e [plɑ̃ke] *m, f péj fam* Drückeberger(in) *m(f) fam*

planquer <1> [plɑ̃ke] I. *vt fam* ■ **qn planque qn/qc** [**quelque part**] jd versteckt jdn/etw [irgendwo], jd bringt jdn/etw [irgendwo] in Sicherheit
II. *vpr fam* ■ **qn se planque** [**quelque part**] jd versteckt sich [irgendwo], jd bringt sich [irgendwo] in Sicherheit

plan-séquence <<-s-~s> [plɑ̃sekɑ̃s] *m* Sequenzaufnahme *f*

plant [plɑ̃] *m* **1.** (*jeune plante*) Setzling *m*, Pflänzchen *nt*; ■ ~ **de** -setzling
2. (*plantation*) ■ ~ ***de d'arbres*** -pflanzung *f*; *d'asperges* -feld *nt*

plantage [plɑ̃taʒ] *m* INFORM *fam* Absturz *m fam*

plantain [plɑ̃tɛ̃] *m* Wegerich *m*

plantaire [plɑ̃tɛʀ] *adj douleur* an der Fußsohle; *verrue a.* Fußsohlen-; ***voûte*** ~ Fußwölbung *f*; ***je ressens une douleur*** ~ meine Fußsohlen schmerzen

plantation [plɑ̃tasjɔ̃] *f* **1.** (*exploitation agricole*) Plantage *f*; ■ ~ **de** *de café, canne à sucre* -plantage, -pflanzung *f*
2. (*culture*) [An]pflanzung *f*; ■ ~ **de** *d'arbres* -pflanzung; *de fleurs, légumes* -beet *nt*, -feld *nt*; *de sapins* -schonung *f*; ~ ***d'arbres fruitiers*** Obstanlage *f*, Obstplantage *f*
3. (*action*) [An]pflanzen *nt*, [An]pflanzung *f*; [*arbre a.*] Setzen *nt*; ***qn fait des ~s/de nouvelles ~s*** jd setzt Pflanzen/jd pflanzt neu an

plante[1] [plɑ̃t] *f* BOT Pflanze *f*; ~ ***d'appartement/de serre*** Zimmer-/Treibhauspflanze; ~ ***grimpante/verte/grasse*** Kletter-/Grün-/Fettpflanze; ~ ***alimentaire/fourragère/potagère*** Nutz-/Futter-/Gemüsepflanze; ~ ***officinale/oléagineuse/tropicale*** Heil-/Öl-/Tropenpflanze; ~ ***bulbeuse*** Knollengewächs *nt*
► **c'est une belle** ~ *fam* sie ist eine flotte Biene *fam*

plante[2] [plɑ̃t] *f* [*pied*] Sohle *f*

planté, e [plɑ̃te] *adj* (*debout et immobile*): ***qn est/reste ~ là*** [***quelque part***] jd steht [irgendwo] wie angewurzelt da/bleibt [irgendwo] wie angewurzelt stehen; ***bien ~ sur ses jambes*** breitbeinig dastehend; ***qn est*** [*o* ***reste***] ~ ***là à faire qc*** jd steht da und tut etw; ***qu'est-ce que tu fais ~ là?*** was stehst du da [wie ein Ölgötze] herum? *fam*; ***qu'est-ce qu'elle fait ~e là à nous regarder?*** was steht sie da herum und glotzt [*o* hält Maulaffen feil]? *fam*
► **qn est bien** ~ jd ist kräftig [*o* stabil] gebaut; **qc est bien/mal** ~ /*dents*/ etw ist gerade [*o* regelmäßig]/schief [*o* unregelmäßig] gewachsen; ***elle a les dents bien ~es*** sie hat ein sehr regelmäßiges [*o* ebenmäßiges] Gebiss

planter <1> [plɑ̃te] I. *vt* **1.** (*mettre en terre*) ■ **qn plante qc** [**quelque part**] jd setzt etw [irgendwo], jd pflanzt etw [irgendwo]
2. (*garnir de*) ■ **qn plante qc** [**de/en qc**] jd bepflanzt etw [mit etw]; ***une avenue plantée d'arbres*** eine von Bäumen gesäumte Straße
3. (*enfoncer*) ■ **un animal plante qc dans qc** *griffes* ein Tier schlägt [*o* haut] etw in etw (*akk*); ■ **qn plante qc** [**dans qc**] *clou* jd schlägt etw [in etw (*akk*)] ein; *jalon, pieu, piquet a.* jd treibt etw [in etw (*akk*)] ein; *poignard, couteau* jd stößt etw in etw (*akk*)
4. (*dresser*) ■ **qn plante qc quelque part** *échelle, chaise* jd stellt etw irgendwo auf [*o* hin]; *drapeau* jd richtet [*o* pflanzt] etw irgendwo auf; *tente* jd schlägt etw irgendwo auf
5. (*décrire*) ■ **qn plante qn/qc** *décor, personnages* jd beschreibt jdn/etw, jd stellt jdn dar
6. *fam* (*abandonner*) ■ **qn plante qn quelque part** jd lässt jdn irgendwo stehen [*o* zurück]; ***qn le/la plante là*** jd lässt ihn/sie einfach stehen
7. ■ **qn plante qc sur qn** *son regard, ses yeux* jd richtet [*o* heftet] etw auf jdn
II. *vi fam* ■ **qc plante** /*ordinateur*/ etw stürzt ab
III. *vpr* **1.** *fam* (*se tromper*) ■ **qn se plante dans qc** jd vertut sich [bei etw] *fam*, jd haut [bei etw [*o* mit etw]] daneben *fam*; ***en lançant ce nouveau produit, ils se sont complètement plantés*** mit diesem neuen Produkt haben sie völlig daneben gehauen *fam*
2. (*être planté*) ■ **qc se plante** etw wird gepflanzt [*o* gesetzt]
3. (*se mettre*) ■ **qn se plante qc dans qc** jd bohrt sich (*dat*) etw in etw (*akk*); ■ **qc se plante quelque part** /*couteau, flèche, javelot*/ etw bohrt

sich irgendwohin, etw bleibt irgendwo stecken; ***il s'est planté une épine dans le doigt*** er hat sich einen Dorn in den Finger gebohrt
4. *fam* (*se poster*) ■ **qn se plante quelque part** jd stellt sich irgendwohin; ***qn se plante devant*** [*o* ***en face de***] ***qn*** jd pflanzt sich vor jdm hin [*o* vor jdm auf] *fam*
5. *fam* (*avoir un accident*) ■ **qn se plante** jd baut einen Unfall *fam*
6. (*tomber en panne*) ■ **qc se plante** INFORM /*ordinateur*/ etw hängt sich auf *fam,* etw stürzt ab *fam*

planteur [plɑ̃tœʀ] *m* **1.** (*propriétaire*) Plantagenbesitzer(in) *m(f)*
2. (*cocktail*) *Rum-Orangensaft-Cocktail*

plantoir [plɑ̃twaʀ] *m* Pflanzholz *nt,* Setzholz *nt*

planton [plɑ̃tɔ̃] *m* MIL Ordonnanz *f,* Bursche *m veraltet*
▶ **qn fait le** ~ [**quelque part**] *fam* jd steht [irgendwo] ewig herum und wartet *fam,* jd steht sich (*dat*) [irgendwo] die Beine in den Bauch *fam*

plantureux, -euse [plɑ̃tyʀø, -øz] *adj* **1.** *repas* üppig, feudal
2. *femme, poitrine* üppig
3. *région, terre* ertragreich, üppig; *année, récolte a.* reich

plaquage [plakaʒ] *m* RUGBY Fassen *nt; v. a.* **placage**
◆ **plaquage à retardement** nachträgliches Fassen

plaque [plak] *f* **1.** (*matériau plat*) Platte *f*
2. (*quantité de*) ■ ~ **de** -platte *f; de beurre* Packung *f;* ***une*** ~ ***de chocolat*** eine Tafel Schokolade; ***par*** ~***s de trois*** in Dreierpackungen
3. (*couche*) ■ ~ **de** *de boue* -klumpen *m;* ~ ***de verglas*** vereiste Stelle; ***il y a du verglas par*** ~***s*** es ist stellenweise Glatteis
4. MED (*tache*) Fleck *m;* (*lésion délimitée*) Plaque *f spec;* ~***s d'eczéma*** ekzematöse Stellen *pl,* von Hautausschlag befallene Stellen
5. (*pièce de métal*) [*porte, rue*] Schild *nt;* [*policier*] Dienstmarke *f,* Plakette *f;* (*décoration*) Abzeichen *nt*
6. [*cuisinière*] [Koch]platte *f*
7. GEOL Scholle *f*
▶ ~ **chauffante** [*o* **électrique**] Kochplatte *f;* ~ **commémorative** Gedenktafel *f;* ~ **dentaire** Zahnbelag *m,* Plaque *f spec;* ~ **minéralogique** Nummernschild *nt;* ~ **sensible** Photozelle *f;* ~ **tournante** Drehscheibe *f,* Zentrum *nt;* (*personne*) Zentralfigur *f;* **qn est à côté de la** ~ *fam* jd liegt daneben [*o* falsch] *fam,* jd ist auf dem Holzweg; **qn met à côté de la** ~ *fam* jd trifft [*o* haut] daneben *fam*
◆ **plaque à vent** Schneeverwehung *f;* **plaque de cheminée** Kaminplatte *f;* **plaque de cuisson** Kochmulde *f;* (*en vitrocéramique*) Kochfeld *nt;* **plaque d'égout** Kanaldeckel *m;* **plaque d'identité** [*soldat*] Erkennungsmarke *f;* [*chien*] Hundemarke *f;* **plaque d'immatriculation** Nummernschild *nt*

plaqué, e [plake] **I.** *adj montre, bijoux* plattiert, aus *o* in] Dublee *meuble, bois* furniert; ~ [*en*] ***argent/or*** versilbert/vergoldet; ~ ***chêne*** [mit] Eiche furniert
II. *m* (*bois*) Furnier *nt;* (*métal*) Dublee *nt;* ***c'est du*** ~ ***chêne*** das ist Eichenfurnier; ***cette armoire est en*** ~ ***chêne*** dieser Schrank ist aus Eichenfurnier; ***bijoux en*** ~ ***or*** Schmuck *m* aus Dubleegold, vergoldeter Schmuck

plaquer <1> [plake] **I.** *vt* **1.** *fam* (*abandonner*) ■ **qn plaque qn** *époux, épouse* jd lässt jdn im Stich [*o* sitzen *fam*]; *fiancé, petit ami* jd macht Schluss mit jdm, jd lässt jdn sausen *fam;* ■ **qn plaque qc** *emploi* jd gibt etw auf, jd hängt etw an den Nagel; *travail a.* jd schmeißt etw hin *fam;* ***elle a tout plaqué pour le suivre*** sie hat alles im Stich gelassen [*o* hingeschmissen *fam*], um ihm zu folgen
2. (*aplatir*) ■ **qn plaque qc** *cheveux* jd streicht etw glatt, jd glättet etw
3. (*coller*) ■ **qc plaque une chose sur/contre qc** *chemise, robe* eine S. klebt durch etw an etw (*dat*); ***la pluie plaque sa robe sur ses jambes*** ihr regennasses Kleid klebt an den Beinen; ■ **qc plaque qc contre qc** /*vent, explosion*/ etw drückt etw gegen etw
4. (*serrer contre*) ■ **qn plaque qn contre qn** jd drückt jdn gegen jdn; ■ **qn/qc plaque qn sur/à/contre qc** jd/etw drückt jdn an etw (*akk*)/gegen etw
5. TECH ■ **qn plaque qc sur qc** *feuille de bois* jd presst etw auf etw (*akk*); *métal* jd trägt etw auf etw (*akk*) auf; ***il a plaqué une fine couche d'or sur mon bracelet*** er hat mein Armband mit einer dünnen Goldschicht überzogen
6. (*ajouter*) ■ **qn plaque qc sur une chose** *histoire, citation* jd hängt etw an eine S. (*akk*) [dr]an, jd fügt einer S. (*dat*) etw hinzu
7. RUGBY ■ **qn plaque qn** jd fasst jdn
8. MUS ■ **qn plaque qc** *accord* jd schlägt etw an
II. *vpr* (*se serrer*) ■ **qn se plaque contre qc** jd drückt [*o* presst] sich [platt] an [*o* gegen] etw (*akk*); ■ **qn se plaque dans qc** jd drückt sich in etw (*akk*)

plaquette [plakɛt] *f* **1.** (*petite plaque*) kleine Platte; ■ ~ **de** *de marbre, métal* [kleine] -platte
2. (*présentation*): ~ ***de chocolat*** Riegel *m* Schokolade; ~ ***de pilules*** Pillenpackung *f;* ~ ***de beurre*** Paket *nt* Butter
3. MED: ~ [***sanguine***] Blutplättchen *nt*
4. (*livre*) Büchlein *nt;* (*brochure*) Prospekt *m*
◆ **plaquettes de frein** Bremsbeläge *pl*

plasma [plasma] *m* Plasma *nt*
▶ ~ **sanguin** Blutplasma *nt*

plastic [plastik] *m* Plastiksprengstoff *m*

plasticage [plastikaʒ] *m* Anschlag *m* mit einer Plastikbombe

plasticité [plastisite] *f* **1.** [*argile, cire, matériau*] Formbarkeit *f,* Modellierbarkeit *f,* Plastizität *f*
2. [*tissu lésé*] Regenerationsfähigkeit *f,* Plastizität *f*
3. [*caractère, humeur*] Formbarkeit *f,* Anpassungsfähigkeit *f*

plastifier <1 a> [plastifje] *vt* ■ **qn plastifie qc** *carte d'identité, document* jd überzieht etw mit Plastik, jd schweißt etw in Plastik [*o* in eine Plastikhülle] ein; ■ [**qc est**] **plastifié(e)** /*couverture d'un livre, tissu*/ [etw ist] mit Plastik überzogen [*o* in Plastik eingeschweißt]

plastiquage [plastikaʒ] *m v.* **plasticage**

plastique [plastik] **I.** *adj* **1.** plastisch, formbar; *argile a.* knetbar; ***matière*** ~ Kunststoff *m*
2. *art* plastisch, bildhauerisch; ***arts*** ~***s*** Bildhauerkunst *f*
3. *chirurgie* plastisch
4. (*de la forme*) *beauté, génie, qualité* plastisch; *geste* mit körperlicher Ausdruckskraft
II. *m* Kunststoff *m,* Plastik *nt;* ***de*** [*o* ***en***] ~ aus Kunststoff [*o* Plastik], Kunststoff-, Plastik-; ***sous*** ~ in Plastik verpackt
III. *f* Figur *f*
IV. *app inv sac, bouteille, emballage* Plastik-

plastiquement [plastikmɑ̃] *adv* was die Formen [*o* plastische Gestalt] betrifft

plastiquer <1> [plastike] *vt* ■ **qn plastique qc** jd sprengt etw mit einer Plastikbombe in die Luft

plastiqueur, -euse [plastikœʀ, -øz] *m, f* Sprengstoffattentäter(in) *m(f),* [Plastik]bombenleger(in) *m(f)*

plastron [plastʀɔ̃] *m* **1.** (*pièce de vêtement*) [*chemise*] Hemdbrust *f;* [*corsage*] Plastron *m o nt,* Chemisette *f*
2. SPORT Plastron *m o nt*

plastronner <1> [plastʀɔne] *vi* ■ **qn plastronne** jd spielt sich auf

plat [pla] *m* **1.** (*récipient*) (*creux*) Schüssel *f;* (*plat*) Schale *f;* ■ ~ **à** *à viande, poisson* -platte *f;* ■ **un** ~ **de** (*contenu*) *de nouilles, lentilles* eine Schüssel [voll] ... (+ *gen*); ***qui finit le*** ~? wer macht die Schüssel leer?
2. (*mets*) Gericht *nt;* (*élément d'un repas*) Gang *m;* ■ ~ **de** *de nouilles, légumes, poisson, viande* -gericht
▶ **qn apporte** [*o* **donne**] [*o* **sert**] **qc à qn sur un** ~ **d'argent** jd serviert jdm etw auf einem silbernen Tablett, jd bietet jdm etw auf einem silbernen Tablett an; **bons petits** ~**s** kleine leckere Gerichte [*o* Leckerbissen] *pl;* ~ **garni** Gericht *nt* mit Beilage; **qn met les petits** ~**s dans les grands** jd bereitet ein Festessen vor; **qn fait tout un** ~ [**de qc**] *fam* jd macht viel Aufhebens, jd macht ein großes Trara [*o* viel Wind] [um etw] *fam*
◆ **plat de résistance** GASTR Hauptgericht *nt;* (*élément principal*) Krönung *f;* **plat du jour** Tagesgericht *nt*

plat, e [pla, plat] **I.** *adj* **1.** *caillou* flach; *surface, terrain a.* eben; *mer* glatt, ruhig
2. *front, poitrine, ventre* flach; *coiffure* glatt; ***elle est*** ~***e comme une limande/planche à repasser*** *fam* sie ist flach wie ein Brett *fam*
3. *assiette, chaussure, talon, bateau* flach; GEOM *angle* gestreckt; ***toit*** ~ Flachdach *nt;* ***poisson*** ~ Plattfisch *m*
4. (*fade*) flach; *personne a.* geistlos; *conversation a.* platt; *adaptation* platt, farblos; *livre, style* fade, einfallslos, trivial; *vie* eintönig, schal; *préoccupation* oberflächlich, nichts sagend; *vin* fade
5. (*obséquieux*) *personne* unterwürfig, kriecherisch; ***qn fait de*** ~***es excuses*** jd bittet unterwürfig um Verzeihung
▶ **qc est à** ~ /*pneu*/ etw ist platt; /*batterie*/ etw ist leer; **qn est à** ~ AUT jd hat einen Platten; *fam* (*est épuisé*) jd ist fertig [*o* erledigt] [*o* schlapp] *fam;* **qc met** [*o* **fiche**] **qn à** ~ *fam* etw macht jdn [völlig] fertig [*o* kaputt] *fam;* **qn met qc à** ~ *question, problème* jd rollt etw neu auf; **qc tombe à** ~ /*plaisanterie, remarque*/ etw findet keinen Anklang, etw kommt nicht an *fam;* /*pièce a.*/ etw fällt durch; **à** ~ *mettre, poser* flach
II. *m* **1.** (*partie plate*) [*couteau*] flache Seite; ***le*** ~ ***de la main*** die flache Hand
2. (*terrain plat*) ebene Strecke, ebenes Gelände
▶ **qn fait du** ~ **à qn** *fam* jd macht sich an jdn heran *fam,* jd macht bei jdm plumpe Annäherungsversuche
◆ **plat de côtes** Spannrippe *f*

platane [platan] *m* BOT Platane *f*
▶ **qn rentre dans** [*o* **se paie**] **un** ~ *fam* jd fährt [*o* kracht *fam*] gegen einen Baum

plateau <x> [plato] *m* **1.** GASTR Tablett *nt,* Servierbrett *nt;* (*repas léger*) kleines Gericht; ■ ~ **de qc** *de fruits de mer, d'huîtres* Platte *f* mit etw; ~ ***de fromages*** Käseplatte
2. [*balance*] Waagschale *f;* [*table*] [Tisch]platte *f;* [*électrophone, tourne-disques*] Plattenteller *m*
3. GEOG [Hoch]plateau *nt*
4. THEAT (*scène*) Bühne *f;* AUDIOV Drehplatz *m;* (*invités*) [Star]aufgebot *nt;* ***sur le*** ~/***hors du*** ~ vor/hinter der Kamera
5. CYCLISME Kettenblatt *nt*
▶ **qn jette qc sur le** ~ **de la balance** jd wirft etw in die Waagschale; ~ **continental** Kontinentaltafel *f;* **haut** ~ Hochland *nt;* **qn apporte** [*o* **sert**] **qc à qn sur un** ~ jd serviert jdm etw auf einem silbernen Tablett
◆ **plateau à fromages** Käseplatte *f;* **plateau de chargement** Palette *f;* **plateau de pédalier** CYCLISME Kettenblatt *nt;* **plateau de tournage** Drehplatz *m*

plateau-repas <~x-~> [platoʀ(ə)pa] *m auf einem Tablett serviertes vollständiges Menü*

platebande *f,* **plate-bande** <~s-~s> [platbɑ̃d] *f* Rabatte *f,* Beet *nt*
▶ **qn marche sur** [*o* **piétine**] **les** ~**s de qn** *fam* jd kommt jdm ins Gehege, jd pfuscht jdm ins Handwerk

platée [plate] *f:* ***une*** ~ ***de riz/purée*** eine Schüssel voll Reis/Püree

plateforme, plate-forme <~s-~s> [platfɔʀm] *f* **1.** (*terre-plein*) Plattform *f;* ALPIN Leiste *f*
2. AUT, CHEMDFER Plattform *f;* (*de forage*) Bohrinsel *f*
3. (*programme*) Plattform *f;* ■ ~ **de qc** Plattform für etw
4. INFORM Plattform *f*
▶ ~ **continentale** [*o* **littorale**] Festlandsockel *m,* Kontinentalsockel *m;* ~ **récupérable** Raumtransporter *m*
◆ **plateforme de chargement** TRANSP Ladefläche *f;* **plateforme de fo-**

rage Bohrinsel *f*

platement [platmɑ̃] *adv écrire, s'exprimer* farblos, platt; *s'excuser* unterwürfig

platine¹ [platin] I. *m* CHIM Platin *nt*
II. *app inv cheveux* platinblond; *blond* platin-

platine² [platin] *f* TECH Platine *f;* [*microscope*] Objekttisch *m;* [*montre*] Werkplatte *f;* [*machine à coudre, serrure*] [Metall]platte *f;* AUDIOV [*électrophone*] Plattenspieler *m;* [*lecteur cassettes*] Kassettendeck *nt*
► ~ **laser** CD-Spieler *m*

platiné, e [platine] *adj* platinblond; ***cheveux d'un blond*** ~ platinblondes Haar; ***une blonde*** ~***e*** eine Platinblonde

platitude [platityd] *f* 1. *Ø* (*médiocrité*) Seichtheit *f kein pl,* Flachheit *f kein pl*
2. (*propos*) Flachheit *f,* Gemeinplatz *m,* Platitüde *f geh*

platonique [platɔnik] *adj* platonisch

platoniquement [platɔnikmɑ̃] *adv* platonisch

plâtrage [plɑtʀaʒ] *m Ø* [*mur*] [Ver]gipsen *nt;* [*bras, jambe*] [Ein]gipsen *nt;* ***qn fait le*** ~ ***de qc*** jd vergipst etw/gipst etw ein

plâtras [plɑtʀɑ] *m* Brocken *m* Gips *m;* ■ **les** ~ der [Bau]schutt

plâtre [plɑtʀ] *m* 1. (*matériau*) Gips *m;* ■ **en** ~ Gips-
2. MED Gips *m*
3. ART (*buste*) Gipsbüste *f;* (*meule*) Gipsabdruck *m*
4. *pl* CONSTR Verputz *m*
► **qn a qc dans le** ~ jd hat etw in Gips; **qn bat qn comme** ~ jd schlägt jdn windelweich *fam;* **qn essuie les** ~**s** *fam* jd badet die Sache aus, jd steht dafür gerade; **c'est du** ~! (*fromage*) das ist ja [noch] der reinste Quark! *fam*

plâtrer <1> [plɑtʀe] *vt* 1. (*couvrir de plâtre*) ■ **qn plâtre qc** jd vergipst etw; *trou, fissure* jd gipst etw zu
2. (*mettre dans le plâtre*) ■ **qn plâtre qc** [**à qn**] jd gipst [jdm] etw ein; ■ **qn est plâtré(e)** jd liegt in Gips

plâtrerie [plɑtʀəʀi] *f* 1. (*entreprise*) Gipswerk *nt,* Gipsfabrik *f*
2. *Ø* (*travail*) Gipsarbeit *f*

plâtreux, -euse [plɑtʀø, -øz] *adj teint* fahlbleich; *fromage* quarkig

plâtrier, -ière [plɑtʀije, -jɛʀ] *m, f* Gipser(in) *m(f)*

plausible [plozibl] *adj* plausibel

play-back [plɛbak] *m inv* Play-back ['pleɪbæk] *nt*

play-boy <~-~s> [plɛbɔj] *m* Playboy ['pleɪbɔɪ] *m*

plèbe [plɛb] *f* 1. HIST Plebs *f*
2. *péj vieux* (*populace*) Plebs *m geh,* Pöbel *m*

plébiscite [plebisit] *m* 1. Plebiszit *nt,* Volksabstimmung *f*
2. CH Volksabstimmung *f*

plébisciter <1> [plebisite] *vt* 1. POL (*voter*) ■ **qn plébiscite qn/qc** jd billigt jdn/etw durch Volksabstimmung
2. (*approuver*) ■ **qn plébiscite qc** *politique, mode* jd befürwortet etw

pléiade [plejad] *f* 1. ■ **une** ~ **de personnes** eine ganze Schar [von] Menschen
2. ASTRON ■ **les P**~**s** die Plejaden
3. LITTER ■ **la P**~ die Pléiade

plein, e [plɛ̃, plɛn] I. *adj* 1. (*rempli*) voll; *journée, vie* ausgefüllt; ~ ***à ras bords*** randvoll; ***à moitié*** ~ halbvoll; ■ [**qn/qc est**] ~ **de qc** [jd/etw ist] voller etw (*gen*); ~ ***de bonne volonté*** voller guten Willens; ~ ***de vie*** lebenslustig; ***un panier*** ~ ***de champignons*** ein Korb voller Pilze; ***une valise*** ~***e de livres*** ein Koffer voller Bücher; ~ ***de risques/ d'idées/ d'esprit*** risiko-/ideen-/geistreich; ***il est*** ~ ***d'idées folles*** er steckt voller verrückter Ideen; ***elle est*** ~***e de santé*** sie strotzt vor Gesundheit
2. (*rond*) *joues, visage* voll, rund; ***une femme aux formes*** ~***es*** eine füllige Frau
3. (*sans réserve*) ■ **à** ~ **qc**: ***à*** ~***e gorge*** aus vollem Hals; ***à*** ~***s bras/ à*** ~***es mains*** ganze Arme/Hände voll; ***qn mord à*** ~***es dents dans qc*** jd beißt herzhaft in etw (*akk*); ***qn respire qc à*** ~***s poumons*** jd atmet etw in tiefen Zügen [ein]; ***ça sent le purin à*** ~ ***nez ici*** hier stinkt es unheimlich nach Jauche; ***il mangeait les fraises à*** ~***e bouche*** er stopfte sich die Erdbeeren in den Mund
4. (*au maximum de*) ■ **à** ~ **qc**: ***à*** ~***s bords*** im Überfluss; ***à*** ~ ***régime*** [*o* ***rendement***] [*o* ***à*** ~***e vapeur***] auf Hochtouren
5. (*au plus fort de*) ■ **en** ~ **qc** mitten in etw (*dat*); ***en*** ~ ***été/ hiver*** mitten im Sommer/Winter; ***en*** ~ ***jour*** am helllichten Tag; ***en*** ~***e nuit*** mitten in der Nacht; ***en*** ~ ***soleil*** in der prallen Sonne
6. (*au milieu de*) ■ **en** ~ **qc** *être, interrompre* mitten in etw (*dat*); *viser, placer* mitten in etw (*akk*); *travail a.* mitten bei etw; ***en*** ~***e rue*** auf offener Straße; ***en*** ~***e obscurité*** in völliger Dunkelheit; ***il faudrait placer ce tableau en*** ~***e lumière*** wir sollten dieses Bild ins [volle] Licht hängen, dieses Bild sollte im [vollen] Licht hängen; ***en*** ~ ***vol/ essor*** in vollem Flug/Aufschwung; ***qn vient chez qn en*** ~ ***midi*** jd kommt ausgerechnet mittags zu jdm; ***qn/ qc est en*** ~ ***boum*** jd/etw erlebt einen ungeheuren Boom [bu:m]; ***elle est arrivée en*** ~ ***cours*** sie ist mitten in den Unterricht geplatzt *fam,* sie kam mitten im Unterricht an
7. (*sans vide*) *bois, porte* massiv; *pneu* Vollgummi-; *trait* durchgezogen; ***une porte en bois*** ~ eine Massivholztür
8. *antéposé* (*total*) *succès, confiance* voll; *victoire* klar; ***qn a*** ~***e conscience de qc*** jd ist sich (*dat*) über etw (*akk*) voll und ganz im Klaren; ***qn/ qc donne*** ~***e satisfaction à qn*** jd ist mit jdm/etw völlig zufrieden
9. (*entier*) *jour, mois* voll, ganz
10. (*gravide*) trächtig
► ~ **et entier** voll und ganz; ~ **à craquer** brechend voll *fam*
II. *adv* 1. *fam* (*beaucoup de*) ■ ~ **de** unheimlich viel ... + *subst sing fam,* unheimlich viele ... + *subst pl fam;* ***qn a*** ~ ***d'argent/ d'amis*** jd hat unheimlich viel Geld/viele Freunde
2. (*exactement*) ■ **en** ~ + *prép* genau; ***en*** ~ ***devant/ sur/ dans*** *sans mouvement* genau vor/auf/in (+ *dat*); *avec mouvement* genau vor/auf/in (+ *akk*)
3. (*au maximum*) ■ **à** ~: ***qc tourne à*** ~ etw läuft auf Hochtouren; ***qn utilise qc à*** ~ jd schöpft etw voll aus; ***qn est reposé(e) à*** ~ jd hat sich rund[her]um erholt; ***cet argument a porté à*** ~ dieses Argument hat ins Schwarze getroffen
► **qn/qc donne en** ~ **dans qc** jd/etw sieht genau aus wie etw; **qc roule à** ~ etw ist voll [besetzt]; /*camion*/ etw fährt mit voller Ladung; **en** ~ voll *fam;* ***la voiture l'a chopé en*** ~ der Wagen hat ihn voll erwischt *fam;* **tout** ~ *fam mignon, gentil* unheimlich *fam*
III. *prép* (*en grande quantité*) voller (+ *gen*), voll mit; ***de l'argent*** ~ ***les poches*** die Taschen voller [*o* voll mit] Geld
IV. *m* 1. (*contenu du réservoir*) Tank[füllung *f*] *m;* ***le*** ~***, s'il vous plaît!*** bitte voll tanken!
2. (*trait épais*) Schattenstrich *m*
► **les** ~**s et les déliés** die Schatten- und Haarstriche; **qc bat son** ~ etw ist in vollem Gange; **qn fait le** ~ jd tankt voll; **qn fait le** ~ [**de qc**] (*s'approvisionne*) jd deckt sich [mit etw] ein; ***le candidat/ le parti a fait le*** ~ [***des voix***] der Kandidat/die Partei hat alle Stimmen erhalten; **qc fait le** ~ /*théâtre, pièce*/ etw ist ausverkauft

pleinement [plɛnmɑ̃] *adv* voll [und ganz]

plein-emploi [plɛnɑ̃plwa] *m Ø* Vollbeschäftigung *f*

plein-temps <~s-~s> [plɛ̃tɑ̃] *m* Vollzeitbeschäftigung *f;* ***qn fait un*** ~-~ ***quelque part*** jd hat irgendwo eine volle Stelle

plénier, -ière [plenje, -jɛʀ] *adj* Plenar-; ***assemblée*** ~***ière*** Plenum *nt*

plénipotentiaire [plenipɔtɑ̃sjɛʀ] I. *adj* bevollmächtigt
II. *mf* Bevollmächtigte(r) *f(m)*

pléonasme [pleɔnasm] *m* Pleonasmus *m*

pléthore [pletɔʀ] *f Ø soutenu* ■ ~ **de qc** Überschuss *m* an etw (*dat*); COM Überangebot *nt* an etw (*dat*); ***il y a*** ~ ***de candidats*** es gibt zu viele Kandidaten

pléthorique [pletɔʀik] *adj péj classes* überfüllt; *documentation* zu umfangreich; ***dans cette entreprise, les effectifs sont*** ~***s*** in diesem Unternehmen ist die Zahl der Beschäftigten viel zu hoch

pleur [plœʀ] *m* ► **il y aura des** ~**s et des grincements de dents** *littér* es wird Unmut geben, es wird Tränen und Zähneknirschen geben; **qn fond en** ~**s** *littér* jd bricht in Tränen aus; **qn verse un** ~ **sur qc** *iron* jd vergießt eine Träne über etw (*akk*); [**tout**] **en** ~**s** *littér* [ganz] in Tränen aufgelöst

pleurage [plœʀaʒ] *m* Jaulen *nt*

pleurer <1> [plœʀe] I. *vi* 1. (*verser des larmes*) ■ **qn pleure** jd weint; ■ **qc pleure** /*œil*/ etw tränt; ■ **qn fait** ~ **qn** jd bringt jdn zum Weinen; ■ **qc fait** ~ **qn** /*film, roman, nouvelle*/ etw treibt jdm [die] Tränen in die Augen; /*vent, sable, poussière*/ jdm tränen die Augen von etw; ■ **qn en pleure** [**d'avoir fait qc**] jd kommt nicht darüber hinweg[, etw getan zu haben]; ■ **qn pleure de qc** jd weint vor etw (*dat*)
2. (*crier*) ■ **qn pleure** jd schreit
3. (*se lamenter*) ■ **qn pleure sur qn/qc** jd beklagt sich über jdn/etw; ***qn pleure sur son sort*** jd beklagt sein Los
4. (*réclamer*) ■ **qn pleure** jd jammert herum *fam;* ■ **qn pleure auprès de qn** jd jammert jdm etwas vor *fam;* ■ **qn pleure après qc** *pop* jd jammert nach etw *fam*
► **qn pleure de rire** jd lacht Tränen; **... à** [**faire**] ~ *triste* tot-; *maigre* erbärmlich; ***bête à*** ~ zum Davonlaufen dumm *fam,* dumm, dass es kracht *fam*
II. *vt* 1. (*regretter*) ■ **qn pleure qn/qc** jd trauert um jdn/etw, jd beweint jdn/etw; *mort* jd beklagt etw
2. (*verser*) ■ **qn pleure qc** jd vergießt etw; ***qn pleure des larmes de joie/ sang*** jd vergießt Freudentränen/bittere Tränen; ***qn pleure toutes les larmes de son corps*** jd weint sich (*dat*) die Seele aus dem Leib, jd heult sich (*dat*) die Augen aus dem Kopf *fam*

pleurésie [plœʀezi] *f* Rippenfellentzündung *f*

pleureuse [plœʀøz] *f* Klageweib *nt*

pleurnichard, e [plœʀniʃaʀ, aʀd] *adj v.* **pleurnicheur**

pleurnichement [plœʀniʃmɑ̃] *m v.* **pleurnicheries**

pleurnicher <1> [plœʀniʃe] *vi* ■ **qn pleurniche** 1. (*pleurer*) jd heult [immer gleich] rum *fam*
2. (*se lamenter*) jd jammert rum *fam*

pleurnicheries [plœʀniʃʀi] *fpl* 1. (*fait de pleurer*) Geheule *nt fam*
2. (*fait de se lamenter*) Gejammer *nt fam*

pleurnicheur, -euse [plœʀniʃœʀ, -øz] I. *adj* 1. (*qui pleure*) weinerlich
2. (*qui se lamente*) ewig unzufrieden
II. *m, f* 1. (*qui pleure*) Heulpeter *m fam,* Heulsuse *f fam,* Heulliese *f fam*
2. (*qui se lamente*) ewig Unzufriedene(r) *f(m)*

pleurote [plœʀɔt] *m* Austernpilz *m,* Austernseitling *m*

pleutre [pløtʀ] *m littér* Feigling *m*

pleuvasser <1> [pløvase] *vi impers,* **pleuviner** [pløvine] <1> *vi impers* ■ **il pleuvasse,** ■ **il pleuvine** es nieselt

pleuvoir <*irr*> [pløvwaʀ] I. *vi impers* ■ **il pleut** es regnet; ■ **il pleut qc** es regnet etw
► **qu'il pleuve ou qu'il vente** ob es regnet oder schneit; **ça pleut** *pop* es schifft *sl;* **de l'argent comme s'il en pleuvait** Geld in rauen Mengen
II. *vi* 1. (*s'abattre*) ■ **qc pleut** es hagelt etw; ***les coups/ reproches pleuvaient*** es hagelte Schläge/Vorwürfe; ■ **qc pleut sur qn/qc** etw hagelt auf jdn/etw, etw geht auf jdn/etw nieder
2. (*arriver en abondance*) ■ **qc pleut quelque part** es hagelt etw irgendwo

pleuvoter <1> [pløvɔte] *vi impers* ■ **il pleuvote** es nieselt

plèvre [plɛvʀ] *f* Brust-/Rippenfell *nt,* Pleura *f spec*

plexiglas® [plɛksiglas] *m* Plexiglas® *nt*

plexus [plɛksys] *m* Plexus *m*
► ~ **solaire** Sonnengeflecht *nt,* Solarplexus *m*

pli [pli] *m* 1. (*pliure durable*) Falte *f;* [*papier*] Kniff *m;* [*pantalon*] Bügelfalte;

TYP Falz *m*, Bruch *m*
2. (*mauvaise pliure*) Knitter[falte *f*] *m*; ***qc fait des ~s*** /*vêtement*/ etw wirft Falten; ***qc est plein(e) de ~s*** etw ist ganz zerknittert, etw ist voller Knitterfalten
3. ∅ (*forme*): ***qc a un beau ~*** etw fällt schön
4. (*repli*) [Speck]falte *f*
5. (*ride*) Falte *f*; ***petits ~s*** Fältchen *pl*
6. GEOL Falte *f*
7. *form* (*lettre*) Schreiben *nt*
▶ **qn fait le ~ de qc** jd bügelt eine Bügelfalte in etw (*akk*); **~ creux/plat** COUT Kellerfalte [*o* Quetschfalte]/einfache Falte; **faux ~** Knitter[falte *f*] *m*; **qn prend un mauvais ~** jd nimmt eine schlechte Gewohnheit an; **qc a pris un mauvais ~** /*cheveux*/ etw ist platt gedrückt; /*vêtement*/ etw hat einen Knitter [*o* eine Knitterfalte]; **qn a le ~** jd ist daran gewöhnt; **qn fait un ~** jd macht einen Stich; **qc fait un ~** etw wirft eine Falte; **ça ne fait pas un ~** *fam* das ist [tod]sicher; **qn/un animal prend le ~ [de faire qc]** jd/ein Tier gewöhnt es sich (*dat*) an[, etw zu tun]; **à ~s** mit Falten, Falten-; **sous ~**: ***sous ~ cacheté*** in verschlossenem Briefumschlag; ***sous le même ~*** im selben [Brief]umschlag; ***sous ce ~*** beiliegend, anbei
pliable [plijabl] *adj* biegsam, weich
pliage [plijaʒ] *m* (*action*) Falten *nt*; [*linge a.*] Zusammenlegen *nt*; TYP Falzen *nt*; ***programme de ~*** Falzprogramm *nt*
pliant, e [plijɑ̃, jɑ̃t] **I.** *adj lit, table etc* Klapp-; ***mètre ~*** Zollstock *m*; ***meubles ~s*** zusammenklappbare Möbel *pl*
II. *m* (*siège*) Falthocker *m*
plie [pli] *f* Scholle *f*
plié, e [plije] *adj* ▶ **qn est ~ [en deux [*o* de rire]]** *fam* jd biegt sich vor Lachen
plier <1 a> [plije] **I.** *vt* **1.** (*replier*) ■ **qn plie qc** *papier, tissu* jd faltet etw [zusammen]; *linge, tente* jd legt etw zusammen; *coin d'une page* jd knickt etw um; ***plie le papier en deux!*** falte das Papier einmal!; ***un papier plié en quatre*** ein zweimal gefaltetes Papier
2. (*refermer*) ■ **qn plie qc** jd klappt etw zusammen; *journal, carte routière* jd faltet etw zusammen; *éventail* jd schließt etw
3. (*fléchir*) ■ **qn plie qc** *bras, genou, jambe* jd beugt etw
4. (*courber*) ■ **qn/qc plie une chose** jd biegt eine S./eine S. biegt sich unter etw (*dat*); ■ **qn est plié(e) par qc** *par l'âge* jd ist von etw gebeugt; *par la douleur* jd ist gekrümmt vor etw (*dat*)
5. (*soumettre*) ■ **qn plie qn/qc à qc** jd unterwirft jdn/etw einer S. (*dat*); *aux circonstances* jd passt etw einer S. (*dat*) an
II. *vi* **1.** (*se courber*) ■ **qc plie [sous qc]** etw biegt sich [unter etw (*dat*)]
2. (*céder*) ■ **qn plie [sous/devant qc]** jd gibt nach, jd beugt sich unter/vor etw (*dat*); /*armée*/ jd weicht [unter/vor etw (*dat*)] zurück; ***rien ne l'a fait ~*** nichts konnte ihn/sie dazu bringen, nachzugeben
III. *vpr* **1.** (*être pliant*) ■ **qc se plie** etw ist zusammenklappbar
2. (*se soumettre*) ■ **qn se plie à qc** jd beugt sich einer S. (*dat*); *à la discipline* jd unterwirft sich einer S. (*dat*); *aux circonstances* jd passt sich einer S. (*dat*) an; *au désir, aux caprices du hasard* jd gibt einer S. (*dat*) nach
plinthe [plɛ̃t] *f* [Fuß]leiste *f*, Scheuerleiste
plissage [plisaʒ] *m* ∅ Plissieren *nt*, Fälteln *nt*
plissé, e [plise] **I.** *adj* **1.** COUT plissiert
2. GEOL Falten-
3. (*ridé*) faltig, runzelig
II. *m* ∅ Plissee *nt*
▶ **~ soleil** Sonnenplissee *nt*
plissement [plismɑ̃] *m* **1.** (*froncement*) [*front*] Runzeln *nt kein pl*; ***qn a un ~ d'yeux/de la bouche*** jd kneift die Augen zusammen/verzieht den Mund
2. GEOL Faltung *f*
plisser <1> [plise] **I.** *vt* **1.** (*couvrir de plis*) ■ **qn plisse qc** *jupe* jd fältelt etw, jd plissiert etw; *papier* jd faltet etw
2. (*couvrir de faux plis*) ■ **qn plisse qc** jd zerknittert etw; ***qc est tout plissé(e)*** etw ist ganz zerknittert
3. (*froncer*) ■ **qn plisse qc** *front* jd runzelt etw; *yeux* jd kneift etw zusammen; *nez* jd rümpft etw; *bouche* jd verzieht etw; ■ **qc plisse qc à qn**: ***une ride plissa son front*** eine Falte erschien auf seiner/ihrer Stirn; ***les soucis lui avaient plissé le front*** seine/ihre Stirn war mit Sorgenfalten überzogen
4. GEOL ■ **qc plisse qc** etw faltet etw
II. *vi* (*faire des plis*) ■ **qc plisse** etw wirft Falten; /*lin, tissu*/ etw knittert [leicht]
III. *vpr* ■ **qc se plisse**: ***son front se plisse d'étonnement*** er/sie runzelt erstaunt die Stirn; ***son nez se plisse*** er/sie rümpft die Nase
pliure [plijyʀ] *f* **1.** (*endroit*) [*bras, genou*] Beuge *f*; [*ourlet*] Kante *f*; [*tissu*] Bruch[linie *f*] *m*; [*papier*] Kniff *m*
2. (*pliage*) [*papier, tissu*] Kniffen *nt*; TYP Falzen *nt*
ploc [plɔk] *interj* platsch
plomb [plɔ̃] *m* **1.** CHIM (*métal*) Blei *nt*; ■ **de [*o* en] ~** Blei-
2. (*fusible*) Sicherung *f*
3. CHASSE Schrotkugel *f*; ■ **du ~** Schrot *nt*
4. PECHE Bleikugel *f*
5. NAUT [Senk]blei *nt*, Blei[lot *nt*] *nt*
6. (*sceau*) Plombe *f*; ***qn met des ~s à qc*** jd plombiert etw, jd verplombt etw; ***qc porte un ~*** etw ist plombiert [*o* verplombt]
7. (*baguette*) [*vitrail*] Bleirute *f*
8. TYP Bleisatz *m*
9. COUT Bleiband *nt*
10. (*amalgame*) Plombe *f veraltend*, Füllung *f*
▶ **qn/qc a du ~ dans l'aile** (*est menacé*) jd/etw steht auf der Kippe *fam*; (*est malade*) jd ist [schwer] angeschlagen; **qn a du ~ dans l'estomac** *fam* jdm liegt es wie Blei im Magen; **qn a du ~ dans la tête [*o* cervelle]** jd ist vernünftig; ***qn n'a pas de ~ dans la tête*** jd ist [sehr] gedankenlos; **qc lui met du ~ dans la tête** etw bringt jdn zur Vernunft; **lourd comme du ~** bleischwer; **qn se fait sauter les ~s** *fam* jd knallt sich [mit Drogen] zu *fam*; **à ~** senkrecht; **de ~** *ciel, sommeil* bleiern *geh*; *jambes* bleischwer; *années* bedrückend; ***par un soleil [o une chaleur] de ~*** bei drückender Hitze; **sans ~** *pétrole* bleifrei
plombage [plɔ̃baʒ] *m* **1.** MED (*action*) [*dent*] Füllen *nt*, Plombieren *nt veraltend*; (*amalgame*) Füllung *f*, Plombe *f veraltend*
2. (*action de sceller*) [*colis*] Versiegeln *nt*; [*camion, wagon*] Plombieren *nt*, Verplomben *nt*
plombé, e [plɔ̃be] *adj* **1.** *teint* aschgrau; *couleur* blaugrau; *ciel* bleiern *geh*
2. (*garni de plomb*): ***canne à bout ~*** Gehstock *m* mit Metallspitze
plomber <1> [plɔ̃be] **I.** *vt* **1.** (*obturer*) ■ **qn plombe qc** jd plombiert etw
2. (*lester*) ■ **qn plombe qc** jd beschwert etw
3. (*sceller*) ■ **qn plombe qc** jd versiegelt etw; *wagon, camion* jd plombiert etw, jd verplombt etw
II. *vpr* ■ **qc se plombe** /*peau*/ etw wird aschgrau [*o* fahl]; /*ciel*/ etw wird dunkel
plomberie [plɔ̃bʀi] *f* ∅ **1.** (*profession*): ***qn est dans la ~*** jd ist Installateur(in) *m(f)*; ***la facture de ~*** die Installateurrechnung
2. (*l'ensemble des tuyaux*) Installation *f*
3. (*montage des tuyaux*) Installation *f*
plombier [plɔ̃bje] *m* **1.** (*artisan*) Installateur(in) *m(f)*, Klempner(in) *m(f)*
2. *fam* (*policier*) *auf Wanzenlegen und das Abhören von Telefongesprächen spezialisierter Polizeibeamter*
plombières [plɔ̃bjɛʀ] *f inv* ≈ Cassata *nt*
plonge [plɔ̃ʒ] *f* ▶ **qn est à la ~** *fam* jd ist Tellerwäscher(in); **qn fait la ~** *fam* jd arbeitet als Tellerwäscher(in)
plongé, e [plɔ̃ʒe] **I.** *adj pp de* **plonger**
II. *adj* **1.** (*être absorbé par qc*) ■ **qn est ~ dans qc** jd ist in etw (*akk*) versunken; *dans un livre* jd ist in etw (*akk*) vertieft; ***qn est ~ dans le sommeil*** jd schläft tief [und fest]
2. (*se trouver totalement*) ■ **qn/qc est ~ dans qc** *dans l'obscurité* jd/etw ist in etw (*akk*) gehüllt; *dans le vice* jd ist einer S. (*dat*) anheim gefallen *geh* [*o* zum Opfer gefallen]
plongeant, e [plɔ̃ʒɑ̃, ʒɑ̃t] *adj décolleté* tief; ***une vue ~e sur qc*** ein weiter Ausblick auf etw (*akk*)
plongée [plɔ̃ʒe] *f* **1.** (*fait de plonger*) Tauchgang *m*; ***un sous-marin fait une ~*** ein U-Boot geht auf Tauchstation
2. CINE Aufnahme *f* von oben
▶ **~ sous-marine** Sporttauchen *nt*; **qn fait de la ~** jd ist Sporttaucher(in)
plongeoir [plɔ̃ʒwaʀ] *m* Sprungbrett *nt*
plongeon [plɔ̃ʒɔ̃] *m* **1.** SPORT Kopfsprung *m*; ***~s acrobatiques*** Kunstsprünge *pl*; ***qn fait un ~*** jd macht einen Kopfsprung
2. (*chute*) Absturz *m*; ***qn/qc fait un ~*** jd/etw stürzt ab; ***la voiture a fait un ~ dans le ravin*** das Auto ist in die Schlucht gestürzt
3. FBALL Hechtsprung *m*; ***le goal fait un ~*** der Torhüter hechtet [nach dem Ball]
4. ORN Seetaucher *m*
▶ **qn fait le ~** *fam* jd geht pleite *fam*
plonger <2 a> [plɔ̃ʒe] **I.** *vi* **1.** (*aller sous l'eau*) ■ **qn/un animal/qc plonge** jd/ein Tier/etw taucht; ***qn plonge à la recherche de qc*** jd taucht nach etw
2. (*faire un plongeon*) ■ **qn plonge [de quelque part] dans qc** jd macht [von irgendwo] einen Kopfsprung in etw (*akk*); ***tu plonges ou tu ne plonges pas?*** springst du oder springst du nicht?; ■ **un animal plonge dans qc** /*oiseau*/ ein Tier taucht in etw (*akk*); ■ **qc plonge [de quelque part] dans qc** etw stürzt [von irgendwo] in etw (*akk*)
3. FBALL ■ **qn plonge [dans/sur qc]** jd hechtet [in etw (*akk*)/nach etw]; ***le gardien plonge*** der Torhüter hechtet [nach dem Ball]
4. (*descendre en piqué*) ■ **qc/un animal plonge sur qn/qc** etw/ein Tier stößt auf jdn/etw hinab
5. (*être ancré*) ■ **qc plonge dans qc** etw senkt sich in etw (*akk*)
6. (*s'abîmer*) ■ **qn plonge dans qc** jd versinkt in etw (*akk*); *dans un livre, ses notes* jd vertieft sich in etw (*akk*); *dans le sommeil* jd sinkt in etw (*akk*) *geh*
7. ***le regard plonge quelque part*** der Blick schweift irgendwohin
II. *vt* **1.** (*mettre dans un liquide*) ■ **qn plonge qc dans qc** jd taucht etw in etw (*akk*)
2. (*introduire*) ■ **qn plonge qc dans qc** *main, doigts* jd steckt etw in etw (*akk*)
3. (*enfoncer*) ■ **qn lui plonge qc dans qc** *épée, couteau, poignard* jd stößt jdm etw in etw (*akk*)
4. (*mettre brusquement*) ■ **qn/qc plonge qn/qc dans qc** jd/etw stürzt jdn in etw (*akk*); *dans l'obscurité* jd/etw hüllt jdn/etw in etw (*akk*); *dans l'embarras* jd/etw bringt jdn in etw (*akk*)
5. ***qn plonge son regard [o ses yeux] quelque part*** jd heftet seinen Blick auf etw (*akk*)
III. *vpr* ■ **qn se plonge dans qc** jd vertieft sich in etw (*akk*); *dans un projet* jd stürzt sich in etw (*akk*); (*pour oublier*) jd stürzt sich in etw (*akk*)
plongeur, -euse [plɔ̃ʒœʀ, -ʒøz] *m, f* **1.** (*personne qui fait un plongeon*) Springer(in) *m(f)*
2. (*sous-marin*) Taucher(in) *m(f)*
3. (*dans un restaurant*) Tellerwäscher(in) *m(f)*
plot [plo] *m* **1.** SPORT: ***~ de départ*** Startblock *m*
2. (*bloc*): ***~ de [o en] béton*** Betonblock *m*
3. ELEC Kontakt *m*
plouc [pluk] **I.** *mf péj fam* Stoffel *m fam*, Bauer *m fam*

II. *adj péj fam* (*benêt*) ■ **[qn est]** ~ [jd ist] doof *fam;* (*fruste*) [jd ist] hinterwäldlerisch *fam;* ***qn fait*** ~ jd wirkt bäuerisch

plouf [pluf] I. *interj* platsch

II. *m* Platsch *m;* ***j'ai entendu des ~s*** ich habe etwas platschen hören

plu[1] [ply] *pp de* **plaire**

plu[2] [ply] *pp de* **pleuvoir**

plucher <1> [plyʃe] *vi v.* **pelucher**

pluches [plyʃ] *fpl fam* Kartoffelschälen *nt;* ***qn est de*** ~ jd hat Kartoffelschäldienst

plugiciel [plyʒisjɛl] *m* INFORM Plug-in [plʌgˀɪn] *nt spec*

pluie [plɥi] *f* 1. METEO Regen *m;* ~ ***fine*** Nieselregen, Sprühregen; ~ ***drue/ d'orage*** Platz-/Gewitterregen; ***une*** ~ ***battante/ torrentielle/ diluvienne*** ein Platzregen/Wolkenbruch/sintflutartiger Regen; ~ ***continuelle*** [*o* ***persistante***] Dauerregen; ***sous la*** ~ im Regen; ***des ~s*** Niederschläge *pl;* ***~s abondantes/ éparses/ intermittentes*** starke/strichweise/vereinzelte Niederschläge; ***saison des ~s*** Regenzeit *f;* ***nous aurons de la*** ~ ***demain*** morgen wird es regnen; ***qn reçoit la*** ~ jd kommt in den Regen; ■ **de** ~ Regen-; ***jours/ temps de*** ~ Regentage *pl*/-wetter *nt;* ***goutte/ eau de*** ~ Regentropfen *m*/-wasser *nt*

2. ∅ (*grande quantité*) ■ ~ **de** -regen *m; de pierres, bombes* -hagel *m;* ***il tombait une*** ~ ***de confettis*** es regnete Konfetti; ***qn distribue une*** ~ ***d'or*** jd lässt es Goldstücke regnen; ***qn ensevelit qn sous une*** ~ ***de fleurs/ cadeaux/ baisers*** jd überschüttet jdn mit Blumen/Geschenken/Küssen; ***qn/ un animal reçoit une*** ~ ***de coups*** auf jdn/ein Tier gehen Schläge nieder; ***une*** ~ ***de punitions s'est abattue sur la classe*** es hagelte Strafen in der Klasse *fam*

▸ **après la** ~ **le beau temps** *prov* auf Regen folgt Sonnenschein; **des personnes causent** [*o* **parlent**] **de la** ~ **et du beau temps** Menschen unterhalten sich über Gott und die Welt *fam;* **qn fait la** ~ **et le beau temps** [**quelque part**] jd hat [irgendwo] das Sagen *fam;* **les ~s acides** der saure Regen; **qn n'est pas né(e)** [*o* **tombé(e)**] **de la dernière** ~ jd ist nicht von gestern *fam;* **qc est ennuyeux(-euse) comme la** ~ etw ist sterbenslangweilig *fam;* **à la** ~: ***le temps est à la*** ~ es sieht nach Regen aus; **en** ~: ***qn verse de la farine/ du sucre glace en*** ~ ***sur qc*** jd bestäubt etw mit Mehl/Puderzucker; ***qn jette le riz en*** ~ ***sur les mariés*** jd wirft Reis auf das Brautpaar; ***qn arrose les fleurs en*** ~ jd besprengt die Blumen

plumage [plymaʒ] *m* Gefieder *nt,* Federkleid *nt liter*

plumard [plymaʀ] *m fam* Federn *pl fam*

plume [plym] I. *f* 1. [*oiseau*] Feder *f;* ~ ***d'oie*** Gänsefeder; ***gibier à*** ~[***s***] Federwild *nt*

2. (*pour écrire*) Feder *f;* (*plume d'oie*) Feder[kiel *m*] *f*

3. BOXE (*catégorie*) Federgewicht[sklasse *f*] *nt;* (*sportif*) Federgewicht[ler *m*] *nt;* ***championnat de*** ~ Meisterschaft *f* im Federgewicht

▸ **qn se pare des ~s du paon** jd schmückt sich mit fremden Federn; **qn a la** ~ **facile** jdm fließt es leicht aus der Feder; [**qn/qc est**] **léger**(**-ère**) **comme une** ~ [jd/etw ist] federleicht; **qn dessine à la** ~ jd macht eine Federzeichnung; **qn laisse** [*o* **perd**] **des ~s quelque part** jd lässt irgendwo Federn; **qn perd ses ~s** *fam* jd kriegt eine Glatze [*o* Platte] *fam;* **qn/qc ne pèse pas plus** [**lourd**] **qu'une** ~ jd/etw ist federleicht; **qn prend la** ~ [**pour faire qc**] jd greift zur Feder [um etw zu tun]; **qn soulève qn/qc comme une** ~ jd hebt jdn/etw mit Leichtigkeit [*o* mühelos] hoch; **qn vit de sa** ~ jd lebt vom Schreiben; **qn vole dans les ~s à** [*o* **de**] **qn** *fam* jd geht auf jdn los

II. *app* SPORT: ***catégorie*** ~ Federgewicht[sklasse *f*] *nt;* ***un boxeur*** ~ ein Federgewicht[ler *m*] *nt*

plumeau <x> [plymo] *m* Federwisch *m,* Flederwisch *m*

plumer <1> [plyme] *vt* ■ **qn plume un animal** jd rupft ein Tier; ■ **qn plume qn** jd rupft jdn *fam,* jd nimmt jdn aus *fam*

plumier [plymje] *m* [Feder]mäppchen *nt*

plumitif [plymitif] *m* Schreiberling *m*

plupart [plypaʀ] *f* ∅*, s'emploie avec vb au pl* ■ **la** ~ die meisten; ■ **la** ~ **des ...** die meisten ...; ***la*** ~ ***des élèves/ femmes mariées*** die meisten Schüler/verheirateten Frauen; ■ **la** ~ **d'entre nous/vous/eux/elles** die meisten von uns/euch/ihnen

▸ **dans la** ~ **des cas** in den meisten Fällen, meistens; **la** ~ **du temps** die meiste Zeit, meistens; **pour la** ~ zum größten Teil, größtenteils

pluralisme [plyʀalism] *m* Pluralismus *m*

pluraliste [plyʀalist] *adj* pluralistisch

pluralité [plyʀalite] *f* Pluralität *f*

pluriannuel, le [plyʀianɥɛl] *adj* mehrjährig

pluricellulaire [plyʀiselylɛʀ] *adj* mehrzellig

pluridisciplinaire [plyʀidisiplinɛʀ] *adj* multidisziplinär; ***atelier*** ~ Mehrzweckwerkstatt *f*

pluridisciplinarité [plyʀidisiplinaʀite] *f* Multidisziplinarität *f*

pluriel [plyʀjɛl] *m* Plural *m;* ***qn met qc au*** ~ jd setzt etw in den Plural; ***la première personne du*** ~ die erste Person Plural

plurilatéral, e <-aux> [plyʀilateʀal, o] *adj* multilateral

plurilingue [plyʀilɛ̃g] *adj* mehrsprachig

pluripartisme [plyʀipaʀtism] *f* Mehrparteiensystem *nt*

plus[1] [ply] *p simple de* **plaire**

plus[2] [ply] *adv* 1. (*opp: encore*) ■ **[ne]** ... ~ nicht mehr; ***il n'est*** ~ ***très jeune*** er ist nicht mehr ganz jung; ■ **[ne]** ... ~ **jamais** nie mehr; ■ **[ne]** ... ~ **nulle part** nirgends mehr; ■ **[ne]** ... ~ **du tout** überhaupt nicht mehr; ■ **[ne]** ... **presque** ~ kaum mehr; ■ **[ne]** ... ~ **personne/rien** niemand mehr/nichts mehr; ***il n'y a*** ~ ***personne*** es ist niemand mehr da; ***nous n'avons*** ~ ***rien à manger*** wir haben nichts mehr zu essen; ■ **[ne]** ... ~ **un(e)** kein(e) ... mehr, kein [einziger]/keine [einzige]/kein [einziges] ... mehr; ***qn ne dit*** ~ ***un mot*** jd sagt kein [einziges] Wort mehr; ***qn n'a*** ~ ***un sou*** jd hat keinen [einzigen] Pfennig mehr; ■ **[ne]** ... ~ **de** kein(e) ... mehr; ***ils n'ont*** ~ ***d'argent/ de beurre*** sie haben kein Geld/keine Butter mehr; ***nous n'avons*** ~ ***du tout de pain*** wir haben überhaupt kein Brot mehr

2. (*seulement encore*) ■ **[ne]** ... ~ **que** nur noch; ***on n'attend*** ~ ***que vous*** wir warten nur noch auf Sie; ***il ne manquait*** ~ ***que ça*** das hat gerade noch gefehlt

▸ **non** ~ auch nicht; **sans** ~ **faire qc** ohne weiter etw zu tun

plus[3] [ply, + *vb* plys, *devant que* ply(s)] I. *adv emploi comp* 1. + *adj* ■ **[qn/qc est]** ~ ... **[que ...]**: ***qc est*** ~ ***dangereux/ bête/ froid/ vieux*** [***que ...***] etw gefährlicher/dümmer/kälter/älter [als ...]; ***deux fois*** ~ ***âgé/ cher*** [***que ...***] doppelt so alt/teuer [wie...]

2. + *adv* ■ **[qn/qc fait qc]** ~ ... **[que ...]**: ~ ***tard/ tôt/ près/ lentement*** [***que ...***] später/früher/näher/langsamer [als ...]

3. + *vb* ■ **qn/un animal/qc fait qc** ~ **[que ...]** jd/ein Tier/etw tut etw mehr [als ...]; ***je lis*** ~ ***que toi*** ich lese mehr als du; ***ce tissu me plaît*** ~ ***que l'autre*** dieser Stoff gefällt mir besser als der andere

4. (*très*) ■ **qn/un animal/qc est** ~ **que ...** jd/ein Tier/etw ist mehr als ...; ***il est*** ~ ***qu'intelligent*** er ist mehr als intelligent; ***elle est*** ~ ***que contente*** sie ist überglücklich

▸ ~ **que jamais** mehr denn je; ~ **ou moins** mehr oder weniger; **ni** ~ **ni moins** (*sans plus*): ***le vin est bon, ni*** ~ ***ni moins*** der Wein geht so; ***il lui a demandé ni*** ~ ***ni moins de travailler le dimanche*** er hat sogar von ihm/ihr verlangt auch Sonntag zu arbeiten; **on ne peut** ~ äußerst; ***c'est une dame on ne peut*** ~ ***charmante*** sie ist eine überaus charmante Frau

II. *adv emploi superl* 1. + *adj* ■ **le/la/les** ~ ... **[de plusieurs personnes/choses]**: ***le/ la*** ~ ***rapide/ important(e)/ agréable*** der/die/das schnellste/wichtigste/angenehmste; ***le*** ~ ***intelligent des élèves*** der Intelligenteste der Schüler; ***les*** ~ ***belles maisons du quartier*** die schönsten Häuser des Viertels; ***c'est le*** ~ ***intelligent d'eux*** er ist der Intelligenteste von ihnen; ■ **le/la/les** ~ ... **qui/que** + *subj:* ***c'est l'acteur le*** ~ ***doué qui ait jamais joué ici*** das ist der begabteste Schauspieler, der je hier gespielt hat

2. + *adv* ■ **le** ~ ...: ***le*** ~ ***vite/ souvent*** am schnellsten/öftesten; ***le*** ~ ... ***possible*** möglichst ...; ***le*** ~ ***tard possible*** möglichst spät, so spät wie möglich; ***le*** ~ ... ***que je/ tu peux/ nous pouvons/...*** so ... ich kann/du kannst/wir können/...

3. + *vb* ■ **qn fait qc le** ~ jd tut etw am meisten; ***c'est François qui lit le*** ~ François liest am meisten; ***c'est le livre que j'aime le*** ~ dieses Buch mag ich am liebsten

4. + *subst* ■ **le** ~ **de ...** der/die/das meiste/die meisten ...; ***le*** ~ ***d'argent/ de pages*** das meiste Geld/die meisten Seiten; ***le*** ~ ***possible de ...*** möglichst viel/viele ..., so viel/so viele ... wie möglich; ***le*** ~ ***de ... que je/ tu peux/ nous pouvons/...*** so viel/so viele ... wie ich [nur] kann/du [nur] kannst/wir [nur] können/...

▸ **au** ~ **tôt/vite** möglichst früh/schnell; [**tout**] **au** ~ [aller]höchstens

plus[4] [plys, *devant de ou que* ply] *adv* 1. (*davantage*) mehr; ***pas*** ~ mehr nicht; ■ ~ **de** über (+ *akk*); ~ ***d'une heure/ de 40 ans*** über eine Stunde/40 Jahre; ***les enfants de*** ~ ***de 12 ans*** die Kinder über 12 Jahre; ***il est*** ~ ***de minuit*** es ist schon nach Mitternacht; ■ ~ **que** mehr als; ***tu as de l'argent? – P~ qu'il n'en faut*** hast du Geld? – Mehr als nötig; ***elle est belle/ jeune? – P~ que je l'avais imaginé*** ist sie schön/jung? – Schöner/jünger als ich sie mir vorgestellt hatte

2. + *compl partitif* ■ ~ **de ... [que]** mehr ... [als]; ~ ***de la moitié*** mehr als [*o* über] die Hälfte; ***j'ai dépensé*** ~ ***d'argent que je ne le pensais*** ich habe mehr Geld ausgegeben, als ich dachte; ■ **pas** ~ **de ... [que]** nicht mehr ... [als]

3. ■ ~ ..., **[et]** ~ ... je mehr ..., desto mehr ...; ~ ***le temps passe,*** ~ ***l'espoir diminue*** je mehr Zeit vergeht, desto mehr schrumpft die Hoffnung; ~ ***on est bête,*** ~ ***on est heureux*** je dümmer man ist, desto glücklicher ist man

▸ ~ ..., **[et] moins ...** je mehr ..., desto weniger; **moins ..., [et]** ~ ... je weniger ..., desto mehr; ***moins il l'aimait, [et]*** ~ ***il lui disait qu'il l'aimait*** je weniger er sie liebte, desto häufiger sagte er ihr, dass er sie liebe; **qui** ~ **est** und zudem; **[et] de** ~ [und] außerdem; **de** ~: ***un jour/ une assiette de*** ~ ein Tag/Teller mehr, ein zusätzlicher Tag/Teller; ***une fois de*** ~ ein weiteres Mal; **de** ~ **en** ~ + *vb* immer mehr ...; + *adj* immer ... + *comp;* ***le bateau penchait de*** ~ ***en*** ~ das Schiff neigte sich immer mehr zur Seite; ***de*** ~ ***en*** ~ ***beau/ vite*** immer schöner/schneller; **en** ~ dazu; ***il est moche, et il est bête en*** ~ er ist hässlich und dumm dazu; **qc [est] en** ~ (*en supplément*) etw [wird] zusätzlich [berechnet]; (*de trop*) etw [ist] zu viel; **en** ~ **de qc** zusätzlich zu etw, neben etw (*dat*); **en [beaucoup/un peu]** ~ ... nur [viel/etwas] ...; ***en*** ~ ***joli/ triste/ lent*** nur hübscher/trauriger/langsamer; **sans** ~ mehr nicht

plus[5] [plys] I. *conj* 1. (*addition*) plus, und; ***2*** ~ ***2 font 4*** 2 plus [*o* und] 2 gibt 4; ***le loyer*** ~ ***les charges*** die Miete plus Nebenkosten

2. (*quantité positive*) plus; ~ ***quatre degrés*** 4 Grad plus, plus 4 Grad

II. *m* 1. MATH Plus *nt;* ***le*** [***signe***] ~ das Plus[zeichen]

2. (*avantage*) Plus *nt,* Vorteil *m*

plusieurs [plyzjœʀ] I. *adj antéposé, pl* ■ ~ **personnes/animaux/choses** mehrere Menschen/Tiere/Dinge; ***à*** ~ ***reprises*** mehrmals; ***il y a*** ~ ***années*** vor einigen [*o* mehreren] Jahren; ~ ***fois*** mehrere Male, des öfteren; ***on ne peut pas être à*** ~ ***endroits à la fois*** man kann nicht an mehreren Orten gleichzeitig sein; ■ **ils/elles sont** ~ **à faire qc:** ***elles sont*** ~ ***à penser que*** mehrere von ihnen denken, dass

II. *pron pl* ■ ~ **font qc** einige tun etw; ~ ***m'ont raconté cette histoire*** die Geschichte habe ich von einigen [Leuten] gehört; ■ ~ **d'entre nous/vous/eux** einige von uns/euch/ihnen; ■ ~ **de ces personnes/animaux/choses** einige von diesen Menschen/Tieren/Dingen

▸ **à** ~ zu mehreren

plus-que-parfait <~-~-~s> [plyskəpaʀfɛ] *m* Plusquamperfekt *nt* **plus-value** <~-~s> [plyvaly] *f* (*augmentation de valeur*) Wertzuwachs *m;*

(*bénéfice*) Mehreinnahmen *pl; qn réalise une ~~* d erzielt einen Gewinn
plut [ply] *p simple de* **pleuvoir**
plutonium [plytɔnjɔm] *m* CHIM Plutonium *nt*
plutôt [plyto] *adv* **1.** (*de préférence*) ■ ~ **qc** [**que qc**] eher etw [als etw]; ***cette maladie affecte ~ les enfants*** von dieser Krankheit sind eher Kinder betroffen
2. (*au lieu de*) ■ ~ **que de faire qc** anstatt etw zu tun; ~ ***que de parler, il vaudrait mieux que vous écoutiez*** anstatt zu reden, wäre es besser, ihr würdet zuhören
3. (*mieux*) ■ ~ **qc** [**que qc**] lieber etw [als etw]; ***tu ne voudrais pas ~ un chèque*** [***que du liquide***]? möchtest du nicht lieber einen Scheck [als Bargeld]?; ■ ~ **faire qc que** [[**de**] **faire qc**] lieber etw tun[, als etw tun]; ~ ***mourir que*** [***de***] ***fuir*** lieber sterben als flüchten
4. (*et pas vraiment*) ■ **qn/qc est ...** ~ **que** jd/etw ist eher ... als; ***qn est paresseux ~ que sot*** jd ist eher faul als dumm; ***c'est un journaliste ~ qu'un romancier*** er ist eher Journalist als Romanschriftsteller; ■ **qn/qc n'est pas ...,** ~ **...** jd/etw ist nicht ..., sondern eher ..., jd/etw ist eher ... als ...; ■ **...** ~ **que ne** + *indic* ... eher, als dass; ***les difficultés le stimulent ~ qu'elles ne le découragent*** Schwierigkeiten spornen ihn eher an, als dass sie ihn entmutigen
5. (*assez*) ■ [**qn/qc est**] ~ ... [jd/etw ist] eher [*o* eigentlich] ...; ***qn est ~ gentil(le)*** jd ist eher [*o* eigentlich] nett; ***c'est ~ bon signe*** das ist eigentlich ein gutes Zeichen; ■ ~ ... eher ...; ~ ***mal/lentement/...*** eher schlecht/langsam/...; ***qn va ~ bien*** jdm geht es eigentlich ganz gut
6. *fam* (*très*) unheimlich *fam*
▶ **mais** [**bien**] ~ sondern [viel] eher; ***il n'est pas paresseux mais ~ apathique*** er ist nicht faul, sondern eher apathisch; **ou** ~ oder besser gesagt; ***il dort, ou ~ il somnole*** er schläft, oder besser gesagt, er döst
pluvieux, -euse [plyvjø, -jøz] *adj* verregnet; *climat, région* regenreich; ***par temps*** ~ bei Regenwetter *nt*
pluviner <1> [plyvine] *vi impers* ■ **il pluvine** es nieselt
pluviomètre [plyvjɔmɛtʀ] *m* Niederschlagsmesser *m*
pluviosité [plyvjozite] *f* Niederschlagsmenge *f*
PMU [peɛmy] *m abr de* **Pari mutuel urbain** Pferdewettbüro *nt*
P.N.B. [peɛnbe] *m abr de* **produit national brut** Bruttosozialprodukt *nt*
pneu [pnø] *m* **1.** (*roue*) Reifen *m;* ~ ***crevé*** platter Reifen, Plattfuß *m fam;* ***qn a un ~ crevé*** jd hat eine Reifenpanne [*o* einen Plattfuß *fam*]; ~***s antidérapants/lisses*** rutschfeste/glatte Reifen *pl;* ~ ***à carcasse radiale/tubeless*** Gürtelreifen [*o* Radialreifen]/schlauchloser Reifen
2. *vieux* (*message*) Rohrpostbrief *m; **par*** ~ per [*o* mit] Rohrpost
◆ **pneu à clous** Spike[s]reifen [ʃpaik-, 'sp-] *m; **qn roule avec des ~s à clous*** jd fährt mit Spikes *pl;* **pneu d'hiver** Winterreifen *m*
pneumatique [pnømatik] **I.** *adj: **canot*** ~ Schlauchboot *nt; **matelas*** ~ Luftmatratze *f; **marteau*** ~ Presslufthammer *m*
II. *m* **1.** (*pneu*) Reifen *m*
2. *vieux* (*message*) Rohrpostbrief *m*
pneumocoque [pnømɔkɔk] *m* Pneumokokke *f,* Pneumokokkus *m*
pneumologie [pnømɔlɔʒi] *f* Pneumologie *f,* Lungenheilkunde *f*
pneumonie [pnømɔni] *f* Lungenentzündung *f*
pneu-neige <~s-~> [pnønɛʒ] *m* Winterreifen *m*
pneu-pluie <~s-~> [pnøplɥi] *m* Regenreifen *m*
pochade [pɔʃad] *f* **1.** (*croquis*) [Farb]skizze *f*
2. (*œuvre littéraire*) burleske Skizze
poche¹ [pɔʃ] *f* **1.** (*d'un vêtement*) Tasche *f;* ~ ***extérieure/intérieure*** Außen-/Innentasche
2. (*compartiment*) Innenfach *nt;* [*siège de voiture*] [Karten]tasche *f*
3. ZOOL Beutel *m*
4. (*cavité remplie de*) ■ ~ **de** *d'air, d'eau, de gaz* -blase *f; de pus* -tasche *f;* ~ ***de pétrole*** kleines Ölvorkommen
5. (*îlot*) ■ ~ **de qc** Insel *f* einer S. (*gen*); ***ce quartier est une ~ de pauvreté*** dieses Viertel ist eine Insel der Armut; ***des ~s de chômage/d'analphabétisme persistent*** es gibt weiterhin Inseln [mit] hoher Arbeitslosigkeit/mit Analphabeten; ~ ***de résistance*** Zelle *f* des Widerstands
▶ **qn a des ~s sous les yeux** jd hat Tränensäcke unter den Augen; **qn connaît qn/qc comme sa** ~ jd kennt jdn in- und auswendig/kennt etw wie seine Westentasche; **qn en est de sa** ~ *fam* jd muss dafür blechen *fam;* **c'est dans la** ~! *fam* ist schon erledigt [*o* geritzt *fam*]; **qc est dans la** ~ */contrat/* etw ist unter Dach und Fach; **qn fait les ~s à qn** [*o* **de qn**] *fam* (*pour voler*) jd leert jdm die Taschen; (*pour inspecter*) jd durchsucht jds Taschen; **qc fait des ~s quelque part** etw ist irgendwo ausgebeult; **qn met qn dans sa** ~ *fam* jd nimmt jdn für sich ein; **qn paye qn/qc de sa** ~ jd zahlt jdn/etw aus eigener Tasche; **qn se remplit les ~s** jd bereichert sich; **de** ~ Taschen-; *collection, format* Taschenbuch-; ***sous marin de*** ~ Westentaschen-U-Boot *nt;* [**qn a qc**] **en** ~ [jd hat etw] in der Tasche; ***avec le bac en*** ~ mit dem Abi in der Tasche
◆ **poche des eaux** Fruchtblase *f*
poche² [pɔʃ] *m fam* (*livre de poche*) Taschenbuch *nt; **qc est publié(e) en*** ~ etw ist/wird als Taschenbuch veröffentlicht
pocher <1> [pɔʃe] *vt* **1.** GASTR ■ **qn poche qc** jd pochiert etw
2. (*donner un coup à*): ***qn poche un œil à qn*** jd schlägt jdm ein blaues Auge; ***qn a un œil poché*** jd hat ein blaues Auge [*o* ein Veilchen *nt fam*]
poche-revolver <~s-~> [pɔʃʀevɔlvɛʀ] *f* Gesäßtasche *f*
pochette [pɔʃɛt] *f* **1.** (*étui*) [*disque*] Hülle *f,* Cover [kave] *nt;* [*timbres*] Tüte *f;* [*allumettes*] Briefchen *nt;* (*pour photos*) Umschlag *m*
2. (*mouchoir de veste*) Ziertuch *nt*
3. (*petit sac*) (*pour femme*) Unterarmtasche *f;* (*pour homme*) Handgelenktasche *f*
pochette-surprise <~s-~s> [pɔʃɛtsyʀpʀiz] *f* Wundertüte *f*
pochoir [pɔʃwaʀ] *m* Schablone *f*
pochothèque [pɔʃotɛk] *f* Taschenbuchhandlung *f*
podium [pɔdjɔm] *m* **1.** (*estrade*) Podium *nt*
2. SPORT Podest *nt*
▶ **qn monte sur le** ~ SPORT jd besteigt das Siegerpodest
podologie [pɔdɔlɔʒi] *f* Fußheilkunde *f*
podologue [pɔdɔlɔg] *mf* Fußheilkundler(in) *m(f)*
poêle¹ [pwal] *f* GASTR [Brat]pfanne *f*
poêle² [pwal] *m* (*chauffage*) Ofen *m;* ~ ***à mazout/à charbon/à bois*** Öl-/Kohle-/Holzofen; ***tuyau de*** ~ Ofenrohr *nt*
poêler <1> [pwale] *vt* ■ **qn poêle qc** jd brät etw
poêlon [pwalɔ̃] *m* Kasserolle *f*
poème [pɔɛm] *m* Gedicht *nt; **recueils de ~s*** Gedichtsammlung *f;* ~ ***en prose*** Prosagedicht
▶ ~ **symphonique** sinfonische Dichtung; **c'est** [**tout**] **un** ~ *fam* das ist eine Sache für sich; **qc est un** ~ etw ist ein Gedicht; ***le menu était un*** ~ das Essen war ein Gedicht
poésie [pɔezi] *f* **1.** *∅* (*genre littéraire*) Poesie *f*
2. *∅* (*genre de poème*) Dichtung *f,* Poesie *f; **la ~ de Victor Hugo/de Rilke*** Victor Hugos Poesie/die Rilkesche Poesie; ***la ~ du seizième siècle*** die Poesie [*o* Dichtung] des 16. Jahrhunderts
3. (*poème*) Gedicht *nt*
poète [pɔɛt] *m* **1.** (*écrivain*) Dichter(in) *m(f);* ~ ***lyrique*** Lyriker(in) *m(f)*
2. (*rêveur*) Träumer(in) *m(f)*
poétesse [pɔetɛs] *f péj* Dichterin *f*
poétique [pɔetik] *adj* **1.** LITTER dichterisch; ***art*** ~ Dichtkunst *f*
2. (*empreint de poésie*) poetisch; *image, paysage* stimmungsvoll; *histoire* romantisch; *vision des choses* verklärt
poétiquement [pɔetikmɑ̃] *adv* poetisch
poétiser <1> [pɔetize] *vt* ■ **qn poétise qn/qc** jd verklärt jdn/etw
pognon [pɔɲɔ̃] *m ∅ fam* Kohle *f fam,* Knete *f fam*
pogrom[**e**] [pɔgʀɔm, pogʀom] *m* Pogrom *nt*
poids [pwɑ] *m* **1.** (*mesure*) Gewicht *nt;* [*personne a.*] Körpergewicht; ***unité de*** ~ Gewichtseinheit *f; **quel ~ faites-vous*** [*o* ***pesez-vous***]? wie viel wiegen Sie?; ***qn mesure le ~ de qc*** jd wiegt etw; ***qn triche sur le*** ~ jd beschummelt beim Wiegen *fam*
2. (*objet*) Gewicht *nt*
3. SPORT Kugel *f; **le lancer du*** ~ das Kugelstoßen
4. (*charge, responsabilité*) Last *f;* ■ **le ~ de qc** *des soucis, remords, responsabilités* die Last einer S. (*gen*); ***le ~ des années*** die Last der Jahre; ***le ~ des impôts*** die Steuerlast
5. *∅* (*importance*) Gewicht *nt,* Bedeutung *f; **un argument de*** ~ ein gewichtiges Argument; ***qc est de peu de*** ~ etw fällt nicht ins Gewicht, etw ist von geringer Bedeutung; ***le ~ économique d'un pays*** die wirtschaftliche Bedeutung eines Landes; ***qc a plus de ~ que qc*** etw ist von größerer Bedeutung als etw; ***qc pèse d'un ~ de plus en plus important*** etw gewinnt immer mehr an Bedeutung
6. *∅* (*influence*) Einfluss *m; **un homme de*** ~ ein Mann von Einfluss; ***elle a pesé de tout son*** ~ sie warf ihr ganzes Gewicht in die Waagschale, sie machte ihren ganzen Einfluss geltend; ***avec tout le ~ qu'il a, ...*** bei all dem Einfluss, den er hat, ...
7. SPORT: ~ ***lourd/plume/coq/léger/welter/moyen/mouche*** (*catégorie*) Schwer-/Feder-/Bantam-/Leicht-/Welter-/Mittel-/Fliegengewicht *nt;* (*sportif a.*) Schwer-/Feder-/Bantam-/Leicht-/Welter-/Mittel-/Fliegengewichtler *m*
▶ **qn a un ~ sur la conscience** jdm lastet etwas auf dem Gewissen; **qn a** [*o* **se sent**] **un ~ sur l'estomac** jd hat einen Druck in der Magengegend; **il y a/on fait deux** ~ [**et**] **deux mesures** es wird mit zweierlei Maß gemessen; **qn fait bon** ~ [**à qn**] jd wiegt großzügig; **grand** ~ [große] Last, [schwere] Belastung; ***qc est un grand ~ pour qn*** etw ist jdm eine Last; ***qn est/se sent délivré(e) d'un grand*** ~ jd ist/fühlt sich erleichtert; ~ **lourd** Lastwagen *m;* ~ **mort** TECH Eigengewicht *nt;* **qn/qc est un ~ mort** (*est encombrant*) etw ist unnützer Ballast; (*semble très lourd*) jd/etw ist schwer wie Blei; ~ **net** Nettogewicht *nt;* ~ **utile** Nutzlast *f;* **qn achète/vend qc au** ~ jd kauft/verkauft etw nach Gewicht; **qc donne du ~ à qc** etw verleiht einer S. (*dat*) Gewicht; **qn/qc fait le** ~ jd/etw hat das nötige Format; **qn/qc fait le ~ devant qn/qc** jd/etw ist jdm/etw gewachsen; **qn/cela ôte** [*o* **enlève**] **un ~ à qn:** ***tu m'enlèves*** [*o* ***m'ôtes***] ***un*** ~ da bin ich [aber] erleichtert; ***cela m'enlève un*** [***sacré***] ~ ***de la conscience*** da fällt mir [aber] ein Stein vom Herzen; **qn perd du** ~ jd nimmt ab; **qn prend du** ~ jd nimmt zu; **qn surveille son** ~ jd achtet auf seine Linie *fam*
◆ **poids à vide** Leergewicht *nt;* **poids en charge** Ladegewicht *nt;* **poids et haltères** Gewichtheben *nt*
poignant, e [pwaɲɑ̃, ɑ̃t] *adj* ergreifend, herzzerreißend; *douleur* stechend
poignard [pwaɲaʀ] *m* Dolch *m*
▶ **un coup de ~ dans le dos** ein Dolchstoß *m* [in den Rücken]
poignarder <1> [pwaɲaʀde] *vt* ■ **qn poignarde qn** jd erdolcht jdn
poigne [pwaɲ] *f* Kraft *f* [in den Händen]
▶ **qn a de la** ~ jd hat Durchsetzungsvermögen *nt;* **qn manque de** ~ jd hat kein Durchsetzungsvermögen; **à** ~ *homme, femme* energisch; *gouvernement* stark
◆ **poigne de fer** (*force*) eiserner Griff; (*autorité*) energische Hand; ***qn règne avec une ~ de fer*** jd regiert mit eiserner Hand
poignée [pwaɲe] *f* **1.** (*manche*) Griff *m;* [*épée a.*] Schaft *m;* (*dans le bus, la baignoire*) Haltegriff
2. (*quantité*) Handvoll *f; **une ~ de riz/de jeunes gens*** eine Handvoll Reis/junge [*o* junger] Leute
3. INFORM Joystick ['dʒɔɪstɪk] *m*
▶ **à** [*o* **par**] [**pleines**] **~s** mit vollen Händen
◆ **poignée de main** Händedruck *m;* ~ ***de main historique*** historischer Handschlag ▶ **qn donne une ~ de main à qn** jd gibt jdm die Hand

poignet [pwaɲɛ] *m* **1.** ANAT Handgelenk *nt*
2. COUT Manschette *f;* [*joueur de tennis*] Schweißband *nt*
◆ **poignet de force** Gelenkstütze *f*

poil [pwal] *m* **1.** ANAT [Körper]haar *nt;* ***les ~s de la barbe*** das Barthaar, die Barthaare; ***qn n'a pas de ~s*** jd ist nicht behaart; ***qn a des ~s*** [*o* ***du ~***] ***sur la poitrine*** jd hat eine behaarte Brust; ***les ~s du pubis/ sous les aisselles*** das Schamhaar/die Achselhaare
2. ZOOL Fell *nt,* Haarkleid *nt geh;* ***gibier à ~*** Haarwild *nt;* ***à ~ ras/ long*** kurz-/langhaarig; ***dans/ contre le sens du ~*** mit dem/gegen den Strich; ***manteau en ~ de chameau/ lapin/ renard*** Kamelhaar-/Hasenfell-/Fuchspelzmantel *m;* ***le chat perd ses ~s*** die Katze haart [*o* verliert Haare]
3. BOT [Pflanzen]haar *nt*
4. (*filament*) [*brosse à dents, brosse*] Borste *f;* [*pinceau*] Haar *nt;* [*tapis, moquette*] Flor *m;* [*tissu*] Faser *f;* ***tapis à longs ~s*** hochfloriger Teppich
5. *fam* (*un petit peu*) ■ **un ~** ein Funken *m,* ein Fünkchen *nt;* ■ **un ~ de qc** ein Funken [*o* Fünkchen] etw; ***qn n'a pas un ~ de bon sens*** jd hat keinen Funken Menschenverstand
▸ **qn reprend du ~ de la bête** (*se rétablit*) jd kommt wieder zu Kräften; (*se ressaisit*) jd fängt sich wieder; **qn n'a pas/plus un ~ sur le caillou** *fam* jd hat eine Platte [*o* Glatze] *fam;* **qn a un ~ dans la main** *fam* jd macht keinen Finger krumm *fam;* **qn est de bon/mauvais ~** *fam* jd ist gut/schlecht gelaunt; **qn n'a plus un ~ de sec** *fam* (*est mouillé*) jd ist klatschnass *fam;* (*transpire de peur*) jd ist [vor Angst] schweißgebadet; **à un ~ près** *fam* (*peut s'en faut*) um ein Haar *fam;* (*à un détail près*) fast; ***ce sont les mêmes à un ~ près*** sie sind fast genau gleich; **de tout ~, de tous ~s** *fam* aller Art; **il s'en est fallu d'un ~** [**que** + *subj*] es hätte nicht mehr viel gefehlt [und]; **qn tombe sur le ~ à qn** *fam* jd fällt über jdn her; **à ~** *fam* (*nu*) nackt; ***qn se met à ~*** jd zieht sich [nackt] aus; **à ~!** *fam* (*pour conspuer*) buh!; [**qn/qc est**] **au ~** *fam* [jd ist] schwer in Ordnung *fam*/[etw ist] super [*o* toll] *fam;* **au ~!** *fam* super! *fam,* toll! *fam,* prima! *fam*
◆ **poil à gratter** Juckpulver *nt*

poil-de-carotte [pwaldəkaʀɔt] *adj inv fam* leuchtend rot; ***un enfant ~-~-~*** ein Rotschopf *m*

poilu, e [pwaly] *adj* behaart

poinçon [pwɛ̃sɔ̃] *m* **1.** (*instrument*) [*sellier, cordonnier*] Ahle *f,* Pfriem *m;* [*graveur*] Radiernadel *f*
2. (*estampille*) [*orfèvre*] Punze *f*

poinçonner <1> [pwɛ̃sɔne] *vt* (*perforer*) ■ **qn poinçonne qc** jd locht etw; / *orfèvre*/ jd punzt etw

poinçonneuse [pwɛ̃sɔnøz] *f* Lochstanze *f*

poing [pwɛ̃] *m* Faust *f;* [***le***] ***revolver au ~*** mit dem Revolver in der Hand
▸ **qn lui envoie** [*o* **met**] [*o* **colle**] **son ~ dans la figure** *fam* jd knallt jdm eine vor den Latz *fam;* **qn tape du ~ sur la table, qn donne un coup de ~ sur la table** jd haut mit der Faust auf den Tisch; **~ américain** Schlagring *m;* **qn dort à ~s fermés** jd schläft tief [und fest]; **qn joue des ~s** jd wird handgreiflich; (*s'impose*) jd gebraucht seine Ellenbogen; **qn lève le ~** jd erhebt die Faust; **qn montre le ~ à qn** jd droht jdm mit der Faust; **qn serre les ~s** jd reißt sich zusammen

point[1] [pwɛ̃] *m* **1.** (*signe de ponctuation*) Punkt *m;* ***qn met les ~s et les virgules*** jd setzt Punkt und Komma; ***qn met un ~*** jd macht einen Punkt
2. GEOM Punkt *m;* ***~ d'intersection*** Schnittpunkt
3. (*tache*) Punkt *m;* ***~ de carie*** Kariesfleck *m;* ***~ lumineux*** Lichtpunkt
4. (*dans une notation*) Punkt *m*
5. ECON [*indice, retraite*] Punkt *m* (*in Frankreich wird die Rente nach einem Punktsystem berechnet*); [*inflation*] Prozent *nt*
6. (*endroit*) Stelle *f*
7. PHYS ■ **~ de** -punkt *m;* ***~ de liquéfaction*** Schmelzpunkt
8. (*question*) Frage *f;* ***un ~ de droit/ théologie/ méthode*** eine rechtliche/theologische/methodische Frage
9. (*partie*) [*ordre du jour, dissertation*] Punkt *m;* ***~ important/ de détail/ litigieux*** wichtiger/unwesentlicher/strittiger Punkt; ***qn est d'accord sur tous les ~s*** jd ist in allen Punkten einverstanden
▸ **de tous les ~s de l'horizon** von überall her, aus allen Himmelsrichtungen; **qn** [**lui**] **met les ~s sur les i** jd wird [jdm gegenüber] sehr deutlich; **~, à la ligne!** Punkt und Absatz!; **bon/mauvais ~** Pluspunkt/Minuspunkt *m;* **c'est un bon/mauvais ~ pour qn/qc** das spricht für/gegen jdn/etw; **les quatre ~s cardinaux** die vier Himmelsrichtungen; **jusqu'à un certain ~** bis zu einem gewissen Punkt; ***qn a raison jusqu'à un certain ~*** jd hat in gewisser Weise recht; **ça va jusqu'à un certain ~** *fam* es gibt auch Grenzen; **~ chaud** Konfliktherd *m;* **~ commun** Gemeinsamkeit *f;* ***nous avons un ~ commun: …*** wir haben ein[e]s gemeinsam: …; ***qn n'a aucun ~ commun avec qn*** jd hat nichts mit jdm gemeinsam; **~ critique** kritischer Punkt; **~ culminant** (*climax*) Höhepunkt *m;* (*sommet*) höchster Punkt; **deux ~s** [**ouvrez les guillemets**] Doppelpunkt *m* [Anführungszeichen *pl* unten]; **~ faible/fort** Schwachpunkt *m*/Stärke *f;* **~ final** (*à la fin d'une dictée*) Punkt; (*cela suffit*) und Schluss; **qn met le** [*o* **un**] **~ final à qc** jd zieht einen Schlussstrich unter etw (*akk*); **au plus haut ~** im höchsten Grad, äußerst; ***ils se détestent au plus haut ~*** sie hassen sich auf das Erbittertste; **qn/qc est mal en ~** jd ist schlecht beieinander/etw ist in einem schlechten Zustand; **qc est toujours au même ~** etw ist unverändert; **qn/qc est au ~ mort** AUT jd/etw ist im Leerlauf; (*ne progresse plus*) etw ist an einem toten Punkt angelangt; **qn met au ~ mort** AUT jd schaltet in den Leerlauf; **~ noir** (*comédon*) Mitesser *m;* (*grave difficulté*) heikler Punkt; (*lieu d'accidents*) Gefahrenstelle *f;* **qn/qc arrive** [*o* **tombe**] [*o* **vient**] **à ~ nommé** jd/etw kommt wie gerufen, jd/etw kommt genau im richtigen Augenblick; **~ sensible** wunder Punkt, wunde Stelle; **à** [**un**] **tel ~ que, à un ~ tel que** + *indic* so [*o* derart], dass; ***le pays était déchiré à un ~ tel que*** das Land war so [*o* derart] zerrissen, dass; **en tout ~** [*o* **tous ~s**] in allen Punkten; ***j'approuve ta conduite en tous ~s*** ich finde dein Verhalten voll und ganz in Ordnung; **un ~, c'est tout** Punkt, Schluss, aus; und damit basta [*o* hat sich's] *fam;* **qn a un ~ quelque part** MED jd hat irgendwo ein Stechen; **qn bat qn aux ~s** jd schlägt jdn nach Punkten; **qn compte les ~s** jd begnügt sich mit der Rolle des Zuschauers, jd schaut nur zu; **qc est au ~** etw ist ausgereift; **qn est au ~** *fam* jd ist gut vorbereitet; **qn est sur le ~ de faire qc** jd ist drauf und dran, etw zu tun *fam,* jd ist im Begriff etw zu tun; ***il était sur le ~ de prendre sa retraite*** er stand kurz vor der Rente; **qn fait le ~** [**de la situation**] jd zieht Bilanz; **qn marque un ~/des ~s** jd kann einen Pluspunkt/Pluspunkte verbuchen; **qn met qc au ~** (*règle*) jd stellt etw ein; (*prépare dans les détails*) jd arbeitet etw aus; *technique* jd entwickelt etw; **qn met qc au ~ avec qn** (*s'entend avec qn sur qc*) jd vereinbart etw mit jdm; (*éclaircit*) jd klärt etw mit jdm [ab]; **qn rend des ~s à qn** jd zeigt es jdm; **au ~ où qn en est** so, wie es um jdn [*o* mit jdm] bestellt ist; **à ~** *partir* rechtzeitig; *tomber* genau richtig; *viande* medium; *légumes, nouilles* mit Biss; *fruit, fromage* reif; ***qn/qc arrive*** [*o* ***vient***] ***à ~*** jd kommt wie gerufen, jd/etw kommt [genau] im richtigen Moment; ***tout vient à ~ à qui sait attendre*** *prov* kommt Zeit, kommt Rat; **à ce ~**[**-là**]**:** ***comment a-t-il pu en arriver à ce ~?*** wie konnte es so weit mit ihm kommen?; **au ~ de** + *infin*/**que** + *indic o subj* so [*o* derart], dass; **de ~ en ~, ~ par ~** Punkt für Punkt; [**qn est d'accord avec qn**] **sur un/ce ~/tous les ~s** [jd ist sich (*dat*) mit jdm] in einem/diesem Punkt/in allen Punkten einig; **le ~ sur qn/qc** (*dans un journal télévisé*) zur Lage jds/einer S.
◆ **point d'appui** (*pour un levier*) Drehpunkt *m;* (*pour une échelle*) Stelle *m* zum Anlegen; MIL Stützpunkt *m;* (*soutien*) Halt *m;* ***qn prend un ~ d'appui quelque part*** jd hält sich irgendwo fest; **point d'attache** (*relations*)**:** ***je n'ai pas de ~ d'attache dans cette ville*** ich habe weder Verwandte noch Bekannte in dieser Stadt; **point d'eau** Wasserstelle *f;* **point de chute** (*endroit où rester*) [Absteig]quartier *nt;* **point de côté** Seitenstechen *nt;* **point de croix** Kreuzstich *m;* **point de départ** Ausgangspunkt *m;* [*découverte, réussite*] Ausgangsbasis *f;* [*jeu de l'oie*] Start *m;* **point de friction** Reibungspunkt *m,* Streitpunkt *m;* **point de fuite** Fluchtpunkt *m;* **point de jonction** Verbindungsstelle *f;* **point de mire** ▸ **qn/qc est le ~ de mire d'un groupe de personnes** jd/etw steht im Mittelpunkt des Interesses einer Gruppe von Menschen; **point de non-retour** Punkt *m,* an dem es kein Zurück mehr gibt; ***qn/qc est à un ~ de non-retour*** für jdn/etw gibt es kein Zurück mehr; **point de rencontre** Treffpunkt *m;* **point de repère** Orientierungspunkt *m;* ***qc sert de ~ de repère*** etw dient der Orientierung; **point de rupture** Bruchstelle *f;* **points de suspension** Auslassungspunkte *pl;* **point de vente** Verkaufsstelle *f;* **point de vue 1.** (*panorama*) Aussicht *f* **2.** (*opinion*) Ansicht *f,* Meinung *f;* ***qn partage le même ~ de vue que qn*** jd teilt [*o* ist] jds Meinung [*o* Ansicht]; ***qn a un autre ~ de vue*** jd sieht das anders, jd ist anderer Meinung [*o* Ansicht]; ***à mon ~ de vue*** meiner Meinung [*o* Ansicht] nach; ***qn se rallie à un ~ de vue*** jd schließt sich einer Meinung an; ***d'un certain ~ de vue*** in gewisser Weise; ***de ce ~ de vue*** so gesehen ▸ **au** [*o* **du**] **~ de vue de qc** was etw anbelangt; **au** [*o* **du**] **~ de vue** + *adj:* ***au ~ de vue scientifique/ technique/ linguistique*** aus wissenschaftlicher/technischer/linguistischer Sicht; ***du ~ de vue touristique*** was den Tourismus angeht [*o* anbelangt]; [**au** [*o* **du**]] **~ de vue** + *subst fam:* [***au***] ***~ de vue école/ santé*** schulisch/gesundheitlich *fam;* **sous ce ~ de vue** unter diesem Gesichtspunkt; **point d'exclamation** Ausrufezeichen *nt;* **point d'honneur** ▸ **qn se fait un ~ d'honneur de faire qc, qn met un/son ~ d'honneur à faire qc** für jdn ist es Ehrensache, etw zu tun; jd setzt seine Ehre darein, etw zu tun *geh;* **qn met son ~ d'honneur dans qc** etw ist für jdn Ehrensache; **point d'impact** (*trace*) Aufschlagstelle *f;* (*trou*) Einschlag[stelle *f*] *m;* **point d'interrogation** Fragezeichen *nt;* ***c'est le grand ~ d'interrogation*** das ist die große Frage; **point d'intersection** Schnittpunkt *m;* [*routes*] Kreuzung *f;* **point d'orgue** Fermate *f;* **point du jour** Tagesanbruch *m;* **point virgule** Strichpunkt *m;* **points de suspension** Auslassungspunkte *pl*

point[2] [pwɛ̃] *m* (*en cousant, brodant*) Stich *m;* (*en tricotant, crochetant*) Masche *f;* ■ **~ de** -stich/-masche; **~ *de tricot*** Strickmuster *nt;* ***en ~ de jersey*** glatt rechts gestrickt
▸ **qn tricote qc au ~ mousse** jd strickt etw kraus rechts; **qn fait un ~ à qc** *fam* jd näht etw schnell [*o* mit einem Stich] zu
◆ **point à l'endroit** rechte Masche; **point à l'envers** linke Masche; **point de surjet** überwendlicher Stich; **point de suture** MED Stich *m;* ***j'ai eu deux ~s de suture*** ich wurde mit zwei Stichen genäht

point[3] [pwɛ̃] *adv littér* ■ **ne … ~** [gar] nicht; ***elle n'a ~ d'amis*** sie hat gar keine Freunde

pointage [pwɛ̃taʒ] *m* [Über]prüfung *f;* [*liste*] Abhaken *nt;* ***qn fait le ~ de qc*** jd überprüft [*o* kontrolliert] etw; ***qn fait le ~ des bulletins de vote*** jd zählt die Stimmen aus

pointe [pwɛ̃t] *f* **1.** (*extrémité pointue*) Spitze *f;* ■ **~ de** -spitze; ***la ~ de l'île*** die Inselspitze
2. (*objet pointu*) Spitze *f;* [*fourche, fourchette*] Zinke *f*
3. (*clou*) Drahtstift *m*
4. (*outil*) [*sculpteur*] Spitzeisen *nt;* ***~ de traçage*** Reißnadel *f*
5. GEOG (*langue de terre*) Landzunge *f*
6. *pl* (*de danse*) Spitzenschuhe *pl*
7. SPORT Spikes [ʃpaiks, sp-] *pl*
8. (*fichu*) Dreieckstuch *nt*
9. (*sommet dans un graphique*) Spitze *f*
10. (*petite quantité de*) ■ **une ~ de …** ein [ganz] kleines bisschen …; *de malice, méchanceté* ein Anflug *m* von …; *d'ironie* ein Hauch *m* von …; ***une ~ d'accent*** ein leichter Akzent
▸ **qn fait** [*o* **pousse**] **une ~ de vitesse** jd legt einen Spurt ein; **~ sèche** (*outil*) Radiernadel *f;* (*gravure*) Radierung *f;* **qn décoche** [*o* **envoie**] [*o* **lance**] **une ~ à qn** jd lässt eine Spitze gegen jdn los; **qn fait des ~s** / *danseuse*/ jd tanzt auf der Spitze; **qn/qc fait des ~s** [**de vitesse**] **de** [*o* **à**] **200/230 km/**

heure jd/etw fährt 200/230 km/h Spitze *fam;* **qn fait** [*o* **pousse**] **une ~ jusqu'à quelque part** jd macht einen Abstecher irgendwohin; ***qn fait*** [*o* ***pousse***] ***une ~ jusqu'à chez qn*** jd sieht [*o* schaut] kurz bei jdm vorbei *fam;* **à ~s:** ***casque à ~*** Pickelhaube *f;* ***chaussons à ~s*** Spitzenschuhe *pl;* ***chaussures à ~s*** Nagelschuhe *pl;* [**qn/qc est**] **à la ~ de qc** [jd/etw steht] an der Spitze einer S. (*gen*); ***un journaliste à la ~ de l'actualité*** ein Journalist *m* [mit dem Finger] am Puls der Zeit; **de ~** *vitesse* Höchst-, Spitzen-; ***heures de ~*** Hauptverkehrszeit *f,* Stoßzeit *f;* **de** [*o* **en**] **~** führend; *technologie, équipe* Spitzen-; ***notre société est en ~/reste une entreprise de ~*** unser Unternehmen steht an der Spitze/bleibt führend; **en ~** (*pointu*) spitz; *barbe* Spitz-; *décolleté* tief [ausgeschnitten]

◆ **pointe bic**® Bic-Kugelschreiber® *m;* **pointe d'asperge** Spargelspitze *f;* **pointe des pieds** ▸ **qn marche sur la ~ des pieds** jd geht auf Zehenspitzen; **qn marche** [*o* **va**] **sur la ~ des pieds** (*prudemment*) jd geht behutsam vor; **qn se met** [*o* **se dresse**] [*o* **se hausse**] **sur la ~ des pieds** jd stellt sich auf die Zehenspitzen; **pointe du jour:** ***à la ~ du jour*** bei Tagesanbruch; **pointe fibre** Faserschreiber *m*

pointer[1] <1> [pwɛ̃te] **I.** *vi* **1.** ■ **qn pointe** IND jd geht stechen; (*au jeu de boules*) jd spielt die Setzkugel an

2. INFORM ■ **qn pointe sur qc** jd zeigt [mit der Maus] auf etw (*akk*)

▸ **qn va ~** jd geht stechen

II. *vt* **1.** (*cocher*) ■ **qn pointe qc** jd hakt etw ab; *titres* jd streicht etw an

2. IND ■ **qn/qc pointe qn** jd/etw kontrolliert jdn

3. (*diriger vers*) ■ **qn pointe qc sur/vers qn/qc** jd richtet etw auf jdn/etw; *doigt* jd zeigt mit etw auf jdn

4. (*au jeu de boules*) ■ **qn pointe qc** jd spielt mit etw die Setzkugel an

5. MUS ■ **qc est pointé(e)** etw ist punktiert

6. ***qn pointe la carte*** jd trägt die Position ein

III. *vpr fam* ■ **qn se pointe** [**quelque part**] jd kreuzt irgendwo] auf *fam*

pointer[2] <1> [pwɛ̃te] **I.** *vi* **1.** (*s'élever en pointe*) ■ **qc pointe** etw ragt empor; ***qc pointe vers le ciel*** etw ragt in den Himmel; ***qc pointe au-dessus de qc*** etw ragt aus etw heraus

2. (*commencer à pousser*) ■ **qc pointe** etw sprießt

3. *littér* (*apparaître brusquement*) ■ **qc pointe quelque part** /*lueur d'effroi*/ etw flackert irgendwo auf; /*ironie*/ etw blitzt irgendwo auf

II. *vt* ■ **qn/un animal pointe qc** *oreilles* jd/ein Tier spitzt etw; ***qn/un animal pointe le nez*** jd/ein Tier schnuppert

pointeur [pwɛ̃tœʀ] *m* **1.** (*au jeu de boules*) Werfer(in) *m(f)* (*der versucht, möglichst nahe an die Setzkugel anzulegen*)

2. MIL Richtkanonier *m*

◆ **pointeur de la souris** INFORM Mauszeiger *m*

pointeuse [pwɛ̃tøz] *f* Stechuhr *f*

pointillé [pwɛ̃tije] *m* **1.** (*points*) punktierte Linie

2. (*perforations*) Perforierung *f,* Perforation *f*

▸ **en ~**[**s**] (*par un trait discontinu*) gestrichelt; (*à peu près*) im Groben; **détacher selon le ~** an [*o* entlang] der Perforierung abtrennen

pointilleux, -euse [pwɛ̃tijø, -jøz] *adj* übergenau, pingelig *fam;* ***qn est ~ sur qc*** [*o* ***en matière de qc***] jd nimmt es mit etw sehr genau

pointillisme [pwɛ̃tijism] *m* Pointillismus *m*

pointu, e [pwɛ̃ty] **I.** *adj* **1.** (*en forme de pointe*) spitz

2. (*grêle et aigu*) schrill

3. (*très poussé*) *formation* hoch qualifiziert; *analyse* tief schürfend; *sujet* eng gefasst

II. *adv* ▸ **qn parle ~** jd spricht mit Pariser Akzent

pointure [pwɛ̃tyʀ] *f* Größe *f;* ***quelle est votre ~?*** welche Größe haben Sie?; ***à ma/ta/...*** ~ in meiner/deiner/... Größe

point-virgule <~s-~s> [pwɛ̃viʀgyl] *m* Strichpunkt *m,* Semikolon *nt*

poire [pwaʀ] *f* **1.** (*fruit*) Birne *f;* (*eau-de-vie*) Birnenschnaps *m*

2. (*en forme de poire*) [*vaporisateur*] Gummiball *m;* MED Klistierspritze *f*

3. *fam* (*figure*) Gesicht *nt;* ***en pleine ~*** mitten ins Gesicht

4. *fam* (*naïf*) Naivling *m fam;* ***quelle ~!*** wie kann man nur so naiv sein!

▸ **entre la ~ et le fromage** so zwischendurch; **qn garde une ~ pour la soif** jd hat eine eiserne Reserve; **~ Belle-Hélène** Birne *f* Helene; **bonne ~** *fam* [zu] gutmütige Seele; ***tu es bonne ~*** du bist [viel zu] gutmütig; **qn coupe la ~ en deux** jd macht halbe-halbe; **qn est ~** *fam* jd ist doof *fam;* **qn se paye la ~ de qn** *fam* jd macht sich über jdn lustig; **aux ~s** Birnen-

poireau <x> [pwaʀo] *m* Porree *m,* Lauch *m*

▸ **qn fait le ~** [**quelque part**] *fam* jd wartet [irgendwo], jd steht [irgendwo] wartend herum *fam;* ***qn fait faire le ~ à qn*** [***quelque part***] jd lässt jdn [irgendwo] warten

poireauter <1> [pwaʀote] *vi fam* ■ **qn poireaute** [**quelque part**] jd wartet [irgendwo]; ***qn fait ~ les gens*** jd lässt die Leute warten

poirée [pwaʀe] *f* Mangold *m*

poirier [pwaʀje] *m* Birnbaum *m*

▸ **qn fait le ~** jd macht einen Kopfstand

pois [pwa] *m* Erbse *f*

▸ **qn a un ~ chiche dans la tête** jd hat ein Spatzenhirn *fam;* **~ cassés** Trockenerbsen *pl;* **~ chiche** Kichererbse *f;* **petit ~** Erbse *f;* **à ~** getüpfelt, gepünktelt; ***à gros ~s*** mit großen Tupfen [*o* Punkten]

◆ **pois de senteur** Wicke *f*

poison [pwazɔ̃] **I.** *m* **1.** (*substance*) Gift *nt*

2. *fam* (*chose ennuyeuse*): ***quel ~!*** wie ätzend! *fam;* ***qc est un vrai ~*** etw ist tödlich *fam*

II. *mf fam* **1.** (*personne*) Giftzwerg *m fam,* Giftspritze *f fam*

2. (*enfant insupportable*) Nervensäge *f fam*

poisse [pwas] *f* Pech *nt fam;* ***quelle ~!*** so ein Mist! *fam;* ***jour de ~*** Unglückstag *m;* ***qn a la ~ au bout des doigts*** jd ist ein Pechvogel *fam*

▸ **qn/qc porte la ~ à qn** *fam* jd/etw bringt jdm Unglück

poisseux, -euse [pwasø, -øz] *adj* klebrig

poisson [pwasɔ̃] *m* ZOOL Fisch *m;* ■ **~ de** -fisch; ***~ des grands fonds*** Tiefseefisch

▸ **comme un ~ dans l'eau** wie ein Fisch im Wasser; ***qn se sent comme un ~ dans l'eau*** jd ist in seinem Element, jd fühlt sich wohl; **petit ~ deviendra grand** *prov* aus Kindern werden Leute; **~ plat** Plattfisch *m;* **qn engueule qn comme du ~ pourri** *fam* jd pfeift jdn an *fam,* jd macht jdn zur Schnecke *fam;* **~ rouge** Goldfisch *m;* **~ volant** fliegender Fisch; **qn nage comme un ~** jd schwimmt wie ein Fisch; **qn noie le ~** *fam* jd weicht aus

◆ [**petit**] **poisson d'argent** Silberfischchen *nt;* **poisson d'avril** Aprilscherz *m* ▸ **~ d'avril!** April, April!; **qn fait à qn un ~ d'avril** jd schickt jdn in den April

poisson-chat <~s-~s> [pwasɔ̃ʃa] *m* Wels *m* **poisson-épée** <~s-~s> [pwasɔ̃epe] *m* Schwertfisch *m* **poisson-lune** <~s-~s> [pwasɔ̃lyn] *m* Mondfisch *m*

poissonnerie [pwasɔnʀi] *f* Fischgeschäft *nt*

poissonneux, -euse [pwasɔnø, -øz] *adj* fischreich

poissonnier, -ière [pwasɔnje, -jɛʀ] **I.** *m, f* Fischhändler(in) *m(f)*

II. *f* ■ **poissonnière** Fischpfanne *f*

Poissons [pwasɔ̃] *mpl* ASTROL Fische *pl*

▸ **qn est** [**du signe des**] **~** jd ist [ein] Fisch, jd ist im Zeichen Fische geboren

poisson-scie <~s-~s> [pwasɔ̃si] *m* Sägefisch *m*

Poitou [pwatu] *m* ■ **le Poitou** das Poitou

poitrail [pwatʀaj] *m* Brust *f*

poitrine [pwatʀin] *m* **1.** ANAT Brust *f;* ***le tour de ~*** die Oberweite; ***qn respire qc à pleine ~*** jd atmet etw tief ein; ***qn a un poids sur la ~*** jd atmet schwer; ***qn bombe*** [*o* ***gonfle***] ***la ~*** jd streckt die Brust heraus

2. (*seins*) Busen *m;* ***une ~ opulente*** [*o* ***généreuse***] [*o* ***abondante***] [*o* ***plantureuse***] ein üppiger Busen

3. GASTR Brust *f*

▸ **qn se frappe la ~** jd schlägt sich (*dat*) an die Brust

poivre [pwavʀ] *m* ∅ Pfeffer *m;* ***~ en grains/moulu*** ganzer/gemahlener Pfeffer; ***qn met du ~ dans*** [*o* ***sur***] ***qc*** jd pfeffert etw

▸ [**qn est**] **~ et sel** [jd ist] grau meliert; **~ blanc/noir/vert** weißer/schwarzer/grüner Pfeffer

◆ **poivre de Cayenne** Cayennepfeffer *m*

poivré, e [pwavʀe] *adj* **1.** (*assaisonné de poivre*) gepfeffert

2. *parfum, odeur, menthe* herb

3. *plaisanterie, histoire* gepfeffert *fam*

poivrer <1> [pwavʀe] *vt, vi* ■ **qn poivre** [**qc**] jd pfeffert [etw]

poivrier [pwavʀije] *m* **1.** (*plante*) Pfefferstrauch *m*

2. (*récipient*) Pfefferstreuer *m*

poivrière [pwavʀijɛʀ] *f* **1.** (*récipient*) Pfefferstreuer *m*

2. ARCHIT Mauertürmchen *nt*

poivron [pwavʀɔ̃] *m* Paprika[schote *f*] *m*

poivrot, e [pwavʀo, ɔt] *m, f fam* Trinker(in) *m(f)*

poix [pwa] *f* Pech *nt;* ***qn est enduit(e) de ~ mélangée à des plumes*** jd wird geteert und gefedert

poker [pɔkɛʀ] *m* **1.** (*jeu*) Poker[spiel *nt*] *nt*

2. (*partie*) Partie *f* Poker

3. (*carré*) ■ **un ~ de** vier; ***un ~ d'as/de rois*** vier Asse/Könige

◆ **poker d'as** JEUX Würfelpoker *nt*

polaire [pɔlɛʀ] *adj* **1.** GEOG Polar-; ***ours ~*** Eisbär *m*

2. (*glacial*) eisig

polar [pɔlaʀ] *m fam* Krimi *m fam*

polarisation [pɔlaʀizasjɔ̃] *f* **1.** (*concentration*) ■ **~ de qn/qc** [**sur qn/qc**] Konzentration *f* eines Menschen/einer S. [auf jdn/etw]

2. PHYS, ELEC, OPT Polarisation *f*

polariser <1> [pɔlaʀize] **I.** *vt* **1.** (*attirer à soi*) ■ **qn/qc polarise qc** jd/etw zieht etw auf sich (*akk*)

2. (*concentrer*) ■ **qn polarise qc sur qc** jd richtet etw ganz auf etw (*akk*)

3. PHYS, OPT, ELEC ■ **qn polarise qc** jd polarisiert etw

II. *vpr* ■ **qn/qc se polarise sur qn/qc** jd/etw konzentriert sich auf jdn/etw; /*attention*/ etw richtet sich ganz auf jdn/etw; /*haine*/ etw richtet sich gegen jdn/etw

polaroïd® [pɔlaʀɔid] *m* **1.** (*appareil*) Polaroid[kamera *f*]® *f*

2. (*photo*) Polaroid[bild *nt*] *nt*

polder [pɔldɛʀ] *m* Polder *m,* Marsch *f*

pôle [pol] *m* **1.** GEOG Pol *m;* **~** ***Nord/Sud*** Nord-/Südpol

2. ELEC Pol *m;* ***~ négatif/positif*** Minus-/Pluspol

3. (*terme opposé*) [Gegen]pol *m*

4. ECON, POL Zentrum *nt;* ■ **~ de** *de croissance* -zentrum; *de développement* -schwerpunkt *m; d'influence* -bereich *m*

▸ **aux deux ~s** an beiden Extremitäten

◆ **pôle d'attraction** Anziehungspunkt *m*

polémique [pɔlemik] **I.** *adj* polemisch

II. *f* Polemik *f*

polémiquer <1> [pɔlemike] *vi* ■ **qn polémique** [**contre qn/qc**] jd polemisiert [gegen jdn/etw]

polémiste [pɔlemist] *mf* Polemiker(in) *m(f)*

polenta [pɔlɛnta] *f* Polenta *f*

poli, e[1] [pɔli] *adj* (*courtois*) höflich; ■ **qn est ~ avec qn** jd ist jdm gegenüber höflich

▸ **qn est trop ~ pour être honnête** jd ist zu freundlich, um aufrichtig zu sein; **sois ~ si t'es pas joli(e)!** *fam* du bist vielleicht höflich! *iron*

poli, e[2] [pɔli] **I.** *adj* (*lisse*) glatt; *bois, ivoire, métal, or* poliert

II. *m* ∅ Glanz *m;* ***qn donne un beau ~ à qc*** jd poliert etw auf Hochglanz

police[1] [pɔlis] *f* ∅ (*forces de l'ordre*) Polizei *f kein pl;* ***guerre des ~s*** Polizeikrieg *m;* ***toutes les ~s de la France*** alle Polizeikräfte Frankreichs

▸ **~ judiciaire** Kriminalpolizei *f;* **~ militaire** Militärpolizei *f;* **~ mondaine**

Sittenpolizei *f;* ~ **municipale** Ortspolizei *f;* ~ **nationale** Staatspolizei *f;* ~ **parallèle** Untergrundpolizei *f;* ~ **privée** Wach- und Sicherheitsdienst *m;* ~ **secrète** Geheimpolizei *f;* **qn fait la** ~ jd sorgt für Ordnung
◆ **police de l'air et des frontières** Luft- und Grenzschutz[polizei *f*] *m;* **police de caractères** TYP, INFORM Font *m;* **police de la route** Verkehrspolizei *f;* **police des mœurs** Sittenpolizei *f;* **police secours** Notruf *m*

police² [pɔlis] *f* [*assurance*] Police *f*

polichinelle [pɔliʃinɛl] *m* **1.** (*personne inconstante*) Hampelmann *m fam*
2. THEAT ■ **P**~ Pulcinella *m*
► **une femme a un** ~ **dans le tiroir** [*o* **sous le tablier**] *vulg* eine Frau hat einen Braten in der Röhre *sl;* **qn fait le** ~ jd kaspert herum *fam*

policier, -ière [pɔlisje, -jɛʀ] **I.** *adj* Polizei-; *roman, film* Kriminal-; ***femme*** ~ Polizistin *f*
II. *m, f* (*agent*) Polizist(in) *m(f)*
III. *m* (*roman, film*) Krimi *m*

policlinique [pɔliklinik] *f* Poliklinik *f*

poliment [pɔlimɑ̃] *adv* höflich

polio [pɔljo] **I.** *f abr de* **poliomyélite** Polio *f,* Kinderlähmung *f*
II. *mf abr de* **poliomyélitique** an Polio Erkrankte(r) *f(m)*

poliomyélite [pɔljɔmjelit] *f* [spinale] Kinderlähmung, Poliomyelitis *f spec*

poliomyélitique [pɔljɔmjelitik] **I.** *adj* Polio-; ***qn est*** ~ jd hat Kinderlähmung *f*
II. *mf* an Kinderlähmung Erkrankte(r) *f(m)*

polir <8> [pɔliʀ] *vt* **1.** (*rendre lisse*) ■ **qn/qc polit qc** jd/etw schleift etw glatt [*o* blank]
2. (*rendre brillant*) ■ **qn/qc polit qc** jd/etw poliert etw [auf Hochglanz]
3. (*peaufiner*) ■ **qn polit qc** jd feilt etw aus

polissage [pɔlisaʒ] *m* **1.** (*pour rendre lisse*) Schleifen *nt*
2. (*pour rendre brillant*) Polieren *nt*

polisson, ne [pɔlisɔ̃, ɔn] **I.** *adj* **1.** (*licencieux*) anzüglich; *chanson* zweideutig; *regard* begehrlich
2. (*espiègle*) frech; ***elle est*** ~***ne*** sie ist ein Frechdachs *m* [*o* Schlingel *m*] *fam*
II. *m, f* Frechdachs *m fam,* Schlingel *m fam*

politesse [pɔlitɛs] *f* **1.** ∅ (*savoir-vivre*) Höflichkeit *f,* Anstand *m;* ***qn manque de*** ~ jd ist unhöflich; ***la*** ~ ***exige/ exigerait que qn fasse qc*** der Höflichkeit halber muss/müsste jd etw tun
2. *pl* (*propos*) Höflichkeiten *pl;* (*comportements*) Anstandsregeln *pl*
► **qn brûle la** ~ **à qn** jd empfiehlt sich [auf] französisch; **qn fait une** ~ **à qn** jd erweist jdm eine Höflichkeit; **ils/elles se font des** ~**s** sie tauschen Höflichkeiten aus; **qn rend une** [*o* **la**] ~ **à qn** jd erwidert [jdm] eine Höflichkeit; **de** ~ Höflichkeits-; [**qn fait qc**] **par** ~ [jd tut etw] aus Höflichkeit

politicard, e [pɔlitikaʀ, aʀd] *m, f* Politprofi *m*

politicien, ne [pɔlitisjɛ̃, jɛn] **I.** *adj péj* politisch; ***politique*** ~***ne*** Politik *f* um der Politik willen
II. *m, f* Politiker(in) *m(f)*

politico- [pɔlitikɔ] *préf* politisch und; ~-***économique*** politisch und wirtschaftlich

politique [pɔlitik] **I.** *adj* **1.** POL politisch; *droits* staatsbürgerlich; ***sciences*** ~***s*** Politikwissenschaft *f,* Politologie *f;* ***cette semaine*** ~ ***a été très intéressante*** diese Woche war politisch gesehen sehr interessant
2. *littér* (*habile*) politisch
II. *f* **1.** POL Politik *f;* ~ ***économique/ extérieure/ intérieure/ sociale*** Wirtschafts-/Außen-/Innen-/Sozialpolitik; ***la*** ~ ***politicienne*** die Parteipolitik; ■ ~ **de** -politik; ~ ***de droite/ de gauche*** rechts-/linksorientierte Politik
2. (*ligne de conduite*) Politik *f*
► **la** ~ **de l'autruche** die Vogel-Strauß-Politik; **qn pratique la** ~ **du moindre effort** jd geht den Weg des geringsten Widerstandes; ~ **du fait accompli** Politik *f* der vollendeten Tatsachen; ~ **de la main tendue** Versöhnungspolitik *f;* ~ **des petits pas** Politik *f* der kleinen Schritte; **qn pratique la** ~ **du pire** jd betreibt eine Politik ohne Rücksicht auf Verluste; ~ **de la terre brûlée** Politik *f* der verbrannten Erde; **qc est de bonne** ~ etw ist [taktisch] klug; **haute** ~ hohe Politik; **qn fait de la/ne fait pas de** ~ (*s'engage politiquement*) jd betätigt [*o* engagiert] sich politisch/jd ist nicht politisch engagiert [*o* tätig]; (*s'intéresse à la vie politique*) jd interessiert sich/interessiert sich nicht für Politik; ***tu devrais faire de la*** ~ du solltest in die Politik gehen; ***vous faites beaucoup trop de*** ~ Sie politisieren viel zu viel [herum]
III. *mf* **1.** *littér* (*politicien*) Politiker(in) *m(f)*
2. (*prisonnier politique*) politischer Gefangener
3. (*domaine politique*) politischer Bereich
◆ **politique en matière de taux de change** Wechselkurspolitik *f*

politique-fiction <~s-~s> [pɔlitikfiksjɔ̃] *f* politische Prognostik

politiquement [pɔlitikmɑ̃] *adv* **1.** POL politisch
2. *littér* (*avec diplomatie*) diplomatisch

politisation [pɔlitizasjɔ̃] *f* Politisierung *f*

politiser <1> [pɔlitize] *vt* ■ **qn/qc politise qn/qc** jd/etw politisiert jdn/ etw

politologie [pɔlitɔlɔʒi] *f* Politologie *f*

politologue [pɔlitɔlɔg] *mf* Politologe/-login *m/f*

polka [pɔlka] *f* Polka *f*

pollen [pɔlɛn] *m* Pollen *m*

polluant, e [pɔlɥɑ̃, ɑ̃t] **I.** *adj* umweltverschmutzend; *produits chimiques* umweltschädlich; ***ta voiture est*** ~***e*** dein Auto verpestet die Umwelt; ***des carburants non*** ~***s*** umweltfreundliche Treibstoffe
II. *m* Schadstoff *m*

polluer <1> [pɔlɥe] **I.** *vt* ■ **qn/qc pollue qc** jd/etw verschmutzt etw
II. *vi* ■ **qn/qc pollue** jd/etw verschmutzt die Umwelt; ***des lessives qui ne polluent pas*** umweltfreundliche [*o* umweltschonende] Waschmittel

pollueur, -euse [pɔlɥœʀ, -øz] **I.** *adj* umweltverschmutzend; *méthodes de production* umweltschädlich; ■ **qn/qc est** ~ jd/etw verschmutzt die Umwelt; ***le progrès technique est*** ~ der technische Fortschritt schadet der Umwelt; ***les tramways ne sont pas*** ~***s*** Straßenbahnen sind umweltfreundlich
II. *m, f* Umweltverschmutzer(in) *m(f);* ***l'industrie est la première*** ~***euse des eaux*** die Industrie ist der Wasserverschmutzer Nummer 1

pollution [pɔlysjɔ̃] *f* **1.** (*dégradation de l'environnement*) Umweltverschmutzung *f;* (*radioactive*) Verseuchung *f;* ~ ***sonore*** Lärmbelästigung *f;* ~ ***atmosphérique*** Luftverschmutzung; ~ ***chimique*** Umweltschäden *pl* durch Chemie, Umweltverschmutzung durch Chemie; ■ **la** ~ **de** -verschmutzung *f*
2. (*nuisance*) Beeinträchtigung *f*
► ~ **nocturne** unwillkürlicher nächtlicher Samenerguss, Pollution *f spec*

polo [pɔlo] *m* **1.** (*chemise*) Polohemd *nt*
2. SPORT Polo[spiel *nt*] *nt*

polochon [pɔlɔʃɔ̃] *m fam* Nackenkissen *nt,* Nackenrolle *f*

Pologne [pɔlɔɲ] *f* ■ **la Pologne** Polen *nt*

polonais, e [pɔlɔnɛ, ɛz] **I.** *adj* polnisch
II. *m* (*langue*) Polnisch *nt*
III. *m, f* ■ **Polonais(e)** Pole/Polin *m/f*
► **qn est soûl(e) comme un(e) P**~**(e)** jd ist blau wie ein Veilchen *fam,* jd ist voll wie eine Haubitze *fam,* jd ist sternhagelvoll *fam*
IV. *f* MUS ■ **polonaise** Polonaise *f*

polonium [pɔlɔnjɔm] *m* CHIM Polonium *nt*

poltron, ne [pɔltʀɔ̃, ɔn] **I.** *adj* feig[e]
II. *m, f* Feigling *m*

poly [pɔli] *m fam abr de* **polycopié** [Vorlesungs]skript *nt*

poly[-] [pɔli] *préf + subst/adj* Poly-, poly-, Mehr-, mehr-, Viel-, viel-

polyamide [pɔliamid] *m* Polyamid *nt;* ***en*** ~ aus Polyamid

polyandrie [pɔljɑ̃dʀi, pɔliɑ̃dʀi] *f* Vielmännerei *f*

polychrome [pɔlikʀom] *adj* vielfarbig, mehrfarbig

polyclinique [pɔliklinik] *f* Poliklinik *f*

polycopie [pɔlikɔpi] *f* (*procédé*) Vervielfältigungsverfahren *nt;* (*action*) Vervielfältigung *f;* (*feuille*) Kopie *f*

polycopié [pɔlikɔpje] *m* Vorlesungsskript *nt*

polycopier <1 a> [pɔlikɔpje] *vt* ■ **qn polycopie qc** [**à qn**] jd vervielfältigt etw [für jdn], jd zieht etw [für jdn] ab; ■ **qc à** ~ *encre, machine, pâte* Kopier-

polyculture [pɔlikyltyʀ] *f* Mischkultur *f*

polyester [pɔliɛstɛʀ] **I.** *m* Polyester *m;* ***en*** ~ aus Polyester
II. *app inv* aus Polyester; ***fibres*** ~ Polyesterfasern *pl,* Polyestergewebe *nt*

polyéthylène [pɔlietilɛn] **I.** *m* Polyäthylen *nt;* ***en*** ~ aus Polyäthylen
II. *app inv* aus Polyäthylen

polygame [pɔligam] **I.** *adj* polygam
II. *m* Polygamist *m*

polygamie [pɔligami] *f* Polygamie *f*

polyglotte [pɔliglɔt] **I.** *adj* polyglott
II. *mf* Polyglotte(r) *f(m)*

polygonal, e <-aux> [pɔligɔnal, o] *adj* polygonal

polygone [pɔligon] *m* **1.** GEOM Polygon *nt*
2. MIL Artillerieschießplatz *m*
◆ **polygone de sustentation** Unterstützungsvieleck *nt*

polygraphe [pɔligʀaf] *m* Vielschreiber *m*

polymère [pɔlimɛʀ] **I.** *adj* polymer
II. *m* Polymer[e] *nt*

polymérisation [pɔlimeʀizasjɔ̃] *f* Polymerisation *f*

polymorphe [pɔlimɔʀf] *adj* polymorph

polymorphisme [pɔlimɔʀfism] *m* CHIM Polymorphie *f;* BIO Polymorphismus *m*

Polynésie française [pɔlinezifʀɑ̃sɛz] *f* ■ **la Polynésie française** die französischen Südseeinseln

polynôme [pɔlinom] *m* Polynom *nt*

polype [pɔlip] *m* **1.** ZOOL Polyp *m*
2. MED Polyp *m*

polyphonie [pɔlifɔni] *f* Polyphonie *f*

polyphonique [pɔlifɔnik] *adj* polyphon

polypropylène [pɔlipʀɔpilɛn] **I.** *m* Polypropylen *nt*
II. *app inv* aus Polypropylen

polysémie [pɔlisemi] *f* Polysemie *f*

polystyrène [pɔlistiʀɛn] **I.** *m* Polystyrol *nt*
► ~ **expansé** Styropor® *nt*
II. *app inv* aus Polystyrol

polysyllabe [pɔlisi(l)lab], **polysyllabique** [pɔlisi(l)labik] **I.** *adj* mehrsilbig
II. *m* mehrsilbiges Wort, Polysyllabum *nt spec*

polytechnicien, ne [pɔlitɛknisjɛ̃, jɛn] *m, f* [*ehemaliger*] *Schüler/*[*ehemalige*] *Schülerin der École polytechnique*

polytechnique [pɔlitɛknik] *f:* [***École***] ~ *Hochschule in Paris, an der Ingenieure ausgebildet werden und deren Verwaltung dem Armeeministerium obliegt*

polythéisme [pɔliteism] *m* Polytheismus *m*

polythéiste [pɔliteist] **I.** *adj* polytheistisch
II. *mf* Polytheist(in) *m(f)*

polytransfusé [pɔlitʀɑ̃sfyze] **I.** *adj:* ***un patient*** ~ ein Patient, dem mehrfach Blut übertragen wurde [*o* der mehrere Bluttransfusionen erhalten hat]
II. *m, f* Patient(in) *m(f),* der/die mehrere Bluttransfusionen erhalten hat; ***c'est un/ une*** ~***(e)*** er/sie hat mehrere Bluttransfusionen erhalten

polyuréthan[n]e [pɔliyʀetan, pɔljyʀetan] **I.** *m* Polyurethan *nt;* ***en mousse de*** ~ aus Polyurethanschaumstoff; ***en*** ~ aus Polyurethan
II. *app inv* aus Polyurethan

polyvalence [pɔlivalɑ̃s] *f* Vielseitigkeit *f;* [*salle, appareil*] vielseitige Verwendbarkeit

polyvalent, e [pɔlivalɑ̃, ɑ̃t] **I.** *adj* vielseitig; *salle, centre* vielseitig verwendbar, Mehrzweck-; *traitement* vielseitig anwendbar; *sérum, vaccin* polyvalent

II. *m, f* FISC Steuerprüfer(in) *m(f)*, Betriebsprüfer(in) *m(f)*

polyvinyle [pɔlivinil] *m* Polyvinyl *nt*

pomélo [pɔmelo] *m* Grapefruit ['greɪpfru:t] *f*

pommade [pɔmad] *f* Salbe *f*

▸ **qn passe de la ~ à qn** jd geht jdm um den Bart *fam*, jd schmiert jdm Honig um den Mund *fam*

pommader <1> [pɔmade] **I.** *vt* ■ **qn pommade qc** *cheveux* jd reibt [*o* schmiert] sich (*dat*) Pomade in etw (*akk*); *joues, derrière de bébé* jd cremt etw ein; ■ **[qn/qc est] pommadé(e)** [jd/etw] ist pomadisiert [*o* mit Pomade eingerieben]

II. *vpr* ■ **qn se pommade qc** jd reibt [*o* schmiert] sich (*dat*) Pomade in etw (*akk*)

pomme [pɔm] *f* **1.** (*fruit*) Apfel *m*; ~ ***d'api*** kleiner rotbäckiger Apfel; ~ ***de reinette*** Renette *f*; ~ ***golden*** Golden Delicious [de'lɪʃəs] *m*

2. (*pomme de terre*) Kartoffel *f*; ~***s sautées*** Bratkartoffeln *pl*; ~***s mousseline*** Kartoffelpüree *nt*; ~***s dauphines*** Kroketten *pl*

3. (*cœur*) [*chou, laitue*] Herz *nt*

4. (*objet en forme de pomme*) Knauf *m*, Kopf *m*; ■~ **de** -kopf; *de canne* -knauf; ~ ***d'arrosoir*** Brause *f* [*o* Brauskopf] der Gießkanne

5. *fam* (*tête*) Kopf *m*, Birne *f fam*

6. *fam* (*niais*) Blödmann *m fam*; ***quelle ~, ce type!*** mein Gott, ist der Typ blöde! *fam*

▸ **~s allumettes** dünne Pommes frites *pl*; **~s chips** [Kartoffel]chips [-tʃɪps] *pl*; ~ **croquette** Krokette *f*; **~s frites** Pommes frites *pl*; **grand(e)** [*o* **haut(e)**] **comme trois ~s** winzig [klein]; ***qn est grand(e)*** [*o* ***haut(e)***] ***comme trois ~s / garçon/*** jd ist ein Dreikäsehoch [*o* Knirps] *fam*; **/fille/** jd ist eine kleine Krabbe *fam*; **rond(e) comme une ~** kugelrund; **qn est/tombe dans les ~s** jd ist umgekippt/kippt um *fam*; **aux ~s** *fam* super *fam*, Spitze *fam*; **pour ma/sa/... ~** *fam* für mich/ihn/sie ...; ***ça va encore être pour ma ~!*** ich werde wohl wieder dran glauben müssen! *fam*

◆ **pomme d'Adam** Adamsapfel *m*; **pomme d'amour** Liebesapfel *m*; **pomme de discorde** Zankapfel *m*; **pomme de pin** Tannenzapfen *m*; **pomme de terre** Kartoffel *f* ▸ **~ de terre au four** im Ofen gebackene Kartoffel; **~ de terre en robe de chambre** [*o* **en robe des champs**] Pellkartoffel *f*

pommé, e [pɔme] *adj*: ***laitue ~e*** Kopfsalat *m*; ***chou ~*** Weißkohl *m*

pommeau <x> [pɔmo] *m* Knauf *m*; [*selle*] Knopf *m*

pommelé, e [pɔmle] *adj*: ***un ciel ~*** ein mit Schäfchenwolken bezogener Himmel; ***cheval ~*** Apfelschimmel *m*

pommer <1> [pɔme] *vi* ■ **qc pomme** etw bildet einen Kopf

pommette [pɔmɛt] *f* Backenknochen *m*

pommier [pɔmje] *m* Apfelbaum *m*

pompage [pɔ̃paʒ] *m* [Ab]pumpen *nt*; (*vers le haut*) [Hoch]pumpen; ***stations de ~*** Pumpstationen *pl*

pompe¹ [pɔ̃p] *f* **1.** (*machine*) Pumpe *f*; ~ ***aspirante/rotative*** Saug-/Rotationspumpe; ■~ **à** -pumpe; ~ ***à essence*** Zapfsäule *f*; ~ ***à incendie*** Feuerlöschpumpe

2. *pop* (*chaussure*) Schuh *m*, Treter *m fam*

3. *pl* SCOL *arg* Spickzettel *m fam*, Mogelzettel *m fam*

4. *arg* (*seringue*) Spritze *f*

▸ **coup de ~** *fam* Durchhänger *m fam*; ***qn a parfois des coups de ~*** jd fühlt sich manchmal wie ausgepumpt *fam*; **qn est bien/mal dans ses ~s** *fam* jd fühlt sich wohl/nicht wohl in seiner Haut *fam*; **qn est** [*o* **marche**] **à côté de ses ~s** *pop* jd ist völlig daneben *fam* [*o* durcheinander]; **qn fait des ~s** *fam* jd macht Liegestütze[n]; **à toute[s] ~[s]** *fam* in Windeseile, mit Karacho *fam*

pompe² [pɔ̃p] *f littér* Pomp *m*, Prunk *m*

▸ **~s funèbres** Beerdigungsinstitut *nt*, Bestattungsinstitut *nt*; ***entreprise de ~s funèbres*** Beerdigungsinstitut *nt*, Bestattungsinstitut *nt*; ***employé des ~s funèbres*** Angestellte(r) *m* eines Beerdigungsunternehmens [*o* Bestattungsunternehmens]; **en grande ~** mit großem Prunk [*o* Pomp]

pomper <1> [pɔ̃pe] **I.** *vt* **1.** (*à l'aide d'une pompe*) ■ **qn pompe qc** jd pumpt etw ab; (*vers le haut*) jd pumpt etw hoch

2. (*absorber*) ■ **qn/qc pompe qc** jd/etw saugt etw auf; ***les moustiques pompent le sang*** die Mücken saugen Blut

3. *fam* (*boire*) ■ **qn pompe [qc]** jd kippt [etw] in sich hinein *fam*; ***c'est incroyable ce qu'il peut ~*** es ist unglaublich, was der schlucken kann *fam*

4. *fam* (*énerver*) ■ **qn/qc pompe qn** jd geht jdm auf den Wecker *fam*

5. *fam* (*fatiguer*) ■ **qc pompe qn** etw schlaucht jdn *fam*

II. *vi* **1.** (*manœuvrer une pompe*) ■ **qn pompe** jd pumpt

2. SCOL *arg* ■ **qn pompe [sur qn]** jd schreibt [von jdm] ab

pompette [pɔ̃pɛt] *adj fam* angesäuselt *fam*

pompeusement [pɔ̃pøzmɑ̃] *adv* hochtrabend, bombastisch

pompeux, -euse [pɔ̃pø, -øz] *adj* hochtrabend, bombastisch

pompier [pɔ̃pje] *m* Feuerwehrmann *m*; ***qn fait appel aux ~s*** jd ruft die Feuerwehr

▸ **qn fume comme un ~** jd raucht wie ein Schlot *fam*

pompier, -ière [pɔ̃pje, -jɛʀ] *adj péj style* geschraubt, gespreizt; *artiste, écrivain, peintre* der pseudoklassischen Richtung; ***art ~*** *péj* Kitsch *m*

pompiste [pɔ̃pist] *mf* Tankwart *m*

pompon [pɔ̃pɔ̃] *m* Troddel *f*, Bommel *m fam*

▸ **qn a [décroché] le ~** *fam* jd hat den Vogel abgeschossen *fam*; **c'est le ~!** *fam* das ist doch der Gipfel! *fam*, das schlägt dem Fass den Boden aus; **à moi/lui le ~** *fam* ich schieße/er/sie schießt den Vogel ab *fam*

pomponner <1> [pɔ̃pɔne] **I.** *vt* ■ **qn pomponne qn** jd staffiert jdn aus, jd putzt jdn heraus

II. *vpr* ■ **qn se pomponne** jd wirft sich in Schale *fam*, jd donnert sich auf *pej*; ***quand tu auras fini de te ~*** wenn du dich fein genug gemacht hast

ponçage [pɔ̃saʒ] *m* [Ab]schleifen *nt*; (*à la pierre ponce*) [Ab]bimsen *nt*; (*au papier émeri*) [Ab]schmirgeln *nt*

ponce [pɔ̃s] *f* Bimskies *m*, Naturbimsstein *m*

Ponce Pilate [pɔ̃spilat] *m* Pontius Pilatus *m*

poncer <2> [pɔ̃se] *vt* ■ **qn ponce qc** jd schleift etw [ab]; (*à la pierre ponce*) jd bimst etw [ab]; (*au papier émeri*) jd schmirgelt etw [ab]

ponceuse [pɔ̃søz] *f* Schleifmaschine *f*; ~ ***à bande[s]*** Bandschleifmaschine; ~ ***vibrante*** Schwingschleifer *m*

poncho [pɔ̃(t)ʃo] *m* **1.** (*manteau*) Poncho *m*

2. (*chausson*) Hüttenschuh *m*

poncif [pɔ̃sif] *m* Gemeinplatz *m*, Banalität *f*; ***des ~s*** abgedroschene Phrasen

ponction [pɔ̃ksjɔ̃] *f* **1.** (*prélèvement*) Abheben *nt*; ■ **qn fait une ~ dans/sur qc** jd greift etw an; *dans ses économies, son capital a.* jd reißt ein Loch *nt* in etw (*akk*)

2. MED Punktion *f*; ***qn fait*** [*o* ***pratique***] ***une ~ à qn*** jd nimmt bei jdm eine Punktion vor

ponctionner <1> [pɔ̃ksjɔne] *vt* **1.** *fam* (*prélever*) ■ **qn ponctionne qc [à qn]** *capital* jd geht an etw (*akk*); *argent* jd nimmt [jdm] etw ab

2. MED ■ **qn ponctionne qc [à qn]** jd punktiert [jdm] etw

ponctualité [pɔ̃ktɥalite] *f* Pünktlichkeit *f*

ponctuation [pɔ̃ktɥasjɔ̃] *f* Zeichensetzung *f*, Interpunktion *f*; ***signes de ~*** Satzzeichen *pl*, Interpunktionszeichen *pl*

ponctuel, le [pɔ̃ktɥɛl] *adj* **1.** (*à l'heure*) pünktlich

2. (*opp: global*) punktuell

ponctuellement [pɔ̃ktɥɛlmɑ̃] *adv* **1.** (*à temps*) pünktlich

2. (*opp: globalement*) punktuell

ponctuer <1> [pɔ̃ktɥe] *vt* **1.** (*souligner*) ■ **qn/qc ponctue qc [de qc]** jd/etw unterstreicht [*o* betont] etw [durch etw]

2. (*marquer la ponctuation*) ■ **qn ponctue qc** jd versieht etw mit Satzzeichen, jd interpunktiert etw; ***ce texte est bien/mal ponctué*** die Interpunktion in diesem Text ist gut/schlecht

3. MUS ■ **qn/qc ponctue qc** jd/etw phrasiert etw

pondérateur, -trice [pɔ̃deʀatœʀ, -tʀis] *adj* ausgleichend; *influence* mäßigend

pondération [pɔ̃deʀasjɔ̃] *f* **1.** (*calme*) Besonnenheit *f*, Umsicht *f*

2. ECON, POL Ausgewogenheit *f*; ***la ~ des pouvoirs*** das Gleichgewicht der Mächte

3. STATIST Gewichtung *f*, Wägung *f*

pondéré, e [pɔ̃deʀe] *adj* **1.** (*calme*) umsichtig, besonnen; ***son esprit ~*** seine/ihre Besonnenheit [*o* Umsicht]

2. STATIST gewichtet, gewogen

pondéreux, -euse [pɔ̃deʀø, -øz] **I.** *adj* Massen-, Schwer-

II. *mpl* Massengüter *pl*, Schwergüter *pl*

pondeur, -euse [pɔ̃dœʀ, -øz] **I.** *adj* Lege-

II. *m, f péj* Vielschreiber(in) *m(f) pej*; ***qn est un ~ de romans*** jd produziert am laufenden Band [*o* Meter] Romane *fam*; ***le ~ de cet article*** der, der diesen Artikel verfasst hat

III. *f* ■ **pondeuse** (*poule*) Legehenne *f*; *fam* (*femme*) Gebärmaschine *f pej fam*

pondre <14> [pɔ̃dʀ] *vt, vi* **1.** ■ **un animal pond [qc]** ein Tier legt [etw]; ■ **qn pond [qc]** *péj fam* jd kriegt ein Kind

2. *fam* (*rédiger*) ■ **qn pond [qc]** *romans* jd produziert [etw] am laufenden Band [*o* Meter] *fam*; *circulaires* jd verfasst pausenlos etw *fam*; *rapport* jd fabriziert etw *fam*; ***il nous a pondu un article salé*** er hat uns einen gesalzenen Artikel hingelegt *fam*

poney [pɔnɛ] *m* Pony *nt*

pongiste [pɔ̃ʒist] *mf* Tischtennisspieler(in) *m(f)*

pont [pɔ̃] *m* **1.** CONSTR Brücke *f*; ~ ***basculant/suspendu/routier*** Klapp-/Hänge-/Straßenbrücke; ■~ **de** -brücke

2. (*vacances*) verlängertes Wochenende

3. NAUT Deck *nt*; ~ ***arrière/avant/principal/supérieur*** Achter-/Vorder-/Haupt-/Oberdeck; ***tout le monde sur le ~!*** alle Mann an Deck!

4. AUT: ~ ***arrière/avant*** Hinter-/Vorderachse *f*; ~ ***élévateur*** Hebebühne *f*

▸ **P~s et Chaussées** *staatliches Tiefbauamt*; **qn fait** [*o* **offre**] [*o* **propose**] **un ~ d'or à qn** jd macht jdm ein finanziell verlockendes Angebot; ~ **aérien** Luftbrücke *f*; **qn couche sous les ~s** jd schläft unter den Brücken; **qn coupe** [*o* **rompt**] **les ~s avec qn/qc** jd bricht mit jdm/etw; ***qn coupe*** [*o* ***rompt***] ***les ~s derrière lui*** jd bricht alle Brücken hinter sich (*dat*) ab; **qn fait le ~** jd macht ein verlängertes Wochenende; **qn/qc jette un ~ entre qc et qc/avec qc** jd/etw schlägt eine Brücke zwischen etw und etw/zu etw; **à ~** *culotte* Latz-; *casquette* Schirm-

◆ **pont à péage** gebührenpflichtige Brücke; **pont aux ânes** Eselsbrücke *f* (*grafische Darstellung des pythagoreischen Lehrsatzes*); (*banalité*) Binsenwahrheit *f*; **pont de graissage** Abschmierrampe *f*; **pont d'envol** Flugdeck *nt*

pontage [pɔ̃taʒ] *m* Bypassoperation ['baipas-] *f*

pont-aqueduc <~s-~s> [pɔ̃akdyk] *m* Aquädukt *nt* **pont-bascule** <~s-~s> [pɔ̃baskyl] *m* Gleiswaage *f* **pont-canal** <~s-~aux> [pɔ̃kanal, o] *m* Kanalbrücke *f*

ponte¹ [pɔ̃t] *f* **1.** (*saison*) Legezeit *f*

2. (*œufs*) Gelege *nt*

ponte² [pɔ̃t] *m fam* hohes Tier *fam*; [*parti*] Bonze *m fam*; ~ ***de la finance*** Finanzhai *m fam*

ponter <1> [pɔ̃te] *vt* **1.** NAUT ■ **qn ponte qc** jd versieht etw mit einem Deck

2. MED ■ **qn ponte qc [à qn]**: ***on lui a ponté l'artère coronaire*** man hat

ihm einen Bypass auf die Koronararterie gesetzt ['baipas]
pontife [pɔ̃tif] *m* **1.** *souvent péj fam* hohes Tier *fam;* ~ ***de la critique/ de la littérature*** Kritiker-/Literaturpapst *m;* ***un des grands ~s de la Faculté*** eine der Koryphäen an der Universität
2. REL Kirchenfürst *m*
▸ **souverain** ~ Pontifex maximus *m*
pontifiant, e [pɔ̃tifjɑ̃, jɑ̃t] *adj discours* schulmeisterlich; *ton a.* lehrhaft; ***une personne ~e*** ein Mensch, der gern doziert [*o* schulmeistert]
pontifical, e <-aux> [pɔ̃tifikal, o] *adj* päpstlich; *palais a.* Papst-; *infaillibilité a.* des Papstes; ***messe ~e*** Pontifikalamt *nt;* ***ornements ~aux*** Pontifikalien *pl*
pontificat [pɔ̃tifika] *m* Pontifikat *nt*
pontifier <1 a> [pɔ̃tifje] *vi* ■ **qn pontifie** jd doziert herum *fam*
pont-l'évêque [pɔ̃levɛk] *m inv viereckiger Weichkäse* **pont-levis** <~s-~> [pɔ̃ləvi] *m* Zugbrücke *f* **Pont-Neuf** [pɔ̃nœf] *m* ▸ **qn se porte** [*o* **est solide**] **comme le ~-~** jd ist noch gesund und munter
ponton [pɔ̃tɔ̃] *m* (*appontement*) [Anlege]steg *m;* (*plate-forme flottante*) Ponton *m*
ponton-grue <~s-~s> [pɔ̃tɔ̃gʀy] *m* Schwimmkran *m*
pont-promenade <~s-~[s]> [pɔ̃pʀɔmnad] *m* Promenadendeck *nt*
pool [pul] *m* **1.** ECON, FIN Pool [pu:l] *m;* ~ ***bancaire*** Bankengruppe *f,* Bankenkonsortium *nt;* ~ [***du***] ***charbon*** [***et de l'***]***acier*** Montanunion *f*
2. (*équipe*): ~ ***des dactylos*** Schreibzentrale *f*
pop [pɔp] **I.** *app groupe, musique* Pop-; *artiste* Pop-Art-; ***peinture*** ~ Pop-Art *f*
II. *f* Pop *m*
pop['] art [pɔpaʀ] *m* Pop-Art *f*
pop-corn <~-~> [pɔpkɔʀn] *m* Popcorn *nt*
pope [pɔp] *m* Pope *m*
popeline [pɔplin] *f* Popelin *m,* Popeline *m o f;* ***robe en*** ~ Popelinkleid *nt;* ~ ***100% coton*** 100 % Baumwollpopelin[e]
pop music <~ ~s> [pɔpmyzik] *f* Popmusik *f*
popote [pɔpɔt] **I.** *f fam* Essen *nt;* ***qn fait la*** ~ jd macht das Essen, jd kocht
II. *adj inv fam:* ***qn est très*** ~, ***qn a des habitudes ~s*** / ***homme*** / jd ist ein richtiger Stubenhocker *fam;* / ***femme*** / jd ist ein richtiges Heimchen [am Herd] *fam*
popotin [pɔpɔtɛ̃] *m fam* Hintern *m fam,* Po *m fam*
▸ **qn se magne** [*o* **manie**] **le** ~ jd legt einen Zahn zu *fam*
populace [pɔpylas] *f péj* Pöbel *m,* Mob *m*
populaire [pɔpylɛʀ] *adj* **1.** (*du peuple*) Volks-
2. (*destiné à la masse*) Volks-; *roman* volkstümlich; ***bal*** ~ öffentliche Tanzveranstaltung
3. (*plébéien*) *quartier, milieu* Arbeiter-; *goût* gewöhnlich; ***le bon sens*** ~ das gesunde Volksempfinden; ***les classes ~s*** die unteren Volksschichten, das einfache Volk; ***d'origine*** ~ von niedriger [*o* einfacher] Herkunft; ***milieux ~s*** niedere [*o* einfache] Kreise
4. (*qui plaît*) populär; *acteur, homme politique a.* beliebt; *souverain a.* beim Volk beliebt
5. LING populärsprachlich; *latin* Vulgär-
populairement [pɔpylɛʀmɑ̃] *adv s'exprimer* populär, gemeinverständlich; ***pour parler*** ~ um mich der Sprache des gemeinen Mannes zu bedienen
populariser <1> [pɔpylaʀize] *vt* ■ **qn/qc popularise qn/qc** jd/etw macht jdn/etw populär, jd/etw bringt jdn/etw dem Volk [*o* der breiten Masse] nahe; *sciences* jd/etw popularisiert etw
popularité [pɔpylaʀite] *f* Popularität *f;* [*artiste, comédien, homme politique a.*] [allgemeine] Beliebtheit; [*souverain a.*] Beliebtheit *f* beim Volk
population [pɔpylasjɔ̃] *f* **1.** (*habitants*) Bevölkerung *f;* [*ville*] Einwohner *pl,* Bewohner *pl;* ~ ***du globe*** Weltbevölkerung, Erdbevölkerung; ***densité de*** ~ Bevölkerungsdichte *f*
2. BIO, ZOOL Population *f*
3. SOCIOL Bevölkerung *f;* [*sondage*] Population *f;* ~ ***agricole/ civile/ urbaine*** Land-/Zivil-/Stadtbevölkerung; ~ ***ouvrière*** Arbeiterschaft *f;* ~ ***active*** Berufstätige *pl;* ***la*** ~ ***scolaire*** die Schüler *pl;* ***la*** ~ ***scolaire a augmenté*** die Schülerzahl [*o* die Zahl der Schüler] ist angestiegen; ***la*** ~ ***des 20–35 ans*** die 20–35jährigen
populeux, -euse [pɔpylø, -øz] *adj rue* sehr belebt; *cité, ville* dicht bewohnt, dicht bevölkert
populisme [pɔpylism] *m* Populismus *m*
populiste [pɔpylist] **I.** *adj* populistisch
II. *mf* Populist(in) *m(f)*
populo [pɔpylo] *m fam* **1.** (*peuple*) [einfaches] Volk
2. (*foule*) Menschenmenge *f,* Menschenmasse *f*
porc [pɔʀ] *m* **1.** ZOOL Schwein *nt*
2. (*chair*) Schweinefleisch *nt;* ***côtelette de*** ~ Schweinekotelett *nt*
3. (*peau*) Schweinsleder *nt*
4. *péj fam* (*personne*) Schwein *nt fam*
▸ **pur** ~ reines Schweinefleisch; **comme un** ~ *fam* wie ein Schwein *fam*
porcelaine [pɔʀsəlɛn] *f* **1.** (*matière*) Porzellan *nt*
2. (*vaisselle*) Porzellan[geschirr *nt*] *nt;* ~ ***de Saxe*** Meiß[e]ner Porzellan
3. (*objet*) Gegenstand *m* [*o* Gefäß *nt*] aus Porzellan, Porzellan *nt spec*
porcelainier, -ière [pɔʀsəlenje, -jɛʀ] **I.** *adj* Porzellan-
II. *m, f* Porzellanfabrikant(in) *m(f),* Porzellanhersteller(in) *m(f)*
porcelet [pɔʀsəlɛ] *m* **1.** Ferkel *nt*
2. (*chair*) Spanferkel *nt*
porc-épic <~s-~s> [pɔʀkepik] *m* **1.** ZOOL Stachelschwein *nt*
2. (*individu*) Kratzbürste *f fam*
porche [pɔʀʃ] *m* [Portal]vorbau *m*
porcher, -ère [pɔʀʃe, -ɛʀ] *m, f* Schweinehirt(in) *m(f)*
porcherie [pɔʀʃəʀi] *f* **1.** (*bâtiment*) Schweinestall *m*
2. (*local très sale*) Saustall *m fam*
porcin, e [pɔʀsɛ̃, in] **I.** *adj* **1.** ZOOL Schweine-
2. *sourire, visage* feist; ***yeux ~s*** Schweinsäuglein *pl,* Schweinsaugen *pl;* ***regard*** ~ Schweinsäugleinblick *m*
II. *mpl* Schweine *pl*
pore [pɔʀ] *m* **1.** ANAT Pore *f*
2. (*trou*) Pore *f*
▸ **par tous les** ~**s** aus allen Poren; ***qn sue la vanité par tous les ~s*** jd trieft nur so vor Eitelkeit *fam*
poreux, -euse [pɔʀø, -øz] *adj* porös
porno [pɔʀno] **I.** *adj fam abr de* **pornographique** Porno-
II. *m fam* **1.** *abr de* **pornographie** (*genre*) Pornographie *f*
2. (*film, roman*) Porno *m fam*
pornographe [pɔʀnɔgʀaf] **I.** *adj éditeur* von Pornographien; ***auteur*** ~ Pornograph(in) *m(f)*
II. *mf* Pornograph(in) *m(f)*
pornographie [pɔʀnɔgʀafi] *f* Pornographie *f*
pornographique [pɔʀnɔgʀafik] *adj* pornographisch; *revue, film, roman a.* Porno-
porosité [pɔʀozite] *f* poröse Beschaffenheit *f*
port[1] [pɔʀ] *m* **1.** NAUT Hafen *m;* ~ ***fluvial/ maritime*** Binnen-/Seehafen; ~ ***franc/ militaire/ pétrolier*** Frei-/Kriegs-/Ölhafen; ■ ~ **de** -hafen; ~ ***de pêche*** Fischereihafen
2. *littér* (*abri*) Port *m geh*
3. INFORM Port [pɔ:t] *m;* ~ ***parallèle*** Parallelschnittstelle *f,* Parallelport *spec*
4. (*col*) Pass *m*
▸ **à bon** ~ wohlbehalten; ***qn arrive à bon*** ~ jd landet im sicheren Hafen, jd kommt wohlbehalten an; ***qn mène un projet à bon*** ~ jd führt ein Projekt gut zu Ende
◆ **port d'attache** Heimathafen *m;* **port imprimante** INFORM Druckerschnittstelle *f,* Druckerport [-pɔ:t] *spec;* **port jeu** INFORM Gameport ['geɪmpɔ:t]; **port série** INFORM serielle Schnittstelle, serieller Port [pɔ:t] *spec*
port[2] [pɔʀ] *m* **1.** (*fait de porter*) Tragen *nt;* [*ceinture de sécurité*] Anlegen *nt;* ~ ***obligatoire de la ceinture de sécurité*** Anschnallpflicht *f*
2. JUR [*nom*] Tragen *nt,* Führen *nt*
3. COM Beförderungskosten *pl,* Transportkosten *pl;* [*lettre*] Porto *nt*
4. (*allure*) [Körper]haltung *f;* [*arbre*] Wuchs *m;* ~ ***de tête*** Kopfhaltung
▸ ~ **dû/payé** unfrei/frei[gemacht], unfrankiert/frankiert; **franco de** ~ [**et d'emballage**] franko, portofrei; ~ **en lourd** Tragfähigkeit *f*
◆ **port d'armes** Tragen *nt* von Waffen; MIL Präsentieren *nt* des Gewehrs; ***permis de*** ~ ***d'armes*** Waffenschein *m;* ***les soldats se mettent au*** ~ ***d'armes*** die Soldaten präsentieren das Gewehr
portable [pɔʀtabl] **I.** *adj* **1.** (*portatif*) tragbar; *radio a.* Koffer-; *machine à écrire a.* Reise-, Koffer-
2. (*mettable*) tragbar
II. *m* (*radio, télé*) Portable ['pɔrtəbl] *m;* (*ordinateur*) Laptop ['læptɔp] *m;* (*téléphone*) Handy ['hɛndi] *nt*
portage [pɔʀtaʒ] *m* **1.** (*transport à dos d'homme*) Tragen *nt*
2. NAUT CAN Tragen *nt* [eines Bootes über Land]
portail <s> [pɔʀtaj] *m* Portal *nt*
portance [pɔʀtɑ̃s] *f* [dynamischer] Auftrieb
portant, e [pɔʀtɑ̃, ɑ̃t] *adj* tragend; *roue* Lauf-
▸ **bien/mal** ~ gesund/nicht gesund; ***qn n'est pas très bien*** ~ jdm geht es gesundheitlich nicht besonders gut
portatif, -ive [pɔʀtatif, -iv] *adj* tragbar; *radio a.* Koffer-; *machine à écrire* Reise-, Koffer-
porte [pɔʀt] **I.** *f* **1.** (*ouverture*) Tür *f;* [*jardin a., écluse, grange*] Tor *nt;* ***une*** ~ ***battante*** eine Flügeltür; ***la*** ~ ***du four/ de la maison*** die Backofen-/Haustür; ***les voitures à deux ~s*** zweitürige Autos; ■ ~ **de** -tür; *de garage a., grange* -tor; ~ ***de secours*** Notausgang *m;* ~ ***de service*** Eingang *m* für Dienstboten, Lieferanteneingang; ~ ***d'embarquement*** Flugsteig *m*
2. (*entrée*) Tor *nt;* ***la*** ~ ***de Clignancourt*** die Porte de Clignancourt; ***la*** ~ ***de la ville*** das Stadttor; ***la*** ~ ***de Bourgogne*** die Burgunder Pforte
3. SKI Tor *nt*
4. PHYS Gatt[er] *nt*
▸ **qn trouve** ~ **de bois** jd steht vor verschlossener Tür; ~ **de devant/derrière** [*maison*] Vorder-[*o* Eingangs-]/Hintertür *f;* [*voiture*] Vorder-/Hintertür *f;* **si on le chasse par la** ~, **il rentre par la fenêtre** wenn man ihn vorne hinauswirft, kommt er hinten wieder herein; **qn claque** [*o* **ferme**] **la** ~ **au nez de qn** jd schlägt [*o* macht] jdm die Tür vor der Nase zu; **comme une** ~ **de prison**: ***qn est aimable*** [*o* ***souriant***]/***poli comme une*** ~ ***de prison*** jd ist sehr unfreundlich/unhöflich; **qn frappe à la bonne/mauvaise** ~ jd wendet sich an die richtige Adresse/jd gerät an die falsche [*o* verkehrte] Adresse *fam;* ***tu frappes à la mauvaise*** ~ ***chez lui!*** bei ihm bist du an der falschen Adresse! *fam;* **qn trouve** ~ **close** jd steht vor verschlossenen Türen; ~ **cochère** Toreinfahrt *f;* ~ **dérobée** Hintertür *f;* **fausse** ~ falsche Tür, Scheintür *f;* **les ~s de qc sont fermées à qn** jdm sind die Türen [*o* ist der Zugang] zu etw verschlossen; **qn entre** [**quelque part**] **par la grande/petite** ~ jd fängt [irgendwo] ganz oben/ganz klein an; **qn enfonce une** ~ **ouverte** [*o* **des ~s ouvertes**] jd rennt offene Türen ein *fam;* **qn laisse la** ~ **ouverte à qc** jd hält die Tür für etw offen; ***c'est la*** ~ ***ouverte à tous les abus*** dadurch ist jedem Missbrauch Tür und Tor geöffnet; **toutes les ~s lui sont ouvertes** jdm stehen alle Türen offen; **~s ouvertes** *journée, opération* der offenen Tür; **qn balaie devant sa** ~ jd kehrt vor seiner eigenen Tür *fam;* **qn claque la** ~ jd schlägt die Tür; **qn écoute aux ~s** jd lauscht an der Tür; **qn entre par une** ~ **et sort par l'autre** jd schaut nur kurz rein *fam,* jd ist nur auf einen Sprung da *fam;* **qn ferme** [*o* **refuse**]/**ouvre sa** ~ **à qn** jd verbietet/öffnet jdm sein

Haus; **qc ferme/ouvre ses ~s** etw schließt/öffnet seine Pforten **qn force la ~ de qn** jd verschafft sich (*dat*) gewaltsam Zutritt bei jdm; ***le cambrioleur a forcé la ~ du garage*** der Einbrecher hat die Garagentür aufgebrochen; **qn frappe à la ~ de qn** jd klopft bei jdm an *fam;* **qn frappe à toutes les ~s** jd klopft überall an *fam;* **qn laisse qn à la ~** jd lässt jdn vor der Tür stehen; **qn met** [*o* **flanque** *fam*] [*o* **fiche** *fam*] [*o* **fout** *fam*] **qn à la ~** jd setzt jdn vor die Tür *fam,* jd wirft [*o* schmeißt] jdn raus *fam;* **qn montre la ~ à qn** jd weist jdm die Tür; **qn prend la ~** jd geht [weg]; ***Superbier, prenez la ~!*** Superbier, vor die Tür!; **à la ~** vor der Tür; ***il y a qn à la ~*** es ist jd an der Tür; **à la ~!** hinaus!, raus! *fam;* **à** [*o* **devant**] **ma ~** (*près de chez moi*) vor meiner Tür, ganz in meiner Nähe; **la ~ à côté** *fam* ganz in der Nähe; ***ce n'est pas la ~ à côté!*** das ist eine ganze Ecke [*o* ganz schön weit]! *fam;* **aux ~s de qc** (*tout près de*) *de la mort* an der Schwelle einer S. (*gen*); *du bonheur, paradis* auf der Schwelle zu etw; (*juste devant*) *de la ville* vor den Toren einer S. (*gen*); ***aux ~s de Paris*** vor den Toren von Paris; **de ~ en ~** von Tür zu Tür, von Haus zu Haus; **entre deux ~s** zwischen Tür und Angel *fam*

II. *adj* ANAT: ***la veine ~*** die Pfortader

◆ **porte à glissière** Schiebetür *f;* **portes de l'Enfer** Pforten *pl* der Hölle; **porte de sortie** (*échappatoire*) Hintertür *f;* **portes du Ciel** Pforten *pl* des Himmels; **portes du paradis** Tür *f* [*o* Tor] zum Paradies *nt*

porte- [pɔʀt] *préf:* ***~-affiche*** Anschlagbrett *nt,* Anschlagtafel *f,* schwarzes Brett; ***~-aiguille*** Nadeldöschen *nt;* ***~-balais*** Bürstenhalter *m;* ***~-billets*** Geldscheintasche *f;* ***~-bouquet*** Wandväschen *nt;* ***~-chéquier*** Scheckheft *nt;* ***~-cigares*** Zigarrenetui *nt;* ***~-cigarettes*** Zigarettenetui *nt*

porté, e [pɔʀte] *adj* **1.** (*être enclin*) ■ **qn est ~ à qc/à faire qc** jd neigt zu etw/dazu, etw zu tun

2. (*aimer bien*) ■ **qn est ~ sur qc** jd hat eine Vorliebe [*o* Schwäche] für etw; ***Marc est toujours ~ sur la chose*** Marc denkt immer nur an das eine

porte-à-faux [pɔʀtafo] *loc* ▸ **en ~~~~** (*en déséquilibre*) überhängend; *marches* freitragend; (*dans une situation ambiguë*) in einer heiklen [*o* schwierigen] Lage; ***le vase est en ~~~*** die Vase steht über **porte-à--porte** [pɔʀtapɔʀt] *m inv* Haustürgeschäft *nt;* [*marchand ambulant a.*] Hausieren *nt* ▸ **qn fait du ~~~~** /*quêteur*/ jd geht von Haus zu Haus; /*démarcheur*/ jd macht Haustürgeschäfte; /*marchand ambulant*/ jd hausiert **porte-autos** [pɔʀtoto] *m inv* Autotransporter *m* **porte--avions** [pɔʀtavjɔ̃] *m inv* Flugzeugträger *m* **porte-bagages** [pɔʀtbagaʒ] *m inv* **1.** (*sur une bicyclette, motocyclette*) Gepäckträger *m*

2. (*dans les transports en commun*) Gepäckablage *f* **porte-bébé** <~~s> [pɔʀtbebe] *m* (*sur le dos*) Babytraggestell ['be:bi-] *nt;* (*sur le ventre*) Babytragetasche *f* **porte-bicyclette** <~~s> [pɔʀtbisiklɛt] *m* Fahrradträger *m* **porte-bonheur** [pɔʀtbɔnœʀ] *m inv* Glücksbringer *m* **porte--bouteilles** [pɔʀtbutɛj] *m inv* Flaschenregal *nt,* Flaschengestell *nt* **porte-cartes** [pɔʀtəkaʀt] *m inv* (*pour les cartes routières*) Kartentasche *f;* (*pour les documents personnels*) Brieftasche *f,* Ausweistasche *f* **porte--clés** [pɔʀtəkle] *m inv* (*anneau*) Schlüsselring *m;* (*anneau avec breloque*) Schlüsselanhänger *m;* (*étui*) Schlüsseletui *nt* **porte-containers** [pɔʀtkɔ̃tɛnɛʀ] *m inv,* **porte-conteneurs** [pɔʀtkɔ̃tɛnœʀ] *m inv* Containerschiff [kɔn'te:nɐ-] *nt* **porte-couteau** <~~[x]> [pɔʀtkuto] *m* Messerbänkchen *nt* **porte-documents** [pɔʀtdɔkymɑ̃] *m inv* Aktentasche *f* **porte-drapeau** <~~[x]> [pɔʀtdʀapo] *m* Fahnenträger *m;* (*chef*) Anführer *m;* [*idées*] Vorreiter *m*

portée [pɔʀte] *f* **1.** (*effet*) Tragweite *f;* [*acte, geste a.*] Bedeutung *f;* [*événement a.*] Wichtigkeit *f;* [*argument*] Schlagkraft *f;* [*paroles*] Wirkung *f*

2. (*distance*) [*radar, arme*] Reichweite *f;* [*voix*] Hörweite *f,* Rufweite *f*

3. MUS Notensystem *nt*

4. ZOOL (*petits d'une femelle*) Wurf *m;* (*durée de la gestation*) Trächtigkeitsdauer *f*

5. (*aptitude*) Auffassungsvermögen *nt,* Fassungskraft *f;* ***~ de l'esprit*** geistige Spannweite; ***qc dépasse la ~ de l'intelligence ordinaire*** etw übersteigt das durchschnittliche Auffassungsvermögen; ***c'est au-dessus de ma ~*** das übersteigt meinen Horizont *fam*

6. ARCHIT Spannweite *f*

7. TECH Sitz *m*

▸ **d'une grande ~/de faible ~** *décision* von großer/geringer Tragweite [*o* Bedeutung]; *argument* von großer/geringer Schlagkraft; *radio* von großer/geringer Reichweite; **qn se met à la ~ de qn** jd drückt sich für jdn verständlich aus; **qn met qc à la ~ de qn** jd macht jdm etw verständlich; **à ~ de qc** in Reichweite einer S. (*gen*); ***à ~ de vue*** in Sichtweite; ***à ~ de voix*** in Rufweite, in Hörweite; ***à ~ de la main a.*** griffbereit; **à la ~ de qn/qc** *objet* in jds Reichweite (*dat*), für jdn erreichbar; *livre, discours* für jdn verständlich; ***cet examen est à votre ~*** diese Prüfung können Sie schaffen *fam;* ***à la ~ de toutes les bourses*** für jeden erschwinglich; ***ce livre n'est pas à ta ~*** das Buch ist für dich zu hoch *fam;* **hors de** [**la**] **~ de qn** für jdn unerreichbar; *objet a.* außerhalb jds Reichweite; (*intellectuellement*) für jdn zu hoch *fam;* ***ce travail est hors de sa ~*** diese Arbeit übersteigt seine/ihre Fähigkeiten; ***cet exploit est hors de ma ~*** diese Leistung werde ich nicht erbringen können; **hors de ~** außer Reichweite

porte-fenêtre <~s-~s> [pɔʀtfənɛtʀ] *f* Fenstertür *f,* Balkontür *f*

portefeuille [pɔʀtəfœj] *m* **1.** (*porte-monnaie*) Brieftasche *f;* ***qn a un ~ bien garni*** jd hat ein dickes Portmonee *fam;* ***jupe ~*** Wickelrock *m*

2. (*ministère*) Portefeuille *nt geh,* Geschäftsbereich *m*

3. FIN Portefeuille *nt*

porte-fusibles [pɔʀtəfyzibl] *m inv* Sicherungshalter *m* **porte-hélicoptères** [pɔʀtelikɔptɛʀ] *m inv* Hubschrauberträger *m* **porte-jarretelles** [pɔʀtʒaʀtɛl] *m inv* Strumpfhaltergürtel *m*

portemanteau <x> [pɔʀtmɑ̃to] *m* **1.** (*support mural ou mobile*) Garderobe *f,* Garderobenständer *m;* (*crochets au mur*) Kleiderhaken *m*

2. (*cintre*) [Kleider]bügel *m*

porte-menu <~~[s]> [pɔʀtməny] *m* Menükartenständer *m*

portemine <[s]> [pɔʀtəmin] *m* Drehbleistift *m*

porte-monnaie [pɔʀtmɔnɛ] *m inv* Portemonee *nt,* Geldbeutel *m* ▸ **qn a le ~~ bien garni** jd hat ein dickes Portemonee *fam* **porte-papier** [pɔʀtpapje] *m inv* Toilettenpapierhalter *m* **porte-parapluies** [pɔʀtpaʀaplɥi] *m inv* Schirmständer *m* **porte-parole** [pɔʀtpaʀɔl] *m inv* (*personne*) Sprecher(in) *m(f);* [*groupe, mouvement a.*] Wortführer(in) *m(f);* (*journal*) Sprachrohr *nt* **porte-plume** [pɔʀtəplym] *m inv* Federhalter *m*

porter <1> [pɔʀte] **I.** *vt* **1.** (*être chargé de*) ■ **qn porte qn/qc** jd trägt jdn/etw

2. (*soutenir*) ■ **qc porte qn/qc** etw trägt jdn/etw; ***mes jambes ne me portent plus*** meine Beine tragen mich nicht mehr

3. (*endosser*) ■ **qn porte qc** jd trägt etw; ***chacun porte sa croix*** jeder hat sein Kreuz zu tragen; ■ **qn fait ~ qc à qn** jd schiebt etw auf jdn

4. (*apporter*) ■ **qn porte qc** [**à qn**] jd bringt [jdm] etw; /*facteur a.*/ jd trägt etw aus; /*nouvelle*/ jd überbringt [jdm] etw; ■ **qn/qc porte qc** [**à qn/qc**] *bonheur, chance, malheur* jd/etw bringt [jdm] etw; *attention* jd schenkt [jdm/einer S.] etw; *secours* jd leistet [jdm] etw; *préjudice, tort* jd fügt [jdm] etw zu, etw wirkt sich nachteilig auf etw (*akk*) aus; ***qc porte atteinte à qc*** etw beeinträchtigt etw, etw tut einer S. (*dat*) Abbruch; ■ **qn se fait ~ qc quelque part** jd lässt sich (*dat*) etw irgendwohin bringen; ■ **qn porte qc quelque part** jd bringt etw irgendwohin

5. (*diriger*) ■ **qn porte qc quelque part** *pas* jd lenkt etw irgendwohin; *regards, vue* jd richtet etw irgendwohin; *affaire, débat, question* jd bringt etw irgendwohin; ***elle porte le verre à ses lèvres*** sie führt das Glas an die Lippen *geh;* ***qn porte la main à son chapeau*** jd fasst [*o* greift] mit der Hand an den Hut; ***qn ne porte pas volontiers la main à sa poche*** jd greift nicht gern in die Tasche; ***qn a porté son choix sur qc*** jds Wahl ist auf etw (*akk*) gefallen; ■ **qc porte qn quelque part** etw führt jdn irgendwohin

6. (*avoir sur soi*) ■ **qn/qc porte qc** *vêtement, lunettes* jd trägt etw; *nom a., titre* jd führt etw; *date, inscription, titre* etw trägt etw; ***qn porte qc à l'envers/l'endroit*** *vêtement* jd trägt etw links/rechts herum; ***qn porte une moustache/une barbe*** jd trägt [einen] Schnurrbart/einen Bart, jd hat einen Schnurrbart/einen Bart; ***qn porte les cheveux longs*** jd trägt die Haare lang

7. (*révéler*) ■ **qn/qc porte qc** *traces* etw weist etw auf; *cicatrices* jd hat etw/auf etw (*dat*) ist etw; *marque de fabrique* etw trägt etw

8. (*ressentir*) ■ **qn porte qc à qn/qc** *de l'amitié, de l'amour* jd empfindet etw für jdn; *de l'intérêt* jd bringt jdm etw entgegen; *de la haine* jd hegt etw gegen jdn *geh,* jd empfindet etw gegen jdn; ***qn porte de la reconnaissance à qn*** jd ist jdm dankbar; ***qn porte de l'envie à qn*** jd beneidet jdn

9. (*tenir*) ■ **qn porte qc d'une certaine façon** *tête, buste, corps* jd trägt etw irgendwie

10. (*inscrire*) ■ **qn/qc est porté(e) …** *malade* jd ist … gemeldet/jd meldet sich …; *disparu, manquant* jd/etw ist als … gemeldet; *absent* jd wird als … geführt; ■ **qn se fait ~ …** *malade* jd meldet sich …; ***qn se fait ~ absent*** jd meldet sich ab

11. FIN ■ **qn porte qc à qc:** ***qn porte une somme au débit*** jd schreibt eine Summe zur Last; ***qn porte de l'argent au crédit d'un compte*** jd schreibt einem Konto Geld gut

12. (*faire arriver*) ■ **qn/qc porte qn/qc à qc** *à la perfection, au paroxysme* jd bringt etw zu etw; *au pouvoir* jd/etw bringt jdn/etw an etw (*akk*); *à l'apogée* jd/etw bringt etw auf etw (*akk*); ***qn est porté aux nues*** [***o au pinacle***] ***par la critique*** jd wird von der Kritik in den Himmel gehoben *fam;* ***un salaire est porté à …*** ein Lohn wird auf … angehoben; ***les dernières nouvelles portent le nombre des victimes à …*** letzten Meldungen zufolge erhöht sich die Zahl der Opfer auf …; ***le juge a porté la peine à trois ans*** der Richter hat die Strafe auf drei Jahre angehoben

13. (*inciter à*) ■ **qn/qc porte qn à qc/à faire qc** jd/etw bringt [*o* treibt] jdn zu etw/dazu, etw zu tun; /*climat*/ etw verleitet [*o* verführt] jdn zu etw/dazu, etw zu tun; ***tout porte à croire que*** alles weist darauf hin, dass

14. (*avoir en gestation*) ■ **qn/un animal porte qn/un animal** ein Tier trägt ein Tier; ***elle porte une petite fille*** sie bekommt [*o* erwartet] ein kleines Mädchen

15. (*produire*) ■ **qc porte qc** etw trägt etw; ***cet arbre porte des fruits*** der Baum trägt Früchte

16. (*avoir en soi*) ■ **qn porte qc** [**en soi**] *ardeur, haine* jd trägt etw [in sich (*dat*)]; *idée* jd trägt sich mit etw; ■ **qc porte qc** [**avec soi**] *récompense, punition* etw bringt etw mit sich, etw birgt etw in sich (*dat*) *geh*

▸ **qn porte les armes** jd ist beim Militär; **qn porte qc à l'écran/la scène** jd verfilmt etw/bringt etw auf die Bühne; **qn porte plainte** jd erstattet Anzeige; **qn porte témoignage** jd berichtet [als Augenzeuge]; **qn se laisse ~ par qc** jd lässt sich von etw treiben; *par la colère* jd lässt sich von etw hinreißen; *par l'enthousiasme* jd lässt sich von etw mitreißen

II. *vi* **1.** (*avoir pour objet*) ■ **qc porte sur qc** /*action, étude, effort*/ etw konzentriert sich auf etw (*akk*); /*discours*/ etw dreht sich um etw; /*revendications, divergences*/ etw betrifft etw; ***une question porte sur qc*** bei einer Frage geht es um etw

2. (*avoir telle étendue*) ■ **qc porte sur qc** /*préjudice*/ etw beläuft sich auf etw (*akk*), etw erstreckt sich über etw (*akk*)

3. (*faire effet*) ■ **qc porte** /*conseil, critique, reproche*/ etw fruchtet; /*coup*/ etw sitzt *fam*

4. (*avoir une certaine portée*) ■ **qc porte** /*voix*/ etw trägt weit [*o* gut]; /*mesure, question*/ etw ist wichtig [*o* bedeutsam]; ***cette arme à feu porte à …*** diese Schusswaffe hat eine Reichweite von …; ***il a une voix qui porte loin*** seine Stimme ist weit zu hören

5. (*reposer sur*) ■ **qc porte sur qc** /*édifice, poids*/ etw ruht auf etw (*dat*); /*accent*/ etw liegt auf etw (*dat*)

6. (*avoir en gestation*) ■ **une femme/un animal porte** eine Frau ist schwanger/ein Tier trägt

7. (*heurter*) ■ **qc porte** [**contre/sur qc**]: ***c'est son front qui a porté*** er/sie ist mit der Stirn aufgeschlagen; ***sa tête a porté sur un tabouret*** er/sie schlug mit dem Kopf gegen einen Hocker

III. *vpr* 1. (*être en bonne/mauvaise santé*) ■ **qn/qc se porte d'une certaine façon** *bien, mal* jdm geht es [gesundheitlich] irgendwie; ***qn se porte comme un charme*** jd ist quietschfidel *fam*

2. (*se présenter comme*) ■ **qn se porte ...** *acquéreur, candidat* jd tritt als ... auf; ***qn se porte volontaire pour faire qc*** jd erklärt sich bereit etw zu tun

3. (*se diriger*) ■ **qc se porte sur qn** [*o* **vers qn**] */regard/* etw richtet [*o* heftet] sich auf jdn; */soupçon/* etw richtet sich gegen jdn; ■ **qn se porte sur qc** jd wendet sich einer S. (*dat*) zu; ■ **qc se porte sur qn/qc** [*o* **vers qc**] */choix/* etw fällt auf jdn/etw

4. (*être porté*) ■ **qc se porte ...** etw wird ... getragen, man trägt etw ...; ***qc se porte beaucoup en ce moment*** etw ist momentan in *fam*

5. (*se laisser aller*) ■ **qn se porte à qc** jd lässt sich zu etw hinreißen

▶ **qn se porte à la rencontre** [*o* **au devant**] **de qn** *littér* jd begibt sich zu einer Zusammenkunft mit jdm

porte-revues [pɔʀtʀəvy] *m inv* Zeitungsständer *m* **porte-savon** <~-~[s]> [pɔʀtsavɔ̃] *m* Seifenschale *f* **porte-serviette** [pɔʀtsɛʀvjɛt] *m inv* Handtuchhalter *m* **porte-skis** [pɔʀtski] *m inv* Dachträger *m* für Skier

porteur, -euse [pɔʀtœʀ, -øz] I. *adj* 1. (*promis à un grand succès*) zukunftsträchtig

2. (*qui porte*) *essieu* Lauf-; *mur* tragend

3. (*prometteur*) ■ ~ **de** *espoir* -träger *m;* ***qc est ~(-euse) d'avenir*** etw ist zukunftsträchtig

II. *m, f* 1. (*personne qui porte*) (*sur le quai*) Gepäckträger(in) *m(f);* (*lors d'expéditions*) Träger(in) *m(f);* ■ ~**(-euse) de** *d'eau* -träger(in); *de nouvelle* Überbringer(in) *m(f)* von; ~***(-euse) de journaux*** Zeitungsausträger(in), Zeitungsmann/-frau *m/f fam*

2. (*détenteur*) Inhaber(in) *m(f);* ■ **qn est ~ de qc** jd ist im Besitz einer S. (*gen*); ■ ~**(-euse) de qc** Inhaber(in) einer S. (*gen*); *de germes, microbes, d'une maladie, d'un virus* Träger(in) *m(f)* einer S. (*gen*); ~ ***du ballon*** Ballbesitzer *m*

▶ **gros/petit** ~ Groß-/Kleinaktionär *m;* **payable au** ~ zahlbar an Überbringer

porte-vélo <~-~s> [pɔʀtvelo] *m* Gepäckträger *m* für Fahrräder **porte-voix** [pɔʀtəvwa] *m inv* Megaphon *nt; fig* Sprachrohr *nt* ▶ **en** ~-~ trichterförmig

portier, -ière [pɔʀtje, -jɛʀ] *m, f* Portier *m*/Portiersfrau *f*

▶ ~ **électronique** Sprechanlage *f*

portière [pɔʀtjɛʀ] *f* Tür *f*

portillon [pɔʀtijɔ̃] *m* [*passage à niveau*] Türchen *nt* [für Fußgänger]; [*métro parisien*] [Bahnsteig]sperre *f*

▶ **ça se bouscule** [*o* **presse**] **au** ~ *fam* (*s'embrouille en parlant*) er/sie verhaspelt sich beim Sprechen *fam*

portion [pɔʀsjɔ̃] *f* 1. (*partie*) Stück *nt;* [*route a.*] Strecke *f;* [*terrain a.*] Teil *m;* ~ ***d'héritage*** Erbteil *nt,* Erbanteil *m*

2. GASTR Portion *f;* ■ ~ **de** -portion, Portion + *subst*

▶ **[qn/qc est] réduit(e) à la congrue** [jd/etw ist] auf schmale Kost gesetzt, jds Mittel sind beschränkt; **qc se réduit à la ~ congrue** etw beschränkt sich auf ein Minimum

portique [pɔʀtik] *m* 1. ARCHIT Portikus *m,* Säulenhalle *f*

2. SPORT Turngerüst *nt*

3. TECH (*pour enfants*) Klettergerüst *nt;* ~ [***à signaux***] Signalbrücke *f*

porto [pɔʀto] *m* Portwein *m*

portrait [pɔʀtʀɛ] *m* 1. (*représentation*) Porträt *nt;* PHOT *a.* Porträtaufnahme *f;* ~ ***caricatural*** Karikatur *f;* ~ ***fidèle*** [*o* ***ressemblant***] naturgetreues [*o* lebensnahes] Abbild; ***Dürer a dessiné plusieurs ~s de lui-même*** Dürer hat mehrere Selbstporträts [*o* Selbstbildnisse] gezeichnet

2. (*description*) [*personne*] Porträt *nt;* [*pays*] Schilderung *f,* Beschreibung *f*

3. ART Porträtmalerei *f*

▶ **le ~ physique d'une personne** das äußere Erscheinungsbild eines Menschen; **qn s'abîme le** ~ *fam* jd demoliert sich (*dat*) die Visage *fam;* **qn se fait abîmer** [*o* **arranger**] [*o* **esquinter**] [*o* **refaire**] **le** ~ *fam* jd kriegt die Fassade demoliert *fam,* jd fängt sich (*dat*) eine Gesichtspackung *fam;* ***il t'a bien abîmé le*** ~ er hat dich ganz schön zugerichtet; **qn arrange** [*o* **refait**] **le ~ à qn** *iron fam* jd demoliert jdm die Fassade *fam;* **qn fait le ~ de qn** (*peint*) jd malt ein Porträt von jdm, jd porträtiert jdn; (*fait une photo*) jd macht eine Porträtaufnahme von jdm; (*décrit qn*) jd gibt [*o* entwirft] das Porträt von jdm; **des personnes jouent aux ~s** Menschen spielen Personenraten; **qn se fait tirer le** ~ *fam* jd lässt sich knipsen *fam;* **qn est tout le ~ de qn** jd ist jds Ebenbild [*o* getreues Abbild]; ***cet enfant est tout le ~ de son père*** dieses Kind ist ganz der Vater

portraitiste [pɔʀtʀetist] *mf* Porträtist(in) *m(f),* Porträtmaler(in) *m(f)*

portrait-robot <~s-~s> [pɔʀtʀɛʀɔbo] *m* 1. (*visage*) Phantombild *nt*

2. (*caractéristiques*) Standardbild *nt*

portraiturer <1> [pɔʀtʀetyʀe] *vt* ■ **qn portraiture qn** jd porträtiert jdn

port-salut® [pɔʀsaly] *m inv Käse aus dem Loire-Tal*

portuaire [pɔʀtɥɛʀ] *adj* Hafen-

portugais, e [pɔʀtygɛ, ɛz] I. *adj* portugiesisch

II. *m* (*langue*) Portugiesisch *nt*

III. *m, f* ■ **Portugais(e)** Portugiese/Portugiesin *m/f*

IV. *f* ■ **portugaise** GASTR Portugiesische Auster

▶ **qn a les ~es ensablées** *fam* jd hat Dreck in den Ohren *fam*

Portugal [pɔʀtygal] *m* ■ **le Portugal** Portugal *nt*

pose [poz] *f* 1. (*installation*) [*tapis, fondations, canalisation*] Legen *nt;* [*serrure*] Anbringen *nt,* Einbauen *nt;* [*rideaux*] Anbringen, Aufhängen *nt;* [*chauffage*] Einbauen, Installieren *nt;* [*vitre*] Einsetzen *nt;* [*tapisserie*] Ankleben *nt;* [*électricité, gaz*] Anschließen *nt;* [*moquette*] Verlegen *nt;* ***la ~ de la voie ferrée*** die Gleisverlegung; ***la ~ de la première pierre*** die Grundsteinlegung

2. (*attitude*) [Körper]haltung *f;* ART, PHOT Pose *f;* ***garde bien la*** ~ behalt diese Haltung [*o* Pose] bei, bleib so

3. PHOT (*exposition*) Belichtung *f;* (*photo*) Aufnahme *f;* ***temps de*** ~ Belichtungszeit *f,* Belichtungsdauer *f*

4. (*affectation*) Pose *f;* ***sa compassion n'est que de la*** ~ sein/ihr Mitleid ist nur gespielt

▶ **qn prend des ~s** jd wirft sich in Pose; **en** ~ PHOT nach Anweisung

posé, e [poze] *adj* überlegt, bedächtig; ***d'un ton*** ~ ruhig; ***elle a l'air*** ~ sie macht einen ruhigen Eindruck

▶ **bien/mal** ~ MUS mit gutem/schlechtem Registerausgleich

posément [pozemɑ̃] *adv agir* [wohl] überlegt; *expliquer, parler* ruhig

posemètre [pozmɛtʀ] *m* Belichtungsmesser *m*

poser <1> [poze] I. *vt* 1. (*mettre*) ■ **qn pose qc [quelque part]** *livre, lunettes, tête, main* jd legt etw [irgendwohin]; *échelle, bagages* jd stellt etw [irgendwohin]; *pieds* jd setzt etw [irgendwohin]; *regard* jd richtet etw [irgendwohin]; ***il pose la valise*** [***par terre***] er stellt den Koffer auf den Boden, er stellt [*o* setzt] den Koffer ab; ***pose tes fesses sur la chaise*** setz dich [mit deinem Allerwertesten] auf den Stuhl *fam*

2. AVIAT ■ **qn pose qc** jd setzt etw auf, jd landet etw

3. MATH ■ **qn pose qc** jd schreibt etw [hin]; *opération* jd stellt etw auf, jd legt etw dar; *équation* jd stellt etw auf

4. MUS: ***qn pose sa voix*** jd beherrscht den Registerausgleich

5. (*installer*) ■ **qn pose qc** jd legt etw; *moquette, électricité a., voie ferrée* jd verlegt etw; *chauffage* jd baut etw ein, jd installiert etw; *électricité* jd schließt etw an; *tapisserie* jd klebt etw an; *rideau* jd bringt etw an, jd hängt etw auf; *étagère* jd stellt etw auf; *vitre* jd setzt etw ein

6. (*énoncer*) ■ **qn/qc pose qc [à qn/qc]** *définition, principe* jd stellt etw auf; *devinette* jd gibt [jdm] etw auf; *question, condition* jd stellt [jdm] etw; ***la question reste posée*** die Frage bleibt unbeantwortet [*o* offen]; ■ **qn pose que** + *indic* jd stellt fest, dass

7. (*soulever*) ■ **qn pose qc** *problème, question* jd wirft etw auf; ***ça me pose des problèmes*** das stellt mich vor Probleme

8. (*donner de l'importance*) ■ **qc pose qn** etw verschafft jdm Ansehen; ***une maison comme ça, ça pose!*** *fam* so ein Haus, das macht Eindruck [*o* sieht nach etwas aus *fam*]!; ***ça vous pose un homme!*** und die Leute sehen zu einem hoch!

▶ **ceci posé** danach, hierauf[hin]

II. *vi* 1. ART, PHOT ■ **qn pose [pour qn/qc]** jd sitzt [*o* steht] [jdm] Modell/jd sitzt [*o* steht] Modell [für etw]; ***qn pose pour la postérité*** jd posiert für die Nachwelt; ***qn pose pour la galerie*** jd setzt sich in Szene

2. (*prendre appui sur*) ■ **qc pose sur qc** etw ruht auf etw (*dat*)

III. *vpr* 1. (*être d'actualité*) ■ **qc se pose** */question/* etw stellt sich; */difficulté, problème/* etw taucht auf; ***dans quels termes le problème se pose-t-il?*** wie stellt sich das Problem dar?; ■ **il se pose qc** */question, problème/* es stellt sich etw

2. ■ **qn se pose qc** *question* jd stellt sich (*dat*) etw; *problème a.* jd schafft sich (*dat*) etw

3. (*cesser de voler*) ■ **un animal/qc se pose [dans/sur qc]** */insecte, oiseau/* ein Tier setzt sich [auf etw (*akk*)]; */avion/* etw landet [in etw (*dat*)/auf etw (*dat*)], etw setzt [in etw (*dat*)/auf etw (*dat*)] auf

4. (*se fixer*) ■ **qc se pose sur qc** */regard, yeux/* etw richtet sich auf etw (*akk*); */main/* etw legt sich auf etw (*akk*)

5. (*s'appliquer*) ■ **qc se pose** */moquette/* etw lässt sich [ver]legen; */papier peint/* etw lässt sich ankleben; */rideau/* etw lässt sich anbringen [*o* aufhängen]; ***ce papier peint se pose facilement*** diese Tapete lässt sich leicht kleben

6. (*se donner pour*) ■ **qn se pose comme** [*o* **en**] **qc** jd spielt sich als etw auf; ***il se pose en victime*** er spielt sich als Opfer auf

▶ **qn/qc se pose [un peu] là [comme qn/qc]** *fam:* ***comme gaffe, ça se pose un peu là!*** das war vielleicht ein Schnitzer!; ***comme crétin, tu te poses un peu là!*** du bist vielleicht ein Idiot!; **pose-toi là!** *fam* setz dich [hier]hin!

poseur, -euse [pozœʀ, -øz] I. *adj* angeberisch, affektiert

II. *m, f* 1. (*artisan*) ■ ~ **de** -leger(in) *m(f); d'affiches* -[an]kleber(in) *m(f)*

2. (*pédant*) Angeber(in) *m(f);* ***elle est ~euse*** sie spielt sich auf

positif, -ive [pozitif, -iv] I. *adj* 1. (*opp: négatif*) positiv; *critique* konstruktiv; *fait* feststehend, unbestreitbar

2. MATH, MED, PHILOS positiv

3. ELEC positiv; *pôle a.* Plus-

4. PHOT: ***épreuve*** [*o* ***image***] ~***ive*** Positiv *nt,* Abzug *m*

II. *m* 1. (*réel*) Tatsächliche(s) *nt,* Wirkliche(s) *nt;* ***il me faut du*** ~ ich brauche etwas Greifbares

2. (*incontestable*) Sichere(s) *nt,* Definitive(s) *nt*

3. PHOT Positiv *nt*

4. LING Positiv *m*

position [pozisjɔ̃] *f* 1. (*emplacement*) [*maison, lieu*] Lage *f;* [*objet*] Platz *m,* Stelle *f;* [*personne*] Position *f;* [*navire*] Position, Standort *m*

2. MIL Stellung *f;* ~ ***défensive*** Abwehrstellung, Verteidigungsstellung

3. (*posture*) Stellung *f,* Stand *m;* (*en danse*) Position *f;* ~ ***horizontale/verticale*** Horizontal-/Vertikallage *f,* Horizontale *f*/Vertikale *f;* ~ ***du tireur debout/couché*** Anschlag *m* stehend/liegend

4. (*situation*) Lage *f,* Situation *f;* (*dans une hiérarchie*) Stellung *f,* Position *f;* ***qn est dans une ~ fausse*** jd ist in einer unangenehmen Situation; ~ ***dominante sur le marché*** marktbeherrschende Stellung

5. (*opinion*) Standpunkt *m;* ***je n'ai pas changé de*** ~ meine Einstellung hat sich nicht geändert

6. FIN Kontostand *m*

▶ **qn est en ~ de force [pour faire qc]** jd befindet sich in einer starken Position [um etw zu tun]; ~ **du lotus** Schneidersitz *m;* **qn a [*o* se ménage] une ~ de repli** jd hat [*o* hält] noch etwas anderes in Reserve; **qn a une ~/n'a pas de ~ [sur qc]** jd hat eine/hat keine Meinung [zu etw]; **qn campe [*o* reste] sur ses ~s** jd beharrt auf seinem Standpunkt, jd bleibt bei seiner Ansicht; **qn est/n'est pas en ~ de faire qc** jd ist/ist nicht in der Lage etw zu tun; **qn se met en ~ …** *allongée, assise* jd nimmt eine … Stellung ein; **qn prend ~ [sur qc/en faveur de/contre qn/qc]** jd nimmt Stellung [zu etw/für/gegen jdn/etw]; **qn prend ~ [quelque part]** jd bezieht [irgendwo] Stellung, jd stellt sich [irgendwo] auf; ***la police a pris ~ autour de la maison*** die Polizei hat das Haus umstellt; **dans ma/sa/… ~** [ich] in meiner/[er] in seiner/[sie] in ihrer … Position; **en première/deuxième/dernière/… ~** auf dem ersten/zweiten/letzten/… Platz, in erster/zweiter/letzter/… Position; ***arriver en première/deuxième/dernière/… ~*** als Erster/Zweiter/Letzter ankommen [*o* durchs Ziel gehen]; **[mettez-vous] en ~!** [geht] in [*o* auf] Position!; MIL *a.* [geht] in Stellung!

positionnement [pozisjɔnmɑ̃] *m* Positionierung *f*

positionner <1> [pozisjɔne] **I.** *vt* **1.** TECH, COM ■ **qn positionne qc** jd positioniert etw; ***il faudrait ~ notre jus de fruits sur le marché des produits pour sportifs*** wir sollten mit unserem Fruchtsaft die Sportler als Zielgruppe anvisieren
2. (*situer*) ■ **qn/qc positionne qc** jd/etw lokalisiert etw
II. *vpr* ■ **qn/qc se positionne [quelque part]** jd platziert sich [irgendwo]; ***comment se positionne ce produit sur le marché?*** für welche Zielgruppe ist dieses Produkt gedacht?; ***cette voiture se positionne comme la deuxième voiture de la famille*** dieses Auto ist als Zweitwagen gedacht

positivement [pozitivmɑ̃] *adv* positiv

positivisme [pozitivism] *m* Positivismus *m*

positiviste [pozitivist] **I.** *adj* positivistisch
II. *mf* Positivist(in) *m(f)*

posologie [pozɔlɔʒi] *f* Dosierung *f*

possédant, e [pɔsedɑ̃, ɑ̃t] **I.** *adj classe* besitzend
II. *m, f gén pl* Besitzende(r) *f(m)*

possédé, e [pɔsede] **I.** *adj* ■ ~ **[de qc]** besessen [von etw]
II. *m, f* Besessene(r) *f(m)*
▶ **comme un ~** wie ein Wilder *fam; crier* wie ein Verrückter *fam*

posséder <5> [pɔsede] **I.** *vt* **1.** (*avoir en propriété*) ■ **qn/qc possède qc** jd/etw besitzt etw
2. (*disposer de*) ■ **qn/qc possède qc** jd besitzt etw; *expérience a.* jd verfügt über etw (*akk*), jd hat etw; *mémoire, réflexes* jd hat etw; ***il s'imagine toujours ~ la vérité*** er glaubt die Wahrheit für sich gepachtet zu haben *fam*
3. (*connaître*) ■ **qn possède qc** jd beherrscht etw; ***qn possède la clé de l'énigme*** jd kennt des Rätsels Lösung
4. (*dominer*) ■ **qc possède qn** etw beherrscht jdn
5. (*avoir des rapports sexuels avec*) ■ **qn possède qn** jd besitzt jdn
6. *fam* (*rouler*) ■ **qn possède qn** jd legt jdn herein *fam;* ■ **qn se fait ~ [par qn]** jd lässt sich [von jdm] hereinlegen *fam*
II. *vpr* ■ **qn ne se possède pas/plus** jd hat sich nicht mehr in der Gewalt; ***qn ne se possède plus*** jd verliert die Beherrschung; ***qn ne se possède plus de colère/de joie*** jd ist außer sich vor Zorn/Freude; ***qn ne se possède de plus d'impatience*** jd kann seine Ungeduld kaum noch zügeln [*o* im Zaum halten] *geh*

possesseur [pɔsesœʀ] *m* Besitzer *m;* [*action, diplôme*] Inhaber *m;* [*secret*] Hüter *m*

possessif, -ive [pɔsesif, -iv] **I.** *adj* **1.** (*dominateur*) besitzergreifend
2. GRAM possessiv, Possessiv-; ***adjectif ~*** attributives Possessivpronomen; ***pronom ~*** Possessivpronomen *nt*
II. *m* Possessiv[pronomen *nt*] *nt,* besitzanzeigendes Fürwort

possession [pɔsesjɔ̃] *f* **1.** (*fait de posséder*) Besitz *m;* (*sexuelle*) Besitzen *nt*
2. (*chose possédée*) Besitz *m;* ***les ~s d'un pays*** die Besitzungen eines Landes
3. (*connaissance*) Beherrschen *nt*
4. REL Besessenheit *f*
▶ **qn a qc en sa ~** jd hat etw in seinem Besitz; **qn/qc entre en [*o* prend] ~ de qc** jd/etw ergreift von etw Besitz; *d'un héritage a.* jd nimmt etw in Besitz; ***vous pouvez prendre ~ de votre chambre*** Sie können Ihr Zimmer beziehen; **qn est en ~ de qc** jd besitzt etw, jd ist im Besitz einer S. (*gen*); **qn est en [pleine] ~ de qc** jd ist im [Voll]besitz einer S. (*gen*); ***un sportif est en pleine ~ de ses moyens*** ein Sportler ist sehr gut in Form; **qn met qn en ~ de qc** jd setzt jdn in den Besitz einer S. (*gen*); ***qn met qn en ~ d'une charge*** jd übergibt jdm die Amtsbefugnisse; **qc tombe en la ~ de qn** etw gelangt in jds Besitz (*akk*)

possessivité [pɔsesivite] *f* besitzergreifende Art

possibilité [pɔsibilite] *f* **1.** (*occasion*) Möglichkeit *f;* ■ ~ **de qc** Möglichkeit einer S. (*gen*); ■ ~ **de faire qc/que** + *subj* Möglichkeit, etw zu tun/dass
2. *pl* (*moyens*) [finanzielle] Möglichkeiten *pl;* (*intellectuels*) [geistige] Fähigkeiten *pl,* Können *nt*

possible [pɔsibl] **I.** *adj* **1.** (*réalisable*) möglich; *entreprise, projet* durchführbar; ***c'est parmi les choses ~s*** das ist möglich; ■ **il est/n'est pas ~ de faire qc/que** + *subj* es ist möglich/nicht möglich, etw zu tun/dass; ***tout ce qu'il est humainement ~*** alles Menschenmögliche
2. (*éventuel*) möglich; ■ **il est ~ que** + *subj* es ist möglich, dass; ***il est ~ qu'il fasse froid cette nuit*** es kann [*o* könnte] heute Nacht kalt werden
3. (*indiquant une limite*) ■ **tous/toutes les … ~s** alle möglichen [*o* nur erdenklichen] …; ***j'ai envisagé tous les cas/toutes les mesures ~s*** ich habe alle möglichen [*o* erdenklichen] Fälle/Maßnahmen durchdacht; ■ **le moins/plus de … ~[s],** ■ **le moins/plus ~ de …** so wenig/so viel … wie möglich, möglichst wenig/viel …; ***il me faut le plus d'exemples ~s*** ich brauche möglichst viele Beispiele, ich brauche so viele Beispiele wie möglich; ***tu fais le moins ~ de bruit*** du machst möglichst wenig Lärm, du machst sowenig Lärm wie möglich; ***le meilleur des mondes ~s*** die beste aller möglichen Welten; ***le plus grand nombre ~ de personnes*** die größtmögliche Personenzahl; ■ **le moins/plus … ~** so … wie möglich, möglichst …; ■ **le/la moins/plus … ~/les moins/plus … ~s** möglichst …; ***le meilleur plan ~*** [*o* ***le plan le meilleur ~***] der bestmögliche Plan; ***les tomates les plus grosses ~s*** die größtmöglichen Tomaten; ■ **aussi … que ~** so … wie möglich, möglichst …; ■ **autant de … que ~** so viel … wie möglich, möglichst viel …
4. *fam* (*supportable*): ***il n'est pas ~ ce gosse!*** das Kind ist unmöglich!
▶ **ce n'est pas ~ autrement** anders ist es nicht möglich; **c'est bien ~** das ist gut möglich; ~ **et imaginable** denkbar, gut möglich; ***qn fait tout ce qui est ~ et imaginable*** jd tut alles Erdenkliche [*o* Mögliche]; **très ~** sehr gut möglich; **autant que ~** soweit wie [*o* als] möglich; **[c'est] pas ~!** *fam* (*indignation*) das ist doch [wohl] nicht möglich!; (*étonnement*) ist das [denn] die Möglichkeit!; **si ~** wenn möglich
II. *m* Mögliche(s) *nt*
▶ **qn fait le ~ et l'impossible [pour faire qc/pour que** + *subj*] jd tut alles Erdenkliche [*o* setzt Himmel und Hölle in Bewegung *fam*][,um etw zu tun/damit]; **qn fait [tout] son ~ [pour faire qc/pour que** + *subj*] jd tut sein Möglichstes [, um etw zu tun/damit]; **… au ~** äußerst …

post[-] [pɔst] *préf* + *adj o subst* Nach- + *subst,* Post- + *subst,* nach- + *adj,* post- + *adj*

postage [pɔstaʒ] *m* Aufgeben *nt* [der Post]; (*dans la boîte*) Einwerfen *nt* [der Post]; ***le postage doit avoir lieu avant 6 heures*** die Post muss vor 6 Uhr aufgegeben/eingeworfen werden

postal, e <-aux> [pɔstal, o] *adj* Post-

postclassique [pɔstklasik] **I.** *adj* nachklassisch
II. *mf* Nachklassiker(in) *m(f)*

postcombustion [pɔstkɔ̃bystjɔ̃] *f* Nachbrennen *nt,* Nachverbrennung *f*

postcure [pɔstkyʀ] *f* Nachkur *f*

postdater <1> [pɔstdate] *vt* ■ **qn postdate qc** jd datiert etw vor[aus]

poste¹ [pɔst] *f* **1.** (*bâtiment*) Post *f*
2. (*administration*) Post *f*
3. HIST (*relais de chevaux*) Post[station *f*] *f*
▶ ~ **aérienne** Luftpost *f;* ~ **restante** postlagernd; **qn met qc à la ~** jd bringt etw zur [*o* auf die] Post; *paquet, lettre a.* jd gibt etw auf; **par la ~** mit der Post
◆ **poste de travail** INFORM Workstation ['wøːəkstɛɪʃən] *f*

poste² [pɔst] *m* **1.** (*emploi*) Stelle *f,* Posten *m;* ***qn occupe un ~*** jd hat eine Stelle [*o* Stellung] inne, jd bekleidet eine Stellung [*o* einen Posten] *geh;* ■ ~ **de** -stelle; *de diplomate* -posten *m;* ***il a obtenu un ~ de professeur*** er hat eine Stelle als Lehrer bekommen
2. (*lieu de travail*) [Arbeits]stelle *f,* Arbeitsplatz *m*
3. (*radio*) Radio[gerät *nt*] *nt,* Radioapparat *m;* (*télévision*) Fernseher *m,* Fernsehgerät *nt,* Fernsehapparat *m;* ~ ***portatif*** (*radio*) Kofferradio; (*télévision*) tragbarer Fernseher; ~ ***émetteur*** Sender *m,* Sendegerät *nt;* ~ ***récepteur*** Empfänger *m,* Empfangsgerät *nt;* ~ ***à modulation de fréquence*** Radiogerät mit UKW-Empfang
4. (*lieu*) ■ ~ **de** *d'observation, de garde* -posten *m; de douane* -schranke *f; de contrôle* -stelle *f,* -punkt *m;* ~ ***d'incendie*** Feuerlöschanlage *f;* ~ ***d'aiguillage*** Stellwerk *nt;* ~ ***de combat*** Gefechtsstand *m;* ~ ***de commandement*** Befehlsstelle; (*au combat*) Gefechtsstand; (*en navigation*) Fahrstand *m,* Kommandostand *m;* ~ ***de conduite*** [*tramway, machine agricole*] Fahrerstand *m;* [*véhicules de chemin de fer*] Führerstand *m;* ~ ***d'écoute*** Lauschposten; ~ ***d'essence*** Tankstelle; ~ ***de pilotage*** Cockpit *nt;* ~ ***de secours*** Erste-Hilfe-Posten; (*en montagne*) Bergwacht *f*
5. MIL Posten *m*
6. (*commissariat*) [Polizei]wache *f,* [Polizei]revier *nt*
7. TELEC Apparat *m;* ***nous avons un deuxième ~ téléphonique*** wir haben einen zweiten Telefonanschluss
8. FIN Posten *m*
▶ **poste clé** Schlüsselposition *f,* Schlüsselstellung *f;* ~ **frontière** Grenzübergang *m;* ~ **avancé** vorgeschobener Posten; **qn est fidèle au ~** (*stable dans un travail*) jd ist ein langjähriger Mitarbeiter; (*fait son travail*) jd erfüllt stets seine Pflicht; **qn est solide au ~** *fam* jd hält die Stellung *fam;* **qn est/reste à son ~** jd ist/bleibt auf seinem Posten; **à vos ~s!** auf eure Posten!; **en ~:** ***qn est en ~ quelque part*** jd hat irgendwo eine Stelle, jd arbeitet irgendwo
◆ **poste de soudure** Schweißapparat *m,* Schweißgerät *nt*

posté, e [pɔste] *adj* IND Schicht-

poster¹ <1> [pɔste] *vt* ■ **qn poste qc** jd bringt etw zur [*o* auf die] Post; *paquet, lettre a.* jd gibt etw auf; (*dans la boîte aux lettres*) jd wirft etw ein

poster² <1> [pɔste] **I.** *vt* ■ **qn poste qn** jd postiert jdn; ■ **qn/qc est posté(e) quelque part** jd/etw ist irgendwo postiert
II. *vpr* ■ **qn se poste quelque part** jd postiert sich irgendwo

poster³ [pɔstɛʀ] *m* (*affiche*) Poster *nt*

postérieur, e [pɔsteʀjœʀ] **I.** *adj* **1.** (*dans le temps*) spätere(r, s); ■ ~ **à qn/qc** nach jdm/etw kommend; *à un événement* einer S. (*dat*) folgend; ***ce document est ~ au délit*** dieses Dokument stammt aus der Zeit nach der Tat; ***cet événement est ~ à 1920*** dieses Ereignis ist nach [*o* später als] 1920 anzusetzen [*o* fand nach 1920 statt]
2. (*dans l'espace*) hintere(r, s)
II. *m fam* Hintern *m fam*

postérieurement [pɔsteʀjœʀmɑ̃] *adv* später; ■ ~ **à qc** später als etw, nach etw

postériorité [pɔsteʀjɔʀite] *f* Spätersein *nt,* Späterliegen *nt*

postérité [pɔsteʀite] *f* **1.** (*descendance*) Nachkommenschaft *f;* [*artiste, écrivain, œuvre*] geistige Erben *pl;* ***qn meurt sans ~*** jd stirbt ohne Nach-

kommen zu hinterlassen
2. (*futur*) Nachwelt *f*
▸ **qn/qc passe à la** ~ jd/etw lebt in der Nachwelt fort [*o* geht in die Geschichte ein]; ***avec tes poèmes tu passeras à la*** ~ mit deinen Gedichten wirst du in die Geschichte eingehen
postface [pɔstfas] *f* Nachwort *nt*
postglaciaire [pɔstglasjɛʀ] *adj* postglazial, nacheiszeitlich
posthume [pɔstym] *adj* post[h]um; *enfant a.* nachgeboren
postiche [pɔstiʃ] **I.** *adj* falsch; *ornement* nachträglich hinzugefügt; ***chevelure*** ~ (*pour femmes*) Perücke *f;* (*pour hommes*) Toupet *nt*
II. *m* (*pour hommes*) Toupet *nt;* (*pour femmes*) Perücke *f*
postier, -ière [pɔstje, -jɛʀ] *m, f* Postbeamte(r)/-beamtin *m/f;* ***grève des*** ~***s*** Poststreik *m*
postillon [pɔstijɔ̃] *m* **1.** (*salive*) Spucke *f fam;* ***qn envoie à qn des*** ~***s*** jd spuckt jdn [beim Sprechen] an; ***quand il te parle, tu reçois plein de*** ~***s*** wenn der mit dir spricht, musst du einen Regenschirm aufspannen *fam*
2. (*cocher*) Postillon *m*
postillonner <1> [pɔstijɔne] *vi* ■ **qn postillonne** [**à qn**] jd hat eine feuchte Aussprache, jd spuckt jdn [beim Sprechen] an
postindustriel, le [pɔstɛ̃dystʀijɛl] *adj* nachindustriell, postindustriell
postmoderne [pɔstmɔdɛʀn] *adj* postmodern
post mortem [pɔstmɔʀtɛm] *adj inv mariage* nach dem Tod eines der Partner erfolgend; *viol* an einer Toten
postnatal, e <s> [pɔstnatal] *adj* postnatal; *examen a.* nach der Geburt [erfolgend]; *mortalité* der Neugeborenen
postopératoire [pɔstɔpeʀatwaʀ] *adj* postoperativ; ***accident*** ~ Komplikationen *pl* nach der Operation
postposé, e [pɔstpoze] *adj* nachgestellt
postposition [pɔstpozisjɔ̃] *f* (*fait de postposer*) Nachstellung *f;* (*mot*) Postposition *f*
postromantique [pɔstʀɔmɑ̃tik] **I.** *adj* nachromantisch; *période a.* auf die Romantik folgend
II. *mf* Nachromantiker(in) *m(f)*
postscolaire [pɔstskɔlɛʀ] *adj* weiterbildend, fortbildend; ***enseignement*** ~ Weiterbildung *f,* Fortbildung *f*
post-scriptum <~-~> [pɔstskʀiptɔm] *m* Postskriptum *nt*
post-soixante-huitard, e [pɔstswasɑ̃tɥitaʀ, aʀd] **I.** *adj* nach-68er
II. *m, f* Nach-68er(in) *m(f)*
postsynchronisation [pɔstsɛ̃kʀɔnizasjɔ̃] *f* Postsynchronisation *f,* Postsynchronisierung *f*
postsynchroniser <1> [pɔstsɛ̃kʀɔnize] *vt* ■ **qn postsynchronise qc** jd synchronisiert etw nach
postulant, e [pɔstylɑ̃, ɑ̃t] *m, f* **1.** (*candidat*) ■ ~ [**à qc**] Bewerber(in) *m(f)* [für etw]
2. REL Postulant(in) *m(f)*
postulat [pɔstyla] *m* Postulat *nt*
postuler <1> [pɔstyle] **I.** *vt* **1.** (*solliciter*) ■ **qn postule qc** jd bewirbt sich um [*o* für] etw
2. LOGIQUE ■ **qn postule qc** jd postuliert etw
II. *vi* ■ **qn postule à** [*o* **pour**] **qc** jd bewirbt sich um [*o* für] etw
posture [pɔstyʀ] *f* Stellung *f,* [Körper]haltung *f*
▸ **qn est en** [*o* **dans une**] **bonne/mauvaise** [*o* **fâcheuse**] ~ jd ist in einer guten/schlechten Lage; ***financièrement, il est dans une mauvaise*** ~ finanziell sieht es bei ihm schlecht aus; **qn est en** ~ **de faire qc** jd ist in der Lage etw zu tun
pot [po] *m* **1.** (*récipient*) (*en terre*) Topf *m;* (*pour liquides*) Kanne *f,* Krug *m;* (*en verre*) Glas *nt;* (*en plastique, en métal*) Dose *f;* (*en plastique*) Becher *m;* ■ ~ **de** [*o* **en**] -topf, -krug; ■ ~ **à** -kanne; *à eau a.* -krug; *à lait a.* -topf; ■ ~ **de** *de confiture, de miel* -glas, Glas ...; *de peinture, colle* -topf, Topf ...; *de yaourt* -becher, Becher ...; *de crème* -dose, Dose ...
2. *fam* (*chance*) Schwein *nt fam;* ***c'est pas de*** ~! das ist [*o* war] Pech! *fam*
3. *fam* (*qc à boire*): ***il m'a payé un*** ~ er hat mir einen ausgegeben; ***on va prendre un*** ~? gehen wir zusammen einen [*o* etwas] trinken?
4. *fam* (*réception*) Umtrunk *m;* (*d'adieu*) Ausstand *m*
5. (*pot de chambre*) [Nacht]topf *m*
▸ ~ **de colle** *fam* (*personne importune*) Klette *f fam;* **qn découvre/dévoile le** ~ **aux roses** jd entdeckt/lüftet das Geheimnis; **c'est le** ~ **de terre contre le** ~ **de fer** das ist wie David gegen Goliath; **qn paie les** ~**s cassés** jd muss etw ausbaden [*o* die Suppe auslöffeln] *fam;* ~ **catalytique** Auspuff *m* mit eingebautem Kat[alysator]; **petit** ~ [**pour bébé**] Gläschen *nt,* Glas *nt* Babynahrung; ***elle achète des petits*** ~***s pour bébé*** sie kauft Babynahrung im Glas; [**qn est**] **sourd(e) comme un** ~ [jd ist] stocktaub *fam;* **qn a du** ~**/n'a pas** [*o* **manque**] **de** ~ *fam* jd hat Schwein/Pech *fam;* **qn boit** [*o* **prend**] **un** ~ jd trinkt etwas; **qn se manie le** ~ *fam* jd macht voran *fam;* **qn met qn sur le** ~ jd setzt jdn auf den Topf [*o* aufs Töpfchen]; **qn met qc en** ~ *fleurs* jd topft etw ein; **qn tourne autour du** ~ jd redet um den heißen Brei herum *fam*
◆ **pot de chambre** Nachttopf *m;* **pot d'échappement** Auspuff[topf *m*] *m;* **pot de fleurs** (*récipient*) Blumentopf *m;* (*plante*) Topfpflanze *f;* **pot de l'amitié** Glas *nt* auf die Freundschaft
potable [pɔtabl] *adj* **1.** (*qu'on peut boire*): ***eau*** ~ Trinkwasser *nt;* ***eau non*** ~ kein Trinkwasser
2. *fam* (*acceptable*) halbwegs gut; *travail a.* passabel; ***c'est tout juste*** ~ das geht gerade noch an
potache [pɔtaʃ] *m fam* Pennäler *m*
potage [pɔtaʒ] *m* Suppe *f*
potager, -ère [pɔtaʒe, -ʒɛʀ] **I.** *adj jardin, plante* Gemüse-; *betterave* Speise-; ***plantes de culture*** ~***ère*** Gemüsepflanzen *pl*
II. *m* Gemüsegarten *m*
potasse [pɔtas] *f* Pottasche *f;* (*engrais chimique*) Kali *nt;* ***mines de*** ~ Kalibergwerke *pl*
potasser <1> [pɔtase] **I.** *vt fam* ■ **qn potasse qc** *examen* jd büffelt [*o* paukt] für etw *fam; discours* jd feilt an etw (*dat*) herum; ***elle a potassé une centaine de bouquins*** sie hat um die hundert Bücher durchgeackert *fam*
II. *vi fam* ■ **qn potasse** jd büffelt [*o* paukt] *fam*
potassique [pɔtasik] *adj* Kali-
potassium [pɔtasjɔm] *m* CHIM Kalium *nt*
pot-au-feu [pɔtofø] **I.** *m inv* GASTR **1.** (*plat*) Eintopf *m* **2.** (*viande*) Stück *nt* [Suppen]fleisch für den Eintopf **II.** *adj inv fam mari* häuslich; ***elle est*** ~-~-~ sie ist ein Heimchen *nt* am Herd *fam* **pot-de-vin** <~s-~-~> [podvɛ̃] *m* Bestechungsgeld *nt,* Schmiergeld *nt fam*
pote [pɔt] *m fam* Kumpel *m fam*
poteau <x> [pɔto] *m* (*pilier*) Pfeiler *m,* Pfahl *m;* ■ ~ **de** [*o* **en**] -pfeiler; *de béton, métal a., bois* -pfahl; *d'arrivée, de but, départ* -pfosten *m;* ~ ***électrique/téléphonique*** Leitungsmast *m;* ~ ***télégraphique*** Telegrafenmast *m;* ~ ***indicateur*** Wegweiser *m*
▸ **gros** ~**x** *fam* dicke Stempel *pl fam,* Elefantenbeine *pl fam;* **qn coiffe qn sur le** ~ jd besiegt jdn ganz knapp [*o* mit ganz knappem Vorsprung]; **qn envoie qn au** ~ jd erschießt jdn; ***je t'enverrais tout ça au*** ~ die sollte man alle an die Wand stellen *fam;* **qn/un animal passe le** ~ jd/ein Tier geht durchs Ziel; **un animal reste au** ~ ein Tier verweigert den Start; **au** ~! (*à mort!*) erschießt ihn/sie!, stellt ihn/sie an die Wand!
◆ **poteau de torture** Marterpfahl *m;* **poteau d'exécution** Erschießungspfahl *m*
potée [pɔte] *f Eintopfgericht aus Kohl, Kartoffeln und Speck*
potelé, e [pɔtle] *adj* mollig, pummelig *fam; femme a.* rundlich; *bras* fleischig
potence [pɔtɑ̃s] *f* **1.** (*gibet*) Galgen *m*
2. (*support*) Träger *m*
potentat [pɔtɑ̃ta] *m* **1.** (*monarque despotique*) Potentat *m*
2. (*personne tyrannique*) Despot *m*
potentialiser <1> [pɔtɑ̃sjalize] *vt* ■ **qc potentialise qc** etw potenziert etw
potentialité [pɔtɑ̃sjalite] *f* Möglichkeit *f;* ***les*** ~***s d'un enfant*** die Entwicklungsmöglichkeiten eines Kindes
potentiel, le [pɔtɑ̃sjɛl] **I.** *adj* **1.** (*virtuel*) potenziell
2. LING potenziell; ***une tournure*** ~***le*** eine potenziale Wendung
3. TECH potenziell
II. *m* **1.** (*capacité d'action*) Potenzial *nt;* ~ ***économique/industriel/militaire*** Wirtschafts-/Industrie-/Militärpotenzial
2. ELEC, TECH, PHYS Potenzial *nt;* ***le*** ~ ***nucléaire*** das Kernpotenzial
3. [*action*] Möglichkeit *f,* möglicher Eintritt; LING (*mode*) Potentialis *m*
potentiellement [pɔtɑ̃sjɛlmɑ̃] *adv* potenziell; ***une idée*** ~ ***dangereuse*** ein möglicherweise gefährlicher Gedanke
potentiomètre [pɔtɑ̃sjɔmɛtʀ] *m* Potentiometer *nt*
poterie [pɔtʀi] *f* **1.** (*objet*) Töpferware *f;* ***des*** ~***s étrusques*** Tongeschirr *nt* aus etruskischer Zeit
2. (*activité*) Töpferei *f*
poterne [pɔtɛʀn] *f* Ausfallspforte *f*
potiche [pɔtiʃ] *f* **1.** (*vase décoratif*) große Porzellanvase *f*
2. (*figurant*) Galionsfigur *f;* ***au lieu de jouer les*** ~***s*** anstatt hier wie ein Ölgötze herumzusitzen *fam*
potier, -ière [pɔtje, -jɛʀ] *m* (*artisan*) Töpfer(in) *m(f)*
potin [pɔtɛ̃] *m* **1.** *fam* (*bruit*) Krach *m*
2. *souvent pl* (*commérage*) Klatsch *m fam,* Tratsch *m fam;* ***elle colporte tous les*** ~***s du quartier*** sie ist die Klatschtante des Viertels *fam*
potiner <1> [pɔtine] *vi vieux* ■ **qn potine** jd klatscht *fam,* jd tratscht *fam*
potion [posjɔ̃] *f vieilli* [flüssige] Arznei
▸ ~ **amère** *fig* bittere Pille; ~ **magique** Zaubertrank *m*
potiron [pɔtiʀɔ̃] *m* Kürbis *m*
pot-pourri <~s-~s> [popuʀi] *m* **1.** MUS Potpourri *nt*
2. (*mélange hétéroclite*) [bunte] Mischung
potron-minet [pɔtʀɔ̃minɛ] *loc* ▸ **dès** ~-~ *littér* in aller Frühe; *se lever a.* mit den Hühnern *fam*
pou <x> [pu] *m* Laus *f*
▸ **qn cherche des** ~**x à qn** [*o* **dans la tête de qn**] jd sucht Streit mit jdm; **fier(fière)** [*o* **orgueilleux(-euse)**] **comme un** ~ *fam* aufgeblasen wie ein Frosch *fam;* **laid(e)** [*o* **moche**] **comme un** ~ *fam* hässlich wie die Nacht *fam*
pouah [pwa] *interj vieilli* puh, igitt
poubelle [pubɛl] *f* (*dans la cuisine*) Mülleimer *m,* Abfalleimer *m;* (*devant la porte*) Mülltonne *f;* (*dans un lieu public*) Abfallkorb *m*
▸ **qc est bon(ne) à jeter** [*o* **à mettre**] **à la** ~ *fam* etw gehört in den Mülleimer, etw ist reif für den Mülleimer *fam;* ***ces théories sont bonnes à jeter à la*** ~ diese Theorien kann man vergessen *fam*
pouce [pus] **I.** *m* **1.** ANAT [*main*] Daumen *m;* [*pied*] große Zehe, großer Zeh
2. (*mesure*) Zoll *m*
▸ **qn donne un coup de** ~ [**à qc**] jd hilft [bei etw] ein bisschen nach; **qn ne cède pas d'un** ~ [*o* **pas un** ~ **de terrain**] jd gibt keinen Fußbreit Boden preis; **qn met les** ~**s** jd gibt sich geschlagen; **qn se tourne les** ~**s** *fam* jd dreht Däumchen *fam;* **d'un** ~: ***qc n'avance pas d'un*** ~ etw kommt keinen Schritt weiter; ***qn ne recule pas d'un*** ~ jd weicht keinen Zollbreit zurück; ***qn ne bouge pas d'un*** ~ jd rührt sich keinen Millimeter von der Stelle; **sur le** ~ *fam* schnell
II. *interj enfantin* halt [*o* stop] mal!
Poucet [pusɛ] *m* ▸ **le Petit** ~ der Däumling
pouding [pudiŋ] *m* Pudding *m*
poudre [pudʀ] *f* **1.** (*particules fines*) Pulver *nt;* ~ ***insecticide*** Insektenpulver; ■ ~ **de** -pulver
2. (*mélange explosif*) [Schieß]pulver *nt*

3. COSMETIQUE [Gesichts]puder *m*
4. (*drogue*) Heroin *nt*
▶ **qn prend la ~ d'<u>escampette</u>** jd macht sich aus dem Staub *fam;* **qn jette** [*o* **met**] **de la ~ aux <u>yeux</u> à qn** jd streut jdm Sand in die Augen; **qn n'a pas <u>inventé</u> la ~** *fam* jd hat das Pulver [auch] nicht [gerade] erfunden; **qn fait <u>parler</u> la ~** *vieilli* (*recourt aux armes à feu*) jd lässt die Waffen sprechen; (*passe à l'attaque*) jd geht zum Angriff über; **qc <u>sent</u> la ~** etw kann zum Pulverfass werden; **<u>en</u> ~** -pulver *nt; **lait en ~*** Trockenmilch *f; **sucre en ~*** Puderzucker *m*
◆ **poudre à canon** Schießpulver *nt;* **poudre à éternuer** Niespulver *nt;* **poudre à laver** Waschpulver *nt;* **poudre à récurer** Scheuerpulver *nt;* **poudre de perlimpinpin** Wunderpülverchen *nt;* **poudre de riz** Gesichtspuder *m*

poudrer <1> [pudʀe] **I.** *vt* ■ **qn poudre qc** jd pudert [sich (*dat*)] etw
II. *vpr* ■ **qn se poudre** jd pudert sich; ■ **qn se poudre qc** jd pudert sich (*dat*) etw

poudrerie [pudʀəʀi] *f* **1.** (*fabrique de poudre*) Pulverfabrik *f,* Sprengstofffabrik *f*
2. CAN (*tourbillons de neige*) Schneegestöber *nt*

poudreux, -euse [pudʀø, -øz] **I.** *adj* **1.** (*poussiéreux*) staubig
2. (*en poudre*) pulv[e]rig; *neige* Pulver-
II. *f* ■ **poudreuse** Pulverschnee *m*

poudrier [pudʀije] *m* Puderdose *f*

poudrière [pudʀijɛʀ] *f* **1.** Pulverfass *nt*
2. (*magasin*) Pulvermagazin *nt*

poudroiement [pudʀwamɑ̃] *m:* ~ ***de neige*** Glitzern *nt* der Schneekristalle; ~ ***de lumière*** Glitzern der Sonnenstäubchen; ~ ***de poussière*** Aufwirbeln *nt* glitzernden Staubs

poudroyer <6> [pudʀwaje] *vi* ■ **qc poudroie** /*sable, neige*/ etw glitzert [wie feiner Staub]; ***le soleil poudroie*** [die Sonne lässt] die Sonnenstäubchen tanzen; ***le chemin poudroyait*** vom Weg wirbelte Staub hoch

pouf [puf] **I.** *m* Puff *m*
II. *interj* bauz!, plumps!

pouffer <1> [pufe] *vi: **qn pouffe** [**de rire**]* jd bricht in Lachen aus, jd platzt [*o* prustet] los *fam*

pouf[f]iasse [pufjas] *f péj vulg* doofe Ziege *fam*

pouillerie [pujʀi] *f* äußerste Armut [und Schmutz]; ***croupir dans la ~*** im Elend und Schmutz verkommen

pouilleux, -euse [pujø, -jøz] **I.** *adj* **1.** (*couvert de poux*) verlaust
2. (*sordide*) *endroit* armselig [und schmutzig], schmutzig und heruntergekommen; *quartier a.* Elends-
3. GEOG unfruchtbar
II. *m, f vieilli* armer Schlucker *fam; **fous le camp, espèce de ~!*** hau ab, du Penner! *fam*

pouillot [pujo] *m* Laubsänger *m*

poulailler [pulaje] *m* **1.** (*abri pour volailles*) Hühnerstall *m*
2. THEAT *fam* Galerie *f,* Olymp *m fam*

poulain [pulɛ̃] *m* **1.** (*jeune cheval*) Fohlen *nt,* Füllen *nt*
2. (*peau*) Fohlen *nt*
3. (*protégé*) Schützling *m*

poulaine [pulɛn] *f* Schnabelschuh *m*

poularde [pulaʀd] *f* Poularde *f*

poulbot [pulbo] *m* *Gassenkind vom Montmartre*

poule[1] [pul] *f* **1.** (*femelle du coq*) Henne *f;* ~ ***couveuse/pondeuse*** Legehenne *f*
2. (*poulet*) Huhn *nt*
3. *vieilli fam* (*maîtresse*) Mätresse *f;* ~ [***de luxe***] *fam* [Edel]dirne *f*
▶ **quand les ~s auront des <u>dents</u>** wenn Ostern und Pfingsten [*o* Weihnachten] auf einen Tag fallen *fam;* **qn tue la ~ aux <u>œufs</u> d'or** jd schlachtet das Huhn, das goldene Eier legt *fam;* **~ au <u>riz</u>** Huhn *nt* mit Reis; **~ <u>mouillée</u>** Angsthase *m fam;* **qn se <u>couche</u>** [*o* **<u>va</u> au lit**]/**se <u>lève</u> avec** [*o* **co<u>mme</u>**] **les ~s** geht mit den Hühnern zu Bett [*o* schlafen]/jd steht mit den Hühnern auf; **une ~ n'y <u>retrouverait</u> pas ses poussins!** wie soll man denn hier noch etwas finden!; **<u>ma</u> ~** *fam* mein Schatz [*o* Schätzchen], meine Kleine
◆ **poule d'eau** Teichhuhn *nt*

poule[2] [pul] *f* SPORT (*groupe*) Gruppe *f;* (*série*) Runde *f;* ~ ***éliminatoire*** Ausscheidungsrunde

poulet [pulɛ] *m* **1.** ZOOL Huhn *nt*
2. GASTR Hähnchen *nt;* ~ ***rôti*** Brathähnchen; ~ ***aux hormones/ de grain*** mit Hormonen/mit Körnern gefüttertes Huhn; ~ ***d'élevage*** Batteriehuhn *nt;* ~ ***élevé en plein air*** Freilandhuhn *nt*
3. *fam* (*policier*) Bulle *m sl,* Polyp *m sl*
4. *vieilli* (*billet doux*) Liebesbrief *m*
▶ **<u>mon</u>** [**petit**] **~!** mein [kleiner] Schatz!, mein Häschen!

poulette [pulɛt] **I.** *f* **1.** *fam* (*jeune fille*) Schätzchen *nt,* Mäuschen *nt*
2. ZOOL *vieilli* junges Huhn, Hühnchen *nt*
▶ **<u>ma</u> ~** *fam* mein Schätzchen
II. *app: **sauce** ~ Art holländische Soße mit Weißwein und Champignons*

pouliche [puliʃ] *f* Stut[en]fohlen *nt*

poulie [puli] *f* Block *m;* ~ ***fixe*** feste Riemenscheibe; ~ ***folle*** bewegliche Rolle

pouliner <1> [puline] *vi: **une jument pouline*** eine Stute fohlt

poulinière [pulinjɛʀ] **I.** *adj: **une jument ~*** eine Zuchtstute
II. *f* Zuchtstute *f*

poulpe [pulp] *m* Achtfüßer *m,* Krake *f*

pouls [pu] *m* Puls *m*
▶ **qn <u>prend</u>** [*o* **<u>tâte</u>**] **le ~ de qn** MED jd misst [*o* fühlt] jdm den Puls; **qn <u>prend</u>** [*o* **<u>tâte</u>**] **le ~ de qn/qc** (*s'informe des intentions de*) jd fühlt jdm auf den Zahn *fam*/jd erforscht etw; ***qn prend le ~ du marché*** jd erkundet die Marktlage

poumon [pumɔ̃] *m* Lunge *f,* Lungenflügel *m;* ■ **les ~s** die Lunge
▶ **à <u>pleins</u> ~s** aus voller Lunge; *respirer* ganz tief; **qn <u>a</u> du ~** jd hat eine gute Lunge; **qn <u>crache</u> ses ~s** *fam* jd hustet sich (*dat*) die Lunge aus dem Leib
◆ **poumon d'acier** [*o* **artificiel**] eiserne Lunge

poupe [pup] *f* Heck *nt*

poupée [pupe] *f* **1.** (*jouet*) Puppe *f;* ■ **~ de** [*o* **en**] -puppe
2. *fam* (*femme*) [hübsche] Puppe, Püppchen *nt; péj* Puppe *f*
3. (*pansement*) Fingerverband *m*
▶ **~s <u>gigognes</u>** russische Puppen *pl;* **qn <u>joue</u> à la ~** jd spielt mit Puppen

poupin, e [pupɛ̃, in] *adj* pausbäckig

poupon [pupɔ̃] *m* [pausbäckiges] Baby ['be:bi]

pouponner <1> [pupɔne] **I.** *vi fam* ■ **qn pouponne** jd kümmert sich um sein Baby ['be:bi]; /*homme a.*/ jd spielt Vater; /*femme a.*/ jd spielt Mutter
II. *vt* ■ **qn pouponne qn** jd hätschelt jdn

pouponnière [pupɔnjɛʀ] *f* Kinderkrippe *f*

pour [puʀ] **I.** *prép* **1.** (*destination, but*) für; *le malheur de qn, le plaisir, la gloire* zu; ~ ***l'honneur*** der Ehre wegen; ***c'est ~ ton bien*** das geschieht zu deinem Besten
2. (*envers*): ***de la sympathie/ des sentiments ~ qn*** Sympathie/Gefühle für jdn; ***l'amour ~ qn/ qc*** die Liebe zu jdm/etw; ***son amour ~ les animaux*** seine/ihre Tierliebe; ***le respect ~ qn/ qc*** der Respekt vor jdm/etw
3. (*à l'intention de*) für; ■ **~ qn/qc** für jdn/etw; (*contre*) *la toux, une maladie* gegen etw; ***il travaille ~ mon père*** er arbeitet für meinen Vater; ***coiffeur ~ dames*** Damenfrisör *m;* ***sirop ~ la toux*** Hustensaft *m;* ***il est intervenu ~ lui*** er ist für ihn eingetreten
4. (*en direction de*) *Paris, Lyon, l'Espagne etc* nach; ***partir ~ l'étranger*** ins Ausland fahren; ~ ***où?*** wohin?
5. (*temps*) für; *demain a.* bis; ~ ***la semaine prochaine/ ~ dans huit jours*** für nächste Woche/für in acht Tagen; ***ce sera prêt ~ samedi/ ~ demain*** bis Samstag/morgen ist es fertig; ***vous aurez réparé ma voiture ~ demain?*** werden Sie mein Auto bis morgen repariert haben?; ***j'en ai besoin ~ demain*** ich brauche es bis [*o* für] morgen; ~ ***le moment*** [*o* ***l'instant***] im Augenblick; ***j'en ai ~ une heure!*** ich brauche eine Stunde!; ***il garde le meilleur ~ la fin*** er hebt sich das Beste bis zum Schluss auf
6. (*à l'occasion de*) zu; ~ ***son anniversaire*** zu seinem/ihrem Geburtstag
7. (*en faveur de*) ■ **~ [qn/qc]** für [jdn/etw]; ■ **qn est ~ faire qc** jd ist dafür, etw zu tun; ***je suis ~!*** ich bin dafür!
8. (*point de vue*) für; ~ ***moi*** meiner Meinung nach; ***ça n'a aucune importance ~ moi*** für mich spielt das keine Rolle; ***cet enfant est tout ~ lui*** dieses Kind ist sein Ein und Alles [*o* bedeutet alles für ihn]
9. (*cause*) wegen; ***qn félicite qn ~ qc*** jd gratuliert jdm zu etw; ***merci ~ votre cadeau!*** danke für euer Geschenk!; ~ ***quelle raison …?*** aus welchem Grunde …?; ***il est furieux, et ~ cause!*** er ist wütend und zu Recht!; ■ **~ avoir fait qc, qn …** weil jd etw getan hat, …
10. (*à la place de, en échange de*) für, der Direktor i. A.; ~ ***le directeur, Beate Wengel*** (*mention précédant une signature*) Direktor, i. A. Beate Wengel; ***œil ~ œil, dent ~ dent*** Auge um Auge, Zahn um Zahn
11. (*par rapport à*) für; ***il est grand ~ son âge*** er ist groß für sein Alter; ***3,5 ~ cent*** 3,5 Prozent
12. (*comme*) als; *prendre* für; ***prendre ~ femme*** zur Frau nehmen; ***j'ai ~ principe de faire*** es ist mein Prinzip [*o* Grundsatz], etw zu tun; ***avoir ~ effet*** zur Folge haben; ***c'est ~ de vrai*** das ist wirklich [*o* ganz im Ernst] so; ***laisser qn ~ mort*** jdn für tot halten und liegen lassen; ***compter ~ rien*** überhaupt nicht zählen
13. (*pour ce qui est de*): ~ ***être furieux, je le suis!*** ich bin vielleicht wütend!; ~ ***être un tyran, c'est un tyran!*** wenn jemand ein Tyrann ist, dann er!
14. (*but, conséquence*) ■ **~ faire/ne pas faire qc** um etw zu tun/etw nicht zu tun; ***qu'avez-vous contre elle ~ la maltraiter ainsi?*** was haben Sie gegen sie, dass Sie sie so behandeln?; ■ **qc n'est pas ~ faire qc:** ***cet événement n'est pas ~ me déplaire*** dieser Zwischenfall gefällt mir [ganz gut]; ***le travail n'est pas ~ m'effrayer*** ich habe keine Angst vor harter Arbeit; ■ **~ que** + *subj* (*but*) damit; (*conséquence*) um + *infin,* als dass; *iron* damit; ***il parle fort ~ qu'on l'entende*** er spricht laut, damit man ihn versteht; ***il est trop tard ~ qu'on lui téléphone*** es ist zu spät, um ihn/sie anzurufen [*o* als dass man ihn/sie [noch] anrufen könnte]; ■ **~ pas que** + *subj fam* damit nicht; ***c'est ~ pas qu'il oublie*** damit er es nicht vergisst
15. (*restriction, concession*) ■ **~ … que** + *subj:* ~ ***intelligente qu'elle soit*** und wenn sie noch so intelligent ist, so intelligent sie auch sein mag; ~ ***autant que je sache*** soviel ich weiß
▶ **~ le <u>meilleur</u> et ~ le pire** in guten wie in schlechten Tagen; **qn en <u>est</u> ~ sa peine** [*o* **ses frais**] jd hat sich umsonst abgemüht
II. *m* ▶ **le ~ et le <u>contre</u>** das Für und [das] Wider; **qc a du ~ et du <u>contre</u>** etw hat ein Für und ein Wider; ***il y a du ~ et du contre*** es gibt Argumente dafür und dagegen; **qn pèse le ~ et le <u>contre</u>** jd wägt das Für und Wider ab

pourboire [puʀbwaʀ] *m* Trinkgeld *nt*

pourceau <x> [puʀso] *m littér* Ferkel *nt,* Schwein *nt*

pourcentage [puʀsɑ̃taʒ] *m* Prozentsatz *m;* ***qn touche un ~ sur la recette*** jd erhält einen prozentualen Anteil an den Einnahmen; ■ **~ de qc** Prozentsatz an etw (*dat*), [prozentualer] Anteil an etw (*dat*); ***le ~ des naissances*** die Geburtenrate [*o* -ziffer]
▶ **<u>au</u> ~** *travailler* auf Provisionsbasis (*dat*); ***je suis payé au ~*** ich werde prozentual bezahlt

pourchasser <1> [puʀʃase] *vt* **1.** (*chasser*) ■ **qn pourchasse qn/un animal** jd macht auf jdn/auf ein Tier Jagd; ***nos soldats pourchassent l'ennemi*** unsere Soldaten sind dem Feind auf den Fersen; ■ **qn est pourchassé(e) par qn** jd wird von jdm verfolgt
2. (*rechercher*) ■ **qn pourchasse qc** *crime, fautes d'orthographe* jd geht ei-

ner S. (*dat*) nach, jd macht auf etw (*akk*) Jagd; *argent a.* jd ist hinter etw (*dat*) her, jd jagt einer S. (*dat*) nach

3. (*se débarrasser de*) ■ **qn pourchasse qn/qc** *importun, idées noires* jd verjagt [*o* verscheucht] jdn/etw, jd wimmelt jdn ab *fam*

pourfendre <14> [puʀfɑ̃dʀ] *vt vieilli littér* ■ **qn pourfend qn/qc** jd geht gegen jdn/etw an

pourlécher <5> [puʀleʃe] *vpr* ■ **qn se pourlèche** jdm läuft das Wasser im Mund zusammen; *v. a.* **babine**

pourparlers [puʀpaʀle] *mpl* Verhandlungen *pl*, Gespräche *pl*

► **qn engage des** [*o* **entre en**] ~ **avec qn** jd nimmt mit jdm Gespräche [*o* Verhandlungen] auf; **qn est en** ~ **avec qn** jd verhandelt mit jdm

pourpier [puʀpje] *m* Portulak *m*

pourpre [puʀpʀ] **I.** *adj* purpurrot, purpurn

II. *m* **1.** (*couleur*) Purpur *m*; ***le ~ de ses lèvres*** das Purpurrot [*o* die Purpurröte] seiner/ihrer Lippen

2. ZOOL Purpurschnecke *f*

► ~ **rétinien** Sehpurpur *m*

III. *f* **1.** (*matière*) Purpur *m*

2. (*étoffe*) Purpur *m*

pourquoi [puʀkwa] **I.** *conj* **1.** (*pour quelle raison*) warum, weshalb; ***~ n'as-tu pas répondu?*** warum [*o* weshalb] hast du nicht geantwortet?; ***je me demande ~ il n'est pas venu*** ich frage mich, warum [*o* weshalb] er nicht gekommen ist

2. (*à quoi bon*) ■ ~ **faire qc** warum [*o* wozu] etw tun; ***~ se faire du souci, nous n'y pouvons rien changer!*** warum sich sorgen [*o* weshalb sollen wir uns Sorgen machen], wir können doch nichts daran ändern!

3. *vieilli* (*pour lequel/laquelle*): ***une des raisons ~ j'ai fait cela, est …*** einer der Gründe weswegen [*o* weshalb] ich das getan habe, ist …

► **c'est** ~ deshalb, deswegen; **c'est** ~? *fam* was kann ich für Sie tun?, worum geht es?, worum dreht es sich?; ~ **est-ce que …?** *fam* warum [eigentlich] …?, wieso …?; ~? *fam* warum?

II. *adv* warum; ***il n'est pas venu me voir, je me demande bien*** ~ er ist nicht gekommen, ich frage mich wirklich warum; ***voilà*** ~ deshalb

► ~ **pas?** [*o* **non?**] warum [eigentlich] nicht?

III. *m inv* **1.** (*raison*) ■ **le** ~ **de qc** das Warum einer S. (*gen*)

2. (*question*) Warum *nt*

► **le** ~ **et le comment** das Warum und Weshalb; ***qn cherche le ~ et le comment*** jd fragt nach dem Warum und Weshalb

pourri, e [puʀi] **I.** *adj* **1.** (*putréfié*) *fruit, œuf* faul; *poisson, viande* schlecht, verdorben; *cadavre, corps* verwest; *arbre, bois, planche, tronc* morsch; *feuilles* verfault; *roches* verwittert

2. (*infect*) Mist- *fam*, mies *fam*; *saison, temps* verregnet; *climat* schlecht; ***neige ~e*** matschiger Schnee; ***quel temps ~!*** was für ein Mistwetter! *fam*; ***une bagnole ~e*** ein Schrottauto *nt fam*; ***j'en ai marre de bosser dans cette boîte ~e*** ich hab es satt, in diesem Scheißladen zu arbeiten *sl*; ***la météo annonce un mois ~*** die Wettervorhersage kündigt einen verregneten Monat an

3. (*corrompu*) *mœurs* verkommen, verdorben, verderbt *geh*; *personne, société a.* korrupt

4. *fam* (*plein*) ■ [**qn est**] ~ **de …** *de défauts* [jd steckt] voller …, jd hat viele …; ***elle est ~e de fric*** sie ist stinkreich *fam*

II. *m* **1.** (*pourriture*) [*fruit*] faule Stelle; ***ça sent le ~ dans cette pièce!*** in diesem Raum riecht es nach Verfaultem [*o* riecht es muffig *fam*]!

2. *péj* (*homme corrompu*) Dreckskerl *m fam*

pourrir <8> [puʀiʀ] **I.** *vi* **1.** (*se putréfier*) ■ **qc pourrit** /*œuf*/ etw wird faul; /*fruit a.*/ etw verfault; /*aliment, poisson*/ etw wird schlecht; /*cadavre, corps*/ etw verwest; /*arbre, bois, planche, tronc*/ etw [ver]modert; /*roche*/ etw verwittert

2. *fam* (*croupir*) ■ **qn pourrit quelque part** *en prison, dans la misère* jd verkommt irgendwo; *dans un petit emploi, trou perdu* jd versauert irgendwo *fam*

3. (*se dégrader*) ■ **qn laisse ~ qc** *situation* jd lässt zu, dass etw sich verschlechtert; jd lässt etw schlimmer werden; ***les patrons sont décidés à laisser ~ la grève*** die Arbeitgeber sind entschlossen auszuharren, bis der Streik sich totläuft [*o* bis der Streik im Sand[e] verläuft]

II. *vt* ■ **qc pourrit qc** *aliment* etw verdirbt etw, etw lässt etw schlecht werden, etw lässt etw verderben; *bois, végétaux* etw lässt etw verfaulen, etw lässt etw [ver]modern; *fruit* etw lässt etw faulen; ***la gangrène a pourri son pied*** der Brand hat seinen/ihren Fuß zerfressen; ■ **qn/qc pourrit qn** jd/etw verdirbt jdn; *enfant* jd verzieht jdn [maßlos]; ***ces ennuis qui pourrissent notre vie!*** diese Ärgernisse, die uns das Leben vergiften!

pourrissement [puʀismɑ̃] *m* **1.** (*dégradation*) [*situation*] Verschlechterung *f*; [*conflit*] Zuspitzung *f*; ***les patrons espèrent le ~ de la grève*** die Arbeitgeber hoffen, dass der Streik sich totläuft [*o* im Sand[e] verläuft]

2. (*corruption*) Korrumpierung *f*

pourriture [puʀityʀ] *f* **1.** (*putréfaction*) [*aliments, bois, denrées, fruits*] Fäulnis *f*; [*bois a.*] Verrottung *f*; [*chair a.*] Verwesung *f*; ***odeur de ~*** Fäulnisgeruch *m*, Modergeruch *m*

2. (*corruption*) [*mœurs*] Verkommenheit *f*, Verderbtheit *f geh*; [*société a.*] Korruption *f*

3. *péj* (*personne corrompue*) (*homme*) gemeiner Hund *sl*, Dreckskerl *m fam*; (*femme*) gemeines Biest *fam*

► ~ **blanche** Weißfäule *f*; ~ **grise/noble** Grau-/Edelfäule *f*

poursuite [puʀsɥit] *f* **1.** (*chasse*) Verfolgung *f*; ***les chasseurs se lancent à la ~ du cerf*** die Jäger machen Jagd auf den Hirsch [*o* nehmen die Verfolgung des Hirsches auf]

2. (*recherche*) ■ **la** ~ **de qc** *du bonheur, de la gloire* das Streben nach etw; *de l'argent, de la fortune* die Jagd nach etw; *de l'idéal, de la vérité* die Suche nach etw

3. *gén pl* JUR Rechtsverfolgung *f*, gerichtliche Verfolgung; (*pénales*) Strafverfolgung; ***les ~s sont en cours*** die [gerichtlichen] Verhandlungen laufen

4. (*continuation*) ■ ~ **de qc** Fortsetzung *f* [*o* Weiterführung *f*] einer S. (*gen*); ***grâce à la ~ de ses efforts, il a …*** dank seiner fortgesetzten Bemühungen hat er …; ***les puissances alliées ont décidé de la ~ de la guerre*** die alliierten Kräfte haben beschlossen, den Krieg weiterzuführen

5. SPORT Verfolgungsrennen *nt*

6. *vieilli* (*assiduités amoureuses*) Nachstellungen *pl*

► ~**s judiciaires** Rechtsverfolgung *f*, gerichtliche Verfolgung; (*pénales*) Strafverfolgung *f*; **qn engage** [*o* **lance**] **des ~s contre qn** jd belangt jdn gerichtlich, jd unternimmt gerichtliche Schritte gegen jdn; **qn est à la ~ de qn/qc** jd jagt jdm/etw nach; *d'un voleur, fuyard a.* jd verfolgt jdn; **qn se lance** [*o* **se met**] **à la poursuite de qn/d'un animal** jd nimmt jds Verfolgung/die Verfolgung eines Tieres auf

poursuiteur, -euse [puʀsɥitœʀ, -øz] *m, f* Verfolgungsfahrer(in) *m(f)*

poursuivant, e [puʀsɥivɑ̃, ɑ̃t] **I.** *adj* JUR: ***partie ~e*** Kläger(in) *m(f)*, klagende [*o* betreibende] Partei

II. *m, f* **1.** (*personne qui poursuit*) Verfolger(in) *m(f)*

2. JUR Kläger(in) *m(f)*

poursuivre <*irr*> [puʀsɥivʀ] **I.** *vt* **1.** (*courir après*) ■ **qn/un animal/qc poursuit qn/un animal/qc** jd/ein Tier/etw verfolgt jdn/ein Tier/etw

2. (*harceler*) ■ **qn poursuit qn** [**de qc**] *de ses assiduités* jd bedrängt jdn [mit etw]; *de sa malédiction, colère, haine, de ses menaces a.* jd verfolgt jdn [mit etw]; ■ **qc poursuit qn** [**quelque part**] /*idée, souvenir*/ etw verfolgt jdn [irgendwohin]; /*remords*/ etw quält jdn; ***il l'avait ardemment poursuivie*** er hatte ihr leidenschaftlich nachgestellt

3. (*rechercher*) ■ **qn poursuit qc** *bonheur, gloire, idéal* jd strebt nach etw; *argent, fortune* jd jagt einer S. (*dat*) nach; *but* jd verfolgt etw; *vérité* jd sucht nach etw; *rêve* jd hängt einer S. (*dat*) nach; ***toute leur vie ils ont poursuivi cette vengeance*** sie haben nur für diese Rache gelebt

4. (*continuer*) ■ **qn poursuit qc** *action, efforts, guerre, marche, négociations, travail* jd setzt etw fort; *combat, enquête, grève, politique a.* jd führt etw weiter; ***le gouvernement poursuit son action en faveur de …*** die Regierung setzt sich weiterhin für … ein; ***elle poursuivit son récit*** sie fuhr in ihrem Bericht fort

5. JUR ■ **qn poursuit qn** [**en justice**] jd belangt jdn gerichtlich, jd unternimmt gerichtliche Schritte gegen jdn, jd geht gegen jdn gerichtlich vor; ***qn poursuit qn en justice pour vol*** jd verklagt jdn wegen Diebstahls; ■ **qn est poursuivi(e) pour qc** jd wird wegen etw angezeigt, gegen jdn wird wegen etw Anzeige erstattet

II. *vi* **1.** (*continuer à parler*) ■ **qn poursuit** [**sur qc**] jd fährt fort, jd spricht weiter [über etw (*akk*)]; ***poursuivez!*** fahren Sie fort!; ***il aurait aimé ~ sur ce sujet*** er wäre liebend gerne bei diesem Thema geblieben, er hätte gerne weiter über dieses Thema gesprochen

2. (*persévérer*) ■ **qn poursuit** jd macht weiter

III. *vpr* ■ **qc se poursuit** etw dauert an; /*enquête, grève, politique, travail*/ etw wird weitergeführt; ***la promenade se poursuit par …*** der Spaziergang führt weiter über …

pourtant [puʀtɑ̃] *adv* (*cependant*) (*marque l'opposition, le regret*) dennoch, trotzdem; ***cette fois ~, …*** diesmal jedoch …; (*marque l'étonnement*) [aber] doch; ***c'est ~ facile!*** das ist aber doch leicht!; ***c'est ~ vrai, non?*** das stimmt aber doch, oder?; ***mais ~ tu avais dit que*** du hattest aber doch gesagt, dass

► **et** ~ … und doch [*o* dennoch] …

pourtour [puʀtuʀ] *m* **1.** (*tour*) Umrandung *f*; ***un ~ de 50 mètres*** ein Umfang *m* von 50 Metern

2. (*bords*) Rand *m*; ***sur le ~ du parc public/de la place*** am Rand der Parkanlage/um den Platz herum

pourvoi [puʀvwa] *m* Berufung *f*, Einspruch *m*; ***~ en appel/cassation/grâce*** Berufung/Revisionsantrag *m*/Gnadengesuch *nt*

pourvoir <*irr*> [puʀvwaʀ] **I.** *vt* (*munir*) ■ **qn/qc pourvoit qn de** [*o* **en**] **qc** *de provisions, vêtements, d'aliments* jd/etw stattet jdn mit etw aus, jd/etw versieht jdn mit etw; *d'avantages, d'une intelligence, beauté* jd/etw bedenkt jdn mit etw; *d'un titre* jd verleiht jdm etw; *d'une recommandation* jd gibt jdm etw mit; ■ **qn pourvoit qc de qc** *lieu, place* jd versieht etw mit etw; *magasin, maison, voiture* jd stattet etw mit etw aus; ■ **qn pourvoit qc** *poste vacant* jd besetzt etw

II. *vi* (*subvenir à*) ■ **qn pourvoit à qc** jd kümmert sich um etw, jd nimmt sich einer S. (*gen*) an; ***c'est elle qui pourvoit à l'entretien de la famille*** sie kommt für den Unterhalt der Familie auf, sie kümmert sich um den Unterhalt der Familie

III. *vpr* **1.** (*se munir*) ■ **qn se pourvoit de qc** *d'aliments, argent, de provisions, vêtements* jd deckt sich mit etw ein; *d'armes, de munitions* jd verschafft sich etw, jd rüstet sich mit etw aus

2. JUR ■ **qn se pourvoit** [**devant qc**] jd legt [bei etw] Beschwerde [*o* Rekurs] ein, jd erhebt [bei etw] Einspruch; ■ **qn se pourvoit en qc**: ***ils se sont pourvus en appel/cassation*** sie haben Berufung/Revision eingelegt; ***ils se sont pourvus en grâce/révision*** sie haben ein Gnadengesuch eingereicht/ein Wiederaufnahmeverfahren beantragt

pourvoyeur, -euse [puʀvwajœʀ, -jøz] **I.** *m, f* Lieferant(in) *m(f)*; ***les ~s de drogue*** die Dealer ['diːlɐ] *pl*

II. *m* MIL Munitionskanonier *m*

pourvu [puʀvy] *conj* **1.** (*souhait*) wenn … nur; ***~ que nous ne manquions pas le train!*** wenn wir nur den Zug nicht verpassen!, hoffentlich verpassen wir den Zug nicht!

2. (*condition*) ■ ~ **que** + *subj* wenn, sofern; ***nous viendrons demain, pourvu que cela vous convienne*** wir kommen morgen, sofern [*o* wenn] es euch recht ist [*o* vorausgesetzt es ist euch recht]

pourvu, e [puʀvy] *adj* **1.** (*doté, muni*) ■ **qn est** [**bien/mal**] ~ [**en qc**] jd ist [gut/schlecht] [mit etw] eingedeckt [*o* ausgestattet]; ***nous sommes bien ~s en tout pour l'hiver/ le voyage*** wir sind für den Winter/die Reise mit allem gut eingedeckt [*o* versorgt]; ***dans notre quartier, nous sommes assez mal ~s en commerçants*** in unserem Viertel gibt es nicht genügend Geschäfte; ***après l'héritage, elle est bien ~e*** nach der Erbschaft ist sie gut versorgt; ***il est plutôt mal ~ en ce domaine*** in dieser Hinsicht hat er es eher schlecht getroffen; ■ **qn est ~ de qc** *de vêtements, d'argent* jd hat etw, jd ist mit etw eingedeckt; ***elle est ~e de beauté/ de grâce/ d'intelligence/ d'imagination*** sie ist schön/anmutig/intelligent/einfallsreich, sie ist mit Schönheit/Anmut/Intelligenz/Einfallsreichtum bedacht *geh;* ■ **un animal/ qc est ~ de qc** ein Tier/etw hat etw

2. (*occupé*) ■ **qc est ~** */poste/* etw ist besetzt

pousse [pus] *f* **1.** (*bourgeon*) Spross *m,* Trieb *m;* ***les ~s de bambou*** die Bambussprossen

2. (*développement*) [*cheveux, ongles, feuilles*] Wachstum *nt;* [*dent*] Durchbruch *m;* ***cette lotion favorise la ~ des cheveux*** dieses [Haar]wasser fördert den Haarwuchs; ***la première ~ a lieu au printemps*** BOT der erste Austrieb findet im Frühling statt

poussé, e [puse] *adj* **1.** (*élaboré*) *technique, organisation* hoch entwickelt, ausgeklügelt, ausgefeilt; *précision* höchste(r, s); *études* vertiefend, ausgedehnt; *enquête* genau, ausführlich; ***pour devenir ingénieur elle a dû faire des études très ~es*** um Ingenieurin zu werden musste sie ein sehr anspruchsvolles Studium absolvieren

2. *péj* (*forcé*) *plaisanterie* gewagt; *voix* forciert *geh; moteur* hochgezüchtet

pousse-café [puskafe] *m inv fam* Verdauungsschnaps *m*

poussée [puse] *f* **1.** (*pression*) [*ennemi, eaux, foule*] Druck *m;* ARCHIT, GEOG, PHYS Druck; ***la ~ du vent*** der Windstoß

2. PSYCH [*désir, instinct*] Drang *m*

3. (*coup*) [*coude, épaule*] Stoß *m;* ***d'une ~ de l'épaule il l'écarta*** er drängte [*o* schubste *fam*] ihn/sie mit der Schulter beiseite

4. MED [*acné, boutons*] plötzliches Auftreten, plötzlicher Ausbruch; **~ *de fièvre*** Fieberanfall *m;* ***un rhumatisme qui évolue par ~s*** ein Rheumatismus *m,* der in Schüben auftritt

5. (*croissance*) [*chômage, inflation, prix*] Anstieg *m;* **~ *démographique*** [*o* ***de la démographie***] Bevölkerungsanstieg, Bevölkerungszuwachs *m;* ***la ~ de la gauche aux élections*** der Stimmenzuwachs der Linken bei den Wahlen

pousse-pousse [puspus] *m inv* Rikscha *f*

pousser <1> [puse] **I.** *vt* **1.** (*déplacer*) ■ **qn pousse qn/un animal/qc [quelque part]** *brouette, charrette, landau* jd schiebt etw [irgendwohin]; *voiture a.* jd schiebt etw an; *prisonniers, troupeau* jd treibt jdn/ein Tier an; *personne* jd schiebt jdn [irgendwohin]; *meuble* jd rückt [*o* schiebt] etw [irgendwohin]; *porte, fenêtre* (*pour ouvrir*) jd macht etw auf; (*pour fermer*) jd macht etw zu; ***pousse la porte/ la fenêtre, il y a des courants d'air!*** mach die Tür/das Fenster zu, es zieht!; ***j'ai eu beaucoup de peine à ~ dehors cet intrus*** es war nicht leicht, diesen ungebetenen Gast hinauszubefördern; ***le berger pousse le troupeau vers l'étable*** der Schäfer treibt die Herde zum Stall

2. (*bousculer*) ■ **qn pousse qn/un animal** jd stößt jdn/ein Tier; ■ **qn pousse qn/qc de qc** *du coude, genou, pied, de l'épaule* jd stößt jdn/etw mit etw; ***elle poussa le caillou du pied*** sie stieß den Stein mit dem Fuß beiseite; ***pourquoi pousses-tu ce chien?*** warum schubst du den Hund [weg]? *fam*

3. (*claquer*) ■ **qn/qc pousse qc** (*pour ouvrir*) jd/etw stößt etw auf; (*pour fermer*) jd/etw schlägt etw zu; ***le vent a poussé la fenêtre*** der Wind hat das Fenster zugeschlagen; ***ne pousse pas la porte si violemment, tu vas la casser!*** knall [*o* hau] die Tür nicht so zu, du machst sie noch kaputt! *fam*

4. (*entraîner*) ■ **qc pousse qn/qc [quelque part]** */courant, vent/* etw treibt jdn/etw [irgendwohin]; ***le vent pousse le navire vers la côte*** der Wind treibt das Schiff zur [*o* an die] Küste; ■ **qn/qc est poussé(e) par qc** [*o* **de qc**] jd/etw wird von etw [an]getrieben; ■ **qn/qc est poussé(e) par qc** [*o* **de qc**] **quelque part** jd/etw wird von etw irgendwohin getrieben

5. (*stimuler*) ■ **qc pousse qn** */envie, gloire, intérêt/* etw treibt jdn [an]; */ambition a./* etw stachelt jdn an; ■ **qn pousse qn/un animal/qc** *candidat, élève* jd ermuntert jdn, jd treibt jdn an; *moteur, machine* jd dreht etw hoch; *cheval* jd spornt [*o* treibt] ein Tier an; *feu* jd facht etw an; ***il poussait la voix sur la fin des phrases*** er hob die Stimme am Ende der Sätze; ***son professeur l'a beaucoup poussé en math*** sein Lehrer hat ihn in Mathe auf Vordermann gebracht *fam;* ***tu pousses trop ton moteur*** du überdrehst den Motor; ***il fait froid, il faudrait ~ le chauffage*** es ist kalt, wir sollten die Heizung aufdrehen [*o* höher stellen]

6. (*inciter à*) ■ **qn/qc pousse [qn] à qc** *à la consommation, dépense* jd/etw verleitet [*o* verführt] [jdn] zu etw; *au crime* jd/etw stiftet [jdn] zu etw an; ***cette perte l'avait poussée au désespoir*** dieser Verlust hatte sie in völlige Verzweiflung gestürzt [*o* getrieben]; ■ **qn/qc pousse [qn] à faire qc** jd/etw verleitet [*o* animiert] [jdn] dazu, etw zu tun; */envie, intérêt/* etw bringt [*o* treibt] jdn dazu, etw zu tun; */ambition a./* etw stachelt jdn dazu an, etw zu tun; ***la chaleur pousse à boire*** die Hitze animiert zum Trinken; ***elle pousse sans cesse son mari à faire de nouvelles dépenses*** sie verleitet ihren Mann zu stets neuen Ausgaben; ***leur échec nous pousse à croire que*** wegen ihres Misserfolgs sind wir versucht zu glauben, dass

7. (*diriger*) ■ **qn/qc pousse qn quelque part** jd/etw drängt jdn irgendwohin; ***ses parents la poussaient vers une carrière médicale*** ihre Eltern drängten sie eine medizinische Laufbahn einzuschlagen; ***un sentiment irrésistible le poussait vers elle*** er fühlte sich unwiderstehlich von ihr angezogen; ***le destin l'avait poussée sur cette voie*** das Schicksal hatte sie gezwungen diesen Weg einzuschlagen, das Schicksal hatte sie diesen Weg einschlagen lassen; ***on l'avait poussé sur ce sujet*** man hatte ihm dieses Thema aufgedrängt

8. (*émettre*) ■ **qn/un animal pousse qc** *hurlement, soupir* jd/ein Tier stößt etw aus; *chanson* jd schmettert etw; ***qn pousse un cri/ des jurons*** jd stößt einen Schrei/Flüche aus, jd schreit auf, jd flucht; ***qn pousse des gémissements*** jd stöhnt; ***il poussa des exclamations*** er stieß Schreie aus; ***ils poussèrent de grands éclats de rire/ des cris de joie*** sie brachen in schallendes Gelächter/in Freudengeschrei aus; ***même si, parfois, il pousse des grondements*** auch wenn er manchmal vor sich hinbrummt; ***le mouton ne poussa pas le moindre bêlement*** das Schaf gab nicht das geringste Blöken von sich

9. (*exagérer*) ■ **qn pousse qc [jusqu']à qc** jd treibt etw [bis] zu etw; ***il pousse à l'extrême le souci de la perfection*** er treibt den Hang zur Perfektion [bis] zum Äußersten; ***elle a poussé l'amour maternel jusqu'à la passion*** ihre Mutterliebe hat sich bis zur Leidenschaft gesteigert, sie hat ihre Mutterliebe bis zur Leidenschaft getrieben; ***il ne faudrait pas ~ l'indulgence jusqu'à la faiblesse*** man sollte die Nachsicht nicht in Schwäche ausufern lassen; ***qn pousse qc trop/ un peu loin*** jd treibt etw zu weit/etwas zu weit; ■ **qn pousse qc jusqu'à faire qc** *gentillesse, malhonnêteté, politesse* jd geht in etw (*dat*) so weit, etw zu tun; ***il a poussé le dévouement jusqu'à risquer sa vie pour elle*** in seiner Ergebenheit ging er so weit, sein Leben für sie zu riskieren

10. (*poursuivre, approfondir*) ■ **qn pousse qc** + *compl de manière:* ***il me faut ~ plus loin l'étude de cette langue*** ich muss meine Kenntnisse dieser Sprache weiter vertiefen; ***il nous faut ~ plus loin l'enquête/ les recherches*** wir müssen unsere Untersuchung/unsere Ermittlungen weiter vorantreiben; ***il pourrait ~ bien plus loin cette affaire*** er könnte in dieser Angelegenheit erheblich weitergehen

► **qn en pousse <u>une</u>** *fam* jd singt was *fam*

II. *vi* **1.** (*croître, grandir*) ■ **qn/qc pousse** jd/etw wächst; ***notre bébé a une dent qui commence à ~*** unser Baby bekommt einen Zahn, bei unserem Baby kommt [*o* bricht] ein Zahn durch; ■ **qn/qc fait ~ qc** *plantes* jd pflanzt etw [an]/etw lässt etw gedeihen [*o* sprießen], jd zieht etw; ***la pluie fait ~ les mauvaises herbes*** durch den Regen schießt das Unkraut [nur so] aus dem Boden; ■ **qn se laisse ~ qc** *les cheveux, la barbe, les ongles* jd lässt sich (*dat*) etw wachsen; ***depuis quand te laisses-tu ~ la barbe?*** seit wann lässt du deinen Bart [*o* dir den Bart] wachsen?

2. (*faire un effort*) ■ **qn pousse** (*pour accoucher*) jd presst; (*pour aller à la selle*) jd drückt

3. (*aller*) ■ **qn pousse quelque part** jd läuft/fährt/reist bis irgendwohin weiter; ***puisque nous sommes à Marseille, on pourrait ~ jusqu'à Toulon pour voir ma mère*** da wir nun schon mal in Marseille sind, könnten wir auch weiter bis Toulon fahren und meine Mutter besuchen

4. (*exercer une poussée*) ■ **qn pousse** jd drängelt, jd drängt; ***ne poussez pas!*** drängelt nicht!; ***elle s'arc-bouta contre la voiture et poussa de toutes ses forces*** sie stemmte sich gegen das Auto und schob mit aller Kraft

5. *fam* (*exagérer*) ■ **qn pousse** jd übertreibt; ***faut pas ~!*** nur nicht übertreiben!

III. *vpr* **1.** (*faire de la place*) ■ **qn se pousse** jd macht Platz, jd rückt/tritt/fährt zur Seite

2. (*se bousculer*) ■ **des personnes se poussent** Menschen drängen [*o* stoßen] sich, Menschen drängeln [*o* schubsen] *fam;* ***regarde-les se ~ pour pouvoir toucher la main de la vedette*** sieh, wie sie sich vordrängen [*o* sich drängeln], um die Hand des Stars zu berühren

► **pousse-toi que je m'y <u>mette</u>** *fam* (*fais-moi un peu de place*) rutsch mal [zur Seite]; (*sans-gêne*) hoppla, jetzt komm ich! *fam*

poussette [pusɛt] *f* **1.** (*voiture d'enfant*) Sportwagen *m*

2. CYCLISME [An]schieben *nt*

poussier [pusje] *m* Kohlenstaub *m*

poussière [pusjɛʀ] *f* **1.** (*résidus*) Staub *m;* **~ *de charbon/ d'or*** Kohlen-/ Goldstaub; **~ *chimiques/ organiques/ radioactives/ volcaniques*** chemischer/organischer/radioaktiver/vulkanischer Staub; **~ *cosmique/ interplanétaire/ interstellaire*** kosmischer/interplanetarischer/interstellarer Staub; ***le vent soulevait des nuages de ~*** der Wind wirbelte Staubwolken auf; ***j'ai une ~ dans l'œil*** ich habe ein Staubkorn im Auge

2. (*grande quantité*) ■ **~ de qc** *de détails, d'étoiles* Unzahl *f* [*o* Fülle *f*] von etw, Unzahl [*o* Fülle] einer S. (*gen*); ***ce pays est constitué d'une ~ de petits États*** dieses Land besteht aus einer Unzahl kleiner Staaten [*o* von kleinen Staaten]

► **qn <u>fait</u> les ~s** jd wischt Staub, jd staubt ab; **qn <u>mord</u> la ~** jd fällt auf die Nase *fam;* **qn fait <u>mordre</u> la ~ à qn** jd haut jdn in die Pfanne *fam;* SPORT jd zieht jdn ab *fam;* **qn <u>réduit</u> qn/qc en ~** jd macht aus jdm/etw Kleinholz *fam;* **qc <u>tombe</u> en ~** etw zerfällt zu Staub; **et <u>des</u> ~s!** *fam:* ***2000 francs et des ~s*** 2000 Franc und ein paar Zerquetschte *fam;* ***10 heures et des ~s*** etwas nach 10 Uhr

poussiéreux, -euse [pusjeʀø, -øz] *adj* **1.** *route, sol* staubig; *fenêtre a.* staubbedeckt; *meubles a., chambre, livres* verstaubt

2. (*gris*) *chair, teint* grau

3. *péj* (*rétrograde*) *monde, société* verstaubt

poussif, -ive [pusif, -iv] *adj personne* kurzatmig, engbrüstig; *moteur* keuchend, asthmatisch *fam; cheval* dämpfig; ***son style est plutôt ~*** sein/ihr Stil ist nicht sehr flüssig [*o* ziemlich holprig]

poussin [pusɛ̃] *m* **1.** ORN Küken *nt*

2. *fam* (*terme affectueux*): **mon [*petit*] ~** mein Spatz *nt,* mein Mäuschen *nt*

poussin, e [pusɛ̃, in] *m, f* SPORT Kinderklasse *f*

poussivement [pusivmɑ̃] *adv* keuchend; ***elle monta l'escalier ~*** sie keuchte die Treppe hinauf/herauf

poussoir [puswaʀ] *m* [*montre, sonnette*] Knopf *m*

poutre [putʀ] *f* **1.** ARCHIT (*de bois*) Balken *m;* (*de métal*) Träger *m*

2. SPORT Schwebebalken *m*

► **~s <u>apparentes</u>** frei liegende Balken *pl;* ***plafond à ~s apparentes*** Balkendecke *f*

poutrelle [putʀɛl] *f* [Eisen]träger *m*

pouvoir[1] <*irr*> [puvwaʀ] **I.** *aux* **1.** (*avoir le droit*) ■ **qn peut faire qc** jd kann [*o* darf] etw tun; ***tu peux aller jouer*** du kannst [*o* darfst] spielen gehen; ***il peut/ne peut pas venir*** er kann/kann nicht kommen, er darf/darf nicht kommen; ***puis-je fermer la fenêtre?*** kann ich das Fenster schließen?; ***avec lui on peut tout supposer*** bei ihm muss man auf alles gefasst sein
2. (*être capable de*) ■ **qn/qc peut faire qc** jd/etw kann etw tun; ***elle ne peut pas venir, elle n'a pas de voiture*** sie kann nicht kommen, sie hat kein Auto; ***si vous pouviez me rendre visite*** wenn ihr mich besuchen könntet; ***j'ai fait ce que j'ai pu*** ich habe getan, was ich konnte; ***je ne peux pas m'empêcher de tousser*** ich muss ständig husten; ***cette salle peut contenir 200 personnes*** dieser Raum kann 200 Personen fassen
3. (*éventualité*) ■ **qn/qc peut/pourrait faire qc** jd/etw kann/könnte etw tun; ***elle peut être française, mais rien n'est moins sûr*** sie kann Französin sein [*o* vielleicht ist sie Französin], aber das ist keineswegs sicher; ***je me demande quel âge il peut bien avoir*** ich frage mich, wie alt er wohl sein mag; ***l'orage pourrait bien éclater d'un moment à l'autre*** das Gewitter könnte jeden Augenblick losbrechen; ***vous pourriez avoir besoin de vêtements chauds*** es könnte sein, dass ihr warme Kleidung braucht; ***c'est une chose qui peut arriver*** das kann vorkommen; ***cela pourrait avoir un lien avec cette affaire*** das könnte mit dieser Angelegenheit im Zusammenhang stehen
4. (*suggestion*) ■ **qn peut/pourrait faire qc** jd kann/könnte etw tun; ***tu peux bien lui prêter ton vélo*** du kannst [*o* könntest] ihm/ihr doch wirklich dein Fahrrad leihen
5. *littér* (*souhait*) ■ **puisse qn/qc faire qc** möge jd/etw [doch] etw tun; ***puisse Dieu/le ciel nous aider!*** möge Gott/der Himmel uns beistehen!; ***ah! puissiez-vous dire vrai!*** ah! könnten Sie nur Recht haben!, wenn Sie nur Recht hätten!
II. *aux impers* (*possibilité*) ■ **il** [*o* **cela**] **peut/pourrait …** es kann/könnte …; ***il pourrait pleuvoir!*** es könnte regnen!; ***il aurait pu y avoir un accident*** es hätte zu einem Unfall kommen können; ***il peut y avoir dix ans de cela*** es kann zehn Jahre her sein; ***cela peut arriver*** das kann vorkommen
III. *vt* (*être capable de*) ■ **qn/qc peut quelque chose** [**pour qn**] jd/etw kann etwas [für jdn] tun, jd vermag etwas [für jdn] [zu tun] *geh;* ■ **qn/qc ne peut rien** [**faire**] [**pour qn**] jd/etw kann nichts [für jdn] tun, jd/etw vermag nichts *geh;* ***peut-on encore quelque chose pour lui?*** kann man noch etwas für ihn tun?; ***j'ai fait ce que j'ai pu, je ne peux en faire davantage*** ich habe getan, was ich konnte, mehr kann ich nicht tun [*o* vermag ich nicht zu tun *geh*]; ■ **qn/qc peut quelque chose/ne peut rien sur qn/qc** jd/etw hat Einfluss/keinen Einfluss auf jdn/etw; ***personne ne peut rien sur lui*** niemand hat Einfluss auf ihn, er hört auf niemanden
► **on ne peut mieux** [aller]bestens; ***je la connais on ne peut mieux*** ich kenne sie bestens, niemand kennt sie besser als ich; ***a-t-il obtenu de bons résultats? – Ça, il faut bien dire qu'on ne peut mieux!*** hat er ein gutes Ergebnis erzielt? – Ja, besser geht es gar nicht!; **il peut y** [**en**] **avoir …** es kann/können … sein; ***il peut y avoir 1 kilomètre/20 kilomètres*** es kann 1 Kilometer/es können 20 Kilometer sein; ***il pouvait y en avoir 300*** es können 300 gewesen sein; **si l'on peut dire** wenn man so sagen darf; **on peut dire que** + *indic* man darf [*o* kann] wohl sagen, dass; ***eh bien, on peut dire qu'elle a du culot!*** na, die hat Mut, das kann man wohl sagen! *fam;* **on ne peut pas dire** so ist es nicht; ***ce n'est pas qu'il soit bête, on ne peut pas dire, mais …*** er ist nicht dumm, das nicht [*o* so ist es nicht], aber …; ***il n'est pas très intelligent, mais, on ne peut pas dire, il mérite son succès*** er ist nicht sehr intelligent, aber er verdient seinen Erfolg, so ist es nicht; **le moins qu'on puisse dire** das Mindeste, was man sagen kann; **il peut se faire que** es kann passieren [*o* geschehen], dass; **qu'est-ce que cela peut te faire?** was geht dich das an?; **qn ne peut rien** [**y**] **faire** jd kann nichts [daran] ändern, jd kann nichts [dagegen] tun; ***il pleut, oui, mais je ne peux rien y faire!*** es regnet, was kann ich dafür [*o* da kann ich doch nichts dran ändern]!; **qn/qc est on ne peut plus …** jd/etw ist äußerst [*o* extrem] …; ***il a été on ne peut plus aimable avec nous*** er war äußerst liebenswürdig zu uns; **qn n'en peut plus** [**de qc**] jd kann nicht mehr [vor etw (*dat*)]; ***elle n'en peut plus de fatigue*** sie kann nicht mehr vor lauter Müdigkeit, sie ist völlig erschöpft; ***je n'en peux plus d'attendre*** ich kann nicht mehr warten, ich bin es leid zu warten; ***nous n'en pouvions plus*** wir konnten einfach nicht mehr; **qc n'en peut plus** etw hat ausgedient; **qui peut le plus peut le moins** *prov* kommt man über den Hund, kommt man auch über den Schwanz; **qn n'y peut rien** (*ne peut y porter remède*) jd kann nichts dagegen tun [*o* nichts machen]; (*n'est pas responsable*) jd kann nichts dafür
IV. *vpr impers* (*apparaître comme une éventualité*): ***cela*** [*o* ***ça*** *fam*] ***se peut/pourrait*** das kann/könnte sein, das ist/wäre möglich; ***non, ça ne se peut pas*** nein, das ist [ganz] unmöglich; nein, das kann nicht sein; ■ **il se peut/pourrait que** + *subj* es kann/könnte sein, dass; es ist/wäre möglich, dass; ***il se pourrait qu'elle vienne*** es könnte sein [*o* wäre möglich], dass sie kommt; möglicherweise kommt sie
► **ça se pourrait bien** das könnte gut [*o* durchaus] sein; ***ça se pourrait bien qu'elle arrive cette nuit*** es wäre durchaus möglich [*o* es könnte gut sein], dass sie in dieser Nacht ankommt; **autant que faire se peut** wenn nur irgend möglich

pouvoir[2] [puvwaʀ] *m* **1.** (*direction du pays*) Regierung *f,* [regierende] Macht; ***le ~ en place a décidé de …*** die derzeitigen Machthaber haben beschlossen, …; ***le parti au ~*** die regierende Partei, die Regierungspartei; ***l'opinion publique n'approuve pas le ~*** die öffentliche Meinung ist mit der Regierung nicht einverstanden; ***ce parti peut revendiquer le ~*** diese Partei kann Regierungsansprüche geltend machen; ***cet homme politique est proche du ~*** dieser Politiker steht der Regierungsspitze nahe; ***après l'arrivée des socialistes au ~*** nachdem die Sozialisten an die Macht [*o* Regierung] gekommen sind
2. (*autorité*) Macht *f;* (*influence*) Einfluss *m;* ■ **~ sur qn** Macht über jdn; Einfluss auf jdn; ***le ~ de la poésie sur le peuple*** die Wirkung der Poesie auf die Menschen; ~ ***paternel*** väterliche [*o* elterliche] Gewalt
3. *gén pl* JUR, POL (*droits*) Befugnisse *pl;* ***la séparation des ~s*** die Gewaltenteilung; ***je n'en ai pas le ~*** dazu bin ich nicht befugt [*o* ermächtigt]; ***en agissant ainsi vous dépassez vos ~s*** wenn Sie das tun, überschreiten Sie Ihre Befugnisse
4. JUR (*procuration*) Vollmacht *f*
5. (*faculté*) Fähigkeit *f;* ***elle a un très grand ~ d'éloquence/de conviction*** sie ist äußerst redegewandt/hat große Überzeugungskraft, ihre Redegewandtheit/Überzeugungskraft ist enorm; ***toute musique a un ~ d'ivresse*** jede Art von Musik vermag zu berauschen; ~ ***d'assimilation*** (*faculté d'intégration*) Fähigkeit zu integrieren, Integrationsvermögen *f;* (*faculté d'apprendre*) Lernfähigkeit; ~ ***colorant*** Farbkraft *f;* ~ ***absorbant*** Saugfähigkeit; ~ ***calorifique*** Heizwert *m;* ~ ***couvrant d'une peinture*** Deckvermögen *nt* einer Farbe; ***les chandelles n'ont qu'un bien faible ~ éclairant*** Kerzen geben nur ein schwaches Licht; ■ **qn a le ~ de faire qc** jd kann etw tun, jd ist in der Lage etw zu tun; ***je n'ai pas le ~ de vous aider*** es steht nicht in meiner Macht, Ihnen zu helfen
► ~ **absolu** absolute Gewalt; **bon pour ~** bevollmächtigt; ~ **central** Zentralgewalt *f;* ~**s constitués** bestehende Obrigkeit; ~ **disciplinaire** Disziplinargewalt *f;* ~ **discrétionnaire** Ermessensfreiheit *f,* freies Ermessen; ~**s exceptionnels** Sondervollmachten *pl,* außerordentliche Vollmachten *pl;* ~ **exécutif** Exekutive *f,* ausübende [*o* vollziehende] Gewalt; ~ **judiciaire** Judikative *f,* richterliche Gewalt; ~ **législatif** Legislative *f,* gesetzgebende Gewalt; **qn a plein ~** [**pour faire qc**] JUR jd hat unbeschränkte Vollmacht [etw zu tun]; **pleins ~s** uneingeschränkte Vollmacht; ~**s publics** Staatsorgane *pl,* Behörden *pl;* ~ **spirituel** geistliche Obrigkeit; ~ **temporel** weltliche Obrigkeit; **qn a ~ de** [*o* **pour**] **faire qc** jd ist befugt etw zu tun; **qn accède** [*o* **arrive**] **au ~** jd kommt an die Macht [*o* ans Ruder *fam*]; **qn donne ~ à qn de faire qc** jd bevollmächtigt [*o* ermächtigt] jdn etw zu tun; **qn est au ~** jd ist an der Macht, jd regiert; **qn est en mon/son/… ~** jd ist in meiner/seiner/ihrer/… Gewalt; ***il est en notre ~*** er ist in unserer Gewalt, wir haben ihn in der Hand; **qc est en mon/son/… ~** ich habe/er/sie hat/… über etw (*akk*) Gewalt; /*pensée*/ ich habe/du hast/er/sie hat/… etw in der Gewalt; ***notre sort n'est pas en notre ~*** wir haben keine Macht über unser Schicksal, wir haben unser Schicksal nicht in der Hand; **il est en mon/son/… ~ de faire qc** es steht [*o* liegt] in meiner/seiner/ihrer/… Macht, etw zu tun; **qn exerce le ~** jd ist an der Macht; ***depuis que ce parti exerce le ~*** seit diese Partei regiert; **qn prend le ~** jd ergreift [*o* übernimmt] die Macht; **qn tient qn en son ~** jd hat jdn in der Hand
◆ **pouvoir d'achat** Kaufkraft *f;* **pouvoir de concentration** Konzentrationsfähigkeit *f;* **pouvoir de décision** Entscheidungsbefugnis *f,* Entscheidungsgewalt *f*

Præsidium [pʀezidjɔm] *m* ► ~ **du Soviet suprême** das Präsidium des Obersten Sowjets

pragmatique [pʀagmatik] **I.** *adj* pragmatisch; ***il est très ~ dans son action*** er geht sehr pragmatisch vor
II. *mf* (*personne*) Pragmatiker(in) *m(f)*
III. *f* LING Pragmatik *f*

pragmatisme [pʀagmatism] *m* Pragmatismus *m*

pragmatiste [pʀagmatist] **I.** *adj* pragmatisch
II. *mf* Pragmatist(in) *m(f)*

Prague [pʀag] Prag *nt*

praire [pʀɛʀ] *f* Venusmuschel *f*

prairie [pʀeʀi] *f* Wiese *f;* ■ **la** [**Grande**] **P~** die Prärie

praline [pʀalin] *f* (*amande*) gebrannte Mandel; (*chocolat fourré*) Praline *f*
► **cucul la ~** *fam* blöd *fam,* doof *fam;* ***il fait un peu cucul la ~*** er ist ein ziemlicher Doofi *fam*

praliné, e [pʀaline] **I.** *adj amande, noisette* gebrannt; *crème, glace, gâteau* mit Haselnussgeschmack
II. *m* Nugatcremetorte *f*

praséodyme [pʀazeɔdim] *m* CHIM Praseodym *nt*

praticabilité [pʀatikabilite] *f* (*en véhicule*) Befahrbarkeit *f;* (*à pied*) Begehbarkeit *f;* [*terrain de sport*] Bespielbarkeit *f*

praticable [pʀatikabl] **I.** *adj* **1.** (*utilisable*) benutzbar; *terrain de sport a.* bespielbar; (*en véhicule*) befahrbar; (*à pied*) begehbar; *gué* passierbar
2. (*exécutable*) durchführbar, realisierbar; *moyen* brauchbar
3. ARCHIT, THEAT *fenêtre, porte* praktikabel; *arcade, décor a.* begehbar
II. *m* **1.** (*décor*) Praktikabel *nt*
2. CINE, TV Dolly *m,* Kamerawagen *m*

praticien, ne [pʀatisjɛ̃, jɛn] *m, f* Praktiker(in) *m(f);* ART Gehilfe/Gehilfin *m/f;* MED praktizierender Arzt/praktizierende Ärztin

pratiquant, e [pʀatikɑ̃, ɑ̃t] **I.** *adj* praktizierend; ***des chrétiens/catholiques ~s*** praktizierende Christen/Katholiken *pl;* ***il est très/peu ~*** er geht häufig/selten in die Kirche
II. *m, f* Kirchgänger(in) *m(f);* ***cette religion compte 20 millions de ~s*** diese Religion hat 20 Millionen Anhänger

pratique [pʀatik] **I.** *adj* **1.** (*commode*) praktisch; *solution a.* brauchbar; *emploi du temps* günstig
2. (*réaliste*) praktisch; ***il n'a aucun sens ~*** er ist völlig unpraktisch, er hat keinerlei praktische Veranlagung; ***dans la vie ~*** im täglichen Leben; ***c'est un esprit ~*** er/sie ist ein praktischer Mensch
3. (*opp: théorique*) *connaissance, jugement* praktisch; *philosophie* angewandt; ***exercices ~s*** praktische Übungen *pl;* ***cours de langue ~*** praxisbezogener Fremdsprachenunterricht; ***travaux ~s*** Übung *f;* ***guide ~*** Handbuch *nt*

II. *f* 1. (*opp: théorie*) Praxis *f*; ***c'est par la ~ que je suis parvenu à la connaissance de mon métier*** ich habe mir meine Berufskenntnisse in der Praxis erworben
2. (*expérience*) [praktische] Erfahrung; ***je crains qu'il n'ait perdu la ~*** ich fürchte, er ist aus der Übung; ***elle a la ~ du monde*** [*o* ***de la bonne société***] sie verkehrt in der Highsociety ['haisə'saiəti]; ***elle a une longue ~ des élèves*** sie hat langjährige Erfahrung mit Schülern; ***qn a la ~ du métier depuis longtemps*** jd hat langjährige Berufserfahrung; ***il manque de ~ orchestrale/ de la conduite*** ihm fehlt es [noch] an Orchestererfahrung/Fahrpraxis (*dat*)
3. (*procédé*) Praktik *f*; (*coutume*) Gepflogenheit *f*; ***c'était une ~ courante*** das war allgemein [so] üblich, das war gang und gäbe; ***des ~s odieuses/ répandues*** abscheuliche/weit verbreitete Praktiken
4. (*exercice*) [*médecine, science*] Ausüben *nt*, Ausübung *f*; [*sport a.*] [Be]treiben *nt*; ***la ~ de l'escrime/ du cheval/ du golf*** das Fechten/Reiten/Golfspielen; ***je n'ai pas la ~ du tennis*** ich kann nicht Tennis spielen; ***~ illégale de la médecine*** illegale Ausübung des Arztberufs, illegales Praktizieren; ***la ~ d'art peut être enrichissant*** Kunst zu machen kann etwas Bereicherndes sein
5. REL Praktizieren *nt*
▶ **qn met qc en ~** *idée, résolution* jd setzt etw in die Praxis [*o* Tat] um; **dans la** [*o* **en**] **~** in der Praxis

pratiqué, e [pʀatike] *adj*: ***la politique ~e par le président*** die Politik des Präsidenten; die Politik, die der Präsident verfolgt; ***les prix ~s dans les supermarchés*** die Preise der Supermärkte; die Preise, die in den Supermärkten verlangt werden; ***le golf est très ~*** Golf ist weit verbreitet, Golf ist sehr beliebt; ***les violences ~es dans les prisons*** die Misshandlungen in den Gefängnissen

pratiquement [pʀatikmɑ̃] *adv* 1. (*en réalité*) praktisch gesehen, de facto
2. (*presque*) praktisch *fam*, so gut wie

pratiquer <1> [pʀatike] I. *vt* 1. (*exercer*) ■ **qn pratique qc** *métier, sport* jd übt etw aus; *langue* jd spricht etw; ***il n'est pas facile pour un musulman de ~ sa religion ici*** es ist für einen Moslem nicht einfach hier seine Religion auszuüben [*o* hier zu praktizieren]; ***il pratique le tennis/ football/ golf*** er spielt Tennis/Fußball/Golf; ***ils pratiquaient aussi l'astronomie et la médecine*** sie befassten sich auch mit Astronomie und Medizin; ***qn pratique une littérature réaliste/ naturaliste*** jd macht realistische/naturalistische Literatur, jd hat einen realistischen/naturalistischen Stil; ***qn pratique la peinture*** jd malt; ***depuis qu'elle pratique la musique elle est plus calme*** seit sie musiziert, ist sie ruhiger
2. (*mettre en pratique*) ■ **qn pratique qc** *philosophie, règle* jd wendet etw [praktisch] an; *méthode a.* jd praktiziert etw; *politique* jd betreibt etw; ***qn pratique la charité/ justice/ l'indulgence*** jd übt Barmherzigkeit/Gerechtigkeit/Nachsicht
3. (*faire*) ■ **qn pratique qc** *ouverture, trou* jd macht etw; MED *intervention* jd nimmt etw vor; *massage cardiaque* jd führt etw durch; ***le chirurgien a pratiqué l'opération*** der Chirurg hat operiert [*o* die Operation durchgeführt]; ***une discipline médicale pratiquée depuis longtemps*** eine schon seit langem praktizierte medizinische Methode
4. (*utiliser*) ■ **qn pratique qc** jd bedient sich einer S. (*gen*); *méthode a.* jd wendet etw an; *prix* jd verlangt etw; ***il pratique un genre de vie des plus modestes*** er führt ein sehr bescheidenes Leben; ***n'essaie pas de ~ le chantage/ bluff avec moi*** versuche nicht mich zu erpressen/bluffen
5. *vieilli* (*fréquenter*) ■ **qn pratique qn/qc** *auteur* jd liest jdn [gern und viel]; *personne* jd hat engen Umgang mit jdm, jd hat mit jdm zu tun; ***il pratique la haute société*** er verkehrt in der gehobenen Gesellschaft; ***il pratique la montagne*** er geht oft bergsteigen
II. *vi* 1. MED ■ **qn pratique** jd praktiziert, jd übt seinen Beruf aus
2. REL ■ **qn pratique** jd geht in die Kirche, jd praktiziert
III. *vpr* ■ **qc se pratique quelque part** etw ist irgendwo üblich; /*prix a.*/ etw wird irgendwo verlangt; /*langage, langue*/ etw wird irgendwo gesprochen; REL etw wird irgendwo ausgeübt; ***comme cela se pratique en général*** wie das normalerweise üblich ist; ***le vaudou se pratique encore dans cette région*** der Voodoo-Kult wird in dieser Gegend noch betrieben [*o* gepflegt]

pré [pʀe] *m* Wiese *f*
▶ **qn mène un animal au ~** jd führt ein Tier auf die Weide

pré- [pʀe] *préf* 1. + *subst* Vor- + *subst*; ***~-adolescence/ -rinçage*** Vorpubertät *f*/Vorspülen *nt*; ***~cambrien*** Präkambrium *nt*; ***~retraité*** Frührentner *m*; ***~-campagne électorale*** Kampagne *f* im Vorfeld der Wahl
2. + *adj* prä- + *adj*; ***~cambrien/ ~colombien/ ~natal*** präkambrisch/präkolumbianisch/pränatal; ***~glaciaire*** voreiszeitlich; ***des examens ~-conjugaux*** ärztliche Untersuchung vor der Eheschließung; ***visite ~natale*** Schwangerschaftsvorsorgeuntersuchung *f*
3. + *vb* vor-

préalable [pʀealabl] I. *adj entretien* vorangehend; *inquiétude* anfänglich; ***je voudrais votre accord/ avis ~*** ich hätte gerne vorher Ihre Zustimmung/Meinung; ***condition/ question/ inscription ~*** Vorbedingung/-frage/-anmeldung *f*; ***sans avis ~*** ohne Vorankündigung; ***il passe toujours un coup de fil ~ avant de venir*** er ruft immer kurz an, bevor er kommt; ***je vais lui écrire une lettre ~*** ich werde mich ihm/ihr durch einen Brief ankündigen
II. *m* (*condition*) [Vor]bedingung *f*
▶ **au ~** zuvor, zunächst; **sans** [**aucun**] **~** bedingungslos, ohne [jedwede] Bedingung

préalablement [pʀealabləmɑ̃] *adv* zunächst, vorher; ■ **~ à qc** vor etw (*dat*)

préambule [pʀeɑ̃byl] *m* 1. JUR [*contrat, loi*] Präambel *f*
2. (*entrée enmatière*) [*discours*] Vorrede *f*, Einleitung *f*; ***après un bref ~*** nach ein paar einleitenden Worten; ***pas de ~, passons au fait!*** keine langen Vorreden, kommen wir zur Sache!
3. (*prélude*) [*événement*] Vorspiel *nt*
▶ **sans ~** ohne Umschweife

préamplificateur [pʀeɑ̃plifikatœʀ] *m* Vorverstärker *m*

préau <x> [pʀeo] *m* [Innen]hof *m*; [*école*] überdachter Pausenhof [*o* Schulhof]; ***sous le ~*** unter dem Dach [*o* der Überdachung] des Schulhofs

préavis [pʀeavi] *m* JUR Kündigung *f*; ***délai de ~*** Kündigungsfrist *f*; ***~ de licenciement*** fristgemäßes Kündigungsschreiben [*o* Entlassungsschreiben]; ***~ de grève*** Streikankündigung *f*
▶ **sans ~** (*sans avertir*) ohne Vorankündigung; JUR ohne Einhaltung der Kündigungsfrist; ***il a été licencié sans ~*** er wurde fristlos entlassen

prébende [pʀebɑ̃d] *f littér* einträglicher Posten, Pfründe *f*; REL Pfründe

précaire [pʀekɛʀ] *adj* unsicher; *position, situation a.* ungewiss, prekär *geh*; *paix* gefährdet; *bonheur* zerbrechlich; *santé* bedenklich; JUR *possesseur, possession* Fremd-, mittelbar; ***son nouvel emploi reste ~*** sein/ihr neuer Arbeitsplatz bleibt unsicher

précairement [pʀekɛʀmɑ̃] *adv disposer de* mittelbar; ***la population fut ~ relogée sous des tentes*** die Bevölkerung wurde vorübergehend in Zelten untergebracht

précarité [pʀekaʀite] *f* [*ressources*] Ungewissheit *f*; [*emploi, situation, tranquillité a.*] Unsicherheit *f*; [*bonheur*] Zerbrechlichkeit *f*; JUR Unmittelbarkeit *f* [des Besitzverhältnisses]; ***la ~ de la paix est évidente*** es ist offensichtlich, dass der Frieden gefährdet ist; ***la ~ de sa santé*** sein/ihr bedenklicher Gesundheitszustand

précaution [pʀekosjɔ̃] *f* (*disposition prévoyante*) Vorsichtsmaßnahme *f*, [Sicherheits]vorkehrung *f*; ***avec lui des ~s s'imposent*** bei ihm ist Vorsicht geboten; ***il a eu la ~ de placer son argent*** er war so umsichtig [*o* vorsichtig], sein Geld anzulegen
▶ **~s oratoires** stilistische Ausweichmanöver *pl*; **qn s'entoure de ~s** [**contre qn/qc**], **qn prend des** [*o* **ses**] **~s** [**contre qn/qc**] jd trifft Vorkehrungen [gegen jdn/etw], jd sichert sich [gegen jdn/etw] ab; **qn prend ses ~s** *euph* jd geht vorsichtshalber noch einmal [auf die Toilette], jd verschwindet kurz [noch] einmal *fam*; **avec ~** vorsichtig; **par ~** vorsichtshalber; **pour plus de ~** um ganz sicher zu gehen; **sans ~** unvorsichtig, unachtsam

précautionner <1> [pʀekosjɔne] *vpr littér* ■ **qn se précautionne contre qn/qc** *contre le vol, l'incendie, les voleurs* jd sichert sich gegen jdn/etw ab; *contre le froid, la maladie* jd schützt sich vor etw (*dat*)

précautionneusement [pʀekosjɔnøzmɑ̃] *adv littér* mit [größter] Vorsicht; ***il faut te servir ~ de cet appareil*** du musst sehr vorsichtig [*o* behutsam] mit diesem Apparat umgehen

précautionneux, -euse [pʀekosjɔnø, -øz] *adj littér geste* behutsam; *personne* umsichtig

précédemment [pʀesedamɑ̃] *adv* vorher

précédent, e [pʀesedɑ̃, ɑ̃t] I. *adj* vorhergehend; *article, discours, film a.* vorangegangen; *année, jour* vorige(r, s), Vor-; ***le mois ~*** [im] vorigen [*o* letzten] Monat; ***l'article est dans le numéro ~*** der Artikel steht in der letzten [*o* vorherigen] Nummer; ***comme les années ~es*** wie in den Vorjahren
II. *m* vergleichbarer [*o* ähnlicher] Fall
▶ **qn/qc crée un ~** jd/etw schafft einen Präzedenzfall; **sans ~** noch nie da gewesen

précéder <5> [pʀesede] I. *vt* 1. (*venir avant*) ■ **qc précède qc** (*dans le temps*) etw geht einer S. (*dat*) voran [*o* voraus]; (*dans l'espace*) etw befindet sich vor einer S. (*dat*); ***le jour qui précédait leur départ*** am Tag vor [*o* am Vortag] ihrer Abreise; ***l'article précède le nom*** der Artikel steht vor dem Nomen; ■ **qc est précédé(e) de qc**: ***la constitution est précédée d'un préambule*** die Verfassung wird von einer Präambel eingeleitet, vor der Verfassung befindet sich eine Präambel; ■ **qn fait ~ qc de qc** jd lässt einer S. (*dat*) etw vorangehen [*o* vorausgehen]; ***il fait ~ son arrivée d'une lettre*** er lässt seiner Ankunft einen Brief vorausgehen
2. (*devancer*) ■ **qn précède qn** [**quelque part**] (*dans l'espace*) jd geht/fährt vor jdm her [irgendwohin], jd geht/fährt jdm [irgendwohin] voran [*o* voraus]; (*dans le temps*) jd tut etw vor jdm; ***je vais vous ~ pour vous montrer le chemin*** ich werde vorangehen um Ihnen den Weg zu zeigen; ***je préfère que vous me précédiez*** es ist mir lieber, Sie gehen/fahren voraus [*o* vor mir]; ***elle m'a précédé de quelques minutes*** sie war wenige Minuten vor mir da; ***j'allais vous téléphoner, mais vous m'avez précédé*** ich wollte Sie soeben anrufen, aber Sie sind mir zuvorgekommen; ***vous l'avez précédé sur cette voie*** Sie haben vor ihm diesen Weg beschritten
II. *vi* ■ **qc précède** etw geht voraus [*o* voran]; ***les jours qui précédaient*** an den Tagen zuvor, an den vorangehenden Tagen; ***dans le chapitre qui précède*** im vorangehenden Kapitel

précepte [pʀesɛpt] *m* Prinzip *nt*, Grundsatz *m*; REL Gebot *nt*; ***il aime à donner de bons ~s*** er erteilt gerne gute Lehren; ***qn observe*** [*o* ***suit***] ***un ~*** jd folgt einem Prinzip; ***qn observe les ~s qu'on lui a imposés/ les ~s en usage dans la société*** jd hält sich an die Regeln, die man ihm auferlegt hat/an die gesellschaftlichen Regeln

précepteur, -trice [pʀesɛptœʀ, -tʀis] *m, f* Hauslehrer(in) *m(f)*; HIST Hofmeister *m*

préchauffage [pʀeʃofaʒ] *m* [*four*] Vorheizen *nt*; [*moteur diesel*] Vorglühen *nt*

préchauffer <1> [pʀeʃofe] *vt* ■ **qn préchauffe qc** *four* jd heizt etw vor; *diesel* jd glüht etw vor

prêche [pʀɛʃ] *m* Predigt *f*; *hum* [Moral]predigt

prêcher <1> [pʀeʃe] I. *vt* ■ **qn prêche qc** *l'Évangile, croisade* jd verkündet etw; *fraternité, haine, patience* jd predigt etw; ***il prêchera l'avent/ le carême/ la retraite*** er wird während der Adventszeit/Fastenzeit/Exerzitien predigen [*o* die Predigt halten]; ***tu peux toujours ~ la bonne parole, …*** *hum* du kannst predigen so viel du willst, …
II. *vi* ■ **qn prêche** [**quelque part**] REL jd predigt [irgendwo]; *hum* jd hält [ir-

gendwo] Moralpredigten *pl;* ***X a beaucoup prêché*** X hat viele Predigten gehalten

prêcheur, -euse [pʀɛʃœʀ, -øz] I. *adj fam personne, ton* moralisierend
II. *m, f* Moralist(in) *m(f),* Moralprediger(in) *m(f)*

prêchi-prêcha [pʀeʃipʀeʃa] *m inv péj* Moralpredigten *pl,* [ständiges] Gepredige *fam*

précieusement [pʀesjøzmɑ̃] *adv* sorgsam

précieux, -euse [pʀesjø, -jøz] I. *adj* 1. *bois, pierre, métal* Edel-; *objet, qualité, aide, ami, collaborateur, conseil, outil* wertvoll; *temps, moment* kostbar; ***objet*** ~ Wertgegenstand *m,* Kostbarkeit *f*
2. (*affecté*) *genre, personne* geziert, affektiert; *style a.* gespreizt, manieriert; LITTER *écrivain, salon* preziös
II. *f* HIST, LITTER ■ **les précieuses** die Preziosen

préciosité [pʀesjozite] *f* 1. (*affectation*) Geziertheit *f,* Affektiertheit *f;* ***la ~ du style de cet auteur*** der gespreizte [*o* gekünstelte] [*o* manierierte] Stil dieses Autors
2. LITTER Preziosität *f*

précipice [pʀesipis] *m* Abgrund *m*

précipitamment [pʀesipitamɑ̃] *adv* hastig; *partir, s'enfuir* überstürzt

précipitation [pʀesipitasjɔ̃] *f* 1. (*hâte*) Hast *f,* Überstürztheit *f;* ***sans*** ~ in aller Ruhe, ohne Hast
2. CHIM Niederschlag *m,* [Aus]fällung *f*
3. *pl* METEO Niederschläge *pl*
▶ **avec** ~ voller Hast, überstürzt; ***le criminel s'enfuit avec*** ~ der Verbrecher floh Hals über Kopf; ***si tu n'étais pas parti avec une telle*** ~ wenn du nicht derart überstürzt weggelaufen wärst

précipité [pʀesipite] *m* CHIM Niederschlag *m,* [Aus]fällung *f*

précipité, e [pʀesipite] *adj* 1. (*hâtif*) *fuite* überstürzt; *décision, départ a.* übereilt; *personne* voreilig
2. (*accéléré*) *pas, pouls, rythme* beschleunigt; ***sa respiration était ~e*** sein/ihr Atem ging schnell

précipiter <1> [pʀesipite] I. *vt* 1. (*faire tomber*) ■ **qn/qc précipite qn/qc de qc** *d'une falaise, du haut de la montagne* jd/etw stürzt jdn/etw von etw; ■ **qn/qc précipite qn/qc quelque part** *dans le vide, l'abîme* jd stürzt jdn/etw irgendwohin; *contre un arbre, rocher, le mur* jd/etw schleudert jdn/etw irgendwohin; ***il a précipité le parachutiste hors de l'avion*** er stieß den Fallschirmspringer aus dem Flugzeug; ***l'avalanche a précipité d'énormes rochers dans la vallée*** die Lawine schleuderte riesige Felsbrocken zu Tal; ***elle l'a précipité du haut de la tour dans le vide*** sie stürzte ihn vom Turm in die Tiefe
2. (*plonger*) ■ **qc précipite qn quelque part** *dans le malheur, chaos, la guerre, révolution* etw stürzt jdn irgendwohin; ***la passion le précipita dans les bras de cette femme*** die Leidenschaft trieb ihn in die Arme dieser Frau
3. (*accélérer*) ■ **qn/qc précipite qc** *départ, mouvement, pas, rythme* jd/etw beschleunigt etw; ***il ne faut rien*** ~ man soll nichts überstürzen
4. CHIM ■ **qc précipite qc** etw fällt etw [aus]
II. *vi* CHIM ■ **qc précipite** etw fällt aus
III. *vpr* 1. (*s'élancer*) ■ **qn/qc se précipite de qc** *d'une falaise, du haut de la montagne* jd stürzt sich von etw hinab [*o* hinunter], etw stürzt von etw; ■ **qn/qc se précipite quelque part** *dans le vide, l'abîme* jd stürzt sich irgendwohin [hinab] [*o* hinunter], etw stürzt irgendwohin [hinab] [*o* hinunter]; ***le Rhône se précipite du haut des montagnes*** die Rhone stürzt von den Bergen herab; ***elle se précipita du haut de la tour dans le vide*** sie stürzte sich vom Turm in die Tiefe
2. (*se jeter*) ■ **qn/qc se précipite quelque part** *à la porte, sur le balcon, dans la rue* jd/etw stürzt irgendwohin; ***il s'est précipité au-devant d'elle*** [***o vers elle***]/***à son secours*** er stürzte ihr entgegen/er eilte ihm/ihr zu Hilfe; ***elle s'est précipitée sur moi/dans mes bras*** sie stürzte sich auf mich/in meine Arme
3. (*s'accélérer*) ■ **qc se précipite** /*pas, pouls, respiration, rythme*/ etw beschleunigt sich, etw wird schneller; ***les événements se précipitent*** die Ereignisse überstürzen sich
4. (*se dépêcher*) ■ **qn se précipite** jd beeilt sich; ***ne nous précipitons pas!*** nur keine Eile!; ***pourquoi tant se*** ~? warum diese Eile?

précis, e [pʀesi, iz] I. *adj* 1. (*juste*) genau; *description, donnée, indication a.* präzise; *instrument a.* exakt; *diagnostic, vocabulaire* treffend; *demande, ordre* klar, eindeutig; *geste* präzise; ***je n'ai pas encore d'idée ~e*** ich habe noch keine klare [*o* feste] Vorstellung; ***il a un tir*** ~ er ist treffsicher; ***à 10 heures ~es*** pünktlich um 10 Uhr, um Punkt 10 Uhr; ***indice*** ~ fester Anhaltspunkt
2. (*net*) *bruit* deutlich; *contours a.* klar; *dessin, trait* genau; *style* präzise, klar und knapp; ***les gestes ~ de cet artisan*** die genauen [*o* präzisen] Handgriffe dieses Kunsthandwerkers
II. *m* (*manuel*) Handbuch *nt*

précisément [pʀesizemɑ̃] *adv* 1. (*au moment même*) gerade; ***je venais ~ de sortir quand ...*** ich hatte gerade das Haus verlassen, als ...
2. (*exactement*) genau; ***c'est ~ ce que je cherchais*** das ist genau das, wonach ich suchte; ***ce roman n'est pas ~ un chef d'œuvre*** dieser Roman ist nicht gerade [*o* nicht wirklich] ein Meisterwerk; ***très*** ~ ganz genau; ***c'est lui ~ qui m'a conseillé cette démarche*** eben er hat mir diesen Schritt empfohlen; ***vous êtes ~ l'homme que je cherchais*** Sie sind genau der Mann, den ich suche
▶ [**ou**] **plus** ~ [oder] genauer gesagt; ~! *fam* [ganz] genau!

préciser <1> [pʀesize] I. *vt* 1. (*fixer avec précision*) ■ **qn précise qc** [**à qn**] *date, heure, lieu, durée* jd teilt [jdm] etw genau mit; ***pouvez-vous me ~ l'heure d'arrivée/la date?*** können Sie mir die genaue Ankunftszeit/das genaue Datum mitteilen?
2. (*rendre plus précis*) ■ **qn précise qc** *fait* jd stellt etw klarer [*o* deutlicher] dar, jd präzisiert etw *geh; point, idée a.* jd formuliert etw klarer; *intention* jd bringt etw klarer zum Ausdruck; ■ **qn précise que** + *indic* jd stellt klar, dass; ■ **qn précise:** ***l'attentat a eu lieu à trois heures dix, précise le commissaire*** das Attentat fand genau um drei Uhr zehn statt, präzisiert [*o* erläutert] der Kommissar; ***précisez!*** werden Sie deutlicher!, drücken Sie sich deutlicher [*o* klarer] aus!
II. *vpr* ■ **qc se précise** etw zeichnet sich klarer ab; /*menace*/ etw wird deutlicher; /*situation*/ etw klärt sich; /*idée*/ etw wird klarer

précision [pʀesizjɔ̃] *f* 1. (*justesse*) Genauigkeit *f;* [*geste, style a.*] Präzision *f;* ***la ~ du vocabulaire*** die genaue Wortwahl; ***la ~ de ses tirs est telle que*** + *indic* er/sie ist so treffsicher, dass; ***veuillez formuler votre demande avec*** ~ formulieren Sie Ihre Bitte klar und deutlich; ***cet instrument n'est pas d'une très grande*** ~ dieses Instrument ist nicht sehr genau
2. (*netteté*) [*contours, dessin, trait*] Deutlichkeit *f;* ***cette carte a été dessinée avec une grande*** ~ diese Karte ist sehr deutlich [gezeichnet]
3. *souvent pl* (*détail*) Detail *nt,* [genauere] Angabe; ***une ~ intéressante*** ein interessantes Detail
▶ **avec** ~ genau, präzise *geh;* **de** ~ Präzisions-

précité, e [pʀesite] *adj* oben genannt, oben erwähnt

précoce [pʀekɔs] *adj* 1. (*opp: tardif*) *plante, variété* früh; *saison, gelée a.* zeitig; ***fruits ~s*** früh reifendes Obst, Frühobst *nt*
2. (*prématuré*) *calvitie, sénilité, rides* vorzeitig [*o* verfrüht] auftretend; *mariage* früh[zeitig]; ***démence*** ~ Jugendirresein *nt,* Dementia praecox *f spec*
3. (*en avance par rapport à l'âge*) *enfant* frühreif; *sentiment* früh

précocement [pʀekɔsmɑ̃] *adv* frühzeitig

précocité [pʀekɔsite] *f* [*fruit, plante, variété*] frühe [*o* zeitige] Reife; [*gelée, saison*] frühes [*o* frühzeitiges] Einsetzen; [*enfant*] Frühreife *f;* [*sénilité*] [vor]zeitiger Beginn; ~ ***intellectuelle/sexuelle*** geistige/geschlechtliche Frühreife; ***la ~ de notre mariage*** unsere frühe Eheschließung

précompte [pʀekɔ̃t] *m* Einbehaltung *f,* Abzug *m*
▶ ~ **mobilier** Vorabsteuer *f*

précompter <1> [pʀekɔ̃te] *vt* ■ **qn précompte qc** [**sur qc**] jd zieht etw [von etw] ab, jd behält etw ein

préconçu, e [pʀekɔ̃sy] *adj* 1. *péj* (*avec parti pris*) *idée, opinion* vorgefasst
2. (*préétabli*) *plan* fest, fertig

préconiser <1> [pʀekɔnize] *vt* ■ **qn préconise qc** [**à qn**] *mode de vie, solution, politique, plan* jd befürwortet etw, jd tritt [jdm gegenüber] für etw ein; *méthode, produit, remède* jd empfiehlt [jdm] etw

précontraint, e [pʀekɔ̃tʀɛ̃, ɛ̃t] I. *adj* vorgespannt; ***béton*** ~ Spannbeton *m*
II. *m* Spannbeton *m;* ***pont en*** ~ Spannbetonbrücke *f*

précuit, e [pʀekɥi, kɥit] *adj* vorgekocht; ***produits ~s*** Fertigprodukte *pl*

précurseur [pʀekyʀsœʀ] I. *adj seulement m* ■ ~ **de qc** einer S. (*dat*) vorangehend; ***événement ~ de qc*** Auftakt *m* zu etw; ***signe ~ de qc*** Vorbote *m* einer S. (*gen*); ***qc est ~ de qc*** etw kündigt etw an, etw geht einer S. (*dat*) voran; ***l'éclair est*** [***le signe***] ***~ de l'orage*** der Blitz kündigt das Gewitter an [*o* geht dem Gewitter voraus]
II. *m* (*pionnier*) Wegbereiter(in) *m(f),* Pionier(in) *m(f)*

prédateur, -trice [pʀedatœʀ, -tʀis] I. *adj animal, oiseau* Raub-; ***végétal*** ~ Schmarotzerpflanze *f,* Parasit *m;* ***une espèce/race est ~trice d'une autre*** eine Art/Rasse ist der natürliche Feind einer anderen; ***l'araignée est ~trice des mouches*** die Spinne ernährt sich [*o* lebt] von Fliegen
II. *m, f* Räuber *m*

prédécesseur [pʀedesesœʀ] *m* Vorgänger(in) *m(f)*

prédécoupé, e [pʀedekupe] *adj* ■ **qc est** ~ /*planche*/ etw ist [schon] zugeschnitten; /*viande*/ etw ist [schon] vorgeschnitten

prédestination [pʀedɛstinasjɔ̃] *f* Vorherbestimmung *f;* PHILOS, REL Prädestination *f,* [göttliche] Vorherbestimmung

prédestiné, e [pʀedɛstine] *adj* ■ **qn est** ~ jd ist vor[her]bestimmt; REL jd ist auserwählt [*o* auserkoren]; ■ **qn est ~ à qc** *à un destin, mode de vie* jd ist für [*o* zu] etw prädestiniert; *à un métier a.* jd ist wie geschaffen für etw; ■ **qn est ~ à faire qc** jd ist dazu vor[her]bestimmt [*o* prädestiniert], etw zu tun

prédestiner <1> [pʀedɛstine] *vt* ■ **qn/qc prédestine qn/qc à qc** *à un destin, métier, mode de vie* jd/etw prädestiniert [*o* bestimmt] jdn/etw für [*o* zu] etw; ■ **qn/qc prédestine qn/qc à faire qc** jd/etw prädestiniert jdn/etw dazu, etw zu tun; REL jd erwählt jdn dazu aus, etw zu tun

prédétermination [pʀedetɛʀminasjɔ̃] *f* PHILOS Determination *f;* REL Vorherbestimmung *f,* Prädestination *f*

prédéterminer <1> [pʀedetɛʀmine] *vt* ■ **qn/qc prédétermine qc** *acte, comportement, décision, volonté* jd/etw bestimmt etw [vorher]

prédicat [pʀedika] *m* LOGIQUE, LING Prädikat *nt*

prédicateur, -trice [pʀedikatœʀ, -tʀis] *m, f* Prediger(in) *m(f)*

prédicatif, -ive [pʀedikatif, -iv] *adj* prädikativ; *phrase* Prädikativ-

prédication [pʀedikasjɔ̃] *f* 1. REL (*activité*) Predigen *nt;* ***la ~ de l'Évangile*** die Verkündigung des Evangeliums
2. REL (*sermon*) Predigt *f*

prédiction [pʀediksjɔ̃] *f* Voraussage *f,* Prophezeiung *f*

prédigéré, e [pʀediʒeʀe] *adj* vorverdaut

prédilection [pʀedilɛksjɔ̃] *f* ■ ~ **pour qn/qc** Vorliebe *f* [*o* Schwäche *f*] für jdn/etw
▶ **de** ~ Lieblings-; ***un attrait de*** ~ eine ganz besondere Anziehung

prédire *<irr>* [pʀediʀ] *vt* ■ **qn/qc prédit qc** [**à qn**] jd/etw prophezeit [jdm] etw, jd sagt [jdm] etw vorher; *avenir a.* jd sagt [jdm] etw voraus; ***la météo n'avait pas prédit cette tempête*** der Wetterbericht hatte diesen Sturm nicht vorhergesagt [*o* angekündigt]; ■ **qn prédit que** + *indic* jd sagt vorher, dass; jd prophezeit, dass; ***je vous prédis qu'il va réussir*** ich sage [*o* prophezeie] Ihnen [schon heute], dass er Erfolg haben wird; ***je vous avais bien prédit que*** ich hatte Ihnen/euch ja prophezeit [*o* ja gleich gesagt], dass

prédisposer <1> [pʀedispoze] *vt* ■ **qc prédispose qn à** [**o pour**] **qc** *à* *une activité, attitude, un mode de vie* etw prädestiniert jdn zu [*o* für] etw, etw schafft bei jdm die Voraussetzungen für etw; *à une maladie* etw macht jdn besonders anfällig für etw; ***l'imagination prédispose à la pratique des arts*** Fantasie ist eine gute Voraussetzung dafür, Kunst zu machen; ■ **qc prédispose qn à** [*o* **pour**] **faire qc** jd ist durch etw dazu bestimmt, etw zu tun; ■ **qc prédispose qn en faveur de qn** etw nimmt jdn für jdn ein; ***cela me prédispose en votre faveur*** dies nimmt mich für Sie ein; ■ **qn est prédisposé(e) à qc** jd ist zu [*o* für] etw prädestiniert; ■ **qn est prédisposé(e) à faire qc** jd bringt die Voraussetzungen dafür mit, etw zu tun; jd ist dafür geschaffen, etw zu tun

prédisposition [pʀedispozisjɔ̃] *f* ■ ~ **à** [*o* **pour**] **qc** *à une activité, un art, mode de vie, pour les études* besondere Veranlagung [*o* Anlage] für etw; *pour une maladie* besondere Anfälligkeit für etw; ■ ~ **à** [*o* **pour**] **faire qc** besondere Veranlagung [*o* Anlage] dafür, etw zu tun; ~ ***à être malade*** besondere Anfälligkeit für Krankheiten; ***il a des ~s musicales*** er hat eine musikalische Veranlagung

prédominance [pʀedɔminɑ̃s] *f* Dominieren *nt*, Vorherrschen *nt*; ***la ~ du vert*** das Vorherrschen [*o* Dominieren] [*o* Überwiegen] der Grüntöne; ***race avec ~ d'éléments méridionaux*** Rasse *f* mit überwiegend südländischen Elementen; ***la ~ des États-Unis/de la bourgeoisie dans ...*** die Vormachtstellung [*o* Vorrangstellung] der USA/des Bürgertums in ...

prédominant, e [pʀedɔminɑ̃, ɑ̃t] *adj* dominierend; *passion, souci* größte(r, s); *qualité* hervorstechend; *préoccupation* Haupt-; ***ce parti a cessé d'exercer une influence ~e*** diese Partei hat keinen großen Einfluss mehr; ***puisque c'est l'avis ~*** nachdem dies die vorherrschende Meinung ist, nachdem diese Meinung dominiert

prédominer <1> [pʀedɔmine] *vi* ■ **qc prédomine** [**dans qc**] */tendance, avis, esprit/* etw herrscht [irgendwo] vor; */couleur, impression a./* etw überwiegt; */groupe social, pays/* etw dominiert; ***le souci qui dans mon esprit prédomine est ...*** meine größte Sorge ist ...; ***le sport qui prédomine en France*** die in Frankreich am weitesten verbreitete Sportart; ***le maïs prédomine dans cette région*** in dieser Gegend wird hauptsächlich [*o* überwiegend] Mais angebaut; ***le temps d'aujourd'hui: les nuages prédomineront*** das Wetter heute: überwiegend bewölkt; ■ **qn prédomine** jd ist stärker

préélectoral, e <-aux> [pʀeelɛktɔʀal, o] *adj* Wahl-

préemballé, e [pʀeɑ̃bale] *adj* [verkaufsfertig] abgepackt

prééminence [pʀeeminɑ̃s] *f* [*doctrine, nation, pensée*] Vorrangstellung *f*; ***la ~ économique d'un État*** die wirtschaftliche Vormachtstellung eines Staates

▸ **qn/qc a la ~ sur qn/qc** jd/etw beherrscht jdn/etw; **qn donne** [*o* **accorde**] **la ~ à qc** jd gibt einer S. (*dat*) den Vorrang, jd räumt einer S. (*dat*) den Vorrang ein

prééminent, e [pʀeeminɑ̃, ɑ̃t] *adj littér rang* herausragend; *influence* übermächtig

préemption [pʀeɑ̃psjɔ̃] *f* Vorkauf *m*; ***droit de ~*** Vorkaufsrecht *nt*

préencollé, e [pʀeɑ̃kɔle] *adj* vorgeleimt

préétablir <8> [pʀeetabliʀ] *vt* ■ **qn/qc préétablit qc** jd/etw legt etw vorher fest

préexistant, e [pʀeɛgzistɑ̃, ɑ̃t] *adj* [bereits] vorhanden [*o* existierend]

préexistence [pʀeɛgzistɑ̃s] *f* vorherige Existenz, Vorhandensein *nt*; PHILOS, REL Präexistenz *f*

préexister <1> [pʀeɛgziste] *vi* ■ **qn/qc préexiste** jd/etw ist bereits vorhanden, jd/etw existiert bereits; ■ **qn/qc préexiste à qn/qc** jd/etw ist vor jdm/etw vorhanden; ■ **qn/qc préexiste dans qn** [*o* **chez qn**]/**dans qc** jd/etw existiert bereits in jdm/etw, jd/etw ist bereits in jdm/etw vorhanden; ***le papillon préexiste dans la chenille*** der [spätere] Schmetterling existiert bereits in der Raupe

préfabrication [pʀefabʀikasjɔ̃] *f* Fertigbau *m*, Vorfertigung *f*

préfabriqué, e [pʀefabʀike] **I.** *adj* **1.** TECH *élément* Fertig-, vorgefertigt; ***maison ~e*** Fertighaus *nt*

2. *péj* (*faux*) *accusation* frei erfunden; *sourire* aufgesetzt; ***ces accusations sont ~es*** diese Anschuldigungen sind reines Machwerk

II. *m* **1.** (*matériau*) Fertig[bau]teil *nt*

2. (*bâtiment*) Fertigbau *m*

préface [pʀefas] *f* Vorwort *nt*

préfacer <2> [pʀefase] *vt* ■ **qn préface qc** jd schreibt das Vorwort zu etw

préfacier [pʀefasje] *m* Verfasser(in) *m(f)* des Vorworts

préfectoral, e <-aux> [pʀefɛktɔʀal, o] *adj*: ***administration ~e*** Präfektur[verwaltung *f*] *f*; ***arrêté ~*** Erlass *m* [*o* Verordnung *f*] des Präfekten; ***le corps ~*** die Präfekten *pl*; ***par mesure ~e*** durch Verfügung der Präfekturverwaltung; ***l'institution ~e date de Napoléon*** die Präfekturen stammen aus der Zeit Napoleons

préfecture [pʀefɛktyʀ] *f* **1.** (*chef-lieu de département*) Sitz *m* der Präfektur

2. (*résidence du préfet*) Präfektur *f*

3. (*fonctions*) Präfektur *f*; ***son père avait occupé une ~*** sein/ihr Vater war Präfekt

▸ ~ **maritime** ≈ Sitz *m* einer Marinedivision [*o* des Küstenbefehlshabers]

◆ **préfecture de police** Polizeipräfektur *f*

préférable [pʀefeʀabl] *adj* ■ **qc est ~** [**à qc**] etw ist besser [als etw], etw ist einer S. (*dat*) vorzuziehen; ■ **il est ~ de faire qc** es ist besser, etw zu tun; ***quand on n'a rien à dire, il est ~ de se taire*** wenn man nichts zu sagen hat, schweigt man besser; ■ **il est ~ que qn/qc fasse qc** es ist besser, jd/etw tut etw; ***il est ~ que je m'en aille*** es ist besser, ich gehe jetzt; ich gehe jetzt wohl besser; ***il serait ~ que le temps ne se gâte pas*** es wäre besser, wenn das Wetter nicht schlechter würde

préférablement [pʀefeʀabləmɑ̃] *adv littér* vorzugsweise, mit Vorliebe

préféré, e [pʀefeʀe] **I.** *adj chanteur, disque, roman, sport* Lieblings-; *ami a.* beste(r, s)

II. *m, f* Liebling *m*; ***elle est la ~e de son père*** sie ist der Liebling ihres Vaters

préférence [pʀefeʀɑ̃s] *f* Vorliebe *f*; ***mes ~s personnelles*** meine persönlichen Vorlieben

▸ **qn a une ~** [*o* **des ~s**] **pour qn/qc** jd hat eine Vorliebe für jdn/etw; ***la prof a une ~ pour un de ses élèves*** die Lehrerin hat eine Vorliebe für einen ihrer Schüler; ***le prof a des ~s parmi ses élèves*** der Lehrer hat Lieblinge unter seinen Schülern [*o* bevorzugt einige seiner Schüler]; **qn n'a pas de ~** [**pour qn/qc**] jd hat keine besondere Vorliebe [für jdn/etw]; ***choisissez entre ces deux tableaux, moi, je n'ai pas de ~*** wählen Sie zwischen diesen zwei Bildern, ich ziehe keines [von beiden] vor [*o* ich habe keine besondere Vorliebe [für eines von beiden]]; **qn n'a pas de ~** (*c'est égal*) es ist jdm gleich [*o* egal] *fam*; ***on va au théâtre ou au ciné? – Je n'ai pas de ~*** gehen wir ins Theater oder ins Kino? – Das ist mir gleich; **qn a la ~ sur qn** jd wird jdm vorgezogen; ***il a eu la ~ sur moi*** er wurde mir vorgezogen; **qn accorde** [*o* **donne**] **la ~ à qn/qc** jd zieht jdn/etw vor, jd gibt jdm/etw den Vorzug; ***il donne la ~ au travail plutôt qu'aux loisirs*** er zieht die Arbeit der Muße vor; **qn fait des ~s**: ***j'aime bien ma prof parce qu'elle ne fait pas de ~s*** ich mag meine Lehrerin, weil sie keine Lieblinge hat [*o* niemanden bevorzugt]; **de ~** vorzugsweise, möglichst; **de ~ à** lieber als; ***je lis des récits de voyage de ~ à des romans policiers*** ich lese lieber Reiseberichte als Krimis

préférentiel, le [pʀefeʀɑ̃sjɛl] *adj tarif* Vorzugs-, Sonder-; ***elle bénéficie d'un traitement ~*** sie wird bevorzugt behandelt

préférentiellement [pʀefeʀɑ̃sjɛlmɑ̃] *adv littér* bevorzugt; ***elle a été choisie ~ en raison de son âge*** sie wurde aufgrund ihres Alters vorgezogen

préférer <5> [pʀefeʀe] *vt* **1.** (*aimer mieux*) ■ **qn préfère qn/qc** [**à qn/qc**] jd bevorzugt jdn/etw, jd zieht jdn/etw [jdm/etw] vor; ***je préfère la ville à la campagne*** ich ziehe die Stadt dem Land vor, ich lebe lieber in der Stadt als auf dem Land; ***je préfère la mer à la montagne*** [***pour les vacances***] ich fahre [in den Ferien] lieber ans Meer als in die Berge; ***je préfère le théâtre à toute autre distraction*** ich ziehe Theaterbesuche allen anderen Unterhaltungen vor, Theaterbesuche sind meine liebste Unterhaltung; ***que préférez-vous, du thé ou du café?*** was möchten Sie lieber trinken [*o* was hätten Sie lieber], Tee oder Kaffee?; ■ **qn préfère faire qc** [**que de faire qc**] [*o* **qu'à faire qc**] jd tut etw lieber [als etw anderes], jd zieht [es] vor, etw zu tun [als etw anderes zu tun]; ***je préfère aller me promener que d'aller au cinéma*** ich gehe lieber spazieren als ins Kino; ***je préfère mourir plutôt que d'être violent*** lieber will ich sterben als Gewalt anwenden; ■ **qn préfère que qn fasse qc** jdm ist es lieber, jd tut etw [*o* wenn jd etw tut]; ***je préfère que tu le fasses, toi*** mir ist es lieber, du machst das [*o* wenn du das machst]; ■ **qn préfère qn ...** + *compl de manière* jdm gefällt jd ... besser, jd bevorzugt jdn ...; ***je te préfère avec les cheveux courts/un peu plus grosse*** mir gefällst du mit kurzen Haaren besser/mir gefällst du besser, wenn du etwas dicker bist

2. (*prospérer mieux dans*) ■ **qc préfère qc** */arbre, plante, végétation/* etw bevorzugt etw; ***cette plante préfère les terrains sablonneux/le climat humide/l'ombre*** diese Pflanze bevorzugt sandige Böden/feuchtes Klima/Schatten, diese Pflanze wächst [*o* gedeiht] besonders gut auf sandigem Boden/bei [*o* in] feuchtem Klima/im Schatten

▸ **comme vous préférez/tu préfères** ganz wie Sie wollen/ihr wollt/du willst; **si vous préférez/tu préfères** wenn es Ihnen/euch/dir lieber ist

préfet [pʀefɛ] *m* Präfekt *m*; ***elle a été nommée ~*** sie wurde zum Präfekten ernannt

▸ ~ **apostolique** Apostolischer Präfekt; ~ **maritime** ≈ Küstenbefehlshaber *m*, kommandierender Admiral der Marinestation

◆ **préfet de police** Polizeipräfekt *m* von Paris

préfète [pʀefɛt] *f*: ***Madame la ~*** die Frau Präfekt

préfigurer <1> [pʀefigyʀe] *vt* ■ **qc préfigure qc** etw lässt etw ahnen

préfixation [pʀefiksasjɔ̃] *f* Präfigieren *nt spec*

préfixe [pʀefiks] *m* Präfix *nt*, Vorsilbe *f*

préfixer <1> [pʀefikse] *vt* **1.** LING ■ **qn préfixe qc** jd versieht etw mit einem Präfix [*o* einer Vorsilbe], jd präfigiert etw *spec*

2. JUR ■ **qn préfixe qc** *délai, terme* jd setzt [*o* legt] etw fest

préhensile [pʀeɑ̃sil] *adj queue, trompe, organe* Greif-; ***la trompe de l'éléphant est ~*** der Rüssel des Elefanten ist ein Greifrüssel

préhension [pʀeɑ̃sjɔ̃] *f* Greifen *nt*; ***organe de ~*** Greiforgan *nt*

préhistoire [pʀeistwaʀ] *f* Vorgeschichte *f*

préhistorique [pʀeistɔʀik] *adj* **1.** HIST vorgeschichtlich, prähistorisch

2. *péj* (*suranné*) *idée, machine, temps, voiture* vorsintflutlich *fam*

préindustriel, le [pʀeɛ̃dystʀijɛl] *adj* vorindustriell

préjudice [pʀeʒydis] *m matériel* Schaden *m*; ~ ***moral*** ideeller Schaden; ~ ***matériel*** [materieller] Schaden; ***~s physiques*** körperliche Schäden *pl*; ***ce ~ financier l'a obligé à vendre*** diese finanzielle Einbuße [*o* dieser finanzielle Verlust] hat ihn zum Verkauf gezwungen; ***cette cicatrice était pour elle un grave ~ esthétique*** sie empfand diese Narbe als einen groben Schönheitsfehler

▸ **qn cause un ~ à qn/qc** jd fügt jdm/etw Schaden zu; **qc cause un ~ à qn/qc** etw richtet bei jdm/etw Schaden an; ***cet orage de grêle a causé un grave ~ à la récolte*** dieses Hagelunwetter hat große Schäden bei der Ernte angerichtet, durch dieses Hagelunwetter hat die Ernte großen Schaden erlitten; **qn/qc porte ~ à qn/qc** jd/etw fügt jdm/etw Schaden zu, jd/etw schadet jdm; ***les aboiements de chiens portent ~ à la tranquillité des voisins*** das Hundegebell stört [*o* beeinträchtigt] die Ruhe der Nachbarn; **qn/qc subit un ~** jd/etw trägt Schaden davon, jd/etw erleidet Schaden; ***j'ai subi un grave ~ financier*** ich habe schwere finanzielle Verluste [*o* Einbußen] erlitten; **qn/qc subit le ~ de qc** jd ist der/die Leidtragende einer S. (*gen*)/etw leidet unter etw (*dat*); **au ~ de qn/qc** zu jds Nachteil [*o* Ungunsten]/

zum Nachteil einer S. (*gen*), zuungunsten eines Menschen/einer S. (*gen*) [*o* von jdm/einer S.]; **sans ~ de qc** ungeachtet einer S. (*gen*), unbeschadet einer S. (*gen*)

préjudiciable [pʀeʒydisjabl] *adj* ■ ~ [à qn/qc] [jdm/etw] schädlich, [jdm/etw] abträglich *geh*, nachteilig [für jdn/etw]; ***qc m'est*** ~ etw schadet mir, etw gereicht mir zum Nachteil *geh*; ***une erreur*** ~ ein Irrtum, der von Nachteil ist [*o* der sich nachteilig auswirkt]

préjugé [pʀeʒyʒe] *m* Vorurteil *nt*; ***il est rempli de ~s*** er steckt voller Vorurteile; ■ **~ de qc**: ~ ***de classe, race*** Standes-/Rassenvorurteil

▶ **qn bénéficie d'un ~ favorable** jd hat einen Bonus; jdm eilt ein guter Ruf voraus[, für den er nichts kann]; ***X, bénéficiant d'un ~ favorable, ...*** X, dem die positive Meinung, die man von ihm hatte, zugute kam...; **qn a un ~ contre qn** jd ist jdm gegenüber voreingenommen; **qn a des ~s [contre qn/qc]** jd hat Vorurteile [gegen jdn/etw]; **sans** ~ unvoreingenommen

préjuger <2 a> [pʀeʒyʒe] *vt, vi* ■ **qn préjuge [de] qc** jd schätzt etw ein, jd sieht etw vorher; ***je suis incapable de ~ [de] la conduite à tenir*** mir ist es unmöglich abzuschätzen, wie wir uns verhalten sollen; ***autant qu'on peut en*** ~ soweit man es im voraus beurteilen [*o* sagen] kann, soweit man es einschätzen kann; ***son attitude ne laisse rien ~ de sa décision*** seine/ihre Haltung gibt keinen Hinweis auf seine/ihre Entscheidung

prélasser <1> [pʀelɑse] *vpr* ■ **qn se prélasse [quelque part]** jd macht es sich [irgendwo] bequem

prélavage [pʀelavaʒ] *m* Vorwäsche *f*

prélèvement [pʀelɛvmɑ̃] *m* **1.** MED, SCI [*eau*] Probe *f*; [*sang a.*] Abnahme *f*; [*organe*] Entnahme *f*; ***le chirurgien a fait un ~ de tissu*** der Chirurg hat eine Gewebeprobe entnommen

2. FIN (*retenue*) Abzug *m*, Einbehaltung *f*; (*somme retenue*) Abzugsbetrag *m*, abgezogener [*o* einbehaltener] Betrag; (*retrait*) Abhebung *f*; (*somme retirée*) abgehobener Betrag; ~ ***bancaire*** Bankauftrag *m*; ~ ***automatique*** Einzugsverfahren *nt*, Abbuchungsverfahren *nt*, Lastschrifteinzugsverfahren; ~ ***fiscal*** Steuerabzug, Steuererhebung *f*

▶ ~ **compensatoire** Ausgleichsabschöpfung *f*; ~ **forfaitaire** Pauschalabzug *m*; **~s obligatoires** FIN gesetzliche [Sozial]abgaben *pl*

◆ **prélèvement à la source** Quellenbesteuerung *f*

prélever <4> [pʀel(ə)ve] *vt* ■ **qn prélève qc [sur qc]** *somme, pourcentage* jd zweigt etw [von etw] ab, jd nimmt etw [von etw] weg; MED *organe, tissu* jd entnimmt etw; *sang* jd nimmt etw ab; ***on a prélevé des échantillons*** man hat Proben entnommen; ■ **qc est prélevé(e) [sur qc]** FIN etw wird [von etw] abgezogen; ***ces factures sont automatiquement prélevées sur mon compte bancaire*** diese Rechnungen werden automatisch von meinem Konto abgebucht; ***ce montant est prélevé sur le salaire*** dieser Betrag wird vom Lohn abgezogen

préliminaire [pʀeliminɛʀ] **I.** *adj réunion, enquête* Vor-, vorbereitend; *discours a.* einleitend; ***après de longues négociations ~s*** nach langen Vorverhandlungen [*o* Präliminarien]; ***ce peintre part de peintures ~s dans lesquelles ...*** der Maler nimmt bereits vorhandene Bilder, in die er ...

II. *mpl* [*négociations, paix*] Präliminarien *pl*

prélude [pʀelyd] *m* **1.** (*prologue*) [*événement*] Vorspiel *nt*, Auftakt *m*; [*maladie*] Vorbote *m*; ■ **~ à qc** Vorbereitung *f* auf etw (*akk*)

2. MUS Präludium *nt*

préluder <1> [pʀelyde] *vi* **1.** MUS ■ **qn prélude** jd singt/spielt sich ein; ■ **qn prélude par qc** jd singt/spielt etw zur Einleitung

2. *soutenu* (*annoncer*) ■ **qc prélude à qc** etw bildet den Auftakt zu etw

prématuré, e [pʀematyʀe] **I.** *adj* vorzeitig, [zu] früh; *démarche, nouvelle* verfrüht, voreilig; ■ **il est ~ de faire qc** es ist noch zu früh, etw zu tun; ***il serait ~ d'agir dès maintenant*** es wäre verfrüht, jetzt bereits zu handeln

II. *m, f* (*enfant né avant terme*) Frühgeburt *f*

prématurément [pʀematyʀemɑ̃] *adv* vorzeitig, vor der Zeit; ***la maladie l'a enlevé ~ à notre affection*** die Krankheit hat ihn viel zu früh von uns genommen

prémédication [pʀemedikasjɔ̃] *f* Beruhigungsmittel *nt* [vor der Anästhesie]

préméditation [pʀemeditasjɔ̃] *f* Absicht *f*; JUR Vorsatz *m*; ***elle a agi sans la moindre*** ~ sie hat ganz spontan gehandelt

▶ **avec** ~ vorsätzlich, mit Vorbedacht

prémédité, e [pʀemedite] *adj crime* vorsätzlich; *réponse, réaction* wohl überlegt

préméditer <1> [pʀemedite] *vt* ■ **qn prémédite qc** jd plant etw; ■ **qn prémédite de faire qc** jd plant [*o* trägt sich mit dem Gedanken] etw zu tun

prémices [pʀemis] *fpl littér* [*sentiment, vie*] Anfänge *pl*; [*saison*] Beginn *m*

premier, -ière [pʀəmje, -jɛʀ] **I.** *adj antéposé* **1.** (*opp: dernier*) erste(r, s); ***demain à la ~ière heure*** morgen in aller Frühe; ***il n'est plus de la ~ière jeunesse*** er ist nicht mehr der Jüngste [*o* nicht mehr ganz jung]; ***dans les ~s temps*** anfangs, in der ersten Zeit; ***sa vocation ~ière*** seine/ihre eigentliche Bestimmung; ***dans le ~ hôtel [venu]*** im erstbesten [*o* ersten] Hotel; ***aux ~ières loges*** ganz vorn; ***au ~ plan*** im Vordergrund; ***le président français a rencontré le chancelier allemand, le ~ a fait des propositions concrètes*** der französische Präsident ist mit dem deutschen Kanzler zusammengetroffen, Ersterer hat konkrete Vorschläge gemacht

2. (*numéral ordinal*) erste(r, s); ***la ~ière page du journal*** die Titelseite der Zeitung; ***les ~s rudiments des mathématiques*** die Grundbegriffe der Mathematik

3. (*en tête*) *classe, clerc, commis, consul, secrétaire, violon* erste(r, s); *magistrat* oberste(r, s); *cause, intéressé, problème* Haupt-; ***la ~ière qualité d'un chef est ...*** die wichtigste Eigenschaft eines Chefs ist ...; ***de ~ choix*** [*o* ***~ière qualité***] erstklassig, erlesen; ***des vêtements/marchandises/de la porcelaine de ~ choix*** Kleider *pl*/Waren *pl*/Porzellan *nt* erster Wahl; ***de ~ ordre*** erstrangig, ersten Ranges, erstklassig; ***l'objectif ~*** das wichtigste Ziel, das Hauptziel; ***c'est le ~ écrivain français vivant*** er ist der derzeit führende französische Schriftsteller; ***elle a obtenu le ~ prix*** sie hat den ersten Preis erhalten; ~ ***rôle*** Hauptrolle *f*; ***le ~ personnage de l'État*** der oberste Amtsträger; ***le ~ constructeur automobile*** der führende Automobilhersteller; ***au ~ chef*** in erster Linie, vor allem; ***il faut d'abord satisfaire aux ~s besoins*** man muss zuerst die Grundbedürfnisse stillen; ***cette affaire me concerne au ~ chef*** diese Sache geht in erster Linie mich an

II. *m, f* **1.** (*opp: dernier*) ■ **le/la ~(-ière)** der/die/das Erste; ***elle est arrivée la ~ière*** sie war die Erste, sie war zuerst da; ***le ~ à droite, c'est moi*** der Erste von rechts, das bin ich; ***passez le ~!*** gehen Sie vor[an]!

2. (*le meilleur*) ■ **le/la ~(-ière)** der/die/das Beste; ***je suis la ~ière en math*** ich bin die Beste in Mathe

▶ ~ **venu/~ière venue** Erstbeste(r, s); ***ce n'est pas le ~ venu*** er ist nicht der erste Beste, das ist nicht [gerade] irgendjemand *fam*; ***il m'a trompée avec la ~ière venue*** er hat mich mit der ersten Besten betrogen

III. *m* **1.** (*étage*) erster Stock, erste Etage; ***au ~*** im ersten Stock

2. (*aîné*) Erste(r, s) *f(m, nt)*, erstes Kind

3. (*jour*) Erste(r) *m*; ***le ~ du mois/de l'an*** am Monatsersten/Neujahrstag

4. [*charade*] erste Silbe

▶ **le/la ~(-ière) de cordée** der/die Führer(in) der Seilschaft; **le ~ en date** der Allererste; **bon ~** mit Abstand der/die/das Erste; **~ concerné(e)** direkt betroffen; **les ~s seront les derniers** die Ersten werden die Letzten sein; **jeune ~** (*séducteur*) jugendlicher Liebhaber; (*jeune vedette*) Jungstar *m*; **en ~** (*avant les autres*) zuerst, als Erste(r, s); (*pour commencer*) zunächst, als Erstes

IV. *f* ■ **première** **1.** (*manifestation sans précédent*) erstmaliges Ereignis; ***c'est une ~ière*** das ist erstmalig

2. THEAT, CINE Premiere *f*

3. SPORT erstes Rennen

4. TRANSP erste Klasse; ***un billet de ~ière*** eine Fahrkarte/ein Flugticket *nt* erster Klasse

5. SCOL ≈ 11. Klasse (*vorletzte Klasse im Gymnasium in Frankreich*)

6. COUT Direktrice *f*

7. AUT erster Gang; ***qn est/passe en ~ière*** jd fährt im ersten Gang/schaltet in den ersten Gang; ***j'ai dû passer en ~ière*** ich musste in den ersten Gang [zurück]schalten

8. ALPIN Erstbesteigung *f*

9. (*semelle*) Brandsohle *f*

▶ **grande ~ière** Galapremiere *f*; **~ière mondiale** Weltereignis *nt*; **qc est de ~ière** etw ist ausgezeichnet [*o* erstklassig]; **qn/qc est de ~ière pour qc/faire qc** *fam* jd/etw ist einsame Spitze bei etw [*o* unübertroffen in etw (*dat*)]/, wenn es darum geht, etw zu tun *fam*

premièrement [pʀəmjɛʀmɑ̃] *adv* **1.** (*en premier lieu*) als Erstes, zunächst

2. (*et d'abord*) im Übrigen; ~ ***tu n'avais qu'à le faire toi-même*** dann hättest du es doch grade selbst gemacht *fam*

premier-né, première-née <~s-~s> [pʀəmjene, pʀəmjɛʀne] *m, f* Erstgeborene(r) *f(m)*, Älteste(r) *f(m)*

prémisse [pʀemis] *f* Voraussetzung *f*, Prämisse *f geh*

prémolaire [pʀemɔlɛʀ] *f* vorderer Backenzahn

prémonition [pʀemɔnisjɔ̃] *f* [Vor]ahnung *f*, Vorgefühl *nt*

prémonitoire [pʀemɔnitwaʀ] *adj symptômes* erste(r, s); ***signe ~*** Vorzeichen *nt*; ***qc apparaît ~ de qc*** etw kündigt etw an; ***qn a fait un rêve ~*** jd hat etwas im Traum vorausgesehen

prémunir <8> [pʀemyniʀ] **I.** *vt* **1.** (*mettre en garde*) ■ **qn prémunit qn [contre qc]** *contre un danger, risque* jd warnt jdn [vor etw (*dat*)]

2. (*protéger*) ■ **qn/qc prémunit qn [contre qc]** *contre une maladie, la contagion* jd/etw schützt jdn [vor etw (*dat*)] [*o* gegen etw]; ■ **qc prémunit [qn] contre qc** /*vaccin, vaccination*/ etw schützt [jdn] vor etw (*dat*) [*o* gegen etw]

II. *vpr* (*se protéger*) ■ **qn se prémunit [contre qc]** jd schützt sich [gegen etw] [*o* vor etw (*dat*)]

prenable [pʀənabl] *adj rare forteresse, ville* einnehmbar; ***facilement ~*** leicht einzunehmen

prenant, e [pʀənɑ̃, ɑ̃t] *adj* **1.** (*captivant*) *film, lecture, livre, roman* fesselnd, packend

2. (*absorbant*): ***une activité ~e/un travail ~*** eine Tätigkeit/Arbeit, die zeitraubend ist und einen stark in Anspruch nimmt

prénatal, e <s *o* -aux> [pʀenatal, o] *adj* Schwangerschafts-; ***dispositions ~es*** vorgeburtliche Maßnahmen *pl*; ***examen*** [*o* ***visite***] ~ Schwangerschaftsvorsorgeuntersuchung *f*

prendre <13> [pʀɑ̃dʀ] **I.** *vt + avoir* **1.** (*saisir*) ■ **qn prend qc [quelque part] [pour faire qc]** jd nimmt etw [irgendwo] [um etw zu tun]; ***il a pris le marteau dans la boîte à outils*** er hat den Hammer aus der Werkzeugkiste genommen; ***je lui ai pris l'arme des mains*** ich habe ihm/ihr die Waffe aus der Hand genommen; ***prends tes lunettes pour lire!*** nimm deine Brille zum Lesen!; ■ **qn prend qc ...** *à pleine main, entre ses doigts, du bout des doigts, avec la bouche, les dents, une pince* jd nimmt etw ...; ***prenez le marteau par le manche*** nehmen sie den Hammer am Griff; ■ **qn prend qn ...** *par le bras, la taille* jd nimmt jdn ...; ***il avait pris sa victime à la gorge*** er hatte sein Opfer an der Kehle gepackt

2. (*absorber*) ■ **qn prend qc** *cachet, médicament, remède, poison* jd nimmt etw; *boisson, café* jd trinkt etw; *nourriture* jd isst etw; *repas* jd nimmt etw ein; ***vous prendrez bien quelque chose?*** Sie trinken doch ein Gläschen/essen doch eine Kleinigkeit?; ***je ne prends pas de sucre avec mon café*** ich nehme keinen Zucker in den Kaffee, ich trinke meinen Kaffee ohne Zucker; ***je n'ai rien pris depuis hier*** ich habe seit gestern nichts zu mir genommen

3. (*aller chercher*) ■ **qn prend/va ~ qn [quelque part]** jd holt jdn [irgendwo] ab

4. (*emporter*) ■ **qn prend qc** jd nimmt etw; ***inutile de ~ ton manteau/parapluie*** du brauchst deinen Mantel/Regenschirm nicht mitzunehmen
5. TRANSP ■ **qn prend qc** jd fährt mit etw; *train, métro, ascenseur a.* jd nimmt etw; *avion* jd nimmt etw, jd fliegt mit etw; ***je préfère ~ le train/la voiture/l'avion*** ich fahre lieber mit dem Zug/mit dem Auto/ich fliege lieber, ich nehme lieber den Zug/das Auto/das Flugzeug; ***qn prend le volant*** jd setzt sich ans Steuer [*o* hinters Lenkrad]
6. (*dérober*) ■ **qn prend qc [à qn]** *argent, idée* jd nimmt etw, jd nimmt jdm etw weg; *place a.* jd nimmt etw ein; ***il avait pris ma place de rédacteur pour quelques mois*** er hatte ein paar Monate lang meinen Platz als Redakteur eingenommen; ***tu m'as pris mon idée*** du hast mir meine Idee gestohlen [*o* geklaut *fam*]
7. SPORT ■ **qn prend qc à qn** *ballon* jd nimmt jdm etw ab; ■ **qn prend qc [de qn]** *témoin* jd übernimmt etw [von jdm]; ***il prend le service de l'adversaire*** (*au tennis*) er durchbricht den Aufschlag des Gegners
8. (*capturer*) ■ **qn prend un animal** *gibier* jd erlegt ein Tier; *poisson, mouches* jd fängt ein Tier; ■ **qn prend qc** MIL *forteresse, ville* jd nimmt etw ein; ■ **qn se fait ~** jd wird gefasst; ■ **[qn/qc est] pris(e) [dans qc]** (*être prisonnier*) [jd/etw ist] [in etw (*dat*)] gefangen; (*être coincé*) [jd/etw ist] [irgendwo] eingeklemmt; ***la souris prise dans le piège*** die in der Falle sitzende [*o* gefangene] Maus; ***l'enfant, la tête prise entre les barreaux, hurlait*** das Kind, dessen Kopf zwischen den Gitterstäben eingeklemmt war, heulte
9. (*se laisser séduire*) ■ **qn se laisse ~ à qc/par qn/qc** *à des flatteries, une parole aimable, par un beau parleur, des belles manières* jd fällt auf jdn/etw (*akk*) herein *fam*, jd lässt sich von jdm/durch etw täuschen
10. (*surprendre*) ■ **qn prend qn ...** *sur le fait, en flagrant délit* jd ertappt jdn ...; ***je l'ai prise en faute alors qu'elle était en train de voler*** ich habe sie beim Stehlen ertappt [*o* erwischt *fam*]; ***il a été pris de court*** [*o* ***au dépourvu***] er war völlig überrascht [*o* unvorbereitet] [*o* überrumpelt *fam*]; ■ **qn/qc prend qn quelque part** jd/etw überrascht jdn irgendwo; ■ **qn/qc prend qn à [*o* en train de] faire qc** jd/etw ertappt [*o* erwischt *fam*] jdn dabei, wie er etw tut; jd/etw ertappt [*o* erwischt *fam*] jdn, als er etw tut; ***que je ne t'y prenne plus!*** dass ich dich nicht noch einmal dabei ertappe [*o* erwische *fam*]!; ***nous avons pris l'ennemi de flanc*** wir haben den Feind von der Seite [her] überrascht; ***j'ai pris le cambrioleur en train de forcer la serrure*** ich habe den Einbrecher dabei erwischt, wie er das Schloss aufbrach *fam*; ***on ne m'y prendra plus!*** das passiert mir nicht noch einmal!
11. (*s'engager dans*) ■ **qn/qc prend qc** *route, raccourci* jd nimmt etw, jd geht/fährt etw; *direction* jd schlägt etw ein; ***nous avons pris l'autoroute/un raccourci*** wir sind [über die] Autobahn/sind eine Abkürzung gefahren; ***il serait temps de ~ la route*** es wird Zeit, dass wir uns auf den Weg machen [*o* dass wir losfahren]
12. (*piloter*) ■ **qn prend qc** *commande, gouvernail* jd übernimmt etw
13. (*acheter*) ■ **qn prend qc [quelque part]** *billet, marchandise, pain, place* jd kauft etw [irgendwo]; *chambre, couchette* jd nimmt etw [irgendwo]; ***il prend de l'essence*** er tankt
14. (*accepter*) ■ **qn/qc prend qn [comme qc]** *locataire* jd/etw nimmt jdn [als etw]; *client a.* jd/etw nimmt jdn [als etw] an; *domestique, secrétaire* jd/etw stellt jdn [als etw] ein; *pensionnaire* jd/etw nimmt jdn auf; *passager* jd/etw nimmt jdn an Bord; ***ce train ne prend pas de voyageurs*** dieser Zug befördert keine Reisenden
15. PHOT ■ **qn prend qn/qc [en qc]**: ***il m'a pris en photo*** er hat ein Foto von mir gemacht, er hat mich fotografiert
16. (*noter, enregistrer*) ■ **qn prend qc [quelque part]** *empreintes* jd nimmt etw; *notes* jd macht etw; *adresse, nom* jd schreibt etw auf, jd notiert etw; *ordre* jd nimmt etw entgegen; ***j'ai pris des renseignements*** ich habe Erkundigungen eingezogen; ***il faut que vous preniez rendez-vous*** Sie müssen sich einen Termin geben lassen; ***as-tu pris des nouvelles de Toni?*** hast du dich nach Toni [*o* nach Tonis Befinden] erkundigt?; ***la couturière a pris mes mesures*** die Schneiderin hat bei mir Maß genommen; ***qn prend sa température*** jd misst Fieber; ***je sais ~ le français en sténo*** ich kann Französisch stenografieren
17. (*obtenir*) ■ **qn prend qc** *travail* jd nimmt etw an; *place* jd nimmt etw ein
18. (*adopter*) ■ **qn prend qc** *décision* jd trifft etw; *air innocent, air fautif* jd setzt etw auf; *mesure* jd ergreift etw; *ton menaçant* jd schlägt etw an; ***qn prend une résolution/des précautions*** jd fasst einen Entschluss/trifft Vorsichtsmaßnahmen; ***qc prend l'apparence/la forme de qc*** etw nimmt die Gestalt/die Form einer S. (*gen*) an; ***vous avez pris la page 39?*** habt ihr die Seite 39 aufgeschlagen?; ***je prends cette position, parce que*** ich vertrete diesen Standpunkt, weil ...
19. (*se lier avec*) ■ **qn prend qn** *un amant, une maîtresse* jd nimmt sich (*dat*) jdn, jd legt sich (*dat*) jdn zu *fam*; ***il a pris pour femme la fille du maire*** er hat die Tochter des Bürgermeisters zur Frau genommen
20. (*acquérir*) ■ **qn/qc prend qc** *couleur* etw nimmt etw an; ***elle en a pris conscience*** sie ist sich dessen bewusst geworden; ***le beurre a pris un goût de rance*** die Butter hat einen ranzigen Geschmack bekommen; ***ici le mot prend un sens tout nouveau*** hier erhält das Wort einen ganz neuen Sinn; ***elle a pris de l'assurance*** sie ist selbstsicherer geworden; ***qn prend de l'autorité*** jd gewinnt an Autorität; ***qn fait qc pour ~ de l'autorité*** jd tut etw um sich (*dat*) Respekt zu verschaffen; ***il prend du poids/ventre*** er nimmt zu/bekommt einen Bauch
21. MED ■ **qc prend qn** etw überkommt jdn; ***les douleurs la prirent*** sie bekam Wehen; ***l'épidémie nous a pris par surprise*** die Epidemie hat uns überrascht; ■ **qn est pris(e) de qc**: ***Anne est prise d'un malaise*** Anne fühlt sich [plötzlich] unwohl
22. (*s'accorder*) ■ **qn prend qc** *plaisir, repos* jd gönnt sich (*dat*) etw; *des congés, vacances* jd nimmt etw; ***elle doit absolument ~ un peu de repos*** sie muss unbedingt etwas ausspannen; ***il va bientôt ~ sa retraite*** er wird bald in den Ruhestand treten; ***prends au moins le temps de manger un peu!*** nimm dir zumindest die Zeit, eine Kleinigkeit zu essen!
23. (*durer*) ■ **qc prend ... [à qn]** etw dauert ..., jd braucht ... für etw; ***ça va me ~ longtemps*** ich werde lange dafür brauchen
24. (*coûter*) ■ **qc prend qc [à qn]** etw kostet [jdn] etw; ***ce travail me prend tout mon temps*** diese Arbeit kostet mich [*o* beansprucht] meine ganze Zeit, diese Arbeit nimmt meine ganze Zeit in Anspruch
25. (*faire payer*) ■ **qn/qc prend qc [à qn] [pour qc]** jd/etw verlangt [von jdm] etw [für etw]; ***pour cette réparation il m'a pris 300 francs*** für diese Reparatur hat er 300 Franc von mir verlangt
26. (*prélever*) ■ **qn prend qc [à qn]** *argent, pourcentage* jd nimmt etw; *commission, cotisation* jd verlangt etw [von jdm]; ■ **qn prend sur qc** *sur son temps, ses économies* jd opfert einen Teil einer S. (*gen*); ***il a pris sur son temps pour venir m'aider*** er hat einen Teil seiner Zeit geopfert um mir zu helfen; ■ **qn prend qc sur qc** jd nimmt etw von etw; *sur le salaire* jd behält etw von etw ein; ■ **qc est pris(e) sur qc** *sur le salaire* etw wird von etw einbehalten; *sur le compte en banque* etw wird von etw abgebucht
27. *fam* (*recevoir, subir*) ■ **qn/qc prend qc** *averse, choc, coup, reproche* jd/etw bekommt [*o* kriegt *fam*] etw ab; ***il a pris la balle/porte en pleine figure*** er hat den Ball/die Tür voll ins Gesicht gekriegt *fam*; ***qu'est-ce que j'ai pris!*** ich hab ganz schön was abgekriegt! *fam*
28. (*traiter*) ■ **qn prend qn/un animal par qc**: ***on ne sait jamais par quel bout le ~*** man weiß nie, wie man ihn anpacken soll *fam*; ***il faut ~ cet enfant par la douceur*** diesem Kind kann man nur sanft beikommen; ***je le prends par son point faible/par sa gourmandise*** ich packe ihn an seinem schwachen Punkt/an seiner Schwäche für gutes Essen *fam*; ***je prends souvent mon chien par la ruse*** ich überliste oft meinen Hund; ***je l'ai prise par les sentiments*** ich habe an ihr Gefühl appelliert
29. (*réagir à*) ■ **qn prend qc ...** *au sérieux, au tragique* jd nimmt etw ...; ***elle a pris la chose bien/mal*** [*o* ***de bonne/mauvaise part***] sie hat es/die Sache gut aufgenommen/übel genommen; ***il faut ~ la vie comme elle vient*** man muss das Leben nehmen, wie es kommt; ***si vous le prenez ainsi*** wenn Sie es so verstehen [*o* auffassen]
30. (*considérer comme*) ■ **qn prend qn/qc pour qc** jd hält jdn/etw für etw; ***vous prenez vos désirs pour des réalités*** Sie halten Ihre Träume für Realität; ***et qu'a-t-il pris pour prétexte?*** und was hat er zum Vorwand genommen [*o* als Vorwand benutzt]?; ***il a pris X pour Y*** er hat X [fälschlicherweise] für Y gehalten, er hat X mit Y verwechselt; ***je n'aime pas qu'on me prenne pour un imbécile*** ich mag es nicht, wenn man mich für einen Dummkopf hält [*o* für dumm verkauft *fam*]; ***pour qui me prends-tu?*** für wen hältst du mich eigentlich?
31. (*assaillir*) ■ **qc prend qn** */doute, faim, vertige/* etw überkommt jdn; */colère, envie a./* etw packt jdn; */panique/* etw ergreift jdn; ***l'envie me prend de faire qc*** ich habe plötzlich Lust etw zu tun; ***le froid commençait à nous ~*** die Kälte kroch in uns hoch; ***il ne se laisse pas ~ par les remords*** ihn plagen keine Gewissensbisse; ■ **qn est pris(e) de qc**: ***elle fut prise de vertige*** ihr wurde schwind[e]lig; ***pris(e) de remords*** von Gewissensbissen geplagt; ***il fut pris de panique*** er geriet in Panik
32. LING (*s'écrire*) ■ **qc prend qc** *un accent aigu/grave, un n, deux l, une cédille* etw schreibt man [*o* schreibt sich] mit etw
► **bien/mal nous prend de faire qc** wir tun gut/schlecht daran, etw zu tun; **qn est bien pris(e)** (*bien attrapé*) jd ist ganz schön hereingefallen; **tel est pris qui croyait ~** *prov* wer andern eine Grube gräbt, fällt selbst hinein; **c'est toujours ça [*o* autant] de pris** *fam* das ist immer noch besser als gar nichts; **j'en prends et j'en laisse** *fam*: ***avec lui j'en prends et j'en laisse*** was er sagt, ist mit Vorsicht zu genießen; man darf nicht alles glauben, was er [so] erzählt; **c'est à ~ ou à laisser** entweder oder, ja oder nein; **il y a à ~ et à laisser** *fam* das ist mit Vorsicht zu genießen; **qn prend qc là où cela se trouve** jd holt sich (*dat*) etw [dort], wo er es kriegen kann *fam*; ***il prend le bonheur/son plaisir là où il se trouve*** er genießt das Leben so, wie es kommt; er holt sich das Glück dort, wo er es kriegen kann *fam*; **à tout ~** im Großen [und] Ganzen, alles in allem; **qn prend sur lui [*o* sur soi] qc/de faire qc** jd nimmt etw auf sich/nimmt es auf sich, etw zu tun; ***ne vous inquiétez pas, je prends ça sur moi!*** seien Sie beruhigt, ich nehme das auf meine Kappe! *fam*; **si vous le prenez ainsi [*o* comme ça]** wenn Sie das so sehen; **qu'est-ce qui lui prend?** was ist denn in jdn gefahren?, was ist denn mit jdm los?; ***ça vous prend souvent?*** haben Sie das öfter?; **qn en prend une** jd hebt [*o* trinkt] [*o* säuft sich (*dat*) *fam*] einen; **on ne m'/t'/l'/... y prendra plus** das passiert mir/dir/ihm/ihr/... nicht noch einmal
II. *vi* **1.** + *avoir* (*réussir*) ■ **qc prend** */film, livre, mode, plaisanterie, spectacle/* etw kommt an, etw findet Anklang, etw zieht *fam*; */bouture/* etw wurzelt an, etw treibt Wurzeln; */vaccin/* etw schlägt an; ***avec moi, ça ne prend pas!*** *fam* das zieht bei mir nicht! *fam*
2. + *avoir* (*s'enflammer*) ■ **qc prend** */feu, incendie/* etw bricht aus; */bois/* etw fängt Feuer; */allumette/* etw entzündet sich
3. + *avoir o être* (*durcir*) ■ **qc prend** */ciment, plâtre/* etw wird fest, etw bindet ab; */crème, mayonnaise, gelée/* etw dickt; */sauce/* etw wird sämig; (*geler*) *rivière, étang* etw friert zu; *glace, crème glacée* etw wird fest
4. + *avoir fam* (*se faire gronder*) ■ **qn prend [pour qn]** [*o* **à la place de qn**] jd wird [an jds Stelle] ausgeschimpft; ***c'est toujours moi qui prends!*** ich krieg's immer ab! *fam*
5. + *avoir* (*se diriger*) ■ **qn prend quelque part** jd geht/fährt irgendwohin; ■ **qc prend quelque part** etw führt irgendwohin; ***prenez à gauche/droite*** biegen Sie [nach] links/rechts ab; ***le sentier prend à droite derrière l'église*** hinter der Kirche biegt der Pfad nach rechts ab
6. + *avoir* (*faire payer*) ■ **qn prend ...** *beaucoup, peu* jd verlangt ...; *cher, bon marché* jd ist ...; ***ce commerçant prend [trop] cher*** dieser Kaufmann ist [zu] teuer; ***cet artisan prend cher de l'heure*** dieser Handwerker verlangt einen hohen Stundenlohn

III. *vpr* **1.** (*s'accrocher*) ■ **qn/qc se prend** [**qc**] **dans qc** jd/etw verfängt sich [mit etw] in etw (*dat*); ***je me suis pris la jupe dans les ronces*** ich habe mich mit meinem Rock in den Dornen verfangen, ich bin mit meinem Rock in den Dornen hängen geblieben; ***le rideau s'est pris dans la fenêtre*** der Vorhang hat sich im Fenster verfangen; ■ **qn/un animal se prend** [**qc**] **dans qc** (*se coincer*) jd/ein Tier verfängt sich in etw (*dat*), jd/ein Tier klemmt sich (*dat*) etw in etw (*dat*) ein; ***qn se prend dans le tapis*** jd bleibt im Teppich hängen; ***la souris s'est prise dans le piège*** die Maus ist in die Falle gegangen; ***je me suis pris le doigt dans la porte*** ich habe mir den Finger in der Tür eingeklemmt; ***le chat s'est pris la patte dans un piège*** die Katze hat sich die Pfote in einer Falle eingeklemmt

2. (*se considérer*) ■ **qn se prend pour qn/qc** *pour un génie, héros, caïd* jd hält sich für jdn/etw; ***pour qui se prend-il?*** für wen hält er sich eigentlich?; ■ **qn se prend ...**: ***ils se prennent trop au sérieux*** sie nehmen sich zu ernst

3. (*procéder*) ■ **qn s'y prend ...** *bien, mal* jd macht etw ..., jd stellt sich ... an; ***tu t'y prends mal*** du stellst dich ungeschickt an, du machst das nicht richtig; ***il s'y est pris bien/mal*** er hat es geschickt/ungeschickt angestellt; ***je ne sais pas comment tu t'y es pris, mais ...*** ich weiß [wirklich] nicht, wie du das angestellt hast, aber ...; ■ **qn s'y prend ...** *à temps, à l'avance* jd kümmert sich ... um etw; ***il s'y est pris à trois reprises*** er hat drei Anläufe unternommen; ***qn sait s'y*** ~ jd weiß, wie es geht [*o* wie man es macht] [*o* wie man es anstellt]; ***qn sait s'y ~ avec qn*** jd weiß jdn zu nehmen; ***avec lui il faut savoir s'y*** ~ ihn muss man zu nehmen wissen

4. (*en vouloir*) ■ **qn s'en prend à qn/qc** *à l'autorité, une organisation, personne, aux traditions* jd macht jdn/etw dafür verantwortlich, jd schreibt [*o* schiebt] jdm/etw die Schuld zu

5. (*s'attaquer*) ■ **qn/un animal s'en prend à qn/un animal/qc** jd/ein Tier greift jdn/ein Tier/etw an; ***ils s'en prennent aux préjugés*** sie kämpfen gegen die Vorurteile an

6. (*être pris*) ■ **qn se prend ...**: ***cet enfant se prend par la douceur*** dieses Kind ist nur sanft beizukommen; ■ **un animal/qc se prend ...**: ***ce médicament se prend avant les repas*** dieses Medikament wird vor den Mahlzeiten [ein]genommen; ***ce poisson se prend au filet*** dieser Fisch wird mit dem Netz gefangen

7. (*se tenir*) ■ **des personnes se prennent ...**: ***ils s'étaient pris par le bras/la main*** sie hatten sich untergehakt/an den Händen gefasst

8. (*se retirer*) ■ **des personnes se prennent qc** *des biens* Menschen nehmen sich (*dat*) [gegenseitig] etw weg, Menschen entreißen sich (*dat*) etw [gegenseitig]; ***les joueurs cherchent à se ~ le ballon*** die Spieler versuchen sich den Ball wegzuschnappen *fam*

9. *littér* (*commencer*) ■ **qn se prend à faire qc** jd beginnt etw zu tun; ***elle se prit à pleurer*** sie begann zu weinen; ■ **qn se prend de qc pour qn**: ***elle se prit d'affection/amitié/de pitié pour lui*** sie begann Zuneigung/Freundschaft/Mitleid für ihn zu empfinden

10. (*se solidifier*) ■ **qc se prend** [**en qc**] etw erstarrt [zu etw]; ***l'eau s'est prise en glace*** das Wasser ist zu Eis erstarrt [*o* ist gefroren]

preneur, -euse [pʀənœʀ, -øz] *m, f* Abnehmer(in) *m(f)*, Käufer(in) *m(f)*; ***ce tableau me plaît, je suis ~euse*** dieses Bild gefällt mir, ich kaufe [*o* nehme] es; ***le bailleur et la ~euse ont signé le contrat de location*** der Vermieter und die [zukünftige] Mieterin haben den Mietvertrag unterzeichnet

▸ **qn trouve** ~ [**pour qc**] jd findet einen Abnehmer [für etw]; **qc trouve** ~ etw wird verkauft, etw findet einen Abnehmer

prénom [pʀenɔ̃] *m* Vorname *m*

▸ ~ **usuel** Rufname *m*

prénommé, e [pʀenɔme] I. *adj* mit dem Vornamen

II. *m, f* Besagte(r) *f(m)*, Obengenannte(r) *f(m)*

prénommer <1> [pʀenɔme] I. *vt* ■ **qn prénomme qn ...** jd gibt jdm den Vornamen ...; ***nous l'avons prénommé comme son grand-père*** wir haben ihn nach seinem Großvater benannt

II. *vpr* ■ **qn se prénomme ...** jd heißt mit Vornamen ...

prénuptial, e <-aux> [pʀenypsjal, jo] *adj*: ***certificat*** ~ [ärztliches] Ehetauglichkeitszeugnis; ***examen*** ~ ärztliche Untersuchung vor der Eheschließung

préoccupant, e [pʀeɔkypɑ̃, ɑ̃t] *adj* Besorgnis erregend

préoccupation [pʀeɔkypasjɔ̃] *f* (*souci*) Sorge *f*, Besorgnis *f*; (*occupation*) Beschäftigung *f*; ***son unique ~, c'était l'argent*** seine/ihre einzige Sorge war das Geld

préoccupé, e [pʀeɔkype] *adj air* besorgt, sorgenvoll; ***tu as l'air*** ~ du siehst besorgt [*o* sorgenvoll] aus; ■ ~ **de** [*o* **par**] **qc/de faire qc** besorgt um etw/darum, etw zu tun

préoccuper <1> [pʀeɔkype] I. *vt* **1.** (*inquiéter*) ■ **qn/qc préoccupe qn** /*avenir, événement, santé, situation*/ jd/etw bereitet jdm Sorge, etw erfüllt jdn mit Sorge [*o* Besorgnis]; ***cet enfant préoccupe beaucoup ses parents*** dieses Kind bereitet [*o* macht] seinen Eltern große Sorge

2. (*absorber*) ■ **qc préoccupe qn** /*activité, idée, travail, question*/ etw beschäftigt jdn sehr; ***cette idée me préoccupe beaucoup plus*** dieser Gedanke beschäftigt mich weit mehr; ***sa toilette le préoccupe plus que l'éducation de ses enfants*** seine Kleider interessieren ihn weit mehr als die Erziehung seiner Kinder

II. *vpr* ■ **qn se préoccupe de qn/qc** jd sorgt sich um jdn/etw; ***il ne s'en préoccupe plus guère*** er macht sich kaum mehr Gedanken darüber, er kümmert sich kaum noch darum; ■ **qn se préoccupe de faire qc** jd bemüht sich darum, etw zu tun

préopératoire [pʀeɔpeʀatwaʀ] *adj* einer Operation vorangehend, präoperativ *spec*

prépa [pʀepa] *f abr de* **classe préparatoire** Vorbereitungsklasse *f* [auf eine der „Grandes Écoles"]

préparateur, -trice [pʀepaʀatœʀ, -tʀis] *m, f* UNIV Laborant(in) *m(f)*

◆ **préparateur(-trice) en pharmacie** pharmazeutisch-technischer Assistent/pharmazeutisch-technische Assistentin

préparatifs [pʀepaʀatif] *mpl* ■ ~ **de qc** *de la fête, manifestation* Vorbereitungen *pl* für etw; ***nous en sommes déjà aux ~ du départ*** wir treffen bereits unsere Reisevorbereitungen; ***les ~ du repas*** die Zubereitung der Mahlzeit

préparation [pʀepaʀasjɔ̃] *f* **1.** (*mise au point*) [*attaque, départ, voyage*] Vorbereitung *f*; [*discours, itinéraire, plan*] Ausarbeitung *f*; [*repas, poisson*] Zubereitung *f*; [*médicament*] Herstellung *f*; [*complot*] [heimliche] Planung; [*peaux, cuirs*] Zurichtung *f*; ***la ~ de l'avenir*** die Zukunftsplanung, die Planung der Zukunft; ***avant de travailler les peaux et les cuirs, on leur fait subir une*** ~ bevor die Häute und das Leder verarbeitet werden, werden sie zugerichtet [*o* präpariert]; ***c'est une affaire délicate, la ~ du terrain s'impose*** die Sache ist heikel, das Terrain muss sorgfältig vorbereitet werden; ***occupe-toi de la ~ de la table!*** kümmere dich ums Tischdecken!

2. SCOL ■ ~ **à qc** *à un examen, une école* Vorbereitung *f* auf etw (*akk*); *à une épreuve sportive a.* Training *nt* für etw ['tʀɛːnɪŋ], Vorbereitung einer S. (*gen*)

3. SCOL: ***elle fait sa ~ latine/française*** sie bereitet einen Text für Latein/Französisch vor

4. CHIM, PHARM *anatomique, chimique, pharmaceutique* Präparat *nt*

▸ ~ **culinaire** kulinarisches Erzeugnis; ~ **militaire** vormilitärische Ausbildung; **qn a qc en** ~ jd hat etw in Vorbereitung; **qc est en** ~ etw ist in Vorbereitung; **sans** ~ unvorbereitet

préparatoire [pʀepaʀatwaʀ] *adj conversation, travail* Vor-; *démarche* vorbereitend; ***cours*** ~ SCOL ≈ 1. Klasse Grundschule; ***classe*** ~ Vorbereitungsklasse *f* [auf eine der „Grandes Écoles"]

préparer <1> [pʀepaʀe] I. *vt* **1.** (*confectionner*) ■ **qn prépare qc** [**à qn**] *boisson* jd bereitet [jdm] etw zu; *repas a., cataplasme* jd bereitet [jdm] etw vor; *café, thé* jd macht [jdm] etw; *médicament, potion* jd stellt etw [für jdn] her; ***plat préparé*** Fertiggericht *nt*; ***le café est déjà préparé*** der Kaffee ist schon gemacht [*o* fertig]

2. (*apprêter*) ■ **qn prépare qc** [**à qn**] *affaires, bagages* jd packt [jdm] etw [zusammen]; *chambre, voiture* jd richtet [jdm] etw her; *gibier, poisson, volaille* jd bereitet etw zu, jd macht etw zurecht; *peaux* jd richtet etw zu; *terre* jd bearbeitet etw

3. (*mettre au point*) ■ **qn prépare qc** [**à qn**] *fête, plan, projet, rentrée, voyage* jd bereitet etw [für jdn] vor; *piège* jd stellt jdm etw; *surprise* jd bereitet etw vor, jd bereitet jdm etw; ***regarde, je t'ai préparé une surprise*** sieh mal, ich habe eine Überraschung für dich; ***ils avaient bien préparé leur complot*** sie hatten das Komplott genau vorbereitet

4. (*travailler à*) ■ **qn prépare qc** *discours* jd bereitet etw vor; *édition, roman* jd arbeitet an etw (*dat*); SCOL, UNIV *cours, leçon* jd bereitet etw vor; *examen, concours a.* jd bereitet sich auf etw (*akk*) vor; *thèse* jd arbeitet an etw (*dat*); ***qn prépare Saint-Cyr*** jd bereitet sich auf die [Aufnahme]prüfung für die Hochschule Saint-Cyr vor

5. (*réserver*) ■ **qn/qc prépare qc à qn** *déception, ennui, surprise* jd/etw bereitet jdm etw; *hum rhume, grippe* jd brütet etw aus *fam*; *iron de joyeuses vacances, jolis lendemains, jolies surprises* jd beschert jdm etw; ***qu'est-ce qu'il est encore en train de nous ~?*** was führt er schon wieder im Schilde?; ***qui peut savoir ce que l'avenir nous prépare!*** wer weiß, was uns die Zukunft bringt!

6. (*entraîner*) ■ **qn/qc prépare qn à qc/à faire qc** *à un événement, examen, une nouvelle* jd bereitet jdn auf etw (*akk*) vor/darauf vor, etw zu tun/durch etw ist jd auf etw (*akk*) vorbereitet/darauf vorbereitet, etw zu tun; ■ [**qn est**] **préparé(e) à qc/à faire qc** [jd ist] auf etw (*akk*) vorbereitet/jd ist darauf vorbereitet, etw zu tun; ***j'y étais préparé*** ich war darauf vorbereitet

II. *vpr* **1.** (*faire des préparatifs*) ■ **qn se prépare** [**à/pour qc**] *à un examen, pour une compétition sportive, un voyage* jd bereitet sich auf etw (*akk*) vor; *pour un rendez-vous, une sortie, un bal, voyage, une fête* jd macht sich für etw zurecht, jd macht sich für etw fertig

2. (*s'habituer*) ■ **qn se prépare à qc** *à une mauvaise nouvelle, au combat, à la mort* jd ist auf etw (*akk*) vorbereitet, jd stellt sich auf etw (*akk*) ein; *au pire a.* jd macht sich auf etw (*akk*) gefasst; ***vous pouvez vous ~ à être appelé*** Sie können damit rechnen [*o* bereiten Sie sich darauf vor], dass Sie angerufen werden

3. (*s'apprêter*) ■ **qn se prépare pour faire qc** jd macht sich fertig [*o* zurecht] um etw zu tun; ■ **qn se prépare à faire qc** jd ist im Begriff etw zu tun, jd schickt sich an etw zu tun *geh*; ***je me prépare à partir*** ich bin im Begriff wegzugehen

4. (*se réserver*) ■ **qn se prépare qc** jd bereitet sich (*dat*) etw; *un ennui a.* jd handelt sich (*dat*) etw ein; ***qn se prépare une déception*** jd wird enttäuscht

5. (*approcher*) ■ **qc se prépare,** ■ **il se prépare qc** /*un événement, une bagarre*/ etw ist im Anzug, etw liegt in der Luft; /*un orage a.*/ etw braut sich zusammen; /*de grandes choses, une tragédie*/ etw bahnt sich an, etw zeichnet sich ab; ***il se prépare quelque chose de louche*** da ist was Zwielichtiges im Gange

6. (*être préparé*) ■ **qc se prépare** /*examen, plan, travail, voyage*/ etw wird vorbereitet; /*cuisine, plat a.*/ etw wird zubereitet

prépondérance [pʀepɔ̃deʀɑ̃s] *f* (*suprématie*) [*groupe, nation, parti*] Vorherrschaft *f*, Vormachtstellung *f*; [*personne*] Vorrangstellung *f*; [*croyance, idée, théorie*] Vorherrschaft *f*; [*tendance à qc, trait de caractère*] Vorherrschen *nt*; ***tu as beaucoup de qualités mais elles sont gâchées par la ~ de ton orgueil*** du hast viele gute Eigenschaften, aber sie werden von deinem übergroßen Stolz überdeckt

prépondérant, e [pʀepɔ̃deʀɑ̃, ɑ̃t] *adj influence, part, rôle* entscheidend, maßgeblich; *voix* ausschlaggebend, entscheidend; ***qn/qc occupe une place***

~*e* jd spielt eine entscheidende Rolle/etw ist von besonderer Bedeutung, jd/etw nimmt eine Vorrangstellung ein

préposé, e [prepoze] *m, f* **1.** (*facteur*) Briefträger(in) *m(f)*, Postbote/-botin *m/f*
2. ADMIN ■ ~ **de** *des douanes, des postes* -beamte(r)/-beamtin *m/f*
3. (*responsable de*) ■ ~ **à qc**: ***la ~e aux vestiaires*** die Garderobenfrau; ***le ~/la ~e aux tickets*** der Kartenverkäufer/die Kartenverkäuferin; ~ ***à la circulation*** Verkehrspolizist *m*

préposer <1> [prepoze] *vt* ■ **qn prépose qn à qc** *à la confection, garde, distribution* jd beauftragt jdn mit etw, jd überträgt jdm etw; ***qn prépose qn au téléphone*** jd überträgt jdm den Telefondienst, jd beauftragt jdn den Telefondienst zu übernehmen; ■ **[qn est] préposé(e) à qc** [jd ist] mit etw beauftragt; ***il est préposé aux machines*** er ist beauftragt [*o* dazu bestimmt], die Maschinen zu bedienen

prépositif, -ive [prepozitif, -iv] *adj* präpositional ***locution ~ive*** Präpositionalgefüge *nt*, präpositionale Wendung

préposition [prepozisjɔ̃] *f* Präposition *f*

prépositionnel, le [prepozisjɔnɛl] *adj* präpositional

prépuce [prepys] *m* Vorhaut *f*

préréglage [prereglaʒ] *m* [*appareil, circuit*] Voreinstellung *f*, Vorprogrammierung *f*

prérégler <5> [preregle] *vt* ■ **qn prérègle qc** *programme, station de radio* jd wählt etw vor; ■ **[qc est] préréglé(e)** [etw ist] vorprogrammiert

prérentrée [prerɑ̃tre] *f* vorgezogener Schulanfang [für die Lehrer] (*Lehrerkonferenz zur Vorbereitung des Schulanfangs*)

préretraite [prer(ə)trɛt] *f* vorzeitiger Ruhestand, Vorruhestand *m*
▸ **qn est en** ~ jd ist im vorzeitigen Ruhestand [*o* Vorruhestand]; ***mon père est en ~ pour raisons médicales*** aus gesundheitlichen Gründen ist mein Vater Frührentner; **qn est mis(e) en** ~ jd wird vorzeitig in den Ruhestand versetzt; **en** ~ im Vorruhestand; ***le départ en ~*** der vorzeitige Ruhestand; ***mise en ~*** Frühverrentung *f*

préretraité, e [prer(ə)trete] *m, f* Vorruheständler(in) *m(f)*; (*pour des raisons médicales*) Frührentner(in) *m(f)*

prérogative [prerɔgativ] *f* Vorrecht *nt*, Prärogativ *nt geh*

près [prɛ] **I.** *adv* (*proche*) (*dans l'espace*) nah[e], in der Nähe; (*dans le temps*) nahe; ***j'habite tout ~*** ich wohne ganz in der Nähe; ***si ~ que*** so nah[e], dass; ■ **qc est** ~ /*événement, départ, fête*/ etw steht bevor; ***Noël est maintenant très ~*** Weihnachten ist schon bald, Weihnachten ist nun nicht mehr weit
▸ **de ~ ou de loin** irgendwie, in irgendeiner Weise; **ni de ~ ni de loin** nicht im Geringsten, überhaupt nicht; *ressembler a.* in keiner Weise; ***elle n'a rien à voir dans ce meurtre, ni de ~ ni de loin*** sie hat überhaupt nichts [*o* nicht das Geringste] mit dem Mord zu tun; **qn en est à un franc/100 F ~** bei jdm kommt es auf jeden Franc/jeden Hunderter an, jd muss auf jeden Franc/Hunderter achten; **qn n'en est pas/plus à qc ~** jdm kommt es auf etw (*akk*) nicht/nicht mehr an; ***on n'en est pas à 100 F ~!*** auf 100 Franc [mehr oder weniger] kommt es nicht an!; ***je ne suis pas à une minute ~*** es kommt mir nicht auf eine Minute an, auf eine Minute [mehr oder weniger] kommt es mir nicht an; ***je n'en suis pas à ça ~!*** das macht mir nichts aus!; **[il ne] faut pas y regarder de trop ~** *fam* [es ist] besser, man sieht nicht so genau hin; **à la/au ... ~** (*très exactement*): ***à la minute ~*** auf die Minute genau; ***au franc ~*** bis auf den letzten Franc; ***au centimètre ~*** auf den Zentimeter genau; **à qc ~** (*pour une différence minime de*): ***c'est la somme que je vous dois à quelques centimes ~/à un franc ~*** das ist fast auf den Centime/Franc genau die Summe, die ich Ihnen schulde; ***j'ai raté le bus à quelques secondes ~*** ich habe den Bus um ein paar Sekunden verpasst; **à qc ~** (*exception faite de*) *à une exception, quelque chose, quelques détails, un détail* bis auf etw (*akk*), abgesehen von etw; ***elle ressemble à sa mère, à cela ~ qu'elle est blonde et sa mère brune*** sie sieht ihrer Mutter ähnlich, nur ist sie blond und ihre Mutter braunhaarig [*o* abgesehen davon, dass sie blond und ihre Mutter braunhaarig ist]; ***c'est à quelque chose ~ identique à ce que tu m'avais dit*** das stimmt fast genau mit dem überein [*o* das ist fast identisch mit dem], was du mir gesagt hattest; **à peu [de choses] ~** beinahe; *ressembler* ziemlich; ***l'hôtel était à peu ~ vide/calme*** das Hotel war fast [ganz] leer [*o* so gut wie leer]/einigermaßen ruhig; ***à peu ~ tout*** beinahe [*o* so ziemlich] alles; **à cela ~ que** + *indic* (*excepté que*) abgesehen davon, dass; **de [tout/très/trop] ~** *voir, regarder* [ganz] aus der Nähe, [ganz] von nahem; *frôler, approcher* [sehr/zu] nahe; *suivre* [ganz/sehr/zu] dicht; *examiner, surveiller, y garder* [ganz/sehr/zu] genau; *se suivre* kurz hintereinander/zu nah [*o* dicht] aufeinander, unmittelbar aufeinander; ***ne regarde pas la télé de trop ~*** setz dich nicht zu dicht vor den Fernseher
II. *loc* **1.** (*à côté de*) ■ ~ **de qn/qc** *d'une personne, d'un lieu* in jds Nähe (*dat*)/in der Nähe einer S. (*gen*); *de Paris, Toulouse, Cologne etc* in der Nähe von, bei; *de la retraite, de la fin des vacances* kurz vor etw (*dat*); ***il habite ~ de chez moi*** er wohnt in meiner Nähe, er wohnt nicht weit von mir; ~ ***de Montélimar*** in der Nähe von [*o* bei] Montélimar; ~ ***du but/du bord*** nahe am Ziel/am Rand; ***il est bien ~ de la retraite*** er steht kurz vor der Pensionierung; ***rien n'est si ~ de la sottise que la vanité*** nichts steht der Dummheit näher als die Selbstgefälligkeit
2. (*sur le point de*) ■ **qn/qc est ~ de faire qc** jd/etw ist nahe daran [*o* im Begriff], etw zu tun; jd/etw tut etw fast; ***l'inflation n'est pas ~ de disparaître*** es besteht keine Aussicht, dass die Inflation zurückgeht; ***qc est ~ d'aboutir*** etw steht kurz vor dem Abschluss
3. (*presque*) ■ ~ **de qc** *de mille francs, cinq ans, trois mois, cent kilomètres* fast, beinahe, an die; *de la moitié, des trois quarts* fast, nahezu
▸ **qn n'est pas ~ de faire qc** jd ist nicht [so schnell [*o* leicht]] wieder bereit, etw zu tun; jd tut etw bestimmt nicht mehr; ***il n'est pas ~ de recommencer pareille bêtise*** so schnell [*o* leicht] wird er solch eine Dummheit nicht wieder machen

présage [prezaʒ] *m* **1.** (*signe annonciateur*) Vorzeichen *nt*, Omen *nt*; ***les premiers ~s de la catastrophe*** die ersten Anzeichen der Katastrophe; ***mauvais ~*** schlechtes Omen, schlimmes [*o* böses] Vorzeichen; ■ ~ **de qc** Vorbote *m* einer S. (*gen*); ***qc est ~ de chaleur/de pluie*** etw kündigt Hitze/Regen an; ***qc est un ~ de malheur*** etw bringt Unglück
2. (*prédiction*) Voraussagung *f*, Prophezeiung *f*; ***qn tire un ~ de qc*** (*interprète*) jd deutet etw als Vorzeichen einer S. (*gen*); (*prédit*) jd macht Voraussagungen [*o* Vorhersagen] aufgrund einer S. (*gen*)

présager <2 a> [prezaʒe] *vt* **1.** (*annoncer*) ■ **qc présage qc** *le vent, le beau temps, la pluie* etw kündigt etw an, etw ist ein Vorbote [*o* ein Zeichen] für etw; ***qc/cela ne présage rien de bon*** etw/das bedeutet nichts Gutes, etw/das ist kein gutes Zeichen
2. (*prévoir*) ■ **qn présage qc** jd sieht etw vorher [*o* voraus], jd sagt etw voraus, jd prophezeit etw; ■ **qn présage que** + *indic* jd sagt voraus [*o* vorher], dass; ■ **qc laisse ~ qc** etw deutet auf etw (*akk*) hin, etw lässt etw vermuten; *une catastrophe, issue heureuse a.* etw kündigt etw an; ■ **qc laisse ~ que** + *indic* etw lässt vermuten [*o* ahnen], dass; etw deutet darauf hin, dass; ***cela me laisse ~ que*** das lässt mich vermuten, dass

présalaire [presalɛr] *m* Ausbildungsbeihilfe *f*

pré-salé <~s-~s> [presale] *m Schaf, das auf zeitweise vom Meer überschwemmten Wiesen weidet;* GASTR *Fleisch dieser Schafe*

presbyte [prɛsbit] **I.** *adj* ■ **qn est ~** jd ist weitsichtig; /*personne âgée a.*/ jd ist altersweitsichtig, jd ist alterssichtig
II. *mf* Weitsichtige(r) *f(m)*; (*personne âgée a.*) Alters[weit]sichtige(r) *f(m)*

presbytère [prɛsbitɛr] *m* Pfarrhaus *nt*

presbytérien, ne [prɛsbiterjɛ̃, jɛn] **I.** *adj* presbyterianisch
II. *m, f* Presbyterianer(in) *m(f)*

presbytie [prɛsbisi] *f* Weitsichtigkeit *f*; (*des personnes âgées*) Alters[weit]sichtigkeit *f*

prescience [presjɑ̃s] *f soutenu* Vorahnung *f*; REL Vorherwissen *nt*; ***Dieu a la ~ de tout notre avenir*** Gott kennt unsere Zukunft

préscolaire [preskɔlɛr] *adj âge, période* Vorschul-; *activités* vorschulisch

prescriptible [prɛskriptibl] *adj crime* verjährbar; *biens* ersitzbar; ***droit ~*** verjährbarer Anspruch

prescription [prɛskripsjɔ̃] *f* **1.** (*ordre formel*) Vorschrift *f*, Bestimmung *f*; [*autorité, supérieur hiérarchique a.*] Anordnung *f*; [*morale*] Gebot *nt*; ***les ~s de la loi*** die gesetzlichen Vorschriften [*o* Bestimmungen], die Gesetzesvorschriften; ***les ~s officielles*** die offiziellen Bestimmungen [*o* Verordnungen]
2. (*conseils*) [*médecin*] Anordnung *f*, Anweisung *f*; ■ ~ **de qc** *d'un médicament, d'analyses, d'examens* Verordnen *nt* einer S. (*gen*), Verschreiben *nt* einer S. (*gen*)
3. JUR Verjährung *f*
▸ ~ **médicale** Anweisung *f* [*o* Anordnung *f*] des Arztes; ***médicament délivré sur ~ médicale*** verschreibungspflichtiges Medikament; ~ **pénale** strafrechtliche Verjährung; **il y a ~** das ist verjährt

prescrire <irr> [prɛskrir] **I.** *vt* **1.** (*ordonner*) ■ **qn/qc prescrit qc [à qn]** jd/etw schreibt [jdm] etw vor; *comportement, démarche a.* jd/etw verlangt etw [von jdm], etw erfordert etw [von jdm]; *mesures* jd verordnet etw, jd ordnet etw an; *l'obéissance* jd/etw gebietet [jdm] etw; *l'impossible* jd verlangt etw [von jdm]; ***il faut toujours faire ce que prescrit la raison*** man muss immer tun, was die Vernunft gebietet; ■ **qn prescrit [à qn] de faire qc** + *subj* jd weist jdn an [*o* gibt jdm Anweisung], etw zu tun; ■ **qn prescrit [à qn] que** + *indic* jd verordnet [*o* bestimmt] [*o* verfügt], dass; ■ **[qc est] prescrit(e)** /*date, jour, terme, délai*/ [etw ist/wird] vorgeschrieben, [etw ist/wird] festgesetzt
2. MED ■ **qn prescrit qc [à qn] [contre qc]** jd verordnet [*o* verschreibt] [jdm] etw [gegen etw]; ■ **[qc est] prescrit(e)** /*dose*/ [etw ist] vorgeschrieben, [etw ist] verordnet
3. JUR (*acquérir*) ■ **qn prescrit qc** *bien, propriété* jd erwirbt etw durch Verjährung, jd ersitzt etw
4. JUR ■ **qc est prescrit(e)** /*dette, peine*/ etw verjährt/etw ist verjährt
II. *vpr* **1.** JUR ■ **qc se prescrit** /*dette, peine, rente*/ etw verjährt
2. MED ■ **qc se prescrit** etw wird verordnet [*o* verschrieben]

préséance [preseɑ̃s] *f* Rangordnung *f*; ***ordre de ~/des ~s*** Rangordnung *f*
▸ **qn a la ~ sur qn** jd hat Vortritt vor jdm

présélecteur [preselɛktœr] *m* Vorwahlvorrichtung *f*; AUT Vorwählhebel *m*

présélection [preselɛksjɔ̃] *f* **1.** (*choix préalable*) [*candidats, concurrents*] Vorauswahl *f*
2. TECH (*préréglage*) Vorwahl *f*, Vorprogrammierung *f*; ***boîte de vitesses à ~*** Vorwahlgetriebe *nt*, Automatik[getriebe *nt*] *f*

présélectionner <1> [preselɛksjɔne] *vt* ■ **qn présélectionne des personnes** *des candidats, concurrents* jd trifft eine Vorauswahl von Menschen, jd zieht Menschen in die engere Wahl; ■ **[qn est] présélectionné(e)** jd ist in der engeren Wahl, jd ist in der Vorauswahl, [jd ist/wird] in die engere Wahl gezogen; ***les candidats présélectionnés*** die in die engere Wahl gezogenen Kandidaten; die Kandidaten, die in die engere Wahl gekommen sind; ■ **qc est présélectionné(e)** /*programme, poste*/ etw ist/wird vorgewählt [*o* vorprogrammiert]

présence [prezɑ̃s] *f* **1.** (*opp: absence*) [*personne*] Anwesenheit *f*, Gegenwart *f*, Präsenz *f*; [*chose*] Vorhandensein *nt*; [*pétrole, minerai*] Vorkommen *nt*
2. (*empreinte, preuve*) [*personnalité, pays*] Präsenz *f*, Einfluss *m*; [*art, civilisation ancienne*] Präsenz *f*; REL [*dieu*] [All]gegenwart *f*, Allgegenwärtigkeit *f*; ***la ~ passée de la civilisation maure*** der ehemalige Einfluss [*o* die ehemalige Präsenz] der maurischen Kultur
3. (*personnalité*) Ausstrahlung *f*, Ausstrahlungskraft *f*
▸ ~ **réelle** REL wahrhaftige Gegenwart; **qn a de la ~** jd hat Ausstrahlung; **qn honore qn/qc de sa ~** jd beehrt jdn/etw mit seiner Anwesenheit; **qn met qn en ~ de qn/qc** jd stellt jdn jdm gegenüber, jd konfrontiert jdn mit jdm/

etw; *de la réalité, d'un problème* jd konfrontiert jdn mit etw; ***je vous mets en ~ de vos responsabilités*** ich weise Sie auf ihre Verantwortung hin; **en** ~ (*confronté*) *armées, parties, personnes* sich (*dat*) [*o* einander] gegenüberstehend; **en** ~ **de qn/qc** in jds Anwesenheit (*dat*)/in Anwesenheit einer S. (*gen*); *d'un cas, problème, d'un fait troublant* angesichts einer S. (*gen*); ***qn est*** [*o* ***se trouve***] ***en ~ de qc*** jd ist mit etw konfrontiert; *d'un cas, problème a.* jd steht vor etw (*dat*); **[en de]hors de la ~ de qn** in jds Abwesenheit (*dat*)

◆ **présence d'esprit** Geistesgegenwart *f*

présent [pʀezɑ̃] *m soutenu* Geschenk *nt*

▶ **qn fait un ~ à qn** jd macht jdm ein Geschenk; **qn fait ~ de qc à qn** jd schenkt jdm etw

présent, e [pʀezɑ̃, ɑ̃t] **I.** *adj* **1.** (*opp: absent*) ■ ~ **[quelque part]** *personne* [irgendwo] anwesend; ***qn est ~ en pensée*** jd ist in Gedanken da[bei]; ***les personnes ~es*** die Anwesenden; ***quand il s'agit de manger, il est toujours ~*** wenn es ums Essen geht, ist er immer dabei [*o* ist er sofort zur Stelle]; ■ **[qc est] ~ [quelque part]** */gentillesse, ironie/* [etw ist] [irgendwo] spürbar; */optimisme a./* [etw ist] [irgendwo] gegenwärtig; */minerai/* [etw ist] [irgendwo] vorhanden, etw kommt [irgendwo] vor; ■ **qc est ~ à qn** */souvenir, événement, moment agréable/* etw ist [jdm] gegenwärtig, etw ist lebendig [in jdm], jd erinnert sich genau [*o* gut] an etw (*akk*); ***qn a qc ~ à l'esprit/à la mémoire*** jd hat etw im Kopf [*o* hat etw präsent]/gut in Erinnerung; ***je n'ai plus le chiffre exact ~ à l'esprit*** ich habe die genaue Zahl nicht mehr im Kopf [*o* präsent]
2. (*actuel*) *circonstances, état* gegenwärtig, augenblicklich; *temps a.* heutig; ***à la minute/l'heure ~e*** im Augenblick/zur Stunde; ***qn vit dans le moment*** [*o* ***l'instant***] ~ jd lebt in der Gegenwart, jd lebt den Augenblick
3. ADMIN *document, lettre* vorliegend, diese(r, s); *récit* folgend, vorliegend; ***par la ~e lettre nous vous informons que*** hiermit teilen wir Ihnen mit, dass; ***le 6 du mois ~*** am 6. dieses Monats
▶ **ici** ~ hier anwesend
II. *m* **1.** (*opp: passé*) Gegenwart *f*
2. GRAM Präsens *nt*, Gegenwart *f*; ■ ~ **de qc** *de narration, de l'indicatif, du conditionnel, subjonctif* Präsens einer S. (*gen*); ***conjuguez le verbe au ~ de l'indicatif/du subjonctif!*** konjugiert das Verb im Indikativ/Konjunktiv Präsens!; ■ **qc ~** *impératif, indicatif, infinitif, participe, subjonctif ...* Präsens; ***le participe ~*** das Partizip Präsens, das Präsenspartizip
▶ **pour le ~** im Moment
III. *m, f* (*personne*) Anwesende(r) *f(m)*
IV. *f* ADMIN ■ **la présente** dieses Schreiben, dieser Brief
▶ **par la ~e** hiermit
V. *loc* ■ **à ~** jetzt, zur Zeit, gegenwärtig
▶ **d'à ~** *gens, femmes* von heute; *jeunesse a.* heutig; *solitude, joie, tristesse* augenblicklich; **dès à ~** ab sofort; **jusqu'à ~** bis jetzt
VI. *loc* ■ **à ~ que** + *indic* nun, da; jetzt, da

présentable [pʀezɑ̃tabl] *adj* **1.** (*bien présenté*) ■ **[qc est] ~** [etw ist] präsentierbar [*o* vorzeigbar], etw kann sich sehen lassen; ***ce plat/ce travail n'est pas ~*** dieses Essen/diese Arbeit kann man so nicht präsentieren
2. (*convenable, décent*) ■ **[qn/qc est] ~** */coiffure, tenue/* etw kann sich sehen lassen, [etw ist] akzeptabel; */personne/* (*physiquement*) [jd ist] vorzeigbar *fam*; (*par ses manières*) [jd ist] akzeptabel; ***voilà une robe ~!*** mit diesem Kleid kann man sich sehen lassen!, das ist ein Kleid, das sich sehen lassen kann!; ***tu n'es pas ~ comme ça!*** so kannst du dich nicht sehen lassen!

présentateur, -trice [pʀezɑ̃tatœʀ, -tʀis] *m, f* [*informations, journal télévisé*] [Nachrichten]sprecher(in) *m(f)*; [*programme*] Ansager(in) *m(f)*; [*émission, discussion*] Moderator(in) *m(f)*

présentation [pʀezɑ̃tasjɔ̃] *f* **1.** (*action de faire connaître*) [*collection, mode, modèles, tableaux*] Vorführung *f*; [*film a.*] Vorstellung *f*; [*conférencier, invité, nouveau venu*] Vorstellung; [*bilan, budget*] Vorlage *f*; [*plan*] Präsentation *f*, Vorlage; [*problème, idées*] Darlegung *f*, Darstellung *f*; ■ **les ~s** (*fait d'introduire qn*) das Vorstellen, die Vorstellung
2. RADIO, TV [*émission, journal télévisé*] Moderation *f*; [*programme*] Ansage *f*, Ankündigung *f*
3. (*action de montrer*) [*billet, document, pièce d'identité*] Vorzeigen *nt*, Vorweisen *nt*; [*effet de commerce a.*] Präsentation *f*, Vorlegung *f*; ***sur ~ d'une pièce d'identité*** gegen Vorlage eines Ausweises
4. (*aspect extérieur*) [*personne*] [äußere] Erscheinung; [*devoir, texte*] [äußere] Form, Gestaltung *f*; [*produit*] Aufmachung *f*; [*médicament*] Darreichungsform *f*; ***dans ce magasin on n'apporte pas beaucoup de soin à la ~*** in diesem Laden gibt man sich keine besondere Mühe, die Waren anständig zu präsentieren [*o* auszulegen]
5. ANAT Lage *f*; ***la ~ de l'épaule ou ~ latérale*** die Schulter- oder Querlage; ***la ~ du siège/de la tête*** die Steißlage/Kopflage
▶ **qn fait les ~s** jd macht die Gäste miteinander bekannt, jd übernimmt das Vorstellen [*o* die Vorstellung], jd stellt [Menschen einander] vor; ***la maîtresse de maison fait les ~s*** die Gastgeberin stellt die Gäste einander vor; ***je fais les ~s: Madame X ...*** ich stelle vor [*o* darf ich vorstellen]: Frau X ...; ***votre fils a déjà fait les ~s*** Ihr Sohn hat uns [einander] schon vorgestellt [*o* uns schon miteinander bekannt gemacht]
◆ **Présentation au Temple** REL Darstellung *f* im Tempel

présentement [pʀezɑ̃tmɑ̃] *adv* gegenwärtig, augenblicklich, derzeit

présenter <1> [pʀezɑ̃te] **I.** *vt* **1.** (*faire connaître*) ■ **qn présente qc [à qn]** *collection, film, marchandises, mode, modèles* jd stellt [jdm] etw vor, jd führt [jdm] etw vor; *tableaux* jd stellt etw aus, jd zeigt etw; ■ **qn présente qn [à qn]** *invité, nouveau venu* jd stellt [jdm] jdn vor; ■ **qn présente qn/un animal [à qn]** *cheval, troupe* jd führt [jdm] jdn/ein Tier vor
2. RADIO, TV ■ **qn présente qc** *émission* jd moderiert etw; *programme* jd sagt [*o* kündigt] etw an; ***il présente le journal télévisé*** er moderiert die Nachrichtensendung, er spricht die Nachrichten
3. (*décrire*) ■ **qn présente qn/qc comme qn/qc** jd stellt jdn/etw als jdn/etw dar; (*annoncer*) jd kündigt jdn/etw als jdn/etw an; ***elle a longtemps été présentée dans la presse comme ...*** sie galt in der Presse lange als ...
4. (*montrer*) ■ **qn présente qc [à qn]** *billet, carte d'identité* jd zeigt [jdm] etw vor; *document, effet de commerce* jd legt [jdm] etw vor; *flanc, dos* jd kehrt [*o* wendet] jdm etw zu; ***l'armée présentait le flanc à l'ennemi*** die Armee stand mit der Flanke zum Feind; ***elle présente sa jambe/son dos au médecin*** sie zeigt dem Arzt ihr Bein/ihren Rücken; ■ **qn présente qn à qn** *à un médecin* jd stellt [*o* führt] jdn jdm vor
5. (*soumettre*) ■ **qn présente qc [à qn]** *problème, projet, théorie* jd legt [jdm] etw dar, jd unterbreitet [jdm] etw; *travail* jd legt [jdm] etw vor; (*exprimer*) *critique, objection* jd bringt etw vor; *condoléances, félicitations, remerciements, respects* jd spricht [jdm] etw aus; *regrets* jd drückt [jdm] etw aus; *hommages* jd bringt jdm etw dar; ***qn présente sa défense*** jd verteidigt sich; ***qn présente ses excuses à qn*** jd bittet jdn um Entschuldigung; ***il a présenté les choses telles qu'elles sont*** er hat die Dinge so dargestellt [*o* dargelegt], wie sie sind
6. (*structurer, donner une apparence*) ■ **qn présente qc [d'une certaine manière]** *travail, devoir* jd strukturiert etw [irgendwie], jd gestaltet etw [formal] [irgendwie]; *tableau a.* jd stellt etw [formal] [irgendwie] dar
7. (*laisser paraître*) ■ **qc présente qc** *différence, symptôme* etw weist etw auf; *défaut a.* etw hat etw; *difficulté* etw bereitet [*o* macht] etw; *inconvénients* etw bringt etw mit sich, etw hat etw; *obstacle* etw stellt etw dar; ***qc présente un avantage/des avantages*** etw ist von Vorteil [*o* vorteilhaft]/etw hat Vorteile; ***qc présente un intérêt*** etw ist von Interesse; ***qc présente un danger/des dangers*** etw stellt eine Gefahr dar/etw birgt Gefahren; ***qc présente un danger pour la santé*** etw ist gesundheitsgefährdend; ***son visage présentait un air de consternation*** auf seinem/ihrem Gesicht zeigte sich Bestürzung; ***l'auditoire présentait un visage attentif*** die Zuhörer zeigten sich aufmerksam; ***qc présente un aspect rugueux/humide*** etw sieht rau/feucht aus
8. (*offrir*) ■ **qn présente qc à qn** *bras, plat, rafraîchissement* jd reicht jdm etw, jd bietet jdm etw an; *joue* jd hält jdm etw hin, jd bietet jdm etw *geh*; *fauteuil* jd bietet jdm etw an; *bouquet, fleurs* jd überreicht jdm etw; ■ **qn/qc présente qc [à qn]** jd/etw bietet [jdm] etw; ***du haut de ce belvédère la baie présente un splendide panorama/une belle vue*** von diesem Aussichtsplatz aus bietet die Bucht ein herrliches Panorama/einen schönen Anblick [*o* ein schönes Bild]; ***la jeune femme présente un bien joli spectacle à regarder*** die junge Frau bietet einen schönen Anblick
9. (*proposer*) ■ **qn présente qc à qn** *devoir, devis, dossier, projet de loi, thèse* jd legt jdm etw vor; *addition, facture a.* jd präsentiert jdm etw; ■ **qn présente qc** *motion, demande* jd stellt etw, jd reicht etw ein; *candidature* jd meldet etw an; ***qn présente sa candidature à un poste*** jd bewirbt sich um eine Stelle; POL jd kandidiert für ein Amt; ***qn présente une requête*** jd macht eine Eingabe, jd reicht ein Gesuch ein; ■ **qn présente qn/qc [à qc]** *candidat* jd präsentiert jdn [bei etw], jd wählt [jdn für etw] aus; *texte* jd wählt etw für etw; ***au baccalauréat, j'ai présenté un texte de Malraux*** bei der Abiturprüfung habe ich einen Text von Malraux gewählt; ***qn présente qn à un juge/à la justice*** jd führt jdn dem Richter/dem Gericht vor
II. *vi* ▶ **qn présente bien/mal** *fam* jd ist eine gute [*o* glänzende]/keine gute [äußere] Erscheinung, jd macht einen guten/schlechten Eindruck
III. *vpr* **1.** (*décliner son identité*) ■ **qn se présente [à qn]** jd stellt sich [jdm] vor; ■ **qn se présente comme qc** jd stellt sich [selbst] als etw vor, jd präsentiert sich als etw
2. (*se rendre*) ■ **qn se présente [quelque part]** *à une réunion, convocation* jd erscheint [irgendwo], jd geht/kommt irgendwohin; *chez qn* jd erscheint [irgendwo]; *chez un employeur* jd stellt sich [irgendwo] vor; ***il ne se présentera plus chez toi*** er wird sich bei dir nicht mehr blicken lassen; ***les candidats sont priés de se ~*** die Bewerber werden gebeten sich [persönlich] vorzustellen
3. (*être candidat*) ■ **qn se présente [à qc/pour qc]** *à un concours, examen* jd nimmt an etw (*dat*) teil; *pour un emploi* jd bewirbt sich um [*o* für] etw; *à une élection* jd kandidiert bei etw, jd stellt sich zu etw; *à la députation, présidence* jd kandidiert für etw; *à une annonce* jd meldet sich auf etw (*akk*); ***qn se présente comme candidat à qc*** *à un emploi* jd bewirbt sich um etw; *aux élections* jd lässt sich als Kandidat für etw aufstellen; *pour un poste politique* jd kandidiert für etw
4. (*se montrer*) ■ **qn se présente à qn** jd stellt sich [bei] jdm vor
5. (*apparaître*) ■ **qc se présente [à qn]** */idée, doutes, solution/* etw taucht auf, etw kommt jdm; */problème, difficulté, obstacle/* etw taucht [*o* tritt] auf, jd begegnet einer S. (*dat*); */occasion/* etw ergibt sich, etw bietet sich [jdm]; */spectacle/* etw bietet sich [jdm]; ***qc se présente à l'esprit de qn*** etw fällt jdm ein, etw kommt jdm in den Sinn; ***un problème se présente à nous*** wir stehen vor einem Problem; ***il achète tout ce qui se présente*** er kauft alles, was er sieht [*o* was ihm unter die Finger kommt *fam*]; ***il voit tous les nouveaux films qui se présentent*** er sieht sich (*dat*) alle neuen Filme an, die gezeigt werden; ***un magnifique spectacle se présenta à mes yeux*** ein großartiger Anblick bot sich mir
6. (*paraître*) ■ **qc se présente d'une certaine façon** */affaire, problème, question/* etw lässt sich [irgendwie] an; ***ce produit se présente en tube ou en bombe*** dieses Mittel gibt es in der Tube oder als Spray; ***ce médicament se présente sous forme de cachets*** dieses Medikament gibt es als [*o* in Form von] Tabletten; ***le problème se présente sous un nouveau jour*** das Problem erscheint in einem ganz anderen Licht
7. ANAT ■ **qn se présente [d'une certaine façon]** */bébé/* jd liegt [irgendwie]; ***comment l'enfant se présente-t-il?*** wie liegt das Kind?; ***l'enfant se présente par la tête/le siège*** es ist eine [*o* das Kind liegt in] Kopflage/Steißlage
▶ **qc se présente bien/mal** es sieht gut/schlecht aus mit etw, etw lässt sich

gut/schlecht an *fam;* ***ça se présente bien!*** das fängt ja gut an! ***ça se présente plutôt bien pour l'oral*** es sieht ganz gut aus für die mündliche Prüfung

présentoir [prezɑ̃twaʀ] *m* (*meuble*) Verkaufsständer *m;* (*étagère*) Verkaufsregal *nt;* (*avec des produits d'appel*) [Werbe]aufsteller *m*

présérie [preseʀi] *f* Nullserie *f*

préservatif, -ive [prezɛʀvatif, -iv] **I.** *adj soutenu remède* vorbeugend; *dispositions, mesures a.* schützend, Schutz-

II. *m* **1.** (*condom*) Präservativ *nt,* Kondom *nt*

2. *rare* (*diaphragme*) Diaphragma *nt*

préservation [prezɛʀvasjɔ̃] *f* [*biens, personne, récolte, environnement*] Schutz *m;* [*nourriture*] Frischhalten *nt,* Konservieren *nt;* [*espèce*] Rettung *f,* Erhaltung *f;* [*santé, ressources, monuments*] Erhaltung *f;* ***campagne en vue de la ~ des animaux en voie de disparition*** Kampagne *f* zur Rettung der vom Aussterben bedrohten Tierarten, Kampagne zum Artenschutz

préserver <1> [prezɛʀve] **I.** *vt* ■ **qn/qc préserve qn [de qn/qc]** *de la contagion, maladie, du froid, soleil* jd/etw schützt jdn [vor jdm/etw]; *du danger, malheur* jd/etw bewahrt [*o* behütet] jdn [vor etw (*dat*)]; ■ **qn/qc préserve qc [de qc]** *du froid, de l'humidité* jd/etw schützt etw [vor etw (*dat*) [*o* gegen etw]]; ■ **qn préserve qc** *secret, intérêts* jd wahrt etw; *information* jd schützt etw; ■ **[qc est] préservé(e) [de qc]** (*protégé*) *du bruit, de la vue, des intempéries* [etw ist] [vor etw (*dat*)] geschützt; (*sauvegardé*) / *monuments, nature/* [etw ist] erhalten

II. *vpr* ■ **qn se préserve de qc** jd schützt sich vor etw (*dat*)

présidence [prezidɑ̃s] *f* **1.** (*fonction*) [*assemblée, République, université, tribunal*] Präsidentschaft *f,* Amt *nt* des Präsidenten; [*comité, réunion, firme, chambre, association*] Vorsitz *m,* Präsidium *nt;* [*congrès*] Leitung *f;* ***qn est candidat à la ~ du Sénat*** jd kandidiert für die Präsidentschaft des Senats [*o* für das Amt des Senatspräsidenten]; ***pendant sa ~ …*** während seiner/ihrer Präsidentschaft …, während seiner/ihrer Amtszeit als Präsident/Präsidentin …

2. (*siège*) Amtssitz *m* des Präsidenten; ***la ~ du parti*** der Amtssitz des Parteivorsitzenden

président, e [prezidɑ̃, ɑ̃t] **I.** *m* **1.** (*personne qui dirige*) [*association, comité, chambre, commission*] Vorsitzende(r) *f(m);* [*réunion, congrès, jury a.*] Leiter(in) *m(f);* [*assemblée, université, tribunal, cours d'appel*] Präsident(in) *m(f);* [*firme*] Generaldirektor(in) *m(f);* ■ **P~(e)** (*titre*) Präsident(in)

2. (*chef de l'État*) ■ **le P~/la P~e** der/die [Staats]präsident(in); ***~e à vie*** Präsidentin auf Lebenszeit

II. *f vieilli* (*femme du président*) ■ **la présidente** die Frau des Präsidenten

◆ **président de la Banque centrale européenne** Zentralbankpräsident *m;* **Président du Conseil** HIST Ministerpräsident(in) *m(f)*

président-directeur général, présidente-directrice générale <~s-~s ~aux> [prezidɑ̃diʀɛktœʀʒeneʀal, prezidɑ̃tdiʀɛktʀisʒeneʀal, o] *m, f* Generaldirektor(in) *m(f)*

présidentiable [prezidɑ̃sjabl] **I.** *adj:* ***parmi les hommes politiques ~s*** unter den möglichen [*o* potenziellen] Präsidentschaftskandidaten; ***qn est ~*** jd ist [ein] möglicher [*o* potenzieller] Präsidentschaftskandidat

II. *mf* [möglicher [*o* potenzieller]] Präsidentschaftskandidat/[mögliche [*o* potentielle]] Präsidentschaftskandidatin

présidentialisme [prezidɑ̃sjalism] *m* Präsidialherrschaft *f*

présidentiel, le [prezidɑ̃sjɛl] **I.** *adj pouvoir, régime, système* Präsidial-, präsidial; *élections* Präsidentschafts-

II. *f gén pl* ■ **la présidentielle,** ■ **les présidentielles** die Präsidentschaftswahl[en *pl*]

présider <1> [prezide] **I.** *vt* (*diriger*) ■ **qn préside qc** *comité, conseil, réunion* jd hat [*o* führt] den Vorsitz einer S. (*gen*); *assemblée, réunion, séance, tribunal a.* jd präsidiert einer S. (*dat*), jd leitet etw; *dîner, banquet* jd nimmt den Ehrenplatz bei etw ein; *débat, délibération* jd leitet etw; ■ **[qc est] présidé(e) par qn** / *réunion, assemblée/* [etw ist] unter dem Vorsitz von jdm [*o* unter jds Vorsitz]; / *mission, débat, délibération/* [etw ist] unter der Leitung von jdm [*o* unter jds Leitung (*dat*)]; ***l'association est présidée par Monsieur X*** Herr X ist der Präsident [*o* Vorsitzende] dieses Vereins

II. *vi* **1.** (*diriger*) ■ **qn préside** jd hat [*o* führt] den Vorsitz

2. (*être dominant*) ■ **qn/qc préside à qc** *à la décision, discussion, aux destinées, préparatifs* jd/etw bestimmt etw, etw herrscht bei etw vor; ■ **qn préside à qc** *à la cérémonie, l'exécution, aux préparatifs* jd leitet [*o* überwacht] etw; ***la volonté d'aboutir à un compromis a présidé aux discussions*** der Wunsch nach einem Kompromiss war bei den Diskussionen vorherrschend [*o* bestimmte die Diskussionen]

présidium [prezidjɔm] *m v.* **Præsidium**

présomptif, -ive [prezɔ̃ptif, -iv] *adj héritier* vermutlich, mutmaßlich

présomption [prezɔ̃psjɔ̃] *f* **1.** (*supposition*) Vermutung *f,* Annahme *f;* ***qn a de fortes ~s que*** + *indic* jd nimmt stark an, dass; ***je n'ai que des ~s*** ich habe nur Vermutungen, das ist nur eine Vermutung von mir; ■ **~ de** JUR *de culpabilité, faute, d'innocence, de paternité* -vermutung; **~ *de faute*** [*o* ***culpabilité***] Schuldvermutung

2. (*prétention*) Überheblichkeit *f,* Anmaßung *f*

présomptueux, -euse [prezɔ̃ptɥø, -øz] **I.** *adj personne* überheblich, anmaßend; *discours a.* selbstgefällig; ***il a l'air ~*** er wirkt eingebildet [*o* überheblich]; ***qn adopte des attitudes ~euses*** jd tritt überheblich auf

II. *m, f* überheblicher [*o* selbstgefälliger] Mensch

presque [pʀɛsk] *adv* **1.** (*pour ainsi dire*) fast; *fini, impossible, terminé a.* beinahe; ***c'est ~ sûr*** das ist so gut wie sicher; ***je ne l'ai ~ pas entendu*** ich habe ihn kaum gehört; ***je ne connais ~ personne*** ich kenne kaum jemanden [*o* fast niemanden]; ***c'est ~ de l'inconscience*** das grenzt schon an Leichtsinn; ***il pleurait ~*** er war dem Weinen nahe; ***on pourrait ~ dire que*** + *indic* man könnte fast [*o* beinahe] sagen, dass

2. *antéposé soutenu + subst:* ***j'ai la ~ certitude que*** – *indic* ich bin mir fast [*o* so gut wie] sicher, dass; ***dans la ~ obscurité*** in fast völliger Dunkelheit; ***la ~ totalité des électeurs*** fast alle Wähler

▸ **ou ~** oder fast; ***tout le monde ou ~*** alle oder fast alle

presqu'île [pʀɛskil] *f* Halbinsel *f*

pressage [pʀɛsaʒ] *m* Pressen *nt*

pressant, e [pʀɛsɑ̃, ɑ̃t] *adj* **1.** (*urgent*) *travail* dringend; *affaire a.* dringlich; (*imminent*) *danger* unabweislich, nahe bevorstehend; ***je dois satisfaire un besoin ~*** ich muss mal ganz dringend *fam*

2. (*insistant*) dringlich; *invitation* nachdrücklich; *demande, façon* eindringlich; *personne* beharrlich; (*trop insistant*) *créancier, amoureux* aufdringlich, zudringlich; *désir* heftig; ***qn demande qc de manière*** [*o* ***de façon***] **~e** jd bittet eindringlich [*o* nachdrücklich] um etw; ***qn se fait ~*** jd ist aufdringlich

press-book <~-~s> [pʀɛsbuk] *m* (*attestations professionnelles*) Bewerbungsmappe *f;* (*documents reliés*) Präsentationsmappe *f*

presse [pʀɛs] *f* **1.** (*journaux*) Presse *f,* Zeitungen *pl;* ***~ automobile/féminine/sportive*** Automobil-/Frauen-/Sportzeitschriften *pl;* ***~ nationale/régionale*** überregionale Presse [*o* überregionale Zeitungen]/Regionalpresse [*o* Lokalpresse]; ***~ quotidienne*** Tagespresse; ***~ mensuelle/périodique*** Monatszeitschriften *pl;* ***~ à grand tirage*** auflagenstarke Zeitungen *pl;* ***~ d'information*** Nachrichtenpresse; ***~ d'opinion*** Parteipresse; ***c'est dans toute la ~*** es steht in allen Zeitungen

2. TECH Presse *f;* ■ **~ à** *fromage, levier, moteur, viande* -presse; **~ *à vis*** Stockpresse; **~ *à fourrage*** Heu- und Strohpresse; **~ *à balle*** Ballen[pack]presse; **~ *à bras*** Handpresse; **~ [*à commande*] *hydraulique/mécanique*** hydraulische/mechanische Presse; ■ **~ à faire qc: ~ *à coller/emboutir/comprimer*** Klebe-/Tiefzieh-/Stauchpresse; **~ *à découper*** Stanze *f,* Stanzpresse

▸ **qn a bonne/mauvaise ~** (*réputation*) jd hat einen guten/schlechten Ruf; **qn/qc a une bonne/mauvaise ~** jd/etw hat eine gute/schlechte Presse; **grande ~** auflagenstarke Tageszeitungen; **~ monétaire** Prägemaschine *f,* Prägestock *m;* **qn met [qc] sous ~** jd lässt [etw] drucken, jd gibt etw in Druck; ***le roman a été mis sous ~*** der Roman ist im Druck; **sous ~** im Druck

◆ **presse du cœur** Regenbogenpresse *f*

pressé, e¹ [pʀese] **I.** *adj* **1.** (*qui se hâte*) *pas* eilig; ***qn est ~*** jd hat es eilig, jd ist in Eile; ***personne ~e*** jemand, der es eilig hat; ***tu as l'air ~*** du siehst aus, als ob du es eilig hättest; ***nous sommes des gens ~s*** wir haben es eilig; ■ **qn est ~ de faire qc** jd hat es eilig, etw zu tun

2. (*urgent*) *lettre, travail* dringend, eilig; ***cette lettre est ~e*** dieser Brief eilt; ***c'est ~ de faire qc*** es eilt, etw zu tun

▸ **qn n'a rien de plus ~ que de faire qc** jd hat nichts Besseres zu tun, als etw zu tun

II. *m* ▸ **qn court [*o* pare] [*o* va] au plus ~** jd erledigt das Dringendste [*o* Eiligste] zuerst; ***elle doit parer au plus ~*** sie muss Prioritäten setzen

pressé, e² [pʀese] *adj citron, fruit, orange* [frisch] gepresst

presse-agrumes [pʀɛsagʀym] *m inv* Saftpresse *f* **presse-bouton** [pʀɛsbutɔ̃] *adj inv guerre* per Knopfdruck [geführt], auf Knopfdruck; *usine, cuisine* vollautomatisch **presse-citron** [pʀɛssitʀɔ̃] <~-~s> *m* Zitronenpresse *f* **presse-fruits** [pʀɛsfʀɥi] *m inv* Saftpresse *f;* (*centrifugeuse*) Entsafter *m* **presse-livre** [pʀɛslivʀ] *m inv* Buchstütze *f*

pressentiment [pʀesɑ̃timɑ̃] *m* Vorgefühl *nt,* [Vor]ahnung *f*

▸ **qn a un ~** jd hat eine Vorahnung, jd hat ein ungutes Gefühl; **qn a le ~ de qc** jd ahnt etw voraus; **qn a le ~ que** + *indic* jd hat das Gefühl, dass

pressentir <10> [pʀesɑ̃tiʀ] *vt* **1.** (*deviner intuitivement*) ■ **qn pressent qc** *échec, événement, malheur* jd ahnt etw voraus; ■ **qn pressent que** + *indic* jd hat das Gefühl, dass; ■ **qn/qc laisse ~ qc** jd/etw lässt etw durchblicken; *son mécontentement, ses sentiments a.* etw lässt auf etw (*akk*) schließen; ***il n'a rien laissé ~ de ses projets*** er ließ nichts von seinen Plänen durchblicken; ■ **qc laisse ~ qc** (*annoncer*) etw kündigt etw an

2. *soutenu* (*s'adresser à*) ■ **qn pressent qn pour qc/faire qc** jd fühlt bei jdm vor [*o* jd tritt an jdn heran] wegen etw/um etw zu tun; ***on l'a pressenti pour ce poste*** man hat bei ihm wegen der Übernahme dieses Postens vorgefühlt; ■ **qn pressent qn sur qc** (*sonder*) jd horcht [*o* forscht] jdn über etw (*akk*) aus

presse-papiers [pʀɛspapje] *m inv* Briefbeschwerer *m;* INFORM Zwischenablage *f* **presse-purée** [pʀɛspyʀe] *m inv* Kartoffelpresse *f*

presser¹ <1> [pʀese] **I.** *vt* **1.** (*hâter*) ■ **qn presse qc** *cadence, pas* jd beschleunigt etw; *affaire a.* jd treibt etw voran; *événement* jd treibt etw voran, jd forciert etw; ***qn presse l'allure*** jd legt Tempo zu; ***pressons le pas!*** lasst uns schneller gehen!; ***si nous pressons le départ*** wenn wir etwas früher losfahren; **~ *les choses ne sert à rien*** es bringt nichts, die Dinge zu überstürzen; ■ **qn/qc presse qn** jd/etw treibt jdn [zur Eile] an; ***rien ne vous presse*** nichts treibt Sie zur Eile; ***qu'est-ce qui vous fait ~ ainsi l'allure?*** was veranlasst Sie dazu, Ihr Tempo so zu beschleunigen [*o* zu erhöhen]?; ***l'orage nous a fait ~ le pas*** das Gewitter ließ uns schneller gehen; ***je vais te faire ~ l'allure*** [*o* ***le pas***] [*o* ***la cadence***]***!*** dir werd' ich Beine machen! *fam*

2. (*pousser à*) ■ **qn presse qn de faire qc** jd drängt jdn etw zu tun; ***on nous presse d'agir*** man drängt uns zu handeln

3. (*harceler*) ■ **qn/qc presse qn** / *personne/* jd bedrängt jdn; / *débiteur a./* jd setzt jdn unter Druck; / *besoin, désir/* etw treibt jdn [an]; ■ **[qn est] pressé(e) par qn/qc** [jd ist/wird] von jdm bedrängt [*o* unter Druck gesetzt]/von etw getrieben; ***qn presse qn de questions*** jd bedrängt jdn mit Fragen

II. *vi* ■ **qc presse** / *temps/* etw drängt; / *affaire a./* etw eilt; ***ça ne presse pas!*** es eilt nicht!; ***pour eux le temps presse*** für sie ist es höchste Zeit

▸ **ça presse!** *fam* es ist dringend!, es pressiert! SDEUTSCH

III. *vpr* ■ **qn se presse [de faire qc]** jd beeilt sich [etw zu tun]; ***il ne se presse jamais*** er überschlägt sich nie, er überstürzt nie etwas; ***allons, pressons[-nous]!*** los, Beeilung!, komm, wir beeilen uns!

presser² <1> [pʀese] **I.** *vt* **1.** (*comprimer*) ■ **qn presse qc** *citron, fruit,*

jus, orange jd presst etw [aus]; *éponge a.* jd drückt etw aus; *pis d'une vache, raisin* jd presst etw
2. (*serrer*) ■ **qn/qc lui presse qc** *le bras, la main* jd/etw drückt jdm etw; ■ **qn presse qn/qc quelque part** *dans ses bras, contre sa poitrine* jd drückt [*o* presst] jdn/etw irgendwohin; *dans un étau* jd presst etw irgendwo; ***elle le pressait dans ses bras*** sie drückte ihn fest an sich; ***il la pressait contre soi/sa poitrine*** er drückte [*o* presste] sie an sich/an seine Brust; ***la foule nous pressait contre le mur*** die Menschenmenge drückte uns an die Wand; ***les gens sont pressés les uns contre les autres*** die Leute sind [dicht] aneinander gepresst [*o* zusammengedrängt]
3. (*appuyer sur*) ■ **qn presse qc** *sonnette* jd drückt auf etw (*akk*); *bouton a.* jd drückt etw
4. (*façonner*) ■ **qn presse qc** *disque, balle, fourrage* jd presst etw; *pli de pantalon* jd bügelt etw ein
II. *vpr* **1.** (*venir en grand nombre*) ■ **des choses se pressent** /*événements*/ Dinge überstürzen [*o* überschlagen] sich; ***des questions se pressaient sur ses lèvres*** Fragen drängten sich ihm/ihr auf; ■ **des personnes se pressent [quelque part]** Menschen drängen sich [irgendwohin]; ***la foule se pressait vers la sortie/au stade*** die Menge drängte zum Ausgang/zum Stadion
2. (*se serrer*) ■ **qn se presse contre qn/qc** jd drückt sich an jdn/etw; ■ **des personnes se pressent quelque part** (*se bousculer*) Menschen drängen sich irgendwo; ***ils se pressaient autour de la vedette*** sie drängten sich um den Star

pressing [pʀesiŋ] *m* **1.** (*teinturerie*) [chemische] Reinigung
2. SPORT Drängen *nt;* ***qn fait un*** ~ jd drängt

pression [pʀesjɔ̃] *f* **1.** MED, METEO, PHYS Druck *m;* ***les hautes ~s*** das Hoch, das Hochdruckgebiet; ~ ***artérielle*** Blutdruck; ~ ***atmosphérique*** Luftdruck
2. (*bouton*) Druckknopf *m*
3. (*contrainte*) Druck *m;* ~ ***sociale*** sozialer Druck, gesellschaftliche Zwänge *pl;* ***il a été soumis à toutes sortes de ~s*** man übte mit allen Mitteln Druck auf ihn aus; ***je ne supporte pas les ~s*** ich ertrage es nicht, wenn man Zwang auf mich ausübt [*o* wenn man mich drängt]; ***qn cède/résiste aux ~s*** jd gibt dem Druck nach/nicht nach; ***il a subi des ~s*** man hat Druck auf ihn ausgeübt; ***qn exerce une ~/des ~s sur qn*** jd übt Druck auf jdn aus
4. (*action de presser*) [*doigt, foule*] Druck *m;* ***une simple ~ de la main suffisait*** ein leichter Druck mit der Hand genügte
5. (*bière*) Bier *nt* vom Fass
► ~ **fiscale** Steuerlast *f;* **qn fait ~ [sur qc]** jd drückt [auf etw (*akk*)], jd übt einen Druck [auf etw (*akk*)] aus; **qn fait ~ sur qn** jd übt Druck auf jdn aus; (*verbalement a.*) jd dringt auf jdn ein; **à la ~** *bière* vom Fass, Fass-; **sous la ~ de qc** *des circonstances, événements, de l'opinion* unter dem Druck einer S. (*gen*); **sous ~** TECH *fig* unter Druck; ***qn est sous ~*** jd steht unter Druck

pressoir [pʀeswaʀ] *m* **1.** (*machine*) Presse *f;* [*raisin*] Kelter *f;* ■ ~ **à** *huile, olives, pommes, vin* -presse
2. (*lieu*) Kelterei *f*

pressurage [pʀesyʀaʒ] *m* [*fruits, raisin*] Keltern *nt,* [Aus]pressen *nt;* [*fromage, olives*] Pressen *nt*

pressurer <1> [pʀesyʀe] **I.** *vt* **1.** (*exploiter*) ■ **qn pressure qn** *contribuable, peuple* jd saugt [*o* nimmt] jdn aus
2. ■ **qn pressure qc** *fruits, pommes, raisin, vendange* jd presst etw, jd keltert etw; *orange, citron* jd presst etw [aus]; *fromage, olives* jd presst etw
II. *vpr fam* ■ **qn se pressure qc** jd zermartert sich (*dat*) etw; ***inutile de te ~ les méninges*** du brauchst dir nicht das Hirn zu zermartern

pressurisation [pʀesyʀizasjɔ̃] *f* Druckausgleich *m*

pressuriser <1> [pʀesyʀize] *vt* ■ **qc est pressurisé(e)** in etw (*dat*) herrscht Druckausgleich; ***une cabine d'avion pressurisée*** eine Kabine, in der Druckausgleich herrscht; eine Druckkabine

prestance [pʀestɑ̃s] *f* [*personne*] [stattliche] Haltung, stattliches Aussehen; [*arbre, monument*] Stattlichkeit *f;* ***qn a de la ~*** jd ist eine stattliche Erscheinung, jd sieht stattlich aus

prestataire [pʀestatɛʀ] *mf* (*bénéficiaire*) [Leistungs]empfänger(in) *m(f);* ■ ~ **de** *d'allocations familiales, de la sécurité sociale* -empfänger(in)
◆ **prestataire de services** (*personne*) im Dienstleistungsbereich Tätige(r) *f(m),* Dienstleistungserbringer(in) *m(f);* (*entreprise*) Dienstleistungsunternehmen *nt;* ***les entreprises/activités ~s de service*** die Dienstleistungsunternehmen/die Aktivitäten im Dienstleistungsbereich

prestation [pʀestasjɔ̃] *f* **1.** THEAT Darbietung *f;* SPORT Leistung *f;* ***qn fait une excellente ~*** jd bietet eine hervorragende Leistung; /*acteur a.*/ jd spielt hervorragend; /*chanteur a.*/ jd singt hervorragend; ~ ***télévisée*** Fernsehauftritt *m*
2. *gén pl* (*services fournis*) Leistungen *pl;* [*hôtel, restaurant a.*] Service ['sœːʀvɪs] *m,* Dienst *m* am Kunden; ~ ***en nature*** Naturalleistung *f,* Leistung *f* [*o* Bezahlung *f*] in [Form von] Naturalien
3. *pl* (*sommes versées*) Leistungen *pl;* ***~s familiales*** Familienbeihilfe *f,* Sozialleistungen *pl* zugunsten der Familie; ***~s locatives*** vom Mieter zu tragende Kosten; ***~s sociales*** Sozialversicherungsleistungen; ***~s de maladie*** Leistungen [aus] der Krankenversicherung; ***~s d'invalidité/de vieillesse*** Invaliden-/Altersrente *f*
◆ **prestation de serment** Eidesleistung *f,* Vereidigung *f;* **prestation de services** Dienstleistung *f,* Angelobung *f* AUS

preste [pʀɛst] *adj geste, main, personne* flink, fix *fam; mouvement a.* rasch

prestement [pʀestəmɑ̃] *adv* schnellstens, rasch

prestidigitateur, -trice [pʀestidiʒitatœʀ, -tʀis] *m, f* Zauberer(in) *m(f),* Zauberkünstler(in) *m(f)*

prestidigitation [pʀestidiʒitasjɔ̃] *f* Zauberei *f;* ***tour de ~*** Zauberkunststück *nt*
► **c'est de la ~**! das ist ja [die reinste] Zauberei!, das grenzt schon an Zauberei!

prestige [pʀestiʒ] *m* Prestige *nt,* Ansehen *nt;* ***qn/qc perd de son ~*** jd verliert an Prestige [*o* Ansehen], jd büßt an Prestige [*o* Ansehen] ein; ***qn a beaucoup de ~*** jd ist hoch angesehen, jd genießt hohes Ansehen
► **de ~** *politique, voiture* Prestige-

prestigieux, -euse [pʀestiʒjø, -jøz] *adj maison, lieu* glanzvoll; *action, événement a.* grandios, bemerkenswert; *carrière* glanzvoll, glänzend; *objet, produits* von hohem Prestigewert; *métier, branche, filière, école, diplôme* angesehen, mit hohem Prestige[wert]; *artiste, scientifique* (*remarquable*) hervorragend, bemerkenswert; (*en renom*) namhaft, renommiert; ***c'est un orateur ~*** er ist ein glänzender [*o* hervorragender] Redner

presto [pʀesto] *adv* **1.** MUS presto
2. *fam* (*en vitesse*) schnellstens, unverzüglich

présumé, e [pʀezyme] *adj auteur* mutmaßlich; ***l'endroit ~ de l'enlèvement*** der Ort, an dem vermutlich die Entführung stattfand; ■ **qn/qc est ~ faire qc** von jdm/etw wird angenommen, dass er/es etw tut; jd/etw tut vermutlich etw; ***la personne ~e avoir commis le crime*** der mutmaßliche Täter; ■ **[qn/qc est] ~ ...** jd/etw gilt als ..., jd/etw wird für ... gehalten; ***qn est ~ coupable/innocent/responsable*** jd gilt als schuldig/unschuldig/verantwortlich, jd wird für schuldig/unschuldig/verantwortlich gehalten; ***cet enfant est ~ être le fils du boulanger*** es wird angenommen, dass dieses Kind der Sohn des Bäckers ist; man hält dieses Kind für den Sohn des Bäckers; ***la maison était ~e pouvoir résister*** das Haus galt als widerstandsfähig; ***une fibre ~e être de la laine*** eine Faser, die [angeblich] aus Wolle sein soll

présumer <1> [pʀezyme] **I.** *vt* ■ **qn présume qc** *résultat, issue* jd vermutet etw; ■ **qn présume qn +** *adj* jd hält jdn für + *adj;* ■ **qn présume que +** *indic* jd nimmt an, dass; jd denkt, dass
II. *vi* ■ **qn présume [trop] de qn/qc** jd überschätzt jdn/etw

présupposé [pʀesypoze] *m* [*article, doctrine*] Voraussetzung *f,* Grundlage *f;* LING, GRAM Präsupposition *f,* Voraussetzung; ***ces articles contiennent tellement de ~s qu'ils en deviennent incompréhensibles*** diese Artikel sind unverständlich, da sie so viel [Vorwissen] voraussetzen

présupposer <1> [pʀesypoze] *vt* ■ **qn/qc présuppose qc** jd/etw setzt etw voraus; ■ **qn/qc présuppose que +** *subj* jd/etw setzt voraus, dass

présupposition [pʀesypozisjɔ̃] *f* Voraussetzung *f,* Präsupposition *f*

présure [pʀezyʀ] *f* Lab *nt*

prêt [pʀɛ] *m* **1.** (*action de prêter*) [*argent, livre, objet*] Ausleihen *nt,* Verleihen *nt;* [*argent*] [Ver]leihen *nt;* ***qn fait un ~ à qn/le ~ de 200 F à qn*** jd leiht jdm etw/leiht jdm 200 F
2. (*crédit*) Darlehen *nt,* Kredit *m;* (*prêt public*) Anleihe *f;* ~ ***personnel*** Privatkredit, privater Kredit
3. (*chose prêtée*) [*livre, objet*] Leihgabe *f*
4. MIL [Wehr]sold *m*
◆ **prêt à intérêt** verzinsliches Darlehen; **prêt à la construction** Baudarlehen *nt;* **prêt d'honneur** *zinsloses Darlehen, zu dessen Rückzahlung man sich ehrenwörtlich verpflichtet;* **prêt sur gages** Pfandleihe *f*

prêt, e [pʀɛ, pʀɛt] *adj* **1.** (*préparé*) ■ **qn/qc est ~** jd/etw ist fertig [*o* bereit]; ***la cérémonie est ~e*** für die Feier ist alles vorbereitet; ***qn a qc ~*** jd hat [*o* hält] etw bereit; ~ ***à cuire/rôtir*** koch-/bratfertig; ***nous sommes ~s à manger*** wir können essen; ***le poulet est ~ à manger*** das Hähnchen ist fertig [*o* kann gegessen werden]; ~ ***à fonctionner*** funktionsbereit; ~ ***à partir*** aufbruchbereit, startbereit; (*pour un voyage*) abfahrtbereit, reisefertig; ***nous ne sommes pas encore ~s à manger*** mit dem Essen ist es noch nicht so weit [*o* dauert es noch]; ■ ~ **à qc/pour qc** bereit zu/für etw; ***je suis ~ au départ*** ich bin zum Aufbruch bereit, ich bin aufbruchbereit; (*pour un voyage*) ich bin zur Abreise bereit, ich bin reisefertig; ***à vos marques; ~s? Partez!*** SPORT auf die Plätze, fertig, los!
2. (*disposé*) ■ ~ **à faire qc** bereit etw zu tun
► **fin ~** *fam* ganz fertig, fix und fertig *fam;* ***on peut y aller, je suis fin ~!*** wir können gehen, ich bin startklar [*o* soweit]! *fam;* ***tout est fin ~ pour ...*** alles ist [fertig] vorbereitet für ...; **qn tient qc ~** jd hält etw bereit; **qn se tient ~ [à faire qc]** jd hält sich bereit [etw zu tun], jd bereitet sich darauf vor, etw zu tun; **[qn est] ~ à tout [pour faire qc]** [jd ist] zu allem bereit [um etw zu tun]

prêt-à-, prête-à- <~s-à-> [pʀɛta] *préf:* ***prêt(e)-à-monter*** montierfertig; ***un vêtement prêt-à-coudre*** ein [fertig] zugeschnittenes Kleidungsstück; ***un poulet prêt-à-manger*** ein fertiges [*o* gegrilltes] Hähnchen; ***le prêt-à-manger*** die Fertiggerichte, die Fertigküche **prêt-à-porter** <~s-~-~> [pʀɛtapɔʀte] *m* Konfektionskleidung *f*

prêté [pʀete] *m* ► **c'est un ~ pour un rendu** wie du mir, so ich dir

prétendant, e [pʀetɑ̃dɑ̃, ɑ̃t] **I.** *m, f* (*candidat*) ■ ~ **[à qc]** *à un poste* Bewerber(in) *m(f)* [für etw]; *au trône, à l'Élysée* Anwärter(in) *m(f)* [auf etw (*akk*)]; (*prince*) [Thron]prätendent *m;* ***la Couronne de France avait plusieurs ~s*** auf die Krone von Frankreich gab es mehrere Anwärter
II. *m vieilli* Freier *m*

prétendre <14> [pʀetɑ̃dʀ] **I.** *vt* **1.** (*affirmer*) ■ **qn prétend qc/faire qc** jd behauptet etw/behauptet etw zu tun; ■ **qn prétend que +** *indic* jd behauptet, dass; ■ **qn ne prétend pas que +** *subj* jd behauptet nicht, dass; jd will nicht sagen, dass; ■ **qn prétend qn ...** jd behauptet, dass jd ... ist; ***certains le prétendent très riche*** einige behaupten, er sei sehr reich [*o* dass er sehr reich ist], er soll sehr reich sein
2. (*avoir la prétention de*) ■ **qn prétend faire qc** jd behauptet, dass er etw tut; jd behauptet etw zu tun; ***je ne prétends pas vous convaincre*** ich behaupte nicht [*o* ich bilde mir nicht ein], dass ich Sie überzeugen kann
3. (*vouloir*) ■ **qn prétend faire qc/que +** *subj* jd will etw tun/will, dass; ***je prétends être obéi de mes subordonnés*** [*o* ***que mes subordonnés m'obéissent***] ich will [*o* erwarte], dass meine Untergebenen mir gehorchen; ***que prétends-tu faire?*** was gedenkst du zu tun?, was willst du tun?
► **à ce que qn prétend** wie jd sagt; jd behauptet, dass; ***à ce qu'on prétend, il est ...*** angeblich ist er ..., wie behauptet wird, ist er ...

II. *vi soutenu* ■ **qn prétend à qc** *aux honneurs, à une responsabilité* jd strebt nach etw; *à un poste, titre* jd bemüht sich um etw, jd strebt etw an; ***qn prétend à la main d'une femme*** jd hält um die Hand einer Frau an; ■ **qn prétend à faire qc** jd strebt danach, etw zu tun
III. *vpr* ■ **qn se prétend** [**être**] … jd behauptet … zu sein; ***tu t'es prétendu insulté*** du hast behauptet beleidigt worden zu sein; ***il se prétend médecin*** er behauptet Arzt zu sein
prétendu, e [pʀetɑ̃dy] *adj antéposé* angeblich; *justice, liberté, ami a.* sogenannte(r, s)
prétendument [pʀetɑ̃dymɑ̃] *adv* angeblich
prête-nom <~-~s> [pʀɛtnɔ̃] *m* Strohmann *m*
prétentieusement [pʀetɑ̃sjøzmɑ̃] *adv* selbstgefällig
prétentieux, -euse [pʀetɑ̃sjø, -jøz] I. *adj personne, ton* überheblich, anmaßend; *manières* affektiert, geziert; *style* geschraubt; *villa, maison* pompös, protzig *fam;* ***il a l'air*** ~ er wirkt überheblich [*o* arrogant]
II. *m, f* eingebildeter [*o* selbstgefälliger] Mensch; (*femme a.*) eingebildete [*o* selbstgefällige] Person; ***quel petit*** ~! so ein eingebildeter Kerl!
prétention [pʀetɑ̃sjɔ̃] *f* **1.** *gén pl* (*exigence*) Anspruch *m,* Forderung *f;* ***quelles sont vos*** ~***s?*** wie sind Ihre Gehaltsansprüche [*o* Gehaltsvorstellungen]?; ~***s salariales*** Gehaltsforderungen *pl,* Gehaltsansprüche *pl,* ■ ~ **à qc** *à la propriété, richesse, à un héritage, au pouvoir* Anspruch auf etw (*akk*); ***qn a des*** ~***s à l'élégance/à la beauté*** jd bildet sich (*dat*) ein elegant/schön zu sein
2. *gén pl* (*ambition*) Ehrgeiz *m kein pl,* Ambitionen *pl;* ***ses*** ~***s sont justifiées*** seine/ihre Ambitionen sind gerechtfertigt
3. *Ø* (*vanité*) Überheblichkeit *f,* Selbstgefälligkeit *f*
► **qn** <u>**a**</u>/<u>**affiche**</u> **des** ~**s** (*a des ambitions*) jd hat/zeigt Ambitionen [*o* Ehrgeiz]; (*est vaniteux*) jd ist eingebildet [*o* überheblich]; **qn** <u>**a**</u> **des** ~**s** [**sur qn/qc**] (*a des vues*) jd meldet Ansprüche [auf jdn/etw] an, jd erhebt Anspruch [auf jdn/etw]; ***il a des*** ~***s sur elle*** er hat [ernste] Absichten auf sie; **qn/qc** <u>**a**</u>/**n'**<u>**a**</u> **pas la** ~ **de faire qc** jd bildet sich (*dat*) ein/nicht ein etw tun zu können; ***ce diplôme n'a pas la*** ~ ***de remplacer …*** dieses Diplom erhebt nicht den Anspruch, … zu ersetzen; ***elle a la*** ~ ***de tout savoir*** sie bildet sich (*dat*) ein [*o* sie erhebt den Anspruch] alles zu wissen; <u>**sans**</u> ~ *maison, repas* einfach, schlicht; *personne* natürlich
prêter <1> [pʀete] I. *vt* **1.** (*avancer pour un temps*) ■ **qn prête qc** [**à qn**] *de l'argent, 100/200/… Francs* jd leiht [jdm] etw, jd verleiht etw; *livre, voiture, parapluie, stylo a.* jd leiht [jdm] etw aus; ***elle m'a prêté son vélo*** sie hat mir ihr Fahrrad [aus]geliehen; ***il n'aime pas*** ~ ***de l'argent*** er [ver]leiht nicht gerne Geld
2. (*attribuer*) ■ **qn prête qc à qn/qc** *paroles, propos, intention* jd unterstellt jdm etw; *sentiments, défauts, force* jd schreibt jdm/einer S. etw zu; *importance* jd misst jdm/einer S. etw bei
II. *vi* **1.** (*donner matière à*) ■ **qc prête à qc/faire qc** *à la critique, [la] discussion, à équivoque, aux commentaires* etw gibt Anlass zu etw/veranlasst dazu, etw zu tun; ***son attitude prête à équivoque*** sein/ihr Verhalten ist missverständlich [*o* zweideutig]; ***votre suggestion prête à discussion*** Ihr Vorschlag ist zu diskutieren [*o* gibt Anlass zur Diskussion]; ***qc prête à rire/pleurer*** etw ist lachhaft [*o* lächerlich]/zum Weinen
2. (*consentir un prêt*) ■ **qn prête à …** *à 8%/10%/…* jd [ver]leiht zu [*o* mit] … Zinsen; ■ **qn prête à qn** [**à qc**] *à un taux intéressant/usuraire* jd leiht jdm [zu etw]; */banque, mutuelle a./* jd gewährt jdm ein Darlehen [zu etw]; ***qn prête à intérêt/sur gage*** jd leiht auf Zinsen/gegen Pfand
III. *vpr* **1.** (*consentir*) ■ **qn se prête à qc** *à un arrangement, jeu, projet, une expérience* jd macht bei etw mit; *à des manœuvres a.* jd gibt sich für etw her
2. (*s'adapter*) ■ **qc se prête à qc** etw ist geeignet für etw, etw eignet sich für etw; ***cette chaussure se prête tout à fait à mon pied*** dieser Schuh passt sich genau meinem Fuß an [*o* passt mir genau]
prétérit [pʀeteʀit] *m* Vergangenheit *f,* Präteritum *nt*
prêteur, -euse [pʀɛtœʀ, -øz] I. *adj* ■ **qn est** ~ jd [ver]leiht gerne
II. *m, f* Verleiher(in) *m(f),* Geldgeber(in) *m(f),* Darlehensgeber(in) *m(f)*
◆ **prêteur(-euse) sur gages** Pfandleiher(in) *m(f)*
prétexte [pʀetɛkst] *m* (*raison apparente*) Vorwand *m;* (*excuse*) Ausrede *f;* ***ça m'a donné un*** [*o* ***servi de***] ~ ***pour reporter mon travail*** das diente mir als Vorwand/Ausrede dafür, meine Arbeit aufzuschieben
► <u>**mauvais**</u> ~ schlechte [*o* faule *fam*] Ausrede; **qc** <u>**est**</u> ~ **à qc/à faire qc** *à rire, boire un coup* etw ist [*o* gibt] Anlass zu etw/gibt Anlass dazu, etw zu tun; ***avec lui, tout est*** ~ ***à plaisanteries*** er kann immer [über alles] lachen; **qn** <u>**prend**</u> ~ **de qc pour faire qc** jd benutzt etw als Vorwand/Ausrede um etw zu tun, jd nimmt etw zum Vorwand um etw zu tun; **qn** <u>**prend**</u> **qc comme** [*o* **pour**] ~ jd benutzt etw als Vorwand/Ausrede, jd nimmt etw zum Vorwand; **qn** <u>**saisit**</u> **un** ~**/le premier** ~ **venu pour faire qc** jd greift zu einem/zum erstbesten Vorwand, um etw zu tun; jd benutzt eine Ausrede/die erstbeste Ausrede, um etw zu tun; <u>**sous**</u> **aucun** ~ auf keinen Fall, unter keinen Umständen; <u>**sous**</u> [**le**] ~ **de qc** etw [als Grund] vorschiebend [*o* vorschützend]; ***sous*** ~ ***de manque de temps, elle est …*** aus angeblichem Zeitmangel ist sie …; <u>**sous**</u> [**le**] ~ **que** + *indic*/**de faire qc** unter dem Vorwand, dass/etw zu tun; ***sous le*** ~ ***de quelque affaire de famille à régler*** unter dem Vorwand, irgendeine Familienangelegenheit regeln zu müssen
prétexter <1> [pʀetɛkste] *vt* ■ **qn prétexte qc** [**pour faire qc**] *maladie, manque de temps* jd schützt etw vor [um etw zu tun], jd nimmt etw zum Vorwand [um etw zu tun], jd benutzt etw als Vorwand [*o* als Ausrede] [um etw zu tun]; ■ **qn prétexte que** + *indic* jd gibt vor, dass
prétoire [pʀetwaʀ] *m* Gerichtssaal *m*
prêtre, -esse [pʀɛtʀ, pʀɛtʀɛs] I. *m* REL Priester *m*
► ~ <u>**assermenté**</u>/<u>**réfractaire**</u> HIST vereidigter Priester/Priester, der den Eid verweigert
II. *m, f* ANTIK Priester(in) *m(f)*
► <u>**grand**</u> ~/<u>**grande**</u> ~**esse** ANTIK Hohepriester(in) *m(f); fig* Oberhaupt *nt*
prêt-relais <~s-~> [pʀɛʀəlɛ] *m* Überbrückungskredit *m*
prêtre-ouvrier <~s-~s> [pʀɛtʀuvʀije] *m* Arbeiterpriester *m*
preuve [pʀœv] *f* **1.** (*indice probant, démonstration*) Beweis *m;* ■ ~ **de qc** Beweis für etw; ■ **la/une** ~ **que** + *indic* der Beweis/ein Beweis [dafür], dass; ***qn fournit/établit la*** ~ ***de qc*** jd erbringt den Beweis für etw
2. (*marque*) ■ ~ **de qc** *d'amour, de bonne volonté, courage, paresse* Beweis *m* [*o* Zeichen *nt*] einer S. (*gen*); ***c'est une*** ~ ***de courage*** das ist ein Beweis seines/ihres Mutes
► ~ **par l'**<u>**absurde**</u> Ad-Absurdum-Führen *nt;* **jusqu'à** ~ **du** <u>**contraire**</u> bis zum Beweis des Gegenteils; ~ **par** <u>**contrario**</u> apagogischer Beweis, Beweis *m* durch Aufzeigen der Unrichtigkeit des Gegenteils; ~ **en** <u>**main**</u> anhand von Beweisen; ~ **par** <u>**neuf**</u> MATH Neunerprobe *f;* (*preuve absolue*) eindeutiger Beweis; ~ <u>**vivante**</u> lebender [*o* lebendiger] Beweis, lebendes [*o* lebendiges] Beispiel; **qn** <u>**fait**</u> **la** ~ jd macht die Probe; **qn** <u>**fait**</u> **la** ~ **de qc/que** + *indic* jd beweist etw [*o* jd erbringt den Beweis für etw]/jd beweist, dass; **qn** <u>**fait**</u> ~ **de qc** *de désintéressement, retenue* jd zeigt etw; *de bonne volonté, courage a.* jd beweist etw; *entêtement* jd legt etw an den Tag; ***j'ai fait*** ~ ***de bonne volonté*** ich habe guten Willen bewiesen [*o* gezeigt]; ***elle a fait*** ~ ***d'amour*** sie hat ihre Liebe bewiesen; **qn/qc** <u>**fait**</u> **ses** ~**s** jd/etw bewährt sich; <u>**pour**</u> ~ als [*o* zum] Beweis; <u>**la**</u> ~ … *fam* der [beste] Beweis dafür …; ~ <u>**que**</u> + *indic* der [beste] Beweis [dafür], dass
preux [pʀø] I. *adj littér antéposé chevalier* tapfer, kühn
II. *m littér* kühner Krieger, Recke *m geh*
prévaloir <irr> [pʀevalwaʀ] I. *vi soutenu* ■ **qc prévaut** */argument, opinion, préjugé, position/* etw herrscht vor; */droits, volonté/* etw ist maßgebend, etw hat Gewicht; ■ **qc prévaut sur** [*o* **contre**] **qc** */argument, opinion, préjugé, volonté/* etw setzt sich gegenüber etw [*o* gegen etw] durch; ***la faveur prévaut souvent sur le mérite*** Gunst zählt oft mehr als Verdienst; ***l'éducation ne prévalait pas contre les mauvais instincts*** die Erziehung kam nicht gegen die niederen Instinkte an; ***les diplômes prévalent sur l'expérience*** Diplome haben mehr Gewicht als die Erfahrung; ***cet argument ne prévaut pas sur celui de votre adversaire*** dieses Argument kommt nicht gegen das Ihres Gegners an; ■ **qn/qc prévaut** [**sur qn**] jd/etw setzt sich [gegen jdn] durch; (*en sport a.*) jd trägt den Sieg [über jdn] davon; ***rien ne prévaut contre cela/contre lui/elle*** dagegen/gegen ihn/sie kommt man nicht an [*o* ist nichts auszurichten]; ■ **qn fait** ~ **qc** *opinion, point de vue* jd setzt etw durch; *droits* jd macht etw geltend, jd pocht auf etw (*akk*); ***il faut faire*** ~ ***la qualité sur la quantité*** die Qualität muss Vorrang vor der Quantität haben, Qualität geht vor Quantität
II. *vpr soutenu* **1.** (*tirer avantage*) ■ **qn se prévaut de qc** *de sa fortune, naissance* jd macht sich (*dat*) etw zunutze, jd zieht Nutzen aus etw
2. (*se flatter*) ■ **qn se prévaut de qc** *de ses talents, titres* jd brüstet sich mit etw; (*se référer à*) jd beruft sich auf etw (*akk*)
prévaricateur, -trice [pʀevaʀikatœʀ, -tʀis] I. *adj* korrupt
II. *m, f* korrupter Beamter/korrupte Beamtin
prévarication [pʀevaʀikasjɔ̃] *f* Amtsverletzung *f,* Dienstpflichtverletzung *f*
prévenance [pʀev(ə)nɑ̃s] *f* Zuvorkommenheit *f,* Aufmerksamkeit *f;* ***qn est plein(e) de*** ~***s*** jd ist sehr zuvorkommend [*o* aufmerksam]; ***il n'a aucune*** ~ ***pour les autres*** er nimmt keine Rücksicht auf andere, er ist anderen gegenüber nicht sehr rücksichtsvoll [*o* zuvorkommend]; ***qn entoure qn de*** ~ jd umgibt jdn mit Aufmerksamkeit; ***qn comble qn de*** ~***s*** jd ist jdm gegenüber äußerst zuvorkommend
prévenant, e [pʀev(ə)nɑ̃, ɑ̃t] *adj personne, manières* zuvorkommend, aufmerksam; *air* freundlich; ***il est toujours très*** ~ ***avec*** [*o* ***envers***] ***sa femme*** er ist seiner Frau gegenüber immer sehr zuvorkommend
prévenir <9> [pʀev(ə)niʀ] I. *vt* **1.** (*aviser*) ■ **qn prévient qn** [**que** + *indic*] *ami, voisin* jd benachrichtigt jdn[, dass]; *médecin a.* jd ruft jdn; *police a.* jd verständigt jdn; ■ **qn prévient qn** [**de qc**] jd benachrichtigt jdn [von etw], jd informiert jdn [über etw (*akk*)], jd setzt jdn [von etw] in Kenntnis *form;* ***il faut*** ~ ***le médecin*** wir müssen den Arzt rufen; ***si vous avez un empêchement, prévenez-moi*** falls Sie verhindert sind, geben Sie mir Bescheid; ■ **qn prévient qn** [**de qc**] (*avertir*) jd warnt jdn [vor etw (*dat*)]; ***je te préviens, si tu continues ainsi …*** ich warne dich, wenn du so weitermachst …; ■ **qn fait** ~ **qn** jd lässt jdn benachrichtigen; ***je l'ai fait*** ~ ***que*** + *indic* ich habe ihm/ihr ausrichten lassen, dass; ■ **qn est prévenu(e)** (*avisé*) jd ist informiert [*o* benachrichtigt] [*o* verständigt]; (*averti*) jd ist gewarnt; ***te voilà prévenu!*** jetzt weißt du Bescheid!, jetzt bist du informiert
2. (*empêcher*) ■ **qn/qc prévient qc** *accident, catastrophe, danger, malheur* jd/etw beugt einer S. (*dat*) vor, jd/etw verhindert [*o* verhütet] etw
3. (*devancer*) ■ **qn prévient qc** *besoins, désirs, question, objection* jd kommt einer S. (*dat*) zuvor
4. *littér* (*influencer*) ■ **qn/qc prévient qn contre/en faveur de qn/qc** jd/etw nimmt jdn gegen/für jdn/etw ein
II. *vi* ■ **qn prévient** jd sagt [*o* gibt] Bescheid; ■ **qc prévient** */tremblement, cataclysme/* etw kündigt sich an; ***il est parti sans*** ~ er ist weggegangen ohne Bescheid zu sagen [*o* ohne etwas zu sagen]; ***qc arrive sans*** ~ etw kündigt sich nicht an
préventif, -ive [pʀevɑ̃tif, -iv] *adj médecine* Präventiv-; *traitement a.* vorbeugend; *mesure a.* Vorbeugungs-; ***détention/prison*** ~***ive*** Untersuchungshaft *f*/-gefängnis *nt*
prévention [pʀevɑ̃sjɔ̃] *f* **1.** (*mesures préventives*) ■ ~ [**de qc**] *d'un accident* Verhütung *f* [einer S. (*gen*)]; *d'un crime a., d'une maladie* Vorbeugung *f* [gegen etw]; ~ ***médicale*** medizinische Vorsorge; ***la*** ~ ***des accidents du travail*** [Maßnahmen *pl* zur] Verhütung von Arbeitsunfällen, Unfallverhütung am Arbeitsplatz; ***la*** ~ ***routière/des accidents de la route*** [Maßnahmen zur] Verhütung von Verkehrsunfällen
2. (*détention provisoire*) Untersuchungshaft *f*

3. (*idée préconçue*) Voreingenommenheit *f*, vorgefasste Meinung; ***je n'ai aucune*** ~ ich bin nicht voreingenommen; ***sans*** ~ unvoreingenommen; ■ **~ contre qn/qc** Vorurteil *nt* gegen jdn/etw; ■ **~ en faveur de qn/qc** Voreingenommenheit *f* [*o* vorgefasste Meinung] zu jds Gunsten/zugunsten einer S. (*gen*)

▶ **la P~ routière** Straßenverkehrswacht *f*; **en** ~ in Untersuchungshaft

préventivement [pʀevɑ̃tivmɑ̃] *adv agir, se soigner* vorbeugend; *prescrire a.* zur Vorbeugung

préventorium [pʀevɑ̃tɔʀjɔm] *m* Erholungsheim *nt* für Tuberkulosegefährdete

prévenu, e [pʀev(ə)ny] **I.** *adj* **1.** JUR ■ **qn est** ~ jd steht unter Anklage, jd ist angeklagt; ■ **[qn est]** ~ **de qc** *d'un délit* [jd ist/wird] einer S. (*gen*) beschuldigt [*o* angeklagt]

2. (*qui a des préventions*) ■ **[qn est]** ~ **contre qn/qc** [jd ist] gegen jdn/etw [vor]eingenommen; ■ **[qn est]** ~ **en faveur de qn/qc** [jd ist] für jdn/etw eingenommen

II. *m, f* JUR Angeklagte(r) *f(m)*, Beschuldigte(r) *f(m)*

préverbe [pʀevɛʀb] *m* Verbpräfix *nt*

prévisible [pʀevizibl] *adj* ■ **[qc est]** ~ [etw ist] vorhersehbar [*o* voraussehbar] [*o* vorauszusehen]; ***difficilement*** ~ schwer vorauszusehen

prévision [pʀevizjɔ̃] *f* **1.** (*anticipation*) ■ ~ **[de qc]** *d'un comportement, événement, phénomène* Voraussehen *nt* [*o* Vorhersehen *nt*] [einer S. (*gen*)]; (*prédiction*) Voraussage *f* [*o* Vorhersage *f*] [einer S. (*gen*)]; *des dépenses, recettes* Vorausberechnung *f* [*o* Voranschlag *m*] [einer S. (*gen*)]; ***il a réussi au-delà de toute*** ~ es ist ihm entgegen aller Voraussage [*o* wider Erwarten] gelungen; ***la ~ de ses réactions est impossible*** es ist unmöglich, seine/ihre Reaktionen vorauszusehen [*o* vorherzusehen]

2. *pl* ECON, FIN, METEO Voraussagen *pl*, Prognosen *pl*; ***~s boursières*** Börsenprognose *f*; ***~s budgétaires*** Haushaltsvoranschlag *m*, Haushaltsansätze *pl*; ***~s météorologiques*** Wettervorhersage *f*, Wetteraussichten *pl*; ***nos ~s se sont révélées exactes*** unsere Voraussagen [*o* Prognosen] haben sich als richtig erwiesen

▶ **en** ~ **de qc** *du départ, des vacances* im Hinblick auf etw (*akk*)

prévisionnel, le [pʀevizjɔnɛl] *adj mesures* vorausschauend; *coûts* veranschlagt; *production* voraussichtlich, geplant; *étude, analyse* prognostisch; ***budget*** ~ Haushaltsvoranschlag *m*; ***gestion ~le*** Betriebsplanung *f*; ***comptes ~s*** Vorkalkulation *f*; ***plan*** ~ Budget *nt*; [*entreprise*] Betriebsplan *m*; ***une étude ~le sur qc*** eine [Vor]studie über die Entwicklung einer S. (*gen*)

prévoir <irr> [pʀevwaʀ] *vt* **1.** (*anticiper*) ■ **qn prévoit qc** *conséquence, événement* jd sieht etw vorher [*o* voraus]; *réaction, contretemps a.* jd rechnet mit etw; (*prédire*) *temps, événement* jd sagt etw vorher [*o* voraus]; ***il faut ~ les conséquences de ses actes*** man muss die Konsequenzen seines Handelns bedenken; ■ **qn prévoit que +** *indic* jd sieht vorher [*o* voraus], dass; jd rechnet damit, dass; ***si j'avais pu ~ sa réaction, …*** wenn ich seine/ihre Reaktion hätte voraussehen können, …; ***j'avais prévu qu'il refuserait*** ich hatte vorausgesehen [*o* ich hatte damit gerechnet], dass er ablehnen würde; ■ **qc laisse [*o* fait] ~ qc/que +** *indic* etw lässt etw vermuten/lässt vermuten, dass; etw deutet auf etw (*akk*) hin/deutet darauf hin, dass; ***cela laisse ~ un malheur*** das lässt Böses ahnen; ***rien ne laisse ~ une amélioration rapide*** nichts deutet auf eine rasche Verbesserung hin; ***son attitude laisse ~ qu'il …*** seine Haltung deutet darauf hin, dass er …; ***la catastrophe prévue*** die Katastrophe, die sich angekündigt hatte

2. (*projeter*) ■ **qn prévoit qc/de faire qc** *activité, arrivée, voyage* jd sieht etw vor/sieht vor etw zu tun, jd plant etw/plant [*o* beabsichtigt] etw zu tun; ***l'arrivée de nos hôtes est prévue pour*** [*o* ***à***] ***3 heures*** wir erwarten unsere Gäste um 3 Uhr

3. (*envisager*) ■ **qn prévoit qc** *argent, dispositifs* jd sieht etw vor; *mesures, construction a.* jd plant etw; *casse-croûte* jd sorgt für etw [vor]; ***il va falloir ~ des couvertures*** es muss für Decken gesorgt werden; ***ils avaient tout prévu*** sie hatten alles vorbereitet; ***j'ai prévu une cagnotte pour …*** ich habe etwas [Geld] für … auf die Seite gelegt; ■ **[qc est] prévu(e)** (*envisagé*) [etw ist] vorgesehen; (*organisé à l'avance*) [etw ist] vorgesehen [*o* geplant] [*o* vorbereitet]; ■ **[qc est] prévu(e) [pour]** (*destiné à*) [etw ist] vorgesehen [*o* gedacht] [für]; ***des mesures prévues en cas de catastrophe*** die im Fall einer Katastrophe vorgesehenen [*o* geplanten] Maßnahmen; ***le casse-croûte est prévu*** für einen kleinen Imbiss ist [vor]gesorgt; ***c'est prévu*** daran ist gedacht; ***prévu(e) à cet effet*** zu diesem Zweck vorgesehen; ***cette tente est prévue pour quatre personnes*** dieses Zelt ist für vier Personen vorgesehen [*o* gedacht]; ***tout est prévu pour ton arrivée*** für deine Ankunft ist alles vorbereitet; ■ **qn a prévu [qc] …** *commode, confortable* jd hat [etw] … ausgewählt; ***les fauteuils, je les ai prévus confortables*** ich habe bequeme Sessel ausgewählt; ***si vous achetez un appartement, prévoyez-le grand*** wenn Sie eine Wohnung kaufen, suchen Sie sich (*dat*) [*o* wählen Sie] eine große; ***j'ai prévu copieux*** ich habe reichlich [zu essen] vorgesehen [*o* für Essen vorgesorgt]; ***pour le tissu je n'ai pas prévu assez large*** ich habe den Stoff nicht breit genug bemessen

4. JUR (*fixer, stipuler*) ■ **qc prévoit qc/que +** *indic amende, peine de prison, sanction* etw sieht etw vor/sieht vor, dass; ■ **[qc est] prévu(e)** [etw ist] vorgesehen [*o* festgelegt]; ***prévu(e) par la loi*** im Gesetz vorgesehen; ***qc est prévu(e) à l'article 12*** etw ist in Artikel 12 festgelegt

▶ **comme prévu** wie gehabt! *fam*, das Übliche!; **plus/moins […] que prévu** *cher, beau* mehr/weniger […] als erwartet

prévôt [pʀevo] *m* HIST Vogt *m*; REL Domprobst *m*; MIL, HIST Befehlshaber *m* der Feldgendarmerie

prévôté [pʀevote] *f* HIST, JUR Vogtei *f*; MIL Militärpolizei *f*; HIST Feldgendarmerie *f*

prévoyance [pʀevwajɑ̃s] *f* (*aptitude à prévoir*) Vorausschau *f*, Voraussicht *f*; (*précautions*) Vorsorge *f*; ***il faut faire preuve de ~ pour le temps de la vieillesse*** man muss für das Alter vorsorgen [*o* Vorsorge treffen]; ***qn manque de*** ~ jd ist nicht vorausschauend/vorsorgend

prévoyant, e [pʀevwajɑ̃, jɑ̃t] *adj mesure* vorsorglich; *personne* (*qui prend des précautions*) vorsorgend; (*qui est apte à anticiper*) vorausschauend; ***il est nécessaire d'être*** ~ man muss vorsorgen/vorausblickend sein

prie-Dieu [pʀidjø] *m inv* Betstuhl *m*

prier <1 a> [pʀije] **I.** *vt* **1.** REL ■ **qn prie qn/qc** *ciel, Dieu, saint, Vierge* jd betet zu jdm/etw; ■ **qn prie qn/qc de faire qc** [*o* **que qn/qc fasse qc**] jd bittet jdn/etw, etw zu tun [*o* dass jd/etw etw tut], jd fleht jdn/etw an, etw zu tun [*o* dass jd/etw etw tut]; ***je prie Dieu/le ciel que cela soit vrai!*** ich bete zu Gott/zum Himmel [*o* flehe Gott/den Himmel an], dass es wahr ist; ***j'ai prié Dieu de faire un miracle*** ich habe Gott angefleht ein Wunder geschehen zu lassen

2. (*inviter, solliciter*) ■ **qn prie qn de faire qc** *d'accompagner, honorer, de venir* jd bittet jdn, etw zu tun; ■ **qn est prié(e) de faire qc** jd wird gebeten [*o* ersucht *form*], etw zu tun; ***vous êtes prié de vous présenter …*** Sie werden gebeten [*o* ersucht *form*], sich … zu melden; ■ **qn se fait ~ [pour faire qc]** jd lässt sich [lange] bitten[, bevor er etw tut]; ***elle s'est fait ~ pour faire la vaisselle*** sie ließ sich lange bitten, bevor sie das Geschirr spülte; ***il aime se faire*** ~ er lässt sich gerne bitten; ■ **qn ne se fait pas ~ [pour faire qc]** jd lässt sich nicht [lange] bitten [*o* nötigen] [und tut etw [*o* etw zu tun]]; ***ne te fais pas*** ~! lass dich doch nicht so bitten!, zier dich doch nicht so!; ***sans se faire*** ~ ohne sich [lange] bitten zu lassen, ohne Zögern, er will gerne gebeten sein; ■ **qn prie qn à qc** *soutenu à déjeuner, dîner* jd bittet jdn zu etw *geh*, jd lädt jdn zu etw ein

3. (*ordonner*) ■ **qn prie qn de faire qc** *de se taire, de répondre, sortir* jd bittet jdn etw zu tun; ***je vous prie de vous taire!*** ich bitte Sie zu schweigen!; ■ **qn est prié(e) de faire qc** jd wird gebeten etw zu tun; ***vous êtes prié de répondre quand on vous parle*** antworten Sie bitte, wenn man mit Ihnen spricht

▶ **je vous prie d'agréer mes sincères salutations/sentiments les meilleurs** mit freundlichen Grüßen; **je t'en/vous en prie** (*fais/faites donc*) [aber] bitte, bitte sehr; (*s'il te/vous plaît*) bitte; (*il n'y a pas de quoi*) (*après un remerciement*) bitte schön!, keine Ursache!, gern geschehen!; (*après une excuse*) [das ist doch] nicht der Rede wert!, das macht nichts!; ***acceptez mon invitation, je vous en prie!*** nehmen Sie meine Einladung an, bitte!; ***je t'en prie, pardonne-moi!*** bitte, verzeih mir!; **je te/vous prie!** wenn ich bitten darf!; ***adopte un autre ton, je te prie!*** gewöhne dir gefälligst einen anderen Ton an!

II. *vi* REL ■ **qn prie [pour qn/qc]** jd betet [für jdn/etw]

prière [pʀijɛʀ] *f* **1.** REL Gebet *nt*; ■ **~ de** *du matin, soir, des morts* -gebet; ~ ***d'adoration*** Lobgebet; ~ ***d'action de grâce*** Dankgebet; ~ ***de demande*** Bittgebet

2. (*demande*) Bitte *f*; ***j'ai une ~ à vous faire!*** ich habe eine Bitte an Sie!; ***qn cède aux ~s de qn*** jd gibt jds Bitten (*dat*) nach

3. (*invitation pressante*) ■ **~ de faire qc** bitte etw tun; ~ ***d'essuyer ses pieds!*** bitte Füße abtreten!; ~ ***de ne pas se pencher au dehors*** bitte nicht hinauslehnen!; ~ ***de répondre par retour du courrier*** um postwendende Antwort wird gebeten

▶ **qn dit** [*o* **fait**] [*o* **récite**] **sa ~/ses ~s** REL jd spricht [*o* verrichtet] sein Gebet, jd betet; **fais tes ~s** [*o* **ta ~**]! *hum* du kannst schon mal ein Stoßgebet zum Himmel schicken!; **à la ~ de qn** auf jds Bitte [*o* Bitten] (*akk*) [hin]; **en** ~ REL betend, beim Gebet; ***qn est en*** ~ jd betet, jd ist beim Gebet

prieur, e [pʀijœʀ] **I.** *adj*: ***père ~/mère ~e*** Prior(in) *m(f)*; (*interpellation*) Vater Prior/Mutter Oberin

II. *m, f* Prior(in) *m(f)*

prieuré [pʀijœʀe] *m* **1.** (*couvent*) Priorat *nt*

2. (*église*) Prioratskirche *f*, Klosterkirche *f*

prima donna <prime donne> [pʀimadɔna, pʀimedɔne] *f* Primadonna *f*

primaire [pʀimɛʀ] **I.** *adj* **1.** (*de base*) *couleur, école* Grund-; ***enseignement*** ~ Grundschulunterricht *m*; (*institution*) Grundschulwesen *nt*; ***inspecteur*** ~ Schulrat *m*

2. GEOL primär, paläozoisch; ***ère*** ~ Paläozoikum *nt*; ***roche*** ~ Primärgestein *nt*

3. ECON *secteur* primär

4. MED Primär-; ***accident*** ~ primäre [Krankheits]erscheinung, erstes Symptom; ***lésion*** ~ Primäraffekt *m*

5. POL: ***élection*** ~ innerparteiliche Vorwahl; ***assemblée*** ~ Urwählerversammlung *f*

6. *péj* (*simpliste*) primitiv; *esprit, personne a.* beschränkt *pej fam*, einfach; *raisonnement, explication a.* simpel, vereinfachend; *anticléricalisme, communisme, idéologie* oberflächlich, nicht fundiert

7. PSYCH *réaction* Primitiv-; *fonction* Primär-

8. ELEC: ***enroulement*** ~ Primärwicklung *f*

II. *m* ELEC Primärkreis *m*; GEOL Paläozoikum *nt*; SCOL Grundschule *f*

▶ **en** ~ in der/die Grundschule

III. *f souvent pl* POL [innerparteiliche] Vorwahl

primal, e <-aux> [pʀimal, o] *adj*: ***cri*** ~ Urschrei *m*; ***thérapie ~e*** Urschreitherapie *f*

primat [pʀima] *m* **1.** (*primauté*) Primat *m o nt geh*, Vorrang *m*

2. REL Primas *m*

primate [pʀimat] *m* **1.** *pl* ZOOL Primaten *pl*

2. *péj* (*homme fruste*) Primitivling *m fam*, Simpel *m fam*

primauté [pʀimote] *f* **1.** (*supériorité*) ■ **~ de qc sur qc** Vorrang *m* einer S. (*gen*) vor etw (*dat*), Primat *m o nt* einer S. (*gen*) vor etw (*dat*) [*o* über etw (*akk*)] *geh*; ***qn/qc a la*** ~ jd/etw nimmt eine vorrangige Stellung [*o* Vorrangstellung] ein

2. REL Oberhoheit *f*, Primat *m o nt*

▶ **qn donne la ~ à qc** jd gibt einer S. (*dat*) den Vorrang

prime[1] [pʀim] *f* **1.** (*allocation*) Prämie *f*; (*en complément du salaire a.*) Zulage *f;* (*subvention payée par l'État*) Zuschuss *m,* Beihilfe *f;* ■ ~ **de qc** *d'ancienneté* -zulage; *de risque a., match* -prämie; ~ ***d'encouragement*** Prämie, Gratifikation *f;* ~ ***d'ancienneté*** Betriebszugehörigkeitszulage; ~ ***d'allaitement/ de fin d'année/ de vacances*** Still-/Weihnachts-/Urlaubsgeld *nt;* ~ ***de rendement/ de productivité*** Leistungszulage, Leistungsprämie; ~ ***de transport*** Fahrtkostenzuschuss, Fahrgeldzuschuss; ■ ~ **à qc**: ~ ***à l'exportation/ la construction*** Export-/Wohnungsbauprämie

2. FIN (*somme à payer*) ■ ~ **de qc** *d'assurance* -prämie *f,* -beitrag *m;* ~ ***d'émission/ de remboursement*** Emissions-/Rückzahlungsprämie, Emissions-/Rückzahlungsagio *nt*

▸ **qc <u>fait</u>** ~ COM */article, livre/* etw steht hoch im Kurs, etw ist gesucht [*o* gefragt]; **qc <u>à</u>** ~ FIN: ***marché à*** ~ Prämiengeschäft *nt;* ***vente à*** ~ Prämienverkauf *m,* prämiengebundener Verkauf; **<u>en</u>** ~ als Zugabe, als Werbegeschenk; *iron* (*par-dessus le marché*) obendrein, noch dazu; ***et en*** ~ ***il faudrait dire merci!*** und obendrein soll man sich [noch] bedanken!

prime² [pʀim] *adj* **1.** *antéposé soutenu* (*premier*): ***sa*** ~ ***jeunesse*** seine/ihre ersten Jugendjahre [*o* frühe Jugend]; ***dès ma*** ~ ***jeunesse*** von früher Jugend an, von frühauf; ***de*** ~ ***abord*** auf den ersten Blick

2. *postposé* MATH: ***A*** ~**/*B*** ~ A Strich/B Strich

primer <1> [pʀime] **I.** *vt* **1.** *soutenu* (*l'emporter sur*) ■ **qc prime qc** etw übertrifft etw, etw hat den Vorrang vor etw (*dat*); ***cette considération prime toutes les autres*** diese Überlegung ist wichtiger als alle anderen; ***chez elle, l'intelligence prime la sagesse*** bei ihr überwiegt die Intelligenz und nicht die Besonnenheit; ***la force prime le droit*** Gewalt geht vor Recht

2. (*récompenser*) ■ **qn prime qn/qc** jd prämiert jdn/etw, jd zeichnet jdn/etw mit einem Preis aus; ■ **qn/un animal/qc est primé(e)** jd/ein Tier/etw wird prämiert [*o* wird mit einem Preis ausgezeichnet]; ***film/ livre primé*** preisgekrönter Film/preisgekröntes Buch

II. *vi* ■ **qc prime** etw herrscht vor, etw ist vorherrschend; */couleur a./* etw dominiert; */qualité/* etw steht im Vordergrund; ■ **qc prime sur qc** etw überwiegt gegenüber etw; */couleur a./* etw herrscht gegenüber etw vor; ***cette raison prime sur toutes les autres*** dieser Grund hat mehr Gewicht als alle anderen; ***son courage prime sur toutes les autres qualités*** sein/ihr Mut übertrifft alle anderen Eigenschaften

primesautier, -ière [pʀimsotje, -jɛʀ] *adj soutenu caractère* impulsiv; *personne a.* spontan

primeur [pʀimœʀ] *f pl* (*fruits*) Frühobst *nt;* (*légumes*) Frühgemüse *nt;* ***marchand de*** ~***s*** Obst- und Gemüsehändler *m*

▸ **qn <u>a</u> la** ~ **de qc** (*possède qc en premier*) *d'un objet, appareil, d'une nouveauté* jd besitzt etw als Erste(r); (*en profite en premier*) *d'une mesure, réforme, innovation* jd kommt als Erste(r) in den Genuss einer S. (*gen*), jd genießt etw als Erste(r); (*le sait en premier*) *d'une nouvelle, information* jd erfährt etw als Erste(r); *d'un livre, manuscrit* jd liest etw als Erste(r); **qn <u>donne</u>/<u>réserve</u> la** ~ **de qc à qn** *d'un livre, manuscrit* jd lässt jdn etw als Erste(r) lesen; *de ses aventures, histoires* jd erzählt jdm etw als Erstem/Erster; ***il me réserve toujours la*** ~ ***de ses histoires de cœur*** er erzählt mir immer seine Liebesgeschichten als Erstem/Erster

primevère [pʀimvɛʀ] *f* Primel *f*

primipare [pʀimipaʀ] **I.** *adj femme* erstgebärend; *femelle* zum ersten Mal werfend

II. *f* Erstgebärende *f*

primitif, -ive [pʀimitif, -iv] **I.** *adj* **1.** (*originel*) *couleur, site, valeur* ursprünglich; *état a.* Ur-; *forme a.* Ur-, Grund-; PSYCH *instinct* Ur-; *sentiment, passion* primitiv, ursprünglich, unverfälscht; *Église* Ur-; ***les sept couleurs*** ~***ives*** (*primaires*) die sieben Grundfarben; ***les terrains*** ~***s*** GEOL das Grundgebirge

2. (*initial*) *préoccupation, projet, question* ursprünglich; *concept* Grund-; MED primär; ***cancer*** ~ Primärtumor *m;* ***lésion*** ~***ive*** Primäraffekt *m;* ***proposition*** ~***ive*** Elementarsatz *m*

3. SOCIOL *homme, peuple* primitiv, Ur-; *art, mœurs, société* primitiv

4. (*rudimentaire*) *installation, procédé* primitiv, einfach

5. *péj* (*fruste*) *esprit, personne* primitiv

6. LING *langue* Ur-; *mot* Stamm-, Grund-; ***le sens*** ~ ***d'un mot*** die erste [*o* ursprüngliche] Bedeutung eines Wortes; ***les temps*** ~***s d'un verbe*** die Stammformen eines Verbs

7. MATH *fonction* Stamm-

II. *m, f* **1.** ART (*peintre naïf*) naiver Maler/naive Malerin, Naive(r) *f(m);* (*précurseur de la Renaissance*) (*peintre*) Maler(in) *m(f)* der Frühromanik; (*sculpteur*) Bildhauer(in) *m(f)* der Frühromanik; (*archaïque*) Archaiker(in) *m(f)*

2. *pl* SOCIOL *vieilli* die Primitiven, die Naturvölker

III. *f* MATH ■ **primitive** Stammfunktion *f*

primitivement [pʀimitivmɑ̃] *adv* ursprünglich

primo [pʀimo] *adv* erstens

primogéniture [pʀimoʒenityʀ] *f* Erstgeburt *f*

primo-infection <~-~s> [pʀimoɛ̃fɛksjɔ̃] *f* Erstinfektion *f*

primordial, e <-aux> [pʀimɔʀdjal, jo] *adj* **1.** (*essentiel*) *importance, rôle* wesentlich, entscheidend; ***il est*** ~ ***que*** + *subj* es ist äußerst wichtig [*o* es ist von äußerster Wichtigkeit], dass; ■ **qc est** ~ **pour qn/qc** etw ist äußerst wichtig für jdn/etw

2. (*fondamental*) *instinct, droit* Grund-, grundlegend

prince, -esse [pʀɛ̃s, -ɛs] *m, f* **1.** (*titre nobiliaire*) Fürst(in) *m(f);* (*fils/fille ou femme de roi*) Prinz/Prinzessin *m/f;* ~ ***héritier*** Kronprinz *m;* ***qn élève qn au rang de*** ~ jd erhebt jdn in den Fürstenstand

2. *littér* (*premier par le talent*) ■ ~**(-esse) des ...** *des chanteurs, poètes* König(in) *m(f)* der ...; ***le*** ~ ***des poètes*** der Dichterfürst; ***la*** ~***esse des nuits parisiennes*** die Königin des Pariser Nachtlebens

▸ **qn est <u>bon</u>** ~ jd ist großzügig [*o* großmütig] [*o* tolerant]; ~ **<u>charmant</u>** Märchenprinz *m;* ~ **<u>consort</u>** Prinzgemahl *m;* **elle <u>fait</u> la** [*o* sa] ~**esse** sie spielt die feine [*o* große] Dame; [**qn est**] **<u>habillé</u>(e)** [*o* **<u>vêtu</u>(e)**] **comme un(e)** ~**(-esse)** [jd ist] prächtig [*o* prunkvoll] [*o* luxuriös] gekleidet; **qn <u>traite</u> qn comme un(e)** ~**(-esse)** jd bewirtet jdn königlich; **qn <u>vit</u> comme un(e)** ~**(-esse)** jd lebt fürstlich [*o* wie ein Fürst]

◆ **prince de Galles** Prinz *m* von Wales; **prince de galles** (*tissu*) Karowollstoff *m;* **prince de l'Église** Kirchenfürst *m;* **prince de la terre** Herrscher *m* der Erde; **prince du sang** Prinz *m* von Geblüt

princeps [pʀɛ̃sɛps] *adj inv, postposé édition* Erst-; *observation* erstmalig

princesse [pʀɛ̃sɛs] *f v.* **prince**

princier, -ière [pʀɛ̃sje, -jɛʀ] *adj* **1.** (*de prince*) Fürsten-; *famille a.* fürstlich

2. (*digne d'un prince*) *accueil, luxe* fürstlich, königlich

princièrement [pʀɛ̃sjɛʀmɑ̃] *adv* fürstlich, königlich

principal, e <-aux> [pʀɛ̃sipal, o] **I.** *adj* **1.** (*le plus important*) wichtigste(r, s); (*premier dans une hiérarchie*) Haupt-; (*qui compte le plus*) wichtigste(r, s), bedeutendste(r, s); ***la rue*** ~***e est barrée*** die Hauptstraße ist gesperrt; ***les*** ~***es rues touchées par les travaux ...*** die am stärksten [*o* am meisten] von den Arbeiten betroffenen Straßen ...; ***le bâtiment*** ~ ***de l'université*** das Hauptgebäude der Universität; ***visite des*** ~***aux monuments de la ville*** Besichtigung *f* der wichtigsten Monumente der Stadt; ***le rôle*** ~ ***d'un film*** die Hauptrolle in einem Film; ***les*** ~***aux rôles du responsable*** die wichtigsten Aufgaben des Verantwortlichen; ***les raisons*** ~***es*** die Hauptgründe, die wesentlichen Gründe; ***résidence*** ~***e*** Hauptwohnsitz *m;* ***les*** ~***aux intéressés dans cette histoire étaient ...*** die Hauptbetroffenen [*o* die in erster Linie Betroffenen] in dieser Geschichte waren ...; ***il compte parmi les*** ~***aux poètes du siècle*** er zählt zu den bedeutendsten [*o* wichtigsten] Dichtern des Jahrhunderts

2. GRAM: ***proposition*** ~***e*** Hauptsatz *m*

II. *m* **1.** (*l'important*) ■ **le** ~ das Wichtigste; ***c'est le*** ~ das ist die Hauptsache; ***le*** ~ ***c'est que*** + *subj* Hauptsache ist, [dass]

2. FIN (*capital d'une dette*) Kapital *nt,* Hauptschuld *f;* JUR Hauptsache *f*

III. *f* GRAM ■ **la principale** der Hauptsatz

IV. *m, f* SCOL Schuldirektor(in) *m(f)*

principalement [pʀɛ̃sipalmɑ̃] *adv* hauptsächlich, insbesondere

principauté [pʀɛ̃sipote] *f* Fürstentum *nt*

principe [pʀɛ̃sip] *m* **1.** (*hypothèse*) Grundsatz *m;* ***qn pose des*** ~***s*** jd stellt Grundsätze auf

2. PHYS, MATH Prinzip *nt;* ~ ***d'Archimède*** archimedisches Prinzip; ***le*** ~ ***de la machine à vapeur*** das Prinzip der Dampfmaschine

3. (*règle de conduite*) Prinzip *nt,* Grundsatz *m;* ~ ***conducteur*** Leitsatz *m,* Grundprinzip; ***il n'est pas dans les*** ~***s de qn de faire qc*** es entspricht nicht jds Prinzipien (*dat*), etw zu tun; jd tut etw prinzipiell [*o* grundsätzlich] nicht; ***qn manque à ses*** ~***s*** jd verstößt gegen seine Prinzipien; ***qn est fidèle à ses*** ~***s*** jd ist prinzipientreu, jd hält an seinen Prinzipen [*o* Grundsätzen] fest

4. (*élément*) (*constitutif*) Bestandteil *m,* Wirkstoff *m;* ~ ***minéral*** Mineralstoff *m;* ***fruits riches en*** ~***s nutritifs*** nährstoffreiche Früchte; ~ ***azoté*** stickstoffhaltiger Wirkstoff

5. *pl* (*notions*) ■ ~**s de qc** *de physique, musique, math, philosophie* Grundlagen *pl* [*o* Grundbegriffe *pl*] einer S. (*gen*)

6. (*source*) [*bien, mal, monde, nature*] Ursprung *m;* [*existence, vie*] Urgrund *m;* ***le*** ~ ***de toutes choses*** der Urgrund allen Seins; ***il faut remonter au*** ~ man muss zu den Anfängen zurückgehen

▸ ~ **<u>fondamental</u>** Grundprinzip *nt;* ~ **<u>pollueur-payeur</u>** Verursacherprinzip *nt;* **qn <u>a</u> des** ~**s** jd hat Prinzipien; ***c'est un homme qui a des*** ~***s*** er ist ein Mann mit [*o* von] Prinzipien; **qn <u>a</u> pour** ~ **de faire qc** es ist jds Prinzip, etw zu tun (*gen*), jd hat es sich (*dat*) zum Prinzip gemacht, etw zu tun; **qn/qc <u>part</u> du** ~ **que** + *indic* jd/etw geht davon aus, dass; **<u>de</u>** ~ *accord, autorisation* grundsätzlich, prinzipiell; ***c'est un racisme/ une hostilité de*** ~ das ist [ein] Rassismus/[eine] Feindseligkeit aus Prinzip; **<u>en</u>** ~ im Prinzip; **<u>par</u>** ~ aus Prinzip; **<u>pour</u> le** ~ [allein] aus Prinzip, um des Prinzips willen; **<u>sans</u>** ~**s** ohne Prinzipien, prinzipienlos

printanier, -ière [pʀɛ̃tanje, -jɛʀ] *adj soleil, temps* Frühlings-; *costume, robe, pollen* Frühjahrs-; *atmosphère, tenue* frühlingshaft

printemps [pʀɛ̃tɑ̃] *m* **1.** (*saison*) Frühling *m,* Frühjahr *nt;* ***ce*** ~ dieses [*o* in diesem] Frühjahr; ***au*** ~ im Frühling [*o* Frühjahr]; ***le*** ~ ***dernier*** letztes [*o* im letzten] Frühjahr; ***nous étions au*** ~***, c'était le*** ~ es war Frühling [*o* Frühjahr]; ***il fait un temps de*** ~ es ist [ein richtiges] Frühlingswetter

2. *littér* (*jeune âge*) Jugend *f,* Jugendzeit *f;* ***au*** ~ ***de la vie*** im Frühling [*o* in der Blütezeit] des Lebens

3. *littér* (*année*) Lenz *m;* ***elle a*** [*o* ***compte***] ***seulement seize*** ~ sie zählt erst sechzehn Lenze

▸ **le** ~ **de <u>Prague</u>** der Prager Frühling

priorat [pʀijɔʀa] *m* Priorat *nt*

priori [pʀijɔʀi] *adv v.* **a priori**

prioritaire [pʀijɔʀitɛʀ] **I.** *adj* **1.** (*qui passe en premier*) vorrangig, vordringlich; ■ **qn/qc est** ~ jd/etw hat Vorrang [*o* Priorität]; */personne a./* jd wird bevorzugt behandelt

2. AUT ■ **qn/qc est** ~ */automobiliste, route, véhicule/* jd/etw hat Vorfahrt, jd/etw ist vorfahrtsberechtigt

II. *mf* (*personne*) Bevorrechtigte(r) *f(m)*

prioritairement [pʀijɔʀitɛʀmɑ̃] *adv* als Erstes, in erster Linie, vorrangig

priorité [pʀijɔʀite] *f* **1.** (*urgence*) Priorität *f;* ***qn définit les*** ~***s*** jd legt die Prioritäten fest

2. (*droit*) ■ ~ [**sur qn/qc**] Vorrang *m* [vor jdm/etw], Vorrecht *nt* [gegenüber jdm]; (*préséance*) Vortritt *m* [vor jdm]; ***qn demande la*** ~ [***de parole***] jd bittet darum, als Erster sprechen zu dürfen; ***qn laisse la*** ~ ***à qn*** jd lässt jdm den Vortritt; ***qn donne la*** ~ ***à qn/ qc*** jd gibt jdm/einer S. den Vorrang

3. AUT Vorfahrt *f;* ***qn a la*** ~ jd hat Vorfahrt

4. (*antériorité*) [*événement, fait*] zeitliches Vorausgehen; ***la*** ~ ***de ce fait***

n'implique pas … dass dieses Ereignis zeitlich vorausgeht, bedeutet nicht …

▶ ~ **à droite/gauche** Vorfahrt *f* von rechts/links; ***il y a ~ à droite*** rechts hat Vorfahrt, hier gilt rechts vor links; **qn/un véhicule refuse la ~ à qn/un véhicule** jd/ein Fahrzeug nimmt jdm/einem Fahrzeug die Vorfahrt; **en** ~ zu [aller]erst, als Erstes; *accorder, traiter, attribuer* vorrangig; ***des postes attribués en ~ à …*** Stellen, die vorrangig an … vergeben werden

pris [pʀi] *p simple de* **prendre**

pris, e [pʀi, pʀiz] I. *pp de* **prendre**

II. *adj* **1.** (*occupé*) ■ **[qn/qc est]** ~ */temps/* [etw ist] [völlig] verplant; */journée a./* [etw ist] [völlig] ausgefüllt; */place/* [etw ist] besetzt; */personne/* [jd ist] beschäftigt, jd ist nicht frei; ***j'ai les mains ~es*** ich habe die Hände voll, ich habe keine Hand frei; ***je suis déjà ~ ce soir*** ich habe heute Abend schon etwas vor; ***en ce moment je suis très ~e*** im Moment bin ich sehr beansprucht [*o* habe ich sehr viel zu tun]

2. MED ■ **[qc est]** ~ */membre, poumons/* [etw ist] angegriffen; ***qn a le nez ~*** jd ist verschnupft, jds Nase ist verstopft; ***qn a les poumons ~*** jd atmet schwer; ***qn a la gorge ~e*** jd hat ein Kratzen im Hals, jdn/jdm kratzt es im Hals; ***qn a la voix ~e*** jd ist heiser; ***qn est ~ du nez/ de la gorge*** jd ist verschnupft/hat Halsweh; ***qn est ~ des poumons*** jds Lungen sind angegriffen

3. (*durci*) ■ **qc est** ~ */enduit, ciment/* etw ist fest [*o* hart] [geworden]; */flaque d'eau/* etw ist zugefroren; */crème, mayonnaise/* etw ist fest [*o* steif] [geworden]

4. (*en proie à*) ■ **[qn est]** ~ **de qc** *d'inquiétude* [jd ist/wird] von etw ergriffen, etw ergreift jdn; *d'envie a.* [jd ist/wird] von etw gepackt, etw packt jdn; *de remords* [jd ist] von etw geplagt; *de peur, panique* [jd ist/wird] von etw erfasst [*o* gepackt], etw packt [*o* erfasst] jdn; ~ ***de remords, il alla …*** voller Gewissensbisse ging er …; ***il était ~ d'une envie soudaine de lui téléphoner*** er hatte plötzlich Lust [*o* ihn überkam die Lust] ihn/sie anzurufen; ***qn est ~ d'envie de faire qc*** jd hat [plötzlich] Lust [*o* das Verlangen] etw zu tun; ***qn est ~ de boisson*** jd ist betrunken; ***qn est ~ de vin*** jd ist [vom Wein] berauscht

prise [pʀiz] *f* **1.** (*moyen de tenir*) Halt *m;* (*sur un objet*) Festhaltemöglichkeit *f;* SPORT [*catch, judo*] Griff *m;* ***maintiens bien la ~!*** halt dich gut fest!; ***je n'ai pas de ~ pour tenir cette malle*** ich kann diesen Koffer nirgends festhalten [*o* anpacken *fam*]; ***l'alpiniste cherche une ~*** der Bergsteiger sucht nach einem Halt

2. (*entrée en fonction*) ■ ~ **de qc** *d'une fonction, d'un poste, du pouvoir* Übernahme *f* einer S. (*gen*), Antritt *m* einer S. (*gen*)

3. PECHE Fang *m;* CHASSE Beute *f;* MIL [*forteresse, ville*] Einnahme *f,* Eroberung *f;* JEUX [*pion, dame*] Schlagen *nt;* [*carte*] Stechen *nt;* ***la ~ de la Bastille*** der Sturm auf die Bastille, die Erstürmung der Bastille

4. ELEC Steckdose *f*

5. MED Einnahme *f*

6. (*pincée*) [*drogue, tabac*] Prise *f*

7. (*durcissement*) [*béton, ciment, enduit*] Abbinden *nt;* [*mayonnaise*] Binden *nt;* ***ciment à ~ rapide*** schnell [ab]bindender Zement

8. CINE Aufnahme *f*

▶ ~ **directe** AUT direkter [*o* großer] Gang; **qn/qc est/reste en ~ directe avec qc** (*est confronté*) *avec les difficultés, problèmes, faits* jd/etw ist/bleibt mit etw [direkt] konfrontiert; (*est en contact direct*) *avec l'histoire, la vie, les faits, réalités* jd/etw hat einen direkten Bezug [*o* steht in direktem Bezug] zu etw; ~ **femelle** Steckdose *f;* ~ **mâle** Stecker *m;* ~ **multiple** ELEC Mehrfachstecker *m;* ~ **péritel®** TV Scartkabelstecker *m;* **qn/qc a une ~ sur qn/qc** jd/etw hat Einfluss auf jdn/etw; ***il n'a plus aucune ~ sur les événements*** er kann in keiner Weise mehr auf die Ereignisse einwirken; ***les remontrances n'ont pas de ~ sur lui*** die Vorhaltungen beeindrucken ihn nicht [*o* haben keine Wirkung auf ihn]; **qn/qc donne** [*o* **offre**] ~ **à qc** *aux critiques, soupçons* jd/etw gibt [*o* bietet] Anlass zu etw; *à la méchanceté, cruauté* jd setzt sich einer S. (*dat*) aus; ***son comportement donne ~ à la méchanceté des hommes*** durch sein/ihr Verhalten setzt er/sie sich der Bosheit der Menschen aus; **qn est** [*o* **se trouve**] **aux ~s avec qn** *avec un créancier, le fisc* jd schlägt sich mit jdm herum *fam,* jd steht im Konflikt mit jdm; **qn est** [*o* **se trouve**] **aux ~s avec qc** *avec des difficultés, problèmes* jd ringt mit etw, jd schlägt sich mit etw herum *fam,* jd setzt sich mit etw auseinander; **qn/un animal lâche** ~ jd/ein Tier lässt los; (*abandonne*) jd gibt auf; **qn laisse qn aux ~ avec qn/qc** jd lässt jdn [alleine] mit jdm/etw kämpfen

◆ **prise à partie** Angriff *m;* JUR Amtshaftungsklage *f;* **prise d'air** Lufteinlass *m,* Luftzufuhr *f;* **prise d'armes** Militärparade *f;* **prise d'eau** Wasseranschluss *m;* (*dans la rue*) Hydrant *m;* **prise de bec** *fam* Wortwechsel *m,* Auseinandersetzung *f* ▶ **qn a une ~ de bec avec qn** jd gerät mit jdm aneinander, jd kriegt sich mit jdm in die Haare *fam;* **prise de conscience** Bewusstwerden *nt,* Erkenntnis *f;* ***il faut qu'il y ait une ~ de conscience de ce problème*** man muss sich dieses Problems bewusst werden; es ist notwendig, dieses Problem zu erkennen; ***la ~ de conscience des industriels de la nécessité d'investir*** die Erkenntnis der Industriellen von der Notwendigkeit zu investieren; **prise de contact** Kontaktaufnahme *f* ▶ **qn a une ~ de contact avec qn** jd nimmt mit jdm Kontakt auf; **prise de corps** Verhaftung *f,* Festnahme *f;* **prise de courant** Steckdose *f;* **prise de guerre** Kriegsbeute *f;* **prise de parole** Rede *f,* Ergreifen *nt* des Wortes; ***on lui a refusé la ~ de parole*** man hat ihm das Wort verweigert; man hat ihm nicht erlaubt, das Wort zu ergreifen; ***le public attend la ~ de parole du Président*** das Publikum wartet darauf, dass der Präsident das Wort ergreift; **prise de participation** FIN Beteiligung *f;* **prise de position** Stellungnahme *f;* **prise de possession** Besitznahme *f,* Inbesitznahme *f form;* **prise de sang** (*prélèvement*) Blutabnahme *f,* Blutentnahme *f;* (*analyse*) Blutprobe *f;* ***je dois me faire faire une ~ de sang*** ich muss mir Blut abnehmen lassen; **prise de son** Tonaufnahme *f;* **prise de terre** Erdung *f,* Erde *f,* Erdanschluss *m;* **prise de vues** Aufnahme *f;* ***les ~s de vues en extérieur/ intérieur*** die Außen-/Innenaufnahmen; **prise d'habit** [*religieuse*] Einkleidung *f;* **prise d'otages** Geiselnahme *f;* **prise en charge** (*fait d'assumer*) Übernahme *f;* (*fait de charger*) [*passager*] Aufnehmen *nt,* Beförderung *f;* ~ ***en charge des frais/ des soins médicaux*** Kostenübernahme/Kostenübernahme für die Behandlung; ***taxe de ~ en charge*** Grundgebühr *f;* **prise en compte** Berücksichtigung *f;* **prise en considération** Berücksichtigung *f,* Erwägung *f;* ***la ~ en considération des conséquences devrait te …*** wenn du die Konsequenzen in Betracht ziehst, müsstest du …

priser¹ <1> [pʀize] *vt littér* (*apprécier*) ■ **qn prise qn/qc** jd schätzt jdn/etw

priser² <1> [pʀize] I. *vt* (*aspirer*) ■ **qn prise qc** jd schnupft etw

II. *vi* ■ **qn prise** jd schnupft [Tabak]; (*de la drogue*) jd schnupft, jd sniffft *sl*

prismatique [pʀismatik] *adj* prismatisch; ***couleurs ~s*** Spektralfarben *pl;* ***jumelles ~s*** Prismenglas *nt*

prisme [pʀism] *m* Prisma *nt*

▶ **qn voit qc à travers un ~** *soutenu* jd sieht etw durch einen Zerrspiegel; **qn voit qc à travers le ~ d'une chose** aufgrund [*o* wegen] einer S. sieht jd etw verzerrt; ***il voit tout à travers le ~ de ses préjugés*** aufgrund seiner Vorurteile sieht er alles verzerrt

prison [pʀizɔ̃] *f* **1.** (*lieu de détention*) Gefängnis *nt,* Haftanstalt *f*

2. (*emprisonnement*) Gefängnis *nt,* Gefängnisstrafe *f,* Haft[strafe] *f*

3. (*lieu, situation*) Gefängnis *nt*

▶ ~ **pour dettes** Schuldhaft *f;* ~ **ferme** Gefängnis[strafe *f*] *nt* ohne Bewährung; ~ **préventive** Untersuchungshaft *f;* **qn fait de la ~** jd verbüßt eine Gefängnisstrafe, jd ist [*o* sitzt *fam*] im Gefängnis; **qn jette qn en ~** jd wirft jdn ins Gefängnis; **en** ~ im Gefängnis

prisonnier, -ière [pʀizɔnje, -jɛʀ] I. *adj* **1.** (*en détention*) ■ **[qn est]** ~ [jd ist] eingesperrt, jd ist im Gefängnis; */soldat/* [jd ist] gefangen [genommen], [jd ist] in Gefangenschaft

2. (*victime*) ■ **[qn est]** ~ **de qc** *de ses préjugés, principes, théories* [jd ist] Gefangene(r) *f(m)* einer S. (*gen*)

II. *m, f* Häftling *m,* Gefangene(r) *f(m)*

▶ ~**(-ière) politique** politische(r) Gefangene(r) *f(m);* **qn se constitue ~(-ière)** jd stellt sich der Polizei; **qn fait qn ~(-ière)** jd nimmt jdn fest [*o* gefangen]; **qn est fait(e) ~(-ière)** jd wird gefangen genommen

◆ **prisonnier(-ière) de guerre** Kriegsgefangene(r) *f(m);* **prisonnier(-ière) d'opinion** politische(r) Gefangene(r) *f(m)* [*o* Häftling *m*]; **prisonnier(-ière) sur parole** auf Ehrenwort beurlaubte(r) Gefangene(r)

prisunic® [pʀizynik] *m vieilli* Prisunic (*Kaufhauskette, die hauptsächlich Billigware verkauft*)

▶ **de** ~ *péj fam montre* Billig-, im Ramsch gekauft *fam; marchandise* Ramsch- *fam*

privatif, -ive [pʀivatif, -iv] *adj* **1.** JUR *jardin* Privat-; *droit* ausschließend; ***jouissance ~ive*** alleinige Nutznießung, alleiniger Nießnutz; ***peine ~ive de liberté*** Freiheitsstrafe *f*

2. LING *particule, préfixe* Verneinungs-, verneinend, privativ

privation [pʀivasjɔ̃] *f* **1.** *soutenu* (*suppression*) [*bien, membre, vue*] Verlust *m;* [*liberté*] Entzug *m;* [*droits civiques*] Aberkennung *f;* (*par la force*) Beraubung *f*

2. *pl* (*sacrifice*) Entbehrungen *pl;* ***une vie de ~s*** ein entbehrungsreiches Leben

privatisation [pʀivatizasjɔ̃] *f* Privatisierung *f*

privatiser <1> [pʀivatize] *vt* ■ **qn privatise qc** jd privatisiert etw

privauté [pʀivote] *f* **1.** *pl* (*familiarités*) Freiheiten *pl;* (*verbales a.*) Vertraulichkeiten *pl*

2. (*impertinence*) Dreistigkeit *f;* ***je vous trouve d'une grande ~*** ich finde Sie ziemlich dreist [*o* aufdringlich]; ***qn prend la ~ de faire qc*** jd nimmt sich (*dat*) die Freiheit, etw zu tun; jd erlaubt sich (*dat*), etw zu tun; ***des ~s de langage*** Vertraulichkeiten *pl*

▶ **qn prend des ~s [avec qn]** jd nimmt sich (*dat*) [jdm gegenüber] Freiheiten heraus; (*verbales a.*) jd nimmt sich (*dat*) [jdm gegenüber] Vertraulichkeiten heraus

privé, e [pʀive] I. *adj* (*opp: public*) privat; *vie, appartement, chemin, club, entrée, école* Privat-; *droit* Privat-, Zivil-; *industrie, investissement* privatwirtschaftlich; MED *clientèle, clinique* Privat-; *lit* Beleg-; ***il est ici à titre ~*** er ist privat [*o* als Privatperson] hier; ***propriété ~e, défense d'entrer!*** Privatgrundstück, betreten verboten!; ***enseignement ~*** Privatschulwesen *nt;* ***secteur ~*** Privatwirtschaft *f,* privatwirtschaftlicher Sektor

II. *m* (*vie privée*) Privatleben *nt;* COM (*secteur privé*) Privatwirtschaft *f,* privater [*o* privatwirtschaftlicher] Sektor

▶ **dans le ~** (*dans l'intimité*) privat; **en** ~ *déclarations, conversation, entretien* privat; ***ils parlent, en ~, de …*** unter sich (*dat*) sprechen sie von …; ***en ~ ils ont convenu que*** + *indic* sie haben unter sich (*dat*) ausgemacht, dass; ***elle m'a confié en ~ que*** + *indic* unter vier Augen hat sie mir anvertraut, dass

III. *m, f fam* (*détective*) Privatdetektiv(in) *m(f)*

priver <1> [pʀive] I. *vt* **1.** (*refuser à*) ■ **qn prive qn de qc** *de nourriture* jd bekommt etw nicht von jdm, jd entzieht jdm etw; *de récréation* jd streicht jdm etw; *de ses droits* jd entzieht jdm etw, jd nimmt jdm etw; *de ses droits civiques* jd erkennt jdm etw ab; *de sa liberté* jd beraubt jdn einer S. (*gen*); ***je te priverai de dessert*** dann bekommst du keinen Nachtisch; ■ **[qn est] privé(e) de qc** jd bekommt etw nicht; *de ses droits* jdm wird etw entzogen; *de liberté* [jd ist] einer S. (*gen*) beraubt; ***il a été privé de récréation*** er durfte nicht in die Pause gehen; ***qn est privé(e) de dessert/ de nourriture*** jd bekommt keinen Nachtisch/nichts zu essen

2. (*faire perdre à*) ■ **qc prive qn/qc de qc** etw nimmt jdm/einer S. etw, durch etw verliert jd/eine S. etw; ***qc prive qn de tous ses moyens*** etw macht jdn handlungsunfähig, etw entwaffnet jdn [völlig]; ***cet accident l'a***

privé de mémoire durch den Unfall hat er sein Gedächtnis verloren; ***l'hémiplégie le prive de l'usage de son bras*** durch die halbseitige Lähmung kann er seinen Arm nicht mehr gebrauchen; ***cette condamnation la prive de son mandat*** durch diese Verurteilung verliert sie ihr Mandat; ■ **[qn/qc est] privé(e) de qc** jdm/einer S. fehlt etw; ***qn est privé(e) de sommeil*** jd wird um seinen Schlaf gebracht; ***nous sommes privés d'électricité*** wir haben keinen Strom mehr; ***privé de sa conclusion, cet article n'a plus aucun sens*** ohne Schluss verliert dieser Artikel seine Bedeutung; ***qn est privé d'emploi*** jd hat keine Arbeit mehr, jd ist ohne Arbeit

3. (*frustrer*) ■ **qn/qc prive qn de qc** jd/etw nimmt jdm etw, jd/etw bringt jdn um etw; ■ **qc prive qn** etw ist ein Opfer [*o* eine Entbehrung] für jdn; ***il doit faire un régime, ça le prive beaucoup*** er muss Diät halten, das ist ein Opfer für ihn; ■ **qn prive qn** jd schränkt jdn ein; ***je ne veux pas vous ~*** ich möchte Ihnen nichts vorenthalten; ■ **[qn est] privé(e) de qc** *de plaisir* [jd wird/ist] einer S. (*gen*) beraubt; *de sommeil* [jd ist] um etw gebracht; ***il souffrait d'être privé de sa présence*** er litt sehr darunter, dass er seine/ihre Anwesenheit entbehren musste *geh*

II. *vpr* **1.** (*se restreindre*) ■ **qn se prive [pour qn]** jd schränkt sich [für jdn] ein, jd nimmt [für jdn] Entbehrungen auf sich (*akk*)

2. (*renoncer*) ■ **qn se prive de qc** *de cigarettes, dessert* jd verzichtet auf etw (*akk*); *de spectacle a.* jd bringt sich um etw, jd versagt sich (*dat*) etw *geh*; ***ne t'en prive pas!*** lass dir ja nichts abgehen! *fam*; ■ **qn se prive de faire qc** jd verzichtet darauf, etw zu tun

► **qn ne se prive pas de faire qc** jd lässt es sich (*dat*) nicht nehmen [*o* entgehen], etw zu tun; jd lässt sich nicht darum bringen, etw zu tun; ***il ne s'est pas privé de critiquer l'orateur*** er hat es sich nicht entgehen lassen, den Redner zu kritisieren; ***elle ne se prive pas de vous dénigrer*** sie kann es nicht lassen [*o* es sich (*dat*) nicht verkneifen *fam*], Sie schlecht zu machen

privilège [pʀivilɛʒ] *m* (*avantage*) [*fortune, naissance, jeunesse, âge*] Privileg *nt;* [*beauté*] Vorzug *m*, Vorteil *m;* (*honneur*) [*visite, rencontre, entretien*] Ehre *f;* HIST Privileg *nt;* ***qn jouit de ~s*** jd genießt Sonderrechte [*o* Privilegien]; ***les ~s des nobles*** [*o* ***de la noblesse***] die Adelsprivilegien

► **qn a le ~ de faire qc** (*a le droit*) jd hat das Privileg [*o* genießt das Vorrecht], etw zu tun; (*a l'honneur*) jd hat die Ehre [*o* das Privileg], etw zu tun; **que** [*o* **qu'est-ce qui**] **me vaut le ~ de qc?** was verschafft mir die Ehre einer S. (*gen*)?

privilégié, e [pʀivileʒje] **I.** *adj* **1.** (*avantagé*) *personne, nation, région, classes, ordres* privilegiert, begünstigt; *lieu, site a.* bevorzugt; *climat, situation, conditions* [besonders] günstig; *relations* besonders gut

2. FIN *action, créance, créancier* Vorzugs-, bevorrechtigt

II. *m, f* Privilegierte(r) *f(m)*

privilégier <1 a> [pʀivileʒje] *vt* ■ **qn/qc privilégie qn** jd/etw privilegiert jdn, jd/etw begünstigt jdn; *un de ses enfants, amis* jd bevorzugt jdn; ■ **qn est privilégié(e) par qn/qc** *par la fortune, la nature, le sort* jd ist/wird von jdm/etw begünstigt; ■ **qn privilégie qc** jd gibt einer S. (*dat*) den Vorrang [*o* Vorzug]

prix [pʀi] *m* **1.** (*coût*) Preis *m;* ~ ***du pain/de pension*** Brot-/Pensionspreis; ***qn vend qc au ~ fort*** jd verkauft etw sehr teuer; ***à ~ écrasés/sacrifiés*** zu Niedrig-/Schleuderpreisen; ~ ***imposé/marqué*** vorgeschriebener/angegebener [*o* ausgeschriebener] Preis; ~ ***garanti/unique*** Mindest- [*o* Garantie-]/Einheitspreis

2. (*contrepartie*) ■ **~ de qc** *de son dévouement, de la gloire, du service, succès* Preis *m* [für etw]

3. (*distinction*) Preis *m;* ■ **~ de qc** *de violon, piano* Preis *m* [für etw], Auszeichnung *f* [für etw]; ~ ***de beauté*** Schönheitspreis; ***le premier ~ d'anglais*** der erste Preis in [*o* für] Englisch

4. (*récompense*) Preis *m*

5. (*compétition*) ■ **~ …** Preis *m;* (*lauréat*) Preisträger(in) *m(f);* ~ ***Goncourt*** Prix *m* Goncourt/Preisträger(in) *m(f)* des Prix Goncourt; ~ ***Nobel*** **[de qc]** Nobelpreis/Nobelpreisträger/-preisträgerin [für etw]; ***ce musicien est un premier ~ de Conservatoire*** dieser Musiker ist mit dem ersten Preis der Musikschule ausgezeichnet worden

► **~ d'ami** Freundschaftspreis *m;* **au ~ où est le beurre!** *hum* bei den heutigen Preisen; **qn connaît le ~ des choses** jd kennt sich in den Preisen aus; **un ~ défie toute concurrence** ein Preis ist nicht zu unterbieten; **à ~ d'or** sehr teuer, für teures Geld; **~ plafond/plancher** Höchst-/Mindestpreis *m;* **à bas/vil/moitié ~** billig/spottbillig/zum halben Preis; **~ coûtant** Selbstkostenpreis *m;* **dernier ~** äußerster Preis, äußerstes [*o* letztes] Angebot; **~ ferme et définitif** fester und verbindlicher Preis; **~ fixe** Festpreis *m*, fester Preis; **~ forfaitaire** Pauschalpreis *m;* **qn paie le ~ fort** jd muss das teuer bezahlen, das kommt jdn teuer zu stehen; **~ fou** horrender Preis; ***qc est à un ~ fou*** etw ist irrsinnig [*o* sündhaft] teuer; **Grand P~ [automobile]** Großer Preis, Grand Prix *m;* **qn apprécie qc à son juste ~** jd weiß etw zu schätzen, jd erkennt den wahren Wert einer S. (*gen*); **c'est le même ~** *fam* das ist mir völlig egal; **~ unitaire** Stückpreis *m;* **qc n'a pas de ~** (*coûte très cher*) etw ist unbezahlbar [*o* unerschwinglich], etw kann man nicht bezahlen; (*est très précieux*) etw ist von unschätzbarem Wert [*o* unschätzbar], etw ist nicht mit Gold zu bezahlen; **qn attache** [*o* **donne**] **du ~ à qc** jd legt großen Wert auf etw (*akk*); **qn casse** [*o* **écrase**] **les ~** jd drückt die Preise; **qc donne du ~ à qc** etw macht etw wertvoller, etw steigert den Wert einer S. (*gen*) **qc est dans mes/ses/… ~** etw kann ich mir/kann er/sie sich/… leisten; **qn fait un ~ à qn** jd macht jdm einen guten [*o* günstigen] Preis **qn met qc à ~** *propriété, maison, tableaux* jd bietet etw zum Verkauf an; *tête, vie de qn* jd setzt einen Preis auf etw (*akk*) aus; **qn y met le ~** (*ne lésine pas*) jd bezahlt teuer [*o* viel Geld] [für etw], jd lässt es sich (*dat*) etwas kosten; (*se donne des efforts*) jd tut einiges dafür, jd scheut weder Kosten noch Mühen; ***j'y ai mis le ~!*** ich habe teuer [*o* viel Geld] dafür bezahlt!; ***il faut y mettre le ~!*** man darf weder Kosten noch Mühen scheuen!; **qn paie le ~** jd bezahlt den [angegebenen] Preis; **ton/votre ~ sera le mien** nenn mir deinen/nennen Sie mir Ihren Preis!; **qc vaut son ~** etw ist sein Geld wert; **à aucun/tout ~** um keinen/jeden Preis, unter keinen Umständen/unbedingt; **à quel ~!** um welchen Preis!; **au ~ de qc** *de la carrière de qn, de la réputation de qn* um den Preis einer S. (*gen*); *de la santé de qn, de la vie de famille* auf Kosten einer S. (*gen*); ***même au ~ de ma santé*** selbst wenn es mich meine Gesundheit kostet, selbst auf Kosten meiner Gesundheit; **de ~** wertvoll, von großem Wert; **hors de ~** übermäßig [*o* wahnsinnig] teuer, unerschwinglich; **sans ~** unbezahlbar, nicht mit Geld zu bezahlen, nicht mit Gold aufzuwiegen

◆ **prix à la production** Herstellungspreis *m;* AGR Erzeugerpreis *m;* **prix d'achat** Kaufpreis *m*, Einkaufspreis *m;* **prix de consolation** Trostpreis *m;* **prix de départ** [*enchères*] Mindestgebot *nt;* **prix de détail** Einzelhandelspreis *m;* **prix de gros** Großhandelspreis *m;* **prix de revient** Selbstkostenpreis *m;* **prix de vente** Verkaufspreis *m;* **prix d'excellence** *Auszeichnung für den Klassenbesten;* **prix d'honneur** *Auszeichnung für den zweitbesten Schüler;* **prix d'interprétation** Preis *m* für die beste schauspielerische Leistung; **prix d'usine** Fabrikpreis *m*

pro [pʀo] *mf fam abr de* **professionnel** Profi *m*

pro- [pʀo] *préf* + *adj chinois, américain, arabe, européen* pro-; + *subst américanisme, atlantisme, communisme* Pro-; (*personne*) -anhänger(in) *m(f)*, -befürworter(in) *m(f);* ***un pro-européen/pro-arabe*** ein Europabefürworter [*o* Europaanhänger]/ein Proaraber; ***les pro-Maastricht/une politique pro-Maastricht*** die Maastrichtanhänger [*o* Maastrichtbefürworter]/eine Pro-Maastricht-Politik [*o* eine Maastricht-freundliche Politik]; ***une tendance pro-gouvernementale/pro-syndicale*** eine regierungsfreundliche/gewerkschaftsfreundliche Tendenz

probabilité [pʀɔbabilite] *f* Wahrscheinlichkeit *f;* ***calcul des ~s*** Wahrscheinlichkeitsrechnung *f;* ***taux de ~*** Wahrscheinlichkeit[sgrad *m*] *f*

► **selon toute ~** aller Wahrscheinlichkeit nach, höchstwahrscheinlich

probable [pʀɔbabl] *adj* ■ **il est ~ que** + *indic* wahrscheinlich …; ***il est ~ qu'il gagnera*** wahrscheinlich wird er gewinnen

► **~!** *fam* wahrscheinlich!, vermutlich!

probablement [pʀɔbabləmɑ̃] *adv* wahrscheinlich; ■ **~ que** + *indic* wahrscheinlich; ~ ***qu'il dira oui*** wahrscheinlich wird er ja sagen

probant, e [pʀɔbɑ̃, ɑ̃t] *adj argument, explication, raison* überzeugend; *document, témoignage* beweiskräftig; *pièce* Beweis-

probation [pʀɔbasjɔ̃] *f* JUR Bewährung *f;* REL Probezeit *f*, Noviziat *nt*

probatoire [pʀɔbatwaʀ] *adj année, période* Probe-; *épreuve, examen, test* Einstufungs-; ***stage ~*** Probezeit *f*

probe [pʀɔb] *adj littér employé, fonctionnaire, serviteur* rechtschaffen, redlich; *conscience* rein

probité [pʀɔbite] *f* [*employé, fonctionnaire, serviteur*] Rechtschaffenheit *f*, Redlichkeit *f*, Integrität *f;* [*langage, pensée*] Aufrichtigkeit *f*

problématique [pʀɔblematik] **I.** *adj* problematisch; *succès, victoire* ungewiss, fragwürdig

II. *f* Problematik *f*, Problemstellung *f;* ***il faut définir une ~*** wir müssen die Problematik umreißen

problème [pʀɔblɛm] *m* **1.** (*difficulté*) Problem *nt*

2. (*question à résoudre*) Problem *nt; métaphysique, moral, philosophique, historique a.* Frage *f;* PHILOS Problem, Problematik *f;* ***le ~ de l'alcoolisme*** das Alkoholproblem; ***le ~ du logement/chômage*** das Wohnungsproblem/Problem der Arbeitslosigkeit, die Wohnungs-/Arbeitslosenfrage; ***les ~s de circulation/stationnement*** die Verkehrs-/Parkprobleme

3. SCOL Textaufgabe *f;* ■ **~ de** *d'algèbre, de chimie, géométrie* -aufgabe *f;* ~ ***de robinet*** *Matheaufgabe, bei der man sich den Kopf zerbricht*

► **c'est l'éternel ~** das ist immer [wieder] dasselbe Problem; **c'est un faux ~** das ist ein Scheinproblem; **qn a des ~s** jd hat Probleme; **qn creuse le ~** jd betrachtet das Problem von allen Seiten; ***j'ai beau creuser le ~, je ne trouve pas de solution*** ich kann die Sache drehen und wenden, wie ich will, ich finde keine Lösung; **c'est mon/son/… ~!** *fam* das ist mein/sein/ihr/… Problem!; **qn pose [bien/mal] le ~** jd legt das Problem [gut/schlecht] dar, jd präsentiert das Problem [gut/schlecht]; ***je vais d'abord poser le ~*** ich werde das Problem zunächst umreißen; **qn/qc pose un ~/des ~s [à qn]** (*met en difficultés*) jd/etw macht [*o* bereitet] [jdm] Schwierigkeiten, jd/etw stellt jdn vor ein Problem/vor Probleme; **qc pose un ~/des ~s [à qn]** (*est problématique*) etw ist problematisch [für jdn], etw stellt [für jdn] ein Problem dar, etw wirft ein Problem/Probleme auf; **à ~s** *fam* problematisch; *enfant, quartier, peau, zone a.* Problem-; ***tu as vraiment des cheveux à ~s*** du hast wirklich Probleme mit deinen Haaren; **[y a] pas de ~!** *fam* [das ist] kein Problem!

procédé [pʀɔsede] *m* **1.** (*méthode*) Verfahren *nt*, Methode *f;* ■ **~ de** *de fabrication, stérilisation, montage, reproduction* -verfahren, -technik *f*

2. + *adj* (*façon d'agir*) Benehmen *nt*, Verhalten *nt; péj* (*recette stéréotypée*) Methode *f;* ***qn use de bons/mauvais ~s à l'égard de qn*** jd verhält sich jdm gegenüber freundlich [*o* korrekt]/unfreundlich; ***qn a recours à des ~s malhonnêtes*** jd greift zu unredlichen Methoden, jd wendet unredliche Methoden an; ***ça sent le ~*** man merkt, dass da Methode dahinter steckt [*o* dass es Absicht ist]

3. JEUX Queuespitze *f*

procéder <5> [pʀɔsede] *vi* **1.** (*agir*) ■ **qn procède d'une certaine manière** jd geht irgendwie vor; *prudemment a.* jd handelt irgendwie; ■ **qn procède d'une certaine manière [avec qn/qc]** jd geht irgendwie [mit jdm/etw] um, jd verfährt irgendwie [mit jdm/etw]; ***je me demande comment ~*** ich frage mich, wie ich vorgehen [*o* verfahren] soll; ***qn procède par ordre/élimination*** jd geht der Reihe nach vor/jd sondert aus

2. (*opérer*) ■ **qn procède à qc** *à une enquête, étude, expérience* jd nimmt etw vor, führt etw durch; *à l'élection, au vote* jd schreitet zu etw, jd nimmt etw vor; *au dépouillement, vernissage* jd beginnt mit etw, jd nimmt etw vor; *à un changement* jd nimmt etw vor; ***on vient de ~ à l'élection du nouveau président*** gerade wurde der neue Präsident gewählt; ■ **il est procédé**

à qc *au dépouillement, à l'ouverture du testament* etw wird vorgenommen; ***il sera procédé à la levée des scellés*** die Siegel werden abgenommen; ■ **qn fait ~ à qc** *à une enquête, un vote, l'exécution de qc* jd veranlasst etw, jd lässt etw vornehmen; *à une étude a.* jd lässt etw anfertigen
3. *littér* (*découler de*) ■ **qc procède de qc** etw kommt von etw; */philosophie, théorie, passions/* etw hat seinen Ursprung in etw (*dat*), etw entspringt einer S. (*gen*) [*o* aus etw]; ***le Saint-Esprit procède du Père et du Fils*** der Heilige Geist geht aus dem Vater und dem Sohn hervor

procédure [pʀɔsedyʀ] *f* **1.** (*marche à suivre*) Verfahren *nt;* ***quelle est la ~ à suivre?*** wie muss man vorgehen [*o* verfahren]?; ***~s d'urgence*** Verhaltensmaßnahmen [*o* Verhaltensmaßregeln] für den Notfall
2. (*action en justice*) [Gerichts]verfahren *nt; civile, pénale* -verfahren, -prozess *m;* (*ensemble des règles juridiques*) Prozessordnung *f,* Prozessvorschriften *pl,* Prozessrecht *nt;* ~ ***administrative/ inquisitoire*** Verwaltungs-/Inquisitionsverfahren; ~ ***contentieuse*** streitiges Verfahren; ***code de ~ pénale*** Strafprozessordnung *f*
◆ **procédure de faillite** [*o* **liquidation**] Konkurs *m;* **procédure d'urgence** Eilverfahren *nt,* beschleunigtes Verfahren

procédurier, -ière [pʀɔsedyʀje, -jɛʀ] **I.** *adj personne* pedantisch, kleinlich; *formalités* pingelig, haarspalterisch; ***humeur ~*** Pedanterie *f,* Kleinlichkeit *f*
II. *m, f* Pedant(in) *m(f)*

procès [pʀɔsɛ] *m* **1.** JUR Prozess *m,* Gerichtsverfahren *nt;* ~ ***criminel*** Strafprozess
2. *fam* (*contravention*) Strafzettel *m fam*
▸ **qn <u>engage</u> un ~ contre qn** jd strengt einen Prozess gegen jdn an; **qn <u>est</u> en ~ avec qn** jd führt einen Prozess gegen jdn, jd prozessiert mit jdm [*o* gegen jdn]; **qn <u>fait</u>** [*o* **<u>intente</u>**] **un ~ à qn** jd strengt einen Prozess [*o* ein Gerichtsverfahren] gegen jdn an; **qn <u>fait</u> le ~ de qn/qc** jd greift jdn/etw heftig an, jd kritisiert jdn/etw scharf, jd geht mit jdm hart ins Gericht
◆ **procès d'intention** Unterstellung *f;* ***qn fait un ~ d'intention à qn*** jd unterstellt jdm üble Absichten

processeur [pʀɔsesœʀ] *m* INFORM Prozessor *m*

procession [pʀɔsesjɔ̃] *f* REL Prozession *f;* (*défilé*) [langer] Zug, [lange] Schlange; ~ ***de la Fête-Dieu*** Fronleichnamsprozession; ***la ~ de vacanciers sur l'autoroute*** die Urlauberschlange [*o* der Zug von Urlaubern] auf der Autobahn; ***la ~ des fourmis aboutissait au pot de miel*** die Straße der Ameisen endete am Honigglas
▸ **<u>en</u> ~** (*solennellement*) in feierlichem Zug, in feierlicher Prozession; (*les uns derrière les autres*) in einem langen Zug, in geschlossener Reihe; ***ils marchaient en ~ vers la mairie*** sie gingen in einem langen Zug [*o* in geschlossener Reihe] zum Rathaus

processionnaire [pʀɔsesjɔnɛʀ] **I.** *adj postposé:* ***chenille ~*** Prozessionsspinnerraupe *f*
II. *f* Prozessionsspinnerraupe *f*

processus [pʀɔsesys] *m* **1.** (*évolution*) Prozess *m;* MED [Krankheits]verlauf *m; inflammatoire, morbide, pathologique* Verlauf, Entwicklung *f; biologique, physiologique* Prozess, Vorgang *m;* ~ ***économique/ inflationniste*** Wirtschafts-/Inflationsprozess; ~ ***de privatisation/ de croissance*** Privatisierungs-/Wachstumsprozess
2. TECH Ablauf *m;* ~ ***de fabrication*** Fertigungsablauf

procès-verbal <~-~aux> [pʀɔsɛvɛʀbal, o] *m* **1.** (*contravention*) Strafmandat *nt*
2. (*compte rendu*) [*assemblée, réunion, séance*] Protokoll *nt*
3. JUR (*constat*) Protokoll *nt,* Niederschrift *f;* ~~ ***de perquisition/ de saisie*** Durchsuchungs-/Pfändungsprotokoll; ~~ ***interrogatoire*** Vernehmungsprotokoll
▸ **qn <u>attrape</u> un ~-~** *fam* jd bekommt ein Strafmandat [*o* einen Strafzettel *fam*]; **qn <u>dresse</u> un ~-~ [à qn]** jd gibt [*o* erteilt] jdm eine gebührenpflichtige Verwarnung [*o* ein Strafmandat]

prochain, e [pʀɔʃɛ̃, ɛn] **I.** *adj* **1.** *antéposé* (*suivant*) *carrefour, rue, village, occasion* nächste(r, s); *postposé an, mois, semaine* nächste(r, s), kommende(r, s); ***la ~e fois*** nächstes Mal, das nächste Mal; ***le 15 août ~*** am 15. August [dieses Jahres]; ***à la ~e occasion*** bei der nächsten [*o* bei nächster] Gelegenheit
2. *postposé* (*proche*) *arrivée, départ, revenu* baldig; *mort* nahe [bevorstehend]; *avenir* nahe; ***un jour ~*** bald, dieser Tage
II. *m* (*être humain*) Nächste(r) *m*
III. *f fam* (*station*) ■ **la prochaine** die nächste Haltestelle [*o* Station]; ***descendez-vous à la ~e?*** steigen Sie an der nächsten [Haltestelle] aus?
▸ **<u>à</u> la ~e !** bis zum nächsten Mal!, bis dann! *fam*
IV. *m, f* ■ **le/la ~(e)** **1.** (*personne suivante*) der/die Nächste
2. (*bus, train, bateau*) der/die/das Nächste; ***j'ai raté le bus, je prendrai le ~*** ich habe den Bus verpasst, ich nehme den nächsten

prochainement [pʀɔʃɛnmɑ̃] *adv* demnächst; ***très ~*** in Kürze

proche [pʀɔʃ] **I.** *adj* **1.** (*à proximité*) *lieu, magasin, ville* nah[e]; ***la ville la plus ~*** die nächste Stadt; ***rien n'est ~*** nichts ist in der Nähe; ***deux villes toutes ~s*** zwei Städte, die nah[e] beieinander liegen; ■ **[qn/qc est] ~ de qc** [jd/etw ist] nah[e] an etw (*dat*), [jd/etw ist] in der Nähe von etw, [jd/etw ist] einer S. (*dat*) nahe; ***~s l'un de l'autre*** nah[e] beieinander
2. *antéposé* (*d'à côté*) *voisin* nächste(r, s), unmittelbar
3. (*imminent*) *avenir, dénouement, heure, mort, victoire* nah[e]; *départ* nah[e] bevorstehend; ***dans un très ~ avenir*** in allernächster Zukunft; ***notre départ est ~*** unsere Abreise steht kurz bevor
4. (*récent*) *événement* nah[e]; *souvenir a.* lebendig; ***le souvenir de notre rencontre est encore ~*** unsere Begegnung ist mir noch gut in Erinnerung; ■ **[qc est] ~ de qc** [etw liegt] nahe bei etw; ***son anniversaire est ~ de Noël*** er/sie hat um Weihnachten herum Geburtstag, er/sie hat kurz vor Weihnachten Geburtstag
5. *antéposé* (*de parenté étroite*) *cousin, parent* nah[e]; ■ **qn est ~ [de qn]** (*par la pensée*) jd ist [*o* steht] [jdm] nah[e]
6. (*voisin*) *sens* verwandt; ■ **qc est ~ de qc** etw ist einer S. (*dat*) ähnlich, etw kommt einer S. (*dat*) sehr nahe
▸ **<u>de</u> ~ en ~** allmählich, Schritt für Schritt
II. *mf* **1.** (*ami*) Vertraute(r) *f(m);* ■ **les ~s de qn** die jdm Nahestehenden
2. *mpl* (*parents*) ■ **les ~s [de qn]** [jds] Angehörige *pl,* [jds] nächste Verwandte *pl*

Proche-Orient [pʀɔʃɔʀjɑ̃] *m* ■ **le Proche-Orient** der Nahe Osten

proclamation [pʀɔklamasjɔ̃] *f* **1.** (*annonce publique*) Bekanntgabe *f,* Verkündigung *f;* ***la ~ de la république*** die Ausrufung der Republik
2. (*manifeste*) Erklärung *f,* Aufruf *m*

proclamer <1> [pʀɔklame] **I.** *vt* **1.** (*affirmer*) ■ **qn proclame qc** *conviction, vérité* jd verkündet etw; *innocence* jd beteuert etw; ■ **qn proclame qn/qc qc** jd erklärt jdn/etw zu etw; ***il proclame sa secrétaire la meilleure de toutes*** er erklärt seine Sekretärin zur besten von allen; ■ **qn proclame que** + *indic* jd verkündet, dass
2. (*annoncer publiquement*) ■ **qn/qc proclame qc** *droits* jd verkündet etw, jd proklamiert etw; *état de siège a., république* jd ruft etw aus; *résultats, verdict* jd gibt etw öffentlich bekannt, jd verkündet etw
3. (*désigner comme*) ■ **qn proclame qn qc** *empereur, roi* jd ruft jdn zu etw aus
II. *vpr* (*se déclarer*) ■ **qn se proclame …** *indépendant, libre* jd erklärt sich für …; ***la Croatie se proclame république autonome*** Kroatien erklärt sich zur freien Republik

proconsul [pʀokɔ̃syl] *m* HIST Prokonsul *m*

procréateur, -trice [pʀɔkʀeatœʀ, -tʀis] **I.** *adj littér* (*qui donne la vie*): ***puissance ~trice*** Zeugungskraft *f;* ***facultés ~trices*** Zeugungsfähigkeit *f*
II. *mpl hum* Erzeuger *pl*

procréation [pʀɔkʀeasjɔ̃] *f* Zeugung *f*
▸ ~ **<u>artificielle</u>** [*o* **médicalement <u>assistée</u>**] künstliche Befruchtung

procréer <1> [pʀɔkʀee] *vt littér* ■ **qn procrée qn** jd zeugt jdn

procuration [pʀɔkyʀasjɔ̃] *f* Vollmacht *f;* COM Prokura *f*
▸ **qn <u>a</u> une ~** jd besitzt eine Vollmacht; **qn <u>donne</u> ~ à qn [pour faire qc]** jd erteilt jdm [die] Vollmacht[, etw zu tun]; jd erteilt jdm Prokura; **<u>par</u> ~** durch [einen] [bevollmächtigten] Stellvertreter

procurer <1> [pʀɔkyʀe] **I.** *vt* **1.** (*faire obtenir*) ■ **qn procure qc à qn** *avantage, bien, place, travail* jd verschafft jdm etw, jd verhilft jdm zu etw; ■ **qn procure qn à qn** jd macht jdn [für jdn] ausfindig
2. (*apporter*) ■ **qn/qc procure qc [à qn]** *avantage* jd/etw verschafft [jdm] etw; *joie, ennuis* jd/etw bereitet [jdm] etw; *santé* etw führt [jdn] zu etw
II. *vpr* (*obtenir*) ■ **qn se procure qc** *plaisir, travail* jd verschafft sich (*dat*) etw; *marchandise, place a.* jd beschafft sich (*dat*) etw

procureur [pʀɔkyʀœʀ] *m* **1.** (*titre d'un procureur général*) Generalstaatsanwalt/-anwältin *m/f;* (*magistrat*) Staatsanwalt/-anwältin *m/f*
2. REL Klosterverwalter(in) *m(f);* JUR *vieux* (*mandataire*) Sachwalter(in) *m(f)*
▸ ~ **<u>général</u>** JUR Generalstaatsanwalt/-anwältin *m/f*
◆ **Procureur de la République** JUR Oberstaatsanwalt/-anwältin *m/f*

prodigalité [pʀɔdigalite] *f* **1.** (*caractère dépensier*) Verschwendungssucht *f*
2. *pl* (*dépenses excessives*) Verschwendung *f*
3. *littér* (*profusion*) ■ **~ de choses** *de détails, formes, images* verschwenderische Fülle von Dingen

prodige [pʀɔdiʒ] **I.** *m* **1.** (*miracle*) Wunder *nt*
2. (*merveille*) Wunder[werk *nt*] *nt;* ■ **~ de qc** *d'adresse, de courage, fidélité, patience* Wunder an etw (*dat*)
3. (*personne très douée*) Genie [ʒeːˈniː] *nt*
▸ **<u>petit</u> ~** Wunderkind *nt;* **qn <u>fait</u> des ~s** jd vollbringt Wunder *pl;* **qc <u>tient</u> du ~** etw grenzt an ein Wunder
II. *app enfant* Wunder-

prodigieusement [pʀɔdiʒjøzmɑ̃] *adv beau, captivant, difficile* überaus, ungemein; *doué, intelligent, intéressant a.* hoch-

prodigieux, -euse [pʀɔdiʒjø, -jøz] *adj bêtise, effort, force, foule* ungeheuer; *génie, personne* großartig, wunderbar

prodigue [pʀɔdig] *adj* **1.** (*dépensier*) verschwenderisch
2. (*généreux*) ■ **qn est ~ de qc** *de compliments, conseils* jd geizt nicht mit etw; *de ses biens, son temps a.* jd geht großzügig mit etw um; ***qn n'est pas ~ de paroles*** jd ist wortkarg
3. *postposé* (*qui a quitté sa famille*) *mari, père* treulos

prodiguer <1> [pʀɔdige] **I.** *vt* **1.** (*distribuer généreusement*) ■ **qn prodigue qc** *paroles, temps* jd geizt nicht mit etw; *énergie a.* jd scheut kein etw; *conseils a., biens* jd/etw teilt etw großzügig aus; ■ **qn/qc prodigue qc à qn/qc** jd/etw lässt jdm/einer S. etw reichlich zukommen; *biens, conseils a., paroles* jd/etw überschüttet jdn/etw mit etw; *temps* jd/etw widmet jdm/einer S. reichlich [*o* viel] etw; *énergie* jd/etw setzt reichlich [*o* viel] etw für jdn/etw ein; ■ **qn prodigue qc à qn** *compliments* jd überhäuft jdn mit etw; ***qn prodigue des soins à qn*** jd versorgt [*o* pflegt] jdn; ***qc prodigue la paix intérieure à qn*** etw gibt jdm den inneren Frieden
2. (*gaspiller*) ■ **qn prodigue qc [à qn]** jd verschwendet etw [an jdn]
II. *vpr* (*se dépenser*) ■ **qn se prodigue** jd verausgabt sich

pro domo [pʀodomo] *loc* in eigener Sache, pro domo

producteur, -trice [pʀɔdyktœʀ, -tʀis] **I.** *adj* COM ■ **~ [de qc]** [etw] erzeugend, [etw] produzierend; *de blé, d'olives, d'oranges* [etw] anbauend; *de gaz naturel, charbon* [etw] fördernd; ***pays ~s*** Erzeuger-/Anbau-/Förderländer *pl;* ***les pays ~s de pétrole*** die Erdöl produzierenden Länder
II. *m, f* **1.** AGR Erzeuger(in) *m(f)*
2. (*fabricant*) Hersteller(in) *m(f),* Produzent(in) *m(f)*
3. CINE, RADIO, TV Produzent(in) *m(f)*

productible [pʀɔdyktibl] *adj* COM herstellbar; *courant* erzeugbar

productif, -ive [pʀɔdyktif, -iv] **I.** *adj* AGR, COM produktiv; *sol* ertragreich; *capital, contrat, investissement* gewinnbringend; ~ ***d'intérêts*** zinsbringend
II. *mpl* produktive Kräfte *pl*

production [pʀɔdyksjɔ̃] *f* **1.** (*fait de produire*) Produktion *f*
2. (*fabrication*) ■ ~ **de** *de voitures* Produktion *f* von, -produktion; *de produits manufacturés, pâte à papier, laine a.* Herstellung *f* von, -herstellung; *d'électricité, énergie* Erzeugung *f* von, -erzeugung
3. (*exploitation*) ■ ~ **de** *de blé, légumes, fruits* Anbau *m* von, -anbau; *de viande* Produktion *f* von, -produktion
4. (*quantité produite*) Produktionsmenge *f;* [*énergie*] erzeugte Menge; [*pétrole*] Fördermenge *f;* AGR Ertrag *m*, Erzeugnisse *pl*
5. MED (*apparition*) ■ ~ **de** *d'une tumeur, de pus, globules* Bildung *f* von, -bildung; CHIM, PHYS *d'un phénomène* Hervorrufen *nt* von; *d'un gaz* Bildung von, -bildung; *d'un son, d'une onde* Erzeugung *f* von
6. LITTER *dramatique, poétique* Schaffen *nt;* CINE, RADIO, TV Produktion *f;* ***les ~s littéraires*** die literarischen Werke
7. (*présentation*) [*acte de naissance, passeport*] Vorlegen *nt*

productique [pʀɔdyktik] *f Informatik und Automatik im Bereich der industriellen Produktion*

productiviste [pʀɔdyktivist] *adj* gewinnorientiert

productivité [pʀɔdyktivite] *f* **1.** (*rendement, production*) [*usine, entreprise*] Produktivität *f,* Produktionskraft *f;* [*employé, ouvrier a.*] Leistungsfähigkeit *f;* [*terre a.*] Ergiebigkeit *f*
2. (*rentabilité*) [*poste, service, impôt*] Rentabilität *f,* Einträglichkeit *f*

produire <*irr*> [pʀɔdɥiʀ] **I.** *vt* **1.** AGR, GEOL ■ **qc produit qc** / *pays, région, terre*/ etw bringt etw hervor; / *arbre*/ etw trägt etw; ■ **qn produit qc** jd baut etw an
2. IND (*fabriquer*) ■ **qn/qc produit qc** *matières premières* jd/etw produziert etw; *voitures, produits manufacturés* jd/etw stellt etw her; *électricité* jd/etw erzeugt etw
3. (*provoquer*) ■ **qc produit qc** [**sur qn/qc**] / *changement, événement*/ etw hat [für jdn/etw] etw zur Folge; / *méthode, procédé*/ etw führt [bei jdm/etw] zu etw; *sensation* etw ruft [bei jdm] etw hervor; ■ **qn/qc produit qc** *son* jd/etw bringt etw hervor
4. (*retenir l'attention, marquer*) ■ **qn/qc produit qc** [**sur qn**] *effet* jd/etw erzielt [bei jdm] etw; *impression* jd/etw hinterlässt [bei jdm] etw; ***ce candidat a produit une forte impression sur les examinateurs*** der Kandidat machte auf die Prüfer großen Eindruck
5. (*former*) ■ **qc produit qn** / *grande école, pays*/ etw bringt jdn hervor
6. ART, LITTER ■ **qn produit qc** *œuvres, poèmes, roman* jd verfasst etw; CINE, RADIO, TV jd produziert etw
7. (*présenter*) ■ **qn produit qn** [**quelque part**] *témoin* jd bringt jdn [irgendwo] bei, jd präsentiert jdn [irgendwo]; ■ **qn produit qc** [**quelque part**] *carte d'identité, document* jd legt [*o* zeigt] etw [irgendwo] vor; *preuve* jd erbringt etw [irgendwo]; *titre, passeport* jd weist [*o* zeigt] etw [irgendwo] vor
8. COM, FIN (*rapporter*) ■ **qc produit qc** etw bringt etw ein; *intérêts* etw wirft etw ab, etw bringt etw; ■ **qn fait** ~ **qc** *argent, capital* jd lässt etw arbeiten
II. *vi* FIN ■ **qc produit** etw bringt etwas ein, etw wirft etwas ab
III. *vpr* **1.** (*survenir*) ■ **qc se produit** [**quelque part**] etw findet [irgendwo] statt, etw ereignet sich [irgendwo]; / *changement*/ etw vollzieht sich [irgendwo]; / *silence*/ etw tritt [irgendwo] ein; ■ **il se produit qc** [**quelque part**] es findet [irgendwo] etw statt, es ereignet sich [irgendwo] etw
2. (*se montrer*) ■ **qn se produit** [**quelque part**] *dans le monde, en public* jd lässt sich irgendwo sehen; THEAT jd tritt irgendwo auf

produit [pʀɔdɥi] *m* **1.** (*bien, objet produit*) Produkt *nt,* Erzeugnis *nt;* (*chimique, pharmaceutique a.*) Mittel *nt;* (*fabriqué, industriel, manufacturé a.*) Ware *f;* ~ ***alimentaire*** Nahrungsmittel, Lebensmittel *pl;* ~ **brut** Rohstoff *m;* ■ ~ **de** *de beauté, d'entretien* -mittel; ~ ***de consommation*** Gebrauchsartikel *m*
2. (*substance*) Substanz *f*
3. (*rapport, bénéfice*) *brut* Ertrag *m; net* Erlös *m,* Gewinn *m;* [*terre*] Ertrag; [*collecte*] Erlös; ~ ***de la journée*** Tageseinnahme *f;* ***le ~ de l'impôt*** das Steueraufkommen, die Steuereinnahmen *pl*
4. (*résultat*) ■ ~ **de qc** Produkt *nt* von etw
5. MATH Produkt *nt*
6. ZOOL (*petit*) Nachkommen *pl*
▶ ~ **générique** Artikel *m* ohne Markenbezeichnung, No-Name-Produkt ['noʊ'neɪm-] *nt;* ~ **intérieur brut** Bruttoinlandsprodukt *nt;* ~ **national brut** Bruttosozialprodukt *nt*

proéminence [pʀɔeminɑ̃s] *f littér* (*saillie*) Vorsprung *m;* (*fait de ressortir*) Vortreten *nt,* Vorspringen *nt*

proéminent, e [pʀɔeminɑ̃, ɑ̃t] *adj front, menton, nez* vorspringend

prof [pʀɔf] *mf fam abr de* **professeur** Lehrer(in) *m(f)*

profanateur, -trice [pʀɔfanatœʀ, -tʀis] **I.** *adj littér* schändlich, ruchlos *geh*
II. *m, f soutenu* Schänder(in) *m(f);* ■ ~ **de** *d'églises, de tombeaux* -schänder(in)

profanation [pʀɔfanasjɔ̃] *f* Schändung *f,* Entweihung *f*

profane [pʀɔfan] **I.** *adj* **1.** (*ignorant*) *auditoire, public* laienhaft; ■ **qn est ~ en qc**: ***je suis ~ en la matière*** auf dem Gebiet bin ich [ein] Laie *m*
2. (*opp: religieux*) *auteur, divertissement, fête, littérature, musique* weltlich, profan; *monde* nicht kirchlich, außerkirchlich
II. *mf* (*non initié*) Laie *m,* Nichteingeweihte(r) *f(m)*
III. *m* REL ■ **le** ~ das Weltliche, das Profane

profaner <1> [pʀɔfane] *vt* **1.** REL ■ **qn profane qc** jd schändet etw, jd entweiht etw
2. *littér* ■ **qn profane qc** *institution, sentiment, talent* jd entweiht etw, jd erniedrigt etw; *nom, souvenir* jd entehrt etw

proférer <5> [pʀɔfeʀe] *vt* ■ **qn profère qc** *paroles* jd lässt etw laut werden; *injures, menaces* jd stößt etw aus; ■ [**qc est**] **proféré(e)** [**par qn**] [etw wird] [von jdm] geäußert

professer <1> [pʀɔfese] *vt* **1.** (*déclarer hautement*) ■ **qn professe qc** jd bekundet etw; *opinion a., théorie* jd vertritt etw; *sentiment a.* jd zeigt etw; ■ **qn professe que** + *indic* jd erklärt öffentlich, dass
2. SCOL *vieilli* (*enseigner*) ■ **qn professe** [**qc**] [**quelque part**] jd lehrt [etw] [irgendwo], jd unterrichtet [etw] [irgendwo]

professeur [pʀɔfesœʀ] *mf* SCOL Lehrer(in) *m(f);* UNIV (*avec chaire*) Professor(in) *m(f);* (*sans chaire*) Dozent(in) *m(f);* ■ ~ **de** *d'allemand, anglais, de latin, mathématiques, chant, piano, danse* -lehrer(in); *de lettres classiques, sciences naturelles, diction* Lehrer(in) für; *de droit, médecine* (*avec chaire*) -professor(in), Professor(in) für; (*sans chaire*) -dozent(in), Dozent(in) für; ~ ***de lycée*** Gymnasiallehrer(in); ~ ***de collège*** *Lehrer für die Sekundarstufe I,* ≈ Realschullehrer(in); ~ ***titulaire*** *festangestellter Lehrer;* ~ **adjoint** *Lehrer ohne feste Anstellung*
▶ ~ **agrégé/certifié** *Titel für Lehrer, die die „Agrégation"/das „CAPES" erlangt haben;* **qn a qn comme** ~ jd hat jdn als Lehrer(in)

profession [pʀɔfesjɔ̃] *f* **1.** (*métier*) *libérale, manuelle* Beruf *m;* ■ ~ **de** -beruf; ***la ~ de journaliste/médecin*** der Journalisten-/Arztberuf; ***la ~ de maçon/menuisier/d'avocat*** der Beruf des Maurers/Schreiners/[Rechts]anwalts
2. (*corps de métier*) Berufsstand *m*
▶ **qn exerce une ~/la ~ de qc** jd übt einen Beruf aus/ist von Beruf etw; **qn fait ~ de qc/de faire qc** jd bekennt sich [öffentlich] zu etw/dazu, etw zu tun; **de** ~ (*professionnel*) berufsmäßig; (*invétéré*) gewohnheitsmäßig, chronisch; ***un menteur de ~*** ein ausgemachter Lügner; **sans** ~ ohne Beruf
◆ **profession de foi** Glaubensbekenntnis *nt;* (*cérémonie*) feierliche Erstkommunion

professionnalisme [pʀɔfesjɔnalism] *m* **1.** (*opp: amateurisme*) Professionalismus *m*
2. (*compétence*) Professionalität *f*

professionnel, le [pʀɔfesjɔnɛl] **I.** *adj* **1.** (*relatif à un métier*) Berufs-; *conscience, qualification* beruflich; SCOL *cours, enseignement* berufsbezogen; ***frais ~s*** (*du patron*) Werbungskosten *pl;* (*de l'employé*) Spesen *pl;* FISC Werbungskosten; ***faute ~le*** Fehler *m* bei der Ausübung des Berufes, beruflicher Fehler; (*du médecin*) Kunstfehler *m;* ***lycée*** ~ Fachoberschule *f*
2. (*opp: amateur*) *écrivain, journaliste* berufsmäßig; *sport, sportif* Berufs-, Profi-, professionell; *fig menteur* ausgemacht; *pêcheur* begeistert
3. (*compétent*) fachkundig, sachverständig
II. *m, f* **1.** (*homme de métier*) Fachmann/-frau *m/f;* ■ **~(le) de** -fachmann/-fachfrau; ~ ***du mensonge/crime/de la pêche à la ligne*** ausgemachter Lügner/Verbrecher/begeisterter [*o* leidenschaftlicher] Angler
2. (*personne compétente*) Sachkundige(r) *f(m),* Könner(in) *m(f),* Profi *m*
▶ **qn passe ~(le)** SPORT *fam* jd wird Profi
III. *f* (*prostituée*) ■ **professionnelle** Prostituierte *f*

professionnellement [pʀɔfesjɔnɛlmɑ̃] *adv* beruflich, im Beruf[sleben]

professoral, e <-aux> [pʀɔfesɔʀal, o] *adj* **1.** SCOL Lehr-; ***corps*** ~ Lehrkörper *m;* ***fonction ~e*** Lehramt *nt*
2. *péj* (*doctoral*) *attitude, éloquence, ton* schulmeisterlich, professoral *geh*

professorat [pʀɔfesɔʀa] *m* SCOL Lehramt *nt;* ■ ~ **de qc** Lehramt für etw

profil [pʀɔfil] *m* **1.** (*visage*) Profil *nt*
2. (*silhouette*) [*personne*] Silhouette *f;* [*édifice a.*] Umriss *m,* Konturen *pl;* [*voiture a.*] Linie[nführung *f*] *f*
3. [*bâtiment, corniche, lit de rivière, moulure, route, sol*] Profil *nt;* ~ ***longitudinal*** Längsschnitt *m;* ~ ***transversal*** Querschnitt *m*
4. (*aptitudes*) ■ **le ~ de** jds Profil *nt* für etw; ***il a le ~ de l'homme d'affaires*** er hat das Profil eines Geschäftsmannes
5. (*vue d'ensemble*) Merkmale *pl;* ***le ~ des ventes en mars*** die Verkaufstendenz im März
▶ ~ **de médaille** ebenmäßiges Profil; **qn adopte** [*o* **choisit**] [*o* **prend**] **un ~ bas** (*reste modeste*) jd hält sich im Hintergrund; ~ **grec** griechisches Profil; ~ **médical** Gesundheitsbild *nt;* **qn montre son meilleur** ~ jd zeigt sich von seiner besten Seite; ~ **perdu** verlorenes Profil; ~ **psychologique** psychologisches Profil; **qn a le ~** [**de qc**] (*qn convient*) jd hat das richtige Profil [*o* die richtigen Eigenschaften] für etw; **de** ~ (*de côté*) im Profil; (*incomplètement*) nur halb
◆ **profil utilisateur** INFORM Benutzerprofil *nt*

profilé, e [pʀɔfile] **I.** *adj* **1.** *acier* Profil-
2. (*aérodynamique*) profiliert
II. *m* Profilstahl *m*

profiler <1> [pʀɔfile] **I.** *vt* **1.** TECH ■ **qn profile qc** jd profiliert etw
2. (*représenter en profil*) ■ **qn profile qc** *corniche, édifice* jd umreißt etw; *visage* jd zeichnet ein Profil von etw
3. (*faire ressortir*) ■ **qc profile qc quelque part**: ***le Matterhorn profilait au loin sa silhouette menaçante*** die Silhouette des Matterhorns zeichnete sich in der Ferne scharf ab
II. *vpr* **1.** (*se détacher*) ■ **qc se profile quelque part** / *édifice, nuages, silhouette*/ etw hebt sich irgendwo ab
2. (*s'esquisser*) ■ **qc se profile quelque part** / *ennuis, obstacles, solution*/ etw zeichnet sich [irgendwo] ab, etw wird [irgendwo] sichtbar

profit [pʀɔfi] *m* **1.** COM, FIN Profit *m,* Gewinn *m*
2. (*avantage*) Gewinn *m,* Nutzen *m;* ***qn tourne qc à son ~*** jd zieht Nutzen aus etw
▶ **qn passe qc aux ~s et pertes** jd schreibt etw ab *fam;* **qc est/n'est pas d'un grand** ~ etw bringt viel/nicht sehr viel *fam,* etw ist/ist nicht von sehr großem Nutzen; **il n'y a pas de petits ~s** wer den Pfennig nicht ehrt, ist des Talers nicht wert; **qc fait du/beaucoup de ~** [**à qn**] etw hält [bei jdm] lange; ***les vacances lui ont fait beaucoup de ~*** die Ferien haben ihm gut getan;

qn fait du ~ jd macht Profit[e] [*o* Gewinn]; **qn fait [son]** ~ **de qc** jd zieht Nutzen aus etw, jd macht sich (*dat*) etw zunutze; **qn met à** ~ **qc [pour faire qc]** jd nutzt etw aus [um etw zu tun]; **qn tire** ~ **de qc** jd zieht Gewinn aus etw; **qc tourne au** ~ **de qn/qc** etw wendet sich zu jds Gunsten/zugunsten einer S. (*gen*); **qn trouve son** ~ **à qc** etw ist in jds Interesse (*dat*); **qn trouve son** ~ **à faire qc** es ist für jdn von Vorteil, etw zu tun; **au** ~ **de qn/qc** zugunsten einer Person/einer S.; **avec/sans** ~ *résultat* mit/ohne Gewinn

profitable [pʀɔfitabl] *adj* **1.** (*avantageux*) ■ **[qc est]** ~ **[à qn]** *action* [etw ist] [für jdn] nutzbringend; *avis, leçon* etw ist [für jdn] von Nutzen; *voyage* etw ist [für jdn] ein Gewinn
2. (*rentable*) ■ **[qc est]** ~ **[à qn]** */affaire/* [etw ist] [für jdn] gewinnbringend

profitablement [pʀɔfitabləmɑ̃] *adv: **il a voyagé*** ~ durch das Reisen hat er viel gewonnen, das Reisen hat ihm viel gebracht *fam*

profiter <1> [pʀɔfite] *vi* **1.** (*tirer avantage de*) ■ **qn profite de qc [pour faire qc]** jd profitiert von etw [um etw zu tun], jd zieht Nutzen aus etw; *d'un avantage, privilège, d'une occasion* jd nützt etw aus [*o* nutzt etw] [um etw zu tun], jd nimmt etw wahr
2. (*être utile à*) ■ **qc profite à qn** etw ist für jdn von Nutzen [*o* ein Gewinn]; */repos, vacances/* etw tut jdm gut
3. *fam* (*se fortifier*) ■ **qn profite** jd geht auf wie Hefeteig *fam*, jd setzt Speck an; */enfant/* jd gedeiht
4. *fam* (*être avantageux*) ■ **qc profite** */plat/* etw reicht gut aus; */vêtement/* etw hält lange
5. (*tirer un profit*) ■ **qn profite [dans qc]** jd profitiert bei etw

profiterole [pʀɔfitʀɔl] *f kleiner mit Eis oder Vanillecreme gefüllter Windbeutel*

profiteur, -euse [pʀɔfitœʀ, -øz] *m, f* Profitmacher(in) *m(f) pej*, Profitjäger(in) *m(f)*

profond, e [pʀɔfɔ̃, ɔ̃d] **I.** *adj* **1.** (*qui s'enfonce loin*) tief; *racines* tief [gehend]; *cave* tief [liegend]; ■ ~ **de ...** ... tief; ~ ***de cinquante mètres*** fünfzig Meter tief
2. (*très grand*) *différence, erreur, influence* groß; *ignorance a., révérence, sommeil* tief; *sentiment* tief [sitzend]; *intérêt* groß, stark; *nuit* tief[schwarz]
3. *postposé* (*caché*) *cause* tiefere(r, s), eigentlich; *être* innerste(r, s); *signification* tiefer liegend; *tendance* unterschwellig; ***la France*** ~***e*** die tiefste französische Provinz
4. (*opp: superficiel*) *esprit, penseur* tiefsinnig; *pensée, remarque, réflexion a.* tiefgründig
5. (*opp: léger*) *regard* intensiv; *soupir, voix* tief; *couleur* dunkel
6. *postposé* MED *arriéré, débile* schwer, stark; *handicapé* schwer[st]-
II. *m littér* (*profondeur*) ■ **le** ~ die Tiefe
▸ **au plus** ~ **de qc** *de la forêt, l'être* im tiefsten Inneren einer S. (*gen*); *de la mer, nuit* tief in etw (*dat*)
III. *adv creuser, planter* tief

profondément [pʀɔfɔ̃demɑ̃] *adv* **1.** (*à une grande profondeur*) *creuser, s'incliner, pénétrer* tief
2. (*beaucoup*) *aimer* innig; *influencer, ressentir* stark; *respirer* tief; *réfléchir, se tromper* gründlich; *souhaiter* sehnlichst
3. *antéposé* (*très, tout à fait*) *choqué, ému, touché* tief; *vexé* schwer; *convaincu* felsenfest; ~ ***différent*** grundverschieden

profondeur [pʀɔfɔ̃dœʀ] *f* **1.** (*distance*) Tiefe *f*
2. (*intensité*) [*voix*] Tiefe *f;* [*couleur, regard*] Intensität *f*
3. (*intelligence pénétrante*) [*penseur, personne*] Tiefsinnigkeit *f;* [*esprit, pensée, réflexion, remarque*] Tiefe *f*, Tiefgründigkeit *f*
4. (*force*) [*émotion, sentiment*] Tiefe *f*, Stärke *f*
5. *littér* (*le plus profond*): ***dans les*** ~***s de la terre/mer/cave*** im Innersten der Erde/auf dem Meeresgrund/tief unten im Keller; ***dans les*** ~***s du classement*** auf der Rangliste ganz unten
6. (*impénétrabilité*) Tiefe *f;* ■ **les** ~**s de qn/qc** *d'une personne, de l'âme, de l'être, du mystère* jds tiefstes Inneres/die Tiefen einer S. (*gen*)
▸ **de** ~: ***50 m de*** ~ 50 Meter tief; **en** ~ (*opp: superficiellement*) gründlich; *connaissance* genau; *réforme* tief greifend; *expression* deutlich
◆ **profondeur de champ** CINE, PHOT Tiefenschärfe *f*

pro forma [pʀofɔʀma] *loc: **une facture*** ~ ~ eine Pro-forma-Rechnung

profusion [pʀɔfyzjɔ̃] *f* (*abondance*) Fülle *f;* [*cadeaux*] Überfülle *f;* ***une*** ~ ***de lumières/d'étoiles/de fleurs*** ein Meer *nt* von Lichtern/Sternen/Blumen; ***qc est baigné(e) dans une*** ~ ***de lumière*** etw ist lichtdurchflutet
▸ **à** ~ in Hülle und Fülle, überreichlich

progéniture [pʀɔʒenityʀ] *f* LITTER (*descendance*) Nachkommenschaft *f; hum* (*enfants*) Sprößlinge *pl*

progestérone [pʀɔʒesteʀɔn] *f* Gelbkörperhormon *nt*, Progesteron *nt spec*

progiciel [pʀɔʒisjɛl] *m* INFORM Software-Paket ['zɔftvɛːɐ-, 'sɔftwæːə-] *nt*

programmable [pʀɔgʀamabl] *adj* ■ **[qc est]** ~ INFORM [etw ist] programmierbar; TECH [etw ist] vorprogrammierbar

programmateur, -trice [pʀɔgʀamatœʀ, -tʀis] **I.** *m, f* AUDIOV Programmplaner(in) *m(f)*
II. *m* **1.** TECH [*cuisinière, lave-vaisselle*] Programmwähler *m*
2. INFORM [*ordinateur*] Programmsteuerung *f*

programmation [pʀɔgʀamasjɔ̃] *f* **1.** CINE, RADIO, TV Programmplanung *f*, Programmgestaltung *f*
2. TECH, INFORM Programmierung *f;* ***langage de*** ~ Programmiersprache *f*
3. POL, ECON Planung *f*

programme [pʀɔgʀam] *m* **1.** (*livret*) Programm[heft *nt*] *nt;* AUDIOV Programm[zeitschrift *f*] *nt;* (*suite d'émissions*) Programm *nt*
2. (*déroulement prévu*) [*journée, soirée, vacances*] Programm *nt;* ~ ***chargé*** volles Programm
3. SCOL Lehrstoff *m*, Lehrplan *m;* UNIV Studienplan *m*
4. IND, POL, SCI (*projet*) ■ ~ **de** -programm *nt;* ~ ***d'action/de recherches/travail*** Aktions-/Forschungs-/Arbeitsprogramm
5. INFORM, TECH Programm *nt*
▸ ~ **des réjouissances** Festprogramm *nt;* ***qc fait partie du*** ~ ***des réjouissances*** etw steht auf dem Programm; **vaste** ~! *hum* du hast dir/Sie haben sich viel vorgenommen!; **qc est au** ~ etw steht auf dem Programm; THEAT etw steht auf dem Spielplan; CINE etw wird gezeigt; ***c'est une visite qui n'était pas au*** ~! das ist ein unvorhergesehener Besuch; **qc est hors** ~ etw steht nicht auf dem Programm; SCOL etw gehört nicht zum Lehrstoff; **tout un** ~ ein weites Feld

programmer <1> [pʀɔgʀame] *vt* **1.** AUDIOV, CINE ■ **qn programme qc** jd nimmt etw ins Programm; THEAT jd setzt etw auf den Spielplan; ■ **[qc est] programmé(e)** [etw steht] auf dem Programm
2. (*établir à l'avance*) ■ **qn programme qc/de faire qc** *journée, réjouissances, soirée, vacances* jd plant etw voraus/plant im Voraus, etw zu tun; ■ **[qc est] programmé(e)** [etw ist] [voraus]geplant; ***qc est programmé(e) à dix heures*** etw ist auf zehn Uhr angesetzt
3. TECH ■ **qn programme qc [sur qc]** *calculatrice* jd programmiert etw [auf etw (*akk*)] [vor]; *machine à laver* jd stellt etw [auf etw (*akk*)] ein; ■ **[qc est] programmé(e)** [etw ist] [vor]programmiert

programmeur, -euse [pʀɔgʀamœʀ, -øz] *m, f* Programmierer(in) *m(f)*

progrès [pʀɔgʀɛ] *m* **1.** (*amélioration*) Fortschritt *m; pl* SCOL Fortschritte *pl*
2. (*progression*) Ausbreitung *f;* [*épidémie, incendie a.*] Umsichgreifen *nt;* [*maladie, sentiment*] Fortschreiten *nt;* MIL [*armée*] Vorrücken *nt*
3. (*évolution*) Fortschritt *m*
▸ **qn fait des** ~ **à l'envers** jd macht Rückschritte *pl;* **il y a du** ~ es geht voran [*o* vorwärts]; **on n'arrête pas le** ~ nobel geht die Welt zugrunde; **qn fait des** ~ **[en qc]** SCOL jd macht Fortschritte *pl* [in etw (*dat*)]; **qn est en** ~ jd macht Fortschritte *pl*

progresser <1> [pʀɔgʀese] *vi* **1.** (*s'améliorer*) ■ **qn/qc progresse** */malade, sciences, technique/* jd/etw macht Fortschritte *pl;* */conditions de vie, culture, humanité/* etw entwickelt sich; */bien-être/* etw steigt, etw nimmt zu; SCOL jd macht Fortschritte
2. (*augmenter*) ■ **qc progresse** */difficultés/* etw nimmt zu; */prix, salaires/* etw steigt
3. (*s'étendre*) ■ **qc progresse** */épidémie, incendie, inondation, maladie/* etw greift um sich, etw breitet sich aus; */idées/* etw verbreitet sich
4. (*avancer*) ■ **qn/qc progresse** */explorateur, sauveteur, véhicule/* jd/etw kommt voran; MIL jd/etw rückt vor

progressif, -ive [pʀɔgʀesif, -iv] *adj amélioration, changement, évolution, transformation* allmählich, progressiv; *développement* schrittweise; *difficulté* zunehmend, ansteigend; *marche* langsam vorankommend; *impôt* Progressiv-; *amnésie, paralysie* fortschreitend

progression [pʀɔgʀesjɔ̃] *f* **1.** (*amélioration*) Fortschreiten *nt*, Fortschritt *m;* [*conditions de vie*] Weiterentwicklung *f;* [*bien-être*] Steigerung *f*
2. (*augmentation*) [*chômage, alcoolisme*] Zunahme *f;* [*prix, salaires*] Ansteigen *nt;* **avec la** ~ ***des difficultés*** bei zunehmenden Schwierigkeiten
3. (*extension, développement*) [*épidémie, incendie, inondation*] Sichausbreiten *nt*, Umsichgreifen *nt;* [*maladie*] Fortschreiten *nt;* [*doctrine, idée, théorie*] Verbreitung *f*
4. (*marche en avant*) [*explorateur, sauveteur, véhicule*] Vorankommen *nt;* MIL Vordringen *nt*
5. MUS *harmonique, mélodique* Sequenz *f*
▸ ~ **arithmétique** arithmetische Reihe; ~ **géométrique** geometrische Reihe

progressiste [pʀɔgʀesist] **I.** *adj* fortschrittlich, progressiv
II. *mf* Progressive(r) *f(m)*, fortschrittlich Denkende(r) *f(m)*, Progressist(in) *m(f) geh*

progressivement [pʀɔgʀesivmɑ̃] *adv* nach und nach; *procéder* schrittweise

progressivité [pʀɔgʀesivite] *f* [*changement, évolution, transformation*] langsames Fortschreiten; FIN Progression *f;* **la** ~ ***de l'impôt*** die [Steuer]progression

prohibé, e [pʀɔibe] *adj* [gesetzlich] verboten, untersagt; ***temps*** ~ Schonzeit *f;* ***degré*** ~ eheausschließender Verwandtschaftsgrad

prohiber <1> [pʀɔibe] *vt* ■ **qn/qc prohibe qc** jd/etw verbietet [*o* untersagt] etw [gesetzlich]

prohibitif, -ive [pʀɔibitif, -iv] *adj* **1.** *droit, tarif, prix* Prohibitiv-; ***tarif douanier*** ~ Schutzzoll *m*, Prohibitivzoll *m spec*
2. JUR *régime, système* Prohibitiv-; ***loi*** ~***ive*** Verbot *nt*

prohibition [pʀɔibisjɔ̃] *f* [*chasse, pêche*] Verbot *nt;* [*denrées*] Einfuhrverbot; ~ ***du port d'armes*** Verbot Waffen zu tragen; ■ **la** ~ HIST die Prohibition

proie [pʀwa] *f* **1.** (*opp: prédateur*) Beute *f*
2. (*victime*) Opfer *nt;* ***qn est une*** ~ ***facile pour qn*** jd ist eine leichte Beute für jdn
▸ **qc est la** ~ **des flammes** etw fällt den Flammen zum Opfer, etw wird ein Raub der Flammen; **qn lâche [*o* laisse] la** ~ **pour l'ombre** *prov* jd jagt Schimären nach anstatt zuzugreifen; **qn/qc est la** ~ **de qn/qc** jd/etw fällt jdm/einer S. zum Opfer; **de** ~ *animal, oiseau* Raub-; *insecte* Fleisch fressend; **[qn est] en** ~ **à qc** *au désespoir, à la douleur, maladie* [jd ist] einer S. (*dat*) ausgeliefert [*o* preisgegeben]; *au doute, aux remords* [jd wird] von etw gequält

projecteur [pʀɔʒɛktœʀ] *m* [*cinéma, diapositives*] Projektor *m*, Vorführgerät *nt;* [*bateau, monument, prison, stade*] Scheinwerfer *m*
▸ **qn/qc braque les** ~**s sur qn/qc** jd richtet die Scheinwerfer auf jdn/etw, jd/etw stellt jdn/etw in den Mittelpunkt; ***les*** ~***s sont braqués sur qn/qc*** jd/etw steht im Rampenlicht

projectile [pʀɔʒɛktil] *m* Wurfgeschoss *nt;* MIL Geschoss *nt*

projection [pʀɔʒɛksjɔ̃] *f* **1.** CINE, OPT Projektion *f;* [*diapositives, film*] Vorführung *f*
2. (*reflet*) Abbild *nt*

3. (*lancement*) [*lave, liquide, vapeur*] Ausstoß *m;* [*pierres*] Wurf *m*
4. GEOL: **~*s volcaniques*** Auswürflinge *pl*
5. MATH Projektion *f,* Abbildung *f*
6. GEOG Projektion *f*
7. PSYCH Projektion *f,* Übertragung *f*

projectionniste [pʀɔʒɛksjɔnist] *mf* Filmvorführer(in) *m(f)*

projet [pʀɔʒɛ] *m* 1. (*intention*) Plan *m;* ■ **~ de** *de mariage, travail, vacances, d'avenir* -pläne *pl; de film* -projekt *nt;* **~ *d'investissement*** Investitionsvorhaben *nt;* ***chef de*** **~** Projektleiter(in) *m(f)*
2. (*ébauche*) Entwurf *m;* ■ **~ de** *d'accord, de contrat, roman* -entwurf
3. (*esquisse*) [*construction, machine, maison, ville*] Plan *m,* Entwurf *m*
▸ **~ de loi** Gesetzesentwurf *m;* **qn a des ~s sur qn** jd hat mit jdm etwas vor; **qn fait** [*o* **forme**] **des ~s** jd schmiedet Pläne; **en ~** geplant

projeter <3> [pʀɔʒ(ə)te] I. *vt* 1. (*envisager*) ■ **qn projette qc/de faire qc** jd plant etw/plant etw zu tun
2. (*lancer*) ■ **qn/qc projette qn/qc** jd/etw schleudert jdn/etw weg; *fumée* jd/etw stößt etw aus; *liquide* jd/etw verspritzt etw; *étincelles* etw sprüht etw; ■ **qn/qc projette qn/qc quelque part** jd/etw schleudert jdn/etw irgendwohin; *fumée* jd/etw bläst etw irgendwohin; *liquide* jd/etw spritzt etw irgendwohin; *étincelles* etw sprüht etw irgendwohin
3. CINE, OPT ■ **qn/qc projette qc** *diapo, film* jd führt etw vor, jd zeigt etw; *ombre* jd/etw wirft etw; ***qc projette une lueur/un reflet*** etw leuchtet/reflektiert; ■ **qn/qc projette qc sur qc** *image, diapo, film* jd/etw projiziert etw auf etw (*akk*); *ombre, reflet* jd/etw wirft etw auf etw (*akk*); */personne/ lueur* jd richtet etw auf etw (*akk*)
4. GEOG ■ **qn projette qc sur qc** jd projiziert etw auf etw (*akk*); MATH *a.* jd bildet etw auf etw (*dat*) ab
5. PSYCH ■ **qn projette qc** [**sur qn**] jd zeigt etw; *sentiments a.* jd äußert etw, jd projiziert [*o* überträgt] etw auf jdn/etw
6. (*pousser violemment*) ■ **qn/qc projette qn/qc quelque part** jd/etw stößt jdn/etw irgendwohin
II. *vpr* 1. (*se refléter*) ■ **qc se projette quelque part** */ombre, silhouette/* etw zeichnet sich irgendwo ab
2. PSYCH ■ **qn se projette sur qn** jd projiziert sich in jdn hinein

projeteur, -euse [pʀɔʒ(ə)tœʀ, -øz] I. *m, f* (*concepteur*) Planer(in) *m(f),* Projektant(in) *m(f) spec*
II. *app:* ***dessinateur~*** Zeichner(in) *m(f)*

prolapsus [pʀolapsys] *m* MED Vorfall *m,* Prolaps[us *m*] *m spec*

prolétaire [pʀɔletɛʀ] I. *adj classe, milieu* proletarisch; *manières* proletenhaft
II. *mf* Proletarier(in) *m(f);* HIST *a.* Angehörige(r) *f(m)* des Proletariats

prolétariat [pʀɔletaʀja] *m* Proletariat *nt*

prolétarien, ne [pʀɔletaʀjɛ̃, jɛn] *adj* proletarisch

prolétarisation [pʀɔletaʀizasjɔ̃] *f* Proletarisierung *f*

prolétariser <1> [pʀɔletaʀize] I. *vt* ■ **qc prolétarise qn** jd wird durch etw proletarisiert
II. *vpr* ■ **qn se prolétarise** jd wird proletarisiert

prolifération [pʀɔlifeʀasjɔ̃] *f* [*animaux*] starke Vermehrung; [*doctrines, théories*] Ausbreitung *f;* [*plantes*] Wuchern *nt; microbienne* Vermehrung *f; unicellulaire, pathologique* Wucherung *f,* Proliferation *f spec*

proliférer <5> [pʀɔlifeʀe] *vi* (*se reproduire à l'excès*) ■ **des personnes/animaux prolifèrent** Menschen/Tiere vermehren sich stark; ■ **des choses prolifèrent** Dinge nehmen überhand; */doctrines, sectes, théories/* Dinge breiten sich aus [*o* greifen um sich]; BIO, MED Dinge wuchern

prolifique [pʀɔlifik] *adj animal, famille* fruchtbar; *artiste, écrivain* produktiv; ***le lapin est un animal ~*** Hasen vermehren sich stark

prolixe [pʀɔliks] *adj* weitschweifig

prolixité [pʀɔliksite] *f soutenu* Weitschweifigkeit *f*

prolo [pʀolo] *abr de* **prolétaire** I. *adj péj fam* (*du peuple*) proletarisch; (*sans manières*) proletenhaft; ***il/elle fait*** **~** er/sie ist ein(e) Prolet(in)
II. *mf péj fam* (*personne du peuple*) Prolet(in) *m(f)*

prologue [pʀɔlɔg] *m* 1. LITTER [*roman*] Vorwort *nt;* MUS, THEAT Vorspiel *nt,* Prolog *m*
2. (*introduction*) Vorrede *f;* ■ **~ à qc** *à un événement, une manifestation* Auftakt *m* zu etw

prolongateur [pʀɔlɔ̃gatœʀ] *m* ELEC Verlängerungskabel *nt,* Verlängerungsschnur *f*

prolongation [pʀɔlɔ̃gasjɔ̃] *f* 1. (*allongement*) [*congé, délai, trêve*] Verlängerung *f;* **~ *du délai de paiement*** Zahlungsaufschub *m*
2. SPORT Verlängerung *f*
▸ **qn joue les ~s** SPORT jd spielt in der Verlängerung; *hum* jd findet kein Ende

prolongé, e [pʀɔlɔ̃ʒe] *adj* 1. (*de longue durée*) *arrêt, séjour* verlängert; *cri, rire* lang anhaltend; *débat, exposition au soleil* ausgedehnt; *effort* anhaltend, länger [andauernd]
2. (*de longueur accrue*) verlängert; ***elle habite rue de la Paix ~e*** sie wohnt in der Verlängerung der rue de la Paix

prolongement [pʀɔlɔ̃ʒmɑ̃] *m* 1. (*continuation*) Verlängerung *f;* [*route a.*] Weiterführung *f*
2. (*appendice*) Fortsatz *m,* Verlängerung *f*
3. *gén pl* (*suites*) [*affaire, décision, événement*] Auswirkungen *pl,* Folgen *pl;* ***l'affaire aura des ~s*** die Affäre hat ein Nachspiel
▸ **dans le ~ de qc** im Anschluss an etw (*akk*); ***qc se trouve dans le ~ d'une rue*** etw schließt sich an eine Straße an

prolonger <2 a> [pʀɔlɔ̃ʒe] I. *vt* 1. (*faire durer davantage*) ■ **qn/qc prolonge qc** jd/etw verlängert etw; MUS *note* jd hält etw aus
2. (*rendre plus long*) ■ **qn/qc prolonge qc** *bâtiment* jd/etw verlängert etw; *rue a.* jd/etw führt etw weiter
II. *vpr* 1. (*durer*) ■ **qc se prolonge** */effet, trêve/* etw dauert an; */séance, vie a./* etw geht weiter; */séjour/* etw verlängert sich; */débat, maladie/* etw zieht sich hin [*o* in die Länge]
2. (*s'étendre en longueur*) ■ **qc se prolonge** */rue/* etw setzt sich fort

promenade [pʀɔm(ə)nad] *f* 1. (*petite excursion*) (*à pied*) Spaziergang *m;* ■ **~** [**à/en qc**] *à vélo, en voiture* Spazierfahrt *f* [mit etw]; **~ *en bateau*** Bootsfahrt *f;* **~ *à cheval*** Ausritt *m*
2. (*lieu où l'on se promène*) (*en ville*) Promenade *f;* (*à la campagne*) Spazierweg *m*
▸ **~ de santé** Sonntagsspaziergang *m,* Kleinigkeit *f;* **en ~**: ***qn va en*** **~** jd macht einen Spaziergang, jd geht spazieren; **qn fait une ~/fait faire une ~ à qn** jd macht einen Spaziergang/führt jdn spazieren

promener <4> [pʀɔm(ə)ne] I. *vt* 1. (*accompagner*) ■ **qn promène qn/un animal** [**quelque part**] jd führt jdn/ein Tier [irgendwo] spazieren, jd geht mit jdm/einem Tier [irgendwo] spazieren; ■ **qn promène qc** [**quelque part**] *hum* jd führt etw [irgendwo] spazieren
2. (*laisser errer*) ■ **qn promène qc quelque part** *doigts* jd lässt etw über etw (*akk*) gleiten; *regards* jd lässt etw über etw (*akk*) schweifen
▸ **ça me/le/la/… promènera** *fam* da komme ich/kommt er/sie/… ein bisschen raus *fam*
II. *vpr* 1. (*faire une promenade*) ■ **qn/un animal se promène** [*o* **va se ~**] [**quelque part**] (*à pied*) jd geht [irgendwo] spazieren/ein Tier läuft [irgendwo] herum; ■ **qn se promène à/en qc** *à vélo, en voiture* jd fährt mit etw spazieren; ***qn se promène à cheval*** jd reitet aus; ***qn se promène en bateau*** jd macht eine Bootsfahrt
2. (*aller çà et là*) ■ **qc se promène quelque part** *hum* etw fährt irgendwo herum *fam;* */doigts/* etw gleitet über etw (*akk*); */imagination, pensées, regards/* etw schweift irgendwohin; */rivière/* etw schlängelt sich irgendwo

promeneur, -euse [pʀɔm(ə)nœʀ, -øz] *m, f* Spaziergänger(in) *m(f)*

promenoir [pʀɔm(ə)nwaʀ] *m* Wandelgang *m*

promesse [pʀɔmɛs] *f* 1. (*engagement*) Versprechen *nt,* Versprechung *f*
2. REL ■ **la P~** die Verheißung
3. *littér* (*espérance*) ■ **la ~ de qc** die Aussicht auf etw (*akk*), die Verheißung einer S. (*gen*)
▸ **~ en l'air** [*o* **de Gascon**] [*o* **d'ivrogne**] leere Versprechungen *pl;* **plein(e) de ~s** *personne* viel versprechend; *sourire, regard* verheißungsvoll; **qn fait des ~s/de grandes ~s** jd macht Versprechungen/großartige Versprechungen; **qn tient sa ~** jd hält sein Versprechen
◆ **promesse d'achat/de vente** COM Kaufs-/Verkaufsvorvertrag *m;* **promesse d'action** COM Aktienbezugsschein *m;* **promesse de mariage** Heiratsversprechen *nt*

prométhium [pʀɔmetjɔm] *m* CHIM Promethium *nt*

prometteur, -euse [pʀɔmɛtœʀ, -øz] *adj acteur, débuts, politicien* viel versprechend; *signes, sourire* verheißungsvoll

promettre <*irr*> [pʀɔmɛtʀ] I. *vt* 1. (*s'engager à faire*) ■ **qn promet qc** [**à qn**] jd verspricht [jdm] etw; *visite a.* jd sagt jdm etw zu; *aide a.* jd sichert jdm etw zu; ■ **qn promet** [**à qn**] **de faire qc/que** + *indic* jd verspricht jdm, etw zu tun/dass; ***qn promet le secret à qn*** jd verspricht jdm, das Geheimnis zu wahren [*o* nichts zu verraten]
2. (*prédire*) ■ **qn/qc promet qc** [**à qn**] jd/etw prophezeit [jdm] etw, jd kündigt [jdm] etw an; */personne, météo/* jd/etw sagt [jdm] etw voraus [*o* vorher]
3. (*assurer*) ■ **qn promet** [**à qn**] **qc/que** + *indic* jd versichert [*o* verspricht] [jdm] etw/, dass; ***ça je te le promets!*** [also] das schwöre ich dir!
4. (*laisser espérer*) ■ **qc promet qc** etw verspricht etw; ■ **qn/qc promet d'être qc** jd/etw verspricht, etw zu werden
▸ **qc ne promet rien de bon** etw verspricht [*o* verheißt] nichts Gutes; **[c'est] promis juré** *fam* [das ist] hoch und heilig versprochen; **[il ne] faut pas lui en ~** *fam* jd begnügt sich nicht mit Versprechungen
II. *vi* 1. (*faire une promesse*) ■ **qn promet** jd gibt sein Versprechen *nt*
2. (*être prometteur*) ■ **qn/qc promet** jd/etw gibt zu Hoffnungen Anlass
▸ **ça/il/elle promet!** *hum* das/er/sie fängt ja gut an!, das sind ja schöne Aussichten!, das kann ja heiter werden!
III. *vpr* 1. (*prendre la résolution de*) ■ **qn se promet de faire qc** jd nimmt sich (*dat*) fest vor, etw zu tun
2. (*attendre*) ■ **qn se promet qc** *de la distraction, des ennuis* jd kann mit etw rechnen; ■ **qn se promet qc de qc** *du plaisir* jd verspricht sich (*dat*) etw von etw

promis, e [pʀɔmi, iz] I. *adj* (*destiné*) ■ [**qn est**] **~ à qn/qc/à faire qc** [jd ist] für jdn/etw bestimmt [*o* zu etw berufen]/dazu bestimmt [*o* berufen], etw zu tun
II. *m, f vieux* (*fiancé(e)*) Verlobte(r) *f(m)*

promiscuité [pʀɔmiskɥite] *f* Zusammengepferchtsein *nt* (*de* in + *dat*); [*métro*] [hautnahe] Tuchfühlung (*de* in + *dat*)

promo [pʀomo] *f fam abr de* **promotion** *Jahrgang einer Hochschule*

promontoire [pʀɔmɔ̃twaʀ] *m* Felsvorsprung *m*

promoteur, -trice [pʀɔmɔtœʀ, -tʀis] *m, f* 1. (*initiateur*) Initiator(in) *m(f);* [*changement, mouvement a.*] Anreger(in) *m(f);* [*réforme a., loi*] geistiger Urheber/geistige Urheberin; [*complot*] Anstifter(in) *m(f)*
2. CONSTR Baufirma *f*
3. *m* CHIM Aktivator *m*
▸ **~ immobilier** Baufirma *f*

promotion [pʀɔmosjɔ̃] *f* 1. ADMIN (*avancement*) Beförderung *f;* ■ **~ à qc** *à une dignité* Ernennung *f* zu etw; *à un poste a.* Beförderung *f* zu etw
2. MIL *militärischer Jahrgang;* SCOL *Jahrgang einer Hochschule*
3. COM (*diffusion*) [*produit, ventes*] Absatzförderung *f;* (*produit en réclame*) Sonderangebot *nt*
4. (*soutien*) ■ **~ de qc** *d'une idéologie, conviction* Förderung *f* [*o* Unterstützung *f*] einer S. (*gen*)
▸ **~ immobilière** Baugeschäft *nt;* **~ sociale** sozialer Aufstieg; **en ~** im Sonderangebot

promotionnel, le [pʀɔmosjɔnɛl] *adj* 1. (*en promotion*) *article, produit*

im Sonderangebot; *vente* Sonder-
2. (*pour préparer la promotion*) *matériel* Werbe-; *argument* verkaufsfördernd
promouvoir <*irr*> [pʀɔmuvwaʀ] *vt* **1.** (*élever en grade*) ■ **qn promeut qn [à] qc** jd befördert [*o* ernennt] jdn zu etw
2. (*soutenir*) ■ **qn promeut qc** *politique, recherche* jd fördert [*o* unterstützt] etw
3. COM ■ **qn promeut qc** *article, marchandise, produit* jd wirbt für etw
prompt, e [pʀɔ̃(pt), pʀɔ̃(p)t] *adj* **1.** *antéposé* (*rapide*) *rétablissement* rasch; *décision a.* schnell, prompt; *changement, départ a.* plötzlich; *postposé geste* schnell, flink; *conclusion* voreilig; ***je n'ai pas été suffisamment ~*** ich war nicht schnell genug
2. *soutenu* (*vif*) *personne* flink, behände; *esprit* beweglich; *répartie* schlagfertig; ***sa réaction fut ~e*** die Reaktion ließ nicht auf sich warten; ***il avait l'esprit ~*** er war schnell von Begriff; ***l'esprit est ~, mais la chair est faible*** der Geist ist willig, aber das Fleisch ist schwach; ■ **~ à qc/faire qc** [schnell] bereit zu etw/etw zu tun; ***qn est ~ à l'injure*** jd wird schnell ausfallend
promptement [pʀɔ̃ptəmɑ̃] *adv soutenu* schleunigst, auf schnellstem [*o* dem schnellsten] Wege
prompteur [pʀɔ̃ptœʀ] *m* Teleprompter *m*
promptitude [pʀɔ̃(p)tityd] *f* **1.** (*rapidité*) Schnelligkeit *f;* [*rétablissement a.*] Raschheit *f;* [*geste a.*] Flinkheit *f;* [*changement, départ*] Plötzlichkeit *f;* ***la ~ des secours*** der prompte Einsatz der Rettungsmannschaft
2. *soutenu* (*vivacité*) [*réaction*] Schnelligkeit *f;* [*personne a.*] Behändigkeit *f,* Flinkheit *f;* [*esprit*] Beweglichkeit *f;* ***la ~ de ses réparties*** seine/ihre Schlagfertigkeit; ■ **~ à faire qc** schnelle Bereitschaft etw zu tun
promulgation [pʀɔmylgasjɔ̃] *f* Verkündung *f,* öffentliche Bekanntmachung
promulguer <1> [pʀɔmylge] *vt* **1.** POL ■ **qn promulgue qc** *décret, édit, loi* jd verkündet etw, jd macht etw öffentlich bekannt
2. *littér* (*publier*) ■ **qn promulgue qc** *doctrine* jd verbreitet etw
prôner <1> [pʀone] *vt* ■ **qn prône qc** *idée, méthode* jd preist etw an; *produit, remède* jd empfiehlt etw
pronom [pʀɔnɔ̃] *m* Pronomen *nt,* Fürwort *nt*
pronominal, e <-aux> [pʀɔnɔminal, o] **I.** *adj* pronominal; *verbe* reflexiv
II. *m* reflexives Verb
pronominalement [pʀɔnɔminalmɑ̃] *adv* pronominal
prononçable [pʀɔnɔ̃sabl] *adj* aussprechbar, auszusprechen
prononcé, e [pʀɔnɔ̃se] **I.** *adj goût pour qc* ausgesprochen, entschieden; *accent* stark [ausgeprägt]; *trait* stark ausgeprägt; *parfum* stark, aufdringlich *pej*
II. *m* JUR [*arrêt, sentence*] Verkündung *f*
prononcer <2> [pʀɔnɔ̃se] **I.** *vt* **1.** (*articuler*) ■ **qn prononce qc** jd spricht etw aus; ***elle ne pouvait ~ un mot*** sie konnte kein Wort hervorbringen
2. (*dire, exprimer*) ■ **qn prononce qc** *parole* jd äußert etw; *souhait a.* jd spricht etw aus; *discours, plaidoyer* jd hält etw
3. JUR, POL ■ **qn prononce qc** *sentence* jd fällt etw; *dissolution* jd verkündet etw; *huis clos, clôture* jd verfügt etw; REL *excommunication* jd verhängt etw; *vœux* jd legt etw ab
II. *vi* JUR ■ **qn prononce [en faveur de/contre qn]** / *cour, tribunal/* jd entscheidet [zu jds Gunsten/gegen jdn]
III. *vpr* **1.** (*être articulé*) ■ **qc se prononce d'une certaine manière** / *lettre, mot, nom/* etw wird irgendwie ausgesprochen
2. (*choisir*) ■ **qn se prononce pour** [*o* **en faveur de**]**/contre qn/qc** jd spricht sich für/gegen jdn/etw aus, jd äußert sich für/gegen jdn/etw
3. (*formuler son point de vue/diagnostic*) ■ **qn se prononce [sur qc]** jd äußert sich [über etw (*akk*)] [*o* zu etw], jd nimmt [zu etw] Stellung
▸ **comme ça se prononce** wie man es spricht
prononciation [pʀɔnɔ̃sjasjɔ̃] *f* **1.** LING Aussprache *f;* ***défaut de ~*** Sprachfehler *m*
2. JUR Verkündung *f*
pronostic [pʀɔnɔstik] *m* Prognose *f;* SPORT *a.* Voraussage *f,* Vorhersage *f*
pronostiquer <1> [pʀɔnɔstike] *vt* ■ **qn pronostique qc** jd sagt etw voraus [*o* vorher], jd prognostiziert etw *geh*
pronostiqueur, -euse [pʀɔnɔstikœʀ, -øz] *m, f* Prognostiker(in) *m(f);* SPORT jd, der Wettipps verkauft; ***qn est un bon ~*** jd stellt treffende Prognosen
propagande [pʀɔpagɑ̃d] *f* Propaganda *f;* ***~ électorale*** Wahlpropaganda
▸ **c'est de la ~!** *péj* das ist doch reine Propaganda!; **qn/qc fait de la ~ à/pour qn/qc** jd/etw macht für jdn/etw Reklame [*o* Werbung]; POL jd/etw macht für jdn/etw Propaganda, jd wirbt für jdn/etw; **de ~** *discours, journal, moyen* Propaganda-
propagandiste [pʀɔpagɑ̃dist] **I.** *adj* propagandistisch
II. *mf* Propagandist(in) *m(f)*
propagateur, -trice [pʀɔpagatœʀ, -tʀis] **I.** *adj* ■ **~ de qc** etw verbreitend; ■ **qn/un animal/qc est ~ de qc** jd/ein Tier/etw verbreitet etw; ***agent ~ de la maladie*** Träger(in) *m(f)* des Krankheitserregers
II. *m, f* ■ **~(-trice) de qc** Verbreiter(in) *m(f)* einer S. (*gen*)
propagation [pʀɔpagasjɔ̃] *f* **1.** (*extension*) Ausbreitung *f;* [*épidémie a.*] Verbreitung *f;* [*incendie a.*] Ausdehnung *f;* PHYS [*lumière, onde, son*] Fortpflanzung *f;* [*chaleur*] Ausdehnung *f*
2. (*diffusion*) [*idée, méthode, nouvelle, théorie, foi*] Verbreitung *f*
3. (*reproduction*) [*espèce*] Vermehrung *f*
propager <2 a> [pʀɔpaʒe] **I.** *vt* **1.** (*étendre*) ■ **qn/qc propage qc** *épidémie, incendie* jd/etw verbreitet etw
2. (*diffuser*) ■ **qn/qc propage qc** *idée, méthode, nouvelle, théorie* jd/etw verbreitet etw, jd/etw propagiert etw *geh*
3. (*reproduire*) ■ **qn propage qc** *espèce* jd vermehrt etw
II. *vpr* **1.** (*s'étendre*) ■ **qc se propage [quelque part]** / *épidémie, guerre, incendie/* etw breitet sich [irgendwo] aus; PHYS / *lumière, ondes, son/* etw pflanzt sich fort; / *chaleur/* etw dehnt sich aus
2. (*se répandre*) ■ **qc se propage [quelque part]** / *idée, méthode, nouvelle, théorie/* etw verbreitet sich [irgendwo]
3. (*se multiplier*) ■ **qc se propage** / *espèce/* etw vermehrt sich
propane [pʀɔpan] *m* Propan[gas *nt*] *nt*
propédeutique [pʀɔpedøtik] *f von 1948 bis 1966 Bezeichnung für das erste Studienjahr an der Universität*
propène [pʀɔpɛn] *m* Propen *nt,* Propylen *nt*
propension [pʀɔpɑ̃sjɔ̃] *f* ■ **~ à** [*o* **pour**] **qc/à faire qc** Hang *m* [*o* Neigung *f*] zu etw/etw zu tun; ***qn a une ~ à qc/à faire qc*** jd hat einen Hang zu etw/den Hang, etw zu tun; jd neigt zu etw/dazu, etw zu tun; ***qn a une ~ au doute/mensonge*** jd neigt zum Zweifeln/Lügen; ***qn a une ~ à la bienveillance*** jd ist ein eher wohlwollender Mensch
prophète [pʀɔfɛt] *m* Prophet *m*
▸ **nul n'est ~ en son pays** *prov* der Prophet gilt nichts in seinem [Vater]land; **faux ~** falscher Prophet; **le P~** der Prophet (*Mohammed*)
◆ **prophète de malheur** Schwarzseher(in) *m(f),* Unke *f fam*
prophétesse [pʀɔfetɛs] *f* Prophetin *f*
prophétie [pʀɔfesi] *f* Prophezeiung *f,* Weissagung *f,* Prophetie *f geh;* REL Prophezeiung
prophétique [pʀɔfetik] *adj* prophetisch
prophétiquement [pʀɔfetikmɑ̃] *adv* prophetisch
prophétiser <1> [pʀɔfetize] **I.** *vt* ■ **qn prophétise qc** jd prophezeit etw; *avenir, événement, pluie a.* jd sagt etw voraus
II. *vi* ■ **qn prophétise** jd macht Prophezeiungen *pl*
prophylactique [pʀɔfilaktik] *adj* vorbeugend, prophylaktisch
prophylaxie [pʀɔfilaksi] *f* Vorbeugung *f,* Prophylaxe *f spec*
propice [pʀɔpis] *adj* günstig; ***si les dieux nous sont ~s*** so die Götter wollen; ***terrain ~*** günstiger [*o* guter] Nährboden; ■ **~ à qn/qc** günstig für jdn/etw; ***un milieu ~ à la violence/drogue/à l'alcool*** ein Milieu, das Gewalt/Drogen-/Alkoholkonsum begünstigt
proportion [pʀɔpɔʀsjɔ̃] *f* **1.** (*rapport quantitatif/qualitatif*) Proportion *f,* [Größen]verhältnis *nt;* ***la ~ de décès*** der Prozentsatz an Sterbefällen; ■ **~ entre qc et qc** Proportion [*o* Verhältnis] zwischen etw und etw (*dat*); ***il n'y a aucune ~ entre la faute et la peine*** die Strafe steht in keinem Verhältnis zu dem Vergehen
2. *pl* (*taille, volume*) [*texte, édifice*] Proportionen *pl;* [*personne a.*] Maße *pl;* [*recette*] Mengenangaben *pl;* (*importance*) Ausmaße *pl;* ***aux ~s monumentales*** mit ungeheuren Ausmaßen
3. MATH (*relation*) Verhältnisgleichung *f,* Proportion[sgleichung *f*] *f*
▸ **toutes ~s gardées** relativ [*o* im Verhältnis] gesehen; **qc prend des ~s ...** etw nimmt ... Ausmaße an; **à ~ de qc** im Verhältnis von etw; **dans des ~s ...** in ... Ausmaßen; **de ~s ...** mit ... Ausmaßen; **en ~** entsprechend; ***il était fabuleusement grand, et gros en ~*** er war riesig groß und entsprechend dick; **en ~ de qc** einer S. (*dat*) entsprechend, im Verhältnis zu etw; **hors de ~ [avec qc]** unverhältnismäßig lang/groß/schwer/... [im Vergleich zu etw]; ***qc est hors de ~ avec qc*** etw steht in keinem Verhältnis zu etw
proportionnalité [pʀɔpɔʀsjɔnalite] *f* Verhältnismäßigkeit *f;* [*impôt*] Proportionalität *f*
proportionné, e [pʀɔpɔʀsjɔne] *adj* proportioniert; ■ **~ à qc** im Verhältnis zu etw
proportionnel, le [pʀɔpɔʀsjɔnɛl] **I.** *adj* **1.** proportional; *impôt, retraite* Proportional-; ***moyenne ~le*** mittlere Proportionale, geometrisches Mittel
2. ■ **[qc est] ~ à qc** [etw ist] proportional zu etw, [etw steht] im Verhältnis zu etw
▸ **directement/inversement ~** MATH direkt/umgekehrt proportional
II. *f* POL ■ **la proportionnelle** das Verhältniswahlrecht
proportionnellement [pʀɔpɔʀsjɔnɛlmɑ̃] *adv* verhältnismäßig; ■ **~ à qc** im Verhältnis zu etw, einer S. (*dat*) entsprechend
proportionner <1> [pʀɔpɔʀsjɔne] *vt* ■ **qn proportionne qc à qc/des choses** jd passt etw einer S. (*dat*)/Dingen an
propos [pʀɔpo] *m* **1.** *gén pl* (*paroles*) Worte *pl,* Äußerungen *pl*
2. (*intention*) Absicht *f*
▸ **~ en l'air** leeres Gerede; ***c'étaient des ~ en l'air*** das war nur so dahingeredet; **~ de table** Tischgespräche *pl;* **bien/mal à ~** passend/unpassend, gelegen/ungelegen, zur rechten Zeit/zur Unzeit; **de ~ délibéré** absichtlich; **à tout ~** bei jeder Gelegenheit; **qn a le ferme ~ de faire qc** jd hat die feste Absicht, etw zu tun; **c'est à ~ de faire qc** es ist angebracht, etw zu tun; **qn juge** [*o* **trouve**] **à ~ de faire qc** jd hält es für angezeigt [*o* ratsam], etw zu tun; **qn tient des ~ ...** jd führt ... Reden, jd gibt ... Äußerungen von sich; **qn trouve qc à ~** jd hält etw für angebracht; **à ~** übrigens; **à ~ de ...** apropos ..., wo wir gerade von ... reden, da fällt mir ein; **qn fait qc à ~** jd tut etw im passenden Moment; **qn fait qc à ~ de tout et de rien** jd tut etw beim geringsten Anlass [*o* wegen allem und jedem]; **à ce ~** dazu, zu diesem Thema; **à ~ de qc** etw betreffend, bezüglich einer S. (*gen*), in Bezug auf etw (*akk*); **à quel ~?** weswegen?; ***c'est à quel ~?*** worum geht es?; **de ~** angebracht; **hors de ~** [völlig] unangebracht; ***à tout ~ et hors de ~*** bei jeder passenden und unpassenden Gelegenheit
proposer <1> [pʀɔpoze] **I.** *vt* **1.** (*soumettre*) ■ **qn propose qc [à qn]** jd schlägt [jdm] etw vor; *plan, projet a.* jd unterbreitet jdm etw; POL *décret, loi* jd beantragt etw; SCOL *devoir, question, sujet* jd stellt [jdm] etw; ***le gouvernement vient de ~ une nouvelle loi*** die Regierung hat eine Gesetzesvorlage eingebracht; ■ **qn propose [à qn] de faire qc/que qn/qc fasse qc** jd schlägt [jdm] vor, etw zu tun/dass jd/etw etw tut
2. (*offrir*) ■ **qn propose qc [à qn] [pour** [*o* **de**] **qc]** *marchandise, paix, ré-*

compense, activité jd bietet [jdm] etw [für etw] an; *prix, spectacle* jd bietet [jdm] etw [für etw]; ■ **qn propose à qn de faire qc** jd schlägt jdm vor, etw zu tun; jd bietet jdm an, etw zu tun
3. (*présenter*) ■ **qn propose qn [pour qc]** jd schlägt jdn [für etw] vor; ■ **qn propose qn [comme qn]** jd schlägt jdn [als jdn] vor
II. *vpr* **1.** (*avoir pour objectif*) ■ **qn se propose qc** *but* jd nimmt sich (*dat*) etw vor; ■ **qn se propose de faire qc** (*avoir l'intention de*) jd hat die Absicht, etw zu tun
2. (*offrir ses services*) ■ **qn se propose [à qn] comme qn/pour qc/pour faire qc** jd bietet sich [jdm] als jd an/für etw an; jd bietet sich [jdm] an, [um] etw zu tun
proposition [pʀɔpozisjɔ̃] *f* **1.** (*offre*) Vorschlag *m*, Angebot *nt*; ■ ~ **de** *d'emploi, de paix* -angebot; *de mariage* -antrag *m*; *de loi a.* -vorlage *f*; ~ ***de règlement*** Lösungsvorschlag
2. *pl* (*avances*) Annäherungsversuche *pl*
3. (*présentation*) ■ ~ **de qn à qc**: ***la ~ de Monsieur X à un poste important n'est pas un hasard*** die Tatsache, dass Herr X für einen wichtigen Posten vorgeschlagen wird, ist kein Zufall
4. MATH Lehrsatz *m*
5. GRAM Satz *m*
▶ **qn fait des ~s à qn** jd macht [bei jdm] Annäherungsversuche *pl*; **sur [la] ~ de qn** auf jds Vorschlag *m* [*o* Antrag *m*] (*akk*) hin
propre¹ [pʀɔpʀ] **I.** *adj* **1.** (*opp: sale*) sauber
2. (*soigné*) *exécution, travail* sauber; *intérieur, personne, tenue a.* reinlich
3. (*opp: incontinent*) ■ **[qn/un animal est] ~** /*enfant*/ [jd/ein Tier ist] sauber; /*animal a.*/ [ein Tier ist] stubenrein
4. (*honnête*) *affaire, argent* sauber; *passé a.* untadelig; *mœurs, personne* anständig, einwandfrei; *conscience* rein; ***cette affaire ne me paraît pas très ~*** diese Geschichte kommt mir nicht ganz hasenrein vor *fam*; ***il a les mains ~s*** er hat eine reine Weste
5. (*non polluant*) sauber, umweltfreundlich
▶ **qn tient qn/qc ~** jd hält jdn/etw sauber; **me/le/... voilà ~!** *fam* jetzt sitze ich/sitzt er/... im Schlamassel! *fam*
II. *m* ▶ **c'est du ~!** *fam* das ist ja eine schöne Bescherung! *fam*; **en voilà du ~!** *fam* da haben wir die Bescherung! *fam*; **qn met [o recopie] qc au ~** jd schreibt etw ins Reine; **qn/qc sent le ~** jd/etw riecht frisch [*o* sauber]
propre² [pʀɔpʀ] **I.** *adj* **1.** *antéposé* (*à soi*) eigen; ***par mes/tes/ses ~s moyens*** aus eigener Kraft
2. *postposé* (*exact*) *mot, terme* passend, treffend; *sens* eigentlich; ***le sens ~ d'un mot s'oppose au sens figuré*** der wörtliche Sinn eines Wortes steht im Gegensatz zum übertragenen Sinn
3. (*particulier*) *biens, capitaux* eigen; ■ **[qc est] ~ à qn/qc** *coutumes, habitudes, traits* [etw ist] jdm/einer S. eigen
4. (*propice*) ■ **[qc est] ~ à qc** *à un travail, usage* [etw ist] für etw geeignet; ■ **[qc est] ~ à faire qc** [etw ist] dazu geeignet, etw zu tun; ■ **[qn est] ~ à faire qc** [jd ist] dazu geeignet, etw zu tun
II. *m* ■ **le ~ d'une personne/chose** das spezifische Merkmal [*o* charakteristische Kennzeichen] eines Menschen/einer S.; ***le ~ de l'homme*** das Wesensmerkmal des Menschen
▶ **au ~ [et au figuré]** GRAM wörtlich, im wörtlichen [und übertragenen] Sinne; **en ~** als Eigentum
propre-à-rien <~s-~-~> [pʀɔpʀaʀjɛ̃] *mf* Nichtsnutz *m*
proprement [pʀɔpʀəmɑ̃] *adv* **1.** (*avec soin*) sauber, ordentlich; ***qn ne mange pas ~*** jd isst nicht anständig
2. (*avec honnêteté*) anständig
3. (*spécifiquement*) typisch, unverkennbar; (*au sens propre*) im eigentlichen Sinn; ***le problème est ~ français*** das Problem ist typisch französisch
4. (*précisément*) eigentlich, genauer gesagt; ***ce n'était pas ~ des poèmes*** es waren eigentlich keine Gedichte
5. *antéposé* (*littéralement*) buchstäblich, sage und schreibe *fam*; ***on m'a ~ fermé la porte au nez*** man hat mir buchstäblich die Tür vor der Nase zugeschlagen *fam*
▶ **~ dit** eigentlich; **~ dit(e)** der/die/das eigentliche; ***c'est l'entrée ~ dite*** das ist der eigentliche Eingang; **à ~ parler** genau genommen
propret, te [pʀɔpʀɛ, ɛt] *adj maison, chambre* schmuck; *personne* adrett
propreté [pʀɔpʀəte] *f* **1.** (*opp: saleté*) Sauberkeit *f*
2. (*opp: incontinence*) Sauberkeit *f*
3. (*caractère non polluant*) Umweltfreundlichkeit *f*
propriétaire [pʀɔpʀijetɛʀ] *mf* **1.** (*possesseur*) Eigentümer(in) *m(f)*, Besitzer(in) *m(f)*; [*animal, voiture a.*] Halter(in) *m(f)*; ~ ***immobilier*** Haus- und Grundbesitzer(in); ~ ***foncier*** [*o* ***terrien***] Grundbesitzer(in); ~ ***récoltant*** Anbauer(in) *m(f)*; ~ ***éleveur*** Züchter(in) *m(f)*
2. (*opp: locataire*) Hauswirt(in) *m(f)*; (*bailleur*) Vermieter(in) *m(f)*
▶ **gros ~** Großgrundbesitzer(in) *m(f)*; **petit ~** Kleinbauer/-bäuerin *m/f*
propriété [pʀɔpʀijete] *f* **1.** (*domaine*) [privates] Anwesen; ~ ***bâtie*** bebautes Grundstück; ~ ***privée, défense d'entrer*** Privateigentum, Betreten verboten
2. ~ [***foncière***] Grundbesitz *m*; ***la grande ~*** der Großgrundbesitz
3. (*chose possédée*) Eigentum *nt*, Besitz *m*; ***qc est la ~ de qn*** etw ist jds Eigentum; ~ ***privée/publique*** [*o* ***de l'État***] Privat-/Staatseigentum, Privatbesitz/staatlicher Besitz; ~ ***collective*** Gemeinschaftseigentum; ~ ***immobilière*** Immobilien *pl*, Immobilienbesitz, Eigentum an Immobilien (*dat*); ~ ***commerciale*** gewerbliches Eigentum; ~ ***artistique/littéraire*** Urheberrecht *nt*; ■ ~ **de qc** Eigentum an etw (*dat*)
4. (*qualité propre*) ■ ~ **[de faire qc]** Eigenschaft *f* [etw zu tun]
5. CHIM, PHYS Eigenschaft *f*
6. (*exactitude*) [*mot, terme*] Angemessenheit *f*, Richtigkeit *f*
proprio [pʀɔpʀijo] *mf fam abr de* **propriétaire** Vermieter(in) *m(f)*
propulser <1> [pʀɔpylse] **I.** *vt* **1.** (*projeter*) ■ **qn/qc propulse qn/qc** jd/etw schleudert jdn/etw weg; *engin, missile* etw treibt etw an; ■ **qn/qc propulse qn/qc quelque part** jd/etw schleudert jdn/etw irgendwohin; *engin, missile* etw treibt etw irgendwohin
2. *fam* (*balancer*) ■ **qn/qc propulse qn à qc** *à un poste, une fonction* jd/etw verschafft jdm etw; ■ **qn est propulsé(e) quelque part** jd wird irgendwohin katapultiert
II. *vpr fam* (*jouer des coudes*) ■ **qn se propulse quelque part** jd drängelt sich [bis] irgendwo[hin] vor; *fig a.* jd katapultiert sich irgendwohin
propulseur [pʀɔpylsœʀ] *m* Antriebssystem *nt*; ■ ~ **à** *à gaz, hélice, réaction* -antrieb *m*, -triebwerk *nt*
propulsif, -ive [pʀɔpylsif, -iv] *adj* antreibend; ***force ~ive*** Triebkraft *f*; ***hélice ~ive*** Druckschraube *f*; ***roue ~ive*** Treibrad *nt*
propulsion [pʀɔpylsjɔ̃] *f* Antrieb *m*
▶ **à ~ atomique** [*o* **nucléaire**] mit Atomantrieb, mit Kernenergieantrieb, atomgetrieben
propylène [pʀɔpilɛn] *m* Propylen *nt*
prorata [pʀɔʀata] *m* ▶ **au ~ de qc** entsprechend einer S. (*dat*)
prorogatif, -ive [pʀɔʀɔgatif, -iv] *adj* (*qui prolonge*) aufschiebend; (*qui reporte*) vertagend
prorogation [pʀɔʀɔgasjɔ̃] *f* (*prolongation*) Aufschub *m*; (*report*) Vertagung *f*
proroger <2 a> [pʀɔʀɔʒe] *vt* **1.** (*prolonger*) ■ **qn proroge qc** jd verlängert etw
2. (*reporter*) ■ **qn proroge qc** jd vertagt etw; *délai* jd schiebt etw auf
prosaïque [pʀozaik] *adj* prosaisch *geh*; *personne, style a.* nüchtern
prosaïquement [pʀozaikmɑ̃] *adv* prosaisch *geh*; ***je vais vous dire très ~ ...*** ich sage Ihnen ganz schlicht und einfach ...; ***qn vit ~*** jd führt ein banales Leben
prosaïsme [pʀozaism] *m soutenu* Banalität *f*
proscription [pʀɔskʀipsjɔ̃] *f* **1.** *soutenu* (*interdiction*) Verbot *nt*
2. POL Ächtung *f*; HIST *a.* Proskription *f*
proscrire <irr> [pʀɔskʀiʀ] *vt* **1.** (*interdire*) ■ **qn/qc proscrit qc** *activité, drogue* jd/etw untersagt etw; *mot* jd/etw verbannt etw; *idéologie* jd/etw ächtet etw
2. HIST, POL (*bannir*) ■ **qn proscrit qn** jd ächtet jdn; ■ **qn proscrit qn de qc** jd verbannt jdn aus etw
▶ **à ~** zu meiden
proscrit, e [pʀɔskʀi, it] **I.** *adj* (*banni*) verbannt; (*isolé*) geächtet
II. *m, f* Verbannte(r) *f(m)*; HIST *a.* Geächtete(r) *f(m)*
prose [pʀoz] *f* **1.** LITTER Prosa *f*
2. *péj* Geschreibsel *nt fam*; ***c'est de la ~ administrative*** das ist Beamtenstil *m*
▶ **qn fait de la ~** jd spricht eine blumige Sprache
prosélyte [pʀɔzelit] *mf* **1.** (*adepte*) neuer Anhänger/neue Anhängerin, Proselyt(in) *m(f) spec*
2. HIST, REL Neubekehrte(r) *f(m)*
prosélytisme [pʀɔzelitism] *m* Bekehrungseifer *m*
prosodie [pʀɔzɔdi] *f* Prosodie *f*
prosodique [pʀɔzɔdik] *adj* prosodisch
prospecter <1> [pʀɔspɛkte] **I.** *vt* ■ **qn prospecte qc** *lieu, région* jd durchforscht etw; COM jd bereist etw [zu Werbezwecken]; MIN jd prospektiert *spec*, jd sucht nach Bodenschätzen
II. *vi* ■ **qn prospecte [quelque part]** jd hält [irgendwo] Umschau
prospecteur, -trice [pʀɔspɛktœʀ, -tʀis] *m, f* COM Kundenwerber(in) *m(f)*, Vertreter(in) *m(f)*; MIN Prospektor(in) *m(f) spec*
prospectif, -ive [pʀɔspɛktif, -iv] **I.** *adj* (*prévisionnel*) vorausschauend, prospektiv *geh*; (*orienté vers l'avenir*) zukunftsorientiert; ***une étude ~ive du marché*** eine Trendanalyse
II. *f* ■ **prospective** Zukunftsforschung *f*
prospection [pʀɔspɛksjɔ̃] *f* COM Kundenwerbung *f*; MIN Prospektierung *f spec*, Erkundung *f* von Rohstofflagerstätten
▶ **qn fait de la ~** jd betreibt Kundenwerbung
prospectiviste [pʀɔspɛktivist] **I.** *adj* futurologisch
II. *mf* Futurologe/-login *m/f*
prospectus [pʀɔspɛktys] *m* Prospekt *m*
prospère [pʀɔspɛʀ] *adj affaires, commerce, entreprise* gut gehend, florierend, prosperierend *geh*; *mine, personne, santé* blühend; ***période ~*** Zeit *f* des Wohlstands
prospérer <5> [pʀɔspeʀe] *vi* **1.** (*réussir*) ■ **qc prospère** /*affaires, commerce, entreprise*/ etw floriert, etw prosperiert *geh*, etw geht gut
2. (*croître, bien se porter*) ■ **qn/un animal/qc prospère [quelque part]** jd/ein Tier/etw gedeiht [irgendwo]
prospérité [pʀɔspeʀite] *f* **1.** (*richesse*) Wohlstand *m*
2. *soutenu* (*santé*) Wohlergehen *nt*
prostate [pʀɔstat] *f* Prostata *f*, Vorsteherdrüse *f*
prostatectomie [pʀɔstatɛktɔmi] *f* Prostata-Operation *f*, Prostatektomie *f spec*
prostatique [pʀɔstatik] **I.** *adj* Prostata-
II. *m* Prostatiker *m*
prosternation [pʀɔstɛʀnasjɔ̃] *f*, **prosternement** [pʀɔstɛʀnəmɑ̃] *m* **1.** (*inclination*) Fußfall *m*, Kniefall *m*
2. (*servilité*) Unterwürfigkeit *f*
prosterner <1> [pʀɔstɛʀne] **I.** *vt littér* ■ **[qn est] prosterné(e)** jd kniet; ***prosterné(e) devant l'autel*** vor dem Altar kniend; ■ **qn prosterne qc** jd neigt etw tief
II. *vpr* **1.** REL (*s'incliner profondément*) ■ **qn se prosterne [devant qn/qc]** jd kniet vor jdm/etw nieder, jd macht vor jdm/etw einen Fußfall [*o* Kniefall]
2. (*s'humilier*) ■ **qn se prosterne devant qn/qc** jd geht vor jdm/etw in die Knie, jd unterwirft sich jdm/einer S.

prostitué, e [pʀɔstitɥe] *m, f* Prostituierte(r) *f(m)*

prostituer <1> [pʀɔstitɥe] **I.** *vt* **1.** (*livrer à la prostitution*) ■ **qn prostitue qn [à qn]** jd schickt jdn auf den Strich *fam,* jd verkauft jds Liebesdienste an jdn

2. *soutenu* (*déshonorer*) ■ **qn prostitue qc** *amitié, art, plume, talent* jd verkauft etw, jd prostituiert etw *geh*

II. *vpr* **1.** (*se livrer à la prostitution*) ■ **qn se prostitue** jd prostituiert sich, jd geht auf den Strich *fam*

2. (*se déshonorer*) ■ **qn se prostitue [à qc]** jd verkauft sich [an etw (*akk*)]

prostitution [pʀɔstitysjɔ̃] *f* **1.** (*profession*) Prostitution *f*

2. *soutenu* (*avilissement*) [*art, écrivain, justice, talent*] Sichverkaufen *nt,* [Sich]prostituieren *nt geh*

prostration [pʀɔstʀasjɔ̃] *f* Niedergeschlagenheit *f,* Verzweiflung *f*

prostré, e [pʀɔstʀe] *adj* ■ **[qn est]** ~ [jd ist] niedergeschmettert [*o* niedergeschlagen] [*o* verzweifelt]

protactinium [pʀɔtaktinjɔm] *m* CHIM Protactinium *nt*

protagoniste [pʀɔtagɔnist] *mf* Protagonist(in) *m(f);* (*acteur principal*) Hauptdarsteller(in) *m(f)*

protecteur, -trice [pʀɔtɛktœʀ, -tʀis] **I.** *adj* **1.** (*qui protège*) *attitude, geste, personne* [be]schützend; ECON, POL *droits, frontières, système* Schutz-; ***un ministre ~ des arts*** ein Minister, der die Kunst fördert; ***action ~trice*** CHIM Schutzfunktion *f*

2. (*condescendant*) *air, ton* gönnerhaft

II. *m, f* Beschützer(in) *m(f);* [*arts*] Förderer/Förderin *m/f*

III. *m* **1.** (*souteneur*) Zuhälter(in) *m(f),* Beschützer(in) *m(f) euph*

2. HIST Lordprotektor *m;* CAN Ombudsmann/-frau *m/f*

protection [pʀɔtɛksjɔ̃] *f* **1.** (*défense*) Schutz *m,* Beschützung *f;* ■ **~ de qn/qc/d'un animal contre qc** Schutz eines Menschen/einer S./eines Tieres gegen etw [*o* vor etw (*dat*)]; ~ ***de l'enfance/ de l'environnement/ de la nature/ des sites/ des animaux*** Kinder-/Umwelt-/Natur-/Landschafts-/Tierschutz; ~ ***du littoral*** Küstenschutz; ~ ***contre l'incendie/ le bruit*** Brand-/Lärmschutz

2. (*appui*) Unterstützung *f,* Förderung *f;* ***qn a de hautes ~s*** jd wird an höchster Stelle protegiert

3. (*élément protecteur*) Schutz *m,* Schutzvorrichtung *f;* ***crème solaire indice de ~ 4*** Sonnencreme mit Schutzfaktor 4

▶ **P~ Civile** Zivilschutz *m;* ~ **judiciaire** Rechtsschutz *m;* ~ **maternelle et infantile** Mutterschutz *m;* ~ **rapprochée** verschärfte Schutzmaßnahmen *pl;* ~ **sociale** soziales Netz; **de** ~ *mesures* Schutz-; *air, sourire* gönnerhaft; **par** ~ durch Begünstigung, durch Protektion; **sous la ~ de qn** unter jds Schutz (*dat*); ***il l'a prise sous sa ~*** er hat sie unter seine Fittiche genommen *fam*

protectionnisme [pʀɔtɛksjɔnism] *m* Protektionismus *m*

protectionniste [pʀɔtɛksjɔnist] **I.** *adj* protektionistisch

II. *mf* Protektionist(in) *m(f)*

protectorat [pʀɔtɛktɔʀa] *m* Protektorat *nt*

protégé, e [pʀɔteʒe] **I.** *adj site, territoire* geschützt, Schutz-; ***passage ~*** Vorfahrtsstraße *f*

II. *m, f* (*favori*) Günstling *m,* Schützling *m,* Protegé *m geh*

protège-cahier <~-~s> [pʀɔtɛʒkaje] *m* [Schutz]umschlag *m* **protège-dents** [pʀɔtɛʒdɑ̃] *m inv* Zahnschutz *m*

protéger <2 a, 5> [pʀɔteʒe] **I.** *vt* **1.** (*défendre*) ■ **qn/qc protège qn/qc [contre [*o* de] qn/qc]** jd beschützt jdn [vor jdm/etw]; *contre les chocs, le froid* jd/etw schützt jdn/etw [gegen etw]; *d'un danger, risque* jd/etw schützt jdn/etw [vor etw (*dat*)]

2. (*patronner*) ■ **qn protège qn/qc** *arts, carrière, sports, artiste* jd fördert jdn/etw

II. *vpr* (*se défendre*) ■ **qn se protège [contre [*o* de] qn/qc]** jd schützt sich [gegen etw] [*o* vor jdm/etw]

protège-slip <~-~s> [pʀɔtɛʒslip] *m* Slipeinlage *f* **protège-tibia** <~-~s> [pʀɔtɛʒtibja] *m* Schienbeinschützer *m*

protéine [pʀɔtein] *f* Eiweiß[stoff *m*] *nt,* Protein *nt*

protéi[ni]que [pʀɔtei(ni)k] *adj* Eiweiß-

protestant, e [pʀɔtɛstɑ̃, ɑ̃t] **I.** *adj* protestantisch; (*en Allemagne a.*) evangelisch

II. *m, f* Protestant(in) *m(f);* (*en Allemagne a.*) Evangelische(r) *f(m)*

protestantisme [pʀɔtɛstɑ̃tism] *m* Protestantismus *m*

protestataire [pʀɔtɛstatɛʀ] **I.** *adj* (*contestataire*) *marche* Protest-; *personne* protestierend

II. *mf* Protestierende(r) *f(m),* Protestler(in) *m(f) pej*

protestation [pʀɔtɛstasjɔ̃] *f* **1.** (*plainte*) Protest[kundgebung *f*] *m,* Protestaktion *f;* ***~s de qn contre qc*** jds Protest[kundgebungen] gegen etw; ~ ***écrite*** Protestschreiben *nt*

2. *soutenu* (*assurance*) Beteuerung *f;* ■ **~ de** *d'amitié, de sympathie* -bekundung *f; d'amour a.* -beteuerung

protester <1> [pʀɔtɛste] **I.** *vi* **1.** (*marquer son opposition*) ■ **qn proteste [contre qc]** *contre une attitude, injustice, intervention* jd protestiert [gegen etw], jd erhebt [gegen etw] Einspruch

2. *soutenu* (*affirmer avec force*) ■ **qn proteste de qc** *de son amour, innocence, ses sentiments, sa loyauté* jd beteuert etw

II. *vt* JUR (*faire un protêt contre*) ■ **qn proteste qc** *effet, signature* jd lässt etw zu Protest gehen *spec*

protêt [pʀɔtɛ] *m* JUR Protest *m spec*

prothèse [pʀɔtɛz] *f* **1.** (*appareil*) Prothese *f;* ~ ***dentaire*** Zahnprothese; ~ ***oculaire*** Glasauge *nt*

2. (*technique*) Prothetik *f*

prothésiste [pʀɔtezist] *mf* Orthopädiemechaniker(in) *m(f);* ~ ***dentaire*** Zahntechniker(in) *m(f)*

protide [pʀɔtid] *m* Proteid *nt*

protocolaire [pʀɔtɔkɔlɛʀ] *adj cérémonie, invitation, visite* protokollarisch [festgelegt], dem Protokoll entsprechend; *difficultés, question* Protokoll-, protokollarisch; ***qc est ~/ n'est pas ~*** etw folgt dem Protokoll/verstößt gegen das Protokoll

protocole [pʀɔtɔkɔl] *m* **1.** (*étiquette*) Protokoll *nt*

2. JUR, ADMIN, MED, SCI Protokoll *nt;* ~ ***d'accord*** Vertragsprotokoll

proton [pʀɔtɔ̃] *m* Proton *nt*

protoplasme [pʀɔtɔplasm] *m* Protoplasma *nt*

prototype [pʀɔtɔtip] *m* **1.** TECH Prototyp *m*

2. (*archétype*) Prototyp *m,* Urbild *nt*

protozoaire [pʀɔtɔzɔɛʀ] *m* Einzeller *m,* Protozoon *nt spec*

protubérance [pʀɔtybeʀɑ̃s] *f* **1.** (*saillie*) Ausbeulung *f,* Höcker *m*

2. ANAT Vorwölbung *f,* Protuberanz *f spec*

3. ASTRON Protuberanz *f*

protubérant, e [pʀɔtybeʀɑ̃, ɑ̃t] *adj menton, nez* vorspringend; *ventre* vorgewölbt; *yeux* hervortretend, [her]vorquellend

prou [pʀu] *adv v.* **peu**

proue [pʀu] *f* Bug *m*

prouesse [pʀuɛs] *f* **1.** (*action d'éclat*) Meisterleistung *f*

2. *littér* (*acte de courage*) Heldentat *f*

▶ **qn fait des ~s** jd vollbringt wahre Wunder; *iron* jd leistet sich (*dat*) ein Meisterstückchen *nt*

prout [pʀut] *m* ▶ **qn fait [un/un gros] ~** *pop* jd pup[s]t *fam* [*o* furzt *vulg*], jd lässt einen [großen Furz] fahren *vulg*

prouver <1> [pʀuve] **I.** *vt* **1.** (*démontrer*) ■ **qn/qc prouve qc [à qn]/[à qn] que** + *indic* jd/etw beweist [jdm] etw/[jdm], dass; ■ **il est prouvé que** + *indic* es ist erwiesen, dass; ■ **il n'est pas prouvé que** + *subj* es gibt keinen Beweis dafür, dass; ***qc est [o reste] à ~*** etw muss noch bewiesen werden; ***qc n'est plus à ~*** etw bedarf keines Beweises mehr

2. (*montrer*) ■ **qn/qc prouve [à qn] que** + *indic* jd/etw beweist [jdm], dass; jd/etw gibt [jdm] den Beweis dafür, dass; ■ **qn prouve qc à qn** *amour* jd beweist jdm etw; *reconnaissance* jd erweist jdm etw; ■ **qc prouve qc [à qn]** *esprit, intelligence* etw beweist [jdm] etw

II. *vpr* **1.** (*se démontrer*) ■ **qn se prouve qc/que** + *indic* jd beweist sich (*dat*) etw/, dass

2. (*être prouvé*) ■ **qc se prouve** etw lässt sich beweisen

provenance [pʀɔv(ə)nɑ̃s] *f* (*origine*) Herkunft *f*

▶ **de ~:** ***qc est de ~ étrangère/ anglaise*** etw ist ausländischer/englischer Herkunft; ***de même ~*** (*du même endroit*) der gleichen Herkunft; (*de même catégorie*) der gleichen Art; **en ~ de ...:** ***qc est en ~ de ...*** etw kommt aus [*o* von] ...; ***le train/ les voyageurs en ~ de Lyon*** der Zug/die Reisenden aus Lyon; ***de toute ~*** (*de n'importe où*) von überall her; (*de n'importe quelle catégorie*) aller Art

provençal, e <-aux> [pʀɔvɑ̃sal, o] **I.** *adj* provenzalisch

II. *m* (*langue*) Provenzalisch *nt*

III. *m, f* ■ **Provençal(e)** Provenzale/Provenzalin *m/f*

IV. *f* **1.** (*autoroute*) ■ **la Provençale** *Name des provenzalischen Autobahnabschnittes*

2. GASTR ▶ **à la ~e** *tomates* auf provenzalische Art

Provence [pʀɔvɑ̃s] *f* ■ **la Provence** die Provence

provenir <9> [pʀɔv(ə)niʀ] *vi* **1.** (*venir*) ■ **qc provient de qc** etw kommt von [*o* aus] etw; ***ce vase provient de Chine*** diese Vase kommt aus China; ■ **qc provient de qn/qc** /*fortune*/ etw kommt von jdm/etw; /*mot, préfixe*/ etw stammt [*o* kommt] aus etw

2. (*être la conséquence de*) ■ **qc provient de qc** etw kommt von etw; /*idée, sentiment a.*/ etw rührt von etw [her], etw beruht auf etw (*dat*)

proverbe [pʀɔvɛʀb] *m* Sprichwort *nt*

▶ **comme dit le ~** wie es im Sprichwort [so schön] heißt; **qn/qc fait mentir le ~** jd/etw straft das Sprichwort Lügen

proverbial, e <-aux> [pʀɔvɛʀbjal, jo] *adj* sprichwörtlich

proverbialement [pʀɔvɛʀbjalmɑ̃] *adv* sprichwörtlich; ***qc est ~ connu(e)*** etw ist sprichwörtlich geworden

providence [pʀɔvidɑ̃s] *f* **1.** (*chance*) glückliche Fügung

2. REL Vorsehung *f;* ■ **la [divine] P~** die göttliche Vorsehung

3. *soutenu* (*personne secourable*) rettender Engel

providentiel, le [pʀɔvidɑ̃sjɛl] *adj* **1.** (*inespéré*) *personne* vom Schicksal gesandt; *rencontre, voyage* schicksalhaft; *pluie* segensreich, Segen bringend; *nouvelle* glücklich; ***ils attendent l'homme ~ qui ...*** sie warten auf den Retter, der ...

2. REL göttlich gefügt

providentiellement [pʀɔvidɑ̃sjɛlmɑ̃] *adv* glücklicherweise

province [pʀɔvɛ̃s] *f* **1.** (*opp: Paris*) Provinz *f*

2. HIST, POL, GEOG Provinz *f;* REL Ordensprovinz

▶ **la Belle P~** *Bezeichnung für die Provinz Quebec;* **les P~s Unies** die Vereinigten Niederlande; **qn arrive [*o* débarque] [du fin fond] de sa ~** *fam* jd kommt aus der [hintersten] Provinz; **qn/qc fait [très] ~** *fam* jd/etw wirkt [sehr] provinziell; **de ~** aus der Provinz; **en ~** in der/die Provinz

provincial, e <-aux> [pʀɔvɛ̃sjal, jo] **I.** *adj* **1.** (*opp: parisien*) *air, manières* provinziell, provinzlerisch *pej,* hinterwäldlerisch *pej;* ***vivre au rythme ~*** im Rhythmus der Provinz leben; ***la vie ~e*** das Leben in der Provinz

2. CAN (*de la province*) *gouvernement* Provinz-; *mesures, décision* auf der Provinzebene

II. *m, f* (*habitant de la campagne*) Provinzbewohner(in) *m(f),* Provinzler(in) *m(f) pej,* Hinterwäldler(in) *m(f) pej*

III. *m* REL Provinzial *m*

provincialisme [pʀɔvɛ̃sjalism] *m* **1.** LING Provinzialismus *m*

2. *péj* (*gaucherie*) Provinzialität *f*

proviseur [pʀɔvizœʀ] *m* Schulleiter(in) *m(f)*

provision [pʀɔvizjɔ̃] *f* **1.** *pl* (*vivres*) [Essens]vorräte *pl,* Lebensmittel[vorräte] *pl;* (*pour une excursion*) Proviant *m*

2. (*réserve*) ■ ~ **de** *de courage, cartouches* Vorrat *m* an (+ *dat*); *d'eau, d'énergie, de nourriture, papier, vivres a.* -vorrat
3. FIN, JUR (*acompte*) Vorschuss *m;* (*somme déposée*) Deckungssumme *f*
▶ **qn fait ses ~s** jd macht seine [Lebensmittel]einkäufe; **qn fait ~ de qc** jd legt sich (*dat*) einen Vorrat an etw (*dat*) an; **qn va aux ~s** jd geht einkaufen; **sans** ~ FIN ungedeckt, ohne Deckung

provisionnel, le [pʀɔvizjɔnɛl] *adj: acompte* ~ Vorauszahlung *f; tiers* ~ Steuervorauszahlung

provisionner <1> [pʀɔvizjɔne] *vt* ■ **qn provisionne qc** *compte* jd füllt etw auf; ■ **qc est provisionné(e)** */compte/* etw ist aufgefüllt; */chèque/* etw ist gedeckt

provisoire [pʀɔvizwaʀ] I. *adj* 1. (*opp: définitif*) provisorisch; *solution, mesure a.* vorläufig; *installation a.* behelfsmäßig; *bonheur, liaison* vorübergehend
2. JUR *arrêt, jugement, sentence* einstweilig
3. (*itinéraire*) *gouvernement* provisorisch, Zwischen-
II. *m* Provisorische(s) *nt*, Provisorium *nt*, Übergangslösung *f*
▶ **il n'y a que le ~ qui dure** *prov* Provisorien halten meist am längsten

provisoirement [pʀɔvizwaʀmɑ̃] *adv* (*momentanément*) vorübergehend; *asseyez-vous là* ~ setzt euch vorerst mal hierher; *nous l'avons construit* ~ wir haben es als Übergangslösung gebaut

provitamine [pʀovitamin] *f* Provitamin *nt*

provocant, e [pʀɔvɔkɑ̃, ɑ̃t] *adj* 1. (*agressif*) provozierend, provokant *geh; airs, attitude, manières a.* herausfordernd
2. (*aguichant*) provozierend; *regard, sourire, fille a.* verführerisch; *pose a.* aufreizend, verführerisch

provocateur, -trice [pʀɔvɔkatœʀ, -tʀis] I. *adj* provokatorisch; *agent provocateur* Provokateur(in) *m(f)*, Agent Provocateur *m geh*
II. *m, f* Provokateur(in) *m(f)*, Aufwiegler(in) *m(f)*

provocation [pʀɔvɔkasjɔ̃] *f* 1. (*défi*) Provokation *f*, Herausforderung *f*
2. (*incitation*) ■ ~ **à qc/à faire qc** *au combat, à se battre* Herausforderung *f* zu etw/etw zu tun; *au meurtre, à la désobéissance, à désobéir* Anstiftung *f* zu etw/[dazu], etw zu tun
▶ **qn fait de la ~** jd betreibt Provokation, jd provoziert

provoquer <1> [pʀɔvɔke] I. *vt* 1. (*causer*) ■ **qn/qc provoque qc** jd/etw verursacht etw; *mort, accident, destruction* etw führt etw herbei; *explosion, révolte, désordre a.* etw löst etw aus; *changement* jd/etw bewirkt etw; *colère, gaieté* jd/etw erregt etw
2. (*inciter à*) ■ **qn/qc provoque qn à qc/à faire qc** *au vice, vol, à voler, boire* jd/etw verleitet jdn zu etw/dazu, etw zu tun; *au meurtre, crime, à la révolte, à tuer* jd/etw hetzt jdn zu etw auf/dazu auf, etw zu tun; jd/etw stachelt jdn zu etw an/dazu an, etw zu tun
3. (*énerver*) ■ **qn provoque qn** jd provoziert jdn, jd reizt jdn; (*défier*) jd fordert jdn heraus
4. (*aguicher*) ■ **qn provoque qn** jd provoziert jdn, jd reizt jdn auf
II. *vpr* ■ **des personnes se provoquent** Menschen provozieren sich [gegenseitig]

proxénète [pʀɔksenɛt] *m* Zuhälter(in) *m(f)*

proxénétisme [pʀɔksenetism] *m* Zuhälterei *f*

proximité [pʀɔksimite] *f* Nähe *f*
▶ **à ~ [de qc]** in der Nähe [einer S. (*gen*)]

prude [pʀyd] I. *adj* prüde
II. *f* prüde Frau

prudemment [pʀydamɑ̃] *adv* (*avec précaution*) vorsichtig; (*par précaution*) vorsichtshalber, vorsichtigerweise

prudence [pʀydɑ̃s] *f* Vorsicht *f*
▶ **~ est mère de sûreté** *prov* Vorsicht ist besser als Nachsicht, Vorsicht ist die Mutter der Porzellankiste *fam;* **qn a la ~ du serpent** jd ist klug wie eine Schlange; **qn a la ~ de faire qc** jd ist so vorsichtig und tut etw, jd tut vorsichtshalber etw; **avec ~** vorsichtig, mit Umsicht; **par [mesure de] ~** vorsichtshalber

prudent, e [pʀydɑ̃, ɑ̃t] I. *adj* (*précautionneux*) vorsichtig; *personne a.* bedachtsam; *pas a.* bedächtig; *silence* klug; *qn juge plus ~ de faire qc* jd hält es für ratsamer [*o* klüger], etw zu tun; ■ **il est ~ de faire qc** es ist ratsam [*o* klug], etw zu tun
II. *m, f* vorsichtiger Mensch

pruderie [pʀydʀi] *f* Prüderie *f*, prüde Art

prud'homal, e <-aux> [pʀydɔmal, o] *adj compétence* den Arbeitsschiedsausschuss betreffend; *élections* Arbeitsschiedsausschuss-; *les conseillers ~aux* die Mitglieder des paritätischen Arbeitsschiedsausschusses

prud'homme [pʀydɔm] *m* Mitglied *nt* des paritätischen Arbeitsschiedsausschusses

prune [pʀyn] I. *f* 1. (*fruit*) Pflaume *f*
2. (*eau-de-vie*) Pflaumenschnaps *m*
▶ **pour des ~s** *fam* für nichts und wieder nichts; **des ~s!** *pop* denkste! *fam*
II. *adj inv* dunkelviolett

pruneau <x> [pʀyno] *m* 1. GASTR Backpflaume *f*, Dörrpflaume *f*
2. *fam* (*balle*) Kugel *f*
3. *fam* (*coup de poing*) Fausthieb *m*
▶ **noir(e) comme un ~** braun gebrannt

prunelle [pʀynɛl] *f* 1. BOT Schlehe *f*
2. (*liqueur*) Schlehenlikör *m;* (*eau-de-vie*) Schlehenschnaps *m*
3. ANAT Pupille *f*
▶ **qn tient à qc comme à la ~ de ses yeux** jd hütet etw wie seinen Augapfel; **qn joue de la ~** *hum* jd macht [jdm] schöne Augen

prunellier [pʀynelje] *m* Schlehdorn *m*, Schwarzdorn *m*

prunier [pʀynje] *m* Pflaumenbaum *m*
▶ **qn secoue qn comme un ~** *fam* jd rüttelt und schüttelt jdn

prunus [pʀynys] *m* japanische Zierkirsche

prurigineux, -euse [pʀyʀiʒinø, -øz] *adj boutons, dermatose* juckend; *effet* ~ Juckreiz *m*

prurigo [pʀyʀigo] *m* Hautausschlag *m*

prurit [pʀyʀit] *m* 1. MED Hautjucken *nt*, Juckreiz *m*
2. *soutenu* (*désir violent*) Kribbeln *nt*

Prusse [pʀys] *f* ■ **la Prusse** Preußen *nt*
▶ **la ~ Orientale** Ostpreußen *nt*

prussien, ne [pʀysjɛ̃, jɛn] I. *adj* preußisch
II. *m, f* ■ **Prussien(ne)** Preuße/Preußin *m/f*
III. *f* ▶ **à la prussienne** preußisch

prussique [pʀysik] *adj: acide* ~ Blausäure *f*, Cyanwasserstoffsäure *f spec*

P. S. [peɛs] *m abr de* **Parti socialiste** *Sozialistische Partei Frankreichs*

P.-S. [peɛs] *m abr de* **post-scriptum** PS *nt*

psalmiste [psalmist] *m* (*auteur*) Psalmendichter *m*, Psalmist *m;* (*chanteur*) Psalmensänger(in) *m(f)*

psalmodie [psalmɔdi] *f* 1. REL Psalmodie *f*
2. *littér* (*déclamation monotone*) Herunterleiern *nt fam*

psalmodier <1 a> [psalmɔdje] I. *vt* 1. REL (*chanter*) ■ **qn psalmodie qc** jd singt etw im Sprechgesang
2. (*débiter*) ■ **qn/qc psalmodie qc** jd/etw leiert etw herunter *fam*
II. *vi* REL ■ **qn psalmodie** jd psalmodiert

psaume [psom] *m* Psalm *m*

psautier [psotje] *m* Psalter *m*, Psalmenbuch *nt*

pseudo [psødo] *préf* 1. + *adj artistique, démocratique, éthique* pseudo-; *~-gothique* in nachgemachter Gotik; *~-tsigane/-policier/-folklorique* den Zigeunern/dem Krimi/der Folklore nachempfunden; *~-enfantin* im kindlichen Stil
2. + *subst* Pseudo-; *légalité, révolution, besoin, représentation, crise, liberté, grandeur a., colère, victoire* Schein-; *régionalisation, planification, transformation, régulation* Schein-, sogenannte(r, s); *sa ~-maladie* seine/ihre angebliche Krankheit

pseudonyme [psødɔnim] *m* Deckname *m*, Pseudonym *nt*

ps[it]t [psit] *interj fam* pst

psittacose [psitakoz] *f* Papageienkrankheit *f*, Psittakose *f spec*

psoriasis [psɔʀjazis] *m* Schuppenflechte *f*, Psoriasis *f spec*

psy [psi] *mf fam abr de* **psychanalyste, psychiatre, psychologue** *Bezeichnung für Berufe, die sich mit der Psychologie beschäftigen*

psychanalyse [psikanaliz] *f* Psychoanalyse *f;* ~ *d'un texte* psychoanalytische Interpretation eines Textes

psychanalyser <1> [psikanalize] *vt* ■ **qn psychanalyse qn** jd [psycho]analysiert jdn; ■ **qn se fait ~** jd lässt sich [psycho]analysieren [*o* psychoanalytisch behandeln]; ■ **qn psychanalyse qc** LITTER jd untersucht etw psychoanalytisch

psychanalyste [psikanalist] *mf* Psychoanalytiker(in) *m(f)*

psychanalytique [psikanalitik] *adj* psychoanalytisch

psyché [psiʃe] *f* 1. (*miroir*) großer Ankleidespiegel
2. PHILOS Seelenleben *nt*, Psyche *f*

psychédélique [psikedelik] *adj* bewusstseinsverändernd, psychedelisch

psychiatre [psikjatʀ] *mf* Psychiater(in) *m(f)*

psychiatrie [psikjatʀi] *f* Psychiatrie *f*, Seelenheilkunde *f*

psychiatrique [psikjatʀik] *adj hôpital* psychiatrisch; *troubles* psychisch; *asile/hôpital* ~ Nervenheilanstalt *f*/psychiatrische Klinik

psychique [psiʃik] *adj* psychisch, seelisch

psychisme [psiʃism] *m* Psyche *f*, seelische Struktur

psychodrame [psikodʀam] *m* Psychodrama *nt*

psycholinguistique [psikolɛ̃gɥistik] I. *adj* psycholinguistisch
II. *f* Psycholinguistik *f*

psychologie [psikolɔʒi] *f* 1. Psychologie *f;* **la ~ d'un héros de roman** die seelische Struktur eines Romanhelden
2. (*intuition*) psychologisches Gespür

psychologique [psikolɔʒik] *adj* 1. PSYCH psychologisch; *problème, état* psychisch
2. (*opportun*) *instant, moment* psychologisch günstig
3. (*qui agit sur le psychisme*) *action, guerre* psychologisch; *thriller* ~ Psychothriller *m*

psychologiquement [psikolɔʒikmɑ̃] *adv* psychologisch [gesehen]

psychologue [psikolɔg] I. *adj* psychologisch begabt
II. *mf* Psychologe/-login *m/f*

psychométrie [psikometʀi] *f* Psychometrie *f*

psychomoteur, -trice [psikomɔtœʀ, -tʀis] *adj* psychomotorisch

psychopathe [psikopat] *mf* Psychopath(in) *m(f)*

psychopathie [psikopati] *f* Psychopathie *f*

psychopathologie [psikopatɔlɔʒi] *f* Psychopathologie *f*

psychopédagogie [psikopedagɔʒi] *f* pädagogische Psychologie

psychopédagogique [psikopedagɔʒik] *adj: les méthodes ~s* die Methoden *pl* der pädagogischen Psychologie

psychophysiologique [psikofizjɔlɔʒik] *adj* psychophysisch, psychophysiologisch

psychose [psikoz] *f* 1. MED Psychose *f*
2. (*obsession collective*) Massenpsychose *f*

psychosensoriel, le [psikosɑ̃sɔʀjɛl] *adj: troubles ~s* Wahrnehmungsstörungen *pl*

psychosocial, e <-aux> [psikosɔsjal, jo] *adj troubles* psychosozial; *métier, centre* sozialpsychologisch; *assistant* ~ Streetworker ['stri:twø:kɐ] *m*

psychosociologie [psikosɔsjɔlɔʒi] *f* Sozialpsychologie *f*

psychosomatique [psikosɔmatik] *adj* psychosomatisch

psychotechnicien, ne [psikotɛknisjɛ̃, jɛn] *m, f* Betriebspsychologe/-login *m/f*

psychotechnique [psikotɛknik] I. *adj méthode* Test-; *examen, test* Eig-

nungs-
II. *f* Betriebspsychologie *f*, Arbeitspsychologie *f*

psychothérapeute [psikoteʀapøt] *mf* Psychotherapeut(in) *m(f)*

psychothérapie [psikoteʀapi] *f* Psychotherapie *f*

psychothérapique [psikoteʀapik] *adj* psychotherapeutisch

psychotique [psikotik] I. *adj* geisteskrank, gemütskrank, psychotisch
II. *mf* Geisteskranke(r) *f(m)*, Psychotiker(in) *m(f)*

P.T.T. [petete] *mpl abr de* **Postes, Télégraphe, Téléphone** Post- und Fernmeldewesen *nt*

pu [py] *pp de* **pouvoir**

puant, e [pɥɑ̃, ɑ̃t] *adj* 1. *(fétide) lieu* stinkend
2. *fam (odieux)* ■ **[qn est]** ~ [jd ist] überheblich; ■ **[qn est]** ~ **de qc** *d'orgueil, de prétention, vanité* [jd ist] aufgeblasen vor etw *(dat)*, jd platzt fast vor etw *(dat)*

puanteur [pɥɑ̃tœʀ] *f* Gestank *m*

pub¹ [pyb] *f fam abr de* **publicité** CINE, TV Werbung *f*; *(spot)* Werbespot *m*
▸ **qn fait de la ~ pour qc** jd macht für etw Werbung

pub² [pœb] *m (bar)* Pub [pap] *m o nt*

pubère [pybɛʀ] *adj* ■ **qn est** ~ jd pubertiert

pubertaire [pybɛʀtɛʀ] *adj* pubertär

puberté [pybɛʀte] *f* Pubertät *f*

pubien, ne [pybjɛ̃, jɛn] *adj* Scham-; ***os*** ~ Schambein *nt*

pubis [pybis] *m* Schamgegend *f*

publiable [pyblijabl] *adj* ■ **qc est** ~ 1. *(qui peut être publié) /œuvre, texte/* etw kann veröffentlicht werden; *(autorisé)* etw darf veröffentlicht werden; ***cette œuvre est difficilement*** ~ es ist schwierig, dieses Werk zu veröffentlichen
2. *(qui mérite d'être publié)* veröffentlichenswert

public, -ique [pyblik] I. *adj* 1. *(ouvert au public)* öffentlich; ***sur la voie ~ique*** in der Öffentlichkeit
2. *(qui émane de tous)* öffentlich; ***l'opinion ~ique*** die öffentliche Meinung; ***la rumeur ~ique veut que*** + *subj* es geht [allgemein] das Gerücht, dass
3. *(connu de tous)* öffentlich; ***cette nouvelle est ~ique*** diese Neuigkeit ist allgemein bekannt
4. *(de l'État)* staatlich; *école a., finances* öffentlich; ***chaîne ~ique*** öffentlich-rechtlicher Sender; ***le secteur*** ~ der öffentliche Bereich; ***les services ~s*** der öffentliche Dienst
▸ **qn/qc rend qc** ~ *nouvelle, événement, affaire* jd macht etw öffentlich, jd bringt etw an die Öffentlichkeit; *jugement, résultat* jd gibt etw [öffentlich] bekannt
II. *m* 1. Publikum *nt*; *(spectateurs a.)* Zuschauer *pl*; *(lecteurs a.)* Leser *pl*, Leserschaft *f*; *(auditeurs a.)* Zuhörer *pl*, Zuhörerschaft *f*; ***un ~ nombreux*** ein großes Publikum, zahlreiche Zuschauer/Leser/Zuhörer *pl*; ***qn porte qc à la connaissance du*** ~ jd unterrichtet die Zuschauer/Leser/Zuhörer über etw *(akk)*, jd setzt die Zuschauer/Leser/Zuhörer über etw *(akk)* in Kenntnis; ***il a son*** ~ er hat sein festes Publikum; ***ce film n'est pas à diffuser devant tous les ~s*** dieser Film ist nicht für jedes Publikum geeignet
2. *(tous)* Öffentlichkeit *f*, Allgemeinheit *f*; ***avis au*** ~ *(par écrit)* öffentliche Bekanntmachung; *(oralement)* allgemeine Durchsage; ***entrée interdite au*** ~ kein öffentlicher Zugang!; ***qn informe le ~ sur qc*** jd informiert die Öffentlichkeit über etw *(akk)*; ***qc est fermé(e)/ouvert(e) au*** ~ */musée/* etw ist geschlossen/geöffnet; */banque, poste a./* etw hat keine/hat Schalterstunden; */commissariat de police/* etw ist für den Publikumsverkehr geschlossen/geöffnet
▸ **qn est bon** ~ jd ist ein dankbarer Zuhörer/Zuschauer/Leser; **le grand** ~ das breite Publikum; **qc grand** ~ *film, œuvre, objet technique* etw für das breite Publikum; **en** ~ *(en présence de personnes)* in der Öffentlichkeit; *(devant un auditoire)* öffentlich; *(devant tout le monde)* in [*o* vor] aller Öffentlichkeit

publication [pyblikasjɔ̃] *f* 1. *(écrit publié)* Publikation *f*, Veröffentlichung *f*; ~ ***mensuelle/hebdomadaire*** Monats-/Wochenschrift *f*; ~ ***périodique*** periodisch erscheinende Zeitschrift
2. *(action de faire paraître) [écrit, œuvre]* Publikation *f*, Veröffentlichung *f*
3. *(action de rendre public) [loi]* Veröffentlichung *f*; ~ ***des bans du mariage*** Bekanntmachung *f* des Aufgebots

publiciste [pyblisist] *mf* Werbefachmann/-frau *m/f*

publicitaire [pyblisitɛʀ] I. *adj agence, campagne* Werbe-; *affiche, film, slogan a.* Reklame-; ***produit*** ~ Werbeartikel *m*; ***vente*** ~ Werbeaktion *f*; ***budget*** ~ Werbeetat *m*; ***annonce*** ~ *(dans la presse)* Anzeige *f*; *(à la radio, télé)* Werbespot *m*
II. *mf* Werbefachmann/-frau *m/f*

publicité [pyblisite] *f* 1. MEDIA *(annonce) (dans la presse)* Anzeige *f*; *(à la radio, télé)* Werbespot *m*; ***qn fait paraître/met une ~ dans le journal*** jd setzt eine Werbeanzeige in die Zeitung; ***il y a trop de ~ sur cette chaîne/radio*** dieser [Fernseh-/Rundfunk]sender bringt zu viel Werbung [*o* Reklame]; ***une page de*** ~ *(dans la presse)* eine Seite Werbung [*o* Reklame]; *(à la radio, télé)* ein Werbeblock *m*; ***notre journal sera suivi d'une page de*** ~ im Anschluss an die Nachrichten senden wir [etwas] Werbung
2. *(réclame)* Werbung *f kein pl*; ***budget/campagne de*** ~ Werbeetat *m*/Werbekampagne *f*
3. ∅ *(métier)* Werbung *f*
4. ∅ *(action de rendre public)* Werbung *f*, Publizität *f*, Publicity [pa'blɪsiti] *f*; ***qn fait trop de ~ autour de qc*** jd macht zu viel Aufheben[s] um etw; ***qn donne trop de ~ à qc*** jd verschafft einer S. *(dat)* zu viel Publizität *geh* [*o* Publicity]
5. ∅ JUR Öffentlichkeit *f*
▸ ~ **clandestine** Schleichwerbung *f*; ~ **comparative** vergleichende Werbung; **qn fait de la ~ [pour qn/qc]** jd macht Werbung [*o* Reklame] [für jdn/etw]; ***qn s'est fait beaucoup de ~ avec qc*** jd hat sich *(dat)* mit etw viel Publicity verschafft; ***lui, il a toujours su faire sa propre*** ~ er hat es immer verstanden, Werbung für sich selbst [*o* Eigenwerbung] zu machen

publier <1 a> [pyblije] *vt* 1. *(faire paraître)* ■ **qn publie qc** */auteur/* jd veröffentlicht etw; */éditeur a./* jd bringt [*o* gibt] etw heraus
2. *(rendre public)* ■ **qn/qc publie qc** jd/etw veröffentlicht etw; *nouvelle a.* jd/etw gibt etw bekannt; *communiqué a.* jd/etw gibt etw heraus; JUR *décret* jd veröffentlicht etw; ***qn publie/fait ~ les bans du mariage*** jd hängt das Aufgebot aus/bestellt das Aufgebot

publiphone® [pyblifɔn] *m* Kartentelefon *nt*

publipostage [pyblipɔstaʒ] *m* Postwurfsendung *f*

publiquement [pyblikmɑ̃] *adv* öffentlich

puce [pys] I. *adj inv* rotbraun
II. *f* 1. ZOOL Floh *m*
2. INFORM Chip [tʃɪp] *m*; ~ ***graphique*** Grafikchip
3. *(terme d'affection)*: ***alors ma ~, comment vas-tu?*** na mein Kleiner/meine Kleine, wie geht es dir?; ***viens, ma*** ~! komm her, mein Schatz!
▸ **qn/qc met la ~ à l'oreille de qn** *(éveille l'attention)* jd/etw macht jdn hellhörig; *(éveille la méfiance)* jd/etw macht jdn misstrauisch, jd/etw erregt jds Misstrauen *nt*; **qn secoue les ~s à qn** *fam (réprimande)* jd wäscht jdm den Kopf *fam*; *(dégourdit)* jd macht jdm Dampf *fam*, jd bringt jdn auf Trab *fam*; **qn se secoue les ~s** *(se dépêche)* jd hält sich ran *fam*; *(se lève)* jd kriecht aus dem Bett [*o* den Federn *fam*]
III. *fpl* ■ **les puces** 1. *(le marché aux puces)* der Flohmarkt
2. *(jeu de puces)* Flohspiel *nt*, Flohhüpfen *nt*
◆ **puce d'eau** Wasserfloh *m*; **puce de mer, puce de sable** Strandfloh *m*

puceau, -elle <x> [pyso, -ɛl] I. *adj fam* jungfräulich, unberührt
II. *m, f fam* [in der Liebe] noch völlig unerfahrener Junge/unerfahrenes Mädchen]
▸ **la Pucelle d'Orléans** die Jungfrau von Orleans

pucelage [pys(ə)laʒ] *m fam* Unschuld *f*, Jungfräulichkeit *f geh*; ***qn perd son*** ~ jd verliert seine Unschuld

puceron [pys(ə)ʀɔ̃] *m* Blattlaus *f*

pudding [pudiŋ] *m* Plumpudding ['plam-] *m*

pudeur [pydœʀ] *f* 1. *(décence)* Schamhaftigkeit *f*
2. *(sentiment de gêne)* Scham *f*, Schamgefühl *nt*; ***manque de*** ~ Schamlosigkeit *f*; ***qn a beaucoup de*** ~ jd ist sehr schamhaft; ***qn n'a aucune*** ~ jd hat kein Schamgefühl
3. *(délicatesse)* Feingefühl *nt*, Takt *m*; ***ayez la ~ de vous taire!*** seien Sie doch so taktvoll und schweigen Sie!
▸ **sans** ~ *(indécent)* schamlos; *(sans sentiment de gêne)* ohne Scham

pudibond, e [pydibɔ̃, ɔ̃d] *adj personne* überaus [*o* besonders] schamhaft

pudibonderie [pydibɔ̃dʀi] *f* übergroße Schamhaftigkeit

pudique [pydik] *adj* 1. *(chaste) comportement, attitude, personne* schamhaft; *geste* züchtig
2. *(plein de réserve) personne* zurückhaltend; *retenue* dezent
3. *(modéré) terme, expression* behutsam; *allusion* dezent, diskret; ***qn s'exprime en termes ~s*** jd drückt sich behutsam aus

pudiquement [pydikmɑ̃] *adv* 1. *(par euphémisme)* verhüllend
2. *(chastement)* schamhaft

puer <1> [pɥe] I. *vi péj* ■ **qn/qc pue** jd/etw stinkt; ***ça pue!*** es stinkt!, hier stinkt's!
II. *vt* 1. *péj (empester)* ■ **qn/qc pue qc** jd/etw stinkt nach etw; ***la pièce pue le désinfectant/le renfermé*** das Zimmer stinkt nach Desinfektionsmittel/riecht muffig
2. *péj fam (porter l'empreinte de)* ■ **qn/qc pue qc** jd/etw stinkt nach etw *fam*; ***ça pue la corruption*** *fam* das stinkt nach Korruption *fam*; ***il pue le flic à cent mètres*** man riecht drei Meilen gegen den Wind, dass er bei der Polente ist *fam*

puéricultrice [pɥeʀikyltʀis] *f (s'occupant des nouveau-nés)* Säuglingsschwester *f*; *(s'occupant des tout-petits)* Kinderkrankenschwester *f*

puériculture [pɥeʀikyltyʀ] *f (s'appliquant aux nouveau-nés)* Säuglingspflege *f*; *(s'appliquant aux tout-petits)* Kleinkinderpflege *f*

puéril, e [pɥeʀil] *adj* kindisch, albern

puérilité [pɥeʀilite] *f* 1. ∅ *(caractère puéril)* kindische Art; ***la ~ de son comportement m'inquiète*** sein/ihr kindisches Verhalten beunruhigt mich
2. *(chose peu digne d'un adulte)* Albernheit *f*; ***arrête de dire des ~s!*** hör auf albernes Zeug zu reden!; ***vraiment c'est d'une*** ~! das ist doch wirklich kindisch!

pugilat [pyʒila] *m* Schlägerei *f*; ***ça a failli tourner au*** ~ es wäre fast zu einer Schlägerei gekommen

pugnace [pygnas] *adj littér* kampflustig

puis [pɥi] *adv* dann
▸ **et ~ après [*o* quoi]!?** *fam* na und?, was ist denn schon dabei?; **et ~ quoi encore!?** *fam* ja, was denn noch [alles]!, sonst noch was? *fam*; **et** ~ *(en outre)* und dann noch, und außerdem; *fam (en fin de compte)* und überhaupt; ***… oh, et ~! fais ce que tu veux!*** … ach, und überhaupt, mach doch, was du willst!

puis [pɥi] *VAKAT soutenu indic prés de* **pouvoir**

puisatier [pɥizatje] *m* Brunnenbauer *m*

puiser <1> [pɥize] I. *vt* 1. ■ **qn puise qc [dans qc]** jd schöpft etw [aus etw]
2. *soutenu (aller chercher)* ■ **qn puise qc dans qc** jd entnimmt einer S. *(dat)* etw; ***elle puisait du courage dans cette conviction*** sie schöpfte aus dieser Überzeugung [neuen] Mut
II. *vi* ■ **qn puise dans qc** jd geht an etw *(akk)* *fam*

puisque <puisqu'> [pɥisk(ə)] *conj* da [ja]; ***mais puisqu'elle est malade!*** aber sie ist doch krank!; ~ ***c'est ainsi*** da es nun einmal so ist; ***puisqu'il le faut!*** wenn es [*o* wenn's denn] sein muss!; ***ce doit être vrai, puisqu'il le dit*** wenn er es sagt, muss es ja stimmen

puissamment [pɥisamɑ̃] *adv* **1.** (*avec des moyens efficaces*) *défendre* heftig, mit aller Kraft [*o* Macht]; *contribuer* stark
2. (*à un haut degré*) stark, besonders
puissance [pɥisɑ̃s] *f* **1.** ∅ (*force*) Kraft *f;* [*éléments a.*] Gewalt *f;* [*vent*] Stärke *f;* ***la ~ de sa volonté*** seine/ihre Willenskraft [*o* Willensstärke]; ***grâce à la ~ de son instinct*** dank seines/ihres stark ausgeprägten Instinkts; ***la ~ d'évocation/ de suggestion d'une œuvre*** die evozierende/suggestive Kraft eines Werkes
2. ∅ (*pouvoir*) Macht *f;* ***volonté de ~*** Wille *m* zur Macht, Machtstreben *nt;* ***~ de persuasion*** Überzeugungskraft *f*
3. (*État*) Macht *f;* ***~ ennemie/ maritime*** feindliche Macht/Seemacht; ***les ~s occidentales*** die Westmächte
4. ∅ (*capacité*) Kraft *f;* ***~ de travail/ d'imagination*** Leistungsfähigkeit *f*/ Vorstellungskraft
5. TECH [*moteur, émission sonore*] Leistung *f,* Leistungsfähigkeit *f;* [*source lumineuse*] Stärke *f*
6. *pl* (*forces*) Kräfte *pl;* ***les ~s du mal*** die Mächte des Bösen
7. MATH, GEOM Potenz *f;* ***qn élève un nombre à la ~ 10*** jd erhebt eine Zahl in die zehnte Potenz; ***dix ~ deux*** zehn hoch zwei; ***~ d'un point par rapport à un cercle*** Potenz eines Punktes bezüglich eines Kreises
8. PHYS, ELEC Leistung *f*
9. OPT Brechkraft *f,* Brechwert *m*
▶ ~ <u>**fiscale**</u> Steuerklasse *f;* <u>**grande**</u> ~ Großmacht *f;* ~ <u>**maritale**</u> JUR Gewalt *f* in der Ehe; **les ~s** <u>**occultes**</u> die geheimen Mächte; <u>**en**</u> ~ potenziell *geh;* ***l'avenir est là, en ~, dans ces décisions*** in diesen Entscheidungen ist die Zukunft bereits angelegt
◆ **puissance au frein** *in Brems-PS ausgedrückte Nutzleistung;* **puissance de feu** Feuerkraft *f;* **les puissances d'argent** das Großkapital, die Großfinanz; **les puissances des ténèbres** die Mächte der Finsternis
puissant, e [pɥisɑ̃, ɑ̃t] **I.** *adj* **1.** (*d'une grande force*) kräftig, stark; *voix* kraftvoll, mächtig
2. (*qui a de l'influence*) mächtig
3. (*qui a un grand potentiel économique ou militaire*) stark; *pays a.* mächtig; *armée a.* schlagkräftig
4. (*très efficace*) *imagination* stark; *remède a.* wirksam; *réconfort* groß, nachhaltig; TECH *moteur* stark, leistungsfähig; *freins* gut
II. *mpl* ■ **les ~s** die Mächtigen
puisse [pɥis] *subj prés de* **pouvoir**
puits [pɥi] *m* **1.** (*pour l'eau*) Brunnen *m;* ***qn tire de l'eau au ~*** jd schöpft Wasser aus dem Brunnen
2. (*pour l'exploitation d'un gisement*) [*mine*] Schacht *m;* [*pétrole*] Bohrloch *nt*
▶ ~ <u>**artésien**</u> artesischer Brunnen
◆ **puits d'aérage, puits d'aération** Wetterschacht *m;* **puits de pétrole** [Erd]ölbohrloch *nt;* ***~ de pétrole en feu*** brennende [Erd]ölquelle; **puits de science** hochgelehrter Mensch
pull [pul] *m abr de* **pull-over** *fam* Pulli *m fam*
pullmann [pulman] *m* (*car*) Komfortreisebus *m*
pull-over <~-~s> [pylɔvɛʀ, pylɔvœʀ] *m* Pullover *m;* (*sans manches*) Pullunder *m*
pullulement [pylylmɑ̃] *m* **1.** (*surabondance*) Schwarm *m*
2. (*fourmillement*) Gewimmel *nt*
3. BIO Vermehrung *f*
pulluler <1> [pylyle] *vi* **1.** (*être en grand nombre*) ■ **des personnes/des choses/des animaux pullulent** es wimmelt von Menschen/Dingen/Tieren; ***le gibier pullule ici*** hier wimmelt es von Wild, hier gibt es Wild in Hülle und Fülle; ***les erreurs pullulent dans sa thèse*** seine/ihre Dissertation wimmelt [*o* strotzt] von Fehlern
2. (*être plein de*) ■ **qc pullule de personnes/de choses/d'animaux** in etw (*dat*) wimmelt es von Menschen/Dingen/Tieren; ***l'article pullulait d'inexactitudes*** in dem Artikel wimmelte es von Ungenauigkeiten, der Artikel strotzte von [*o* vor] Ungenauigkeiten
3. (*proliférer*) ■ **des animaux pullulent** Tiere vermehren sich stark; ■ **qc fait ~ des animaux** etw bewirkt, dass Tiere sich stark vermehren
pulmonaire [pylmɔnɛʀ] *adj* Lungen-
pulpe [pylp] *f* (*chair*) [Frucht]fleisch *nt;* ***~ dentaire*** Zahnmark *nt,* Pulpa *f spec;* ***~ des doigts*** Fingerkuppe *f*
pulpeux, -euse [pylpø, -øz] *adj lèvres* voll, aufgeworfen; *peau* straff; *femme* drall; ***une matière d'une consistance ~euse*** eine weiche Masse
pulsar [pylsaʀ] *m* Pulsar *m spec*
pulsation [pylsasjɔ̃] *f* **1.** (*battement*) [*cœur*] [rhythmisches] Schlagen; [*pouls*] Klopfen *nt;* ***le nombre de ~s à la minute*** die Anzahl der Pulsschläge pro Minute, die Pulsfrequenz; ***son pouls bat à 80 ~s à la minute*** er/sie hat einen Puls [*o* eine Pulsfrequenz] von 80
2. ELEC, PHYS Puls *m*
pulsé, e [pylse] *adj v.* **air, chauffage**
pulsion [pylsjɔ̃] *f* Trieb *m*
▶ ~ **de** <u>**mort**</u> Todestrieb *m kein pl;* ~ <u>**sexuelle**</u> sexueller Trieb, Geschlechtstrieb *m kein pl*
pulvérisateur [pylveʀizatœʀ] *m* Sprühgerät *nt;* [*peinture a.*] Spritzgerät *nt;* [*produit insecticide, fongicide a.*] [Garten]spritze *f;* [*eau, produit liquide*] Sprühflasche *f;* [*produit médicamenteux*] Zerstäuber *m,* Spray [spreː, ʃp-] *m o nt,* Spraydose *f;* ***~ nasal/ buccal*** Nasen-/Mundspray
pulvérisation [pylveʀizasjɔ̃] *f* Sprühen *nt;* [*peinture, laque a., produit insecticide, fongicide*] Spritzen *nt;* [*produit médicamenteux*] Sprayen ['spreːən, 'ʃp-] *nt;* ***la ~ d'un revêtement laqué/ d'un produit détachant*** das Besprühen mit einer Lackschicht/mit einem Fleckenmittel; ***une ~ de produit fongicide est nécessaire matin et soir*** morgens und abends muss ein Fungizid gespritzt werden; ***le docteur a prescrit une ~ dans chaque narine deux fois par jour*** der Arzt gab die Anweisung, jedes Nasenloch zweimal täglich mit dem Nasenspray zu behandeln
pulvériser <1> [pylveʀize] *vt* **1.** (*vaporiser*) ■ **qn pulvérise qc** jd sprüht etw; *peinture a., insecticide* jd spritzt etw; ***pulvérisez le produit sur votre moquette*** sprühen Sie das Mittel auf Ihren Teppichboden; ***peinture à ~*** Spritzfarbe *f*
2. (*réduire à néant*) ■ **qc pulvérise une chose** *bâtiment* durch etw wird eine S. völlig zerstört [*o* dem Erdboden gleichgemacht]; *avion* durch etw wird eine S. völlig zertrümmert; ■ **qn pulvérise qc** *objection* jd widerlegt etw
3. (*battre très largement*) ■ **qn pulvérise qn/qc** *adversaire* jd besiegt jdn haushoch *fam,* jd bringt jdm eine schwere Niederlage bei; *armée* jd schlägt jdn vernichtend; *record* jd bricht etw [sensationell]
4. (*réduire en poudre*) ■ **qn pulvérise qc** jd zermahlt etw zu Pulver, jd pulverisiert etw
puma [pyma] *m* Puma *m*
punaise [pynɛz] *f* **1.** ZOOL Wanze *f*
2. (*petit clou*) Reißzwecke *f,* Reißnagel *m,* Heftzwecke *f*
◆ **punaise de sacristie** *péj* Betbruder/Betschwester *m/f;* **punaise des bois** Schildwanze *f,* Baumwanze *f*
punaiser <1> [pyneze] *vt* ■ **qn punaise qc** jd befestigt etw mit einer Reißzwecke/mit Reißzwecken; ***elle punaise des photos au mur*** sie heftet Fotos mit Reißzwecken an die Wand
punch[1] [pɔ̃ʃ] *m* (*boisson*) Punsch *m*
punch[2] [pœnʃ] *m inv* **1.** (*dynamisme*) Schwung *m,* Elan *m;* ***il est plein de ~*** er ist sehr dynamisch
2. SPORT Punch [pantʃ] *m spec;* ***ce boxeur a le ~*** dieser Boxer hat einen harten Punch
▶ **qn** <u>**a**</u> **du ~/**<u>**manque**</u> **de ~** *fam* jd hat/hat keinen Schwung [*o* Elan], jd ist/ist nicht dynamisch; ***je manque de ~*** ich fühle mich [etwas] schlapp *fam;* **qc** <u>**a**</u> **du ~/**<u>**manque**</u> **de ~** *fam* /*film, musique, spectacle*/ etw hat/hat keinen Pep *fam;* /*moto*/ etw hat/hat keine Power ['pauɐ] *fam;* **qn/qc** <u>**donne**</u> **du ~ à qn/qc** jd/etw bringt jdn/etw in Schwung
puncheur [pœnʃœʀ] *m* Puncher ['pantʃe] *m spec*
punching-ball <~-~s> [pœnʃiŋbol] *m* Punchingball ['pantʃɪŋ-] *m*
punir <8> [pyniʀ] *vt* **1.** (*châtier*) ■ **qn punit qn** jd bestraft jdn; ***qn punit qn d'une peine d'emprisonnement*** jd bestraft jdn mit Gefängnis
2. (*sévir*) ■ **qn/qc punit qc** jd/etw bestraft etw, jd/etw ahndet etw *geh;* ***qc est puni de mort*** auf etw (*akk*) steht die Todesstrafe, etw wird mit dem Tode bestraft
3. (*opp: récompenser*) ■ **qn est puni(e) [de qc]** jd wird [für etw] bestraft; ***te voilà bien puni!*** [siehst du,] das ist die Strafe!, das geschieht dir recht!; ■ **qc punit qn de qc:** ***cela le punirait de son orgueil*** das wäre die [gerechte [*o* wohlverdiente]] Strafe für seinen Hochmut
▶ **qn est puni(e) par où il/elle a** <u>**péché**</u> jdm wird seine Missetat zum Verhängnis, jdn ereilt der Fluch der bösen Tat *geh*
punitif, -ive [pynitif, -iv] *adj* strafend
punition [pynisjɔ̃] *f* **1.** (*peine*) Strafe *f;* ***qn inflige une ~ à qn*** jd verhängt eine Strafe über jdn, jd erlegt jdm eine Strafe auf *geh;* ***~ corporelle*** Körperstrafe, Prügelstrafe
2. SCOL Strafarbeit *f;* ***le maître lui a donné une ~*** der Lehrer hat ihm/ihr eine Strafarbeit aufgegeben
3. (*action de punir*) Bestrafung *f*
4. (*conséquence néfaste*) Strafe *f;* ***la [juste] ~ de qc*** die [gerechte [*o* wohlverdiente]] Strafe für etw
▶ <u>**en**</u> **~ de qc** [als Strafe] für etw
punk [pœ̃k, pœnk] **I.** *adj inv musique, mode, mouvement, rock* Punk- [paŋk-]; *lunettes, bijoux* punkig; ***il a adopté un look ~*** er läuft als [*o* wie ein] Punk[er] herum
II. *mf* (*personne*) Punk[er]/Punkerin *m/f*
pupille[1] [pypil, pypij] *f* Pupille *f*
pupille[2] [pypil, pypij] *mf* Mündel *nt*
◆ **pupille de la Nation** *unter staatlicher Fürsorge stehende Kriegswaise;* **pupille de l'État** (*orphelin*) *unter staatlicher Fürsorge stehende Waise;* (*abandonné*) Fürsorgezögling *m*
pupitre [pypitʀ] *m* **1.** INFORM Steuerpult *nt,* Schaltpult *nt*
2. TECH, ELEC: ***~ de commande*** Steuerpult *nt*
3. MUS [*musicien, choriste*] [Noten]pult *nt,* Notenständer *m;* [*chef d'orchestre*] [Dirigenten]pult; [*piano*] Notenablage *f*
4. (*meuble à plan incliné*) Pult *nt*
▶ [**qn est**] <u>**au**</u> **~** [jd steht] am Pult *geh*
pupitreur, -euse [pypitʀœʀ, -øz] *m, f* Operator(in) *m(f)*
pur, e [pyʀ] **I.** *adj* **1.** (*non altéré*) rein; *air, eau a., ciel* klar
2. (*non mélangé*) rein; ***animal de race ~e*** reinrassiges Tier; ***tu bois ton vin ~?*** trinkst du den Wein pur [*o* unverdünnt]?
3. (*authentique*) *vérité* rein; *hasard, méchanceté, imagination a.* pur; ***mais c'est de la folie ~e!*** das ist ja purer [*o* heller] [*o* glatter] Wahnsinn!; ***c'est de la bêtise à l'état ~!*** das ist doch der reinste Schwachsinn!, dümmer geht es nicht!; ***une politesse de ~e forme*** eine reine Höflichkeit
4. (*opp: appliqué*) *recherche, science, mathématiques* rein
5. (*innocent*) *cœur, âme, amour* rein; *regard* klar, offen; *jeune fille* unverdorben, unschuldig; *intentions* lauter *geh*
6. (*harmonieux*) *ligne, son* rein; *profil* klar; ***un visage d'un ovale ~*** ein Gesicht mit einer makellos ovalen Form
7. (*conforme aux règles*) *langue, style* rein; ***il écrivait dans l'anglais le plus ~*** er schrieb ein lupenreines Englisch
▶ **~(e) et** <u>**dur**</u>**(e)** *morale* rigoros; *doctrine, système a.* strikt; *personne* überzeugt; **~(e) et** <u>**simple**</u> in Reinform; *refus* eindeutig, unmissverständlich; ***un "non" ~ et simple*** ein klares Nein
II. *m souvent pl* (*personne fidèle à un parti*) hundertprozentiger [Partei]an-

hänger *fam,* Hundertprozentiger *fam;* (*personne fidèle à une orthodoxie*) Vertreter *m* der reinen Lehre

purée [pyʀe] *f* **1.** (*préparation de pommes de terre*) [Kartoffel]püree *nt,* Kartoffelbrei *m*
2. (*préparation de légumes*) Püree *nt,* Brei *m;* ~ ***de carottes/ de pois cassés*** Karotten-/Erbsenpüree, Karotten-/Erbsenbrei; ~ ***de marrons*** Maronenpüree
▸ ~! *pop* Scheibenkleister! *fam,* Scheiße! *sl*
◆ **purée de pois** (*brouillard*) dichter Nebel, Waschküche *f fam;* **purée en flocons** GASTR Flockenpüree *nt*

purement [pyʀmɑ̃] *adv* rein; ***un avis ~ subjectif*** eine rein subjektive Meinung; ***il a agi ~ par intérêt*** er hat aus reinem Eigennutz [*o* Egoismus] gehandelt
▸ ~ **et simplement** [ganz] einfach, schlicht und einfach *fam*

pureté [pyʀte] *f* **1.** (*état de ce qui est sans altération*) Reinheit *f;* [*air, eau a., ciel*] Klarheit *f;* ~ ***de la race*** Reinrassigkeit *f*
2. (*perfection*) Reinheit *f;* [*visage a.*] Makellosigkeit *f*
3. (*innocence*) [*intentions*] Lauterkeit *f;* [*regard*] Klarheit *f,* Offenheit *f;* [*enfance, jeune fille*] Unschuld *f*

purgatif, -ive [pyʀgatif, -iv] **I.** *adj* Abführ-; ***qc est*** ~ etw wirkt abführend
II. *m* Abführmittel *nt*

purgatoire [pyʀgatwaʀ] *m* Fegefeuer *nt,* Purgatorium *nt geh*

purge [pyʀʒ] *f* **1.** (*action de vidanger*) [*tuyauterie, chaudière*] Entleerung *f* [und Reinigung *f*]; [*huile*] Ablassen *nt;* [*radiateur*] Entlüftung *f;* ***robinet de*** ~ Ablassventil *nt,* Entleerungsventil *nt*
2. POL [politische] Säuberung, Säuberungsaktion *f*
3. MED Abführmittel *nt*

purger <2 a> [pyʀʒe] **I.** *vt* **1.** (*vidanger*) ■ **qn purge qc** *conduite, tuyauterie, chaudière* jd entleert [und reinigt] etw; *huile* jd lässt etw ab; *radiateur* jd entlüftet etw; ***qn purge les conduites d'eau de leur air*** jd entlüftet die Wasserleitungen; ***qn purge qc d'eau*** jd entwässert etw
2. JUR ■ **qn purge qc** *peine* jd verbüßt etw, jd sitzt etw ab *fam*
3. MED ■ **qn purge qn** jd gibt [*o* verabreicht] jdm ein Abführmittel; ■ **qn est purgé(e)** jd bekommt ein Abführmittel [verabreicht]
4. POL ■ **qn purge qc** [**de personnes**] jd säubert etw [von Menschen]
II. *vpr* ■ **qn se purge** jd nimmt ein Abführmittel; ■ **un animal se purge avec qc** ein Tier frisst etw um abzuführen

purifiant, e [pyʀifjɑ̃, jɑ̃t] *adj lotion, crème* Reinigungs-, reinigend, mit reinigender Wirkung; ***cette lotion est ~e*** diese Lotion wirkt reinigend

purificateur, -trice [pyʀifikatœʀ, -tʀis] **I.** *adj* reinigend, der Reinigung dienend
II. *m* Reinigungsgerät *nt;* ~ ***d'air*** Luftreiniger *m*

purification [pyʀifikasjɔ̃] *f* **1.** (*action de débarrasser de ses impuretés*) Reinigung *f;* [*eau a.*] Klärung *f*
2. REL Reinigung *f;* ***rite de*** ~ Reinigungsritus *m,* rituelle Reinigung
3. (*épuration*) Säuberung *f*

purificatoire [pyʀifikatwaʀ] *adj* Reinigungs-, der Reinigung dienend; ***cette cérémonie est*** ~ diese Zeremonie dient der Reinigung

purifier <1 a> [pyʀifje] **I.** *vt* **1.** (*débarrasser de ses impuretés*) ■ **qn/qc purifie qc** *air, atmosphère* jd/etw reinigt etw; *eau a.* jd/etw klärt etw
2. (*rendre plus pur*) ■ **qc purifie** [**qn/qc**] */feu, rite/* etw reinigt [jdn/etw]; */pénitence, prière, souffrance/* etw läutert [jdn/etw] *geh*
II. *vpr fig* ■ **qn se purifie** [**de qc**] jd reinigt sich [von etw]

purin [pyʀɛ̃] *m* Jauche *f*

puriste [pyʀist] **I.** *adj* puristisch
II. *m, f* Purist(in) *m(f)*

puritain, e [pyʀitɛ̃, ɛn] **I.** *adj* **1.** (*rigoriste*) puritanisch, sittenstreng
2. HIST puritanisch
II. *m, f* **1.** Puritaner(in) *m(f),* sittenstrenger Mensch
2. HIST Puritaner(in) *m(f)*

puritanisme [pyʀitanism] *m* **1.** (*rigorisme*) Puritanismus *m,* Sittenstrenge *f*
2. HIST Puritanismus *m*

pur-sang <~-~ o ~s-~s> [pyʀsɑ̃] *m* Vollblut[pferd] *nt,* Vollblüter *m*

purulent, e [pyʀylɑ̃, ɑ̃t] *adj* **1.** MED *infection* eitrig; *plaie a.* eiternd; ***foyer*** ~ Eiterherd *m*
2. (*alsain*) *style* schmutzig

pus [py] *m* Eiter *m*

pus [py] *p simple de* **pouvoir**

pusillanime [pyzi(l)lanim] *adj littér* kleinmütig *geh*

pustule [pystyl] *f* **1.** MED [Eiter]bläschen *nt,* Pustel *f spec;* ***les ~s de la variole*** die Pockenbläschen
2. (*vésicule*) [*crapaud*] Warze *f;* BOT Wucherung *f* im Gewebe

putain [pytɛ̃] **I.** *f* **1.** *péj vulg* (*prostituée*) Nutte *f sl,* Hure *f*
2. *péj vulg* (*femme débauchée*) Nutte *f sl,* Hure *f*
3. *péj fam* ■ ~ **de** verdammt *fam,* verflucht *fam,* Scheiß- *fam;* ~ ***de voiture*** verdammte [*o* verfluchte] Karre *fam,* Scheißkarre *f fam;* ***quels ~s de chauffards!*** diese verdammten [*o* verfluchten] Autofahrer! *fam*
▸ **qn fait la** ~ *vulg* (*se prostitue*) jd geht auf den Strich *fam; fam* (*s'avilit*) jd liebedienert [*o* katzbuckelt]
II. *interj* **1.** *fam* (*exprime la colère*) verdammt *fam,* verflucht *fam;* (*exprime l'étonnement, l'incrédulité*) Donnerwetter *fam*
2. MIDI *fam* (*forme d'insistance*) Mensch *fam;* ***qu'est-ce qu'il est bon ce vin,*** ~! Mensch, dieser Wein ist vielleicht gut! *fam*
▸ ~ [**de bordel**] **de merde** *fam* verdammt [*o* verflucht] noch mal *fam*

putatif, -ive [pytatif, -iv] *adj père, enfant* mutmaßlich; *mariage* nichtig, für nichtig erklärt

pute [pyt] *f* **1.** *péj vulg* (*prostituée*) Nutte *f sl,* Hure *f*
2. *péj vulg* (*femme débauchée*) Nutte *f sl,* Hure *f;* ***fils de*** ~ Hurensohn *m*
▸ **qn fait la** ~ *vulg* (*se prostitue*) jd geht auf den Strich *fam; fam* (*s'avilit*) jd katzbuckelt, jd kriecht

putois [pytwa] *m* Iltis *m*
▸ **qn crie comme un** ~ (*pousse des cris aigus*) jd schreit [*o* brüllt] wie am Spieß *fam;* (*proteste avec force*) jd protestiert lautstark, jd legt lautstarken Protest ein

putréfaction [pytʀefaksjɔ̃] *f* [*corps, cadavre*] Verwesung *f;* ***cadavre en*** ~ verwesender Leichnam; ***dans un état/ en état de ~ avancé*** stark verwest

putréfier <1 a> [pytʀefje] **I.** *vt* ■ **qc putréfie qc** etw zersetzt etw, etw bringt etw zur Verwesung; ■ **qc est putréfié(e)** etw ist verwest
II. *vpr* ■ **qc se putréfie** etw verwest

putrescible [pytʀesibl] *adj aliments* [leicht] verderblich; ***une matière non*** ~ ein Stoff, der nicht verrottet [*o* nicht verrotten kann]

putride [pytʀid] *adj* **1.** faul; *eau a.* verfault; *odeur a., émanation, miasmes* faulig
2. (*malsain*) *propagande* schmutzig, übel

putsch [putʃ] *m* Putsch *m;* ~ ***militaire*** Militärputsch *m*

putschiste [putʃist] **I.** *m souvent pl* Putschist *m*
II. *app:* ***une action*** ~ eine Aktion von Putschisten

putt [pœt] *m* Putt *m*

puzzle [pœzl, pœzœl] *m* **1.** (*jeu*) Puzzle[spiel *nt*] [pazl-, pasl-] *nt;* ***qn fait un*** ~ jd setzt ein Puzzle zusammen
2. (*problème complexe*) Rätsel *nt;* ***les pièces du ~ commencent à se mettre en place*** allmählich fügen sich die Mosaiksteinchen zusammen

p.-v. [peve] *m abr de* **procès-verbal** *inv fam* Strafzettel *m*

P.V.C. [pevese] *m abr de* **polyvinylchloride** *inv* PVC *nt*

pygmée [pigme] **I.** *adj langue, littérature* pygmäisch; *campement* Pygmäen-; ***populations ~s*** Bevölkerungsgruppen *pl* der Pygmäen
II. *m* **1.** ■ **Pygmée** Pygmäe *m*
2. *péj* (*nain*) Zwerg *m*

pyjama [piʒama] *m* Schlafanzug *m,* Pyjama [py'(d)ʒa:ma] *m;* ***en*** ~[***s***] im Schlafanzug

pylône [pilon] *m* **1.** TECH Mast *m;* ~ ***électrique*** Leitungsmast; (*pour lignes à haute tension*) Hochspannungsmast; ~ ***de radiodiffusion*** Sendemast
2. ARCHIT Pylon *m,* Brückenportal *nt*

pyramidal, e <-aux> [piʀamidal, o] *adj* pyramidenförmig, pyramidal; ***une sculpture de forme ~e*** eine pyramidenförmige Skulptur

pyramide [piʀamid] *f* **1.** ARCHIT Pyramide *f;* ***les ~s d'Égypte*** die ägyptischen Pyramiden; ~ ***de Cheops*** Cheopspyramide
2. GEOM Pyramide *f;* ~ ***régulière/ quadrangulaire*** regelmäßige [*o* gerade]/ vierseitige Pyramide
3. (*empilement en forme de pyramide*) Pyramide *f;* ~ ***humaine*** [Menschen]pyramide; ■ ~ **de qc** *de chaussures, fruits* Pyramide aus etw
◆ **pyramide des âges** Alterspyramide *f*

Pyrénées [piʀene] *fpl* ■ **les Pyrénées** die Pyrenäen *pl*

pyrex® [piʀɛks] *m* feuerfestes Glas, Jenaer Glas®; ***c'est du ~ ou du verre?*** ist das feuerfestes oder normales Glas?

pyrogravure [piʀogʀavyʀ] *f* **1.** ∅ (*technique*) Brandmalerei *f;* ~ ***sur bois/ sur cuir*** Holz-/Lederbrandmalerei
2. (*gravure*) Brandmalerei *f*

pyrolyse [piʀɔliz] *f* Pyrolyse *f*

pyromane [piʀɔman] **I.** *adj* pyromanisch, an Pyromanie leidend
II. *mf* Brandstifter(in) *m(f);* PSYCH Pyromane/-manin *m/f*

pyromanie [piʀɔmani] *f* Pyromanie *f;* ***qn est atteint(e) de*** ~ jd leidet an Pyromanie

pyromètre [piʀɔmɛtʀ] *m* Pyrometer *nt spec*

pyrotechnique [piʀɔtɛknik] *f* Pyrotechnik *f*

Pyrrhus [piʀys] *m v.* **victoire**

pythie [piti] *f* **1.** ANTIK Pythia *f*
2. *littér* (*devineresse*) Pythia *f geh,* Seherin *f*

python [pitɔ̃] *m* Pythonschlange *f,* Python *m*

Q

Q [ky], **q** *m* Q *nt,* q *nt*
▶ **q comme Quintal** Q wie Quelle
Q.C.M. [kysɛɛm] *m abr de* **questionnaire à choix multiple** *inv test, questionnaire)* Test *m* im Multiple-Choice-Verfahren ['mʌltɪpl'tʃɔɪs-], Multiple-Choice-Test
Q.G. [kyʒe] *m abr de* **quartier général** *inv* Hauptquartier *nt; fig* Treffpunkt *m*
Q.I. [kyi] *m abr de* **quotient intellectuel** *inv* IQ *m*
qu' [k] *v.* **que**
quadragénaire [k(w)adʀaʒenɛʀ] **I.** *adj* in den Vierzigern, zwischen vierzig und fünfzig Jahre alt
II. *mf* Mann/Frau *m/f* in den Vierzigern
quadrangulaire [k(w)adʀɑ̃gylɛʀ] *adj* viereckig
quadrature [k(w)adʀatyʀ] *f* Quadratur *f spec*
▶ **la ~ du cercle** die Quadratur des Kreises
quadrichromie [k(w)adʀikʀɔmi] *f* Vierfarbendruck *m; **en ~*** im Vierfarbendruck
quadriennal, e <-aux> [k(w)adʀijenal, o] *adj* **1.** *(qui a lieu tous les quatre ans)* vierjährlich; ***des championnats ~aux*** Meisterschaften, die alle vier Jahr stattfinden; ***le festival est ~*** das Festival findet alle vier Jahre statt
2. *(qui dure quatre ans) plan, assolement* Vierjahres-; *rotation* im Vierjahresrhythmus
quadrilatère [k(w)adʀilatɛʀ] *m* Viereck *nt*
quadrillage [kadʀijaʒ] *m* **1.** *(encadrement, action d'implanter un réseau)* Errichtung *f* eines dichten Netzes von Niederlassungen [*o* Vertretungen]; *(par un parti)* Errichtung *f* eines dichten Netzes von Parteibüros; ~ ***électoral*** flächendeckende Wahlkampfmaßnahmen *pl;* ***on a organisé un véritable ~ de la population*** MED es wurden Reihenuntersuchungen organisiert
2. *(opération militaire, policière)* Errichtung *f* eines dichten [*o* flächendeckenden] Netzes von Kontrollpunkten (*de qc* in etw (*dat*))
3. *[papier]* karierte Linien *pl;* *[tissu]* Karomuster *nt*
quadrillé, e [kadʀije] *adj* kariert
quadriller <1> [kadʀije] *vt* **1.** *(procéder à une opération militaire, policière)* ■ **qn quadrille qc** jd errichtet in etw (*dat*) ein flächendeckendes Netz von Kontrollpunkten; ■ **qc est quadrillé(e)** in etw (*dat*) ist ein flächendeckendes Netz von Kontrollpunkten errichtet worden
2. *(tracer des lignes)* ■ **qn quadrille qc** jd zieht karierte Linien auf etw (*dat*), jd teilt etw in Quadrate [*o* Kästchen] ein
quadriparti, e [k(w)adʀipaʀti] *adj,* **quadripartite** [k(w)adʀipaʀtit] *adj* Vierer-; POL Viermächte-; BOT vierteilig, aus vier Teilen bestehend
quadriphonie [k(w)adʀifɔni] *f* Quadrophonie *f;* ***en ~*** quadrophon
quadrumane [k(w)adʀyman] **I.** *adj* mit vier Händen; ***les singes sont ~s*** [die] Affen sind Vierhänder
II. *m* Vierhänder *m*
quadrupède [k(w)adʀypɛd] **I.** *adj* vierfüßig
II. *m* Vierfüßer *m*
quadruple [k(w)adʀypl] **I.** *adj* **1.** *(qui vaut quatre fois autant)* vierfach; ■ **~ de qc** viermal so groß wie etw; ***une quantité ~ de la précédente*** eine Menge, die viermal so groß ist wie die vorige; ***le chiffre ~ de 2 est 8*** das Vierfache von 2 ist 8
2. *antéposé (au nombre de quatre)* vierfach; ***une ~ rangée de chaises*** vier Reihen Stühle; ***un document en ~ exemplaire*** ein Dokument in vierfacher Ausfertigung
II. *m* Vierfache(s) *nt;* ***le ~ du prix*** das Vierfache des Preises, der vierfache Preis; ***les prix ont atteint leur ~*** die Preise haben sich vervierfacht [*o* sind auf das Vierfache gestiegen]; ***il me l'a rendu au ~*** er hat sich [bei mir] doppelt und dreifach revanchiert
quadrupler <1> [k(w)adʀyple] **I.** *vi (se multiplier par quatre)* ■ **qc quadruple** etw vervierfacht sich
II. *vt (multiplier par quatre)* ■ **qn/qc quadruple qc** jd/etw vervierfacht etw, jd steigert etw auf das Vierfache
quadruplés, -ées [k(w)adʀyple] *mpl, fpl* Vierlinge *pl*
quai [ke] *m* **1.** TRANSP *[gare, station de métro]* Bahnsteig *m;* *[entrepôt]* Laderampe *f;* ~ ***de déchargement*** Verladerampe
2. *(pour accoster)* Kai *m,* Anlegestelle *f*
3. *(voie publique)* Uferstraße *f,* Quai *m;* ***elle flâne le long des ~s de la Seine*** sie schlendert am Seineufer entlang
4. *(installation portuaire)* Kai *m,* Pier *m o f;* ■ **~ à** -pier; ~ ***à charbon*** Kohlenpier
▶ **qc est à ~** etw liegt am Kai
◆ **Quai des Orfèvres** *Sitz der Pariser Kriminalpolizei;* **Quai d'Orsay** *Sitz des französischen Außenministeriums*
quaker, -esse [kwɛkœʀ, kwɛkʀɛs] *m, f* Quäker(in) *m(f)*
qualifiable [kalifjabl] *adj:* ***qc est à peine ~*** man findet kaum noch Worte für etw; ***qc n'est pas ~*** etw ist [einfach] unbeschreiblich

qualificatif, -ive [kalifikatif, -iv] **I.** *adj* **1.** GRAM: ***adjectif ~*** Eigenschaftswort *nt,* Adjektiv *nt*
2. SPORT *épreuve, match* Qualifikations-
II. *m* **1.** GRAM Adjektiv *nt*
2. *(expression)* Bezeichnung *f;* ***cela mérite les ~s les plus élogieux*** das verdient uneingeschränktes Lob
qualification [kalifikasjɔ̃] *f* **1.** SPORT Qualifikation *f;* ***match de ~*** Qualifikationsspiel *nt;* ***l'équipe joue sa ~ pour ...*** die Mannschaft spielt um die Qualifikation für ...
2. *(expérience)* ■ **~ [dans qc]** [Berufs]erfahrung *f* [*o* Kenntnisse *pl*] [in etw (*dat*)]; ~ ***professionnelle*** berufliche Qualifikation
3. *(diplôme)* Qualifikation *f*
4. *(nom)* Bezeichnung *f,* Ausdruck *m;* ***la ~ de faussaire est exagérée*** die Bezeichnung „Fälscher" ist übertrieben
qualifié, e [kalifje] *adj* **1.** *(compétent)* kompetent; *personne a.* befähigt; *avis a.* sachkundig; ***elle n'est pas ~e pour me donner des ordres*** sie ist nicht berechtigt mir Anweisungen zu geben; ***vous n'êtes pas plus ~s que nous pour faire qc*** eure Befähigung etw zu tun ist nicht größer als unsere
2. *(formé)* [gut] ausgebildet, qualifiziert; ***hautement ~*** hoch qualifiziert; ***ouvrier ~*** Facharbeiter *m;* ***personnel ~*** Fach[arbeits]kräfte *pl;* ***des jeunes non ~s*** junge Leute ohne Berufsausbildung
3. JUR schwer, qualifiziert *spec*
4. *(manifeste):* ***c'est du vol ~!*** das ist ganz klarer Diebstahl!
qualifier <1 a> [kalifje] **I.** *vt* **1.** *(caractériser comme)* ■ **qn/qc qualifie qc [de qc]** jd/etw bezeichnet etw [als etw (*akk*)]; ***qn qualifie la conduite de qn de prudente/d'exemplaire/d'intègre*** jd nennt jds Verhalten klug/beispielhaft/integer; ***vous pouvez me dire comment ~ sa conduite?*** haben Sie/habt ihr/hat man für dieses Benehmen noch Worte?; ***voilà une conduite qu'on ne saurait ~*** dieses Benehmen ist einfach unbeschreiblich
2. *(traiter)* ■ **qn qualifie qn de qc** jd nennt jdn etw; ***il a osé me ~ de menteuse*** er hat es gewagt, mich eine Lügnerin zu nennen
3. *(rendre apte)* ■ **qc qualifie qn pour qc** etw befähigt [*o* qualifiziert] jdn für etw
4. *(permettre de)* ■ **qc qualifie qn pour faire qc** etw berechtigt jdn, etw zu tun; etw gibt jdm das Recht, etw zu tun
5. SPORT ■ **qc qualifie qn pour qc** mit etw qualifiziert sich jd für etw; ***nous sommes qualifiés [pour la finale]*** wir haben uns [für das Finale] qualifiziert
6. GRAM ■ **qc qualifie qc** etw bestimmt etw näher
II. *vpr* SPORT ■ **qn se qualifie pour qc** jd qualifiziert sich für etw
qualitatif, -ive [kalitatif, -iv] *adj différence* Qualitäts-; *analyse* qualitativ; ***changement ~*** Veränderung *f* in qualitativer Hinsicht
qualitativement [kalitativmɑ̃] *adv* qualitativ, im Hinblick [*o* in Bezug] auf die Qualität
qualité [kalite] *f* **1.** *(valeur)* Qualität *f;* *[produit a.]* Güte *f;* ***produits de bonne/mauvaise ~*** Produkte *pl* von guter/schlechter Qualität; ***ces légumes sont de ~ médiocre/supérieure*** dieses Gemüse ist von mäßiger/hervorragender Qualität, die Qualität dieses Gemüses ist mittelmäßig/hervorragend; ***service ~*** Abteilung *f* für Qualitätskontrolle [*o* Qualitätssicherung]; ***la ~ et la quantité*** Qualität und Quantität *f*
2. *(caractéristique positive)* Vorzug *m;* *[athlète]* [besondere] Fähigkeit, Stärke *f;* *[œuvre littéraire]* [künstlerische] Qualität
3. *(vertu)* *[personne]* Qualität *f,* gute Eigenschaft, Stärke *f;* ***~s de cœur*** menschliche Qualitäten; ***~s morales*** charakterliche Qualitäten; ***~s de jugement*** Urteilsfähigkeit *f,* Urteilskraft *f;* ***quelle est votre principale ~?*** worin liegt vor allem Ihre Stärke?
4. *(aptitude)* Fähigkeit *f*
5. *(fonction)* Beruf *m,* Stellung *f;* ***sa ~ de fonctionnaire lui garantit sa retraite*** als Beamter hat er/als Beamtin hat sie eine sichere Pension; ***sa ~ d'ambassadeur lui permet de ...*** als Botschafter kann er ...
▶ **de première ~** erstklassig; **qn a ~ pour faire qc** jd ist befugt [*o* berechtigt] etw zu tun; **de ~** *spectacle, livre, journal* [sehr] gut; *appartement a.* Top-*fam; produit* Qualitäts-; **en ~ de** als; **en ma/ta/sa/... ~ de** in meiner/deiner/seiner/ihrer/... Eigenschaft als
◆ **qualité de [la] vie** Lebensqualität *f*
quand [kɑ̃] **I.** *adv* wann; ***depuis/jusqu'à ~?*** seit/bis wann?; ***de ~ date ce livre/cet incident?*** wann ist dieses Buch erschienen/dieser Zwischenfall passiert?; ***pour ~ avez-vous pris rendez-vous?*** *(avec un ami)* für wann haben Sie sich verabredet?; *(chez le médecin, dentiste, notaire)* für wann haben Sie sich (*dat*) einen Termin geben lassen?
II. *conj* **1.** *(temporel) (événement unique du passé ou du présent)* als; *(événement répétitif, événement unique du futur)* wenn; ~ ***il est venu, il a apporté des fleurs*** als er kam, brachte er Blumen mit; ~ ***il venait, il apportait des fleurs*** [immer] wenn er kam, brachte er Blumen mit; ~ ***tu l'as rencontré*** als du ihn trafst; ~ ***tu le rencontreras*** wenn du ihn triffst/

treffen wirst
2. *fam* (*le moment où, le fait que*) wenn; ***je n'aime pas ~ vous criez*** ich mag es nicht, wenn Sie schreien/ihr schreit; ***cela nous servira pour ~ nous partirons en voyage*** das werden wir [dann] gebrauchen können, wenn wir verreisen
3. (*puisque*) wenn … [doch], wo … doch; ***pourquoi allumer la lumière ~ il fait encore jour?*** warum sollte man Licht machen, wenn [*o* wo] es doch noch hell ist?
4. (*même si*): ~ [[***bien***] ***même***] selbst wenn; ~ [***bien même***] ***il ferait beau, je ne sortirais pas*** selbst wenn das Wetter schön wäre, würde ich nicht hinausgehen
▶ ~ **même** (*malgré cela*) trotzdem; *fam* (*tout de même*) doch; ***merci ~ même d'avoir pensé à m'inviter*** (*en déclinant une invitation*) trotzdem vielen Dank für die Einladung; (*ironiquement*) übrigens vielen Dank für die Einladung; ***quel imbécile ~ même!*** was ist er doch für ein Dummkopf!; ***~ même, il n'est pas bête!*** schließlich ist er ja nicht dumm!; ***tu aurais ~ même pu avertir pour dire que*** du hättest doch [*o* schließlich] Bescheid sagen können, dass

quant [kɑ̃] *prép* **1.** (*pour ce qui concerne*) ■ **~ à qn/qc** was jdn/etw betrifft [*o* angeht] [*o* anbelangt]; ~ ***à moi*** ich für mein[en] Teil; ***il ne nous a rien dit ~ à ses projets*** über seine Pläne hat er uns nichts gesagt; ***je n'ai rien su ~ à ce qui s'est passé*** von den Vorkommnissen habe ich nichts gewusst
2. (*pour ce qui est de*) ■ **~ à faire qc**: ~ ***à se brosser les dents/faire la vaisselle, c'est la croix et la bannière avec lui*** was das Zähneputzen/Geschirrspülen angeht, [*o* in puncto Zähneputzen/Geschirrspülen *fam*] ist es wirklich ein Kreuz mit ihm

quanta [k(w)ɑ̃ta] *mpl v.* **quantum**

quant-à-soi [kɑ̃taswa] *m inv* [vornehme] Zurückhaltung; **qn reste sur son ~-~-~** jd verhält sich/ist [sehr] reserviert

quantifier <1 a> [kɑ̃tifje] *vt* **1.** (*chiffrer*) ■ **qn quantifie qc** jd fasst etw in Zahlen (*akk*), jd erfasst etw quantitativ *geh*
2. PHYS ■ **qn quantifie qc** jd quantisiert [*o* quantelt] etw

quantique [k(w)ɑ̃tik] *adj* Quanten-

quantitatif, -ive [kɑ̃titatif, -iv] *adj* mengenmäßig, quantitativ

quantitativement [kɑ̃titativmɑ̃] *adv* mengenmäßig, quantitativ

quantité [kɑ̃tite] *f* **1.** (*nombre*) Menge *f;* (*au sujet d'objets dénombrables*) Anzahl *f;* (*au sujet de personnes*) Zahl; ***quelle ~ de farine/de sucre doit-on mettre?*** welche Menge [*o* wie viel] Mehl/Zucker muss man nehmen?; ***une ~ respectable d'années*** eine stattliche Anzahl von Jahren
2. (*grand nombre*) ■ **[une] ~ de personnes/choses** eine Menge [*o* viele] Menschen/Dinge; ***regarde la ~ de cadeaux qu'il a reçus!*** sieh dir diese Menge [*o* diese vielen] Geschenke an, die er bekommen hat!; ■ **[des] ~s de personnes** (*abondance*) sehr viele [*o* unzählige] Menschen; ■ **[des] ~s de choses** (*abondance*) eine Unmenge Dinge [*o* von Dingen], Unmengen *pl* von Dingen, unzählige Dinge; ***des ~s de courrier*** Unmengen von Post
3. SCI Menge *f;* ~ ***d'électricité/de lumière*** Elektrizitäts-/Lichtmenge
4. GRAM Menge *f;* ***adverbe de ~*** Adverb *nt* der Menge; ***mot qui exprime la ~*** Mengenbezeichnung *f*
5. PHON Quantität *f spec*
▶ **~[s] industrielle[s]** (*très grand nombre*) riesige Menge[n], jede Menge *fam;* ***des pâtes en ~ industrielle*** [*o* ***une ~ industrielle de pâtes***] eine riesige Menge Nudeln, jede Menge Nudeln *fam;* **qn/qc est ~ négligeable** jd/etw ist unwichtig [*o* nicht weiter wichtig]; **comme [une] ~ négligeable**: ***qn voit/considère qn/qc comme ~ négligeable*** jd beachtet jdn/etw kaum; ***qn traite qn/qc comme ~ négligeable*** jd behandelt jdn von oben herab, jd nimmt auf etw (*akk*) keine Rücksicht; **en ~** unzählig, zahllos; ***il y a du travail en ~*** es gibt unendlich viel Arbeit

quantum <quanta> [k(w)ɑ̃tɔm, -ta] *m* Quant *nt spec;* ***théorie des quanta*** Quantentheorie *f*

quarantaine [kaʀɑ̃tɛn] *f* **1.** (*environ quarante*) ■ **une ~ [de personnes/choses]** ungefähr [*o* um die] vierzig [Menschen/Dinge]
2. (*âge approximatif*): ***qn a la ~*** jd ist ungefähr [*o* etwa] [*o* um die] vierzig [Jahre alt]; ***qn approche de la ~*** jd geht auf die Vierzig zu; ***qn a dépassé/a largement dépassé la ~*** jd ist über/weit über vierzig [Jahre alt]; ***elle a une ~ d'années*** sie ist so um die Vierzig
3. MED Quarantäne *f;* ***pavillon de ~ d'un bateau*** Quarantäneflagge *f* eines Schiffs; ***dans ce service de l'hôpital, il y a ~*** die Patienten in dieser Krankenstation stehen unter Quarantäne
▶ **qn/un animal est en ~** MED jd/ein Tier steht unter Quarantäne; **qc est en ~** /*navire*/ etw liegt in Quarantäne; **qn/qc est en ~** (*est tenu à l'écart*) /*personne*/ die anderen halten sich von jdm fern; /*pays*/ etw ist in die Isolation geraten; **qn met qn/un animal en ~** MED jd stellt jdn/ein Tier unter Quarantäne; **qn met qc en ~** *navire* jd legt [*o* nimmt] etw in Quarantäne, jd verhängt [die] Quarantäne über etw (*akk*); **qn met qn/qc en ~** (*tient à l'écart*) *personne* jd will mit jdm nichts mehr zu tun haben, jd redet [*o* spricht] nicht mehr mit jdm; *pays* jd drängt etw in die Isolation

quarante [kaʀɑ̃t] **I.** *num* **1.** (*cardinal*) vierzig; ***la semaine de ~ heures*** die Vierzigstundenwoche
2. (*ordinal*): ***chapitre/page ~*** Kapitel *nt*/Seite *f* vierzig; ***dans les années ~*** in den vierziger Jahren
II. *m inv* **1.** (*chiffre*) Vierzig *f*
2. (*numéro*) Nummer *f* vierzig, Vierzig *f;* ***j'habite*** [***au***] ***40, rue de Rivoli*** ich wohne [in der] Rue de Rivoli [Nummer] 40
▶ **les Q~** die [vierzig Mitglieder der] Académie française
◆ **quarante et un(e)** einundvierzig; *v. a.* **cinq**

quarantième [kaʀɑ̃tjɛm] **I.** *adj antéposé* vierzigste(r, s); ***dans sa ~ année*** in seinem/ihrem vierzigsten Lebensjahr; ***elle a obtenu la ~ place*** sie ist Vierzigste geworden
II. *mf* ■ **le/la ~** der/die/das Vierzigste
III. *m* (*fraction*) Vierzigstel *nt*

quart [kaʀ] *m* **1.** (*quatrième partie d'un tout*) Viertel *nt;* ***il a reçu le ~ de l'héritage/du gâteau*** er hat ein Viertel der Erbschaft/des Kuchens bekommen; ***les trois ~s de la circonférence*** drei Viertel des [Kreis]umfangs; ~ ***de siècle*** Vierteljahrhundert *nt;* ***le ~ de vingt est cinq*** der vierte Teil von zwanzig ist fünf
2. (*25 cl*) Viertel *nt,* Viertelliter *m;* (*bouteille contenant 25 cl*) Viertelliterflasche *f;* ***un ~ de vin*** (*quantité*) ein Viertel [Wein]; (*bouteille*) eine Viertelliterflasche Wein
3. MIL (*gobelet*) Trinkgefäß *nt*
4. (*125 g*) Viertel[pfund] *nt;* ***un ~ de beurre*** ein Viertel[pfund] Butter
5. (*15 minutes*) Viertelstunde *f;* (*dans le décompte des heures*) Viertel *nt;* ***cette horloge sonne aussi les ~s*** diese Uhr schlägt jede Viertelstunde; ***il est 3 heures et ~/3 heures un ~*** es ist Viertel nach drei; ***il est 4 heures moins le ~*** es ist Viertel vor vier, es ist drei viertel vier SDEUTSCH; ***il est le ~/moins le ~*** es ist Viertel nach/vor
6. (*partie appréciable*) Großteil *m;* ***un ~ de ma vie/le ~ de mon travail*** ein Großteil meines Lebens/meiner Arbeit; ***je n'ai pas fait le ~ de ce que je voulais faire*** ich habe nur einen Bruchteil dessen getan, was ich tun wollte
▶ **les trois ~s de qc** (*la plus grande partie de*) der Großteil einer S. (*gen*); ***les trois ~s du temps*** die meiste Zeit; **aux trois ~s** (*presque complètement*) *inondé, brûlé* zum größten Teil, fast vollständig; *vide* fast; *asphyxié* schon fast; **de trois ~s** im Halbprofil; ***qn se met de trois ~s*** jd dreht sein Gesicht ins Halbprofil; **qn est de ~** jd hat Wache; **qn prend le ~** jd übernimmt die Wache; **de ~** wachhabend
◆ **quart de poil** ▶ **au ~ de poil** *fam* haargenau, auf den Millimeter genau; **quart de queue** Stutzflügel *m;* **quart de soupir** Sechzehntelpause *f;* **quart de ton** Viertelton *m;* **quart de tour** ▶ **au ~ de tour** sofort; **quart d'heure** Viertelstunde *f;* ***nous avons attendus trois ~s d'heure*** wir haben eine Dreiviertelstunde gewartet ▶ **~ d'heure académique** akademisches Viertel; **qn passe un mauvais** [*o* **sale**] **~ d'heure** jd bekommt Ärger; ***je vais te faire passer un sale ~ d'heure!*** du wirst Ärger mit mir bekommen!; **quarts de finale** Viertelfinale *nt*

quarte [kaʀt] *f* **1.** MUS Quart[e] *f*
2. CARTES *vier aufeinander folgende Karten derselben Farbe*

quarté [k(w)aʀte] *m* Rennquartett *nt;* ***il fait un ~ tous les dimanches*** er wettet jeden Sonntag beim Rennquartett, er spielt jeden Sonntag Rennquartett; ***qn gagne le ~ dans le désordre*** *jd sagt im Rennquartett die vier Pferde, die als Erste ins Ziel kommen richtig vorher, nicht aber ihre Reihenfolge*

quartette [k(w)aʀtɛt] *m* MUS Quartett *nt*

quartier [kaʀtje] *m* **1.** ADMIN [Stadt]bezirk *m*
2. (*partie de ville*) Stadtteil *m,* Viertel *nt;* ~ ***résidentiel*** Wohngebiet *nt,* Wohnviertel; ~ ***commerçant/des affaires*** Geschäftsviertel; ~ ***populaire/ouvrier*** einfaches Viertel/Arbeiterviertel; ~ ***bourgeois*** wohlhabende [Wohn]gegend; ***les bas ~s*** die Armenviertel; ***les beaux ~s*** die Viertel der Reichen, die Villenviertel, die vornehme [Wohn]gegend; ***le Q~ latin*** das Quartier Latin (*Pariser Universitäts- und Studentenviertel*); ***le ~ est/ouest de la ville*** der östliche/westliche Stadtteil
3. (*lieu où l'on habite*) Viertel *nt;* ***vous êtes du ~?*** sind Sie/seid ihr aus diesem Viertel?; ***les gens du ~*** die Leute aus der Nachbarschaft; ***dans le ~, on ne parle que de ça*** im ganzen Viertel redet man nur davon
4. (*habitants*) Viertel *nt*
5. (*morceau*) Viertel *nt;* [*viande*] großes Stück; [*roche*] [großer] Brocken
6. (*division naturelle d'un fruit*) Stück *nt*
7. ASTRON Viertel *nt;* ***la lune est dans son premier ~*** der Mond steht im ersten Viertel, es ist Halbmond
8. *pl* MIL Quartier *nt,* Unterkunft *f*
▶ **qn prend ses ~s d'hiver** (*rentre*) jd bezieht das Winterquartier; **qn prend ses ~s d'hiver quelque part** jd hält sich den Winter über irgendwo auf, jd verbringt den Winter irgendwo; ~ **général** MIL Hauptquartier *nt;* (*lieu de réunion*) Treffpunkt *m;* **grand ~ général** MIL obere Heeresleitung; **qn a ~ libre** MIL jd hat Ausgang; (*est autorisé à sortir*) jd darf ausgehen, jd hat frei *fam;* **qn ne fait pas de ~** jd kennt kein Pardon; **de ~** in der Nachbarschaft [*o* Nähe]; **pas de ~!** kein Pardon!, Pardon wird nicht gegeben!

quart-monde <~s-~s> [kaʀmɔ̃d] *m* ■ **le ~-~** **1.** (*pauvreté*) die neue Armut; (*personnes défavorisées*) die Opfer *pl* der neuen Armut
2. (*pays les plus pauvres*) die Vierte Welt

quartz [kwaʀts] *m* Quarz *m;* ***cristaux de ~*** Quarzkristalle *pl*
▶ **à ~** Quarz-

quasar [kazaʀ] *m* Quasar *m spec*

quasi [kazi] **I.** *adv* fast, beinahe; ~ ***mort*** halbtot
II. *préf* ■ **~-** + *subst* fast vollständig; ***~-absence d'explications*** fast vollständiges Fehlen von Erklärungen; ***~-certitude*** fast hundertprozentige Sicherheit; ***des ~-inconnus*** fast völlig fremde Menschen

quasiment [kazimɑ̃] *adv fam* fast, beinahe

quaternaire [kwatɛʀnɛʀ] **I.** *adj*: ***ère ~*** Quartär *nt*
II. *m* Quartär *nt*

quatorze [katɔʀz] **I.** *num* **1.** (*cardinal*) vierzehn
2. (*ordinal*): ***chapitre/page ~*** Kapitel *nt*/Seite *f* vierzehn; ***Louis XIV*** Ludwig XIV., Ludwig der Vierzehnte; ***je viens le ~ mai*** ich komme am vierzehnten Mai; ***la guerre de ~[-dix-huit]*** der Erste Weltkrieg; ***le 14 juillet*** der 14. Juli (*französischer Nationalfeiertag*)
▶ **c'est reparti comme en ~** und schon geht's wieder los
II. *m inv* **1.** (*chiffre*) Vierzehn *f*
2. (*numéro*) Nummer *f* vierzehn, Vierzehn *f;* ***j'habite*** [***au***] ***14, rue de la Mésange*** ich wohne [in der] Rue de la Mésange [Nummer] 14
3. CARTES Trumpfneun *f*

4. (*date*): ***nous sommes aujourd'hui le*** ~ heute ist der Vierzehnte, wir haben heute den Vierzehnten
5. SCOL (*note*) vierzehn Punkte [aus zwanzig] (*gute Note, die einer Zwei entspricht*); *v. a.* **cinq**

quatorzième [katɔʀzjɛm] I. *adj antéposé* vierzehnte(r, s); ***au*** ~ ***siècle*** im vierzehnten Jahrhundert
II. *mf* ■ **le/la** ~ der/die/das Vierzehnte
III. *m* 1. (*fraction*) Vierzehntel *nt*
2. (*étage*) vierzehnter Stock, vierzehnte Etage
3. (*arrondissement*) vierzehntes Arrondissement

quatrain [katʀɛ̃] *m* Vierzeiler *m*

quatre [katʀ] I. *num* 1. (*cardinal*) vier; ***ils ont gagné*** ~ ***à un*** sie haben vier zu eins gewonnen; ***ça coûte*** ~ ***francs*** das kostet vier Franc; ***le train part dans*** ~ ***minutes*** der Zug fährt in vier Minuten ab; ***en*** ~ ***jours*** in vier Tagen; ***trois et un font*** ~ drei und eins sind [*o* macht] [*o* gibt] vier
2. (*ordinal*): ***chapitre/page*** ~ Kapitel *nt*/Seite *f* vier; ***le numéro*** ~ die Nummer vier; ***à*** ~ ***heures*** um vier Uhr; ***je viens le*** ~ ***mai*** ich komme am vierten Mai; ***nous sommes le*** ~ ***juin*** heute ist der vierte Juni, wir haben den vierten Juni; ***Henri IV*** Heinrich IV., Heinrich der Vierte; ***acte IV, scène 2*** Akt IV, Szene 2; vierter Akt, zweite Szene
II. *m inv* 1. (*chiffre*) Vier *f*
2. (*numéro*) Nummer *f* vier, Vier *f*; ***j'habite*** [***au***] ***4, rue Blanche*** ich wohne [in der] Rue Blanche [Nummer] 4; ■ **le** ~ die Nummer vier; TRANSP die Nummer vier, die Linie vier, die Vier *fam*; (*bus a.*) der Vierer SDEUTSCH *fam*; ***quel cheval as-tu joué? – Le*** ~ auf welches Pferd hast du gesetzt? – Auf die Nummer vier [*o* die Vier *fam*]
3. CARTES, JEUX Vier *f*; (*face de dé*) Vier *f*; ***je joue le*** ~ ***de cœur*** ich spiele die Herzvier; ***qn mise le*** ~ jd setzt auf die Vier
4. (*date*): ***nous sommes aujourd'hui le*** ~ heute ist der Vierte, wir haben heute den Vierten
5. SCOL (*note*) vier Punkte [aus zwanzig] (*mangelhafte Note, die einer Fünf entspricht*); ***il a eu*** [***un***] ~ ***à l'interro de maths*** er hat vier Punkte in der Mathearbeit geschrieben
► ~ arabe/romain arabische/römische Vier
III. *f* ■ **la** ~ die Vier; (*table a.*) der Tisch vier; (*chambre a.*) das Zimmer vier
IV. *pron* vier; ***seuls*** ~ ***sont venus*** nur vier sind gekommen; ***ils étaient dix contre*** ~ sie waren zehn gegen vier; ***un jour sur*** ~ alle vier Tage
► **qn se met en** ~ **pour qn/pour faire qc** jd zerreißt sich förmlich für jdn/um etw zu tun *fam*; **à** ~ zu viert; **à nous** ~ wir vier; ~ **à** ~ (*précipitamment*): ***qn monte l'escalier*** ~ ***à*** ~ (*vu d'en bas*) jd stürzt die Treppe hinauf; (*vu d'en haut*) jd stürzt die Treppe herauf; ***qn descend l'escalier*** ~ ***à*** ~ (*vu d'en haut*) jd stürzt die Treppe hinunter; (*vu d'en bas*) jd stürzt die Treppe herunter; **comme** ~ *manger* für drei; *boire* [sehr] viel; **un de ces** ~ [**matins**] *fam* demnächst, über kurz oder lang; **en** ~ in vier Teile; **par** ~ COM im Viererpack; ~ **par** ~ *choses* je[weils] vier; *personnes a.* [jeweils] zu viert, in Vierergruppen; **tous les** ~ alle vier

quatre-cent-vingt-et-un [kat(ʀə)sɑ̃vɛ̃teœ̃] *m inv* JEUX *französisches Würfelspiel* **quatre-épices** [katʀepis] *m inv* Piment *m o nt*, Nelkenpfeffer *m* **quatre-heures** [katʀœʀ] *m inv fam süße Nachmittagsmahlzeit für Kinder* **quatre-mâts** [kat(ʀə)mɑ] *m inv* Viermaster *m* **quatre-quarts** [kat(ʀə)kaʀ] *m inv* Kuchen *m* aus Rührteig, Rührkuchen *m* **quatre-quatre** [kat(ʀə)katʀ] *m inv* 1. AUT Auto *nt* mit Vierradantrieb [*o* Allradantrieb] 2. MUS Viervierteltakt *m* **quatre-vingt** <~-~s> [katʀəvɛ̃] I. *num* 1. (*cardinal*) achtzig; ~-~***s personnes*** achtzig Menschen; ~-~ ***mille dollars*** achtzigtausend Dollar; ***âgé(e) de*** ~-~***s ans*** achtzig Jahre alt; ***cent*** ~-~***s*** hundertachtzig 2. *inv* (*ordinal*): ***chapitre/page*** ~-~ Kapitel *nt*/Seite *f* achtzig; ***dans les années*** ~-~ in den achtziger Jahren II. *m inv* ■ **quatre-vingts** 1. (*chiffre*) Achtzig *f* 2. (*numéro*) Nummer *f* achtzig, Achtzig *f*; ***j'habite*** [***au***] ***80, rue de Rivoli*** ich wohne [in der] Rue de Rivoli [Nummer] 80; *v. a.* **vingt** **quatre-vingt-dix** [katʀəvɛ̃dis] I. *num* 1. (*cardinal*) neunzig 2. (*ordinal*): ***chapitre/page*** ~-~-~ Kapitel *nt*/Seite *f* neunzig; ***dans les années*** ~-~-~ in den neunziger Jahren II. *m inv* 1. (*chiffre*) Neunzig *f* 2. (*numéro*) Nummer *f* neunzig, Neunzig *f*; ***j'habite*** [***au***] ***90, rue de Rivoli*** ich wohne [in der] Rue de Rivoli [Nummer] 90; *v. a.* **vingt** **quatre-vingt-dixième** <~-~-~s> [katʀəvɛ̃dizjɛm] I. *adj antéposé* neunzigste(r, s); ***elle est dans sa*** ~-~-~ ***année*** sie ist in ihrem neunzigsten Lebensjahr II. *mf* ■ **le/la** ~-~-~ der/die/das Neunzigste III. *m* (*fraction*) Neunzigstel *nt* **quatre-vingtième** <~-~s> [katʀəvɛ̃tjɛm] I. *adj antéposé* achtzigste(r, s); ***elle est dans sa*** ~-~ ***année*** sie ist in ihrem achtzigsten Lebensjahr II. *mf* ■ **le/la** ~-~ der/die/das Achtzigste III. *m* (*fraction*) Achtzigstel *nt* **quatre-vingt-onze** [katʀəvɛ̃ɔ̃z] I. *num* 1. (*cardinal*) einundneunzig 2. (*ordinal*): ***chapitre/page*** ~-~-~ Kapitel *nt*/Seite *f* einundneunzig II. *m inv* 1. (*chiffre*) Einundneunzig *f* 2 (*numéro*) Nummer *f* einundneunzig, Einundneunzig *f*; ***j'habite au*** ~-~-~ ***de la rue des Vosges*** ich wohne in der Rue des Vosges [Nummer] einundneunzig; *v. a.* **cinq** **quatre-vingt-un, -une** [katʀəvɛ̃œ̃, yn] I. *num* 1. (*cardinal*) einundachtzig 2. (*ordinal*): ***chapitre*** ~-~-~ Kapitel *nt* einundachtzig; ***page*** ~-~-~[***e***] Seite *f* einundachtzig II. *m inv* 1. (*chiffre*) Einundachtzig *f* 2. (*numéro*) Nummer *f* einundachtzig, Einundachtzig *f*; ***il habite au*** ~-~-~, ***rue des Anges*** er wohnt in der Rue des Anges [Nummer] einundachtzig; *v. a.* **cinq** **quatre-vingt-unième** [katʀəvɛ̃ynjɛm] I. *adj antéposé* einundachtzigste(r, s) II. *mf* ■ **le/la** ~-~-~ der/die/das Einundachtzigste III. *m* (*fraction*) Einundachtzigstel *nt*

quatrième [katʀijɛm] I. *adj antéposé* vierte(r, s); ***au*** ~ ***siècle*** im vierten Jahrhundert; ***il est arrivé*** ~ er ist Vierter geworden
II. *mf* ■ **le/la** ~ der/die/das Vierte; ***elle est la*** ~ ***de la classe*** sie ist die Viertbeste der Klasse
III. *m* 1. (*étage*) vierter Stock, vierte Etage
2. (*arrondissement*) viertes Arrondissement
IV. *f* 1. AUT vierter Gang; ***qn passe en*** ~ jd schaltet in den vierten Gang
2. SCOL *vieux* ≈ achte Klasse (*dritte Klasse des Collège in Frankreich*)

quatrièmement [katʀijɛmmɑ̃] *adv* viertens

quatuor [kwatɥɔʀ] *m* 1. (*œuvre*) Quartett *nt*; ~ ***à cordes*** Streichquartett
2. (*musiciens*) Quartett *nt*
3. *fam* (*clique*) Quartett *nt fam*

que <qu'> [kə] I. *conj* 1. (*introduit une complétive à l'indicatif*) dass; ***je crois/pense/suis sûr(e) qu'il viendra*** ich glaube/denke/bin sicher, dass er kommt [*o* kommen wird]; ***l'idée qu'il allait la voir*** die Vorstellung, dass er sie sehen würde; ***je pense*** ~ ***oui/non*** ich denke schon/nicht
2. (*introduit une complétive au subjonctif*) dass; ***je ne crois pas qu'il vienne*** ich glaube nicht, dass er kommt; ***je crains/j'ai peur qu'il ne vienne pas*** ich fürchte, er kommt nicht [*o* dass er nicht kommt]; ***il faut qu'il vienne*** er muss [unbedingt] kommen
3. (*dans des formules de présentation*): ***voici*** [*o* ***voilà***] ~ da; ***peut-être*** ~ vielleicht; ***c'est*** ~ ***j'ignore tout de lui*** ich weiß nämlich gar nichts über ihn; ***c'est avec ce couteau qu'il l'a tuée*** mit diesem Messer hat er sie umgebracht
4. (*dans des questions*) ■ **... est-ce** ~ **...?**: ***est-ce qu'il vient?*** kommt er?; ***qu'est-ce*** ~ ***c'est?*** was ist das?; ***qui est-ce*** ~ ***c'est?*** wer ist das?; ***qu'est-ce*** ~ ***tu veux?*** was willst du?; ***qu'est-ce que c'est*** ~ ***ça?*** *fam* was ist denn das?; ***quand/où est-ce*** ~ ***tu pars?*** wann/wohin gehst du?; ***avec quoi/pourquoi est-ce*** ~ ***tu te laves?*** womit/warum wäschst du dich?; ■ **pourquoi/où/qui/...** ~ **...?** *fam* warum/wo/wohin/wer/...?; ***pourquoi*** ~ ***tu ne dis rien?*** *fam* warum sagst du nichts?; ***d'où*** ~ ***tu viens?*** woher kommst du?
5. (*reprend une conjonction de subordination*) ■ **... et/ou/ni** ~ **... ...** und/oder/noch ...; ***si tu as le temps et qu'il fait beau*** wenn du Zeit hast und das Wetter schön ist; ***lorsqu'il pleure ou qu'il est triste, ...*** wenn er weint oder traurig ist
6. + *indic* (*introduit une proposition de temps*): ***ça fait trois jours qu'il est là/parti*** er ist seit drei Tagen da/fort [*o* weg]; ***il avait à peine fini qu'elle s'en allait*** kaum hatte er geendet, ging sie weg; ***ils se connaissaient depuis cinq minutes qu'ils étaient déjà amis*** sie kannten sich erst seit fünf Minuten und waren schon Freunde
7. (*introduit une proposition de conséquence*) ■ **si/tant/tellement/tel(le) ...** ~ + *indic* so/so viel/so sehr/so [*o* dermaßen] ..., dass; ***il est si bête*** ~ er ist so dumm, dass
8. + *subj* (*introduit une proposition de but*) damit; ***taisez-vous qu'on entende l'orateur!*** seien Sie still, damit man den Redner verstehen kann!
9. + *subj* (*introduit une proposition de conséquence*) [so] dass; ***es-tu muet*** ~ ***tu ne puisses dire un seul mot?*** bist du stumm, dass du kein Wort sagen kannst?
10. + *indic* (*introduit une proposition de cause*): ***vous devez être bien occupé qu'on ne vous voit plus*** Sie müssen sehr beschäftigt sein, denn man sieht Sie nicht mehr
11. (*introduit une hypothèse*) ■ ~ **... ou** ~ **...** + *subj* ob ... oder ...; ***qu'il pleuve ou qu'il neige*** ob es regnet oder schneit
12. (*marque une opposition*) selbst wenn; ***on me paierait*** ~ ***je ne le ferais pas*** selbst wenn man mich dafür bezahlte, würde ich es nicht tun
13. (*sans que*) ■ ~ **... ne ...** + *subj* ohne dass; ***il ne se passe pas une semaine qu'il ne vienne chez nous*** es vergeht keine einzige Woche, ohne dass er zu uns kommt
14. (*pour comparer*) ■ **plus/moins/autre ...** ~ + *indic*: ***plus/moins grand*** ~ größer/kleiner als; ***j'ai plus/moins d'argent*** ~ ***toi*** ich habe mehr/weniger Geld als du; ***une autre maison*** ~ ***celle-ci*** ein anderes Haus als dieses; ■ **aussi ...** ~ + *indic* so ... wie; [***tout***] ***aussi intelligent(e)*** ~ [genau]so intelligent wie; ■ **autant de ...** ~ + *indic* genauso viel ... wie; ***j'ai autant d'argent*** ~ ***toi*** ich habe genauso viel Geld wie du; ■ **tel(le)** ~ + *indic* [genau] so, wie
15. + *subj* (*pour exprimer un ordre, un souhait*): ***qu'ils entrent!*** sie sollen hereinkommen!; ***qu'elle se taise!*** sie soll still sein!; ~ ***la paix soit avec vous!*** [der] Friede sei mit euch!; ~ ***la lumière soit!*** es werde Licht!; ~ ***la fin du mois arrive vite!*** wenn der Monat nur bald zu Ende wäre!
16. *fam* (*pour renforcer un adverbe*): ***sûrement/sans doute*** ~ ***c'est vrai*** das ist sicher/wahrscheinlich wahr
17. (*pour renforcer*): ***la vérité, rien*** ~ ***la vérité*** die Wahrheit, nichts als die Wahrheit; ***il n'en est*** ~ ***plus coupable*** dann ist er erst recht schuld
18. (*seulement*) ■ **ne ...** ~ **...** nur; ***je ne connais*** ~ ***ces deux villes*** ich kenne nur diese beiden Städte; ***il ne fait*** ~ ***travailler*** er arbeitet nur; ***il ne travaille bien qu'en écoutant de la musique*** er arbeitet nur dann gut, wenn er Musik hört; ***il ne rentrera sûrement*** ~ ***demain*** er wird sicher erst morgen zurückkommen; ***il n'est arrivé qu'hier*** er ist erst gestern angekommen
II. *adv* 1. (*comme*) wie; ~ ***c'est beau!*** wie schön das ist!; ~ ***tu es stupide!*** du bist vielleicht dumm!; ~ ***cette histoire est compliquée!*** das ist vielleicht eine komplizierte Geschichte!; ***qu'il faut peu de temps pour tout changer!*** in wie kurzer Zeit sich alles ändern kann!; ■ **qu'est-ce** ~ **...!**, ■ **ce** ~ **...!** *fam* was ...!; ***qu'est-ce qu'elle joue bien!*** wie schön sie spielt!, was spielt sie schön! *fam*; ***ce*** ~ ***c'est beau!*** wie schön das ist!, was ist das schön! *fam*
2. ■ ~ **de ...!** wie viel/wie viele ...!; ~ ***de temps perdu!*** wie viel Zeit [doch] verloren wurde!; ~ ***de difficultés nous avons rencontrées!*** wie viel [*o* wie viele] Schwierigkeiten wir gehabt haben!; ~ ***de monde dans ce magasin!*** wie viel [*o* wie viele] Leute in diesem Geschäft sind!; ■ **qu'est-ce** ~ **...!**, ■ **ce** ~ **...!** *fam* wie viel/wie viele ...!; ***qu'est-ce qu'il y a comme monde dans ce magasin!*** wie viele Leute in diesem Geschäft sind!; ***ce qu'il y a comme vent aujourd'hui!*** *fam* heute weht vielleicht ein Wind!
3. *littér* (*pourquoi*) ■ ~ **ne ...?/!** + *vb au passé* warum ... [nur] ...?; ~ ***ne***

m'a-t-il écoutée? warum hat er [nur] nicht auf mich gehört?; ~ ***ne l'avez-vous dit plus tôt?*** warum haben Sie/habt ihr das [nur] nicht früher gesagt?
4. (*pour renforcer oui, non, si*): ~ ***oui!*** ja[, unbedingt]!; ~ ***non!*** [aber] nein!; ~ ***si!*** doch[, durchaus]!
III. *pron rel* 1. (*complément direct*) (*se rapportant à un substantif au singulier*) den/die/das, welchen/welche/welches; (*se rapportant à un substantif au pluriel*) die, welche; ***l'homme ~ j'ai vu*** der Mann, den ich gesehen habe; ***celle ~ j'aime*** die, die ich liebe; ***la voiture ~ tu conduis*** das Auto, das du fährst; ***les idées ~ tu avances*** die Ideen, die du vorbringst; ■ **ce ~** (*en fonction de sujet*) [das,] was; (*en fonction d'objet direct*) was; ***ce ~ tu me dis*** [das,] was du mir sagst; ***je sais ce qu'il veut*** ich weiß, was er will; ■ **chose ~** was; ***elle le tutoya, chose qu'elle avait perdu l'habitude de faire*** sie duzte ihn, was sie nicht mehr gewohnt war; ■ **quoi ~** + *subj* was ... auch ...; ***quoi ~ tu dises*** was du auch sagst; egal, was du sagst *fam*
2. (*après une indication de temps*): ***un jour qu'il faisait beau*** eines Tages, als das Wetter schön war; ***toutes les fois qu'il vient*** jedes Mal, wenn er kommt; ***il y a voici cinq mois ~*** seit fünf Monaten; ***depuis dix ans ~ nous habitons ici, nous ...*** wir wohnen seit zehn Jahren hier und ...; ***le temps ~ la police arrive, ils avaient disparu*** als die Polizei [endlich] kam, waren sie verschwunden
3. (*attribut du sujet*): ***malheureuse qu'elle était*** unglücklich wie sie war, da sie unglücklich war; ***quelle belle chose ~ le cinéma!*** was für eine schöne Sache das Kino doch ist!; ***pour naïf qu'il soit*** so naiv er auch sein mag [*o* auch ist], mag er auch [noch so] naiv sein; ***qui ~ tu sois*** wer du auch bist; ***c'est un inconvénient ~ de ne pas avoir de vélo*** es ist unpraktisch, wenn man kein Fahrrad hat; ***en bonne fille qu'elle était*** als braves Mädchen
IV. *pron interrog* 1. (*quelle chose?*) was ...?; ***qu'en dites-vous?*** was sagen Sie/sagt ihr dazu?; ~ ***faire?*** was soll man/sollen wir/soll ich tun?; ***qu'y a-t-il?*** was ist?, was gibt's?; ~ ***se passe-t-il?*** was ist [hier] los?; ■ **qu'est-ce ~ ...?** was ...?; ***qu'est-ce ~ tu fais?*** was machst du?; ***qu'est-ce ~ c'est?*** was ist das?; ■ **ce ~** was; ***il t'a demandé ce ~ tu voulais*** er hat dich gefragt, was du wolltest; ***il m'a interrogé sur ce ~ j'avais fait hier soir*** er hat mich ausgefragt, um zu erfahren, was ich gestern Abend gemacht habe
2. (*attribut du sujet*) was ...?; ~ ***deviens-tu?*** was hast du die ganze Zeit gemacht?; ■ **qu'est-ce ~ ...?** was ...?; ***qu'est-ce ~ tu es?*** was bist du?; ■ **ce ~** was; ***je me demande bien ce qu'elle est devenue*** ich frage mich schon, was aus ihr geworden ist
3. (*quoi*) was; ***je ne sais ~ penser de tout cela/~ faire*** ich weiß nicht, was ich von all dem halten soll/was ich tun soll
4. ■ **qu'est-ce qui ...?** was ...?; ***qu'est-ce qui se trouve sur la table?*** was liegt da auf dem Tisch?; ***qu'est-ce qui vous prend?*** was ist denn mit Ihnen/euch los?, was ist denn in Sie/euch gefahren?; ***qu'est-ce qui se passe dans cette maison?*** was ist in diesem Haus los?

Québec [kebɛk] I. (*ville*) Quebec *nt*
II. *m* (*province*) ■ **le Québec** Quebec *nt*; ***la province de/du ~*** die Provinz Quebec

quel, le [kɛl] I. *adj* 1. (*dans une question*) welche(r, s), was für ein(e); ~ ***film as-tu vu?*** welchen [*o* was für einen] Film hast du gesehen?; ~ ***temps fait-il?*** wie ist das Wetter?, was für ein Wetter haben wir?; ***~le heure est-il?*** wie viel Uhr ist es?; ~ ***jour sommes-nous?*** (*jour de la semaine*) welcher [Wochen]tag ist heute?; (*date*) der Wievielte ist heute?, den Wievielten haben wir heute?; ■ **~(le) est/~(le)s sont ...?**: ~ ***est cet homme?*** wer ist dieser Mann?; ***j'ignore ~ est l'auteur de ce livre*** ich weiß nicht, wer dieses Buch geschrieben hat; ***~les sont les personnes qui acceptent?*** wer ist [alles] einverstanden?; ~ ***est le plus grand des deux?*** welcher von beiden ist größer [*o* der größere]?; ~ ***est ce vin?*** was für ein Wein ist das?; ***~les sont tes intentions/tes raisons?*** was für Absichten/Gründe hast du?; ***~le est la situation?*** wie ist die Lage?; ~ ***est votre âge/votre salaire?*** wie alt sind Sie/wie viel verdienen Sie?; ***~le a été la cause de cet accident?*** was war die Ursache dieses Unfalls?; ***je me demande ~le a pu être sa réaction*** ich frage mich, wie er/sie wohl reagiert hat
2. (*exclamation*) was für ein(e), so ein(e); ***~(le) imbécile je suis!*** ich Dummkopf!, was bin ich für ein Dummkopf!; ***~le idée!*** so [*o* was für] eine Idee!; ~ ***dommage qu'il ne soit pas resté!*** wie schade, dass er nicht geblieben ist!; ~ ***talent chez cet écrivain!*** wie viel [*o* was für ein] Talent dieser Schriftsteller hat!
▶ **~(le)/~(le)s <u>que</u>** + *subj*: ***j'achèterai ce livre ~ qu'en soit le prix*** ich werde dieses Buch kaufen, egal [*o* ganz egal], wie viel es kostet; ***~le que puisse être votre décision*** egal *fam* [*o* ganz gleich], wie Sie sich entscheiden; ***un vêtement ~ qu'il soit*** irgendein Kleidungsstück; ***~les que soient les conséquences, ...*** was für Folgen das auch immer haben wird, ...
II. *pron* welche(r, s); ***de toutes ces voitures, ~le est la plus rapide?*** welches von all diesen Autos fährt am schnellsten?; ***de nous deux, ~ est le plus grand?*** wer ist der größere von uns beiden?

quelconque [kɛlkɔ̃k] *adj* 1. (*n'importe quel*) ■ **un(e) ... ~** irgendein(e) ..., irgendein x-beliebiger/x-beliebiges/irgendeine x-beliebige ... *fam*, ein beliebiger/eine beliebige/ein beliebiges ...; ***sous un prétexte ~*** unter irgendeinem [*o* einem x-beliebigen] Vorwand
2. (*qu'on ne veut ou peut pas préciser*) irgendein(e); ***des risques ~s*** irgendwelche Risiken; ***tu peux t'adresser à un transporteur ~*** du kannst dich an irgendeinen [*o* jeden x-beliebigen *fam*] Spediteur wenden; ***dans la foule, on se sent tous des individus ~s*** in der Menge fühlen wir uns wie lauter x-beliebige Wesen *fam*
3. (*le moindre*) ■ **un(e) ~ ...**, ■ **un(e) ... ~** [nur] irgendein(e); ***si seulement j'en avais une ~ idée*** wenn ich nur die leiseste Ahnung hätte; ***lui, avoir un ~ sentiment pour elle?*** er soll irgendetwas für sie empfinden?
4. (*insignifiant*) nicht gerade außergewöhnlich; ***un étudiant plutôt ~*** ein nicht gerade außergewöhnlicher Student; ***qn est très ~*** jd ist überhaupt nichts Besonderes
5. (*médiocre*) mittelmäßig, durchschnittlich; ***un mobilier plutôt ~*** eine Einrichtung, die nach nichts Besonderem aussieht; ***votre exposé est ~*** ihr Referat ist nichts Besonderes
6. (*banal*) durchschnittlich
7. *fam* (*vulgaire*) gewöhnlich; ***je trouvais cela d'un ~!*** ich fand das dermaßen gewöhnlich!

quelque [kɛlk] I. *adj indéf, antéposé* 1. ∅ *littér* (*un quelconque*): ***il faut trouver ~ autre solution*** man muss [irgend]eine andere Lösung finden; ***désirez-vous ~ autre chose?*** möchten Sie irgendetwas anderes?
2. ∅ *littér* (*un peu de*) einige(r, s); ~ ***peine/temps*** einige Mühe/Zeit; ***avec ~ retard*** mit einer kleinen Verspätung; ***avec ~ impatience/inquiétude*** ein wenig ungeduldig/beunruhigt; ***à ~ distance d'ici*** nicht weit von hier
3. *pl* (*plusieurs*) einige, ein paar; ***il m'a donné cent et ~s francs*** er gab mir etwas mehr als hundert Franc; ***à ~s pas d'ici*** hier in der Nähe [*o* nicht weit von hier]; ***~s milliers de*** einige [*o* mehrere] Tausend; ***je reste ~s instants*** ich bleibe ein paar Minuten
4. *pl* (*petit nombre*) ■ **les/ces ~s ...** die/diese wenigen ..., die/diese paar ...; ***les ~s fois où je l'ai rencontrée*** die wenigen Male, die ich sie getroffen habe; ***avec ces ~s employés*** mit diesen paar Angestellten
▶ **~ ... <u>que</u>** + *subj soutenu* was für [ein(e)] ... auch; ***~s efforts que tu fasses*** wie sehr du dich auch bemühst [*o* bemühen magst]; ***de ~ manière/façon qu'on prenne le problème*** wie man das Problem auch betrachtet
II. *adv* (*environ*) etwa, ungefähr; ***il a ~ trente ans*** er ist etwa [*o* so um die *fam*] dreißig Jahre alt; ***à ~ 60 kilomètres d'ici*** etwa 60 Kilometer von hier entfernt
▶ **~ <u>peu</u>** etwas, ein wenig; **~ ... <u>que</u>** + *subj soutenu* so ... auch; ***quelqu'étrange que fût cette musique*** so fremdartig diese Musik auch war; **<u>et</u> ~[s]** *fam*: ***10 kg et ~s*** etwas mehr als 10 kg; ***il doit être cinq heures et ~[s]*** es muss jetzt ein paar Minuten nach fünf sein

quelque chose [kɛlkəʃoz] *pron v.* **chose**

quelquefois [kɛlkəfwa] *adv* manchmal, hin und wieder

quelque part [kɛlkpaʀ] *adv v.* **part**

quelques-uns, quelques-unes [kɛlkəzœ̃, -yn] *pron indéf* 1. (*un petit nombre de personnes*) einige; (*seulement une minorité*) einige wenige; ***qc n'est connu(e) que de ~~*** etw ist [nur] einigen wenigen bekannt; ***c'est l'avis de ~~*** das ist die Meinung einiger weniger [*o* von einigen wenigen]
2. (*certaines personnes*) einige, manche
3. (*certains*) ■ **~-unes des personnes/des choses** einige Menschen/Dinge; ***~~ de ces tableaux*** einige dieser Bilder; ***j'en ai mangé ~~/~-unes*** ich habe einige davon gegessen, ich habe davon welche gegessen; ■ **~~/~-unes parmi [*o* d'entre] eux/elles** einige [von ihnen]

quelqu'un [kɛlkœ̃] *pron indéf* 1. (*une personne*) jemand; ***il y a ~?*** ist da jemand?; ■ **~ de ...**: ~ ***d'autre*** jemand anders; ~ ***de sûr/d'honnête/de franc/d'important*** jemand Zuverlässiges/Ehrliches/Aufrichtiges/Wichtiges; ***elle, c'est ~ de bien*** sie ist nett; ***il nous faut ~ de plus*** wir brauchen noch jemand[en] zusätzlich
2. (*une personne remarquable*) jemand Besonderes; ***son père, c'est ~!*** sein Vater ist jemand!; ***tu veux devenir ~?*** möchtest du etwas werden?

quémander <1> [kemɑ̃de] I. *vi* ■ **qn quémande** jd bettelt, jd will etwas; ***toujours à ~, celui-là*** ständig will er etwas [von einem]
II. *vt* ■ **qn quémande qc** jd bettelt um etw; ***qn quémande des secours à qn*** jd fleht jdn um Hilfe an

qu'en-dira-t-on [kɑ̃diʀatɔ̃] *m inv* Gerede *nt* der Leute; ***elle se moque du ~~~~*** sie pfeift auf das Gerede der Leute

quenelle [kənɛl] *f* GASTR [längliches] Klößchen, Nockerl *nt* AUS; ***~s de veau/de brochet/de volaille*** Kalbs-/Hecht-/Geflügelklößchen *pl*

quenotte [kənɔt] *f enfantin fam* Zähnchen *nt*, Beißerchen *nt fam*

quenouille [kənuj] *f* Spinnrocken *m*
▶ **qn <u>laisse</u> tomber qc en ~** *privilège* jd macht keinen Gebrauch mehr von etw; *patrimoine* jd bewahrt etw nicht, jd kümmert sich nicht um etw; **qc <u>tombe</u> en ~** */loi/* etw gerät in Vergessenheit; */maison/* etw verfällt; */amitié/* etw schläft ein

quéquette [kekɛt] *f enfantin fam* Piephahn *m fam*

querelle [kəʀɛl] *f* Streit *m kein pl*; ***une ~ sur qc*** ein Streit um etw; ***qn provoque une ~*** jd bricht einen Streit vom Zaun/fängt einen Streit an; ***qn réveille une vieille ~*** jd fängt wieder einen alten Streit an; ***de fréquentes ~s les opposent*** sie haben häufig Streit [miteinander]; ***ils ont toujours des sujets de ~*** sie haben immer etwas, worüber sie sich streiten müssen; ■ **~ de qn/qc** *de mots* Streit um jdn/etw; ~ ***d'idées*** Meinungsstreit; ~ ***de famille*** Familienstreit; ~ ***d'amoureux*** Streit unter Verliebten; ***la ~ des Anciens et des Modernes*** *Auseinandersetzung zwischen französischen Schriftstellern des 17. Jahrhunderts*
▶ **~s de <u>clocher</u>** (*dispute entre villages*) dörfliche Querelen *pl*; (*dispute insignifiante*) Querelen *pl*; **~s <u>byzantines</u>** Streit *m* um des Kaisers Bart; **qn cherche une <u>mauvaise</u> ~ à qn** jd sucht Streit mit jdm; **qn <u>cherche</u> ~ à qn** (*provoque*) jd fängt mit jdm Streit an; (*cherche à provoquer*) jd sucht Streit mit jdm, jd will sich mit jdm streiten; **qn <u>embrasse</u> [*o* <u>épouse</u>] la ~ de qn** jd ergreift für jdn Partei; **des personnes <u>vident</u> une ~** *soutenu* Menschen bereinigen einen Streitfall

quereller <1> [kəʀele] *vpr* ■ **qn se querelle avec qn [à propos [*o* au sujet] de qc]** jd streitet sich mit jdm [wegen etw]; ■ **des personnes se querellent [à propos [*o* au sujet] de qc]** Menschen streiten sich [wegen etw]; ***à quel sujet vous querellez-vous?*** warum streitet ihr euch?

querelleur, -euse [kəʀelœʀ, -øz] *adj* (*chamailleur*) streitlustig; (*agressif*) streitsüchtig; ***vieille femme*** zänkisch

quérir <*irr, déf*> [keʀiʀ] *vt* ▶ **qn <u>envoie</u> ~ qn** *littér* jd lässt jdn holen; **qn <u>va</u> ~ qn** *littér* jd geht jdn holen, jd geht um jdn zu holen; **qn <u>vient</u> ~ qn** *littér* jd kommt jdn holen, jd kommt um jdn zu holen

qu'est-ce que [kɛskə] *pron interrog* was; ~~ ~ ***tu as vu?*** was hast du gesehen?

qu'est-ce qui [kɛski] *pron interrog* was; ~~ ~ ***est arrivé?*** was ist passiert?; ***je ne sais ~~ ~ est arrivé*** *fam* ich weiß nicht, was passiert ist

question [kɛstjɔ̃] *f* **1.** (*demande*) Frage *f;* ***une ~ reste sans réponse*** eine Frage bleibt ohne Antwort; ***~s d'un examen*** Prüfungsfragen; ***~ subsidiaire*** Zusatzfrage; ***adressez vos ~s au directeur du service*** wenden Sie sich mit Ihren Fragen an den Abteilungsleiter
2. (*sujet à discussion*) Frage *f,* Thema *nt;* [*ordre du jour a.*] Punkt *m*
3. PARL Anfrage *f*
4. (*problème*) ■ **~ de:** ***~s d'argent/de famille*** Geld-/Familienfragen *pl;* ***~s de religion*** Glaubensfragen; ***c'est une ~ d'opinion*** das ist Ansichtssache; ***c'est une ~ de gros sous*** dabei geht es nur ums Geld, das ist eine reine Geldangelegenheit; ***ils se font la guerre pour des ~s de pétrole*** sie führen wegen Erdöl [*o* des Erdöls] Krieg gegeneinander
5. (*c'est du domaine de*) ■ **une ~ de qc** eine Frage einer S. (*gen*); ***c'est une ~ de tact*** das ist eine Frage des Takts; ***~ de bon sens!*** Köpfchen *nt* muss man haben! *fam*
6. (*ensemble de problèmes soulevés*) Frage *f,* Problem *nt;* ***~ sociale*** soziale Frage; ***~ raciale*** Rassenfrage, Rassenproblem; ***~ religieuse*** Religionsfrage, Glaubensfrage; ***la ~ du chômage*** die Frage [*o* das Problem] der Arbeitslosigkeit; ***la ~ du pétrole/du trou d'ozone*** das Erdöl-/Ozonlochproblem
7. HIST (*torture*) peinliche Befragung; ***qn est soumis(e) à la ~*** jd wird einer peinlichen Befragung unterzogen; ***qn inflige la ~ à qn*** jd unterzieht jdn einer peinlichen Befragung (*dat*)
▶ **qn pose la ~ de confiance** jd stellt die Vertrauensfrage; **c'est une ~ d'habitude** das ist [nur] eine Frage der Gewohnheit, daran gewöhnt man sich; **c'est une ~ de vie ou de mort** es geht um Leben und Tod; **cette ~!, quelle ~!, la belle ~!** *iron* (*bien sûr*) was für eine Frage!, [das ist doch] gar keine Frage!; (*en voilà une question stupide*) dumme Frage!, du stellst/ihr stellt/... vielleicht Fragen!; **c'est l'éternelle** [*o* **la vieille**] **~** das/es ist [doch] immer wieder das gleiche Problem; **c'est une ~ de qc:** ***c'est une ~ de temps*** das ist eine Frage der Zeit (*gen*); ***ce n'est plus qu'une ~ d'heures*** es ist nur noch eine Frage von Stunden; **la ~ est: ...** die Frage ist [nur], ..., ich frage mich [nur], ...; ***maintenant la ~ est: quel genre d'équipement prenons-nous?*** die Frage ist jetzt [nur], was für eine Ausrüstung wir mitnehmen sollen; **la ~ est** [*o* **se pose**] **de savoir si ... +** *indic* man/ich/... müsste [nur] wissen, ob ...; **qc est en ~** etw steht zur Diskussion, es geht um etw; **il est ~ de qn/qc** (*il s'agit de*) es geht um jdn/etw; (*on parle de*) es ist die Rede von jdm/etw; ***il est ~ de lui comme ministre*** es ist die Rede davon, dass er Minister werden soll; ***de quoi est-il ~ dans ce livre?*** worum geht es in diesem Buch?; **il est ~ de faire qc** (*on envisage de*) es ist die Rede davon, dass etw getan werden soll [*o* getan wird], man sagt [*o* es heißt], etw soll getan werden; **il n'est pas ~ de faire qc/pour qn de faire qc** es ist ausgeschlossen, dass etw getan wird/dass jd etw tut; **c'est toute la ~, c'est là la ~, là est** [**toute**] **la ~** das ist die [große] Frage, genau das ist die Frage; **il n'est ~ que de qn/qc** man redet nur noch von jdm/etw, es geht nur noch um jdn/etw, es ist nur noch die Rede von jdm/etw; **il est ~ que qn fasse qc** man sagt [*o* es heißt], dass jd etw tut/tun soll; ***il est ~ qu'elle soit ministre*** man sagt [*o* es heißt], dass sie Ministerin werden soll; **qn/qc est en dehors** [*o* **à côté**] **de la ~** /*problème*/ etw gehört nicht zur Sache; /*dissertation, élève, étudiant*/ jd/etw verfehlt das Thema, etw geht am Thema vorbei; ***vous êtes en dehors de la ~*** was Sie sagen/ihr sagt, geht am Thema vorbei [*o* gehört nicht zur Sache]; **ce n'est pas la ~, là n'est pas la ~, la ~ n'est pas là** darum geht es [hier/jetzt] nicht; **qn/qc met qc en ~** jd/etw stellt etw in Frage; **qn pose une ~ à qn** jd stellt jdm eine Frage, jd fragt jdn etwas; ***je vous pose la ~!*** das frage ich euch!, das möchte ich gern [von euch] wissen!; ***sans poser de ~s*** ohne viel zu fragen; **la ~ de qc se pose** etw ist ein [ernstes] Problem; ***la ~ du logement se pose d'une façon de plus en plus aiguë*** das Wohnungsproblem wird immer drängender; **qn se pose des ~s** [**sur qn/qc**] jd macht sich (*dat*) über jdn/etw Gedanken; **qn règle une ~** jd regelt eine Frage [*o* Angelegenheit], jd bringt eine Angelegenheit in Ordnung; **qn/qc remet qc en ~** (*remet en cause*) jd/etw stellt etw in Frage; **qc remet qc en ~** (*compromet*) etw stellt etw in Frage, etw macht etw fraglich; ***tout est remis en ~*** alles ist fraglich [*o* ungewiss] geworden; **qn se remet en ~** jd stellt sich selbst in Frage; **il ne saurait être ~ de qc** es kann keine Rede von etw sein; **il ne saurait être ~ de faire qc** es kann keine Rede davon sein [*o* ist völlig ausgeschlossen], dass man/jd etw tut; **qn tourne et retourne la ~** [**dans tous les sens**] *fam* jd überlegt hin und her; [**c'est/c'était**] **~ de faire qc** *fam* jd will/wollte nur etw tun; ***c'était ~ de rigoler*** wir wollten nur Spaß machen; **qn/qc en ~** jd, um den es geht/etw, um das es geht; ***la personne en ~*** der/die Betreffende; ***la dame en ~*** die Dame, um die es geht; die betreffende Dame; **hors de ~** das kommt überhaupt nicht in Frage, auf keinen Fall; ***hors de ~ pour le gouvernement de faire qc*** die Regierung wird auf keinen Fall etw tun; **il n'est pas ~ de qc** etw ist völlig ausgeschlossen; **il n'est pas ~ que qn fasse qc** es ist völlig ausgeschlossen, dass jd etw tut; **pas ~!** *fam* [das] kommt nicht in die Tüte! *fam;* **~ qc, ...** *fam* in puncto etw, ...; ***~ finances, comment fais-tu?*** wie geht's dir in puncto Finanzen?, wie geht's dir finanzmäßig? *fam;* ***~ salaire, on en reparlera*** über das Gehalt werden wir uns noch einmal unterhalten

questionnaire [kɛstjɔnɛʀ] *m* **1.** (*formulaire*) Fragebogen *m*
2. (*série de questions*) Fragen *pl*
◆ **questionnaire à choix multiple** Multiple-Choice-Fragebogen [ˈmʌltɪplˈtʃɔɪs-] *m*

questionner <1> [kɛstjɔne] *vt* **1.** (*interroger*) ■ **qn questionne qn** [**sur qc**] /*jury*/ jd stellt jdm [zu etw] Fragen, jd prüft jdn [in etw (*dat*)]; /*police*/ jd fragt jdn [über etw (*akk*)] aus
2. (*poser problème*) ■ **qc questionne qn** etw stellt jdn vor Probleme, etw ist für jdn ein Problem

question-piège <~s-~s> [kɛstjɔ̃pjɛʒ] *f* (*à l'air facile*) verdeckte Schwierigkeit, Fußangel *f;* (*pour nuire*) Fangfrage *f*

quête [kɛt] *f* **1.** (*collecte d'argent*) [Geld]sammlung *f;* (*à l'église*) Kollekte *f;* ***qn fait la ~ dans les rues/à domicile*** jd führt eine Straßen-/Haussammlung durch
2. *littér* (*recherche*) ■ **~ de qc** Suche *f* nach etw
▶ **qn fait la ~** (*dans la rue*) /*association*/ jd sammelt [Geld]; /*chanteur des rues*/ jd sammelt Geld ein; (*à l'église*) jd sammelt die Kollekte ein; **qn/un animal** [**est**] **en ~ de qc** jd/ein Tier [ist] auf der Suche nach etw; ***en ~ d'un emploi*** auf Stellensuche [*o* Arbeitssuche]; ***en ~ de nourriture*** auf Nahrungssuche; **qn/un animal se met en ~ de qc** jd/ein Tier macht sich auf die Suche nach etw

quêter <1> [kete] **I.** *vi* (*recueillir des aumônes*) ■ **qn quête** [**pour qn/qc**] jd sammelt [Geld] [für jdn/etw]; (*à la télé*) jd ruft zu Spenden [für jdn/etw] auf, jd bittet um Spenden [für jdn/etw]
II. *vt littér* (*solliciter*) ■ **qn quête qc** *affection* jd bemüht sich um etw; *suffrages* jd bittet um etw; *regard, compliment, éloges* jd heischt etw *veraltet geh;* ■ **un animal quête qc** ein Tier bettelt um etw

quetsche [kwɛtʃ] *f* **1.** (*fruit*) Zwetsche *f,* Zwetschge *f* CH, SDEUTSCH
2. (*eau-de-vie*) Zwetschenschnaps *m*/-wasser *nt,* Zwetschgenschnaps/-wasser CH, SDEUTSCH

queue [kø] *f* **1.** ZOOL Schwanz *m;* [*poisson a.*] Schwanzflosse *f;* [*coq, paon, pie a.*] Schwanzfedern *pl;* ***le chien agitait*** [*o* ***remuait***] ***la ~/frétillait de la ~*** der Hund wedelte [mit dem Schwanz]; ***le chien avait la ~ basse/pendante*** der Hund ließ den Schwanz hängen
2. GASTR Schwanz *m;* ***des ~s de langoustine/d'écrevisse*** Hummer-/Flusskrebsschwänze *pl*
3. BOT [*fruits, fleur, feuille, mâche*] Stiel *m;* [*radis a.*] Stängel *m*
4. (*partie d'un objet*) [*cerf-volant*] Schwanz *m;* [*avion*] Heck *nt,* hinterer Teil; [*robe*] Schleppe *f;* [*habit*] [Rock]schoß *m;* ***habit à ~*** Frack *m*
5. (*manche*) [*casserole, poêle*] Stiel *m*
6. (*fin*) [*comète*] Schwanz *m,* Schweif *m geh;* [*orage*] Ende *nt*
7. TRANSP [*train, métro*] hintere Wagen *pl,* Zugende *nt;* ***les compartiments de ~/voitures en ~ de train*** die hinteren Abteile/Wagen, die Abteile/Wagen am Ende des Zuges [*o* am Zugende]
8. *fam* (*pénis*) Schwanz *m sl*
9. (*file de personnes*) Schlange *f*
10. (*dernières personnes*) [*cortège, colonne, défilé, manifestation*] Ende *nt;* ***la ~ de la classe*** die Schlechtesten in der Klasse
11. (*appendice*) [*lettre, chiffre, signature*] Unterlänge *f*
▶ **des personnes se disputent pour des ~s de cerise** *fam* Menschen streiten sich wegen Kinkerlitzchen *fam;* **la ~ entre les jambes** *fam* wie ein begossener Pudel *fam;* **qn est rond(e) comme une ~ de pelle** *fam* jd ist stockbetrunken *fam,* jd ist blau wie ein Veilchen *fam;* **qn fait une ~ de poisson à qn** jd schneidet jdn [beim Überholen]; **qc finit** [*o* **se termine**] **en ~ de poisson** (*se termine brusquement*) etw endet abrupt; (*sans conclusion satisfaisante*) etw endet unbefriedigend; **sans ~ ni tête** *histoire* verworren, wirr; *propos* unverständlich; **qc n'a ni ~ ni tête** etw ist verworren, etw ergibt [überhaupt] keinen Sinn; **la ~ basse** [ziemlich] zerknirscht; **qn fait la ~** jd steht Schlange, jd steht an; **qn se met à la ~, qn prend la ~** jd stellt sich an, jd stellt sich in die Schlange; ***prenez la ~/mettez-vous à la ~, s'il vous plaît!*** stellen Sie sich bitte hinten an!; **qc se mord la ~** etw dreht sich im Kreis; **qn n'en voit pas la ~ d'un(e), il n'y en a pas la ~ d'un(e)** *fam:* ***les filles, on n'en verra pas la ~ d'une*** es werden überhaupt keine Mädchen da sein; ***des champignons? il n'y en a pas la ~ d'un, cette année*** Pilze gibt es dieses Jahr überhaupt keine; **à la ~!** *fam* hinten anstellen!; **à la ~ leu leu** hintereinander; *marcher a.* im Gänsemarsch; ***mettez-vous à la ~ leu leu!*** stellt euch [in einer Reihe] hintereinander auf!; ***qn regarde trois films à la ~ leu leu*** jd schaut sich (*dat*) drei Filme hintereinander an; **à la ~** [**de qc**], **en ~** [**de qc**]: ***qn arrive en ~*** jd kommt als einer der Letzten an
◆ **queue de billard** Queue *f,* Billardstock *m*

queue de cheval <~s ~ ~> [kødʃəval] *f* Pferdeschwanz *m* **queue-de-pie** <~s-~-~> [kødpi] *f* Frack *m,* Schwalbenschwanz *m veraltet*

qui [ki] **I.** *pron rel* **1.** (*comme sujet*) (*se rapportant à un substantif au singulier*) der/die/das, welcher/welche/welches; (*se rapportant à un substantif au pluriel*) die, welche; ***un homme/une femme/un enfant ~ se promenait*** ein Mann, der/eine Frau, die/ein Kind, das spazierenging; ***des gens ~ avaient l'air perdu*** Menschen, die aussahen, als hätten sie sich verirrt; ***les voitures qui consomment peu d'essence*** die Autos, die wenig Benzin verbrauchen; ***toi ~ sais tout, peux-tu nous le dire?*** du weißt doch alles – kannst du es uns denn sagen?; ***le voilà ~ arrive*** da kommt er ja; ***voici/voilà ~ est intéressant*** das ist interessant; ***je le vis ~ ramassait un bout de ficelle*** ich sah [ihn], wie er ein Stück Bindfaden aufhob; ***j'en connais ~ n'aimeraient pas beaucoup cela*** ich kenne Leute, die dafür nicht viel übrig haben; ***c'est lui/elle qui a fait cette bêtise*** er/sie hat diesen Blödsinn gemacht; ■ **ce ~ ...** (*servant de sujet*) [das,] was ...; (*se rapportant à une phrase principale*) ..., was ...; ***ce ~ se passe est grave*** [das,] was sich da ereignet, ist schlimm; ***il était seul à la maison, ce ~ est un alibi plutôt faible*** er war allein zu Hause, was ein ziemlich schwaches Alibi ist; ■ **chose ~ ...** was ...; ***il se leva à 11 heures du matin, chose ~ était étrange*** er stand um 11 Uhr auf, was merkwürdig war
2. (*comme complément, remplace une personne*): ***la dame à côté de ~ tu es assis/tu t'assois*** die Dame, neben der du sitzt/neben die du dich setzt; ***l'ami dans la maison de ~ nous passons nos vacances*** der Freund, in dessen Haus wir die Ferien verbringen; ***l'ami sans ~ rien ne serait arrivé*** der Freund, ohne den das nicht passiert wäre; ***la dame avec ~ elle parle/à ~ c'est arrivé*** die Dame, mit der sie spricht/der das passiert ist; ***l'homme par ~ je l'ai connue*** der Mann, durch den ich sie kennen gelernt habe
3. (*celui qui*) wer; ■ **~ fait qc ...** (*introduisant un proverbe, dicton*) wer etw

tut, …; ***nous sommes attirés par ~ nous flatte*** wer uns schmeichelt, zieht uns an; ***cela m'a été dit par ~ vous savez*** ihr wisst schon, wer mir das gesagt hat; ***amenez ~ vous voulez*** Sie können mitbringen, wen Sie wollen; ***il a dit à ~ voulait l'entendre que*** er hat jedem, der es hören wollte, gesagt, dass
▸**c'est à ~ …**: ***c'est à ~ criera le plus fort*** jeder will am lautesten schreien; ***c'était à ~ parlerait le premier*** jeder wollte als Erster sprechen; **~ que tu sois/vous soyez** ganz gleich, wer du bist/Sie sind/ihr seid; **~ que ce soit**: ***je ne veux être dérangé par ~ que ce soit*** ich möchte von niemandem gestört werden; ~ …, ~ …, ~ … *littér* (*l'un…, l'autre …, le troisième …*) der eine …, der andere …, der Dritte …; ***ils prenaient tout ce qu'ils trouvaient: ~ un matelas, ~ de la vaisselle, ~ la télévision*** sie nahmen alles mit, was sie fanden: der eine Matratze, der andere Geschirr, der Dritte den Fernsehapparat
II. *pron interrog* 1. (*qu'est-ce que*) ■ **~ …?** wer …?; ***~ est venu?*** wer ist gekommen?; ***~ sont ces gens?*** wer sind diese Leute?; ***~ ça?*** wer?; ***j'ignore ~ ça peut être*** ich weiß nicht, wer das sein kann; ■ **~ c'est qui …?** *abusif* wer …?; ***~ c'est qui est là?*** wer ist denn da?
2. (*question portant sur la personne complément direct*) ■ **~ …?** wen/wem …?; ***~ as-tu vu?*** wen hast du gesehen?; ***~ demandez-vous?*** wen möchten Sie sprechen?; ***~ croyez-vous?*** wem glauben Sie?; ■ **~ c'est que …?** *abusif* wen …?; ***~ c'est que tu as invité?*** wen hast du eingeladen?
3. (*question portant sur la personne complément indirect*) ■ **à/avec/pour/chez/… ~ …?** wem/mit wem/für wen/bei wem …?; ***de ~ est cet ouvrage?*** von wem stammt diese Arbeit?; ***à ~ est ce livre?*** wem gehört dieses Buch?; ***à ~ a-t-elle parlé?*** mit wem hat sie gesprochen?; ***avec ~ sors-tu ce soir?*** mit wem gehst du heute Abend aus?; ■ **à/avec/pour/chez/… ~ c'est que …?** *abusif* wem/mit wem/für wen/bei wem …?; ***chez ~ c'est qu'elle dort?*** bei wem übernachtet sie?
4. (*marque du sujet, personne ou chose*) ■ **qui est-ce ~ …?** wer …?; ■ **qu'est-ce ~ …?** was …?

quiche [kiʃ] *f* ▸ **~ [lorraine]** Quiche Lorraine *f*

quick [kwik] *m Tennisboden mit schnellem Belag*

quiconque [kikɔ̃k] I. *pron rel* ■ **~ …** (*celui qui*) wer …; (*toute personne qui*) jeder, der …; ***~ a un peu de connaissances en la matière*** jeder, der sich auch nur ein bisschen darin auskennt; ***la loi punit ~ est reconnu coupable*** das Gesetz bestraft jeden, der schuldig gesprochen wird; ***donne-le à ~ le voudra*** gib es dem, der es will
II. *pron indéf* (*personne*): ***je le sais mieux que ~*** ich weiß es selbst am besten; ***hors de question que ~ sorte*** es kommt nicht in Frage, dass irgendjemand hinausgeht; ***elle ne veut recevoir d'ordres de ~*** sie will sich (*dat*) von niemandem etwas vorschreiben lassen

quidam [k(ɥ)idam] *m hum fam* jemand; ***j'ai été abordé par un ~ dans la rue*** auf der Straße hat mich jemand angesprochen; ***qui est ce ~?*** wer ist [denn] das?

qui est-ce que [kiɛskə] *loc interrog* (*question portant sur une personne en position complément*) ■ **~ ~~ ~ …?** wen/wem …?; ***~ ~~ ~ tu as vu?*** wen hast du gesehen?; ***~ ~~ ~ tu crois?*** wem glaubst du?; ***avec/par/pour ~ ~~ ~ …?*** mit wem/durch wen/für wen …?

qui est-ce qui [kiɛski] *loc interrog* (*question portant sur une personne en position sujet*) ■ **~ ~~ ~ …?** wer …?; ***~ ~~ ~ parmi vous …?*** wer von Ihnen/euch …?

quiétude [kjetyd] *f* 1. *littér* (*tranquillité d'esprit*) Ruhe *f*, Gelassenheit *f*; ***avec ~*** in Ruhe, ruhig, gelassen
2. *littér* (*calme*) Ruhe *f*, [friedliche] Stille; ***la ~ des soirées au coin du feu*** die [friedlichen,] stillen Abende am Kamin
▸**en toute ~** *soutenu* in aller Ruhe; (*impliquant un reproche*) in aller Seelenruhe, seelenruhig; ***tu peux partir en toute ~*** du kannst in aller Ruhe [*o* ganz beruhigt] wegfahren

quignon [kiɲɔ̃] *m* [Brot]kanten *m*
◆ **quignon de pain** Brotkanten *m*

quille [kij] *f* 1. JEUX Kegel *m*; ***qn joue/va jouer aux ~s*** jd kegelt/geht kegeln; ***le jeu de ~s*** das Kegeln; ***un jeu de ~s*** ein Kegelspielset *nt*
2. NAUT Kiel *m*; ***le bateau était retourné, la ~ en l'air*** das Schiff trieb kieloben im Wasser
3. *arg* (*fin du service militaire*) Ende *nt* des Militärdienstes, Abgang *m*; (*sortie de prison*) Entlassung *f* [aus dem Gefängnis], Freilassung; ***vivement la ~!*** wenn ich bloß bald meinen [*o* den] Abgang machen könnte!
▸**qn ne tient pas sur ses ~s** *fam* jd hat Schlagseite *fam*

quincaillerie [kɛ̃kɑjʀi] *f* 1. (*ustensiles*) (*articles de ménage*) Haushaltswaren *pl*, Haushaltsartikel *pl*; (*petit outillage*) Eisenwaren *pl*
2. (*magasin*) (*d'articles de ménage*) Haushaltswarengeschäft *nt*; (*de petit outillage*) Eisenwarenhandlung *f*

quincaillier, -ière [kɛ̃kaje, -jɛʀ] *m, f* 1. (*commerçant d'articles de ménage*) Haushaltswarenhändler(in) *m(f)*
2. (*commerçant de petit outillage*) Eisenwarenhändler(in) *m(f)*

quinconce [kɛ̃kɔ̃s] *m* ▸**en ~** versetzt [angeordnet]; ***les arbres sont plantés en ~*** die Bäume sind versetzt gepflanzt

quinine [kinin] *f* (*médicament*) Chinin *nt*; ***comprimés/suppositoires de ~*** Chinintabletten *pl*/-zäpfchen *pl*

quinquagénaire [kɥɛ̃kwaʒenɛʀ, kɛ̃kaʒenɛʀ] I. *adj*: ***homme/femme ~*** Mann *m*/Frau *f* in den Fünfzigern; ***qn est ~*** jd ist über fünfzig [Jahre alt], jd ist in den Fünfzigern
II. *mf* (*personne*) Fünfziger(in) *m(f)*, Mann /Frau *m/f* in den Fünfzigern

quinquennal, e <-aux> [kɛ̃kenal, o] *adj* 1. (*qui a lieu tous les cinq ans*) fünfjährlich, alle fünf Jahre stattfindend; ***ces élections sont ~es*** diese Wahlen finden alle fünf Jahre statt
2. (*qui dure cinq ans*) Fünfjahres-; ***ces plans sont ~aux*** diese Pläne sind auf fünf Jahre angelegt; ***un contrat de plan ~*** ein Vertrag über einen Fünfjahresplan

quinquennat [kɛ̃kena] *m* fünfjährige Regierungszeit

quinquina [kɛ̃kina] *m* 1. BOT Chinarindenbaum *m*
2. MED Chinarinde *f*
3. (*apéritif*) *Aperitif, der Chinarinde enthält*

quintal <-aux> [kɛ̃tal, o] *m* Doppelzentner *m*

quinte [kɛ̃t] *f* 1. MUS Quinte *f*
2. CARTES *Serie von fünf aufeinander folgenden Karten derselben Farbe*
3. MED Hustenanfall *m*
◆ **quinte de toux** Hustenanfall *m*

quinté [kɛ̃te] *m* Rennquintett *nt*

quintessence [kɛ̃tesɑ̃s] *f littér* Quintessenz *f geh*

quintette [k(ɥ)ɛ̃tɛt] *m* Quintett *nt*

quintuple [kɛ̃typl] I. *adj* 1. (*qui vaut cinq fois autant*) fünffach; ■ **~ de qc** fünfmal so groß wie etw; ***une quantité ~ de la précédente*** eine Menge, die fünfmal so groß ist wie die vorige; ***trente est ~ de six*** dreißig ist das Fünffache von sechs; ***le chiffre ~ de 2 est 10*** das Fünffache von 2 ist 10
2. *antéposé* (*au nombre de cinq*) fünffach; ***en ~ exemplaire*** in fünffacher Ausfertigung; ***une ~ rangée de chaises*** fünf Reihen Stühle
II. *m* Fünffache(s) *nt*; ***le ~ du prix*** das Fünffache des Preises, der fünffache Preis; ***les prix ont atteint leur ~*** die Preise haben sich verfünffacht [*o* sind auf das Fünffache gestiegen]

quintupler <1> [kɛ̃typle] I. *vi* (*se multiplier par cinq*) ■ **qc quintuple** etw verfünffacht sich
II. *vt* (*multiplier par cinq*) ■ **qn/qc quintuple qc** jd/etw verfünffacht etw, jd/etw steigert etw auf das Fünffache

quintuplés, -ées [kɛ̃typle] *mpl, fpl* Fünflinge *pl*

quinzaine [kɛ̃zɛn] *f* 1. (*environ quinze*) ■ **une ~ [de personnes/choses]** ungefähr [*o* etwa] [*o* um die] fünfzehn [Menschen/Dinge]
2. (*deux semaines*) ■ **une ~** vierzehn Tage, zwei Wochen; ***je reviens dans une ~ [de jours]*** ich komme in vierzehn Tagen [*o* zwei Wochen] wieder; ***la première ~ de janvier*** die ersten beiden Wochen im Januar, die erste Januarhälfte; ***la grande ~ des prix littéraires*** *die ersten beiden Wochen im Dezember, während denen die großen französischen Literaturpreise verliehen werden*; ***une ~ commerciale/publicitaire*** zwei Sonderangebots-/Werbewochen
3. (*salaire de deux semaines*) Zwei-Wochen-Gehalt *nt*
◆ **quinzaine du blanc** COM *zwei Wochen dauernder Schlussverkauf für Wäsche und Bettwäsche*

quinze [kɛ̃z] I. *num* 1. (*cardinal*) fünfzehn; ***~ A*** TENNIS fünfzehn beide
2. (*ordinal*): ***chapitre/page ~*** Kapitel *nt*/Seite *f* fünfzehn; ***Louis XV*** Ludwig XV., Ludwig der Fünfzehnte; ***je viens le ~ mai*** ich komme am fünfzehnten Mai
▸**~ jours** vierzehn Tage, zwei Wochen; ***tous les ~ jours*** alle vierzehn Tage [*o* zwei Wochen]; **en ~** in zwei Wochen; ***demain/lundi en ~*** morgen/Montag in zwei Wochen
II. *m inv* 1. (*chiffre*) Fünfzehn *f*
2. (*numéro*) Nummer *f* fünfzehn, Fünfzehn *f*; ***il habite [au] 15, rue de la Gendarmerie*** er wohnt [in der] Rue de la Gendarmerie [Nummer] 15
3. (*date*): ***nous sommes aujourd'hui le ~*** heute ist der Fünfzehnte, wir haben heute den Fünfzehnten
4. SCOL (*note*) fünfzehn Punkte [von zwanzig] (*gute Note, die einer Zwei entspricht*)
5. RUGBY (*équipe*) Mannschaft *f*; ***le ~ d'Irlande*** die irische Rugby-Nationalmannschaft; *v. a.* **cinq**

quinzième [kɛ̃zjɛm] I. *adj antéposé* fünfzehnte(r, s); ***au ~ siècle*** im fünfzehnten Jahrhundert
II. *mf* ■ **le/la ~** der/die/das Fünfzehnte
III. *m* 1. (*fraction*) Fünfzehntel *nt*; ***un ~ des bénéfices*** ein Fünfzehntel des Gewinns
2. (*étage*) fünfzehnter Stock, fünfzehnte Etage
3. (*arrondissement*) fünfzehntes Arrondissement

quiproquo [kipʀɔko] *m* Verwechslung *f*; ***~ entre le mari et l'amant*** Verwechslung des Ehemanns mit dem Liebhaber; ***je pense qu'il y a ~*** ich glaube, hier liegt eine Verwechslung vor; ***le ~ portait sur le fait que*** die Verwechslung bestand darin, dass

quittance [kitɑ̃s] *f* Quittung *f*, Beleg *m*; ***qn fait une ~ à qn*** jd stellt jdm eine Quittung [*o* einen Beleg] aus; ***qn demande une ~ à qn*** jd bittet jdn um eine Quittung [*o* einen Beleg]

quitte [kit] *adj* 1. (*qui a fait son devoir*) ■ **qn est ~ de qc** jd hat etw hinter sich (*dat*); ■ **qn est ~ envers qn/qc** *envers la patrie, société* jd hat seine Pflicht jdm gegenüber/gegenüber einer S. (*dat*) erfüllt
2. (*sans dettes*) ■ **qn est ~ envers qn** jd hat jdn abgefunden, jd ist mit jdm quitt *fam*; ■ **des personnes sont ~s** Menschen sind quitt [miteinander] *fam*
3. (*qn a fait sa part de travail*) ■ **qn est ~** jd hat seinen Teil geleistet; ■ **des personnes sont ~s** Menschen sind quitt [miteinander] *fam*
4. (*sans autre dommage*) ■ **qn en est ~ pour qc** jd kommt mit etw davon; ***elle en a été ~ pour la peur*** sie ist mit dem Schrecken davongekommen; ■ **qn en est ~ pour faire qc** jd kann [*o* muss] eben etw tun; ***il en est ~ pour tout recommencer*** jetzt kann [*o* muss] er eben alles noch einmal machen
5. (*au risque de*) ■ **~ à faire qc** auch auf die Gefahr hin, dass man/jd etw tut
▸**qn en est ~ à bon compte** [*o* **bon marché**] [*o* **bas prix**] jd kommt glimpflich davon; **qn se considère comme ~ [envers qn]**, **qn est ~**: ***O.K., tu es ~ pour cette fois*** okay, dieses eine Mal lasse ich/lassen wir es gut sein; **qn s'estime ~ [envers qn]** jd glaubt, seinen Teil geleistet zu haben; jd glaubt, jdm gegenüber nicht mehr verpflichtet zu sein [*o* mit jdm quitt zu sein *fam*]; **qn tient qn ~ de qc** *d'une promesse* jd entbindet jdn von etw; *d'une responsabilité* jd entlässt jdn aus etw; *d'une dette* jd erlässt jdm etw; ***je ne***

l'en tiens pas ~ pour autant ich denke nicht, dass er mit mir quitt ist *fam*

quitte ou double [kitudubl] *m* ∅ **1.** (*le tout pour le tout*) alles oder nichts
2. (*jeu*) *Name eines Ratespiels*
▶ **qn joue à ~ ou double** JEUX jd spielt „quitte ou double"; (*risque un grand coup*) jd setzt alles auf eine Karte

quitter <1> [kite] **I.** *vt* **1.** (*prendre congé de*) ■ **qn quitte qn** jd geht von jdm weg [*o* fort], jd verlässt jdn; ***je l'ai quitté vers minuit*** ich bin gegen Mitternacht von ihm weggegangen [*o* fortgegangen], ich habe ihn gegen Mitternacht verlassen; ***je vous quitte quelques instants*** ich muss Sie einen Augenblick allein lassen; ***je te quitte*** (*dans une lettre, au téléphone*) ich mache jetzt Schluss, ich höre jetzt auf
2. (*rompre avec*) ■ **qn quitte qn** *femme, mari, amant, famille* jd verlässt jdn
3. (*sortir de*) ■ **qn quitte qc** jd verlässt etw, jd geht aus etw
4. (*partir de*) ■ **qn quitte qc** *ville, pays* jd verlässt etw; *école a.* jd geht von etw ab; *chambre d'hôtel, appartement, lieux* jd räumt etw; ***ils ont quitté Paris définitivement*** sie sind endgültig aus Paris weggezogen
5. (*se retirer*) ■ **qn quitte qc**: ***qn quitte son emploi*** jd gibt seine Arbeit auf; ***qn quitte ses fonctions*** jd legt sein Amt nieder; ***qn quitte l'enseignement*** jd scheidet aus dem Schuldienst aus; ***qn quitte la partie*** jd gibt auf; ***qn quitte le service de qn*** jd scheidet aus jds Diensten aus
6. INFORM ■ **qn quitte qc** *logiciel* jd beendet etw
7. (*ne plus rester sur*) ■ **qc quitte qc**: ***la voiture a quitté la route*** das Auto kam von der Straße ab; ***l'avion quitte la piste et décolle*** das Flugzeug hebt ab
8. *littér* (*mourir*) ■ **qn quitte qn** jd verlässt jdn für immer
9. (*abandonner*) ■ **qc quitte qn** /*courage*/ jd verliert etw, etw verlässt jdn; /*espoir*/ jd gibt etw auf; ***ses craintes l'avaient quittée*** ihre Furcht war verschwunden; ***toutes ses illusions sur elle l'avaient quitté*** er machte sich (*dat*) keine Illusionen mehr über sie; ■ **qc ne quitte pas qn** /*pensée, appréhension*/ etw lässt jdn nicht los; ***la toux ne le quitte pas*** sein Husten klingt nicht ab
10. (*enlever*) ■ **qn quitte qc** *gants* jd zieht etw aus; *vêtements a., bijoux* jd legt etw ab
▶ **qn quitte le deuil** jd legt die Trauerkleidung ab; **ne quittez pas** TELEC bleiben Sie am Apparat, legen Sie nicht auf
II. *vpr* ■ **des personnes se quittent** Menschen trennen sich; ***ils se sont quittés bons amis*** sie sind als gute Freunde auseinander gegangen
▶ **des personnes ne se quittent pas/plus/jamais** Menschen sind unzertrennlich

quitus [kitys] *m* ▶ **qn donne ~ à qn** jd entlastet jdn

qui-vive [kiviv] *m inv* ▶ **sur le ~-~** (*sur ses gardes*) *être, rester* wachsam, auf dem Quivive *fam*; (*en état d'alerte*) in Alarmbereitschaft; ***qn vit sur le ~-~*** jd ist auf dem Quivive *fam*, jd ist in Alarmbereitschaft

quoi [kwa] **I.** *pron rel* **1.** (*annexe d'une phrase principale complète*): ***…, ce à ~ il ne s'attendait pas …***, womit er nicht rechnete; ***…, ce en ~ elle se trompait/elle avait tort …***, worin sie sich täuschte/irrte; ***…, ce pour ~ il ne pouvait sortir …***, weshalb er nicht hinausgehen konnte
2. (*dans une question indirecte*): ***elle ne comprend pas ce à ~ on fait allusion*** sie versteht nicht, worauf angespielt wird; ***c'est ce pour ~ je vous ai fait venir*** deswegen habe ich Sie/euch kommen lassen
3. ■ **à/de ~ …**: ***voilà de ~ je voulais te parler*** [gerade] darüber wollte ich mit dir sprechen; ***voilà à ~ je pensais*** [gerade] daran dachte ich; ■ **ne … rien à/de/sur ~ …** + *subj littér*: ***je n'ai rien à ~ je puisse me raccrocher*** ich habe nichts, woran ich mich halten könnte; ***il n'y a rien sur ~ il ne donne son avis*** es gibt nichts, wozu er nicht seine Meinung beisteuert; ■ **chose à ~ …** *littér*: ***la chose à ~ tu penses*** das, woran du denkst; ***ce n'est pas une chose à ~ tu pourras trouver à redire*** daran wirst du nichts aussetzen können
4. (*cela*) ■ **après/faute de/moyennant/en ~ …**: ***…, après ~ …***, [und] danach …; ***…, en ~ il a tort …***, aber darin irrt er sich; ***prête-moi un peu d'argent, faute de ~ je ne pourrai pas prendre le métro*** leih mir ein bisschen Geld, sonst kann ich die Metro nicht nehmen; ***écoute ses conseils, moyennant ~ tu t'en sortiras*** hör auf seine/ihre Ratschläge, dann kommst du zum Ziel
5. (*ce qui est nécessaire pour*) ■ **de ~ faire qc** etwas, um etw zu tun; ***voici de ~ payer le loyer*** hier ist Geld für die Miete; ***as-tu de ~ écrire?*** hast du etwas zum Schreiben?; ***je vous ai apporté de ~ vous nourrir*** ich habe Ihnen/euch etwas zum Essen mitgebracht; ***elle n'a pas de ~ vivre*** sie hat kein Auskommen, sie hat nicht genug zum Leben; ***ils n'ont pas de ~ s'acheter une voiture*** sie haben kein Geld um sich (*dat*) ein Auto zu kaufen
▶ **il y a de ~ faire qc** man muss/ich muss/… [da] doch einfach etw tun, man hat/ich habe/… allen Grund etw zu tun; ***il y a de ~ s'énerver, non?*** darüber kann man sich doch wirklich aufregen, oder?; ***il est très fâché – Il y a de ~!*** er ist sehr böse – Dazu hat er allen Grund!; ***il n'y a pas de ~ rire/pleurer*** da gibt es nichts zu lachen/weinen; **il n'y a pas de ~!** keine Ursache!, gern geschehen!; **qn a de ~** *fam* jd ist gut betucht *fam*; ***pour payer la chambre d'hôtel, tu as de ~?*** hast du das nötige Kleingeld, um das Hotelzimmer zu bezahlen?; **~ que ce soit** irgendetwas; ***si tu as besoin de ~ que ce soit, …*** wenn du irgendetwas brauchst, …; ***elle n'a jamais dit ~ que ce soit*** sie hat nie auch nur das Geringste gesagt; **~ qu'il en soit** wie dem auch sei; **comme ~** *fam* woraus folgt, dass; ***comme ~ on peut se tromper!*** wie man sich doch täuschen kann!; **pas de ~!** *fam* keine Ursache!, gern geschehen!, schon gut!; **sans ~** sonst; **~ que** + *subj* ganz gleich, was; ***c'est vrai ~ que tu en penses*** das stimmt [*o* ist wahr], ganz gleich, was du darüber denkst
II. *pron interrog* **1.** + *prép*: ***à ~ penses-tu*** [*o **est-ce que tu penses***]? woran denkst du?; ***dites-nous à ~ cela sert*** sagt uns, wozu das gut ist; ***de ~ n'est-elle pas capable/a-t-elle besoin?*** wozu ist sie nicht in der Lage/was braucht sie?; ***cette chaise est en ~?*** *fam* woraus ist dieser Stuhl?; ***en ~ puis-je vous être utile?*** was kann ich für Sie tun?; ***par ~ commençons-nous?*** womit fangen wir an?; ***je ne sais par ~ commencer*** ich weiß nicht, womit ich anfangen soll; ***j'aimerais savoir en ~ cela me concerne*** ich möchte wissen, inwieweit mich das betrifft
2. *fam* (*qu'est-ce que*) was; ***on joue ~ au cinéma?*** was [*o* was für ein Film] läuft im Kino?; ***tu fais ~ cet après-midi?*** was machst du heute Nachmittag?; ***c'est ~, ce truc?*** was ist denn das da [für ein Ding]?; ***tu sais ~?*** weißt du was?; ***devinez ~!*** raten Sie/ratet mal, was!; ■ **~ …** + *infin* was soll man/soll ich/… [da] … *infin*; ***~ faire?*** was soll man [da] tun?; ***je ne sais ~ dire/faire/penser*** ich weiß nicht, was ich sagen/tun/denken soll; ***je me demande ~ lui donner*** ich frage mich, was ich ihm/ihr geben soll
3. (*qu'est-ce qu'il y a de …?*) ■ **~ de …?**: ***~ de neuf?*** was gibt's Neues?; ***~ d'étonnant s'il n'a rien compris?*** wen wundert es, dass er nichts begriffen hat?; ***~ de meilleur/plus facile/plus beau/plus triste que …?*** was gibt es Besseres/Einfacheres/Schöneres/Traurigeres als …?, was könnte besser/einfacher/schöner/trauriger sein als …?
4. *fam* (*comment?*) ■ **~?** was? *fam*
▶ **~ encore?** was ist denn jetzt schon wieder?; **de ~[, de ~]?** *pop* wie war das? *fam*, was ist los? *fam*; **ou ~?** *fam*: ***tu es idiot, ou ~?*** *fam* bist du dumm oder was? *fam*; ***tu viens, ou ~?*** *fam* kommst du oder kommst du nicht?
III. *interj* **1.** (*marque la surprise: comment!*) ■ **~!** was!
2. *fam* (*marque l'impatience*): ***allons/alors/eh bien ~!*** na los! *fam*
3. *fam* (*en somme*) ■ **…, ~!** eben …!; ***il n'est pas bête, il manque un peu d'intelligence, ~!*** er ist nicht dumm, er ist eben nur ein bisschen beschränkt!
▶ **et puis ~ encore!** *iron* ja, was denn noch [alles]?, sonst noch was? *fam*

quoique [kwak(ə)] *conj* **1.** + *subj* (*bien que*) obwohl; ***je l'ai engagée quoiqu'elle soit bien jeune*** ich habe sie eingestellt, obwohl sie noch recht jung ist
2. + *indic* (*après réflexion*) obwohl; ***je viens avec vous ~ ça fera tard*** ich komme mit euch, obwohl es spät wird

quolibet [kɔlibɛ] *m* Spöttelei *f*

quorum [k(w)ɔʀɔm] *m* Quorum *nt*

quota [k(w)ɔta] *m* Quote *f*; **~ *d'immigration*** Einwanderungsquote

quote-part <~-~s> [kɔtpaʀ] *f* Anteil *m*, anteilmäßiger Betrag; ***qn paie sa ~-~ [de qc]*** jd bezahlt seinen Anteil [an etw (*dat*)]

quotidien, ne [kɔtidjɛ̃, jɛn] **I.** *adj* **1.** (*journalier*) täglich; ***vie ~ne*** Alltag *m*, tägliches Leben; (*train-train*) tägliches Einerlei; ***il fait sa promenade ~ne*** er macht seinen üblichen Spaziergang; ***elle fait le trajet ~ en métro*** sie fährt täglich [*o* jeden Tag] mit der Metro
2. (*banal*) *tâches* banal; *vie, existence* durchschnittlich; (*monotone*) eintönig; *incident* alltäglich, gewöhnlich
II. *m* **1.** (*journal*) Tageszeitung *f*; **un ~ *du matin/du soir*** eine Morgen-/Abendzeitung
2. (*vie quotidienne*) Alltag *m*; (*train-train*) tägliches Einerlei

quotidiennement [kɔtidjɛnmɑ̃] *adv* jeden Tag, täglich

quotient [kɔsjɑ̃] *m* Quotient *m*
▶ **~ familial** *Steuerklasse, die die Zahl der zu versorgenden Familienmitglieder berücksichtigt*; **~ intellectuel** Intelligenzquotient *m*

R

R [ɛʀ], **r** *m* R *nt*, r *nt*; ***qn roule les r*** jd rollt das R
▸ **r comme** Raoul R wie Richard
rab [ʀab] *m fam*: ***il y a du*** ~ es ist noch etwas übrig; ***est-ce que je peux avoir du*** ~ ich hätte gerne einen Nachschlag; ***qn fait du*** ~ jd macht Überstunden
rabâchage [ʀabɑʃaʒ] *m* **1.** (*répétition fastidieuse*) [*leçon*] ständiges Wiederholen; ***qn fait du*** ~ jd wiederholt ständig den Lernstoff
2. (*radotage*) immer das Gleiche; ***c'est du*** ~ du sagst/er sagt/... immer wieder dasselbe
rabâcher <1> [ʀabɑʃe] **I.** *vi* (*radoter*) ■ **qn rabâche** jd sagt ständig [*o* immer wieder] dasselbe
II. *vt* **1.** (*ressasser*) ■ **qn rabâche qc [à qn]** *mêmes histoires* jd erzählt [jdm] ständig [*o* immer wieder] etw; *mêmes choses* jd sagt [jdm] ständig [*o* immer wieder] etw; *mêmes conseils* jd gibt [jdm] ständig [*o* immer wieder] etw; ***ces choses ont été rabâchées*** diese Sachen sind immer [und immer] wieder gesagt worden
2. (*répéter pour apprendre*) ■ **qn rabâche qc** *leçons* jd wiederholt ständig [*o* immer wieder] etw; *histoire, géographie* jd lernt immer [und immer] wieder etw
rabâcheur, -euse [ʀabɑʃœʀ, -øz] *m, f* (*radoteur*) Mann, der/Frau, die ständig [*o* immer wieder] dasselbe erzählt; ***qn est un*** ~ jd erzählt ständig [*o* immer wieder] dasselbe; ***elle est du genre ~euse*** sie ist eine von denen, die ständig [*o* immer wieder] dasselbe erzählen
rabais [ʀabɛ] *m* Rabatt *m*; ***qn accorde/consent un ~ à qn*** jd gewährt jdm [einen] Rabatt; ***vous pouvez me faire un*** ~? können Sie mir Rabatt geben?; ***je vous fais 20% de ~/un ~ de 20% [sur cela]*** ich gebe Ihnen [darauf] 20% Rabatt/einen Rabatt von 20%
▸ au ~ (*avec réduction de prix*) zu einem herabgesetzten Preis/herabgesetzten Preisen; (*de mauvaise qualité*) zweitklassig *pej*; ***qn travaille au*** ~ jd arbeitet für wenig Geld; ***vente au*** ~ Verkauf *m* reduzierter Ware
rabaisser <1> [ʀabese] **I.** *vt* **1.** (*diminuer*) ■ **qn rabaisse qc** jd setzt etw herab; ***il m'a rabaissé le prix de 10%*** er hat mir den Preis um 10% herabgesetzt
2. (*déprécier*) ■ **qc rabaisse qc** *mérite, qualité* etw mindert etw *geh*
3. (*dénigrer*) ■ **qn/qc rabaisse qn/qc** jd setzt jdn/etw herab; ***qc rabaisse qn au niveau de qn/d'un animal*** etw erniedrigt jdn zu jdm/zu einem Tier
4. (*limiter les pouvoirs*) ■ **qn/qc rabaisse qn/qc** *nobles* jd/etw [ver]weist jdn in seine Schranken; *pouvoir* jd/etw mindert etw
5. (*rabattre*) ■ **qn rabaisse qc** *orgueil* jd dämpft [*o* bremst] etw; *prétentions, exigences* jd tritt einer S. (*dat*) entgegen
II. *vpr* ■ **qn se rabaisse** jd setzt sich [selbst] herab
rabane [ʀaban] *f* [Raphia]bastgeflecht *nt*; ***natte en*** ~ [geflochtene] Bastmatte
rabat [ʀaba] *m* **1.** (*partie rabattue*) [*poche, table*] Klappe *f*; [*enveloppe*] Lasche *f*; ***qn fait un joli*** ~ (*en faisant le lit à la française*) jd schlägt das Bettuch dekorativ um
2. (*revers de col*) [*toge*] Beffchen *nt*
rabat-joie [ʀabaʒwa] *m inv* Spielverderber *m*, Miesepeter *m fam*
rabattage [ʀabataʒ] *m* Treibjagd *f*
rabatteur, -euse [ʀabatœʀ, -øz] **I.** *m, f* **1.** CHASSE Treiber(in) *m(f)*
2. (*recruteur*) (*pour un magasin*) Kundenfänger(in) *m(f)*; (*pour un hôtel*) Schlepper(in) *m(f) fam*; (*en politique*) Stimmenfänger(in) *m(f)*
II. *m* [*moissonneuse*] Haspel *f*
rabattre <*irr*> [ʀabatʀ] **I.** *vt* **1.** (*refermer*) ■ **qn rabat qc** *couvercle, siège* jd klappt etw herunter; *col* jd schlägt etw um; ***le malade rabat ses couvertures*** der Kranke schlägt die Decke zurück; ***qn rabat le capot de la voiture*** jd schließt die Motorhaube
2. (*faire retomber*) ■ **qn/qc rabat qc quelque part**: ***le vent rabattait la pluie sur le toit*** der Wind peitschte den Regen gegen das Dach; ***qn rabat ses cheveux sur son front*** jd streicht sich (*dat*) die Haare in die Stirn
3. SPORT ■ **qn rabat qc** *balle* jd wehrt etw ab; *coup* jd pariert etw
4. (*diminuer*) ■ **qn/qc rabat qc** *fierté, orgueil, prétention* jd bremst etw, etw mindert etw; ***il faudrait que quelqu'un lui rabatte son orgueil/sa prétention*** jemand sollte ihn/sie von seinem/ihrem hohen Ross herunterholen; ***ses échecs successifs n'ont pas rabattu sa fierté*** diese andauernden Misserfolge haben seinem/ihrem Stolz keinen Abbruch getan
5. (*faire un rabais*) ■ **qn rabat qc [sur qc] [à qn]** *sur le prix* jd lässt [jdm] etw [von etw] nach; ***le commerçant rabat 5% sur le prix affiché*** der Kaufmann gewährt einen Preisnachlass von 5%
6. CHASSE ■ **qn rabat des animaux** jd treibt Tiere
7. *péj* (*recruter*) ■ **qn rabat qn** jd ködert jdn, jd lockt jdn an
8. COUT: ***qn rabat des mailles*** jd kettet ab
▸ **qn en rabat** jd verliert seine Illusionen, jd steckt zurück
II. *vpr* **1.** (*quitter sa direction*) ■ **qn/qc se rabat** jd/etw schert wieder ein; ***le coureur s'est rabattu à la corde*** der Läufer hat auf die Innenbahn gewechselt
2. (*se refermer*) ■ **qc se rabat** /*porte*/ etw schlägt zu; /*bord, col, revers, capot*/ etw kann heruntergeklappt werden; ***les bords de cette manche/les revers se rabattent*** der Ärmelrand/das Revers wird umgeschlagen; ***le col de ton chemisier peut se*** ~ dein Hemdkragen lässt sich umschlagen; ***le couvercle d'un W.-C., ça se rabat!*** ein Klodeckel wird heruntergeklappt!
3. (*accepter faute de mieux*) ■ **qn se rabat sur qn/qc** jd gibt sich mit jdm/etw zufrieden, jd begnügt sich mit jdm/etw
rabattu, e [ʀabaty] *adj bord, couture* umgeschlagen; *poche* verdeckt; ***col*** ~ Umlegkragen *m*
rabbin [ʀabɛ̃] *m* HIST Rabbi *m*; REL Rabbiner *m*
▸ grand ~ Großrabbiner *m*
rabbinat [ʀabina] *m* Rabbinat *nt*
rabbinique [ʀabinik] *adj* rabbinisch
rabelaisien, ne [ʀablɛzjɛ̃, jɛn] *adj* (*truculent*) *personnage, plaisanterie, style* derb; *gaieté* urwüchsig; *verve* heiter, lebensfroh
rabibocher <1> [ʀabibɔʃe] **I.** *vt fam* **1.** (*réconcilier*) ■ **qn rabiboche des personnes** jd versöhnt Menschen
2. (*rafistoler*) ■ **qn rabiboche qc** jd flickt etw *fam*
II. *vpr fam* ■ **des personnes se rabibochent** Menschen versöhnen sich
rabiot [ʀabjo] *m fam v.* **rab**
rabioter <1> [ʀabjɔte] **I.** *vt fam* **1.** (*obtenir en plus*) ■ **qn rabiote qc** *temps* jd gewinnt etw; *nourriture* jd ergattert etw *fam*
2. (*extorquer*) ■ **qn rabiote qc** *argent* jd ergattert etw *fam*; *marchandise* jd lässt etw mitgehen *fam*; *temps* jd schindet [*o* schlägt] etw heraus *fam*
II. *vi fam* ■ **qn rabiote [sur qc]** jd schnorrt [etw] *fam*
rabioteur, -euse [ʀabjɔtœʀ, -øz] *m, f fam* Schnorrer(in) *m(f) fam*
rabique [ʀabik] *adj virus* Tollwut-
râble [ʀɑbl] *m* Rücken *m*
▸ **qn lui** saute [*o* tombe] **sur le** ~ *fam* jd rückt jdm auf die Pelle *fam*
râblé, e [ʀɑble] *adj personne* stämmig, bullig *fam*; *lapin, lièvre* kräftig, gut gewachsen
rabot [ʀabo] *m* Hobel *m*
rabotage [ʀabɔtaʒ] *m* [Ab]hobeln *nt*
raboter <1> [ʀabɔte] **I.** *vt* **1.** TECH ■ **qn rabote qc** *planche* jd hobelt etw [ab]; *parquet, pièce* jd schleift etw
2. *fam* (*racler*) ■ **qn/qc rabote qc** *mur* jd/etw zerkratzt etw; *bord du trottoir* jd/etw schrammt an etw (*dat*) entlang; *tête* jd schlägt sich (*dat*) etw an; ***qn rabote les chaussures sur le plancher*** jd schlurft über den Fußboden; ***les roues rabotèrent les bosses*** die Räder ratterten über die Unebenheiten
II. *vpr fam* ■ **qn se rabote qc** *tête, nez* jd schlägt sich (*dat*) etw an; *genou* jd schürft sich (*dat*) etw [auf]
raboteur, -euse [ʀabɔtœʀ, -øz] **I.** *m, f* Hobler(in) *m(f)*; ~ ***de parquets*** Parkettschleifer *m*
II. *f* ■ **raboteuse** Hobelmaschine *f*
raboteux, -euse [ʀabɔtø, -øz] *adj* uneben; *surface a.* rau; *chemin a.* holprig; *arête* schroff; *style* grob; *voix* rau
rabougri, e [ʀabugʀi] *adj arbre, plante* kümmerlich; *silhouette, allure* gebeugt, eingefallen; *personne, vieillard, allure* alt und gebückt; *enfant* mickerig *fam*, verkümmert
rabougrir <8> [ʀabugʀiʀ] **I.** *vt* ■ **qc rabougrit qn/qc** durch etw verkümmert jd/etw, etw setzt jdm/einer S. zu; ■ **qc fait ~ qc** durch etw verkümmert etw
II. *vi* ■ **qc rabougrit** etw verkümmert
III. *vpr* ■ **qn/qc se rabougrit** jd/etw verkümmert
rabougrissement [ʀabugʀismɑ̃] *m* Verkümmern *nt*
rabrouer <1> [ʀabʀue] *vt* ■ **qn rabroue qn** jd fährt jdn an
racaille [ʀakɑj] *f* Abschaum *m kein art*, Gesindel *nt kein art*
raccommodable [ʀakɔmɔdabl] *adj* ■ **qc est** ~ etw lässt sich flicken, etw lässt sich ausbessern
raccommodage [ʀakɔmɔdaʒ] *m* **1.** (*réparation*) Flicken *nt*, Ausbessern *nt*; ***le ~ du filet s'impose*** das Netz muss geflickt [*o* ausgebessert] werden; ***pour le ~ de tes chaussettes, ...*** um deine Strümpfe zu stopfen, ...
2. (*endroit réparé*) Flickstelle *f*
▸ **qn** fait **du** ~ jd macht Flickarbeiten
raccommodement [ʀakɔmɔdmɑ̃] *m fam* Versöhnung *f*
raccommoder <1> [ʀakɔmɔde] **I.** *vt* **1.** (*réparer*) ■ **qn raccommode qc [à qn]** *accroc, filet, vêtements* jd flickt [jdm] etw, jd bessert [jdm] etw aus; *chaussettes* jd stopft [jdm] etw; *vieilli meuble, objet* jd setzt [jdm] etw instand, jd bessert [jdm] etw aus, jd bringt [jdm] etw in Ordnung
2. *fam* (*réconcilier*) ■ **qn raccommode des personnes/qn avec qn** jd versöhnt Menschen/jdn mit jdm
II. *vpr fam* ■ **des personnes se raccommodent** Menschen versöhnen sich;

■ **qn se raccommode avec qn** jd versöhnt sich mit jdm

raccommodeur, -euse [ʀakɔmɔdœʀ, -øz] *m, f* Flicker(in) *m(f)*, Flickschneider(in) *m(f) pej;* ■ ~(-**euse**) **de** *de filets, linge, vêtements* -flicker(in)

raccompagner <1> [ʀakɔ̃paɲe] *vt* ■ **qn raccompagne qn** [**quelque part**] jd begleitet jdn [irgendwohin] [zurück]

raccord [ʀakɔʀ] *m* **1.** (*jonction*) Schnittstelle *f*, Nahtstelle *f*

2. (*retouche*) ■ ~ **de qc** *de maçonnerie* Ausbesserung *f* einer S (*gen*); *de peinture* Überstreichen *nt* einer S. (*gen*); *de maquillage* Auffrischen *nt* einer S. (*gen*)

3. (*enchaînement*) Überleitung *f;* CINE Übergang *m*

4. (*joint*) Verbindungsstück *nt*, Zwischenstück *nt*

▶ **qn fait un** ~ jd macht eine Ausbesserungsarbeit; (*de peinture a.*) jd überstreicht; (*de maquillage*) jd frischt sein Make-up auf [me:kʔap]

raccordement [ʀakɔʀdəmɑ̃] *m* Verbindung *f;* ***le*** ~ ***de fils électriques*** die Schaltung der Elektrodrähte; ■ ~ **à qc** *au réseau* Anschluss *m* an etw (*akk*); ***le*** ~ ***au réseau câblé*** der Kabelanschluss; ***le*** ~ ***au TGV*** der TGV-Anschluss

raccorder <1> [ʀakɔʀde] **I.** *vt* **1.** (*joindre*) ■ **qn raccorde des choses** jd verbindet Dinge miteinander; *tuyaux* jd fügt Dinge zusammen; ■ **qn raccorde qc** [**à qc**] jd verbindet etw [mit etw]; *route a.* jd schließt etw an etw (*akk*) an; *tuyau* jd fügt etw [mit etw] zusammen; *fil* jd schaltet etw, jd schließt etw an etw (*akk*); ***il faut*** ~ ***les différents plans*** CINE die verschiedenen Aufnahmen müssen zusammengeschnitten werden; ■ **qn raccorde qn à qc** TELEC *au réseau* jd schließt jdn an etw (*akk*) an

2. (*faire communiquer*) ■ **qc raccorde qc** [**à qc**] /*pont, ligne de jonction*/ etw verbindet etw [mit etw]; ■ **qc raccorde des choses** etw verbindet Dinge miteinander

II. *vpr* **1.** (*se relier*) ■ **qc se raccorde à qc** /*route, voie de chemin de fer*/ etw ist mit etw verbunden

2. (*se rapporter*) ■ **qc se raccorde à qc** /*événement*/ etw steht in Zusammenhang mit etw; ■ **des choses se raccordent** Dinge stehen in Zusammenhang miteinander

raccourci [ʀakuʀsi] *m* **1.** (*chemin*) Abkürzung *f*

2. (*abrégé*) Kurzfassung *f*

3. ART perspektivische Verkürzung

▶ **en** ~ in Kurzfassung; ***je dirais en*** ~ ***que*** + *indic* ich möchte kurz sagen, dass

◆ **raccourci clavier** INFORM Shortcut [ˈʃɔːtkʌt] *m*, Hotkey [ˈhɔtk :] *m*

raccourcir <8> [ʀakuʀsiʀ] **I.** *vt* **1.** (*rendre plus court*) ■ **qn/qc raccourcit qc** *texte, vêtement* jd kürzt etw; *barbe* jd stutzt etw; ***ça raccourcit le trajet*** das ist eine Abkürzung; ***les vêtements larges raccourcissent la silhouette*** weite Kleider machen [die Gestalt] kleiner

2. *fam* (*faire gagner du temps*) ■ **qc me/le raccourcit** etw ist eine Abkürzung, etw ist kürzer

II. *vi* **1.** (*devenir plus court*) ■ **qc raccourcit** /*jour, vêtement*/ etw wird kürzer; /*vêtement*/ (*au lavage*) etw läuft ein

2. *fam* (*rendre plus court*) ■ **qc raccourcit** etw ist eine Abkürzung, etw ist kürzer

raccourcissement [ʀakuʀsismɑ̃] *m* (*action de raccourcir*) Kürzen *nt;* (*fait de devenir plus court*) Kürzerwerden *nt*

raccroc [ʀakʀo] *m* ▶ **par** ~ (*par hasard*) durch Zufall; (*par chance*) durch einen Glücksfall

raccrocher <1> [ʀakʀɔʃe] **I.** *vt* **1.** (*remettre en place*) ■ **qn raccroche qc** *écouteur* jd legt etw auf; *rideaux, tableau, vêtement* jd hängt etw auf; ***j'avais mal raccroché le téléphone*** ich hatte den Hörer nicht richtig aufgelegt

2. (*racoler*) ■ **qn/qc raccroche qn** jd wirbt jdn, jd/etw spricht jdn an

3. *fam* (*rattraper*) ■ **qn raccroche qn/qc** *affaire, contrat* jd ergattert etw *fam*, jd kommt an etw (*akk*) ran *fam; personne* jd erwischt jdn *fam*

4. (*relier*) ■ **qn raccroche des choses** *événements, faits* jd bringt Dinge miteinander in Verbindung, jd bringt Dinge auf die Reihe *fam; wagons* jd hängt Dinge aneinander; ■ **qn raccroche qc à qc** jd verbindet etw mit etw; *wagon* jd hängt etw an etw (*akk*) an

II. *vi* **1.** TELEC ■ **qn raccroche** jd legt auf

2. *fam* (*renoncer*) ■ **qn raccroche** /*boxeur, professionnel, sportif*/ jd hört auf, jd steckt es *fam*

III. *vpr* **1.** (*se cramponner*) ■ **qn se raccroche à qn/qc** jd klammert sich an jdn/etw

2. (*se relier*) ■ **qc se raccroche à qc** *à un sentiment, une idée* etw hängt mit etw zusammen

race [ʀas] *f* **1.** (*espèce*) Rasse *f;* ***qn est de*** ~ ***noble/noire*** jd ist adliger/schwarzer Abstammung; ***de*** ~ ***jaune*** von gelber Hautfarbe

2. *soutenu* (*lignée*) Geschlecht *nt geh;* ***une famille de vieille*** ~ eine alteingesessene Familie

3. (*sorte*) Spezies *f*, Gattung *f; péj* Brut *f fam*, Sippe *f fam;* ***sale*** ~ üble Brut *fam;* ***qn est de la même*** ~ jd ist vom gleichen Schlag

▶ **qn a de la** ~ jd hat Format [*o* Klasse]; **de** ~ *chien, cheval, chat* Rasse-

racé, e [ʀase] *adj* **1.** *animal, cheval* reinrassig

2. *beauté* rassig; *homme, femme* von Klasse, von Format; *voiture* edel; *ligne* klar

rachat [ʀaʃa] *m* **1.** JUR, FIN Rückkauf *m;* [*rente*] Ablösung *f;* [*titre*] Einlösung *f*

2. (*pardon*) [*faute*] Vergeben *nt;* [*péché*] Vergebung *f;* (*salut*) Erlösung *f*

3. (*libération sous caution*) Freikauf *m*

rachetable [ʀaʃtabl] *adj* **1.** FIN *rente* ablösbar; *titre* einlösbar

2. (*expiable*) *faute* verzeihlich; ***tout péché est*** ~ jede Sünde kann vergeben werden

racheter <4> [ʀaʃte] **I.** *vt* **1.** (*acquérir*) ■ **qn rachète qc** [**à qn**] *de nouveau*) jd kauft etw [von jdm] zurück; (*en remplacement*) jd kauft [jdm] etw [wieder]; (*en plus*) jd kauft [jdm] etw nach; (*de quelqu'un d'autre*) jd kauft jdm etw ab; ***qn rachète une entreprise en difficultés*** jd kauft ein Unternehmen auf, das sich in Schwierigkeiten befindet; ***qn rachète toutes les parts de son associé dans l'entreprise*** jd bezahlt seinen Geschäftspartner aus, jd findet seinen Geschäftspartner ab

2. (*expier*) ■ **qn rachète qc** [**par qc**] *crime* jd sühnt etw [mit etw]; *faute* jd macht etw [mit etw] wieder gut; REL *péché* jd büßt etw [ab]

3. (*sauver*) ■ **qn/qc rachète qn** jd/etw rettet jdn; REL jd/etw erlöst jdn

4. FIN, JUR (*se libérer de*) ■ **qn rachète qc** [**à qn**] *dette, emprunt* jd zahlt [jdm] etw zurück, jd tilgt etw; *rente* jd löst etw ab

5. (*libérer par rançon*) ■ **qn rachète qn** jd kauft jdn frei

6. (*compenser*) ■ **qn/qc rachète qc** [**par qc**] *défaut, imperfection* jd/etw gleicht etw [durch etw] aus, jd/etw macht etw [mit etw] wett

7. SCOL ■ **qn rachète qn** jd lässt jdn durchkommen *fam*, jd lässt jdn bestehen

II. *vpr* ■ **qn se rachète** [**par qc**] (*d'une faute*) jd macht das [durch etw] wieder gut; (*d'un crime, péché*) jd wäscht sich [durch etw] wieder rein; ***tâche de te*** ~ ***en ...*** versuch, das wieder gutzumachen, indem du ...

rachidien, ne [ʀaʃidjɛ̃, jɛn] *adj* Wirbelsäulen-; ***canal*** ~ Wirbelkanal *m;* ***nerf*** ~ Rückenmarksnerv *m*

rachitique [ʀaʃitik] **I.** *adj* **1.** MED rachitisch

2. *personne* schwächlich; *arbre, blé, poulet* mickrig *fam*

II. *mf* MED Rachitiskranke(r) *f(m); fig* Schwächling *m*

rachitisme [ʀaʃitism] *m* Rachitis *f*

▶ **qn fait du** ~ jd leidet an Rachitis

racial, e <-aux> [ʀasjal, jo] *adj* Rassen-

racine [ʀasin] *f* **1.** BOT Wurzel *f*

2. MATH Wurzel *f;* ~ ***carrée/cubique*** Quadrat-/Kubikwurzel; ***qn extrait la*** ~ ***d'un nombre*** jd zieht die Wurzel aus einer Zahl

3. [*cheveux, dent, langue, nez, poils*] Wurzel *f*

4. LING Wurzel *f*

5. [*sentiment*] Ursache *f;* ***la*** ~ ***du mal*** die Wurzel des Übels

6. *gén pl* (*origines*) Wurzeln *pl*

7. *pl* (*liens*) Wurzeln *pl;* ***qn est attaché(e) par des*** ~***s profondes*** jd ist tief verwurzelt

▶ **qn rougit jusqu'à la** ~ **des cheveux** jd wird rot bis über beide Ohren; **qc a des/ses** ~**s quelque part** etw hat irgendwo seinen Ursprung; **qn/qc prend** ~ [**quelque part**] jd/etw schlägt [irgendwo] Wurzeln; **à la** ~, **dans ses** ~**s** an der Wurzel; ***qn attaque/extirpe le mal à la*** ~ [*o* ***dans ses*** ~***s***] jd packt das Übel an der Wurzel/rottet das Übel mit der Wurzel aus

racisme [ʀasism] *m* Rassismus *m;* ~ ***anti-jeunes*** Feindseligkeit *f* gegenüber Jugendlichen; ~ ***contre les profs*** Lehrerfeindlichkeit *f*

raciste [ʀasist] **I.** *adj* rassistisch

II. *mf* Rassist(in) *m(f)*

racket [ʀakɛt] *m* Schutzgelderpressung *f;* ***qn se livre au*** ~ jd erpresst Schutzgelder

racketter <1> [ʀakete] *vt* ■ **qn rackette qn** jd erpresst Geld von jdm; *commerçant, restaurateur* jd erpresst Schutzgelder von jdm; ■ **qn se fait** ~ [**par qn**] jd wird [von jdm] um Geld erpresst

racketteur, -euse [ʀakɛtœʀ, -øz] *m, f* Erpresser(in) *m(f)*

raclage [ʀɑklaʒ] *m* TECH [Ab]schaben *nt*

raclée [ʀɑkle] *f fam* **1.** (*rossée*) Tracht *f* Prügel

2. (*défaite*) Schlappe *f fam*

raclement [ʀɑkləmɑ̃] *m* Knirschen *nt;* ~ ***de gorge*** Räuspern *nt*

racler <1> [ʀɑkle] **I.** *vt* **1.** (*nettoyer*) ■ **qn racle qc** *fond de casserole* jd scheuert etw; *parquet, sol, boiseries* jd schleift etw ab; *semelles, sabots* jd streift etw ab, jd putzt etw ab; ■ **qn racle qc** [**de qc**] *boue, croûte, tache de peinture* jd kratzt etw [von etw] ab; ***il faut*** ~ ***les écailles de ce poisson*** man muss den Fisch abschuppen

2. (*frotter sur*) ■ **qc racle qc** etw schleift auf etw (*dat*); ***le garde-boue racle le pneu*** das Schutzblech schleift am Reifen; ***les filets de pêche raclent le fond de la mer*** die Fischernetze schleifen über den Meeresgrund; ***le bateau racle le sable/le rocher*** das Schiff läuft auf Sand auf/streift den Felsen

3. (*ratisser*) ■ **qn racle qc** *allée, gravier, sable* jd harkt etw

4. *péj* (*faire grincer*) ■ **qn racle qc** *guitare, mandoline* jd klimpert auf etw (*dat*) herum *fam; violon* jd kratzt auf etw (*dat*) herum *fam;* ***qn racle les cordes*** jd schlägt in die Saiten

II. *vpr:* ***qn se racle la gorge*** [*o* ***le gosier***] jd räuspert sich

raclette [ʀɑklɛt] *f* **1.** (*outil*) Schaber *m*, Kratzer *m;* [*ramoneur*] Schultereisen *nt;* ~ ***en caoutchouc*** Gummischieber *m;* ~ ***de fer*** Schabeisen *nt*, Kratzeisen *nt*

2. (*fromage*) Raclettekäse *m;* (*spécialité*) Raclette *f o nt*

racloir [ʀɑklwaʀ] *m* Schaber *m*, Kratzer *m*

raclure [ʀɑklyʀ] *f* **1.** *pl* Späne *pl;* (*rebut*) Abfall *m*

2. (*personne abject*) Abschaum *m kein art;* ***qn est devenu(e) une*** ~ jd ist Abschaum

racolage [ʀakɔlaʒ] *m* **1.** (*recrutement*) Anwerbung *f*, Anwerben *nt*

2. (*retape*) Anwerben *nt* von Kunden

▶ **qn fait du** ~ jd macht Werbung, jd rührt die Werbetrommel; /*prostituée*/ jd wirbt Kunden

racoler <1> [ʀakɔle] *vt* ■ **qn racole qn** *adeptes, clients, électeurs, lecteurs* jd wirbt jdn; /*prostituée*/ jd spricht jdn an; HIST, MIL jd wirbt jdn an

racoleur, -euse [ʀakɔlœʀ, -øz] **I.** *m, f* (*en politique*) Werber(in) *m(f)* von Mitgliedern; jd, der Mitglieder wirbt; (*dans le commerce*) Kundenwerber(in); (*pour un hôtel, une boîte de nuit*) Schlepper(in) *m(f)*

II. *f* (*prostituée*) ■ **racoleuse** Straßendirne *f*

III. *m* HIST, MIL Werber *m*

IV. *adj péj publicité, affiche* ins Auge springend; *slogan* reißerisch

racontable [ʀakɔ̃tabl] *adj* ■ **qc est** ~ etw kann erzählt werden

racontar [ʀakɔ̃taʀ] *m gén pl fam* Tratsch *m kein pl fam*
raconter <1> [ʀakɔ̃te] **I.** *vt* **1.** (*narrer*) ■ **qn/qc raconte qc [à qn]** jd/etw erzählt [jdm] etw; *voyage* jd/etw erzählt [jdm] von etw; ■ **qn raconte que** + *indic* jd erzählt, dass; jd berichtet, dass
2. *péj* ■ **qn raconte qc [à qn]** *histoires, balivernes* jd erzählt [jdm] etw
▶ **je te/vous raconte pas** ich kann dir/euch sagen *fam*; ***je te raconte pas le malaise/l'engueulade*** ich kann dir sagen, das war vielleicht unangenehm/ein Anpfiff *fam*
II. *vpr* **1.** (*se dire*) ■ **qc se raconte** etw wird erzählt; ***ne crois pas ce qui se raconte [à mon propos]***! glaub nicht, was man [über mich] erzählt!
2. (*parler de soi*) ■ **qn se raconte** jd erzählt von sich
raconteur, -euse [ʀakɔ̃tœʀ, -øz] *m, f soutenu* Erzähler(in) *m(f)*
racornir <8> [ʀakɔʀniʀ] **I.** *vt* **1.** (*durcir*) ■ **qc racornit qc** etw macht etw hart; ■ **[qc est] racorni(e)** [etw ist] hart; ***la viande est toute racornie*** das Fleisch ist ganz zäh
2. (*rendre insensible*) ■ **qc racornit qn/qc** etw stumpft jdn ab; *cœur, âme* etw verhärtet jdn/etw; ***l'âge lui a racorni les idées*** das Alter hat ihn/sie unbeweglich [*o* stur] gemacht
II. *vpr* ■ **qn/qc se racornit** jd/etw wird hart; /*cuir, peau a.*/ etw verhärtet sich; /*viande*/ etw wird zäh
racornissement [ʀakɔʀnismɑ̃] *m* [*peau*] Hartwerden *nt*, Verhärtung *f*; [*viande*] Zähwerden *nt*
radar [ʀadaʀ] **I.** *m* Radar[gerät *nt*] *m o nt*
II. *app écran, système* Radar-
rade [ʀad] *f* Reede *f*
▶ **qn/qc est/reste en** ~ *fam* jd/etw sitzt fest/bleibt stecken; **qn laisse qn/qc en** ~ *fam* jd lässt jdn im Stich/jd lässt etw sausen *fam*; **en** ~: ***plusieurs navires sont en ~ de Toulon*** mehrere Schiffe liegen vor Toulon auf der Reede
radeau <x> [ʀado] *m* Floß *nt*; ~ ***de fortune*** behelfsmäßiges Floß; ~ ***de sauvetage*** Rettungsinsel *f*
2. (*train de bois*) Floß *nt*
radial, e <-aux> [ʀadjal, jo] **I.** *adj* **1.** TECH strahlenförmig, radial; ***pneu à carcasse ~e*** Radialreifen *m*, Gürtelreifen *m*
2. ANAT Speichen-
II. *f* (*route*) ■ **radiale** Radialstraße *f*
radian [ʀadjɑ̃] *m* Radiant *m*
radiant, e [ʀadjɑ̃, jɑ̃t] **I.** *adj activité, chaleur* Strahlungs-
II. *m* ASTRON Radiant *m*
radiateur [ʀadjatœʀ] *m* **1.** [*chauffage central*] Heizkörper *m*
2. (*électrique, parabolique*) Heizung *f*; (*électrique a.*) Ofen *m*; ~ ***infrarouge*** Infrarotstrahler *m*; ~ ***parabolique*** Heizsonne *f*; ~ ***soufflant*** Heizlüfter *m*; ~ ***rayonnant*** Wärmestrahler *m*; ■ ~ ***à gaz, huile*** -ofen; ~ ***à eau*** Heißwasserofen; ~ ***à accumulation*** Nachtspeicherofen
3. AUT Kühler *m*
radiation [ʀadjasjɔ̃] *f* **1.** PHYS Strahlung *f*
2. (*action de rayer*) Streichung *f*; ■ ~ **[de qn] de qc** *du barreau, d'un club, ordre* [jds] Ausschluss *m* aus etw; *d'une liste* [jds] Streichung *f* von etw
radical, e <-aux> [ʀadikal, o] **I.** *adj* **1.** (*total*) radikal, grundlegend; *refus* grundsätzlich
2. (*énergique*) radikal; *mesure a.* einschneidend, tief greifend
3. (*foncier*) fundamental; ***instinct*** ~ Urinstinkt *m*; ***principe*** ~ Grundprinzip *nt*; ***islam*** ~ orthodoxer Islam
4. POL radikal; ***congrès*** ~ Kongress *m* der Radikalen
5. LING Stamm-, zum Wortstamm gehörig; ***voyelle ~e*** Stammvokal *m*
6. BOT *feuilles* grundständig
7. MATH *signe* Wurzel-
II. *m* **1.** LING Stamm *m*
2. CHIM Radikal *nt*
3. POL Radikale(r) *f(m)*
4. MATH Wurzelzeichen *nt*
radicalement [ʀadikalmɑ̃] *adv* **1.** (*entièrement*) radikal, grundlegend; *guérir* gründlich
2. (*absolument*) vollkommen, völlig
radicalisation [ʀadikalizasjɔ̃] *f* [*point de vue, position*] Erhärtung *f*; [*lutte, climat*] Verschärfung *f*; [*régime, théorie*] Radikalisierung *f*
radicaliser <1> [ʀadikalize] **I.** *vt* ■ **qn/qc radicalise qc** *conflit* jd/etw verschärft etw; *position* jd/etw verhärtet etw; *opinion, théorie* jd/etw radikalisiert etw
II. *vpr* ■ **qn/qc se radicalise** /*mouvement, parti, régime, théorie, opinion*/ jd/etw wird radikaler; /*conflit*/ etw verschärft sich; /*position*/ etw verhärtet sich
radicalisme [ʀadikalism] *m* Radikalismus *m*
radical-socialisme [ʀadikalsɔsjalism] *m* Radikalsozialismus *m* **radical-socialiste, ~e~** <~aux~s> [ʀadikalsɔsjalist, ʀadiko-] **I.** *adj* radikalsozialistisch **II.** *m, f* Radikalsozialist(in) *m(f)*
radier <1 a> [ʀadje] *vt* ■ **qn radie qn/qc [de qc]** *candidat, nom* jd streicht jdn/etw [von etw]; *du barreau, d'un club, de l'ordre* jd schließt jdn [aus etw] aus
radiesthésie [ʀadjɛstezi] *f* Radiästhesie *f*
radiesthésiste [ʀadjɛstezist] *mf* Rutengänger(in) *m(f)*
radieusement [ʀadjøzmɑ̃] *adv* strahlend
radieux, -euse [ʀadjø, -jøz] *adj* strahlend; *avenir* glänzend; *temps* herrlich; ***soleil*** ~ strahlender Sonnenschein
radin, e [ʀadɛ̃, in] **I.** *adj fam* (*avare*) knauserig *fam*, knickrig *fam*
II. *m, f fam* Geizkragen *m fam*, Geizhals *m fam*, Pfennigfuchser(in) *m(f) fam*
radiner <1> [ʀadine] **I.** *vi fam* ■ **qn radine** jd kommt angeschossen *fam*
II. *vpr fam* ■ **qn se radine** jd taucht auf; ***allez, radine-toi!*** komm endlich!
radinerie [ʀadinʀi] *f fam* Knauserigkeit *f fam*, Knickrigkeit *f fam*, Pfennigfuchserei *f fam*
radio [ʀadjo] **I.** *f* **1.** (*poste*) Radio[gerät *nt*] *nt*
2. (*radiodiffusion*) Radio *nt*, Rundfunk *m*
3. (*station*) Sender *m*
4. MED Röntgenaufnahme *f*
5. (*radiotéléphonie*) Funk[gerät *nt*] *m*
▶ **qn a la** ~ jd hat ein Radio; **qn met la** ~ jd schaltet das Radio an; **qn/qc passe à la** ~ jd/etw kommt im Radio; **qn passe une** ~ jd lässt eine Röntgenaufnahme machen; **à la** ~ RADIO im Radio; MED auf dem Röntgenbild; **par** ~ über Funk
II. *m* Funker(in) *m(f)*
III. *app message, poste* Funk-
radio[-] [ʀadjo] *préf* **1.** *astronomie, astronome, biologie, biologue etc* Radio-
2. AVIAT, NAUT Funk-; ~***balisage*** Funkbefeuerung *f*; ~***communication*** Funkverständigung *f*; ~***compas*** Funkkompass *m*; ~***goniométrie*** Funkpeilung *f*; ~***phare*** Funkbake *f*
radioactif, -ive [ʀadjoaktif, -iv] *adj* radioaktiv
radioactivité [ʀadjoaktivite] *f* Radioaktivität *f*
radioamateur, -trice [ʀadjoamatœʀ, -tʀis] *m, f* Funkamateur(in) *m(f)*
radiocarbone [ʀadjokaʀbɔn] *m* radioaktiver Kohlenstoff; ***l'analyse du ~ permet de dater certains objets*** mit der Radiokarbondatierung [*o* Radiokarbonmethode] kann man das Alter bestimmter Gegenstände feststellen
radiocassette [ʀadjokasɛt] *f* Radio[kassetten]recorder *m*
radiocobalt [ʀadjokɔbalt] *m* radioaktives Kobalt
radiodiagnostic [ʀadjodjagnɔstik] *m* Röntgendiagnose *f*
radiodiffuser <1> [ʀadjodifyze] *vt* ■ **qn/qc radiodiffuse qc** *informations, message* jd/etw sendet etw [im Rundfunk]; *concert, interview, conférence* jd/etw überträgt etw [im Rundfunk]; *émission, programme* jd/etw strahlt etw [über den Rundfunk] aus
radiodiffusion [ʀadjodifyzjɔ̃] *f vieilli* Rundfunk *m*
radioélectricien, ne [ʀadjoelɛktʀisjɛ̃, jɛn] *m, f* Rundfunktechniker(in) *m(f)*
radioélectricité [ʀadjoelɛktʀisite] *f* Rundfunktechnik *f*
radioélément [ʀadjoelemɑ̃] *m* Radioelement *nt*, radioaktives Element
radiofréquence [ʀadjofʀekɑ̃s] *f* Funkfrequenz *f*
radiographie [ʀadjɔgʀafi] *f* **1.** MED (*procédé*) Röntgen *nt*, Radiographie *f spec*; (*résultat*) Röntgenaufnahme *f*, Röntgenbild *nt*
2. (*analyse*) [*électorat, opinion publique*] Analyse *f*
radiographier <1 a> [ʀadjɔgʀafje] *vt* **1.** MED ■ **qn radiographie qn/qc** jd röntgt jdn/etw
2. (*sonder*) ■ **qn/qc radiographie qc** jd/etw analysiert etw
radioguidage [ʀadjogidaʒ] *m* AVIAT, NAUT Funksteuerung *f*; AUT Verkehrsfunk *m*
radio-isotope <~-~s> [ʀadjoizɔtɔp] *m* Radioisotop *nt*
radiologie [ʀadjɔlɔʒi] *f* Radiologie *f*, Röntgenologie *f*
radiologique [ʀadjɔlɔʒik] *adj* Röntgen-
radiologue [ʀadjɔlɔg] *mf* Radiologe/-login *m/f*, Röntgenologe/-login *m/f*
radionavigation [ʀadjonavigasjɔ̃] *f* Funknavigation *f*
radiophonique [ʀadjɔfɔnik] *adj* Rundfunk-, Radio-; ***pièce*** ~ Hörspiel *nt*
radioreportage [ʀadjoʀ(ə)pɔʀtaʒ] *m* Rundfunkreportage *f*
radioréveil [ʀadjoʀevɛj] *m* Radiowecker *m*
radioscopie [ʀadjɔskɔpi] *f* **1.** MED Röntgen *nt*, Radioskopie *f spec*
2. (*analyse*) Analyse *f*
▶ **qn passe à la** ~ jd wird geröntgt
radiosonde [ʀadjosɔ̃d] *f* Radiosonde *f*
radio-taxi <~-~s> [ʀadjotaksi] *m* Funktaxi *nt*
radiotechnique [ʀadjotɛknik] **I.** *adj* rundfunktechnisch
II. *f* Rundfunktechnik *f*
radiotélégraphie [ʀadjotelegʀafi] *f* Funktelegrafie *f*
radiotélégraphique [ʀadjotelegʀafik] *adj* funktelegrafisch
radiotéléphone [ʀadjotelefɔn] *m* Funktelefon *nt*
radiotélescope [ʀadjoteleskɔp] *m* Radioteleskop *nt*
radiotélévisé, e [ʀadjotelevize] *adj* über Rundfunk und Fernsehen ausgestrahlt
radiothérapeute [ʀadjoteʀapøt] *mf* Strahlentherapeut(in) *m(f)*, Radiotherapeut(in) *m(f)*
radiothérapie [ʀadjoteʀapi] *f* Strahlentherapie *f*, Radiotherapie *f*
radis [ʀadi] *m* Radieschen *nt*; (*grand* ~) Rettich *m*
▶ **qn n'a pas/plus un** ~ *fam* jd hat keinen Pfennig/keinen Pfennig mehr *fam*; **qn ne dépense pas un** ~ **[de plus]** jd gibt keinen Groschen [mehr] dafür aus *fam*; **qc ne vaut pas un** ~ *fam* etw ist keinen Pfifferling wert *fam*
radium [ʀadjɔm] *m* CHIM Radium *nt*
radius [ʀadjys] *m* Speiche *f*
radon [ʀadɔ̃] *m* CHIM Radon *nt*
radotage [ʀadɔtaʒ] *m* **1.** (*rabâchage*) ständiges Wiederholen
2. *fam* (*papotage*) Geschwätz *nt kein pl*, Gefasel *nt kein pl*
radoter <1> [ʀadɔte] **I.** *vi* **1.** (*rabâcher*) ■ **qn radote** jd wiederholt sich
2. (*déraisonner*) ■ **qn radote** jd faselt, jd redet Unsinn [*o* dummes Zeug]
II. *vt* ■ **qn radote qc** jd wiederholt etw; ***qn radote toujours les mêmes histoires*** jd käut immer die gleichen Geschichten wieder
radoteur, -euse [ʀadɔtœʀ, -øz] **I.** *adj* ■ **[qn est]** ~ jd wiederholt sich; ***je te trouve un peu ~!*** ich finde, du wiederholst dich
II. *m, f* Schwätzer(in) *m(f) fam*
radoub [ʀadu] *m* Wartung *f*, Überholung *f*
▶ **au** ~ im Dock; *navire* im Dock liegend; **de** ~: ***bassin de*** ~ Hafenbecken *nt*
radouber <1> [ʀadube] *vt* ■ **qn radoube qc** *navire* jd wartet etw, jd überholt etw; *filet de pêche* jd flickt etw
radoucir <8> [ʀadusiʀ] **I.** *vt* **1.** (*apaiser*) ■ **qn/qc radoucit qn/qc** *personne* jd/etw besänftigt jdn; *attitude* jd/etw mildert etw; *humeur* jd/etw

bessert [*o* hebt] etw; *voix* jd/etw dämpft etw; ***qn radoucit le ton*** jd spricht in einem milderen Ton

2. METEO ■ **qc radoucit qc** etw mildert etw; *temps* etw bessert etw

II. *vpr* **1.** (*se calmer*) ■ **qn/qc se radoucit** */personne/* jd besänftigt sich; */attitude/* etw wird milder; */cœur/* etw wird weicher; */humeur/* etw bessert [*o* hebt] sich; ***sa voix/son ton se radoucit*** er/sie dämpft die Stimme/spricht in einem milderen Ton

2. METEO ■ **qc se radoucit** */température/* etw wird milder; */temps/* etw bessert sich

radoucissement [ʀadusismɑ̃] *m* **1.** (*apaisement*) [*attitude*] Milderung *f;* [*humeur*] Verbesserung *f;* [*voix*] Dämpfen *nt;* ***j'ai senti au ~ de sa voix/son ton que*** + *indic* an seiner/ihrer gedämpften Stimme/seinem/ihrem milderen Ton merkte ich, dass

2. [*température*] Milderung *f;* [*temps*] Besserung *f*

rafale [ʀafal] *f* **1.** METEO Bö[e] *f;* ■ **~ de** *de neige, pluie* -schauer *m; de vent* -stoß *m*

2. MIL Salve *f*

3. (*manifestation soudaine*): **~ *d'applaudissements/de protestations*** Beifalls-/Proteststurm *m*

▶ **par** [*o* **en**] **~s** stoßweise; ***le vent souffle en ~s*** der Wind bläst in Böen; ***qn tire par courtes ~s*** jd schießt kurze Salven

raffermir <8> [ʀafɛʀmiʀ] **I.** *vt* **1.** (*rendre ferme*) ■ **qn/qc raffermit qc** *muscles, peau, tissu* jd/etw stärkt etw, jd/etw kräftigt etw; *pâte* jd/etw macht etw fester

2. (*consolider*) ■ **qn/qc raffermit qn/qc** *personne* jd/etw bestärkt jdn; *popularité* jd/etw steigert etw; *courage, gouvernement, autorité* jd/etw stärkt etw; ***ça avait raffermi ma résolution/décision de lutter*** das hatte mich in meinem Entschluss zu kämpfen bestärkt

II. *vpr* **1.** (*devenir ferme*) ■ **qc se raffermit** */pâte, voix/* etw wird fester; */peau, tissu/* etw wird straffer; */muscles/* etw wird kräftiger, etw kräftigt sich; */sol/* etw wird härter

2. (*se consolider*) ■ **qn se raffermit** [**dans qc**] jd wird [in etw (*dat*)] bestärkt; ■ **qc se raffermit** */autorité, courage/* etw wird größer; */détermination, résolution, volonté/* etw wird stärker; */santé/* etw stabilisiert sich

raffermissement [ʀafɛʀmismɑ̃] *m* **1.** (*durcissement*) [*pâte, voix*] Festerwerden *nt;* [*peau, tissu*] Strafferwerden *nt;* [*muscles*] Kräftigung *f,* Stärkung *f;* [*sol*] Härterwerden *nt*

2. (*consolidation*) ■ **~ de qc** *de l'autorité, du courage de qn* Größerwerden *nt; de la résolution de qn* Stärkung *f; de la santé de qn* Stabilisierung *f*

raffinage [ʀafinaʒ] *m* [*pétrole, sucre*] Raffinieren *nt,* Raffination *f;* [*caoutchouc, métaux, papier*] Veredelung *f*

raffiné, e [ʀafine] **I.** *adj* **1.** (*fin, délicat*) edel, fein; *goût, plat, nourriture a.* erlesen; *personne, esprit* vornehm, kultiviert

2. (*recherché*) *personne* subtil; *supplices, punition a.* ausgetüftelt, ausgeklügelt; *coup* raffiniert

3. *pétrole, sucre* raffiniert; *caoutchouc, métaux, papier* veredelt

II. *m, f* (*personne*) Mann/Frau mit gutem Geschmack, Ästhet(in) *m(f)*

raffinement [ʀafinmɑ̃] *m* **1.** (*délicatesse*) [*goût, cuisine*] Feinheit *f;* [*personne*] Kultiviertheit *f,* Vornehmheit *f;* ***c'est du ~!*** das ist raffiniert!, das ist einfallsreich!; ***le ~ de son esprit*** seine/ihre kultivierte Art

2. *pl* (*recherche*) Übertriebenheit *f;* [*toilette*] Künstelei *f;* ***ses ~s d'élégance/du langage/des manières*** seine/ihre übertriebene [*o* gekünstelte] Eleganz/Sprache/Art

3. (*degré extrême*) [*cruauté, méchanceté, orgueil*] Übermaß *nt*

raffiner <1> [ʀafine] **I.** *vt* **1.** IND ■ **qn raffine qc** *pétrole, sucre* jd raffiniert etw; *métaux, papier* jd veredelt etw

2. (*affiner*) ■ **qn/qc raffine qc** *goût, langage* jd/etw verfeinert etw; ***si elle raffinait un peu ses manières …*** wenn sie sich etwas vornehmer benehmen würde …

II. *vi* ■ **qn raffine** [**sur qc**] *sur les détails, l'élégance, la présentation, la toilette* jd gibt sich (*dat*) die größte Mühe [mit etw]; ***inutile de ~*** es bringt nichts, ins Detail zu gehen [*o* es so genau zu nehmen]

raffinerie [ʀafinʀi] *f* Raffinerie *f;* **~ *de pétrole/sucre*** Öl-/Zuckerraffinerie

raffineur [ʀafinœʀ] *m* (*entreprise*) Erdölkonzern *m*

raffoler <1> [ʀafɔle] *vi fam* ■ **qn raffole de qn/qc** jd steht auf jdn/etw *fam*

raffut [ʀafy] *m fam* Krach *m,* Radau *m fam*

▶ **qn/qc fait du ~** (*fait beaucoup de bruit*) jd/etw macht Krach [*o* Radau *fam*]; (*fait un scandale*) jd/etw wirbelt Staub auf *fam*

rafiot [ʀafjo] *m fam* Nussschale *f fam,* Schlingerkahn *m fam;* ***un vieux ~*** ein Seelenverkäufer *m*

rafistolage [ʀafistɔlaʒ] *m fam* Zusammenflicken *nt fam; fig* Notbehelf *m;* [*amitié, relations*] [notdürftiges] Flicken *fam*

rafistoler <1> [ʀafistɔle] *vt fam* ■ **qn rafistole qc** *chaussures, meuble, objet* jd flickt etw zusammen *fam; ministère, relations, amitié* jd flickt etw *fam*

rafle [ʀafl] *f* **1.** (*arrestation*) Razzia *f,* Massenverhaftung *f*

2. *vieilli* (*vol rapide*) Raubüberfall *m*

rafler <1> [ʀafle] *vt fam* ■ **qn rafle qc** *argent, bijoux* jd lässt etw mitgehen *fam; marchandises* jd rafft etw an sich (*akk*); *prix, trophée* jd angelt etw *fam*

rafraîchir <8> [ʀafʀeʃiʀ] **I.** *vt* **1.** (*refroidir*) ■ **qc rafraîchit qc** *air* etw kühlt etw ab; *température* etw lässt etw sinken; ***les soirées étaient à peine rafraîchies*** an den Abenden kühlte es kaum ab; ■ **qn/qc rafraîchit qc** *boisson, fruits, vin* jd/etw kühlt etw

2. (*revivifier*) ■ **qc rafraîchit qn/qc** etw erfrischt jdn; *corps, visage* etw kühlt etw

3. (*raviver*) ■ **qn/qc rafraîchit qc** *connaissances, couleurs,* INFORM jd/etw frischt etw auf; *appartement a.* jd/etw belebt etw; *tableau, vêtement* jd/etw richtet etw wieder her; ***elle m'a rafraîchi les cheveux/la coiffure*** sie hat mir die Haare gemacht *fam*/wieder eine Frisur gemacht; ***veux-tu que je te rafraîchisse la mémoire?*** soll ich deinem Gedächtnis etwas nachhelfen?

II. *vi* ■ **qc rafraîchit** */boisson, fruits/* etw wird kühl; ***qc rafraîchit à la cave*** etw kühlt im Keller, etw ist im Keller kühl gelagert; ■ **qn met qc à ~** jd stellt etw kalt

III. *vpr* **1.** ■ **qc se rafraîchit** */air/* etw kühlt ab; ***le temps se rafraîchira*** es wird kühler werden, es gibt kühleres Wetter

2. ■ **qn se rafraîchit** (*en buvant*) jd erfrischt sich; (*en se lavant*) jd kühlt sich ab

rafraîchissant, e [ʀafʀeʃisɑ̃, ɑ̃t] *adj* **1.** *boisson, averse, brise* erfrischend

2. (*tonifiant*) erfrischend, anregend

rafraîchissement [ʀafʀeʃismɑ̃] *m* **1.** METEO [*air*] Abkühlung *f;* [*température*] Sinken *nt;* ***le ~ du temps est dû à …*** das kühlere Wetter ist auf … zurückzuführen

2. (*boisson*) Erfrischung *f*

3. [*souvenirs,*] INFORM Auffrischen *nt*

raft[ing] [ʀaft(iŋ)] *m* Rafting *nt*

ragaillardir <8> [ʀagajaʀdiʀ] *vt fam* ■ **qc ragaillardit qn** */boisson, repos/* etw möbelt jdn auf *fam;* */nouvelle/* etw muntert jdn auf; *animal, malade* etw päppelt jdn auf *fam;* ■ **qn ragaillardit qn** jd muntert jdn auf

rage [ʀaʒ] *f* **1.** (*colère*) Wut *f*

2. (*envie*) Sucht *f,* Drang *m;* ***sa ~ de danse/des voyages*** seine/ihre Tanz-/Reisewut *f,* sein/ihr Drang zu tanzen/reisen; ■ **~ de faire qc** der Drang etw zu tun

3. MED Tollwut *f*

▶ **qn a la ~ au cœur** jd hat eine Wut im Bauch *fam;* **qn est dans une ~ folle, qn est fou(folle)** [*o* **ivre**] **de ~** jd rast vor Wut, jd ist rasend vor Wut; **qn écume de ~** jd schäumt vor Wut; **qn étouffe** [*o* **suffoque**] **de ~** jd erstickt vor Wut; **qc fait ~** etw tobt; **qn/qc met qn en ~** jd/etw versetzt jdn in Wut, jd/etw macht jdn wütend; **de ~** vor Wut

◆ **rage de dents** Zahnschmerzen *pl*

rageant, e [ʀaʒɑ̃, ʒɑ̃t] *adj* ▶ **c'est ~** *fam* das ist ärgerlich

rager <2 a> [ʀaʒe] *vi* ■ **qn rage** jd tobt, jd ist wütend; ■ **qn/qc fait ~ qn** jd/etw macht jdn wütend

rageur, -euse [ʀaʒœʀ, -ʒøz] *adj* wütend; *personne* aufbrausend, jähzornig

rageusement [ʀaʒøzmɑ̃] *adv* wutentbrannt; **~ *discuté(e)*** heiß diskutiert

raglan [ʀaglɑ̃] **I.** *m* Raglan *m*

II. *app inv manches* Raglan-; *manteau* mit Raglanärmeln

ragondin [ʀagɔ̃dɛ̃] *m* **1.** (*animal*) Biberratte *f,* Nutria *f*

2. (*fourrure*) Nutria *m*

ragot [ʀago] *m fam* Klatsch *m kein pl fam,* Tratsch *m kein pl fam*

ragoût [ʀagu] *m* Ragout *nt;* ■ **~ de** *de mouton, veau* -ragout

▶ **en ~** als Ragout

ragoûtant, e [ʀagutɑ̃, ɑ̃t] *adj* ▶ **qn/qc n'est pas** [**très**] [*o* **n'est guère**] [*o* **est peu**] **~** */personne/* jd ist nicht gerade [*o* ist wenig] anziehend; */travail/* etw ist nicht gerade [*o* ist wenig] verlockend; */repas, plat/* etw ist nicht gerade [*o* ist wenig] appetitanregend

ragtime [ʀagtajm] *m* Ragtime ['rægtaim] *m*

rahat-loukoum [ʀaatlukum] *m v.* **loukoum**

raid [ʀɛd] *m* **1.** MIL Überfall *m,* Angriff *m;* **~ *aérien*** Luftangriff; **~ *de représailles*** Vergeltungsschlag *m*

2. (*expédition sportive*) Expedition *f;* (*automobile*) Rallye ['rɛli] *f*

3. COM Übernahmeangebot *nt;* ***qn lance un ~*** jd macht ein Übernahmeangebot

raide [ʀɛd] **I.** *adj* **1.** (*rigide*) *personne, tête* starr, unbeweglich; *corps a., jambe, membre* steif; *étoffe* steif, hart; *geste* eckig, ungelenk; *cheveux* glatt

2. *chemin, escalier, pente* steil

3. (*inflexible*) *attitude, personne* stur, unnachgiebig; *morale, principe* streng

4. (*emprunté*) *démarche, manières, personne* steif

5. *fam alcool* stark; *vin* schwer

6. *fam* (*incroyable*) *histoire, récit* unglaublich

7. *fam* (*osé*) *histoires* schweinisch *fam; propos* frivol, lose; *scène* heiß *fam,* scharf *fam*

8. *fam* (*sans le sou*) abgebrannt *fam,* blank *fam*

II. *f* ▶ **qn en raconte de ~s** *fam* (*histoires incroyables*) jd erzählt unglaubliche Geschichten; (*histoires osées*) jd erzählt Schweinereien *fam;* **il s'en passe de ~s** *fam* da geht einiges ab *fam* [*o* vor sich]

III. *adv* **1.** (*en pente*) steil

2. *étendre, tomber, tuer* auf der Stelle

3. *claquer* heftig; *mener qn* hart, streng; *renvoyer qn* kraftvoll

▶ **~ mort(e)** mausetot *fam*

raider [ʀɛdœʀ] *m* Firmenjäger *m,* aggressiver Firmen[auf]käufer

raideur [ʀɛdœʀ] *f* **1.** (*rigidité*) [*corps*] Starre *f,* Starrheit *f,* Unbeweglichkeit *f;* [*geste*] Eckigkeit *f,* Ungelenkigkeit *f;* [*membre, comportement*] Steifheit *f*

2. [*chemin*] Abschüssigkeit *f;* [*descente, escalier, montée*] Steilheit *f*

3. (*rigidité*) [*morale, principe*] Strenge *f;* [*personne*] Sturheit *f,* Unnachgiebigkeit *f*

▶ **avec ~** mit Härte, unerbittlich; ***qn danse avec ~*** jd tanzt steif

raidillon [ʀɛdijɔ̃] *m* Steilhang *m*

raidir <8> [ʀɛdiʀ] **I.** *vt* **1.** (*tendre*) ■ **qn/qc raidit qc** *corde, drap, fil de fer, tissu* jd/etw spannt etw; *muscles* jd spannt etw an; ***qn raidit son corps*** jd spannt alle Kräfte an; ***l'eau raidit le cuir*** das Wasser macht das Leder steif [*o* hart]; ■ [**qc est**] **raidi(e)** [etw ist] steif [*o* hart]

2. (*raffermir*) ■ **qn raidit qc** *attitude, position, principes* jd versteift sich auf etw (*akk*), jd beharrt auf etw (*dat*)

II. *vpr* **1.** (*se tendre*) ■ **qc se raidit** */corde, drap, tissu/* etw spannt sich; */muscles/* etw spannt sich an; ***le cuir mouillé se raidit*** nasses Leder wird steif [*o* hart]; ***son corps se raidit*** sein/ihr Körper verspannt sich; ■ **qn se raidit** jd spannt alle Muskeln an

2. (*se raffermir*) ■ **qc se raidit** */caractère/* etw bildet sich stärker aus; */po-

sition, principes/ etw festigt sich
3. (*résister*) ■ **qn se raidit** (*involontairement*) jd wird steif, jd verspannt sich; (*volontairement*) jd macht sich steif

raidissement [ʀedismɑ̃] *m* 1. (*tension*) [*corps, muscles*] Anspannung *f;* [*corde, tissu*] Spannung *f;* [*cuir*] Steifwerden *nt,* Hartwerden *nt*
2. (*intransigeance*) [*adversaire*] Starrsinn *m,* Sturheit *f;* [*parti, syndicat*] Starrheit *f*
3. (*perte de souplesse*) Versteifung *f,* Erstarrung *f*

raie¹ [ʀɛ] *f* 1. (*ligne*) Streifen *m;* (*sillon*) Furche *f*
2. (*dans les cheveux*) Scheitel *m*
3. PHYS Strahl *m*

raie² [ʀɛ] *f* ZOOL, GASTR Rochen *m*
► ~ **au beurre noir** Rochen *m* in brauner Butter

raie [ʀɛ] *indic et subj prés de* **rayer**

raierai [ʀɛʀɛ] *fut de* **rayer**

raifort [ʀɛfɔʀ] *m* Meerrettich *m*

rail [ʀɑj] *m* 1. CHEMDFER, TECH Schiene *f;* ***deux wagons sont sortis des ~s*** zwei Wagen sind entgleist
2. ∅ (*moyen de transport*) ■ **le** ~ die Eisenbahn, die Schiene
► **qc est sur les ~s** etw läuft; **qn met qc sur les ~s** jd setzt [*o* bringt] etw in Gang; ***qc est mis(e) sur les ~s*** etw ist in Gang gekommen; **qn remet qn/qc sur les ~s** jd bringt jdn/etw [wieder] ins Gleis; **par** ~ mit der Bahn

railler <1> [ʀɑje] I. *vt* ■ **qn raille qn/qc** jd verspottet jdn/etw, jd spottet über jdn/etw, jd verlacht jdn
II. *vi vieilli* ■ **qn raille** jd spottet

raillerie [ʀɑjʀi] *f* 1. *vieilli* (*fait de plaisanter*) Spotten *nt*
2. *pl* (*propos moqueurs*) Spott *m,* Gespött *nt*

railleur, -euse [ʀɑjœʀ, -jøz] I. *adj* spöttisch, zynisch; ***qn a l'esprit ~*** jd ist spöttisch [*o* zynisch]
II. *m, f* Spötter(in) *m(f),* Spottvogel *m*

rainette [ʀɛnɛt] *f* Laubfrosch *m*

rainurage [ʀenyʀaʒ] *m* Rillen *nt*

rainure [ʀenyʀ] *f* Rille *f;* (*dans une pièce de bois a.*) Nut[e] *f spec*

rainurer <1> [ʀenyʀe] *vt* ■ **qn rainure qc** *chaussée* jd rillt etw; *planche a.* jd nutet etw

raisin [ʀɛzɛ̃] *m* Traube *f*
► **~s secs** Rosinen *pl;* **les ~s sont trop verts** das ist sowieso nichts Rechtes *fam* [*o* nicht das Richtige]
◆ **raisins de Corinthe** Korinthen *pl*

raisiné [ʀezine] *m* 1. *mit Traubensaft gemachtes Birnen- oder Quittengelee*
2. *arg* (*sang*) Blut *nt*

raison [ʀɛzɔ̃] *f* 1. (*motif*) Grund *m;* ■ ~ **de qc** Grund für etw; ■ ~ **de faire qc** Grund etw zu tun, Anlass *m* etw zu tun; ***votre ~ d'agir/de craindre m'échappe*** ich verstehe den Grund für Ihr Handeln/für Ihre Befürchtungen nicht
2. (*argument*) Begründung *f*
3. (*faculté de penser*) Verstand *m;* (*sagesse*) Vernunft *f*
4. MATH Verhältnis *nt,* Proportion *f*
► **la ~ du plus fort est toujours la meilleure** *prov* der Stärkere hat immer Recht; **pour la bonne ~ que** + *indic* weil; aus dem einfachen Grund, weil *fam;* **qn a de bonnes** [*o* **fortes**] **~s de faire qc** jd hat gute Gründe etw zu tun; **à plus forte** ~ (*après une affirmation*) um so mehr; (*après une négation*) geschweige denn; **pour la seule** [*o* **l'unique**] ~ **que** + *indic* nur [*o* allein] deshalb, weil; **pour la simple ~ que** + *indic* aus dem einfachen Grund, weil *fam;* **pour une ~ simple** aus einem einfachen Grund; ~ **sociale** JUR Firmenname *m* (*der sich aus den Namen mehrerer Teilhaber zusammensetzt*); **qn a** [**cent/mille fois**] ~ [**de faire qc**] jd hat [ja völlig] Recht[, etw zu tun [*o* wenn er etw tut]]; **qn a ~ de qn/qc** jd bekommt jdn/etw in den Griff; *obstacle* jd überwindet etw; **qc a ~ de qn** */panique, peur/* etw bemächtigt sich eines Menschen; **qn a ses ~s** jd hat seine Gründe; **il n'y a pas de** [*o* **aucune**] ~ **de faire qc/~ que** + *subj* es gibt keinen [*o* nicht den geringsten] Grund, etw zu tun/Grund [dafür], dass; **qn n'a plus/a toute sa** ~ jd ist nicht mehr bei Verstand/ist bei [klarem] Verstand; **qn demande ~ à qn de qc** jd verlangt [*o* fordert] von jdm eine Erklärung für etw; **qn/qc donne ~ à qn** jd/etw gibt jdm Recht; **qn entend** ~ jd nimmt Vernunft an, jd kommt zur Vernunft; **qn fait entendre ~ à qn** jd bringt jdn zur Vernunft; **c'est/ce n'est pas une ~** [**pour faire qc**] das ist ein Grund/kein Grund [etw zu tun]; **qn se fait une** ~ jd findet sich damit ab; **qn met qn à la** ~ jd bringt jdm Vernunft bei; **qn perd la** ~ jd verliert den Verstand; **qn ramène qn à la** ~ jd bringt jdn wieder zur Vernunft; **qn rend ~ de qc à qn** jd schuldet jdm eine Erklärung für etw, jd ist jdm eine Erklärung für etw schuldig; **qn se rend aux ~s de qn** jd stimmt jdm zu, jd pflichtet jdm bei; **qn revient à la** ~ jd kommt wieder zur Vernunft; **à ~ de qc** [**par qc**]: ***à ~ de 6000 francs par mois*** für 6000 Franc monatlich; ***un kilo de sucre à ~ de 3 livres de fruit*** ein Kilo Zucker für je 3 Pfund Obst, im Verhältnis 1 Kilo Zucker auf 3 Pfund Obst; ***on a vu passer les avions à ~ d'un toutes les 30 secondes*** wir sahen alle 30 Sekunden ein Flugzeug vorbeifliegen; **avec** ~ mit Recht; **en ~ de qc** (*à cause de*) auf Grund [*o* aufgrund] einer S., wegen etw; **pour cette** ~ deshalb, aus diesem Grund; ***c'est pour cette ~ que je n'ai pas répondu*** deshalb [*o* aus diesem Grund] habe ich nicht geantwortet; **pour quelle** ~ weshalb, warum; **pour ~ de qc** auf Grund [*o* aufgrund] einer S., wegen etw; ***pour ~ de santé*** aus Gesundheitsgründen; **pour une ~ ou pour une autre** aus diesem oder jenem Grund; **sans/non sans** ~ ohne/nicht ohne Grund; **plus que de** ~ über die [*o* alle] Maßen; ~ **de plus** [**pour faire qc**] ein Grund mehr [etw zu tun]
◆ **raison d'État** Staatsräson *f;* **raison d'être** Daseinsberechtigung *f,* Existenzberechtigung *f;* **raison de vivre** Lebensinhalt *m*

raisonnable [ʀɛzɔnabl] *adj* 1. (*sage*) vernünftig
2. (*suffisant*) angemessen
3. (*doué de raison*) Vernunfts-

raisonnablement [ʀɛzɔnabləmɑ̃] *adv* 1. (*avec sagesse*) vernünftig; (*à juste titre*) mit Recht; (*judicieusement*) richtig; ***qn pense ~*** jd denkt vernünftig
2. (*modérément*) vernünftig; *espérer, demander* vernünftigerweise; ***qn use ~ de qc*** jd macht einen vernünftigen Gebrauch von etw; ***qn est ~ optimiste*** jd hat das richtige Maß an Optimismus

raisonné, e [ʀɛzɔne] *adj* 1. (*réfléchi*) *attitude* besonnen; *décision, projet* gut durchdacht, wohl überlegt
2. (*systématique*) systematisch; *méthode a.* gezielt
► **puissamment ~!** *iron* hervorragend geschlussfolgert! *iron*

raisonnement [ʀɛzɔnmɑ̃] *m* 1. (*façon de penser*) Denkweise *f;* (*faculté de penser*) Denkvermögen *nt*
2. (*argumentation*) Gedankenführung *f,* Schlussfolgerung *f;* ~ ***analogique/déductif*** Analogieschluss *m/*deduktiver Schluss
3. *pl péj* (*ergotage*) Debatte *f,* ewige Diskussionen *pl*
► **ce n'est pas un** ~ das ist kein Argument

raisonner <1> [ʀɛzɔne] I. *vi* 1. (*réfléchir*) ■ **qn raisonne d'une certaine manière** jd denkt irgendwie; ***qn raisonne par déduction/induction*** jd deduziert/induziert, jd zieht deduktive/induktive Schlüsse
2. (*argumenter*) ■ **qn raisonne** [**avec qn**] [**sur qc**] jd diskutiert [mit jdm] [über etw (*akk*)]
3. *péj* (*ergoter*) ■ **qn raisonne** jd debattiert
4. *vieilli* (*juger*) ■ **qn raisonne de qc** *d'une question, d'un problème* jd beurteilt etw
II. *vt* 1. (*ramener à la raison*) ■ **qn raisonne qn** jd bringt jdn zur Vernunft
2. *soutenu* (*expliciter*) ■ **qn raisonne qc** *conduite, croyance, démarche* jd hinterfragt etw
III. *vpr* ■ **qn se raisonne** jd reißt sich zusammen, jd kontrolliert sich; ■ **qc se raisonne** */sentiment/* etw lässt sich kontrollieren

raisonneur, -euse [ʀɛzɔnœʀ, -øz] I. *adj vieilli* nörglerisch
II. *m, f* Nörgler(in) *m(f)*

rajeunir <8> [ʀaʒœniʀ] I. *vt* 1. (*rendre plus jeune*) ■ **qc rajeunit qn** [**de qc**] etw verjüngt jdn [um etw], etw macht jdn [um etw] jünger
2. (*rénover*) ■ **qn rajeunit qc** *habits, vieux meubles* jd arbeitet [*o* frischt] etw auf; (*moderniser*) *installation, équipement, bâtiment* jd erneuert etw, jd modernisiert etw; *institution, structures de qc* jd erneuert etw; (*actualiser*) *théorie* jd aktualisiert etw; *œuvre, encyclopédie, grammaire, constitution* jd überarbeitet etw
3. (*abaisser l'âge moyen*) ■ **qn rajeunit qn/qc** jd verjüngt jdn/etw
4. (*sous-estimer l'âge*) ■ **qn rajeunit qn** [**de qc**] jd schätzt jdn [um etw] jünger
► **ça ne me/nous rajeunit pas** *hum* tja, ich werde/wir werden eben auch nicht jünger *fam*
II. *vi* 1. (*se sentir plus jeune*) ■ **qn rajeunit** jd fühlt sich jünger; (*sembler plus jeune*) jd wird jünger; ***j'ai l'impression de ~ depuis …*** ich fühle mich jünger, seit …
2. (*se renouveler*) ■ **qc rajeunit** etw verjüngt sich
III. *vpr* 1. (*reprendre de la jeunesse*) ■ **qc se rajeunit** */quartier, association/* etw verjüngt sich
2. (*se prétendre moins âgé*) ■ **qn se rajeunit** jd gibt [*o* macht] sich jünger

rajeunissant, e [ʀaʒœnisɑ̃, ɑ̃t] *adj* verjüngend; ***traitement ~*** Verjüngungskur *f*

rajeunissement [ʀaʒœnismɑ̃] *m* 1. Verjüngung *f;* ***cure de ~*** Verjüngungskur *f*
2. [*théorie*] Aktualisierung *f;* [*ouvrage, manuel, encyclopédie a.*] Überarbeitung *f;* [*habits*] Auffrischen *nt,* Aufarbeiten *nt;* [*institution, personnel*] Verjüngung *f*

rajout [ʀaʒu] *m* Ergänzung *f,* Zusatz *m;* ***cet atelier est un ~*** diese Werkstatt ist ein Anbau

rajouter <1> [ʀaʒute] *vt* ■ **qn rajoute qc** [**à qc**] jd fügt etw [zu etw] hinzu; *de l'argent* jd gibt etw [zu etw] dazu; ***il faut ~ du sel*** man muss etwas Salz dazugeben; ■ **qn rajoute que** + *indic* jd fügt hinzu, dass
► **qn en rajoute** *fam* jd übertreibt; **n'en rajoute pas!** hör auf!, lass es gut sein! *fam*

rajustement [ʀaʒystəmɑ̃] *m* Angleichung *f*

rajuster <1> [ʀaʒyste] I. *vt* 1. (*remettre en place*) ■ **qn rajuste qc** *coiffure* jd ordnet etw; *vêtement a., cravate, lunettes* jd rückt etw zurecht; *mécanisme, tir* jd richtet etw
2. (*remettre à jour*) ■ **qn rajuste qc** *prix, salaires* jd gleicht etw an
II. *vpr* ■ **qn se rajuste** jd macht sich wieder zurecht

râlant [ʀɑlɑ̃] *adj* ► **c'est** ~ *fam* das ist ärgerlich [*o* dumm]

râle¹ [ʀɑl] *m* [*mourant*] Röcheln *nt;* [*poumon*] Zischen *nt,* Pfeifen *nt*

râle² [ʀɑl] *m* ORN Ralle *f*

ralenti, e [ʀalɑ̃ti] I. *adj* verlangsamt; ***une vie ~e*** ein verlangsamter [*o* langsamer] Lebensrhythmus
II. *m* 1. CINE, TV Zeitlupe *f*
2. AUT Leerlauf *m*
► **au** ~ auf Sparflamme *fam,* im Zeitlupentempo *fam;* CINE, TV in Zeitlupe; ***qn/qc tourne au ~*** jd/etw läuft [*o* kocht] auf Sparflamme *fam;* ***qn vit au ~*** jd hat einen verlangsamten [*o* langsamen] Lebensrhythmus

ralentir <8> [ʀalɑ̃tiʀ] I. *vt* ■ **qn/qc ralentit qc** jd/etw verlangsamt etw; *élan, zèle, activité, croissance, expansion* jd/etw bremst etw; MIL jd/etw hält etw auf; ***qn ralentit ses efforts*** jd strengt sich weniger an; ***ralentis un peu ton allure*** geh doch etwas langsamer
II. *vi* ■ **qn/qc ralentit** */marcheur, véhicule/* jd/etw bremst ab, jd/etw wird langsamer; */progrès/* etw nimmt ab; */croissance/* etw geht zurück; ■ **qn/qc fait ~ qn/qc** jd/etw lässt jdn/etw langsamer werden; *circulation* etw

verlangsamt etw; *progression* jd/etw hält etw auf; ***l'agent de police fit ~ le conducteur*** der Polizist wies den Fahrer an, langsamer zu fahren
III. *vpr* **1.** (*devenir plus lent*) ■ **qc se ralentit** /*allure, mouvement*/ etw verlangsamt sich
2. (*diminuer*) ■ **qc se ralentit** /*ardeur, effort, zèle*/ etw nimmt ab, etw lässt nach; /*production, croissance*/ etw geht zurück; /*offensive, forces physiques*/ etw lässt nach
ralentissement [ʀalɑ̃tismɑ̃] *m* **1.** [*allure, marche, marcheur, véhicule*] Verlangsamung *f*
2. [*ardeur, effort, zèle, fonction physiologique*] Nachlassen *nt;* [*expansion, production a.*] Rückgang *m*
râler <1> [ʀɑle] *vi* **1.** *fam* (*rouspéter*) ■ **qn râle** [**contre qn/qc**] jd meckert [über jdn/etw] *fam,* jd motzt [über jdn/etw] *fam;* ■ **qn/qc fait ~ qn** jd/etw ärgert jdn
2. (*faire entendre un râle*) ■ **qn râle** /*mourant*/ jd röchelt; /*catarrheux*/ jd zischt, jd pfeift; (*gémir*) jd stöhnt, jd ächzt
râleur, -euse [ʀɑlœʀ, -øz] **I.** *adj fam* motzig *fam*
II. *m, f fam* Meckerer/Meckerziege *m/f fam,* Meckerfritze *m fam,* Motzer(in) *m(f) fam*
ralliement [ʀalimɑ̃] *m* **1.** MIL Sammlung *f,* Sammeln *nt*
2. (*adhésion*) ■ **~ à qc** *à une cause* Unterstützung *f* einer S. (*gen*); *à un mouvement, un parti* Beitritt *m* zu etw, Anschluss *m* an etw (*akk*)
▶ **de ~** *centre, lieu, point* Sammel-; ***cri de ~*** Sammelzeichen *nt*
rallier <1 a> [ʀalje] **I.** *vt* **1.** (*gagner*) ■ **qn/qc rallie qn/qc** [**à qc**] *adeptes, groupe, sympathisants* jd/etw gewinnt jdn/etw [für etw]; ***cette proposition a rallié tous les suffrages*** dieser Vorschlag wurde einstimmig angenommen
2. (*unir*) ■ **qn/qc rallie des personnes** jd/etw vereint Menschen; ***le programme du ministre n'est pas parvenu à ~ la totalité des membres*** mit seinem Programm ist es dem Minister nicht gelungen, alle Mitglieder für sich zu gewinnen; ■ **qn/qc rallie des personnes autour de qn/qc** jd/etw gewinnt Menschen für jdn/etw; ***il rallie tous les mécontents autour de son parti/son programme*** er vereint alle Unzufriedenen in seiner Partei/ mit seinem Programm gewinnt er alle Unzufriedenen für sich
3. (*rejoindre*) ■ **qn rallie qn/qc** *escadron, unité* jd schließt sich jdm/einer S. an; ***les matelots ont rallié le bord*** die Matrosen haben sich an Bord eingefunden; ***il n'a pas rallié son poste*** er hat sich nicht auf seinem Posten eingefunden; ■ **qn/qc rallie qc** (*aborder*) *côte* jd/etw legt an etw (*dat*) an
4. (*rassembler*) ■ **qn/qc rallie des personnes/animaux** jd/etw versammelt Menschen/treibt Tiere zusammen; *des troupes* jd/etw sammelt Menschen; *des fuyards, enfants* jd sammelt Menschen ein
II. *vpr* ■ **qn se rallie à qn/qc** jd schließt sich jdm/einer S. an
rallonge [ʀalɔ̃ʒ] *f* **1.** [*table*] Ausziehplatte *f;* ELEC Verlängerungskabel *nt*
2. [*argent, crédit*] Aufstockung *f;* (*somme*) Zuschuss *m;* [*traitement, vacances*] Verlängerung *f*
▶ **à ~s** *table* Auszieh-; *hum histoire* nie endend, ewig lang *fam; nom* Bandwurm- *fam*
rallongement [ʀalɔ̃ʒmɑ̃] *m* Verlängerung *f*
rallonger <2 a> [ʀalɔ̃ʒe] **I.** *vt* ■ **qn rallonge qc** jd verlängert etw; *table* jd zieht etw aus; *texte* jd erweitert etw; *bâtiment* jd baut an etw (*akk*) an; *budget* jd erhöht etw
II. *vi* ■ **qc rallonge** /*jour*/ etw wird länger
rallumer <1> [ʀalyme] **I.** *vt* **1.** (*allumer*) ■ **qn rallume qc** *cigarette, feu, mèche* jd zündet etw wieder [*o* noch einmal] an; *brasier* jd facht etw wieder [*o* noch einmal] an, jd entfacht etw noch einmal; *lampe, lumière* jd macht etw wieder [*o* noch einmal] an; *électricité, lumière* jd schaltet etw wieder [*o* noch einmal] ein
2. (*raviver*) ■ **qn/qc rallume qc** *conflit, guerre, querelle* jd/etw facht etw wieder [*o* erneut] an, jd/etw entfacht etw erneut; *enthousiasme, haine* jd/ etw lässt etw wieder aufleben
II. *vi* ■ **qn rallume** jd macht [*o* schaltet] das Licht wieder an
III. *vpr* **1.** ■ **qc se rallume** /*feu, incendie*/ etw entzündet sich wieder [*o* erneut]; /*lampe*/ etw geht wieder an
2. ■ **qc se rallume** /*conflit, ferveur, guerre, querelle*/ etw flammt wieder [*o* erneut] auf, etw entzündet sich wieder; /*haine a., enthousiasme*/ etw lebt wieder auf; /*courage*/ etw steigt wieder
rallye [ʀali] *m* Rallye ['rali, 'rɛli] *f*
RAM [ʀam] *f abr de* **Random Access Memory** INFORM RAM [ræm] *m*
ramadan [ʀamadɑ̃] *m* Ramadan *m*
ramage [ʀamaʒ] *m* **1.** [*oiseaux*] Vogelgesang *m,* Vogelgezwitscher *nt*
2. *pl* (*dessins*) Rankenmuster *nt,* Rankenornament *nt*
▶ **à ~s** mit Rankenmuster, mit Rankenornamenten
ramassage [ʀamasaʒ] *m* **1.** (*collecte*) [*bois mort, coquillages, champignons*] Sammeln *nt;* [*balles, lait, élèves, ouvriers*] Einsammeln *nt;* [*vieux papiers*] Sammlung *f;* [*épis, fruits tombés*] Auflesen *nt,* Einsammeln
2. (*récolte*) [*fruits, pommes de terre*] Lese *f,* Lesen *nt;* [*foin*] Ernte *f*
▶ **~ scolaire** Schulbusservice [-sø:ɐvɪs] *m;* ***on procède tous les matins au ~ [scolaire] des élèves*** die Schüler werden jeden Morgen vom Schulbus abgeholt [*o* eingesammelt]; **de ~:** ***service/car de ~*** Pendelverkehr *m*/Sammelbus *m;* (*pour les écoliers*) Schulbusservice *m*/Schulbus *m*
ramassé, e [ʀamase] *adj* **1.** (*trapu*) kräftig, schwer
2. (*concis*) *expression, formule* kurz; *style* knapp
3. (*blotti*) ■ [**qc est**] **~ quelque part** /*village*/ [etw ist [*o* liegt]] irgendwohin gedrängt
ramasse-miettes [ʀamasmjɛt] *m inv* Tischbesen *m*
ramasser <1> [ʀamase] **I.** *vt* **1.** (*collecter*) ■ **qn ramasse qc** *champignons, bois mort, coquillages* jd sammelt etw; *balles, cartes, cotisations, objets épars, ordures, copies, cahiers* jd sammelt etw ein; *argent* jd trägt etw zusammen, jd kommt an etw (*akk*)
2. (*récolter*) ■ **qn ramasse qc** *foin* jd erntet etw; *fruits, pommes de terre a.* jd liest etw
3. ■ **qn/qc ramasse qn** *élèves, ouvriers* jd/etw sammelt jdn ein
4. *fam* (*embarquer*) ■ **qn ramasse qn** jd nimmt jdn fest, jd verhaftet jdn
5. *fam* (*attraper*) ■ **qn ramasse qc** *maladie, rhume* jd holt sich (*dat*) etw *fam; amende, gifle, réprimande a.* jd kriegt [*o* bekommt] etw verpasst *fam; coup* jd steckt etw ein *fam;* ■ **qn se fait ~ [par qn]** jd wird [von jdm] angeschnauzt [*o* runtergeputzt] [*o* zusammengestaucht] *fam*
6. (*relever*) ■ **qn ramasse qn** jd richtet jdn auf; ***qn ramasse qn dans le ruisseau*** jd liest jdn aus der Gosse auf *fam;* ■ **qn ramasse qc** jd hebt etw auf
7. (*condenser*) ■ **qn ramasse qc** *formule, pensée* jd fasst etw kürzer, jd strafft etw; *style* jd verknappt etw, jd komprimiert etw
8. (*resserrer*) ■ **qn ramasse qc** *draps* jd rafft etw zusammen; *jupons* jd rafft etw; ***elle ramassa ses cheveux [en chignon]*** sie steckte ihre Haare hoch
9. (*tasser*): ***qn/un animal ramasse son corps en boule*** jd/ein Tier rollt sich zusammen, jd igelt sich ein
10. *soutenu* (*regrouper*) ■ **qn ramasse qc** *forces* jd nimmt etw zusammen; ***ramasse un peu tes idées*** ordne deine Gedanken ein bisschen
II. *vpr* **1.** *fam* (*tomber*) ■ **qn/qc se ramasse** jd fällt hin, jd purzelt hin *fam;* /*monde idéal*/ etw stürzt ein, etw bricht zusammen
2. (*se pelotonner*) ■ **qn/un animal se ramasse** jd/ein Tier kauert sich zusammen; (*pour bondir*) ein Tier duckt sich
3. (*pouvoir être ramassé*) ■ **qc se ramasse** etw wird aufgelesen
ramasseur, -euse [ʀamasœʀ, -øz] **I.** *m, f* Sammler(in) *m(f);* ■ **~ de** *d'antiquités, de mégots* -sammler(in); *de lait* -einsammler(in); *de pommes de terre* -aufleser(in) *m(f);* **~(-euse) de balles** Balljunge *m*/-mädchen *nt*
II. *m* TECH Greifer *m,* Aufnehmer *m*
ramasseuse-presse <~s-~s> [ʀamasøzpʀɛs] *f* Strohpresse *f*
ramassis [ʀamasi] *m péj* ■ **~ de choses** Haufen *m* Dinge *fam,* Klumpatsch *m* an Dingen *pej fam;* ■ **~ de ...** Bande *f* von ... *pej,* Pack *nt* von ... *pej,* Brut *f* von ... *pej;* **ce ~ *de voyous*** dieses Ganovenpack *pej fam,* diese Ganovenbande *pej fam*
rambarde [ʀɑ̃baʀd] *f* [*jetée, plate-forme*] Geländer *nt;* [*navire*] Reling *f*
ramdam [ʀamdam] *m fam* Tamtam *nt fam,* Trara *nt fam*
rame¹ [ʀam] *f* HORT Stange *f*
rame² [ʀam] *f* (*aviron*) Ruder *nt*
▶ **qn n'en fiche [*o* fout] pas une ~** *fam* jd tut keinen Schlag *fam;* **à la ~** mit dem Ruderboot
rame³ [ʀam] *f* CHEMDFER Zug *m*
rameau <x> [ʀamo] *m* **1.** BOT Zweig *m*
2. REL ■ **les R~x** der Palmsonntag
3. ANAT Verästelung *f*
4. [*race, civilisation*] Zweig *m*
ramée [ʀame] *f littér* (*feuillage*) Buschwerk *nt,* Laubwerk *nt*
ramener <4> [ʀamne] **I.** *vt* **1.** (*reconduire*) ■ **qn ramène qn/un animal [quelque part]** jd bringt jdn/ein Tier [irgendwohin] zurück
2. (*faire revenir*) ■ **qn/qc ramène qn/qc [quelque part/sur qc]** *confiance, paix, question* jd/etw bringt jdn/etw zurück, jd/etw bringt jdn/etw wieder irgendwohin/wieder auf etw (*akk*); ***l'hiver ramène les accidents de la route*** der Winter bringt Unfälle auf den Straßen mit sich; ***qn ramène la conversation sur un sujet intéressant*** jd bringt die Unterhaltung wieder auf ein interessantes Thema; ***il faut ~ cette question sur son véritable terrain*** man muss die Frage auf ihren tatsächlichen Kontext beziehen
3. (*amener avec soi*) ■ **qn ramène qn/qc [de quelque part]** jd bringt jdn/ etw [von irgendwoher] mit; ■ **qn ramène qc [à qn]** *fam* jd bringt [jdm] etw mit; ***ramène-moi du pain, s'il te plaît*** bring mir bitte Brot mit
4. (*tirer*) ■ **qn ramène qc quelque part** *châle, chapeau, couverture* jd zieht etw irgendwohin; ***ramène tes cheveux sur ton front/en arrière!*** kämm deine Haare über die Stirn/nach hinten!; ***elle ramena son chapeau sur son front*** sie zog den Hut in die Stirn; ***ramène tes épaules en arrière!*** zieh die Schultern nach hinten!; ***qn ramène ses mains derrière son dos*** jd nimmt die Hände nach hinten
5. (*faire revenir à*) ■ **qn ramène qn à qc** *à la raison* jd bringt jdn zu etw; ***qn ramène qn à de meilleurs sentiments*** jd bringt jdn auf bessere Gedanken; ***les sauveteurs ramenaient le désespéré à la vie*** die Retter holten den Verzweifelten ins Leben zurück; ***ce prof nous a ramenés à un niveau excellent*** dieser Lehrer hat uns auf ein ausgezeichnetes Niveau gebracht; ***j'ai tenté vainement de le ~ à ses devoirs*** ich habe vergeblich versucht ihn zur Pflicht zurückzurufen
6. (*réduire à*) ■ **qn ramène qc à qc** jd senkt etw auf etw (*akk*), jd setzt etw auf etw (*akk*) herab; ***j'ai ramené le compteur à zéro*** ich habe den Zähler auf Null zurückgestellt; ***tâchons de ~ cet incident à de plus justes proportions*** versuchen wir, den Zwischenfall im richtigen Verhältnis zu sehen; ***il faut ~ ces échauffourées au rang de simple incident*** man muss diese Schlägereien als kleinen Zwischenfall betrachten; ***il faut ~ cette fraction à sa plus simple expression*** MATH dieser Bruch ist auf den kleinsten Nenner zu bringen
▶ **qn la ramène** *fam* (*se mêle de qc*) jd gibt seinen Senf dazu *fam;* (*râle*) jd motzt *fam;* (*frime*) jd gibt an; **qn ramène tout à lui** jd sieht immer nur sich selbst, jd denkt immer nur an sich (*akk*)
II. *vpr* **1.** (*se réduire à*) ■ **qc se ramène à qc** etw reduziert sich auf etw (*akk*)
2. *fam* (*arriver*) ■ **qn se ramène** jd kreuzt auf *fam*
ramer¹ <1> [ʀame] *vi* **1.** NAUT ■ **qn rame** jd rudert
2. *fam* (*peiner*) ■ **qn rame** jd strampelt [sich ab] *fam*
ramer² <1> [ʀame] *vt* HORT ■ **qn rame qc** jd versieht etw mit Stangen, jd bindet etw an Stangen an
rameur, -euse [ʀamœʀ, -øz] **I.** *m, f* Ruderer/Ruderin *m/f*

II. *m* Rudergerät *nt*

rameuter <1> [ramøte] I. *vt* ■ **qn rameute des personnes/des animaux** jd versammelt Menschen/treibt Tiere zusammen
II. *vpr* ■ **des personnes/animaux se rameutent** Menschen versammeln sich/Tiere kommen zusammen [*o* sammeln sich]

rami [rami] *m* Rommé *nt*

ramier [ramje] *m* Ringeltaube *f*

ramification [ramifikasjɔ̃] *f* 1. BOT Verzweigung *f;* ANAT Verästelung *f;* [*bois du cerf*] Geweihende *nt*
2. [*secte, réseau, science*] Zweig *m;* [*parti, organisation a.*] Unterteilung *f;* ***la police n'a pas encore élucidé toutes les ~s du complot*** die Polizei hat noch nicht alle Verstrickungen des Komplotts aufgeklärt

ramifier <1 a> [ramifje] *vpr* ■ **qc se ramifie** [**en qc**] */branche, famille, nerf, science, veine/* etw verzweigt sich [in etw (*akk*)]; */route, voie/* etw gabelt sich [in etw (*akk*)]

ramolli, e [ramɔli] I. *adj* 1. *beurre, biscuit, glace* weich
2. *péj personne* vertrottelt *fam; cerveau* eingerostet *fam*
II. *m, f péj* vertrottelte(r) Alte(r) *f(m) fam*

ramollir <8> [ramɔliʀ] I. *vt* 1. (*rendre mou*) ■ **qn/qc ramollit qc** *asphalte, biscuit* etw macht etw weich, durch etw wird etw weich; *beurre, cire a.* jd/etw lässt etw weich werden; ***je sors le beurre du frigo pour le ~*** ich hole die Butter aus dem Kühlschrank, damit sie weich wird
2. (*affaiblir*) ■ **qc ramollit qn/qc** *ardeur, courage, volonté* etw schwächt jdn/etw, etw macht jdn schlapp *fam*
II. *vpr* 1. ■ **qc se ramollit** */asphalte, beurre, biscuit, cire/* etw wird weich
2. (*s'affaiblir*) ■ **qn/qc se ramollit** */ardeur, courage, personne, volonté/* jd/etw lässt nach; ***ses os se ramollissent*** er/sie leidet an Knochenerweichung; ***son cerveau se ramollit*** er/sie leidet an Gehirnerweichung

ramollissement [ramɔlismɑ̃] *m* 1. [*asphalte, beurre, biscuits, cire*] Weichwerden *nt*
2. MED: ~ ***du cerveau/des os*** Gehirn-/Knochenerweichung *f*

ramollo [ramɔlo] I. *adj* 1. *péj* (*gâteux*) vertrottelt *fam,* schrullig *fam*
2. *fam* (*mou*) ■ **qn est ~** jd hat eine Mattscheibe *fam,* jd ist rammdösig *fam*
II. *mf* 1. *péj* (*gâteux*) Vertrottelte(r) *f(m) fam,* Tattergreis(in) *m(f) fam*
2. *fam* (*mollasson*) Weichling *m,* Waschlappen *m fam,* Trine *f fam*

ramonage [ramɔnaʒ] *m* Entrußen *nt,* Reinigung *f;* [*cheminée*] Fegen *nt*

ramoner <1> [ramɔne] *vt* ■ **qn ramone qc** jd entrußt etw; *cheminée* jd fegt etw; *pipe* jd reinigt etw

ramoneur, -euse [ramɔnœʀ, -øz] *m, f* Kaminfeger(in) *m(f),* Schornsteinfeger(in) *m(f)*

rampant, e [ʀɑ̃pɑ̃, ɑ̃t] I. *adj* 1. *plante* kriechend; ***les reptiles sont des animaux ~s*** Reptilien sind Kriechtiere; ***les soldats apprennent la marche ~e*** die Soldaten lernen den Kriechgang; ***le personnel ~*** AVIAT *arg* das Bodenpersonal
2. (*obséquieux*) *caractère, personne* kriecherisch
3. (*insidieux*) schleichend
II. *m* 1. AVIAT *arg zum Bodenpersonal gehörende(r) Angestellte(r) einer Fluggesellschaft*
2. [*fronton, gâble, toit*] Schräge *f;* ***les ~s du toit sont fortement inclinés*** die Dachschrägen sind sehr steil

rampe [ʀɑ̃p] *f* 1. [*escalier*] Geländer *nt*
2. (*plan incliné*) Rampe *f*
3. (*montée*) Steigung *f*
4. (*lumières*) Beleuchtung[sanlage *f*] *f;* THEAT Rampe *f;* ~ ***de projecteurs*** Scheinwerferbeleuchtung; ***la municipalité a fait installer des ~s lumineuses*** die Stadtverwaltung ließ Scheinwerfer aufstellen; ***les feux de la ~*** das Rampenlicht
5. MIL Abschussrampe *f*
▶ **qn __lâche__ la ~** *fam* jd gibt den Löffel ab *fam;* **qn/qc __passe__ la ~** THEAT jd/etw kommt an, etw kommt gut rüber *fam;* **qn __tient__ bon la ~** *fam* jd hält sich gut
◆ **rampe d'accès** (*d'un ferry*) [Zufahrts]rampe *f;* (*d'un parking*) Einfahrt *f;* **rampe de chargement, rampe de déchargement** Laderampe *f;* **rampe de lancement** Abschussrampe *f,* Startrampe *f*

ramper <1> [ʀɑ̃pe] *vi* 1. (*progresser*) ■ **qn/un animal rampe** jd/ein Tier kriecht
2. (*pousser*) ■ **qc rampe quelque part** */lierre, vigne/* etw klettert irgendwo/irgendwohin
3. (*s'insinuer*) ■ **qc rampe quelque part** etw kriecht irgendwo/irgendwohin; ***le danger/le mal rampe, il est partout*** die Gefahr/das Böse lauert überall; ***un feu qui rampe*** ein schwelendes Feuer; ***l'inquiétude rampe en moi*** Unsicherheit befällt mich
4. (*s'abaisser*) ■ **qn rampe** [**devant qn**] jd kriecht [vor jdm]

ramponneau <x> [ʀɑ̃pɔno] *m fam* Dresche *f kein pl fam*

ramure [ʀamyʀ] *f* 1. *soutenu* (*branchage*) Geäst *nt geh,* Astwerk *nt*
2. (*andouiller*) Geweih *nt*

rancard [ʀɑ̃kaʀ] *m* 1. *arg* (*tuyau*) Wink *m,* Tipp *m*
2. *fam* (*rendez-vous*) Treff *m fam,* Verabredung *f*

rancarder <1> [ʀɑ̃kaʀde] I. *vt* 1. *arg* (*renseigner*) ■ **qn rancarde qn** jd klärt jdn auf, jd verklickert es jdm *sl*
2. *fam* (*donner un rendez-vous à*) ■ **qn rancarde qn** jd macht mit jdm einen Treff aus [*o* fest] *fam*
II. *vpr arg* (*se renseigner*) ■ **qn se rancarde** [**sur qn/qc**] jd informiert sich [über jdn/etw], jd checkt jdn/etw ab [*o* durch] [tʃɛkt] *fam*

rancart [ʀɑ̃kaʀ] *m* ▶ **un animal/qc est __bon__(ne) à mettre au ~** *fam* ein Tier/etw hat ausgedient; */objet, voiture a./* etw gehört ausrangiert *fam;* **qn __est__ au ~** *fam* jd gehört zum alten Eisen; **qc __est__ au ~** *fam* etw ist ausrangiert; **qn __met__ [*o* __jette__] qn/qc au ~** jd schiebt jdn aufs Abstellgleis *fam*/jd wirft etw zum alten Eisen *fam,* jd rangiert etw aus *fam;* ***votre projet, vous pouvez le mettre au ~*** Ihr Projekt können Sie vergessen *fam*

rance [ʀɑ̃s] I. *adj* ranzig
II. *m:* ***qc sent le ~/a un goût de ~*** etw riecht/schmeckt ranzig

ranch <[e]s> [ʀɑ̃tʃ] *m* Ranch [rɛntʃ] *f*

rancir <8> [ʀɑ̃siʀ] *vi* ■ **qc rancit** etw wird ranzig

rancœur [ʀɑ̃kœʀ] *f* ■ ~ [**contre qn**] Groll *m* [auf jdn]

rançon [ʀɑ̃sɔ̃] *f* 1. Lösegeld *nt;* HIST Kaution *f*
2. (*prix*) ■ ~ **de qc** *de la célébrité, gloire, du progrès, succès* Preis *m* für etw
▶ **qn est __mis__(e) à ~** *littér* jd wird erpresst

rançonner <1> [ʀɑ̃sɔne] *vt* 1. *vieilli* (*mettre à rançon*) ■ **qn rançonne qn/qc** jd nimmt jdn als Geisel/jd nimmt etw als Pfand
2. (*racketter*) ■ **qn rançonne qn** jd erpresst jdn

rancune [ʀɑ̃kyn] *f* ■ ~ [**contre** [*o* **à l'égard de**] **qn**] Groll *m* [gegen jdn], Rachegelüste *pl* [gegenüber jdm]
▶ **qn __garde__ ~ à qn de qc/d'avoir fait qc** jd trägt jdm etw nach/trägt jdm nach etw getan zu haben; **__sans__ ~!** *fam* Schwamm drüber! *fam*

rancunier, -ière [ʀɑ̃kynje, -jɛʀ] *adj* nachtragend; ***je n'ai pas un caractère ~*** ich bin nicht nachtragend

randonnée [ʀɑ̃dɔne] *f* ■ ~ [**à/en qc**] *à bicyclette, skis, vélo, en voiture* Tour *f* [mit etw]; ***qn fait une longue ~*** [**à pied**] jd macht eine große Wanderung; ***chaussures de ~*** Wanderschuhe *pl*
▶ **__grande__ ~** *Bezeichnung der ausgeschilderten französischen Hauptwanderwege*

randonneur, -euse [ʀɑ̃dɔnœʀ, -øz] *m, f* Wanderer/Wanderin *m/f*

rang [ʀɑ̃] *m* 1. [*personnes*] Reihe *f;* ***mettez-vous en*** [*o* ***sur un***] ~ stellt euch in einer Reihe auf
2. (*rangée de sièges*) Reihe *f*
3. (*rangée*) ■ ~ **de** *de maisons, perles* -reihe *f;* ~ ***de chaises*** Stuhlreihe
4. (*rangée de mailles*) [Maschen]reihe *f*
5. (*condition*) Rang *m*
▶ **en ~ d'__oignons__** *fam* wie die Zinnsoldaten *fam;* **de __haut__ ~** von hohem Rang; **de __premier__/__second__ ~** erstrangig/zweitrangig; **en ~s __serrés__** in Scharen; **qn __a__ ~ quelque part** jd hat irgendwo einen Namen; **qn __a__ ~ de qc** jd hat den Rang einer S. (*gen*); **qn __est__ [*o* se __met__] sur les ~s [pour faire qc]** jd bewirbt sich [darum, etw zu tun]; ***tu crois qu'il y en a de plus fort que toi sur les ~s?*** glaubst du, dass jemand Besseres als du unter den Bewerbern ist?; **qn __garde__ [*o* __tient__] son ~** jd wahrt seinen Stand; **qn __grossit__ [*o* __rejoint__] les ~s de ...** jd reiht sich ins Lager der ... ein, jd schließt sich den Reihen der ... an; **qn __met__ des personnes/choses sur le même ~** jd schert Menschen/Dinge über einen Kamm, jd steckt Menschen in dieselbe Schublade *fam;* **qn __met__ qn/qc au ~ de qn/qc** jd setzt jdn jdm gleich/jd setzt etw mit etw gleich; ***qn met qn/qc au ~ des ...*** jd zählt jdn/etw zu den ...; ***je ne le mets pas au ~ des imbéciles*** ich zähle ihn nicht zu den Dummen; **des personnes se __mettent__ en ~s** Menschen stellen sich in Reihen auf; **qn __prend__ ~ parmi/dans ...** jd reiht sich unter ...; **qn __rentre__ dans le ~** MIL jd tritt ins Glied zurück; (*obéit, se conforme à nouveau*) jd gibt klein bei; (*se calme*) jd beruhigt sich; (*renonce à un statut particulier*) jd reiht sich wieder unter das Fußvolk; **__rompez__ les ~s!** abtreten!; **des personnes __serrent__ les ~s** Menschen rücken zusammen; **qn __sort__ du ~** jd arbeitet sich hoch; MIL jd dient sich hoch; **__à__ vos ~s!** antreten!; **__au__ premier/deuxième/dernier/... ~** in der ersten/zweiten/letzten/... Reihe; ***l'entreprise se place au sixième rang de la pharmacie française*** das Unternehmen liegt auf Platz sechs in der französischen Pharmaindustrie; **__dans__ les ~s de qc** in den Reihen einer S. (*gen*); ***dans les ~s du gouvernement*** in den Reihen der Regierung; ***ils comptent 33 membres dans leurs ~s*** sie zählen 33 Mitglieder in den eigenen Reihen; **__en__ ~** in Reih und Glied; ***en ~ par deux*** in Zweierreihen; **__par__ ~ de qc:** ***par ~ d'âge/de taille*** dem Alter/der Größe nach

rangé, e [ʀɑ̃ʒe] *adj* solide

rangée [ʀɑ̃ʒe] *f* Reihe *f*

rangement [ʀɑ̃ʒmɑ̃] *m* 1. (*fait de ranger*) [*pièce, meuble*] Aufräumen *nt;* [*linge, objets a.*] Verstauen *nt;* ***capacité/possibilité de ~*** Stauraum *m;* ***étagère de ~*** Abstellregal *nt*
2. (*placard*) Stauraum *m;* (*vide-poches*) Ablagemöglichkeit *f*
3. (*classement*) Ordnen *nt*
▶ **qn __fait__ du ~** jd macht Ordnung

ranger <2 a> [ʀɑ̃ʒe] I. *vt* 1. (*mettre en ordre*) ■ **qn range qc** *maison, tiroir* jd räumt etw auf
2. (*mettre à sa place*) ■ **qn range qc** [**quelque part**] *objet, vélo, tasses, voiture* jd stellt etw [irgendwohin] zurück; *livres a., vêtements* jd räumt etw auf, jd räumt etw irgendwohin; ***range ces livres!*** räum diese Bücher auf [*o* weg]!, stell diese Bücher zurück!; ***je vais ~ la voiture*** ich werde das Auto abstellen
3. (*classer*) ■ **qn range qc** *dossiers, fiches* jd ordnet etw; ***les livres sont rangés au rayon "histoire"*** die Bücher sind unter „Geschichte" eingeordnet; ***qn range qn dans la catégorie des génies*** jd zählt jdn zu den Genies, jd ordnet jdn in die Kategorie der Genies ein; ***qn range qn/qc parmi ...*** jd zählt jdn/etw zu ...
4. (*mettre en rang*) ■ **qn range qn** *élèves, soldats* jd stellt jdn auf
5. (*soumettre*) ■ **qc range qn sous qc** *sous l'autorité, la tutelle de qn* etw stellt jdn unter etw (*akk*); *sous le joug de qn* etw bringt jdn unter etw (*akk*)
6. (*stationner*) ■ **qn range qc** [**quelque part**] jd stellt etw weg, jd stellt etw irgendwohin
7. *soutenu* (*gagner*) ■ **qn range qn à qc** *à sa cause, son avis* jd gewinnt jdn für etw
II. *vi* ■ **qn range** jd räumt auf
III. *vpr* 1. ■ **qn/qc se range** [**quelque part**] */bateau/* jd/etw legt [irgendwo] an; */voiture/* jd/etw parkt [irgendwo]
2. (*s'écarter*) ■ **qn/qc se range** */piéton/* jd geht zur Seite [*o* beiseite]; */véhicule/* etw macht den Platz frei

3. (*se mettre en rang*) ■ **des personnes se rangent** [**quelque part**] Menschen stellen sich [irgendwo] auf
4. (*se rallier à*) ■ **qn se range à** [*o* **dans**] **qc/du côté de qn** *à un point de vue, une décision, dans un camp* jd schließt sich einer S./jdm an; ***elle s'est rangée dans le mouvement écologiste*** sie hat sich der Umweltbewegung angeschlossen
5. (*avoir sa place*) ■ **qc se range quelque part** */livre, objet/* etw kommt [*o* gehört] irgendwohin
6. *fam* (*s'assagir*) ■ **qn se range** jd wird solide

ranimer <1> [ʀanime] **I.** *vt* **1.** (*ramener à la vie*) ■ **qn ranime qn** *noyé, personne évanouie* jd belebt jdn wieder
2. (*revigorer*) ■ **qc ranime qn** */air, boisson/* etw muntert jdn wieder auf, etw macht jdn [wieder] munter
3. (*rallumer*) ■ **qn ranime qc** *braises, feu, flamme* jd facht etw wieder an
4. (*aviver*) ■ **qn/qc ranime qc** *amour, douleur, espoir, haine* jd/etw lässt etw wieder aufleben; *conversation, forces* jd/etw belebt etw; *couleurs* jd/etw frischt etw auf; *souvenirs* jd/etw ruft etw wach; *querelle* jd/etw facht etw wieder an
II. *vpr* ■ **qc se ranime** */amour, espoir, haine, rancune/* etw lebt wieder auf; */conversation, forces/* etw belebt sich; */douleur/* etw tritt wieder auf; */querelle/* etw wird wieder entfacht; */souvenir/* etw wird wieder wachgerufen; ***à la vue de l'ennemi, leurs forces se raniment*** als sie den Feind sahen, spürten sie ihre Kräfte wieder

rantanplan [ʀɑ̃tɑ̃plɑ̃] *interj v.* **rataplan**

rap [ʀap] *m* Rap [ræp] *m*

rapace [ʀapas] **I.** *adj* **1.** räuberisch; *oiseau* Raub-
2. *homme d'affaires, usurier* habgierig, raffgierig, gewinnsüchtig
II. *m* ORN Raubvogel *m*

rapacité [ʀapasite] *f* Habgier *f,* Raffgier *f,* Gewinnsucht *f*

râpage [ʀɑpaʒ] *m* Reiben *nt,* Raspeln *nt*

rapatrié, e [ʀapatʀije] *m, f* Repatriierte(r) *f(m),* Heimkehrer(in) *m(f)*

rapatriement [ʀapatʀimɑ̃] *m* **1.** [*étranger*] Ausweisung *f* [*o* Zurückschicken *nt*] ins Herkunftsland; [*matelot, agent secret, militaire*] Entlassung *f* ins Heimatland; [*prisonnier de guerre*] Rückführung *f*
2. [*fonds, bénéfices*] Zurückbringen *nt;* ~ ***des capitaux*** Kapitalrückwanderung *f*

rapatrier <1 a> [ʀapatʀije] *vt* ■ **qn rapatrie qn/qc** *capitaux, affaires personnelles* jd bringt etw zurück; *déchets* jd nimmt etw wieder mit; *militaire, prisonnier de guerre* jd führt jdn zurück; *personne* (*ramener*) jd bringt jdn nach Hause [zurück]; (*renvoyer*) jd weist jdn in sein Herkunftsland aus

râpe [ʀɑp] *f* **1.** GASTR Raspel *f,* Reibe *f;* ■ ~ **à** *à fromage* -reibe
2. TECH Grobfeile *f*

râpé, e [ʀɑpe] **I.** *adj* **1.** *amandes, fromage* gerieben
2. (*usé*) *coude, veste* abgewetzt
▸ **c'est** ~ *fam* das ist geplatzt *fam*
II. *m* (*fromage*) geriebener Käse; (*tabac*) Tabak *m*

râper <1> [ʀɑpe] *vt* **1.** ■ **qn râpe qc** *fromage, tabac* jd reibt etw; *betteraves, carottes a.* jd raspelt etw
2. TECH ■ **qn râpe qc** *bois, pièce de métal* jd feilt etw
3. ■ **qc râpe qc** */vin, alcool/ gorge, gosier* etw kratzt in etw (*dat*)

rapetasser <1> [ʀap(ə)tase] *vt fam* ■ **qn rapetasse qc** jd flickt etw, jd bringt etw auf Vordermann *fam*

rapetissement [ʀap(ə)tismɑ̃] *m* **1.** (*fait de rapetisser*) Kleinerwerden *nt,* Schrumpfen *nt*
2. (*effet optique*) Verkleinerung *f*

rapetisser <1> [ʀap(ə)tise] **I.** *vt* **1.** (*rendre plus petit*) ■ **qc rapetisse qn** */âge, maladie/* etw lässt jdn kleiner werden [*o* schrumpfen]; ■ **qn rapetisse qn** (*estimer plus petit*) jd macht jdn kleiner; ***excuse-moi, j'ai un peu rapetissé ta taille*** entschuldige, ich habe dich etwas kleiner gemacht[, als du tatsächlich bist]; ■ **qn rapetisse qc** (*raccourcir*) *vêtement* jd kürzt etw, jd macht etw kürzer; ***je vais ~ cette encolure*** ich werde diesen Ausschnitt enger machen
2. (*dévaloriser*) ■ **qn/qc rapetisse qn/qc** jd/etw wertet jdn/etw ab
3. (*faire paraître plus petit*) ■ **qc rapetisse qc** etw lässt etw kleiner erscheinen, etw macht etw kleiner
II. *vi* ■ **qn rapetisse** jd wird kleiner, jd schrumpft; ■ **qc rapetisse** */jour/* etw wird kürzer
III. *vpr* **1.** (*devenir plus petit*) ■ **qn se rapetisse** jd wird kleiner; ■ **qc se rapetisse** etw verkleinert sich
2. (*se dévaloriser*) ■ **qn se rapetisse** jd wertet sich ab, jd macht sich schlecht

râpeux, -euse [ʀɑpø, -øz] *adj langue, peau, surface* rau; *goût, vin* herb

raphia [ʀafja] *m* Raphiabast *m*

rapiat, e [ʀapja, jat] **I.** *adj fam* knaus[e]rig *fam,* knick[e]rig *fam*
II. *m, f fam* Knauser(in) *m(f) fam,* Geizhals *m*

rapide [ʀapid] **I.** *adj* **1.** (*d'une grande vitesse*) schnell; *guérison, manière, progrès, réponse a.* rasch; *geste, main, mouvement, personne a.* flink; *remède* schnell wirkend; *respiration* kurz, schnell; *courant* reißend; ***nous espérons une réponse ~ de votre part*** wir hoffen auf Ihre baldige Antwort; ***une décision trop*** ~ eine übereilte Entscheidung
2. (*vif*) *esprit, intelligence* wach
3. (*concis*) *récit, style* knapp
4. (*expéditif*) *décision, démarche* schnell; *besogne* flink; *examen* flüchtig
5. (*raide*) *descente, escalier, pente* steil
6. PHOT, TECH: ***pellicules ~s*** Filme *pl* mit Kurzzeitbelichtung; ***ciment à prise*** ~ schnellbindender Zement
II. *m* **1.** (*train*) Schnellzug *m*
2. GEOG Stromschnelle *f*

rapidement [ʀapidmɑ̃] *adv* schnell, rasch; *travailler* flink; ***lire trop*** ~ [nur] flüchtig lesen

rapidité [ʀapidite] *f* **1.** (*vitesse*) Schnelligkeit *f;* [*véhicule a.*] [hohe] Geschwindigkeit; [*geste, mouvement, personne a.*] Flinkheit *f;* [*remède*] schnelle Wirkung; [*temps*] Schnelllebigkeit *f;* ***la ~ de son pas*** sein/ihr schneller Schritt; ***la ~ de sa guérison*** seine/ihre schnelle Heilung
2. (*vivacité*) [*esprit, intelligence*] Wachheit *f*
3. (*concision*) [*récit, style*] Knappheit *f,* Kürze *f*
▸ **avec la ~ de qc** mit der Geschwindigkeit einer S. (*gen*); ***avec la ~ d'un escargot*** [*o* ***d'une limace***] im Schneckentempo; ***avec la ~ de l'éclair*** [*o* ***de la foudre***] [*o* ***d'une flèche***] blitzschnell

rapiéçage [ʀapjesaʒ] *m* Flicken *nt*

rapiécer <2, 5> [ʀapjese] *vt* ■ **qn rapièce qc** jd flickt etw

rapière [ʀapjɛʀ] *f* Rapier *nt*

rapin [ʀapɛ̃] *m* **1.** *péj* (*peintre bohème*) Kitschmaler(in) *m(f)*
2. *vieux* (*élève peintre*) Malschüler(in) *m(f)*

rapine [ʀapin] *f littér* Plünderung *f,* Raub *m*

raplapla [ʀaplapla] *adj inv pop* **1.** (*fatigué*) schlapp *fam,* groggy *fam*
2. (*aplati*) flach; *matelas a.* durchgelegen; *soufflé* zusammengefallen

raplatir <8> [ʀaplatiʀ] *vt* ■ **qn raplatit qc** jd streicht etw glatt

rappel [ʀapɛl] *m* **1.** (*remise en mémoire*) ■ ~ [**de qc**] *d'un événement, d'une aventure* Erinnerung *f* [an etw (*akk*)]; *d'un souvenir* Wachrufen *nt* [von etw], Wecken *nt* [von etw]; (*répétition*) Wiederholen *nt* [einer S. (*gen*)]; ***le ~ de la fragilité de la vie*** das Erinnern an die Vergänglichkeit des Lebens; ■ ~ **à qc** *à un devoir, à l'obéissance, l'ordre* Ermahnung *f* zu etw, Aufruf *m* zu etw; *à la raison* Appell *m* an etw (*akk*); *à la réalité* Zurückgerufenwerden *nt* in etw (*akk*)
2. [*cotisation, facture*] Mahnung *f*
3. (*panneau de signalisation*) Wiederholungsschild *nt*
4. THEAT *Herausrufen vor den Vorhang;* ***il y a eu trois ~s*** sie bekamen drei Vorhänge
5. ADMIN [*salaire, solde, traitement*] Rückzahlung *f*
6. COM (*avertissement*) Mahnung *f*
7. MIL, POL [*ambassadeur*] Rückberufung *f;* [*exilé*] Zurückholen *nt;* [*militaires, réservistes*] Einberufung *f*
8. ALPIN Seilabzug *m;* NAUT Trimmen *nt;* ***la descente en*** ~ das Abseilen
9. MED Auffrischungsspritze *f,* Wiederholungsspritze *f*
▸ **qn bat le** ~ jd trommelt alle zusammen; **qn fait du** ~ jd seilt sich ab; **de** ~ MED *piqûre* Wiederholungs-, Auffrischungs-; ***la vis de*** ~ die Stellschraube; ***l'équipage d'un voilier se met en*** ~ NAUT die Besatzung des Segelboots trimmt
◆ **rappel à l'ordre** Verweis *m,* Mahnung *f* zur Ordnung; POL Ordnungsruf *m;* **rappel de compte** Zahlungsaufforderung *f,* Mahnung *f*

rappelé [ʀap(ə)le] *m* Einberufene(r) *m*

rappeler <3> [ʀap(ə)le] **I.** *vt* **1.** (*remettre en mémoire*) ■ **qn/qc rappelle qn/qc** [**à qn**] jd/etw erinnert [jdn] an jdn/etw; *souvenir* jd/etw ruft bei jdm etw wach, jd/etw weckt etw in jdm; ■ **qn rappelle** [**à qn**] **que** + *indic* jd erinnert [jdn] daran, dass
2. (*faire revenir*) ■ **qn rappelle qn/un animal** jd ruft jdn/ein Tier zurück; *acteurs, comédiens* jd ruft jdn vor den Vorhang; *réservistes* jd beruft jdn ein; ***Dieu l'a rappelé à lui*** Gott hat ihn zu sich gerufen
3. (*ramener à*) ■ **qn rappelle qn à qc** *à l'obéissance, l'ordre, la raison, au devoir, aux bienséances, convenances* jd mahnt jdn zu etw, jd hält jdn zu etw an; ***on a pu ~ le noyé à la vie*** man konnte den Ertrunkenen ins Leben zurückrufen
4. TELEC ■ **qn rappelle qn** jd ruft jdn zurück
5. (*faire penser à*) ■ **qn/qc rappelle qn/qc** [**à qn**] jd/etw erinnert [jdn] an jdn/etw, jd gleicht jdm
6. ALPIN ■ **qn rappelle qc** *corde* jd zieht etw ab
II. *vi* TELEC ■ **qn rappelle** jd ruft zurück
III. *vpr* ■ **qn se rappelle qn/qc** jd erinnert sich an jdn/etw; ■ **qn se rappelle que** + *indic* jd erinnert sich daran, dass; ■ **qn se rappelle avoir fait qc** jd erinnert sich, etw getan zu haben

rappeur, -euse [ʀapœʀ, -øz] *m, f* Rapper(in) *m(f)* ['ræpɐ]

rappliquer <1> [ʀaplike] *vi fam* ■ **qn rapplique** jd kreuzt auf *fam*

rapport [ʀapɔʀ] *m* **1.** (*lien*) Zusammenhang *m;* ■ ~ **entre des personnes/des choses** Gemeinsamkeit *f* zwischen Menschen/Zusammenhang zwischen Dingen; ***l'italien a beaucoup de ~ avec le latin*** das Italienische hat sehr viele Gemeinsamkeiten mit dem Lateinischen; ***le seul ~ entre Catherine et moi, c'est ...*** das einzige, was Catherine und ich gemeinsam haben, ist ..., die einzige Gemeinsamkeit zwischen Catherine und mir ist ...; ~ ***de parenté*** Verwandtschaftsbeziehung *f;* ***ils ne sont liés que par des ~s d'intérêts*** es verbinden sie nur finanzielle Interessen
2. (*relations*) Beziehungen *pl;* ~***s d'amitié/de bon voisinage*** freundschaftliche/gutnachbarliche Beziehungen; ***nous avons des ~s de complémentarité*** wir ergänzen einander [*o* uns]; ■ ~**s entre des personnes** Verhältnis *nt* zwischen Menschen; ***je n'ai aucun ~/j'ai beaucoup de ~s avec les Dumont*** ich habe nichts/viel mit den Dumonts zu tun
3. *pl* (*relations sexuelles*) Geschlechtsverkehr *m,* Sex *m*
4. (*compte rendu*) [*police, réunion*] Bericht *m;* [*arbitre, expert, inspection, médecin*] Gutachten *nt;* MIL Meldung *f*
5. (*revenu*) Ertrag *m,* Einkünfte *pl;* ~ ***électoral*** Stimmenertrag
6. MATH Verhältnis *nt,* Proportion *f*
7. AUT, CYCLISME Übersetzung *f;* ***sur cette voiture, les ~s sont très courts*** dieser Wagen hat eine kurze Übersetzung
▸ ~ **qualité-prix** Preis-Leistungs-Verhältnis *nt;* ~ **annuel** Jahresbericht *m;* **il n'y a/ça n'a aucun** ~ es besteht/da besteht kein Zusammenhang; ~**s sexuels** Geschlechtsverkehr *m;* **qc a** ~ **à qc** *à un sujet* etw bezieht sich auf etw (*akk*); *à un dossier* etw gehört zu etw; *à une affaire* etw hat mit etw zu tun; ***il a ~ à quoi, ce roman?*** wovon handelt der Roman?; **qn est en** ~

avec qn jd steht mit jdm in Verbindung; **qc est en ~ avec qc** etw entspricht einer S. (*dat*); **qc est sans ~ [avec qc]** (*n'a pas de lien*) etw hat nichts mit etw zu tun; (*ne correspond pas*) etw entspricht einer S. (*dat*) nicht; ***c'est sans ~!*** das hat nichts miteinander zu tun!; ***ces deux affaires sont sans ~/ne sont pas sans ~*** diese beiden Angelegenheiten haben nichts/haben etwas miteinander zu tun; **qn fait un ~ [à qn]** jd fasst einen Bericht [für jdn] ab, jd legt [jdm] einen Bericht vor; **qn met qn en ~ avec qn** jd bringt jdn mit jdm in Verbindung, jd macht jdn mit jdm bekannt; **qn se met en ~ avec qn** jd setzt sich mit jdm in Verbindung; **des personnes se mettent en ~** Menschen setzen sich in Verbindung; **des personnes ont des ~s** (*des relations sexuelles*) Menschen haben Geschlechtsverkehr [*o* Sex] miteinander; **des personnes sont en ~** Menschen stehen in Verbindung miteinander; **~ à qc** *fam* wegen etw; **au ~** MIL zur Meldung; ***qn va au ~*** jd erstattet Bericht; **de ~** (*rajouté*) *pièce* angesetzt; (*qui procure des revenus*) als Renditeobjekt; ***c'est un appartement de ~*** diese Wohnung ist ein Renditeobjekt; ***mes immeubles de ~ se sont beaucoup dévalués*** meine Renditeobjekte haben stark an Wert verloren; **par ~ à qn/qc** (*par comparaison*) im Vergleich zu jdm/etw; (*proportionnellement*) im Verhältnis zu jdm/etw; **sous ce ~/le ~ de qc** was das/etw betrifft, in dieser Hinsicht/hinsichtlich einer S. (*gen*); ***sous le ~ de la vitesse*** was die Geschwindigkeit betrifft; ***tant sous le ~ pathologique que sous le ~ physiologique*** sowohl was die Pathologie als auch was die Physiologie betrifft; **sous tous [les] ~s** in jeder Hinsicht

◆ **rapport d'activité** Tätigkeitsbericht *m;* **rapport de cause à effet** Kausalzusammenhang *m;* **rapport de forces** Kräfteverhältnis *nt*

rapporté, e [ʀapɔʀte] *adj poche* aufgesetzt; *élément, pièce* angefügt, hinzugefügt, angesetzt; ***qn est une pièce ~e*** jd ist ein Anhängsel

rapporter <1> [ʀapɔʀte] **I.** *vt* **1.** (*ramener*) ■ **qn rapporte qc [à qn]** *marchandise, souvenir, maladie* jd bringt [jdm] etw mit; (*rendre*) *objet, monnaie* jd bringt [jdm] etw zurück; *réponse* jd gibt [jdm] etw; ■ **un animal rapporte qc [à qn]** *gibier* ein Tier apportiert [jdm] etw

2. (*être profitable*) ■ **qc rapporte qc [à qn]** */action, activité/* etw bringt [jdm] etw *fam;* */métier, travail/* etw bringt [jdm] etw ein; */terre/* etw bringt etw hervor; FIN */actions, placement/* etw bringt [jdm] etw [ein], etw wirft etw ab

3. (*rendre compte de*) ■ **qn/qc rapporte qc [à qn]** *événement, cas* jd/etw berichtet [jdm] von etw; *fait, on-dit* jd/etw berichtet [jdm] etw; *récit* jd gibt etw wieder; ■ **qn rapporte à qn que** + *indic* jd berichtet jdm, dass

4. *péj* (*répéter*) ■ **qn rapporte qc [à qn]** jd plaudert [bei jdm] etw aus, jd tratscht etw weiter

5. (*ajouter*) ■ **qn rapporte qc [à qc]** *bande de tissu* jd setzt etw [an etw (*akk*)] an; *bâtiment* jd baut etw [an etw (*akk*)] an; *poche* jd setzt etw auf etw (*akk*) auf; ***il faut ~ de la terre pour construire la terrasse*** wir müssen Erde anfahren, um die Terrasse zu bauen

6. (*rattacher*) ■ **qn rapporte qc à qc** *action, événement* jd ordnet etw einer S. (*dat*) zu; ***il rapporte tout ce qu'il fait à une échelle de valeurs*** er unterzieht alles, was er tut, einer Bewertung; er bewertet alles, was er tut

7. (*annuler*) ■ **qn rapporte qc** *décret* jd hebt etw auf; *décision, mesure* jd macht etw rückgängig

8. MATH ■ **qn rapporte qc** *angle, mesures* jd überträgt etw

II. *vi* **1.** CHASSE: ***un chien de chasse rapporte*** ein Jagdhund apportiert

2. FIN ■ **qc rapporte** */actions, loto/* etw ist einträglich; */investissement, placement/* etw lohnt sich, etw rentiert sich, etw macht sich bezahlt

3. SCOL *péj* (*moucharder*) ■ **qn rapporte** jd petzt *fam*

III. *vpr* **1.** (*être relatif à*) ■ **qc se rapporte à qc** *à un sujet* etw bezieht sich auf etw (*akk*); *à un événement* etw hat mit etw zu tun

2. GRAM ■ **qc se rapporte à qc** etw bezieht sich auf etw (*akk*)

3. (*s'en remettre à*) ■ **qn s'en rapporte à qn/qc** *à l'arbitrage, la compétence, au jugement de qn* jd verlässt sich auf jdn/etw

rapporteur, -euse [ʀapɔʀtœʀ, -øz] **I.** *adj:* ***il est ~/elle est ~euse*** er ist ein Petzer/sie ist eine Petze *fam;* ***je n'aime pas les élèves ~s*** ich mag Petzer nicht *fam*

II. *m* **1.** [*commission, réunion*] Berichterstatter(in) *m(f);* JUR, POL *a.* Referent(in) *m(f)*

2. GEOM Winkelmesser *m*

III. *m, f* (*mouchard*) Petzer/Petze *m/f fam*

rapprendre <13> [ʀapʀɑ̃dʀ] *vt v.* **réapprendre**

rapproché, e [ʀapʀɔʃe] *adj* **1.** (*proche*) nahe; *lieu a.* nahe gelegen; ***combat ~*** Nahkampf *m;* ***ils sont chargés de la protection ~e du président*** sie sind für den persönlichen Schutz des Präsidenten zuständig; ***à une date aussi ~e*** in so kurzer Zeit, so kurzfristig

2. (*répété*) *bruits, crises* dicht [*o* kurz] aufeinander folgend; *échecs, grossesses a.* schnell aufeinander folgend; *intervalles* kurz

rapprochement [ʀapʀɔʃmɑ̃] *m* **1.** (*proximité*) [*lieu, objet*] Näherrücken *nt;* [*bruit, date, échéance*] Näherkommen *nt;* ***le ~ des lèvres d'une plaie*** das Aneinanderlegen der Wundränder

2. (*réconciliation*) [*personnes brouillées, ennemis*] Aussöhnung *f,* Versöhnung *f;* [*partis, factions*] Verständigung *f,* Annäherung *f;* [*idées, points de vue*] Annäherung; ***le ~ franco-allemand*** die deutsch-französische Verständigung [*o* Annäherung]

3. (*analogie*) [*affaires, événements, idées, thèses*] Parallele *f,* Ähnlichkeit *f;* (*comparaison*) [*textes*] Vergleich *m,* Gegenüberstellung *f*

▶ **qn fait le ~** jd kommt darauf; **qn fait le ~ entre qc et qc** jd bringt etw mit etw in Zusammenhang; ***je n'avais pas fait le ~ entre ces deux événements*** ich hatte die beiden Ereignisse nicht miteinander in Zusammenhang gebracht

rapprocher <1> [ʀapʀɔʃe] **I.** *vt* **1.** (*rendre plus proche*) ■ **qn rapproche qc [de qn/qc]** *objet, chaise* jd rückt etw näher [an jdn/etw]; *date, échéance* jd verlegt etw vor; ***rapproche ta chaise de la table/de moi!*** rück deinen Stuhl näher an den Tisch/zu mir!; ■ **qc rapproche qn de qn/qc** */déménagement, épreuves de la vie, joie commune/* etw bringt jdn jdm/einer S. näher; ***son nouveau logement l'a rapproché de son lieu de travail*** seine neue Wohnung liegt näher an seinem Arbeitsplatz; ***chaque heure qui s'écoule nous rapproche de la mort*** jede Stunde bringt uns dem Tod näher; **~ *les lèvres d'une plaie/les bords d'un tissu*** die Wundränder/die Kanten eines Stoffs aneinander legen; ■ **qn rapproche des choses** *objets, chaises* jd rückt Dinge [näher] zusammen [*o* aneinander]; *planches* jd schiebt Dinge [näher] zusammen [*o* aneinander]; ***les deux services seront rapprochés*** die beiden Abteilungen werden zusammengelegt; ■ **qc rapproche des personnes** etw bringt Menschen einander näher

2. (*réconcilier*) ■ **qn/qc rapproche des personnes** *ennemis, familles brouillées* jd/etw söhnt Menschen [miteinander] aus, jd/etw versöhnt Menschen [miteinander]

3. (*mettre en accord*) ■ **qn/qc rapproche des choses** *idées, points de vue, thèses* jd/etw bringt Dinge einander näher; *versions, récits* jd/etw bringt Dinge miteinander in Einklang

4. (*comparer*) ■ **qn rapproche des choses/qc de qc** *affaires, événements* jd bringt Dinge miteinander/etw mit etw in Verbindung [*o* Zusammenhang]; *indices, textes* jd vergleicht Dinge miteinander/etw mit etw; ■ **qc est à ~ de qc** etw muss mit etw in Verbindung gebracht werden, etw ist mit etw in Verbindung zu bringen; ***l'art est à ~ du jeu*** die Kunst ist dem Spiel vergleichbar

II. *vpr* **1.** (*approcher*) ■ **qn/qc se rapproche [de qn/qc]** jd/etw nähert sich [jdm/einer S.], jd/etw kommt [jdm/einer S.] näher; ***rapproche-toi de moi!*** komm näher [zu mir]!; ***l'orage/le bruit se rapproche de nous*** das Gewitter/der Lärm kommt näher [*o* naht *geh*]

2. (*ressembler*) ■ **qn se rapproche de qn** jd nähert sich jdm [an]; ■ **qc se rapproche de qc** */idées, opinion, point de vue, récit, thèse/* etw kommt einer S. (*dat*) sehr nahe, etw ist einer S. (*dat*) sehr ähnlich

3. (*sympathiser*) ■ **des personnes se rapprochent/qn se rapproche de qn** */factions, familles, peuples/* Menschen kommen sich näher/jd nähert sich jdm; (*se réconcilier*) */ennemis/* Menschen söhnen sich aus/jd söhnt sich mit jdm aus, Menschen versöhnen sich/jd versöhnt sich mit jdm; ■ **des choses se rapprochent** */points de vue/* Dinge kommen sich näher

rapprovisionnement [ʀapʀɔvizjɔnmɑ̃] *m v.* **réapprovisionnement**

rapprovisionner <1> [ʀapʀɔvizjɔne] *vt v.* **réapprovisionner**

rapsodie [ʀapsɔdi] *f v.* **rhapsodie**

rapt [ʀapt] *m* Entführung *f;* **~ *d'enfant*** Kindesraub *m,* Kidnapping ['kɪdnæpɪŋ] *nt*

raquer <1> [ʀake] *vi fam* ■ **qn raque** jd blecht *fam*

raquette [ʀakɛt] *f* **1.** SPORT Schläger *m;* ■ **~ de** *de badminton, tennis, ping-pong* -schläger

2. [*pour la neige*] Schneeschuh *m*

rare [ʀɑʀ] *adj* **1.** (*peu commun*) *animal, édition, variété* selten; *objet, mot a.* ausgefallen; ■ **il est ~ de faire qc/que** + *subj* man tut etw [nur] selten/es ist selten, dass; ***il est ~ de le voir fatigué*** man sieht ihn selten müde; ***il n'est pas ~ que je saute un repas*** ich lasse nicht selten eine Mahlzeit aus

2. (*peu nombreux*) *amis, exceptions, exemples* [einige] wenige; *clients, passants, voitures a.* vereinzelt; *cas* selten; ***elle ne reçoit que de ~s visites*** sie bekommt nur selten Besuch; ***à de ~s intervalles*** ab und zu, selten; ■ **qc est ~** etw ist selten, etw gibt es nur selten; ***les commerçants sont ~s dans ce quartier*** es gibt nur wenige Läden in diesem Viertel

3. (*peu abondant*) *argent, main d'œuvre, nourriture* knapp, rar; *barbe, herbe, végétation* spärlich; *cheveux* schütter

4. (*exceptionnel*) *courage, énergie, personne, qualité, saveur* außergewöhnlich, ungewöhnlich; *beauté, moment, talent a.* selten; ***c'est d'une ~ imprudence*** das ist ausgesprochen unvorsichtig; ***ça n'a rien de ~!*** das ist nichts Außergewöhnliches [*o* Besonderes]!

▶ **c'est ~** [das ist] selten; **c'est ~ que qn/qc fasse qc** jd/etw tut selten etw; ***c'est ~ qu'elle aille au cinéma*** sie geht selten ins Kino; **c'est bien ~ si:** ***c'est bien ~ s'il est à l'heure*** er ist nur selten pünktlich; **qn se fait ~** jd macht sich rar *fam;* **qc se fait ~** etw wird selten

raréfaction [ʀaʀefaksjɔ̃] *f* [*air, gaz*] Verdünnung *f;* [*fibres, tissu osseux*] Abbau *m,* Verminderung *f;* [*denrées, approvisionnement*] Verknappung *f,* Knappwerden *nt*

raréfier <1 a> [ʀaʀefje] **I.** *vt* ■ **qn/qc raréfie qc** jd/etw lässt etw seltener werden; PHYS jd/etw verdünnt etw

II. *vpr* ■ **qn/un animal se raréfie** jd/ein Tier wird seltener; ■ **qc se raréfie** */air/* etw wird dünner; */oxygène/* etw wird knapper; */argent, marchandise/* etw wird knapp

rarement [ʀaʀmɑ̃] *adv* selten

rareté [ʀɑʀte] *f* **1.** [*cas, événement, lettres, visites*] Seltenheit *f;* [*argent, denrées, marchandise*] Knappheit *f,* Mangel *m;* ***la ~ des touristes/visiteurs*** die geringe Zahl Touristen/Besucher; ***de tels accidents sont d'une extrême ~*** derartige Zwischenfälle sind äußerst selten

2. (*chose précieuse*) Rarität *f*

rarissime [ʀaʀisim] *adj* höchst [*o* äußerst] selten

ras, e [ʀɑ, ʀɑz] **I.** *adj barbe, cheveux* kurz [geschnitten]; *herbe* niedrig; *étoffe* kurzflorig; ***à poil ~*** kurzhaarig; ***il a les cheveux pratiquement ~*** er ist praktisch kahl geschoren

II. *adv coupé, taillé, tondu* sehr kurz; ***la haie est taillée ~*** die Hecke ist stark zurückgeschnitten

III. *m* ▶ **qc ~ du cou** *robe, pull-over* etw mit rundem Ausschnitt; **au ~ des pâquerettes** *fam* anspruchslos, seicht; ***une plaisanterie au ~ des pâquerettes*** eine Blödelei; **à ~ de terre** dicht über dem Boden; **à ~** sehr kurz; **au ~ de qc** *du sol, de l'eau* dicht über etw (*dat*); *du quai, visage* dicht an etw (*dat*)

R.A.S. [ɛʀaɛs] *loc abr de* **rien à signaler** (*sur un certificat médical*) ohne

Befund; *fam* alles okay

rasade [ʀɑzad] *f* volles Glas, bis zum Rand gefülltes Glas; ***tu boiras bien une ~ de bière?*** du trinkst doch ein Bierchen?; ***il s'est versé une ~ de vin*** er hat sich (*dat*) einen kräftigen Schluck Wein eingeschenkt

rasage [ʀɑzaʒ] *m* Rasieren *nt*

rasant, e [ʀɑzɑ̃, ɑ̃t] *adj* **1.** OPT *lumière* flach einfallend; MIL *fortification* flach; ***tir ~*** Flachfeuer *nt*
2. *fam* (*ennuyeux*) langweilig

rase-mottes [ʀɑzmɔt] *m inv* ▸ **qn/qc vole en** [*o* **fait du**] **~~** jd/etw fliegt im Tiefflug

raser <1> [ʀɑze] **I.** *vt* **1.** ■ **qn rase qn/qc** *barbe, menton* jd rasiert jdn/etw; *cheveux, tête* jd schert jdn/etw kahl; ***il a rasé sa barbe*** er hat sich (*dat*) den Bart abrasiert; ■ **qn se fait ~/se fait ~ qc** jd lässt sich rasieren/lässt sich (*dat*) etw rasieren; ***il avait la tête rasée*** er war kahl geschoren; ***tu n'es pas très bien rasé*** du bist schlecht rasiert
2. (*effleurer*) ■ **qn rase qc** *mur, trottoir* jd geht/fährt dicht an etw (*dat*) entlang; ■ **un animal/qc rase qn/qc** / *oiseau, projectile*/ ein Tier/etw fliegt dicht an jdm vorbei/dicht über etw (*dat*); ***les hirondelles rasent le sol*** die Schwalben fliegen dicht über dem Boden
3. (*détruire*) ■ **qn/qc rase qc** *bâtiment, muraille, quartier* jd/etw macht etw dem Erdboden gleich; *fortification a.* jd schleift etw
4. *fam* (*ennuyer*) ■ **qn/qc rase qn** jd/etw langweilt jdn, jd/etw ödet jdn an *fam*; ***ça me rase de rendre cette visite*** es ödet mich an, diesen Besuch machen zu müssen *fam*
▸ **rasé de frais** frisch rasiert; **rasé de près** glatt rasiert
II. *vpr* **1.** ■ **qn se rase** jd rasiert sich; ■ **qn se rase qc** *barbe, jambes* jd rasiert sich (*dat*) etw; *tête* jd rasiert sich (*dat*) etw glatt
2. *fam* (*s'ennuyer*) ■ **qn se rase** jd langweilt [*o* mopst *fam*] sich

raseur, -euse [ʀɑzœʀ, -øz] *m, f fam* (*ennuyeux*) Langweiler(in) *m(f) fam*; (*casse-pieds*) Nervensäge *f fam*

rasibus [ʀɑzibys] *adv fam* **1.** (*à ras*) ganz dicht; ***le projectile est passé ~*** das Geschoss ist ganz dicht vorbeigeflogen
2. (*de justesse*) ganz knapp; ***il a eu son examen, mais ~*** er hat die Prüfung bestanden, aber nur mit knapper Not [*o* nur ganz knapp]

ras-le-bol [ʀɑl(ə)bɔl] *m fam* Unzufriedenheit *f*, Überdruss *m*
▸ **qn en a ~-~-~** [**de qc**] jdm steht's bis oben *fam*, jdm steht etw bis oben *fam*, jd hat's satt *fam*, jd hat etw satt *fam*; **~-~-~!** mir reicht's! *fam*, mir langt's! *fam*, mir steht's bis oben! *fam*

rasoir [ʀɑzwaʀ] **I.** *m* Rasierapparat *m*; **~ *mécanique*** [*o* ***de sûreté***] Sicherheitsrasierer *m*
▸ **comme un ~** wie eine Rasierklinge, wie ein Rasiermesser
II. *adj inv fam* [tod]langweilig *fam*, zum Einschlafen langweilig *fam*

rassasier <1 a> [ʀasazje] **I.** *vt* **1.** (*satisfaire*) ■ **qn/qc rassasie qc** [**de qc**] *curiosité, désir* jd/etw stillt etw [an etw (*dat*)]; ***qn rassasie ses yeux de qc*** jd sieht sich an etw (*dat*) satt, jd weidet sich an etw (*dat*)
2. (*assouvir*) ■ **qn/qc rassasie qn** jd stillt jds Hunger/etw sättigt jdn, etw macht jdn satt; ***j'espère pouvoir vous ~*** ich hoffe, ihr werdet satt; ■ **qn/qc rassasie qc** *appétit, faim* jd/etw stillt etw; ***son appétit est difficile à ~*** sein Appetit lässt sich nur schwer stillen; ■ **qn est rassasié(e)** jd ist satt
3. (*être lassé*) ■ **qn est rassasié(e)** [**de qc/de faire qc**] jd hat genug [von etw/davon, etw zu tun]; ***je suis rassasié de toutes ces histoires*** ich bin all dieser Sachen überdrüssig
II. *vpr* **1.** (*se lasser*) ■ **qn se rassasie de qc** jd wird einer S. (*gen*) überdrüssig; ***qn ne peut se ~ de qc/de faire qc*** jd ist einer S. (*gen*) nie leid/jd ist es nie leid, etw zu tun; ***je ne pouvais me ~ de la regarder*** ich konnte mich an ihr nicht satt sehen
2. (*manger à sa faim*) ■ **qn se rassasie** [**de qc**] jd isst sich [an etw (*dat*)] satt

rassemblement [ʀasɑ̃bləmɑ̃] *m* **1.** [*documents, matériaux, objets épars*] Zusammentragen *nt*
2. (*regroupement*) [*personnes*] Zusammenkunft *f*, Treffen *nt*; POL Zusammenschluss *m*; MIL Sammeln *nt*
▸ **~!** angetreten!, sammeln!

rassembler <1> [ʀasɑ̃ble] **I.** *vt* **1.** (*réunir*) ■ **qn/qc rassemble qc** *documents, notes, objets épars* jd trägt etw zusammen; *troupeau* jd treibt etw zusammen; ***cette exposition rassemble les œuvres majeures de Rembrandt*** in dieser Ausstellung sind die wichtigsten Werke Rembrandts zu sehen [*o* zusammengestellt]; ***deux cents pièces sont rassemblées au musée ...*** eine Sammlung von zweihundert Stücken befindet sich im Museum ...
2. (*regrouper*) ■ **qn/qc rassemble des personnes** jd schart [*o* versammelt] Menschen um sich; / *manifestation, slogan*/ etw bringt Menschen zusammen; *troupes, soldats* jd [ver]sammelt Menschen; POL jd/etw vereint Menschen, jd schart Menschen um sich; ■ **des personnes sont rassemblées** [**quelque part**] Menschen sind [irgendwo] vereint [*o* versammelt]
3. (*faire appel à*) ■ **qn rassemble qc** *forces, idées* jd sammelt etw ***j'ai du mal à ~ mes idées*** [*o* ***esprits***] es fällt mir schwer, mich zu sammeln; ***il va te falloir ~ tout ton courage*** du wirst deinen ganzen Mut zusammennehmen müssen
4. (*remonter*) ■ **qn rassemble qc** *pièce, charpente, mécanisme* jd setzt etw [wieder] zusammen; *moteur* jd baut etw [wieder] zusammen
II. *vpr* ■ **des personnes se rassemblent** / *badauds, foule*/ Menschen strömen zusammen; / *participants*/ Menschen versammeln sich; / *partisans, sympathisants*/ Menschen schließen sich zusammen; / *écoliers, enfants*/ Menschen kommen zusammen, Menschen [ver]sammeln sich; / *soldats*/ Menschen treten an

rassembleur, -euse [ʀasɑ̃blœʀ, -øz] **I.** *adj* einend *geh*, einigend
II. *m, f* Einiger(in) *m(f)*

rasseoir <irr> [ʀaswaʀ] **I.** *vpr* ■ **qn se rassoit** [*o* **rassied**] jd setzt sich wieder; ***va te ~!*** setz dich wieder hin!
II. *vt* ■ **qn rassoit** [*o* **rassied**] **qn/qc** *enfant, malade* jd setzt jdn wieder hin; *statue* jd stellt etw wieder auf; *institution, pouvoir* jd festigt etw neu; ■ **qn fait ~ qn** jd lässt jdn sich wieder setzen

rasséréner <5> [ʀaseʀene] **I.** *vt* ■ **qn/qc rassérène qn/qc** jd/etw heitert jdn/etw auf; *personne a.* jd/etw stimmt jdn froh; ■ [**qn/qc est**] **rasséréné(e)** [jd/etw ist] [wieder] heiter
II. *vpr* ■ **qn se rassérène** jd wird wieder heiter; ***à l'écoute de mes explications, il s'est rasséréné*** meine Erklärungen heiterten ihn auf; ■ **qn/qc se rassérène** / *ciel*/ jd/etw heitert sich auf; / *visage a.*/ etw hellt sich auf

rassir <8> [ʀasiʀ] **I.** *vi* ■ **qc rassit** etw wird altbacken [*o* trocken]; ■ **qn laisse ~ qc** jd lässt etw austrocknen [*o* altbacken werden]
II. *vpr* ■ **qc se rassit** etw wird altbacken [*o* trocken]

rassis, rassie [ʀasi] *adj pain, pâtisserie* alt[backen], trocken; *viande* abgehangen

rassurant, e [ʀasyʀɑ̃, ɑ̃t] *adj conversation, nouvelle* beruhigend; *visage, mine* zuversichtlich; *indice* ermutigend; ***deux accidents déjà? tu n'es pas tellement ~!*** schon zwei Unfälle? das ist nicht gerade beruhigend!; ***qn se veut ~*** jd versucht zu beschwichtigen; ***qn se montre ~*** jd zeigt sich zuversichtlich
▸ **qn/qc est/c'est ~!** *iron* jd/etw/das ist ja ermutigend!

rassurer <1> [ʀasyʀe] **I.** *vt* ■ **qn/qc rassure qn** jd/etw beruhigt jdn; ■ **qn est rassuré(e)** jd ist beruhigt; ***je ne suis pas rassuré(e)*** ich bin beunruhigt; ***je ne me sens pas rassuré dans sa voiture*** ich fühle mich in seinem/ihrem Auto nicht sicher
II. *vpr* ■ **qn se rassure** jd beruhigt sich; ***rassurez-vous!*** seien Sie unbesorgt!; ***j'essaie de me ~, mais ...*** ich versuche, mich selbst zu beruhigen, aber ...; ***que les élèves se rassurent: ...*** die Schüler können unbesorgt [*o* beruhigt] sein: ...

rasta [ʀasta] **I.** *adj inv fam* Rasta-; ***il est ~*** er macht auf Rasta (*akk*) *fam*
II. *m fam* Rasta *mf*

rastaquouère [ʀastakwɛʀ] *m péj fam* Zuhältertyp *m fam* (*von südländischem Aussehen*)

rat [ʀa] *m* **1.** ZOOL Ratte *f*; **~ *musqué*** Bisamratte; **~ *d'eau/d'égout/des champs*** Wasser-/Kanalratte/Feldmaus *f*; *v. a.* **rate²**
2. *péj* (*avare*) Geizhals *m*, Geizkragen *m fam*
▸ **les ~s quittent le navire** die Ratten verlassen das sinkende Schiff; **qn s'ennuie comme un ~ mort** *fam* jd langweilt sich zu Tode; **petit ~** [**de l'Opéra**] Ballettratte *f* [an der Pariser Oper] *fam*; **qn est fait(e) comme un ~** jd sitzt in der Falle; **mon** [**petit**] **~** *fam* mein Mäuschen *nt*
◆ **rat de bibliothèque** Bücherwurm *m*; **rat d'hôtel** Hoteldieb *m*

rata [ʀata] *m fam* (*mauvaise nourriture*) Fraß *m fam*; ***allez, tout le monde au ~!*** MIL *vieilli* ab, alle Mann zum Essenfassen!

ratafia [ʀatafja] *m* Ratafia *m* (*Likör*)

ratage [ʀataʒ] *m* Misserfolg *m*; ***cette entreprise a été un ~ complet*** dieses Unternehmen war ein glatter Reinfall *fam*

rataplan [ʀataplɑ̃] *interj* ratatatam

ratatiner <1> [ʀatatine] **I.** *vt* **1.** (*rabougrir*) ■ **qc ratatine qn/qc** *fruit, personne* etw lässt jdn/etw [zusammen]schrumpfen; *visage* etw lässt etw runz[e]lig [*o* faltig] werden; ■ [**qn/qc est**] **ratatiné(e)** [jd/etw ist] zusammengeschrumpft [*o* verschrumpelt *fam*]
2. *fam* (*détruire*) ■ **qn/qc ratatine qc** *machine, maison* jd macht etw kaputt; *vélo, voiture* jd fährt etw zu Schrott *fam*; ■ **qc est ratatiné(e)** etw ist kaputt; / *machine, vélo, voiture a.*/ etw ist hin[über] *fam*
3. *pop* (*battre*) ■ **qn ratatine qn** jd gibt's jdm *fam*; ***au match retour, on va les ~*** beim Rückspiel werden wir's ihnen aber geben *fam*; ■ **qn se fait ~** [**par qn**] jd wird haushoch [von jdm] geschlagen
II. *vpr* ■ **qn/qc se ratatine** jd/etw schrumpft zusammen; / *fruit a.*/ etw verschrumpelt; / *visage a.*/ etw wird runz[e]lig [*o* faltig]

ratatouille [ʀatatuj] *f*: **~** [***niçoise***] Ratatouille *f o nt* (*südfranzösischer Gemüseeintopf*)

rate¹ [ʀat] *f* ANAT Milz *f*
▸ **qn décharge sa ~** *fam* jd macht seinem Ärger Luft; **qn se dilate la ~** jd lacht Tränen; **qc me/lui/... dilate la ~** *fam* etw ist zum Totlachen; **qn a la ~ qui se dilate** *fam* jd platzt fast vor Lachen *fam*, jd lacht sich krumm und schief *fam*; **qn ne se foule pas la ~** *fam* jd überanstrengt sich nicht gerade

rate² [ʀat] *f* ZOOL weibliche Ratte; *v. a.* **rat**

raté, e [ʀate] **I.** *m, f* (*personne*) Versager(in) *m(f)*
II. *m* (*pour les armes à feu*) Versager *m*; [*moteur*] Fehlzündung *f*; (*déficience*) Missgeschick *nt*

râteau <x> [ʀɑto] *m* [*jardinier*] Harke *f* NDEUTSCH, Rechen *m* AUS, CH, SDEUTSCH; [*croupier*] Rechen *m*
▸ **qn se coiffe avec un ~** *fam* jd ist schlecht gekämmt

râtelier [ʀɑtəlje] *m* **1.** AGR [Futter]raufe *f*
2. *fam* (*dentier*) Gebiss *nt*
3. [*armes, pipes*] Ständer *m*
▸ **qn mange à tous les ~s** jd hat mehrere Eisen im Feuer *fam*

rater <1> [ʀate] **I.** *vt* **1.** (*manquer*) ■ **qn/qc rate qn/qc/un animal** *cible, gibier, victime* jd/etw verfehlt jdn/etw/ein Tier; *occasion, train, rendez-vous, début, fin, conférence* jd verpasst jdn/etw; *ballon* jd trifft etw nicht richtig
2. (*ne pas réussir*) ■ **qn rate qc** *affaire, coup, effet, recette, sauce* jdm misslingt etw, jdm glückt etw nicht; *travail, vie* jd verpfuscht etw *fam*; ***il a raté son examen*** er hat seine Prüfung nicht geschafft, er ist durchgefallen *fam*; ■ [**qc est**] **raté(e)** [etw ist] missglückt; ***les photos sont complètement ratées*** die Fotos sind nichts geworden; ***l'excursion? je crains que ça ne soit raté*** der Ausflug? ich fürchte, daraus wird nichts; ***trois essais ratés*** drei Fehlversuche [*o* missglückte Versuche]; ■ **qn est un(e) ... raté(e)** *écrivain, journaliste* jd ist ein(e) verkrachte(r) ...
▸ **qn n'en rate pas une** *iron fam* jd benimmt sich auch immer daneben *fam*;

(*fait une gaffe*) jd tritt [auch immer] in jedes Fettnäpfchen *fam;* ***qn ne rate pas qn*** *fam* jd knöpft sich (*dat*) jdn vor; **raté!** daneben!; ***tu as cru m'avoir? raté!*** du hast gedacht, du hast mich reingelegt? denkste! *fam*
II. *vi* ■ **qc rate** /*affaire, coup, projet*/ etw misslingt, etw geht daneben [*o* schief] *fam;* /*coup de fusil*/ etw geht nicht los; ■ **qn/qc fait ~ qc** jd/etw bringt etw zum Scheitern
► **ça n'a pas raté** *fam* es kam wie es kommen musste
III. *vpr* **1.** *fam* ■ **qn se rate** jds Selbstmordversuch missglückt
2. (*ne pas se voir*) ■ **des personnes se ratent** Menschen verpassen sich

ratiboiser <1> [ʀatibwaze] *vt fam* **1.** (*liquider*) ■ **qc ratiboise qn/qc** /*maladie*/ etw macht jdm den Garaus *fam;* /*gel*/ etw ruiniert etw, etw macht etw kaputt
2. (*voler*) ■ **qn lui ratiboise qc** *argent* jd erleichtert jdn um etw *fam; portefeuille* jd klaut jdm etw *fam;* ■ **qn se fait ~ qc** jdm wird etw geklaut *fam*
3. (*ruiner*) ■ **qc ratiboise qn** etw ruiniert jdn; ■ **qn se fait ~** jd geht pleite *fam*
4. (*tondre*) ■ **qn ratiboise qn** jd schert jdn kahl; ■ **qn se fait ~** jd wird [kahl] geschoren

raticide [ʀatisid] *m* Rattengift *nt*

ratière [ʀatjɛʀ] *f* Rattenfalle *f*

ratification [ʀatifikasjɔ̃] *f* [*loi, traité*] Ratifizierung *f;* ~ ***de vente*** Verkaufsbestätigung *f*

ratifier <1 a> [ʀatifje] *vt* ■ **qn/qc ratifie qc** *loi, traité* jd/etw ratifiziert etw; *acte de vente* jd/etw bestätigt etw; *choix, projet* jd/etw genehmigt [*o* billigt] etw

ratine [ʀatin] *f* Ratiné *m*

rating [ʀatiŋ, ʀetiŋ] *m* ECON Rating ['reɪtɪŋ] *nt*

ratio [ʀasjo] *m* (*rapport*) Verhältnis *nt;* (*coefficient*) Verhältniszahl *f*

ratiocination [ʀasjɔsinasjɔ̃] *f littér* Vernünftelei *f,* Haarspalterei *f*

ratiociner <1> [ʀasjɔsine] *vi littér* ■ **qn ratiocine** jd ergeht sich in Spitzfindigkeiten

ration [ʀasjɔ̃] *f* Ration *f;* MIL *a.* Verpflegung *f;* ***la ~ quotidienne*** die [Tages]ration; ***vous avez tous eu la même ~*** ihr hattet alle gleich viel; ■ ~ **de** *de pain, farine, fourrage, tabac, viande* -ration; ~ ***de croissance*** Extraportion *f* während des Wachstums; ~ ***d'entretien*** Erhaltungskost *f;* ~ ***de survie*** Überlebensration
► ~ **alimentaire** täglicher Nahrungsbedarf; **qn a sa ~ [de qc]** *de chagrins, soucis, coups, d'épreuves* jd hat sein[en] Teil [an etw (*dat*)]; ***elle a eu sa ~ de soucis*** sie hatte ihr[en] Teil an Sorgen; ***arrête de le taper, tu ne vois pas qu'il a eu sa ~?*** hör auf ihn zu schlagen, siehst du nicht, dass es reicht?

rationalisation [ʀasjɔnalizasjɔ̃] *f* Rationalisierung *f*

rationaliser <1> [ʀasjɔnalize] *vt* ■ **qn/qc rationalise qc** jd/etw rationalisiert etw; ***cette méthode rationalise le processus de production*** mit Hilfe dieser Methode wird der Produktionsvorgang rationalisiert

rationalisme [ʀasjɔnalism] *m* Rationalismus *m*

rationaliste [ʀasjɔnalist] I. *adj* rationalistisch
II. *mf* Rationalist(in) *m(f)*

rationalité [ʀasjɔnalite] *f* Rationalität *f;* ***dépourvu de toute ~*** völlig vernunftwidrig

rationnel, le [ʀasjɔnɛl] I. *adj* **1.** *certitude, comportement, pensée* rational; *alimentation* vernünftig; *organisation* rationell; *méthode, moyen* zweckmäßig; ***c'est un esprit ~*** er/sie ist ein Verstandesmensch [*o* ein rationaler Mensch]
2. *fraction, nombre* rational
II. *m* Rationale(s) *nt*

rationnellement [ʀasjɔnɛlmɑ̃] *adv* rational

rationnement [ʀasjɔnmɑ̃] *m* Rationierung *f*

rationner <1> [ʀasjɔne] I. *vt* ■ **qn rationne qc** *charbon, denrée alimentaire, essence* jd rationiert etw; ■ **qn rationne qn** jd setzt jdn auf Rationen; *hum* jd setzt jdn auf halbe Ration *fam*
II. *vpr* ■ **qn se rationne** jd schränkt sich ein; (*à table*) jd hält sich [im Essen] zurück

Ratisbonne [ʀatisbɔn] Regensburg *nt*

ratissage [ʀatisaʒ] *m* **1.** AGR Harken *nt* NDEUTSCH, Rechen *nt* SDEUTSCH, AUS, CH; ***qn procède au ~ des feuilles mortes*** jd harkt [*o* recht] das welke Laub [zusammen]
2. MIL Durchkämmen *nt;* ***opération de ~*** Durchkämmungsaktion *f*

ratisser <1> [ʀatise] I. *vt* **1.** ■ **qn/qc ratisse qc** *allée, platebande* jd/etw harkt etw NDEUTSCH, jd/etw recht etw SDEUTSCH, AUS, CH; *herbe, feuilles mortes* jd harkt [*o* recht] etw zusammen
2. MIL ■ **qn ratisse qc** jd durchkämmt etw
3. *fam* (*piller*) ■ **qn ratisse qc** jd plündert etw; ■ **qn se fait ~** (*ruiner*): ***il s'est fait ~ au jeu*** man hat ihn beim Spiel ausgenommen [*o* geschröpft] *fam*
II. *vi* ■ **qn ratisse** jd harkt NDEUTSCH, jd recht SDEUTSCH

raton [ʀatɔ̃] *m* **1.** ZOOL junge Ratte
2. *péj fam* (*personne*) [dreckige] Ratte *sl*
► ~ **laveur** Waschbär *m*

ratonnade [ʀatɔnad] *f* Ausschreitungen *pl* (*gegen Minderheiten*)

R.A.T.P. [ɛʀatepe] *f abr de* **Régie autonome des transports parisiens** öffentlicher Pariser Verkehrsbetrieb

rattachement [ʀataʃmɑ̃] *m* **1.** ADMIN, POL ■ ~ **de qc à qc** *à un pays, service* Angliederung *f* [*o* Anschluss *m*] einer S. (*gen*) an etw (*akk*); ~ ***à une commune*** Eingemeindung *f;* ■ ~ **de qn à qc** *à un service* jds Eingliederung *f* in etw (*dat*)
2. (*liaison*) ■ ~ **de choses** *d'idées, de thèmes* Verknüpfung *f* von Dingen; ***le ~ de ces deux questions s'impose*** diese beiden Fragen müssen im Zusammenhang gesehen werden

rattacher <1> [ʀataʃe] I. *vt* **1.** (*attacher de nouveau*) ■ **qn rattache qn/un animal/qc** jd bindet jdn/ein Tier/etw wieder an; *lacet* jd bindet etw wieder; *ceinture, jupe* jd macht etw wieder zu
2. (*annexer*) ■ **qn/qc rattache qc à qc** *service, territoire* jd/etw gliedert etw einer S. (*dat*) an, jd/etw schließt etw an etw (*akk*) an; ***plusieurs communes de la banlieue ont été rattachées à Lille*** mehrere Vororte sind nach [*o* in die Stadt] Lille eingemeindet worden; ■ **qn/qc rattache qn à qc** jd gliedert jdn in etw (*dat*) ein/durch etw wird jd in etw (*dat*) eingegliedert
3. (*mettre en corrélation*) ■ **qn rattache qc à qc** *fait, question, problème* jd bringt etw mit etw in Zusammenhang, jd setzt etw mit etw in Beziehung; ***on peut ~ cette plante aux labiacées*** diese Pflanze kann zu den Lippenblütlern gezählt werden
4. (*relier*) ■ **qn/qc rattache qn à qn/qc** jd/etw verbindet jdn mit jdm/etw; ***rien ne la rattachait plus à son pays*** nichts verband sie mehr mit ihrer Heimat, nichts band sie mehr an ihre Heimat; ***c'est la reconnaissance qui me rattache à lui*** ich bin ihm in Dankbarkeit verbunden
II. *vpr* ■ **qc se rattache à qc** etw hängt mit etw zusammen, etw steht mit etw in Zusammenhang; ***cet usage se rattache à une ancienne tradition*** dieser Brauch geht auf eine alte Tradition zurück; ***tout ce qui se rattache à la question/s'y rattache*** alles, was mit der Frage/was damit zusammenhängt [*o* in Zusammenhang steht]; ***ce peintre se rattache au classicisme*** dieser Maler steht in der Tradition der Klassizisten

rattrapable [ʀatʀapabl] *adj:* ***ton échec est tout à fait ~*** dein Misserfolg ist durchaus wieder gutzumachen; ***vos heures d'absence sont ~s*** Sie können die Stunden, in denen Sie gefehlt haben, nacharbeiten [*o* einarbeiten]

rattrapage [ʀatʀapaʒ] *m* **1.** [*erreur, oubli, sottise*] Wiedergutmachen *nt;* [*maille*] Wiederaufnehmen *nt;* ***je ne vois pas de ~ possible*** ich sehe keine Möglichkeit, dies wieder gutzumachen
2. SCOL (*remise à niveau*) Förderung *f;* ***classe de ~*** Förderklasse *f;* ***cours de ~*** Förderunterricht *m,* Nachhilfeunterricht *m*
3. SCOL, UNIV (*repêchage*) Nachprüfung *f;* ***session de ~*** Nachprüfung; ***examen de ~*** Zusatzprüfung *f;* ***oral de ~*** mündliche Zusatzprüfung; ***elle a eu son bac au ~*** sie hat das Abitur erst in der Nachprüfung geschafft; ***tu ne peux espérer un ~ au bac que si tu as un bon livret scolaire*** du kannst die Nachprüfung nur bestehen, wenn dein Anmeldezeugnis gut ist
4. (*rajustement*) [*salaires*] Angleichung *f,* Anpassung *f*
5. IND, COM [*heures perdues*] Nacharbeitung *f,* Einarbeitung *f;* [*pertes, temps perdu, retard*] Aufholen *nt*

rattraper <1> [ʀatʀape] I. *vt* **1.** (*reprendre*) ■ **qn rattrape qn/un animal** *animal échappé, prisonnier* jd fängt jdn/ein Tier wieder ein
2. (*rejoindre*) ■ **qn/qc rattrape qn/qc** jd/etw holt jdn/etw [wieder] ein; ***le coût de la vie a rattrapé l'augmentation des salaires*** die Lebenshaltungskosten haben die Lohnerhöhungen [wieder] eingeholt
3. (*réparer*) ■ **qn rattrape qc** *erreur, oubli, parole malheureuse, sottise* jd macht etw wieder gut; *maille* jd nimmt etw wieder auf; *mayonnaise* jd rettet etw
4. (*regagner*) ■ **qn rattrape qc** *temps perdu, pertes* jd holt etw auf; *retard a.* jd macht etw wett; *sommeil* jd holt etw nach; *heures d'absence* jd arbeitet etw nach [*o* ein]
5. (*retenir*) ■ **qn rattrape qn/qc** *personne qui tombe, vase* jd fängt jdn/etw auf; ***mon chapeau s'envole, rattrape-le!*** mein Hut fliegt weg, fang ihn ein!; ***la vieille dame allait tomber; je l'ai rattrapée par le bras/le manteau*** die alte Dame wäre fast hingefallen; ich habe sie am Arm/Mantel festgehalten
6. SCOL ■ **qn rattrape qn** jd lässt jdn bestehen [*o* durchkommen *fam*]
II. *vpr* **1.** (*se retenir*) ■ **qn se rattrape [à qc]** *à une branche, à la rampe* jd hält sich [an etw (*dat*)] fest
2. (*compenser*) ■ **qn se rattrape** jd holt [das Versäumte] nach
3. (*se refaire*) ■ **qn se rattrape** jd gleicht alles wieder aus; ***il s'est rattrapé à la roulette*** beim Roulett hat er alles wieder zurückgewonnen [*o* hereingeholt *fam*]; ***après deux défaites, l'équipe s'est rattrapée en gagnant trois fois de suite*** mit drei aufeinander folgenden Siegen hat die Mannschaft ihre zwei Niederlagen wieder wettgemacht
4. (*réparer*) ■ **qn se rattrape** jd macht das wieder gut; (*corriger une erreur*) jd berichtigt das; ***tu as eu là une parole malheureuse, il faut que tu te rattrapes!*** du hast da etwas Dummes gesagt, das musst du wieder gutmachen!
5. SCOL ■ **qn se rattrape** jd gleicht [das] aus

rature [ʀatyʀ] *f* Streichung *f*
► **sans ~s ni surcharges** ohne Streichungen oder Korrekturen

raturer <1> [ʀatyʀe] *vt* (*barrer*) ■ **qn rature qc** jd streicht etw [durch [*o* aus]]; (*corriger*) jd verbessert [*o* berichtigt] etw; ***cette lettre toute raturée est à peine lisible*** dieser überall verbesserte Brief ist kaum leserlich; ***un chèque raturé ne peut être encaissé*** ein Scheck, auf dem etwas durchgestrichen wurde, kann nicht eingelöst werden

rauque [ʀok] *adj son, toux* rau; *cri, voix a.* heiser

ravage [ʀavaʒ] *m* **1.** (*destructions*) Verheerung *f,* Schäden *pl;* ***les ~s causés par la guerre*** die verheerenden Kriegsschäden, die durch den Krieg angerichteten Verheerungen; ***les ~s de la grêle/tempête/l'orage*** die Hagel-/Sturm-/Unwetterschäden
2. *pl* (*effets néfastes*) [*alcool, drogue*] schädliche Auswirkungen *pl;* [*maladie, passion, vieillesse*] Spuren *pl*
► **qn/un animal/qc fait des ~s [quelque part]** jd/ein Tier/etw richtet [irgendwo] verheerende Schäden an; ***la peste faisait des ~s parmi la population*** die Pest wütete unter der Bevölkerung; ***il/elle fait des ~s*** *hum* er/sie verdreht allen den Kopf *fam;* ***Lola faisait des ~s dans les cœurs*** Lola war die reinste Herzensbrecherin

ravagé, e [ʀavaʒe] *adj fam* (*cinglé*) übergeschnappt *fam,* bescheuert *fam;* ***ce mec est complètement ~!*** dieser Typ ist [ja] total übergeschnappt! *fam,* dieser Typ spinnt [ja] total! *fam*

ravager <2 a> [ʀavaʒe] *vt* **1.** (*dévaster*) ■ **qn/qc ravage qc** *pays, ville* jd/

etw verwüstet etw; *cultures a.* jd/etw vernichtet etw; */épidémie/* etw dezimiert etw; ■ [**qc est**] **ravagé(e)** */pays, ville/* [etw ist] zugrunde gerichtet, etw ist verwüstet [*o* zerstört]; */cultures/* [etw ist] vernichtet
2. (*flétrir*) ■ **qc ravage qc** *traits, visage* etw zeichnet etw
3. (*tourmenter*) ■ **qc ravage qn/qc** */inquiétude, remords, soucis/* etw quält jdn/etw; ■ [**qn est**] **ravagé(e) de qc** [jd wird] von etw gequält; ***ravagé de remords*** von Gewissensbissen gepeinigt *geh;* ***une mère ravagée d'inquiétude*** eine zutiefst besorgte Mutter

ravageur, -euse [ʀavaʒœʀ, -ʒøz] **I.** *adj humour, passion* zerstörerisch, destruktiv; ***animal*** ~ schädliches Tier, Schädling *m*
II. *m, f soutenu* Schädling *m*

ravalement [ʀavalmɑ̃] *m* (*nettoyage*) Reinigen *nt,* Säubern *nt;* (*avec du crépi*) [Neu]verputzen *nt*

ravaler <1> [ʀavale] **I.** *vt* **1.** (*nettoyer*) ■ **qn ravale/fait** ~ **qc** jd reinigt etw/jd lässt etw reinigen; (*repeindre*) jd streicht etw [frisch]/jd lässt etw [frisch] streichen; (*crépir*) jd verputzt etw [neu]/jd lässt etw [neu] verputzen
2. (*retenir*) ■ **qn ravale qc** *larmes, sanglots, colère, dégoût, parole, sourire* jd unterdrückt etw; ■ **qn fait** ~ **qc à qn** *fam:* ***je lui ferai bien*** ~ ***ses paroles!*** diese Worte wird er/sie mir noch büßen!; ***je ferais volontiers*** ~ ***sa prétention à ce crétin*** diesem Idioten würde ich am liebsten seine Wichtigtuerei austreiben! *fam*
3. (*avaler*) ■ **qn ravale qc** *salive* jd schluckt etw wieder hinunter
4. (*avilir*) ■ **qn/qc ravale qn/qc** jd/etw erniedrigt jdn; *dignité, mérite* jd/etw schmälert etw; ***de tels instincts ravalent l'homme au niveau de la bête*** derartige Instinkte degradieren den Menschen zum Tier
II. *vpr littér* ■ **qn se ravale** jd erniedrigt sich

ravaleur, -euse [ʀavalœʀ, -øz] *m, f* Fassadenrenovierer(in) *m(f)*

ravaudage [ʀavodaʒ] *m vieilli* [*vêtements*] Ausbessern *nt;* [*chaussettes a.*] Stopfen *nt*

ravauder <1> [ʀavode] *vt vieilli* ■ **qn ravaude qc** *vêtements* jd bessert etw aus; *chaussettes a.* jd stopft etw

rave [ʀav] *f* Rübe *f*

ravi, e [ʀavi] *adj* (*enchanté*) *personne, visage* begeistert; ***vous avez vraiment l'air*** ~ Sie strahlen ja geradezu; ■ **qn est** ~ **de qn/qc** jd freut sich über etw (*akk*), jd ist von jdm/etw begeistert; ■ **qn est** ~ **de faire qc** jd freut sich [*o* jd ist erfreut], etw zu tun; ***j'en suis*** ~ ich freue mich darüber, ich bin entzückt; ■ **qn est** ~ **que** + *subj* jd freut sich [darüber], dass

ravier [ʀavje] *m* [kleine, ovale] Schale

ravigotant, e [ʀavigɔtɑ̃, ɑ̃t] *adj fam douche, liqueur* belebend, erquickend; ***ce vin est*** ~ dieser Wein möbelt auf *fam* [*o* macht wieder munter]

ravigote [ʀavigɔt] **I.** *f* Kräutersalatsoße *f* mit Kapern [und hartgekochtem Ei]
II. *app tête de veau* mit Kapern-Kräuter-Soße

ravigoter <1> [ʀavigɔte] *vt fam* ■ **qn/qc ravigote qn** */nouvelle, personne/* jd/etw muntert jdn auf; */alcool, douche, repas a./* etw möbelt jdn auf *fam,* etw bringt jdn [wieder] auf die Beine *fam;* ***tu as froid? viens, je vais te*** ~! dir ist kalt? komm, ich werde dich warm rubbeln!

ravin [ʀavɛ̃] *m* [Fels]schlucht *f*

ravine [ʀavin] *f* kleine Schlucht

ravinement [ʀavinmɑ̃] *m* **1.** (*érosion*) Bodenabschwemmung *f*
2. (*rigole*) Rinne *f,* Furche *f*

raviner <1> [ʀavine] *vt* **1.** GEOG ■ **qc ravine qc** *sol, versant* etw durchfurcht etw, etw durchzieht etw mit Rinnen; ■ [**qc est**] **raviné(e)** [etw ist] durchfurcht [*o* zerfurcht]
2. *littér* ■ **qc ravine qc** *traits, visage* etw durchfurcht [*o* zerfurcht] etw

raviolis [ʀavjɔli] *mpl* Ravioli *pl*

ravir <8> [ʀaviʀ] *vt* **1.** (*charmer*) ■ **qn/qc ravit qn** */spectacle, voyage/* jd/etw begeistert jdn, jd ist von jdm/etw begeistert; ***ta visite me ravit/ne me ravit guère*** ich freue mich sehr/nicht sonderlich über deinen Besuch; ***ces vacances me ravissent*** ich bin von diesen Ferien ganz begeistert
2. *soutenu* (*enlever*) ■ **qn ravit qn/qc** *honneur, trésor* jd raubt etw; *femme, enfant a.* jd entführt jdn; ■ **qc ravit qn à qn/qc** (*faire mourir*) etw entreißt jdn jdm *geh;* ***la mort nous a ravi notre enfant, la mort a ravi notre enfant à notre affection*** der Tod hat uns (*dat*) unser Kind entrissen *geh;* ***la mort nous a ravi cet ami*** der Tod hat diesen Freund aus unserer Mitte gerissen *geh*
► **à** ~ bezaubernd, hinreißend

raviser <1> [ʀavize] *vpr* ■ **qn se ravise** jd besinnt sich anders, jd ändert seine Meinung

ravissant, e [ʀavisɑ̃, ɑ̃t] *adj maison, robe, tableau* bezaubernd; *femme, beauté a.* hinreißend

ravissement [ʀavismɑ̃] *m* **1.** (*enchantement*) Zauber *m;* **avec** ~ verzückt, hingerissen; ***cette nouvelle l'a plongé dans le*** ~ diese Nachricht versetzte ihn in Entzücken
2. REL Ekstase *f,* Verzückung *f*

ravisseur, -euse [ʀavisœʀ, -øz] *m, f* Entführer(in) *m(f)*

ravitaillement [ʀavitajmɑ̃] *m* **1.** [*population, troupes*] Versorgen *nt* mit Lebensmitteln; ■ ~ **en** *en essence, vivres, munitions* Nachschub *m,* Versorgung *f* mit
2. (*denrées alimentaires*) Verpflegung *f*
3. SPORT Auftanken *nt*
► ~ **en vol** Lufttanken *nt;* **qn va au** ~ jd beschafft etwas zu essen

ravitailler <1> [ʀavitaje] **I.** *vt* ■ **qn/qc ravitaille qn/qc** [**en qc**] jd/etw versorgt jdn/etw [mit etw]; ~ ***les avions en vol*** Flugzeuge in der Luft auftanken
II. *vpr* ■ **qn se ravitaille** [**quelque part**] [**en qc**] jd deckt sich [irgendwo] [mit etw] ein; ***on peut se*** ~ ***facilement à la ville voisine*** in der benachbarten Stadt kann man gut einkaufen [*o* seine Einkäufe machen]

ravitailleur, -euse [ʀavitajœʀ, -jøz] **I.** *adj avion, navire, véhicule* Versorgungs-
II. *m* Versorgungsfahrzeug *nt*/-schiff *nt*/-flugzeug *nt*

raviver <1> [ʀavive] **I.** *vt* ■ **qn/qc ravive qc** *espoir, souvenir* jd/etw lässt etw wieder aufleben; *couleur* jd/etw frischt etw auf; *feu* jd/etw facht etw [wieder] an; *douleur* jd lässt etw wieder aufflackern/etw lässt etw wieder wach werden; *vieilles blessures* etw lässt etw wieder aufbrechen
II. *vpr* ■ **qc se ravive** */douleur/* etw wird wieder wach, etw flackert wieder auf; */inquiétude, pessimisme/* etw kommt wieder auf; ***mes regrets se sont ravivés quand ...*** ich war von neuem voller Reue, als ...

ravoir <*irr, déf*> [ʀavwaʀ] *vt toujours à l'infin* **1.** (*récupérer*) zurückbekommen; ***ils veulent souvent*** ~ ***ce qu'ils ont donné*** sie wollen oft zurückhaben, was sie hergeschenkt haben
2. *fam* (*détacher*) *vêtement, casserole, cuivres* wieder sauber kriegen [*o* bekommen] *fam*

rayé, e [ʀeje] *adj* **1.** *pelage, poisson, tissu* gestreift; *papier* liniert; ~ ***de noir/verticalement*** schwarz/längs gestreift
2. *disque, surface, vitre* zerkratzt
3. *fusil* gezogen, mit gezogenem Lauf

rayer <7> [ʀeje] *vt* **1.** (*marquer de raies*) ■ **qn/qc raie** [*o* **raye**] **qc** *papier* jd liniert etw; ***des cicatrices lui rayaient le visage*** Narben durchzogen sein/ihr Gesicht
2. (*érafler*) ■ **qn/qc raie** [*o* **raye**] **qc** *disque, surface, vitre* jd/etw zerkratzt etw
3. (*biffer*) ■ **qn raie** [*o* **raye**] **qc** *mot, nom* jd streicht etw [aus [*o* durch]]
4. (*supprimer*) ■ **qn raie** [*o* **raye**] **qn/qc de qc** *candidat, nom* jd streicht jdn/etw von etw; ***il a été rayé des effectifs*** er gehört nicht mehr zum Personal; ***j'ai rayé ce souvenir de ma mémoire*** ich habe diese Erinnerung aus meinem Gedächtnis gelöscht [*o* gestrichen] [*o* getilgt *geh*]; ***cette ville a été rayée de la carte*** diese Stadt wurde ausradiert [*o* vernichtet]
5. TECH ■ **qn raie** [*o* **raye**] **qc** *arme à feu, fusil* jd zieht etw, jd versieht etw mit Zügen

rayon [ʀɛjɔ̃] *m* **1.** (*faisceau*) Strahl *m;* **un** ~ ***de lumière*** ein Lichtstrahl
2. *pl* (*radiations*) Strahlen *pl,* Strahlung *f;* MED Bestrahlung; ~***s cosmiques*** kosmische Strahlung, Höhenstrahlung; ~***s X*** Röntgenstrahlen; ~***s ultraviolets/infrarouges*** UV-Strahlen/Infrarotstrahlen; ***elle fait des séances de*** ~***s*** sie bekommt Bestrahlungen
3. *fig* ■ ~ ***de*** *d'espoir* -schimmer *m;* **un** ~ ***d'espérance*** ein Funke *m* Hoffnung; **un** ~ ***de joie illumina ses traits*** er/sie strahlte [vor Freude]
4. MATH Radius *m,* Halbmesser *m*
5. [*roue*] Speiche *f*
6. [*armoire*] Fach *nt;* ***qn range ses livres dans les*** ~***s d'une bibliothèque*** jd stellt seine Bücher ins Regal zurück
7. COM Abteilung *f;* ■ ~ **qc** *alimentation, épicerie, papeterie, parfumerie* -abteilung; ***où se trouvent les raisins secs? – Dans le*** ~ ***à côté!*** wo finde ich Rosinen? – Im nächsten Gang!
8. (*étendue*) Ausdehnung *f;* **le** ~ ***de mes activités*** mein Betätigungsfeld *nt*
9. [*ruche*] Wabe *f*
10. AGR kleine Furche, Rille *f*
► ~ **laser** Laserstrahl ['leɪze-] *m;* ~ **de soleil** (*personne*) Sonnenschein *m;* (*événement*) Lichtblick *m;* **qn en connaît un** ~ *fam* jd weiß da Bescheid *fam,* jd kennt sich da aus *fam;* **c'est mon/son/...** ~ *fam* das ist mein/sein/ihr/... Gebiet, da kenne ich mich/kennt er/sie sich/... aus; **dans un/le** ~ **...:** ***dans un*** ~ ***de plus de 20 km*** in einem Umkreis von über 20 km; ***dans le*** ~ ***auquel le limitait son grand âge*** soweit sein hohes Alter es ihm erlaubte; **en** ~ im Regal; ***il me reste une dernière boîte en*** ~ ich habe noch eine letzte Dose im [Waren]regal stehen; ***c'est tout ce qu'il me reste en*** ~ das ist alles, was ich noch [anzubieten] habe
◆ **rayon d'action** Aktionsradius *m;* **rayon de braquage** Wendekreis *m*

rayonnage [ʀɛjɔnaʒ] *m* Regal *nt*

rayonnant, e [ʀɛjɔnɑ̃, ɑ̃t] *adj* **1.** (*radieux*) *beauté, sourire, visage* strahlend; *air a.* freudestrahlend; *temps* strahlend schön; ***par un soleil*** ~ bei strahlendem Sonnenschein; ~ ***de santé/joie*** vor [*o* von] Gesundheit strotzend/vor Freude strahlend
2. (*en étoile*) *fleur, motif* strahlenförmig, sternförmig
3. ARCHIT, ART: ***gothique*** ~ Hochgotik *f;* ***chapelles*** ~***es*** Kapellenkranz *m*
4. PHYS *chaleur, énergie* Strahlungs-; MED *douleur* ausstrahlend

rayonne [ʀɛjɔn] *f* Kunstseide *f,* Reyon *m o nt*

rayonnement [ʀɛjɔnmɑ̃] *m* **1.** (*influence*) [*civilisation, culture, œuvre, pays*] Einfluss *m*
2. (*aura*) [*personnalité*] Ausstrahlung *f;* (*éclat*) [*gloire, jeunesse*] Glanz *m;* **le** ~ ***de son bonheur/sa beauté*** sein/ihr strahlendes Glück/seine/ihre strahlende Schönheit
3. (*lumière*) [*astre, soleil*] Strahlen *nt;* ~ ***solaire*** Sonnenstrahlung *f*
4. PHYS Strahlung *f*

rayonner <1> [ʀɛjɔne] **I.** *vi* **1.** (*se répandre*) ■ **qc rayonne** [**quelque part**] */civilisation, culture, pays, œuvre/* etw hat [irgendwo] Einfluss; */influence, prestige/* etw ist [irgendwo] spürbar, etw schlägt sich [irgendwo] nieder; */découverte/* etw wirkt sich [irgendwo] aus
2. (*irradier*) ■ **qn/qc rayonne** [**de qc**] *de beauté, bonheur, joie* jd/etw strahlt [vor etw (*dat*)]; *de santé* jd strotzt vor etw (*dat*); ***elle rayonne de beauté*** sie ist strahlend schön; ***l'amour rayonnait dans ses yeux*** Liebe sprach aus seinem/ihrem Blick; ■ **qc fait** ~ **qn/qc** [**de qc**] etw lässt jdn/etw [vor etw (*dat*)] strahlen; ***le bonheur faisait*** ~ ***son visage*** er/sie strahlte vor Glück
3. (*briller*) ■ **qc rayonne** */soleil/* etw scheint, etw strahlt; */astre, lumière/* etw funkelt; ***des feux de joie rayonnaient dans la nuit*** Freudenfeuer loderten hell in der Nacht
4. PHYS ■ **qc rayonne** */chaleur, énergie, radiations/* etw strahlt; MED */douleur/* etw strahlt aus

5. (*faire un circuit*) ■ **qn/qc rayonne [quelque part]** jd/etw macht Fahrten [*o* Ausflüge] [irgendwohin]
6. (*être disposé en rayons*) ■ **des choses rayonnent autour de qc** /*avenues, lignes*/ Dinge gehen strahlenförmig von etw aus
II. *vt* ■ **qn fait ~ qc** *chambre, cave* jd lässt Regale in etw (*dat*) anbringen

rayure [ʀejyʀ] *f* 1. (*bande*) Streifen *m*
2. (*éraflure*) Kratzer *m*, Schramme *f*
3. [*arme à feu*] Zug *m*
► **à** ~**s** *étoffe, vêtement* mit Streifen, gestreift; *papier* liniert

raz-de-marée [ʀɑdəmaʀe] *m inv* 1. GEOG Flutwelle *f*
2. (*bouleversement*) (*lors des élections*) Erdrutsch *m*; ~-~-~ ***publicitaire*** Werbelawine *f*; ***qc est un vrai*** ~-~-~ etw schlägt ein [wie eine Bombe] *fam*, etw hat eine große Wirkung

razzia [ʀa(d)zja] *f* [*police*] Razzia *f*; HIST Raubzug *m*, Beutezug *m*
► **qn fait une** ~ **quelque part** *fam* /*police*/ jd macht irgendwo eine Razzia, jd führt irgendwo eine Razzia durch; **qn fait une** ~ **sur qc [dans qc]** *fam* (*dévalise*) jd fällt über etw (*akk*) [in etw (*dat*)] her; ***les gens font une*** ~ ***sur les articles scolaires*** die Leute fallen über die Schulartikel her; **qn fait une** ~ **dans qc** *fam* (*dévalise*) jd plündert etw *fam*, jd räumt etw leer *fam*; ***les enfants ont fait une*** ~ ***dans le frigo*** die Kinder haben den Kühlschrank geplündert [*o* leer geräumt], die Kinder haben sich über den Kühlschrank hergemacht *fam*; ***les consommateurs ont fait une*** ~ ***dans les supermarchés*** die Verbraucher haben die Supermärkte geplündert [*o* leer geräumt]

razzier <1 a> [ʀa(d)zje] *vt* ■ **qn razzie qc** *village* jd plündert etw aus; *récoltes, troupeaux* jd fällt über etw (*akk*) her

R.D.A. [ɛʀdea] *f* HIST *abr de* **République démocratique allemande** DDR *f*

R.-de-ch. *m abr de* **rez-de-chaussée** Erdgeschoss *nt*

re [ʀə] *préf*, **ré** [ʀe] *préf* 1. (*de nouveau*) + *vb* wieder-; + *subst* Wieder-; ***on s'était disputé, maintenant on se reparle*** wir hatten uns zerstritten, jetzt reden wir wieder miteinander; ***je me suis servi de ton stylo, puis je l'ai reposé*** ich habe deinen Stift benutzt und ihn dann wieder hingelegt; ***je suis totalement remis de mon accident; je vais refaire du vélo demain*** ich habe mich wieder ganz von meinem Unfall erholt; morgen fahre ich wieder [mit dem] Fahrrad; ***le réajustement des salaires*** die [Wieder]angleichung der Löhne; ***le remontage de l'armoire*** das Wiederzusammenbauen des Schrankes; ***la réélection d'un député*** die Wiederwahl eines Abgeordneten
2. (*encore une fois*) + *vb* noch einmal; ***ce plat est encore tout gras, il faudrait le relaver*** die Schüssel ist noch ganz fettig, man müsste sie noch einmal spülen; ***je n'ai pas pu la convaincre; je vais essayer de lui reparler*** ich konnte sie nicht überzeugen; ich werde versuchen, noch einmal mit ihr zu sprechen
3. (*en remplacement*) + *vb* neu; ***qn revernit un objet*** jd lackiert etw neu
4. (*de retour*) + *vb* zurück-; ***tu veux que je te raccompagne en voiture?*** soll ich dich mit dem Auto zurückbringen?; ***est-ce que je t'ai déjà rapporté ton livre?*** habe ich dir dein Buch schon zurückgebracht [*o* zurückgegeben]?; ***tu as remis le lait dans le frigo?*** hast du die Milch [wieder] in den Kühlschrank zurückgestellt?

ré [ʀe] *m inv* D *nt*, d *nt*; *v. a.* **do**

réabonnement [ʀeabɔnmɑ̃] *m* Abonnement[s]erneuerung *f*

réabonner <1> [ʀeabɔne] I. *vt* ■ **qn réabonne qn [à qc]** jd erneuert [*o* verlängert] jds Abonnement [einer S. (*gen*)]; ***je t'ai réabonné à ton journal*** ich habe dein Zeitungsabonnement verlängert [*o* erneuert]
II. *vpr* ■ **qn se réabonne [à qc]** jd abonniert etw wieder; ***tu as oublié de te*** ~ du hast vergessen, dein Abonnement zu erneuern [*o* verlängern]

réabsorber <1> [ʀeapsɔʀbe] *vt* ■ **qn/qc réabsorbe qc** *liquide* etw saugt etw auf, etw absorbiert etw; *médicament* jd nimmt etw noch einmal ein

réabsorption [ʀeapsɔʀpsjɔ̃] *f* [*liquide*] Aufsaugen *nt*; [*médicament*] erneute Einnahme

réac [ʀeak] *abr de* **réactionnaire** I. *adj fam* verstaubt, altmodisch; POL reaktionär
II. *mf* POL *fam* Reaktionär(in) *m(f)*

réaccoutumer <1> [ʀeakutyme] I. *vt* ■ **qn/qc réaccoutume qn à qc** jd/etw gewöhnt jdn wieder an etw (*akk*)
II. *vpr* ■ **qn se réaccoutume à qn/qc** jd gewöhnt sich wieder an jdn/etw

réacteur [ʀeaktœʀ] *m* 1. AVIAT Düsentriebwerk *nt*
2. PHYS Reaktor *m*; ~ ***nucléaire*** Kernreaktor

réactif, -ive [ʀeaktif, -iv] I. *adj* 1. PSYCH *force* reaktiv
2. ELEC *circuit, courant, puissance* Blind-
II. *m* CHIM Reagens *nt*, Reagenz *nt*

réaction [ʀeaksjɔ̃] *f* 1. (*réflexe*) Reaktion *f*; ***qn a des*** ~***s rapides/ un peu lentes*** jd reagiert schnell/etwas langsam; ***cette voiture a d'excellentes*** ~***s*** dieser Wagen reagiert ausgezeichnet; ***cela l'a laissé sans*** ~ er hat darauf nicht reagiert; ~ ***du public*** Publikumsreaktion; ~ ***de défense*** Abwehrreaktion; ***j'ai eu une*** ~ ***de colère/ peur*** ich habe wütend/ängstlich reagiert; ■ ~ **à [*o* devant] qc** *à une attitude, catastrophe, situation, à un spectacle* Reaktion auf etw (*akk*)
2. POL Reaktion *f*, reaktionäre Kräfte *pl*
3. CHIM, MED, PHYS, TECH Reaktion *f*; ~ ***nucléaire*** Kernreaktion; ***action et*** ~ Wirkung *f* und Gegenwirkung *f*
4. AVIAT: ***propulsion par*** ~ Düsenantrieb *m*, Strahlantrieb *m*
► ~ **en chaîne** Kettenreaktion *f*; ~**s épidermiques** *hum*: ***qn a des*** ~***s épidermiques quand …*** jd kriegt eine Gänsehaut, wenn … *fam*; ***tant de bêtise provoque chez moi des*** ~***s épidermiques*** bei so viel Dummheit sträuben sich mir die Nackenhaare *fam*; **à** ~: ***avion à*** ~ Düsenflugzeug *nt*, Flugzeug *nt* mit Strahlantrieb; ***moteur à*** ~ Strahltriebwerk *nt*; **en** ~ **contre qn/qc** als Reaktion auf jdn/etw; **par** ~ (*par réflexe*) als Reaktion; (*par opposition*) aus [bloßer] Opposition

réactionnaire [ʀeaksjɔnɛʀ] I. *adj* reaktionär, fortschrittsfeindlich
II. *mf* Reaktionär(in) *m(f)*

réactionnel, le [ʀeaksjɔnɛl] *adj* CHIM durch Reaktion entstanden; ***manifestation*** ~ ***le*** PSYCH [sichtbare] Reaktion; ***psychose*** ~ ***le*** Reaktionspsychose *f*; ***sociabilité*** ~ ***le*** reaktives soziales Verhalten

réactivation [ʀeaktivasjɔ̃] *f* [*alliance, amitié*] Wiederaufnahme *f*; [*idéologie*] Wiederbelebung *f*, Reaktivierung *f*; [*maladie, sérum*] Reaktivierung; ~ ***économique*** Ankurbelung *f* der Wirtschaft

réactiver <1> [ʀeaktive] *vt* ■ **qn réactive qc** *alliance, idéologie* jd belebt etw neu; *amitié* jd lässt etw wieder aufleben; *feu* jd facht etw wieder an; MED *maladie, sérum* jd reaktiviert etw

réactivité [ʀeaktivite] *f* CHIM, PSYCH Reaktionsfähigkeit *f*; MED Reaktionsbereitschaft *f* (*à qc* auf etw (*akk*))

réactualiser <1> [ʀeaktɥalize] *vt* ■ **qn réactualise qc** jd aktualisiert etw; ■ **qc réactualise qc** *conflit* etw ruft etw wieder ins Bewusstsein

réadaptation [ʀeadaptasjɔ̃] *f* Wiedereingliederung *f*; [*handicapé*] Rehabilitation *f*, Rehabilitierung *f*; ■ ~ **[à qc]** *à la vie civile, l'école, au travail* Wiedereingliederung [in etw (*akk*)]

réadapter <1> [ʀeadapte] I. *vt* 1. ■ **qn réadapte qn [à qc]** *ancien détenu, marginal* jd gliedert jdn wieder [in etw (*akk*)] ein; *infirme, handicapé a.* jd rehabilitiert jdn; *enfant* jd gewöhnt jdn wieder ein, jd gewöhnt jdn wieder an etw (*akk*)
2. MED ■ **qn/qc réadapte qc** jd/etw reaktiviert etw
II. *vpr* ■ **qn se réadapte [à qc]** *à la vie civile, l'école, au travail* jd gewöhnt sich wieder an etw (*akk*)

réadmettre <*irr*> [ʀeadmɛtʀ] *vt* ■ **qn/qc réadmet qn** jd/etw nimmt jdn wieder auf

réadmission [ʀeadmisjɔ̃] *f* Wiederaufnahme *f*

réafficher <1> [ʀeafiʃe] *vt* INFORM ■ **qn réaffiche qc** jd blendet etw wieder ein

réaffirmer <1> [ʀeafiʀme] *vt* ■ **qn réaffirme qc** *intention, volonté* jd bekräftigt etw; *nécessité* jd weist erneut auf etw (*akk*) hin; ***je ne peux que*** ~ ***ce que je vous ai déjà dit*** ich kann nur bekräftigen [*o* wiederholen], was ich Ihnen bereits gesagt habe; ■ **qn réaffirme que** + *indic* jd bekräftigt, dass

réagir <8> [ʀeaʒiʀ] *vi* ■ **qn réagit [à qc]** jd reagiert [auf etw (*akk*)]; ***il n'a réagi que très mollement*** er hat äußerst träge reagiert, er hat so gut wie nicht reagiert; ***je réagis mal aux antibiotiques*** ich vertrage Antibiotika schlecht; ***"non", a réagi le vice-président*** „nein", sagte daraufhin der Vizepräsident; ■ **qc réagit sur qn/qc** *sur le temps, l'humeur* etw wirkt sich auf jdn/etw aus; *sur l'organisme* etw hat auf etw (*akk*) Auswirkungen; ■ **qn réagit contre qc** *contre une mode, un usage, des idées, coutumes* jd wehrt sich gegen etw; *contre un danger* jd unternimmt etwas gegen etw; ***l'organisme réagit contre l'infection*** der Organismus wehrt sich gegen die Infektion; ■ **qc réagit** CHIM etw reagiert

réajustement [ʀeaʒystəmɑ̃] *m v.* **rajustement**

réajuster <1> [ʀeaʒyste] *vt v.* **rajuster**

réalignement [ʀealiɲ(ə)mɑ̃] *m* Anpassung *f*

réalimenter <1> [ʀealimɑ̃te] *vpr* ■ **qn se réalimente** jd nimmt wieder Nahrung zu sich

réalisable [ʀealizabl] *adj* 1. *plan, projet* machbar, durchführbar, realisierbar; *rêve* zu verwirklichen; *souhait* erfüllbar
2. FIN *fortune, valeurs* realisierbar, [in Geld] umsetzbar; ***mes capitaux/ ces montants ne sont pas*** ~***s immédiatement*** mein Kapital ist/diese Beträge sind nicht sofort verfügbar

réalisateur, -trice [ʀealizatœʀ, -tʀis] *m, f* [*plan, projet*] Realisator(in) *m(f)*; [*œuvre architecturale a.*] Gestalter(in) *m(f)*; CINE, TV *a.* Regisseur(in) *m(f)*; RADIO Sendeleiter(in) *m(f)*

réalisation [ʀealizasjɔ̃] *f* 1. (*exécution*) [*œuvre, plan, projet, rêve*] Verwirklichung *f*, Realisierung *f*; [*achat, contrat, vente*] Abschluss *m*, Zustandekommen *nt*
2. (*œuvre*) Werk *nt*; ***la pyramide du Louvre est une remarquable*** ~ die Pyramide des Louvre ist eine bemerkenswerte bautechnische Leistung [*o* ein bemerkenswertes architektonisches Werk]; ***les*** ~***s économiques/ sociales/ médicales*** die auf wirtschaftlichem/sozialem Gebiet/im medizinischen Bereich erzielten Ergebnisse
3. FIN [*biens, fortune, valeurs*] Realisierung *f*, Flüssigmachung *f*
4. CINE, RADIO, TV Regie *f*

réaliser <1> [ʀealize] I. *vt* 1. (*accomplir*) ■ **qn réalise qc** *ambition, projet* jd verwirklicht etw, jd realisiert etw; *rêve a., intention, menace* jd macht etw wahr; *effort* jd bringt etw auf; *exploit* jd vollbringt etw; ■ **qc réalise qc** (*combler*) *rêve* etw macht etw wahr; *désir a.* etw erfüllt etw
2. (*effectuer*) ■ **qn réalise qc** *travail* jd führt etw aus; *plan, maquette* jd arbeitet etw aus; *progrès* jd erzielt etw; *achat, vente* jd tätigt etw; *réforme* jd führt etw durch; ***qn réalise des économies/ des bénéfices*** jd spart/jd macht Gewinn
3. (*se rendre compte de*) ■ **qn réalise qc** jd wird sich (*dat*) einer S. (*gen*) klar, jd realisiert etw
4. FIN ■ **qn réalise qc** *capital, valeurs* jd realisiert etw, jd macht etw flüssig; *biens* jd setzt [*o* wandelt] etw in Geld um
5. COM, JUR ■ **qn réalise qc** *achat, vente* jd schließt etw ab; *contrat* jd erfüllt etw
6. CINE, RADIO, TV ■ **qn réalise qc** *émission* jd leitet etw; *film* jd führt bei etw Regie; *interview* jd macht etw
II. *vi* ■ **qn réalise** jd begreift; ***est-ce que tu réalises vraiment?*** bist du dir dessen wirklich bewusst?; ***j'ai encore du mal à*** ~ ich kann das [alles] noch nicht recht fassen
III. *vpr* 1. (*se concrétiser*) ■ **qc se réalise** /*ambition, projet*/ etw wird Wirklichkeit; /*rêve a.*/ etw wird wahr; /*vœu*/ etw geht in Erfüllung, etw erfüllt sich; /*exploit*/ etw wird vollbracht
2. (*s'effectuer*) ■ **qc se réalise** /*travail*/ etw wird ausgeführt; /*achat, vente*/ etw wird getätigt; /*réforme*/ etw wird durchgeführt; /*progrès*/ etw

wird erzielt
3. (*s'épanouir*) ■ **qn/qc se réalise** */personnalité/* jd/etw entfaltet sich

réalisme [ʀealism] *m* Realismus *m;* ***ta solution manque de ~*** dein Lösungsvorschlag ist nicht sehr realistisch [*o* ist wirklichkeitsfremd]; ***la description était d'un grand ~*** die Beschreibung war sehr realistisch
▶ ~ **socialiste** sozialistischer Realismus

réaliste [ʀealist] I. *adj* realistisch; *description, portrait a.* naturgetreu, wirklichkeitsgetreu
II. *mf* Realist(in) *m(f)*

réalité [ʀealite] *f* 1. (*réel*) Wirklichkeit *f,* Realität *f*
2. (*chose réelle*) Tatsache *f;* ***détaché des ~s de ce monde*** den Tatsachen dieser Welt völlig entrückt; ***je n'invente rien, c'est une ~*** ich erfinde nichts, das ist [eine] Tatsache
3. (*caractère réel*) [*événement, fait*] Realität *f*
▶ **la ~ dépasse la fiction** die Wirklichkeit übertrifft jegliche Vorstellung; **qc devient ~** etw wird Wirklichkeit; */rêve, souhait a./* etw wird wahr; **en ~** in Wirklichkeit; (*en effet*) tatsächlich

réaménagement [ʀeamenaʒmɑ̃] *m* [*site*] Neugestaltung *f;* [*plan de financement*] Neuerarbeitung *f;* [*réseaux*] Erneuerung *f;* [*service*] Umstrukturierung *f*

réaménager <2 a> [ʀeamenaʒe] *vt* ■ **qn réaménage qc** *site* jd gestaltet etw neu; *plan de financement* jd erarbeitet [*o* erstellt] etw neu; *réseau* jd erneuert etw; ***le centre de la ville a été réaménagé en zone piétonne*** die Innenstadt wurde zu einer Fußgängerzone umgestaltet

réanimateur, -trice [ʀeanimatœʀ, -tʀis] *m, f* (*personne*) Narkosearzt/-ärztin *m/f* (*der/die Frischoperierte bis zum Aufwachen betreut*)

réanimation [ʀeanimasjɔ̃] *f* Wiederbelebung *f,* Reanimation *f;* ***service de ~*** Intensivstation *f*
▶ **en ~** auf der/die Intensivstation

réanimer <1> [ʀeanime] *vt* ■ **qn réanime qn** jd belebt jdn wieder

réapparaître <*irr*> [ʀeapaʀɛtʀ] *vi + être o avoir* ■ **qn/un animal/qc réapparaît** jd/ein Tier/etw taucht wieder auf; */soleil, lune/* etw kommt wieder zum Vorschein; ***la grippe est réapparue*** es gibt erneut Grippefälle

réapparition [ʀeapaʀisjɔ̃] *f* [*animal, personne*] Wiederauftauchen *nt;* [*maladie*] Wiederauftreten *nt;* [*soleil, lune*] Wiederhervorkommen *nt;* ***la ~ des hirondelles*** die Rückkehr der Schwalben; ***la ~ du soleil après l'orage ne tardera pas*** nach dem Gewitter wird die Sonne bald wieder hervorkommen

réapprendre <13> [ʀeapʀɑ̃dʀ] *vt* ■ **qn réapprend qc** *leçon, poésie* jd lernt etw noch einmal; *liberté, rythme* jd gewöhnt sich wieder an etw (*akk*); ***après 12 mois d'hôpital, j'ai eu du mal à ~ nos habitudes*** nach 12 Monaten im Krankenhaus fiel es mir schwer, mich wieder zu Hause einzugewöhnen; ■ **qn réapprend qc à qn** jd bringt jdm etw wieder bei, jd lehrt jdn etw von neuem; ■ **qn réapprend à faire qc** jd lernt wieder etw zu tun; ***il faut qu'elle réapprenne à marcher*** sie muss wieder gehen lernen; ***il réapprend peu à peu à vivre*** er findet nach und nach in ein normales Leben zurück

réapprentissage [ʀeapʀɑ̃tisaʒ] *m* Neuerlernung *f;* ***le ~ de la marche peut exiger des semaines*** das Wiedergehenlernen kann Wochen dauern; ***le ~ de la liberté/vie*** die Wiedergewöhnung an die Freiheit/an ein normales Leben

réapprovisionnement [ʀeapʀɔvizjɔnmɑ̃] *m* [*garde-manger, réservoir*] Auffüllen *nt;* [*magasin*] Neubelieferung *f;* ■ **~ en qc:** ***je n'ai pas pensé au ~ en charbon*** ich habe nicht daran gedacht, den Kohlevorrat zu erneuern; ***le ~ en essence a enfin pu s'effectuer*** endlich konnte Treibstoff nachgeliefert werden

réapprovisionner <1> [ʀeapʀɔvizjɔne] I. *vt* ■ **qn réapprovisionne qc [en qc]** *réservoir, cuve* jd füllt etw [mit etw] auf; *frigo, garde-manger a.* jd füllt etw wieder [mit etw] an; *magasin* jd beliefert etw neu [mit etw]; ***il a fallu ~ les stocks*** die Lagerbestände mussten ergänzt [*o* aufgefüllt] werden
II. *vpr* ■ **qn se réapprovisionne [en qc]** jd deckt sich wieder [mit etw] ein, jd versorgt sich wieder mit etw; ***il faut qu'on se réapprovisionne en essence/fuel*** wir müssen uns wieder Benzin/Öl nachliefern lassen

réarmement [ʀeaʀməmɑ̃] *m* Wiederaufrüstung *f*

réarmer <1> [ʀeaʀme] I. *vi* ■ **qn/qc réarme** jd/etw rüstet wieder auf
II. *vt* ■ **qn réarme qc** *fusil, pistolet* jd spannt etw neu; *appareil photo a.* jd zieht etw wieder auf; *troupes* jd bewaffnet etw wieder; *pays* jd rüstet etw wieder auf; *navire* jd rüstet etw wieder aus

réarrangement [ʀeaʀɑ̃ʒmɑ̃] *m* 1. [*livres, objets*] Neuanordnung *f;* [*pièce*] Umstellen *nt*
2. PHYS: ~ ***moléculaire*** Neuanordnung *f* der Moleküle

réarranger <2 a> [ʀeaʀɑ̃ʒe] *vt* ■ **qn réarrange qc** *coiffure, vêtement* jd richtet etw; *entrevue, rendez-vous* jd vereinbart etw neu, jd macht etw neu aus; *chambre* jd stellt etw um; ***je vais ~ les fleurs*** ich werde die Blumen umstecken

réassortiment [ʀeasɔʀtimɑ̃] *m* [*marchandises, stock, service de table, verres*] Ergänzung *f;* [*tissu, laine*] Nachkauf *m*

réassortir <8> [ʀeasɔʀtiʀ] I. *vt* ■ **qn réassortit qc** *marchandises, service de table, stock, verres* jd ergänzt etw [wieder]; *tissu, laine* jd kauft etw nach
II. *vpr* ■ **qn se réassortit [en qc]** jd deckt sich wieder [mit etw] ein; */commerçant/* jd füllt seinen Warenbestand auf, jd füllt seinen Bestand [an etw (*dat*)] auf

réassurance [ʀeasyʀɑ̃s] *f* Rückversicherung *f*

réassurer <1> [ʀeasyʀe] I. *vt* ■ **qn réassure qn** jd rückversichert jdn
II. *vpr* ■ **qn se réassure** jd rückversichert sich

réassureur [ʀeasyʀœʀ] *m* Rückversicherer *m*

rebaisser <1> [ʀ(ə)bese] *vi* ■ **qc rebaisse** */niveau de l'eau/* etw sinkt wieder; */prix a., thermomètre/* etw fällt wieder

rebaptiser <1> [ʀ(ə)batize] *vt* ■ **qn rebaptise qn/qc** jd benennt jdn/etw um

rébarbatif, -ive [ʀebaʀbatif, -iv] *adj air, mine* mürrisch, abweisend; *style* umständlich; *sujet, tâche* undankbar

rebâtir <8> [ʀ(ə)bɑtiʀ] *vt* ■ **qn rebâtit qc** jd baut etw wieder auf

rebattu, e [ʀ(ə)baty] *adj citation, sujet* abgedroschen

rebelle [ʀəbɛl] I. *adj* 1. (*insurgé*) *populations, troupes* aufständisch, aufrührerisch, rebellisch; ■ **~ à qn/qc** *à la patrie, au souverain* jdm/einer S. abtrünnig
2. (*récalcitrant*) *animal* widerspenstig; *enfant a.* rebellisch; *fièvre, maladie* hartnäckig; *cheveux, mèche* widerspenstig, nicht zu bändigen; *viande* zäh; ***cet enfant a l'esprit ~*** dieses Kind ist widerspenstig [*o* rebellisch]; ■ **~ à qc** *à la discipline* allergisch gegen etw; ***il est ~ au latin/aux maths*** er steht mit Latein/Mathe auf Kriegsfuß *fam;* ***mes cheveux sont ~s au peigne comme à la brosse*** meinem Haar ist weder mit Kamm noch mit Bürste beizukommen; ***ce virus est ~ à tous les remèdes*** gegen diesen Virus kommt kein Mittel an [*o* ist kein Kraut gewachsen *fam*]
II. *mf* Rebell(in) *m(f),* Aufrührer(in) *m(f)*

rebeller <1> [ʀ(ə)bele] *vpr* ■ **qn se rebelle [contre qc]** jd lehnt sich [gegen etw] auf, jd rebelliert [gegen etw]

rébellion [ʀebeljɔ̃] *f* 1. (*révolte*) ■ **~ [contre qn/qc]** Aufstand *m* [*o* Rebellion *f*] [gegen jdn/etw]; ***je ne tolérerai aucune ~ contre mon autorité*** ich werde keinerlei Widerstand gegen meine Autorität dulden; ***ils sont entrés en ~ contre l'occupant*** sie haben sich gegen die Besatzungsmacht erhoben
2. (*rebelles*) Rebellen *pl*

rebelote [ʀəbəlɔt] *interj fam* wie könnt's auch anders sein *fam*

rebiffer <1> [ʀ(ə)bife] *vpr fam* ■ **qn/qc se rebiffe [contre qn/qc]** jd muckt [gegen jdn/etw] auf, jd/etw rebelliert [gegen jdn/etw]

rebiquer <1> [ʀ(ə)bike] *vi fam* ■ **qc rebique** etw steht in die Höhe; ***les chaussures pointues rebiquent toujours*** bei spitzen Schuhen stehen [*o* biegen sich] immer die Spitzen nach oben

reblanchir <8> [ʀ(ə)blɑ̃ʃiʀ] *vt* ■ **qn/qc reblanchit qc** *façade, mur* (*repeindre*) jd weißt etw neu; (*nettoyer*) jd macht etw wieder weiß [*o* sauber]/mit etw wird etw wieder weiß [*o* sauber]

reblochon [ʀəblɔʃɔ̃] *m milder Weichkäse aus Savoyen*

reboisement [ʀ(ə)bwazmɑ̃] *m* [Wieder]aufforsten *nt*

reboiser <1> [ʀ(ə)bwaze] I. *vt* ■ **qn reboise qc** jd forstet etw [wieder] auf
II. *vi* ■ **qn reboise** jd forstet [wieder] auf

rebond [ʀ(ə)bɔ̃] *m* [*balle, ballon*] Aufprall *m;* [*eau*] Auftreffen *nt;* [*corps*] Aufschlagen *nt,* Aufprallen *nt*
▶ **faux ~** abgefälschter Aufprall, Abspringen *nt* [des Balls]

rebondi, e [ʀ(ə)bɔ̃di] *adj croupe, fesses* prall; *porte-monnaie a.* prall gefüllt; *femme, formes* drall; *ventre* rund; *bouteille, cruche* bauchig; ***un bébé aux joues ~es*** ein pausbäckiges Baby ['be:bi]; ***il a un visage ~*** er hat ein pausbäckiges Gesicht

rebondir <8> [ʀ(ə)bɔ̃diʀ] *vi* 1. (*faire un bond*) ■ **qn/qc rebondit [sur** [*o* **contre**] **qc]** */balle, ballon/* etw springt [auf etw (*dat*)] auf; */eau/* etw schlägt [auf etw (*dat*)] auf; */corps/* etw prallt [*o* schlägt] gegen etw; ***la voiture rebondit contre un arbre*** der Wagen prallte gegen einen Baum; ■ **qn fait/laisse ~ qc** SPORT jd lässt etw [am Boden] aufspringen; ***fais ~ le ballon contre le panneau!*** wirf den Ball gegen das Brett!, spiel mit Brett[anspiel]!
2. (*être relancé*) ■ **qn/qc rebondit** */affaire, procès, scandale, dossier/* etw wird wieder aktuell; */conversation/* etw kommt wieder in Gang, etw lebt wieder auf; */crise/* etw flackert wieder auf; THEAT */action, intrigue/* etw nimmt eine Wende; ***l'action de la pièce rebondit de façon tout à fait inattendue*** die Handlung des Stücks nimmt eine völlig unerwartete Wende; ***presque oublié de ses électeurs, cet ancien député rebondit soudain sur la scène politique*** der bei den Wählern schon fast in Vergessenheit geratene frühere Abgeordnete erscheint plötzlich wieder auf der politischen Bühne; ■ **qn/qc fait ~ qc** *conversation, procès* jd/etw bringt etw wieder in Gang

rebondissement [ʀ(ə)bɔ̃dismɑ̃] *m* [*conversation, procès, scandale*] Wiederaufleben *nt;* ***le ~ inattendu de la crise mondiale*** das unerwartete Wiederaufflackern der Weltwirtschaftskrise; ***nouveau ~ dans l'affaire X!*** Neues *nt* [*o* Wende *f*] im Fall X!; ***le ~ inattendu de l'action/de l'intrigue*** die unerwartete Wende in der Handlung

rebord [ʀ(ə)bɔʀ] *m* [*assiette, falaise, plat, pot, puits*] Rand *m;* [*cheminée, fenêtre*] Sims *m o nt;* [*meuble*] Kante *f*

reborder <1> [ʀ(ə)bɔʀde] *vt* ■ **qn reborde qn** *enfant* jd deckt jdn wieder zu; ***qn reborde le lit/les draps*** jd macht das Bett neu/zieht die Betttücher glatt

rebouchage [ʀ(ə)buʃaʒ] *m* Verkitten *nt,* Auskitten *nt;* ***procéder au ~ des fissures*** Risse auskitten [*o* verkitten]

reboucher <1> [ʀ(ə)buʃe] I. *vt* ■ **qn rebouche qc** *bouteille, récipient* jd macht etw wieder zu, jd verschließt etw wieder; *tranchée* jd schüttet etw wieder zu; *fissure, trou* jd verkittet etw
II. *vpr* ■ **qc se rebouche** */siphon, tuyau/* etw verstopft wieder; ■ **qc s'est rebouché(e)** etw ist wieder verstopft

rebours [ʀ(ə)buʀ] *loc* ▶ **à ~** (*à rebrousse-poil*) *caresser, lisser* gegen den Strich; (*à l'envers*) *compter* rückwärts; *feuilleter* von hinten nach vorn; (*de travers*) *comprendre, faire* falsch, verkehrt; MIL von hinten; ***qn prend qn à ~*** *fig* jd packt jdn falsch an *fam,* jd geht nicht sensibel mit jdm um; ***j'ai refait le trajet à ~*** ich bin den Weg zurückgegangen; ***compte à ~*** Count-down ['kaunt'daun] *m o nt;* **à ~ de qc** (*à l'opposé*) *de l'opinion, du bon sens* entgegen etw; ***elle fait tout à ~ de ce qu'on lui dit*** sie macht immer genau das Gegenteil dessen, was man ihr sagt; ***c'est à ~ du bon sens*** das ist entgegen jeglichem [*o* das widerspricht dem] gesunden Menschenverstand; ***qn va***

à ~ de l'opinion générale/ des traditions jd widersetzt sich der allgemeinen Meinung/den Traditionen
rebouteur, -euse [ʀ(ə)butœʀ, -øz] *m, f fam,* **rebouteux, -euse** [ʀ(ə)butø, -øz] *m, f fam* Knochenklempner(in) *m(f) fam*
reboutonner <1> [ʀ(ə)butɔne] **I.** *vt* ■ **qn reboutonne qc** jd knöpft etw wieder zu
II. *vpr* ■ **qn se reboutonne** jd macht seine Knöpfe wieder zu
rebrousse-poil [ʀ(ə)bʀuspwal] *loc* ▸ **à ~~** *caresser, lisser* gegen den Strich; ***qn prend qn à ~~*** *fam* jd packt jdn falsch an *fam,* jd geht nicht sensibel mit jdm um; ***essaie de ne pas le prendre à ~~*** *fam* versuch, sensibel mit ihm umzugehen; ***ces questions la prennent à ~~*** diese Fragen gehen ihr gegen den Strich *fam*
rebrousser <1> [ʀ(ə)bʀuse] **I.** *vt* ■ **qn rebrousse qc** *cheveux, poils* jd stellt etw auf; ***brossez le tapis en rebroussant les poils*** bürsten Sie den Teppich gegen den Strich; ■ **qn rebrousse les poils à un animal** jd streichelt ein Tier gegen den Strich
II. *vpr* ■ **qc se rebrousse** etw stellt sich auf
rebuffade [ʀ(ə)byfad] *f* Abfuhr *f;* ***je n'ai essuyé que des ~s*** ich wurde ständig nur abgewiesen [*o* zurückgewiesen]
rébus [ʀebys] *m* Bilderrätsel *nt,* Rebus *m;* ***sa lettre est un vrai ~*** sein/ihr Brief ist ein einziges Rätsel
rebut [ʀəby] *m* **1.** (*déchets*) Abfälle *pl;* (*objets*) Unrat *m*
2. *péj* (*racaille*) Abschaum *m;* ***le[s] ~[s] de la société*** der Auswurf der Gesellschaft
3. POST unzustellbare Sendung
▸ **au ~:** ***qn met*** [*o* ***jette***] ***qc au ~*** jd wirft etw weg; ***ces journaux vont aller au ~, je vais mettre tous ces journaux au ~*** diese Zeitungen kommen alle in den Müll; ***ces chaises vont aller au ~*** diese Stühle werden alle ausrangiert; **de ~** *bois, meuble, marchandise* Ausschuss-
rebutant, e [ʀ(ə)bytɑ̃, ɑ̃t] *adj spectacle, mine* widerlich, abstoßend; *aliment a.* eklig *fam,* widerwärtig
rebuter <1> [ʀ(ə)byte] **I.** *vt* **1.** (*dégoûter*) ■ **qn/qc rebute qn** */manières/* jd/etw widert jdn an; */aliment, odeur a./* etw ekelt jdn an *fam;* */spectacle, vulgarité/* etw stößt jdn ab
2. (*décourager*) ■ **qn/qc rebute qn** */démarche, travail/* jd/etw ist jdm zuwider; ***rien ne le rebute*** er lässt sich durch nichts abschrecken; ***tu auras beau chercher à me ~, je reste*** du kannst versuchen mich wegzuekeln, solange du willst, ich bleibe
II. *vpr* ■ **qn se rebute** jd gibt auf
recalage [ʀ(ə)kalaʒ] *m* SCOL *fam* Durchfallen *nt fam*
recalcification [ʀ(ə)kalsifikasjɔ̃] *f* gesteigerte Kalziumaufnahme, Rekalzifizierung *f spec*
récalcitrant, e [ʀekalsitʀɑ̃, ɑ̃t] **I.** *adj* **1.** (*indocile*) eigensinnig; *enfant a.* bockig; *animal* störrisch; ***ne sois pas aussi ~!*** sei nicht so stur!; ***elle essaie de convaincre les locataires ~s*** sie versucht die noch unwilligen Mieter umzustimmen; ***il est*** [*o* ***se montre***] ***~ à mes conseils*** er sträubt sich gegen meine Ratschläge, er lehnt meine Ratschläge stur ab
2. *fam boutons, machine, outil* widerspenstig
II. *m, f* Querkopf *m*
recalé, e [ʀ(ə)kale] *m, f fam* Durchgefallene(r) *f(m);* ***les ~s de juillet*** diejenigen, die [bei den Prüfungen] im Juli durchgefallen sind
recaler <1> [ʀ(ə)kale] *vt* SCOL *fam* ■ **qn recale qn** jd lässt jdn durchfallen *fam;* ■ **qn est recalé(e)/qn se fait ~ [à/en qc]** jd fällt [bei etw/in etw (*dat*)] durch; ***il s'est fait ~ au bac/ en math*** er ist beim Abi/in Mathe durchgefallen *fam,* er ist durchs Abi gefallen *fam*
récapitulatif, -ive [ʀekapitylatif, -iv] **I.** *adj* zusammenfassend
II. *m* Auszug *m*
récapitulation [ʀekapitylasjɔ̃] *f* Resümee *nt;* ***je vais procéder à la ~ de toutes mes démarches*** ich werde all meine Schritte noch einmal kurz zusammenfassen
▸ **qn fait la ~ de qc** jd fasst etw noch einmal kurz zusammen, jd rekapituliert etw *geh*
récapituler <1> [ʀekapityle] *vt* ■ **qn récapitule qc** *événements, démarches, journée* jd fasst etw noch einmal kurz zusammen, jd rekapituliert etw *geh;* ***je vais ~ ma journée*** ich werde meinen Tagesablauf noch einmal durchgehen [*o* rekapitulieren *geh*]
recaser <1> [ʀ(ə)kɑze] **I.** *vt fam* **1.** (*employer*) ■ **qn recase qn [quelque part]** jd bringt jdn [irgendwo] unter *fam*
2. (*loger*) ■ **qn recase qn [quelque part]** jd bringt jdn [irgendwo] unter
3. (*remarier*) ■ **qn recase qn** jd verheiratet jdn wieder; *femme a.* jd bringt jdn wieder unter die Haube *fam*
II. *vpr fam* **1.** (*retrouver une place*) ■ **qn se recase [quelque part]** jd kommt [irgendwo] unter *fam*
2. (*se marier*) ■ **qn se recase** jd heiratet wieder
recauser <1> [ʀ(ə)koze] *vi fam* ■ **qn recause de qc [à qn]** jd redet noch [mal] [mit jdm] über etw (*akk*); ***on en recausera!*** darüber reden wir noch!; ***elle ne m'en a jamais recausé*** sie hat nie mehr mit mir darüber gesprochen
recéder <5> [ʀ(ə)sede] *vt* **1.** (*rétrocéder*) ■ **qn recède qc** jd tritt jdm etw wieder ab, jd gibt jdm etw wieder zurück
2. (*vendre*) ■ **qn recède qc** jd verkauft etw weiter
recel [ʀəsɛl] *m* Hehlerei *f;* ***~ de choses*** Sachhehlerei; ***~ de bijoux*** Hehlerei von Schmuck; ***~ de malfaiteur/ de criminel*** Personenhehlerei; ***~ de cadavre*** [unbefugte] Wegnahme einer Leiche
receler [ʀəs(ə)le, ʀ(ə)səle], **recéler** <4> [ʀ(ə)sele] *vt* **1.** JUR ■ **qn recèle qn/qc** jd verbirgt jdn/etw; *malfaiteur a.* jd gewährt jdm Unterschlupf
2. (*renfermer*) ■ **qc recèle qn/qc** */fond marin, sous-sol/* etw birgt etw; */texte/* in etw (*dat*) verbirgt sich etw; ***cette région recèle de très nombreux artistes*** in dieser Gegend gibt es zahlreiche Künstler
receleur, -euse [ʀəs(ə)lœʀ, -øz, ʀ(ə)səlœʀ, -øz] *m, f,* **recéleur, -euse** [ʀ(ə)selœʀ, -øz] *m, f* Hehler(in) *m(f)*
récemment [ʀesamɑ̃] *adv* **1.** (*il y a peu*) vor kurzem
2. (*dernièrement*) [erst] kürzlich; ***as-tu reçu une lettre ~?*** hast du in letzter Zeit einen Brief bekommen?
recensement [ʀ(ə)sɑ̃smɑ̃] *m* **1.** ADMIN: ***~ [de la population]*** Volkszählung *f*
2. (*dénombrement*) [*objets, ressources*] Bestandsaufnahme *f;* MIL [*animaux, véhicules*] Erfassung *f;* ***~ du contingent*** Erfassung der Wehrdienstpflichtigen
recenser <1> [ʀ(ə)sɑ̃se] *vt* **1.** ■ **qn recense qn** *population* jd zählt etw
2. (*dénombrer*) ■ **qn recense qn/qc** jd erfasst jdn/etw; *objets, livres a.* jd zählt etw; *ressources* jd nimmt den Bestand einer S. (*gen*) auf
recenseur, -euse [ʀ(ə)sɑ̃sœʀ, -øz] **I.** *adj:* ***agent ~*** Zähler(in) *m(f)*
II. *m, f* Zähler(in) *m(f)*
récent, e [ʀesɑ̃, ɑ̃t] *adj* **1.** (*proche dans le passé*) *actualité, événement, période, passé* jüngste(r, s); ***as-tu des nouvelles ~es de ton fils*** hast du in der letzten Zeit von deinem Sohn gehört?; ■ **qc est ~** etw ist [ganz] neu
2. (*nouveau*) *bourgeois, propriétaire* jung, frisch gebacken *fam,* neu gebacken *fam; thérapeutique* jung, neu
recentrage [ʀ(ə)sɑ̃tʀaʒ] *m* [*politique*] Neuorientierung *f;* [*parti*] Rückbesinnung *f* auf gemeinsame Ziele; ***le gouvernement a été amené à opérer un ~ de ses objectifs*** die Regierung musste ihre Ziele neu ausrichten; ***le gouvernement devrait opérer un ~ sur les problèmes de la jeunesse*** die Regierung müsste ihr Interesse auf die Probleme der Jugend richten, die Regierung müsste die Probleme der Jugend in den Mittelpunkt rücken
recentrer <1> [ʀ(ə)sɑ̃tʀe] **I.** *vt* ■ **qn recentre qc** POL jd richtet etw neu aus; TECH jd zentriert etw neu
II. *vi* SPORT ■ **qn recentre** jd flankt
récépissé [ʀesepise] *m* Empfangsschein *m,* Empfangsbescheinigung *f;* ***~ d'envoi*** Einlieferungsschein *m;* ***~ de dépôt*** Hinterlegungsschein *m,* Aufbewahrungsschein *m*
réceptacle [ʀesɛptakl] *m* **1.** (*déversoir*) [*eaux*] Sammelbecken *nt;* [*objets hétéroclites*] Ablageplatz *m*
2. BOT Blütenboden *m;* TECH Rückhaltebecken *nt,* Auffangbecken *nt;* ***l'ordinateur permet de visualiser le ~ de la prothèse*** der Computer ermöglicht es, die Stelle sichtbar zu machen, an der die Prothese eingesetzt wird
récepteur, -trice [ʀesɛptœʀ, -tʀis] **I.** *adj antenne* Empfangs-; ***poste ~*** Empfangsgerät *nt,* Empfänger *m;* ***appareil ~*** (*transformateur*) Energieumwandler *m*
II. *m* **1.** RADIO Empfangsgerät *nt,* Empfänger *m;* ***~ de radio*** Rundfunkempfänger
2. TELEC: ***~ [téléphonique]*** [Telefon]hörer *m*
3. *auditif, gustatif, olfactif, tactile* Rezeptor *m;* LING Empfänger *m*
4. (*transformateur*) Energieumwandler *m*
5. BIO Rezeptor *m*
réceptif, -ive [ʀesɛptif, -iv] *adj* (*disposé à accueillir*) aufnahmebereit; (*apte à accueillir*) aufnahmefähig; ■ **~ à qc** *à un conseil, à la suggestion* empfänglich für etw; *à une maladie, un virus* anfällig für etw; ***les fumeurs sont particulièrement ~s au cancer du poumon*** Raucher sind besonders lungenkrebsgefährdet
réception [ʀesɛpsjɔ̃] *f* **1.** (*fête privée*) Empfang *m*
2. (*accueil*) Empfang *m;* [*nouveau membre*] Aufnahme *f*
3. (*guichet d'accueil*) [*hôtel*] Empfang *m,* Rezeption *f;* [*entreprise*] Empfangsbüro *nt;* (*hall d'accueil*) [*hôtel, entreprise*] [Empfangs]halle *f*
4. (*action de recevoir*) [*lettre, paquet*] Empfang *m,* Erhalt *m;* RADIO, TV Empfang; ***~ de marchandises*** Warenannahme *f;* ***avertissez-moi dès ~ de la lettre*** sagen Sie mir Bescheid, sobald Sie den Brief erhalten
5. SPORT (*arrivée au sol*) [*parachutiste*] Aufkommen *nt,* Landung *f;* [*sauteur*] Aufsprung *m;* (*blocage*) [*ballon*] [Ball]annahme *f*
▸ **qn fait bonne/mauvaise ~ à qn** jd empfängt jdn freundlich/unfreundlich; **~ provisoire/définitive [des travaux]** vorläufige/endgültige Abnahme [der Arbeiten]; **qn accuse ~ de qc [à qn]** jd bestätigt [jdm] den Empfang einer S. (*gen*); **qn donne une ~** jd gibt einen Empfang
réceptionnaire [ʀesɛpsjɔnɛʀ] *mf* IND Angestellte(r) *f(m)* in der Warenannahme
réceptionner <1> [ʀesɛpsjɔne] *vt* ■ **qn réceptionne qc** jd nimmt etw in Empfang
réceptionniste [ʀesɛpsjɔnist] *mf* Empfangschef/-dame *m/f*
réceptivité [ʀesɛptivite] *f* Aufnahmefähigkeit *f;* ***c'est un enfant dont la ~ est limitée*** dieses Kind ist nur begrenzt aufnahmefähig; ■ **~ à qc** *à une maladie, un virus* Anfälligkeit *f* für etw; ***la ~ au sida n'est pas le seul fait des homosexuels*** nicht nur Homosexuelle sind aidsgefährdet ['eɪds-]
récessif, -ive [ʀesesif, -iv] *adj* rezessiv
récession [ʀesesjɔ̃] *f* Rezession *f*
recette [ʀ(ə)sɛt] *f* **1.** GASTR Rezept *nt*
2. (*secret, truc*) Patentrezept *nt;* ***il n'y a pas de ~ pour le succès*** es gibt kein Erfolgsrezept [*o* Patentrezept für Erfolg]
3. ∅ COM Einnahmen *pl;* (*pour une œuvre de bienfaisance*) Erlös *m;* ***aujourd'hui nous avons fait une bonne ~*** unsere Einnahmen waren heute gut
4. *pl* COM (*opp: dépenses*) Einnahmen *pl;* ***les dépenses sont supérieures aux ~s*** die Ausgaben übersteigen die Einnahmen; ***~s annuelles*** Jahresumsatz *m;* ***pertes de ~s*** Einnahmeausfall *m*
5. ADMIN (*bureau*): ***~ des finances*** [*o* ***impôts***] [*o* ***contributions***] Finanzkasse *f;* ***~ des contributions directes*** für direkte Steuern zuständige Finanzkasse
▸ **~s fiscales** Steuereinnahmen *pl;* **qn/qc fait ~** jd hat großen Erfolg/etw ist ein Kassenerfolg *m* [*o* Kassenschlager *m fam*]

recevabilité [Rəs(ə)vabilite, R(ə)səvabilite] *f* Zulässigkeit *f*; ***le juge a admis la ~ de mon pourvoi*** der Richter hat meine Nichtigkeitsklage genehmigt [*o* für zulässig erklärt]
recevable [Rəs(ə)vabl, R(ə)səvabl] *adj* zulässig
receveur, -euse [Rəs(ə)vœR, -øz, R(ə)səvœR, -øz] *m, f* **1.** MED [*organe, sang*] Empfänger(in) *m(f)*; ~ ***universel*** Universalempfänger
2. (*profession*) [*bus, tramway*] Schaffner(in) *m(f)*; ~(***-euse***) ***des postes*** Vorsteher(in) *m(f)* eines Postamts; ~(***-euse***) [***des contributions***] Finanzbeamte(r)/-beamtin *m/f*
recevoir <12> [Rəs(ə)vwaR, R(ə)səvwaR] **I.** *vt* **1.** (*obtenir*) ■ **qn reçoit qc** *lettre, colis, courrier* jd erhält etw, jd bekommt etw; RADIO, TV jd empfängt etw
2. (*obtenir en cadeau*) ■ **qn reçoit qc** jd bekommt etw; (*obtenir en récompense*) *ovation* jdm wird etw bereitet, jd erhält etw; *louanges, compliment* jd bekommt etw, jd erntet etw; *décoration* jd bekommt etw verliehen, jdm wird etw verliehen; ***elle a reçu une poupée*** [***en cadeau***] sie hat eine Puppe geschenkt bekommen
3. (*percevoir*) ■ **qn reçoit qc** jd bekommt etw, jd erhält etw; ***il reçoit un bon salaire*** er bekommt ein gutes Gehalt
4. (*bénéficier de*) ■ **qn/qc reçoit qc** *instruction, leçon, ordre* jd erhält etw; *éducation a.* jd genießt etw; ***l'affaire recevra toute notre attention*** wir werden dieser Angelegenheit unsere ganze Aufmerksamkeit schenken [*o* widmen]; ***ce procédé a reçu le nom de son inventeur*** dieses Verfahren wurde nach seinem Erfinder benannt; ***cette chambre reçoit la lumière du soleil*** dieses Zimmer ist sonnig
5. (*accueillir*) ■ **qn reçoit qn/qc** *invité, client, visiteur* jd empfängt jdn; (*inviter à manger*) jd hat jdn zu Gast; ***j'ai reçu la visite de ma sœur*** ich habe Besuch von meiner Schwester bekommen, meine Schwester war zu Besuch da; ***ils ont reçu la visite de cambrioleurs*** *hum* die Einbrecher waren bei ihnen zu Besuch; ■ **qn est reçu(e)** [**quelque part**] jd wird [irgendwo] empfangen; ***il est reçu partout dans la haute société*** ihm stehen die Türen der besten Gesellschaft offen
6. (*subir*) ■ **qn reçoit qc** *coup, projectile, averse* jd bekommt etw ab; *coups, injures a.* jd muss etw einstecken; *châtiment* jd bekommt etw; ***elle a reçu le caillou sur la tête*** der Stein hat sie am Kopf getroffen; ***tu vas ~ une de ces corrections!*** du wirst ganz schön Prügel beziehen! *fam*; ***il a reçu un coup de poing dans la figure*** er hat einen Faustschlag ins Gesicht bekommen; ***j'ai tout reçu*** ich habe alles abbekommen
7. (*accepter*) ■ **qn reçoit qc** *avis, conseil* jd nimmt etw an; *compliment* jd nimmt etw entgegen; ***recevez, cher Monsieur/chère Madame, l'expression de mes sentiments distingués*** [*o* ***l'assurance de mon dévouement***]/***mes sincères salutations*** *form* mit vorzüglicher Hochachtung/mit freundlichen Grüßen; ***veuillez ~ toutes mes félicitations*** ich möchte Ihnen recht herzlich gratulieren; ***qc est bien/mal reçu(e)*** /*avis, proposition, suggestion*/ etw findet/findet keinen Anklang
8. (*enregistrer*) ■ **qn reçoit qc** *déposition, témoignage* jd nimmt etw entgegen; *plainte a., commande, demande d'emploi* jd erhält etw
9. REL ■ **qn reçoit qc** *confession* jd nimmt etw ab; *communion, sacrement* jd empfängt etw; ***qn reçoit les vœux de qn*** jd nimmt jdm die Gelübde ab
10. (*admettre*) ■ **qn reçoit qn** [**dans qc**] *dans un club* jd nimmt jdn [in etw (*dat*)] auf; *dans une école a.* jd nimmt jdn [in etw (*dat*)] an; ■ **qn reçoit qn** [**à qc**] *à un examen* jd lässt jdn [bei etw] bestehen; ***on n'a reçu au baccalauréat que la moitié des candidats*** nur die Hälfte der Kandidaten hat das Abitur bestanden; ■ **qn est reçu(e)** [**à qc**] *à un concours, examen* jd besteht [etw]; ***les candidats reçus*** die Kandidaten, die bestanden haben
11. (*contenir*) ■ **qc reçoit des personnes** /*institution, local*/ etw kann Menschen aufnehmen; /*hôtel a.*/ etw kann Menschen beherbergen
12. GEOG ■ **qc reçoit qc**: ***le Rhin reçoit la Moselle à Coblence*** bei Koblenz mündet die Mosel in den Rhein; ***ce bassin reçoit les eaux de pluie*** in diesem Becken wird das Regenwasser aufgefangen
13. TECH ■ **qc reçoit une chose** *crochet, pièce* eine S. wird in etw (*akk*) gesteckt, etw nimmt eine S. auf; ***ici, les voitures reçoivent leur dernier réglage/la couche de peinture finale*** hier werden die Autos ein letztes Mal überprüft/lackiert, hier erhalten die Autos ihre letzte Lackschicht; ***le vase reçoit sa forme définitive*** die Vase erhält ihre endgültige Form; ***cette poutre est destinée à ~ le faux plafond*** dieser Balken soll die Zwischendecke tragen
▶ **qn n'a pas à ~ qc de qn**: ***je n'ai pas de conseil/leçon à ~ de vous*** Ihren weisen Rat/Ihre Belehrungen können Sie sich sparen; ***je n'ai pas d'ordre à ~ de vous*** Sie haben mir nichts zu befehlen; **qn reçoit qn à déjeuner/dîner** jd hat jdn zum Mittag-/Abendessen zu Gast; **qn se fait** [**bien/drôlement**] ~ *fam* jd kriegt ganz schön was ab *fam*
II. *vi* **1.** ■ **qn reçoit** jd hat Gäste; ***elle aime ~*** sie hat gerne Gäste
2. SPORT ■ **qn reçoit** (*jouer sur son terrain*) jd ist Gastgeber; (*opp: servir*) jd schlägt [den Ball] zurück
▶ **qn reçoit à déjeuner/dîner** jd hat zum Mittag-/Abendessen Gäste
III. *vpr* **1.** (*retomber*) ■ **qn se reçoit d'une certaine façon** /*sauteur*/ jd kommt irgendwie auf; /*parachutiste a.*/ jd landet irgendwie
2. (*se fréquenter*) ■ **des personnes se reçoivent** Menschen besuchen einander
rechange [R(ə)ʃɑ̃ʒ] *m* (*vêtement*): ***j'aurais dû prendre un ~*** ich hätte etwas zum Wechseln mitnehmen sollen
▶ **de ~** *pièce* Ersatz-; *roue a.* Reserve-; ***solution de ~*** Alternative *f*; ***linge/pantalon/chaussures de ~*** Wäsche *f*/Hose *f*/Schuhe *pl* zum Wechseln
rechapage [R(ə)ʃapaʒ] *m* Runderneuerung *f*
rechaper <1> [R(ə)ʃape] *vt*: ***qn rechape les pneus*** jd runderneuert die Reifen; ***des pneus rechapés*** runderneuerte Reifen
réchapper <1> [Reʃape] *vi* ■ **qn réchappe de qc** jd übersteht etw
recharge [R(ə)ʃaRʒ] *f* **1.** (*cartouche*) [*briquet, stylo à plume, atomiseur*] Nachfüllpatrone *f*; [*produit d'entretien*] Nachfüllpackung *f*; [*rouge à lèvres*] Refill ['ri:fɪl] *m*; [*stylo à bille*] Ersatzmine *f*
2. (*fait de recharger*) [*arme*] Nachladen *nt*, Neuladen *nt*
3. ELEC Aufladen *nt*; ***j'ai mis la batterie en ~*** ich habe die Batterie zum Aufladen angeschlossen
rechargeable [R(ə)ʃaRʒabl] *adj briquet* nachfüllbar; ***stylo ~*** Patronenfüllhalter *m*, Patronenfüller *m fam*; ***briquet/rasoir non ~*** Einwegfeuerzeug *nt*/Einwegrasierklinge *f*, Wegwerffeuerzeug *nt*/Wegwerfrasierklinge *f*
rechargement [R(ə)ʃaRʒəmɑ̃] *m* **1.** (*action de recharger*) [*arme*] Nachladen *nt*; [*véhicule*] Wiederbeladen *nt*; ***le ~ de l'appareil photo n'est pas compliqué*** das Einlegen eines neuen Films in den Fotoapparat ist nicht schwierig; es ist nicht schwierig, einen neuen Film in den Fotoapparat einzulegen
2. TECH [*route, voie*] Neubeschotterung *f*
recharger <2 a> [R(ə)ʃaRʒe] **I.** *vt* **1.** ■ **qn recharge qc** *arme* jd lädt etw nach; *véhicule* jd belädt etw wieder; *briquet* jd füllt etw nach; *stylo* jd steckt eine neue Patrone in etw (*akk*); *accumulateurs, batterie* jd lädt etw wieder [auf]; ***recharge le poêle!*** leg Holz nach!; ***je dois ~ mon appareil photo*** ich muss einen neuen Film [in meinen Fotoapparat] einlegen
2. *route, voie de chemin de fer* jd [be]schottert etw frisch
II. *vpr* ELEC ■ **qc se recharge** etw lädt sich wieder auf
réchaud [Reʃo] *m* Kocher *m*; ■ **~ à** *à gaz, au butane, propane* -kocher
réchauffage [Reʃofaʒ] *m* GASTR Aufwärmen *nt*; TECH [*acier*] Anwärmen *nt*
réchauffé, e [Reʃofe] **I.** *adj* **1.** *péj histoire, plaisanterie, théorie* aufgewärmt *fam*
2. *fam* ■ **qn est ~** jd ist ganz schön heißblütig *fam*
II. *m* GASTR Aufgewärmte(s) *nt*; ***ça doit être du ~*** das ist sicher [nur] aufgewärmt
▶ **c'est du ~!, ça sent le ~!** *péj* das ist ja ein alter Hut! *fam*; ***cette blague, c'est du ~!*** der Witz ist ja uralt!
réchauffement [Reʃofmɑ̃] *m* [*eau, planète*] Erwärmung *f*; [*relations, amitié*] Besserung *f*; ***la météo annonce un ~ de la température*** der Wetterbericht kündigt wärmere Temperaturen an
réchauffer <1> [Reʃofe] **I.** *vt* **1.** GASTR ■ **qn réchauffe qc,** ■ **qn met qc à ~,** ■ **qn fait ~ qc** *plat* jd wärmt etw auf, jd macht etw warm; ***mets la soupe un moment à ~!*** stell die Suppe noch einmal kurz auf den Herd!, mach die Suppe noch einmal kurz warm!; ■ [**qc est**] **réchauffé(e)** [etw ist/wird] aufgewärmt [*o* warm gemacht]
2. (*donner de la chaleur à*) ■ **qn réchauffe qn/qc** *corps, membres* jd wärmt jdn/etw; ■ **qc réchauffe qn/qc** /*bouillon*/ etw wärmt jdn auf; /*soleil, poêle*/ *pièce, terre* etw erwärmt etw; ***je vais ~ tes pieds en les frottant*** ich werde dir die Füße warm reiben
3. (*ranimer*) ■ **qn/qc réchauffe qc** *ardeur, courage, zèle* jd/etw stachelt etw an; ***cela m'a réchauffé le cœur*** das hat mir das Herz erwärmt; ***les deux pays devraient ~ leurs relations*** die beiden Länder sollten ihre Beziehungen verbessern
II. *vpr* **1.** (*devenir plus chaud*) ■ **qc se réchauffe** /*eau, planète*/ etw erwärmt sich; /*temps, température*/ etw wird wärmer; /*relations*/ etw bessert sich
2. (*retrouver sa chaleur*) ■ **qn se réchauffe** jdm wird wieder warm; ■ **qc se réchauffe** etw wird wieder warm; ■ **qn se réchauffe qc** jd wärmt sich (*dat*) etw; ***qn se réchauffe les doigts/pieds*** jd wärmt seine [*o* wärmt sich (*dat*) die] Finger/Füße
3. GASTR ■ **qc se réchauffe** /*aliment*/: ***cette sauce se réchauffe au bain-marie*** diese Soße wird im Wasserbad warm gemacht; ***la purée, ça ne se réchauffe pas!*** Püree kann man nicht aufwärmen [*o* nicht noch einmal warm machen]!
rechausser <1> [R(ə)ʃose] **I.** *vt* **1.** (*remettre ses chaussures*) ■ **qn rechausse qn** jd zieht jdm die Schuhe wieder an
2. (*racheter des chaussures à*) ■ **qn rechausse qn** jd kauft jdm neue Schuhe
3. ■ **qn rechausse qc** *voiture* jd bereift etw neu; *arbre* jd häufelt Erde um etw an; *mur* jd untermauert etw
II. *vpr* (*remettre ses chaussures*) ■ **qn se rechausse** jd zieht seine [*o* sich (*dat*) die] Schuhe wieder an; (*s'acheter des chaussures*) jd kauft sich (*dat*) neue Schuhe
rêche [Rɛʃ] *adj* **1.** *étoffe, peau, surface* rau; *vin* [säuerlich] herb; *fruit* sauer
2. *soutenu personne* barsch, schroff
recherche [R(ə)ʃɛRʃ] *f* **1.** (*action de chercher*) Suche *f*; ■ **la ~ de** *d'un livre, objet perdu* Suche nach; *de l'albumine, du cholestérol* -untersuchung *f*, Untersuchung auf (+ *akk*); ***la ~ d'un appartement/emploi*** die Suche nach einer Wohnung/[Arbeits]stelle, die Wohnungs-/Stellensuche
2. *gén pl* (*enquête*) Nachforschung *f*; ~ ***de paternité*** Vaterschaftsermittlung *f*; ***la police a abandonné les ~s*** die Polizei hat die Fahndung eingestellt
3. (*poursuite*) ■ **la ~ de qc** *d'un avantage, de la gloire, perfection, du pouvoir* das Streben nach etw; ***nous sommes tous à la ~ du bonheur*** wir alle streben nach dem Glück
4. ∅ MED, SCOL, UNIV Forschung *f*; ~ ***scientifique/fondamentale*** wissenschaftliche Forschung/Grundlagenforschung
5. ∅ (*raffinement*): ***il met beaucoup de ~ dans sa toilette*** er ist immer mit ausgesuchter Eleganz gekleidet; ***il y a trop de ~ dans son style*** sein/ihr Stil ist zu gespreizt; ***elle s'exprime avec ~*** sie drückt sich sehr gewählt aus; ***il s'habille sans la moindre ~*** er kleidet sich ganz einfach
▶ **~ opérationnelle** Unternehmensforschung *f*, Operations-Research [ɔpə'reɪʃnzrɪ'sø:ɐtʃ] *f*; **qn fait des ~s** [**sur qc**] jd stellt Nachforschungen [über etw (*akk*)] an; **qn fait de la ~** [**en qc**] jd forscht [auf dem Gebiet einer S. (*gen*)]; ***elle s'est résolu à faire de la ~*** sie hat beschlossen in die Forschung zu gehen; ***je fais de la ~ en géologie*** ich forsche [*o* betreibe Forschung] auf dem Gebiet der Geologie; **à la ~ de qn/qc** auf der Suche nach

jdm/etw; ***qn est/se met à la ~ de qn/qc*** jd ist auf der/jd macht sich auf die Suche nach jdm/etw; ***je suis à la ~ d'un appartement*** ich bin auf Wohnungssuche [*o* auf der Suche nach einer Wohnung]
◆ **recherche de texte complet** INFORM Volltextsuche *f*
recherché, e [ʀ(ə)ʃɛʀʃe] *adj* **1.** (*demandé*) *édition, ouvrage, tableau, timbre* begehrt, gesucht; *acteur, conférencier, produit* geschätzt, gefragt
2. (*raffiné*) *expression, style* gewählt; *plaisir* erlesen; ***sa tenue est toujours très ~e*** er/sie ist immer ausgesucht elegant gekleidet
rechercher <1> [ʀ(ə)ʃɛʀʃe] **I.** *vt* **1.** (*chercher à trouver*) ■ **qn recherche qc [quelque part]** *appartement, livre, nom, objet perdu* jd sucht [irgendwo] nach etw, jd sucht etw; *cause* jd sucht nach etw; ***le médecin recherche l'albumine dans les urines/le cholestérol dans le sang*** der Arzt untersucht den Urin auf Eiweiß/das Blut auf Cholesterin; ■ **qn recherche qn** *enfant perdu, collaborateur, femme de ménage, témoin* jd sucht jdn, jd sucht nach jdm; *terroriste a.* jd fahndet nach jdm; ■ **[qn est] recherché(e) [pour qc]** *pour meurtre, vol* [jd wird] [wegen etw] gesucht; ■ **qn recherche où/quand/comment/si ...** + *indic* jd versucht herauszufinden, wo/wann/wie/ob ...
2. (*poursuivre*) ■ **qn recherche qc** *avantage, bonheur, danger, plaisir* jd sucht etw; *amitié a.* jd bemüht sich um etw; *honneurs, perfection, succès, gloire* jd strebt nach etw
3. (*reprendre*) ■ **qn recherche qn** jd holt jdn wieder ab
II. *vi* ■ **qn recherche [quelque part]** jd sucht noch einmal [irgendwo]
rechigner <1> [ʀ(ə)ʃiɲe] *vi* ■ **qn rechigne [à qc/à faire qc]** jd sträubt sich [gegen etw/dagegen, etw zu tun]; ***en rechignant*** murrend, widerwillig
rechute [ʀ(ə)ʃyt] *f* MED Rückfall *m;* [*alcoolique, drogué a.*] Rückfälligwerden *nt;* ***ses mauvaises fréquentations ont entraîné sa ~ dans la délinquance*** sein/ihr schlechter Umgang hat dazu geführt, dass er/sie wieder straffällig wurde
▶ **qn <u>a</u>** [*o* **<u>fait</u>**] **une ~** jd hat [*o* erleidet] einen Rückfall
rechuter <1> [ʀ(ə)ʃyte] *vi* ■ **qn rechute** jd wird rückfällig; MED jd hat [*o* erleidet] einen Rückfall
récidivant, e [ʀesidivɑ̃, ɑ̃t] *adj* wiederkehrend, rezidiv *spec*
récidive [ʀesidiv] *f* **1.** (*répétition d'une faute*) Wiederholung *f;* JUR Rückfall *m,* Rückfälligkeit *f;* ***à la première ~ je vous mets à la porte*** wenn das noch einmal vorkommt, setze ich Sie vor die Tür; ***il y a ~*** es handelt sich um einen Rückfall; ***escroquerie avec ~*** Betrug *m* im Rückfall
2. MED [*maladie*] erneutes Auftreten; ***une ~ de la maladie peut se produire*** die Krankheit kann erneut auftreten; ***le rhumatisme est sujet à ~*** Rheuma ist eine rezidive Krankheit *spec,* Rheuma ist eine in Abständen immer wieder auftretende Krankheit
▶ **qn <u>est</u> en ~** jd ist rückfällig
récidiver <1> [ʀesidive] *vi* **1.** (*recommencer la même faute*) ■ **qn récidive** jd tut [*o* macht] es noch einmal; JUR jd wird rückfällig; *hum* (*recommencer un exploit*) jd fängt noch einmal [damit] an
2. MED ■ **qc récidive** /*maladie*/ etw kehrt [in Abständen] wieder, etw rezidiviert *spec*
récidiviste [ʀesidivist] **I.** *adj* rückfällig; ***criminel ~*** Rückfalltäter *m;* ***le condamné est ~*** der Verurteilte ist ein Rückfalltäter
II. *mf* JUR Rückfalltäter(in) *m(f),* Wiederholungstäter(in) *m(f); hum* Wiederholungstäter(in); ***il paraît que tu es un ~*** *hum* anscheinend kannst du's nicht lassen
récif [ʀesif] *m* Riff *nt;* ***~ barrière/corallien/frangeant*** Barriere-/Korallen-/Saumriff
récipiendaire [ʀesipjɑ̃dɛʀ] *mf* **1.** [*Académie française, société*] neues Mitglied
2. SCOL, UNIV: ***~ d'un diplôme/d'une médaille*** Urkunden-/Medaillenempfänger(in) *m(f)*
récipient [ʀesipjɑ̃] *m* Gefäß *nt,* Behälter *m,* Behältnis *nt;* (*pour cuisiner*) Schüssel *f*
réciprocité [ʀesipʀɔsite] *f* [*sentiment, traitement*] Gegenseitigkeit *f,* Wechselseitigkeit *f; diplomatique, législative* Gegenseitigkeit; ***je crains qu'il n'y ait pas ~*** ich fürchte, das beruht nicht auf Gegenseitigkeit [*o* das ist nicht wechselseitig]; ***accord de ~*** Gegenseitigkeitsabkommen *nt;* ***je vous aiderai, mais à charge de ~*** ich werde Ihnen helfen, aber nur für eine entsprechende Gegenleistung
réciproque [ʀesipʀɔk] **I.** *adj* **1.** *amour, confiance, tolérance* gegenseitig, wechselseitig, auf Gegenseitigkeit beruhend; *hargne, torts* beiderseitig; ***nous nous faisons des concessions ~s*** wir machen uns beiderseitig Zugeständnisse
2. MATH reziprok; ***verbe ~*** LING reziprokes Verb; ***propositions ~s*** LOGIQUE reziproke Urteile *pl*
II. *f* **1.** (*la pareille*) Gleiche(s) *nt;* ***j'espérais/j'attendais la ~*** ich hatte das Gleiche [für mich] erhofft/erwartet; ***hélas la ~ n'est pas toujours vraie*** leider trifft dies umgekehrt nicht immer zu
2. LOGIQUE, MATH Umkehrung *f*
▶ **qn <u>rend</u> la ~ [à qn]** jd revanchiert sich [bei jdm]; ***il m'a fait une crasse, je lui rendrai la ~*** er hat mir eins ausgewischt, dafür werde ich mich bei ihm revanchieren [*o* das werde ich ihm heimzahlen]
réciproquement [ʀesipʀɔkmɑ̃] *adv* gegenseitig; ***nous nous aimons ~*** wir lieben einander
▶ **<u>et</u> ~** und umgekehrt
récit [ʀesi] *m* (*rapport*) Bericht *m;* (*narration*) *historique, mythique* Erzählung *f;* THEAT Botenbericht; ***~ d'aventures/de voyage*** Abenteuergeschichte *f*/Reisebericht; ***il a fait un ~ circonstancié des événements*** er hat ausführlich über die Ereignisse berichtet
récital <s> [ʀesital] *m* Konzert *nt;* ***~ poétique*** Rezitationsabend *m;* ■ **~ de** *de piano, violon, d'orgue* -konzert; ***~ de chant/danse*** Lieder-/Ballettabend *m*
récitant, e [ʀesitɑ̃, ɑ̃t] **I.** *adj* MUS Solo-
II. *m, f* Erzähler(in) *m(f)*
récitatif [ʀesitatif] *m* Rezitativ *nt*
récitation [ʀesitasjɔ̃] *f* **1.** SCOL (*matière*) Gedichtaufsagen *nt,* Aufsagen *nt* [*o* Vortragen *nt*] von Gedichten; (*poème*) Gedicht *nt*
2. (*action de réciter*) [*formules, leçon*] Hersagen *nt,* Aufsagen *nt*
réciter <1> [ʀesite] *vt* **1.** ■ **qn récite qc [à qn]** *leçon, poème* jd sagt [jdm] etw auf; *prière* jd spricht etw; *chapelet* jd betet etw
2. *péj* ■ **qn récite qc** *profession de foi, témoignage* jd betet etw her *fam,* jd leiert etw herunter *fam; compliments* jd ergeht sich in etw (*dat*)
réclamation [ʀeklɑmasjɔ̃] *f* **1.** (*plainte*) Beschwerde *f;* COM Reklamation *f*
2. (*service*) ■ **les ~s** für Reklamationen zuständige Stelle; TELEC Störungsannahme *f,* Störungsstelle *f*
▶ **qn <u>fait</u>** [*o* **<u>dépose</u>**] **une ~** jd reklamiert
réclame [ʀeklɑm] *f vieilli* Reklame *f,* Werbung *f*
▶ **qn/qc <u>fait</u> de la ~ [à** [*o* **pour**] **qn/qc]** jd/etw wirbt [für jdn/etw], jd/etw macht [für jdn/etw] Werbung; **qn/qc ne <u>fait</u> pas de ~ à qn** jd macht keine Reklame für jdn/etw ist keine Reklame für jdn *fam;* ***cela ne lui fait pas de ~*** das ist keine gute Reklame für ihn/sie *fam,* das spricht nicht für ihn/sie; **qn se <u>fait</u> de la ~** jd lobt sich selbst; **<u>en</u> ~** im Angebot; ***article en ~*** Sonderangebot *nt*
réclamer <1> [ʀeklɑme] **I.** *vt* **1.** (*solliciter*) ■ **qn réclame qc** *aide, argent* jd erbittet etw; *indulgence, silence a., parole,* jd bittet um etw; (*avec insistance*) jd fordert etw; *objet* jd verlangt etw; ■ **qn réclame qn** jd verlangt nach jdm; ■ **[qc est] réclamé(e)** [etw ist/wird] gefordert [*o* verlangt]; ***son attention est réclamée à tout instant*** seine/ihre Aufmerksamkeit ist ständig gefordert
2. (*revendiquer*) ■ **qn réclame qc [à qn]** *augmentation, droit, dû, part* jd fordert etw [von jdm]
3. (*nécessiter*) ■ **qc réclame qc** *patience, soin, temps* etw erfordert etw
II. *vi* (*protester*) ■ **qn réclame** jd beschwert sich; ■ **qn réclame contre qc/en faveur de qn** *contre une injustice* jd erhebt gegen etw/zu jds Gunsten Einspruch
III. *vpr* ■ **qn se réclame de qn/qc** *d'un parti, mouvement, d'idées* jd beruft sich auf jdn/etw; ***un homme se réclamant de l'IRA*** ein Mann, der behauptet, der IRA anzugehören
reclassement [ʀ(ə)klɑsmɑ̃] *m* **1.** (*réaffectation*) [*employé, ouvrier*] berufliche Umstellung; [*chômeur*] Wiederbeschäftigung *f*
2. (*réajustement*) [*fonction publique*] Umstufung *f*
3. (*remise en ordre*) [*documents, fiches, ouvrages*] Neuordnung *f*
reclasser <1> [ʀ(ə)klɑse] *vt* **1.** (*réaffecter*) ■ **qn reclasse qn** *employé, ouvrier* jd beschäftigt jdn anderweitig; *chômeur* jd führt jdn in den Arbeitsprozess zurück, jd gliedert jdn wieder in den Arbeitsprozess ein; ■ **[qn est] reclassé(e)** [jd ist/wird] neu beschäftigt
2. (*réajuster*) ■ **qn reclasse qn** *fonctionnaire* jd stuft jdn neu ein, jd stuft jdn höher
3. (*remettre en ordre*) ■ **qn reclasse qc** *documents, fiches, ouvrages* jd ordnet etw neu
reclouer <1> [ʀ(ə)klue] *vt* ■ **qn recloue qc** jd nagelt etw wieder fest [*o* an]
reclus, e [ʀəkly, yz] **I.** *adj vie* abgeschieden, zurückgezogen; *personne* weltabgeschieden
II. *m, f* Einsiedler(in) *m(f);* ***elle vit en ~e*** sie lebt völlig zurückgezogen
réclusion [ʀeklyzjɔ̃] *f* **1.** (*isolement*) Abgeschiedenheit *f*
2. JUR Freiheitsstrafe *f,* Freiheitsentzug *m*
▶ **~ <u>criminelle</u>** Gefängnis[strafe *f*] *nt;* ***il a été condamné à la ~ criminelle à perpétuité*** er wurde zu lebenslänglichem Freiheitsentzug verurteilt, er bekam „lebenslänglich"
recoiffer <1> [ʀ(ə)kwafe] **I.** *vt* ■ **qn recoiffe qn/qc** jd frisiert [*o* kämmt] jdn/etw noch einmal
II. *vpr* **1.** (*se peigner*) ■ **qn se recoiffe** jd frisiert [*o* kämmt] sich noch einmal
2. (*remettre son chapeau*) ■ **qn se recoiffe** jd setzt seinen Hut wieder auf
recoin [ʀəkwɛ̃] *m* Winkel *m;* [*cœur, existence, mémoire*] [verborgener] Winkel; ***il connaît tous les coins et ~s de la maison*** er kennt alle Ecken und Winkel des Hauses; ***j'ai fouillé jusque dans les moindres ~s*** ich habe selbst die hintersten Winkel durchsucht
recollage [ʀ(ə)kɔlaʒ] *m,* **recollement** [ʀ(ə)kɔlmɑ̃] *m* [*papier peint*] Wiederankleben *nt;* [*timbre*] Wiederaufkleben *nt;* [*vase cassé, morceau*] Kleben *nt;* [*contreplaqué*] Wiederzusammenleimen *nt*
recoller <1> [ʀ(ə)kɔle] **I.** *vt* **1.** (*coller à nouveau*) ■ **qn recolle qc** *enveloppe* jd klebt etw wieder zu; *étiquette, timbre* jd klebt etw wieder auf; *contreplaqué* jd leimt etw wieder zusammen
2. (*raccommoder*) ■ **qn recolle qc** *assiette, morceaux, vase cassé* jd klebt etw wieder zusammen
3. *fam* (*remettre*) ■ **qn recolle qn/qc quelque part** jd verfrachtet [*o* steckt] jdn wieder irgendwohin *fam*/jd lässt etw schon wieder irgendwo; ***il a recollé sa bagnole devant notre garage!*** er hat sein blödes Auto schon wieder vor unserer Garage stehen lassen [*o* vor unsere Garage gestellt]! *fam;* ***ta mère a encore recollé son nez dans nos affaires!*** deine Mutter hat schon wieder ihre Nase in unsere Angelegenheiten gesteckt! *fam*
4. *fam* (*redonner*) ■ **qn recolle qn/qc à une personne** jd halst jdn einem Menschen noch einmal auf *fam*/jd verpasst einem Menschen noch einmal etw *fam;* ***tu veux que je te recolle une trempe?*** soll ich dir noch eine Tracht Prügel verpassen? *fam*
II. *vi* SPORT ■ **qn recolle [à qc]** *au peloton* jd schließt wieder [zu etw] auf
III. *vpr* ■ **qc se recolle** /*enveloppe*/ etw klebt wieder zusammen; /*os*/ etw wächst wieder zusammen

récoltable [ʀekɔltabl] *adj* erntereif; ***dès que les pommes seront ~s*** sobald die Äpfel geerntet werden können [*o* erntereif sind]

récoltant, e [ʀekɔltɑ̃, ɑ̃t] **I.** *adj:* ***viticulteur*** ~ Winzer(in) *m(f);* ***propriétaire*** ~ Betreiber(in) *m(f)* eines Weinguts

II. *m, f* (*viticulteur*) Winzer(in) *m(f)*

récolte [ʀekɔlt] *f* **1.** AGR Ernte *f;* ~ ***des abricots/pommes de terre*** Aprikosen-/Kartoffelernte

2. (*collecte*) [*quête*] Ausbeute *f;* ■ ~ **de choses** *de documents, d'informations* Zusammentragen *nt* von Dingen, Sammeln *nt* von Dingen; ***une ample ~ d'observations*** eine reiche Ausbeute an Beobachtungen

récolter <1> [ʀekɔlte] **I.** *vt* **1.** AGR ■ **qn récolte qc** jd erntet etw; ***ces régions récoltent presque uniquement du blé*** in diesen Gegenden wird fast ausschließlich Weizen angebaut

2. (*recueillir*) ■ **qn récolte qc** *argent* jd sammelt etw; *documents, observations a.* jd trägt etw zusammen; *contraventions, coups, désagréments, ennuis* jd bekommt etw; *compliments, lauriers, gloire, succès* jd erntet etw

▸ **qn récolte ce qu'il a semé** jd erntet, was er gesät hat

II. *vpr* ■ **qc se récolte** /*blé, fruits, gloire*/ etw wird geerntet; /*succès*/ etw wird erzielt

recommandable [ʀ(ə)kɔmɑ̃dabl] *adj action, personne* empfehlenswert, zu empfehlen; ***c'est un type très peu ~*** er ist ein recht zwielichtiges Individuum

recommandation [ʀ(ə)kɔmɑ̃dasjɔ̃] *f* **1.** Empfehlung *f;* ***écoute bien mes ~s!*** hör auf meinen Rat!; ***lettre de ~*** Empfehlungsschreiben *nt,* Empfehlung; ***mot de ~*** Empfehlung

2. POST: ***la ~ d'une lettre/d'un paquet coûte …*** einen Brief/ein Päckchen als Einschreiben zu schicken kostet …; ***fiche de ~ postale*** Einlieferungsschein *m*

▸ **qn fait une ~ à qn** jd legt jdm etw nahe; ***il m'a surtout fait une ~: de ne pas sortir seule le soir*** er hat mir vor allem von einem abgeraten: abends allein auszugehen; **qn fait des ~s à qn** jd gibt jdm Ratschläge; **sur la ~ de qn** auf jds Empfehlung (*akk*) [hin]

recommandé [ʀ(ə)kɔmɑ̃de] *m* POST Einschreiben *nt*

▸ **en ~** als [*o* per] Einschreiben

recommander <1> [ʀ(ə)kɔmɑ̃de] **I.** *vt* **1.** (*conseiller*) ■ **qn/qc recommande qn/qc [à qn]** jd/etw empfiehlt [jdm] jdn/etw; ■ **[qc est] recommandé(e)** [etw ist/wird] empfohlen; /*attitude, comportement*/ etw ist ratsam; ***ce n'est pas recommandé*** *fam* das ist nicht ratsam, davon ist abzuraten; ■ **il est recommandé de faire qc** es ist ratsam, etw zu tun; ■ **qn recommande [à qn] de faire qc** jd empfiehlt [*o* rät] [jdm], etw zu tun; ■ **qc est à ~ [à qn]** etw kann man [jdm] empfehlen, etw ist [jdm] zu empfehlen; /*attitude, comportement*/ etw ist [jdm] anzuraten, etw ist ratsam

2. (*appuyer*) ■ **qn recommande qn/qc [à qn/qc]** *candidat* jd empfiehlt [jdm/einer S.] jdn/etw; ***je recommande ce cas à votre attention*** ich empfehle diesen Fall ihrer besonderen Aufmerksamkeit; ■ **qc recommande qn** /*succès, probité*/ etw spricht für jdn

3. REL ■ **qn recommande qn/qc à qn/qc** *âme, défunt, fidèle* jd befiehlt [*o* empfiehlt] jdn/etw jdm/einer S. *geh;* ***elle a recommandé son âme à Dieu*** sie hat ihre Seele Gott [an]befohlen [*o* empfohlen] *geh*

4. POST ■ **qn recommande qc** *envoi, lettre, paquet* jd schickt etw als [*o* per] Einschreiben, jd lässt etw einschreiben; ***paquet recommandé/lettre recommandée*** Einschreibepäckchen *nt*/-brief *m*

II. *vpr* **1.** (*invoquer l'appui*) ■ **qn se recommande de qn** jd beruft sich auf jds Empfehlung (*akk*), jd gibt jdn als Referenz an

2. (*montrer sa valeur*) ■ **qn/qc se recommande par qc** *par ses mérites, son style* jd/etw zeichnet sich durch etw aus

3. (*se rappeler*) ■ **qn se recommande à qn/qc** jd empfiehlt sich jdm *veraltend geh;* REL jd befiehlt sich jdm/einer S. [an] *geh;* ***permettez-moi de me ~ à votre bon souvenir*** gestatten Sie mir, mich Ihnen in Erinnerung zu bringen; ***je me recommande à Dieu*** ich befehle mich Gott *geh*

recommencement [ʀ(ə)kɔmɑ̃smɑ̃] *m* [*combats, hostilités*] Wiederaufnahme *f;* [*pluie*] erneutes Einsetzen; ***les ~s sont toujours difficiles*** jeder Neubeginn ist schwer; ***la vie est un éternel ~*** das Leben ist ein ständiger Neubeginn

recommencer <2> [ʀ(ə)kɔmɑ̃se] **I.** *vt* **1.** (*reprendre*) ■ **qn recommence qc** jd fängt etw wieder an; *combat, lutte* jd nimmt etw wieder auf; ***recommence ton récit depuis le début!*** fang noch einmal von vorne zu erzählen an!; ***j'ai recommencé et recommencé la lecture de ce livre*** ich habe dieses Buch immer wieder zu lesen begonnen; ***ils ont recommencé leur querelle*** sie haben wieder zu streiten begonnen

2. (*refaire*) ■ **qn recommence qc** *travail, vie* jd fängt etw noch einmal von vorne an, jd beginnt etw neu; ■ **qc est à ~** etw muss neu [*o* noch einmal] gemacht werden; ***si c'était à ~, je procéderais différemment*** wenn es noch einmal zu machen wäre, würde ich ganz anders vorgehen

3. (*répéter*) ■ **qn recommence qc** *erreur, expérience* jd macht etw noch einmal; ***tu recommences sans cesse les mêmes erreurs!*** du machst ständig die gleichen Fehler!; ***ne recommence jamais ça!*** mach [*o* tu] das [ja] nie wieder!

II. *vi* **1.** (*reprendre*) ■ **qc recommence [à faire qc]** /*combat, événement, phénomène*/ etw beginnt wieder [*o* fängt wieder an] [etw zu tun]; ***les cours ont recommencé*** die Schule/Uni hat wieder angefangen; ***le cours a déjà recommencé*** die Stunde hat schon wieder begonnen; ***la pluie recommença [à tomber]*** es begann wieder zu regnen, der Regen setzte von neuem ein; ***ses larmes recommencèrent à couler*** seine/ihre Tränen fingen wieder an zu fließen

2. (*essayer de nouveau*) ■ **qn recommence** jd versucht es noch einmal; (*refaire un travail, un devoir*) jd fängt noch einmal [*o* fängt neu] an; (*récidiver*) jd fängt wieder an; ***si tu recommences, gare à toi!*** wehe dir, wenn du wieder anfängst!

3. (*se remettre à*) ■ **qn recommence à faire qc** jd tut etw wieder, jd fängt wieder an etw zu tun; ***qn recommence à espérer/marcher/chanter*** jd hofft/geht/singt wieder; ■ **il recommence à faire qc** *à pleuvoir, faire beau, neiger* es fängt wieder an [*o* beginnt wieder] etw zu tun

▸ **[et voilà que] ça recommence** [und] es geht schon wieder los! *fam*

recomparaître <*irr*> [ʀəkɔ̃paʀɛtʀ] *vi* ■ **qn recomparaît [devant qn]** jd erscheint noch einmal [vor jdm]

récompense [ʀekɔ̃pɑ̃s] *f* ■ ~ **[de qc]** Dank *m* [für etw]; (*matérielle*) Belohnung *f* [für etw]; SCOL, SPORT Preis *m* [für etw], Auszeichnung *f* [für etw]; ***qn obtient [o reçoit] la ~ de qc*** jd erntet den Dank [*o* Lohn] für etw; ***qc mérite une ~*** etw verdient Dank/eine Belohnung; ***voilà ma ~*** das ist nun der Dank; ***la liste des ~s*** die Liste der Preisträger

▸ **en ~ de qc** als Dank/Belohnung für etw

récompenser <1> [ʀekɔ̃pɑ̃se] *vt* ■ **qn récompense qn/qc** jd belohnt jdn/würdigt etw; *action, effort, service a.* jd zeigt sich für etw erkenntlich; ■ **qc récompense qn/qc** etw belohnt jdn/lohnt etw; /*prix, ordre, titre*/ etw zeichnet jdn/etw aus; ■ **qn/qc récompense qn de [o pour] qc/d'avoir fait qc** jd/etw belohnt jdn für etw/dafür, etw getan zu haben; jd zeigt sich bei jdm für etw erkenntlich/zeigt sich dafür erkenntlich, dass jd etw getan hat; *de sa fidélité a.* jd lohnt jdm etw; ■ **qn est récompensé(e) [de qc/d'avoir fait qc]** jd wird [für etw] belohnt/wird dafür belohnt, etw getan zu haben; (*par un prix*) jd wird [für etw] ausgezeichnet/wird dafür ausgezeichnet, etw getan zu haben; jd bekommt eine Auszeichnung [*o* einen Preis] [für etw]/dafür, dass er etw getan hat

recomposer <1> [ʀ(ə)kɔ̃poze] **I.** *vt* ■ **qn recompose qc** *objet, morceaux dispersés, lettre déchirée* jd fügt [*o* setzt] etw wieder zusammen; *image a., scène* jd rekonstruiert etw; *puzzle* jd setzt etw zusammen; *numéro de téléphone* jd wählt etw neu [*o* noch einmal]; TYP jd setzt etw neu; CHIM jd synthetisiert etw, jd setzt etw zusammen; (*récrire*) jd schreibt etw neu

II. *vpr* ■ **qc se recompose** POL etw wandelt sich; /*majorité*/ etw setzt sich neu zusammen

recomposition [ʀ(ə)kɔ̃pozisjɔ̃] *f* [*objet*] [Wieder]zusammensetzen *nt,* [Wieder]zusammenfügen *nt;* [*image a., scène*] Rekonstruktion *f;* [*puzzle*] Zusammensetzen; POL Umstrukturierung *f,* Wandel *m;* [*majorité*] neue Zusammensetzung; TYP neuer Satz, Neusatz *m;* CHIM Synthese *f,* Zusammensetzung; ***qn procède à la ~ de qc*** TYP jd setzt etw neu

recompter <1> [ʀ(ə)kɔ̃te] **I.** *vi* (*compter à nouveau*) ■ **qn recompte** jd zählt [noch einmal] nach; (*calculer à nouveau*) jd rechnet [noch einmal] nach

II. *vt* ■ **qn recompte qc** *monnaie* jd zählt etw [noch einmal] nach; *opération* jd rechnet etw [noch einmal] nach

réconciliation [ʀekɔ̃siljasjɔ̃] *f* Versöhnung *f,* Aussöhnung *f*

réconcilier <1 a> [ʀekɔ̃silje] **I.** *vt* ■ **qn/qc réconcilie des personnes** jd/etw versöhnt Menschen [miteinander], jd/etw söhnt Menschen [miteinander] aus; ■ **qn/qc réconcilie des choses** jd/etw bringt Dinge miteinander in Einklang; ■ **qn/qc réconcilie qn avec [o et] qn/qc** jd/etw versöhnt jdn mit jdm/etw, jd/etw söhnt jdn mit jdm/etw aus; ■ **qn/qc réconcilie qc avec [o et] qc** jd/etw bringt etw mit etw in Einklang; *pays, région* jd/etw söhnt etw mit etw aus

II. *vpr* ■ **des personnes se réconcilient** Menschen versöhnen sich [miteinander], Menschen söhnen sich miteinander aus; ■ **qn se réconcilie avec qn/qc** jd versöhnt sich mit jdm/etw, jd söhnt sich mit jdm aus; ***il s'est réconcilié avec lui-même*** er ist mit sich [selbst] ins Reine gekommen

reconductible [ʀ(ə)kɔ̃dyktibl] *adj bail, contrat* verlängerbar, erneuerbar; ***qc est tacitement ~*** etw verlängert sich automatisch [*o* stillschweigend]; ***une taxe non ~*** eine einmalige Steuer

reconduction [ʀ(ə)kɔ̃dyksjɔ̃] *f* **1.** [*budget*] Fortschreibung *f;* [*politique a.*] Fortführung *f;* [*bail, crédit, location*] Verlängerung *f,* Erneuerung *f;* ***la ~ tacite de qc*** die stillschweigende [*o* automatische] Verlängerung einer S. (*gen*)

2. [*immigrés clandestins*] Rückführung *f*

▸ **par tacite ~** stillschweigend, automatisch; ***le renouvellement de l'abonnement se fait par tacite ~*** das Abonnement verlängert sich automatisch; ***contrat renouvelable par tacite ~*** Vertrag, der sich automatisch verlängert

reconduire <*irr*> [ʀ(ə)kɔ̃dɥiʀ] *vt* **1.** (*raccompagner*) ■ **qn reconduit qn [quelque part]** jd bringt jdn [irgendwohin] zurück; (*chez lui*) jd bringt jdn heim [*o* nach Hause]; ADMIN *à la frontière* jd führt [*o* bringt] jdn irgendwohin zurück, jd verbringt jdn irgendwohin *form;* ***qn reconduit qn en voiture chez lui/à la gare*** jd fährt jdn [*o* bringt jdn mit dem Auto] heim [*o* nach Hause]/zum Bahnhof

2. (*continuer*) ■ **qn reconduit qc** *mesure* jd führt etw fort [*o* weiter]; *politique, expérience a.* jd setzt etw fort; *budget* jd schreibt etw fort; *bail, crédit, location* jd verlängert etw

réconfort [ʀekɔ̃fɔʀ] *m* (*soutien*) Halt *m,* Hilfe *f;* (*consolation*) Trost *m;* ***qn apporte à qn le ~ de ses encouragements*** jd muntert jdn auf, jd tröstet jdn durch seinen Zuspruch; ***après l'effort, le ~*** nach der Mühsal das Labsal

réconfortant, e [ʀekɔ̃fɔʀtɑ̃, ɑ̃t] *adj* **1.** (*rassurant*) aufmunternd; *événement* ermutigend; (*consolant*) tröstlich, trostreich; (*stimulant*) ermunternd, aufmunternd; ***sa mère est pour lui une personne ~e*** seine Mutter gibt ihm Halt; ***qn n'est pas très ~*** jd ist kein großer Trost, jd muntert einen nicht gerade auf

2. (*fortifiant*) aufbauend, stärkend; ■ **qc est ~** /*remède*/ etw hat eine stärkende Wirkung; /*aliment a.*/ etw stärkt, etw baut auf *fam*

réconforter <1> [ʀekɔ̃fɔʀte] **I.** *vt* **1.** (*consoler*) ■ **qn/qc réconforte qn [par qc]** jd/etw tröstet jdn [mit etw]; (*rassurer*) jd/etw ermutigt jdn [durch etw]; (*stimuler*) jd/etw muntert jdn [mit etw] auf

2. (*fortifier*) ■ **qc réconforte qn** etw weckt jds Lebensgeister; /*alcool, aliment a.*/ etw stärkt jdn; ***rien de tel pour vous ~*** es gibt nichts Besseres, um die Lebensgeister zu wecken; ***cela m'a bien réconforté/vous réconfortera*** das hat mir gut getan/wird Ihnen gut tun

II. *vpr* 1. (*s'encourager*) ■ **qn se réconforte** jd macht sich (*dat*) Mut, jd baut sich auf
2. (*se revigorer*) ■ **qn se réconforte** jd stärkt sich

reconnaissable [ʀ(ə)kɔnɛsabl] *adj* (*identifiable*) ■ **[qn/qc est] ~** [etw ist] erkennbar; (*qui n'a pas changé*) [jd/etw ist] wieder zu erkennen; ■ **qn/qc est ~ à qc** [jd/etw ist] an etw (*dat*) zu erkennen, man kann jdn/etw an etw (*dat*) erkennen

reconnaissance [ʀ(ə)kɔnɛsɑ̃s] *f* 1. (*gratitude*) Dankbarkeit *f;* (*fait d'admettre les mérites de qn*) Anerkennung *f*
2. POL Anerkennung *f;* ***la ~ de facto*** die De-facto-Anerkennung
3. JUR, ADMIN ■ **~ de qc** *d'utilité publique* Anerkennung *f* einer S. (*gen*); ***~ de dette*** Schuldanerkenntnis *nt;* ***la ~ d'enfant naturel*** (*par le père*) Anerkenntnis *nt* der Vaterschaft, Vaterschaftsanerkenntnis; (*par la mère*) Anerkenntnis der Mutterschaft, Mutterschaftsanerkenntnis
4. (*exploration, prospection*) [*côte, pays, rade, terrain*] Erkundung *f;* [*situation de l'ennemi*] Aufklärung *f;* ***qn mène une ~ dans qc*** jd erkundet etw; ***qn pousse une ~ dans les lignes ennemies*** jd kundschaftet die feindlichen Linien aus
5. (*aveu*) Eingeständnis *nt;* [*culpabilité a.*] Bekenntnis *nt*
6. INFORM Erkennung *f;* ***~ optique de caractères*** automatische Schriftenerkennung; ***~ vocale*** Spracherkennung
▸ **qn a la ~ du ventre** *hum* jd ist dankbar für das, was man für ihn getan hat; jd vergisst nicht, wer ihn durchgefüttert hat *fam;* **qn part** [*o* **va**] **en ~** jd macht einen Erkundungsgang, jd geht auf Erkundung, jd geht die Gegend erkunden; **de ~** *geste, signe* des Erkennens; (*convenu*) *geste, signal, signe* Erkennungs-; *avion, mission* Aufklärungs-; ***une patrouille de ~*** ein Spähtrupp *m;* **en ~** auf Erkundung; **en ~ de qc** (*pour remercier*) als Dank für etw; (*pour honorer*) als Anerkennung für etw

reconnaissant, e [ʀ(ə)kɔnɛsɑ̃, ɑ̃t] *adj* dankbar; ■ **[qn est] ~ à** [*o* **envers**] **qn [de qc/de faire qc]** [jd ist] jdm dankbar [für etw/dafür, dass er etw tut]; ***qn serait ~ à qn de faire qc*** jd wäre jdm dankbar, wenn er etw täte [*o* tun könnte]; ***je vous serais ~ de répondre le plus vite possible*** für Ihre baldige Antwort wäre ich Ihnen dankbar

reconnaître <*irr*> [ʀ(ə)kɔnɛtʀ] I. *vt* 1. (*identifier*) ■ **qn reconnaît qc** *objet, pas, voix* jd erkennt etw; (*se rappeler a.*) jd erkennt etw wieder; *audace, mérites, égoïsme, hypocrisie* jd erkennt etw; ***je sais ~ un mensonge*** ich merke es, wenn jemand lügt; ***je reconnais bien là ta paresse*** daran kann man mal wieder deine Faulheit erkennen; da kann man mal wieder sehen, wie faul du bist; ■ **qn reconnaît qn [à qc]** jd erkennt jdn [an etw (*dat*)]; (*se rappeler a.*) jd erkennt jdn [an etw (*dat*)] wieder; ■ **qn reconnaît qc de qc** jd kann etw und etw unterscheiden [*o* auseinander halten]
2. (*admettre*) ■ **qn reconnaît qc** jd erkennt etw an; *erreur, faute* jd gibt etw zu, jd gesteht etw ein; ***je reconnais la difficulté de la tâche*** ich gebe zu [*o* erkenne an], dass es sich um eine schwierige Aufgabe handelt; ■ **qn reconnaît qc à qn/qc** (*accorder*) jd erkennt bei jdm etw/jd schreibt einer S. (*dat*) etw zu; ***il faut lui ~ qc*** man muss ihm/ihr etw zugestehen; man muss zugeben, dass er/sie etw hat; ■ **qn reconnaît que** + *indic* jd gibt zu [*o* räumt ein], dass; (*s'apercevoir*) jd erkennt, dass; ***il faut ~ que*** + *indic* ich muss/du musst/wir müssen/… zugeben, dass; ***il faut ~ que nous avons exagéré*** wir müssen zugeben, dass wir übertrieben haben; wir haben zugegebenermaßen übertrieben; ■ **qn reconnaît faire/avoir fait qc** jd gibt zu etw zu tun/getan zu haben; ***l'erreur que je reconnais avoir commise*** der Fehler, den ich zugegebenermaßen begangen habe
3. (*admettre comme légitime*) ■ **qn reconnaît qn [comme** [*o* **pour**] **qn]** jd erkennt jdn [als jdn] an; ■ **qn reconnaît qc** *droit, prérogative* jd erkennt etw an, jd akzeptiert etw; ■ **qn reconnaît qc à qn** jd gesteht jdm etw zu
4. JUR ■ **qn reconnaît qn …** *coupable, innocent* jd hält [*o* erachtet] jdn für …, jd befindet jdn [als [*o* für]] … *form;* ■ **qn reconnaît qc …** *catastrophe naturelle, accident du travail* jd erkennt etw als … an; ■ **qn reconnaît qn/qc** *compétence, dette, enfant, signature, État, gouvernement, indépendance* jd erkennt jdn/etw an
5. (*explorer*) ■ **qn reconnaît qc** *côte, pays, terrain* jd erkundet etw; *lieux a.* jd kundschaftet etw aus; *les lignes ennemies* jd klärt etw auf
6. (*être reconnaissant de*) ■ **qn reconnaît qc** *bienfait, service* jd weiß etw zu schätzen; ***qn saura ~ qc*** jd wird etw zu schätzen wissen
II. *vpr* 1. (*se retrouver*) ■ **qn se reconnaît [dans qn/qc]** jd erkennt sich [in jdm/etw] wieder, jd identifiziert sich mit etw
2. (*s'identifier*) ■ **des personnes se reconnaissent** Menschen erkennen sich [wieder]
3. (*s'orienter*) ■ **qn se reconnaît [dans qc]** jd findet sich [in etw (*dat*)] zurecht; *dans un raisonnement* jd kann einer S. (*dat*) folgen, jd kommt [bei etw] mit *fam*
4. (*être reconnaissable*) ■ **qn/qc se reconnaît [à qc]** jd/etw ist [an etw (*dat*)] zu erkennen, man kann jdn/etw [an etw (*dat*)] erkennen
5. (*s'avouer*) ■ **qn se reconnaît …** *coupable* jd bekennt sich …; *vaincu* jd gibt sich …

reconnu, e [ʀəkɔny] I. *pp de* **reconnaître**
II. *adj* 1. (*admis*) *chef* anerkannt; *fait a.* unbestritten; ■ **il est ~/c'est un fait ~ que** + *indic* es ist bekannt [*o* man weiß]/es ist eine unbestrittene Tatsache, dass; ***il est ~ que ce médicament est très efficace contre la grippe*** es ist bekannt, dass dieses Medikament bei Grippe gut wirkt
2. (*de renom*) ■ **~ [pour qc]** [für etw] bekannt; ■ **~ [par qn]** [von jdm] anerkannt

reconquérir <*irr*> [ʀ(ə)kɔ̃keʀiʀ] *vt* ■ **qn reconquiert qn/qc** *amour, dignité* jd gewinnt jdn/etw zurück; *liberté a.* jd erlangt etw wieder; *femme a., pouvoir, fort, terrain, ville* jd erobert jdn/etw zurück

reconquête [ʀ(ə)kɔ̃kɛt] *f* [*fort, terrain, ville*] Rückeroberung *f;* [*droit, liberté a.*] Wiedereroberung *f;* ***qn lutte pour la ~ de sa liberté/ses droits*** jd kämpft darum, seine Freiheit/seine Rechte wiederzubekommen [*o* zurückzubekommen]

reconsidérer <5> [ʀ(ə)kɔ̃sideʀe] *vt* ■ **qn reconsidère qc** jd denkt noch einmal über etw (*akk*) nach; *question a.* jd überdenkt etw [noch einmal]; *problème, sujet a.* jd durchdenkt etw noch einmal

reconstituant, e [ʀ(ə)kɔ̃stitɥɑ̃, ɑ̃t] I. *adj aliment* stärkend; *régime* Stärkungs-, Aufbau-; *crème* Aufbau-, aufbauend; ***un médicament ~*** ein Stärkungsmittel *nt*
II. *m* Stärkungsmittel *nt*

reconstituer <1> [ʀ(ə)kɔ̃stitɥe] I. *vt* 1. (*remettre dans l'ordre*) ■ **qn reconstitue qc** *crime, histoire* jd rekonstruiert etw; *objet brisé a.* jd setzt etw wieder zusammen; *inscription, texte a.* jd stellt etw wieder her; *faits a.* jd vollzieht etw nach; *puzzle* jd setzt etw zusammen, jd legt etw; *bataille, scène* jd stellt etw nach; *généalogie* jd erstellt etw
2. (*reformer*) ■ **qn reconstitue qc** *fortune* jd kommt wieder zu etw; *marge de manœuvre* jd baut etw wieder aus; *armée, organisation, parti* jd baut etw wieder auf; (*réorganiser*) jd organisiert [*o* ordnet] etw neu, jd reorganisiert etw *geh*
3. (*restaurer*) ■ **qn reconstitue qc** *pièce, monument, plan* jd rekonstruiert etw; *édifice, vieux quartier a.* jd baut etw wieder auf
4. BIO ■ **qn reconstitue qc** jd regeneriert etw *geh; forces a.* jd sorgt dafür, dass er wieder zu etw kommt; *santé a.* jd tut etwas für etw; ■ **qc reconstitue qc** etw regeneriert etw *geh; forces a., organe, tissus* etw baut etw wieder auf; *santé* etw stellt etw wieder her
II. *vpr* ■ **qc se reconstitue** /*armée, parti*/ etw formiert [*o* organisiert] sich neu, etw reorganisiert sich *geh;* /*cerveau*/ etw regeneriert sich *geh;* /*organe*/ etw bildet sich neu, etw regeneriert sich *geh;* ***sa fortune s'est peu à peu reconstituée*** er/sie ist langsam wieder zu Vermögen gekommen

reconstitution [ʀ(ə)kɔ̃stitysjɔ̃] *f* 1. (*remise en ordre*) [*faits, histoire, texte, délit, crime*] Rekonstruktion *f;* [*puzzle*] Zusammensetzen *nt*, Legen *nt;* ***la ~ de la vérité*** die Wahrheitsfindung; ***la ~ de ce puzzle m'a pris plusieurs mois*** ich habe mehrere Monate gebraucht, um das Puzzle zusammenzusetzen
2. (*reformation*) [*armée, parti*] Wiederaufbau *m*, Neuordnung *f;* (*réorganisation*) Reorganisation *f geh*
3. (*restauration*) Rekonstruktion *f;* [*plan, monument a.*] Wiederherstellung *f;* [*édifice, vieux quartier a.*] Wiederaufbau *m*

reconstruction [ʀ(ə)kɔ̃stʀyksjɔ̃] *f* Wiederaufbau *m*

reconstruire <*irr*> [ʀ(ə)kɔ̃stʀɥiʀ] *vt* ■ **qn reconstruit qc** *mur, ville, édifice* jd baut etw wieder auf; *fortune* jd kommt wieder zu etw; ***on reconstruit du neuf dans le centre-ville*** in der Innenstadt wird [neu] gebaut; ■ **qn/qc reconstruit qc** *monde, réel* jd/etw [er]schafft etw neu; ***qn reconstruit sa vie*** jd beginnt ein neues Leben

reconversion [ʀ(ə)kɔ̃vɛʀsjɔ̃] *f* ■ **~ [de qc] [en/dans qc]** Umstellung *f* [einer S. (*gen*)] [auf etw (*akk*)]; *de l'outil industriel* Umrüstung *f* [einer S. (*gen*)]; ***la ~ économique d'une entreprise*** die Umgestaltung eines Unternehmens; ■ **~ [de qn] [en/dans qc]** *d'un employé* [jds] Umschulung *f* [zu etw]; *d'un chercheur, étudiant* [jds] Umorientierung *f* [auf etw (*akk*)]

reconvertir <8> [ʀ(ə)kɔ̃vɛʀtiʀ] I. *vt* 1. (*adapter*) ■ **qn reconvertit qc [dans/en qc]** *activité, industrie, usine* jd stellt etw [auf etw (*akk*)] um; ■ **qc est reconverti(e) [en qc]** etw wird [in etw (*akk*)] umgewandelt
2. (*recycler*) ■ **qn reconvertit qn [à qc]** *ouvrier, personnel* jd schult jdn [zu etw] um
II. *vpr* 1. (*se recycler*) ■ **qn se reconvertit [dans/en qc]** jd wechselt den Beruf, jd schult [auf etw (*akk*)] um; ■ **qc se reconvertit [dans/en qc]** etw wird [in etw (*akk*)] umgewandelt, etw stellt [auf etw (*akk*)] um; ***cette fabrique de tanks s'est reconvertie en usine d'automobiles*** diese Panzerfabrik hat auf Autoproduktion umgestellt [*o* wurde in ein Automobilwerk umgewandelt]
2. (*se transformer*) ■ **qc se reconvertit [en qc]** etw wird [in etw (*akk*)] umgewandelt, etw verwandelt sich [in etw (*akk*)]

recopier <1 a> [ʀ(ə)kɔpje] *vt* 1. (*copier de nouveau*) ■ **qn recopie qc [à qn]** jd schreibt etw [für jdn] ab; ***qn recopie qc d'un livre*** jd schreibt etw aus einem Buch ab
2. (*mettre au propre*) ■ **qn recopie qc** *devoir, dissertation* jd schreibt etw ab, jd schreibt etw ins Reine
3. INFORM ■ **qn [lui] recopie qc sur qc** jd kopiert [jdm] etw auf etw (*akk*)

record [ʀ(ə)kɔʀ] I. *m* 1. SPORT Rekord *m;* ■ **~ de qc** *d'athlétisme, de natation, saut à la perche* Rekord in etw (*dat*); *du 100/200/… mètres* Rekord über etw (*akk*); ***le ~ masculin/féminin du 100 mètres*** der Rekord über 100 Meter [der] Männer/Frauen; ***~ de France du 100 mètres*** französischer Rekord über 100 Meter; ***le ~ du monde/d'Europe de saut en longueur*** der Weltrekord/Europarekord im Weitsprung
2. (*performance*) Rekord *m;* ***~ de production/qualité*** Produktions-/Qualitätsrekord; ***~ d'affluence*** Besucherrekord; ***qc atteint un ~*** etw erreicht einen Rekord [*o* eine Rekordhöhe]; ***qn bat un ~*** jd bricht [*o* schlägt] einen Rekord
▸ **qn/qc bat tous les ~s** *hum* jd/etw ist unschlagbar, jd/etw bricht alle Rekorde; **qn établit un ~** jd stellt einen Rekord auf
II. *app inv* Rekord-; ***en un temps ~*** in Rekordzeit

recordman <s *o* -men> [ʀ(ə)kɔʀdman, -mɛn] *m* Rekordhalter *m*

recordwoman <s *o* -women> [ʀ(ə)kɔʀdwuman, -wumɛn] *f* Rekordhalterin *f*

recoucher <1> [ʀ(ə)kuʃe] I. *vt* ■ **qn recouche qn** jd bringt jdn wieder ins [*o* zu] Bett; *enfant, malade a.* jd legt jdn wieder ins Bett
II. *vpr* ■ **qn se recouche** jd geht wieder ins [*o* zu] Bett, jd legt sich wieder hin [*o* ins Bett]

recoudre <*irr*> [ʀ(ə)kudʀ] *vt* 1. COUT ■ **qn recoud qc [à qn]** jd näht [jdm] etw wieder an
2. MED ■ **qn recoud qn** jd näht jdn; ***le chirurgien a recousu l'opéré*** der

Chirurg hat den Operierten wieder zugenäht; ■ **qn recoud qc [à qn]** jd näht [jdm] etw

recoupement [R(ə)kupmɑ̃] *m* Vergleich *m* [von Informationen]; [*renseignements, témoignages a.*] Gegenüberstellung *f*
▶ **qn fait un** ~/**des** ~**s** jd vergleicht die Informationen; **par** ~ durch Vergleich der Informationen

recouper <1> [R(ə)kupe] **I.** *vt* **1.** (*couper de nouveau*) ■ **qn recoupe qc [à qn]** jd schneidet noch etw [für jdn] ab
2. COUT ■ **qn recoupe qc** jd ändert etw
3. (*confirmer*) ■ **qc recoupe qc** /*témoignage, renseignement*/ etw deckt sich mit etw, etw stimmt mit etw überein
4. GASTR ■ **qn recoupe qc** *vin* jd verschneidet etw
II. *vi* CARTES ■ **qn recoupe** jd hebt noch einmal ab
III. *vpr* **1.** (*coïncider*) ■ **des choses se recoupent** /*chiffres, constatations, faits, résultats*/ Dinge stimmen [miteinander] überein, Dinge decken sich
2. GEOM ■ **des choses se recoupent** Dinge schneiden sich

recourbé, e [R(ə)kuRbe] *adj cils* gebogen; *bec, corne a.* krumm, gekrümmt; ***un nez*** ~ eine Hakennase

recourber <1> [R(ə)kuRbe] **I.** *vt* ■ **qn/qc recourbe qc** jd/etw biegt etw um [*o* zurecht]; *cils* jd/etw gibt einer S. (*dat*) eine geschwungene Form
II. *vpr* ■ **qc se recourbe** etw biegt sich [um], etw krümmt sich

recourir[1] <*irr*> [R(ə)kuRiR] *vi* **1.** SPORT ■ **qn recourt** /*coureur*/ jd läuft wieder [bei Wettkämpfen]; /*cycliste, motocycliste, coureur automobile*/ jd fährt wieder [Rennen]
2. (*retourner*) ■ **qn recourt quelque part** (*une seconde fois*) jd geht schnell [*o* läuft] noch einmal irgendwohin; (*revenir*) jd kommt gleich [*o* sofort] irgendwohin zurück; ■ **qn recourt faire qc** (*une seconde fois*) jd geht schnell [*o* läuft] zurück um etw zu tun; (*revenir*) jd kommt gleich [*o* sofort] zurück um etw zu tun; ***je recours aussitôt vous chercher*** ich komme sofort [*o* gleich] zurück um Sie zu holen

recourir[2] <*irr*> [R(ə)kuRiR] *vi* **1.** (*s'adresser à*) ■ **qn recourt à qn** jd kommt auf jdn zurück, jd wendet sich an jdn; *au médecin* jd ruft jdn; ■ **qn recourt à qc** jd greift auf etw (*akk*) zurück
2. (*se servir de*) ■ **qn recourt à qc** jd macht von etw Gebrauch; *à un expédient a.* jd greift zu etw; *à la violence* jd wendet etw an; *à la force* jd setzt etw ein; *à une aide* jd nimmt etw in Anspruch; *au mensonge* jd flüchtet sich in etw (*akk*), jd nimmt zu etw Zuflucht; *à un emprunt, prêt* jd greift auf etw (*akk*) zurück, jd nimmt etw auf

recours [R(ə)kuR] *m* **1.** (*ressource*) Ausweg *m;* (*personne*) Rettung *f;* ***qn n'a plus aucun*** ~ es gibt für jdn keinen Ausweg mehr; ***qn n'a plus aucun*** ~ **[*contre qn*]** es gibt für jdn keine Rettung mehr [vor jdm]; ***je n'ai plus qu'un seul*** ~ ich weiß [*o* es gibt für mich] nur noch einen Ausweg; ■ ~ **à** Rückgriff *m* auf (+ *akk*), Zurückgreifen *nt* auf (+ *akk*); *à la violence* Anwendung *f* von, -anwendung; *à la force, aux armes* Einsatz *m* von; *au mensonge* Flucht *f* in (+ *akk*)
2. JUR Beschwerde *f;* ~ ***administratif/gracieux*** Verwaltungsbeschwerde/Widerspruchsverfahren *nt;* ~ ***contentieux*** verwaltungsgerichtliche Klage, Klage *f* vor dem Verwaltungsgericht; ~ ***hiérarchique*** Dienstaufsichtsbeschwerde; ~ ***pour excès de pouvoir*** Anfechtungsklage; ***quel*** ~ ***peut-il avoir?*** welche Rechtsmittel stehen ihm zur Verfügung?
▶ **en dernier** ~ als letzter Ausweg, als letzte Rettung; **qn a** ~ **à qn** jd wendet sich an jdn; ***j'aurai*** ~ ***à vous*** ich werde mich an Sie wenden, ich werde auf Sie zurückkommen; **qn a** ~ **à qc** jd macht von etw Gebrauch; *à la force, aux armes a.* jd setzt etw ein; *à la violence* jd wendet etw an; *au mensonge* jd flüchtet sich in etw (*akk*); *à un service* jd nimmt etw in Anspruch; *à une organisation, un organisme* jd wendet sich an etw (*akk*), jd bittet etw um Hilfe; **de** ~: ***moyen/voie de*** ~ Rechtsbehelf *m*, Rechtsmittel *nt;* **sans** ~ ausweglos, verfahren; ***qc est sans*** ~ /*situation*/ etw ist ausweglos [*o* verfahren]; /*décision*/ etw ist endgültig; JUR es gibt keine Widerspruchsmöglichkeit gegen etw
◆ **recours en cassation** Revisionsbegehren *nt*, Anrufung *f* des Kassationsgerichts; **recours en grâce** Gnadengesuch *nt*

recouvrable [R(ə)kuvRabl] *adj* zahlbar; ■ **qc est** ~ **[chez qn]** (*qui peut être perçu*) etw ist zahlbar, etw kann gezahlt werden; (*qui doit être perçu*) etw muss [bei jdm] gezahlt werden

recouvrement [R(ə)kuvRəmɑ̃] *m* **1.** FIN [*cotisations, impôt*] Erhebung *f;* [*créance, impayés*] Eintreibung *f*, Beitreibung *f;* ***je suis chargé du*** ~ ***des cotisations auprès des membres*** ich muss bei den Mitgliedern die Beiträge kassieren
2. CONSTR Überdeckung *f*, Überlappung *f*
▶ **qc est mis(e) en** ~ etw wird eingetrieben, die Zahlung einer S. (*gen*) wird veranlasst

recouvrer <1> [R(ə)kuvRe] *vt* **1.** FIN ■ **qn recouvre qc** *cotisations, impôt* jd erhebt etw, jd zieht etw ein; *créance, effet de commerce* jd fordert [*o* treibt] etw ein
2. *littér* (*récupérer*) ■ **qn recouvre qc** *liberté, santé, vue* jd erlangt etw wieder; *amitié a.* jd erringt etw wieder; *biens a.* jd bekommt etw wieder [*o* zurück]; *forces, raison* jd kommt wieder zu etw; ***qn a recouvré la liberté/ses forces/la raison/la santé/la vue*** jd ist wieder frei/bei Kräften/bei Verstand/gesund/kann wieder sehen; ***qc permet à qn de*** ~ ***la santé/la vue*** etw stellt jds Gesundheit/Sehvermögen wieder her

recouvrir <11> [R(ə)kuvRiR] **I.** *vt* **1.** (*couvrir entièrement*) ■ **qn recouvre qc [de qc]** *fauteuil* jd bezieht etw [mit etw]; *corps* jd bedeckt etw [mit etw], jd deckt etw [mit etw] zu; *livre* jd bindet etw [in etw (*akk*)] ein; *de papier peint* jd tapeziert etw mit etw; *de tissu* jd kleidet etw [mit etw] aus; *toit* jd deckt etw [mit etw]; *plantes* jd deckt etw [mit etw] ab; *casserole* jd deckt etw [mit etw] zu; ***qn recouvre un livre d'une couverture plastique*** jd macht einen Plastikumschlag um ein Buch; ■ **qc recouvre qc** /*neige, givre*/ etw bedeckt etw, etw liegt auf etw (*dat*); ***qc est recouvert(e) de crépi/de givre/de buée*** etw ist verputzt/reifbedeckt [*o* bereift]/beschlagen; ■ **qn recouvre qn [de qc]** jd deckt jdn [mit etw] zu; (*envelopper dans*) jd hüllt jdn [in etw (*akk*)] ein
2. (*couvrir à nouveau*) ■ **qn recouvre qn [de qc]** jd deckt jdn [mit etw] wieder zu; ■ **qn recouvre qc [de qc]** *livre* jd bindet etw neu [in etw (*akk*)] ein; *fauteuil* jd bezieht etw [mit etw] neu; *parapluie* jd bespannt etw [mit etw] neu
3. (*correspondre à*) ■ **une chose recouvre qc** etw steckt hinter einer S. (*dat*); /*projet a.*/ eine S. beinhaltet etw, eine S. umfasst etw; (*cacher*) etw verbirgt sich hinter einer S. (*dat*); ***ce mot recouvre plusieurs sens*** dieses Wort hat mehrere Bedeutungen
II. *vpr* **1.** (*être couvert entièrement*) ■ **une chose se recouvre de qc** *de givre, neige, verglas, d'eau* eine S. ist mit etw bedeckt, etw überzieht eine S.; ***la vitre se recouvre*** die Scheibe beschlägt
2. (*se couvrir à nouveau*) ■ **qc se recouvre** /*ciel*/ etw bezieht [*o* bewölkt] sich [wieder], etw zieht sich [wieder] zu
3. (*se chevaucher*) ■ **des choses se recouvrent** Dinge überdecken [*o* überlappen] sich; ***deux choses se recouvrent exactement*** zwei Dinge liegen genau übereinander

recracher <1> [R(ə)kRaʃe] **I.** *vi* ■ **qn recrache** jd spuckt aus
II. *vt* **1.** (*expulser*) ■ **qn recrache qc** jd spuckt etw [wieder] aus
2. *fam* (*répéter*) ■ **qn recrache qc** *leçon, cours* jd käut etw wieder, jd spult etw herunter *fam*

récré [RekRe] *f fam abr de* **récréation** Pause *f;* ***cour de*** ~ Pausenhof *m*

récréatif, -ive [RekReatif, -iv] *adj lecture* Unterhaltungs-; ***une soirée*** ~***ive*** ein bunter Abend; ***séance*** ~***ive/après-midi*** ~ Spielstunde *f*/-nachmittag *m*

récréation [RekReasjɔ̃] *f* **1.** SCOL Pause *f;* ***c'est l'heure de la*** ~ es ist Pause
2. (*délassement*) Erholung *f*, Entspannung *f;* (*pause*) [Erholungs]pause *f*
▶ **qn est/va en** ~ jd hat Pause/geht in die Pause

recréer <1> [R(ə)kRee] *vt* ■ **qn/qc recrée qc** jd erschafft etw neu; (*reconstruire*) jd/etw rekonstruiert etw, jd/etw lässt etw wieder entstehen

récrier <1 a> [RekRije] *vpr* ■ **qn se récrie** jd protestiert; ■ **qn se récrie contre qc** *fam* jd protestiert gegen etw

récriminateur, -trice [RekRiminatœR, -tRis] *adj* nörglerisch, ewig unzufrieden

récriminations [RekRiminasjɔ̃] *fpl* (*protestations*) Beschwerden *pl*, Klagen *pl;* (*rouspétances*) Nörgeleien *pl pej fam*, Genörgel *nt pej fam;* ***arrêtez vos*** ~***s!*** hören Sie auf, sich ständig zu beschweren/ständig herumzunörgeln! *pej fam*

récriminer <1> [RekRimine] *vi* ■ **qn récrimine [contre qn/qc]** jd schimpft [gegen jdn/etw], jd regt sich [über jdn/etw] auf

récrire <*irr*> [RekRiR] *vt* **1.** (*rédiger de nouveau*) ■ **qn récrit qc** jd schreibt etw neu [*o* noch einmal]
2. (*répondre*) ■ **qn récrit [qc] à qn** jd schreibt jdm [etw] zurück, jd antwortet jdm [mit etw], jd schreibt jdm etw als Antwort

recroqueviller <1> [R(ə)kRɔk(ə)vije] *vpr* **1.** (*se rétracter*) ■ **qc se recroqueville [à qc]** *à la chaleur* etw schrumpelt [in etw (*dat*)]; /*papier a.*/ etw wellt sich [in etw (*dat*)]; /*fleur*/ etw wird [in etw (*dat*)] welk
2. (*se tasser*) ■ **qn se recroqueville** jd kauert sich zusammen; (*avec l'âge*) jd schrumpft zusammen; ***qn se recroqueville dans les bras de qn*** jd kuschelt sich in jds Arme (*akk*); ■ **qn se recroqueville sur qc** *sur un objet* jd umklammert etw; *sur son passé* jd klammert sich an etw (*akk*); ■ **qn se recroqueville sur lui-même** (*s'isoler*) jd igelt sich ein; (*se tasser*) jd kauert sich in sich (*akk*) zusammen; ■ **[qn/qc est] recroquevillé(e) sur qc** [jd/etw ist] auf etw (*akk*) fixiert, jd/etw igelt sich in etw (*akk*) ein

recrudescence [R(ə)kRydesɑ̃s] *f* [*combats, activité volcanique, violence*] Zunahme *f;* [*criminalité a.*] Anstieg *m;* [*feu*] Wiederaufflackern *nt;* [*maladie*] Verschlimmerung *f;* ***une*** ~ ***du froid*** ein Temperatursturz *m*

recrue [RəkRy] *f* **1.** MIL Rekrut *m*
2. (*nouveau membre*) neues Mitglied
▶ **qn fait une nouvelle** ~/**des nouvelles** ~**s** jd wirbt [*o* rekrutiert] ein neues Mitglied/neue Mitglieder

recrutement [R(ə)kRytmɑ̃] *m* Rekrutierung *f;* [*membre a.*] Werbung *f;* [*employé*] Anwerbung; MIL *a.* Einberufung *f;* [*troupes*] Aushebung *f;* ***un cabinet de*** ~ ein Personalberatungsbüro *nt*

recruter <1> [R(ə)kRyte] **I.** *vt* **1.** MIL ■ **qn recrute qn** jd zieht [*o* beruft] jdn ein; *troupes* jd hebt jdn aus; *mercenaires* jd wirbt jdn an
2. (*engager*) ■ **qn/qc recrute qn [quelque part]** *membres* jd/etw findet [irgendwo] jdn, jd/etw rekrutiert [irgendwo] jdn; *adeptes, partisans, clients* jd/etw wirbt jdn [irgendwo]; *travailleurs, employés* jd/etw rekrutiert jdn [irgendwo], jd/etw wirbt jdn [irgendwo] an; ***des membres [qui ont été] recrutés dans tous les milieux*** Mitglieder[, die] aus allen Schichten [kommen], Mitglieder, die sich aus allen Schichten rekrutieren; ***des collaborateurs [qui ont été] recrutés par petites annonces*** Mitarbeiter, die über Stellenanzeigen angeworben [*o* rekrutiert] wurden
II. *vi* **1.** MIL ■ **qn recrute** jd rekrutiert, jd zieht Soldaten ein
2. (*engager*) ■ **qn/qc recrute** /*mouvement, secte*/ jd/etw nimmt neue Anhänger auf; /*parti, association a.*/ jd/etw nimmt neue Mitglieder auf; /*entreprise, administration*/ jd/etw stellt neue Mitarbeiter ein; ***on recrute dans la police*** die Polizei stellt neue Mitarbeiter ein
III. *vpr* ■ **qn se recrute …** /*membre*/ jd rekrutiert sich …; /*personnel a.*/ jd wird … angeworben; ***le personnel saisonnier se recrute au mois de juillet/par petites annonces/dans le milieu paysan*** die Saisonarbeiter werden im Juli/über Stellenanzeigen angeworben/rekrutieren sich [*o* kommen] aus dem bäuerlichen Milieu

recruteur [R(ə)kRytœR] **I.** *m* Werbeoffizier *m*, Aushebungsoffizier *m;* [*entreprise*] Personalberater(in) *m(f);* ~ ***d'un parti*** Mitgliederwerber(in) *m(f)* für eine Partei
II. *app:* ***sergent*** ~ Werbeoffizier *m*, Aushebungsoffizier *m;* ***agent*** ~ Mitglie-

derwerber(in) *m(f)*
recta [ʀɛkta] *adv* ▸ **qn paie** ~ *vieilli* jd zahlt prompt
rectal, e <-aux> [ʀɛktal, o] *adj* rektal; *température a.* Rektal-
rectangle [ʀɛktɑ̃gl] **I.** *m* Rechteck *nt*
II. *adj trapèze, triangle* rechtwinklig; ***parallélépipède*** ~ Quader *m*
rectangulaire [ʀɛktɑ̃gylɛʀ] *adj* **1.** (*en forme de rectangle*) rechteckig
2. (*orthogonal*) *axes* rechtwinklig, orthogonal; ***deux droites*** **~s** zwei orthogonale [*o* senkrecht zueinander stehende] Geraden
recteur [ʀɛktœʀ] *m* **1.** SCOL ≈ Leiter *m* eines Oberschulamts (*Leiter eines Schulaufsichtsbezirks*)
2. REL Rektor *m;* [*mosquée a.*] Vorsteher *m*
rectifiable [ʀɛktifjabl] *adj* korrigierbar; *erreur, faute a.* wieder gutzumachend *attr,* zu behebend *attr; inexactitude* zu verbessernd *attr;* ▪ **qc est** ~ etw kann korrigiert/wieder gutgemacht [*o* behoben]/verbessert werden
rectificatif, -ive [ʀɛktifikatif, -iv] **I.** *adj compte, état* berichtigt; ***acte/note*** **~*ive*** Berichtigung *f*
II. *m* Richtigstellung *f*
rectification [ʀɛktifikasjɔ̃] *f* **1.** (*correction*) [*texte*] Korrektur *f;* [*erreur a.*] Richtigstellung *f,* Berichtigung *f;* [*déclaration*] Richtigstellung *f*
2. (*redressement*) [*route, tracé, virage*] Begradigung *f;* [*position*] Korrektur *f;* TECH [*objet, pièce*] Feinbearbeitung *f;* (*par alésage*) Kalibrieren *nt spec,* Honen *nt spec;* (*à la meule*) Feinschleifen *nt;* ***la*** ~ ***de la position d'un malade*** die richtige Lagerung eines Kranken; ***l'atelier de*** ~ die Schleiferei
rectifier <1 a> [ʀɛktifje] *vt* **1.** (*corriger*) ▪ **qn rectifie qc** jd berichtigt [*o* korrigiert] etw; *texte a., composition* jd verbessert etw; *erreur, paroles a., déclaration* jd stellt etw richtig; ***qn rectifie les défauts d'un produit*** jd merzt die Fehler eines Produkts aus
2. (*redresser*) ▪ **qn rectifie qc** *route, tracé, virage* jd begradigt etw; *position* jd korrigiert etw; TECH *objet, pièce* jd nimmt die Feinbearbeitung einer S. (*gen*) vor; (*par alésage*) jd kalibriert [*o* hont] etw *spec;* (*à la meule*) jd schleift etw fein; MIL *alignement, tir* jd korrigiert etw; ***qn rectifie la position*** jd nimmt Haltung an; ***rectifie ta position!*** halte dich gerade!
3. *pop* (*tuer*) ▪ **qn est rectifié(e)** [*o* **qn se fait** ~] [**par qn**] jd wird [von jdm] erledigt *fam* [*o* kaltgemacht *sl*]; ▪ **qn rectifie qn** jd erledigt jdn *fam,* jd macht jdn kalt *sl*
rectifieur, -euse [ʀɛktifjœʀ, -jøz] **I.** *m, f* Schleifer(in) *m(f)*
II. *f* (*machine*) ▪ **rectifieuse** Schleifmaschine *f*
rectiligne [ʀɛktiliɲ] *adj* gerade, geradlinig; *carrière, trajet* geradlinig; ***parfaitement*** ~ schnurgerade; ***une figure*** ~ ein Vieleck *nt*
rectitude [ʀɛktityd] *f* **1.** [*caractère*] Rechtschaffenheit *f;* [*jugement, raisonnement*] Richtigkeit *f;* (*rigueur*) Fundiertheit *f;* ~ ***morale*** Rechtschaffenheit
2. *littér* [*route, sillon, tracé*] Geradheit *f*
recto [ʀɛkto] *m* [Blatt]vorderseite *f,* Rekto *nt spec*
▸ ~ **verso** beidseitig; **au** ~ auf der [Blatt]vorderseite
rectoral, e <-aux> [ʀɛktɔʀal, o] *adj circulaire, décision, délégué* der Schulverwaltung, ≈ des Oberschulamts; *administration* ≈ des Oberschulamtsbezirks; ***un poste dans l'administration*** **~*e*** ≈ eine Stelle beim Oberschulamt
rectorat [ʀɛktɔʀa] *m* **1.** (*bureaux*) Behörde *f* der Schulverwaltung, ≈ Oberschulamt *nt*
2. (*fonction*) ≈ Leitung *f* eines Oberschulamts (*Leitung eines Schulaufsichtsbezirks*)
rectum [ʀɛktɔm] *m* Mastdarm *m,* Rektum *nt*
reçu, e [ʀ(ə)sy] **I.** *pp de* **recevoir**
II. *adj* **1.** (*couramment admis*) [allgemein] üblich; *coutumes, usages a.* herkömmlich; *pratique a.* gängig; ***une idée*** **~*e*** (*préjugé*) ein Vorurteil *nt;* (*lieu commun*) ein Gemeinplatz *m*
2. *candidat, élève* erfolgreich, der/die bestanden hat; ***les élèves*** **~*s*** ***au baccalauréat*** die Schüler, die das Abitur bestanden haben; ***14 candidats seulement sont*** **~*s*** ***sur les 131 qui se sont présentés*** von 131 Kandidaten sind nur 14 aufgenommen worden/haben nur 14 bestanden
III. *m, f* ▪ ~ [**à qc**] *à une école* [zu etw] zugelassener Schüler [*o* Bewerber]/[zu etw] zugelassene Schülerin [*o* Bewerberin], [an etw (*dat*)] aufgenommener Schüler/[an etw (*dat*)] aufgenommene Schülerin; *à un examen* Kandidat(in), der/die [etw] bestanden hat
IV. *m* (*quittance*) Quittung *f*
recueil [ʀəkœj] *m* (*ensemble*) Sammlung *f;* (*livre*) Sammelband *m;* ▪ ~ **de choses** Sammlung von Dingen; *de documents a., faits* Zusammenstellung *f* von Dingen; ***un*** ~ ***des faits qui ont précédé la guerre*** eine Zusammenstellung [*o* Zusammenschau] der Ereignisse, die dem Krieg vorausgingen; ***un*** ~ ***de textes/poèmes*** eine Text-/Gedichtsammlung, eine Anthologie
recueillement [ʀ(ə)kœjmɑ̃] *m* Besinnung *f;* (*religieux*) Andacht *f;* ***avec*** ~ andächtig, voller Andacht
recueilli, e [ʀ(ə)kœji] *adj* andächtig; *vie* besinnlich, kontemplativ *geh*
recueillir <*irr*> [ʀ(ə)kœjiʀ] **I.** *vt* **1.** (*récolter*) ▪ **qn/qc recueille qc** *fruits* jd erntet etw; *liquide* jd/etw fängt etw auf; *sel* jd gewinnt etw; ▪ **un animal recueille qc** *pollen* ein Tier sammelt etw
2. (*réunir*) ▪ **qn recueille qc** *argent, dons* jd sammelt etw; *documents a.* jd stellt etw zusammen; *propositions a.* jd trägt etw zusammen; ***cette idée a recueilli tous les suffrages*** dieser Vorschlag fand einhellige Zustimmung
3. (*obtenir*) ▪ **qn/qc recueille qc** *applaudissements* jd/etw erntet etw, jd/etw wird mit etw bedacht; *signatures* jd sammelt etw; *suffrages* jd/etw erhält etw, jd vereinigt etw auf sich (*akk*); ***qn ne recueille aucun bénéfice de qc*** jd zieht keinerlei Vorteil aus etw
4. (*accueillir*) ▪ **qn recueille qn/un animal** [**quelque part**] jd nimmt jdn/ein Tier [irgendwo] auf
5. (*enregistrer*) ▪ **qn recueille qc** *déposition, témoignage* jd nimmt etw auf; *réponses, éléments* jd sammelt etw, jd trägt etw zusammen
II. *vpr* ▪ **qn se recueille** jd sammelt sich; ***il se recueille sur la tombe de son ami*** er gedenkt seines Freundes an dessen Grab
recuire <*irr*> [ʀ(ə)kɥiʀ] **I.** *vt* ▪ **qn recuit/fait** ~ **qc** jd lässt etw noch etwas kochen; (*dans une casserole*) *confiture, liquide* jd kocht etw noch einmal auf; (*dans une poêle*) jd brät etw [noch] länger; (*au four*) jd stellt etw noch einmal in den Ofen; *gâteau* jd bäckt etw [noch] länger; *métal* jd glüht etw aus; *poterie* jd brennt etw noch einmal; *verre* jd erhitzt etw noch einmal
II. *vi* ▪ **qc recuit** etw kocht noch etwas [weiter]; /*confiture, liquide*/ etw kocht noch einmal auf; (*dans une poêle*) etw brät noch länger; /*gâteau*/ etw bäckt noch länger
recul [ʀ(ə)kyl] *m* **1.** (*mouvement de retrait*) [*armée*] Rückzug *m;* (*de la part d'un négociateur, patron*) Nachgeben *nt,* Rückzieher *m fam;* ***cette offre constitue un*** ~ ***par rapport aux propositions antérieures*** dieses Angebot bleibt hinter den früheren Vorschlägen zurück; ***qc entraîne un*** ~ ***dans les positions de qn*** etw bewegt jdn dazu nachzugeben; etw bringt jdn dazu, einen Rückzieher zu machen *fam*
2. (*déclin*) [*épidémie, criminalité, chômage*] Rückgang *m;* [*influence a.*] Abnahme *f;* [*monnaie*] Wertverlust *m,* Fall *m;* [*civilisation*] Niedergang *m;* ***le*** ~ ***d'un parti à des élections*** die Verluste einer Partei bei den Wahlen; ***le*** ~ ***d'un parti à la suite d'un événement*** der Rückgang der Mitglieder[zahl] einer Partei aufgrund eines Ereignisses; ***les sociologues craignent un*** ~ ***des civilisations occidentales*** die Soziologen befürchten, dass die westlichen Kulturen an Boden verlieren werden [*o* zurückgedrängt werden]
3. (*éloignement*) (*dans le temps*) Abstand *m;* (*dans l'espace*) Entfernung *f*
4. [*arme à feu*] Rückstoß *m*
5. (*espace libre pour reculer*) Platz *m* [nach hinten]; (*distance*) Abstand *m*
6. FIN Aufschub *m;* ~ ***d'échéance*** Zahlungsaufschub
▸ **qn a du** ~ jd hat [genügend] Abstand; **qn prend du** ~ (*recule*) jd geht zurück; (*se détache*) jd gewinnt [genügend] Abstand; **avec du/le** ~ im Nachhinein; **de** ~: ***phares*** [*o* ***feux***] ***de*** ~ Rückfahrscheinwerfer *pl;* [**qc est**] **en** ~ [etw ist] rückläufig; /*influence*/ etw geht zurück, etw nimmt ab; ***qc est en*** ~ ***par rapport à qc*** etw bleibt hinter etw (*dat*) zurück
reculade [ʀ(ə)kylad] *f péj* Rückzieher *m fam;* ***c'est la*** ~ ***générale*** es findet ein Rückzug an allen Fronten statt
reculé, e [ʀ(ə)kyle] *adj* (*dans le temps*) *époque, temps, siècles* längst vergangen; (*dans l'espace*) *maison, village, vallée, montagnes* abgeschieden, entlegen; ***depuis les temps les plus*** **~*s*** [schon] seit Urzeiten
reculer <1> [ʀ(ə)kyle] **I.** *vi* **1.** (*faire marche arrière*) ▪ **qn recule** [**devant qn/qc**] jd weicht [*o* zieht sich] [vor jdm/etw] zurück; (*en voiture*) jd stößt zurück; ▪ **un animal recule** [**devant qn/qc**] ein Tier scheut [vor jdm/etw]; ▪ **qc recule** /*véhicule*/ etw fährt rückwärts; (*involontairement*) etw rollt zurück; ▪ **qn/qc fait** ~ **qn/un animal** jd/etw drängt jdn zurück/jd scheucht ein Tier zurück; ▪ **qn recule de qc** *de peur, d'horreur* jd weicht aus etw zurück; ***qn recule d'effroi*** jd schreckt zurück; ***qn recule de deux pas/trois mètres*** jd tritt zwei Schritte zurück/jd geht drei Meter zurück
2. (*renoncer*) ▪ **qn recule** jd gibt klein bei; ▪ **qn recule** [**devant qc**] *devant la dépense, difficulté, décision, devant un prix* jd schreckt [vor etw (*dat*)] zurück; *devant une obligation* jd geht einer S. (*dat*) aus dem Weg, jd drückt sich [vor etw (*dat*)] *fam;* ***nous ne pouvons plus*** ~ ***devant la décision*** wir können dieser Entscheidung nicht länger aus dem Weg gehen; ***maintenant tu ne peux plus*** ~ jetzt kannst du nicht mehr zurück, jetzt gibt es kein Zurück mehr; ▪ **qc fait** ~ **qn** etw schreckt jdn ab; ***rien ne me fera*** ~ nichts kann mich aufhalten
3. (*diminuer*) ▪ **qc recule** /*chômage, influence*/ etw geht zurück, etw nimmt ab; /*idéologie, civilisation*/ etw verliert [an] Boden [*o* an Bedeutung]; /*épidémie*/ etw klingt ab, etw geht zurück; /*incendie*/ etw wird eingedämmt; /*monnaie*/ etw verliert an Wert, etw fällt; /*parti*/ etw erleidet Verluste [*o* Einbußen]; ▪ **qn/qc fait** ~ **qc** *chômage* jd baut etw ab/durch etw wird etw abgebaut [*o* vermindert]; *épidémie, incendie* jd dämmt etw ein/durch etw wird etw eingedämmt; *civilisation, influence* jd/etw drängt etw zurück; *monnaie* etw schwächt etw; *parti* jd/etw schwächt etw, jd/etw bringt einer S. (*dat*) Verluste bei; ***qn/qc a fait*** ~ ***la criminalité*** jd hat dafür gesorgt, dass die Kriminalität zurückgeht/durch etw ist die Kriminalität zurückgegangen
▸ **c'est** ~ **pour mieux sauter** aufgeschoben ist nicht aufgehoben; **qn ne recule devant rien** jd schreckt vor nichts zurück
II. *vt* ▪ **qn recule qc** *chaise, meuble* jd schiebt etw zurück; *mur, cloison* jd versetzt etw; *frontière* jd verschiebt etw [nach hinten]; *véhicule* jd fährt etw zurück; *date, rendez-vous* jd verschiebt etw; *décision, échéance* jd schiebt etw auf
III. *vpr* ▪ **qn se recule** jd tritt zurück; ***recule-toi!*** geh aus dem Weg!
reculons [ʀ(ə)kylɔ̃] *loc* ▸ **à** ~ rückwärts; ***qn va quelque part à*** ~ (*n'a pas envie*) jd geht unwillig irgendwohin; ***qn va à*** ~ jd geht rückwärts; (*régresse*) jd macht Rückschritte
récupérable [ʀekypeʀabl] *adj* **1.** (*réutilisable*) *ferraille, objets* wieder verwertbar; *vieux habits, chaussures* noch tragfähig, wieder verwendbar; *heure, congé* (*à rattraper*) nachzuholen, nachzuarbeiten; (*à compenser*) auszugleichen, abzufeiern *fam;* ***ce pull n'est plus*** ~ diesen Pulli kann man nicht mehr tragen, dieser Pulli ist nicht mehr zu retten *fam;* ***ces jours de congé sont*** **~*s*** (*à rattraper*) diese Urlaubstage müssen nachgearbeitet [*o* nachgeholt] werden; ***ces heures sup sont*** **~*s*** ***sous forme de congé*** diese Überstunden können durch Urlaub ausgeglichen werden [*o* können abgefeiert werden *fam*]
2. (*amendable*) *délinquant* resozialisierbar; ***qn n'est plus*** ~ jd ist ein hoffnungsloser Fall
récupérateur, -trice [ʀekypeʀatœʀ, -tʀis] **I.** *adj repos, sommeil* erholsam, erfrischend; ***des procédés*** **~*s*** *péj* Bauernfängermethoden *pl;* ***qn fait des discours*** **~*s*** jd hält schöne Reden
II. *m* TECH Wärme[aus]tauscher *m*
III. *m, f* Altmaterialsammler(in) *m(f),* Altstoffsammler(in) *m(f);* ~ ***de ferrail-***

les Alteisensammler(in) *m(f)*

récupération [ʀekypeʀasjɔ̃] *f* **1.** (*reprise de possession*) [*biens*] Wiedererlangung *f;* [*forces*] Wiederherstellung *f;* [*fusée, satellite*] Bergung *f;* ***la ~ de l'argent n'a pas été chose facile*** es war nicht einfach, das Geld wiederzubekommen

2. (*réutilisation*) [*chaleur*] Rückgewinnung *f;* [*chiffons, ferraille, papiers, verre*] Wiederverwertung *f;* (*collecte*) Sammeln *nt;* ***la ~ des vieux papiers*** die Altpapiersammlung

3. (*recouvrement*) [*créance*] Eintreibung *f,* Beitreibung *f;* [*heures de cours*] Nachholen *nt;* [*journée de travail*] Nachholen, Nacharbeiten *nt;* [*heures supplémentaires*] (*sous forme de congés*) Ausgleichen *nt,* Abfeiern *nt fam;* (*repos*) Freizeit *f;* ***24 heures de service pour 48 heures de ~*** 24 Stunden Bereitschaftsdienst auf 48 Stunden Freizeit

4. POL *péj* [*mouvement, personne*] Vereinnahmung *f;* ***qn s'applique à la ~ de qn*** jd versucht, jdn für sich zu vereinnahmen; ■ **~ de qn/qc par qn** Vereinnahmung eines Menschen/einer S. (*gen*) durch jdn; ***la ~ des voix est l'objectif prioritaire du parti*** Hauptziel der Partei ist es, wieder Stimmen hinzuzugewinnen

récupérer <5> [ʀekypeʀe] **I.** *vi* ■ **qn récupère** jd erholt sich

II. *vt* **1.** (*reprendre possession de*) ■ **qn récupère qc** *argent, biens, objet* jd bekommt etw wieder [*o* [wieder] zurück]; *forces* jd kommt wieder zu etw, jd sammelt wieder etw; *butin* jd stellt etw sicher; *fusée, satellite* jd birgt etw; ***qn récupère ses forces*** jd kommt wieder zu Kräften

2. *fam* (*retrouver*) ■ **qn récupère qc** jd hat etw wieder; *stylo prêté* jd kriegt etw zurück *fam*

3. *fam* (*aller chercher*) ■ **qn récupère qn/un animal/qc [quelque part]** jd holt jdn/ein Tier/etw [irgendwo] ab; *en haut d'un arbre, d'un toit, au fond d'un trou* jd holt jdn/ein Tier/etw von irgendwoher

4. (*réutiliser*) ■ **qn/qc récupère qc** *ferraille* jd verwertet etw wieder; *chiffons a., vieux habits* jd verwendet etw wieder; *aliments* jd verwendet etw; *chaleur, énergie* jd nutzt etw; (*recueillir*) jd sammelt etw [ein]

5. (*recouvrer*) ■ **qn récupère qc** *créance* jd treibt etw ein [*o* bei]; *journée de travail* jd holt [*o* arbeitet] etw nach; (*sous forme de congés*) jd gleicht etw aus, jd feiert etw ab *fam;* ***qn récupère une année de salaire*** jd holt sich (*dat*) ein Jahresgehalt zurück

6. POL *péj* ■ **qn/qc récupère qn/qc** *aspiration, émancipation, mouvement* jd/etw vereinnahmt jdn/etw; *personne a.* jd spannt jdn für sich ein, jd gewinnt jdn für sich; *grève* jd reißt etw an sich (*akk*)

récurer <1> [ʀekyʀe] *vt* ■ **qn récure qc** jd scheuert etw

récurrence [ʀekyʀɑ̃s] *f littér* [*sentiment, souvenir*] Wiederkehr *f;* [*événement, thème a.*] Wiederholung *f*

▸ **par ~** *démonstration* rekursiv, Rekursions-

récurrent, e [ʀekyʀɑ̃, ɑ̃t] *adj* sich wiederholend; (*fréquent*) häufig; *fièvre* Rückfall-, Rekurrens- *spec;* ■ **qc est ~** etw wiederholt sich; (*fréquent*) etw ist häufig; /*fièvre*/ etw tritt wieder auf

récusation [ʀekyzasjɔ̃] *f* Ablehnung *f*

récuser <1> [ʀekyze] **I.** *vt* **1.** JUR ■ **qn récuse qn/qc** jd lehnt jdn ab/erkennt etw nicht an

2. (*rejeter*) ■ **qn récuse qn/qc** jd akzeptiert jdn/etw nicht, jd lehnt jdn ab/erkennt etw nicht an; ***vous ne pouvez pas ~ l'argument*** Sie müssen das Argument anerkennen [*o* akzeptieren]; ■ **qc récuse qc** etw stößt etw um, etw stellt etw auf den Kopf *fam*

II. *vpr* ■ **qn se récuse** jd lehnt ab

recyclable [ʀ(ə)siklabl] *adj* **1.** (*réutilisable*) wieder verwertbar, recyclebar [ri'saiklba:ɐ]; ■ **qc est ~** etw ist wieder verwertbar, etw kann recycelt [*o* wieder verwertet] werden

2. *personne* anderweitig einsetzbar; (*par reconversion*) umschulungsfähig; *délinquant* resozialisierbar

recyclage [ʀ(ə)siklaʒ] *m* **1.** (*réutilisation*) ■ **~ [de qc]** Wiederverwertung *f* [von etw], Recycling *nt* [von etw] [ri'saiklɪŋ], -recycling; *de l'air, eau, du gaz* Wiederaufbereitung *f* [einer S. (*gen*)]; **~ *des gaz d'échappement*** Abgasrückführung *f*

2. (*reconversion*) Umschulung *f;* (*formation permanente*) Fortbildung *f,* [berufliche] Weiterbildung

recycler <1> [ʀ(ə)sikle] **I.** *vt* **1.** (*réutiliser*) ■ **qn/qc recycle qc** *déchets, verre* jd/etw recycelt etw [ri'saiklt], jd verwertet etw wieder; *eau* jd bereitet etw wieder auf; ***du papier recyclé*** Recyclingpapier [ri'saiklɪŋ-] *nt,* Umweltschutzpapier *nt*

2. (*reconvertir*) ■ **qn/qc recycle qn** jd schult jdn um; (*par une formation permanente*) jd/etw bildet jdn weiter; ***ce stage est destiné à ~ les techniciens*** auf diesem Lehrgang werden die Techniker umgeschult/weitergebildet

II. *vpr* (*se reconvertir*) ■ **qn se recycle [dans qc]** jd schult [auf etw (*akk*)] um; (*par une formation permanente*) jd bildet sich [in etw (*dat*)] weiter [*o* fort]; ***elle a besoin de se ~!*** *fam* die sollte sich mal weiterbilden!; ■ **qc se recycle [dans qc]** /*entreprise*/ etw stellt [sich] [auf etw (*akk*)] um

rédacteur, -trice [ʀedaktœʀ, -tʀis] *m, f* Redakteur(in) *m(f);* (*pour un dictionnaire, une encyclopédie a.*) Mitarbeiter(in) *m(f);* **~(-trice) *publicitaire*** Werbetexter(in) *m(f);* ***le ~ économique/sportif/politique d'un journal*** der Wirtschafts-/Sportredakteur/der für Politik zuständige Redakteur einer Zeitung

◆ **rédacteur(-trice) en chef** Chefredakteur(in) *m(f)*

rédaction [ʀedaksjɔ̃] *f* **1.** (*mise par écrit*) [*projet*] Ausarbeitung *f;* [*thèse, roman a., C.V.*] Verfassen *nt;* [*acte, contrat, jugement, loi a.*] Abfassung *f,* Formulierung *f;* [*article*] Redaktion *f,* Verfassen; [*dictionnaire, encyclopédie*] Redaktion; ***une première ~*** eine erste Fassung

2. PRESSE Redaktion *f*

3. SCOL Aufsatz *m*

rédactionnel, le [ʀedaksjɔnɛl] *adj* redaktionell; *équipe, locaux* Redaktions-

reddition [ʀedisjɔ̃] *f* Kapitulation *f;* **~ *sans conditions*** bedingungslose Kapitulation

redécoupage [ʀ(ə)dekupaʒ] *m:* **~ *électoral*** Neueinteilung *f* der Wahlkreise

redécouverte [ʀ(ə)dekuvɛʀt] *f* Wiederentdeckung *f*

redécouvrir <11> [ʀ(ə)dekuvʀiʀ] *vt* ■ **qn redécouvre qc** jd entdeckt etw wieder

redéfaire <*irr*> [ʀ(ə)defɛʀ] **I.** *vt* ■ **qn redéfait qc** jd macht etw wieder [*o* noch einmal] auf; *nœud* jd löst etw wieder; *tricot* jd zieht etw wieder auf

II. *vpr* ■ **qc se redéfait** /*couture*/ etw geht wieder auf; /*nœud a.*/ etw löst sich wieder

redéfinir <8> [ʀ(ə)definiʀ] *vt* ■ **qn/qc redéfinit qc** jd/etw definiert etw neu; *droit a.* jd/etw legt etw neu fest; *objectif, position a.* jd steckt etw neu ab; ***vous devriez ~ votre position pour qu'on vous comprenne*** Sie sollten Ihren Standpunkt noch einmal erläutern [*o* genauer erklären], damit wir verstehen, was Sie meinen

redemander <1> [ʀ(ə)dəmɑ̃de, ʀəd(ə)mɑ̃de] *vt* ■ **qn redemande qn/qc [à qn]** *adresse, objet, personne* jd fragt [jdn] noch einmal nach jdm/etw; *aliment* jd möchte noch einmal von etw; (*exiger*) jd verlangt etw [von jdm] wieder zurück; ***qn redemande toujours du chocolat*** jd kann von der Schokolade nicht genug bekommen; ***qn redemande une bouteille de vin*** jd bittet um eine weitere Flasche Wein; ■ **qn redemande de qc [à qn]** jd verlangt [von jdm] mehr von etw; ***si tu veux encore du poulet, tu n'as qu'à en ~*** wenn du noch Hähnchen möchtest, brauchst du es nur zu sagen

▸ **qn en redemande** jd verlangt nach mehr; *iron* jd kann gar nicht genug bekommen; ***on en redemande*** davon könnte es ruhig mehr geben; ***plus ils prennent de coups, plus ils en redemandent*** sie können gar nicht genug Prügel bekommen

redémarrage [ʀ(ə)demaʀaʒ] *m* [*industrie*] Wiederbelebung *f;* [*économie a., entreprise*] Wiederaufschwung *m;* [*usine*] Wiederaufnahme *f* der Produktion; [*production*] Wiederaufnahme; [*activité*] Wiederaufnahme, Wiederbeginn *m;* ***demain aura lieu le ~ de l'usine*** morgen nimmt die Fabrik die Produktion wieder auf; **~ *de l'embauche*** Wiedereinstellung *f* von Personal

redémarrer <1> [ʀ(ə)demaʀe] *vi* **1.** (*se remettre en route*) ■ **qn/qc redémarre** jd/etw fährt wieder los

2. (*repartir à nouveau*) ■ **qc redémarre** /*entreprise*/ etw kommt wieder in Schwung; /*économie, industrie a.*/ etw belebt sich wieder; /*production, machines*/ etw läuft wieder an; ***le chantier a enfin pu ~*** die Baustelle konnte schließlich wieder in Betrieb genommen werden, die Bauarbeiten konnten schließlich weitergehen; ■ **qn fait ~ qc** jd kurbelt etw an; *chantier* jd nimmt etw wieder in Betrieb

rédempteur, -trice [ʀedɑ̃ptœʀ, -tʀis] **I.** *adj littér* erlösend, der Erlösung; *acte a.* heilbringend; ■ **qc est ~** etw hat eine erlösende [*o* heilbringende] Wirkung

II. *m* ■ **le R~** der Erlöser, der Heiland

rédemption [ʀedɑ̃psjɔ̃] *f* (*salut*) Erlösung *f* (*de* von); [*péché a.*] Vergebung *f;* ■ **la R~** die Erlösung

redéploiement [ʀ(ə)deplwamɑ̃] *m* [*économie, politique, industrie*] Umstrukturierung *f;* [*dépenses, exportations a., personnes, postes*] Umschichtung *f;* [*troupes*] [Um]verlegung *f*

redéployer <6> [ʀ(ə)deplwaje] **I.** *vt* ■ **qn redéploie qc** *industrie, économie* jd strukturiert etw um; *troupes* jd verlegt etw

II. *vpr* ■ **qn/qc se redéploie** /*troupes*/ jd wird verlegt; ***ces mesures devraient permettre au bâtiment de se ~*** durch diese Maßnahmen dürfte der Bausektor umstrukturiert werden

redescendre <14> [ʀ(ə)desɑ̃dʀ] **I.** *vt + avoir* **1.** (*aller vers le bas*) ■ **qn redescend qc** (*vu d'en haut*) jd geht etw wieder hinunter; *escalier, échelle* jd steigt [*o* kommt] etw wieder hinunter; (*en courant*) jd rennt etw [wieder] hinunter; (*en escaladant*) jd klettert etw [wieder] hinunter; (*vu d'en bas*) jd kommt etw wieder herunter; *escalier, échelle a.* jd steigt etw [wieder] herunter; (*en courant*) jd kommt etw wieder heruntergerannt; (*en escaladant*) jd klettert etw [wieder] herunter; ***redescends trois marches!*** geh drei Stufen hinunter/komm drei Stufen herunter!; ■ **qc redescend qc** /*voiture*/ (*vu d'en haut*) etw fährt etw wieder hinunter; (*vu d'en bas*) etw kommt etw wieder heruntergefahren

2. (*porter vers le bas*) ■ **qn redescend qn/qc [quelque part]** jd bringt jdn wieder [irgendwohin] zurück/etw wieder [irgendwohin] hinunter, jd bringt jdn wieder irgendwohin [zurück]/etw wieder irgendwohin [hinunter]; ***voulez-vous que je vous redescende en ville?*** soll ich Sie wieder mit in die Stadt hinunternehmen?; ■ **qn redescend qn/qc [de quelque part]** jd holt jdn/etw [wieder] [von irgendwoher] herunter, jd holt jdn/etw [wieder] von irgendwoher

II. *vi + être* (*aller vers le bas*) ■ **qn redescend [quelque part]** jd geht wieder [irgendwohin] hinunter, jd geht wieder irgendwohin; (*vu d'en bas*) jd kommt wieder [irgendwohin] herunter, jd kommt wieder irgendwohin; (*en voiture*) jd fährt wieder [irgendwohin] zurück, jd fährt wieder irgendwohin; ***qn redescend dans le Midi*** jd geht wieder nach Südfrankreich; (*en voiture a.*) jd fährt wieder nach Südfrankreich; ■ **qn redescend [de quelque part]** (*aller vers le bas*) jd geht [von irgendwoher] hinunter; (*vu d'en bas*) jd kommt wieder [von irgendwo] herunter; ***qn redescend de son échelle*** jd steigt wieder von der Leiter [herunter]; ■ **qc redescend [quelque part]** /*véhicule*/ *vers le village, camping* etw fährt wieder [irgendwohin] hinunter; (*vu d'en bas*) etw kommt wieder [irgendwohin] herunter[gefahren]; (*involontairement*) etw rollt [irgendwohin] hinunter/kommt [irgendwohin] herunter[gerollt]; /*ascenseur a.*/ etw fährt wieder abwärts, etw fährt wieder [irgendwohin] hinunter/kommt wieder [irgendwohin] herunter; ■ **qc redescend** /*baromètre*/ etw fällt wieder; /*fièvre*/ etw fällt wieder, etw geht wieder zurück; /*chemin*/ etw geht abwärts, etw führt wieder [irgendwohin] hinunter; /*ma-*

rée, mer/ etw geht [*o* zieht sich] zurück; ***la fièvre est redescendue à 38°*** das Fieber ist auf 38° gefallen

redevable [R(ə)dəvabl, Rəd(ə)vabl] **I.** *adj* **1.** FIN ■ **qn est ~ à qn de qc** *d'une somme, de 100 F* jd ist jdm etw schuldig, jd schuldet jdm etw; ***qn est ~ à l'État de l'impôt*** jd ist dem Staat steuerpflichtig; ***qn est ~ d'une taxe*** jd muss eine Steuer/Gebühr zahlen
2. (*tenu à reconnaissance*) ■ **qn est ~ à qn de qc** *d'un secours, service, d'une aide* jd ist jdm für etw zu Dank verpflichtet, jd schuldet jdm Dank für etw; *de la vie, d'un succès* jd verdankt jdm etw; ■ **qn est ~ à qn d'avoir fait qc** jd ist jdm dafür zu Dank verpflichtet, dass er etw getan hat
II. *mf* FIN Steuerpflichtige(r) *f(m)*; ***les ~s de l'impôt sur le revenu*** die Einkommensteuerpflichtigen; ***~ de la taxe foncière*** Grundsteuerpflichtige(r) *f(m)*

redevance [R(ə)dəvɑ̃s, Rəd(ə)vɑ̃s] *f* **1.** TELEC, TV Gebühr *f*; ***la ~ télé-phonique*** die Telefongebühr
2. (*taxe*) Abgabe *f*
► **la ~ télé** die Fernsehgebühr

redevenir <9> [Rədv(ə)niR, R(ə)dəv(ə)niR] *vi* ■ **qn/qc redevient qc** jd/etw wird wieder etw; ***qn/qc est redevenu(e)/va ~ qc*** jd/etw ist wieder etw [geworden]/wird wieder etw [werden]; ***qc redevient rentable*** etw rentiert sich wieder; ***qn est redevenu(e) lui-même/elle-même*** jd ist wieder [ganz] der/die Alte

rédhibitoire [Redibitwar] *adj* krass, grundlegend; ***un vice ~*** JUR ein Sachmangel *m*

rediffuser <1> [R(ə)difyze] *vt* ■ **qn/qc rediffuse qc** jd/etw sendet etw noch einmal, jd/etw wiederholt etw

rediffusion [R(ə)difyzjɔ̃] *f* Wiederholung *f*

rédiger <2 a> [Rediʒe] *vt* ■ **qn rédige qc** *constitution, dictionnaire, rapport* jd verfasst etw; *article, lettre a.* jd schreibt etw, jd setzt etw auf; *contrat, procès-verbal* jd setzt etw auf; *revue* jd redigiert etw; ■ **[qc est] ... rédigé(e)** *bien, mal* [etw ist] ... gemacht; */revue a./* [etw ist] ... redigiert

redingote [R(ə)dɛ̃gɔt] *f* taillierter Mantel; HIST Gehrock *m*

redire <*irr*> [R(ə)diR] *vt* (*répéter*) ■ **qn redit qc [à qn]** jd wiederholt etw [für jdn], jd sagt [jdm] etw noch einmal; *histoire* jd erzählt [jdm] etw noch einmal; (*rapporter*) *histoire, médisance* jd erzählt [*o* sagt] [jdm] etw weiter; ■ **qn redit [à qn] que** + *indic* jd sagt [jdm] noch einmal, dass; jd wiederholt, dass
► **qn a** [*o* **trouve**] [*o* **voit**] **qc à ~ [à qc]** jd hat [*o* findet] etw [an etw (*dat*)] auszusetzen; ***toi, tu trouves toujours à ~*** du hast [*o* findest] auch immer etwas auszusetzen

rediscuter <1> [R(ə)diskyte] *vt* ■ **qn rediscute qc** *sujet, thème* jd diskutiert etw erneut [*o* erneut über etw (*akk*)]; */députés a./* jd debattiert erneut über etw (*akk*); *décision a.* jd stellt etw wieder zur Debatte; ***nous en rediscuterons*** darüber reden wir noch einmal

redistribuer <1> [R(ə)distRibɥe] *vt* ■ **qn redistribue qc [à qn]** (*répartir*) jd verteilt etw [an jdn]; CARTES jd teilt [jdm] etw neu aus; (*rendre*) jd gibt [jdm] etw [wieder] zurück

redistribution [R(ə)distRibysjɔ̃] *f* Neuverteilung *f*; [*biens, forces politiques, revenus a.*] Umverteilung *f*; [*terres*] [Neu]aufteilung *f*; (*restitution*) Rückgabe *f*

redite [R(ə)dit] *f* [unnötige [*o* überflüssige]] Wiederholung

redondance [R(ə)dɔ̃dɑ̃s] *f* **1.** Überflüssige(s) *nt*; [*style*] Weitschweifigkeit *f*, Redundanz *f*; ***qn élimine toutes les ~s d'un texte*** jd entfernt alles Überflüssige [*o* Redundante] aus einem Text
2. INFORM Redundanz *f*

redondant, e [R(ə)dɔ̃dɑ̃, ɑ̃t] *adj expression, style* weitschweifig; *épithète, mot, terme* überflüssig, redundant

redonner <1> [R(ə)dɔne] **I.** *vt* **1.** (*rendre*) ■ **qn redonne qn à une personne** *bébé* jd gibt einem Menschen jdn wieder; ■ **qn redonne qc [à qn]** *bien, objet* jd gibt [jdm] etw [wieder] zurück, jd gibt jdm etw wieder; ■ **qn/qc redonne qc [à qn]** *courage, espoir* jd/etw macht [jdm] wieder etw; *confiance* jd/etw erweckt wieder etw, jd/etw gibt jdm etw zurück; *énergie* jd/etw gibt jdm wieder etw; *forces* jd/etw bringt jdn wieder zu etw; *forme* jd/etw bringt [jdn] wieder in etw (*akk*); *idéal* jd/etw gibt jdm wieder etw; *perspective* jd gibt jdm wieder etw/durch etw bekommt jd wieder etw; *foi* jd schenkt jdm etw wieder/durch etw findet jd etw wieder; *envie* durch jdn/etw bekommt jd etw wieder; ***cet événement m'a redonné la foi*** durch dieses Ereignis habe ich meinen Glauben wieder gefunden; ***il faut leur ~ l'envie d'écrire*** man muss ihnen wieder Lust am Schreiben vermitteln [*o* ihnen das Schreiben wieder schmackhaft machen *fam*]; ***qc redonne des couleurs à qn*** jd bekommt durch etw wieder Farbe; ***qn redonne vie à qc*** jd belebt etw [wieder] neu; ***ça te redonnera du tonus*** das bringt dich wieder in Schwung; ***ce succès lui a redonné confiance en lui*** durch diesen Erfolg hat er wieder Selbstvertrauen gewonnen [*o* bekommen]; ***ce cognac m'a redonné du courage*** dieser Kognak hat mich wieder aufgemuntert [*o* wieder auf die Beine gebracht]
2. (*donner à nouveau*) ■ **qn/qc redonne qc [à qn]** jd/etw gibt [jdm] noch einmal etw; *fessée, gifle a.* jd verpasst jdm noch etw *fam*; *coups* jd teilt noch einmal etw aus; *travail, cours* jd gibt [jdm] wieder etw; *résultat* etw ergibt wieder etw, etw führt wieder zu etw; *nom* jd sagt [jdm] etw noch einmal, jd wiederholt etw; *appétit* jd/etw macht [jdm] wieder etw; ***qn redonne de ses nouvelles*** jd meldet sich wieder, jd lässt wieder von sich hören; ***une telle occasion ne sera pas redonnée de sitôt*** so eine Gelegenheit kommt [*o* gibt es] [*o* bietet sich] nicht so bald wieder; ***redonne-moi la main maintenant*** gib mir jetzt wieder die Hand; ***il nous a encore redonné un devoir sur ce sujet*** er hat uns schon wieder eine Hausaufgabe zu diesem Thema gegeben
3. (*resservir*) ■ **qn redonne qc [à qn]** *légumes, pain, viande* jd serviert noch einmal etw, jd gibt jdm noch etw; *boisson a.* jd schenkt [*o* gießt] [jdm] noch etw nach; ***qn redonne à boire/manger à qn*** jd gibt jdm noch etwas zu trinken/essen
4. (*refaire*) ■ **qn redonne qc à une chose** *forme, lustre* jd gibt einer S. (*dat*) etw wieder; ***qn redonne une couche [de peinture] à qc*** jd überstreicht etw; ***qn redonne un coup de peigne à qn*** jd fährt jdm [noch einmal] mit dem Kamm durch die Haare
5. THEAT ■ **qn/qc redonne qc** jd/etw spielt wieder etw; *spectacle* jd bringt wieder etw
II. *vi* ■ **qn redonne dans qc** jd verfällt wieder in etw (*akk*)

redorer <1> [R(ə)dɔRe] *vt* TECH, ART ■ **qn redore qc** jd vergoldet etw neu

redormir <*irr*> [R(ə)dɔRmiR] *vi* ■ **qn redort** jd schläft wieder [*o* noch einmal]; ***qn n'a pu ~ de la nuit*** jd hat die ganze Nacht nicht wieder einschlafen können; ***qn redort un peu/deux heures*** jd schläft noch ein bisschen/zwei Stunden

redoublant, e [R(ə)dublɑ̃, ɑ̃t] *m, f* Wiederholer(in) *m(f)*, Sitzenbleiber(in) *m(f) pej fam*; ***il n'y a pas eu de ~s*** es musste niemand wiederholen, es ist niemand sitzen geblieben *fam*

redoublé, e [R(ə)duble] *adj* **1.** (*très fort*) *coups* heftig; *cris* laut; *pas* eilig, hastig; ***qn frappe à la porte à coups ~s*** jd hämmert gegen die Tür; ***qn se met à hurler à cris ~s*** jd schreit aus Leibeskräften; ***l'armée résiste aux assauts ~s des ennemis*** die Armee hält dem gewaltigen Ansturm der Feinde stand
2. (*accru*) *coups* noch heftiger; *pas* noch hastiger, noch eiliger; *cris* noch lauter; *zèle* doppelt; ***qn frappe à la porte à coups ~s*** jd hämmert noch lauter gegen die Tür

redoublement [R(ə)dubləmɑ̃] *m* **1.** SCOL Wiederholen *nt*
2. (*accroissement*) [*attention*] Verstärkung *f*; [*douleurs*] Verschlimmerung *f*; [*fièvre*] Ansteigen *nt*; ***dans un ~ de larmes, elle avait poursuivi son récit*** noch heftiger weinend hatte sie ihren Bericht fortgesetzt; ***avec un ~ d'attention*** mit [ver]doppelter Aufmerksamkeit; ***la tempête a repris avec un ~ de violence*** der Sturm schwoll noch stärker an; ***les cris ont repris avec un ~ de violence*** noch lautere Schreie waren zu hören; ***on assistait à un ~ de violence de la part des policiers*** die Eingriffe der Polizisten wurden immer gewalttätiger
3. LING Verdoppelung *f*, Reduplikation *f spec*

redoubler <1> [R(ə)duble] **I.** *vt* **1.** SCOL ■ **qn redouble qc** jd wiederholt etw
2. (*accroître*) ■ **qn redouble qc** *effort* jd verdoppelt etw; ■ **qc redouble qc** *douleur* etw verschlimmert etw; *tristesse* etw verstärkt etw
3. LING ■ **qc redouble qc** *consonne, syllabe* etw verdoppelt [*o* redupliziert *spec*] etw
II. *vi* **1.** SCOL ■ **qn redouble** jd wiederholt, jd bleibt sitzen *fam*; ■ **qn fait ~ qn** jd lässt jdn wiederholen [*o* sitzen bleiben *fam*], jd versetzt jdn nicht
2. (*montrer davantage de*) ■ **qn/qc redouble de qc** jd/etw steigert etw; *d'efforts, de prudence a.* jd verdoppelt etw; *de violence* etw nimmt an etw (*dat*) zu; ***qn redouble de patience/d'efforts*** jd bringt noch mehr Geduld auf/strengt sich doppelt an; ***redoublant de patience*** mit noch mehr [*o* mit doppelter] Geduld; ***qc oblige qn à ~ de prudence/vigilance*** etw zwingt jdn zu doppelter Vorsicht/Wachsamkeit; ***qn redouble d'adresse/d'amabilité*** jd ist doppelt vorsichtig/doppelt [so] freundlich
3. (*augmenter*) ■ **qc redouble** etw nimmt zu; */orage, averse a./* etw wird immer stärker [*o* heftiger]; */douleur a./* etw wird stärker [*o* schlimmer], etw verschlimmert sich; */joie, peur/* etw wird größer; */cris/* etw wird lauter; */larmes/* etw fließt reichlicher; ***le froid redouble*** es wird immer kälter; ***à mesure que ma joie redoublait, ...*** je mehr ich mich freute, desto ...; ***mes larmes redoublaient*** ich musste noch mehr weinen

redoutable [R(ə)dutabl] *adj arme, maladie* [äußerst] gefährlich; *ennemi, adversaire, concurrent a.* Furcht erregend; *phénomène* beängstigend, erschreckend; ***il a l'air ~*** er sieht Furcht erregend aus; ***qn/une entreprise doit faire face à une concurrence ~*** jd/ein Unternehmen muss einer starken Konkurrenz die Stirn bieten; ***ce concurrent est ~*** dieser Konkurrent ist stark gefürchtet

redoute [Rədut] *f* HIST Redoute *f*, Schanze *f*; (*à l'intérieur*) Kasematte *f*

redouter <1> [Rədute] *vt* ■ **qn redoute qn/qc** (*avoir peur de*) jd fürchtet sich vor jdm/etw; (*craindre, pressentir*) jd fürchtet jdn/etw; ***elle redoute la complexité d'un tel système*** sie fürchtet die Komplexität eines solchen Systems; ■ **[qc est] redouté(e) [pour qc]** [etw ist] [wegen etw] gefürchtet; ■ **qn redoute de faire qc** (*craindre, pressentir*) jd [be]fürchtet etw zu tun; (*avoir peur de*) jd fürchtet sich davor, etw zu tun; ■ **qn redoute que** + *subj* (*craindre, pressentir*) jd [be]fürchtet, dass; (*avoir peur de*) jd fürchtet sich davor, dass

redoux [Rədu] *m* Erwärmung *f*; ***la météo nous annonce un ~ passager*** die Wettervorhersage kündigt vorübergehend mildere Temperaturen an

redressement [R(ə)dRɛsmɑ̃] *m* **1.** (*relèvement*) (*action*) Wiederbelebung *f*; [*économie a.*] Wiederankurbelung *f*; [*situation*] Stabilisierung *f*; [*entreprise, finances*] Sanierung *f*; (*résultat*) Erholung *f*, Gesundung *f*
2. FIN [*compte*] Berichtigung *f*; [*imposition a.*] Änderung *f*
3. (*action de remettre droit*) [*poteau, tronc*] [Wieder]aufrichten *nt*; [*buste*] Aufrichten; [*axe, tige, châssis*] Geradebiegen *nt*; [*tôle*] Glätten *nt*; [*route*] Begradigung *f*; ***qn procède au ~ de qc*** jd richtet etw [wieder] auf/glättet etw/biegt etw gerade; ***la gymnastique est excellent pour le ~ du buste*** Gymnastik ist hervorragend für eine aufrechte Haltung
4. ELEC Gleichrichtung *f*
► **~ fiscal** Steuernachzahlung *f*, Nachveranlagung *f*; **~ judiciaire** gerichtlicher Vergleich (*nach einem Konkursantrag*)

redresser <1> [R(ə)dRese] **I.** *vt* **1.** (*rétablir*) ■ **qn redresse qc** jd bringt etw [wieder] in Ordnung; *situation a.* jd bereinigt etw; *économie* jd kurbelt etw [wieder] an; *finances* jd saniert etw; *pays* jd baut etw wieder auf; ***une entreprise redresse sa courbe*** ein Unternehmen verzeichnet wieder Zuwachs

2. (*remettre droit*) ■ **qn redresse qn** jd richtet jdn [wieder] auf; ■ **qn redresse qc** *buste, corps* jd streckt etw; *tête* jd hebt etw; *poteau* jd richtet etw wieder auf; *axe* jd biegt etw gerade; *route* jd begradigt etw; *tôle* jd glättet etw; *portière* jd beult etw aus; ***redresse ton buste!*** [halt dich] gerade [*o* aufrecht]!

3. (*rediriger*) ■ **qn redresse [qc]** *voiture* jd lenkt [etw] geradeaus, jd fährt wieder geradeaus; *barre, roue* jd stellt etw wieder gerade; *avion* jd zieht etw hoch; *bateau* jd richtet etw wieder auf

4. (*corriger*) ■ **qn redresse qc** jd stellt etw richtig; *jugement, erreur a.* jd berichtigt etw; *injustice, tort* jd macht etw wieder gut; ***qn vient ~ les torts*** jd spielt den edlen Ritter

5. ELEC ■ **qc redresse qc** etw richtet etw gleich

II. *vpr* **1.** (*se tenir très droit*) ■ **qn/qc se redresse** jd/etw richtet sich auf; (*de nouveau*) jd/etw richtet sich wieder auf; ***redresse-toi!*** [halt dich] gerade [*o* aufrecht]!

2. (*se remettre droit*) ■ **qc se redresse** */voiture/* etw fährt wieder geradeaus; */roues/* etw stellt sich [wieder] gerade; */avion/* etw zieht [wieder] hoch; */bateau/* etw richtet sich [wieder] auf

3. (*se relever*) ■ **qc se redresse** */pays, ville/* etw erholt sich [wieder]; */finances, situation a./* etw kommt wieder in Ordnung; */économie a./* etw läuft wieder an

4. (*retrouver sa fierté*) ■ **qn se redresse** jd trägt den Kopf wieder hoch

redresseur [R(ə)dREsœR] *m* ELEC Gleichrichter *m*

◆ **redresseur de torts** edler Ritter

réduc [Redyk] *f fam abr de* **réduction** Ermäßigung *f*

réducteur, -trice [RedyktœR, -tRis] **I.** *adj* **1.** (*simplificateur*) vereinfachend; ■ **qc est ~** etw vereinfacht

2. CHIM reduzierend; ***une substance ~trice*** ein Reduktionsmittel *nt*

II. *m* CHIM Reduktionsmittel *nt;* PHOT Abschwächer *m; ~* ***de vitesse*** Geschwindigkeitsbegrenzer *m;* ***un ~ de pression*** ein Druckreduzierventil *nt*

◆ **réducteur de têtes** Kopfjäger *m* [, der Schrumpfköpfe präpariert]

réductible [Redyktibl] *adj* **1.** (*qui peut être diminué*) ■ **[qc est] ~** */quantité/* etw kann reduziert [*o* verringert] werden, [etw ist] reduzierbar; */dépenses a., rente/* etw kann eingeschränkt [*o* gekürzt] werden

2. (*assimilable*) ■ **[qn/qc est] ~ à qc** [jd/etw ist] auf etw (*akk*) reduzierbar, jd/etw kann auf etw (*akk*) reduziert werden

3. MATH ■ **[qc est] ~** */fraction/* etw kann gekürzt werden, etw lässt sich kürzen, [etw ist] reduktibel *spec; /équation/* [etw ist] vereinfachbar, etw kann vereinfacht werden, etw lässt sich vereinfachen

4. MED ■ **[qc est] ~** */fracture, hernie/* etw lässt sich wieder einrichten, [etw ist] reponibel *spec; /luxation/* [etw ist] einrenkbar, etw lässt sich wieder einrenken

réduction [Redyksjɔ̃] *f* **1.** (*diminution*) Verringerung *f,* Reduzierung *f;* [*dépenses, salaire a.*] Kürzung *f;* [*heures de travail, durée, peine*] Verkürzung, Herabsetzung *f;* [*personnel*] Abbau *m,* Verminderung *f,* Einsparung *f;* ■ **~ de** *du temps de travail* -verkürzung; *de personnel* -abbau, -verminderung, -einsparung; *de salaire* -kürzung; *de peine* -milderung *f; ~* ***d'impôts*** Steuerermäßigung *f*

2. (*rabais*) ■ **~ [de …] [sur qc]** *de 10 F, 5%* Ermäßigung *f* [*o* Nachlass *m*] [von …] [auf etw (*akk*)]; ***des ~s jeunes ou troisième âge*** Ermäßigungen *pl* für Jugendliche und Senioren; ~ ***de prix*** Preisnachlass, Ermäßigung

3. (*miniature*) [*carte, document*] Verkleinerung *f;* [*gravure, tableau*] verkleinerte Reproduktion

4. CHIM Reduktion *f*

5. MATH [*équation, somme*] Vereinfachung *f;* [*fraction*] Kürzen *nt;* ~ ***de fractions au même dénominateur*** Gleichnamigmachen *nt* von Brüchen

6. MED [*hernie*] Reposition *f spec;* [*fracture a.*] Einrichten *nt;* [*luxation*] Einrenken *nt*

7. GASTR Einkochen *nt,* Reduzieren *nt spec*

8. MUS vereinfachte Fassung; ~ ***pour piano*** Klavierfassung *f*

▸ **qn fait une ~ à qn** jd gewährt jdm einen Preisnachlass [*o* eine Ermäßigung], jd lässt jdm etwas nach; **en ~** als Verkleinerung; *fig* im Kleinformat

◆ **réduction de capital** Kapitalherabsetzung *f*

réduire <*irr*> [ReduiR] **I.** *vt* **1.** (*diminuer*) ■ **qn/qc réduit qc [de qc]** *consommation, hauteur, pression* jd/etw reduziert [*o* verringert] etw [um etw]; *dépenses a.* jd senkt etw [um etw]; *salaire a.* jd kürzt etw [um etw]; *heures de travail, temps de travail a.* jd verkürzt etw [um etw]; *personnel a.* jd baut etw [um etw] ab; *chances, vitesses a.* jd/etw vermindert etw [um etw]; *activité a., train de vie* jd schränkt etw [um etw] ein; *impôts, prix* jd/etw setzt etw [um etw] herab, jd/etw senkt etw [um etw]; *peine* jd/etw setzt etw [um etw] herab, jd/etw verkürzt etw; *responsabilités, portée* jd/etw schränkt etw ein; *prétentions* jd schraubt etw herunter; *texte* jd kürzt etw

2. ART, PHOT ■ **qn réduit qc** jd verkleinert etw

3. CHIM ■ **qn réduit qc** jd reduziert etw

4. MATH ■ **qn réduit qc [à qc]** *équation, somme* jd vereinfacht etw, jd formt etw [in etw (*akk*)] um; *fraction* jd kürzt etw; ***qn réduit des fractions au même dénominateur*** jd bringt Brüche auf einen gemeinsamen Nenner, jd macht Brüche gleichnamig; ■ **qn réduit qc en qc** *en grammes, mètres* jd rechnet etw in etw (*akk*) um

5. MED ■ **qn réduit qc** *hernie* jd reponiert etw *spec; fracture a.* jd richtet etw ein; *luxation a.* jd renkt etw [wieder] ein

6. (*contraindre*) ■ **qn/qc réduit qn à/en qc** *au désespoir* jd/etw stürzt jdn in etw (*akk*); *à l'inaction* jd/etw verurteilt jdn zu etw; *à l'obéissance* jd/etw zwingt jdn zu etw; ***qn/qc réduit qn au silence/en esclavage/à la mendicité*** jd/etw bringt jdn zum Schweigen/jd/etw versklavt jdn/jd/etw bringt jdn an den Bettelstab [*o* stürzt jdn in Armut]; ■ **qn [en] est réduit(e) à qc** jd ist zu etw gezwungen; ***qn est réduit(e) à l'inactivité*** jd ist zum Nichtstun verurteilt; ■ **qn [en] est réduit(e) à faire qc** jd ist dazu gezwungen, etw zu tun; jd muss etw tun

7. (*ramener*) ■ **qn/qc réduit qn/qc à qc** jd/etw reduziert jdn/etw auf etw (*akk*); *à l'essentiel, à quelques aspects* jd/etw beschränkt etw auf etw (*akk*); *à un type commun* jd/etw führt etw auf (*akk*) etw zurück

8. (*transformer*) ■ **qn/qc réduit qn/qc en qc** jd/etw macht etw aus jdm/etw; *en poussière* jd macht etw aus etw/etw lässt etw zu etw zerfallen; ***qc réduit qc en cendres*** etw legt etw in Schutt und Asche; ***qn/qc réduit qc en bouillie*** jd/etw püriert etw, jd/etw macht Brei aus etw; ***qn réduit qn en bouillie*** [*o* ***en miettes***] jd macht Hackfleisch aus jdm *fam;* ***qn/qc réduit qc en miettes*** jd/etw zerbröselt etw; */explosion, bombardement/* etw zertrümmert etw; ***qn/qc réduit qc en poudre*** jd/etw pulverisiert etw; *grains* jd/etw zermahlt etw; ***qn/qc réduit qn/qc en charpie*** jd/etw zerfetzt jdn/etw; ***qn/qc réduit qc en morceaux*** jd bricht etw in Stücke/bei etw bricht etw in Stücke

9. GASTR ■ **qn réduit qc** jd kocht etw ein, jd reduziert etw *spec*

10. (*soumettre*) ■ **qn réduit qn/qc** *opposition* jd bringt jdn/etw zum Schweigen; MIL *vieilli* jd unterwirft jdn; *place forte, ville* jd erobert etw

II. *vi* ■ **qc réduit** */viande/* etw zerkocht; */champignons, légumes a./* etw fällt zusammen; */sirop, soupe/* etw kocht ein; ■ **qn fait** [*o* **laisse**] **~ qc** jd lässt etw einkochen, jd reduziert etw *spec*

III. *vpr* **1.** (*se limiter à*) ■ **qc se réduit à qc** etw beschränkt sich auf etw (*akk*); */montant/* etw beläuft sich auf etw (*akk*); ***le montant se réduit à bien peu de choses*** der Betrag ist ziemlich gering [*o* niedrig]

2. (*diminuer*) ■ **qc se réduit** etw verringert sich; */salaire a./* etw wird immer weniger, etw sinkt

3. (*se transformer*) ■ **qc se réduit en qc** *en bouillie* etw wird zu etw; *en cendres a.* etw verwandelt sich in etw (*akk*); *en poussière a.* etw zerfällt zu etw; *en miettes* etw zerfällt in etw (*akk*); ***la viande se réduit en bouillie*** das Fleisch zerkocht [zu Brei]; ***la pâte se réduit en miettes*** der Teig zerbröselt

4. *vieilli* (*dépenser moins*) ■ **qn se réduit** jd schränkt sich ein

réduit, e [Redɥi, it] **I.** *adj* **1.** (*miniaturisé*) *échelle, modèle, objet* verkleinert; ***tête ~e*** Schrumpfkopf *m*

2. (*diminué*) reduziert; *prix a.* herabgesetzt, ermäßigt; *vitesse a.* verringert, vermindert; *horaire a.* verkürzt; *tarif* ermäßigt; *débouchés, dispositif* eingeschränkt, begrenzt

II. *m* Kammer *f,* Kabuff *nt pej fam*

rééchelonnement [Reeʃ(ə)lɔnmɑ̃] *m:* **~ [*de la dette*]** Umschuldung *f*

rééchelonner <1> [Reeʃ(ə)lɔne] *vt* ■ **qn rééchelonne qc** *dette* jd schuldet etw um

réécrire <*irr*> [ReekRiR] *vt v.* **récrire**

réécriture [ReekRityR] *f* Überarbeitung *f,* Neubearbeitung *f*

rééditer <1> [Reedite] *vt* **1.** PRESSE ■ **qn/qc réédite qc** jd/etw gibt etw neu heraus, jd/etw legt etw [wieder] neu auf

2. *fam* (*recommencer*) ■ **qn réédite qc** jd macht wieder etw; *scène a.* jd veranstaltet wieder etw *pej; exploit* jdm gelingt etw wieder

réédition [Reedisjɔ̃] *f* **1.** PRESSE Neuausgabe *f,* Neuauflage *f;* ~ ***revue et corrigée*** überarbeitete und korrigierte Auflage; ***qc connaît plusieurs ~s*** etw bringt es auf mehrere Neuauflagen

2. (*répétition*) Neuauflage *f,* Wiederholung *f*

rééducation [Reedykasjɔ̃] *f* **1.** MED [*malade*] Rehabilitation *f;* [*membre*] Wiederherstellung *f* der Bewegungsfähigkeit; ***la ~ du langage/de la parole*** die Wiederherstellung der Sprachfähigkeit [*o* des Sprechvermögens]

2. [*délinquant*] Resozialisierung *f;* [*mineur a.*] [Um]erziehung *f*

rééduquer <1> [Reedyke] *vt* **1.** MED ■ **qn/qc rééduque qn** jd/etw stellt jdn wieder her, jd/etw rehabilitiert jdn; ■ **qn/qc rééduque qc** *membre* jd/etw stellt die Bewegungsfähigkeit einer S. (*gen*) wieder her

2. (*éduquer de nouveau*) ■ **qn rééduque qn** *délinquant* jd resozialisiert jdn; *mineur a.* jd erzieht jdn um; ***ils vont te ~, je te le promets!*** die werden dir schon Manieren beibringen, das kann ich dir versprechen! *fam*

réel, le [ReƐl] **I.** *adj* **1.** (*véritable*) real, wirklich; *danger, pouvoir a.* tatsächlich; *avantage, personnage a., douleur* echt; *besoin* tatsächlich, wahr; *cause, chef* wirklich, wahr, eigentlich; ***c'est un fait ~*** das ist wahr [*o* eine Tatsache]; ***mes douleurs sont ~les*** ich habe wirklich [*o* echte] Schmerzen

2. *antéposé* (*notable*) *bonheur, mérite, plaisir, succès* echt, wirklich

3. FIN *salaire* real, Real-; *taux d'intérêt, valeur* effektiv, Effektiv-

4. MATH *fonction, nombre* reell

5. OPT *image* reell

6. PHILOS real

II. *m* Realität *f,* Wirklichkeit *f*

réélection [ReelƐksjɔ̃] *f* Wiederwahl *f*

rééligibilité [Reeliʒibilite] *f* Wiederwählbarkeit *f*

rééligible [Reeliʒibl] *adj* wieder wählbar

réélire <*irr*> [ReeliR] *vt* ■ **qn réélit qn** jd wählt jdn wieder; ***ils l'ont réélu à la présidence de la République*** sie haben ihn wieder zum Präsidenten der Republik gewählt; ■ **qn est réélu(e)** jd wird wieder gewählt

réellement [ReƐlmɑ̃] *adv* (*en vérité*) wirklich, ehrlich; (*effectivement*) wirklich, tatsächlich

réemploi [Reɑ̃plwa] *m* [*ouvrier*] Wiedereinstellung *f;* [*produit*] Wiederverwendung *f;* [*argent, somme*] Reinvestition *f*

réemployer <6> [Reɑ̃plwaje] *vt* ■ **qn réemploie qn** jd stellt jdn wieder ein; ■ **qn réemploie qc** *produit* jd verwendet etw wieder; *argent, somme* jd reinvestiert etw

réengagement [Reɑ̃gaʒmɑ̃] *m* Wiedereinstellung *f*

réengager <2 a> [Reɑ̃gaʒe] *vt* ■ **qn réengage qn** jd stellt jdn wieder ein

réentendre <14> [Reɑ̃tɑ̃dR] *vt* ■ **qn réentend qc** jd hört etw noch einmal; (*entendre toujours de nouveau*) jd hört etw [immer] wieder [*o* wieder und wieder]

rééquilibrage [ReekilibRaʒ] *m* [*budget, balance commerciale*] Ausgleich *m;* ~ ***d'un parti/ d'une institution*** Wiederherstellung *f* des Gleichgewichts [*o* Kräfteausgleich] innerhalb einer Partei/einer Institution; ~ ***des forces en présence dans un parlement*** Angleichung *f* [*o* Anpassung *f*] der Mehrheitsverhältnisse in einem Parlament; ~ ***de la majorité*** Ausgleich der Mehrheitsverhältnisse; ***qc permet le*** ~ ***de qc*** etw bringt etw wieder ins Gleichgewicht; ***le*** ~ ***Est-Ouest*** die [Wieder]herstellung des Gleichgewichts zwischen dem Osten und dem Westen; ***procéder au*** ~ ***de la balance commerciale*** die Handelsbilanz ausgleichen

rééquilibrer <1> [ReekilibRe] *vt* ■ **qn rééquilibre qc** jd bringt etw [wieder] ins Gleichgewicht; *budget a., balance commerciale* jd gleicht etw aus; *parti a.* jd sorgt für den Ausgleich innerhalb einer S. (*gen*); *majorité* jd stellt etw wieder her

réessayer <7> [Reeseje] *vt* ■ **qn réessaye qc** jd versucht etw noch einmal; *vêtement* jd probiert etw noch einmal an

réévaluation [Reevalɥasjɔ̃] *f* [*monnaie*] Aufwertung *f;* [*bilan*] Neubewertung *f;* [*salaires*] Erhöhung *f*

réévaluer <1> [Reevalɥe] *vt* ■ **qn réévalue qc** *image, monnaie* jd wertet etw auf; *salaires* jd erhöht etw; *bilan* jd bewertet etw neu

réexaminer <1> [Reɛgzamine] *vt* ■ **qn réexamine qc** *problème, question* jd überdenkt etw, jd denkt noch einmal über etw (*akk*) nach; */Parlement/ projet de loi* jd berät noch einmal über etw (*akk*)

réexpédier <1 a> [Reɛkspedje] *vt* ■ **qn réexpédie qc [à qn] [quelque part]** (*au destinataire*) jd sendet [jdm] etw [irgendwohin] nach; (*à l'expéditeur*) jd schickt [jdm] etw [wieder] [irgendwohin] zurück

réexpédition [Reɛkspedisjɔ̃] *f* (*au destinataire*) Nachsenden *nt;* (*à l'expéditeur*) Zurückschicken *nt,* Zurücksenden *nt;* ***un ordre de*** ~ **[*du courrier*]** ein Nachsendeantrag *m*

réexportation [Reɛkspɔʀtasjɔ̃] *f* Wiederausfuhr *f,* Reexport *m*

réexporter <1> [Reɛkspɔʀte] *vt* ■ **qn/qc réexporte qc [quelque part]** jd/etw führt etw wieder [irgendwohin] aus, jd/etw reexportiert etw [irgendwohin]

réf [Rɛf] *f abr de* **référence** ▸ **vos/nos** ~ Ihr/unser Zeichen

refaçonner <1> [R(ə)fasɔne] *vt* ■ **qn refaçonne qc** *objet* jd formt etw um, jd macht etw neu; *projet* jd gestaltet etw um

refaire <*irr*> [R(ə)fɛR] **I.** *vt* **1.** (*faire à nouveau*) ■ **qn refait qc [à qn]** jd macht [jdm] etw noch einmal; *plat a.* jd macht [jdm] wieder etw; *article, page* jd schreibt [jdm] etw neu [*o* noch einmal]; *lit* jd macht [jdm] etw; *nœud* jd bindet [jdm] etw neu [*o* noch einmal]; *pansement* jd legt [jdm] etw neu an, jd erneuert [jdm] etw; *paquet* jd packt [jdm] etw wieder ein; ***ne refais pas sans cesse les mêmes erreurs!*** mach doch nicht immer wieder die gleichen Fehler!; ***qn refait un café* [*à qn*]** jd macht [jdm] noch einen Kaffee

2. (*recommencer*) ■ **qn refait qc** *bruit, fautes* jd macht wieder etw; *dents, fièvre, petits* jd bekommt wieder [*o* noch einmal] etw; *bicyclette, ski* jd fährt wieder etw; *sport* jd treibt wieder etw; *foot, basket, volley* jd spielt wieder etw; *parcours* jd geht etw noch einmal ab; *itinéraire* jd beginnt etw von vorne; *blé, betteraves, pommes de terre etc* jd pflanzt wieder etw, jd baut wieder etw an; ***qn refait sa vie*** jd fängt ein neues Leben an; ***qn refait ses comptes*** jd rechnet noch einmal nach; ***qn refait des études*** jd studiert wieder; ***tu as encore refait dans ta culotte*** du hast schon wieder in die Hose gemacht

3. (*remettre en état*) ■ **qn refait qc [à qn]** jd setzt [jdm] etw instand; *meuble a.* jd restauriert [jdm] etw; *toit a.* jd deckt [jdm] etw neu; *chambre* jd renoviert [jdm] etw; ***qn refait la tapisserie/ la peinture de qc*** jd tapeziert/streicht etw neu; ***qn refait qc à neuf*** jd erneuert etw, jd macht etw [neu] *fam;* ***pour*** ~ ***ses forces/ sa santé*** um wieder zu Kräften zu kommen/um wieder gesund zu werden; ■ **qn se fait** ~ **qc** *lunettes* jd lässt sich (*dat*) etw machen; *nez, menton* jd lässt sich (*dat*) etw richten [*o* korrigieren]

4. *fam* (*duper*) ■ **qn refait qn [de …]** jd betrügt [*o* prellt] jdn [um …]; ■ **qn est refait(e)** jd ist reingefallen *fam;* ***qn se laisse*** ~ jd lässt sich hereinlegen [*o* übers Ohr hauen]

▸ **si c'était à** ~ beim nächsten Mal, wenn ich/du/… noch einmal von vorne anfangen könnte/könntest/…; **à** ~: ***qc est à*** ~ man muss mit etw noch einmal von vorne anfangen; ***il lui a tout donné à*** ~ er hat ihn/sie alles noch einmal machen lassen

II. *vpr* **1.** (*récupérer*) ■ **qn se refait qc:** ***qn se refait une santé*** jd erholt sich; ***qn/ qc se refait un look*** jd verändert sein Outfit/etw bekommt ein neues Outfit ['autfɪt]; ■ **qn se refait** jd saniert sich, jd macht seine Verluste wett

2. (*s'habituer*) ■ **qn se refait à qc** jd gewöhnt sich wieder an etw (*akk*)

▸ **on ne se refait pas!** niemand kann aus seiner Haut!, man kann eben nicht aus seiner Haut

III. *vi impers* ■ **il refait qc:** ***il refait beau/ mauvais/ du soleil*** es ist wieder schön [*o* schönes Wetter]/schlechtes Wetter/die Sonne scheint wieder

réfection [Refɛksjɔ̃] *f* Instandsetzung *f;* [*mur, route a.*] Ausbesserung *f;* [*maison a.*] Renovierung *f;* [*statue*] Restaurierung *f;* ***des travaux de*** ~ Instandsetzungs-/Renovierungs-/Restaurationsarbeiten *pl*

réfectoire [Refɛktwaʀ] *m* [*école, hôpital*] Speisesaal *m;* [*couvent*] Refektorium *nt;* [*caserne, usine*] Kantine *f;* (*pour officiers/cadres*) Kasino *nt*

référé [RefeRe] *m* JUR (*procédure*) Antrag *m* auf Erlass einer einstweiligen Verfügung; (*arrêt*) einstweilige Verfügung

▸ **en** ~ (*procédure*) im Verfahren der einstweiligen Verfügung; (*arrêt*) als einstweilige Verfügung

référence [RefeRɑ̃s] *f* **1.** (*renvoi*) Bezug *m;* [*texte*] Verweis *m;* [*citation*] Quellenangabe *f;* ADMIN, COM [Akten]zeichen *nt;* ***qn a perdu toutes ses*** ~***s*** jd hat jeglichen Bezug [zur seiner Umgebung] verloren; ***les*** ~***s de base d'un groupe*** die gemeinsamen Grundüberzeugungen einer Gruppe; ***les*** ~***s d'un ouvrage scientifique*** das Bezugssystem, das einer wissenschaftlichen Arbeit zugrunde liegt

2. (*recommandation*) Empfehlung *f;* ***quels sont vos*** ~***s?*** was für Referenzen haben Sie?

3. (*modèle*): ***qc fait figure de*** ~ **[*pour qn*]** etw setzt Maßstäbe, etw ist [für jdn] maßgebend; ***qn devient/ est une*** ~ jd wird zur Schlüsselfigur/ist eine Schlüsselfigur; ***ce nom reste une*** ~ dieser Name ist noch in aller Munde; ***ce type-là, ce n'est pas une*** ~! *iron* dieser Typ ist nicht gerade eine Empfehlung! *fam*

▸ **qn/qc fait** ~ **à qn/qc** jd/etw bezieht sich auf jdn/etw; ***qn fait*** ~ ***à qn quelque part*** jd erwähnt jdn irgendwo; ***qc ne fait aucune*** ~ ***à qc*** etw bezieht sich in keiner Weise auf etw (*akk*); **qn/qc sert de** ~ **[à qc]** jd/etw dient als Maßstab [für etw]; **de** ~ *année* Basis-; *prix, valeur* Richt-; ***ouvrage de*** ~ Nachschlagewerk *nt;* ***point de*** ~ Anhaltspunkt *m;* ***indice de*** ~ Richtwert *m;* **en** ~**s** COM [oben] genannt, betreffend; ***cité(e) en*** ~***s*** oben angeführt; **en [*o* par]** ~ **à qc** einer S. (*dat*) entsprechend, einer S. (*dat*) gemäß; **notre/votre** ~, **nos/vos** ~**s** unser/Ihr Zeichen

référencer <2> [RefeRɑ̃se] *vt* ■ **qn/qc référence qc** *document, lettre* jd/etw versieht etw mit einem Aktenzeichen; ■ **qc est référencé(e)** */exemple/* etw ist belegt; */citation a./* etw ist mit einer Quellenangabe versehen

référendaire [RefeRɑ̃dɛR] *adj campagne, loi* Volksentscheids-, Volksabstimmungs-; ***un succès*** ~ der Erfolg bei einer Volksabstimmung; ***procédure*** ~ Volksentscheid *m,* Volksabstimmung *f*

référendum [RefeRɑ̃dɔm, RefeRɛ̃dɔm] *m* Volksabstimmung *f,* Volksentscheid *m,* Referendum *nt*

référentiel [RefeRɑ̃sjɛl] *m* Bezugssystem *nt;* MATH, PHYS Koordinatensystem *nt*

référer <5> [RefeRe] **I.** *vi* ■ **qn en réfère à qn/qc** *à un supérieur, l'administration, aux autorités* jd leitet es an jdn/etw weiter; *au juge, tribunal* jd geht vor jdn/etw, jd ruft jdn/etw an

II. *vpr* **1.** (*faire référence à*) ■ **qn se réfère à qn/qc** jd bezieht sich auf jdn/etw, jd nimmt auf jdn/etw Bezug *form*

2. (*s'en remettre à*) ■ **qn s'en réfère à qn/qc** jd verlässt sich auf jdn/etw

refermer <1> [R(ə)fɛRme] **I.** *vt* ■ **qn referme qc** jd schließt etw [wieder], jd macht etw [wieder] zu; *livre a.* jd schlägt etw [wieder] zu; (*refermer à clé*) jd schließt etw [wieder] ab [*o* zu], jd verschließt etw wieder

II. *vpr* ■ **qc se referme** etw schließt sich [wieder], etw geht wieder zu; */plaie a./* etw heilt wieder zu; ■ **qc se referme [sur qn/qc]** */piège/* etw schnappt [über jdm] zu; */porte, fenêtre/* etw schließt sich [wieder] [hinter jdm/etw], etw geht [wieder] [hinter jdm/etw] zu; (*se refermer au nez de qn*) etw [ver]schließt sich [wieder] vor jdm, etw geht vor jdm zu

refiler <1> [R(ə)file] *vt fam* ■ **qn refile qc à qn** jd gibt [*o* leiht] jdm etw; *objet sans valeur* jd dreht jdm etw an *fam;* *maladie* jd steckt jdn mit etw an; *problème* jd schiebt jdm etw zu; ■ **qn se fait** ~ **qc** jd lässt sich (*dat*) etw andrehen *fam*

refinancement [Rəfinɑ̃s(ə)mɑ̃] *m* Refinanzierung *f*

réfléchi, e [Refleʃi] **I.** *adj* **1.** (*raisonnable*) *action, jugement* durchdacht, [wohl] überlegt; *air, personne* nachdenklich, ernsthaft

2. GRAM *pronom* Reflexiv-; *verbe* reflexiv, rückbezüglich

3. OPT *lumière, radiations* reflektiert; *image a.* gespiegelt, Spiegel-

II. *m* Reflexiv[pronomen *nt*] *nt*

réfléchir <8> [RefleʃiR] **I.** *vi* **1.** (*penser*) ■ **qn réfléchit** jd denkt nach, jd überlegt; ***qc donne à*** ~ etw gibt zu denken; ***qn demande à*** ~ jd erbittet sich (*dat*) Bedenkzeit

2. (*examiner*) ■ **qn réfléchit à [*o* sur] qc** *sur une question* jd denkt über etw (*akk*) nach; *à l'avenir, un projet a., à un dossier* jd macht sich (*dat*) über etw (*akk*) Gedanken; (*cogiter*) jd brütet über etw (*dat*); ***réfléchissez à ce que vous faites*** überlegen Sie sich (*dat*) genau, was Sie tun; ■ **qn réfléchit [au fait] que** + *indic* jd überlegt, dass; ***qn n'a pas réfléchi que*** + *indic* jd hat nicht überlegt [*o* daran gedacht], dass

▸ **tout bien réfléchi** bei genauerer Überlegung, wenn man es sich (*dat*) recht überlegt; ***tout bien réfléchi, je ne vais pas y aller*** wenn ich es mir recht überlege, dann gehe ich lieber doch nicht hin; **c'est tout réfléchi** daran ist nicht [*o* gibt es nichts] zu rütteln

II. *vt* ■ **qc réfléchit qc** etw reflektiert etw; */eau, glace, miroir a./* etw spiegelt etw wider

III. *vpr* ■ **qn/qc se réfléchit [dans/sur qc]** jd/etw spiegelt sich [in etw (*dat*)] [wider]; */lumière a., son/* etw bricht sich [an etw (*dat*)], etw wird [von etw] reflektiert

réfléchissant, e [Refleʃisɑ̃, ɑ̃t] *adj surface* reflektierend, spiegelnd, Spiegel-; *pouvoir* Reflexions-

réflecteur, -trice [Reflɛktœʀ, -tʀis] **I.** *adj miroir* reflektierend; *surface a.* spiegelnd, Spiegel-; *pouvoir* Reflexions-; ■ **qc est** ~ etw spiegelt, etw reflektiert

II. *m* Reflektor *m;* ~ ***d'antenne/ parabolique*** Antennen-/Parabolreflektor

reflet [R(ə)flɛ] *m* **1.** (*représentation*) [*personne, statut social*] Spiegelbild *nt,* Abbild *nt;* [*époque, réalité a., société, personnalité*] Spiegel *m;* ***qc est le*** ~ ***de qc*** etw spiegelt etw [wider]; ***qc n'est qu'un pâle*** ~ ***de qc*** etw ist nur ein schwacher Abklatsch einer S. (*gen*); ***qn est le*** ~ ***de qn*** jd ist jds Ebenbild

2. (*éclat*) [*étoffe*] Glanz *m kein pl,* Schimmer *m kein pl;* [*soleil*] Widerschein *m kein pl,* Reflex *m;* ***les*** ~***s roux de ses cheveux*** die rötlichen Reflexe [*o* der rötliche Glanz] in seinen/ihren Haaren

3. (*image réfléchie*) Spiegelbild *nt*

refléter <5> [R(ə)flete] **I.** *vt* **1.** (*représenter*) ■ **qn/qc reflète qc** jd/etw spiegelt etw wider; ***son visage reflétait le bonheur*** ihr/sein Gesicht spiegelte ihre/seine Freude wider, ihr/sein Gesicht strahlte vor Freude

2. (*réfléchir*) ■ **qc reflète qc** etw spiegelt etw wider; *lumière* etw reflektiert etw

II. *vpr* **1.** (*se réfléchir*) ■ **qc se reflète [quelque part]** etw spiegelt sich [irgendwo]

2. (*transparaître*) ■ **qc se reflète dans qc** *dans le regard, les yeux* etw spiegelt sich in etw (*dat*); *dans un objet a.* etw kommt in etw (*dat*) zum Ausdruck; ***ses pensées se reflètent dans l'expression de son visage*** man kann seine/ihre Gedanken in seinem/ihrem Gesichtsausdruck lesen, sein/ihr Gesichtsausdruck spiegelt seine/ihre Gedanken wider

refleurir <8> [R(ə)flœRiR] **I.** *vi* **1.** BOT ■ **qc refleurit** etw blüht wieder
2. (*renaître*) ■ **qc refleurit** /*art, civilisation*/ etw blüht wieder auf, etw kommt zu einer neuen Blüte; /*amitié*/ etw erwacht wieder
II. *vt* ■ **qn refleurit qc** jd schmückt etw wieder mit Blumen

reflex [Reflɛks] **I.** *adj: appareil* ~ Spiegelreflexkamera *f*
II. *m* Spiegelreflexkamera *f*

réflexe [Reflɛks] **I.** *m* **1.** PHYSIOL Reflex *m;* ~ ***rotulien*** Kniesehnenreflex, Kniescheibenreflex
2. (*réaction rapide*) Reflex *m;* ***qn a eu un bon*** ~ jd hat gut reagiert; ■ ~ ***de*** *de peur* -reaktion *f;* ~ ***de routine/ survie*** routinemäßige Reaktion/Überlebensreflex [*o* lebensrettender Reflex]; ***qn a un*** ~ ***de peur*** jd bekommt einen Schreck
► ~ **conditionné** bedingter [*o* konditionierter *spec*] Reflex; **qn a des/manque de ~s** jd hat gute Reflexe/ein schlechtes Reaktionsvermögen, jd hat ein gutes/kein gutes Reaktionsvermögen; **qn a le ~ de faire qc** jd tut etw reflexartig; (*agit spontanément*) jd tut etw spontan; ***qn a pour premier*** ~ ***de faire qc*** jds erste Reaktion ist es, etw zu tun
II. *adj mouvement* Reflex-; *comportement a.* reflektorisch

réflexion [Reflɛksjɔ̃] *f* **1.** (*analyse*) Betrachtung *f,* Reflexion *f geh;* (*méditation a.*) Nachdenken *nt;* (*idée, pensée*) Gedanke *m,* Überlegung *f;* ***une*** ~ ***approfondie*** eine eingehende Betrachtung, ein gründliches Nachdenken; ***des éléments de*** ~ Überlegungen *pl;* ***j'en étais là de mes ~s*** soweit war ich mit meinen Überlegungen [*o* Betrachtungen] gekommen, soweit waren meine Überlegungen [*o* Betrachtungen] gediehen
2. (*remarque*) Anmerkung *f;* ***qn fait des ~s*** [*o* ***fait part de ses ~s***] ***à qn sur qc*** jd teilt jdm seine Überlegungen [*o* Gedanken] zu etw mit, jd macht jdm Anmerkungen zu etw
3. (*remarque désobligeante*) [spitze] Bemerkung
4. OPT, PHYS Reflexion *f;* ***angle de*** ~ Ausfallswinkel *m,* Reflexionswinkel *m*
► ~ **faite** (*en fin de compte*) letztendlich; (*tout bien considéré*) eigentlich, wenn man es sich (*dat*) recht überlegt; ~ ***faite, je reste*** wenn ich es mir recht überlege, dann bleibe ich doch; eigentlich bleibe ich doch lieber; ~ ***faite, elle a peut-être eu raison*** letztendlich [*o* wenn man es sich (*dat*) recht überlegt,] hatte sie vielleicht doch Recht; **après mûre** ~ nach reiflicher Überlegung [*o* Erwägung]; **qc demande** ~ über etw (*akk*) muss man erst noch nachdenken, etw bedarf der Überlegung *geh;* **qn dispense qn de ses ~s** jd hat jdn nicht nach seiner Meinung gefragt; ***je te dispense de tes ~s*** behalte deine Kommentare für dich, ich habe dich nicht nach deiner Meinung gefragt; **qn fait des ~s [à qn] [sur [*o* au sujet de] qn/qc]** jd macht [jdm gegenüber] spitze Bemerkungen [über jdn/etw], jd zieht über jdn/etw her *fam; sur le travail de qn* jd beanstandet etw, jd beschwert sich [bei jdm] über etw (*akk*); ***ma mère me fait toujours des ~s*** meine Mutter hat immer etwas an mir zu kritisieren [*o* meckert immer an mir herum *fam*]; **qc mérite** ~ es lohnt sich, über etw (*akk*) nachzudenken; /*offre, proposition a.*/ etw ist überlegenswert; **à** ~ *matière, sujet* zum Nachdenken; ***il y a là matière à*** ~ darüber muss man sich (*dat*) noch Gedanken machen; ***c'est un sujet à*** ~ das ist ein Thema, über das man noch nachdenken muss [*o* über das man sich (*dat*) noch Gedanken machen muss]; **à la** ~ bei näherer Betrachtung, bei näherem Hinsehen; **avec/sans** ~ überlegt/unüberlegt [*o* ohne nachzudenken]; **de** ~ POL: ***une cellule de*** ~ ein Ausschuss *m;* ***un cercle de*** ~ ein Arbeitskreis *m*

refluer <1> [R(ə)flye] *vi* ■ **qn/qc reflue [quelque part]** /*foule*/ jd strömt [irgendwohin] zurück; /*eaux, mer*/ etw geht zurück, etw zieht sich [irgendwohin] zurück; /*liquide*/ etw fließt [irgendwohin] zurück; /*sang*/ etw stockt [irgendwo]; ■ **qn/qc fait ~ qn** jd/etw drängt jdn zurück

reflux [Rəfly] *m* **1.** (*marée descendante*) ablaufendes Wasser, Ebbe *f*
2. [*foule*] Zurückströmen *nt,* Zurückweichen *nt;* [*électorat*] Rückgang *m;* [*aliments*] Rückfluss *m*

refondateur, -trice [Rəfɔ̃datœR, -tRis] *m, f* Erneuerer/Erneuerin *m/f*

refonder <1> [Rəfɔ̃de] *vt* ■ **qc refonde qc**: ***qc refonde son identité*** etw findet zu einer neuen Identität

refondre <14> [R(ə)fɔ̃dR] *vt* **1.** (*remanier*) ■ **qn refond qc** jd überholt etw; *système a.* jd erneuert [*o* ändert] etw; *programme* jd organisiert etw neu; *dictionnaire, texte, manuel* jd überarbeitet etw
2. (*fondre à nouveau*) ■ **qn refond qc** jd schmilzt etw wieder ein

refonte [R(ə)fɔ̃t] *f* **1.** (*remaniement*) Überholen *nt;* [*système a.*] Erneuerung *f,* Änderung *f;* [*programme*] Neuorganisation *f;* [*dictionnaire, texte*] Neubearbeitung *f,* Überarbeitung *f*
2. (*action de refondre*) Einschmelzen *nt*

réformable [RefɔRmabl] *adj* ■ **[qc est]** ~ [etw ist] reformierbar, etw lässt sich reformieren; /*jugement, loi*/ [etw ist] [ab]änderbar, etw kann geändert werden

réformateur, -trice [RefɔRmatœR, -tRis] **I.** *m, f* **1.** (*promoteur de réformes*) Reformer(in) *m(f);* ***les ~s de la société*** die Gesellschaftsreformer
2. HIST, REL Reformator(in) *m(f)*
II. *adj* reformerisch; *esprit a.* Reform-, reformfreudig

réformation [RefɔRmasjɔ̃] *f* **1.** *littér* (*modification*) Reform *f*
2. REL ■ **la R~** die Reformation

réforme [RefɔRm] *f* **1.** ADMIN, POL Reform *f;* ***des ~s sociales/ agraires/ financières*** soziale Reformen [*o* Sozialreformen]/Agrar-/Finanzreformen; ***la ~ financière/ agraire/ sociale du pays*** die finanzielle/landwirtschaftliche/soziale Neugestaltung [*o* Umgestaltung] [*o* Reform] des Landes; ■ ~ ***de*** Reform (+ *gen*); *du mode de scrutin a., du calendrier* -reform; ~ ***de l'orthographe/ de la Constitution*** Rechtschreib-/Verfassungsreform
2. MIL Freistellung *f* [aus gesundheitlichen Gründen]; [*appelé*] Ausmusterung *f*
3. HIST ■ **la R~** die Kirchenreform, die Reformation

réformé, e [RefɔRme] **I.** *adj* **1.** REL reformiert
2. MIL [wehrdienst]untauglich
II. *m, f* **1.** MIL [Wehrdienst]untaugliche(r) *m*
2. REL *vieux* Reformierte(r) *f(m)*

reformer <1> [R(ə)fɔRme] **I.** *vt* ■ **qn reforme qc** jd stellt etw wieder her; *boule* jd formt wieder etw; *armée* jd formiert etw neu; *groupe* jd bildet etw wieder; *équipe* jd stellt etw wieder auf; ***les soldats reforment leurs rangs*** die Soldaten nehmen Aufstellung
II. *vpr* ■ **qn/qc se reforme** /*nuages*/ etw bildet sich wieder; /*alliance a.*/ etw kommt wieder zustande; /*groupe a.*/ jd/etw kommt wieder zusammen

réformer <1> [RefɔRme] **I.** *vt* **1.** (*modifier*) ■ **qn/qc réforme qc** jd/etw reformiert etw; *loi a.* jd/etw ändert etw [ab]; *méthode a.* jd/etw verbessert etw; *mœurs* jd/etw bessert etw, durch etw bessert sich etw; *vieilli abus* jd unterbindet etw, jd stellt etw ab
2. MIL ■ **qn réforme qn** jd stellt jdn frei; *appelé* jd mustert jdn aus, jd schreibt jdn [wehrdienst]untauglich; ■ **[qn est] réformé(e)** [jd ist] [wehrdienst]untauglich
3. JUR ■ **qn réforme qc** *jugement* jd ändert etw ab
II. *vpr* ■ **qn/qc se réforme** jd ändert sich/etw reformiert sich

réformisme [RefɔRmism] *m* Reformismus *m*

réformiste [RefɔRmist] **I.** *adj* reformistisch
II. *mf* Reformist(in) *m(f)*

refoulé, e [R(ə)fule] **I.** *adj pulsion* verdrängt, unterdrückt; *personne* verklemmt
II. *m, f fam* verklemmter Mensch, Verklemmte(r) *f(m)*

refoulement [R(ə)fulmɑ̃] *m* **1.** PSYCH Verdrängung *f;* [*ambitions, instincts, pulsions a.*] Unterdrückung *f*
2. [*immigrants clandestins*] Abweisung *f;* (*à la frontière a.*) Zurückweisung *f;* [*manifestants*] Zurückdrängen *nt*

refouler <1> [R(ə)fule] *vt* **1.** (*repousser*) ■ **qn/qc refoule qn/qc** *attaque, envahisseur* jd/etw schlägt jdn/etw zurück; *foule* jd/etw drängt jdn zurück; *immigrant, intrus* jd weist jdn ab; (*à la frontière a.*) jd weist jdn zurück; *demande* jd weist etw zurück [*o* ab]
2. (*réprimer*) ■ **qn refoule qc** jd unterdrückt etw; *agressivité a.* jd hält etw im Zaum, jd zügelt etw; *colère a.* jd bezähmt [*o* bezwingt] etw; *désir, passion, pulsion a., souvenir* jd verdrängt etw; *larmes* jd hält etw zurück
3. (*faire reculer*) ■ **qc refoule qc** /*pompe*/ etw stößt etw aus; ***qc refoule le sang vers le cœur*** etw bringt das Blut [*o* Herz] zum Stocken

réfractaire [RefRaktɛR] **I.** *adj* **1.** (*résistant*) ■ **[qn est] ~ à qc** *à une influence* [jd ist] für etw unempfänglich [*o* nicht empfänglich], jd widersteht einer S. (*dat*); *à une maladie* [jd ist] gegen etw immun; *à la musique, poésie* [jd ist] für etw unempfänglich, jd hat keinen Zugang zu etw; *à un régime* jd leistet einer S. (*dat*) Widerstand; *à la discipline, l'autorité* (*être contre*) jd ist gegen etw; (*se rebeller contre*) jd widersetzt sich einer S. (*dat*), jd wehrt sich gegen etw; ***les élèves ~s à la discipline*** die Schüler, die sich jeder Disziplin widersetzen
2. (*rebelle*) *conscrit* wehrunwillig, fahnenflüchtig; *maladie* therapieresistent; ***prêtre*** ~ Priester *m,* der den Eid verweigert
3. TECH hitzebeständig; *plat a.* feuerfest
II. *m* HIST Fahnenflüchtige(r) *m;* ***qn devient*** ~ jd begeht Fahnenflucht

réfracter <1> [RefRakte] **I.** *vt* ■ **qc réfracte qc** etw bricht etw
II. *vpr* ■ **qc se réfracte** etw bricht sich

réfraction [RefRaksjɔ̃] *f* Brechung *f,* Refraktion *f spec*

refrain [R(ə)fRɛ̃] *m* **1.** MUS Refrain *m,* Kehrreim *m*
2. (*chant monotone*) Lied *nt;* [*moulin*] Klappern *nt;* [*bouilloire*] Summen *nt*
3. (*rengaine*) Lied *nt,* Litanei *f;* ***c'est toujours le même*** ~ es ist immer dasselbe Lied [*o* die alte Leier *fam*]; ***qn ferait bien de changer de*** ~ jd könnte ruhig mal eine andere Platte auflegen *fam;* ***change de*** ~! leg mal [wieder] eine andere Platte auf! *fam*

réfréner <5> [RefRene] **I.** *vt* ■ **qn réfrène qc** jd bremst etw; *désir, envie, impatience a.* jd zügelt [*o* [be]zähmt] [*o* bändigt] etw; *colère a.* jd dämpft etw; *abus* jd gebietet einer S. (*dat*) Einhalt; ■ **qn réfrène qn** jd hält jdn zurück
II. *vpr* ■ **qn se réfrène [sur qc]** jd hält sich [mit etw] zurück

réfrigérant, e [RefRiʒeRɑ̃, ɑ̃t] **I.** *adj* **1.** *appareil, fluide, mélange* Kühl-
2. (*glacial*) eisig; *accueil a.* frostig; *personne* kalt, unterkühlt
II. *m* Kühlaggregat *nt,* Kühlmittel *nt*

réfrigérateur [RefRiʒeRatœR] *m* Kühlschrank *m,* Eiskasten *m* AUS; ~ ***intégrable*** Einbaukühlschrank *m;* ***le ~-congélateur combiné*** die Kühl-Gefrier-Kombination

réfrigération [RefRiʒeRasjɔ̃] *f* Kühlen *nt,* Kühlung *f;* ***un appareil/ une technique de*** ~ ein Kühlgerät *nt*/eine Kühltechnik

réfrigéré, e [RefRiʒeRe] *adj* Kühl-

réfrigérer <5> [RefRiʒeRe] *vt* **1.** TECH ■ **qn/qc réfrigère qc** *denrées* jd/etw kühlt etw tief, jd friert etw ein; *organisme* jd/etw kühlt etw [ab]; *local* jd/etw kühlt etw
2. *fam* (*avoir froid*) ■ **[qn est] réfrigéré(e)** [jd ist] völlig durch[ge]froren
3. (*mettre mal à l'aise, décourager*) ■ **qn/qc réfrigère qn/qc** jd/etw versetzt jdm/einer S. einen Dämpfer

réfringence [RefRɛ̃ʒɑ̃s] *f* Brechungsvermögen *nt*

refroidir <8> [R(ə)fRwadiR] **I.** *vt* **1.** (*rendre plus froid*) ■ **qc refroidit une chose** eine S. wird durch etw kalt; ***qc refroidit le temps/ la température*** etw bringt kühleres Wetter/Abkühlung
2. (*décourager*) ■ **qn/qc refroidit qn/qc** jd/etw versetzt jdm/einer S. einen Dämpfer, etw wirkt auf jdn wie eine kalte Dusche *fam; zèle a.* jd/etw bremst etw
3. *arg* (*tuer*) ■ **qn refroidit qn** jd macht jdn kalt *sl*
II. *vi* ■ **qc refroidit** (*devenir plus froid*) /*moteur, aliment, boisson*/ etw kühlt [sich] ab; (*devenir trop froid*) etw wird kalt; ■ **qn laisse ~ qc** jd lässt

etw abkühlen; (*devenir trop froid*) jd lässt etw kalt werden
▸ **qn met qc à** ~ jd stellt etw kalt
III. *vpr* **1.** (*devenir plus froid*) ■ **qc se refroidit** etw kühlt [sich] ab; (*devenir trop froid*) etw wird kalt; ***le temps s'est refroidi ce matin*** es hat heute Morgen abgekühlt
2. *fam* ■ **qn se refroidit** jd erkältet sich, jd verkühlt sich
3. (*perdre de son ardeur*) ■ **qc se refroidit** etw lässt nach

refroidissement [ʀ(ə)fʀwadismɑ̃] *m* **1.** (*baisse de température*) Abkühlung *f;* AUT, TECH [*air, eau*] Kühlung *f;* ***tour de*** ~ Kühlturm *m;* ***le*** ~ ***de la température/ du temps*** die Abkühlung
2. MED Erkältung *f*
3. [*amitié, enthousiasme, passion, rapports*] Abkühlung *f;* [*zèle a.*] Nachlassen *nt*
▸ **qn attrape un** ~ jd erkältet sich
◆ **refroidissement par air** Luftkühlung *f;* **refroidissement par eau** Wasserkühlung *f*

refroidisseur, -euse [ʀ(ə)fʀwadisœʀ, -øz] **I.** *adj* Kühl-
II. *m* Kühler *m,* Kühlapparat *m*

refuge [ʀ(ə)fyʒ] **I.** *m* **1.** (*abri*) Zuflucht[stätte *f*] *f,* Zufluchtsort *m,* Refugium *nt geh;* ALPIN Schutzhütte *f;* AUT Verkehrsinsel *f;* (*sur l'autoroute*) Nothaltebucht *f*
2. (*échappatoire*) Zuflucht *f;* (*soutien*) Halt *m*
▸ **qn cherche/trouve** ~ **quelque part** jd sucht/findet irgendwo Zuflucht [*o* einen Unterschlupf]; (*pour se cacher a.*) jd flüchtet sich irgendwohin; (*pour échapper au mauvais temps a.*) jd stellt sich irgendwo unter/kann sich irgendwo unterstellen; **qn cherche/trouve** [**un**] ~ **dans qc** *dans la religion, drogue, lecture* jd nimmt zu etw [seine] Zuflucht [*o* jd flüchtet sich in etw (*akk*)]/findet in etw (*dat*) seine Zuflucht; **qn demande** ~ **quelque part** jd bittet irgendwo um Unterschlupf
II. *app:* ***valeur*** ~ sichere Anlage

réfugié, e [ʀefyʒje] **I.** *adj* ■ [**qn est**] ~ [jd ist] geflüchtet
II. *m, f* Flüchtling *m;* ***des ~s politiques/ économiques*** politische Flüchtlinge/Wirtschaftsflüchtlinge

réfugier <1 a> [ʀefyʒje] *vpr* ■ **qn se réfugie quelque part** (*trouver refuge*) jd flüchtet sich irgendwohin; *dans le silence, le sommeil, dans la solitude a.* jd nimmt irgendwohin [seine] Zuflucht; (*se sauver*) jd flüchtet irgendwohin

refus [ʀ(ə)fy] *m* (*action de refuser*) Ablehnung *f,* Absage *f;* (*résistance*) Weigerung *f;* ***la tentation du*** ~ die Versuchung sich zu verweigern; ■ ~ [**par qn**] **de qc** [jds] Ablehnung einer S. (*gen*), [jds] Absage an etw (*akk*); ■ ~ [**par qn**] **de faire qc** [jds] Weigerung etw zu tun; ***je ne comprends pas ton ~ de suivre mes conseils*** ich verstehe nicht, warum du dich weigerst, meinem Rat zu folgen
▸ ~ **de comparaître** Weigerung *f* vor Gericht zu erscheinen; **ce n'est pas de** ~ *fam* da sage ich/sagen wir nicht nein; **qn essuie** [*o* **se heurte à**] **un** ~ jd muss eine Absage hinnehmen [*o* einstecken *fam*], jd bekommt eine Absage; ***il lui a demandé sa main, mais il s'est heurté à un*** ~ er hat um ihre Hand angehalten, aber er hat einen Korb bekommen; ~ **d'obtempérer** Weigerung *f* einer Aufforderung Folge zu leisten; **qn oppose un** ~ **à qn** jd verweigert jdm seine Zustimmung
◆ **refus de priorité** Missachtung *f* der Vorfahrt; **refus d'obéissance** MIL Gehorsamsverweigerung *f*

refusable [ʀ(ə)fyzabl] *adj* ■ **qc est** ~ man kann etw ablehnen

refuser <1> [ʀ(ə)fyze] **I.** *vt* **1.** (*ne pas accepter*) ■ **qn refuse qc** jd lehnt etw ab; *combat, manuscrit, marchandise a.* jd nimmt etw nicht an; *cadeau, invitation, offre a.* jd nimmt etw nicht an, jd schlägt etw aus; *idée, inégalités, racisme a.* jd ist gegen etw; (*empêcher de progresser*) jd gebietet einer S. (*dat*) Einhalt; ***ils refusent qc en bloc/*** [***tout***] ***net*** sie lehnen etw en bloc [*o* in Bausch und Bogen]/rundweg ab; ■ **un animal refuse qc** ein Tier verweigert etw; *nourriture a.* ein Tier will etw nicht; ***un cheval refuse l'obstacle*** ein Pferd verweigert [das Hindernis]; ■ **qn/un animal refuse de faire qc** jd/ein Tier weigert sich etw zu tun; ■ **qn refuse que** + *subj* jd lehnt es ab, dass
2. (*ne pas accorder*) ■ **qn refuse qc à qn** jd gibt jdm etw nicht; *objet, permission a., faveur* jd verweigert jdm etw; *entrée, accès* jd verwehrt [*o* verweigert] jdm etw; *porte* jd verschließt etw vor jdm; *priorité* jd nimmt jdm etw; ***vous ne me refuserez pas un verre d'eau*** Sie geben mir doch sicher ein Glas Wasser; ***il m'a refusé une augmentation*** er hat mir keine Gehaltserhöhung zugebilligt [*o* gegeben]; ■ **qc refuse qc à qn** /*nature*/ etw gibt jdm etw nicht [mit], etw enthält jdm etw vor
3. (*dénier*) ■ **qn refuse qc à qn** *qualité, talent* jd spricht jdm etw ab
4. *vieilli* (*ne pas recevoir*) ■ **qn/qc refuse qn** *spectateurs, monde* jd schickt jdn weg, jd/etw weist jdn ab; ■ **qn est refusé(e)** [*o* **se fait** ~] **à qc** *à un examen* jd besteht etw nicht, jd fällt bei etw durch *fam*
II. *vi* ■ **qn refuse** jd lehnt ab; ***ils refusent en bloc/*** [***tout***] ***net*** sie lehnen en bloc [*o* in Bausch und Bogen]/rundweg ab
III. *vpr* **1.** (*se priver de*) ■ **qn se refuse qc** *avantage, voyage* jd verzichtet auf etw (*akk*); *plaisir a.* jd versagt sich (*dat*) etw, jd gönnt sich (*dat*) etw nicht; *dépenses* jd untersagt [*o* verkneift *fam*] sich (*dat*) etw
2. (*être décliné*) ■ **qc se refuse/ne se refuse pas** /*avantage, offre*/ man kann etw ablehnen/nicht ablehnen; ***ça ne se refuse pas*** dazu kann man doch nicht nein sagen
3. (*ne pas accepter*) ■ **qn se refuse à qc** jd akzeptiert etw nicht; *à l'évidence a.* jd will etw nicht sehen; *à une méthode a.* jd verwirft etw; *à une solution de facilité a.* jd verweigert sich einer S. (*dat*); *à tout commentaire* jd verweigert etw; ***nous nous y refusons*** da machen wir nicht mit; ■ **qn se refuse à faire qc** jd weigert sich etw zu tun
4. (*échapper à*) ■ **qc se refuse à qn/qc** etw entgeht jdm/einer S.; /*succès*/ etw bleibt jdm/einer S. versagt; ***qc se refuse à tout service*** etw versagt den Dienst
5. (*sur le plan sexuel*) ■ **qn se refuse à qn** jd verweigert sich jdm
▸ **qn ne se refuse rien** *hum* jd gönnt sich was *fam,* jd spart an nichts

réfutable [ʀefytabl] *adj* widerlegbar, zu widerlegen

réfutation [ʀefytasjɔ̃] *f* Widerlegung *f;* ***qc apporte la*** ~ ***de qc*** etw widerlegt etw

réfuter <1> [ʀefyte] *vt* ■ **qn/qc réfute qn/qc** jd/etw widerlegt jdn/etw

regagner <1> [ʀ(ə)gaɲe] *vt* **1.** (*récupérer*) ■ **qn regagne qc** *amitié, faveurs* jd gewinnt etw zurück; *argent* jd bekommt etw zurück; (*en travaillant*) jd verdient etw wieder; *temps perdu* jd holt etw wieder ein; MIL *terrain* jd erobert etw zurück; ***qn regagne le terrain qu'il avait perdu*** jd macht verlorenen Boden wieder gut
2. (*aller de nouveau*) ■ **qn regagne qc** jd geht wieder in etw (*akk*) [zurück]; *place* jd geht wieder an etw (*akk*) zurück, jd nimmt etw wieder ein; (*rentrer*) jd kehrt wieder in etw (*akk*) zurück; ***qn regagne sa maison*** jd geht wieder nach Hause

regain [ʀəgɛ̃] *m* **1.** (*renouveau*) ■ ~ **de qc** *d'espoir, d'optimisme* Wiederaufleben *nt* einer S. (*gen*), Wiedererlangen *nt* einer S. (*gen*); *de jeunesse* Rückkehr *f* einer S. (*gen*); *de santé* Wiederaufblühen *nt* einer S. (*gen*); ***un ~ d'espoir/ d'optimisme*** neue Hoffnung/neuer Optimismus; ***qn retrouve un ~ d'activité/ de vie*** jds Unternehmungslust/Lebenskraft kehrt wieder [*o* jd lebt wieder auf]; ***qc apporte un ~ de jeunesse à qn*** etw macht jdn wieder jung, etw beschert jdm eine zweite Jugend
2. AGR Grummet *nt kein pl,* Öhmd *nt kein pl* SDEUTSCH

régal [ʀegal] *m* **1.** GASTR (*délice*) Genuss *m,* Gaumenfreude *f;* (*mets délicieux a.*) Leckerbissen *m,* Gedicht *nt;* ***ce rôti est un vrai*** ~ der Braten ist ein Gedicht; ***mon grand ~, c'est le strudel*** Strudel esse ich für mein Leben gern
2. *fam* (*plaisir*) Genuss *m;* ***un ~ pour les yeux*** eine Augenweide

régalade [ʀegalad] *f* ▸ **qn boit à la** ~ jd trinkt ohne [die Flasche/das Glas] anzusetzen

régaler <1> [ʀegale] **I.** *vpr* **1.** (*faire un bon repas*) ■ **qn se régale** [**de** [*o* **avec**] **qc**] jdm schmeckt etw, jd genießt etw, jd delektiert sich [an etw (*dat*)] *geh;* ***on va se*** ~ wir werden so richtig schlemmen [*o* fein essen], es wird ein Genuss; lecker, lecker! *fam;* ***je me régale!*** es schmeckt mir!
2. (*éprouver un grand plaisir*) ■ **qn se régale** [**en faisant qc**] jd genießt es[, etw zu tun], jd tut etw mit Hochgenuss; ***je me suis vraiment régalé en lisant ce livre*** ich habe das Buch richtig genossen
II. *vt* ■ **qn régale qn** [**de** [*o* **avec**] **qc**] jd erfreut jdn [mit etw]; *d'un repas a.* jd bewirtet jdn [mit etw]; *vieux d'un concert, d'une promenade a.* jd macht jdm mit etw eine Freude
III. *vi fam* ■ **qn régale** jd zahlt [die Zeche]; ***aujourd'hui, c'est le patron qui régale*** heute geht alles auf Kosten des Hauses

regard [ʀ(ə)gaʀ] *m* **1.** (*vue, expression*) Blick *m;* ***qn a un ~ doux/ vif*** jd hat einen sanften/lebhaften Blick [*o* sanfte/lebhafte Augen]; ***son ~ est dur*** er/sie hat einen harten Blick; ***un ~ d'envie/ de convoitise*** ein Blick voller Neid/Begierde; ***avec un ~ d'envie/ de convoitise*** mit neidischen/begierigen Blicken [*o* Augen]
2. (*coup d'œil*) Blick *m;* ***qn n'accorde à qc qu'un ~ distrait*** jd hat nur zerstreute Blicke für etw
3. (*façon de voir*) ■ ~ **de qn sur qc** jds Betrachtung *f* einer S. (*gen*); ***le ~ de l'enfant sur le monde qui l'entoure*** der Blick des Kindes auf die Welt, die es umgibt; ***qn a un autre ~ sur qn/ qc*** jd sieht jdn/etw anders
4. TECH Sehloch *nt,* Schauloch *nt;* ***un ~ d'égout/ de canalisation*** ein Kanalschacht *m*
▸ ~ **d'aigle** Adlerblick *m,* Adleraugen *pl;* ~ **de connivence** [*o* **d'intelligence**] verschwörerischer [*o* komplizenhafter] Blick; ~ **en coin** [*o* **en coulisse**] Seitenblick *m,* Blick *m* aus den Augenwinkeln; ~ **noir** finsterer [*o* böser] Blick; **au premier** ~ auf den ersten Blick; **qn adresse un** ~ **à qn** jd wirft jdm einen Blick zu; **qn attache son** ~ **sur qn/qc** jd heftet seinen Blick auf jdn/etw, jd schaut jdn/etw an; ***il attache son ~ sur celui de sa femme*** er sucht den Blick seiner Frau; **qn attire les ~s** [**sur soi**] jd zieht alle Blicke auf sich (*akk*); (*fait sensation*) jd erregt Aufsehen; **qn attire les ~s de qn sur qc** jd lenkt jds Blick [*o* Aufmerksamkeit] auf etw (*akk*); **qn caresse qn/qc du** ~ jd schaut jdn/etw liebevoll [*o* voller Zärtlichkeit] an; **qn déshabille qn du** ~ jd zieht jdn mit Blicken aus; **qn dévore qn/qc du** ~ jd verschlingt jdn/etw mit Blicken [*o* mit den Augen]; **qn/qc disparaît aux ~s** [**de qn**] *soutenu* jd/etw entschwindet jds Blicken (*dat*) *geh;* **qn fixe** [*o* **porte**] **son ~ sur qn/qc** jd richtet seinen Blick auf jdn/etw; **tous les ~s sont fixés sur qn/qc** alle Blicke [*o* Augen] sind auf jdn/etw gerichtet; **qn foudroie** [*o* **fusille**] [*o* **incendie**] [*o* **mitraille**] **qn du** ~ jd wirft jdm vernichtende Blicke zu, jd durchbohrt jdn mit Blicken; **qn jette** [*o* **pose**] **un ~ sur qc** jd wirft einen [kurzen] Blick auf etw (*akk*); ***qn jette*** [*o* ***pose***] ***un certain ~ sur qc*** jd betrachtet etw mit einem bestimmten Blick; ***qn pose un ~ mélancolique/ jette un ~ positif sur qc*** jd betrachtet etw voller Melancholie/Wohlwollen [*o* mit melancholischem/wohlwollendem Blick]; **qn jette** [*o* **lance**] **un ~/ des ~s à qn** jd wirft jdm einen Blick/Blicke zu; **qn parcourt qc du** ~ jd sucht etw [mit Blicken] ab; **qn promène son ~/ses ~s sur qc** *littér* jd lässt seinen Blick/seine Blicke über etw (*akk*) schweifen *geh;* **qn/qc soustrait qn/qc aux ~s de qn** jd/etw entzieht jdn/etw jds Blicken (*dat*) *geh,* jd/etw verbirgt etw vor jdm [*o* vor jds Blicken (*dat*)]; **qn tourne son ~ vers qn** (*regarde*) jd richtet seinen Blick auf jdn, jd schaut jdn an; **qn tourne ses ~s vers qn** (*demande de l'aide*) jd bittet jdn um Hilfe; **au ~ de qc** vom Standpunkt einer S. (*gen*) aus [gesehen]; ***au ~ de la loi/ morale/ religion*** rechtlich/moralisch/religiös gesehen, vom rechtlichen/moralischen/religiösen Standpunkt aus [gesehen], vom Standpunkt des Gesetzes/der Moral/der Religion aus [gesehen]; **en** ~ gegenüber, auf der gegenüberliegenden Seite; ***qn met deux choses en*** ~ jd stellt zwei Dinge einander gegenüber; **en ~ de qc** im Vergleich zu etw

regardant, e [ʀ(ə)gaʀdɑ̃, ɑ̃t] *adj* **1.** (*économe*) ■ **[qn est] ~ [sur qc]** [jd ist] sparsam [mit etw], jd geizt mit etw
2. (*méticuleux*) ■ **qn est ~ [sur qc]** jd nimmt es [mit etw] genau

regarder <1> [ʀ(ə)gaʀde] **I.** *vt* **1.** (*contempler*) ■ **qn/un animal regarde qn/un animal/qc** jd/ein Tier sieht [*o* schaut] [*o* guckt *fam*] jdn/ein Tier/etw an, jd/ein Tier betrachtet jdn/ein Tier/etw; (*examiner*) jd/ein Tier sieht [*o* schaut] [*o* guckt *fam*] sich (*dat*) jdn/ein Tier/etw an; (*observer*) jd/ein Tier sieht [*o* schaut] [*o* guckt *fam*] jdm/einem Tier/einer S. zu, jd/ein Tier beobachtet jdn/ein Tier; ***elle pouvait ~ la mer pendant des heures*** sie konnte stundenlang aufs Meer schauen; ■ **qn/un animal regarde qn/un animal/qc faire qc** jd/ein Tier beobachtet [*o* sieht zu] [*o* guckt zu *fam*], wie jd/ein Tier/etw etw tut; ***il la regarde faire*** er sieht [*o* guckt *fam*] ihr zu; ***qn regarde passer le cortège/tomber la pluie*** jd sieht dem Zug/dem Regen zu [*o* sieht zu, wie es regnet]
2. (*prêter attention*) ■ **qn regarde qn/qc** jd sieht [*o* schaut] [*o* guckt *fam*] jdn an/beobachtet etw; ***regarde ce que j'ai fait*** sieh [*o* schau] [*o* guck *fam*] mal, was ich gemacht habe
3. (*suivre des yeux avec attention*) ■ **qn regarde qc** jd sieht [*o* schaut] [*o* guckt *fam*] etw an; ***qn regarde la télévision*** jd sieht [*o* schaut] [*o* guckt *fam*] fern, jd sieht [*o* schaut] [*o* guckt *fam*] Fernsehen; ***as-tu regardé la dernière pièce de X/le film?*** hast du dir das letzte Stück von X/den Film angesehen [*o* angeschaut]?
4. (*consulter*) ■ **qn regarde qc** (*rapidement*) jd überfliegt etw; *journal a.* jd sieht [*o* guckt *fam*] in etw (*akk*); *courrier a.* jd sieht etw durch; *projet* jd geht etw durch; (*longuement*) *journal* jd sieht [*o* guckt *fam*] sich (*dat*) etw an; *courrier* jd geht etw durch; *projet* jd spricht etw durch; *numéro, mot* jd sieht [*o* schlägt] etw nach; ***qn regarde sa montre*** jd sieht [*o* guckt *fam*] auf die Uhr; ***qn regarde son projet avec qn*** jd geht/spricht sein Projekt mit jdm durch; ■ **qn regarde qn** *malade* jd sieht sich (*dat*) jdn an
5. (*vérifier*) ■ **qn regarde qc** *appareil, lampe, voiture* jd sieht [*o* guckt *fam*] sich (*dat*) etw an; *mécanisme a.* jd überprüft etw
6. (*envisager, considérer*) ■ **qn regarde qn/qc** *situation, être* jd betrachtet jdn/etw; *avenir, danger, intérêt* jd hat etw im Auge, jd denkt an etw (*akk*); ***qn regarde qc en face*** jd sieht einer S. (*dat*) ins Auge
7. (*concerner*) ■ **qc regarde qn** etw geht jdn etwas an, etw betrifft jdn; (*être l'affaire de qn*) etw ist jds Angelegenheit; */la suite/* jd kümmert sich um etw, etw ist jds Angelegenheit; ***ça me regarde*** das geht nur mich etwas an, das ist meine Angelegenheit; ***ça vous regarde*** das betrifft Sie/das ist Ihre Angelegenheit [*o* das geht Sie an]; ***je fais ce qui me regarde*** ich kümmere mich um meine eigenen Angelegenheiten
8. (*être tourné vers*) ■ **qc regarde qc** etw liegt zu etw hin, etw sieht auf etw (*akk*); */façade/* etw geht [*o* zeigt] auf etw (*akk*)
▸ **tu ne m'as/vous ne m'avez pas regardé(e)** *fam*, **tu m'as/vous m'avez [bien] regardé(e)** *fam* so siehst du/sehen Sie aus *fam*, das könnte dir/Ihnen so passen *fam*; **regarde-moi/regardez-moi ce …** *fam ce con, crétin, cet imbécile* jetzt sieh dir/sehen Sie sich mal diesen/diese/dieses … an; *cette bêtise, hypocrisie* stell dir/stellen Sie sich [bloß] diesen/diese/dieses … vor, diesen/diese/dieses … muss man gesehen haben; **regarde-moi/regardez-moi ça!** *fam* hat man so etwas [*o* so was *fam*] schon gesehen [*o* erlebt]!, stell dir/stellen Sie sich [das mal] vor!
II. *vi* **1.** (*s'appliquer à voir*) ■ **qn regarde** jd sieht [*o* schaut] [*o* guckt *fam*] zu; ***qn regarde bien*** jd sieht [*o* guckt *fam*] gut [*o* aufmerksam] hin; ***qn a bien/mal regardé*** (*vérifier*) jd hat genau/nicht richtig nachgesehen [*o* nachgeguckt *fam*]; ***il faut apprendre à ~*** man muss richtig sehen lernen, man muss lernen genau hinzusehen; ■ **qn regarde quelque part** jd sieht [*o* guckt *fam*] irgendwohin; (*pour trouver qc, pour vérifier*) jd sieht [*o* schaut] [*o* guckt *fam*] irgendwo nach; *dans un dictionnaire* jd schlägt [*o* sieht] irgendwo nach; ***qn regarde par la fenêtre*** jd sieht [*o* guckt *fam*] aus dem Fenster; ***regarde à la pendule quelle heure il est*** sieh [auf die Uhr, um zu sehen], wie viel Uhr es ist; ***regarde où tu mets les pieds!*** guck, wo du hintrittst! *fam*; ***qn regarde, sans voir, droit devant lui*** jd starrt blind [*o* ohne etwas zu sehen] vor sich (*akk*) hin
2. (*prêter grande attention à*) ■ **qn regarde à qc** jd sieht [*o* guckt *fam*] auf etw (*akk*); ***qn regarde à deux francs de plus ou de moins*** jd dreht jede Mark [*o* jeden Pfennig] zweimal um; ■ **qn y regarde …** *à deux fois, de près* jd sieht … hin; ***à y bien ~*** bei näherer [*o* genauerer] Betrachtung; ***qn n'y regarde pas de si près*** jd nimmt es nicht so genau; ***il faut y ~ à deux fois pour noter cela*** man muss [schon] zweimal [*o* näher] hinsehen [*o* hingucken *fam*], bevor man das bemerkt
3. (*être dirigé vers*) ■ **qc regarde quelque part** */maison/* etw liegt irgendwohin; */façade, fenêtre/* etw geht [*o* zeigt] irgendwohin; ***la fenêtre regarde au sud*** das Fenster geht [*o* zeigt] nach Süden
III. *vpr* **1.** (*se contempler*) ■ **qn se regarde dans qc** jd betrachtet sich in etw (*dat*), jd sieht [*o* guckt *fam*] sich in etw (*dat*) an
2. (*se mesurer du regard*) ■ **des personnes se regardent** Menschen sehen [*o* gucken *fam*] sich (*dat*) an; ***des personnes se regardent dans les yeux*** Menschen sehen sich (*dat*) in die Augen
3. (*se faire face*) ■ **des choses se regardent** */façades/* Dinge stehen sich (*dat*) gegenüber; */maisons a./* Dinge liegen sich (*dat*) gegenüber
4. (*être regardé*) ■ **qc se regarde** (*pouvoir être vu*) man kann etw betrachten [*o* ansehen] [*o* angucken *fam*]; (*être vu obligatoirement*) man muss etw betrachten [*o* ansehen]
▸ **tu [ne] t'es [pas] regardé(e)** *fam* sieh dich doch erst mal selbst an!, und du erst!

regarnir <8> [ʀ(ə)gaʀniʀ] *vt* **1.** (*réapprovisionner*) ■ **qn regarnit qc** jd füllt etw wieder [auf]
2. (*garnir à nouveau*) ■ **qn regarnit qc** *coussin* jd füllt etw [wieder] auf; *trousse a.* jd ergänzt etw

régate [ʀegat] *f* Regatta *f*

régence [ʀeʒɑ̃s] **I.** *f* Regentschaft *f*; ■ **la R~** die Regentschaft [Philippe von Orléans] (*1715–1723*)
II. *app inv* **1.** ■ **R~** *style* Régence-; *meuble* im Régencestil
2. *vieilli personne* vom alten Schlag; ***qn est resté(e) un peu ~*** jd ist noch ein bisschen vom alten Schlag

régénérateur, -trice [ʀeʒeneʀatœʀ, -tʀis] **I.** *adj crème, principe* regenerierend; ***réacteur ~*** Brutreaktor *m*, Brüter *m*
II. *m* CHIM, TECH Regenerator *m*; PHYS Konverter *m*

régénération [ʀeʒeneʀasjɔ̃] *f* **1.** BIO [*tissu osseux*] Neubildung *f*, Regeneration *f*; [*chairs a.*] Heilung *f*; ***le pouvoir de ~*** die Regenerationsfähigkeit
2. *littér* [*mœurs, nation*] Erneuerung *f*
3. TECH, CHIM Regeneration *f*

régénérer <5> [ʀeʒeneʀe] **I.** *vt* **1.** BIO ■ **qn/un animal/qc régénère qc** *chairs, tissu* jd/ein Tier/etw bildet etw neu [*o* regeneriert etw]; ***qn régénère ses forces*** jd erholt sich, jd kommt wieder zu Kräften; ■ **[qn est] régénéré(e)** [jd fühlt sich] erholt [*o* wie neu geboren]
2. *littér* (*réformer*) ■ **qn régénère qc** jd erneuert etw
3. TECH ■ **qn/qc régénère qc** *catalyseur* jd/etw regeneriert etw; *caoutchouc, matériau a.* jd bereitet etw wieder auf
II. *vpr* ■ **qc se régénère** etw regeneriert sich; */chairs, tissu a./* etw bildet sich neu; */plante a./* etw erholt sich

régent, e [ʀeʒɑ̃, ʒɑ̃t] **I.** *adj* die Regentschaft ausübend; ***le prince ~*** der Prinzregent
II. *m, f* Regent(in) *m(f)*; ■ **le R~** der Regent [Philippe von Orléans]

régenter <1> [ʀeʒɑ̃te] *vt, vi* ■ **qn régente [qn/qc]** jd bestimmt [über jdn/etw], jd beherrscht jdn; ***qn veut tout ~*** jd will [über] alles bestimmen, jd will das Sagen haben [*o* den Ton angeben]

reggae [ʀege] **I.** *m* Reggae *m*
II. *app inv* Reggae-

régicide [ʀeʒisid] **I.** *adj* für den König tödlich; ***une révolution ~*** eine Revolution, bei der der König ermordet wird; ***un attentat ~*** ein tödliches Attentat auf den König
II. *mf* Königsmörder(in) *m(f)*
III. *m* (*meurtre*) Königsmord *m*

régie [ʀeʒi] *f* **1.** ADMIN Verwaltung *f* durch die öffentliche Hand, Regie *f geh*; ***~ d'État/communale/départementale*** staatliche/kommunale Verwaltung/Verwaltung durch das Departement
2. (*entreprise*) öffentliches Unternehmen, Regiebetrieb *m*; ***~ d'État*** staatliches Unternehmen, Staatsbetrieb *m*; ***~ financière*** Finanzverwaltung *f*; ***la ~ Renault*** die [staatlichen] Renaultwerke, [der Staatsbetrieb] Renault; ***la R~ [française des tabacs]*** die [französische] Tabakregie, das [französische] Tabakmonopol (*staatliche französische Tabakgesellschaft*); ***la R~ autonome des transports parisiens*** (***R.A.T.P.***) die öffentlichen Pariser Verkehrsbetriebe
3. CINE, THEAT, TV Aufnahmeleitung *f*, Regieassistenz *f*
4. TV, RADIO (*local*) Regieraum *m*
◆ **régie image** Bildregie *f*; **régie son** Tonregie *f*

regimber <1> [ʀ(ə)ʒɛ̃be] **I.** *vi* ■ **qn regimbe [contre [*o* devant] qc]** jd sträubt sich [*o* rebelliert] [gegen etw], jd lehnt sich [gegen etw] auf; ■ **un animal regimbe [contre [*o* devant] qc]** ein Tier schlägt aus, ein Tier bockt [an etw (*dat*)], ein Tier verweigert etw
II. *vpr* ■ **qn se regimbe [contre [*o* devant] qc]** jd sträubt sich [*o* rebelliert] [gegen etw], jd lehnt sich [gegen etw] auf

régime¹ [ʀeʒim] *m* **1.** POL (*système*) [politisches] System; *dirigiste, communiste, totalitaire a.* Regime *nt pej*; *capitaliste* [Wirtschafts]system *nt*; *constitutionnel, parlementaire a.* Verfassung[sordnung *f*] *f*; ***~ représentatif/présidentiel*** Repräsentativ-/Präsidialsystem [*o* Präsidialverfassung]; ***des opposants au ~*** Regimegegner *pl*
2. ADMIN (*réglementation*) *conventionnel, légal* Regelung *f*; ***~ douanier/fiscal*** Zoll-/Steuersystem *nt*, Zoll-/Steuerrecht *nt*; ***~ hospitalier/sanitaire*** Krankenhaus-/Hygienewesen *nt* [*o* Hygienemaßnahmen *pl*]; ***~ pénitentiaire*** Strafvollzug[ssystem *nt*] *m*; ***~ matrimonial*** Güterstand *m*, Güterregelung *f*
3. MED Diät *f*; *végétarien* Ernährung[sweise *f*] *f*, Kost *f*; ***~ alimentaire*** Ernährung[sweise]; ***~ diététique*** Diät; ***~ lacté/amaigrissant*** Milch-/Schlankheitsdiät [*o* Schlankheitskur *f*]; ***qn suit un ~ de restriction glucidique/sans sel*** jd hält eine zuckerarme/salzlose Diät [ein], jd isst zuckerarm/salzlos [*o* zuckerarme/salzlose Kost]
4. AUT, TECH Drehzahl *f*
5. GEOG, METEO [*fleuve*] Wasserführung *f*; ***~ fluvial*** Wasserführung eines Flusses; ***le ~ nival/pluvial*** [*o* ***des pluies***]/***des précipitations*** die Schnee-/Regen-/Niederschlagsmenge und -verteilung, die Schnee-/Niederschlagsverhältnisse *pl*
6. GRAM Objekt *nt*
▸ **~ de croisière** Betriebsdrehzahl *f*; ***qc a atteint son ~ de croisière*** *fig* etw läuft auf vollen Touren *fam*; **~ de faveur** (*action*) Vorzugsbehandlung *f*; (*résultat*) Sonderstellung *f*; **l'Ancien R~** HIST das Ancien Régime, der französische Absolutismus; ***sous l'Ancien R~*** unter dem Ancien Régime, während des französischen Absolutismus; **l'ancien ~** das alte Regime, die alten Verhältnisse; **à plein/moindre ~** *moteur* hochtourig/niedertourig; ***qc marche*** [*o* ***tourne***] ***à plein ~*** */machine, moteur, entreprise, secteur/* etw läuft auf Hochtouren [*o* auf höchsten Touren]; ***qn travaille à plein/moindre ~*** jd arbeitet mit vollem/vermindertem Einsatz; ***une machine fonctionne à plein ~*** eine Maschine läuft auf Hochtouren [*o* auf höchsten Touren]; **~ sec** Alkoholverbot *nt*; ***qn met qn au ~ sec*** jd setzt jdn auf [Alkohol]entzug; ***qn est au ~ sec*** bei jdm ist Alkoholentzug angesagt; **qn est au ~** jd macht eine Diät, jd lebt Diät; **qn met qn/se met au ~** jd setzt jdn auf Diät/jd macht eine Diät, jd verordnet jdm/sich eine Diät; **à ce ~** bei diesem Tempo; **sous le ~ de qc**: ***qn vit/se marie sous le ~ de la communauté/séparation des***

biens jd lebt in Gütergemeinschaft/-trennung/schließt eine Ehe mit Gütergemeinschaft/-trennung

régime² [ʀeʒim] *m* BOT ■ ~ **de** Fruchtstand *m* (+ *gen*); *de bananes a.* -büschel *nt*, Bund *m* (+ *gen*); *de dattes a.* -rispe *f*

régiment [ʀeʒimɑ̃] *m* **1.** (*troupe*) Truppe *f*; MIL Regiment *nt*
2. *fam* (*service militaire*) Militärdienst *m*, Wehrdienst *m*
3. (*quantité*) Unmenge *f*; ***qn a un ~ de cousins*** jd hat ein ganzes Heer von Vettern
▸ **il y en a pour** [**tout**] **un** ~ *fam* das reicht für eine ganze Kompanie *fam*; **qn est au** ~ *fam* jd ist beim Militär [*o* Kommiss *fam*]; **qn va au** ~ *fam* jd geht zum Militär [*o* Kommiss *fam*]; ***il a de la chance de ne pas aller au*** ~ er hat Glück, dass er nicht zum Militär [*o* Kommiss *fam*] muss

région [ʀeʒjɔ̃] *f* **1.** (*contrée*) Gegend *f*; *agricole, géographique a.* Region *f*, Gebiet *nt*; ***qn passe dans la*** ~ jd kommt in die Gegend; ~ ***équatoriale/polaire*** Äquator-/Polarregion, Äquator-/Polargegend, Äquator-/Polargebiet; ~ ***frontalière*** Grenzgebiet; ~ ***industrielle*** Industrieregion; ***la ~ parisienne/londonienne*** der Pariser/Londoner Raum, das Einzugsgebiet von Paris/London; ***une ~ naturelle*** ein natürlicher Lebensraum
2. ADMIN Region *f*; MIL militärischer Verwaltungsbezirk, ≈ Wehrbereich *m*; ~ ***administrative/judiciaire/économique*** Verwaltungs-/Rechtsprechungs-/Wirtschaftsregion; ***une ~ aérienne/maritime/terrestre*** ein Luftwehr-/Seewehr-/Landwehrbereich
3. ANAT Bereich *m*; ***la ~ lombaire/pectorale*** der Bereich der Lenden[wirbelsäule]/der Brust, die Lenden-/Brustgegend; ***la ~ plantaire*** die Fußsohle

régional, e <-aux> [ʀeʒjɔnal, o] **I.** *adj* **1.** (*relatif à une région*) regional; *mot, expression a.* landschaftlich; ***la langue ~e*** die Regionalsprache, der Regiolekt *spec*
2. ADMIN *administration, institution* Regional-; *préfet* der Region
II. *fpl* ■ **les régionales** die Regionalwahlen

régionalisation [ʀeʒjɔnalizasjɔ̃] *f* Regionalisierung *f*

régionaliser <1> [ʀeʒjɔnalize] *vt* ■ **qn/qc régionalise qc** *financement, gestion, pays* jd regionalisiert etw; *budget* jd verteilt etw auf die Regionen; ■ [**qc est**] **régionalisé**(**e**) / *investissements/* [etw ist] regionalisiert [*o* dezentralisiert]; / *structures a./* [etw ist] föderalistisch

régionalisme [ʀeʒjɔnalism] *m* **1.** ADMIN, POL, LITTER Regionalismus *m*
2. LING Regionalismus *m*, nur regional geläufiger Ausdruck

régionaliste [ʀeʒjɔnalist] **I.** *adj* regionalistisch, lokalpatriotisch *pej*; *art* Regional-; *écrivain* Regional-, Heimat-; ***une action ~ a été menée après la libération*** nach der Befreiung wurden Maßnahmen der Regionalisierung getroffen
II. *mf* Regionalist(in) *m(f)*

régir <8> [ʀeʒiʀ] *vt* **1.** (*régler*) ■ **qn/qc régit qc** jd/etw bestimmt etw; / *loi a., protocole, règle/* etw regelt etw; (*gouverner*) jd bestimmt über etw (*akk*)/etw bestimmt etw; *biens* jd verwaltet etw; ***la publicité veut ~ les besoins des consommateurs*** die Werbung will die Bedürfnisse der Verbraucher lenken; ■ **qc est régi**(**e**) **par qn/qc** etw wird durch jdn/etw geregelt; *par la causalité* etw wird durch [*o* von] etw bestimmt; / *manifestation/* etw wird von jdm ausgerichtet
2. GRAM, LING ■ **qc régit qc** etw regiert etw, etw steht mit etw; ***la préposition régit le cas*** die Präposition bestimmt den Fall

régisseur, -euse [ʀeʒisœʀ, -øz] *m, f* **1.** CINE, TV Aufnahmeleiter(in) *m(f)*, Regieassistent(in) *m(f)*; THEAT Inspizient(in) *m(f)*; ***le ~ de plateau*** der Aufnahmeleiter
2. JUR Verwalter(in) *m(f)*

registre [ʀəʒistʀ] *m* **1.** (*livre*) Schreibheft *nt*; ***le ~ des absences*** die Anwesenheitsliste; ■ ~ **de** -register *nt*; *d'entrée, d'inscription* -liste; ~ ***d'état civil*** Personenstandsregister; ~ ***d'hôtel*** Gästebuch *nt*, Melderegister *form*; ***les ~s de comptabilité*** die [Haupt]bücher
2. (*style*) Ton[fall *m*] *m*; ***son dernier essai est dans un autre ~ que le précédent*** in ihrem/seinem letzten Aufsatz schlägt er/sie einen anderen Ton an als im vorhergehenden
3. MUS Register *nt*
4. INFORM Register *nt*
▸ ~ **de connaissances** breites Spektrum von Kenntnissen; ~ **mortuaire** Sterberegister *nt*, Sterbebuch *nt*; ~ **paroissial** Kirchenbuch *nt*; **qn change de** ~ jd schlägt einen anderen Ton an; **qn tient un** ~ [**de qc**] jd führt [über etw (*akk*)] Buch
◆ **registre du commerce et des sociétés** Handelsregister *nt*

réglable [ʀeglabl] *adj bretelles, dossier, siège* verstellbar; *flamme, lumière, couleurs* regulierbar

réglage [ʀeglaʒ] *m* **1.** (*mise au point*) [*moteur, tir, carburateur, ralenti*] Einstellung *f*; [*machine, mécanisme, thermostat a.*] [Ein]regulierung *f*; [*montre*] Regulierung *f*; ***un système de ~*** ein Regelsystem *nt*, ein Steuersystem *nt*
2. (*tracé*) [*papier*] Linierung *f*

règle [ʀɛgl] *f* **1.** (*loi, principe*) Regel *f*; JEUX *a.* Spielregel; ADMIN *a.* Vorschrift *f*; REL *a.* Ordensregel; ~ ***orthographique/grammaticale*** Rechtschreib-/Grammatikregel [*o* grammatikalische Regel]; ***la ~ de Saint Benoît*** die Benediktinerregel, die Regel des heiligen Benedikt; ■ **les ~s** [*métier, morale, politesse*] die Regeln, die Grundsätze; ***les ~s de la bienséance*** die Anstandsregeln, die Benimmregeln *fam*; THEAT die Regeln der Bienseance; ***les ~s de l'honneur*** der Ehrenkodex; ***selon les ~s de l'art*** nach allen Regeln der Kunst; ***qc fait partie des ~s du métier*** etw gehört zum Beruf; ***qc fait partie des ~s de la politesse/bienséance*** die Höflichkeit/der Anstand verlangt etw
2. (*instrument*) (*plate*) Lineal *nt*; (*graduée*) Meterstab *m*
3. *pl* ANAT Regel *f*, Tage *pl fam*, Periode *f*
▸ ~ **de conduite** Verhaltensregel *f*, Verhaltensnorm *f*; ***ils ne veulent pas adopter de ~ de conduite*** sie wollen sich nicht nach [bestimmten] Regeln richten, sie wollen sich keinen Regeln unterwerfen; **en** ~ **générale** in der Regel, im Allgemeinen; **qn a pour** ~ **de faire qc** jd hat es sich (*dat*) zur Regel gemacht, etw zu tun; **elle a ses ~s** sie hat ihre Regel [*o* ihre Tage *fam*] [*o* ihre Periode]; **qn/qc échappe à la** ~ jd ist eine Ausnahme [von der Regel]/etw macht eine Ausnahme [von der Regel] [*o* stellt eine Ausnahme [von der Regel] dar]; **c'est la** ~ so lautet [*o* heißt] die Regel; **qc est de** ~ etw ist üblich; / *état d'esprit, d'âme/* etw ist an der Tagesordnung; **il est de** ~ **de faire qc/que** + *subj* es ist üblich, etw zu tun/dass; es ist die Regel, dass; **qn se fait une** ~ **de faire qc** jd macht es sich (*dat*) zur Regel, etw zu tun; **qn se met en** ~ [**avec qn/qc**] jd bringt seine Angelegenheiten [mit jdm/etw] in Ordnung [*o* ins Reine]; *avec Dieu, sa conscience* jd kommt mit jdm/etw ins Reine; **dans les ~s** nach allen Regeln der Kunst, regelgerecht; *se faire battre* nach Strich und Faden; (*selon les règles*) nach Vorschrift, vorschriftsmäßig; [**qn est**] **en** ~ [**avec qc**] bei jdm ist alles/etw in Ordnung; ***qn est/n'est pas en ~ avec la loi*** jd verstößt nicht/verstößt gegen das Gesetz, jd macht sich nicht/macht sich strafbar; ***qn est en ~ avec sa conscience*** jd ist mit seinem Gewissen im Reinen, jd hat ein reines Gewissen; [**qc est**] **en** ~ etw ist in Ordnung; / *passeport a./* [etw ist] gültig; **... en** ~ regelrechte(r, s) ...; *iron* ... nach allen Regeln der Kunst, ... wie es sich gehört; *demande, vote* ordnungsgemäße(r, s) ..., vorschriftsmäßige(r, s) ..., den Regeln entsprechende(r, s) ...; ***une bataille en ~*** eine regelrechte Schlacht
◆ **règle à calcul** Rechenschieber *m*; **règle de l'avantage** SPORT Vorteil[sregel *f*] *m*; **règle des trois unités** Regel *f* von den drei Einheiten; **règle de trois** Dreisatz *m*; **règle d'or** goldene Regel; **règle du jeu** Spielregel *f*

réglé, e [ʀegle] *adj* **1.** *vie* geregelt; *personne* ordentlich
2. ANAT: ***une femme est ~e*** eine Frau hat ihre Regel [*o* Periode]; ***elle est mal ~e*** sie hat eine unregelmäßige Periode

règlement [ʀɛgləmɑ̃] *m* **1.** (*discipline*) Vorschriften *pl*, Reglement *nt*; ***c'est le ~!*** das ist Vorschrift!; ~ ***intérieur*** (*d'une entreprise*) Betriebsordnung *f*; (*d'une organisation, assemblée*) Geschäftsordnung *f*; (*d'une école*) Schulordnung *f*; ~ ***sanitaire*** Hygienevorschrift[en]; ~ ***de police*** Polizeiverordnung *f*, Polizeivorschrift *f*; ~ ***de service*** Dienstvorschrift *f*
2. (*solution*) [*affaire*] Regelung *f*; [*cas a.*] Entscheidung *f*; [*conflit, différend*] Beilegung *f*, Schlichtung *f*; [*problème, question*] Klärung *f*, Lösung *f*; ~ ***à l'amiable*** gütliche Beilegung; ***ils ont trouvé un ~ à l'amiable*** sie haben sich gütlich geeinigt
3. (*paiement*) Zahlung *f*; [*dette, facture a.*] Begleichung *f*, Bezahlung; ~ ***par chèque/en espèces*** Zahlung per Scheck/in bar [*o* Barzahlung]; ***qn fait un ~ par chèque/en espèces*** jd bezahlt mit [*o* per] Scheck/[in] bar
4. (*redressement*): ~ ***judiciaire*** Vergleichsverfahren *nt*
▸ **en** ~ **judiciaire** im Vergleich[sverfahren]; ***qn/qc est*** [*o* ***est mis***(***e***)] ***en ~ judiciaire*** gegen jdn/etw wird ein Vergleichsverfahren eröffnet
◆ **règlement de compte**[**s**] Abrechnung *f*; (*acte de vengeance*) Vergeltungsakt *m*, Racheakt *m*; ***qn a eu un ~ de comptes avec qn*** jd hat mit jdm abgerechnet

réglementaire [ʀɛgləmɑ̃tɛʀ] *adj* **1.** *taille, tenue, uniforme* vorschriftsmäßig; *sommations a.* ordnungsgemäß; ***ce n'est pas très ~*** das verstößt eigentlich gegen die Vorschrift
2. *dispositions, procédure* durch Verordnung [gesetzlich] geregelt; *procédure, filière* vorgeschrieben; *pouvoir, compétence* Verordnungs-; *délai, temps* vorgeschrieben, regulär

réglementairement [ʀɛgləmɑ̃tɛʀmɑ̃] *adv* vorschriftsmäßig, den Vorschriften entsprechend; ***qc est fixé***(***e***) ~ etw wird durch eine Vorschrift [*o* Verordnung] festgelegt [*o* geregelt]

réglementation [ʀɛgləmɑ̃tasjɔ̃] *f* **1.** [*code de la route, commerce, industrie, travail*] [gesetzliche] Bestimmungen *pl*, [gesetzliche] Vorschriften *pl*; ***qc est soumis***(***e***) ***à la ~ d'une chose*** etw unterliegt den Vorschriften [*o* Bestimmungen] einer S. (*gen*); ~ ***sur les prix*** Preisvorschriften
2. (*fixation*) [*taux de change, loyers, salaires*] [gesetzliche] Festsetzung [*o* Regelung]; ~ ***des prix*** Preisregelung

réglementer <1> [ʀɛgləmɑ̃te] **I.** *vt* ■ **qn/qc réglemente qc** jd/etw regelt etw gesetzlich, jd/etw reglementiert etw; ■ [**qc est**] **réglementé**(**e**) [etw ist] gesetzlich [*o* durch Gesetz] geregelt
II. *vi* ■ **qn réglemente** jd erläßt Verordnungen, jd reglementiert *pej*

régler <5> [ʀegle] **I.** *vt* **1.** (*résoudre*) ■ **qn règle qc** *affaire* jd regelt etw, jd erledigt etw; *problème, question* jd löst [*o* klärt] etw; *conflit, différend* jd legt etw bei, jd schlichtet etw; ***c'est une affaire réglée*** die Sache ist abgeschlossen [*o* erledigt]
2. (*payer*) ■ **qn règle qn** jd bezahlt jdn; ■ **qn règle qc** *travaux* jd bezahlt etw; *compte, dette, note a.* jd begleicht etw; ***qn règle qn/qc par chèque/en argent liquide*** jd bezahlt jdn/etw per Scheck/[in] bar
3. (*réguler*) ■ **qn règle qc** *appareil, dispositif, mécanisme, débit* jd stellt etw ein, jd reguliert etw; *instrument de mesure, balance, fusil a.* jd justiert etw; *circulation* jd regelt etw; *montre* jd stellt etw; ***qn règle son tir*** jd schießt sich ein; ***j'ai réglé le thermostat à ...*** ich habe den Thermostat auf ... eingestellt; ***le moteur/carburateur est bien/mal réglé*** der Motor/Vergaser ist gut/schlecht eingestellt
4. (*fixer*) ■ **qn/qc règle qc** *conduite, date, modalités, programme* jd/etw legt [*o* setzt] etw fest; *sort* jd/etw bestimmt [*o* entscheidet] [über] etw (*akk*); ***son sort est déjà réglé*** sein/ihr Schicksal ist schon besiegelt
5. (*conformer à*) ■ **qn règle qc sur qn/qc** jd richtet etw nach jdm/etw
6. (*ligner*) ■ **qn règle qc** *papier* jd liniert etw; ■ [**qc est**] **réglé**(**e**) [etw ist] liniert
II. *vi* ■ **qn règle** jd zahlt
III. *vpr* **1.** (*suivre*) ■ **qn/qc se règle sur qn/qc** jd/etw richtet sich nach jdm/etw
2. (*se résoudre*) ■ **qc se règle** / *affaire, question/* etw lässt sich regeln, etw klärt sich, etw wird geregelt; / *conflit, différent/* etw lässt sich beilegen [*o* schlichten], etw wird beigelegt [*o* geschlichtet]

3. (*être mis au point*) ■ **qc se règle** etw lässt sich einstellen [*o* regulieren]

règles [ʀɛgl] *fpl* Regel *f*, Periode *f*, Tage *pl fam*
► **elle a ses ~s** sie hat ihre Regel [*o* Periode] [*o* Tage *fam*]

réglette [ʀeglɛt] *f* kleines Lineal

réglisse [ʀeglis] I. *f* (*plante*) Süßholz *nt*
II. *m o f* (*bonbon*) Lakritzebonbon *nt;* (*bâton*) Lakritze *f*

réglo [ʀeglo] *adj fam* korrekt; ***c'est ~!*** das ist in Ordnung!, das ist o.k.! *fam;* ***c'est un type ~!*** der Typ ist o.k. *fam;* ***dans cette affaire, il n'a pas été ~*** in der Sache war sein Verhalten nicht o.k. *fam*

régnant, e [ʀeɲɑ̃, ɑ̃t] *adj* 1. *prince* regierend; *famille a.* herrschend; ***la maison ~e*** das Herrscherhaus
2. (*en cours*) *idée, théorie* [derzeit] vorherrschend; *mode, goût a.* aktuell; *morale* herrschend

règne [ʀɛɲ] *m* 1. (*souveraineté*) [*régime*] Herrschaft *f;* [*roi, souverain a.*] Regentschaft *f;* ***que ton ~ vienne!*** Dein Reich komme!
2. (*influence prédominante*) ■ **le ~ de qn/qc** jds Herrschaft *f*/die Herrschaft einer S. (*gen*); ***c'est le ~ de qc*** hier regiert etw
3. BOT, ZOOL Welt *f;* ~ ***animal/végétal/minéral*** Tier-/Pflanzen-/Gesteinswelt, Tier-/Pflanzenreich *nt*
► **sous le ~ de qn** unter jds Herrschaft (*dat*)

régner <5> [ʀeɲe] *vi* 1. (*exercer le pouvoir*) ■ **qn règne [sur qc** /*prince, roi*/ jd regiert [über etw (*akk*)], jd herrscht [über etw (*akk*)]; ***Louis XIV régna de 1643 à 1715*** Ludwig der XIV. regierte von 1643 bis 1715
2. (*exercer son autorité*) ■ **qn règne quelque part/sur qn/qc** jd herrscht irgendwo/über jdn/etw; *dans la maison, cuisine a.* jd führt irgendwo das Regiment; *sur ses désirs, passions* jd beherrscht etw
3. (*prédominer*) ■ **qc règne [quelque part]** etw herrscht [irgendwo]; /*mode a., franchise*/ etw herrscht [irgendwo] vor; ***un profond silence régnait sur le village*** tiefe Stille lag über dem Dorf; ■ **qn fait ~ qc** *terreur* jd verbreitet etw; *discipline, ordre* jd sorgt für etw

regonflage [ʀ(ə)gɔ̃flaʒ] *m* Nachfüllen *nt* der Luft; [*chambre à air*] [Wieder]aufpumpen *nt;* ***occupe-toi du ~ du pneu avant droit*** füll die Luft im rechten Vorderreifen nach

regonfler <1> [ʀ(ə)gɔ̃fle] I. *vt* 1. (*gonfler à nouveau*) ■ **qn regonfle qc** *pneu* jd füllt die Luft in etw (*dat*) nach; *matelas, ballon, chambre à air* jd pumpt etw wieder auf; (*avec la bouche*) *ballon* jd bläst etw wieder auf
2. *fam* (*tonifier*) ■ **qn/qc regonfle qn** jd/etw muntert jdn wieder auf, jd/etw möbelt jdn wieder auf *fam;* ■ **qn/qc regonfle qc** *espoir* jd/etw weckt etw neu; ***qn/qc regonfle le moral de qn*** jd/etw macht jdm wieder Mut; ■ **qn est regonflé(e)** jd ist wieder in besserer Stimmung; ***qn a le moral regonflé*** jdm geht es [seelisch] wieder besser, jd hat wieder neuen Auftrieb; ***il a besoin d'être regonflé*** er braucht Aufmunterung
II. *vi* ■ **qc regonfle** /*rivière*/ etw steigt [*o* schwillt] wieder an; /*partie du corps*/ etw schwillt wieder an

regorger <2 a> [ʀ(ə)gɔʀʒe] *vi* 1. (*abonder*) ■ **qn regorge de choses** jd hat [*o* besitzt] etw im Überfluss; ***qn regorge d'argent*** jd schwimmt im Geld *fam;* ■ **qc regorge de personnes/choses** etw quillt über vor Menschen/Dingen (*dat*); /*bibliothèque, marché a.*/ etw ist voll von Dingen; /*magasin a.*/ etw bietet Dinge in Hülle und Fülle; /*maison, pièce, salle a.*/ etw ist überfüllt mit Menschen/Dingen; ***la France regorge de céréales et de beurre*** Frankreich hat einen Überschuss an Getreide und Butter
2. *soutenu* ■ **qc regorge** /*liquide*/ etw läuft [*o* fließt] über

régresser <1> [ʀegʀese] *vi* ■ **qc régresse** etw geht zurück; /*organe*/ etw bildet sich zurück; ■ **qn régresse** /*enfant*/ jd fällt zurück, jd wird schwächer

régressif, -ive [ʀegʀesif, -iv] *adj* regressiv; *évolution, phase a.* rückläufig

régression [ʀegʀesjɔ̃] *f* 1. (*diminution*) [*douleur, épidémie*] Zurückgehen *nt;* [*production, ventes, accidents*] Rückgang *m;* [*mentalité, société, histoire*] rückläufige Entwicklung; *intellectuelle* Rückschritt *m*
2. PSYCH Regression *f*
3. BIO Rückbildung *f*
4. GEOL: ~ ***marine*** Zurückweichen *nt* [*o* Regression *f*] des Meeres
► **en ~** rückläufig; ***qc est en ~*** etw geht zurück

regret [ʀ(ə)gʀɛ] *m* 1. (*nostalgie*) ■ **le[s] ~[s] de qc** die Sehnsucht nach etw; *de la jeunesse, du passé a.* das einer S. (*gen*) Nachtrauern; *d'une occasion* [*manquée*] das Bedauern einer S. (*gen*); ***il se complaît dans le ~ du passé/de sa jeunesse*** er trauert gern der Vergangenheit/seiner Jugend nach; ***qn quitte qc avec/sans ~[s]*** jd verlässt etw mit/ohne Bedauern; ■ **le ~ de qn** *d'un défunt, ami, parent* die Trauer um jdn
2. (*contrariété*) Bedauern *nt;* ***c'est avec ~ que je/nous ...*** ich bedauere/wir bedauern, dass; ***nous avons le ~ de vous informer que*** + *indic* zu unserem Bedauern müssen wir Ihnen mitteilen, dass; ***qn a fait qc sans ~*** jd bedauert [*o* bereut] es nicht, etw getan zu haben; ***il ne faut pas avoir de ~s*** man soll nichts bereuen; ***j'ai un seul ~, c'est ...*** eines bereue [*o* bedauere] ich, und zwar ...
3. (*remords*) ■ **~ [de qc]** Bedauern *nt* einer S. (*gen*), Reue *f* über etw (*akk*); ***qn ne manifeste aucun ~*** jd zeigt keine Reue; ■ **~ d'avoir fait qc** Reue darüber [*o* Bedauern], etw getan zu haben
► **~s éternels** in tiefer Trauer; **au grand ~ de qn** zu jds größtem Bedauern; **qn a le ~ de faire qc** jd bedauert [es], etw zu tun; ***j'ai/nous avons le ~ de ne pouvoir ...*** zu meinem/unserem Bedauern, kann ich/können wir ...; ***j'ai le ~ de vous dire que*** + *indic* leider muss ich Ihnen sagen, dass; **qn est au ~ de faire qc** jdm tut es Leid etw tun zu müssen, jd bedauert etw tun zu müssen; ***je suis/nous sommes au ~ de vous annoncer*** zu meinem/unserem Bedauern muss ich/müssen wir Ihnen mitteilen; ***je suis vraiment au ~ de ne pouvoir vous aider*** ich bedauere wirklich Ihnen nicht helfen zu können; **à ~** *partir* ungern; *accepter, donner, accorder* widerstrebend, widerwillig; *voir* mit Bedauern; **allez, sans ~!** *hum* nichts für ungut!; **tous mes ~s** es tut mir wirklich Leid

regrettable [ʀ(ə)gʀetabl] *adj* bedauerlich; ■ **il est ~ que** + *subj* es ist bedauerlich [*o* zu bedauern], dass

regretter <1> [ʀ(ə)gʀete] I. *vt* 1. (*se repentir de*) ■ **qn regrette qc** *péché* jd bereut etw; ***tu le regretteras!*** das wirst du [bitter] bereuen!
2. (*déplorer*) ■ **qn regrette qc** *attitude, décision, mesure, absence* jd bedauert etw; ***nous avons beaucoup regretté votre absence*** wir haben sehr bedauert, dass Sie nicht da waren; ■ **qn regrette que** + *subj* jd bedauert, dass
3. (*déplorer l'absence de*) ■ **qn regrette qc** *jeunesse, passé* jd trauert einer S. (*dat*) nach; *pays natal a.* jd sehnt sich nach etw; ■ **qn regrette une personne** jd vermisst einen Menschen, ein Mensch fehlt jdm, jd trauert einem Menschen nach; ***elle est très regrettée*** wir vermissen sie sehr, sie fehlt uns sehr; ***à notre regretté collègue*** unserem geschätzten Kollegen, den wir sehr vermissen; ***à mon épouse regrettée*** meiner Frau, die mich viel zu früh verlassen hat
II. *vi* ■ **qn regrette** jd bedauert, es tut jdm Leid; ■ **qn regrette de faire qc** jd bedauert etw zu tun; ***je regrette de vous avoir fait attendre*** ich bedauere [*o* es tut mir Leid], dass ich Sie habe warten lassen

regrimper <1> [ʀ(ə)gʀɛ̃pe] I. *vt* ■ **qn regrimpe qc** *escalier* jd steigt etw wieder hinauf; *côte, pente a.* jd klettert etw wieder hinauf
II. *vi* ■ **qc regrimpe** /*fièvre, prix, route*/ etw steigt wieder an; ■ **qc fait ~ qc** etw lässt etw wieder ansteigen

regrossir <8> [ʀ(ə)gʀosiʀ] *vi* ■ **qn regrossit** jd nimmt wieder zu

regroupement [ʀ(ə)gʀupmɑ̃] *m* Versammlung *f*, Versammeln *nt;* [*forces, personnes*] (*dans un but commun*) Zusammenschluss *m*, Zusammentun *nt;* ADMIN [*parcelles, terrains*] Zusammenlegung *f;* [*sociétés*] Zusammenschluss; ~ ***familial*** JUR Familienzusammenführung *f;* ~ ***national*** Zusammenschluss

regrouper <1> [ʀ(ə)gʀupe] I. *vt* 1. (*mettre ensemble*) ■ **qn regroupe des personnes [quelque part]** jd tut Menschen [irgendwo] zusammen *fam;* ■ **qn regroupe des choses** jd tut Dinge zusammen; *papiers, objets* jd räumt Dinge zusammen; *parcelles, sociétés, industries* jd legt Dinge zusammen; (*réduire*) *des chapitres, paragraphes* jd fasst Dinge zusammen; ***elle a regroupé les articles sous deux rubriques*** sie hat die Artikel zwei Rubriken zugeordnet; ***j'ai regroupé mes idées autour de trois thèmes*** meine Gedanken bewegen sich um drei Themen; ■ **des personnes sont regroupées autour de qn** Menschen scharen sich um jdn; ***toute la famille regroupée*** die ganze Familie [vereint]
2. (*être composé de, rassembler*) ■ **qc regroupe des personnes/choses** jd vereinigt Menschen/Dinge; ***ce secteur regroupe de nombreuses professions*** in diesem Sektor sind zahlreiche Berufe zusammengefasst; ***cette association regroupe des experts*** in diesem Verein haben sich Experten zusammengeschlossen; ***le musée regroupe tous les tableaux du maître*** das Museum hat eine Sammlung aller Gemälde des Meisters
3. (*réorganiser*) ■ **qn regroupe qn/qc** *classe, élèves* jd gruppiert jdn/etw [neu]; *bétail* jd treibt etw [wieder] zusammen; *armée, parti* jd ordnet etw neu, jd organisiert etw um
II. *vpr* ■ **des personnes se regroupent [dans qc]** Menschen schließen [*o* tun] sich [in etw (*dat*)] zusammen, Menschen vereinigen sich [in etw (*dat*)]; ■ **des personnes se regroupent [autour de qn]** Menschen stellen sich [um jdn herum] auf, Menschen gruppieren sich [um jdn herum]; (*dans un but commun*) Menschen schließen sich jdm an, Menschen stellen sich geschlossen hinter jdn; ***regroupez-vous pour la photo*** stellt euch für das Foto zusammen; ■ **des personnes se regroupent [autour de/derrière qn]** SPORT Menschen gruppieren sich [um jdn/hinter jdm]

régularisation [ʀegylaʀizasjɔ̃] *f* 1. (*mise en ordre*) [*acte administratif*] Regeln *nt;* [*situation*] Regelung *f*, Legalisierung *f;* ***qn s'occupe de la ~ de ses papiers*** jd bringt seine Papiere in Ordnung; ***ils pensaient à la ~ de leur situation*** sie dachten daran, ihr Verhältnis zu legalisieren
2. GEOG [*rivière*] Regulierung *f*

régulariser <1> [ʀegylaʀize] *vt* 1. (*mettre en ordre*) ■ **qn régularise qc** *acte administratif* jd regelt etw; *papiers, situation financière/militaire* jd bringt etw in Ordnung; *situation* [*de couple*] jd legalisiert etw; ■ **qn fait ~ qc** *papiers, documents* jd lässt etw in Ordnung bringen; *situation* [*de couple*] jd lässt etw legalisieren
2. GEOG ■ **qn régularise qc** *rivière* jd reguliert etw

régularité [ʀegylaʀite] *f* 1. (*harmonie*) [*dessin, façade*] Regelmäßigkeit *f;* [*traits du visage a.*] Ebenmäßigkeit *f*
2. (*ponctualité*) [*acte, repas*] Regelmäßigkeit *f*
3. (*conformité aux règles, légalité*) [*élection*] Ordnungsmäßigkeit *f*, Vorschriftsmäßigkeit *f;* [*procédure, opération a.*] Rechtmäßigkeit *f*, Legalität *f;* [*mœurs, vie, jugement, personne*] Korrektheit *f;* ***la ~ de sa vie et de ses mœurs*** sein/ihr geregeltes Leben und korrektes Benehmen

régulateur, -trice [ʀegylatœʀ, -tʀis] I. *adj* regulierend; *marché a.* regulativ; *principe* ordnend, Ordnungs-; *rôle* ausgleichend
II. *m, f* 1. (*phénomène*) Regulator *m*, Regulativ *nt*
2. CHEMDFER Stellwerksleiter(in) *m(f)*
III. *m* (*appareil*) Regler *m;* ■ ~ **de** *de courant, fréquence, pression, température, tension* -regler; ~ ***de vitesse*** Geschwindigkeitsregler

régulation [ʀegylasjɔ̃] *f* Regelung *f;* [*économie a.*] Steuerung *f;* ~ ***hormonale*** Hormonregulation *f;* ~ ***thermique*** Wärmeregulation *f*

réguler <1> [ʀegyle] *vt* ■ **qn/qc régule qc** jd/etw reguliert etw

régulier, -ière [ʀegylje, -jɛʀ] I. *adj* 1. (*équilibré*) regelmäßig; *écriture a.* gleichmäßig; *traits du visage a.* ebenmäßig; *vie, habitudes* geregelt; *humeur* gleich bleibend; GEOM gleichseitig
2. (*constant*) regelmäßig; *effort* stet *geh*, kontinuierlich; *résultats, vitesse* gleich bleibend; *vent* konstant, gleich bleibend; ***cet élève est ~*** dieser Schüler zeigt gleich bleibende Leistungen, dieser Schüler ist konstant
3. (*à périodicité fixe*) regelmäßig; *avion, train, ligne* [fahr]planmäßig; ***service ~*** Linienverkehr *m;* ***vol ~*** Linienflug *m;* ***correspondance ~ière*** regelmäßi-

ge Verkehrsverbindung; ***qn est en correspondance ~ière avec qn*** jd steht mit jdm in regelmäßigem Briefwechsel, jd schreibt jdm regelmäßig; ***qn prend ses repas à des heures ~ières*** jd nimmt seine Mahlzeiten zu festen Zeiten ein
4. (*ponctuel*) pünktlich
5. (*légal*) vorschriftsmäßig, ordnungsgemäß; *jugement* korrekt; *gouvernement* legal; *tribunal* ordentlich, regulär; ***un étranger qui n'est pas en situation ~ière*** ein Ausländer ohne gültige Aufenthaltsgenehmigung
6. (*honnête*) *homme d'affaires, opération* korrekt; ■ **qn est ~ en/dans qc** jd ist [*o* verhält sich] korrekt in etw (*dat*)
7. SPORT vorschriftsmäßig, regulär
8. MIL regulär, ordentlich; ***armée ~ière*** [reguläre] Armee
9. GRAM, LITTER regelmäßig
II. *m, f* MIL Berufssoldat(in) *m(f)*
régulièrement [ʀegyljɛʀmɑ̃] *adv* **1.** (*périodiquement*) regelmäßig
2. (*selon les règles*) *élire, procéder* vorschriftsmäßig, ordnungsgemäß; *agir* vorschriftsmäßig, korrekt
3. (*uniformément*) gleichmäßig; ***arbres plantés ~*** Bäume, die in regelmäßigen Abständen gepflanzt sind
4. *vieilli* (*normalement*) normalerweise, in der Regel
régurgitation [ʀegyʀʒitasjɔ̃] *f* MED Wiederhochbringen *nt,* Wiederausspucken *nt;* ZOOL Wiederkäuen *nt*
régurgiter <1> [ʀegyʀʒite] *vt* **1.** MED, ZOOL ■ **qn régurgite qc** jd gibt etw wieder von sich; ■ **un animal régurgite qc** ein Tier käut etw wieder
2. *fig* ■ **qn régurgite qc** jd käut etw wieder
réhabilitation [ʀeabilitasjɔ̃] *f* **1.** (*remise en honneur*) Rehabilitierung *f*
2. (*réinsertion*) Wiedereingliederung *f* in die Gesellschaft
3. (*rénovation*) [*quartier*] Sanierung *f;* [*immeuble*] Instandsetzung *f*
réhabiliter <1> [ʀeabilite] **I.** *vt* **1.** JUR ■ **qn réhabilite qn** jd rehabilitiert jdn; ■ **qn réhabilite qn dans qc** *dans ses fonctions* jd setzt jdn wieder in etw (*akk*) ein; *dans ses droits* jd gibt jdm etw wieder
2. (*réinsérer*) ■ **qn réhabilite qn** *alcoolique, marginal, toxicomane* jd rehabilitiert jdn, jd gliedert jdn wieder [in die Gesellschaft] ein
3. (*remettre à l'honneur*) ■ **qn/qc réhabilite qn/qc** *art, mémoire, profession* jd/etw bringt jdn/etw wieder zu Ehren, jd/etw rehabilitiert jdn/etw; *personne a.* jd/etw stellt jds guten Ruf wieder her; ***qn réhabilite la mémoire de qn*** jd rehabilitiert jdn nach seinem Tode [*o* nachträglich]
4. (*rénover*) ■ **qn/qc réhabilite qc** jd/etw saniert etw
II. *vpr* ■ **qn se réhabilite** jd rehabilitiert sich
réhabituer <1> [ʀeabitɥe] **I.** *vt* ■ **qn réhabitue qn à qn/qc** *à la vie, au travail* jd gewöhnt jdn wieder an jdn/etw; ■ **qc réhabitue qn à qn/qc** durch etw gewöhnt sich jd wieder an jdn/etw; ■ **qn/qc réhabitue qn à faire qc** jd gewöhnt jdn wieder daran, etw zu tun/durch etw gewöhnt sich jd wieder daran, etw zu tun
II. *vpr* ■ **qn se réhabitue à qn/qc** jd gewöhnt sich wieder an jdn/etw; ■ **qn se réhabitue à faire qc** jd gewöhnt sich wieder daran, etw zu tun; ***il va falloir que je me réhabitue*** ich werde mich wieder daran gewöhnen müssen
rehaussement [ʀəosmɑ̃] *m* **1.** [*clôture, muraille*] Erhöhen *nt;* [*immeuble, édifice*] Aufstocken *nt*
2. [*forfait fiscal, impôt*] Anheben *nt;* [*monnaie a.*] Aufwertung *f*
rehausser <1> [ʀəose] *vt* **1.** (*surélever*) ■ **qn rehausse qc** *clôture* jd erhöht etw, jd macht etw höher *fam; édifice, immeuble* jd stockt etw auf; *plancher, plafond* jd hebt etw an, jd erhöht etw, jd legt etw höher
2. (*majorer*) ■ **qn rehausse qc** *forfait fiscal, impôt* jd hebt etw an; *monnaies a.* jd wertet etw auf
3. (*mettre en valeur*) ■ **qn/qc rehausse qc** *beauté, couleur, goût* jd/etw bringt etw [besser] zur Geltung, jd/etw unterstreicht etw, jd/etw hebt etw hervor; *mérite, prestige, réputation* jd/etw erhöht etw, jd/etw steigert etw; *courage* jd/etw stärkt etw; ■ **qn rehausse qc de qc** *de broderie, dentelle, d'or* jd verziert [*o* schmückt] etw mit etw; ***richement rehaussés d'or et de soie*** reich mit Gold und Seide verziert; ■ **qc rehausse qn** etw lässt jds Ansehen steigen; ***qc rehausse qn aux yeux de qn*** etw lässt jdn in jds Ansehen (*dat*) steigen
4. *vieilli* (*renforcer*) ■ **qn/qc rehausse qc** *ambition, courage, volonté* jd/etw stärkt etw
réhydrater <1> [ʀeidʀate] *vt* ■ **qc réhydrate qc** *peau* etw gibt einer S. (*dat*) Feuchtigkeit; *organisme* etw führt einer S. (*dat*) Feuchtigkeit zu
réimplantation [ʀeɛ̃plɑ̃tasjɔ̃] *f* [*industrie, usine, population*] Wiederansiedlung *f,* Wiederansiedeln *nt;* [*dent, organe*] Reimplantation *f,* Wiedereinpflanzung *f*
réimplanter <1> [ʀeɛ̃plɑ̃te] **I.** *vt* ■ **qn réimplante qc** *industrie* jd siedelt etw wieder an; *dent, organe* jd pflanzt etw wieder ein
II. *vpr* ■ **qn/qc se réimplante quelque part** /*industrie*/ jd/etw siedelt sich wieder irgendwo an, jd/etw verlegt seinen Standort wieder irgendwohin; /*population, personne*/ jd wird wieder irgendwo sesshaft, jd lässt sich wieder irgendwo nieder
réimportation [ʀeɛ̃pɔʀtasjɔ̃] *f* Wiedereinfuhr *f,* Reimport *m*
réimporter <1> [ʀeɛ̃pɔʀte] *vt* ■ **qn réimporte qc** jd führt etw wieder ein, jd reimportiert etw
réimposer <1> [ʀeɛ̃poze] *vt* ■ **qn réimpose qn** jd veranlagt jdn neu
réimposition [ʀeɛ̃pozisjɔ̃] *f* Neuveranlagung *f*
réimpression [ʀeɛ̃pʀesjɔ̃] *f* Neudruck *m,* Nachdruck *m*
▶ **en ~** im Nachdruck; ***un livre est en ~*** ein Buch wird nachgedruckt
réimprimer <1> [ʀeɛ̃pʀime] *vt* ■ **qn réimprime qc** jd druckt etw neu [*o* nach]
rein [ʀɛ̃] *m* **1.** (*organe*) Niere *f*
2. *pl* (*bas du dos*) Rücken *m,* Kreuz *nt;* ***qn a mal aux ~s*** jd hat Kreuzschmerzen [*o* Rückenschmerzen]; ***buste en avant, creusez les ~s!*** Brust raus, Kreuz rein!
▶ **un coup de ~** *fam* ein Stoß *m* in die Seite; **qn sonde les ~s et les cœurs** jd ist Hellseher, jd kann Gedanken lesen; **~ artificiel** künstliche Niere; **~ flottant** Wanderniere *f;* **qn a les ~s solides** *fam* (*a une position très forte*) jd ist einflussreich [*o* mächtig]; (*financièrement*) jd ist zahlungskräftig; **qn brise** [*o* **casse**] **les ~s à qn** (*brise sa carrière*) jd bricht jdm das Genick *fam;* **qn se casse les ~s** jd bricht sich (*dat*) das Genick *fam*
réincarnation [ʀeɛ̃kaʀnasjɔ̃] *f* Wiedergeburt *f,* Reinkarnation *f;* ■ **la ~ de qn** (*portrait*) jds Ebenbild *nt;* (*personnification*) jds Verkörperung *f*
réincarner <1> [ʀeɛ̃kaʀne] *vpr* REL ■ **qn/qc se réincarne** [**dans qc**] /*âme*/ jd/etw wird [in etw (*dat*)] wieder geboren; ■ **qn est qn réincarné(e)** jd ist jds Reinkarnation *f;* ***c'est le diable réincarné*** das ist die Reinkarnation des Teufels
réincorporer <1> [ʀeɛ̃kɔʀpɔʀe] *vt* **1.** (*réintroduire*) ■ **qn réincorpore qc quelque part** *produit* jd tut etw irgendwo hinein *fam; ingrédients, liquide* jd gibt noch etw irgendwo [hin]zu; *œufs, beurre* jd mengt einer S. (*dat*) noch etw bei, jd mischt noch etw unter etw (*akk*)
2. ADMIN, MIL ■ **qn réincorpore qn dans qc** *dans un régiment* jd gliedert jdn wieder in etw (*akk*) ein; *dans une fonction* jd setzt jdn wieder in etw (*dat*) ein
réindustrialiser <1> [ʀeɛ̃dystʀijalize] *vt* ■ **qn réindustrialise qc** jd industrialisiert etw wieder, jd reindustrialisiert etw
reine [ʀɛn] *f* **1.** Königin *f*
2. (*celle qui domine*) ■ **~ de qc** *de la soirée, fête, des fleurs* Königin *f* einer S. (*gen*); **~ *du bal*** Ballkönigin; ***elle est la ~ des idiotes*** sie ist eine Vollidiotin *fam,* sie ist die größte Idiotin *fam;* ***la ~ de la mode*** die Modekönigin; ***elle est la ~ de mes pensées*** sie beherrscht meine Gedanken
3. [*abeilles, fourmis*] Königin *f*
4. ECHECS Königin *f;* CARTES Dame *f*
▶ **~ mère** Königinmutter *f;* **la petite ~** *fam* Fahrrad *nt*
◆ **reine de beauté** Schönheitskönigin *f*
reine-claude <~s-~s> [ʀɛnklod] *f* Reineclaude *f,* Reneklode *f* **reine-marguerite** <~s-~s> [ʀɛnmaʀgəʀit] *f* Gartenaster *f*
reinette [ʀɛnɛt] *f* Renette *f*
réinfecter <1> [ʀeɛ̃fɛkte] **I.** *vt* ■ **qn/qc réinfecte qc** jd/etw infiziert etw wieder, jd/etw reinfiziert etw
II. *vpr* ■ **qn/qc se réinfecte** /*blessure, plaie*/ jd/etw infiziert sich wieder, jd/etw reinfiziert sich
réinfection [ʀeɛ̃fɛksjɔ̃] *f* erneute Infektion, Reinfektion *f*
réinjecter <1> [ʀeɛ̃ʒɛkte] *vt* ■ **qn réinjecte qc** [**dans qc**] *capitaux* jd führt etw [einer S. (*dat*)] wieder zu, jd lässt etw wieder [in etw (*akk*)] einfließen; ***il réinjecte 45 millions de francs dans l'entreprise*** er steckt noch einmal 45 Millionen Franc in die Firma
réinscription [ʀeɛ̃skʀipsjɔ̃] *f* Wiedereinschreibung *f;* (*chaque semestre*) Rückmeldung *f*
réinscrire <*irr*> [ʀeɛ̃skʀiʀ] **I.** *vt* **1.** (*mettre à nouveau sur une liste*) ■ **qn réinscrit** [*o* **fait ~**] **qn/qc quelque part** jd schreibt jdn/etw wieder irgendwo ein; *dans une nouvelle école* jd meldet jdn irgendwo an
2. (*réécrire*) ■ **qn réinscrit qc quelque part** jd schreibt etw noch einmal irgendwohin; *sur une liste* jd trägt etw noch einmal irgendwohin ein
II. *vpr* ■ **qn se réinscrit/se fait ~ quelque part** jd schreibt sich irgendwo wieder ein; *à l'université a.* jd immatrikuliert sich irgendwo; (*chaque semestre*) jd meldet sich irgendwo wieder zurück
réinsérer <5> [ʀeɛ̃seʀe] **I.** *vt* ■ **qn réinsère qn dans qc** jd gliedert jdn wieder in etw (*akk*) ein; ■ **qn réinsère qc dans qc** jd fügt etw wieder in etw (*akk*) ein
II. *vpr* ■ **qn se réinsère** [**dans qc**] jd gliedert sich wieder [in etw (*akk*)] ein
réinsertion [ʀeɛ̃sɛʀsjɔ̃] *f* Wiedereingliederung *f;* [*délinquant a.*] Resozialisierung *f;* [*malade, handicapé, accidenté a.*] Rehabilitation *f*
réinstallation [ʀeɛ̃stalasjɔ̃] *f* [*administration, organisme*] (*dans une région*) Neuansiedlung *f;* (*dans un bâtiment*) Neuunterbringung *f;* [*personne*] Wiedereinleben *nt*
réinstaller <1> [ʀeɛ̃stale] **I.** *vt* ■ **qn réinstalle/fait ~ qc quelque part** *téléphone* jd installiert etw irgendwo wieder/lässt etw irgendwo wieder installieren; *meuble* jd stellt etw wieder irgendwo auf/lässt etw wieder irgendwo aufstellen; ■ **qn réinstalle qn** [**dans qc**] *dans un appartement, une chambre* jd bringt jdn wieder [in etw (*dat*)] unter; *dans une fonction* jd setzt jdn wieder [in etw (*akk*)] ein; ***il est réinstallé dans sa chambre/dans son quartier*** er lebt [*o* wohnt] wieder in seinem Zimmer/seinem Stadtviertel; ***on l'a réinstallé*** [***dans ses fonctions***] man hat ihn wieder eingestellt
II. *vpr* ■ **qn se réinstalle** [**quelque part**] *dans un fauteuil* jd lässt sich wieder irgendwo nieder; /*commerçant, médecin*/ *dans un lieu* jd lässt sich wieder irgendwo nieder; *dans un quartier* jd zieht wieder irgendwohin, jd richtet sich irgendwo wieder ein; ■ **qc se réinstalle** [**quelque part**] /*l'ennui, la panique, l'angoisse*/ etw breitet sich wieder [irgendwo] aus, etw macht sich wieder [irgendwo] breit *fam*
réintégration [ʀeɛ̃tegʀasjɔ̃] *f* [*fonctionnaire, ouvrier*] Wiedereingliederung *f,* Wiedereinstellung *f;* ***la ~ du domicile conjugal*** die Rückkehr in die eheliche Wohnung; ■ **~ dans/à qc** *dans ses fonctions, ses droits, dans l'armée* Wiedereinsetzung *f* in etw (*akk*); *au corps, régiment* Wiedereingliederung in etw (*akk*); **~ *dans la nationalité*** Wiederverleihung *f* der Staatsbürgerschaft, Wiedereinbürgerung *f*
réintégrer <5> [ʀeɛ̃tegʀe] *vt* **1.** (*revenir dans*) ■ **qn réintègre qc** *lieu, place* jd kehrt an etw (*akk*) zurück; *appartement, cellule* jd kehrt in etw (*akk*) zurück; ***il a réintégré sa situation sans perte de salaire*** er ist ohne Gehaltsverlust wieder eingestellt worden; ***il/elle a réintégré le domicile conjugal*** er/sie ist in die eheliche Wohnung zurückgekehrt; ■ **qn lui fait ~ qc** *cellule* jd führt jdn in etw (*akk*) zurück; *place* jd führt jdn an etw (*akk*) zurück; ***la Garonne a réintégré son lit*** die Garonne fließt wieder in ihrem

Flussbett; ***le ministère a réintégré ses locaux après rénovation*** das Ministerium ist nach der Renovierung wieder in seine Räume zurückgekehrt
2. (*rétablir*) ■ **qn réintègre qn [dans qc]** *dans un lieu* jd führt [*o* bringt] jdn [an etw (*akk*)] zurück; *dans une école, un groupe* jd nimmt jdn wieder [in etw (*akk*)] auf; *dans la société* jd gliedert jdn wieder in etw (*akk*) ein, jd integriert jdn wieder [in etw (*akk*)]; *auteur* jd nimmt jdn wieder [in etw (*akk*)] auf; ADMIN, JUR *dans ses droits* jd setzt jdn wieder [in etw (*akk*)] ein; *dans un corps, les rangs de l'armée* jd nimmt jdn wieder [in etw (*akk*)] auf; ***qn réintègre qn dans un poste*** jd stellt jdn wieder ein; ***qn réintègre qn dans sa nationalité*** jd bürgert jdn wieder ein, jd verleiht jdm wieder seine Staatsbürgerschaft; ***on a réintégré cet auteur dans le programme*** man hat den Autor wieder ins Programm aufgenommen; ***qn réintègre qn dans ses fonctions*** jd setzt jdn wieder in sein Amt ein; ***qn réintègre qn dans ses biens*** jd gibt jdm sein Vermögen zurück, jd bringt jdn wieder in den Genuss seines Vermögens

réintroduire <*irr*> [ʀeɛ̃tʀɔdɥiʀ] **I.** *vt* ■ **qn réintroduit qn/qc [dans qc]** jd führt jdn wieder [in etw (*akk*)] ein; *mode, pratique, réforme, procédé* jd führt etw wieder [in etw (*akk*)] ein; *phrase* jd fügt etw wieder [in etw (*akk*)] ein, jd nimmt etw wieder [in etw (*akk*)] auf; *objet* jd steckt etw wieder [in etw (*akk*)] hinein
II. *vpr* ■ **qn se réintroduit quelque part** jd verschafft sich (*dat*) wieder Zutritt zu etw

réinventer <1> [ʀeɛ̃vɑ̃te] *vt* ■ **qn réinvente qc** *monde* jd erfindet etw wieder neu; *solidarité, partage, relations* jd entdeckt etw wieder neu

réinvestir <8> [ʀeɛ̃vɛstiʀ] *vt* ■ **qn réinvestit qc [dans qc]** jd investiert etw wieder [in etw (*akk*)]

réinviter <1> [ʀeɛ̃vite] *vt* ■ **qn réinvite qn** jd lädt jdn wieder ein; (*rendre une invitation*) jd lädt jdn im Gegenzug ein

réitération [ʀeiteʀasjɔ̃] *f littér* Wiederholung *f*

réitérer <5> [ʀeiteʀe] *vt* ■ **qn réitère qc** jd wiederholt etw

rejaillir <8> [ʀ(ə)ʒajiʀ] *vi* **1.** (*retomber*) ■ **qc rejaillit sur qn/qc** */honte, faute/* etw fällt auf jdn/etw zurück; */bienfait, gloire, renommée/* etw wirkt sich [positiv] auf jdn/etw aus
2. (*jaillir avec force*) ■ **qc rejaillit** */boue, liquide/* etw spritzt auf [*o* hoch]; */lumière/* etw strahlt zurück, etw wird zurückgeworfen; ***l'huile bouillante lui a rejailli en pleine figure*** das siedende Öl ist ihm/ihr mitten ins Gesicht gespritzt

rejaillissement [ʀ(ə)ʒajismɑ̃] *m* **1.** (*retombée*) [*acte, événement, faute*] Auswirkung[en *pl*] *f*, Nachwirkung *f*; [*bienfaits, gloire, renommée*] [positive] Auswirkung
2. (*éclaboussure*) Hochspritzen *nt*, Aufspritzen *nt*

rejet [ʀ(ə)ʒɛ] *m* **1.** (*refus*) Ablehnung *f*
2. MED [*greffe, organe*] Abstoßung *f*; ***médicament anti~*** Medikament *nt* gegen Transplantatabstoßung, Immunsuppressivum *nt spec*; ***réaction de ~*** Abstoßreaktion *f*
3. *pl* (*déchets*) Absonderungen *pl*; (*de liquide a.*) Abwässer *pl*
4. AGR Schößling *m*, neuer Trieb
5. LING [*verbe*] Verweisung *f* ans Satzende, Zurückstellen *nt* [ans Satzende]; POES Zeilensprung *m*; ***le ~ du verbe à la fin de la phrase*** die Endstellung des Verbs [im Satz]

rejetable [ʀəʒtabl] *adj excuse, projet* zurückzuweisen; *opinion, proposition, idée* unannehmbar, nicht annehmbar, untauglich; ***difficilement ~*** schwer zurückzuweisen [*o* abzulehnen]; ***une excuse qui ne soit pas ~*** eine annehmbare Ausrede

rejeter <3> [ʀ(ə)ʒəte, ʀəʒ(ə)te] **I.** *vt* **1.** (*refuser*) ■ **qn rejette qc** jd weist etw zurück, jd lehnt etw ab; *hypothèse, recours* jd weist etw zurück, jd verwirft etw; *domination* jd lehnt etw ab; ■ **qn rejette qn** *envahisseur, ennemi* jd schlägt jdn zurück; ■ **[qn est] rejeté(e)** [jd ist/wird] verstoßen; (*exclu d'un club, d'une communauté*) [jd ist/wird] ausgeschlossen
2. JUR, POL ■ **qn rejette qc** jd weist etw zurück, jd verwirft etw, jd lehnt etw ab; *circonstances atténuantes* jd lässt etw zurück, jd erkennt etw nicht an
3. (*évacuer*) ■ **qc rejette qc [quelque part]** */usine/ déchets, matière* etw gibt [*o* wirft] etw [irgendwohin] ab; */volcan/ lave* etw spuckt [*o* stößt] etw [irgendwohin] aus; */mer, rivière/ poissons, épaves, corps* etw spült etw [irgendwohin]; ***la machine rejette les mauvaises pièces de monnaie*** der Automat spuckt falsche Geldstücke wieder aus; ■ **qn/qc rejette qc [quelque part]** */malade, estomac/ nourriture* jd/etw gibt etw wieder von sich, jd spuckt etw wieder [irgendwohin] aus; ***qn rejette de la terre quelque part*** jd schüttet Erde irgendwo auf
4. (*se décharger de*) ■ **qn rejette qc sur qn/qc** *faute, responsabilité* jd wälzt etw auf jdn/etw ab, jd schiebt jdm etw zu; *initiative, erreur* jd macht jdn/etw für etw verantwortlich
5. (*repousser*): ***qn rejette qc en arrière*** *épaules, tête* jd wirft etw zurück; ***une casquette rejetée en arrière*** eine nach hinten zurückgeschobene Mütze
6. GRAM ■ **qn rejette qc quelque part** jd stellt etw irgendwohin; ***il faut ~ le sujet après le verbe*** man muss das Subjekt hinter das Verb stellen, man muss das Subjekt dem Verb nachstellen
7. (*relancer*) ■ **qn rejette qc [à qn]** *balle, objet* jd wirft [jdm] etw zurück
8. AGR ■ **qc rejette qc** *nouvelles pousses* etw treibt etw aus
II. *vpr* **1.** *fam* (*se rabattre*) ■ **qn se rejette sur qc** jd begnügt sich mit etw, jd nimmt mit etw vorlieb
2. (*se jeter à nouveau*) ■ **qn se rejette ...** *à l'eau, dans les vagues* jd wirft [*o* stürzt] sich wieder in etw (*akk*); *sur qn* jd wirft [*o* stürzt] sich wieder auf jdn
3. (*faire un mouvement du corps*) ■ **qn se rejette quelque part:** ***qn se rejette en arrière/ sur le côté*** jd macht einen Satz nach hinten/zur Seite, jd springt zurück/zur Seite
4. (*s'accuser*) ■ **des personnes se rejettent qc [l'un l'autre]** *faute, responsabilité* Menschen schieben sich [gegenseitig] etw zu

rejeton [ʀəʒ(ə)tɔ̃, ʀ(ə)ʒətɔ̃] *m* **1.** AGR (*pousse*) Schössling *m*, Ableger *m*
2. *fam* (*descendant*) Sprössling *m*, Spross *m geh*; *hum* Sprössling

rejoindre <*irr*> [ʀ(ə)ʒwɛ̃dʀ] **I.** *vt* **1.** (*regagner*) ■ **qn rejoint qc** *lieu* jd geht [*o* kommt] [*o* begibt sich *geh*] an etw (*akk*); *poste* jd kehrt an etw (*akk*) zurück, jd nimmt etw wieder ein; *régiment, base* jd kehrt zu etw zurück; ***qn rejoint son domicile*** jd kehrt [*o* kommt] nach Hause zurück; ■ **qn rejoint qn [quelque part]** jd trifft jdn [irgendwo]
2. (*déboucher*) ■ **qc rejoint qc** *route* etw trifft [*o* stößt] auf etw (*akk*), etw trifft mit etw zusammen
3. (*rattraper*) ■ **qn rejoint qn** jd holt jdn ein; ***vas-y, je te rejoins*** geh schon [voraus], ich komme nach
4. (*se rapprocher de*) ■ **qn rejoint qn [dans qc]** jd schließt sich jdm an, jd stimmt [in etw (*dat*)] mit jdm überein; ***je vous rejoins sur ce point*** in diesem Punkt bin ich mit Ihnen einer Meinung [*o* stimme ich Ihnen zu]; ■ **qn rejoint qc** *idée, point de vue, préoccupation, parti, fédération* jd schließt sich einer S. (*dat*) an; *mécontentement* jd teilt etw; ■ **qc rejoint qc** */philosophie, idée, opinion/* etw entspricht einer S. (*dat*), etw stimmt mit etw überein; ***qc rejoint la lâcheté/ l'inconscience*** etw grenzt an Feigheit/ Leichtsinn; ■ **qn rejoint des choses** jd bringt Dinge wieder zusammen; *deux bords, deux parties d'une seule pièce* jd fügt Dinge wieder zusammen
II. *vpr* **1.** (*être d'accord*) ■ **des choses se rejoignent** */idées, points de vue/* Dinge stimmen überein; ■ **des personnes se rejoignent** Menschen sind sich einig, Menschen stimmen miteinander überein; ■ **des personnes se rejoignent pour faire qc** Menschen kommen überein etw zu tun; ***nos points de vue se rejoignent*** unsere Auffassungen stimmen überein, wir sind derselben Auffassung; ***sur ce point X et Y se rejoignent*** in diesem Punkt sind X und Y einer Meinung
2. (*se réunir*) ■ **des personnes se rejoignent** Menschen treffen sich; ■ **des choses se rejoignent** Dinge treffen sich, Dinge laufen [*o* treffen] zusammen; */fleuves, rivières/* Dinge fließen [*o* laufen] zusammen, Dinge vereinigen sich

rejouer <1> [ʀ(ə)ʒwe] **I.** *vt* ■ **qn rejoue qc** *match, morceau de musique, pièce* (*à nouveau*) jd spielt etw wieder; (*encore une fois*) jd spielt etw noch einmal; *couleur* jd spielt etw noch einmal aus
II. *vi* ■ **qn rejoue** jd spielt wieder

réjoui, e [ʀeʒwi] *adj ton* fröhlich, vergnügt; *visage, air a.* heiter

réjouir <8> [ʀeʒwiʀ] **I.** *vt* ■ **qn/qc réjouit qn/qc** jd/etw erfreut jdn/etw, etw ist eine Freude für etw; *visage* jd/etw heitert etw auf; ***tu ne me réjouis guère en me disant que*** + *indic* du machst mich nicht besonders froh [*o* mir nicht gerade eine Freude], wenn du mir sagst, dass
II. *vpr* ■ **qn se réjouit [de qc]** jd freut sich [über etw (*akk*)]; (*à l'avance*) jd freut sich [auf etw (*akk*)]; ■ **qn se réjouit de faire qc** jd freut sich [darüber], etw zu tun; (*à l'avance*) jd freut sich darauf, etw zu tun; ***qn se réjouit à l'idée de ...*** jd freut sich bei dem Gedanken, dass; ***il n'y a vraiment pas de quoi se ~*** es gibt wirklich keinen Grund, sich zu freuen; ■ **qn se réjouit que** + *subj* jd freut sich, dass

réjouissances [ʀeʒwisɑ̃s] *fpl* Festlichkeiten *pl*; *hum* Festivitäten *pl*; ***~ populaires*** Volksfeste *pl*

réjouissant, e [ʀeʒwisɑ̃, ɑ̃t] *adj* erfreulich; *histoire, spectacle* amüsant, unterhaltsam; ***c'est ~!*** *iron* das kann ja heiter werden!, wie erfreulich!

rejuger <2 a> [ʀəʒyʒe] *vt* ■ **qn rejuge qn** *inculpé* jd sitzt erneut über jdn zu Gericht, jd führt eine neue Verhandlung über jdn; ■ **qn rejuge qc** jd verhandelt etw neu

relâche [ʀəlɑʃ] *f* **1.** (*répit*) [Ruhe]pause *f*; (*dans le travail*) Unterbrechung *f*; ***qc ne laisse pas de ~ à qn*** etw lässt jdm keine Ruhe; ***j'aimerais avoir un moment de ~*** ich hätte gerne einen Moment Ruhe [*o* zum Ausruhen]; ***qn se donne un peu de ~*** jd ruht sich ein wenig aus, jd legt eine kleine Pause ein
2. THEAT: ***jour de ~*** vorstellungsfreier Tag; ***lundi est jour de ~*** montags ist geschlossen [*o* keine Vorstellung]
3. NAUT Anlaufhafen *m*
▸ **qn/qc affiche** [*o* **fait**] **~** jd macht Pause, jd setzt aus; **qc fait ~** THEAT etw gibt [*o* hat] keine Vorstellung, etw ist geschlossen; **qc fait ~ quelque part** NAUT etw legt irgendwo an; *dans un port* etw läuft etw an; **sans ~** *poursuivre, combattre, lutter* unablässig, unermüdlich; *travailler, harceler* pausenlos

relâché, e [ʀ(ə)lɑʃe] *adj autorité* lax; *discipline a.* lasch; *conduite a.* ungezügelt, ungehobelt; *mœurs* lose, locker; *prononciation, style* nachlässig

relâchement [ʀ(ə)lɑʃmɑ̃] *m* ■ **~ de qc** Laxheit *f* einer S. (*gen*), Nachlässigkeit *f* einer S. (*gen*); *des mœurs, de la discipline* Lockerung *f* einer S. (*gen*); *de l'autorité, l'attention, l'ardeur* Nachlassen *nt* einer S. (*gen*)

relâcher <1> [ʀ(ə)lɑʃe] **I.** *vt* **1.** (*desserrer*) ■ **qn relâche qc** *bride, étreinte, lien, ressort* jd lockert etw; ■ **qn/qc relâche qc** *muscle, tissus, une partie du corps* jd lässt etw locker/etw entspannt [*o* lockert] etw; ***ces pilules relâchent l'intestin*** diese Pillen erleichtern den Stuhlgang; ■ **qn/qc lui fait ~ qc** jd/etw bringt jdn dazu, etw zu lockern
2. (*libérer*) ■ **qn relâche qn/un animal** jd lässt jdn/ein Tier frei
3. (*cesser de tenir*) ■ **qn/un animal relâche qc** *corde, objet, proie* jd/ein Tier lässt etw los; ■ **qn/qc lui fait ~ qc** jd/etw bringt jdn dazu, etw loszulassen
4. (*affaiblir*) ■ **qn relâche qc** jds etw lässt nach; *effort* jd lässt in etw (*dat*) nach; *discipline* jd lockert etw; ***il a relâché son attention*** seine Aufmerksamkeit ließ nach; ***ne relâche pas ton attention!*** pass genau auf!; ***les gardiens relâchent leur surveillance/ vigilance*** die Wachsamkeit der Wärter lässt nach
II. *vi* NAUT ■ **qn/qc relâche [quelque part]** jd/etw legt [irgendwo] an; ***le navire a relâché dans le port de Gênes*** das Schiff hat den Hafen von Genua angelaufen
III. *vpr* **1.** (*se desserrer*) ■ **qc se relâche** etw lockert sich, etw wird locker; */muscle/* etw entspannt sich
2. (*s'affaiblir*) ■ **qc se relâche** */attention, effort, surveillance, vigilance/*

etw lässt nach; /*discipline a., mœurs*/ etw lockert sich; /*style a.*/ etw wird nachlässig
3. (*perdre son ardeur*) ■ **qn se relâche** jd lässt nach; ■ **qn se relâche dans qc** jd wird in etw (*dat*) nachlässig

relais [ʀ(ə)lɛ] *m* **1.** (*intermédiaire*) Mittler(in) *m(f)*, Vermittler(in)
2. SPORT Staffel *f*, Staffellauf *m*; ***le ~ quatre fois cent mètres*** die vier mal hundert Meter Staffel
3. ELEC, RADIO Relais *nt*; ~ ***de télévision/ radio*** Fernseh-/Radiorelaisstation *f*
4. HIST Relais *nt*, Relaisstation *f*
▸ ~ **de poste** Relaisstation *f*, Postkutschenstation *f*; **qn passe le ~ à qn** (*laisse sa fonction*) jd übergibt jdm die Führung; (*laisse la parole*) jd überlässt jdm das Wort; (*confie l'administration des biens*) jd überträgt jdm die Nachfolge; **qn/qc prend le ~ de qn/qc** jd/etw löst jdn/etw ab, jd tritt an jds Stelle (*akk*); **qn prend le ~** jd tritt die Nachfolge an; **de ~** *équipe, ouvriers* ablösend; RADIO, TELEC Übertragungs-; SPORT *course, épreuve* Staffel-; ***l'équipe de ~*** die Ablösung; ~ ***de distribution de courant*** Stromverteiler *m*; **par ~** *travail* Schicht-

relance [ʀ(ə)lɑ̃s] *f* **1.** (*nouvel essor*) Aufschwung *m*; ~ ***économique*** wirtschaftlicher Aufschwung; ~ ***européenne*** Wiederaufleben *nt* des Europagedankens; ■ ~ **de qc** *d'une idée, d'un mouvement* Wiederaufleben *nt* einer S. (*gen*), Wiederbelebung *f* einer S. (*gen*); *d'un projet, d'une activité* Wiederaufnahme *f* einer S. (*gen*); *d'un investissement, de la consommation* [Wieder]ankurbelung *f* einer S. (*gen*), [Wieder]belebung *f* einer S. (*gen*); *de l'économie, d'un secteur* Aufschwung in etw (*dat*); ~ ***de l'activité économique*** Konjunkturbelebung
2. SPORT [Ball]einwurf *m*
3. CARTES höheres Gebot; ***qn fait une*** ~ jd überbietet, jd erhöht den Einsatz
▸ **de** ~ *politique, plan* zur Wiederankurbelung [*o* Wiederbelebung] der Wirtschaft

relancer <2> [ʀ(ə)lɑ̃se] **I.** *vt* **1.** (*donner un nouvel essor à*) ■ **qn/qc relance qc** *idée, mouvement* jd/etw lässt etw wieder aufleben, jd/etw belebt etw wieder; *projet, idée, négociation, dossier* jd nimmt etw wieder auf, jd bringt etw wieder auf den Tisch; *proposition* jd nimmt etw wieder auf, jd bringt etw erneut vor; *économie, production, industrie, immobilier* jd/etw kurbelt etw wieder an, jd/etw bringt etw wieder in Schwung; *investissement* jd/etw regt etw [wieder] an, jd/etw belebt etw [wieder]; ***qn/qc relance l'intérêt pour qc*** jd/etw macht etw wieder interessant[er]; ***il faut ~ l'emploi*** wir müssen den Arbeitsmarkt wieder beleben
2. CHASSE ■ **qn relance un animal** jd scheucht ein Tier [wieder] auf
3. *fam* (*harceler*) ■ **qn relance qn** jd bedrängt [*o* belästigt] jdn; *client, débiteur* jd mahnt jdn
4. (*renvoyer*) ■ **qn relance qc** (*avec la main*) jd wirft etw wieder zurück; (*avec une raquette*) jd schlägt etw wieder zurück; (*avec le pied*) jd schießt etw wieder zurück; (*avec la tête*) jd köpft etw zurück
II. *vi* ■ **qn relance** CARTES jd erhöht [den Einsatz], jd überbietet; SPORT (*avec la main*) jd wirft [den Ball] ein, jd macht [einen] Einwurf; (*avec une raquette*) jd schlägt den Ball zurück; (*avec le pied*) jd schießt den Ball zurück; (*avec la tête*) jd köpft den Ball zurück

relater <1> [ʀ(ə)late] *vt* ■ **qn/qc relate qc** *événement, fait* jd schildert etw, jd/etw berichtet über etw (*akk*); *aventure* jd/etw erzählt etw; ■ **qn/qc relate que** + *indic* jd/etw berichtet, dass; ■ **[qc est] relaté(e)** [etw wird] geschildert; ***les faits relatés par la presse*** die in der Presse dargelegten [*o* geschilderten] Fakten

relatif, -ive [ʀ(ə)latif, -iv] **I.** *adj* **1.** (*opp: absolu*) ■ **qc est** ~ etw ist relativ
2. (*partiel*) relativ; ***un silence ~ régnait dans la maison*** es war relativ [*o* verhältnismäßig] still im Haus; ***il est d'une ~ive discrétion/ honnêteté*** er ist ziemlich diskret/ehrlich; ***son aisance est toute ~ive*** ihr Wohlstand ist [nur] relativ
3. (*en liaison avec*) ■ **qc est ~ à qn/qc** etw bezieht sich auf jdn/etw, etw betrifft jdn/etw; ■ ~ **à qn/qc** jdn/etw betreffend; ***les discussions ~ives à cette question*** die diese Frage betreffenden Diskussionen, die Diskussionen bezüglich dieser Frage
4. *postposé* GRAM Relativ-
5. MUS *gammes* Parallel-
6. MATH relativ
▸ **tout est** ~! alles ist relativ!
II. *m* GRAM Relativpronomen *nt*
▸ **qn a le sens du** ~ jd kann relativieren; jd versteht es, zu relativieren
III. *f* ■ **relative** Relativsatz *m*

relation [ʀ(ə)lasjɔ̃] *f* **1.** (*rapport*) Beziehung *f*, Verhältnis *nt*
2. *pl* Beziehungen *pl*; *affectueuses, amicales, cordiales, conflictuelles, tendues* Verhältnis *nt*; ■ **~s de qc**: ***~s d'affaires/ de travail*** Geschäftsbeziehungen [*o* geschäftliche Beziehungen]/berufliche Beziehungen; ***je n'ai avec lui que des ~s d'affaires*** ich habe nur geschäftlich mit ihm zu tun; ***des ~s de bon voisinage*** gutnachbarliche Beziehungen
3. (*lien logique*) Zusammenhang *m*, Verbindung *f*; LOGIQUE Relation *f*; ***je ne vois pas la*** ~ ich sehe [da] keinen Zusammenhang [*o* Bezug]; ***qc a une ~ avec qc*** etw steht im Zusammenhang mit etw; ***qc est sans ~ avec qc*** etw steht in keiner Beziehung [*o* in keinem Bezug] zu etw, etw hat nichts mit etw zu tun; ■ ~ **entre qn/qc et qn/qc** Zusammenhang zwischen jdm/etw und jdm/etw, Beziehung zwischen jdm und jdm; ***y a-t-il une ~ entre ces deux événements?*** gibt es einen Zusammenhang zwischen den beiden Ereignissen?
4. (*personne de connaissance*) Bekannte(r) *f(m)*; ***ce n'est qu'une*** ~ das ist nur ein Bekannter/eine Bekannte
5. (*récit*) ■ ~ **de** *d'un entretien, événement* Bericht *m* über (+ *akk*); *d'un voyage* -bericht; *d'une aventure* Erzählung *f* (+ *gen*); ~ ***du témoin*** Zeugenbericht, Bericht des Zeugen
▸ ~ **de cause à effet** Zusammenhang *m* von Ursache und Wirkung; **qn a une ~ amoureuse/des ~s amoureuses avec qn** jd hat eine Beziehung mit jdm, jd hat ein Verhältnis mit jdm; **qn a de bonnes/mauvaises ~s avec qn** jd hat gute/schlechte Beziehungen zu jdm; **~s publiques** Public Relations [ˈpablɪkriˈleɪʃ(ə)ns] *pl*, Öffentlichkeitsarbeit *f*; ***service de ~s publiques*** PR-Abteilung *f*, Publicrelations-Abteilung *f*; **qn a des ~s** jd hat Beziehungen; **qn a une ~ avec qn** jd hat eine Beziehung mit jdm, jd hat ein Verhältnis mit jdm; **qn a/entretient des ~s avec qn** jd hat Kontakt/steht in Kontakt mit jdm; **en ~** in Verbindung; ***en ~ avec cette affaire*** in Verbindung [*o* im Zusammenhang] mit dieser Angelegenheit; ***qn est en ~ avec qn*** jd hat mit jdm zu tun, jd steht mit jdm in Verbindung [*o* in Kontakt]; ***qn met qn en ~ avec qn*** jd bringt jdn mit jdm in Verbindung [*o* in Kontakt]; ***qn se met en ~ avec qn*** jd tritt [*o* setzt sich] mit jdm in Verbindung; ***qn reste en ~ avec qn*** jd bleibt mit jdm in Verbindung; ***qn entre en ~ avec qn*** jd tritt mit jdm in Verbindung [*o* in Kontakt]; **par ~s** durch Beziehungen

relationnel, le [ʀ(ə)lasjɔnɛl] *adj* PSYCH relational; ***problèmes ~s*** Kontaktschwierigkeiten *pl*; ***troubles ~s*** Kontaktstörungen *pl*

relativement [ʀ(ə)lativmɑ̃] *adv* **1.** (*dans une certaine mesure*) *facile, honnête, rare* relativ, verhältnismäßig
2. (*comparativement*) vergleichsweise, im Vergleich; ■ ~ **à qn/qc** im Vergleich mit jdm/etw, im Verhältnis zu jdm/etw

relativisation [ʀ(ə)lativizasjɔ̃] *f* Relativierung *f*

relativiser <1> [ʀ(ə)lativize] **I.** *vt* ■ **qn/qc relativise qc** jd/etw relativiert etw
II. *vi* ■ **qn relativise** jd relativiert

relativiste [ʀ(ə)lativist] **I.** *adj* relativistisch
II. *mf* PHILOS Relativist(in) *m(f)*; PHYS Vertreter(in) *m(f)* der Relativitätstheorie

relativité [ʀ(ə)lativite] *f* **1.** PHILOS, PHYS Relativität *f*; ***théorie de la*** ~ Relativitätstheorie *f*
2. (*caractère relatif*) [*connaissance, richesse*] Bedingtheit *f*, Relativität *f*

relax [ʀəlaks] *adj inv fam personne* locker *fam*; *ambiance* ungezwungen; *tenue* bequem, lässig; ***il porte toujours des tenues*** ~ er ist immer im Freizeitlook *fam*, er ist immer ganz lässig [*o* locker *fam*] angezogen *f*

relaxant, e [ʀ(ə)laksɑ̃, ɑ̃t] *adj* entspannend

relaxation [ʀ(ə)laksasjɔ̃] *f* **1.** PHYSIOL Entspannung *f*
2. (*détente, repos*) Entspannung *f*, Erholung *f*; ***j'ai besoin de*** ~ ich muss mich entspannen; ■ **de** ~ *séance, exercice* Entspannungs-; ***une cure de*** ~ eine Erholungskur

relaxe¹ [ʀəlaks] *f* JUR Freispruch *m*

relaxe² [ʀəlaks] *adj inv v.* **relax**

relaxer <1> [ʀ(ə)lakse] **I.** *vt* **1.** (*décontracter*) ■ **qn/qc relaxe qn/qc** jd/etw entspannt jdn/etw
2. JUR ■ **qn relaxe qn** jd spricht jdn frei
II. *vpr* ■ **qn se relaxe** jd entspannt sich

relayer <7> [ʀ(ə)leje] **I.** *vt* **1.** (*remplacer*) ■ **qn/qc relaie qn/qc** jd/etw löst jdn/etw ab; ■ **qn/qc se fait ~ [par qn/qc]** jd lässt sich [von jdm] ablösen/etw wird [von etw] abgelöst
2. RADIO, TV ■ **qc relaie qc [par qc]** etw überträgt etw [über etw (*akk*)]
II. *vpr* ■ **des personnes se relaient [pour faire qc]** Menschen lösen [*o* wechseln] sich ab [um etw zu tun]; SPORT Menschen wechseln sich ab

relayeur, -euse [ʀ(ə)lɛjœʀ, -jøz] *m, f* Staffelläufer(in) *m(f)*

relecture [ʀ(ə)lɛktyʀ] *f* nochmaliges Lesen, erneute Lektüre; TYP Korrekturlesen *nt*

relégation [ʀ(ə)legasjɔ̃] *f* **1.** SPORT Abstieg *m*
2. JUR Verbannung *f*

reléguer <5> [ʀ(ə)lege] *vt* **1.** (*mettre à l'écart*) ■ **qn relègue qn [quelque part]** jd verbannt jdn [irgendwohin]; ***il les a relégués dans une maison de retraite*** er hat sie in ein Altersheim abgeschoben; ***qn relègue qn au second plan*** jd drängt jdn in den Hintergrund; ***cet élève a été relégué au fond de la classe*** der Schüler wurde nach hinten in die Klasse verwiesen; ***l'équipe a été reléguée en seconde division*** die Mannschaft ist in die 2. Liga abgestiegen; ■ **qn relègue qc [quelque part]** *idée* jd verwirft etw, jd schiebt etw beiseite; *souvenir* jd verbannt etw [irgendwohin]; *meuble* jd stellt etw weg, jd stellt etw irgendwohin; *objet* jd verstaut etw [irgendwo]
2. HIST ■ **qn relègue qn** jd verbannt jdn

relent [ʀ(ə)lɑ̃] *m* **1.** (*mauvaise odeur*) übler Geruch, Gestank *m*; ***son haleine dégage des ~s d'alcool*** sein/ihr Atem stinkt nach Alkohol; ***il y a des ~s de qc*** es stinkt nach etw
2. *soutenu* (*velléités*) ■ **un ~/des ~s de qc** *de nostalgie* ein [übler] Beigeschmack von etw; ***on flaire dans cette affaire un ~ de crime*** man wittert bei dieser Sache Anzeichen eines Verbrechens; ***ça a des ~s de vengeance/ racisme*** das riecht stark nach Rache/Rassismus

relevable [ʀəl(ə)vabl, ʀ(ə)ləvabl] *adj siège* zurückklappbar, Klapp-; *volet* aufklappbar; *train d'atterrissage* einziehbar

relève [ʀ(ə)lɛv] *f* Ablösung *f*
▸ **qn assure [*o* prend] la ~** (*assure la succession*) jd tritt die Nachfolge an; ***j'enverrai quelqu'un prendre la*** ~ (*assure la continuité du travail*) ich werde jemanden zur Ablösung schicken; **la ~ est assurée** (*succession*) die Nachfolge ist gesichert; (*génération montante*) es ist genügend Nachwuchs da

relevé, e [ʀəl(ə)ve, ʀ(ə)ləve] **I.** *adj* **1.** *plat, sauce* gut gewürzt, pikant
2. *soutenu* (*noble*) *condition, style* gehoben; *langage a.* gewählt; *esprit* feinsinnig; *sentiment* erhaben
II. *m* **1.** FIN: ~ ***de compte*** Kontoauszug *m*; ~ ***d'identité bancaire*** *Bescheinigung über die Bankverbindung*
2. (*liste, facture détaillée*) Aufstellung *f*; [*erreurs a.*] Liste *f*; ~ ***de gaz/ téléphone*** Gas-/Telefonabrechnung *f*; ***qn procède au ~ du compteur*** jd liest den Zähler ab; ~ ***de notes*** Zeugnis *nt*
3. CONSTR [*terrain*] Aufnahme *f*; ***qn fait un ~ de terrain*** jd nimmt das Gelän-

de auf, jd vermisst das Gelände

relèvement [ʀ(ə)lɛvmɑ̃] *m* **1.** (*augmentation*) Anhebung *f*, Erhöhung *f*
2. [*niveau, sol*] Anhebung *f*, Erhöhung *f*; [*poteau, pylône*] Wiederaufrichten *nt*, Wiederaufstellen *nt*
3. (*rétablissement*) [*économie, pays*] Wiederaufbau *m*
4. NAUT Peilung *f*

relever <4> [ʀə(ə)lve, ʀ(ə)ləve] **I.** *vt* **1.** (*augmenter*) ■ **qn/qc relève qc** *chiffre d'affaires* jd/etw erhöht etw; *impôts, salaires, taux a.* jd/etw hebt etw an; SCOL *notes* jd hebt etw
2. (*redresser*) ■ **qn relève qn/qc** *meuble, véhicule* jd hebt etw hoch; *blessé, objet tombé* jd hebt jdn/etw auf; *chaise, plante* jd stellt etw wieder auf; ***il a relevé la vieille dame*** er hat der alten Dame hochgeholfen [*o* aufgeholfen]
3. (*rehausser*) ■ **qn relève qc** *niveau, plafond* jd erhöht etw, jd hebt etw an
4. (*remonter*) ■ **qn relève qc** *col, voile* jd schlägt etw hoch; *siège* jd stellt etw höher; *strapontin* jd klappt etw hoch; *store, chaussettes* jd zieht etw hoch; *cheveux* jd steckt etw hoch; *manches, bas de pantalon* jd krempelt etw hoch [*o* auf]; ***des manches relevées*** umgekrempelte [*o* hochgekrempelte] Ärmel *pl*; ***chapeau à bords relevés*** Hut *m* mit Krempe [*o* mit hochgebogenem Rand]
5. (*constater*) ■ **qn relève qc [quelque part]** *faits, tendance* jd stellt etw [irgendwo] fest; *empreinte, erreur, faute, défaut a.* jd entdeckt [irgendwo] etw; *températures* jd misst etw [irgendwo]; (*souligner*) jd hebt etw hervor, jd betont etw
6. (*noter*) ■ **qn relève qc** *adresse, renseignement, observation* jd nimmt etw auf, jd notiert etw; *compteur, électricité, gaz* jd liest etw ab; *plan, esquisse* jd fertigt etw an; *terrain, topographie* jd nimmt etw auf; NAUT *position* jd bestimmt etw, jd stellt etw fest
7. JUR ■ **qn relève qc [contre qn]** *charge* jd erhebt etw [gegen jdn], jd bringt etw [gegen jdn] vor
8. (*répondre à*) ■ **qn relève qc** *calomnie, impertinence, injure, insinuation* jd geht auf etw (*akk*) ein; *défi, pari a.* jd nimmt etw an
9. SCOL ■ **qn relève qc** *cahiers, copies, devoirs* jd sammelt etw ein
10. (*libérer*) ■ **qn relève qn de qc** *d'une promesse* jd entbindet jdn von etw; *d'un engagement, d'une obligation a.* jd befreit jdn von etw; ADMIN, MIL *de ses fonctions* jd enthebt jdn einer S. (*gen*); ***le général a été relevé de son commandement*** dem General wurde das Kommando entzogen
11. (*remplacer*) ■ **qn relève qn** jd löst jdn ab
12. (*restaurer*) ■ **qn/qc relève qc** *économie, entreprise, pays* jd/etw baut etw wieder auf; *moral* jd/etw hebt etw wieder; ***ce succès lui a relevé le moral*** dieser Erfolg hat ihn/sie wieder aufgemuntert
13. (*mettre en valeur*) ■ **qc relève qc** *beauté, tableau, teint* etw hebt etw hervor, etw bringt etw zur Geltung; *plat, sauce* etw macht etw pikanter, etw gibt einer S. (*dat*) mehr Würze
II. *vi* **1.** (*se remettre*) ■ **qn relève de qc** *de couches, maladie* jd hat etw [gerade] hinter sich (*dat*), jd hat etw [gerade] überstanden
2. (*dépendre de*) ■ **qn/qc relève de qn/qc** *d'une administration, autorité* jd/etw untersteht jdm/einer S.; *d'une compétence, de la responsabilité* etw unterliegt einer S. (*dat*); *de la pédagogie, linguistique* etw fällt in den Bereich einer S. (*gen*); *de la psychiatrie* etw ist ein Fall für etw; ***cela ne relève pas de ma compétence*** das unterliegt nicht meiner Kompetenz; ***je ne relève de personne*** ich bin von niemandem abhängig
3. (*être le fait de*) ■ **qc relève de qc**: ***qc relève du miracle/de l'imagination*** etw ist das reinste Wunder/die reinste Fantasie; ***qc relève de l'euphémisme/du complot*** etw ist nichts anderes als ein Euphemismus/ein Komplott; ***cette histoire relève de la fantaisie*** diese Geschichte ist ein Produkt der Fantasie [*o* die pure Fantasie]
III. *vpr* **1.** (*se remettre debout*) ■ **qn se relève** jd steht wieder auf; ■ **qn fait [se] ~ qn** jd lässt jdn aufstehen
2. (*quitter le lit*) ■ **qn se relève** jd steht auf, jd erhebt sich *geh*; ***elle m'a encore fait ~ cette nuit*** wegen ihr [*o* ihretwegen] musste ich diese Nacht wieder aufstehen; ***prends ta clé, ne me fais pas ~*** nimm deinen Schlüssel mit und hol mich nicht aus dem Bett
3. (*se remonter*) ■ **qc se relève** /*store*/ etw lässt sich hochziehen; /*couvercle, siège, accoudoir*/ etw lässt sich hochklappen; /*col*/ etw lässt sich hochstellen; (*rebique*) etw steht hoch; ***ses paupières se relevaient*** er/sie schlug die Lider auf
4. (*se remettre*) ■ **qn se relève [de qc]** *de sa maladie, surprise* jd erholt sich [von etw]; *de son chagrin, deuil, sa honte* jd kommt darüber hinweg, jd kommt über etw (*akk*) hinweg; ■ **qc se relève [de qc]** etw kommt wieder hoch; *d'une crise, perte* etw überwindet etw, etw erholt sich [von etw]; *de ses cendres, ruines* etw ersteht wieder [aus etw]

releveur, -euse [ʀəl(ə)vœʀ, ʀ(ə)ləvœʀ, -øz] **I.** *adj muscle* Hebe-
II. *m* **1.** ANAT Hebemuskel *m*, Levator *m spec*
2. NAUT: ~ ***de mines*** Minenräumboot *nt*
III. *m, f* (*employé*) Ableser(in) *m(f)*; ***le ~ des compteurs d'électricité/de gaz*** der Strom-/Gasableser

relief [ʀəljɛf] *m* **1.** GEOG Relief *nt*; ***qc a un ~ très accidenté*** etw ist sehr hügelig
2. (*saillie*) [*visage*] Formen *pl*; [*médaille*] erhaben herausgearbeitete Oberfläche, Relief *nt*; [*surface*] Unebenheit *f*; [*tableau, moulure, boiserie*] reliefartige Oberfläche; ***surface/visage sans ~*** glatte Oberfläche/glattes Gesicht
3. ART, ARCHIT Relief *nt*
4. (*caractère*) [*personne*] Profil *nt*; [*expression, portrait, style*] Anschaulichkeit *f*; ***qn a du ~/qn manque de ~*** jd hat Profil/jdm fehlt es an Profil; ***qc a du ~/manque de ~*** etw ist anschaulich/ist nicht sehr anschaulich; ***le ~ de son style*** sein ausgeprägter [*o* markanter] Stil; ***qn donne du ~ à qc*** jd gestaltet etw anschaulich [*o* plastisch]
5. OPT (*contraste*) Kontrast *m*
6. *pl littér* (*restes*) Reste *pl*; [*gloire, splendeur*] Überreste

▶ **qn/qc met qc en ~** jd/etw hebt etw hervor, jd/etw stellt etw heraus; *défauts, travail a.* jd/etw zeigt etw deutlich; **qn se met en ~** jd tut sich hervor, jd profiliert sich; **en ~** *carte, impression* Relief-; *caractères* in Relief [gedruckt], erhaben herausgearbeitet; *motif* erhaben [*o* plastisch] herausgearbeitet

relier <1 a> [ʀəlje] *vt* **1.** (*réunir*) ■ **qc relie qn/qc à qn/qc** etw verbindet jdn/etw mit jdm/etw; ***un appareil est relié à un autre appareil*** ein Gerät ist an ein anderes angeschlossen; ■ **qc relie des personnes/choses** etw verbindet Menschen/Dinge [miteinander]; *faits, indices* etw bringt Menschen/Dinge [miteinander] in Zusammenhang [*o* in Verbindung], etw stellt einen Zusammenhang zwischen Dingen her
2. GRAM ■ **qc relie des choses** /*préposition*/ etw setzt Dinge zueinander in Beziehung; ■ **qc relie qc à qc** etw verbindet etw mit etw
3. TECH ■ **qn relie qc** *livre* jd bindet etw; ■ **qn fait ~ qc** jd lässt etw binden; ■ **[qc est] relié(e) [en] qc** *cuir, parchemin* [etw ist] [in etw (*dat*)] gebunden; ***une édition reliée [en] cuir*** eine in Leder gebundene Ausgabe

relieur, -euse [ʀəljœʀ, -jøz] *m, f* Buchbinder(in) *m(f)*

religieusement [ʀ(ə)liʒjøzmɑ̃] *adv* **1.** (*pieusement*) *élever, vivre* religiös; *se marier* kirchlich
2. (*scrupuleusement*) *agir, tenir parole* gewissenhaft
3. (*attentivement*) *écouter* andächtig

religieux, -euse [ʀ(ə)liʒjø, -jøz] **I.** *adj* **1.** REL *personne* religiös, fromm; *cérémonie, mariage* kirchlich; *musique, chant, habit* Kirchen-; *opinions, vie, tradition, art* religiös; *ordre* geistlich; ***édifice ~*** Gebetshaus *nt*; ***école ~euse*** Konfessionsschule *f*; ***la pratique ~euse*** die Ausübung der Religion
2. (*attentif*) *respect* ehrfürchtig; *silence a.* andächtig; *soin* gewissenhaft
II. *m* Ordensgeistliche(r) *m*
III. *f* ■ **religieuse** **1.** Ordensschwester *f*, Nonne *f*
2. GASTR *Windbeutel, der mit Schokoladenguss überzogen ist*

religion [ʀ(ə)liʒjɔ̃] *f* **1.** (*ensemble de croyances*) Religion *f*
2. (*culte*) *catholique, protestante* Glaube *m*, Glaubenslehre *f*; *bouddhiste, chrétienne, musulmane, juive a.* Religion *f*; ~ ***réformée*** Calvinismus *m*; ***les grandes ~s*** die großen Glaubenslehren [*o* Religionen]; ***des personnes appartiennent à la ~ catholique/protestante/musulmane*** Menschen gehören der katholischen/evangelischen/islamischen Glaubensgemeinschaft an; ***il s'est converti à la ~ protestante*** er ist zum evangelischen Glauben übergetreten
3. (*admiration exclusive*) Religion *f*; ■ **la ~ de qc** *du progrès, de la technique* der Kult einer S. (*gen*); ~ ***de la patrie*** Vaterlandskult; ■ **qn a la ~ de qc** etw ist jdm heilig, jd legt besonderen Wert auf etw (*akk*); ***elle a la ~ de la propreté*** sie ist eine Sauberkeitsfanatikerin; ***il a la ~ du progrès*** er glaubt fest an den Fortschritt
▶ **qn entre en ~** jd geht ins Kloster

religiosité [ʀ(ə)liʒjozite] *f* Religiosität *f*, Gläubigkeit *f*; *péj* Frömmigkeit *f*

reliquaire [ʀəlikɛʀ] *m* Reliquienschrein *m*, Reliquiar *m*

reliquat [ʀəlika] *m* FIN, JUR Rest[betrag] *m*, Restsumme *f*

relique [ʀəlik] *f* **1.** REL Reliquie *f*
2. (*objet auquel on tient*) Reliquie *f*, Heiligtum *nt*; (*vieillerie*) alter Kram *fam*; (*héritage*) Relikt *nt*; ***qn garde [o conserve] qc comme une ~/des ~s*** jd hütet etw wie eine Reliquie [*o* ein Heiligtum]; ***elle conserve des ~s de son passé dans un tiroir*** sie bewahrt alten Kram aus ihrer Vergangenheit in ihrem Schreibtisch auf *fam*
3. BIO Relikt *nt*

relire <irr> [ʀ(ə)liʀ] **I.** *vt* ■ **qn relit qc** *lettre, roman* jd liest etw noch einmal; (*pour corriger ou bien comprendre*) jd liest etw noch einmal durch; (*pour vérifier une référence*) *passage* jd liest etw nach
II. *vpr* ■ **qn se relit** jd liest noch einmal, was er geschrieben hat; ***qn n'arrive pas à se ~*** jd kann nicht mehr lesen, was er geschrieben hat

reliure [ʀəljyʀ] *f* **1.** (*action*) Binden *nt*; ***qn donne un livre à la ~*** jd gibt ein Buch *nt* zum Binden
2. (*couverture*) Einband *m*; ~ ***pleine peau/pleine toile*** Ganzledereinband/Ganzleineneinband; ■ ~ **en qc** *en maroquin, parchemin, velin* Einband aus etw

relogement [ʀ(ə)lɔʒmɑ̃] *m* Neuunterbringung *f*, [neue] Unterbringung; ***les familles attendent leur ~*** die Familien warten darauf, neu untergebracht zu werden

reloger <2 a> [ʀ(ə)lɔʒe] **I.** *vt* **1.** (*procurer un nouveau logement*) ■ **qn reloge qn** jd bringt jdn unter, jd besorgt jdm eine neue Unterkunft
2. (*replacer*) ■ **qn reloge qc [quelque part]** jd bringt etw [irgendwo] wieder unter
II. *vpr* ■ **qn se reloge** jd findet eine neue Wohnung; ***qn trouve à se ~*** jd findet eine neue Wohnung

relooker <1> [ʀ(ə)luke] *vt fam* ■ **qn relooke qn/qc** jd stylt etw neu [stailt]

reluire <irr> [ʀ(ə)lɥiʀ] *vi* ■ **qc reluit** etw glänzt; ■ **qn fait ~ qc** jd putzt etw blank, jd poliert etw

reluisant, e [ʀ(ə)lɥizɑ̃, ɑ̃t] *adj* **1.** (*brillant*) glänzend; ■ ~ **de qc** *de graisse, pluie* von etw glänzend; *de propreté* vor etw (*dat*) blitzend; ***qc est ~ de propreté*** etw ist blitzsauber *fam*, etw blitzt vor Sauberkeit
2. *hum perspective, situation* glänzend; *avenir* erfreulich; *résultat* hervorragend; ***une personne/activité peu/pas très ~e*** ein wenig Vertrauen erweckender Mensch/ein zwielichtiges Unterfangen

reluquer <1> [ʀ(ə)lyke] *vt fam* ■ **qn reluque qn** *fille, garçon* jd schielt nach jdm; *passant* jd sieht jdm neugierig nach, jd mustert jdn [mit neugierigen Blicken]; ■ **qn reluque qc** jd schielt nach etw; *place, poste a.* jd hat es auf etw (*akk*) abgesehen, jd liebäugelt mit etw

rem [ʀɛm] *m abr de* **Röntgen Equivalent Man** Rem *nt*

remâcher <1> [ʀ(ə)maʃe] *vt* **1.** (*ressasser*) ■ **qn remâche qc** *soucis* jd grübelt [immer wieder] über etw (*akk*) nach; *passé, idées a.* jd käut etw wie-

der; *échec a.* jd kaut an etw (*dat*) herum; *colère, rancune* jd nährt etw, jd schürt etw
2. ZOOL ■ **un animal remâche qc** ein Tier käut etw wieder
remailler <1> [ʀ(ə)mɑje] *vt v.* **remmailler**
remake [ʀimɛk] *m* Neuverfilmung *f*, Remake [ri'meɪk] *nt*
rémanent, e [ʀemanɑ̃, ɑ̃t] *adj* [zurück]bleibend, remanent *spec*
remanger <2 a> [ʀ(ə)mɑ̃ʒe] **I.** *vt* ■ **qn remange [de] qc** *d'un aliment* jd isst [von] etw wieder [*o* noch einmal]
II. *vi* ■ **qn remange** jd isst wieder
remaniement [ʀ(ə)manimɑ̃] *m* **1.** [*plan, projet, travail*] [Um]änderung *f*, Abänderung; [*livre, manuscrit, pièce*] Überarbeitung *f*, Umarbeitung *f*; ***qn apporte des ~s à un livre/un manuscrit*** jd überarbeitet ein Buch/ein Manuskript
2. POL [*constitution*] [Um]änderung *f*; ~ ***ministériel*** Kabinettsumbildung *f*
remanier <1 a> [ʀ(ə)manje] *vt* **1.** (*modifier*) ■ **qn remanie qc** *plan, projet, travail* jd ändert etw um [*o* ab]; *intérieur, aménagement* jd verändert etw; *quartier* jd gestaltet etw um [*o* neu]; *livre, manuscrit, pièce* jd schreibt [*o* arbeitet] etw um, jd überarbeitet etw
2. POL ■ **qn remanie qc** *cabinet, ministère* jd bildet etw um; *comité, direction* jd besetzt etw um; *constitution* jd ändert etw
remaquiller <1> [ʀ(ə)makije] **I.** *vt* ■ **qn remaquille qn/qc** jd schminkt jdn/etw [neu]
II. *vpr* ■ **qn se remaquille** jd schminkt sich [neu]
remarcher <1> [ʀ(ə)maʀʃe] *vi* ■ **qn remarche** jd geht wieder, jd kann wieder gehen; ■ **qc remarche** etw geht [*o* funktioniert] wieder
remariage [ʀ(ə)maʀjaʒ] *m* Wiederverheiratung *f*
remarier <1 a> [ʀ(ə)maʀje] **I.** *vt* ■ **qn remarie qn [avec qn]** jd verheiratet jdn wieder [mit jdm]
II. *vpr* ■ **qn se remarie [avec qn]** jd heiratet wieder [jdn]; ■ **qn est remarié(e)** jd ist wieder verheiratet
remarquable [ʀ(ə)maʀkabl] *adj* **1.** (*extraordinaire*) bemerkenswert, außergewöhnlich; *exploit, réussite a.* beachtlich; ■ **il est ~ que** + *subj* es ist bemerkenswert, dass
2. (*qui attire l'attention*) *fait, phénomène, changement* bemerkenswert, bedeutsam; *objet, monument, collection* bemerkenswert, ansehnlich; ■ **qn est ~ par qc** jd fällt durch etw auf; ***cet élève est ~ par son intelligence/sa taille*** dieser Schüler ist außergewöhnlich intelligent/auffallend groß
remarquablement [ʀ(ə)maʀkabləmɑ̃] *adv beau, docile, doué, intelligent* außerordentlich, außergewöhnlich, auffallend; *jouer, se porter, réussir* hervorragend, außergewöhnlich [gut]; ***elle a ~ réussi dans la vie*** sie ist im Leben außerordentlich erfolgreich gewesen, sie hat es im Leben außergewöhnlich weit gebracht
remarque [ʀ(ə)maʀk] *f* Bemerkung *f*; (*commentaire*) Anmerkung *f*
▶ **qn adresse une ~ à qn** jd sagt etwas zu jdm; **qn fait une ~/des ~s à qn [sur qc]** jd macht jdm gegenüber eine Bemerkung/Bemerkungen [wegen etw], jd macht jdm [wegen etw] Vorhaltungen *pl*; **qn fait une ~/des ~s sur qn/qc** jd macht eine Bemerkung/Bemerkungen über jdn/etw; **qn en fait la ~ à qn** jd weist jdn darauf hin, jd macht jdn darauf aufmerksam; ***il m'en a fait la ~*** er hat es mir gesagt, er hat mich darauf aufmerksam gemacht; **je m'en suis fait la ~** das habe ich mir auch gesagt [*o* gedacht]
remarqué, e [ʀ(ə)maʀke] *adj intervention, discours* bemerkenswert; *absence, entrée* auffallend, auffällig
remarquer <1> [ʀ(ə)maʀke] **I.** *vt* **1.** (*apercevoir*) ■ **qn remarque qn/qc [quelque part]** jd bemerkt jdn/etw [irgendwo]; ■ **qn remarque que** + *indic* jd bemerkt, dass
2. (*distinguer*) ■ **qn remarque qn/qc [par [*o* pour] qc]** jd wird [wegen etw] auf jdn/etw aufmerksam, jd/etw fällt jdm [durch etw] [*o* wegen etw] auf; ■ **[qn/qc est] remarqué(e) [par qn]** [jd/etw wird] [von jdm] beachtet, jd/etw findet Beachtung [*o* erregt Aufmerksamkeit] [bei jdm]; ***elle a été remarquée par des professionnels*** die Fachwelt wurde auf sie aufmerksam
3. ■ **qn fait ~ qc [à qn]** jd macht [jdn] auf etw (*akk*) aufmerksam, jd weist [jdn] auf etw (*akk*) hin; ■ **qn fait ~ [à qn] que** + *indic* jd macht [jdn] darauf aufmerksam, dass; jd weist [jdn] darauf hin, dass; ■ **qn se fait ~** *péj* jd benimmt sich daneben *fam*, jd fällt auf; ■ **qn se fait ~ par qn [pour qc]** jd fällt bei jdm [durch etw] auf; ***sans se faire ~*** unauffällig; ■ **qc fait ~ une personne par qn** etw lässt jdn auf einen Menschen aufmerksam werden
4. (*noter*) ■ **qn remarque qc/que** + *indic* jd bemerkt etw/, dass; ***remarque/remarquez [bien] que*** + *indic* eins kann ich dir/Ihnen sagen, wohlgemerkt; ***remarquez [bien] que je n'en sais rien*** dazu muss ich sagen [*o* wohlgemerkt], eigentlich habe ich keine Ahnung; ***remarquez bien que je ne m'attendais pas à cela!*** eigentlich [*o* allerdings] hatte ich damit nicht gerechnet!; ***remarque, je m'en fiche!*** nebenbei bemerkt ist es mir egal!; ***remarque, il a essayé*** er hat es immerhin versucht
II. *vpr* ■ **qn/qc se remarque** jd/etw fällt auf
remballer <1> [ʀɑ̃bale] **I.** *vt* **1.** (*opp: déballer*) ■ **qn remballe qc** jd packt etw wieder ein
2. *fam* (*garder pour soi*) ■ **qn remballe qc** jd behält etw für sich; ***remballe tes commentaires!*** deine Kommentare kannst du für dich behalten!, auf deine Kommentare kann ich verzichten!
II. *vi* ■ **qn remballe** jd packt zusammen
rembarquer <1> [ʀɑ̃baʀke] **I.** *vt* ■ **qn/qc rembarque qn/qc** jd schifft jdn/etw wieder ein; ***le paquebot rembarque ses passagers*** das Passagierschiff nimmt die Passagiere wieder an Bord
II. *vi* ■ **qn rembarque** jd schifft wieder ein, jd geht wieder an Bord; ■ **qn/qc fait ~ qn** jd/etw veranlasst jdn wieder einzuschiffen [*o* an Bord zu gehen]
III. *vpr* **1.** MIL, NAUT ■ **qn se rembarque** jd schifft sich wieder ein
2. *fam* (*s'engager de nouveau*) ■ **qn se rembarque dans qc** jd lässt sich wieder auf etw (*akk*) ein; ■ **qn se laisse ~ dans qc** jd lässt sich wieder in etw (*akk*) hineinziehen [*o* verwickeln]
rembarrer <1> [ʀɑ̃baʀe] *vt fam* ■ **qn rembarre qn** jd erteilt jdm eine Abfuhr *fam*; ■ **qn se fait ~** jd kriegt eine Abfuhr erteilt *fam*
remblai [ʀɑ̃blɛ] *m* (*action*) Aufschüttung *f*; (*matériau*) (*en terre*) Erdmasse *f*, Aufschüttmasse *f*; (*en caillou*) Schotter *m*; (*ouvrage*) (*en terre*) Erdwall *m*; (*en caillou*) Schotterbelag *m*
remblayer <7> [ʀɑ̃bleje] *vt* ■ **qn remblaie qc** jd schüttet etw auf; *fossé a.* jd füllt etw auf
rembobiner <1> [ʀɑ̃bɔbine] **I.** *vt* ■ **qn/qc rembobine qc** *bande magnétique, film* jd/etw spult etw zurück; *fil* jd rollt etw wieder auf, jd wickelt etw wieder auf
II. *vi* ■ **qn/qc rembobine** jd/etw spult zurück
remboîtage [ʀɑ̃bwataʒ] *m* [*tuyau, pièce*] Wiedereinsetzen *nt*
remboîtement [ʀɑ̃bwatmɑ̃] *m* MED [Wieder]einrenken *nt*
remboîter <1> [ʀɑ̃bwate] *vt* **1.** MED ■ **qn remboîte qc** jd renkt etw [wieder] ein
2. TECH ■ **qn remboîte qc** *tuyau, pièce* jd setzt etw wieder ein; *chaise* jd setzt [*o* fügt] etw wieder zusammen; *bout de bois, planche* jd passt etw wieder ein
rembourrage [ʀɑ̃buʀaʒ] *m* **1.** (*action*) [*fauteuil, siège*] Polstern *nt*, [Auf]polsterung *f*; [*matelas, coussin*] Füllen *nt*
2. (*matière*) Polsterung *f*; [*matelas, coussin*] Füllung *f*
rembourrer <1> [ʀɑ̃buʀe] *vt* **1.** ■ **qn rembourre qc [avec qc]** *coussin, matelas* jd füllt etw [mit etw]; *épaules, siège, porte* jd polstert etw [mit etw]; ■ **qn fait ~ qc** *fauteuils* jd lässt etw aufpolstern
2. *hum* ■ **qn est rembourré(e)** jd ist gut gepolstert *fam*
remboursable [ʀɑ̃buʀsabl] *adj emprunt* rückzahlbar; *billet* zahlbar, einlösbar
remboursement [ʀɑ̃buʀsəmɑ̃] *m* [*emprunt, dette*] Rückzahlung *f*, Tilgung *f*; [*frais*] [Rück]erstattung *f*
▶ **contre** ~ gegen Nachnahme
rembourser <1> [ʀɑ̃buʀse] *vt* ■ **qn rembourse qc [à qn]** *frais médicaux* jd erstattet [jdm] etw [zurück]; *frais, dépenses a.* jd ersetzt [*o* vergütet] jdm etw; *dette, emprunt, somme* jd zahlt [jdm] etw zurück; ***ce médicament n'est pas remboursé*** die Kosten für dieses Medikament werden nicht [zurück]erstattet; ***ça rembourse à peine les frais de fonctionnement*** das deckt kaum die Betriebskosten [ab]; ■ **qn rembourse qn de qc** jd zahlt jdm etw zurück; ***je te rembourserai demain!*** ich gebe dir das Geld morgen zurück!; ■ **qn se fait ~ qc [par qn]** jd lässt sich (*dat*) etw [von jdm] zurückzahlen, jd lässt sich (*dat*) [von jdm] das Geld für etw zurückgeben; ***fais-toi ~!*** lass dir das Geld zurückgeben!
▶ **remboursez! remboursez! ...** *hum* wir wollen unser Geld zurück!
rembrunir <8> [ʀɑ̃bʀyniʀ] *vpr* ■ **qn se rembrunit** jds Miene verdüstert [*o* verfinstert] sich; ■ **qc se rembrunit** /*traits, visage*/ etw verfinstert [*o* verdüstert] sich; /*ciel a.*/ etw bedeckt [*o* bezieht] sich; ***le temps se rembrunit*** es bewölkt sich, es zieht sich zu
remède [ʀ(ə)mɛd] *m* **1.** (*médicament*) Medikament *nt*, Arzneimittel *nt*; (*traitement*) [Heil]mittel *nt*; ~ ***efficace*** wirksames Mittel; ~ ***contre les brûlures/la grippe*** Mittel gegen Verbrennungen/Grippe; ***qn prescrit/prend un ~ contre ...*** jd verschreibt/nimmt ein Medikament [*o* Mittel] gegen ...
2. (*moyen de lutte*) [Heil]mittel *nt*; ■ ~ **à [*o* contre] qc** *contre l'inflation*, Mittel gegen etw; *à un problème* Lösung *f* für etw; ***qc est un ~ contre qc*** etw ist ein Mittel gegen etw; ***un seul ~ est possible*** es gibt nur eine Lösung
▶ **le ~ est pire que le mal** das heißt, den Teufel mit dem Beelzebub austreiben; ***je crains que le ~ ne soit pire que le mal*** ich fürchte, dass hieße den Teufel mit dem Beelzebub austreiben; ~ **miracle** Wundermittel *nt*; **qn porte ~ à qc** *à un mal* jd hilft einer S. (*dat*) ab, jd beseitigt etw; *à une situation, un état de faits* jd schafft einer S. (*dat*) Abhilfe; ***elle a porté ~ à son angoisse*** sie hat ihn/sie von seiner/ihrer Angst kuriert; ***on peut y porter ~*** dem kann abgeholfen werden; **sans** ~ *situation, état* hoffnungslos; ***qc est sans ~*** es gibt kein Patentrezept gegen etw, einer S. (*dat*) kann man nicht beikommen; ***c'est vraiment sans ~*** da ist wirklich nichts zu machen, das ist hoffnungslos
◆ **remède de bonne femme** Hausmittel *nt*; **remède de cheval** (*médicament*) Rosskur *f*; (*solution*) Gewaltkur *f*, Radikalkur *f*
remédiable [ʀ(ə)medjabl] *adj désordre, mal* behebbar; *erreur, faute a.* wieder gutzumachen, behebbar; ***cette erreur est ~*** dieser Irrtum lässt sich wieder gutmachen [*o* beheben]; ***c'est un mal ~*** das ist ein Übel, dem abgeholfen werden kann; ***la situation est-elle ~?*** ist die Situation [noch] zu retten?, gibt es einen Ausweg aus dieser Situation?
remédier <1 a> [ʀ(ə)medje] *vi* ■ **qn/qc remédie à qc** *à des troubles, un mal, inconvénient* jd/etw beseitigt [*o* behebt] etw; *à une maladie* jd/etw heilt [*o* kuriert] etw; *à un abus, une situation, difficulté, un effet* jd/etw schafft einer S. (*dat*) Abhilfe
remembrement [ʀ(ə)mɑ̃bʀəmɑ̃] *m* Flurbereinigung *f*
remembrer <1> [ʀ(ə)mɑ̃bʀe] *vt* ■ **qn remembre qc** *biens, terres* jd legt etw zusammen [und teilt etw neu ein]
remémorer <1> [ʀ(ə)memɔʀe] *vpr* ■ **qn se remémore qc/que** + *indic* jd erinnert sich an etw (*akk*)/erinnert sich [daran], dass; jd ruft sich (*dat*) etw ins Gedächtnis zurück
remerciement [ʀ(ə)mɛʀsimɑ̃] *m* Dank *m*; ■ **~s** Dankesbezeigungen *pl*, Dankesworte *pl*; ***qn adresse ses ~s à qn*** jd spricht jdm seinen Dank aus; ***je ne crois guère à ses ~s*** ich gebe nicht viel auf seine/ihre Dankesbezeigungen; ***qn se confond en ~s*** jd ergeht sich in Dankesbezeigungen [*o* Dankesworten] *geh*
▶ **avec tous mes/nos ~s** mit bestem Dank *form*; ***avec tous mes ~s pour ...*** ich bedanke mich herzlich für ..., vielen Dank für ...; **de** ~ *discours* Dankes-; ***lettre de ~*** Dankschreiben *nt*
remercier <1 a> [ʀ(ə)mɛʀsje] *vt* **1.** (*dire merci à*) ■ **qn remercie qn/qc [de [*o* pour] qc]** jd dankt jdm [*o* bedankt sich bei jdm]/einer S. [für etw]; ■ **qn remercie qn/qc de faire qc** jd dankt jdm/einer S. [dafür], etw zu

tun/dass er/sie/es etw tut; ■ **qn remercie qn par/de qc** jd bedankt sich mit etw bei jdm

2. (*renvoyer*) ■ **qn remercie qn** jd entlässt jdn, jd kündigt jdm

► **je te/vous remercie!** (*non merci*) nein danke!; *iron* vielen Dank!

remettant [ʀ(ə)metɑ̃] *m* [*chèque*] Überbringer(in) *m(f)*; ~ ***d'une lettre de change*** Remittent(in) *m(f) spec,* Wechselnehmer(in) *m(f)*

remettre <*irr*> [ʀ(ə)mɛtʀ] **I.** *vt* **1.** (*replacer*) ■ **qn remet qc** *meuble, objet* jd stellt/legt etw wieder zurück; *bouton* jd näht etw wieder an; MED *os* jd renkt etw wieder ein; ***qn remet qc debout*** jd stellt etw wieder hin; ***remets le livre à sa place*** stell das Buch wieder an seinen Platz [zurück]; ■ **qn remet qc à** + *infin à bouillir, cuire* jd stellt etw noch einmal zum ... auf; ***il faut ~ l'eau à bouillir*** du musst das Wasser noch einmal zum Kochen aufstellen; ■ **qn remet qn quelque part**: ***qn remet qn au lit*** jd bringt jdn wieder ins Bett; ***qn remet qn à l'école*** jd schickt jdn wieder in die Schule; ***qn remet qn sur la bonne voie*** jd bringt jdn wieder auf den richtigen Weg

2. (*rétablir*) ■ **qn remet/fait ~ ...**: ***qn remet qn/fait ~ qn en liberté*** jd lässt jdn frei/veranlasst jds Freilassung; ***qn remet qn au courant*** jd arbeitet jdn wieder ein; ***qn remet qc en marche*** jd bringt etw wieder in Gang; *moteur* jd lässt etw wieder an; ***qn remet qc en ordre*** *une chambre* jd schafft wieder Ordnung in etw (*dat*); *ses idées, papiers* jd bringt wieder Ordnung in etw (*akk*); ***qn remet une coutume en usage*** jd bringt einen Brauch wieder auf [*o* wieder in Mode], jd richtet etw wieder her; ***qn remet/fait ~ qc à neuf*** jd erneuert etw/lässt etw erneuern; ***qn remet sa montre à l'heure*** jd stellt seine Uhr [richtig]

3. (*donner*) ■ **qn remet qc [à qn]** *cadeau, clé, lettre* jd [über]gibt jdm etw; *paquet a.* jd liefert [*o* gibt] etw bei jdm ab; *récompense, prix* jd überreicht [jdm] etw; *rançon* jd übergibt [jdm] etw; *démission* jd reicht [jdm] etw ein; *devoir* jd gibt [jdm] etw ab; ***il a remis sa démission*** er hat gekündigt; ***ils ont remis les enfants à leurs parents*** sie haben die Kinder an ihre Eltern übergeben; ■ **qn se fait ~ qc [par qn]** *clé* jd lässt sich (*dat*) etw von jdm] [über]geben [*o* aushändigen]; ■ **qn fait ~ qc à qn [par qn]** jd lässt jdm etw [durch jdn] zukommen

4. (*rajouter*) ■ **qn remet qc** *ingrédient* jd gibt noch etw dazu; ***qn remet de l'huile dans le moteur*** jd füllt Öl in den Motor nach; ***qn remet un peu de sel [dans les légumes]*** jd salzt [das Gemüse] noch etwas nach; ***qn remet du maquillage/du rouge à lèvres*** jd schminkt sich nach/zieht sich (*dat*) die Lippen nach; ***qn remet de l'argent sur son compte*** jd zahlt Geld auf sein Konto ein

5. (*réenclencher*) ■ **qn remet qc** *radio* jd schaltet etw wieder ein; *courant a., chauffage* jd stellt etw wieder an; ■ **qn fait ~ qc** *gaz, eau, électricité, téléphone* jd lässt etw wieder anschließen; *lampe* jd lässt etw wieder anbringen; ***qn fait ~ l'électricité/le téléphone à qn*** jd lässt jds Stromversorgung/jds Telefonanschluss wiederherstellen

6. (*ajourner*) ■ **qn remet qc [à ...]** *affaire, décision, rendez-vous* jd verschiebt etw [auf ... + *akk*]; *cause, jugement* jd vertagt etw

7. (*porter de nouveau*) ■ **qn remet qc** *vêtement* jd zieht etw wieder an; *chapeau* jd setzt etw wieder auf

8. (*dispenser de*) ■ **qn remet qc à qn** *dette, peine* jd erlässt jdm etw

9. (*confier*) ■ **qn remet qn à qn [*o* entre les mains de qn]** jd vertraut jdn jdm an; *à la justice, police* jd übergibt [*o* überantwortet *geh*] jdn jdm, jd liefert jdn jdm aus; ■ **qn remet qc à qn [*o* entre les mains de qn]** *sort, vie* jd vertraut jdm etw an, jd legt etw in jds Hände (*akk*); *dossier, affaire* jd übergibt jdm etw; *décision* jd überlässt jdm etw

10. SPORT ■ **qn remet qc** *balle* jd schlägt etw wieder [*o* neu] auf

11. (*rétablir la santé de*) ■ **qc remet qn** etw stellt jdn wieder her, etw hilft jdm wieder auf die Beine; ***cela vous remettra de votre maladie*** damit werden Sie wieder auf die Beine kommen

► **qn remet ça [avec qc]** *fam* jd fängt wieder damit an *fam,* jd fängt wieder mit etw an *fam;* **qn en remet** *fam* jd trägt dick auf *fam,* jd übertreibt

II. *vpr* **1.** (*recouvrer la santé*) ■ **qn se remet [de qc]** *d'une maladie, d'un accident* jd erholt sich [von etw]; *d'une émotion, frayeur, d'un trouble* jd erholt sich wieder [von etw]; ***remettez-vous maintenant!*** nun beruhigen Sie sich doch!

2. (*recommencer*) ■ **qn se remet à qc** *au travail, à l'étude* jd fängt wieder mit etw an, jd nimmt etw wieder auf, jd macht sich wieder an etw (*akk*); ■ **qn/qc se remet en qc**: ***qn se remet en chasse d'un appartement*** jd geht wieder auf Wohnungssuche; ***qc se remet en mouvement*** etw setzt sich wieder in Bewegung; /*mécanisme*/ etw setzt sich wieder in Gang; ***l'économie se remet en marche*** die Wirtschaft kommt wieder in Gang; ***qn se remet en campagne*** jd setzt seine Kampagne fort; ***qn se remet en campagne pour ...*** jd setzt wieder alle Hebel in Bewegung, um ...; ■ **qn se remet à faire qc** jd fängt wieder an etw zu tun; ***elle s'est remise à fumer*** sie hat wieder mit dem Rauchen angefangen; ■ **qc se remet à faire qc** *à fonctionner, marcher, sonner* etw tut etw wieder, etw fängt wieder an etw zu tun

3. METEO: ***le temps se remet*** das Wetter beruhigt sich; ***le temps/ça se remet au beau/froid*** das Wetter/es wird wieder schöner [*o* besser]/kälter; ***le temps/ça se remet à la pluie/à l'orage*** das Wetter/es wird wieder regnerisch/gewitterig, es sieht wieder nach Regen/Gewitter aus; ■ **il se remet à faire qc** *à geler, neiger, pleuvoir* es fängt wieder an [*o* beginnt wieder], etw zu tun; ***il se remet à faire froid*** es wird wieder kälter

4. (*se replacer*) ■ **qn se remet ...** *en tête de qc, devant qc* jd stellt/setzt sich wieder ...; ***qn se remet debout/sur ses jambes*** jd steht wieder auf/stellt sich wieder auf die Beine; ***qn se remet en selle*** jd sitzt wieder auf; ***qn se remet à table*** jd isst wieder, jd geht wieder zu Tisch *geh*

5. (*se confier*) ■ **qn s'en remet à qn/qc** *à l'avis, la discrétion, au jugement* jd verlässt sich auf jdn/etw, jd vertraut auf jdn/etw; ■ **qn s'en remet à qn/qc pour qc/pour faire qc** jd wendet sich an jdn/etw wegen einer S./um etw zu tun; ***je m'en remets à votre décision*** ich überlasse Ihnen die Entscheidung

6. (*se rappeler*) ■ **qn se remet qn/qc** *traits, visage* jd erinnert sich an jdn/etw; ***je ne me la remets pas [très bien]*** ich erinnere mich nicht mehr [so genau] an sie

7. (*se réconcilier*) ■ **qn se remet avec qn** jd versöhnt sich wieder mit jdm, jd söhnt sich wieder mit jdm aus; ***ils se sont remis ensemble*** sie sind wieder zusammen

III. *vi* FBALL ■ **qn remet pour [*o* sur] qn** jd gibt an jdn weiter [*o* ab]

rémige [ʀemiʒ] *f* Schwungfeder *f*

remilitarisation [ʀ(ə)militaʀizasjɔ̃] *f* Remilitarisierung *f*

remilitariser <1> [ʀ(ə)militaʀize] *vt* ■ **qn remilitarise qc** jd remilitarisiert etw, jd rüstet etw wieder auf

réminiscence [ʀeminisɑ̃s] *f* ■ ~ **[de qc]** Reminiszenz *f* [an etw (*akk*)], Erinnerung *f* [an etw (*akk*)]; PSYCH *a.* Rückerinnerung [an etw (*akk*)]; ***cette œuvre contient beaucoup de ~s de Socrate*** dieses Werk enthält viele Reminiszenzen [*o* Anklänge] an Sokrates

remisage [ʀ(ə)mizaʒ] *m* [*outils*] Abstellen *nt,* Unterbringen *nt;* [*voiture*] Unterstellen *nt*

remise [ʀ(ə)miz] *f* **1.** (*dépôt, attribution*) [*clés, rançon*] Übergabe *f;* [*décoration, récompense, cadeau a.*] Überreichung *nt;* [*lettre, paquet*] Zustellung *f;* (*en mains propre*) Aushändigung *f;* [*devoirs*] Abgabe *f*

2. (*dispense, grâce*) Erlass *m;* ~ **de dette/de peine** Schuld-/Straferlass

3. (*rabais*) Nachlass *m,* Ermäßigung *f,* Rabatt *m;* ***qn fait une ~ de 5 % à qn*** jd gibt [*o* gewährt] jdm 5 % Rabatt [*o* Ermäßigung]

4. (*local*) Schuppen *m*

5. (*ajournement*) [*procès, jugement*] Vertagung *f;* ~ ***à quinzaine/huitaine*** Verschiebung *f* [*o* Verlegung *f*] um vierzehn/acht Tage; ~ ***au lendemain/à plus tard*** Verschiebung [*o* Verlegung] auf morgen/auf später

6. FBALL (*passe*) Zuspiel *nt*

► ~ **en cause** erneute Infragestellung, Anzweiflung *f;* ~ **en état** [Wieder]instandsetzung *f,* Wiederherrichtung *f;* ~ **en forme** Verbesserung *f* der Leistungsfähigkeit; ***centre de ~ en forme*** Fitnesscenter [-sɛntɐ] *nt;* ~ **à l'heure** Stellen *nt;* ~ **en jeu** Wiederanspiel *nt;* ~ **à jour**: ~ ***à jour des connaissances*** Auffrischen *nt* der Kenntnisse; ~ ***à jour des dossiers/fichiers*** Aktualisierung *f* der Unterlagen/Dateien; ~ **en marche** Wiederingangsetzen *nt,* Wiederingangbringen *nt;* ~ ***en marche de l'économie*** Wiederankurbeln *nt* der Wirtschaft; ~ **à neuf** Erneuerung *f;* ~ **à niveau** Verbesserung *f* der Leistung [*o* des Niveaus]; ~ ***à niveau en maths*** Aufholen *nt* in Mathe, Verbesserung *f* der Leistung [*o* des Niveaus] in Mathe; ~ **en ordre** Ordnen *nt;* ~ **au pas** Gleichschaltung *f;* ~ **en place** [*meuble, statue*] Wiederaufstellen *nt;* **la ~ *en place d'un os*** das Wiedereinrenken eines Knochens; ~ **en question** erneute Infragestellung; ~ **en touche** Einwurf *m,* Einwerfen *nt*

remiser <1> [ʀ(ə)mize] *vt* ■ **qn remise qc quelque part** *voiture* jd stellt etw irgendwo unter; *objet, outil* jd räumt etw irgendwohin [*o* weg]

rémission [ʀemisjɔ̃] *f* **1.** REL Vergebung *f*

2. JUR [*peine*] Erlassung *f,* Erlass *m*

3. MED [*douleur, fièvre*] Nachlassen *nt;* [*maladie*] Remission *f spec*

► **sans** ~ erbarmungslos; *poursuivre a.* unerbittlich; *punir a.* ohne jede Nachsicht

remix [ʀəmiks] *m* Remix *m*

remmailler <1> [ʀɑ̃mɑje] *vt* ■ **qn remmaille qc** jd nimmt die Maschen an etw (*dat*) wieder auf

remmener <4> [ʀɑ̃m(ə)ne] *vt* ■ **qn remmène qn [quelque part]** jd bringt jdn [irgendwohin] zurück

remodelage [ʀ(ə)mɔd(ə)laʒ] *m* [*ville*] Neugestaltung *f;* [*organisation, profession*] Umgestaltung *f,* Umstrukturierung *f;* [*visage*] plastische Veränderung; [*nez*] Richten *nt*

remodeler <4> [ʀ(ə)mɔd(ə)le] *vt* ■ **qn remodèle qc** *ville, quartier* jd gestaltet etw neu; *circonscription* jd gliedert etw neu; *organisation, profession* jd strukturiert etw um [*o* neu]; *visage* jd verändert etw [operativ], jd gibt einer S. (*dat*) eine neue Form; *nez* jd richtet etw

remontage [ʀ(ə)mɔ̃taʒ] *m* [*montre, appareil*] Wiederzusammensetzen *nt;* [*machine, meuble*] Wiederzusammenbauen *nt;* [*moteur*] (*remise en place*) Wiedereinbau *m,* Wiedereinbauen *nt;* (*assemblage*) Wiederzusammenbauen *nt*

remontant, e [ʀ(ə)mɔ̃tɑ̃, ɑ̃t] **I.** *adj* **1.** (*fortifiant*) stärkend, belebend

2. HORT zweimal im Jahr blühend

II. *m* Stärkungstrunk *m,* Muntermacher *m fam*

remonte [ʀ(ə)mɔ̃t] *f* **1.** NAUT Bergfahrt *f,* Flussaufwärtsfahren *nt*

2. [*poissons*] Flussaufwärtswanderung *f* [*o* Flussaufwärtsziehen *nt*] [zum Laichen]

remontée [ʀ(ə)mɔ̃te] *f* **1.** (*action*) [*côte, pente*] [Wieder]ersteigen *nt;* [*mineur*] Ausfahrt *f;* [*plongeur*] Auftauchen *nt;* SCOL Aufholen *nt;* SPORT [Wieder]aufstieg *m,* Aufholen *nt;* **la ~ *de la rivière*** die Fahrt flussaufwärts; ***qn fait une ~ spectaculaire*** jd holt enorm auf

2. (*hausse*) [*cote, eaux, popularité*] erneutes Ansteigen, Wiederanstieg *m;* [*effectifs*] Wiederanwachsen *nt;* BOURSE erneuter Anstieg

► ~ **mécanique** Skilift *m*

remonte-pente <~-~s> [ʀ(ə)mɔ̃tpɑ̃t] *m* Schlepplift *m*

remonter <1> [ʀ(ə)mɔ̃te] **I.** *vi* **1.** + *être* (*monter à nouveau*) ■ **qn remonte dans qc/de qc** *dans sa chambre, de la cave* jd geht wieder in etw (*akk*) hinauf/jd kommt wieder von etw [*o* aus etw] herauf; /*mineur*/ *de la mine* jd fährt aus etw wieder auf; ■ **qn remonte quelque part/de quelque part** *à Paris, du Midi* jd fährt irgendwohin hoch/kommt von irgendwoher hoch *fam;* ***je remonte à Paris/du Midi*** ich fahre wieder nach Paris hoch/komme wieder aus dem Süden hoch *fam;* ***qn remonte en bateau/à la nage*** jd fährt/schwimmt stromaufwärts [*o* flussaufwärts]; ■ **qc remonte quelque part/de quelque part** /*odeur, fumée*/ etw steigt [*o* zieht] wieder irgendwo hoch [*o* herauf]/von irgendwo hoch; /*poissons*/ etw steigt wieder irgendwohin auf/kommt von irgendwo hoch [*o* herauf]; ***une odeur nauséabonde remonte de l'égout*** ein ekelhafter Geruch steigt [*o* zieht] aus dem Abfluss hoch [*o* herauf]; ***le sous-marin est remonté en surface/ du fond*** das U-Boot ist wieder an die Oberfläche/vom Grund aufgestiegen [*o* aufgetaucht]; ■ **qn remonte sur qc** jd steigt wieder auf etw (*akk*) [hinauf]; *sur le trône* jd besteigt etw wieder [*o* erneut]; ***qn remonte sur scène/ sur les planches*** jd kehrt wieder zur Bühne zurück; ■ **qn remonte faire qc** jd geht [wieder] hinauf, um etw zu tun; (*venir d'en bas*) jd kommt [wieder] herauf, um etw zu tun

2. + *être* (*reprendre place*) ■ **qn remonte ...** *à bicyclette* jd steigt wieder auf etw (*akk*); *cheval* jd besteigt etw wieder; *en voiture, selle* jd steigt wieder in etw (*akk*); ***qn remonte à bord*** jd geht [wieder] an Bord

3. + *avoir* (*s'élever de nouveau*) ■ **qc remonte** /*fièvre, route, température*/ etw steigt [wieder] an; /*baromètre, marée, prix*/ etw steigt [wieder]

4. + *avoir* (*s'améliorer*) ■ **qn/qc remonte** [**dans ...**] *dans l'estime, la faveur, les sondages* jd/etw steigt [in ... + *dat*]; ***il/ elle remonte dans mon estime*** er/sie steigt in meiner Achtung

5. + *être* (*glisser vers le haut*) ■ **qc remonte** [**quelque part**] /*jupe, vêtement*/ etw rutscht [irgendwo] hoch; /*col*/ etw steht [irgendwo] hoch

6. + *être* (*réapparaître*) ■ **qc remonte ...** /*instincts, sentiments*/ *des profondeurs* etw steigt wieder aus ... auf, etw kommt wieder aus ... hoch; ***une quantité de souvenirs remontent à ma mémoire*** eine Menge Erinnerungen kommen mir wieder ins Gedächtnis

7. + *être* (*se reporter*) ■ **qn remonte dans qc** *dans sa vie, le temps* jd blickt auf etw (*akk*) zurück; *dans son enfance* jd versetzt sich in etw (*akk*) zurück; ***si nous remontons dans le temps ...*** wenn wir auf früher [*o* frühere Zeiten] zurückblicken ...; ***qn remonte loin*** [***dans qc***] jd holt weit aus; *dans ses explications, souvenirs* jd geht [in etw (*dat*)] weit zurück; ***qc remonte loin*** /*souvenirs*/ etw reicht weit zurück

8. + *avoir* (*aller vers la source*) ■ **qn remonte** [**de qc**] [**jusqu'**]**à qc** *à une cause, époque, la source* jd geht [von etw] [bis] zu etw zurück, jd verfolgt etw [von etw] bis zu etw; ***il faut ~ jusqu'à la source de cette rumeur*** man muss diesem Gerücht auf den Grund gehen; ■ **qn remonte** [**jusqu'**]**à qn** jd gelangt bis zu jdm, jd dringt bis zu jdm vor; ***comment êtes-vous remonté jusqu'à moi?*** wie sind Sie auf mich gekommen?

9. + *avoir* (*dater de*) ■ **qc remonte** [**jusqu'**]**à qc** /*histoire, tradition, noblesse*/ *à une époque, l'Antiquité* etw geht auf etw (*akk*) zurück; *jusqu'au siècle dernier* etw geht bis zu etw zurück; /*événement, fait*/ *au mois dernier, à l'année dernière* etw datiert von etw, etw geht auf etw (*akk*) zurück; /*monument*/ etw stammt aus etw; ***sa famille remonte jusqu'au Moyen-Âge*** seine Familie lässt sich bis ins Mittelalter zurückverfolgen [*o* geht bis ins Mittelalter zurück]; ***cet incident remonte à quelques jours*** dieser Zwischenfall liegt einige Tage zurück

II. *vt* + *avoir* **1.** (*parcourir*) ■ **qn remonte qc** (*à pieds*) jd geht etw wieder hinauf; (*dans un véhicule*) jd fährt etw wieder hinauf; *fleuve, rivière* jd fährt etw hinauf/herauf; (*à la nage*) jd schwimmt etw hinauf/herauf; ***qn remonte le courant*** jd fährt/schwimmt stromaufwärts

2. (*rattraper*) ■ **qn remonte qn/qc** *cortège, troupe, concurrent* jd holt jdn ein; *peloton a.* jd schließt zu etw auf; *handicap, places, points* jd holt etw auf; ***le coureur a remonté plusieurs places*** der Läufer ist um ein paar Plätze vorgerückt; ■ **qn se fait ~ par qn** jd wird von jdm eingeholt

3. (*relever*) ■ **qn remonte qc** *col* jd schlägt etw hoch; *chaussettes, pantalon* jd zieht etw hoch; *bas du pantalon, manches* jd krempelt etw hoch [*o* auf]; *étagère, tableau* jd hängt etw höher; *mur* jd macht [*o* zieht] etw höher; SCOL *note* jd hebt etw an

4. (*rapporter du bas*) ■ **qn remonte qc** [**de quelque part**] [**à qn**] jd bringt [jdm] etw [von irgendwo] herauf; (*porter vers le haut*) jd trägt [jdm] etw [von irgendwo] hinauf; ***j'ai remonté ta valise de la cave*** ich habe deinen Koffer aus dem Keller heraufgeholt [*o* mit heraufgebracht]; ***remonte-nous une bouteille de la cave!*** bring uns eine Flasche Wein aus dem Keller herauf!; ***il m'a remonté mes commissions*** er hat mir meine Einkäufe hinaufgetragen

5. (*faire marcher*) ■ **qn remonte qc** *mécanisme, montre* jd zieht etw auf; ■ **qn est remonté**(**e**) *hum* (*excité*) jd ist [ganz] aufgedreht [*o* aufgeputscht] *fam;* ■ **qn est remonté**(**e**) [**contre qn**] (*fâché*) jd ist wütend [auf jdn], jd ist [gegen jdn] aufgebracht

6. (*opp: démonter*) ■ **qn remonte qc** *meuble* jd baut etw wieder zusammen; *machine, moteur, appareil a.* jd montiert etw wieder [zusammen]; *robinet* jd bringt etw wieder an; *roue* jd montiert etw wieder auf

7. (*réassortir*) ■ **qn remonte qn/qc en qc** *en linge, meubles, vaisselle* jd stattet jdn/etw mit etw neu aus; *magasin, cave* jd füllt etw neu [*o* wieder] mit etw auf; ***qn remonte sa garde-robe*** jd kleidet sich neu ein; ***il a remonté son magasin en produits de luxe*** er hat sein Geschäft mit Luxuswaren neu aufgefüllt [*o* aufgestockt]; ***qn remonte son ménage*** [***en meubles***] jd richtet sich neu ein

8. (*remettre en état*) ■ **qn/qc remonte qc** *entreprise* jd/etw bringt etw wieder hoch; *affaires* jd/etw bringt etw wieder in Gang [*o* in Schwung]; *mur* jd setzt etw wieder instand, jd baut etw wieder auf; ■ **qn/qc remonte qn** (*physiquement*) jd/etw muntert jdn auf, jd/etw bringt jdn wieder auf die Beine; (*moralement*) jd/etw muntert jdn auf, jd/etw macht jdm wieder Mut; ■ **qn/qc remonte qc** *confiance, courage* jd/etw stärkt etw, jd/etw gibt jdm wieder etw; ***elle m'a remonté le moral*** sie hat mir wieder Mut gemacht

9. THEAT ■ **qn remonte qn/qc** jd inszeniert jdn/etw wieder [*o* neu], jd führt jdn/etw wieder auf

III. *vpr* **1.** ■ **qn se remonte** (*physiquement*) jd erholt sich, jd kommt wieder zu Kräften; (*moralement*) jd schöpft [*o* fasst] neuen Mut

2. ■ **qc se remonte** /*montre, mécanisme*/ etw wird aufgezogen

remontoir [ʀ(ə)mɔ̃twaʀ] *m* [*horloge, jouet*] Aufziehvorrichtung *f,* Aufziehschraube *f;* [*montre*] Aufziehrädchen *nt,* Krone *f;* ***montre à ~*** Uhr *f* zum Aufziehen

remontrance [ʀ(ə)mɔ̃tʀɑ̃s] *f* Verweis *m,* Ermahnung *f*

▸ **qn fait des ~s à qn** jd macht jdm Vorhaltungen *pl,* jd weist jdn zurecht

remontrer <1> [ʀ(ə)mɔ̃tʀe] **I.** *vt* **1.** (*montrer à nouveau*) ■ **qn remontre qn/qc** [**à qn**] jd zeigt [jdm] jdn/etw noch einmal; *spectacle* jd führt etw wieder [*o* noch einmal] auf

2. (*donner une leçon*) ■ **qn en remontre à qn** [**dans** [*o* **en**] **qc**] jd beweist jdm [in etw (*dat*)] seine Überlegenheit, jd belehrt jdn [in etw (*dat*)]

II. *vpr* ■ **qn/qc se remontre quelque part** jd/etw zeigt sich wieder irgendwo

remords [ʀ(ə)mɔʀ] *m* Schuldgefühl *nt;* ■ **des ~** Gewissensbisse *pl;* ***sans le moindre ~*** ohne das geringste Schuldgefühl, ohne sich im Geringsten schuldig zu fühlen; ■ **~ de qc/de faire qc** *d'un crime, d'une faute* Reue *f* über etw (*akk*)/Bedauern *nt* etw zu tun

▸ **bourrelé**(**e**) **de ~** voller Gewissensbisse, von Gewissensbissen geplagt; **qn a des ~** [**à** [*o* **de**] **faire qc**] jd hat ein schlechtes Gewissen [etw zu tun [*o* dass er etw tut]]; **qn n'a aucun ~** jd hat keine Gewissensbisse [*o* kein schlechtes Gewissen]; **qn n'a aucun ~ à** [*o* **de**] **faire qc** jd hat kein schlechtes Gewissen [*o* macht sich (*dat*) kein Gewissen daraus], etw zu tun [*o* dass er etwas tut]; **pas de ~?** bist du/sind Sie sicher?, du bleibst/Sie bleiben dabei?

◆ **remords de conscience** Gewissensbisse *pl;* ***par ~ de conscience*** aus Schuldgefühl, aus schlechtem Gewissen

remorquage [ʀ(ə)mɔʀkaʒ] *m* [*voiture*] Abschleppen *nt;* [*chaland, péniche*] Schleppen *nt,* Bugsieren *nt*

remorque [ʀ(ə)mɔʀk] *f* **1.** (*véhicule*) Anhänger *m*

2. (*traction*) Abschleppen *nt*

3. (*câble*) Schlepptau *nt,* Schleppseil *nt*

▸ **qn/qc est à la ~** [**de qn/qc**] (*reste en arrière*) jd/etw hinkt hinter [jdm/etw] her; **qn/qc est** [*o* **se met**] **à la ~ de qn/qc** (*suit aveuglément*) jd/etw ist in jds Schlepptau (*dat*)/im Schlepptau einer S. (*gen*), jd lässt sich von jdm/etw ins Schlepptau nehmen; **en ~** *bateau* im Schlepptau; *voiture* im Schlepp; ***qn prend qn en ~*** jd nimmt jdn ins Schlepptau; ***qn prend qc en ~*** *bateau* jd nimmt etw ins Schlepptau; *véhicule* jd schleppt etw ab

remorquer <1> [ʀ(ə)mɔʀke] *vt* ■ **qn/qc remorque qc** [**quelque part**] *bateau* jd/etw schleppt [*o* bugsiert] etw [irgendwohin], jd/etw nimmt etw ins Schlepptau; *caravane, train, planeur* etw zieht etw [irgendwohin]; *voiture* jd/etw schleppt etw [irgendwohin] ab; ■ **qn se fait ~/fait ~ qc** [**quelque part**] jd wird [irgendwohin] abgeschleppt/jd lässt etw [irgendwohin] abschleppen

remorqueur [ʀ(ə)mɔʀkœʀ] *m* Schlepper *m,* Schleppkahn *m;* ***~ de haute mer/ de port*** Hochseeschlepper/Hafenschlepper [*o* Bugsierer *m*]

remouiller <1> [ʀ(ə)muje] **I.** *vt* **1.** ■ **qn/qc remouille qc** *mains, cheveux* jd/etw macht etw wieder [*o* noch einmal] nass; *linge a.* jd feuchtet etw wieder an/etw macht etw wieder nass; ■ **qn se fait ~** jd wird wieder nass

2. NAUT: ***qn/ qc remouille*** [***l'ancre***] jd/etw geht wieder vor Anker

II. *vpr* ■ **qn se remouille qc** jd macht sich (*dat*) etw wieder nass

rémoulade [ʀemulad] *f* Remoulade[nsoße *f*] *f*

rémouleur [ʀemulœʀ] *m* Scherenschleifer(in) *m(f)*

remous [ʀ(ə)mu] *m* **1.** (*tourbillon*) [*air, eau*] Wirbel *m,* Strudel *m;* [*bateau*] Kielwasser *nt;* [*foule*] hektisches Treiben

2. (*agitation*) Wirbel *m,* Aufruhr *f;* ***qn/ qc provoque*** [*o* ***cause***] [*o* ***crée***] ***des ~*** jd/etw verursacht [*o* macht] Wirbel, etw erregt Aufsehen *nt;* ***les ~ de la politique*** die politischen Turbulenzen

rempailler <1> [ʀɑ̃paje] *vt* ■ **qn rempaille/fait ~ qc** *chaise, siège* jd bespannt etw neu mit Stroh/lässt etw neu mit Stroh bespannen, jd flicht etw neu/lässt etw neu flechten

rempaqueter <3> [ʀɑ̃pak(ə)te] *vt* ■ **qn rempaquette qc** jd packt etw wieder ein

rempart [ʀɑ̃paʀ] *m* **1.** MIL [Schutz]wall *m;* [*ville*] Stadtmauer *f,* Befestigungsmauer *f*

2. (*protection idéologique*) Bollwerk *nt*

▸ **qn fait à qn un ~ de son corps** *soutenu* jd schützt [*o* deckt] jdn mit seinem Körper

rempiler <1> [ʀɑ̃pile] **I.** *vt* ■ **qn rempile qc** jd stapelt etw wieder auf

II. *vi fam* ■ **qn rempile** jd verpflichtet sich weiter [*o* länger]; ***elle a rempilé pour trois ans*** sie hat um drei Jahre verlängert

remplaçable [ʀɑ̃plasabl] *adj personne* ersetzbar; (*interchangeable*) *pièce détachée* auswechselbar; (*retrouvable*) *objet de valeur, pièce rare* ersetzbar

remplaçant, e [ʀɑ̃plasɑ̃, ɑ̃t] *m, f* MED, SCOL Vertretung *f;* SPORT Ersatzspieler(in) *m(f);* THEAT Ersatzschauspieler(in) *m(f);* ***qn est le ~ de qn*** jd springt [als Ersatz] für jdn ein

remplacement [ʀɑ̃plasmɑ̃] *m* **1.** (*substitution*) Ersetzen *nt;* [*employé*] Ablösung *f;* (*d'un objet par un autre*) Austausch *m;* ***il a décidé son ~*** [***par Y***] er hat beschlossen ihn [durch Y] zu ersetzen; ■ **~ de qn par qn** jds Ablösung [*o* Ersetzen] durch jdn; ■ **~ de qc par qc** Ersetzen einer S. (*gen*) durch etw

2. (*intérim*) Vertretung *f;* ***qn fait des ~s*** jd macht Vertretung[en]

▸ **de ~** *produit, solution* Ersatz-; **en ~** [**de qn/qc**] (*définitivement*) als Ersatz [für jdn/etw]; (*provisoirement*) als Vertretung [für jdn]; ***qn fait qc en ~ de qn*** jd tut etw an jds Stelle (*dat*)

remplacer <2> [ʀɑ̃plase] **I.** *vt* **1.** (*changer*) ■ **qn remplace qc** [**par qc**] jd ersetzt etw [durch etw]; *pièce usée a.* jd tauscht etw aus; ***qn remplace sa voiture*** jd kauft ein anderes Auto

2. (*prendre la place de*) ■ **qn remplace qn** (*temporairement*) jd vertritt jdn, jd springt für jdn ein; *personne fatiguée, sentinelle* jd löst jdn ab; ■ **qn/qc remplace qn/qc** (*définitivement*) jd/etw ersetzt jdn/etw; ***il est difficile de ~ qn*** jd ist schwer zu ersetzen

3. (*tenir lieu de*) ■ **qc remplace qc** etw ersetzt etw

II. *vpr* (*se changer*) ■ **qc se remplace** etw lässt sich ersetzen; /*pièce usée a.*/ etw lässt sich austauschen

▸ **qn se fait ~ [par qn]** jd lässt sich [von jdm] vertreten
rempli, e [ʀɑ̃pli] *adj* **1.** (*plein*) voll; ■ **~ de personnes/qc** voller Menschen/voller etw; ***une tasse ~e de thé*** eine Tasse voller Tee
2. (*rond*) ■ **[bien] ~** *visage* voll; *joue a.* rund
3. (*occupé*) ■ **[bien] ~** *journée, vie* ausgefüllt
4. (*en proie à*) ■ **[qn est] ~ de qc** *de joie, tristesse* [jd ist] voller etw; ***qn est ~ de colère*** jd ist wuterfüllt
remplir <8> [ʀɑ̃pliʀ] **I.** *vt* **1.** (*rendre plein*) ■ **qn remplit qc [de personnes/qc]** jd füllt etw [mit Menschen/etw]; *valise* jd packt etw [mit etw] voll *fam*; ***qn remplit son discours de citations*** jd spickt seine Rede mit Zitaten *fam*
2. (*occuper entièrement*) ■ **qc remplit qc** etw füllt etw; ■ **des personnes remplissent qc** Menschen füllen etw; ■ **qn/qc remplit qc** *journée, vie* jd/etw füllt etw aus
3. (*couvrir entièrement*) ■ **qn remplit qc** *page, feuille* jd schreibt etw voll
4. (*compléter*) ■ **qn remplit qc** *formulaire, questionnaire, chèque* jd füllt etw aus
5. (*pénétrer*) ■ **qc remplit qn de qc** *de joie, tristesse, d'admiration* etw erfüllt jdn mit etw
6. (*réaliser*) ■ **qn remplit qc** *mission, contrat, engagement* jd erfüllt etw; *rôle* jd spielt etw; ***qn veut faire ~ un rôle à qn*** jd zwängt jdn in eine Rolle
7. (*répondre à*) ■ **qn/qc remplit qc** *conditions* jd/etw erfüllt etw
II. *vpr* ■ **qc se remplit [de personnes/qc]** etw füllt sich [mit Menschen/etw]; *de liquide a.* etw läuft mit etw voll
remplissage [ʀɑ̃plisaʒ] *m* ∅ **1.** (*fait de remplir*) Füllen *nt*
2. *péj* (*développement inutile*) Füllsel *nt*, Füllwerk *nt*
remploi [ʀɑ̃plwa] *m v.* **réemploi**
remployer <6> [ʀɑ̃plwaje] *vt v.* **réemployer**
remplumer <1> [ʀɑ̃plyme] *vpr fam* **1.** (*reprendre du poids*) ■ **qn se remplume** jd nimmt wieder etwas zu, jd wird wieder etwas rundlicher
2. (*financièrement*) ■ **qn se remplume** jd kommt wieder zu Geld
rempocher <1> [ʀɑ̃pɔʃe] *vt* ■ **qn rempoche qc** jd steckt etw wieder ein
remporter <1> [ʀɑ̃pɔʀte] *vt* **1.** (*reprendre*) ■ **qn remporte qc** jd nimmt etw wieder mit; ***qn fait ~ une livraison*** jd lässt eine Lieferung zurückgehen
2. (*gagner*) ■ **qn/qc remporte qc** jd/etw trägt etw davon *geh*; *victoire a.* jd/etw erringt etw; *championnat, prix* jd/etw gewinnt etw
rempoter <1> [ʀɑ̃pɔte] *vt* ■ **qn rempote qc** jd topft etw um
remuant, e [ʀəmɥɑ̃, ɑ̃t] *adj* **1.** (*turbulent*) *enfant* lebhaft
2. (*entreprenant*) rührig, unternehmungslustig
remue-ménage [ʀ(ə)mymenaʒ] *m inv* **1.** (*agitation*) [großes] Hin und Her **2.** (*confusion*) Verwirrung *f*, Durcheinander *nt* **3.** (*bruit*) Lärm *m*, Krach *m* ▸ **qn fait du ~-~** jd macht [einen] Krach; **qc fait du ~-~ [quelque part]** etw sorgt [irgendwo] für Aufruhr **remue-méninges** [ʀ(ə)mymenɛ̃ʒ] *m inv* Brainstorming ['breɪnstɔːmɪŋ] *nt*
remuer <1> [ʀəmɥe] **I.** *vi* **1.** (*bouger*) ■ **qn/un animal/qc remue** jd/ein Tier/etw bewegt sich; ***qn remue continuellement*** jd ist ständig in Bewegung
2. (*se révolter*) ■ **un groupe de personnes remue** eine Gruppe von Menschen wird unruhig
3. (*être instable*) ■ **qc remue** etw wackelt; / *tuile a.* / etw ist lose
II. *vt* **1.** (*bouger*) ■ **qn/un animal remue qc** jd/ein Tier bewegt etw; *oreilles* jd wackelt mit etw; *hanches* jd wiegt etw; ***le chien remue la queue*** der Hund wedelt [mit dem Schwanz]
2. (*déplacer*) ■ **qn remue qc** jd rückt etw zur Seite
3. (*mélanger*) ■ **qn remue qc** *sauce, mayonnaise* jd rührt etw; *café* jd rührt etw um; *salade* jd mischt etw
4. (*retourner*) ■ **qn remue qc** *terre* jd gräbt etw um; *cendres* jd stochert in etw (*dat*)
5. (*évoquer*) ■ **qc remue qc [en qn]** *souvenirs, sentiments* etw weckt etw [in jdm]
6. (*émouvoir*) ■ **qc remue qn** etw ergreift jdn
III. *vpr* **1.** (*bouger*) ■ **qn se remue** jd bewegt sich
2. (*faire des efforts*) ■ **qn se remue** jd bemüht sich
▸ **je vais le/la faire se ~** ich werde ihm/ihr Beine machen
rémunérateur, -trice [ʀemyneʀatœʀ, -tʀis] *adj* einträglich, lohnend; ***qc est très ~*** etw zahlt sich aus, etw lohnt sich
rémunération [ʀemyneʀasjɔ̃] *f* Bezahlung *f*
rémunérer <5> [ʀemyneʀe] *vt* ■ **qn rémunère qn/qc** jd bezahlt jdn/etw, jd entlohnt jdn; ***sans être rémunéré(e)*** ohne Bezahlung *f*
renâcler <1> [ʀ(ə)nɑkle] *vi* ■ **qn renâcle [à/devant qc]** jd murrt [über etw (*akk*)]; ■ **qn renâcle à faire qc** jd tut etw [nur] murrend [*o* widerwillig]
renaissance [ʀ(ə)nɛsɑ̃s] **I.** *f* **1.** (*renouveau*) [*arts, lettres*] Wiederaufblühen *nt*, Renaissance *f*; [*économie*] Wiederaufschwung *m*; ***cette ville vit une ~ de sa grandeur passée*** diese Stadt ersteht zu alter Größe auf
2. (*vie nouvelle*) Wiedergeburt *f*
3. HIST, ART ■ **la R~** die Renaissance
II. *app inv* HIST, ART ■ **R~** *château, architecture, mobilier* Renaissance-
renaissant, e [ʀ(ə)nɛsɑ̃, ɑ̃t] *adj* erneut; *intérêt a.* wieder aufkommend; *économie* wieder aufblühend; *antagonisme* wieder aufflammend
renaître *<irr, déf>* [ʀ(ə)nɛtʀ] *vi* **1.** (*reparaître*) ■ **qc renaît [dans qc/chez qn]** / *espoir, doute* / etw kommt [in etw (*dat*)/bei jdm] wieder auf; / *désir, dispute* / etw flammt [in jdm] wieder auf; / *difficultés* / etw taucht wieder auf; ***qn fait ~ l'espoir chez qn*** jd macht jdm wieder Hoffnung; ***qc fait ~ le conflit*** etw beschwört erneut den Konflikt herauf
2. (*reprendre vigueur*) ■ **qc renaît** / *jour* / etw erwacht; / *économie* / etw blüht wieder auf; / *pays* / etw lebt wieder auf
3. REL, MYTH ■ **qn/un animal renaît** jd/ein Tier wird wieder geboren; ***qn/un animal renaît de ses cendres*** jd/ein Tier ersteht [wieder] aus seiner Asche auf

rénal, e <-aux> [ʀenal, o] *adj* Nieren-
renard [ʀ(ə)naʀ] *m* **1.** ZOOL Fuchs *m*; *v. a.* **renarde**
2. (*fourrure*) Fuchs[pelz *m*] *m*; ***un ~ argenté/roux/gris*** ein Silber-/Rot-/Graufuchs
▸ **un fin ~** ein schlauer Fuchs; **un vieux ~** ein alter Fuchs
renarde [ʀ(ə)naʀd] *f* Füchsin *f*; *v. a.* **renard**
renardière [ʀ(ə)naʀdjɛʀ] *f* **1.** (*tanière*) Fuchsbau *m*
2. CAN (*ferme*) Fuchsfarm *f*
rencard [ʀɑ̃kaʀ] *m fam v.* **rancard**
renchérir <8> [ʀɑ̃ʃeʀiʀ] **I.** *vi* **1.** (*faire de la surenchère*) ■ **qn renchérit [sur ce que qn dit/fait]** jd übertrumpft [das, was jd sagt/tut]
2. (*devenir plus cher*) ■ **qc renchérit** etw wird teurer
3. (*faire une enchère supérieure*) ■ **qn renchérit [sur qn]** jd überbietet [jdn]
II. *vt* ■ **qc renchérit qc** etw verteuert etw, etw macht etw teurer
renchérissement [ʀɑ̃ʃeʀismɑ̃] *m* Preisanstieg *m*; [*loyers*] Anstieg *m*
rencontre [ʀɑ̃kɔ̃tʀ] *f* **1.** (*fait de se rencontrer*) Begegnung *f*; ***une ~ secrète*** ein geheimes Treffen
2. MIL Gefecht *nt*
3. (*entrevue*) Zusammenkunft *f*; (*réunion*) Treffen *nt*
4. (*match*) ■ **~ de** *de football, rugby, tennis* -spiel *nt*; *de boxe* -kampf *m*; *d'athlétisme* -treffen *nt*
5. HIST (*duel*) Duell *nt*
6. (*convergence*) [*lignes*] Treffpunkt *m*, Schnittpunkt *m*; [*voyelles*] Zusammentreffen *nt*; [*fleuves*] Zusammenfluss *m*; [*routes*] Kreuzung *f*
▸ **qn fait une mauvaise ~** jd wird überfallen; ***j'espère qu'il/elle n'a pas fait une mauvaise ~*** ich hoffe, ihm/ihr ist nichts passiert; **qn fait des ~s** jd lernt Menschen kennen, jd macht neue Bekanntschaften; **qn fait la ~ de qn** jd lernt jdn kennen, jd macht mit jdm Bekanntschaft; **à la ~ de qn**: ***qn va/vient à la ~ de qn*** jd geht/kommt jdm entgegen; **de ~** *littér amours, amitiés* flüchtig; ***personne de ~*** Zufallsbekanntschaft *f*
◆ **rencontre au sommet** Gipfeltreffen *nt*
rencontrer <1> [ʀɑ̃kɔ̃tʀe] **I.** *vt* **1.** (*croiser à l'improviste*) ■ **qn rencontre qn [quelque part]** jd begegnet jdm [irgendwo], jd trifft jdn [zufällig] [irgendwo]; ■ **qc rencontre qc** / *regard, yeux* / etw begegnet einer S. (*dat*)
2. (*avoir une entrevue avec*) ■ **qn rencontre qn** jd trifft sich mit jdm
3. (*faire la connaissance de*) ■ **qn rencontre qn [quelque part]** jd lernt jdn [irgendwo] kennen
4. SPORT ■ **qn rencontre qn** jd trifft auf jdn
5. (*être confronté à*) ■ **qn/qc rencontre qc** jd/etw stößt auf etw (*akk*)
6. (*se heurter à*) ■ **qn/qc rencontre qc** *mur, arbre* jd/etw prallt gegen etw; *vide* jd/etw trifft in etw (*akk*); ***ma main rencontra le vide*** ich griff ins Leere
7. (*trouver par hasard*) ■ **qn rencontre qc** jd stößt auf etw (*akk*); *bonheur* jd findet etw
▸ **… comme on n'en rencontre plus/on en rencontre peu …** wie heute [überhaupt] nicht mehr/wie nur noch selten anzutreffen; ***une occasion comme on en rencontre peu*** eine Gelegenheit, die sich nur selten bietet; eine seltene Gelegenheit
II. *vpr* **1.** (*se croiser par hasard*) ■ **des personnes se rencontrent [quelque part]** Menschen treffen sich zufällig [irgendwo], Menschen begegnen sich [irgendwo]; ■ **des choses se rencontrent** / *regards, yeux* / Dinge begegnen sich
2. (*avoir une entrevue*) ■ **des personnes se rencontrent** Menschen treffen sich
3. (*faire connaissance*) ■ **des personnes se rencontrent [quelque part]** Menschen lernen sich [irgendwo] kennen; ***nous nous sommes déjà rencontrés, je crois*** ich glaube wir kennen uns; ***il les a fait se ~*** er hat sie zusammengeführt
4. SPORT ■ **des personnes se rencontrent** Menschen treffen aufeinander; / *boxeurs a.* / Menschen treten gegeneinander an
5. (*se heurter*) ■ **des choses se rencontrent** / *voitures, trains* / Dinge stoßen zusammen
6. (*se rejoindre*) ■ **des choses se rencontrent [quelque part]** Dinge treffen [irgendwo] aufeinander; / *routes, lignes a.* / Dinge laufen zusammen; / *rivières* / Dinge fließen zusammen
7. (*se produire*) ■ **qc se rencontre** etw kommt vor
8. (*exister*) ■ **qn/un animal/qc se rencontre** jdn/ein Tier/etw gibt es; ***ces voitures ne se rencontrent pratiquement plus*** diese Autos sieht man [*o* gibt es] heute kaum noch
rendement [ʀɑ̃dmɑ̃] *m* **1.** (*production*) [*terre, champ, blé*] Ertrag *m*; [*exploitation agricole*] Wirtschaftlichkeit *f*; [*puits de pétrole*] Ausbeute *f*, Ergiebigkeit *f*; [*machine*] Nutzeffekt *m*; ***des terres d'un bon ~*** ertragreiche Böden *pl*
2. FIN Rendite *f*, Gewinn *m*; ***des placements à fort/faible ~*** leistungsstarke/-schwache Anlagen
3. (*efficacité*) [*personne*] Leistung *f*
4. PHYS Leistung *f*
rendez-vous [ʀɑ̃devu] *m inv* Termin *m*; (*avec amis, parents proches*) Verabredung *f*; (*entre amoureux*) Rendezvous *nt*
▸ **~-~ amoureux** [*o* **galant**] Rendezvous *nt*, Stelldichein *nt veraltend*; **~-~ orbital** [*o* **spatial**] Rendezvous *nt* im Weltraum; **~-~ social** ≈ Tarifrunde *f*; **qn a ~-~ [avec qn]** jd ist [mit jdm] verabredet; (*rencontre officielle*) jd hat einen Termin [mit jdm]; **qn a un ~-~ [chez qn]** jd hat einen Termin [bei jdm]; **qn arrive à son ~-~** jd kommt zur Verabredung/hält seinen Termin ein; **qn donne** [*o* **fixe**] **[un] ~-~ à qn** jd verabredet sich mit jdm/macht mit jdm einen Termin [aus]; ***le patron m'a donné ~-~ à 14 h*** der Chef hat mich um 14 Uhr zu sich bestellt; **des personnes se donnent ~-~** Menschen verabreden sich; **qc est au ~-~** etw ist zur Stelle, etw lässt nicht auf sich warten; **qc est le ~-~ d'un groupe de personnes** etw ist der Treffpunkt einer Gruppe

von Menschen; **qn prend ~~ [avec qn]** jd macht [mit jdm] einen Termin [aus]; **qn prend ~~ [chez qn]** jd lässt sich [bei jdm] einen Termin geben; **qn [ne] reçoit [que] sur ~~** jd empfängt [nur] nach Anmeldung; **~~ à ...:** *~~ à 8 heures/à la gare* wir treffen uns um 8 Uhr/am Bahnhof; **sur ~~** nach Vereinbarung

◆ **rendez-vous d'affaires** geschäftliche Verabredung; **rendez-vous de chasse** Jagdhaus *nt*

rendormir <*irr*> [ʀɑ̃dɔʀmiʀ] I. *vt* ■ **qn/qc rendort qn** jd/etw schläfert jdn wieder ein

II. *vpr* ■ **qn se rendort** jd schläft wieder ein

rendre <14> [ʀɑ̃dʀ] I. *vt* 1. (*restituer*) ■ **qn rend qc [à qn]** jd gibt [jdm] etw [wieder] zurück; *argent a.* jd zahlt [jdm] etw zurück; ■ **qn rend qn à qn** jd gibt jdn jdm zurück

2. (*donner en retour*) ■ **qn/qc rend qc [à qn]** jd/etw gibt [jdm] etw zurück; *invitation, visite* jd erwidert etw; ***qn rend sa visite à qn*** jd erwidert jds Besuch; ***il m'a rendu la monnaie sur 100 francs*** er hat mir auf 100 Franc herausgegeben

3. (*rapporter*) ■ **qn rend qc [à qn]** *article, appareil défectueux* jd gibt [jdm] etw zurück

4. (*donner*) ■ **qn rend qc [à qn]** *réponse* jd gibt [jdm] etw; *devoir* jd gibt [jdm] etw ab

5. (*redonner*) ■ **qn/qc rend qc à qn** *liberté* jd schenkt jdm etw wieder; *espoir* jd/etw gibt jdm wieder etw; *courage, vue* jd/etw gibt jdm etw zurück; ***qn/qc rend la santé à qn*** jd/etw heilt jdn; ***ce traitement m'a rendu des forces/le sommeil*** durch diese Behandlung bin ich wieder zu Kräften gekommen/kann ich wieder schlafen

6. (*faire devenir*) ■ **qn/qc rend qn/qc ...** jd/etw macht jdn/etw ...; *serein, triste, positif* jd/etw stimmt jdn ...; ***qn/qc rend une explication plus facile à comprendre*** jd/etw macht eine Erklärung verständlicher; ***qc est rendu(e) public(-ique)*** etw wird veröffentlicht; ***qc rend qc moins compliqué(e)*** etw macht etw einfacher, etw vereinfacht etw; ***c'est à vous ~ fou!*** das ist doch zum Verrücktwerden!

7. JUR ■ **qn rend qc** *jugement, verdict* jd fällt etw; *arrêt a.* jd erlässt etw

8. (*vomir*) ■ **qn rend qc** jd erbricht etw

9. (*émettre*) ■ **qc rend qc** *son* etw erzeugt etw

10. (*traduire*) ■ **qn/qc rend qc [d'une certaine façon]** jd/etw gibt etw [irgendwie] wieder

11. (*reproduire*) ■ **qn/qc rend qc [d'une certaine façon]** jd/etw gibt etw [irgendwie] wieder

12. MIL (*livrer*) ■ **qn rend qc** *place forte* jd übergibt etw

▸ **qn le rend bien à qn:** ***elle me déteste, et je le lui rends bien*** sie kann mich nicht ausstehen, was auf Gegenseitigkeit beruht

II. *vi* 1. AGR (*rapporter*) ■ **qc rend** etw ist ertragreich; ***cette terre ne rend guère/rien*** dieser Boden ist ertragsarm/ertraglos

2. (*vomir*) ■ **qn rend** jd übergibt sich, jd erbricht

III. *vpr* 1. (*capituler*) ■ **qn se rend [à qn]** jd ergibt sich [jdm]

2. (*se soumettre*) ■ **qn se rend à qc** *à l'avis* jd schließt sich einer S. (*dat*) an; *aux prières* jd gibt einer S. (*dat*) nach; *aux raisons* jd lässt sich von etw überzeugen; ***qn se rend à l'évidence*** jd beugt sich den Tatsachen

3. (*agir de façon à être*) ■ **qn se rend ...** jd macht sich ...; ***elle veut se ~ agréable à tout le monde*** sie möchte es allen recht machen; ***qn se rend disponible*** jd macht sich frei; ■ **qn se rend ... de qn/qc:** ***qn se rend esclave de qn/qc*** jd macht sich zu jds Sklaven/zum Sklaven einer S. (*gen*); ***qn se rend maître de qn/qc*** jd beherrscht jdn/etw

4. (*aller*) ■ **qn se rend quelque part** jd geht irgendwohin; ***qn se rend à son travail*** jd geht zur Arbeit; ***qn se rend à l'étranger*** jd fährt/fliegt ins Ausland

rendu, e [ʀɑ̃dy] I. *pp de* **rendre**

II. *adj* 1. (*arrivé*) ■ **qn est ~** jd ist angekommen; ***on est plus vite ~ par la voiture*** mit dem Auto ist man schneller da/dort

2. COM: ~ ***à bord/domicile/l'usine/en gare*** frei an Bord/frei Haus/Fabrik/Bahnhof; ~ ***droits acquittés*** zollfrei geliefert

III. *m* zurückgegebene Ware; ***des ~s*** Retouren *pl*

rêne [ʀɛn] *f* Zügel *m*

▸ **qn lâche les ~s** jd gibt auf; **qn lâche [un peu] les ~s à qn** jd lässt jdm etwas mehr Spielraum, jd lässt bei jdm die Zügel schießen; **qn prend les ~s de qc** jd übernimmt die Führung einer S. (*gen*); **qn tient les ~s de qc** *soutenu* jd hat [*o* hält] die Zügel einer S. (*gen*) [fest] in der Hand

renégat, e [ʀ(ə)nega, at] *m, f* Abtrünnige(r) *f(m)*

renégociation [ʀənegɔsjasjɔ̃] *f* Neuverhandlung *f*

renfermé, e [ʀɑ̃fɛʀme] I. *adj* verschlossen

II. *m* ▸ **qc sent le ~** etw riecht muffig; **ça sent le ~ quelque part** irgendwo riecht es muffig

renfermer <1> [ʀɑ̃fɛʀme] I. *vt* ■ **qc renferme qc** etw enthält etw

II. *vpr* ■ **qn se renferme [en [*o* sur] soi-même]** jd zieht sich [in sich (*akk*)] zurück, jd kapselt sich ab

renflé, e [ʀɑ̃fle] *adj* gebaucht, bauchig

renflement [ʀɑ̃fləmɑ̃] *m* 1. (*forme renflée*) Ausbauchung *f*

2. [*racine, bourgeon, tige*] Verdickung *f*

renflouage [ʀɑ̃fluaʒ] *m*, **renflouement** [ʀɑ̃flumɑ̃] *m* [*navire, entreprise*] Wiederflottmachen *nt*

renflouer <1> [ʀɑ̃flue] *vt* 1. NAUT ■ **qn renfloue qc** jd macht etw wieder flott

2. (*fournir des fonds*) ■ **qn/qc renfloue qn/qc** jd/etw unterstützt jdn/etw finanziell; *caisse* jd/etw füllt etw wieder auf

renfoncement [ʀɑ̃fɔ̃smɑ̃] *m* Vertiefung *f*

renfoncer <2> [ʀɑ̃fɔ̃se] *vt* ■ **qn renfonce qc** *bouchon* jd drückt etw tiefer hinein; *clou* jd schlägt etw tiefer hinein; ***qn renfonce le chapeau sur la tête*** jd zieht den Hut tiefer in die Stirn

renforçateur [ʀɑ̃fɔʀsatœʀ] *m* 1. PHOT Verstärker *m*

2. GASTR Geschmacksverstärker *m*

renforcement [ʀɑ̃fɔʀsəmɑ̃] *m* Verstärkung *f;* [*couleur*] Intensivierung *f;* [*paix*] Stärkung *f;* [*amour, haine*] Vertiefung *f*

renforcer <2> [ʀɑ̃fɔʀse] I. *vt* 1. (*consolider*) ■ **qn renforce qc** jd verstärkt etw; ***chaussette à talon renforcé*** Socke *f* mit verstärkter Ferse

2. (*rendre plus efficace*) ■ **qn renforce un groupe** jd verstärkt eine Gruppe

3. (*donner plus d'intensité à*) ■ **qn/qc renforce qc** jd/etw verstärkt etw; *couleur* jd/etw intensiviert etw; ***qn renforce le son*** jd dreht lauter; ***qn renforce ses efforts*** jd macht verstärkte Anstrengungen

4. (*affermir*) ■ **qn/qc renforce qc** *paix, position* jd/etw stärkt etw; *soupçon* etw verstärkt etw; *sentiment* jd/etw vertieft etw

5. (*confirmer*) ■ **qn/qc renforce qn dans qc** *dans une opinion, idée* jd/etw bestärkt jdn in etw (*dat*)

II. *vpr* 1. (*devenir plus efficace*) ■ **un groupe se renforce [de qn]** eine Gruppe wird [durch jdn] verstärkt; ***l'équipe s'est renforcée d'un nouveau joueur*** die Mannschaft wurde durch einen neuen Spieler verstärkt

2. (*s'affermir*) ■ **qc se renforce** /*sentiment*/ etw festigt sich; /*popularité*/ etw wächst

renfort [ʀɑ̃fɔʀ] *m* 1. *souvent pl* (*personnes*) Verstärkung *f*

2. ■ **~s [en qc]** *en nourriture, vêtements, armes, matériel* Nachschub *m* [an etw (*dat*)]

3. COUT Flicken *m;* ***des ~s de cuir*** Lederflicken *pl*

4. ARCHIT Stütze *f*, Abstützung *f;* ***qn met un ~ contre qc*** jd stützt etw ab

▸ **à grand ~ de ...** mit viel ...; ***à grand ~ de gestes/statistiques*** mit großer Gestik/vielen Statistiken; **qn envoie qn en ~ [à qn]** jd schickt [jdm] jdn zu Hilfe; ***qn envoie un bataillon en ~*** jd schickt ein Bataillon zur Verstärkung; **de [*o* en] ~** zur Verstärkung

renfrogné, e [ʀɑ̃fʀɔɲe] *adj* mürrisch

renfrogner <1> [ʀɑ̃fʀɔɲe] *vpr* ■ **qn se renfrogne** jd zieht ein schiefes Gesicht

rengagement [ʀɑ̃gaʒmɑ̃] *m v.* **réengagement**

rengager <2 a> [ʀɑ̃gaʒe] I. *vt v.* **réengager**

II. *vi* MIL ■ **qn rengage** jd verpflichtet sich weiter

III. *vpr* ■ **qn se rengage** MIL jd verpflichtet sich weiter

rengaine [ʀɑ̃gɛn] *f fam* 1. (*chanson*) Schlager *m*

2. (*propos*) Leier *f fam*

▸ **c'est toujours la même ~** es ist immer die alte Leier [*o* dieselbe Platte *fam*]

rengainer <1> [ʀɑ̃gene] *vt* 1. (*remettre dans la gaine*) ■ **qn rengaine qc** *épée* jd steckt etw in die Scheide zurück; *revolver* jd steckt etw ins Halfter zurück

2. *fam* (*garder pour soi*) ■ **qn rengaine qc** *compliment, remarque* jd behält etw für sich

rengorger <2 a> [ʀɑ̃gɔʀʒe] *vpr* 1. ORN ■ **un oiseau se rengorge** ein Vogel plustert sich auf

2. (*faire l'important*) ■ **qn se rengorge [de qc]** jd plustert sich [bei etw] auf; ■ **qn se rengorge de faire qc** jd plustert sich damit auf, dass er etw tut

reniement [ʀənimɑ̃] *m* Verleugnung *f;* [*passé, promesse*] Leugnung *f;* ~ ***de la foi*** Lossagung *f* vom Glauben

renier <1 a> [ʀənje] I. *vt* ■ **qn renie qn/qc** jd verleugnet jdn/etw; *idée, promesse, passé* jd leugnet etw; *sa foi* jd sagt sich von einer S. (*dat*) los, jd schwört einer S. (*dat*) ab

II. *vpr* ■ **qn se renie** jd verleugnet sich

reniflement [ʀ(ə)nifləmɑ̃] *m* 1. (*fait de renifler*) Schnüffeln *nt*

2. (*bruit*) Geschnüffle *nt*

renifler <1> [ʀ(ə)nifle] I. *vi* ■ **qn renifle** jd schnüffelt

II. *vt* 1. (*sentir*) ■ **qn/un animal renifle qc** *odeur* jd riecht etw, ein Tier wittert etw; *plat* jd/ein Tier riecht an etw (*dat*)

2. (*aspirer par le nez*) ■ **qn renifle qc** *tabac* jd schnupft etw; *cocaïne* jd schnüffelt [*o* snifft *sl*] etw

3. *fam* (*pressentir*) ■ **qn renifle qc** jd wittert etw *fam*

renne [ʀɛn] *m* Ren[tier *nt*] *nt*

renom [ʀ(ə)nɔ̃] *m* ∅ Renommee *nt*

▸ **de grand ~** renommiert; **qn connaît qn de ~** jd kennt jdn vom Hörensagen; **en ~** renommiert

renommé, e [ʀ(ə)nɔme] I. *adj* [allseits] bekannt, renommiert; ■ **~ pour qc** bekannt [*o* berühmt] für etw

II. *f* ■ **renommée** 1. ∅ (*célébrité*) ■ **la ~e [de qn/qc]** das Renommee [jds/einer S.]

2. (*réputation*) Ruf *m;* ***de ~e mondiale*** von Weltruf; ***qn/qc a bonne/mauvaise ~e*** jd/etw hat einen guten/schlechten Ruf

▸ **bonne ~e vaut mieux que ceinture dorée** *prov* guter Ruf ist Goldes wert

renoncement [ʀ(ə)nɔ̃smɑ̃] *m* 1. (*fait de renoncer*) ■ **~ à qc** Verzicht *m* auf etw (*akk*)

2. (*sacrifice*) Opfer *nt;* ~ ***à soi-même*** Selbstaufopferung *f;* ***un esprit de ~*** ein aufopferungswilliger Geist; ***qn mène une vie de ~*** jd führt ein entbehrungsreiches Leben

renoncer <2> [ʀ(ə)nɔ̃se] *vi* 1. (*abandonner*) ■ **qn renonce [à qn/qc]** jd verzichtet [auf jdn/etw]; *au monde, aux plaisirs a.* jd entsagt einer S. (*dat*) *geh; à sa foi* jd sagt sich von etw los, jd schwört einer S. (*dat*) ab; ■ **qn renonce à faire qc** jd hört auf etw zu tun; ***qn renonce à fumer/boire*** jd hört zu rauchen/trinken auf, jd gibt das Rauchen/Trinken auf

2. (*se désister*) ■ **qn renonce à qc** jd tritt von etw zurück

3. (*refuser un droit*) ■ **qn renonce à qc** jd verzichtet auf etw (*akk*)

4. CARTES ■ **qn renonce à qc:** ***qn renonce à pique/carreau*** jd bedient bei Pik/Karo nicht

renonciation [ʀ(ə)nɔ̃sjasjɔ̃] *f* ■ **~ à qc** Verzicht *m* auf etw (*akk*); *à la suc-*

cession, un legs Ausschlagung *f* einer S. (*gen*)

renoncule [Rənɔ̃kyl] *f* Hahnenfuß *m*

renouer <1> [Rənwe] I. *vi* ■ **qn renoue avec qn** jd nimmt mit jdm wieder Verbindung auf; ■ **qn renoue avec qc** jd knüpft wieder an etw (*akk*) an
II. *vt* 1. (*relacer*) ■ **qn renoue qc** jd bindet etw wieder zu
2. (*reprendre*) ■ **qn renoue qc** *amitié, alliance* jd schließt etw erneut; *fil du récit, conversation* jd knüpft wieder an etw (*akk*) an

renouveau [R(ə)nuvo] *m* ∅ ■ ~ **de qc** Wiederaufleben *nt* einer S. (*gen*); ***qc connaît un ~ d'intérêt*** das Interesse an etw (*dat*) erwacht wieder

renouvelable [R(ə)nuv(ə)labl] *adj* 1. (*prolongeable*) verlängerbar
2. (*rééligible*) neu wählbar
3. (*qui peut être répété*) *expérience, observation* wiederholbar
4. (*inépuisable*) *énergie* erneuerbar

renouveler <3> [R(ə)nuv(ə)le] I. *vt* 1. (*remplacer*) ■ **qn renouvelle un groupe** *équipe, personnel* jd erneuert eine Gruppe; *députés, parlement a.* jd wählt eine Gruppe neu; ■ **qn renouvelle qc** jd erneuert etw; ***qn renouvelle sa garde-robe*** jd kleidet sich neu ein; ***qn renouvelle l'air d'une pièce*** jd lüftet einen Raum
2. (*répéter*) ■ **qn renouvelle qc [à qn]** jd wiederholt [jdm gegenüber] etw; *offre a.* jd macht [jdm] etw erneut; *question a.* jd stellt etw erneut; *promesse* jd gibt [jdm] etw erneut; ***qn renouvelle sa candidature*** jd bewirbt sich noch einmal; ***qn renouvelle sa confiance à qn*** jd spricht jdm erneut sein Vertrauen aus
3. (*prolonger*) ■ **qn renouvelle qc** *bail, passeport* jd verlängert etw
4. (*rénover*) ■ **qn/qc renouvelle qc** jd/etw ändert etw; ***qn/qc renouvelle l'aspect*** [*o* ***la face***] ***de qc*** jd/etw gibt einer S. (*dat*) ein neues Gesicht; ***version renouvelée*** Neufassung *f*
II. *vpr* 1. (*être remplacé*) ■ **qn/qc se renouvelle** jd wird ausgewechselt [*o* ersetzt]; */peau, cellule/* etw erneuert sich
2. (*se reproduire*) ■ **qc se renouvelle** etw wiederholt sich
3. (*innover*) ■ **qn/qc se renouvelle** jd/etw entwickelt sich weiter

renouvellement [R(ə)nuvɛlmɑ̃] *m* 1. (*remplacement*) Erneuerung *f*; [*députés, parlement a.*] Neuwahl *f*; [*provisions, stock a.*] Auffüllen *nt*; [*peau, cellules*] Erneuerung; ***le ~ de l'air*** das Lüften
2. (*répétition*) Wiederholung *f*; [*promesse, offre a.*] Erneuerung *f*; ***il faut faire un ~ de votre demande*** sie müssen Ihren Antrag neu stellen
3. (*prolongation*) Verlängerung *f*; ***le ~ de votre candidature n'est pas automatique*** Ihre Kandidatur wird nicht automatisch verlängert
4. (*rénovation*) [*conception, genre, style*] Veränderung *f*

rénovateur, -trice [RenɔvatœR, -tRis] I. *adj* reformerisch, erneuernd
II. *m, f* Reformer(in) *m(f)*

rénovation [Renɔvasjɔ̃] *f* 1. (*remise à neuf*) [*pièce, immeuble*] Renovierung *f*; [*quartier*] Sanierung *f*; [*meuble*] Restaurierung *f*
2. (*modernisation*) Modernisierung *f*

rénover <1> [Renɔve] *vt* 1. (*remettre à neuf*) ■ **qn rénove qc** *pièce, immeuble* jd renoviert etw; *quartier* jd saniert etw; *meuble* jd restauriert etw
2. (*moderniser*) ■ **qn rénove qc** jd modernisiert etw

renseignement [Rɑ̃sɛɲmɑ̃] *m* 1. (*information*) Information *f*; (*surtout auprès d'un service*) Auskunft *f*; ***qn demande un ~*** jd erbittet eine Auskunft; ***à titre de ~*** interessehalber; ***pour de plus amples ~s …*** für nähere [*o* weitere] Informationen …
2. (*bureau, guichet*) ■ **les ~s** die Information, die Auskunft
3. TELEC ■ **les ~s** die Auskunft
4. MIL *souvent pl* Geheimdienst *m*, Nachrichtendienst *m*
▶ **les ~s généraux** französischer Geheimdienst; (*en Allemagne*) Bundesnachrichtendienst *m*; **qn prend ses ~s** jd zieht Erkundigungen ein; **~s pris** nach eingehenden Erkundigungen; **qn va aux ~s** jd geht sich erkundigen

renseigner <1> [Rɑ̃seɲe] I. *vt* ■ **qn renseigne qn [sur qn/qc]** jd informiert jdn [über jdn/etw]; ***on vous a mal renseigné*** man hat Ihnen eine falsche Auskunft gegeben; ■ **qc renseigne qn [sur qn/qc]** etw gibt jdm Aufschluss [über jdn/etw]; ***ça ne nous renseigne pas beaucoup*** das hilft uns nicht viel weiter
II. *vpr* ■ **qn se renseigne [sur qn/qc] [auprès de qn]** jd erkundigt sich [bei jdm] [über jdn/etw]

rentabilisation [Rɑ̃tabilizasjɔ̃] *f* rentable Gestaltung

rentabiliser <1> [Rɑ̃tabilize] *vt* ■ **qn/qc rentabilise qc** jd/etw macht etw rentabel

rentabilité [Rɑ̃tabilite] *f* Rentabilität *f*

rentable [Rɑ̃tabl] *adj* 1. (*qui donne un bénéfice*) rentabel
2. *fam* (*qui vaut la peine*) ■ **qc est ~** etw lohnt sich *fam*

rente [Rɑ̃t] *f* 1. (*revenu périodique*) [Vermögens]rente *f*
2. (*emprunt d'État*) Staatsanleihe *f*, Rentenpapier *nt*
▶ **~ perpétuelle** ewige Rente, Rente *f* auf Lebenszeit; **~ viagère** Leibrente *f*; **qn constitue** [*o* **sert**] **une ~ à qn** jd setzt jdm eine Rente aus; **qn vit de ses ~s** jd lebt von seinem Vermögen
◆ **rente de situation** angestammtes Vorrecht; **rente d'invalidité** Invaliditätsrente *f*

rentier, -ière [Rɑ̃tje, -jɛR] *m, f* Privatmann/-frau *m/f*

rentre-dedans [Rɑ̃t(Rə)dədɑ̃] *m inv* ▶ **qn fait du ~ à qn** *fam* jd macht jdn an *fam*, jd reißt jdn auf *fam*

rentrée [Rɑ̃tRe] *f* 1. ∅ SCOL Schul[jahres]beginn *m*; ***à la ~*** bei Schulbeginn; ***le jour de la ~*** der erste/am ersten Schultag; ***aujourd'hui, c'est la ~ [des classes]*** heute fängt die Schule wieder an
2. UNIV Semesterbeginn *m*, Vorlesungsbeginn *m*
3. POL, COM, THEAT, JUR: ***à la ~*** nach der Sommerpause; ***la ~ politique*** die Wiederaufnahme der Geschäfte nach der Sommerpause; ***la ~ des tribunaux*** der 1. Sitzungstag nach den Gerichtsferien; ***la ~ des théâtres*** der Beginn der neuen Spielzeit; ***la ~ sociale*** die Wiederaufnahme der Tarifverhandlungen
4. (*come-back*) [*acteur, politicien, sportif*] Comeback [kam'bæk] *nt*
5. (*fait de rentrer*) Rückkehr *f*; ***la ~ dans l'atmosphère*** der Wiedereintritt in die Atmosphäre
6. (*somme recouvrée*) Eingang *m*
7. (*mise à l'abri*) [*foin, fourrage, récolte*] Einbringen *nt*
▶ **qn fait sa ~** POL jd nimmt die Geschäfte wieder auf; (*fait un come-back*) jd feiert sein Comeback *nt*
◆ **rentrée en touche** Einwurf *m*

rentrer <1> [Rɑ̃tRe] I. *vi + être* 1. (*retourner chez soi*) ■ **qn rentre** jd geht nach Hause [*o* heim]; ***elle est déjà rentrée?*** ist sie schon [nach Hause] gegangen?; ***comment rentres-tu?*** wie kommst du nach Hause [*o* heim]; ■ **qn rentre quelque part** jd kehrt [*o* geht] irgendwohin zurück; ***qn rentre au pays natal*** jd kehrt in seine Heimat zurück; ■ **un animal/qc rentre quelque part** ein Tier/etw kehrt irgendwohin zurück; ***l'oiseau rentre au nid*** der Vogel fliegt ins Nest zurück; ***un bateau rentre au port*** ein Schiff läuft in den heimatlichen Hafen ein
2. (*revenir chez soi*) ■ **qn rentre** jd kommt nach Hause [*o* heim]; ■ **qn rentre de quelque part** jd kommt von irgendwoher nach Hause [zurück]; ***il devrait déjà être rentré*** er müsste schon zurück sein; ***à peine rentré, …*** kaum [zu Hause] angekommen, …; ***elle est déjà rentrée?*** ist sie schon zu Hause?
3. (*entrer à nouveau*) ■ **qn rentre [quelque part]** jd geht [irgendwohin] zurück
4. (*reprendre son travail*) ■ **qn rentre** */écoliers/* jd geht wieder in die Schule, für jdn beginnt die Schule wieder; */étudiants/* für jdn beginnen die Vorlesungen wieder; */professeurs/* jd nimmt den Unterricht wieder auf; */parlement/* etw tritt [nach der Sommerpause] wieder zusammen; */députés/* jd nimmt [nach der Sommerpause] die Geschäfte wieder auf
5. (*entrer*) ■ **qn rentre [quelque part]** jd kommt [irgendwohin]; ***qn fait ~ qn*** jd lässt jdn eintreten; ***on est rentré dans un café*** wir sind in ein Café gegangen; ***il est rentré sans frapper*** er ist ohne zu klopfen hineingegangen/hereingekommen; ***qn rentre par la fenêtre*** jd steigt durchs Fenster ein; ■ **qc rentre [dans qc]** etw dringt [in etw (*akk*)] ein
6. (*s'insérer*) ■ **qc rentre [dans qc]** *dans une valise, un tiroir, un étui* etw passt [*o* geht] [in etw (*akk*)] rein; ***les tubes rentrent les uns dans les autres*** die Rohre lassen sich ineinander stecken
7. (*être inclus dans*) ■ **qc rentre dans qc** etw gehört zu etw; ***qn fait ~ qc dans une catégorie*** jd ordnet etw einer Kategorie zu
8. (*devenir membre*) ■ **qn rentre dans qc**: ***qn rentre dans la police*** jd geht zur Polizei; ***qn rentre dans une firme*** jd fängt bei einer Firma an; ***qn rentre dans les ordres/au couvent*** jd tritt einem Orden bei/geht ins Kloster; ***qn fait ~ qn dans une entreprise*** jd verhilft jdm zu einer Stelle in einem Unternehmen
9. (*commencer à étudier*) ■ **qn rentre quelque part** *à la grande école, à l'université, en fac* jd fängt irgendwo an
10. (*percuter*) ■ **qn/qc rentre dans qc** jd/etw prallt gegen etw; */conducteur, véhicule a./* jd/etw fährt gegen etw
11. COM, FISC (*être reçu*) ■ **qc rentre** */article/* etw trifft ein; */créances/* etw geht ein; ■ **qn/qc fait ~ qc** *des commandes* jd holt etw herein; *de l'argent, des devises* jd/etw bringt etw ein; *des impôts* jd zieht etw ein
12. (*recouvrer*) ■ **qn rentre dans qc**: ***qn rentre dans ses droits*** jd kommt wieder zu seinem Recht; ***qn rentre dans ses frais*** jd kommt auf seine Kosten, jd deckt seine Unkosten
▶ **qn lui rentre dedans** *fam* jd macht jdn fertig
II. *vt + avoir* 1. (*ramener à l'intérieur*) ■ **qn rentre qc/un animal** jd bringt [*o* schafft] etw/ein Tier hinein [*o* nach innen]; *foin* jd bringt etw ein; ■ **qn rentre qc/un animal quelque part**: ***qn rentre sa chemise dans le pantalon*** jd steckt sein Hemd in die Hose; ***qn rentre la voiture au garage*** jd fährt den Wagen in die Garage; ***qn rentre les bêtes à l'étable*** jd bringt die Tiere in den Stall; ■ **qn/un animal rentre qc** *tête, ventre* jd/ein Tier zieht etw ein; ***qn rentre son cou dans les épaules*** jd zieht den Kopf ein
2. (*enfoncer*) ■ **qn rentre qc dans qc** jd steckt etw in etw (*akk*)
3. (*refouler*) ■ **qn rentre qc** *larmes* jd hält etw zurück; *rage* jd unterdrückt etw; *déception* jd zeigt etw nicht
III. *vpr* ▶ **des personnes/des véhicules se rentrent dedans** Menschen/Fahrzeuge stoßen zusammen

renversant, e [Rɑ̃vɛRsɑ̃, ɑ̃t] *adj fam* umwerfend *fam*

renverse [Rɑ̃vɛRs] *f* ▶ **qn tombe à la ~** (*en arrière*) jd fällt hintüber [*o* hintenüber]; (*ne pas en revenir*) jdn haut es um *fam*

renversé, e [Rɑ̃vɛRse] *adj* 1. (*stupéfait*) ■ **qn est ~** jd ist verblüfft
2. (*à l'envers*) umgekehrt; ***l'image/la pyramide est ~e*** das Bild/die Pyramide steht auf dem Kopf
3. (*penché vers la gauche*) *écriture* linksläufig, nach links geneigt

renversement [Rɑ̃vɛRsəmɑ̃] *m* 1. (*changement complet*) [*alliances, situation, valeurs*] Verkehrung *f* ins Gegenteil; [*tendance*] Umschwung *m*
2. POL ■ **~ de qn/qc** Sturz *m* jds/einer S.; (*par un coup d'État*) Umsturz
3. (*mise à l'envers*) ■ **~ de qc** *d'une fraction, d'un accord musical* Umkehrung *f* einer S. (*gen*); *de l'ordre des mots* Umstellung *f* einer S. (*gen*)

renverser <1> [Rɑ̃vɛRse] I. *vt* 1. (*faire tomber*) ■ **qn/un animal renverse qn/qc** jd/ein Tier/etw wirft [*o* stößt] jdn/etw um; */voiture, vélo/* jd/etw fährt jdn/etw um; ***la tempête a renversé les arbres*** der Sturm hat die Bäume umgestürzt
2. (*répandre*) ■ **qn/un animal renverse qc** jd verschüttet etw/ein Tier stößt etw um
3. (*réduire à néant*) ■ **qn renverse qc** *obstacles* jd räumt etw aus dem Weg
4. POL ■ **qn/qc renverse qn/qc** jd/etw stürzt jdn/etw; *gouvernement a., ordre établi* jd stürzt jdn/etw um
5. (*pencher en arrière*) ■ **qn renverse qc** *corps* jd beugt etw nach hinten; ***qn renverse sa tête*** [*o* ***nuque***] jd legt seinen Kopf in den Nacken
6. (*retourner*) ■ **qn renverse qc** jd dreht etw um

7. (*inverser*) ▪ **qn renverse qc** *ordre des syllabes, mots* jd stellt etw um; *fraction, accord musical* jd kehrt etw um; *situation* jd verkehrt etw ins Gegenteil; *image* jd stellt etw auf den Kopf
8. *fam* (*étonner*) ▪ **qc renverse qn** etw haut jdn um *fam*
II. *vpr* **1.** (*se pencher en arrière*) ▪ **qn se renverse** jd lehnt sich zurück; ***qn se renverse sur le dos*** jd legt sich auf den Rücken
2. (*se retourner*) ▪ **qc se renverse** /*bouteille, verre*/ etw kippt um; /*véhicule*/ etw überschlägt sich; /*bateau*/ etw kentert

renvoi [ʀɑ̃vwa] *m* **1.** (*réexpédition*) ▪ ~ **de qc** [**à qn**] *d'une lettre, marchandise* Rücksendung *f* einer S. (*gen*) [an jdn]
2. SPORT ▪ ~ [**de qc**] (*avec le pied*) Abstoß *m* [einer S. (*gen*)]; (*avec la main*) Abwurf *m* [einer S. (*gen*)]; ~ ***aux six mètres*** Abstoß vom Gehäuse
3. (*licenciement*) Entlassung *f*
4. SCOL, UNIV (*action*) Verweisung *f*; (*résultat*) Verweis *m*
5. (*indication*) ▪ ~ [**à qc**] Verweis *m* [auf etw (*akk*)]
6. JUR, PARL ▪ ~ **de qn/qc devant qn/qc/en qc** Verweisung *f* eines Menschen/einer S. an etw (*akk*); ***demande de*** ~ Verweisungsantrag *m*
7. (*ajournement*) ▪ ~ **de qc à qc** Vertagung *f* einer S. (*gen*) auf etw (*akk*)
8. (*rot*) Aufstoßen *nt*, Rülpsen *nt*; ***qc donne des ~s à qn*** etw stößt jdm auf; ***qn a des ~s*** jd muss aufstoßen
9. TECH Vorgelege *nt*
10. MUS Wiederholungszeichen *nt*
► **qn fait un** ~ (*rote*) jd stößt auf, jd rülpst

renvoyer <6> [ʀɑ̃vwaje] *vt* **1.** (*envoyer une nouvelle fois*) ▪ **qn renvoie qn** [**chez qn**] jd schickt jdn noch einmal [zu jdm]; ▪ **qn renvoie qc** [**à qn**] jd schickt [jdm] etw noch einmal
2. SPORT ▪ **qn renvoie qc** [**à qn**] (*à la main*) jd wirft [jdm] etw zurück; (*au pied*) jd schießt [jdm] etw zurück
3. (*retourner*) ▪ **qn renvoie qc** [**à qn**] *ascenseur* jd schickt [jdm] etw zurück; *compliment* jd erwidert [jdm] etw
4. (*réexpédier*) ▪ **qn renvoie qc à qn** *lettre, colis* jd schickt [*o* sendet] jdm etw zurück
5. (*faire retourner*) ▪ **qn renvoie qn quelque part** jd schickt jdn wieder irgendwohin zurück; ▪ **qc renvoie qn à qc** *à une époque* etw versetzt jdn in etw (*akk*) zurück
6. (*licencier*) ▪ **qn renvoie qn** jd entlässt jdn
7. SCOL, UNIV ▪ **qn renvoie qn** [**de qc**] jd verweist jdn [von etw]
8. (*éconduire*) ▪ **qn renvoie qn** jd weist jdn hinaus
9. (*adresser*) ▪ **qn renvoie qn/qc à qn** jd schickt jdn/etw zu jdm
10. (*faire se reporter*) ▪ **qn/qc renvoie qn à qc** jd/etw verweist jdn auf etw (*akk*)
11. JUR, PARL ▪ **qn renvoie qn/qc devant qn/qc** jd verweist jdn/etw an jdn/etw (*akk*), jd legt jdm etw erneut vor; ***qn renvoie qc en cour de cassation*** jd leitet etw an das Kassationsgericht weiter
12. (*ajourner*) ▪ **qn renvoie qc à ...** *à plus tard, huitaine, une date ultérieure* jd vertagt [*o* verlegt] etw auf ... (*akk*)
13. (*réfléchir*) ▪ **qc renvoie qc** *image* etw reflektiert etw; *son* etw gibt etw wieder; *chaleur* etw strahlt etw zurück
14. CARTES ▪ **qn renvoie qc** jd spielt etw noch einmal aus

réorganisation [ʀeɔʀganizasjɔ̃] *f* Reorganisation *f*, Umgestaltung *f*

réorganiser <1> [ʀeɔʀganize] **I.** *vt* ▪ **qn réorganise qc** jd organisiert etw um, jd reorganisert etw *geh*
II. *vpr* ▪ **des personnes se réorganisent** Menschen organisieren sich neu

réorientation [ʀeɔʀjɑ̃tasjɔ̃] *f* Neuorientierung *f*

réorienter <1> [ʀeɔʀjɑ̃te] **I.** *vt* **1.** ▪ **qn réoriente qc** [**vers qc**] jd richtet etw neu [auf etw (*akk*)] aus
2. SCOL ▪ **qn réoriente qn** [**vers qc**] jd orientiert jdn neu, jd stuft jdn in etw (*akk*) um
II. *vpr* ▪ **qn se réoriente** [**vers qc**] jd sattelt [auf etw (*akk*)] um, jd wechselt [zu etw über]

réouverture [ʀeuvɛʀtyʀ] *f* Wiedereröffnung *f*

repaire [ʀ(ə)pɛʀ] *m* **1.** (*tanière*) [*renard*] Bau *m*; [*ours*] Höhle *f*
2. (*refuge*) [*brigands, individus dangereux*] Schlupfwinkel *m*
► **c'est un** ~ **de brigands** *hum fam* (*ce sont des voleurs*) dort wird man regelrecht ausgenommen *fam*; (*c'est un lieu mal famé*) das ist eine üble Spelunke

répandre <14> [ʀepɑ̃dʀ] **I.** *vt* **1.** (*laisser tomber*) ▪ **qn répand qc** [**quelque part**] jd streut etw [irgendwohin] *liquide* jd schüttet etw [irgendwohin]; (*par mégarde*) jd verstreut etw [irgendwo]; *sel a., liquide* jd verschüttet etw [irgendwo]
2. (*être source de*) ▪ **qc répand qc** [**quelque part**] etw verbreitet etw [irgendwo]; *gaz* etw lässt etw [irgendwohin] ausströmen; *chaleur a.* etw strahlt etw aus
3. (*faire connaître*) ▪ **qn/qc répand qc** *nouvelle, bruit, doctrine* jd/etw verbreitet etw
4. (*susciter*) ▪ **qn/qc répand qc** [**quelque part**] *joie, effroi* jd/etw verbreitet [irgendwo] etw; ***qn répand la terreur dans la ville*** jd versetzt die Stadt in Angst und Schrecken
5. (*verser*) ▪ **qn répand qc** *larmes, pleurs, sang* jd vergießt etw
6. *littér* (*prodiguer*) ▪ **qc répand qc** [**quelque part**] *bienfaits, dons* etw verteilt etw großzügig [irgendwo]
II. *vpr* **1.** (*s'écouler*) ▪ **qc se répand** [**quelque part**] etw ergießt sich [irgendwohin]
2. (*se disperser*) ▪ **qc se répand quelque part** /*sel, farine*/ etw verteilt sich irgendwohin; ***les grains de café s'étaient répandus par terre*** die Kaffeebohnen lagen auf der Erde verstreut
3. (*se dégager*) ▪ **qc se répand quelque part** /*chaleur, fumée, odeur*/ etw verbreitet sich irgendwohin; /*son*/ etw tönt irgendwohin
4. (*se propager*) ▪ **qc se répand** [**quelque part**] /*bruit, nouvelle, idées*/ etw verbreitet sich [irgendwo]; /*doctrine, mode, coutume*/ etw setzt sich [irgendwo] durch; /*information*/ etw wird [irgendwo] verbreitet; /*épidémie*/ etw breitet sich [irgendwo] aus, etw greift [irgendwo] um sich
5. (*se manifester*) ▪ **qc se répand sur qc** etw zeichnet sich auf etw (*dat*) ab; ***la joie s'est répandue sur son visage*** er/sie strahlte vor Freude; ***la peur s'est répandue sur son visage*** die Angst stand ihm/ihr im Gesicht geschrieben
6. (*envahir*) ▪ **qn se répand quelque part** jd verteilt sich irgendwo; ***ils s'étaient répandus dans toute la maison/tout le jardin*** sie waren im ganzen Haus/über den ganzen Garten verteilt
7. (*proférer*) ▪ **qn se répand en qc** [**sur qn**] jd ergeht sich in etw (*dat*) [über jdn]

répandu, e [ʀepɑ̃dy] **I.** *pp de* **répandre**
II. *adj* **1.** (*épars*) ▪ ~ **sur qc** auf etw (*dat*) verstreut, über etw (*akk*) verstreut; ***des boutons sont ~s sur tout le corps*** der ganze Körper ist mit Bläschen übersät
2. (*courant*) [weit] verbreitet

réparable [ʀepaʀabl] *adj panne, objet* reparabel; *faute, perte* wieder gutzumachen; ***ce réveil est/n'est plus*** ~ dieser Wecker ist/ist nicht mehr zu reparieren; ***c'est une erreur ~/non*** ~ dieser Fehler ist wieder/nicht wieder gutzumachen

reparaître <irr> [ʀ(ə)paʀɛtʀ] *vi* **1.** + *avoir* (*se montrer de nouveau*) ▪ **qn/qc reparaît** [**quelque part**] jd/etw taucht wieder [irgendwo] auf, jd/etw kommt wieder [irgendwo] zum Vorschein; /*soleil, lune*/ etw kommt wieder hervor
2. + *avoir o être* (*recommencer à paraître*) ▪ **qc reparaît** /*journal, livre*/ etw erscheint wieder

réparateur, -trice [ʀepaʀatœʀ, -tʀis] **I.** *adj* erquickend *geh*
II. *m, f* Techniker(in) *m(f)*

réparation [ʀepaʀasjɔ̃] *f* **1.** ∅ (*action de remettre en état*) Reparatur *f*; [*bâtiment*] Instandsetzung *f*; [*objet d'art*] Restaurierung *f*; [*route*] Ausbesserung *f*; [*déchirure, accroc*] Flicken *nt*; [*fuite*] Abdichten *nt*; ***qn fait effectuer la ~ des petits dégâts*** jd lässt kleinere Schäden reparieren
2. (*endroit réparé*) Reparatur[stelle *f*] *f*; [*vêtement*] geflickte Stelle
3. *pl* ARCHIT Renovierungsarbeiten *pl*, Instandsetzungsarbeiten *pl*
4. ∅ (*correction*) [*erreur, négligence, oubli*] Korrigieren *nt*
5. ∅ (*compensation*) [*faute, offense, tort, perte*] Wiedergutmachung *f*
6. ∅ MED [*forces, tissus*] Regenerierung *f*
7. (*dédommagement*) Entschädigung *f*
8. *pl* POL Reparationen *pl*
► **qn demande** ~ [**à qn**] [**de qc**] jd verlangt [von jdm] Entschädigung [für etw]; **qn donne** ~ **de** [*o* **pour**] **qc** jd büßt für etw; **qn obtient** ~ [**de** [*o* **pour**] **qc**] jd wird [für etw] entschädigt; **de** ~ *atelier, frais* Reparatur-; ***surface/coup de pied de*** ~ SPORT Strafraum/-stoß *m*; **en** ~ in Reparatur; ***qc est en*** ~ etw wird repariert

réparer <1> [ʀepaʀe] *vt* **1.** (*remettre en état*) ▪ **qn répare qc** [**à qn**] jd repariert [jdm] etw; *maison* jd setzt etw instand; *route a.* jd bessert etw aus; *dégât, fuite* jd behebt etw; *accroc* jd flickt [jdm] etw
2. (*rattraper*) ▪ **qn/qc répare qc** jd/etw macht etw wieder gut
3. (*régénérer*) ▪ **qn répare qc** *ses forces* jd regeneriert etw; *sa santé* jd stellt etw wieder her

reparler <1> [ʀ(ə)paʀle] **I.** *vi* **1.** (*évoquer à nouveau*) ▪ **qn reparle de qn/qc** jd kommt auf jdn/etw zurück; ***on reparlera bientôt de lui*** er wird bald wieder von sich reden machen
2. (*adresser à nouveau la parole*) ▪ **qn reparle à qn** jd spricht wieder [*o* von neuem] mit jdm; ***il ne lui a plus jamais reparlé*** er hat nie wieder ein Wort an ihn/sie gerichtet
► **on en reparlera** *fam* darüber unterhalten wir uns später noch mal, wir werden ja sehen *fam*
II. *vpr* ▪ **des personnes se reparlent** Menschen sprechen wieder miteinander

repartie *f*, **répartie** [ʀepaʀti] *f* ► **qn a de la** ~ [*o* **la** ~ **facile**] jd ist schlagfertig

repartir <10> [ʀ(ə)paʀtiʀ] *vi* + *être* **1.** (*se remettre à avancer*) ▪ **qn/qc repart** /*voyageur*/ jd bricht wieder auf; /*train, voiture*/ etw fährt weiter
2. (*s'en retourner*) ▪ **qn repart** [**quelque part**] jd kehrt wieder [irgendwohin] zurück; ***vous voulez déjà*** ~ Sie wollen schon wieder weg?
3. (*recommencer à fonctionner*) ▪ **qc repart** /*moteur*/ etw springt wieder an; /*chauffage, machine*/ etw geht [*o* funktioniert] wieder; /*discussion, dispute*/ etw fängt wieder an; /*affaire*/ etw kommt wieder in Gang
► [**et**] **c'est reparti** [**pour un tour** [*o* **comme en quatorze**] [*o* **comme en quarante**]]! *fam* und schon geht alles wieder [von vorne] los!

répartir <10> [ʀepaʀtiʀ] **I.** *vt* **1.** (*partager*) ▪ **qn répartit qc** [**entre des personnes**] jd verteilt etw [auf Menschen (*akk*)]; *butin, bénéfice, somme* jd teilt etw [unter Menschen (*dat*)] auf; ▪ **qn répartit des personnes** [**entre des choses**] jd verteilt Menschen [auf Dinge (*akk*)]
2. (*diviser*) ▪ **qn répartit des personnes/des choses** [**en groupes**] jd teilt Menschen/Dinge [in Gruppen (*akk*)] ein
3. (*disposer*) ▪ **qn répartit des personnes quelque part** jd stellt Menschen irgendwo auf; ▪ **qn répartit des choses** [**quelque part**] jd verteilt Dinge [irgendwo]
4. (*étaler*) ▪ **qn répartit qc sur qc** *shampooing, produit, vacances, programme* jd verteilt etw auf etw (*akk*); ***le programme est réparti sur deux ans*** das Programm erstreckt sich über zwei Jahre
II. *vpr* **1.** (*se partager*) ▪ **des personnes se répartissent des personnes/des quantités** Menschen teilen Menschen/Mengen unter sich auf; ***elles se répartissent les frais*** sie teilen sich die Kosten
2. (*être partagé*) ▪ **des choses se répartissent** Dinge verteilen sich; ***le travail se répartit comme suit*** die Arbeit ist wie folgt aufgeteilt

3. (*se diviser*) ■ **des personnes se répartissent en groupes** Menschen teilen sich in Gruppen [auf]

répartition [ʀepaʀtisjɔ̃] *f* 1. (*partage*) Verteilung *f;* [*travail*] Einteilung *f;* [*butin, vivres*] Aufteilung *f;* ■ ~ **de qc** [**entre des personnes**] *du travail, des tâches, impôts, revenus* -verteilung [unter Menschen (*dat*)]; *des frais, rôles, du bénéfice* -verteilung [auf Menschen (*akk*)]; *du butin, des vivres* Aufteilung einer S. (*gen*) [unter Menschen (*dat*)]; ■ ~ **de personnes** [**entre** [*o* **sur**] **des choses**] Verteilung von Menschen [auf Dinge (*akk*); ***la ~ des élèves entre*** [*o* ***sur***] ***les classes est la suivante*** die Verteilung der Schüler auf die Klassen ist folgende, die Schüler sind/werden wie folgt auf die Klassen verteilt
2. (*division*) ■ ~ [**des personnes/des choses**] [**en groupes**] Einteilung *f* [von Menschen/Dingen] [in Gruppen (*akk*)]
3. (*disposition*) ■ ~ [**des personnes**] [**quelque part**] *des troupes, forces de l'ordre* Aufstellung *f* [von Menschen] [irgendwo]
4. (*étalement*) ■ ~ [**de qc**] [**sur qc**] *d'une crème, lotion* Auftragen *nt* [einer S. (*gen*)] [auf etw (*akk*)]; *d'un programme* Verteilung *f* [einer S. (*gen*)] [auf etw (*akk*)]
5. (*localisation*) [*pièces, salles*] Anordnung *f*
◆ **la répartition des revenus** die Einkommensverteilung

reparution [ʀ(ə)paʀysjɔ̃] *f* Wiedererscheinen *nt*

repas [ʀ(ə)pɑ] I. *m* 1. ∅ (*nourriture*) Essen *nt; **qn fait un ~ sommaire*** jd isst schnell etwas; ***le ~ a été bon?*** hat das Essen geschmeckt?
2. (*fait de manger*) Mahlzeit *f; **le bébé en est à cinq ~ par jour*** das Baby braucht [noch] fünf Mahlzeiten am Tag; ***qn prend ses ~ au restaurant*** jd nimmt seine Mahlzeiten im Restaurant ein; ***qn donne un*** [***grand***] ~ jd gibt ein [Fest]essen; ***médicament à prendre avant chaque*** ~ das Medikament ist vor jeder Mahlzeit einzunehmen; ***c'est l'heure du*** ~ es ist Essenszeit *f*
3. (*ensemble de plats*) Essen *nt,* Mahl *nt geh;* ■ ~ **de** -essen, -mahl *geh*
▸ **qn fait un <u>bon</u>** ~ jd isst gut; **qn aime les <u>bons</u>** ~ jd isst gern gut; **qn <u>partage</u> le ~ de qn** jd speist mit jdm zusammen
II. *app inv plateau-, ticket-* Essens-; *pause-* a. Mittags-; ***coin-*** ~ Essecke *f*

repassage [ʀ(ə)pɑsaʒ] *m* 1. (*fait de défroisser*) Bügeln *nt; **qn fait du*** ~ jd bügelt
2. (*aiguisage*) Schleifen *nt,* Abziehen *nt; **qn fait le ~ de qc*** jd schleift etw, jd zieht etw ab

repasser¹ <1> [ʀ(ə)pɑse] I. *vi + avoir* ■ **qn repasse** jd bügelt
II. *vt* 1. (*défroisser*) ■ **qn repasse qc** jd bügelt etw
2. (*aiguiser*) ■ **qn repasse qc** jd schleift etw, jd zieht etw ab
III. *vpr* ■ **qc se repasse** etw wird gebügelt, etw muss gebügelt werden; ***qc se repasse bien/ mal*** etw lässt sich gut/schlecht bügeln; ***qc ne se repasse pas*** (*s'abîmerait au repassage*) etw darf nicht gebügelt werden; (*ne nécessite pas de repassage*) etw ist bügelfrei

repasser² <1> [ʀ(ə)pɑse] I. *vi + être* 1. (*revenir*) ■ **qn repasse** [**quelque part**] jd kommt noch einmal [irgendwo] vorbei; ***je suis repassée chez lui/ à son domicile*** ich bin noch einmal bei ihm zu Hause vorbeigegangen; ***qn ne repasse pas par la même route*** jd fährt/geht nicht dieselbe Strecke zurück
2. (*passer à nouveau*) ■ **qc repasse** /*plat*/ etw wird noch einmal [herum]gereicht; /*film*/ etw läuft noch einmal; ***les souvenirs repassent devant mes yeux*** die Erinnerungen ziehen noch einmal an mir vorbei
3. (*revoir le travail de*) ■ **qn repasse derrière qn** jd überprüft jds Arbeit
4. (*retracer*) ■ **qn repasse sur qc** jd zieht etw nach
▸ **qn <u>peut</u> toujours** ~! *fam* darauf kann jd lange warten! *fam*
II. *vt + avoir* 1. (*franchir de nouveau*) ■ **qn/qc repasse qc** jd/etw überquert etw von neuem
2. (*refaire*) ■ **qn repasse qc** *examen* jd wiederholt etw
3. (*remettre*) ■ **qn repasse qc** [**quelque part**]: ***qn repasse une couche de peinture sur qc*** jd streicht etw noch einmal; ***qn repasse le plat au four*** jd stellt ein Gericht noch einmal in den Ofen
4. (*redonner*) ■ **qn repasse qc à qn** *plat, outil* jd reicht jdm etw noch einmal; ■ **qn repasse qn à qn:** ***je vous repasse le standard*** ich verbinde Sie wieder mit der Vermittlung; ***je te repasse maman*** ich gebe dir wieder die Mutti
5. (*rejouer*) ■ **qn/qc repasse qc** *film, émission* jd/etw zeigt etw noch einmal
6. (*se remettre en mémoire*) ■ **qn repasse qc dans qc: *qn repasse qc dans sa tête*** [*o* ***son esprit***] [*o* ***sa mémoire***] jd lässt etw noch einmal an sich vorüberziehen
7. (*réviser*) ■ **qn repasse qc** jd geht etw noch einmal durch
8. *fam* (*transmettre*) ■ **qn repasse qc à qn** *travail* jd schiebt jdm etw zu *fam,* jd halst jdm etw auf *fam; maladie* jd steckt jdn mit etw an

repasseuse [ʀ(ə)pɑsøz] *f* 1. (*femme*) Büglerin *f*
2. (*machine*) Mangel *f*

repayer <7> [ʀ(ə)peje] *vt* ■ **qn repaie qn/qc** jd bezahlt jdn/etw noch einmal

repêchage [ʀ(ə)peʃaʒ] *m* 1. (*fait de sortir de l'eau*) Bergen *nt*
2. SCOL, UNIV (*fait de repêcher*) Durchkommenlassen *nt;* (*examen*) Nachprüfung *f*
3. SPORT (*course*) Hoffnungslauf *m; **poule de*** ~ (*match*) Hoffnungsrunde *f*

repêcher <1> [ʀ(ə)peʃe] *vt* 1. (*retirer de l'eau*) ■ **qn repêche qn/qc** jd birgt jdn/etw
2. SCOL, UNIV *fam* ■ **qn repêche qn** jd lässt jdn [gerade] noch durchkommen *fam;* (*par examen complémentaire*) jd prüft jdn nach
3. SPORT ■ **qn repêche qn** jd qualifiziert jdn nachträglich

repeindre <irr> [ʀ(ə)pɛ̃dʀ] *vt* ■ **qn repeint qc** 1. (*peindre à neuf*) jd streicht etw neu
2. (*peindre une autre fois*) jd streicht etw noch einmal

repenser <1> [ʀ(ə)pɑ̃se] I. *vi* ■ **qn repense à qc** jd überdenkt etw; ***je vais y*** ~ ich werde es mir noch überlegen
II. *vt* ■ **qn repense qc** jd denkt etw neu durch

repenti, e [ʀ(ə)pɑ̃ti] *adj buveur, fumeur* ehemalig; *malfaiteur, terroriste* reuig

repentir [ʀ(ə)pɑ̃tiʀ] I. *m* Reue *f*
II. <10> *vpr* ■ **qn se repent de qc/d'avoir fait qc** jd bereut etw/bereut etw getan zu haben

repérage [ʀ(ə)peʀaʒ] *m* 1. (*localisation*) [*mouvements, avions*] Orten *nt*
2. CINE Location [lɔ'keɪʃn] *f; **qn fait des ~s quelque part*** jd ist irgendwo auf Drehortsuche

répercussion [ʀepɛʀkysjɔ̃] *f* 1. (*effet*) ■ ~ [**sur qn/qc**] Auswirkung *f* [*o* Konsequenz *f*] [auf jdn/etw]; ■ **qc a des ~s quelque part** etw wirkt sich irgendwo aus; ***qc a des ~s négatives*** etw stößt auf negative Resonanz; ***qc a peu de ~s sur qc*** etw wirkt sich kaum auf etw (*akk*) aus
2. PHYS [*son*] Widerhall *m;* [*choc*] Wucht *f*
3. ECON, FISC ■ ~ [**de qc**] [**sur qn**] Abwälzung *f* [einer S. (*gen*)] [auf jdn (*akk*)]

répercuter <1> [ʀepɛʀkyte] I. *vt* 1. (*réfléchir*) ■ **qc répercute qc** *son, écho, voix* etw wirft etw zurück
2. ECON, FISC ■ **qn répercute qc** [**sur qn/qc**] jd wälzt etw [auf jdn/etw] ab; *augmentation, frais* jd legt etw [auf jdn/etw] um
3. (*transmettre*) ■ **qn répercute qc** *consignes, instructions, demande* jd leitet etw weiter; *ordres a.* jd übermittelt etw
II. *vpr* 1. (*être réfléchi*) ■ **qc se répercute quelque part** etw hallt irgendwo wider
2. (*se transmettre à*) ■ **qc se répercute sur qc** etw schlägt sich irgendwo nieder

repère [ʀ(ə)pɛʀ] I. *m* 1. (*marque de reconnaissance*) Orientierungspunkt *m,* Anhaltspunkt *m; **qn trace des ~s sur qc*** jd markiert etw
2. (*trait*) [Markierungs]strich *m*
II. *app: **borne*** ~ Markierungsstein *m; **ce sont des dates ~ dans l'histoire du pays*** diese Daten sind Meilensteine in der Geschichte des Landes

repérer <5> [ʀ(ə)peʀe] I. *vt* 1. *fam* (*découvrir*) ■ **qn repère qn/qc** jd macht jdn/etw ausfindig; ■ **qn se fait ~** jd verrät sich; ■ **qn se fait ~ par qn** jd lenkt jds Aufmerksamkeit auf sich
2. CINE ■ **qn repère qc** *lieux* jd erkundet etw
3. MIL (*localiser*) ■ **qn/qc repère qc** jd/etw macht etw aus; *sous-marin a.* jd/etw ortet etw
II. *vpr fam* 1. (*s'orienter*) ■ **qn se repère** [**quelque part**] jd findet sich [irgendwo] zurecht
2. (*se retrouver*) ■ **qn se repère dans qc** jd findet sich in etw (*dat*) zurecht
3. (*se remarquer*) ■ **qn/qc se repère** jd/etw fällt auf

répertoire [ʀepɛʀtwaʀ] *m* 1. (*liste*) Verzeichnis *nt*
2. (*cahier, carnet*) Register *nt*
3. THEAT Repertoire *nt*
4. *fam* (*grand nombre*) ■ ~ [**de choses**] *d'histoires drôles, injures* Repertoire *nt* [an Dingen (*dat*)] *fam*
5. INFORM Verzeichnis *nt;* ~ ***principal*** Wurzelverzeichnis
◆ **répertoire d'adresses** Adressenverzeichnis *nt;* **répertoire des rues** Straßenverzeichnis *nt*

répertorier <1 a> [ʀepɛʀtɔʀje] *vt* 1. (*inscrire dans un répertoire*) ■ **qn répertorie qn/qc** jd nimmt jdn/etw in ein Verzeichnis auf
2. (*classer*) ■ **qn répertorie des personnes/choses** jd stellt ein Verzeichnis von Personen/Dingen auf

répéter <5> [ʀepete] I. *vt* 1. (*redire*) ■ **qn répète qc** [**à qn**] jd wiederholt [jdm] etw; ***qn répète une explication*** jd erklärt etw noch einmal; ***répète après moi: ...*** sprich mir nach: ...; ***qn ne s'est pas fait ~ les choses deux fois*** jd ließ sich das nicht zweimal sagen; ***qn répète toujours la même chose*** jd wiederholt sich ständig, jd erzählt immer dasselbe; ■ **qn répète à qn de faire qc** jd sagt jdm noch einmal, dass er etw tun soll; ***je vous l'ai répété cent fois déjà*** ich habe es euch schon hundertmal gesagt; ***combien de fois vous ai-je répété que*** wie oft habe ich euch schon gesagt, dass; ■ **qn répète** [**à qn**] **que** + *indic* jd sagt [jdm] wiederholt, dass
2. (*rapporter*) ■ **qn répète qc à qn** jd erzählt jdm etw weiter; *paroles, propos* jd wiederholt jdm etw; ***ne va pas le*** ~! erzähl es nicht weiter!
3. (*refaire*) ■ **qn répète qc** *exploit, expérience, tentative* jd wiederholt etw
4. (*mémoriser*) ■ **qn répète qc** *leçon, morceau de musique* jd lernt etw
5. THEAT, MUS ■ **qn répète qc** jd probt etw
6. (*plagier*) ■ **qn/qc répète qc** jd/etw wiederholt etw, jd/etw plagiiert etw *geh*
II. *vi* 1. (*redire*) ■ **qn répète** jd wiederholt; ***je répète: ...*** ich wiederhole: ...; ***répète un peu*** [***pour voir***]! sag das [doch] noch mal! *fam*
2. THEAT ■ **qn répète** jd probt
III. *vpr* 1. (*redire les mêmes choses*) ■ **qn se répète** jd wiederholt sich
2. (*se raconter*) ■ **des personnes se répètent qc** Menschen erzählen sich etw weiter; ■ **qc se répète** etw wird erzählt
3. (*se redire la même chose*) ■ **qn se répète qc/que** + *indic* jd sagt sich (*dat*) etw vor/sagt sich immer wieder, dass
4. (*être reproduit*) ■ **qc se répète** /*dessin, motif*/ etw wiederholt sich
5. (*se reproduire*) ■ **qc se répète** etw wiederholt sich

répétitif, -ive [ʀepetitif, -iv] *adj* sich ständig wiederholend; *travail* eintönig, monoton; ***qn fait des gestes ~s*** jd macht immer dieselben Handgriffe

répétition [ʀepetisjɔ̃] *f* 1. (*redite*) Wiederholung *f*
2. (*renouvellement*) ■ ~ **de qc** Wiederholung *f* einer S. (*gen*)
3. (*exercice*) ■ ~ **de qc** *d'un rôle, morceau de musique* Einstudieren *nt* einer S. (*gen*)
4. THEAT, MUS Probe *f; **qn est en*** ~ jd probt
5. (*redoublement*) ■ ~ **de qc** *d'un motif, thème* Wiederholung *f* einer S. (*gen*)
▸ ~ **<u>générale</u>** Generalprobe *f;* **<u>à</u>** ~: ***fusil à*** ~ Mehrlader *m,* Repetiergewehr *nt; **qn fait des angines à ~*** *fam* jd hat eine Angina nach der anderen

repeupler <1> [ʀ(ə)pœple] I. *vt* 1. (*peupler à nouveau*) ■ **qn repeuple qc** jd besiedelt [*o* bevölkert] etw neu
2. (*regarnir*) ■ **qn repeuple qc [d'animaux/de qc]** *étang, chasse* jd besetzt etw neu [mit Tieren]; *forêt* jd forstet etw [mit etw] auf
II. *vpr* ■ **qc se repeuple** etw wird neu besiedelt [*o* bevölkert]

repiquage [ʀ(ə)pikaʒ] *m* 1. HORT ■ ~ **de qc** Pikieren *nt* von etw
2. AUDIOV Überspielen *nt*; ***qn fait un ~ de disques*** jd überspielt Platten
3. PHOT Retusche *f*

repiquer <1> [ʀ(ə)pike] *vt* 1. HORT ■ **qn repique qc** jd pikiert etw
2. AUDIOV ■ **qn repique qc [sur qc]** jd überspielt etw [auf etw (*akk*)]
3. PHOT ■ **qn repique qc** jd retuschiert etw
4. *fam* (*attraper de nouveau*) ■ **qn repique qn [à faire qc]** jd erwischt jdn wieder [dabei, wie er etw tut]; ***il a été repiqué à voler*** er ist wieder beim Stehlen erwischt worden

répit [ʀepi] *m* 1. (*pause*) Ruhe[pause *f*] *f*; ***qn a un peu de ~*** jd hat ein bisschen mehr Zeit; ***qn se donne un instant de ~*** jd gönnt sich eine kleine [Ruhe]pause
2. (*délai supplémentaire*) Aufschub *m*
▶ **sans** ~ pausenlos, unentwegt

replacement [ʀ(ə)plasmɑ̃] *m* Vermittlung *f* einer neuen Stelle; ***qn est en ~*** jdm wird eine neue Stelle vermittelt

replacer <2> [ʀ(ə)plase] I. *vt* 1. (*remettre à sa place*) ■ **qn replace qc quelque part** jd stellt/legt etw irgendwohin zurück
2. (*situer*) ■ **qn replace qc dans qc** jd bettet etw in etw (*akk*) ein; ***qc doit être replacé(e) dans son époque*** etw muss im Kontext seiner Zeit gesehen werden
II. *vpr* ■ **qn se replace dans qc** jd versetzt sich in etw (*akk*) zurück

replanter <1> [ʀ(ə)plɑ̃te] *vt* 1. (*repiquer*) ■ **qn replante qc** jd setzt etw um, jd versetzt etw
2. (*repeupler de végétaux*) ■ **qn replante qc [en qc]** jd bepflanzt etw neu [mit etw]; *forêt a.* jd forstet etw [mit etw] auf
3. (*planter à nouveau*) ■ **qn replante qc [quelque part]** jd pflanzt etw wieder [irgendwohin] ein

replat [ʀəpla] *m* Abdachung *f*

replâtrage [ʀ(ə)plɑtʀaʒ] *m* 1. TECH (*renouvellement*) Erneuerung *f* des Gipsverputzes; (*amélioration*) Ausbesserung *f* des Gipsverputzes
2. *fam* (*raccommodage*): ***c'est du ~*** das ist Flickschusterei *f fam*

replâtrer <1> [ʀ(ə)plɑtʀe] *vt* 1. (*plâtrer de nouveau*) ■ **qn replâtre qc** jd erneuert den Gipsverputz einer S. (*gen*)
2. *fam* (*raccommoder*) ■ **des personnes replâtrent qc** Menschen kitten etw *fam*

replet, -ète [ʀəplɛ, -ɛt] *adj* wohlgenährt, rundlich; *visage* rund, voll

repli [ʀəpli] *m* 1. *pl* (*ondulations*) [*drapeau, peau*] Falten *pl*; [*rivière*] Biegung *f*, Windung *f*; [*intestin*] Windung *f*; ***un ~ de terrain*** eine Erhebung
2. (*retraite*) Rückzug *m*
3. BOURSE, ECON Rückgang *m*
4. (*isolement*) ■ ~ **[sur soi-même]** Abkapselung *f*; [*pays a.*] Abschottung *f*
5. COUT [doppelter] Einschlag
6. *pl littér* [*âme, cœur, conscience*] versteckter [*o* geheimer] Winkel

repliable [ʀ(ə)plijabl] *adj* ausklappbar

repliement [ʀ(ə)plimɑ̃] *m* PSYCH ■ **le ~ [sur soi-même]** Abkapselung *f*, Einigelung *f*

replier <1 a> [ʀ(ə)plije] I. *vt* 1. (*plier à nouveau*) ■ **qn replie qc** *journal, carte* jd faltet etw wieder zusammen; *nappe, étoffe* jd legt etw wieder zusammen
2. (*plier sur soi-même*) ■ **qn replie qc** *bas de pantalon, manche de chemise* jd krempelt etw hoch; *feuille de papier* jd faltet etw; *coin d'une page* jd knickt etw um; *mètre en bois* jd klappt etw zusammen
3. (*rabattre*) ■ **qn/un animal replie qc** *jambes, pattes* jd/ein Tier winkelt etw an; *ailes* ein Tier legt etw wieder an; *couverture, drap* jd schlägt etw zurück; *couteau, lame* jd klappt etw wieder ein; ***les jambes repliées*** mit angezogenen [*o* angewinkelten] Beinen
4. MIL ■ **qn replie des personnes** jd zieht Menschen zurück
II. *vpr* 1. (*faire retraite*) ■ **des personnes se replient** */troupes/* Menschen ziehen sich zurück; */manifestants, foule a./* Menschen weichen zurück
2. (*se protéger*) ■ **qn se replie sur qc** jd verschanzt sich hinter etw (*dat*)
3. (*se plier*) ■ **qc se replie** etw ist zusammenklappbar
4. (*se ramasser*) ■ **un animal se replie [sur lui-même]** ein Tier rollt sich ein; */chat, chien a./* ein Tier rollt sich zusammen
5. (*se renfermer*) ■ **qn se replie [sur lui-même]** jd kapselt sich ab, jd igelt sich ein; ***un pays vit replié sur lui-même*** ein Land lebt von der Außenwelt abgeschottet

réplique [ʀeplik] *f* 1. (*réponse*) Antwort *f*; ***qn a la ~ facile*** jd ist schlagfertig
2. (*objection*) ■ ~ **[à qc]** Einwand *m* [gegen etw]
3. (*réaction*) ■ ~ **[à qc]** Antwort *f* [auf etw (*akk*)]
4. THEAT Antwort *f*
5. ART Nachbildung *f*, Replik *f*
▶ **qn donne la ~ à qn** THEAT jd gibt jdm das Stichwort; (*débattre avec qn*) jd debattiert mit jdm; (*répondre à qn*) jd kontert jdm; **qn est la [vivante] ~ de qn** jd ist jds [lebendes] Abbild; **sans** ~ *obéir* ohne Widerrede *f*; *argument* unwiderlegbar

répliquer <1> [ʀeplike] I. *vi* 1. (*répondre*) ■ **qn réplique [à qn/qc]** jd erwidert [jdm/auf etw (*akk*)]; (*avec impertinence*) jd widerspricht [jdm/etw]
2. (*contre-attaquer*) ■ **qn réplique à qn/qc [par qc/en faisant qc]** jd kontert jdm/einer S. [mit etw/, indem er etw tut]
II. *vt* ■ **qn réplique qc [à qn]** jd erwidert [jdm] etw; ***elle trouve toujours quelque chose à ~*** sie findet immer eine Antwort; ■ **qn réplique [à qn] que** + *indic* jd erwidert [jdm], dass; ■ **qn réplique qc à qc** jd erwidert etw auf etw (*akk*)

replonger <2 a> [ʀ(ə)plɔ̃ʒe] I. *vi* ■ **qn replonge dans qc** 1. (*faire un plongeon*) jd springt noch einmal in etw (*akk*)
2. (*descendre au fond de l'eau*) jd taucht noch einmal in etw (*akk*)
II. *vt* 1. (*plonger à nouveau*) ■ **qn replonge qc dans qc** jd taucht etw noch einmal in etw (*akk*); ***qn replonge la main dans sa poche*** jd greift noch einmal in seine Tasche
2. (*précipiter à nouveau*) ■ **qn/qc replonge qn/qc dans qc** jd/etw stürzt jdn/etw wieder [*o* erneut] in etw (*akk*); ***une panne d'électricité replongea le quartier dans l'obscurité*** ein Stromausfall hüllte das Viertel erneut in Dunkelheit
III. *vpr* ■ **qn se replonge dans qc** jd vertieft sich wieder in etw (*akk*)

répondant, e [ʀepɔ̃dɑ̃, ɑ̃t] I. *m, f* (*garant*) Bürge/Bürgin *m/f*
II. *m* ▶ **qn a du ~** jd ist kapitalkräftig, jd verfügt über [ausreichende] Geldmittel; (*a le sens de la répartie*) jd ist schlagfertig

répondeur, -euse [ʀepɔ̃dœʀ, -øz] I. *adj* (*impertinent*) *enfant* aufmüpfig, aufsässig
II. *m* Anrufbeantworter *m*
▶ ~ **interrogeable à distance** Anrufbeantworter *m* mit Fernabfrage

répondeur-enregistreur <~s-~s> [ʀepɔ̃dœʀɑ̃ʀ(ə)ʒistʀœʀ] *m* Anrufbeantworter *m* mit Aufzeichnungsteil

répondre <14> [ʀepɔ̃dʀ] I. *vi* 1. (*donner une réponse*) ■ **qn répond [à qn]** jd antwortet [jdm]; ***répondez[-moi]!*** antworten Sie [mir]!, geben Sie [mir] eine Antwort!; ■ **qn répond à qc** *à une convocation, lettre* jd beantwortet etw; *à une question a.* jd antwortet auf etw (*akk*); ***je ne répondrai pas à vos injures*** ich werde auf Ihre Beleidigungen nicht eingehen; ■ **qn répond [à qn/qc] par [o de] qc/en faisant qc** jd antwortet [jdm/auf etw (*akk*)] mit etw/dadurch, dass er etw tut; ***elle a répondu à mon salut par un sourire/d'un haussement d'épaules [o en [me] souriant/en haussant les épaules]*** sie hat auf meinen Gruß mit einem Lächeln/einem Achselzucken geantwortet; ***réponds[-moi] par oui ou par non!*** antworte [mir] mit Ja oder Nein!; ***elle ne répond que par monosyllabes*** sie gibt nur einsilbige Antworten; ***répondez-moi par écrit/par retour du courrier*** teilen Sie mir Ihre Antwort schriftlich/postwendend mit; ***il m'a répondu en claquant la porte*** als Antwort hat er mir die Tür vor der Nase zugeschlagen
2. (*réagir*) ■ **qn/qc répond [à qc]**: ***personne ne répond [au téléphone]/[au coup de sonnette]*** niemand hebt [*o* nimmt] ab/niemand öffnet, es meldet sich niemand; ***ça a sonné à la porte, va ~!*** es hat geläutet, geh öffnen!; ***la radio de bord ne répond plus*** das Bordfunkgerät ist tot; ***ils ont répondu à l'appel du syndicat*** sie haben dem Aufruf der Gewerkschaft Folge geleistet; ***ce chien répond au nom de Fido*** dieser Hund hört auf den Namen Fido
3. (*correspondre à*) ■ **qn/qc répond à qc** *à l'idée, image, au signalement, aux besoins* jd/etw entspricht einer S. (*dat*); *à l'attente, aux exigences a.* jd/etw genügt einer S. (*dat*)
4. (*payer de retour*) ■ **qn répond à qc** *à l'affection, amour, attaque, la gentillesse, politesse* jd erwidert etw; *à l'appel, invitation* jd leistet einer S. (*dat*) Folge; ***elle ne répond plus à mon salut*** sie erwidert meinen Gruß nicht mehr; ■ **qn répond à qc par qc** jd reagiert mit etw auf etw (*akk*); ***il répond à la force par la force/au mépris par le mépris*** er vergilt Gewalt mit Gewalt/Verachtung mit Verachtung
5. (*se porter garant*) ■ **qn répond de qn/qc [à qn]** *de l'honnêteté, innocence, d'une personne* jd bürgt [jdm] für jdn/etw; *des dettes* jd haftet [jdm gegenüber] für etw, jd kommt für etw auf; ***je vous en réponds*** ich bürge Ihnen dafür
6. (*justifier*) ■ **qn répond de qc [à qn]** jd verantwortet sich [vor jdm] für etw; ***tu devras répondre de tes faits*** du wirst dich für dein Tun verantworten müssen
7. (*réfuter*) ■ **qn répond à qc** *à des arguments, critiques, objections* jd findet eine Antwort auf etw (*akk*); ***vous n'avez pas répondu à mes objections*** Sie sind mir eine Antwort auf meine Einwände schuldig geblieben
8. (*obéir*) ■ **qc répond [à qc]** */cerveau, organisme/* etw reagiert [auf etw (*akk*)]; */freins, commandes/* etw spricht [auf etw (*akk*)] an
9. (*être impertinent*) ■ **qn répond [à qn]** *à un instituteur, ses parents* jd gibt [jdm] freche Antworten, jd wird frech
▶ **qn ne répond plus de soi** jd verliert die Beherrschung
II. *vt* ■ **qn répond qc [à qn/qc]** jd gibt [jdm/auf etw (*akk*)] etw zur Antwort, jd antwortet [jdm/auf etw (*akk*)] mit etw; ***répondez[-moi] quelque chose!*** geben Sie [mir] irgendeine Antwort!, antworten Sie [mir] irgendetwas!; ***il m'a répondu une lettre de remerciements*** er hat [mir] mit einem Dankschreiben geantwortet; ***elle ne m'a rien répondu*** sie hat mir nicht geantwortet, sie hat mir keine Antwort gegeben; ***il a répondu oui*** er hat ja gesagt; ***que voulez-vous que je réponde à ça?*** was soll ich darauf [schon] antworten [*o* erwidern]?; ■ **qn a quelque chose/n'a rien à ~** jd hat etwas/hat nichts zu sagen; ***qu'avez-vous à ~?*** was haben Sie darauf zu sagen?; ■ **qn répond à qn de faire qc** jd antwortet jdm, er solle etw tun [*o* dass er etw tun solle]; ***je lui ai répondu de se mêler de ce qui la regarde*** ich habe ihr geantwortet, sie solle sich um ihre eigenen Angelegenheiten kümmern; ■ **qn répond [à qn] que** + *indic* jd antwortet [*o* erwidert] [jdm], dass; jd gibt [jdm] zur Antwort, dass; ■ **il est répondu à qn que** + *indic*, ■ **qn se voit ~ que** + *indic* man sagt jdm, dass
III. *vpr* 1. (*faire écho à*) ■ **des choses se répondent**: ***les différents instruments se répondaient*** die verschiedenen Instrumente spielten abwechselnd [*o* im Wechsel]; ***on entendait le chant des oiseaux qui se répondaient*** man vernahm den Wechselgesang der Vögel
2. (*être symétrique*) ■ **des choses se répondent** */dessins, éléments, façades/* Dinge entsprechen sich

réponse [ʀepɔ̃s] *f* Antwort *f*; PHYSIOL, TECH Reaktion *f*; ■ ~ **à qc** *à une de-*

mande, lettre, question, attaque, un tir Antwort auf etw (*akk*); *à une critique, objection, insulte* Reaktion auf etw (*akk*); *à un problème, une énigme* Lösung *f* einer S. (*gen*); ~ ***à un stimulus*** Reizbeantwortung *f*
▸ ~ **de Normand** ausweichende Antwort; **qn a ~ à tout** jd hat auf alles eine Antwort; **ce n'est** [*o* **c'est** *fam*] **pas une ~** das ist doch keine Antwort; **en ~ à qc** als Antwort auf etw (*akk*); (*dans un courrier*) Bezug nehmend auf etw (*akk*), unter Bezugnahme auf etw (*akk*); [**qc reste**] **sans ~** [etw bleibt] unbeantwortet

repopulation [ʀəpɔpylasjɔ̃] *f* Neubesied[e]lung *f*

report [ʀəpɔʀ] *m* **1.** (*renvoi*) [*date, manifestation, question*] Verschiebung *f;* [*paiement, dette, livraison*] Aufschub *m;* [*échéance*] Prolongation *f,* Stundung *f;* MIL [*incorporation*] Zurückstellung *f;* ■ ~ **à qc** *à une date/séance ultérieure* Verschieben *nt* auf etw (*akk*)
2. (*inscription*) [*note, somme, total*] Übertrag *m;* ***n'oublie pas le ~ du total sur la page suivante!*** vergiss nicht, die Endsumme auf die nächste Seite zu übertragen!
3. POL [*voix*] Übertragung *f,* Transfer *m*
4. PHOT, TYP Umdruck *m*

reportage [ʀ(ə)pɔʀtaʒ] *m* Reportage *f;* ~ ***filmé/photographique/télévisé*** Film-/Foto-/Fernsehreportage; ***il a débuté dans le ~*** er hat als Berichterstatter [*o* Reporter] angefangen; ■ ~ **sur qc** Reportage über etw (*akk*)
▸ **grand** ~ Sonderberichterstattung *f;* **qn fait un ~/des ~s** jd macht eine Reportage/Reportagen; **qn fait du ~** jd ist Reporter(in); **en ~** auf Reportage

reporter¹ [ʀ(ə)pɔʀtɛʀ, ʀ(ə)pɔʀtœʀ] *mf* Reporter(in) *m(f)*
▸ **grand** ~ [Auslands]sonderkorrespondent(in) *m(f)*
◆ **reporter photographe** Bildreporter(in) *m(f)*

reporter² <1> [ʀ(ə)pɔʀte] **I.** *vt* **1.** (*ramener*) ■ **qn reporte qc quelque part** jd bringt/stellt/trägt/legt etw irgendwohin zurück; ■ **qc reporte qn quelque part** etw versetzt jdn irgendwohin zurück
2. (*différer*) ■ **qn reporte qc** [**à qc**] *à une date ultérieure* jd verschiebt etw [auf etw (*akk*)], jd schiebt etw auf; ■ **qc est reporté(e)** [**à qc**] *à une date ultérieure* etw ist/wird [auf etw (*akk*)] verschoben, etw ist/wird aufgeschoben; ***la date de la réunion a été reportée*** der Termin der Sitzung ist verlegt [*o* verschoben] worden
3. (*réinscrire*) ■ **qn reporte qc quelque part** *chiffre, indications* jd überträgt etw irgendwohin
4. COM, FIN (*proroger*) ■ **qn reporte qc** *titres* jd prolongiert etw, jd gibt etw in Prolongation
5. (*transférer*) ■ **qn reporte qc sur qn/qc** *haine* jd richtet etw auf jdn/etw; *colère* jd lässt etw an jdm/etw aus; *affection, amour* jd schenkt [*o* gibt] jdm etw; JEUX *sur un cheval, numéro* jd setzt etw auf etw (*akk*); *voix* jd gibt jdm/einer S. etw
II. *vpr* **1.** (*se référer*) ■ **qn se reporte à qc** jd bezieht sich auf etw (*akk*); ***se ~ à la page 13*** siehe Seite 13
2. (*repenser*) ■ **qn se reporte à qc** *à une époque* jd versetzt sich in etw (*akk*) zurück
3. (*se transférer*) ■ **qc se reporte sur/contre qn** /*haine, colère, politique, mesures*/ etw richtet sich gegen jdn; /*affection, amour*/ etw gilt jdm

reporter-cameraman, **reporter-caméraman** <~s-~s o -men> [ʀ(ə)pɔʀtɛʀkameʀaman, ʀ(ə)pɔʀtœʀ-, -mɛn] *mf* Filmreporter(in) *m(f)*

repos [ʀ(ə)po] *m* **1.** (*détente*) Ruhe *f;* (*pause*) Ruhepause *f;* ***un peu de ~*** eine kleine Ruhepause; ***elle travaille sans ~*** sie arbeitet pausenlos
2. (*congé*): ~ ***dominical*** arbeitsfreier Sonntag, Sonntagsruhe *f;* ~ ***annuel*** Jahresurlaub *m;* ~ ***hebdomadaire*** [wöchentlicher] Ruhetag; ***les élèves profitent du ~ hebdomadaire*** die Schüler nützen den [schul]freien Tag in der Woche
3. (*tranquillité*) Ruhe *f;* *littér* (*sommeil*) Ruhe *geh;* ***huit heures de ~ me suffisent largement*** acht Stunden Schlaf reichen mir bei weitem; ***cela m'ôte tout ~*** das raubt mir meine ganze Ruhe; ***je ne voulais pas troubler votre ~*** ich wollte Sie nicht in Ihrer Ruhe stören; ***le ~ des morts*** die Ruhe der Toten
4. POES Zäsur *f;* MUS Pause *f*
▸ ~ **éternel** ewige Ruhe; **qn ne peut demeurer** [*o* **rester**] **en ~** jd kann nicht ruhig bleiben; **qn est de ~** jd hat frei [*o* Urlaub]; **qn laisse qn en ~** jd lässt jdn in Ruhe; **qn prend du ~** jd spannt [*o* ruht sich] aus; **qn prend un peu de ~** jd gönnt sich (*dat*) ein wenig Ruhe; **qn trouve/ne trouve pas le ~** jd findet Ruhe/keine Ruhe; **au ~** *animal* ruhend; ***laissons un moment le moteur au ~!*** gönnen wir dem Motor eine Verschnaufpause!; **de ~**: ***cure de ~*** Erholungskur *f;* ***temps de ~*** Pause *f;* ***une journée de ~*** ein freier Tag; ***il a pris une matinée/3 jours de ~*** er hat einen Vormittag/3 Tage frei genommen; ***à l'état de ~*** *muscles* in Ruhestellung; *mécanisme* im Ruhezustand; **de tout ~** (*sûr*) [ganz] sicher; (*simple*) einfach; **pas de tout ~** (*fatigant*) anstrengend; ***l'affaire n'est pas de tout ~*** die Angelegenheit ist nicht [so] einfach [*o* nicht ohne *fam*]; **en ~**: ***j'ai la conscience en ~*** ich habe ein ruhiges Gewissen; ***tant que ..., je n'aurai pas l'esprit en ~*** solange ..., werde ich keine Ruhe haben; ***qc est en ~*** /*nature, terre*/ etw ruht; ~! MIL rührt euch!
◆ **repos du guerrier** Liebesgenuss *m*

reposant, e [ʀ(ə)pozɑ̃, ɑ̃t] *adj* erholsam; *lieu* friedlich, ruhig; ■ [**qc est**] ~ **pour qc** *pour la vue, l'esprit* [etw ist] wohltuend [*o* erholsam] für etw

repose [ʀ(ə)poz] *f* [*évier, élément de cuisine, machine*] erneuter Einbau; [*moquette*] erneutes Verlegen

reposé, e [ʀ(ə)poze] *adj* erholt, ausgeruht; ***qn a le teint ~*** jd sieht frisch aus; ***j'ai l'esprit ~*** ich bin ausgeruht; ***tu as l'air ~*** du siehst erholt aus

repose-pied <~-~s> [ʀ(ə)pozpje] *m* [*motocyclette*] Fußraste *f;* [*fauteuil*] Fußstütze *f*

reposer¹ <1> [ʀ(ə)poze] **I.** *vt* **1.** (*poser à nouveau*) ■ **qn repose qc** [**quelque part**] *livre, objet* jd setzt/stellt/legt etw [irgendwohin] zurück [*o* etw wieder [irgendwo]hin]; ***reposez ... arme!*** MIL Gewehr ... ab!; ***ne repose pas l'écouteur!*** leg nicht auf!
2. (*remettre en place*) ■ **qn repose qc** *appareil, machine, objet démonté* jd baut etw wieder zusammen; *tapis, moquette* jd verlegt etw wieder
3. (*répéter*) ■ **qn/qc repose qc** [**à qn**] *problème* jd/etw stellt jdn erneut vor etw (*akk*), jd/etw wirft etw wieder auf; *question* jd stellt [jdm] noch einmal etw; ***ce phénomène repose toujours au gouvernement les mêmes problèmes*** dieses Phänomen stellt die Regierung immer wieder vor dieselben Probleme
II. *vi* **1.** (*être posé sur*) ■ **qc repose sur qc** *sur une base, surface, le plancher, des piliers* etw ruht auf etw (*dat*), etw wird von etw getragen
2. (*être fondé sur*) ■ **qc repose sur qc** *sur une hypothèse, des présomptions, observations, un témoignage* etw stützt sich auf etw (*akk*), etw gründet auf etw (*dat*), etw ist auf etw (*dat*) gegründet; ***votre affirmation ne repose sur rien*** Ihre Behauptung ist aus der Luft gegriffen
3. (*dépendre*) ■ **qc repose sur qn/qc**: ***la responsabilité repose sur elle*** [*o* ***sur ses épaules***] die Verantwortung ruht auf ihren Schultern
III. *vpr* **1.** (*revenir se poser*) ■ **un animal/qc se repose** [**quelque part**] /*oiseau, poussière*/ ein Tier/etw setzt sich wieder [irgendwohin]; /*avion*/ etw landet wieder [irgendwo]
2. ■ **qc se repose** /*problème, question*/ etw stellt sich erneut

reposer² <1> [ʀ(ə)poze] **I.** *vt* (*délasser*) ■ **qn repose qc** *corps, yeux, jambes* jd ruht etw aus; ■ **qc repose qn/qc** [**de qc**] etw bringt jdm/einer S. Entspannung, etw bringt jdm/einer S. Erholung [von etw]; ***des lunettes de soleil reposent la vue*** eine Sonnenbrille entspannt die Augen; ***rien de tel pour ~ l'esprit*** es gibt nichts Besseres um abzuschalten *fam;* ***il tricote, ça le repose*** er strickt, dabei kann er ausspannen
II. *vi* **1.** (*être couché*) ■ **qn repose** [**quelque part**] jd ruht [irgendwo]; (*dormir*) jd schläft [*o* ruht *geh*] [irgendwo]
2. *soutenu* (*se trouver*) ■ **qc repose quelque part** /*village, campagne, épave, navire*/ etw liegt irgendwo
3. *soutenu* (*être enterré*) ■ **qn repose** [**quelque part**] jd ruht [irgendwo] *geh*
4. (*rester au repos*) ■ **qn laisse ~ qc** *mélange, pâte, terre, vin* jd lässt etw ruhen
III. *vpr* **1.** (*se délasser*) ■ **qn/un animal se repose** [**quelque part**] jd/ein Tier ruht sich [irgendwo] aus
2. (*s'en remettre à*) ■ **qn se repose sur qn** jd verlässt sich auf jdn; ■ **qn se repose sur qn pour faire qc** jd überlässt es jdm, etw zu tun; ■ **qn se repose sur qn pour qc** jd überlässt jdm etw; ***elle se repose sur son fils pour les soins du ménage*** sie überlässt ihrem Sohn die Hausarbeit

repose-tête <~-~[s]> [ʀ(ə)poztɛt] *m vieilli* Kopfstütze *f,* Nackenstütze *f*

repositionner <1> [ʀ(ə)pozisjɔne] **I.** *vt* ■ **qn repositionne qc** *satellite* jd bringt etw wieder in die Umlaufbahn; *produit* jd platziert etw wieder
II. *vpr* ■ **qn se repositionne quelque part** jd platziert sich wieder irgendwo

repoussage [ʀ(ə)pusaʒ] *m* Treiben *nt,* Punzen *nt*

repoussant, e [ʀ(ə)pusɑ̃, ɑ̃t] *adj* abstoßend; *odeur* widerlich, Ekel erregend; ***il était d'une laideur ~e*** er war abstoßend hässlich; ***ta chambre est d'une saleté ~e*** dein Zimmer starrt vor [*o* von] Schmutz

repousse [ʀ(ə)pus] *f* Nachwachsen *nt;* ***lotion qui favorise la ~ des cheveux*** Haarwuchsmittel *nt;* ***la pluie a provoqué la ~ rapide du gazon*** der Regen hat den Rasen schnell nachwachsen lassen

repoussé, e [ʀ(ə)puse] *adj métal* getrieben, gepunzt

repousser¹ <1> [ʀ(ə)puse] **I.** *vt* **1.** (*écarter*) ■ **qn repousse qc** *attaque, coups* jd wehrt etw ab; ■ **qn repousse qn** [**quelque part**] *agresseur* jd wehrt jdn ab, jd stößt jdn weg, jd stößt jdn irgendwohin; *ennemi, foule* jd drängt jdn [irgendwohin] zurück; ■ **qn repousse qc** [**quelque part**] *objet encombrant* jd schiebt etw [irgendwohin] weg [*o* beiseite]; (*avec véhémence*) jd stößt etw [irgendwohin] weg [*o* beiseite]; ***qn repousse une chaise du pied/de la main*** jd schiebt einen Stuhl mit dem Fuß/mit der Hand weg [*o* beiseite]
2. (*refuser*) ■ **qn repousse qc** *aide, arguments, conseil, objections* jd weist etw zurück; *demande a.* jd schlägt etw ab; *tentation* jd widersteht einer S. (*dat*); *hypothèse* jd schließt etw aus; POL *motion, projet de loi* jd lehnt etw ab; ■ **qn repousse qn** *soupirant* jd weist jdn ab
3. (*répugner*) ■ **qn/qc repousse qn** jd/etw stößt jdn ab
4. (*remettre à sa place*) ■ **qn repousse qc** [**quelque part**] *meuble* jd schiebt etw wieder [irgendwohin] zurück; *tiroir* jd schiebt etw wieder zu
5. (*différer*) ■ **qn repousse qc** *départ, événement* jd verschiebt etw; ***la date de l'examen a été repoussée/le concert a été repoussé à mardi*** der Prüfungstermin/das Konzert ist auf Dienstag verlegt [*o* verschoben] worden; ***je repousse la date de mon départ*** ich verschiebe meine Abreise
6. TECH ■ **qn repousse qc** *cuir, métal* jd treibt etw, jd punzt etw
II. *vpr* (*opp: s'attirer*) ■ **des choses se repoussent**: ***les pôles se repoussent*** die Pole stoßen sich ab

repousser² [ʀ(ə)puse] *vi* (*croître de nouveau*) ■ **qc repousse** /*barbe, cheveux, herbe*/ etw wächst nach; /*feuilles*/ etw wächst wieder [*o* von neuem]; ■ **qn laisse ~ qc** *barbe, cheveux* jd lässt etw wieder wachsen

repoussoir [ʀ(ə)puswaʀ] *m* **1.** (*personne laide*) Vogelscheuche *f;* (*perspective inquiétante*) Schreckbild *nt*
2. (*faire-valoir*) Kontrast *m;* ***qn/qc sert de ~ à qn/qc*** jd/etw bringt jdn/etw zur Geltung
3. (*pour les ongles*) Nagelhautschieber *m*
4. TECH Punze *f*

répréhensible [ʀepʀeɑ̃sibl] *adj acte* tadelnswert, verwerflich *geh*

reprendre <13> [ʀ(ə)pʀɑ̃dʀ] **I.** *vt* **1.** (*récupérer*) ■ **qn reprend qn** *employé* jd stellt jdn wieder ein; *fuyard* jd ergreift [*o* fasst] jdn wieder; ***il faut que je reprenne mon fils à l'école*** ich muss meinen Sohn [wieder] von der Schule abholen; ■ **qn reprend qc** *objet prêté, parole, emballage* jd nimmt etw zurück; *place* jd nimmt etw wieder ein; *objet déposé* jd holt etw wieder ab; MIL *territoire* jd erobert etw zurück; *ville* jd nimmt etw wieder ein, jd erobert etw zurück; ***puis-je ~ le livre que je t'ai prêté? – Oui, reprends-le!*** könnte ich das Buch, das ich dir geliehen habe, wieder zurückhaben? – Ja, nimm es [wieder] zurück!; ***elle reprend sa voiture et rentre chez elle*** sie steigt wieder ins Auto und fährt nach Hause; ***elle a longtemps hésité à ~ la voiture/le volant après son accident*** sie hat lange gezögert, bevor sie sich nach ihrem Unfall wieder ans Steuer gesetzt hat

2. (*retrouver*) ■ **qn/qc reprend qc** *forces* jd kommt wieder zu etw; *vie passée, contact, habitudes* jd nimmt etw wieder auf; ***il a repris confiance*** er ist wieder zuversichtlicher; ***elle reprend conscience*** [*o* ***connaissance***] sie kommt wieder zu sich; ***tu as repris des couleurs*** du hast wieder Farbe bekommen; ***la nature reprend ses droits*** die Natur macht ihre Rechte geltend; ***elle reprend espoir/courage*** sie schöpft wieder Hoffnung/Mut; ***elle a voulu ~ sa liberté*** sie wollte wieder frei sein; ***elle a repris son nom de jeune fille*** sie hat wieder ihren Mädchennamen angenommen; ***qn reprend haleine*** jd holt Luft; ***le train avait repris de la vitesse*** der Zug fuhr wieder schneller

3. COM, IND (*racheter*) ■ **qn reprend qc** [**à qn**] *fonds de commerce* jd übernimmt etw [von jdm]; *marchandise usagée* jd nimmt etw in Zahlung; ■ **qn/qc reprend qc** (*prendre en retour*) jd/etw nimmt etw zurück; ■ **qn reprend qc** (*accepter la responsabilité de*) *entreprise, direction* jd übernimmt etw

4. (*continuer après une interruption*) ■ **qn reprend qc** *conversation, études, travail, grève, hostilités* jd nimmt etw wieder auf; *lecture, récit a.* jd fährt in etw (*dat*) fort; *promenade* jd setzt etw fort; *fonction* jd übt etw wieder aus; *parole* jd ergreift etw wieder; (*recommencer*) *lecture, enquête* jd beginnt etw von vorne; ***je suis prêt à ~ la route*** ich bin bereit weiterzufahren, ich bin bereit die Fahrt fortzusetzen; ***il nous faudra ~*** [***le chemin de***] ***l'école*** wir müssen wieder in die Schule gehen; ***après son accident elle n'a pas repris ses fonctions/son travail*** nach ihrem Unfall hat sie ihre Tätigkeit/Arbeit nicht wieder aufgenommen; ***veux-tu ~ la lecture de ce chapitre?*** kannst du dieses Kapitel noch einmal vorlesen?; ***il faudra tout ~ à zéro*** wir müssen alles noch einmal ganz von vorn anfangen; ■ **qc reprend** qc: ***la conversation a repris son cours*** die Unterhaltung wurde fortgesetzt [*o* wurde wieder aufgenommen]; ***le travail a repris sa routine*** die Arbeit lief routinemäßig weiter [*o* wurde routinemäßig fortgesetzt]; ***la vie reprend son cours monotone*** das Leben nimmt wieder seinen gleichförmigen Lauf

5. (*rejouer*) ■ **qn reprend qc** jd nimmt etw wieder auf; *pièce a.* jd spielt etw wieder; *film a.* jd zeigt etw wieder

6. (*saisir à nouveau*) ■ **qc reprend qn** /*doute, maladie*/ jd bekommt etw wieder, etw befällt jdn wieder; ***la douleur l'a reprise*** sie hat wieder Schmerzen

7. (*corriger*) ■ **qn reprend qn/qc** *élève, faute, travail* jd verbessert jdn/etw; *article, chapitre* jd überarbeitet etw; ***tu devrais ~ ton travail*** du solltest deine Arbeit noch einmal überarbeiten; ***le peintre a repris son tableau afin de ...*** der Maler hat sich (*dat*) sein Bild noch einmal vorgenommen, um ...; ***ce travail est bien imparfait, il y a beaucoup à ~*** die Arbeit ist ziemlich mangelhaft, da ist noch viel dran zu machen [*o* da muss noch viel verbessert werden]

8. (*réprimander*) ■ **qn reprend qn** jd weist jdn zurecht; ■ **qn se fait ~** jd wird zurechtgewiesen

9. COUT ■ **qn reprend qc** *vêtement* jd ändert etw [ab]; (*qc de trop grand*) jd macht etw enger, jd hält etw ein, jd näht etw ab; (*qc de trop long*) jd kürzt etw; (*qc de trop petit, court*) jd lässt etw aus

10. (*répéter*) ■ **qn reprend qc** *incident, information, citation* jd greift etw auf; *argument, critique* jd greift auf etw (*akk*) zurück; *chanson, refrain* jd spielt/singt etw noch einmal; *mesure* jd nimmt etw noch einmal

11. (*se resservir de*) ■ **qn reprend qc** *légumes, viande, gâteau* jd nimmt noch etw, jd nimmt etw nach; ***reprenez un peu de vin*** nehmen Sie doch noch etwas Wein

12. (*s'approprier*) ■ **qn reprend qc** *idée, suggestion* jd greift etw auf

13. FBALL ■ **qn reprend qc** jd nimmt etw an; ***qn reprend la balle de la tête*** jd nimmt den Ball mit dem Kopf an

▸ **ça me/le/... reprend** *hum* es packt mich/ihn/... schon wieder; **que je ne t'y reprenne pas!** dass ich dich nicht noch einmal dabei erwische! *fam;* **on ne m'y reprendra plus** das passiert mir nicht noch einmal

II. *vi* **1.** (*se revivifier*) ■ **qn/qc reprend** /*convalescent*/ jd kommt wieder zu Kräften; /*affaires*/ etw belebt sich wieder; /*bouture*/ etw wurzelt an, etw schlägt Wurzeln; ***la vie reprend peu à peu*** das Leben geht [*o* nimmt] langsam wieder seinen Gang

2. (*recommencer*) ■ **qc reprend** /*douleurs, froid, musique, pluie*/ etw setzt wieder ein; /*bruit, guerre*/ etw beginnt von neuem; /*classe, cours*/ etw beginnt wieder, etw fängt wieder an; ***le froid reprend*** es wird wieder kalt; ***la conversation reprend*** die Unterhaltung wird wieder aufgenommen [*o* geht weiter]

3. (*enchaîner*) ■ **qn reprend** jd fährt fort

4. (*répéter*) ■ **qn reprend** jd wiederholt

III. *vpr* **1.** (*se corriger*) ■ **qn se reprend** jd verbessert sich; (*s'interrompre*) jd hält inne

2. *soutenu* (*recommencer*) ■ **qn se reprend à faire qc** jd beginnt wieder etw zu tun; ***elle s'était reprise à espérer*** sie begann wieder zu hoffen, sie schöpfte neue Hoffnung; ***il se reprit à penser à elle*** seine Gedanken wanderten von neuem zu ihr zurück; ***qn s'y reprend à deux/plusieurs fois pour faire qc*** jd benötigt zwei/mehrere Anläufe, um etw zu tun; ***il dut s'y ~ à plusieurs fois pour ouvrir la porte coincée*** erst nach mehreren Anläufen gelang es ihm, die verklemmte Tür zu öffnen

3. (*se ressaisir*) ■ **qn se reprend** jd fängt sich wieder

repreneur [ʀ(ə)pʀənœʀ] *m* Aufkäufer(in) *m(f)*

représailles [ʀ(ə)pʀezɑj] *fpl* Repressalien *pl,* Vergeltungsmaßnahmen *pl;* ***tu peux t'attendre à des ~ de sa part*** du kannst damit rechnen, dass er/sie sich rächen [*o* revanchieren] wird

▸ **qn exerce des** [*o* **use de**] **~ contre qn** jd ergreift Vergeltungsmaßnahmen [*o* Repressalien] gegen jdn; **en ~ à qc** als Vergeltung für etw; **par ~** zur Vergeltung

représentable [ʀ(ə)pʀezɑ̃tabl] *adj spectacle* aufführbar; ***ce phénomène est ~ par un graphique*** dieses Phänomen lässt sich grafisch darstellen

représentant, e [ʀ(ə)pʀezɑ̃tɑ̃, ɑ̃t] *m, f* **1.** COM Vertreter(in) *m(f);* ***c'est une ~e multicarte*** sie vertritt mehrere Firmen; ■ **~(e) en qc** *en lingerie, parapluies, vins* Vertreter(in) für etw

2. ADMIN, JUR, POL, REL ■ **~ de qn/qc** jds Vertreter(in) *m(f)*/Vertreter(in) einer S. (*gen*); ***les ~s syndicaux/du peuple*** die Gewerkschafts-/Volksvertreter, die Vertreter der Gewerkschaft[en]/des Volkes; ~ [***des forces***] ***de l'ordre*** Polizist *m*

3. (*spécimen*) [*espèce, époque*] [typischer] Vertreter/[typische] Vertreterin

◆ **représentant(e) de commerce** Handelsvertreter(in) *m(f)*

représentatif, -ive [ʀ(ə)pʀezɑ̃tatif, -iv] *adj* **1.** POL repräsentativ; ***assemblée ~ive*** gewählte Volksvertretung; ***régime ~*** parlamentarische Regierungsform; ***mandat ~*** freies Mandat; ***système ~*** Repräsentativsystem *nt*

2. (*caractéristique*) repräsentativ; ■ **~ de qn/qc** typisch [*o* charakteristisch] für jdn/etw; ***c'est un garçon tout à fait ~ de sa génération*** dieser Junge ist ein typischer Vertreter seiner Generation

représentation [ʀ(ə)pʀezɑ̃tasjɔ̃] *f* **1.** (*description*) [*fait, objet, paysage, phénomène*] Darstellung *f;* MATH Abbildung *f;* ***ce roman donne une ~ de la société moderne*** dieser Roman stellt die moderne Gesellschaft dar

2. (*perception*) Vorstellung *f;* ***vous vous faites une ~ erronée de la réalité*** Sie machen sich (*dat*) falsche Vorstellungen [*o* ein falsches Bild] von der Wirklichkeit

3. THEAT Vorstellung *f,* Aufführung *f*

4. POL (*délégation*) Vertretung *f;* ***~ proportionnelle*** Verhältniswahlrecht *nt;* ***un ambassadeur est chargé de la ~ de son pays*** ein Botschafter hat die Aufgabe sein Land zu vertreten

5. JUR Vertretung *f;* ***~ en justice*** Vertretung vor Gericht

6. COM (*métier*) Vertretung *f,* Vertreterwesen *nt;* ***~ exclusive*** Alleinvertretung; ***un poste dans la ~*** eine Stelle als Vertreter(in)

7. (*mondanités*) Repräsentation *f;* ***frais de ~*** Repräsentationsaufwendungen *pl,* Repräsentationsgelder *pl*

▸ **qn est en ~** jd produziert sich *fam,* jd stellt sich dar; **qn fait de la ~** jd ist [*o* arbeitet als] Vertreter(in)

représentativité [ʀ(ə)pʀezɑ̃tativite] *f* [*assemblée, délégation, parlement*] repräsentativer Charakter

représenter <1> [ʀ(ə)pʀezɑ̃te] **I.** *vt* **1.** (*décrire*) ■ **qn/qc représente qn/qc** *fait, objet, paysage, phénomène, société* jd/etw stellt jdn/etw dar; ***il nous a représenté exactement les faits*** er hat uns die Begebenheiten genau geschildert; ■ **qn représente qn comme qc** jd stellt jdn als etw hin

2. (*correspondre à*) ■ **qn/qc représente qc** *effort* etw bedeutet etw; *progrès, révolution, travail a.* etw ist etw; *menace, danger a.* etw stellt etw dar; *autorité* jd/etw verkörpert etw; *classe sociale, genre littéraire* jd/etw ist ein typischer Vertreter einer S. (*gen*); ***ça représente la moitié de nos dépenses*** dies macht die Hälfte unserer Ausgaben aus; ***les partisans de X représentent près de 15% de l'électorat*** die Anhänger von X machen nahezu 15% der Wählerschaft aus

3. THEAT ■ **qn représente qc** jd führt etw auf

4. (*agir au nom de*) ■ **qn représente qn/qc** [**quelque part**] /*avocat, député*/ jd vertritt jdn/etw [irgendwo]; ■ **qn se fait ~** [**par qn**] jd lässt sich [von jdm] vertreten

5. COM ■ **qn représente qc** *marque, société* jd vertritt etw, jd ist Vertreter für etw

6. (*montrer à nouveau*) ■ **qn représente qc** [**à qn**] *film, titre de transport* jd zeigt [jdm] etw noch einmal; *lettre, document a.* jd legt [jdm] etw noch einmal vor

7. *littér* (*exposer*) ■ **qn représente qc à qn** *conséquences, difficultés, inconvénients* jd führt jdm etw vor Augen, jd legt jdm etw dar

II. *vpr* **1.** (*s'imaginer*) ■ **qn se représente qn/qc** [**d'une certaine façon**] jd stellt sich (*dat*) jdn/etw [irgendwie] vor; ***représentez-vous ma surprise lorsque ...*** stellen Sie sich meine Überraschung vor, als ...; ***je ne me le représente pas du tout en uniforme*** ich kann ihn mir gar nicht in Uniform vorstellen

2. (*survenir à nouveau*) ■ **qc se représente** [**à qn**] /*occasion, possibilité*/ etw bietet sich [jdm] noch einmal; /*problème*/ etw stellt sich [jdm] erneut; ***cette idée se représentait sans cesse à son esprit*** diese Vorstellung ließ ihn/sie nicht los

3. ■ **qn se représente** [**à qc**] POL jd stellt sich [bei etw] erneut zur Wahl; SCOL *à un examen* jd tritt noch einmal [zu etw] an

répressif, -ive [ʀepʀesif, -iv] *adj* repressiv; ***loi/action/mesure ~ive*** Strafgesetz *nt*/-verfolgung *f*/-maßnahme *f*

répression [ʀepʀesjɔ̃] *f* JUR Bestrafung *f,* Ahndung *f,* strafrechtliche Verfolgung; POL Repression *f geh;* [*insurrection, révolte, mouvement*] Niederschlagung *f,* Unterdrückung *f;* PSYCH [bewusste] Verdrängung

réprimande [ʀepʀimɑ̃d] *f* Verweis *m,* Rüge *f;* ***elle lui a adressé une sévère ~*** sie hat ihm/ihr eine strenge [*o* scharfe] Rüge erteilt

▸ **qn fait une ~/des ~s à qn** jd erteilt jdm eine Rüge [*o* einen Verweis]/jd rügt jdn

réprimander <1> [ʀepʀimɑ̃de] *vt* ■ **qn réprimande qn** jd weist jdn zurecht, jd rügt [*o* tadelt] jdn; ■ **qn se fait ~** jd wird zurechtgewiesen [*o* getadelt] [*o* gerügt]

réprimer <1> [ʀepʀime] *vt* **1.** (*retenir*) ■ **qn réprime qc** jd unterdrückt etw; *colère, curiosité a.* jd zügelt etw; *larmes a.* jd hält etw zurück

2. JUR ■ **qn réprime qc** *abus, crime, fraude* jd ahndet etw *geh;* POL *révolte, insurrection* jd unterdrückt etw, jd schlägt etw nieder

reprisage [ʀ(ə)pʀizaʒ] *m* Stopfen *nt*

repris de justice [ʀ(ə)pʀid(ə)ʒystis] *m inv* Vorbestrafte(r) *f(m)*

reprise [ʀ(ə)pʀiz] *f* 1. *(recommencement)* ■ ~ **de qc** *d'une activité, des hostilités, du travail* Wiederaufnahme *f* einer S. *(gen)*; *du froid* Wiedereinsetzen *nt* einer S *(gen)*; *d'une pièce, œuvre* Wiederaufnahme *f* einer S. *(gen)* [in den Spielplan]; *d'une émission, d'un film* Wiederholung *f* einer S. *(gen)*; *des cours* Wiederbeginn *m* einer S. *(gen)*; ***la ~ des cours a lieu en septembre*** der Unterricht beginnt im September wieder
2. SPORT [Wieder]auftakt *m*
3. MUS Wiederholung *f,* Reprise *f;* ***signe de ~*** Wiederholungszeichen *nt*
4. *essor* Aufschwung *m;* [*affaires, investissements*] Wiederbelebung *f*
5. COM *(rachat)* ■ ~ **de qc** *d'un appareil, d'une voiture usagée* Inzahlungnahme *f* einer S. *(gen)*; *d'un fonds de commerce, d'une usine* Übernahme *f* einer S. *(gen)*; *de mobilier* Ablösung *f* einer S. *(gen)*; *(retour) d'une marchandise, des bouteilles* Zurücknahme *f* einer S. *(gen)*; ***pas de ~!*** kein Umtausch
6. *(réutilisation)* ■ ~ **de qc** *d'une idée, suggestion* Wiederaufgreifen *nt* einer S. *(gen)*
7. AUT Beschleunigung *f*
8. MIL, POL ■ ~ **de qc** *d'un territoire, terrain, siège au Parlement* Zurückeroberung *f* einer S. *(gen)*
9. COUT [*chaussettes*] Stopfen *nt;* [*chemise, drap, pantalon*] Ausbessern *nt;* ***qc a besoin d'une ~*** etw muss ausgebessert [*o* geflickt *fam*] werden; ***j'ai dû faire plusieurs ~s à ta chemise*** ich musste dein Hemd an mehreren Stellen ausbessern
10. *(en équitation)* [Reit]stunde *f*
11. *(deuxième mi-temps)* zweite Halbzeit [*o* Spielhälfte]; BOXE Runde *f*
▸ **à ... ~s:** ***à deux/trois ~s*** zwei-/dreimal [hintereinander]; ***à plusieurs ~s, à diverses*** [*o* ***maintes***] [*o* ***différentes***] ***~s*** mehrmals, des Öfteren, zigmal *fam*
◆ **reprise de volée** direkte Ballannahme; ***qn fait une ~ de volée*** jd nimmt den Ball direkt [*o* volley] an

repriser <1> [ʀ(ə)pʀize] *vt* ■ **qn reprise qc** *drap, linge, vêtement* jd bessert etw aus; *chaussettes* jd stopft etw

réprobateur, -trice [ʀepʀɔbatœʀ, -tʀis] *adj regard, silence* missbilligend; *ton a.* tadelnd

réprobation [ʀepʀɔbasjɔ̃] *f* Missbilligung *f;* REL ewige Verdammnis

reproche [ʀ(ə)pʀɔʃ] *m* Vorwurf *m,* Vorhaltung *f;* ***vous méritez des ~s*** Sie verdienen es, dass man Ihnen Vorhaltungen macht
▸ **qn adresse un ~ à qn** jd macht jdm einen Vorwurf; **qn fait un ~/des ~s à qn** jd macht jdm einen Vorwurf/Vorwürfe [*o* Vorhaltungen]; **qn fait ~ à qn de qc/de faire qc** jd macht jdm etw zum Vorwurf/jdm zum Vorwurf etw zu tun [*o* dass er etw tut]; **de ~** *air, ton* vorwurfsvoll; **sans ~** *comportement, tenue* untadelig; ***il est absolument sans ~*** er ist über jeden Vorwurf erhaben; [***soit dit***] ***sans ~*** ohne einen Vorwurf daraus machen zu wollen

reprocher <1> [ʀ(ə)pʀɔʃe] I. *vt* 1. *(faire grief de)* ■ **qn reproche qc à qn** *fortune, maladresse, malhonnêteté* jd wirft [*o* hält] jdm etw vor, jd macht jdm wegen etw Vorhaltungen; ***il ne faut pas ~ aux gens les services qu'on leur a rendus*** man darf den Leuten die Dienste, die man ihnen erwiesen hat, nicht vorrechnen; ■ **qn reproche à qn de faire qc** jd wirft [*o* hält] jdm vor, etw zu tun [*o* dass er etw tut]; ■ **qn a qc à ~ à qn** jd hat jdm etw vorzuwerfen; ***je n'ai rien à lui ~*** ich habe ihm/ihr nichts vorzuwerfen; ■ **qc est reproché(e)** [*o* **il est reproché qc**] **à qn** JUR etw wird jdm angelastet [*o* zur Last gelegt]
2. *(critiquer)* ■ **qn reproche qc à qc,** ■ **qn a qc à ~ à qc** *à un tableau, projet, travail, une marchandise* jd hat etw an etw *(dat)* auszusetzen; ■ **qn reproche à qc de** + *infin* jd hat an einer S. *(dat)* auszusetzen, dass; ***on peut ~ au coton de rétrécir facilement*** man kann an Baumwolle aussetzen, dass sie leicht eingeht
II. *vpr* ■ **qn se reproche qc** *acte, erreur, faute* jd macht sich *(dat)* Vorwürfe wegen etw, jd wirft sich *(dat)* etw vor; ■ **qn se reproche de faire qc** jd macht sich *(dat)* Vorwürfe, dass er etw tut; ■ **qn a qc à se ~** jd hat sich *(dat)* etw vorzuwerfen; ***je n'ai rien à me ~*** ich habe mir nichts vorzuwerfen

reproducteur, -trice [ʀ(ə)pʀɔdyktœʀ, -tʀis] *adj cellule, organe* Fortpflanzungs-; *animal* Zucht-

reproductible [ʀ(ə)pʀɔdyktibl] *adj* reproduzierbar

reproduction [ʀ(ə)pʀɔdyksjɔ̃] *f* 1. *(action de reproduire)* ■ ~ **de qc** *des sons, d'images* Wiedergabe *f* einer S. *(gen)*; *d'une illustration, d'un texte* Vervielfältigung *f* einer S. *(gen)*, Vervielfältigen *nt* einer S. *(gen)*; *d'une œuvre d'art* Reproduktion *f* einer S. *(gen)*; ***~ interdite*** Nachdruck *m* verboten; ***tous droits de ~ réservés*** alle Rechte vorbehalten
2. *(copie)* Reproduktion *f*
3. BIO Fortpflanzung *f;* ***mâle pour la ~*** männliches Zuchttier

reproduire <irr> [ʀ(ə)pʀɔdɥiʀ] I. *vt (refaire)* ■ **qn/qc reproduit qc** *illustration, tableau* jd/etw reproduziert etw; *erreur* jd macht etw [immer] wieder; *(rendre) image, son* jd/etw gibt etw wieder; ■ **qn reproduit qc** *(imiter) geste* jd macht etw nach; *(copier) page* jd vervielfältigt etw; ■ [**qc est**] **reproduit(e)** [**quelque part**] */photo/* [etw ist] [irgendwo] abgebildet; */texte/* [etw ist] [irgendwo] abgedruckt; */tableau/* [etw ist] [irgendwo] reproduziert
II. *vpr* 1. BIO ■ **qn/un animal se reproduit** jd/ein Tier pflanzt sich fort
2. *(se répéter)* ■ **qc se reproduit** */erreur, fait, phénomène/* etw wiederholt sich

reprographie [ʀ(ə)pʀɔgʀafi] *f* Reprographie *f*

reprographier <1 a> [ʀ(ə)pʀɔgʀafje] *vt* ■ **qn reprographie qc** jd kopiert etw, jd reprographiert etw *spec*

réprouvé, e [ʀepʀuve] *m, f* Ausgestoßene(r) *f(m);* REL Verdammte(r) *f(m)*

réprouver <1> [ʀepʀuve] *vt* ■ **qn réprouve qc** jd missbilligt etw, jd verurteilt etw; ■ [**qn est**] **réprouvé(e)** [jd ist/wird] geächtet; ■ [**qc est**] **réprouvé(e)** [etw ist/wird] verurteilt; ■ **qn réprouve qn** REL jd verdammt jdn, jd verstößt jdn

reps [ʀɛps] *m* Rips *m*

reptation [ʀɛptasjɔ̃] *f* Kriechen *nt*

reptile [ʀɛptil] *m* Reptil *nt;* ***les ~s*** die Kriechtiere, die Reptilien

reptilien, ne [ʀɛptiljɛ̃, jɛn] *adj* reptilartig; ***les caractéristiques ~nes*** die für Reptilien typischen Merkmale

repu, e [ʀəpy] I. *pp de* **repaître**
II. *adj* 1. *(rassasié)* satt, gesättigt *geh*
2. *(gavé)* ■ **qn est ~ de** jd hat seinen -hunger gestillt; ■ **qn est ~ de qc** *(en avoir marre)* jd ist einer S. *(gen)* überdrüssig; ***qn est ~ de lecture*** jd hat seine Leselust [*o* seinen Lesehunger] gestillt/ist des Lesens überdrüssig [*o* hat es satt zu lesen]

républicain, e [ʀepyblikɛ̃, ɛn] I. *adj* republikanisch
II. *m, f* Republikaner(in) *m(f)*

république [ʀepyblik] *f* Republik *f*
▸ ~ **bananière** *péj* Bananenrepublik *f;* **l'ancienne R~ démocratique allemande** die ehemalige Deutsche Demokratische Republik; **la R~ fédérale d'Allemagne** die Bundesrepublik Deutschland; **la R~ française** die Französische Republik; **R~ populaire** Volksrepublik *f;* ***la R~ populaire de Chine*** die Volksrepublik China; **on est** [*o* **vit**] **en ~** wir leben [doch] in einem freien Land
◆ **république des lettres** Welt *f* der Gelehrten

République centrafricaine [ʀepybliksɑ̃tʀafʀikɛn] *f* ■ **la ~ ~** die Zentralafrikanische Republik

répudiation [ʀepydjasjɔ̃] *f* ■ ~ **de qc** Ausschlagung *f* einer S. *(gen)*; ■ ~ **de qn** Verstoßen *nt* eines Menschen

répudier <1 a> [ʀepydje] *vt* ■ **qn répudie qc** *idées, principes* jd gibt etw auf, jd verleugnet etw; *legs, succession* jd schlägt etw aus; *nationalité* jd lehnt etw ab; ■ **qn répudie qn** *conjoint* jd verstößt jdn

répugnance [ʀepyɲɑ̃s] *f (aversion)* Abscheu *m; (dégoût)* Ekel *m;* ■ ~ **pour qn/qc** Widerwillen *m* gegen jdn/etw; ***il a de la ~ pour le travail scolaire/les oignons*** er verabscheut Schularbeiten/Zwiebeln, ihn widern Schularbeiten/Zwiebeln an; ■ ~ **à qc/à faire qc** Abscheu vor etw *(dat)*/davor, etw zu tun; ***ta ~ à l'effort est bien connue*** es ist allgemein bekannt, dass du jede Art von Anstrengung verabscheust; ***il éprouvait de la ~ à nous avouer la vérité*** es widerstrebte ihm, uns die Wahrheit zu sagen

répugnant, e [ʀepyɲɑ̃, ɑ̃t] *adj individu, nourriture, odeur* widerlich; *action, crime* abscheulich; ***il était d'une laideur ~e*** er war abstoßend hässlich

répugner <1> [ʀepyɲe] *vi* 1. *(dégoûter)* ■ **qn/qc lui répugne** */nourriture, odeur, personne/* jd/etw widert [*o* ekelt] jdn an; */action, idée, malhonnêteté, mensonge/* etw stößt jdn ab
2. *(n'avoir pas envie)* ■ **qn répugne à qc/à faire qc** jdm widerstrebt etw/es widerstrebt jdm, etw zu tun; ***je répugne à l'accuser*** es widerstrebt mir, ihm/ihr die Schuld zu geben; ***elle répugne à parler en public*** sie spricht höchst ungern in der Öffentlichkeit; ■ **il répugne à qn de faire qc** es widerstrebt jdm, etw zu tun; ***il lui a toujours répugné de mentir*** er/sie hat es schon immer verabscheut zu lügen

répulsif, -ive [ʀepylsif, -iv] *adj* 1. *action, sensation* abstoßend, widerlich
2. PHYS *force* abstoßend

répulsion [ʀepylsjɔ̃] *f* 1. *(aversion)* Abscheu *m; (dégoût)* Ekel *m;* ***qc soulève ma ~*** etw stößt mich ab; ■ ~ **pour qn/qc** Abscheu vor jdm/etw; ***elle a de la ~ pour les ivrognes*** sie verabscheut Trinker
2. PHYS Abstoßung *f*

réputation [ʀepytasjɔ̃] *f* 1. *(honneur)* [guter] Ruf [*o* Name], Ansehen *nt*
2. *(renommée)* Ruf *m;* ***~ mondiale*** Weltruf; ***nous sommes fiers de notre ~ de qualité*** wir sind stolz darauf, dass unser Name für Qualität steht; ***sa ~ d'homme honnête/d'avarice*** sein Ruf, ein Ehrenmann/Geizhals zu sein
▸ **qn/qc a bonne/mauvaise ~** jd/etw hat einen guten/schlechten Ruf; **qn a une ~ de qc** jd steht in dem Ruf etw zu sein; ***il a une ~ de générosité/d'avarice*** jd steht in dem Ruf großzügig/geizig zu sein [*o* hat den Ruf eines Geizhalses]; **qn a la ~ d'être qc** *avare, généreux, honnête, excellent nageur* jd steht in dem [*o* hat den] Ruf etw zu sein; **qn a la ~ d'avoir qc** *beaucoup d'argent, une belle collection de qc* jd hat angeblich etw; man sagt von jdm, dass er etw hat; **qn connaît qn/qc de ~** jd kennt jdn/etw vom Hörensagen; **la ~ de qn/qc n'est plus à faire** jds guter Ruf/der gute Ruf einer S. *(gen)* steht außer Zweifel; *iron* jd/etw hat seinen Ruf schon weg *fam,* jds Ruf/der Ruf einer S. *(gen)* ist bereits ruiniert; **qn se fait une ~** jd macht sich *(dat)* einen Namen

réputé, e [ʀepyte] *adj* 1. *(connu)* bekannt; *(célèbre)* berühmt; ■ **qn/qc est ~ pour qc/pour faire qc** jd ist bekannt für etw/dafür, etw zu tun; ***ce professeur est ~ pour être sévère*** dieser Lehrer ist für seine Strenge bekannt [*o* dafür bekannt, dass er streng ist]
2. *(considéré comme)* ■ **qn/qc est ~ ...** jd/etw gilt als ...; ***ce remède est ~ infaillible*** dieses Heilmittel gilt als unfehlbar

requérant, e [ʀəkeʀɑ̃, ɑ̃t] I. *adj:* ***la partie ~e*** die antragstellende Partei
II. *m, f* Antragsteller(in) *m(f)*

requérir <irr> [ʀəkeʀiʀ] I. *vt* 1. *(nécessiter)* ■ **qc requiert qc** *attention, prudence* etw erfordert etw; *soins* etw bedarf einer S. *(gen)*; ***cette phrase requiert une explication*** dieser Satz bedarf einer Erklärung; ■ **qc requiert que** + *subj* etw erfordert, dass
2. *(solliciter)* ■ **qn requiert qc** jd erbittet etw, jd ersucht um etw *geh*
3. *(exiger)* ■ **qn requiert qc** *explication, justification* jd fordert etw; *avion spécial, voiture spéciale* jd fordert etw an; JUR *peine* jd beantragt [*o* fordert] etw; ***nous avons dû ~ la protection de la police*** wir mussten Polizeischutz anfordern
II. *vi* ■ **qn requiert** [**contre qn**] jd erhebt Anklage [gegen jdn]

requête [ʀəkɛt] *f* **1.** (*supplique*) Gesuch *nt*, Eingabe *f*; ***j'ai présenté*** [*o* ***déposé***] ***une*** ~ ich habe ein Gesuch eingereicht [*o* eine Eingabe gemacht]
2. JUR (*demande*) Antrag *m*; ■ **~ en qc** *en cassation, divorce* Antrag auf etw (*akk*)
3. INFORM Abfrage *f*
► **~ civile** Restitutionsklage *f*; **à** [*o* **sur**] **la ~ de qn** auf jds Antrag [*o* Ersuchen] (*akk*) [hin]

requiem [ʀekɥijɛm] *m inv* Requiem *nt*

requin [ʀəkɛ̃] *m* **1.** ZOOL Hai[fisch *m*] *m*; ~ ***bleu/blanc/pèlerin*** Blauhai/Weißer Hai/Riesenhai
2. (*personne*) Halsabschneider(in) *m(f)*; ~ ***de la finance*** Finanzhai *m*

requin-marteau <~s-~x> [ʀəkɛ̃maʀto] *m* Hammerhai *m*

requinquer <1> [ʀ(ə)kɛ̃ke] **I.** *vt fam* ■ **qn/qc requinque qn** jd/etw bringt jdn wieder auf die Beine, etw möbelt jdn auf *fam*; ■ **[qn est] requinqué(e)** [jd ist] wieder in Form
II. *vi fam* ■ **qc requinque** etw möbelt auf *fam*, etw belebt
III. *vpr fam* ■ **qn se requinque** jd erholt sich

requis, e [ʀəki, iz] **I.** *pp de* **requérir**
II. *adj âge, conditions, diplôme* erforderlich
III. *m, f* Dienstverpflichtete(r) *f(m)*

réquisition [ʀekizisjɔ̃] *f* **1.** (*confiscation*) [*biens, vivres, logements*] Beschlagnahmung *f*, Requisition *f*; (*demande*) Anforderung *f*; ~ ***de la force armée*** Anforderung von Militär
2. *pl* JUR (*demande de peine*) [Straf]antrag *m*; (*plaidoirie*) Plädoyer *nt*

réquisitionner <1> [ʀekizisjɔne] *vt* ■ **qn réquisitionne qn/qc** *biens, vivres, logements* jd beschlagnahmt etw; *hommes* jd dienstverpflichtet jdn; *force armée* jd fordert etw an; *hum fam* jd belegt jdn mit Beschlag; ***j'ai été réquisitionné pour*** [***faire***] ***la vaisselle*** ich bin zum Spülen abkommandiert worden *fam*

réquisitoire [ʀekizitwaʀ] *m* **1.** JUR Antrag *m*
2. *fig* Anklage[rede *f*] *f*; ■ **~ contre qn/qc** Anklage gegen jdn/etw

R.E.R. [ɛʀøɛʀ] *m abr de* **réseau express régional** S-Bahn-Netz *nt* (*in Paris und Umgebung*)

rescapé, e [ʀɛskape] **I.** *adj*: ***personne*** ~***e*** Überlebende(r) *f(m)*; ***quelques passagers*** ~***s du crash de l'avion*** einige Passagiere, die den Flugzeugabsturz überlebt haben
II. *m, f* Überlebende(r) *f(m)*

rescousse [ʀɛskus] *f* ► **à la ~** zu Hilfe; ***elle est venue à ma*** ~ sie ist mir zu Hilfe gekommen, sie hat mir geholfen

réseau <x> [ʀezo] *m* **1.** CHEMDFER, COM, GEOG, INFORM, TELEC Netz *nt*; ~ ***ferroviaire/fluvial/radiophonique/routier/téléphonique*** [Eisen]bahn-/Fluss-/Rundfunk-/Straßen-/Fernsprechnetz; ~ ***local*** INFORM lokales Netz
2. (*organisation*) Organisation *f*; ■ **~ de** *d'espionnage, de la mafia* -netz *nt*, -ring *m*; ~***x de*** [***la***] ***Résistance*** Netz der Widerstandsgruppen
3. (*enchevêtrement*) Netz *nt*; ~ ***inextricable*** Gewirr *nt*, unentwirrbares Netz; ■ **~ de qc** *d'intrigues, de sentiers, tranchées* Netz von etw; *de veines a.* Geflecht *nt* von etw; ~ ***de fils de fer*** Drahtverhau *m o nt*
4. GEOL, PHYS Gitter *nt*

réséda [ʀezeda] *m* Reseda *f*

réservataire [ʀezɛʀvatɛʀ] **I.** *adj* pflichtteilsberechtigt
II. *mf* Pflichtteilsberechtigte(r) *f(m)*

réservation [ʀezɛʀvasjɔ̃] *f* (*place*) Reservierung *f*; (*action a.*) Reservieren *nt*, Vorbestellen *nt*; ***avez-vous une*** ~? haben Sie reserviert [*o* vorbestellt]?

réserve [ʀezɛʀv] *f* **1.** (*provision*) Vorrat *m*; ***nous avons fait des*** ~***s pour l'hiver*** wir haben Vorräte für den Winter angelegt; ■ **~ de** *d'argent, énergie, de marchandises* -reserve *f*; ***les*** ~***s mondiales de pétrole*** die Weltreserve [*o* der Weltvorrat] an Erdöl
2. (*restriction*) Vorbehalt *m*; ***à une*** ~ ***près*** mit einer Einschränkung; ***il m'a exprimé ses*** ~***s*** er hat mir gegenüber seine Bedenken [*o* Vorbehalte] geäußert
3. (*retenue*) Zurückhaltung *f*, Reserviertheit *f*; ***il a été d'une grande*** ~ er war sehr zurückhaltend [*o* reserviert]
4. MIL, SPORT Reserve *f*
5. (*lieu protégé*) Schutzgebiet *nt*, Reservat *nt*; ~ ***indienne*** Indianerreservat; ~ ***botanique/naturelle/ornithologique*** Pflanzen-/Natur-/Vogelschutzgebiet; ~ ***de chasse/pêche*** Wildschutzgebiet/Fischschonrevier *nt*
6. (*entrepôt*) [Waren]lager *nt*
7. FIN, JUR Rücklage *f*; ~ ***foncière*** Bauerwartungsland *nt*; ~***s monétaires*** Währungsreserve *f*; ~ ***héréditaire*** [*o* ***légale***] Pflichtteil *m o nt*; ~***s obligatoires*** gesetzliche Rücklagen
8. [*bibliothèque, musée*] Magazin *nt*
► **qn a des ~s** *hum* jd hat Reserven; **qn émet** [*o* **fait**] **des ~s** [**sur qc**] jd äußert Bedenken [gegen etw], jd meldet Bedenken [gegen etw] an; **qn sort de sa ~** jd legt seine Zurückhaltung ab; ***si tu veux le faire sortir de sa*** ~, … wenn du ihn aus der Reserve locken willst, …; **de ~** *armée, officier* Reserve-; **en ~** in Reserve; *marchandises* vorrätig; ***qn met*** [*o* ***tient***] ***qn/qc en*** ~ jd hält jdn zurück [*o* in der Hinterhand]/jd spart etw auf; *argent* jd legt etw zurück; **sans ~** ohne Vorbehalt, vorbehaltlos; ***il lui est dévoué sans*** ~ er ist ihm/ihr rückhaltlos ergeben; **sous** [**toute**] **~** mit [*o* unter] Vorbehalt, ohne jede Gewähr; **sous ~ de qc/que** + *subj* vorbehaltlich einer S. (*gen*)/unter dem Vorbehalt, dass; **sur la ~**: ***il est/se tient/demeure sur la*** ~ er ist/verhält sich/bleibt reserviert

réservé, e [ʀezɛʀve] *adj* **1.** (*discret*) *personne* zurückhaltend, reserviert
2. (*circonspect*) *diagnostic, médecin* vorsichtig, zurückhaltend
3. (*retenu*) *place* reserviert; *chambre, table a.* vorbestellt; ***j'ai deux places*** ~***es*** ich habe zwei Plätze reserviert; ■ **~ à qn/qc** für jdn/etw reserviert
4. (*limité à certains*) Privat-; JUR *biens* Vorbehalts-; ***tous droits*** ~***s*** alle Rechte vorbehalten; ***domaine de chasse*** ~***e*** privates Jagdrevier; ***quartier*** ~ Rotlichtviertel *nt*; ■ **~ à qn/qc** jdm/einer S. vorbehalten; *aux Noirs, Blancs, handicapés, autobus a.* für jdn/etw; ***ne t'assois pas là, c'est une place*** ~***e aux handicapés*** setz dich nicht dorthin, das ist ein Sitzplatz für Behinderte [*o* der Sitzplatz ist Behinderten vorbehalten]

réserver <1> [ʀezɛʀve] **I.** *vt* **1.** (*garder*) ■ **qn réserve qc pour** [*o* **à**] **qn/qc** *lieu, place, parking* jd reserviert etw für jdn/etw; *argent* jd legt etw für jdn/etw beiseite; *marchandise* jd legt etw für jdn/etw zurück; *objet, souvenir* jd hebt etw für jdn/etw auf; *meuble* jd stellt etw für jdn/etw beiseite; ***j'ai réservé ce bureau à votre intention*** ich habe dieses Büro für Sie reserviert [*o* freigehalten]; ***elle a réservé le meilleur pour la fin*** sie hat das Beste bis zuletzt aufgespart; ***l'entrée est réservée aux seuls membres*** der Zutritt ist allein Mitgliedern vorbehalten; ***la matinée sera*** ~***e à l'enseignement*** der Vormittag ist dem Unterricht vorbehalten
2. (*retenir*) ■ **qn réserve qc** [**pour qn**] *chambre, place* jd reserviert [jdm] etw; *table a.* jd bestellt [jdm] etw vor; ***pour les vacances j'ai réservé un appartement*** für die Ferien habe ich eine Wohnung gemietet; ***elle a déjà réservé son billet d'avion/son voyage*** sie hat ihren Flug/ihre Reise bereits gebucht
3. (*destiner, procurer*) ■ **qn réserve qc à qn** *joies, bon accueil* jd bereitet jdm etw; ***tu vas voir la punition que je te réserve!*** du wirst schon sehen, welche Strafe ich mir für dich ausgedacht habe! [*o* ich dir zugedacht habe]; ***cet enfant a réservé à ses parents bien des joies*** dieses Kind hat seinen Eltern viel Freude bereitet; ■ **qn réserve qc à qc**: ***elle a réservé un accueil favorable à ma demande*** sie hat meine Bitte wohlwollend aufgenommen; ■ **qc réserve qc** [**à qn/qc**] *avantage, inconvénient* etw bringt [jdm/einer S.] etw; *danger* etw birgt etw [für jdn/etw]; *surprise* etw bringt etw [für jdn/etw] mit sich; ***nul ne sait ce que l'avenir lui réserve*** niemand weiß, was die Zukunft [ihm] bringen wird; ***ce voyage ne nous a réservé que des désagréments*** diese Reise hat uns nur Unannehmlichkeiten gebracht [*o* beschert]; ***ce parcours réserve bien des dangers*** diese Strecke birgt viele Gefahren; ■ **il est réservé à qn de faire qc** (*droit exclusif*) jdm ist es vorbehalten, etw zu tun
4. (*surseoir à*) ■ **qn réserve qc** *décision, diagnostic, réponse* jd hält etw [*o* mit etw] zurück
II. *vpr* **1.** (*revendiquer pour soi*) ■ **qn se réserve qc** *avantage, droit* jd bedingt sich (*dat*) etw aus, jd behält sich (*dat*) etw vor; ■ **qn se réserve de faire qc** jd behält sich (*dat*) vor etw zu tun
2. (*se ménager*) ■ **qn se réserve** [**pour qc**] *pour le banquet, dessert* jd hebt sich (*dat*) seinen Appetit für etw auf; *pour une meilleure occasion, pour plus tard* jd wartet etw ab, jd wartet auf etw (*akk*); ***je me réserve pour plus tard*** ich warte noch etwas
3. (*rassembler ses forces*) ■ **qn se réserve** [**pour qc/pour faire qc**] jd bereitet sich moralisch [auf etw (*akk*)] vor/bereitet sich moralisch darauf vor, etw zu tun; jd sammelt seine Kräfte [für etw/um etw zu tun]; SPORT jd schont seine Kräfte [für etw/um etw zu tun]

réserviste [ʀezɛʀvist] *m* MIL Reservist *m*; SPORT Reservespieler *m*, Reservist *m spec*

réservoir [ʀezɛʀvwaʀ] *m* **1.** (*cuve, bassin*) Tank *m*; ■ **~ de** *d'essence, huile, de pétrole, stockage* -tank; ~ ***d'eau*** Wasserreservoir *nt*, Wasserspeicher *m*; ~ ***d'air/d'air comprimé*** Luftbehälter *m*/Pressluftspeicher *m*
2. (*lac, barrage*) Wasserreservoir *nt*
3. (*réserve*) ■ **~ de** -reserve *f* an (+ *dat*); *de matières premières* -lager *nt*; *d'images* -bestand *m*; ***ce pays est un*** ~ ***de talents/de main-d'œuvre*** dieses Land ist reich an Talenten/hat eine große Arbeitskraftreserve [*o* einen großen Bestand an Arbeitskräften]

résidant, e [ʀezidɑ̃, ɑ̃t] *m, f* [*immeuble*] Bewohner(in) *m(f)*; [*ville, pays*] Einwohner(in) *m(f)*

résidence [ʀezidɑ̃s] *f* **1.** (*domicile*) Wohnsitz *m*; ***lieu de*** ~ Wohnort *m*
2. (*immeuble*) Wohnanlage *f*; ~ ***universitaire/pour personnes âgées/handicapés*** Studenten-/Alten-/Behindertenwohnheim *nt*
3. ADMIN (*lieu de fonction*) Amtssitz *m*
► **~ principale** Hauptwohnsitz *m*; **~ secondaire** zweiter Wohnsitz; (*pour les vacances*) (*appartement*) Ferienwohnung *f*; (*maison*) Ferienhaus *nt*; **en** [*o* **sous**] **~ surveillée** unter Hausarrest; ***il a été placé en*** ~ ***surveillée*** er wurde unter Hausarrest gestellt

résident, e [ʀezidɑ̃, ɑ̃t] *m, f* **1.** (*étranger*) *in einem Gastland ansässiger Ausländer/ansässige Ausländerin*; ***les*** ~***s allemands en France*** die in Frankreich ansässigen Deutschen
2. HIST Resident *m*; ***R~ général*** Generalresident
3. (*diplomate*) Gebietsansässige(r) *f(m)*

résidentiel, le [ʀezidɑ̃sjɛl] *adj* **1.** (*d'habitation*) *secteur, zone* Wohn-
2. (*de standing*) *immeuble, quartier, rue* vornehm

résider <1> [ʀezide] *vi* **1.** (*habiter*) ■ **qn réside quelque part** jd wohnt irgendwo; ***les étrangers qui résident en France*** die in Frankreich ansässigen [*o* wohnhaften] Ausländer
2. (*se trouver*) ■ **qc réside dans qc** etw liegt [*o* besteht] in etw (*dat*); ***c'est en cela que réside la difficulté*** eben darin liegt die Schwierigkeit

résidu [ʀezidy] *m* CHIM Rückstand *m*; MATH Rest *m*; ~***s de combustion/fission*** Verbrennungs-/Spaltungsrückstände *pl*

résiduel, le [ʀezidɥɛl] *adj matières, produits* Abfall-; *air, urine* Rest-; ***eaux*** ~***les*** Abwässer *pl*; ***troubles*** ~***s*** residuale Störungen; ***valeur*** ~***le d'une voiture*** Altwert *m* eines Autos

résignation [ʀeziɲasjɔ̃] *f* Resignation *f*; ***avec*** ~ resigniert; ■ **la ~ à qc** *à l'injustice, la pauvreté* das Sichabfinden mit etw

résigné, e [ʀeziɲe] *adj* resigniert; ~ ***à mon/son/… sort*** schicksalsergeben; ***il était depuis longtemps*** ~ ***à l'échec/à l'infortune*** er hatte sich längst mit seinem Misserfolg/Unglück abgefunden

résigner <1> [ʀeziɲe] *vpr* ■ **qn se résigne** jd resigniert; ■ **qn se résigne à qc** jd findet sich mit etw ab, jd nimmt etw hin; ■ **qn se résigne à faire qc** jd findet sich damit ab etw zu tun; ***j'ai dû me*** ~ ***à vieillir*** ich musste mich mit dem Älterwerden abfinden; ich musste mich damit abfinden, älter zu werden [*o* dass ich älter werde]

résiliable [ʀeziljabl] *adj* kündbar

résiliation [ʀeziljasjɔ̃] *f* Kündigung *f*

résilier <1 a> [ʀezilje] *vt* ■ **qn résilie qc** jd kündigt etw

résille [ʀezij] I. *f* Netz *nt*
II. *app inv bas, collant* Netz-

résine [ʀezin] *f* BOT, CHIM, IND Harz *nt;* ~ ***synthétique*** [*o* ***artificielle***] Kunstharz

résiné, e [ʀezine] I. *adj vin* geharzt
II. *m* (*vin*) Retsina *m,* geharzter Wein

résineux, -euse [ʀezinø, -øz] I. *adj* harzig; *arbre, bois* Nadel-
II. *m* Nadelbaum *m;* ***les*** ~ die Nadelhölzer; ***forêt de*** ~ Nadelwald *m*

résistance [ʀezistɑ̃s] *f* 1. (*opposition*) Widerstand *m;* MIL *a.* Gegenwehr *f;* ■ **la R~** HIST die Resistance
2. (*endurance*) [*matériaux*] Widerstandsfähigkeit *f;* [*personne a.*] Widerstandskraft *f;* [*papier a.*] Festigkeit *f;* [*glace*] Tragfähigkeit *f;* ~ ***vitale*** Widerstandsfähigkeit; ***ces plantes n'ont pas de*** ~ diese Pflanzen sind nicht sehr widerstandsfähig; ■ ~ **à** *au feu, à la rupture, traction* -festigkeit; *au froid, gel, à la chaleur, à l'érosion* -beständigkeit *f; aux antibiotiques, à la pénicilline* Resistenz *f* gegen etw; ~ ***à la fatigue*** Durchhaltevermögen *nt;* ~ ***aux chocs/acides*** Stoß-/Säurefestigkeit; ~ ***à l'usure d'un tissu*** Strapazierfähigkeit *f* eines Stoffes
3. ELEC Widerstand *m*
4. (*force contraire*) Widerstand *m;* ~ ***de l'air/de frottement*** Luft-/Reibungswiderstand
▸ ~ **passive** passiver Widerstand; **qn/qc offre** [*o* **oppose**] **une ~ … à qn/qc** *farouche, héroïque* jd leistet jdm/einer S. … Widerstand; ***ce matériau offre une grande ~ au feu*** dieses Material ist äußerst feuerfest

résistant, e [ʀezistɑ̃, ɑ̃t] I. *adj* 1. (*robuste*) *couleur* haltbar; *matériau, tissu a.* fest; *personne, plante, animal* robust, zäh; ***l'acier est plus ~ que le fer*** Stahl ist härter als Eisen; ■ ~ **à** *au feu, à la corrosion* -fest; *au froid, à la chaleur, l'érosion* -beständig; ~ ***à l'usure/aux chocs/aux acides*** verschleiß-/stoß-/säurefest; ***plante ~e à de fortes gelées*** winterfeste Pflanze
2. HIST *groupe, organisation* Widerstands-
II. *m, f* HIST Widerstandskämpfer(in) *m(f)*

résister <1> [ʀeziste] *vi* 1. (*s'opposer*) ■ **qn résiste** jd wehrt sich, jd leistet Widerstand; ■ **qn résiste à qn** jd leistet jdm Widerstand; ■ **qn résiste à qc** *à l'oppression, l'opinion, un argument* jd widersetzt sich einer S. (*dat*); *à un désir, une passion, tentation* jd widersteht einer S. (*dat*); *à une attaque* jd wehrt etw ab
2. (*surmonter*) ■ **qn résiste à qc** *à la douleur, fatigue* jd bezwingt etw; *à l'émotion a.* jd meistert etw; *à l'adversité* jd kämpft gegen etw an; *à une tentation* jd widersteht einer S. (*dat*); *au chagrin, aux privations* jd übersteht etw
3. (*supporter*) ■ **qc résiste à qc** *à l'analyse, une épreuve, aux calomnies* etw hält einer S. (*dat*) stand; ***qc résiste au feu/lavage*** etw ist feuerfest/waschecht

résolu, e [ʀezɔly] I. *pp de* **résoudre**
II. *adj air, personne* entschieden, [fest] entschlossen; *ton a.* bestimmt; ■ ~ **à qc/à faire qc** zu etw entschlossen/entschlossen [dazu], etw zu tun; ~ ***à tout*** zu allem entschlossen

résoluble [ʀezɔlybl] *adj* (*annulable*) aufhebbar, kündbar

résolument [ʀezɔlymɑ̃] *adv* (*sans hésiter*) entschlossen; (*délibérément*) bewusst

résolutif, -ive [ʀezɔlytif, -iv] I. *adj cataplasme, remède* rückbildend; (*lors d'une inflammation*) entzündungshemmend
II. *m* Resolvens *nt spec* (*Arzneimittel, das die Lösung eines Krankheitsprozesses fördert*)

résolution [ʀezɔlysjɔ̃] *f* 1. (*décision*) Beschluss *m;* POL *a.* Resolution *f*
2. (*énergie*) Entschlossenheit *f,* Entschlusskraft *f*
3. (*solution*) ■ ~ **de qc** *d'une question* Lösung *f* einer S. (*gen*)
4. JUR [*bail*] Kündigung *f;* [*contrat*] Auflösung *f;* [*vente*] Rückgängigmachung *f*
5. MED ■ ~ **de qc** *d'un abcès, d'une tumeur* Rückbildung *f* einer S. (*gen*), Resolution *f* einer S. (*gen*) *spec*
6. MATH ■ ~ **de qc** *d'une équation* [Auf]lösung *f* einer S. (*gen*)
7. INFORM Auflösung *f*
▸ **qn prend une** ~ jd fasst einen Beschluss; POL jd verabschiedet eine Resolution; **qn prend des ~s** jd fasst Vorsätze; ***j'ai pris de bonnes ~s*** ich habe gute Vorsätze gefasst; **qn prend la ~ de faire qc** jd fasst den Beschluss etw zu tun

résolutoire [ʀezɔlytwaʀ] *adj* auflösend, aufhebend; *clause a.* Ausweich-

résonance [ʀezɔnɑ̃s] *f* 1. (*acoustique*) Resonanz *f*
2. (*répercussion*) Resonanz *f,* Widerhall *m;* (*connotation*) Anklang *m;* ***ses paroles ont eu une grande ~ dans l'opinion*** seine/ihre Worte haben in der Öffentlichkeit großen Widerhall [*o* große Resonanz] gefunden
3. ELEC, PHYS Resonanz *f;* ~ ***magnétique nucléaire*** kernmagnetische Resonanz
▸ **qn/qc entre/est en ~ avec qn/qc** jd/etw kommt/steht mit jdm/etw in Einklang

résonateur [ʀezɔnatœʀ] *m* Resonator *m*

réson[n]ant, e [ʀezɔnɑ̃, ɑ̃t] *adj* 1. *cavité, chambre, fréquence* Resonanz-
2. *littér voix* [klang]voll; ■ ~ **de qc** von etw widerhallend; ***la cour de récréation, toute ~e de cris et de rires*** der von Geschrei und Lachen erfüllte Schulhof

résonner <1> [ʀezɔne] *vi* ■ **qc résonne** etw hallt; ■ **qc résonne de qc** *de cris, chants, d'appels* etw hallt von etw [wider]

résorber <1> [ʀezɔʀbe] I. *vt* (*réduire*) ■ **qn/qc résorbe qc:** ***des mesures susceptibles de ~ l'inflation/le chômage/le surplus*** Maßnahmen *pl,* die dazu geeignet sind, die Inflation/Arbeitslosigkeit/den Überschuss abzubauen; ***comment ~ ce déficit?*** wie kann dieses Defizit verringert werden?, wie kann man dieses Defizit verringern?; ***l'embouteillage a été résorbé en moins d'une heure*** der Stau hatte sich in weniger als einer Stunde wieder aufgelöst; ***qc permet de ~ une tumeur/un abcès/un épanchement*** durch etw bildet sich ein Tumor/ein Abszess/ein Erguss zurück, durch etw kann ein Tumor/ein Abszess/ein Erguss resorbiert werden *spec*
II. *vpr* ■ **qc se résorbe** */chômage, inflation, surplus/* etw geht zurück; */déficit/* etw verringert sich, etw wird geringer; */embouteillage/* etw löst sich auf; */abcès, tumeur/* etw bildet sich zurück; */épanchement/* etw resorbiert sich

résorption [ʀezɔʀpsjɔ̃] *f* ■ ~ **de qc** *du chômage, déficit, surplus, de l'inflation* Abbau *m* einer S. (*gen*); *d'un abcès, d'une tumeur* Rückbildung *f* einer S. (*gen*); *d'un épanchement* Rückgang *m* einer S. (*gen*); PHYSIOL Aufnahme *f* einer S. (*gen*), Resorption *f* einer S. (*gen*); ***la ~ de l'inflation a pu être obtenue rapidement*** die Inflation konnte rasch abgebaut werden; ***la ~ de l'embouteillage a pris plusieurs heures*** erst nach mehreren Stunden hatte sich der Stau aufgelöst

résoudre <irr> [ʀezudʀ] I. *vt* 1. ■ **qn résout qc** *conflit, mystère, problème* jd löst etw; *difficulté, crise* jd meistert etw; *dilemme* jd findet einen Ausweg aus etw; MATH *équation, problème* jd löst etw
2. (*décider*) ■ **qn résout qc** *exécution, mort* jd beschließt etw; ■ **qn résout de faire qc** jd beschließt etw zu tun; jd entschließt sich [dazu], etw zu tun; ■ **qn résout qn à faire qc** jd überzeugt jdn, etw zu tun
3. MED ■ **qc résout qc** *abcès, tumeur* durch etw bildet sich etw zurück; *épanchement* durch etw geht etw zurück; ***la médecine peut maintenant ~ certaines tumeurs*** es gelingt der Medizin heute, bestimmte Tumore zur Rückbildung zu bringen
4. JUR ■ **qn résout qc** *bail, contrat* jd löst etw [auf]
5. MUS ■ **qn résout qc** *dissonance* jd löst etw auf
6. *littér* (*transformer*) ■ **qc résout qc en qc** *en cendres, eau, grêle, neige, pluie* etw verwandelt etw in etw (*akk*)
II. *vpr* 1. (*se décider*) ■ **qn se résout à qc/à faire qc** jd entschließt sich zu etw/entschließt sich [dazu], etw zu tun
2. (*trouver une solution*) ■ **qc se résout** */problème/* etw löst sich
3. (*se ramener à*) ■ **qc se résout à qc** etw läuft auf etw (*akk*) hinaus; ***ce problème se résout à bien peu de choses*** dieses Problem löst sich so ziemlich in Nichts auf
4. *littér* (*se transformer*) ■ **qc se résout [en qc]** *en eau, glace, vapeur* etw löst sich auf, etw verwandelt sich in etw (*akk*)

respect [ʀɛspɛ] *m* 1. (*égards*) ■ ~ **[envers qn]** Respekt *m* [jdm gegenüber], [Hoch]achtung *f* [jdm gegenüber]; ■ ~ **de** [*o* **pour**] **qn/qc** Achtung [*o* Respekt] vor jdm/etw
2. (*observance*) ■ ~ **de qc** *de la forme* Wahrung *f* einer S. (*gen*); *de l'étiquette a., des lois, d'un plan* Einhaltung *f* einer S. (*gen*); *d'une institution* Anerkennung *f* einer S. (*gen*)
▸ **sauf** [*o* **malgré** [**tout**]] **le ~ que je vous dois** mit Verlaub [gesagt [*o* zu sagen]]; **qn doit le ~ à qn** jd schuldet jdm Respekt; **qn/qc impose le ~** jd/etw flößt Respekt ein; **qn manque de ~ [à qn]** jd benimmt sich [jdm gegenüber] respektlos, jd lässt es [jdm gegenüber] am nötigen Respekt fehlen; **qn présente ses ~s à qn** *form* jd entbietet jdm seinen Gruß *geh;* ***vous voudrez présenter mes ~s à Madame votre mère*** meine Empfehlung an Ihre Frau Mutter *geh;* **qn tient qn en ~** jd hält jdn in Schach; **avec ~** ehrerbietig; **par ~ pour qn/qc** aus Achtung vor jdm/etw; **sauf votre ~** mit Verlaub; **mes ~s!** meine Verehrung!

respectabilité [ʀɛspɛktabilite] *f* Ehrenhaftigkeit *f,* Achtbarkeit *f*

respectable [ʀɛspɛktabl] *adj* 1. (*digne de respect*) *air, allure, chose, personne* ehrbar, achtenswert; *motif, scrupule* ehrenhaft
2. (*assez important*) *âge, dimensions, nombre* beachtlich; ***il a gagné une somme ~ au loto*** er hat eine ansehnliche Summe im Lotto gewonnen

respecter <1> [ʀɛspɛkte] I. *vt* 1. (*avoir des égards pour*) ■ **qn respecte qn/qc** *vieillard, morale, convictions, parents* jd achtet jdn/etw, jd hat Achtung vor jdm; *femme a.* jd achtet jds Ehre; ■ **[qn/qc est] respecté(e)** [jd/etw ist] geachtet [*o* angesehen]; ■ **qn se fait ~** jd verschafft sich (*dat*) Respekt
2. (*observer*) ■ **qn respecte qc** *convenances, étiquette, forme, tradition* jd wahrt etw; *loi, normes* jd hält etw ein; *limitation, ordre alphabétique, priorité* jd beachtet etw; *paroles* jd hält etw; *engagement* jd kommt einer S. (*dat*) nach; ■ **qc respecte qc** *normes de sécurité, règles d'hygiène, code* etw entspricht einer S. (*dat*); ■ **qn fait ~ qc** *ordre, loi* jd sorgt dafür, dass etw geachtet [*o* befolgt] wird
3. (*ménager*) ■ **qn respecte qc** *douleur de qn, environnement, matériel, sommeil de qn, tranquillité de qn* jd nimmt auf etw (*akk*) Rücksicht
II. *vpr* ■ **qn se respecte** jd hat Selbstachtung
▸ **qn/qc qui se respecte** jd/etw, der/die/das etwas auf sich hält; ***un professeur qui se respecte …*** ein Lehrer, der etwas auf sich hält, …

respectif, -ive [ʀɛspɛktif, -iv] *adj* jeweilig

respectivement [ʀɛspɛktivmɑ̃] *adv* jeweils; ***ils ont présenté ~ leur travail*** jeder von ihnen hat seine Arbeit vorgestellt; ***mes enfants ont ~ 5 et 10 ans*** meine Kinder sind 5 und 10 [*o* 5 beziehungsweise 10] Jahre alt

respectueusement [ʀɛspɛktɥøzmɑ̃] *adv agir, traiter* mit Respekt; *parler, saluer a.* respektvoll; *iron* höflichst

respectueux, -euse [ʀɛspɛktɥø, -øz] I. *adj langage, personne, silence* respektvoll; ***je vous présente mes ~euses salutations/mes hommages ~*** (*à la fin d'une lettre*) mit freundlichen Grüßen/hochachtungsvoll [*o* mit vorzüglicher Hochachtung]; ■ ~ **de** [*o* **envers**] **qn** respektvoll jdm gegenüber; ***il a toujours été ~ envers ses parents*** er ist seinen Eltern immer mit Respekt begegnet, er hat seinen Eltern immer großen Respekt entgegengebracht; ■ **qn est ~ de qc** *des convenances, formes, de l'étiquette, de la tra-*

dition (*met en pratique*) jd wahrt etw; (*attache de l'importance*) jd legt Wert auf etw (*akk*); *du bien d'autrui, d'une autre religion, de l'environnement* jd nimmt auf etw (*akk*) Rücksicht; *de la loi* jd achtet etw

II. *f vieilli* ■ **respectueuse** (*prostituée*) Dirne *f*

respirable [ʀɛspiʀabl] *adj atmosphère, odeur* erträglich; ***cet air est à peine*** ~ die Luft hier kann man kaum atmen

respirateur [ʀɛspiʀatœʀ] *m* Beatmungsgerät *nt*

respiration [ʀɛspiʀasjɔ̃] *f* Atmung *f;* ~ ***branchiale/ cutanée/ pulmonaire*** Kiemen-/Haut-/Lungenatmung; ~ ***artificielle*** künstliche Beatmung; ***qn a une*** ~ ***bruyante/ difficile/ haletante*** jd atmet laut [*o* geräuschvoll]/ schwer/keuchend; ***elle a la*** ~ ***courte*** sie ist kurzatmig; ***la*** ~ ***haletante, elle s'arrêta*** keuchend blieb sie stehen

▶ **qc coupe la ~ à qn** etw verschlägt jdm den Atem; **qn retient sa ~** jd hält den Atem an

respiratoire [ʀɛspiʀatwaʀ] *adj mouvements, voies* Atem-; *organe, système* Atmungs-; ***maladies ~s*** Erkrankungen *pl* der Atemwege; ***troubles ~s*** Atembeschwerden *pl; **sous assistance*** ~ unter künstlicher Beatmung; ***appareil*** ~ (*organes*) Atmungsorgane *pl;* (*masque*) Atemgerät *nt*

respirer <1> [ʀɛspiʀe] I. *vi* 1. ■ **qn/un animal/qc respire [par qc]** *par la bouche, le nez* jd/ein Tier/etw atmet [durch etw]; ***respirez fort!*** tief einatmen!; ***le malheureux aura bientôt cessé de*** ~ der Ärmste wird bald seinen letzten Atemzug tun

2. (*se détendre*) ■ **qn respire** jd holt [*o* schöpft] Atem

3. (*être rassuré*) ■ **qn respire** jd atmet auf

II. *vt* 1. (*inhaler*) ■ **qn respire qc** *air, vapeur* jd atmet etw [ein]; ■ **qn fait ~ qc à qn** jd lässt jdn etw einatmen; ***faites-lui ~ des sels!*** geben Sie ihm/ihr Riechsalz!

2. (*exprimer*) ■ **qn/qc respire qc** *bonheur, bonté, calme, sérénité* jd/etw strahlt etw aus; ***il respire l'honnêteté*** er ist die Ehrlichkeit selbst; ***son attitude respirait la méfiance*** sein/ihr Benehmen zeugte von Misstrauen; ***il respire l'orgueil et la vanité*** alles an ihm ist Stolz und Eitelkeit

resplendir <8> [ʀɛsplɑ̃diʀ] *vi soutenu* 1. (*briller*) ■ **qc resplendit** /*lune, soleil*/ etw strahlt; ***la cuisine resplendit de propreté*** die Küche blitzt vor Sauberkeit

2. (*rayonner*) ■ **qn/qc resplendit [de qc]** *de bonheur, joie* jd/etw strahlt [vor etw (*dat*)]

resplendissant, e [ʀɛsplɑ̃disɑ̃, ɑ̃t] *adj* 1. (*brillant*) strahlend; ***d'un blanc*** ~ strahlend weiß; ***le sol de ma cuisine est*** ~ mein Küchenboden ist strahlend sauber

2. (*éclatant*) *beauté* strahlend; ***elle est dotée d'une santé ~e*** sie strotzt vor Gesundheit; ***elle a une mine/ elle est ~e*** sie sieht strahlend [*o* glänzend] aus; ~ ***de bonheur/ joie*** glück-/freudestrahlend; ~ ***de beauté*** strahlend schön; ~ ***de santé*** vor Gesundheit strotzend

responsabiliser <1> [ʀɛspɔ̃sabilize] I. *vt* ■ **qn/qc responsabilise qn** jd/etw weckt jds Verantwortungsbewusstsein

II. *vpr* ■ **qn se responsabilise** jd entwickelt Verantwortungsbewusstsein

responsabilité [ʀɛspɔ̃sabilite] *f* 1. (*culpabilité*) Verantwortung *f;* ■ **~[s] dans qc** Mitverantwortung für etw, Mitschuld *f* an etw (*dat*); ***ma ~ dans l'accident est indéniable*** meine Mitschuld an dem Unfall ist nicht zu leugnen

2. JUR Haftung *f;* ~ ***collective*** Gemeinschaftshaftung, Kollektivhaftung; ~ ***pleine et entière*** unbeschränkte Haftung; ~ ***pénale*** strafrechtliche Haftung; ~ ***civile*** Haftpflicht *f,* zivilrechtliche Haftung; (*assurance*) Haftpflichtversicherung *f*

3. (*charge de responsable*) Verantwortung *f,* Verantwortlichkeit *f; **qn accède à une haute*** ~ jd gelangt in eine sehr verantwortliche Stellung; ***être chef, c'est une*** ~ Chef zu sein ist eine große Verantwortung; ■ **~ de qc** Verantwortlichkeit [*o* Verantwortung] für etw

4. (*conscience*) Verantwortungsbewusstsein *nt*

▶ **qn a des ~s** jd hat [*o* trägt] Verantwortung; ***il a trop de ~s*** er hat zu viel Verantwortung; ***j'ai de grosses ~s*** ich trage große [*o* viel] Verantwortung; **qn a la ~ de qn/qc** jd hat die Verantwortung für jdn/etw, jd ist für jdn/etw verantwortlich; **qn décline toute ~** jd lehnt jegliche Verantwortung ab; **qn endosse la ~ de qc** jd übernimmt die Verantwortung für etw; **qn porte la ~ de qc** jd trägt die Verantwortung für etw; **qn porte [o a] une ~ [dans qc]** jd trägt eine Mitverantwortung [für etw], jd ist [für etw] mitverantwortlich; ***qn a de lourdes ~s dans qc*** jd ist maßgeblich für etw verantwortlich, jd trägt maßgebliche Schuld an etw (*dat*); **qn prend la ~ de qc** jd übernimmt die Verantwortung für etw; **qn prend des ~s** jd übernimmt Verantwortung; **qn rejette toute ~** jd weist jegliche Verantwortung von sich; **qn rejette [sur qn/qc] la ~ de qc** jd wälzt die Verantwortung für etw [auf jdn/etw] ab, jd macht jdn/etw für etw verantwortlich; **à ~** *poste* verantwortungsvoll; **sous la ~ de qn** unter jds Verantwortung (*dat*); ***il a plusieurs employés sous sa*** ~ ihm unterstehen mehrere Angestellte, er ist für mehrere Angestellte verantwortlich

responsable [ʀɛspɔ̃sabl] I. *adj* 1. (*coupable*) verantwortlich; ■ **~ de qc** *d'un accident, échec, d'une erreur* verantwortlich für etw; ***qn est jugé(e)*** ~ ***de qc*** jd wird für etw verantwortlich gemacht

2. JUR *civilement, pénalement* haftbar; ■ **qn est ~ de qn** jd haftet für jdn; ■ **[qn est] ~ de qc [devant qn/qc]** *d'un délit, de dégâts* [jd ist] [jdm/einer S. gegenüber] für etw haftbar, jd haftet [jdm/einer S. gegenüber] für etw; *de ses actes, de ses décisions* [jd ist] [vor jdm/etw] für etw verantwortlich; ***les parents sont ~s de leurs enfants*** Eltern haften für ihre Kinder; ***qn est ~ de ses actes devant Dieu/ le Parlement*** jd muss seine Taten vor Gott/dem Parlament verantworten

3. (*chargé de*) ■ **[qn est] ~ de qc** [jd ist] für etw verantwortlich [*o* zuständig]

4. (*conscient*) *attitude, acte, manière, personne* verantwortungsvoll, verantwortungsbewusst

II. *mf* 1. (*auteur*) Verantwortliche(r) *f(m); **c'est lui le ~ de la plaisanterie*** den Streich hat er ausgeheckt

2. (*personne compétente*) Verantwortliche(r) *f(m);* ■ **~ de qc** (*dirigeant*) *d'une organisation, entreprise* Führungskraft *f* einer S. (*gen*); ~ ***d'un parti/ syndicat*** Partei-/Gewerkschaftsfunktionär(in) *m(f)*

▶ **~ politique** politische Führungskraft; **~ syndical** Gewerkschaftsfunktionär(in) *m(f);* **~ technique** technischer Leiter/technische Leiterin

resquille [ʀɛskij] *f fam* Schummeln *nt fam*

▶ **qn fait de la ~** jd schummelt *fam;* (*voyage sans payer*) jd fährt schwarz; (*dans une file d'attente*) jd drängelt [*o* schummelt] sich vor *fam*

resquiller <1> [ʀɛskije] I. *vi fam* ■ **qn resquille** jd schummelt *fam;* (*voyager sans payer*) jd fährt schwarz; (*dans une file d'attente*) jd drängelt [*o* schummelt] sich vor *fam*

II. *vt fam* ■ **qn resquille qc** *billet, marchandise* jd organisiert etw *fam*

resquilleur, -euse [ʀɛskijœʀ, -jøz] *m, f fam* Schummler(in) *m(f) fam;* (*voyageur sans ticket*) Schwarzfahrer(in) *m(f);* (*dans une file d'attente*) Vordrängler(in) *m(f) fam*

ressac [ʀəsak] *m* Brandung *f*

ressaisir <8> [ʀ(ə)seziʀ] *vpr* (*se maîtriser*) ■ **qn se ressaisit** jd fängt sich wieder, jd fasst sich wieder

ressasser <1> [ʀ(ə)sase] *vt* ■ **qn ressasse qc** *conseils, plaisanteries, thème* jd wiederholt etw bis zum Überdruss, jd käut etw wieder; ***elle ressasse des pensées moroses*** sie ist in dumpfes Brüten verfallen; ***il n'arrête pas de ~ ses regrets*** ständig beteuert er, wie Leid es ihm tut; ■ **[qc est] ressassé(e)** [etw ist] abgedroschen

ressaut [ʀəso] *m* 1. ARCHIT, CONSTR, GEOG Vorsprung *m*

2. (*dénivellation*) Absatz *m*

ressemblance [ʀ(ə)sɑ̃blɑ̃s] *f* Ähnlichkeit *f; **ces deux devoirs présentent de nombreuses ~s*** diese beiden Arbeiten ähneln sich in vielen Punkten; ■ **~ avec qn/qc** Ähnlichkeit mit jdm/etw; ***toute ~ avec des personnages réels ne peut être que fortuite*** jede Ähnlichkeit mit lebenden Personen ist rein zufällig; ***qc a une ~ avec une chose*** etw ist einer S. (*dat*) sehr ähnlich; ■ **~ entre qn et qn/qc et qc** Ähnlichkeit zwischen jdm und jdm/etw und etw; ***il y a une très grande ~ entre X et Y*** X und Y ähneln sich sehr

ressemblant, e [ʀ(ə)sɑ̃blɑ̃, ɑ̃t] *adj* ähnlich; ***des portraits très ~s*** lebensechte Porträts; ***vous n'êtes pas très ~ sur cette photo*** dieses Foto ist Ihnen nicht sehr ähnlich, auf diesem Foto sehen Sie sich (*dat*) nicht sehr ähnlich *fam*

ressembler <1> [ʀ(ə)sɑ̃ble] I. *vi* 1. (*être semblable*) ■ **qn ressemble à qn** jd ähnelt jdm, jd ist jdm ähnlich; (*physiquement*) jd sieht jdm ähnlich; ■ **qc ressemble à qc** etw ist wie etw, etw gleicht einer S. (*dat*), etw ist einer S. (*dat*) ähnlich; ***ce roman ne ressemble en rien à l'idée que je m'en faisais*** dieser Roman entspricht überhaupt nicht der Vorstellung, die ich von ihm hatte

2. *fam* (*être digne de*) ■ **qc te/lui/... ressemble** etw sieht dir/ihm/ihr/... ähnlich; ■ **ça te/lui/... ressemble de faire qc** das sieht dir/ihm/ihr/... ähnlich etw zu tun

▶ **à quoi qn ressemble** *fam: **regarde un peu à quoi tu ressembles!*** du siehst vielleicht aus! *fam; **à quoi il ressemble, ton nouveau copain?*** und wie ist dein neuer Freund?; **à quoi ça ressemble!** *fam* (*c'est pas terrible comme ça*) was ist das denn! *fam;* **à quoi ça ressemble [de faire qc]** *fam* (*qu'est-ce que ça veut dire*) was soll denn das [heißen] [etw zu tun]; ***à quoi ça ressemble de brailler?*** was soll denn das, hier so rumzubrüllen? *fam;* **ça ne ressemble à rien!** *fam* (*c'est nul*) das sieht nach [überhaupt] nichts aus! *fam;* **ça ne ressemble à rien [de faire qc]** *fam* (*ça n'a pas de sens*) das bringt doch nichts [etw zu tun] *fam,* das ist völlig unsinnig; es ist völlig unsinnig, etw zu tun

II. *vpr* ■ **des personnes/animaux/choses se ressemblent** Menschen/ Tiere/Dinge ähneln sich; (*physiquement a.*) Menschen sehen sich ähnlich; ***aucune maison ne se ressemble dans cette rue*** in dieser Straße gleicht kein Haus dem anderen

▶ **qui se ressemble s'assemble** *prov* Gleich und Gleich gesellt sich gern

ressemeler <3> [ʀ(ə)səm(ə)le] *vt* ■ **qn ressemelle qc** jd besohlt etw neu

ressemer <4> [ʀ(ə)səme, ʀəs(ə)me] *vpr* ■ **qc se ressème** /*plante*/ etw samt sich aus

ressentiment [ʀ(ə)sɑ̃timɑ̃] *m* [heimlicher] Groll, Ressentiment *nt geh; **j'ai quelque raison d'éprouver du ~ à son égard*** ich habe Grund ihm/ihr böse zu sein; ***je ne lui garde aucun*** ~ ich trage ihm/ihr nicht das Geringste nach

ressentir <10> [ʀ(ə)sɑ̃tiʀ] I. *vt* ■ **qn ressent qc** jd empfindet etw; *coup, douleur, sensation a., effet* jd spürt etw; ***il ressentait vivement la perte de son père*** er empfand den Verlust seines Vaters als sehr schmerzlich; ***le choc ressenti a été violent*** der Aufprall war sehr heftig; ***qc est vivement ressenti(e)*** etw ist deutlich spürbar; ***j'ai ressenti sa réflexion comme un affront*** ich habe seine/ihre Bemerkung als einen Affront empfunden; ■ **qc se fait ~ [sur qc]** etw wirkt sich [auf etw (*akk*)] aus

II. *vpr* ■ **qn se ressent de qc** jd spürt etw; ***je me ressens encore de ma chute*** ich spüre noch die Nachwirkungen meines Sturzes; ***il s'est ressenti de son manque d'entraînement*** er spürte das mangelnde Training; ■ **qc se ressent d'une chose** eine S. wirkt sich auf etw (*akk*) aus; ***tes notes se ressentent de ta paresse*** deine Faulheit wirkt sich auf deine Noten aus; ***c'est la qualité qui s'en ressentira*** das wird sich auf die Qualität auswirken

resserre [ʀ(ə)sɛʀ] *f* Verschlag *m*

resserré, e [ʀ(ə)seʀe] *adj* eng

resserrement [ʀ(ə)sɛʀmɑ̃] *m* 1. (*renforcement*): ***le ~ de l'action rendrait le suspense plus vif*** eine straffere Handlung würde mehr Spannung bringen; ***cela a abouti à un ~ de leurs relations/ leur amitié*** dadurch

sind sie sich noch näher gekommen
2. (*étroitesse*) ■ ~ **de qc** *d'une route, vallée* Enge *f* einer S. (*gen*); ***le ~ de la ville dans cette vallée*** das Eingeengtsein der Stadt in diesem Tal; ***le ~ de la route est tel que*** + *indic* die Straße ist derart eng [*o* schmal], dass
3. FIN [*crédit*] Einschränkung *f*

resserrer <1> [ʀ(ə)seʀe] **I.** *vt* **1.** (*serrer plus fort*) ■ **qn resserre qc** *boulon, vis* jd zieht etw nach; *nœud* jd zieht etw fest[er]; *ceinture* jd schnallt etw enger; *étreinte* jd verstärkt etw; ■ **qc resserre qc** *pores* etw schließt etw; ***le froid les avait resserrés autour du feu*** die Kälte ließ sie dicht ums Feuer zusammenrücken
2. (*serrer de nouveau*) ■ **qn resserre qn/qc**: ***quand pourrai-je te ~ dans mes bras?*** wann werde ich dich wieder in meine Arme schließen können?; ***maintenant tu dois ~ les boulons*** jetzt musst du die Schrauben wieder anziehen
3. FIN ■ **qn resserre qc** *crédit* jd beschränkt etw
4. (*fortifier*) ■ **qc resserre qc** *amitié, relations* etw festigt etw
II. *vpr* **1.** (*devenir plus étroit*) ■ **qc se resserre** /*chemin, tunnel, rue, vallée*/ etw wird [immer] enger, etw verjüngt sich; ***le filet se resserrait autour des évadés*** das Netz schloss sich um die Entflohenen; ***il voyait le cercle de ses amis se ~*** er sah den Kreis seiner Freunde schrumpfen; ***les mâchoires du chien se resserrent sur l'os*** die Kiefer des Hundes schließen sich noch fester um den Knochen; ■ **des personnes se resserrent** Menschen rücken zusammen; ***le groupe se resserrait*** die Gruppe rückte zusammen
2. ■ **qc se resserre** /*amitié*/ etw festigt sich; /*relations*/ etw wird enger

resservir <*irr*> [ʀ(ə)sɛʀviʀ] **I.** *vt* **1.** (*offrir à nouveau*) ■ **qn ressert qc [à qn]** (*au restaurant*) jd serviert [jdm] noch etw; (*chez soi, des amis*) jd gibt jdm noch etw, jd verteilt noch etw; ***qn ressert [quelque chose] à boire/à manger à qn*** jd serviert/gibt jdm noch etwas zu trinken/essen; ***ressers-moi plutôt à boire*** bring [*o* gib] mir lieber noch etwas zu trinken
2. *péj* (*radoter*) ■ **qn ressert qc [à qn]** *histoire, thème* jd tischt [jdm] etw noch einmal auf
II. *vi* **1.** (*revenir en usage*) ■ **qc ressert** /*outil, vêtement usagé*/ etw findet noch einmal Verwendung; ***ces emballages me resserviront*** ich werde diese Verpackungen weiter verwenden
2. TENNIS ■ **qn ressert** jd schlägt noch einmal auf
III. *vpr* **1.** (*reprendre*) ■ **qn se ressert [en/de qc]** *de fromage, en légumes, viande* jd nimmt noch [etw], jd nimmt [etw] nach
2. (*réutiliser*) ■ **qn se ressert de qc** jd benützt etw wieder

ressort¹ [ʀ(ə)sɔʀ] *m* **1.** (*pièce métallique*) Feder *f*; ■ ~ **de/à** -feder; ***les ~s de suspension de la voiture*** die Federung des Wagens; ~ ***à boudin/lame*** Sprung-/Blattfeder
2. (*énergie*) Energie *f*, Elan *m*; ***sans*** ~ kraftlos, energielos
3. *littér* (*motivation*) Triebfeder *f*
► **le ~ est cassé** die Luft ist raus *fam*; **qc fait ~** etw federt, etw schnellt zurück; **comme mû(mue) par un ~**: ***soudain il s'est dressé, comme mû par un ~*** plötzlich schnellte er in die Höhe; **à ~[s]** *fusil, pistolet* mit Federantrieb; ***sommier à ~s*** Sprungfedermatratze *f*; ***articulation à ~*** Federgelenk *nt*

ressort² [ʀ(ə)sɔʀ] *m* ADMIN, JUR (*circonscription*) Zuständigkeitsbereich *m*, Ressort *nt*
► **en premier/dernier ~** (*en premier/dernier lieu*) in erster Linie/schließlich; ***jugement en premier/dernier ~*** JUR Urteil *nt* in erster/letzter Instanz; **qc est du ~ de qn/qc** etw fällt in jds Ressort (*akk*)/in das Ressort einer S. (*gen*); ***ce n'est pas de mon ~*** dafür bin ich nicht zuständig, das fällt nicht in mein Ressort

ressortir¹ <10> [ʀ(ə)sɔʀtiʀ] **I.** *vi* + *être* **1.** (*sortir à nouveau*) ■ **qn ressort [faire qc]** jd geht noch einmal weg [um etw zu tun]; ***tu ressors ce soir?*** gehst du heute Abend noch einmal aus dem Haus [*o* noch einmal weg]?; ***je l'ai vu entrer par là et ~ par l'autre côté*** ich habe ihn dort hereinkommen und auf der anderen Seite wieder hinausgehen sehen; ■ **qc ressort [quelque part]** /*film*/ etw wird [irgendwo] wieder gezeigt; /*pièce*/ etw wird [irgendwo] wieder aufgeführt
2. (*contraster*) ■ **qc ressort [sur qc]** /*couleur, qualité*/ etw hebt sich [von etw] ab; /*détail*/ etw tritt hervor; ■ **qn/qc fait ~ qc** (*mettre en relief*) jd hebt etw hervor/etw bringt etw zur Geltung, jd/etw unterstreicht etw; ■ **qn/qc fait ~ que** + *indic* jd/etw zeigt auf, dass
3. (*se dégager*) ■ **qc ressort de qc** etw geht aus etw hervor; ■ **il ressort de qc que** + *indic* aus etw geht hervor, dass
4. (*reparaître*) ■ **qc ressort** /*idée, projet, souvenir*/ etw taucht wieder auf; /*désir*/ etw wird wieder wach; JEUX /*numéro, couleur*/ etw gewinnt, etw fällt; /*couleur*/ etw kommt wieder heraus, etw wird wieder ausgespielt; ■ **qn/qc fait ~ qc [en qn]** *souvenir* jd/etw ruft etw [in jdm] wach
5. *fam* (*reprendre une liaison amoureuse*) ■ **qn ressort avec qn** jd ist wieder mit jdm zusammen [*o* befreundet], jd geht wieder mit jdm *fam*
6. SPORT ■ **qc ressort** /*balle*/ etw geht wieder ins Aus
II. *vt* + *avoir* (*remettre d'actualité*) ■ **qn ressort qc** *projet* jd gräbt etw wieder aus, jd holt etw wieder hervor; *modèle* jd bringt etw wieder heraus; (*se resservir de*) *meuble, objet, bicyclette* jd holt etw wieder hervor, jd nimmt etw wieder in Gebrauch; *gros pull* jd holt etw wieder hervor; (*rejouer*) *film* jd zeigt etw wieder, jd bringt etw wieder auf die Leinwand; *pièce* jd führt etw wieder auf; (*remettre dehors*) *meubles de jardin* jd stellt etw wieder raus; ***tu as encore ressorti le marteau!*** du hast schon wieder den Hammer herausgenommen!; ***peux-tu ~ l'agenda?*** kannst du den Terminkalender noch einmal herausholen?; ***il va falloir ~ les vêtements d'hiver*** wir werden die Wintersachen wieder hervorholen müssen

ressortir² <8> [ʀ(ə)sɔʀtiʀ] *vi* + *être* JUR (*être de la compétence de*) ■ **qc ressortit à qn/qc** etw gehört zur [*o* fällt in die] Zuständigkeit eines Menschen/einer S.

ressortissant, **e** [ʀ(ə)sɔʀtisɑ̃, ɑ̃t] *m, f* Staatsangehörige(r) *f(m)*; ***les ~s étrangers résidant en France*** die in Frankreich wohnhaften Ausländer

ressouder <1> [ʀ(ə)sude] **I.** *vt* **1.** TECH ■ **qn ressoude qc** jd schweißt etw neu; ■ **qn ressoude des choses** jd verschweißt Dinge neu, jd schweißt Dinge neu zusammen; (*braser*) jd verlötet Dinge neu, jd lötet Dinge zusammen
2. (*consolider*) ■ **qc ressoude qc** *amitié, amour* etw festigt etw wieder
II. *vpr* **1.** (*se souder à nouveau*) ■ **qc se ressoude** /*fracture, os*/ etw wächst wieder zusammen
2. ■ **qc se ressoude** /*amitié, amour*/ etw festigt sich wieder

ressource [ʀ(ə)suʀs] *f* **1.** *pl* (*moyens financiers, matériels, personnels*) Mittel *pl*; ***~s naturelles*** Bodenschätze *pl*; ***il n'a que peu de ~s personnelles*** er hat nur wenig Eigenkapital; ***les ~s de l'État*** die Einnahmequellen des Staats; ***sans ~s*** mittellos; ***~s en argent/énergie*** Einnahme-/Energiequellen *pl*; ***~s en minerai*** Bodenschätze; ***~s en hommes*** Arbeitskräftepotenzial *nt*; ***~s en matériel*** materielle Mittel *pl*; ***~s en blé*** Weizenvorräte *pl*
2. *pl* (*possibilités*) [*machine, système, technique*] Verwendungsmöglichkeiten *pl*; ***~s musculaires*** Muskelkraft *f*; **~s [intellectuelles] de qn** jds geistige Fähigkeiten *pl*; ***elle déploie toutes les ~s de son intelligence/art*** sie entfaltet ihre ganze Intelligenz/ihr ganzes künstlerisches Können; ***ce romancier puise dans les ~s de son imagination*** dieser Romanschriftsteller schöpft aus seiner reichen Fantasie; ***les ~s de la langue française*** die sprachlichen Ausdrucksmittel des Französischen
3. ∅ (*recours*): ***tu es ma seule ~*** du bist meine letzte Rettung; ***en dernière ~*** als letzter Ausweg; ***sans ~*** hilflos
► **qn n'a d'autre ~ que de faire qc** jd kann nur noch etw tun; **les ~s humaines** die Personalabteilung; **qn a de la ~** jd lässt sich nicht unterkriegen *fam*; **il y a de la ~** *fam* es fehlt an nichts; **qn a la ~ de faire qc** jd kann [immer noch] etw tun; **qn de ~[s]**: ***c'est un homme/une femme de ~s*** er/sie ist ein einfallsreicher [*o* findiger] Kopf

ressourcement [ʀ(ə)suʀsəmɑ̃] *m* (*retour aux sources*) Selbstbesinnung *f*; REL (*récollection*) Einkehr *f*

ressourcer <2> [ʀ(ə)suʀse] *vpr* **1.** REL (*revenir aux sources*) ■ **qn se ressource [quelque part]** jd besinnt sich [irgendwo]
2. *soutenu* (*puiser de nouvelles forces*) ■ **qn/qc se ressource [quelque part]** /*personne, idéologie*/ jd/etw schöpft [irgendwo] neue Kraft

ressouvenir <9> [ʀ(ə)suvniʀ] *vpr littér* ■ **qn se ressouvient [de qc]** jd erinnert sich [an etw (*akk*)]; ■ **qn se ressouvient que** + *indic* jd erinnert sich daran, dass

ressurgir <8> [ʀəsyʀʒiʀ] *vi v.* **resurgir**

ressuscité, **e** [ʀesysite] *m, f* **1.** REL ■ **le R~** der Auferstandene
2. *fig*: ***vous êtes un [vrai] ~!*** Sie sind ja wieder auferstanden!

ressusciter <1> [ʀesysite] **I.** *vi* **1.** + *être* REL ■ **qn ressuscite**: ***Jésus est ressuscité [des morts] le troisième jour*** Jesus ist am dritten Tage [von den Toten] auferstanden
2. + *avoir* (*renaître*) ■ **qn/qc ressuscite** /*malade*/ jd lebt wieder auf; /*nature*/ etw erwacht zu neuem Leben; /*projet*/ etw wird wieder aktuell; /*pays, entreprise*/ etw kommt wieder auf die Beine; /*idéologie*/ etw wird wieder stark, etw findet neue Anhänger
II. *vt* + *avoir* **1.** REL ■ **qn ressuscite qn** jd erweckt jdn zum Leben
2. (*régénérer*) ■ **qn ressuscite qn/qc** *entreprise, pays* jd bringt jdn/etw wieder auf die Beine; *malade a.* jd erweckt jdn zu neuem Leben; *idéologie* jd verschafft einer S. (*dat*) neue Anhänger, durch jdn wird etw wieder stark; ***le printemps ressuscite la nature endormie*** der Frühling erweckt die schlafende Natur zu neuem Leben; ■ **qn/qc est ressuscité(e)** /*malade*/ jd ist wieder auf den Beinen, jd ist wieder gesund [*o* genesen *geh*]; /*entreprise, pays*/ etw ist wieder auf die Beine gekommen, etw hat sich wieder erholt; /*idéologie*/ etw ist wieder stark, etw lebt wieder auf
3. (*faire revivre*) ■ **qn/qc ressuscite qn/qc** *héros, vieilles coutumes, ambiance, sentiment* jd/etw lässt jdn/etw wieder aufleben; *mode* jd gräbt etw wieder aus; ***on ne peut ~ le passé*** man kann das Rad der Geschichte nicht zurückdrehen

restant, **e** [ʀɛstɑ̃, ɑ̃t] **I.** *adj* (*subsistant*) restlich, übrig; ***il est le seul membre ~ de sa famille*** er ist das einzige verbleibende Familienmitglied
II. *m* Rest *m*; ***le ~ de la journée/des provisions/de sa fortune*** der restliche Tag/die restlichen Vorräte/sein/ihr restliches Vermögen; ***~ de poulet/tissu*** Hühnchen-/Stoffrest

restau [ʀɛsto] *m fam abr de* **restaurant** *v.* **resto**

restaurant [ʀɛstɔʀɑ̃] *m* Restaurant *nt*, Gaststätte *f*, Lokal *nt*; ***qn mange/va au ~*** jd geht essen, jd geht ins Restaurant [essen]
► ~ **gastronomique** Feinschmeckerlokal *nt*, Gourmetrestaurant [gʊr'meː-, gʊr'mɛ-] *nt*; ~ **universitaire** Mensa *f*
◆ **restaurant à service rapide** Schnellrestaurant *nt*, Fastfoodrestaurant *nt*; **restaurant d'entreprise** Kantine *f*; **restaurant du cœur** Essen *nt* für Obdachlose (*in den Wintermonaten*); **restaurant libre service** Restaurant *nt* mit Selbstbedienung

restaurateur, **-trice** [ʀɛstɔʀatœʀ, -tʀis] *m, f* **1.** (*aubergiste*) [Gast]wirt(in) *m(f)*; (*avec formation*) Gastronom(in) *m(f)*; ***le couple de ~s*** die Wirtsleute
2. (*personne qui remet en état*) [*bâtiment, tableau, tapis, ville*] Restaurator(in) *m(f)*; ■ ~ **de** -restaurator(in)
3. POL *littér* [*monarchie, régime*] Erneu[e]rer/Erneuerin *m/f*; ***qn est le ~ de qc*** jd stellt etw wieder her

restauration [ʀɛstɔʀasjɔ̃] *f* **1.** (*remise en état*) Restaurierung *f*, Restauration *f geh*; ***après ~*** in restauriertem Zustand; ***des heures de ~*** stundenlange Restaurationsarbeiten
2. (*hôtellerie*) Gastronomie *f*, Gaststättengewerbe *nt*; (*possibilités de se restaurer*) Verköstigung *f geh*, Verpflegung *f*
3. POL [*autorité, État*] Wiederherstellung *f*; [*monarchie, régime a.*] Restauration *f*; ■ **la R~** die Restauration

4. INFORM Wiederherstellung *f*
▸ **la première/seconde R~** die [erste]/zweite Restauration; **~ rapide** Schnellgastronomie *f*, Fastfoodgastronomie *f*

restaurer <1> [ʀɛstɔʀe] I. *vt* 1. (*remettre en état*) ■ **qn restaure/fait ~ qc** jd restauriert etw/lässt etw restaurieren
2. (*rétablir*) ■ **qn restaure qc** POL *droits, ordre, paix* jd stellt etw wieder her; *dynastie a.* jd restauriert etw *geh; monarchie, régime a.* jd führt etw wieder ein, jd restauriert etw *geh; coutume, habitude* jd nimmt etw wieder auf; ■ **qn/qc restaure qc** MED *fonction* jd/etw stellt etw wieder her; *organisme* etw regeneriert etw; ***afin de ~ son organisme fatigué*** um sich zu erholen, um sich zu regenerieren; ***qn restaure ses forces/sa santé*** jd kommt wieder zu Kräften/erlangt seine Gesundheit wieder; ***les soldats restaurent leurs forces*** die Soldaten sammeln ihre Kräfte
3. (*nourrir*) ■ **qn restaure qn** jd bietet jdm etwas zu essen an, jd verköstigt jdn *geh*; ***j'ai de quoi vous ~*** ich habe etwas zu essen für euch da
II. *vpr* ■ **qn se restaure** jd isst etwas, jd stärkt sich

restauroute® [ʀɛstoʀut] *m v.* **restoroute®**

reste [ʀɛst] *m* 1. (*l'autre partie*) Rest *m*; ■ **le ~ des choses/personnes** der Rest der Dinge/der Menschen, die übrigen [*o* restlichen] Dinge/Menschen; ***le ~ des bagages*** der Rest des Gepäcks, das übrige [*o* restliche] Gepäck; ***le ~ de la journée/du temps/de ma vie*** der Rest des Tages/der Zeit/meines Lebens, der restliche Tag/die restliche [*o* übrige] Zeit/mein restliches [*o* übriges] Leben; ***le ~ de l'hexagone*** das übrige Frankreich; ***tout le ~*** alles Übrige [*o* andere]
2. (*ce qui subsiste*) ■ **un ~ de qc** *d'aliment, de tissu* ein Rest *m* etw (*gen*), ein -rest *m*; *d'amour, de pitié, tendresse* ein Rest *m* [von] etw, noch ein bisschen etw; ***un ~ de gigot*** ein Rest Lammkeule; ***qn éprouve un ~/n'éprouve plus le moindre ~ d'amour pour qn*** jd empfindet einen Rest/nicht mehr den kleinsten Rest [von] Liebe für jdn, jd empfindet noch ein bisschen Liebe/kein bisschen Liebe mehr für jdn; ■ **~s de qc** *d'une armée* die [Über]reste *pl* einer S. (*gen*); *d'aliments, de fortune, repas* Rest einer S. (*gen*); *d'un bâtiment, de barricades, d'une ville détruite a.* Überrest einer S. (*gen*); ***qn n'a pas laissé beaucoup de ~s*** jd hat nicht viele Reste [übrig] gelassen, jd hat nicht viel übrig gelassen
3. *pl* (*dépouille mortelle*) sterbliche [Über]reste *pl*
4. MATH (*différence*) Rest *m*
▸ **[tout] le ~ est littérature** alles andere sind fromme Wünsche, der Rest ist frommes Gerede; **qn a de beaux ~s** *hum* jd ist noch ganz gut erhalten *fam*, jd hat sich ganz gut gehalten *fam*; **qn ne demande [*o* n'attend] pas son ~** jd gibt keinen Ton von sich (*dat*); ***qn part sans demander [o attendre] son ~*** jd geht ohne einen Ton [*o* Mucksер *fam*] von sich zu geben; **qn est [*o* demeure] en ~ [avec [*o* envers] qn]** jd ist [*o* bleibt] [jdm] etwas schuldig; ***qn ne veut pas être en ~*** jd will nichts schuldig bleiben, jd will in nichts nachstehen; ***ils ne sont pas en ~*** (*font de même*) sie stehen einander in nichts nach; ***la flore est déjà belle, mais la faune n'est pas en ~*** die Flora ist schon schön, aber die Fauna steht ihr in nichts nach; **qn n'est jamais en ~** (*ne doit rien*) jd revanchiert sich immer; (*peut toujours répliquer*) jd hat [*o* findet] immer noch eine Antwort; **qc fait le ~** etw tut ein Übriges, etw sorgt für [*o* erledigt] den Rest; **[qn a qc] de ~** jd hat etw] übrig; ***les pierres de ~*** die übrigen [*o* übrig gebliebenen] Steine; **du [*o* au** *littér*] **~** im Übrigen, übrigens; **pour le ~** im Übrigen, ansonsten; **pour ce qui est du ~, quant au ~** im Übrigen, ansonsten, was alles andere angeht; **et [tout] le ~** und so weiter [und so fort]

rester <1> [ʀɛste] I. *vi* + *être* 1. (*demeurer*) ■ **qn reste quelque part** jd bleibt irgendwo; ***qn reste au lit/chez soi/à la maison*** jd bleibt im Bett/daheim/zu Hause; ***elle a dû ~ en chemin*** sie ist wohl unterwegs abgeblieben *fam*; ***qn reste un moment/huit jours/deux ans quelque part*** jd bleibt [*o* verbringt] einen Augenblick/acht Tage/zwei Jahre irgendwo; ***nous sommes restés au bord de la mer jusqu'à fin septembre*** wir waren bis Ende September am Meer; ■ **qc reste quelque part** etw bleibt irgendwo; ***qc reste dans la mémoire [o le souvenir] de qn*** etw bleibt in jds Gedächtnis (*dat*), etw bleibt jdm in Erinnerung; ***qc reste en état*** etw bleibt [*o* ist weiterhin] in Ordnung; ■ **qn reste dans qc**: ***qn reste dans l'administration/l'enseignement*** jd bleibt in der Verwaltung/im Lehramt [tätig]; ***qn reste dans la médecine*** jd bleibt Arzt/Ärztin [*o* im Arztberuf tätig]; ■ **qn reste sur qc** *sur un travail* jd sitzt über etw (*dat*); ■ **qn reste à faire qc** jd tut etw weiter, jd sitzt/steht da und tut etw; ***qn reste à travailler*** jd bleibt bei der Arbeit; ■ **qn reste [à] faire qc** (*dans le but de*) jd bleibt um etw zu tun; ***qn reste [à] dîner/dîner à la maison*** jd bleibt zum Essen/zum Essen zu Hause; ■ **qn reste sans faire qc** jd tut etw nicht; jd hält es aus, ohne etw zu tun; ***qn reste sans bouger/parler/manger*** jd bewegt sich nicht/spricht nicht/isst nicht; ■ **qc lui reste quelque part** *dans la gorge* etw bleibt jdm irgendwo stecken; ***qc lui reste sur le cœur*** etw macht ihr/ihm das Herz schwer, etw bedrückt sie/ihn; ***qc lui reste sur l'estomac*** etw liegt ihr/ihm [schwer] im Magen
2. (*continuer à être*) ■ **qn/qc reste ...** jd/etw bleibt ...; ***qn reste debout/assis(e)*** jd bleibt stehen/sitzen; ***qn reste éveillé(e)*** jd bleibt wach; (*au lit*) jd liegt wach; ***qn reste immobile*** jd hält still; (*assis a.*) jd sitzt still; (*debout a.*) jd steht still; ***qc reste ouvert(e) jusqu'à ...*** etw bleibt bis ... offen [*o* geöffnet]; */magasin, bureaux, administration a./* etw hat bis ... offen; ***qn reste inerte*** jd bewegt sich nicht; ***qn reste sourd à qc*** jd verschließt die Ohren vor etw (*dat*), jd will etw nicht hören; ***il est et restera toujours aussi timide*** er ist schüchtern und wird es auch immer bleiben; ■ **qn/qc reste** + *compl de manière*: ***qn reste tête baissée/les yeux mi-clos*** jd hält den Kopf gesenkt/die Augen halb geschlossen; ***qc reste sans réponse*** etw bleibt unbeantwortet; ***qn reste les mains en l'air*** jd lässt die Hände oben; ■ **qn/qc reste qn/qc** jd/etw bleibt jd/etw
3. (*subsister*) ■ **qn/qc [lui] reste [de qc]** jd/etw ist [von etw] übrig [geblieben], jd/etw bleibt jdm [von etw]; */sentiment, somme d'argent/* etw bleibt jdm [von ...]; ***l'avantage [de qc] reste à qn*** jd ist im Vorteil, jd hat den Vorteil [*o* Vorzug] einer S. (*gen*); ***ça m'est resté*** das habe ich [in Erinnerung [*o* im Gedächtnis]] behalten; ***ce nom ne lui est pas resté*** er/sie hat diesen Namen nicht behalten; ■ **qc [lui] reste à faire** etw bleibt [jdm] noch zu tun, jd muss noch etw tun; ***beaucoup de travaux restent à faire*** es bleibt noch viel zu tun, es muss noch viel getan werden; ***une centaine de kilomètres [nous] restent encore à parcourir*** wir müssen noch um die hundert Kilometer fahren
4. (*durer*) ■ **qc reste** */nom, œuvre, sentiment/* etw bleibt [bestehen]
5. (*opp: s'en aller*) ■ **qn reste** jd bleibt; ***je ne peux pas ~*** ich kann nicht [da]bleiben
6. (*ne pas dépasser*) ■ **qn en reste à qc** *à des coutumes barbares* jd bleibt bei etw stehen; *aux discussions, pourparlers* jd kommt über etw (*akk*) nicht hinaus; *à des propositions* jd bleibt bei etw; ***ils en sont restés à quelques baisers*** es ist zwischen ihnen bei ein paar harmlosen Küssen geblieben; ***où en êtes-vous restés dans vos pourparlers/dans votre lecture*** wie weit sind Sie mit Ihren Verhandlungen/Ihrer Lektüre [gekommen [*o* gediehen *geh*]]?; ***ils en sont vraiment restés aux lampes à pétrole!*** die Leute leben dort noch mit Petroleumlampen
7. (*ne pas se libérer de*) ■ **qn reste sur qc** *sur une impression* jd behält etw; ***il ne faut jamais ~ sur une première impression*** man darf sich nicht auf den ersten Eindruck verlassen; ***qn reste sur un échec*** jd lässt sich von einem Misserfolg lähmen
▸ **qn en reste là** jd lässt es dabei [bewenden], jd lässt es damit genug sein; ***restons-en là pour aujourd'hui*** lassen wir es für heute dabei [bewenden], lassen wir es für heute genug sein; **qn y reste** jd kommt um [*o* ums Leben]
II. *vi impers* + *être* ■ **il reste qn/qc [à qn]** es ist jd/etw übrig, es bleibt jdm jd/etw; *aliment* es ist noch etw da, jd hat noch etw [übrig]; ***il n'est rien resté*** es ist nichts übrig [geblieben]; ***il ne me reste plus que toi*** ich habe nur noch dich; ***il reste de la place pour qn*** es ist noch Platz für jdn, jd hat noch Platz; ***il ne me reste que cinquante francs*** ich habe nur noch fünfzig Franc; ***il lui est resté des cicatrices de cet accident*** er/sie hat Narben von diesem Unfall zurückbehalten; ■ **reste qn/qc** bleibt [noch] jd/etw; ***reste le problème le plus grave*** bleibt [noch] das schwierigste Problem; ■ **il reste qc de qn/qc** es bleibt etw von jdm/etw; *d'une chose a.* es ist [noch] etw von etw übrig; ■ **[il] reste [à qn] à faire qc** [es] bleibt etw zu tun; es ist an jdm, etw zu tun; jd muss [noch] etw tun; ***je sais ce qu'il me reste à faire*** ich weiß, was ich zu tun habe; ***reste à savoir si ...*** bleibt abzuwarten, ob ..., man wird sehen, ob ...; ***reste au gouvernement à prendre les mesures nécessaires*** die Regierung muss die notwendigen Maßnahmen ergreifen; es ist an der Regierung, die notwendigen Maßnahmen zu ergreifen; ***il [ne] me reste [plus qu']à vous remercier*** ich kann mich nur noch bei Ihnen bedanken, mir bleibt nur noch Ihnen zu danken; ***il ne me reste plus qu'à recommencer*** ich kann nur wieder von vorne anfangen; es bleibt mir nichts anderes übrig, als von vorne anzufangen; ■ **[il] reste que/il n'en reste pas moins que** + *indic* es bleibt dabei [*o* eine Tatsache], dass/es bleibt trotzdem dabei [*o* eine Tatsache], dass; ***il reste entendu que*** es bleibt dabei, dass

restituer <1> [ʀɛstitɥe] *vt* 1. (*rendre*) ■ **qn restitue qc [à qn]** jd gibt [jdm] etw zurück
2. AUDIOV ■ **qc restitue qc** etw gibt etw wieder
3. (*reconstituer*) ■ **qn restitue qc** *inscription, texte* jd rekonstruiert etw; *fresque a.* jd restauriert etw; ■ **qc est restitué(e)** etw ist/wird rekonstruiert; */énergie/* etw wird freigesetzt

restitution [ʀɛstitysjɔ̃] *f* 1. (*action de rendre*) Rückgabe *f*; [*coûts*] Erstattung *f*
2. AUDIOV Wiedergabe *f*

resto [ʀɛsto] *m fam abr de* **restaurant** Restaurant *nt*, Lokal *nt*
▸ **~ U** *fam* Mensa *f*

restoroute® [ʀɛstoʀut] *f* Raststätte *f*, Rasthaus *nt*; [*autoroute a.*] Autobahnraststätte *f*

restreindre <*irr*> [ʀɛstʀɛ̃dʀ] I. *vt* ■ **qn restreint qc [à qc]** *activité* jd schränkt etw [auf etw (*akk*)] ein; *champ d'action, crédit, étude a.* jd begrenzt etw [auf etw (*akk*)], jd beschränkt etw auf etw (*akk*); *quantité, production, dépenses* jd schränkt etw [auf etw (*akk*)] ein, jd verringert etw [auf etw (*akk*)]; *ambition* jd schraubt etw [auf etw (*akk*)] zurück
II. *vpr* 1. ■ **qn se restreint** jd schränkt sich ein; ***qn se restreint dans ses dépenses*** jd schränkt seine Ausgaben ein, jd schränkt sich mit seinen Ausgaben ein; ***qn se restreint sur la nourriture*** jd schränkt sich beim Essen ein, jd bremst sich beim Essen *fam*
2. ■ **qc se restreint** */ambition/* etw lässt nach; */champ d'action/* etw verengt sich; */dépenses, production, quantité/* etw verringert sich, etw geht zurück; */sens d'un mot/* etw wird begrenzt [*o* eingeschränkt]

restreint, e [ʀɛstʀɛ̃, ɛ̃t] I. *pp de* **restreindre**
II. *adj vocabulaire* beschränkt; *moyens, nombre* gering, begrenzt; *autorité, choix* eingeschränkt; *espace* beschränkt, eng; *personnel, production* eingeschränkt, reduziert; ***un mot est d'un emploi ~*** ein Wort hat einen engen [*o* eingeschränkten] [*o* begrenzten] Anwendungsbereich; ***leur choix est ~*** sie haben nur eingeschränkte Wahlmöglichkeiten; ***qn ne dispose que de moyens ~s*** jd verfügt nur über begrenzte [*o* geringe] Mittel, jd verfügt nur begrenzt über Mittel; ■ **~ à qc/des personnes** auf etw/Menschen (*akk*) begrenzt [*o* beschränkt]

restrictif, -ive [ʀɛstʀiktif, -iv] *adj loi* restriktiv *geh*; *condition, alimentation a.* einschränkend; *clause a.* Einschränkungs-; *interprétation a.* eng

restriction [ʀɛstʀiksjɔ̃] *f* 1. (*limitation*) [*activité, consommation, libertés*] Einschränkung *f*; [*dépenses*] Beschränkung *f*; ***~ des naissances/de la production*** Geburtenbeschränkung/Produktionsbeschränkung [*o* Einschränkung der Produktion]; ***~ des importations/exportations*** Import-/Exportbeschränkungen *pl*, Import-/Exportrestriktionen *pl*; ***les mesures de ~***

restriktive Maßnahmen *pl geh*
2. *pl* (*rationnement*) Restriktionen *pl;* ■ **~s de qc** *d'électricité* Rationierung *f* einer S. (*gen*); *d'eau a.* -rationierung; *de crédit* -beschränkung *f,* **~s budgétaires** Haushaltskürzungen *pl;* ■ **les ~s** die Rationierung
3. (*opp: laxisme*) Repression *f;* (*éducation*) autoritäre Erziehung
4. (*réserve*) Einschränkung *f*
▶ **qn apporte des ~s à qc** jd macht bei etw Einschränkungen; **qn fait** [*o* **émet**] **des ~s** jd hat Vorbehalte; ***sans faire de ~s*** ohne Vorbehalte; **avec des ~s** unter Vorbehalt; ***avec quelques ~s*** mit ein paar Vorbehalten [*o* Einschränkungen]; **sans ~** vorbehaltlos, ohne Vorbehalte

restructuration [ʀəstʀyktyʀasjɔ̃] *f* [*économie, entreprise, usine*] Umstrukturierung *f;* [*parti a.*] Neuordnung *f;* *industrielle, économique, politique* Strukturwandel *m,* Umstrukturierung; [*centre-ville, endroit, espace urbain, site*] Umgestaltung *f,* Neugestaltung *f*

restructurer <1> [ʀəstʀyktyʀe] **I.** *vt* ■ **qn restructure qc** *entreprise, économie* jd strukturiert etw um [*o* neu]; *parti a.* jd ordnet etw neu; *centre-ville, espace urbain, zone industrielle, site* jd gestaltet etw neu [*o* um]
II. *vpr* ■ **qc se restructure** etw wird umstrukturiert; / *industrie a.* / etw macht einen Strukturwandel durch; / *pays a.* / etw wandelt sich

resucée [ʀ(ə)syse] *f péj fam* zweiter Aufguss *fam*

résultante [ʀezyltɑ̃t] *f* **1.** (*conséquence*) Ergebnis *nt,* Resultat *nt*
2. MATH, SCI Resultierende *f,* Resultante *f*

résultat [ʀezylta] *m* **1.** SPORT, ECON, POL Ergebnis *nt;* [*société*] Zahlen *pl;* SCOL Leistung *f;* [*examen*] Ergebnis *nt;* ***les ~s des élections*** das Wahlergebnis; ***les ~s sportifs/des courses*** die Sport-/Rennergebnisse; ***le ~ du match/les ~s du bac*** das Spiel-/Abiturergebnis [*o* die Abiturnote[n]]; ***~s partiels*** Teilergebnisse; ***les ~s d'exploitation*** das Betriebsergebnis
2. (*conséquence*) Ergebnis *nt,* Resultat *nt,* Folge *f;* ***cette réforme a eu de bons ~s*** diese Reform hatte positive Folgen; ***personne n'a osé le contredire, ~: il a cru que ...*** niemand wagte es, ihm zu widersprechen, das Ergebnis war: er glaubte, dass ...
3. (*chose obtenue*) Ergebnis *nt;* ***c'est déjà un ~*** das ist [doch] schon [mal] etwas
4. (*réussite*) Ergebnis *nt,* Resultat *nt,* Erfolg *m;* ***je n'ai obtenu aucun ~*** ich habe nichts erreicht; ***qn obtient quelques ~s*** jd erzielt einige Erfolge [*o* gute Ergebnisse] [*o* gute Resultate]; ***j'exige de toi des ~s*** ich will Erfolge sehen
5. MATH [*opération, problème*] Ergebnis *nt,* Resultat *nt,* Lösung *f*
▶ **beau ~** *iron* schöner Erfolg, na bravo; **qc a pour** [*o* **comme**] **~ qc/de faire qc** etw hat etw zur Folge/hat zur Folge, dass; etw führt zu etw/führt dazu, dass; **sans ~** ohne Erfolg, erfolglos, ergebnislos

résulter <1> [ʀezylte] **I.** *vi* ■ **qc résulte de qc** etw ist [die] Folge einer S. (*gen*), etw resultiert aus etw; *d'un conflit, d'une situation a.* etw entsteht aus etw, etw entwickelt sich aus etw; *d'une réunion, discussion* etw kommt bei etw heraus; ***rien de bon ne peut ~ d'une telle situation*** aus so einer Situation kann nichts Gutes kommen *fam*
II. *vi impers* ■ **il résulte de qc une chose** aus etw ergibt sich eine S., eine S. ergibt sich aus etw; *d'un renseignement, aveu a.* aus etw folgt eine S., eine S. folgt aus etw; *d'une situation a.* aus etw entsteht eine S., eine S. entsteht aus etw; ***il en résulte/est*** [*o* **a**] ***résulté qc*** das Ergebnis ist/war etw; ***il ne peut rien en ~ de bon*** dabei kann nichts Gutes herauskommen; ■ **il résulte de qc que** + *indic* es ergibt sich aus etw, dass; aus etw ergibt sich, dass; das Ergebnis einer S. (*gen*) ist, dass; *d'un renseignement, d'aveux a.* es folgt aus etw, dass; ***qu'en résultera-t-il?*** was wird dabei herauskommen?; ***il en est*** [*o* **a**] ***résulté que*** daraus ergab sich, dass

résumé [ʀezyme] *m* Zusammenfassung *f,* Resümee *nt geh*
▶ **en ~** (*en bref*) zusammenfassend; (*somme toute*) abschließend, alles in allem; ***en ~: ...*** kurz und gut: ...

résumer <1> [ʀezyme] **I.** *vt* **1.** (*récapituler*) ■ **qn résume qc** jd fasst etw zusammen, jd resümiert etw *geh;* ***qn résume qc en une page*** jd fasst etw auf einer Seite zusammen; ■ **..., résume qn ...,** fasst jd zusammen; ..., stellt jd [zusammenfassend] fest; ***"il est temps d'agir", résume un député*** „es ist Zeit zu handeln", stellt ein Abgeordneter [zusammenfassend] fest
2. (*contenir en soi*) ■ **qc résume qc** etw bringt etw auf den Punkt, etw fasst etw zusammen; / *œuvre a.* / etw zieht das Resümee einer S. (*gen*)
3. (*réduire*) ■ **qn/qc résume qc à qc** jd/etw reduziert etw auf etw (*akk*)
II. *vpr* **1.** (*se réduire à*) ■ **qc se résume à qc** etw besteht in [*o* aus] etw (*dat*); ***qc se résume à peu de choses*** es steckt nicht viel hinter etw (*dat*)
2. (*être contenu*) ■ **qc se résume en qn** etw ist in jdm verkörpert, jd verkörpert etw
3. (*se répéter brièvement*) ■ **qn/qc se résume** / *discours, orateur* / jd fasst [das Gesagte] zusammen/etw lässt sich zusammenfassen; ***permettez-moi de me ~ en quelques mots!*** lassen Sie mich [das Gesagte] kurz zusammenfassen; ***pour me ~, je dirais que*** zusammenfassend würde ich sagen, dass; ***ce discours se résume difficilement*** diese Rede lässt sich schwer zusammenfassen

résurgence [ʀezyʀʒɑ̃s] *f* **1.** [*difficultés, phénomène, problème*] Wiederauftreten *nt,* Wiederauftauchen *nt;* [*idéologie, idée*] Wiederaufleben *nt*
2. GEOG [Karst]quelle *f*

resurgir <8> [ʀ(ə)syʀʒiʀ] *vi* ■ **qn/un animal/qc resurgit** [**quelque part**] jd/ein Tier/etw kommt [irgendwo] wieder zum Vorschein, jd/ein Tier/etw taucht [irgendwo] wieder auf; / *difficulté, phénomène, problème* / etw tritt [irgendwo] wieder auf; / *eaux, cours d'eau* / etw tritt [irgendwo] aus; ***de nouvelles difficultés resurgissent sans cesse*** es treten ständig neue Probleme auf

résurrection [ʀezyʀɛksjɔ̃] *f* **1.** Auferstehung *f;* [*personne, auteur a.*] Wiedergeburt *f;* [*coutume ancienne*] Wiederbelebung *f;* [*ville, région, pays*] Wiederaufleben *nt;* [*nature*] [Wieder]erwachen *nt;* ***on ne le reconnaît plus, c'est une véritable ~*** er ist nicht wieder zu erkennen, er lebt richtig auf
2. REL Auferstehung *f;* ***la ~ de Lazare*** die Auferweckung des Lazarus; ■ **la R~** die Auferstehung

retable [ʀətabl] *m* Altaraufsatz *m,* Retabel *nt spec;* ***le ~ d'Issenheim*** der Isenheimer Altar

rétablir <8> [ʀetabliʀ] **I.** *vt* **1.** (*remettre en fonction*) ■ **qn rétablit qc** *communications, courant* jd stellt etw wieder her; *contact, liaison* jd nimmt etw wieder auf; ***la police rétablit le trafic sur une route*** die Polizei gibt eine Straße wieder für den Verkehr frei; ■ **qc est rétabli(e)** / *communication, contact, liaison* / etw ist wiederhergestellt; / *trafic* / etw fließt wieder; / *courant* / etw funktioniert wieder; ***l'électricité est enfin rétablie*** endlich gibt es wieder Strom, endlich funktioniert die Stromversorgung wieder; ***le trafic ferroviaire est rétabli sur l'ensemble du réseau*** im gesamten Verkehrsnetz funktionieren die Zugverbindungen wieder
2. (*restaurer*) ■ **qn/qc rétablit qc** *confiance, équilibre, ordre, situation* jd/etw stellt etw wieder her; *monarchie a.* jd führt etw wieder ein, jd restauriert etw *spec;* *faits* jd stellt etw richtig; ***je tiens à ~ la vérité*** ich möchte der Wahrheit zu ihrem Recht verhelfen; ich möchte, dass die Wahrheit bekannt wird
3. MED ■ **qc rétablit qn** etw stellt jdn wieder her; ■ **qn/qc rétablit qc** etw stellt etw wieder her; ***qn rétablit sa santé/ses forces*** jd wird wieder gesund/jd erholt sich; ■ **qn/qc est rétabli(e)** jd/etw ist wiederhergestellt, jd ist wieder gesund; ***ma santé est rétablie/mes forces sont rétablies*** ich bin wieder gesund/bei Kräften [*o* ich habe mich wieder erholt]
4. (*améliorer*) ■ **qn/qc rétablit qc** *situation économique* jd/etw stabilisiert etw
5. (*réintégrer*) ■ **qn rétablit qn dans qc** jd setzt jdn wieder in etw (*akk*) ein; ***qn rétablit qn dans son emploi/dans ses droits*** jd stellt jdn wieder an seinem alten Arbeitsplatz ein/jd rehabilitiert jdn; ***qn rétablit qc dans un calcul*** jd nimmt etw wieder in die Kalkulation auf
II. *vpr* **1.** (*guérir*) ■ **qn se rétablit** jd erholt sich, jd wird wieder gesund; ■ **qc se rétablit** / *pays* / etw erholt sich wieder; ***ta santé s'est vite rétablie*** du bist schnell wieder gesund geworden, dein Gesundheitszustand hat sich schnell gebessert; ***tes forces se sont vite rétablies*** du bist schnell wieder zu Kräften gekommen, du hast dich schnell erholt; ***en voie de se ~*** auf dem Wege der Besserung
2. (*revenir*) ■ **qc se rétablit** [**quelque part**] / *calme, silence* / etw kehrt wieder [irgendwo] ein; / *courant* / etw funktioniert [irgendwo] wieder; / *trafic* / etw fließt [irgendwo] wieder; ***le calme s'est rétabli*** es ist wieder Ruhe eingekehrt [*o* ruhig geworden]
3. SPORT ■ **qn se rétablit** jd geht in den Stütz

rétablissement [ʀetablismɑ̃] *m* **1.** (*guérison*) [*santé*] Wiederherstellung *f;* [*malade a.*] Genesung *f,* Rekonvaleszenz *f spec;* ***le ~ des forces ne dure que quelques jours*** man ist nach wenigen Tagen wieder bei Kräften; ***votre ~ sera long*** Ihre Genesung wird lange dauern; es wird lange dauern, bis Sie wieder gesund sind; ***le ~ momentané de sa santé ...*** die momentane Besserung seines/ihres Gesundheitszustandes ...
2. (*remise en fonction*) ■ **~ de qc** *des communications, du courant, d'une liaison* Wiederherstellung *f* einer S. (*gen*); *d'un contact a., d'une relation* Wiederaufnahme *f* einer S. (*gen*); ***le ~ du trafic aura lieu demain*** die Strecke wird morgen wieder für den Verkehr freigegeben; ***je souhaitais le ~ de nos relations*** ich wollte unsere Beziehungen gerne wieder aufnehmen; ***on attend toujours le ~ du courant*** die Stromversorgung ist immer noch nicht wiederhergestellt [*o* funktioniert noch nicht wieder]
3. (*restauration*) ■ **~ de qc** *d'un droit, de l'équilibre, de l'ordre* Wiederherstellung *f* einer S. (*gen*); *de la monarchie a., de la peine de mort, d'un système* Wiedereinführung *f* einer S. (*gen*); *des faits* Richtigstellung *f* einer S. (*gen*); ***qc permet le ~ de la vérité*** etw verhilft der Wahrheit zu ihrem Recht
4. SPORT Klimmzug *m* [zum Stütz]
▶ **bon/prompt ~** gute Besserung; ***qn souhaite un bon/prompt ~ à qn*** jd wünscht jdm gute Besserung

retailler <1> [ʀ(ə)tɑje] *vt* ■ **qn retaille qc** *vêtement* jd ändert etw; *crayon* jd spitzt etw [wieder an]; *arbre* jd schneidet etw neu

rétamé, e [ʀetame] *adj fam* **1.** (*fatigué*) erledigt *fam,* kaputt *fam,* fertig *fam*
2. (*ruiné*) pleite *fam,* ruiniert
3. (*mort*) hinüber *sl*

rétamer <1> [ʀetame] **I.** *vt fam* (*fatiguer*) ■ **qc rétame qn** etw macht jdn fertig *fam,* etw macht jdn k. o. *fam;* (*ruiner*) etw ruiniert jdn; (*rendre ivre*) etw macht jdn betrunken, etw haut jdn um *fam;* ■ **qn se fait ~** [**à qc**] (*se faire battre*) jd wird [bei etw] abgezogen *fam; à un jeu de cartes a.* jd wird [bei etw] abgezockt *sl;* (*échouer à un examen*) jd fällt [*o* rasselt *fam*] durch [etw]
II. *vpr fam* ■ **qn se rétame** [**quelque part**] jd fällt [*o* fliegt *fam*] [irgendwo] hin; (*en voiture, moto*) jd baut einen Unfall *fam;* ***qn/qc se rétame dans un virage/contre un arbre*** jd/etw fliegt aus der Kurve/kracht gegen einen Baum *fam*

retapage [ʀ(ə)tapaʒ] *m* [*maison*] Renovierung *f;* [*voiture*] Instandsetzung *f;* [*lit*] Glätten *nt,* Zurechtziehen *nt;* ***qc a besoin d'un sérieux ~*** / *vêtement* / etw muss wieder von Grund auf in Schuss [*o* Ordnung] gebracht werden; / *maison a.* / etw muss gründlich renoviert werden; / *voiture a.* / etw muss gründlich überholt werden

retape [ʀ(ə)tap] *f fam* Kundenfang *m*
▶ **qn fait** [**de**] **la ~** / *prostituée* / jd geht auf den Strich *fam;* **qn/qc fait** [**de**] **la ~** [**pour qc**] / *publicitaire, publicité* / jd geht [für etw] auf Kundenfang/etw wirbt aufdringlich [für etw]

retaper <1> [ʀ(ə)tape] **I.** *vt* **1.** (*remettre en état*) ■ **qn retape qc** *maison* jd renoviert etw; *voiture* jd überholt etw; *lit* jd zieht etw zurecht; ■ **qc retape qn** *fam* etw stellt jdn wieder her, etw bringt jdn wieder auf die Beine *fam*
2. (*redactylographier*) ■ **qn retape qc** jd schreibt etw neu, jd tippt etw noch einmal *fam*

II. *vpr fam* ■ **qn se retape [quelque part]** jd kommt [irgendwo] wieder auf die Beine *fam,* jd erholt sich [irgendwo]

retard [ʀ(ə)taʀ] *m* **1.** (*arrivée tardive*) [*avion, train, véhicule*] Verspätung *f;* [*personne a.*] Zuspätkommen *nt;* [*développement, évolution, événement, réponse*] Verzögerung *f;* ***un ~ d'une heure*** eine einstündige Verspätung, eine Verspätung von einer Stunde; ***avec une heure/10 minutes de ~*** mit einer Stunde [*o* einstündiger]/zehn Minuten [*o* zehnminütiger] Verspätung; ***le ~ des recherches*** der Forschungsrückstand; ■ **~ dans qc** Verzögerung *f* bei etw; *dans un travail* Rückstand *m* bei etw; ***qn a du ~ dans qc*** *dans un travail* jd ist mit etw im Rückstand; *dans son développement* jd ist in etw (*dat*) zurückgeblieben; *dans un paiement* jd ist mit etw im Verzug
2. ECON Rückständigkeit *f;* SCOL Rückstand *m;* ***cet enfant présente un ~ de langage/de croissance*** dieses Kind ist in seiner Sprachentwicklung/im Wachstum zurück; ***qn présente un ~ intellectuel*** jd ist intellektuell zurückgeblieben
▸ **qc a du ~ à l'allumage** etw hat Spätzündung; **qn a du ~ à l'allumage** *hum* (*dans une situation donnée*) jd hat Spätzündung *fam;* (*régulièrement*) jd ist ein Spätzünder; **qn est en ~ d'une bataille** [**o d'une guerre**] jd ist nicht auf der Höhe der Zeit; **qn/qc a du ~** jd kommt zu spät [*o* ist zu spät dran *fam*]/etw hat Verspätung; **qn/qc a du ~ sur qn/qc** jd/etw ist jdm/einer S. gegenüber im Rückstand; /*pays, personne a.*/ jd/etw hinkt hinter einer S. (*dat*) hinterher *fam;* SPORT jd/etw liegt hinter jdm/einer S. zurück; ***le train a du ~ sur l'horaire*** der Zug kommt mit Verspätung an/fährt mit Verspätung ab; ***qn a du ~ sur son planning*** jd ist seiner [*o* hinkt seiner] [Termin]planung hinterher *fam;* **qn/qc a un ~ de 10 minutes/d'une heure/...** jd kommt 10 Minuten/eine Stunde/... zu spät [*o* hat sich 10 Minuten/eine Stunde/... verspätet]/etw hat 10 Minuten/eine Stunde/... Verspätung; ***le train a un ~ de 20 minutes sur l'horaire*** der Zug hat 20 Minuten Verspätung; **qn a qc en ~** *courrier, travail* jd ist mit etw im Rückstand; ***j'ai du repassage/du linge en ~*** ich bin mit dem Bügeln/Wäschewaschen hinterher *fam,* ich komme mit dem Bügeln/Wäschewaschen nicht nach *fam;* **qn arrive en ~** jd kommt zu spät, jd verspätet sich; **qn/qc est en ~ [de 10 minutes/d'une heure/...]** jd kommt [10 Minuten/eine Stunde/...] zu spät [*o* hat sich [10 Minuten/eine Stunde/...] verspätet]/etw hat [10 Minuten/eine Stunde/...] Verspätung; **qn est en ~ [de 10 minutes/d'une heure/de 2 mois/...] pour qc/pour faire qc** jd kommt nicht rechtzeitig für etw/um etw zu tun, jd ist [10 Minuten/eine Stunde/2 Monate/...] zu spät dran für etw/um etw zu tun; *pour le loyer, des cotisations etc* jd ist mit etw [10 Minuten/eine Stunde/2 Monate/...] im Rückstand [*o* im Verzug]; ***il n'est jamais en ~ pour payer ses cotisations*** er ist mit seinen Beitragszahlungen nie im Rückstand [*o* Verzug]; ***vous êtes en ~ pour les inscriptions*** [***o pour vous inscrire***] Sie sind für die Einschreibung zu spät dran *fam;* **qn est en ~ [de 10 minutes/d'une heure/...] sur qn/qc** jd ist [10 Minuten/eine Stunde/...] später dran als jd/ist mit etw [10 Minuten/eine Stunde/...] im Rückstand [*o* Verzug], jd/etw ist [10 Minuten/eine Stunde/...] hinter etw (*dat*) zurück; ***qn est en ~ de deux jours sur son planning*** jd hinkt seiner [*o* ist in seiner] [Termin]planung zwei Tage hinterher *fam;* ***qn est en ~ sur son temps*** jd ist nicht auf dem Laufenden [*o* auf der Höhe der Zeit]; ***notre professeur est en ~ sur le programme*** unser Lehrer ist hinter dem Lehrplan zurück; **qn est en ~ [sur qn]** (*dans son développement intellectuel, économique*) jd ist zurückgeblieben, jd ist [hinter jdm] zurück; **qn est en ~ [de 300 mètres/de 5 kilomètres/...] [sur qn]** jd liegt [300 Meter/5 Kilometer/...] [hinter jdm] zurück; **qn/qc met qn en ~** jd/etw hält jdn auf; **qn se met en ~ [dans qc]** jd verspätet sich, jd gerät mit etw in Rückstand [*o* Verzug]; ***ne commençons pas à nous mettre en ~ dès le matin*** wir sollten uns nicht schon morgens verspäten; **qn prend du ~/un ~ de 10 minutes/d'une heure/... [dans qc]** jd verspätet sich/verspätet sich [um] 10 Minuten/eine Stunde/... [mit etw]; **qc prend du ~/un ~ de 10 minutes/d'une heure/...** /*montre, horloge*/ etw geht nach/geht 10 Minuten/eine Stunde/... nach; ***le train a pris un ~ de 10 minutes au niveau de Dijon*** der Zug hat sich bei Dijon um 10 Minuten verspätet; ***nous avons pris du ~ en route*** wir haben uns unterwegs verspätet; **avec ~** mit Verspätung, verspätet; *payer a.* unpünktlich; **de ~** *trois minutes, une heure, deux jours* Verspätung; ***qn/qc a deux minutes de ~*** jd kommt zwei Minuten zu spät/etw hat zwei Minuten Verspätung; ***avec dix minutes/une heure de ~*** mit zehn Minuten [*o* zehnminütiger]/einer Stunde [*o* einstündiger] Verspätung, zehn Minuten/eine Stunde zu spät; ***un moment de ~*** eine kleine Verspätung; ***avec un léger temps de ~*** mit etwas Verspätung; **en ~** (*dans le temps*) *travail* liegen geblieben; *personne* verspätet; (*dans un développement intellectuel*) zurückgeblieben; (*dans un développement économique*) rückständig; ***qn a encore du travail en ~*** jd ist mit der Arbeit im Rückstand; **sans ~** unverzüglich, ohne Aufschub

retardataire [ʀ(ə)taʀdatɛʀ] **I.** *adj invité* verspätet; *idées, méthodes, théorie* rückständig; ***un élève ~*** ein unpünktlicher Schüler; ein Schüler, der zu spät kommt
II. *mf* Zuspätkommende(r) *f(m),* Nachzügler(in) *m(f)*

retardateur, -trice [ʀ(ə)taʀdatœʀ, -tʀis] *adj* verzögernd, retardierend *geh; dispositif* Brems-; *frottement* bremsend; ***action ~trice*** MIL Hinhaltemanöver *nt*

retardé, e [ʀ(ə)taʀde] **I.** *adj fam enfant* zurückgeblieben; *élève a.* schwach
II. *m, f fam mental* Zurückgebliebene(r) *f(m); scolaire a.* Spätentwickler(in) *m(f);* ***classe pour ~s*** Förderklasse *f*

retardement [ʀ(ə)taʀdəmɑ̃] *m* ▸ **à ~** *bombe* Zeit-, mit Zeitzünder; *engin* mit Zeitschaltvorrichtung; *dispositif* Zeitschalt-; *féliciter, rire* mit Verspätung; *se fâcher* im Nachhinein, hinterher; ***qn comprend tout à ~*** jd hat eine lange Leitung *fam,* bei jdm fällt der Groschen langsam *fam*

retarder <1> [ʀ(ə)taʀde] **I.** *vt* **1.** (*mettre en retard*) ■ **qn/qc retarde qn/qc** jd zögert etw hinaus/durch etw verzögert sich etw; *personne, véhicule* jd/etw hält jdn/etw auf; ***qc a retardé le travail*** die Arbeit ist wegen etw später fertig geworden [*o* wegen etw liegen geblieben]; ■ **qn/qc est retardé(e) [de ...]** *d'une heure, de 10 minutes* jd wird [...] aufgehalten/etw verzögert sich [um ...], etw beginnt [...] später; ***le colis a été retardé par la grève*** das Paket ist durch den Streik später angekommen
2. (*ralentir*) ■ **qn/qc retarde qn/qc** jd/etw hält jdn/etw auf; ■ **qn/qc retarde qn/qc dans qc** *dans sa mission* jd/etw behindert jdn/etw bei etw; *dans son travail, ses préparatifs* jd/etw hält jdn bei etw auf, jd/etw hält jdn von etw ab; *dans ses études* jd hält jdn von etw ab/etw wirft jdn in etw (*dat*) zurück; ***qc retarde le moteur dans sa course*** etw verlangsamt [*o* bremst] den Motor
3. (*remettre*) ■ **qn retarde qc [de ...]** *de deux jours, d'une semaine* jd verschiebt etw [[um] ...], jd schiebt etw [[um] ...] auf
4. (*reculer*) ■ **qn retarde qc [de ...]** *horloge, montre d'une heure, de 10 minutes* jd stellt etw [[um] ...] zurück
II. *vi* **1.** (*être en retard*) ■ **qn/qc retarde [de ...]** *de 2 minutes, d'une heure* jds Uhr/etw geht [...] nach
2. (*ne pas être au niveau de*) ■ **qn retarde de ... sur qc** *de 2/10/... ans* jd ist [*o* hinkt *fam*] ... Jahre hinter etw (*dat*) her; ***qn retarde sur son époque/son temps/son siècle*** jd ist nicht auf der Höhe der Zeit, jd ist von gestern
3. *fam* (*ne pas être à la page*) ■ **qn retarde** jd ist nicht auf dem Laufenden, jd lebt hinterm Mond *fam*
III. *vpr* ■ **qn se retarde [à qc/à faire qc]** jd verspätet sich, jd kommt zu spät; jd hält sich mit etw auf/damit auf, etw zu tun

retâter <1> [ʀ(ə)tɑte] **I.** *vt* ■ **qn retâte qc** jd betastet etw noch einmal; ***qn lui retâte le pouls*** jd fühlt ihr/ihm den Puls noch einmal
II. *vi* ■ **qn retâte de qc** jd nimmt noch eine Kostprobe von etw; *d'un plat a.* jd kostet noch einmal von etw; ***qn n'a pas envie de ~ de qc*** jd verzichtet gerne auf eine weitere Kostprobe einer S. (*gen*)

retendre <14> [ʀ(ə)tɑ̃dʀ] *vt* **1.** (*raidir à nouveau*) ■ **qn retend qc** jd zieht etw wieder an; *câble, chaîne a.* jd spannt etw wieder; *lien a.* jd zieht etw wieder fest; MUS *corde* jd spannt etw nach [*o* neu]
2. (*disposer à nouveau*) ■ **qn retend qc** jd stellt etw wieder auf; *filet de pêche* jd wirft etw wieder aus
3. (*présenter à nouveau*) ■ **qn retend qc à qn** *main* jd reicht jdm wieder etw, jd hält jdm etw wieder hin

retenir <9> [ʀ(ə)təniʀ, ʀət(ə)niʀ] **I.** *vt* **1.** (*maintenir en place*) ■ **qn retient qn/qc [quelque part]** *objet/personne qui glisse* jd hält jdn/etw [fest]; *foule, personne, bras* jd hält jdn [irgendwo] zurück/jd hält etw fest; ***personne ne te retient*** niemand hält dich [zurück]; ***j'ai retenu son bras*** ich habe ihn/sie am Arm festgehalten [*o* seinen/ihren Arm festgehalten]; ■ **qn retient qn par qc** jd hält jdn an etw (*dat*) fest, jd packt jdn an etw (*dat*); ■ **qc retient qn/qc** etw hält jdn/etw zurück; /*branche*/ etw hält jdn/etw; /*barrage*/ etw staut etw
2. (*empêcher*) ■ **qn/qc retient qn [de faire qc]** jd/etw hält jdn zurück; jd/etw hält jdn davon ab [*o* hindert jdn daran], etw zu tun; ***retiens/retenez-moi, ou je fais un malheur*** halte/halten Sie mich [zurück] oder ich vergesse mich
3. (*garder*) ■ **qn retient qn [quelque part]** jd hält jdn [irgendwo] auf; ***qn retient qn à déjeuner/à bavarder*** jd behält jdn zum Mittagessen da [*o* bittet jdn zum Mittagessen zu bleiben]/jd hält jdn fest, um mit ihm zu plaudern; ***je ne te retiens pas plus longtemps*** ich will dich nicht länger aufhalten; ***pardon, je ne te retiens pas*** bitte, ich will dich ja nicht zurückhalten; ***qn retient qn prisonnier/en otage*** jd hält jdn gefangen/hält jdn als Geisel fest; ***j'ai été retenu*** ich bin aufgehalten worden; ■ **qc retient qn** etw hindert jdn, jd kann wegen etw nicht; ■ **qc retient qn quelque part** /*maladie*/ etw fesselt jdn irgendwohin; /*mauvais temps*/ etw fesselt jdn irgendwohin, jd bleibt wegen etw irgendwo; /*travail*/ jd bleibt wegen etw irgendwo; etw macht es notwendig, dass jd irgendwo bleibt
4. (*requérir*) ■ **qn/qc retient qc** *attention de qn* jd/etw erregt [*o* fesselt] etw; *intérêt de qn* jd zieht etw auf sich (*akk*)/etw findet etw [*o* stößt auf etw (*akk*)]; *regard de qn* jd zieht etw auf sich (*akk*)/etw fesselt etw; ***ce travail a retenu tous nos soins*** diese Arbeit hat unsere ganze Sorgfalt erfordert [*o* in Anspruch genommen]; ***votre lettre a retenu tout notre intérêt*** wir haben Ihren Brief mit großem Interesse gelesen; ***nous espérons que notre demande retiendra votre attention*** wir hoffen, dass Sie unsere Bitte aufmerksam prüfen
5. (*réserver*) ■ **qn retient qc [à qn] [quelque part]** *chambre* jd reserviert [jdm] [irgendwo] etw; *table a.* jd bestellt [jdm] etw [irgendwo]; *place a.* jd bestellt [jdm] etw [irgendwo] vor; ***retenez-nous une chambre à l'hôtel*** reservieren Sie uns ein Hotelzimmer; ***as-tu retenu ta place pour le prochain concert?*** hast du schon eine Karte für das nächste Konzert vorbestellt?
6. (*se souvenir de*) ■ **qn retient qc** jd behält etw [im Gedächtnis], jd merkt sich (*dat*) etw; ***qc doit être retenu(e) textuellement*** etw muss auswendig gelernt werden; ***retenez bien la date*** merken Sie sich den Termin gut; ***qu'avez-vous retenu de mes explications?*** was haben Sie von meinen Erklärungen behalten?, was haben Sie sich von meinen Erklärungen gemerkt?; ■ **qn retient [de qc] que** + *indic* jd behält im Auge, dass; etw zeigt jdm, dass; ***je retiens de son comportement qu'il est impoli*** sein Verhalten zeigt [mir], dass er unhöflich ist
7. (*réprimer*) ■ **qn retient qc** *colère, cri, geste, soupir* jd unterdrückt etw; *larmes a.* jd hält etw zurück; *sourire, soupir de satisfaction a.* jd verkneift sich (*dat*) etw *fam; souffle* jd hält etw an; ***il retint les mots qui lui venaient à la bouche*** er verkniff sich die Bemerkungen [*o* er behielt die Bemerkungen für sich], die ihm auf der Zunge lagen
8. (*accepter*) ■ **qn retient qc** *candidature* jd nimmt etw an; *proposition, suggestion a., plan* jd stimmt einer S. (*dat*) zu; *nom* jd legt sich auf etw (*akk*) fest; *version* jd hält an etw (*dat*) fest; JUR *bonne/mauvaise foi, préméditation* jd erkennt auf etw (*akk*); ***nous avons finalement retenu cette solution***

wir haben schließlich diese Lösung gewählt, wir haben uns schließlich für diese Lösung entschieden; ***qn ne retient pas la préméditation*** jd erkennt nicht auf Vorsatz, jd lässt den Vorwurf des Vorsatzes fallen; ■ **qn/qc est retenu(e)** jd/etw wird ausgewählt, auf jdn/etw fällt die Wahl

9. (*prélever*) ■ **qn retient qc** [**sur qc**] *montant* jd zieht etw [von etw] ab; *impôts, cotisation* jd behält etw [von etw] ein; ***ils retiennent un certain pourcentage sur mon salaire*** sie behalten einen bestimmten Prozentsatz meines Gehalts ein, sie ziehen einen bestimmten Prozentsatz von meinem Gehalt ab

10. (*confisquer*) ■ **qn retient qc** jd behält etw ein; *salaire a.* jd zahlt etw nicht aus; *bagages a.* jd gibt etw nicht heraus; *biens a.* jd beschlagnahmt etw; *argent dû* jd zahlt etw nicht zurück, jd behält etw

11. MATH ■ **qn retient qc** jd behält etw; ***je pose quatre et je retiens un*** schreibe vier, behalte [*o* merke] eins

12. (*conserver*) ■ **qc retient qc** /*terre*/ etw speichert etw; /*digue*/ etw staut etw; *odeur* etw nimmt etw an; *lumière* etw sammelt etw; ***le noir retient la lumière*** Schwarz absorbiert das Licht; ***les vêtements noirs retiennent la chaleur*** schwarze Kleider ziehen die Hitze an

13. (*fixer*) ■ **qc retient une chose** [**quelque part**] /*clou*/ eine S. ist mit etw [irgendwo] befestigt; /*nœud, ruban*/ etw hält eine S. [irgendwo] zusammen

▸ **je te/le/la/... retiens!** *fam* das vergesse ich dir/ihm/ihr/... nicht so leicht [*o* schnell]!, das werde ich mir merken!

II. *vpr* **1.** (*s'accrocher*) ■ **qn se retient** [**à qn/qc**] [**pour faire qc**] jd hält sich [an jdm/etw] [fest] [um etw zu tun]

2. (*s'empêcher*) ■ **qn se retient** jd beherrscht sich, jd hält sich zurück, jd hält an sich (*akk*); ■ **qn se retient de faire qc/pour ne pas faire qc** jd beherrscht sich [*o* nimmt sich zusammen] und tut etw nicht/jd muss sich beherrschen [*o* zusammennehmen], um nicht etw zu tun; ***je n'ai pas pu me ~ de faire qc*** ich konnte nicht anders, als etw tun

3. (*contenir ses besoins naturels*) ■ **qn se retient** jd beherrscht sich

retenter <1> [ʀ(ə)tɑ̃te] *vt* ■ **qn retente qc** *action, chance* jd versucht etw noch einmal; *épreuve* jd versucht noch einmal etw zu machen; *opération* jd versucht es noch einmal mit etw; ■ **qn retente de faire qc** jd versucht noch einmal etw zu tun

rétention [ʀetɑ̃sjɔ̃] *f* **1.** MED Verhaltung *f*; **~ d'eau** Wasseransammlung *f*

2. JUR Zurückbehaltung *f*

▸ **~ d'information[s]** Zurückbehaltung *f* von Information[en]

retentir <8> [ʀ(ə)tɑ̃tiʀ] *vi* **1.** (*résonner*) ■ **qc retentit** /*bruit, cri*/ etw ertönt; /*chant a.*/ etw erklingt; /*cloche, sonnerie a.*/ etw läutet, etw klingelt; ***ces mots retentissent encore à mes oreilles*** diese Worte klingen mir noch in den Ohren; ■ **qc retentit de qc** *d'applaudissements* etw dröhnt vor etw (*dat*); *d'appels, de cris* etw hallt von etw wider; ***l'air retentissait de ses cris*** seine/ihre Schreie hallten wider

2. (*affecter*) ■ **qc retentit sur qc** etw wirkt sich auf etw (*akk*) aus

retentissant, e [ʀ(ə)tɑ̃tisɑ̃, ɑ̃t] *adj* **1.** (*fort, sonore*) *cri* durchdringend, laut; *voix a., bruit* dröhnend; *claque* schallend

2. (*fracassant*) Aufsehen erregend; *scandale, succès a.* Riesen-; *déclaration, discours a.* spektakulär

retentissement [ʀ(ə)tɑ̃tismɑ̃] *m* **1.** (*répercussion*) [*discours*] [Nach]wirkung *f*; [*affaire a.*] Auswirkung *f*; ■ **~ de qc** [**dans qc**] Wirkung einer S. (*gen*) [auf etw (*akk*)]

2. (*éclat*) ■ **~ de qc** *d'un film, d'une œuvre* Wirkung *f* einer S. (*gen*); ***qc a un grand ~*** etw erregt großes Aufsehen; ***le ~ de ce nom ne s'est pas encore effacé*** dieser Name hat immer noch große Bedeutung

retenu, e [ʀ(ə)təny, ʀət(ə)ny] *adj* unaufdringlich, zurückhaltend

retenue [ʀ(ə)təny, ʀət(ə)ny] *f* **1.** (*prélèvement*) ■ **~** [**sur qc**] *sur le salaire, les revenus* [von etw] einbehaltener Betrag, Abzug *m* [von etw]; ***qn opère*** [*o* ***fait***] ***une ~ de 10 % sur qc*** jd behält 10 % von etw ein, jd zieht 10 % von etw ab; ***la ~ pour la Sécurité sociale*** der Sozialversicherungsbeitrag

2. (*modération*) Zurückhaltung *f*, Beherrschung *f*

3. MATH Übertrag *m*

4. SCOL Nachsitzen *nt*; ***qn attrape une ~*** jd muss nachsitzen; ***je vais récolter une ~ de deux heures*** ich werde zwei Stunden nachsitzen müssen

5. (*bouchon*) Stau *m*

6. TECH (*barrage*) Damm *m*

7. (*maintien*) [*marchandise*] Zurückbehaltung *f*

▸ **qn a de la ~** jd ist zurückhaltend; ***qn n'a aucune ~*** jd hat keinerlei Hemmungen; **qn manque de ~** jd hat keinerlei Hemmungen; **qn met qn en ~** jd lässt jdn nachsitzen; **avec ~** zurückhaltend; ***qn se conduit avec ~*** jd benimmt sich [anständig]; **1 heure/2/... heures de ~** 1 Stunde/2/... Stunden Nachsitzen; ***qn a eu trois heures de ~*** jd musste drei Stunden nachsitzen; [**qn est**] **en ~** jd muss nachsitzen; ***les élèves en ~*** die Schüler, die nachsitzen müssen; **sans ~** hemmungslos

◆ **retenue à la source** Quellensteuer *f*; **retenue d'eau** Wasserreservoir *nt*, Rückhaltebecken *nt*

réticence [ʀetisɑ̃s] *f* Vorbehalt *m*; ***qn éprouve une certaine ~ à faire qc*** es widerstrebt jdm, etw zu tun; jd tut etw nur ungern; ***qn manifeste une certaine ~*** jd bringt gewisse Vorbehalte zum Ausdruck; ***avec ~*** widerstrebend; *accepter a.* unter Vorbehalt[en]; ***sans ~*** vorbehaltlos; *parler* offen

réticent, e [ʀetisɑ̃, ɑ̃t] *adj expression* widerstrebend; *personne, phrase* voller Vorbehalte; *attitude, silence* zurückhaltend, reserviert; ***qn est ~*** jd hat Vorbehalte; ■ **qn est ~ pour** [*o* **à**] **faire qc** es widerstrebt jdm, etw zu tun; jd tut etw nur ungern

réticule [ʀetikyl] *m* OPT Fadenkreuz *nt*

réticulé, e [ʀetikyle] *adj* **1.** ANAT netzartig, retikulär *spec*

2. GEOL: ***sol ~*** Polygonboden *m*

rétif, -ive [ʀetif, -iv] *adj* störrisch, widerspenstig; ■ **qn est ~ à faire qc** jd lehnt es ab [*o* ist dagegen], etw zu tun

rétine [ʀetin] *f* Netzhaut *f*

rétinien, ne [ʀetinjɛ̃, jɛn] *adj* Netzhaut-

retirage [ʀ(ə)tiʀaʒ] *m* ■ **~ de qc** *d'une photo* neuer Abzug einer S. (*gen*); *d'une gravure, d'un livre* Nachdruck *m* einer S. (*gen*); ***qn procède au*** [*o* ***effectue le***] ***~ de qc*** *d'une photo* jd macht einen neuen Abzug von etw; *d'une gravure, d'un livre* jd druckt etw nach

retiré, e [ʀ(ə)tiʀe] *adj* **1.** (*solitaire*) *lieu* entlegen, abgelegen, abgeschieden; ***qn mène une vie ~e*** jd führt ein zurückgezogenes Leben, jd lebt zurückgezogen; ■ **~ de qc** *du monde, de la société* von etw zurückgezogen, fern von etw; ***qn vit complètement ~ du monde*** jd lebt völlig weltabgeschieden

2. (*en retraite*) im Ruhestand; ■ **~ de qc** *de la scène* von etw zurückgezogen; ***qn est ~ des affaires*** jd hat sich zur Ruhe gesetzt, jd hat sich aus dem Geschäftsleben zurückgezogen

retirer <1> [ʀ(ə)tiʀe] I. *vt* **1.** (*enlever*) ■ **qn retire qc** [**de qc**] *vêtement, collier, montre* jd legt etw ab, jd zieht etw aus; *housses* jd zieht etw [von etw] ab; *de la vente, du commerce* jd zieht etw [aus etw] zurück; *des rayons* jd nimmt etwas heraus, jd nimmt etw aus etw; *de l'affiche* jd setzt etw ab, jd nimmt etw von etw; *d'un catalogue, programme* jd nimmt etw aus etw; ***qn retire le gras/la peau de la viande*** jd entfernt das Fett/die Haut vom Fleisch; ***qn retire sa montre*** [***du poignet***]***/ses lunettes/les bagues de ses doigts*** jd legt seine Uhr ab/setzt seine Brille ab/zieht seine Ringe aus; ■ **qn retire qc à qn/un animal** [**de qc**] *objet* jd nimmt jdm/einem Tier etw weg; *vêtement* jd zieht jdm etw aus, jd zieht jdm etw von etw; *collier* jd nimmt jdm/einem Tier etw ab; ***qn lui retire le collier des mains/du cou*** jd nimmt ihm/ihr die Kette aus den Händen/zieht ihm/ihr die Kette aus; ■ **qn retire qc à qn** *garde, confiance, parole, autorité* jd entzieht jdm etw; *permis a.* jd nimmt jdm etw ab; *privilège, prérogative* jd nimmt jdm etw [weg]; *amitié, emploi* jd kündigt jdm etw

2. (*faire sortir*) ■ **qn retire qc de qc** jd nimmt etw aus etw; *bouchon* jd zieht etw aus etw; ***qn retire la plante de son pot*** jd nimmt die Pflanze aus dem Blumentopf; ***qn retire la clé de la serrure*** jd zieht den Schlüssel ab; ***qn me retire qc de la tête*** jd bringt mich von etw ab; ■ **qn retire qn de qc** *d'un établissement, de prison* jd holt jdn aus etw; *de l'eau a.* jd zieht jdn aus etw; *d'une école* jd nimmt jdn von etw; *des décombres* jd birgt [*o* zieht] jdn aus etw; ***qn retire un enfant à sa famille*** jd nimmt ein Kind aus seiner Familie

3. (*prendre possession de*) ■ **qn retire qc** [**quelque part**] *argent* jd holt etw [irgendwo]; *à la banque a., d'un compte* jd hebt etw [irgendwo] ab; *bagages, billet, commande, lot* jd holt etw [irgendwo] ab; *gage* jd löst etw [irgendwo] aus; ***qn retire les bagages de la consigne*** jd holt das Gepäck von der Gepäckaufbewahrung

4. (*ramener en arrière*) ■ **qn retire qc** *main, tête* jd zieht etw zurück; *jambes a.* jd zieht etw ein; *troupes* jd zieht etw zurück

5. (*annuler*) ■ **qn retire qc** *déclaration, paroles* jd nimmt etw zurück, jd widerruft etw *form*; *accusation, candidature, plainte, offre, proposition* jd zieht etw zurück

6. (*obtenir*) ■ **qn retire qc de qc** jd hat etw von etw; *avantage a., bénéfice, profit* jd zieht etw aus etw; *ennuis a.* jdm entsteht etw aus etw *geh*; *d'une expérience, d'un enseignement* jd lernt etw aus etw; *d'une conférence* jd zieht etw aus etw

7. (*extraire*) ■ **qn retire qc de qc** *huile, substance* jd gewinnt etw aus etw; *minerai, charbon* jd baut etw aus etw ab; *richesses* jd holt etw aus etw [heraus]

8. (*tirer de nouveau*) ■ **qn retire qc** *coup de feu* jd gibt noch etw ab

9. (*faire un second tirage*) ■ **qn retire/fait ~ qc** *photo* jd macht neue Abzüge von etw/lässt neue Abzüge von etw machen

II. *vpr* **1.** (*partir*) ■ **qn se retire** [**quelque part**] jd zieht sich [irgendwohin] zurück; ***qn se retire dans sa chambre*** jd zieht sich in sein Zimmer zurück, jd geht auf sein Zimmer; ***il s'est retiré à la campagne*** er hat sich aufs Land zurückgezogen

2. (*annuler sa candidature*) ■ **qn se retire** jd zieht seine Kandidatur zurück

3. (*prendre sa retraite*) ■ **qn se retire** [**quelque part**] jd setzt sich [irgendwo] zur Ruhe

4. (*reculer*) ■ **qn/qc se retire** [**de quelque part**] /*armée, ennemi*/ jd/etw zieht sich [von irgendwo] zurück; /*eau, mer a.*/ etw geht zurück; ***retire-toi d'ici!*** verzieh dich! *fam*

5. (*quitter*) ■ **qn se retire de qc** *de la vie publique* jd zieht sich aus etw zurück; *d'une compétition a.* jd steigt aus etw aus *fam*; *des affaires, du monde* jd zieht sich von etw zurück; ***qn se retire du jeu*** [*o* ***de la partie***] jd zieht sich zurück, jd steigt aus *fam*

retombée [ʀ(ə)tɔ̃be] *f* **1.** *pl* (*répercussions*) Auswirkungen *pl*; *économiques, industrielles a.* Nebenwirkungen *pl*, Nebeneffekt *m*; [*recherche*] Nebenprodukt *nt*; ***les ~s médiatiques/publicitaires de qc*** die Medien-/Werbewirksamkeit einer S. (*gen*); ***les ~s électorales/immobilières de qc*** die Auswirkungen einer S. (*gen*) auf die Wahlen/den Immobilienmarkt; ***des ~s sonores*** Nebengeräusche *pl*; ■ **~s dans/sur qc** Auswirkungen *pl* auf etw (*akk*); *dans un domaine a.* Auswirkungen *pl* in etw (*dat*)

2. (*impact*) [Aus]wirkung *f*, Folge *f*; ***une lointaine ~*** eine Langzeitwirkung

3. *pl* PHYS, CHIM Emissionen *pl*; ***~s gazeuses*** Abgase *pl*; ***~s radioactives*** [*o* ***atomiques***] radioaktiver Niederschlag, Fall-out *m spec*

retomber <1> [ʀ(ə)tɔ̃be] *vi* + *être* **1.** (*faire une nouvelle chute*) ■ **qn/qc retombe** jd/etw fällt wieder hin; /*neige*/ etw fällt wieder; ■ **qn/qc retombe dans qc** *dans le doute* jd verfällt wieder in etw (*akk*); *dans l'erreur a.* jd macht wieder etw; *dans le chaos, la guerre* über jdn/etw bricht wieder etw herein; ***qn/qc retombe dans l'oubli/la misère*** jd/etw gerät wieder in Vergessenheit/Not; ***on va ~ dans la cohabitation*** wir werden wieder eine Kohabitation haben; ***qn/qc retombe dans le découragement/l'ennui*** jd/etw versinkt wieder in Mutlosigkeit/Langeweile; ***qn retombe dans le péché/la drogue*** jd gerät wieder auf die schiefe Bahn/gerät wieder an Dro-

gen; ***qn retombe dans la délinquance*** jd wird wieder straffällig; ■ **qn/qc retombe sous qc** jd/etw gerät wieder unter etw (*akk*); ■ **qc retombe sur qn/qc** etw kommt wieder auf etw jdn/etw [zurück]
2. (*tomber après s'être élevé*) ■ **qn/un animal retombe [quelque part]** jd/ein Tier kommt [irgendwo] auf; ***elle est mal retombée et s'est blessée*** sie ist ungeschickt aufgekommen und hat sich verletzt; ■ **qn/un animal retombe sur qc** *sur ses pattes, jambes* jd/ein Tier kommt auf etw (*dat*) auf, jd/ein Tier landet wieder auf etw (*dat*); *sur le dos* jd/ein Tier fällt [wieder] auf etw (*akk*); ■ **qc retombe [quelque part]** */soufflé/* etw fällt zusammen; */ballon/* etw kommt [*o* schlägt] [irgendwo] auf; */torrent/* etw stürzt irgendwohin [herab]; */capot/* etw fällt wieder zu; */fusée/* etw stürzt [wieder] [irgendwohin] ab; */missile/* etw schlägt [irgendwo] ein; */vague/* etw überschlägt sich; ■ **qc lui retombe sur qc** etw fällt jdm auf etw (*akk*); ■ **qn laisse ~ qc [quelque part]** jd lässt etw wieder [irgendwohin] fallen; *bras, tête a.* jd lässt etw [wieder] [irgendwohin] zurückfallen; ■ **qn se laisse ~ [quelque part]** jd lässt sich [wieder] [irgendwohin] fallen
3. (*baisser*) ■ **qc retombe** */curiosité, enthousiasme, intérêt/* etw lässt nach, etw verfliegt; */colère a./* etw verraucht; */fièvre, cote de popularité/* etw fällt, etw geht zurück; */ambiance/* etw sinkt; ■ **qc retombe [en dessous de/à qc]** etw fällt [unter/auf etw (*akk*)]; */consommation/* etw geht [unter/auf etw (*akk*)] zurück
4. (*redevenir*) ■ **qn retombe** + *adj:* ***qn retombe amoureux*** jd verliebt sich wieder [*o* neu]; ***qn retombe malade/enceinte*** jd wird wieder krank/schwanger
5. METEO ■ **qc retombe** */brouillard/* etw kommt [*o* zieht] wieder auf; ***la pluie/la neige retombe*** es regnet/schneit wieder
6. (*pendre*) ■ **qc retombe [quelque part]** */drap/* etw hängt [irgendwohin] herunter; */cheveux, robe/* etw fällt irgendwohin; ***les cheveux lui retombent sur les épaules*** er/sie hat schulterlange Haare
7. (*échoir à*) ■ **qc retombe sur qn** etw fällt auf jdn zurück; */responsabilité/* jd hat etw zu tragen; */frais/* jd muss etw übernehmen [*o* tragen]; */péché/* etw kommt über jdn; ***le blâme/la faute retombe sur lui*** jd ist schuld, jd wird dafür geradestehen müssen, jdm wird die Schuld dafür gegeben werden; ***c'est sur moi que ça retombe*** ich muss dafür geradestehen [*o* muss es ausbaden *fam*]; ***ses histoires me retombent toujours dessus*** seine/ihre Geschichten bleiben immer an mir hängen *fam;* ***ça va me ~ sur le dos*** [*o* ***dessus***] das wird wieder auf mich zurückfallen; ■ **qn fait ~ qc sur qn/qc** *faute* jd schiebt etw auf jdn/etw; *responsabilité a.* jd wälzt etw auf jdn/etw ab, jd schiebt jdm/einer S. etw zu; ***il m'a tout fait ~ sur le dos*** [*o* ***dessus***] er hat alles auf mich abgewälzt [*o* geschoben]
8. (*arriver à nouveau*) ■ **qc retombe …** + *compl de temps* etw fällt wieder auf …; ***qc retombe un mardi/vendredi*** etw fällt wieder auf einen Dienstag/Freitag
9. (*revenir, rencontrer*) ■ **qn retombe quelque part/sur qn** jd gerät [zufällig] wieder irgendwohin/jd trifft jdn [zufällig] wieder; ***il a fallu que je lui retombe dessus*** ich musste ihm/ihr natürlich [wieder] begegnen

retordre <14> [ʀ(ə)tɔʀdʀ] *vt* **1.** TECH ■ **qn retord qc** *fils* jd verzwirnt etw; *câble* jd dreht etw zusammen
2. (*essorer*) ■ **qn retord qc** jd wringt etw noch einmal aus
3. (*courber de nouveau*) ■ **qn retord qc** jd biegt etw [noch einmal]

rétorquer <1> [ʀetɔʀke] *vt* ■ **qn rétorque qc [à qn] [à [*o* devant] qc]** jd erwidert [jdm] etw [auf etw (*akk*)], jd sagt etw zu etw; ***c'est tout ce que vous trouvez à me ~?*** ist das alles, was Sie dazu zu sagen haben?; ■ **qn rétorque [à qn] que** + *indic* jd erwidert [jdm], dass

retors, e [ʀətɔʀ, ɔʀs] *adj* durchtrieben, hinterhältig

rétorsion [ʀetɔʀsjɔ̃] *f* ► **qn use de ~** jd ergreift Vergeltungsmaßnahmen *pl* [*o* Repressalien *pl*]; **de ~:** ***des mesures de ~*** Vergeltungsmaßnahmen, Repressalien

retouche [ʀ(ə)tuʃ] *f* [*vêtement*] Änderung *f;* [*texte*] Überarbeitung *f;* [*photo*] Retusche *f;* [*tableau*] Ausbesserung *f;* ***qc a besoin d'une ~*** etw muss [ab]geändert/verbessert [*o* überarbeitet]/retuschiert/ausgebessert werden
► **qn fait une ~ [à qc]** *à un vêtement* jd nimmt eine Änderung [an etw (*dat*)] vor, jd ändert etw [ab]; *à un texte a.* jd verbessert etw; *à une photo* jd nimmt eine Retusche [an etw (*dat*)] vor, jd retuschiert etw; *à un tableau* jd bessert etw aus
◆ **retouche d'image** INFORM Bildbearbeitung *f*

retoucher <1> [ʀ(ə)tuʃe] **I.** *vt* **1.** (*corriger*) ■ **qn retouche qc [quelque part]** *vêtement* jd ändert etw [irgendwo] [ab]; *texte* jd verbessert etw [irgendwo]; *photo* jd retuschiert etw [irgendwo]; *tableau* jd bessert etw [irgendwo] aus
2. (*toucher de nouveau*) ■ **qn retouche qc** jd berührt etw wieder [*o* noch einmal], jd fasst etw noch einmal [*o* wieder] an
3. (*être remboursé*) ■ **qn retouche qc** jd bekommt etw zurück
II. *vi* **1.** (*toucher de nouveau*) ■ **qn retouche à qc** jd fasst etw noch einmal [*o* wieder] an, jd berührt etw noch einmal [*o* wieder]
2. (*rectifier*) ■ **qn retouche à qc** jd geht noch einmal an etw (*akk*); *à un dessin a.* jd macht noch etwas an etw (*dat*); *à un texte a.* jd überarbeitet etw; ***je n'y retouche plus*** ich mache nichts mehr daran
3. (*regoûter à*) ■ **qn retouche à qc** jd isst etw wieder, jd nimmt etw wieder zu sich; ***il a retouché à l'alcool*** er hat wieder [Alkohol] getrunken

retoucheur, -euse [ʀ(ə)tuʃœʀ, -øz] *m, f* COUT Änderungsschneider(in) *m(f);* PHOT Retuscheur(in) *m(f)*

retour [ʀ(ə)tuʀ] **I.** *m* **1.** (*opp: départ*) Rückkehr *f;* (*à la maison*) Heimkehr *f;* (*chemin*) Rückweg *m;* (*à la maison a.*) Heimweg *m;* (*voyage*) Rückreise *f;* (*à la maison a.*) Heimreise *f;* ***qn prend le chemin du ~*** jd macht sich auf den Rück-/Heimweg/die Rück-/Heimreise; ■ **~ quelque part** Rückkehr/Rückweg/Rückreise irgendwohin; ***dès son ~ à la maison*** gleich bei ihrer/seiner Heimkehr, sobald sie/er wieder zu Hause ist/war
2. (*à un état antérieur*) ■ **~ à qc** *à la nature, vie, aux réalités* Rückkehr *f* zu etw; *à l'Antiquité a.* Rückbesinnung *f* auf etw (*akk*); *à la politique* Rückkehr in etw (*akk*); ***le ~ à la terre*** die Rückkehr zum Landleben; ***le ~ au calme*** die Beruhigung [der Lage]; ***le ~ aux sources*** die Rückkehr zu den grundlegenden Dingen, die Besinnung auf die grundlegenden Dinge; HIST die Rückkehr zu den Quellen
3. (*réapparition*) ■ **~ de qc** *d'un motif, thème* Wiederkehr *f* einer S. (*gen*); *d'une saison a.* Rückkehr *f* einer S. (*gen*); *d'une maladie* Wiederauftreten *nt* einer S. (*gen*); ***la cloche sonne le ~ du soir*** die Glocke läutet den Abend [wieder] ein; ***un ~ du froid*** ein erneuter Kälteeinbruch; ***ils annoncent le ~ du courant pour demain*** sie kündigen an, dass ab morgen die Stromversorgung wieder funktioniert; ■ **~ quelque part [de qn/qc]** [jds] Rückkehr irgendwohin/Rückkehr [einer S. (*gen*)] irgendwohin
4. POST Rücksendung *f;* COM [*emballage, invendu*] Rückgabe *f;* ***le service ~*** der Rücknahmeservice; ***~ de monnaie*** Geldrückgabe
5. TRANSP einfache Fahrkarte für Rückfahrt; (*avion*) Flugschein *m* für den Rückflug; ***un aller et ~ pour Paris*** eine Rückfahrkarte/ein Hin- und Rückflug *m* nach Paris
6. TECH [*chariot, pièce mobile*] Rücklauf *m;* AUDIOV Rücklauf *m;* ***touche de ~ rapide*** Rückspultaste *f*
7. ELEC [*courant*] Rückleitung *f*
8. JUR Zurückfallen *nt*
9. *littér* (*revirement*)*:* ***~ de l'opinion*** Meinungsumschwung *m;* ***des ~s de fortune*** Wechselfälle *pl* des Lebens, Schicksalsschläge *pl*
► **~ à la case départ** das heißt, bei Null anfangen; **[c'est un] juste ~ des choses** [das ist] ausgleichende Gerechtigkeit; **par un juste ~ des choses** zum Ausgleich; ***par un juste ~ des choses, il a été ruiné*** als ausgleichende Gerechtigkeit ist er jetzt ruiniert; **par ~ du courrier** postwendend, umgehend; **~ à l'envoyeur [*o* l'expéditeur]!** zurück an Absender; *fam* (*rendre la pareille*) wie du mir, so ich dir; **qn fait un ~ en arrière [sur qc]** jd blickt [*o* schaut] [auf etw (*akk*)] zurück; **~ éternel** ewige Wiederkehr; **qn fait un ~ sur lui-même** jd geht in sich (*akk*); **qn paie/ne paie pas qn de ~** jd revanchiert sich bei jdm/sich nicht bei jdm, jd tut [im Gegenzug [*o* als Gegenleistung]] etwas/nichts für jdn; **qn est/n'est pas payé(e) de ~** jd bekommt eine/keine Gegenleistung, jd hat etwas/nichts davon; ***il l'aime mais il n'est pas payé de ~*** er liebt sie, aber seine Liebe wird nicht erwidert; **au ~ [de quelque part]** auf dem Rückweg [von irgendwo]; (*en voiture a.*) auf der Rückfahrt [von irgendwo]; (*en avion a.*) auf dem Rückflug [von irgendwo]; (*à la maison a.*) auf dem Heimweg/der Heimfahrt/dem Heimflug [von irgendwo]; (*à l'arrivée*) bei der Rückkehr [aus irgendwo]; *d'une ville, d'un bal, événement* bei der Rückkehr [von irgendwo]; **au ~ du service militaire** nach Beendigung des Militärdienstes; **au ~ de qn [quelque part]** bei jds Rückkehr [nach irgendwo]; ***à votre ~ ne manquez pas de nous écrire*** vergessen Sie nicht zu schreiben, wenn Sie zurück sind; **au ~ de qn [de quelque part]** bei jds Rückkehr [aus irgendwo]; *d'une ville a., d'un bal, événement* bei jds Rückkehr [von irgendwo]; **au ~ de qc/d'un animal** (*à la réapparition de*) bei der Rückkehr von etw/einem Tier; *de l'hiver, l'été, etc* bei -anfang *m* [*o* -beginn *m*]; **de ~** [wieder] zurück, wieder da; **de ~ quelque part** wieder irgendwo [zurück]; ***te/vous voilà*** [*o* ***tu es/vous êtes***] ***déjà/enfin de ~*** du bist/ihr seid schon/endlich wieder zurück [*o* da]; ***nous voilà enfin de ~ à la maison*** endlich sind wir wieder zu Hause; ***qc est de ~*** (*en vogue*) etw ist wieder gefragt [*o* im Kommen]; **en ~** im Gegenzug; (*en échange d'un service*) als Gegenleistung; **sans ~** ohne Wiederkehr; **[qn est] sur le ~** [jd steht] kurz vor der Abreise [*o* Rückreise] [*o* Heimreise], jd reist schon wieder ab [*o* heim]; (*sur le déclin*) jd hat seine besten Jahre hinter sich (*dat*), jd baut ab; ***deux dames sur le ~*** zwei alternde Damen
II. *app:* ***le match*** [*o* ***la rencontre***] ***~*** das Rückspiel; ***les quarts de finale ~*** die Viertelfinal-Rückspiele
◆ **retour à la masse** Anschluss *m* an Masse; **retour à la terre** ELEC Erdung *f;* **retour d'âge** Wechseljahre *pl;* **retour de bâton** [übles] Nachspiel; ***il va y avoir des ~s de bâton*** das wird noch ein Nachspiel [*o* wird Konsequenzen] haben, das wird nicht ohne Folgen bleiben; ***méfie-toi des ~s de bâton*** es kann immer noch ein böses Erwachen geben; **retour de couches** erste Menstruation nach der Entbindung; **retour de flamme** Flammenrückschlag *m;* (*regain de passion*) Wiederaufflammen *nt* der Leidenschaft; ***un ~ de flamme soudain a ravivé sa passion*** seine/ihre Leidenschaft flammte wieder auf; ***il pourrait y avoir des ~s de flamme*** (*contrecoup*) der Schuss könnte nach hinten losgehen; **retour de manivelle** Rückschlag *m;* ***il y aura des ~s de manivelle*** der Schuss wird nach hinten losgehen, das wird sich rächen; **retour de service** TENNIS Return [ri'tøːɐn] *m;* **retour en arrière** Rückblende *f;* **retour en force** Comeback [kam'bæk] *nt;* [*mode a.*] Wiederkehr *f;* [*valeur, idée*] Wiederaufleben *nt;* [*hiver*] Wiedereinbruch *m;* ***qn fait un ~ en force*** jd hat ein Comeback

retournement [ʀ(ə)tuʀnəmɑ̃] *m* (*de la part d'une personne*) Kehrtwendung *f;* (*dans une situation*) Wende *f,* Umschwung *m;* ■ **~ de qc** *de la conjoncture* -umschwung *m,* Trendwende *f* in etw (*dat*); ***~ de l'opinion*** Meinungsumschwung *m;* ***un ~ de la situation*** eine Wende

retourner <1> [ʀ(ə)tuʀne] **I.** *vt* + *avoir* **1.** (*mettre dans l'autre sens*) ■ **qn retourne qc** (*sens devant derrière*) jd dreht etw um; *matelas* jd wendet etw; *crêpe, omelette, poisson, viande* jd wendet etw, jd dreht etw um; CARTES jd deckt etw auf; (*de haut en bas*) *seau* jd dreht etw um; *caisse, tableau, verre* jd stellt etw auf den Kopf, jd dreht etw um
2. (*remuer en secouant*) ■ **qn retourne qc** *salade* jd mischt etw; *sol, terre* (*avec une bêche*) jd gräbt etw um; (*avec une charrue*) jd bricht [*o* pflügt] etw um; *foin* jd wendet etw
3. (*mettre sens dessus dessous*) ■ **qn/qc retourne qc** *parapluie, sac, poche* jd/etw dreht etw um; *vêtement a.* jd dreht [*o* wendet] etw [nach] links; *manche, bas de pantalon, manche* jd schlägt etw hoch, jd krempelt etw um [*o* hoch]; COUT jd wendet etw; ■ **qc est retourné(e)** */vêtement/* (*sens devant derrière*) etw ist verdreht [*o* falsch herum]; (*à l'envers*) etw ist links;

/col/ etw ist nach innen geschlagen
4. (*orienter en sens opposé*) ■ **qn retourne qc** [**à qn**] *compliment* jd erwidert etw, jd gibt [jdm] etw zurück; *critique a., argument* jd kehrt etw um, jd kehrt [*o* verwendet] etw gegen jdn; ■ **qn retourne qc** [**en faveur de qn**] *situation* jd kehrt etw [zu jds Gunsten] um, jd rettet etw; ***qn retourne l'opinion*** [***en sa faveur***] jd führt einen Meinungsumschwung [zu seinen Gunsten] herbei; ■ **qn retourne qc contre qn** *arme* jd richtet etw gegen jdn; *argument a.* jd verwendet etw gegen jdn
5. (*faire changer d'opinion*) ■ **qn retourne qn** jd stimmt jdn um; ■ **qn retourne qn en faveur de/contre qn/qc** jd nimmt jdn für/gegen jdn/etw ein; ***elle a retourné la salle en sa faveur*** sie hat den Saal für sich eingenommen
6. (*renvoyer*) ■ **qn retourne qc** [**à qn/quelque part**] *lettre* jd schickt [jdm] etw [irgendwohin] zurück; *marchandise a.* jd lässt etw [an jdn/irgendwohin] zurückgehen
7. *fam* (*bouleverser*) ■ **qn retourne qc** *maison, pièce* jd stellt etw auf den Kopf; ■ **qc retourne qn** etw nimmt jdn mit, etw erschüttert jdn, etw geht jdm unter die Haut *fam;* */spectacle/* etw wühlt jdn auf; ***j'en suis tout retourné*** ich bin ganz fassungslos, ich bin wie vor den Kopf geschlagen
8. (*tourner plusieurs fois*) ■ **qn retourne qc** [**quelque part**] *objet* jd dreht und wendet etw [irgendwo]; ***qn retourne qc dans sa tête*** *pensée* jdm geht etw immer wieder durch den Kopf; *idée, projet a.* jd überdenkt etw immer wieder, jd lässt sich (*dat*) etw immer wieder durch den Kopf gehen
II. *vi + être* **1.** (*revenir*) ■ **qn retourne** [**quelque part/chez qn**] jd kehrt [*o* kommt] [irgendwohin/zu jdm] zurück; (*en bus, voiture, train a.*) jd fährt [irgendwohin/zu jdm] zurück; (*en avion a.*) jd fliegt [irgendwohin/zu jdm] zurück; (*aller de nouveau*) jd geht wieder irgendwohin/zu jdm; (*en bus, voiture, train*) jd fährt wieder irgendwohin/zu jdm; (*en avion*) jd fliegt wieder irgendwohin/zu jdm; ***il faut une heure pour*** ~ zurück braucht man eine Stunde; ***qn retourne en arrière*** [*o* ***sur ses pas***] jd macht kehrt, jd dreht um; ***qn retourne chez lui*** jd geht nach Hause; ***qn retourne à son travail/ses activités*** jd geht wieder an die Arbeit/geht wieder seiner Beschäftigung nach; (*après une maladie, des vacances*) jd nimmt die Arbeit wieder auf, jd arbeitet wieder; ***qn retourne devant les électeurs*** jd stellt sich wieder den Wählern; ***qn retourne sur place*** jd kehrt zurück; ■ **qc retourne** [**quelque part**] */bus, voiture/* etw fährt [irgendwohin] zurück; */avion/* etw fliegt [irgendwohin] zurück; ■ **qn retourne faire qc** jd geht zurück [*o* kehrt um] um etw zu tun
2. (*revenir à un état antérieur*) ■ **qn retourne à qn/qc** jd kehrt [*o* findet] zu jdm/etw zurück; *à un mode de vie dissolu* jd fällt in etw (*akk*) zurück; *à une activité, un métier* jd nimmt etw wieder auf
III. *vi + avoir* (*effectuer un virage*) ■ **qn retourne** [**quelque part**] jd biegt wieder [*o* noch einmal] [irgendwohin] ab
IV. *vi impers + avoir* ■ **il retourne de qc** es handelt [*o* dreht *fam*] sich um etw, es geht um etw
V. *vpr + être* **1.** (*se tourner dans un autre sens*) ■ **qn se retourne** [**pour faire qc**] jd dreht sich um [um etw zu tun]; ***qn se retourne sans cesse*** [***dans son lit***] jd wälzt sich [im Bett] herum [*o* hin und her]; ■ **qn se retourne quelque part** [**pour faire qc**] jd dreht sich irgendwohin [um etw zu tun]; ***il se retournerait dans sa tombe*** er würde sich im Grabe umdrehen; ■ **qc se retourne** [**quelque part**] */voiture/* etw überschlägt sich, etw kippt irgendwohin; */parapluie/* etw dreht sich um; */bateau/* etw kentert ***la voiture s'est retournée*** das Auto hat sich überschlagen
2. (*tourner la tête*) ■ **qn se retourne** jd schaut [*o* dreht] sich um, jd schaut zurück; ***tout le monde se retournait sur leur passage*** alle haben sich nach ihnen umgedreht [*o* umgeschaut], alle haben ihnen nachgesehen [*o* nachgeschaut]; ■ **qn se retourne vers qn/qc** jd dreht sich zu jdm/etw
3. (*recourir à*) ■ **qn se retourne vers qn** jd wendet sich an jdn; ■ **qn se retourne vers qc** jd wendet sich einer S. (*dat*) zu
4. (*prendre parti*) ■ **qn se retourne en faveur de/contre qn** jd stellt sich hinter/gegen jdn, jd ergreift für/gegen jdn Partei; ■ **qn se retourne contre qn** JUR jd geht [gerichtlich] gegen jdn vor
5. (*prendre un nouveau cours*) ■ **qc se retourne** [**en faveur de/contre qn**] */situation/* etw schlägt [*o* kehrt sich] [zu jds Gunsten/Ungunsten] um, etw verkehrt sich zu jds Gunsten/Ungunsten; */acte/* etw wirkt sich zu jds Gunsten/Ungunsten aus; ***la conjoncture économique se retourne*** die Konjunktur schlägt um, es gibt eine Konjunkturwende
6. (*se tordre*) ■ **qn se retourne qc** jd verrenkt sich (*dat*) etw; *doigt, membre a.* jd verstaucht sich (*dat*) etw
7. (*s'en aller*) ■ **qn s'en retourne** [**quelque part**] jd geht wieder [irgendwohin], jd kehrt wieder irgendwohin zurück
8. (*s'adapter*) ■ **qn se retourne** jd holt Luft, jd verschnauft; ***qn sait se*** ~ jd weiß sich (*dat*) zu helfen, jd rappelt sich immer wieder auf
► **qn s'en est retourné(e) comme il/elle était <u>venu</u>(e)** jd ist unverrichteter Dinge wieder gegangen; jd ist wieder gegangen, ohne einen Finger gerührt zu haben

retracer <2> [R(ə)tRase] *vt* **1.** (*raconter*) ■ **qn/qc retrace qc** jd/etw schildert [*o* beschreibt] etw; *histoire a.* jd/etw erzählt etw; *faits a.* jd/etw stellt etw dar
2. (*tracer à nouveau*) ■ **qn retrace qc** jd zieht etw

rétractable [RetRaktabl] *adj* **1.** (*qui se rétracte*) *laisse* aufrollbar; *cornes* einziehbar; ***stylo à pointe*** ~ Drehkugelschreiber *m*
2. JUR widerrufbar

rétractation [RetRaktasjɔ̃] *f* [*propos, promesse*] Zurücknahme *f;* [*aveu, témoignage, déclaration*] Widerruf *m;* ***qn fait une*** ~ ***de témoignage*** jd widerruft seine [Zeugen]aussage; ***qn oblige qn à la*** ~ ***de ses propos*** jd zwingt jdn [dazu], seine Äußerungen zurückzunehmen

rétracter <1> [RetRakte] **I.** *vt* **1.** (*rentrer*) ■ **un animal rétracte qc** ein Tier zieht etw ein
2. *littér* (*revenir sur*) ■ **qn rétracte qc** *paroles* jd nimmt etw zurück; *affirmation, déclaration a.* jd widerruft etw; *opinion* jd revidiert etw
II. *vpr* **1.** ZOOL, ANAT ■ **qc se rétracte** */cornes, griffes/* etw zieht sich ein; */muscle/* etw zieht sich zusammen
2. TECH ■ **qc se rétracte** */ciment, plâtre/* etw schwindet
3. (*se dédire*) ■ **qn se rétracte** jd nimmt alles zurück, was er gesagt hat; jd widerruft *form;* JUR jd widerruft seine Aussage, jd zieht seine Aussage zurück; ***qn ne se rétracte jamais*** jd geht nie von seiner Meinung ab

rétracteur [RetRaktœR] *m* ◆ **rétracteur de ceinture** [**de sécurité**] Gurtstraffer *m*

rétractile [RetRaktil] *adj griffes* einziehbar; *organe* retraktionsfähig *spec,* retraktil *spec*

rétraction [RetRaksjɔ̃] *f* **1.** ANAT Retraktion *f spec;* [*membrane, tissu a.*] Schrumpfung *f;* ZOOL Einziehen *nt;* ***les tissus subissent une*** ~ das Gewebe schrumpft; ***les griffes du chat sont susceptibles de*** ~ die Katze kann die Krallen einziehen
2. TECH [*ciment, plâtre*] Schwinden *nt;* ***qc ne subit aucune*** ~ ***au séchage*** etw schwindet nicht beim Trocknen

retraduction [R(ə)tRadyksjɔ̃] *f* Neuübersetzung *f*

retraduire <irr> [R(ə)tRadɥiR] *vt* ■ **qn retraduit qc** [**à qn**] (*traduire à nouveau*) jd übersetzt [jdm] etw neu; (*clarifier*) jd übersetzt [jdm] etw

retrait [R(ə)tRɛ] *m* **1.** (*action de retirer*) [*argent*] Abheben *nt;* [*bagages, billet*] Abholen *nt,* Abholung *f;* [*amendement, projet de loi, candidature*] Zurückziehen *nt;* ***qn effectue des*** ~***s*** jd hebt Geld ab; ***le*** ~ ***des bagages se fait là-bas*** die Gepäckausgabe befindet sich dort drüben; ***le*** ~ ***des billets peut se faire une heure avant le spectacle*** die Karten können eine Stunde vor der Vorstellung abgeholt werden
2. (*suppression*) [*autorisation*] Aufhebung *f;* ***le*** ~ ***du permis*** [***de conduire***] der Führerscheinentzug; ***il s'est vu infliger un*** ~ ***de permis*** [***de conduire***] ***de cinq mois*** ihm wurde für fünf Monate der Führerschein entzogen
3. (*action de se retirer*) ■ ~ **de qn** [**de qc**] *d'une association* jds Austritt *m* [aus etw]; *d'une compétition* jds Rücktritt *m* [von etw]; *d'un candidat* jds Rückzug *m* [von etw]; *des troupes d'occupation* jds Abzug *m* [aus etw], jds Rückzug [aus etw]; *d'un contractant* jds Rücktritt [*o* Zurücktreten *nt*] [von etw]; ***qc amène le*** ~ ***de la compétition d'un candidat*** etw bewegt einen Kandidaten dazu, seine Kandidatur zurückzuziehen
4. *littér* (*recul*) Zurückgehen *nt;* [*glacier a.*] Abnehmen *nt*
5. (*rétrécissement*) [*argile, ciment*] Schwinden *nt*
► <u>**en**</u> ~ [**de qn/qc**] (*en arrière*) im Hintergrund, abseits [einer S. (*gen*)] [gelegen]; (*dans l'ombre*) im Hintergrund; <u>**en**</u> ~ [**sur qc**] (*inférieur*) dahinter zurückbleibend, hinter etw (*dat*) zurückbleibend; ***qc est très en*** ~ [***sur qc***] etw bleibt weit dahinter [*o* hinter etw (*dat*)] zurück

retraite [R(ə)tRɛt] *f* **1.** (*cessation du travail*) [Eintritt *m* in den] Ruhestand *m;* [*ouvriers, employés a.*] Verrentung *f;* [*fonctionnaires, militaires a.*] Pensionierung *f;* ***l'âge de la*** ~ die Altersgrenze; [*ouvriers, employés a.*] das Rentenalter; [*fonctionnaires a.*] das Pensionsalter; ***la*** ~ ***à 60 ans*** die Altersgrenze bei 60 Jahren; ***j'attends avec impatience l'âge de la*** ~ ich sehe dem Ruhestand/meiner Pensionierung voller Ungeduld entgegen
2. (*pension*) Altersruhegeld *nt form;* [*ouvriers, employés a.*] [Alters]rente *f;* [*fonctionnaires, militaires a.*] Pension *f,* [Alters]ruhegehalt *nt;* ~ ***complémentaire*** (*assurance*) Zusatzrentenversicherung *f;* (*pension*) Zusatzrente *f*
3. *littér* (*refuge*) Zuflucht[sort *m*] *f,* Unterschlupf *m;* [*poète*] Refugium *nt geh;* [*voleur*] Unterschlupf *m,* Schlupfwinkel *m;* [*amants*] Liebesnest *nt;* [*ours*] Höhle *f;* [*loup*] Bau *m*
4. MIL Rückzug *m;* ■ ~ [**de qn**] **de quelque part** [jds] Rückzug von irgendwo; ***la*** ~ ***de Russie*** der Rückzug aus Russland
5. REL Einkehr *f,* Exerzitien *pl spec*
► ~ <u>**anticipée**</u>/<u>**forcée**</u> vorzeitiger [*o* vorgezogener] Ruhestand, Vorruhestand *m;* [*ouvrier, employé a.*] Frührente *f;* ***qc a contraint qn à une*** ~ ***anticipée*** jd musste wegen etw vorzeitig in den Ruhestand/in Rente/in Pension gehen; ~ <u>**forcée**</u> MIL überstürzter Rückzug; **qn** <u>**bat**</u> **en** ~ MIL jd tritt den Rückzug an; *fig* jd macht einen Rückzieher; **qn** <u>**fait**</u> **une** ~ jd nimmt an Einkehrtagen [*o* Exerzitien *spec*] teil; **qn** <u>**met**</u> **qn à la** ~ jd versetzt jdn in den Ruhestand; *ouvrier, employé a.* jd verrentet jdn; *fonctionnaire, militaire a.* jd pensioniert jdn; **qn** <u>**part**</u> **à la** [*o* **en**] ~, **qn** <u>**prend**</u> **sa** ~ jd geht in den Ruhestand; */ouvrier, employé a./* jd geht in Rente; */fonctionnaire, militaire a./* jd geht in Pension; */artisans, professions libérales a./* jd setzt sich zur Ruhe; **qn** <u>**sonne**</u> **la** ~ jd bläst zum Rückzug; **qn** <u>**sort**</u> **de sa** ~ jd kommt aus seinem Schlupfwinkel; ***qn fait sortir qn de sa*** ~ jd lockt jdn aus seinem Schlupfwinkel; [**qn est**] <u>**à la**</u> [*o* <u>**en**</u>] ~ [jd ist] im Ruhestand; */ouvrier, employé a./* [jd ist] in Rente [*o* verrentet]; */fonctionnaire, militaire a./* [jd ist] pensioniert [*o* in Pension]
◆ **retraite aux flambeaux** Fackelzug *m*

retraité, e [R(ə)tRete] **I.** *adj* **1.** (*à la retraite*) im Ruhestand; *ouvrier, employé a.* in Rente; *fonctionnaire, militaire a.* pensioniert, in Pension
2. PHYS, TECH *combustibles nucléaires* wieder aufbereitet; *déchets* wieder verwertet, recycelt
II. *m, f* Ruheständler(in) *m(f);* (*ouvrier, employé a.*) Rentner(in) *m(f);* (*fonctionnaire, militaire*) Pensionär(in) *m(f);* ***un couple de*** ~***s*** ein Rentner-/Pensionärs[ehe]paar *nt;* ***les petits*** ~***s*** die Kleinrentner

retraitement [R(ə)tRɛtmɑ̃] *m* [*combustibles nucléaires*] Wiederaufbereitung *f;* [*déchets*] Wiederverwertung *f,* Recycling *nt;* ***centre/usine de*** ~ [***des déchets nucléaires***] Wiederaufbereitungsanlage *f;* ~ ***des vieux papiers*** Altpapierrecycling *nt*

retraiter <1> [R(ə)tRete] *vt* ■ **qn/qc retraite qc** *combustibles nucléaires* jd/etw bereitet etw wieder auf; *déchets* jd verwertet etw wieder, jd/etw recycelt etw [ri'saiklt]; ***cette usine retraite les vieux papiers*** in dieser Fabrik wird Alpapier wieder verwertet [*o* recycelt]

retranchement [R(ə)tRɑ̃ʃmɑ̃] *m* Verschanzung *f*

► **qn force** [*o* **poursuit**] [*o* **pousse**] [*o* **attaque**] **qn** [**jusque**] **dans ses** [**derniers**] **~s** jd treibt jdn in die Enge

retrancher <1> [ʀ(ə)tʀɑ̃ʃe] **I.** *vt* **1.** (*retirer*) ■ **qn retranche qc** [**de qc**] *quantité, somme, nombre* jd zieht etw [von etw] ab; *mot, passage a.* jd streicht etw [aus etw]; GASTR jd behält etw [von etw] zurück; ■ **qn retranche qn** [**de qc**] jd schließt jdn [von etw] aus, jd grenzt jdn [aus etw] aus
2. (*séparer des autres*) ■ **qn est retranché(e)** [**quelque part**] jd hat sich [irgendwohin] zurückgezogen; ***qn vit retranché(e)*** jd lebt zurückgezogen; ***l'ancien ministre, retranché dans sa villa*** der Ex-Minister, der sich in seine Villa zurückgezogen hat
II. *vpr* **1.** MIL ■ **qn se retranche quelque part** jd verschanzt sich irgendwo
2. (*se protéger*) ■ **qn se retranche dans/derrière qc** *derrière la loi, le secret professionnel, l'autorité de qn* jd verschanzt sich hinter etw (*dat*); *dans son mutisme a., dans une attitude* jd verharrt in etw (*dat*); *dans sa douleur* jd zieht sich in etw (*akk*) zurück

retranscription [ʀ(ə)tʀɑ̃skʀipsjɔ̃] *f* [weitere] Abschrift

retranscrire <*irr*> [ʀ(ə)tʀɑ̃skʀiʀ] *vt* ■ **qn retranscrit qc** jd schreibt etw [noch einmal] ab

retransmettre <*irr*> [ʀ(ə)tʀɑ̃smɛtʀ] *vt* ■ **qn/qc retransmet qc** jd/etw überträgt etw; *émission a.* jd/etw strahlt etw aus; ***qn/qc retransmet qc en direct/en différé*** jd/etw überträgt etw direkt [*o* live]/überträgt etw als Aufzeichnung [*o* überträgt die Aufzeichnung einer S. (*gen*)]

retransmission [ʀ(ə)tʀɑ̃smisjɔ̃] *f* Übertragung *f;* [*émission a.*] Ausstrahlung *f;* **~ *en direct/en différé*** Direktübertragung [*o* Liveübertragung] ['laif-], Aufzeichnung *f;* ***la ~ du match aura lieu en direct/en différé*** das Spiel wird direkt/als Aufzeichnung übertragen

retravailler <1> [ʀ(ə)tʀavaje] **I.** *vi* **1.** (*reprendre le travail*) ■ **qn retravaille** [**quelque part**] jd arbeitet wieder [irgendwo]
2. (*se remettre à*) ■ **qn retravaille à qc** jd arbeitet wieder an etw (*dat*)
II. *vt* ■ **qn retravaille qc** jd überarbeitet etw; *discours, ouvrage, texte a.* jd arbeitet etw um; *matière, minerai* jd bearbeitet etw neu [*o* noch einmal]; *question* jd überdenkt etw [noch einmal]; *pâte* jd knetet etw noch einmal durch; ***le minérai doit être retravaillé plusieurs fois*** Erz muss mehrmals bearbeitet werden

rétréci, e [ʀetʀesi] *adj* **1.** (*rendu plus étroit*) verengt; *pupille a.* eng; *vêtement* eingegangen, eingelaufen; *ressources* knapper geworden; ***qc est*** [***de plus en plus***] **~** /*couloir, orifice*/ etw wird [immer] enger; /*ressources*/ etw wird [immer] knapper
2. *péj* (*borné*) *esprit* engstirnig, borniert; *univers* eng, kleinkariert *fam*

rétrécir <8> [ʀetʀesiʀ] **I.** *vt* **1.** (*rendre plus étroit*) ■ **qc rétrécit qc** etw verengt etw; /*lavage*/ *tissu, vêtement* bei etw geht [*o* läuft] etw ein; *pupille* etw bewirkt, dass sich etw verengt; ***l'installation de trottoirs plus larges a obligé à ~ la chaussée*** wegen der Verbreiterung der Gehsteige hat sich die Straße verengt [*o* ist die Straße enger geworden]; ■ **qn rétrécit qc** *bague, vêtement* jd macht etw enger
2. *péj* ■ **qc rétrécit qc** *univers, horizon* durch etw wird etw enger [*o* eingeschränkt]; ***qc rétrécit l'esprit*** etw schränkt den geistigen Horizont ein
II. *vi, vpr* ■ **qc rétrécit** /*laine, tissu, vêtement*/ etw läuft [*o* geht] ein; ■ **qc** [**se**] **rétrécit** /*pupille*/ etw verengt sich; /*rue, vallée, univers, horizon a.*/ etw wird enger; /*cercle*/ etw wird kleiner; ***son esprit*** [***se***] ***rétrécit*** er/sie wird [immer] engstirniger; ***mon avenir s'est rétréci*** meine Zukunftsaussichten sind geringer geworden; ■ **qn fait ~ qc** jd lässt etw enger machen; (*au lavage*) etw läuft [*o* geht] jdm ein

rétrécissement [ʀetʀesismɑ̃] *m* **1.** (*resserrement*) [*laine, tissu, vêtement*] Einlaufen *nt,* Eingehen *nt;* [*pupille, rue*] Verengung *f;* ***un ~ de la vallée*** eine Talenge, eine Verengung des Tals
2. MED Verengung *f,* Stenose *f spec*

retremper <1> [ʀ(ə)tʀɑ̃pe] **I.** *vt* **1.** TECH ■ **qn retrempe qc** jd härtet etw noch einmal
2. (*remouiller*) ■ **qn retrempe qc** jd weicht etw noch einmal ein
3. *littér* (*fortifier*) ■ **qn/qc retrempe qc** *courage, volonté* jd/etw stärkt etw; ***qn/qc retrempe mon énergie*** jd/etw beflügelt mich
II. *vpr* ■ **qn se retrempe** jd geht noch einmal kurz ins Wasser; ■ **qn se retrempe dans qc** *dans son milieu, sa famille, patrie* jd findet sich wieder in etw (*dat*) ein; *dans une certaine atmosphère* jd taucht in etw (*akk*) ein

rétribuer <1> [ʀetʀibɥe] *vt* ■ **qn rétribue qn/qc** jd bezahlt jdn/etw, jd entlohnt jdn *form*/jd vergütet etw *form*

rétribution [ʀetʀibysjɔ̃] *f* Bezahlung *f,* Entlohnung *f form;* [*service, travail a.*] Vergütung *f form*

rétro[1] [ʀetʀo] *m abr de* **rétroviseur** Rückspiegel *m;* (*extérieur*) Außen[rück]spiegel *m*

rétro[2] [ʀetʀo] *abr de* **rétrograde I.** *adj inv film* nostalgisch; *mode a.* Revival- *fam,* Retro- (*kann den Stil der 20er bis 70er Jahre bezeichnen*); *roman a., style* altmodisch
II. *adv* nostalgisch (*kann im Stil der 20er bis 70er Jahre sein*)
III. *m* (*style*) nostalgischer Stil; (*courant*) Nostalgiewelle *f,* (*objets*) altes Zeug *pej*

rétroactif, -ive [ʀetʀoaktif, -iv] *adj* rückwirkend; ***effet* ~** Rückwirkung *f;* ***qc a un effet ~*** [***sur qc***] etw wirkt sich auf etw (*akk*) aus, etw hat eine [Rück]wirkung [auf etw (*akk*)]; /*loi*/ etw hat rückwirkende Kraft [*o* Rückwirkung]; ***une augmentation avec effet ~*** [***à partir du 1er janvier de la même année***] eine rückwirkende Gehaltserhöhung, eine Gehaltserhöhung rückwirkend zum 1. Januar des Jahres

rétroaction [ʀetʀoaksjɔ̃] *f* Rückwirkung *f;* BIO *a.* Rückkopp[e]lung *f;* TECH Rückkopp[e]lung *f,* Feedback *nt*

rétroactivement [ʀetʀoaktivmɑ̃] *adv* rückwirkend; ***qc agit* ~** etw tritt rückwirkend in Kraft; /*décision*/ etw gilt rückwirkend

rétroactivité [ʀetʀoaktivite] *f* Rückwirkung *f,* rückwirkende Kraft

rétrocéder <5> [ʀetʀosede] *vt* ■ **qn rétrocède qc à qn** (*à l'ancien propriétaire*) jd gibt jdm etw zurück; JUR (*à un tiers*) jd tritt jdm etw ab

rétrocession [ʀetʀosesjɔ̃] *f* Rückgabe *f;* JUR Rückübertragung *f*

rétrofusée [ʀetʀofyze] *f* Bremsrakete *f*

rétrogradation [ʀetʀogʀadasjɔ̃] *f* [*fonctionnaire*] [Zu]rückstufung *f;* [*officier*] Degradierung *f;* SPORT [*équipe*] Abstieg *m;* [*athlète*] Zurückfallen *nt;* (*forcée*) Zurückstufung *f;* ■ **~** [**en qc**] Abstieg [in etw (*akk*)]

rétrograde [ʀetʀogʀad] *adj* **1.** (*arriéré*) *esprit, mesures* reaktionär; *politique a.* rückschrittlich; *idées, personne a.* rückschrittlich, rückständig
2. ASTRON, MATH rückläufig, retrograd *spec*

rétrograder <1> [ʀetʀogʀade] **I.** *vi* **1.** AUT ■ **qn rétrograde** [**de qc en qc**] jd schaltet [von etw in etw (*akk*)] zurück [*o* herunter]
2. (*régresser*) ■ **qn/qc rétrograde** [**dans qc**] jd/etw fällt zurück; *dans la hiérarchie, la société, le classement* jd/etw steigt in etw (*dat*) ab; ■ **qn rétrograde** [**à qc**] SPORT *à la seconde/troisième place* jd fällt [auf etw (*akk*)] zurück; *au classement* jd fällt [in etw (*dat*)] zurück; ■ **qn rétrograde** [**en qc**] *en deuxième division* jd steigt [in etw (*akk*)] ab
3. ■ **qn rétrograde** [**quelque part**] jd weicht [irgendwohin] zurück
II. *vt* **1.** SPORT ■ **qn rétrograde qn** [**à/en qc**] jd stuft jdn zurück; *à la seconde/troisième place* jd setzt jdn [auf etw (*akk*)] zurück; *en deuxième division* jd stuft jdn [in etw (*akk*)] zurück
2. ADMIN ■ **qn rétrograde qn** jd stuft jdn zurück; MIL jd degradiert jdn

rétroprojecteur [ʀetʀopʀɔʒɛktœʀ] *m* Tageslichtprojektor *m*

rétrospectif, -ive [ʀetʀɔspɛktif, -iv] **I.** *adj* **1.** (*tourné vers le passé*) *examen, étude* rückblickend, rückschauend, retrospektiv *geh; regard, vue* Rück-; ***la vision ~ive de qc*** der Rückblick [*o* die Rückschau] auf etw (*akk*); ***qn jette un regard ~ sur qc*** jd betrachtet etw rückblickend, jd wirft einen Blick auf etw (*akk*) zurück, jd hält Rückschau [*o* Rückblick] auf etw (*akk*); ***qn cherche à avoir une vue ~ive de qc*** jd versucht, etw rückblickend [*o* in der Rückschau] [*o* im Rückblick] zu betrachten
2. (*après coup*) nachträglich; ***qn éprouve une peur ~ive*** jd bekommt noch im Nachhinein [*o* noch nachträglich] Angst; ***qc inspire une jalousie ~ive à qn*** etw macht jdn noch im Nachhinein [*o* noch nachträglich] eifersüchtig
II. *f* ■ **rétrospective** Retrospektive *f;* ***la ~ Matisse*** die Matisse-Retrospektive

rétrospectivement [ʀetʀɔspɛktivmɑ̃] *adv* im Rückblick, in der Rückschau, zurückblickend, zurückschauend; *avoir peur, être jaloux* [noch] im Nachhinein, [noch] nachträglich

retroussé, e [ʀ(ə)tʀuse] *adj nez* Stups-, Himmelfahrts-; *lèvres* wulstig

retrousser <1> [ʀ(ə)tʀuse] **I.** *vt* ■ **qn/qc retrousse qc** *manche, bas de pantalon* jd schlägt etw um [*o* hoch], jd krempelt etw hoch [*o* auf]; *jupe* jd nimmt etw hoch/etw hebt etw, jd schürzt [*o* rafft] etw/etw lüpft etw; *moustache* jd zwirbelt etw hoch; ***un cheval retrousse les lèvres*** ein Pferd bleckt die Zähne; ***un chien retrousse les babines*** ein Hund fletscht die Zähne; ***les jupes retroussées*** mit gerafften Röcken
II. *vpr* ■ **qc se retrousse** /*bords*/ etw lässt sich umschlagen; /*manche, bas de pantalon a.*/ etw lässt sich hochkrempeln [*o* aufkrempeln]

retrouvailles [ʀ(ə)tʀuvaj] *fpl* Wiedersehen *nt;* (*entre États, partis, organismes*) Wiederannäherung *f;* ***lieu de ~*** Treffpunkt *m*

retrouver <1> [ʀ(ə)tʀuve] **I.** *vt* **1.** (*récupérer*) ■ **qn/un animal retrouve qn/un animal/qc** [**quelque part**] jd/ein Tier findet jdn/ein Tier/etw [irgendwo] wieder; *fugitif* jd/ein Tier findet jdn [irgendwo] [*o* spürt jdn [irgendwo] auf]; *cadavre* jd/ein Tier findet etw [irgendwo]; (*identifier*) jd findet jdn/ein Tier/etw, jd macht jdn/ein Tier/etw ausfindig; ■ **qn** [**lui**] **retrouve qc** jd findet [jds] etw; ***je lui ai retrouvé son portefeuille*** ich habe seinen/ihren Geldbeutel wieder gefunden; ■ **qc retrouve qc** *fonction* etw erhält etw wieder; *place a.* etw bekommt [*o* findet] etw wieder; *vocation* etw findet [wieder] zu etw zurück; ***qc retrouve son utilité*** etw wird wieder benutzt
2. (*se remémorer*) ■ **qn retrouve qc** jd erinnert sich an etw (*akk*), jd entsinnt sich einer S. (*gen*); ***qn retrouve ses souvenirs*** jd erinnert sich wieder
3. (*revoir*) ■ **qn retrouve qn** [**quelque part**] jd begegnet jdm [*o* trifft jdn] [irgendwo] wieder; ***je serais ravi de vous ~ là-bas*** ich würde mich freuen Sie dort wieder zu sehen; ■ **qn retrouve une personne ...** *changé, grandi, vieilli* ein Mensch kommt jdm ... vor; ***je l'ai retrouvé bien changé*** er kam mir sehr verändert vor; ***j'ai retrouvé mon fils grandi*** mein Sohn ist gewachsen, seit ich ihn das letzte Mal gesehen habe; ***j'espère ne pas vous ~ trop fatigué*** hoffentlich sind Sie nachher nicht zu müde
4. (*rejoindre*) ■ **qn retrouve qn** [**quelque part**] jd trifft jdn [irgendwo], jd trifft sich [irgendwo] mit jdm; ***attendez-moi, je vous retrouve dans un quart d'heure*** wartet auf mich, ich komme in einer Viertelstunde nach
5. (*recouvrer*) ■ **qn retrouve qc** *équilibre, foi* jd findet etw wieder, jd findet wieder zu etw; ***qn retrouve son calme/ses forces/sa santé*** jd beruhigt sich [wieder]/kommt wieder zu Kräften/wird wieder gesund; ***qn retrouve/a retrouvé son sourire/le sommeil/l'espoir*** jd kann wieder lächeln/schlafen/hoffen [*o* schöpft wieder Hoffnung]; ***elle a retrouvé son énergie*** sie hat wieder Energie; ***qc empêche qn de ~ le sommeil*** etw lässt jdn keinen Schlaf finden [*o* nicht schlafen]; ***qn retrouve la volonté de faire qc*** jd hat wieder den Willen etw zu tun; ***un pays retrouve sa puissance*** ein Land findet zu seiner alten Machtstellung zurück
6. (*redécouvrir*) ■ **qn retrouve qc** [**à qn**] *poste, situation, travail, marchandise* jd findet etw [für jdn]; *occasion* etw bietet sich jdm wieder, jd findet etw wieder; ***tu auras du mal à ~ une occasion aussi favorable*** so eine günstige Gelegenheit findest du [*o* bietet sich dir] nicht so schnell wieder
7. (*reconnaître*) ■ **qn retrouve qn** [**dans qc**] jd findet jdn [in etw (*dat*)] wieder, jd erkennt jdn [in etw (*dat*)] wieder; ***je te retrouve tel que je t'ai toujours connu*** du bist noch genauso, wie ich dich schon immer gekannt habe; du bist immer noch derselbe, du bist der Gleiche geblieben; ***je retrouve bien là mon mari!*** das sieht meinem Mann ähnlich!, das ist typisch mein [*o* für meinen] Mann!; ■ **qn retrouve qc** [**chez qn/dans** [*o* **en**] **qc**] jd findet etw [bei [*o* in] jdm/in etw (*dat*)] wieder; ***on retrouve chez le fils la même***

impétuosité que chez le père der Sohn ist genauso ungestüm wie der Vater

8. (*rencontrer à nouveau*) ■ **qn retrouve qn** [**quelque part/chez qn**] jd findet jdn [irgendwo/bei jdm] wieder; ■ **qn retrouve qc** [**quelque part/chez qn**] jd begegnet einer S. (*dat*) [irgendwo/bei jdm] wieder

II. *vpr* **1.** (*se réunir*) ■ **des personnes/animaux se retrouvent** [**quelque part**] Menschen treffen sich [irgendwo] [wieder]/Tiere sammeln sich [irgendwo]; *à un rendez-vous* Menschen kommen irgendwohin; ***nous nous retrouvons tous au bistro*** wir treffen uns alle in der Kneipe; ***j'espère qu'on se retrouvera bientôt*** ich hoffe, wir treffen [*o* sehen] uns bald wieder; ***des personnes se retrouvent sur un point/autour de certaines valeurs*** Menschen haben eines [*o* einen Punkt] gemeinsam/sind sich über bestimmte Werte einig

2. (*être de nouveau*) ■ **qn se retrouve quelque part** jd findet sich irgendwo wieder; *dans la même situation* jd befindet sich wieder irgendwo; *devant les mêmes difficultés* jd steht wieder irgendwo; ***qn se retrouve avec qn*** [***quelque part***] jd ist wieder irgendwo mit jdm, jd trifft wieder auf jdn; ■ **qn se retrouve ...** *seul, désemparé* jd steht wieder ... da, jd ist wieder ...; ***qn se retrouve abandonné(e)/pauvre*** jd steht wieder allein und verlassen da/jd ist wieder arm; ***qn se retrouve bien placé(e) pour faire qc*** jd befindet sich wieder in einer guten Position, um etw zu tun; ■ **qc se retrouve** [**quelque part**] */occasion, circonstance/* etw bietet sich [irgendwo] wieder, etw findet sich [irgendwo] wieder; */caractéristique/* etw tritt [irgendwo] [wieder] auf

3. (*finir*) ■ **qn se retrouve quelque part** jd findet sich irgendwo wieder, jd ist irgendwo gelandet *fam;* ***qn se retrouve sur le pavé*** [*o* ***à la rue***] jd steht [*o* sitzt] [plötzlich] auf der Straße *fam;* ■ **qn se retrouve avec qn/qc** jd steht [plötzlich] mit jdm/etw da; ***qn se retrouve avec les menottes aux poignets*** jd findet sich in Handschellen wieder; ***qn se retrouve avec une douzaine de copies à corriger*** jd hat auf einmal ein Dutzend Arbeitsblätter zu korrigieren, jd sitzt auf einmal vor einem Dutzend zu korrigierender Arbeitsblätter; ■ **qn se retrouve ...** *seul, désemparé* jd steht ... da, jd ist ...; ***qn se retrouve abandonné(e)/pauvre*** jd steht allein und verlassen da/jd ist [plötzlich] verarmt; ***elle s'est retrouvée abandonnée par ses parents*** sie ist von ihren Eltern verlassen [*o* im Stich gelassen] worden; ***qn se retrouve bien placé(e) pour faire qc*** jd befindet sich in einer guten Position, um etw zu tun

4. (*retrouver son chemin*) ■ **qn se retrouve** [**dans qc**] jd findet sich [in etw (*dat*)] zurecht; ***j'arrive toujours à me*** [*o* ***m'y***] ~ ich finde mich immer irgendwie zurecht

5. (*voir clair*) ■ **qn s'y retrouve** jd findet sich zurecht, jd kommt [damit] klar *fam;* ***je n'arrive pas à m'y*** ~ ich komme damit nicht zurecht [*o* klar *fam*]; ■ **qn s'y retrouve dans qc** *dans un désordre, dédale, labyrinthe* jd findet sich in etw (*dat*) zurecht; *dans des calculs, des comptes a.* jd kommt mit etw zurecht [*o* klar *fam*]; *dans des raisonnements* jd kann einer S. (*dat*) folgen

6. *fam* (*rentrer dans ses frais*) ■ **qn s'y retrouve** jd bekommt seine Ausgaben wieder herein *fam;* (*faire un bénéfice*) es rechnet sich für jdn, jd macht einen Schnitt *fam;* ***qn parvient à s'y*** ~ jds finanzielle Situation pendelt sich wieder ein

► **comme on se retrouve!** so trifft [*o* sieht] man sich wieder!; **on se retrouvera** *fam* (*menace*) wir sprechen uns noch

rétrovirus [ʀetʀoviʀys] *m* Retrovirus *nt*

rétroviseur [ʀetʀɔvizœʀ] *m* Rückspiegel *m;* ~ ***extérieur*** Außen[rück]spiegel *m*

réuni, e [ʀeyni] *adj* **1.** (*rassemblé*) versammelt, gesamt; ***les candidats ~s dans la salle d'examen*** die im Prüfungsraum versammelten Prüflinge; ***le public*** ~ das gesamte Publikum; ***nous tous ~s/nos partisans et nous ~s*** wir alle zusammen [*o* gemeinsam]/wir und unsere Anhänger zusammen [*o* gemeinsam]

2. *pl* COM (*associés*) ■ **les ... R~s** *Chargeurs, Transporteurs* die Vereinigten ...

réunification [ʀeynifikasjɔ̃] *f* [*nation, États*] Wiedervereinigung *f;* [*mouvement politique, partis a.*] [erneuter] Zusammenschluss; ***la ~ de l'Allemagne*** die Wiedervereinigung Deutschlands

réunifier <1 a> [ʀeynifje] **I.** *vt* ■ **qn réunifie qc** *nation, États* jd vereinigt etw wieder, jd vereint etw wieder; *mouvement politique, courants, partis a.* jd führt etw wieder zusammen; ***l'Allemagne réunifiée*** das wieder vereinigte Deutschland

II. *vpr* ■ **qc se réunifie** */nation/* etw vereinigt sich wieder; */mouvement politique a./* etw schließt sich wieder zusammen

réunion [ʀeynjɔ̃] *f* **1.** (*séance*) Zusammenkunft *f,* Treffen *nt; privée* Veranstaltung *f; politique, publique* Versammlung *f;* [*comité, commission*] Sitzung *f;* (*conférence*) Besprechung *f,* Konferenz *f;* SCOL Konferenz; (*rassemblement*) Versammlung; ~ ***syndicale/électorale*** Gewerkschafts-/Wahlversammlung [*o* Wahlveranstaltung]; ~ ***de parents d'élèves*** Elternabend *m;* ***la ~ des membres*** [***d'un club***] (*séance*) die Mitgliederversammlung (*rassemblement*) die Einberufung einer Mitgliederversammlung; ~ ***de travail*** [Arbeits]besprechung; ~ ***d'information*** Informationsveranstaltung; ***qn est en*** ~ jd ist in einer Besprechung

2. (*mise en commun*) ■ ~ **de qc** *d'objets* Sammeln *nt* von etw; *d'éléments, d'indices, de preuves, de faits a., de parties, documents* Zusammentragen *nt* [*o* Zusammenstellen *nt*] von etw; *de fonds* Aufbringen *nt* von etw, Auftreiben *nt* von etw *fam;* ***qn procède à la ~ de qc*** jd sammelt etw/trägt etw zusammen/stellt etw zusammen/treibt *fam* [*o* bringt] etw auf; ■ ~ **de qc à qc** *à un État, à un autre courant* Vereinigung *f* einer S. (*gen*) mit etw, Anschluss *m* einer S. (*gen*) an etw (*akk*)

3. (*ensemble, rapprochement*) Vereinigung *f;* [*États a.*] Zusammenschluss *m;* [*compagnies*] Zusammenschluss, Fusion *f;* [*idées*] Sammlung *f,* Zusammenfassung *f;* [*membres*] Versammlung *f;* (*cercle*) [*amis*] Kreis *m;* (*convocation*) Versammlung; MATH (*rapprochement*) Vereinigung; (*ensemble*) Vereinigungsmenge *f;* ***la ~ des membres de la famille*** die Versammlung der Familienmitglieder

4. SPORT Veranstaltung *f;* ~ ***sportive/cycliste/hippique*** Sport-/Rad[sport]-/Reitveranstaltung

5. (*jonction*) [*fleuves*] Zusammenfluss *m;* [*rues*] Zusammenlaufen *nt;* (*carrefour*) Kreuzung *f;* ***la ~ des deux fleuves a lieu non loin d'ici*** die beiden Flüsse fließen nicht weit von hier zusammen [*o* ineinander]

► ~ **par téléphone** Konferenzschaltung *f*

◆ **réunion de famille** Familientreffen *nt*

Réunion [ʀeynjɔ̃] *f* ■ **la Réunion** Réunion

► **l'île de la ~** [die Insel] Réunion

réunionite [ʀeynjɔnit] *f hum fam* Versammlungswahn *m fam,* Versammlungswut *f fam;* (*dans les milieux politiques a.*) Sitzungswut *f fam;* (*dans les écoles*) Konferenzmanie *f fam;* (*dans les entreprises*) Besprechungsmanie *f fam*

réunion-téléphone® <~s-~s> [ʀeynjɔ̃telefɔn] *f* Konferenzschaltung *f*

réunir <8> [ʀeyniʀ] **I.** *vt* **1.** (*mettre ensemble*) ■ **qn réunit qc** jd sammelt etw; *objets, papiers a.* jd sammelt etw ein; *faits, indices, preuves, arguments a., conditions* jd stellt [*o* trägt] etw zusammen; *fonds* jd bringt [*o* treibt *fam*] etw auf; ■ **qn réunit des choses en qc** jd macht etw aus Dingen, jd bündelt etw; ■ **qn réunit des choses par qc** *par une épingle* jd steckt Dinge mit etw zusammen; *par un élastique, une corde* jd bindet Dinge mit etw zusammen; ■ **des choses sont réunies** */facteurs/* Dinge sind gegeben, Dinge kommen zusammen; ***les conditions semblent réunies pour que la tension baisse*** es scheint, dass die Voraussetzungen für eine Entspannung der Lage gegeben sind

2. (*cumuler*) ■ **qn/qc réunit** [**en soi/dans qc**] **qc** *caractères, qualités, tendances* jd/etw vereinigt etw [in sich (*dat*)/in etw (*dat*)]; ***cette solution réunit un maximum d'avantages*** diese Lösung bringt maximale Vorteile mit sich; ***votre dossier réunit toutes les conditions exigées*** Ihr Antrag erfüllt alle erforderlichen Bedingungen; ■ **qn réunit qc avec qc** in jdm verbindet sich etw mit etw, jd vereinigt etw mit etw

3. (*assembler*) ■ **qn/qc réunit des personnes** [**quelque part**] jd versammelt Menschen [irgendwo] [*o* lässt Menschen [irgendwo] zusammenkommen]/aufgrund einer S. versammeln sich Menschen [irgendwo]; */goût commun/* etw lässt Menschen [irgendwo] zusammenkommen; */deuil, nécessité/* etw bringt Menschen [irgendwo] zusammen; *amis* jd lädt Menschen [irgendwo] ein; ***ce congrès réunit des linguistes*** auf diesem Kongress treffen sich [die] Linguisten [*o* kommen Linguisten zusammen]; ■ **qn réunit des choses dans qc** *objets* jd stellt/legt Dinge in etw (*akk*); *citations, articles* jd sammelt Dinge in etw (*dat*); ***qn réunit 35 fils dans une gaine*** jd steckt [*o* führt] 35 Drähte in einer Schutzhülle zusammen; ■ **des personnes sont réunies** Menschen sind zusammengekommen

4. (*relier*) ■ **qn/qc réunit des choses/réunit qc à qc** *cours d'eau, éléments, parties* jd/etw verbindet Dinge [miteinander]/verbindet etw mit etw; *bords* jd fügt Dinge zusammen

5. (*rattacher*) ■ **qn/qc réunit qc à qc** *courant politique* jd/etw vereinigt etw mit etw; *élément* jd/etw bringt etw mit etw zusammen; *province* jd/etw schließt etw an etw (*akk*) an, jd/etw verleibt etw einer S. (*dat*) ein; *pièces de collection* jd fügt etw zu etw hinzu, jd tut etw zu etw [dazu] *fam*

II. *vpr* **1.** (*se rassembler*) ■ **des personnes/animaux se réunissent** [**quelque part**] Menschen treffen sich/Tiere sammeln sich [irgendwo]; */personnes a./* Menschen kommen [irgendwo] zusammen; ■ **qc se réunit** [**quelque part**] */assemblée, comité/* etw kommt [*o* tritt] [irgendwo] zusammen

2. (*s'associer*) ■ **des personnes/choses se réunissent** Menschen/Dinge schließen sich zusammen; */entreprises a./* Dinge fusionieren

3. (*se rejoindre*) ■ **des choses se réunissent** [**quelque part**] */cours d'eau/* Dinge fließen [irgendwo] zusammen [*o* ineinander]; */idées/* Dinge stimmen überein; */rues/* Dinge treffen sich, Dinge laufen zusammen

réussi, e [ʀeysi] *adj* **1.** (*couronné de succès*) gelungen; *examen* bestanden; ■ **qc est** [**vraiment**] ~ etw ist [wirklich] gelungen, etw ist ein [voller] Erfolg

2. (*bien exécuté*) gelungen; *tournure a.* glücklich; ***cette photo n'est pas des mieux ~es*** dieses Foto ist nicht besonders gelungen

► **c'est ~!** *iron* [das war ein] Volltreffer! *fam,* [das war] ein voller Erfolg!

réussir <8> [ʀeysiʀ] **I.** *vi* **1.** (*aboutir à un résultat*) ■ **qc réussit** etw gelingt, etw hat Erfolg; */comportement, culot/* etw hat Erfolg; ■ **qc réussit bien/mal** etw hat Erfolg/keinen Erfolg, etw gelingt/etw geht daneben *fam*

2. (*parvenir au succès*) ■ **qn réussit** [**à/dans/en qc**] *dans les études, en politique* jd hat [in etw (*dat*)] Erfolg; *dans la vie a., dans les affaires a.* jd ist [in etw (*dat*)] erfolgreich; *à l'école a.* jd ist [in etw (*dat*)] gut; *en latin, maths, sciences* jd ist [in etw (*dat*)] gut; *à un examen* jd besteht [etw]; ***elle a réussi dans ses études*** sie hat ihr Studium erfolgreich abgeschlossen; ***il a réussi dans tout ce qu'il a entrepris*** er hat bei allem, was er unternommen hat, Erfolg gehabt; ihm ist alles gelungen, was er unternommen hat; ***ses enfants ont tous réussi*** seine/ihre Kinder sind alle erfolgreich; ■ **qc réussit à qn** jdm gelingt etw; ***tout lui réussit*** ihm/ihr gelingt alles

3. (*être capable de*) ■ **qn réussit à faire qc** es gelingt jdm, etw zu tun; *iron* jd schafft es, etw zu tun *fam,* jd bringt es fertig, etw zu tun *fam;* ***je voudrais bien ~ à la convaincre*** ich würde sie gerne überzeugen [können]

4. (*être bénéfique à*) ■ **qc réussit à qn** */aliment/* etw bekommt jdm; */climat, air, mode de vie, travail, vacances a./* etw tut jdm gut; */action, méthodes, entraînement a./* etw nutzt jdm, etw bringt jdm etwas *fam;* ■ **qc réussit bien/mal à qn** */aliment/* etw bekommt jdm [gut]/nicht; */air, climat, mode de vie, travail a./* etw tut jdm gut/nicht gut; ***les vacances ne t'ont guère réussi*** du hast dich wohl in den Ferien nicht besonders [gut] erholt, die Ferien haben dir wohl nicht gut getan

5. (*prospérer*) ■ **qc réussit [quelque part]** */culture, plantation/* etw gedeiht [irgendwo], etw wächst [irgendwo] gut

II. *vt* **1.** (*bien exécuter*) ■ **qn réussit qc** jdm gelingt etw; ***qn réussit son effet*** jd verfehlt seine Wirkung nicht; ■ **qn réussit qn** *hum* jd kriegt jdn gut hin *hum fam*

2. (*réaliser avec succès*) ■ **qn réussit qc** jdm gelingt etw; *épreuve, examen* jd besteht [*o* schafft *fam*] etw; *pari* jd gewinnt etw; SPORT *but a.* jd erzielt etw; ***qn réussit sa vie*** jd macht etwas aus seinem Leben; ***pour ~ ce spectacle, …*** damit die Aufführung gelingt, …; ***elle a particulièrement bien réussi sa prestation*** die Darbietung ist ihr besonders gut gelungen

réussite [ʀeysit] *f* **1.** (*bon résultat, succès*) Erfolg *m; sociale* Aufstieg *m;* ***une ~ totale*** ein voller Erfolg; ■ **~ de qc** Erfolg bei etw; *d'une épreuve, un examen a.* Bestehen *nt* einer S. (*gen*); *d'une prestation, tentative a.* Gelingen *nt* einer S. (*gen*); *d'un spectacle* Erfolg einer S. (*gen*); ■ **~ à qc** *à un concours, examen* Bestehen einer S. (*gen*), Erfolg bei etw

2. CARTES Patience *f*

► **qn fait une ~** jd legt eine Patience; ***je n'arrive pas à faire cette ~*** die [*o* meine] Patience geht nicht auf

réutilisable [ʀeytilizabl] *adj* wieder verwendbar; ***cette batterie n'est pas ~ sur un autre appareil*** diese Batterie kann nicht für einen anderen Apparat verwendet werden

réutilisation [ʀeytilizasjɔ̃] *f* Wiederverwendung *f*

réutiliser <1> [ʀeytilize] *vt* ■ **qn réutilise qc** jd benutzt etw wieder; (*à d'autres fins*) jd benutzt [*o* verwendet] etw [weiter]; ***qn réutilise qc comme …*** jd benutzt [*o* verwendet] etw als …

revaloir <*irr*> [ʀ(ə)valwaʀ] *vt* ► **je te/vous/lui revaudrai ça, je te/vous le revaudrai/je le lui revaudrai** (*en bien*) dafür werde ich mich [bei dir/Ihnen/ihr/ihm] erkenntlich zeigen [*o* revanchieren]; (*en mal*) das zahle ich dir/Ihnen/ihr/ihm heim

revalorisation [ʀ(ə)valɔʀizasjɔ̃] *f* **1.** (*opp: dépréciation*) Aufwertung *f*

2. FIN [*monnaie*] Aufwertung *f;* [*rente, traitement*] Erhöhung *f;* ***une ~ des salaires*** eine Gehaltserhöhung

revaloriser <1> [ʀ(ə)valɔʀize] *vt* **1.** (*opp: déprécier*) ■ **qn revalorise qc** jd wertet etw auf

2. FIN *monnaie* jd wertet etw auf; *rente, traitement, salaire* jd erhöht etw

revanchard, e [ʀ(ə)vɑ̃ʃaʀ, aʀd] **I.** *adj* revanchistisch; *personne a.* rachsüchtig; *sentiment* Rache-

II. *m, f* rachsüchtiger Mensch; POL Revanchist(in) *m(f)*

revanche [ʀ(ə)vɑ̃ʃ] *f* (*vengeance*) Revanche *f;* JEUX, SPORT (*jeu, match*) Revanche[spiel *nt*] *f;* (*combat*) Revanche[kampf *m*] *f;* ***qn connaît une ~ éclatante*** jd erlebt einen strahlenden Triumph; ***tu auras bientôt ta ~*** du bekommst bald deine Revanche; ***le mépris est la ~ des faibles*** Verachtung ist die Rache der Schwachen; ■ **~ de qn sur qn/qc** jds Triumph *m* über jdn/jds Revanche [*o* Rache *f*] für etw; (*compensation*) jds Entschädigung *f* für etw

► **qn donne sa ~ à qn** jd gibt jdm Revanche; **qn fait** [*o* **joue**] **la ~: *j'ai gagné! Tu veux qu'on fasse*** [*o* ***joue***] ***la ~?*** ich habe gewonnen, soll ich dir Revanche geben?; ***bravo, vous avez gagné! allez, on fait la ~!*** bravo, Sie haben gewonnen! auf, geben Sie mir [eine] Revanche!; **qn prend une/sa ~** jd rächt sich [dafür], jd revanchiert sich dafür; SPORT jd nimmt Revanche; **qn prend une/sa ~ sur qn** jd zahlt es jdm heim, jd rechnet mit jdm ab; SPORT jd triumphiert über jdn; **qn/qc prend une/sa ~ sur qc** jd/etw triumphiert über etw (*akk*), jd wird für etw entschädigt/etw siegt über etw (*akk*); **en ~** (*par contre*) dagegen; (*en contrepartie*) dafür

revanchisme [ʀ(ə)vɑ̃ʃism] *m* Revanchismus *m*

rêvasser <1> [ʀɛvase] *vi péj* ■ **qn rêvasse** jd träumt vor sich hin

rêvasserie [ʀɛvasʀi] *f péj* Träumerei *f,* Vor-sich-hin-Träumen *nt;* (*chimère*) Tagtraum *m,* Fantasterei *f*

rêve [ʀɛv] *m* Traum *m;* ■ **~ de qc** Traum von etw; ***un ~ de jeunesse*** ein Jugendtraum; ***qn nourrit des ~s d'évasion*** jd träumt davon wegzufahren

► **qn prend ses ~s pour des réalités** jd verwechselt Wunsch und Wirklichkeit; ***il prenait déjà son ~ pour une*** [*c* ***la***] ***réalité*** er glaubte sich schon am Ziel seiner Träume; **beau/mauvais ~** schöner/böser Traum [*o* Alptraum]; ***le beau ~ s'est envolé*** [der Traum ist] ausgeträumt, aus der Traum *fam;* **fais/faites de beaux ~s!** träum süß [*o* was Schönes]/träumen Sie was Schönes; **~ éveillé** Wachtraum *m;* ***qn croit vivre un ~ éveillé*** jd glaubt [mit offenen Augen] zu träumen; ***est-ce un ~ éveillé?*** ist es nur ein Traum?; **qn a un ~/des ~s** (*conçoit un projet*) jd hat einen Traum/Träume; **c'est le ~** *fam* das ist ein Traum [*o* traumhaft]; ***ce n'est pas le ~*** es ist nicht gerade das, wovon man träumt; es ist nicht gerade der Traum meiner/ihrer/seiner/… schlaflosen Nächte *fam;* ***ce boulot/cet appartement, ce n'est pas le ~*** es ist nicht gerade mein/sein/ihr/… Traumjob/meine/seine/ihre/… Traumwohnung; **qn fait un ~** (*fait un songe nocturne*) jd hat einen Traum, jd träumt; ***qn fait un beau/mauvais ~*** jd hat einen schönen Traum/einen Alptraum, jd träumt schön/schlecht; **qn fait un ~/des ~s** (*conçoit un projet*) jd macht sich (*dat*) Illusionen, jd baut Luftschlösser; **comme dans un ~** wie in einem [*o* im] Traum; **de ~** Traum-; ***une voiture de ~*** ein Traum von einem Auto, ein Traumauto *nt;* ***une créature de ~*** ein Wesen wie aus einem Traum; (*femme a.*) eine Traumfrau; ***une vision de ~*** ein traumhafter Anblick; **qn/qc de mes/ses/… ~s** jd/etw meiner/seiner/ihrer/… Träume, mein(e)/sein(e)/ihr(e)/… Traum-; ***la femme/la maison/le métier de mes ~s*** die Frau/das Haus/der Beruf meiner Träume, meine Traumfrau/mein Traumhaus/-beruf; **en ~** im Traum; **le ~!** *fam* ein Traum!, [einfach] traumhaft!

rêvé, e [ʀeve] *adj* ideal; *solution a.* Ideal-; *femme, homme* Traum-

revêche [ʀəvɛʃ] *adj* unfreundlich; *caractère a.* abweisend; *personne a.* mürrisch, griesgrämig; ***qn est d'humeur/a un caractère ~*** jd ist mürrisch [*o* griesgrämig]; ***qn a l'air ~*** jd wirkt mürrisch [*o* griesgrämig]

réveil [ʀevɛj] *m* **1.** (*sortie du sommeil*) Aufwachen *nt,* Erwachen *nt geh;* ***qn a un/le ~ pénible*** jd wird nur schwer wach; ***je ne m'attendais pas à un ~ aussi brutal*** ich war nicht darauf gefasst, so brutal geweckt zu werden; ***service de ~ téléphonique*** [telefonischer] Weckdienst

2. (*réveille-matin*) Wecker *m;* ***qn met le ~*** [***à 6 heures***] jd stellt den Wecker [auf 6 Uhr]

3. (*retour à la réalité*) Erwachen *nt;* ***un ~ douloureux*** ein böses Erwachen

4. (*renaissance*) ■ **~ de qc** *de la nature, d'un sentiment* [Wieder]erwachen *nt* einer S. (*gen*); *de la douleur* Wiederauftreten *nt* einer S. (*gen*); *d'un souvenir* Wiederaufleben *nt* einer S. (*gen*), Rückkehr *f* einer S. (*gen*); *d'un volcan* neue Aktivität [*o* Wiederausbruch *m*] einer S. (*gen*); *de la Bourse* Wiederbelebung *f* einer S. (*gen*); ***qc provoque le ~ de certains souvenirs*** etw weckt Erinnerungen, etw ruft Erinnerungen wach; ***en cas de ~ de la douleur*** wenn die Schmerzen wiederkommen [*o* wieder auftreten]; ***on craint un ~ de l'Etna*** man befürchtet, dass der Ätna wieder aktiv wird

5. MIL Wecken *nt*

► **~ en fanfare** *fam:* ***qn a droit à un ~ en fanfare*** jd wird aus dem Schlaf getrommelt *fam;* (*par un tintamarre*) jd wird durch einen Heidenlärm geweckt; ***merci pour ce ~ en fanfare à huit heures du matin!*** nett von dir, mich um acht Uhr morgens aus dem Schlaf zu trommeln/mit einem derartigen Heidenlärm zu wecken; **~ en sursaut** Aus-dem-Schlaf-[Hoch]schrecken *nt,* jähes Erwachen *geh;* ***ce ~ en sursaut l'a fortement perturbé*** er war völlig verstört, weil er aus dem Schlaf [hoch]geschreckt war; **qn bat** [*o* **sonne**] **le ~** MIL jd bläst zum Wecken; **au ~** beim Aufwachen

réveille-matin [ʀevɛjmatɛ̃] *m inv vieilli* Wecker *m*

réveiller <1> [ʀeveje] **I.** *vt* **1.** (*sortir du sommeil*) ■ **qn/qc réveille qn** jd/etw weckt jdn [auf]; */bruit a./* etw macht jdn wach; ***comment ne pas être réveillé par un tel vacarme*** wie soll man bei so einem Lärm [weiter]schlafen, bei so einem Lärm muss man ja aufwachen [*o* wach werden]; ■ **[qn est] réveillé(e)** [jd ist] wach

2. (*ramener à la réalité*) ■ **qn/qc réveille qn [de qc]** jd rüttelt jdn wach, jd/etw rüttelt jdn [aus etw] auf; *de son apathie a.* jd/etw reißt jdn aus etw; ***qn/qc réveille qn de ses chimères*** jd/etw holt jdn auf den Boden der Tatsachen zurück

3. (*raviver*) ■ **qn/qc réveille qc** *curiosité, jalousie, cupidité* jd/etw weckt etw; *appétit* etw regt etw an; *rancune* jd/etw erregt etw; *courage* jd/etw macht [wieder] etw; *ardeur* jd/etw spornt [*o* stachelt] etw [wieder] an; ***pour ~ mon courage*** um mir [wieder] Mut zu machen; ***qn/qc réveille sa colère*** jd/etw versetzt ihn/sie in Wut [*o* macht ihn/sie wütend]; ***le moindre mouvement réveille la douleur*** schon bei der geringsten Bewegung kommen die Schmerzen wieder; ***qc a réveillé sa jalousie*** etw hat ihn/sie eifersüchtig gemacht, etw hat seine/ihre Eifersucht erregt

4. (*ranimer*) ■ **qn/qc réveille qc** *souvenir* jd/etw weckt etw, jd/etw ruft etw wach; *consciences* jd/etw rüttelt etw wach [*o* auf]; *membre* jd/etw bringt wieder Gefühl in etw (*akk*)

► **qn est bien réveillé(e)** jd ist ganz [*o* richtig] wach; **qn est mal réveillé(e)** jd ist noch nicht [so] ganz [*o* richtig] wach, jd ist noch [ganz] verschlafen; **[qn est] à moitié réveillé(e)** [jd ist] noch [ganz] verschlafen, jd ist erst halbwach, [jd ist] in halbwachem Zustand

II. *vpr* **1.** (*sortir du sommeil*) ■ **qn/un animal se réveille** jd/ein Tier wacht auf; (*après un évanouissement, une anesthésie a.*) jd kommt [wieder] zu sich (*dat*)

2. (*revenir à la réalité*) ■ **qn se réveille [de qc]** jd wacht auf, jd erwacht aus etw; *de son apathie, sa torpeur a.* jd schüttelt etw ab; ***qn se réveille désillusionné(e)*** jd steht plötzlich ohne Illusionen da

3. (*se raviver*) ■ **qc se réveille** etw kommt wieder; */douleur a./* etw tritt wieder auf; */ardeur a., courage/* etw kehrt zurück; */appétit/* etw stellt sich ein, etw meldet sich *fam;* */jalousie, rancune/* etw wird wieder wach; ***mon appétit/courage se réveille*** ich bekomme Appetit/wieder Mut; ***dès que la douleur se réveillera*** sobald Sie wieder Schmerzen bekommen, sobald die Schmerzen wiederkommen [*o* wieder auftreten]; ***mes rhumatismes se réveillent à chaque fois que …*** mein Rheuma tritt immer auf [*o* meldet sich immer *fam*], wenn …

4. (*se ranimer*) ■ **qc se réveille [de qc]** */nature/* etw erwacht [aus etw]; */consciences a./* etw wird wachgerüttelt [*o* aufgerüttelt]; */souvenir/* etw wird wach, etw kehrt wieder [*o* zurück]; */membre/* in etw (*akk*) kehrt das Gefühl zurück; */volcan/* etw wird wieder aktiv

réveillon [ʀevɛjɔ̃] *m* (*nuit de Noël/du nouvel an*) Heiligabend *m*/Silvester[nacht *f*] *nt o m;* (*fête*) Weihnachtsfeier *f*/Silvesterparty *f;* (*repas*) Weihnachts-/Silvesteressen *nt;* ***qn fête le ~ de Noël/du nouvel an quelque part*** jd feiert irgendwo Heiligabend/Silvester; ***pour le ~ de Noël/du nouvel an nous avons mangé …*** an Heiligabend/Silvester haben wir … gegessen; ***les soirs de ~*** an Heiligabend und Silvester

réveillonner <1> [ʀevɛjɔne] *vi* (*fêter Noël/le nouvel an*) ■ **qn réveillonne** jd feiert Weihnachten/Silvester; ■ **qn réveillonne [quelque part]** (*faire un repas*) *chez soi* jd macht [irgendwo] ein Weihnachts-/Silvesteressen; *chez qn, au restaurant* jd geht [irgendwohin] zu einem Weihnachts-/Silvesteressen; ***nous avons réveillonné pendant 3 heures*** unser Weihnachts-/Silvesteressen hat 3 Stunden gedauert; ***après avoir bien réveillonné*** nach einem guten Weihnachts-/Silvesteressen; ***après la messe, on réveillonnait*** nach der Messe gab es ein Weihnachtsessen

réveillonneur, -euse [ʀevɛjɔnœʀ, -øz] *m, f* (*à Noël*) Teilnehmer(in) *m(f)* an einer Weihnachtsfeier; (*au nouvel an*) Silvesterpartygänger(in) *m(f)*

révélateur, -trice [ʀevelatœʀ, -tʀis] **I.** *adj indice, signe, silence* verräterisch; *symptôme, hésitation a.* aufschlussreich; ***un lapsus ~*** ein aufschlussreicher Versprecher, ein freudscher Versprecher; ■ **[qc est] ~ de qc** aufschlussreich, was etw anbetrifft; etw gibt über etw (*akk*) Aufschluss, etw verrät etw; *d'une mode, tendance, d'un malaise* etw weist auf etw (*akk*) hin, etw zeigt etw; ***des signes ~s de ses véritables sentiments*** [An]zeichen, die seine/ihre wahren Gefühle verraten

II. *m* **1.** (*chose qui dévoile*) ■ **[qc est le] ~ de qc** [etw ist] Ausdruck *m* einer

S. (*gen*)
2. PHOT Entwickler *m*

révélation [ʀevelasjɔ̃] *f* **1.** (*dévoilement*) ■ **~ de qc** *d'un fait, projet* Aufdeckung *f* einer S. (*gen*); *d'un secret a.* Enthüllung *f* einer S. (*gen*); *d'une intention* Eröffnung *f* einer S. (*gen*); ***qn fait/retarde la ~ de qc*** *d'un fait, projet* jd gibt etw bekannt/zögert die Bekanntgabe einer S. (*gen*) hinaus; *d'une intention* jd eröffnet etw/hält mit etw hinter dem Berg; *d'un secret* jd enthüllt etw/zögert die Enthüllung einer S. (*gen*) hinaus; ***qn fait une ~*** (*révèle un fait/projet*) jd gibt etwas bekannt; (*révèle une intention*) jd legt seine Absichten dar, jd verrät seine Absichten; (*révèle un secret*) jd enthüllt [*o* verrät] ein Geheimnis
2. (*mise en lumière*) [*artiste, talent*] Entdeckung *f;* [*tendance*] Offenbarung *f;* ***la ~ de qn se fait par qc*** jd wird durch etw entdeckt; ***la ~ de qc se manifeste quelque part*** etw offenbart sich irgendwo, etw wird irgendwo offenbar; ***la ~ du talent de cet artiste auprès du grand public*** die Entdeckung [des Talents] dieses Künstlers durch das breite Publikum
3. (*aveu*) Enthüllung *f;* ***je n'ai plus aucune ~ à vous faire*** ich kann Ihnen keine weiteren Erkenntnisse liefern [*o* nichts weiter dazu sagen]
4. (*découverte, surprise*) Entdeckung *f*
5. REL ■ **la R~** die Offenbarung; ***c'est la ~*** *hum* das ist die Offenbarung *hum*
▶ **qn <u>a</u> une ~** jd hat eine Eingebung [*o* Erleuchtung]; **qn <u>a</u> la ~ de qc** jd entdeckt etw; **qn/qc <u>est</u> une ~/la ~ [de qc]** jd ist eine Entdeckung/die Entdeckung [einer S. (*gen*)/in etw (*dat*)], etw ist eine Offenbarung/die Offenbarung [in etw (*dat*)]; ***elle est la ~ du ski de fond*** sie ist die Entdeckung im Langlauf; **qn <u>fait</u> des ~s [à qn] [sur qc]** jd macht [jdm gegenüber] Enthüllungen [über etw (*akk*)], jd liefert jdm Erkenntnisse [über etw (*akk*)]; ***qn a des ~s à faire à qn sur qc*** jd kann jdm etwas über etw (*akk*) sagen

révéler <5> [ʀevele] **I.** *vt* **1.** (*divulguer*) ■ **qn révèle qc [à qn]** jd deckt etw auf; *fait* jd zeigt [jdm] etw auf; *scandale a.* jd enthüllt etw; *secret a.* jd enthüllt etw, jd verrät [jdm] etw; *intention, opinion, projet* jd tut [jdm] etw kund *geh,* jd eröffnet jdm etw; ***qn révèle qc au grand public*** jd macht etw publik, jd macht etw öffentlich bekannt; ***je ne peux encore rien vous ~ pour l'instant*** ich kann Ihnen im Augenblick noch nichts sagen; ■ **qc révèle qc [à qn]** etw bringt etw ans Licht [*o* an den Tag], etw deckt etw auf, etw verrät jdm etw; ***le journal a révélé le scandale à l'opinion*** die Zeitung hat den Skandal aufgedeckt [*o* publik gemacht]; ■ **qn révèle [à qn] que** + *indic* jd sagt [*o* gesteht] [jdm], dass; ■ **qc révèle [à qn] que** + *indic* etw ergibt [*o* bringt ans Licht], etw zeigt jdm, dass
2. (*témoigner de*) ■ **qc révèle qc** *ambition, talent, amélioration, dégradation* etw lässt etw erkennen; *bonté, caractère a.* etw zeigt etw; ***cette épreuve a révélé sa force de caractère*** bei dieser Belastungsprobe hat er/sie seine/ihre Charakterstärke bewiesen
3. (*faire connaître*) ■ **qn/qc révèle qn/qc [à qn]** jd/etw macht jdn/etw [jdm] bekannt; *artiste a.* jd entdeckt jdn [für jdn], durch etw wird jd [für jdn] entdeckt; *œuvre a.* jd erschließt jdm etw, durch etw wird etw [für jdn] erschlossen
4. PHOT ■ **qc révèle qc** etw entwickelt etw
II. *vpr* **1.** (*s'avérer*) ■ **qn/qc se révèle** + *adj* jd/etw erweist sich als + *adj,* etw stellt sich als + *adj* heraus; ■ **qn/qc se révèle qn/qc** jd/etw erweist sich als jd/etw; es stellt sich heraus, dass jd/etw etw ist
2. (*apparaître*) ■ **qn/qc se révèle [à qn]** */artiste, sportif, tendance/* jds Talent/etw zeigt sich [jdm], etw tritt zutage; */talent, génie, vérité a./* etw offenbart sich [jdm] *geh;* */caractère a./* etw kommt zum Ausdruck; REL jd/etw offenbart sich [jdm]

revenant, e [ʀəv(ə)nɑ̃, ɑ̃t] **I.** *m* Gespenst *nt,* Geist *m;* ***des histoires de ~s*** Gespenstergeschichten
II. *m, f fam* Totgeglaubte(r) *f(m);* ***tiens, un(e) ~(e)!*** lebst du/leben Sie auch noch?

revendeur, -euse [ʀ(ə)vɑ̃dœʀ, -øz] *m, f* Einzelhändler(in) *m(f),* Kleinhändler(in) *m(f);* (*de drogue*) Dealer(in) *m(f)* ['diːlɐ]; ■ **~ de** *de meubles* -händler(in) *m(f);* **~ de drogue** Dealer(in) *m(f),* Drogenhändler(in) *m(f);* ***qn est ~ de livres anciens*** jd verkauft alte Bücher

revendicateur, -trice [ʀ(ə)vɑ̃dikatœʀ, -tʀis] **I.** *adj* voller Forderungen; ***les déclarations ~trices des dirigeants syndicaux*** die von den Gewerkschaftsführern erhobenen [*o* verkündeten] Forderungen; ***son esprit ~*** seine/ihre fordernde Art
II. *m, f* Mensch, der immer etwas fordert [*o* will *fam*]; ***c'est un ~*** er fordert [*o* will *fam*] immer [irgend]etwas

revendicatif, -ive [ʀ(ə)vɑ̃dikatif, -iv] *adj:* ***journée ~tive*** Aktionstag *m* [zur Durchsetzung von Forderungen]; ***mouvement ~*** Protestbewegung *f;* ***arguments ~s*** Forderungen *pl;* ***un programme ~*** ein Katalog *m* von Forderungen

revendication [ʀ(ə)vɑ̃dikasjɔ̃] *f* Forderung *f;* JUR, POL *a.* Anspruch *m;* ***qn présente une ~*** jd macht einen Anspruch geltend; ***journée de ~*** Aktionstag *m* [zur Durchsetzung von Forderungen]; ***des ~s salariales/syndicales*** Lohnforderungen/Forderungen der Gewerkschaft; ***une lettre de ~*** ein Forderungskatalog *m*

revendiquer <1> [ʀ(ə)vɑ̃dike] **I.** *vi* ■ **qn revendique** jd stellt Ansprüche, jd fordert
II. *vt* **1.** (*réclamer*) ■ **qn revendique qc** jd erhebt Anspruch auf etw (*akk*); *chose due a.* jd fordert etw ein; *droit, augmentation de salaire, liberté* jd fordert etw; ***ils ont revendiqué les territoires occupés*** sie haben Anspruch auf die besetzten Gebiete erhoben
2. (*assumer*) ■ **qn revendique qc** *attentat, plaisir* jd bekennt sich zu etw; *responsabilité* jd übernimmt etw, jd nimmt etw auf sich (*akk*); *paternité* jd erhebt Anspruch auf etw (*akk*); ■ **qc est revendiqué(e) [par qn]** jd bekennt sich zu etw; ***l'attentat a été revendiqué par la Maffia/n'a pas été revendiqué*** die Mafia hat sich zu dem Anschlag bekannt/niemand hat sich zu dem Anschlag bekannt

revendre <14> [ʀ(ə)vɑ̃dʀ] **I.** *vt* **1.** (*vendre d'occasion*) ■ **qn revend qc [à qn]** jd verkauft [jdm] etw
2. (*vendre au détail*) ■ **qn revend qc [à qn]** jd verkauft [jdm] etw [weiter]
3. (*vendre davantage*) ■ **qn revend qc** jd verkauft [noch mehr] etw; ***des jouets, je n'en revendrai plus après Noël*** ich werde wohl nach Weihnachten kein Spielzeug mehr verkaufen
▶ **qn a qc <u>à</u> ~** *fam du talent* jd hat mehr als genug etw; *du courage, de l'énergie, l'intelligence a.* jd hat etw für zwei; *du temps* jd hat etw übrig; ***qn a de l'énergie à ~*** jd hat überschüssige Energie
II. *vpr* ■ **qc se revend** etw lässt sich wieder verkaufen, etw lässt sich weiterverkaufen

revenez-y [ʀəv(ə)nezi] *m inv v.* **goût**

revenir <9> [ʀ(ə)vəniʀ, ʀəvniʀ] *vi* + *être* **1.** (*venir de nouveau*) ■ **qn revient [quelque part]** jd kommt [irgendwohin] zurück, jd kommt wieder; ***pouvez-vous ~ demain?*** können Sie morgen wiederkommen?; ■ **qn revient faire qc** jd kommt [*o* kehrt *geh*] zurück um etw zu tun; ***il revient visiter les lieux de son enfance*** er kehrt zurück, um die Stätten seiner Kindheit zu besuchen; ■ **qc revient [quelque part]** etw kehrt [irgendwo] wieder; */soleil, printemps/* etw kommt wieder; */lettre/* etw kommt [irgendwohin] wieder zurück; */calme, ordre/* etw kehrt [irgendwo] wieder ein; */agitation/* etw kommt [irgendwo] wieder auf
2. (*rentrer*) ■ **qn revient [quelque part/de quelque part]** jd kommt [*o* kehrt] [irgendwohin/von irgendwoher] zurück; ***qn revient en avion/en voiture/à pied*** jd fliegt/fährt/läuft zurück; ***je reviens dans un instant*** ich bin gleich wieder da [*o* zurück]; ***nous revenons à l'instant de dîner en ville*** wir kommen gerade vom Abendessen in der Stadt zurück; ■ **qn revient à qn** jd kehrt zu jdm zurück
3. (*recommencer*) ■ **qn [en] revient à qc** jd kehrt [wieder] zu etw zurück; *à un projet, sujet* jd kommt [wieder] auf etw (*akk*) zurück; ***il est revenu à de meilleurs sentiments*** er ist jetzt versöhnlicher gestimmt; ■ **qn en revient à faire qc** jd kommt [wieder] darauf zurück, etw zu tun
4. (*réexaminer*) ■ **qn revient sur qc** *sur une affaire, un scandale* jd greift etw wieder auf; *sur un sujet, thème, le passé* jd kommt auf etw (*akk*) zurück; *sur une opinion* jd bedenkt etw noch einmal, jd überdenkt etw; ***ne revenons pas là-dessus!*** sprechen wir nicht mehr darüber!
5. (*se présenter à nouveau à l'esprit*) ■ **qc revient à qn** */nom/* etw fällt jdm wieder ein; */idée/* etw kommt jdm wieder; ***les souvenirs de mon enfance me reviennent parfois*** manchmal kommen die Erinnerungen an meine Kindheit wieder; ■ **il revient à qn que** + *indic* es fällt jdm wieder ein, dass
6. *soutenu* (*être retrouvé*) ■ **qc revient [à qn]** *mémoire, parole, capacités* jd erlangt etw wieder *geh;* ***son assurance lui est revenue/le courage/son appétit lui est revenu*** er/sie hat wieder Selbstvertrauen/Mut/Appetit; ***la parole lui est revenue*** er/sie kann wieder sprechen
7. (*se remettre de*) ■ **qn revient de qc** *d'une maladie* jd erholt sich von etw; *d'une syncope* jd erwacht [wieder] aus etw; *de ses erreurs* jd sieht etw ein
8. (*être déçu par*) ■ **qn en revient de qc** *d'une profession, théorie* jd kommt von etw ab; *de ses illusions* jd verliert etw, jd gibt etw auf; *de ses théories a.* jd wirft etw über den Haufen *fam;* ***l'expérience l'a fait ~ de ses illusions*** die Erfahrung hat ihm seine Illusionen genommen
9. (*se dédire de*) ■ **qn revient sur qc** *sur une décision* jd macht etw rückgängig; *sur des promesses* jd nimmt etw zurück; ■ **qn/qc fait ~ qn sur qc** *sur une décision* jd/etw bringt jdn dazu, etw rückgängig zu machen; *sur des promesses* jd/etw bringt jdn dazu, etw zurückzunehmen
10. (*parvenir à la connaissance de*) ■ **qc revient à qn** */rumeur, médisance/* etw kommt jdm zu Ohren
11. (*échoir à*) ■ **qc revient à qn [de qc]** etw fällt jdm [aus etw] zu; */honneur a./* etw gebührt jdm; ***qc lui revient de droit*** etw steht ihm/ihr rechtmäßig zu; ***c'est à qn que revient le mérite d'avoir fait qc*** es ist jds Verdienst, etw getan zu haben; ■ **il revient à qn de faire qc** es kommt jdm zu, etw zu tun
12. (*équivaloir à*) ■ **qc revient à qc** etw kommt einer S. (*dat*) gleich, etw läuft auf etw (*akk*) hinaus; ■ **qc revient à faire qc** etw heißt so viel wie etw zu tun; etw heißt mit anderen Worten, dass man etw tut
13. (*coûter*) ■ **qc revient à qc** etw kostet etw; ■ **qc revient ... [à qn]** *à 100/2000 F* etw kostet [jdn] ...; *cher, meilleur marché* etw kommt [jdn] ...
14. *fam* (*plaire*) ■ **qn/qc ne revient pas à qn** jd/etw passt jdm nicht
15. SPORT (*rattraper son retard*) ■ **qn revient [quelque part]** jd holt [irgendwohin] auf, jd findet [irgendwohin] wieder den Anschluss
16. GASTR ■ **qc revient** etw wird braun; ■ **qn fait/laisse ~ [qc]** jd bräunt [*o* brät] [etw] an; *oignons, légumes* jd dünstet etw [in Fett]
▶ **qn revient en <u>arrière</u>** jd macht einen Rückzieher; **qn revient de <u>loin</u>** (*qn a eu chaud*) jd ist noch einmal davongekommen; **qc revient au <u>même</u>** etw läuft aufs Gleiche hinaus, etw kommt auf dasselbe [*o* aufs Gleiche] hinaus *fam;* **qn est revenu(e) de <u>tout</u>** jd ist vollkommen ernüchtert, jd hat sämtliche Illusionen verloren; **qn <u>en</u> revient** (*en réchappe*) *d'une situation impossible* jd übersteht etw; *d'un combat, d'une maladie* jd überlebt etw; (*perd ses illusions*) *d'une profession* jd ist schnell von etw ernüchtert; **qn <u>en</u> est revenu(e) de qc** jd ist [längst] von etw abgekommen; ***j'en suis revenu*** davon bin ich längst abgekommen; **qn n'<u>en</u> revient pas de qc** *fam* jd kann etw [gar] nicht fassen; ***je n'en reviens pas*** ich kann's nicht fassen; **qn revient à <u>lui</u>/<u>elle</u>** jd kommt wieder zu sich (*dat*) [*o* zu Bewusstsein]; **qn <u>y</u> revient** *fam* (*recommence*): ***ça m'étonnerait qu'ils y reviennent!*** es würde mich wundern, wenn sie wieder anfingen!; ***et n'y reviens pas!*** mach das nicht noch mal! *fam,* lass das in Zukunft bleiben!

revente [ʀ(ə)vɑ̃t] *f* Weiterverkauf *m*

revenu [ʀ(ə)vəny, ʀəvny] *m* Einkommen *nt;* [*entreprise*] Einnahmen *pl;* [*capital*] Ertrag *m;* [*terre, domaine*] Ertrag *m;* [*investissement*] Gewinne *pl;*

[*investissement, domaine*] Erträge *pl;* ~ ***foncier/monétaire*** Einkommen *nt* [*o* Einkünfte *pl*] aus Grundbesitz/aus Geldanlagen; ~ ***salarial*** [Lohn]bezüge *pl;* ~ ***du travail*** Erwerbseinkommen *nt;* ***politique des ~s*** Einkommenspolitik *f*
▸ ~ national Volkseinkommen *nt*
◆ **revenu par tête d'habitant** Pro-Kopf-Einkommen *nt;* **revenu minimum d'insertion** Übergangsgeld *nt* zur Eingliederung in das Berufsleben (*entspricht etwa dem Sozialhilfesatz*)

rêver <1> [ʀeve, ʀɛve] **I.** *vi* **1.** (*faire un songe*) ■ **qn rêve [de qn/de** [*o* **à**] **qc]** jd träumt [von jdm/etw]; ■ **qn rêve que** + *indic* jd träumt, dass
2. (*désirer*) ■ **qn rêve de** [*o* **à**] **qc/de faire qc** jd träumt von etw/davon, etw zu tun; ■ **qn/qc fait ~ [qn]:** ***ça fait*** **~!** da fängt man an zu träumen!; ***une fille pareille fait ~ tous les hommes*** von so einer Frau träumen alle Männer
3. (*divaguer*) ■ **qn rêve** jd träumt [wohl] ***te prêter de l'argent? je crois que tu rêves*** dir Geld leihen? du träumst wohl
4. (*rêvasser*) ■ **qn rêve** jd träumt vor sich hin
▸ **qn rêve tout éveillé(e)** jd träumt mit offenen Augen; **on croit ~!** man glaubt zu träumen!, das darf nicht wahr sein! *fam*
II. *vt* **1.** (*voir en songe*) ■ **qn rêve qc** jd träumt etw
2. *littér* (*imaginer*) ■ **qn rêve qc** *aventure, événement* jd träumt von etw; *vie a.* jd stellt sich (*dat*) etw [im Traum] vor
3. *péj* (*imaginer faussement*) ■ **qn rêve qc** jd träumt etw
4. *vieilli littér* (*désirer*) ■ **qn rêve qn qc:** ***il rêvait son fils comédien*** er träumte davon, dass sein Sohn Schauspieler wird; ***je me rêvais chanteuse*** ich träumte davon, Sängerin zu sein

réverbération [ʀevɛʀbeʀasjɔ̃] *f* [*chaleur*] Reflexion *f;* [*lumière a.*] Spiegelung *f;* [*son*] Widerhall *m,* Nachhall *m*

réverbère [ʀevɛʀbɛʀ] *m* **1.** (*éclairage*) Straßenlaterne *f*
2. TECH Reflektor *m*

réverbérer <5> [ʀevɛʀbeʀe] **I.** *vt* (*réfléchir*) ■ **qc réverbère qc** *chaleur, lumière* etw reflektiert etw; *son* etw wirft etw zurück
II. *vpr* ■ **qc se réverbère [quelque part]** /*son*/ etw hallt [irgendwo] nach [*o* wider]; /*chaleur*/ etw strahlt irgendwohin zurück; /*lumière*/ etw spiegelt sich irgendwo wider

reverdir <8> [ʀ(ə)vɛʀdiʀ] **I.** *vi* ■ **qc reverdit** etw wird wieder grün
II. *vt* ■ **qc reverdit qc** etw lässt etw wieder grün werden [*o* ergrünen *geh*]

révérence [ʀeveʀɑ̃s] *f* **1.** (*salut cérémonieux*) [*homme*] Verbeugung *f;* [*femme*] Knicks *m;* (*devant un souverain*) Hofknicks *m*
2. *littér* (*respect*) Ehrfurcht *f*
▸ **qn fait la/une ~** /*homme*/ jd macht eine Verbeugung; /*femme*/ jd macht einen Knicks; ***elle a fait une ~ devant la reine*** sie hat vor der Königin einen Hofknicks gemacht; **qn tire sa ~ [à qn]** *hum* jd empfiehlt sich [jdm]

révérencieux, -euse [ʀeveʀɑ̃sjø, -jøz] *adj littér* ehrfürchtig, ehrfurchtsvoll; ■ **qn est ~ envers qn** jd zeigt jdm gegenüber Respekt

révérend, e [ʀeveʀɑ̃, ɑ̃d] **I.** *adj antéposé mère, père* ehrwürdig
II. *m* **1.** ***mon*** ~ Euer Hochwürden
2. (*pasteur*) Reverend *m*

révérer <5> [ʀeveʀe] *vt soutenu* (*honorer*) ■ **qn révère qn/qc** jd verehrt jdn/etw; *Dieu, saints* jd [ver]ehrt jdn

rêverie [ʀɛvʀi] *f* **1.** (*méditation*) Träumerei *f*
2. *pl péj* (*chimères*) Hirngespinste *pl,* Fantastereien *pl*

revérifier <1 a> [ʀ(ə)veʀifje] *vt* ■ **qn revérifie qc** jd [über]prüft etw noch einmal

revers [ʀ(ə)vɛʀ] *m* **1.** (*dos*) Rückseite *f;* [*étoffe*] linke Seite; [*main*] Rücken *m;* ***toute médaille a son ~*** *prov* jedes Ding hat zwei Seiten
2. (*échec*) *économique* Rückschlag *m; militaire* Niederlage *f*
3. TENNIS Rückhand *f;* ~ ***à deux mains*** beidseitige Rückhand
4. (*repli*) [*pantalon, manteau*] Aufschlag *m;* [*manteau a.*] Revers *m o nt;* [*manche a.*] Stulpe *f;* [*col*] Umschlag *m;* ***bottes à ~*** Stulpenstiefel *pl*
▸ ~ **de fortune** Schicksalsschlag *m;* **d'un ~ de main** (*d'une chiquenaude*) mit einer Handbewegung; ***qn balaie qc d'un ~ de main*** jd wischt etw vom Tisch; **c'est le ~ de la médaille** das ist die Kehrseite der Medaille; **qn essuie des ~** jd erleidet Schicksalsschläge; **qn fait un ~** TENNIS jd schlägt eine Rückhand; **qn prend qn/qc à ~** MIL jd greift jdn/etw im Rücken an; **en ~** TENNIS mit der Rückhand

reverser <1> [ʀ(ə)vɛʀse] *vt* **1.** (*verser davantage*) ■ **qn reverse qc à qn** jd gießt jdm etw nach; ■ **qn reverse qc dans qc** jd gießt etw in etw (*akk*) zurück
2. FIN ■ **qn reverse qc [à qn] [sur qc]** *sur un compte* jd überweist [jdm] etw [auf etw (*akk*)]

réversibilité [ʀevɛʀsibilite] *f* **1.** FIN, JUR, REL Übertragbarkeit *f*
2. CHIM Umkehrbarkeit *f,* Reversibilität *f spec*

réversible [ʀevɛʀsibl] *adj* **1.** (*qui peut s'inverser*) *mouvement* umkehrbar; *évolution* rückgängig zu machen
2. FIN, JUR, REL übertragbar
3. CHIM umkehrbar, reversibel *spec*
4. (*mettable à l'envers*) beid[er]seitig tragbar

réversion [ʀevɛʀsjɔ̃] *f* FIN, JUR Übertragung *f;* ***pension de ~*** Hinterbliebenenrente *f*

revêtement [ʀ(ə)vɛtmɑ̃] *m* (*couche protectrice*) Auskleidung *f,* Verkleidung *f;* (*d'un matériau précieux a.*) Verblendung *f;* [*route, chemin*] [Straßen]decke *f,* [Straßen]belag *m;* [*mur*] Verkleidung; [*four, poêle*] Beschichtung *f;* ~ ***calorifuge*** Wärmeschutz[verkleidung *f*] *m;* ~ ***ignifuge*** Feuerschutz[verkleidung *f*] *m;* ~ ***mural*** Wandverkleidung
▸ ~ **de sol** Fußbodenbelag *m*

revêtir <irr> [ʀ(ə)vetiʀ] **I.** *vt* **1.** (*endosser*) ■ **qn revêt qc** jd zieht [*o* legt *geh*] etw an
2. (*poser un revêtement*) ■ **qn revêt qc de qc** *de liège* jd verkleidet etw mit etw; *de moquette, lino* jd legt etw mit etw aus; ***qn revêt qc de boiseries*** jd täfelt etw, jd verkleidet etw mit Holz; ***qn revêt qc de carrelage*** jd fliest etw; ***qn revêt qc de crépi*** jd verputzt etw; ***qn revêt qc de macadam*** jd teert etw; ***qn revêt qc de pavés*** [*o* ***de pavage***] jd pflastert etw
3. (*recouvrir*) ■ **qc revêt qc** /*papier peint, moquette, pavés*/ etw bedeckt etw; /*neige a.*/ etw überzieht etw; ***la neige avait revêtu la campagne d'un tapis blanc*** der Schnee hatte das Land mit einem weißen Teppich überzogen [*o* bedeckt]
4. (*prendre*) ■ **qc revêt qc** *apparence, importance* etw nimmt etw an; (*avoir*) *caractère, formes* etw hat etw, etw weist etw auf; ***qc revêt un caractère urgent/officiel*** etw ist dringlich/offiziell; ***qc revêt une importance particulière*** etw hat eine besondere Bedeutung
5. *soutenu* (*habiller*) ■ **qn revêt qn de qc** jd zieht [*o* legt *geh*] jdm etw an
6. *soutenu* (*dissimuler*) ■ **qn revêt qc de qc** jd verbirgt etw hinter etw (*dat*)
7. *soutenu* (*investir*) ■ **qn/qc revêt qn de qc** *d'un pouvoir, d'une dignité* jd/etw verleiht jdm etw; ■ **qn est revêtu(e) de qc** jd besitzt etw
8. ADMIN, JUR ■ **qn revêt une chose de qc** *d'un sceau* jd drückt eine S. auf etw (*akk*); *d'une signature* jd setzt eine S. unter etw (*akk*); ■ **qc est revêtu(e) de qc** etw ist mit etw versehen
II. *vpr* **1.** (*s'habiller*) ■ **qn se revêt de qc** jd zieht [*o* legt *geh*] etw an
2. *littér* (*se couvrir*) ■ **qc se revêt de qc** etw bedeckt sich mit etw

rêveur, -euse [ʀɛvœʀ, -øz] **I.** *adj personne* verträumt; ***qn a l'esprit ~*** jd ist ein Träumer; ***ne prends pas cet air ~*** sieh mich nicht so verträumt an
▸ **qc laisse ~** *fam* etw ist erstaunlich; ***ça laisse*** **~!** da kann man nur staunen!; **qc laisse qn ~** etw wundert jdn
II. *m, f* Träumer(in) *m(f)*

rêveusement [ʀɛvøzmɑ̃] *adv* **1.** (*distraitement*) verträumt
2. (*avec perplexité*) erstaunt, verwundert

revient [ʀəvjɛ̃] *m v.* **prix**

revigorant, e [ʀ(ə)vigɔʀɑ̃, ɑ̃t] *adj* belebend, erfrischend; *paroles* ermunternd

revigorer <1> [ʀ(ə)vigɔʀe] **I.** *vt* **1.** (*ragaillardir*) ■ **qc revigore qn** /*air frais, boisson*/ etw macht jdn wieder munter; /*discours, promesse*/ etw heitert [*o* muntert] jdn wieder auf; /*repas*/ etw stärkt jdn; ***je prendrais bien un bon repas pour me ~*** ich würde gern etwas Gutes essen, damit ich wieder zu Kräften komme; ■ **[qn est] revigoré(e)** [jd ist] wieder munter
2. (*ranimer*) ■ **qn/qc revigore qc** *entreprise, structures* jd/etw bringt wieder Leben in etw (*akk*); *idée, doctrine* jd belebt etw wieder neu
II. *vi* ■ **qc revigore** etw macht wieder munter

revirement [ʀ(ə)viʀmɑ̃] *m* [*goût, situation*] Umschlagen *nt;* [*tendance*] Umschwenken *nt;* ~ ***d'opinion*** Meinungsumschwung *m*

réviser <1> [ʀevize] **I.** *vt* **1.** (*rectifier*) ■ **qn révise qc** jd revidiert etw; *constitution* jd ändert etw; *procès* jd nimmt etw wieder auf; *règlement* jd revidiert [*o* überprüft] etw; *liste* jd ergänzt etw; ~ ***à la hausse/baisse*** nach oben/unten korrigieren
2. FIN, TYP (*vérifier*) ■ **qn révise qc** jd macht die Revision einer S. (*gen*); *texte, manuscrit, épreuves a.* jd sieht etw [auf Fehler] durch [*o* nach]; *édition a.* jd überarbeitet etw; *estimation* jd revidiert etw; *comptes* jd prüft etw
3. SCOL ■ **qn révise qc** jd wiederholt etw
4. TECH ■ **qn révise qc** jd wartet etw; *moteur a.* jd überholt etw; ■ **qn fait ~ qc** jd lässt etw warten; *voiture a.* jd gibt etw zur Inspektion; *moteur a.* jd lässt etw überholen
II. *vi* SCOL ■ **qn révise** jd wiederholt den Stoff

réviseur, -euse [ʀevizœʀ, -øz] *m, f* Revisor(in) *m(f);* ~ ***comptable*** Rechnungsprüfer *m*

révision [ʀevizjɔ̃] *f* **1.** (*modification*) [*opinion, jugement, règlement*] Revision *f;* [*constitution*] Änderung *f;* [*procès*] Wiederaufnahme *f;* [*liste*] Ergänzung *f;* ~ ***à la hausse/baisse*** Korrektur *f* nach oben/unten
2. FIN, TYP (*vérification*) Revision *f;* [*texte, épreuves, manuscrit a.*] letzte Korrektur; [*édition a.*] Überarbeitung *f;* [*comptes*] Prüfung *f*
3. SCOL ■ **la ~ de qc** die Wiederholung einer S. (*gen*); ■ **les ~s** die Wiederholung; ***faire ses ~s*** den Stoff wiederholen
4. TECH Wartung *f;* [*moteur a.*] Überholung *f;* [*voiture a.*] Inspektion *f*

révisionnisme [ʀevizjɔnism] *m* Revisionismus *m*

révisionniste [ʀevizjɔnist] **I.** *adj thèse, doctrine* revisionistisch; ***historien ~*** Revisionist *m*
II. *mf* Revisionist(in) *m(f)*

revisser <1> [ʀ(ə)vise] *vt* **1.** (*visser à nouveau*) ■ **qn revisse qc** jd schraubt etw wieder fest [*o* an]
2. ■ **qn revisse qc** (*serrer plus fort*) *écrou, vis* jd zieht etw nach

revitalisant, e [ʀ(ə)vitalizɑ̃, ɑ̃t] *adj crème* Aufbau-; *shampooing* Revitalisierungs-

revitalisation [ʀ(ə)vitalizasjɔ̃] *f* [*alliance, union*] Wiederbelebung *f;* [*région*] [wirtschaftliche] Wiederbelebung, Neubelebung *f;* [*organisme*] Kräftigung *f;* [*chevelure*] Revitalisierung *f*

revitaliser <1> [ʀ(ə)vitalize] *vt* ■ **qc revitalise qc** *alliance, union* etw belebt etw wieder [*o* neu]; *organisme* etw kräftigt etw wieder; *région* etw belebt etw wirtschaftlich wieder [*o* neu]; *cheveux* etw revitalisiert etw

revivifier <1 a> [ʀ(ə)vivifje] *vt littér* ■ **qn revivifie qc** jd belebt etw wieder [*o* neu]; ■ **qc revivifie qn** etw belebt jdn wieder

revivre <irr> [ʀ(ə)vivʀ] **I.** *vi* **1.** (*être revigoré*) ■ **qn revit** jd lebt wieder [auf]; ■ **qc fait ~ qn** etw lässt jdn wieder aufleben
2. (*réapparaître*) ■ **qn/qc revit [quelque part]** jd/etw lebt [irgendwo] wieder auf; /*espoir*/ etw erwacht wieder; ■ **qn/qc fait ~ qn/qc** jd/etw macht jdn/etw wieder lebendig, jd/etw erweckt jdn/etw zu neuem Leben; *coutumes* jd belebt etw wieder; ***qn fait ~ la mémoire de qn*** jd lässt die Erinnerung an jdn wieder aufleben, jd macht die Erinnerung an jdn wieder lebendig
3. (*être ressuscité*) ■ **qn/qc revit [dans qn/qc]** jd/etw lebt [in jdm/etw] fort [*o* weiter]

II. *vt* (*vivre à nouveau*) ■ **qn revit qc** jd erlebt [*o* durchlebt] etw noch einmal; ***qn revit qc en imagination*** jd lässt etw Revue passieren

révocabilité [ʀevɔkabilite] *f* [*fonctionnaire*] Absetzbarkeit *f;* [*contrat*] Widerruflichkeit *f*

révocable [ʀevɔkabl] *adj fonctionnaire* absetzbar; *contrat, legs* widerruflich

révocation [ʀevɔkasjɔ̃] *f* [*fonctionnaire*] Absetzung *f,* Entlassung *f* aus dem Dienst [*o* Amt]; [*contrat, traité*] Widerrufung *f;* ~ ***de l'Édit de Nantes*** Aufhebung *f* des Edikts von Nantes

revoici [ʀ(ə)vwasi] *prép fam* ■ **me/le/...** ~ hier bin ich/da ist er/... wieder

revoilà [ʀ(ə)vwala] *prép fam* ■ **me/le/...** ~ hier bin ich/da ist er/... wieder; ■ ~ **qn/qc** da ist jd/etw [schon] wieder; ~ ***cette émission!*** schon wieder diese Sendung! *fam;* ~ ***Jacques!*** da ist Jacques schon wieder!

revoir *<irr>* [ʀ(ə)vwaʀ] I. *vt* 1. (*voir à nouveau*) ■ **qn revoit qn/qc** jd sieht jdn/etw wieder
2. (*regarder de nouveau*) ■ **qn revoit/va** ~ **qc** jd sieht sich (*dat*) etw noch einmal an/geht sich (*dat*) etw noch einmal ansehen
3. (*revivre*) ■ **qn revoit qc** jd erlebt etw noch einmal; ■ **qn revoit qn/qc faire qc** jd erlebt, wie jd/etw etw noch einmal tut
4. (*se souvenir*) ■ **qn revoit qn/qc [quelque part]** jd sieht jdn/etw [irgendwo] [noch] vor sich (*dat*)
5. SCOL (*réviser*) ■ **qn revoit qc** jd wiederholt etw
6. (*corriger*) ■ **qn revoit qc** *comportement, attitude* jd revidiert etw; *texte a.* jd sieht etw noch einmal [auf Fehler] durch; ***édition revue et corrigée*** durchgesehene und verbesserte Auflage; ***qc est revu(e) à la hausse/baisse*** etw wird nach oben/unten korrigiert
II. *vpr* 1. (*se retrouver*) ■ **des personnes se revoient** Menschen sehen sich wieder; ***voilà bien longtemps que nous ne nous sommes revu(e)s*** es ist schon lange her, dass wir uns gesehen haben
2. (*se souvenir de soi*) ■ **qn se revoit quelque part** jd sieht sich [im Geiste noch] irgendwo
III. *m* ▶ **qn dit/fait au** ~ **[à qn]** jd sagt [jdm] auf Wiedersehen, jd verabschiedet sich [von jdm]; ***qn fait au*** ~ ***de la main*** jd winkt zum Abschied; **qn dit/peut dire au** ~ **à qc** jd kann etw abschreiben [*o* vergessen] *fam;* **au** ~! auf Wiedersehen!; **un au** ~ ein Wiedersehen *nt;* ***il est parti sans un au*** ~ er ist weggegangen, ohne auf Wiedersehen zu sagen [*o* ohne sich zu verabschieden]; ***ce n'est qu'un au*** ~ wir sehen uns ja wieder

révoltant, e [ʀevɔltɑ̃, ɑ̃t] *adj* empörend; *injustice a.* himmelschreiend

révolte [ʀevɔlt] *f* 1. (*émeute*) Revolte *f,* Aufstand *m;* ■ ~ **contre qn/qc** Revolte [*o* Aufstand] gegen jdn/etw
2. (*indignation*) Empörung *f;* (*opposition*) Aufsässigkeit *f;* ***qn est en*** **[*phase de*]** ~ jd ist aufsässig
▶ **qn noie une** ~ **dans le sang** jd schlägt einen Aufstand blutig nieder, jd erstickt einen Aufstand in Blut *geh;* **en** ~ (*en rébellion*) revoltierend; (*en opposition*) aufsässig

révolté, e [ʀevɔlte] I. *adj paysans* revoltierend; *population* aufständisch; *foule* rebellisch, aufrührerisch; *adolescent* aufsässig
II. *m, f* Rebell(in) *m(f),* Aufrührer(in) *m(f)*

révolter <1> [ʀevɔlte] I. *vt* ■ **qn/qc révolte qn** jd ist über jdn/etw empört, jd bringt jdn auf/etw empört jdn; ■ **[qn est] révolté(e) [de** [*o* **par**] **qc]** [jd ist] empört [*o* aufgebracht] [über etw (*akk*)]
II. *vpr* 1. (*s'insurger*) ■ **qn se révolte [contre qn/qc]** jd revoltiert [gegen jdn/etw], jd lehnt sich [gegen jdn/etw] auf
2. (*s'indigner*) ■ **qn se révolte [contre qn/qc]** jd empört sich [über jdn/etw], jd ist empört [über jdn/etw]

révolu, e [ʀevɔly] *adj* 1. *époque, temps* [längst] vergangen
2. ADMIN (*achevé*): ***à l'âge de dix-huit ans*** ~***s*** mit [der] Vollendung [*o* nach Vollendung] des achtzehnten Lebensjahres; ***au bout de deux ans*** ~***s*** nach Ablauf von zwei Jahren

révolution [ʀevɔlysjɔ̃] *f* 1. (*changement*) Revolution *f;* ***la*** ~ ***culturelle*** die Kulturrevolution; ■ ~ **dans qc** Revolution [*o* Umwälzung *f*] in etw (*dat*)
2. POL (*forces révolutionnaires*) ■ **la** ~ die revolutionären Kräfte
3. HIST ■ **la R**~ die Französische Revolution
4. ASTRON [*planètes*] Umlauf *m;* [*saisons*] regelmäßige Wiederkehr
5. GEOM, MATH [Um]drehung *f,* Rotation *f*
▶ ~ **de palais** Palastrevolution *f;* ~ **industrielle** industrielle Revolution; **qn/qc est en** ~ *fam* jd/etw ist in heller Aufregung

révolutionnaire [ʀevɔlysjɔnɛʀ] I. *adj* 1. *idées, chant, procédé, technique* revolutionär; *parti* Revolutions-
2. HIST Revolutions-; ***au cours de la période*** ~ während der Revolution; ***la France*** ~ Frankreich zur Zeit der Revolution
II. *mf* Revolutionär(in) *m(f);* HIST Revolutionär(in) *m(f)* während [*o* zur Zeit] der Französischen Revolution

révolutionner <1> [ʀevɔlysjɔne] *vt* 1. (*transformer radicalement*) ■ **qc révolutionne qc** etw revolutioniert etw
2. *fam* (*bouleverser*) ■ **qn/qc révolutionne qn** /*nouveau venu, nouvelle*/ jd/etw versetzt jdn in helle Aufregung; /*film, reportage*/ etw bestürzt jdn; ***il n'y a pas de quoi être révolutionné*** das ist kein Grund zur Aufregung

revolver [ʀevɔlvɛʀ] *m* Revolver *m*
▶ ~ **au poing** Revolver *m* im Anschlag

révoquer <1> [ʀevɔke] *vt* 1. ADMIN (*destituer*) ■ **qn révoque qn/fait** ~ **qn** jd setzt jdn ab, jd entlässt jdn [aus dem Dienst [*o* Amt]]; ■ **qn se fait** ~ jd wird abgesetzt, jd wird [aus dem Dienst [*o* Amt]] entlassen; ■ **[qn est] révoqué(e) [pour qc]** [jd wird] [wegen einer S.] abgesetzt [jd wird] [aus dem Dienst [*o* Amt]] entlassen
2. JUR (*annuler*) ■ **qn révoque qc** jd widerruft etw, jd erklärt etw für ungültig

revouloir *<irr>* [ʀ(ə)vulwaʀ] *vt fam* ■ **qn reveut qc** jd will noch etw; ***tu reveux de la salade?*** willst du noch etwas Salat?

revoyure [ʀ(ə)vwajyʀ] *f* ▶ **à la** ~! *pop* bis die Tage! *fam*

revue [ʀ(ə)vy] *f* 1. (*magazine*) Zeitschrift *f;* ~ ***spécialisée*** Fachzeitschrift; ~ ***financière*** Finanzmagazin *nt;* ~ ***porno*** Pornoheft *nt;* ~ ***illustrée*** Illustrierte *f*
2. (*spectacle*) Revue *f*
3. (*examen*) [*documents*] nochmalige Durchsicht; [*erreurs*] nochmaliges Durchdenken; [*article*] nochmaliges [Durch]lesen
4. MIL Parade *f*
▶ **qn est de la** ~ *fam* jd ist der/die Dumme *fam,* jd guckt dumm *fam;* **qn fait** [*o* **passe**] **la** ~ **de qn/qc** (*fait le compte*) jd lässt jdn/etw Revue passieren, jd sieht [*o* geht] etw durch; (*inspecte*) *armoires, vestiaires* jd inspiziert etw; **qn passe des personnes/qc en** ~ (*inspecte*) *liste* jd sieht etw durch; *chambre* jd inspiziert etw; MIL *les troupes, le régiment* jd inspiziert Menschen/etw
◆ **revue d'armement** Waffenappell *m;* **revue de détail** Sachenappell *m;* **revue de presse** Presse[rund]schau *f,* Pressespiegel *m*

révulsé, e [ʀevylse] *adj visage* verzerrt; *yeux* verdreht

révulser <1> [ʀevylse] I. *vt* ■ **qc révulse qn** etw erschüttert jdn zutiefst
II. *vpr* ■ **qc se révulse** /*visage*/ etw verzerrt sich; ***ses yeux se révulsent*** er/sie verdreht die Augen

révulsif, -ive [ʀevylsif, -iv] I. *adj* ableitend
II. *m* ableitendes Mittel

révulsion [ʀevylsjɔ̃] *f* Ableitung *f*

rewriter¹ <1> [ʀiʀajte, ʀəʀajte] *vt* (*réécrire*) ■ **qn rewrite qc** *texte* jd überarbeitet [*o* redigiert] etw

rewriter² [ʀiʀajtœʀ, ʀəʀajtœʀ] *m* (*rédacteur*) Redakteur(in) *m(f)* (*der/die mit der Überarbeitung von Texten beschäftigt ist*)

rewriting [ʀiʀajtiŋ, ʀəʀajtiŋ] *m* Überarbeitung *f*

Reykjavik [ʀekjavik] Reykjavik *nt*

rez-de-chaussée [ʀedʃose] *m inv* (*niveau inférieur*) Erdgeschoss *nt,* Parterre *nt;* (*appartement*) Erdgeschosswohnung *f,* Parterrewohnung *f*
▶ **au** ~ im/ins Erdgeschoss [*o* Parterre]

rez-de-jardin [ʀedʒaʀdɛ̃] *m inv* Souterrain *nt*
▶ **en** ~ im/ins Souterrain

R.F. [ɛʀɛf] *f abr de* **République française**

R.F.A. [ɛʀɛfɑ] *f abr de* **République fédérale d'Allemagne** ■ **la** ~ die BRD

R.G. [ɛʀʒe] *mpl abr de* **renseignements généraux**

rhabillage [ʀabijaʒ] *m* 1. (*action de se rhabiller*) Wiederankleiden *nt,* Wiederanziehen *nt*
2. TECH (*réparation*) [*meuble*] Restaurierung *f;* [*édifice a.*] Renovierung *f;* [*mécanisme*] Reparatur *f*

rhabiller <1> [ʀabije] I. *vt* 1. (*vêtir à nouveau*) ■ **qn rhabille qn** (*acheter de nouveaux vêtements*) jd kleidet jdn neu ein; (*remettre ses vêtements*) jd zieht [*o* kleidet] jdn wieder an
2. (*réparer*) ■ **qn rhabille/fait** ~ **qc** *meuble* jd restauriert etw/lässt etw restaurieren; *édifice a.* jd renoviert etw/lässt etw renovieren; *mécanisme* jd repariert etw/lässt etw reparieren
II. *vpr* (*se vêtir de neuf*) jd kleidet sich neu ein; (*se changer*) jd zieht [*o* kleidet] sich um; (*remettre ses vêtements*) jd zieht [*o* kleidet] sich wieder an
▶ **qn va se** ~ *fam* jd geht nach Hause *fam;* ***le gouvernement peut aller se*** ~ die Regierung kann einpacken *fam*

rhabituer <1> [ʀabitɥe] *vt, vpr v.* **réhabituer**

rhapsodie [ʀapsɔdi] *f* Rhapsodie *f*

rhénan, e [ʀenɑ̃, an] *adj* rhein[länd]isch; ***pays*** ~ Rheinland *nt;* ***Massif schisteux*** ~ Rheinisches Schiefergebirge

Rhénanie [ʀenani] *f* ■ **la Rhénanie** das Rheinland

Rhénanie-du-Nord-Westphalie [ʀenanidynɔʀvɛstfali] *f* ■ **la Rhénanie-du-Nord-Westphalie** Nordrhein-Westfalen *nt*

Rhénanie-Palatinat [ʀenanipalatina] *f* ■ **la Rhénanie-Palatinat** Rheinland-Pfalz *nt*

rhénium [ʀenjɔm] *m* CHIM Rhenium *nt*

rhéostat [ʀeɔsta] *m* Regelwiderstand *m,* Rheostat *m spec*

rhésus [ʀezys] I. *m* 1. MED Rhesus *m;* [***facteur***] ~ Rhesusfaktor *m,* Rh-Faktor; ~ ***négatif/positif*** Rhesus[faktor] negativ/positiv, Rh-negativ/Rh-positiv
2. ZOOL Rhesusaffe *m*
II. *app* Rh-, Rhesus-; ***mère*** ~ ***négatif*** Mutter *f* mit negativem Rhesusfaktor, Mutter Rh-negativ

rhétoricien, ne [ʀetɔʀisjɛ̃, jɛn] *m, f péj littér* Phrasendrescher(in) *m(f)*

rhétorique [ʀetɔʀik] I. *adj* rhetorisch
II. *f* Rhetorik *f; péj fam* Phrasendrescherei *f*

rhéto-roman, e <~-~s> [ʀetɔʀɔmɑ̃, an] I. *adj* rätoromanisch
II. *m* (*langue*) Rätoromanisch *nt*

Rhin [ʀɛ̃] *m* ■ **le Rhin** der Rhein

rhinite [ʀinit] *f* Nasenschleimhautentzündung *f,* Rhinitis *f spec*

rhinocéros [ʀinɔseʀɔs] *m* Nashorn *nt,* Rhinozeros *nt*

rhinopharyngé, e [ʀinofaʀɛ̃ʒe] *adj,* **rhinopharyngien, ne** [ʀinofaʀɛ̃ʒɛ̃, jɛn] *adj* der Nasen- und Rachenschleimhaut; ***affection*** ~***e*** [*o* ~***ne***] Entzündung *f* der Nasen- und Rachenschleimhaut, Rhinopharyngitis *f spec*

rhinopharyngite [ʀinofaʀɛ̃ʒit] *f* Entzündung *f* der Nasen- und Rachenschleimhaut, Rhinopharyngitis *f spec*

rhinopharynx [ʀinofaʀɛ̃ks] *m* Nasen-Rachenbereich *m,* Rhinopharynx *m spec*

rhizome [ʀizom] *m* Wurzelstock *m,* Rhizom *nt spec*

rhodanien, ne [ʀɔdanjɛ̃, jɛn] *adj* Rhone-

Rhodes [ʀɔd] ■ **[l'île *f* de] Rhodes** [die Insel] Rhodos *nt*

rhodium [ʀɔdjɔm] *m* CHIM Rhodium *nt*

rhododendron [ʀɔdɔdɛ̃dʀɔ̃] *m* Rhododendron *m o nt*

rhomboïdal, e <-aux> [ʀɔ̃bɔidal, o] *adj* rhomboid

rhomboïde [ʀɔ̃bɔid] *m* **1.** GEOM Rhomboid *nt*
2. ANAT Rautenmuskel *m*, Musculus rhomboideus *m spec*
Rhône [ʀon] *m* ■ **le Rhône** die Rhone
rhovyl® [ʀɔvil] *m* Vinyl® *nt*
rhubarbe [ʀybaʀb] *f* Rhabarber *m*
rhum [ʀɔm] *m* Rum *m*
rhumatisant, e [ʀymatizɑ̃, ɑ̃t] **I.** *adj personne* an Rheuma leidend
II. *m, f* Rheumatiker(in) *m(f)*
rhumatismal, e <-aux> [ʀymatismal, o] *adj* rheumatisch
rhumatisme [ʀymatism] *m* Rheumatismus *m*
rhumatologie [ʀymatɔlɔʒi] *f* Rheumatologie *f*
rhumatologiste [ʀymatɔlɔʒist] *mf*, **rhumatologue** [ʀymatɔlɔg] *mf* Rheumatologe/-login *m/f*
rhume [ʀym] *m* (*coup de froid*) Erkältung *f*; (*rhinite*) Schnupfen *m*; ***gouttes contre le ~*** Nasentropfen *pl*; ***qn attrape un ~*** jd holt sich (*dat*) eine Erkältung/einen Schnupfen, jd erkältet sich
◆ **rhume de cerveau** Schnupfen *m*; **rhume des foins** Heuschnupfen *m*
rhumerie [ʀɔmʀi] *f* Rumbrennerei *f*
ri [ʀi] *pp de* **rire**
riais [ʀijɛ] *imparf de* **rire**
riant, e [ʀijɑ̃, jɑ̃t] **I.** *ppr és de* **rire**
II. *adj* (*gai*) heiter; *visage a.* fröhlich; *paysage* lieblich; *perspective* erfreulich; *atmosphère* angenehm
ribambelle [ʀibɑ̃bɛl] *f fam* ■ **~ de ...** *de chats* Meute *f* ... *fam*; *de touristes* Horde *f* ... *pej*; *de noms, livres* Haufen *m* ... *fam*; ***une ~ d'enfants*** eine Schar Kinder
ribonucléique [ʀibonykleik] *adj* Ribonuklein-
ribouldingue [ʀibuldɛ̃g] *f vieilli fam* wüstes Gelage
▶ **qn fait la ~** jd veranstaltet ein wüstes Gelage
Ricain, e [ʀikɛ̃, ɛn] *m, f vieilli fam* Ami *m fam*
ricanant, e [ʀikanɑ̃, ɑ̃t] *adj*: ***sa face ~e*** sein/ihr hämisches Grinsen; ***d'un air ~*** hämisch grinsend
ricanement [ʀikanmɑ̃] *m* (*rire sarcastique*) Hohngelächter *nt*, hämisches Lachen; (*rire stupide*) [blödes [*o* albernes]] Gekicher
ricaner <1> [ʀikane] *vi* ■ **qn ricane** (*avec mépris*) jd lacht hämisch [*o* höhnisch]; (*bêtement*) jd kichert albern [*o* blöde *fam*]
ricaneur, -euse [ʀikanœʀ, -øz] **I.** *adj* feixend; ***qn prend un air ~*** jd grinst blöde; ***qn fixe qn d'un regard ~*** jd sieht jdn hämisch grinsend an
II. *m, f* hämischer Kerl/hämisches Frauenzimmer
richard, e [ʀiʃaʀ, aʀd] *m, f fam* Geldsack *m fam*
riche [ʀiʃ] **I.** *adj* **1.** (*opp: pauvre*) reich
2. *antéposé* (*de prix*) kostbar; *bijou, étoffe, mobilier* teuer; *coloris* kräftig, satt; ***ce n'est pas un très ~ cadeau, mais ...*** das ist kein großes Geschenk, aber ...
3. (*fécond*) *terre* fruchtbar; *langue* wortreich
4. (*nourrissant*) *aliment, nourriture* gehaltvoll, nahrhaft; *mélange* reichhaltig; ■ **~ en qc** reich an etw (*dat*); ~ ***en calories/vitamines/gibier*** kalorien-/vitamin-/wildreich; ***aliments ~s en sucre/en magnésium*** Lebensmittel mit hohem Zuckeranteil/hohem Magnesiumgehalt
5. *antéposé* (*excellent*) *idée* großartig, prächtig
6. *antéposé* (*abondant*) *collection* reich[haltig]; *moisson* reich; *végétation* üppig; *documentation* umfangreich
7. (*plein*) ■ **[qn/qc est] ~ de qc** [jd/etw ist] voller etw; *d'enseignements* etw ist reich an etw (*dat*)
▶ **qc fait ~** *fam* etw sieht nach viel Geld aus
II. *mf* Reiche(r) *f(m)*
▶ **nouveau ~** Neureiche(r) *f(m)*
richement [ʀiʃmɑ̃] *adv* **1.** (*somptueusement*) reich; *décoré* prächtig; *vêtu* sehr gut; *meublé* kostbar; *vivre* aufwändig; ***un concours ~ doté*** ein Wettbewerb mit hohen Preisen
2. (*afin de rendre riche*) *marier* reich, [sehr] gut
richesse [ʀiʃɛs] *f* **1.** (*fortune*) Reichtum *m*
2. (*magnificence*) Kostbarkeit *f*; [*décor*] Pracht *f*; [*orchestration, coloris*] Vielfalt *f*, Fülle *f*
3. (*teneur, densité*) [*aliment, minerai*] Reichhaltigkeit *f*; [*sol*] Fruchtbarkeit *f*; ■ **~ en qc** Reichtum *m* an etw (*dat*); *en pétrole a., gibier* -reichtum; ***la ~ en calcium de qc*** der hohe Kalziumgehalt einer S. (*gen*)
4. (*abondance*) Reichhaltigkeit *f*; [*végétation a.*] Üppigkeit *f*; ***la ~ de cette documentation est telle que*** diese Materialsammlung ist so umfangreich, dass; ***des moissons d'une grande ~*** sehr ertragreiche Ernten; ***une grande ~ de vocabulaire*** ein reicher Wortschatz
5. *pl* (*ressources*) Reichtümer *pl*; [*musée*] Schätze *pl*
6. (*bien*) Gut *nt*
▶ **~ inventive** Einfallsreichtum *m*; **c'est pas la ~** *fam* das ist nicht der große Luxus, das ist nichts Großes
richissime [ʀiʃisim] *adj fam* steinreich, schwerreich *fam*
ricin [ʀisɛ̃] *m* Rizinus *m*
ricocher <1> [ʀikɔʃe] *vi* ■ **qc ricoche [sur qc]** /*balle*/ etw prallt [von etw] ab; /*caillou, pierre*/ *sur l'eau* etw hüpft [*o* springt] [auf etw (*dat*)]; ■ **qn fait ~ qc** jd lässt etw springen [*o* hüpfen]
ricochet [ʀikɔʃɛ] *m* (*rebond*) Abprall *m*
▶ **qc fait des ~s** /*caillou*/ etw springt [*o* hüpft]; **qn fait des ~s** jd lässt Kieselsteine springen [*o* hüpfen]; **par ~** (*indirectement*) indirekt; ***et c'est par ~ qu'il a perdu son emploi*** und als indirekte Folge hat er seine Arbeit verloren; ***il a été blessé par ~*** (*par rebond*) er ist durch eine abgeprallte Kugel verletzt worden
rictus [ʀiktys] *m* Grinsen *nt*; ~ ***de dégoût*** vor Ekel verzerrtes Gesicht
ride [ʀid] *f* **1.** (*pli*) Falte *f*; ***son visage se creuse de ~s*** sein/ihr Gesicht ist voller Falten; ***les pommes sont creusées de ~s*** die Äpfel sind [ganz] verschrumpelt [*o* schrumpelig]
2. (*ondulation*) [*eau*] Kräuselung *f*; ***~s de sable*** Rippelmarken *pl*
▶ **qc n'a pas pris une ~** etw ist zeitlos
ridé, e [ʀide] *adj personne* voller Falten; *visage* faltig; *pomme* schrumpelig, verschrumpelt; *eau* gekräuselt
rideau <x> [ʀido] *m* **1.** (*voile*) Vorhang *m*
2. THEAT Vorhang *m*; ***le ~ se lève*** der Vorhang hebt sich
3. (*fermeture*) [*boutique*] [Eisen]gitter *nt*; [*cheminée*] Klappe *f*
4. (*écran*) ■ **~ de** *de feu* -vorhang *m*; *de fumée, pluie* -wand *f*; *de fumée* -schleier *m*; ~ ***d'arbres*** Wand von Bäumen, dichte Reihe von Bäumen; ***il y a un ~ de troupes qui protège qc*** etw wird von Truppen abgeschirmt; ~ ***de policiers*** Polizeikette *f*; ***un ~ de verdure*** dichtes Grün
▶ **~x bonne femme** geraffte Gardinen; **le ~ de fer** HIST der Eiserne Vorhang; **doubles ~x** Übergardinen *pl*; **qn grimpe aux ~x** *fam* jd springt vor Freude an die Decke *fam*; **qn tire le ~ sur qc** jd zieht einen Schlussstrich unter etw (*akk*), jd redet nicht mehr über etw (*akk*); **~!** (*ça suffit!*) jetzt reicht's [*o* ist's genug]! *fam*; THEAT aufhören!
rider <1> [ʀide] **I.** *vt* **1.** (*marquer de rides*) ■ **qc ride qc** *peau, front* etw lässt etw faltig werden; /*vent*/ *eau, sable* etw kräuselt etw
2. NAUT ■ **qn ride qc** jd refft [*o* spannt] etw
II. *vpr* (*se couvrir de rides*) ■ **qc se ride** /*front, peau*/ etw wird faltig, etw bekommt Falten; /*pomme*/ etw wird schrumpelig, etw verschrumpelt; /*eau, sable*/ etw kräuselt sich
ridicule [ʀidikyl] **I.** *adj personne, vêtement, conduite* lächerlich; *somme, prix a.* lächerlich gering; ***ne sois donc pas ~*** mach dich doch nicht lächerlich; ■ **il est/c'est ~ de faire qc** es ist lächerlich, etw zu tun
II. *m* ■ **le ~** die Lächerlichkeit; ***tu n'as pas peur du ~?*** du hast wohl keine Angst, dich lächerlich zu machen?; ■ **le ~ de qc** *d'une situation, d'un dialogue, comportement* die Lächerlichkeit einer S. (*gen*); ***le ~ de cette situation*** das Lächerliche an dieser Situation; ***il ne se rend pas compte du ~ de son comportement*** er merkt nicht, wie lächerlich er sich benimmt
▶ **qn couvre qn/se couvre de ~** jd macht jdn/sich lächerlich; **qn/qc est d'un ~ [...]** jd/etw ist [...] lächerlich; **qn s'expose au ~** jd macht sich lächerlich; **qn/qc tombe dans le ~** jd macht sich lächerlich, jd blamiert sich; /*situation, discours*/ etw wird lächerlich [*o* grotesk]; **qn tourne qc en ~** jd zieht etw ins Lächerliche; **le ~ ne tue pas** *prov* an Lächerlichkeit ist noch keiner gestorben
ridiculement [ʀidikylmɑ̃] *adv* lächerlich
ridiculiser <1> [ʀidikylize] **I.** *vt* ■ **qn/qc ridiculise qn/qc** jd/etw macht jdn/etw lächerlich
II. *vpr* ■ **qn se ridiculise** jd macht sich lächerlich
rie [ʀi] *subj prés de* **rire**
rien [ʀjɛ̃] **I.** *pron indéf emploi sans ne: fam* **1.** (*aucune chose*) nichts; ***c'est ça ou ~*** entweder das oder nichts; ■ **~ ne ...** nichts; ~ ***ne me plaît*** mir gefällt nichts; ~ ***ne peut l'en empêcher*** nichts kann ihn daran hindern; ■ **ne ... ~** nichts; ***ça ne vaut ~*** das ist nichts wert; ■ **[ne] ~ de ...** nichts ...; ~ ***de plus, ~ de moins*** nicht mehr und nicht weniger; ~ ***d'autre*** nichts anderes [*o* weiter]; ~ ***de nouveau/de mieux*** nichts Neues/nichts Besseres; ***il n'y a ~ de tel que ...*** es geht nichts über ... (+ *akk*); ■ **qn n'a ~ à ...** jd hat nichts zu ...
2. (*seulement*) ■ **~ que qc** nur etw; ~ ***que la chambre coûte ...*** das Zimmer allein kostet schon ...; ■ **~ qu'à qn** jdm allein; *confier* nur jdm; ■ **~ qu'à/que de/que pour faire qc**: ~ ***qu'à le regarder ...*** man braucht ihn nur anzusehen und ...; ~ ***que d'y penser*** wenn ich nur daran denke, allein der Gedanke [*o* der bloße Gedanke] daran; ■ **~ que pour faire qc** nur, um etw zu tun; ■ **ne ... ~ que** nur ...; ***je ne dis ~ que ce que je pense*** ich sage nur, was ich denke
3. (*quelque chose*) etwas; ***il était incapable de ~ dire*** er war unfähig etwas zu sagen; ***je n'ai jamais ~ vu de pareil*** ich habe noch nie so etwas gesehen; ***qn reste sans ~ faire*** jd bleibt untätig
▶ **qn n'a ~ contre qn/qc** jd hat nichts gegen jdn/etw; **on n'a ~ pour ~** man bekommt nichts geschenkt; **on n'a ~ sans ~** man bekommt nichts geschenkt [*o* umsonst]; **qn n'a ~ de qn** jd hat nichts von jdm; **qn en a ~ à cirer** [*o* **faire**] [*o* **fiche**] [*o* **secouer**] *fam* das ist jdm piepegal [*o* völlig egal] *fam*, das kratzt jdn wenig *fam*; **il n'y a plus ~** es ist nichts mehr; ***il n'y a plus ~ à manger/dans le frigo*** es ist nichts mehr zu essen da/im Kühlschrank; **il n'y a ~ qui +** *subj* es gibt nichts, was [*o* das]; ***il n'y a ~ qui puisse m'en empêcher*** es gibt nichts, was mich davon abhalten könnte; **il n'y a ~ que +** *subj* es gibt nichts, was [*o* das]; ***il n'y a ~ que je puisse ajouter à ça*** dem ist nichts mehr hinzuzufügen; **qn n'est ~ [quelque part]** jd ist [irgendwo] nichts, jd hat [irgendwo] nichts zu sagen; **qn ne lui est ~/n'est ~ pour qn** jd bedeutet jdm nichts; **il n'en est ~** dem ist nicht so, da ist nichts dran; **ce n'est ~** es ist nicht schlimm, es ist halb so schlimm; **ça n'est** [*o* **c'est** *fam*] **pas ~** (*c'est une rude tâche*) das ist keine Kleinigkeit, das will schon etwas heißen; (*c'est difficile à admettre*) das ist ein starkes Stück; **ça n'est** [*o* **c'est** *fam*] **pas ~ comme qc** (*quelque chose d'exceptionnel*): ***ce n'était pas ~ comme arbre/comme boxeur*** das war schon ein recht ordentlicher Baum/ein toller Boxer; **qn n'est pour ~ dans qc** (*n'est pas responsable*) jd hat mit etw nichts zu tun; **ce n'est pas pour ~ que qn fait qc** jd tut etw nicht umsonst; **comme si de ~ n'était** als ob nichts gewesen wäre; **ce que tu fais ou ~, c'est la même chose!** das bringt [alles] nichts!; **de ~!** nichts zu danken!, keine Ursache!; **de ~ du tout** (*insignifiant*) *bobo* ganz klein; *blessure* ganz leicht; ***ce petit whisky de ~ du tout*** das bisschen Whisky; ***ce petit bonhomme de ~ du tout*** dieser Dreikäsehoch *fam*; **~ de ~** rein gar [*o* überhaupt] nichts; **~ du tout** rein gar nichts, überhaupt nichts; **[ne ...] en ~** in keiner Weise; **pour ~** (*très bon marché*) spottbillig *fam*; (*en vain*) umsonst, für nichts [und wieder nichts]; **comme ~** *fam* wie nichts *fam*; **~ que ça!** *iron* (*pas plus*) ist das alles?, nicht mehr?; (*c'est abuser*) aber sonst geht's dir gut! *fam*, sonst noch was! *fam*; ***ça m'a coûté 3000 F – Quoi? R~ que***

ça! das hat mich 3000 F gekostet – Was, bloß [*o* mehr nicht]?; ***tu veux encore 50 F, ~ que ça!*** du willst noch mal 50 F, sonst noch was?

II. *m* **1.** (*très peu de chose*) ■ **un ~** eine [winzige] Kleinigkeit; ■ **des ~s** Kleinigkeiten *pl*

2. (*un petit peu*) ■ **un ~ de qc** ein wenig [*o* bisschen] einer S. (*gen*); *d'ironie* ein Anflug *m* [*o* eine Spur] von etw; *de fantaisie* ein Funke *m* einer S. (*gen*); *de vin* ein Schlückchen *nt* einer S. (*gen*); ***j'y mets un ~ de cognac*** ich tue einen Schuss Cognac hinein; ■ **un ~ …** *fam trop large, moins fort* ein wenig …, eine Spur … *fam*

▶ **en un ~ de temps** im Nu [*o* Handumdrehen]; **pour un ~** wegen einer Kleinigkeit [*o* Lappalie]; **comme un ~** *fam* wie nichts *fam*

III. *mf* ▶ **un(e) ~ du tout** *vieilli* Hergelaufene(r) *f(m)*, Taugenichts *m*

rient [ʀi] *indic prés de* **rire**

riesling [ʀisliŋ] *m* Riesling *m*

rieur, -euse [ʀijœʀ, ʀijøz] I. *adj* fröhlich; *personne a.* lustig, gut gelaunt; *visage, yeux* lachend

II. *m, f* Lacher(in) *m(f)*

▶ **qn a/met les ~s de son côté** jd hat die Lacher auf seiner Seite/bringt die Lacher auf seine Seite

riez [ʀije] *indic prés de* **rire**

rififi [ʀififi] *m arg* Klopperei *f fam*

rigide [ʀiʒid] *adj* **1.** (*opp: flexible*) steif, starr; *carton* hart; ***livre à couverture ~*** Buch *nt* mit festem Einbanddeckel

2. (*sévère*) streng; *morale, principes, lois a.* starr

rigidité [ʀiʒidite] *f* **1.** (*opp: flexibilité*) Steifheit *f*, Starrheit *f*; [*carton*] Härte *f*; ANAT [*cadavre, muscle*] Starre *f*; [*pénis*] Steifheit

2. (*rigueur*) Strenge *f*

rigolade [ʀigɔlad] *f fam* (*amusement*) Spaß *m*; ***dans la vie, y a pas que la ~*** im Leben gibt es nicht nur etwas zu lachen

▶ **c'est une vaste ~** das ist ein [echter] Witz; **c'est de la ~** (*c'est facile*) das ist ein Kinderspiel; (*c'est pour rire*) das ist nur ein Spaß; (*ça ne vaut rien*) das ist ein [echter] Schwindel; **qn prend qc à la ~** jd fasst etw als [einen] Spaß auf; *un examen* jd nimmt etw auf die leichte Schulter

rigolard, e [ʀigɔlaʀ, aʀd] I. *adj fam* lustig, fröhlich; ***pourquoi tu prends cet air ~?*** warum lachst du so?; ***il est très ~*** er lacht gern

II. *m, f fam* Spaßvogel *m*

rigole [ʀigɔl] *f* (*fossé*) Rinne *f*; ***qn/qc creuse des ~s*** jd/etw zieht Furchen; ■ **~ de** -graben *m*; *d'assèchement, écoulement a.* -rinne *f*

rigoler <1> [ʀigɔle] *vi fam* **1.** (*rire*) ■ **qn rigole** jd lacht; ***avec Anne on rigole toujours bien*** mit Anne gibt es immer was zu lachen; [***il n'***]***y a pas de quoi ~*** da gibt es nichts zu lachen; ■ **qn/qc fait ~ qn** jd/etw bringt jdn zum Lachen

2. (*s'amuser*) ■ **qn rigole** jd hat Spaß; ***chez lui on ne doit pas ~ tous les jours*** bei ihm zu Hause dürfte es nicht viel zu lachen geben

3. (*plaisanter*) ■ **qn rigole [avec qn/qc]** jd macht einen Spaß [mit jdm/etw]; ***je [ne] rigole pas!*** ich meine das ernst!, ich mache keine Witze!; [***il ne***] ***faut pas ~ avec ça*** damit soll man keine Witze machen [*o* nicht scherzen]

▶ **tu me fais ~!** *iron* du machst mir vielleicht Spaß!; **pour ~** aus [*o* zum] [*o* im] Spaß; **tu rigoles/vous rigolez [ou quoi?]** das ist doch wohl nicht dein/Ihr Ernst?, du machst/Sie machen wohl Witze?

rigolo, te [ʀigɔlo, ɔt] I. *adj fam* **1.** (*marrant*) lustig; *film, histoire a.* [ur]komisch; *personne a.* ulkig *fam*

2. (*étrange*) komisch, eigenartig; ***alors vous, vous êtes ~*** also, Sie sind [mir] vielleicht drollig

II. *m, f fam* **1.** (*homme*) lustiger Kerl *fam*, Scherzbold *m*; (*femme*) Ulknudel *f fam*; ***c'est un [sacré] ~*** das ist ein [echter] Komiker

2. (*charlot*) unseriöser Mensch [*o* Typ *fam*]; (*femme*) unseriöse Person *fam*; ***c'est vraiment un ~!*** der ist wirklich nicht seriös!

rigorisme [ʀigɔʀism] *m* [übertriebene] Strenge

rigoriste [ʀigɔʀist] I. *adj* [übertrieben] streng

II. *mf* Rigorist(in) *m(f)*

rigoureusement [ʀiguʀøzmɑ̃] *adv* **1.** (*sévèrement*) streng; *punir a.* hart

2. (*précisément*) peinlich genau; *appliquer* strikt; *raisonner* scharf, logisch

3. (*absolument*) *exact* peinlich; *interdit* strengstens; *authentique* hundertprozentig; ***j'ai trouvé ~ le même résultat*** ich bin ganz genau zu dem gleichen Ergebnis gekommen; ~ *vrai(e)* genau der Wahrheit entsprechend

rigoureux, -euse [ʀiguʀø, -øz] *adj* **1.** (*sévère*) streng; *mesures a.* rigoros; *punition a.* hart

2. (*exact, précis*) peinlich genau; *méthode* strikt; *logique* streng, unwiderlegbar; *analyse* gründlich; *raisonnement* stichhaltig; *style* streng und einfach, schmucklos *pej*

3. *antéposé* (*absolu*) *exactitude* peinlich; *interdiction* streng, strikt; *authenticité* hundertprozentig

4. (*dur*) *climat, froid, hiver* streng, rau; *conditions* hart

rigueur [ʀigœʀ] *f* **1.** (*sévérité*) Strenge *f*; [*punition a.*] Härte *f*; ***appliquer la loi avec ~*** das Gesetz strikt anwenden

2. (*austérité*) Strenge *f*; ***politique de ~*** Austerity-Politik *f*; ***~ économique*** Sparpolitik *f*; ***~ salariale*** restriktive Lohnpolitik

3. (*précision*) peinliche Genauigkeit; [*analyse*] Gründlichkeit *f*; [*logique, méthode*] Strenge *f*, Unwiderlegbarkeit *f*; [*raisonnement*] Schärfe *f*, Stichhaltigkeit *f*; [*style*] Strenge *f* und Einfachheit *f*, Schmucklosigkeit *f pej*

4. (*épreuve*) Strenge *f*; [*climat a.*] Rauheit *f*; [*captivité*] Härte *f*

▶ **à l'extrême/la grande ~** (*tout au plus*) allenfalls; (*si besoin est*) notfalls, zur Not; **il est de ~ de faire qc** es ist erforderlich [*o* unbedingt notwendig], etw zu tun; **qn tient ~ à qn de qc** (*en veut*) jd nimmt jdm etw übel; **à la ~** (*tout au plus*) allenfalls; (*si besoin est*) notfalls, zur Not; **de ~** *costume, tenue de soirée* erforderlich, vorgeschrieben

rikiki [ʀikiki] *adj v.* **riquiqui**

rillettes [ʀijɛt] *fpl in Schweineschmalz zubereitetes und konserviertes feingehacktes Schweinefleisch*

rillons [ʀijɔ̃] *mpl* Grieben *pl*

rime [ʀim] *f* POES Reim *m*; ***~ alternée*** [*o* ***croisée***]/***plate/intérieure*** Kreuz-/Paar-/Zäsurreim

▶ **sans ~ ni raison** ohne ersichtlichen Grund; **qc n'a ni ~ ni raison** etw hat weder Sinn noch Verstand

rimer <1> [ʀime] I. *vi* **1.** ■ **qc rime avec qc** etw reimt sich mit etw; ■ **des choses riment** Dinge reimen sich

2. *soutenu* ■ **qn rime** jd dichtet, jd macht Verse

▶ **à quoi rime qc?** was hat etw für einen Sinn?; ***à quoi riment ces excentricités?*** wozu [*o* was sollen] diese Extravaganzen?; **qc ne rime à rien** etw macht [*o* hat] keinen Sinn, etw ist völlig sinnlos; **qc rime avec qc** etw geht Hand in Hand [*o* geht einher] mit etw

II. *vt* ■ **qn rime qc** jd reimt etw; ■ **[qc est] rimé(e)** [etw ist] gereimt

rimeur, -euse [ʀimœʀ, -øz] *m, f péj* Verseschmied *m*, Dichterling *m fam*

rimmel® [ʀimɛl] *m* Wimperntusche *f*

rinçage [ʀɛ̃saʒ] *m* [*linge*] Spülen *nt*; [*assiettes*] Abspülen; [*verre, tasse, plat creux*] Ausspülen

rince-bouteilles [ʀɛ̃sbutɛj] *m inv* Flaschenspülmaschine *f* **rince-doigts** [ʀɛ̃sdwa] *m inv* (*bol*) Fingerschale *f*; (*en papier*) [Finger]reinigungstuch *nt*

rincée [ʀɛ̃se] *f fam* (*averse*) Wolkenbruch *m fam*

rincer <2> [ʀɛ̃se] I. *vt* **1.** (*passer à l'eau claire*) ■ **qn/qc rince qc** jd/etw spült etw; *assiettes* jd spült etw ab; *verres, tasse a.* jd spült etw aus; *carrelage* jd wischt etw mit klarem Wasser nach

2. *fam* ■ **qn se fait ~** jd wird patschnass *fam*

II. *vpr* (*se passer à l'eau*) ■ **qn se rince** jd spült sich ab; ***rincez-vous*** (*chez le dentiste*) kurz ausspülen, bitte; ■ **qn se rince qc** *bouche* jd spült sich (*dat*) etw aus; *doigts, mains* jd spült sich (*dat*) etw ab

rincette [ʀɛ̃sɛt] *f fam Schluck Schnaps nach dem Kaffeetrinken, den man aus der Tasse trinkt*

ring [ʀiŋ] *m* Ring *m*

▶ **qn monte sur le ~** jd steigt in den Ring

ringard, e [ʀɛ̃gaʀ, aʀd] I. *adj fam* altmodisch

II. *m, f fam* Opa *m fam*, alter Knopf *m fam*; ***aller rechercher un ~ de la politique*** einen Politiker wieder aus der Mottenkiste holen *fam*

rions [ʀijɔ̃] *indic prés de* **rire**

ripaille [ʀipaj] *f fam* Gelage *nt*

▶ **qn fait ~** jd veranstaltet ein Gelage

ripaton [ʀipatɔ̃] *m pop* Fuß *m*; ***rentre tes ~s*** zieh deine Flossen ein *fam*

riper <1> [ʀipe] I. *vi* (*déraper*) ■ **qn/qc ripe [sur qc]** jd/etw kommt [auf etw (*dat*)] ins Rutschen [*o* Schleudern]; /*pneu*/ etw rutscht [auf etw (*dat*)]; ■ **qc fait ~ qn/qc** durch etw kommt jd/etw ins Rutschen

II. *vt* (*faire glisser*) ■ **qn ripe qc** jd verschiebt etw; *meuble a.* jd verrückt etw

riposte [ʀipɔst] *f* **1.** [schnelle [*o* schlagfertige]] Antwort; ***qn est prompt(e) à la ~*** jd hat [immer] eine Antwort parat; ■ **~ à qc** Antwort *f* auf etw (*akk*)

2. SPORT Riposte *f*; MIL Gegenschlag *m*

riposter <1> [ʀipɔste] I. *vi* **1.** (*répondre*) ■ **qn riposte** jd antwortet schnell [*o* schlagfertig]; ■ **qn riposte à qc [par qc]** jd beantwortet etw [sofort] [mit etw]; *à une attaque verbale* jd kontert [mit etw] auf etw (*akk*)

2. MIL (*contre-attaquer*) ■ **qn riposte** jd schlägt zurück, jd startet einen Gegenangriff

3. SPORT ■ **qn riposte** jd ripostiert

II. *vt* (*rétorquer*) ■ **qn riposte qc** jd erwidert etw; ■ **qn riposte que** + *indic* jd erwidert, dass

ripoux [ʀipu] I. *adj fam* korrupt

II. *m fam* korrupter Beamter

riquiqui [ʀikiki] *adj inv fam chapeau* winzig klein; *portion de qc a.* mickrig *fam*; ***elle portait une culotte ~*** sie trug ein supermini Höschen *fam*

▶ **qc fait ~** etw sieht mickrig [*o* popelig] aus *fam*

rire <*irr*> [ʀiʀ] I. *vi* **1.** (*opp: pleurer*) ■ **qn rit** jd lacht; ■ **qn/qc fait ~ qn** jd/etw bringt jdn zum Lachen; *iron* jd lacht; ***vous me faites ~!*** dass ich nicht lache!

2. (*se moquer*) ■ **qn rit de qn/qc** jd lacht über jdn/etw; ■ **qn fait ~ de qn/qc** *de la société, de ses contemporains, des politiciens* jd macht jdn/etw lächerlich

3. (*s'amuser*) ■ **qn rit** jd hat Spaß, jd amüsiert sich; ***il passe son temps à ~ avec ses copains*** er verbringt seine Zeit damit, mit seinen Freunden herumzualbern [*o* sich mit seinen Freunden zu amüsieren]

4. (*plaisanter*) ■ **qn rit** jd macht Spaß

5. (*exprimer la gaieté*) ■ **qc rit** /*campagne*/ etw lacht; /*yeux, visage*/ etw strahlt; ***ses yeux qui rient*** seine/ihre strahlenden Augen; ***son visage rit*** er/sie strahlt, er/sie macht ein verschmitztes Gesicht

▶ **mieux vaut en ~ [qu'en pleurer], il vaut mieux en ~ que d'en pleurer** man muss es auf die leichte Schulter nehmen; **il n'y a pas de quoi ~** da gibt es nichts zu lachen; **laisse-moi/laissez-moi ~!** *iron* dass ich nicht lache!; **[c'est maintenant qu']on va ~** *iron* gleich gibt's was zu lachen; **tu veux/vous voulez ~!** das ist doch nicht dein/Ihr Ernst!; **… de ~** *se tordre* vor Lachen; *éclater* in Lachen; ***qn meurt*** [*o* ***crève***] ***de ~*** jd lacht sich tot [*o* kaputt] *fam*; **en riant** (*avec bonne humeur*) *prendre les choses* von der lustigen Seite; *affirmer qc* lachend; (*pour plaisanter*) zum [*o* aus] [*o* im] Spaß; **pour ~** (*pour plaisanter*) zum [*o* aus] [*o* im] Spaß; **pour de ~** *fam* zum [*o* aus] [*o* im] Spaß; **sans ~?** echt? *fam*, Spaß [*o* Scherz] beiseite; **je ne ris pas!** ich meine das ernst!

II. *vpr* **1.** (*se jouer de*) ■ **qn se rit de qc** jd überwindet etw spielend, jd wird spielend mit etw fertig

2. *littér* (*se moquer de*) ■ **qn se rit de qn/qc** jd lacht über jdn/etw

III. *m* **1.** (*action de rire*) Lachen *nt*; *bruyant, inextinguible* Gelächter *nt*

2. (*hilarité*) ■ **les ~s** das Lachen, das Gelächter; ■ **des ~s** Lachen, Gelächter
▶ **qn passe du ~ aux larmes** jd ist himmelhoch jauchzend zu Tode betrübt; **le ~ est le propre de l'homme** das Lachen gehört zum Wesen des Menschen; **fou ~** unbändiges Lachen; (*crise*) Lachkrampf *m;* **qn a le fou ~, le fou ~ prend qn** jd kann nicht mehr vor Lachen, jd muss furchtbar [*o* unbändig] lachen

ris[1] [ʀi] *indic prés et p simple de* **rire**

ris[2] [ʀi] *m* GASTR ■ **~ de** *d'agneau, de veau* -bries *nt*

ris[3] [ʀi] *m* NAUT Reff *nt*

risée[1] [ʀize] *f* ■ **la ~ de qn/qc** *des voisins, du quartier* jds Gespött *nt*/das Gespött einer S.; ***elle est/devient la ~ des voisins*** die Nachbarn machen sich über sie lustig, sie macht sich zum Gespött der Nachbarn

risée[2] [ʀize] *f* NAUT Windstoß *m*

risette [ʀizɛt] *f fam* [freundliches] Kinderlächeln
▶ **un bébé fait [une] ~ [à qn]** *enfantin* ein Baby lacht [jdn an]; **qn fait des ~s à qn** *hum* (*fait des amabilités*) jd geht jdm um den Bart

risible [ʀizibl] *adj* (*ridicule*) lächerlich, lachhaft; (*drôle*) zum Lachen, komisch

risque [ʀisk] *m* **1.** (*péril*) Risiko *nt;* ***une carrière pleine de ~s*** eine risikoreiche Karriere, eine Karriere voller Risiko; ■ **~ de qc** Gefahr *f* einer S. (*gen*); *d'épidémie, incendie* -gefahr; *d'infarctus* -risiko; **~*s d'agression*** mögliche Übergriffe *pl;* ■ **~ de faire qc** Gefahr etw zu tun; ***il y a un ~ sérieux que*** + *subj* es besteht eine ernste Gefahr, dass
2. *pl* (*préjudice possible*) Risiken *pl*
▶ **ce sont les ~s du métier** *fam* das ist Berufsrisiko; **à mes/ses/... ~s et périls** auf eigenes Risiko; **il n'y a pas de ~ que** + *subj* es besteht keine Gefahr, dass; **on n'a rien sans ~** *prov* wer [nicht] wagt, [der nicht] gewinnt; **c'est un ~ à courir** das Risiko muss man auf sich nehmen; **qn court un ~ [*o* des ~s]** jd geht ein Risiko ein; **qn court le ~** jd riskiert es; **qn court le ~ de qc/de faire qc** jd riskiert etw/etw zu tun, jd läuft Gefahr etw zu tun; **qn prend un/des ~s** jd geht ein Risiko/geht Risiken ein; ***qn prend tous les ~s*** jd geht jedes Risiko ein; ***qn ne prend aucun ~*** jd geht kein Risiko ein; **à [haut] ~, à [hauts] ~s** *grossesse* Risiko-; *placements* riskant; **au ~ de faire qc** auf die Gefahr hin etw zu tun; ***au ~ de sa vie*** unter Einsatz seines/ihres Lebens; **sans ~[s]** ohne Risiko, risikolos

risqué, e [ʀiske] *adj* **1.** (*hasardeux*) riskant
2. *vieilli plaisanterie* gewagt

risquer <1> [ʀiske] **I.** *vt* **1.** (*mettre en danger*) ■ **qn risque qc** jd setzt etw aufs Spiel; *fortune, réputation a.* jd riskiert etw
2. (*s'exposer à*) ■ **qn risque qc:** ***qn risque des ennuis/une punition*** jd läuft Gefahr Ärger/eine Strafe zu bekommen; ***qn risque le renvoi/la prison*** jd läuft Gefahr entlassen zu werden/ins Gefängnis zu kommen; ***qn risque la mort*** jd begibt sich in Lebensgefahr; ***qu'est-ce que je risque?*** was riskiere ich schon?; ■ **qn risque que** – *subj* jd läuft Gefahr [*o* riskiert], dass; ***tu risques qu'il y ait des embouteillages*** du könntest in einen Stau kommen
3. (*tenter*) ■ **qn risque qc** jd riskiert [*o* wagt] etw; ***je risque le coup*** ich riskiere es; ■ **qc est à ~** etw soll man riskieren
4. (*hasarder*) ■ **qn risque qc** jd wagt etw; ***j'ai risqué un œil par le trou de la serrure*** ich habe einen Blick durchs Schlüsselloch gewagt
▶ **qn/qc ne risque rien** jdm/einer S. kann nichts passieren, jd hat nichts zu befürchten; **qui ne risque rien n'a rien** *prov* wer [nicht] wagt, [der nicht] gewinnt
II. *vi* **1.** (*courir le risque*) ■ **qn risque de faire qc** jd läuft Gefahr etw zu tun; ***s'il continue comme ça, il ne risque pas de maigrir*** wenn er so weitermacht, wird er nicht abnehmen
2. (*il y a de fortes chances que*) ■ **qc risque de faire qc** etw droht etw zu tun, etw könnte etw tun; ***le feu risque de s'étendre*** das Feuer droht sich auszubreiten [*o* könnte sich ausbreiten]; ***la boulangerie risque d'être fermée*** die Bäckerei ist wahrscheinlich geschlossen; ■ **il/ça risque de faire qc** es könnte etw tun; ***il risque de pleuvoir*** es könnte regnen; ***ça ne risque pas de m'arriver*** das kann mir nicht passieren
▶ **qn risque pas de faire qc** *hum* es besteht keine Gefahr [*o* kaum die Gefahr], dass jd etw tut; **ça [ne] risque pas!** *hum fam* die Gefahr besteht nicht!, das ist wohl kaum drin! *fam*
III. *vpr* ■ **qn se risque à faire qc** jd wagt etw zu tun; ***moi, je ne m'y risquerais pas!*** ich würde das nicht wagen!; ■ **qn se risque quelque part** jd wagt sich irgendwohin; ■ **qn se risque dans qc** *dans une aventure, affaire, entreprise* jd lässt sich auf etw (*akk*) ein

risque-tout [ʀiskətu] *mf inv* Wag[e]hals *m*

rissole [ʀisɔl] *f gefüllte und frittierte Teigtasche*

rissoler <1> [ʀisɔle] **I.** *vt* ■ **qn rissole qc** *beignets* jd backt etw [goldbraun]; *pommes de terre* jd brät etw [goldbraun]; ***pommes rissolées*** Bratkartoffeln *pl*
II. *vi* ■ **qc rissole** /*pommes de terre, beignets*/ etw wird [gold]braun; ■ **qn fait/laisse ~ qc** *beignets* jd backt etw [goldbraun]; *pommes de terre* jd brät etw [goldbraun]

ristourne [ʀistuʀn] *f* (*sur cotisation*) Rückvergütung *f;* (*sur achat*) Preisnachlass *m,* Rabatt *m*
▶ **qn fait une ~ à qn** (*sur cotisation*) jd gewährt jdm eine Rückvergütung; (*sur achat*) jd gewährt jdm einen Preisnachlass [*o* Rabatt]

ristourner <1> [ʀistuʀne] *vt* ■ **qn ristourne qc à qn** (*sur cotisation*) jd vergütet jdm etw rück; (*sur achat*) jd gibt jdm etw mit Rabatt

rit [ʀi] *indic prés de* **rire**

rital <s> [ʀital] *m péj fam* Spaghettifresser *m pej fam*

rite [ʀit] *m* (*coutume*) Ritual *nt;* REL, SOCIOL (*cérémonial*) Ritus *m;* ***les ~s maçonniques*** die Riten der Freimaurer

ritournelle [ʀituʀnɛl] *f* Ritornell *nt*
▶ **c'est toujours la même ~** es ist immer die alte Leier *fam*

ritualiser <1> [ʀitɥalize] *vt* ■ **qn ritualise qc** jd ritualisiert etw; ■ **qc est ritualisé(e)** etw ist ritualisiert

ritualisme [ʀitɥalism] *m* Ritualismus *m*

ritualiste [ʀitɥalist] **I.** *adj* ritualistisch; ***personne ~*** Ritualist *m*
II. *mf* Ritualist(in) *m(f)*

rituel, le [ʀitɥɛl] **I.** *adj* (*coutumier*) gewohnheitsmäßig; REL, SOCIOL rituell; ***chez lui, c'est ~*** das ist schon ein richtiges Ritual bei ihm
II. *m* REL, SOCIOL Ritual *nt*

rituellement [ʀitɥɛlmɑ̃] *adv* (*invariablement*) wie gewohnt; REL *célébrer qc* nach dem Ritus; *sacrifier a.* rituell

rivage [ʀivaʒ] *m* Küste *f;* ***qc est ramené(e) sur le ~*** etw wird ans Ufer gespült

rival, e <-aux> [ʀival, o] **I.** *adj* rivalisierend
II. *m, f* (*concurrent*) Rivale/Rivalin *m/f;* (*autre prétendant*) Nebenbuhler(in) *m(f)*
▶ **sans ~** unübertroffen

rivaliser <1> [ʀivalize] *vi* **1.** (*soutenir la comparaison*) ■ **qn rivalise avec qn** jd rivalisiert [*o* misst sich] mit jdm; ■ **qc rivalise avec qc** etw kann sich mit etw messen
2. (*se disputer la palme*) ■ **des personnes/des choses rivalisent de qc** Menschen/Dinge wetteifern miteinander in etw (*dat*)

rivalité [ʀivalite] *f* **1.** (*concurrence*) Rivalität *f;* *commerciale* Konkurrenz[kampf *m*] *f;* *économique* Wettbewerb *m;* ■ **~s de** *d'intérêts* -wettstreit *m;* **~*s de clocher*** Streitigkeiten *pl* auf lokaler Ebene
2. (*antagonisme*) Feindschaft *f*

rive [ʀiv] *f* Ufer *nt*
▶ **~ droite/gauche** rechtes/linkes Ufer

river <1> [ʀive] *vt* **1.** TECH ■ **qn rive qc** *clou, pointe* jd schlägt etw breit [*o* um]; *rivet* jd zieht etw ein; *chaîne, plaque* jd nietet etw; ■ **qn rive qc à qc** jd nietet etw an etw (*akk*)
2. (*clouer*) ■ **qc rive qn à/sur qc** /*travail, occupations*/ etw hält jdn irgendwo fest; /*fièvre, maladie*/ *au lit* etw fesselt jdn an etw (*akk*); ***la peur me rivait sur mon fauteuil/sur place*** vor Angst blieb ich wie angenagelt im Sessel sitzen/blieb ich wie angewurzelt stehen; ■ **qn rive qn quelque part** *adversaire* jd nagelt jdn irgendwo fest; ■ **[qn est] rivé(e) quelque part** *au travail* [jd ist] an etw (*akk*) gefesselt; ***qn est rivé(e) à/devant la télé*** jd klebt vorm Fernseher *fam;* ■ **[qc est] rivé(e) sur qn/qc** (*être fixé sur*) /*yeux, regard*/ [etw ist] auf jdn/etw geheftet

riverain, e [ʀivʀɛ̃, ɛn] **I.** *adj* am Ufer gelegen
II. *m, f* (*voisin*) Anwohner(in) *m(f);* (*d'une rue a.*) Anlieger(in) *m(f)*

rivet [ʀivɛ] *m* Niet[e *f*] *m*

rivetage [ʀivtaʒ] *f* [Ver]nietung *f*

riveter <3> [ʀivte] *vt* ■ **qn rivette qc** jd [ver]nietet etw

riveteuse [ʀivtøz] *f* Nietmaschine *f*

Riviera [ʀivjɛʀa] *f* ■ **la ~** die Riviera

rivière [ʀivjɛʀ] *f* **1.** (*cours d'eau*) Fluss *m*
2. SPORT Wassergraben *m*
◆ **rivière de diamants** Diamantenkollier *nt*

rixe [ʀiks] *f* Rauferei *f*

riz [ʀi] *m* Reis *m;* **~ *complet*** ungeschälter Reis; ■ **~ à** -reis; **~ *au curry*** Curryreis ['kœri-, 'kari-]
▶ **~ créole** gekochter Reis mit Butter; **~ long** Langkornreis *m*
◆ **riz au lait** Milchreis *m*

riziculture [ʀizikyltyʀ] *f* Reis[an]bau *m*

rizière [ʀizjɛʀ] *f* Reisfeld *nt*

R.M.I. [ɛʀɛmi] *m abr de* **revenu minimum d'insertion**

R.M.Iste [ɛʀɛmist] *v.* **érémiste**

R.N. [ɛʀɛn] *f abr de* **route nationale**

robe [ʀɔb] *f* **1.** (*vêtement féminin*) Kleid *nt;* ■ **~ qc** *manteau, tablier, sac* -kleid; **~ *bain de soleil/chemisier*** Strand-/Hemdblusenkleid; **~ *chasuble*** Trägerrock *m;* ■ **~ de** -kleid
2. JUR Robe *f,* Talar *m;* REL Gewand *nt;* **~ *de bure*** Kutte *f;* ■ **la ~** HIST der Richterstand
3. (*pelage*) Fell *nt*
4. (*peau*) [*fève*] Hülse *f;* [*oignon*] Schale *f*
5. (*enveloppe*) [*cigare*] Deckblatt *nt*
6. (*couleur*) [*vin*] Farbe *f*
▶ **qn de ~:** ***noblesse de ~*** Amtsadel *m;* ***gens de ~*** Richter *pl* und Anwälte *pl;* ***homme de ~*** Jurist *m,* Richter *m;* **en ~** im Kleid; ***je me mets en ~*** ich ziehe ein Kleid an
◆ **robe de chambre** Morgenrock *m*

robert [ʀɔbɛʀ] *m pop* Titte *f sl*

robinet [ʀɔbinɛ] *m* Hahn *m;* **~ *d'eau chaude/froide*** Kalt-/Warmwasserhahn; **~ *du gaz*** Gashahn; **~ *mélangeur*** Mischbatterie *f*
▶ **petit ~** *enfantin* Pipimännchen *nt fam*

robinetterie [ʀɔbinɛtʀi] *f* **1.** (*matériel*) Armatur[en *pl*] *f*
2. (*usine*) Armaturenfabrik *f*

robinier [ʀɔbinje] *m* Robinie *f*

roboratif, -ive [ʀɔbɔʀatif, -iv] *adj littér climat* Reiz-; *liqueur* stärkend, kräftigend; *activité* anregend

robot [ʀɔbo] *m* **1.** (*machine automatique*) Roboter *m;* (*appareil ménager*) Küchenmaschine *f*
2. *péj* (*personne mécanisée*) Automat *m,* Roboter *m*
3. (*androïde*) Roboter *m*

robotique [ʀɔbɔtik] *f* Robotik *f,* Robotertechnik *f*

robotisation [ʀɔbɔtizasjɔ̃] *f* Automatisierung *f;* *péj* [*homme*] Entwicklung *f* zum Automaten [*o* Roboter]; ***les ouvriers échappent difficilement à une sorte de ~*** die Arbeiter werden nicht selten selbst zu Automaten [*o* Robotern]

robotiser <1> [ʀɔbɔtize] *vt* ■ **qn robotise qc** jd automatisiert etw; ■ **qc robotise qn** etw macht jdn zum Automaten [*o* Roboter]

robuste [ʀɔbyst] *adj* robust; *machine, moteur, voiture a.* stabil gebaut; *personne, plante a.* widerstandsfähig; *appétit* gesund; *foi* unerschütterlich

robustesse [ʀɔbystɛs] *f* Robustheit *f;* [*personne, plante a.*] Widerstandsfähigkeit *f;* [*foi*] Unerschütterlichkeit *f*

roc [ʀɔk] *m* **1.** (*pierre*) Fels[gestein *nt*] *m*
2. (*personne*) Fels *m* [in der Brandung]
▸ **qn est dur(e)** [*o* **ferme**] **comme un** ~ jd bleibt fest [*o* hart] [wie ein Fels], jd ist unbeirrbar; **qc est dur comme un** [*o* le] ~ /*convictions*/ etw ist unerschütterlich; **qn est solide comme un** ~ jd ist kerngesund; **qn bâtit sur le** ~ jd baut auf Fels

rocade [ʀɔkad] *f* Umgehungsstraße *f;* MIL Rochade *f*

rocaille [ʀɔkaj] **I.** *adj meuble, style* Rokoko-
II. *f* **1.** (*cailloux*) Schotter *m*
2. ART Muschelwerk *nt,* Rocaille *f o nt*
▸ **en** ~ mit eingelegten Muscheln

rocailleux, -euse [ʀɔkajø, -jøz] *adj* **1.** (*pierreux*) steinig
2. (*sans grâce*) *style* holp[e]rig
3. (*rauque*) *accent* hart; *voix* rau

rocambolesque [ʀɔkɑ̃bɔlɛsk] *adj* unglaublich, fantastisch

roche [ʀɔʃ] *f* **1.** GEOL Gestein *nt*
2. (*rocher*) Fels[en *m*] *m,* Felsblock *m;* **éboulis de** ~**s** Felsgeröll *nt*

rocher [ʀɔʃe] *m* **1.** (*bloc de pierre*) Fels[en *m*] *m*
2. (*matière*) Fels[gestein *nt*] *m*
3. ANAT Felsenbein *nt*
4. GASTR *mit Nugat gefüllte und mit Mandelsplittern besetzte Praline*
▸ **qn fait du** ~ jd klettert

rocheux, -euse [ʀɔʃø, -øz] *adj* felsig; *côte* Felsen-

rock [ʀɔk] *adj inv* Rock-; ***concert de*** [***musique***] ~ Rockkonzert *nt;* ***danses*** ~ Rock [and Roll] [rɔk(n'roʊl)] *m*

rock [and roll] [ʀɔkɛndʀɔl] *m* Rock [and Roll] [rɔk(n'roʊl)] *m*

rocker *m,* **rockeur, -euse** [ʀɔkœʀ, -øz] *m, f* **1.** MUS (*musicien*) Rockmusiker(in) *m(f);* (*admirateur*) Rockfan [-fæn] *m*
2. *fam* (*jeune*) Rocker/-braut *m/f*

rocking-chair <~-~s> [ʀɔkiŋtʃɛʀ] *m* Schaukelstuhl *m*

rococo [ʀɔkɔko, ʀokoko] **I.** *adj inv* **1.** ART Rokoko-
2. *péj* altmodisch
II. *m* ■ **le** ~ das Rokoko

rodage [ʀɔdaʒ] *m* **1.** (*adaptation*) Anlaufzeit *f;* [*employé*] Einarbeitung *f;* [*spectacle*] Anlaufphase *f*
2. AUT Einfahren *nt*
3. TECH (*opération*) [*cames, soupapes*] Einschleifen *nt;* [*moteur*] Einstellen *nt;* [*engrenages*] Einrollen *nt*
▸ **qc est en** ~ /*voiture*/ etw wird eingefahren; /*organisation, entreprise*/ etw steckt noch in den Kinderschuhen; ***une voiture en*** ~ ein Wagen, der eingefahren wird; ***"en ~"*** „wird eingefahren"

rodéo [ʀɔdeo] *m* **1.** (*des cowboys*) Rodeo *m o nt*
2. *fam* (*avec moto, voiture*) wilde Verfolgungsjagd

roder <1> [ʀɔde] *vt* **1.** AUT, TECH ■ **qn rode qc** *moteur, voiture* jd fährt etw ein; *cames, soupapes* jd schleift etw ein; *engrenages* jd rollt etw ein
2. (*mettre au point*) ■ **qn rode qc** *revue, spectacle* jd studiert etw ein; *méthodes* jd arbeitet etw aus; ■ **qn est [bien] rodé(e)** jd ist [gut] eingearbeitet; ■ **[qc est] [bien] rodé(e)** /*pièce*/ [etw ist] [gut] einstudiert; /*scénario*/ [etw ist] [gut] ausgearbeitet

rôder <1> [ʀode] *vi* **1.** (*errer*) ■ **qn rôde quelque part** (*de façon suspecte*) jd treibt sich irgendwo herum; (*au hasard*) jd lungert irgendwo herum; ***il rôde autour de ma femme*** er schleicht um meine Frau herum; ■ **un animal rôde quelque part** ein Tier schleicht irgendwo herum
2. *littér* ■ **qc rôde [quelque part]** /*mort, famine*/ etw droht [irgendwo]

rôdeur, -euse [ʀodœʀ, -øz] *m, f* Herumtreiber(in) *m(f)*

rogatoire [ʀɔgatwaʀ] *adj:* ***commission*** ~ Rechtshilfeersuchen *nt*

rogaton [ʀɔgatɔ̃] *m fam* Rest *m*

rogne [ʀɔɲ] *f fam* Stinkwut *f fam*
▸ **qn se fiche** [*o* **se fout**] [*o* **se met**] **en** ~ **[contre qn]** jd kriegt eine Stinkwut [auf jdn] *fam;* **qn/qc fiche** [*o* **fout**] [*o* **met**] **qn en** ~ jd/etw macht jdn stinkwütend *fam;* **qn pique une** ~ jd kriegt eine Stinkwut *fam;* **en** ~ stinkwütend *fam*

rogner <1> [ʀɔɲe] **I.** *vt* **1.** (*couper*) ■ **qn rogne qc à qn/un animal]** *griffes, ongles* jd schneidet [jdm/einem Tier] etw; ***qn se rogne les ongles*** jd schneidet sich (*dat*) die Nägel; ■ **qn rogne qc** *page, pièce, placue* jd beschneidet etw
2. (*mordre sur*) ■ **qn rogne qc** *salaire, argent de poche* jd kürzt etw; ■ **qc rogne qc** *revenus* etw nagt an etw (*dat*)
II. *vi* ■ **qn rogne sur qc** jd spart an etw (*dat*)

rognon [ʀɔɲɔ̃] *m* GASTR Niere *f;* ■ ~ **de** -niere

rognures [ʀɔɲyʀ] *fpl* ■ ~ **de** *de carton, cuir, papier* -schnipsel *pl,* -schnitzel *pl; de métal, viande* -abfall *m;* ~ ***d'ongles*** abgeschnittene Fingernägel *pl*

rogue [ʀɔg] *adj* (*hargneux*) *air, personne* überheblich; *personne a.* hochnäsig; ***d'un ton*** ~ [*o* ***d'une voix*** ~] schroff, barsch

roi [ʀwa] *m* **1.** (*souverain*) König *m*
2. CARTES, ECHECS König *m*
3. REL ■ **les R~s** die Heiligen Drei Könige
4. (*premier*) ■ ~ **de** der König *m* (*en*); *du pétrole* -könig, -magnat *m; du textile, de la presse* -baron *m;* (*e la finance* -größe *f;* ***le*** ~ ***de la création*** der Herr der Schöpfung; ***le*** ~ ***des imbéciles*** ein Erzidiot *m fam;* ***le*** ~ ***des cons*** der Größte aller Schwachköpfe *fam;* ***le camembert est le*** ~ ***des fromages*** der Camembert ist die Nummer 1 unter den Käsesorten; ***le*** ~ ***des banquiers*** der Bankier unter den Bankiers
▸ **le** ~ **n'est pas son cousin** (*il est le plus heureux des hommes*) er/sie freut sich wie ein Schneekönig *fam;* **les** ~**s mages** REL die Heiligen Drei Könige; **pour le** ~ **de Prusse** für nichts und wieder nichts, umsonst; **le R~-Soleil** der Sonnenkönig; **les** ~**s fainéants** *die letzten Merowingerkönige;* **heureux comme un** ~ überglücklich; **qn est plus royaliste que le** ~ jd ist päpstlicher als der Papst; **des personnes tirent les** ~**s** Menschen essen einen Dreikönigskuchen am Dreikönigstag (*französischer Brauch*); **qc de** ~ *festin, menu, plat* königlich, Fest-
◆ **Roi des rois** König *m* der Könige; **roi de Rome** König *m* von Rom

roitelet [ʀwatlɛ] *m* **1.** ORN Zaunkönig *m*
2. (*roi*) Duodezfürst *m*

rôle [ʀol] *m* **1.** THEAT, CINE Rolle *f;* ***le premier*** ~ die Hauptrolle
2. (*fonction*) Rolle *f,* Funktion *f*
3. ADMIN, JUR (*registre*) ■ ~ **de** *d'équipage, impôt* -liste *f*
▸ **qn a le beau** ~ jd steht gut da, jd ist fein heraus *fam;* **le** ~ **de qn/qc est** [*o* **qn/qc a pour** ~] **de faire qc** es ist jds Aufgabe etw zu tun/etw soll etw tun; **qn/qc joue un** ~ (*a une importance*) jd/etw spielt eine Rolle; ***il joue le premier rôle dans cette affaire*** er spielt in dieser Angelegenheit die erste Geige *fam;* **qn tient** [*o* **joue**] **son** ~ (*accomplit sa mission*) jd spielt seine Rolle gut, jd füllt seine Rolle gut aus
◆ **rôle de composition** Charakterrolle *f;* **rôle de figurant(e)** Nebenrolle *f*

roller [skates] [ʀɔlœʀskɛt] *mpl* Rollerskates ['roʊleskeɪts] *pl,* Rollschuhe *pl*

rollmops [ʀɔlmɔps] *m* Rollmops *m*

rom [ʀɔm] **I.** *adj inv* der Roma
II. *mpl* ■ **les Rom** die Roma

ROM [ʀɔm] *f inv abr de* **Read Only Memory** INFORM ROM *m*

romain, e [ʀɔmɛ̃, ɛn] **I.** *adj* **1.** (*de Rome*) römisch
2. TYP *chiffre* römisch; ***caractères*** ~***s*** lateinische Schrift, Antiqua *f*
3. REL [römisch-]katholisch
II. *m, f* **1.** ■ **Romain(e)** Römer(in) *m(f)*
2. HIST ■ **les Romains** die Römer
III. *f* ■ **romaine 1.** (*salade*) Romagna-Salat *m*
2. (*balance*) Schnellwaage *f*

roman [ʀɔmɑ̃] *m* LITTER **1.** Roman *m;* ~ ***épistolaire/noir/policier*** Brief-/Schauer-/Kriminalroman; ~ ***courtois*** höfisches Epos; ■ ~ **de** -roman; ~ ***d'anticipation*** Zukunftsroman; ~ ***d'analyse*** psychologischer Roman; ~ ***de série noire*** Kriminalroman
2. (*longue histoire compliquée*) Roman *m; fam* (*histoire imaginaire*) Märchen *nt*
▸ **ça n'arrive que dans les** ~**s** das gibt es nur in Romanen; **qn fait [tout] un** ~ **de qc** *fam* jd macht einen [ganzen] Roman aus etw; **le nouveau** ~ der Nouveau Roman
◆ **roman à clés** Schlüsselroman *m;* **roman à l'eau de rose** Kitschroman *m;* **roman de cape et d'épée** Mantel-und Degen-Roman *m*

roman, e [ʀɔmɑ̃, an] **I.** *adj* **1.** ARCHIT, ART romanisch
2. LING *langue* romanisch; *texte* in romanischer Volkssprache verfasst
II. *m* **1.** ARCHIT, ART ■ **le** ~ die Romanik
2. (*langue*) romanische Volkssprache

romance [ʀɔmɑ̃s] *f* **1.** MUS Romanze *f*
2. (*chanson sentimentale*) Liebeslied *nt*
▸ **qn pousse la** ~ *hum* jd schmettert ein Liebeslied

romancer <2> [ʀɔmɑ̃se] *vt* **1.** (*présenter sous forme de roman*) ■ **qn romance qc** *événements, aventure* jd verarbeitet etw zu einem Roman, jd schreibt etw als Roman [*o* in Romanform]
2. (*agrémenter*) jd romantisiert etw, jd stellt etw [zu] romantisch dar

romanche [ʀɔmɑ̃ʃ] **I.** *adj:* ***langue*** ~ Romantsch *nt*
II. *m* Romantsch *nt*

romancier, -ière [ʀɔmɑ̃sje, -jɛʀ] *m, f* Romanschriftsteller(in) *m(f);* ~***s français*** französische Romanciers

romand, e [ʀɔmɑ̃, ɑ̃d] **I.** *adj Suisse* französisch
II. *m, f* ■ **Romand(e)** Bewohner(in) *m(f)* der französischen Schweiz

romanesque [ʀɔmanɛsk] **I.** *adj* **1.** (*digne du roman*) *histoire* unglaublich; *aventures* wie im Roman; *amours* unglaublich romantisch
2. (*sentimental*) romantisch; *personne a.* romantisch veranlagt
3. *postposé* (*propre au roman*) *œuvre* Roman-; *technique* des Romans
II. *m* ■ **le** ~ das Romantische; ***qn se réfugie dans le*** ~ jd flüchtet in eine Scheinwelt

roman-feuilleton <~s-~s> [ʀɔmɑ̃fœjtɔ̃] *m* **1.** LITTER Fortsetzungsroman *m* **2.** *fig* (*histoire à rebondissements*) Geschichte *f* mit Fortsetzung; ***c'est un vrai*** ~-~ das ist ein ewiges Auf und Ab **roman-fleuve** <~s-~s> [ʀɔmɑ̃flœv] *m* **1.** LITTER langer Roman, Romanzyklus *m* **2.** *fig* Roman *m*

romanichel, le [ʀɔmaniʃɛl] *m, f péj* Zigeuner(in) *m(f)*

romaniser <1> [ʀɔmanize] *vt* **1.** HIST ■ **qn romanise qc** jd romanisiert etw
2. LING ■ **qn romanise qc** jd romanisiert etw, jd setzt etw in lateinische Schriftzeichen um

romaniste [ʀɔmanist] *mf* Romanist(in) *m(f)*

roman-photo <~s-~s> [ʀɔmɑ̃fɔto] *m* Fotoroman *m*

romantique [ʀɔmɑ̃tik] **I.** *adj* romantisch
II. *mf* Romantiker(in) *m(f)*

romantisme [ʀɔmɑ̃tism] *m* **1.** LITTER Romantik *f*
2. (*grande sensibilité*) Romantik *f;* [*personne*] romantische Veranlagung

romarin [ʀɔmaʀɛ̃] *m* Rosmarin *m*

rombière [ʀɔ̃bjɛʀ] *f fam* alte Schachtel *fam*

Rome [ʀɔm] *f* Rom *nt*

rompre <14> [ʀɔ̃pʀ] **I.** *vt* **1.** (*interrompre*) ■ **qn rompt qc** jd bricht etw; *fiançailles, enchantement* jd löst etw; *pourparlers, relations* jd bricht etw ab;

équilibre jd stört etw; *monotonie* jd unterbricht etw; (*ne pas respecter*) *traité* jd bricht etw; *marché* jd macht etw rückgängig
2. *soutenu* (*casser*) ■ **qn rompt qc** *branche* jd bricht etw ab; *pain* jd bricht etw; *chaînes* jd sprengt etw
3. (*détruire*) ■ **qc rompt qc** etw durchbricht etw; *amarres* etw zerreißt etw
4. *soutenu* (*accoutumer à*) ■ **qn rompt qn à qc** jd macht jdn mit etw vertraut; ■ [**qn est**] **rompu(e) à qc** *aux privations, à la discipline* [jd ist] an etw (*akk*) gewöhnt; [*qn est*] ***rompu aux affaires*** [jd ist] geschäftstüchtig
5. *littér* (*épuiser*) ■ **qn/qc rompt qn** jd/etw erschöpft jdn; ■ [**qn est**] **rompu(e)** [**de qc**] [jd ist] [von etw] erschöpft
II. *vi* 1. (*se séparer*) ■ **qn rompt** [**avec qn**] jd bricht [mit jdm], jd macht [mit jdm] Schluss *fam;* ***ils ont rompu*** sie haben miteinander gebrochen, sie haben [miteinander] Schluss gemacht *fam;* ■ **qn/qc rompt avec qc** *habitude, tradition* jd/etw bricht mit etw
2. *littér* (*se briser*) ■ **qc rompt** */digue/* etw bricht; */branche/* etw bricht [ab]; */corde/* etw [zer]reißt
3. SPORT, MIL (*reculer*) ■ **qn rompt** jd weicht zurück
▶ **rompez!** weggetreten!
III. *vpr soutenu* (*se briser*) ■ **qc se rompt** */digue/* etw bricht; */branche/* etw bricht [ab]; */corde, chaîne/* etw [zer]reißt; */veine/* etw platzt; ■ **qn se rompt qc** jd bricht sich (*dat*) etw; ***je me suis rompu le tendon d'Achille*** ich habe mir die Achillessehne gerissen
romsteck [ʀɔmstɛk] *m* Rumpsteak ['rʊmpsteːk] *nt,* Hüferl *nt* AUS
ronce [ʀɔ̃s] *f* 1. *pl* (*épineux*) ■ **les ~s** die Dornenzweige, die dornigen Zweige
2. BOT Brombeerstrauch *m*
3. (*bois veiné*) Maserung *f*
ronceraie [ʀɔ̃sʀɛ] *f* Gestrüpp *nt*
ronchon, ne [ʀɔ̃ʃɔ̃, ɔn] I. *adj fam* brummig, miesepetrig *fam*
II. *m, f fam* Nörgler(in) *m(f);* (*homme*) Meckerfritze *m fam;* (*femme*) Meckerliese *f fam*
ronchonnement [ʀɔ̃ʃɔnmɑ̃] *m fam* Nörgelei *f,* Gemeckere *nt fam*
ronchonner <1> [ʀɔ̃ʃɔne] *vi fam* ■ **qn ronchonne** [**après qn/qc**] jd meckert [über jdn/etw] *fam;* ***on en a assez de t'entendre*** ~ wir haben genug von deiner Nörgelei [*o* Meckerei *fam*]
ronchonneur, -euse [ʀɔ̃ʃɔnœʀ, -øz] I. *adj fam* nörglerisch, brummig *fam;* ***ce type est*** ~ dieser Typ ist dauernd am Meckern [*o* ein richtiger Meckerfritze] *fam*
II. *m, f fam* (*homme*) Meckerfritze *m fam;* (*femme*) Meckerliese *f fam;* ***ce vieux*** ~ dieser alte Brummbär *fam*
rond, e [ʀɔ̃, ʀɔ̃d] I. *adj* 1. (*circulaire*) rund
2. (*arrondi*) *dos, tuiles* Rund-
3. (*rebondi*) dick; *personne a.* rund[lich]; ***une petite femme toute ~e*** eine kleine mollige Frau
4. (*net*) *chiffre, compte* rund
5. (*direct*): ***qn est ~ en affaires*** jd kommt gleich zur Sache
6. *fam* (*ivre*) ■ [**qn est**] ~ [jd ist] blau *fam*
II. *m* 1. (*cercle*) Kreis *m;* (*trace ronde*) Ring *m;* ***~s de fumée*** Rauchringe *pl*
2. *fam* (*sou*) Knete *f fam,* Kohle *f fam;* ***il a des ~s*** der hat ordentlich Knete [*o* eine Menge Kohle] *fam*
▶ **qn en bave des ~s de chapeau** *fam* (*n'en revient pas*) jd staunt Bauklötze *fam;* (*éprouve de graves difficultés*) jd muss sich schwer plagen, jd hat es schrecklich schwer; **qn en reste comme deux ~s de flan** *fam* jd ist ganz schön verdutzt [*o* baff] *fam;* **qn a pas le ~** *fam* jd hat keine müde Mark *fam;* **qn tourne en ~** (*erre*) jd irrt im Kreis herum; (*s'ennuie*) jd lungert herum *fam;* **qn/qc tourne en ~** (*n'avance pas*) jd/etw dreht sich im Kreis; **en ~** im Kreis; **pour pas un ~** *fam* für umsonst *fam*
III. *adv* ▶ **qn avale qc tout ~** jd schluckt etw unzerkaut [*o* ganz] herunter; **qc tourne/ne tourne pas ~** (*fonctionne bien/mal*) */moteur, ménage/* etw läuft gut/schlecht; **qn [ne] tourne pas ~, ça [ne] tourne pas ~** [**chez qn**] *fam* jd spinnt *fam,* bei jdm ist eine Schraube locker *fam;* ***non mais, ça tourne pas ~*** [*chez toi*]! bei dir ist wohl [ei]ne Schraube locker! *fam*
IV. *f* ■ **ronde** 1. (*tour de surveillance*) Runde *f;* ■ **~e de** *de nuit* -runde; *de police* -streife *f*
2. (*danse*) Rundtanz *m,* Reigen *m*
3. (*danseurs*) Kreis *m*
4. MUS ganze Note
5. (*écriture*) Rundschrift *f*
▶ **qn entre dans la ~e** jd tanzt mit; **qn fait la ~e** jd tanzt im Kreis; */enfants a./* jd spielt [*o* tanzt] Ringelreihen; **à la ~e** (*aux alentours*) im Umkreis; (*tour à tour*) *faire passer qc* reihum
◆ **rond de jambe** (*figure de danse*) halbkreisförmiger Tanzschritt ▶ **~s de jambe** (*politesse exagérée*) die [höflichen] Vorreden; ***ne fais pas sans cesse des ~s de jambe!*** sei nicht immer so förmlich!; **rond de serviette** Serviettenring *m;* **rond de sorcière** Hexenkraut *nt*
rond-de-cuir <~s-~-~> [ʀɔ̃dkɥiʀ] *m péj* Bürohengst *m*
rondeau <x> [ʀɔ̃do] *m* POES Rondeau *nt;* MUS Rondo *nt*
rondelet, te [ʀɔ̃dlɛ, ɛt] *adj* 1. (*rondouillard*) mollig, pummelig *fam;* ***ventre*** ~ Bäuchlein *nt*
2. (*coquet*) *somme, salaire* ansehnlich, ganz ordentlich *fam*
rondelle [ʀɔ̃dɛl] *f* 1. GASTR ■ **~ de ...** Scheibe *f* ...; *de carotte, pommes de terre* -scheibe
2. TECH (*disque percé*) ■ **~ de qc** Unterlegscheibe *f* aus etw; *de caoutchouc* Ring *m* aus etw
▶ **en ~s** in Scheiben
rondement [ʀɔ̃dmɑ̃] *adv* 1. (*tambour battant*) zügig
2. (*sans détour*) ohne Umschweife, geradeheraus *fam; avouer* offen; ***parle ~!*** komm zur Sache!
rondeur [ʀɔ̃dœʀ] *f* 1. (*forme rebondie*) Rundung *f;* ***la ~ de ses joues*** seine/ihre Pausbacken; ***la ~ de son visage*** sein/ihr rundes Gesicht; ***la ~ des bras*** die fülligen Arme; ***la ~ des mollets*** die strammen Waden; ***une femme avec des ~s*** eine Frau mit Kurven; ***~s de l'enfance*** Babyspeck ['beːbi-] *m fam*
2. ∅ (*bonhomie*) angenehmes Wesen; ***qn traite qn avec*** ~ jd begegnet jdm freundlich
3. ∅ *vieilli* (*rotondité*) Rund *nt,* runde Figur, Kugelform *f*
rondin [ʀɔ̃dɛ̃] *m* (*de chauffage*) Brennholz *nt;* (*de construction*) Rundholz *nt;* ***des ~s de sapin*** Tannenrundhölzer *pl;* ***cabane en ~s*** Blockhütte *f*
rondo [ʀɔ̃do] *m* Rondo *nt*
rondouillard, e [ʀɔ̃dujaʀ, aʀd] *adj fam* (*grassouillet*) mollig, pummelig *fam;* (*gros*) fett
rond-point <~s-~s> [ʀɔ̃pwɛ̃] *m* Kreisverkehr *m*
ronéo® [ʀɔneo] *f* Hektograph *m*
ronéot[yp]er <1> [ʀɔneɔtipe, ʀɔneɔte] *vt* ■ **qn ronéot[yp]e qc** jd vervielfältigt etw mit Matrize
ronflant, e [ʀɔ̃flɑ̃, ɑ̃t] *adj* 1. *péj* (*emphatique*) hochtrabend; *promesse* großartig
2. (*qui ronfle*) *poêle* bullernd *fam*
ronflement [ʀɔ̃fləmɑ̃] *m* 1. (*respiration*) Schnarchen *nt*
2. (*grondement*) [*avion*] Brummen *nt;* [*orgue*] Dröhnen *nt;* [*poêle*] Bullern *nt fam*
ronfler <1> [ʀɔ̃fle] *vi* 1. (*respirer*) ■ **qn ronfle** jd schnarcht
2. (*gronder*) ■ **qc ronfle** */avion, moteur/* etw brummt; */orgue/* etw dröhnt; */poêle/* etw bullert *fam;* ■ **qn fait ~ qc** *poêle* jd bringt etw zum Bullern *fam*
3. *fam* (*dormir*) ■ **qn ronfle** jd pennt *fam,* jd poft *fam;* ***je vais ~ un petit coup*** ich werde ein Nickerchen machen
ronfleur, -euse [ʀɔ̃flœʀ, -øz] *m, f* (*personne*) Schnarcher(in) *m(f)*
ronger <2 a> [ʀɔ̃ʒe] I. *vt* 1. (*grignoter*) ■ **qn/un animal ronge qc** jd/ein Tier nagt an etw (*dat*); *feuilles* ein Tier frisst etw an
2. (*user*) ■ **qc ronge qc** *fer, peau, roche* etw frisst sich in etw (*akk*); *textiles* etw zerfrisst etw; ■ [**qc est**] **rongé(e)** [**par qc**] [etw ist] [von etw] zerfressen; */édifice/* [etw ist] verfallen
3. (*miner*) ■ **qc ronge qn** etw frisst jdn auf; */chagrin/* etw reibt jdn auf, etw zermürbt jdn; ■ [**qn est**] **rongé(e) de** [*o* **par**] **qc** [jd ist] von etw zermürbt; ***rongé(e) de remords*** von Gewissensbissen geplagt; ■ [**qc est**] **rongé(e)** */parti/* [etw ist] zerrüttet
II. *vpr* 1. (*se grignoter*) ■ **qn se ronge qc** *ongles* jd kaut an etw (*dat*)
2. (*se tourmenter*) ■ **qn se ronge de qc** jd verzehrt sich vor etw (*dat*), jd reibt sich auf vor etw (*dat*)
rongeur, -euse [ʀɔ̃ʒœʀ, -øz] *m* Nagetier *nt;* ***le rat appartient à l'ordre des ~s*** die Ratte gehört [*o* zählt] zu den Nagetieren
ronron [ʀɔ̃ʀɔ̃] *m* 1. [*chat*] Schnurren *nt*
2. *fam* [*machine, moteur*] Surren *nt*
3. *fam* (*monotonie*) ■ **~ de qc** *de la vie quotidienne* Einerlei *nt* einer S. (*gen*); *d'un discours* Geplätscher *nt* einer S. (*gen*)
▶ **un chat fait ~** eine Katze schnurrt
ronronnement [ʀɔ̃ʀɔnmɑ̃] *m* [*chat*] Schnurren *nt;* [*machine, moteur*] Surren *nt;* [*discours*] Geplätscher *nt*
ronronner <1> [ʀɔ̃ʀɔne] *vi* ■ **un chat ronronne** eine Katze schnurrt; ■ **qn ronronne** [**de qc**] *de satisfaction* jd grunzt [vor etw (*dat*)]; ■ **qc ronronne** etw surrt
röntgen [ʀœntgɛn] *m* Röntgen *nt*
roque [ʀɔk] *m* Rochade [rɔ'ʃaːd] *f*
roquefort [ʀɔkfɔʀ] *m* Roquefort *m*
▶ **c'est plus fort que le ~** *fam* das ist ein Ding *fam*
roquer <1> [ʀɔke] *vi* ■ **qn roque** jd rochiert [rɔ'ʃiːɐt]
roquet [ʀɔkɛ] *m* (*chien*) Kläffer *m; fam* (*personne*) Kläffer *m fam*
roquette [ʀɔkɛt] *f* Rakete[ngeschoss *nt*] *f;* ~ ***antichar*** Panzerfaust *f*
rosace [ʀozas] *f* Rosette *f,* Fensterrose *f*
rosacée [ʀozase] *f* Rosengewächs *nt,* Rosazee *f*
rosaire [ʀozɛʀ] *m* Rosenkranz *m*
rosâtre [ʀozɑtʀ] *adj* schmutzigrosa
rosbif [ʀɔzbif] *m* GASTR Roastbeef ['roːstbiːf] *nt,* Beiried *f* AUS
rose[1] [ʀoz] *f* 1. BOT Rose *f*
2. ARCHIT Rosette *f,* Fensterrose *f*
▶ **il n'y a pas de ~s sans épines** *prov* [es gibt] keine Rosen ohne Dornen; **frais(fraîche) comme une ~** frisch wie der junge Morgen; **qn envoie qn sur les ~s** *fam* jd lässt jdn abblitzen *fam;* **qn/qc ne sent pas la ~** *fam* jd/etw stinkt; ***on peut pas dire que ça sente la ~ ici!*** man kann nicht behaupten, dass es hier angenehm riecht!
◆ **rose de Jéricho** Rose *f* von Jericho; **rose de Noël** Christrose *f;* **rose des sables** Sandrose *f;* **rose des vents** Windrose *f*
rose[2] [ʀoz] I. *adj* 1. (*de couleur rose*) rosig; *vêtement* rosa
2. (*réjouissant*) ■ **qc n'est pas ~** etw ist nicht [gerade] rosig
3. (*optimiste*) *lunettes* rosarot; ***bibliothèque*** ~ *Verlagsreihe für Kinderbücher*
4. (*érotique*) *messagerie* Erotik-; ***téléphone*** ~ Telefonsex *m*
5. POL links angehaucht
II. *m* (*couleur*) Rosa *nt;* ~ ***chair*** Fleischton *m,* Fleischfarbe *f;* ~ ***pâle*** Blassrosa; ~ ***fané*** [*o* ***passé***], ***vieux*** ~ Altrosa *nt;* ~ ***saumon*** [*o* ***orangé***] lachsfarbener Ton; ~ ***bonbon*** Babyrosa ['beːbi-]
▶ **qn voit qc en ~** jd sieht etw durch die rosarote Brille
rosé, e [ʀoze] I. *adj* rosé
II. *m* (*vin*) Rosé[wein *m*] *m,* Weißherbst *m*
roseau <x> [ʀozo] *m* Schilf[rohr *nt*] *nt;* ***qn est souple comme un*** ~ jd hat einen besonders biegsamen Körper
rose-croix [ʀozkʀwɑ] I. *f* ∅ HIST ■ **la Rose-Croix** die Rosenkreuzer

II. *m inv* HIST Rosenkreuzer *m*
rosée [ROZE] *f* Tau *m*
roséole [ROZEɔl] *f* Roseole *f*
roseraie [ROZRƐ] *f* Rosengarten *m*, Rosarium *nt*
rosette [ROZƐt] *f* 1. (*ornement, décoration*) Rosette *f*
2. GASTR *luftgetrocknete Wurst*
3. BOT Rosette *f*
rosier [ROZje] *m* Rosenstrauch *m*, Rosenstock *m*; ~ ***grimpant/nain*** Kletter-/Zwergrose *f*
rosière [ROZjƐR] *f* sittsames Mädchen; *hum vieilli fam* Unschuld *f* vom Lande
rosiériste [ROZjeRist] *mf* Rosenzüchter(in) *m(f)*
rosir <8> [ROZIR] I. *vi* ■ **qn rosit [de qc]** jd errötet [vor etw (*dat*)]; ■ **qc rosit [de qc]** /*joues*/ etw rötet sich [vor etw (*dat*)]; /*ciel*/ etw färbt sich rosa; ■ **qc fait ~ qn [de qc]** etw lässt jdn [vor etw (*dat*)] erröten; ■ **qc fait ~ qc** etw lässt etw rosa erscheinen
II. *vt* ■ **qc rosit qc** *ciel* etw färbt etw rosa; *joues* etw rötet etw
rossard, e [RɔSaR, aRd] I. *adj personne* gemein, fies *fam*; *remarque* gehässig
II. *m, f* (*homme*) gemeiner Kerl; (*femme*) Biest *nt fam*
rosse [Rɔs] I. *adj* 1. (*mordant*) *chansonnier* scharfzüngig; *critique* scharf; *satire* beißend
2. (*méchant*) *personne* boshaft; (*sévère*) streng
II. *f fam* 1. (*personne*): ***quelle vieille ~!*** so ein Biest! *fam*; ***espèce de sale ~!*** [du] elendes Biest! *fam*
2. *vieilli* (*cheval*) Schindmähre *f*
rossée [Rɔse] *f fam* Tracht *f* Prügel
rosser <1> [Rɔse] *vt* ■ **qn rosse qn** jd verpasst jdm eine Tracht Prügel; ■ **qn se fait ~ par qn** jd bekommt von jdm eine Tracht Prügel; SPORT jd wird von jdm geschlagen
rosserie [RɔsRi] *f* 1. ∅ (*caractère*) [*chansonnier, poète satirique*] Scharfzüngigkeit *f*; [*critique*] Schärfe *f*; [*caricature, patron, professeur*] Boshaftigkeit *f*, Gemeinheit *f*; ***la ~ de ses propos*** seine/ihre verletzenden Worte
2. (*acte, parole*) Gemeinheit *f*, Bosheit *f*; ***qn sort des ~s à qn*** jd ist gemein zu jdm
rossignol [Rɔsiɲɔl] *m* 1. ORN Nachtigall *f*
2. COM *fam* Ladenhüter *m*
3. (*passe-partout*) Dietrich *m*
▶ **qn chante comme un ~** jd singt wie eine Nachtigall
rossinante [Rɔsinɑ̃t] *f vieilli* Rosinante *f*, Klepper *m*, Schindmähre *f*
rostre [RɔstR] *m* HIST, NAUT Sporn *m*
rot [RO] *m* (*renvoi*) Aufstoßen *nt*, Rülpser *m fam*
▶ **qn fait un/son ~** jd stößt auf, jd rülpst *fam*; /*bébé*/ jd macht ein Bäuerchen *fam*, jd stößt auf
rotatif, -ive [Rɔtatif, -iv] I. *adj* Dreh-, Rotations-
II. *f* ■ **rotative** Rotationspresse *f*
rotation [Rɔtasjɔ̃] *f* 1. (*mouvement*) Drehung *f*, Rotation *f*; ***mouvement de ~*** Drehbewegung *f*, Rotationsbewegung *f*; ***vitesse de ~*** Drehgeschwindigkeit *f*, Rotationsgeschwindigkeit *f*
2. AVIAT, NAUT Turnus *m*; ~ ***du capital/des stocks*** Kapital-/Lagerumschlag *m*; ~ ***du personnel*** Personalwechsel *m*; ~ ***des cultures*** Fruchtwechsel *m*
▶ **par ~** im Turnus
rotatoire [RɔtatwaR] *adj* Dreh-, Rotations-
roter <1> [Rɔte] *vi fam* ■ **qn rote** jd rülpst *fam*
rôti [Roti, Rɔti] *m* Braten *m*; ■ **~ de** -braten
rôtie [Roti, Rɔti] *f vieilli* Scheibe *f* Toast [to:st]
rotin [Rɔtɛ̃] *m* Rotan[g] *m*, Peddigrohr *nt*; ***des meubles en ~*** Rattanmöbel *pl*
rôtir <8> [RotiR, RɔtiR] I. *vt* 1. GASTR ■ **qn rôtit qc** jd brät etw
2. *fam* (*brûler*) ■ **qc rôtit qc** /*soleil*/ etw verbrennt etw
II. *vi* 1. GASTR ■ **qc rôtit** etw gart; ■ **qn fait ~ qc** jd brät etw
2. *fam* (*être exposé au soleil*) ■ **qn rôtit** jd brät *fam*; ***on rôtit littéralement ici*** man wird hier buchstäblich geröstet [*o* gebraten] *fam*
III. *vpr fam* ■ **qn se rôtit**, ■ **qn se fait ~** jd lässt sich braten *fam*
rôtisserie [RɔtisRi] *f* (*magasin*) Grillmetzgerei *f*; (*restaurant*) Grillrestaurant *nt*
rôtisseur, -euse [RɔtisœR, -øz] *m, f* (*boucher-traiteur*) Grillmetzger(in) *m(f)*; (*restaurateur*) Inhaber(in) *m(f)* eines Grillrestaurants
rôtissoire [RɔtiswaR] *f* elektrisches Grillgerät
rotogravure [RɔtɔgRavyR] *f* Rotationsdruck *m*
rotonde [Rɔtɔ̃d] *f* Rotunde *f*, Rundbau *m*
rotondité [Rɔtɔ̃dite] *f* 1. *littér* (*sphéricité*) [*Terre*] Rundheit *f*, runde Form, runde Gestalt; ***qn démontre la ~ de la Terre*** jd beweist, dass die Erde rund ist
2. *fam* (*embonpoint*) Beleibtheit *f*, Körperfülle *f*
rotor [RɔtɔR] *m* Rotor *m*
rototo [Rototo] *m fam* Bäuerchen *nt*
rotule [Rɔtyl] *f* 1. ANAT Kniescheibe *f*
2. TECH Kugelgelenk *nt*
▶ **qn est sur les ~s** *fam* jd ist fix und fertig *fam*
rotulien, ne [Rɔtyljɛ̃, jɛn] *adj* Kniescheiben-
roturier, -ière [RɔtyRje, -jɛR] I. *adj* 1. HIST bürgerlich, nicht adelig
2. *littér* (*opp: distingué*) unfein
II. *m, f* HIST Bürgerliche(r) *f(m)*, Nichtadelige(r) *f(m)*
rouage [Rwaʒ] *m* 1. (*élément constituant*) Maschinerie *f*; ***qn n'est qu'un ~*** jd ist nur ein Rädchen im Getriebe
2. TECH Zahnrad *nt*
roubignoles [Rubiɲɔl] *fpl vulg* Klöten *pl vulg*
roublard, e [RublaR, aRd] I. *adj fam* durchtrieben, verschlagen *fam*
II. *m, f fam* (*homme*) Filou *m fam*; (*femme*) Luder *nt fam*
roublardise [RublaRdiz] *f* Durchtriebenheit *f*, Verschlagenheit *f*
rouble [Rubl] *m* Rubel *m*
roucoulades [Rukulad] *fpl*, **roucoulement** [Rukulmɑ̃] *m* 1. [*pigeon, tourterelle*] Gurren *nt*
2. *pl fam* (*propos tendres*) Liebesgeflüster *nt*
roucouler <1> [Rukule] I. *vi* 1. ■ **un oiseau roucoule** ein Vogel gurrt
2. *hum* (*tenir des propos tendres*) ■ **des personnes roucoulent** Menschen turteln; ***qn roucoule aux pieds de qn*** jd macht jdm den Hof
II. *vt hum* ■ **qn roucoule qc** jd säuselt etw
roudoudou [Rududu] *m enfantin fam mit karamellisierter Bonbonmasse gefüllte Muschelhälfte*
roue [Ru] *f* 1. (*partie d'un véhicule*) Rad *nt*; ~ ***arrière/avant*** Hinter-/Vorderrad
2. TECH Rad *nt*; ~ ***dentée/élévatoire*** Zahn-/Hubrad
3. (*supplice*) Rädern *nt*
▶ **la cinquième ~ du carrosse** das fünfte Rad am Wagen; **grande ~** Riesenrad *nt*; ~ **libre** Freilauf *m*; **en ~ libre** (*sans pédaler*) im Freilauf; (*sans effort*) in aller Ruhe; ***qn va terminer l'année en ~ libre*** jd lässt das Jahr [langsam] auslaufen; ***qn se met en ~ libre*** jd lässt es ruhig angehen; **qn fait la ~** jd bläst sich auf; SPORT jd schlägt ein Rad; **un oiseau fait la ~** /*paon*/ ein Vogel schlägt ein Rad; **qn pousse à la ~** (*soutient quelqu'un*) jd leistet Beistand; (*en rajoute*) jd überspannt den Bogen; **la ~ tourne** die Zeiten ändern sich; **dans sa ~** CYCLISME unmittelbar dahinter
◆ **roue à aubes** Schaufelrad *nt*; **roue à barre** [Steuer]ruder *nt*; **roue à eau** Wasserrad *nt*; **roue à friction** Reibrad *nt*; **roue à godets** Schöpfrad *nt*; **roue de devant** Vorderrad *nt*; **roue de la Fortune** Glücksrad *nt*; **roue de loterie** Lostrommel *f*; **roue de secours** AUT Reserverad *nt*, Ersatzrad *nt*; (*solution de remplacement*) Ausweichmöglichkeit *f*
roué, e [Rwe] I. *adj* (*rusé*) verschlagen, durchtrieben
II. *m, f littér* (*homme*) durchtriebener [*o* verschlagener] Bursche; (*femme*) durchtriebenes [*o* verschlagenes] Frauenzimmer
rouelle [Rwɛl] *f* Beinscheibe *f*
rouer <1> [Rwe] *vt* 1. (*rosser*): ***qn roue qn de coups*** jd schlägt jdn zusammen
2. HIST ■ **qn est roué(e)** jd wird gerädert
rouerie [RuRi] *f* (*caractère*) Hinterlist *f kein pl*; (*acte a.*) Hinterlistigkeit *f*
rouet [Rwɛ] *m* TEXTIL Spinnrad *nt*
rouflaquettes [Ruflakɛt] *fpl* Koteletten *pl*
rouge [Ruʒ] I. *adj* 1. (*de couleur rouge*) rot; ~ ***amarante*** amarantfarben; ~ ***incarnat*** leuchtend rot
2. (*coloré*) *viande, fruit* rot; *poisson* Gold-; *vin* Rot-
3. (*congestionné*) rot; ■ **~ de qc** *de colère, confusion* rot vor etw (*dat*); ~ ***de honte*** schamrot; ~ ***comme un coq*** puterrot; ~ ***comme une écrevisse*** krebsrot
4. (*incandescent*) rot glühend; ***la braise est encore ~*** die Glut glimmt noch
5. POL rot
6. (*délicat*): ***dans la zone ~*** in brenzliger Lage; ***jour ~ pour les vacanciers*** brenzliger Tag für den Reiseverkehr
II. *m* 1. (*couleur*) Rot *nt*
2. (*signe d'émotion*) [*confusion, émotion, timidité, joues*] Röte *f*; ***le ~ de la colère*** die Zornesröte; ***le ~ de la honte*** die Schamröte
3. *fam* (*vin*) Rote(r) *m fam*, Rotwein *m*; ***un verre de ~*** ein Glas Rotwein
4. (*fard*) Rouge *nt*; ***qn se met du ~*** jd legt Rouge auf; ***qn se met du ~ sur les lèvres*** jd schminkt sich (*dat*) die Lippen [rot]
5. (*colorant*) Rot *nt*, roter Farbstoff
▶ ~ **carmin** Karminrot; ~ **écarlate** Scharlachrot; **le ~ lui monte au front** jdm steigt die Röte ins Gesicht; ~ **pourpre** Purpurrot; ~ **sang** Blutrot; ~ **vermillon** Zinnoberrot; **gros ~ [qui tache]** *fam* einfacher Rotwein [in Literflaschen]; **qc est au ~** /*feu*/ etw ist [*o* zeigt] rot, etw steht auf Rot; **qn/qc est dans le ~** jd/etw schreibt rote Zahlen; /*compte*/ etw ist überzogen; **le ~ est mis** (*rien ne va plus*) die Würfel sind gefallen; **qn/qc passe au ~** AUT jd/etw fährt bei Rot durch; **qn porte qc au ~** jd bringt etw zum Glühen; **en ~** *compte* überzogen, in den roten Zahlen; *habillé, peint* rot
III. *mf vieilli* POL Rote(r) *f(m)*
IV. *adv* ▶ **qn se fâche tout ~** jd wird rot vor Zorn; **qn voit ~** jd sieht rot; **qn vote ~** jd wählt rot
◆ **rouge à joues** Schminke *f*, Rouge *nt*; **rouge à lèvres** Lippenstift *m*
rougeâtre [RuʒatR] *adj* rötlich; ***brun ~*** rotbraun
rougeaud, e [Ruʒo, od] I. *adj* gerötet; *visage* rot
II. *m, f*: ***un(e) gros(se) ~(e)*** ein Fettmops *m fam*, ein Dickerchen *nt fam*
rouge-gorge <~s-~s> [RuʒgɔRʒ] *m* Rotkehlchen *nt*
rougeoiement [Ruʒwamɑ̃] *m* [*incendie*] roter Schein; ***le ~ du ciel au couchant*** das Abendrot
rougeole [Ruʒɔl] *f* Masern *pl*
rougeoyant, e [Ruʒwajɑ̃, jɑ̃t] *adj cendres* glimmend; *reflet* rötlich
rougeoyer <6> [Ruʒwaje] *vi* ■ **qc rougeoie** /*soleil couchant*/ etw glüht rot; /*ciel*/ etw färbt sich rot; ***l'incendie rougeoyait au loin*** der rote Schein des Feuers leuchtete in der Ferne
rouge-queue <~s-~s> [Ruʒkø] *m* Rotschwänzchen *nt*
rouget [Ruʒɛ] *m* 1. (*poisson*) Rotbarbe *f*
2. (*maladie*) Rotlauf *m*
◆ **rouget barbet** echte Rotbarbe; **rouget grondin** Knurrhahn *m*
rougeur [RuʒœR] *f* 1. (*carnation rouge*) Röte *f*; ***la ~ de son nez/visage*** seine/ihre rote Nase/sein/ihr rotes Gesicht; ***la ~ de ses yeux/oreilles/pommettes*** seine/ihre roten Augen/Ohren/Backen; ***sa ~ trahissait son émotion*** sein/ihr rotes Gesicht verriet die Erregung; ***qn a parfois des ~s dues à la timidité*** jd errötet manchmal vor Schüchternheit
2. (*tache*) roter Fleck
3. *rare* (*teinte rouge*) [*ciel*] Röte *f*; ***la ~ du ciel au couchant*** das Abendrot

rougir <8> [ʀuʒiʀ] I. *vi* 1. (*exprimer une émotion*) ■ **qn rougit [de qc]** jd wird rot [vor etw (*dat*)], jd errötet [vor etw]
2. (*avoir honte*) ■ **qn rougit de qn/qc** jd schämt sich für jdn/etw; ■ **qn/qc fait ~ qn** jd/etw lässt jdn erröten [*o* rot werden]; ■ **qn rougit de faire qc** jd schämt sich dafür, etw zu tun
3. (*devenir rouge*) ■ **qc rougit** etw färbt sich rot; */peau, fraises, tomates/* etw wird rot; */métal/* etw wird glühend rot; ■ **qn fait ~ qc** *tomates* jd lässt etw nachreifen; *aiguille* jd erhitzt etw, bis es glüht; ■ **[qc est] rougi(e)** */fer/* [etw ist] glühend rot; */peau, nez, oreilles, visage, eau/* [etw ist] rot; ***les yeux rougis de larmes*** mit rot geweinten Augen
II. *vt* 1. (*rendre rouge*) ■ **qn/qc rougit qc** *ciel, feuilles, neige* etw färbt etw rot; *métal* jd/etw bringt etw zum Glühen; *peau* etw rötet etw
2. (*ensanglanter*): ***je ne rougirai pas mes mains [de sang]*** ich beflecke meine Hände nicht [mit Blut]

rougissant, e [ʀuʒisɑ̃, ɑ̃t] *adj personne, visage* errötend; *feuilles, ciel* sich rot färbend

rougissement [ʀuʒismɑ̃] *m* Erröten *nt*; ***qc provoque chez qn un ~ de colère*** jd läuft bei etw vor Wut rot an; ***ce n'est pas sans ~s qu'elle lui a cédé*** nicht ohne rot zu werden, gab sie ihm/ihr nach

rouille [ʀuj] I. *f* 1. (*corrosion*) Rost *m*
2. AGR Rost *m*
3. GASTR *Majonäse mit Knoblauch und roten Pfefferschoten*
II. *adj inv* rostbraun

rouillé, e [ʀuje] *adj* 1. (*couvert de rouille*) rostig, verrostet
2. (*sclérosé*) steif; ■ **qn est ~** jd ist unbeweglich [*o* steif] geworden, jds Knochen sind steif geworden, jd ist eingerostet *fam*; ***mes muscles sont ~s*** ich bin unbeweglich [*o* steif] geworden, meine Knochen sind steif geworden, ich bin eingerostet *fam*; ***ma mémoire est ~e*** mein Gedächtnis lässt nach; ***je suis complètement ~ en latin*** ich habe keine Ahnung mehr in Latein *fam*
3. AGR von Rost befallen

rouiller <1> [ʀuje] I. *vi* 1. (*se couvrir de rouille*) ■ **qc rouille** etw [ver]rostet
2. (*se scléroser*) ■ **qn laisse ~ qc**: ***qn laisse ~ ses muscles*** jd bekommt steife Knochen, jd wird unbeweglich [*o* steif], jd rostet ein *fam*
II. *vt* 1. (*attaquer par la rouille*) ■ **qc rouille une chose** eine Sache rostet durch etw
2. (*scléroser*) ■ **qc rouille qn** etw macht jdn unbeweglich, jds Knochen werden durch etw steif; ***qc rouille ses muscles*** etw macht ihn/sie unbeweglich [*o* steif], seine/ihre Knochen werden durch etw steif; ***qc rouille sa mémoire*** [*o* ***l'esprit***] etw lässt jdn verkalken
III. *vpr* 1. (*se couvrir de rouille*) ■ **qc se rouille** etw [ver]rostet
2. (*se scléroser*) ■ **qn se rouille** jd wird unbeweglich [*o* steif], jds Knochen werden steif, jd rostet ein *fam*; ***mes muscles se rouillent*** ich werde unbeweglich [*o* steif], meine Knochen werden steif, ich roste ein *fam*; ***ma mémoire se rouille*** mein Gedächtnis lässt nach; ***l'esprit se rouille dès qu'on va à la retraite*** der Geist wird schwerfällig, sobald man nicht mehr arbeitet

rouir <8> [ʀwiʀ] *vt, vi* ■ **qn rouit/fait ~ qc** jd röstet [*o* rottet] etw

rouissage [ʀwisaʒ] *m* Rösten *nt*, Rotten *nt*

roulade [ʀulad] *f* 1. (*roulé-boulé*) Purzelbaum *m*; SPORT Rolle *f*
2. GASTR Roulade *f*; ■ **~ de** -roulade
3. MUS Koloratur *f*

roulage [ʀulaʒ] *m* 1. AGR Walzen *nt*
2. TRANSP, MIN Transport *m*, Beförderung *f*

roulant, e [ʀulɑ̃, ɑ̃t] I. *adj* 1. (*sur roues*) *cabine, meuble* auf Rollen; ***chaise ~e, fauteuil ~*** Rollstuhl *m*; ***cuisine ~e*** Feldküche *f*; ***table ~e*** Servierwagen *m*
2. CHEMDFER *matériel* rollend; *personnel* fahrend
3. (*mobile*) Roll-; ***escalier ~*** Rolltreppe *f*; ***trottoir ~*** Rollsteg *m*; ***tapis ~*** Förderband *nt*
II. *mpl fam* CHEMDFER fahrendes Personal
III. *f fam* MIL ■ **roulante** Feldküche *f*

roulé, e [ʀule] I. *adj* 1. (*enroulé*) *bord de chapeau* [ein]gerollt; ***col ~*** Rollkragen *m*
2. GASTR: ***épaule ~e*** Schulterstück *nt* als Rollbraten
3. LING rollend
4. GEOL rund
▸ **bien ~** *fam* gut gebaut *fam*
II. *m* (*gâteau*) [Biskuit]rolle *f*; (*viande*) Rollbraten *m*

rouleau <x> [ʀulo] *m* 1. (*ustensile*) Walze *f*; (*bigoudi*) Lockenwickler *m*; ***~ essuie-main*** Handtuchspender *m*
2. (*bande enroulée*) ■ **~ de** -rolle *f*; ***~ de cuivre*** Kupferdrahtrolle
3. (*cylindre*) ■ **~ de …** *de bonbons, pièces* Rolle *f* …
4. (*vague*) Welle *f*
▸ **~ compresseur** TECH Straßenwalze *f*
◆ **rouleau à pâtisserie** Teigrolle *f*, Nudelholz *nt*; **rouleau de printemps** Frühlingsrolle *f*

roulé-boulé <~s-~s> [ʀulebule] *m* Purzelbaum *m*; ***qn effectue un ~~*** jd schlägt einen Purzelbaum

roulement [ʀulmɑ̃] *m* 1. (*bruit sourd*) [*tonnerre*] Grollen *nt*; [*train*] Rattern *nt*; ***~ de tambour*** Trommelwirbel *m*
2. (*geste*) [*hanches*] Wiegen *nt*; [*yeux*] Rollen *nt*; [*épaules*] Kreisen *nt*; ***un petit ~ des hanches*** ein kleiner Schwenk mit der Hüfte
3. (*alternance*) [Schicht]wechsel *m*
4. (*circulation*) [*capitaux, fonds*] Umlauf *m*
5. TECH Wälzlager *nt*, Walzenlager *nt*; ■ **~ à** -lager *nt*; ***~ à aiguilles/billes/rouleaux*** Nadel-/Kugel-/Rollenlager
6. (*circulation*) Verkehr *m*; ***~ des voitures/poids lourds*** Autoverkehr/Lkw-Verkehr
▸ **par ~** im Wechsel

rouler <1> [ʀule] I. *vt* 1. (*faire avancer*) ■ **qn roule qc** jd rollt etw über den Boden; ■ **qn roule qn dans qc** *bébé, invalide* jd führt jdn in etw (*dat*) umher; ■ **qc roule qc** */rivière, torrent/* etw führt etw mit sich
2. (*enrouler*) ■ **qn roule qc** *crêpe, omelette* jd rollt etw ein; *tapis, poster, carte a.* jd rollt etw zusammen; *parapluie* jd macht etw zu; *cigarette* jd dreht etw; *chaussettes* jd legt etw zusammen; *corde* jd wickelt [*o* rollt] etw auf; ■ **qn roule qc jusqu'à qc** *manche, jambes* jd krempelt etw bis zu etw hoch; ■ **qn roule qc sur qc** *fil* jd rollt etw auf etw (*akk*) auf; *chaussettes* jd rollt etw bis zu etw hinab; ***qn roule ses cheveux sur les bigoudis*** jd dreht sich (*dat*) die Haare ein
3. (*faire tourner sur soi*) ■ **qn roule qn dans qc** jd wickelt jdn in etw (*akk*) ein; ■ **qn roule qc dans qc** *dans la farine, chapelure* jd wälzt etw in etw (*dat*)
4. (*passer au rouleau*) ■ **qn roule qc** jd walzt etw
5. *fam* (*voler*) ■ **qn roule qn [sur qc]** jd haut jdn [mit etw] übers Ohr *fam*; ■ **qn se fait ~ [par qn]** (*se faire voler*) jd wird [von jdm] übers Ohr gehauen *fam*; (*se faire posséder*) jd wird [von jdm] eingewickelt *fam*
6. *littér* (*retourner*) ■ **qn roule qc [dans qc]** *idées, projets* jd wälzt etw [in etw (*akk*)]
7. (*balancer*) ■ **qn roule qc** *épaules* jd kreist mit etw; *yeux* jd rollt etw; *hanches* jd wiegt sich in etw (*dat*)
8. LING ■ **qn roule qc** jd rollt etw
II. *vi* 1. (*se déplacer sur roues*) ■ **qc roule** etw fährt [*o* rollt]
2. (*circuler*) ■ **qn roule …**: ***qn roule peu/vite/en 2 CV*** jd fährt wenig/schnell/mit einer Ente; ■ **qn roule pour …** SPORT: ***elle roule pour Peugeot/BMW*** sie fährt für [*o* im Auftrag von] Peugeot/BMW
3. (*tourner sur soi*) ■ **qc roule quelque part** */boule/* etw rollt irgendwohin; */larme/* etw läuft irgendwohin; ■ **qn roule quelque part** jd stürzt irgendwohin; ■ **qn fait ~ qn quelque part**: ***il te fait ~ sous la table*** bei ihm landest du unterm Tisch; ■ **qn fait ~ qc** *boule* jd schlägt etw
4. NAUT ■ **qc roule** etw schlingert
5. (*bourlinguer*) ■ **qn roule** jd kommt herum; ***il avait roulé de par le monde*** er kam in der ganzen Welt herum
6. FIN ■ **qc roule** etw ist in Umlauf; ***l'argent c'est fait pour ~!*** Geld ist zum Ausgeben da!
7. (*faire un bruit sourd*) ■ **qc roule** */tonnerre/* etw grollt; ***les tambours se mirent à ~*** die Trommeln fingen an zu schlagen, Trommelwirbel kam auf
8. (*avoir trait à*) ■ **qc roule sur qn/qc** in etw (*akk*) geht es um jdn/etw
9. *fam* (*être à la solde de qn*) ■ **qn roule pour qn** jd arbeitet für jdn
▸ **ça roule** *fam* (*ça va bien*) alles paletti *fam*; (*ça marche*) das geht schon in Ordnung, das ist schon o.k. *fam*; (*ça va pas tarder*) kommt sofort; **[allez] roulez!** *fam* (*invitation à avancer*) auf geht's! *fam*; (*sur un manège*) und los geht die Fahrt!
III. *vpr* 1. (*se tordre*) ■ **qn se roule de qc** *de douleur* jd krümmt sich vor etw (*dat*); *de rire a.* jd biegt sich vor etw (*dat*); ***c'est vraiment à se ~ par terre*** es ist wirklich zum Totlachen *fam*
2. (*se vautrer*) ■ **qn se roule quelque part** jd rollt sich irgendwo
3. (*s'enrouler*) ■ **qn se roule dans qc** jd rollt [*o* wickelt] sich in etw (*akk*) ein; ■ **un animal se roule** ein Tier rollt sich ein; ***qn/un serpent se roule en boule*** jd/eine Schlange rollt sich ein
4. (*pouvoir être enroulé*) ■ **qc se roule** etw lässt sich [zusammen]rollen
▸ **qn se les roule** *fam* jd faulenzt

roulette [ʀulɛt] *f* 1. (*petite roue*) Rolle *f*, Rädchen *nt*
2. (*outil*) [*dentiste*] Bohrer *m*; [*pâtissier*] [Teig]rädchen *nt*; [*couturière*] [Kopier]rädchen *nt*
3. (*jeu*) Roulett *nt*
▸ **~ russe** russisches Roulett; **qc marche [*o* va] comme sur des ~s** etw läuft wie geschmiert; **à ~s**: ***fauteuil à ~s*** Rollstuhl *m*; ***patins à ~s*** Rollschuhe *pl*

rouleur, -euse [ʀulœʀ, -øz] *m, f* CYCLISME [Rad]rennfahrer(in) *m(f)*

roulis [ʀuli] *m* Schlingern *nt*

roulotte [ʀulɔt] *f* Wohnwagen *m*

roulure [ʀulyʀ] *f vulg* Nutte *f fam*

roumain, e [ʀumɛ̃, ɛn] I. *adj* rumänisch
II. *m* (*langue*) Rumänisch *nt*
III. *m, f* ■ **Roumain(e)** Rumäne/Rumänin *m/f*

Roumanie [ʀumani] *f* ■ **la Roumanie** Rumänien *nt*

round [ʀaund, ʀund] *m* 1. SPORT Runde *f*
2. (*épisode*) Runde *f*
◆ **round d'observation** Testrunde *f*

roupettes [ʀupɛt] *fpl fam* Eier *pl fam*

roupie [ʀupi] *f* FIN Rupie *f*
▸ **c'est de la ~ de sansonnet** *fam* das ist ein Pappenstiel *fam*

roupiller <1> [ʀupije] *vi fam* ■ **qn roupille** jd pennt *fam*, jd poft *fam*

roupillon [ʀupijɔ̃] *m fam* Nickerchen *nt*
▸ **qn fait [*o* pique] un [petit] ~** jd macht ein Nickerchen

rouquin, e [ʀukɛ̃, in] I. *adj cheveux* rot; *personne* rothaarig
II. *m, f* Rothaarige(r) *f(m)*

rouscailler <1> [ʀuskaje] *vi fam* ■ **qn rouscaille** jd meckert *fam*; ***il faut toujours qu'il rouscaille*** er muss immer an allem herumnörgeln

rouspétance [ʀuspetɑ̃s] *f fam* (*action*) Gemecker *nt fam*; (*attitude*) Meckern *nt fam*, Herummosern *nt fam*; ***et pas de ~!*** keine Widerrede!

rouspéter <4> [ʀuspete] *vi fam* ■ **qn rouspète [contre qn/qc]** jd meckert [an jdm/etw herum] *fam*
▸ **qn se fait ~** jd wird ausgeschimpft

rouspéteur, -euse [ʀuspetœʀ, -øz] I. *adj fam* meckernd *fam*; ***ce que tu peux être ~!*** dass du immer meckern musst! *fam*
II. *m, f fam* (*homme*) Meckerfritze *m fam*; (*femme*) Meckerziege *f fam*

roussâtre [ʀusɑtʀ] *adj* rötlich

rousse [RUS] *adj/subst v.* **roux**
rousserolle [RUS(ə)RɔL] *f* Drosselrohrsänger *m*
roussette [RUSɛt] *f* **1.** (*poisson*) Katzenhai *m*
2. (*chauve-souris*) Fledermaus *f*
rousseur [RUSœR] *f* Rotton *m*, rötliche Färbung
roussi [RUSi] *m* ▶ **qc/ça sent le** ~ (*sent le brûlé*) etw/es riecht angebrannt; (*est suspect*) etw/das ist nicht [ganz] koscher [*o* sauber]; ***cette affaire sent le*** ~ die Sache stinkt
roussir <8> [RUSiR] **I.** *vi* **1.** (*devenir roux*) ■ **qc roussit** /*feuillage*/ etw wird rot; /*herbe*/ etw wird braun, etw verbrennt
2. GASTR ■ **qn fait** ~ **qc** jd brät etw an
II. *vt* **1.** (*brûler*) ■ **qn roussit qc** *corne, étoffe, linge* jd sengt etw an; *farine* jd bräunt etw [an]
2. (*rendre roux*) ■ **qc roussit qc** *herbe* etw verbrennt etw, etw färbt etw braun; *feuillage* etw färbt etw rot; *tissu* etw lässt etw verschießen
roustons [Rustɔ̃] *mpl fam* Eier *pl fam*
routage [Rutaʒ] *m* [*imprimés, journaux*] Sortierung *f*
routard, e [RutaR, aRd] *m, f* Rucksacktourist(in) *m(f)*
route [Rut] *f* **1.** (*voie de circulation*) Straße *f*; ■ ~ **de** *de Paris, Brest* Straße nach; ~ ***nationale/départementale*** ≈ Bundes-/Landesstraße; ~ ***secondaire*** Nebenstraße
2. (*voyage*) Fahrt *f*; ***trois heures de*** ~ drei Stunden Fahrzeit; ***bonne*** ~! gute Fahrt!
3. (*itinéraire*) Weg *m*; (*direction*) Richtung *f*; NAUT, AVIAT Route *f*; ***qn demande sa*** ~ jd fragt nach dem Weg; ***ce n'est pas ma*** ~ das ist nicht meine Richtung; ***qn cherche sa*** ~ jd sucht den Weg; ***qn a perdu sa*** ~ jd hat sich verfahren; ***il m'a coupé la*** ~, ***ce con!*** der Idiot hat mich geschnitten!; ***le satellite change de*** ~ der Satellit ändert den Kurs
4. ∅ (*moyen de transport*) Straße[nverkehr *m*] *f*; ***qn vient par la*** ~ jd kommt mit dem Auto
5. (*ligne de communication*) -weg *m*; ~ ***aérienne/maritime*** Luft-/Seeweg; ~ ***stratégique*** strategisch wichtige Straße; ■ ~ **de qc** *des épices* Handelsstraße *f* für etw; ~ ***du sel*** Salzstraße *f*; ***la*** ~ ***des Indes*** der Weg nach Indien; ***la*** ~ ***de l'opium menait les aventuriers vers la Chine*** auf der Suche nach Opium kamen die Abenteurer nach China
6. (*voie, chemin*) Weg *m*; ***qn est indécis(e) sur la*** ~ ***à suivre*** jd ist unentschlossen, welchen Weg er einschlagen soll; ***sa*** ~ ***est déjà toute tracée*** sein/ihr Weg ist bereits vorgezeichnet; ***qn change de*** ~ jd ändert den Kurs; ***qn remet qn sur la*** ~ jd bringt jdn wieder auf den rechten Weg; ***en tous cas, tu es sur la bonne*** ~ du bist jedenfalls auf dem richtigen Weg; ***qn/qc m'a barré la*** ~ jd/etw versperrte mir den Weg; ■ ~ **de qc** *de la réussite, du bonheur, succès* Weg zu etw
▶ **qn fait fausse** ~ jd nimmt einen falschen Weg; (*se trompe*) jd ist auf dem Holzweg; **qn a qc en** ~ jd hat etw in Gang gesetzt; **qn/qc est en** ~ [**pour quelque part**] (*voyage*) jd/etw ist [nach irgendwohin] unterwegs, jd/etw ist auf dem Weg [nach irgendwohin]; (*a démarré*) etw läuft an; ***un enfant est en*** ~ ein Kind ist unterwegs; **qn est toujours sur les** ~**s** jd ist immer unterwegs; **qn fait la/une** ~ jd fährt die/eine Strecke; **qn fait de la** ~ jd reist viel herum; **qn/qc fait** ~ **vers quelque part** jd/etw fährt irgendwohin; /*avion*/ etw fliegt irgendwohin; **qn met qc en** ~ *affaire* jd startet etw, jd setzt etw in Gang; *appareil électrique* jd schaltet etw an; ***qn met le moteur en*** ~ jd lässt den Motor an; **qn se met/remet en** ~ jd macht sich/macht sich wieder auf den Weg; **qn prend la** ~ jd fährt; **qc tient la** ~ AUT etw hat eine gute Straßenlage; **qn/qc tient la** ~ *fam* jd/etw ist bodenständig; **en** ~! auf geht's! *fam*; **en** ~, **qn a fait qc** unterwegs hat jd etw getan; **par la** ~ mit dem Auto; **sur** ~ auf der Straße
routier, -ière [Rutje, -jɛR] **I.** *adj* (*relatif à la route*) Straßen-; ***chauffeur*** ~ Fernfahrer(in) *m(f)*; ***prévention*** ~***ière*** Verkehrserziehung *f*; ***ensemble*** ~ Fahrzeug *nt*, Gefährt *nt*
II. *m, f* **1.** (*camionneur*) Fernfahrer(in) *m(f)*
2. CYCLISME Straßenfahrer(in) *m(f)*
▶ **vieux** ~ **de qc** alter Hase *fam* [*o* erfahrener Könner/erfahrene Könnerin] auf dem Gebiet von etw
III. *m* (*restaurant*) Fernfahrerraststätte *f*
IV. *f* AUT ■ **routière** Langstreckenfahrzeug *nt*
routine [Rutin] *f* **1.** (*habitude*) Routine *f*
2. INFORM Routineprogramm *nt*
▶ **de** ~ *contrôle, opération, visite* Routine-
routinier, -ière [Rutinje, -jɛR] *adj travail, vie* eintönig; *personne* unbeweglich; *méthodes* gängig; *esprit* mittelmäßig; ***le procédé de fabrication est*** ~ die Herstellung ist ein Routineverfahren
rouvrir <11> [RuvRiR] **I.** *vt* ■ **qn/qc rouvre qc** *blessure, plaie* jd/etw reißt etw wieder auf; *débat* jd/etw setzt etw wieder in Gang; *porte* jd öffnet etw wieder; *yeux* jd schlägt etw wieder auf
II. *vi* ■ **qn/qc rouvre** jd/etw macht wieder auf
III. *vpr* ■ **qc se rouvre** /*blessure, plaie*/ etw platzt wieder auf; /*débat*/ etw kommt wieder in Gang; /*porte*/ etw öffnet sich wieder; ***ses yeux se rouvrirent enfin*** endlich machte er/sie die Augen wieder auf
roux, rousse [Ru, Rus] **I.** *adj barbe, cheveux, feuillage* rot; *pelage, robe de cheval* rotbraun; *personne* rothaarig
II. *m* **1.** (*couleur*) Rot *nt*
2. GASTR Mehlschwitze *f*, Einbrenn *f* AUS
III. *m, f* (*personne*) Rothaarige(r) *f(m)*
royal, e <-aux> [Rwajal, o] **I.** *adj* **1.** (*propre à un roi*) königlich; ***prince/princesse*** ~***e*** Kronprinz *m*/Kronprinzessin *f*
2. (*digne d'un roi*) *demeure, repas, salaire* fürstlich; *magnificence* nobel; *cadeau* königlich
3. (*total*) *indifférence* absolut; *mépris* tief; *paix* himmlisch
II. *f* ▶ **à la royale**: ***lièvre à la*** ~***e*** Hasenbraten *m* in Rotweinsoße
royalement [Rwajalmɑ̃] *adv* **1.** (*avec magnificence*) *recevoir, traiter* fürstlich; *vivre a.* wie ein König
2. *fam* (*totalement*) *s'en foutre* völlig, vollkommen; *s'en moquer* in jeder Hinsicht [*o* Beziehung]; *iron* (*en tout et pour tout*) sage und schreibe
royalisme [Rwajalism] *m* Royalismus *m*
royaliste [Rwajalist] **I.** *adj* royalistisch
II. *mf* Royalist(in) *m(f)*
royalties [Rwajalti] *fpl* (*pour une marque, un savoir-faire*) Lizenzgebühr *f*; (*pour une chanson, une adaptation*) Rechte *pl*; (*dans le cas d'une société pétrolière*) Förderabgaben *pl*
royaume [Rwajom] *m* **1.** (*monarchie*) [König]reich *nt*; REL Himmel[reich *nt*] *m*
2. (*domaine*) Reich *nt*
▶ **au** ~ **des aveugles les borgnes sont rois** *prov* unter den Blinden ist der Einäugige König; ~ **céleste** Himmelreich *nt*
◆ **royaume de Dieu** Reich *nt* Gottes; **royaume des morts** Reich *nt* der Toten, Totenreich *nt*
Royaume-Uni [Rwajomyni] *m* ■ **le Royaume-Uni** das Vereinigte Königreich
royauté [Rwajote] *f* **1.** (*régime*) Königtum *nt*
2. (*fonction*) Krone *f*
R.P.R. [ɛRpeɛR] *m abr de* **Rassemblement pour la République** *französische Partei der Gaullisten*
RSVP [ɛRɛsvepe] *loc abr de* **répondez s'il vous plaît** U.A.w.g.
ruade [Rɥad] *f* Ausschlagen *nt*; ***un cheval décoche une*** ~ ein Pferd schlägt aus; ***qn reçoit une*** ~ ***d'un animal*** jd wird von einem Tier getreten; ***d'une*** ~, ***le cheval lui avait cassé la jambe*** das Pferd brach ihm mit einem Tritt das Bein
ruban [Rybɑ̃] *m* **1.** (*ornement, décoration*) Band *nt*; ■ ~ **de** -band
2. [*magnétophone, orgue mécanique*] Band *nt*; [*téléscripteur*] Streifen *m*; [*machine à écrire*] Farbband; ~ ***magnétique*** Tonband; INFORM Magnetband; ~ ***perforé*** Lochstreifen *m*, Lochband
3. *littér* [*rivière, route*] Band *nt*
▶ ~ **adhésif** Klebeband *nt*, Kleb[e]streifen *m*; ~ **correcteur** Korrekturband *nt*; ~ **encreur** Farbband *nt*; ~ **isolant** Isolierband *nt*
rubéole [Rybeɔl] *f* Röteln *pl*
Rubicon [Rybikɔ̃] *m* ▶ **qn franchit le** ~ jd überschreitet den Rubikon
rubicond, e [Rybikɔ̃, ɔ̃d] *adj* rot
rubidium [Rybidjɔm] *m* CHIM Rubidium *nt*
rubis [Rybi] **I.** *m* **1.** (*pierre précieuse*) Rubin *m*
2. (*en horlogerie*) Stein *m*
▶ **qn paie** ~ **sur l'ongle** jd [be]zahlt auf Heller und Pfennig
II. *adj* rubinrot
rubrique [RybRik] *f* **1.** PRESSE [*mode, sports*] Rubrik *f*; ~ ***littéraire/sportive*** Literatur-/Sportteil *m*; ~ ***sportive à la télé*** Sportschau *f* im Fernsehen; ~ ***des spectacles*** Veranstaltungskalender *m*; ~ ***Courriers des lecteurs/Petites annonces*** Rubrik Leserbriefe/Kleinanzeigen
2. (*titre*) Verzeichnis *nt*
▶ ~ **des chiens écrasés** Lokalnachrichten *pl*; **qn tient la** ~ ... PRESSE jd ist für den ...teil [*o* die Rubrik ...] verantwortlich; TV jd ist für die ...sendung verantwortlich; **à** [*o* **sous**] **la** ~ ... unter der Rubrik ...; **à** [*o* **sous**] **la** ~ **de qc** im Bereich einer S. (*gen*); **à** [*o* **sous**] **cette** ~ in dieser Sache
ruche [Ryʃ] *f* **1.** (*caisse*) Bienenstock *m*; (*panier*) Bienenkorb *m*; (*colonie*) Bienenvolk *nt*
2. (*personnes*) Taubenschlag *m*; ***la salle des profs est une vraie*** ~ im Lehrerzimmer geht es zu wie im Taubenschlag
ruché [Ryʃe] *m* Rüsche *f*
rucher [Ryʃe] *m* Bienenhaus *nt*
rude [Ryd] **I.** *adj* **1.** (*pénible*) hart; *climat* rau; *montée* steil
2. (*sévère*) *comportement, personne* streng; *caractère* unerbittlich; ■ **qn est** ~ **à qc** jd stellt sich einer S. (*dat*)
3. (*rugueux*) *peau, surface* rau; *barbe* stachelig, kratzig; *étoffe* derb
4. (*fruste*) *manières* derb; *personne* rau; *traits* hart
5. *antéposé fam* (*sacré*) *appétit* gesegnet; *gaillard* handfest
6. (*rauque*) *sons, voix* rau
7. *fam* (*culotté*) unverschämt; ***t'es*** ~, ***toi!*** du tickst wohl nicht richtig! *fam*
II. *f* ▶ **qn en fait voir de** ~**s à qn** jd macht jdm das Leben zur Hölle; **qn en voit de** ~**s** jd macht Schweres durch; ***c'est qu'elle en voit de*** ~***s avec ce mari*** mit diesem Mann ist sie geschlagen
rudement [Rydmɑ̃] *adv* **1.** (*avec rudesse*) *frapper, heurter, tomber* hart; *répondre* schroff; *traiter* streng
2. *fam* (*sacrément*) *cher, bon* sau- *fam*; *mauvais* verdammt *fam*; *changé* total *fam*; *tendre* unglaublich; ~ ***fatigué(e)*** todmüde; ***je suis*** ~ ***content*** ich bin überglücklich; ***il a eu*** ~ ***peur*** er hatte eine panische Angst; ***le médicament est*** ~ ***mauvais*** das Medikament schmeckt scheußlich
rudesse [Rydɛs] *f* **1.** (*dureté*) [*comportement*] Strenge *f*; [*personne a.*] Unerbittlichkeit *f*; ***la*** ~ ***de son langage*** seine/ihre ungeschliffene Sprache; ***la*** ~ ***de ses manières*** seine/ihre derben Manieren; ***la*** ~ ***de leur façon de vivre*** ihre raue Lebensweise
2. (*rigueur*) [*conditions de vie*] Härte *f*; ***la*** ~ ***du climat*** das raue Klima; ***la*** ~ ***de l'hiver*** der harte Winter
rudiment [Rydimɑ̃] *m* **1.** *pl* (*notions élémentaires*) Grundkenntnisse *pl*; ***qn n'en est encore qu'aux*** ~***s*** jd steckt noch in den Anfängen; ***mes*** ~***s d'anglais/algèbre/de chimie*** meine Grundkenntnisse in Englisch/Algebra/Chemie, meine spärlichen [*o* elementaren] Englisch-/Algebra-/Chemiekenntnisse
2. ANAT Rudiment *nt*
rudimentaire [Rydimɑ̃tɛR] *adj* **1.** (*sommaire*) *connaissances* bruchstückhaft, rudimentär; *installation* einfach

2. ANAT rudimentär [vorhanden]
rudoiement [Rydwamɑ̃] *m littér* Brutalität *f*
rudoyer <6> [Rydwaje] *vt* ■ **qn rudoie qn** jd geht brutal mit jdm um
rue¹ [Ry] *f* **1.** (*voie urbaine*) Straße *f;* ~ ***commerçante/à sens unique*** Geschäfts-/Einbahnstraße; ~ ***piétonnière*** Fußgängerzone *f;* ***les scènes de la*** ~ die Straßenszenerie
2. (*ensemble des habitants*): ***toute la*** ~ ***la connaît*** die ganze Straße kennt sie, sie ist in der ganzen Straße bekannt
► **la** ~ **est à tout le monde** die Straße gehört jedem; **en pleine** ~ mitten auf der Straße; **qc court/ne court pas les** ~**s** etw ist/ist nicht gang und gäbe; ***des milliardaires, ça ne court pas les*** ~***s*** Milliardäre sind [schließlich] nicht an jeder Ecke anzutreffen; **des personnes descendent dans la** ~ Menschen gehen auf die Straße; **qn traîne dans les** ~**s** jd treibt sich auf der Straße herum; **à la** ~ auf der Straße; ***qn met qn à la*** ~ jd setzt jdn auf die Straße; ***qn jette qn à la*** ~ jd wirft jdn hinaus, jd setzt jdn vor die Tür; ***qn est*** [*o* ***se retrouve***] ***à la*** ~ jd steht auf der Straße; **dans la** ~ auf der Straße; **des** ~**s** *fille, gamin* aus der Gosse
rue² [Ry] *f* BOT Raute *f*
ruée [Rɥe] *f* Ansturm *m;* ■ ~ **vers qc** *vers les issues de secours* Ansturm auf etw (*akk*); *vers les magasins* Andrang *m* auf etw (*akk*); *vers le soleil* Hunger *m* nach etw; ~ ***vers l'or*** Goldrausch *m*
ruelle [Rɥɛl] *f* Sträßchen *nt*
ruer <1> [Rɥe] **I.** *vi* ■ **un animal rue** ein Tier schlägt aus
II. *vpr* ■ **qn/un animal se rue sur qn/qc** jd/ein Tier stürzt sich auf jdn/etw (*akk*); ■ **qn se rue quelque part** *dans l'escalier, la rue, vers la sortie* jd stürzt [*o* stürmt] irgendwohin; ***des personnes se ruent vers Berlin*** Menschen strömen nach Berlin; ***des personnes se ruent à l'assaut*** Menschen stürmen zum Angriff
ruf[f]ian [Ryfjɑ̃] *m littér* Zuhälter *m*
rugby [Rygbi] *m* Rugby ['rakbi] *nt*
rugbyman <s *o* -men> [Rygbiman, -mɛn] *m* Rugbyspieler ['rakbi-] *m*
rugir <8> [RyʒiR] **I.** *vi* **1.** ■ **un animal rugit** ein Tier brüllt
2. (*pousser des cris*) ■ **qn rugit [de qc]** jd brüllt [vor etw (*dat*)]
3. (*mugir sourdement*) ■ **qc rugit** /*tempête, moteur, vent*/ etw heult; /*mer*/ etw tost; ■ **qn/qc fait** ~ **qc** jd/etw lässt etw aufheulen
II. *vt* ■ **qn rugit qc** jd brüllt etw
rugissement [Ryʒismɑ̃] *m* **1.** [*fauve, lion, panthère*] Brüllen *nt kein pl,* Gebrüll *nt kein pl*
2. (*hurlement*): ***qn se met à pousser des*** ~***s*** jd fängt an herumzubrüllen; ~***s de colère*** Wutgeheul *nt;* ***la douleur lui arrache des*** ~***s*** er/sie brüllt vor Schmerz
3. (*grondement*) [*tempête, moteur, vent*] Heulen *nt;* [*mer*] Toben *nt,* Tosen *nt*
rugosité [Rygozite] *f* **1.** (*aspérité*) Unebenheit *f,* Hubbel *m* SDEUTSCH
2. ∅ (*surface*) [*écorce*] borkige Oberfläche; [*toile émeri*] Körnung *f*
rugueux, -euse [Rygø, -øz] *adj écorce* borkig; *peau, langue d'un chat* rau; *tissu* derb
Ruhr [RuR] *f* ■ **la Ruhr** die Ruhr
ruine [Rɥin] *f* **1.** *pl* (*décombres*) Trümmer *pl*
2. (*édifice délabré*) Ruine *f;* (*personne*) hinfälliger Mensch, Wrack *nt fam*
3. (*effondrement*) [*entreprise, personne*] Ruin *m;* [*carrière, espoirs*] Ende *nt;* [*monarchie*] Zusammenbruch *m;* [*peuple*] Vernichtung *f;* ***qn/qc livre un peuple à la*** ~ jd/etw vernichtet ein Volk; ***ce sera la*** ~ ***de votre santé*** das wird Ihre Gesundheit ruinieren; ***qn conduit sa réputation à la*** ~ jd ruiniert seinen Ruf; ***sa carrière est allée à la*** ~ seine/ihre Karriere ist ruiniert; ***qc signifie la*** ~ ***des efforts entrepris jusque-là*** etw bedeutet, dass die bis dahin unternommenen Anstrengungen umsonst waren
4. (*source de dépenses*): ***quelle*** ~ ***cette voiture!*** dieses Auto ist mein/dein/sein/… Ruin; ***cette femme, c'est une vraie*** ~! diese Frau bringt einen an den Bettelstab!; ***cette maison à entretenir, c'est une*** ~! das Haus ist ein Fass ohne Boden
► **qn/qc court à sa** [*o* **la**] ~ jd/etw geht dem Untergang entgegen; **qc menace** ~ etw ist dem Untergang geweiht; **qn sème la** ~ *soutenu* jd richtet Unheil an; **qc tombe en** ~**[s]** etw zerfällt; **en** ~**[s]** in Trümmern; ***qn laisse un pays en*** ~ jd lässt ein Land in Trümmern zurück
ruiner <1> [Rɥine] **I.** *vt* **1.** (*dépouiller de sa richesse*) ■ **qn/qc ruine qn/qc** jd/etw ruiniert jdn/etw, jd/etw treibt jdn/etw in den Ruin
2. (*détruire*) ■ **qc ruine qc** *santé, réputation* etw ruiniert etw; *vie* etw zerstört etw; *carrière* etw macht etw zunichte; *vignoble* etw verwüstet etw; *récolte* etw vernichtet etw; ***qc a ruiné tous les espoirs de qn*** etw nahm jdm seine ganze Hoffnung
► **ça [ne] va pas te** ~ *fam* das wird dich [schon] nicht umbringen *fam*
II. *vpr* ■ **qn se ruine [pour qn]** jd stürzt sich [wegen jdm] in den Ruin
ruineux, -euse [Rɥinø, -øz] *adj acquisition, voiture, voyage* horrend teuer; *dépense* horrend; *enfants* [außerordentlich] kostspielig; ***ce n'est pas*** ~ das kostet nicht die Welt; ***l'entretien de qc est*** ~ etw ist im Unterhalt außerordentlich kostspielig; ***qn a des goûts*** ~ jd hat einen sündhaft teuren Geschmack
ruisseau <x> [Rɥiso] *m* **1.** (*cours d'eau*) Bach *m*
2. ■ ~ **de:** ~ ***de lave/sang*** Lava-/Blutstrom *m;* ***qc a fait couler des*** ~***x de sang*** etw ließ das Blut in Strömen fließen
3. (*situation vile*) Gosse *f;* ***qn tombe dans le*** ~ jd landet in der Gosse
► **les petits** ~**x font les grandes rivières** *prov* Kleinvieh macht auch Mist
ruisselant, e [Rɥis(ə)lɑ̃, ɑ̃t] *adj visage* tropfnass; *personne, imperméable, parapluie a.* triefend [nass]; ■ ~ **de:** ~ ***de pluie*** vom Regen triefend; ~ ***de sueur*** schweißtriefend; ~ ***de sang*** blutüberströmt; ~ ***d'humidité*** tropfnass; ~ ***de lumière*** *littér* lichtdurchflutet
ruisseler <3> [Rɥis(ə)le] *vi* **1.** (*couler*) ■ **qc ruisselle [de quelque part/quelque part]** /*eau, pluie, sueur*/ etw rinnt [von irgendwo/irgendwohin]; /*sang*/ etw fließt [von irgendwo/irgendwohin]; ***sa chevelure ruissela sur ses épaules*** *littér* seine/ihre Haare fielen ihm/ihr über die Schulter
2. (*être couvert de*) ■ **qc ruisselle [de qc]** *de sueur* etw trieft [vor etw (*dat*)]; *littér de lumière* etw ist von etw durchflutet; ***la façade des maisons ruisselait [de pluie]*** der Regen rann an den Häuserfassaden herunter; ***ses joues ruisselèrent de larmes*** Tränen rannen ihm/ihr über die Wangen; ***les murs ruisselaient d'humidité*** die Wände tropften vor Nässe
ruisselet [Rɥis(ə)lɛ] *m* Bächlein *nt*
ruissellement [Rɥisɛlmɑ̃] *m* [*pluie*] Tröpfeln *nt;* [*larmes*] Fluss *m;* **un** ~ ***de sueur accompagnait chacune de ses crises de paludisme*** er/sie war nach jedem Fieberanfall schweißgebadet
rumba [Rumba] *f* Rumba *f o m*
rumeur [RymœR] *f* **1.** (*bruit qui court*) Gerücht *nt;* ***qui a fait courir cette*** ~? wer hat dieses Gerücht in Umlauf gebracht?
2. (*brouhaha*) [*autoroute, rue, ville*] Lärm *m;* [*vagues*] Brausen *nt;* ~ ***d'une conversation*** Gemurmel *nt;* ***qn écoute la*** ~ ***du vent dans les feuilles*** jd hört zu, wie der Wind in den Blättern raschelt
3. (*protestation*) Murren *nt;* ***des*** ~***s de protestation s'élèvent*** Proteststimmen werden laut
► ~ **publique** Gerüchteküche *f*
ruminant [Ryminɑ̃] *m* Wiederkäuer *m*
rumination [Ryminasjɔ̃] *f* **1.** ZOOL Wiederkäuen *nt*
2. PSYCH ■ ~ **de qc** *d'une idée, du passé* [Nach]grübeln *nt* über etw (*akk*); *d'un projet* Brüten *nt* über etw (*dat*)
ruminer <1> [Rymine] **I.** *vt* **1.** (*ressasser*) ■ **qn rumine qc** *pensée, projet* jd brütet über etw (*dat*); *vengeance* jd brütet etw; *chagrin* jd gibt sich einer S. (*dat*) hin
2. ZOOL ■ **un animal rumine qc** ein Tier käut etw wieder
II. *vi* ■ **un animal rumine** ein Tier käut wieder
rumsteck [Rɔmstɛk] *m v.* **romsteck**
rune [Ryn] *f* Rune *f*
runique [Rynik] *adj* Runen-
rupestre [RypɛstR] *adj figure, gravure, peinture* Höhlen-; *tombe* Felsen-; *plante* Gesteins-
rupin, e [Rypɛ̃, in] **I.** *adj fam personne* betucht *fam; appartement* nobel; *quartier* Nobel-
II. *m, f fam* Betuchte(r) *f(m) fam*
rupteur [RyptœR] *m* Unterbrecher *m*
rupture [RyptyR] *f* **1.** (*cassure*) [*câble, digue, essieu, poutre*] Bruch *m;* [*corde*] Reißen *nt;* [*anévrisme, tendon, veine*] Riss *m;* MIL [*front*] Durchbruch *m;* ***le vent a provoqué la*** ~ ***de la branche*** der Ast wurde vom Wind abgebrochen; ***qc a provoqué une*** ~ ***du peloton*** der Pulk wurde durch etw auseinander gerissen
2. (*interruption*) [*négociations, pourparlers, relations*] Abbruch *m;* ~ ***de circuit*** Kurzschluss *m*
3. (*annulation*) [*fiançailles*] Entlobung *f;* ~ ***de contrat/traité*** Vertragsbruch *m;* ~ ***du contrat de travail*** Auflösung *f* des Arbeitsverhältnisses
4. (*séparation*) Trennung *f;* ■ ~ **avec qn/qc** Trennung von jdm/etw; ***la*** ~ ***avec le capitalisme*** die Abkehr vom Kapitalismus
5. (*changement brusque*) ■ ~ **de:** ~ ***d'équilibre*** Gleichgewichtsverlust *m;* ~ ***de pente*** Vorsprung *m,* Absatz *m;* ~ ***de rythme/ton*** Rhythmus-/Tonwechsel *m;* ~ ***de style*** Stilbruch *m*
► **[qn est] en** ~ **de ban** JUR [jd ist] vogelfrei; (*s'est affranchi de son milieu*) jd steigt aus; ***un homme/une femme en*** ~ ***de ban*** ein Aussteiger/eine Aussteigerin; **qn est en** ~ **avec qc** *avec la société* jd steht auf Kriegsfuß mit etw; *avec le monde* jd lebt abgekehrt von etw; *avec les idées de son temps, un modèle traditionnel* jd steht im Gegensatz zu etw
◆ **rupture de stock** Lagerfehlbestand *m* ► **qn est en** ~ **de stock** jd hat etw nicht vorrätig [*o* auf Lager]
rural, e <-aux> [RyRal, o] **I.** *adj vie, région* ländlich; *exploitation* landwirtschaftlich; ***pays*** ~ Agrarland *nt;* ***domaine*** ~ Landgut *nt;* ***économie*** ~***e*** Landwirtschaft *f*
II. *m, f* Landbewohner(in) *m(f)*
ruse [Ryz] *f* **1.** (*subterfuge*) [Hinter]list *f;* ***qn sait déjouer les*** ~***s de qn*** jd kommt jdm auf die Schliche
2. ∅ (*habileté*) Schläue *f;* ***qn réussit par*** ~ ***à faire qc*** jd bringt es geschickt fertig, etw zu tun
◆ **ruse de guerre, ruse de Sioux** Kriegslist *f*
rusé, e [Ryze] **I.** *adj* gerissen, raffiniert, listig
II. *m, f* gerissene [*o* raffinierte] Person; ***c'est une*** ~***e*** sie ist raffiniert [*o* gerissen]
ruser <1> [Ryze] *vi* ■ **qn ruse [avec qn]** jd wendet [bei jdm] List [*o* Tricks] an, jd trickst [gegenüber jdm] *fam*
rush <[e]s> [Rœʃ] *m* Andrang *m;* SPORT Spurt *m;* ***qc a été l'occasion d'un véritable*** ~ etw hatte einen großen Zulauf; ~ ***de la clientèle*** Kundenandrang; ■ ~ **sur qc** Ansturm *m* auf etw (*akk*)
rushes [Rœʃ] *mpl* Rohmaterial *nt*
russe [Rys] **I.** *adj* russisch
II. *m* (*langue*) Russisch *nt*
III. *mf* ■ **Russe** Russe/Russin *m/f*
► **R~ blanc** Weißrusse/-russin *m/f*
IV. *f* ► **qn boit** [*o* **trinque**] **à la** ~ jd trinkt ex (*und wirft das Glas über die Schulter*)
Russie [Rysi] *f* ■ **la Russie** Russland *nt*
russification [Rysifikasjɔ̃] *f* Russifizierung *f*
russifier <1 a> [Rysifje] *vt* ■ **qn russifie des personnes/choses** jd russifiziert Menschen/Dinge
russule [Rysyl] *m* Täubling *m*
rustaud, e [Rysto, od] **I.** *adj apparence* ungeschlacht; *personne a.* ungeho-

belt
II. *m, f* ungehobelter Klotz
rusticité [rystisite] *f* **1.** (*rustrerie*) Ungehobeltheit *f; la ~ de ses manières* sein/ihr ungehobeltes Benehmen
2. ∅ (*aspect rustique*): *la ~ des maisons* die bäuerlichen Häuser; *la ~ du cadre* der bäuerliche Rahmen
3. ∅ (*robustesse*) Robustheit *f*
rustine [rystin] *f* Flickzeug *nt*
rustique [rystik] **I.** *adj maçonnerie, outils* einfach; *mobilier a.* rustikal; *plat a.* Bauern-; *personne, vie* naturverbunden; *coutumes* ländlich; *arbre, plante* robust
II. *m* Einfachheit *f; je me suis meublé en ~* ich habe mich rustikal eingerichtet
rustre [rystʀ] **I.** *adj* ungehobelt
II. *m* ungehobelter Kerl [*o* Klotz]
rut [ʀyt] *m* Brunft *f*, Brunst *f*
▶ **en** ~ (*en chaleur*) brünstig; *cerf a.* brunftig
rutabaga [ʀytabaga] *m* Steckrübe *f*
ruthénium [ʀytenjɔm] *m* CHIM Ruthenium *nt*
rutilant, e [ʀytilɑ̃, ɑ̃t] *adj* funkelnd
rutilement [ʀytilmɑ̃] *m littér* Funkeln *nt*
rutiler <1> [ʀytile] *vi* ■ **qc rutile** etw funkelt
RV *m abr de* **rendez-vous**
rythme [ʀitm] *m* **1.** MUS, LITTER Rhythmus *m*
2. (*dynamisme*) Schwung *m;* (*dans un roman, une pièce*) Spannung *f; une histoire qui a du ~* eine spannende Geschichte
3. (*allure*) Tempo *nt; qn n'arrive pas à suivre le ~* jd kann das Tempo nicht halten
4. IND [*fabrication, production*] Tempo *nt*
5. (*succession*) [*habitudes*] Rhythmus *m;* [*saisons*] Wechsel *m*
▶ ~ **cardiaque** Herzrhythmus *m;* ~ **respiratoire** Atemrhythmus *m;* **à ce/son** ~ in diesem/seinem/ihrem Rhythmus [*o* Tempo]; **au** [*o* **sur un**] ~ **de qc** im Takt [*o* Rhythmus] von etw
rythmer <1> [ʀitme] *vt* (*cadencer*) ■ **qc rythme qc** etw bestimmt den Rhythmus einer S. (*gen*); ■ [**qc est**] **rythmé(e)** [etw ist] rhythmisch; *match/rock/talk-show très rythmé* ein flottes Spiel/flotter Rock/eine flotte Talk-Show
rythmique [ʀitmik] **I.** *adj* rhythmisch; *guitare* Rhythmus-
II. *f* **1.** (*gymnastique*) Rhythmik *f*
2. MUS (*cadence*) Tempo *nt; section ~* Schlaginstrumente *pl*

S

S, s [ɛs] *m* S *nt*, s *nt*
▶ **s comme Suzanne** S wie Siegfried; **qn fait des s** (*en marchant*) jd geht im Zickzack; **qc fait un/des s** etw beschreibt eine Kurve/ist kurvig; **en S** *route* kurvig; *virage en S* S-Kurve *f*
s *f inv abr de* **seconde** Sek.
S *abr de* **sud**
s' *v.* **se, si**
sa [sa] *adj poss v.* **son**
sabayon [sabajɔ̃] *m* Zaba[gl]ione [tsaba(l)'joːnə] *f*
sabbat [saba] *m* **1.** REL Sabbat *m; jour du ~* Sabbat
2. (*danse des sorcières*) Hexensabbat *m*
sabbatique [sabatik] *adj* **1.** UNIV *année, semestre* Forschungs-; *congé ~* Beurlaubung *f*
2. REL *repos, année* Sabbat-
sabir [sabiʀ] *m péj* Kauderwelsch *nt*
sablage [sɑblaʒ] *m* Sandstreuen *nt;* [*façade, métal*] Sandstrahlen *nt*
sable [sɑbl] **I.** *m* **1.** GEOL Sand *m*
2. (*région*) ■ **les ~s** die [Sand]wüste
▶ **~s mouvants** Treibsand *m;* **qn bâtit sur le** [*o* **du**] ~ jd baut auf Sand; **de** ~ Sand-; [**qn est**] **sur le** ~ *fam* [jd sitzt] auf dem Trockenen
II. *adj inv* sandfarben
sablé, e [sɑble] **I.** *adj* **1.** GASTR: *gâteau ~* Sandgebäck *nt; pâte ~e* Sandkuchenteig *m*
2. (*recouvert de sable*) mit Sand bestreut
II. *m* GASTR Sandgebäck *nt*
sabler <1> [sɑble] *vt* ■ **qn sable qc** *allée, route* jd bestreut etw mit Sand; *façade, métal* jd lässt etw sandstrahlen; *qn sable le champagne* jd trinkt Champagner
sableux, -euse [sɑblø, -øz] **I.** *adj* Sand-
II. *f* ■ **sableuse 1.** (*appareil*) Sandstreuwagen *m*
2. TECH Sandstrahlgebläse *nt*
sablier [sɑblije] *m* Sanduhr *f*
sablière [sɑblijɛʀ] *f* Sandgrube *f*
sablonneux, -euse [sɑblɔnø, -øz] *adj* sandig
sabord [sabɔʀ] *m* Geschützpforte *f; ~ de charge* Ladeluke *f*
▶ **mille ~s!** *fam* heiliges Kanonenrohr! *fam*
sabordage [sabɔʀdaʒ] *m*, **sabordement** [sabɔʀdəmɑ̃] *m* [*entreprise*] Schließung *f;* NAUT Versenken *nt*
saborder <1> [sabɔʀde] **I.** *vt* ■ **qn saborde qc** *entreprise* jd stellt den Betrieb von etw ein; *projet* jd stellt etw ein; *bateau, flotte* jd versenkt etw
II. *vpr* ■ **qn se saborde** /*candidat*/ jd scheidet freiwillig aus; /*patron*/ jd stellt den Betrieb ein; NAUT jd versenkt sich
sabot [sabo] *m* **1.** (*chaussure*) Holzschuh *m;* (*de ville*) Clog *m*
2. ZOOL Huf *m; animaux à ~s* Huftiere *pl*
3. TECH [*bureau, poteau, table*] [Schutz]kappe *f;* ■ ~ **de qc**: *~ de frein* Bremsbacke *f; ~ d'arrêt* Bremsklotz *m*
4. (*petite baignoire*) Sitzbadewanne *f*
▶ **ça ne se trouve pas sous le ~ d'un cheval** *fam* das findet sich nicht an jeder Straßenecke *fam;* **avec ses gros ~s** (*comme un balourd*) unverblümt; *je te vois venir avec tes gros ~s, toi!* Nachtigall, ich hör dir trapsen *fam; elle le/la voyait venir avec ses gros ~s* sie merkte wohl, worauf er/sie hinauswollte; *il est venu me voir avec ses gros ~s et m'a demandé de l'argent* er kam und forderte ganz unverblümt Geld von mir; **comme un** ~ (*très mal*) unter aller Kritik [*o* Kanone]
◆ **sabot de Denver** Parkkralle *f*
sabotage [sabɔtaʒ] *m: ~ des machines/voies ferrées* Sabotage *f* durch Zerstörung von Maschinen/Bahngleisen; *~ du concerto/travail* schludriges Spiel/schludrige Arbeit
saboter <1> [sabɔte] *vt* ■ **qn sabote qc** *discussion* jd sabotiert etw; *machine, voie ferrée* jd betreibt Sabotage durch das Zerstören von etw; *morceau de musique, travail* jd schludert bei etw
saboteur, -euse [sabɔtœʀ, -øz] *m, f* Saboteur(in) *m(f)*
sabotier, -ière [sabɔtje, -jɛʀ] *m, f* Holzschuhmacher(in) *m(f)*
sabre [sɑbʀ] *m* **1.** (*arme*) Säbel *m*
2. SPORT Säbelfechten *nt*
▶ **qn charge/met ~ au clair** jd greift mit dem Säbel an/zieht den Säbel; **le ~ et le goupillon** *fam* die Armee und die Kirche
sabrer <1> [sɑbʀe] *vt* **1.** (*biffer*) ■ **qn sabre qc** jd streicht etw; *réforme* jd hebt etw auf; (*raccourcir*) jd kürzt etw
2. *fam* (*noter avec sévérité*) ■ **qn sabre qn/qc** jd benotet jdn/etw schlecht; *le prof m'a sabré* der Lehrer hat mir eine reingewürgt *fam*
3. *fam* (*refuser à un examen*) ■ **qn sabre qn** jd lässt jdn durchrasseln *fam*
4. *fam* (*être renvoyé de l'école, être licencié*) ■ **qn s'est fait ~** jd wurde gefeuert *fam*
5. (*mettre en pièces*) ■ **qn sabre des personnes** jd haut mit dem Säbel auf Menschen ein
6. (*ouvrir*): *qn sabre le champagne* jd bricht einer/der Champagnerflasche den Hals
7. *fam* (*bâcler*) ■ **qn sabre qc** *affaire, travail* jd schludert bei etw *fam; travail écrit* jd schmiert [*o* schludert] etw hin *fam*
8. (*marquer*) ■ **qc sabre qc** *front, visage* etw zeichnet etw; ■ [**qc est**] **sabré(e) de qc** *de coups de crayon, d'encre rouge* [etw ist] mit etw gezeichnet; [*qc est*] *sabré(e) d'écorchures* [etw ist] zerkratzt
sabreur [sɑbʀœʀ] *m* (*soldat*) Draufgänger *m;* (*escrimeur*) Säbelfechter *m*
sac¹ [sak] **I.** *m* **1.** (*~ à main*) Handtasche *f; ~ de dame* Damenhandtasche
2. (*contenant*) Sack *m;* (*pour achats*) Tüte *f; qn met qc en ~s* jd füllt etw in Säcke
3. (*contenu*) ■ ~ **de** *de pommes de terre, farine, blé, sable* -sack *m*
4. (*~ à dos*) Rucksack *m; ~ de fantassin* [*o de soldat*] Marschgepäck *nt; ~ d'alpiniste* Rucksack; *~ d'écolier* Schultasche *f; ~ de marin* Seesack *m; ~ polochon* Reisetasche *f*
5. (*pour un usage*) ■ ~ **de** *de plage, sport, voyage* -tasche *f;* ■ ~ **à** *à ouvrage, provisions, pain* -tasche; *à ordures* -sack *m;* ■ ~ **qc** *cartable, pique-nique* -tasche; ■ ~ [**en** [*o* **de**] **qc**] Tasche aus etw; ~ **plastique** (*pour achats*) Plastiktüte *f;* (*pour poubelle*) Müllbeutel *m*, Müllsack; (*pour congélateur*) Gefrierbeutel *m; ~ papier* (*pour achats*) Papiertüte *f;* (*pour aspirateur*) Staubsaugerbeutel *m*
6. *fam* (*mille francs anciens*) *1000 alte franz. Franc*
7. ANAT, ORN -sack *m; ~ lacrymal* Tränensack; *~ aérien* Luftsack
▶ ~ **au dos** mit dem Rucksack; ~ **d'embrouilles**, ~ **de nœuds** *fam* Wirrwarr *m*, verworrene Geschichte; **l'affaire est/c'est dans le ~** *fam* die Sache/das ist gebongt *fam;* **qn est fagoté(e)** [*o* **ficelé(e)**] [*o* **habillé(e)**] **comme un ~** jd kommt daher wie in einem Sack; **qn met des personnes/choses dans le même ~** jd wirft Menschen/Dinge in einen Topf; **qn vide son ~** *fam* jd packt aus *fam*
II. *app inv robe* Sack-
◆ **sac à dos** Rucksack *m; ~ à dos porte-bébé* Rückentrage *f;* **sac à main** Handtasche *f;* **sac à malice[s]** (*objet*) Zauberkiste *f;* (*personne*) [Zauber]künstler(in) *m(f);* **sac à viande** Leinenschlafsack *m;* **sac à vin** *fam* Schluckspecht *m fam;* **sac de couchage** Schlafsack *m;* **sac de sable**

Sandsack *m*

sac[2] [sak] *m* (*pillage*) Plünderung *f*
► **qn met à ~ qc** jd plündert etw [aus]

saccade [sakad] *f* Ruck *m*; ***son corps est agité de ~s*** ein Zucken geht durch seinen/ihren Körper
► **par ~s** (*par à-coups*) stoßweise; ***qn parle par ~s*** jd spricht abgehackt

saccadé, e [sakade] *adj débit, style* abgehackt; *démarche, gestes* ruckartig; *respiration, rire* stoßweise; *bruit* in kurzen, aufeinander folgenden Stößen; *sommeil* mehrmals gestört

saccage [sakaʒ] *m* (*pillage*) Plünderung *f*; (*dévastation*) Verwüstung *f*

saccager <2 a> [sakaʒe] *vt* **1.** (*dévaster*) ■ **qn/qc saccage qc** jd/etw verwüstet etw; *moissons* jd/etw vernichtet etw
2. (*piller*) ■ **qn saccage qc** jd plündert etw

saccageur, -euse [sakaʒœʀ, -ʒøz] *m, f* Wandale *m*

saccharine [sakaʀin] *f* Saccharin *nt*, Süßstoff *m*

saccharose [sakaʀoz] *m* Saccharose *f*

sacerdoce [sasɛʀdɔs] *m* **1.** REL Priesteramt *nt*
2. (*vocation*) heiliges Amt

sacerdotal, e <-aux> [sasɛʀdɔtal, o] *adj* Priester-

sachant [saʃɑ̃] *ppr*és *de* **savoir**

sache [saʃ] *subj prés de* **savoir**

sachem [saʃɛm] *m* Häuptling *m*

sachet [saʃɛ] *m* Tüte *f*; ■ **~ de**: **~ *de bonbons/lavande*** Bonbontüte/Lavendelsäckchen *nt*; **~ *de soupe instantanée*** Suppentüte; **~ [*de*] *congélation*** Gefrierbeutel *m*; ***soupe en ~*** Tütensuppe *f*, Fertigsuppe *f*

sacoche [sakɔʃ] *f* Umhängetasche *f*; **~ *de cycliste*** [Fahrrad]satteltasche *f*

sac-poubelle <~s-~s> [sakpubɛl] *m* Müllbeutel *m*, Müllsack *m*

sacquer <1> [sake] *vt fam* **1.** (*renvoyer*) ■ **qn sacque qn** jd feuert jdn *fam*; ■ **qn se fait ~** jd wird gefeuert *fam*
2. (*noter sévèrement*) ■ **qn a sacqué qn** jd hat jdn schlecht benotet; ***le prof m'a sacqué*** der Lehrer hat mir eine reingewürgt *fam*; ■ **qn s'est fait ~** jd wurde schlecht benotet
3. (*refuser à un examen*) ■ **qn a sacqué qn** jd hat jdn durchrasseln lassen *fam*; ■ **qn s'est fait ~** jd ist durchgerasselt *fam*
► **qn ne peut pas ~ qn** jd kann jdn nicht riechen

sacralisation [sakʀalizasjɔ̃] *f* Sanktionierung *f*

sacraliser <1> [sakʀalize] *vt* ■ **qn sacralise qc** jd sanktioniert etw; ■ **[qc est] sacralisé(e)** [etw wird] geheiligt

sacramentel, le [sakʀamɑ̃tɛl] *adj* sakramental

sacre [sakʀ] *m* [*empereur, souverain, évêque*] Inthronisation *f*; [*équipe de foot, printemps*] Krönung *f*

sacré, e[1] [sakʀe] **I.** *adj* **1.** REL *art* sakral; *lieu* heilig; *musique* geistlich; *iron horreur* fürchterlich, sakrisch *fam*; ***terreur ~e*** Furcht *f* vor übernatürlichen Kräften
2. (*inviolable*) *droits* geheiligt, unantastbar; *lois* heilig; ***pour lui, le sommeil, c'est ~*** der Schlaf ist ihm heilig
3. *antéposé fam* (*maudit*): **~ *nom d'un chien*** verdammt noch [ein]mal! *fam*; **~ *bon Dieu, me diras-tu où tu as passé la nuit?*** ja Himmel Herrgott [*o* Herrgott noch [ein]mal], wo bist du heute Nacht gewesen? *fam*
4. *antéposé fam* (*satané*) *menteur* [gott]verdammt *fam*; *toupet* ganz schön *fam*; *chance* verdammt *fam*; *farceur, gaillard* irrsinnig *fam*; ***quel ~ imbécile*** wie kann man nur so saublöd sein *fam*; ***qn a un ~ talent*** jd hat ein Wahnsinnstalent! *fam*; ***ce ~ Dominique a encore gagné!*** dieser verdammte Dominique hat schon wieder gewonnen! *fam*
II. *m* Göttliche(s) *nt*

sacré, e[2] [sakʀe] *adj*: ***les vertèbres ~es*** das Kreuzbein

sacrebleu [sakʀəblø] *interj* Donnerwetter

Sacré-Cœur [sakʀekœʀ] *m* Ø Herz *nt* Jesu; (*basilique*) Sacré-Cœur *kein art*

sacrement [sakʀəmɑ̃] *m* Sakrament *nt*
► **derniers ~s** Sterbesakramente *pl*; **saint ~** heiliges Sakrament

sacrément [sakʀemɑ̃] *adv fam* sakrisch *fam*, tierisch *fam*; *intéressant* wahnsinnig *fam*, ungeheuer; ***il fait ~ beau*** es ist ein irrsinnig schönes Wetter [draußen] *fam*; ***qc a ~ changé les habitudes de qn*** jds Lebensgewohnheiten haben sich durch etw gewaltig verändert

sacrer <1> [sakʀe] *vt* **1.** (*introniser*) ■ **qn sacre qn** jd inthronisiert jdn
2. (*déclarer solennellement*) ■ **qn sacre qn/qc qc** jd erklärt jdn/etw zu etw; ■ **qn/qc est sacré(e) qc** jd/etw wird zu etw erklärt

sacrifice [sakʀifis] *m* **1.** *pl* (*privations*) Opfer *nt*
2. Ø (*renoncement*) ■ **~ de qc** Aufgabe *f* einer S. (*gen*); *de ses ambitions* Zurückhaltung *f* einer S. (*gen*); ***sens du ~*** Opfergeist *m*; ***qn fait le ~ de qc pour qc/pour faire qc*** jd opfert etw für etw/um etw tun zu können
3. REL (*immolation*) Opferung *f*
► **Saint S~** heilige Messe

sacrificiel, le [sakʀifisjɛl] *adj* Opfer-

sacrifié, e [sakʀifje] *m, f* Opfer *nt*

sacrifier <1 a> [sakʀifje] **I.** *vt* **1.** (*renoncer à*) ■ **qn sacrifie qc [pour [*o* à] qc/pour faire qc]** jd opfert etw [für etw/um etw tun zu können]; ■ **qn est sacrifié(e)** jd wird geopfert; /*peuple*/ jd ist dem Untergang geweiht; ■ **qn sacrifie qn/qc** LITTER *personnage, acte* jd streicht jdn/etw
2. COM ■ **qn sacrifie qc** *marchandises* jd verkauft etw zu Schleuderpreisen, jd verramscht etw *fam*; ***qn sacrifie les prix*** jd setzt die Preise herunter; ■ **[qc est] sacrifié(e)** [etw wird] heruntergesetzt; ***à prix sacrifiés*** zu Schleuderpreisen
3. REL ■ **qn sacrifie qn/un animal** jd opfert jdn/ein Tier
II. *vi littér* ■ **qn sacrifie à qc** *à la mode, au goût du jour* jd passt sich einer S. (*dat*) an; *aux préjugés* jd unterliegt einer S. (*dat*)
III. *vpr* (*se dévouer*) ■ **qn se sacrifie [pour qn/à [*o* pour] qc]** jd widmet sich [jdm/einer S.]; *pour la patrie* jd opfert sich [für etw]

sacrilège [sakʀilɛʒ] **I.** *adj* frevelhaft; REL gotteslästerlich
II. *m* Sakrileg *nt*; REL (*profanation*) Gotteslästerung *f*
III. *mf* (*personne*) Gotteslästerer/-lästerin *m/f*

sacripant [sakʀipɑ̃] *m fam* Strolch *m fam*, Lümmel *m fam*

sacristain, -ine [sakʀistɛ̃, -tin] *m, f* Küster(in) *m(f)*, Kirchendiener(in) *m(f)*, Mes[s]ner(in) *m(f)* DIAL

sacristie [sakʀisti] *f* Sakristei *f*

sacro-saint, e <~-~s> [sakʀosɛ̃, sɛ̃t] *adj iron* sakrosankt

sacrum [sakʀɔm] *m* Kreuzbein *nt*

sadique [sadik] **I.** *adj* sadistisch
II. *mf* Sadist(in) *m(f)*

sadiquement [sadikmɑ̃] *adv* sadistisch, auf sadistische Weise

sadisme [sadism] *m* Sadismus *m*

sado [sado] **I.** *adj fam* Sado- *fam*; ***ce type est ~*** der Kerl ist ein Sado *fam*
II. *m, f fam* Sado/Sado-Frau *m/f fam*

sadomaso [sadomazo] **I.** *adj inv fam* Sadomaso- *fam*; ***elle est ~*** sie ist eine Sadomaso-Frau *fam*
II. *m, f inv fam* Sadomaso/Sadomaso-Frau *m/f fam*

sadomasochisme [sadomazɔʃism] *m* Sadomasochismus *m*

sadomasochiste [sadomazɔʃist] **I.** *adj* sadomasochistisch
II. *mf* Sadomasochist(in) *m(f)*

safari [safaʀi] *m* Safari *f*

safari-photo <~s-~s> [safaʀifɔto] *m* Fotosafari *f*

safran[1] [safʀɑ̃] **I.** *m* **1.** GASTR, BOT Safran *m*
2. (*couleur*) Safrangelb *nt*
II. *adj inv* safrangelb

safran[2] [safʀɑ̃] *m* NAUT Ruderblatt *nt*

saga [saga] *f* **1.** (*histoire familiale*) Familiensaga *f*
2. (*légende*) Saga *f*

sagace [sagas] *adj* scharfsinnig

sagacité [sagasite] *f* Scharfsinn *m*

sagaie [sagɛ] *f* Lanze *f*

sage [saʒ] **I.** *adj* **1.** (*avisé*) *conseil, personne* weise; *décision, vierges* klug; ■ **qn est ~ de faire qc** es ist klug von jdm, etw zu tun; ■ **il est ~ de faire qc** es ist klug, etw zu tun
2. (*docile*) *écolier, enfant* artig, brav; ***sois ~!*** sei anständig!
3. (*chaste*) *jeune fille* keusch, sittsam
4. (*décent, modéré*) *goût, vêtement* schlicht; *roman* anständig
II. *m* **1.** (*expert*) Weise(r) *f(m)*; ***conseil des ~s*** Rat *m* der Weisen
2. PHILOS Weise(r) *f(m)*
III. *mf* ein weiser Mann/eine weise Frau

sage-femme <~s-~s> [saʒfam] *f* Hebamme *f*

sagement [saʒmɑ̃] *adv* **1.** (*raisonnablement*) *agir, décider* klug; (*modérément*) *user* in Maßen; ***qn conseille qn ~*** jd gibt jdm einen weisen Rat
2. (*docilement*) artig
3. (*chastement*) sittsam

sagesse [saʒɛs] *f* **1.** (*bon sens*) Weisheit *f*; ***un conseil plein de ~*** ein weiser Rat; ***la ~ de ta décision*** deine kluge Entscheidung; ***qn agit avec ~*** jd handelt klug; ***solution/voie de la ~*** vernünftige Lösung/vernünftiger Weg
2. (*docilité*) [*enfant, élève*] artiges Betragen
3. (*chasteté*) [*jeune fille*] Sittsamkeit *f*, Keuschheit *f*
4. (*modération*): ***la ~ de ses tenues*** seine/ihre schlichte Kleidung
► **~ des nations** Volksweisheit *f*; **qn a eu la ~ de faire qc** jd war so klug und hat etw getan; **avec ~** in Maßen

sagittaire [saʒitɛʀ] *f* BOT Pfeilkraut *nt*

Sagittaire [saʒitɛʀ] *m* ASTROL, ASTRON Schütze *m*
► **qn est [du signe du] ~** jd ist [ein] Schütze, jd ist im Zeichen des Schützen geboren

sagouin, e [sagwɛ̃, in] *m, f fam* **1.** (*salopard*) (*homme*) Schweinehund *m fam*; (*femme*) Miststück *nt fam*; ***qn se comporte comme un ~*** jd führt sich unmöglich auf *fam*; ***bande de ~s*** Saubande *f fam*
2. (*personne malpropre*) Schwein *nt fam*, Ferkel *nt fam*

Sahara [saaʀa] *m* ■ **le ~** die Sahara

saharien, ne [saaʀjɛ̃, jɛn] **I.** *adj* **1.** GEOG der Sahara
2. *température* sehr hoch
II. *f* ■ **saharienne** *kurzärmelige Leinenweste*

Sahel [saɛl] *m* ■ **le Sahel** der Sahel, die Sahelzone

saignant, e [sɛɲɑ̃, ɑ̃t] *adj* **1.** (*sanglant*) *blessure, plaie* blutend
2. *bifteck, viande* blutig, englisch
3. (*douloureux*) *blessure, douleur* tief; *critique* scharf, hart; *mésaventure* schmerzlich; (*vivant*) würzig; (*dynamique*) schwungvoll, fetzig *fam*; ***ça risque d'être ~!*** *fam* (*violent*) das kann heiß werden! *fam*

saignée [seɲe] *f* **1.** (*sillon*) [*arbre*] Zapfstelle *f*; [*sol*] [Abfluss]rinne *f*; [*pièce*] Nut *f*
2. (*prélèvement d'argent*) ■ **~ [dans [*o* à] qc]** finanzielle Einbuße [*o* finanzieller Verlust] [bei etw]; **~ *dans le pouvoir d'achat*** Kaufkraftschwund *m*
3. MED Aderlass *m*
4. (*pertes humaines*) Aderlass *m*
5. ANAT Armbeuge *f*

saignement [sɛɲmɑ̃] *m* **1.** *pl* (*pertes de sang*) Blutung *f*; ***les ~s de nez*** das Nasenbluten
2. (*fait de saigner*) Bluten *nt*

saigner <1> [seɲe] **I.** *vi* **1.** (*perdre du sang*) ■ **qn saigne [de qc]** jd blutet [aus etw]; ■ **qc saigne** etw blutet
2. *littér* (*souffrir*) ■ **qc saigne** /*dignité, orgueil*/ etw ist verletzt; /*cœur*/ etw blutet
II. *vt* **1.** (*tuer*) ■ **qn saigne qn/un animal** jd schneidet jdm die Gurgel durch/sticht ein Tier ab
2. (*exploiter*) ■ **qn saigne qn** jd schröpft jdn; ■ **qn se fait ~** jd wird ge-

schröpft, jd muss bluten
3. MED ■ **qn saigne qn** jd lässt jdn zur Ader
III. *vpr* ■ **qn se saigne pour qn/pour faire qc** jd muss für jdn [schwer] bluten/muss [schwer] bluten, um etw tun zu können
saillant, e [sajɑ̃, jɑ̃t] I. *adj* 1. (*protubérant*) *corniche, front* [her]vorspringend; *veine, yeux, muscle* hervortretend; *pommettes, menton* vorstehend; *angle* spitz
2. (*important*) besondere(r, s); *événement a.* herausragend; *fait a.* außergewöhnlich; *trait a.* hervorstechend
II. *m* [*bastion*] Vorsprung *m;* [*frontière*] Ausbuchtung *f*
saillie¹ [saji] *f* 1. (*aspérité*) Vorsprung *m*
2. *littér* (*boutade*) Geistesblitz *m,* Einfall *m*
▸ **qc fait** ~ etw ragt hervor; **en** ~ vorspringend
saillie² [saji] *f* ZOOL (*accouplement*) Decken *nt*
saillir¹ <*irr, déf*> [sajiʀ] *vi* (*être en saillie*) ■ **qc saille** */corniche, front/* etw springt [her]vor; */veines, yeux, muscle/* etw tritt hervor; */mentor, os/* etw steht vor; ***le rebord du toit saillait au-dessus de nos têtes*** das Dach ragte über unsere Köpfe hinweg; ■ **qn fait** ~ **qc** *muscles* jd lässt etw spielen
saillir² <8> [sajiʀ] *vt* ■ **un animal saillit un animal** ein Tier deckt ein Tier; ■ **qn fait** ~ **un animal** jd lässt ein Tier decken
sain, e [sɛ̃, sɛn] *adj* 1. (*en bonne santé, salubre*) gesund; *constitution* kräftig
2. (*non abîmé*) *fruit, viande* einwandfrei; *fondations* solide; ***les bâtiments/murs ne sont plus très ~s*** die Gebäude/Mauern sind nicht mehr ganz intakt
3. (*normal*) gesund; *affaire, gestion* seriös
4. (*de bon aloi*) gesund; *politique, lectures, idées* vernünftig
5. NAUT problemlos, ungefährlich
▸ **~(e) et sauf(sauve)** gesund und wohlbehalten; ***c'est un miracle qu'elle en soit sortie ~e et sauve*** es ist ein Wunder, dass sie mit heiler Haut davongekommen ist
saindoux [sɛ̃du] *m* Schweineschmalz *nt*
sainement [sɛnmɑ̃] *adv manger, vivre* gesund; *juger, raisonner, réagir* vernünftig
sainfoin [sɛ̃fwɛ̃] *m* [Futter]esparsette *f*
saint, e [sɛ̃, sɛ̃t] I. *adj* 1. *antéposé* REL (*sacré*) heilig; ***~es huiles*** Salböl *nt;* ***~(e) patron(ne)*** Schutzheilige(r) *f(m);* ***le ~ sacrifice de la messe*** die heilige Messe; ■ **S~** Heilig; ***le S~ Sépulcre*** das Heilige Grab; ***la S~e Vierge*** die Heilige Jungfrau; ***les S~es Écritures*** die Heilige Schrift
2. *postposé guerre* heilig; *Semaine, Vendredi, Samedi* Kar-; *Lundi, Mardi, Mercredi* der Karwoche; ***Jeudi*** ~ Gründonnerstag *m;* ***la nuit du Samedi*** ~ die Osternacht
3. *antéposé* REL (*béatifié*) heilig
4. (*pieux*) rechtschaffen
5. *antéposé colère* heilig; *indignation* tiefste(r, s)
II. *m, f* REL Heilige(r) *f(m);* ***le culte des ~s*** die Heiligenverehrung
▸ **petit(e)** ~**(e)** *fam* Heilige(r) *f(m);* **comme on connaît ses ~s on les honore** *prov* man kennt doch seine Pappenheimer; **qn ferait damner un** ~ jd bringt selbst den geduldigsten Menschen zur Weißglut; **qn n'est pas un(e)** ~**(e)** jd ist auch kein Heiliger/keine Heilige; **qn prêche pour son** ~ jd spricht in eigener Sache; **qn ne sait pas à quel** ~ **se vouer** jd weiß weder ein noch aus, jd ist ratlos
◆ **saints de glace** Eisheilige(n) *pl;* **saint des saints** Allerheiligste(s) *nt*
saint-, e [sɛ̃, sɛ̃t] *préf* ■ **la S~(e)-...** der Tag des/der heiligen ...; ***la S~-Jean*** das Johannisfest; ***la S~-Nicolas*** der Nikolaustag, Nikolaus; ***la S~e Édith*** das Fest der heiligen Edith **Saint-Barthélémy** [sɛ̃baʀtelemi] *f* Bartholomäusnacht *f* **saint-bernard** <~-~[s]> [sɛ̃bɛʀnaʀ] *m* (*chien*) Bernhardiner *m;* (*âme secourable*) Samariter *m* **saint-cyrien, ne** <~-~s> [sɛ̃siʀjɛ̃, jɛn] *m, f* Schüler(in) *m(f)* des Collège Militaire Saint-Cyr **Sainte-Alliance** [sɛ̃taljɑ̃s] *f* Heilige Allianz **Sainte-Catherine** [sɛ̃tkatʀin] *loc* ▸ **elle coiffe** ~-~ sie ist fünfundzwanzig Jahre alt und ledig **Sainte-Hélène** [sɛ̃telɛn] *f* GEOG Sankt Helena
saintement [sɛ̃tmɑ̃] *adv* rechtschaffen
Saint-Esprit [sɛ̃tɛspʀi] *m* ■ **le** ~-~ der Heilige Geist
sainteté [sɛ̃tte] *f* Heiligkeit *f*
▸ **Sa/Votre S~** Seine/Ihre Heiligkeit
saint-frusquin [sɛ̃fʀyskɛ̃] *m inv fam* Krempel *m fam,* Kram *m fam* ▸ **et tout le** ~-~ und der ganze Plunder [*o* Kram] *fam* **saint-glinglin** [sɛ̃glɛ̃glɛ̃] *f fam* ▸ **à la** ~-~ am Sankt-Nimmerleins-Tag *fam* **saint-honoré** [sɛ̃tɔnɔʀe] *m inv mit Sahne gefüllter Blätterteigkuchen* **Saint-Marin** [sɛ̃maʀɛ̃] *m* San Marino **Saint-Père** <~s-~s> [sɛ̃pɛʀ] *m* Heiliger Vater **saint-pierre** <~-~[s]> [sɛ̃pjɛʀ] *m* (*poisson*) Heringskönig *m* **Saint-Pierre-et-Miquelon** [sɛ̃pjɛʀemikəlɔ̃] *m* Saint-Pierre-et-Miquelon *nt* **Saint-Siège** [sɛ̃sjɛʒ] *m* Heiliger Stuhl **saint-simonien, ne** <~-~s> [sɛ̃simɔnjɛ̃, jɛn] I. *adj* saint-simonistisch II. *m, f* Saint-Simonist(in) *m(f)* **Saint-Sylvestre** [sɛ̃silvɛstʀ] *f* Silvester *m o nt*
sais [sɛ] *indic prés de* **savoir**
saisie [sezi] *f* 1. JUR: ~ ***conservatoire***, ~ ***conservatoire*** [*o* ***mobilière***] Pfändung *f,* Exekution *f* AUS; (*vente forcée*) Zwangsvollstreckung *f* [in das bewegliche Vermögen]; ~ ***immobilière*** Immobiliarvollstreckung *f* [in das unbewegliche Vermögen]
2. (*confiscation*) Beschlagnahmung *f*
3. INFORM Erfassen *nt*
◆ **saisie de l'écran** INFORM Screenshot ['skriːnʃɔt] *m spec*
saisie-attribution <~s-~s> [seziatʀibysjɔ̃] *f* Lohnpfändung *f* **saisie-exécution** <~s-~s> [seziɛgzekysjɔ̃] *f* Zwangsvollstreckung *f,* Zwangsversteigerung *f*
saisir <8> [seziʀ] I. *vt* 1. (*prendre*) ■ **qn saisit qn/un animal** jd packt jdn/ein Tier; ***qn saisit qn par les épaules/le chien par le collier*** jd packt [*o* fasst] jdn an den Schultern/den Hund am Halsband; ***qn saisit qn à bras le corps*** jd umfasst jdn mit beiden Armen; ■ **qn saisit qc** jd packt etw, jd fasst etw, jd greift nach etw; *outil* jd greift zu etw; ***il réussit à ~ la corde*** er bekam den Strick zu fassen
2. (*profiter de*) ■ **qn saisit qc** *chance* jd nimmt etw wahr; *occasion a.* jd packt etw beim Schopfe; *prétexte* jd nimmt etw zum Anlass
3. (*comprendre*) ■ **qn saisit qc** jd versteht etw; *signification* jd erfasst etw; *conséquences* jd ist sich (*dat*) über etw (*akk*) im Klaren; ***elle a saisi au vol une partie de la conversation*** im Vorübergehen bekam sie einen Teil des Gesprächs mit; ***j'en ai saisi deux, trois mots*** ich habe zwei, drei Worte davon aufgeschnappt
4. (*s'emparer de*) ■ **qc saisit qn** */allégresse, désespoir, malaise/* etw ergreift jdn; */colère, horreur, peur, fièvre/* etw packt jdn; ***le froid avait saisi les deux alpinistes*** die zwei Bergsteiger waren durchgefroren; ■ **[qn est] saisi(e) de qc** [jd wird] von etw ergriffen; *d'horreur* [jd ist] von etw gepackt; ***j'en suis encore tout(e) saisi(e)*** ich stehe noch ganz unter dem Schock
5. (*impressionner*) ■ **qc saisit qn** */beauté/* etw bezaubert jdn; */ressemblance, changement/* etw verblüfft jdn
6. JUR (*confisquer*) ■ **qn saisit/fait** ~ **qc** jd beschlagnahmt etw/lässt etw beschlagnahmen; ■ **[qc est] saisi(e)** [etw wird] beschlagnahmt [*o* konfisziert]; ■ **qn saisit/fait** ~ **qn** jd pfändet jdn/lässt jdn pfänden; ■ **[qn est] saisi(e)** gegen jdn wird eine Pfändung erwirkt
7. (*porter devant*) ■ **qn saisit qn [de qc]** *commission, Conseil de sécurité* jd geht [mit etw] vor jdn, jd ruft jdn an; ***qn saisit les tribunaux*** jd geht vor Gericht; ***si j'avais été saisi plus tôt de cette affaire, ...*** wenn ich eher von dieser Sache gewusst hätte, ...; ***le gouvernement saisit le parlement d'une loi*** die Regierung erlässt eine Verfügung über das Parlament
8. GASTR ■ **qn saisit qc** *viande* jd brät etw an
9. INFORM ■ **qn saisit qc** jd erfasst etw
II. *vi fam* ■ **qn saisit** jd blickt durch *fam*
III. *vpr* ■ **qn se saisit de qn** jd fasst jdn; ■ **qn se saisit de qc** *d'une arme, d'un outil* jd greift zu etw; *d'une table* jd packt etw
saisissable [sezisabl] *adj* 1. **peu** [*o* **difficilement**] [*o* **à peine**] ~ *langage* kaum verständlich; *nuance de sens* schwer zu erfassen
2. JUR pfändbar
saisissant, e [sezisɑ̃, ɑ̃t] *adj* 1. (*qui surprend*) *beauté* bezaubernd, atemberaubend; *changement, contraste, différence* erstaunlich; *froid* schneidend; *bond, voyage dans le temps* beachtlich
2. JUR Pfändungsgläubiger(in) *m(f)*
saisissement [sezismɑ̃] *m* Schaudern *nt;* ***le contact avec l'eau froide provoque un*** ~ der Kontakt mit kaltem Wasser lässt einen erschauern
▸ **de** ~ vor Schreck; ***qn reste muet de*** ~ jdm verschlägt es die Sprache
saison [sɛzɔ̃] *f* 1. (*division de l'année*) Jahreszeit *f*
2. (*époque privilégiée*): ~ ***littéraire/lyrique*** Literatur-/Lyrikwochen *pl;* ~ ***théâtrale*** Theatersaison *f;* ■ ~ **de** -zeit *f;* ~ ***des amours*** Paarungszeit; ~ ***des foins*** Zeit der Heuernte
3. SPORT, (*au tourisme*) Saison *f*
4. (*cure*) Kur[aufenthalt *m*] *f*
▸ **basse/haute** ~ Neben-/Hochsaison *f;* **belle/mauvaise** ~ schöne/schlechte Jahreszeit; **morte** ~ Nebensaison *f;* **[il n')y a plus de ~s** *fam* das Wetter ist auch nicht mehr das, was es einmal war; **qn fait la** ~ **[quelque part]** jd arbeitet während der Saison [irgendwo]; **de** ~ der Jahreszeit entsprechend; ***un sujet de*** ~ ein aktuelles Thema; ***qc est de*** ~ (*est en vogue*) etw hat Saison; (*est opportun*) etw ist angebracht; **en** ~ während der Saison; ***en toute(s)*** ~***(s)*** ganzjährig; **hors** ~ außerhalb der Saison; **hors de** ~ unangemessen
saisonnier, -ière [sɛzɔnje, -jɛʀ] I. *adj* 1. (*propre à la saison*) jahreszeitlich; *maladie* jahreszeitlich bedingt
2. (*limité à la saison*) saisonal
II. *m, f* Saisonarbeiter(in) *m(f)*
sait [sɛ] *indic prés de* **savoir**
salace [salas] *adj littér plaisanterie, écrit* unanständig; *personne* lüstern
salacité [salasite] *f littér* [*écrit, plaisanterie*] Unanständigkeit *f;* [*personne*] Lüsternheit *f*
salade [salad] *f* 1. BOT, GASTR Salat *m;* ■ ~ **de** -salat
2. *fam* (*confusion*) Salat *m fam*
3. *pl fam* (*mensonges*) Geschichten *pl fam*
4. *pl fam* (*histoires*) Ärger *m*
▸ ~ **niçoise** Nizzaer Salat; ~ **verte** grüner Salat; **qn vend sa** ~ *fam:* ***il a voulu me vendre sa*** ~ er wollte mir seinen Kram andrehen *fam;* **en** ~ als Salat
◆ **salade de fruits** Obstsalat *m,* Fruchtsalat *m;* **salade de saison** Salat *m* der Saison
saladier [saladje] *m* Salatschüssel *f*
salage [salaʒ] *m* [*route*] Salzstreuen *nt;* [*conserves, plat*] Salzen *nt;* ***le ~ des routes*** das Salzstreuen [auf den Straßen]
salaire [salɛʀ] *m* 1. (*rémunération*) [*employé*] Gehalt *nt;* [*ouvrier*] Lohn *m*
2. (*récompense*) Lohn *m*
▸ ~ **d'appoint** Nebenverdienst *m;* ~ **de base** [*employé*] Grundgehalt *nt;* [*ouvrier*] Grundlohn *m;* ~ **de famine** [*o* **misère**] Hungerlohn *m;* **les bas/hauts ~s** die niedrigen/hohen Löhne; ~ **indirect** indirekter Lohn
◆ **salaire minimum interprofessionnel de croissance** [gesetzlich] garantierter Mindestlohn
salaison [salɛzɔ̃] *f* 1. *gén pl* (*plat*) Pökelfleisch *nt;* ***~s de bœuf*** gepökeltes Rindfleisch
2. (*action*) [Ein]pökeln *nt;* ***qn fait la ~ lui-même*** jd pökelt selbst ein
salamalecs [salamalɛk] *mpl fam* Katzbuckelei *f*
▸ **qn fait des ~s** jd katzbuckelt
salamandre [salamɑ̃dʀ] *f* ZOOL Salamander *m*
salami [salami] *m* Salami *f*

salant [salɑ̃] *adj v.* **marais**
salarial, e <-aux> [salaʀjal, jo] *adj* Lohn-; ***la masse ~e*** das Lohn- und Gehaltsaufkommen
salariat [salaʀja] *m* **1.** (*salariés*) Arbeitnehmer *pl*
2. (*condition*) Status *m* des Arbeitnehmers
salarié, e [salaʀje] **I.** *adj travail* unselbständig, lohnabhängig; *ouvrier* nicht selbständig, in einem unselbständigen Arbeitsverhältnis stehend *form*
II. *m, f* Arbeitnehmer(in) *m(f)*; ***les ~*** (*d'une entreprise*) die Beschäftigten, die Belegschaft; (*travailleurs non indépendants*) die Lohn- und Gehaltsempfänger
salaud [salo] **I.** *adj fam* hundsgemein *fam*, link *fam*; ***un mec ~*** ein linker Hund *fam*, ein [hunds]gemeiner Kerl *fam*
II. *m fam* Schweinehund *m sl*, Dreckskerl *m fam*
▶ [**eh ben**] **mon** ~! nicht schlecht [mein] Alter! *fam*
sale [sal] **I.** *adj* **1.** (*opp: propre*) schmutzig, dreckig; *personne a.* schmuddelig *fam*; *devoir, travail* unsauber; (*terne*) schmutzig; ***jaune ~*** schmutziggelb
2. *antéposé fam* (*vilain, louche*) *affaire, histoire* übel, unerfreulich; *type, temps* mies; *coup* gemein, hart; ***il a une ~ gueule*** der sieht fies aus *fam*; ***quel ~ temps!*** so ein Sauwetter! *fam*; ***il a reçu un ~ coup sur le nez*** er hat einen bösen [*o* schlimmen] Schlag auf die Nase bekommen
3. (*obscène*) schmutzig
II. *m fam* ▶ **au** ~ *être* in der Wäsche; *mettre* in die Wäsche
salé, e [sale] **I.** *adj* **1.** (*qui contient du sel*) *eau, pré* Salz-; *beurre, cacahuètes* gesalzen; ***l'eau de mer est ~e*** Meerwasser ist salzig
2. (*conservé dans le sel*) *poisson* gesalzen; *viande* gepökelt
3. *fam* (*corsé*) *addition* gesalzen *fam*; *histoire a.* pikant, schlüpfrig
II. *m* gepökeltes Schweinefleisch
▶ **petit** ~ gepökeltes Schweinefleisch
III. *adv manger, cuisiner* salzig
salement [salmɑ̃] *adv* **1.** (*opp: proprement*) *manger* unmanierlich, unsauber, wie ein Schwein *fam*; *travailler* unsauber, schludrig *fam*; *gagner* auf unsaubere Weise
2. *fam* (*très*) ganz schön *fam*
saler <1> [sale] **I.** *vi* **1.** GASTR ■ **qn sale** jd salzt
2. AUT jd streut Salz
II. *vt* ■ **qn sale qc** **1.** GASTR (*additionner de sel*) jd salzt etw; (*conserver dans le sel*) jd salzt etw ein
2. *route, chaussée* jd streut etw
3. *fam* (*corser*): ***qn sale l'addition*** [*o* ***la note***] jd macht eine gesalzene Rechnung *fam*
saleté [salte] *f* **1.** (*malpropreté*) [*personne, lieu*] Schmutzigkeit *f*, Unsauberkeit *f*; ***qn/qc est d'une ~ incroyable*** jd/etw ist unglaublich schmutzig
2. (*chose sale*) Dreck *m*; ***il a fait des ~s partout*** er hat alles schmutzig gemacht; ***qn a une ~ dans l'œil*** jd hat etwas im Auge
3. (*crasse*) ∅ Schmutz *m*, Dreck *m*
4. *fam* (*objet sans valeur*) Plunder *m*; ***qn vend de la ~*** jd verkauft Ramsch *fam*
5. *fam* (*crapule*) Dreckskerl *m fam*, Miststück *nt kein pl fam*
6. *fam* (*maladie*) mistige [*o* verdammte] Krankheit *fam*; (*fléau*) Kreuz *nt fam*; ***j'ai dû ramasser une ~*** ich muss mir etwas eingefangen haben *fam*; ***le chômage est une ~*** die Arbeitslosigkeit ist ein Kreuz
7. *fam* (*friandise*) süßes Zeug *fam*
8. (*mauvaise action*) Gemeinheit *f*, Schweinerei *f fam*
9. (*obscénité*) Unanständigkeit *f*, Schweinerei *f fam*
▶ **un animal fait des ~s** *euph* ein Tier macht sein Geschäft; ~ **de** *fam de directeur, rhume, d'ordinateur* verdammte(r, s) *fam*, Scheiß- *sl*; ~ ***de Maurice!*** dieser verdammte Maurice! *fam*; ***ma ~ de sœur*** meine Schwester, dieses Miststück *fam*; ~ ***de rhume!*** diese verdammte Erkältung! *fam*, diese Scheißerkältung *sl*; **c'est de la** ~ das taugt nichts
saleuse [saløz] *f* Streufahrzeug *nt*
salicylique [salisilik] *adj*: ***acide ~*** Salizylsäure *f*
salière [saljɛʀ] *f* **1.** (*récipient*) Salzstreuer *m*
2. *fam* (*creux des clavicules*) Salzfass *nt fam*
salifère [salifɛʀ] *adj* salzhaltig; ***cette région est ~*** in der Gegend gibt es Salzvorkommen
saligaud [saligo] *m fam* (*salaud*) Mistkerl *m fam*, gemeiner Kerl; ***qn se conduit comme un ~*** jd benimmt sich hundsgemein *fam*; ***bande de ~s*** Saubande *f fam*
salin, e [salɛ̃, in] **I.** *adj* Salz-; *roche* salzhaltig
II. *m* (*marais salant*) Meeressaline *f*, Salzgarten *m*
III. *f* (*entreprise*) ■ **saline** Saline *f*
salinité [salinite] *f* Salzgehalt *m*
salir <8> [saliʀ] **I.** *vt* **1.** (*rendre sale*) ■ **qn/qc salit qn/qc** jd/etw macht jdn/etw schmutzig [*o* dreckig]; (*pas intentionnellement*) jd macht jdn/etw schmutzig; (*tout à fait*) jd/etw verschmutzt etw
2. (*déshonorer*) ■ **qn/qc salit qn/qc** *honneur* jd/etw beschmutzt etw; *mémoire, personne, nom* jd zieht jdn/etw durch den Schmutz
II. *vpr* **1.** (*se rendre sale*) ■ **qn se salit** jd macht sich schmutzig [*o* dreckig]; ■ **qn se salit qc** jd macht sich (*dat*) etw schmutzig [*o* dreckig]
2. (*devenir sale*) ■ **qc se salit** etw schmutzt, etw wird schmutzig [*o* dreckig]
3. *littér* (*se déshonorer*) ■ **qn se salit** jd beschmutzt seinen Ruf [*o* seinen Namen], jd verliert sein Gesicht
salissant, e [salisɑ̃, ɑ̃t] *adj* **1.** (*qui salit*) schmutzig; ***un travail/un jeu ~*** eine Arbeit/ein Spiel, bei der/bei dem man sich schmutzig macht
2. (*qui se salit*) ■ **qc est ~** etw schmutzt schnell, etw ist empfindlich
salissure [salisyʀ] *f* **1.** (*trace sale*) Schmutzspur *f*; (*tache*) Schmutzfleck *m*
2. *pl* (*ordures*) Dreck *m*
salivaire [salivɛʀ] *adj* Speichel-
salivation [salivasjɔ̃] *f* Speichelfluss *m*
salive [saliv] *f* Speichel *m*
▶ **qn dépense** [*o* **gaspille**] [*o* **perd**] [*o* **use**] **sa/de la ~** [**pour** [*o* **à**] **faire qc**] *fam* jd redet sich (*dat*) den Mund fusselig [um etw zu tun] *fam*; **qn ravale sa ~** jd schluckt
saliver <1> [salive] *vi* **1.** (*sécréter de la salive*) ■ **qn/un animal salive** jd/ein Tier produziert Speichel, jd/ein Tier sabbert *fam*
2. (*convoiter*) ■ **qn salive** [**de qc**] *d'impatience* jd vergeht vor etw (*dat*); ***qn salive d'envie de qc/de faire qc*** jd ist scharf auf etw (*akk*)/darauf, etw zu tun; ■ **qn laisse qn ~** [**de qc**] *d'impatience* jd lässt jdn [vor etw (*dat*)] zappeln; ■ **qn/qc fait ~ qn** [**de qc**] jd/etw macht jdm den Mund wässerig [vor etw (*dat*)] *fam*
salle [sal] *f* **1.** (*grand local*) Saal *m*; ■ **~ de** *de bal, banquet, concert* -saal; *de billard, projection* -raum *m*
2. (*cinéma*) Kino[saal *m*] *nt*
3. (*spectateurs*) Publikum *nt*; ***toute la ~*** der ganze Saal
▶ **qn fait ~ comble** jd füllt die Säle; ~ **commune** Krankensaal *m*; **les ~s obscures** Kinos *pl*; ~ **polyvalente** Mehrzweckhalle *f*; **en** ~ SPORT in der Halle
◆ **salle à manger** Esszimmer *nt*; (*dans un restaurant*) Speisesaal *m*; **salle d'armes** Fechtsaal *m*; **salle d'attente** Wartesaal *m*; (*chez un médecin*) Wartezimmer *nt*; **salle d'audience** Gerichtssaal *m*; **salle d'eau** Waschraum *m*; **salle de bains** Badezimmer *nt*; **salle de cinéma** Kino[saal *m*] *nt*; **salle de classe** Klassenzimmer *nt*; **salle de jeux** Spielzimmer *nt*; **salle de police** Polizeiwache *f*; **salle de réanimation** Wachraum *m*; **salle de rédaction** Redaktion *f*; **salle de restaurant** Speisesaal *m*; **salle de réunion** Sitzungssaal *m*; **salle de séjour** Wohnzimmer *nt*; **salle des fêtes** Festhalle *f*; **salle des machines** Maschinenraum *m*; **salle des pas perdus** Bahnhofs[vor]halle *f*; **salle de spectacle** Veranstaltungssaal *m*; **salle des professeurs** Lehrerzimmer *nt*; **salle des sports** Sporthalle *f*; **salle des ventes** Auktionssaal *m*; **salle de théâtre** Theater[saal *m*] *nt*; **salle de travail** SCOL Arbeitsraum *m*; MED Kreißsaal *m*; **salle d'étude** Hausaufgabenraum *m*; **salle d'opération** Operationssaal *m*
salmigondis [salmigɔ̃di] *m fam* Durcheinander *nt*, Mischmasch *m fam*
salmis [salmi] *m* Salmi *nt*
salmonelle [salmɔnɛl] *f* Salmonelle *f*
salmonellose [salmɔneloz] *f* Salmonellose *f*
salmonidés [salmɔnide] *mpl* Salmoniden *pl*
saloir [salwaʀ] *m* Pökelfass *nt*
Salomon [salomɔ̃] *m v.* **jugement**
salon [salɔ̃] *m* **1.** (*salle de séjour*) Wohnzimmer *nt*
2. (*mobilier*) Sitzgarnitur *f*
3. (*salle d'hôtel*) (*pour les clients*) Gesellschaftsraum *m*; (*pour des conférences, réunions*) Veranstaltungsraum *m*
4. (*exposition*) Ausstellung *f*, Messe *f*; ■ **S~ de** -messe, -ausstellung; ***le S~ de l'Auto***[***mobile***] die Automobilausstellung
5. LITTER Salon *m*
▶ **qn fait ~ quelque part** jd hält [irgendwo] ein Plauderstündchen ab [*o* ein Schwätzchen *fam*]; **qn tient ~** (*bavarde*) jd plaudert, jd konversiert *hum*
◆ **salon de coiffure** Frisörsalon *m*; **salon de jardin** Gartenmöbel *pl*; **salon d'essayage** Umkleidekabine *f*; **salon de thé** Teestube *f*
saloon [salun] *m* Saloon *m*
salopard [salɔpaʀ] *m fam* Schwein *nt sl*, Dreckskerl *m fam*; ***bande de ~s*** gemeine Bande, Saubande *f fam*
salope [salɔp] *f* **1.** *vulg* (*débauchée*) Hure *f*
2. *fam* (*garce*) [gemeines] Biest *nt fam*, Miststück *nt fam*
saloper <1> [salɔpe] *vt fam* **1.** (*bâcler*) ■ **qn salope qc** jd schludert etw hin *fam*
2. (*salir*) ■ **qn salope qc** jd macht etw dreckig, jd versaut etw *fam*
saloperie [salɔpʀi] *f fam* **1.** (*objet sans valeur*) Schund *m fam*, Ramsch *m fam*; ***qn vend de la ~*** jd verkauft Ramsch *fam*
2. (*saletés*) *gén pl* Dreck *m*, Schweinerei *f fam*, Sauerei *f fam*
3. (*mauvaise nourriture*) Schweinefraß *m fam*
4. (*maladie*) mistige [*o* verdammte] Krankheit *fam*; (*fléau*) Kreuz *nt fam*
5. (*méchanceté*) Gemeinheit *f*; ***qn fait une ~/des ~s à qn*** jd ist jdm gegenüber gemein, jd spielt jdm übel mit
6. (*obscénité*) Schweinerei *f fam*, Sauerei *f fam*; ***qn dit des ~s*** jd hält unflätige Reden
▶ **c'est de la** ~ das taugt nichts; ~ **de** Scheiß- *sl*; ~ ***de bagnole!*** Scheißauto! *sl*; ~! Scheiße! *sl*
salopette [salɔpɛt] *f* Latzhose *f*
salpêtre [salpɛtʀ] *m* Salpeter *m*
salpingite [salpɛ̃ʒit] *f* Eileiterentzündung *f*, Salpingitis *f spec*
salsa [salsa] *f* Salsa *m*
salsifis [salsifi] *m* **1.** BOT Haferwurz *m*, Haferwurzel *f*
2. GASTR Schwarzwurzel *f*
saltimbanque [saltɛ̃bɑ̃k] *mf* Gaukler(in) *m(f)*
salubre [salybʀ] *adj* gesund
salubrité [salybʀite] *f* **1.** (*caractère sain*) [*climat*] gesundheitsfördernde Wirkung; [*air*] Reinheit *f*; [*logement*] gesundheitliche Zuträglichkeit
2. (*hygiène*) Hygiene *f*; ***par mesure de ~*** zum Schutz der Gesundheit
▶ ~ **publique** öffentliches Gesundheitswesen
saluer <1> [salɥe] **I.** *vt* **1.** (*dire bonjour*) ■ **qn salue qn** jd grüßt jdn; ***qn salue qn de la main*** jd winkt jdm zu; ***je ne l'ai pas encore salué*** ich habe ihn noch nicht begrüßt
2. (*dire au revoir*) ■ **qn salue qn** jd verabschiedet sich von jdm
3. (*rendre hommage*) ■ **qn salue qn/qc** jd würdigt jdn/etw; *film a.* jd lobt etw; ***"je vous salue Marie, ..."*** „gegrüßet seiest du, Maria ..."
4. (*accueillir*) ■ **qn salue une personne/qc par qc** jd begrüßt jdn/etw mit etw; ***qn est salué(e) par des jets de tomates*** jd wird zur Begrüßung mit

Tomaten beworfen; ***qn salue qn par des sifflets*** jd pfeift jdn zur Begrüßung aus; ***qc est salué(e) par des applaudissements*** etw wird mit Applaus aufgenommen
5. *soutenu* (*considérer*) ■ **qn salue une personne/une chose comme qn/qc** ein Mensch wird von jdm als jd/etw angesehen/eine S. wird von jdm als etw angesehen; ■ **qn salue en qn qn/qc** jd sieht in jdm jdn/etw
6. MIL ■ **qn salue qn/qc** jd salutiert vor jdm/jd salutiert etw
II. *vi* **1.** THEAT ■ **qn salue** jd verbeugt sich
2. MIL ■ **qn salue** jd salutiert
salut[1] [saly] **I.** *m* **1.** (*action de saluer*) Gruß *m;* ***le ~ hitlérien*** der Hitlergruß; ***le ~ scout*** der Pfadfindergruß; ***qn fait un ~ de la main*** jd winkt; ***sans un ~*** grußlos
2. MIL ■ ~ [à **qn/qc**] Salutieren *nt* [vor jdm/vor etw]
II. *interj* **1.** *fam* (*bonjour*) ■ ~! hallo!; ~ ***la compagnie/tout le monde!*** hallo, zusammen!
2. *fam* (*au revoir*) ■ ~! tschüs! *fam*
3. *littér* (*pour rendre hommage*) ■ ~[, **...**] heil[, ...]; ~, ***puissant roi!*** heil, dir mächtiger König!; ■ ~ **à toi/vous** heil dir/euch
salut[2] [saly] *m* **1.** (*sauvegarde*) Rettung *f;* ***le ~ de l'entreprise passe par là*** das Unternehmen ist nur so zu retten
2. REL [Seelen]heil *nt;* ~ **public** öffentliches Wohl; **qn cherche son ~ quelque part** jd sucht sein Heil irgendwo; **qn fait son ~** jd findet sein [Seelen]heil
salutaire [salytɛʀ] *adj* (*bénéfique*) heilsam, wohltuend; *remède a.* wirksam; *choc, échec* heilsam; *décision* richtig; ***ce repos/ce séjour a été*** ~ diese Ruhepause/dieser Aufenthalt hat gut getan; ■ ~ **à qn/qc** (*avantageux*) vorteilhaft für jdn/etw; (*secourable*) hilfreich für jdn/etw
salutations [salytasjɔ̃] *fpl form* Grüße *pl;* ***transmettez mes ~s à votre épouse*** grüßen Sie Ihre Frau von mir
▸ **je vous prie/nous vous prions d'agréer, Madame/Monsieur, mes/nos ~s** + *adj*, **veuillez agréer, Madame/Monsieur, mes ~s** + *adj* mit freundlichen Grüßen; ***veuillez agréer, Madame la Présidente, mes respectueuses ~s*** Hochachtungsvoll
salutiste [salytist] **I.** *adj* der Heilsarmee
II. *mf* Mitglied *nt* der Heilsarmee
salvateur, -trice [salvatœʀ, -tʀis] *adj soutenu mesure, austérité* heilsam; *réflexe* rettend
salve [salv] *f* Salve *f*
◆ **salve d'applaudissements** Beifallssturm *m*
Salzbourg [saltsbuʀ] Salzburg *nt*
Samaritain, e [samaʀitɛ̃, ɛn] *m, f* HIST, REL Samariter(in) *m(f)*
▸ **bon** S~ barmherziger Samariter; **la** S~e® *Name eines Warenhauses in Paris*
samarium [samaʀjɔm] *m* CHIM Samarium *nt*
samba [sɑ̃ba] *f* Samba *f*
samedi [samdi] *m* Samstag *m,* Sonnabend *m;* ***le ~ matin*** am Samstagmorgen, samstagmorgens; ~ ***matin*** [am] Samstagmorgen; ~ ***dans la nuit*** Samstagnacht; ~ ***prochain/dernier*** nächsten [*o* kommenden]/letzten Samstag; ***le ~, tous les ~s*** samstags, jeden Samstag; ***ce*** ~ dieser Samstag; ***nous sommes ~ [18 juin]*** heute ist Samstag[, der 18. Juni]; ~, ***on part en vacances*** am Samstag fahren wir in Urlaub
▸ ~ **saint** Ostersamstag *m; v. a.* **lundi**
samouraï [samuʀaj] *m* Samurai *m*
samovar [samɔvaʀ] *m* Samowar *m*
sampan[g] [sɑ̃pɑ̃] *m* Sampan *m*
S.A.M.U. [samy] *m abr de* **Service d'aide médicale d'urgence** ärztlicher Bereitschaftsdienst; (*médecin*) Notarzt/-ärztin *m/f;* ***qn fait venir/appelle le ~*** jd lässt den Notarzt kommen/jd ruft den Notarzt
samurai [samuʀaj] *m inv v.* **samouraï**
sana [sana] *m abr de* **sanatorium** *fam* Sanatorium *nt*
sanatorium [sanatɔʀjɔm] *m* Sanatorium *nt*
sanctifier <1 a> [sɑ̃ktifje] *vt* ■ **qn/qc sanctifie qn/qc** jd/etw heiligt jdn/etw
sanction [sɑ̃ksjɔ̃] *f* **1.** (*punition*) Strafe *f;* SCOL Strafarbeit *f;* ***qc mérite une ~*** etw muss bestraft werden; ***qn est passible d'une ~*** jd macht sich strafbar
2. ECON, POL Sanktion *f;* ***~s économiques*** wirtschaftliche Sanktionen *pl,* Wirtschaftssanktionen *pl;* ***qn lève des ~s*** jd hebt Sanktionen auf
3. (*conséquence*) Folge *f*
4. (*confirmation*) Sanktion *f,* Billigung *f;* ***qc obtient ~ de qc*** etw wird durch etw sanktioniert; JUR Sanktion *f;* ***qc reçoit la ~ de qn*** etw wird von jdm sanktioniert
▸ **qn prend une ~/des ~s [contre qn]** jd greift zu einer Strafmaßnahme/zu Strafmaßnahmen [jdm gegenüber]; ECON jd verhängt eine Sanktion/Sanktionen [über jdn]
sanctionner <1> [sɑ̃ksjɔne] **I.** *vt* **1.** (*punir*) ■ **qn sanctionne qn/qc** jd [be]straft jdn/etw; ECON jd sanktioniert jdn/etw
2. (*ratifier*) ■ **qn sanctionne qc** jd sanktioniert etw
3. (*confirmer*) ■ **qc sanctionne qc** etw sanktioniert etw
II. *vi* ■ **qn sanctionne** jd bestraft
sanctuaire [sɑ̃ktɥɛʀ] *m* **1.** REL Heiligtum *nt*
2. (*refuge*) Refugium *nt*
sandale [sɑ̃dal] *f* Sandale *f*
sandalette [sɑ̃dalɛt] *f* Sandalette *f*
sandow [sɑ̃do] *m* **1.** (*tendeur*) Spanngurt *m*
2. (*propulseur*) Schleppseil *nt*
sandre [sɑ̃dʀ] *m* Zander *m*
sandwich <[e]s> [sɑ̃dwitʃ] *m* **1.** GASTR Sandwich ['sɛntvɪtʃ] *nt:* ■ ~ **à** -sandwich
2. (*matériau intercalé*) Verbundmaterial *nt*

▸ **des personnes/des choses prennent qn/qc en ~** *fam* (*encadrent*) Menschen/Dinge nehmen jdn/etw in die Mitte; (*coincent*) Menschen/Dinge keilen jdn/etw ein *fam;* SPORT Menschen nehmen jdn in die Zange; **en ~** [**entre deux personnes/choses**] zwischen [zwei Menschen/Dingen]
sang [sɑ̃] *m* **1.** ANAT Blut *nt*
2. (*race*) Blut *nt,* Geblüt *nt geh;* ***qn est de ~ royal*** jd ist von königlichem Geblüt
3. (*vie*) Leben *nt;* ***qn paie qc de son ~*** jd bezahlt etw mit seinem Leben
▸ **coup de ~** Tobsuchtsanfall *m;* **qn sue ~ et eau** jd schwitzt Blut und Wasser; **qn se fait un ~ d'encre** jd kommt um vor Sorge; **qn a du ~ sur les mains** an jds Händen (*dat*) klebt Blut; **qn a le ~ qui lui monte à la tête** jdm steigt das Blut in den Kopf; **mon/son ~ n'a fait qu'un tour** (*de peur*) mir/ihm/ihr blieb vor Schreck das Herz stehen, mir/ihm/ihr stockte das Blut in den Adern; (*de colère*) ich/er/sie sah rot; **qn n'a pas de ~** [*o* **a du ~ de navet** *fam*] **dans les veines** jd hat keinen Mumm in den Knochen; **le ~ bout dans les veines de qn** jdm kocht das Blut in den Adern; **le ~ de qn se fige** [*o* **glace**] **dans ses veines** jdm stockt [*o* erstarrt] das Blut in den Adern; **le ~ lui monte au visage** jdm steigt das Blut in den Kopf; ~ **bleu** blaues Blut; **bon ~** [**de bonsoir**]! [*o* [**de bon Dieu**]!] Himmel Herrgott [noch mal]! *fam;* **bon ~ ne peut mentir** *prov* der Apfel fällt nicht weit vom Stamm; **qn a le ~ chaud** [*o* **vif**] jd hat hitziges [*o* feuriges] Blut, jd ist heißblütig; **du ~ frais** [*o* **neuf**] frischer Wind; **animal à ~ froid/chaud** Kalt-/Warmblüter *m;* **qn se fait du mauvais ~** jd macht sich (*dat*) Sorgen; **qn a qc dans le ~** jd hat etw im Blut; **qn baigne dans son ~** jd liegt in einer Blutlache; **le ~ coule** es fließt Blut; ***sans que le ~ coule*** ohne Blutvergießen; **qn donne son ~** jd spendet Blut; **qn donne/verse son ~** [**pour qn/qc**] jd gibt sein Leben [für jdn/etw]; **qn/qc lui glace le ~** jd/etw lässt jdm das Blut in den Adern gefrieren; **qn lave qc dans le ~** *soutenu* jd bereinigt etw durch Blutrache; **qn noie qc dans le ~** jd erstickt etw im Blut, jd schlägt etw blutig nieder; **qn pisse le ~** *fam* jd blutet wie ein Schwein *fam;* **qn répand le ~ de qn** jd vergießt jds Blut; **qn se ronge les ~s** *fam* jd kommt um vor Angst; **qn lui suce le ~** jd saugt jdn aus bis auf den letzten Tropfen; (*exploiter financièrement*) jd nimmt jdn aus bis auf den letzten Pfennig; **qn/qc lui fait tourner les ~s** (*énerver*) jd/etw regt jdn [dermaßen] auf; (*effrayer*) jd/etw erschreckt jdn zu Tode; **dans le ~** in einem Blutbad; **en ~** blutend; ***qn/qc est en ~*** jd/etw blutet; **jusqu'au ~** *se gratter, fouetter* blutig
sang-froid [sɑ̃fʀwa] *m Ø* **1.** (*maîtrise de soi*) Beherrschung *f,* Gelassenheit *f;* ***qn perd son ~-~*** jd verliert seine Beherrschung [*o* den Kopf]; ***qn manque de ~-~*** jd verliert [leicht] die Beherrschung [*o* die Nerven]; ***qn conserve*** [*o* ***garde***] ***son ~-~*** jd bewahrt einen kühlen Kopf [*o* bewahrt Ruhe], jd bleibt gelassen; ***garde ton ~-~!*** [jetzt] verlier nicht die Nerven!
2. (*froideur*) Kaltblütigkeit *f;* ***qn agit avec ~-~*** jd handelt kaltblütig
▸ **de ~-~** kaltblütig
sanglant, e [sɑ̃glɑ̃, ɑ̃t] *adj* **1.** (*meurtrier*) blutig
2. (*recouvert de sang*) blutig
3. (*violent*) *critique, reproche* hart; *rencontre, match* hitzig
4. *littér* (*rouge*) blutrot
sangle [sɑ̃gl] *f* Spanngurt *m;* ***la ~ d'une selle*** der Sattelgurt
sangler <1> [sɑ̃gle] **I.** *vt* ■ **qn sangle un animal** jd gurtet ein Tier; ***qn sangle un cheval*** jd legt einem Pferd den Sattelgurt an, jd gurtet ein Pferd; ■ **un animal est sanglé(e)** ein Tier ist gesattelt; ■ **qn/qc est sanglé(e)** [**dans qc**] (*serré*) jd/etw ist [in etw (*akk*)] eingeschnürt
II. *vpr* ■ **qn se sangle** jd schnürt sich ein
sanglier [sɑ̃glije] *m* ZOOL, GASTR Wildschwein *nt*
sanglot [sɑ̃glo] *m* Schluchzer *m;* ***tes ~s n'y changeront rien*** dein Schluchzen ändert auch nichts daran
▸ **avec des ~s dans la voix** mit schluchzender Stimme; **qn éclate en ~s** jd bricht in Tränen aus; **dans un ~** in einem Schluchzer, schluchzend; **en ~s** in Tränen aufgelöst
sangloter <1> [sɑ̃glɔte] *vi* ■ **qn sanglote** jd schluchzt
sang-mêlé [sɑ̃mele] *mf inv vieilli* Mischling *m*
sangria [sɑ̃gʀija] *f* Sangria *m*
sangsue [sɑ̃sy] *f* **1.** ZOOL Blutegel *m*
2. *fam* (*personnage collant*) Klette *f*
sanguin, e [sɑ̃gɛ̃, in] **I.** *adj* **1.** ANAT Blut-
2. (*coloré*) rot; *orange* ~e Blutorange *f*
3. (*impulsif*) hitzig; *type* sanguinisch
II. *m* Sanguiniker(in) *m(f)*
III. *f* ■ **sanguine** **1.** (*orange*) Blutorange *f*
2. (*crayon*) Rötel[stift *m*] *m*
sanguinaire [sɑ̃ginɛʀ] *adj* **1.** blutrünstig
2. *soutenu* (*sanglant*) blutig
sanguinolent, e [sɑ̃ginɔlɑ̃, ɑ̃t] *adj* blutend
sanisette® [sanizɛt] *f öffentliche Toilette*
sanitaire [sanitɛʀ] **I.** *adj* sanitär; *équipement, installation a.* Sanitär-; *convoi* Sanitäts-; *mesure* gesundheitspolizeilich; ***cordon*** ~ Sperrgürtel *m;* ***les services ~s*** der Wirtschaftskontrolldienst; ***les autorités ~s*** die Gesundheitsbehörde
II. *m* Sanitäranlagen *pl*
sans [sɑ̃] **I.** *prép* ■ ~ **qn/qc** ohne jdn/etw; ~ ***loi/scrupules/manches*** gesetz-/skrupel-/ärmellos; ~ ***remède*** ausweglos; ~ ***foi*** ungläubig; ***qc n'est pas ~ intérêt*** etw ist nicht uninteressant; ~ ***arrêt*** ununterbrochen; *train* durchgehend, ohne Halt; ~ ***but*** ziellos; ~ ***sa présence d'esprit ...*** wäre er nicht so geistesgegenwärtig gewesen ...; ■ ~ **faire qc** ohne etw zu tun; ~ ***oublier ...*** nicht zu vergessen ...
▸ **qn/qc n'est pas ~ faire qc** *form* nicht, dass jd/etw etw nicht tut; ***la situation n'est pas ~ nous inquiéter*** nicht, dass wir über die Situation nicht beunruhigt wären; ***vous n'êtes pas ~ savoir que*** Sie wissen doch, dass; ~ **ça** *fam* wenn nicht, sonst; ~ **même qc/faire qc/que** + *subj* ohne etw/

ohne etw zu tun/ohne, dass; **non** ~ **qc/faire qc/que** + *subj* nicht ohne etw/nicht ohne etw zu tun/nicht ohne dass; ~ **plus** das ist aber auch alles; ~ **que** + *subj* ohne dass; ~ **quoi** sonst
II. *adv fam* ohne; ***je n'ai pas de voiture, il va falloir faire*** ~ ich habe kein Auto, wir werden ohne [Auto] auskommen müssen
sans-abri [sɑ̃zabʀi] *m inv* Obdachlose(r) *f(m)* **sans-cœur** [sɑ̃kœʀ] I. *adj inv* herzlos; ***qn reste*** ~-~ jd bleibt ungerührt II. *mf inv* herzloser Mensch
sanscrit, e [sɑ̃skʀi, it] I. *adj* Sanskrit-; ***la langue*** ~***e*** das Sanskrit
II. *m* Sanskrit *nt*
sans-culotte <~-~s> [sɑ̃kylɔt] *m* Sansculotte *m*
sans-emploi [sɑ̃zɑ̃plwa] *m inv* Arbeitslose(r) *f(m)* **sans-faute** [sɑ̃fot] *m inv* hervorragende Leistung; SPORT fehlerfreier Durchgang **sans-fil** [sɑ̃fil] *m inv* Funktelefon *nt* **sans-gêne** [sɑ̃ʒɛn] I. *adj inv* ungeniert II. *m* Ø (*désinvolture*) Ungeniertheit *f* III. *mf inv* (*personne désinvolte*) unverfrorene Person **sans-grade** [sɑ̃gʀad] <~-~[s]> *mf fam* Handlanger(in) *m(f)*
sanskrit [sɑ̃skʀi] *adj/subst v.* **sanscrit**
sans-le-sou [sɑ̃lsu] *mf inv fam* armer Schlucker *fam* **sans-logis** [sɑ̃lɔʒi] *mf inv soutenu* Obdachlose(r) *f(m)*
sansonnet [sɑ̃sɔnɛ] *m* Star *m*
santal [sɑ̃tal] *m* 1. (*arbuste*) Sandelbaum *m*
2. (*bois*) Sandelholz *nt*
3. (*essence*) Sandelholzöl *nt*
santé [sɑ̃te] *f* 1. (*état de l'organisme*) Gesundheit *f*; [*économie, entreprise*] Gesundheit; ~ ***mentale*** Geisteszustand *m*; ***qc n'est pas bon pour la*** ~ etw ist nicht gesund; ***qn recouvre la*** ~ jd wird wieder gesund; ***comment va la*** ~? wie geht es gesundheitlich?
2. ADMIN: ***le ministre de la S***~ der Gesundheitsminister; ***les services de*** ~ das Gesundheitsamt; (*armée*) der Sanitätsdienst; ***profession de la*** ~ Heilberuf *m*
▸ **une** ~ **de fer** eine eiserne Gesundheit; **en bonne/mauvaise/parfaite** [*o* **pleine**] ~ bei guter/schlechter/hervorragender Gesundheit; ***qn est en pleine*** ~ jd strotzt vor Gesundheit; ***je suis en bien meilleure*** ~ es geht mir schon [wieder] viel besser; **qn a/est une petite** ~ jd ist anfällig; **la** ~ **publique** das öffentliche Gesundheitswesen; **qn a la** ~ *fam* (*n'a pas froid aux yeux*) jd hat [vielleicht] Nerven; **qn y laisse sa** ~ *fam* jd bezahlt es mit seiner Gesundheit; **qn se refait une** [**petite**] ~ *fam* jd spannt mal wieder aus; **qn respire** [*o* **pète** *fam*] **la** ~ jd strotzt vor Gesundheit; **à la** ~ **de qn** auf jds Wohl (*akk*); ***à ta*** ~! auf dein Wohl!
santiag [sɑ̃tjag] *f fam* Cowboystiefel [ˈkaubɔɪ-] *m*
santon [sɑ̃tɔ̃] *m* Krippenfigur *f*
saoudien, ne [saudjɛ̃, jɛn] I. *adj* saudi-arabisch
II. *m, f* ■ **Saoudien(ne)** Saudi-Araber(in) *m(f)*
saoul, e [su, sul] *adj v.* **soûl**
saouler <1> [sule] *vt v.* **soûler**
sapajou [sapaʒu] *m* 1. (*singe*) Kapuzineraffe *m*
2. *péj fam* (*individu*) [alter] Gartenzwerg *fam*
sape [sap] *f* 1. (*action de saper*) Unterwanderung *f*
2. (*galerie*) Unterhöhlung *f*
▸ **qc de** ~ *tentative, travail* Unterwanderungs-
saper <1> [sape] I. *vt* 1. (*ébranler*) ■ **qn/qc sape qc** jd/etw untergräbt etw; *santé* etw setzt einer S. (*dat*) zu; *confiance* jd/etw macht etw zunichte; ■ **qn sape qn avec qc** jd treibt jdn mit etw zum Wahnsinn *fam*; ■ **qn/qc lui sape qc** *moral* jd/etw nimmt jdm etw; ***qc sape la santé de qn*** etw setzt jds Gesundheit zu
2. (*miner à la base*) ■ **qn/qc sape qc** jd/etw unterhöhlt etw
3. *fam* (*habiller*) ■ **qn sape qn** jd zieht jdn an; ***qn est bien sapé(e)*** jd ist rausgeputzt *fam*
II. *vpr fam* ■ **qn se sape** jd zieht sich an; (*s'habiller bien a.*) jd wirft sich in Schale *fam*
saperlipopette [sapɛʀlipɔpɛt] *interj hum vieilli* Sapperlot
sapes [sap] *fpl arg* Klamotten *pl fam*
sapeur [sapœʀ] *m* MIL Pionier *m*
▸ **qn fume comme un** ~ *fam* jd raucht wie ein Schlot *fam*
sapeur-pompier <~s-~s> [sapœʀpɔ̃pje] *m* Feuerwehrmann *m*; ***une femme*** ~-~ eine Feuerwehrfrau
saphir [safiʀ] I. *m* 1. (*pierre*) Saphir *m*
2. (*tête de lecture*) Saphir *m*
II. *adj inv* saphirblau
saphisme [safism] *m littér* Sapphismus *m*
sapidité [sapidite] *f* Schmackhaftigkeit *f*; ***agent de*** ~ Geschmacksverstärker *m*
sapin [sapɛ̃] I. *m* Tanne *f*
▸ ~ **de Noël** Weihnachtsbaum *m*; **ça sent le** [**bois de**] ~ *fam* der/die macht es nicht mehr lange *fam*
II. *app inv* dunkelgrün
sapinière [sapinjɛʀ] *f* Tannenschonung *f*
saponaire [sapɔnɛʀ] *f* Seifenkraut *nt*
saponification [sapɔnifikasjɔ̃] *f* 1. TECH Verseifen *nt*
2. CHIM Verseifung *f*
saponifier <1 a> [sapɔnifje] *vt* ■ **qn saponifie qc** jd verseift etw
saquer <1> [sake] *vt v.* **sacquer**
sarabande [saʀabɑ̃d] *f* 1. *fam* (*chahut*) Spektakel *m fam*
2. MUS Sarabande *f*
▸ **qn/un animal danse la** ~ *fam* jd/ein Tier springt herum *fam*; ***des rêves insensés dansent la*** ~ ***dans ma tête*** wilde Träume spuken mir im Kopf herum
sarbacane [saʀbakan] *f* Blasrohr *nt*
sarcasme [saʀkasm] *m* Sarkasmus *m*; (*remarque*) sarkastische Bemerkung; ***il a toujours le*** ~ ***à la bouche*** er hat immer eine sarkastische Bemerkung auf der Zunge
sarcastique [saʀkastik] *adj* sarkastisch
sarcastiquement [saʀkastikmɑ̃] *adv* sarkastisch
sarclage [saʀklaʒ] *m* Jäten *nt*
sarcler <1> [saʀkle] *vt* ■ **qn sarcle qc** jd jätet etw
sarclette [saʀklɛt] *f* [kleine] Jäthacke *f*
sarcloir [saʀklwaʀ] *m* Jäthacke *f*
sarcome [saʀkom] *m* Sarkom *nt*
sarcophage [saʀkɔfaʒ] *m* Sarkophag *m*
Sardaigne [saʀdɛɲə] *f* ■ **la Sardaigne** Sardinien *nt*
sarde [saʀd] I. *adj* sardisch
II. *m* (*langue*) Sardisch *nt*
III. *mf* ■ **Sarde** Sarde/Sardin *m/f*
sardine [saʀdin] *f* 1. (*poisson*) Sardine *f*
2. MIL *fam* Tresse *f*
▸ **serré(e)s comme des** ~**s** [**en boîte**] *fam* dicht gedrängt wie in der Sardinenbüchse *fam*
sardinerie [saʀdinʀi] *f* Sardinenkonservenfabrik *f*
sardinier, -ière [saʀdinje, -jɛʀ] *m, f* Sardinenfischer(in) *m(f)*
sardonique [saʀdɔnik] *adj ricanement* hämisch; *rire* höhnisch
sari [saʀi] *m* Sari *m*
sarigue [saʀig] *f* Beutelratte *f*
S.A.R.L. [ɛsaɛʀɛl] *f abr de* **société à responsabilité limitée** GmbH *f*
sarment [saʀmɑ̃] *m* 1. (*rameau de vigne*) [Wein]Rebe *f*
2. (*tige flexible*) Ranke *f*
sarmenteux, -euse [saʀmɑ̃tø, -øz] *adj* Ranken treibend
sarrasin [saʀazɛ̃] *m* Buchweizen *m*
Sarre [saʀ] *f* 1. (*région*) ■ **la Sarre** das Saarland
2. (*rivière*) Saar *f*
Sarrebruck [saʀbʀyk] Saarbrücken
sarriette [saʀjɛt] *f* Bohnenkraut *nt*
sas [sɑs] *m* 1. (*dans une écluse*) Schleusenkammer *f*
2. (*pièce intermédiaire*) Schleuse *f*
sassafras [sasafʀa] *m* Sassafras *m*
Satan [satɑ̃] *m* Satan *m*
satané, e [satane] *adj antéposé* 1. (*maudit*) verflucht, verflixt
2. (*sacré*) verteufelt [gut], toll; ~ ***farceur!*** [du] Teufelskerl! *m fam*; ***un*** ~ ***coureur de jupons*** ein toller [*o* verwegener] Frauenheld
satanique [satanik] *adj* 1. (*diabolique*) satanisch; *ruse* teuflisch
2. REL satanisch
satellisation [satelizasjɔ̃] *f* 1. ESPACE Abschießen *nt* in die Umlaufbahn
2. POL Abhängigkeit *f*; ***on peut craindre une*** ~ ***de ces pays*** es ist zu befürchten, dass diese Staaten zu Satelliten[staaten] werden
satelliser <1> [satelize] *vt* 1. ESPACE ■ **qn/qc satellise qc** jd/etw bringt [*o* schießt] etw in die Umlaufbahn
2. POL (*tenir en sujétion*) ■ **qn/qc satellise qc** *pays* jd/etw macht etw zu einem Satelliten[staat]; ■ **qn satellise qn/qc** (*avoir une emprise sur*) jd übt Einfluss auf jdn/etw aus
satellite [satelit] I. *m* 1. ESPACE Satellit *m*
2. ASTRON Trabant *m*
3. POL Satellit[enstaat *m*] *m*
II. *adj* Satelliten-
satiété [sasjete] *f* Sättigung *f*; (*dégoût*) Übersättigung
▸ **à** ~ reichlich, [mehr als] genug; (*jusqu'au dégoût*) bis zum Gehtnichtmehr; ***j'ai mangé à*** ~ ich habe mich satt gegessen
satin [satɛ̃] *m* Satin *m*; *de coton, laine* -satin; ***peau de*** ~ seidenweiche Haut
satiné, e [satine] I. *adj* 1. (*luisant*) seidig glänzend; *papier* Glanz-, satiniert; *peinture* seidenmatt
2. (*doux*) seidenweich; *peau* samtig
II. *m* 1. (*aspect luisant*) seidiger Glanz
2. (*douceur*) [*peau*] Zartheit *f*
satiner <1> [satine] *vt* ■ **qn satine qc** jd satiniert etw
satinette [satinɛt] *f* Satin[stoff *m*] *m*
satire [satiʀ] *f* Satire *f*; ***une*** ~ ***de qc*** eine Satire auf etw (*akk*)
▸ **qn fait la** ~ **de qn/qc** jd spottet über jdn/etw; **qc fait la** ~ **de qn/qc** etw ist eine Satire auf jdn/etw
satirique [satiʀik] *adj* satirisch; ***poète*** ~ Satirendichter *m*
satisfaction [satisfaksjɔ̃] *f* 1. Ø (*joie*) Zufriedenheit *f*
2. (*auto-satisfaction*) Genugtuung *f*
3. (*contentement*) Befriedigung *f*; ■ ~ **de faire qc** Befriedigung etw zu tun
4. (*action de satisfaire*) ■ **la** ~ **de qc** *d'une envie, d'un instinct* die Befriedigung einer S. (*gen*); *de la faim, soif* das Stillen einer S. (*gen*); *des intérêts* die Wahrung einer S. (*gen*); *d'un désir* die Erfüllung einer S. (*gen*); *d'une demande, réclamation* die Entsprechung einer S. (*gen*); ***je ne peux vous accorder la*** ~ ***de cette demande*** ich kann Ihrer Bitte nicht entsprechen; ***c'est une*** ~ ***d'amour-propre*** das ist eine Genugtuung für mein Selbstwertgefühl
5. (*raison d'être satisfait*) Befriedigung *f*; ***qn a beaucoup de*** ~[***s***] ***avec qn/qc*** jd ist mit jdm/etw sehr zufrieden; ***qn accorde une*** ~ ***à qn*** jd tut jdm einen Gefallen
▸ **qn/qc donne** [**toute** [*o* **entière**]] ~ [**à une personne**] ein Mensch ist mit jdm/etw [sehr] zufrieden; **qn donne** ~ **à qn** (*accorde qc*) *à une personne* jd stellt jdn zufrieden; *à tout le monde* jd wird jdm gerecht; *à un plaignant* jd gibt jdm Recht; **qn obtient** ~ jd erhält [*o* bekommt], was er will; **à la** ~ ... zur Zufriedenheit ...; ***à la*** ~ ***générale*** zur allgemeinen Zufriedenheit
satisfaire <*irr*> [satisfɛʀ] I. *vt* 1. (*contenter*) ■ **qc satisfait qn** etw befriedigt jdn; ■ **qn satisfait qn** jd stellt jdn zufrieden

2. (*assouvir*) ■ **qn/qc satisfait qc** jd/etw befriedigt etw; *faim, soif* etw stillt etw; *désir* jd entspricht einer S. (*dat*)/etw befriedigt etw
3. (*donner droit à*) ■ **qn satisfait qc** *demande* jd entspricht einer S. (*dat*); *réclamation* jd erledigt etw
II. *vi* ■ **qn/qc satisfait à qc** *à une condition, norme* etw entspricht einer S. (*dat*); *à une demande* jd entspricht einer S. (*dat*); *à un engagement, une obligation* jd kommt einer S. (*dat*) nach; *aux règles* jd hält sich an etw (*akk*)
III. *vpr* **1.** (*se contenter*) ■ **qn se satisfait de qc** jd begnügt sich mit etw
2. *euph* (*uriner*) ■ **qn se satisfait** jd erleichtert sich
3. *euph* (*prendre son plaisir*) ■ **qn se satisfait** jd befriedigt seine Lust; (*par la masturbation*) jd befriedigt sich [selbst]
satisfaisant, e [satisfəzɑ̃, ɑ̃t] *adj* befriedigend, zufriedenstellend
satisfait, e [satisfɛ, ɛt] *adj* zufrieden; ■ **qn est ~ de qn/qc** jd ist mit jdm/etw zufrieden
saturateur [satyʀatœʀ] *m* Luftbefeuchter *m*
saturation [satyʀasjɔ̃] *f* **1.** (*dégoût*) Sättigung *f*; ***qn mange qc jusqu'à [la] ~*** jd isst etw, bis er nicht mehr kann; ***moment de ~*** Sättigungsmoment *nt*
2. (*surcharge*) [*marché*] Sättigung *f*; [*standard téléphonique, rues*] Überlastung *f*
3. CHIM, PHYS Sättigung *f*; [*réacteur*] Auslastung *f*; ***le point de ~*** der Sättigungspunkt
► **qn/qc arrive** [*o* **est**] **à ~** jd/etw ist [voll] ausgelastet; CHIM etw ist gesättigt
saturer <1> [satyʀe] **I.** *vt* **1.** (*plus que rassasier*) ■ **qn/qc sature qn** jd hat jdn/etw satt *fam*, jd hat von jdm/etw die Nase voll *fam*; ***mes élèves me saturent avec leurs questions*** ich habe die Fragen meiner Schüler satt; ■ **qc sature qn**, ■ **qn est saturé(e) [de qc]** *de poisson, gâteau* jd hat genug [von etw]; *de promesses, publicité* jd ist [von [*o* mit] etw] übersättigt; ***je suis saturé de poisson*** *fam* ich kann keinen Fisch mehr sehen
2. (*surcharger*) ■ **qn/qc sature qc** jd/etw verstopft etw; ■ **[qc est] saturé(e)** /*standard*/ [etw ist] belegt [*o* besetzt]; /*rues, égouts*/ [etw ist] verstopft; /*marché*/ [etw ist] gesättigt; CHIM, GEOL [etw ist] gesättigt; ***l'air est saturé*** die Luft ist zum Schneiden; ***la terre est saturée d'eau*** die Erde ist mit Wasser durchtränkt
II. *vi fam* ■ **qn sature** jd hat genug, jd hat die Nase voll *fam*
saturnales [satyʀnal] *fpl* **1.** HIST Saturnalien *pl*
2. (*débauche*) Ausschweifungen *pl*
Saturne [satyʀn] *f* Saturn *m*
saturnisme [satyʀnism] *m* Bleivergiftung *f*
satyre [satiʀ] *m* **1.** (*maniaque sexuel*) Sittenstrolch *m*
2. MYTH Satyr *m*
sauce [sos] *f* **1.** GASTR Soße *f*; *béchamel, chasseur, moutarde, tomate* -soße; ~ ***béarnaise*** Sauce béarnaise, Bearner Soße; ~ ***Madère*** Made[i]rasoße; ~ ***hollandaise*** Holländische Soße, Sauce hollandaise; ~ ***vinaigrette*** Vinaigrette *f*; ■ ~ **à** *à l'orange, au vin, aux câpres* -soße
2. *fam* (*délayage*) Drumherum *nt*
► **la ~ fait passer le poisson** *fam* es kommt darauf an, wie man die bittere Pille versüßt *fam*; **qn accommode** [*o* **met**] **qc à toutes les ~s** *fam* jd serviert etw in allen Variationen *fam*; ***qc est mis à toutes les ~s*** etw muss für alles herhalten *fam*; **qn allonge la ~** *fam* jd walzt etw breit *fam*; **à quelle ~ qn va être mangé(e)** *fam* was da auf jdn zukommt, was jdn erwartet *fam*; **qn met la ~** *fam* jd legt einen Zahn zu *fam*; **qn prend la ~** *fam* jd ist/wird klatschnass *fam*, jd kriegt ordentlich was ab *fam*; **qn varie la ~** jd variiert; **qc en ~** etw mit Soße; *plats* Soßen-
saucée [sose] *f fam* [Regen]guss *m fam*; ***il y avait une de ces ~s!*** das hat vielleicht gegossen!
► **qn prend une ~** jd ist/wird klatschnass *fam*, jd kriegt ordentlich was ab *fam*
saucer <2> [sose] *vt* **1.** (*essuyer*) ■ **qn sauce qc** jd tunkt etw [mit Brot] aus
2. *fam* ■ **qn est saucé(e)/se fait ~** jd ist/wird klatschnass *fam*
saucier, -ière [sosje, -jɛʀ] **I.** *m, f* (*personne*) Soßenkoch/-köchin *m/f*
II. *f* (*plat*) ■ **saucière** Soßenschüssel *f*
sauciflard [sosiflaʀ] *m fam* Wurst *f*
saucisse [sosis] *f* **1.** GASTR Würstchen *nt*, Wurst *f* (*zum Braten oder Kochen*); ***la ~ de Francfort*** das Frankfurter Würstchen, die Frankfurter
2. *fam* (*idiot*) Knallkopf *m fam*
3. HIST, MIL (*ballon captif*) Fesselballon *m*
saucisson [sosisɔ̃] *m* GASTR Wurst *f*
► ~ **à l'ail** Knoblauchwurst *f*; ~ **sec** Hartwurst *f*; **qn ficelle qn comme un ~** *fam* jd fesselt jdn; **qn est ficelé(e) comme un ~** (*mal vêtu*) jd ist unmöglich [*o* verboten *fam*] angezogen; (*est serré*) jd ist eingeschnürt wie eine Wurst *fam*
saucissonnage [sosisɔnaʒ] *m fam* Unterbrechung *f*
saucissonner <1> [sosisɔne] **I.** *vi fam* ■ **qn saucissonne** jd picknickt
II. *vt fam* ■ **qn saucissonne qc** jd unterbricht etw; ***des films saucissonnés par des pubs*** Filme *pl* mit eingeblendeten Werbespots
sauf [sof] *prép* **1.** (*à l'exception de*) bis auf (+ *akk*); ■ ~ **quand/si** außer [wenn], es sei denn, [dass]; ■ ~ **que** + *indic* außer dass; abgesehen davon, dass
2. (*à moins de*) abgesehen von; JUR vorbehaltlich (+ *gen*) *form*; ~ ***erreur de ma part*** wenn ich mich nicht irre; ~ ***imprévu*** wenn nichts dazwischen kommt; ~ ***avis contraire*** wenn niemand dagegen ist; ~ ***disposition(s) contraire(s)*** vorbehaltlich gegenteiliger Bestimmung[en]
sauf, sauve [sof, sov] *adj personne* unversehrt, unverletzt; *honneur* unangetastet; ***qn a la vie ~e*** jd kommt mit dem Leben [*o* kommt heil] davon; ***qn laisse à qn la vie sauve*** jd lässt jdn am Leben [*o* leben]; ***qn s'en est sorti ~*** jd ist heil davongekommen
sauf-conduit <~-~s> [sofkɔ̃dɥi] *m* Passierschein *m*
sauge [soʒ] *f* Salbei *m*
saugrenu, e [sogʀəny] *adj* albern, blöd *fam*; *idée* hirnrissig *fam*
saule [sol] *m* Weide *f*
► ~ **pleureur** Trauerweide *f*
saumâtre [somɑtʀ] *adj* **1.** (*de goût salé*) brackig; *eau a.* Brack-; *goût* salzig
2. *fam* (*désagréable*) *impression* unangenehm; *plaisanterie* geschmacklos
► **qn la trouve ~** *fam* jd findet das [schon] ziemlich hart *fam*, jd findet, das ist ein starkes Stück *fam*
saumon [somɔ̃] **I.** *m* Lachs *m*; ■ ~ **de** *de rivière, d'élevage* -lachs
II. *adj inv* lachsrosa, lachsfarben
III. *app: rose* ~ lachsrosa
saumoné, e [somɔne] *adj: truite* ~**e** Lachsforelle *f*
saumure [somyʀ] *f* **1.** (*solution salée*) Salzlake *f*
2. IND, TECH [Salz]sole *f*
sauna [sona] *m* Sauna *f*
saunier, -ière [sonje, -jɛʀ] *m* **1.** (*ouvrier*) Salzwerker(in) *m(f)*
2. (*exploitant*) Salinenbesitzer(in) *m(f)*
► **faux ~** HIST Salzschmuggler *m*
saupiquet [sopikɛ] *m würzige Soße, die zum Fleisch serviert wird*
saupoudrage [sopudʀaʒ] *m* **1.** FIN [*crédits, subventions*] Verteilung *f* nach dem Gießkannenprinzip
2. GASTR Bestreuen *nt* (*de* mit)
saupoudrer <1> [sopudʀe] *vt* **1.** GASTR ■ **qn saupoudre qc de qc** *de sucre, fromage* jd bestreut etw mit etw; *de farine* jd bestäubt etw mit etw; ***qn saupoudre qc de sel*** jd salzt etw, jd bestreut etw mit Salz
2. (*orner*) ■ **qn saupoudre qc de qc** jd spickt etw mit etw
3. FIN ■ **qn saupoudre qn de qc** *de crédits, subventions* jd verteilt etw an jdn; ■ **qn saupoudre qc** jd verteilt etw nach dem Gießkannenprinzip
saupoudreuse [sopudʀøz] *f* Streudose *f*
saurai [sɔʀɛ] *fut de* **savoir**
saurien [sɔʀjɛ̃] *m* Echse *f*
saut [so] *m* **1.** (*bond*) Sprung *m*
2. SPORT ■ ~ **à qc**: ~ ***à la perche*** Stabhochsprung *m*; ~ ***à skis*** Skispringen *nt*; ~ ***à la corde*** Seilspringen *nt*; ■ ~ **en qc**: ~ ***en ciseaux/en rouleau*** Scheren-/Rollsprung *m*; ~ ***en longueur/en hauteur*** Weit-/Hochsprung *m*; ~ ***en parachute*** Fallschirmabsprung *m*; ~ ***en chute libre*** Sprung *m* in freiem Fall; ■ ~ **de qc**: ~ ***de haies*** Hürdenspringen *nt*; ~ ***d'obstacles*** Hindernissprung
3. (*cascade*) Wasserfall *m*
4. INFORM Sprung *m*
► ~ **dans l'inconnu** Sprung *m* ins Ungewisse [*o* ins kalte Wasser]; **au ~ du lit** beim Aufstehen; ***qn prend qn au ~ du lit*** jd holt jdn aus dem Bett; **le grand ~** der Abgang *fam*; ~ **périlleux** Salto *m*; **triple ~** Dreisprung *m*; **il n'y a qu'un ~** [**à faire**] es ist nur ein [Katzen]Sprung [bis dahin]; **qn fait le ~** jd wagt den Sprung [*o* den Schritt]; **qn fait un ~ chez qn/quelque part** *fam* jd geht auf einen Sprung bei jdm/irgendwo vorbei *fam*
◆ **saut de carpe** Hechtsprung *m*; (*sursaut*) Hochfahren *nt*; ***qn fait des ~s de carpe la nuit*** jd fährt nachts aus dem Schlaf hoch; **saut de la mort** Salto mortale *m*; **saut de l'ange** [gestreckter] Kopfsprung *m*; **saut de puce** [Katzen]sprung *m*; ***à un ~ de puce de*** einen Sprung weit entfernt von
saut-de-lit <~s-~-~> [sod(ə)li] *m* Morgenrock *m* **saut-de-loup** <~s-~-~> [sod(ə)lu] *m* breiter Graben **saut-de-mouton** <~s-~-~> [sod(ə)mutɔ̃] *m* Überführung *f*
saute [sot] *f* ■ ~ **de**: ~ ***de température*** plötzlicher Temperaturwechsel [*o* Temperaturumschwung]; ~ ***de vent*** Umspringen *nt* [*o* Umschlagen *nt*] des Windes; ~ ***d'humeur*** plötzlicher Stimmungswechsel, Stimmungsumschwung *m*; ~ ***d'image*** Flimmern *nt* [*o* Flackern *nt*] des Bildes
sauté [sote] *m* ■ ~ **de** *de lapin, veau* -ragout *nt*
saute-mouton [sotmutɔ̃] *m inv* Bockspringen *nt*; ***ils jouent à ~-~*** sie spielen [*o* machen] Bockspringen
sauter <1> [sote] **I.** *vi* **1.** (*bondir*) ■ **qn/un animal saute** jd/ein Tier springt; (*sautiller*) jd/ein Tier hüpft [herum]; (*sauter vers le haut*) jd/ein Tier springt hoch; ■ **qn/un animal saute quelque part** jd/ein Tier springt irgendwohin; ***qn saute [en bas] du lit*** jd springt aus dem Bett; ***qn saute par la fenêtre/d'un train*** jd springt aus dem Fenster/aus dem Zug; ***qn saute en selle*** jd schwingt sich in den Sattel; ■ **qn fait ~ qn**: ***qn fait ~ un enfant sur ses genoux*** jd lässt ein Kind auf seinen Knien herumhopsen *fam*
2. SPORT (*faire un saut*) ■ **qn saute** jd springt; ***qn saute en parachute*** jd springt mit dem Fallschirm ab; ***qn saute à la corde*** jd springt Seil
3. (*se précipiter*) ■ **qn saute sur qc** *sur l'occasion* jd lässt sich (*dat*) etw nicht entgehen; *sur le prétexte* jd benutzt etw; *sur la proposition* jd geht sofort auf etw (*akk*) ein
4. (*passer brusquement*) ■ **qn saute de qc à qc** jd springt von etw zu etw; ***un élève saute du CP en CE 2*** ein Schüler überspringt die zweite Klasse
5. (*jaillir*) ■ **qc saute** /*bouchon*/ etw knallt; /*bouton, chaîne*/ etw springt ab
6. (*exploser*) ■ **qn/qc saute** /*bâtiment, pont*/ etw geht in die Luft *fam*; /*bombe*/ etw geht hoch *fam*; ***qn saute sur une mine*** jd tritt auf eine Mine; ***un navire saute sur une mine*** ein Schiff läuft auf eine Mine; ***un camion saute sur une mine*** ein Lastwagen fährt auf eine Mine; ■ **qn fait ~ qn/qc** jd sprengt jdn/etw in die Luft
7. ELEC ■ **qc saute** /*circuit*/ etw bricht zusammen; /*courant*/ etw fällt aus; /*fusibles, plombs*/ etw brennt durch; ■ **qn/qc fait ~ qc** durch etw fällt etw aus; ***ne fais pas cela, tu vas faire ~ le fusible!*** tu das nicht, sonst springt die Sicherung raus
8. *fam* (*ne pas avoir lieu*) ■ **qc saute** /*classe, cours*/ etw fällt aus
9. *fam* (*être renvoyé*) ■ **qn saute** jd wird gefeuert *fam*; /*ministre a.*/ jd wird abgesetzt; ■ **qn/qc fait ~ qn** jd feuert jdn *fam*/etw kostet jdn seinen Kopf
10. (*être oublié*) ■ **qc a sauté** /*mot, phrase*/ etw fehlt
11. GASTR ■ **qn fait ~ qc** jd brät etw; ***des pommes de terre sautées*** Brat-

kartoffeln *pl*
12. (*clignoter*) ■ **qc saute** /*image*/ etw flackert
▸ **qn fait sauter qc** *contravention, p.-v.* jd macht etw rückgängig; **et que ça saute!** *fam* aber ein bisschen plötzlich [*o* dalli]! *fam*
II. *vt* 1. (*franchir*) ■ **qn/un animal saute qc** jd/ein Tier springt über etw (*akk*)
2. (*omettre*) ■ **qn saute qc** *étape, page* jd überspringt etw; *mot a.* jd vergisst etw; *repas a.* jd lässt etw aus; ■ **qn saute qc** *classe* jd überspringt etw
3. *fam* (*avoir des relations sexuelles*) ■ **qn saute qn** jd vögelt jdn *sl*, jd bumst jdn *sl*; ■ **qn se fait ~ par qn** jd geht mit jdm ins Bett *fam*
▸ **qn la saute** *fam* (*avoir faim*) jd hat [*o* schiebt] Kohldampf *fam*
sauterelle [sotʀɛl] *f* Heuschrecke *f*
▸ **grande ~** *fam* Bohnenstange *f fam*; **~ verte** Laubheuschrecke *f*
sauterie [sotʀi] *f fam* [Tanz]party *f*
sauteur, -euse [sotœʀ, -øz] I. *adj*: ***les insectes ~s*** die Springheuschrecken
II. *m, f* SPORT (*athlète*) Springer(in) *m(f)*; (*cheval*) Sprungpferd *nt*; **~(-euse) *à la perche/en hauteur*** Stabhoch-/Hochspringer(in)
III. *f* ■ **sauteuse** 1. GASTR Schmortopf *m*
2. (*scie*) Stichsäge *f*
sautillant, e [sotijɑ̃, jɑ̃t] *adj* 1. (*qui sautille*) [umher]hüpfend
2. (*saccadé*) flott, zackig
sautillement [sotijmɑ̃] *m* 1. (*suite de petits sauts*) [Herum]hüpfen *nt*
2. (*caractère décousu*) [*conversation*] ständiger Themawechsel *nt*
sautiller <1> [sotije] *vi* ■ **qn/un animal sautille** jd/ein Tier hüpft
sautoir [sotwaʀ] *m* 1. SPORT Sprunganlage *f*
2. (*collier*) lange Halskette (*über der Brust getragen*)
▸ **qn porte qc en ~** jd trägt etw an der Halskette; **en ~** (*disposé en X*) überkreuz
sauvage [sovaʒ] I. *adj* 1. (*hors norme*) *camping, grève* wild; *concurrence, vente* illegal; ***une crèche ~*** eine autonome Kinderkrippe
2. (*opp: domestique*) wild; *plante* wild wachsend; ***un animal à l'état ~*** ein in der Wildnis lebendes Tier; ***un animal rendu à l'état ~*** ein verwildertes Tier
3. (*primitif*) primitiv
4. (*à l'état de nature*) ■ **[qc est] ~** *côte* [etw ist] wild; *lieu, pays a.* [etw ist] urwüchsig [*o* unberührt]; *beauté* [etw ist] unverfälscht; ***un coin de nature resté ~*** ein unberührtes Stück Natur
5. (*farouche*) scheu
6. (*violent*) *combat, conduite* brutal; *haine, horde* wild; *cris* gellend
II. *mf* 1. (*solitaire*) Einzelgänger(in) *m(f)*
2. (*brute*) Schläger *m*, Rohling *m*; ***les gens se comportent comme des ~s*** die Leute führen sich auf wie die Wilden *fam*
3. (*indigène*) Wilde(r) *f(m)*
sauvagement [sovaʒmɑ̃] *adv tuer, supplicier, abattre* auf bestialische [*o* barbarische] Weise; *frapper, traiter* brutal
sauvageon, ne [sovaʒɔ̃, ʒɔn] I. *m, f* [kleine(r)] Wilde(r) *f(m)*
II. *m* AGR Wildling *m*
sauvagerie [sovaʒʀi] *f* 1. (*cruauté*) Grausamkeit *f*, Bestialität *f*
2. (*insociabilité*) Ungeselligkeit *f*
sauve [sov] *adj f v.* **sauf**
sauvegarde [sovgaʀd] *f* 1. (*protection*) Schutz *m*; ***la ~ de l'emploi*** die Sicherung der Arbeitsplätze; ***qn se met sous la ~ de la justice*** jd stellt sich unter den Schutz der Justiz; ***qn est la ~ de qn*** jd beschützt jdn
2. INFORM (*action*) Sicherung *f*; (*copie*) Sicherheitskopie *f*, Backup [bækʔap] *nt spec*; ***qn fait la ~ de qc*** jd sichert etw
sauvegarder <1> [sovgaʀde] *vt* 1. (*protéger*) ■ **qn/qc sauvegarde qc** *indépendance, liberté* jd bewahrt sich (*dat*) etw; *droits* jd/etw wahrt etw; *biens, patrimoine* jd rettet etw; *relations, image de marque* jd/etw erhält etw aufrecht
2. INFORM ■ **qn/qc sauvegarde qc** jd/etw sichert etw
sauve-qui-peut [sovkipø] *m inv* Panik *f*
sauver <1> [sove] I. *vt* 1. (*porter secours*) ■ **qn/qc sauve qn [de qc]** jd/etw rettet jdn [vor etw (*dat*)]; *du désespoir, danger* jd/etw rettet jdn aus etw; ■ **[qn est] sauvé(e) [par qn/qc]** [jd wird] [von jdm/etw] gerettet; ***il a été sauvé par sa ceinture de sécurité*** der Sicherheitsgurt war seine Rettung; ***il m'a sauvé la vie*** er hat mir das Leben gerettet
2. (*sauvegarder*) ■ **qn/qc sauve qc [de qc]** jd rettet etw [vor etw (*dat*)]; *entreprise a.* jd bewahrt etw [vor etw (*dat*)]; *apparences* jd wahrt etw; *de l'oubli* jd/etw bewahrt etw vor etw (*dat*); INFORM *fichier* jd sichert etw
3. REL ■ **qn/qc sauve qn/qc** jd/etw erlöst jdn/etw
4. (*racheter*) ■ **qn/qc sauve qc** *livre, film, match* jd/etw rettet etw
▸ **qn sauve les meubles** jd rettet, was [noch] zu retten ist
II. *vi* (*être salutaire*) ■ **qc sauve** etw rettet; ***un réflexe/geste qui sauve*** ein rettender Reflex/eine rettende Geste
▸ **sauve qui peut!** rette sich wer kann!
III. *vpr* 1. (*échapper à*) ■ **qn se sauve de qc** *du désastre* jd entkommt einer S. (*dat*); *du danger a.* jd rettet sich aus etw; *d'un mauvais pas* jd windet sich aus etw heraus
2. (*s'enfuir*) ■ **qn/un animal se sauve** jd/ein Tier flüchtet; ***qn se sauve à toutes jambes*** jd nimmt die Beine in die Hand *fam*
3. *fam* (*s'en aller*) ■ **qn se sauve** jd macht sich auf die Socken *fam*
4. (*déborder*) ■ **qc se sauve** /*lait, soupe*/ etw kocht über
5. REL ■ **qn se sauve** jd wird erlöst
sauvetage [sov(ə)taʒ] *m* Rettung *f*; [*naufragés a.*] Bergung *f*
sauveteur [sov(ə)tœʀ] *m* Retter(in) *m(f)*
sauvette [sovɛt] *f* ▸ **à la ~** *fam* auf die Schnelle *fam*; *se marier* überstürzt; ***qn vend qc à la ~*** jd verkauft etw schwarz; ***vendeur à la ~*** Schwarzhändler *m*

sauveur [sovœʀ] I. *adj m* rettend
II. *m* 1. (*personne qui sauve*) Retter(in) *m(f)*
2. REL ■ **le Sauveur** der Heiland, der Erlöser
S.A.V. [ɛsave] *m abr de* **service après-vente** Kundendienst *m*
savamment [savamɑ̃] *adv* 1. (*adroitement*) geschickt; ***qn est ~ costumé(e)*** jd ist fantasievoll verkleidet
2. (*avec érudition*) gelehrt; ***qn parle ~ de qc*** jd spricht über etw (*akk*) aus Erfahrung
savane [savan] *f* Savanne *f*
savant, e [savɑ̃, ɑ̃t] I. *adj* 1. (*érudit*) gelehrt; *personne a.* sachkundig; ***société ~e*** wissenschaftliche [*o* gelehrte] Gesellschaft; ***qn est ~ en qc/dans un domaine*** jd ist sehr bewandert in etw (*dat*)/auf einem Gebiet; ***c'est trop ~ pour moi*** das ist mir zu gelehrt [*o* hoch *fam*]; ***on ne peut pas être ~ en tout*** man kann nicht überall Bescheid wissen
2. *antéposé péj* (*compliqué*) *discussion* hochgestochen; *calcul* kompliziert
3. (*habile*) *arrangement, stratagème* geschickt, kunstvoll; ***c'est un ~ dosage*** das ist wohl dosiert
4. (*dressé*) dressiert
II. *m, f* 1. (*lettré*) Gelehrte(r) *f(m)*
2. (*scientifique*) Wissenschaftler(in) *m(f)*
savarin [savaʀɛ̃] *m* Savarin *m*
savate [savat] *f* 1. (*pantoufle*) [Haus]schlappen *m fam*; (*chaussure*) Latschen *m fam*
2. *fam* (*maladroit*) Trampel *m fam*, Tollpatsch *m fam*
3. SPORT ≈ Kickboxen *nt* (*Boxkampfart, bei der Fußtritte erlaubt sind*); (*coup*) Fußtritt *m*, Kick *m*
▸ **qn traîne la ~** *fam* jd treibt sich herum; (*vivote*) jd schlägt sich so durch *fam*; **qn vient traîner ses ~s quelque part** *fam* jd kreuzt irgendwo auf *fam*; **en ~s** *fam* in Pantoffeln; **comme une ~** *fam* miserabel, unter aller Kanone *fam*
saveur [savœʀ] *f* 1. (*goût*) Geschmack *m*; ***qc a une ~ piquante/âcre/douce*** etw schmeckt scharf/bitter/süß, etw hat einen scharfen/bitteren/süßen Geschmack; ***sans ~*** geschmacklos; ***qc donne plus de ~ à qc*** etw gibt einer S. (*dat*) [noch] mehr Würze
2. (*attrait*) [*dessin*] pikante Note; [*nouveauté, interdit*] Reiz *m*; [*formule, style*] Würze *f*
Savoie [savwa] *f* ■ **la Savoie** Savoyen *nt*
savoir <*irr*> [savwaʀ] I. *vt* 1. (*être au courant*) ■ **qn sait qc [par qn/qc]** jd weiß etw [von jdm/etw]; ***qn ne sait rien de rien*** jd weiß von nichts; ***qn sait qn/qc malade/en danger*** jd weiß, dass jdn/etw krank/in Gefahr ist; ■ **qn sait que** + *indic*/**si** jd weiß, dass/ob; ***sachez bien que*** sie müssen wissen, dass; ***on sait que*** es ist bekannt, dass; ***tout en sachant que*** obwohl; ■ **qn sait comment/où/que/quel/qui ...** jd weiß wie/wo/, dass/welche(r, s)/wer ...; ■ **qn fait ~ [à qn] que** + *indic* jd sagt [jdm] Bescheid, dass; jd teilt [jdm] mit, dass
2. (*connaître*) ■ **qn sait qc [de [*o* sur] qn/qc]** jd weiß etw [über jdn/etw]; *leçon, rôle* jd kann etw; *détails* jd kennt etw; ***il sait bien sa leçon*** er hat seine Lektion gut gelernt; ***qn tâche d'en ~ davantage*** jd versucht, mehr zu erfahren
3. (*être capable de*) ■ **qn sait faire qc** jd kann etw tun; ***il faut ~ dire non*** man muss auch nein sagen können; ■ **qn saurait/ne saurait [pas] faire qc** jd kann etw tun/kann etw [leider] nicht tun; ***comment saurais-je vous remercier?*** *soutenu* wie soll [*o* kann] ich Ihnen nur danken?; ***je ne saurais vous renseigner*** ich kann Ihnen leider keine Auskunft geben
4. (*être conscient*) ■ **qn sait/ne sait pas qc** jd weiß etw/weiß etw nicht; ■ **qn sait que** + *indic* jd weiß, dass
5. BELG, NORD (*pouvoir*) ■ **qn ne sait pas faire qc** jd kann etw nicht tun
▸ **je sais bien que** + *indic* ich weiß [sehr] wohl, dass; **que/qui sais-je encore** was/wer weiß ich noch alles; **qn ne sait plus où il en est** jd weiß nicht mehr, wo er dran ist *fam*; **qn n'est pas sans ~ que** jd weiß sehr wohl, dass; **qn sait y faire** *fam* jd weiß, wie man's macht *fam*; **je ne sais pas ce qu'il te faut** ich weiß [gar] nicht, was du willst *fam*; **qn ne sait plus où se mettre** [*o* **fourrer**] [*o* **foutre**] *fam* jd würde sich am liebsten in ein Mauseloch verkriechen; **on sait ce qu'on perd** [*o* **quitte**], **on ne sait pas ce qu'on retrouve** [*o* **a**] was man hat, das hat man, was noch kommt, dass weiß man nie; **~ c'est pouvoir** *prov* Wissen ist Macht; **je sais ce que je sais** ich weiß, was ich weiß; **je [ne] veux pas le ~** *fam* das interessiert mich nicht *fam*; **qn ne veut rien ~** jd will davon nichts wissen, jd geht nicht darauf ein; **à ~ [que]** nämlich; **à ~ [si]** fragt sich nur [ob]; ***à ~!*** tja, das ist die Frage!, das ist eine gute Frage!; **sans le ~** ohne es zu wissen; **on ne sait jamais** man weiß ja nie, man kann nie wissen; **je ne sache pas que** + *subj littér* ich wusste gar nicht, dass; **qn ne saurait faire qc** (*c'est hors de question*) jd wird wohl kaum etw tun [können]; **où/ce que/qui tu sais/vous savez** du weißt ja/Sie wissen ja wo/was/wer; **tu sais/vous savez quoi?** *fam* weißt du/wissen Sie was?; **qn en sait quelque chose** jd kann ein Lied davon singen *fam*; **qn n'en sait** [*o* **en sait** *fam*] **rien** jd hat keine Ahnung; **tout ce que je sais** *fam* eines ist sicher, eines weiß ich bestimmt; **tout ce qu'il/elle sait** *fam crier* wie am Spieß *fam*; ***qn pleure tout ce qu'il sait*** jd heult Rotz und Wasser *fam*
II. *vi* ■ **qn sait** jd weiß
▸ **allez/va ~!** *fam* weiß der Himmel! *fam*; **pas que je sache** nicht dass ich wüsste; **[pour autant] que je sache!** soviel ich weiß!; **qui sait?** wer weiß?
III. *vpr* 1. (*être connu*) ■ **qc se sait** etw ist bekannt
2. (*avoir conscience*) ■ **qn se sait ...**: ***qn se sait en danger/malade*** jd weiß, dass er in Gefahr/krank ist
▸ **ça se saurait** *fam* das wäre aber bekannt; **tout se sait** nichts bleibt verborgen; ***ici, tout se sait*** hier weiß jeder alles, hier bleibt niemandem etwas verborgen
IV. *m* Wissen *nt*

savoir-faire [savwaʀfɛʀ] *m inv* Know-how [nou'hau] *nt* **savoir-vivre** [savwaʀvivʀ] *m inv* Benehmen *nt*

savon [savɔ̃] *m* **1.** (*produit pour le nettoyage*) Seife *f;* ~ ***mou*** Schmierseife; ~ ***de Marseille*** Kernseife; ~ ***crème*** Flüssigseife; ~ ***de toilette*** Toilettenseife; ~ ***à barbe*** Rasierseife; ~ ***en paillettes*** Seifenflocken *pl*
2. *fam* (*réprimande*) Rüffel *m fam,* Anschiss *m sl*
▶ **qn passe un ~ à qn** *fam* jd erteilt jdm einen Rüffel *fam,* jd wäscht jdm den Kopf *fam;* **qn prend un** [**bon**] **~** *fam* jd kriegt [et]was zu hören *fam*

savonnage [savɔnaʒ] *m* Waschen *nt* [mit Seife], Einseifen *nt;* ***l'eau de ~*** die Seifenlauge

savonner <1> [savɔne] **I.** *vt* **1.** (*passer au savon*) ■ **qn savonne qn/qc** jd seift jdn/etw ein; ***qn savonne qc à la main*** jd wäscht etw von Hand
2. *fam* (*réprimander*) ■ **qn savonne qn** jd wäscht jdm den Kopf *fam,* jd liest jdm die Leviten *fam;* ■ **qn se fait ~** jd wird angeschnauzt *fam*
II. *vpr* ■ **qn se savonne** jd seift sich ein, jd wäscht sich mit Seife; ■ **qn se savonne qc** jd seift sich (*dat*) etw ein, jd wäscht sich (*dat*) etw mit Seife

savonnerie [savɔnʀi] *f* Seifenfabrik *f*

savonnette [savɔnɛt] *f* Toilettenseife *f*

savonneux, -euse [savɔnø, -øz] *adj* seifig, Seifen-; ***eau ~-euse*** Seifenwasser *nt*

savourer <1> [savuʀe] **I.** *vt* ■ **qn savoure qc** *mets, boisson* jd genießt etw; *plaisanterie, triomphe, vengeance* jd kostet etw aus
II. *vi* ■ **qn savoure** jd genießt; ***je peux te dire que j'ai savouré!*** ich kann dir sagen, das war ein Genuss!

savoureux, -euse [savuʀø, -øz] *adj* köstlich

saxe [saks] *m* Meiß[e]ner [*o* Meissner] Porzellan *nt*

Saxe [saks] *f* ■ **la Saxe** Sachsen *nt*

Saxe-Anhalt [saksanalt] *f* Sachsen-Anhalt *nt*

saxhorn [saksɔʀn] *m* Saxhorn *nt*

saxifrage [saksifʀaʒ] *m* Steinbrech *m*

saxo [sakso] **I.** *m abr de* **saxophone**
II. *mf abr de* **saxophoniste**

saxon, ne [saksɔ̃, ɔn] **I.** *adj* sächsisch
II. *m* (*langue*) Sächsisch *nt;* ~ ***bas/vieux*** Nieder-/Altsächsisch
III. *m, f* ■ **Saxon(ne)** Sachse/Sächsin *m/f*

saxophone [saksɔfɔn] *m* Saxophon *nt*

saxophoniste [saksɔfɔnist] *mf* Saxophonist(in) *m(f)*

sbire [sbiʀ] *m* Scherge/Schergin *m/f*

scabieux, -euse [skabjø, -jøz] **I.** *adj* skabiös
II. *f* ■ **scabieuse** Skabiose *f*

scabreux, -euse [skabʀø, -øz] *adj* **1.** (*osé*) *conversation, histoire* schlüpfrig, anstößig; *allusion* anzüglich; *sujet* gewagt; ***la conversation devient ~euse*** die Unterhaltung rutscht unter die Gürtellinie
2. *soutenu* (*risqué*) *entreprise, question, thème* gewagt, riskant

scalaire [skalɛʀ] **I.** *adj* skalar; *produit* Skalar-
II. *m* Skalar *m*

scalène [skalɛn] *adj:* ***triangle ~*** ungleichseitiges Dreieck

scalp [skalp] *m* **1.** (*trophée*) Skalp *m*
2. (*action*) Skalpieren *nt*

scalpel [skalpɛl] *m* Skalpell *nt*

scalper <1> [skalpe] *vt* ■ **qn scalpe qn** jd skalpiert jdn

scampi [skɑ̃pi] *mpl* Scampi *pl*

scandale [skɑ̃dal] *m* **1.** (*chose scandaleuse*) Skandal *m;* ~ ***financier/judiciaire/boursier*** Finanz-/Justiz-/Börsenskandal
2. (*indignation*) Entrüstung *f,* Empörung *f*
3. (*tapage*) Lärm *m,* Krach *m;* ~ ***sur la voie publique*** öffentliche Ruhestörung; ***qn fait du ~*** (*fait du bruit*) jd macht Krach, jd randaliert; (*proteste*) jd schlägt Krach *fam*
▶ **qc fait ~** etw wirbelt Staub auf; **à ~** Skandal-

scandaleusement [skɑ̃daløzmɑ̃] *adv* **1.** (*honteusement*) skandalös; *se comporter a.* unmöglich; ***qn vit ~*** jd führt ein skandalumwittertes Leben
2. (*outrageusement*) unerhört; *exagéré, sous-estimé* maßlos

scandaleux, -euse [skɑ̃dalø, -øz] *adj* **1.** (*honteux*) skandalös; *comportement a., personne* unmöglich; *prix, propos a.* unerhört, unverschämt; *vie* skandalumwittert; ■ **il est ~ que** + *subj* es ist skandalös [*o* ein Skandal], dass
2. (*qui exploite le scandale*) *chronique, littérature* Skandal-

scandaliser <1> [skɑ̃dalize] **I.** *vt* **1.** (*choquer*) ■ **qn/qc scandalise qn** jd/etw schockiert jdn; ■ [**qn est**] **scandalisé(e) que** + *subj* [jd ist] empört [*o* schockiert] [*o* entrüstet], dass
2. REL ■ **qn scandalise qn/qc** jd führt jdn/etw in Versuchung
II. *vpr* ■ **qn se scandalise** [**de qc**] jd empört [*o* entrüstet] sich [über etw (*akk*)]; ■ **qn se scandalise que** + *subj* jd nimmt Anstoß daran, dass; jd ist empört darüber, dass

scander <1> [skɑ̃de] *vt* **1.** (*clamer en mesure*) ■ **qn scande qc** *slogans* jd ruft etw im Sprechchor; *phrases* jd spricht etw klar und deutlich; ***propos scandés de gestes de la main*** Worte, die mit Gesten unterstrichen werden
2. MUS, POES jd skandiert etw

scandinave [skɑ̃dinav] **I.** *adj* skandinavisch
II. *mf* ■ **Scandinave** Skandinave/Skandinavin *m/f*

Scandinavie [skɑ̃dinavi] *f* ■ **la Scandinavie** Skandinavien *nt*

scandium [skɑ̃djɔm] *m* CHIM Scandium *nt*

scannage [skanaʒ] *m* INFORM Scannen ['skænən] *nt,* Einscannen *nt*

scanner <1> [skane] *vt* ■ **qn scanne qc** jd scannt etw [ein] [skænt]

scanner [skanɛʀ], **scanneur** [skanœʀ] *m* INFORM Scanner ['skænɐ] *m*
◆ **scanner à main** Handscanner *m;* **scanner à plat** Flachbettscanner *m*

scanographie [skanɔgʀafi] *f* [Computer]tomographie [kɔm'pju:tɐ-] *f*

scansion [skɑ̃sjɔ̃] *f* Skandieren *nt*

scaphandre [skafɑ̃dʀ] *m* (*pour scaphandrier*) Taucheranzug *m;* (*pour astronaute*) Raumanzug *m;* ***le ~ autonome*** das Tauchgerät

scaphandrier, -ière [skafɑ̃dʀije, -jɛʀ] *m, f* Taucher(in) *m(f)*

scapulaire [skapylɛʀ] *adj* Schulter-

scarabée [skaʀabe] *m* Skarabäus *m*

scarificateur [skaʀifikatœʀ] *m* **1.** AGR Grubber *m;* (*pour le gazon*) Vertikutierer *m*
2. MED kleines Skalpell *nt,* Lanzette *f*

scarification [skaʀifikasjɔ̃] *f* **1.** AGR [*écorce*] Einritzen *nt;* [*gazon*] Vertikutieren *nt*
2. MED Skarifikation *f,* Hautritzung *f*
3. TRANSP Aufreißen *nt*

scarifier <1 a> [skaʀifje] *vt* **1.** MED ■ **qn scarifie qc** jd skarifiziert etw, jd ritzt etw [ein]
2. AGR ■ **qn scarifie qc** *écorce* jd ritzt etw ein; *gazon* jd vertikutiert etw; *terre* jd grubbert etw

scarlatine [skaʀlatin] *f* Scharlach *m*
▶ **ça vaut mieux que d'attraper la ~** *fam* das ist halb so wild *fam*

scarole [skaʀɔl] *f* Eskariol *m*

scatologie [skatɔlɔʒi] *f* Skatologie *f*

scatologique [skatɔlɔʒik] *adj* skatologisch

sceau <x> [so] *m* **1.** (*cachet*) Siegel *nt;* ***qn appose son ~ sur un document*** jd setzt sein Siegel auf etw (*akk*); ~ ***de cire*** Wachssiegel
2. *soutenu* (*marque*) ■ **le ~ de qn** *du génie, de l'artiste* jds Siegel *nt;* ***qn a mis son ~ sur qc*** jd hat einer S. (*dat*) seinen Stempel aufgedrückt
▶ **sous le ~ du secret** unter dem Siegel der Verschwiegenheit

scélérat, e [seleʀa, at] **I.** *adj littér* ruchlos *geh,* verrucht *geh*
II. *m, f soutenu* Schurke/Schurkin *m/f*

scélératesse [seleʀatɛs] *f littér* Ruchlosigkeit *f geh,* Niedertracht *f geh*

scellement [sɛlmɑ̃] *m* [*crochet, couronne dentaire*] Einzementieren *nt;* [*pierre*] Einmauern *nt;* [*barreaux*] Einlassen *nt;* [*dallage*] Verlegen *nt*

sceller <1> [sele] *vt* **1.** TECH (*fixer*) ■ **qn scelle qc** *crochet, couronne dentaire* jd zementiert etw ein; *pierre* jd mauert etw ein; *barreaux* jd lässt etw ein; *dalle* jd klebt etw
2. (*confirmer solennellement*) ■ **qn/qc scelle qc** jd/etw besiegelt etw; *engagement* jd/etw bekräftigt etw
3. (*authentifier par un sceau*) ■ **qn scelle qc** jd siegelt etw, jd drückt sein Siegel auf etw (*akk*)
4. (*fermer hermétiquement*) ■ **qn scelle qc** jd versiegelt etw; ***ses lèvres étaient scellées*** seine/ihre Lippen waren versiegelt
5. (*apposer les scellés*) ■ **qn scelle qc** jd versiegelt etw

scellés [sele] *mpl* Amtssiegel *nt,* gerichtliches Siegel; (*plomb*) Plombe *f,* Verplombung *f*
▶ **qn appose** [*o* **met**] **les ~ quelque part** jd bringt irgendwo die Siegel an; ***qn appose les ~ sur qc*** jd versiegelt etw amtlich; **qn lève les ~** jd bricht ein Siegel auf, jd öffnet ein Siegel; **sous ~** unter Verschluss

scénario <s *o* -rii> [senaʀjo, ʀi] *m* **1.** (*script*) [*film*] Drehbuch *nt;* [*pièce de théâtre*] Gerüst *nt;* [*bande dessinée*] Story *f;* [*roman*] Aufbau *m*
2. (*déroulement prévu*) [Handlungs]ablauf *m;* [*attentat, hold-up*] Plan *m;* [*opération de police*] Vorgehensweise *f;* ***selon le ~ habituel*** wie immer; ***c'est toujours le même ~*** es ist immer dasselbe Spiel

scénariste [senaʀist] *mf* Drehbuchautor(in) *m(f)*

scène [sɛn] *f* **1.** (*spectacle*) Szene *f;* ■ **~ de** -szene; ~***s d'amour*** Liebesszene
2. (*querelle*) Szene *f;* ■ **~ de** -szene; ~ ***de ménage*** Ehekrach *m*
3. CINE, THEAT (*estrade*) Bühne *f;* (*séquence*) Szene *f;* ***qn monte sur la ~ politique*** jd betritt die politische Bühne
4. (*décor*) Bühnenbild *nt,* Szene *f*
5. (*cadre*) [*crime, drame*] Schauplatz *m*
6. (*domaine*) *internationale, politique* Szene *f;* ***la ~ universitaire*** die Universitätsszene
7. ART ■ **~ de** *de genre, d'intérieur, de mœurs* -bild *nt*
▶ **qn est** [*o* **se montre**] **à la ~ comme à la ville** jd ist ganz natürlich; **la grande ~** [**du deux**] der große Auftritt; **qn entre en ~** jd tritt in Szene; **qn fait une ~ à qn** jd macht jdm eine Szene; **qn met qn/qc en ~** *personnage, histoire* jd stellt jdn/etw auf der Bühne dar; *auteur* jd bringt jdn auf die Bühne, jd führt jdn auf; *pièce de théâtre* jd setzt etw in Szene, jd inszeniert etw; **qn porte qc à la ~** jd bringt etw auf die Bühne; **en ~!** auf die Bühne!; **sur ~** auf der Bühne

scénique [senik] *adj* **1.** (*relatif au théâtre*) *art, décoration, indication, sensation* Bühnen-; *gestuelle, traitement* szenisch; ***jeux ~s*** Theaterspiele *pl*
2. (*aisé à mettre en scène*) bühnenreif

scéniquement [senikmɑ̃] *adv* szenisch

scepticisme [sɛptisism] *m* **1.** (*incrédulité*) Skepsis *f*
2. PHILOS Skeptizismus *m*

sceptique [sɛptik] **I.** *adj* skeptisch
II. *mf* Skeptiker(in) *m(f)*

sceptre [sɛptʀ] *m* Zepter *nt*

schah [ʃa] *m* Schah *m*

schelem [ʃlɛm] *m v.* **chelem**

schéma [ʃema] *m* **1.** (*grandes lignes*) Schema *nt*
2. (*dessin*) Schemazeichnung *f;* ~ ***de montage*** Montageplan *m*

schématique [ʃematik] *adj* **1.** *péj* (*sommaire*) schematisch
2. (*simplifié*) *dessin* Schema-; *représentation* schematisch

schématiquement [ʃematikmɑ̃] *adv* in groben Zügen

schématisation [ʃematizasjɔ̃] *f* Schematisierung *f; péj* Schematismus *m*

schématiser <1> [ʃematize] *vt* ■ **qn schématise qc** jd stellt etw schematisch dar; *péj* jd schematisiert etw

schilling [ʃiliŋ] *m* Schilling *m*

schismatique [ʃismatik] **I.** *adj* schismatisch
II. *mf* Schismatiker(in) *m(f)*

schisme [ʃism] *m* **1.** REL Schisma *nt*
2. POL Spaltung *f*
schiste [ʃist] *m* Schiefer *m;* ~ ***argileux/ bitumineux*** Ton-/Ölschiefer
schisteux, -euse [ʃistø, -øz] *adj falaise, roche* Schiefer-; *structure* schief[e]rig
schizoïde [skizɔid] **I.** *adj* schizoid
II. *mf* Schizoide(r) *f(m)*
schizophrène [skizɔfʀɛn] **I.** *adj* schizophren
II. *mf* Schizophrene(r) *f(m)*
schizophrénie [skizɔfʀeni] *f* Schizophrenie *f*
schlass [ʃlas] *adj inv fam (saoul)* besoffen *fam*, voll *fam*
Schleswig-Holstein [ʃlɛsvigɔlʃtajn] *m* Schleswig-Holstein *nt*
schleu, e [ʃlø] *adj/subst v.* **chleuh**
schlinguer <1> [ʃlɛ̃ge] *vi fam* ■ **qn/qc schlingue** jd/etw stinkt
schlitte [ʃlit] *f* HIST, TECH Schlitten *m*
schnaps [ʃnaps] *m* Schnaps *m*
schnock, schnoque [ʃnɔk] **I.** *adj fam* bescheuert *fam*
II. *m fam* ▸ **vieux** ~ alter Knacker *fam;* **du** ~ Dings *f o m o nt;* ***hé! du*** ~! he, Sie/du da! *fam*
schnouf [ʃnuf] *f arg* Stoff *m sl*
schproum [ʃpʀum] *m* ▸ **il y a** [*o* **ça fait**] **du** ~ *fam* es [*o* das] gibt einen Aufstand *fam*
schuss [ʃus] *m* Schussfahrt *f*
▸ **qn descend tout** ~ *fam* jd fährt Schuss
sciage [sjaʒ] *m* **1.** (*fait de scier*) Sägen *nt*
2. (*bois*) Schnittholz *nt*
sciant, e [sjɑ̃, sjɑ̃t] *adj fam* **1.** (*ennuyeux*) langweilig
2. (*étonnant*) umwerfend *fam;* ***c'est*** ~! da fällst du um! *fam*
sciatique [sjatik] **I.** *adj* Ischias-
II. *f* Ischias *m o nt*
scie [si] *f* **1.** (*outil*) Säge *f;* ~ ***sauteuse*** Stichsäge; ~ ***égoïne*** Fuchsschwanz *m;* ~ ***circulaire*** Kreissäge; ■ ~ **à** *à bois, métaux* -säge; ~ ***à chantourner*** Schweifsäge; ~ ***à découper*** Laubsäge; ~ ***à refendre*** Sägegatter *nt;* ~ ***à ruban*** Bandsäge
2. (*rengaine*) Gedudel *nt fam*
3. *fam* (*personne ennuyeuse*) Nervensäge *f fam*
▸ ~ **musicale** singende Säge
sciemment [sjamɑ̃] *adv* absichtlich; ***qn prend*** ~ ***une décision*** jd trifft wissentlich eine Entscheidung
science [sjɑ̃s] *f* **1.** (*domaine scientifique*) Wissenschaft *f*
2. (*disciplines scolaires*) ■ **les** ~**s** die [Natur]wissenschaften *pl;* ■ ~**s ...** *appliquées, expérimentales, occultes ...* Wissenschaften *pl;* ~***s marines*** Meereskunde *f;* ~***s humaines/ naturelles/ sociales*** Human-/Natur-/Sozialwissenschaften; ~ ***politiques*** politische Wissenschaften, Politologie *f;* ***faculté des*** ~***s*** wissenschaftliche Fakultät
3. (*connaissance*) ■ ~ **de qc** [Er]kenntnis *f* einer S. (*gen*); *de l'être a.* Lehre *f* einer S. (*gen*)
4. (*savoir faire*) Fertigkeit *f;* ***sa*** ~ ***des couleurs*** seine/ihre Fertigkeit im Umgang mit Farben; ***avec une*** ~ ***consommée*** mit großer Fertigkeit
5. (*érudition*) Wissen *nt*
6. *fam* ▸ **qn a** [*o* **croit avoir**] **la** ~ **infuse** jd hat die Weisheit [für sich] gepachtet *fam*, jd glaubt, die Weisheit für sich gepachtet zu haben *fam*
science-fiction [sjɑ̃sfiksjɔ̃] *f inv* Sciencefiction ['saiənsˈfɪkʃn] *f*
▸ **de** ~-~ Sciencefiction-
scientifique [sjɑ̃tifik] **I.** *adj* wissenschaftlich
II. *mf* **1.** (*savant*) Wissenschaftler(in) *m(f)*
2. (*élève*) Naturwissenschaftler(in) *m(f)*
scientifiquement [sjɑ̃tifikmɑ̃] *adv* wissenschaftlich; ~ [*parlant*] wissenschaftlich [gesehen]
scientisme [sjɑ̃tism] *m* Wissenschaftsgläubigkeit *f*
scientiste [sjɑ̃tist] **I.** *adj* wissenschaftsgläubig
II. *mf* Wissenschaftsgläubige(r) *f(m)*
scientologue [siɑ̃tɔlɔg] *mf* Anhänger(in) *m(f)* der Scientology-Bewegung [saiənˈtɔlədʒi-]
scier <1 a> [sje] *vt* **1.** (*couper*) ■ **qn scie qc** jd sägt etw; ■ **qn fait** ~ **qc** jd lässt etw absägen
2. *fam* (*estomaquer*) ■ **qn/qc scie qn** jd/etw haut jdn um *fam;* ***tu me scies!*** da bin ich platt! *fam;* ■ **qn est scié(e)** jd ist platt *fam*
scierie [siʀi] *f* Sägewerk *nt*
scieur, -euse [sjœʀ, sjøz] *m, f* Sägewerker(in) *m(f)*
scinder <1> [sɛ̃de] **I.** *vt* ■ **qn/qc scinde qc** [**en qc**] jd/etw splittert etw [in etw (*akk*)] auf; *parti, secteur* jd/etw spaltet etw [in etw (*akk*)] [auf]; ***qc est scindé(e) en deux*** etw ist/wird zweigeteilt
II. *vpr* ■ **qc se scinde** [**en qc**] etw splittert sich [in etw (*akk*)] auf; */parti a./* etw spaltet sich [in etw (*akk*)] auf
scintillant, e [sɛ̃tijɑ̃, jɑ̃t] *adj éclat, étoile, pierre précieuse* funkelnd; *perles* schimmernd; *neige* glitzernd
scintillation [sɛ̃tijasjɔ̃] *f* Szintillation *f*
scintillement [sɛ̃tijmɑ̃] *m* [*étoiles, pierres précieuses, regard*] Funkeln *nt;* [*neige*] Glitzern *nt;* [*image télévisée*] Flimmern *nt;* ***le*** ~ ***de ses yeux*** seine/ihre funkelnden Augen
scintiller <1> [sɛ̃tije] *vi* ■ **qc scintille** etw funkelt; PHYS etw szintilliert
scion [sjɔ̃] *m* **1.** BOT Schössling *m*
2. PECHE Spitze *f*, Spitzenteil *nt*
scission [sisjɔ̃] *f* **1.** (*division*) Spaltung *f*
2. PHYS Spaltung *f*
3. BOT Teilung *f*
▸ **qn fait** ~ jd spaltet sich ab
scissionniste [sisjɔnist] **I.** *adj* abtrünnig; *activités* spalterisch
II. *mf* Spalter(in) *m(f)*
scissiparité [sisipaʀite] *f* Fortpflanzung *f* durch Zellteilung
sciure [sjyʀ] *f* Sägemehl *nt;* ~ ***de bois*** Sägemehl
sclérosant, e [skleʀozɑ̃, ɑ̃t] *adj attitude, mode* starr; *éducation* rigide
sclérose [skleʀoz] *f* **1.** (*encroûtement*) [*institutions, parti*] Verknöcherung *f;* [*personne*] Verkalkung *f*
2. MED Sklerose *f;* ~ ***artérielle*** Arteriosklerose
◆ **sclérose en plaques** multiple Sklerose
scléroser <1> [skleʀoze] **I.** *vt* **1.** (*figer*) ■ **qc sclérose qn/qc** *personne* etw lässt jdn verknöchern; *initiatives* etw lähmt etw; ■ [**qn/qc est**] **sclérosé(e)** */personne/* [jd ist] festgefahren; */institution/* [etw ist] unbeweglich [*o* erstarrt]
2. MED ■ **qn sclérose qc** jd verödet etw; ■ [**qc est**] **sclérosé(e)** [etw ist] sklerotisch [*o* verhärtet]
II. *vpr* **1.** (*se figer*) ■ **qn se sclérose** [**dans qc**] jd ist festgefahren [in etw (*akk*)]; ■ **qc se sclérose** */société/* etw wird unbeweglich, etw erstarrt
2. MED ■ **qc se sclérose** etw verhärtet sich
sclérotique [skleʀɔtik] *f* Lederhaut *f*
scolaire [skɔlɛʀ] *adj* **1.** (*relatif à l'école*) Schul-; *succès* schulisch; ***l'échec*** ~ das Schulversagen
2. *péj* (*livresque*) akademisch; ***qn parle un allemand*** ~ jd spricht Schuldeutsch
scolarisation [skɔlaʀizasjɔ̃] *f* **1.** (*fréquentation scolaire*) Einschulung *f*, Beschulung *f form;* ***le taux de*** ~ die Schulbesuchsquote
2. (*équipement en écoles*) Einrichtung *f* von Schulen
scolariser <1> [skɔlaʀize] *vt* **1.** (*admettre dans une école*) ■ **qn scolarise qn** jd beschult jdn *form;* ■ [**qn est**] **scolarisé(e)** [jd wird] beschult *form*, jd besucht eine Schule
2. (*doter d'écoles*) ■ **qn scolarise qc** jd stattet etw mit Schulen aus; ***qn scolarise un pays/ une région*** jd richtet in einem Land/in einem Gebiet Schulen ein
scolarité [skɔlaʀite] *f* Schulzeit *f;* ~ ***obligatoire*** Pflichtschulzeit, Schulpflicht *f*
scolastique [skɔlastik] **I.** *adj* scholastisch
II. *f* Scholastik *f*
III. *mf* Scholastiker(in) *m(f)*
scoliose [skɔljoz] *f* Skoliose *f*
scolopendre [skɔlɔpɑ̃dʀ] *f* **1.** ZOOL Tausendfüßler *m*
2. BOT Hirschzunge *f*
sconse [skɔ̃s] *m* Skunk *m*
scoop [skup] *m* Scoop *m*
scooter [skutœʀ, skutɛʀ] *m* [Motor]roller *m;* ~ ***des mers*** Wasserbob *m*, Wasserskooter [-sku:tɐ] *m;* ~ ***des neiges*** Schneebob *m*, Schneeskooter *m*
scopie [skɔpi] *f fam abr de* **radioscopie** Röntgenaufnahme *f*
scorbut [skɔʀbyt] *m* Skorbut *m*
scorbutique [skɔʀbytik] **I.** *adj* skorbutisch
II. *mf* Skorbutkranke(r) *f(m)*
score [skɔʀ] *m* SPORT (*résultat définitif*) Spielergebnis *nt;* (*en cours de partie*) Spielstand *m;* POL *électoral* Ergebnis; ***battre qn sur un*** ~ ***de 5 à 3*** jdn 5 zu 3 schlagen; ***qn fait un bon*** ~ ***dans un sondage*** jd erreicht bei einer Meinungsumfrage ein gutes Ergebnis; ***je tâcherai d'améliorer mon*** ~ ich will versuchen, mich zu verbessern [*o* zu steigern]
▸ **qn mène au** ~ SPORT jd liegt in Führung; ***qn est mené(e) au*** ~ jd ist in Führung gegangen
scories [skɔʀi] *fpl volcaniques* Schlacke *f*
scorpion [skɔʀpjɔ̃] *m* ZOOL Skorpion *m*
Scorpion [skɔʀpjɔ̃] *m* ASTROL Skorpion *m*
▸ **qn est** [**du signe du**] ~ jd ist [ein] Skorpion, jd ist im Zeichen des Skorpions geboren
scotch[1] <es> [skɔtʃ] *m* (*whisky*) Scotch *m*
scotch®[2] [skɔtʃ] *m Ø* (*adhésif*) Tesafilm® *m*
scotcher <1> [skɔtʃe] *vt* ■ **qn scotche qc** jd klebt etw; (*pour fermer*) jd klebt etw zu
scout, e [skut] **I.** *adj* Pfadfinder-; *fraternité* der Pfadfinder
II. *m* Pfadfinder(in) *m(f)*
scoutisme [skutism] *m* Pfadfindertum *nt;* ***qn fait du*** ~ jd ist Pfadfinder; ***j'ai fait deux ans de*** ~ ich war zwei Jahre bei den Pfadfindern
scrabble® [skʀabl] *m* Scrabble® ['skrɛbl] *nt*
scribouillard, e [skʀibujaʀ, jaʀd] *m, f fam* Schreiberling *m fam*
script [skʀipt] *m* **1.** CINE Drehbuch *nt;* THEAT Regiebuch [re'ʒi:-] *nt*
2. (*écriture*) Druckschrift *f*
3. (*retranscription*) Skript *nt*
▸ **en** ~ in Druckschrift
scripte [skʀipt] *mf* Skriptgirl [-gø:ɐl] *nt*
script-girl <~-~s> [skʀiptgœʀl] *f v.* **scripte**
scrogneugneu [skʀɔɲøɲø] *interj fam* [gott]verdammt noch mal! *fam*
scrotum [skʀɔtɔm] *m* Hodensack *m*, Skrotum *nt spec*
scrupule [skʀypyl] *m* **1.** *souvent pl* Skrupel *m;* ***qn n'a aucun*** ~ ***à faire qc*** jd tut etw ohne jeden Skrupel [*o* ohne den geringsten Skrupel]; ***je comprends vos*** ~***s, mais ...*** ich verstehe ihre Bedenken, aber ...; ***les*** ~***s ne l'étouffent pas*** er/sie hat keine Skrupel
2. (*souci*) ■ ~ **de qc** *d'honnêteté, exactitude* Bemühen *nt* [*o* gewissenhafte Sorge] um etw
▸ **qn a** ~ [*o* **des** ~**s**] **à faire qc** jd hat Hemmungen etw zu tun; **sans** ~[**s**]: ***qn fait qc sans*** ~ jd tut etw ohne Hemmungen; ***qn est sans*** ~[***s***] jd hat keine Skrupel; ***un individu sans*** ~***s*** ein skrupelloses Individuum
scrupuleusement [skʀypyløzmɑ̃] *adv* peinlich genau
scrupuleux, -euse [skʀypylø, -øz] *adj* **1.** (*rigoureux*) gewissenhaft; *honnêteté* bedingungslos

2. (*très honnête*) ehrlich; ***peu*** ~ gewissenlos
scrutateur, -trice [skʀytatœʀ, -tʀis] **I.** *adj* (*inquisiteur*) *air, regard* prüfend, forschend
II. *m, f* POL Stimmenauszähler(in) *m(f)*, Stimmzähler(in) *m(f)*
scruter <1> [skʀyte] *vt* ■ **qn scrute qc** *horizon* jd sucht etw mit den Augen ab; *pénombre* jd sucht etw mit seinem Blick zu durchdringen; *intentions, conscience* jd erforscht etw, jd prüft etw
scrutin [skʀytɛ̃] *m* Abstimmung *f*, Wahl *f*; ~ ***majoritaire/ plurinominal/ proportionnel/ uninominal*** Mehrheits-/Listen-/Verhältnis-/Persönlichkeitswahl
sculpter <1> [skylte] **I.** *vt* ■ **qn sculpte qc** jd formt etw, jd modelliert etw; *bois* jd schnitzt etw; *meuble, objet en bois* jd verziert etw mit Schnitzereien; *marbre, pierre* jd behaut etw; ***qn sculpte qc dans du marbre*** jd haut etw in Marmor; ***qn sculpte qc dans du bois*** jd schnitzt etw aus Holz; ■ **qc sculpte qc** /*fleuve, calcaire, érosion*/ etw formt etw
II. *vi* ■ **qn sculpte** jd betätigt sich als Bildhauer(in), jd bildhauert *fam*
sculpteur [skyltœʀ] *m* Bildhauer(in) *m(f)*; ~ ***sur bois*** Holzbildhauer(in)
sculptural, e <-aux> [skyltyʀal, o] *adj* **1.** ART bildhauerisch; ***art*** ~ Bildhauerkunst *f*, Bildhauerei *f*
2. (*bien modelé*) statuenhaft; *corps* vollendet; *beauté* klassisch
sculpture [skyltyʀ] *f* **1.** (*art*) ■ **la** ~ die Bildhauerei, die Bildhauerkunst; ■ ~ **sur qc**: ***la*** ~ ***sur pierre*** das Meißeln; ***la*** ~ ***sur bois*** die Holzschnitzerei, die Holzbildhauerei
2. (*statue*) Skulptur *f*, Plastik *f*
3. *pl* AUT Profil *nt*
▶ **qn fait de la** ~ jd macht Bildhauerei, jd bildhauert *fam*
S.D.F. [ɛsdeɛf] *m, f abr de* **sans domicile fixe** Obdachlose(r) *f(m)*
S.D.N. [ɛsdeɛn] *f abr de* **Société des Nations** Völkerbund *m*
se [sə] *pron pers* (*soi-même*) sich (*akk*); (*l'un l'autre a.*) einander *geh*; ■ **qn** ~ **fait qc** jd macht sich (*dat*) etw; ***qn*** ~ ***lave les mains*** jd wäscht sich (*dat*) die Hände; ***qn s'attribue un mérite*** jd schreibt sich (*dat*) ein Verdienst zu
séance [seɑ̃s] *f* **1.** CINE, THEAT Vorstellung *f*; ~ ***privée*** Privatvorführung *f*
2. (*période*) Sitzung *f*; ■ ~ **de** *de gymnastique* -stunde *f*; AUT *d'essais* -fahrt *f*; *de tir* -übung *f*; ~ ***d'entraînement*** (*contre un adversaire*) Trainingsspiel *nt*; (*en individuel*) Trainingsstunde; ~ ***de pose*** Modellsitzen *nt*; ***tous les matins, elle se rend chez un peintre pour une*** ~ ***de pose*** jeden Morgen sitzt sie bei einem Maler Modell; ~ ***de spiritisme*** Séance *f*, spiritistische Sitzung
3. (*réunion*) [*comité, conseil municipal, Parlement, tribunal*] Sitzung *f*; ***le conseil municipal tient*** ~ der Stadtrat tagt
4. *fam* (*scène*) Szene *f*; ***chaque fois, c'est la même*** ~ es ist immer das gleiche Theater *fam*
▶ ~ **tenante** unverzüglich, auf der Stelle; **qn fait une** ~ [**à qn**] *fam* jd führt ein Theater auf *fam*, jd macht [jdm] eine Szene; **qn lève la** ~ (*clôt*) jd hebt die Sitzung auf; (*interrompt*) jd unterbricht die Sitzung; **la** ~ **est levée** die Sitzung ist beendet; **en** ~ in einer Sitzung; ***qn est en*** ~ jd ist bei einer Besprechung
séant [seɑ̃] *adj v.* **seyant**
séant [seɑ̃] *m soutenu* (*derrière*) Gesäß *nt*, Allerwerteste(r) *m hum*; ***le malade s'est dressé sur son*** ~ der Kranke hat sich aufgesetzt
seau <x> [so] *m* Eimer *m*; (*contenu*) Eimer voll; ■ ~ **à** *à charbon* -eimer; *à glace* -kübel *m*, -kühler *m*; ■ ~ **en** *en bois, plastique, zinc* -eimer; ■ ~ **de qc** *d'eau, de charbon, copeaux, pommes etc* Eimer [voll] etw (*nomin*)
▶ ~ **hygiénique** Nachttopf *m*, Bettgeschirr *nt*; **petit** ~ kleiner Plastikeimer; **il pleut à** ~**x** *fam* es gießt wie mit Kübeln *fam*
◆ **seau de plage** Sandeimer *m*
SEBC [ɛsøbese] *m abr de* **Système européen de banques centrales** FIN ESZB *nt*
sébum [sebɔm] *m* Talg *m*
sec, sèche [sɛk, sɛʃ] **I.** *adj* **1.** trocken
2. (*déshydraté*) *figue* getrocknet; ***légumes*** ~***s*** Hülsenfrüchte *pl*; ***fruits*** ~***s*** Dörrobst *nt*, Trockenobst *nt*; ***raisins*** ~***s*** Rosinen *pl*
3. (*opp: gras*) *bras* dürr; *personne a.* hager; *cheveu* spröde; *peau, toux* trocken
4. (*brusque*) *bruit, rire* kurz und heftig; *coup* rasch
5. (*opp: aimable*) *personne* kurz angebunden, schroff; *refus a.* klar; *réponse, merci* knapp; *lettre* kühl; *ton* schroff; *cœur* hart
6. (*sobre*) *développement, style* hölzern, trocken
7. SPORT *jeu, placage* hart
8. (*pur*) *whisky, gin* pur
9. (*opp: doux*) *champagne, vin* trocken
10. CARTES *atout, valet* blank
▶ **qn l'a eu** [*o* **l'avait**] ~ *fam* jd hat geschluckt
II. *adv* **1.** (*fort*) *démarrer* rasant; *frapper* kräftig, hart
2. (*abondamment*) *boire* kräftig; ***il boit*** ~ er hat einen kräftigen Zug am Hals
▶ **aussi** ~ *fam* sofort, gleich; *répondre* wie aus der Pistole geschossen *fam*
III. *m* ▶ **à** ~ (*sans eau*) *étang, réservoir* ausgetrocknet; ***qn met qc à*** ~ jd legt etw trocken; ***qn est à*** ~ (*sans argent*) jd ist blank *fam*, jd ist pleite *fam*; (*sans idées*) jd hat nichts zu sagen; ***il n'était jamais à*** ~ ***et trouvait sans cesse de nouvelles anecdotes à raconter*** er war nie um eine neue Geschichte verlegen; ***ils m'ont mis à*** ~ sie haben mir das Geld aus der Tasche gezogen; **au** ~ im Trockenen; *mettre* ins Trockene; ***tenir au*** ~ trocken lagern
sécante [sekɑ̃t] *f* Sekante *f*
sécateur [sekatœʀ] *m* Gartenschere *f*; (*grand*) Heckenschere *f*
sécession [sesesjɔ̃] *f* POL Abspaltung *f*, Abtrennung *f*; HIST Sezession *f*
▶ **un État fait** ~ ein Staat spaltet sich ab
sécessionniste [sesesjɔnist] *adj* POL abgespalten, losgelöst; HIST sezessionistisch
séchage [seʃaʒ] *m* Trocknen *nt*
sèche [sɛʃ] *f vieilli fam* (*cigarette*) Glimmstängel *m fam*
sèche-cheveux [sɛʃʃəvø] *m inv* Haartrockner *m*, Föhn *m* **sèche-linge** [sɛʃlɛ̃ʒ] *m inv* Wäschetrockner *m* **sèche-mains** [sɛʃmɛ̃] *m inv* Händetrockner *m*
sèchement [sɛʃmɑ̃] *adv démarrer* ruckartig; *frapper, tirer* hart; *refuser* schroff; *répondre* barsch
sécher <5> [seʃe] **I.** *vt* **1.** (*rendre sec*) ■ **qn/qc sèche qn/qc** jd/etw trocknet jdn/etw; (*en essuyant*) *personne, mains, visage* jd trocknet jdn/etw ab
2. *fam* (*ne pas assister à*) ■ **qn sèche qc** *réunion, classe, cours* jd schwänzt etw *fam*
II. *vi* **1.** (*devenir sec*) ■ **qc sèche** etw trocknet; ■ **qn fait** ~ **qc** jd lässt etw trocknen; ***qn met le linge à*** ~ jd hängt die Wäsche zum Trocknen auf
2. (*se déshydrater*) ■ **qc sèche** /*bois*/ etw wird trocken; /*plante, viande a.*/ etw trocknet aus; /*fleur, fruits*/ etw vertrocknet; ■ **qn fait** ~ **qc** jd trocknet etw
3. *fam* (*ne pas savoir*) ■ **qn sèche** [**en qc**] jd muss [bei etw] passen *fam*; ***non, là, je sèche*** also da muss ich passen *fam*; ***qu'est-ce que j'ai pu*** ~ ***en math*** in Mathe sah ich vielleicht alt aus *fam*
III. *vpr* ■ **qn se sèche** jd trocknet sich ab; (*au soleil*) jd trocknet sich; ■ **qn se sèche qc** *dos, mains* jd trocknet sich (*dat*) etw ab; *cheveux* jd föhnt sich (*dat*) etw; (*au soleil*) jd trocknet sich (*dat*) etw
sécheresse [sɛʃʀɛs] *f* **1.** [*climat, temps*] Trockenheit *f*; [*sol a.*] Kargheit *f*
2. (*sobriété*) [*œuvre, style*] Trockenheit *f*
3. (*dureté*) [*refus, réponse*] Härte *f*; [*cœur a.*] Kälte *f*
séchoir [seʃwaʀ] *m* **1.** (*pour le linge*) Trockengestell *nt*
2. (*sèche-cheveux*) Haartrockner *m*, Föhn *m*
second, e [s(ə)gɔ̃, ɔ̃d] **I.** *adj antéposé* **1.** (*chronologiquement*) zweite(r, s); ***le S~ Empire*** das Zweite Kaiserreich; ***en*** ~ ***lieu*** dann, als Zweites
2. (*qualitativement*) zweite(r, s); ***marchandise de*** ~ ***choix*** Ware zweiter Wahl, zweitklassige Ware; ***un ouvrage de*** ~ ***ordre*** ein unbedeutendes Werk; ***qn se fait toujours reléguer au*** ~ ***plan*** jd lässt sich immer in den Hintergrund drängen; ***au*** ~ ***plan du tableau*** im Mittelgrund des Bildes
3. (*nouveau*) *jeunesse, nature* zweite(r, s); *vie a.* neu
II. *m* **1.** NAUT (*second capitaine*) erster Offizier
2. (*deuxième étage*) zweite Etage, zweiter Stock
▶ **en** ~ an zweiter Stelle; ***qn est commandant en*** ~ jd ist zweiter Kommandant
III. *m, f* **1.** (*deuxième*) Zweite(r, s)
2. (*assistant*) Stellvertreter(in) *m(f)*
IV. *f* ■ **seconde** **1.** CHEMDFER zweite Klasse
2. AUT zweiter Gang
3. SCOL ≈ zehnte Klasse (*erste Klasse des Lycée in Frankreich*)
secondaire [s(ə)gɔ̃dɛʀ] **I.** *adj* **1.** (*accessoire*) *action, intrigue, personnage, rôle* Neben-; *détail* nebensächlich, sekundär; ***qc est*** ~ etw ist nebensächlich [*o* sekundär]; ***qn ne joue qu'un rôle*** ~ ***dans une affaire*** jd spielt in einer Sache nur eine untergeordnete Rolle
2. SCOL: ***l'enseignement*** ~ der Unterricht an weiterführenden Schulen; ***des études*** ~***s*** der Besuch einer weiterführenden Schule
3. GEOL: ***ère*** ~ Mesozoikum *nt*, Erdmittelalter *nt*
4. MED *effets* Neben-
5. ECON *secteur* sekundär, industriell
6. PSYCH *émotif* sekundär
II. *m* **1.** GEOL: ***le*** ~ das Mesozoikum, das Erdmittelalter
2. SCOL weiterführende Schule; (*au lycée*) Gymnasialstufe *f*; ***les professeurs/ élèves du*** ~ Lehrer/Schüler an weiterführenden Schulen
seconde [s(ə)gɔ̃d] *f* **1.** (*unité de temps*) Sekunde *f*; GEOM, MUS Sekunde
2. (*temps très court*) Augenblick *m*; ***attendez-moi une*** ~ warten Sie einen Augenblick auf mich; ***tu pourrais patienter deux*** ~***s, non?*** kannst du dich nicht einen Moment gedulden?; ***je suis là dans trente*** ~***s*** ich bin in drei Sekunden da; ***une*** ~***, j'arrive!*** Sekunde, ich komme!
seconder <1> [s(ə)gɔ̃de] *vt* ■ **qn seconde qn** [**dans qc**] jd geht jdm [bei etw] zur Hand; ■ [**qn est**] **secondé(e) par qn/qc** [jd wird] von jdm/etw unterstützt; ***secondé(e) par les circonstances, ...*** durch die Umstände begünstigt, ...
secouer <1> [s(ə)kwe] **I.** *vt* **1.** (*agiter vivement*) ■ **qn secoue qn/qc** *tête, arbre, flacon, personne* jd schüttelt jdn/etw; (*pour débarrasser de qc*) *nappe, tapis, vêtement* jd schüttelt etw aus; *pommier, prunier* jd schüttelt etw; *salade* jd schüttelt etw [zum Abtropfen]; ***elle le secoue*** [***pour le réveiller***] sie rüttelt ihn wach; ***il prit l'enfant par les épaules, le secoua*** er nahm das Kind an den Schultern und schüttelte es; ■ **qn secoue qc** [**de qc**] *poussière, neige, miettes* jd schüttelt etw ab, jd schüttelt etw von etw [ab]
2. (*ballotter*) ■ **qc secoue qn/qc** /*autobus, avion*/ etw rüttelt jdn/etw durch, etw schüttelt jdn/etw hin und her; /*vent, tempête, vagues*/ etw schüttelt etw hin und her; /*explosion*/ etw erschüttert etw
3. (*ébranler*) ■ **qn/qc secoue qc** etw erschüttert etw; *autorité, joug, oppression* jd/etw schüttelt etw ab; *nonchalance, paresse* jd legt etw ab; ***un pays est secoué par qc*** ein Land wird durch etw erschüttert
4. (*traumatiser*) ■ **qn/qc secoue qn** /*émotion*/ jd/etw erschüttert jdn; /*deuil a., maladie*/ jd/etw nimmt jdn mit
5. (*réprimander*) ■ **qn secoue qn** jd rüttelt jdn auf, jd bringt jdn auf Trab *fam*; ■ **qn se fait** ~ **par qn** jd bekommt von jdm den Marsch geblasen *fam*
▶ **qn n'en a rien à** ~ **de qc** *pop* etw ist jdm total egal *fam*, etw interessiert jdn überhaupt nicht *fam*
II. *vpr fam* **1.** ■ **qn/un animal se secoue** jd/ein Tier schüttelt sich
2. (*réagir*) ■ **qn se secoue** jd rührt sich, jd rafft sich auf
secourable [s(ə)kuʀabl] *adj* hilfreich; ***il m'a tendu une main*** ~ er hat mir seine Hilfe angeboten
secourir *<irr>* [s(ə)kuʀiʀ] *vt* ■ **qn secourt qn** jd leistet jdm Hilfe, jd

kommt jdm zu Hilfe; *pauvre a.* jd unterstützt jdn

secourisme [s(ə)kuʀism] *m* erste Hilfe, Unfallhilfe *f; **j'ai fait du ~ pendant 5 ans*** ich habe 5 Jahre lang als Ersthelfer(in) gearbeitet

secouriste [s(ə)kuʀist] *mf* Unfallhelfer(in) *m(f)*, Sanitäter(in) *m(f)*, Ersthelfer(in) *m(f)*

secours [s(ə)kuʀ] *m* **1.** (*sauvetage*) erste Hilfe, Unfallhilfe *f;* (*organisme*) Rettungsdienst *m; **donner les premiers ~ aux accidentés*** den Unfallopfern erste Hilfe leisten; ■ **les ~ à qn** Unfallhilfe für jdn; ■ **les ~** die Unfallhelfer, die Sanitäter, der Rettungsdienst; ***les ~ en montagne*** (*organisme*) die Bergwacht; ***les ~ étaient déjà sur place*** die Rettungsmannschaft war schon an Ort und Stelle
2. (*aide*) Hilfe *f*
3. (*subvention*) Unterstützung *f*
4. MIL Hilfstruppe *f*
5. REL Beistand *m*
▶ **S~ catholique** *katholisches Hilfswerk;* **qn/qc lui est d'un faible ~** jd/etw ist für jdn nur eine schwache Hilfe; **qn/qc lui est d'un grand ~** jd/etw ist für jdn von großer Hilfe, jd/etw ist jdm eine große Hilfe; **qn appelle au ~/qn à son ~** jd ruft um Hilfe/jdn um Hilfe; **qn porte** [*o* **prête**] **~ à qn** jd leistet jdm Hilfe; **qn vient** [*o* **court**] [*o* **se porte**]/**vole au ~ de qn/qc** jd kommt/eilt jdm/einer S. zu Hilfe; **au ~!** Hilfe!, zu Hilfe!; **de ~** *éclairage, issue, sortie* Not-; *batterie, roue* Ersatz-; *équipe* Hilfs-, Rettungs-

secousse [s(ə)kus] *f* **1.** (*mouvement brusque*) Stoß *m;* [*voiture, avion*] Erschütterung *f; **d'une simple ~, il se dégagea de l'étreinte*** mit einem einzigen Ruck befreite er sich aus der Umklammerung; ***quelques ~s agitaient parfois le corps du malade*** der Körper des Kranken wurde mitunter von einem Schütteln erfasst; ***par ~s*** stoßweise, ruckartig
2. (*décharge électrique*) Schlag *m*
3. (*choc*) Schlag *m*, Schock *m; **ça m'a donné une de ces ~s!*** das hat mir vielleicht einen Schlag [*o* Schock] versetzt!
4. GEOL Erdstoß *m; ~ **sismique*** [*o* ***tellurique***] Erdstoß
5. POL Erschütterung *f*

secret, -ète [sәkʀɛ, -ɛt] **I.** *adj* **1.** (*caché*) *agent, fonds, police, service, code, escalier* Geheim-; *ennemi* versteckt; *blessure* unsichtbar; *vice* heimlich; ***qn garde qc ~*** jd hält etw geheim; ***il avait le pressentiment ~ que*** er hatte insgeheim das Gefühl, dass
2. *soutenu* (*renfermé*) verschlossen
II. *m* **1.** (*chose dissimulée*) Geheimnis *nt; **qn garde un ~*** jd wahrt [*o* hütet] ein Geheimnis
2. ∅ (*confidentialité*) Verschwiegenheit *f; ~ **médical/professionnel*** ärztliche Schweigepflicht/Berufsgeheimnis *nt; **à condition d'être assuré du ~*** unter dem Siegel der Verschwiegenheit; ***qn garde le ~ sur qc*** [*o* ***de qc***] jd hält etw geheim; ***il m'a promis le ~ le plus absolu*** er hat mir absolute Verschwiegenheit versichert; ***le ~ de la confession*** das Beichtgeheimnis
3. *pl* (*mystères*) [*âme, atome, homme, nature, vie*] Geheimnis *nt; **j'ignore les ~s de cette affaire*** ich bin in diese Sache nicht eingeweiht
4. (*recette cachée*) [*bonheur, bonne cuisine, réussite*] Geheimnis *nt*
▶ **qn est dans le ~ des dieux** jd gehört zu den Eingeweihten; **~ défense** Militärgeheimnis *nt;* **qc dont qn a le ~** etw, worin jd Meister ist; ***elle nous a fait une de ces petites recettes dont elle a le ~!*** sie hat uns wieder so ein leckeres kleines Mahl zubereitet, wie nur sie es versteht; ***ces séries dont les Américains ont le ~*** diese Serien, in denen die Amerikaner Meister sind; **qn n'a pas de ~ pour qn** jd hat vor jdm kein Geheimnis; **qc n'a plus de ~ pour qn** jd weiß alles über etw (*akk*); **c'est mon/son/… ~** das ist mein/sein/ihr/… Geheimnis; **ce n'est un ~ pour personne** das ist ein offenes Geheimnis; **qn est au ~** jd ist in Einzelhaft; **qn est dans le ~/dans le ~ de qn** jd gehört zu den Eingeweihten [*o* Vertrauten]/zu jds Eingeweihten [*o* Vertrauten]; **qn est dans le ~ de qc** jd ist in etw (*akk*) eingeweiht; ***les personnes qui sont dans le ~*** die Eingeweihten; diejenigen, die Bescheid wissen; **qn met qn au ~** jd steckt jdn in Einzelhaft; **qn met qn dans le ~** jd weiht jdn in das Geheimnis ein; ***qn met qn dans le ~ de ses intentions*** jd weiht jdn in seine Absichten ein; **à ~** (*à combinaison*) *cadenas, serrure* Kombinations-; **dans le ~ de qc** *du cœur, de l'âme* im Innersten einer S. (*gen*); **dans le** [**plus grand**] **~** [ganz] heimlich, in größter Heimlichkeit; **en** [**grand**] **~** ganz im Geheimen; [**y a**] **pas de ~** *fam* da gibt es kein Geheimnis
◆ **secret d'alcôve** Bettgeheimnis *nt*, Schlafzimmergeheimnis *nt;* **secret de fabrication** Fabrikationsgeheimnis *nt;* **secret de Polichinelle** *fam* offenes Geheimnis; ***c'est le ~ de Polichinelle*** die Spatzen pfeifen es von den Dächern *fam;* **secret d'État** Staatsgeheimnis *nt*

secrétaire [s(ə)kʀetɛʀ] **I.** *mf* (*employé*) Sekretär(in) *m(f);* [*réunion*] Schriftführer(in) *m(f)*
▶ **~ général(e)** [**de qc**] Generalsekretär(in) *m(f)* [einer S. (*gen*)]; ***~ général(e) des Nations Unies*** UNO-Generalsekretär(in) *m(f);* **~ médical(e)** Sprechstundenhilfe *f;* **~ perpétuel(le)** ständiger Sekretär/ständige Sekretärin; **premier(-ière) ~** erster Sekretär/erste Sekretärin
II. *m* (*meuble*) Sekretär *m*
◆ **secrétaire d'ambassade** Legationsrat/-rätin *m/f;* **secrétaire de direction** Chefsekretär(in) *m(f);* **secrétaire de mairie** Stadtdirektor(in) *m(f);* **secrétaire de rédaction** Redaktionsassistent(in) *m(f);* **secrétaire de séance** Protokollführer(in) *m(f);* **secrétaire d'État** [**aux Affaires étrangères/à la Guerre**] Staatssekretär(in) *m(f)* [im Auswärtigen Amt/im Kriegsministerium]

secrétariat [s(ə)kʀetaʀja] *m* **1.** (*service administratif*) Geschäftsstelle *f*, Sekretariat *nt; **le ~ général des Nations Unies*** das Generalsekretariat der Vereinten Nationen; ***~ d'État/de direction*** Staats-/Chefsekretariat
2. (*fonction officielle*) Amt *nt* des Sekretärs
3. (*emploi de secrétaire*) (*pour un homme*) Sekretärberuf *m;* (*pour une femme*) Sekretärinnenberuf *m*
4. (*bureau*) Sekretariat *nt*

secrète [səkʀɛt] *v.* **secret**

Secrète [səkʀɛt] *f fam* Geheimpolizei *f*

secrètement [səkʀɛtmɑ̃] *adv agir, informer* heimlich, im Geheimen; *désirer, espérer* im Stillen, insgeheim

sécréter <5> [sekʀete] *vt* **1.** ANAT ■ **qc sécrète qc** etw sondert etw ab
2. (*engendrer*) ■ **qc sécrète qc** etw führt zu etw, etw zieht etw nach sich; ***qc sécrète l'ennui/la fatigue*** etw ist langweilig/etw ermüdet

sécrétion [sekʀesjɔ̃] *f* Absonderung *f*, Sekretion *f*

sectaire [sɛktɛʀ] **I.** *adj* sektiererisch; *partisan a.* fanatisch
II. *mf* Sektierer(in) *m(f)*

sectarisme [sɛktaʀism] *m* Sektierertum *nt*

secte [sɛkt] *f* **1.** Sekte *f*
2. *péj* (*clan*) Klüngel *m*, Clique *f*

secteur [sɛktœʀ] *m* **1.** (*branche*) [*science*] Bereich *m;* [*économie a.*] Sektor *m;* [*industrie a.*] Zweig *m; ~ **d'activité*** Betätigungsfeld *nt*
2. ADMIN, POL Gebiet *nt*, Bezirk *m;* ELEC Netz *nt;* MIL Abschnitt *m; **le ~ de recrutement, le ~ géographique*** das Einzugsgebiet; *~ **sauvegardé*** Schutzgebiet; ***panne de ~*** Netzausfall *m; **appareil avec fonctionnement sur ~*** Apparat *m* mit Netzanschluss; [***numéro du***] *~ **postal*** Feldpostnummer *f*
3. ECON *primaire, secondaire, tertiaire* Sektor *m; ~ **privé/public*** privater/öffentlicher Sektor, Privat-/Staatswirtschaft *f; ~ **nationalisé*** verstaatlichte Unternehmen *pl*
4. *fig* (*coin*) Gegend *f*
5. GEOM: *~ **circulaire/sphérique*** Kreisausschnitt *m*/Kugelsektor *m*
6. METEO Sektor *m; ~ **chaud/froid*** Warmluft-/Kaltluftsektor

section [sɛksjɔ̃] *f* **1.** ADMIN, POL [*rivière, route*] Abschnitt *m;* [*voie ferrée*] Streckenabschnitt; [*parcours*] Teilstrecke *f;* TRANSP Zone *f*
2. (*branche*) JUR Abteilung *f;* SCOL *littéraire, scientifique* [Fach]richtung *f*, Zug *m*
3. (*groupe*) [*parti, syndicat*] -gruppe *f;* MIL Zug *m; **la ~ locale d'un parti*** die Ortsgruppe einer Partei; *~, **halte!*** Abteilung, halt!; ***~s spéciales*** Sondereinheiten *pl*
4. MED [*moelle épinière*] Durchtrennung *f;* [*ligament, nerf, tendon a.*] Riss *m*
5. (*coupe*) (*latérale*) Querschnitt *m;* (*longitudinale*) Längsschnitt *m*
6. (*diamètre*) [*câble, tuyau*] Durchmesser *m*
7. MUS: *~ **rythmique*** Rhythmusgruppe *f*
8. MATH Schnitt *m; ~ **conique*** Kegelschnitt

sectionnement [sɛksjɔnmɑ̃] *m* **1.** (*coupure*) [*artère, fil*] Durchtrennung *f*
2. ADMIN [*circonscription*] Aufteilung *f;* CHEMDFER Streckentrennung *f*

sectionner <1> [sɛksjɔne] **I.** *vt* **1.** (*couper*) ■ **qn/qc sectionne qc** *artère, fil, main* jd/etw durchtrennt etw, jd schneidet etw durch; ***il a eu trois doigts sectionnés*** ihm wurden drei Finger abgetrennt
2. (*subdiviser*) ■ **qn sectionne qc** *circonscription, groupe* jd teilt etw auf
II. *vpr* ■ **qc se sectionne** /*câble, fil*/ etw reißt

sectoriel, le [sɛktɔʀjɛl] *adj* ADMIN, POL (*par secteur*) sektorenbezogen; *revendications* branchenbedingt

sectorisation [sɛktɔʀizasjɔ̃] *f* ADMIN, POL Aufteilung *f* [in geographische Bezirke]; [*projet, revendications*] Aufspaltung *f*

séculaire [sekylɛʀ] *adj* jahrhundertealt

sécularisation [sekylaʀizasjɔ̃] *f* Säkularisierung *f*

séculier, -ière [sekylje, -jɛʀ] *adj* weltlich; *clergé* Welt-

secundo [səgɔ̃do] *adv* zweitens

sécurisant, e [sekyʀizɑ̃, ɑ̃t] *adj atmosphère, climat* der Sicherheit, der Geborgenheit; ***qn a une attitude ~e*** [***vis-à-vis de qn***] jd strahlt [jdm gegenüber] Ruhe und Sicherheit aus, jd wirkt beruhigend auf jdn; ***qc est ~*** etw ist beruhigend

sécuriser <1> [sekyʀize] *vt* ■ **qn/qc sécurise qn** jd/etw gibt jdm ein Gefühl der Sicherheit; /*atmosphère, climat a.*/ etw gibt jdm ein Gefühl der Geborgenheit; ***elle ne se sent pas très sécurisée*** sie fühlt sich nicht sehr sicher

sécurit® [sekyʀit] *m* Sekurit® *nt*

sécurité [sekyʀite] *f* **1.** (*absence de risque*) Sicherheit *f; **la ~ de la vieillesse est assurée*** die Altersversorgung ist gesichert
2. (*sentiment*) Sicherheit *f*, Geborgenheit *f*
▶ **~ de l'emploi** sicherer [*o* gesicherter] Arbeitsplatz; ***la ~ de l'emploi n'est pas assurée*** die Sicherheit des Arbeitsplatzes ist nicht gewährleistet, der Arbeitsplatz ist nicht gesichert; **~ civile** Zivilschutz *m;* **~ publique** öffentliche Sicherheit; **~ routière** Sicherheit *f* auf den Straßen; **S~ sociale** *staatliche Sozial- und Krankenversicherung;* **qn/qc est en ~** jd/etw ist in Sicherheit; **qn joue la ~** jd geht auf Nummer sicher *fam;* **qn se sent en ~** jd fühlt sich sicher [*o* in Sicherheit]; **de ~** *effectifs, règles* Sicherheits-; ***conseils de ~*** Ratschläge *pl* zur Sicherheit, Sicherheitstipps *pl fam;* **en toute ~** in aller Ruhe, ganz beruhigt
◆ **sécurité d'État** HIST Stasi *f*, Staatssicherheit *f*

sédatif, -ive [sedatif, -iv] **I.** *adj* (*calmant les nerfs*) beruhigend, sedativ *spec; produit a.* Beruhigungs-; (*calmant la douleur a.*) schmerzstillend
II. *m* Beruhigungsmittel *nt*, Sedativum *nt spec;* (*qui calme la douleur*) schmerzstillendes Mittel

sédentaire [sedɑ̃tɛʀ] **I.** *adj population* sesshaft; *vie, personne a.* häuslich; *profession, travail* ortsgebunden; *troupes* in einer Garnison stationiert; ***ce travail ~ ne lui plaît pas*** diese Arbeit am immer gleichen Ort [*o* Arbeit ohne Ortsveränderung] gefällt ihm/ihr nicht
II. *mf* Sesshafte(r) *f(m)*

sédentariser <1> [sedɑ̃taʀize] **I.** *vt* ■ **qc sédentarise qn** etw macht jdn sesshaft; ■ [**qn est**] **sédentarisé(e)** [jd ist] sesshaft [geworden]
II. *vpr* ■ **qn se sédentarise** jd wird sesshaft

sédentarité [sedɑ̃taʀite] *f* Sesshaftigkeit *f*

sédiment [sedimɑ̃] *m* **1.** GEOL Ablagerung *f*, Sediment *nt*

2. MED Niederschlag *m,* Sediment *nt spec*
sédimentaire [sedimɑ̃tɛʀ] *adj* sedimentär; *roche a.* Schicht-, Sediment-
sédimentation [sedimɑ̃tasjɔ̃] *f* **1.** GEOL Ablagerung *f,* Sedimentation *f*
2. MED: ~ ***globulaire*** Blutsenkung *f;* ***vitesse de*** ~ [***globulaire***] Blutsenkungsgeschwindigkeit *f*
séditieux, -euse [sedisjø, -jøz] **I.** *adj soutenu* aufrührerisch; *troupes* aufständisch
II. *m, f soutenu* Aufrührer(in) *m(f)*
sédition [sedisjɔ̃] *f soutenu* Aufruhr *m,* Aufstand *m*
séducteur, -trice [sedyktœʀ, -tʀis] **I.** *adj* verführerisch; *manœuvre* Verführungs-; ***ses manœuvres ~trices*** seine/ihre verführerischen Annäherungsversuche, seine/ihre Verführungskünste
II. *m, f* (*personne qui séduit*) (*amoureusement*) Verführer(in) *m(f),* Charmeur *m;* (*par son talent*) Verführungskünstler(in) *m(f)*
séduction [sedyksjɔ̃] *f* **1.** (*pouvoir de séduire*) (*amoureusement*) verführerischer Charme; (*par le talent*) [*personne*] Verführungskunst *f;* ***qn n'a aucune*** ~ jd hat nichts Verführerisches [an sich (*dat*)]; ***personne ne résiste à sa*** ~ niemand kann seinem/ihrem verführerischen Charme widerstehen; ***un discours plein de*** ~ eine Rede voller Überzeugungskraft; ***qn succombe à la*** ~ ***de qn/ qc*** jd kann jdm/einer S. nicht widerstehen
2. (*attrait*) Reiz *m;* [*pouvoir, richesse, vie facile a.*] Verlockung *f*
séduire *<irr>* [sedɥiʀ] **I.** *vt* **1.** ■ **qn séduit qn** jd verführt jdn; ***il a voulu nous ~ avec des propositions alléchantes*** er wollte uns mit verführerischen Vorschlägen locken; ■ **[qn est] séduit(e)** [jd ist/wird] verführt; *fig* [jd ist] hingerissen
2. ■ **qc séduit qn** etw sagt jdm zu, etw überzeugt jdn; ***la pièce a séduit les spectateurs*** das Stück hat die Zuschauer begeistert [*o* in seinen Bann gezogen]; ***je ne me laisse pas ~ par des apparences*** ich lasse mich nicht durch den äußeren Schein verleiten; ***qn est séduit(e) par une idée*** jd ist von einer Idee angetan [*o* begeistert]
II. *vi* ■ **qn/qc séduit** jd/etw bezaubert, jd/etw wirkt verführerisch
séduisant, e [sedɥizɑ̃, ɑ̃t] *adj* (*attirant*) verführerisch; *personne a., visage* bezaubernd, anziehend; *genre de vie, projet, proposition* verlockend; *style* ansprechend; *éloquence* hinreißend
segment [sɛgmɑ̃] *m* GEOM Segment *nt,* Abschnitt *m;* ZOOL Segment, Glied *nt;* LING Segment; ~ ***de frein/ de piston*** Bremsbacke *f*/Kolbenring *m*
segmenter <1> [sɛgmɑ̃te] *vt* ■ **qn segmente qc en qc** *sujet* jd gliedert etw [in etw (*akk*)]; *surface* jd teilt etw [in etw (*akk*)] auf; ***le service a été segmenté*** die Abteilung ist untergliedert worden
ségrégatif, -ive [segʀegatif, -iv] *adj* trennend, Trennung schaffend
ségrégation [segʀegasjɔ̃] *f* Trennung *f,* Segregation *f geh*
ségrégationniste [segʀegasjɔnist] **I.** *adj* segregationistisch *geh; politique, problème a.* der Rassentrennung; *manifestation* zugunsten der Rassentrennung; *troubles* infolge der Rassentrennung; *idée, article, journal* rassistisch; ***la politique de cette société est*** ~ in dieser Gesellschaft wird eine Politik der Rassentrennung betrieben
II. *mf* Anhänger(in) *m(f)* der Rassentrennung
seiche [sɛʃ] *f* Tintenfisch *m;* ***os de*** ~ Schulp *m*
séide [seid] *m soutenu* fanatischer Anhänger/fanatische Anhängerin, Gefolgsmann *m*
seigle [sɛgl] *m* Roggen *m*
seigneur [sɛɲœʀ] *m* **1.** HIST [adeliger] Herr
2. REL ■ **S~** Herr *m;* ***S~, prends pitié*** Herr, erbarme dich
3. (*personnage puissant*) ■ ~ **de** *de la finance* -baron *m; de l'industrie* -kapitän *m fam;* ***les ~s de la guerre*** die Kriegsherren
▶ **à tout ~ tout honneur** *prov* Ehre, wem Ehre gebührt; ~ **et maître** Herr und Meister; **mon ~ et maître** *hum* mein Göttergatte *hum;* **grand** ~ großzügig; ***qn joue*** [*o* ***fait***] ***le grand*** ~ jd spielt den Großzügigen; ***qn vit en grand*** ~ jd lebt auf großem Fuß; **S~!** ach, du liebe Güte! *fam*
seigneurial, e <-aux> [sɛɲœʀjal, jo] *adj* herrschaftlich; *droits* Lehens-; *allure* vornehm
seigneurie [sɛɲœʀi] *f* **1.** (*domaine*) herrschaftliches Gebiet
2. (*pouvoir*) Lehnsherrschaft *f,* Lehnshoheit *f;* ***les ~s*** (*droits*) die Lehensrechte
▶ **votre/sa S~** (*titre*) Eure/seine Herrlichkeit
sein [sɛ̃] *m* **1.** ANAT Brust *f;* ***des ~s volumineux*** volle Brüste, voller Busen
2. Ø *littér* (*poitrine*) Busen *m,* Brust *f*
3. Ø *littér* (*entrailles*) Schoß *m*
4. *littér* (*milieu*) ■ **le ~ de qc** *de la terre, de l'Église* der Schoß einer S. (*gen*); ***dans le ~ de l'océan*** in den Tiefen des Ozeans
▶ **faux ~s** falscher Busen; **~s nus** *service, mode* oben ohne *fam; serveuse* barbusig; **qn donne le ~ [à qn]** jd gibt [jdm] die Brust, jd stillt [jdn]; **qn nourrit qn au ~** jd gibt jdm die Brust, jd stillt jdn; **qn prend le ~** jd nimmt die Brust; **au ~ de qc** *du parti, d'une communauté* innerhalb einer S. (*gen*); *de l'Église, la terre, famille* im Schoß einer S. (*gen*); *d'une population* in einer S. (*dat*); *des plaisirs, du bonheur* mitten in etw (*dat*)
Seine [sɛn] *f* ■ **la Seine** die Seine
seing [sɛ̃] *m* ▶ **sous ~ privé** privatschriftlich
séisme [seism] *m* Erdbeben *nt; fig* Erschütterung *f*
seize [sɛz] **I.** *num* **1.** (*cardinal*) sechzehn
2. (*ordinal*): ***chapitre/ page*** ~ Kapitel *nt*/Seite *f* sechzehn; ***Louis XVI*** Ludwig XVI., Ludwig der Sechzehnte; ***je viens le ~ mai*** ich komme am sechzehnten Mai
II. *m inv* **1.** (*chiffre*) Sechzehn *f*
2. (*numéro*) Nummer *f* sechzehn, Sechzehn *f;* ***il habite*** [***au***] ***16, rue de la Gendarmerie*** er wohnt [in der] Rue de la Gendarmerie [Nummer] 16
3. (*date*): ***nous sommes aujourd'hui le*** ~ heute ist der Sechzehnte, wir haben heute den Sechzehnten
4. SCOL (*note*) sechzehn Punkte [aus zwanzig] (*gute Note, die einer Zwei entspricht*); *v. a.* **cinq**
seizième [sɛzjɛm] **I.** *adj antéposé* sechzehnte(r, s); ***elle habite au ~ étage*** sie wohnt im sechzehnten Stock
II. *mf* ■ **le/la** ~ der/die/das Sechzehnte
III. *m* **1.** (*fraction*) Sechzehntel *nt*
2. (*siècle*) sechzehntes Jahrhundert
3. (*étage*) sechzehnter Stock, sechzehnte Etage
4. (*arrondissement*) sechzehntes Arrondissement
◆ **seizième** *m* **de finale** Ausscheidungsrunde *f* zum Achtelfinale
séjour [seʒuʀ] *m* **1.** (*fait de séjourner*) Aufenthalt *m;* ~ ***linguistique*** Sprachaufenthalt
2. (*salon*) Wohnzimmer *nt*
3. *littér* (*demeure*) Wohnsitz *m;* ***l'Olympe était le ~ des dieux*** der Olymp war der Sitz der Götter
▶ **interdit(e) de ~**: ***qn est interdit(e) de*** ~ jd hat Aufenthaltsverbot
séjourner <1> [seʒuʀne] *vi* ■ **qn séjourne quelque part** jd hält sich irgendwo auf; ***j'ai dû ~ à l'hôtel*** ich musste im Hotel wohnen
sel [sɛl] *m* **1.** GASTR Salz *nt*
2. CHIM Salz *nt;* ■ **~s** Riechsalz
3. (*piquant*) Würze *f;* ■ **le ~ de qc** *de l'aventure* die Würze einer S. (*gen*); *de l'histoire, la satire* der Witz einer S. (*gen*)
▶ ~ **fin** feines Salz; ~ **gemme** Steinsalz *nt;* **gros** ~ grobes Salz; **qc ne manque pas de** ~ */histoire, remarque/* etw hat es in sich (*dat*) *fam;* **sans** ~ salzlos
◆ **sel de cuisine** Speisesalz *nt;* **sel de table** Tafelsalz *nt;* **sels de bain** Badesalz *nt*
sélect, e [selɛkt] *adj fam* exklusiv; *clientèle, club a.* [aus]erlesen, nobel; *gens* vornehm, piekfein *fam*
sélecteur [selɛktœʀ] *m* [*poste de télé, programmes*] Programmtaste *f;* [*température*] Wählschalter *m;* [*motocyclette, vélomoteur*] Schalthebel *m*
sélectif, -ive [selɛktif, -iv] *adj* **1.** (*qui opère un choix*) selektiv; ***collecte ~ive des déchets*** getrennte Müllabfuhr; ***qn opère un recrutement ~ des postulants*** jd wählt Bewerber in einem Auswahlverfahren aus
2. *récepteur* trennscharf, selektiv
sélection [selɛksjɔ̃] *f* **1.** (*fait de choisir, choix*) Auswahl *f,* Auslese *f;* ZOOL, BIO Selektion *f,* Zuchtwahl *f;* SPORT [Spieler]auswahl; (*choix avec règles et critères*) Auswahlverfahren *nt,* Ausleseverfahren *nt*
2. (*fait d'être choisi*) Auswahl *f,* Auslese *f;* SPORT (*joueur sélectionné*) Auswahlspieler(in) *m(f);* (*équipe sélectionnée*) Auswahl[mannschaft *f*] *f;* (*match*) Auswahlspiel *nt*
▶ ~ **naturelle** natürliche Auslese; **qn fait** [*o* **opère**] **une** ~ jd trifft eine Auswahl; **de** ~ SPORT, TECH *comité, mécanisme, critères* Auswahl-; *match* Ausscheidungs-; ***test*** [*o* ***épreuve***] ***de*** ~ Eignungstest *m;* ***concours de*** ~ Auswahlverfahren *nt;* ***bouton de*** ~ Wählknopf *m*
sélectionné, e [selɛksjɔne] *m, f* SPORT Auswahlspieler(in) *m(f)*
sélectionner <1> [selɛksjɔne] *vt* **1.** ■ **qn sélectionne qn/qc** jd wählt jdn/etw aus; *marchandise, produit a.* jd sucht etw aus; SPORT jd stellt jdn auf; ***il doit ~ des élèves*** er muss eine Auslese unter den Schülern treffen
2. INFORM ■ **qn sélectionne qc** jd klickt etw an, jd wählt etw aus
sélectionneur, -euse [selɛksjɔnœʀ, -øz] *m, f* Eignungsprüfer(in) *m(f);* SPORT ≈ Bundestrainer(in) *m(f)* [-tʀɛːnɐ] (*der die Mannschaftsaufstellung vornimmt*)
sélectivement [selɛktivmɑ̃] *adv* selektiv; ***qn classe qc*** ~ jd trifft beim Ordnen einer S. (*gen*) eine Auswahl
sélectivité [selɛktivite] *f* [*appareil, récepteur*] Trennschärfe *f*
sélénium [selenjɔm] *m* CHIM Selen *nt*
self [sɛlf] *m fam* Selbstbedienungsrestaurant *nt*
self-control <~-~s> [sɛlfkɔ̃tʀol] *m* Selbstbeherrschung *f*
self-made-man <s *o* -men> [sɛlfmɛdman, -mɛn] *m* Selfmademan ['sɛlfmeɪdmæn] *m*
self-service <~-~s> [sɛlfsɛʀvis] *m* Selbstbedienung *f;* (*magasin*) Selbstbedienungsladen *m;* (*restaurant*) Selbstbedienungsrestaurant *nt*
selle [sɛl] *f* **1.** [*vélo, cheval*] Sattel *m*
2. GASTR Rücken *m*
3. (*matières fécales*) ■ **~s** Stuhl[gang *m*] *m;* ***analyse des ~s*** Stuhluntersuchung *f*
▶ **qn va à la** ~ jd hat Stuhlgang; **en** ~ (*à cheval*): ***qn se met en*** ~ jd sitzt auf; ***qn est en*** ~ jd sitzt im Sattel; ***qn est bien en*** ~ jd sitzt fest im Sattel; ***qn met qn en*** ~ jd hilft jdm [*o* hebt jdn] in den Sattel; ***qn se tient*** [*o* ***reste***] ***en*** ~ jd hält sich im Sattel, jd bleibt fest im Sattel sitzen
seller <1> [sele] *vt* ■ **qn selle un animal** jd sattelt ein Tier
sellerie [sɛlʀi] *f* **1.** (*harnachement*) Sattelzeug *nt*
2. (*local*) Sattelraum *m*
3. (*profession*) Sattlerei *f,* Sattlerhandwerk *nt*
sellette [sɛlɛt] *f* ▶ **sur la** ~ auf der/die Anklagebank; ***qn met qn sur la*** ~ jd bringt jdn auf die Anklagebank
sellier, -ière [selje, -jɛʀ] *m, f* Sattler(in) *m(f)*
selon [s(ə)lɔ̃] **I.** *prép* **1.** (*conformément à*) ■ ~ **qc** gemäß einer S. (*dat*), entsprechend einer S. (*dat*)
2. (*en fonction de*) *circonstances, humeur* je nach; ~ ***leur âge et leur taille*** nach Alter und Größe, ihrem Alter und ihrer Größe nach; ~ ***mes moyens*** soweit es meine finanziellen Mittel erlauben; ***je verrai bien ~ le cas*** je nachdem werde ich sehen
3. (*d'après*) *journaux, personne, prévisions* zufolge *nachgestellt,* nach *nachgestellt;* ~ ***moi*** meines Erachtens; ~ ***la police*** der Polizei zufolge [*o* nach]; ***l'Évangile ~ saint Jean*** das Johannesevangelium
▶ **c'est** ~ *fam* je nachdem, es kommt darauf an
II. *conj* ■ ~ **que** + *indic* je nachdem, ob
Seltz [sɛlts] *f v.* **eau**

semailles [s(ə)mɑj] *fpl* Aussaat *f,* Säen *nt*
semaine [s(ə)mɛn] *f* **1.** (*période de sept jours*) Woche *f;* ***la ~ de quarante heures*** die Vierzigstundenwoche; ~ ***commerciale/publicitaire*** Werbewoche; ■ **~ de qc/contre qc** Woche einer S. (*gen*)/gegen etw; ***la ~ du blanc*** die weiße Woche
2. (*salaire*) Wochenlohn *m*
▶ **c'est sa ~ de bonté** *hum* er/sie hat heute seinen/ihren guten Tag; **la ~ des quatre jeudis** *fam* Sankt Nimmerleinstag *m;* **qn fait la ~ anglaise** jd macht die 5-Tage-Woche; ~ **continue** 5-Tage-Woche *f* (*Unterricht von Montag bis Freitag*); **à la petite ~** kurzsichtig, ohne Blick in die Zukunft; ~ **sainte** Karwoche *f;* **à la ~** wochenweise; **de ~** *officier, médecin* Dienst habend; **en ~** unter der Woche
sémantique [semɑ̃tik] **I.** *adj* semantisch; *champ a.* Wort-
II. *f* Semantik *f*
sémaphore [semafɔʀ] *m* NAUT Semaphor *nt o m;* CHEMDFER Flügelsignal *nt*
semblable [sɑ̃blabl] **I.** *adj* **1.** (*pareil*) solche(r, s), derartig; *objets, personnes* gleich; ***rien de ~*** nichts Derartiges; ***il a été ~ à lui-même*** er ist sich (*dat*) treu geblieben
2. *antéposé* (*tel*) *comportement, histoire* solche(r, s), so ein(e); ***une ~ désinvolture*** so eine [*o* eine solche] Frechheit
3. (*ressemblant*) ähnlich; ■ **~ à qn/qc** jdm/einer S. ähnlich
II. *mf* **1.** (*prochain*) Mitmensch *m*
2. (*congénère*): ***mon/ton/son ~*** meines-/deines-/seines-/ihresgleichen; ***mes/tes/ses ~s*** meines-/deines-/seines-/ihresgleichen; ***toi et tes ~s*** *péj* du und deinesgleichen
semblant [sɑ̃blɑ̃] *m* ■ **~ de qc** so etwas [Ähnliches] wie etw; *de bonheur, pitié a.* Anflug *m* von etw; *de réponse a., soleil* Andeutung *f* von etw; *de vérité, vie* Spur *f* von etw, Hauch *m* von etw; ***j'espère que nous allons jouir d'un ~ de calme*** ich hoffe, dass wir etwas Ruhe genießen werden
▶ **faux ~** falscher Schein; **qn fait ~ [de faire qc]** jd tut so[, als würde er etw tun]; ***elle ne pleure pas: elle fait juste ~!*** sie weint nicht [wirklich], sie tut nur so [als ob]!; **qn [ne] fait ~ de rien** *fam* jd tut so, als bemerke er nichts [*o* als würde er nichts bemerken]
sembler <1> [sɑ̃ble] **I.** *vi* (*paraître*) ■ **qn/qc semble** + *adj* **[à qn]** jd/etw scheint [jdm] + *adj* zu sein; ***tu me sembles nerveux*** mir scheint, du bist nervös; du scheinst [mir] nervös zu sein; ***par ce temps, ce petit café me semble bien bon*** bei diesem Wetter genieße ich das Tässchen Kaffee ganz besonders; ■ **qn/qc semble faire qc [à qn]** es scheint [jdm] so, als ob jd/etw etw tun würde; es sieht so aus, als würde jd/etw etw tun
II. *vi impers* **1.** (*apparaître*) ■ **il semble** + *adj* **de faire qc** es wäre + *adj* etw zu tun; ■ **il semble/semblerait que** + *indic o subj* allem Anschein nach; es sieht ganz so aus, als; ***il semble probable que*** es ist wahrscheinlich, dass; ***il semblerait qu'elle ait oublié son rendez-vous*** allem Anschein nach hat sie ihre Verabredung vergessen; es sieht ganz so aus, als hätte sie ihre Verabredung vergessen
2. (*estimer*) ■ **il lui semble** + *adj* **de faire qc** es scheint jdm + *adj* zu sein, etw zu tun; jd hält es für + *adj,* etw zu tun; ***il nous semble souhaitable de partir de bonne heure*** wir halten es für wünschenswert [*o* es scheint uns wünschenswert zu sein], frühzeitig loszufahren; ***ça peut vous ~ drôle de nous voir ici*** es mag Ihnen komisch vorkommen [*o* Sie mögen es komisch finden], uns hier zu sehen; ■ **il me/lui/... semble que** + *indic* mir/ihm/ihr/... scheint, [dass], ich habe/er/sie/... hat das Gefühl, dass; ***il vous semble que j'exagère?*** haben Sie das Gefühl, dass ich übertreibe?
3. (*avoir l'impression de*) ■ **il me/lui/... semble faire qc** ich habe/er/sie hat/... das Gefühl etw zu tun; ***il me semble bien vous avoir déjà rencontré!*** ich habe das Gefühl, Ihnen schon einmal begegnet zu sein; ***il vous a semblé refaire le même voyage?*** kam es Ihnen vor, als würden Sie [*o* hatten Sie das Gefühl, Sie würden] die gleiche Reise noch einmal machen?; ■ **il me/lui/... semble que** + *indic* ich habe/er/sie hat/... das Gefühl, dass; ***il me semble qu'il va pleuvoir*** ich habe das Gefühl, dass es regnen wird
▶ **ce/il me semble, à ce qu'il me semble** [wie] mir scheint; ***je connais ce type, ce me semble*** mir scheint, ich kenne diesen Typ; **semble-t-il** wie es scheint; **me/nous semble-t-il** so scheint es mir/uns
semelle [s(ə)mɛl] *f* **1.** (*chaussure*) Sohle *f;* ■ **~ de** *de caoutchouc, corde, crêpe, cuir* -sohle
2. CONSTR, TECH Sohle *f;* ~ ***de béton*** Fundament[streifen *m*] *nt*
3. CHEMDFER: ~ ***de frein*** Bremsklotz *m*
4. SKI Lauffläche *f*
▶ **~ compensée** Keilabsatz *m;* ~ **intérieure** Einlage *f;* **qn n'avance** [*o* **ne bouge**] **pas d'une ~** jd kommt keinen Schritt vorwärts; **qn bat la ~** jd stampft [vor Kälte] mit den Füßen auf den Boden; **qn ne cède** [*o* **lâche**] [*o* **recule**] **pas d'une ~** jd weicht keinen Fußbreit zurück; **qc est de la [vraie] ~** */ bifteck, escalope/* etw ist zäh wie Leder [*o* eine Schuhsohle]; **qn ne lâche** [*o* **quitte**] **pas qn d'une ~** jd folgt jdm auf den Fersen [*o* auf Schritt und Tritt]
semence [s(ə)mɑ̃s] *f* **1.** AGR Saat *f,* Saatgut *nt;* ■ **~ de** *de blé, pommes de terre* -saat
2. (*sperme*) Samen *m*
3. (*clou*) kleiner Flachkopfnagel
semer <4> [s(ə)me] **I.** *vi* ■ **qn sème** jd sät
II. *vt* **1.** AGR ■ **qn sème qc** *graines* jd sät etw; ■ **qn sème qc [de qc]** *jardin, champ* jd sät [etw] in etw (*dat*); ***cette plate-bande est semée de pensées*** in diesem Beet sind Stiefmütterchen gesät; ***cette campagne semée d'arbres*** diese mit Bäumen übersäte Gegend
2. (*joncher*) ■ **qn sème qc** *clous, confettis, fleurs* jd streut etw; ■ **[qc est] semé(e) de qc** [etw ist] mit etw übersät; ***une robe semée de diamants*** ein mit Diamanten besetztes Kleid
3. (*propager*) ■ **qn/qc sème qc** *discorde, zizanie* jd sät etw, jd/etw stiftet etw; *faux bruits, terreur, panique* jd/etw verbreitet etw
4. (*truffer*) ■ **qn sème qc de qc** *de citations, platitudes* jd spickt etw mit etw; ■ **[qc est] semé(e) de ...** *de difficultés, pièges, d'anecdotes* [etw ist] voller ..., [etw ist] mit ... gespickt, etw strotzt von [*o* vor] ...; ***la vie est ~e de joies et de peines*** das Leben ist voller Freud und Leid
5. (*se débarrasser de*) ■ **qn sème qn** jd hängt jdn ab *fam*
6. *fam* (*égarer*) ■ **qn sème qc** jd verlegt etw
semestre [s(ə)mɛstʀ] *m* **1.** Halbjahr *nt;* UNIV Semester *nt;* ***par ~*** halbjährlich
2. (*loyer*) Halbjahresmiete *f*
semestriel, le [s(ə)mɛstʀijɛl] *adj assemblée* halbjährlich; *bulletin* Halbjahres-; *revue* halbjährlich erscheinend
semestriellement [s(ə)mɛstʀijɛlmɑ̃] *adv* halbjährlich, einmal pro Halbjahr
semeur, -euse [s(ə)mœʀ, -øz] *m, f* **1.** AGR Sämann/Säerin *m/f*
2. ~(-*euse*) ***de faux bruits*** Gerüchtemacher(in) *m(f);* ***c'est un ~ de discorde*** er sät immer Zwietracht; ***tous ces ~s de zizanie*** alle die[jenigen], die Zwietracht säen
semi- [səmi] *préf* + *subst nomade* Halb-; *automatisation, oubli a., activité, solitude, planification* teilweise(r, s); + *adj automatique, circulaire, fini* halb-; ~***-liberté*** überwachte Freiheit; ***régions ~-arides*** Halbwüstenregion *f,* Steppenregion *f;* ***pierre ~-précieuse*** Halbedelstein *m* **semi-conducteur, -trice** <~-~s> [s(ə)mikɔ̃dyktœʀ, -tʀis] **I.** *adj* Halbleiter- **II.** *m* Halbleiter *m* **semi-conserve** <~-~s> [s(ə)mikɔ̃sɛʀv] *f* beschränkt haltbare Konserve
sémillant, e [semijɑ̃, jɑ̃t] *adj hum soutenu* sprühend, lebhaft
séminaire [seminɛʀ] *m* **1.** Seminar *nt*
2. REL Priesterseminar *nt*
▶ **petit ~** *von Geistlichen geleitete Internatsschule für Jungen*
séminal, e <-aux> [seminal, o] *adj* Samen-
séminariste [seminaʀist] *m* Seminarist(in) *m(f)*
semi-remorque <~-~s> [səmiʀ(ə)mɔʀk] **I.** *m* (*camion*) Sattelschlepper *m*
II. *f* Anhänger *m* eines Sattelschleppers, Auflieger *m*
semis [s(ə)mi] *m* **1.** *pl* (*opération*) Säen *nt,* Aussaat *f;* (*plants*) Sämlinge *pl*
2. (*motif décoratif*) Streumuster *nt*
sémite [semit] **I.** *adj* semitisch
II. *mf* ■ **Sémite** Semit(in) *m(f)*
sémitique [semitik] *adj* semitisch
semoir [səmwaʀ] *m* Sämaschine *f;* HIST (*sac*) Sätuch *nt;* ■ **~ à** *à fumier, engrais* -streumaschine *f*
semonce [səmɔ̃s] *f* Warnung *f,* Mahnung *f*
▶ **coup de ~** Warnschuss *m,* Warnung *f*
semoule [s(ə)mul] **I.** *f* GASTR Grieß *m;* ■ **~ de** *de blé, maïs* -grieß
▶ **qn pédale dans la ~** *fam* jd schwimmt *fam;* / *police, enquêteurs/* jd tappt im Dunkeln
II. *app sucre* Streu-
sempiternel, le [sɑ̃pitɛʀnɛl] *adj antéposé* ewig; *plaintes, reproches a.* dauernd; *chapeau, costume* unvermeidlich
sempiternellement [sɑ̃pitɛʀnɛlmɑ̃] *adv* immer und ewig
sénat [sena] *m* POL, HIST Senat *m;* ■ **le S~** (*assemblée*) der Senat; (*bâtiment*) das Senatsgebäude
sénateur [senatœʀ] *m* Senator(in) *m(f)*
sénatorial, e <-aux> [senatɔʀjal, jo] **I.** *adj dignité* Senatoren-; *élections* Senats-; *prérogatives* senatorisch
II. *fpl* ■ **sénatoriales** Senatswahlen *pl*
Sénégal [senegal] *m* ■ **le Sénégal** der Senegal
sénescence [senesɑ̃s] *f* Altern *nt,* Seneszens *f spec*
sénile [senil] *adj* altersschwach; MED *atrophie, démence* Alters-; *péj fam* senil
sénilité [senilite] *f* Altersschwäche *f; péj* (*débilité*) Greisenhaftigkeit *f,* Senilität *f*
senior [senjɔʀ] **I.** *adj équipe* Senioren-; ***qn est ~*** jd ist Senior [*o* in der Seniorenklasse]
II. *mf* Senior(in) *m(f)*
sens[1] [sɑ̃s] *m* (*signification*) [*action, vie*] Sinn *m;* [*comportement, geste, mot, phrase, texte a.*] Bedeutung *f;* ***j'aimerais bien connaître le ~ de votre comportement*** ich würde gern wissen, was Ihr Verhalten zu bedeuten hat; ***ce que vous racontez est dépourvu de tout ~*** [*o* ***n'a aucun ~***] was Sie da erzählen, ist völlig unsinnig; ***vos observations sont pleines de ~*** Ihre Bemerkungen sind sehr sinnvoll [*o* vernünftig]; ***qc prend tout son ~*** etw erhält seine ganze Bedeutung
▶ **à double ~** doppeldeutig, doppelsinnig; **au ~ ...** *large, strict* im ... Sinn; *étymologique, figuré, propre a.* in der ... Bedeutung
sens[2] [sɑ̃s] *m* **1.** (*direction*) Richtung *f;* ***dans le ~ contraire de qc*** andersherum als etw; ***tu as mis ton pull dans le mauvais ~*** du hast deinen Pullover falsch herum angezogen; ~ ***du courant/de la marche*** Fließ-/Fahrtrichtung; ***dans le ~ du bois*** so wie die Holzadern verlaufen; ***dans le ~ de la longueur/largeur*** der Länge/Breite nach; ***caresser dans le ~ du poil*** mit dem Strich streicheln
2. (*idée*) Sinn *m;* ***c'est en ce ~ que je vous conseillais ...*** in diesem Sinne [*o* im Hinblick darauf] empfahl ich Ihnen, ...; ***je me conformerai au ~ de vos directives*** ich werde mich an Ihre Anweisungen halten
▶ **dans le ~ des aiguilles d'une montre** im Uhrzeigersinn; **dans le ~ contraire des aiguilles d'une montre** im Gegenuhrzeigersinn, entgegen dem Uhrzeigersinn; ~ **de la flèche** Pfeilrichtung *f;* ~ **dessus dessous** völlig durcheinander; ***tout va ~ dessus dessous*** alles geht drunter und drüber *fam;* ***qn met qc ~ dessus dessous*** jd bringt etw völlig durcheinander; ***qn est ~ dessus dessous*** jd ist völlig durcheinander; ~ **devant derrière** verkehrt herum; ~ **giratoire** Kreisverkehr *m;* ~ **interdit** Einbahnstraße *f;* (*pan-*

neau) Durchfahrtsverbot *nt;* ***une rue est mise en ~ interdit*** eine Straße ist [zur] Einbahnstraße geworden; ~ **rétrograde** Uhrzeigersinn *m;* ~ **unique** Einbahnstraße *f;* ***raisonnements à ~ unique*** eingleisige Überlegungen; **qn abonde dans le ~ de qn** jd pflichtet jdm bei; **dans tous les ~** hin und her; ***qn s'agite dans tous les ~*** jd rennt hin und her; ***ils se sont égaillés dans tous les ~*** sie haben sich in alle Richtungen zerstreut; **dans le ~ de qn/qc** in jds Sinn (*dat*)/im Sinn einer S. (*gen*); ***deux personnes vont dans le même ~*** zwei Menschen verfolgen dasselbe Ziel; ***dans quel ~ allez-vous orienter votre enquête?*** in welche Richtung werden Sie Ihre Untersuchung lenken?; ***qc va/est allé(e) dans le ~ de qc*** etw geht in Richtung einer S. (*gen*)/hat zu etw geführt; */réforme, programme a./* etw hat etw zum Ziel/hat zu etw geführt; ***qn/qc va dans le bon ~*** jd verfolgt das richtige Ziel/etw liegt auf der richtigen Linie; ***qc va dans le ~ de l'Histoire*** etw ist folgerichtig; **en ~**: ***qn roule en ~ interdit*** jd fährt in verbotener Fahrtrichtung; ***il est arrivé en ~ contraire*** er kam aus der Gegenrichtung; ***qn va en ~ inverse*** jd fährt in die entgegengesetzte Richtung; ***qn revient en ~ inverse*** jd kehrt um; ***il faut agir exactement en ~ inverse*** es muss genau umgekehrt gehandelt werden; **en ce ~ que** + *indic* insofern als; **en un [certain] ~** in gewissem Sinn

sens³ [sɑ̃s] *m* **1.** ANAT Sinn *m*
2. ■ **les ~** die Sinne
3. (*aptitude*): ~ ***moral*** Moralgefühl *nt;* ~ ***pratique*** Sinn *m* für das Praktische, praktische Veranlagung; ■ **~ de qc** *du ridicule, rythme, de la mesure* Gefühl *nt* für etw; *de l'humour* Sinn für etw; ~ ***de l'équilibre/de l'orientation*** Gleichgewichts-/Orientierungssinn; ~ ***de la répartie*** Schlagfertigkeit *f;* ***qn a le ~ de l'humour*** jd hat [Sinn für] Humor; ***qn a le ~ de la répartie*** jd ist schlagfertig; ***qn a le ~ du rythme*** jd hat ein Gefühl für Rhythmus; ***qn a le ~ de la musique*** jd ist musikalisch; ***qn n'a pas le ~ du ridicule*** jd merkt nicht, dass er sich lächerlich macht; ***qn a le ~ des réalités*** jd denkt realistisch; ***qn perd le ~ de la réalité*** jd verliert das Gefühl für die Realität
▶ **bon ~** gesunder Menschenverstand; ~ **civique** staatsbürgerliches [Verantwortungs]bewusstsein; ~ **commun** gesunder Menschenverstand; **qc n'a pas le ~ commun** etw ergibt keinen Sinn, etw ist unvernünftig; **le sixième ~** der sechste Sinn; **qn reprend ses ~** jd kommt wieder zur Besinnung; **qc tombe sous le ~** etw liegt auf der Hand; **à mon ~** meines Erachtens

sensas[s] [sɑ̃sas] *adj inv fam abr de* **sensationnel** toll *fam,* sagenhaft *fam*

sensation [sɑ̃sasjɔ̃] *f* Empfindung *f,* [Sinnes]eindruck *m;* (*émotion*) Gefühl *nt;* ***toutes ces ~s auditives/visuelles/olfactives provoquaient en lui une véritable ivresse*** all diese akustischen/visuellen Eindrücke/Geruchsempfindungen machten ihn ganz schwindelig; ■ **~ de** *de chaleur, froid, vertige* -gefühl; ***j'ai eu une ~ d'étouffement*** ich hatte das Gefühl zu ersticken; ***une ~ de brûlure*** eine Art Brennen; ***une ~ de bien-être*** ein wohliges Gefühl, ein Gefühl des Wohlbefindens; ***une ~ de malaise*** ein unangenehmes Gefühl
▶ **~s fortes** Nervenkitzel *m;* **qn a la ~ de faire qc/que** + *indic* jd hat das Gefühl, etw zu tun/dass; **qn/qc fait ~** jd/etw erregt Aufsehen; (*positivement a.*) jd/etw ist eine Sensation; **à ~** *presse* Sensations-, Boulevard-; *roman, film* reißerisch [aufgemacht]

sensationnel, le [sɑ̃sasjɔnɛl] **I.** *adj* **1.** (*extraordinaire*) sensationell, Aufsehen erregend
2. *fam* (*super*) sagenhaft *fam*
II. *m* Sensation *f*

sensé, e [sɑ̃se] *adj* vernünftig

sensibilisation [sɑ̃sibilizasjɔ̃] *f* Sensibilisierung *f;* ■ **~ à** [*o* **sur**] **qc** Sensibilisierung für etw

sensibiliser <1> [sɑ̃sibilize] *vt* ■ **qn/qc sensibilise qn** [**à** [*o* **sur**] **qc**] jd/etw sensibilisiert jdn [für etw]; ■ [**qn est**] **sensibilisé(e)** [**à qc**] [jd ist] [für etw] empfänglich

sensibilité [sɑ̃sibilite] *f* **1.** (*aptitude à s'émouvoir*) Sensibilität *f; personne a.*] Empfindsamkeit *f;* ***qn est d'une grande ~*** jd ist sehr sensibel
2. PHYSIOL Sensibilität *f;* ***qc est d'une extrême ~*** etw ist äußerst empfindlich [*o* sensibel]; ■ **~ à** -empfindlichkeit *f;* ***je n'ai aucune ~ à la chaleur/aux odeurs*** ich bin überhaupt nicht wärme-/geruchsempfindlich
3. (*conviction*) Empfinden *nt;* ***il a une ~ de gauche*** er denkt politisch links, er hat eine Sympathie für die politische Linke
4. PHOT, TECH Empfindlichkeit *f;* [*pellicule*] Lichtempfindlichkeit

sensible [sɑ̃sibl] *adj* **1.** (*émotif*) sensibel, empfindsam
2. (*opp: indifférent*) ■ **~ à qc** *aux attentions, éloges, symboles, au charme* empfänglich für etw; *à la misère, raillerie, méchanceté* empfindlich gegen etw
3. (*fragile*) *personne, organe, plaie, pieds* empfindlich; ***qn est très ~ de la gorge*** jd hat einen empfindlichen Hals, jd hat leicht Halsschmerzen; ■ **~ à** *au froid, à la chaleur, lumière* -empfindlich
4. (*perceptible*) spürbar; *goût, odeur* deutlich; *changement, différence, progrès* deutlich, merklich; ***le chômage est surtout ~ dans les campagnes*** die Arbeitslosigkeit ist vor allem auf dem Land spürbar
5. (*fin*) *odorat, ouïe* fein
6. TECH *balance, baromètre* genau, fein; PHOT *plaque* lichtempfindlich; ■ **qc est ~ à qc** etw reagiert auf etw (*akk*)
7. (*délicat*) *affaire, dossier* heikel; ***un point ~*** ein wunder Punkt
8. PHILOS *être* fühlend; ***univers/monde ~*** Sinnenwelt *f*
9. MUS: ***la note ~*** der Leitton

sensiblement [sɑ̃sibləmɑ̃] *adv* **1.** (*notablement*) deutlich, merklich, spürbar
2. (*à peu près*) etwa

sensiblerie [sɑ̃sibləʀi] *f* Überempfindsamkeit *f,* Gefühlsduselei *f*

sensitif, -ive [sɑ̃sitif, -iv] *adj faculté* Empfindungs-; *nerf a.* sensibel

sensoriel, le [sɑ̃sɔʀjɛl] *adj vie, organe* Sinnes-; *nerf a.* sensorisch, Empfindungs-; *éducation* der Sinne; *information* sensorisch, sensoriell

sensualité [sɑ̃sɥalite] *f* Sinnlichkeit *f*

sensuel, le [sɑ̃sɥɛl] *adj* sinnlich

sentence [sɑ̃tɑ̃s] *f* **1.** JUR Urteil *nt,* Urteilsspruch *m*
2. (*adage*) Sinnspruch *m,* Denkspruch *m,* Sentenz *f geh*

sentencieux, -euse [sɑ̃tɑ̃sjø, -jøz] *adj langage, style, ton* sentenziös *geh,* sentenzenreich; *personne* schulmeisterlich

senteur [sɑ̃tœʀ] *f soutenu* Duft *m,* Wohlgeruch *m geh*

senti, e [sɑ̃ti] *adj* ▶ **bien ~** *discours, mot* treffend; ***vérité bien ~e*** bittere Wahrheit

sentier [sɑ̃tje] *m* **1.** (*petit chemin*) [Fuß]weg *m,* Pfad *m*
2. *soutenu* (*voie*) ■ **le ~/les ~s de qc** der Weg einer S. (*gen*); *de la gloire* der Weg zu etw; ***le ~ de la vertu*** der Pfad der Tugend
▶ **qn est sur le ~ de la guerre** jd ist auf dem Kriegspfad; **~ de grande randonnée** [französischer] Hauptwanderweg; **qn sort des ~s battus** jd geht neue Wege

sentiment [sɑ̃timɑ̃] *m* **1.** (*ce qui est ressenti*) Gefühl *nt;* ■ **~ de qc** *de fierté, pitié, tristesse* Gefühl einer S. (*gen*); ~ ***de culpabilité/de haine*** Schuld-/Hassgefühl; ***un ~ de tendresse*** ein zärtliches Gefühl; ***il ne pouvait dissimuler son ~ de fierté*** er konnte seinen Stolz nicht verbergen
2. (*sensibilité*) *esthétique, patriotique, religieux, romantique* Gefühl *nt*
3. (*conscience*) ■ **~ de qc** *de sa valeur, liberté, de son impuissance, du néant* Bewusstsein *nt* einer S. (*gen*); ***qn a le ~ de sa valeur/liberté/de son impuissance*** jd ist sich (*dat*) seines Wertes/seiner Freiheit/seiner Machtlosigkeit bewusst
4. (*impression*) Meinung *f;* ***était-il déçu? – Non, je n'ai pas eu ce ~*** war er enttäuscht? – Nein, das Gefühl hatte ich nicht; ■ **~ de faire qc** Gefühl *nt* etw zu tun; ***le ~ d'être un raté*** das Gefühl ein Versager zu sein; ***qn donne le ~ de faire qc*** jd vermittelt den Eindruck etw zu tun; ■ **le ~ que** + *indic* das Gefühl, dass; der Eindruck, dass; ***je ne peux me débarrasser du ~ que*** ich werde den Eindruck nicht los, dass; ich habe das dunkle Gefühl, dass
5. *pl* (*formule de politesse*): ***veuillez agréer l'assurance de mes ~s distingués*** mit freundlichen Grüßen; ***mes meilleurs ~s*** meine besten Grüße; ***veuillez agréer l'assurance de mes ~s respectueux, veuillez croire à mes ~s dévoués*** hochachtungsvoll
6. *pl* (*tendance*) Gefühle *pl,* Einstellung *f;* ***qn a*** [*o* ***est animé(e)***] ***de bons/mauvais ~s à l'égard de qn*** jd ist jdm wohl-/übelgesonnen
▶ **qc part d'un bon ~** etw ist gut gemeint; **grands ~s** Gefühlskitsch *m;* ***ça déborde de grands ~s*** das trieft vor Schmalz *fam;* **qn/qc ramène qn à de meilleurs ~s** jd/etw stimmt jdn um; ***j'ai les moyens de te ramener à de meilleurs ~s*** ich werde dich schon zur Einsicht bringen; **qn revient à de meilleurs ~s** jd kommt zur Einsicht, jd hat [ein] Einsehen *nt;* **qn a qn au ~** *fam* jd kriegt jdn auf die Gefühlstour rum *fam;* **qn fait du ~** jd zeigt Gefühle, jd wird sentimental; **qn partage les ~s de qn** jd teilt jds Gefühle; **qn prend qn par les ~s** jd packt jdn von der Gefühlsseite her an; *hum* jd kommt jdm auf die Gefühlstour; ***je t'offre un café? – Si tu me prends par les ~s!*** kann ich dir einen Kaffee anbieten? – Also, wenn du mich so lockst!

sentimental, e <-aux> [sɑ̃timɑ̃tal, o] **I.** *adj* **1.** (*sensible*) *nature, personne* gefühlsbetont
2. (*amoureux*) *problème, vie* Liebes-
3. (*opp: rationnel*) *attachement, réaction, valeur* gefühlsmäßig
4. *péj* sentimental; *film a.* rührselig, schnulzig *fam*
II. *m, f* Gefühlsmensch *m*

sentimentalement [sɑ̃timɑ̃talmɑ̃] *adv* vom Gefühl her

sentimentalisme [sɑ̃timɑ̃talism] *m* Gefühlsduselei *f*

sentinelle [sɑ̃tinɛl] *f* Wachposten *m*
▶ **en ~** zur Wache; ***qn est en ~*** jd steht Wache; *fig* jd beobachtet; ***mets-toi en ~ à l'entrée*** stell dich an den Eingang auf, beobachte den Eingang

sentir <10> [sɑ̃tiʀ] **I.** *vt* **1.** (*percevoir à l'odorat*) ■ **qn sent qc** jd riecht etw
2. (*goûter*) ■ **qn sent qc** jd schmeckt etw
3. (*ressentir, avoir conscience de*) ■ **qn sent qc** *chaud, froid, fatigue, beauté, changement, force, panique, vide* jd spürt etw; ■ **qn sent qc faire qc** jd spürt, wie etw etw tut; ***je sentis la panique m'envahir/la fatigue me gagner*** ich spürte, wie die Panik/Müdigkeit mich ergriff [*o* packte *fam*]; ■ **qn sent que** + *indic* jd spürt, dass
4. (*avoir une odeur*) ■ **qn/qc sent qc** *la fumée, rose, le moisi* jd/etw riecht nach etw; ***ça sent le brûlé!*** es riecht verbrannt!; ***cette pièce sent le renfermé!*** in diesem Raum riecht es muffig!
5. (*avoir un goût*) ■ **qc sent qc** etw schmeckt nach etw; ***ce thé sent le jasmin*** der Tee schmeckt nach Jasmin
6. (*révéler*) ■ **qn/qc sent qc** man merkt jdm/einer S. etw an; ***son éducation sent la noblesse*** seiner Erziehung merkt man den Adel an
7. (*annoncer*) ■ **qc/ça sent qc** *neige, orage, pluie, printemps* etw/es [*o* das] sieht nach etw aus; *magouille, piège a.* etw/das riecht nach etw *fam*
8. (*pressentir*) ■ **qn/un animal sent qc** jd/ein Tier spürt etw; ***qn sent sa mort prochaine/sa mort approcher*** jd spürt seinen baldigen Tod/spürt, dass sein Tod naht; ***qn/un animal sent venir l'orage*** jd/ein Tier spürt das Gewitter kommen; ■ **qn sent que** + *indic* jd spürt, dass; ***je sens que ce film vous plaira*** ich bin mir sicher, dass der Film Ihnen gefallen wird
9. (*rendre sensible*) ■ **qn fait ~ qc** [**à qn**] *autorité* jd lässt [jdn] etw spüren; *beauté de qc, importance de qc* jd vermittelt jdm etw; ■ **qn fait ~ à qn que** + *indic* jd lässt jdn merken [*o* spüren], dass
▶ **ça sent mauvais** [*o* **pas bon**] [**pour qn**] *fam* (*c'est de mauvais augure*) es sieht schlecht [*o* nicht gut] [für jdn] aus, die Dinge stehen schlecht [*o* nicht gut] für jdn; **qn la/le sent passer** *fam* jd bekommt das [stark] zu spüren, jd spürt das; **qn ne peut pas ~ qn** jd kann jdn nicht ausstehen [*o* riechen *fam*]; **qn la/le sent venir** *fam* jd kann sich (*dat*) denken, was jetzt kommt; ***je la sentais venir celle-là*** ich wusste, dass das jetzt kommen würde; **comme tu le sens/vous le sentez** *fam* wie du es für richtig hältst/Sie es für richtig

halten

II. *vi* 1. (*avoir une odeur*) ■ **qn/qc sent ...** *bon, fort, mauvais* jd/etw riecht ...

2. (*puer*) ■ **qn/qc sent** jd/etw stinkt; ***qn sent de la bouche*** jd hat Mundgeruch, jd riecht aus dem Mund; ***qn sent des pieds*** jds Füße riechen, jd hat Schweißfüße

III. *vpr* 1. ■ **qn se sent** + *adj* jd fühlt sich + *adj;* ■ **qn se sent qc** jd verspürt etw in sich (*dat*), jd hat das Gefühl etw zu haben; ***qn se sent le cœur plus libre*** jd fühlt sich innerlich befreit; ***je ne m'en sens pas le courage*** mir fehlt es an Mut dazu; ■ **qn se sent faire qc** jd hat das Gefühl etw zu tun

2. (*être perceptible*) ■ **qc se sent** */amélioration, changement, effet/* etw ist zu spüren; ***qc se sent bien*** etw ist genau zu spüren; ■ **qc se fait ~** */conséquences, froid/* etw zeigt seine Wirkung; */effet a./* etw ist spürbar

► **qn [ne] se sent pas bien** *fam* (*déménage*) jd hat eine Meise *fam,* jd spinnt *fam;* ***tu te sens pas bien?*** [sag mal,] geht's dir noch ganz gut? *fam;* **qn se sent tout drôle** jd fühlt sich etwas komisch; **qn se sent mal** (*s'évanouit*) jd wird ohnmächtig; *fam* (*déménage*) jd hat eine Meise *fam,* jd spinnt *fam;* ***tu te sens mal?*** [sag mal,] geht's dir noch ganz gut? *fam;* **des personnes ne peuvent pas se ~** Menschen können sich nicht ausstehen [*o* riechen *fam*]; **qn se sent renaître** jd fühlt sich wie neugeboren; **qn ne se sent plus de qc** *de joie, bonheur* jd ist ganz außer sich vor etw (*dat*), jd kann sich vor etw (*dat*) nicht mehr beherrschen; **qn [ne] se sent plus** *fam* (*ne se contrôle plus*) jd ist von Sinnen *fam,* jd flippt aus *fam;* **qn [ne] se sent plus [pisser]** *fam* (*a la grosse tête*) jd spielt sich auf, jd kommt sich (*dat*) wichtig vor

seoir <*irr*> [swaʀ] *vi littér* (*convenir*) ■ **qc sied à qn/qc** */toilette/* etw kleidet jdn [gut], etw ziert jdn *geh;* */comportement/* etw passt zu jdm/etw, etw steht jdm wohl an *geh;* ***voilà la toilette qui sied pour ...*** das ist die passende Garderobe für ...; ■ **il sied [à qn] de faire qc/que** + *subj* es geziemt sich [für jdn], etw zu tun/, dass *geh*

sep [sɛp] *m v.* **cep**

sépale [sepal] *m* Kelchblatt *nt*

séparable [sepaʀabl] *adj* trennbar; ■ **~ de qc** von etw zu trennen; ***qc n'est pas ~ de qc*** etw ist untrennbar mit etw verbunden

séparateur, -trice [sepaʀatœʀ, -tʀis] *adj* Trenn-

séparation [sepaʀasjɔ̃] *f* 1. (*fait de se séparer*) [*amis, couple*] Trennung *f;* [*convives, manifestants*] Auseinandergehen *nt;* ***cette ~ leur semble longue*** die Trennung kommt ihnen lang vor

2. (*fait de séparer*) Trennung *f;* ***~ des filles et des garçons*** die Trennung von Mädchen und Jungen

3. JUR ■ **~ de** *de biens* -trennung *f;* ***~ de corps*** Trennung von Tisch und Bett; ***~ de fait*** Getrenntleben *nt*

4. POL [*services*] Trennung *f;* [*pouvoirs a.*] Teilung *f;* ***la ~ de l'Église et de l'État*** die Trennung von Kirche und Staat

5. (*distinction*) Trennung *f,* Unterscheidung *f;* ***il faut faire une ~ entre ces différentes questions*** zwischen diesen Fragen muss unterschieden werden; ***sur quels critères établir une ~ entre les bons et les mauvais?*** nach welchen Kriterien sollen die Guten und die Schlechten unterschieden werden?

6. (*cloison*) Trennwand *f;* ***un mur qui sert de ~ entre les deux propriétés*** eine Mauer, die die beiden Grundstücke trennt; ***le mur de ~*** die Trennwand; ***il n'existe aucune ~ entre les différents jardins*** zwischen den verschiedenen Gärten besteht keinerlei Abgrenzung

séparatisme [sepaʀatism] *m* Separatismus *m*

séparatiste [sepaʀatist] I. *adj* separatistisch

II. *mf* Separatist(in) *m(f)*

séparé, e [sepaʀe] *adj* getrennt; *étude a.* gesondert; *pièce* separat; *notions, sons* getrennt

séparément [sepaʀemɑ̃] *adv examiner* einzeln; *vivre* getrennt

séparer <1> [sepaʀe] I. *vt* 1. (*éloigner, désunir*) ■ **qn/qc sépare des personnes** jd/etw trennt Menschen; ***je vais vous ~ en deux groupes*** ich werde euch in zwei Gruppen aufteilen; ■ **qn/qc sépare qn de qn** jd/etw trennt jdn von jdm

2. (*diviser*) ■ **qn sépare des choses [par qc]** jd trennt Dinge [durch etw]; ***il sépare maintenant ses cheveux par une raie*** er teilt jetzt seine Haare durch einen Scheitel; ■ **qn sépare qc de qc [par qc]** jd trennt etw von etw [durch etw] [ab]

3. (*détacher*) ■ **qn sépare qc de qc** *du son, de la coquille, des impuretés* jd trennt etw von etw; (*couper*) *du tronc* jd trennt etw von etw ab; ***~ le coupon du formulaire*** den Coupon vom Formular abtrennen; ***il faut ~ les liquides en leurs divers éléments*** man muss die verschiedenen Elemente der Flüssigkeiten voneinander trennen, man muss die Flüssigkeiten in ihre verschiedenen Elemente zerlegen

4. (*être interposé entre*) ■ **qc sépare qn/qc de qn/qc** */mur, obstacle/* etw trennt jdn/etw von jdm/etw

5. (*différencier*) ■ **qn sépare des choses** *idées, théories* jd trennt Dinge; *problèmes* jd hält Dinge auseinander; ■ **qn sépare qc de qc** *la théorie de la pratique* jd trennt etw von etw; *un problème d'un autre problème* jd hält etw und etw auseinander

II. *vpr* 1. (*se défaire de*) ■ **qn se sépare de qn/des personnes se séparent** jd trennt sich von jdm/Menschen trennen sich; ■ **qn se sépare de qc** *d'un objet personnel* jd trennt sich von etw; ***je ne me sépare jamais de mon guide/passeport*** ich habe immer meinen Führer/Pass bei mir

2. (*se diviser*) ■ **qc se sépare en qc** */rivière/* etw teilt sich in etw (*akk*); */route/* etw verzweigt sich in etw (*akk*); ■ **qc se sépare de qc/des choses se séparent** */branche/* etw gabelt sich von etw/Dinge gabeln sich; */route/* etw zweigt von etw ab/Dinge trennen sich [*o* laufen auseinander]; ***nos routes se séparent*** unsere Wege trennen sich

3. (*se détacher*) ■ **qc se sépare de qc/des choses se séparent** etw löst sich von etw/Dinge lösen sich voneinander

4. (*se disperser*) ■ **des personnes se séparent** */adversaires, assemblée, manifestants, participants/* Menschen gehen auseinander [*o* trennen sich]

sépia [sepja] *adj inv* sepia[braun]

sept [sɛt] I. *num* 1. (*cardinal*) sieben; ***ils ont gagné ~ à un*** sie haben sieben zu eins gewonnen; ***ça coûte ~ francs*** das kostet sieben Franc; ***le train part dans ~ minutes*** der Zug fährt in sieben Minuten ab; ***dans ~ mois*** in sieben Monaten; ***trois et quatre font ~*** drei und vier sind [*o* macht] [*o* gibt] sieben

2. (*ordinal*): ***chapitre/page ~*** Kapitel *nt*/Seite *f* sieben; ***le numéro ~*** die Nummer sieben; ***à ~ heures*** um sieben Uhr; ***je viens le ~ mai*** ich komme am siebten Mai; ***nous sommes le ~ juin*** heute ist der siebte Juni, wir haben den siebten Juni; ***Charles VII*** Karl VII., Karl der Siebte

II. *m inv* 1. (*chiffre*) Sieben *f*

2. (*numéro*) Nummer *f* sieben, Sieben *f;* ***j'habite [au] 7, rue de Rivoli*** ich wohne [in der] Rue de Rivoli [Nummer] 7; ■ **le ~** die Nummer Sieben; TRANSP die Nummer Sieben, die Linie Sieben, die Sieben *fam;* (*bus a.*) der Siebener SDEUTSCH *fam;* ***quel cheval as-tu joué? – Le ~*** auf welches Pferd hast du gesetzt? – Auf die Nummer sieben [*o* die Sieben *fam*]

3. CARTES, JEUX Sieben *f;* ***je joue le ~ de cœur*** ich spiele die Herzsieben; ***qn mise le ~*** jd setzt auf die Sieben

4. (*date*): ***nous sommes aujourd'hui le ~*** heute ist der Siebte, wir haben heute den Siebten

5. SCOL (*note*) sieben Punkte [aus zwanzig] (*mangelhafte Note, die einer Fünf entspricht*); ***elle a eu [un] ~ à l'interro de maths*** sie hat sieben Punkte in der Mathearbeit geschrieben

► **~ arabe/romain** arabische/römische Sieben

III. *f* ■ **la ~** die Sieben; (*table a.*) der Tisch sieben; (*chambre a.*) das Zimmer sieben

IV. *pron* sieben; ***seuls ~ sont venus*** nur sieben sind gekommen; ***ils étaient dix contre ~*** sie waren zehn gegen sieben

► **à ~** zu siebt; **à nous ~** wir sieben; **par ~** COM im Siebenerpack; **~ par ~** *choses* je[weils] sieben; *personnes a.* [jeweils] zu siebt; **tous les ~** alle sieben

septembre [sɛptɑ̃bʀ] *m* September *m;* ***en ~, au mois de ~*** im September; ***Toulouse, le 13 ~*** Toulouse, den 13. September; ***il est né le 23 ~ 1967*** er ist am 23. September 1967 geboren; *v. a.* **janvier**

septennat [sɛptena] *m* siebenjährige Amtszeit

septentrional, e <-aux> [sɛptɑ̃tʀijɔnal, o] *adj* nördlich; *pays* Nord-

septicémie [sɛptisemi] *f* Blutvergiftung *f,* Sepsis *f spec*

septième [sɛtjɛm] I. *adj antéposé* siebte(r, s), siebente(r, s); ***à la ~ fois*** beim sieb[en]ten Mal; ***elle est arrivée ~*** sie ist Siebte geworden

II. *mf* ■ **le/la ~** der/die/das Sieb[en]te; ***elle est la ~ de la classe*** sie ist die Siebtbeste der Klasse

III. *m* 1. (*fraction*) Sieb[en]tel *nt*

2. (*étage*) sieb[en]ter Stock, sieb[en]te Etage

3. (*arrondissement*) sieb[en]tes Arrondissement

IV. *f* 1. MUS Septime *f*

2. SCOL *vieux* ≈ fünfte Grundschulklasse

septièmement [sɛtjɛmmɑ̃] *adv* sieb[en]tens

septique [sɛptik] *adj* septisch

septuagénaire [sɛptɥaʒenɛʀ] I. *adj* siebzigjährig

II. *mf* Siebzigjährige(r) *f(m),* Siebziger(in) *m(f) fam*

septuor [sɛptɥɔʀ] *m* Septett *nt*

septuple [sɛptypl] I. *adj* siebenfach

II. *m* Siebenfache(s) *nt*

septupler <1> [sɛptyple] I. *vt* ■ **qn septuple qc** jd versiebenfacht etw

II. *vi* ■ **qc septuple** etw versiebenfacht sich

sépulcral, e <-aux> [sepylkʀal, o] *adj* Grabes-

sépulcre [sepylkʀ] *m littér* Grabmal *nt;* ***le Saint S~*** das Heilige Grab

sépulture [sepyltyʀ] *f* Grab[stätte *f*] *nt*

séquelle [sekɛl] *f* 1. [*accident, maladie*] Folge[erscheinung *f*] *f,* Nachwirkung *f*

2. *gén pl* [*guerre, révolution*] Auswirkung *f,* Folge *f*

séquence [sekɑ̃s] *f* CINE, TV, LING Sequenz *f;* INFORM *a.* Folge *f;* CARTES Straße *f*

séquentiel, le [sekɑ̃sjɛl] *adj* INFORM sequenziell, fortlaufend

séquestration [sekɛstʀasjɔ̃] *f* [*biens*] Beschlagnahmung *f;* [*personne*] Freiheitsberaubung *f;* ***~ d'enfant*** Kindesraub *m*

séquestre [sekɛstʀ] *m* Zwangsverwaltung *f,* Sequestration *f spec*

► **sous ~** unter Zwangsverwaltung, beschlagnahmt

séquestrer <1> [sekɛstʀe] *vt* 1. JUR ■ **qn séquestre qc** *biens* jd beschlagnahmt etw

2. (*enfermer*) ■ **qn séquestre qn** jd sperrt jdn ein; *otage* jd hält jdn gefangen; ■ **qn séquestre qc** (*ne pas se servir de*) jd hält etw unter Verschluss; (*s'approprier*) jd nimmt etw in Beschlag; ***je me sens séquestré(e) dans cet hôpital*** ich fühle mich in diesem Krankenhaus eingesperrt

sera [səʀa], **serai** [səʀɛ] *fut de* **être**

sérail [seʀaj] *m* Serail *nt*

► **qn est élevé(e) [*o* nourri(e)] dans le ~** jd gehört von jung auf zum Kreis der Eingeweihten

seras [səʀa] *fut de* **être**

serbe [sɛʀb] I. *adj* serbisch

II. *m* LING Serbisch *nt*

III. *mf* ■ **Serbe** Serbe/Serbin *m/f*

Serbie [sɛʀbi] *f* ■ **la Serbie** Serbien *nt*

serbo-croate [sɛʀbokʀɔat] I. *adj* serbokroatisch

II. *m* LING Serbokroatisch *nt;* **le ~ ~** das Serbokroatische

serein, e [səʀɛ̃, ɛn] *adj* 1. *visage* heiter; *âme, personne a.* gelassen

2. *soutenu ciel, journée, nuit* heiter, wolkenlos

sereinement [səʀɛnmɑ̃] *adv agir, juger* mit Gelassenheit [*o* Ruhe]

sérénade [seʀenad] *f* **1.** MUS Serenade *f*
2. [*amoureux*] Ständchen *nt*
3. *fam* (*scène*) Gezeter *nt*
4. (*charivari*) Radau *m*
sérénité [seʀenite] *f* **1.** [*visage*] Heiterkeit *f;* [*âme a.*] Gelassenheit *f,* Ausgeglichenheit *f*
2. *soutenu* [*ciel*] Heiterkeit *f,* Klarheit *f*
▶ **en toute** ~ mit aller Gelassenheit
serez [səʀe] *fut de* **être**
serf, serve [sɛʀ(f), sɛʀv] **I.** *adj* leibeigen, hörig; ***condition serve*** [Umstand *m* der] Leibeigenschaft *f*
II. *m, f* Leibeigene(r) *f(m),* Hörige(r) *f(m)*
sergent [sɛʀʒɑ̃] *m* Unteroffizier *m*
sergent-chef <~s-~s> [sɛʀʒɑ̃ʃɛf] *m* Stabsunteroffizier *m* **sergent-major** <~s-~s> [sɛʀʒɑ̃maʒɔʀ] *m* Hauptfeldwebel(in) *m(f)*
sériciculture [seʀisikyltyʀ] *f* Seidenraupenzucht *f*
série [seʀi] *f* **1.** (*ensemble*) [*casseroles*] Satz *m;* [*timbres, photos a.*] Serie *f;* [*volumes*] Reihe *f;* ***on a tiré une ~ spéciale de cet ouvrage*** es wurde eine Sonderausgabe dieses Werkes gedruckt
2. (*succession*) Serie *f,* Folge *f;* ■ **[toute] une ~ de choses** *de questions, tests, vols, d'ennuis* eine ganze Serie [*o* Reihe] von Dingen; ***une ~ d'accidents/de succès*** eine Serie von Unfällen/Erfolgsserie
3. CINE, TV Serie *f,* Reihe *f*
4. (*au billard*) Serie *f,* Ballfolge *f;* BOXE Schlagserie, Serie von Schlägen
5. CHIM, MATH Reihe *f*
6. MUS Reihe *f*
7. (*catégorie, classe*) CINE Serie *f;* NAUT Kategorie *f;* SPORT Leistungsgruppe *f*
8. SPORT (*éliminatoires*) Vorlauf *m,* Qualifikationsrunde *f*
▶ ~ **noire** (*roman*) Kriminalroman *m;* (*collection*) Krimi[nalroman]reihe *f;* (*succession de malheurs*) Pechsträhne *f;* **de** ~ *article, véhicule, numéro* Serien-; **en** ~ *fabrication, production* Serien-; *fig se produire* serienweise, reihenweise; ***montage en*** ~ Serienanfertigung *f;* ELEC Serienschaltung *f;* ***monté(e) en*** ~ serienmäßig hergestellt; ***des prises montées en*** ~ in Serie [*o* Reihe] geschaltete Steckdosen; **hors** ~ (*extraordinaire*) außergewöhnlich; IND in Sonderanfertigung hergestellt
sérier <1 a> [seʀje] *vt* ■ **qn série des choses** *problèmes, questions* jd ordnet [*o* klassifiziert] Dinge
sérieusement [seʀjøzmɑ̃] *adv* **1.** (*vraiment*) *croire, s'imaginer, penser* im Ernst, ernstlich; ***je quitte Jean-Yves! – S~?*** ich verlasse Jean-Yves! – Im Ernst?
2. (*avec sérieux*) *agir, travailler* ernsthaft; ***vous parlez ~?*** meinen Sie das ernst [*o* im Ernst]?
3. (*gravement*) ernstlich; *touché, blessé* schwer
sérieux, -euse [seʀjø, -jøz] **I.** *adj* **1.** (*important*) *chose, conversation* ernst; *livre, film a.* ernsthaft
2. (*grave*) *maladie, affaire, situation, état* ernst; ***elle est atteinte d'une maladie ~euse*** sie ist ernstlich erkrankt
3. (*opp: plaisantin*) *personne, air, ton, attitude* ernst
4. (*digne de confiance*) *établissement, entreprise, acquéreur* seriös; *employé* zuverlässig; *promesse* ernst gemeint
5. (*consciencieux*) *élève, apprenti* ernsthaft
6. (*digne d'intérêt*) *problème* ernst zu nehmend; *proposition a.* seriös; *renseignement* vertrauenswürdig
7. (*approfondi*) *études, recherches, travail* ernsthaft, seriös
8. *a. antéposé* (*fort*) *différence, somme* gewaltig; *raison* ernsthaft, gewichtig
9. (*sage*) *jeune fille, jeune homme* anständig, gediegen
▶ **pas ~, s'abstenir** nur ernst gemeinte Zuschriften
II. *m* **1.** (*fiabilité*) [*propos, programme*] Ernsthaftigkeit *f;* [*entreprise, projet*] Seriosität *f;* [*employé*] Zuverlässigkeit *f*
2. (*conscience*) [*personne*] Ernsthaftigkeit *m,* Gewissenhaftigkeit *f*
3. (*air grave*) Ernst *m;* ***je n'ai pas pu garder mon*** ~ ich konnte nicht ernst bleiben
4. (*gravité*) [*situation, état*] Ernst *m*
▶ **qn prend qn/qc au** ~ jd nimmt jdn/etw ernst; **qn se prend au** ~ jd nimmt sich wichtig
sérigraphie [seʀigʀafi] *f* **1.** (*procédé*) Siebdruckverfahren *nt,* Siebdruck *m;* ***en*** ~ im Siebdruck[verfahren]
2. (*œuvre*) Siebdruck *m*
serin [s(ə)ʀɛ̃] *m* Kanarienvogel *m*
seriner <1> [s(ə)ʀine] *vt* **1.** *fam* (*rabâcher*) ■ **qn/qc serine qc [à qn]** jd sagt [jdm] etw wieder und wieder; /*publicité*/ etw preist etw an
2. *fam* (*excéder*) ■ **qn serine qn** jd geht jdm [mit seinem ewigen Gerede] auf die Nerven *fam;* (*changer*) jd singt etw immer wieder
seringa[t] [s(ə)ʀɛ̃ga] *m* Pfeifenstrauch *m,* Falscher Jasmin
seringue [s(ə)ʀɛ̃g] *f* **1.** MED Spritze *f*
2. (*petite pompe*) Spritze *f;* (*ustensile de cuisine*) Tortenspritze
serment [sɛʀmɑ̃] *m* **1.** (*engagement solennel*) Schwur *m;* ~ ***sur l'honneur*** Versicherung *f* auf Ehre und Gewissen; ***qn fait un faux serment*** jd leistet [*o* schwört] einen Meineid
2. (*promesse*) Schwur *m;* ■ ~ **de** *d'amour, de fidélité* schwur
▶ ~ **professionnel** Amtseid *m;* **qn fait le ~ de faire qc** jd schwört etw zu tun; **qn prête** ~ jd leistet [*o* schwört] einen Eid, jd legt einen Eid ab; **sous** ~ unter Eid
◆ **serment d'Hippocrate** hippokratischer Eid
sermon [sɛʀmɔ̃] *m* **1.** REL Predigt *f*
2. (*discours moralisateur*) Moralpredigt *f*
▶ **qn fait un ~ à qn** jd hält jdm eine Moralpredigt *fam*
sermonner <1> [sɛʀmɔne] *vt* ■ **qn sermonne qn** (*réprimander*) jd hält jdm eine Strafpredigt *fam;* (*adresser des conseils*) jd hält jdm eine Moralpredigt *fam,* jd nimmt jdn ins Gebet *fam;* ■ **qn se fait** ~ jd muss sich (*dat*) eine Moralpredigt anhören *fam*
sermonneur, -euse [sɛʀmɔnœʀ, -øz] **I.** *adj* moralisierend
II. *m, f* Moralprediger(in) *m(f)*
SERNAM [sɛʀnam] *m abr de* **service national des messageries** Gepäckdienst *m*
sérologie [seʀɔlɔʒi] *f* Serologie *f*
séropositif, -ive [seʀopozitif, -iv] **I.** *adj* seropositiv; (*en parlant du sida*) HIV-positiv
II. *m, f* Seropositive(r) *f(m);* (*atteint du sida*) HIV-Positive(r) *f(m)*
séropositivité [seʀopozitivite] *f:* ***qn constate la ~ de qn*** jd stellt fest, dass jd seropositiv ist; (*due au virus du sida*) jd stellt fest, dass jd HIV-positiv ist; ***un film qui traite de la*** ~ ein Film über Aids [eɪds]
sérothérapie [seʀoteʀapi] *f* Serumbehandlung *f,* Serotherapie *f spec*
serpe [sɛʀp] *f* Hippe *f*
▶ **à la** [*o* **à** **coups de**] ~: ***un visage/personnage taillé à la*** ~ ein grob geschnittenes Gesicht/eine grob gezeichnete Figur; ***des cheveux coupés à la*** ~ grob zurechtgestutzte Haare; ***qn fait qc à la*** ~ jd macht etw auf die Schnelle *fam*
serpent [sɛʀpɑ̃] *m* Schlange *f*
▶ **qn réchauffe** [*o* **nourrit**] **un ~ dans son sein** jd nährt eine Schlange am Busen *geh;* ~ **monétaire [européen]** [europäische] Währungsschlange; **de** ~: ***langue de*** ~ Lästerzunge *f*
◆ **serpent à lunettes** Brillenschlange *f;* **serpent à sonnettes** Klapperschlange *f;* **serpent de mer** [Meeres]ungeheuer *nt; fam* (*sujet périodique*) Dauerthema *nt*
serpenter <1> [sɛʀpɑ̃te] *vi* ■ **qc serpente quelque part** /*chemin, rivière, vallée*/ etw schlängelt sich irgendwo/irgendwohin; ***le ruisseau serpentait dans la prairie*** der Bach schlängelte sich durch die Wiese; ***le sentier montait en serpentant*** der Weg schlängelte sich bergauf
serpentin [sɛʀpɑ̃tɛ̃] *m* **1.** (*ruban*) Luftschlange *f*
2. (*tuyau coudé*) [Rohr]schlange *f*
serpette [sɛʀpɛt] *f* Baumhippe *f*
serpillière [sɛʀpijɛʀ] *f* Aufwischlappen *m,* Scheuertuch *nt;* ***qn passe la*** ~ jd wischt feucht [auf]
serpolet [sɛʀpɔlɛ] *m* Feldthymian *m*
serrage [sɛʀaʒ] *m* [*écrou, frein à main*] Anziehen *nt;* [*couvercle*] Festschrauben *nt;* [*nœud*] Festziehen *nt;* ***le ~ du couvercle n'est pas suffisant*** der Deckel ist nicht fest genug zugeschraubt; ***le ~ de ce nœud est tel que*** dieser Knoten ist so fest[gezogen], dass
serre[1] [sɛʀ] *f* **1.** AGR Gewächshaus *nt;* (*serre chauffée*) Treibhaus *nt*
2. (*milieu protégé*) [schützende] Glasglocke; ***qn a été élevé en ~ chaude*** jd ist überbehütet aufgewachsen
▶ **de** ~ *fruits, légumes* Treibhaus-; **en** ~: ***qc a poussé en*** ~ etw ist im Gewächs-/Treibhaus gezogen worden, etw kommt aus dem Gewächs-/Treibhaus; **sous** ~ Treibhaus-, Gewächshaus-
serre[2] [sɛʀ] *f* (*griffe*) Fang *m*
serré [seʀe] *adv* **1.** (*avec prudence*): ***qn joue*** ~ SPORT jd spielt vorsichtig; *fig* jd taktiert
2. *vivre* bescheiden, eingeschränkt
3. *écrire* eng
serré, e [seʀe] *adj* **1.** *café, alcool* stark
2. *train de vie* eingeschränkt, bescheiden; ***un budget*** ~ äußerst beschränkte Mittel; ***un délai*** ~ eine knappe Frist; ***mon emploi du temps est*** ~ mein Terminkalender ist [zum Bersten] voll
3. (*dense*) *forêt, foule* dicht; ***en rangs ~s*** in dichten Reihen; ***des mailles ~es*** dichte Maschen
4. (*rigoureux*) *débat, discussion* hart geführt; *combat* hart; *course* eng, Kopf-an-Kopf-; *analyse, argumentation* überzeugend; *style* straff, gedrängt; ***au cours des prochaines élections la partie sera ~e*** bei den nächsten Wahlen wird es ein hartes Rennen geben [*o* wird es eng werden]
5. (*fauché*) ■ **qn est** ~ jd hat kein Geld, jd ist knapp bei Kasse *fam*
serre-joint <~-~s> [sɛʀʒwɛ̃] *m* [Schraub]zwinge *f* **serre-livres** [sɛʀlivʀ] *m inv* Buchstütze *f*
serrement [sɛʀmɑ̃] *m* ■ ~ **de qc**: ~ ***de cœur*** (*tristesse*) Bedrücktheit *f,* Niedergeschlagenheit *f;* (*angoisse*) Beklemmung *f;* ***avec un ~ de gorge*** mit zusammengeschnürter Kehle
◆ **serrement de main** Händedruck *m,* Handschlag *m;* ***qn salue qn d'un ~ de main*** jd begrüßt jdn mit Händedruck [*o* Handschlag]
serrer <1> [seʀe] **I.** *vt* **1.** (*presser*) ■ **qn serre qc** (*dans sa main*) jd umklammert etw; ***serre bien le vase dans ta main*** halt die Vase schön fest; ■ **qn serre qn/qc ...:** ***qn serre qn/qc dans ses bras/contre lui*** jd drückt jdn/etw an sich (*akk*); ***qn serre qn à la gorge*** jd würgt jdn; ***qn serre sa pipe entre ses dents*** jd hält seine Pfeife zwischen den Zähnen fest; ■ **qn serre qc à** [*o* **de**] **qn** *main* jd schüttelt jdm etw; ***serre-moi le bras*** kneif mich in den Arm
2. (*contracter*) ■ **qn serre qc** *dents* jd beißt etw zusammen; *lèvres* jd presst [*o* kneift] etw zusammen; *poings* jd ballt etw; ***qn serre les fesses*** *fig* jdm wird Angst [und Bange]; ***qn serre les mâchoires*** jd beißt die Zähne zusammen; ■ **qc serre qc à qn:** ***qc serre le cœur à qn*** etw macht jdn traurig; ***qc serre la gorge à qn*** etw schnürt jdm die Kehle zu; ***qn fait qc la gorge serrée/les lèvres serrées*** jd tut etw mit zugeschnürter Kehle/mit zusammengepressten Lippen; ***qn a le cœur serré devant qc*** jdm wird es bei etw ganz traurig ums Herz; ***j'ai regardé ce film le cœur serré*** ich habe diesen Film gesehen, und es wurde mir ganz traurig ums Herz
3. (*comprimer*) ■ **qc serre qn [quelque part]** /*chaussure, jupe*/ etw ist jdm [irgendwo] zu eng; /*ceinture, corset a.*/ etw schnürt jdn [irgendwo] ein; ■ **qn serre qc** *ceinture* jd schnallt etw enger; ■ **qn est serré(e) dans qc** etw ist jdm zu eng

4. (*bloquer*) ■ **qn serre qc** *câble* jd spannt etw; *écrou, frein à main* jd zieht etw an; *nœud* jd zieht etw fest [zu]; *robinet* jd dreht etw zu; ***qn serre qc dans l'étau*** jd spannt etw in einen Schraubstock
5. (*se tenir près de*) ■ **qn/qc serre qn/qc** jd/etw hält sich dicht an jdn/etw; */navire/ terre, côte* etw fährt dicht an etw entlang; *fig femme* jd macht sich an jdn heran; ***nos troupes serraient l'ennemi de plus en plus près*** unsere Truppen rückten immer dichter zum Feind auf; ***serre bien ta droite!*** halte dich rechts!; ***elle serre le camion de trop près*** sie fährt zu dicht auf den Lastwagen auf; ***le bateau serre le vent*** das Schiff segelt hart am Wind; ■ **qn/qc serre qn/qc contre qc** jd/etw drängt jdn/etw gegen etw
6. (*tasser*) ■ **qn serre des personnes [quelque part]** *invités* jd lässt Menschen [irgendwo] zusammenrücken [*o* zusammenrutschen], jd setzt Menschen [irgendwo] eng nebeneinander; ■ **qn serre des objets [quelque part]** jd stellt Gegenstände eng nebeneinander [irgendwohin]; ***qn serre les lignes/ les mots*** jd schreibt eng; ***les soldats serrent les rangs*** die Soldaten schließen auf; ***nous sommes vraiment trop serrés*** wir sitzen/stehen wirklich viel zu eng nebeneinander; ■ **des objets sont serrés** Gegenstände stehen/liegen/... dicht gedrängt
7. (*restreindre*) ■ **qn serre qc** *budget* jd kürzt etw; *dépenses* jd vermindert etw, jd schränkt etw ein
8. (*traiter avec rigueur*) ■ **qn serre qc** *sujet, texte* jd/etw bleibt dicht an etw (*dat*); ***qn serre son jeu*** jd lässt den Gegner/die Gegner nicht zum Zug kommen
II. *vi* ■ **qn/qc serre quelque part:** ***qn/ qc serre à droite/ à gauche*** jd/etw hält sich weiter rechts/links
III. *vpr* **1.** (*se tasser*) ■ **des personnes se serrent** Menschen rücken enger zusammen; ***serrons-nous autour du feu!*** lasst uns näher ans Feuer rücken!; ■ **qn se serre contre qn** jd schmiegt sich [eng] an jdn; ***apeuré, l'enfant se serre contre sa mère*** ängstlich presst das Kind sich an seine Mutter
2. (*se contracter*) ■ **qc se serre:** ***son cœur se serre*** ihm/ihr krampft sich das Herz zusammen, ihm/ihr wird es ganz traurig ums Herz; ***sa gorge se serre*** seine/ihre Kehle ist wie zugeschnürt, ihm/ihr schnürt es die Kehle zu; ***ses poings se serrent*** er/sie ballt [unwillkürlich] die Fäuste

serre-tête [sɛʀtɛt] *m inv* **1.** (*diadème*) Haarreif *m*
2. (*bandeau*) Stirnband *nt*

serrure [seʀyʀ] *f* Schloss *nt*
◆ **serrure à combinaison** Kombinationsschloss *nt,* Zahlenschloss *nt;* **serrure à cylindre** Zylinderschloss *nt;* **serrure de sûreté** Sicherheitsschloss *nt*

serrurerie [seʀyʀʀi] *f* **1.** (*objet*) Schlosserarbeit *f;* ~ ***d'art*** Kunstschmiedearbeit *f*
2. (*métier*) Schlosserei *f,* Schlosserhandwerk *nt*

serrurier, -ière [seʀyʀje, -jɛʀ] *m, f* Schlosser(in) *m(f)*

sertir <8> [sɛʀtiʀ] *vt* **1.** (*enchâsser*) ■ **qn sertit qc** *diamant, pierre précieuse* jd fasst etw; ***qn sertit qc dans un diadème*** jd arbeitet [*o* setzt] etw in ein Diadem ein
2. TECH ■ **qn sertit qc** jd falzt etw

sérum [seʀɔm] *m* **1.** PHYSIOL [Blut]serum *nt*
2. MED [Immun]serum *nt;* ~ ***antidiphtérique/ antirabique/ antivenimeux/ antitétanique*** Diphtherie-/Tollwut-/Schlangen-/Tetanusserum; ~ ***thérapeutique*** Heilserum
▶ ~ **physiologique** physiologische Kochsalzlösung
◆ **sérum de vérité** Wahrheitsdroge *f*

servage [sɛʀvaʒ] *m* **1.** (*servitude*) Unterjochung *f,* Knechtschaft *f geh;* ***qn impose à qn un véritable*** ~ jd unterjocht [*o* knechtet *geh*] jdn regelrecht
2. HIST Leibeigenschaft *f*

serval [sɛʀval] *m* Serval *m*

servant, e [sɛʀvɑ̃, ɑ̃t] **I.** *adj postposé:* ***chevalier*** ~ ständiger Begleiter; ***voulez-vous que je fasse office de chevalier*** ~ ***ce soir?*** darf ich heute Abend Ihr Kavalier sein?
II. *m* **1.** REL Messdiener(in) *m(f),* Ministrant(in) *m(f)*
2. MIL Kanonier *m;* ***les*** ~***s*** die Geschützbedienung
III. *f* HIST (*domestique*) ■ **servante** Dienerin *f*

serve [sɛʀv] *f v.* **serf**

serveur, -euse [sɛʀvœʀ, -øz] **I.** *m, f* **1.** (*employé*) Bedienung *f,* Kellner(in) *m(f)*
2. TENNIS Aufschläger(in) *m(f);* (*au volley-ball*) Aufgeber(in) *m(f)*
3. CARTES Geber(in) *m(f)*
II. *m* INFORM Server ['sø:ɐvɐ] *m;* (*entreteneur d'une banque de donnés*) Datenbankbetreiber *m;* ~ ***de courrier*** Mailserver ['meɪl-]

serviabilité [sɛʀvjabilite] *f* Gefälligkeit *f,* Hilfsbereitschaft *f*

serviable [sɛʀvjabl] *adj* gefällig, hilfsbereit

service [sɛʀvis] *m* **1.** (*au restaurant, bar*) Bedienung *f;* (*à l'hôtel, dans un magasin*) Service ['sø:ɐvɪs] *m;* ***qn mange au premier/ second*** ~ jd wählt die frühere/spätere Tischzeit; ***le*** ~ ***est assuré jusqu'à .../ est terminé*** ≈ die Küche ist bis ... geöffnet/ist geschlossen
2. (*pourboire*) Bedienung[sgeld *nt*] *f*
3. *pl* (*aide*) Dienste *pl;* ***qn doit se passer des*** ~***s de qn*** *form* jd muss auf jds Mitarbeit (*akk*) verzichten
4. (*organisme officiel*) [*État*] [staatliche] Einrichtung; [*commune*] [städtische] Einrichtung; ~ ***administratif*** (*d'État*) staatliche Stelle; (*d'une commune*) Dienststelle *f;* ~ ***des eaux*** Wasserwerk *nt;* ~ ***des mines*** technischer Überwachungsdienst; ~ ***hospitalier*** medizinische Einrichtung; ~***s de l'immigration*** Einwanderungsbehörde *f;* ~ ***médicosocial*** ≈ medizinisch-soziale Versorgungseinrichtung; ~ ***de permanence*** Bereitschaftsdienst *m;* ~ ***postal*** Postdienst *m;* ***tous les*** ~***s postaux*** alle Dienstleistungsstellen [*o* Dienstleistungsbereiche] der Post; ***un*** ~ ***public*** eine öffentliche Einrichtung; ***le*** ~ ***public*** der öffentliche Dienst; ***une entreprise du*** ~ ***public*** ein staatliches Unternehmen; ***les chaînes du*** ~ ***public*** (*en France*) die staatlichen Fernsehsender; (*en Allemagne*) die öffentlich-rechtlichen Fernsehanstalten; ~ ***de santé*** Gesundheitsamt *nt;* ***les*** ~***s sociaux*** die sozialen Einrichtungen; ***les*** ~***s spéciaux*** der Geheimdienst
5. (*département*) Abteilung *f;* ~ **[des] *achats*** Einkaufsabteilung, Einkauf *m;* ~ ***administratif/*** ~***s administratifs*** (*d'une entreprise*) Verwaltungsabteilung, Verwaltung *f;* ~ **[du] *contentieux*** Rechtsabteilung; ~ **[de] *dépannage*** Reparaturdienst *m;* [*appareils électroménagers*] Kundendienst *m;* AUT Pannendienst *m,* Abschleppdienst *m;* ~ ***du matériel*** Materialausgabe *f;* ~ ***du personnel*** Personalabteilung; ~ ***de presse*** Presseabteilung, Pressestelle *f;* ~ **[de] *publicité*** (*d'une entreprise*) Werbeabteilung; (*d'un journal*) Anzeigenabteilung; ~ ***de recrutement*** Personalabteilung; ***le*** ~ ***social*** **[*d'une entreprise*]** *Verwaltungsabteilung in einem Unternehmen, die sich um Belange der Mitarbeiter im Hinblick auf Sozial- und Krankenversicherung kümmert;* ~ ***technique*** technischer Dienst; ~ ***des transmissions*** MIL Fernmeldetruppe *f*
6. MED Abteilung *f;* ■ ~ **[de]:** ~ ***de cardiologie/ d'urologie*** kardiologische/urologische Abteilung, Kardiologie *f*/Urologie *f;* ~ ***de réanimation*** Intensivstation *f;* ~ ***des urgences*** Notaufnahme *f*
7. MIL Militärdienst *m*
8. (*activité professionnelle*) Dienst *m;* ***le*** ~ ***d'un professeur est ...*** das Deputat eines Lehrers/Dozenten beträgt ...; ***pendant le*** ~ während des Dienstes, im Dienst; ~ ***de surveillance*** Aufsichtsdienst
9. ECON (*prestations*) Dienstleistung *f;* (*société de service*) Dienstleistungsunternehmen *nt,* Dienstleistungsbetrieb *m*
10. (*action de servir*) Dienst *m;* ~ ***de l'État*** Staatsdienst; ***le*** ~ ***de la nation est le souci majeur de qn*** es ist jds wichtigstes Anliegen, der Nation zu dienen
11. (*faveur*) Gefallen *m;* ***qn demande/ rend un petit*** ~ ***à qn*** jd bittet jdn um/tut jdm einen kleinen Gefallen; ***c'est là un*** ~ ***dont je vous suis très reconnaissant*** für diese Gefälligkeit bin ich Ihnen sehr dankbar
12. (*assortiment pour la table*) ■ ~ **à/de:** ~ ***de table*** (*vaisselle*) Speiseservice [zɛr'vi:s] *nt;* (*linge*) Tischgarnitur *f;* ~ ***à thé*** Teeservice *nt;* ~ ***de verres/ de cristal*** Glas-/Kristallglasgarnitur *f;* ~ ***à fondue/ raclette*** Fondue-/Racletteset *nt;* ~ ***de couteaux*** Satz *m* Messer
13. (*transport*) [Verkehrs]verbindung *f;* ***un*** ~ ***d'autocar a été créé*** eine Busverbindung ist geschaffen [*o* eingerichtet] worden; ***le*** ~ ***d'été entrera en vigueur à partir du ...*** der Sommerfahrplan gilt ab dem ...
14. TENNIS (*engagement*) Aufschlag *m,* Service ['sø:ɐvɪs] *m;* (*jeu où on sert*) Aufschlagspiel *nt;* (*au volley-ball*) Aufgabe *f*
15. MIL [*pièce d'artillerie*] Bedienung *f*
16. REL: ~ [***religieux***] Gottesdienst *m;* ~ ***funèbre*** Trauergottesdienst
▶ **qn est bon(ne) pour le** ~ jd ist [für den Militärdienst [*o* Wehrdienst]] tauglich; **bons et loyaux** ~**s:** ***après des années de bons et loyaux*** ~***s*** nach jahrelanger treuer Mitarbeit; ~ **civil** Zivildienst *m;* **qn est en** ~ **commandé** jd ist dienstlich unterwegs; ~ **compris** inklusive Bedienung; **qn rend un mauvais** ~ **à qn** jd erweist jdm einen schlechten Dienst [*o* Bärendienst]; ~ **militaire** Wehrdienst *m,* Militärdienst *m;* ~**s secrets** Geheimdienst *m;* **qu'y a-t-il pour votre** ~? womit kann ich Ihnen dienen?; **j'en ai autant à ton/ votre** ~ guck dich/gucken Sie sich doch selber an! *fam;* **qn attache qn à son** ~ jd nimmt jdn in seinen Dienst; **qc entre en** ~ / *unité de production/* etw nimmt den Betrieb auf; **qn est au** ~ TENNIS jd schlägt auf; (*au volley-ball*) jd gibt auf; **qn est au** ~ **de qn** jd ist bei jdm in Stellung; **qn est de** ~ jd hat Dienst; **qn est en** ~ **chez qn** jd ist bei jdm in Stellung; **qn est** ~-~ *fam* jd nimmt es mit allem genau; **qn fait le** ~ jd bedient die Gäste; **qn fait son** ~ [**militaire**] jd leistet seinen Militärdienst [*o* Wehrdienst] ab; **qn met qc en** ~ jd nimmt etw in Betrieb; **qn prend son** ~ jd tritt seinen Dienst an, jd fängt mit der Arbeit an; **qn rend** ~ **à qn** jd ist jdm behilflich; **qn/qc rend des** ~**s à qn** jd/etw tut jdm [gute] Dienste, jd/etw ist jdm nützlich; **au** ~ **de qn/qc:** ***je suis à votre*** ~ ich stehe Ihnen zu Diensten [*o* zur Verfügung]; ***je suis tout prêt à me mettre à votre*** ~ ich stehe Ihnen jederzeit zur Verfügung; ***depuis que cette employée de maison est à mon*** ~ ... seit diese Hausangestellte bei mir in Stellung ist ...; **à ton/votre** ~! gern geschehen!; **de** ~: ***chef de*** ~ Abteilungsleiter *m;* ***escalier de*** ~ Dienstbotenaufgang *m;* (*escalier des fournisseurs*) Lieferantenaufgang *m;* ***faute de*** ~ Dienstverstoß *m;* TENNIS Aufschlagfehler *m;* (*au volley-ball*) Aufgabefehler *m;* ***heures de*** ~ Dienstzeit *f,* Arbeitszeit *f;* ***c'est le clown de*** ~ *fam* er ist der Spaßmacher vom Dienst *fam;* **hors** ~ außer Betrieb; ***qn/ qc est hors*** ~ (*momentanément*) jd ist außer Gefecht/etw ist außer Betrieb; (*définitivement*) etw ist kaputt; ***qn met qc hors*** ~ jd rangiert etw aus
◆ **service après-vente** Kundendienst *m;* (*département a.*) Kundendienstabteilung *f;* **service en ligne** INFORM Hotline ['hɔtlain] *f;* **service d'ordre** Ordnungsdienst *m*

serviette [sɛʀvjɛt] *f* **1.** (*pour la toilette*) Handtuch *nt;* ■ ~ **[de]:** ~ ***de toilette/ de bain*** Hand-/Badetuch; ~ ***de plage*** Strandtuch, Strandlaken *nt*
2. (*serviette de table*) Serviette *f;* ~ ***en papier*** Papierserviette
3. (*cartable*) [*écolier*] Schultasche *f,* Schulmappe *f;* [*homme/femme d'affaires*] Aktentasche *f,* Aktenmappe *f*
▶ ~ **éponge** Frotteetuch *nt;* ~ **hygiénique** [Damen]binde *f*

servile [sɛʀvil] *adj* **1.** (*obséquieux*) unterwürfig
2. (*trop fidèle à l'original*) sklavisch [genau]
3. *postposé* HIST: ***condition*** ~ Leibeigenschaft *f;* ***travail*** ~ Fron[arbeit *f*] *f*

servilement [sɛʀvilmɑ̃] *adv* **1.** (*obséquieusement*) unterwürfig
2. (*trop fidèlement*) sklavisch [genau]

servilité [sɛʀvilite] *f* **1.** (*basse soumission*) Unterwürfigkeit *f;* ***la*** ~ ***de son comportement*** sein/ihr unterwürfiges Verhalten
2. (*imitation*) sklavische Genauigkeit

servir <*irr*> [sɛʀviʀ] **I.** *vt* **1.** (*offrir*) ■ **qn sert qc [à qn]** *boisson, repas* (*au restaurant*) jd serviert [jdm] etw; (*chez soi, des amis a.*) jd verteilt etw, jd gibt jdm etw; ***qn sert*** **[*quelque chose*]** ***à boire/ à manger à qn*** jd ser-

viert/gibt jdm etwas zu trinken/zu essen; ***sers-moi plutôt à boire!*** bring [*o* gib] mir lieber was zu trinken!; ***on lui sert le petit-déjeuner au lit*** das Frühstück wird ihm/ihr ans Bett gebracht; ■ **qn sert qn de qc** jd gibt jdm von etw; ***puis-je vous ~ encore de ce plat?*** darf ich Ihnen hiervon noch etwas geben [*o* vorlegen *geh*]?; ■ **qn est servi(e)**: ***Madame est servie!*** [gnädige Frau,] es ist angerichtet!; ■ **qc est servi(e)** etw steht auf dem Tisch, etw ist fertig; ***c'est servi!*** *fam* Frühstück/Essen ist fertig! *fam*
2. (*fournir, vendre*) ■ **qn sert qn** */commerçant/* jd bedient jdn; ***on vous sert, Madame/Monsieur?*** werden Sie schon bedient?; ***voilà des années que le même boucher nous sert*** wir kaufen nun schon seit Jahren beim selben Metzger [ein]; ***le marchand de fruits m'a bien/mal servi*** (*qualitativement*) der Obsthändler hat mir gute/schlechte Ware verkauft; (*quantitativement*) der Obsthändler hat großzügig/hat mir zu wenig abgewogen; ■ **qn se fait ~** jd lässt sich bedienen; ■ **qn sert qc à qn** jd gibt jdm etw; ***qu'est-ce que je vous sers?*** was darf es sein?, was bekommen Sie [bitte]?; ■ **qn est servi(e)** jd ist bedient worden; *hum* (*avoir sa dose*) jd ist [gut] bedient *fam*, jds Bedarf ist gedeckt *fam*; ***les lecteurs de ce quotidien sont servis dès 7 h*** diese Tageszeitung wird den Lesern ab 7 Uhr zugestellt
3. (*être au service de*) ■ **qn sert qn/qc** jd dient jdm/einer S.; ***qn sert la messe*** jd ministriert bei der Messe
4. (*favoriser*) ■ **qn sert qn/qc** jd setzt sich für jdn/etw ein; ■ **qc sert qn/qc** etw kommt jdm/einer S. zustatten
5. (*payer*) ■ **qn sert qc à qn** jd zahlt jdm etw aus
6. *fam* (*débiter*) ■ **qn sert qc à qn** jd tischt jdm etw auf *fam*
7. MIL ■ **qn sert qc** *pièce d'artillerie* jd bedient etw
8. CARTES ■ **qn est servi(e)** jd hat genug Karten
► **on n'est jamais si bien servi que par soi-même** *prov* man macht am besten alles selbst
II. *vi* **1.** (*être utile*) ■ **qc sert à qn** */voiture, outil/* etw ist jdm von Nutzen; */conseil, explication a./* etw nützt jdm; ■ **qc sert [à qn] à qc/à faire qc** */machine, outil/* etw dient [jdm] zu etw/dazu, etw zu tun; ***à quoi cet outil peut-il bien ~?*** wozu dient dieses Werkzeug eigentlich?; ***à quoi sert de réclamer*** wozu sich beschweren; was nützt es schon, wenn man sich beschwert
2. (*tenir lieu de*) ■ **qn/qc sert [à qn] de qc** jd/etw dient [jdm] als etw; ***qn sert de guide [à qn]*** jd macht [für jdn] den Fremdenführer; ***qn sert de témoin à qn*** jd ist jds Zeuge; ***qn sert de mère/de père à qn*** jd ersetzt jdm die Mutter/den Vater; ***ça te servira de leçon!*** das wird dir eine Lehre sein!
3. (*être utilisable*) ■ **qc sert** etw ist zu gebrauchen; ***ce vélo peut encore/ne peut plus ~*** dieses Rad ist noch/nicht mehr zu gebrauchen
4. (*effectuer un service*) ■ **qn sert quelque part [comme qc]** jd arbeitet irgendwo [als etw]; MIL jd dient irgendwo [als etw]
5. ■ **qn sert** CARTES jd gibt; TENNIS jd schlägt auf; (*au volley-ball*) jd gibt auf
► **rien ne sert de courir, il faut partir à point** *prov* zu spät ist zu spät; **qc [o faire qc] sert à quelque chose/ne sert à rien** etw nützt [*o* bringt *fam*] etwas/etw ist zwecklos; ***pleurer ne sert à rien*** weinen hilft nicht [*o* nützt nichts]; **rien ne sert de faire qc** es nützt nichts [*o* es ist [völlig] zwecklos] etw zu tun; ***rien ne sert de t'énerver ...*** es nützt [*o* bringt *fam*] nichts wenn du dich aufregst
III. *vpr* **1.** (*utiliser*) ■ **qn se sert de qn/qc [pour faire qc]** jd benutzt jdn/etw [um etw zu tun]; ***qn se sert de ses relations*** jd lässt seine Beziehungen spielen; ***qn ne sait pas se ~ de ses dix doigts*** jd hat zwei linke Hände
2. (*prendre de qc*) ■ **qn se sert** jd bedient sich; ***servez-vous mieux!*** nehmen Sie [sich (*dat*)] doch noch etwas!; ***servez-vous vous-même!*** bedienen Sie sich selbst!; ■ **qn se sert de/en qc** jd nimmt [sich (*dat*)] etw [*o* von etw]
3. (*s'approvisionner*) ■ **qn se sert [quelque part]** jd kauft [irgendwo] ein
4. (*être servi*) ■ **qc se sert**: ***ce vin se sert frais*** dieser Wein wird kühl serviert; ***un gâteau brûlé, ça ne se sert pas*** einen verbrannten Kuchen bringt man nicht auf den Tisch

serviteur [sɛʀvitœʀ] *m* **1.** *littér* (*personne qui assume un devoir*) ■ **~ de qn/qc** *de Dieu, de l'État* jds Diener/der Diener einer S.
2. (*domestique*) Diener *m*
3. (*accessoires de cheminée*) Kaminbesteckständer *m*
► **votre ~** *hum soutenu* meine Wenigkeit *hum*

servitude [sɛʀvityd] *f* **1.** *pl* (*contraintes*) Zwänge *pl*
2. (*esclavage*) Unterdrückung *f*; ***qn réduit qn à la ~*** jd stürzt jdn in die Knechtschaft, jd versklavt jdn
3. JUR (*obligation*) Auflage *f*, Belastung *f*; (*foncière*) [Grund]dienstbarkeit *f*; **~ *de passage*** Wegerecht *nt*

servocommande [sɛʀvokɔmɑ̃d] *f* Servosteuerung *f*, Servomechanismus *m*

servofrein [sɛʀvofʀɛ̃] *m* Servobremse *f*

ses [se] *adj poss v.* **son**

sésame [sezam] *m* **1.** BOT Sesam *m*
2. (*passe-partout*) Zauberformel *f*
► **S~, ouvre-toi** Sesam, öffne dich

session [sesjɔ̃] *f* **1.** [*assemblée, tribunal*] (*séance*) Sitzung *f*; (*période*) Sitzungsperiode *f*; **~ *d'examens*** Prüfungsphase *f*, Prüfungszeitraum *m*
2. INFORM Sitzung *f*; ***qn ouvre/clôt une ~*** jd loggt sich ein/aus

set [sɛt] *m* **1.** SPORT Satz *m*; **~ *gagnant*** Gewinnsatz
2. (*service de table*) Set *nt*
3. (*nécessaire*) Set *nt*; **~ *de rasage*** Rasierset

seuil [sœj] **I.** *m* **1.** (*pas de la porte*) [Tür]schwelle *f*; ***qn est/reste sur le ~ de la porte*** jd steht auf der Schwelle [*o* in der Tür]/bleibt auf der Schwelle [*o* in der Tür] stehen; ***qn franchit le ~*** jd tritt über die Schwelle
2. (*limite*) Grenze *f*, Schwelle *f*; **~ *auditif/critique*** Hörschwelle/kritische Grenze; ■ **~ de** -grenze, -schwelle; **~ *de pauvreté*** Armutsgrenze; **~ *de rentabilité*** Rentabilitätsgrenze; **~ *de tolérance*** Toleranzschwelle
3. (*cap*) Schwelle *f*; ***qn franchit le ~ de la vie active*** jd tritt ins Erwerbsleben ein
4. GEOG Schwelle *f*
► **au ~ de qc**: ***au ~ d'un nouveau siècle/d'une vie nouvelle*** an der Schwelle eines neuen Jahrhunderts/Lebens; ***au ~ de la vieillesse/mort*** an der Schwelle zum Greisenalter/Tod
II. *app inv*: ***valeur/salaire ~*** (*minimum*) Grenzwert *m*/Einkommensschwelle *f* [*o* Einkommensgrenze *f*]; (*maximum*) Höchstwert *m*/Höchsteinkommen *nt*

seul, e [sœl] **I.** *adj* **1.** (*sans compagnie*) allein; ***dames voyageant ~es*** allein reisende Damen; ***qn est/reste ~*** jd ist/bleibt allein; ***laissez-moi ~ un instant*** lasst mich einen Augenblick allein; ***c'est moi ~ qui ai réussi à faire ça*** ich habe das ganz allein geschafft; ***enfin ~[s]!*** endlich allein!; ***cette lampe ~e ne suffit pas*** diese eine Lampe reicht nicht
2. (*célibataire*) allein stehend
3. *antéposé* (*unique*) einzig; ***il est vraiment ~ de son espèce*** er ist wirklich einzigartig; ***je ne l'ai vu qu'une seule fois*** ich habe ihn nur ein einziges Mal gesehen; ***ils ont déclaré d'une ~e voix que*** sie erklärten einstimmig, dass; ***qn fait qc pour la ~e raison que*** jd tut etw [einzig und] allein deswegen, weil
4. (*uniquement*) nur; ***lui ~ est [o il est ~] capable de le faire*** er allein [*o* nur er] kann das machen; **~*s les invités sont admis*** nur die geladenen Gäste sind zugelassen; **~ *le résultat importe*** nur das Ergebnis zählt
► **~ et unique** einzig; **ça descend tout ~** *fam* das rutscht ganz von alleine *fam*; **à moi/lui/... tout(e) ~(e)** ich/er/... ganz allein; **tout(e) ~(e)** ganz allein; ***il lui arrive de parler toute ~e*** es kommt vor, dass sie Selbstgespräche führt; ***l'affaire ne se réglera pas toute ~e*** die Angelegenheit wird sich nicht von allein erledigen; **~ à ~** allein; ***tout d'un coup, je me suis retrouvé ~ à ~ en face de lui*** plötzlich stand ich ihm allein gegenüber; ***il faut que je vous parle ~ à ~*** ich muss Sie unter vier Augen sprechen
II. *m, f* ■ **le/la seul(e)** der/die Einzige; ***vous n'êtes pas le ~ à connaître de telles difficultés*** Sie sind nicht der Einzige, der solche Schwierigkeiten hat; ***eh vous, vous n'êtes pas le ~!*** he, die anderen sind auch noch da! *fam*; ■ **un/une ~(e)** ein Einziger/eine Einzige

seulement [sœlmɑ̃] *adv* **1.** (*pas davantage, uniquement*) nur
2. (*opp: déjà*) erst; ***il rentrera ~ demain*** er kommt erst morgen zurück
3. *antéposé* (*mais*) allerdings, aber; ***je te donne l'argent, ~ je demande des garanties*** ich gebe dir das Geld, allerdings verlange ich [*o* aber ich verlange] Sicherheiten
► **non ~ ..., mais [encore] ...** nicht nur ..., sondern auch [noch]; **qn/qc n'est/ne fait pas ~ ..., mais [encore]** jd/etw ist/tut nicht nur ..., sondern auch ...; ***non ~ ce commerçant est très cher, mais il est ...*** dieser Händler ist nicht nur sehr teuer, [sondern] er ist auch noch ...; **pas ~** *soutenu* (*même pas*) nicht einmal; **sans ~** *soutenu* ohne auch nur; ***il avalait les aliments sans ~ les mâcher*** er schlang das Essen hinunter ohne es zu kauen; **si ~** wenn nur; ***si ~ j'en avais les moyens!*** wenn ich es mir nur leisten könnte!; ***tu as gagné à la loterie? – Si ~!*** du hast in der Lotterie gewonnen? – Schön wär's!

sève [sɛv] *f* **1.** BOT Saft *m*
2. *littér* (*vigueur*) Schwung *m*, Elan *m*

sévère [sevɛʀ] *adj* **1.** (*rigoureux*) streng; *critique, jugement* hart; *climat* rau; *concurrence* scharf; *lutte* unerbittlich; ***la sélection est ~*** es wird eine strenge Auslese getroffen; ***les arbustes auraient besoin d'une taille ~*** die Büsche müssten rigoros [*o* radikal] zurückgeschnitten werden
2. (*austère*) streng
3. *crise, pertes* schwer; *échec* schlimm

sévèrement [sevɛʀmɑ̃] *adv* **1.** (*durement*) *critiquer* scharf, hart; *éduquer, punir* streng; ***qn juge ~ qn/qc*** jd geht mit jdm/etw hart ins Gericht; ***notre équipe a été ~ battue*** unsere Mannschaft musste eine schwere [*o* empfindliche] Niederlage hinnehmen
2. (*gravement*) schwer

sévérité [seveʀite] *f* **1.** (*rigueur*) Strenge *f*; [*critique, verdict*] Härte *f*; [*climat*] Rauheit *f*; ***un regard d'une telle ~ que*** ein dermaßen strenger Blick, dass; ***nous ne sommes pas des parents d'une grande ~*** wir sind keine sehr strengen Eltern
2. (*austérité*) Strenge *f*; ***un style d'une grande ~*** ein sehr strenger Stil
3. *soutenu* (*gravité*) Schwere *f geh*

sévices [sevis] *mpl* Misshandlung *f*; ***qn exerce des ~ sur son enfant*** jd misshandelt sein Kind

sévir <8> [seviʀ] *vi* **1.** (*punir*) ■ **qn sévit [contre qn/qc]** jd greift [hart [*o* energisch]] [gegen jdn/etw] durch
2. (*exercer ses ravages*) ■ **qn/qc sévit quelque part** */professeur, doctrine/* jd/etw richtet irgendwo Unheil an; */malfaiteur/* jd treibt irgendwo sein Unwesen; */fléau/* etw wütet irgendwo; */grippe/* etw grassiert irgendwo; *iron* jd/etw wütet irgendwo

sevrage [səvʀaʒ] *m* **1.** (*cessation de l'allaitement*) Entwöhnen *nt*; [*nourrisson a.*] Abstillen *nt*; [*animal a.*] Absetzen *nt*
2. (*désintoxication*) Entziehung *f*, Entzug *m*, Entwöhnung *f*

sevrer <1> [səvʀe] *vt* **1.** (*cesser d'allaiter*) ■ **qn sèvre qn/un animal** jd entwöhnt jdn/ein Tier, jd stillt jdn ab/setzt ein Tier ab
2. (*désaccoutumer*) ■ **qn sèvre qn** jd entwöhnt jdn [von einer Sucht]; ***qn sèvre qn de tabac/d'alcool*** jd entwöhnt jdn von der Nikotin-/Alkoholsucht [*o* des Rauchens/Alkohols]
3. (*priver*) ■ **qn est sevré(e) de qc** *alcool, plaisirs, tabac, voyages* jd muss auf etw (*akk*) verzichten

sèvres [sɛvʀ] *m* Sèvresporzellan *nt*; (*objet*) Gegenstand *m* aus Sèvresporzellan

sexagénaire [sɛksaʒenɛʀ] **I.** *adj*: ***un homme/une femme ~*** ein Mann/eine Frau in den Sechzigern; ***qn/qc est ~*** jd/etw ist über sechzig Jahre alt
II. *mf* [über] Sechzigjährige(r) *f(m)*, Sechziger(in) *m(f)*

sex-appeal <~-~s> [sɛksapil] *m* Sexappeal *m*

sexe [sɛks] *m* **1.** (*catégorie*) Geschlecht *nt;* ***des personnes des deux ~s*** Menschen beiderlei Geschlechts
2. *fam* (*sexualité*) Sex *m fam;* ***qn n'est pas porté sur le ~*** jd macht sich (*dat*) nicht viel aus Sex
3. (*organe*) Geschlechtsorgan *nt*
▶ **qn discute du ~ des anges** jd verliert sich in [endlosen] Scheindiskussionen; **le beau ~** das schöne Geschlecht; **le ~ faible/fort** das schwache/starke Geschlecht

sexisme [sɛksism] *m* Sexismus *m*

sexiste [sɛksist] **I.** *adj* sexistisch
II. *mf* Sexist(in) *m(f)*

sexologie [sɛksɔlɔʒi] *f* Sexualwissenschaft *f,* Sexologie *f*

sexologue [sɛksɔlɔg] *mf* Sexualwissenschaftler(in) *m(f),* Sexologe/-login *m/f*

sex-shop <~-~s> [sɛksʃɔp] *m* Sexshop *m*

sex-symbol <~-~s> [sɛkssɛ̃bɔl] *m* Sexsymbol *nt*

sextant [sɛkstɑ̃] *m* Sextant *m*

sextuor [sɛkstɥɔʀ] *m* Sextett *nt*

sextuple [sɛkstypl] **I.** *adj* sechsfach; ■ **qc est ~ [de qc]** etw ist das Sechsfache [von etw]
II. *m* Sechsfache(s) *nt*

sextupler <1> [sɛkstyple] **I.** *vt* ■ **qn sextuple qc** jd versechsfacht etw
II. *vi* ■ **qc sextuple** /*prix*/ etw versechsfacht sich, etw steigt auf das Sechsfache; ■ **qc fait ~ qc** etw lässt etw auf das Sechsfache steigen

sexualité [sɛksɥalite] *f* **1.** (*comportement sexuel*) Sexualität *f;* ***qn a une ~ très perturbée*** jds Sexualverhalten *nt* ist schwer gestört; ***les perversions de la ~*** die sexuellen Perversionen
2. BIO Sexualität *f*

sexué, e [sɛksɥe] *adj être, reproduction* geschlechtlich; ***animaux ~s*** getrenntgeschlechtige Tiere; ***les anges sont-ils ~s?*** sind [die] Engel geschlechtliche Wesen?

sexuel, le [sɛksɥɛl] *adj* **1.** (*relatif à la sexualité*) sexuell; *éducation* Sexual-; *tourisme* Sex- *fam;* ***acte ~*** Geschlechtsakt *m*
2. (*relatif au sexe*) Geschlechts-; *hormone, organe a.* Sexual-; ***caractères ~s*** Geschlechtsmerkmale *pl*

sexuellement [sɛksɥɛlmɑ̃] *adv* sexuell

sexy [sɛksi] *adj inv fam* sexy *fam*

seyait [sɛjɛ] *imparf de* **seoir**

seyant, e [sɛjɑ̃, jɑ̃t] **I.** *ppr és de* **seoir**
II. *adj* kleidsam

S.G.B.D. [ɛsʒebede] *m abr de* **système de gestion de bases de données** DBMS *nt spec*

S.G.D.G. [ɛsʒedeʒe] *loc abr de* **sans garantie du gouvernement** unter Haftausschluss des Staates

shah [ʃa] *m* Schah *m*

shaker [ʃɛkœʀ] *m* Shaker ['ʃeːkɐ] *m,* Mixbecher *m*

shako [ʃako] *m* Tschako *m*

shampooiner <1> *vt,* **shampouiner** <1> [ʃɑ̃pwine] *vt* ■ **qn shampouine qn/un animal** jd wäscht jdm die Haare/badet ein Tier [mit Shampoo]; ■ **qn shampouine qc** *moquette* jd reinigt etw mit [Teppich]schaum

shampooineur, -euse, shampouineur, -euse [ʃɑ̃pwinœʀ, -øz] **I.** *m, f* (*personne*) Shampooneur/Shampooneuse *m/f*
II. *f* (*machine*) ■ **shampooineuse** Teppichreinigungsmaschine *f*

shampo[o]ing [ʃɑ̃pwɛ̃] *m* Shampoo ['ʃampu] *nt,* Haarwaschmittel *nt;* ~ ***colorant*** Tönungsshampoo
▶ **qn fait un ~ à qn** jd wäscht jdm die Haare

shantung [ʃɑ̃tuŋ] *m* Shantung *m,* Shantungseide *f;* ***en ~*** aus Shantung[seide]

shérif [ʃeʀif] *m* Sheriff *m*

sherpa [ʃɛʀpa] *mf* Sherpa/-ni *m/f*

sherry [ʃeʀi] *m* Sherry *m*

shetland [ʃɛtlɑ̃d] *m* **1.** (*tissu*) Shetland *m*
2. (*pull-over*) Shetlandpullover *m*

shoot [ʃut] *m* [kräftiger] Schuss

shooter <1> [ʃute] **I.** *vi* FBALL ■ **qn shoote** jd schießt
II. *vt* FBALL ■ **qn shoote qc** *penalty* jd schießt etw; *corner* jd tritt etw
III. *vpr fam* ■ **qn se shoote [à qc]** (*se drogue*) jd fixt [etw] *sl,* jd drückt [etw] *sl;* ***qn se shoote au champagne*** *hum* jd steht auf Champagner *fam;* ***je vais me ~ au cacao*** *hum* ich werde mir einen Kakao schießen

shop[p]ing [ʃɔpiŋ] *m* Einkaufsbummel *m*
▶ **qn fait du ~** jd macht einen Einkaufsbummel; **qn fait son ~** jd geht einkaufen

short [ʃɔʀt] *m* Shorts *pl;* ~ ***de foot*** Fußballhose *f*

show [ʃo] *m* Show [ʃoʊ] *f*

show-business [ʃobiznɛs] *m,* **showbiz** [ʃobiz] *m fam* Ø Showgeschäft *nt,* Showbusiness *nt,* Schaugeschäft *nt*

SI *m,* **S.I.** [ɛsi] *m abr de* **système international d'unités** *v.* **système**

si¹ <s'> [si] **I.** *conj* **1.** + *prés indic* (*condition*) wenn
2. (*hypothèse*) + *prés indic* wenn + *indic;* + *imparf indic* wenn + *Konjunktiv;* ~ ***je ne suis pas là, partez sans moi*** wenn ich nicht pünktlich da bin [*o* sollte ich nicht pünktlich da sein], geht/fahrt ohne mich los; ~ ***j'étais riche*** wenn ich reich wäre; ~ ***j'avais su*** wenn ich gewusst hätte
3. (*toutes les fois que*) [immer [*o* jedes Mal]] wenn
4. (*opposition*) auch wenn ..., so ... [doch]; ~ ***toi tu es mécontent, moi, je ne le suis pas!*** auch wenn du unzufrieden bist, ich bin es [*o* so bin ich es] nicht!
5. (*le fait que*) dass; ***s'il n'y a pas eu de blessé, c'est un vrai miracle*** dass niemand verletzt wurde, ist das reinste Wunder; ~ ***qn/qc fait qc c'est que*** wenn jd/etw etw tut, dann deshalb, weil...
6. *interrog* + *imparf indic* (*éventualité*) wenn + *Konjunktiv II;* ~ ***nous profitions du beau temps?*** wenn wir das schöne Wetter ausnutzten?
7. *exclamatif* + *imparf indic* (*désir/regret*) wenn ... nur [*o* bloß] + *Konjunktiv II;* ***ah ~ je les tenais!*** wenn ich sie nur zu fassen kriegen könnte!; ~ ***seulement tu étais venu hier!*** wenn du doch bloß gestern gekommen wärst!, wärst du doch bloß gestern gekommen!
▶ ~ **ce n'est ...** (*ou même*) wenn nicht [sogar] ...; ~ **ce n'est qn/qc** (*en dehors de*) außer jdm/etw, abgesehen von jdm/etw; ***qui a pu connaître mes intentions, ~ ce n'est elle?*** wer außer ihr konnte [denn] meine Absichten kennen?; ~ **ce n'est que** + *indic* außer dass; ~ **tant est que** + *subj* vorausgesetzt; ***je prendrais bien une journée de congé ~ tant est que mon chef le permette*** ich würde gerne einen Tag frei nehmen, vorausgesetzt mein Chef erlaubt es; ~ **c'est ça** *fam* ja dann *fam,* wenn das so ist; **s'il en fut** *soutenu:* ***c'est un brave homme s'il en fut*** er ist ein ausnehmend netter Mensch
II. *m inv* (*hypothèse*) Wenn *nt;* ***je n'ai que faire de tous tes ~!*** dein ständiges Wenn ist mir herzlich egal!
▶ **avec des ~, on mettrait Paris en bouteille** wenn das Wörtchen „wenn" nicht wär', wär' mein Vater Millionär

si² [si] *adv* **1.** (*dénégation*) doch; ***mais ~!*** [aber ja] doch!; ***on pensait qu'elle ne répondrait pas, or il paraît que ~*** wir dachten, sie würde nicht antworten, aber anscheinend wird sie es doch tun
2. (*tellement*) so, dermaßen; ***ne parle pas ~ bas!*** sprich nicht so leise!; ***une ~ belle fille*** ein so schönes Mädchen; ■ ~ **... que** + *indic* so ..., dass; ■ **qn/qc n'est pas ~** + *adj* **que** + *subj* jd/etw ist [schließlich] nicht so + *adj,* [als] dass er/es nicht + *Konjunktiv;* ***il n'est pas ~ petit qu'il ne puisse atteindre le plafond*** er ist [schließlich] nicht so klein, [als] dass er nicht an die Decke reichen könnte
3. (*aussi*) ■ ~ **... que** so ... wie; ***il n'est pas ~ intelligent qu'il le paraît*** er ist nicht so klug, wie er aussieht
4. (*concessif*) ■ ~ **... que** + *subj* so ... auch; ~ ***bien que je fasse, mon patron n'est jamais content*** so gut ich auch arbeite, mein Chef ist nie zufrieden; ~ ***peu que ce soit, cela m'aiderait*** so wenig es auch wäre, es würde mir helfen
▶ **[oh] que ~!** [o] doch!, und ob!

si³ [si] *adv* (*interrogation indirecte*) ob

si⁴ [si] *m inv* MUS H *nt,* h *nt;* ~ ***bémol*** b *nt,* B *nt;* ~ ***dièse*** His *nt,* his *nt,* C *nt,* c *nt;* ***en ~ majeur/mineur*** in H-Dur/h-Moll; ***en ~ bémol mineur*** in b-Moll; *v. a.* **do**

siamois, e [sjamwa, waz] **I.** *adj* siamesisch; *chat* Siam-; ***des frères ~/sœurs ~es*** siamesische Zwillingsbrüder/-schwestern *pl*
II. *mpl, fpl* (*jumeaux*) ■ **des siamois(e)s** siamesische Zwillinge *pl,* siamesische Zwillingsbrüder/-schwestern *pl*
III. *m* (*chat*) Siamkatze *f*

Sibérie [sibeʀi] *f* ■ **la Sibérie** Sibirien *nt*

sibérien, ne [sibeʀjɛ̃, jɛn] **I.** *adj* sibirisch
II. *m, f* ■ **Sibérien(ne)** Sibirer(in) *m(f)*

sibyllin, e [sibilɛ̃, in] *adj comportement* rätselhaft; *ouvrage* unverständlich, obskur; *paroles* sibyllinisch *geh*

sic [sik] *adv* sic

SICAV [sikav] *f abr de* **Société d'Investissement à Capital Variable** (*société*) Investmentfondsgesellschaft *f;* (*titre*) Investmentfondsanteil *m*

siccatif, -ive [sikatif, -iv] **I.** *adj huile, produit* die Trocknung beschleunigend; ***substance ~ive*** MED austrocknende Substanz
II. *m* Trockenstoff *m,* Sikkativ *nt spec*

Sicile [sisil] *f* ■ **la Sicile** Sizilien *nt*

sicilien, ne [sisiljɛ̃, jɛn] **I.** *adj* sizilianisch
II. *m, f* ■ **Sicilien(ne)** Sizilianer(in) *m(f)*

sicilienne [sisiljɛn] *f* Siciliano *m*

sida [sida] *m* ■ **le sida** Aids [eɪds] *nt*

SIDA [sida] *m abr de* **Syndrome d'Immunodéficience Acquise** *v.* **sida**

sidatique [sidatik] **I.** *adj* aidskrank ['eɪds-]
II. *m, f* Aidskranke(r) *f(m)*

side-car <~-~s> [sidkaʀ] *m* (*habitacle*) Beiwagen *m;* (*motocyclette plus side-car*) Motorrad *nt* mit Beiwagen, Beiwagenmaschine *f*

sidéen, ne [sideɛ̃, ɛn] **I.** *adj* aidskrank ['eɪds-]
II. *m, f* Aidskranke(r) *f(m)*

sidéral, e <-aux> [sideʀal, o] *adj année* siderisch, Stern-; ***les observations ~es*** die Beobachtung der Sterne; ***révolution ~e*** siderische Umlaufzeit

sidérant, e [sideʀɑ̃, ɑ̃t] *adj* erstaunlich [*o* verblüffend]

sidérer <5> [sideʀe] *vt* ■ **qn/qc sidère qn** jd/etw verblüfft [*o* überrascht] jdn; ■ **[qn est] sidéré(e)** [jd ist] sprachlos; ***je suis sidéré par son comportement*** ich kann über sein/ihr Verhalten nur staunen

sidérurgie [sideʀyʀʒi] *f* Eisen- und Stahlindustrie *f,* Hüttenindustrie *f*

sidérurgique [sideʀyʀʒik] *adj production* Eisen- und Stahl-; *industrie a.* Hütten-; *procédé* Eisenverhüttungs-; ***usine ~*** Eisenhütte *f,* Stahlwerk *nt;* ***bassin ~*** Eisenhüttenrevier *nt;* ***un grand groupe ~*** ein großer Eisenhüttenkonzern; ***produit ~*** Erzeugnis *nt* der Eisen- und Stahlindustrie

sidérurgiste [sideʀyʀʒist] *mf* Hüttenarbeiter(in) *m(f)*

sidologie [sidɔlɔʒi] *f* Aidsforschung ['eɪds-] *f*

sidologue [sidɔlɔg] *mf* Aidsforscher(in) *m(f)* ['eɪds-]

siècle [sjɛkl] *m* **1.** (*période de cent ans*) Jahrhundert *nt;* ***de ~ en ~*** von Jahrhundert zu Jahrhundert
2. (*période remarquable*) ■ **le ~ de qn/qc:** ***le ~ de Louis XIV/ de Périclès*** das Zeitalter Ludwigs XIV./des Perikles; ***le S~ des Lumières*** das Zeitalter der Aufklärung, die Aufklärung; ***le ~ de l'atome*** das Atomzeitalter
3. *fam* (*période très longue*) Ewigkeit *f fam;* ***il y a des ~s que/ depuis des ~s*** seit einer Ewigkeit *fam;* ***mais ça fait un ~ de ça!*** aber das ist ja schon

eine Ewigkeit her! *fam;* ***cet arbre a, paraît-il, des ~s*** dieser Baum soll uralt sein

▶ **le** **<u>Grand</u> S~** das Zeitalter Ludwigs XIV.; **qn** **<u>est</u> de son/d'un autre** ~ jd geht mit der Zeit/lebt in einer anderen Zeit; **<u>au</u> …** ~ im … Jahrhundert; ***au III*****^e^** ***~ avant J.C.*** im 3. Jahrhundert v. Chr.; **<u>dans</u> les ~s des ~s** von Ewigkeit zu Ewigkeit; **<u>du</u>** ~ *combat, marché, inondation* Jahrhundert-

sied [sje] *indic prés de* **seoir**

siée [sje] *subj prés de* **seoir**

siéent [sje] *indic prés de* **seoir**

siège [sjɛʒ] *m* **1.** (*meuble*) Sitz *m;* ~ ***rembourré*** Polstersitz; ***prenez un ~!*** nehmen Sie Platz!; ***qn offre un ~ à qn*** jd bittet jdn Platz zu nehmen; ~ ***avant/ arrière/ baquet/ couchette/ pour enfant*** AUT Vorder-/Rück-/Schalen-/Liege-/Kindersitz; ~ ***transformable*** umklappbarer Sitz; ■ ~ **de** *de jardin, bureau* -stuhl *m;* ~ ***de W.-C.*** Klobrille *f fam,* Klosettbrille *f*

2. (*action d'assiéger*) Belagerung *f;* ***le ~ de Paris*** die Belagerung von Paris; ***qn lève le ~*** jd hebt die Belagerung auf, jd beendet die Belagerung

3. POL (*au Parlement*) Sitz *m*

4. REL: ***le ~ apostolique/ pontifical*** der Apostolische/Päpstliche Stuhl; ~ ***épiscopal*** (*dignité d'évêque*) bischöflicher Stuhl; (*ville, résidence*) Bischofssitz *m*

5. (*résidence*) [*assemblée, firme, organisation, parti*] Sitz *m*

6. (*centre*) ■ **qc est le ~ d'une chose** *des passions, de la pensée* von etw geht eine S. aus; *de la rébellion* etw ist das Zentrum einer S. (*gen*); ***quel organe est le ~ de la maladie?*** von welchem Organ geht die Krankheit aus?, in welchem Organ sitzt der Krankheitsherd?

▶ ~ **<u>éjectable</u>** AVIAT Schleudersitz *m;* ~ **<u>pliant</u>** Klappstuhl *m;* ~ **<u>social</u>** [Firmen]sitz *m;* **qn** **<u>met</u> le ~ devant qc** jd belagert etw; **<u>par</u> le ~** MED: ***accouchement par le ~*** Steißgeburt *f;* ***l'enfant se présentait par le ~*** das Kind war in Steißlage *f*

siéger <2 a, 5> [sjeʒe] *vi* **1.** (*avoir son siège*) ■ **qn siège [quelque part]** / *députés, procureur/* jd sitzt [irgendwo]; ■ **qc siège [quelque part]** / *tribunal/* etw hat [irgendwo] seinen Sitz

2. (*tenir séance*) ■ **des personnes siègent/qc siège** Menschen tagen/etw tagt

3. (*être situé*) ■ **qc siège quelque part** / *passion, problème, mal/* etw sitzt irgendwo; ***je ne vois pas très bien où siège la difficulté*** ich verstehe nicht ganz, wo[rin] die Schwierigkeit liegt

sien, ne [sjɛ̃, sjɛn] **I.** *pron poss* ■ **le ~/la ~ne** (*possesseur masculin*) seiner/seine/seines; (*possesseur féminin*) ihrer/ihre/ihres; ***mon appartement est plus grand que le ~*** meine Wohnung ist größer als seine/ihre; ***qn traite les enfants d'autrui comme les ~s*** jd behandelt fremde Kinder wie seine eigenen; ***elle exerce un métier qui n'est pas le ~*** sie übt einen Beruf aus, für den sie nicht ausgebildet worden ist

II. *m* ■ **les siens** (*ceux de sa famille*) seine/ihre Angehörigen, die Seinen/Ihren *geh;* (*ses partisans*) seine/ihre Anhänger, die Seinen/Ihren *geh*

▶ **qn y** **<u>met</u> du ~** jd trägt sein[en] Teil dazu bei

III. *fpl* ▶ **qn/qc** **<u>fait</u> des ~nes** *fam* / *enfant/* jd macht [schon wieder] Unfug; / *rivière, tempête, voiture/* etw spielt verrückt *fam*

IV. *adj poss* ▶ **qn** **<u>fait</u> ~ qc** *idée, opinion* jd übernimmt etw, jd macht sich (*dat*) etw zu eigen

siéra [sjeʀa] *fut de* **seoir**

sierra [sjeʀa] *f* Sierra *f*

sieste [sjɛst] *f* Mittagsschlaf *m,* Mittagsschläfchen *nt fam,* Siesta *f;* ***à l'heure de la ~*** während der Mittagsruhe

▶ **qn** **<u>fait</u> la** [*o* **sa**] **~** jd macht einen [*o* hält seinen] Mittagsschlaf, jd hält Siesta

sieur [sjœʀ] *m* ■ **le ~ Untel** *hum,* JUR Herr Soundso

sifflant, e [siflɑ̃, ɑ̃t] *adj* pfeifend; *toux* keuchend; ***respiration ~e*** pfeifender Atem; ***consonne ~e*** Reibelaut *m,* Zischlaut *m*

sifflement [sifləmɑ̃] *m* Pfeifen *nt;* [*serpent, vapeur*] Zischen *nt;* ~ ***d'oreilles*** Ohrensausen *nt;* ~ ***d'admiration*** bewundernder Pfiff; ***le train émit un long ~*** die Lokomotive ließ einen lang gezogenen Pfiff ertönen

siffler <1> [sifle] **I.** *vi* ■ **qn/qc/un animal siffle** jd/etw/ein Tier pfeift; / *gaz, vapeur, serpent/* etw/ein Tier zischt; ***la balle lui siffla aux oreilles*** die Kugel pfiff an seinem/ihrem Ohr vorbei

II. *vt* **1.** (*appeler*) ■ **qn siffle qn/un animal** jd pfeift nach jdm/[nach] einem Tier; *fille* jd pfeift hinter jdm her, jd pfeift jdm nach

2. (*signaler*) ■ **qn siffle qc** jd pfeift etw; ***qn siffle le départ de la course/ la fin du match*** jd pfeift das Rennen an/das Spiel ab; ***la mi-temps n'est pas encore sifflée*** es ist noch nicht Halbzeit gepfiffen worden; ***le maître siffle la fin de la récréation*** der Lehrer pfeift, weil die Pause zu Ende ist

3. (*huer*) ■ **qn siffle qn/qc** jd pfeift jdn/etw aus; ■ **qn se fait ~** jd wird ausgepfiffen

4. (*moduler*) ■ **qn siffle qc** jd pfeift etw; ***je vais te ~ la chanson*** ich werde dir das Lied vorpfeifen

5. *fam* (*boire*) ■ **qn siffle qc** jd stürzt etw hinunter [*o* kippt] *fam;* ***qn siffle le verre de qn*** jd trinkt jdm das Glas leer; ***je sifflerais bien encore une coupe de champagne*** ich würde mir gerne noch ein Glas Champagner genehmigen *fam,* ich würde gerne noch ein Glas Champagner trinken

sifflet [siflɛ] *m* **1.** (*instrument*) Pfeife *f;* ■ ~ **à/de:** ~ ***à vapeur*** Dampfpfeife; ~ ***à roulette*** Trillerpfeife; ~ ***d'alarme*** (*d'une machine à vapeur*) Signalpfeife; (*d'une locomotive*) Lokomotivpfeife

2. *pl* (*huées*) Pfiffe *pl*

▶ **qn** **<u>coupe</u> le ~ à qn** *fam* (*coupe la parole*) jd fährt jdm über den Mund *fam,* jd schneidet jdm das Wort ab; **qn/qc** **<u>coupe</u> le ~ à qn** (*interloque*) bei etw fällt jdm nichts mehr ein [*o* bleibt jdm die Spucke weg] *fam;* ***ça me coupe le ~!*** da bleibt mir die Spucke weg! *fam;* ***par ses propos, le procureur a coupé le ~ à la défense*** nach den Worten des Staatsanwalts fiel der Verteidigung nichts mehr ein *fam,* mit diesen Worten hat der Staatsanwalt der Verteidigung den Wind aus den Segeln genommen; **<u>en</u>** ~ schräg

siffleur, -euse [siflœʀ, -øz] **I.** *adj* pfeifend

II. *m, f* **1.** (*personne qui hue*) Pfeifer(in) *m(f),* Buhrufer(in) *m(f)*

2. (*personne qui sifflote*): ***qn est un très bon ~*** jd kann sehr gut pfeifen; ***qui est ce ~ qui exerce ses talents?*** wer pfeift denn da so gekonnt?

sifflotement [siflɔtmɑ̃] *m* Pfeifen *nt;* ***on entendait le ~ des ouvriers*** man hörte das Pfeifen der Arbeiter, man hörte die Arbeiter pfeifen

siffloter <1> [siflɔte] **I.** *vi* ■ **qn sifflote** jd pfeift [vor sich hin]

II. *vt* ■ **qn sifflote qc** jd pfeift etw [vor sich hin]

sigle [sigl] *m* Abkürzung *f,* Kürzel *nt*

signal <-aux> [siɲal, o] *m* **1.** (*signe conventionnel*) Signal *nt;* (*signe convenu*) Zeichen *nt;* (*signe annonciateur*) [An]zeichen *nt;* ~ ***convenu*** vereinbartes Zeichen; ~ ***de l'attaque/ de la retraite/ de la révolte*** Zeichen/Signal zum Angriff/Rückzug/Aufstand; ***le ~ est arrivé trop tard*** das Zeichen/Signal wurde zu spät gegeben

2. (*point de départ*) Auslöser *m;* **qc est le ~ de qc** etw ist der Auslöser einer S. (*gen*), etw löst etw aus

3. (*avertisseur*) Signal *nt;* (*système*) Signalanlage *f;* ~ ***automatique*** automatisches Signal; (*système*) Signalanlage; ~ ***lumineux/ optique*** [*o* ***visuel***] Lichtsignal/optisches Signal; (*système*) Lichtsignalanlage/optische Signalanlage; ~ ***acoustique*** [*o* ***sonore***] akustisches Signal; (*système*) akustische Signalanlage; ■ ~ **de** -signal; ~ ***d'alarme*** Alarmsignal; CHEMDFER Notbremse *f;* ***qn déclenche le ~ d'alarme*** jd löst den Alarm aus; ~ ***de chemin de fer*** Eisenbahnsignal; ~ ***de détresse*** Notsignal; ~ ***de priorité*** Vorfahrtsschild *nt;* ~ ***de route*** (*feu*) Verkehrssignal; (*panneau*) Verkehrsschild *nt;* ~ ***de sollicitation*** INFORM Eingabeaufforderung *f,* Prompt *m spec*

4. INFORM, TELEC Signal *nt;* ~ ***aux horaires hertziens*** Zeitzeichen *nt*

▶ **qn** **<u>brûle</u> un ~** jd fährt bei Rot durch; **qn** **<u>donne</u> le ~ [de qc]** jd gibt das Zeichen/das Signal [zu etw]; ***qn donne le ~ du départ*** jd gibt das Startzeichen [*o* Startsignal]

signalement [siɲalmɑ̃] *m* [*personne*] Personenbeschreibung *f;* [*véhicule*] Beschreibung *f;* ~ ***du malfaiteur*** Beschreibung des Täters

signaler <1> [siɲale] **I.** *vt* **1.** (*attirer l'attention sur*) ■ **qn signale qc [à** [*o* **à l'attention de**] **qn]** *détail, erreur* jd weist [jdn] auf etw (*akk*) hin; *changement d'adresse, fait nouveau, perte, vol* jd meldet [jdm] etw, jd meldet etw [bei jdm]; ***on signale la présence dans la région d'un individu suspect*** es wird gemeldet, dass sich in dieser Gegend ein Verdächtiger aufhält; ■ **qn/qc signale [à qn] que** + *indic* jd/etw weist [jdn] darauf hin, dass

2. (*marquer par un signal*) ■ **qn signale qc [à qn]** jd signalisiert [jdm] etw, jd zeigt [jdm] etw an; (*annoncer*) jd kündigt [jdm] etw an; ***signalez-moi votre arrivée par un coup de téléphone!*** teilen Sie mir Ihre Ankunft telefonisch mit!; ■ **qc signale qc [à qn]** / *carte, écriteau/* etw weist [jdn] auf etw (*akk*) hin; / *balise/* etw kennzeichnet etw [für jdn]; *danger* etw warnt [jdn] vor etw (*dat*); ***une sonnerie signale l'arrivée du train*** ein Klingelzeichen kündigt die Ankunft des Zuges an

3. (*indiquer*) ■ **qc signale qc** etw deutet auf etw (*akk*) hin

▶ **<u>rien</u> à ~** keine besonderen Vorkommnisse; MED ohne Befund

II. *vpr* **1.** (*s'illustrer*) ■ **qn se signale [par qc]** jd tut sich [durch etw] hervor

2. (*se manifester*) ■ **qn/qc se signale [à qn/qc]** jd meldet sich [bei jdm/etw]; *maladie* etw kommt [bei jdm] zum Ausbruch, etw wird [bei jdm] manifest *spec;* ***qn se signale à l'attention de qn*** jd macht jdn auf sich (*akk*) aufmerksam

signalétique [siɲaletik] *adj:* ***détail ~*** erkennungsdienstlich relevantes Merkmal; ***fiche ~*** erkennungsdienstliche Akte

signalisation [siɲalizasjɔ̃] *f* [*aéroport, port*] (*par lumière*) Befeuerung *f;* (*au sol*) Pistenmarkierung *f;* [*route*] Verkehrsregelung *f;* (*par panneaux*) Beschilderung *f;* (*au sol*) Fahrbahnmarkierung *f;* (*par feu*) Ampelanlage[n *pl*] *f;* ***la ~ aérienne*** die Pistenbefeuerung; (*au sol*) die Pistenmarkierung; ***la ~ ferroviaire*** Eisenbahnsignale *pl;* ***la ~ maritime*** Seezeichen *pl;* ***la ~ routière*** Straßenbeschilderung, Verkehrszeichen *pl;* ***la ~ des chemins de fer*** die Regelung des Schienenverkehrs; ***feu de ~*** Ampel *f;* CHEMDFER Leuchtsignal *nt;* ***il reste la ~ à faire*** [*aérodrome, port*] (*par lumière*) die Befeuerung muss noch installiert werden; (*au sol*) die Pistenmarkierung muss noch vorgenommen werden; [*route*] der Verkehr muss noch durch Verkehrszeichen geregelt werden; (*panneaux*) die Beschilderung muss noch vorgenommen werden; (*feux*) die Ampelanlage muss noch installiert werden; (*au sol*) die Fahrbahnmarkierung muss noch vorgenommen werden; ***la ~ de certaines routes de campagne laisse encore à désirer*** die Verkehrsregelung auf einigen Landstraßen lässt noch zu wünschen übrig

signaliser <1> [siɲalize] *vt* ■ **qn signalise qc** *route* (*de panneaux*) jd schildert etw aus, jd beschildert etw; (*de feux*) jd installiert auf etw (*dat*) Ampeln; (*marque au sol*) jd bringt auf etw (*dat*) Fahrbahnmarkierungen an; *voie de chemin de fer* jd installiert auf etw (*dat*) [die] Signale; *piste d'atterrissage* jd markiert etw; ■ **[qc est] bien/mal signalisé(e)** (*équipé de panneaux*) / *carrefour, route de campagne/* [etw ist] gut/schlecht ausgeschildert [*o* beschildert]; (*équipé de feux*) *carrefour* [etw ist] gut/schlecht durch Ampeln gesichert

signataire [siɲatɛʀ] **I.** *adj État, pays, gouvernement* Signatar-; ***les membres ~s du traité*** die[jenigen] Mitglieder, die das Abkommen unterzeichnet haben; ***partie ~*** vertragschließende Partei *f*

II. *mf* (*personne qui signe*) Unterzeichner(in) *m(f)*

signature [siɲatyʀ] *f* **1.** (*action*) Unterzeichnung *f;* ***qn honore sa ~*** jd hält sich an seine vertraglichen Verpflichtungen; ***qn procède à la ~ de qc*** jd unterzeichnet etw

2. (*marque d'authenticité*) Unterschrift *f;* [*peintre*] Signatur *f;* ~ ***légalisée*** beglaubigte Unterschrift; ~ ***sociale*** Firmenzeichnung *f;* ***qn appose sa ~ au bas de qc*** jd setzt seine Unterschrift unter etw (*akk*)

▶ **qn** **<u>a</u> la ~** jd ist zeichnungsberechtigt

signe [siɲ] *m* **1.** (*geste*) Zeichen *nt;* ~ ***de la main*** [Hand]zeichen, [Hand]bewegung *f;* ~ ***de la tête*** Kopfbewegung, Bewegung mit dem Kopf; ~ ***de tête***

affirmatif/ négatif Nicken *nt*/Kopfschütteln *nt;* ■ ~ **de qc** *de bienvenue, d'impatience* Zeichen einer S. (*gen*); ~ ***de refus*** ablehnende Bewegung; ~ ***d'intelligence*** Verständigungszeichen
2. (*indice*) Anzeichen *nt;* MED *a.* Symptom *nt;* ~ ***annonciateur*** erstes Anzeichen; ~ ***avant-coureur*** Vorzeichen *nt;* ***un*** ~ ***inquiétant pour qn/ qc*** ein alarmierendes Zeichen für jdn/etw; ***qc est le*** ~ ***d'un changement de temps*** etw kündigt einen Wetterwechsel an
3. (*trait distinctif*) Merkmal *nt,* Kennzeichen *nt;* ~***s particuliers: néant*** besondere Kennzeichen: keine
4. (*symbole*) Zeichen *nt;* MATH A., MUS Vorzeichen; GRAM Satzzeichen; ~ ***négatif/ positif*** Minuszeichen/Pluszeichen; ~ ***d'égalité/ de multiplication*** Gleichheitszeichen/Multiplikationszeichen; ■ ~ **de** -zeichen; ~ ***d'altération*** Versetzungszeichen; ~ ***de piste*** Wegzeichen; ~ ***de ponctuation*** Satzzeichen, Interpunktionszeichen
5. ASTROL Sternzeichen *nt;* ~ ***du zodiaque*** Tierkreiszeichen *nt*
▸ **c'est un** ~ **des temps** das ist ein Zeichen unserer Zeit; **qn donne** ~ **de vie** (*se manifeste*) jd meldet sich, jd lässt von sich hören; (*semble vivant*) jd gibt ein Lebenszeichen von sich; **c'est bon** ~ das ist ein gutes Zeichen; **c'est mauvais** ~ das ist ein schlechtes Zeichen, das bedeutet nichts Gutes; **qn donne des** ~**s de qc** *de fatigue* jd lässt Anzeichen von etw erkennen; ***les enfants commencent à donner des*** ~***s d'impatience/ d'ennui*** die Kinder werden langsam ungeduldig/den Kindern wird es langsam langweilig; ***qc donne des*** ~***s de fatigue*** /*véhicule, moteur, machine*/ etw ist/wird [allmählich] altersschwach; **c'est** ~/**qc est le** ~ **que** + *indic* das ist/etw ist ein Zeichen dafür, dass; das/etw bedeutet, dass; **qn fait** ~ **à qn** (*pour signaler qc*) jd winkt jdm zu; (*pour contacter qn*) jd meldet sich bei jdm; ***qn fait de grands*** ~***s à qn*** jd winkt jdm zu; **qn fait un** ~ **de qc à qn**: ***qn fait un*** ~ ***de la tête à qn*** jd nickt jdm zu; ***qn fait un*** ~ ***de la tête à qn pour qu'il comprenne que*** jd gibt jdm durch eine Kopfbewegung zu verstehen, dass; **qn fait** ~ **à qn de faire qc** jd bedeutet jdm, etw zu tun [*o* dass er etw tun solle]; ***qn fait*** ~ ***à qn d'entrer*** jd winkt jdn herein; ***qn fait*** ~ ***à la voiture de franchir les grilles*** jd winkt das Auto zur Toreinfahrt herein; **qn fait** ~ **que oui/non** (*de la tête*) jd nickt zustimmend/schüttelt den Kopf; (*d'un geste*) jd gibt ein Zeichen, dass ja/nein; **en** ~ **de qc** als [*o* zum] Zeichen einer S. (*gen*); **sous le** ~ **de qc** im Zeichen einer S. (*gen*); ***qn est sous le*** ~ ***de la malchance*** jd ist/wird vom Pech verfolgt
◆ **signe de [la] croix** Kreuzzeichen *nt;* ***qn fait le*** ~ ***de la croix/ un*** ~ ***de croix*** jd macht das/ein Kreuzzeichen, jd bekreuzigt sich; **signes extérieurs de richesse** sichtbare Zeichen von Reichtum

signer <1> [siɲe] **I.** *vt* **1.** (*apposer sa signature*) ■ **qn signe qc** jd unterschreibt etw; *pétition, traité a.* jd unterzeichnet etw; /*peintre*/ jd signiert etw; ***qn signe qc de son nom/ de sa main*** jd unterschreibt etw mit seinem [vollen] Namen/eigenhändig
2. (*produire sous son nom*) ■ **qn signe qc** *œuvre, pièce* jd verfasst etw; *tableau* jd malt etw; ***qc est signé(e) de qn*** /*robe, scénographie, version*/ etw stammt von jdm; /*œuvre littéraire a.*/ etw stammt aus jds Feder
▸ **c'est signé** *fam* es ist [doch] sonnenklar, wer das war *fam;* **qc est signé(e)** *fam* (*son auteur est évident*) etw trägt jds Stempel
II. *vpr* ■ **qn se signe** jd bekreuzigt sich

signet [siɲɛ] *m* Lesezeichen *nt;* INFORM Bookmark ['bʊkmak] *f*

significatif, -ive [siɲifikatif, -iv] *adj* **1.** (*révélateur*) *date, décision, fait* bedeutsam; *geste, silence, sourire* viel sagend; ***qc n'est pas*** ~ etw hat nichts zu sagen [*o* ist nicht bedeutsam]; ■ **qc est** ~ **de qc** etw lässt etw erkennen, etw verrät etw; ***un résultat*** ~ ***de qc*** ein Ergebnis, das etw erkennen lässt
2. (*important*) bedeutend, erheblich

signification [siɲifikasjɔ̃] *f* **1.** (*sens*) Bedeutung *f;* ***ne cherche pas une*** ~ ***à son comportement*** such keinen Sinn in seinem/ihren Verhalten
2. JUR [*acte, décision judiciaire*] Zustellung *f*

signifier <1 a> [siɲifje] *vt* **1.** (*avoir pour sens*) ■ **qc signifie qc** etw bedeutet etw; /*sourire a.*/ etw besagt etw; ***ses colères ne signifient pas grand-chose*** seine/ihre Wutausbrüche haben nicht viel zu bedeuten; ***qu'est-ce que cela signifie?*** was hat das zu bedeuten?; ***il a fait un geste signifiant son impuissance*** er machte eine Geste, die seine Machtlosigkeit ausdrückte; ■ **qc signifie que** + *indic* etw bedeutet, dass
2. (*faire connaître*) ■ **qn signifie qc à qn** jd gibt jdm etw zu verstehen, jd bedeutet jdm etw *geh;* ***qn signifie son congé à qn*** jd kündigt jdm; ■ **qn signifie à qn que** + *indic* jd gibt jdm zu verstehen, dass
3. JUR ■ **qn signifie qc à qn** jd stellt jdm etw zu; *inculpation* jd setzt jdn von etw in Kenntnis
▸ **qu'est-ce que ça signifie?** (*agressif*) was soll denn das?

silence [silɑ̃s] *m* **1.** ∅ (*absence de bruit*) Stille *f;* (*calme*) Ruhe *f;* ***le*** ~ ***de la nuit*** die Stille der Nacht; ***le*** ~ ***se fait dans la salle*** im Saal kehrt Ruhe/Stille ein; ***le*** ~ ***des enfants m'inquiète*** die Kinder sind beunruhigend still; ***quel*** ~! was für eine [wohltuende] Ruhe!; ***il n'arrive pas à faire le*** ~ ***dans sa classe*** es gelingt ihm nicht, sich (*dat*) während des Unterrichts Ruhe zu verschaffen; ***qc rompt le*** ~ etw durchbricht die Stille
2. (*pause*) Pause *f;* MUS Pause; ***il y eut un*** ~ ***assez long*** es entstand eine ziemlich lange Pause
3. (*absence de paroles, d'information*) Schweigen *nt;* ~ ***gêné/ éloquent/ glacial*** betretenes/beredtes/eisiges Schweigen; ***le*** ~ ***de la loi/ du ministère sur ce sujet*** die Tatsache, dass das Gesetz/das Ministerium zu diesem Thema schweigt; ***je ne comprends pas ton*** ~ ich verstehe nicht, warum du schweigst [*o* nichts sagst]; ***mieux vaut le*** ~ es ist besser zu schweigen; ***qn se mure dans son*** ~ jd hüllt sich in Schweigen; ***qn rompt le*** ~ jd bricht das Schweigen; ***qn condamne qn au*** ~ jd verurteilt jdn zum Schweigen
▸ ~ **de mort** Totenstille *f,* Grabesstille *f;* **la parole est d'argent, mais le** ~ **est d'or** *prov* Reden ist Silber, Schweigen ist Gold *prov;* **qn fait** ~ jd gibt Ruhe, jd ist ruhig [*o* still]; **qn fait** [*o* **garde**] **le** ~ jd bewahrt Schweigen; **qn fait** [*o* **garde**] **le** ~ **sur qc** *sur un secret* jd bewahrt [Still]schweigen über etw (*akk*), jd schweigt sich über etw (*akk*) aus; **qn/qc impose** ~ **à qn/qc** (*fait taire*) jd/etw bringt jdn/etw zum Schweigen; *rumeurs* jd/etw bringt etw zum Verstummen; *liberté d'expression* jd/etw macht etw unmöglich; **qn passe qn/qc sous** ~ jd/etw verliert kein Wort über jdn/etw; **qn réduit qn au** ~ jd bringt jdn zum Schweigen; **en** ~ *travailler* still, ohne Lärm zu machen; *souffrir* stumm, ohne zu klagen; ~! Ruhe!; ~! ***on tourne!*** Achtung, Aufnahme!

silencieusement [silɑ̃sjøzmɑ̃] *adv* **1.** (*sans bruit*) lautlos, geräuschlos
2. (*en secret*) heimlich [still und leise *fam*]

silencieux, -euse [silɑ̃sjø, -jøz] **I.** *adj* **1.** (*opp: bruyant*) leise; *pas a.* geräuschlos; *personne, méditation* still
2. (*où règne le silence*) still
3. (*peu communicatif*) *personne* still, schweigsam; ***la majorité*** ~***euse*** die schweigende Mehrheit; ***si tu étais moins*** ~ wenn du etwas gesprächiger [*o* mitteilsamer] wärst; ***qn reste*** ~ jd schweigt, jd bleibt stumm
II. *m* Schalldämpfer *m*

silex [silɛks] *m* GEOL, ARCHEOL Feuerstein *m*

silhouette [silwɛt] *f* **1.** (*allure*) [*personne*] Silhouette *f,* Figur *f;* ***cette robe lui donne une*** ~ ***élancée*** dieses Kleid lässt sie schlank erscheinen; ***la*** ~ ***voûtée de qn*** jds gebeugte Gestalt
2. (*figure indistincte*) Umriss *m,* [undeutliche] Gestalt; ***on le voyait en*** ~ man konnte [nur] seinen Umriss sehen [*o* erkennen]
3. (*contour*) Kontur *f,* Umrisslinie *f*
4. (*dessin*) Schattenriss *m,* Silhouette *f spec;* (*obtenu par découpage*) Scherenschnitt *m*

silicate [silikat] *m* GEOL, CHIM Silikat *nt*

silice [silis] *f* Kieselerde *f,* Siliciumdioxid *nt*

siliceux, -euse [silisø, -øz] *adj* Kiesel-; *terrain* kieselsäurehaltig; ***terre*** ~***euse*** Kieselerde *f;* ***roche*** ~***euse*** Kieselgestein *nt,* Silikatgestein *nt*

silicium [silisjɔm] *m* CHIM Silizium *nt,* Silicium *nt spec*

silicone [silikon] *m* Silikon *nt,* Silicon *nt spec*

silicose [silikoz] *f* [Quarz]staublunge *f,* Silikose *f spec*

sillage [sijaʒ] *m* [*eau, air*] -wirbel *pl;* NAUT Kielwasser *nt;* ***le*** ~ ***d'un avion dans le ciel*** der Kondensstreifen eines Flugzeugs am Himmel
▸ **dans le** ~ **de qn/qc**: ***qn marche dans le*** ~ ***de qn*** (*suit son exemple*) jd tritt in jds Fußstapfen (*akk*); (*profite de qn*) jd segelt [*o* schwimmt] in jds Kielwasser (*dat*); ***qn reste dans le*** ~ ***de qn*** jd hält sich in jds Kielwasser (*dat*); ***qn entraîne qn/ qc dans son*** ~ jd zieht jdn/etw mit sich; ***dans le*** ~ ***de ces événements*** im Zuge dieser Ereignisse; ***dans le*** ~ ***du ministère de la Culture …*** wie das Kultusministerium …; ***dans le*** ~ ***des entreprises concurrentes, …*** den Konkurrenzfirmen folgend, …, sich den Konkurrenzfirmen anschließend, …

sillon [sijɔ̃] *m* **1.** AGR Furche *f*
2. (*trace longitudinale*) Spur *f;* (*ride*) Furche *f;* ANAT Furche; GEOG Graben *m;* ***le*** ~ ***rhénan*** der Rheingraben; ***les larmes ont tracé deux*** ~***s humides sur ses joues*** die Tränen haben zwei feuchte Spuren auf seinen/ihren Wangen hinterlassen
3. [*disque*] Rille *f*
▸ **qn creuse** [*o* **trace**] **son** ~ *littér* jd geht [unbeirrt] seinen [eigenen] Weg

sillonner <1> [sijɔne] *vt* **1.** (*traverser*) ■ **qn/qc sillonne qc** /*personnes, touristes*/ jd geht/fährt kreuz und quer durch etw; *ville a.* jd durchkreuzt etw; /*canaux, routes*/ etw durchzieht etw, etw läuft kreuz und quer durch etw; ***des avions/ des éclairs sillonnent le ciel*** Flugzeuge ziehen am Himmel ihre Bahnen/Blitze durchzucken den Himmel; ***les routes sont sillonnées par des milliers d'automobilistes*** überall auf den Straßen sind Tausende Autofahrer [*o* von Autofahrern] unterwegs
2. (*creuser*) ■ **qc sillonne qc** /*crevasses, ravins*/ etw durchfurcht etw; /*fissures, rides*/ etw durchzieht etw; ***un visage sillonné de rides*** ein zerfurchtes Gesicht

silo [silo] *m* **1.** AGR (*fosse*) Miete *f;* (*réservoir*) Silo *m o nt*
2. MIL [Raketen]silo *m o nt*

silure [silyʀ] *m* Wels *m*

simagrée [simagʀe] *f gén pl* Gehabe *nt,* Getue *nt fam;* ***ne fais pas de*** ~***s!*** (*exhortation à accepter qc*) zier' dich nicht so!; (*exhortation à obéir*) stell dich nicht so an!, mach kein Theater! *fam*

simiesque [simjɛsk] *adj* affenähnlich

similaire [similɛʀ] *adj* vergleichbar; *circonstances a., goûts* sehr ähnlich

simili [simili] *m* Imitation *f;* ***en*** ~ unecht

similicuir [similikɥiʀ] *m* Kunstleder *nt*

similitude [similityd] *f* **1.** (*analogie*) Ähnlichkeit *f;* ***il y a des*** ~***s de caractère frappantes entre eux*** sie ähneln sich charakterlich sehr; ***deux choses présentent certaines*** ~***s*** zwei Dinge weisen gewisse Gemeinsamkeiten auf
2. GEOM Ähnlichkeit *f;* ***cas de*** ~ Ähnlichkeitssatz *m*

simoun [simun] *m* Samum *m*

simple [sɛ̃pl] **I.** *adj* **1.** (*facile*) einfach; *affaire, exercice, tâche a.* leicht; ***le plus*** ~***, c'est d'aller tout droit*** am einfachsten geht/fährt man geradeaus; ***sa tâche n'est pas des plus*** ~***s*** seine/ihre Aufgabe ist nicht gerade einfach; ■ [**qc est**] ~ **à faire** [etw ist] einfach [*o* leicht] zu tun; ***rien de plus*** ~ ***à réaliser!*** nichts leichter [*o* einfacher] als das!
2. (*modeste*) einfach; *personne, revenus* bescheiden; *cérémonie* schlicht; ***qn vient d'un milieu*** ~ jd stammt aus bescheidenen Verhältnissen; ***qn est issu(e) d'une famille*** ~ jd ist das Kind einfacher Leute; ***en dépit de ses origines*** ~***s*** trotz seiner/ihrer einfachen Herkunft
3. (*non multiple*) *feuille, nœud* einfach; ***un aller*** ~ ***pour Paris, s'il vous plaît*** eine einfache Fahrkarte nach Paris, bitte; ***un tissu en*** ~ ***épaisseur*** ein Stoff, der einfach liegt
4. *postposé* GRAM (*non composé*) einfach; ***l'imparfait est un temps*** ~ das Präteritum ist eine einfache Zeitform; ***corps*** ~ CHIM chemischer Grundstoff,

Element *nt*
5. *antéposé* (*rien d'autre que*) einfach; ***un ~ soldat/employé de bureau*** ein einfacher Soldat/Büroangestellter; ***je vous appelle pour un ~ renseignement*** ich rufe Sie nur wegen einer Auskunft an; ***une ~ formalité*** eine [reine] Formalität; ***un ~ coup de téléphone aurait suffi*** ein [kurzer] Anruf hätte genügt; ***"sur ~ appel"*** „Anruf genügt"; ***un ~ regard lui a révélé que*** ein flüchtiger Blick verriet ihm/ihr, dass; ***cette ~ remarque ...*** diese kleine Bemerkung ...
6. (*naïf*) einfältig
► **c'est [bien] ~** *fam* das ist ganz einfach; ***écoute, c'est ~, si tu ...*** jetzt hör mir mal gut zu: wenn du ...; ***si tu ..., c'est bien ~, je te quitte!*** wenn du ..., dann verlasse ich dich einfach!; ***c'est bien ~, il ne m'écoute jamais!*** er hört mir einfach nie zu!; **ce serait trop ~**: ***tu penses que tu vas t'en tirer comme ça, mais ce serait trop ~!*** du glaubst, du wirst ungeschoren davonkommen, aber das könnte dir so passen!; ***on a beau t'expliquer, mais ce serait trop ~, tu fais toujours le contraire!*** man kann es dir noch so oft erklären, aber nein, du musst natürlich das Gegenteil tun!
II. *m* TENNIS Einzel *nt*
► **qc passe du ~ au double** etw verdoppelt sich
◆ **simple dames** Dameneinzel *nt;* **simple d'esprit** geistig Behinderte(r) *f(m);* **simple messieurs** Herreneinzel *nt*

simplement [sɛ̃pləmɑ̃] *adv* **1.** (*sans affectation*) *s'exprimer* einfach; *se vêtir a.* schlicht; *recevoir, se comporter* ungezwungen
2. (*seulement*) [einfach] nur; ***ce sont ~ des hommes*** das sind [einfach] nur Menschen
► **tout ~** (*sans plus*) einfach nur; (*absolument*) [ganz] einfach

simplet, te [sɛ̃plɛ, ɛt] *adj* **1.** (*niais*) [etwas] einfältig
2. (*simpliste*) banal; *intrigue, question a.* simpel; *raisonnement a.* nichts sagend; *roman* geistlos, trivial

simplicité [sɛ̃plisite] *f* **1.** (*opp: complexité*) Einfachheit *f;* ***qc est d'une extrême/de la plus grande ~*** etw ist außerordentlich/äußerst einfach [*o* leicht]; ***qc est d'une ~ enfantine*** etw ist kinderleicht; ***cela m'a paru d'une telle ~!*** das ist mir so einfach [*o* leicht] vorgekommen!
2. (*naturel*) Schlichtheit *f,* Unkompliziertheit *f;* ***qn est resté(e) d'une grande ~*** jd ist sehr bescheiden [*o* schlicht] geblieben; ***qn parle avec ~*** jd drückt sich einfach [und verständlich] aus; ***les obsèques ont été célébrées dans la ~*** die Beisetzung fand in schlichtem Rahmen statt
3. (*naïveté*) Naivität *f,* Einfalt *f;* ***qn a la ~ de croire qc*** jd ist so naiv [*o* einfältig] etw zu glauben
► **en toute ~**: ***qn reçoit qn en toute ~*** jd empfängt jdn ohne große Umstände zu machen

simplifiable [sɛ̃plifjabl] *adj* **1.** (*qui peut être simplifié*) vereinfachbar; ***qc est ~*** etw kann man [*o* etw lässt sich] vereinfachen
2. MATH kürzbar; ***cette fraction n'est pas ~*** diesen Bruch kann man nicht kürzen

simplificateur, -trice [sɛ̃plifikatœʀ, -tʀis] *adj* [zu] stark vereinfachend; ***cette explication est ~trice*** diese Erklärung vereinfacht zu sehr [*o* ist zu einfach]; ***qn a l'esprit très ~*** jd neigt dazu, die Dinge zu simplifizieren *geh;* ***qn est trop ~*** jd stellt die Dinge [zu] stark vereinfacht [*o* zu einfach] dar

simplification [sɛ̃plifikasjɔ̃] *f* **1.** (*action de rendre simple*) Vereinfachung *f;* ~ ***du travail*** Arbeitserleichterung *f*
2. MATH Kürzen *nt;* ***la ~ de cette fraction est possible*** dieser Bruch kann gekürzt werden

simplifier <1a> [sɛ̃plifje] **I.** *vt* **1.** ■ **qn/qc simplifie qc [à qn]** jd/etw vereinfacht etw; *existence, tâche, travail, vie* jd/etw erleichtert jdm etw, jd/etw macht jdm etw leichter
2. MATH ■ **qn simplifie qc** *fraction* jd kürzt etw
II. *vpr* ■ **qn se simplifie qc** *vie, existence* jd erleichtert sich (*dat*) etw, jd macht sich (*dat*) etw leichter

simplisme [sɛ̃plism] *m* Simplifizierung *f geh,* übermäßige Vereinfachung; ***qn fait preuve de ~*** jd simplifiziert die Dinge *geh;* ***le ~ de leur raisonnement*** ihre simplifizierende Denkweise *geh;* ***il juge les choses avec un tel ~!*** er simplifiziert derart bei seinen Beurteilungen *geh,* er fällt stark vereinfachende Urteile

simpliste [sɛ̃plist] *adj* einseitig; *raisonnement a.* zu einfach; ***qn est ~*** jd sieht die Dinge zu einseitig, jd vereinfacht stark

simulacre [simylakʀ] *m* Täuschungsmanöver *nt;* ***allons, pas de ~!*** nur keine Täuschungsmanöver!; ***qn montre un ~ de qc*** jd täuscht etw vor; ■ **~ de** *de gouvernement, démocratie, procès, jugement* Schein-

simulateur, -trice [simylatœʀ, -tʀis] *m, f* (*trompeur*) Heuchler(in) *m(f);* (*qui simule une maladie*) Simulant(in) *m(f)*
◆ **simulateur de pilotage** [Lehr]simulator *m;* **simulateur d'espace** [Welt]raumsimulator *m;* **simulateur de vol** Flugsimulator *m*

simulation [simylasjɔ̃] *f* **1.** (*reconstitution*) Simulation *f;* ***jeu de ~*** Rollenspiel *nt;* ***qn organise une ~ de qc*** jd inszeniert etw
2. *péj* (*action de simuler un sentiment*) Heuchelei *f;* (*action de simuler une maladie*) Simulieren *nt;* ***c'est le roi de la ~*** er ist Meister im Simulieren; ***elle n'est pas malade, c'est de la ~!*** sie ist nicht krank, sie simuliert nur!

simuler <1> [simyle] *vt* **1.** (*feindre*) ■ **qn simule qc** jd täuscht etw vor; *sentiment a.* jd heuchelt etw; ***qn simule une maladie*** jd täuscht eine Krankheit vor, jd simuliert [eine Krankheit]; ***un appel de détresse simulé*** ein fingierter Notruf
2. (*reconstituer*) ■ **qn simule qc** jd simuliert etw
3. (*créer l'apparence de*) ■ **qn/qc simule qc** jd/etw täuscht etw vor; ***ce tissu simule le velours*** dieser Stoff wirkt wie Samt
4. JUR ■ **qn simule qc** jd fingiert etw, jd täuscht etw vor

simultané, e [simyltane] *adj* gleichzeitig, simultan *geh;* ***traduction ~e*** Simultandolmetschen *nt;* ***ces événements ont été ~s*** diese Ereignisse spielten sich gleichzeitig ab; ***on a assisté à des scènes ~es de violence dans plusieurs banlieues*** wir erlebten mit, wie es in mehreren Vororten zur gleichen Zeit zu Gewaltszenen kam

simultanéité [simyltaneite] *f* Gleichzeitigkeit *f;* ***qn ne sait pas assurer la ~ de ses mouvements*** jd kann seine Bewegungen nicht koordinieren

simultanément [simyltanemɑ̃] *adv* gleichzeitig, zur gleichen Zeit

sincère [sɛ̃sɛʀ] *adj* **1.** (*franc, loyal*) aufrichtig; *aveu a.* offen; *ami, repentir* echt; *explication, réponse* ehrlich; ***je crois son amour ~*** ich glaube, dass seine Liebe aufrichtig ist
2. (*véritable*): **~s *condoléances*** aufrichtiges Beileid, aufrichtige Anteilnahme; ***croyez à mes plus ~s regrets*** ich bedauere zutiefst; ***veuillez agréer mes plus ~s salutations*** mit [den] besten Grüßen
3. (*authentique*) echt; ***qn certifie ~s ses renseignements*** jd bestätigt, dass seine Angaben der Wahrheit entsprechen

sincèrement [sɛ̃sɛʀmɑ̃] *adv* **1.** (*franchement*) *avouer* offen; *regretter* aufrichtig; ***qn est ~ désolé(e) de qc*** etw tut jdm aufrichtig Leid; ***je te le dis ~*** ich sage es dir [ganz] offen; **~, *tu ne veux pas y aller?*** du willst also wirklich nicht hingehen?
2. (*à franchement parler*) ehrlich gesagt

sincérité [sɛ̃seʀite] *f* **1.** (*franchise*) [*aveux, personne, amour, sentiment a.*] Aufrichtigkeit *f;* [*explication, réponse*] Ehrlichkeit *f,* Echtheit *f*
2. (*authenticité*) [*documents*] Echtheit *f;* ***qn atteste de la ~ des renseignements fournis*** jd bestätigt, dass die gemachten Angaben der Wahrheit entsprechen
► **en toute ~** ehrlich gesagt, um ganz ehrlich zu sein

sinécure [sinekyʀ] *f* ruhiger Posten, [einträgliche] Pfründe *f*
► **ce n'est pas une ~, c'est pas une ~** *fam* das ist kein Honiglecken [*o* Honigschlecken] *fam*

sine die [sinedje] *loc* auf später, auf unbestimmte Zeit

sine qua non [sinekwanɔn] *adj v.* **condition**

Singapour [sɛ̃gapuʀ] Singapur *nt*

singe [sɛ̃ʒ] *m* **1.** ZOOL Affe *m;* ***grand ~*** Menschenaffe *m;* ***l'homme descend du ~*** der Mensch stammt vom Affen ab; *v. a.* **guenon**
2. *fam* (*personne laide*) hässlicher Kerl/hässliche Frau; ***c'est un vrai ~*** er/sie ist hässlich wie die Nacht *fam;* ***gueule de ~*** hässliche Fratze
3. *fam* (*personne espiègle*) Kasper *m fam;* (*élève qui fait le clown*) Klassenkasper *m fam,* Klassenclown *m*
4. *arg* (*corned-beef*) Rindfleisch *nt* in Dosen
5. *arg* (*patron*) Alte(r) *m sl*
► **ce n'est pas à un vieux ~ qu'on apprend à faire des grimaces** *prov* einem alten Hasen [wie mir] kann man nichts mehr vormachen; **qn est agile comme un ~** *fam* jd ist geschickt wie ein Äffchen; **qn est malin(maligne) comme un ~** *fam* jd ist ganz schön gerissen *fam;* **qn est poilu(e) comme un ~** *fam* jd ist behaart wie ein Affe; **qn fait le ~** *fam* jd kaspert herum *fam*

singer <2a> [sɛ̃ʒe] *vt* ■ **qn singe qn/qc** *démarche, personne* jd äfft jdn/etw nach; *sentiment, intérêt* jd heuchelt etw

singerie [sɛ̃ʒʀi] *f* **1.** *pl fam* (*grimaces*) Grimassen *pl,* Faxen *pl;* (*pitreries*) Albereien *pl*
2. *pl fam* (*simagrées*) [geziertes] Getue *fam,* Gehabe *nt*
3. (*cage aux singes*) Affenhaus *nt*
► **qn fait des ~s** *fam* (*des grimaces*) jd macht [*o* schneidet] Grimassen [*o* Faxen]; (*des pitreries*) jd albert herum *fam,* jd kaspert herum *fam;* (*des simagrées*) jd ziert sich; ***accepte ce cadeau sans faire de ~s!*** mach nicht so ein Getue und nimm dieses Geschenk an!

single [siŋgœl] *m* (*cabine pour une personne*) Einzelkabine *f;* (*chambre pour une personne*) Einzelzimmer *nt;* ***supplément en ~*** Aufpreis *m* für eine Einzelkabine/ein Einzelzimmer

singulariser <1> [sɛ̃gylaʀize] **I.** *vt* ■ **qc singularise qn** jd fällt durch etw auf
II. *vpr* ■ **qn/qc se singularise [par qc]** jd/etw fällt [durch etw] auf

singularité [sɛ̃gylaʀite] *f* **1.** ∅ (*caractère original*) Originalität *f;* ***je ne pense pas manifester une grande ~ en disant que*** ich bin sicher keine Ausnahme, wenn ich sage, dass; ***la ~ de ses idées choque parfois*** seine/ihre etwas abseitigen Ideen erregen manchmal Anstoß; ***qc présente une ~*** etw weist eine Besonderheit auf
2. *pl* (*excentricité*) Absonderlichkeit *f;* ***les ~s de son comportement*** sein/ihr absonderliches Verhalten

singulier, -ière [sɛ̃gylje, -jɛʀ] **I.** *adj* **1.** (*bizarre*) sonderbar, eigenartig; (*étonnant*) erstaunlich
2. LING: ***nombre ~*** Einzahl *f,* Singular *m*
3. (*seul à seul*): ***combat ~*** Zweikampf *m*
II. *m* Einzahl *f,* Singular *m*

singulièrement [sɛ̃gyljɛʀmɑ̃] *adv* **1.** (*étrangement*) eigenartig, merkwürdig; *se vêtir a.* seltsam
2. (*fortement*) außerordentlich, ungemein
3. (*en particulier*) ■ **et ~** insbesondere, vor allem, namentlich

sinistre [sinistʀ] **I.** *adj* **1.** (*lugubre*) trostlos; ***qn a l'air ~*** jd blickt düster [*o* finster] drein
2. (*inquiétant*) *bruit* unheimlich; *projet* unheilvoll
3. (*terrible*) *événement, nouvelle, spectacle* schrecklich, grauenvoll
4. *antéposé* (*de la pire espèce*) *crapule, gredin* ausgemacht; ***quel ~ imbécile!*** so ein Vollidiot!; ***quel ~ individu!*** so ein gemeiner Kerl!
II. *m* **1.** (*catastrophe*) Katastrophe *f;* ***les pompiers ont vite maîtrisé le ~*** die Feuerwehr hatte den Brand schnell unter Kontrolle
2. (*dommages*) Schaden *m*

sinistré, e [sinistʀe] **I.** *adj bâtiment* zerstört; ***les personnes ~es à la suite des inondations*** die Opfer der Überschwemmungskatastrophe; ***zone/région ~e*** Katastrophengebiet *nt*
II. *m, f* [Katastrophen]opfer *nt;* ***les ~s de la dernière guerre*** die Opfer des letzten Krieges; ***l'inondation a fait de nombreux ~s*** durch die Über-

schwemmung sind viele zu Schaden gekommen
sinistrement [sinistʀəmɑ̃] *adv se manifester* unheilvoll; *retentir* unheimlich
sinistrose [sinistʀoz] *f fam* Pessimismus *m*, Schwarzseherei *f fam*
sinologie [sinɔlɔʒi] *mf* Chinakunde *f*, Sinologie *f*
sinologue [sinɔlɔg] *mf* Sinologe/-login *m/f*
sinon [sinɔ̃] *conj* **1.** (*dans le cas contraire*) sonst, andernfalls
2. (*si ce n'est*): ***que faire ~ attendre?*** was können wir anderes tun als warten?; ***à quoi sert qc ~ à faire qc*** wozu ist etw eigentlich gut, wenn nicht dazu, etw zu tun; ***aucun roman ~ "Madame Bovary"*** kein Roman außer „Madame Bovary"; ■ **~ ... du** [*o* **au**] **moins** (*en tout cas*) wenn nicht ..., so doch [wenigstens] ...; ***elles ont ~ des objectifs, du moins des adversaires communs*** sie haben, wenn nicht gemeinsame Ziele, so doch zumindest gemeinsame Feinde; ■ **~ que** + *indic* außer dass
3. (*voire même*) wenn nicht gar
sinueux, -euse [sinɥø, -øz] *adj* **1.** (*ondoyant*) gewunden; *route a.* kurvenreich
2. (*compliqué*) verschlungen; ***pensée ~euse*** verschlungener Gedankengang; ***qn recourt à des démarches ~euses*** jd geht verschlungene Wege
sinuosités [sinɥozite] *fpl* **1.** (*formes sinueuses*) Windungen *pl*, Biegungen *pl*; ***la piste cyclable suit les ~ de la rivière*** der Radweg folgt den Biegungen [*o* Windungen] des Flusses
2. (*détours*): ***les ~ de la pensée*** die verschlungenen Gedankengänge
sinus¹ [sinys] *m* ANAT [Nasen]nebenhöhle *f*; ***~ frontal/ maxillaire*** Stirnhöhle *f*/Kieferhöhle *f*
sinus² [sinys] *m* GEOM Sinus *m*
sinusite [sinyzit] *f* [Nasen]nebenhöhlenentzündung *f*, Sinusitis *f spec*; ***~ frontale*** Stirnhöhlenentzündung *f*
sinusoïdal, e <-aux> [sinyzɔidal, o] *adj courbe, fonction, mouvement* Sinus-; ***qc a une forme ~e*** etw hat die Form einer Sinuskurve
sionisme [sjɔnism] *m* Zionismus *m*
sioniste [sjɔnist] **I.** *adj* zionistisch
II. *mf* Zionist(in) *m(f)*
sioux [sju] *adj inv fam* gewieft
siphon [sifɔ̃] *m* **1.** (*tube courbé*) Saugheber *m*; [*évier, W.-C.*] Geruchsverschluss *m*, Siphon *m*
2. GEOG Siphon *m*
3. (*bouteille*) Siphon *m*
siphonné, e [sifɔne] *adj fam* ■ **qn est ~** jd spinnt *fam*, jd ist verrückt *fam*
siphonner <1> [sifɔne] *vt* ■ **qn siphonne qc** (*transvase le contenu*) jd saugt etw ab; (*vide le contenant*) jd leert etw; ***on m'a siphonné tout le réservoir*** man hat mir das ganze Benzin aus dem Tank abgesaugt
sire [siʀ] *m* ■ **Sire!** Majestät! *f*; ■ [**le**] **~ de ...** [der] Sire de ...
▸ **triste ~** *péj* übler Kerl
sirène [siʀɛn] *f* **1.** (*signal*) Sirene *f*; ***les ~s sonnent*** die Sirenen heulen; ***~ d'alarme*** Alarmsirene
2. (*femme poisson*) Meerjungfrau *f*, Sirene *f*
3. *hum* (*symbole de séduction*): ***appel des ~s*** Sirenengesang *m*; ***n'écoute pas les ~s!*** lass dich nicht verlocken!; ***qn se laisse séduire par les ~s de la démagogie*** jd fällt auf die Sirenengesänge der Demagogen herein
sirocco [siʀɔko] *m* Schirokko *m*
sirop [siʀo] *m* (*solution sucrée concentrée*) Sirup *m*; (*boisson diluée*) Saft *m* (*mit Wasser verdünnter Sirup*); MED Sirup *m*, Saft *m*; (*solution sucrée*) Zuckerlösung *f*; ***~ contre la toux*** Hustensaft, Hustensirup; ***pêches au ~ léger*** Pfirsiche in gezuckertem Fruchtsaft; ***une bouteille de ~*** eine Flasche Sirup; ■ **~ de qc** *citron, fraise, framboise* -sirup *m*
siroter <1> [siʀɔte] *vt fam* ■ **qn sirote qc** jd trinkt etw [langsam und mit Genuss]; ***prends le temps de ~ ton café!*** trinke deinen Kaffee in aller Ruhe!
sirtaki [siʀtaki] *m* Sirtaki *m*
sirupeux, -euse [siʀypø, -øz] *adj boisson, liquide* sirupartig; *musique* schmalzig, schnulzig *fam*
sis, e [si, siz] *adj form* gelegen
sisal [sizal] *m* (*plante*) Sisalagave *f*; (*fibre*) Sisal *m*; ***tapis en ~*** Sisalteppich *m*
sismique [sismik] *adj* seismisch; ***onde ~*** Erdbebenwelle *f*; ***secousse ~*** Erdstoß *m*
sismographe [sismɔgʀaf] *m* Seismograph *m*; ***qn a une sensibilité de ~ à qc*** jd reagiert äußerst empfindlich auf etw (*akk*)
sismologie [sismɔlɔʒi] *f* Seismologie *f*
sismologue [sismɔlɔg] *m, f* Seismologe/-login *m/f*
site [sit] *m* **1.** (*paysage*) Landschaft *f*; (*région*) Gegend *f*; ***~ classé*** Landschaftsschutzgebiet *f*; ***~ historique*** historische Stätte; ***~ naturel*** Naturschönheit *f*; ***~ olympique*** olympischer Austragungsort; ***~ sauvage*** Stück *nt* unberührte Natur; ***~ touristique*** Sehenswürdigkeit *f*; ***une maison de campagne dans un ~ enchanteur*** ein Landhaus *nt* in einer zauberhaften Gegend
2. (*emplacement*) [*ville*] Lage *f*
3. (*lieu d'activité*) Standort *m*; ***~ archéologique*** Ausgrabungsstätte *f*; ***~ industriel*** industrieller Standort, Industriegebiet *f*; ***~ universitaire*** Universitätsareal *nt*; ***qn cherche un ~ approprié*** jd sucht ein geeignetes Areal
4. INFORM Site [sait] *f*
▸ **~ propre** Busspur *f*
◆ **site Web** Web-Site [wɛpsait] *f*
sit-in [sitin] *m inv* Sit-in *nt*
sitôt [sito] **I.** *adv* (*aussitôt*) sobald; ***~ entré, il enleva ses chaussures*** sobald er eingetreten war [*o* kaum war er eingetreten], zog er seine Schuhe aus
▸ **~ dit, ~ fait** gesagt, getan; **~ après** gleich [*o* unmittelbar] danach; ***~ après la guerre*** gleich [*o* unmittelbar] nach dem Krieg; ***~ après l'avoir quittée*** gleich nachdem er/sie von ihr fortgegangen war; **pas de ~** so bald nicht; ***nous ne nous reverrons pas de ~*** wir werden uns nicht so bald [*o* so bald nicht] wieder sehen; ***mes vacances, ça risque de ne pas se réaliser de ~*** aus meinem Urlaub wird so bald nichts werden
II. *conj soutenu* ■ **~** [**après**] **que** + *indic* sobald; ***~ que je serai guéri*** sobald ich [wieder] gesund bin
III. *prép littér* (*dès*) sobald; ***~ le seuil franchi, on s'apercevait que*** bereits an der Türschwelle [*o* als wir über die Schwelle getreten waren,] stellten wir fest, dass; ***~ le début des vacances, ...*** gleich zu Beginn der Ferien ..., sobald die Ferien begonnen hatten, ...
situation [sitɥasjɔ̃] *f* **1.** (*état*) [*personne*] Lage *f*; [*route, nappe phréatique*] Zustand *m*; ***une ~ délicate*** eine schwierige Lage [*o* Situation]; ***qn a agi en ~ de légitime défense*** jd hat aus [*o* in] Notwehr gehandelt; ***la ~ sociale de qn*** jds soziale Verhältnisse; ***des ~s sociales*** (*des cas sociaux*) Sozialfälle *pl*; ***dans ma ~*** in meiner Lage [*o* Situation]
2. (*état conjoncturel*) [*personne*] [wirtschaftliche] Lage; (*place, rang*) [*pays*] [wirtschaftliche] Stellung; ECON, FIN Lage *f*, Situation *f*; ***la ~ de l'emploi en France*** die Lage auf dem französischen Arbeitsmarkt; ***la ~ de son compte*** sein/ihr Kontostand *m*; ***~ de la trésorerie d'une entreprise*** Finanzlage eines Unternehmens
3. (*emploi*) [An]stellung *f*
4. (*emplacement*) Lage *f*
5. LITTER Situation *f*; ***le premier chapitre présente la ~*** im ersten Kapitel wird die Ausgangssituation geschildert
▸ **qn est en ~ de faire qc** jd ist in der Lage etw zu tun; **qn se fait une ~** jd arbeitet sich hoch; **qn remet** [*o* **replace**] **qc en ~** jd sieht etw im [richtigen] Zusammenhang; **qn renverse la ~** jd wirft [*o* reißt] das Steuer herum
◆ **situation de famille** Familienstand *m*; **situation de fortune** Vermögensverhältnisse *pl*
situé, e [sitɥe] *adj* gelegen; ■ **qc est ~ quelque part** / *région* / etw liegt irgendwo; / *quartier a.* / etw ist irgendwo gelegen; / *baraque, maison* / etw steht irgendwo; ***bureaux à louer, ~s en plein centre ville*** Büroräume zu vermieten, direkt im Stadtzentrum [gelegen]
▸ **bien/mal ~** günstig/ungünstig gelegen
situer <1> [sitɥe] **I.** *vt* **1.** (*localiser dans l'espace*) ■ **qn situe qc quelque part**: ***je ne situe pas très bien ce lieu*** ich weiß [im Moment] nicht genau, wo dieser Ort liegt; ***qn situe son film/ l'action de son roman à Paris*** jd lässt seinen Film/seinen Roman in Paris spielen; ***pouvez-vous ~ l'endroit précis où ...?*** wissen Sie, wo genau ...?, können Sie angeben, wo genau ...?
2. (*localiser dans le temps*) ■ **qn situe qc ...** jd siedelt etw um ... an, jd datiert etw auf ... (*akk*); ***on situe sa naissance en 570 avant Jésus-Christ*** man nimmt an, dass er/sie 570 v. Chr. geboren wurde; man siedelt seine/ihre Geburt um 570 v. Chr. an; ***je ne parvins plus à ~ la première fois où je l'ai vu*** ich wusste nicht mehr genau, wann ich ihn zum ersten Mal gesehen hatte
3. *fam* (*définir*) ■ **qn situe qn** jd ordnet jdn ein
II. *vpr* **1.** (*se localiser dans l'espace*) ■ **qc se situe quelque part** etw liegt irgendwo; ***l'action de ce roman se situe à Paris*** dieser Roman spielt in Paris
2. (*se localiser dans le temps*) ■ **qc se situe ...** etw findet/fand ... statt; ***cet événement se situe avant la dernière guerre*** dieses Ereignis fällt/fiel in die Zeit vor dem letzten Krieg
3. (*se localiser à un certain niveau*) ■ **qc se situe ...** etw liegt ...; ***qc se situe entre 25 et 35%*** etw liegt zwischen 25 und 35%; ***qc se situe autour de 4%*** etw liegt bei 4%; ***qc se situe à un niveau inférieur/ supérieur*** etw ist niedriger/höher; ■ **qn se situe ...** jd liegt ...; ***l'équipe italienne se situe devant/ derrière l'équipe danoise*** die italienische Mannschaft liegt vor/hinter der dänischen; ***sur le plan financier les Français se situent devant les Polonais*** in finanzieller Hinsicht sind die Franzosen besser gestellt als die Polen
4. (*se définir*) ■ **qn se situe** [**quelque part**] jd ordnet sich [irgendwo] ein; ***qn a du mal à se ~ par rapport à qc*** jd weiß nicht genau, wie er sich einer S. (*dat*) gegenüber verhalten soll [*o* wie er sich zu etw stellen soll]
six [sis] **I.** *num* **1.** (*cardinal*) sechs; ***à ~ côtés*** sechseckig, mit sechs Seiten; ***ils ont gagné ~ à un*** sie haben sechs zu eins gewonnen; ***ça coûte ~ francs*** das kostet sechs Franc; ***le train part dans ~ minutes*** der Zug fährt in sechs Minuten ab; ***dans ~ jours*** in sechs Tagen; ***trois et trois font ~*** drei und drei sind [*o* macht] [*o* gibt] sechs
2. (*ordinal*): ***chapitre/ page ~*** Kapitel *nt*/Seite *f* sechs; ***le numéro ~*** die Nummer sechs; ***à ~ heures*** um sechs Uhr; ***je viens le ~ mai*** ich komme am sechsten Mai; ***nous sommes le ~ septembre*** heute ist der sechste September, wir haben den sechsten September; ***Charles ~*** Karl der Sechste, Karl VI.
II. *m inv* **1.** (*chiffre*) Sechs *f*
2. (*numéro*) Nummer *f* sechs, Sechs *f*; ***j'habite*** [***au***] ***6 de la rue de Rivoli*** ich wohne [in der] Rue de Rivoli [Nummer] 6; ■ **le ~** die Nummer sechs; TRANSP die Nummer sechs, die Linie sechs, die Sechs *fam*; (*bus a.*) der Sechser SDEUTSCH *fam*; ***quel cheval as-tu joué? – Le ~*** auf welches Pferd hast du gesetzt? – Auf die Nummer sechs [*o* die Sechs *fam*]
3. CARTES, JEUX Sechs *f*; (*face de dé*) Sechs *f*; ***je joue le ~ de carreau*** ich spiele die Karosechs; ***qn mise le ~*** jd setzt auf die Sechs
4. (*date*): ***nous sommes aujourd'hui le ~*** heute ist der Sechste, wir haben heute den Sechsten
5. SCOL (*note*) sechs Punkte [aus zwanzig] (*mangelhafte Note, die einer Fünf entspricht*); ***elle a eu*** [***un***] ***~ à l'interro de maths*** sie hat sechs Punkte in der Mathearbeit geschrieben
▸ **~ arabe/romain** arabische/römische Sechs
III. *f* ■ **la ~** die Sechs; (*table a.*) der Tisch sechs; (*chambre a.*) das Zimmer sechs; (*chaîne de télé*) das sechste Programm
IV. *pron* sechs; ***seuls ~ sont venus*** nur sechs sind gekommen; ***ils étaient***

dix contre ~ sie waren zehn gegen sechs; *un jour sur* ~ alle sechs Tage
▶ **à** ~ zu sechst; **à nous** ~ wir sechs [Leute]; ~ **par** ~ *choses* je[weils] sechs; *personnes a.* [jeweils] zu sechst, in Sechsergruppen

six-huit [sisɥit] *m inv* Sechsachteltakt *m*

sixième [sizjɛm] I. *adj antéposé* sechste(r, s); *il s'est classé* ~ er hat den sechsten Platz belegt [*o* erreicht], er ist Sechster geworden; *au* ~ *siècle* im sechsten Jahrhundert
II. *mf* ■ **le/la** ~ der/die/das Sechste; *elle est la* ~ *de la classe* sie ist die Sechstbeste der Klasse
III. *m* 1. (*fraction*) Sechstel *nt; les cinq* ~*s de qc* fünf Sechstel einer S. (*gen*) [*o* von etw]
2. (*étage*) sechster Stock, sechste Etage
3. (*arrondissement*) sechstes Arrondissement
IV. *f* SCOL ≈ sechste Klasse (*erste Klasse des Collège in Frankreich*); *élève/professeur de* ~ ≈ Sechstklässler(in) *m(f)*/Lehrer(in) *m(f)* einer sechsten Klasse

sixièmement [sizjɛmmɑ̃] *adv* sechstens

six-quatre-deux [siskatdø] *f fam* ▶ **qn fait** qc à la ~-~-~ jd macht etw auf die Schnelle [*o* husch husch *fam*]; **qc va à la** ~-~-~ etw geht hoppla hopp *fam*

sixte [sikst] *f* 1. MUS Sext[e] *f*
2. CARTES Sechsersequenz *f*, Sechserflöte *f*

skaï® [skaj] *m* Skai® *nt*, Kunstleder *nt*

skate[-board] [skɛt(bɔʀd)] <~-~s> *m* Skateboard ['skeɪtbɔːt)] *nt; qn fait du* ~ jd fährt Skateboard

skating [skɛtiŋ] *m* 1. (*patinage à roulettes*) Rollschuhlauf *m*
2. (*technique de ski*) Schlittschuhschritt *m*

sketch <[e]s> [skɛtʃ] *m* Sketch *m*

ski [ski] *m* 1. (*objet*) Ski [ʃiː] *m*, Schi *m*
2. (*sport*) Skilauf[en *nt*] *m*, Skifahren *nt;* ~ *alpin* alpiner Skilauf; ~ *artistique/acrobatique* Buckelpistenfahren *nt*/Skiakrobatik *f;* ~ *nautique* Wasserski[laufen] *nt;* ~ *nordique* nordische Kombination
▶ ~ **hors piste** Tourenskilauf[en *nt*] *m*, Tourenskifahren *nt;* **qn fait du** ~ jd fährt [*o* läuft] Ski [*o* Schi]; *qn fait du* ~ *nordique/acrobatique* jd macht nordische Kombination/Buckelpistenfahren; **qn va au** ~ *fam* jd geht Ski fahren [*o* Ski laufen]; **à** ~*s* auf Skiern; *des randonnées* [*o promenades*] *à* ~*s* Skiwanderungen; **de** ~ *combinaison, épreuve, vacances* Ski-; *des chaussures de* ~ Skistiefel *pl*, Skischuhe *pl; une station de* ~ ein Wintersportort *m*
◆ **ski de fond** [Ski]langlauf *m;* **ski de piste** Abfahrt[slauf *m*] *f;* **ski de randonnée** Skiwandern *nt*

skiable [skjabl] *adj domaine, saison, piste* Ski- ['ʃiː-]; *neige* zum Skifahren [*o* Skilaufen] geeignet, geführig

ski-bob <~-~s> [skibɔb] *m* Skibob ['ʃiː-] *m; qn fait du* ~ ~ jd fährt Skibob

skier <1 a> [skje] *vi* ■ **qn skie** jd fährt [*o* läuft] Ski [ʃiː]

skieur, -euse [skjœʀ, -jøz] *m, f* Skifahrer(in) *m(f)* [ʃiː-], Skiläufer(in) *m(f); ils sont bons* ~*s* sie sind gute Skifahrer [*o* Skiläufer], sie fahren [*o* laufen] gut Ski; ~ *nautique/de fond/hors piste* Wasserskifahrer/[Ski]langläufer/Tourenskifahrer

skif[f] [skif] *m* Skiff *nt;* SPORT *a.* Einer *m*

skin[head] [skin(ɛd)] *m* Skin[head *m*] *m*

skipper [skipœʀ] *m* Skipper *m*

slalom [slalɔm] *m* 1. SPORT Slalom[lauf *m*] *m; le* ~ *spécial/[super-]géant* der Spezial-/Riesenslalom
2. (*parcours sinueux*) Slalom[kurs *m*] *m*
▶ **qn fait du** ~ (*en marchant*) jd geht im Slalom; (*en courant*) jd rennt im Slalom; (*en conduisant*) jd fährt Slalom; **en** ~ im Slalom

slalomer <1> [slalɔme] *vi* 1. SPORT ■ **qn slalome** jd fährt Slalom
2. (*zigzaguer*) ■ **qn slalome** (*en marchant*) jd geht im Slalom; (*en courant*) jd rennt im Slalom; (*en conduisant*) jd fährt Slalom; ■ **qc slalome** etw fährt Slalom

slalomeur, -euse [slalɔmœʀ, -øz] *m, f* Slalomfahrer(in) *m(f)*, Slalomspezialist(in) *m(f)*

slave [slav] I. *adj* slawisch
II. *mf* ■ **Slave** Slawe/Slawin *m/f*

slice [slajs] *m* Slice *m*

slicer <2> [slajse] *vt* ■ **qn slice qc** jd spielt etw als Slice

slip [slip] *m* 1. (*sous-vêtement*) Slip *m*
2. (*caleçon de bain*) Badehose *f*
▶ **qn se retrouve en** ~ *fam* jd verliert sein letztes Hemd

slogan [slɔgɑ̃] *m* Slogan *m; politique a.* Schlagwort *nt*, Parole *f;* ~ *publicitaire* Werbeslogan, Werbespruch *m*

slovaque [slɔvak] I. *adj* slowakisch
II. *m* LING Slowakisch *nt*
III. *mf* ■ **Slovaque** Slowake/Slowakin *m/f*

Slovaquie [slɔvaki] *f* ■ **la Slovaquie** die Slowakei

slovène [slɔvɛn] I. *adj* slowenisch
II. *m* LING Slowenisch *nt*
III. *mf* ■ **Slovène** Slowene/Slowenin *m/f*

Slovénie [slɔveni] *f* ■ **la Slovénie** Slowenien *nt*

slow [slo] *m* Slowfox ['sloʊfɔks] *m*

smala [smala] *f hum fam* Sippe *f*, Sippschaft *f*, Anhang *m fam; avec toute sa* ~ mit Kind und Kegel *fam*

smash [sma(t)ʃ] *m* Smash [smæʃ] *m*, Schmetterball *m*

smasher <1> [sma(t)ʃe] I. *vi* ■ **qn smashe** jd schmettert
II. *vt* ■ **qn smashe qc** jd schmettert etw

S.M.E. [ɛsɛmø] *m abr de* **système monétaire européen** EWS *nt*

S.M.I.C. [smik] *m abr de* **salaire minimum interprofessionnel de croissance** tariflich festgelegter Mindestlohn
▶ **le** ~ **jeunes** tariflich festgelegter Mindestlohn für Jugendliche; **au** ~ zum tariflich festgelegten Mindestlohn

smicard, e [smikaʀ, aʀd] *m, f fam* Mindestlohnempfänger(in) *m(f)*

smog [smɔg] *m* Smog *m*

smoking [smɔkiŋ] *m* Smoking *m*

smurf [smœʀf] *m* Breakdance ['breɪkdæns] *m*

snack [snak] *m*, **snack-bar** <~-~s> [snakbaʀ] *m* Schnellimbiss *m*, Snackbar ['snɛk-] *f*

snif[f] [snif] *interj* (*reniflement*) schnief; (*de respiration a.*) schnüffel; (*de pleurnichement a.*) schluchz

snif[f]er <1> [snife] *vt arg* ■ **qn sniffe qc** *colle, dissolution* jd schnüffelt etw *sl; cocaïne* jd schnupft etw *sl*

snob [snɔb] I. *adj* snobistisch, versnobt
II. *mf* Snob *m*

snober <1> [snɔbe] *vt* ■ **qn snobe qn** jd behandelt jdn von oben herab; ■ **qn snobe qc** jd ist sich (*dat*) zu gut für etw; *repas* jd verschmäht etw

snobinard, e [snɔbinaʀ, aʀd] I. *adj fam* [leicht] versnobt [*o* hochnäsig]
II. *m, f fam* kleiner Snob; (*homme a.*) Fatzke *m fam;* (*femme a.*) eingebildete Gans *fam*

snobisme [snɔbism] *m* Snobismus *m*

sobre [sɔbʀ] *adj* 1. (*modéré*) genügsam; *personne a., vie* maßvoll, solide
2. (*mesuré*) einfach; *paroles a., discours* nüchtern; *gestes* sparsam, zurückhaltend; ■ **qn est** ~ **dans qc**: *elle est* ~ *dans son discours/ses explications* sie beschränkt sich in ihrer Rede/bei ihren Erklärungen aufs Wesentliche; *il est* ~ *dans ses gestes* er ist mit seinen Gesten zurückhaltend
3. (*simple*) schlicht; *art, style a.* nüchtern; *coupe, look a.* dezent

sobrement [sɔbʀəmɑ̃] *adv* 1. (*avec modération*) maßvoll; *boire, manger a.* mäßig; *vivre a.* enthaltsam
2. (*avec simplicité*) *s'habiller* schlicht; *s'exprimer* einfach; *dites* ~ *ce que vous avez à dire!* sagen Sie schlicht und einfach, was Sie wollen

sobriété [sɔbʀijete] *f* 1. (*tempérance*) [*animal*] Genügsamkeit *f;* [*personne a.*] Mäßigung *f*, Zurückhaltung *f; la* ~ *de sa vie* ihr/sein maßvoller Lebenswandel
2. (*modération*) [*déclarations*] Zurückhaltung *f;* [*gestes a.*] Sparsamkeit *f;* ■ ~ **en qc** [*o* **dans qc**] Zurückhaltung bei etw; *dans ses explications* Beschränkung *f* aufs Wesentliche bei etw
3. (*discrétion*) Schlichtheit *f*

sobriquet [sɔbʀikɛ] *m* Spitzname *m*

soc [sɔk] *m* Pflugschar *f*

sociabilité [sɔsjabilite] *f* 1. (*amabilité*) Geselligkeit *f*
2. SOCIOL soziales Verhalten, Soziabilität *f spec*

sociable [sɔsjabl] *adj* 1. (*aimable*) gesellig, umgänglich
2. SOCIOL sozial, soziabel *spec; animal a.* staatenbildend; *l'homme est de nature* ~ der Mensch ist von Natur aus ein soziales [Lebe]wesen

social, e <-aux> [sɔsjal, jo] I. *adj* 1. (*relatif à la société*) sozial; *conflit, inégalités a., vie, convention* gesellschaftlich; *classe a.* Gesellschafts-; *partenaires* Sozial-; *qn mène une action* ~*e contre qc* jd engagiert sich sozial gegen etw
2. ADMIN *aide, assurance, charges, fond, logement, prestations, travailleur* Sozial-; *avantage* sozial; *assistant(e)* ~*(e)* Sozialarbeiter(in) *m(f); les services* ~*aux* das Sozialamt
3. (*qui vit en société*) sozial; *homme a.* in einer Gemeinschaft lebend; *animal a.* staatenbildend; *être* ~ Gemeinschaftswesen *nt*
4. (*de progrès social*) sozial; *loi, politique a.* Sozial-; *v. a.* **capital**, **raison**, **siège**
II. *m* 1. (*questions sociales*) Soziale(s) *nt*, sozialer Bereich
2. (*politique*) Sozialpolitik *f*

social-démocrate, ~e-~ <~aux-~s> [sɔsjaldemɔkʀat, sɔsjo-] I. *adj* sozialdemokratisch
II. *m, f* Sozialdemokrat(in) *m(f)*

social-démocratie <~-~s> [sɔsjaldemɔkʀasi] *f* Sozialdemokratie *f*

socialement [sɔsjalmɑ̃] *adv* sozial

socialisant, e [sɔsjalizɑ̃, ɑ̃t] *adj* POL *personne* der sozialistischen Partei nahe stehend; *idéologie, programme, politique* dem Sozialismus nahe stehend; *je le crois plutôt* ~ ich glaube, dass er eher mit den Sozialisten sympathisiert

socialisation [sɔsjalizasjɔ̃] *f* 1. POL Sozialisierung *f*, Vergesellschaftung *f*
2. PSYCH Sozialisation *f*

socialiser <1> [sɔsjalize] *vt* 1. POL ■ **qn socialise qc** jd sozialisiert [*o* vergesellschaftet] etw
2. PSYCH ■ **qn socialise qn** jd sozialisiert jdn

socialisme [sɔsjalism] *m* Sozialismus *m;* ~ *d'État* Staatssozialismus; ~ *réel* HIST real existierender Sozialismus

socialiste [sɔsjalist] I. *adj* sozialistisch
II. *mf* Sozialist(in) *m(f)*

socialo [sɔsjalo] *mf fam abr de* **socialiste** Sozi *mf fam*

socialo-communiste <~-~s> [sɔsjalokɔmynist] *adj* sozialistisch-kommunistisch, der Sozialisten und der Kommunisten; *alliance, coalition a.* zwischen Sozialisten und Kommunisten

sociétaire [sɔsjetɛʀ] *mf* (*membre d'une société*) Gesellschafter(in) *m(f)*, Teilhaber(in) *m(f);* (*membre d'une mutuelle, de la Comédie-Française, Société des Gens de Lettres*) Mitglied *nt;* (*membre d'une coopérative*) [Genossenschafts]mitglied *nt*

société [sɔsjete] *f* 1. (*communauté*) Gesellschaft *f; problème de* ~ gesellschaftliches Problem; ~ *sans classes* klassenlose Gesellschaft; *intérêt de la* ~ gesamtgesellschaftliches Interesse
2. COM, FIN Gesellschaft *f*, Unternehmen *nt;* ~ *industrielle* Industrieunternehmen; ~ *commerciale/financière/immobilière* Handels-/Finanzierungs-/Immobilienunternehmen; ■ ~ **de** *d'assurances* -gesellschaft; *de crédit* -institut *nt*, -anstalt *f;* ~ *d'exploitation* Betriebsgesellschaft; ~ *d'édition*

Verlagsgesellschaft; ~ ***de services et de conseils en informatique*** Softwarehaus ['zɔftvɛːɐ-, 'sɔftwæːə-] *nt*
3. (*club*) *littéraire, savante* Gesellschaft *f;* ~ ***protectrice des animaux*** Tierschutzverein *m;* ~ ***secrète*** Untergrundorganisation *f,* Geheimbund *m;* ~ ***sportive*** Sportverein *m;* ■ ~ **de** *de bienfaisance, d'horticulture, de pêche* -verein *m;* ~ ***de secours mutuel*** Gesellschaft für gegenseitige Wirtschaftshilfe; ~ ***de tir*** Schützenverein *m*
4. (*ensemble de personnes*) Gruppe *f;* ***qn vient saluer la*** ~ jd begrüßt die Runde [*o* Gesellschaft]
5. *soutenu* (*fréquentation*) Gesellschaft *f;* ■ **la** ~ **de qn** jds Gesellschaft
▶ ~ **anonyme** Aktiengesellschaft *f;* **la bonne** ~ die feine [*o* gute] Gesellschaft; ***les gens de la bonne*** ~ die feinen Leute; ~ **civile** Gesellschaft *f* des bürgerlichen Rechts, BGB-Gesellschaft *f;* ~ **coopérative** Genossenschaft *f;* ~ **fiduciaire** Treuhandgesellschaft *f;* **la haute** ~ die Highsociety, die oberen Zehntausend; ~ **mixte** Jointventure *nt;* **en** ~ in Gesellschaft; ***les fourmis vivent en*** ~ Ameisen leben in Staaten
◆ **société à responsabilité limitée** Gesellschaft *f* mit beschränkter Haftung; **société d'abondance** Überflussgesellschaft *f;* **société de bourse** [amtliche] Börsengesellschaft; **société d'économie mixte** gemischtwirtschaftliche Gesellschaft; **société de consommation** Konsumgesellschaft *f;* **société de personnes** Personengesellschaft *f;* **Société des Nations** Völkerbund *m;* **société de vente par correspondance** Versandhaus *nt;* **société d'investissement** Investmentgesellschaft *f;* **société d'investissement à capital variable** Investmentgesellschaft *f* mit variablem Grundkapital; **société en commandite** Kommanditgesellschaft *f;* **société en nom collectif** offene Handelsgesellschaft; **société par actions** Aktiengesellschaft *f;* **société mère** Muttergesellschaft *f*

socioculturel, le [sɔsjokyltyʀɛl] *adj* soziokulturell **socio-économique** <~-~s> [sɔsjoekɔnɔmik] *adj* sozioökonomisch **socio-éducatif, -ive** <~-~s> [sɔsjoedykatif, iv] *adj* sozialpädagogisch; ***foyer*** ~-~ Schülertreff *m* **sociolinguistique** [sɔsjolɛ̃gɥistik] **I.** *f* Soziolinguistik *f* **II.** *adj* soziolinguistisch

sociologie [sɔsjɔlɔʒi] *f* Soziologie *f*

sociologique [sɔsjɔlɔʒik] *adj* soziologisch

sociologiquement [sɔsjɔlɔʒikmɑ̃] *adv* soziologisch

sociologue [sɔsjɔlɔg] *mf* Soziologe/-login *m/f*

sociométrie [sɔsjɔmetʀi] *f* Soziometrie *f* **sociopolitique** [sɔsjopɔlitik] *adj* sozialpolitisch **socio-professionnel, le** <~-~s> [sɔsjopʀɔfesjɔnɛl] **I.** *adj* sozioprofessionell *spec,* berufsbezogen gesellschaftlich; *enquête* auf den Beruf und das soziale Umfeld bezogen, das berufliche und soziale Umfeld betreffend; *activité* beruflich und gesellschaftlich; ***catégorie*** ~-~***le*** Stellung *f* im Erwerbsleben; ***origine*** ~-~***le*** soziale Herkunft und Berufsausbildung; ***des représentants*** ~-~***s*** Vertreter *pl* beruflicher und sozialer Gruppen **II.** *m, f* (*responsable*) Vertreter(in) *m(f)* beruflicher und sozialer Gruppen

socle [sɔkl] *m* **1.** [*lampe, vase*] Fuß *m;* [*statue*] Sockel *m;* [*colonne*] Basis *f*
2. GEOG Sockel *m;* ~ ***continental*** Festlandsockel, Kontinentalsockel

socquette [sɔkɛt] *f* Socke *f;* (*pour femmes, enfants a.*) Söckchen *nt*

soda [sɔda] *m* (*boisson aromatisée*) [Brause]limonade *f,* Brause *f,* Kracherl *nt* AUS *fam;* (*eau gazeuse*) Soda[wasser *nt*] *nt;* ~ ***à l'orange/au citron*** Orangen-/Zitronenlimonade; ***whisky*** ~ Whisky *m* [mit] Soda

sodé, e [sɔde] *adj* Natrium-; ***chaux*** ~***e*** Natriumhydroxid *nt,* kaustische Soda

sodium [sɔdjɔm] *m* CHIM Natrium *nt*

sodomie [sɔdɔmi] *f* Analverkehr *m*

sodomiser <1> [sɔdɔmize] *vt* ■ **qn sodomise qn** jd penetriert jdn anal, jd bumst jdn von hinten *fam;* ■ **qn se fait** ~ [**par qn**] jd lässt sich [von jdm] anal penetrieren [*o* von hinten bumsen *fam*]

sœur [sœʀ] **I.** *f* **1.** (*fille de mêmes parents*) Schwester *f;* ~ ***utérine*** Halbschwester *f* [mütterlicherseits]
2. (*chose/personne apparentée*) Schwester *f*
3. (*objet semblable*) Gegenstück *nt,* Pendant *nt*
4. REL [Ordens]schwester *f,* Nonne *f;* ***elle a été élevée chez les*** ~***s*** sie hat eine Klosterschule besucht; ***qn se fait*** ~ jd wird Nonne, jd geht ins Kloster
▶ **bonne** ~ *hum* Nonne *f,* Schwester *f;* ***qn se fait bonne*** ~ jd geht ins Kloster; **ma** ~ REL Schwester; **et ta** ~[**, elle bat le beurre**]? *fam* halt du dich doch [*o* bloß] da raus!, was geht dich das an?
II. *adj* **1.** (*semblable*) *civilisation, peuplade* verwandt
2. (*apparentés*) ■ **deux choses sont** ~**s** zwei Dinge sind miteinander verwandt [*o* sich (*dat*) ähnlich]
◆ **sœur de lait** Milchschwester *f;* **sœur d'infortune** *soutenu* Leidensgefährtin *f*

sœurette [sœʀɛt] *f* Schwesterchen *nt,* Schwesterlein *nt,* Schwesterherz *nt*

sofa [sɔfa] *m* Sofa *nt*

Sofia [sɔfja] Sofia *nt*

SOFRES [sɔfʀɛs] *f abr de* **Société française d'enquêtes par sondages** *kommerzielles französisches Meinungsforschungsinstitut*

software [sɔftwɛʀ, sɔftwaʀ] *m* Software ['zɔftvɛːɐ, 'sɔftwæːə] *f*

soi [swa] **I.** *pron pers* **1.** (*sujet indéterminé*) sich (*dat o akk*); ***chez*** ~ [bei sich (*dat*)] zu Hause; ***malgré*** ~ (*à contrecœur*) gegen seinen Willen; (*par hasard*) unabsichtlich
2. *vieilli littér* (*sujet déterminé*) sich [selbst] (*dat o akk*); ***il n'aime que*** ~ er liebt nur sich [selbst]; ***elle allait droit devant*** ~ sie ging unbeirrt ihres Weges; ***elle a toujours su rester*** ~[***-même***] sie ist immer sie selbst geblieben
3. (*la personne en question*) ■ ~**-même** selbst, selber *fam;* ***M. X? – S~-même!*** *hum* Herr X? – Höchstpersönlich!; ***le respect de*** ~***-même*** die Selbstachtung
▶ **qn a qc sur** ~ jd hat etw bei sich; **en** ~ an sich; ***un genre en*** ~ eine Gattung für sich
II. *m* Selbst *nt;* ***la conscience du*** ~ das Ich-Bewusstsein

soi-disant [swadizɑ̃] **I.** *adj inv antéposé* angeblich
II. *adv* angeblich; ■ ~-~ **que** + *indic o cond fam* angeblich

soie [swa] *f* **1.** (*tissu*) Seide *f;* ***un foulard de*** ~ ein Seidenschal *m;* ***la peinture sur*** ~ die Seidenmalerei
2. (*substance*) Seide *f;* ~ ***grège/sauvage/végétale*** Roh-/Wildseide/vegetabile Seide
3. (*poils*) Borste *f;* ***pinceau en*** ~***s de sanglier*** Pinsel *m* aus Wildschweinborsten
▶ **élevé(e) dans la** ~ der/die/das immer auf Rosen gebettet war; **qn pète dans la** ~ *pop* jd hat Geld wie Heu *fam*

soierie [swaʀi] *f* **1.** (*tissu*) Seide[nstoff *m*] *f*
2. (*industrie*) Seidenindustrie *f;* (*usine*) Seidenfabrik *f;* ***commerce de la*** ~ Seidenhandel *m*

soif [swaf] *f* **1.** (*besoin de boire*) Durst *m*
2. (*désir*) ■ ~ **de** -drang *m; d'indépendance a.* Drang nach; ~ ***de richesse*** Gier *f* nach Reichtum, Habgier; ■ ~ **de faire qc** Drang etw zu tun; ~ ***de connaître*** Wissensdurst *m,* Wissensdrang; ~ ***de vengeance*** Rachsucht *f,* Rachgier; ~ ***de vivre*** Lebenshunger *m*
▶ **qn/un animal a** ~ jd/ein Tier hat Durst [*o* ist durstig]; **qc a** ~ etw ist ausgedörrt [*o* ausgetrocknet]; **qn a** ~ **de qc** *de connaissances, vengeance* jd dürstet [*o* es dürstet jdn] nach etw *geh; d'indépendance* jd verlangt [*o* sehnt sich] nach etw; **qn a** ~ **de faire qc** jd sehnt sich danach, etw zu tun; **qn boit à sa** ~ jd trinkt genügend [*o* bis er genug hat]; **qc donne** ~ [**à qn**] etw macht [jdn] durstig; ***le vélo, ça donne*** ~ Radfahren macht durstig; **qn donne** ~ **à qn**: ***tu me donnes*** ~ ***avec ta bière*** mit deinem Bier machst du mich durstig; **qn étanche sa** ~ jd löscht seinen Durst; **qc étanche la** ~ etw löscht den Durst; **il fait** ~ *fam* es herrscht ziemlich trockene Luft [hier]; **qc laisse qn sur sa** ~ etw erfüllt jds Erwartungen nicht, etw befriedigt jdn nicht ganz; **qn laisse qn sur sa** ~ jd hält jdn hin, jd lässt jdn zappeln *fam;* **qn meurt de** ~ jd stirbt fast vor Durst, jd kommt vor Durst fast um; **qn reste sur sa** ~ (*a encore* ~) jd hat noch Durst; (*reste insatisfait*) jd ist [noch] nicht befriedigt; **jusqu'à plus** ~ *fam* bis zum Überlaufen *fam;* ***qn boit jusqu'à plus*** ~ jd lässt sich voll laufen *fam*

soiffard, e [swafaʀ, aʀd] *m, f fam* Säufer(in) *m(f),* Schluckspecht *m fam;* ***quel*** ~! alter Säufer [*o* Schluckspecht *fam*]

soignant, e [swaɲɑ̃, ɑ̃t] **I.** *adj* Pflege-
II. *m, f* Angehörige(r) *f(m)* des Pflegepersonals

soigner <1> [swaɲe] **I.** *vt* **1.** (*procurer des soins à*) ■ **qn soigne qn/qc** [**avec qc**] */médecin/* jd behandelt jdn/etw [mit etw]; */infirmier/* jd pflegt jdn; ***qn soigne son rhume à la maison*** jd kuriert seinen Schnupfen zu Hause aus; ***qn soigne son foie*** jd tut etwas Gutes für seine Leber; ■ **qn se fait** ~ jd lässt sich behandeln; (*à l'infirmerie*) jd lässt sich verarzten *fam*
2. (*avoir soin de*) ■ **qn soigne qn** jd kümmert sich um jdn, jd umsorgt jdn; ***il sait*** ~ ***ses invités*** er verwöhnt seine Gäste; ■ **qn soigne un animal** jd versorgt ein Tier; ■ **qn soigne qc** *mains, ongles, chevelure, plante* jd pflegt etw; *présentation, style, tenue* jd achtet auf etw (*akk*); *devoir, travail, repas* jd gibt sich (*dat*) mit etw Mühe; ***qn soigne sa présentation*** [*o* ***tenue***] jd achtet auf eine gepflegte Erscheinung [*o* ein gepflegtes Äußeres]; ■ [**qn/qc est**] **soigné(e)** [jd/etw ist] gepflegt; */exposition, réalisation, travail/* [etw ist] sorgfältig [gemacht]; */repas/* [etw ist] sorgfältig zubereitet
3. *iron fam* ■ **qn soigne qn** (*forcer l'addition*) jd schröpft jdn *fam,* jd nimmt jdn aus *fam;* (*maltraiter*) jd macht jdn fertig *fam;* ■ **qn soigne qc** [**à qn**] jd verpasst jdm etw *fam;* ***je leur ai soigné la punition*** ich habe ihnen eine ordentliche Strafe verpasst *fam;* ***qn soigne l'addition*** jd schreibt eine gesalzene [*o* gepfefferte] Rechnung *fam;* ■ [**qc est**] **soigné(e)** */punition, rhume/* [etw ist] ordentlich *fam;* */addition/* [etw ist] gesalzen [*o* gepfeffert] *fam*
▶ **qn se fait** [*o* **devrait se faire**] ~ *hum* jd hat sie wohl nicht alle *fam;* ***va te faire*** ~! du hast sie wohl nicht alle *fam*
II. *vpr* **1.** (*essayer de se guérir*) ■ **qn se soigne** jd pflegt sich; ***je peux me*** ~ ***tout seul*** ich kann mich selbst kurieren
2. *hum* (*avoir soin de soi*) ■ **qn se soigne** jd lässt es sich (*dat*) gut gehen; ***ces gens-là savent se*** ~ die Leute wissen, wie man lebt [*o* wie man sich's gut gehen lässt *fam*]
3. (*pouvoir être soigné*) ■ **qc se soigne** [**par** [*o* **avec**] **qc**] etw wird mit etw behandelt
▶ **ça se soigne!** *fam* du hast/der hat/… sie wohl nicht alle! *fam;* ***la paresse, ça se soigne*** gegen Faulheit ist ein Kraut gewachsen

soigneur, -euse [swaɲœʀ, -øz] *m, f* Betreuer(in) *m(f);* [*boxeur*] Sekundant *m*

soigneusement [swaɲøzmɑ̃] *adv* sorgfältig, gewissenhaft; *installer a., ranger* ordentlich; *éviter* peinlich

soigneux, -euse [swaɲø, -øz] *adj* **1.** (*appliqué*) sorgfältig, gewissenhaft; (*ordonné*) ordentlich; ***qn est*** ~ ***dans son travail*** jd arbeitet sorgfältig [*o* gewissenhaft], jd ist sorgfältig [*o* gewissenhaft] bei seiner Arbeit; ***j'aurais dû être plus*** ~ ich hätte besser aufpassen sollen
2. (*soucieux*) ■ [**qn est**] ~ **de qc** *de sa réputation, santé* [jd ist] um etw besorgt, jd achtet auf etw (*akk*); *de ses affaires, vêtements* [jd geht] mit etw achtsam [*o* sorgfältig] [um], jd gibt auf etw (*akk*) Acht; ***qn est*** ~ ***de sa personne*** jd achtet auf eine gepflegte Erscheinung [*o* ein gepflegtes Äußeres]
3. *soutenu* (*minutieux*) sorgfältig, gewissenhaft; *recherches a.* eingehend

soin [swɛ̃] *m* **1.** ∅ (*application*) Sorgfalt *f,* Gewissenhaftigkeit *f;* (*ordre et propreté*) Ordnungssinn *m;* ~ ***dans le détail*** Sorgfalt im Kleinen; **avec** [**beaucoup de**] ~ mit [viel] Sorgfalt, [sehr] sorgfältig [*o* gewissenhaft]; ***qn a du*** ~ jd ist ordentlich [*o* verlässlich]; ***qn n'a aucun*** ~ jd hat keinerlei Ordnungssinn, jd ist unordentlich; ***qn apporte le plus grand*** ~ ***à qc*** jd verwendet die größte Sorgfalt auf etw (*akk*); ***qn met un certain*** ~ ***à faire qc*** jd gibt sich (*dat*) einige Mühe etw zu tun
2. ∅ (*responsabilité*): ***qn confie à qn le*** ~ ***de qc*** jd trägt jdm auf sich um etw zu kümmern; ***je vous laisse/confie le*** ~ ***de cet enfant*** ich überlasse

dieses Kind Ihrer Obhut/vertraue dieses Kind Ihrer Obhut an; ■ **qn confie/laisse à qn le ~ de faire qc** jd überträgt/überlässt jdm die Aufgabe etw zu tun *form,* jd beauftragt jdn damit/überlässt es jdm, etw zu tun
3. *pl* (*traitement médical*) Behandlung *f;* ***les ~s dentaires*** die Zahnpflege/-behandlung; ***les ~s domestiques*** der Haushalt, die Hausarbeit[en]; ***les ~s à domicile*** die häusliche Pflege, die Hauspflege; ***les ~s intensifs*** die Intensivpflege; ***les ~s palliatifs*** Palliativpflege; ***qn donne des ~s à qn*** jd pflegt/behandelt jdn
4. (*hygiène*) ■ **~s de** *du visage, corps, de beauté* -pflege *f*
5. *souvent pl* (*jardin*) Pflege *f;* ***les ~s du ménage*** der Haushalt, die Hausarbeit[en]
6. *pl* (*attention*) Zuwendung *f;* ***je ne sais comment la remercier de ses bons ~s*** ich weiß nicht, wie ich ihr für ihre Liebesdienste danken soll
7. *littér* (*souci*) Sorge *f;* ***qn se donne tant de ~s pour qn*** jd bemüht sich so sehr um jdn
▶ **aux bons ~s de qn** zu Händen von jdm; **qn est aux petits ~s pour qn** jd liest jdm jeden Wunsch von den Augen ab; **le premier ~ de qn est de faire qc** jd tut etw als Erstes; **les premiers ~s** erste Hilfe, die Erste-Hilfe-Leistung; ***qn donne/reçoit les premiers ~s*** jd leistet erste Hilfe/jdm wird erste Hilfe geleistet; **qn a ~ que** + *subj* jd legt Wert darauf, dass; **qn a** [*o* **prend**] [**grand**] **~ de faire qc** jd achtet darauf [*o* denkt daran], etw zu tun; **qn prend ~ de qn/qc** jd kümmert sich um jdn/etw; *d'une personne a.* jd sorgt für jdn; *des fleurs, du jardin a.* jd versorgt etw; *d'un objet* jd gibt auf etw (*akk*) Acht; ***qn prend bien ~ de sa petite personne*** jd denkt vor allem an sich selbst; **par les ~s de qn** unter jds Regie; ***je compte que ce sera fait par vos ~s*** ich verlasse mich darauf, dass Sie sich [selbst] darum kümmern

soir [swaʀ] **I.** *m* Abend *m;* ***nous attendrons le ~*** wir warten, bis es Abend wird; ***le ~ tombe*** es wird Abend [*o* dunkel]
▶ **du ~ au matin** die ganze Nacht [über]; **le ~ de la vie** *littér* der Lebensabend *liter;* ***il atteint le ~ de sa vie*** er beginnt den letzten Abschnitt seines Lebens; **l'autre ~** neulich abend[s]; **un beau ~** eines [schönen] Abends; **ce ~** heute Abend; ***à ce ~*** bis heute Abend; ***pour le repas de ce ~*** heute zum Abendessen; ***notre réunion de ce ~*** unsere Sitzung heute Abend; **chaque ~** jeden Abend; **le grand ~** der Tag der Wende; **tous les ~s** jeden Abend; **qn est du ~** *fam* (*est de l'équipe du soir*) jd hat Spätschicht [*o* Spätdienst]; (*est en forme le soir*) jd ist ein Nachtmensch *fam;* **au ~** am Abend; ***hier au ~*** gestern Abend; **du ~** Abend-; ***repas du ~*** Abendessen *nt;* ***8 heures du ~*** 8 Uhr abends, 20 Uhr; ***équipe du ~*** Nachtschicht *f;* **le ~** abends, am Abend; **un ~** eines Abends; ***quoi? un ~!*** was? abends!
II. *adv* abends; ***mardi ~*** [am] Dienstagabend; ***tous les lundis ~***[*s*] jeden Montagabend, montagabends; ***hier/demain ~*** gestern/morgen Abend

soirée [swaʀe] *f* **1.** (*fin du jour*) Abend *m;* ***en fin de ~*** spät am Abend, am späten Abend; ***qn finit la ~ au cinéma*** jd beschließt den Abend mit einem Kinobesuch, jd geht zum Abschluss des Abends ins Kino; ***belle*** [*o* ***charmante***] ***~!*** *iron* wirklich ein schöner Abend!
2. (*fête*) [Abend]gesellschaft *f,* Party *f;* ***~ dansante/costumée*** Tanzabend *m*/Kostümfest *nt*
3. THEAT Abendvorstellung *f;* CINE *a.* Abendvorführung *f*
▶ **toute la ~** den ganzen Abend [über]; **dans la ~** im Laufe des Abends, am Abend, irgendwann abends *fam;* ***lundi dans la ~***, ***dans la ~ de lundi*** im Laufe des Montag Abends, irgendwann am Montagabend *fam;* **de ~** Abend-; ***robe de ~*** Abendkleid *nt;* **en ~** abends; CINE, THEAT *a.* als Abendvorstellung, als Abendvorführung; ***demain en ~*** morgen Abend

sois [swa] *subj prés de* **être**

soit **I.** [swat] *adv* (*d'accord*) einverstanden; ***eh bien ~!*** also [*o* na] gut!
II. [swa] *conj* **1.** (*alternative*) ■ **~ ..., ~ ...** [entweder] ... oder ...; ***je prendrai ~ l'avion, ~ le ferry-boat*** ich nehme [entweder] das Flugzeug oder die Fähre; ■ **~ que ..., ~ que** + *subj* entweder ... oder ...; ***~ qu'il soit malade, soit qu'il n'ait pas envie*** entweder ist er krank oder er hat keine Lust
2. (*c'est-à-dire*) das heißt
3. MATH gegeben sei [*o* ist]; ~ [*o* ***soient***] ***deux triangles ...*** gegeben seien [*o* sind] zwei Dreiecke

soixantaine [swasɑ̃tɛn] *f* **1.** (*environ soixante*) ■ **une ~** [**de personnes/choses**] ungefähr [*o* so etwa] [*o* um die] sechzig [Menschen/Dinge]
2. (*âge approximatif*): ***qn a la ~*** jd ist ungefähr [*o* etwa] [*o* um die] sechzig [Jahre alt]; ***qn approche de la ~*** jd geht auf die Sechzig zu; ***qn a dépassé/a largement dépassé la ~*** jd ist über/weit über sechzig [Jahre alt]; ***elle a une ~ d'années*** sie ist so um die Sechzig; ***qn a*** [*o* ***est dans***] ***la ~*** jd ist in den Sechzigern

soixante [swasɑ̃t] **I.** *num* **1.** (*cardinal*) sechzig
2. (*ordinal*): ***chapitre/page ~*** Kapitel *nt*/Seite *f* sechzig; ***dans les années ~*** in den sechziger Jahren
II. *m inv* **1.** (*chiffre*) Sechzig *f*
2. (*numéro*) Nummer *f* sechzig, Sechzig *f;* ***j'habite*** [***au***] ***60, rue de Rivoli*** ich wohne in der Rue de Rivoli [Nummer] 60
◆ **soixante et un(e)** einundsechzig; *v. a.* **vingt**

soixante-dix [swasɑ̃tdis] **I.** *num* **1.** (*cardinal*) siebzig
2. (*ordinal*): ***chapitre/page ~*** Kapitel *nt*/Seite *f* siebzig; ***dans les années ~*** in den siebziger Jahren
II. *m inv* **1.** (*chiffre*) Siebzig *f*
2. (*numéro*) Nummer *f* siebzig, Siebzig *f;* ***j'habite*** [***au***] ***70 de la rue de la Paix*** ich wohne [in der] Rue de la Paix [Nummer] 70; *v. a.* **vingt**

soixante-dixième <~-~s> [swasɑ̃tdizjɛm] **I.** *adj antéposé* siebzigste(r, s)
II. *m* (*fraction*) Siebzigstel *nt*
III. *mf* ■ **le/la ~-~** der/die/das Siebzigste

soixante-huitard, ~-~e <~-~s> [swasɑ̃tɥitaʀ, aʀd] *m, f* Achtundsechziger(in) *m(f)*

soixantième [swasɑ̃tjɛm] **I.** *adj antéposé* sechzigste(r, s)
II. *m* (*fraction*) Sechzigstel *nt*
III. *mf* ■ **le/la ~** der/die/das Sechzigste

soja [sɔʒa] *m* Soja[bohne *f*] *f;* ***les germes de ~*** Sojasprossen *pl,* Sojabohnenkeimlinge *pl*

sol¹ [sɔl] *m* **1.** AGR, GEOL Boden *m;* ***~ argileux/calcaire/sablonneux*** Ton-/Kalk-/Sandboden, toniger/kalkhaltiger/sandiger Boden
2. (*croûte terrestre*) [Erd]boden *m;* ***qn est allongé(e) sur le ~*** jd liegt auf dem [*o* am] Boden; ***qc tombe sur le ~*** etw fällt auf den Boden; ***vers le ~*** in Richtung [*o* zur] Erde
3. (*cuisine, chambre, maison, cave*) Boden *m;* ***~ de terre battue*** gestampfter Boden
4. (*territoire*) Boden *m;* ***qn veut reposer sur le ~ français*** [*o* ***de France***] jd möchte in französischer [*o* Frankreichs] Erde ruhen; ***le ~ de son pays natal*** der heimatliche Boden, die heimatliche Erde
▶ **le ~ se dérobe sous les pieds de qn** jdm schwankt der Boden unter den Füßen; **au ~** SPORT am Boden; *exercices a.* Boden-; AVIAT *essais, personnel* Boden-

sol² [sɔl] *m inv* MUS G *nt,* g *nt; v. a.* **do**

sol-air [sɔlɛʀ] *adj inv* Boden-Luft-

solaire [sɔlɛʀ] **I.** *adj* **1.** ASTROL, ASTRON Sonnen-
2. (*qui utilise la force du soleil*) Solar-, Sonnen-; *architecture, habitation, maison* die Sonnenenergie [*o* Solarenergie] nutzend; ***panneau*** [*o* ***capteur***] ***~*** Sonnenkollektor *m,* Solarkollektor *m*
3. (*qui protège du soleil*) Sonnen-; *produit* Sonnenschutz-
II. *m* Sonnenenergie *f,* Solarenergie *f*

solarium [sɔlaʀjɔm] *m* Solarium *nt;* (*établissement de bronzage a.*) Bräunungsstudio *nt,* Sonnenstudio *nt;* (*lampe*) Sonnenbank *f*

soldat [sɔlda] *m* **1.** MIL Soldat *m;* ***~ de deuxième classe*** [einfacher] Soldat, Gemeine(r) *m;* ***~ de première classe*** ≈ Gefreite(r) *m;* ***qn se fait ~*** jd wird Berufssoldat
2. (*militant*) ■ **~ de qc** Kämpfer *m* für etw, Verfechter *m* einer S. (*gen*); ***~ de la liberté/paix/du Christ*** Freiheitskämpfer/Friedensschützer *m*/Soldat *m* Christi
▶ **~ du feu** Feuerwehrmann *m; pl* Feuerwehrleute *pl;* **le S~ inconnu** der Unbekannte Soldat; **qn joue au petit ~** [**avec qn**] *fam* jd spielt [*o* markiert] [jdm gegenüber] den wilden Mann; **simple ~** einfacher Soldat, Gemeine(r) *m*
◆ **soldat de plomb** Bleisoldat *m*

soldate [sɔldat] *f fam* Soldatin *f*

solde¹ [sɔld] *m* **1.** *pl* COM (*marchandises*) Sonderangebot[e *pl*] *nt;* (*braderie*) Ausverkauf *m;* (*en fin de saison*) Schlussverkauf *m;* ***~s d'été/d'hiver*** Sommer-/Winterschlussverkauf; ***dans les ~s de lainage*** bei den herabgesetzten [*o* reduzierten] Strickwaren
2. FIN (*balance*) Saldo *m;* (*reliquat*) Restbetrag *m;* ***~ débiteur/créditeur*** Passiv-/Aktivsaldo, Passiv-/Aktivguthaben *nt*
▶ **pour ~ de tout compte** FIN zur Begleichung aller Forderungen; **en ~** im Sonderangebot; *acheter, vendre a.* als Sonderangebot; im Ausverkauf/Schlussverkauf; *être a.* herabgesetzt, reduziert

solde² [sɔld] *f* [*soldat*] Sold *m;* [*matelot*] Heuer *f*
▶ **à la ~ de qn** *péj* in jds Sold (*dat*); ***qn a une personne à sa ~*** jd hat einen Menschen angeheuert, ein Mensch steht in jds Sold (*dat*); ***il est complètement à sa ~*** er ist auf Gedeih und Verderb von ihm/ihr abhängig

solder <1> [sɔlde] **I.** *vt* **1.** COM ■ **qn solde qc** [**à qn**] jd setzt etw herab, jd reduziert etw, jd verkauft [jdm] etw als Sonderangebot [*o* billiger]; ***un magasin solde tout son stock*** ein Geschäft macht einen Räumungsverkauf
2. FIN ■ **qn solde qc** *dette* jd begleicht [*o* bezahlt] etw; (*arrêter*) *compte* jd gleicht etw aus, jd saldiert etw; (*fermer*) jd löst etw auf
II. *vpr* ■ **qc se solde par qc** / *conférence, entreprise, tentative*/ etw endet mit etw; / *budget, compte, exercice, opération*/ etw schließt mit etw ab; ***qc se solde par un succès*** etw ist von Erfolg gekrönt, etw kann einen Erfolg verbuchen

solderie [sɔldəʀi] *f* Discountgeschäft [dɪsˈkaunt-] *nt,* Discountladen *m*

soldeur, -euse [sɔldœʀ, -øz] *m, f* Discounter(in) *m(f)* [dɪsˈkauntɐ], Inhaber(in) *m(f)* eines Discountladens

sole [sɔl] *f* ZOOL, GASTR Seezunge *f*

solécisme [sɔlesism] *m* sprachlicher Fehler, Solözismus *m spec*

soleil [sɔlɛj] *m* **1.** ASTRON Sonne *f;* ■ **le S~** die Sonne [unseres Sonnensystems]; ***les dieux du S~*** die Sonnengötter
2. (*rayonnement*) Sonne *f;* (*temps ensoleillé*) Sonne[nschein *m*] *f;* ***en plein ~*** in der prallen Sonne; ***les pays du ~*** der sonnige Süden; ***sous le ~*** in der Sonne
3. (*fleur*) Sonnenblume *f;* ***grand ~*** Gemeine Sonnenblume
4. (*ornement*) Sonne *f,* Sonnenemblem *nt*
5. (*feu d'artifice*) Feuerrad *nt*
6. (*acrobatie*) Welle *f;* ***grand ~*** Riesenwelle
▶ **~ de minuit** Mitternachtssonne *f;* **le ~ brille pour tout le monde** *prov* die Sonne scheint über Gerechte und Ungerechte [*o* den Armen wie den Reichen]; **~ de plomb** sengende Sonne; ***il fait un ~ de plomb*** die Sonne brennt; **~ couchant/levant** Sonnenuntergang *m*/-aufgang *m;* **quoi/rien de nouveau sous le ~** was gibt's Neues/nichts Neues unter der Sonne; **il fait** [**du**] **~** die Sonne scheint; **qn/qc fait un ~** jd macht einen Salto/etw überschlägt sich; **ôte-toi de mon ~!** geh mir aus der Sonne!; **qn prend le ~** jd geht in die Sonne; ***je n'ai pas encore pris le ~*** ich war noch nicht in der Sonne, ich bin noch nicht in die Sonne gekommen; **au ~** *déteindre, être* in der Sonne; *se mettre, aller* in die Sonne; ***qn se met au ~*** jd geht in die Sonne; ***un coin au ~*** ein sonniges Plätzchen, ein Plätzchen in der Sonne

solennel, le [sɔlanɛl] *adj* **1.** *cérémonie, honneurs, obsèques* feierlich; ***des honneurs ~s sont rendus à qn*** jd wird feierlich geehrt
2. (*grave*) feierlich; *avertissement* förmlich
3. *péj* (*affecté*) theatralisch, gekünstelt

solennellement [sɔlanɛlmɑ̃] *adv* **1.** (*avec éclat*) feierlich, in feierlichem Rahmen
2. (*avec gravité*) *jurer* feierlich; *promettre a.* hoch und heilig; *s'exprimer a.* gewählt

solenniser <1> [sɔlanize] *vt* ■ **qn solennise qc** jd begeht etw feierlich

solennité [sɔlanite] *f* **1.** [*événement, réception*] Feierlichkeit *f,* feierlicher Rahmen; [*cérémonie a., lieux*] Würde *f;* ***qc revêt une grande*** ~ etw wird feierlich begangen; ***qn donne toute sa*** ~ ***à qc*** jd würdigt etw in hohem Maße
2. *pl péj* (*chichis*) [übertriebener] Aufwand, Prunk *m,* Pomp *m*
3. (*fête*) Fest *nt;* ***la*** ~ ***de la Pentecôte/de Pâques*** das Pfingst-/Osterfest
4. *soutenu* (*air solennel*) Förmlichkeit *f;* (*ton solennel a.*) feierlicher Ton; ***avec*** ~ in feierlichem Ton/mit feierlicher Miene; ***qn promet qc avec la plus grande*** ~ jd verspricht etw hoch und heilig

solex® [sɔlɛks] *m* HIST ≈ Moped *nt*

solfège [sɔlfɛʒ] *m* (*théorie*) Musiktheorie *f,* musikalische Elementarlehre; (*livre*) Musiklehrbuch *nt*

solfier <1 a> [sɔlfje] *vt* ■ **qn solfie qc** jd solfeggiert etw

soli [sɔli] *pl de* **solo**

solidaire [sɔlidɛʀ] *adj* **1.** (*lié*) ■ **des personnes sont** [*o* **se montrent**] **~s** Menschen beweisen Solidarität, Menschen verhalten sich solidarisch; /*amis, membres d'une famille a.*/ Menschen stehen für einander ein; ■ [**qn est**] ~ **de** [*o* **avec**] **qn/de qc** [jd ist] solidarisch mit jdm/einverstanden mit etw, jd steht hinter jdm/etw
2. (*interdépendant*) ■ **des choses sont ~s** /*questions, phénomènes*/ Dinge hängen zusammen [*o* bedingen sich [gegenseitig]]; /*mécanismes, matériaux*/ Dinge sind fest miteinander verbunden; ■ **qc est** ~ **de qc** etw ist fest mit etw verbunden
3. JUR *cautionnement* gesamtschuldnerisch; *obligation a., caution* Solidar-, solidarisch; *contrat* für alle Parteien verbindlich; ***le mari est*** ~ ***des actes de sa femme*** der Ehemann haftet für die Handlungen seiner Ehefrau

solidairement [sɔlidɛʀmɑ̃] *adv* gemeinsam, gemeinschaftlich

solidariser <1> [sɔlidaʀize] *vpr* ■ **qn se solidarise avec qn** jd solidarisiert sich [*o* erklärt sich solidarisch] mit jdm; ■ **qn se solidarise avec qc** jd ist mit etw einverstanden, jd erklärt sich einverstanden mit etw; ■ **des personnes se solidarisent** Menschen schließen [*o* tun] sich zusammen

solidarité [sɔlidaʀite] *f* Solidarität *f,* Zusammenhalt *m;* ***la*** ~ ***ministérielle*** die Kabinettsdisziplin; ***la*** ~ ***professionnelle*** die Solidarität [*o* der Zusammenhalt] innerhalb des Berufsstandes; ***la*** ~ ***ouvrière/patronale*** die Solidarität der Arbeiter[klasse]/der Unternehmer[schaft]; ■ ~ **avec qn/qc** Solidarität mit jdm/etw

solide [sɔlid] **I.** *adj* **1.** (*opp: liquide*) fest; ***corps*** ~ Festkörper *m*
2. (*résistant*) solide; *construction a., outil* stabil; *matériau a.* dauerhaft; *personne, santé* robust
3. (*sûr*) *bon sens, connaissance* solide; *amitié a., source* zuverlässig; *base a., position* gesichert; *raison* handfest, stichhaltig; *institution* stabil, gefestigt; ***votre opinion ne repose sur rien de*** ~ Ihre Meinung entbehrt jeder gesicherten Grundlage
4. (*robuste, vigoureux*) kräftig; ***qn n'est pas très*** ~ ***sur ses jambes*** jd ist nicht ganz sicher auf den Beinen; ***d'une poigne*** ~ mit festem Griff
5. (*équilibré*) *personne* klar denkend, vernünftig; *esprit* klar, geordnet; ***qn a encore la tête*** ~ jd ist noch völlig klar im Kopf
6. *antéposé fam* (*substantiel*) *fortune, revenus* ordentlich *fam; coup de poing, engueulade a.* saftig *fam; repas a.* nahrhaft; *appétit* gesund
II. *m* **1.** GEOM, PHYS [geometrischer] Körper
2. (*aliments*) ■ **du** ~ feste Nahrungsmittel *pl;* ***je ne peux pas encore manger de*** ~ ich kann noch nichts Festes essen
▸ **c'est du** ~ *fam* das ist etwas [*o* was *fam*] Solides; (*personne*) die/der ist unverwüstlich [*o* zäh [wie Leder *fam*]]

solidement [sɔlidmɑ̃] *adv* **1.** (*fermement*) *attacher, fixer, tenir* gut, richtig; *construire* solide, stabil; *résister* hartnäckig, zäh; ***qn attache*** ~ ***qc*** jd macht etw gut [*o* richtig] fest/jd bindet etw fest an; ***tiens*** ~ ***le bout de cette corde*** halte das Seilende gut fest
2. (*durablement*) *s'établir, s'installer* fest; *structurer* schlüssig, überzeugend; ***il est/reste*** ~ ***attaché à ses amis*** er ist/bleibt mit seinen Freunden eng verbunden; ***je suis*** ~ ***installé dans ce village*** ich habe mich in diesem Dorf gut eingelebt

solidification [sɔlidifikasjɔ̃] *f* [*liquide*] Verfestigung *f,* Erstarren *nt;* [*corps gazeux*] Sublimation *f*

solidifier <1 a> [sɔlidifje] **I.** *vt* ■ **qn/qc solidifie qc** *liquide* jd/etw verfestigt etw; *corps gazeux* jd/etw sublimiert etw
II. *vpr* ■ **qc se solidifie** etw wird fest; /*névé a.*/ etw verfestigt sich; /*cire, lave a.*/ etw erstarrt; /*ciment a.*/ etw bindet ab

solidité [sɔlidite] *f* **1.** (*robustesse*) Strapazierfähigkeit *f;* [*machine, meuble a., personne, ouvrage*] Robustheit *f;* [*meuble a., ouvrage*] Stabilität *f;* [*tissu, vêtement a.*] Haltbarkeit *f;* [*nœud*] Festigkeit *f;* [***qc est***] ***d'une grande*** ~ [etw ist] sehr strapazierfähig; /*ouvrage*/ [etw ist] sehr robust [*o* stabil]; ***qn a la*** ~ ***d'un roc*** jd ist unverwüstlich
2. (*stabilité*) [*institution*] Stabilität *f;* [*firme*] Solidität *f;* [*position a.*] Sicherheit *f;* [*personne*] Unerschütterlichkeit *f*
3. (*sérieux*) [*argument, raisonnement*] Stichhaltigkeit *f*

soliloque [sɔlilɔk] *m* Monolog *m;* (*avec soi-même*) Selbstgespräch *nt*

soliloquer <1> [sɔlilɔke] *vi* ■ **qn soliloque** jd hält einen Monolog, jd monologisiert; (*avec soi-même*) jd führt Selbstgespräche

soliste [sɔlist] *mf* Solist(in) *m(f)*

solitaire [sɔlitɛʀ] **I.** *adj* **1.** (*sans compagnie*) einsam; *vie a.* zurückgezogen; *vieillard a.* vereinsamt; *caractère* einzelgängerisch, eigenbrötlerisch *pej*
2. (*isolé*) einsam; *arbre, rocher a.* einzeln; *maison a.* abgelegen
3. (*désert*) *parc* einsam; *chemin, demeure a.* verlassen
II. *mf* (*ermite*) Einsiedler(in) *m(f)*
▸ **en** ~ allein[e]; *épreuve de voile* Einhand-; ***un tour du monde en*** ~ eine Einhandweltumsegelung
III. *m* **1.** (*diamant*) Solitär *m*
2. (*jeu*) Solitär[spiel *nt*] *m*
3. (*sanglier*) alter Keiler

solitairement [sɔlitɛʀmɑ̃] *adv* (*sans compagnie*) allein[e]; (*dans la solitude*) einsam, zurückgezogen; ***qn souffre*** ~ jd leidet still für sich

solitude [sɔlityd] *f* **1.** (*isolement*) Einsamkeit *f,* Vereinsamung *f;* (*tranquillité a.*) Alleinsein *nt*
2. (*lieu solitaire*) Einsamkeit *f,* Abgeschiedenheit *f;* ***les ~s glacées du Grand Nord*** die Welt des ewigen Eises

solive [sɔliv] *f* [Decken]balken *m*

sollicitation [sɔlisitasjɔ̃] *f* **1.** *gén pl* (*démarche*) dringende Bitte, Ersuchen *nt kein pl form;* (*par écrit*) Gesuch *nt;* ***qn fait des ~s en faveur de qn*** jd verwendet sich für jdn, jd setzt sich für jdn ein
2. *gén pl soutenu* (*tentation*) Verlockung *f,* Versuchung *f;* ***les ~s exercées sur qn*** die Verlockungen [*o* Versuchungen], denen jd ausgesetzt ist
3. (*action exercée sur qc*) Einwirkung *f;* ***qc réagit à la moindre*** ~ etw reagiert prompt [*o* auf das leiseste Kommando]

solliciter <1> [sɔlisite] *vt* **1.** *form* (*demander*) ■ **qn sollicite qc** [**de qn**] jd ersucht [jdn] um etw *form,* jd sucht um etw nach *form; audience, explication, faveur a.* jd bittet [jdn] [inständig] um etw; *dommages et intérêts* jd fordert [bei jdm] etw; ***qn sollicite un emploi*** jd bewirbt sich [um einen Posten]; ***puis-je*** ~ ***de votre part quelques explications?*** darf ich Sie um ein paar Erklärungen bitten [*o* ersuchen *form*]?
2. (*faire appel à*) ■ **qn sollicite qn** [**de faire qc**] jd bittet jdn [inständig] [etw zu tun], jd ersucht jdn etw zu tun *form;* ■ **qn est sollicité(e)** jd ist in Anspruch genommen; ***on est sollicité sans arrêt*** ständig will jemand etwas von einem
3. (*attirer*) ■ **qn sollicite qc** *attention, curiosité* jd zieht etw auf sich (*akk*); ***qn sollicite qc sur qc*** jd lenkt etw auf etw (*akk*); ■ **qc sollicite qn/qc** /*attraction*/ etw zieht jdn/etw an; *attention a., curiosité* etw weckt etw; ***qn est sollicité(e) par des tentations*** jd ist Versuchungen ausgesetzt
4. (*actionner*) ■ **qn sollicite qc** *engin* jd beansprucht [*o* strapaziert] etw; *moteur a.* jd dreht etw hoch; *hum texte* jd strapaziert etw; ■ **qn sollicite un animal** jd spornt ein Tier an

solliciteur, -euse [sɔlisitœʀ, -øz] *m, f* Bittsteller(in) *m(f)*

sollicitude [sɔlisityd] *f* Fürsorge *f;* ***avec*** ~ fürsorglich

solo <s *o* soli> [sɔlo, i] **I.** *m* Solo *nt;* ■ ~ **de** -solo
▸ **en** ~ *chanter, jouer* solo; *escalader* im Alleingang; ***escalade en*** ~ Alleingang *m*
II. *adj inv* Solo-; ***violon*** ~ Sologeige *f*

sol-sol [sɔlsɔl] *adj inv* Boden-Boden-

solstice [sɔlstis] *m* Sonnenwende *f,* Solstitium *nt spec;* ~ ***d'été/d'hiver*** Sommer-/Wintersonnenwende *f*

solubilité [sɔlybilite] *f* Löslichkeit *f;* ***la*** ~ [***de qc***] ***dans l'eau*** die Wasserlöslichkeit [einer S. (*gen*)], die Löslichkeit einer S. (*gen*) in Wasser

soluble [sɔlybl] *adj* **1.** (*apte à se dissoudre*) *substance* löslich; ~ ***dans l'eau*** wasserlöslich, in Wasser löslich; ***café*** ~ Instantkaffee *m,* Nescafé® *m*
2. (*qui peut être résolu*) ■ **qc est** ~ /*problème*/ etw ist lösbar

soluté [sɔlyte] *m* Lösung *f*

solution [sɔlysjɔ̃] *f* **1.** (*issue*) ■ ~ [**à/de qc**] *à un problème* Lösung *f* [für etw/einer S. (*gen*)]; *à une affaire, une crise, une difficulté, une situation a.* Ausweg *m* [aus etw]; *à une question a.* Antwort *f* [auf etw]; ***ce n'est pas une*** ~ das ist keine Lösung; ***les autres ~s*** die anderen Lösungsmöglichkeiten [*o* Lösungen]
2. (*résultat*) Lösung *f;* ***qn trouve la*** ~ ***d'une équation*** jd löst eine Gleichung
3. (*réponse*) [*énigme, rébus*] [Auf]lösung *f*
4. CHIM, PHARM Lösung *f;* ***une*** ~ ***pharmaceutique/médicamenteuse*** eine [flüssige] Medizin
▸ **il n'y a pas <u>cinquante</u> ~s** es gibt keine andere Lösung; ~ **<u>finale</u>** Endlösung *f;* ~ **<u>miracle</u>** Patentlösung *f,* Patentrezept *nt*
◆ **solution de compromis** Kompromisslösung *f;* **solution de continuité** Unterbrechung *f;* ***sans*** ~ ***de continuité*** lückenlos; **solution de facilité** einfache [*o* bequeme] Lösung, einfacher [*o* bequemer] Ausweg; **solution de repli** Ausweichlösung *f,* Ausweichmöglichkeit *f*

solutionner <1> [sɔlysjɔne] *vt* ■ **qn solutionne qc** *problème* jd löst etw; *question a.* jd beantwortet etw

solvabilité [sɔlvabilite] *f* [*client, entreprise*] Zahlungsfähigkeit *f,* Liquidität *f,* Solvenz *f spec;* [*débiteur a.*] Kreditwürdigkeit *f,* Bonität *f spec;* ***qn est d'une*** ~ ***douteuse*** an jds Zahlungsfähigkeit/Kreditwürdigkeit (*dat*) bestehen Zweifel

solvable [sɔlvabl] *adj* zahlungsfähig, liquid *spec; débiteur* kreditwürdig; ***non*** ~ nicht zahlungsfähig, zahlungsunfähig, insolvent *spec*

solvant [sɔlvɑ̃] *m* Lösungsmittel *nt*

somatique [sɔmatik] *adj mutation* somatisch; *aspect, symptôme, troubles a.* körperlich; *cellules* Soma-, Körper-

sombre [sɔ̃bʀ] *adj* **1.** (*obscur*) *lieu* dunkel; *nuit a.* finster
2. (*foncé*) *couleur* + *adj* dunkel-; + *subst* dunkel; ***un bleu/rouge*** ~ ein dunkles Blau/Rot, ein Dunkelblau/-rot *nt;* ***bleu/gris*** ~ dunkelblau/-grau
3. (*sinistre*) *heure, année* dunkel; *avenir, réalité, tableau, pensée a.* düster; *pensée a.* trüb[e]
4. (*triste*) *roman* düster; *visage a.* bedrückt; *caractère, personne* trübsinnig; *voix* tief
5. *antéposé fam:* ~ ***brute*** grober Klotz; ***quel*** ~ ***idiot*** so ein Vollidiot [*o* Depp] *fam;* ~ ***histoire*** (*sinistre*) finstere Geschichte; (*bizarre*) ungereimte Geschichte

▸**il fait** ~ es ist dunkel [*o* düster]

sombrer <1> [sɔ̃bʀe] *vi* **1.** (*faire naufrage*) ■ **qc sombre** [**quelque part**] etw versinkt [irgendwo], etw geht [irgendwo] unter; ***le navire sombre sous la vague/au fond de la mer*** das Schiff versinkt in den Wellen/sinkt auf den Meeresgrund ab
2. (*se perdre*) ■ **qn/qc sombre** jd verliert den Boden unter den Füßen/etw geht unter; ***sa raison a sombré*** sie/er hat den Verstand verloren; ■ **qn/qc sombre dans qc** jd/etw versinkt in etw (*dat*); *dans la démence, l'alcool, la drogue* jd verfällt einer S. (*dat*); *dans la misère* jd/etw gerät in etw (*akk*); ***qn sombre dans le désespoir*** jd versinkt in Hoffnungslosigkeit; ***qn/qc sombre dans l'oubli*** jd/etw gerät in Vergessenheit; ***qn/qc sombre dans la folie*** jd/etw verfällt dem Wahnsinn

sommaire [sɔmɛʀ] **I.** *adj* **1.** (*succinct*) *analyse, réponse* knapp, kurz [gefasst], summarisch *geh; exposé a.* Kurz-
2. (*rapide*) *examen, réparation* flüchtig, oberflächlich; *repas* schnell
3. (*expéditif*) *exécution* standrechtlich; ***procédure*** ~ summarisches [*o* abgekürztes] Verfahren, Schnellverfahren *nt;* ***justice*** ~ Standrecht *nt*
II. *m* **1.** (*table des matières*) Inhaltsverzeichnis *nt*
2. (*résumé*) Inhaltsangabe *f,* Zusammenfassung *f*

sommairement [sɔmɛʀmɑ̃] *adv* **1.** (*brièvement*) kurz, in groben Zügen
2. (*simplement*) sparsam
3. (*de façon expéditive*) im Schnellverfahren

sommation [sɔmasjɔ̃] *f* Aufforderung *f;* JUR (*de paraître en justice*) Vorladung *f;* (*de satisfaire à une obligation*) Mahnung *f;* MIL Anruf *m;* ***qn reçoit ~ de payer qc*** jd erhält eine Zahlungsaufforderung für etw
▸**les ~s d'usage** [*o* **réglementaires**] MIL die vorschriftsmäßigen Warnrufe; **sans** ~ ohne Vorwarnung; *arriver* ohne [Vor]ankündigung, unangekündigt

somme¹ [sɔm] *f* **1.** (*quantité d'argent*) Summe *f,* Betrag *m;* ***une petite/forte*** ~ eine kleine [*o* geringe]/große Summe, ein kleiner [*o* geringer]/großer Betrag; ***une*** [***jolie***] ~ eine ziemliche [*o* hübsche] Summe [*o* ein ziemlicher [*o* hübscher] Betrag]
2. (*total*) Summe *f;* ***la ~ des angles d'un triangle*** die Winkelsumme im Dreieck
3. (*ensemble*) Gesamtheit *f;* ***la ~ des dégâts/des besoins*** der Gesamtschaden/alle Bedürfnisse
4. (*accumulation*) ■ ~ **de qc** Menge *f* einer S. (*gen*); ***toute cette ~ d'efforts*** die gesamte [*o* ganze] Anstrengung [*o* Mühe]
5. (*synthèse*) Abriss *m,* Kompendium *nt geh*
▸**qn fait la ~ de qc** jd rechnet etw zusammen; MATH *a.* jd summiert etw, jd rechnet die Summe einer S. (*gen*) aus; ***faire la ~ des angles du polygone*** berechnen Sie die Winkelsumme des Vielecks; **en** ~, **toute** alles in allem, letztendlich, insgesamt gesehen

somme² [sɔm] *m* Schläfchen *nt,* Nickerchen *nt fam*
▸**qn fait** [*o* **pique** *fam*] **un** ~ jd macht ein Schläfchen [*o* Nickerchen *fam*]

sommeil [sɔmɛj] *m* **1.** (*fait de dormir*) Schlaf *m;* (*envie de dormir*) Schläfrigkeit *f;* ~ ***réparateur*** erholsamer Schlaf, Erholungsschlaf; ~ ***paradoxal*** paradoxer Schlaf, REM-Schlaf; ***qn dort d'un ~ agité/paisible/profond*** jd schläft unruhig/friedlich/tief; ***qn est réveillé(e) en plein*** ~ jd wird mitten aus dem Schlaf gerissen
2. (*inactivité*) [*conscience, sens, facultés intellectuelles*] Trägheit *f,* Lethargie *f;* [*ville*] Verschlafenheit *f;* [*nature*] Schlaf *m*
▸**qn dort du ~ du juste** *hum* jd schläft den Schlaf des Gerechten; **un ~ de plomb** ein bleierner Schlaf; ***qn s'endort d'un ~ de plomb*** jd sinkt [*o* fällt] in einen bleiernen Schlaf; ***qn dort d'un*** [***o a un***] ***~ de plomb*** jd schläft wie ein Stein; **qn dort de son dernier** ~ *littér* jd schläft seinen letzten Schlaf *liter;* ~ **éternel** *littér* ewiger Schlaf *liter,* ewige Ruhe *liter;* **premier** ~ erster Schlaf, erste Schlafphase; ***dans le premier*** ~ kurz nach dem Einschlafen; **qn a** ~ jd ist müde; **qn tombe de** ~ jd ist zum Umfallen müde, jd fällt vor Müdigkeit fast um; [**qc est**] **en** ~ ruhend, etw ruht, etw liegt auf Eis *fam;* ***qn laisse qc en*** ~ jd lässt etw auf sich beruhen; ***qn met qc en*** ~ jd lässt etw ruhen, jd legt etw auf Eis *fam*

sommeiller <1> [sɔmeje] *vi* **1.** (*somnoler*) ■ **qn sommeille** jd liegt im Halbschlaf, jd schlummert *geh,* jd döst [vor sich hin] *fam*
2. (*subsister à l'état latent*) ■ **qc sommeille** /*sentiment*/ etw schlummert; /*nature a.*/ etw schläft; /*attention*/ etw hat nachgelassen; ***ton attention commence à*** ~ deine Aufmerksamkeit lässt nach

sommelier, -ière [sɔməlje, -jɛʀ] *m, f* (*personne chargée de la cave*) Kellermeister(in) *m(f);* (*garçon*) Weinkellner(in) *m(f),* Sommelier/-ière *m/f*

sommer <1> [sɔme] *vt* ■ **qn somme qn de** [*o* **à**] **faire qc** jd verpflichtet jdn, etw zu tun

sommes [sɔm] *indic prés de* **être**

sommet [sɔmɛ] *m* **1.** [*montagne*] Gipfel *m;* [*hiérarchie, tour, pyramide*] Spitze *f;* [*pente, vague*] Kamm *m;* [*arbre*] Wipfel *m;* [*crâne*] Scheitel *m;* [*toit*] First *m;* [*polyèdre*] Ecke *f,* Eckpunkt *m;* [*angle*] Scheitel[punkt *m*] *m;* ***les ~s*** die Berggipfel; (*montagne*) die Berge; ***sur les ~s*** in den Bergen, in der Höhe; ■ **au ~ de qc** (*sans mouvement*) oben auf etw (*dat*); (*avec mouvement*) auf etw (*akk*) hinauf; *d'une tour, pyramide a.* auf der/die Spitze einer S. (*gen*); *d'un toit a.* auf dem/den First einer S. (*gen*); *d'une pente a., d'une vague* auf dem/den Kamm einer S. (*gen*); *d'un mont* auf dem/den Gipfel einer S. (*gen*); *d'un arbre* im/in den Wipfel einer S. (*gen*); *d'une hiérarchie* an der/die Spitze einer S. (*gen*); ***au ~ du crâne*** auf dem/den Scheitel [*o* Kopf]
2. (*apogée*) Höhepunkt *m,* Gipfel *m*
3. POL Gipfel[treffen *nt*] *m,* Gipfelkonferenz *f;* ~ ***européen*** Europagipfel, europäisches Gipfeltreffen
▸**au** ~ *accord, discussions, négociations* auf höchster Ebene; *rencontre a., conférence* Gipfel-

sommier [sɔmje] *m* [Bett]rahmen *m;* ~ ***à lattes/à ressort*** Lattenrost *m/* Sprung[feder]rahmen; ~ ***avec pieds*** Bettgestell *nt;* ~ ***tapissier*** Polsterbett *nt*

sommité [sɔ(m)mite] *f* (*personne éminente*) Kapazität *f;* [*monde politique*] prominente Persönlichkeit; *pl* Prominenz *f;* ~ ***de la médecine/de la science*** medizinische/wissenschaftliche Kapazität

somnambule [sɔmnɑ̃byl] **I.** *adj* mondsüchtig; ■ **qn est** ~ jd ist mondsüchtig, jd schlafwandelt [*o* nachtwandelt]
II. *mf* Schlafwandler(in) *m(f),* Nachtwandler(in) *m(f),* Mondsüchtige(r) *f(m),* Somnambule(r) *f(m) spec;* ***comme un*** ~ wie in Trance; ***qn a des gestes de*** ~ jd bewegt sich wie in Trance

somnambulisme [sɔmnɑ̃bylism] *m* Schlafwandeln *nt,* Nachtwandeln *nt,* Mondsüchtigkeit *f,* Somnambulismus *m spec*

somnifère [sɔmnifɛʀ] **I.** *adj plante* schlaffördernd; *drogue a.* einschläfernd; *pilule* Schlaf-
II. *m* Schlafmittel *nt;* (*cachet, pilule a.*) Schlaftablette *f*

somnolence [sɔmnɔlɑ̃s] *f* **1.** (*demi-sommeil*) Schläfrigkeit *f;* ***qn est gagné(e) par la*** ~ jd wird schläfrig [*o* müde]; ***qn/qc tire qn de sa*** ~ jd/etw reißt jdn aus seinem Halbschlaf
2. (*inertie*) [*conscience, personne, vie*] Trägheit *f,* Lethargie *f;* [*ville*] Verschlafenheit *f*

somnolent, e [sɔmnɔlɑ̃, ɑ̃t] *adj* **1.** (*à moitié endormi*) schläfrig; *ville* verschlafen
2. (*amorphe*) träge; *conscience, esprit a.* lethargisch

somnoler <1> [sɔmnɔle] *vi* **1.** (*dormir à moitié*) ■ **qn somnole** jd schläft halb, jd döst [vor sich hin] *fam*
2. (*être inactif*) ■ **qc somnole** /*faculté*/ etw dämmert vor sich hin; /*ville a.*/ etw döst [vor sich hin] *fam;* /*conscience*/ etw ist ausgeschaltet; /*vie*/ etw ruht; ***ne laissez pas ~ votre conscience devant les atteintes aux droits de l'homme*** lassen Sie sich durch nichts von den Menschenrechtsverletzungen ablenken

somptuaire [sɔ̃ptɥɛʀ] *adj dépenses* verschwenderisch; *train de vie a.* aufwändig, luxuriös, feudal

somptueusement [sɔ̃ptɥøzmɑ̃] *adv* verschwenderisch, aufwändig; *recevoir a.* feudal

somptueux, -euse [sɔ̃ptɥø, -øz] *adj* prächtig; *vêtement a.* luxuriös; *résidence a.* prunkvoll; *repas a.* üppig, feudal; *cadeau a.* nobel, großzügig; *femme a.* hinreißend, eindrucksvoll

somptuosité [sɔ̃ptɥozite] *f* Pracht *f;* [*résidence a.*] Prunk *m;* [*repas a.*] Üppigkeit *f*

son¹ [sɔ̃] *m* **1.** (*sensation auditive*) Ton *m;* [*cloche, instrument, voix a.*] Klang *m;* PHYS (*ondes*) Schall *m;* (*sonorité*) Ton; LING Laut *m;* ***la vitesse*** [***de propagation***] ***du*** ~ die Schallgeschwindigkeit; ~ ***fermé/ouvert/nasal/guttural*** geschlossener/offener Laut/Nasal[laut]/Guttural[laut] [*o* Gaumenlaut]
2. CINE, RADIO, TV Ton *m;* [*appareil a.*] Klang *m;* (*bruit*) Lautstärke *f;* ***qn coupe le*** ~ jd stellt den Ton ab, jd macht den Ton aus; ***qn baisse le*** ~ jd stellt [*o* dreht] den Ton leiser
▸~ **de cloche** Version *f,* Lesart *f;* ***c'est un autre ~ de cloche*** das sind ganz andere Töne; ***qn n'entend qu'un ~ de cloche*** jd hört nur eine Seite; [**spectacle**] ~ **et lumière** Son-et-Lumière-Vorstellung *f;* **au ~ du tambour** (*en ameutant la population*) lauthals, mit viel Tamtam *fam;* ***qn communique qc au ~ du tambour*** jd posaunt etw aus, jd hängt etw an die große Glocke; **à** [**grand**] ~ **de trompe** lauthals, mit großem [*o* viel] Trara *fam;* **au ~ de qc** zu den Klängen einer S. (*gen*)

son² [sɔ̃] *m* Kleie *f*

son, sa <ses> [sɔ̃, sa, se] *adj poss* **1.** (*de lui*) sein; (*d'elle*) ihr; ***elle a perdu ~ père et sa mère*** sie hat ihren Vater und ihre Mutter verloren; ***il cherche ses lunettes*** er sucht seine Brille
2. ■ **S~(Sa)** (*homme*) Seine; (*femme*) Ihre; ***S~ Altesse Royale*** Seine/Ihre Königliche Hoheit; ***Sa Majesté*** Seine/Ihre Majestät; ***Sa Sainteté*** Seine Heiligkeit
3. (*relatif à une chose*) (*relatif à un subst m o nt*) sein; (*relatif à un subst f*) ihr; ***chaque chose à sa place*** jedes Ding an seinen Platz; ***chaque détail a ~ importance*** jede Kleinigkeit hat ihre Bedeutung
4. *après un indéfini* sein; ***à chacun ~ dû*** jedem das Seine; ***il faut agir selon ses possibilités*** man muss im Rahmen seiner Möglichkeiten handeln; ***nul ne sait ce que sera ~ avenir*** niemand weiß, wie seine Zukunft aussieht; niemand kennt seine Zukunft; ***c'est chacun ~ tour*** immer der Reihe nach
5. *hum* (*à lui*) sein; (*à elle*) ihr; (*qui lui est propre*) (*à lui*) sein; (*à elle*) ihr; ***il/elle nous casse les pieds avec ~ M. Dupont*** er/sie geht uns auf die Nerven mit seinem/ihrem Herrn Dupont; ***il/elle a ses petites manies*** er/sie hat so seine/ihre Eigenheiten; ***il/elle doit bien gagner ~ million par an*** er/sie verdient wohl so seine/ihre Million im Jahr; ***qn passe tout ~ dimanche à faire du bricolage*** jd verbringt den ganzen Sonntag mit Basteln; ***elle pourrait tout de même fermer sa porte*** sie könnte wenigstens die Tür hinter sich (*dat*) zumachen; ***elle a sa migraine*** sie hat [mal wieder] ihre Migräne

sonar [sɔnaʀ] *m* Echolot *nt,* Sonar[gerät *nt*] *nt*

sonate [sɔnat] *f* Sonate *f;* ***une ~ pour piano*** eine Klaviersonate; ***une ~ pour piano et violon*** eine Sonate für Klavier und Violine

sonatine [sɔnatin] *f* Sonatine *f*

sondage [sɔ̃daʒ] *m* **1.** (*enquête*) [demoskopische] Umfrage, Meinungsumfrage *f;* ~ ***d'écoute*** Hörerumfrage *f*
2. (*contrôle rapide*) Überprüfung *f,* Stichproben *pl;* ***qn fait quelques ~s dans qc*** jd überprüft etw durch Stichproben
3. MINER Sondierung *f,* Bodenuntersuchung *f;* (*forage*) Probebohrung *f*
4. NAUT Peilung *f,* Lotung *f*
5. METEO Messung *f;* ***qn effectue des ~s*** jd nimmt Messungen vor
6. MED Einführen *nt* einer Sonde; (*cathétérisme*) Katheterisieren *nt,* Einführen eines Katheters
◆ **sondage d'opinion** Meinungsumfrage *f,* demoskopische Erhebung

sonde [sɔ̃d] *f* NAUT Lot *nt,* Senkblei *nt;* (*à écho*) Echolot *nt,* Sonar *nt;* ASTRON

Sonde *f;* MED Sonde *f;* (*cathéter*) Katheter *m;* MINER, TECH Sonde *f;* (*instrument de forage*) Bohrer *m;* ***un coup de*** ~ STATIST eine Kurzumfrage, eine Stichprobe; ***qn navigue à la*** ~ jd fährt nach Echolot [*o* Sonar]; ~ ***lunaire/ spatiale/ vénusienne*** Mond-/Raum-/Venussonde; ~ ***à avalanches*** Lawinensonde; ~ ***atmosphérique*** Wettersonde, Luftsonde

sondé, e [sɔ̃de] *m, f* Befragte(r) *f(m)*

sonder <1> [sɔ̃de] *vt* **1.** STATIST ■ **qn sonde qn/qc** *des personnes, l'opinion* jd befragt jdn/jd erforscht etw; ***qn sonde l'opinion*** jd macht Meinungsumfragen
2. (*mesurer*) ■ **qn/qc sonde qc** *fonds marins, profondeur de la mer, cavité* jd/etw lotet etw aus; *l'air, l'atmosphère* jd/etw untersucht etw
3. GEOL, MINER (*analyser*) ■ **qn/qc sonde qc** *sol, terrain, glacier* jd/etw erkundet [*o* sondiert] etw
4. (*interroger insidieusement*) ■ **qn sonde qn** jd fragt [*o* horcht] jdn aus
5. MED ■ **qn sonde qc** jd sondiert etw; (*cathétriser*) jd katheterisiert etw; ■ **qn sonde qn** jd katheterisiert jdn
6. *soutenu* (*chercher à percer le mystère de*) ■ **qn/qc sonde qc** *cœur, conscience, sentiments* jd erforscht etw; *avenir* jd versucht etw zu ergründen *geh*

sondeur, -euse [sɔ̃dœʀ, -øz] **I.** *m, f* STATIST Interviewer(in) *m(f)* [ɪntɐˈvjuːɐ]
II. *m* NAUT Peilgerät *nt;* TECH Sondiergerät *nt;* ~ ***à ultrasons*** Ultraschallecholot *nt*
III. *f* TECH ■ **sondeuse** Bohrkran *m*

songe [sɔ̃ʒ] *m littér* **1.** (*rêve*) Traum *m*
2. (*rêverie*) Träumerei *f*
▸ **qn fait un** ~ jd hat einen Traum; **en** ~ im Traum

songer <2 a> [sɔ̃ʒe] **I.** *vi* **1.** (*penser*) ■ **qn songe à qn/qc** jd denkt an jdn/etw; (*réfléchir*) jd denkt über jdn/etw nach, jd überlegt sich (*dat*) etw; ***si l'on y songe*** wenn man darüber nachdenkt; ***songez-y bien*** bedenken Sie das gut, überlegen Sie es sich (*dat*) gut; ■ **qn songe à faire qc** jd denkt daran etw zu tun; ■ **qn/qc fait** ~ **qn à qn/qc** jd/etw erinnert jdn an jdn/etw; ***tu m'y feras*** ~ erinnere mich bitte daran; ■ **qn/qc fait** ~ **qn à faire qc** jd/etw erinnert jdn daran etw zu tun [*o* dass er etw tun wollte]
2. *littér* (*rêver*) ■ **qn songe** jd träumt
II. *vt* ■ **qn songe que** + *indic* jd bedenkt, dass; ***tout cela est bien étrange, songeait-il*** das ist alles sehr eigenartig, dachte er bei sich (*dat*)

songerie [sɔ̃ʒʀi] *f soutenu* (*rêverie*) Träumerei *f*

songeur, -euse [sɔ̃ʒœʀ, -ʒøz] *adj* **1.** (*perdu dans ses pensées*) nachdenklich, grüblerisch
2. (*perplexe*) ■ **qn est** [*o* **reste**] ~ jd wird nachdenklich; ■ **qc laisse** [**qn**] ~ etw stimmt [jdn] nachdenklich

sonnant, e [sɔnɑ̃, ɑ̃t] *adj* ■ **à minuit/midi ~/à 4/8/... heures ~es** Punkt [*o* Schlag] Mitternacht/12/4/8/... Uhr

sonné, e [sɔne] *adj* **1.** *fam* (*cinglé*) bescheuert *fam,* behämmert *fam,* bekloppt *fam*
2. (*annoncé par la cloche*) ■ **il est minuit/midi ~/4/8/... heures ~es** es schlägt Mitternacht/12/4/8/... Uhr, es ist Punkt 12 Uhr nachts/12/4/8/... Uhr
▸ **qc bien** ~ *fam* [gut und gerne] über etw (*dat*), jenseits einer S. (*gen*) *fam;* ***elle a cinquante ans bien ~s*** sie ist schon [gut und gerne] über Fünfzig [*o* jenseits der Fünfzig] *fam*

sonner <1> [sɔne] **I.** *vt* **1.** (*tirer des sons de*) ■ **qn sonne qc** *cloche* jd läutet etw; *clairon* jd bläst etw; ***qn sonne trois coups*** jd läutet [*o* klingelt] dreimal
2. (*annoncer*) ■ **qn/qc sonne qc** *réveil, rassemblement* (*cloche*) jd/etw läutet zu etw; (*clairon*) jd/etw bläst zu etw; /*cloche, horloge*/ *heure* etw schlägt etw; ***qn/ la sirène/ le tocsin sonne l'alarme*** jd schlägt Alarm/die Sirene heult Alarm/die Glocke läutet Alarm; ***on vient de*** ~ ***le premier coup de la messe*** es hat soeben das erste Mal zur Messe geläutet; ***qn/ qc sonne la charge/ la retraite*** jd/etw bläst zum Angriff/Rückzug
3. (*appeler*) ■ **qn sonne qn** jd läutet [*o* klingelt] jdm [*o* nach jdm]
4. *fam* (*étourdir*) ■ **qn/qc sonne qn** jd/etw macht jdn fertig *fam;* /*coup, maladie, nouvelle a.*/ etw haut jdn um *fam;* ■ [**qn est**] **sonné**(**e**) [jd ist] fertig [*o* groggy] *fam*
5. *fam* (*réprimander*) ■ **qn se fait** ~ [**par qn**] jd bekommt [von jdm] einen Rüffel [*o* eins drauf *fam*] [*o* eins aufs Dach *fam*]
▸ **on** [**ne**] **t'a pas sonné**(**e**) *fam* du hast hier gar nichts zu melden, du bist nicht gefragt
II. *vi* **1.** (*produire un son*) ■ **qc sonne** /*cloche, glas, tocsin*/ etw läutet; /*réveil, téléphone a.*/ etw klingelt; /*angélus, trompette*/ etw ertönt
2. (*produire un effet*) ■ **qc sonne d'une certaine manière** etw klingt irgendwie, etw hört sich irgendwie an; ***qc sonne bien*** etw klingt gut [*o* schön], etw hört sich gut an; ***qc sonne juste*** etw klingt echt; /*film*/ etw wirkt echt
3. (*être annoncé*) ■ **qc sonne** /*midi, minuit*/ es schlägt etw; /*récréation*/ es läutet [*o* klingelt] zu etw; /*heure, fin*/ etw schlägt, etw ist gekommen; ***quand sonne l'heure de qc*** wenn die Zeit für etw gekommen ist, wenn es Zeit für etw ist
4. (*s'annoncer*) ■ **qn sonne** [**quelque part**] jd läutet [*o* klingelt] [irgendwo]
5. (*jouer*) ■ **qn sonne de qc** *du cor, de la trompette* jd bläst [*o* spielt] etw
6. (*tinter*) ■ **qc sonne** /*monnaie*/ etw klimpert; /*clé a.*/ etw klirrt; /*marteau*/ etw klingt; ■ **qn fait** ~ **qc** jd klimpert/klirrt mit etw/lässt etw klingen
7. PHON ■ **qn fait** ~ **qc** jd spricht etw aus

sonnerie [sɔnʀi] *f* **1.** (*appel sonore*) Läuten *nt;* [*cloche a.*] Geläute *nt;* [*téléphone a.*] Klingeln *nt;* [*trompette*] Schmettern *nt*
2. (*mécanisme*) *électrique* Klingel *f;* [*pendule*] Schlag *m;* [*réveil*] Alarm *m;* (*cloches*) Geläut *nt;* ~ ***téléphonique*** Telefonklingel *f*
3. MIL Signal *nt*

sonnet [sɔnɛ] *m* Sonett *nt*

sonnette [sɔnɛt] *f* Glocke *f;* [*porte d'entrée*] Klingel *f;* (*mécanisme*) Alarmanlage *f;* ■ ~ **de** *de nuit* -glocke, -ruf *m;* ~ ***d'alarme*** Alarm[glocke] *m*
▸ **qn tire la** ~ **d'alarme** (*met en garde*) jd schlägt Alarm; ***je tire la*** ~ ***d'alarme*** ich warne dich/Sie; **qn tire les ~s** (*pour demander de l'aide*) jd ruft überall um Hilfe; (*pour s'amuser*) jd geht auf Klingelpartie

sonneur, -euse [sɔnœʀ, -øz] *m, f* Glöckner(in) *m(f);* ~(*-euse*) ***de cor*** Hornist(in) *m(f)*

sono [sɔno] *f fam abr de* **sonorisation** Verstärkeranlage *f;* [*disque*] Tonqualität *f;* (*équipe*) Tontechniker *pl*

sonore [sɔnɔʀ] *adj* **1.** (*retentissant*) *voix* sonor, klangvoll; *gifle, rire* schallend; *baiser* geräuschvoll, schmatzend
2. *onde, vibration* Schall-; *bande, effets, film, piste* Ton-; ***ambiance/ fond*** ~ Geräuschkulisse *f;* ***nuisances ~s*** Lärmbelästigung *f*
3. (*qui résonne*) *lieu, voûte* hallend
4. PHON *consonne* stimmhaft

sonorisation [sɔnɔʀizasjɔ̃] *f* **1.** CINE [*film*] Vertonung *f*
2. TECH [*salle*] Beschallung *f;* (*équipement*) Lautsprecheranlage *f,* Verstärkeranlage *f*

sonoriser <1> [sɔnɔʀize] *vt* ■ **qn sonorise qc** *film* jd vertont etw; *salle* jd beschallt etw

sonorité [sɔnɔʀite] *f* **1.** (*qualité sonore*) [*instrument, timbre, voix*] Klang[farbe *f*] *m;* [*salle*] [gute] Akustik
2. (*résonance*) Resonanz *f*
3. PHON Stimmhaftigkeit *f*

sonothèque [sɔnɔtɛk] *f* Geräuscharchiv *nt*

sonotone® [sɔnɔtɔn] *m* Hörgerät *nt*

sont [sɔ̃] *indic prés de* **être**

sophisme [sɔfism] *m* Scheinbeweis *m;* PHILOS Sophismus *m*

sophiste [sɔfist] *mf* Sophist(in) *m(f)*

sophistication [sɔfistikasjɔ̃] *f* **1.** (*perfectionnement*) hoher Entwicklungsstand; (*fonctionnalisme*) durchdachtes [*o* ausgeklügeltes] System; (*complexité*) Kompliziertheit *f,* Komplexität *f*
2. (*affectation*) Affektiertheit *f;* [*forme*] Künstelei *f;* [*manières a., beauté*] Unnatürlichkeit *f;* [*beauté*] Künstlichkeit *f*

sophistiqué, e [sɔfistike] *adj* **1.** (*perfectionné*) hoch entwickelt; (*fonctionnel a.*) durchdacht, ausgeklügelt; (*complexe*) kompliziert, anspruchsvoll; (*subtil*) raffiniert, subtil
2. (*exagérément raffiné*) gekünstelt, unnatürlich; *beauté a.* künstlich; *manières a.* affektiert; *tenue* aufwändig, raffiniert; *public, endroit, magazine* mondän; *écrivain, artiste, mise en scène* raffiniert, subtil; *argumentation* subtil, kompliziert

sophistiquer <1> [sɔfistike] **I.** *vt* (*perfectionner*) ■ **qn/qc sophistique qc** jd/etw entwickelt etw weiter, jd/etw perfektioniert etw, jd/etw macht etw vollkommener [*o* perfekter]; ***qn sophistique ses toilettes/ sa chevelure*** jd kleidet sich immer raffinierter/trägt immer raffiniertere Frisuren
II. *vpr* ■ **qc se sophistique** etw wird immer perfekter; (*en se compliquant*) etw wird immer komplexer [*o* komplizierter]

sophrologie [sɔfʀɔlɔʒi] *f autogenes Training zur Steigerung der Widerstandskraft*

soporifique [sɔpɔʀifik] **I.** *adj* **1.** PHARM schlaffördernd; ***cachet*** ~ Schlaftablette *f*
2. *hum* (*endormant*) einschläfernd, langweilig
II. *m* Schlafmittel *nt*

soprano <*s o* -ni> [sɔpʀano, ni] **I.** *m* (*voix*) Sopran[stimme *f*] *m*
II. *mf* (*chanteur*) Sopran *m;* (*femme a.*) Sopranistin *f;* (*homme a.*) Sopranist *m*

sorbet [sɔʀbɛ] *m* Sorbet *m o nt,* Sorbett *m o nt,* Fruchteis *nt*

sorbetière [sɔʀbətjɛʀ] *f* Eismaschine *f*

sorbier [sɔʀbje] *m* Eberesche *f;* ~ ***commun*** Vogelbeerbaum *m,* Vogelbeere *f;* ~ ***alisier/ cultivé*** Mehlbeere *f*/Spierling *m*

sorcellerie [sɔʀsɛlʀi] *f* **1.** (*pratiques de sorcier*) Hexerei *f,* Zauberei *f,* Hexenkunst *f*
2. *fam* (*acte/chose extraordinaire*) Hexerei *f fam,* Zauberei *f fam;* ***il n'y a pas de*** ~ ***là-dedans*** das ist kein Hexenwerk [*o* keine Hexerei] *fam;* ***c'est*** [*o* ***ça tient***] ***de la*** ~ das grenzt an Hexerei [*o* Zauberei] *fam*

sorcier, -ière [sɔʀsje, -jɛʀ] **I.** *adj* ▸ **ce n'est pas** ~ *fam* das ist kein Hexenwerk [*o* keine Hexerei] *fam*
II. *m, f* Hexe(r) *f(m);* (*homme a.*) Hexenmeister *m*
▸ **vieille** ~*ière fam* alte Hexe; **il ne faut pas être** ~ **pour faire qc** es ist kein Hexenwerk [*o* Kunststück] etw zu tun *fam;* **je ne suis pas** ~ *fam* (*ne peux pas faire*) ich kann nicht hexen *fam;* (*ne peux pas savoir*) ich kann nicht hellsehen *fam*

sordide [sɔʀdid] *adj* **1.** (*répugnant*) *quartier, ruelle* verwahrlost, verkommen, unansehnlich
2. (*ignoble*) *circonstances* scheußlich, widerwärtig; *crime, individu a.* niederträchtig, gemein; *avarice, égoïsme a.* schnöde

sordidement [sɔʀdidmɑ̃] *adv se comporter* niederträchtig, gemein, scheußlich; *agir* schnöde

sornettes [sɔʀnɛt] *fpl* leeres Gerede, dummes Zeug *fam;* ***assez de*** ~ genug geschwatzt; ***qn ne sait que débiter des ~s*** jd drischt nur leeres Stroh

sort [sɔʀ] *m* **1.** (*condition*) Schicksal *nt,* Los *nt;* (*situation*) Lage *f*
2. (*destinée*) Schicksal *nt;* ***le*** ~ ***des batailles*** das Kriegsglück; ***quel a été le*** ~ ***de qn/ qc?*** was ist aus jdm/etw geworden?; ***qn connaît le même*** ~ ***que*** jd erleidet dasselbe Schicksal wie; ***qn craint de subir le même*** ~ ***que*** jd fürchtet, dass ihm dasselbe Schicksal droht wie
3. (*hasard*) Schicksal *nt,* Zufall *m;* ***c'est le*** ~ ***qui décidera*** wir überlassen es dem Zufall; ***le*** ~ ***a tourné*** das Blatt hat sich gewendet
4. (*maléfice*) Fluch *m,* Verhängnis *nt;* ***il y a un*** ~ ***sur qc*** etw ist [wie] ver-

hext; ***qn a un*** ~ auf jdm liegt ein Fluch, jd ist verhext

▶ **mauvais** ~ Fluch *m;* ***qn conjure le mauvais*** ~ jd bricht den Bann; **qn abandonne** [*o* **laisse**] **qn à son triste** ~ jd überlässt jdn seinem Schicksal; **qn fait un** ~ **à qc** (*met en valeur*) jd rückt etw in den Mittelpunkt des Interesses; *à un livre a.* jd verhilft einer S. (*dat*) zum Durchbruch; (*en finit avec*) jd macht etw alle [*o* nieder] *fam;* **le** ~ **en est jeté** die Würfel sind gefallen; **qn jette un** ~ **à qn/sur qc** jd verhext jdn/etw, jd belegt jdn/etw mit einem Fluch; **qn tire qn/qc au** ~ jd lost jdn/etw aus; **au** ~ durch das Los, durch Auslosen

sortable [sɔʀtabl] *adj fam* vorzeigbar, herzeigbar; ■ **qn est** ~ man kann sich mit jdm sehen lassen; ***qn n'est pas*** ~ man kann sich mit jdm nirgends sehen [*o* blicken *fam*] lassen; ■ **qc est** ~ etw kann sich sehen lassen

sortant, e [sɔʀtɑ̃, ɑ̃t] **I.** *adj* **1.** (*en fin de mandat*) *liste, coalition* bisherig; *député a.* ausscheidend, mit auslaufendem Mandat; *conseiller, ministre a.* [aus dem Amt] scheidend

2. (*tiré au sort*) ausgelost; ***les numéros ~s*** die Gewinnzahlen

II. *m, f* Hinausgehende(r) *f(m);* POL Ausscheidende(r) *f(m);* (*député*) Abgeordnete(r) *f(m)* mit auslaufendem Mandat; (*ministre*) scheidender Minister/scheidende Ministerin, bisheriger Minister/bisherige Ministerin; ***les entrants et les ~s*** die Ein- und Ausgehenden

sorte [sɔʀt] *f* **1.** (*espèce*) Art *f,* Sorte *f;* ***ils n'ont plus de marchandises d'aucune*** ~ sie haben keinerlei Waren mehr; ■ ~ **de qc**: ***cette ~ de robe est démodée*** diese Art [*o* Sorte] Kleid [*o* von Kleid] ist heute aus der Mode; ***plusieurs ~s de pommes*** mehrere Apfelsorten [*o* Apfelarten], mehrere Sorten [*o* Arten] Äpfel [*o* von Äpfeln]

2. (*qui ressemble à*) ■ **une** ~ **de qn/qc** eine Art [von] … + *subst ohne art;* ***une ~ de satin/géant*** eine Art [von] Satin/Riese; ***cette ~ de médecin*** *péj* diese Sorte von Arzt [*o* Mediziner]

▶ **de toutes ~s** jeder [*o* aller] Art, alle möglichen; **toutes ~s de personnes/choses** alle Arten von Menschen/Dingen, alle möglichen Menschen/Dinge; **qn en voit de toutes ~s** jd macht eine Menge [*o* allerhand] mit; **qn fait en ~ de faire qc** jd richtet es so ein [*o* sieht zu *fam*], dass er etw tut; **qn fait en ~ que** + *subj* jd richtet es [so] ein, dass; **de la** ~ so, auf diese Art und Weise; **de ~ à faire qc** um etw zu tun; ***pourquoi n'a-t-il pas agi de ~ à se disculper?*** warum hat er nichts unternommen, um seine Unschuld zu beweisen?; **de** [**telle**] [*o* **en**] ~ **que** + *indic* (*si bien que*) so dass; so …, dass; + *subj* (*afin que*) damit; ***il parle lentement de*** [***telle***] ~ ***qu'on le comprend*** er spricht langsam, so dass man ihn versteht; ***il parle lentement de*** [***telle***] ~ ***qu'on le comprenne*** er spricht langsam, damit man ihn versteht; **en aucune** ~ in keinster Weise; **en quelque** ~ in gewisser Weise [*o* Hinsicht]

sortie [sɔʀti] *f* **1.** (*action de sortir*) [*personne*] Herauskommen *nt;* [*véhicule*] Herausfahren *nt;* (*action de quitter*) [*personne*] Hinausgehen *nt,* Verlassen *nt;* [*véhicule*] Hinausfahren *nt;* [*eaux*] Auslaufen *nt;* (*action de quitter un pays*) Ausreise *f;* (*sortie de prison, d'hôpital*) Entlassung *f;* POL, THEAT Abgang *m;* AVIAT, MIL Einsatz *m;* [*ennemi*] Angriff *m;* ~ ***des classes*** Schuljahresende *nt,* Ferienanfang *m;* ■ ~ **de** *de l'école, des bureaux* -schluss *m; du spectacle* -ende *nt; de prison, d'hôpital* Entlassung aus; *d'une localité* -ausgang *m,* -ende *nt;* AUT *de piste* Abkommen *nt* von

2. (*promenade*) Spaziergang *m;* [*pensionnaire*] Ausgang *m;* (*en voiture, à bicyclette*) Spazierfahrt *f,* Tour *f fam;* (*excursion*) Ausflug *m;* SCOL Exkursion *f;* ***une petite ~ ne nous fera pas de mal*** ein kleiner Spaziergang kann uns nicht schaden; ***il fait sa première ~ depuis sa maladie*** er verlässt das erste Mal seit seiner Krankheit wieder das Haus

3. (*lieu par où l'on sort*) Ausgang *m;* [*autoroute, camions, garage*] Ausfahrt *f;* ***la ~ des artistes*** der Künstlereingang; ***les ~s de Paris*** die Ausfallstraßen von Paris; ***à la ~ des ateliers/ de l'usine*** am Werkstor; ■ ~ **de** *d'autoroute, de camions, garage* -ausfahrt *f; d'école* -ausgang *m; d'égout* -mündung *f,* Mündung *f* (+ *gen*); ~ ***de camions*** (*devant usine*) Werksausfahrt; (*devant chantier*) Baustellenausfahrt; ~ ***d'école*** [Vorsicht] Schule; ~ ***de garage*** Ausfahrt freihalten

4. (*parution*) Erscheinen *nt;* [*disque, roman a.*] Veröffentlichung *f;* [*nouveau modèle, véhicule*] Herauskommen *nt;* [*film*] Anlaufen *nt;* ***la ~ du nouveau film est prévue pour le mois prochain*** der neue Film soll nächsten Monat anlaufen [*o* in die Kinos kommen]; ***la ~ de cette voiture électrique est prévue pour l'année prochaine*** das Elektroauto soll nächstes Jahr herauskommen [*o* auf den Markt kommen]

5. *fam* (*colère*) [Wut]ausbruch *m,* Anfall *m*

6. (*exportation*) [*marchandises*] Ausfuhr *f,* Export *m;* [*capitaux, devises a.*] Abfluss *m*

7. (*dépense*) Ausgabe *f*

8. INFORM (*exit*) Ausgang *m;* (*output*) Ausgabe *f;* (*édition*) Ausdruck *m;* ~ ***sur imprimante*** Ausdruck; ~ ***vocale*** Ausgabestelle *f* für akustische Signale

9. SPORT [*ballon*] Aus *nt;* [*gardien*] Herauslaufen *nt;* ***la ligne de*** ~ Seiten[aus]linie *f;* ~ [***de but***] Torlinie *f*

10. (*échappatoire*) Ausweg *m;* ***qn se ménage une*** ~ jd hält sich (*dat*) einen Ausweg offen

▶ **une fausse** ~ THEAT ein vorgetäuschter Abgang; ***qn fait une fausse*** ~ jd täuscht einen Abgang vor; jd tut so, als wolle er abgehen [*o* als ob er abgehen wolle]; POL jd tut so, als wolle er sich zurückziehen; ***ce n'était qu'une fausse*** ~ es war alles nur Theaterdonner; **qn attend qn à la** ~ *fam* jd kriegt jdn schon noch [beim Wickel [*o* dran]] *fam;* **qn est de** ~ (*ne travaille pas*) jd hat frei; (*est sorti*) jd ist aus[gegangen] [*o* weg[gegangen]]; **qn fait une** ~ [**à qn**] *fam* jd wird [jdm gegenüber] ausfällig; **à la** ~ [**de qc**] nach etw; ***à la ~ de l'école*** nach der Schule; ***à la ~*** [***du magasin/ de l'usine/ du bureau …***] nach Feierabend, nach der Arbeit; ***à la ~ de l'usine/ des ateliers*** bei Betriebsschluss/Arbeitsende; ***à la ~ de l'école/ du spectacle*** nach der Schule/Vorstellung, nach Schulschluss/Vorstellungsende; ***à la ~ de l'hiver*** am Winterende; **à la** ~ [**de qn**] bei jds Weggehen; ***je l'ai saisi au vol à sa ~ de chez lui*** ich habe ihn abgefangen, als er wegging; ich habe ihn beim Weggehen abgefangen; **de** ~ *tenue, uniforme* Ausgeh-

◆ **sortie de bain** Bademantel *m;* **sortie de secours** Notausgang *m*

sortilège [sɔʀtilɛʒ] *m* (*maléfice*) Zauber *m kein pl;* (*moyen*) Zaubermittel *nt;* (*acte de sorcellerie*) Zauberei *f;* ***qn se débarrasse du ~ de qn*** jd entzieht sich jds Bann (*dat*); ***par quel ~ s'est-il retrouvé directeur?*** durch welches Wunder [*o* wie zum Teufel *fam*] ist er bloß Direktor geworden?

sortir <10> [sɔʀtiʀ] **I.** *vi* + *être* **1.** ■ **qn/un animal sort** (*partir*) jd/ein Tier geht hinaus [*o* raus *fam*]; (*venir*) jd/ein Tier kommt heraus [*o* raus *fam*]; ■ **qn/un animal sort de qc** (*quitter*) jd/ein Tier geht aus etw [*o* verlässt etw]; (*venir*) jd/ein Tier kommt aus etw; ***qn sort par la fenêtre*** jd steigt [*o* klettert] aus dem [*o* durchs] Fenster; ***à quelle heure sors-tu*** [***du bureau***]? um wie viel Uhr hast du Feierabend [*o* verlässt du das Büro] [*o* gehst du aus dem Büro [weg]]?; ***les élèves sortaient de l'école en chantant*** die Kinder verließen singend die Schule/kamen singend aus der Schule; ***le chien en a profité pour*** ~ dabei ist der Hund [nach draußen] entwischt; ***qn sort du lit*** jd steigt/kommt aus dem Bett; ***qn sort de chez qn*** jd geht bei jdm weg; ***qn vient justement de ~ d'ici*** jd ist gerade weggegangen; ***qn est sorti(e) de prison*** jd ist aus dem Gefängnis entlassen worden, jd kommt aus dem Gefängnis; ***qn sort de chez le coiffeur*** jd kommt [gerade] vom Friseur; [***mais***] ***d'où sors-tu?*** woher kommst du denn?, wo kommst du denn her *fam*?; ■ **qc sort de qc** (*venir*) etw kommt aus etw; (*quitter*) etw verlässt etw; /*voiture*/ etw fährt aus etw; *de la piste, route* etw kommt von etw ab; *des rails, des gonds* etw springt aus etw; ***la rivière sort de son lit*** der Fluss tritt über die Ufer; ***qc ne sort pas de la famille*** etw bleibt in der Familie; ■ **qn fait** ~ **qn/un animal** jd schickt jdn/ein Tier hinaus, jd fordert jdn auf hinauszugehen; ■ **qc fait** ~ **qn/un animal** etw treibt jdn/ein Tier hinaus; ■ **qn fait** ~ **qn/un animal de qc** jd schickt jdn/ein Tier aus etw, jd fordert jdn auf etw zu verlassen; ■ **qc fait** ~ **qn/un animal de qc** etw treibt jdn/ein Tier aus etw; ■ **qn laisse** ~ **qn/un animal** jd lässt jdn weg[gehen]/ein Tier hinaus [*o* raus *fam*]; ■ **qn laisse** ~ **qn/un animal de qc** jd lässt jdn/ein Tier aus etw; ■ **en sortant de qc** nach etw; ***en sortant du théâtre*** nach dem Theater

2. (*quitter son domicile*) ■ **qn/un animal sort** jd/ein Tier geht weg, jd geht aus dem Haus; ***qn sort de chez lui*** jd geht/kommt aus dem Haus; ***qn ne sort plus beaucoup*** jd geht nicht mehr viel weg [*o* aus dem Haus]; ■ **qn sort faire qc** jd geht etw tun; ***qn sort faire les courses*** jd geht einkaufen [*o* zum Einkaufen]; ***qn sort un peu prendre l'air*** jd geht ein bisschen an die [frische] Luft [*o* ein bisschen [frische] Luft schnappen *fam*]; ■ **qn fait** ~ **qn/un animal** jd geht mit jdm/einem Tier hinaus [*o* ins Freie] [*o* raus *fam*], jd geht mit jdm an die [frische] Luft/führt ein Tier aus; ■ **qn laisse** ~ **qn/un animal** jd lässt jdn/ein Tier hinaus [*o* ins Freie] [*o* raus] *fam*

3. (*se divertir*) ■ **qn sort** jd geht aus [*o* weg *fam*]; ***qn sort en boîte/ en ville*** jd geht in die Disko/in die Stadt

4. *fam* (*avoir une relation amoureuse avec*) ■ **qn sort avec qn** jd ist mit jdm zusammen [*o* befreundet], jd geht mit jdm *fam*

5. (*en terminer avec*) ■ **qn/qc sort de qc** *d'embarras, une période difficile* jd/etw überwindet etw, jd/etw kommt aus etw heraus, jd/etw lässt etw hinter sich (*dat*); *de l'hiver* jd/etw hat gerade etw hinter sich (*dat*); /*personne*/ *d'un mauvais pas* jd erholt sich von etw; *de son calme* jd verliert etw; *de son indifférence* jd schüttelt etw ab; *d'un séjour* jd hat gerade etw hinter sich (*dat*); [**qn est**] ***à peine sorti(e) de convalescence*** [jd ist noch] kaum genesen, jd ist gerade erst wieder gesund; ***qn n'est pas encore sorti(e) d'embarras*** [*o* ***de l'auberge***] jd ist noch nicht aus dem Schneider [*o* überm Berg]; ***elle est enfin sortie de cette période difficile*** sie hat endlich diese schwierige Phase hinter sich (*dat*); ■ **qn sort de faire qc** *fam* jd hat gerade etw getan; ***qn sort de prendre sa douche*** jd hat gerade geduscht, jd kommt gerade vom Duschen

6. (*être tel après un événement*) ■ **qn sort … de qc** jd geht aus etw … hervor; ***qn sort victorieux(-euse)*** [*o* ***vainqueur***]/***vaincu(e) de qc*** jd geht siegreich [*o* als Sieger]/als Verlierer aus etw hervor; ***qn est sorti(e) grandi(e) de qc*** jd ist an etw (*dat*) gewachsen; ***il n'est pas sorti grandi de cette affaire*** die Angelegenheit hat ihm eher geschadet [*o* nicht gerade genützt]; ***qn est sorti(e) diminué(e) de qc*** jd hat bei etw Federn lassen müssen; ***qn sort indemne d'un accident*** jd hat einen Unfall unverletzt überstanden; ***qn est sorti(e) deuxième d'un concours*** jd ist bei einem Wettbewerb Zweite(r) geworden

7. (*faire saillie*) ■ **qc sort** [**de qc**] etw steht [aus etw] vor; (*en haut*) etw ragt aus etw, etw schaut [aus etw] heraus; (*en bas*) etw schaut [unter etw (*dat*)] hervor; ■ **qc est sorti(e) de qc** /*joint*/ etw ragt [*o* schaut] aus etw heraus; /*curseur*/ etw ist aus etw herausgesprungen; ***les yeux lui sortaient de la tête*** ihm/ihr fielen fast die Augen aus dem Kopf

8. COM ■ **qc sort quelque part** [**de quelque part**] /*marchandises*/ etw wird [von irgendwo] irgendwohin ausgeführt [*o* exportiert], etw geht [von irgendwo] irgendwohin *fam;* /*capitaux, devises a.*/ etw fließt [von irgendwo] irgendwohin ab; ***les devises ne doivent pas ~ de nos frontières*** es dürfen keine Devisen ausgeführt [*o* exportiert] werden

9. (*s'écarter*) ■ **qn/qc sort de qc** *du sujet, de la question* jd/etw kommt von etw ab; *de la légalité* jd/etw verlässt den Boden einer S. (*gen*); *des règles* jd/etw hält sich nicht an etw (*akk*); *des compétences* etw übersteigt etw, etw fällt nicht in etw (*akk*); ***qc sort de l'ordinaire*** etw fällt aus dem Rahmen [des Üblichen], etw ist etwas Außergewöhnliches; ***ça m'était complètement sorti de l'esprit*** das war mir völlig entfallen; ***cela sort de ma compétence*** (*responsabilité*) dafür bin ich nicht zuständig; (*connaissances*) da kenne ich mich nicht aus; ***qn sort de son rôle*** jd überschreitet seine Kompetenzen; jd mischt sich in Dinge ein, die ihn nichts angehen; ■ **qc sort** SPORT etw geht ins Aus; ***qc sort en touche*** etw geht ins Seitenaus; ■ **qc est sorti(e)** etw ist im Aus; ***qc est sorti(e) en touche*** etw ist im Seitenaus

10. (*être issu de*) ■ **qn/un animal sort de qc** jd/ein Tier stammt [*o* kommt] aus etw; /*personne*/ *d'une école* jd kommt von etw, jd hat etw besucht; ***les enfants qui sortent du peuple*** die Kinder aus dem Volk; ***qn vient de*** ~

d'une école jd hat gerade eine Schule abgeschlossen

11. (*apparaître*) ■ **qc sort [de qc]** etw kommt heraus/aus etw; */blé, bourgeons, plante a./* etw sprießt [aus etw]; */dent/* etw bricht durch

12. (*paraître*) ■ **qc sort [quelque part]** etw kommt [irgendwo] heraus; */nouveau modèle, voiture a./* etw kommt auf den Markt; */disque, livre a./* etw erscheint; */film a./* etw läuft [irgendwo] an; ***vient de*** ~ soeben erschienen, Neuerscheinung *f*; ***ce nouveau film sortira sur les écrans dès la semaine prochaine*** dieser neue Film kommt schon nächste Woche in die Kinos

13. JEUX ■ **qc sort** */numéro/* etw fällt, etw gewinnt; */couleur/* etw kommt heraus, etw wird ausgespielt; ***mon numéro est sorti*** meine Nummer ist gezogen worden [*o* hat gewonnen]

14. (*résulter de*) ■ **qc sort de qc** etw kommt bei etw heraus

▸ **il n'y a pas à ~ de là** daran gibt es nichts zu rütteln, daran führt kein Weg vorbei; **[mais] d'où tu sors?** *fam* du lebst wohl hinter [*o* auf] dem Mond? *fam*; **qn n'en sort pas** jd sieht kein Land *fam*, jd schafft es nicht

II. *vt + avoir* **1.** (*mener dehors*) ■ **qn sort qn/un animal** jd führt jdn/ein Tier aus, jd geht mit jdm/einem Tier hinaus [*o* raus *fam*]; ■ **qn sort qc** jd bringt etw hinaus [*o* raus *fam*]; ■ **qn sort qc quelque part** jd bringt etw irgendwohin; ***qn sort les fauteuils dans le jardin*** jd bringt [*o* stellt] [*o* trägt] die Sessel in den Garten; ■ **qc sort qn** durch etw kommt jd auch mal raus *fam*; ***ça vous sortira*** so kommen Sie auch mal raus *fam*, das wäre mal eine Abwechslung für Sie

2. (*expulser*) ■ **qn sort qn** jd wirft jdn hinaus [*o* raus *fam*]

3. (*libérer*) ■ **qn sort qn/qc de qc** jd holt jdn/etw aus etw; *personne a.* jd befreit jdn aus etw; *d'un mauvais pas, d'une situation compliquée* jd hilft jdm über etw (*akk*) hinweg; *d'un travail* jd lenkt jdn von etw ab, jd holt jdn von etw weg; *d'une mauvaise habitude* jd gewöhnt jdm etw ab; *d'un jeu* jd lenkt jdn von etw ab, jd unterbricht jdn bei etw; ***qc sort qn de l'ordinaire*** etw ist für jdn eine Abwechslung

4. ■ **qn sort qc [de qc]** (*retirer d'un lieu*) jd holt etw [heraus [*o* raus *fam*]], jd holt etw aus etw; (*prendre dans*) jd nimmt etw heraus [*o* raus *fam*], jd nimmt etw aus etw; (*aller chercher*) jd holt [*o* zieht] etw [her]vor [*o* heraus]; ***qn n'arrive pas à ~ qc*** jd bekommt etw nicht heraus, jd kriegt etw nicht raus *fam*; ***sors tes mains de tes poches*** nimm die Hände aus den Taschen; ***il a sorti tous ses disques de jazz*** er hat alle seine Jazzplatten [her]vorgeholt; ***il faut bientôt ~ les gros pulls*** bald muss man wieder die dicken Pullis [her]vorholen

5. (*extraire*) ■ **qn fait ~ qc de qc**: ***qn fait ~ du jus d'un fruit*** jd presst eine Frucht aus, jd entsaftet eine Frucht; ***qn fait ~ le pus d'un abcès*** jd holt den Eiter aus dem Abszess

6. COM ■ **qn sort qc** *marchandises* jd führt etw aus; *drogue a.* jd schmuggelt etw; ***qn sort qc en fraude*** jd schmuggelt etw ins Ausland [*o* außer Landes]; ■ **qn fait ~ qc [de qc]** jd führt etw [aus etw] aus; (*en fraude*) jd schmuggelt etw [aus etw]

7. (*lancer*) ■ **qn/qc sort qc** *film* jd bringt etw heraus; *disque, livre a.* jd veröffentlicht etw; *nouveau modèle, véhicule a.* jd bringt etw auf den Markt

8. *fam* (*débiter*) ■ **qn sort qc** *âneries, sottises* jd gibt etw von sich, jd lässt etw los *fam*; ■ **qn sort qc à qn** jd erzählt jdm etw, jd tischt jdm etw auf; ***il nous en a sorti une bien bonne*** er hat uns einen guten Witz erzählt; ***qu'est-ce qu'il va encore nous ~?*** was lässt er wohl als Nächstes los? *fam*

9. *fam* (*éliminer*) ■ **qn sort qn** jd wirft jdn aus dem Wettbewerb [*o* dem Rennen *fam*]; ■ **qn se fait ~ [par qn]** jd scheidet [gegen jdn] aus

10. *fam* (*tirer*) ■ **qn sort qc** *numéro, carte* jd zieht etw

11. *fam* (*rendre public*) ■ **qn sort qc** *affaire, scandale* jd macht etw publik, jd bringt etw an die Öffentlichkeit

III. *vpr + être* ■ **qn se sort de qc** *d'un travail* jd wird mit etw fertig, jd schafft etw *fam*; *d'une situation, d'un piège, imbroglio* jd kommt aus etw heraus; ***comment voulez-vous que je me sorte de ce pétrin?*** wie komme ich nur aus dem Schlamassel heraus? *fam*

▸ **qn s'en sort** (*réussit*) jd schafft es *fam*, jd kommt zurecht [*o* klar *fam*]; (*échappe à un danger, un ennui*) jd kommt noch einmal davon; (*survit*) jd kommt mit dem Leben davon, jd kommt durch *fam*; ***je ne m'en sors pas*** ich schaffe es nicht [*o* komme damit nicht klar]; ***je m'en sors plus*** mir steht's bis hier; ***il s'en est sorti avec une amende*** er ist mit einer Geldstrafe davongekommen

IV. *m* ▸ **au ~ de qc** (*à la fin de*) gegen Ende einer S. (*gen*), gegen -ende; (*à la sortie de*) beim Verlassen einer S. (*gen*); *d'une réunion a.* am Ende einer S. (*gen*); ***au ~ du lit*** beim Aufstehen; ***à peine au ~ de l'enfance*** kaum den Kinderschuhen entwachsen

S.O.S. [ɛsoɛs] *m* **1.** SOS *nt*

2. ■ **~ qn/qc** Hilfe *f* für jdn/bei etw; **~ *dépannage/médecins*** Pannendienst *m* [*o* Pannenhilfe *f*]/medizinischer Not[fall]dienst; **~ *Racisme*** *franz. Organisation gegen Rassismus*

▸ **qn envoie [*o* lance] un ~ [à qn]** jd funkt [jdm] SOS, jd sendet einen SOS-Ruf [an jdn]; *fig a. fam* jd lässt einen Hilferuf [an jdn] los *fam*

sosie [sɔzi] *m* Doppelgänger(in) *m(f)*

sot, te [so, sɔt] **I.** *adj* dumm, blöd[e]; *comportement, réflexion a.* töricht

II. *m, f littér* Dummkopf *m*, Narr/Närrin *m/f geh*

sottement [sɔtmɑ̃] *adv* dummerweise

sottise [sɔtiz] *f* **1.** (*acte sot*) Dummheit *f*, Blödsinn *m kein pl*; ***qn fait* [*o commet*] *une* ~** jd macht [*o* begeht *geh*] eine Dummheit; ***il n'en est pas à une ~ près*** er ist für jede Dummheit [*o* jeden Blödsinn] gut

2. ∅ (*caractère sot*) Dummheit *f*, Blödheit *f*; ***qn a eu la ~ de faire qc*** jd war so dumm [*o* blöd[e]] etw zu tun

3. (*parole niaise*) Dummheit *f*, dummes Zeug *fam*; ***qn dit une ~/des ~s*** jd erzählt dummes Zeug/Dummheiten

sottisier [sɔtizje] *m* Stilblütensammlung *f*

sou [su] *m* **1.** *pl fam* (*argent*) Geld *nt*, Kröten *pl fam*, Mäuse *pl fam*; ***qn compte ses ~s*** jd sieht nach, ob er genügend Geld [*o* Mäuse *fam*] hat; (*est avare*) jd dreht jeden Groschen [*o* Pfennig] dreimal um

2. HIST (*pièce de monnaie*) Sou *m* (*alte frz. Geldmünze*)

▸ **qn s'embête à cent ~s de l'heure** *fam* jd langweilt sich zu Tode *fam*; **qn n'a pas un ~ de monnaie** *fam* jd hat keinen Pfennig Kleingeld; **qn n'a pas un ~ en poche** *fam* jd hat keinen Pfennig [Geld] in der Tasche [*o* bei sich]; **qn dépense jusqu'à son dernier ~** *fam* jd gibt seinen letzten Pfennig her; **qn dépense qc jusqu'à son dernier ~** jd verschleudert etw bis auf den letzten Pfennig [*o* Heller]; **qn n'a pas [pour] deux ~s [*o* un ~] de qc** *fam*: ***qn n'a pas pour deux ~s de jugeote*** jd hat nicht für fünf Pfennig Verstand; ***qn n'a pas pour deux ~ de méchanceté*** jd kann keiner Fliege etwas zuleide tun; **qn n'est pas qc pour deux ~s [*o* un ~]** *fam*: ***il n'est pas rigolo pour deux ~s*** er ist kein bisschen lustig; ***elle n'est pas embêtante pour deux ~s*** sie stört kein bisschen [*o* nicht die Bohne *fam*] [*o* nicht die Spur *fam*]; **gros ~s** *fam* das große Geld, die große Kohle *fam*; ***il est question de gros ~s*** es geht ums große Geld [*o* um die große Kohle *fam*]; ***c'est une question de gros ~s*** da geht's um viel Geld [*o* Kohle *fam*], da geht's ums große Geld [*o* um die große Kohle *fam*]; ***parlons gros ~s*** reden wir mal ernsthaft über Geld [*o* die Kohle *fam*]; **comme un ~ neuf** *fam* blitzsauber, wie aus dem Ei gepellt; ***qc brille comme un ~ neuf*** etw ist blitzblank; ***qn est beau comme un ~ neuf*** jd ist zum Anbeißen [*o* Fressen] schön; **qn n'a pas le premier ~ de qc** *fam* jd hat nicht das notwendige [*o* nötige] Kleingeld für etw; **de quatre ~s** *fam* billig, für fünf Pfennig; **qn n'a pas un ~ vaillant** jd hat keinen Pfennig [*o* roten Heller] mehr; **qn n'a pas le ~** *fam* jd hat keinen Pfennig Geld, jd ist blank *fam*; **un ~ [c']est un ~** *fam* wer den Pfennig nicht ehrt[, ist des Talers nicht wert] *prov*; ***avec lui un ~ est un ~*** für ihn zählt jeder Pfennig; **qn est près de ses ~s** *fam* jd dreht jeden Pfennig dreimal [*o* zigmal] um, jd schaut auf den Pfennig; **qn est sans le ~** *fam* jd steht ohne einen Pfennig [Geld] da, jd ist blank *fam*; **ça en fait des ~s** *fam* das ist ein ganzer Haufen [*o* Batzen] Geld *fam*; **~ par [*o* après] [*o* à] ~** *fam* Pfennig für Pfennig; ***qn économise qc ~ par ~*** jd spart sich (*dat*) etw Pfennig für Pfennig zusammen; **sans un ~** *fam* ohne einen Pfennig [Geld]; ***qn est sans un ~*** jd steht ohne einen Pfennig [Geld] da

soubassement [subasmɑ̃] *m* CONSTR Sockel *m*; GEOL Grundgebirge *nt*

soubresaut [subʀəso] *m* **1.** (*cahot*) [*véhicule*] Satz *m*; [*cheval*] Sprung *m*; POL, ECON Erschütterung *f*; ***mon cheval fit un ~*** mein Pferd scheute plötzlich

2. (*tressaillement*) Zuckung *f*; [*agonie a.*] Krampf *m*; ***qn a un ~ de qc*** jd fährt [*o* zuckt] vor etw (*dat*) zusammen

soubrette [subʀɛt] *f* [Kammer]zofe *f*

souche [suʃ] *f* **1.** BOT [Baum]stumpf *m*, [Baum]strunk *m*; **~ *de vigne*** Weinstock *m*, Rebstock *m*

2. (*famille*) Ursprung *m*, Herkunft *f*, Wurzeln *pl*; LING Wurzel *f*; BIO Stamm *m*; ***qn est de la ~ des Bourbons*** jd stammt von den Bourbonen ab; ***qn est de ~ paysanne*** jd stammt aus einer Bauernfamilie, jd stammt von Bauern ab, jd ist bäuerlicher Herkunft; ***qc est de ~ grecque*** etw ist griechischen Ursprungs; ***une langue est sortie de la ~ indo-européenne*** eine Sprache stammt aus der indoeuropäischen Sprachfamilie, eine Sprache ist indoeuropäischen Ursprungs

3. (*talon*) Kontrollabschnitt *m*

4. (*partie de cheminée*) Schornstein[kopf *m*] *m*, Kamin[kopf *m*] *m*

▸ **de vieille ~** aus einer alten Familie; ***une famille de vieille ~*** ein altes Geschlecht; **qn dort comme une ~** jd schläft wie ein Stein; **qn fait ~** jd gründet eine Familie; **qn reste [planté(e)] comme une ~** jd steht da wie angewurzelt; **à ~s** Abriss-; ***carnet à ~s*** Abrissheft *nt*, Block *m*; **de ~** der Herkunft nach, von Geburt; ***les Marseillais de ~*** die alteingesessenen Marseiller

souci[1] [susi] *m* **1.** *souvent pl* (*inquiétude*) Sorge *f*, Kummer *m kein pl*; ***sans ~*** ohne Sorgen [*o* Kummer], sorgenfrei, unbesorgt; ***qn n'a qu'un ~ [en tête]*** jd hat nur eine Sorge; ***aucun ~ pour l'avenir*** keine Zukunftsängste [*o* Zukunftssorgen]; ■ **~ de**: ***des ~s d'argent*** Geldsorgen *pl*; ***des ~s de carrière*** Sorgen *pl* mit dem beruflichen Weiterkommen

2. (*préoccupation*) Sorge *f*, Anliegen *nt*; ***mon premier ~ en arrivant dans la ville*** das Erste, was ich bei Ankunft in der Stadt tat; ***mon premier ~, c'est de trouver un travail*** meine Hauptsorge ist es, Arbeit zu finden

3. (*respect*) ■ **~ de qc** *de la réalité, vérité, justice, perfection* Sorge *f* um etw, Bemühen *nt* [*o* Bemühung *f*] um etw; ■ **~ de faire qc** Bemühen [*o* Bemühung] etw zu tun

▸ **qn a des ~s** jd hat Sorgen [*o* Kummer]; **qn a [le] ~ de qc** je bemüht sich um etw; **qn a [le] ~ de faire qc** jd bemüht sich darum [*o* gibt sich (*dat*) Mühe], etw zu tun; **qn se fait du ~ [pour qn/qc]** jd macht sich (*dat*) Sorgen [um jdn/wegen etw]; **qn/qc fait faire du ~ à qn** jd/etw macht [*o* bereitet] jdm Sorgen [*o* Kummer]; **dans le ~ de faire qc** um etw zu tun; **dans un ~ de qc, par ~ de qc** *de vérité, transparence, perfection* im Bemühen um etw; *d'égalité* wegen etw, aus Gründen einer S. (*gen*)

souci[2] [susi] *m* BOT Ringelblume *f*; **~ *sauvage/officinal*** Acker-/Gartenringelblume; **~ *d'eau* [*o des marais*]** Sumpfdotterblume *f*

soucier <1 a> [susje] *vpr* ■ **qn se soucie de qn/qc** jd kümmert sich um jdn/etw; *d'une personne, de la nourriture a., de l'avenir* jd sorgt für jdn/etw; *de l'opinion, de la vérité a., de la signification* jd/etw fragt nach etw; *de l'heure* jd achtet auf etw (*akk*); ***sans se ~ des voitures*** ohne auf die Autos zu achten; ■ **qn se soucie de faire qc** jd ist bestrebt [*o* darauf bedacht], etw zu tun

soucieux, -euse [susjø, -jøz] *adj* **1.** (*inquiet*) *personne* besorgt; *air, ton a.* sorgenvoll

2. (*préoccupé*) ■ **[qn est] ~ de qn/qc** *d'une personne, de l'avenir* [jd ist] um jdn/etw besorgt, jd sorgt für jdn/etw; *de l'opinion, la vérité* [jd ist] auf etw (*akk*) bedacht; *de l'heure, l'opinion, la vérité* jd achtet auf etw (*akk*); ■ **[qn est] ~ de faire qc** in dem Bestreben etw zu tun; [jd ist] bestrebt [*o* darauf bedacht], etw zu tun; ***[qn est] peu ~ de faire qc*** [jd ist] wenig daran interessiert, etw zu tun; jdm liegt wenig daran, etw zu tun; ***des jeunes ~ de s'informer*** Jugendliche, die sich informieren wollen; ■ **~ que** + *subj* darauf bedacht, dass; ***qn est peu/ n'est nullement ~ que*** + *subj* es kümmert jdn wenig/überhaupt nicht, ob

soucoupe [sukup] *f* Untertasse *f*
► ~ **volante** fliegende Untertasse

soudage [sudaʒ] *m* TECH Schweißen *nt;* (*brasure*) Löten *nt;* ~ ***à l'arc électrique*** Elektroschweißen, Lichtbogenschweißen

soudain, e [sudɛ̃, ɛn] **I.** *adj événement* unerwartet, plötzlich; *geste a.* abrupt, unvermittelt; *sentiment* jäh; ***ce fut très ~*** es kam völlig unerwartet
II. *adv* plötzlich, auf einmal, mit einem Mal

soudainement [sudɛnmɑ̃] *adv* plötzlich, unvermittelt; *bouger, se lever a.* abrupt

soudaineté [sudɛnte] *f* Plötzlichkeit *f;* [*geste a.*] Abruptheit *f;* ***la ~ de ton revirement*** dein plötzlicher [*o* abrupter] Meinungswechsel

soudard [sudaʀ] *m* brutaler Soldat; *pl* Soldateska *f*

soude [sud] *f* Soda *f o nt,* Natriumkarbonat *nt;* ~ [***caustique***] kaustische Soda, Ätznatron *nt,* Natriumhydroxid *nt*

souder <1> [sude] **I.** *vt* **1.** TECH ■ **qn soude qc** jd schweißt etw; ■ **qn soude des choses** jd verschweißt Dinge, jd schweißt Dinge zusammen; (*braser*) jd verlötet Dinge, jd lötet Dinge zusammen
2. (*réunir*) ■ **qn/qc soude des personnes** jd/etw schweißt Menschen zusammen; ■ **des personnes sont** [*o* **restent**] **soudé(e)s** Menschen halten fest zusammen, Menschen halten zusammen wie Pech und Schwefel *fam*
3. (*attacher*) ■ [**qn/qc est**] **soudé(e) quelque part** [jd/etw ist] irgendwo verwurzelt; ***qn reste le derrière soudé sur la chaise*** jd bleibt wie angenagelt sitzen; ***qn a les pieds soudés au plancher*** jd steht da wie angewurzelt [*o* angenagelt] [*o* festgenagelt]
4. MED ■ **qn soude qc:** ***pour ~ les deux parties de l'os*** damit die beiden Knochenteile wieder zusammenwachsen
5. ANAT, BOT ■ **qc est soudé(e)** etw ist zusammengewachsen
II. *vpr* ■ **des choses se soudent** Dinge wachsen zusammen

soudeur, -euse [sudœʀ, -øz] *m, f* Schweißer(in) *m(f)*

soudoyer <6> [sudwaje] *vt péj* ■ **qn soudoie qn** jd kauft [*o* bezahlt] jdn; *assassin a.* jd dingt jdn; (*corrompre a.*) jd besticht jdn

soudure [sudyʀ] *f* **1.** (*action*) Schweißen *nt;* (*brasure*) Löten *nt;* (*substance*) Lot *nt;* ~ ***autogène/ électrique/ à l'arc*** Autogen-/Induktions-/Lichtbogenschweißen; ~ ***à chaud*** Feuerschweißen; ~ ***à froid*** Kaltpressschweißen
2. (*résultat*) Schweißnaht *f;* (*brasure*) Lötstelle *f*
3. [*os*] (*action*) Zusammenwachsen *nt;* (*résultat*) Verwachsung *f,* zusammengewachsene Bruchstelle; [*os du crâne*] Naht[stelle *f*] *f;* BOT [*pétales*] Verwachsung *f*
4. (*liaison*): ***qn/ qc assure la ~ avec qn/ entre qc et qc*** jd/etw ermöglicht einen nahtlosen Übergang zu jdm/zwischen etw (*dat*) und etw (*dat*)
► **qn/qc fait la ~** [**avec qc**] jd/etw überbrückt die [Zeit]spanne [mit etw]

soufflage [suflaʒ] *m* TECH Glasbläserei *f;* [*verre*] Blasen *nt;* ***qn pratique le ~ du verre*** jd stellt mundgeblasenes Glas her

soufflant, e [suflɑ̃, ɑ̃t] **I.** *adj* TECH: ***machine ~e*** Gebläse *nt;* ***brosse à cheveux ~e*** Föhnbürste *f*
II. *f* TECH ■ **soufflante** Gebläse *nt*

souffle [sufl] *m* **1.** (*expiration*) Blasen *nt,* Pusten *nt fam;* (*respiration*) Atmen *nt;* (*capacité pulmonaire*) Atem *m,* Atmung *f;* ***d'un unique ~ il avait éteint les bougies*** er hatte alle Kerzen auf einmal ausgeblasen; ***qn reprend son ~*** (*respirer*) jd holt [*o* schöpft *geh*] Atem [*o* Luft]; (*se calmer*) jd atmet tief durch, jd kommt wieder zu Atem; [***qn arrive***] ***le ~ haletant*** [jd kommt] keuchend [an], jd kommt angekeucht *fam;* ***qn a du ~*** jd hat Kondition [*o* Puste *fam*]; ***il faut du ~*** man braucht einen guten Atem, man braucht Puste *fam;* ***qn manque de ~*** jd ist außer Atem [*o* atemlos] [*o* aus der Puste *fam*]; ***qn perd le ~*** jd kommt außer Atem [*o* aus der Puste *fam*]; [***qn/ qc est***] ***à bout de ~*** [jd/etw ist] am Ende; /*personne a.*/ [jd ist] außer Atem [*o* aus der Puste *fam*] [*o* am Ende seiner Kräfte]
2. (*déplacement d'air*) ■ **~ de qc** *d'une explosion* Druckwelle *f* einer S. (*gen*); *d'un incendie* Sog *m* einer S. (*gen*); *d'un ventilateur* Wind *m* [*o* Luftzug *m*] einer S. (*gen*); ***le ~ des incendies*** der Feuersturm
3. (*vent*) Wehen *nt;* ~ ***du vent*** Wind[hauch *m*] *m;* ~ ***d'air*** Lufthauch, Luftzug *m;* ***au moindre ~*** beim geringsten [*o* kleinsten] [Luft]hauch [*o* Windhauch]; ***il n'y a pas un ~*** [***d'air/ de vent***] es regt sich kein Lüftchen; ***on entendait le ~ du vent dans le feuillage*** man hörte den Wind in den Blättern [rauschen] [*o* das Rauschen des Windes in den Blättern]
4. (*vitalité*) Energie *f,* Tatkraft *f,* Schwung *m;* (*persévérance*) Durchhaltevermögen *nt,* Stehvermögen *nt;* (*mouvement créateur*) [*histoire*] Atem *m;* [*génie*] Hauch *m;* [*écrivain, poète*] Schaffenskraft *f,* schöpferische Kraft; [*œuvre*] Schwung *m,* zündender Funke; REL schöpferischer Atem [Gottes]; ***il faut du ~*** [***pour qc***] man braucht [für etw] einen langen Atem
► ~ **au cœur** Herzgeräusche *pl,* Herzklappenfehler *m;* **qn a le ~ coupé** jdm bleibt die Luft [*o* Spucke *fam*] weg; **qn a le ~ court** jd ist kurzatmig; **dernier ~** letzter Atemzug; **second** [*o* **deuxième**] **~** neuer Schwung [*o* Antrieb], [neuer] Auftrieb; ***qn retrouve un second ~*** jd bekommt neuen Schwung [*o* Antrieb] [*o* [neuen] Auftrieb]; /*sportif*/ jd erholt sich wieder; ***qc apporte un second ~ à qc*** etw verleiht einer S. (*dat*) neuen Schwung [*o* Auftrieb]; **qn a du ~** (*a du culot*) jd hat Nerven; **qc coupe le ~ à qn** etw nimmt [*o* verschlägt] jdm den Atem [*o* die Sprache]; **qc est à couper le ~** etw ist atemberaubend, etw nimmt einem den Atem; ***belle à*** [***vous***] ***couper le ~*** atemberaubend schön; ***des prix à couper le ~*** Preise, die einem die Sprache verschlagen; ***c'est à vous couper le ~*** da bleibt einem die Luft [*o* Spucke *fam*] weg; **qn ne manque pas de ~** jd ist ziemlich dreist; **qn retient son ~** jd hält den Atem [*o* die Luft] an; **dans un ~** kaum hörbar; ***qn dit qc dans un ~*** jd haucht etw; **d'un ~** um Haaresbreite; ***il s'en est vraiment fallu d'un ~*** um ein Haar wäre es schief gegangen

soufflé, e [sufle] **I.** *adj* **1.** GASTR: ***omelette ~e*** Omelett *nt* soufflée; ***pommes*** [***de terre***] ***~es*** Pommes soufflées *pl*
2. *fam* (*stupéfait*) ■ **qn** [**en**] **est** [*o* **reste**] ~ jd ist platt [*o* baff] *fam*
II. *m* GASTR Auflauf *m,* Soufflé *nt;* ■ **~ à** *au fromage, poisson* -auflauf, -soufflé

souffler <1> [sufle] **I.** *vi* **1.** ■ **qc souffle** /*vent*/ etw weht; ***le vent souffle du nord/ du midi*** der Wind weht aus Norden/Süden; ■ **il souffle qc** es weht etw
2. (*insuffler de l'air*) ■ **qn souffle sur/dans qc** jd bläst auf/in etw (*akk*); ***qn souffle sur ses doigts*** jd haucht in die Hände
3. (*haleter*) ■ **qn souffle** jd keucht, jd schnauft
4. (*se reposer*) ■ **qn souffle** jd verschnauft, jd macht eine Verschnaufpause [*o* Atempause]; ■ **qn laisse ~ qn/un animal** jd lässt jdn/ein Tier verschnaufen, jd gönnt jdm/einem Tier eine Verschnaufpause [*o* Atempause]
5. (*avoir un délai*) ■ **qn souffle** jd lässt sich (*dat*) [noch] etwas Zeit, jd gönnt sich (*dat*) eine Atempause; ■ **qn laisse ~ qn** jd lässt [*o* gibt] jdm [noch] etwas Zeit, jd gönnt jdm eine Atempause
► **ça souffle** es ist windig; ***ça souffle pas mal aujourd'hui*** heute ist es ganz schön windig
II. *vt* **1.** (*attiser*) ■ **qn souffle qc** jd bläst etw an
2. (*éteindre*) ■ **qn/qc souffle qc** jd/etw bläst etw aus
3. (*envoyer*) ■ **qn/qc souffle qc** [**quelque part**] jd/etw bläst etw [irgendwohin]; /*vent a.*/ etw weht etw [irgendwohin]
4. *fam* (*enlever*) ■ **qn souffle qn/qc à qn** *affaire, poste* jd schnappt jdm etw [vor der Nase] weg *fam; amant* jd spannt jdm jdn aus *fam;* ■ **qn souffle qc** [**à qn**] *pion, dame* jd nimmt [jdm] etw weg, jd kassiert etw *fam*
5. (*détruire*) ■ **qc souffle qc** etw zerstört etw, etw fegt etw weg *fam*
6. (*dire discrètement*) ■ **qn souffle** [**qc à qn**] jd flüstert [jdm etw zu]; THEAT jd souffliert [jdm etw]; SCOL jd sagt [jdm etw] vor; ***qn souffle qc à l'oreille de qn*** jd flüstert jdm etw ins Ohr
7. (*suggérer*) ■ **qn souffle qc à qn/à qn de faire qc** *idée* jd bringt jdn auf etw (*akk*)/darauf, etw zu tun
8. *fam* (*stupéfier*) ■ **qn/qc souffle qn** jd/etw macht jdn sprachlos, jd/etw haut jdn um *fam*
9. TECH ■ **qn souffle qc:** ***qn souffle le verre*** jd bläst Glas

soufflerie [sufləʀi] *f* **1.** AVIAT, AUT Windkanal *m*
2. (*ventilateur*) Gebläse *nt*
3. (*dispositif soufflant*) [*forge*] Blasebalg *m;* [*orgue*] Gebläse *nt*

soufflet [suflɛ] *m* **1.** (*instrument*) Blasebalg *m*
2. CHEMDFER Faltenbalg *m*
3. PHOT Balgen *m*
4. MUS [*accordéon, orgue*] Balg *m*
5. ***classeur à ~*** Pultordner *m;* ***casquette à ~*** Ballonmütze *f*
6. [*sac*] Keil *m*
7. *littér* (*gifle*) Ohrfeige *f,* Backenstreich *m veraltend geh*
8. (*insulte*) Affront *m geh;* ***qn inflige un ~ à qn*** jd stößt jdn vor den Kopf

souffleter <3> [sufləte] *vt littér* (*gifler*) ■ **qn soufflete qn** jd versetzt jdm einen Backenstreich *veraltend geh,* jd ohrfeigt jdn

souffleur, -euse [suflœʀ, -øz] *m, f* THEAT Souffleur/Souffleuse *m/f;* ***trou de ~*** Souffleurkasten *m*
◆ **souffleur/souffleuse de verre** Glasbläser(in) *m(f)*

souffrance [sufʀɑ̃s] *f* **1.** (*douleur physique*) Schmerz *m*
2. (*douleur morale*) Schmerz *m,* Leid *nt*
3. (*fait de souffrir*) Leiden *nt*
► **en ~** *affaire, dossier* unerledigt; *colis, lettre, marchandises* nicht abgeholt; *paiement* ausstehend; ***le paiement de cette facture est en ~*** die Zahlung dieser Rechnung steht noch aus; ***ce colis est resté en ~*** dieses Paket ist nicht abgeholt worden

souffrant, e [sufʀɑ̃, ɑ̃t] *adj* ■ **qn est ~** jd ist [*o* fühlt sich] unpässlich; /*artiste*/ jd ist indisponiert *geh*

souffre-douleur [sufʀədulœʀ] *mf inv* Prügelknabe *m*

souffreteux, -euse [sufʀətø, -øz] *adj* kränklich

souffrir <11> [sufʀiʀ] **I.** *vi* **1.** (*avoir mal*) ■ **qn/un animal souffre** jd/ein Tier leidet; ■ **qc fait ~ qn** etw tut jdm weh; ***ses dents le font ~*** er hat Zahnschmerzen; ***sa goutte la fait ~*** sie hat wegen ihrer Gicht Schmerzen
2. (*avoir mal quelque part*) ■ **qn/un animal souffre de qc** jdm/einem Tier tut etw weh; ***je souffre de la tête/ de l'estomac/ des reins*** ich habe Kopf-/Magen-/Nierenschmerzen; ***où souffrez-vous?*** wo haben Sie Schmerzen?
3. (*avoir mal à cause de qc*) ■ **qn/un animal souffre de qc** jd/ein Tier leidet an etw (*dat*); *du froid, de la chaleur* jd leidet unter etw (*dat*); ***qn souffre de*** [***la***] ***faim/ de*** [***la***] ***soif*** jd leidet Hunger/Durst; ***de quoi souffrez-vous?*** woran leiden Sie?
4. (*être malheureux*) ■ **qn/un animal souffre** jd/ein Tier leidet; ■ **qn fait ~ qn** jd macht jdn unglücklich; ■ **qc fait ~ qn** etw schmerzt jdn
5. (*être malheureux à cause de qc*) ■ **qn souffre de qc** jd leidet unter etw (*dat*), etw schmerzt jdn; ■ **qn souffre de faire qc** jd leidet darunter, dass er etw tut; ***il souffre d'être seul*** er leidet darunter, dass er allein ist; ***je souffre de le voir si affaibli*** es schmerzt mich, ihn so schwach [*o* entkräftet] zu sehen
6. (*être endommagé à cause de qc*) ■ **qc souffre de qc** etw leidet unter etw (*dat*); ***le pays souffre d'une grave crise*** das Land steckt in einer schweren Krise; ***ma réputation souffre de ce scandale*** dieser Skandal schadet meinem Ruf; ■ **qn souffre de qc:** ***ce candidat souffre d'un manque d'expérience*** diesem Bewerber fehlt es an Erfahrung
7. *fam* (*avoir des difficultés*) ■ **qn souffre** [**pour faire qc**] es ist für jdn nicht gerade einfach [etw zu tun]; ■ **qn/qc fait ~ qn** jd/etw macht jdm [ganz schön] zu schaffen *fam*
II. *vt* **1.** (*endurer*) ■ **qn souffre qc** jd erduldet etw, jd leidet etw *geh*
2. (*admettre*) ■ **qc souffre qc** *retard, exception* etw duldet etw

►**qn ne peut** [pas] ~ **qn/qc** jd kann jdn/etw nicht leiden [*o* ausstehen]; ***elle ne peut*** ~ ***le mensonge*** sie kann Lügen nicht ausstehen; **qn ne peut pas** ~ **que** + *subj* jd kann es nicht leiden, wenn
III. *vpr* ►**des personnes/des animaux ne peuvent pas se** ~ Menschen/Tiere können sich nicht leiden [*o* ausstehen]
soufre [sufʀ] **I.** *m* CHIM Schwefel *m; **vapeurs de*** ~ Schwefeldämpfe *pl*
►**qn/qc/ça sent le** ~ jd/etw/das ist nicht [ganz] koscher *fam*
II. *app inv: **jaune*** ~ schwefelgelb
soufrer <1> [sufʀe] *vt* ■**qn/qc soufre qc** jd/etw schwefelt etw; *tonneau* jd schwefelt etw [aus]; *étoffe, laine* jd behandelt etw mit Schwefel; ***allumette soufrée*** Schwefelholz [*o* -hölzchen *nt*] *nt veraltet*
souhait [swɛ] *m* Wunsch *m; **qn accomplit/réalise un*** ~ jd erfüllt/verwirklicht einen Wunsch; ***qn formule des ~s de bonheur pour qn*** jd wünscht jdm Glück; ***qn adresse ses ~s de bonne année à qn*** jd wünscht jdm ein gutes neues Jahr; ***qn exprime*** [*o **formule***] [*o **forme***] ***le*** ~ ***de faire qc*** jd äußert den Wunsch etw zu tun
►**à** ~: ***joli(e) à*** ~ bildhübsch; ***paisible à*** ~ herrlich friedlich; ***qc marche à*** ~ etw läuft [ganz] nach Wunsch; ***tout lui réussit à*** ~ ihm/ihr gelingt alles nach Wunsch; **à tes/vos ~s!** Gesundheit!
souhaitable [swɛtabl] *adj* wünschenswert; ■**il est** ~ **que** + *subj* es ist wünschenswert, dass
souhaiter <1> [swete] **I.** *vt* **1.** (*désirer*) ■**qn souhaite qc** jd wünscht sich (*dat*) etw; ***je souhaite le bonheur*** ich wünsche mir Glück; ich wünsche mir, dass ich glücklich werde; ■**qn souhaite faire qc** jd möchte etw tun; ***je souhaiterais t'aider davantage*** ich würde dir gerne noch mehr helfen; ■**qn souhaite que** + *subj* jd hofft [*o* wünscht sich (*dat*)], dass
2. (*espérer pour quelqu'un*) ■**qn souhaite qc à qn** jd wünscht jdm etw; ***qn souhaite bonne nuit à qn*** jd wünscht jdm gute Nacht; ***qn souhaite beaucoup de bonheur à qn*** jd wünscht jdm viel Glück; ***je vous souhaite un joyeux anniversaire*** ich wünsche Ihnen alles Gute zum Geburtstag; ***je vous souhaite bien des choses pour cette nouvelle année*** ich wünsche Ihnen/Euch alles Gute für das neue Jahr; ***qn souhaite son anniversaire/sa fête à qn*** jd gratuliert jdm zum Geburtstag/Namenstag; ■**qn souhaite à qn de faire qc** jd wünscht jdm, dass er etw tut; ***je lui souhaite de réussir*** ich wünsche ihm, dass er Erfolg hat
►**il est à** ~ **que …** + *subj* es wäre schön, wenn …; **c'est à** ~ das will ich/wollen wir hoffen; **je t'en/vous en souhaite!** *fam* na dann viel Spaß!
II. *vpr* ■**des personnes se souhaitent qc** Menschen wünschen sich etw
souiller <1> [suje] *vt littér* **1.** (*salir*) ■**qn/qc souille qc** jd beschmutzt etw, jd/etw macht etw schmutzig
2. (*entacher*) ■**qn/qc souille qc** *nom, réputation* jd/etw zieht etw in den Schmutz
souillon [sujɔ̃] *f* **1.** (*personne négligée*) Schlamper(in) *m(f); **ce que tu peux être*** ~! du bist vielleicht schlampig!
2. (*personne malpropre*) Schmutzfink *m fam*
souk [suk] *m* **1.** (*bazar*) Suk *m*, Souk *m*
2. *fam* (*désordre*) Durcheinander *nt fam*
soûl [su] *m* ►**tout mon/ton/…** ~ nach Herzenslust; ***elle a ri/pleuré tout son*** ~ sie hat gelacht/geweint, bis sie nicht mehr konnte
soûl, soûle [su, sul] *adj* **1.** *fam* (*ivre*) blau *fam*, betrunken; ***qn est*** [***complètement***] ~ jd ist [total] blau *fam*, jd ist blau [wie ein Veilchen] *fam*
2. (*repu de*) ■**qn est** ~ **de qc** *de paroles, musique* jd hat sich an etw (*dat*) satt gehört, jdm kommt etw zu den Ohren raus *pej fam; de publicité* jd hat sich an etw (*dat*) satt gesehen
soulagement [sulaʒmɑ̃] *m* **1.** (*fait de ne plus être inquiet*) Erleichterung *f; **un soupir/un ouf de*** ~ ein Seufzer der Erleichterung/ein erleichtertes „uff!"
2. (*adoucissement*) ■ ~ [**à/de qc**] *aux douleurs, souffrances* Linderung *f* [einer S. (*gen*)]; ***qc apporte*** [*o **donne***] [*o **procure***] ***un*** [***certain***] ~ ***à qn*** etw verschafft jdm [etwas] Linderung; ***qn trouve un certain*** ~ ***à faire qc*** es verschafft jdm etwas Linderung, wenn er etw tut
soulager <2 a> [sulaʒe] **I.** *vt* **1.** (*alléger*) ■**qn soulage qn/qc** jd entlastet jdn/etw; ***qn soulage sa conscience*** jd erleichtert sein Gewissen; ■**qn soulage qn de qc** jd nimmt jdm etw ab; ***l'État veut*** ~ ***les entreprises*** der Staat will die Steuerlast der Unternehmen [ver]mindern
2. (*rendre plus supportable*) ■**qn/qc soulage qc** jd/etw lindert etw
3. (*calmer*) ■**qc soulage qn/qc** etw lindert jds Schmerzen/etw lindert etw, etw verschafft jdm Linderung
4. (*aider à supporter*) ■**qc soulage qn** etw verschafft jdm Erleichterung; */confession, aveu/* durch etw erleichtert jd sein Gewissen
5. (*être rassuré*) ■**qn est soulagé(e)** [**de faire/d'avoir fait qc**] jd ist erleichtert[, weil er etw tut/getan hat]
6. (*aider*) ■**qn/qc soulage qn** jd hilft jdm/etw erleichtert jdm die Arbeit
7. *fam* (*voler*) ■**qn soulage qn de qc** jd erleichtert jdn um etw *fam*
II. *vpr* **1.** (*se décharger*) ■**qn se soulage sur qn** jd gibt einen Teil seiner Arbeit an jdn ab
2. (*s'apaiser*) ■**qc se soulage** */conscience/* etw beruhigt sich
3. (*se défouler*) ■**qn se soulage** [**en faisant qc**] jd verschafft sich (*dat*) Erleichterung[, indem er etw tut]
4. *fam* (*satisfaire un besoin naturel*) ■**qn se soulage** jd erleichtert sich *fam*
soûlard, e [sulaʀ, aʀd] *m, f fam*, **soûlaud, e** [sulo, od] *m, f fam* Säufer(in) *m(f) fam*, Trunkenbold *m*
soûler <1> [sule] **I.** *vt* **1.** *fam* (*enivrer*) ■**qn soûle qn** [**à qc**] jd macht jdn [mit etw] betrunken; ■**qc soûle qn** jd wird von etw betrunken [*o* blau *fam*]
2. (*tourner la tête*) ■**qn soûle qn de qc** jd macht jdn mit etw benommen; ■**qc soûle qn** etw macht jdn benommen
3. *fam* (*fatiguer*) ■**qn/qc soûle qn** [**avec qc**] jd/etw geht jdm [mit etw] auf die Nerven *fam*
II. *vpr* **1.** (*s'enivrer*) ■**qn se soûle** [**à qc**] jd betrinkt sich [mit etw]
2. (*se griser*) ■**qn se soûle de qc** jd berauscht sich an etw (*dat*)
soulèvement [sulɛvmɑ̃] *m* **1.** (*révolte*) Erhebung *f*, Aufstand *m*; ~ ***populaire*** Volkserhebung, Volksaufstand; ~ ***armé*** bewaffneter Aufstand *m*
2. GEOL Hebung *f*
soulever <4> [sul(ə)ve] **I.** *vt* **1.** (*lever*) ■**qn/qc soulève qn/qc** jd/etw hebt jdn/etw [hoch]; *poids, haltères* jd stemmt etw
2. (*relever*) ■**qn soulève qn/qc** jd hebt jdn hoch/hebt etw an [*o* hoch]
3. (*agiter*) ■**qc soulève qc** etw wirbelt etw auf; ***le vent soulève le rideau*** der Wind hebt [*o* weht] den Vorhang hoch; ***la tempête soulève les vagues*** der Sturm peitscht die Wellen auf
4. (*exalter*) ■**qc soulève qn** etw versetzt jdn in Begeisterung, etw reißt jdn mit; ***un élan de gratitude la souleva*** Dankbarkeit wallte in ihr auf *geh*
5. (*pousser à la révolte*) ■**qn soulève qn/qc** [**contre qn**] jd wiegelt jdn [gegen jdn] auf; *opinion publique* jd bringt etw [gegen jdn] auf
6. (*provoquer la colère de*) ■**qn soulève des personnes contre lui** jd bringt Menschen gegen sich auf
7. (*provoquer*) ■**qc soulève qc** [**avec qc**] *enthousiasme, colère, indignation* etw ruft [mit etw] etw hervor; ***qc soulève l'indignation de qn*** [***avec qc***] etw ruft bei jdm [mit etw] Entrüstung hervor
8. (*déclencher*) ■**qc soulève qc** [**avec qc**] *applaudissements, protestations* jd löst [mit etw] etw aus
9. (*susciter*) ■**qn/qc soulève qc** *difficultés, problème, question* jd/etw wirft etw auf
II. *vpr* **1.** (*se relever*) ■**qn se soulève** [**de qc/dans qc**] jd steht [aus etw] auf/richtet sich [in etw] auf
2. (*s'élever*) ■**qc se soulève** etw hebt sich
3. (*se révolter*) ■**qn/qc se soulève** [**contre qn/qc**] jd/etw erhebt sich [gegen jdn/etw]
4. (*être relevé*) ■**qc se soulève** */couvercle, rideau, toit/* (*légèrement*) etw wird angehoben; (*fortement*) etw wird hochgehoben
5. (*s'agiter*) ■**qc se soulève** */sable, poussière/* (*légèrement*) etw weht auf; (*fortement*) etw wirbelt auf; */rideau/* etw wird gehoben; */vague/* etw geht hoch
soulier [sulje] *m* Schuh *m; **~s plats*** flache Schuhe *pl; **de gros ~s*** derbe Schuhe *pl*; ■ ~ **de** -schuh
►**qn est dans ses petits ~s** jd würde sich am liebsten in einem Mauseloch verkriechen *fam*
soulignage [suliɲaʒ] *m*, **soulignement** [suliɲmɑ̃] *m* Unterstreichen *nt; **qn fait des ~s*** jd unterstreicht
souligner <1> [suliɲe] *vt* **1.** (*tirer un trait sous*) ■**qn souligne qc** [**de/en qc**] jd unterstreicht etw [mit etw]; ***qc est souligné(e) d'un double trait/d'un trait en rouge*** etw ist doppelt/rot unterstrichen
2. (*accentuer*) ■**qc souligne qc** etw betont etw; ***ses yeux sont soulignés de bleu*** ihre Augen werden durch einen blauen Lidstrich betont
3. (*mettre l'accent sur*) ■**qn souligne qc** jd unterstreicht etw; ■**qn souligne que** + *indic* jd unterstreicht [*o* betont], dass
soumettre <*irr*> [sumɛtʀ] **I.** *vt* **1.** (*dompter*) ■**qn soumet qn** jd unterwirft jdn
2. (*asservir*) ■**qn soumet qn à qn/qc** jd unterwirft jdn jdm/einer S.; ***qn n'est soumis qu'à Dieu*** jd ist nur Gott unterworfen
3. (*astreindre*) ■**qn soumet qn/qc à qc** *à une réglementation* jd unterwirft jdn/etw einer S. (*dat*); *aux impôts* jd erlegt jdm etw auf; ***les alcools sont soumis à des taxes spéciales*** alkoholische Getränke sind mit besonderen Abgaben belegt
4. (*faire subir*) ■**qn soumet qn/qc à qc** jd unterzieht jdn/etw einer S. (*dat*); ***qn soumet qn à une épreuve*** jd erlegt jdm eine Prüfung auf; ***qn est soumis(e) à la propagande*** jd ist der Propaganda ausgesetzt; ***qn est soumis(e) à un régime très sévère*** jd muss einen sehr strengen Ernährungsplan befolgen
5. (*présenter*) ■**qn soumet qc à qn** jd legt jdm etw vor, jd unterbreitet jdm etw; *manuscrit* jd bietet jdm etw an
II. *vpr* **1.** (*s'incliner*) ■**qn se soumet** jd unterwirft sich
2. (*obéir*) ■**qn se soumet à qc** jd fügt [*o* beugt] sich einer S. (*dat*)
3. (*se plier*) ■**qn se soumet à qc** jd unterzieht sich einer S. (*dat*); *à des formalités* jd beugt sich einer S. (*dat*), jd befolgt etw
soumis, e [sumi] **I.** *pp de* **soumettre**
II. *adj* **1.** (*docile*) unterwürfig, ergeben
2. (*assujetti*) ■ ~ **à** *à l'impôt, aux taxes* -pflichtig; ***non*** ~ ***à l'impôt*** steuerfrei, nicht steuerpflichtig; ***qn/qc n'est pas*** ~ ***à l'impôt*** jd/etw ist nicht steuerpflichtig, etw ist steuerfrei
soumission [sumisjɔ̃] *f* **1.** (*obéissance*) Fügsamkeit *f*, Unterwürfigkeit *f pej; **qn est d'une parfaite*** ~ ***à l'égard de qn*** jd ist gegenüber jdm [*o* jdm gegenüber] völlig unterwürfig
2. (*respect*) ■ ~ **à qc** *aux lois* Unterordnung *f* unter etw (*akk*)
3. (*reddition*) [*rebelles, pays*] Unterwerfung *f; **qn fait sa*** ~ [***à qn***] jd unterwirft sich [jdm]
4. COM [schriftliches] Angebot; ***qn fait une*** ~ jd macht ein [schriftliches] Angebot
soumissionner <1> [sumisjɔne] **I.** *vi* ■**qn soumissionne** [**à qc**] jd submittiert [bei etw], jd bewirbt sich [bei etw]
II. *vt* ■**qn soumissionne qc** jd macht ein Angebot für die Ausführung einer S. (*gen*)
soupape [supap] *f* TECH, AUT Ventil *nt*; ~ ***d'admission/d'échappement*** Einlass-/Auslassventil
◆**soupape de décompression** Dekompressionsventil *nt;* **soupape de sûreté** (*appareil*) Sicherheitsventil *nt;* (*exutoire*) Ventil *nt*
soupçon [supsɔ̃] *m* **1.** (*suspicion*) Verdacht *m kein pl*; ~ ***injuste/mal fondé*** falscher/unbegründeter Verdacht; ***de graves ~s pèsent sur lui*** auf ihm lastet ein schwerer Verdacht; ***qn/qc est exempt(e) de tout*** ~ jd/etw

ist völlig unverdächtig [*o* über jeden Verdacht erhaben *geh*]; ***qn dissipe*** [*o* ***écarte***] ***des ~s injustes*** jd räumt einen falschen Verdacht aus; ***qn détourne les ~s*** jd lenkt den Verdacht von sich (*dat*) ab; ***j'ai été lavé de tout ~*** ich wurde von jedem Verdacht reingewaschen
2. (*très petite quantité*) ▪ **un ~ de qc**: ***un ~ de lait/ de vin*** ein Fingerhut *m* [voll] Milch/Wein; ***un ~ de sel/ poivre*** eine Idee [*o* Spur] Salz/Pfeffer; ***un ~ de maquillage*** ein Hauch *m* Make-up [meːkʔap]; ***un ~ de moustache*** ein Anflug *m* von Bart; ***un ~ d'ironie/ d'humour*** ein Hauch [von] Ironie/Humor; ***un ~ de vrai*** ein Körnchen *nt* Wahrheit
3. (*idée*) Vermutung *f;* ***j'ai quelque ~ que*** + *indic* ich habe die leise Vermutung, dass; ***je n'en ai pas le moindre ~*** ich habe nicht die leiseste Ahnung davon
▸ **qn n'a pas ~ de qc** jd hat keine Vorstellung von etw, jd macht sich (*dat*) keine Vorstellung von etw; **qn est au-dessus de tout ~** jd ist über jeden Verdacht erhaben *geh;* **qn/qc éveille les ~s de qn** jd/etw erregt [*o* erweckt] jds Verdacht

soupçonner <1> [supsɔne] *vt* **1.** (*suspecter*) ▪ **qn soupçonne qn [de qc]** jd verdächtigt jdn [einer S. (*gen*)]; ▪ **qn soupçonne qn de faire qc** jd hat jdn im Verdacht [*o* jd verdächtigt jdn], dass er etw tut; jd hat den Verdacht, dass jd etw tut; ▪ **qn est soupçonné(e) [de qc]** jd wird [einer S. (*gen*)] verdächtigt; ▪ **qn est soupçonné(e) d'avoir fait qc** jd wird verdächtigt etw getan zu haben
2. (*mettre en doute*) ▪ **qn soupçonne qc** jd zweifelt etw an, jd stellt etw in Frage
3. (*se douter*) ▪ **qn soupçonne qc** *manœuvre, ruse, vengeance* jd vermutet etw; *piège a.* jd argwöhnt etw *geh;* *vérité* jd ahnt etw; ***je n'avais soupçonné une telle vengeance*** ich hatte nicht mit einem solchen Racheakt gerechnet; ▪ **qn soupçonne que** + *indic* jd vermutet, dass; jd argwöhnt, dass *geh;* ▪ **qn ne soupçonne pas que** + *subj* jd ahnt nicht, dass
▸ **qn ne soupçonne pas qc** jd hat keine Vorstellung von etw, jd macht sich (*dat*) keine Vorstellung von etw

soupçonneux, -euse [supsɔnø, -øz] *adj* misstrauisch, argwöhnisch *geh*

soupe [sup] *f* **1.** (*potage*) Suppe *f;* ***assiette/ cuillère à ~*** Suppenteller *m*/-löffel *m;* ▪ **~ à/de** *à l'oignon, au lait, de légumes, poisson* -suppe
2. (*neige fondue*) Matsch *m fam*
▸ **~ à la grimace** *fam* eisiger Empfang; ***qn fait la ~ à la grimace à qn*** (*à son retour*) jd empfängt jdn eisig; (*pendant un certain temps*) jd läuft mit eisiger Miene herum; **qn est [très] ~ au lait, qn monte** [*o* **s'emporte**] **comme une ~ au lait** jd ist [sehr] aufbrausend, jd geht [sehr] schnell an die Decke *fam;* **par ici, la bonne ~!** *fam* immer her mit dem Geld!; **~ populaire** (*organisme charitable*) Armenküche *f,* Volksküche *f;* ***la ~ populaire passe le soir entre 18 et 19 heures*** der Wagen der Volksküche kommt zwischen 18 und 19 Uhr; **qn va** [*o* **en est réduit(e) à**] **à la ~ populaire** *fam* (*est démuni*) jd ist ein Sozialfall; ***il ne me reste plus qu'à aller à la ~ populaire*** ≈ jetzt kann ich nur noch Sozialhilfe beantragen; **qn est trempé(e)** [*o* **mouillé(e)**] **comme une ~** *fam* jd ist klatschnass [*o* pitschnass] *fam;* **qn crache dans la ~** *fam* jd spuckt in die eigene Suppe *fam;* **à la ~!** *fam* essen kommen!, Essen ist fertig!

soupente [supɑ̃t] *f* (*en haut d'une pièce*) Hängeboden *m;* (*sous l'escalier*) Verschlag *m;* ***qn aménage une ~*** jd zieht einen Hängeboden ein/zimmert einen Verschlag

souper¹ [supe] *m* **1.** (*repas tard dans la nuit*) spätes Abendessen [nach einer Abendveranstaltung]; ***qn prend un ~ à la sortie du spectacle*** jd geht nach der Vorstellung noch essen; ***ce restaurant sert des ~s après minuit*** in diesem Restaurant bekommt man noch nach Mitternacht etwas zu essen
2. BELG, CAN, CH (*dîner*) Abendessen *nt*

souper² <1> [supe] *vi* **1.** (*prendre un souper*) ▪ **qn soupe [de qc]** jd isst [etw] spät am Abend/in der Nacht; ***après le spectacle, nous sommes allés ~ dans un cabaret*** nach der Vorstellung sind wir noch in ein Nachtlokal essen gegangen
2. BELG, CAN, CH (*dîner*) ▪ **qn soupe [de qc]** jd isst [etw] zu Abend; ***vous restez à ~?*** bleiben Sie zum Abendessen?
▸ **qn en a soupé [de qc]** *fam* jd hat [von etw] die Nase [gestrichen] voll *fam*

soupeser <4> [supəze] *vt* **1.** (*peser*) ▪ **qn soupèse qc/un animal** *lettre, colis, volaille, jambon, melon* jd wiegt etw/ein Tier in der Hand
2. (*évaluer*) ▪ **qn soupèse qc** jd wägt etw ab; ***qn soupèse les arguments des uns et des autres*** jd wägt die Argumente der beiden Seiten gegeneinander ab; ***qn soupèse qn du regard*** jd schaut jdn prüfend [*o* abwägend] an

soupière [supjɛʀ] *f* Suppenterrine *f,* Suppenschüssel *f*

soupir [supiʀ] *m* **1.** (*signe d'émotion*) Seufzer *m;* ***qn laisse échapper un grand*** [*o* ***gros***]***/ profond ~*** jd seufzt schwer/tief [auf]; ***qn étouffe un ~*** jd unterdrückt [*o* erstickt] einen Seufzer; ▪ **~ de**: ***~ de soulagement/ résignation*** Seufzer der Erleichterung/Resignation
2. MUS Viertelpause *f*
▸ **qn pousse un ~ de soulagement** jd atmet [erleichtert] auf; **qn rend le dernier ~** *euph* jd tut seinen letzten Seufzer [*o* Atemzug] *geh;* **qn pousse un ~/des ~s** jd seufzt, jd stößt einen Seufzer/stößt Seufzer aus

soupirail <-aux> [supiʀaj, o] *m* Kellerfenster *nt*

soupirant [supiʀɑ̃] *m hum* Verehrer *m*

soupirer <1> [supiʀe] *vi, vt* ▪ **qn soupire [de qc]** jd seufzt [vor etw (*dat*)]; ***qn soupire d'aise/ de regret/ de résignation*** jd seufzt zufrieden [*o* vor Zufriedenheit]/bedauernd [*o* vor Bedauern]/resigniert
▸ **soupire-t-il/elle** seufzt er/sie

souple [supl] *adj* **1.** (*opp: rigide*) *branche, lame, tige* biegsam; *plastique a., col, lentilles* weich; *cuir* geschmeidig
2. (*agile*) *bras, jambes, personne* gelenkig
3. (*adaptable*) flexibel; *personne a.* anpassungsfähig
4. (*gracieux*) geschmeidig
5. (*docile*) fügsam

souplesse [suplɛs] *f* **1.** (*opp: rigidité*) [*branche, lame, tige*] Biegsamkeit *f;* [*cuir, lentilles, plastique*] Weichheit *f*
2. (*agilité*) [*bras, jambes, personne*] Gelenkigkeit *f*
3. (*grâce*) [*démarche, mouvements*] Geschmeidigkeit *f*
4. (*adaptabilité*) Flexibilität *f;* [*personne a.*] Anpassungsfähigkeit *f*
▸ **en ~** *démarrer* weich; *sauter* geschmeidig

source [suʀs] **I.** *f* **1.** (*point d'eau*) Quelle *f;* ***~ d'eau minérale*** Mineralquelle; **~ *thermale*** Thermalquelle; ***eau de ~*** Quellwasser *nt*
2. (*naissance d'un cours d'eau*) Quelle *f,* Ursprung *m;* ***où se trouve la ~ de ce fleuve?*** wo entspringt dieser Fluss?
3. PHYS, OPT: **~ *lumineuse/ sonore/ radioactive*** Licht-/Schall-/Strahlenquelle *f;* ▪ **~ de** -quelle *f;* ***~ d'énergie/ de chaleur/ de lumière/ de rayonnement*** Energie-/Wärme-/Licht-/Strahlenquelle
4. (*origine*) ▪ **la ~ de qc** *d'un ennui, d'une querelle* die Ursache einer S. (*gen*); *d'un mal a.* die Wurzel einer S. (*gen*); *d'une coutume* der Ursprung einer S. (*gen*); ***il faudrait aller à la ~ du mal*** man müsste dem Übel auf den Grund gehen
5. (*ce qui produit*) ▪ **~ de qc** *de plaisir, joie, bonheur, profits, bénéfices* Quelle *f* einer S. (*gen*); **~ *d'erreurs/ de revenus*** Fehler-/Einnahmequelle; ***qc est*** [***une***] ***~ de qc*** etw ist [eine] Quelle einer S. (*gen*); *d'ennuis, de désagréments, tracas* etw gibt Anlass zu etw; ***qc est toujours ~ de ridicule*** etw wirkt immer lächerlich; ***le sexe est une ~ intarissable de plaisir*** Sex ist eine unerschöpfliche Quelle der Lust
6. *pl* (*origine de l'information*) Quelle *f;* ***critique des ~s*** Quellenkritik *f*
▸ **qn tient qc de ~ sûre** [*o* **de bonne ~**] jd weiß etw aus sicherer Quelle; **qc/ça coule de ~** etw/das ist [doch] klar [*o* logisch]; **qc prend sa ~ quelque part** etw entspringt irgendwo; **qc tire sa ~ de qc** etw geht auf etw (*akk*) zurück; **de ~**: ***de ~ sûre/ bien informée/ officieuse*** aus sicherer/gut unterrichteter/offiziöser Quelle; ***de ~ autorisée*** aus maßgeblicher Quelle
II. *app* **1.** INFORM Programmiersprache *f,* Quellcode *m*
2. LING: ***langue ~*** Ausgangssprache *f,* Quellsprache *f*

sourcier [suʀsje] *m* Wünschelrutengänger *m*

sourcil [suʀsi] *m* [Augen]braue *f;* ***~s arqués/ touffus*** geschwungene/buschige Augenbrauen *pl;* ***qn hausse*** [*o* ***lève***] ***les ~s*** jd zieht die Augenbrauen hoch
▸ **qn fronce les ~s** jd runzelt die Stirn

sourcilier, -ière [suʀsilje, -jɛʀ] *adj v.* **arcade**

sourciller <1> [suʀsije] *vi* ▪ **qn sourcille** jd zieht die Augenbrauen hoch
▸ **qn n'a pas sourcillé** jd hat nicht mit der Wimper gezuckt; **sans ~** ohne mit der Wimper zu zucken *fam*

sourd, e [suʀ, suʀd] **I.** *adj* **1.** (*qui n'entend pas*) taub; (*qui n'entend pas bien*) schwerhörig; **~ *d'une oreille*** auf einem Ohr taub/schwerhörig; **~ *de naissance*** seit Geburt taub/schwerhörig
2. *littér* (*insensible*) ▪ **qn est ~ à qc** jd ist für etw taub, jd verschließt seine Ohren vor etw (*dat*)
3. (*étouffé*) *bruit* dumpf
4. LING stimmlos
5. (*mat*) *couleur, teinte* stumpf
6. (*indéterminé*) *douleur, colère, hostilité* dumpf; *inquiétude a.* unbestimmt
7. (*sous-jacent*) versteckt; ***ils ont mené une ~e lutte pour le pouvoir*** der Machtkampf spielte sich im Verborgenen ab
II. *m, f* (*personne*) (*qui n'entend pas*) Taube(r) *f(m),* Gehörlose(r) *f(m);* (*qui n'entend pas bien*) Schwerhörige(r) *f(m)*
▸ **il n'est pire ~ que celui qui ne veut [pas] entendre** *prov* jedes Reden ist sinnlos, wenn jemand nicht hören will; **qn crie/frappe** [*o* **tape**] **comme un ~** jd schreit wie ein Wahnsinniger/schlägt wie blind zu; **c'est comme si on parlait à un ~** genauso gut könnte man mit einem Tauben reden; **qn prêche pour des ~s** jd predigt tauben Ohren
III. *f* LING ▪ **sourde** stimmloser Konsonant

sourdine [suʀdin] *f* (*dispositif*) Dämpfer *m*
▸ **qn met la ~** *fam* (*fait moins de bruit*) jd ist ein bisschen leiser; (*baisse le ton*) jd nimmt den Mund nicht mehr so voll *fam;* ***eh, mets la ~!*** nun mach [aber] mal halblang! *fam;* **qn met une ~ à qc** jd dämpft etw; **en ~** leise; ***qn fait qc en ~*** jd tut etw in aller Stille

sourdingue [suʀdɛ̃g] **I.** *adj péj fam* taub
II. *mf péj fam* Taube(r) *f(m)*

sourd-muet, sourde-muette <~s-~s> [suʀmɥɛ, suʀd(ə)mɥɛt] *m, f* Taubstumme(r) *f(m)*

souriant, e [suʀjɑ̃, jɑ̃t] **I.** *adj* freundlich; *personne a.* fröhlich
II. *m* INFORM Emoticon [ɪˈmoʊtɪkən] *nt*

souricière [suʀisjɛʀ] *f* **1.** (*piège à souris*) Mausefalle *f*
2. (*traquenard*) Falle *f;* ***qn dresse*** [*o* ***tend***] ***une ~ à qn*** jd stellt jdm eine Falle, jd hat jdm eine Falle gestellt

sourire [suʀiʀ] **I.** *m* Lächeln *nt;* ***un grand*** [*o* ***large***] ***~*** ein breites Lächeln; ***un ~ moqueur/ mielleux*** ein spöttisches/süßliches Lächeln; ***qn a un aimable/ gracieux/ pauvre/ petit ~*** jd lächelt liebenswürdig/anmutig/traurig/schwach; ***son ~ était ironique*** er/sie lächelte ironisch
▸ **~ en coin/~ moqueur** verstohlenes/spöttisches Lächeln; **le ~ aux lèvres** mit einem Lächeln auf den Lippen, lächelnd; **qn a le ~** *fam* jd ist gut gelaunt *fam;* **qn a [toujours] le ~ [aux lèvres]** jd ist [immer] freundlich; **qn adresse un ~ à qn** jd lächelt jdm zu; **qn distribue des ~s** jd lächelt der Menge zu; **des personnes échangent des ~s** Menschen lächeln sich zu, Menschen lächeln sich an; **qn fait un ~ [à qn]** jd lächelt [jdm zu [*o* jdn an]]; **qn garde le ~** jd bleibt gut gelaunt; ***que cela ne nous empêche pas de garder le ~*** das soll uns (*dat*) nicht die gute Laune verderben; **avec le ~**: ***qn fait qc avec le ~*** jd tut etw freudig [*o* bereitwillig]; ***qn prend une mauvaise nouvelle avec le ~*** jd nimmt eine schlechte Nachricht heiter auf
II. <*irr*> *vi* **1.** (*avoir un sourire*) ▪ **qn sourit** jd lächelt
2. (*adresser un sourire*) ▪ **qn sourit à qn** jd lächelt jdm zu, jd lächelt jdn an

3. (*amuser*) ■ **qc fait ~ qn** jd lächelt über etw (*akk*), jd muss über etw (*akk*) lächeln
4. (*convenir*) ■ **qc sourit à qn** etw sagt jdm zu
5. (*favoriser*) ■ **qc sourit à qn** */chance, fortune/* etw lächelt jdm, etw ist jdm hold *geh; /vie/* etw meint es gut mit jdm
6. (*s'amuser de*) ■ **qn sourit de qc** jd lächelt über etw (*akk*)

souris [suʀi] *f* **1.** ZOOL, INFORM Maus *f*
2. *fam* (*femme*) Maus *f fam*

sourisodrome [suʀizodʀom] *m fam* INFORM Mousepad [mauspæt] *nt*

sournois, e [suʀnwa, waz] **I.** *adj* **1.** (*hypocrite*) falsch, verschlagen
2. (*insidieux*) *mal, maladie* heimtückisch; *attaque, méchanceté a.* hinterhältig
II. *m, f* falscher Kerl/falsche Schlange *fam*

sournoisement [suʀnwazmɑ̃] *adv* **1.** *observer* lauernd
2. (*insidieusement*) heimtückisch, hinterhältig; *attaquer a.* hinterrücks

sous [su] *prép* **1.** (*spatial avec direction*) unter (+ *akk*); ***qn se met ~ un arbre*** jd stellt sich unter einen Baum; ***qn met qc ~ le bras/manteau*** jd nimmt etw unter den Arm/Mantel; ***qn dispose un oreiller ~ la tête de qn*** jd legt jdm ein Kopfkissen unter den Kopf; ***viens ~ mon parapluie!*** komm unter meinen [Regen]schirm!; ***qn pousse sa chaise ~ la table*** jd schiebt seinen Stuhl unter den Tisch; ***qn se glisse ~ les draps*** jd schlüpft unter die Bettdecke; ***il met la lettre ~ enveloppe*** [*o* ***pli***] er steckt den Brief in einen Umschlag
2. (*spatial sans direction*) unter (+ *dat*); ***qn/qc est ~ les couvertures/la table/les nuages*** jd/etw ist unter der Bettdecke/dem Tisch/den Wolken; ***qn nage ~ l'eau*** jd schwimmt unter Wasser; ***il n'y a rien de bien nouveau ~ le soleil*** es gibt nichts wirklich Neues unter der Sonne; [***à cent mètres***] ***~ terre*** [hundert Meter] unter der Erde
3. (*temporel*) (*à l'époque de*) unter (+ *dat*); ***~ Charlemagne*** unter Karl dem Großen; ***il a vécu ~ la Révolution*** er lebte während der Revolution; ***~ huitaine*** binnen einer Woche (*dat*), innerhalb einer Woche (*gen*); ***~ peu*** [***de temps***] binnen kurzem
4. (*manière*): ***~ un nom d'emprunt/pseudonyme*** unter falschem Namen/mit einem Pseudonym; ***~ les applaudissements de la foule*** unter dem Beifall der Menge; ***~ cet aspect*** unter diesem Aspekt; ***~ ce rapport*** in dieser Hinsicht; ***~ tous les angles*** [*o* ***toutes les faces***] von allen Seiten; ***je ne la connaissais pas ~ ce jour-là*** von dieser Seite kannte ich sie nicht; ***qn se décrit ~ les traits de qn*** jd beschreibt sich als jd; ***qn voit les choses ~ un mauvais jour*** jd sieht schwarz
5. (*dépendance*) unter (+ *dat*); ***~ les ordres de qn*** unter jdm, unter jds Leitung (*dat*); ***~ ma responsabilité/surveillance*** unter meiner Verantwortung/Aufsicht; ***~ contrôle médical*** unter ärztlicher Kontrolle
6. (*causal*) unter (+ *dat*); ***qc casse ~ le poids de qc*** etw bricht unter dem Gewicht einer S. (*gen*); ***qn gémit ~ la chaleur*** jd stöhnt unter der Hitze; ***qn avoue ~ la torture*** jd gesteht unter Folter (*dat*); ***qn fait qc ~ le coup de l'émotion/de la colère*** jd tut etw im Affekt/aus Wut
7. METEO in (+ *dat*); ***~ la pluie*** im Regen; ***~ le soleil*** in der Sonne
8. MED: ***qn est ~ perfusion*** jd hängt am Tropf; ***qn est ~ antibiotiques/~ cortisone*** jd wird mit Antibiotika/mit Kortison behandelt; ***qn est ~ anesthésie*** jd liegt in [der] Narkose

sous- [su] *préf* **1.** (*dans l'espace*): ***~-couche*** darunter liegende Schicht; ***~-cutanée*** subkutan
2. (*subordination*): ***~-diacre*** Subdiakon *m;* ***~-brigadier*** ≈ Wachtmeister (*unterster Dienstgrad bei der Gendarmerie nationale*); ***~-gouverneur de la Banque de France*** Vizedirektor *m* [*o* stellvertretender Direktor] der Banque de France; ***~-comité*** Unterausschuss *m;* ***~-secrétariat*** ≈ von einem/dem Unterstaatssekretär geleitete Abteilung
3. (*subdivision*): ***~-budget*** Teilbudget *m;* ***~-catégorie*** Subkategorie *f;* ***~-classe/~-groupe*** Unterklasse *f*/Untergruppe *f;* ***~-continent*** Subkontinent *m;* ***~-ensemble*** Teilmenge *f,* Untermenge *f;* ***~-espèce*** Unterart *f,* Subspezies *f;* ***~-programme*** Unterprogramm *nt*
4. + *subst* (*insuffisance*): ***~-utilisation de qc*** ungenügende Ausnutzung einer S. (*gen*); ***~-activité industrielle/~-équipement industriel*** ungenügende industrielle Tätigkeit/Ausstattung; ***~-industrialisation*** ungenügende [*o* unterentwickelte] Industrialisierung; ***~-développement*** Unterentwicklung *f;* ***~-nutrition*** Unterernährung *f;* ***~-qualification*** ungenügende Qualifikation; ***la ~-représentation des salariés*** die Tatsache, dass die Lohn-/Gehaltsempfänger unterrepräsentiert sind
5. + *adj:* ***~-approvisionné(e)*** unterversorgt; ***~-médicalisé(e)*** medizinisch unterversorgt; ***~-urbanisé(e)*** nicht genügend urbanisiert; ***~-rémunéré(e)*** unterbezahlt
6. + *vb:* ***qn ~-évalue qc*** jd schätzt den Wert einer S. (*gen*) als zu gering ein; ***qn a ~-assuré sa maison*** jd hat sein Haus ungenügend versichert [*o* unterversichert]; ***qn a ~-déclaré ses revenus*** jd hat seine Einkünfte als zu niedrig angegeben
7. *péj* (*qualité inférieure*): ***~-citoyen*** Bürger *m* zweiter Klasse; ***~-littérature/~-art*** zweitklassige Literatur/Kunst; ***~-western*** zweitklassiger Western
8. + *subst* (*action au second degré*): ***~-entrepreneur*** Subunternehmer *m*
9. + *vb:* ***qn ~-loue qc*** jd vermietet etw unter

sous-alimenté, e [suzalimɑ̃te] *adj* unterernährt **sous-bois** [subwa] *m inv* Unterholz *nt* **sous-chef** <~-~s> [suʃɛf] *mf* Stellvertreter (in) *m(f)* des Chefs; ***~~ de bureau*** stellvertretender Bürovorsteher/stellvertretende Bürovorsteherin; ***~~ de gare*** zweiter Bahnhofsvorsteher/zweite Bahnhofsvorsteherin **sous-commission** <~-~s> [sukɔmisjɔ̃] *f* POL Unterausschuss *m*

souscripteur, -trice [suskʀiptœʀ, -tʀis] *m, f* **1.** (*personne qui s'engage à acheter*) Subskribent(in) *m(f);* ■ ~ **à qc** Subskribent(in) einer S. (*gen*)
2. BOURSE Zeichner(in) *m(f);* ■ ~ **à qc** *à un emprunt* Zeichner einer S. (*gen*)
3. COM [*billet à ordre*] Aussteller(in) *m(f)*

souscription [suskʀipsjɔ̃] *f* **1.** (*action de contribuer*) [bargeldlose] Spendenaktion; ***qn lance*** [*o* ***ouvre***] ***une ~ en faveur de qc*** jd ruft eine [bargeldlose] Spendenaktion für etw ins Leben
2. (*contribution*) [bargeldlose] Spende
3. (*engagement d'achat*) Subskription *f;* ***qn vend qc par ~*** jd verkauft etw durch Subskription; ***qc est vendu en ~ au prix de 495 F*** etw wird zum Subskriptionspreis *m* von 495 Franc verkauft
4. BOURSE [*actions, obligations*] Zeichnung *f;* ■ ~ **à qc** *à un emprunt* Zeichnung einer S. (*gen*)

souscrire <*irr*> [suskʀiʀ] **I.** *vi* **1.** (*contribuer à*) ■ **qn souscrit pour qc** jd zeichnet bei der Sammlung für etw, jd spendet für etw; ■ **qn souscrit pour ...** *pour 100/1000/... F* jd zeichnet bei der Sammlung einen Betrag von ...; ***qn souscrit pour une somme de ...*** jd zeichnet den Betrag von ...
2. (*s'engager à acheter*) ■ **qn souscrit à qc** jd subskribiert etw
3. BOURSE ■ **qn souscrit à qc** jd zeichnet etw
4. *soutenu* (*donner son approbation à*) ■ **qn souscrit à qc** jd heißt etw gut, jd unterschreibt etw *fam*
II. *vt* **1.** (*signer et s'engager à payer*) ■ **qn souscrit qc** *billet à ordre* jd stellt etw aus; *police d'assurance* jd schließt etw ab; ***qn souscrit un abonnement à qc*** jd abonniert etw
2. BOURSE ■ **qn souscrit qc** jd zeichnet etw

sous-développé, e [sudev(ə)lɔpe] *adj* unterentwickelt; ***pays ~~*** Entwicklungsland *nt* **sous-directeur, -trice** <~-~s> [sudiʀɛktœʀ, -tʀis] *m, f* stellvertretender Direktor/stellvertretende Direktorin **sous-dominante** <~-~s> [sudɔminɑ̃t] *f* Subdominante *f* **sous-emploi** [suzɑ̃plwa] *m* ∅ Unterbeschäftigung *f* **sous-employé, e** [suzɑ̃plwaje] *adj* unterbeschäftigt **sous-ensemble** <~-~s> [suzɑ̃sɑ̃bl] *m* Teilmenge *f,* Untermenge *f* **sous-entendre** <14> [suzɑ̃tɑ̃dʀ] *vt* **1.** (*dire implicitement*) ■ **qn sous-entend** [**par qc**] **que** + *indic* jd will [mit etw] andeuten [*o* zu verstehen geben], dass; ■ **qn sous-entend qc** jd gibt etw zu verstehen
2. GRAM ■ **qc est sous-entendu(e)** */verbe, sujet, complément/* etw ist implizit enthalten ►**il est sous-entendu que** + *indic* es versteht sich von selbst, dass; es ist gar keine Frage, dass **sous-entendu** <~-~s> [suzɑ̃tɑ̃dy] *m* [unausgesprochene] Andeutung ►**qn fait des ~-~s** jd macht Andeutungen; **qn parle** [*o* **s'exprime**] **par ~-~s** jd spricht in Andeutungen **sous-estimer** <1> [suzɛstime] *vt* **1.** (*évaluer au-dessous de sa valeur*) ■ **qn sous-estime qc** jd schätzt den Wert einer S. (*gen*) zu gering ein **2.** (*juger mal de*) ■ **qn sous-estime qn/qc** jd unterschätzt jdn/etw **sous-exposer** <1> [suzɛkspoze] *vt* ■ **qn sous-expose qc** jd unterbelichtet etw **sous-exposition** <~-~s> [suzɛkspozisjɔ̃] *f* Unterbelichtung *f* **sous-homme** <~-~s> [suzɔm] *m* Untermensch *m* **sous-jacent, e** [suʒasɑ̃, ɑ̃t] *adj* **1.** (*placé en dessous*) darunter liegend **2.** (*caché*) *idée, sentiment, émotion* tiefer liegend **sous-lieutenant** <~-~s> [suljøt(ə)nɑ̃] *m* Leutnant *m* **sous-locataire** <~-~s> [sulɔkatɛʀ] *mf* Untermieter(in) *m(f)* **sous-location** <~-~s> [sulɔkasjɔ̃] *f* Untervermietung *f;* ***qn a pris un studio en ~~*** jd hat ein Studio als Untermieter gemietet, jd wohnt in [*o* zur] Untermiete in einem Studio **sous-louer** <1> [sulwe] *vt* **1.** (*donner en location*) ■ **qn sous-loue qc** [**à qn**] jd untervermietet etw [an jdn] **2.** (*prendre en location*) ■ **qn sous-loue qc** jd mietet etw als Untermieter **sous-main** [sumɛ̃] *m inv* Schreibunterlage *f* ►**en ~~** heimlich **sous-marin, e** <~-~s> [sumaʀɛ̃, in] **I.** *adj* **1.** (*qui se trouve sous la mer*) *relief, faune, flore, plante, vie* Meeres-; *volcan* unterseeisch, untermeerisch **2.** (*qui s'effectue sous la mer*) *chasse, navigation* Unterwasser-; ***pêche ~~e*** Unterwasserfischfang *m* **II.** *m* Unterseeboot *nt,* U-Boot *nt;* ***~~ atomique*** [*o* ***nucléaire***] Atom-U-Boot *nt* **sous-marque** <~-~s> [sumaʀk] *f* weniger bekannte Marke **sous-menu** <~-~s> [suməny] *m* Untermenü *nt* **sous-multiple** <~-~s> [sumyltipl] *m* Teiler *m* **sous-nappe** <~-~s> [sunap] *f* Tischdeckenunterlage *f,* Tischschoner *m*

sous-off <~-~s> [suzɔf] *m fam abr de* **sous-officier** Unteroffizier *m,* Uffz. *m fam*

sous-officier <~-~s> [suzɔfisje] *m* Unteroffizier *m* **sous-payer** <7> [supeje] *vt* ■ **qn sous-paye qn** jd unterbezahlt jdn; ***qn est sous-payé(e)*** jd ist/wird unterbezahlt **sous-peuplé, e** [supœple] *adj* unterbevölkert **sous-préfecture** <~-~s> [supʀefɛktyʀ] *f* **1.** (*chef-lieu d'arrondissement*) Sitz *m* einer ≈ Unterpräfektur **2.** (*bâtiment*) ≈ Unterpräfektur *f* **sous-préfet** <~-~s> [supʀefɛ] *m* ≈ Unterpräfekt *m* (*oberster Beamter eines Arrondissements*) **sous-préfète** <~-~s> [supʀefɛt] *f* (*femme du sous-préfet*) Frau *f* [*o* Gattin *f geh*] des Unterpräfekten **sous-produit** <~-~s> [supʀɔdɥi] *m* **1.** (*produit dérivé*) Nebenprodukt *nt,* Beiprodukt *nt* **2.** *péj* (*imitation*): ***qn/qc est un ~~ de qn/qc*** jd/etw ist ein [schwacher] Abklatsch eines Menschen/einer S. (*gen*) **sous-prolétaire** <~-~s> [supʀɔletɛʀ] *mf* Subproletarier(in) *m(f),* Lumpenproletarier(in) *m(f)* **sous-pull** <~-~s> [supyl] *m* Unterziehpullover *m* **sous-qualifié, e** [sukalifje] *adj* unterqualifiziert **sous-secrétaire d'État** <~-~s ~> [sus(ə)kʀetɛʀdeta] *mf* ≈ Unterstaatssekretär(in) *m(f)*

soussigné, e [susiɲe] **I.** *adj* ►**je ~ ...** *form* ich, der/die Unterzeichnete, ...; ***je ~, certifie que*** hiermit bestätige ich [durch meine Unterschrift], dass; **nous ~s ...** wir, die Unterzeichneten, ...; ***nous ~s, ..., certifions que ...*** hiermit bestätigen wir [durch unsere Unterschrift], dass ...
II. *m, f form* Unterzeichnete(r) *f(m)*

sous-sol <~-~s> [susɔl] *m* **1.** (*dans le sol*): ***les richesses du ~~*** die Bodenschätze **2.** (*dans un grand magasin*) Untergeschoss *nt;* (*dans un immeuble a.*) Kellergeschoss *nt* **sous-tasse** <~-~s> [sutɑs] *f* Untertasse *f* **sous-tendre** <14> [sutɑ̃dʀ] *vt* **1.** GEOM ■ **qc sous-tend qc** ***la corde sous-tend cet arc de cercle*** die Sehne verbindet diese zwei Punkte auf dem Kreisbogen **2.** (*être à la base de*) ■ **qc sous-tend qc** etw liegt einer S. (*dat*) zugrunde, etw bildet die Grundlage für etw **sous-titre** <~-~s> [sutitʀ] *m* Untertitel *m* **sous-titrer** <1> [sutitʀe] *vt* ■ **qn sous-titre qc** jd untertitelt etw; ***version originale sous-titrée*** Originalfassung *f* mit Untertiteln

soustraction [sustʀaksjɔ̃] *f* **1.** MATH Subtraktion *f;* ***qn fait une ~ de 286 à 786*** jd zieht 286 von 786 ab, jd subtrahiert 286 von 786
2. (*déduction*) Abzug *m*
3. *form* (*détournement*) ■ **~ de qc** Entwendung *f* [*o* Unterschlagung *f*] einer S. (*gen*)

soustraire <*irr*> [sustʀɛʀ] **I.** *vi* ■ **qn soustrait** jd subtrahiert
II. *vt* **1.** MATH ■ **qn soustrait qc à qc** jd zieht etw von etw ab, jd subtrahiert etw von etw
2. (*déduire*) ■ **qn soustrait qc de qc** jd zieht etw von etw ab
3. *form* (*dérober*) ■ **qn soustrait qc [de qc]** jd entwendet etw [aus etw] *geh;* ■ **qn soustrait qc [à qn]** jd entwendet [jdm] etw *geh;* ***qn soustrait une grosse somme à une entreprise*** jd unterschlägt in [*o* bei] einem Unternehmen eine große Summe
4. (*faire échapper à*) ■ **qn/qc soustrait qn à qc** jd/etw hilft jdm, sich einer S. (*dat*) zu entziehen
III. *vpr* ■ **qn se soustrait à qc** jd entzieht sich einer S. (*dat*)

sous-traitance <~-~s> [sutʀɛtɑ̃s] *f* ECON Zulieferung *f;* ***société de ~*** Zulieferbetrieb *m* **sous-traitant, e** <~-~s> [sutʀɛtɑ̃, ɑ̃t] **I.** *adj* Zuliefer-
II. *m* Subunternehmer *m* **sous-traiter** <1> [sutʀete] *vt* ■ **qn sous-traite qc 1.** (*donner en sous-traitance*) jd vergibt etw an Subunternehmer
2. (*agir comme sous-traitant*) jd führt etw als Subunternehmer aus **sous-ventrière** [suvɑ̃tʀijɛʀ] *f* ▶ **qn mange à s'en faire péter la ~** *fam* jd schlägt sich (*dat*) den Bauch voll *fam* **sous-verre** [suvɛʀ] *m inv* Glasrahmen *m* **sous-vêtement** <~-~s> [suvɛtmɑ̃] *m:* ***des ~-~s*** Unterwäsche *f*

soutane [sutan] *f* Soutane *f*
▶ **qn endosse la ~** jd wird Priester

soute [sut] *f* [*avion, bateau*] Laderaum *m;* ***~ à charbon*** Kohlenbunker *m;* ***~ à bagages*** Gepäckraum *m*

soutenable [sut(ə)nabl] *adj* vertretbar, haltbar

soutenance [sut(ə)nɑ̃s] *f* [*öffentliches*] *mündliches Examen, in dem eine wissenschaftliche Arbeit verteidigt wird;* ***~ de thèse*** [öffentliche] Verteidigung der Dissertation

soutènement [sutɛnmɑ̃] *m* Abstützung *f;* ***travaux de ~*** Abstützarbeiten *pl;* ***mur de ~*** Stützmauer *f*

souteneur [sut(ə)nœʀ] *m* Zuhälter *m*

soutenir <9> [sut(ə)niʀ] **I.** *vt* **1.** (*porter*) ■ **qn/qc soutient qc** jd hält etw; /*colonne, poutre*/ etw trägt etw
2. (*étayer*) ■ **qn/qc soutient qc** jd/etw stützt etw ab *arbre, rosier* jd/etw stützt etw
3. (*maintenir debout*) ■ **qn soutient qn** jd stützt jdn; ***ses jambes ne la soutenaient plus*** ihre Beine trugen sie nicht mehr
4. (*maintenir droit*) ■ **qc soutient qc** *dos, tête* etw stützt etw
5. (*redonner des forces à*) ■ **qc soutient [qn/qc]** etw stärkt [jdn/etw]
6. (*assister*) ■ **qn/qc soutient qn dans qc** jd/etw ist jdm eine Hilfe [*o* Stütze] bei etw
7. (*empêcher que qc faiblisse*) ■ **qn/qc soutient qc** jd/etw stärkt etw; *monnaie* jd/etw stützt etw; *intérêt* jd/etw hält etw wach; ***le prof sait ~ l'attention de ses élèves*** der Lehrer weiß seine Schüler zu fesseln
8. (*maintenir*) ■ **qn soutient qc** *sa réputation, son rang* jd behauptet etw *geh;* ***qn/un animal soutient son effort*** jd/ein Tier lässt in seinen Anstrengungen nicht nach
9. (*appuyer*) ■ **qn soutient qn/qc** *personne, cause* jd hält zu jdm/setzt sich für etw ein; *gouvernement* jd steht zu etw; *candidat, parti, politique* jd unterstützt jdn/etw; ■ **qn soutient qn contre qn** jd unterstützt jdn gegen jdn
10. (*aider*) ■ **qn soutient qn/qc** jd unterstützt jdn/etw; ***qn soutient qn financièrement/moralement*** jd unterstützt jdn finanziell/moralisch
11. (*défendre*) ■ **qn soutient qc** jd vertritt etw; *droits* jd tritt für etw ein
12. UNIV ■ **qn soutient qc** *thèse, mémoire* jd verteidigt etw (*im Rahmen eines mündlichen Examens, das die betreffende wissenschaftliche Arbeit zum Gegenstand hat*)
13. (*affirmer*) ■ **qn soutient que** + *indic* jd behauptet, dass
14. (*résister à*) ■ **qn soutient qc** *assaut, choc, regard* jd hält einer S. (*dat*) stand
II. *vpr* **1.** (*se tenir droit, debout*) ■ **qn se soutient** jd steht; ***qn se soutient difficilement sur ses jambes*** jd hält sich nur mit Mühe auf den Beinen
2. (*se maintenir en équilibre*) ■ **qn/qc/un animal se soutient quelque part:** ***qn se soutient dans l'eau*** jd hält sich über Wasser; ***qc/un animal se soutient en l'air*** etw/ein Tier hält sich in der Luft
3. (*être défendu*) ■ **qc se soutient** /*opinion*/ etw wird vertreten; ***ce point de vue ne peut se ~*** dieser Standpunkt lässt sich nicht vertreten [*o* ist unhaltbar]
4. (*ne pas faiblir*) ■ **qc se soutient** /*attention*/ etw erlahmt nicht; /*intérêt*/ etw lässt nicht nach
5. (*s'entraider*) ■ **des personnes se soutiennent** Menschen unterstützen sich

soutenu, e [sut(ə)ny] **I.** *pp de* **soutenir**
II. *adj* **1.** (*régulier*) *attention, effort* stetig, beständig
2. (*élevé*) *style, langue* gehoben
3. (*intense*) *couleur* kräftig, tief
4. BOURSE *cours, marché* behauptet, fest

souterrain, e [sutɛʀɛ̃, ɛn] **I.** *adj* **1.** (*sous terre*) unterirdisch; ***passage ~*** Unterführung *f*
2. (*caché*) heimlich; ***économie ~e*** Schattenwirtschaft *f*
II. *m* unterirdischer Gang; (*dans une gare*) Unterführung *f*

soutien [sutjɛ̃] *m* **1.** (*aide, appui*) Unterstützung *f;* ***qn apporte son ~ à qn*** jd unterstützt jdn; ***unité de ~*** Hilfstruppe *f*
2. ECON ■ **~ [à qc]** Stützung *f* [einer S. (*gen*)]; ***des mesures de ~*** Stützungsmaßnahmen *pl*
3. (*défenseur*) [*régime, gouvernement, personne*] Stütze *f;* [*cause*] Verfechter *m*
4. SCOL: ***classe*** [*o* ***cours***] ***de ~*** Stützkurs *m;* ***il a besoin d'un ~ dans cette matière*** er braucht in diesem Fach Nachhilfe
5. ARCHIT Stütze *f*
◆ **soutien de famille** [Familien]ernährer *m,* Versorger *m;* **soutien des prix** Preisstützung *f*

soutien-gorge <~s-~[s]> [sutjɛ̃gɔʀʒ] *m* Büstenhalter *m,* BH *m;* [*maillot deux pièces*] Oberteil *nt*

soutirer <1> [sutiʀe] *vt* **1.** (*escroquer*) ■ **qn soutire qc à qn** jd listet jdm etw ab; *argent* jd zieht jdm etw aus der Tasche *fam,* jd luchst jdm etw ab *fam*
2. (*transvaser*) ■ **qn soutire qc** jd füllt etw um, jd zieht etw ab

souvenir [suv(ə)niʀ] **I.** *m* **1.** (*image dans la mémoire*) Erinnerung *f;* ***le ~ de qc*** die Erinnerung an etw (*akk*); ***~ d'enfance*** Kindheitserinnerung; ***je n'en ai qu'un ~ vague/confus*** ich erinnere mich nur undeutlich/verschwommen daran, ich kann mich nur undeutlich/verschwommen daran erinnern; ***leur visite nous laissera de bons ~s*** ihr Besuch wird uns (*dat*) in guter Erinnerung bleiben
2. (*mémoire*) Gedächtnis *nt,* Erinnerung *f;* ***dans mon ~*** in meiner Erinnerung
3. (*ce qui rappelle qn/qc*) ■ **~ de qn/de qc** Erinnerung [*o* Andenken *nt*] *f* an jdn/etw; ***une plaque/un monument du ~*** eine Gedenktafel/ein Gedenkmonument *nt*
4. (*objet touristique*) Andenken *nt,* Souvenir *nt*
▶ **amical ~, affectueux ~[s]** *form* mit freundlichem Gruß; **rappelez-moi** [*o* **veuillez me rappeler**] **au bon ~ de qn** *form* empfehlen Sie mich bitte jdm; **qn garde un bon/mauvais ~ de qn/qc** jd behält jdn/etw in guter/schlechter Erinnerung; **si mes ~s sont exacts, ...** wenn ich mich recht erinnere [*o* entsinne], ...; **croyez à mon fidèle ~** *form* Ihrer (*gen*) stets gedenkend *geh;* **ce n'est plus qu'un mauvais ~** das ist vorbei und vergessen; **meilleur ~** *form* mit den besten Grüßen; **qn a le ~ de qc** jd erinnert sich an etw (*akk*); **qn a/n'a pas ~ de qc/d'avoir fait qc** jd kann sich/kann sich nicht an etw (*akk*) erinnern/daran erinnern etw getan zu haben; **qc éveille des ~s en qn** etw ruft in jdm Erinnerungen wach; **qn évoque le ~ de qn** jd gemahnt an jdn *geh;* **qn garde** [*o* **conserve**] **le ~ de qc** jd behält etw in Erinnerung; **qn perd le ~ de qc** jd verliert etw aus dem Gedächtnis; ***qn a complètement perdu le ~ de qc*** jd hat überhaupt keine Erinnerung mehr an etw (*akk*); **en ~ [de qn/qc]** zum Andenken [*o* zur Erinnerung] [an jdn/etw]; ***en ~ de tous les morts de la guerre*** allen Toten des Krieges zum Gedenken
II. *app:* ***photo-~*** Erinnerungsfoto *nt;* ***cadeau-~*** Mitbringsel *nt fam*
III. <9> *vpr* **1.** (*se rappeler*) ■ **qn se souvient de qn/qc** jd erinnert sich an jdn/etw; ***je ne me souviens pas [d']avoir jamais rencontré cet homme*** ich kann mich nicht erinnern, diesen Mann schon einmal getroffen zu haben; ■ **qn se souvient que** + *indic* jd erinnert sich, dass; ■ **qn ne se souvient pas que** + *subj* jd kann sich nicht daran erinnern, dass
2. (*se remémorer*) ■ **qn se souvient qui/à qui/comment/pourquoi** + *indic* jd weiß [noch], wer/wem/wie/warum; ***je ne me souviens pas à qui j'ai donné les clés*** ich weiß nicht mehr [*o* kann mich nicht mehr erinnern], wem ich die Schlüssel gegeben habe
3. (*rappeler*) ■ **qn fait [se] ~ à qn de faire qc** jd erinnert jdn daran, etw zu tun; ■ **qn fait [se] ~ à qn que** + *indic* jd erinnert jd daran, dass
▶ **je m'en souviendrai!** (*quel mauvais souvenir!*) das ist/war wie verhext! *fam;* (*je me vengerai!*) das werde ich dir/ihm/ihr/... heimzahlen!; **il/elle s'en souviendra** das wird ihm/ihr noch [einmal] Leid tun; **souviens-toi/souvenez-vous de qc!** denk/denken Sie an etw (*akk*)!; **souviens-toi/souvenez-vous que ...!** + *indic* denk/denken Sie daran, dass ...!, vergiss/vergessen Sie nicht, dass ...!

souvent [suvɑ̃] *adv* oft, häufig; ***peu ~*** ziemlich selten; ***le plus ~*** meistens

souverain, e [suv(ə)ʀɛ̃, ɛn] **I.** *adj* **1.** POL, JUR *État, puissance, peuple* souverän; *décision, jugement* höchstrichterlich; *pouvoir* höchste(r, s); ***le S~ Pontife*** der Pontifex maximus; ■ **qn est ~** /*assemblée*/ jd hat uneingeschränkte Entscheidungsbefugnis; /*cour, juge*/ jd ist vollkommen unabhängig
2. (*absolu*) *mépris* tiefste(r, s); *indifférence* völlig, vollkommen; ***~e habileté*** äußerste Geschicklichkeit
3. (*très efficace*) *remède* unübertroffen
4. (*suprême*) *bien, bonheur* höchste(r, s)
II. *m, f* Herrscher(in) *m(f);* **~ [constitutionnel]** Staatsoberhaupt *nt;* ***~ absolu*** absoluter Herrscher; ***le peuple est le ~*** das Volk ist der Souverän

souverainement [suv(ə)ʀɛnmɑ̃] *adv* **1.** (*extrêmement*) äußerst; ***qc m'ennuie/me déplaît ~*** etw langweilt mich/missfällt mir unsäglich *geh*
2. (*en toute indépendance*) souverän

souveraineté [suv(ə)ʀɛnte] *f* POL [*État, peuple*] Souveränität *f;* [*empereur, monarque, roi*] Oberhoheit *f,* Oberherrschaft *f*

soviet [sɔvjɛt] *m* Sowjet *m;* ***le S~ suprême*** der Oberste Sowjet

soviétique [sɔvjetik] **I.** *adj* sowjetisch, Sowjet-; ***Union ~*** Sowjetunion *f*
II. *mf* ■ **Soviétique** Sowjetrusse/-russin *m/f;* ***les S~s*** die Sowjets

soya [soja] *m v.* **soja**

soyeux, -euse [swajø, -jøz] **I.** *adj* **1.** (*doux*) seidenweich
2. (*brillant*) seidig
II. *m* (*industriel*) Seidenfabrikant *m;* (*négociant*) Seidenhändler *m*

S.P.A. [ɛspea] *f abr de* **Société protectrice des animaux** *französischer Tierschutzverein*

spacieusement [spasjøzmɑ̃] *adv* großzügig

spacieux, -euse [spasjø, -jøz] *adj* geräumig

spaghettis [spageti] *mpl* Spaghetti *pl*

sparadrap [spaʀadʀa] *m* [Heft]pflaster *nt*

spasme [spasm] *m* Krampf *m*

spasmodique [spasmɔdik] *adj* krampfartig

spath [spat] *m* Spat *m;* ~ ***fluor/ calcaire*** Fluss-/Kalkspat

spatial, e <-aux> [spasjal, jo] *adj* **1.** ESPACE [Welt]raum-; ***engin*** ~ Raumflugkörper *m;* ***guerre*** ~***e*** Krieg *m* im Weltraum; ***défense*** ~***e*** Weltraumverteidigung *f*
2. PSYCH, PHILOS räumlich; ***les catégories temporelle et*** ~***e*** die Kategorien [von] Zeit und Raum

spationaute [spasjonot] *mf* [Welt]raumfahrer(in) *m(f)*

spatiotemporel, le [spasjotɑ̃pɔʀɛl] *adj* raumzeitlich

spatule [spatyl] *f* **1.** (*ustensile*) Spachtel *m;* (*en cuisine*) Pfannenwender *m;* (*pour la pâte*) Teigschaber *m;* [*médecin*] Spatel *m*
2. (*bout*) [*ski*] Schaufel *f;* [*cuillère, fourchette*] Griffende *nt,* Stielende *nt*
3. ORN Löffler *m,* Löffelreiher *m*

speaker, ine [spikœʀ, spikʀin] *m, f vieilli* Ansager(in) *m(f),* Sprecher(in) *m(f)*

spécial, e <-aux> [spesjal, jo] *adj* **1.** (*qui n'est pas ordinaire*) *autorisation, envoyé, permission, train* Sonder-; *édition a.* Extra-; *équipement, formation, études, papier* Spezial-, besondere(r, s), speziell; ***rien de*** ~ nichts Besonderes; ***pouvoirs*** ~***aux*** Sondervollmachten *pl;* ***qn accorde une faveur*** ~***e à qn*** jd behandelt jdn bevorzugt; ***cet enfant est un cas*** ~ dieses Kind ist ein besonderer Fall
2. (*bizarre*) eigenartig, sonderbar; ***qn a des mœurs*** ~***es*** jd hat etwas abseitige Neigungen; (*est homosexuel*) jd ist andersherum *fam* [*o* vom anderen Ufer] *fam*

spécialement [spesjalmɑ̃] *adv* **1.** (*en particulier*) [ganz] besonders
2. (*tout exprès*) extra, eigens
▶ **pas** ~ *fam* nicht gerade, nicht besonders

spécialisation [spesjalizasjɔ̃] *f* PHYS, SCI, TECH Spezialisierung *f;* ***qn fait une*** ~ ***en physique nucléaire*** jd spezialisiert sich auf Kernphysik

spécialisé, e [spesjalize] *adj* spezialisiert; ***travail*** ~ Arbeit, die besondere Fachkenntnisse verlangt [*o* voraussetzt]; ■ **[qn/qc est]** ~**(e) dans qc** [jd/etw ist] auf etw (*akk*) spezialisiert

spécialiser <1> [spesjalize] **I.** *vt* ■ **qn spécialise qn** jd setzt jdn auf einem speziellen Gebiet ein
II. *vpr* ■ **qn se spécialise dans** [*o* **en**] **qc** jd spezialisiert sich auf etw (*akk*)

spécialiste [spesjalist] **I.** *mf* **1.** (*expert*) Spezialist(in) *m(f);* ■ ~ **de qc** Spezialist(in) für etw
2. (*technicien*) Fachmann/-frau *m/f*
3. MED Facharzt/-ärztin *m/f*
▶ **qn est/c'est le** ~ **de qc** *fam* jd ist in etw (*dat*) ganz groß *fam,* etw ist jds Spezialität
II. *app:* ***médecin*** ~ Facharzt/-ärztin *m/f*

spécialité [spesjalite] *f* **1.** SCI, PHYS Spezialgebiet *f,* Fachgebiet *f*
2. (*produit caractéristique*) Spezialität *f;* ~ ***gastronomique*** Spezialität; ***la dentelle est une*** ~ ***de l'Orne*** das Departement Orne ist berühmt wegen seiner [*o* für seine] Spitzen
3. *fam* (*manie*) Spezialität *f;* ***qn a la*** ~ ***de qc*** etw ist jds Spezialität, etw ist typisch für jdn; ***qn a la*** ~ ***de faire qc*** es ist typisch für jdn, etw zu tun
▶ ~ **pharmaceutique** Pharmazeutikum *nt*

spécieux, -euse [spesjø, -jøz] *adj* vordergründig; *apparence* trügerisch

spécification [spesifikasjɔ̃] *f* **1.** (*définition*) genaue Beschreibung
2. (*liste*) detaillierte Aufstellung

spécificité [spesifisite] *f* spezifische Besonderheit

spécifier <1 a> [spesifje] *vt* ■ **qn spécifie qc** jd gibt etw genau an; ***qn spécifie les conditions d'un prêt*** jd legt die genauen Kreditbedingungen fest; ***on ne m'a rien spécifié*** man hat mir nichts Genaues gesagt/mitgeteilt; ■ **qc spécifie qc** / *loi/* etw legt etw genau fest; ■ **qn spécifie que** + *indic* jd sagt klar und deutlich, dass

spécifique [spesifik] *adj* spezifisch; ***terme/ caractéristique*** ~ Artbegriff *m*/-merkmal *nt*

spécifiquement [spesifikmɑ̃] *adv* spezifisch; ***qc est*** ~ ***dû(due) à qc*** etw ist für etw spezifisch

spécimen [spesimɛn] **I.** *m* **1.** (*exemplaire*) Stück *nt,* Exemplar *nt;* ~ ***rare*** seltenes Exemplar; ***qn est le parfait*** ~ ***du conducteur dangereux*** jd ist der Prototyp des gefährlichen Autofahrers
2. (*exemplaire publicitaire*) [*manuel scolaire*] Probeexemplar *nt;* [*revue a.*] Probeheft *nt*
II. *app:* ***numéro*** ~ Probenummer *f,* Probeexemplar *nt;* ***brochure*** ~ Probeheft *nt*

spectacle [spɛktakl] *m* **1.** (*ce qui s'offre au regard*) Anblick *m;* ***qn/ qc offre*** [*o* ***présente***] ***un triste*** ~ jd/etw bietet einen traurigen Anblick
2. THEAT, AUDIOV Vorstellung *f;* [*danse*] Darbietung *f;* ~ ***lyrique/ dramatique/ chorégraphique*** Oper *f*/Bühnenstück *nt*/Ballett *nt;* ~ ***pour les enfants*** Kindervorstellung; ***salle de*** ~[*s*] (*édifice*) Festhalle *f;* (*où ont lieu des concerts*) Konzerthalle *nt;* (*théâtre de variétés*) Varieteetheater *nt*
3. *pl* (*rubrique*) Veranstaltungskalender *m*
4. (*show-business*) Showgeschäft ['ʃoʊ-] *nt;* ***industrie du*** ~ Unterhaltungsindustrie *f,* Showbusiness ['ʃoʊbɪznɪs] *nt*
▶ **à grand** ~ *film, revue* Ausstattungs-; **qn donne qc en** ~ jd trägt etw zur Schau; **qn se donne** [*o* **s'offre**] **en** ~ jd macht [einen] auf Schau *fam;* **qn va au** ~ (*sort*) jd geht ins Theater/Kino/Varietee/…, jd geht aus; **au** ~ **de qc** beim Anblick einer S. (*gen*)

spectaculaire [spɛktakylɛʀ] *adj* spektakulär, eindrucksvoll

spectateur, -trice [spɛktatœʀ, -tʀis] *m, f* **1.** THEAT, AUDIOV, SPORT Zuschauer(in) *m(f)*
2. (*observateur*) Beobachter(in) *m(f)*

spectral, e <-aux> [spɛktʀal, o] *adj* **1.** (*fantomatique*) gespenstisch; ***qn est d'une pâleur*** ~***e*** jd ist totenbleich
2. PHYS Spektral-

spectre [spɛktʀ] *m* **1.** (*fantôme*) Geist *m,* Gespenst *nt;* ***qn a une pâleur de*** ~ jd ist totenbleich
2. *fam* (*personne maigre*) Klappergestell *nt fam*
3. *littér* (*perspective menaçante*) Schreckgespenst *nt;* ***qn agite le*** ~ ***de la guerre*** jd malt das Gespenst des Krieges an die Wand
4. PHYS Spektrum *nt;* ~ ***solaire/ sonore*** Sonnen-/Schallspektrum; ~ ***magnétique*** Kraftlinienbild *nt*

spéculateur, -trice [spekylatœʀ, -tʀis] *m, f* Spekulant(in) *m(f)*

spéculatif, -ive [spekylatif, -iv] *adj* **1.** FIN, COM spekulativ; *achat, gain, opération* Spekulations-
2. PHILOS spekulativ

spéculation [spekylasjɔ̃] *f* **1.** FIN, COM Spekulation *f*
2. (*supposition*) Spekulation *f;* ***qn fait des*** ~***s sur qc*** jd stellt Spekulationen über etw (*akk*) an; ***qn se trompe dans ses*** ~***s*** jd stellt irrige Spekulationen an
3. PHILOS Spekulation *f*

spéculer <1> [spekyle] *vi* **1.** FIN, COM ■ **qn spécule** [**sur qc**] jd spekuliert [mit etw], jd spekuliert [in etw (*dat*)] *spec;* ***qn spécule en bourse*** jd spekuliert an der Börse; ***qn spécule à la hausse/ à la baisse*** jd spekuliert auf Hausse/auf Baisse
2. (*tabler sur*) ■ **qn spécule sur qc** jd spekuliert auf etw (*akk*) *fam*
3. *littér* (*méditer*) ■ **qn spécule sur qc** jd stellt Spekulationen über etw (*akk*) an

spéculum [spekylɔm] *m* MED Spekulum *nt spec*

speech [spitʃ] *m* Rede *f;* ~ ***de remerciement*** Dankesrede; ***qn fait un petit*** ~ jd hält eine Ansprache

speed [spid] *adj,* **speedé, e** [spide] *adj* **1.** *fam* (*agité*) hektisch
2. (*drogué*) high [hai] *sl*

spéléo [speleɔ] **I.** *f fam abr de* **spéléologie** Höhlenkunde *f,* Speläologie *f spec*
II. *mf fam abr de* **spéléologue** Höhlenkundler(in) *m(f),* Höhlenforscher(in) *m(f),* Speläologe/-login *m/f spec*

spéléologie [speleɔlɔʒi] *f* **1.** (*science*) Höhlenkunde *f,* Speläologie *f spec*
2. (*sport*) Erkundung *f* von Höhlen; ***qn fait de la*** ~ jd ist Hobbyhöhlenforscher(in)

spéléologique [speleɔlɔʒik] *adj* höhlenkundlich, speläologisch *spec*

spéléologue [speleɔlɔg] *mf* Höhlenforscher(in) *m(f),* Speläologe/-login *m/f spec*

spermatozoïde [spɛʀmatɔzɔid] *m* Spermium *nt,* Spermatozoon *nt spec*

sperme [spɛʀm] *m* Sperma *nt*

spermicide [spɛʀmisid] **I.** *adj* samenabtötend, spermizid *spec*
II. *m* Spermizid *nt spec*

sphère [sfɛʀ] *f* **1.** MATH Kugel *f*
2. (*domaine*) Bereich *m*
▶ ~ **céleste** Himmelskugel *f;* **les hautes** ~**s de qc** die einflussreichen Kreise einer S. (*gen*); ~ **terrestre** Erdkugel *f*
◆ **sphère d'action** Wirkungsbereich *m,* Wirkungskreis *m;* **sphère d'activité** [*personne*] Betätigungsfeld *nt;* [*entreprise*] Wirkungsbereich *m;* **sphère d'attributions** Zuständigkeitsbereich *m;* **sphère d'influence** Einflussbereich *m*

sphérique [sfeʀik] *adj* kugelig, kugelförmig

sphincter [sfɛ̃ktɛʀ] *m* Schließmuskel *m,* Sphinkter *m spec;* ~ ***anal*** Afterschließmuskel

sphinx [sfɛ̃ks] *m* **1.** Sphinx *f*
2. MYTH ■ **le Sphinx** die Sphinx
3. (*papillon*) Schwärmer *m*

spinal, e <-aux> [spinal, o] *adj* Spinal-

spirale [spiʀal] *f* **1.** (*forme*) Spirale *f*
2. (*fil métallique*) Spirale *f;* ***cahier à*** ~ Heft *nt* mit Spiralbindung
▶ ~ **de l'inflation** Inflationsspirale *f;* ~ **des prix et des salaires** Lohn-Preis-Spirale *f;* **en** ~ in Spiralen; ***l'avion monte en*** ~ das Flugzeug schraubt sich in die Höhe; ***escalier en*** ~ Wendeltreppe *f;* ***l'évolution se fait en*** ~ die Entwicklung verläuft in Spiralen

spire [spiʀ] *f* Windung *f*

spiritisme [spiʀitism] *m* Spiritismus *m;* ***séance de*** ~ spiritistische Sitzung

spiritualiser <1> [spiʀitɥalize] *vt littér* ■ **qn/qc spiritualise qn/qc** jd/etw spiritualisiert jdn/etw *geh*

spiritualité [spiʀitɥalite] *f* **1.** REL Verinnerlichung *f,* Spiritualität *f geh*
2. PHILOS Geistigkeit *f,* Immaterialität *f geh*

spirituel, le [spiʀitɥɛl] *adj* **1.** (*plein d'esprit*) geistreich, voller Esprit
2. REL geistlich
3. (*qui se rapporte à l'esprit*) geistig

spirituellement [spiʀitɥɛlmɑ̃] *adv* **1.** (*avec esprit*) geistreich; ***qn répond*** [*o* ***réplique***] ~ jd gibt eine geistreiche Antwort
2. *littér* (*en esprit*) geistig
3. REL: ***qn aide qn*** ~ jd steht jdm geistlich bei

spiritueux, -euse [spiʀitɥø, -øz] **I.** *adj* [stark] alkoholisch, geistig
II. *m* Spirituose *f*

spleen [splin] *m* Schwermut *f*
▶ **qn a le** ~ jd hat ein seelisches Tief

splendeur [splɑ̃dœʀ] *f* **1.** (*grande beauté*) Pracht *f kein pl;* [*nature, paysage a.*] Pracht, Herrlichkeit *f*
2. (*merveille*) Pracht *f kein pl;* ***ce tapis est une vraie*** ~ dieser Teppich ist eine wahre Pracht; ***les*** ~***s de l'art grec*** die Herrlichkeiten der griechischen Kunst
3. (*gloire*) Glanz *m;* ***au*** [*o* ***du***] ***temps de sa*** ~ in seiner/ihrer Glanzzeit
▶ **dans toute sa** ~ *iron* in seiner/ihrer ganzen Pracht

splendide [splɑ̃did] *adj* prächtig, prachtvoll; *femme a.* strahlend schön;

journée a. strahlend; *fête* glänzend
splendidement [splɑ̃didmɑ̃] *adv* prächtig, wunderschön; ***il nous a ~ reçus*** er hat uns einen prächtigen Empfang bereitet
spoiler [spɔjlɛʀ] *m* Spoiler *m*
spoliation [spɔljasjɔ̃] *f* ■ **~ de qc** Raub *m* einer S. (*gen*)
spolier <1 a> [spɔlje] *vt* ■ **qn spolie qn [de qc]** jd beraubt jdn [einer S. (*gen*)]
spongieux, -euse [spɔ̃ʒjø, -jøz] *adj* **1.** (*qui s'imbibe*) *roche* porös, schwammähnlich; ***sol ~*** schwammiger Boden
2. ANAT schwammartig, spongiös *spec*
sponsor [spɔ̃sɔʀ, spɔnsɔʀ] *m* Sponsor(in) *m(f)*
sponsoring [spɔ̃sɔʀiŋ] *m*, **sponsorisation** [spɔ̃sɔʀizasjɔ̃] *f* Sponsoring *nt*
sponsoriser <1> [spɔ̃sɔʀize] *vt* ■ **qn sponsorise qn/qc** jd sponsert jdn/etw
spontané, e [spɔ̃tane] *adj* **1.** (*automatique*) spontan; *geste, mouvement a.* unwillkürlich; ***mutation ~e*** spontane Mutation
2. (*direct*) *personne, caractère* spontan, impulsiv
3. (*délibéré*) *aveu* freiwillig
4. BOT spontan *spec*
spontanéité [spɔ̃taneite] *f* Spontaneität *f*
spontanément [spɔ̃tanemɑ̃] *adv* **1.** (*sans réfléchir*) spontan
2. (*librement*) freiwillig, aus freien Stücken
sporadique [spɔʀadik] *adj* vereinzelt, sporadisch
sporadiquement [spɔʀadikmɑ̃] *adv* vereinzelt; ***cette maladie sévit ~*** diese Krankheit tritt nur sporadisch auf
sporange [spɔʀɑ̃ʒ] *m* Sporenbehälter *m*, Sporangium *nt spec*
spore [spɔʀ] *f* Spore *f*
sport [spɔʀ] **I.** *m* **1.** (*activité sportive*) Sport *m;* ~ ***professionnel*** Profisport
2. (*forme d'activité sportive*) Sportart *f;* ***qn pratique plusieurs ~s*** jd betreibt mehrere Sportarten
►**~s individuels** Einzelsportarten *pl;* **~s nautiques** Wassersportarten *pl;* **il va y avoir du ~!** *fam* da wird's was setzen! *fam;* **qn est [très] ~ [avec qn]** jd benimmt sich [jdm gegenüber] [sehr] fair; **c'est du ~** da gehört allerhand dazu; **qn fait du ~** jd treibt Sport; **de ~** Sport-; **les ~s** PRESSE der Sportteil
II. *app inv coupe* sportlich; ***chaussures ~*** Sportschuhe *pl*
►**qn s'habille ~** *fam* jd kleidet sich sportlich
◆**sport de combat** Kampfsport *m;* ***~s de combat*** Kampfsportarten *pl;* **sport de compétition** Leistungssport *m;* **sport de glisse** Gleitsport *m;* ***~s de glisse*** Gleitsportarten *pl;* **sport d'équipe** Mannschaftssport *m;* ***~s d'équipe*** Mannschaftssportarten *pl;* **sport d'hiver** **1.** (*activité*) Wintersport *m;* ***~s d'hiver*** Wintersportarten *pl* **2.** (*séjour*): ***~s d'hiver*** Winterurlaub *m*, Skiurlaub *m;* ***station de ~s d'hiver*** Winterurlaubsort *m*, Skiurlaubsort *m* ►**qn va aux ~s d'hiver** jd fährt in den Winterurlaub [*o* Skiurlaub], jd geht zum Skilaufen
sportif, -ive [spɔʀtif, -iv] **I.** *adj* **1.** (*de sport*) Sport-; ***les pages ~ives d'un journal*** der Sportteil [*o* die Sportseiten] einer Zeitung
2. (*de compétition*): ***qn pratique la danse/la natation/la marche ~ive*** jd betreibt das Tanzen/das Schwimmen/das Laufen als Sport
3. (*qui fait du sport*) sportlich; ***sa jeunesse fut très ~ive*** in seiner/ihrer Jugend ist er/sie sehr sportlich gewesen
4. (*typique de qui fait du sport*) *allure, conduite, démarche* sportlich
5. (*loyal*) sportlich, fair; ***esprit ~*** Sport[s]geist *m*, Fairness *f;* ***qn a une attitude ~ive*** jd verhält sich sportlich [*o* fair]
II. *m, f* Sportler(in) *m(f);* ~ ***en chambre*** [*o* ***de salon***] sportbegeisterter Fernsehzuschauer, Sportkonsument *m*
sportivement [spɔʀtivmɑ̃] *adv* sportlich
sportivité [spɔʀtivite] *f* Sport[s]geist *m*, Fairness ['fɛːɐnəs] *f;* ***qn fait preuve de ~*** jd zeigt Sport[s]geist [*o* Fairness]
spot [spɔt] *m* **1.** (*lampe*) Spot *m;* (*dans le train*) [Lese]lämpchen *nt*
2. (*projecteur*) Spot *m*, Scheinwerfer *m*
3. (*point lumineux*) Lichtpunkt *m*
4. (*message publicitaire*) [Werbe]spot *m*
►**~ publicitaire** Werbespot *m*
spoutnik [sputnik] *m* Sputnik *m*
sprat [spʀat] *m* Sprotte *f*
spray [spʀɛ] *m* **1.** (*pulvérisation*) Spray *m o nt*
2. (*atomiseur*) Spraydose *f*
►**en ~** als Spray; ***déodorant en ~*** Deospray *m o nt*
sprint [spʀint] *m* **1.** (*fin de course*): ~ [***final***] Endspurt *m*, Finish *nt*
2. (*course sur petite distance*) Sprint *m*
►**qn fait [o pique] un ~** *fam* jd legt einen Spurt [*o* Sprint] ein *fam;* **au ~** im Hauruckverfahren *fam*, auf die Schnelle *fam*
sprinter¹ [spʀintɛʀ] *m v.* **sprinteur**
sprinter² <1> [spʀinte] *vi* **1.** (*accélérer l'allure*) ■ **qn sprinte** jd sprintet, jd spurtet; ***qn commence*** [*o* ***se met***] ***à ~*** jd setzt zum Endspurt an
2. *fam* (*se dépêcher*) ■ **qn sprinte** jd spurtet *fam*
sprinteur, -euse [spʀintœʀ, -øz] *m, f* Sprinter(in) *m(f);* (*en athlétisme*) Kurzstreckenläufer(in) *m(f)*
squale [skwal] *m* Hai[fisch *m*] *m*
squame [skwam] *f* Schuppe *f*
square [skwaʀ] *m* [kleine] Grünanlage (*inmitten eines Platzes*)
squash [skwaʃ] *m* Squash *nt*
squat [skwat] *m* besetztes Haus
squattage [skwataʒ] *m* Hausbesetzung *f*
squatter¹ [skwatœʀ] *m* Hausbesetzer *m*
squatter² <1> [skwate] *vt*, **squattériser** <1> [skwateʀize] *vt* ■ **qn squatte [o squattérise] qc** jd besetzt etw
squatteur [skwatœʀ] *m v.* **squatter**
squelette [skəlɛt] *m* **1.** ANAT Skelett *nt*
2. *fam* (*personne très maigre*) Klappergestell *nt fam*
3. (*charpente*) Skelett *nt*, Gerippe *nt*
4. (*plan*) [*livre, œuvre, discours*] Gerüst *nt*, Grundplan *m*
►**~ ambulant** wandelndes Gerippe *fam*
squelettique [skəletik] *adj* **1.** (*très maigre*) spindeldürr; *arbre* kümmerlich; ***qn est d'une maigreur ~*** jd ist spindeldürr
2. (*très réduit*) mager; *exposé a.* kümmerlich, dürftig; ***nos effectifs deviennent de plus en plus ~s*** unsere Mitgliederzahl nimmt immer mehr ab
S.S. [ɛsɛs] *f abr de* **Sécurité Sociale**
stabilisateur, -trice [stabilizatœʀ, -tʀis] **I.** *adj* stabilisierend; ***ce médicament a un effet ~*** dieses Medikament wirkt stabilisierend
II. *m* **1.** (*dispositif*) [*bicyclette*] Stützrad *nt;* NAUT, AVIAT Stabilisierungsflosse *f;* AUT Stabilisator *m*
2. CHIM Stabilisator *m*
stabilisation [stabilizasjɔ̃] *f* Stabilisierung *f;* [*maladie*] Konsolidierung *f*
stabiliser <1> [stabilize] **I.** *vt* **1.** (*consolider*) ■ **qn stabilise qc** *échafaudage, échelle* jd stabilisiert etw; *accotement, terrain* jd befestigt etw
2. ECON ■ **qn/qc stabilise qc** jd/etw stabilisiert etw
3. (*éviter toute fluctuation*) ■ **qn stabilise qc** jd hält etw [konstant]; ***en vitesse stabilisée*** bei konstanter Geschwindigkeit
4. (*équilibrer*) ■ **qn stabilise qc** *avion, bateau* jd hält etw im stabilen Gleichgewicht; *véhicule, voiture* jd stabilisiert etw
II. *vpr* **1.** (*devenir stable*) ■ **qn se stabilise** jd festigt sich
2. ECON ■ **qc se stabilise** etw stabilisiert sich
3. (*être normalisé*) ■ **qc se stabilise** etw wird festgelegt
stabilité [stabilite] *f* **1.** ECON Stabilität *f;* POL *a.* Beständigkeit *f;* ~ ***des prix*** Preisstabilität
2. [*échafaudage, construction, pont*] Stabilität *f*
3. (*maintien en équilibre*) [*avion*] Flugstabilität *f;* [*bateau*] Schwimmstabilität *f;* [*véhicule*] stabile Straßenlage
4. PSYCH [*personne*] innere [*o* psychische] Stabilität; [*sentiment*] Beständigkeit *f;* ***qn manque de ~*** jd ist innerlich [*o* psychisch] nicht stabil
stable [stabl] *adj* **1.** (*ferme*) stabil; *terrain* befestigt
2. (*durable*) dauerhaft; *régime, relation a.* beständig
3. (*qui garde l'équilibre*) stabil, standfest; *voiture* mit stabiler Straßenlage; ***ce type de bateau/d'avion est ~*** dieser Schiffstyp/Flugzeugtyp liegt sicher im Wasser/in der Luft
4. (*qui ne varie pas*) stabil; *temps* beständig
5. PSYCH *personne* ausgeglichen; ***elle est d'humeur ~*** sie ist ausgeglichen, sie hat keine Launen
6. PHYS, CHIM stabil
stabulation [stabylasjɔ̃] *f* Stallhaltung *f*
staccato [stakato] **I.** *adv* staccato
II. *m* Stakkato *nt*
stade [stad] *m* **1.** SPORT Stadion *nt;* ~ ***olympique*** Olympiastadion
2. (*phase*) Stadium *nt;* ~ ***oral/anal*** orale/anale Phase
staff [staf] *m* Stab *m;* ~ ***de conseillers*** Beraterstab
stage [staʒ] *m* **1.** (*en entreprise*) Praktikum *nt;* ***qn doit faire 6 mois de ~*** jd muss ein sechsmonatiges Praktikum machen
2. (*séminaire*) Kurs *m*, Lehrgang *m;* ~ ***de perfectionnement*** Fortbildungskurs; ~ ***d'initiation à qc*** Einführungskurs in etw (*akk*)
3. (*période probatoire*) [*avocat, enseignant*] ≈ Referendariat *nt;* ***qn est en ~/fait son ~ chez qn*** jd ist Referendar/macht sein Referendariat bei jdm
stagflation [stagflasjɔ̃] *f* Stagflation *f*
stagiaire [staʒjɛʀ] **I.** *app:* ***avocat/avocate ~*** ≈ Gerichtsreferendar(in) *m(f);* ***professeur ~*** ≈ Studienreferendar(in) *m(f)*
II. *mf* **1.** (*en entreprise*) Praktikant(in) *m(f)*
2. (*dans un séminaire*) Kursteilnehmer(in) *m(f)*, Lehrgangsteilnehmer(in) *m(f)*
stagnant, e [stagnɑ̃, ɑ̃t] *adj* **1.** (*dormant*) stehend; ***eaux ~es*** stehendes Gewässer
2. ECON stagnierend; ■ **qc est ~** etw stagniert
stagnation [stagnasjɔ̃] *f* **1.** (*marasme*) Stillstand *m*, Stagnation *f spec;* ~ ***des affaires*** Wirtschaftsflaute *f*
2. (*non-écoulement*) [*eau*] Stagnation *f spec*
stagner <1> [stagne] *vi* **1.** (*croupir*) ■ **qc stagne** etw steht
2. ECON ■ **qc stagne** etw stagniert, etw ist ins Stocken geraten
stalactite [stalaktit] *f* [hängender] Tropfstein, Stalaktit *m spec;* ~ ***de glace*** Eiszapfen *m*
stalagmite [stalagmit] *f* [stehender] Tropfstein, Stalagmit *m spec*
stalinien, ne [stalinjɛ̃, jɛn] **I.** *adj* stalinistisch
II. *mf* Stalinist(in) *m(f)*
stalinisme [stalinism] *m* Stalinismus *m*
stalle [stal] *f* **1.** (*box*) [Pferde]box *f*
2. REL Chorstuhl *m;* ***les ~s*** das Chorgestühl
stand [stɑ̃d] *m* **1.** (*dans une exposition*) [Messe]stand *m*
2. (*dans une fête*) Bude *f*
◆**stand de ravitaillement** (*dans une course cycliste, pédestre*) Erfrischungsstand *m;* (*dans une course automobile*) Box *f;* **stand de tir** (*dans une fête*) Schießbude *f;* MIL Schießstand *m*
standard¹ [stɑ̃daʀ] *m* TELEC [Telefon]zentrale *f*, Vermittlung *f;* ***je vous repasse le ~*** ich verbinde Sie wieder mit der [Telefon]zentrale
standard² [stɑ̃daʀ] **I.** *m* **1.** (*norme*) Standard *m*, Norm *f;* ~ ***de sécurité*** Sicherheitsstandard, Sicherheitsnorm; ***qc obéit à certains ~s*** etw entspricht bestimmten Standards [*o* Normen]
2. AUDIOV System *nt*
II. *adj inv* **1.** (*fabriqué en grande série*) standardisiert; *modèle, qualité* Standard-; *pneu* normal; *voiture* mit Standardausrüstung

2. (*dépourvu d'originalité*) [allgemein] üblich; *sourire* stereotyp
3. LING: ***langue*** ~ Standardsprache *f,* Hochsprache *f*
4. (*normalisé*) *pièce* genormt, Serien-
◆ **standard de vie** Lebensstandard *m*

standardisation [stɑ̃daʀdizasjɔ̃] *f* Vereinheitlichung *f;* IND Normung *f,* Standardisierung *f*

standardiser <1> [stɑ̃daʀdize] *vt* ■ **qn standardise qc** jd standardisiert etw, jd normt etw

standardiste [stɑ̃daʀdist] *mf* Telefonist(in) *m(f)*

standing [stɑ̃diŋ] *m* 1. (*niveau de vie*) [hoher] Lebensstandard
2. (*prestige*) [gesellschaftliche] Stellung
► de [grand] ~ Luxus-

staphylocoque [stafilɔkɔk] *m* Staphylokokkus *m*

star [staʀ] *f* Star *m;* ***des airs de*** ~ Starallüren *pl*

starter [staʀtɛʀ] *m* 1. AUT Choke[r] ['tʃoʊk(ɐ)] *m;* ***qn met le*** ~ jd zieht den Choke[r] [heraus]
2. SPORT Starter *m;* ***coup de pistolet du*** ~ Startschuss *m*

starting-block <~-~s> [staʀtiŋblɔk] *m* Startblock *m*

station [stasjɔ̃] *f* 1. TRANSP Haltestelle *f;* [*métro a., train*] Station *f;* ~ ***de taxis*** Taxistand *m*
2. (*lieu de villégiature*) Urlaubsort *m,* Ferienort *m;* ~ ***d'altitude*** Höhenkurort *m*
3. TECH, ESPACE, AUDIOV, METEO, TELEC, AGR Station *f;* ~ ***météorologique*** Wetterstation, Wetterwarte *f;* ~ ***expérimentale*** Versuchsanstalt *f;* ~ ***d'émission*** [*o* ***émettrice***] Sender *m;* ~ ***orbitale/ spatiale*** [Welt]raumstation; ~ ***radar*** Radarstation; ~ ***d'observation/ de recherches*** Beobachtungs-/Forschungsstation
4. AUDIOV (*émetteur*) Sender *m*
5. (*position*) Haltung *f;* ~ ***verticale/ couchée*** aufrechte Haltung/liegende Stellung; ***les*** ~***s debout le fatiguent*** das Stehen ermüdet ihn
6. (*halte*): ***qn fait de longues*** ~***s quelque part*** jd macht irgendwo lange Halt
7. REL: ***les quatorze*** ~***s du chemin de Croix*** die vierzehn Stationen des Kreuzwegs
► ~ balnéaire Badeort *m;* ~ thermale Thermalkurort *m*
◆ **station de graissage** Abschmierbühne *f;* **station de lavage** Waschanlage *f;* **station d'épuration** Kläranlage *f;* **station de sports d'hiver** Wintersportort *m;* **station [d']essence** Tankstelle *f*

stationnaire [stasjɔnɛʀ] *adj* 1. (*qui n'évolue pas*) unverändert; ***l'état du malade est*** ~ der Zustand des Kranken ist unverändert
2. METEO *temps* gleich bleibend

stationnement [stasjɔnmɑ̃] *m* Parken *nt;* ***voitures en*** ~ parkende Autos *pl;* ***ticket/ disque de*** ~ Parkschein *m*/Parkscheibe *f;* ~ ***payant*** gebührenpflichtiges Parken; ~ ***unilatéral*** Parken auf [nur] einer Straßenseite; ~ ***bilatéral*** Parken auf beiden Straßenseiten; ~ ***alterné*** ≈ alternierendes Parken (*Regelung, nach der das Parken in der ersten Monatshälfte nur auf der einen, in der zweiten Monatshälfte nur auf der anderen Straßenseite gestattet ist*)
► ~ interdit Parken verboten; (*sur l'autoroute*) [An]halten verboten; ***panneau de*** ~ ***interdit*** Halteverbotsschild *nt*

stationner <1> [stasjɔne] I. *vi* 1. (*se garer*) ■ **qn stationne quelque part** jd parkt irgendwo; ***il est interdit de*** ~ ***ici*** hier ist das Parken verboten
2. (*être garé*) ■ **qn/qc stationne quelque part** jd/etw parkt [*o* steht] irgendwo; ■ **qn est stationné(e) quelque part** jd hat irgendwo geparkt
3. MIL ■ **qn est stationné(e) quelque part** jd ist irgendwo stationiert
II. *vt fam* ■ **qn stationne qc quelque part** jd parkt etw irgendwo, jd stellt etw irgendwo ab

station-service <~s-~[s]> [stasjɔ̃sɛʀvis] *f* Tankstelle *f*

statique [statik] *adj* statisch; ***qc est*** ~ etw entwickelt sich nicht weiter, etw weist keine Veränderung[en] auf

statisticien, ne [statistisjɛ̃, jɛn] *m, f* Statistiker(in) *m(f)*

statistique [statistik] I. *f* 1. (*science*) Statistik *f;* ***les*** ~***s*** die Statistik
2. (*chiffres*) Statistik *f;* ***qn fait/ établit une*** ~ jd erstellt eine Statistik, jd stellt eine Statistik auf
II. *adj* statistisch

statistiquement [statistikmɑ̃] *adv* statistisch

statuaire [statɥɛʀ] *f* Bildhauerkunst *f*

statue [staty] *f* Statue *f,* Standbild *nt;* ~ ***équestre*** Reiterstandbild; ~ ***de marbre/ de bronze/ de bois/ de plâtre/ de pierre*** Marmor-/Bronze-/Holz-/Gips-/Steinstatue
► **la** ~ **de la Liberté** die Freiheitsstatue; **[qn est] changé(e) en** ~ **de sel** [jd ist] zur Salzsäule erstarrt; **[qn est] droit(e) comme une** ~ [jd hält sich] kerzengerade; **[qn est] immobile comme une** ~ [jd ist] vollkommen regungslos [*o* bewegungslos]

statuer <1> [statɥe] *vi* ■ **qn/qc statue [sur qc]** jd/etw entscheidet [etw]

statuette [statɥɛt] *f* Figur *f,* Statuette *f*

statufier <1 a> [statyfje] *vt* 1. *fam* (*élever une statue à*) ■ **qn statufie qn** jd stellt zu jds Ehren eine Statue auf
2. (*pétrifier*) ■ **qc statufie qn** etw versteinert jdn; ■ **qn est statufié(e)** jd ist wie versteinert

statu quo [statykwo] *m inv* Status quo *m*

stature [statyʀ] *f* 1. (*taille*) Statur *f;* ***de*** ~ ***moyenne/ de haute*** ~ von mittlerer/großer Statur
2. (*envergure*) Format *nt*

statut [staty] *m* 1. ADMIN Status *m;* ~ ***de fonctionnaire*** Beamtenstatus; ***qn embauche qn hors*** ~ jd stellt jdn ein ohne ihn zu verbeamten
2. (*position*) Status *m,* Stellung *f;* ~ ***social*** gesellschaftlicher Status, gesellschaftliche Stellung
3. JUR ■ ~s Satzung *f,* Statuten *pl;* ***qn rédige les*** ~***s*** jd setzt die Satzung [*o* die Statuten] auf

statutaire [statytɛʀ] *adj* 1. (*conforme aux statuts*) *démarche* satzungsgemäß; ***horaire*** ~ ***d'un enseignant*** Deputat *nt* eines Lehrers
2. (*désigné par les statuts*): ***gérant*** ~ bevollmächtigter Gesellschafter

statutairement [statytɛʀmɑ̃] *adv* 1. (*conformément aux statuts*) satzungsgemäß
2. (*par les statuts*) aufgrund der Satzung

steak [stɛk] *m* Steak *nt;* ~ ***tartare*** Tatar[beefsteak] *nt;* ~ ***au poivre*** Pfeffersteak

steeple [stipœl] *app* Hindernislauf *m;* ***le 3000 m*** ~ der 3000-Meter-Hindernislauf

steeple-chase <~-~s> [stipœltʃɛz] *m* Steeplechase ['sti:pltʃeɪs] *f,* Hindernisrennen *nt*

stèle [stɛl] *f* Stele *f*

stellaire [stelɛʀ] I. *adj* Sternen-; ***les influences*** ~***s*** der Einfluss der Sterne
II. *f* Sternmiere *f*

stencil [stɛnsil] *m* Matrize *f*

sténo [steno] I. *mf abr de* **sténographe** Stenograf(in) *m(f)*
II. *f abr de* **sténographie** Steno *f fam;* ***en*** ~ in Steno *fam;* ***elle a appris la*** ~ sie hat Steno gelernt *fam*

sténodactylo [stenodaktilo] *mf* Stenotypist(in) *m(f)*

sténodactylographie [stenodaktilɔgʀafi] *f* Stenotypieren *nt*

sténographe [stenɔgʀaf] *mf* Stenograf(in) *m(f)*

sténographie [stenɔgʀafi] *f* Stenografie *f*

sténographier <1 a> [stenɔgʀafje] *vt* ■ **qn sténographie qc** jd stenografiert etw

sténotypie [stenotipi] *f* Maschinenstenografie *f*

sténotypiste [stenotipist] *mf* Maschinenstenograf(in) *m(f)*

stentor [stɑ̃tɔʀ] *m v.* **voix**

steppe [stɛp] *f* Steppe *f*

stère [stɛʀ] *m* Ster *m;* ***trois*** ~***s de bois*** drei Ster Holz

stéréo [steʀeo] I. *f abr de* **stéréophonie** Stereo *nt*
II. *adj inv abr de* **stéréophonique** Stereo-; ***chaîne*** ~ Stereoanlage *f*

stéréophonie [steʀeɔfɔni] *f* Stereophonie *f;* ***en*** ~ in Stereo[phonie]

stéréophonique [steʀeɔfɔnik] *adj* stereophon; *appareil* Stereo-

stéréotype [steʀeɔtip] *m* 1. (*formule banale*) [abgenutzte] Phrase
2. (*pensée toute faite*) Klischee *nt,* Stereotyp *nt*

stéréotypé, e [steʀeɔtipe] *adj* stereotyp

stérile [steʀil] *adj* 1. BIO unfruchtbar, steril
2. AGR *année* ertragslos; *sol, terre* unfruchtbar
3. LITTER, ART unschöpferisch, steril
4. (*sans microbes*) steril, keimfrei
5. (*vain*) fruchtlos; *efforts* vergeblich, erfolglos

stérilet [steʀilɛ] *m* Spirale *f fam,* Intrauterinpessar *nt*

stérilisant, e [steʀilizɑ̃, ɑ̃t] *adj* 1. (*désinfectant*) Sterilisations-
2. (*improductif*) lähmend

stérilisateur [steʀilizatœʀ] *m* Sterilisator *m*

stérilisation [steʀilizasjɔ̃] *f* Sterilisieren *nt,* Sterilisation *f;* [*aliment a.*] Haltbarmachung *f;* [*animal, femme, homme a.*] Sterilisierung *f;* ***qn procède à la*** ~ ***de qn/ qc*** jd sterilisiert jdn/etw

stériliser <1> [steʀilize] *vt* 1. (*soumettre à la stérilisation*) ■ **qn stérilise qc** jd sterilisiert etw; *instrument, pansement, plaie a.* jd macht etw steril [*o* keimfrei]
2. (*rendre stérile*) ■ **qn stérilise qn/un animal** jd sterilisiert jdn/ein Tier
3. ■ **qc stérilise qc** /*sécheresse*/ etw macht etw unfruchtbar

stérilité [steʀilite] *f* 1. BIO, AGR Unfruchtbarkeit *f*
2. ART, LITTER Sterilität *f;* ~ ***d'esprit*** geistiges Unvermögen
3. (*absence de microbes*) Sterilität *f,* Keimfreiheit *f*
4. (*inanité*) [*hypothèse, théorie*] Unfruchtbarkeit *f;* [*propos*] Sinnlosigkeit *f*
5. (*inutilité*) [*efforts*] Sinnlosigkeit *f;* [*débat*] Unfruchtbarkeit *f*

sternum [stɛʀnɔm] *m* Brustbein *nt*

stéroïde [steʀɔid] *f* Steroidhormon *nt;* ***les*** ~***s*** die Steroide

stéthoscope [stetɔskɔp] *m* Hörrohr *nt,* Stethoskop *nt*

steward [stiwaʀt] *m* Steward ['stju:ɐt, 'ʃt-] *m*

stick [stik] *m* Stift *m;* ~ ***de colle*** Klebestift

stigmate [stigmat] *m* 1. (*cicatrice*) Narbe *f*
2. *littér* (*marque*) Zeichen *nt;* ***le pays portait les*** ~***s de la guerre*** das Land war vom Krieg gezeichnet
3. *pl* REL Stigmen *pl,* Stigmata *pl*
4. BOT Narbe *f,* Stigma *nt spec*
5. ZOOL Atemöffnung *f,* Stigma *nt spec*

stigmatiser <1> [stigmatize] *vt* ■ **qn stigmatise qn [de qc]** jd brandmarkt [*o* stigmatisiert *geh*] jdn [wegen einer S. (*gen*)]; ■ **qn stigmatise qc** jd brandmarkt etw, jd prangert etw an

stimulant, e [stimylɑ̃, ɑ̃t] I. *adj* 1. (*fortifiant*) anregend, stimulierend
2. (*qui ouvre l'esprit*) anregend *nt*
3. (*encourageant*) aufmunternd
II. *m* 1. (*médicament*) anregendes Mittel, Stimulans *nt spec;* ***un*** ~ ***des fonctions digestives*** ein Mittel, das die Verdauung anregt
2. (*incitation*) Ansporn *m*

stimulateur [stimylatœʀ] *m* ► ~ cardiaque [Herz]schrittmacher *m*

stimulation [stimylasjɔ̃] *f* 1. PHYSIOL [*appétit*] Anregung *f;* [*nerf, muscle*] Reizung *f,* Erregung *f*
2. (*motivation*) Anreiz *m,* Ansporn *m*
3. COM: ~ ***des ventes*** Absatzförderung *f,* Belebung *f* [*o* Ankurbelung *f*] des Absatzes

stimuler <1> [stimyle] *vt* 1. (*activer*) ■ **qc stimule qc** etw regt etw an; *exportations* etw kurbelt etw an
2. (*encourager*) ■ **qn/qc stimule qn** jd/etw spornt jdn an

stimulus <stimuli *o* ~> [stimylys] *m* Reiz *m,* Stimulus *m spec*

stipulation [stipylasjɔ̃] *f* **1.** (*clause*) [vertragliche] Vereinbarung, Klausel *f;* ~ ***du contrat*** Vertragsbedingung *f,* Vertragsabmachung *f*
2. (*condition expresse*) [ausdrückliche] Abmachung [*o* Vereinbarung]
stipuler <1> [stipyle] *vt* **1.** JUR ■ **qc stipule qc** etw legt etw fest; ■ **qc stipule que** + *indic* etw legt fest, dass
2. (*préciser*) ■ **qn/qc stipule que** + *indic* jd sagt/in etw (*dat*) steht ausdrücklich, dass; ***l'annonce stipule que, il est stipulé dans l'annonce que*** in der Anzeige steht ausdrücklich, dass
stock [stɔk] *m* **1.** COM Lager *nt,* Bestand *m;* ***qn a qc en*** ~ jd hat etw vorrätig [*o* auf [*o* am] Lager]; ***qn liquide/renouvelle son*** ~ jd verkauft/erneuert seinen Lagerbestand; ■ ~ **de** -lager, -bestand; ~ ***d'armes/de marchandises*** Waren-/Waffenlager
2. (*réserve*) Vorrat *m;* ■ ~ **de** -vorrat; ~ ***de sucre*** Zuckervorrat
▸ **qn a tout un ~ de ...** *fam* jd hat jede Menge ... *fam;* ***qn a tout un ~ de sacs en plastique*** jd hat jede Menge Plastiktüten *fam*
stockage [stɔkaʒ] *m* Lagerung *f*
stock-car <~-~s> [stɔkkaʀ] *m* (*course*) Stock-Car-Rennen *nt;* (*voiture*) Stock-Car *m*
stocker <1> [stɔke] *vt* **1.** (*mettre en réserve*) ■ **qn stocke qc** jd lagert etw [ein], jd legt etw auf Lager; *déchets* jd lagert etw; ■ **un animal stocke qc** ein Tier legt sich (*dat*) einen Vorrat von etw an
2. (*emmagasiner*) ■ **qn stocke qc dans qc**: ***qn stocke qc dans sa mémoire*** jd merkt sich (*dat*) etw [genau], jd behält etw [genau] im Gedächtnis
3. INFORM ■ **qc stocke qc dans qc/sur qc** etw speichert etw in etw (*dat*)/auf etw (*dat*); ***les données sont stockées sur une disquette/un disque ROM*** die Daten sind auf [einer] Diskette/auf [einer] CD-ROM gespeichert
4. *péj* (*amasser*) ■ **qn stocke [qc]** jd hortet [etw]
Stockholm [stɔkˈɔlm] Stockholm *nt*
stoïcisme [stɔisism] *m* Stoizismus *m*
stoïque [stɔik] *adj* tapfer, stoisch *geh*
stoïquement [stɔikmɑ̃] *adv* tapfer, stoisch *geh*
stomacal, e <-aux> [stɔmakal, o] *adj* Magen-
stomatologie [stɔmatɔlɔʒi] *f* MED Stomatologie *f spec*
stomatologiste [stɔmatɔlɔʒist] *mf,* **stomatologue** [stɔmatɔlɔg] *mf* Stomatologe/-login *m/f*
stop [stɔp] **I.** *interj* **1.** (*halte*) stop[p], halt; ■ ~ **à qc**: ~ ***à l'inflation*** stoppt die Inflation, Schluss mit der Inflation
2. (*dans un télégramme*) stop
II. *m* **1.** AUT, TRANSP (*panneau*) Stoppschild *nt;* (*feu*) Stoppsignal *nt*
2. AUT (*feu arrière*) Bremslicht *nt*
▸ **qn fait du** ~ *fam* jd trampt [trɛmpt], jd fährt per Anhalter; **qn met un ~ à qc** jd stoppt etw, jd macht mit etw Schluss; **en** ~ *fam* per Anhalter; ***il a fait le tour du monde en*** ~ er ist per Anhalter um die Welt gereist, er ist um die Welt getrampt
III. *app:* ***panneau*** ~ Stoppschild *nt*
stopper <1> [stɔpe] **I.** *vi* ■ **qn/qc stoppe** jd/etw bleibt stehen, jd/etw hält an
II. *vt* **1.** (*arrêter la marche de*) ■ **qn stoppe qc** jd bringt etw zum Stehen, jd stoppt etw; *machine a.* jd stellt etw ab
2. (*arrêter*) ■ **qn/qc stoppe qc** jd/etw stoppt etw
stoppeur, -euse [stɔpœʀ, -øz] *m, f* **1.** *fam* (*auto-stoppeur*) Anhalter(in) *m(f),* Tramper(in) *m(f)* [ˈtrɛmpɐ]
2. FBALL Vorstopper(in) *m(f)*
store [stɔʀ] *m* **1.** (*rideau*) Rollo *nt*
2. (*rideau de magasin*) Rollladen *m*
▸ ~ **vénitien** Jalousie *f;* (*en plastique*) Jalousette *f*
strabisme [stʀabism] *m* Schielen *nt;* ***qn a un*** [*o* ***souffre d'un***] ~ [***divergent/convergent***] jd schielt [auswärts/einwärts]
strangulation [stʀɑ̃gylasjɔ̃] *f* Erdrosselung *f,* Strangulation *f*
strapontin [stʀapɔ̃tɛ̃] *m* **1.** (*siège*) Notsitz *m*
2. (*position subalterne*) untergeordnete Rolle
Strasbourg [stʀasbuʀ] Straßburg *nt*
strass [stʀas] *m* Strass *m*
stratagème [stʀataʒɛm] *m* List *f;* MIL Kriegslist; ***elle a usé de nombreux ~s*** sie hat viel List angewendet
strate [stʀat] *f* Schicht *f*
stratège [stʀatɛʒ] *mf* Stratege/Strategin *m/f;* ***des qualités de*** ~ strategischen Fähigkeiten *pl*
stratégie [stʀateʒi] *f* Strategie *f;* ***jeu de*** ~ strategisches Spiel; ~ ***électorale d'un parti*** Wahlkampfstrategie einer Partei; ~ ***de négociation*** Verhandlungsstrategie
stratégique [stʀateʒik] *adj objectif, repli, bombardement, intérêt, alliance* strategisch; *matière première, pipeline, position, route* strategisch wichtig
stratégiquement [stʀateʒikmɑ̃] *adv* strategisch [wichtig]; (*du point de vue de la stratégie*) strategisch gesehen
stratification [stʀatifikasjɔ̃] *f* Schichtung *f;* GEOL *a.* Stratifikation *f spec*
stratifié [stʀatifje] *m* Schicht[press]stoff *m,* Laminat *nt*
stratocumulus [stʀatokymylys] *m* Haufenschichtwolke *f,* Stratokumulus *m*
stratosphère [stʀatɔsfɛʀ] *f* Stratosphäre *f*
stratus [stʀatys] *m* Schichtwolke *f,* Stratus *m spec*
streamer [stʀimœʀ] *m* INFORM Streamer [ˈstriːmɐ] *m*
streptocoque [stʀɛptɔkɔk] *m* Streptokokkus *m*
streptomycine [stʀɛptomisin] *f* MED Streptomycin *nt,* Streptomyzin *nt*
stress [stʀɛs] *m* Stress *m kein pl,* Anspannung *f,* Belastung *f;* ***qn vit en état de ~ permanent*** jd ist andauernd im Stress, jd ist [*o* lebt] im Dauerstress; ***ils sont en plein*** ~ sie sind total im Stress
stressant, e [stʀesɑ̃, ɑ̃t] *adj* aufreibend, stressig *fam*
stresser <1> [stʀese] *vt* ■ **qc stresse qn** etw überbeansprucht jdn, etw stresst jdn *fam;* ■ **qn est stressé(e) [par qc]** jd ist [wegen etw] im Stress [*o* gestresst *fam*]
stretch [stʀɛtʃ] *m* Stretch *m*
stretching [stʀɛtʃiŋ] *m* Stretching *nt*
strict, e [stʀikt] *adj* **1.** (*rigoureux*) streng, strikt
2. *antéposé* (*exact*) *vérité* rein, nackt
3. *antéposé* (*absolu*) *minimum* absolut; ***le ~ nécessaire*** das Allernötigste, das Allernotwendigste; ***dans la plus ~e intimité*** im engsten Familienkreis; (*pour un enterrement a.*) in aller Stille; ***le droit [le plus] ~ de qn*** jds gutes Recht
4. (*littéral*) *interprétation* eng; ***au sens*** ~ im engeren Sinne
5. (*sobre*) *vêtement, tenue* streng geschnitten; *langue* korrekt und förmlich; ***qn parle une langue ~e*** jd drückt sich korrekt und förmlich aus
6. (*sévère*) streng; ***qn est très ~ sur qc*** jd nimmt es mit etw sehr genau; ***qn est ~ avec qn*** [*o* ***à l'égard de qn***] jd ist streng mit [*o* zu] jdm
strictement [stʀiktəmɑ̃] *adv* **1.** (*rigoureusement*) strikt; *interdit* streng
2. (*exactement*) vollkommen; ***c'est ~ pareil*** das ist genau das Gleiche; ***qn dit ~ la vérité*** jd sagt die reine Wahrheit
3. (*absolument*) *confidentiel* streng; *personnel* absolut; ~ ***réservé(e) aux riverains*** ausschließlich für die Anwohner bestimmt
4. (*littéralement*): ~ ***parlant*** genau genommen, streng genommen
5. (*sobrement*) *vêtu* streng
6. (*sévèrement*) *éduquer* streng; *gérer* mit strenger Hand
stricto sensu [stʀiktosɛ̃sy] *adv form* genau genommen
strident, e [stʀidɑ̃, ɑ̃t] *adj* schrill; *cri a.* gellend
stridulation [stʀidylasjɔ̃] *f* Zirpen *nt*
striduler <1> [stʀidyle] *vi* ■ **un insecte stridule** ein Insekt zirpt
strie [stʀi] *f* **1.** (*de couleur*) Streifen *m*
2. (*en creux ou en relief*) Riffe *f;* ***les ~s*** die Riffelung
3. GEOL Schramme *f;* ~ ***glaciaire*** Gletscherschramme
strié, e [stʀije] *adj* **1.** geriffelt, gerillt; GEOL *roche* mit Gletscherschrammen
2. ANAT *muscle* quer gestreift; ***corps*** ~ Streifenkörper *m*
string [stʀiŋ] *m* String-Tanga *m*
strip-tease <~-~s> [stʀiptiz] *m* **1.** (*spectacle*) Striptease *m,* Strip *m fam*
2. *euph* (*exhibitionnisme*) seelischer Striptease
▸ **qn fait du/un ~-~** jd arbeitet als Stripteasetänzer(in)/legt einen Strip[tease] hin, jd strippt *fam*
strip-teaseur, -euse <~-~s> [stʀiptizœʀ, -øz] *m, f* Stripteasetänzer(in) *m(f),* Stripper(in) *m(f) fam*
strontium [stʀɔ̃sjɔm] *m* CHIM Strontium *nt*
strophe [stʀɔf] *f* Strophe *f*
structural, e <-aux> [stʀyktyʀal, o] *adj* strukturell
structuralisme [stʀyktyʀalism] *m* Strukturalismus *m*
structure [stʀyktyʀ] *f* (*organisation*) Struktur *f,* Aufbau *m;* ~ ***de la personnalité*** Persönlichkeitsstruktur; ***réforme de*** ~ Strukturreform *f;* ***la langue est une*** ~ die Sprache ist ein strukturiertes System
◆ **structure d'accueil** (*service social*) soziale Einrichtung; (*lieu de rencontre*) Begegnungsstätte *f*
structuré, e [stʀyktyʀe] *adj* gegliedert, strukturiert
structurel, le [stʀyktyʀɛl] *adj chômage, inflation* strukturell; *crise a., réforme* Struktur-; ***qc est de caractère*** [*o* ***d'ordre***] ~ etw ist struktureller Natur (*gen*), etw ist strukturell bedingt
structurer <1> [stʀyktyʀe] **I.** *vt* ■ **qn structure qc** *exposé, ouvrage* jd baut etw auf, jd gliedert etw; *organisme* jd strukturiert etw
II. *vpr* ■ **qc se structure** etw organisiert sich, etw strukturiert sich
strychnine [stʀiknin] *f* Strychnin *nt*
stuc [styk] *m* **1.** (*enduit*) Stuck[marmor] *m*
2. (*ornement*) Stuck *m kein pl;* ***avec des ~s*** mit Stuckaturen
studieux, -euse [stydjø, -jøz] *adj* **1.** (*appliqué*) fleißig, arbeitsam
2. (*consacré au travail, aux études*) ■ **qc est ~(-euse)** /*vacances, soirée*/ etw ist der Arbeit/dem Studium gewidmet
studio [stydjo] *m* **1.** AUDIOV Studio *nt;* ~ ***de télévision/cinéma/d'enregistrement*** Fernseh-/Film-/Aufnahmestudio; ***à vous, les ~s*** wir schalten [*o* geben] zurück ins Studio
2. (*logement*) Einzimmerwohnung *f,* Studio *nt*
3. (*atelier d'artiste*) Atelier *nt*
stupéfaction [stypefaksjɔ̃] *f* **1.** (*étonnement*) Verblüffung *f*
2. (*consternation*) Bestürzung *f,* Betroffenheit *f*
stupéfait, e [stypefɛ, ɛt] *adj* (*étonné*) verblüfft; (*consterné*) bestürzt, betroffen; ■ **qn est ~ de** [*o* **par**] **qc** jd ist über etw (*akk*) verblüfft/bestürzt [*o* betroffen]; ■ **qn est ~ que** + *subj* jd ist verblüfft/bestürzt [*o* betroffen] darüber, dass
stupéfiant, e [stypefjɑ̃, jɑ̃t] **I.** *adj* verblüffend
II. *m* Betäubungsmittel *nt,* Rauschgift *nt*
stupéfié, e [stypefje] *adj* **1.** (*très étonné*) verblüfft
2. (*consterné*) bestürzt, betroffen
stupéfier <1 a> [stypefje] *vt* ■ **qn/qc stupéfie qn** (*étonner*) jd/etw verblüfft jdn; (*consterner*) jd/etw bestürzt jdn, jd/etw macht jdn betroffen
stupeur [stypœʀ] *f* **1.** (*étonnement*) Verblüffung *f*
2. (*consternation*) Bestürzung *f,* Betroffenheit *f*
3. MED Stupor *m*
▸ **qn est frappé(e) de** ~ jd ist wie vor den Kopf geschlagen *fam,* jd ist verblüfft/bestürzt [*o* betroffen]
stupide [stypid] *adj* **1.** (*inintelligent*) dumm; *visage a.* stupid; *vie, travail* stumpfsinnig, stupid
2. (*absurde*) *accident* dumm, blödsinnig; *guerre a.* sinnlos
3. *littér* (*stupéfait*) verdutzt; ***qn reste*** ~ jd macht ein verdutztes Gesicht
stupidement [stypidmɑ̃] *adv* **1.** (*sottement*) *accepter, dire* dummerweise; *se conduire* dumm

2. (*sans intelligence*) dumm; ***qn répond*** ~ jd gibt eine dumme Antwort/dumme Antworten
3. (*absurdement*) auf blödsinnige Weise

stupidité [stypidite] *f* 1. (*inintelligence*) Dummheit *f;* ***qn est d'une telle*** ~ ***que*** jd ist derart dumm [*o* beschränkt], dass
2. (*action, propos stupide*) Dummheit *f*, Blödsinn *f;* ***qn dit des*** ~***s*** jd redet dummes Zeug

style [stil] *m* 1. (*écriture*) Stil *m*, Ausdrucksweise *f;* ~ ***parlé/écrit*** gesprochene/geschriebene Sprache; ~ ***simple/élégant/imagé*** einfacher/eleganter/bildhafter Stil; ~ ***épistolaire/narratif*** Brief-/Erzählstil; ~ ***administratif/commercial/publicitaire*** Behörden-/Kaufmanns-/Werbesprache *f;* ***ce mot est du*** ~ ***familier/publicitaire*** dieses Wort ist umgangssprachlich/stammt aus der Werbesprache; ***son*** ~ ***est soutenu/négligé*** er/sie drückt sich gewählt/nachlässig aus; ***qn travaille son*** ~ jd arbeitet [*o* feilt] an seinem Stil
2. (*discours*) Rede *f;* ~ ***direct/indirect/indirect libre*** direkte/indirekte/erlebte Rede
3. (*genre*) Art *f;* [*habit*] Stil *m*, Machart *f;* [*maison*] [Bau]stil; ***ce bijou est d'un*** ~ ***raffiné/prétentieux*** dieser Schmuck ist raffiniert [gemacht]/protzig; ***ses habits étaient dans le*** ~ ***négligé/sport*** seine/ihre Kleidung war lässig/sportlich, er/sie war lässig/sportlich gekleidet; ***qc est sans*** ~, ***qc n'a pas de*** ~ etw ist stillos
4. ART, LITTER Stil *m;* ***une sculpture de*** ~ ***expressionniste*** eine Skulptur im Stil des Expressionismus; ***des meubles de*** ~ ***anglais/Empire/Louis XVI*** Möbel im englischen Stil/im Empirestil/im Louis-seize-Stil
5. (*manière personnelle*) Stil *m;* ***qn a du*** ~ jd hat Stil
6. SPORT Stil *m*
7. HIST (*poinçon*) Griffel *m*
8. BOT Griffel *m*
► **de grand** ~: ***une opération publicitaire de grand*** ~ eine sehr aufwändige Werbekampagne, eine Werbekampagne im großen Stil [*o* großen Stils]; ~ **télégraphique** Telegrammstil *m;* ***en*** ~ ***télégraphique*** im Telegrammstil; **c'est dans le** ~ **de qn** das ist typisch für jdn, das ist genau jds Art; **dans le** ~ **de qn/qc** in jds Stil (*dat*)/im Stil einer S. (*gen*); **de** ~ Stil-
◆ **style de vie** Lebensweise *f*, Lebensstil *m*

stylé, e <1> [stile] *adj* [gut] geschult

stylet [stilɛ] *m* 1. (*poignard*) Stilett *nt*, kleiner Dolch
2. MED [stabförmige] Sonde

stylisation [stilizasjɔ̃] *f* Stilisierung *f*

styliser <1> [stilize] *vt* ■ **qn stylise qc** jd stilisiert etw

stylisme [stilism] *m* 1. COUT Modedesign [-dizain] *nt*
2. IND Design *nt*

styliste [stilist] *mf* 1. COUT: ~ [***de mode***] Modedesigner(in) *m(f)* [-dizainɐ]
2. IND Designer(in) *m(f)*
3. LITTER Stilist *m;* ***un grand*** ~ ein glänzender Stilist

stylistique [stilistik] I. *adj* stilistisch
II. *f* Stilistik *f*, Stilkunde *f*

stylo [stilo] *m* Füll[feder]halter *m*, Füller *m fam;* ***tu as un*** ~ ***pour moi?*** hast du mal einen Stift für mich?
◆ **stylo à bille** Kugelschreiber *m;* **stylo à cartouche** Patronenfüllhalter *m*, Patronenfüller *m fam;* **stylo à encre** Füll[feder]halter *m;* **stylo à réservoir** Kolbenfüll[feder]halter *m*, Kolbenfüller *m fam*

stylo-bille <~s-~> [stilobij] *m* Kugelschreiber *m*, Kuli *m* **stylo-feutre** <~s-~s> [stiloføtʀ] *m* Filzstift *m* **stylo-plume** <~s-~> [stiloplym] *m* Füll[feder]halter *m*, Füller *m fam;* ~-~ ***à réservoir*** Kolbenfüll[feder]halter, Kolbenfüller *fam;* ~-~ ***à cartouche*** Patronenfüll[feder]halter, Patronenfüller *fam*

su [sy] I. *pp de* **savoir**
II. *m* ► **au** ~ **de qn** mit jds Wissen

suave [sɥav] *adj* lieblich; *couleur, ton, forme* zart; *sourire, voix* sanft

suavement [sɥavmɑ̃] *adv* einschmeichelnd

suavité [sɥavite] *f* [*odeur, musique*] Lieblichkeit *f;* [*parfum*] lieblicher Geruch; [*manières, regard, voix*] Sanftheit *f;* [*couleur, ton*] Zartheit *f;* ***la*** ~ ***de sa voix*** seine/ihre sanfte Stimme

subalterne [sybaltɛʀn] I. *adj* 1. (*inférieur*) untergeordnet, subaltern; *officier* untergeben
2. (*secondaire*) untergeordnet, zweitrangig
II. *mf* Untergebene(r) *f(m)*

subconscient [sybkɔ̃sjɑ̃] *m* Unterbewusstsein *nt*

subculture [sybkyltyʀ] *f* Subkultur *f*

subdiviser <1> [sybdivize] I. *vt* (*diviser encore*) ■ **qn subdivise qc en qc** jd unterteilt etw [wiederum [*o* weiter]] in etw (*akk*)
II. *vpr* ■ **qc se subdivise en qc** /*bactérie, cellule*/ etw teilt sich erneut in etw (*akk*); /*chapitre, livre*/ etw ist wiederum [*o* weiter] in etw (*akk*) unterteilt

subdivision [sybdivizjɔ̃] *f* 1. (*fait de subdiviser*) erneute Unterteilung
2. (*partie obtenue*) untergeordnete Einheit; ***les races sont des*** ~***s de l'espèce*** die Arten sind in Rassen unterteilt

subir <8> [sybiʀ] *vt* 1. (*être victime de*) ■ **qn subit qc** jd erleidet etw, jd muss etw hinnehmen; ***injustices subies*** erlittenes Unrecht
2. (*endurer*) ■ **qn subit qc** jd erduldet etw, jd nimmt etw hin; *événements* jd lässt etw über sich ergehen; *conséquences* jd nimmt etw auf sich
3. (*être soumis à*) ■ **qn subit qc** *attrait, charme* jd ist von etw wie gebannt (*dat*); *influence* jd steht unter etw (*dat*); *peine de prison* jd sitzt etw ab; ***qn subit une opération/un interrogatoire*** jd wird operiert/vernommen; ***qn fait*** ~ ***un interrogatoire/la torture à qn*** jd nimmt jdn ins Verhör/jd foltert jdn
4. (*être l'objet de*) ■ **qc subit qc** *modification* etw erfährt etw; ***les prix ont subi une hausse*** die Preise sind gestiegen; ***le métal a subi une déformation*** das Metall hat sich verformt; ***ce projet de loi va encore*** ~ ***des modifications*** dieser Gesetzentwurf wird noch geändert werden
5. *fam* (*devoir supporter*) ■ **qn subit qn** jd erträgt jdn

subit, e [sybi, it] *adj* plötzlich, jäh *geh;* ***sa mort a été*** ~***e*** sein/ihr Tod kam [ganz] plötzlich [*o* unerwartet] [*o* überraschend]

subitement [sybitmɑ̃] *adv* [ganz] plötzlich

subjectif, -ive [sybʒɛktif, -iv] *adj* subjektiv

subjectivement [sybʒɛktivmɑ̃] *adv* subjektiv

subjectivité [sybʒɛktivite] *f* Subjektivität *f*

subjonctif [sybʒɔ̃ktif] *m* Konjunktiv *m*

subjuguer <1> [sybʒyge] *vt* (*fasciner*) ■ **qn/qc subjugue qn** jd/etw nimmt jdn gefangen, jd/etw zieht [*o* schlägt] jdn in seinen Bann

sublimation [syblimasjɔ̃] *f* 1. CHIM Sublimation *f spec*
2. PSYCH Sublimierung *f spec*

sublime [syblim] I. *adj* 1. (*admirable*) überwältigend; *personne a.* bewunderungswürdig
2. (*d'une haute vertu*) erhaben; ***il a été*** ~ er hat erhabene Größe gezeigt; ***une femme*** ~ ***de dévouement*** eine in ihrer Aufopferung erhabene Frau
II. *m* Erhabene(s) *nt*

sublimer <1> [syblime] I. *vt littér* ■ **qn sublime qc** jd sublimiert etw
II. *vpr* ■ **qn se sublime** jd gibt sein Letztes, jd wächst über sich (*akk*) hinaus

subliminal, e [sybliminal] *adj* unterschwellig

submerger <2 a> [sybmɛʀʒe] *vt* 1. (*inonder*) ■ **qc submerge qc** *barque, digue, rives* etw setzt etw unter Wasser; *plaine, terres* etw überflutet etw, etw überschwemmt etw; ■ [**qc est**] **submergé**(**e**) [etw steht] unter Wasser
2. (*déborder*) ■ **qn submerge qn de qc** *de travail, dossiers, d'appels* jd überhäuft jdn mit etw; *de questions, lettres* jd überschüttet jdn mit etw; ■ **qc submerge qn** etw überwältigt jdn; /*émotion*/ etw übermannt jdn

submersible [sybmɛʀsibl] *adj navire, sous-marin* tauchfähig; ***terre*** ~ Überschwemmungsland *nt*

subodorer <1> [sybɔdɔʀe] *vt fam* ■ **qn subodore qc** jdm schwant etw *fam*, jd wittert etw

subordination [sybɔʀdinasjɔ̃] *f* untergeordnete Stellung, Unterstelltsein *nt*

subordonné, e [sybɔʀdɔne] I. *m, f* Untergebene(r) *f(m)*, Untergeordnete(r) *f(m)*
II. *adj proposition* untergeordnet, Neben-
III. *f* ■ **subordonnée** Nebensatz *m*

subordonner <1> [sybɔʀdɔne] *vt* ■ **qn subordonne qc à qc** jd macht etw von etw abhängig; ■ [**qn/qc est**] **subordonné**(**e**) **à qn/qc** [jd/etw ist] von jdm/etw abhängig, jd/etw hängt von jdm/etw ab

subornation [sybɔʀnasjɔ̃] *f* Bestechung *f*

subrepticement [sybʀɛptismɑ̃] *adv* heimlich[, still und leise *fam*], unbemerkt

subside [sybzid] *m* [finanzielle] Unterstützung

subsidiaire [sybzidjɛʀ, sypsidjɛʀ] *adj* zusätzlich; *raison a.* weitere(r, s); *question a.* Zusatz-

subsidiarité [sybzidjaʀite] *f* Subsidiarität *f;* ***le principe de*** ~ das Subsidiaritätsprinzip

subsistance [sybzistɑ̃s] *f* [*famille, personne*] Lebensunterhalt *m;* [*population*] Versorgung *f*

subsistant, e [sybzistɑ̃, ɑ̃t] *adj* restlich; *partie* übrig geblieben, noch vorhanden; *question* noch offen, noch ungeklärt

subsister <1> [sybziste] I. *vi* 1. (*subvenir à ses besoins*) ■ **qn subsiste** jd [über]lebt; ***ils ont tout juste de quoi*** ~ sie haben gerade genug zum [Über]leben
2. (*survivre*) ■ **qn subsiste** jd überlebt
3. (*demeurer*) ■ **qc subsiste** [**de qc**] etw bleibt [von etw]; /*doute, erreur*/ etw besteht weiter
II. *vi impers* ■ **il subsiste qc/ne subsiste rien** [**de qc**] es bleibt etwas/nichts [von etw] [übrig]

subsonique [sypsɔnik] *adj avion, vitesse* Unterschall-

substance [sypstɑ̃s] *f* 1. (*matière*) Substanz *f;* ***on nous a fait manger une*** ~ ***bizarre*** *hum* man hat uns ein seltsames Etwas vorgesetzt *fam*
2. (*essentiel*) [*article, lettre, livre*] wesentlicher Inhalt
► ~ **blanche/grise** weiße/graue Substanz; **en** ~ im Wesentlichen

substantiel, le [sypstɑ̃sjɛl] *adj* 1. (*nourrissant*) *repas* kräftig, nahrhaft
2. (*important*) wesentlich, bedeutend; *augmentation, avantage* beträchtlich

substantif, -ive [sypstɑ̃tif, -iv] I. *m* Substantiv *nt*, Hauptwort *nt*, Nomen *nt*
II. *adj emploi* substantivisch; *proposition, style* Nominal-

substantifique [sypstɑ̃tifik] *adj v.* **moelle**

substantivé, e [sypstɑ̃tive] *adj* substantiviert

substituer <1> [sypstitɥe] I. *vt* 1. ■ **qn substitue qn/qc à une personne/une chose** (*volontairement*) jd ersetzt einen Menschen/eine S. durch jdn/etw; (*involontairement*) jd vertauscht jdn/etw mit einem Menschen/einer S.; ***on substitue les équipements à l'homme*** man ersetzt den Menschen durch Maschinen; ***on a substitué le bébé A au bébé B*** man hat die Babys A und B vertauscht, man hat das Baby A mit dem Baby B vertauscht
2. JUR ■ **qn substitue qn à qn** jd setzt jdn an jds Stelle (*akk*) als Erben ein
II. *vpr* ■ **qn se substitue à qn** jd setzt sich an jds Stelle (*akk*); ■ **qc se substitue à qc** etw ersetzt etw

substitut [sypstity] *m* 1. (*remplacement*) Ersatz *m;* ■ **qn/qc est le** ~ **de qn/qc** jd/etw ersetzt jdn/etw
2. JUR Staatsanwalt/-anwältin *m/f*

substitution [sypstitysjɔ̃] *f* (*volontaire*) Austauschen *nt;* (*involontaire*)

Vertauschen *nt; **la ~ d'une copie à l'original*** (*volontaire*) das Austauschen des Originals gegen eine Fälschung; (*involontaire*) das Vertauschen einer Fälschung mit dem Original [*o* des Originals mit einer Fälschung]

subterfuge [syptɛʀfyʒ] *m* Ausflucht *f; **qn découvre le ~ de qn*** jd durchschaut jdn

subtil, e [syptil] *adj* **1.** (*sagace*) *personne* scharfsinnig, einfallsreich; ***c'est un esprit ~*** er/sie ist scharfsinnig
2. (*fin*) *personne* feinsinnig; *raisonnement a.* subtil *geh; distinction, nuance* fein; *parfum* zart, fein

subtilement [syptilmɑ̃] *adv* **1.** (*avec finesse*) *argumenter, raisonner* feinsinnig; *exprimer* nuanciert
2. (*habilement*) geschickt

subtiliser <1> [syptilize] *vt* ■ **qn subtilise qc [à qn]** jd entwendet [jdm] etw *geh,* jd stiehlt [jdm] etw; ■ **qn se fait ~ qc** jdm wird etw gestohlen

subtilité [syptilite] *f* **1.** (*finesse*) [*question, raisonnement*] Subtilität *f;* [*personne a.*] Feinsinnigkeit *f;* [*analyse*] Nuanciertheit *f; **la ~ de son esprit*** seine/ihre Scharfsinnigkeit
2. (*raffinement*) [*art, langue, style*] Feinheit *f;* [*comportement*] Distinguiertheit *f geh*

subtropical, e <-aux> [sybtʀɔpikal, o] *adj* subtropisch

suburbain, e [sybyʀbɛ̃, ɛn] *adj* Vorort-; ***périphérie ~e*** Stadtrand *m*

subvenir <9> [sybvəniʀ] *vi* ■ **qn subvient à qc** jd kommt für etw auf

subvention [sybvɑ̃sjɔ̃] *f* Subvention *f*

subventionner <1> [sybvɑ̃sjɔne] *vt* ■ **qn subventionne qn/qc** jd subventioniert jdn/etw

subversif, -ive [sybvɛʀsif, -iv] *adj* umstürzlerisch, subversiv *geh*

subversion [sybvɛʀsjɔ̃] *f* Subversion *f*

suc [syk] *m* **1.** [*fruit, viande*] Saft *m*
2. BIO Saft *m; **~s digestifs*** Verdauungssäfte *pl; **~ gastrique*** Magensaft

succédané [syksedane] *m* **1.** (*ersatz*) Ersatz *m* (*de qc* für etw)
2. (*substitut*) Abklatsch *m; **le cinéma n'est pas un simple ~ du théâtre*** das Kino ist kein bloßer Abklatsch des Theaters

succéder <5> [syksede] **I.** *vi* **1.** (*venir après*) ■ **qc succède à qc** etw folgt einer S. (*dat*), etw folgt auf etw (*akk*)
2. (*assurer la succession*) ■ **qn succède à qn** jd tritt jds Nachfolge *f* an, jd folgt jdm im Amt nach; ***Charles X lui a succédé sur le trône*** Karl X. folgte ihm auf dem Thron
3. (*hériter*) ■ **qn succède** jd erbt
II. *vpr* ■ **des personnes/choses se succèdent** Menschen/Dinge folgen einander; ***les mois se succèdent et rien ne change*** ein Monat folgt dem anderen und nichts ändert sich

succès [syksɛ] *m* **1.** (*opp: échec*) [*entreprise, personne*] Erfolg *m; militaire, sportif* Sieg *m; **ce film a été un gros ~ commercial*** der Film war ein Kassenschlager; ■ **~ en qc** Erfolg in etw (*dat*)
2. (*faveur du public*) Erfolg *m; **ses disques ont encore du ~*** seine/ihre Platten kommen immer noch an; ■ **~ de** -erfolg; ***qn n'a guère obtenu qu'un ~ d'estime*** jd erzielte kaum mehr als einen Achtungserfolg; ***c'est un ~ de circonstance*** das ist ein Augenblickserfolg
3. (*conquête amoureuse*) Erfolg *m kein pl; **qn a des ~ amoureux*** jd hat Glück in der Liebe
▸ **le ~ monte à la tête de qn** der Erfolg steigt jdm zu Kopf[e]; **beau ~** schöner [*o* großer] Erfolg; **~ féminins** Erfolg *m* bei den Frauen; **~ fou** [*o bœuf fam*] Wahnsinnserfolg *m fam,* Bombenerfolg *m fam;* **franc ~** voller Erfolg; **vif ~** glänzender Erfolg; **qc a du/beaucoup de/un grand ~** etw kommt an/kommt gut an/kommt sehr gut an; **qn a du/beaucoup de ~ auprès de qn** jd hat Erfolg bei jdm/großen Erfolg bei jdm, jd kommt gut bei jdm an; [**qc est**] **couronné(e) de ~** [etw ist] von Erfolg gekrönt; **qc est un ~** etw ist ein Erfolg; **qn remporte un ~** jd erzielt [*o* verbucht] einen Erfolg; **qn vole de ~ en ~** jds Erfolgsserie reißt nicht ab; **à ~** Erfolgs-; **avec ~** mit Erfolg, erfolgreich; **sans ~** ohne Erfolg, erfolglos

successeur [syksesœʀ] *m* **1.** (*continuateur*) Nachfolger(in) *m(f)*
2. (*héritier*) Erbe/Erbin *m/f*

successif, -ive [syksesif, -iv] *adj époques, générations* aufeinander folgend; *tâches* stets neu anfallend

succession [syksesjɔ̃] *f* **1.** (*série*) [*époques, saisons*] Aufeinanderfolge *f;* [*événements*] Abfolge *f;* [*visiteurs*] Strom *m;* ■ **une ~ de qc** *d'événements* eine Abfolge von etw; *de malheurs, d'erreurs* eine Reihe von etw
2. (*transmission du pouvoir*) Nachfolge *f*
3. (*héritage*) Erbschaft *f,* Verlassenschaft *f* AUS; ***droits de ~*** Erbschaftssteuer *f*
▸ **qn prend la ~** [**de qn/qc**] jd übernimmt die Nachfolge [eines Menschen/einer S.], jd tritt die Nachfolge [eines Menschen/einer S.] an

successivement [syksesivmɑ̃] *adv* nacheinander

succinct, e [syksɛ̃, ɛ̃t] *adj* **1.** (*bref*) kurz, knapp; ***soyez ~!*** fassen Sie sich kurz!
2. (*peu abondant*) frugal

succinctement [syksɛ̃tmɑ̃] *adv* kurz [und bündig [*o* knapp]]

succion [sy(k)sjɔ̃] *f* Saugen *nt;* [*plaie, blessure*] Aussaugen; ***ce bruit de ~ quand tu manges est répugnant*** dein Schlürfen beim Essen ist widerlich

succomber <1> [sykɔ̃be] *vi* **1.** (*mourir*) ■ **qn succombe** jd stirbt; ■ **qn succombe à qc** jd erliegt einer S. (*dat*)
2. (*être vaincu*) ■ **qn succombe sous qc** jd erliegt einer S. (*dat*); *sous le poids* jd bricht unter etw (*dat*) zusammen
3. (*céder à*) ■ **qn succombe à qc** *au sommeil, à la fatigue* jd wird von etw übermannt; *à la tentation, au charme* jd erliegt einer S. (*dat*)

succulent, e [sykylɑ̃, ɑ̃t] *adj* (*juteux*) saftig; (*délicieux a.*) köstlich

succursale [sykyʀsal] *f* Filiale *f*

sucer <2> [syse] **I.** *vt* **1.** ■ **qn suce qc** *bonbon* jd lutscht etw; *crayon, pouce* jd lutscht an etw (*dat*); *citron* jd lutscht etw aus; ■ **qn/un animal suce qc** *sang, suc d'une plante* jd/ein Tier saugt etw
2. *vulg* ■ **qn suce qn** jd bläst jdm einen *sl*
II. *vpr* ■ **qc se suce** etw wird gelutscht

sucette [sysɛt] *f* **1.** (*bonbon*) Lutscher *m*
2. (*tétine*) Schnuller *m*

suçon [sysɔ̃] *m fam* Knutschfleck *m fam,* Lutschfleck *m fam*
▸ **qn fait un ~ à qn** jd macht jdm einen Knutschfleck *fam*

suçoter <1> [sysɔte] **I.** *vt* ■ **qn suçote qc** *bonbon* jd lutscht etw; *pouce* jd lutscht an etw (*dat*)
II. *vi* ■ **qn suçote** jd lutscht

sucrage [sykʀaʒ] *m* Zuckern *nt*

sucrant, e [sykʀɑ̃, ɑ̃t] *adj* süßend

sucre [sykʀ] *m* **1.** (*substance*) Zucker *m; **~ candi/cristallisé/glace*** Kandis-/[mittelgrober] Kristall-/Puderzucker; ***~ en poudre*** feiner Kristallzucker; ***~ en morceaux*** Würfelzucker
2. (*morceau*) Zuckerwürfel *m,* Stück *nt* Zucker
▸ **qn casse du ~ sur le dos de qn** *fam* jd zieht jdn durch den Dreck *fam;* **qn est tout ~ tout miel** jd ist zuckersüß; **pur ~** reiner Zucker; **qn n'est pas en ~** jd ist nicht aus Zucker; **au ~** mit Zucker; **en ~** *fam* süß; ***mon petit trésor en ~*** mein süßer Schatz
◆ **sucre de canne** Rohrzucker *m;* **sucre d'orge** *Lutscher aus Zucker und Gerstensud*

sucré, e [sykʀe] **I.** *adj* **1.** (*qui a la saveur du sucre*) süß; (*par addition de sucre*) gesüßt, gezuckert
2. (*doucereux*) [honig]süß, süßlich *pej*
II. *m* Süßspeise *f; **qn préfère le ~*** jd zieht Süßes vor
III. *m, f* ▸ **qn fait le ~/la ~e** jd raspelt Süßholz *fam*

sucrer <1> [sykʀe] **I.** *vt* **1.** (*additionner de sucre*) ■ **qn sucre qc** jd zuckert etw, jd süßt etw
2. *fam* (*supprimer*) ■ **qn sucre qc à qn** jd streicht jdm etw; ■ **qn se fait ~ qc** jd verscherzt sich (*dat*) etw
II. *vi* (*rendre sucré*) ■ **qn/qc sucre** jd/etw süßt, jd/etw zuckert
III. *vpr fam* ■ **qn se sucre** (*s'enrichir*) jd sahnt ab *fam;* (*s'octroyer la plus large part*) jd langt kräftig zu *fam*

sucrerie [sykʀəʀi] *f* **1.** (*friandise*) Süßigkeit *f*
2. (*usine*) Zuckerfabrik *f*

sucrette® [sykʀɛt] *f* Süßstofftablette *f*

sucrier, -ière [sykʀije, -ijɛʀ] **I.** *adj* Zucker-
II. *m* **1.** (*récipient*) Zuckerdose *f; **~ verseur*** Zuckerstreuer *m*
2. (*fabricant de sucre*) Zuckerfabrikant(in) *m(f)*

sud [syd] **I.** *m* Süden *m;* ■ **le sud,** ■ **le Sud** der Süden; ***les régions du ~*** die südlichen Gebiete, die Gebiete im Süden, der Süden; ***les villes du ~ du pays*** die Städte im Süden des Landes; ***l'autoroute du S-*** die Autobahn nach Süden; ***l'hémisphère S-*** die Südhalbkugel, die südliche Hemisphäre; ***les gens du S-*** die Leute aus dem Süden; ***l'Europe du ~*** Südeuropa *nt; **au ~*** (*dans/vers la région*) im/in den Süden; (*vers le point cardinal*) nach Süden, in südliche Richtung; ***la pièce est exposée au ~*** das Zimmer geht nach Süden; ***au ~ de qc*** südlich [von etw]; ***l'Allemagne est située au ~ du Danemark*** Deutschland liegt südlich von Dänemark; ***dans le ~ de*** im Süden von; ***du ~*** aus dem Süden; ***le vent du ~*** der Südwind; ***les Allemands du ~*** die Süddeutschen; ***vers le ~*** nach Süden
II. *app inv* Süd-; *partie, banlieue, latitude* südlich

sud-africain, e <~-~s> [sydafʀikɛ̃, ɛn] **I.** *adj* südafrikanisch **II.** *m, f* Südafrikaner(in) *m(f)* **sud-américain, e** <~-~s> [sydameʀikɛ̃, ɛn] **I.** *adj* südamerikanisch **II.** *m, f* ■ **Sud-Americain(e)** Südamerikaner(in) *m(f)*

sudation [sydasjɔ̃] *f* Schwitzen *nt*

sud-coréen, ne <~-~s> [sydkɔʀeɛ̃, ɛn] **I.** *adj* HIST südkoreanisch **II.** *m, f* HIST ■ **Sud-Coréen(ne)** Südkoreaner(in) *m(f)* **sud-est** [sydɛst] **I.** *m* **1.** (*point cardinal*) Südosten *m* **2.** GEOG ■ **le Sud-Est** der Südosten **II.** *adj inv* südöstlich; ***vent ~-~*** Südostwind *m*

sudorifère [sydɔʀifɛʀ] *adj,* **sudoripare** [sydɔʀipaʀ] *adj* Schweiß-

sudorifique [sydɔʀifik] *adj* schweißtreibend

sud-ouest [sydwɛst] **I.** *m* **1.** (*point cardinal*) Südwesten *m* **2.** GEOG ■ **le Sud-Ouest** der Südwesten **II.** *adj inv* südwestlich; ***vent ~-~*** Südwestwind *m* **sud-vietnamien, ne** <~-~s> [sydvjɛtnamjɛ̃, jɛn] **I.** *adj* HIST südvietnamesisch **II.** *m, f* HIST ■ **Sud-Vietnamien(ne)** Südvietnamese/-vietnamesin *m/f*

Suède [sɥɛd] *f* ■ **la Suède** Schweden *nt*

suédine [sɥedin] *f* Wildlederimitation *f*

suédois, e [sɥedwa, waz] **I.** *adj* schwedisch
II. *m* (*langue*) Schwedisch *nt*
III. *m, f* ■ **Suédois(e)** Schwede/Schwedin *m/f*

suée [sɥe] *f fam* Schweißausbruch *m*
▸ **qn en a** [**encore**] **la ~** jdm bricht dabei [immer noch] der kalte Schweiß aus; **qn attrape** [*o* **prend**] **une** [**bonne**] **~** jd gerät [*o* kommt] [kräftig] ins Schwitzen

suer <1> [sɥe] *vi* **1.** (*transpirer*) ■ **qn sue** [**de qc**] jd schwitzt [vor etw (*dat*)]
2. (*se donner beaucoup de mal*) ■ **qn sue sur qc/pour faire qc** jd quält sich mit etw/müht sich ab etw zu tun
3. *fam* (*excéder*) ■ **qn/qc fait ~ qn** jd/etw nervt jdn *fam*
4. *fam* (*s'ennuyer*) ■ **qn se fait ~** jd langweilt sich entsetzlich

sueur [sɥœʀ] *f* Schweiß *m*
▸ **à la ~ de son front** im Schweiße seines/ihres Angesicht[e]s; **qn a des ~s froides** jdm läuft es eiskalt den Rücken hinunter, jdm bricht der kalte Schweiß aus; **qn/qc donne des ~s froides à qn** bei etw bricht jdm der Angstschweiß aus; ***le surveillant lui donnait des ~ froides*** ihm/ihr bracht der Angstschweiß aus, wenn er/sie den Aufseher sah; [**qn est**] **trempé(e) de ~** [jd ist] schweißgebadet; **qn a des ~s** jd hat Schweißausbrüche *pl;* **qn se met en ~** jd gerät ins Schwitzen; [**qn/qc est**] **en ~** [jd/etw ist] schweißnass

suffire <*irr*> [syfiʀ] I. *vi* 1. (*être assez*) ■ **qn/qc suffit [à qn]** jd/etw genügt [jdm], jd/etw reicht [jdm]; ■ **qn/qc suffit pour qn/qc** jd/etw reicht für jdn/etw; ■ **qn/qc suffit pour [*o* à] faire qc** jd/etw genügt um etw zu tun
2. (*satisfaire*) ■ **qn/qc suffit à qc** *aux besoins* jd/etw kommt für etw auf; *aux obligations* jd/etw kommt einer S. (*dat*) nach; ***qn/qc suffit au bonheur de qn*** jd/etw stellt jdn zufrieden
► **ça suffit [comme ça]!** *fam* Schluss jetzt!, jetzt reicht's!
II. *vi impers* (*être suffisant*) ■ **il suffit [à qn] de qc [pour faire qc]** etw genügt [jdm] [um etw zu tun]; ■ **il suffit de faire qc [pour faire qc]** man braucht nur etw zu tun [um etw zu tun]; ***il ne suffit pas de donner son nom*** es genügt [*o* reicht] nicht, seinen Namen anzugeben; ***il suffit d'une fois*** einmal genügt [*o* reicht]; ***il suffit d'un rien*** eine Kleinigkeit genügt [*o* reicht]; ■ **il suffit à qn de faire qc [pour faire qc]** jd braucht nur etw zu tun [um etw zu tun]; ■ **il suffit que** + *subj* **...** [**pour que** + *subj*] [um zu ... + *infin*,] genügt es, wenn ...
III. *vpr* (*se contenter de*) ■ **qn/qc se suffit à lui/elle** (*matériellement*) jd/etw versorgt sich selbst; (*intellectuellement*) jd/etw genügt sich (*dat*) selbst; ***cette définition se suffit à elle-même*** diese Definition erklärt sich aus sich selbst

suffisamment [syfizamɑ̃] *adv* + *adj* genug *nachgestellt;* + *vb* genügend; ***l'appartement est ~ grand*** die Wohnung ist groß genug; ***la lettre est ~ affranchie*** der Brief ist ausreichend frankiert; ■ **~ de ...** *de temps, patience, livres* genügend ..., genug ...; ***qn a ~ d'argent*** jd hat genügend [*o* genug] Geld; ■ **~ à** + *infin* genug zu

suffisance [syfizɑ̃s] *f* Selbstgefälligkeit *f,* Süffisanz *f geh*
► **plein(e) de ~** überaus selbstgefällig

suffisant, e[1] [syfizɑ̃, ɑ̃t] *adj nombre, techniques* ausreichend; *place* genügend *inv; résultat, somme* erforderlich, notwendig; ■ **qc n'est pas ~** etw reicht nicht; ■ **~ pour faire qc/pour que** + *subj* ausreichend, um etw zu tun/dass; ***il gagne un salaire ~ pour faire vivre sa famille*** sein Gehalt reicht [aus], um seine Familie zu ernähren; ***c'est ~ pour qu'il se mette en colère*** das reicht schon, dass er wütend wird

suffisant, e[2] [syfizɑ̃, ɑ̃t] *adj* (*prétentieux*) selbstgefällig, süffisant *geh*

suffixe [syfiks] *m* Nachsilbe *f,* Suffix *nt*

suffocant, e [syfɔkɑ̃, ɑ̃t] *adj fumée, odeur* erstickend, den Atem raubend; *chaleur* erdrückend

suffocation [syfɔkasjɔ̃] *f* Atemnot *f;* ***crise de ~*** Erstickungsanfall *m*

suffoquer <1> [syfɔke] I. *vt* 1. (*étouffer*) ■ **qc suffoque qn** etw raubt [*o* nimmt] jdm den Atem
2. ■ **qn/qc suffoque qn** (*stupéfie*) jd/etw verschlägt jdm den Atem; (*s'empare de*) /*colère, joie*/ etw überwältigt jdn
II. *vi* 1. (*perdre le souffle*) ■ **qn suffoque** jd erstickt
2. (*ressentir une vive émotion*) ■ **qn suffoque de qc** *de colère, d'indignation* jd ist von etw gepackt; *de surprise, d'émotion* jd ist von etw überwältigt

suffrage [syfʀaʒ] *m* 1. (*voix*) *blanc, nul* [Wahl]stimme *f;* ***les ~s exprimés*** die abgegebenen Stimmen
2. (*approbation*) ■ **~s** Beifall *m,* Zustimmung *f;* ***qn/qc remporte/mérite tous les ~s*** jd/etw findet/verdient allgemeinen Beifall
► **~ direct** direkte Wahl; **~ indirect** indirekte Wahl; **~ restreint** beschränktes Wahlrecht; **~ universel** allgemeine Wahl; **qn/qc rallie tous les ~s** jd/etw vereinigt alle Stimmen auf sich (*akk*)

suffragette [syfʀaʒɛt] *f* Suffragette *f*

suggérer <5> [sygʒeʀe] *vt* 1. (*proposer*) ■ **qn suggère qc [à qn]** jd schlägt [jdm] etw vor, jd regt etw an
2. (*inspirer*) ■ **qn/qc suggère qc à qn** *idée, réponse, solution* jd/etw bringt jdn auf etw (*akk*)
3. (*évoquer*) ■ **qc suggère qc [à qn]** etw lässt [jdn] an etw (*akk*) denken; ■ **[qc est] suggéré(e)** [etw ist/wird] angedeutet
4. PSYCH ■ **qn suggère qc à qn** jd suggeriert jdm etw

suggestif, -ive [sygʒɛstif, -iv] *adj* 1. (*érotique*) aufreizend
2. (*évocateur*) suggestiv

suggestion [sygʒɛstjɔ̃] *f* 1. Vorschlag *m*
2. PSYCH Suggestion *f*
► **qn fait une ~ [à qn]** (*propose*) jd macht [jdm] einen Vorschlag; (*conseille*) jd rät jdm etw

suicidaire [sɥisidɛʀ] *adj* 1. (*qui tend au suicide*) selbstmörderisch; ***qn a des tendances ~s*** jd neigt zu[m] Selbstmord; ***idées ~s*** Selbstmordgedanken *pl*
2. (*qui mène à l'échec*) selbstmörderisch; ***c'est tout bonnement ~*** das ist glatter Selbstmord *fam*

suicide [sɥisid] I. *m* 1. (*mort volontaire*) Selbstmord *m,* Freitod *m*
2. (*entreprise suicidaire*) Selbstmord *m*
► **c'est un [*o* du] ~** das ist reiner [*o* glatter] Selbstmord *fam*
II. *app opération* selbstmörderisch; *commando* Selbstmord-; *avion* Kamikaze-

suicidé, e [sɥiside] *m, f* Selbstmörder(in) *m(f)*

suicider <1> [sɥiside] *vpr* 1. (*se tuer*) ■ **qn se suicide** jd begeht Selbstmord, jd nimmt sich (*dat*) das Leben, jd bringt sich um
2. (*se détruire*) ■ **qn se suicide** jd richtet sich selbst zugrunde; ***qn se suicide politiquement*** jd begeht politischen Selbstmord

suie [sɥi] *f* Ruß *m*
► **noir(e) comme de la ~** kohl[raben]schwarz

suif [sɥif] *m* Talg *m*

suintement [sɥɛ̃tmɑ̃] *m* [*blessure*] Nässen *nt;* [*eaux*] Sickern *nt;* [*mur*] Schwitzen *nt*

suinter <1> [sɥɛ̃te] *vi* ■ **qc suinte [de qc]** /*eaux*/ etw sickert [aus/durch etw]; /*mur*/ etw schwitzt; /*plaie*/ etw nässt

suis [sɥi] *indic prés de* **être**

suisse [sɥis] I. *adj* Schweizer *attr; peuple* schweizerisch; ***Confédération ~*** Schweizerische Eidgenossenschaft
II. *m* (*garde*) Schweizergardist *m;* (*bedeau*) Küster *m*
► **petit ~** GASTR *Rahmquark in kleinen Portionen;* **qn boit/mange en ~** *fam* jd trinkt/isst heimlich, jd trinkt/isst im stillen Kämmerlein *fam*
III. *f* ■ **la Suisse** die Schweiz
IV. *mf* (*habitant de la Suisse*) ■ **Suisse** Schweizer(in) *m(f);* ***c'est un ~ allemand/romand*** er ist Deutsch-/Französischschweizer [*o* Welschschweizer]

Suissesse [sɥisɛs] *f* Schweizerin *f*

suite [sɥit] *f* 1. (*ce qui vient après*) [*lettre, roman*] Rest *m;* [*affaire*] Nachspiel *nt;* [*menu*] folgender [*o* nächster] Gang
2. (*succession*) [*événements, nombres*] [Ab]folge *f;* [*objets, personnes*] Reihe *f;* **~ *de succès*** Erfolgsserie *f*
3. (*conséquence*) Folge *f*
4. (*nouvel épisode*) Fortsetzung *f,* Folge *f*
5. (*cohérence*) [*propos, raisonnement, réponses*] Zusammenhang *m;* ***sans ~*** unzusammenhängend
6. (*appartement*) Suite *f*
7. MUS Suite *f*
8. (*escorte*) Gefolge *nt*
► **qn a de la ~ dans les idées** (*est logique*) jd ist konsequent, jd hält an seinen Vorstellungen fest; (*est entêté*) jd ist stur, jd beharrt auf seinem Kopf; **~ bureautique** INFORM Office-Paket ['ɔfɪs-] *nt;* **la ~ au prochain numéro** Fortsetzung folgt; **tout de ~** sofort; **tout de ~ avant/après** kurz davor/danach; **tout de ~ avant/après qn/qc** kurz vor/nach jdm/etw; **qc a des ~s** etw hat Folgen *pl;* **qn attend la ~** jd wartet ab, wie es weitergeht; **qn décède [*o* meurt] [*o* succombe] des ~s de qc** jd stirbt an den Folgen einer S. (*gen*); **qn donne ~ [à qc]** jd reagiert [auf etw (*akk*)]; **qn entraîne qn à sa ~ [quelque part]** jd schleppt jdn [irgendwohin] mit; **qc entraîne qc à sa ~** etw zieht etw als Folge nach sich, etw bringt etw mit sich; **qc n'est qu'une ~ de choses** etw besteht nur aus einer Reihe [*o* Ansammlung] von Dingen; **qc fait ~ à qc** etw schließt sich an etw (*akk*) an, etw folgt auf etw (*akk*); **qn/qc se met à la ~ de qn/qc** jd/etw folgt jdm/einer S.; **qn/qc prend la ~ de qn/qc** jd tritt jds Nachfolge an, jd/etw löst jdn/etw ab; **~ à qc** Bezug nehmend auf etw (*akk*), unter Bezugnahme auf etw (*akk*); **à la ~ [l'un(e) de l'autre]** nacheinander; **à la ~ de qc** nach etw; **et ainsi de ~** und so weiter, und so fort; **de ~** (*d'affilée*) hintereinander; *fam* (*tout de suite*) gleich; **par la ~** später; **par ~ de qc** infolge [*o* aufgrund] einer S. (*gen*); **sans ~** ohne Folgen *pl*

suivant [sɥivɑ̃] I. *prép* 1. (*conformément à*) gemäß (*dat*); (*en fonction de*) je nach (*dat*); **~ *le temps qu'il fait*** je nach Wetter
2. (*le long de*) längs (*gen*), entlang (*dat*)
II. *conj* ■ **~ que** + *indic* je nachdem, ob

suivant, e [sɥivɑ̃, ɑ̃t] I. *adj* 1. (*qui vient ensuite*) *personne, génération* nächste(r, s); *jour, page a.* [darauf] folgende(r, s)
2. (*ci-après*) folgende(r, s)
II. *m, f* 1. (*prochain*) Nächste(r) *f(m)*
2. (*personne qui escorte*) Begleiter(in) *m(f),* Gefolgsmann/-frau *m/f*
► **au ~!** der Nächste!

suiveur, -euse [sɥivœʀ, -øz] *m, f* 1. SPORT Begleiter(in) *m(f)*
2. (*opp: meneur*) Mitläufer(in) *m(f)*

suivi, e [sɥivi] I. *adj* 1. (*continu*) regelmäßig; *travail a.* beständig; *effort* kontinuierlich
2. *conversation, raisonnement* zusammenhängend; *politique* konsequent
3. COM: ***c'est un article ~*** diesen Artikel kann man jederzeit nachbekommen
II. *m* [*client*] weitere Betreuung; [*affaire*] Weiterverfolgung *f;* [*produit*] Kundendienst *m;* **~ *individualisé*** persönliche Betreuung
► **~ médical** medizinische Betreuung

suivisme [sɥivism] *m* Mitläufertum *nt*

suiviste [sɥivist] I. *adj attitude* hörig, unterwürfig; *politique* linientreu
II. *mf* Mitläufer(in) *m(f)*

suivre <*irr*> [sɥivʀ] I. *vt* 1. (*aller derrière*) ■ **qn/un animal suit qn/un animal** jd/ein Tier folgt jdm/einem Tier; ■ **qn fait ~ qn** jd lässt jdn beschatten
2. (*venir ensuite*) ■ **qn/un animal suit qn/un animal [quelque part]** *sur une liste, au classement* jd/ein Tier kommt [irgendwo] gleich nach jdm/einem Tier; ■ **qc suit qc** etw folgt auf etw (*akk*)
3. (*longer*) ■ **qn/qc suit qc** *itinéraire, piste, route* jd/etw folgt einer S. (*dat*)
4. (*hanter*) ■ **qc suit qn** etw verfolgt jdn
5. ■ **qn suit qn/qc** (*se conforme à*) jd folgt jdm/einer S.; (*obéit à*) jd befolgt etw; *méthode* jd verfolgt etw; ***qn suit la mode*** jd geht mit der Mode
6. SCOL ■ **qn suit qc** *classe, cours* jd besucht etw; *programme* jd folgt einer S. (*dat*)
7. (*observer*) ■ **qn suit qn** *élève, malade* jd beobachtet jdn, jd beaufsichtigt jdn; ■ **qn suit qc** *actualité, affaire, compétition* jd verfolgt etw
8. (*apprécié*) ■ **qc est suivi(e)** etw findet Anklang
9. COM ■ **qn suit qc** *article, produit* jd führt etw ständig
10. (*comprendre*) ■ **qn suit qn/qc** jd folgt jdm/einer S. [geistig]
► **qn/qc suit qn/qc de loin/de près** (*observe*) jd verfolgt etw aus der Ferne/aus der Nähe, jd beobachtet jdn/etw aus der Ferne/aus der Nähe; (*vient après*) jd/etw folgt jdm/einer S. mit Abstand/unmittelbar; **[qn/qc est] à ~** /*personne*/ [jd ist] vorbildlich; /*exemple*/ [etw ist] mustergültig; **à ~** Fortsetzung folgt
II. *vi* 1. (*venir après*) ■ **qn/qc suit** jd/etw folgt; ■ **qc est suivi(e) d'une chose** eine S. folgt auf etw (*akk*)
2. (*être réexpédié*) ■ **qc suit** etw wird nachgeschickt [*o* nachgesendet]; ■ **qn fait ~ qc** jd lässt etw nachsenden [*o* nachschicken]
3. ■ **qn suit** (*est attentif*) jd passt auf; (*assimile*) jd kommt mit

4. (*évoluer parallèlement*) ■ **qc suit** etw zieht gleich [*o* nach]
► **faire** ~ [**S.V.P.**] bitte nachsenden
III. *vi impers* (*résulter*) ■ **il suit de qc que** + *indic* aus etw folgt, dass; aus etw ergibt sich, dass
► **comme suit** wie folgt, folgendermaßen
IV. *vpr* 1. (*se succéder*) ■ **des personnes/choses se suivent** Menschen/Dinge folgen aufeinander
2. (*être cohérent*) ■ **qc se suit** etw hat einen Zusammenhang
► **des personnes/des choses se suivent de près** Menschen/Dinge folgen dicht aufeinander
sujet [syʒɛ] *m* 1. (*thème*) Thema *nt;* ■ ~ **de** *de comédie, plaisanterie* Thema für; *de conversation, dissertation, d'examen* -thema
2. (*cause*) Anlass *m*, Grund *m*
3. (*individu*) Mensch *m;* ***bon/brillant*** ~ guter/glänzender Schüler/gute/glänzende Schülerin; ~ ***d'élite*** Spitzenschüler(in) *m(f);* ***mauvais*** ~ übles Subjekt
4. GRAM Subjekt *nt*
5. PHILOS Subjekt *nt*
► ~ **en or** Traumthema *nt;* **qn a** ~ **de faire qc** jd hat allen Grund etw zu tun; **c'est à quel** ~? *fam* worum geht's? *fam;* **qn possède son** ~ jd versteht sein Fach; **à ce** ~ diesbezüglich, was dies betrifft [*o* angeht]; **au** ~ **de qn/qc** bezüglich einer Person/einer S. (*gen*), was jdn/etw betrifft [*o* angeht]; **sans** ~ grundlos
sujet, te [syʒɛ, ʒɛt] I. *adj* ■ [**qn est**] ~ **à qc** *à l'erreur* jd neigt zu etw; *à la migraine, aux sautes d'humeur a.* [jd ist] anfällig für etw; ***qn est*** ~ ***au mal de mer/vertige*** jd wird leicht seekrank/jdm wird leicht schwindelig; ■ [**qc est**] ~ **à qc** [etw ist] einer S. (*dat*) ausgesetzt; ■ **qn est** ~ **à faire qc** jd neigt dazu, etw zu tun; ***qn n'est pas*** ~ ***à faire des imprudences*** jd ist nicht der Typ, der Dummheiten macht
II. *m, f* Untertan *m*
sujétion [syʒesjɔ̃] *f soutenu* 1. (*dépendance*) Abhängigkeit *f;* ■ ~ **à qn/qc** Abhängigkeit von jdm/etw
2. (*contrainte*) Bürde *f*, [lästiger] Zwang
sulfamides [sylfamid] *mpl* Sulfonamide *pl*
sulfatage [sylfataʒ] *m* Schwefeln *nt*
sulfate [sylfat] *m* Sulfat *nt;* ■ ~ **de** -sulfat
sulfater <1> [sylfate] *vt* ■ **qn sulfate qc** jd schwefelt etw
sulfure [sylfyʀ] *m* Sulfid *nt;* ■ ~ **de** -sulfid; ~ ***de carbone*** Schwefelkohlenstoff *m*
sulfuré, e [sylfyʀe] *adj* Schwefel-; ***hydrogène*** ~ Schwefelwasserstoff *m*
sulfureux, -euse [sylfyʀø, -øz] *adj* 1. CHIM schwefelig; ***acide*** ~ schwefelige Säure; ***anhydride*** [*o* ***gaz***] ~ Schwefeldioxyd *nt*
2. (*qui sent l'hérésie*) *article* aufrührerisch; *discours, propos a.* rebellisch
sulfurique [sylfyʀik] *adj:* ***acide*** ~ Schwefelsäure *f*
sulfurisé, e [sylfyʀize] *adj* mit Schwefelsäure behandelt; ***papier*** ~ Pergamentpapier *nt*, Butterbrotpapier *nt*
sultan [syltɑ̃] *m* Sultan *m*
sultanat [syltana] *m* 1. (*règne d'un sultan*) Sultanat *nt*
2. (*État*) Sultanat *nt*
sultane [syltan] *f* Sultanin *f*
summum [sɔ(m)mɔm] *m* 1. (*apogée*) [*civilisation, gloire*] Höhepunkt *m*, Gipfel *m*
2. *iron* (*le comble*) Gipfel *m*, Höhe *f;* **ça alors, c'est le** ~! das ist doch nun wirklich der Gipfel [*o* die Höhe]!; ■ **le** ~ **de qc** der Gipfel einer S. (*gen*)
sumo [symo] *m* (*sport*) Sumo[ringen *nt*] *nt;* (*lutteur*) Sumoringer *m*
super¹ [sypɛʀ] *m abr de* **supercarburant** Super[benzin *nt*] *nt*
► ~ **sans plomb** Super *nt* bleifrei; ~ **plombé** Super *nt* verbleit
super² [sypɛʀ] I. *préf fam* + *adj* (*formidablement*) wahnsinnig *fam*, verdammt *fam*, irre *fam;* + *subst* (*qualitatif*) Super- *fam*, Spitzen-; (*quantitatif*) Riesen- *fam*, Mammut- *fam*
II. *adj inv fam* super *fam*, spitze *fam*, toll *fam*
► [**c'est**] ~! [das ist] super [*o* toll] [*o* spitze]! *fam*
superbe [sypɛʀb] *adj repas, résultat, vin* erstklassig; *corps, yeux, paysage* wunderschön; *performance, résultat* fantastisch; *enfant, femme* prächtig; *temps* herrlich, strahlend schön; ***elle a une mine*** ~ sie sieht blendend aus
superbement [sypɛʀbəmɑ̃] *adv* großartig, hervorragend
superbénéfice [sypɛʀbenefis] *m* Spitzengewinn *m*
supercarburant [sypɛʀkaʀbyʀɑ̃] *m* Superbenzin *nt*
superchampion, ne [sypɛʀʃɑ̃pjɔ̃, jɔn] *m, f* Spitzensportler(in) *m(f)*
supercherie [sypɛʀʃəʀi] *f* Schwindel *m*, Betrug *m*
supérette [sypeʀɛt] *f* kleinerer Supermarkt
superficie [sypɛʀfisi] *f* [*champ, terrain, pays*] Fläche *f;* *appartement, pièce*] Grundfläche; ***unité de*** ~ Flächenmaß *nt*
superficiel, le [sypɛʀfisjɛl] *adj* 1. (*limité à la surface*) oberflächlich
2. (*sans profondeur*) *connaissances, travail* oberflächlich; *examen a.* flüchtig
superficiellement [sypɛʀfisjɛlmɑ̃] *adv* oberflächlich; *examiner a.* flüchtig
superfin, e [sypɛʀfɛ̃, in] *adj* erstklassig, hochfein
superflic [sypɛʀflik] *m fam* Superbulle *m fam*
superflu, e [sypɛʀfly] I. *adj* überflüssig, unnötig; *regret* müßig
II. *m* Überflüssige(s) *nt*, Unnötige(s) *nt*
superforme [sypɛʀfɔʀm] *f fam* Höchstform *f*, beste Verfassung
► **qn est en** [*o* **tient la**] ~ jd ist in Höchstform
supergrand [sypɛʀgʀɑ̃] *m fam* Supermacht *f*
super-huit, super-8 [sypɛʀɥit] I. *adj inv* Super-8-
II. *m inv* Super-8-Format *nt*
supérieur, e [sypeʀjœʀ] I. *adj* 1. (*plus haut dans l'espace*) obere(r, s); *lèvre, mâchoire* Ober-; ***cours*** ~ ***d'un fleuve*** Oberlauf *m* eines Flusses; ***pont*** ~ ***d'un navire*** Kommandobrücke *f* eines Schiffes
2. (*plus élevé dans la hiérarchie*) höhere(r, s); *animal, plante a.* höher entwickelt; *cadre* leitend; ***enseignement*** ~ Hochschulwesen *nt;* ***d'ordre*** ~ höherwertig
3. (*de grande qualité*) hervorragend, überragend; *produit* vorzüglich, erstklassig
4. (*qui dépasse*) ■ [**qn est**] ~ [**à qn**] [**par qc/en qc**] [jd ist] [jdm] [in Bezug auf etw (*akk*)/in etw (*dat*)] überlegen; ***qn est hiérarchiquement*** ~ ***à qn*** jd ist jdm übergeordnet, jd steht über jdm; ~ ***en nombre/en pourcentage/en quantité/par la qualité*** zahlenmäßig größer/prozentmäßig höher/mengenmäßig mehr/qualitätsmäßig besser; ■ [**qc est**] ~ **à qc** *à la moyenne, normale, au prix, tarif* [etw liegt] über etw (*dat*)
5. (*prétentieux*) *air, regard, ton* überlegen
II. *m, f* Vorgesetzte(r) *f(m);* REL Superior(in) *m(f)*
III. *m* (*enseignement supérieur*) Hochschulwesen *nt*
supérieurement [sypeʀjœʀmɑ̃] *adv* außergewöhnlich
supériorité [sypeʀjɔʀite] *f* 1. (*prééminence*) Überlegenheit *f;* ■ ~ **sur qn/qc** Überlegenheit jdm/etw gegenüber
2. MIL Überlegenheit *f*
► **de** ~ *air, sourire, ton* überheblich; ***complexe de*** ~ Größenwahn *m*
superlatif [sypɛʀlatif] *m* Superlativ *m*
superléger [sypɛʀleʒe] *m* Halbweltergewicht *nt*
superman <s *o* -men> [sypɛʀman, -mɛn] *m fam* Supermann *m*
supermarché [sypɛʀmaʀʃe] *m* Supermarkt *m*
superpétrolier [sypɛʀpetʀɔlje] *m v.* **supertanker**
superposable [sypɛʀpozabl] *adj* aufeinander setzbar; GEOM deckungsgleich
superposé, e [sypɛʀpoze] *adj couches* übereinander liegend; *livres, pierres* aufeinander getürmt; ***lits*** ~***s*** Etagenbett *nt*
superposer <1> [sypɛʀpoze] I. *vt* 1. (*faire chevaucher*) ■ **qn superpose des choses** jd legt Dinge übereinander
2. (*empiler*) ■ **qn superpose des choses** jd türmt Dinge auf
II. *vpr* 1. (*se recouvrir*) ■ **des choses se superposent** */figures géométriques/* Dinge decken sich; */images/* Dinge überdecken sich
2. (*s'ajouter*) ■ **qc se superpose à qc** */couche/* etw überlagert etw; */élément, renseignements/* etw kommt zu etw hinzu, etw ergänzt etw
superposition [sypɛʀpozisjɔ̃] *f* 1. (*accumulation*) Übereinanderschichtung *f*, Übereinanderlagerung *f*
2. (*action de superposer*) Übereinanderlegen *nt*
superproduction [sypɛʀpʀɔdyksjɔ̃] *f* Monumentalfilm *m*
superprofit [sypɛʀpʀɔfi] *m* Spitzengewinn *m*
superpuissance [sypɛʀpɥisɑ̃s] *f* Großmacht *f*, Supermacht *f*
supersonique [sypɛʀsɔnik] I. *adj* Überschall-
II. *m* Überschallflugzeug *nt*
superstar [sypɛʀstaʀ] *f* Superstar *m*
superstitieux, -euse [sypɛʀstisjø, -jøz] *adj* abergläubisch; ***croyance*** ~***euse*** Aberglaube[n] *m*
superstition [sypɛʀstisjɔ̃] *f* Aberglaube[n] *m*
superstructure [sypɛʀstʀyktyʀ] *f* Überbau *m*, Oberbau *m;* [*navire*] Aufbauten *pl;* [*tribune*] Aufbau *m*
supertanker [sypɛʀtɑ̃kɛʀ] *m* Riesentanker *m*
superviser <1> [sypɛʀvize] *vt* ■ **qn supervise qc** *dossier* jd überprüft etw, jd sieht etw durch; *travail a.* jd beaufsichtigt etw
superviseur, -euse [sypɛʀvizœʀ, -øz] I. *m, f* [*travail*] Aufsichtsführende(r) *f(m);* [*film*] Zensor(in) *m(f)*
II. *m* INFORM Kontrollprogramm *nt*, Überwachungsprogramm *nt*
supervision [sypɛʀvizjɔ̃] *f* Überprüfung *f;* [*travail*] Beaufsichtigung *f*
superwelter [sypɛʀwɛltɛʀ] *m* Halbmittelgewicht *nt*
supplanter <1> [syplɑ̃te] *vt* ■ **qn/qc supplante qn/qc** jd/etw verdrängt jdn/etw; *rival a.* jd sticht jdn aus
suppléance [sypleɑ̃s] *f* Vertretung *f*
► **qn fait des** ~**s** jd übernimmt Vertretungen
suppléant, e [sypleɑ̃, ɑ̃t] I. *adj député, juge* stellvertretend; *instituteur* Aushilfs-
II. *m, f* Stellvertreter(in) *m(f);* MED, SCOL Vertretung *f*
suppléer <1> [syplee] I. *vt* 1. (*remplacer*) ■ **qn supplée qn** jd vertritt jdn; ■ **qc supplée qc** etw ersetzt etw
2. (*compenser*) ■ **qn supplée qc** [**par qc**] jd gleicht etw [durch etw] aus
II. *vi* 1. (*remplacer*) ■ **qn/qc supplée à qn/qc** [**par qc**] jd/etw ersetzt jdn/etw [durch etw]
2. (*compenser*) ■ **qn supplée à qc** [**par qc**] jd gleicht etw [durch etw] aus
supplément [syplemɑ̃] *m* 1. (*surplus*) zusätzliche Menge; ***puis-je avoir un petit*** ~? kann ich etwas mehr haben?; ■ **un** ~ **de qc:** ***un*** ~ ***d'information/de travail*** zusätzliche Informationen *pl*/Arbeit; ***un*** ~ ***de salaire*** eine Gehalts-/Lohnzulage; ***qc donne un*** ~ ***d'intérêt à qc*** etw macht etw interessanter; ***qc donne un*** ~ ***d'âme à qc*** etw verleiht einer S. (*dat*) mehr Seele; ***puis-je avoir un*** ~ ***de frites?*** kann ich Pommes nachhaben?
2. (*publication*) [*journal, revue*] Beilage *f;* [*dictionnaire*] Ergänzungsband *m*
3. (*somme d'argent à payer*) Aufpreis *m;* CHEMDFER Zuschlag *m*
► **qc est en** ~ etw wird zusätzlich [*o* extra] berechnet; **en** ~ zusätzlich
supplémentaire [syplemɑ̃tɛʀ] *adj* 1. zusätzlich; *édition, train* Sonder-; ***heure*** ~ Überstunde *f*
2. GEOM: ***angle*** ~ Ergänzungswinkel *m*
3. MUS: ***ligne*** ~ Hilfslinie *f*
suppliant, e [syplijɑ̃, ijɑ̃t] *adj* flehend
supplication [syplikasjɔ̃] *f* inständige [*o* flehentliche] Bitte
supplice [syplis] *m* 1. (*souffrance*) Qual *f*
2. (*châtiment corporel*) Folter *f;* ■ ~ **de qc** Hinrichtung *f* durch etw; ***le*** ~ ***de la chaise électrique/du gibet*** die Hinrichtung durch den elektrischen Stuhl/durch Erhängen; ***qn soumet qn au*** ~ ***du fouet/de la roue*** jd

peitscht jdn zu Tode/jd rädert jdn
▸ **qn est au** ~ jd sitzt [wie] auf glühenden Kohlen; **qn/qc met qn au** ~ jd/etw quält jdn
◆ **supplice de Tantale** Tantalusqualen *pl*

supplicié, e [syplisje] *m, f* [zu Tode] Gemarterte(r) *f(m)*

supplicier <1 a> [syplisje] *vt* ■ **qn supplicie qn** jd foltert jdn [zu Tode]

supplier <1 a> [syplije] *vt* ■ **qn supplie qn** [**de faire qc**] jd fleht jdn an [etw zu tun], jd bittet jdn inständig [*o* flehentlich] [etw zu tun]

support [sypɔʀ] *m* **1.** (*soutien*) Stütze *f;* [*meuble, statue*] Sockel *m*
2. (*subjectile*) Basis *f,* Untergrund *m*
3. *audiovisuel, écrit, magnétique, visuel* [Hilfs]mittel *nt;* ~ ***publicitaire*** Werbeträger *m*
4. INFORM Informationsträger *m,* Datenträger *m*
◆ **support d'information** INFORM Datenträger *m*

supportable [sypɔʀtabl] *adj* erträglich

supporter¹ <1> [sypɔʀte] **I.** *vt* **1.** (*psychiquement*) ■ **qn supporte qn/qc** jd erträgt jdn/etw; *douleur, maladie, malheur a.* jd nimmt etw hin, jd erduldet etw; *ingratitude, mauvais traitement a.* jd duldet etw, jd lässt sich (*dat*) etw gefallen; ***je ne peux pas le supporter*** ich kann ihn nicht ausstehen; ■ **qn supporte de faire qc** jd erträgt es, etw zu tun; ■ **qn supporte que** + *subj* jd duldet es, dass
2. (*physiquement*) ■ **qn supporte qc** *alcool, chaleur, nourriture* jd verträgt etw; *douleur* jd hält etw aus; *opération* jd übersteht etw; ***qn ne supporte pas l'avion/la vue du sang*** jd verträgt das Fliegen nicht/jd kann kein Blut sehen; ***le soir, on supporte facilement un pull*** am Abend verträgt man leicht einen Pulli; ■ **qc supporte qc** etw hält einer S. (*dat*) stand; ***ce plat supporte la chaleur*** diese Schale ist hitzebeständig; ■ **qn supporte de faire qc** jd kann etw tun; ***qn ne supporte pas de voir le sang couler*** jd kann kein Blut sehen
3. (*subir*) ■ **qn supporte qc** *affront, avanies, échec* jd muss etw einstecken [*o* hinnehmen]; ***vous en supporterez les conséquences/frais*** Sie werden die Folgen/Kosten zu tragen haben
4. (*soutenir*) ■ **qc supporte qc** */pilier/* etw stützt etw; */chevalet, socle/* etw trägt etw
5. SPORT ■ **qn supporte qn/qc** (*donne son appui*) jd unterstützt jdn/etw; (*encourage*) jd feuert jdn/etw an
▸ **qn supporte mal qc** jd kann etw schlecht [*o* nicht] ertragen, jd kann etw nicht ausstehen; **qn supporte mal que qn fasse qc** jd kann es nicht ausstehen, wenn jd etw tut
II. *vpr* ■ **des personnes se supportent** Menschen kommen miteinander aus

supporter² [sypɔʀtɛʀ] *mf,* **supporteur, -trice** [sypɔʀtœʀ, -tʀis] *m, f* Anhänger(in) *m(f),* Fan [fæn] *m*

supposé, e [sypoze] *adj* mutmaßlich, vermutet

supposer <1> [sypoze] *vt* **1.** (*prendre comme hypothèse*) ■ **qn suppose qc** jd nimmt etw an; ■ **qn suppose que** + *indic* jd nimmt an, dass; ***suppose/supposons/supposez que*** + *subj* nimm/nehmen wir/nehmen Sie [einmal] an, ...; ***supposons qu'il démissionne*** nehmen wir [einmal] an, er träte zurück; ■ **qc est supposé(e)** ... + *adj* etw wird als ... angenommen [*o* angesehen]; ■ **qn/qc est supposé(e) faire qc** jd/etw sollte etw tun; ***qn est supposé(e) arriver à l'heure*** jd sollte eigentlich pünktlich da sein
2. (*présumer*) ■ **qn suppose qc** jd vermutet etw, jd geht von etw aus; ■ **qn suppose qn ...** + *adj* jd hält jdn für ..., jd vermutet, dass jd ... ist; ■ **qn suppose qn faisant qc** jd vermutet, dass jd etw tut; ■ **qn suppose qc à qn** (*au sens positif*) jd vermutet bei jdm etw; (*au sens négatif*) jd unterstellt jdm etw; ■ **qn suppose que** + *indic* jd nimmt an, dass; ■ **qc laisse** ~ **qc/que** + *indic* etw lässt etw vermuten/lässt vermuten, dass
3. (*impliquer*) ■ **qc suppose qc/que** etw setzt etw voraus/setzt voraus, dass
▸ **à** ~ **que** + *subj,* **en supposant que** + *subj* (*dans l'hypothèse où*) angenommen; (*à condition que*) vorausgesetzt; ***à*** ~ [***o en supposant***] ***qu'elle vienne*** angenommen/vorausgesetzt sie kommt

supposition [sypozisj̃ɔ] *f* Vermutung *f,* Annahme *f;* ***une*** ~: nehmen wir [einmal] an:; ■ ~ **que** + *subj* nehmen wir [einmal] an, dass

suppositoire [sypozitwaʀ] *m* Zäpfchen *nt*

suppôt [sypo] *m littér* Handlanger(in) *m(f),* Helfershelfer(in) *m(f)*

suppression [sypʀesj̃ɔ] *f* **1.** (*élimination*) [*mot, phrase, poste, subvention*] Streichung *f;* [*emploi a., personnel*] Abbau *m;* [*difficulté, douleur, objet*] Beseitigung *f;* [*administration, service, usine*] Auflösung *f;* [*permis de conduire*] Entzug *m*
2. (*abrogation*) [*disposition légale*] Aufhebung *f,* Streichung *f;* [*peine de mort, privilège*] Abschaffung *f*

supprimer <1> [sypʀime] **I.** *vt* **1.** (*enlever*) ■ **qn supprime qc** [**à qn**] *avantage, clause, emploi, paragraphe* jd streicht [jdm] etw; *permis* jd entzieht jdm etw; ***j'ai dû lui*** ~ ***ses sorties*** ich musste ihm/ihr eine Ausgangssperre erteilen
2. (*abolir*) ■ **qn supprime qc** *libertés, peine de mort* jd schafft etw ab
3. (*faire disparaître*) ■ **qn/qc supprime qc** *fatigue, trace* jd/etw beseitigt etw; *douleur a.* jd/etw stillt etw; *abus, concurrence, discrimination* jd/etw setzt einer S. (*dat*) ein Ende; ***l'avion supprime les distances*** das Flugzeug verringert die Entfernungen; ***vous devriez*** ~ ***le sucre*** Sie sollten auf Zucker verzichten; ***qc supprime l'individualisme*** etw tötet den Individualismus, etw lässt keinen Individualismus zu
4. (*tuer*) ■ **qn supprime qn** jd beseitigt jdn
II. *vpr* (*se suicider*) ■ **qn se supprime** jd bringt sich um, jd begeht Selbstmord

suppurer <1> [sypyʀe] *vi* ■ **qc suppure** etw eitert

supputation [sypytasj̃ɔ] *f* **1.** (*estimation*) Schätzung *f*
2. (*pronostic*) Prognose *f*

supputer <1> [sypyte] *vt littér* ■ **qn suppute qc** jd schätzt etw ab; *possibilités* jd wägt etw ab; *dépenses* jd überschlägt etw

supra [sypʀa] *préf* + *adj humain, naturel* über-; ~ ***départemental/paroissial*** über das Departement/die Pfarrgemeinde hinausgehend; ~***sensible*** übersinnlich; ~***communal/-normal*** über die Gemeinde/das Normalmaß hinausgehend

supraconducteur, -trice [sypʀakɔ̃dyktœʀ, -tʀis] **I.** *adj* supraleitend
II. *m* Supraleiter *m*

supraconductivité [sypʀakɔ̃dyktivite] *f* supraleitende Eigenschaft

supranational, e <-aux> [sypʀanasjɔnal, o] *adj* supranational, überstaatlich

supranationalité [sypʀanasjɔnalite] *f* Überstaatlichkeit *f*

suprématie [sypʀemasi] *f* Überlegenheit *f*

suprême [sypʀɛm] **I.** *adj bonheur, degré* höchste(r, s); *cour, instance* oberste(r, s); *habileté* äußerste(r, s); *pouvoir* größte(r, s); ***au*** ~ ***degré*** im höchsten Maße
II. *m* GASTR: ~ ***de volaille/poissons*** Geflügelbrust *f*/Fischfilet *nt* mit Sahnesoße
III. *app: sauce* ~ Geflügelrahmsoße *f*

suprêmement [sypʀɛmmɑ̃] *adv* äußerst; *intelligent a.* höchst; *riche* maßlos

sur [syʀ] **I.** *prép* **1.** ■ ~ **qn/qc** (*spatial, directionnel*) (*vers*) auf jdn/etw; (*au-dessus de*) über jdn/etw; (*spatial, non directionnel*) (*au contact de*) auf jdm/etw; (*au-dessus de*) über jdm/etw; ***qn pose un livre*** ~ ***la table*** jd legt ein Buch auf den Tisch; ***il tire*** ~ ***le veilleur de nuit*** er schießt auf den Nachtwächter; ***le livre est*** ~ ***la table*** das Buch liegt auf dem Tisch; ***les mouettes planent*** ~ ***la mer*** die Möwen fliegen über dem Meer
2. (*temporel*) ■ ~ **qc**: ~ ***le soir/les 11 heures*** gegen Abend/11 Uhr; ~ ***ses vieux jours*** [*o* ~ ***le tard***] auf seine/ihre alten Tage; ~ ***le coup*** (*immédiatement*) auf der Stelle; (*au début*) im ersten Augenblick; ~ ***ce il est parti*** daraufhin ging er; ~ ***ce je vous quitte*** und nun gehe ich
3. (*successif*) ■ **qc** ~ **qc** etw auf etw (*akk*); ***qn fume cigarette*** ~ ***cigarette*** jd raucht Zigarette auf Zigarette [*o* eine Zigarette nach der anderen]; ***ces mauvaises nouvelles sont tombées coup*** ~ ***coup*** diese schlechten Nachrichten kamen Schlag auf Schlag
4. (*causal*) ■ ~ **qc** auf etw (*akk*) [hin]; ~ ***invitation du maire*** auf Einladung *f* des Bürgermeisters [hin]; ~ ***sa recommandation*** auf seine/ihre Empfehlung hin; ~ ***présentation d'une pièce d'identité*** gegen Vorlage eines Ausweises
5. (*modal*) ■ ~ **qc**: ***qn est*** ~ ***ses gardes*** jd ist auf der Hut; ***si tu le prends*** ~ ***ce ton*** wenn du es so nimmst; ***ne me parle pas*** ~ ***ce ton!*** sprich nicht so [*o* in diesem Ton] mit mir!; ~ ***mesure*** nach Maß; ~ ***le mode mineur*** in Moll; ~ ***l'air de "Frère Jacques"*** auf die Melodie von „Bruder Jakob"
6. (*au sujet de*) ■ ~ **qn/qc** über jdn/etw; ***un livre*** ~ ***les dinosaures*** ein Buch *nt* über die Saurier
7. (*proportionnalité, notation, dimension*): ***neuf fois*** ~ ***dix*** neun von zehn Mal; ***un enfant*** ~ ***deux*** jedes zweite Kind; ***qn a 9 chances*** ~ ***10 de réussir*** jds Erfolgschancen stehen 9 zu 10; ~ ***200 candidats, 120 ont été reçus*** von 200 Prüflingen haben 120 bestanden; ***l'élève a 7*** ~ ***10*** der Schüler hat 7 von 10 [möglichen] Punkten; ***la pièce fait 5 mètres*** ~ ***4*** der Raum ist 5 auf [*o* mal] 4 Meter groß
8. (*rapport de pouvoir*): ***qn/qc exerce*** [*o* ***a***] ***une grande influence*** ~ ***qn/qc*** jd/etw hat großen Einfluss auf jdn/etw; ***qn a des droits*** ~ ***qn/qc*** jd hat Rechte über jdn/etw; ***qn l'emporte*** ~ ***qn*** jd siegt über jdn; ***la peur règne sur la ville*** Angst *f* herrscht in der Stadt; ***le roi règne sur son peuple*** der König herrscht über sein Volk; ***son opinion a influé*** ~ ***ma décision*** seine/ihre Ansicht hat meine Entscheidung beeinflusst
II. *préf* **1.** + *adj -alimenté, -encombré, -occupé, -protégé, -représenté* über-; ***une société*** ~***médiatisée*** eine Gesellschaft mit übertriebenem Medienangebot
2. + *subst* Über-; *-loyer, -prime* zusätzlich; ~***emploi*** Überbeschäftigung *f*
3. + *vb -investir, -payer, -produire* zu viel; *-représenter* zu stark

sûr, e [syʀ] *adj* **1.** (*convaincu*) ■ ~ **de qn/qc** jds/einer S. sicher; ***j'en suis*** ~ ich bin [mir] dessen sicher, da bin ich [mir] ganz sicher; ■ **qn est** ~ **de faire qc/que** + *indic* jd ist sicher [*o* überzeugt davon], dass er etw tun wird/dass; ■ **qn n'est pas** ~ **que** + *indic o subj* jd ist nicht sicher, dass; jd ist nicht überzeugt davon, dass; jd bezweifelt, dass
2. (*certain*) sicher, gewiss *pred;* ■ **il est** [*o* **c'est**] ~ **que** + *indic* es ist sicher [*o* gewiss], dass; es besteht kein Zweifel, dass; ■ **il** [*o* **ce**] **n'est pas** ~ **que** + *indic o subj* es ist unsicher [*o* ungewiss] [*o* zweifelhaft], ob
3. (*sans danger*) sicher; ***en lieu*** ~***/en mains*** ~***es*** an einem sicheren Ort/in sicheren Händen; ■ **il est** [*o* **c'est**] ~ **de faire qc** es ist vernünftig, etw zu tun
4. (*digne de confiance*) zuverlässig; *temps* beständig; *valeur* sicher
5. (*solide*) *arme, base, main* sicher; *goût, instinct a., raisonnement* gesund
▸ **bien** ~ (*certes*) sicherlich, zweifellos; (*évidemment*) natürlich, selbstverständlich; **bien** ~ **que** + *indic fam* natürlich, selbstverständlich; ***bien*** ~ ***qu'il viendra!*** natürlich [*o* selbstverständlich] kommt er!; **bien** ~ **que oui/non** *fam* aber sicher/sicherlich nicht [*o* ganz bestimmt nicht]; **qc est** ~ **et certain(e)** etw ist absolut sicher; **rien n'est moins** ~ das ist höchst unwahrscheinlich; **c'est plus** ~ das ist sicherer; **le plus** ~ **est de faire qc/que** + *subj* am besten macht man etw/ist es, wenn; **ce n'est pas si** ~ [**que ça**] das ist nicht gesagt; **ça/qc n'a rien de** ~ es/etw ist noch nicht sicher, es/etw steht noch dahin; **c'est** ~ *fam* na klar *fam;* **j'en étais** ~ dessen war ich sicher, das hatte ich mir [gleich] gedacht; **pour** ~ *fam* ganz bestimmt [*o* sicher]; **pas** [**si**] ~! *fam* nicht gesagt *fam,* nicht unbedingt; ~ **que** + *indic fam* klar, dass *fam;* ~ *fam* sicher

surabondance [syʀabɔ̃dɑ̃s] *f* Überfülle *f;* ■ ~ **de qc** *de produits* Überangebot *nt* an etw (*dat*)

surabondant, e [syʀabɔ̃dɑ̃, ɑ̃t] *adj* überreichlich

suractivité [syʀaktivite] *f* Überaktivität *f*

suraigu, ë [syʀegy] *adj* schrill, grell

surajouter <1> [syʀaʒute] **I.** *vt* ■ **qn surajoute qc [à qc]** jd fügt [einer S. (*dat*)] etw hinzu; ■ **qc est surajouté(e) [à qc]** etw ist/wird [zu etw] hinzugefügt

II. *vpr* ■ **qc se surajoute à qc** etw kommt noch zu etw hinzu

suralimentation [syʀalimɑ̃tasjɔ̃] *f* Überernährung *f*

suralimenté, e [syʀalimɑ̃te] *adj* **1.** *personne* jd ist überernährt

2. TECH vorverdichtet

suranné, e [syʀane] *adj style* veraltet, verstaubt, antiquiert; *beauté, charme* überlebt

surarmement [syʀaʀməmɑ̃] *m* Überrüstung *f*

surbaissé, e [syʀbese] *adj plafond* niedrig; *carrosserie, véhicule* tiefer gelegt

surbooking [syʀbukiŋ] *m* Überbuchung *f*

surcapacité [syʀkapasite] *f* Überkapazität *f*

surcharge [syʀʃaʀʒ] *f* **1.** (*excès de charge*) Überladung *f*

2. (*excédent de poids*) Übergewicht *nt;* ~ ***de bagages*** Übergepäck *nt*

3. (*surcroît*) ■ ~ **de qc** *de détails, d'ornements* Überladung *f* mit etw; ~ ***de dépenses*** Mehrausgaben *pl;* ~ ***des programmes scolaires*** Überlastung *f* der Lehrpläne; ***ça signifie une ~ de travail*** das bedeutet zusätzliche Arbeit

4. (*ajout, surimpression*) [*document, texte*] überschriebene Stelle, Korrektur *f;* [*timbre-poste*] Überdruck *m*

▶ **en** ~ ELEC überlastet; ***des passagers en*** ~ überzählige Fahr-/Fluggäste *pl;* ***ce véhicule est en*** ~ dieses Fahrzeug ist überladen

surcharger <2 a> [syʀʃaʀʒe] *vt* **1.** (*charger à l'excès*) ■ **qn surcharge qc** jd überlädt etw

2. (*imposer une charge à*) ■ **qn surcharge qn de qc** jd überlastet jdn mit etw; ■ **qn est surchargé(e) de qc** *de travail, soucis, d'impôts* jd erstickt in etw (*dat*); ■ **qc est surchargé(e) [de qc]** /*réseau routier, électrique, téléphonique*/ etw ist [mit etw] überlastet

3. (*recouvrir d'une inscription*) ■ **qn surcharge qc** (*en écrivant*) jd überschreibt etw; (*à l'impression*) jd überdruckt etw

surchauffe [syʀʃof] *f* **1.** PHYS, TECH Überhitzen *nt;* ECON Überhitzung *f*

2. TECH, ECON ▶ **[qc est] en** ~ [etw ist] überhitzt

surchauffer <1> [syʀʃofe] *vt* ■ **qn surchauffe qc** jd überheizt etw; ***imagination surchauffée*** überhitzte Fantasie

surchoix [syʀʃwa] *adj inv* erstklassig, qualitativ hervorragend; *fruit* erlesen

surclasser <1> [syʀklɑse] *vt* **1.** (*dominer*) ■ **qn/un animal surclasse qn/un animal** jd/ein Tier ist jdm/einem Tier [weit] überlegen, jd/ein Tier stellt jdn/ein Tier in den Schatten; ■ **[qn est] surclassé(e)** [jd ist] unterlegen

2. (*être de qualité supérieure à*) ■ **qc surclasse qc** *marchandise, produit* etw ist einer S. (*dat*) überlegen, etw stellt etw in den Schatten

surcompression [syʀkɔ̃pʀesjɔ̃] *f* Überverdichtung *f;* [*moteur à explosion*] Vorverdichtung *f*

surconsommation [syʀkɔ̃sɔmasjɔ̃] *f* übermäßiger Konsum; ■ ~ **de qc** übermäßiger Konsum von etw, übermäßiger Verbrauch an etw (*dat*); *de médicaments* übermäßige Einnahme von etw

surcoût [syʀku] *m* Mehrkosten *pl*

surcroît [syʀkʀwɑ] *m* ■ ~ **de qc**: ***un ~ de travail/soucis/passagers*** zusätzliche Arbeit/Sorgen *pl*/Passagiere *pl;* ***un ~ d'honnêteté/de scrupules*** übertriebene Ehrlichkeit/Bedenken *pl*

▶ **de** [*o* **par**] ~ *soutenu* überdies, obendrein

surdimensionné, e [syʀdimɑ̃sjɔne] *adj* überdimensional

surdité [syʀdite] *f* (*perte totale de l'ouïe*) Taubheit *f,* Gehörlosigkeit *f;* (*perte partielle de l'ouïe*) Schwerhörigkeit *f*

surdoué, e [syʀdwe] **I.** *adj* hoch begabt

II. *m, f* Hochbegabte(r) *f(m)*

sureau [syʀo] *m* Holunder *m*

sureffectif [syʀefɛktif] *m* Überbesetzung *f*

▶ **en** ~: ***entreprise en*** ~ Unternehmen *nt* mit zu großer Belegschaft; ***classe en*** ~ Klasse *f* mit zu vielen Schülern

surélever <4> [syʀelve] *vt* ■ **qn surélève qc** *maison* jd stockt etw auf; *mur* jd erhöht etw, jd macht etw höher; ■ **qn fait** ~ **qc** jd lässt etw aufstocken/erhöhen

suremballage [syʀɑ̃balaʒ] *m* Umverpackung *f*

sûrement [syʀmɑ̃] *adv* sicher[lich], bestimmt

surenchère [syʀɑ̃ʃɛʀ] *f* **1.** (*exagération*) gegenseitiges Überbieten; ~ ***électorale*** Überbietung *f* in Wahlversprechungen; ■ ~ **de qc** *de menaces* massive Zunahme einer S. (*gen*); ~ ***de violences*** Eskalation *f* der Gewalt

2. COM höheres Gebot

▶ **qn fait de la** ~ jd trumpft auf

surenchérir <8> [syʀɑ̃ʃeʀiʀ] *vi* ■ **qn surenchérit** jd bietet mehr; (*en rajouter*) jd trumpft auf; ■ **qn surenchérit sur qn/qc** jd überbietet jdn/etw

surendetté, e [syʀɑ̃dete] *adj* überschuldet

surendettement [syʀɑ̃dɛtmɑ̃] *m* Überschuldung *f*

surentraîné, e [syʀɑ̃tʀene] *adj* übertrainiert [-tʀeniːɐt]

suréquipement [syʀekipmɑ̃] *m* übermäßige Ausstattung, übermäßige Ausrüstung

suréquiper <1> [syʀekipe] *vt* ■ **qn suréquipe qn/qc [en qc]** jd stattet [*o* rüstet] jdn/etw übermäßig [mit etw] aus

surestimation [syʀɛstimasjɔ̃] *f* [*immeuble, valeur*] zu hohe Schätzung; [*effectifs, puissance*] Überschätzung *f*

surestimer <1> [syʀɛstime] *vt* ■ **qn surestime qn/qc** *immeuble, tableau, valeur* jd schätzt etw zu hoch; *force, puissance, personne* jd überschätzt jdn/etw, jd schätzt jdn/etw zu hoch ein

sûreté [syʀte] *f* **1.** (*précision*) Sicherheit *f;* [*diagnostic a.*] Treffsicherheit

2. (*sécurité*) Sicherheit *f*

3. (*exactitude*) Verlässlichkeit *f,* Zuverlässigkeit *f*

▶ **qn met qn/qc en** ~ jd bringt jdn/etw in Sicherheit; **de** ~ *épingle, serrure* Sicherheits-; **[qn/qc est] en** ~ [jd/etw ist] in Sicherheit; **pour plus de** ~ sicherheitshalber, um sicherzugehen

surévaluer <1> [syʀevalɥe] *vt* ■ **qn surévalue qn** jd überschätzt jdn; ■ **qn surévalue qc** *immeuble, tableau* jd schätzt etw zu hoch; *nombre a., prix* jd setzt etw zu hoch an, jd veranschlagt etw zu hoch

surexcitation [syʀɛksitasjɔ̃] *f* übermäßige Erregung

surexcité, e [syʀɛksite] *adj* übermäßig erregt

surexploiter <1> [syʀɛksplwate] *vt* ■ **qn surexploite qn/qc** jd nutzt jdn/etw übermäßig aus, jd beutet jdn/etw aus; *forêt* jd holzt etw übermäßig ab

surexposer <1> [syʀɛkspoze] *vt* ■ **qn surexpose qc** jd überbelichtet etw

surexposition [syʀɛkspozisjɔ̃] *f* Überbelichtung *f*

surf [sœʀf] *m* **1.** (*sport*) Wellenreiten *nt,* Surfen ['søːɐfn] *nt;* (*sur la neige*) Snowboardfahren ['snoʊbɔː(r)d-] *nt*

2. (*planche*) (*pour l'eau*) Surfbrett ['søːɐf-] *nt;* (*pour la neige*) Snowboard *nt*

3. INFORM Surfen ['søːɐfən] *nt*

▶ **qn fait du** ~ **sur le Net** jd surft im Internet; **qn fait du** ~ jd surft [søːɐft]; (*sur la neige*) jd fährt Snowboard

surface [syʀfas] *f* **1.** (*aire*) Fläche *f;* [*appartement, pièce*] [Wohn]fläche; ***calculez la ~ du triangle ABC*** berechnen Sie die Fläche [*o* den Flächeninhalt] des Dreiecks ABC; ***20 m²/30 ha/… de*** ~ 20 m²/30 ha/… [Grund]fläche; ***une ~ de 20 m²/…*** eine [Grund]fläche von 20 m²/…

2. (*couche superficielle*) Oberfläche *f;* ***la ~ de l'eau*** die Wasseroberfläche

3. (*apparence des choses*) Oberfläche *f*

▶ ~ **corrigée** JUR *durch Bewertungsziffern korrigierte Wohnfläche* (*zur Mietpreisberechnung*); **grande** ~ Supermarkt *m;* **qn/qc fait** ~ jd/etw taucht auf; **qn refait** ~ (*revient au premier plan*) jd taucht wieder auf, jd tritt wieder auf den Plan; (*revient à soi*) jd kommt wieder zu sich; **qc revient à la** ~ /*affaire, incident*/ etw wird wieder aktuell; **à la** ~ (*de l'eau*) an die Oberfläche; (*du sol*) auf der/die Oberfläche; **de** ~ *navire* nicht tauchfähig; *modification, politesse* oberflächlich; **en** ~ an der Oberfläche; (*superficiellement*) oberflächlich

◆ **surface de chauffe** Heizfläche *f;* **surface de réparation** FBALL Strafraum *m;* **surface de travail** INFORM Arbeitsoberfläche *f*

surfait, e [syʀfɛ, ɛt] *adj auteur, œuvre* überbewertet; ***qn jouit d'une réputation ~e*** jd genießt einen übertrieben guten Ruf

surfer <1> [sœʀfe] *vi* ■ **qn surfe** jd surft ['søːɐft]

surfeur, -euse [sœʀfœʀ, -øz] *m, f* **1.** (*sur l'eau*) Wellenreiter(in) *m(f),* Surfer(in) *m(f)* ['søːɐfɐ]

2. (*sur la neige*) Snowboardfahrer(in) *m(f)* ['snoʊbɔː(r)d-]

3. INFORM [Internet-]Surfer(in) [-'søːɐfɐ] *m*

surfil [syʀfil] *m* Überkantnaht *f*

surfiler <1> [syʀfile] *vt* ■ **qn surfile qc** jd säubert etw

surfin, e [syʀfɛ̃, in] *adj* extrafein

surfing [sœʀfiŋ] *m* INFORM Surfen ['søːɐfən] *nt*

▶ **qn fait du** ~ **sur le Net** jd surft im Internet [søːɐft]

surgelé, e [syʀʒəle] **I.** *adj* tiefgekühlt, tiefgefroren

II. *mpl* Tiefkühlkost *f,* Gefriergut *nt*

surgénérateur [syʀʒeneʀatœʀ] *m* schneller Brüter

surgir <8> [syʀʒiʀ] *vi* **1.** (*apparaître brusquement*) ■ **qn/qc/un animal surgit [de qc/quelque part]** jd/etw/ein Tier taucht plötzlich [aus etw/irgendwo] auf; /*immeuble, plante*/ etw schießt aus dem Boden; ■ **qn/qc fait** ~ **qc** *immeuble, usine* jd/etw lässt etw erstehen; *idée, souvenir* jd/etw beschwört etw herauf

2. (*se manifester*) ■ **qc surgit** etw taucht auf

surhomme [syʀɔm] *m* Übermensch *m*

surhumain, e [syʀymɛ̃, ɛn] *adj* übermenschlich

surimposer <1> [syʀɛ̃poze] *vt* ■ **qn surimpose qn/qc** jd überbesteuert jdn/etw, jd besteuert jdn/etw übermäßig

surimposition [syʀɛ̃pozisjɔ̃] *f* übermäßige Besteuerung, Überbesteuerung *f*

surimpression [syʀɛ̃pʀesjɔ̃] *f* Doppelbelichtung *f*

▶ **en** ~ als Doppelbelichtung; ***les sous-titres apparaissent en*** ~ die Untertitel werden eingeblendet

surinfection [syʀɛ̃fɛksjɔ̃] *f* Superinfektion *f*

surinformation [syʀɛ̃fɔʀmasjɔ̃] *f* Überinformation *f*

surinformé, e [syʀɛ̃fɔʀme] *adj* überinformiert

surjet [syʀʒɛ] *m* überwendliche Naht

sur-le-champ [syʀləʃɑ̃] *adv* auf der Stelle, sofort, sogleich

surlendemain [syʀlɑ̃dmɛ̃] *m* übernächster Tag; ***le ~ de qc*** zwei Tage nach etw; ***le ~ était un jeudi*** der übernächste Tag war ein Donnerstag; ***il est arrivé le*** ~ er kam am übernächsten Tag, er kam zwei Tage später

surligner <1> [syʀliɲe] *vt* INFORM ■ **qn surligne qc** jd markiert etw

surligneur [syʀliɲœʀ] *m* Leuchtstift *m,* Textmarker *m*

surloyer [syʀlwaje] *m* Mietzuschlag *m*

surmédicalisation [syʀmedikalizasjɔ̃] *f* (*suréquipement médical*) übertriebene medizinische Ausrüstung; (*suivi médical exagéré*) medizinische Überbetreuung

surmenage [syʀmənaʒ] *m intellectuel, scolaire* Überbeanspruchung *f; physique* Überanstrengung *f*

surmener <4> [syʀməne] **I.** *vt* ■ **qn surmène qn/qc** jd belastet jdn/etw übermäßig [*o* zu stark], jd überbeansprucht jdn

II. *vpr* ■ **qn se surmène** jd übernimmt sich

surmoi [syʀmwa] *m inv* PSYCH Überich *nt*

surmontable [syʀmɔ̃tabl] *adj* überwindbar

surmonter <1> [syʀmɔ̃te] **I.** *vt* **1.** (*dominer*) ■ **qn surmonte qc** jd überwindet etw; *colère* jd bezwingt etw

2. (*couronner*) ■ **qc surmonte qc** etw überragt etw; ■ **[qc est] surmonté(e) de qc** [etw ist] gekrönt mit [*o* von] etw
II. *vpr* **1.** (*se maîtriser*) ■ **qn se surmonte** jd beherrscht sich
2. (*être maîtrisé*) ■ **qc se surmonte** etw wird überwunden; ***ta timidité doit pouvoir se*** ~ deine Schüchternheit müsste sich überwinden lassen

surmulot [syʀmylo] *m* Wanderratte *f*

surmultiplié, e [syʀmyltiplije] *adj*: ***vitesse ~e*** Overdrive ['oʊvə(r)draiv] *m*

surnager <2 a> [syʀnaʒe] *vi* ■ **qc surnage [quelque part]** etw schwimmt [irgendwo]

surnaturel, le [syʀnatyʀɛl] **I.** *adj* **1.** (*opp: naturel*) übernatürlich; REL überirdisch
2. (*extraordinaire*) überirdisch; *bonheur a.* unfassbar; *paysage* außergewöhnlich schön
II. *m* ■ **le** ~ Übernatürliche(s) *nt;* REL Überirdische(s) *nt*

surnom [syʀnɔ̃] *m* Spitzname *m,* Beiname *m*

surnombre [syʀnɔ̃bʀ] *m* Überzahl *f,* zu große [An]zahl; ***s'il y a ~, …*** wenn zu viele da sind, …
▶ **en** ~ zu viele; ***on a dû renvoyer ceux qui étaient en*** ~ die, die zu viel waren, mussten zurückgeschickt werden

surnommer <1> [syʀnɔme] *vt* ■ **qn surnomme qn …** jd gibt jdm den Spitznamen [*o* Beinamen] …, jd tauft jdn …; ■ **qn/qc est surnommé(e) …** jd/etw wird … genannt, jd hat den Beinamen [*o* Spitznamen] …

surnuméraire [syʀnymeʀɛʀ] *adj* überzählig

suroffre [syʀɔfʀ] *f* JUR höheres Angebot

suroît [syʀwa] *m* **1.** (*chapeau*) Südwester *m*
2. METEO Südwest[wind *m*] *m*

surpasser <1> [syʀpɑse] **I.** *vt* **1.** (*l'emporter sur*) ■ **qn surpasse qn en qc** jd übertrifft jdn an etw (*dat*)
2. (*dépasser*) ■ **qc surpasse qc [en qc]** etw übertrifft etw [an etw (*dat*)]; ■ **qc surpasse qc de qc** etw überragt etw um etw; ■ **qc surpasse qc par qc** etw übertrifft etw [mit etw]
II. *vpr* ■ **qn se surpasse [en qc]** jd übertrifft sich selbst [an etw (*dat*)]

surpayer <1> [syʀpeje] *vt* ■ **qn surpaie qn/qc** jd zahlt jdm zu viel/[be]zahlt zu viel für etw, jd überbezahlt jdn; ***acquisitions surpayées*** Anschaffungen *pl,* für die zu viel bezahlt wurde

surpeuplé, e [syʀpœple] *adj quartier, pays* über[be]völkert; *cellule, immeuble* überfüllt, überbelegt

surpeuplement [syʀpœpləmɑ̃] *m* [*pays*] Über[be]völkerung *f;* [*prison, immeuble*] Überfüllung *f,* Überbelegung *f;* BIO, ZOOL Überbesatz *m*

surplace [syʀplas] *m* [*économie*] Stagnation *f;* [*gouvernement*] Auf-der-Stelle-Treten *nt*
▶ **qn fait du** ~ jd tritt auf der Stelle; (*dans un travail*) jd kommt nicht voran; (*à cause d'un encombrement*) jd kommt kaum vom Fleck *fam;* CYCLISME jd unternimmt einen Stehversuch

surplis [syʀpli] *m* Chorhemd *nt*

surplomb [syʀplɔ̃] *m* Überhang *m*
▶ **en** ~ überhängend; *étage* vorspringend

surplomber <1> [syʀplɔ̃be] *vt* ■ **qc surplombe qc** /*étage*/ etw ragt in etw (*akk*) hinein; /*lumière*/ etw strahlt über etw (*akk*)

surplus [syʀply] *m* **1.** (*excédent*) [*somme*] Rest *m;* ■ ~ **de** *de papier, charbon* -rest; *d'un stock* -bestände *pl; d'une récolte* -überschuss *m; de marchandises* -überhang *m;* ~ ***agricoles*** landwirtschaftliche Überschüsse *pl*
2. *pl* MIL Armeebestände *pl;* (*magasin*) Jeansladen ['dʒiːnz-] *m*
▶ **au** ~ zudem, darüber hinaus

surpopulation [syʀpɔpylasjɔ̃] *f* Über[be]völkerung *f*

surprenant, e [syʀpʀənɑ̃, ɑ̃t] *adj* überraschend; *effets d'un médicament, progrès* erstaunlich

surprendre <13> [syʀpʀɑ̃dʀ] **I.** *vt* **1.** (*étonner*) ■ **qn/qc surprend qn** jd/etw überrascht jdn; ■ **[qn est] surpris(e) [de qc]** [jd ist] [über etw (*akk*)] überrascht; ■ **[qn est] surpris(e) de faire qc/que** + *subj* [jd ist] überrascht, etw zu tun/dass; ***je suis très surpris que*** es wundert mich sehr, dass
2. (*prendre sur le fait*) ■ **qn surprend qn [à [o en train de] faire qc]** jd überrascht [*o* ertappt] jdn [dabei, wie er etw tut]; ***je l'ai surpris à lire mon courrier*** ich habe ihn beim Lesen meiner Post überrascht [*o* dabei überrascht, wie er meine Post las]
3. (*découvrir*) ■ **qn surprend qc** *complot* jd deckt etw auf; *secret* jd kommt hinter etw (*akk*); *conversation* jd hört etw mit; *sourire/regard de connivence* jd bemerkt etw
4. (*prendre au dépourvu*) ■ **qn surprend qn [quelque part]** jd überrascht jdn [irgendwo]; *chez lui* jd überfällt jdn *fam*
5. (*prendre à l'improviste*) ■ **qc surprend qn** jd wird von etw überrascht; ■ **qn se laisse ~ par qc** jd lässt sich von etw überraschen
6. *littér* (*tromper*) ■ **qn surprend qc** jd missbraucht [*o* enttäuscht] etw
II. *vi* ■ **qn/qc surprend** jd/etw überrascht; ***qn aime*** ~ jd steckt voller Überraschungen *pl;* ***bien sûr que ça surprend*** man ist ganz schön überrascht
III. *vpr* ■ **qn se surprend à faire qc** jd ertappt sich dabei, dass er etw tut

surpression [syʀpʀesjɔ̃] *f:* ~ ***des pneus*** zu hoher Reifendruck

surprime [syʀpʀim] *f* Prämienzuschlag *m*

surpris, e [syʀpʀi, iz] *pp de* **surprendre**

surprise [syʀpʀiz] **I.** *f* **1.** (*étonnement*) Überraschung *f;* ***qn a la ~ de rencontrer qn*** jd ist überrascht jdn zu treffen; ***son air de*** ~ sein/ihr überraschtes Gesicht; ***avec*** ~ überrascht
2. (*chose qui étonne*) Überraschung *f*
▶ **divine** ~ *hum* Wunder *nt;* **qn lui fait la** ~ jd überrascht jdn; **qn réserve une ~ à qn** jd hat eine Überraschung für jdn; **à la [grande] ~ de qn** zu jds [großer] Überraschung; **par** ~ überraschend
II. *app* Überraschungs-; *grève* inoffiziell

surprise-partie <~s-~s> [syʀpʀizpaʀti] *f* Überraschungsparty *f*

surproduction [syʀpʀɔdyksjɔ̃] *f* Überproduktion *f*

surprotéger <2 a> [syʀpʀɔteʒe] *vt* ■ **qn/qc surprotège qn** jd/etw behütet jdn zu sehr

surpuissant, e [syʀpɥisɑ̃, ɑ̃t] *adj* mit extrem hoher Leistung

surréalisme [syʀʀealism] *m* Surrealismus *m*

surréaliste [syʀʀealist] **I.** *adj* **1.** ART, LITTER surrealistisch; ***écrivain*** ~ Surrealist(in) *m(f)*
2. *fam* (*extravagant*) irre *fam; bureaucratie* echt unvergleichlich *fam; comportement* echt verrückt *fam*
II. *mf* Surrealist(in) *m(f)*

surrégénérateur [syʀʀeʒeneʀatœʀ] *m v.* **surgénérateur**

surrénal, e <-aux> [sy(ʀ)ʀenal, o] **I.** *adj* Nebennieren-
II. *f* ■ **surrénale** Nebenniere *f*

sursaut [syʀso] *m* **1.** (*mouvement brusque*) Zusammenzucken *nt;* ~ ***de frayeur*** Zusammenschrecken *nt*
2. (*élan*): ~ ***d'énergie*** Energieschub *m,* Energieschwung *m;* ~ ***de colère*** Wutausbruch *m;* ~ ***d'indignation/de révolte*** Ausbruch *m* der Entrüstung/Empörung
▶ **qn a un ~ d'énergie** jd bekommt neuen Schwung; **qn a un ~ de lucidité** jd hat einen Geistesblitz; **qn a un** ~ jd zuckt zusammen; **qn a un ~ [de peur]** jd schreckt zusammen; **qn a un ~ [de surprise]** jd ist vom Donner gerührt; **dans un** ~ in einer Anwandlung; ***dans un dernier*** ~ mit letzter Kraftanstrengung; **en** ~ *se lever* mit einem Ruck; ***qn se réveille en*** ~ jd fährt aus dem Schlaf auf [*o* hoch]

sursauter <1> [syʀsote] *vi* ■ **qn sursaute** jd zuckt zusammen; (*de peur*) jd schreckt auf; ***qn sursaute de frayeur*** jd schreckt zusammen; ■ **qn fait ~ qn** jd schreckt jdn auf; ■ **qc fait ~ qn** etw lässt jdn zusammenzucken [*o* zusammenfahren]

surseoir <*irr*> [syʀswaʀ] *vi* **1.** JUR ■ **qn sursoit à qc** jd setzt etw aus; *aux poursuites a.* jd stellt etw ein
2. *littér* (*différer*) ■ **qn sursoit à qc** jd schiebt etw auf

sursis [syʀsi] *m* **1.** (*délai*) Fristverlängerung *f;* (*pour payer*) Aufschub *m*
2. JUR Bewährung *f*
3. MIL Zurückstellung *f* [vom Wehrdienst]
▶ **avec** ~ mit Bewährung; **en** ~: ***qn/qc est en*** ~ jd/etw hat noch eine Gnadenfrist; ***qn est mort en*** ~ jd geht dem sicheren Tod entgegen
◆ **sursis d'incorporation** Zurückstellung *f* vom Wehrdienst

sursitaire [syʀsitɛʀ] **I.** *adj appelé, étudiant* [vom Wehrdienst] zurückgestellt; ***condamné*** ~ Verurteilter, dessen Strafe zur Bewährung ausgesetzt ist
II. *mf* MIL [vom Wehrdienst] Zurückgestellter *m;* JUR Verurteilte(r), deren/dessen Strafe zur Bewährung ausgesetzt ist

surtaxe [syʀtaks] *f* (*pour une lettre mal affranchie*) Nachporto *nt;* (*pour un envoi exprès*) Zuschlag[sporto *nt*] *m*

surtaxer <1> [syʀtakse] *vt* ■ **qn surtaxe qc** *lettre mal affranchie* jd erhebt Nachporto *nt* für etw; *envoi exprès* jd belegt etw mit einem Zuschlag[sporto]; ***une lettre surtaxée*** ein Brief, für den man Nachporto zahlen muss

surtension [syʀtɑ̃sjɔ̃] *f* Überspannung *f*

surtout [syʀtu] *adv* **1.** (*avant tout*) vor allem
2. *fam* ■ ~ **que** + *indic* besonders, da
▶ ~ **pas** auf keinen Fall, bloß nicht; ~ **quand/si** vor allem dann, wenn

surveillance [syʀvɛjɑ̃s] *f* (*contrôle*) Aufsicht *f;* [*travaux, police a., magasin*] Überwachung *f;* [*études*] Beaufsichtigung *f;* ***qn fait la ~ de l'étude*** jd macht Hausaufgabenbetreuung *f;* ***qn exerce une ~ sur qc*** jd überwacht etw; ***qn trompe la ~ de qn*** jd überlistet jdn
▶ ~ **électronique** elektronische Überwachung; **sous étroite** ~ unter strenger Aufsicht; **qc est sous haute** ~ etw wird streng überwacht; ~ **légale** gesetzliche Verwahrung; ~ **médicale** ärztliche Aufsicht; **qn/qc est sous** ~ jd/etw steht unter Aufsicht; **de** ~ Überwachungs-; *service a., conseil* Aufsichts-; **en** ~ Aufklärungs-; ***qc est en*** ~ etw dient der Beobachtung; ***qn est en ~ à l'hôpital*** jd ist zur Beobachtung im Krankenhaus; **sous [la] ~ de qn** unter jds Aufsicht

surveillant, e [syʀvɛjɑ̃, jɑ̃t] *m, f* Aufsicht[sperson *f*] *f;* MED Stationsleitung *f;* ■ ~ **de** *de prison* -wärter(in) *m(f),* -aufseher(in) *m(f); d'internat* Aufsicht[sperson] in (+ *dat*); ~ ***de chantier*** Vorarbeiter(in) *m(f);* ~ ***de magasin*** Abteilungsleiter(in) *m(f)* in einem Kaufhaus; **~e [*de salle*]** Stationsschwester *f*

surveillé, e [syʀveje] *adj* **1.** SCOL *étude* unter Aufsicht; ~ ***externe*** Schüler, der seine Hausaufgaben unter Aufsicht in der Schule macht
2. JUR: ***liberté ~e*** Freiheit *f* mit Bewährungsaufsicht

surveiller <1> [syʀveje] **I.** *vt* **1.** (*prendre soin de*) ■ **qn surveille qn** jd beaufsichtigt jdn; *malade* jd hält bei jdm Wache *f*
2. (*suivre l'évolution*) ■ **qn/qc surveille qn/qc** jd/etw überwacht jdn/etw; *travaux a., études* jd beaufsichtigt etw; *éducation des enfants* jd wacht über etw (*akk*); *comportement* jd beobachtet etw
3. (*garder*) ■ **qn surveille qc** jd passt auf etw (*akk*) auf
4. (*assurer la protection de*) ■ **qn/qc surveille qc** jd/etw bewacht etw
5. GASTR ■ **qn surveille qc** jd passt auf etw (*akk*) auf
6. (*contrôler*) ■ **qn/qc surveille qn/qc** jd/etw überwacht jdn/etw; *niveau d'huile, pression* jd kontrolliert etw
7. (*guetter*) ■ **qn/un animal surveille qc** *mouvements, proie, gestes* jd/ein Tier beobachtet etw; ■ **qn surveille qn** *enfant, concurrent* jd behält jdn im Auge; *loustic* jd lässt jdn nicht aus den Augen; *ennemi* jd beobachtet jdn; SPORT jd bewacht [*o* deckt] jdn
8. (*être attentif à*) ■ **qn surveille qc** jd achtet auf etw (*akk*)
9. SCOL ■ **qn surveille qn/qc** *examen* jd führt die Aufsicht bei etw; *élèves* jd beaufsichtigt jdn
II. *vpr* ■ **qn se surveille** jd nimmt sich in Acht; (*pour ne pas grossir*) jd achtet auf seine Linie

survenir <9> [syʀvəniʀ] *vi + être* ■ **qc survient** */événement/* etw ereignet sich plötzlich [*o* unerwartet]; */incident, changement/* etw tritt plötzlich [*o* unerwartet] ein; */complications, retard/* etw ergibt sich plötzlich [*o* unerwartet]; ■ **il survient qc** */événement/* etw ereignet sich plötzlich [*o* unerwartet]; ■ **[qc est] survenu(e)** */événement/* etw hat sich plötzlich [*o* unerwartet] ereignet, [etw ist] plötzlich [*o* unerwartet] passiert

survêt [syʀvɛt] *m fam abr de* **survêtement**

survêtement [syʀvɛtmɑ̃] *m* Freizeitkleidung *f;* SPORT Trainingsanzug ['trɛːnɪŋs-] *m*

survie [syʀvi] *f* **1.** (*maintien en vie*) Überleben *nt*
2. (*persistance*) Fortdauer *f,* Fortbestand *m*
3. REL [Weiter]leben *nt* nach dem Tod[e]

survirage [syʀviʀaʒ] *m* Übersteuerung *f*

survitrage [syʀvitʀaʒ] *m* Doppelfenster *pl*

survivance [syʀvivɑ̃s] *f* Relikt *nt,* Überbleibsel *nt fam*

survivant, e [syʀvivɑ̃, ɑ̃t] **I.** *adj* überlebend; ***conjoint*** ~ Hinterbliebene(r) *m*
II. *m, f* Überlebende(r) *f(m);* JUR Hinterbliebene(r) *f(m)*

survivre <*irr*> [syʀvivʀ] **I.** *vi* **1.** (*demeurer en vie*) ■ **qn survit [à qc]** jd überlebt [etw], jd kommt mit dem Leben davon
2. (*se perpétuer*) ■ **qc survit** etw überlebt, etw ist noch lebendig
3. (*vivre plus longtemps que*) ■ **qn/qc survit à qn/qc** jd/etw überlebt jdn/etw
II. *vpr* **1.** (*continuer à vivre*) ■ **qn se survit dans qn/qc** jd lebt in jdm/etw weiter [*o* fort]
2. *péj* (*garder une apparence de vie*) ■ **qn se survit** jd überlebt sich

survoler <1> [syʀvɔle] *vt* **1.** AVIAT ■ **qn/qc survole qc** jd/etw überfliegt etw
2. (*examiner*) ■ **qn survole qc** *article* jd überfliegt etw; *question* jd streift etw flüchtig

survoltage [syʀvɔltaʒ] *m* Überspannung *f*

survolter <1> [syʀvɔlte] *vt* ■ **qn/qc survolte qn** jd/etw überreizt jdn; ■ **[qn/qc est] survolté(e)** */personne/* [jd ist] überreizt; */ambiance/* [etw ist] hektisch

sus [sy(s)] *adv* ■ ~ **à qn:** ~ ***à l'ennemi!*** nieder mit dem Feind!
► **en** ~ *vieilli* darüber hinaus; ***qc est en*** ~ etw kommt noch dazu; **en** ~ **de qc** *vieilli* außer einer S. (*dat*); ADMIN zusätzlich zu etw

susceptibilité [sysɛptibilite] *f* Empfindlichkeit *f*

susceptible [sysɛptibl] *adj* **1.** (*ombrageux*) empfindlich
2. (*en mesure de*) ■ **[qn est]** ~ **de faire qc** [jd ist] imstande [*o* in der Lage] etw zu tun
3. (*de nature à*) ■ **[qc est]** ~ **de faire qc** [etw ist dazu] geeignet, etw zu tun; ***ce sont des propositions*** ~***s d'améliorer le fonctionnement de la justice*** dies sind Vorschläge, die das Funktionieren der Justiz verbessern könnten; ***qc est*** ~ ***d'amélioration*** [*o* ***d'être amélioré***] etw könnte verbessert werden, etw ist verbesserungsfähig; ***cette exposition est*** ~ ***de t'intéresser*** diese Ausstellung könnte dich interessieren

susciter <1> [sysite] *vt* **1.** (*faire naître*) ■ **qn/qc suscite qc** jd/etw ruft etw hervor; *querelle a.* jd/etw verursacht etw; */personne/ jalousie* jd erregt etw
2. (*provoquer*) ■ **qn suscite qn/qc [à qn]** *obstacles* jd legt jdm etw in den Weg; *ennuis* jd macht [jdm] etw; *troubles* jd stiftet etw

susdit, e [sysdi, dit] *adj form* oben genannt

susmentionné, e [sysmɑ̃sjɔne] *adj form* oben erwähnt; ***personne*** ~***e*** Obenerwähnte(r) *f(m)*

susnommé, e [sysnɔme] *adj form* oben genannt; ***personne*** ~***e*** Obengenannte(r) *f(m)*

suspect, e [syspɛ, ɛkt] **I.** *adj* **1.** (*louche*) verdächtig; ■ ~ **à qn** jdm verdächtig
2. (*soupçonné*) ■ ~ **de qc** einer S. (*gen*) verdächtig
3. (*douteux*) verdächtig
II. *m, f* Verdächtige(r) *f(m)*

suspecter <1> [syspɛkte] *vt* **1.** (*soupçonner*) ■ **qn suspecte qn [de qc/de faire qc]** jd verdächtigt jdn [einer S. (*gen*)/etw zu tun]; ■ **qn suspecte qc** jd vermutet etw; ***on a suspecté son malhonnêteté*** man vermutete, dass er/sie unehrlich war
2. (*mettre en doute*) ■ **qn suspecte qc** *honnêteté de qn* jd zweifelt etw an

suspendre <14> [syspɑ̃dʀ] **I.** *vt* **1.** (*accrocher*) ■ **qn suspend qc [à qc]** jd hängt etw [an etw (*dat*)] auf; ■ **qn suspend qc à qc** jd hängt etw an etw (*dat*) [auf]; ■ **qc est suspendu(e) à qc** etw hängt an etw (*dat*)
2. (*rester collé à*) ■ **qn est suspendu(e) à qc** *aux lèvres, paroles de qn* jd hängt an etw (*dat*); *à la radio, télé* jd klebt an etw (*dat*) *fam*
3. (*dépendre de*) ■ **qc est suspendu(e) à qc** etw hängt von etw ab
4. (*interrompre*) ■ **qn suspend qc** *séance, réunion* jd setzt etw aus, jd unterbricht etw; *paiement* jd stellt etw vorübergehend ein
5. (*remettre*) ■ **qn suspend qc** *décision* jd schiebt etw auf, jd zögert etw heraus; *jugement* jd verschiebt etw
6. (*destituer*) ■ **qn suspend qn** jd suspendiert jdn; *joueur* jd sperrt jdn; ***qn suspend qn de ses fonctions*** jd suspendiert jdn vom Dienst
II. *vpr* (*s'accrocher*) ■ **qn/un animal se suspend à qn/qc** jd/ein Tier hängt sich an jdn/etw

suspendu, e [syspɑ̃dy] *adj* **1.** AUT gefedert
2. *jardin* hängend; *pont* Hänge-

suspens [syspɑ̃] *m* ► **en** ~ *procès* nicht entschieden; *projet* offen, in der Schwebe; *dossier* nicht abgeschlossen, unerledigt

suspense [syspɛns] *m* Spannung *f*
► **à** ~ spannend

suspensif, -ive [syspɑ̃sif, -iv] *adj* suspensiv

suspension [syspɑ̃sjɔ̃] *f* **1.** ADMIN Suspendierung *f*
2. (*arrêt*) [*grève, réunion, audience*] Unterbrechung *f,* Aussetzung *f;* [*travail, hostilités*] Einstellung *f;* [*contrat, sanction*] Aufhebung *f;* [*paiement*] vorübergehende Einstellung; [*poursuites*] Einstellung; ~ ***d'armes*** kurze Waffenruhe
3. AUT Aufhängung *f,* Federung *f*
4. (*luminaire*) Hängelampe *f*
5. (*installation*) Aufhängen *nt*
► **en** ~ hängend; CHIM, PHYS suspendiert

suspicieux, -euse [syspisjø, -jøz] *adj* misstrauisch

suspicion [syspisjɔ̃] *f* Verdacht *m,* Argwohn *m;* ***qn a des*** ~***s envers qn*** jd hat einen Verdacht gegen jdn; ■ ~ **de qc** Verdacht auf etw (*akk*)
► ~ **légitime** Besorgnis *f* der Befangenheit

sustentation [systɑ̃tasjɔ̃] *f* Auftrieb *m*

sustenter <1> [systɑ̃te] *vpr hum* ■ **qn se sustente** jd stärkt sich

susurrement [sysyʀmɑ̃] *m* [*personne*] Flüstern *nt;* [*vent*] Säuseln *nt*

susurrer <1> [sysyʀe] **I.** *vt* ■ **qn susurre qc à qn** jd flüstert jdm etw zu; ***qn surrure qc à l'oreille de qn*** jd flüstert jdm etw ins Ohr
II. *vi* ■ **qn susurre** jd flüstert; ■ **qc susurre** */source/* etw murmelt; */vent/* etw säuselt

susvisé, e [sysvize] *adj form* oben erwähnt

suture [sytyʀ] *f* MED Naht *f;* ANAT [Knochen]naht, Sutur *f spec*

suturer <1> [sytyʀe] *vt* ■ **qn suture qc** jd näht etw

suzerain, e [syzʀɛ̃, ɛn] **I.** *adj* Lehns-
II. *m, f* Lehnsherr(in) *m(f)*

suzeraineté [syzʀɛnte] *f* HIST Lehnsherrlichkeit *f;* POL *littér* Suzeränität *f*

svelte [svɛlt] *adj* schlank

sveltesse [svɛltɛs] *f* Schlankheit *f*

S.V.P. [ɛsvepe] *loc abr de* **s'il vous plaît**

sweater [swɛtœʀ, switœʀ] *m* Sweater ['sveːtɐ, 'svɛtɐ] *m,* Strickweste *f*

sweat-shirt <~-~s> [switʃœʀt] *m* Sweatshirt ['svɛtʃøːɐt] *nt*

swing [swiŋ] *m* **1.** MUS Swing *m*
2. BOXE Schwinger *m*

swinguer <1> [swiŋge] *vi* ■ **qn swingue** jd swingt; ***c'est une musique qui swingue*** das ist eine heiße Musik
► **ça swingue bien/terrible** *fam* da geht's richtig ab *fam,* da ist schwer was los *fam*

sycomore [sikɔmɔʀ] *m* Bergahorn *m*

syllabe [sil(l)ab] *f* Silbe *f*

syllabique [sil(l)abik] *adj écriture* Silben-; *vers* quantitierend; *méthode* Silben-

sylphide [silfid] *f* Sylphide *f*

sylvestre [silvɛstʀ] *adj* Wald-

sylvicole [silvikɔl] *adj* forstwirtschaftlich; ***essence*** ~ Baumart *f*

sylviculteur, -trice [silvikyltœʀ, -tʀis] *m, f* Forstwirt(in) *m(f)*

sylviculture [silvikyltyʀ] *f* Forstwirtschaft *f*

symbiose [sɛ̃bjoz] *f* Symbiose *f*
► **en** ~ in Symbiose

symbole [sɛ̃bɔl] **I.** *m* **1.** (*image*) Symbol *nt*
2. CHIM, MATH Symbol *nt*
II. *app* ■ **-~** -symbol *nt*

symbolique [sɛ̃bɔlik] **I.** *adj* **1.** (*chargé de symbole*) symbolisch
2. (*très modique*) symbolisch
3. (*figuratif*) *écriture* Bilder-; ***signe*** ~ Symbol *nt*
II. *f* Symbolik *f*

symboliquement [sɛ̃bɔlikmɑ̃] *adv* symbolisch

symbolisation [sɛ̃bɔlizasjɔ̃] *f* Symbolisierung *f*

symboliser <1> [sɛ̃bɔlize] *vt* ■ **qn/un animal/qc symbolise qn/qc** jd/ein Tier/etw symbolisiert jdn/etw

symbolisme [sɛ̃bɔlism] *m* **1.** (*recours aux symboles*) Symbolik *f*
2. ART, LITTER Symbolismus *m*

symboliste [sɛ̃bɔlist] **I.** *adj* symbolistisch
II. *mf* Symbolist(in) *m(f)*

symétrie [simetʀi] *f* **1.** (*disposition correspondante*) Symmetrie *f*
2. (*harmonie*) Ausgewogenheit *f,* Ebenmaß *nt*
3. GEOM Symmetrie *f*

symétrique [simetʀik] **I.** *adj* **1.** (*semblable et opposé*) ■ ~ **[de qc]** symmetrisch [zu etw]
2. (*harmonieux*) ausgewogen, ebenmäßig
3. GEOM symmetrisch
II. *m* symmetrische Entsprechung

symétriquement [simetʀikmɑ̃] *adv* symmetrisch

sympa [sɛ̃pa] *adj fam abr de* **sympathique** nett

sympathie [sɛ̃pati] *f* **1.** (*inclination*) ■ ~ **[pour qn/qc]** Sympathie *f* [für jdn/etw]; ***qn inspire la*** ~ jd ist sympathisch
2. (*amitié*) Freundschaft *f*
3. *form* (*formule de condoléances*) Beileid *nt;* ***veuillez croire à l'expression de ma profonde*** ~ [mein] aufrichtiges [*o* herzliches] Beileid
► **avec** ~ wohlwollend

sympathique [sɛ̃patik] **I.** *adj* **1.** *fam* (*agréable*) nett; *accueil, geste a.* freundlich; *ambiance, bistrot a.* angenehm, gemütlich; *plat* lecker
2. *personne, animal* sympathisch
3. ANAT sympathisch
II. *m* Sympathikus *m*

sympathiquement [sɛ̃patikmɑ̃] *adv accueillir* freundlich; ***ils ont*** ~ ***offert leurs services à cette famille*** sie haben netterweise dieser Familie ihre Hilfe angeboten

sympathisant, e [sɛ̃patizɑ̃, ɑ̃t] **I.** *adj* sympathisierend
II. *m, f* Sympathisant(in) *m(f)*

sympathiser <1> [sɛ̃patize] *vi* ■ **qn sympathise avec qn** jd sympathisiert mit jdm; ■ **des personnes sympathisent** Menschen sind sich (*dat*)

sympathisch
symphonie [sɛ̃fɔni] *f* Sinfonie *f*
symphonique [sɛ̃fɔnik] *adj orchestre* Sinfonie-; *poème* sinfonisch
symphoniste [sɛ̃fɔnist] *mf* Sinfoniker(in) *m(f)*
symposium [sɛ̃pozjɔm] *m* Symposium *nt*
symptomatique [sɛ̃ptɔmatik] *adj* ■ ~ **[de qc]** symptomatisch [für etw]
symptôme [sɛ̃ptom] *m* **1.** (*signe révélateur*) [*guerre, crise*] Anzeichen *nt;* [*méfiance*] Zeichen *nt*
2. MED Symptom *nt*
synagogue [sinagɔg] *f* Synagoge *f*
synchrone [sɛ̃kʀon] *adj* synchron; *moteur* Synchron-
synchronie [sɛ̃kʀɔni] *f* Synchronie *f*
synchronique [sɛ̃kʀɔnik] *adj tableau* synchronoptisch; LING synchronisch
synchronisation [sɛ̃kʀɔnizasjɔ̃] *f* **1.** AUDIOV Synchronisation *f;* [*horloges*] Gleichstellung *f*
2. (*concordance*) Koordinierung *f; **ces numéros exigent une parfaite ~ des acrobates*** bei diesen Nummern müssen sich die Akrobaten genau aufeinander abstimmen
synchroniser <1> [sɛ̃kʀɔnize] *vt* **1.** TECH, AUDIOV ■ **qn synchronise qc** jd synchronisiert etw; ***feux de signalisation synchronisés*** grüne Welle; ***vitesse synchronisée*** Synchrongetriebe *nt;* ■ **qn est synchronisé(e) avec qn** MUS jd spielt synchron mit jdm; ***attendez, je ne suis pas synchronisé*** wartet, ich bin nicht im Takt
2. (*mettre en concordance*) ■ **qn synchronise qc [avec qc]** jd stimmt etw [auf etw (*akk*)] ab
synchronisme [sɛ̃kʀɔnism] *m* Synchronismus *m*
syncope [sɛ̃kɔp] *f* **1.** MED Ohnmacht *f*
2. MUS, LING Synkope *f*
▶ **qn a une** [*o* **tombe en**] ~ jd wird ohnmächtig, jd fällt in Ohnmacht
syncopé, e [sɛ̃kɔpe] *adj* synkopiert
syndic [sɛ̃dik] *m* [*immeuble*] [Haus]verwalter(in) *m(f);* JUR *vieilli* Konkursverwalter(in); HIST Syndikus *m*
syndical, e <-aux> [sɛ̃dikal, o] *adj* Gewerkschafts-; *action* gewerkschaftlich; ***droit ~*** Recht *nt* auf gewerkschaftlichen Zusammenschluss
syndicalisme [sɛ̃dikalism] *m* Gewerkschaftsbewegung *f*
▶ **qn fait du ~** jd ist aktives Mitglied einer Gewerkschaft
syndicaliste [sɛ̃dikalist] **I.** *adj* Gewerkschafts-
II. *mf* Gewerkschaft[l]er(in) *m(f)*
syndicat [sɛ̃dika] *m* Gewerkschaft *f;* ■ ~ **de** -gewerkschaft; *de fonctionnaires, locataires* -bund *m; de copropriétaires, communes* -verband *m;* ~ ***patronal*** Arbeitgeberverband; ~ ***ouvrier*** [*o* ***de salariés***] Arbeitergewerkschaft; ~ ***professionnel*** Berufsverband; ~ ***financier*** Finanzkonsortium *nt*
◆ **syndicat d'initiative** Fremdenverkehrsverein *m*
syndiqué, e [sɛ̃dike] **I.** *adj* gewerkschaftlich organisiert
II. *m, f* Gewerkschaftsmitglied *nt*
syndiquer <1> [sɛ̃dike] *vpr* ■ **qn se syndique** jd tritt in die Gewerkschaft ein; ■ **des personnes se syndiquent** Menschen organisieren sich gewerkschaftlich
syndrome [sɛ̃dʀom] *m* Syndrom *nt*
▶ ~ **immuno-déficitaire acquis** erworbener Immundefekt, Aids [eɪds] *nt*
synergie [sinɛʀʒi] *f* Synergie *f,* Zusammenwirken *nt*
synergique [sinɛʀʒik] *adj* synergetisch
synode [sinɔd] *m* Synode *f;* ~ ***épiscopal*** Bischofssynode *f*
synonyme [sinɔnim] **I.** *adj* synonym; ■ **[qc est] ~ de qc** [etw ist] ein Synonym *nt* für etw
II. *m* Synonym *nt*
synonymie [sinɔnimi] *f* Synonymie *f*
synopsis [sinɔpsis] *m* Exposee *nt*
synoptique [sinɔptik] *adj* synoptisch; ***tableau ~*** Tabelle *f,* Übersichtstafel *f*
synovie [sinɔvi] *f* Gelenkschmiere *f*
synovite [sinɔvit] *f* Entzündung *f* der Gelenkschleimhaut, Synovitis *f spec*
syntactique [sɛ̃taktik] *adj v.* **syntaxique**
syntagme [sɛ̃tagm] *m* Syntagma *nt; verbal, prépositionnel* -syntagma; ~ ***nominal/ adjectival*** ein Syntagma aus Substantiven/Adjektiven; ~ ***verbal/ prépositionnel*** Verbal-/Präpositionalphrase *f*
syntaxe [sɛ̃taks] *f* Syntax *f*
syntaxique [sɛ̃taksik] *adj* syntaktisch
synthèse [sɛ̃tɛz] *f* Synthese *f;* (*exposé d'ensemble*) Gesamtüberblick *m;* ■ ~ **de qc/entre des choses** Synthese aus [*o* von] etw/zwischen [*o* aus] [*o* von] Dingen
▶ ~ **vocale** elektronisch erzeugte Sprache; **qn fait la ~ de qc** jd gibt einen Gesamtüberblick über etw (*akk*) [*o* eine Zusammenfassung von etw]; **de ~** synthetisch; *résine* Kunst-; *produit* Synthese-
synthétique [sɛ̃tetik] **I.** *adj* **1.** CHIM *matériau* synthetisch; *fibres, caoutchouc* Kunst-; *fibres* Synthese-, Chemie-
2. *esprit, jugement, théorie, langue* synthetisch; ***vue ~*** Gesamtüberblick *m*
II. *m* Synthetik *nt*
synthétiser <1> [sɛ̃tetize] *vt* ■ **qn synthétise qc** jd fasst etw zusammen; BIO, CHIM jd synthetisiert etw
synthétiseur [sɛ̃tetizœʀ] *m* MUS Synthesizer [zʏntəˈsaizɐ, ˈzʏn-] *m;* ELEC, INFORM, TECH Synthesator *m*
syphilis [sifilis] *f* Syphilis *f*
syphilitique [sifilitik] **I.** *adj personne* syphiliskrank; *méningite* syphilitisch
II. *mf* Syphilitiker(in) *m(f)*
systématique [sistematik] *adj* systematisch; *refus, jugement* kategorisch; ***c'est un esprit ~*** er/sie kann systematisch denken
systématiquement [sistematikmɑ̃] *adv* systematisch; *refuser* kategorisch
systématisation [sistematizasjɔ̃] *f* Systematisierung *f*
systématiser <1> [sistematize] **I.** *vt* ■ **qn systématise qc** jd systematisiert etw
II. *vi* ■ **qn systématise** jd vereinfacht, jd simplifiziert
système [sistɛm] *m* **1.** (*ensemble coordonné*) System *nt;* ~ ***nerveux/ immunitaire/ linguistique/ économique/ solaire/ décimal*** Nerven-/Immun-/Sprach-/Wirtschafts-/Sonnen-/Dezimalsystem; ~ ***digestif/ respiratoire*** Verdauungs-/Atmungsapparat *m;* ~ ***pileux*** Behaarung *f;* ■ ~ **de** -system; ~ ***de vie*** Lebensform *f*
2. (*dispositif*) ■ ~ **de** -anlage *f;* ~ ***d'éclairage*** Beleuchtungsanlage; ~ ***de fermeture*** Schließanlage, Schließvorrichtung *f*
3. *fam* (*combine*) Taktik *f,* Strategie *f*
4. (*institution*) System *nt*
▶ **S~ européen de banques centrales** Europäisches System der Zentralbanken; ~ **expert** Expertensystem *nt;* ~ **international d'unités** SI-System *nt,* internationales Einheitssystem; ~ **métrique** metrisches System; ~ **monétaire européen** Europäisches Währungssystem; **qn connaît le ~** *fam* jd weiß Bescheid, jd hat den Dreh raus *fam;* **qn/qc lui tape** [*o* **porte**] [*o* **court**] **sur le ~** *fam* jd/etw geht jdm auf die Nerven [*o* auf den Wecker] *fam*
◆ **système D** *fam* Kunst *f* sich aus der Affäre zu ziehen; ***je suis le roi du ~ D*** ich kenne alle Kniffe *fam;* **système d'exploitation** INFORM Betriebssystem *nt;* **système de gestion de base de données** INFORM Datenbankverwaltungssysstem *nt;* **système de signalisation** (*feux*) Ampelsystem *nt;* (*signaux de route*) Beschilderung *f;* (*marques*) Markierung *f*
systémique [sistemik] *adj analyse* System-; *approche* ganzheitlich; AGR systemisch

T

T, t [te] *m inv* T *nt,* t *nt*
▶ **t comme Thérèse** T wie Theodor; **en t** T-förmig; *antenne* T-; ***équerre en t*** Reißschiene *f*
t *f abr de* tonne t
t' [t] *pron v.* **te, tu**
ta [ta] *adj poss v.* **ton**
tabac [taba] **I.** *m* **1.** (*plante*) Tabak[pflanze *f*] *m*
2. (*produit*) Tabak *m*
3. *fam* (*magasin*) Tabakladen *m*
▶ **c'est [toujours] le même ~** *fam* es ist immer das alte Lied [*o* die alte Leier] *fam;* **des choses sont du même ~** Dinge sind letztendlich alle gleich; **qn fait un ~** *fam* jd hat einen Bombenerfolg *fam;* **qn passe qn à ~** *fam* jd schlägt jdn zusammen
II. *adj inv* tabakbraun
◆ **tabac à chiquer/à priser** Kau-/Schnupftabak *m*
tabagie [tabaʒi] *f* verrauchtes Zimmer
tabagisme [tabaʒism] *m* übermäßiger Tabakkonsum
▶ ~ **passif** passives Rauchen
tabasser <1> [tabase] **I.** *vt fam* ■ **qn tabasse qn** jd schlägt jdn zusammen *fam;* ■ **qn se fait ~ [par qn]** jd wird [von jdm] verprügelt
II. *vpr fam* ■ **des personnes se tabassent** Menschen prügeln sich
tabatière [tabatjɛʀ] *f* **1.** (*boîte à tabac*) Tabakdose *f*
2. (*lucarne*) Dachfenster *nt*
tabernacle [tabɛʀnakl] *m* Tabernakel *m o nt*
tablature [tablatyʀ] *f* Tabulatur *f*
table [tabl] *f* **1.** (*meuble*) Tisch *m;* ■ ~ **de** -tisch; ~ ***de ping-pong/ d'autel*** Tischtennis-/Altarplatte *f;* ■ ~ **à qc/à faire qc:** ~ ***à dessin/ ouvrage/ langer/ repasser*** Zeichen-/Arbeits-/Wickel-/Bügeltisch
2. (*tablée*) Tafel *f; **qn fait rire toute la ~*** jd bringt die ganze [Tisch]gesellschaft zum Lachen; ~ ***de trente couverts*** Tafel mit 30 Gedecken
3. (*nourriture*) Essen *nt; **plaisirs de la ~*** Tafelfreuden *pl*
4. (*tablette*): ~ ***mortuaire*** Grabtafel *f*
5. MATH ■ ~ **de** -tafel *f;* ~ ***de multiplication*** Multiplikationstabelle *f;* ~ ***alphabétique*** alphabetisch geordnete Liste; ~ ***généalogique*** Stammbaum *m,* Stammtafel
▶ ~ **anglaise** Klapptisch *m;* **bonne ~** gutes Restaurant; **des personnes s'as-**

seyent à la même ~ Menschen setzen sich am runden Tisch zusammen; **qn tient** ~ **ouverte** jd führt ein offenes Haus; **qn fait** ~ **rase de qc** jd macht Tabula rasa [*o* reinen Tisch] mit etw; ~ **ronde** Konferenz *f* am runden Tisch; **T~ ronde** Tafelrunde *f;* ~ **tournante** Tischrücken *nt;* ~ **traçante** Zeichengerät *nt,* Plotter *m;* **qn dresse** [*o* **met**] **la** ~ jd deckt den Tisch; **qn se lève** [*o* **sort**] **de** ~ jd steht vom Tisch auf; **qn se met à** ~ (*va manger*) jd setzt sich zu Tisch; *fam* (*avoue sa faute*) jd packt aus *fam;* **qn passe à** ~ jd geht zu Tisch; **qn roule sous la** ~ *fam* jd liegt unter dem Tisch; **qn se tient** [**bien**] **à** ~ *fam* (*a un bon coup de fourchette*) jd hat einen gesunden Appetit; (*se tient correctement*) jd benimmt sich ordentlich bei Tisch; [**qn est**] **à** ~ [jd ist] bei Tisch; **à** ~! zu Tisch!; **de** ~ Tafel-; *service a., linge* Tisch-

◆ **table d'écoute** Abhöranlage *f;* **table de cuisson** Kochmulde *f;* (*en vitrocéramique*) Kochfeld *nt;* **table de lancement** Startrampe *f;* **table de nuit** [*o* **de chevet**] Nachttisch *m,* Nachtschränkchen *nt;* **table de roulement** Schienenlauffläche *f;* **table des matières** Inhaltsverzeichnis *nt;* **table d'harmonie** Decke *f* [eines Saiteninstruments]; **table d'hôte** Stammtisch *m;* **table d'orientation** Orientierungstafel *f;* **Tables de la loi** REL Gesetzestafeln *pl;* **tables gigognes** Satztische *pl*

tableau <x> [tablo] *m* **1.** ART Bild *nt;* (*peinture a.*) Gemälde *nt*

2. (*scène, paysage*) Bild *nt*

3. (*description*) Bild *nt,* Schilderung *f;* ***qn brosse*** [*o* ***fait***] ***un*** ~ ***de qc*** jd zeichnet ein Bild von etw, jd schildert etw

4. SCOL [Schul]tafel *f*

5. (*panneau*) Anschlagtafel *f,* schwarzes Brett; ■ ~ **de** -tafel *f;* ~ ***des arrivées/des départs*** Ankunfts-/Abfahrtstafel; ~ ***des horaires*** Fahrplan *m;* ~ ***indicateur de vitesse*** Tachometer *m;* ~ ***de service*** Dienstplan *m*

6. (*présentation graphique*) Schaubild *nt,* Darstellung *f;* INFORM Tabelle *f;* ■ ~ **de** -tabelle *f;* ~ ***chronologique*** Zeittafel *f;* ~ ***synoptique*** Übersichtstabelle; ~ ***d'amortissement d'une dette*** Tilgungstabelle für Schulden

7. (*présentoir mural*): ~ ***des clés*** Schlüsselbrett *nt;* ~ ***des fusibles*** Sicherungskasten *m*

8. ADMIN [*avocats, experts, comptables*] Liste *f*

▶ ~ **noir** [Wand]tafel *f;* **vieux** ~ *péj* (*femme*) alte Schachtel *fam;* (*homme*) alter Knacker *fam;* **pour achever** [*o* **compléter**] **le** ~ um dem Ganzen die Krone aufzusetzen; **qn gagne/mise sur les deux** ~**x** [*o* **tous les** ~**x**] jd hält es mit beiden Seiten *fam;* ***si tu avais misé sur tous les tableaux comme moi, ...*** wenn du wie ich auf alle Pferde gesetzt hättest, ... *fam;* **qn passe au** ~ jd wird an die Tafel gerufen; **venez/allez au** ~! kommen/gehen Sie an die Tafel!; **je vois/tu vois/vous voyez** [**d'ici**] **le** ~ ich kann es mir/du kannst es dir/ihr könnt es euch lebhaft vorstellen; **au** ~! an die Tafel!

◆ **tableau d'affichage** Anschlagtafel *f,* schwarzes Brett; **tableau d'avancement** Beförderungsliste *f;* **tableau de bord** [*voiture*] Armaturenbrett *nt;* [*bateau, avion*] Instrumentenbrett *nt;* ECON Informationstafel *f;* **tableau de chasse** Strecke *f;* (*conquêtes féminines*) Eroberungen *pl;* ***il a un sacré*** ~ ***de chasse*** der hat vielleicht einen Erfolg bei Frauen; **tableau de maître** Meisterwerk *nt;* **tableau d'honneur** SCOL *Lob für gute Leistungen am Trimesterende;* SPORT Ehrenliste *f;* ***au*** ~ ***d'honneur de la lutte antipollution, il y a ...*** ganz oben auf der Liste für aktiven Umweltschutz steht ...

tablée [table] *f* Tischgesellschaft *f;* ***qc fait rire toute la*** ~ der ganze Tisch bricht wegen einer S. in Lachen aus

tabler <1> [table] *vi* ■ **qn table sur qc** *sur la chance* jd setzt auf etw (*akk*); *sur une augmentation de salaire* jd rechnet mit etw

tablette [tablɛt] *f* **1.** (*plaquette*) Tablette *f* zum Lutschen, Pastille *f;* ■ ~ **de** *de chewing-gum* -streifen *m; de chocolat* Tafel *f* ...

2. (*planchette*) [*lavabo*] [Ablage]platte *f;* HIST [Schreib]tafel *f;* ~ ***de cheminée*** [Kamin]sims *m o nt;* ~ ***d'étagère*** [Regal]brett *nt,* ~ ***d'un secrétaire*** [Fach]brett; ~ ***d'une armoire*** [Schrank]brett

▶ **qn met** [*o* **écrit**] [*o* **inscrit**] [*o* **marque**] [*o* **note**] **qn/qc sur ses** ~**s** jd merkt sich (*dat*) jdn/etw; ***écris bien ça sur tes*** ~***s*** *fam* schreib dir das hinter die Ohren *fam;* **qn raie qn/qc de ses** ~**s** jd schreibt jdn/etw ab

tableur [tablœʀ] *m* INFORM Tabellenkalkulationsprogramm *nt*

tablier [tablije] *m* **1.** (*vêtement*) Schürze *f;* [*écolier*] Kittel *m*

2. (*plaque protectrice*) [*cheminée*] Schutzgitter *nt;* AUT Windlauf *m,* Stirnwand *f*

3. (*plate-forme*) [*pont*] Fahrbahnplatte *f*

▶ **qc va à qn comme un** ~ **à une vache** *fam* etw steht jdm überhaupt nicht; **qn rend son** ~ [**à qn**] jd quittiert [jdm] den Dienst

tabou, e [tabu] **I.** *adj* **1.** (*interdit*) *sujet, mot* Tabu-; *lieu* mit einem Tabu belegt

2. (*intouchable*) unantastbar

II. *m* Tabu *nt*

taboulé [tabule] *m* Taboulé *m* (*kaltes Gericht aus Weizengrieß und Gemüse*)

tabouret [tabuʀɛ] *m* **1.** (*petit siège*) Hocker *m,* Stockerl *nt* AUS; ■ ~ **de** -hocker

2. (*support pour les pieds*) Fußschemel *m,* Fußbank *f*

tabulateur [tabylatœʀ] *m* Tabulator *m*

tac [tak] *m* (*bruit sec*) [*boîtier d'une montre*] Klicken *nt;* ■ ~ ~ **de qc** *d'une mitrailleuse* Rattern *nt* einer S. (*gen*)

▶ **qn répond à qn du** ~ **au** ~ [**que** + *indic*] jd antwortet jdm wie aus der Pistole geschossen[, dass] *fam;* **qn riposte du** ~ **au** ~ jd schlägt umgehend zurück

tache [taʃ] *f* **1.** (*salissure*) Fleck *m;* ■ ~ **de** -fleck; ~ ***d'encre*** Tintenfleck; (*sur du papier surtout*) Tintenklecks *m*

2. (*moucheture*) Fleck *m;* ASTRON Fleck

3. (*flétrissure*) Makel *m*

4. (*impression visuelle*) Fleck *m;* ■ ~ **de** *d'ombre, de peinture* -fleck; *de couleur* -klecks *m*

▶ **qc fait** ~ **d'huile** etw verbreitet sich [allmählich]; ***si vous accordez une autorisation une fois, cela fera*** ~ ***d'huile*** wenn Sie einmal ja sagen, greift das um sich; ~ **jaune** gelber Fleck; ~ **originelle** Erbsünde *f;* **qn/qc fait** ~ **quelque part** jd/etw passt nicht irgendwohin; **quelle** ~! *fam* was für ein Idiot!

◆ **tache de rousseur** [*o* **de son**] Sommersprosse *f;* **tache de vin** Feuermal *nt*

tâche [tɑʃ] *f* **1.** (*besogne*) Arbeit *f;* ***qn facilite la*** ~ ***à qn*** jd erleichtert jdm die Sache

2. (*mission*) Aufgabe *f*

▶ **qn est dur**(**e**) **à la** ~ jd hat Durchhaltevermögen; **qn se met** [*o* **s'attelle**] **à la** ~ jd macht sich an die Arbeit; **qn meurt** [*o* **se tue**] **à la** ~ jd arbeitet sich zu Tode; **à la** ~ (*au travail*) arbeitend; (*selon le travail rendu*) nach Auftrag; ***je ne suis pas*** [***payé(e)***] ***à la*** ~ ich lasse mich nicht hetzen

tacher <1> [taʃe] **I.** *vi* ■ **qc tache** etw gibt [*o* macht] Flecken *pl*

II. *vt* **1.** (*faire des taches sur*) ■ **qn tache qc** jd macht Flecken *pl* auf [*o* in] etw (*akk*); ***qn a taché(e) qc*** jd hat etw befleckt, jd hat in [*o* auf] etw (*akk*) Flecken gemacht; ***tu as encore taché tes mains avec de l'encre*** du hast schon wieder Tintenflecke an den Händen; ■ **qc a taché qc**: ***de la graisse a taché ta chemise*** du hast Fettflecken auf dem Hemd; ■ [**qc est**] **taché(e)** [etw ist] fleckig; ***taché de sang*** blutbefleckt

2. (*moucheter*) ■ **qc tache qc** [**de qc**] etw sprenkelt etw [mit etw]; ***des marques brunes tachent la peau des mains de nombreux vieillards*** viele Greise haben braune Flecken auf den Händen; ***les coquelicots tachent de rouge les blés mûrs*** Klatschmohn färbt das reife Korn rot; ■ [**qc est**] **taché(e)** [**de qc**] [etw ist] fleckig; ***taché de noir*** schwarz gefleckt

3. (*souiller*) ■ **qn/qc tache qc** jd/etw befleckt etw

III. *vpr* **1.** (*se couvrir de taches*) ■ **qc se tache** /*nappe, tissu*/ etw bekommt Flecken *pl;* ■ **qn se tache** jd macht sich schmutzig

2. (*s'abîmer*) ■ **qc se tache** etw wird fleckig [*o* bekommt Flecken]

tâcher <1> [tɑʃe] *vi* **1.** (*s'efforcer*) ■ **qn tâche de faire qc** jd versucht etw zu tun; ***je tâcherai de vous satisfaire*** ich bemühe mich Sie/euch zufrieden zu stellen

2. (*faire en sorte*) ■ **qn tâche que** + *subj* jd sieht zu, dass

tâcheron [tɑʃʀɔ̃] *m* **1.** *péj* (*obscur travailleur*) Hilfsarbeiter(in) *m(f);* (*ouvrier agricole autrefois*) Tagelöhner(in) *m(f);* (*dans une entreprise*) Handlanger(in) *m(f);* ***c'est le*** ~ ***de la chanson française*** das ist der Vielschreiber französischer Chansons

2. (*sous-entrepreneur*) Zwischenunternehmer(in) *m(f)* (*mit Pauschallohn*)

tacheter <3> [taʃte] *vt* ■ **qc tachette qc** etw sprenkelt etw; ■ [**qc est**] **tacheté(e)** [**de qc**] [etw ist] [mit etw] gesprenkelt; ***un petit chien tacheté de noir*** ein schwarz gefleckter Hund

tachycardie [takikaʀdi] *f* Herzjagen *nt,* Tachykardie *f spec*

tachygraphe [takigʀaf] *m* Fahrtenschreiber *m*

tachymètre [takimɛtʀ] *m* Tachometer *m*

tacite [tasit] *adj* stillschweigend

tacitement [tasitmɑ̃] *adv* stillschweigend

taciturne [tasityʀn] *adj* (*silencieux*) schweigsam; (*morose*) wortkarg

tacle [takl] *m* Tackling ['tæklɪŋ] *nt*

tacot [tako] *m fam* alte Kiste [*o* Mühle] *fam,* Karren *m fam*

tact [takt] *m* **1.** (*délicatesse*) Takt *m*

2. (*toucher*) Tastsinn *m*

▶ **qn a du** ~ jd ist taktvoll; **qn manque de** ~ jd ist taktlos, jd hat keinen Takt

tacticien, ne [taktisjɛ̃, jɛn] *m, f* Taktiker(in) *m(f)*

tactile [taktil] *adj* Tast-; *écran* mit Tastenfeldern *pl*

tactique [taktik] **I.** *adj* taktisch

II. *f* Taktik *f*

▶ **qn connaît la** ~ jd weiß, wie er es anstellen muss; ***avec le patron, je connais la*** ~ mit dem Chef kenne ich mich aus [*o* weiß ich umzugehen]

tænia [tenja] *m v.* **ténia**

taffe [taf] *f fam* Zug *m;* ***tu me donnes une*** ~? lässt du mich mal ziehen?

taffetas [tafta] *m* Taft *m*

▶ ~ **gommé** Mullpflaster *nt*

tag [tag] *m* Graffito *nt o m*

tagliatelles [taljatɛl] *fpl* Tagliatelle *pl*

tagueur, -euse [tagœʀ, -øz] *m, f* Sprayer(in) *m(f)* ['spreːɐ, 'ʃpr-], Parolensprüher(in) *m(f)*

taïaut [tajo] *interj* hallo, ho

taie [tɛ] *f* **1.** (*enveloppe*) Bezug *m;* ~ ***d'oreiller*** Kissenbezug

2. MED weißer Hornhautfleck [des Auges]

taïga [taiga] *f* Taiga *f*

taillable [tɑjabl] *adj* ▶ **qn est** ~ **et corvéable** [**à merci**] *littér* jd ist bedingungslos ausgeliefert; HIST jd ist [bedingungslos] steuer- und fronpflichtig

taillader <1> [tɑjade] **I.** *vt* ■ **qn taillade qc** jd macht Schnitte *pl* in etw (*akk*); *sièges a.* jd schlitzt etw auf; *rôti* jd schneidet etw ein

II. *vpr* ■ **qn se taillade qc** jd schneidet sich (*dat*) in etw (*akk*)

taille[1] [tɑj] *f* **1.** (*hauteur*) Größe *f;* [*plante, immeuble*] Höhe *f;* ***des personnes n'ont pas la même*** ~ Menschen sind nicht gleich groß; ***de*** ~ ***moyenne*** mittelgroß

2. (*dimension, importance*) Größe *f;* ***une valise de petite*** ~ ein kleiner Koffer

3. (*pointure*) Größe *f;* ***la*** ~ ***en dessous*** eine Nummer kleiner; ***la*** ~ ***40*** Größe 40; ***grande/petite*** ~ Übergröße/kleine Größe

4. (*partie du corps, d'un vêtement*) Taille *f;* ***à*** ~ ***marquée*** leicht tailliert; ***à*** ~ ***ajustée*** auf Taille gearbeitet, tailliert

▶ ~ **critique** kritische [*o* notwendige] Größe; **qn a la** ~ **bien prise** *vieilli* jd hat eine gute Figur, jd ist gut gebaut; **qn est de** ~ [**à faire qc**] jd ist Manns genug [etw zu tun]; **qc n'est pas à sa** ~ etw ist nicht jds Größe; **qn n'est pas à sa** ~ jd ist jdm nicht gewachsen; **c'est qn/qc à sa** ~ jd/etw ist für jdn wie

geschaffen; **c'est qc à la ~ de qc** etw ist für etw wie geschaffen; **quelle ~ faites-vous/fait-il/elle?** welche Größe haben Sie/hat er/sie?; **qn se montre à la ~ de qc** jd zeigt sich einer S. (*dat*) gewachsen; **qn se redresse de toute sa ~** jd richtet sich zu seiner vollen Größe auf; **de la ~ de qn/qc** so groß wie jd/etw; ***de la ~ d'une carte de visite*** im Visitenkartenformat; **de ~** *fam* groß, riesen- *fam;* ***les poires sont de ~ cette année*** die Birnen sind dieses Jahr riesengroß *fam*
◆ **taille de guêpe** Wespentaille *f;* **taille mannequin** Mannequinfigur ['manəkɛ̃-] *f*
taille² [tɑj] *f* **1.** HORT [Be]schneiden *nt;* [*arbres a.*] Zurückschneiden; ■ **~ en** -schnitt *m*
2. [*diamant*] Schleifen *nt;* [*pierre*] Behauen *nt;* ■ **~ en** -schliff *m*
3. HIST Steuer *f* [der Leibeigenen]
taillé, e [tɑje] *adj* **1.** (*bâti*) ■ **~ en qc** gebaut wie etw; ***bien ~*** gut gebaut
2. (*destiné*) ■ **~ pour qc/pour faire qc** zu etw geeignet/dazu geeignet, etw zu tun
taille-crayon <~-~[s]> [tɑjkʀɛjɔ̃] *m* [Bleistift]spitzer *m*
taille-douce <~s-~s> [tɑjdus] *f* [Kupfer]stich *m*
▸ **en ~-~: *gravure en ~-~*** Kupferstich *m*
tailler <1> [tɑje] **I.** *vt* **1.** ([*dé*]*couper*) ■ **qn taille qc** *arbre* jd [be]schneidet etw, jd schneidet etw zurück; *crayon* jd spitzt etw [an]; *ongles* jd schneidet [sich (*dat*)] etw; *pierre* jd [be]haut etw; *diamant* jd schleift etw; ***qn taille une haie en boule/cône*** jd schneidet eine Hecke kugel-/kegelförmig; ***qn taille qc en biseau*** jd schneidet etw schräg; ■ **[qc est] taillé(e)** */costume, ongles/* [etw ist] geschnitten; ***un visage est taillé à coups de serpe*** ein Gesicht ist grobschlächtig; ***un rôle est taillé à la mesure de qn*** eine Rolle ist jdm auf den Leib [zu]geschnitten; ***cheveux taillés en brosse*** Bürstenschnitt *m;* ***barbe taillée en pointe*** Spitzbart *m*
2. (*découper*) ■ **qn taille qc** *statue* jd haut etw; *robe* jd schneidet etw [zu]; ***on peut encore y ~ des torchons*** daraus kann man noch gut Putzlappen machen
3. (*creuser*) ■ **qc taille qc dans qc** etw gräbt etw in etw (*akk*)
II. *vi* ■ **qn taille dans qc** *dans la chair, le vif* jd schneidet in etw (*akk*); *dans la masse* jd behaut etw; *dans la glace* jd schleift etw; ***qn taille dans le vif*** jd schneidet ohne Betäubung ins Fleisch
III. *vpr* **1.** (*conquérir*) ■ **qn se taille qc** *empire* jd baut sich (*dat*) etw auf; *place au soleil, succès* jd sichert sich (*dat*) etw; ***qn se taille la part du lion*** jd nimmt sich (*dat*) den Löwenanteil
2. (*se couper*) ■ **qn se taille qc** *barbe* jd stutzt sich (*dat*) etw
3. *pop* (*s'enfuir*) ■ **qn se taille** jd haut ab *fam,* jd verduftet *fam*
tailleur, -euse [tɑjœʀ, -jøz] **I.** *m* **1.** (*couturier*) Schneider *m*
2. (*tenue*) Kostüm *nt*
▸ **[qn est] assis(e) en ~** [jd sitzt] im Schneidersitz
II. *m, f* (*ouvrier*) ■ **~ de: ~ *de diamants/verre*** Diamant-/Glasschleifer *m;* **~ *de pierre*** Steinmetz *m;* **~ *de vignes*** Winzer *m,* der die Reben schneidet
tailleur-pantalon <~s-~s> [tɑjœʀpɑ̃talɔ̃] *m* Hosenanzug *m*
taillis [taji] *m* Dickicht *nt*
tain [tɛ̃] *m* Spiegelbelag *m*
▸ **sans ~** von einer Seite durchsichtig
taire <*irr*> [tɛʀ] **I.** *vpr* **1.** (*être silencieux*) ■ **qn/qc se tait** jd/etw schweigt [*o* ist still]; ***taisez-vous*** halten Sie/haltet den Mund, seien Sie/seid still
2. (*faire silence*) ■ **qn/qc se tait** jd/etw verstummt; */vent/* etw legt sich
3. (*s'abstenir de parler*) ■ **qn se tait [sur qc]** jd schweigt [über etw (*akk*)]
II. *vt* **1.** (*celer*) ■ **qn tait qc** jd verschweigt etw
2. (*refuser de dire*) ■ **qn tait qc [à qn]** jd nennt [jdm] etw nicht; *raison a., vérité* jd sagt [jdm] etw nicht
3. *littér* (*garder pour soi*) ■ **qn tait qc** *amertume* jd unterdrückt etw; *chagrin, douleur* jd behält etw für sich
III. *vi* ■ **qn fait ~ qn/qc** jd bringt jdn/etw zum Schweigen; *désir, grief* jd unterdrückt etw; *craintes* jd zerstreut etw; ***ne pourrais-tu pas faire ~ les enfants?*** kannst du nicht dafür sorgen, dass die Kinder ruhig sind?
Taiwan [tajwan] *f* Taiwan *nt*
talc [talk] *m* Talk *m,* Talkum *nt*
talé, e [tale] *adj fruit* mit Druckstellen; ■ **qc est ~** etw hat Druckstellen
talent [talɑ̃] *m* **1.** (*aptitude particulière*) Talent *nt,* Begabung *f;* ***montrez-nous [quels sont] vos ~s*** zeigen Sie uns, was Sie können; ■ **~ de** -talent; ***qn a des ~s de société*** jd ist gesellig
2. ∅ (*valeur exceptionnelle*) Talent *nt*
3. (*personne*) Talent *nt*
▸ **qn a du ~** jd hat Talent, jd ist begabt; **qn a le ~ de faire qc** *iron* jd hat eine ausgesprochene Begabung, etw zu tun; **qn force son ~** jd überanstrengt sich; **de [grand] ~** [hoch] begabt, [sehr] talentiert
talentueux, -euse [talɑ̃tɥø, -øz] *adj* talentiert, begabt
talisman [talismɑ̃] *m* Talisman *m*
talkie-walkie <~s-~s> [tokiwolki] *m* Walkie-Talkie ['wɔːki'tɔːki] *nt*
talk-show <~-~s> [tɔ(l)kʃo] *m* Talkshow ['tɔːkʃoʊ] *f*
Talmud [talmyd] *m* ■ **le ~** der Talmud
taloche [talɔʃ] *f fam* Ohrfeige *f*
▸ **qn donne [*o* flanque] une ~ à qn** jd klebt jdm eine *fam*
talon [talɔ̃] *m* **1.** ANAT Ferse *f;* ***qn claque des ~s*** jd schlägt die Hacken zusammen
2. (*pièce de chaussure*) Absatz *m*
3. [*chaussettes, collant, bas*] Ferse *f*
4. (*bout*) Ende *nt;* [*jambon, fromage*] letztes Stück
5. (*partie non détachable*) [Kontroll]abschnitt *m*
6. TECH [*ski*] Ende *nt;* [*lame de couteau*] Angel *f;* [*archet*] Frosch *m;* **~ *de la quille*** Kielhacke *f*
7. CARTES Stock *m*
▸ **~ aiguille** Pfennigabsatz *m;* **~ bottier** Blockabsatz *m;* **qn a qn sur ses ~s** jd hat jdn auf den Fersen; **qn est sur les ~s de qn** jd ist jdm auf den Fersen; **qn marche sur les ~s de qn** jd heftet sich an jds Fersen (*akk*); **qn tourne [*o* montre] les ~s** jd gibt Fersengeld
◆ **talon d'Achille** MYTH Achillesferse *f;* (*point vulnérable*) Schwachstelle *f*
talonnade [talɔnad] *f* Hackentrick *m*
talonnage [talɔnaʒ] *m* Hakeln *nt*
talonner <1> [talɔne] **I.** *vt* **1.** (*suivre de près*) ■ **qn talonne qn** jd ist jdm auf den Fersen
2. (*harceler*) ■ **qn talonne qn** jd bedrängt jdn; ■ **qc talonne qn** etw quält jdn
3. (*frapper du talon*) ■ **qn talonne un animal** jd gibt einem Tier die Sporen; ■ **qn talonne qc** (*au rugby*) jd hakelt etw; (*au football*) jd tritt etw mit der Hacke
II. *vi* NAUT ■ **qc talonne** etw stößt auf Grund
talonnette [talɔnɛt] *f* [*chaussure*] Ferseneinlage *f;* [*pantalon*] Stoßband *nt*
talquer <1> [talke] *vt* ■ **qn talque qc** jd pudert etw ein
talus [taly] *m* Böschung *f*
tamanoir [tamanwaʀ] *m* Großer Ameisenbär
tamaris [tamaʀis] *m* Tamariske *f*
tambouille [tɑ̃buj] *f fam* **1.** (*plat*) Fraß *m fam*
2. (*cuisine*) Essen *nt*
▸ **qn fait la ~** jd kocht
tambour [tɑ̃buʀ] *m* **1.** MUS Trommel *f*
2. TECH [*frein, treuil, lave-linge*] Trommel *f;* [*montre*] Federhaus *nt;* **~ *à broder*** Stickrahmen *m*
3. (*musicien*) Trommler *m*
4. (*tourniquet*) Windfang *m*
5. ARCHIT Trommel *f*
▸ **sans ~ ni trompette** sang- und klanglos; heimlich, still und leise; **~ battant** im Eiltempo; **qn bat le ~** jd schlägt die Trommel; (*ameute les gens*) jd rührt die Werbetrommel; **qn raisonne comme un ~** *fam* jd bringt dumme Argumente *pl*
◆ **tambour de ville** Ausrufer *m*
tambourin [tɑ̃buʀɛ̃] *m* Tamburin *nt*
tambouriner <1> [tɑ̃buʀine] *vi* ■ **qn/qc tambourine quelque part** jd/etw trommelt an [*o* gegen] etw (*akk*)
tambour-major <~s-~s> [tɑ̃buʀmaʒɔʀ] *m* Tambourmajor *m,* Stabsmusikmeister *m*
tamis [tami] *m* **1.** (*crible*) Sieb *nt*
2. TENNIS Saitenbespannung *f;* ***raquette avec un grand ~*** Tennisschläger *m* mit einer großen Schlagfläche
▸ **qn passe qc au ~** jd siebt etw; *dossier* jd geht etw durch; *région* jd durchkämmt etw
tamisage [tamizaʒ] *m* **1.** (*passage au tamis*) Sieben *nt*
2. (*filtrage*) Dämpfung *f*
Tamise [tamiz] *f* ■ **la Tamise** die Themse
tamiser <1> [tamize] *vt* **1.** (*passer au tamis*) ■ **qn tamise qc** jd siebt etw
2. (*filtrer*) ■ **qn/qc tamise qc** jd/etw dämpft etw; ■ **[qc est] tamisé(e)** [etw ist] gedämpft
tampon [tɑ̃pɔ̃] **I.** *m* **1.** (*en coton*) Bausch *m;* (*périodique*) Tampon *m;* (*à récurer*) Topfkratzer *m;* (*pansement*) Tupfer *m*
2. (*cachet*) Stempel *m*
3. (*bouchon*) Pfropfen *m,* Stöpsel *m;* ■ **~ de** *de bois, liège* -pfropfen; *de métal* -stöpsel; **~ *d'égout*** Kanaldeckel *m*
4. (*cheville*) Dübel *m*
5. CHEMDFER Puffer *m*
▸ **~ buvard** Löscher *m,* Löschrolle *f,* Löschwiege *f;* **~ dateur** Datumsstempel *m;* **~ encreur** Stempelkissen *nt;* **~ marqueur** Textmarker *m;* **qn sert de ~** jd steht als Puffer dazwischen
II. *app inv* Puffer-; ***mémoire ~*** Pufferspeicher *m*
tamponnement [tɑ̃pɔnmɑ̃] *m* **1.** (*collision*) Zusammenstoß *m*
2. MED Tamponieren *nt,* Tamponade *f*
tamponner <1> [tɑ̃pɔne] **I.** *vt* **1.** (*essuyer*) ■ **qn [lui] tamponne qc [avec qc]** jd tupft [jdm] etw [mit etw] ab
2. (*nettoyer*) ■ **qn tamponne qc avec qc** jd reibt etw mit etw ein
3. (*heurter*) ■ **qc tamponne qc** etw stößt [*o* prallt] mit etw zusammen
4. (*timbrer*) ■ **qn tamponne qc** jd stempelt etw [ab]; ■ **qn fait ~ qc** jd lässt etw [ab]stempeln; ■ **[qc est] tamponné(e)** [etw ist] abgestempelt
II. *vpr* **1.** (*se heurter*) ■ **des choses se tamponnent** Dinge stoßen [*o* prallen] zusammen
2. *fam* ■ **qn s'en tamponne** jd schert sich einen Dreck darum *fam*
3. (*s'essuyer*) ■ **qn se tamponne qc** jd reibt sich (*dat*) etw
tamponneur, -euse [tɑ̃pɔnœʀ, -øz] *adj véhicule* auffahrend; ***auto ~euse*** Autoskooter [-skuːtɐ] *m*
tam-tam <~-~s> [tamtam] *m* **1.** MUS afrikanische Trommel
2. (*tapage*) Tamtam *nt fam*
3. (*gong*) Tamtam *nt*
▸ **qn fait du ~-~ autour de qc** jd macht viel Tamtam um etw *fam*
tancer <2> [tɑ̃se] *vt littér* ■ **qn tance qn** jd schilt jdn *geh;* ■ **qn se fait ~ par qn** jd wird von jdm gescholten *geh*
tanche [tɑ̃ʃ] *f* Schleie *f*
tandem [tɑ̃dɛm] *m* **1.** CYCLISME Tandem *nt*
2. (*duo*) Gespann *nt*
▸ **en ~ [avec qn]** im Gespann [mit jdm], [mit jdm] zusammen
tandis que [tɑ̃dikə] *conj* + *indic* während
tangage [tɑ̃gaʒ] *m* Stampfen *nt*
tangent, e [tɑ̃ʒɑ̃, ʒɑ̃t] **I.** *adj* **1.** (*très juste*) knapp; ***élève ~*** Schüler, der gerade noch versetzt worden ist
2. GEOM ■ **~ à qc/en qc** etw berührend

II. *f* ■ **tangente** (*droite*) Tangente *f;* (*opp: cotangente*) Tangens *m;* ■ **~e à qc** Tangente einer S. (*gen*) [*o* an etw (*dat*)]
▸ **qn prend la ~e** jd macht sich aus dem Staub
tangentiel, le [tɑ̃ʒɑ̃sjɛl] *adj* tangential; *force* Tangential-
tangible [tɑ̃ʒibl] *adj* greifbar; *preuve* handfest
tango [tɑ̃go] I. *m* Tango *m*
II. *adj inv* orange[rot]
tanguer <1> [tɑ̃ge] *vi* 1. NAUT, AVIAT ■ **qc tangue** etw stampft
2. *fam* (*tituber*) ■ **qn tangue** jd torkelt *fam*
3. *fam* (*vaciller*) ■ **les choses tanguent autour de qn** Dinge drehen sich vor jds Augen (*dat*)
tanière [tanjɛʀ] *f* 1. (*repaire*) [*animal*] Höhle *f;* [*malfaiteur*] Schlupfloch *nt*
2. (*lieu retiré*) Höhle *f;* ***qn fait sortir qn de sa ~*** jd lockt jdn aus seiner Höhle [*o* seinem Bau] *fam*
3. (*taudis*) Bruchbude *f pej fam,* Elendsquartier *nt*
tanin [tanɛ̃] *m* Tannin *nt*
tank [tɑ̃k] *m* 1. MIL *vieilli* Panzer *m*
2. (*réservoir*) Tank *m*
3. *fam* (*grosse voiture*) Straßenkreuzer *m fam*
tanker [tɑ̃kœʀ] *m* Tanker *m*
tankiste [tɑ̃kist] *mf* Angehörige(r) *f(m)* der Panzertruppe
tannage [tanaʒ] *m* Gerben *nt,* Gerbung *f*
tannant, e [tanɑ̃, ɑ̃t] *adj* 1. *fam* (*usant*) unerträglich; ***ce qu'il peut être ~ avec ses questions!*** der kann einem mit seinen Fragen ganz schön auf den Geist gehen [*o* Wecker fallen]! *fam*
2. IND *matière* Gerb-; *propriétés* gerbend
tannée [tane] *f vieilli fam* Dresche *f fam*
tanner <1> [tane] *vt* 1. IND ■ **qn tanne qc** jd gerbt etw
2. *fam* (*harceler*) ■ **qn tanne qn** jd geht [*o* fällt] jdm auf die Nerven *fam*
3. (*hâler*) ■ **[qc est] tanné(e) [par qc]** [etw ist] [von etw] gegerbt
tannerie [tanʀi] *f* (*opérations*) [Loh]gerben *nt;* (*établissement*) [Loh]gerberei *f*
tanneur, -euse [tanœʀ, -øz] *m, f* [Loh]gerber(in) *m(f)*
tannin [tanɛ̃] *m v.* **tanin**
tant [tɑ̃] I. *adv* 1. (*tellement*) *aimer, vouloir* so sehr; *manger, travailler* so viel; *aimé, attendu, espéré* so [sehr]; ***il m'exaspère, ~ il est bavard*** er bringt mich zur Verzweiflung, so geschwätzig ist er; ■ **~ que** + *indic travailler* so viel, dass; *souffrir* so sehr, dass
2. (*une telle quantité*) ■ **~ de personnes/de choses/de qc [que** + *indic*] so viele Menschen/so viele Dinge/so viel + *subst*[, dass]; ~ ***de fois*** so oft; ***il y a ~ de brouillard que*** es ist so neb[e]lig, dass
3. (*aussi bien ... que*) ■ **~ ... que** genauso wie; ~ ***filles que garçons sont invités*** sowohl Mädchen als auch Jungen [*o* Mädchen wie Jungen] sind eingeladen
4. (*autant*) ■ **~ que** + *indic:* ~ ***qu'il/elle peut/veut*** soviel er/sie kann/mag; ***qn n'aime rien ~ que qc*** jd liebt nichts so sehr wie etw; ***ce n'est pas ~ Sylvie que sa sœur qui me plaît*** es ist weniger Sylvie als vielmehr ihre Schwester, die mir gefällt
5. (*aussi longtemps que*) ■ **~ que** + *indic* solange; ~ ***que j'y suis/vous y êtes*** wenn ich schon dabei bin/wenn ihr schon dabei seid
6. (*quantité supposée*) so und so viel
7. (*dans la mesure où*) ■ **~ qu'à faire qc, qn ...** wenn jd schon einmal etw macht [*o* tut]; ~ ***qu'à faire la vaisselle, tu peux aussi ...*** wenn du schon mal abspülst [*o* beim Abspülen bist], kannst du auch gleich ...
▸ **~ et plus** in Mengen, noch und noch; **comme il y en a ~** wie es deren viele gibt; **qn n'en demande pas ~** jd will gar nicht so viel; **vous m'en direz ~!** *fam* nein, so was!; **si ~ est que** + *subj* falls; **~ qu'à faire** *fam* wenn es schon sein muss; **qn fait ~ et si bien que** + *indic* jd macht so lange, bis *fam,* jd treibt es so weit, dass *fam;* ***il a fait ~ et si bien qu'on l'a renvoyé*** er hat so lange gemacht, bis er entlassen wurde *fam,* er hat es so weit getrieben, dass er entlassen wurde *fam;* ***il fit ~ et si bien qu'il se coupa*** er hat es schließlich geschafft, sich zu schneiden *iron,* er hat so lange gemacht, bis er sich geschnitten hat *fam;* **..., ~ s'en faut** ganz im Gegenteil, weit entfernt, ganz und gar nicht; ***il n'est pas sot, ~ s'en faut*** er ist alles andere als dumm; **tous/toutes ~ que nous sommes/qu'ils/qu'elles sont** wir/sie alle [ohne Ausnahme]; **en ~ que** [in der Eigenschaft] als; **~ que ça** *fam* so viel; ***je ne l'ai pas vu ~ que ça*** ich habe ihn nicht allzu oft gesehen; **~ et ~** so viel
II. *m* (*date*) ■ **le ~** der Soundsovielte
▸ **un ~ soit peu [de qc]** ein bisschen
tante [tɑ̃t] *f* 1. (*parente*) Tante *f*
2. *vulg* (*homosexuel*) Schwuchtel *f sl,* Tunte *f sl*
3. *fam* (*mont-de-piété*): **ma ~** das Leihhaus
◆ **tante à héritage** *fam* Erbtante *f*
tantième [tɑ̃tjɛm] I. *adj* soundsovielte(r, s)
II. *m* Tantieme *f*
tantine [tɑ̃tin] *f enfantin* [liebe] Tante, Tantchen *nt*
tantinet [tɑ̃tinɛ] *m* ▸ **un ~** ein bisschen
tantôt [tɑ̃to] I. *adv* 1. (*en alternance*) ■ **~ ... ~ ...** [ein]mal ... [ein]mal ...
2. DIAL (*tout à l'heure*) später, gleich; (*après-midi*) nachmittag; ***je repasserai ~*** ich komme nachher noch mal vorbei
II. *m* ▸ **ce ~** DIAL *fam* heute Nachmittag
tantouse [tɑ̃tuz] *f vulg* Tunte *f sl,* Schwuchtel *f sl*
taoïsme [taoism] *m* Taoismus *m*
taoïste [taoist] I. *adj* taoistisch
II. *mf* Taoist(in) *m(f)*
taon [tɑ̃] *m* Bremse *f*
tapage [tapaʒ] *m* 1. (*vacarme*) Lärm *m*
2. (*publicité*) Aufsehen *nt,* Wirbel *m*
▸ **~ nocturne** nächtliche Ruhestörung; **qn fait beaucoup de ~ [autour de qc]** jd macht viel Wirbel [um etw]
tapageur, -euse [tapaʒœʀ, -ʒøz] *adj liaison, vie* skandalös; *luxe* übertrieben; *publicité* marktschreierisch; *toilette* auffällig
tapant, e [tapɑ̃, ɑ̃t] *adj* haargenau
tape [tap] *f* Klaps *m*
tapé, e [tape] *adj fam* übergeschnappt *fam*
tape-à-l'œil [tapalœj] I. *adj inv toilette* auffällig; ***décor ~*** Kitsch *m*
II. *m* Kitsch *m*
tapecul [tapky] *m* 1. (*balançoire*) Wippe *f*
2. (*voiture*) Klapperkiste *f fam,* alte Mühle *fam*
▸ **qn fait du ~** jd reitet ohne Steigbügel
tapée [tape] *f fam* Menge *f fam,* Haufen *m fam*
taper <1> [tape] I. *vi* 1. (*donner des coups*) ■ **qn tape** jd klopft; ■ **qn tape sur qn** jd schlägt jdn; ***qn tape dans le tas*** jd schlägt blindlings drauflos; ***il lui a tapé sur la gueule*** *fam* er hat ihm/ihr in die Fresse gehauen *sl*
2. (*donner une tape*): ***qn lui tape sur l'épaule*** jd klopft jdm auf die Schulter
3. (*frapper*) ■ **qn tape [de qc] sur qc** *du pied, de sa main* jd haut [mit etw] auf [*o* gegen] etw (*akk*); ***il a tapé du pied sur le sol*** er stampfte mit den Füßen auf den Boden; ■ **qn tape dans qc** *dans un ballon* jd tritt gegen etw; *dans les mains* jd klatscht in etw (*akk*); ■ **qn tape à qc** jd klopft an etw (*akk*)
4. (*battre*) ■ **qn tape de qc** *des mains* jd klatscht mit etw; *des pieds* jd stampft mit etw
5. (*dactylographier*) ■ **qn tape** jd tippt
6. *fam* (*dire du mal de*) ■ **qn tape sur qn** jd redet schlecht über jdn, jd zieht über jdn her *fam*
7. *fam* (*prendre dans*) ■ **qn tape dans qc** jd macht sich über etw (*akk*) her
8. *fam* (*cogner*) ■ **qc tape** /*soleil*/ etw sticht; /*vin*/ etw haut rein *fam*
▸ **qn tape à côté** *fam* jd tippt daneben *fam*
II. *vt* 1. (*battre*) ■ **qn tape qn/un animal/qc** jd schlägt jdn/ein Tier/etw, jd gibt jdm einen Klaps; *tapis a.* jd klopft etw
2. (*cogner*) ■ **qn tape qc contre qc** jd schlägt etw gegen etw
3. (*frapper de*) ■ **qn tape qc de qc** [*o* **avec qc**] *du poing, avec ses poings* jd schlägt mit etw gegen etw
4. (*produire en tapant*) ■ **qn tape qc à qc/sur qc:** ***qn tape trois coups à la porte*** jd schlägt dreimal an die Tür; ***qn tape un air sur un piano*** jd klimpert eine Melodie [auf dem Klavier]
5. (*dactylographier*) ■ **qn tape qc** jd tippt etw; INFORM *texte, code, 3615* jd tippt [*o* gibt] etw ein
6. *fam* (*emprunter à*) ■ **qn tape qn** jd pumpt jdn an *fam;* ■ **qn tape qn de qc** jd pumpt sich (*dat*) etw von jdm *fam;* ***il m'a tapé de 50 balles*** er hat sich (*dat*) 50 Franc von mir gepumpt; ■ **qn lui tape qc** *cigarette, argent* jd schnorrt etw von jdm *fam*
7. *fam* (*atteindre*) ■ **qc tape qc** etw schafft [*o* bringt] etw *fam*
III. *vpr* 1. *fam* (*s'offrir*) ■ **qn se tape qc** jd genehmigt sich (*dat*) etw *fam*
2. *fam* (*subir*) ■ **qn se tape qc** jd halst sich (*dat*) etw auf; ■ **qn se tape qn** jd hat jdn auf dem Hals *fam;* ***qn s'est tapé cinq kilomètres à pied*** jd musste fünf Kilometer zu Fuß gehen
3. (*se frapper*) ■ **qn se tape [sur] qc** jd schlägt sich (*dat*) auf etw (*akk*); ***c'est à se ~ la tête contre les murs*** das ist zum Auswachsen! *fam*
4. *vulg* (*coucher avec*) ■ **qn se tape qn** jd treibt es mit jdm *sl;* ***elle s'est déjà tapé tous les mecs du service*** die hat schon alle Typen in der Abteilung durch *fam*
▸ **je m'en tape** *fam* das ist mir piepegal *fam*
tapette [tapɛt] *f* 1. *vulg* (*pédé*) Homo *m fam,* Schwuchtel *f sl*
2. (*ustensile*) (*pour les tapis*) Teppichklopfer *m;* (*pour les mouches*) Fliegenklatsche *f*
3. (*piège*) Falle *f*
4. *fam* (*langue*) Mundwerk *nt fam,* Klappe *f fam*
5. *vieilli* (*petite tape*) kleiner Klaps
tapeur, -euse [tapœʀ, -øz] *m, f* Schnorrer(in) *m(f) fam*
tapin [tapɛ̃] *m* ▸ **qn fait le ~** *arg* jd geht auf den Strich *fam*
tapiner <1> [tapine] *vi arg* ■ **qn tapine** jd geht auf den Strich *fam*
tapinois [tapinwa] *m* ▸ **en ~** *s'approcher* verstohlen; *agir* heimlich
tapioca [tapjɔka] *m* Tapioka *f*
tapir[1] [tapiʀ] *m* Tapir *m*
tapir[2] <8> [tapiʀ] *vpr* ■ **un animal se tapit sous qc** ein Tier verkriecht sich unter etw (*dat*); ■ **qn/un animal se tapit derrière qc** jd/ein Tier duckt sich hinter etw (*dat*); ***un village était tapi dans la vallée*** ein Dorf lag eingebettet im Tal
tapis [tapi] *m* 1. (*ouvrage*) Teppich *m;* ~ ***d'Orient*** Orientteppich; ~ ***de haute laine*** orientalischer Knüpfteppich
2. (*textile protecteur*) Matte *f;* (*pour la table*) Tischdecke *f*
3. JEUX Tuch *nt*
4. (*vaste étendue*) Teppich *m;* ■ **~ de** -teppich
▸ **~ mural** Wandteppich *m;* **~ rouge** roter Teppich; **~ roulant** Rollsteg *m,* Laufband *nt;* (*pour bagages*) Gepäckband *nt;* **~ vert** (*table de discussion*) grüner Tisch; JEUX Spieltisch *m;* ***des personnes se réunissent autour du ~ vert*** Menschen versammeln sich zu einer Sitzung; **qn envoie qn au ~** BOXE jd schickt jdn auf die Bretter; (*vainc*) jd sticht jdn aus; **qn met qc sur le ~** jd bringt etw zur Sprache; **qc revient sur le ~** etw kommt wieder zur Sprache; ***qc est sur le ~*** etw ist Gegenstand des Gesprächs; **qn va au ~** BOXE jd geht zu Boden; (*est vaincu*) jd erleidet eine Schlappe *fam*
◆ **tapis de prière** Gebetsteppich *m;* **tapis de sol** Bodenplane *f;* **tapis pour souris** INFORM Mousepad [mauspæt] *nt*
tapis-brosse <~-~s> [tapibʀɔs] *m* Fußmatte *f*
tapisser <1> [tapise] *vt* 1. (*revêtir*) ■ **qn tapisse qc [de qc]** *mur, pièce* jd

tapeziert etw [mit etw]; *tiroir* jd legt etw [mit etw] aus; ***c'est une pièce tapissée de jaune*** es ist ein mit gelben Tapeten ausgekleidetes [*o* gelb tapeziertes] Zimmer; ■ **qn fait ~ qc** *fauteuils* jd lässt etw beziehen; *pièce* jd lässt etw tapezieren
2. (*recouvrir*) ■ **qc tapisse qc** */membrane/* etw kleidet etw aus; */lierre, mousse/* etw bedeckt etw; ■ **[qc est] tapissé(e) de qc** *de mousse, neige* [etw ist] mit etw bedeckt; *d'affiches de posters* [etw ist] mit etw tapeziert *fam; de cuir, velours* [etw ist] mit etw bezogen

tapisserie [tapisʀi] *f* 1. (*revêtement*) Tapete *f*
2. (*pose du papier peint*) Tapezieren *nt*
3. ART (*activité*) Teppichweben *nt;* (*tapis*) Wandteppich *m*
4. (*ouvrage de dame*) Kanevasstickerei *f*
▶ **qn fait ~** (*n'est que simple spectateur*) jd ist unbeteiligter Zuschauer; (*à un bal*) jd ist ein Mauerblümchen *nt*

tapissier, -ière [tapisje, -jɛʀ] *m, f* 1. (*artisan*) Tapezierer(in) *m(f); (pour fauteuils)* Polsterer(in) *m(f);* ART Teppichweber(in) *m(f)*
2. (*marchand*) Dekorateur(in) *m(f)*, Raumausstatter(in) *m(f)*

tapissier-décorateur <~s-~s> [tapisjedekɔʀatœʀ] *m* Dekorateur(in) *m(f)*, Raumausstatter(in) *m(f)*

tapotement [tapɔtmɑ̃] *m* [*pluie, doigts*] Trommeln *nt;* [*piano*] Geklimper *nt fam*

tapoter <1> [tapɔte] I. *vt* ■ **qn tapote qc** *baromètre* jd klopft gegen etw; ■ **qn lui tapote qc** jd tätschelt jdm etw
II. *vi* ■ **qn tapote sur/contre qc** *sur la table* jd trommelt auf etw (*dat*) [herum]; *sur le piano* jd klimpert auf etw (*akk*) [herum] *fam; contre la vitre* jd klopft gegen etw

taquet [takɛ] *m* 1. (*cale*) Keil *m*
2. (*verrou*) Riegel *m*
3. NAUT, TECH Klampe *f;* CHEMDFER Gleissperre *f*, Fahrtsperre *f*

taquin, e [takɛ̃, in] I. *adj caractère, enfant* schalkhaft; *personne* schelmisch; ***qn est très ~*** jdm sitzt der Schalk im Nacken
II. *m, f* Schalk *m;* (*enfant a.*) Schelm *m*

taquiner <1> [takine] I. *vt* ■ **qn taquine qn** jd neckt jdn; ■ **qc taquine qn** *hum* etw plagt jdn, etw lässt jdn nicht in Ruhe
II. *vpr* ■ **des personnes se taquinent** Menschen necken sich

taquinerie [takinʀi] *f* Neckerei *f*

tarabiscoté, e [taʀabiskɔte] *adj* überladen; *style a.* geschraubt; *meuble a.* übermäßig verziert; *histoire* völlig verdreht

tarabuster <1> [taʀabyste] *vt* ■ **qn/qc tarabuste qn** jd drängt jdn/etw lässt jdm keine Ruhe

tarama [taʀama] *m* Taramas *m*

taratata [taʀatata] *interj vieilli* papperlapapp *fam*

taraud [taʀo] *m* Gewindebohrer *m*

tarauder <1> [taʀode] *vt* 1. TECH ■ **qn taraude qc** jd bohrt ein Gewinde *nt* in etw (*akk*); *vis* jd schneidet ein Gewinde in etw (*akk*)
2. (*creuser*) ■ **un animal taraude qc** ein Tier bohrt etw an
3. (*tourmenter*) ■ **qc taraude qn** etw quält jdn, etw nagt an jdm; ■ **taraudé(e) par qc** von etw gequält

taraudeur, -euse [taʀodœʀ, -øz] I. *m, f* Gewindeschneider(in) *m(f)*
II. *f* ■ **taraudeuse** Gewindeschneidmaschine *f*

tard [taʀ] I. *adv* spät; ***le plus ~ possible*** möglichst spät, so spät wie möglich; ***n'attends pas trop ~*** warte nicht, bis es zu spät ist; ***qn arrive le plus ~*** jd kommt als Letzter; ***qn travaille ~ le soir*** jd arbeitet bis spät abends
▶ **il n'est jamais trop ~ pour bien faire** *prov* besser spät als nie; **il se fait ~** es ist spät; ***il commence à se faire ~*** es wird langsam spät; **au plus ~** spätestens; **pas plus ~ que ...** erst ...; ***pas plus ~ qu'hier*** erst gestern
II. *m* ▶ **sur le ~** spät

tarder <1> [taʀde] I. *vi* 1. (*traîner*) ■ **qn tarde** jd trödelt; ***sans ~*** umgehend, unverzüglich; ■ **qn tarde à faire qc** jd zögert etw zu tun; ***qn ne tarde pas à être endetté*** jd ist bald verschuldet; ***qn ne tarde pas à comprendre*** jd begreift [*o* versteht] sofort; ■ **qn a tant tardé [à faire qc] que +** *indic* jd hat solange gewartet [etw zu tun], dass
2. (*se faire attendre*) ■ **qn/qc tarde** jd/etw lässt auf sich warten; ***ça ne tardera pas*** es dauert nicht mehr lange; ***il ne tardera plus maintenant*** er muss jeden Augenblick kommen; ***tu ne vas pas ~ à t'endormir*** du wirst gleich einschlafen
II. *vi impers* (*sembler long*) ■ **il tarde à qn de faire qc/que +** *subj* jd kann es kaum erwarten, etw zu tun/dass

tardif, -ive [taʀdif, -iv] *adj* 1. (*qui a lieu tard*) spät; ***œuvre ~ive*** Spätwerk *nt*
2. *péj* (*lent à venir*) *regrets, remords* verspätet
3. AGR *fruits* spät; *fleurs a.* spätblühend

tardivement [taʀdivmɑ̃] *adv* 1. (*à une heure tardive*) spät
2. *péj* (*trop tard*) zu spät

tare [taʀ] *f* 1. (*défaut*) [*personne, société*] Makel *m;* [*système*] Fehler *m;* MED Vorbelastung *f*
2. (*poids de l'emballage*) Tara *f*
3. (*contrepoids*) Gewicht[stein *m*] *nt*, Gewichtsstück *nt*
▶ **qn fait la ~** jd tariert etw aus

taré, e [taʀe] I. *adj* 1. *fam* (*idiot*) verrückt *fam*, bescheuert *fam*
2. MED erblich belastet
II. *m, f* 1. *fam* (*idiot*) Verrückte(r) *f(m)*
2. MED geistig Behinderte(r) *f(m)*

tarentelle [taʀɑ̃tɛl] *f* Tarantella *f*

tarentule [taʀɑ̃tyl] *f* Tarantel *f*

targette [taʀʒɛt] *f* [Schiebe]riegel *m*

targuer <1> [taʀge] *vpr soutenu* ■ **qn se targue de qc** *d'un avantage, d'une vertu, de relations* jd rühmt sich einer S. (*gen*), jd brüstet sich mit etw; ■ **qn se targue de faire qc** jd rühmt [*o* brüstet] sich damit, dass er etw tut

tari, e [taʀi] *adj rivière* ausgetrocknet; *source, imagination* versiegt; *ressources* erschöpft

tarif [taʀif] *m* 1. (*barème*) Tarif *m;* [*réparation*] Preis *m*
2. *hum fam* (*punition*) Strafe *f*
▶ **plein ~** voller Preis; ***billet plein ~*** Fahrschein *m* zum vollen Preis; **à [un] ~ ...: *à un ~ préférentiel/ réduit*** zu einem Vorzugspreis/ermäßigten Preis; **à ce ~-là** *fam* [ja,] wenn das so ist *fam*

tarifaire [taʀifɛʀ] *adj* Tarif-

tarifer <1> [taʀife] *vt* ■ **[qc est] tarifé(e)** [etw ist] tarifiert; ***cette marchandise est tarifée*** der Preis dieser Ware ist festgesetzt

tarification [taʀifikasjɔ̃] *f* ■ **~ de qc** Preise *pl* für etw; (*pour les prestations immatérielles*) Gebühren *pl* für etw

tarin¹ [taʀɛ̃] *m fam* (*nez*) Nase *f*

tarin² [taʀɛ̃] *m* ORN Zeisig *m*

tarir <8> [taʀiʀ] I. *vi* 1. (*cesser de couler*) ■ **qc tarit** etw versiegt *geh*
2. *soutenu* (*cesser*) ■ **qc tarit** etw versiegt *geh; /conversation a./* etw gerät ins Stocken, etw verstummt; */imagination, chagrin/* etw schwindet
II. *vt* 1. (*assécher*) ■ **qc tarit qc** *mare, fleuve* etw trocknet etw aus; *puits, source* etw lässt etw versiegen *geh*
2. *soutenu* (*épuiser*) ■ **qn/qc tarit qc** *imagination, ressources* etw erschöpft etw; *larmes* jd/etw bringt etw zum Versiegen *geh*
III. *vpr* ■ **qc se tarit** 1. (*s'assécher*) etw versiegt
2. *soutenu* (*s'épuiser*) etw erschöpft sich

tarissement [taʀismɑ̃] *m* 1. (*dessèchement*) [*puits, source*] Versiegen *nt geh;* [*cours d'eau*] Austrocknen *nt*
2. *soutenu* (*épuisement*) Erschöpfung *f*

tarot [taʀo] *m* 1. (*jeu*) Tarock *nt o m;* (*carte*) Tarock
2. (*en cartomancie*) Tarot *nt o m*

tarse [taʀs] *m* Fußwurzelknochen *m*

tartan¹ [taʀtɑ̃] *m* TEXTIL Tartan *m*

tartan®² [taʀtɑ̃] *m* SPORT Tartan® *m; piste de ~* Tartanbahn *f*

tartare [taʀtaʀ] I. *adj* 1. HIST Tartaren-
2. GASTR: ***steak ~*** Tartarsteak [-steːk, -ʃteːk] *nt;* ***sauce ~*** *gewürzte Senfmajonäse*
II. *mf* HIST ■ **Tartare** Tartare/Tartarin *m/f*

tarte [taʀt] I. *f* 1. GASTR Kuchen *m;* ■ **~ à** *aux cerises, prunes, poires* -kuchen; *à la crème* -torte *f;* ~ ***aux pommes*** Apfelkuchen
2. *fam* (*gifle*) Ohrfeige *f*
▶ **~ à la crème** (*banalité*) abgegriffene Redensart [*o* Phrase]; ~ **Tatin** *französische Apfelkuchenspezialität;* **c'est pas de la ~!** *fam* das ist nicht einfach; ***ton problème, c'est pas de la ~*** dein Problem ist nicht ohne [*o* hat es in sich] *fam*
II. *adj fam* doof *fam*, blöd *fam*

tartelette [taʀtəlɛt] *f* Törtchen *nt*

Tartempion [taʀtɑ̃pjɔ̃] *m péj fam:* [***Monsieur***] ~ Herr Müller [*o* Meier]

tartignol[l]e [taʀtiɲɔl] *adj fam* doof *fam*, blöd *fam*

tartine [taʀtin] *f* 1. GASTR: ~ [***beurrée***] Butterbrot *nt;* ~ ***grillée*** Toast [toːst] *m;* ***qn se fait des ~s*** jd streicht sich Brote; ■ **~ de** *de beurre, confiture, miel* -brot
2. *péj fam* (*long développement*): ***qn écrit toute une ~*** jd schreibt einen ganzen Roman

tartiner <1> [taʀtine] I. *vt* 1. GASTR ■ **qn tartine qc [de qc]** jd bestreicht etw [mit etw]; ■ **qn tartine qc [sur qc]** jd verstreicht etw, jd streicht [*o* schmiert] etw auf etw (*akk*)
2. *fam* (*trop écrire*) ■ **qn tartine qc** jd schreibt etw voll *fam*
▶ **qc à ~** Streich-; ***pâte à ~*** Brotaufstrich *m*
II. *vpr* ■ **qc se tartine [bien/mal]** etw lässt sich [gut/schlecht] streichen

tartre [taʀtʀ] *m* Kesselstein *m;* [*dent*] Zahnstein *m;* [*tonneau de vin*] Weinstein *m*

tartrique [taʀtʀik] *adj:* ***acide ~*** Weinsäure *f*

tartuf[f]e [taʀtyf] I. *m* Scheinheilige(r) *f(m)*
II. *adj* scheinheilig

tartuf[f]erie [taʀtyfʀi] *f* Scheinheiligkeit *f*

tarzan *m*, **Tarzan** [taʀzɑ̃] *m* Tarzan *m*
▶ **qn joue les ~s** *hum fam* jd spielt den Muskelmann [*o* Tarzan] *fam*

tas [tɑ] *m* 1. (*amas*) Haufen *m;* ***petit ~*** Häufchen *nt;* ■ **~ de qc** Haufen etw; *d'ordures, de papier* -berg *m;* ~ ***de fumier*** Misthaufen
2. *fam* (*beaucoup de*) ■ **un [*o* des] ~ de choses/personnes** eine Menge Dinge/Menschen; ~ ***de crétins!*** ihr Trottel!
3. *péj fam* (*personne*): ~ ***de graisse, gros ~*** Fettsack *m sl*
4. *péj fam* (*véhicule*): ~ ***de boue*** [*o* ***ferraille***] [*o* ***tôle***] Schrottkiste *f fam*
▶ **dans le ~** *fam:* ***il y en a bien un dans le ~ qui ...*** darunter wird schon einer sein, der ...; ***qn tire dans le ~*** jd schießt in die Menge; ***qn lui rentre dans le ~*** jd schlägt jdn kurz und klein *fam;* ***tape dans le ~!*** (*sers-toi*) nimm dir was!; **en ~** auf einem Haufen; ***qn met qc en ~*** jd häuft etw auf; **sur le ~** *fam:* ***qn est formé(e)*** [*o* ***apprend son métier***] ***sur le ~*** jd lernt seinen Beruf von der Pike auf

tasse [tɑs] *f* 1. (*récipient*) Tasse *f;* ■ **~ à** -tasse
2. (*contenu*) Tasse *f;* ■ **~ de qc** Tasse etw
▶ **ce n'est pas ma ~ de thé** *fam* das ist nichts für mich *fam;* **qn boit la ~** (*avale de l'eau*) jd schluckt Wasser; (*échoue*) jd geht baden *fam*, jd fällt auf die Nase *fam*

tassé, e [tɑse] *adj* ▶ **bien ~** *fam café* stark; *pastis a.* mit wenig Wasser; ***trois kilos bien ~s*** gut drei Kilo; ***une bière bien ~e*** ein gut eingeschenktes Bier

tasseau <x> [tɑso] *m* Leiste *f*

tassement [tɑsmɑ̃] *m* 1. (*affaissement*) [*sédiments, neige*] Sichsetzen *nt;* [*terrain*] Absacken *nt*
2. (*affermissement*) [*sol*] Befestigen *nt*, Feststampfen *nt*
3. MED [*colonne vertébrale*] Zusammensacken *nt;* (*dû à un traumatisme*)

Stauchung *f*
4. (*diminution*) Rückgang *m;* [*cours de la bourse*] Fallen *nt*

tasser <1> [tɑse] **I.** *vt* **1.** (*comprimer*) ■ **qn/qc tasse qc** jd/etw drückt etw zusammen; *paille, foin* jd/etw presst etw zusammen; *terre* jd/etw stampft etw fest; (*en tapant*) *neige, sable* jd klopft etw fest; ■ **qn tasse des personnes dans qc** jd pfercht Menschen in etw (*akk*)
2. SPORT ■ **qn tasse qn** jd drängt jdn ab
II. *vpr* **1.** (*s'affaisser*) ■ **qn/qc se tasse** jd/etw sinkt in sich (*akk*) zusammen; */terrain, neige/* etw setzt sich
2. (*se serrer*) ■ **des personnes se tassent** Menschen rücken eng aneinander; ■ **[des personnes sont] tassées** [Menschen sitzen [*o* stehen]] dicht gedrängt
3. *fam* (*s'arranger*) ■ **qc se tasse** */ difficulté, chose/* etw regelt sich; */ennui, querelle/* etw legt sich

taste-vin [tastəvɛ̃] *m inv* (*pipette*) Probenheber *m;* (*coupelle*) Probentasse *f*

tata [tata] *f* **1.** *enfantin* (*tante*) Tante *f*
2. *pop* (*pédéraste*) Tunte *f fam*

tatane [tatan] *f fam* Treter *m fam;* ***coup de*** ~ [Fuß]tritt *m*

tâter <1> [tɑte] **I.** *vt* **1.** (*palper*) ■ **qn tâte qc** jd befühlt etw; ***qn lui tâte le pouls*** jd fühlt jdm den Puls; ■ **qn tâte qn** jd tastet jdn ab
2. (*sonder*) ■ **qn tâte qn/qc** jd fühlt bei jdm vor/versucht etw zu ergründen; ***qn tâte le terrain*** jd sondiert das Terrain *geh*
II. *vi* **1.** (*faire l'expérience*) ■ **qn tâte de qc** *de la prison, misère* jd macht die Erfahrung einer S. (*gen*); *de tous les métiers* jd probiert etw aus; ■ **qn a tâté de qc** jd kennt etw aus Erfahrung
2. (*essayer*) ■ **qn tâte à qc** jd versucht etw
III. *vpr* **1.** *fam* (*hésiter*) ■ **qn se tâte** jd überlegt noch, jd ist noch unschlüssig
2. (*se palper*) ■ **qn se tâte** jd tastet sich ab

tâte-vin [tɑtvɛ̃] *m inv v.* **taste-vin**

tati[e] [tati] *f enfantin* Tante *f*

tatillon, ne [tatijɔ̃, jɔn] **I.** *adj* pedantisch
II. *m, f* Pedant(in) *m(f)*

tâtonnement [tɑtɔnmɑ̃] *m* **1.** (*essai hésitant*) tastender Versuch
2. (*marche incertaine*) Tasten *nt*

tâtonner <1> [tɑtɔne] *vi* **1.** (*chercher en hésitant*) ■ **qn tâtonne** jd macht tastende Versuche
2. (*se déplacer sans voir*) ■ **qn tâtonne [quelque part]** jd ertastet sich (*dat*) [irgendwo] seinen Weg, jd tastet sich [irgendwohin] voran

tâtons [tɑtɔ̃] *mpl* ▸ **à** ~ tastend; ***qn avance à*** ~ jd tastet sich voran

tatou [tatu] *m* Gürteltier *nt*

tatouage [tatwaʒ] *m* (*action*) Tätowieren *nt;* (*dessin sur la peau*) Tätowierung *f*

tatouer <1> [tatwe] *vt* ■ **qn tatoue qc [quelque part]** jd tätowiert etw [irgendwohin]; ■ **qn tatoue qn [quelque part]** jd tätowiert jdn [irgendwo]; ***qn tatoue la main à qn*** jd tätowiert jds Hand

tatoueur, -euse [tatwœʀ, -øz] *m, f* Tätowierer(in) *m(f)*

taudis [todi] *m* **1.** (*logement misérable*) Elendsbehausung *f*
2. (*pièce ou appartement en désordre*) Saustall *m fam*

taulard, e [tolaʀ, aʀd] *m, f arg* Knastbruder/-schwester *m/f sl*

taule [tol] *f* **1.** *arg* (*prison*) Knast *m fam;* ***qn a fait de la*** ~ jd hat [im Knast] gesessen *fam*
2. *fam* (*chambre*) Bude *f*
▸ **en** ~: ***qn met qn en*** ~ jd buchtet jdn ein *fam;* ***qn est en*** ~ jd sitzt im Knast *fam*

taulier, -ière [tolje, -jɛʀ] *m, f fam* Wirt(in) *m(f)*

taupe [top] *f* **1.** ZOOL Maulwurf *m*
2. SCOL *arg mathematisch ausgerichtete Vorbereitungsklasse auf eine „Grande École"*
3. *fam* (*espion*) Spion(in) *m(f)*
▸ **qn est myope comme une** ~ jd ist blind wie ein Maulwurf *fam,* jd ist sehr kurzsichtig; **vieille** ~ *fam* alte Schachtel *fam*

taupin [topɛ̃] *m* **1.** ZOOL Schnellkäfer *m*
2. SCOL *arg Schüler(in) einer mathematisch ausgerichteten Vorbereitungsklasse auf eine „Grande École"*

taupinière [topinjɛʀ] *f* Maulwurfshügel *m*

taureau <x> [tɔʀo] *m* ZOOL Stier *m,* Bulle *m*
▸ **qn prend le** ~ **par les cornes** jd packt [*o* fasst] den Stier bei den Hörnern; **qn est fort(e) comme un** ~ jd ist stark wie ein Bär; **de** ~: ***cou de*** ~ Stiernacken *m;* ***qn a une force de*** ~ jd hat Bärenkräfte *pl*
◆ **taureau de combat** Kampfstier *m*

Taureau <x> [tɔʀo] *m* ASTROL Stier *m*
▸ **qn est [du signe du]** ~ jd ist [ein] Stier, jd ist im Zeichen des Stieres geboren

taurillon [tɔʀijɔ̃] *m* Jungbulle *m*

taurin, e [tɔʀɛ̃, in] *adj* Stierkampf-

tauromachie [tɔʀɔmaʃi] *f* Stierkampf *m*

tauromachique [tɔʀɔmaʃik] *adj* Stierkampf-

tautologie [totɔlɔʒi] *f* Tautologie *f*

taux [to] *m* **1.** (*pourcentage administrativement fixé*) Satz *m;* ■ ~ **de** -satz; ~ ***de change*** Wechselkurs *m;* ~ ***de conversion*** Konversionskurse *mpl*
2. (*mesure statistique*) Rate *f,* Quote *f;* ■ ~ **de** -rate; *d'efficacité, invalidité* -grad *m;* ~ ***d'activité/ de chômage*** Erwerbs-/Arbeitslosenquote
3. MED ■ ~ **de** *de cholestérol, sucre* -spiegel *m*
4. TECH: ~ ***de compression*** Druckverhältnis *nt*
◆ **taux d'accroissement** Wachstumsrate *f;* **taux de mortalité** Sterblichkeitsziffer *f;* **taux de natalité** Geburtenrate *f;* **taux d'intérêt** Zinssatz *m*

tavelé, e [tav(ə)le] *adj* fleckig; ~ ***de taches de rousseur*** mit Sommersprossen übersät

tavelure [tav(ə)lyʀ] *f* Fleck *m*

taverne [tavɛʀn] *f* Wirtshaus *nt;* HIST Herberge *f*

tavernier, -ière [tavɛʀnje, -jɛʀ] *m, f* Wirt(in) *m(f)*

taxable [taksabl] *adj* abgabenpflichtig; (*à la douane*) zollpflichtig

taxation [taksasjɔ̃] *f* **1.** FIN [*prix*] Festsetzung *f*
2. FISC [*marchandises, produits*] Besteuerung *f;* ~ ***des salaires*** Lohnsteuerveranlagung *f*
◆ **taxation d'office** Besteuerung *f* von Amts wegen

taxe [taks] *f* (*impôt*) Steuer *f;* ~ ***professionnelle*** Gewerbesteuer; ■ ~ **sur/ de** -steuer; ~ ***de raccordement*** Anschlussgebühr *f;* ~ ***de séjour*** Kurtaxe *f*
▸ **toutes** ~**s comprises** alles inbegriffen, Steuer und Abgaben inbegriffen; **hors** ~**s** Steuer nicht inbegriffen; (*sans T.V.A.*) ohne Mehrwertsteuer; ***combien ça fait hors*** ~***s?*** was macht das netto?
◆ **taxe à la valeur ajoutée** Mehrwertsteuer *f*

taxer <1> [takse] *vt* **1.** (*imposer*) ■ **qn taxe qn/qc** jd besteuert jdn/etw
2. (*fixer le prix*) ■ **qn taxe qc [à …]** *marchandise, produit* jd setzt den Preis für etw [auf … + *dat*] fest; JUR *dépens* jd setzt etw [auf … + *dat*] fest
3. *fam* (*extorquer*) ■ **qn taxe qn de qc** jd knöpft jdm etw ab *fam*
4. (*accuser*) ■ **qn taxe qn/qc de qc** *de charlatanisme, partialité, d'incompétence* jd bezichtigt [*o* zeiht *geh*] jdn einer S. (*gen*), jd bezeichnet etw als etw
5. (*traiter*) ■ **qn taxe qn de** + *subst:* ***qn taxe qn d'imbécile*** jd bezeichnet jdn als einen Dummkopf, jd schilt jdn einen Dummkopf *geh*

taxi [taksi] *m* **1.** (*véhicule*) Taxi *nt*
2. *fam* (*chauffeur*) Taxifahrer(in) *m(f)*
▸ **qn fait le** ~ *fam* (*professionnellement*) jd ist Taxifahrer(in) *m(f);* (*occasionnellement*) jd spielt Taxi *fam;* **qn prend un** ~ jd nimmt ein Taxi

taxidermie [taksidɛʀmi] *f* Taxidermie *f spec*

taxi-girl <~-~s> [taksigœʀl] *f* Eintänzerin *f*

taximètre [taksimɛtʀ] *m* Fahrpreisanzeiger *m,* Taxameter *nt*

taxiphone® [taksifɔn] *m* Münzfernsprecher *m*

taxiway [taksiwɛ] *m* Rollweg *m*

taylorisme [tɛlɔʀism] *m* Taylorismus *m*

Tchad [tʃad] *m* **1.** (*État*) ■ **le Tchad** der Tschad
2. (*lac*) ■ **le [lac] Tchad** der Tschadsee

tchador [tʃadɔʀ] *m* Schador *m,* Tschador *m*

tchao [tʃao] *interj fam* tschau *fam*

tchatche [tʃatʃ] *f* ▸ **qn a de la** ~ *fam* jd ist eine Quasselstrippe *fam*

tchatcher <1> [tʃatʃe] *vi fam* ■ **qn tchatche** jd quatscht *fam*

tchécoslovaque [tʃekɔslɔvak] **I.** *adj* HIST tschechoslowakisch
II. *mf* HIST ■ **Tchécoslovaque** Tschechoslowake/-slowakin *m/f*

Tchécoslovaquie [tʃekɔslɔvaki] *f* HIST ■ **la Tchécoslovaquie** die Tschechoslowakei

tchèque [tʃɛk] **I.** *adj* tschechisch; ***la République*** ~ die Tschechische Republik
II. *m* (*langue*) Tschechisch *nt*
III. *mf* ■ **Tchèque** Tscheche/Tschechin *m/f*

tchin[-tchin] [tʃin(tʃin)] *interj fam* prost, prosit *fam*

T.D. [tede] *m abr de* **travaux dirigés** UNIV Übung *f*

te [tə] *pron pers* **1.** *compl* dich (*akk*), dir (*dat*); ***je t'aime*** ich liebe dich; ***je*** ~ ***vois*** ich sehe dich; ***je*** ~ ***crois*** ich glaube dir
2. + *vpr* dich (*akk*); + *vpr* + *compl dir* dir (*dat*); ***tu*** ~ ***laves*** du wäschst dich; ***tu*** ~ ***laves les mains*** du wäschst dir die Hände
3. *avec un présentatif:* ***ah,*** ~ ***voici/ voilà!*** ah, da bist du ja!; ~ ***voilà bien gai*** du bist ja richtig fröhlich

té¹ [te] *m* **1.** (*règle*) Reißschiene *f*
2. TECH (*ferrure*) T-Stück *nt;* [***fer en***] ~ T-Eisen *nt*

té² [te] *interj* MIDI sieh mal *fam*

technétium [tɛknesjɔm] *m* CHIM Technetium *nt*

technicien, ne [tɛknisjɛ̃, jɛn] **I.** *adj* technisiert
II. *m, f* **1.** (*professionnel qualifié*) Techniker(in) *m(f)*
2. SPORT Techniker(in) *m(f)*
3. (*expert*) Sachverständige(r) *f(m),* Fachmann/-frau *m/f;* ■ ~ **de** *de la finance, politique, du roman* -experte/-expertin *m/f*
◆ **technicien(ne) de surface** Reinigungskraft *f*

technicité [tɛknisite] *f* hohe Spezialisiertheit; ***un travail de haute*** ~ eine Arbeit, die hohes Fachwissen erfordert

technico-commercial, e <~-~aux> [tɛknikokɔmɛʀsjal, jo] **I.** *adj* kaufmännisch-technisch
II. *m, f* COM kaufmännisch-technische(r) Angestellte(r) *f(m)*

technicolor® [tɛknikɔlɔʀ] *m* Technicolor® *nt*
▸ **en** ~ in Technicolor

technique [tɛknik] **I.** *adj* technisch; *ouvrage, revue, terme* Fach-; ***escale*** ~ technisch bedingte Zwischenlandung; ***lycée*** ~ Fachoberschule *f*
II. *m* SCOL Fachschulwesen *nt*
III. *f* Technik *f;* ***les*** ~***s nouvelles*** die neuen Techniken; ***qn manque de*** ~ jdm fehlt es an der nötigen Technik
▸ ~ **d'information** Informationstechnik *f;* **qn a la [bonne]** ~ *fam* jd hat den Dreh raus *fam*

techniquement [tɛknikmɑ̃] *adv* technisch

technocrate [tɛknɔkʀat] *mf péj* Technokrat(in) *m(f)*

technocratie [tɛknɔkʀasi] *f péj* Technokratie *f*

technocratique [tɛknɔkʀatik] *adj péj* technokratisch

technologie [tɛknɔlɔʒi] *f* Technologie *f*
◆ **technologie de pointe** Spitzentechnologie *f*

technologique [tɛknɔlɔʒik] *adj* technologisch

technologiste [tɛknɔlɔʒist] *mf,* **technologue** [tɛknɔlɔg] *mf* Technologe/-login *m/f*

technopole [tɛknɔpɔl] *f*, **technopôle** [tɛknɔpol] *m* Technologiepark *m* (*kombiniert mit Unterrichts- und Forschungsanstalten*)
teck [tɛk] *m* **1.** (*bois*) Teak[holz *nt*] ['tiːk-] *nt*
2. (*arbre*) Teakbaum *m*
tectonique [tɛktɔnik] **I.** *adj* tektonisch
II. *f* Tektonik *f*
T.E.E. [teøø] *m abr de* **Trans-Europ-Express** T.E.E. *m*
tee [ti] *m* Tee [tiː] *nt*
teenager [tinɛdʒœʀ] *mf* Teenager ['tiːneːdʒɐ] *m*
tee-shirt <~-~s> [tiʃœʀt] *m* T-Shirt ['tiːʃøːɐt] *nt*
Téfal® [tefal] *adj inv* Teflon®-
téflon® [teflɔ̃] *m* Teflon® *nt*
teigne [tɛɲ] *f* **1.** ZOOL Motte *f*
2. MED Grind *m*
3. *fam* (*personne méchante*) Giftkröte *f fam*
► **méchant(e) comme une** ~ *fam* erzfies *fam*
teigneux, -euse [tɛɲø, -øz] **I.** *adj fam* verbissen
II. *m, f* **1.** *fam* Giftkröte *f fam*, Fiesling *m fam*
2. MED an Grind Erkrankte(r) *f(m)*
teindre <*irr*> [tɛ̃dʀ] **I.** *vt* ■ **qn/qc teint qc** jd/etw färbt etw; *tissu a.* jd färbt etw ein; *bois* jd beizt etw; ■ **qn teint qc en ...**: ***qn teint qc en rouge/noir*** jd färbt etw rot/schwarz; ■ **qn fait ~ qc** jd lässt etw färben
II. *vpr* **1.** (*se donner une teinte*) ■ **qn se teint** jd färbt sich (*dat*) die Haare; ***elle se teint en rousse*** sie färbt sich (*dat*) die Haare rot; ■ **qn se teint qc** jd färbt sich (*dat*) etw; ***qn se teint qc en noir*** jd färbt sich (*dat*) etw schwarz
2. *littér* (*se colorer*) ■ **qc se teint de ...** etw färbt sich ...; ***le ciel se teint de roux*** der Himmel färbt sich rot
teint, e [tɛ̃, tɛ̃t] **I.** *pp de* **teindre**
II. *m* Teint *m*; ***il a un ~ de blond*** er hat den [typischen] Teint eines Blonden; ***qn a un ~ de lys et de rose*** jd sieht aus wie Milch und Blut
► **bon** ~ *hum* waschecht; **grand** ~ farbecht
teinte [tɛ̃t] *f* **1.** (*couleur*) Farbe *f*, Farbton *m*; ***qc prend une ~ jaunâtre*** etw färbt sich gelblich, etw nimmt einen gelblichen Farbton an
2. (*petite dose*) ■ **~ de qc** *d'humour, ironie, de malice, tristesse* Anflug *m* von etw
teinter <1> [tɛ̃te] **I.** *vt* **1.** (*colorer*) ■ **qn/qc teinte qc** [**avec/de qc**] jd/etw tönt etw [mit etw]; ***verres teintés*** getönte Gläser *pl*; ***un blanc teinté de jaune/gris*** ein Weiß *nt* mit einem Stich ins Gelbe/Graue
2. (*être nuancé*) ■ **teinté(e) de ...**: ***un discours teinté de puritanisme*** eine puritanisch gefärbte Rede; ***des termes teintés de modestie*** bescheidene Worte *pl*
II. *vpr* **1.** (*se colorer*) ■ **qc se teinte de ...** *de roux, pourpre* etw färbt sich ...; ***qc se teinte de rose*** etw färbt sich rosa
2. (*se nuancer*) ■ **qc se teinte de qc**: ***son discours se teintait d'ironie/d'amertume*** er/sie wurde ironisch/bitter
teinture [tɛ̃tyʀ] *f* **1.** (*colorant*) Färbemittel *nt*, Farbe *f*
2. PHARM ■ **~ de** *d'arnica, iode* -tinktur *f*
3. (*connaissance superficielle*) ■ **une ~ de qc** eine Ahnung von etw
4. (*fait de teindre*) Färben *nt*
teinturerie [tɛ̃tyʀʀi] *f* **1.** (*magasin*) [chemische] Reinigung
2. (*industrie*) Färberei *f*
teinturier, -ière [tɛ̃tyʀje, -jɛʀ] *m, f* **1.** (*commerçant*): ***qn porte qc chez le ~*** jd bringt etw zur [*o* in die] Reinigung
2. (*artisan*) Färber(in) *m(f)*
tek [tɛk] *m v.* **teck**
tel, le [tɛl] **I.** *adj indéf* **1.** (*semblable*) ■ **un(e) tel(le)** ... solch ein(e) ..., ein derartiger/eine derartige/ein derartiges ...; ■ **de tels ...** derartige ..., solche ...
2. (*ainsi*) ■ **tel est qn/qc** das ist jd/etw; ***telle n'est pas mon intention*** das ist nicht meine Absicht; ■ **tel ..., tel ...** wie ..., so ...; ***tel père tel fils*** wie der Vater, so der Sohn; ***telle j'étais autrefois, telle je suis restée*** wie ich früher war, so bin ich geblieben
3. (*comme*) ■ **tel que qn/qc** wie jd/etw; ***une femme telle que ma mère*** eine Frau wie meine Mutter; ***un homme tel que lui*** ein Mann wie er; ***dans une affaire telle que celle-ci*** in einer Angelegenheit wie dieser; ***les métaux tels que l'or, l'argent ...*** Metalle wie [zum Beispiel] Gold, Silber ...; ***il est tel que son père*** er ist wie sein Vater; ■ **tel qn/qc** *soutenu* gleich jdm/etw *geh*, wie jd/etw; ***elle s'est occupée d'eux telle une mère*** sie hat sich gleich einer Mutter um sie gekümmert *geh*; ■ **tel que** + *indic* so wie
4. (*si fort/grand*) ■ **un(e) tel(le)** ... solch ein(e) ..., ein derartiger/eine derartige/ein derartiges ...; ■ **de tels ...** derartige ..., solche ...; ■ **qc est tel que** + *indic*: ***sa bêtise est telle que*** er/sie ist so [*o* derart] dumm, dass
5. (*un certain*): ***tel jour et à telle heure*** an dem und dem Tag und um die und die Zeit; ***tel enfant qui se croit agressé*** ein Kind, das sich angegriffen fühlt; ■ **tel et tel/tel ou tel** *méthode, aliment, personne* diese(r, s) und jene(r, s)/diese(r, s) oder jene(r, s); ***qn dit telle et telle chose*** jd sagt dies und jenes; ***que tu choisisses telle ou telle méthode ...*** ob du die eine oder die andere Methode wählst ...
► **qn passe pour tel**: ***il n'est pas avare mais il passe pour tel*** er ist nicht geizig, aber er wird dafür gehalten; **en tant que** [*o* **comme**] **tel** als solche(r, s); **tel quel, tel que** *fam* (*dans le même état*): ***je vous rends vos livres tels quels*** ich gebe Ihnen die Bücher so zurück, wie ich sie bekommen habe; ***laissez tous ces dossiers tels quels*** lassen Sie die Akten so liegen; ***qn laisse les choses telles que*** jd lässt die Sachen unberührt; ***qn mange qc tel quel*** jd isst etw so, wie es ist; **rien de tel**: ***il n'y a rien de tel*** es gibt nichts Besseres; ***on n'a jamais rien vu de tel*** so etwas hat man noch nicht erlebt *fam*
II. *pron indéf* ■ **tel ... tel**: ***si tel ou tel te dit ...*** wenn dir dieser oder jener sagt, ...; ***tel prétend ceci, tel autre cela*** der eine behauptet dies und der andere das
III. *m, f v.* **untel**
télé [tele] *f fam abr de* **télévision** **1.** (*organisme*) Fernsehen *nt*; ***qn regarde la ~*** jd sieht fern
2. (*récepteur*) Fernseher *m*
téléachat [teleaʃa] *m* Teleshopping ['teːləʃɔpɪŋ] *nt*
télébenne [telebɛn] *f* Kabinenbahn *f*
télécabine [telekabin] *f v.* **télébenne**
télécarte [telekaʀt] *f* Telefonkarte *f*
téléchargement [teleʃaʀʒəmɑ̃] *m* (*d'une banque de données*) Herunterladen *nt*, Downloading ['daunloʊdɪŋ] *nt*; (*d'un ordinateur*) Einspeichern *nt*, Uploading ['aploʊdɪŋ] *nt*
télécharger <1> [teleʃaʀʒe] *vt* INFORM ■ **qn télécharge qc**: ***qn télécharge qc vers l'amont*** jd lädt etw hoch, jd uploadet etw ['aploʊdət] *spec*; ***qn télécharge qc vers l'aval*** jd lädt etw herunter, jd downloadet etw ['daunloʊdət] *spec*
Télécom [telekɔm]: ***France ~*** *französische Telefongesellschaft, entspricht der deutschen Telekom*
télécommande [telekɔmɑ̃d] *f* **1.** (*boîtier*) Fernsteuerung *f*; [*télé, magnétoscope etc*] Fernbedienung *f*
2. (*procédé*) Fernbedienung *f*; [*explosif, fusée*] Fernzündung *f*
télécommander <1> [telekɔmɑ̃de] *vt* **1.** TECH ■ **qn/qc télécommande qc** jd/etw steuert etw mit Fernbedienung; *explosion* jd zündet etw fern; ***cette porte est télécommandée*** diese Tür wird mit Fernbedienung geöffnet/geschlossen
2. (*organiser à distance*) ■ **qn/qc télécommande qc** jd/etw lenkt etw [aus der Ferne]
télécommunication [telekɔmynikasjɔ̃] *f gén pl* **1.** (*administration*) Fernmeldewesen *nt*
2. (*technique*) Fernmeldetechnik *f*
télécoms [telekɔm] *fpl fam abr de* **télécommunications** Fernmeldewesen *nt*
téléconférence [telekɔ̃feʀɑ̃s] *f* Konferenzschaltung *f*
télécopie [telekɔpi] *f* Fernkopie *f*
télécopieur [telekɔpjœʀ] *m* Fernkopierer *m*
télédétection [teledetɛksjɔ̃] *f* Fernabtastung *f*
télédiffuser <1> [teledifyze] *vt* ■ **qc télédiffuse qc** etw überträgt etw im Fernsehen
télédiffusion [teledifyzjɔ̃] *f* Fernsehübertragung *f*
télédistribution [teledistʀibysjɔ̃] *f* Kabelfernsehen *nt*
téléenseignement [teleɑ̃sɛɲəmɑ̃] *m* Fernunterricht *m*
téléfilm [telefilm] *m* Fernsehfilm *m*
télégénique [teleʒenik] *adj* telegen
télégramme [telegʀam] *m* Telegramm *nt*
télégraphe [telegʀaf] *m* Telegraf *m*
télégraphie [telegʀafi] *f* Telegrafie *f*
◆ **télégraphie sans fil** *vieilli* Funktelegrafie *f*
télégraphier <1 a> [telegʀafje] *vt* ■ **qn télégraphie qc** [**à qn**] **1.** (*envoyer un message en morse*) jd telegrafiert [jdm] etw; NAUT jd funkt [jdm] etw
2. *vieilli* (*envoyer un télégramme*) jd drahtet jdm etw *veraltet*
télégraphique [telegʀafik] *adj* **1.** TELEC telegrafisch; *fils, poteau* Telegrafen-; *alphabet, code* Morse-
2. (*abrégé*): ***style ~*** Telegrammstil *m*
télégraphiste [telegʀafist] *mf* **1.** (*opérateur*) Telegrafist(in) *m(f)*
2. (*messager*) Telegrammbote/-botin *m/f*
téléguidage [telegidaʒ] *m* Fernlenkung *f*
téléguider <1> [telegide] *vt* **1.** (*diriger à distance*) ■ **qn téléguide qc** jd steuert etw durch Fernlenkung
2. (*influencer à distance*) ■ **qn téléguide qn/qc** jd lenkt jdn/etw
téléimprimeur [teleɛ̃pʀimœʀ] *m* Fernschreiber *m*
télématique [telematik] **I.** *adj* telematisch; ***journal ~*** Btx-Zeitung *f*
II. *f* Datenfernübertragung *f*
télémètre [telemɛtʀ] *m* Entfernungsmesser *m*
télémétrie [telemetʀi] *f* Telemetrie *f*
télémétrique [telemetʀik] *adj* telemetrisch
téléobjectif [teleɔbʒɛktif] *m* Teleobjektiv *nt*
télépaiement [telepɛmɑ̃] *m* elektronische Zahlungsweise, elektronischer Zahlungsauftrag
télépathe [telepat] **I.** *adj* telepathisch
II. *mf* Telepath(in) *m(f)*
télépathie [telepati] *f* Telepathie *f*
télépathique [telepatik] *adj* telepathisch
téléphérique [telefeʀik] *m* Seilbahn *f*
téléphone [telefɔn] *m* Telefon *nt*
► **~ sans fil** schnurloses Telefon; **~ arabe** *hum* Buschtrommel *f fam*; **~ cellulaire** [*o* **mobile**] [*o* **portable**] Mobiltelefon *nt*; **~ public** Telefonzelle *f*; **~ rouge** heißer Draht; **~ visuel** Bildtelefon *nt*; **qn a le ~** jd hat Telefon; **au ~** am/ans Telefon; ***va répondre au ~!*** geh mal ans Telefon!
◆ **téléphone à cartes** Kartentelefon *nt*; **téléphone à touches** Tastentelefon *nt*; **téléphone de voiture** Autotelefon *nt*
téléphoner <1> [telefɔne] **I.** *vt* ■ **qn téléphone qc** [**à qn**] jd teilt [jdm] etw telefonisch mit; ***commande téléphonée*** telefonische Bestellung
II. *vi* ■ **qn téléphone** jd telefoniert; ■ **qn téléphone à qn** jd ruft jdn an, jd telefoniert mit jdm
III. *vpr* ■ **des personnes se téléphonent** Menschen rufen sich an
téléphonie [telefɔni] *f* ► **~ numérique mobile** Mobilfunk *m*
téléphonique [telefɔnik] *adj* Telefon-
téléphoniquement [telefɔnikmɑ̃] *adv* telefonisch
téléphoniste [telefɔnist] *mf* Telefonist(in) *m(f)*

téléphotographie [telefɔtɔgʀafi] *f* Telefotografie *f*
téléprompteur [telepʀɔ̃ptœʀ] *m* Teleprompter *m*
téléreportage [teleʀ(ə)pɔʀtaʒ] *m* Fernsehreportage *f*
télescopage [teleskɔpaʒ] *m* Kollision *f*
télescope [teleskɔp] *m* Teleskop *nt*
télescoper <1> [telɛskɔpe] **I.** *vt* ■ **qn/qc télescope qn/qc** jd/etw prallt mit jdm/etw zusammen, jd/etw kollidiert mit etw
II. *vpr* ■ **des choses se télescopent** **1.** (*se percuter*) Dinge kollidieren [*o* prallen aufeinander]
2. (*s'entremêler*) Dinge kollidieren [*o* geraten durcheinander]
télescopique [telɛskɔpik] *adj* **1.** ASTRON teleskopisch
2. TECH ausziehbar; ***antenne*** ~ Teleskopantenne *f*
téléscripteur [teleskʀiptœʀ] *m* Fernschreiber *m*
télésiège [telesjɛʒ] *m* Sessellift *m*
téléski [teleski] *m* Schlepplift *m*
téléspectateur, -trice [telespɛktatœʀ, -tʀis] *m, f* Fernsehzuschauer(in) *m(f)*
télésurveillance [telesyʀvɛjɑ̃s] *f* Fernüberwachung *f*
Télétel® [teletɛl] *m* Bildschirmtext® *m*
Télétex® [teletɛks] *m* Teletex® *m*
télétexte [teletɛkst] *m* Videotext *m*, Teletext *m*
télétraitement [teletʀɛtmɑ̃] *m* INFORM Datenfernverarbeitung *f*
télétransmission [teletʀɑ̃smisjɔ̃] *f* Fernübertragung *f*
télétravail [teletʀavaj] *m* Telearbeit *f*
télétype® [teletip] *m* Fernschreiber *m*
télévente [televɑ̃t] *f* Telemarketing *nt*
téléviser <1> [televize] *vt* ■ **qn télévise qc** jd überträgt etw im Fernsehen
téléviseur [televizœʀ] *m* Fernseher *m*, Fernsehgerät *nt*
télévision [televizjɔ̃] *f* **1.** (*organisme*) Fernsehen *nt*
2. (*technique*) Fernsehtechnik *f*
3. (*programmes*) Fernsehen *nt*
4. (*chaîne*) [Fernseh]programm *nt*
5. (*récepteur*) Fernseher *m*
▶ **qn regarde la** ~ jd sieht fern; **à la** ~ im Fernsehen
◆ **télévision par câble/satellite** Kabel-/Satellitenfernsehen *nt*
télévisuel, le [televizɥɛl] *adj* Fernseh-
télex [telɛks] *m* **1.** (*appareil*) Fernschreiber *m*, Telex *nt*
2. (*message*) Fernschreiben *nt*, Telex *nt*
télexer <1> [telɛkse] *vt* ■ **qn télexe qc [à qn]** jd telext [jdm] etw
tellement [tɛlmɑ̃] *adv* **1.** + *adj/adv* (*si*) so, dermaßen; ~ ***beau*** so [*o* dermaßen] schön; ~ ***bien fait*** so [*o* dermaßen] gut gemacht; ***ce serait ~ mieux*** das wäre weitaus besser; ***il est ~ plus fort*** [***que toi***]! er ist so viel stärker [als du]!; ■ ~ ... **que** + *indic beau, fatigué, mal fait etc* so ..., dass; ■ **pas** ~ ... **que** + *subj littér pauvre, vieux etc* nicht so ..., als dass
2. + *vb* (*tant*) [so] sehr; ***je l'aime*** ~ ich liebe ihn/sie so sehr; ■ **...** ~ **que/**~ **... que** + *indic* so [sehr], dass; ***je l'aime ~ que*** ich liebe ihn/sie so sehr, dass; ***il a ~ insisté que*** er hat so [sehr] darauf bestanden, dass
3. + *subst* ■ ~ **de** *de choses, gens, problèmes* so viele *de travail, d'argent* so viel; ***nous avons ~ de choses à nous dire*** wir haben uns so viel zu sagen; ■ ~ **de ... que** + *indic de choses, personnes, problèmes* so viele ..., dass; *de travail, d'argent* so viel ..., dass; ***j'ai ~ de choses à faire que*** ich habe so viel zu tun [*o* so viele Dinge zu erledigen], dass; ■ **pas** ~ **de ... que** + *subj littér de choses, personnes, problèmes* nicht so viele ..., als dass; *de travail, d'argent* nicht so viel ..., als dass
4. (*parce que*) so; ***on le comprend à peine ~ il parle vite*** man versteht ihn kaum, so schnell spricht er
5. (*très*) ■ **pas/plus** ~ ... *beau, grand, vite, bien fait etc* nicht besonders/nicht mehr so ...; ***il n'est pas/plus ~ costaud*** er ist nicht besonders kräftig/nicht mehr so kräftig
6. (*beaucoup*) ■ **pas/plus** ~ *aller, voir, venir* nicht oft/nicht mehr so oft; *boire, manger, travailler* nicht so viel/nicht mehr so viel; *aimer* nicht sehr/nicht mehr sehr; ***ce n'est plus ~ demandé/à la mode*** das ist nicht mehr sehr gefragt/in Mode; ***qc ne se fait plus*** ~ etw ist nicht mehr so üblich
tellure [telyʀ] *m* CHIM Tellur *nt*
tellurique [telyʀik] *adj courant, prospection, secousse* Erd-; *eaux* Grund-; *planète* terrestrisch
téméraire [temeʀɛʀ] *adj* **1.** (*audacieux*) gewagt, kühn
2. (*présomptueux*) vermessen
témérité [temeʀite] *f* Kühnheit *f*; ***folle*** ~ Tollkühnheit
témoignage [temwaɲaʒ] *m* **1.** JUR [Zeugen]aussage *f*
2. (*récit*) Aussage *f*
3. (*attestation*) Zeugnis *nt*
4. (*manifestation*) ■ ~ **de qc** Beweis *m* einer S. (*gen*); ~ ***d'amitié/de confiance*** Freundschafts-/Vertrauensbeweis
▶ **faux** ~ Falschaussage *f*; **qn/qc porte** ~ **de qc** jd/etw bezeugt etw; **qn porte un** ~ **sur qc** [*o* **rend** ~ **de qc**] jd legt Zeugnis über etw (*akk*) ab; **qn rend** ~ **à qn de qc** jd bezeugt jdm etw; **en** ~ **de qc** als Zeichen einer S. (*gen*)
témoigner <1> [temwaɲe] **I.** *vi* **1.** (*déposer*) ■ **qn témoigne [en faveur de/contre qn]** jd sagt [zugunsten jds/gegen jdn] aus
2. (*faire un récit*) ■ **qn témoigne** jd berichtet
3. (*attester, jurer*) ■ **qn témoigne de qc** jd bezeugt etw
4. (*démontrer*) ■ **qn/qc témoigne de qc** jd/etw beweist etw
5. (*manifester*) ■ **qc témoigne de qc** etw zeugt von etw
II. *vt* **1.** (*certifier*) ■ **qn témoigne que** + *indic* jd bezeugt, dass
2. (*faire preuve de*) ■ **qn témoigne qc** jd zeigt etw; ■ **qn témoigne qc à** [*o* **envers**] **qn** *aversion* jd hegt etw jdm gegenüber; *sympathie* jd bringt jdm etw entgegen; ***qn témoigne de la reconnaissance à qn*** jd zeigt sich jdm gegenüber dankbar
3. (*prouver*) ■ **qc témoigne que** + *indic* etw beweist, dass
témoin [temwɛ̃] **I.** *m* **1.** (*personne qui a vu, entendu ou qui témoigne*) Zeuge/Zeugin *m/f*; (*à un mariage*) Trauzeuge/-zeugin; ~ ***capital/principal*** Kron-/Hauptzeuge/-zeugin
2. (*cadre*) [*époque, événement*] Zeuge/-zeugin *m/f*; ***cette maison, ~ de mon enfance*** dieses Haus, Zeuge meiner Kindheit
3. (*preuve*) ■ **qc est [un]** ~ **de qc** *d'un sentiment, d'une époque* etw ist Zeuge einer S. (*gen*); ■ **...,** ~ **qc** ..., was etw beweist; ..., wie etw zeigt; ***il est capable d'une grande cruauté, ~ son comportement lors de ...*** er kann sehr grausam sein, wie sein Verhalten bei ... gezeigt hat [*o* bewiesen hat]; ***ce mot n'existait pas au XVIIe siècle, ~s les dictionnaires de cette époque*** dieses Wort existierte im 17. Jahrhundert nicht, wie die Wörterbücher aus jener Zeit zeigen
4. SPORT Staffelstab *m*; ***le passage du*** ~ die Stabübergabe
5. GEOL Zeugenberg *m*
6. (*voyant lumineux*) Kontrollleuchte *f*
▶ **faux** ~ JUR falscher Zeuge/falsche Zeugin; ~ **oculaire** Augenzeuge/-gin *m/f*; **qn appelle un** ~ jd ruft einen Zeugen auf; **qn est** ~ **[de qc]** jd ist Zeuge/-gin *m/f* [einer S. (*gen*)]; **qn est** ~ **que** + *indic soutenu* jd kann bezeugen, dass; **qn m'est/t'est/...** ~ **que** + *indic* jd ist mein/dein/... Zeuge, dass; jd kann bezeugen, dass ich/du/...; **qn prend qn à** ~ **[que ...]** + *indic*: ***je vous prends à*** ~ [***que*** + *indic*] Sie sind mein Zeuge[, dass]; **devant** ~[**s**] vor Zeugen
II. *app lampe, sujet* Kontroll-; *appartement* Muster-; ***réalisation*** ~ Vorzeigeobjekt *nt*
◆ **témoin à charge/décharge** Belastungs-/Entlastungszeuge/-gin *m/f*; **Témoin de Jéhovah** Zeuge/-gin *m/f* Jehovas; **témoin de moralité** Leumundszeuge/-gin *m/f*
tempe [tɑ̃p] *f* Schläfe *f*
▶ **qn a les ~s argentées** [*o* **grisonnantes**] jd hat graue Schläfen *pl*
tempérament [tɑ̃peʀamɑ̃] *m* **1.** (*caractère*) Natur *f*
2. (*sensualité*): ***qn a du*** ~ jd ist heißblütig; ***qn est de ~ ardent/froid*** jd ist heißblütig/gefühlskalt
3. (*constitution*) Konstitution *f*
4. (*vitalité*) Temperament *nt*
▶ **à** ~ COM Teilzahlungs-, Raten-
tempérance [tɑ̃peʀɑ̃s] *f* **1.** (*sobriété*) Mäßigkeit *f*; ***qn observe la*** ~ jd hält Maß
2. (*continence*) Enthaltsamkeit *f*
tempérant, e [tɑ̃peʀɑ̃, ɑ̃t] *adj* **1.** (*sobre*) maßvoll, mäßig
2. (*continent*) enthaltsam
température [tɑ̃peʀatyʀ] *f* **1.** METEO, PHYS Temperatur *f*; ~ ***ambiante/extérieure/moyenne*** Raum-/Außen-/Durchschnittstemperatur; ■ ~ **de:** ~ ***d'ébullition/de fusion*** Siede-/Schmelzpunkt *m*
2. (*chaleur du corps*) [Körper]temperatur *f*; ***animaux à ~ variable*** wechselwarme Tiere *pl*
3. (*fièvre*) Fieber *nt*
4. (*ambiance*) Stimmung *f*
▶ ~ **absolue** absoluter Nullpunkt; **qn a** [*o* **fait** *fam*] **de la** ~ jd hat Fieber; **qn prend la** ~ **de qn** jd misst bei jdm Fieber; **qn prend la** ~ **de qc** jd erkundet die Stimmung einer S. (*gen*); **qn prend sa** ~ jd misst [bei sich] Fieber
tempéré, e [tɑ̃peʀe] *adj* **1.** METEO gemäßigt
2. MUS temperiert; ***bien*** ~ wohl temperiert
tempérer <5> [tɑ̃peʀe] **I.** *vt* **1.** (*modérer*) ■ **qn/qc tempère qn/qc** jd/etw bremst jdn/etw; *ardeur, enthousiasme a.* jd/etw zügelt etw; *douleur, peine* jd/etw lindert etw
2. METEO ■ **qc tempère qc** etw mildert etw
II. *vpr soutenu* ■ **qn/qc se tempère** jd/etw mäßigt sich
tempête [tɑ̃pɛt] *f* **1.** METEO Unwetter *nt*, Sturm *m*; ■ ~ **de** -sturm
2. (*agitation*) Unruhe *f*
3. (*déchaînement*) ■ ~ **de qc** *d'injures, invectives* Flut *f* [von] etw; ~ ***d'applaudissements/de rires*** Beifallssturm *m*/Lachsalve *f*
▶ **une** ~ **dans un verre d'eau** ein Sturm *m* im Wasserglas
tempêter <1> [tɑ̃pete] *vi* ■ **qn tempête [contre qn/qc]** jd wettert [*o* tobt] [gegen jdn/etw]
tempétueux, -euse [tɑ̃petɥø, -øz] *adj littér* **1.** METEO stürmisch
2. (*agité*) turbulent, stürmisch; *vie* bewegt
temple [tɑ̃pl] *m* **1.** ART, HIST Tempel *m*
2. REL *protestant* Kirche *f*; ■ **le T~** der Templerorden; HIST der Temple (*Hauptniederlassung des Templerordens in Paris*)
3. (*lieu de prédilection*) ■ ~ **de qc** *de la gastronomie, du savoir* Hochburg *f* einer S. (*gen*)
tempo <-pi *o* s> [tɛmpo, i] *m* Tempo *nt*; MUS *a.* Zeitmaß *nt*
▶ **a** ~ a tempo
temporaire [tɑ̃pɔʀɛʀ] *adj* **1.** (*intérimaire*) befristet, auf Zeit; *personnel, travail* Zeit-; ***à titre*** ~ vorübergehend
2. (*passager*) momentan; ***exposition*** ~ Sonderausstellung *f*
temporairement [tɑ̃pɔʀɛʀmɑ̃] *adv* vorübergehend
temporal, e <-aux> [tɑ̃pɔʀal, o] **I.** *adj* Schläfen-
II. *m* Schläfenbein *nt*
temporel, le [tɑ̃pɔʀɛl] **I.** *adj* **1.** LING temporal; ***subordonnée ~le/adverbe*** ~ Temporalsatz *m*/-adverb *nt*
2. REL *biens* irdisch; *pouvoir* weltlich
3. (*opp: spatial*) zeitlich
4. (*opp: éternel*) vergänglich
II. *m* Zeitlichkeit *f*
temporisateur, -trice [tɑ̃pɔʀizatœʀ, -tʀis] **I.** *adj* abwartend; ***politique ~trice*** Hinhaltepolitik *f*
II. *m, f* Verzögerungstaktiker(in) *m(f)*

temporisation [tɑ̃pɔʀizasjɔ̃] *f* Abwarten *nt*

temporiser <1> [tɑ̃pɔʀize] *vi* ■ **qn temporise** jd wartet ab

temps[1] [tɑ̃] *m* **1.** (*durée*) Zeit *f; **qn passe** [**tout**] **son ~ à faire qc*** jd verbringt seine [ganze] Zeit damit, etw zu tun; ***laisse-lui le temps d'arriver*** lass ihn/sie doch erst einmal ankommen; ***lorsqu'il en est ~*** wenn es an der Zeit ist; ■ **~ de** *de pose, travail* -zeit; ~ ***de parole*** Sprechzeit, Redezeit
2. (*déroulement du temps*) Zeit *f;* ■ **le T~** die Zeit
3. (*moment*) Zeit *f,* Zeitpunkt *m*
4. *pl* (*époque*) Zeiten *pl; **les ~ modernes*** die Moderne; ***quels ~ nous vivons!*** *fam* in welchen Zeiten wir doch leben!
5. (*période*) Ära *f,* Zeitalter *nt; **les jeunes de notre ~*** die heutige Jugend
6. (*saison*) ■ **le ~ de qc** die Zeit einer S. (*gen*); ***le ~ des cerises/moissons*** die Kirschen-/Erntezeit; ***le ~ de la chasse*** die Jagdsaison
7. GRAM, LING Zeit *f*
8. TECH Takt *m; **moteur à deux/quatre ~*** Zweitakt-/Viertaktmotor *m*
9. MUS Takt *m*
10. SPORT Zeit *f; **qn réalise le meilleur ~*** jd hat die beste Zeit
► **le ~ c'est de l'argent** *prov* Zeit ist Geld; **à ~ et à contretemps** ständig; **en ~ et lieu** zur rechten Zeit am rechten Ort; **ce n'est ni le ~ ni le lieu** [**de faire qc**] es ist weder die richtige Zeit noch der richtige Ort [etw zu tun]; **en deux ~ trois mouvements** im Handumdrehen; **la plupart** [*o* **les trois quarts**] **du ~** die meiste Zeit; **il y a beau ~ que** + *indic* es ist schon lange her, dass; **c'était le bon ~** das waren noch [schöne] Zeiten; **du bon ~**: ***qn se donne*** [*o* ***se paie***] [*o* ***prend***] ***du bon ~*** jd lässt es sich (*dat*) gut gehen *fam,* jd macht sich (*dat*) eine schöne Zeit *fam;* **le bon vieux ~** die gute alte Zeit; **le plus clair de mon/ton/... ~** der Großteil meiner/deiner/... Zeit; **à ~ complet**: ***emploi à ~ complet*** Ganztagsbeschäftigung *f; **qn travaille à ~ complet*** jd arbeitet ganztägig [*o* ganztags]; **ces derniers ~, ces ~ derniers** in letzter Zeit; **les ~ sont durs** es sind schwere Zeiten; **il est grand ~** [**de faire qc/que** + *subj*] es ist höchste Zeit [etw zu tun /, dass]; **depuis des ~ immémoriaux, de ~ immémorial** seit undenkbaren Zeiten; **en des ~ immémoriaux** in grauer Vorzeit; **dans mon/ton/... jeune ~** in meiner/deiner/... Jugend; **~ libre** Freizeit *f; **qn a du ~ libre*** jd hat [freie] Zeit; **qn trouve le ~ long** (*s'impatiente*) jd wird ungeduldig; (*s'ennuie*) jd langweilt sich; **~ mort** Leerlauf *m;* SPORT Auszeit *f;* **en ~ normal** [*o* **ordinaire**] normalerweise; **en ~ opportun** [*o* **utile**] [*o* **voulu**] zu gegebener Zeit; **~ partagé** Timesharing ['taimʃæːrɪŋ] *nt;* **à ~ partiel**: ***emploi à ~ partiel*** Teilzeitbeschäftigung *f; **qn travaille à ~ partiel*** jd hat eine Teilzeitbeschäftigung; **à ~ perdu**: ***qn fait qc à ~ perdu*** wenn jd [gerade] nichts zu tun hat, tut er etw; **à plein ~** ganztags; **les premiers ~** in der ersten Zeit, anfangs; **dans un premier/second ~** zunächst/anschließend; **quelque ~** einige Zeit; ***il y a quelque ~ déjà*** es [*o* das] ist schon einige Zeit her; **~ réel** Realzeit *f;* **~ solaire vrai** wahre Sonnenzeit; **tout le ~** ständig, dauernd; **~ universel** Weltzeit *f;* **qn a/n'a pas le ~** [**de faire qc**] jd hat/hat keine Zeit [etw zu tun]; **qn a du ~** [**devant lui**] jd hat Zeit; **qn a tout son ~** jd hat viel Zeit; **qc n'a qu'un ~** etw hat keinen Bestand, etw ist nicht von Dauer; **il y a un ~ pour tout** alles zu seiner Zeit; **qn n'a pas le ~ de dire ouf** *fam* ehe sich jd versieht *fam;* **les ~ changent** die Zeiten ändern sich; **le ~ de qn est compté** (*qn n'en a plus pour longtemps*) jds Stunden sind gezählt; (*qn est pressé*) jd hat nicht viel Zeit; **par les ~ qui courent** *fam* heutzutage; **en moins de ~ qu'il n'en faut pour le dire** schneller als man gucken kann *fam;* **qn/qc donne du ~ à qn** jd gibt jdm Zeit/etw lässt jdm Zeit; **qn est dans les ~** jd liegt [noch] in der Zeit; **qn est de son ~** jd ist ein Kind seiner Zeit; **il est** [**largement**] **~!** es wird höchste Zeit!; **il est ~** [**de faire qc/que** + *subj*] es ist Zeit; es wird Zeit, etw zu tun/dass; **il n'est** [*o* **il est plus**] **que ~** es ist höchste Zeit; **le ~ n'est plus où ...** + *indic* die Zeiten, als ..., sind vorbei; **il était ~!** es war allerhöchste Zeit!; **qn laisse faire le ~** jd lässt die Zeit für sich arbeiten; **qn fait/a fini son ~** MIL jd leistet seinen Wehrdienst ab/hat seinen Wehrdienst abgeleistet; **qn/qc a fait son ~** jds Zeiten sind vorbei/etw hat ausgedient; **qn gagne du ~** jd gewinnt Zeit, jd schindet Zeit *fam;* **qn ne laisse pas à qn le ~ de dire** [*o* **faire**] **ouf** jd lässt jdm keine Zeit Luft [*o* Atem] zu holen; ***laissez-moi le ~ de dire ouf*** lassen Sie mich erst einmal Luft [*o* Atem] holen; **qn/qc met du ~** [**à** [*o* **pour**] **faire qc**] jd/etw braucht lang [um etw zu tun]; **qc passe** [*o* **fait passer**] **le ~** [**à qn**] etw vertreibt [jdm] die Zeit; ***qn fait qc pour faire passer le ~*** jd tut etw zum Zeitvertreib; jd tut etw, um sich (*dat*) die Zeit zu vertreiben; **qn passe** [*o* **tue**] **le ~** jd schlägt die Zeit tot; **qn prend le ~ comme il vient** jd nimmt die Dinge wie sie kommen; **qn prend son ~** jd nimmt [*o* lässt] sich (*dat*) Zeit; **le ~ presse** die Zeit drängt; **à ~** rechtzeitig; **à deux/trois/quatre ~** MUS im Zweiviertel-/Dreiviertel-/Viervierteltakt; **au ~** [*o* **du ~**] **de qn/qc/où** zu jds Zeiten/zur Zeit einer S. (*gen*)/zu der Zeit, als; **avant le ~** vorzeitig; **avec le ~** mit der Zeit; **dans le ~** früher; **dans peu/combien de ~** bald [*o* in Kürze]/wann; **de mon/ton/... ~** zu meiner/deiner/... Zeit; **de ~ en ~, de ~ à autre** von Zeit zu Zeit, dann und wann; **de tout ~** immer schon; **depuis le ~** seither; **depuis le ~ que** + *indic* es ist schon ewig her, dass; ***depuis le ~ que je te le dis!*** ich sage dir das doch schon ewig!; **depuis ce ~-là** seitdem; **en ce ~-là** zu jener Zeit, damals; **en ces ~ ...** *difficiles, agités* in jenen ... Zeiten; **en même ~** gleichzeitig; **en ~ de qc**: ***en ~ de crise/guerre/paix*** in Krisen-/Kriegs-/Friedenszeiten *pl;* **en peu de ~** in kurzer Zeit, im Nu *fam;* **en son ~** (*autrefois*) zu seiner/ihrer Zeit; (*au moment opportun*) zu seiner Zeit; ***nous en reparlerons en son ~*** wir unterhalten uns noch mal darüber, wenn es an der Zeit ist; **hors du ~** weltfremd, wirklichkeitsfremd; **pour un ~** für eine Weile [*o* gewisse Zeit]; **ces ~-ci** in der letzten Zeit, in letzter Zeit; **le ~ de qc**: ***le ~ d'un été/d'une journée*** einen Sommer/einen Tag lang; **le ~ de faire qc**: ***le ~ de mettre mon manteau et je ...*** ich ziehe nur [noch] schnell meinen Mantel an und dann ...; ***le ~ d'acheter mon journal, ma voiture avait disparu*** ich habe nur kurz [*o* schnell] die Zeitung gekauft und da war mein Wagen auch schon weg; **le ~ que** + *subj* [solange] bis; ***elle doit rester au lit le ~ que sa fièvre soit tombée*** sie muss das Bett hüten, bis das Fieber gefallen ist; **un ~** für eine [kurze] Zeit; ***ça va un ~*** das geht eine Zeit lang, das geht für eine [kurze] Zeit
◆ **temps d'accès** INFORM Zugriffszeit *f;* **temps d'antenne** Sendezeit *f;* **temps d'arrêt**: ***qn marque un ~ d'arrêt*** jd zögert [einen Moment]; **temps de pose** PHOT Belichtungszeit *f;* **temps de réflexion** Bedenkzeit *f;* **temps de réponse** INFORM Reaktionszeit *f,* Antwortzeit *f*

temps[2] [tɑ̃] *m* METEO Wetter *nt*
► **~ de chien** [*o* **de cochon**] *fam* Sauwetter *nt fam;* **un ~ à ne pas mettre un chien** [*o* **le nez**] **dehors** *fam* ein Wetter, bei dem man keinen Hund vor die Tür jagt *fam;* **~ de saison** der Jahreszeit entsprechendes Wetter; **~ de Toussaint** nasskaltes Wetter; **qn a beau/mauvais ~** jd hat schönes/schlechtes Wetter; **il fait beau/mauvais ~** das Wetter ist schön/schlecht; **gros ~** stürmisches Wetter; **le ~ est au/à la ...**: ***le ~ est au beau/froid/à l'orage/à la pluie*** es ist schön/kalt/gewittrig/regnerisch; **quel ~ fait-il?** wie ist das Wetter?; **il fait un ~ ...** es ist ... Wetter; ***il fait un ~ splendide*** es ist herrliches Wetter; **le ~ se met à qc**: ***le ~ se met au beau/froid*** es [*o* das Wetter] wird schön/kalt; ***le ~ se met à l'orage/la pluie*** es sieht nach Gewitter/Regen aus; **par tous les ~** [*o* **n'importe quel ~**] bei jedem [Wind und] Wetter; **par ce ~** bei diesem Wetter; **par ~ ...** bei ... Wetter; ***par ~ clair*** bei klarem Wetter

tenable [t(ə)nabl] *adj* ■ **qn/qc n'est pas ~** jd/etw ist unerträglich; / *situation, température*/ etw ist nicht auszuhalten; / *position, point de vue*/ etw ist nicht haltbar

tenace [tənas] *adj* **1.** (*persistant*) hartnäckig; *haine* erbittert; *croyance* unerschütterlich
2. (*obstiné*) *personne, résistance* hartnäckig
3. (*de forte adhérence*) *colle* fest klebend

tenacement [tənasmɑ̃] *adv soutenu* hartnäckig

ténacité [tenasite] *f* **1.** (*obstination*) Hartnäckigkeit *f*
2. (*persévérance*) Beharrlichkeit *f*
3. (*persistance*) Hartnäckigkeit *f;* [*préjugé*] Unausrottbarkeit *f*
► **avec ~** zäh, unnachgiebig

tenaille [t(ə)nɑj] *f v.* **tenailles**

tenailler <1> [tənɑje] *vt* ■ **qc tenaille qn** / *faim*/ etw quält jdn; *soutenu* / *inquiétude, remords*/ etw peinigt jdn *geh*

tenailles [t(ə)nɑj] *fpl* [Beiß]zange *f*
► **qn prend qn en ~** jd nimmt jdn in die Zange

tenancier, -ière [tənɑ̃sje, -jɛʀ] *m, f* Geschäftsführer(in) *m(f); **~ière d'une maison close*** Puffmutter *f fam*

tenant, e [tənɑ̃, ɑ̃t] **I.** *adj v.* **séance**
II. *m* **1.** *gén pl* (*partisan*) Verfechter(in) *m(f)*
2. SPORT ■ **le/la ~(e) de**: ***le ~ de la coupe*** der Pokalsieger; ***la ~e du titre*** die Titelverteidigerin
► **les ~s et les aboutissants** (*circonstances*) die näheren Umstände, die Begleitumstände; (*lieux contigus*) die angrenzenden Grundstücke; **d'un seul ~** in einem Stück, zusammenhängend

tendance [tɑ̃dɑ̃s] *f* **1.** PSYCH Neigung *f*
2. (*propension*) ■ **~ à qc** Hang *m* zu etw
3. (*opinion*) Gesinnung *f*
4. (*orientation*) Tendenz *f,* Trend *m*
5. BOURSE, FIN Tendenz *f; **les actions ont une ~ à la baisse/hausse*** die Aktien haben eine fallende/[auf]steigende Tendenz, die Aktien haben eine Baisse-/Haussetendenz
► **qn/qc a ~ à qc/à faire qc** jd/etw neigt [*o* tendiert] zu etw/dazu, etw zu tun; **la ~ est à qc** der Trend geht in Richtung etw; ***la ~ est à la baisse*** BOURSE die Tendenz ist fallend

tendancieusement [tɑ̃dɑ̃sjøzmɑ̃] *adv* tendenziös, voreingenommen

tendancieux, -euse [tɑ̃dɑ̃sjø, -jøz] *adj* voreingenommen, tendenziös

tender [tɑ̃dɛʀ] *m* Tender *m*

tendeur [tɑ̃dœʀ] *m* **1.** (*câble pour fixer*) [Gummi]spanner *m*
2. TECH Spanner *m*

tendineux, -euse [tɑ̃dinø, -øz] *adj* (*coriace*) sehnig; ANAT Sehnen-

tendinite [tɑ̃dinit] *f* Sehnenentzündung *f*

tendon [tɑ̃dɔ̃] *m* Sehne *f*
◆ **tendon d'Achille** Achillessehne *f*

tendre[1] <14> [tɑ̃dʀ] **I.** *vt* **1.** (*raidir*) ■ **qn/qc tend qc** jd/etw spannt etw; ***leurs rapports sont tendus*** sie stehen in gespanntem Verhältnis zueinander
2. (*installer*) ■ **qn tend qc** [**quelque part**] *bâche, filet* jd spannt etw [irgendwo]; *tapisserie* jd hängt etw [irgendwo] auf; ■ **un animal tend qc** [**quelque part**]: ***l'araignée tend sa toile*** die Spinne spannt ihr Netz
3. (*présenter*) ■ **qn/un animal tend qc** [**à qn**] *cou* jd/ein Tier reckt etw; *bonbon, briquet, cigarette* jd reicht [jdm] etw; *bras* jd streckt etw aus; *joue* jd hält [jdm] etw hin; *main* jd streckt [jdm] etw entgegen; ***qn tend le poing*** jd hält die geballte Faust in die Höhe
4. (*tapisser*) ■ **qn tend qc de qc** *pièce* jd bespannt etw mit etw
II. *vpr* **1.** (*se raidir*) ■ **qc se tend** etw spannt sich; ***les relations entre deux pays se sont tendues*** die Beziehungen zwischen zwei Ländern wurden angespannt; ■ [**qn/qc est**] **tendu(e)** [jd ist] angespannt/[etw ist] gespannt
2. (*se présenter*) ■ **qc se tend** [**à qn**] / *main* / etw streckt sich [jdm] entgegen
III. *vi* **1.** (*aboutir à*) ■ **qc tend à faire qc** *disparaître* etw tut letztlich etw
2. (*viser à*) ■ **qn tend à** [*o* **vers**] **qc/à faire qc** jd/etw zielt auf etw (*akk*) ab/darauf ab, etw zu tun
3. MATH ■ **qc tend vers qc** *vers zéro, l'infini* etw strebt gegen etw

tendre[2] [tɑ̃dʀ] **I.** *adj* **1.** (*opp: dur*) weich; *peau, viande* zart
2. (*affectueux*) zärtlich; *ami a.* liebevoll; *amitié, sentiments* innig
3. (*jeune, délicat*) zart
4. (*léger*) *couleur* zart; ***rose/bleu ~*** zartrosa/-blau

▸ **qn n'est pas** ~ [**pour** [*o* **avec**] [*o* **envers**] **qn/qc** jd ist nicht gerade zimperlich [mit jdm/etw], jd schont jdn/etw nicht
II. *m, f*: ***c'est un/une*** ~ er/sie ist zart besaitet
tendrement [tɑ̃dʀəmɑ̃] *adv* liebevoll, zärtlich; *aimer* innig[lich]
tendresse [tɑ̃dʀɛs] *f* 1. ∅ (*affection*) [zärtliche] Liebe
2. *pl* (*marques d'affection*) Zärtlichkeit *f*; ***mille ~s!*** in Liebe!
3. (*indulgence*) ■ ~ **pour** [*o* **envers**] [*o* **à l'égard de**] **qn/qc** Nachsicht *f* jdm/etw gegenüber; ***qn garde des ~s communistes*** jd hat weiterhin eine Schwäche für den Kommunismus
tendreté [tɑ̃dʀəte] *f* Zartheit *f*
tendron [tɑ̃dʀɔ̃] *m* 1. GASTR Brustspitze *f*
2. *fam* (*jeune fille*) junges Ding *fam*
ténèbres [tenɛbʀ] *fpl* 1. *littér* (*obscurité*) Dunkel *nt geh*
2. REL Finsternis *f*
ténébreux, -euse [tenebʀø, -øz] I. *adj* 1. *littér* (*obscur*) finster, dunkel
2. *soutenu* (*malaisé à comprendre*) dunkel, mysteriös
3. *littér* (*sombre*) *personne, regard, visage* düster, finster
II. *m* ▸ **beau** ~ *hum* Verehrer *m fam*
teneur [tənœʀ] *f* 1. (*contenu exact*) Wortlaut *m*
2. (*proportion*) Gehalt *m*; ■ ~ **en** -gehalt
ténia [tenja] *m* Bandwurm *m*
tenir <9> [t(ə)niʀ] I. *vt* 1. (*avoir en main*) ■ **qn tient qc** jd hält etw in der Hand
2. (*maintenir*) ■ **qn tient qn/un animal/qc** jd hält jdn/ein Tier/etw; ***peux-tu ~ l'enfant/le chien/l'échelle?*** kannst du das Kind/den Hund/die Leiter halten?; ■ **qn/qc tient qn/un animal/qc d'une certaine façon** jd hält jdn/ein Tier/etw irgendwie; ***qn tient les yeux fermés/ouverts*** jd hält die Augen geschlossen/offen; ***la maladie le tient couché*** die Krankheit fesselt ihn ans Bett; ***qn tient sa porte ouverte*** jd lässt seine Tür offen; ***le café me tient éveillé*** [der] Kaffee hält mich wach; ■ **qn tient qn/un animal/qc quelque part** jd hält jdn/ein Tier/etw irgendwo; ***elle tient l'enfant sur ses genoux*** sie hat das Kind auf dem Schoß; ***il tient le chat dans ses bras*** er hält die Katze im Arm; ***qn tient qc en lieu sûr*** jd verwahrt etw an einem sicheren Ort
3. (*avoir*) ■ **qn tient qn/qc** jd hat jdn/etw; ■ **qn tient qc** *article, marchandise* jd führt etw
4. MUS ■ **qn tient qc** *note* jd hält etw
5. (*avoir sous son contrôle*) ■ **qn tient qn/qc** jd hat jdn/etw [fest] im Griff; MIL jd hält etw; ***ces enfants sont très tenus*** diese Kinder werden an der kurzen Leine gehalten
6. (*s'occuper de*) ■ **qn tient qn/qc** jd kümmert sich um jdn/etw; *comptes, hôtel, magasin, maison a.* jd führt etw; ***tes cahiers sont mal tenus*** deine Hefte sind schlecht geführt
7. (*assumer*) ■ **qn tient qc** *conférence, meeting* jd hält etw; *rôle* jd spielt etw; ***qui tient cet emploi chez vous ?*** wer hat bei Ihnen diesen Posten inne?
8. (*avoir reçu*) ■ **qn tient qc de qn** jd hat etw von jdm
9. (*occuper*) ■ **qn/qc tient qc** *largeur, place* jd/etw nimmt etw ein
10. (*contenir*) ■ **qc tient des personnes/qc** etw fasst Menschen/etw
11. (*résister à*) ■ **qn/qc tient qc** jd/etw hält einer S. (*dat*) stand; ***qc tient l'eau*** etw ist wasserdicht
12. (*mobiliser*) ■ **qc tient qn** /*affaire, lecture, travail*/ etw nimmt jdn in Anspruch
13. (*retenir*) ■ **qn tient qn** jd hält jdn auf; ***il m'a tenu dans son bureau pendant près de deux heures*** er hat mich zwei Stunden in seinem Büro festgehalten
14. (*habiter*) ■ **qc tient qn** /*jalousie, colère, envie*/ etw packt jdn
15. (*être contraint*) ■ **qn est tenu(e) à qc/de faire qc** jd ist an etw (*akk*) gebunden/jd muss etw tun
16. (*respecter*) ■ **qn tient qc** *parole, promesse, pari* jd hält etw; ***pari tenu!*** die Wette gilt!
17. (*énoncer*) ■ **qn tient qc**: ***comment peut-on ~ de tels discours*** [*o* ***propos***] ***?*** wie kann man nur so etwas sagen?; ***qn tient un langage grossier*** jd drückt sich grob aus; ***les propos que tu tiens*** deine Worte
18. (*juger*) ■ **qn tient qn/qc pour qn/qc** jd hält jdn/etw für jdn/etw
▸ **pendant que je te/vous tiens** da du schon mal da bist/da Sie schon mal da sind; **qn tient quelque chose** *fam* (*est malade*) jdn hat's ganz schön erwischt *fam*; (*est ivre*) jd hat einen sitzen *fam*; (*est stupide*) jd ist total bescheuert *fam*, bei jdm stimmt's nicht ganz *fam*; **qn en tient une** *fam* jd hat einen sitzen *fam*
II. *vi* 1. (*être attaché*) ■ **qn tient à qn/qc** jd hängt an jdm/etw, jdm liegt an jdm/etw; *à sa réputation* jd legt Wert auf etw (*akk*)
2. (*vouloir absolument*) ■ **qn tient à faire qc/à ce que** + *subj* jd legt Wert darauf, etw zu tun/darauf, dass
3. (*être dû à*) ■ **qc tient à qc** etw ist auf etw (*akk*) zurückzuführen
4. (*être fixé*) ■ **qc tient [quelque part]** etw hält [irgendwo]
5. (*être cohérent*) ■ **qc tient/ne tient pas [debout]** /*raisonnement, théorie*/ etw ist/ist nicht haltbar; /*argument*/ etw ist/ist nicht stichhaltig; /*histoire*/ etw stimmt/stimmt [hinten und vorne *fam*] nicht, etw ist/ist nicht glaubhaft
6. *fam* (*rester valable*) ■ **qc tient** /*plan, projet*/ etw steht *fam*
7. (*résister*) ■ **qn tient/ne tient plus** jd hält es aus/hält es nicht mehr aus; MIL jd hält die Stellung/kann die Stellung nicht mehr halten
8. (*être contenu dans*) ■ **qn/qc tient [quelque part]** jd/etw hat [irgendwo] Platz; ■ **qn fait ~ qn/qc quelque part** jd bringt jdn/etw irgendwo unter; ■ **des personnes tiennent dans qc** etw fasst Menschen; ***nous ne tiendrons jamais tous dans cette voiture*** in diesem Auto haben wir nie alle Platz
9. (*se résumer*) ■ **qc tient en qc** *en un mot, en quelques pages* etw lässt sich in etw (*dat*) zusammenfassen; ■ **qn fait ~ qc en qc** jd fasst etw in etw (*dat*) zusammen
10. (*durer*) ■ **qc tient** etw hält [sich]
11. (*ressembler à*) ■ **qn/un animal/qc tient de qn/d'un animal/de qc** jd/ein Tier/etw ähnelt jdm/einem Tier/einer S.
12. (*être contigu*) ■ **qc tient à qc** etw grenzt an etw (*akk*)
13. CARTES (*être maître*) ■ **qn/qc tient** jd/etw sticht
▸ **qn tient bon** jd hält durch, jd gibt nicht nach; **qn/qc tient debout**: ***qn tient à peine debout sur ses jambes*** jd kann sich kaum noch auf den Beinen halten; ***ton raisonnement ne tient pas debout*** deine Argumentation ist nicht stichhaltig; **qn a de qui ~** jd schlägt nicht aus der Art; **il n'y a pas de ... qui tienne** es gibt kein ...; **tiens donc!** *fam* na, so etwas!; **qn n'y tient plus** jd hält es nicht mehr aus; **tiens/tenez!** hier!, da! *fam*; **tiens,** [**tiens**] (*pour marquer le doute*) soso *fam*, sieh mal einer an *fam*; ***tiens, mais c'est toi?*** ah, du bist's!
III. *vpr* 1. (*se prendre*) ■ **qn se tient qc** jd hält sich (*dat*) etw; ■ **des personnes se tiennent qc**: ***en se tenant le bras/la main*** untergehakt/Hand in Hand; ***tenez-vous la main!*** gebt euch die Hand!; ■ **des personnes se tiennent par qc** *par la taille, les épaules* Menschen fassen sich an etw (*dat*)
2. (*s'accrocher*) ■ **qn se tient [à qn/qc] [par qc]** jd hält sich [mit etw] [an jdm/etw] fest
3. (*rester, demeurer*) ■ **qn se tient d'une certaine façon**: ***qn se tient debout/assis(e)/couché(e)*** jd steht/sitzt/liegt; ***tenez-vous prêts*** haltet euch bereit; ***qn se tient droit(e)*** jd hält sich gerade; ***elle se tenait à la fenêtre*** sie stand am Fenster; ***tiens-toi tranquille!*** verhalte dich ruhig!
4. (*se comporter*) ■ **qn se tient d'une certaine façon** jd benimmt sich irgendwie
5. (*avoir lieu*) ■ **qc se tient quelque part/à un certain moment** etw findet irgendwo/zu einer bestimmten Zeit statt
6. (*être cohérent*) ■ **des choses se tiennent** /*événements, faits*/ Dinge sind stimmig, Dinge passen zusammen
7. (*se limiter à*) ■ **qn s'en tient à qc** jd lässt es bei etw bewenden
8. (*respecter*) ■ **qn se tient à qc** jd hält sich an etw (*akk*)
9. (*se considérer comme*) ■ **qn se tient pour qc** jd hält sich für etw
10. *vieilli littér* (*se retenir*) ■ **qn ne peut se ~ de qc** jd kann vor etw (*dat*) nicht an sich (*akk*) halten; ■ **qn ne peut se ~ de faire qc** jd kann nicht an sich (*akk*) halten etw zu tun
▸ **tiens-toi/tenez-vous bien!** (*tu vas/vous allez être surpris*) halt dich fest/halten Sie sich fest! *fam*; **qn se le tient pour dit** jd lässt sich (*dat*) das gesagt sein; **qn sait à quoi s'en ~** jd weiß, woran er ist; ***je ne sais à quoi m'en ~*** ich weiß nicht, was ich davon halten soll
IV. *vi impers* (*dépendre de*) ■ **ça tient à qn/qc** das hängt von jdm/etw ab; ***je me demande à quoi ça tient*** ich frage mich, woran das liegt; ***ça a vraiment tenu à peu de chose*** das war knapp *fam*; ■ **il tient à qn de faire qc** es ist jds Sache [*o* es obliegt jdm *geh*], etw zu tun; ■ **à quoi tient-il que** + *subj* woran liegt es, dass; ■ **il ne tient qu'à qn de faire qc/que** + *subj* es hängt nur von jdm ab, etw zu tun/ob; ***s'il ne tenait qu'à moi!*** wenn es nur an mir läge!; ***s'il ne tenait qu'à moi ...*** wenn es nach mir ginge ...
▸ **qu'à cela ne tienne** daran soll's nicht liegen
tennis [tenis] I. *m* 1. SPORT Tennis *nt*; ~ ***en salle*** Hallentennis
2. (*court*) Tennisplatz *m*
▸ **qn joue au ~** jd spielt Tennis
II. *mpl* (*chaussures*) Turnschuhe *pl*
◆ **tennis de table** Tischtennis *nt*
tennis-elbow <~-~s> [tenisɛlbo] *m* Tennisell[en]bogen *m*, Tennisarm *m*
tennisman <s *o* -men> [tenisman, -mɛn] *m* Tennisspieler *m*
tenon [tənɔ̃] *m* Zapfen *m*
ténor [tenɔʀ] I. *m* 1. (*soliste*) Tenor *m*; ■ **les ~s** (*dans un chœur*) der Tenor
2. (*grande figure*) ■ ~ **de qc** *de la politique* Kopf *m* einer S. (*gen*); *du tennis, football* -star *m*; ~ ***du barreau*** Staranwalt *m*
II. *app saxophone, partie* Tenor-
tenseur [tɑ̃sœʀ] *m* Streckmuskel *m*, Extensor *m*
tensiomètre [tɑ̃sjɔmɛtʀ] *m* 1. MED Blutdruckmesser *m*
2. TECH Spannungsmesser *m*
tension [tɑ̃sjɔ̃] *f* 1. (*état tendu*) [*corde, muscle, ressort*] Spannung *f*; ~ ***nerveuse*** nervliche Anspannung
2. TECH, ELEC, PHYS Spannung *f*; ~ ***superficielle*** Oberflächenspannung; ***basse/haute*** ~ Nieder-/Hochspannung
3. MED Blutdruck *m*; [*vapeur a.*] Druck *m*
4. PHON Spannung *f*
▸ **qn a** [*o* **fait**] **de la ~** jd hat zu hohen Blutdruck; **qn prend la ~ de qn** jd misst jdm den Blutdruck
tentaculaire [tɑ̃takylɛʀ] *adj* 1. (*envahissant*) weit verzweigt
2. ZOOL Fang-
tentacule [tɑ̃takyl] *m* 1. ZOOL Tentakel *m o nt*, Fangarm *m*
2. *littér* Ausläufer *m*; ***la mafia étend ses ~s*** die Mafia streckt ihre Fänge aus
tentant, e [tɑ̃tɑ̃, ɑ̃t] *adj* verlockend; *plat* verführerisch
tentateur, -trice [tɑ̃tatœʀ, -tʀis] I. *adj* 1. (*séducteur*) verführerisch
2. REL *esprit, démon* der Versuchung
II. *m, f* 1. (*personne*) Verführer(in) *m(f)*
2. (*diable*) ■ **le T~** der Versucher
tentation [tɑ̃tasjɔ̃] *f* 1. (*désir*) Versuchung *f*; ■ ~ **de faire qc** Versuchung etw zu tun; ***j'ai eu la ~ d'entrer*** ich war versucht einzutreten
2. REL Versuchung *f*
tentative [tɑ̃tativ] *f* (*essai*) Versuch *m*; ■ ~ **de** -versuch; JUR *de meurtre, viol, vol* versuchte(r, s)
▸ **qn fait une ~** jd macht einen Versuch
◆ **tentative de conciliation** Schlichtungsversuch *m*

tente [tɑ̃t] *f* Zelt *nt;* ■ ~ **de** -zelt
▸ **qn plante sa ~ quelque part** *fam* jd schlägt seine Zelte irgendwo auf
◆ **tente à oxygène** Sauerstoffzelt *nt*
tente-abri <~s-~s> [tɑ̃tabʀi] *f* Einmannzelt *nt,* Leichtzelt *nt*
tenter <1> [tɑ̃te] *vt* **1.** (*allécher*) ■ **qn/qc tente qn** jd/etw reizt jdn; ■ **qn se laisse ~ [par qc]** jd lässt sich [von etw] hinreißen; ■ **[qn est] tenté(e) [de faire qc]** [jd ist] versucht [etw zu tun]
2. (*essayer*) ■ **qn tente qc** jd versucht etw; ■ **qn tente de faire qc** jd versucht etw zu tun
tenture [tɑ̃tyʀ] *f* **1.** (*tapisserie*) Wandteppich *m,* Wandbehang *m*
2. (*rideau*) Vorhang *m*
3. (*pour funérailles*) Trauerbehang *m*
tenu, e [t(ə)ny] **I.** *pp de* **tenir**
II. *m* SPORT Zeitspiel *nt;* ***l'arbitre siffle un*** ~ der Schiedsrichter pfeift Zeitspiel
ténu, e [teny] *adj* **1.** *son, bruit* schwach, gedämpft; *voix* dünn, schwach; *couleur, teinte* zart; *nuance, distinction* fein
2. *fil* dünn, fein; *brume* fein, leicht
tenue [t(ə)ny] *f* **1.** (*comportement*) Verhalten *nt,* Benehmen *nt;* [*enfant, élève a.*] Betragen *nt;* ***bonne/mauvaise*** ~ ***en classe*** gutes/schlechtes Benehmen in der Klasse
2. (*vêtements*) Kleidung *f;* MIL Uniform *f;* ***elle change de*** ~ ***trois fois par jour*** sie zieht sich dreimal am Tag um; ***je voudrais une*** ~ ***plutôt classique*** ich möchte eher etwas Klassisches [zum Anziehen]; ■ ~ **de** *de sport, voyage* -kleidung; *de travail a.* -kluft *f,* -uniform *hum;* ~ ***de ville*** [*homme*] Straßenanzug *m;* [*femme*] Straßenkostüm *nt,* Straßenkleid *nt;* ~ ***de chasse/pêche*** Jäger-/Anglerkleidung [*o* -kluft]; ***c'est ma*** ~ ***de week-end/de jardinage*** das ist meine Wochenend-/Gartenkluft
3. (*gestion*) [*maison, livre de comptes*] Führung *f;* [*établissement, restaurant*] Leitung *f;* ***la*** ~ ***du livre de comptes*** die Buchhaltung; ***il est attentif à la bonne*** ~ ***du cahier de textes*** er achtet darauf, dass das Aufgabenheft ordentlich geführt wird
4. (*réunion*) [*assises, réunion, assemblée*] Tagung *f,* Tagen *nt;* ***ça nécessite la*** ~ ***d'une réunion*** dies erfordert, dass eine Versammlung abgehalten wird; ***pendant la*** ~ ***du concile*** während das Konzil stattfand [*o* abgehalten wurde]
5. (*qualité*) [*film, roman, journal, émission*] Niveau *nt;* ***qc de haute*** ~ etw von hohem Niveau
6. [*note, trémolo*] [An]halten *nt,* Aushalten
7. [*franc, mark, monnaie*] Stand *m;* ***bonne*** ~ Stabilität *f*
▸ **en grande** ~ in Galakleidung [*o* Festkleidung]; MIL in Paradeuniform; ***ils étaient tous en grande*** ~ sie hatten sich alle in Schale geworfen *hum;* **en** ~ **légère, en petite** ~ leicht [*o* spärlich] bekleidet; ***elle se promène en*** ~ ***légère*** sie läuft spärlich bekleidet [*o* halbnackt *fam*] herum; **qn a de la ~/ manque de** ~ jd hat ein gutes Benehmen [*o* hat gute Manieren]/jd hat kein Benehmen [*o* keine Manieren]; ***il n'a pas la moindre*** ~ er besitzt nicht den geringsten Anstand; **qn est/se met en ~ [pour faire qc]** jd ist entsprechend angezogen/zieht sich entsprechend an [um etw zu tun]; **en** ~ in entsprechender Kleidung; MIL in Uniform; ***vous êtes en*** ~ [***de sport***]? habt ihr eure Sportkleidung [*o* Sportsachen *fam*] an?; ***je me mets en*** ~ ***pour tondre le gazon*** ich ziehe mich um [*o* ich ziehe meine Gartensachen an], um den Rasen zu mähen; **un peu de ~[, voyons]!** benimm dich/benehmen Sie sich/ benehmt euch gefälligst!; ***ne pleure pas devant tout le monde, un peu de*** ~! weine nicht vor allen Leuten, nimm dich [*o* reiß dich] ein bisschen zusammen!
◆ **tenue de campagne** Kampfanzug *m;* **tenue de cérémonie** Galauniform *f;* **tenue de route** Straßenlage *f*
tequila [tekila] *f* Tequila *m*
ter [tɛʀ] **I.** *adv* MUS dreimal [zu wiederholen]
II. *app numéro* ■ **5/12/28/...** ~ 5/12/28/... c; ***j'habite au 12*** ~, ***rue Mozart*** ich wohne in der Mozartstraße, [Nummer] 12c
terbium [tɛʀbjɔm] *m* CHIM Terbium *nt*
térébenthine [teʀebɑ̃tin] *f* Terpentin *nt*
térébrant, e [teʀebʀɑ̃, ɑ̃t] *adj* **1.** *littér douleur* bohrend; *mal, sensation a.* quälend; ***remords*** ~ quälende Gewissensbisse *pl*
2. *cancer, ulcère* tief gehend, tief ins Gewebe gehend
tergal® [tɛʀgal] *m* Tergal® *nt*
tergiversation [tɛʀʒivɛʀsasjɔ̃] *f gén pl* (*fait de tergiverser*) Herumgerede *nt fam;* (*faux-fuyants*) Ausflüchte *pl;* (*hésitation*) Zaudern *nt,* zögernde Haltung; ***assez de*** ~***s!*** genug herumgeredet!; ***qn se perd en*** ~***s*** jd verliert sich in Ausflüchten
tergiverser <1> [tɛʀʒivɛʀse] *vi* ■ **qn tergiverse** (*tourner autour du pot*) jd redet um den heißen Brei herum *fam;* (*user de faux-fuyants*) jd macht [*o* sucht] Ausflüchte; (*hésiter*) jd ist unschlüssig, jd zögert, jd zaudert; ***je n'ai pas envie de*** ~ ***pendant des heures*** ich habe keine Lust stundenlang herumzureden; ***il a accepté sans*** ~ er hat angenommen ohne zu zögern; ***arrête de*** ~! hör auf darum herumzureden; (*d'hésiter*) komm endlich zu einem Entschluss!
terme¹ [tɛʀm] *m* **1.** (*fin*) [*stage, voyage*] Ende *nt;* [*travail a.*] Abschluss *m;* ***ils sont parvenus au*** ~ ***de leur voyage*** sie sind am Ende ihrer Reise [*o* an ihrem Reiseziel] angelangt
2. (*date limite*) Frist *f,* Termin *m;* ***qn fixe un*** ~ ***pour qc*** jd setzt [*o* legt] eine Frist [*o* einen Termin] für etw fest
3. (*date de l'accouchement*) Geburtstermin *m,* Entbindungstermin *m;* ***elle a dépassé le*** ~ sie ist über die Zeit [hinaus]
4. (*échéance*) Zahlungstermin *m;* (*loyer*) Miete *f,* [fällige] Mietzahlung; ***elle lui doit déjà trois*** ~***s*** sie schuldet ihm/ihr schon drei [Monats]mieten
▸ **à court/moyen/long** ~ kurz-/mittel-/langfristig; ***qn fait des projets à moyen/long*** ~ jd plant mittelfristig/langfristig [*o* auf lange Sicht]; ***à court*** ~, ***ils vont devoir déménager*** sie werden wohl bald [*o* in Kürze] umziehen müssen; ***à plus ou moins long*** ~, ***ils seront dépassés par la situation*** über kurz oder lang werden sie durch die Situation überfordert sein; **qn fait qc à ~ échu** jd tut etw fristgemäß [*o* zum Fälligkeitstermin]; **qn mène qc à son** ~ jd führt etw zu Ende, jd schließt etw ab, jd bringt etw zum Abschluss; **qn met un ~ à qc** *à une discussion, une dispute, aux insinuations* jd setzt [*o* macht] einer S. (*dat*) ein Ende; *à une relation* jd beendet etw; ***mettez un*** ~ ***à ce tapage!*** hören Sie mit diesem Krach auf!; **qc touche à son** ~ */stage, soirée/* etw geht zu Ende; */entreprise, travail, délai/* etw nähert sich dem Ende; **à** ~ (*dans le futur*) auf [die] Dauer [gesehen], früher oder später; (*en temps voulu*) *naissance, naître* zum errechneten Termin; *achat, vente* Termin-; *acheter* auf Termin; ***marché/opération à*** ~ Terminmarkt *m*/-geschäft *nt;* **avant** ~ zu früh, vorzeitig; ***naissance avant*** ~ Frühgeburt *f*
terme² [tɛʀm] *m* **1.** (*mot*) Wort *nt,* Ausdruck *m; médical, juridique, scientifique* Fachausdruck, Terminus *m geh;* ■ ~ **de qc** *de droit, médecine* [Fach]ausdruck aus dem Bereich einer S. (*gen*); ***le*** ~ ***exact est ...*** richtig muss es heißen ...; ~***s rares/recherchés*** seltene/gewählte Ausdrücke *pl;* ~ ***technique*** Fachausdruck; ~ ***sportif/militaire*** Ausdruck aus dem Bereich des Sports [*o* Bereich Sport]/aus dem Militärbereich
2. GRAM, MATH Element *nt;* [*phrase, équation a.*] Glied *nt*
3. *pl* [*contrat, loi*] Wortlaut *m;* ***selon les*** ~***s du contrat, il est obligé ...*** laut Vertrag [*o* nach dem Wortlaut] des Vertrages ist er verpflichtet ...
▸ **en d'autres** ~**s** mit anderen Worten, anders ausgedrückt; **qn est en bons/mauvais** ~**s avec qn** jd kommt gut/nicht [gut] mit jdm aus, jd steht mit jdm auf gutem/schlechtem Fuß, jd hat ein gutes/gespanntes Verhältnis zu jdm; **en** ~**s choisis** in gewählten Worten; ***qn s'exprime en*** ~***s choisis*** jd drückt sich gewählt aus; **[et] le ~ est faible** [und] das ist noch gelinde ausgedrückt; **moyen** ~ Mittelweg *m;* ***avec lui, il n'y a pas de moyen*** ~ bei ihm gibt es keinen Mittelweg; **aux** ~**s de qc** *de la loi, convention collective* nach dem Wortlaut einer S. (*gen*), gemäß einer S. (*dat*), laut einer S. (*dat o gen*); ***aux*** ~***s de l'article 345 b du Code pénal*** gemäß [*o* laut] Artikel 345 b des Strafgesetzbuches; ***qc est contraire aux*** ~***s d'une convention*** etw steht im Widerspruch zum Wortlaut [*o* Text] einer Vereinbarung; **en ces** ~**s** *s'adresser à qn* mit diesen Worten; ***qn s'exprime/exprime son opinion en ces*** ~***s ...*** jd drückt sich folgendermaßen aus ..., jd sagt Folgendes ...
terminaison [tɛʀminɛzɔ̃] *f* Endung *f*
▸ ~ **nerveuse** Nervenende *nt*
terminal, e <-aux> [tɛʀminal, o] **I.** *adj discours, point, formule, chapitre* Schluss-; *partie, phase* End-
II. *m* **1.** INFORM Terminal ['tøːɐminəl] *nt*
2. (*installation portuaire*) Terminal *m;* ~ ***pétrolier*** Öl[umschlag]hafen *m*
3. (*aérogare*) Terminal *m o nt*
4. (*à l'extrémité d'un pipeline*) Umschlaganlage *f*
III. *f* ■ **terminale** SCOL ≈ dreizehnte Klasse (*letzte Klasse des Lycée in Frankreich, schließt mit dem Abitur ab*)
terminer <1> [tɛʀmine] **I.** *vt* **1.** (*finir*) ■ **qn termine qc** jd beendet etw; *devoirs, travail a.* jd erledigt etw, jd macht etw fertig; *œuvre* jd stellt etw fertig; *démonstration, explication* jd bringt etw zum Abschluss, jd führt etw zu Ende; *études* jd schließt etw ab, jd bringt etw zum Abschluss; *plat, salade* jd isst etw auf; *assiette* jd isst etw leer; *boisson* jd trinkt etw aus; *verre, bouteille* jd trinkt etw leer; ***il doit d'abord*** ~ ***ses études*** er muss zuerst sein Studium abschließen; ***j'ai terminé la vaisselle/le ménage*** ich bin mit dem Spülen/dem Saubermachen fertig; ***j'ai nettoyé la cuisine, maintenant je termine la salle de séjour*** ich habe die Küche geputzt, jetzt putze ich noch das Wohnzimmer fertig; ***laissez-moi*** ~ [***ce que j'ai à dire***] lasst mich ausreden [*o* zu Ende reden]; ***il termine sa dissertation par une conclusion*** er beendet seinen Aufsatz mit einem Schlusswort, er schließt seinen Aufsatz mit einem Schlusswort ab; ■ **qc est terminé(e)** etw ist fertig; ***mes devoirs sont terminés*** ich bin mit meinen Hausaufgaben fertig; ***la vaisselle est terminée*** das Geschirr ist gespült
2. (*passer la fin de*) ■ **qn termine qc [quelque part/par qc]** *soirée, journée, vacances, année scolaire* jd beendet etw [irgendwo/mit etw]; ***on a terminé la soirée chez un ami/par des chansons*** zum Abschluss des Abends sind wir zu einem Freund gegangen/haben wir [Lieder] gesungen
3. (*être le dernier élément de*) ■ **qc termine qc** etw beendet etw, etw schließt etw ab, etw bildet den Abschluss einer S. (*gen*); ***un repas en commun a terminé ce stage*** ein gemeinsames Essen beendete das Seminar [*o* bildete den Abschluss dieses Seminars], das Seminar endete mit einem gemeinsamen Essen
II. *vi* **1.** ■ **qn termine de faire qc** jd tut etw zu Ende; ***qn termine de faire la vaisselle/de lire le journal*** jd spült zu Ende [*o* spült fertig]/liest die Zeitung zu Ende [*o* liest fertig]; ***qn termine d'expliquer qc*** jd erklärt etw zu Ende; ***j'ai terminé*** [***de faire l'exercice***] ich bin fertig [mit der Übung]
2. ■ **qn en termine avec qc** *avec un sujet, une tâche, démonstration* jd beendet etw; ***elle en a/n'en a jamais terminé avec le repassage*** sie ist fertig/wird nie fertig mit dem Bügeln; ■ **qn a terminé avec qc** jd ist mit etw fertig
▸ **pour** ~, ... zum Abschluss ..., abschließend ...
III. *vpr* ■ **qc se termine** */année, vacances, stage/* etw geht [*o* ist] zu Ende; ***le cours se termine à trois heures*** der Kurs ist um drei Uhr zu Ende; ■ **qc se termine d'une certaine manière** etw endet irgendwie; *dans la confusion* etw endet in etw (*dat*); *par des chansons* etw endet mit etw; ***l'histoire se termine bien/mal*** die Geschichte endet gut/schlecht [*o* geht gut/ schlecht aus]; ***la soirée s'est terminée tard*** der Abend endete spät [*o* war spät zu Ende]; ***la soirée s'est terminée dans le calme*** der Abend ist ruhig zu Ende gegangen [*o* ruhig ausgeklungen]
▸ **ça va mal se** ~ das wird böse enden, das nimmt kein gutes Ende
terminologie [tɛʀminɔlɔʒi] *f* Terminologie *f*
terminus [tɛʀminys] *m* Endstation *f,* Endhaltestelle *f;* ~! ***tout le monde***

descend! Endstation! alles aussteigen!
termite [tɛʀmit] *m* Termite *f*
termitière [tɛʀmitjɛʀ] *f* Termitenhügel *m*
ternaire [tɛʀnɛʀ] *adj* **1.** MUS, POES Dreier-
2. CHIM ternär
terne¹ [tɛʀn] *m* **1.** (*aux dés*) Dreierpasch *m*
2. ELEC Drehstromleitung *f*, Dreiphasenstromleitung *f*
terne² [tɛʀn] *adj* **1.** (*sans éclat*) *cheveux* glanzlos, stumpf; *couleur a.* matt; *métal a.* angelaufen; *miroir, glace* blind; *coloris, blanc* fahl; *teint, visage* fahl, farblos; *œil* glanzlos; *regard* trüb
2. (*monotone*) *vie* eintönig, öde; *conversation, journée a.* langweilig; *style a.* farblos, blass; *personne* farblos, unscheinbar
terni, e [tɛʀni] *adj* **1.** *couleur* verblichen, blass; *coloris, blanc* fahl; *métal, chandelier* angelaufen, stumpf
2. *honneur, réputation* befleckt
ternir <8> [tɛʀniʀ] **I.** *vt* **1.** (*défraîchir*) ■ **qc ternit qc** *rideau, tissu* etw lässt etw verblassen, etw bleicht etw aus; *couleur a.* etw macht etw stumpf; *métal* etw macht etw stumpf, etw lässt etw anlaufen; ***la maladie a terni son teint*** durch die Krankheit hat er/sie eine ganz fahle [*o* blasse] Gesichtsfarbe bekommen
2. (*nuire à*) ■ **qn/qc ternit qc** *honneur, mémoire de qn* jd/etw beschmutzt [*o* befleckt] etw; *réputation, renom a.* jd/etw schadet einer S. (*dat*)
II. *vpr* ■ **qc se ternit** */rideau, tissu/* etw bleicht aus, etw verschießt; */couleur, coloris a./* etw verblasst, etw wird blass, etw wird stumpf; */métal, chandelier/* etw läuft an, etw wird stumpf [*o* glanzlos]
ternissement [tɛʀnismɑ̃] *m* [*couleur, coloris*] Verblassen *nt;* [*rideau, tissu a.*] Ausbleichen *nt;* [*métal, chandelier*] Anlaufen *nt*, Mattwerden *nt*, Stumpfwerden *nt*
terrain [teʀɛ̃] *m* **1.** (*parcelle*) Grundstück *nt;* (~ *à bâtir*) [Bau]grundstück, Bauplatz *m*, Baugrund *m*
2. (*espace réservé*) ■ ~ **de** *de camping, d'entraînement, de football, golf, jeu* -platz *m*
3. (*sol*) *marneux, crayeux* Grund *m*, Boden *m; fertile, bon* [Erd]boden; *accidenté, plat, vallonné* Gelände *nt;* ~ ***pauvre*** unfruchtbarer Boden; ~ ***argileux/calcaire*** Ton-/Kalkboden, tonhaltiger/kalkhaltiger Boden
4. *gén pl* GEOL Formation *f*
5. MED (*prédisposition*) Anfälligkeit *f; allergique, migraineux* Veranlagung *f;* ~ ***favorable*** *fig* Nährboden *m*
6. (*domaine*) Gebiet *nt*, Aufgabenbereich *m;* ***qn empiète sur le*** ~ ***de qn*** jd kommt jdm ins Gehege
7. MIL Gelände *nt;* ***qn cède du*** ~ jd weicht zurück; *fig* jd macht Zugeständnisse; ***qn fait la reconnaissance du*** ~ jd erkundet das Gelände
▶ **qn cherche/trouve un** ~ **d'entente** [**avec qn**] jd sucht/findet eine Verständigungsbasis [mit jdm]; ~ **brûlant** heißes Eisen, heikles Thema; ***qn s'aventure sur un*** ~ ***brûlant*** jd riskiert es, ein heißes Eisen [*o* heikles Thema] anzupacken; ~ **glissant** gefährlicher [*o* unsicherer] Boden; ***qn est/s'aventure sur un*** ~ ***glissant*** jd bewegt sich auf unsicherem/begibt sich auf unsicheren Boden; ~ **lourd** schwerer Boden; ~ **miné** gefährlicher Boden; ***il sait qu'il s'aventure en*** ~ ***miné*** er weiß, dass er sich auf gefährlichen Boden vorwagt [*o* begibt]; ~ **mouvant** unsicherer Boden; ***qn bâtit sur un*** ~ ***mouvant*** jd baut auf Sand; **tout** ~ *véhicule, voiture* Gelände-, geländegängig; ~ **vague** unbebautes Gelände; **qn/qc cède** [*o* **perd**] **du** ~ [**devant qn**] */homme politique, parti/* jd/etw verliert [jdm gegenüber] an Boden; */sportif, club, équipe/* jd/etw fällt zurück [*o* verliert seinen Rang]; ***qn doit céder du*** ~ [***devant qn***] jd muss [jdm gegenüber] zurückstecken [*o* nachgeben]; ***le dollar a dû céder du*** ~ ***devant les autres devises*** der Dollar musste den anderen Währungen gegenüber Einbußen hinnehmen; **qn connaît le** ~ jd kennt sich aus; **qn est sur son** ~ jd ist in seinem Element, jd ist auf diesem Gebiet zu Hause; **qn/qc gagne/perd du** ~ jd/etw gewinnt/verliert an Boden; **qn prépare** [*o* **déblaie**] **le** ~ [**pour qn**] *fam* (*pose des jalons*) jd bereitet das Terrain [*o* den Boden] [für jdn] vor, jd bereitet [*o* ebnet] [jdm] den Weg; (*dégrossit un travail*) jd macht die Vorarbeit [für jdn]; **qn reconnaît le** ~ jd erkundet das Terrain [*o* Gelände]; **je ne te/vous/... suivrai pas sur ce** ~ da bin ich nicht einverstanden mit dir/Ihnen/euch/...; **qn tâte** [*o* **sonde**] **le** ~ jd sondiert das Terrain, jd fühlt vor; **qn va sur le** ~ jd begibt sich an Ort und Stelle [*o* vor Ort]; **de** ~ *homme, femme* mit praktischer Erfahrung
◆ **terrain à bâtir** Baugelände *nt*, Bauland *nt;* **terrain d'aviation** Flugplatz *m;* **terrain de manœuvre** Übungsgelände *nt*
terrarium [teʀaʀjɔm] *m* Terrarium *nt*
terrasse [teʀas] *f* **1.** [*maison, édifice, café*] Terrasse *f;* ***café avec*** ~ Straßencafé *nt*, Café *nt* mit Plätzen im Freien; ***il s'est installé à la*** ~ er hat sich draußen hingesetzt; ***qn prend un verre à la*** ~ ***d'un café*** jd trinkt etwas in einem Straßencafé [*o* draußen in einem Café]
2. GEOG Terrasse *f;* ~ ***rocheuse*** Felsterrasse
3. (*toit plat*) Flachdach *nt*
▶ **en** ~ *toit, toiture* Flach-, flach; **en** ~**s** terrassenförmig [angelegt], Terrassen-; ***jardin en*** ~***s*** Terrassengarten *m;* ***cultures en*** ~***s*** Terrassenanbau *m*
terrassement [teʀasmɑ̃] *m* Planierungsarbeiten *pl*, Erdarbeiten *pl;* ***engin de*** ~ Planiermaschine *f*
terrasser <1> [teʀase] *vt* **1.** (*vaincre*) ■ **qn terrasse qn** jd schlägt jdn vernichtend
2. (*accabler*) ■ **qc terrasse qn** */mauvaise nouvelle/* etw schmettert jdn [völlig] nieder, etw erschüttert jdn tief; */émotion/* etw überwältigt jdn; */maladie/* etw wirft jdn nieder; ■ **qc terrasse qn** */maladie/* etw nimmt [*o* raubt] jdm das Leben; ***il a été terrassé par une embolie/un infarctus*** er erlag einer Embolie/einem Infarkt
terrassier [teʀasje] *m* Erdarbeiter *m*
terre [tɛʀ] *f* **1.** ∅ (*planète*) ■ **la T**~ die Erde
2. ∅ (*le monde*) ■ **la** ~ die Erde, die Welt; ***il a parcouru la*** ~ ***entière*** er hat die ganze Welt bereist; ***il rêve d'être connu de toute la*** ~ er träumt davon, weltberühmt zu sein; ***sur cette*** ~ auf dieser Welt; ***sur notre bonne vieille*** ~ auf unserer guten alten Erde
3. (*terre cultivable*) *bonne, fertile, aride, grasse* Boden *m; cultivée, en jachère* Land *nt*
4. (*matière*) Erde *f;* ***qn retourne/travaille la*** ~ jd gräbt den Boden [*o* die Erde] um/bearbeitet den Boden; ***le paysan cultive la*** ~ der Bauer bestellt das Land; ***il va travailler la*** ~ ***comme son père*** er wird Bauer wie sein Vater werden
5. ∅ (*matière pour la poterie*) Ton *m;* ■ **en** ~ Ton-, aus Ton
6. ∅ (*vie à la campagne*) ■ **la** ~ das Land; ***qn aime la*** ~ jd liebt das Land[leben]; ***qn retourne à la*** ~ jd kehrt aufs Land zurück; ***un homme de la*** ~ ein Mann vom Land, ein mit der Scholle verwachsener Mann
7. ∅ (*croûte terrestre*) ■ **la** ~ die Erde; ***la*** ~ ***tremble*** die Erde bebt
8. (*continent*) Land *nt;* ***"~, ~!"*** „Land [in Sicht]!"; ***armée de*** ~ Landstreitkräfte *pl*, Heer *nt*
9. (*contrée, pays*) *natale, de ses ancêtres, des arts* Land *nt;* ***il veut revoir sa*** ~ ***natale*** er möchte sein Heimatland [*o* seine Heimat] wiedersehen; ■ ~**s** *pl arctiques, lointaines, australes, inconnues* Länder *pl;* ~ ***d'exil*** Exilland
10. *gén pl* (*propriété*) [Stück *nt*] Land *nt*, Grundbesitz *m kein pl;* ***il a acheté une*** ~ er kaufte [ein Stück] Land; ***qn se retire sur ses*** ~***s*** jd zieht sich auf seine Güter [*o* Ländereien] zurück; ***qn a*** [*o* ***possède***] ***des*** ~***s*** jd hat Grundbesitz, jd besitzt Grund und Boden
11. ∅ ELEC Erde *f;* ***la mise à la*** ~ die Erdung
12. (*opp: ciel*) Erde *f*, [irdische] Welt; ***le Christ reviendra sur*** [***la***] ~ Jesus Christus wird wiederkommen; ***qn quitte la*** ~ jd scheidet aus dem Leben *geh;* ***la vie sur*** ~ das irdische Leben
▶ **qc est la** ~ **d'élection de qn** (*lieu choisi personnellement*) etw ist jds Wahlheimat; (*endroit privilégié d'un groupe de personnes*) etw ist jds Mekka *nt;* ***Amsterdam est la*** ~ ***d'élection des drogués*** Amsterdam ist das Mekka der Drogensüchtigen; **qui** ~ **a guerre a** *prov* beim Teilen der Güter, scheiden sich die Gemüter; **qn met qn plus bas que** ~ jd macht jdn zur Schnecke *fam*, jd macht jdn total [he]runter *sl;* ~ **battue** [fest] gestampfter Boden; TENNIS Sandplatz *m;* ~ **cuite** (*matière*) Terrakotta *f;* ***objets en*** ~ ***cuite*** Tonwaren *pl*, Terrakotten *pl;* **la** ~ **ferme** das Festland; ***nous nous sommes retrouvé(e)s sur la*** ~ ***ferme*** wir befanden uns wieder auf festem Boden; ~ **glaise** (*argile*) Lehm *m;* (*à modeler*) Ton *m;* ***une figure de*** ~ ***glaise*** eine Tonfigur; **de pleine** ~ Freiland-; **en pleine** ~ ins/im Freiland; ***je vais transplanter ces plantes en pleine*** ~ ich werde die Pflanzen ins Freiland [*o* ins Freie] umsetzen; **la T**~ **promise** das Gelobte Land; ~**s rares** seltene Erden *pl;* ~ **réfractaire** feuerfester Ton, Schamotte *f;* **la T**~ **sainte** das Heilige Land; ~ **végétale** Humuserde *f*, Muttererde *f;* **qn braconne** [*o* **chasse**] **sur les** ~**s de qn** jd dringt in jds Revier (*akk*) ein; *fig* jd macht sich an jds Mann/Frau/... heran; ***il braconne toujours sur les*** ~***s des autres*** er macht sich immer an die Frauen der anderen heran; **qn descend à** ~ jd geht an Land; **qn est sur** ~ jd ist auf der Welt, jd lebt; ***tant que je serai sur*** ~, ... solange ich lebe, ...; ***pourquoi suis-je donc sur*** ~? warum bin ich denn auf der Welt?; **qc est par** ~ */projet, plan/* etw ist gescheitert, etw ist ins Wasser gefallen; */entreprise, boîte/* etw ist pleite *fam;* **qn aimerait être** [*o* **rentrer**] [**à dix** [*o* **cent**] **pieds**] **sous** ~ jd möchte am liebsten im [Erd]boden versinken; ***j'aurais aimé rentrer à dix pieds sous*** ~ ich wäre am liebsten im Erdboden versunken; **qn se fiche** [*o* **flanque**] [*o* **fout**] **par** ~ *fam* (*tombe*) jd fällt hin, jd fällt auf die Nase *fam;* (*échoue*) */personne/* jd erleidet Schiffbruch *fam;* **qn/qc fiche** [*o* **flanque**] [*o* **fout**] **tout par** ~ *fam* (*gâche*) jd/etw vermasselt alles *fam;* **qn met qc à la** ~ jd erdet etw; **qn porte qn en** ~ *soutenu* jd trägt jdn zu Grabe *geh;* **qn revient** [*o* **redescend**] **sur** ~ *fam* (*redevient réaliste*) jd kehrt wieder auf den Boden der Tatsachen zurück; (*arrête de rêver*) jd erwacht aus seinen Träumereien, jd wacht auf; ***eh, je te parle, redescends un peu sur*** ~! he, ich spreche mit dir, hör auf zu träumen [*o* wach auf]!; **qn/qc touche** ~ jd/etw landet, jd/etw legt an; **qn ne touche plus** ~ *hum fam* jd schwebt in höheren Regionen, jd hat abgehoben *fam;* **à** ~ (*sur le sol*) *être, se retrouver* auf dem Boden, auf der Erde; (*sur la terre ferme*) *aller, être* an Land; *vivre, vie, séjour* an Land, auf dem Festland; ***il descend à*** ~ er geht an Land; **de** ~ *soulever, enlever* vom Boden, von der Erde; **par** ~ *se coucher, tomber, jeter* auf den Boden; *se retrouver, être, se rouler, regarder* auf dem Boden; *transport, acheminement* auf dem Landweg; ***elle a dormi/s'est assise par*** ~ sie hat auf dem Boden geschlafen/hat sich auf den Boden gesetzt; ***qn nettoie par*** ~ jd putzt den Fußboden, jd macht den Fußboden sauber; **sous** ~ *aller, descendre* unter die Erde; *être, se trouver* unter der Erde; *séjour, vie* unter der Erde; *excursion* unter die Erde, in die Tiefe; **sur** ~ *venir* auf die Erde [*o* Welt]; *arriver* auf der Erde [*o* Welt]; *paradis, bonheur* auf Erden *geh; vie* irdisch, auf der Erde; ***le Christ est venu sur*** ~ ***pour ...*** Christus ist auf die Erde gekommen, um ...
◆ **terre de bruyère** Torfmull *m;* **terre de Sienne** (*matière*) Sienaerde *f;* (*couleur*) sienafarben, sienafarbig
terre à terre [tɛʀatɛʀ] *adj inv* realistisch, nüchtern; *personne a.* auf dem Boden *fam; préoccupations* alltäglich
terreau [teʀo] *m* ∅ Komposterde *f*
terre-plein <~-~s> [tɛʀplɛ̃] *m* Erdwall *m*, Erddamm *m*
▶ ~-~ **central** Mittelstreifen *m*, Grünstreifen *m*
terrer <1> [teʀe] **I.** *vpr* **1.** (*se cacher*) ■ **un animal se terre quelque part** ein Tier verkriecht [*o* versteckt] sich irgendwo; ■ **qn se terre quelque part** */fuyard, criminel/* jd versteckt sich irgendwo, jd schlüpft irgendwo unter; */soldat/* jd verschanzt sich irgendwo, jd geht irgendwo in Deckung; ***ils étaient terrés dans la cave*** sie hielten sich im Keller versteckt; ***surpris par la tempête, le promeneur s'est terré dans une anfractuosité*** vom Sturm überrascht hat der Wanderer Schutz in einer Felsspalte gesucht
2. (*vivre reclus*) ■ **qn se terre quelque part** jd zieht sich irgendwohin zurück, jd verkriecht sich irgendwo *fam;* ***elle se terre chez elle*** sie verkriecht

sich in ihren vier Wänden *fam*
II. *vt* ■ **qn terre qc** *pied d'œillet, pelouse* jd bedeckt etw mit [frischer] Erde; *plant, arbre* jd schüttet um etw herum Erde auf; *asperges, pommes de terre* jd häufelt etw

terrestre [tɛʀɛstʀ] *adj* **1.** (*de la Terre*) *croûte, écorce, surface* Erd-; ***globe*** ~ Globus *m*, Erdball *m geh*
2. (*sur la terre*) *espèce* auf der Erde lebend; *vie* auf der Erde, irdisch
3. (*opp: aquatique, marin*) *animal, oiseau* auf dem Land lebend, Land-; *plante, flore* auf der Erde wachsend; *espèce, variété* terrestrisch; ***tortue*** ~ Landschildkröte *f;* ***animaux ~s*** Landtiere *pl*
4. (*opp: aérien, maritime*) auf dem Landweg; ***moyens de transport ~s*** Transportmittel *pl* zu Lande, Landtransportmittel *pl*
5. *plaisirs* irdisch, weltlich; *vie a.* Erden-; *séjour* auf Erden

terreur [tɛʀœʀ] *f* **1.** (*peur violente*) Entsetzen *nt*, Schrecken *m;* ***glacé(e) de*** ~ starr vor Schreck; ***je pense non sans ~ à ...*** mit Schrecken denke ich an ...; ***qn vit dans la*** ~ jd lebt in Angst [*o* Furcht] und Schrecken; ***elle vit dans la ~ d'être découverte*** sie lebt in panischer Angst entdeckt zu werden
2. (*terrorisme*) Terror *m;* ***politique de*** ~ Terrorpolitik *f*, Terrormethoden *pl;* ***qn règne par la*** ~ jd übt eine Schreckensherrschaft aus
3. (*personne ou chose terrifiante*) ■ **la ~ de qn/qc** jds Schrecken/der Schrecken einer S. (*gen*); ***il est la ~ de tous les élèves*** er ist der Schrecken aller Schüler; ***Jean, la ~ de la cour de récréation!*** Jean, der Schulhofschreck!
4. ■ **la T~** die Schreckensherrschaft
▶ **~s nocturnes** Angstträume *pl;* **qn est une** ~ *fam* /*personne*/ jd ist ein Tyrann; /*enfant*/ jd ist ein [kleines] Ungeheuer; **qn joue les ~s** *fam* jd markiert den starken Mann *fam*, jd spielt den knallharten Burschen *fam;* **qn sème la ~ quelque part** jd verbreitet irgendwo [Angst und] Schrecken

terreux, -euse [tɛʀø, -øz] *adj* **1.** (*pâle*) *façade, coloris* grau; *teint, visage* fahl
2. (*sali de terre*) *salade* voller Erde, erdig; *mains, chaussures, mur a.* mit Erde beschmutzt; *route* mit Erde bedeckt; *eau* schlammig
3. *goût, odeur* erdig; ***qc a un goût ~/une odeur ~euse*** etw schmeckt/riecht erdig [*o* nach Erde]

terrible [tɛʀibl] **I.** *adj* **1.** (*qui inspire de la terreur*) schrecklich, furchtbar; *crime, catastrophe, malheur, spectacle a.* entsetzlich; *personnage* Furcht erregend; ***le nucléaire est une arme*** ~ die Atomkraft ist eine furchtbare Waffe; ***ce jugement est*** ~ dieses Urteil ist schrecklich; ***l'année 92 fut ~ pour eux*** das Jahr 1992 war schrecklich für sie; ***un dirigeant de parti*** ~ ein furchtbarer Parteichef
2. (*très intense*) schrecklich, fürchterlich, furchtbar, entsetzlich; *envie* schrecklich; ***j'ai une soif/faim*** ~ ich habe furchtbaren [*o* schrecklichen] Durst/Hunger; ***j'ai une envie ~ de lui mettre une claque*** ich würde ihm schrecklich gerne eine runterhauen *fam;* ***il fait un froid/une chaleur*** ~ es ist furchtbar [*o* schrecklich] [*o* entsetzlich] kalt/heiß
3. (*turbulent*) schrecklich, furchtbar
4. *fam* (*super*) super *fam*, fantastisch, klasse *fam;* ***ce film [n']a rien de*** ~ der Film ist nicht besonders [*o* nicht berauschend] *fam;* ***cette fille est*** ~ das Mädchen ist super [*o* klasse] *fam*
▶ **c'est ~ [de faire qc]** es ist schrecklich [*o* furchtbar] [etw zu tun]; ***personne n'écoute, c'est ~!*** niemand hört zu, das ist ja furchtbar!; **qc [n']est pas ~** *fam* etw ist nicht berauschend [*o* besonders] *fam;* ***le temps n'est pas ~ en ce moment*** das Wetter ist nicht besonders [schön] im Moment; **[qc [n']est/c'est] pas ~ [~]** *fam* [etw/das ist] nicht gerade berauschend [*o* nicht [so] besonders]! *fam;* ***côté cœur, c'est pas*** ~ in puncto Liebe sieht's nicht so gut aus
II. *adv fam* wahnsinnig *fam*, echt stark *fam;* ***elle danse*** ~! sie tanzt wahnsinnig [*o* echt] gut *fam*

terriblement [tɛʀibləmɑ̃] *adv* (*très*) schrecklich, furchtbar; *chaud, froid, bruyant, ennuyeux a.* entsetzlich; *dangereux, sévère* äußerst, furchtbar; *cher* furchtbar, extrem; ***j'ai ~ soif/faim*** ich bin schrecklich durstig/hungrig; ***j'ai ~ envie d'aller au restaurant*** ich würde schrecklich gerne ins Restaurant gehen

terrien, ne [tɛʀjɛ̃, jɛn] **I.** *adj* **1.** (*qui possède des terres*) landbesitzend; ***propriétaire*** ~ Gutsbesitzer *m*, [Groß]grundbesitzer *m*, Landeigentümer *m;* ***famille ~ne*** Familie von Gutsbesitzern
2. *tradition, mœurs* ländlich; *ascendance, racines* bäuerlich
II. *m, f* **1.** (*habitant de la Terre*) Erdbewohner(in) *m(f)*
2. (*opp: citadin*) Landbewohner(in) *m(f);* ***nous les ~s*** wir, die Leute vom Land

terrier [tɛʀje] *m* Bau *m;* ***~ de lapin/blaireau/renard*** Kaninchen-/Dachs-/Fuchsbau *m* [*o* Fuchsloch *nt*]

terrifiant, e [tɛʀifjɑ̃, jɑ̃t] *adj* Furcht erregend; *cri, appel, rêve a.* entsetzlich, fürchterlich; *nouvelle* Schrecken erregend, erschreckend

terrifier <1 a> [tɛʀifje] *vt* ■ **qn/qc terrifie qn** jd/etw macht jdm fürchterliche [*o* schreckliche] Angst, jd/etw flößt jdm fürchterliche [*o* schreckliche] Angst ein; ***il terrifie ses collaborateurs*** er versetzt seine Mitarbeiter in Angst und Schrecken; ■ **qn est terrifié(e)** (*avoir peur*) jd hat furchtbare Angst; (*être choqué*) jd ist entsetzt

terril [tɛʀi(l)] *m* [Berge]halde *f*

terrine [tɛʀin] *f* **1.** (*récipient*) Terrine *f*
2. (*pâté*) Pastete *f;* ■ **~ de** -pastete

territoire [tɛʀitwaʀ] *m* [*pays, nation*] [Hoheits]gebiet *nt*, Territorium *nt;* [*ville, commune*] Bezirk *m*, Bereich *m;* [*juge, évêque*] Zuständigkeitsbereich; [*animal*] Territorium, Revier *nt;* ***le ~ de la Belgique*** das belgische Territorium; ***le ~ [national] français*** das französische Staatsgebiet [*o* Hoheitsgebiet]
▶ **un animal marque son** ~ ein Tier grenzt sein Territorium ab [*o* markiert sein Revier]
◆ **territoire d'outre-mer** überseeisches Gebiet, Überseegebiet *nt*

territorial, e <-aux> [tɛʀitɔʀjal, jo] *adj* territorial; *extension, modification a.* Gebiets-

territorialité [tɛʀitɔʀjalite] *f* Territorialität *f;* [*impôt, loi*] Territorialitätsprinzip *nt*

terroir [tɛʀwaʀ] *m* Gegend *f;* ***du*** ~ regional; *vin a.* aus der Gegend; *accent, humour a.* der Gegend; *écrivain, poète* Heimat-; ***ce vin a un goût de*** ~ dieser Wein hat einen [für die Gegend] typischen Geschmack

terrorisant, e [tɛʀɔʀizɑ̃, ɑ̃t] *adj* Furcht erregend, Schrecken erregend; *obscurité a.* beängstigend

terroriser <1> [tɛʀɔʀize] *vt* **1.** (*faire très peur*) ■ **qn/qc terrorise qn** jd/etw macht jdm große Angst, jd/etw versetzt jdn in Angst und Schrecken; ***l'obscurité terrorise le petit*** der Kleine hat im Dunkeln furchtbare Angst
2. (*opprimer*) ■ **qn terrorise qn** jd terrorisiert jdn; ***il a terrorisé des générations d'écoliers*** er hat ganze Generationen von Schülern terrorisiert

terrorisme [tɛʀɔʀism] *m* Terrorismus *m;* ***acte de*** ~ Terrorakt *m*, Terroranschlag *m*

terroriste [tɛʀɔʀist] **I.** *adj* terroristisch; *acte a.* Terror-; ***attentat*** ~ Terroranschlag *m;* ***organisation*** ~ terroristische Vereinigung
II. *mf* Terrorist(in) *m(f)*

tertiaire [tɛʀsjɛʀ] **I.** *adj secteur, société* Dienstleistungs-; *emploi a.* im Dienstleistungssektor, im Dienstleistungsgewerbe; *activité* des Dienstleistungsbereichs
II. *m* ■ **le** ~ der tertiäre Sektor, der Dienstleistungssektor
III. *mf gén pl* im Dienstleistungsbereich Beschäftigte(r) *f(m);* ***les ~s*** die im Dienstleistungsbereich Beschäftigten

tertiarisation [tɛʀsjaʀizasjɔ̃] *f* Entwicklung *f* [*o* Ausweitung *f*] des Dienstleistungssektors

tertio [tɛʀsjo] *adv* drittens

tertre [tɛʀtʀ] *m* Hügel *m*, Anhöhe *f*
▶ **~ funéraire** Grabhügel *m*

tes [te] *pron v.* **ton, ta**

tessiture [tesityʀ] *f* (*registre*) Stimmlage *f;* (*étendue*) Stimmumfang *m;* ***elle a une ~ grave*** sie hat eine tiefe Stimmlage

tesson [tesɔ̃] *m* Scherbe *f*

test¹ [tɛst] *m* Test *m*
▶ **qn fait un** ~ jd macht einen Test; **qn passe un** ~ jd macht einen Test, jd unterzieht sich einem Test, jd wird getestet; **qn fait passer un ~ à qn** jd testet jdn, jd lässt jdn einen Test machen; **qn soumet qn/qc à un** ~ jd testet jdn/etw, jd unterzieht jdn/etw einem Test; **qn/qc subit un** ~ jd/etw wird getestet, jd/etw wird einem Test unterzogen
◆ **test de dépistage du sida, test de séropositivité** Aidstest ['eɪds-] *m;* **test de grossesse** Schwangerschaftstest *m*

test² [tɛst] *m* ZOOL Gehäuse *nt*, Schale *f*

-test [tɛst] *app* Test-; *expérience* als Test dienend

testable [tɛstabl] *adj* testbar; ***qc est*** ~ etw ist testbar [*o* kann getestet werden]

testament [tɛstamɑ̃] *m* **1.** JUR Testament *nt*
2. ART, LITTER, POL Testament *nt*, Vermächtnis *nt*
▶ **l'Ancien/le Nouveau T~** das Alte/das Neue Testament; **~ olographe** eigenhändiges [*o* holographisches *spec*] Testament; **qn couche [*o* met] qn sur son** ~ jd bedenkt jdn in seinem Testament; **qn fait son** ~ jd macht sein Testament; **qn peut faire son** ~ *hum fam* jd kann sein Testament machen; **qn fait qc par** ~ jd tut etw testamentarisch [*o* letztwillig]; ***elle avait reçu la maison par*** ~ sie hatte das Haus testamentarisch geerbt

testamentaire [tɛstamɑ̃tɛʀ] *adj héritier* testamentarisch; *exécuteur* Testaments-; ***disposition*** ~ Testamentsbestimmung *f*, letztwillige Verfügung

testateur, -trice [tɛstatœʀ, -tʀis] *m* Erblasser(in) *m(f)*, Testator *m spec*

tester¹ <1> [tɛste] *vt* (*mettre à l'épreuve*) ■ **qn teste qn/qc** jd testet jdn/etw; *élève, candidat a.* jd prüft jdn

tester² <1> [tɛste] *vi* JUR ■ **qn teste** jd macht sein Testament

testeur, -euse [tɛstœʀ, -øz] **I.** *m, f* Tester(in) *m(f)*
II. *m* (*appareil de contrôle*) Testgerät *nt*

testicule [tɛstikyl] *m* Hoden *m*, Hode *f*, Testikel *m spec*

testostérone [tɛstosteʀɔn] *f* Testosteron *nt*

tétanie [tetani] *f* Tetanie *f;* ***crise de*** ~ Tetanieanfall *m*

tétanisation [tetanizasjɔ̃] *f* Verkrampfung *f*, Erstarrung *f*

tétaniser <1> [tetanize] *vt* **1.** MED ■ **qc tétanise qc** *muscle, membre* etw verkrampft etw
2. (*abasourdir*) ■ **qn/qc tétanise qn** /*discours*/ jd/etw lässt jdn erstarren; /*chef, attitude*/ jd/etw lähmt jdn

tétanos [tetanos] *m* **1.** (*maladie*) Tetanus *m*, Wundstarrkrampf *m*
2. (*contraction du muscle*) Muskelstarre *f*

têtard [tɛtaʀ] *m* Kaulquappe *f*

tête [tɛt] *f* **1.** (*partie du corps*) Kopf *m*
2. (*boîte crânienne*) Kopf *m*, Schädel *m*
3. (*extrémité*) [*clou, épingle, pointe, rivet, vis, aiguille*] Kopf *m;* [*lit*] Kopfende *nt;* [*arbre*] Krone *f;* [*champignon*] Hut *m;* ■ **~ de** *d'un pont, d'une poutre, allumette, aile, de la commande, du filetage* -kopf; *d'un os* -ende *nt;* ***~ de fémur*** Oberschenkelkopf
4. [*céleri*] Knolle *f;* [*ail a.*] Zwiebel *f;* [*artichaut*] Knospe *f*, Kopf *m*
5. [*chapitre, phrase, liste*] Anfang *m;* ***en ~ de phrase*** am Satzanfang; ***qn est en ~ de liste*** jd steht an erster Stelle [*o* ganz oben] auf der Liste
6. FBALL Kopfball *m*
7. (*première place*) Spitze *f*, Spitzengruppe *f;* [*train, cortège, défilé*] Spitze *f;* ***wagon de*** ~ vorderer Wagen, Wagen an der Zugspitze
▶ **qn a la ~ près du bonnet** *fam* jd weiß, wo's langgeht *fam*, jd weiß, was er will; **qn a la ~ comme une boule de billard** *arg* jd hat eine Glatze, jd ist kahl; ***celui qui a la ~ comme une boule de billard*** der mit der Glatze; **qn**

lui met la ~ au carré *fam* jd macht Kleinholz aus jdm *fam;* **qn a** [*o* **fait**] [*o* **prend**] **une ~ de circonstance** jd macht das passende [*o* entsprechende] Gesicht, jd setzt das passende Gesicht auf; **à la ~ du client** *fam* nach Sympathie; ***ce prof, il note à la ~ du client*** dieser Lehrer verteilt die Noten nach Sympathie [*o* wie ihm das Gesicht passt *fam*]; **qn a une ~ de déterré(e)** *fam* jd sieht aus wie eine lebende [*o* wandelnde] Leiche *fam;* **qn a la ~ de l'emploi** *fam* man sieht jdm seinen Beruf an; */acteur/* jd ist für die Rolle [*o* dafür] wie geschaffen, jdm ist die Rolle [wie] auf den Leib geschrieben; ***eh bien, il a la ~ de l'emploi!*** so sieht er auch aus!; **qn fait une ~ d'enterrement** *fam* jd setzt eine Leidensmiene auf, jd macht ein Gesicht wie drei [*o* sieben] Tage Regenwetter *fam;* **qn a la ~ à l'envers** *fam* jd ist ganz durcheinander [*o* kopflos]; ***cette nouvelle lui a mis la ~ à l'envers*** diese Nachricht hat ihn/sie ganz kopflos gemacht; **qn se met la ~ à l'envers** *fam* jd zerbricht [*o* zermartert] sich (*dat*) den Kopf; **qn a la ~ [bien plantée] sur les épaules** jd hat einen gesunden Menschenverstand; ***elle a la ~ sur les épaules pour son âge*** sie ist sehr vernünftig für ihr Alter; ***je me demande s'il a la ~ sur les épaules*** ich frage mich, ob er ganz bei Verstand ist; **gros(se) comme une ~ d'épingle** so groß wie ein Stecknadelkopf; **qn en mangerait sur la ~ d'un galeux** [*o* **teigneux**] *fam* jd isst das für sein Leben gern; **quand on n'a pas de ~, il faut avoir des jambes** *prov* was man nicht im Kopf hat, das hat man in den Beinen; **qn se tape la ~ contre les murs** *fam* jd geht die Wände rauf [*o* hoch] *fam;* ***c'est à se taper la ~ contre les murs*** das ist zum Verzweifeln [*o* Auswachsen *fam*]; ***je me serais tapé la ~ contre les murs!*** ich hätte die Wände hochgehen können! *fam;* **qn a la ~ dans les nuages** *fam* jd ist mit seinen Gedanken woanders; **qn a la ~ comme une passoire** *fam* jd hat ein Gedächtnis wie ein Sieb *fam;* **qn a la ~ comme une pastèque** [*o* **un pot de fer**] *fam* jd hat einen dicken Kopf *fam,* jdm platzt gleich der Kopf *fam;* **de la ~ aux pieds, des pieds à la ~** von Kopf bis Fuß, von oben bis unten; **qn fait une ~ de six pieds de long** *fam* jd macht [*o* zieht] ein Gesicht [wie drei [*o* sieben] Tage Regenwetter] *fam;* **par ~ de pipe** *fam* pro Nase *fam,* pro Person; **la ~ de qn est mise à prix** auf jds Kopf (*akk*) ist ein Preis ausgesetzt; **~ baissée** *agir, filer* überstürzt; *se lancer, se jeter dans* blindlings, ohne zu überlegen; ***il s'est lancé dans le travail ~ baissée*** er hat sich kopfüber in die Arbeit gestürzt; **~s blondes** Kinder *pl;* ***nos chères ~s blondes*** unsere lieben Kleinen *fam;* **qn a une bonne ~** *fam* jd sieht nett [*o* sympathisch] aus; **~ brûlée** Draufgänger *m;* **~ chercheuse** [*fusée, missile*] Suchkopf *m,* Zielsucheinrichtung *f;* **~ couronnée** gekröntes Haupt; **qn a la ~ dure** jd ist dickköpfig [*o* eigensinnig], jd ist ein Dickkopf; **qn a la ~ farcie [de qc]** jd hat den Kopf voll [von etw] [*o* voller Gespinst [mit etw]] *fam;* ***j'ai la ~ farcie de chiffres*** ich habe den Kopf voller Zahlen; **qn a la ~ fêlée** *fam* jd ist nicht ganz bei Verstand [*o* Trost] *fam,* jd hat einen Sprung in der Schüssel *fam;* **[qn est] une forte ~** jd ist] ein aufsässiger Mensch [*o* aufsässig]; **qn garde la ~ froide** jd behält [*o* bewahrt] einen klaren [*o* kühlen] Kopf; **une grosse ~** ein kluger Kopf, ein Intelligenzbolzen *m fam;* **qn a la grosse ~** *fam* (*est vaniteux*) jd trägt den Kopf [*o* die Nase] hoch; **qn fait une grosse ~ à qn** *fam* jd gibt jdm eins auf die Birne [*o* Nase] *fam,* jd brät jdm eins über den Kopf *fam;* **la ~ haute/basse** mit erhobenem Kopf [*o* erhobenen Hauptes]/mit hängendem Kopf [*o* kleinlaut]; **qn a la ~ libre** jd hat den Kopf frei; **qn a la ~ lourde** jd hat einen dicken [*o* schweren] Kopf; **[qn est] une mauvaise ~** (*sale caractère*) [jd ist] ein Querkopf [*o* Dickschädel *fam*]; (*élève indiscipliné*) [jd ist] ein Unruhestifter; **qn fait sa mauvaise ~** jd schmollt, jd setzt seinen Trotzkopf auf; **~ nucléaire** Atomsprengkopf *m;* **~ nue** ohne Kopfbedeckung; **[qn est] la ~ pensante de qc** [jd ist] der Denker einer S. (*gen*); **petite ~!** *fam* [du] kleines Dummerchen! *nt;* **qn est une petite ~** *fam* jd hat nicht viel [Grips] im Kopf *fam,* jd hat ein Spatzenhirn *fam;* **qn a des … plein la ~** jd hat den Kopf voller …; ***elle a des rêves plein la ~*** sie hat den Kopf voller Träume; **qn fait qc la ~ la première** jd tut etw kopfüber [*o* mit dem Kopf voran]; **qn fait qc à ~ reposée** jd tut etw in aller Ruhe; **qn a une sale ~** *fam* (*a mauvaise mine*) jd sieht schlecht [*o* mies *fam*] aus; (*est antipathique*) jd ist unangenehm [*o* fies *fam*]; **qn a toute sa ~** jd ist noch gut beisammen [*o* beieinander] *fam;* **qn n'a plus toute sa ~** jd ist nicht mehr ganz bei Sinnen; **qn a la ~ vide** jd ist Kopf ist leer; **qn a de la ~** *fam* jd hat Köpfchen *fam,* jd ist ein kluger Kopf; **qn a** [*o* **fait**] **une ~ de moins/plus que qn** jd ist einen Kopf kleiner/größer als jd; **qn a une ~ [grosse] comme ça** *fam* jd hat so einen [dicken] Kopf [*o* Ballon] *fam;* **quelle ~ qn a** *fam* jd sieht vielleicht [mies] aus *fam;* ***quelle ~ tu as/il a!*** du siehst/der sieht ja vielleicht [mies] aus!; **qn a ses ~s** *fam* jd hat [so] seine Lieblinge; **qn a la ~ ailleurs** jd ist mit den Gedanken woanders; **qn a la ~ à ce qu'il/elle fait** jd konzentriert sich auf das, was er/sie tut; ***tu n'as pas la ~ à ce que tu fais*** du bist [mit den Gedanken] nicht bei der Sache; **qn a qc en ~** jd hat etw im Kopf, jd weiß etw auswendig; **qn en a par-dessus la ~** *fam* jd hat genug davon, jd hat die Nase voll *fam;* **qn n'a pas de ~** *fam* jd hat ein Gedächtnis wie ein Sieb *fam,* jd ist vergesslich; **qn a une ~ à faire qc** jd sieht aus, als ob er/sie etw tut/tun würde; ***il a une ~ à être boucher/à voler*** er sieht aus wie ein Metzger/, als würde er klauen *fam;* **qn n'a rien dans la ~** jd hat nichts im Kopf; **où ai-je/as-tu/… la ~?** wo habe ich nur meinen/hast du nur deinen Kopf gelassen?; **qn baisse** [*o* **courbe**] **la ~** jd zieht den Kopf ein, jd macht sich klein; **qn casse la ~ à qn** *fam* jd geht jdm auf die Nerven [*o* auf den Wecker] *fam;* **qn se casse la ~** jd zerbricht sich (*dat*) den Kopf; **qn cherche dans sa ~** *fam* jd strengt seinen Kopf [*o* Grips *fam*] an; **qn donne[rait]** [*o* **met[trait]**] **sa ~ à couper que** + *indic fam* jd wettet seinen Kopf darauf/würde seinen Kopf darauf wetten, dass *fam;* **qn se creuse la ~** *fam* jd zerbricht sich (*dat*) den Kopf, jd zermartert sich (*dat*) den Kopf [*o* das Hirn] *fam;* ***creuse-toi un peu la ~!*** streng mal ein bisschen deinen Grips an! *fam;* **qn dépasse qn d'une ~** jd ist einen Kopf größer als jd; **qn donne de la ~ contre qc** *contre le mur, buffet* jd stößt mit dem Kopf gegen etw, jd stößt sich (*dat*) den Kopf an etw (*dat*); ***il a donné de la ~ contre le rebord du trottoir*** er ist mit dem Kopf auf die Bordsteinkante gefallen; **qn enfonce** [*o* **fait entrer**] **qc dans la ~ de qn** (*force à se rappeler*) jd hämmert [*o* bleut] jdm etw ein *fam;* (*fait comprendre*) jd macht jdm etw begreiflich; **qc/ça ne lui entre pas dans la ~** (*qn ne comprend pas qc*) etw/das geht [*o* will] jdm nicht in den Kopf [*o* Schädel] [rein] *fam;* (*qn ne se souvient pas de qc*) etw/das kriegt jd nicht in seinen Kopf rein *fam;* **qn est la ~ de qc** *fam* jd ist der Kopf [*o* Boss *fam*] einer S. (*gen*); **qn fait la ~ [à qn]** *fam* jd schmollt [mit jdm], jd spielt den Beleidigten/die Beleidigte [vor [*o* bei] jdm], jd ist eingeschnappt; **qn fait une ~** FBALL jd köpft [den Ball], jd führt einen Kopfball aus; **qn en fait une [sale** [*o* **drôle de]] ~** *fam* jd macht vielleicht ein [saures [*o* komisches]] Gesicht *fam;* ***t'en fais une ~!*** du ziehst [*o* machst] vielleicht ein Gesicht! *fam;* **qn n'en fait qu'à sa ~** jd tut nur, was er/sie will [*o* was ihm/ihr gefällt]; **qn se fout** [*o* **se fiche**] **de la ~ de qn** jd macht sich über jdn lustig, jd hält jdn zum Narren; **un animal gagne d'une [courte] ~** ein Tier gewinnt mit einer [knappen] Kopflänge Vorsprung; **qn jette qc à la ~ de qn** jd wirft jdm etw an den Kopf; **qn se jette à la ~ de qn** jd wirft sich jdm an den Hals *fam;* **qn joue** [*o* **risque**] **sa ~** jd riskiert Kopf und Kragen [*o* seinen Kopf]; **qn jure sur la ~ de qn** jd schwört bei jds Leben; ***je jure sur la ~ de mes enfants/de ma mère*** ich schwöre bei allem, was mir lieb [und teuer] ist [*o* mir heilig ist]; **qn lave la ~ à qn** *fam* jd wäscht jdm den Kopf *fam;* **qn met qc dans la ~ de qn** *fam* (*lui donne des idées*) jd redet jdm etw ein; ***qui est-ce qui t'a mis ça dans la ~?*** wer hat dir denn den Floh ins Ohr gesetzt [*o* denn das eingeredet]?; **qn se met en** [*o* **dans la**] **~ de faire qc** jd setzt [es] sich (*dat*) in den Kopf, etw zu tun; **qn se met** [*o* **se fourre**] **dans la ~ que** + *indic fam* jd setzt sich (*dat*) in den Kopf, dass; jd redet sich (*dat*) ein, dass; ***mets-toi bien dans la ~ que c'est inutile de …*** merk dir eins, es nutzt nichts, dass du …; ***mets-toi bien ça dans la ~, je …*** eins kannst du dir merken [*o* hinter die Ohren schreiben *fam*], ich …; **qn monte la ~ à qn** *fam* jd stachelt [*o* hetzt] jdn auf; **qn se monte la ~** *fam* jd bildet sich (*dat*) etwas ein, jd macht sich (*dat*) etwas vor; ***ne lui dites pas qu'il est intelligent; il va se monter la ~*** sagen Sie ihm nicht, dass er intelligent ist, sonst bildet er sich noch was drauf ein; **qc lui monte à la ~** */vin/* etw steigt jdm in den Kopf; */succès/* etw steigt jdm zu Kopf; **qn se paie la ~ de qn** *fam* jd macht sich über jdn lustig, jd nimmt jdn auf den Arm [*o* die Schippe] *fam;* **qc lui passe par la ~** */idée/* etw geht jdm durch den Kopf, etw kommt jdm in den Sinn; ***j'ai quelque chose/une idée qui me passe par la ~*** mir geht gerade etwas/ein Gedanke durch den Kopf; **qn dit/écrit/fait ce qui lui passe par la ~** jd sagt/schreibt/tut, was ihm/ihr [gerade] in den Kopf [*o* Sinn] kommt; **qc/ça passe au-dessus de la ~ de qn** etw/das geht über jds Horizont (*akk*); **un animal perd d'une [courte] ~** ein Tier verliert mit einer [knappen] Kopflänge Rückstand; **qn perd** [*o* **a perdu**] **la ~** jd hat den Verstand verloren, jd schnappt über; ***tu perds la ~!*** du hast wohl den Verstand verloren!, du bist wohl nicht ganz bei Trost!; ***qn fait perdre la ~ à qn*** jd bringt jdn um den Verstand; **qn pique une ~ [dans qc]** *fam* (*plonge*) jd macht einen Kopfsprung [in etw (*akk*)]; (*tombe*) jd fällt kopfüber [in etw (*akk*)]; **qn/qc lui prend la ~** *fam* jd/etw geht jdm auf die Nerven [*o* auf den Wecker] *fam;* **qn prend la ~ de qc** *du peloton, défilé* jd setzt sich an die Spitze einer S. (*gen*); *d'un mouvement, gouvernement, d'une organisation* jd übernimmt die Führung einer S. (*gen*); *d'une entreprise* jd übernimmt etw; ***elle a pris la ~ de la classe*** sie ist Klassenbeste geworden; **qn réclame la ~ de qn** jd fordert jds Kopf (*akk*), jd will jds Kopf (*akk*) rollen sehen; **qn relève** [*o* **redresse**] **la ~** (*redevient fier*) jd bekommt wieder Oberwasser *fam,* jd trägt den Kopf wieder hoch; (*reprend du poil de la bête*) jd ist wieder auf dem Weg nach oben; **qn a une ~ qui ne me/te/… revient pas** *fam* jds Nase passt [*o* gefällt] mir/dir/… nicht *fam;* ***il a une ~ qui ne me revient pas*** seine Nase passt mir nicht; **qn ne sait pas où donner de la ~** *fam* jd weiß nicht [mehr], wo ihm/ihr der Kopf steht; **qn sauve sa ~** jd rettet seinen Kopf; **qc lui est sorti(e) de la ~** etw ist jdm entfallen; ***ça m'est totalement sorti de la ~*** das ist mir völlig entfallen, daran habe ich gar nicht mehr gedacht; **qn tient ~ à qn** jd bietet jdm die Stirn, jd widersetzt sich jdm; **qc lui tombe sur la ~** etw trifft jdn; **qc lui retombe sur la ~** etw fällt auf jdn zurück, jd muss wieder den Kopf für etw hinhalten; ***elle fait les bêtises et ça me retombe toujours sur la ~*** sie macht die Dummheiten und ich muss immer den Kopf dafür hinhalten; ***je me demande ce qui va encore me tomber sur la ~*** ich frage mich, was jetzt wieder [auf mich zu]kommt; **qn est tombé(e) sur la ~** *fam* jd ist nicht [mehr] ganz richtig im Kopf *fam,* jd tickt nicht ganz richtig *fam;* **qn lui tourne** [*o* **fait tourner**] **la ~** jd verdreht jdm den Kopf; **qc lui tourne** [*o* **fait tourner**] **la ~** */succès, gloire/* etw steigt jdm zu Kopf; */vin, manège/* etw macht jdn benommen [*o* schwindelig]; **qn a la ~ qui tourne, la ~ lui tourne** jdm dreht sich alles [im Kopf] *fam,* jdm ist schwindelig; ***dès que je bois, j'ai la ~ qui tourne*** sobald ich [Alkohol] trinke, wird mir schwindelig [*o* dreht sich mir der Kopf]; **ça va pas la ~?** *fam* du hast/der/die hat/… wohl einen Knall? *fam,* du tickst/der/die tickt/… wohl nicht richtig? *fam;* **à la ~ de qc** an der Spitze einer S. (*gen*); ***elle est à la ~ de l'entreprise*** sie leitet die Firma; ***soudain, il se trouve à la ~ d'un gros capital*** er ist plötzlich zu viel Geld gekommen; ***qn se trouve à la ~ d'énormes problèmes/de responsabilités trop grandes*** jd hat große Schwierigkeiten/eine zu große Verantwortung; **de ~** *homme, femme* fähig; **qn fait qc de ~** *calculer* jd tut etw im Kopf; *exécuter, réciter un morceau* jd tut etw aus dem Kopf [*o* auswendig]; **qc de derrière la ~** *fam* etw im Hinterkopf; ***j'ai bien une petite idée de derrière la ~*** ich habe da so eine Idee im Hinterkopf; ***il a toujours une intention de derrière la ~*** bei ihm steckt immer eine Absicht dahinter; **qn a quelque chose** [*o* **une idée**] **derrière la ~** jd führt etwas im Schilde, jd hat etwas vor; **qn/un animal/qc fait qc en ~ [de qc]** jd tut etwas als Erster; ***qn/un animal arrive en ~*** jd/ein Tier liegt an der Spitze [*o* erreicht als Erste(r, s) das Ziel]; ***qn passe en ~ [du peloton]*** jd setzt sich an die Spitze [des Feldes], jd geht in Führung; ***qn est en ~ du peloton*** jd führt das Feld an; ***qn est*** [*o* ***vient***] ***en ~ de liste/des sondages*** jd steht ganz oben [*o* an erster Stelle] in der Liste/in den Meinungsumfragen; ***pour elle, le travail vient en ~*** die Arbeit kommt bei ihr an erster Stelle [*o* ist für sie das Wichtigste]; **en ~ à ~** *dîner* zu zweit; *discussion, conversation* unter vier Augen, vertraulich; ***nous réveillonnons en ~ à ~*** wir feiern Silvester allein zu zweit *hum;* ***être en ~ à ~ avec soi-même/avec qn*** mit sich/mit jdm alleine sein; **la ~ en bas** *pendre, mettre qn* mit dem Kopf nach unten; *accrocher, suspendre qc* verkehrt [herum]; **par ~** pro Kopf, pro Person

◆ **tête à claques, tête à gifles** Ohrfeigengesicht *nt fam;* **tête d'affiche** Hauptdarsteller(in) *m(f)* ►**en ~ d'affiche** in der Hauptrolle; **tête de bétail** Stück *nt* Vieh; **tête de bois** Dickkopf *m fam,* Dickschädel *m fam;* **tête de cochon** *fam* Starrkopf *m fam,* sturer Bock *fam;* ***quelle ~ de cochon!*** so was von stur! *fam;* **tête de lard** *fam* (*têtu*) Starrkopf *m fam,* Dickschädel *m fam;* (*injure*) Blödmann *m fam,* Blödian *m fam;* **tête de lecture** [*chaîne, magnétophone*] Tonkopf *m;* [*ordinateur*] Lesekopf *m;* **tête de lecture-écriture** INFORM Lese-Schreib-Kopf *m;* **tête de ligne** Endstation *f;* **tête de linotte** *fam* Schussel *m fam;* **tête de liste** Listenführer(in) *m(f),* Spitzenkandidat(in) *m(f);* **tête de lit** Kopfende *nt;* **tête de mort** Totenkopf *m;* **tête de mule** *fam* Dickkopf *m,* Starrkopf *m fam;* ***qn est une ~ de mule*** jd ist störrisch wie ein Maulesel; **tête de nœud** *vulg* Knallkopf *m sl;* **tête d'œuf** *fam* Hohlkopf *m fam,* Knallkopf *m sl;* **tête de pioche** *fam* Blödmann *m fam,* Blödhammel *m fam,* blöder Heini *fam;* **tête de Turc** Prügelknabe *m;* ***elle est la ~ de Turc de la maîtresse*** die Lehrerin hat es immer auf sie abgesehen; **tête en l'air** *fam* Schussel *m fam* ►**qn est ~ en l'air** *fam* jd ist zerstreut, jd ist schusselig *fam*

tête-à-queue [tɛtakø] *m inv* Drehung *f* [um die eigene Achse]; ***la voiture a fait un ~-~-~*** das Auto hat sich um die eigene Achse gedreht [*o* ist herumgeschleudert worden] **tête-à-tête** [tɛtatɛt] *m inv* **1.** (*entretien*) Gespräch *nt* unter vier Augen, Zwiegespräch *nt* **2.** (*service*) Frühstücksservice *nt* für zwei Personen **tête-bêche** [tɛtbɛʃ] *adv* entgegengesetzt; ***les enfants sont couchés ~-~*** die Kinder schlafen Kopf an Fuß **tête-de-loup** <~s-~-~> [tɛtdəlu] *f* Deckenbesen *m; iron* Strubbelkopf *m* **tête-de-nègre** [tɛtdənɛgʀ] *adj inv* dunkelbraun

tétée [tete] *f* **1.** (*action de téter*) Stillen *nt;* ***qn donne la ~ à un enfant*** jd stillt ein Kind, jd gibt einem Kind die Brust; (*avec un biberon*) jd gibt einem Kind die Flasche; ***c'est l'heure de la ~*** es ist Zeit zum Stillen/fürs Fläschchen; ***le bébé a six ~s*** das Baby wird sechsmal gestillt/bekommt sechs Mahlzeiten

2. (*repas*) Mahlzeit *f;* ***l'enfant prend 80 g par ~*** das Kind bekommt 80 g pro Mahlzeit

téter <5> [tete] **I.** *vt* ■**qn/un animal tète qc** *sein, biberon* jd/ein Tier saugt an etw (*dat*); ***le bébé tète sa mère*** das Baby saugt an der Mutterbrust; ***les petits chats tètent leur mère*** die kleinen Katzen werden von ihrer Mutter gesäugt

II. *vi* ■**qn/un animal tète** jd/ein Tier saugt [*o* trinkt]

►**qn donne à ~ [à qn]** (*donne le sein*) jd gibt [jdm] die Brust, jd stillt [jdn]; (*donne le biberon*) jd gibt [jdm] die Flasche; **qn donne à ~ [à un animal]** jd füttert [ein Tier] aus der Flasche

têtière [tɛtjɛʀ] *f* **1.** [*canapé, fauteuil, siège*] Schoner[deckchen *nt*] *m;* [*appuie-tête*] Schonbezug *m*

2. (*pièce du harnais*) Genickstück *nt*

tétine [tetin] *f* **1.** [*biberon*] Sauger *m;* (*sucette pour calmer*) Schnuller *m*

2. [*truie*] Zitze *f;* [*vache*] Euter *nt*

téton [tetɔ̃] *m* **1.** *fam* (*sein*) Brust *f,* Titte *f vulg;* ***elle avait de ces ~s*** die hatte vielleicht einen Busen [*o* Holz vor der Hütte *fam*]; ***avec des ~s comme ça*** mit so einem Busen

2. TECH Nippel *m fam;* ***~ de boulon*** Zapfen *m*

tétraèdre [tetʀaɛdʀ] *m* Tetraeder *nt*

tétralogie [tetʀalɔʒi] *f* Tetralogie *f*

tétraplégie [tetʀapleʒi] *f* Lähmung *f* der Arme und Beine, Tetraplegie *f spec;* ***il est atteint de ~*** er ist an Armen und Beinen [*o* an allen vier Gliedmaßen] gelähmt

tétraplégique [tetʀapleʒik] **I.** *adj* an Armen und Beinen [*o* an allen vier Gliedmaßen] gelähmt

II. *mf* jemand, der an Armen und Beinen gelähmt ist; an Armen und Beinen Gelähmte(r) *f(m)*

tétras [tetʀɑ(s)] *m* Raufußhuhn *nt*

►**grand ~** Auerhahn *m*

têtu, e [tety] **I.** *adj* eigensinnig, starrköpfig, dickköpfig *fam; air* eigensinnig; *front* eigenwillig

II. *m, f* Starrkopf *m,* Dickschädel *m fam*

teuf-teuf <~s-~s> [tœftœf] *m enfantin fam* Töfftöff *nt Kindersprache*

teuton, ne [tøtɔ̃, ɔn] **I.** *adj* teutonisch

II. *m, f* ■**Teuton(ne)** Teutone/-nin *m/f*

texte [tɛkst] *m* (*écrit*) Text *m;* (*énoncé*) [*télégramme, lettre*] Wortlaut *m;* ***un recueil de ~s choisis*** eine Sammlung ausgewählter Texte; ***voici le ~ du télégramme*** hier der Wortlaut des Telegramms; ■**~ de** *d'une loi, chanson* -text

►**dans le ~** *lire* im Original [*o* Urtext]; *citer* aus dem Original [*o* Urtext]

◆ **texte de loi** Gesetzestext *m*

textile [tɛkstil] **I.** *adj* **1.** *fibre, fil* Textil-; *matière* textil; ***plante ~*** Textilpflanze *f,* Faserpflanze *f*

2. *industrie, machine, usine* Textil-

II. *m* **1.** (*tissu*) Faserstoff *m; pl* Textilien *pl,* Textilwaren *pl;* ***la fabrication des ~s*** die Herstellung von Textilien; ***~s synthétiques/naturels/artificiels*** synthetische [Faser]stoffe/Natur-/Kunstfaserstoffe

2. (*industrie*) Textilindustrie *f*

textuel, le [tɛkstɥɛl] *adj* **1.** *copie, reproduction, traduction* wörtlich

2. *réponse, contenu* wörtlich, wortgetreu

3. *analyse, interprétation* Text-

textuellement [tɛkstɥɛlmɑ̃] *adv* wörtlich, Wort für Wort; *reproduire a.* textgetreu

texture [tɛkstyʀ] *f* **1.** (*consistance*) Beschaffenheit *f,* Konsistenz *f*

2. (*agencement*) [*roman, pièce de théâtre, film*] Struktur *f,* Aufbau *m*

TF1 [teɛfœ̃] *f abr de* **Télévision Française 1** Erstes Französisches Fernsehen (*erstes Programm des französischen Fernsehens*)

T.G.V. [teʒeve] *m abr de* **Train à grande vitesse** Hochgeschwindigkeitszug *m,* ≈ ICE *m*

Thaïlande [tajlɑ̃d] *f* ■**la Thaïlande** Thailand *nt*

thalassothérapie [talasoteʀapi] *f* Thalassotherapie *f*

thallium [taljɔm] *m* CHIM Thallium *nt*

thaumaturge [tomatyʀʒ] *mf* Wundertäter(in) *m(f)*

thé [te] *m* Tee *m;* ***cueillette du ~*** Teeernte *f;* ***qn invite qn à un ~/à prendre le ~*** jd lädt jdn zum Tee ein; ***gâteaux pour le ~*** Teegebäck *nt*

théâtral, e <-aux> [teɑtʀal, o] *adj œuvre, production* Theater-, Bühnen-; *façon, effet, geste, mimique, attitude* theatralisch; ***représentation ~e*** Theateraufführung *f;* ***qn est/se fait ~*** jd ist theatralisch/tut [*o* gibt sich] theatralisch

théâtralement [teɑtʀalmɑ̃] *adv* theatralisch

théâtralité [teɑtʀalite] *f* [*œuvre, opéra*] Bühnenwirkung *f;* ***cette pièce manque de ~*** dem Stück fehlt die Bühnenwirkung

théâtre [teɑtʀ] *m* **1.** (*édifice*) Theater *nt*

2. (*spectacle*) Theater *nt;* ***pièce de ~*** Theaterstück *nt;* ***acteur de ~*** Theaterschauspieler *m*

3. (*art dramatique*) Theater *nt;* ***école de ~*** Schauspielschule *f;* ***cours de ~*** Schauspielunterricht *m*

4. (*genre littéraire*) Theater *nt,* Drama *nt;* (*œuvres*) dramatische Werke *pl,* Dramen *pl,* Theaterstücke *pl;* ***le ~ classique*** das klassische Theater; ***le ~ de Ionesco/Sartre*** die dramatischen Werke Ionescos/Sartres

5. (*lieu*) ■**le ~ de qc** *des combats, d'une dispute, de la réconciliation* der Schauplatz einer S. (*gen*)

►**qn fait** [*o* **joue**] **du ~** (*professionnellement*) jd ist [Theater]schauspieler(in) *m(f);* (*en amateur*) jd spielt Theater, jd ist beim Theater; ***elle joue du ~ tous les soirs*** jeden Abend steht sie auf der Bühne

◆ **théâtre de boulevard** Boulevardtheater *nt;* **théâtre de marionnettes** Marionettentheater *nt;* **théâtre de verdure** Freilichtbühne *f*

théâtreux, -euse [teɑtʀø, -øz] *m, f péj fam* Provinzschauspieler(in) *m(f)*

théier [teje] *m* Teestrauch *m*

théière [tejɛʀ] *f* Teekanne *f*

théine [tein] *f* Thein *nt*

théisme [teism] *m* Theismus *m*

thématique [tematik] **I.** *adj* thematisch

II. *f* Thematik *f*

thème [tɛm] *m* **1.** (*sujet*) Thema *nt;* [*conversation, discussion a.*] Gegenstand *m;* [*peinture a.*] Motiv *nt;* ***le ~ de notre conversation était ...*** Gegenstand unserer Unterredung war ...; ***la conférence aura pour ~ ...*** [das] Thema der Konferenz ist ...

2. SCOL Übersetzung *f* in die Fremdsprache, Hinübersetzung; ***~ allemand/anglais/...*** Übersetzung ins Deutsche/Englische/...

3. MUS Thema *nt*

4. LING (*radical*) Stamm *m*

►**~ astral** [Geburts]horoskop *nt;* ***qn fait le ~ astral de qn*** jd erstellt jdm sein Horoskop

théocratie [teɔkʀasi] *f* Theokratie *f*

théocratique [teɔkʀatik] *adj* theokratisch

théologie [teɔlɔʒi] *f* Theologie *f*

théologien, ne [teɔlɔʒjɛ̃, jɛn] *m, f* Theologe/-login *m/f*

théologique [teɔlɔʒik] *adj* theologisch

théorème [teɔʀɛm] *m* Theorem *nt,* Lehrsatz *m;* ***~ de Pythagore/d'Euclide*** Satz *m* des Pythagoras/Lehrsatz des Euklid, pythagoreischer/euklidischer Lehrsatz

théoricien, ne [teɔʀisjɛ̃, jɛn] *m, f* Theoretiker(in) *m(f);* ■**~ de qc** Theoretiker einer S. (*gen*); ***~ de la musique*** Musiktheoretiker, Musikwissenschaftler

théorie [teɔʀi] *f* **1.** (*conception*) Theorie *f*

2. (*ensemble de théorèmes et de lois*) Theorie *f,* Lehre *f;* ■**~ de** *de l'évolution, des quanta* -theorie; *de l'hérédité, des couleurs* -lehre; *de la conservation d'énergie* Theorie (+ *gen*), Lehre von; ***~ des ensembles*** Mengenlehre; ***~ de la relativité*** Relativitätstheorie; ***~ musicale*** Musiktheorie

3. ∅ ■**la ~** die Theorie; ***c'est bien beau, la ~, mais en pratique ...*** die Theorie ist ja ganz schön, aber in der Praxis ...

►**en ~** in der Theorie, theoretisch

théorique [teɔʀik] *adj* **1.** (*opp: pratique*) theoretisch

2. (*contraire aux faits*) *fiabilité, efficacité, égalité* [rein] theoretisch; ***ce produit est d'une efficacité toute ~*** die Wirksamkeit dieses Produktes ist rein theoretisch

théoriquement [teɔʀikmɑ̃] *adv* **1.** (*logiquement*) theoretisch; ***il devrait ~ être de retour*** theoretisch müsste er zurück sein

2. (*par une théorie*) *fondé, justifié* theoretisch, in der Theorie

théorisation [teɔʀizasjɔ̃] *f* Theoretisierung *f;* ■**la ~ de qc** das Aufstellen einer Theorie zu etw; ***qn procède à la ~ de qc*** jd erarbeitet die theoretische Grundlage für etw, jd stellt zu [*o* für] etw eine Theorie auf

théoriser <1> [teɔʀize] **I.** *vt* ■**qn théorise qc** jd stellt zu [*o* für] etw eine Theorie auf, jd erarbeitet die theoretischen Grundlagen für etw; ***cette démarche empirique demande à être théorisée*** dieses empirische Vorgehen bedarf einer theoretischen Grundlage

II. *vi* ■**qn théorise [sur qn/qc]** jd theoretisiert [über jdn/etw], jd stellt Theorien [über jdn/etw] auf

thérapeute [teʀapøt] *mf* **1.** (*médecin*) Therapeut(in) *m(f)*

2. (*psychothérapeute*) [Psycho]therapeut(in) *m(f)*

thérapeutique [teʀapøtik] **I.** *adj* therapeutisch, heilend, Heil-; ***qc a un***

effet/une action ~ etw wirkt therapeutisch, etw hat [eine] Heilwirkung [*o* therapeutische Wirkung]
II. *f* 1. (*science*) Heilkunde *f*, Therapeutik *f*; ***la ~ homéopathique*** die Homöopathie
2. (*traitement*) Therapie *f*, Behandlungsmethode *f*

thérapie [teʀapi] *f* 1. (*science*) Heilkunde *f*, Therapeutik *f*
2. (*traitement*) Therapie *f*, Heilbehandlung *f*
3. (*psychothérapie*) [Psycho]therapie *f*; ~ ***de groupe*** Gruppentherapie; ***il est en*** ~ er macht eine [*o* unterzieht sich einer] Therapie
▶ ~ **familiale** Familientherapie *f*; ~ **génique** Gentherapie *f*, Genbehandlung *f*

thermal, e <-aux> [tɛʀmal, o] *adj* Thermal-; ***eaux ~es*** Thermalquellen *pl*, heiße Quellen *pl*; ***cure ~e*** Heilquellenkur *f*; ***station ~e*** Thermalbad *nt*, Badekurort *m*

thermalisme [tɛʀmalism] *m* Thermaleinrichtungen *pl*

thermes [tɛʀm] *mpl* 1. (*dans une station thermale*) Thermalbäder *pl*
2. ANTIK Thermen *pl*

thermicien, ne [tɛʀmisjɛ̃, jɛn] *m, f* Wärmetechniker(in) *m(f)*

thermique [tɛʀmik] I. *adj unité, conductibilité, énergie* thermisch; *effet, unité* Wärme-; ***élévation*** ~ Temperaturanstieg *m*; ***moteur*** ~ Verbrennungsmotor *m*
II. *f* Wärmetechnik *f*

thermo [tɛʀmo] *préf -chimie, -graphie, -sphère* Thermo-; *-régulation* Wärme-; *-dynamique, -électrique, -plastique* thermo-; ***~couple*** Thermoelement *nt*; ***~durcissable*** duroplastisch; ***~dynamique*** Thermodynamik *f*, Wärmelehre *f*; ***~gène*** wärmeerzeugend, thermogen *spec*; ***~résistant*** wärmebeständig, thermostabil *spec*; ***~vinification*** Weinherstellung *f* durch Wärmezufuhr

thermoactif, -ive [tɛʀmoaktif, -iv] *adj* atmungsaktiv

thermo-imprimante <~-~s> [tɛʀmoɛ̃pʀimɑ̃t] *f* Thermodrucker *m*

thermomètre [tɛʀmɔmɛtʀ] *m* Thermometer *nt*; ~ ***médical*** Fieberthermometer; ■ **le ~ de qc** *de la fortune, de l'intérêt, l'attention* der Gradmesser für etw; *de l'opinion, de la conjoncture* das Barometer einer S. (*gen*); ***qc est le ~ de qc*** etw gibt Aufschluss über etw (*akk*)

thermométrique [tɛʀmɔmetʀik] *adj* thermometrisch; ***échelle*** ~ Thermometerskala *f*

thermonucléaire [tɛʀmɔnykleɛʀ] *adj* thermonuklear **thermopompe** [tɛʀmopɔ̃p] *f* Wärmepumpe *f*

thermos® [tɛʀmos] *f* Thermosflasche® *f*

thermostat [tɛʀmɔsta] *m* Thermostat *m*
◆ **thermostat d'ambiance** Raumthermostat *m*

thésard, e [tezaʀ, aʀd] *m, f fam* Doktorand(in) *m(f)*

thésaurisation [tezɔʀizasjɔ̃] *f* Thesaurierung *f*

thésauriser <1> [tezɔʀize] I. *vi* ■ **qn thésaurise** jd hortet [sein Geld]
II. *vt* ■ **qn thésaurise qc** jd hortet etw, jd häuft etw an

thésaurus [tezɔʀys] *m* Thesaurus *m*

thèse [tɛz] *f* 1. (*point de vue défendu*) These *f*; *envisager, exclure* Möglichkeit *f*; ***la police avance/n'exclut pas la ~ d'un acte criminel*** die Polizei vermutet/schließt nicht aus, dass es sich um ein Verbrechen handelt; ***la ~ d'un incendie criminel est envisagée*** die Möglichkeit einer Brandstiftung wird erwogen
2. UNIV (*recherches, ouvrage*) Doktorarbeit *f*, Dissertation *f*; (*thèse de doctorat d'État*) Habilitationsschrift *f*; (*soutenance*) Rigorosum *nt*
▶ ~ **de troisième cycle** Doktorarbeit *f*, Dissertation *f*; **qn soutient une** [*o* **sa**] ~ jd legt eine Doktorarbeit vor; **qn défend** [*o* **soutient**] **une ~/la ~ de qc/la ~ que** + *indic* jd vertritt eine These/die These einer S. (*gen*)/die These, dass; jd stellt eine These auf/die These einer S. (*gen*) auf/die These auf, dass; ***la police soutient la ~ de l'incendie criminel*** die Polizei ist der Ansicht, dass es sich um Brandstiftung handelt; **à** ~ *film, pièce, roman* Thesen-

thibaude [tibod] *f* Teppichunterlage *f*

Thomas [tɔma] *m* Thomas *m*
▶ **qn est comme saint** ~ jd ist ein ungläubiger Thomas

thon [tɔ̃] *m* Thunfisch *m*
▶ ~ **blanc/rouge** Weißer/Roter Thunfisch

thonier [tɔnje] *m* Thunfischkutter *m*, Schiff *nt* für den Thunfischfang

Thora [tɔʀa] *f* Thora *f*

thoracique [tɔʀasik] *adj* Brust-; *coupe, région* des Brustkorbs; ***cage*** ~ Brustkorb *m*; ***capacité*** ~ Vitalkapazität *f*

thorax [tɔʀaks] *m* [*homme*] Brust *f*, Brustkorb *m*, Thorax *m spec*; [*insecte*] Thorax

thorium [tɔʀjɔm] *m* CHIM Thorium *nt*

thriller [sʀilœʀ] *m* Thriller *m*

thrombose [tʀɔ̃boz] *f* Thrombose *f*

thulium [tyljɔm] *m* CHIM Thulium *nt*

thune [tyn] *f* ▶ **qn a pas/plus une** ~ *pop* jd hat keinen Pfennig [*o* [roten] Heller]/hat keinen Pfennig [*o* [roten] Heller] mehr *fam*, jd ist völlig blank *sl*; **qn a de la** ~ *pop* jd hat Kies [*o* Kohle] *sl*

Thurgovie [tyʀgɔvi] *f* ■ **la Thurgovie** der Thurgau

Thuringe [tyʀɛ̃ʒ] *f* ■ **la Thuringe** Thüringen *nt*

thuya [tyja] *m* Thuja *f*, Lebensbaum *m*

thym [tɛ̃] *m* Thymian *m*

thymus [timys] *m* Thymus *m*, Thymusdrüse *f*; [*veau*] Bries *nt*

thyroïde [tiʀɔid] I. *adj*: ***cartilage*** ~ Schildknorpel *m*; ***corps*** [*o* ***glande***] ~ Schilddrüse *f*
II. *f* Schilddrüse *f*

thyroïdien, ne [tiʀɔidjɛ̃, jɛn] *adj* Schilddrüsen-; ***hyperfonctionnement ~/insuffisance ~ne*** Schilddrüsenüber-/Schilddrüsenunterfunktion *f*

tiare [tjaʀ] *f* 1. HIST Tiara *f*
2. REL (*coiffe*) Tiara *f*; (*dignité*) Papstwürde *f*; ***qn brigue la*** ~ jd strebt nach der Papstwürde

tibia [tibja] *m* Schienbein *nt*; ***il lui a donné un coup de pied dans les ~s*** er hat ihm/ihr gegen das [*o* ans] Schienbein getreten

tic [tik] *m* 1. (*contraction nerveuse*) [nervöses] Zucken, Tick *m*, Tic *m spec*; ***c'est un*** ~ das ist ein Tic [*o* [nervöser] Tick]; ***elle a des ~s*** sie hat nervöse Zuckungen
2. (*manie*) Tick *m*, Manie *f*, Angewohnheit *f*; ***qn a le ~ de faire qc*** jd hat den Tick [*o* die Manie] [*o* die Angewohnheit] etw zu tun; ***je vais te faire passer ce vilain*** ~ ich werde dir diese schlechte Angewohnheit austreiben
▶ ~ **nerveux** nervöser Tick

ticket [tikɛ] *m* [*train*] Fahrkarte *f*; [*bus, métro*] Fahrschein *m*; [*cinéma, match, manège*] [Eintritts]karte *f*; [*repas, cantine*] Essensmarke *f*; (*numéro d'attente*) Nummer *f*; ■ ~ **de** *de train, cinéma, quai* -karte; ~ ***de bus/parking/d'avion*** Busfahrkarte [*o* -fahrschein]/Parkschein *m*/[Flug]ticket *nt*; ~ ***de rationnement*** Lebensmittelmarke *f*; ~ ***de vestiaire*** Garderobenmarke *f*
▶ ~ **modérateur** Selbstbeteiligung *f*; ***qn ne paie que le ~ modérateur*** jd bezahlt nur den Selbstkostenanteil; **qn a le** [*o* **un**] ~ [**avec qn**] *arg* jd kommt [bei jdm] gut an *fam*, jd hat [bei jdm] einen Stein im Brett *fam*
◆ **ticket de caisse** Kassenzettel *m*, Kassenbon *m*

tic-tac [tiktak] *m inv* Ticktack *nt*, Ticken *nt*

tie-break <~-~s> [tajbʀɛk] *m* Tiebreak ['taibreɪk] *nt o m*

tiédasse [tjedas] *adj péj* lauwarm

tiède [tjɛd] I. *adj* 1. *eau, repas, café* lauwarm; *lit, gâteau* [noch] warm; *vent, saison* lau, mild
2. *engagement, accueil, soutien* lau, mäßig; *sentiment, foi* halbherzig; *personne* lau, halbherzig; ***un socialiste/chrétien*** ~ ein lauer Sozialist/Christ
II. *m, f gén pl* ■ **les ~s** die Lauen, die Unentschlossenen

tiédeur [tjedœʀ] *f* 1. [*température, air*] Milde *f*; [*soirée, hiver a.*] milde Wärme; [*eau*] Wärme *f*, lauwarme Temperatur; ***le soir était d'une grande*** ~ der Abend war sehr mild
2. [*sentiment, accord, participation*] Lauheit *f*

tiédir <8> [tjediʀ] I. *vi* 1. (*refroidir*) ■ **qc tiédit** etw kühlt ab; ***bois ton café avant qu'il ne tiédisse!*** trink deinen Kaffee, bevor er kalt wird!
2. (*se réchauffer*) ■ **qc tiédit** etw wärmt sich auf, etw wird wärmer; ***j'ai fait ~ de l'eau au soleil*** ich habe in der Sonne Wasser angewärmt [*o* erwärmt]
II. *vt* ■ **qn/qc tiédit qc** (*réchauffer*) jd/etw erwärmt etw; *mains* jd/etw wärmt etw [auf]; (*refroidir*) jd/etw kühlt etw ab

tiédissement [tjedismɑ̃] *m* (*réchauffement*) Erwärmung *f*; (*refroidissement*) Abkühlen *nt*

tien, ne [tjɛ̃, tjɛn] I. *pron poss* ■ **le ~/la ~ne** deine(r, s), der/die/das dein[ig]e *geh*; ***de toutes ces propositions, c'est la ~ne*** [***qui est***] ***la meilleure*** von all diesen Vorschlägen ist deiner der Beste; ***je prends mon parapluie, prends aussi le ~!*** ich nehme meinen Regenschirm mit, nimm auch deinen!; ***ce vélo, ce n'est pas le*** ~ dieses Fahrrad gehört dir nicht [*o* ist nicht deins *fam*], das ist nicht dein Fahrrad
▶ **à la ~ne**[**, Étienne**]! *fam* auf dein Wohl!, prost!
II. *m* ▶ **tu y mets du** ~ du trägst deinen Teil [*o* das dein[ig]e] dazu bei; **les ~s** die deinen, die deinigen *geh*, deine Familie

tiendrai [tjɛ̃dʀɛ] *fut de* **tenir**

tienne [tjɛn] *subj prés de* **tenir**

tiennent [tjɛn] *indic prés de* **tenir**

tiens, tient [tjɛ̃] *indic prés de* **tenir**

tierce [tjɛʀs] *f* 1. CARTES Dreierstraße *f*
2. MUS Terz *f*; ~ ***majeure*** große Terz
3. (*en escrime*) Terz *f*

tiercé [tjɛʀse] *m* 1. SPORT Dreierwette *f* im Pferdetoto; ***qn gagne au*** ~ jd gewinnt [bei der Dreierwette] im Pferdetoto
2. (*série de trois éléments arrivant en tête*): ***le ~ gagnant/vainqueur de qc*** die drei Sieger [*o* Bestplatzierten] einer S. (*gen*); ***le ~ politique*** die drei besten Politiker
▶ ~ **dans l'ordre/le désordre** richtiger Tipp bei der Dreierwette [im Pferdetoto] (*wobei auf die Reihenfolge der drei Gewinner richtig/falsch getippt wird*); ***elle a touché*** [*o* ***gagné***] [*o* ***remporté***] ***le*** ~ [***dans le désordre***] sie hat in der Dreierwette richtig getippt [, aber auf die falsche Reihenfolge]; ~ **gagnant** richtiger Tipp bei der Dreierwette; **qn fait un** ~ jd gibt einen Tipp [für die Dreierwette] im Pferdetoto ab, jd tippt [bei der Dreierwette] im Pferdetoto; **qn joue au** ~ jd spielt im Pferdetoto; **qn touche le** ~ jd gewinnt im Pferdetoto

tiers, tierce [tjɛʀ, tjɛʀs] I. *adj* dritte(r, s), Dritt-; ***une tierce personne*** ein Dritter
II. *m* 1. (*fraction*) Drittel *nt*; ***le ~ de l'héritage*** der dritte Teil der Erbschaft; ***deux*** ~ zwei Drittel
2. (*tierce personne*) ■ **un** ~ ein Dritter, ein Außenstehender; ***qn raconte qc à un*** ~ jd erzählt etwas einem Dritten
▶ **qn se moque** [*o* **se fiche**] [*o* **se fout** *pop*] **du ~ comme du quart** *fam* jdm ist alles schnurzegal [*o* schnuppe] [*o* piepegal] *fam*; ~ **payant** Selbstkostenanteil [des Krankenversicherten] *m*, Eigenbeteiligung *f*; ***il bénéficie du ~ payant*** er bezahlt nur seinen Selbstkostenanteil; ~ **provisionnel** Steuervorauszahlung *f* (*am 31. Januar und 30. April zu zahlender Steuerbetrag, der jeweils ein Drittel der im Vorjahr gezahlten Steuer beträgt*); **au** ~ *assurance* Haftpflicht-; ***qn est assuré(e) au*** ~ jd ist haftpflichtversichert

tiers-monde [tjɛʀmɔ̃d] *m* ∅ ■ **le ~-~** die Dritte Welt **tiers-mondisme** [tjɛʀmɔ̃dism] *m* ∅ Solidarität *f* mit der Dritten Welt, Dritte-Welt-Engagement *nt* **tiers-mondiste** <~-~s> [tjɛʀmɔ̃dist] I. *adj* Dritte-Welt-; *actions, engagement a.* zur Unterstützung der Dritten Welt; ***la gauche ~-~*** die Linke, die sich sehr für die Dritte Welt engagiert II. *mf* Verfechter(in) *m(f)* der Interessen der Dritten Welt; ***qn est un(e) ~-~*** jd engagiert sich für die Dritte Welt, jd setzt sich für die Dritte Welt ein

tif [tif] *m pop* ■ **les ~s** die Haare *pl*

T.I.G. [teiʒe] *m abr de* **Travail d'intérêt général** gemeinnützige Arbeit
tige [tiʒ] *f* **1.** [*fleur, plante, feuille*] Stiel *m*, Stängel *m;* [*céréales, graminées*] Halm *m*
2. (*partie mince et allongée*) Stange *f;* [*clé, clou, plume, colonne, outil*] Schaft *m;* ~ ***de fer*** [dünne] Eisenstange; ~ ***de piston*** Kolbenstange
3. [*botte*] Schaft *m*
tignasse [tiɲas] *f fam* Wuschelkopf *m*, Löwenmähne *f;* ***il l'attrape par la*** ~ er packt ihn/sie an den Haaren [*o* beim Schopf]
tigre [tigʀ] *m* Tiger *m; fig* Bestie *f; v. a.* **tigresse**
► **il est jaloux comme un** ~ er ist rasend eifersüchtig; ~ **royal** Königstiger *m*
◆ **tigre du Bengale** Bengalischer Tiger
tigré, e [tigʀe] *adj chat, pelage* getigert; *cheval* scheckig
tigresse [tigʀɛs] *f* Tigerin *f; fig* [wilde] Furie; *v. a.* **tigre**
► **elle est jalouse comme une** ~ sie ist rasend eifersüchtig
tilde [tild] *m* Tilde *f*
tilleul [tijœl] *m* **1.** BOT Linde *f*
2. (*infusion*) Lindenblütentee *m*
tilt [tilt] *m* [*flipper*] Spielende *nt*
► **qc fait** ~ */flipper/* etw zeigt das Ende des Spiels an; **qc a fait** ~ **[dans ma/ta/sa/... tête]** bei etw ist [bei mir/dir/ihm/ihr...] der Groschen gefallen *fam*, bei etw hat es [bei mir/dir/ihm/ihr/...] gefunkt [*o* geklingelt] [*o* klick gemacht] *fam*
timbale [tɛ̃bal] *f* **1.** (*gobelet en métal*) Trinkbecher *m* [aus Metall]
2. (*contenu*) Becher *m*
3. MUS [Kessel]pauke *f*
4. (*moule*) Auflaufform *f* (*hohe, runde Auflaufform aus Metall*); ■ ~ **de** *de fruits de mer, pommes, spaghettis etc* -auflauf *m*, -pfanne *f*
► **qn décroche la** ~ *fam* (*gagne*) jd zieht das große Los; *iron* jd setzt sich in die Nesseln
timbalier [tɛ̃balje] *m* Paukenschläger(in) *m(f)*, Paukist(in) *m(f)*
timbrage [tɛ̃bʀaʒ] *m* (*action de timbrer*) Frankierung *f*, Frankieren *nt;* (*oblitération*) [Ab]stempeln *nt*, Abstempelung *f*
► **dispensé(e) de** ~ portofrei
timbre¹ [tɛ̃bʀ] *m* **1.** POST Briefmarke *f*, Postwertzeichen *nt spec;* ***collection de ~s*** Briefmarkensammlung *f*
2. (*cachet*) Stempel *m;* POST Poststempel *m*
3. (*vignette*) [*carte d'adhérent*] Gebührenmarke *f*, Stempelmarke *f;* [*œuvre de bienfaisance, achats*] Marke *f*
4. MED Pflaster *nt*
► ~ **fiscal** Gebührenmarke *f*, Steuermarke *f*
timbre² [tɛ̃bʀ] *m* **1.** (*qualité du son*) Klang *m;* [*flûte, voix*] Klangfarbe *f*, Timbre *nt*
2. (*sonnette*) [*bicyclette, machine à écrire*] Klingel *f*
◆ **timbre de voix** Timbre *nt*
timbré, e¹ [tɛ̃bʀe] *adj* POST frankiert
timbré, e² [tɛ̃bʀe] *adj* ► **bien** ~ *voix* klangvoll, wohlklingend, wohltönend
timbré, e³ [tɛ̃bʀe] **I.** *adj fam* (*un peu fou*) übergeschnappt, bekloppt *sl*, behämmert *sl;* ***il est ~, ce mec!*** der ist wohl bekloppt [*o* der hat wohl einen Stich], der Typ! *sl*
II. *m, f fam* Bekloppte(r) *f(m) sl*
timbre-amende <~s-~s> [tɛ̃bʀamɑ̃d] *m* Strafgebührenmarke *f*
timbre-poste <~s-~> [tɛ̃bʀəpɔst] *m* Briefmarke *f*, Postwertzeichen *nt spec;* ***collection de ~s~*** Briefmarkensammlung *f*
timbrer <1> [tɛ̃bʀe] *vt* ■ **qn timbre qc** (*affranchir*) jd frankiert etw, jd klebt eine Briefmarke auf etw (*akk*); (*marquer d'un cachet*) jd stempelt etw [ab]
time-sharing <~-~s> [tajmʃɛʀiŋ] *m* Timesharing ['taimʃærɪŋ] *nt*
timide [timid] **I.** *adj* **1.** *personne* schüchtern; *enfant a.* scheu; ***ne sois pas*** ~! sei nicht [so] schüchtern!
2. (*craintif*) schüchtern; *sourire, voix, manières a.* zaghaft; *air, regard a.* scheu, ängstlich; ***il a l'air*** ~ er wirkt schüchtern
3. (*de peu d'audace*) *avancée, pas, progrès* zaghaft; *réponse, critique a.* zurückhaltend; *tentative* zaghaft, schüchtern
II. *m, f* schüchterner Mensch; ***c'est une grande*** ~ sie ist sehr schüchtern [*o* ein sehr schüchterner Mensch]; ***il rougit, ce grand*** ~! er wird rot, dieses scheue Wesen! *hum*
timidement [timidmɑ̃] *adv* schüchtern, zaghaft; *faire remarquer a.* vorsichtig
timidité [timidite] *f* [*personne*] Schüchternheit *f;* [*démarche, avancée, progrès*] Zaghaftigkeit *f;* ***la ~ de ce progrès me déçoit*** dieser so zaghafte [*o* geringe] Fortschritt enttäuscht mich
timing [tajmiŋ] *m* Timing *nt*, Zeitplan *m*
timon [timɔ̃] *m* AGR Deichsel *f*
timonerie [timɔnʀi] *f* **1.** NAUT (*lieu*) Ruderhaus *nt*, Steuerhaus *nt;* (*matelots*) Steuermannschaft *f;* (*service*) Ruderwache *f*, Steuerwache *f*
2. AUT Lenk- und Bremsgestänge *nt*, Lenk- und Bremssystem *nt*
timonier [timɔnje] *m* **1.** NAUT Steuermann *m*
2. (*cheval*) Zugpferd *nt*
timoré, e [timɔʀe] **I.** *adj péj* [über]ängstlich, zaghaft, übervorsichtig
II. *m, f péj* zaghafter [*o* [über]ängstlicher] Mensch; ***c'est un(e) ~(e)*** er/sie ist überängstlich [*o* übervorsichtig]
tinette [tinɛt] *f* Abortkübel *m*
tins [tɛ̃] *p simple de* **tenir**
tintamarre [tɛ̃tamaʀ] *m* [Heiden]lärm *m fam*, [Mords]krach *m fam;* ***le ~ des klaxons*** das Hupkonzert, das ohrenbetäubende Gehupe; ***un joyeux*** ~ ein fröhliches Lärmen
► **qn fait du** ~ jd macht Lärm [*o* Krach], jd lärmt
tintement [tɛ̃tmɑ̃] *m* [*cloche, clochette*] Läuten *nt*, Bimmeln *nt fam;* [*grelot, sonnette*] Klingeln *nt;* [*verres, perles de verre, objets en métal léger*] Klingen *nt*, Klirren *nt;* [*bouteilles*] Klirren *nt*, Geklirre *nt*
◆ **tintement d'oreilles** Ohrensausen *nt*
tinter <1> [tɛ̃te] **I.** *vi* ■ **qc tinte** */cloche, clochette/* etw läutet, etw bimmelt *fam;* */grelot/* etw klingelt; */verres, perles de verre, objets en métal léger etc/* etw klingt, etw klirrt; */bouteilles/* etw klirrt; ***la sonnette a tinté*** es hat geklingelt [*o* geläutet]
II. *vt* ■ **qn tinte qc** *cloche* jd läutet etw; *clochette a.* jd läutet mit etw
tintin [tɛ̃tɛ̃] *interj fam* denkste! *fam*, Pustekuchen! *fam*
► **qn fait** ~ jd geht leer aus, jd guckt in die Röhre *fam;* ***j'ai plus qu'à faire*** ~ ich gehe wieder mal leer aus
tintinnabuler <1> [tɛ̃tinabyle] *vi littér* ■ **qc tintinnabule** */clochette, grelot/* etw klingelt [leise], etw läutet hell
tintouin [tɛ̃twɛ̃] *m fam* **1.** (*vacarme*) Krach *m*, Radau *m fam*
2. (*souci, tracas*) Stress *m fam*, Sorge *f;* ***ils ont du ~ en ce moment*** die haben zur Zeit Stress; ***le resto, c'est plus cher, mais ça évite le*** ~ ins Restaurant gehen ist teurer, aber man hat keinen Stress
tipi [tipi] *m* Tipi *nt*
tique [tik] *f* Zecke *f*
tiquer <1> [tike] *vi fam* ■ **qn tique** jd verzieht das Gesicht, jd verdreht die Augen; ■ **qn tique [sur qc/à l'idée de qc]** jd ist nicht gerade begeistert [von etw] *fam;* ■ **qc fait** ~ **qn** etw passt jdm nicht *fam*, etw geht jdm gegen den Strich *fam*
tir [tiʀ] *m* **1.** MIL Schießen *nt;* SPORT Schuss *m;* ***qn s'exerce au*** ~ jd macht Schießübungen; ***les ~s sont interdits*** das Schießen ist verboten; ~ ***de la tête/du pied gauche*** Kopfstoß *m*/Schuss mit dem linken Fuß; ***on peut faire des ~s de la tête ou du pied*** man kann den Ball mit dem Kopf oder mit dem Fuß spielen
2. (*projectiles tirés*) Schuss *m;* MIL Feuer *nt*, Beschuss *m;* ~ ***de mitrailleuse*** Maschinengewehrfeuer; ***des ~s isolés*** vereinzelte Schüsse; ~ ***ennemi*** feindlicher Beschuss
3. (*stand*) Schießstand *m;* (*de forains*) Schießbude *f*
► ~ **continu** Dauerfeuer *nt*, Dauerbeschuss *m;* **qn rectifie** [*o* **ajuste**] **le** ~ (*change de direction*) jd ändert den Kurs; (*modifie finalement*) jd berichtigt etw
◆ **tir à blanc** Schießen *nt* mit Platzpatronen [*o* Übungsmunition]; **tir à la carabine** Gewehrschießen *nt;* **tir à l'arc** Bogenschießen *nt;* **tir au but** Schuss *m* aufs Tor, Torschuss *m;* (*penalty*) Elfmeterschuss *m;* ***les ~s au but décideront du sort du match*** ein Elfmeterschießen wird das Spiel entscheiden; **tir au pigeon** (*sport*) [Ton]taubenschießen *nt*, Wurftaubenschießen *nt;* (*lieu*) Tontaubenschießstand *m*, Wurftaubenschießstand *m;* **tir de barrage** Sperrfeuer *nt*
tirade [tiʀad] *f* **1.** (*paroles*) Tirade *f*, Wortschwall *m kein pl;* ***j'en ai assez de tes ~s*** ich habe deine Tiraden satt; ***une ~ d'injures*** eine Schimpfkanonade *fam*
2. THEAT Monolog *m*
tirage [tiʀaʒ] *m* **1.** (*action de tirer au sort*) [*carte, numéro, lettre*] Ziehen *nt;* [*loterie, loto*] Ziehung *f;* [*numéro gagnant, nom*] Auslosung *f;* ***le ~ du loto*** die Ziehung der Lottozahlen
2. FIN [*chèque*] Ausstellung *f;* [*lettre de change*] Ziehung *f*
3. PHOT [*film, négatif, photo*] Abziehen *nt*
4. ART, TYP [*livre, ouvrage*] Druck *m*, Drucken *nt;* [*estampe, lithographie*] Abzug *m;* (*livre, ouvrage imprimé*) Auflage *f*
5. [*vin, porto, whisky*] Abziehen *nt*, Abfüllen *nt*, Abfüllung *f*
6. [*cheminée, poêle*] Zug *m;* ***la cheminée/le poêle a un bon/mauvais*** ~ der Kamin/der Ofen hat einen guten/keinen guten Zug [*o* zieht gut/schlecht]
► **à fort** [*o* **grand**] ~ mit hoher Auflage, auflagenstark; ~ **limité** beschränkte [*o* limitierte] Auflage; **il y a du** ~ **[entre des personnes]** *fam* es gibt Reibereien [*o* Spannungen] *pl* [zwischen Menschen]
◆ **tirage au sort** Auslosung *f*
tiraillement [tiʀɑjmɑ̃] *m* **1.** *gén pl* (*sensation douloureuse*) ■ ~**s [dans qc]** *dans la jambe, sur une plaie* Ziehen *nt* [in etw (*dat*)], ziehende Schmerzen *pl* [in etw (*dat*)]; *dans l'estomac, l'intestin a.* Grimmen *nt* [in etw (*dat*)]; ***elle a [o ressent] des ~s dans l'estomac*** sie hat Magengrimmen
2. (*conflit*) (*chez une personne*) Hin- und Hergerissensein *nt*, innerer Konflikt [*o* Zwiespalt]; (*entre plusieurs personnes*) Spannungen *pl*, Reibereien *pl;* ***ce ~ entre sa conscience et la tentation*** dieser Zwiespalt zwischen seinem/ihrem Gewissen und der Versuchung
3. (*action de tirailler*) Geziehe *nt pej*, Gezerre *nt pej;* (*pour lisser un tissu*) Glattziehen *nt;* ***quelques ~s par-ci, par-là ...*** hier und da ein bisschen glatt gezogen ...
tirailler <1> [tiʀɑje] **I.** *vt* **1.** (*tirer à petits coups*) ■ **qn tiraille qn/qc** jd zieht [*o* zerrt *pej*] an jdm/an etw [herum]; *pli* jd zieht etw glatt; *moustache* jd zupft an etw (*dat*) [herum]; ***arrête de me*** ~ hör auf an mir herumzuziehen [*o* herumzuzerren]; ***qn tiraille qn par le bras/la main*** jd zieht [*o* zerrt] jdn am Arm/an der Hand; ***qn tiraille qn par la manche*** jd zupft [*o* zieht] jdn am Ärmel
2. (*harceler*) ■ **qn/qc tiraille qn** jd/etw setzt jdm zu, jd/etw lässt jdm keine Ruhe; */personne a./* jd redet auf jdn ein; ■ **qn est tiraillé(e) par qc** jd wird von etw geplagt; *par l'indécision, le doute, les remords a.* etw nagt an jdm, etw setzt jdm zu; ***il était tiraillé par [o entre] des sentiments divers*** er war zwischen unterschiedlichen Gefühlen hin und her gerissen
II. *vi* ■ **qn tiraille** jd gibt [*o* feuert] Schüsse ab
tirailleur [tiʀɑjœʀ] *m* **1.** MIL Einzelschütze *m;* ***en ~s*** in geöffneter Ordnung
2. (*au temps des colonies*) Tirailleur *m*, Infanterist *m*
Tirana [tiʀana] Tirana *nt*
tirant [tiʀɑ̃] *m* **1.** (*cordon*) Kordel *f*, Bändel *m*
2. [*chaussure, botte*] Schlaufe *f*

◆ **tirant d'eau** Tiefgang *m*
tire [tiʀ] *f arg* Schlitten *m fam,* Kiste *f fam*
▶ **à** la ~: *vol à la* ~ Taschendiebstahl *m; voleur à la* ~ Taschendieb *m*
tire- [tiʀ] *préf* -zieher *m;* ~**-botte** Stiefelauszieher *m;* ~**-braise** Schürhaken *m;* ~**-clou** Nagelklaue *f,* Geißfuß *m;* ~**-bonde** Spundzieher *m*
tiré, e [tiʀe] **I.** *adj* (*fatigué*) abgespannt; ***qn a les traits ~s/le visage ~*** jd sieht abgespannt aus; (*de souffrance*) jd sieht mitgenommen [*o* angegriffen] aus
II. *m* FIN Bezogene(r) *f(m),* Trassat *m spec*
◆ **tiré à part** Sonderdruck *m*
tire-au-cul [tiʀoky] *m inv fam,* **tire-au-flanc** [tiʀoflɑ̃] *m inv* Drückeberger *m* **tire-bouchon** <~-~s> [tiʀbuʃɔ̃] *m* Korkenzieher *m,* Stoppelzieher *m* AUS ▶ **en** ~-~ *queue, boucle* Ringel-, geringelt; ***pantalon en ~-~*** Hose *f,* die Falten wirft; Ziehharmonikahosen *pl fam;* ***elle a des boucles en ~-~*** sie hat Korkenzieherlocken [*o* Ringellöckchen] **tire-bouchonner** <1> [tiʀbuʃɔne] *vi* ■ **qc tire-bouchonne,** ■ **qc est tire-bouchonné(e)** / *chaussettes, pan de chemise, pantalon/* etw wirft Falten **tire-d'aile** [tiʀdɛl] *loc* ▶ **à** ~-~ flügelschlagend, mit kraftvollem Flügelschlag **tire-fesses** [tiʀfɛs] *m inv fam* Schlepplift *m* **tire-fond** [tiʀfɔ̃] *m inv* **1.** (*pour suspendre un lustre*) Deckenhaken *m* **2.** (*grosse vis à bois*) Ankerschraube *f* **tire-lait** [tiʀlɛ] *m inv* Milchpumpe *f* **tire-larigot** [tiʀlaʀigo] *loc* ▶ **à** ~-~ *fam* ununterbrochen; ***il boit/mange à ~-~*** er trinkt wie ein Loch/isst Riesenmengen *fam* **tire-ligne** <~-~s> [tiʀliɲ] *m* Reißfeder *f*
tirelire [tiʀliʀ] *f* Sparbüchse *f*
tirer <1> [tiʀe] **I.** *vt* **1.** (*exercer une force de traction*) ■ **qn/qc tire qc** *corde, ficelle* jd zieht an etw (*dat*); *signal d'alarme* jd zieht etw; *jupe, manche* (*vers le bas*) jd zieht etw herunter; *chaussettes, collant* (*vers le haut*) jd zieht etw hoch; *drap, collant* (*pour lisser*) jd zieht etw glatt; (*pour tendre/maintenir tendu*) *corde, toile* jd/etw hält etw, jd/etw spannt etw; ***elle tire sa jupe sur ses genoux*** sie zieht den Rock über die Knie; ***qn tire la sonnette*** jd zieht an der Klingelschnur, jd klingelt; ***qn tire la chasse d'eau*** jd zieht die Wasserspülung
2. (*tracter*) ■ **qn/qc tire qc** *chariot, véhicule, charge* jd/etw zieht etw; *bateau* etw schleppt etw
3. ■ **qn tire qn** (*ramener vers soi*) jd zieht [*o* zerrt] an jdm; (*éloigner*) jd zieht [*o* zerrt *pej*] jdn weg; ***qn tire qn par le bras/les cheveux*** jd zieht [*o* zerrt] jdn am Arm/an den Haaren; ***l'enfant tire sa mère par la manche*** das Kind zieht seine Mutter am Ärmel; ■ **qn tire qc** jd zieht an etw (*dat*); *couverture, couette a.* jd zieht etw weg; (*fermer*) *porte* jd zieht etw zu; *verrou* jd schiebt etw vor; (*ouvrir*) *tiroir* jd zieht etw auf; *porte coulissante, rideau* jd zieht etw auf [*o* beiseite]; *verrou a.* jd schiebt etw zurück; ***le tissu est trop épais, j'ai du mal à ~ l'aiguille*** der Stoff ist zu dick, ich kann die Nadel kaum durchziehen
4. (*aspirer*) ■ **qn tire qc** *bouffée* jd zieht etw ein; ***il tire une longue bouffée*** er macht einen langen Zug
5. (*lancer un projectile*) ■ **qn/qc tire qc** *une balle* jd/etw gibt etw ab; *coup de fusil, revolver, canon a.* jd/etw feuert etw ab; *flèche, fusée éclairante* jd schießt etw ab; *feu d'artifice* jd brennt etw ab; ***il a tiré deux coups de feu*** er hat zwei Schüsse abgegeben, er hat zweimal geschossen; ■ **qn tire un animal** *canard, perdrix, lièvre* jd schießt etw [ab]
6. (*tracer*) ■ **qn tire qc** *trait, ligne, perpendiculaire, allée* jd zieht etw; ***le jardinier tire l'allée au cordeau*** der Gärtner spannt eine Schnur, um den Parkweg gerade anzulegen; ***les allées sont tirées au cordeau*** die Parkwege sind schnurgerade angelegt
7. (*prendre au hasard*) ■ **qn tire qc** *carte, numéro, lettre, nom, lot* jd zieht etw
8. (*faire sortir*) ■ **qn/qc tire qn de qc** *de ses rêveries, sa torpeur* jd/etw reißt jdn aus etw; *de son sommeil a.* jd/etw holt jdn aus etw; *du lit* jd holt jdn aus etw; *de ses ennuis, d'une situation dangereuse* jd hilft jdm aus etw heraus; ***je l'ai tiré du pétrin*** ich habe ihm aus der Patsche geholfen; ■ **qn tire qc de qc** jd zieht etw aus etw; ***qn tire un mouchoir de sa poche*** jd zieht ein Taschentuch aus der Tasche; ***qn tire de l'argent d'une vente/d'une affaire*** jd verdient bei [*o* zieht Geld aus] einem Verkauf/Geschäft, jd schlägt Geld bei einem Verkauf/einem Geschäft heraus *fam;* ***qn tire un son d'un instrument*** jd entlockt einem Instrument einen Ton; ***qn tire une citation/un extrait d'un roman*** jd entnimmt ein Zitat/einen Auszug aus einem Roman; ***elle tire son pouvoir/influence de ses relations*** ihre Macht/ihr Einfluss gründet sich auf ihre Beziehungen; ***on tire l'huile des olives/l'opium du pavot*** man gewinnt Öl aus Oliven/Opium aus Mohn; ***elle espère ~ des bénéfices de cette entreprise*** sie erhofft sich (*dat*) Vorteile aus diesem Unternehmen; sie hofft, Vorteile aus diesem Unternehmen zu ziehen; ***il tire sa force de sa foi*** er schöpft seine Kraft aus seinem Glauben; ■ **qn/qc tire qc de qn** *aveux, confidences* jd entlockt jdm etw, jd lockt [*o* holt *fam*] etw aus jdm heraus; *larmes* jd/etw entlockt jdm etw; ***ce reportage leur a tiré des larmes*** diese Reportage rührte sie zu Tränen
9. (*emprunter à*) ■ **qc tire qc de qc:** ***cette coutume tire son origine des rituels gaulois*** dieser Brauch geht auf gallische Rituale zurück; ***le roman tire son origine*** [*o* ***sa source***] ***d'un fait réel*** der Roman beruht auf einer wahren Begebenheit, dem Roman liegt eine wahre Begebenheit zugrunde; ***ce village tire son nom d'un château*** dieses Dorf hat seinen Namen von einem Schloss; ***les langues romanes tirent la plupart de leurs mots du latin*** die romanischen Sprachen beziehen den größten Teil ihrer Wörter aus dem Lateinischen; ***le mot "domestique" est tiré du latin/du mot latin "domus"*** das Wort „domestique" entstammt dem Lateinischen/geht auf das lateinische Wort „domus" zurück
10. (*déduire*) ■ **qn tire qc de qc** *conclusion, conséquence, leçon, morale* jd zieht etw aus etw; ***nous devons en ~ la leçon*** wir müssen eine Lehre daraus ziehen
11. *pop* (*passer du temps*) ■ **qn tire qc** [**quelque part**] *peine, temps* jd sitzt etw [irgendwo] ab *fam;* ***qn tire un mois de prison/de service militaire*** jd sitzt einen Monat [im] Gefängnis ab/leistet einen Monat Militärdienst ab [*o* reißt einen Monat Militär runter *fam*]; ***qn a encore trois mois/un an/... à ~*** jd hat noch drei Monate/ein Jahr/... vor sich (*dat*) [*o* hinter sich (*akk*) zu bringen *fam*]; ***cette semaine va être difficile à ~*** diese Woche wird schwer herumzukriegen sein *fam*
12. FIN ■ **qn tire qc** *chèque* jd stellt etw aus; *lettre de change* jd zieht etw
13. PHOT ■ **qn tire qc** *film, négatif, photo* jd zieht etw ab, jd macht einen Abzug von etw
14. ART, TYP ■ **qn tire qc** *livre, ouvrage* jd druckt etw; *estampe, lithographie a.* jd zieht etw ab
15. ■ **qn tire qc** *vin, alcool* jd zieht etw [auf Flaschen] ab, jd füllt etw ab
▶ **on ne peut rien ~ de qn** (*qn est trop bête*) mit jdm ist nichts anzufangen; (*qn refuse de parler*) aus jdm ist nichts herauszubekommen [*o* herauszukriegen *fam*]
II. *vi* **1.** (*exercer une traction*) ■ **qn/un animal tire** [**sur qc**] jd/ein Tier zieht [an etw (*dat*)]; ***elle tire sur les rênes de son cheval*** sie zieht ihrem Pferd die Zügel an
2. (*aspirer*) ■ **qn tire sur qc** *sur sa pipe, cigarette* jd zieht an etw (*dat*); *sur la tétine* jd saugt an etw (*dat*)
3. (*gêner*) ■ **qc tire** /*peau, cicatrice*/ etw spannt
4. CHASSE, MIL ■ **qn tire** jd schießt; ■ **qc tire** /*arme, fusil*/ etw schießt; /*canon*/ etw wird abgefeuert
5. FBALL ■ **qn tire** jd schießt; (*au basket*) jd wirft; (*au jeu de boules*) jd schießt, jd prellt (*indem er versucht, die Setzkugel oder eine Spielkugel zu treffen*); ***qn tire au but/au panier*** jd schießt aufs Tor/jd wirft auf den Korb
6. (*avoir une certaine ressemblance avec*) ■ **qc tire sur** [*o* **vers**] **qc** /*couleur*/ etw geht in etw (*akk*) über, etw spielt in etw (*akk*); ***ce bleu tire plutôt sur le vert*** dieses Blau geht eher in[s] Grün über [*o* spielt eher ins Grün]; ■ **qn tire sur qn** BELG, NORD jd schlägt nach jdm
7. TYP ■ **qc tire à 2000/10000/...** [**exemplaires**] etw hat eine Auflage von 2000/10000/... [Exemplaren]; ***le livre sera tiré à 1500 exemplaires*** von dem Buch werden 1500 Exemplare gedruckt, dieses Buch wird in einer Auflagenhöhe von 1500 [Exemplaren] gedruckt
8. (*avoir du tirage*) ■ **qc tire bien/mal** /*cheminée, poêle*/ etw zieht gut/schlecht
III. *vpr* **1.** *pop* (*s'en aller*) ■ **qn se tire** jd verzieht [*o* verdrückt] sich *fam;* ■ **qn se tire de quelque part** jd haut von irgendwo ab *fam,* jd verzieht sich von irgendwo *fam;* ***qn se tire avec qn*** jd haut mit jdm ab *fam;* ***tire-toi de là!*** zieh Leine! *fam,* verschwinde von hier! *fam*
2. (*se sortir de qc*) ■ **qn se tire de qc** *d'une situation, d'un ennui, d'embarras* jd kommt aus etw heraus, jd laviert sich aus etw; ***qn se tire d'un mauvais pas*** jd zieht sich aus der Klemme
3. (*avec une arme à feu*) ■ **qn se tire qc quelque part** *une balle* jd schießt [*o* jagt] sich (*dat*) etw irgendwohin
▶ **qn ne va pas s'en ~ comme ça** *fam* jd wird nicht so einfach davonkommen, jd wird sich nicht so einfach aus der Affäre ziehen; **deux/plusieurs personnes se tirent dessus** zwei/mehrere Menschen schießen aufeinander; **qn s'en est tiré(e)/s'en tirera** (*survit*) jd ist [mit dem Leben] davongekommen [*o* hat es überlebt]/wird [mit dem Leben] davonkommen; ***il va s'en ~*** er wird durchkommen *fam;* **qn s'en tire** [**bien/mal**] (*à la suite d'un accident, d'une maladie*) jd kommt [noch einmal gut] davon/jdn trifft es übel [*o* erwischt es schwer *fam*]; (*à la suite d'un ennui*) jd zieht sich [gut/schlecht] aus der Affäre; (*réussit*) jd macht seine Sache [gut/schlecht]; ***il s'en est tiré avec un bras cassé*** er ist mit einem gebrochenen Arm davongekommen; ***il s'en est tiré avec un avertissement*** er ist mit einer Verwarnung davongekommen; ***tu t'en tires bien en n'ayant qu'une peine de prison avec sursis*** da kommst du doch noch mal gut weg mit nur einer Gefängnisstrafe auf Bewährung; ***c'est trop difficile, je ne vais pas m'en ~*** das ist zu schwierig, ich schaffe es nicht; ***pour un débutant, il s'en tire plutôt bien*** für einen Anfänger stellt er sich ganz geschickt an; ***je m'en suis finalement tiré; j'ai mon diplôme*** ich habe es schließlich geschafft; ich habe das Diplom; **ça se tire** *fam* das Ende ist in Sicht
tiret [tiʀɛ] *m* Gedankenstrich *m*
tirette [tiʀɛt] *f* Ausziehplatte *f*
tireur, -euse [tiʀœʀ, -øz] **I.** *m, f* **1.** MIL Schütze/Schützin *m/f*
2. FBALL Torschütze/-schützin *m/f;* (*au basket*) Korbwerfer(in) *m(f);* (*au jeu de boules*) *Werfer, der versucht, die Setzkugel oder eine Spielkugel wegzuschießen;* (*à l'escrime*) Fechter(in) *m(f)*
3. *m* FIN [*chèque*] Aussteller(in) *m(f);* [*lettre de change, traite*] Zieher *m,* Trassant *m spec*
II. *f* PHOT ■ **tireuse** Kopiergerät *nt*
◆ **tireur(-euse) à l'arc** Bogenschütze/-schützin *m/f;* **tireur(-euse) de cartes** Kartenleger(in) *m(f);* **tireur(-euse) d'élite** Scharfschütze/-schützin *m/f*
tiroir [tiʀwaʀ] *m* Schublade *f,* Schubfach *nt*
▶ **à ~s** *histoire, roman* Episoden-, episodenreich; *nom* ellenlang
tiroir-caisse <~s-~s> [tiʀwaʀkɛs] *m* Registrierkasse *f*
tisane [tizan] *f* [Kräuter]tee *m;* ~ ***à la menthe/au tilleul*** Pfefferminz-/Lindenblütentee
tisanière [tizanjɛʀ] *f* Teekanne *f* für Kräutertee, Aufgussgefäß *nt;* ~ ***individuelle*** Kräuterteebecher *m*
tison [tizɔ̃] *m* halbverkohltes Stück Holz; ***qn remue les ~s*** jd schürt die Glut
tisonner <1> [tizɔne] *vt* ■ **qn tisonne qc** jd schürt etw, jd stochert in etw (*dat*) herum
tisonnier [tizɔnje] *m* Schürhaken *m,* Schüreisen *nt*
tissage [tisaʒ] *m* **1.** (*industrie*) Webindustrie *f*
2. (*activité manuelle*) Weben *nt;* ~ ***des tapis*** Teppichweben

3. (*usine*) Weberei *f*
tisser <1> [tise] *vt* **1.** TEXTIL ■ **qn tisse qc** *tapis* jd webt etw; *laine* jd verwebt etw
2. ■ **un animal tisse qc** / *araignée*/ ein Tier spinnt etw
3. (*constituer*) ■ **qn tisse qc** *intrigue* jd spinnt etw, jd zettelt etw an; *destin* jd schmiedet etw; ***ils ont tissé des liens*** sie haben Freundschaft geschlossen [*o* Freundschaftsbande geknüpft *geh*]; ■ **qc est tissé(e) de qc** *de légendes, d'aventures* etw besteht aus etw; ***sa vie entière est tissée de malheurs*** *soutenu* sein ganzes Leben besteht [nur] aus Missgeschicken; ***son récit est tissé d'inepties/ de mensonges*** sein Bericht besteht aus lauter Ungereimtheiten/Lügen [*o* ist ein Lügengespinst]
tisserand, e [tisʀɑ̃, ɑ̃d] *m, f* Weber(in) *m(f)*
tisseur, -euse [tisœʀ, -øz] *m, f* Weber(in) *m(f)*
tissu [tisy] *m* **1.** TEXTIL Stoff *m*; *élastique, fragile, synthétique, serré* Gewebe *nt*; ~ ***imprimé/ à fleurs/ à carreaux*** bedruckter/geblümter/karierter Stoff
2. (*enchevêtrement*) ■ ~ **de** *de contradictions, d'incohérences, intrigues* Aneinanderreihung *f* von, Verkettung *f* von, Netz *nt* von; *d'erreurs, inepties a., horreurs* [Aufeinander]folge *f* von, Kette *f* von; *de mensonges* -gespinst *nt*, -netz *nt*
3. BIO [Zell]gewebe *nt*; *végétal, ligneux, organique* Gewebe *nt*; ~ ***musculaire/ nerveux/ osseux/ épithélial*** Muskel-/Nerven-/Knochen-/Epithelgewebe
► ~ **éponge** Frottee[stoff *m*] *m*; ~ **industriel** Industriestruktur *f*, industrielles Gefüge; ~ **social** soziales Gefüge; ~ **urbain** Stadtgefüge *nt*
titan [titɑ̃] *m littér* Titan *m*, Herkules *m*
► **de** ~ gigantisch, gewaltig, titanisch
titane [titan] *m* CHIM Titan *nt*
titanesque [titanɛsk] *adj travail, entreprise* gigantisch, gewaltig; *réalisation, œuvre* titanisch
titi [titi] *m fam* [Pariser] Straßenjunge *m*
titiller <1> [titije] *vt* **1.** (*chatouiller*) ■ **qn titille qn/qc** jd kitzelt jdn/etw; ***qn lui titille l'oreille/ le pied*** jd kitzelt jdn am Ohr/am Fuß
2. *fam* (*asticoter*) ■ **qn titille qn [sur qc]** jd nervt jdn [mit etw] *fam*; ■ **qc titille qn** etw reizt jdn; ***l'envie de tout raconter la titille*** es juckt sie, alles zu erzählen *fam*
titrage [titʀaʒ] *m* **1.** [*film, livre, ouvrage*] Titelgebung *f*, Betitelung *f*
2. CHIM Titration *f*, Maßanalyse *f*
titre [titʀ] *m* **1.** (*intitulé*) [*émission, film, livre, pièce, poème, roman, tableau*] Titel *m*; [*chapitre, article de journal*] Überschrift *f*; ■ **les ~s** MEDIA die Schlagzeilen
2. (*chanson, ouvrage*) Titel *m*
3. (*qualité*) *nobiliaire, universitaire* Titel *m*; ***c'est un ~ honorifique*** das ist ein Ehrentitel; ■ ~ **de** *de citoyen, souverain* Rangbezeichnung *f* (+ *nomin*), Standesbezeichnung *f* (+ *nomin*); *de maréchal, noblesse, d'amiral* -titel; *d'invité* Eigenschaft *f* als (+ *nomin*); ***le ~ d'empereur/ de prince*** der Kaisertitel/Prinzentitel
4. (*trophée*) Titel *m*; ***qn remporte le*** ~ jd gewinnt [*o* holt sich (*dat*)] den Titel
5. (*pièce justificative*) Ausweis *m*, Bescheinigung *f*; ■ ~ **de** *de pension* -bescheinigung; *de propriété* -urkunde *f*, -nachweis *m*; ~ ***de transport*** Fahrausweis
6. (*valeur, action*) Wertpapier *nt*
7. (*motif*): ~ ***de gloire*** (*mérite*) Verdienst *nt*; (*pour un acte de bravoure*) Auszeichnung *f*
8. (*proportion*) [*alliage, argent, monnaie, or*] Wert *m*; CHIM [*alcool, solution*] Gehalt *m*
► ~ **universel de paiement** allgemeines Zahlungsformular; ~ **courant** Kolumnentitel *m*; **à ~ documentaire** zur Information; **à double** ~ in zweierlei [*o* doppelter] Hinsicht; **faux** ~ TYP Schmutztitel *m*; **grand** ~ TYP Titelblatt *nt*; **gros** ~ Schlagzeile *f*; **qc fait les gros ~s de qc** etw macht in etw (*dat*) Schlagzeilen; **à juste** ~ zu Recht, mit Recht; **à** ~ ...: ***à ~ amical*** freundschaftshalber; ***à ~ exceptionnel*** ausnahmsweise; ***à ~ gratuit*** [*o* ***gracieux***] kostenlos, unentgeltlich; ***à ~ personnel/ privé/ provisoire*** persönlich/privat/provisorisch; ***à ~ honorifique*** *exercer, obtenir, attribuer* ehrenhalber; *président, membre, fonction* ehrenamtlich; ***à ~ consultatif*** zur Beratung, beratungshalber; ***à ~ indicatif*** zur Information, als Hinweis; ***à ~ lucratif*** gegen Entgelt; ***à ~ officieux/ officiel*** inoffiziell/offiziell; ***à ~ permanent*** auf Dauer; *employé* in Dauerstellung; ***à ~ posthume*** posthum *geh*, nach dem Tod; ***à ~ préventif*** als Vorbeugungsmaßnahme; ***à ~ thérapeutique*** zu therapeutischen Zwecken; ***héritier*** [*o* ***légataire***] ***à ~ universel*** Universalerbe *m*; **à aucun/plus d'un ~/plusieurs ~s** in keinerlei/in mehr als einer/in verschiedener Hinsicht; **à ce** ~ in dieser Eigenschaft, als solche(r, s); **à ~ de qn** *de secrétaire, d'ami, d'auxiliaire* als jd; **à ~ de qc** *de curiosité* aus etw; *de prêt, d'exemple, d'indemnité* als etw; ***à ~ d'essai*** auf Probe; **au ~ de qc** nach etw, gemäß einer S. (*dat*); **au même ~ [que qn/qc]** in gleicher Weise [wie jd/etw]; **en** ~ offiziell; ***professeur d'université en*** ~ ordentlicher Professor/ordentliche Professorin; ***maîtresse en*** ~ feste [*o* offizielle] Freundin; **sur** ~**s** über schriftliche Qualifikationen
titré, e [titʀe] *adj personne* der/die einen Titel hat [*o* trägt]
titrer <1> [titʀe] *vt* **1.** (*donner un titre à*) ■ **qc titre qc [sur qc]** / *journal/ événement* etw bringt etw als Überschrift [über etw (*akk*)]
2. CHIM ■ **qc titre qc** / *liqueur, solution*/ *12, 25 degrés* etw hat einen Gehalt von etw; ■ **qn titre qc** *alliage, corps* jd bestimmt den Gehalt von etw, jd titriert etw *spec*; ■ **[qc est] titré(e)** [etw ist/wird] titriert *spec*, der Gehalt von etw ist/wird bestimmt
3. SPORT ■ **[qn est] titré(e)** [jd wird] mit einem Titel ausgezeichnet
titubant, e [titybɑ̃, ɑ̃t] *adj démarche* schwankend; *jambes* wackelig; *ivrogne* torkelnd
tituber <1> [titybe] *vi* ■ **qn titube [de qc]** *de faiblesse, fatigue* jd schwankt [vor etw (*dat*)], jd taumelt [vor etw (*dat*)]; *d'ivresse* jd torkelt [vor etw (*dat*)]
titulaire [titylɛʀ] **I.** *adj* **1.** (*en titre*) *organiste* offiziell; *professeur, instituteur* verbeamtet; ***professeur d'université*** ~ ordentlicher Professor/ordentliche Professorin; ***évêque*** ~ Titularbischof/-bischöfin *m/f*
2. (*détenteur*) ■ ~ **de qc** *d'une chaire, d'un portefeuille, poste* etw bekleidend; *d'une carte, d'un diplôme, droit, permis, d'une licence* etw besitzend, im Besitz einer S. (*gen*); *d'un rôle* etw spielend; ***qn est ~ de qc*** jd bekleidet/hat [*o* besitzt]/spielt etw
II. *mf* **1.** SCOL, UNIV, ADMIN Beamte(r)/Beamtin *m/f*; ***qn devient*** ~ jd wird verbeamtet
2. (*détenteur*) ■ ~ **de qc** *d'une carte, licence, d'un diplôme, permis* Besitzer(in) *m(f)* einer S. (*gen*); *d'une chaire, d'un portefeuille, poste* Inhaber(in) *m(f)* einer S. (*gen*); ~ ***d'une maîtrise*** Magister *m*, Träger(in) *m(f)* eines Magistertitels
titularisation [titylaʀizasjɔ̃] *f* ADMIN, SCOL Verbeamtung *f*; [*professeur d'université*] Berufung *f*
titulariser <1> [titylaʀize] *vt* ■ **qn titularise qn** *fonctionnaire* jd verbeamtet jdn; ***on l'a titularisé professeur d'université*** er ist zum ordentlichen Professor ernannt worden
T.N.T. [teɛnte] *m abr de* **trinitrotoluène** TNT *nt*
toast [tost] *m* **1.** (*pain grillé*) Toast *m*
2. (*allocution*) Toast *m*, Trinkspruch *m*
► **qn porte un ~ [à qn/qc]** jd bringt [auf jdn/etw] einen Toast [*o* Trinkspruch] aus, jd trinkt [*o* toastet] auf jdn/etw
toboggan [tɔbɔgɑ̃] *m* **1.** (*piste glissante*) Rutschbahn *f*
2. TECH Rutsche *f*
3. (® *viaduc routier*) [Straßen]überführung *f*, Fly-over [flaiˈoʊvə] *m*
toc¹ [tɔk] *interj* ► **et** ~! *fam* und zack! *fam*; ~, ~! **qui est là?** klopf, klopf! wer ist da? *fam*
toc² [tɔk] *m fam* (*imitation*) ■ **du** ~ Ramsch *m fam*, Plunder *m fam*, Tinnef *m fam*
► **qc fait** ~ etw sieht nach Ramsch [*o* Plunder] aus *fam*; **en** ~ unecht; *bracelet, bijou a.* wertlos, falsch
tocade [tɔkad] *f* vorübergehender Spleen [ʃpliːn, sp-]
tocante [tɔkɑ̃t] *f fam* Uhr *f*
tocard, e [tɔkaʀ, aʀd] **I.** *adj fam* billig; *spectacle* miserabel
II. *m fam* **1.** (*personne*) Flasche *f fam*, Niete *f fam*, Null *f fam*
2. (*cheval*) Klepper *m fam*
tocsin [tɔksɛ̃] *m* Alarmglocke *f*, Sturmglocke *f*
► **qn sonne le** ~ jd schlägt Alarm
toge [tɔʒ] *f* Talar *m*, Robe *f*; HIST Toga *f*
Togo [tɔgo] *m* ■ **le Togo** Togo *nt*
tohu-bohu [tɔybɔy] *m inv fam* Tohuwabohu *nt fam*
toi [twa] *pron pers* **1.** *sujet* du; ~ ***qui restes ici*** du, der/die du hier bleibst; ~ ***que j'aime*** du, den/die ich liebe; ~ ***en qui j'avais confiance*** du, dem/der ich vertraute
2. (*emphatique*) du; ***c'est*** ~? bist du's?; ***c'est enfin*** ~! da bist du [ja] endlich!; ***si j'étais*** ~ wenn ich du wäre
3. *compl* dich (*akk*), dir (*dat*); ~, ***je te connais*** ich kenne dich; ***imagine-toi ...*** stell dir vor ...
4. + *prép*: ***tu n'arriveras pas à ~ tout seul à soulever ce meuble*** du allein kannst das Möbelstück nicht anheben; ***ce livre n'est pas à*** ~ dieses Buch gehört dir nicht; ***prends garde à*** ~ pass auf dich auf; ***sans/ avec*** ~ ohne dich/mit dir; ***loin de*** ~ weit [*o* entfernt] von dir; ***je compte sur*** ~ ich zähle auf dich, ich rechne mit dir; ***ce sentiment est ancré en*** ~ dieses Gefühl sitzt tief in dir [*o* ist tief in dir verwurzelt]
5. + *comp*: ***plus/ aussi fort(e) que*** ~ stärker als du/genauso stark wie du; ***comme*** ~ wie du
toile [twal] *f* **1.** (*tissu*) Stoff *m*; (*pièce de tissu*) Tuch *nt*; ~ ***émeri*** Schleifpapier *nt*; ~ ***caoutchoutée*** gummiertes Gewebe; ~ ***cirée*** Wachstuch; ~ ***plastifiée*** Kunststofffolie *f*; ■ ~ **de** Stoff aus etw; *de jute a.* -stoff; *de coton, lin a.* -stoff, -gewebe *nt*; ~ ***de soie/ laine*** Seiden-/Wollstoff, Seiden-/Wollgewebe; ***un sac en ~ de jute/ chanvre*** ein Sack aus Jutestoff/aus Hanfleinen[stoff]; ■ ~ **à qc** *à bâche, matelas* Stoff für etw; ~ ***à sac*** Sackleinen *nt*, Sacktuch; ~ ***à voile*** Segeltuch
2. ART Gemälde *nt*; ***elle expose ses ~s*** sie stellt ihre Bilder aus
3. ZOOL Spinnennetz *nt*, Spinn[en]gewebe *nt*; (*poussière*) Spinnwebe *f*
4. NAUT Segel *pl*
5. SPORT *fam* Patzer *m fam*, Schnitzer *m fam*
6. *fam* (*film*) Film *m*, Streifen *m fam*; ***qn se paie une*** ~ jd geht ins Kino
7. INFORM ■ **la T~** das World Wide Web [wœːld waid wɛp] *nt*
► **relié(e)** ~ in Leinen gebunden; **qn tisse sa** ~ jd lässt seine Verbindungen spielen; **[de** [*o* **en**]] ~ *drap, pantalon, robe* aus Leinen, Leinen-
◆ **toile d'araignée** Spinnennetz *nt*, Spinn[en]gewebe *nt*; (*poussière*) Spinnwebe *f*; **toile de fond** Hintergrund *m*; THEAT Prospekt *m*; **toile de maître** großer Meister (*Gemälde*); **toile de tente** Zelt *nt*; MIL Zeltbahn *f*
toilettage [twalɛtaʒ] *m* **1.** (*soins de propreté*) [*chat*] Pflege *f*; [*chien a.*] Trimmen *nt*; ***salon de*** ~ Hunde- und Katzensalon *m*
2. *fam* (*retouche*) Abänderung *f*
toilette [twalɛt] *f* **1.** (*soins corporels*) [*enfant, condamné à mort, défunt*] Waschen *nt*; (*de soi-même a.*) Toilette *f geh*, Körperpflege *f*; ***je me contente d'une ~ rapide*** ich wasche mich nur schnell [*o* kurz]; ***il est encore à sa*** ~ er wäscht sich gerade; ***quand tu auras terminé ta*** ~ wenn du dich gewaschen hast
2. (*nettoyage*) [*édifice, monument*] Reinigung *f*
3. (*vêtements*) Kleidung *f*, Toilette *f geh*; ***elle portait une ~ très élégante*** sie war sehr elegant gekleidet; ***qn porte bien la*** ~ jd versteht es, sich gut zu kleiden; ***c'est ma nouvelle ~ de printemps*** das ist meine neue Frühjahrsgarderobe; ***qn porte une drôle de*** ~ jd ist in einem komischen Aufzug [*o* ist

komisch angezogen]
4. *pl* (*W.-C.*) Toilette *f*
5. (*meuble*) Toilettentisch *m*
▶ **[qn fait] une ~ de chat** [jd macht] Katzenwäsche **en grande ~** in großer Toilette, in Gala; **qn/un animal fait sa ~** jd wäscht sich/ein Tier putzt sich; **qn fait la ~ de qn/d'un animal** jd wäscht jdn/säubert ein Tier; **qn va aux ~s** jd geht auf die Toilette; **de ~** *articles, savon* Toiletten-; ***nécessaire*** [*o* ***trousse***] ***de*** ~ Kulturbeutel *m,* Waschbeutel *m;* ***eau de*** ~ Eau *nt* de toilette; **en ~ de** *de bal, mariée* im -kleid *nt*

toiletter <1> [twalete] *vt* **1.** (*donner des soins à*) ■ **qn toilette/fait ~ un animal** *chat* jd pflegt ein Tier/lässt ein Tier pflegen; *chien a.* jd trimmt ein Tier/lässt ein Tier trimmen
2. *fam* (*retoucher*) ■ **qn toilette qc** jd ändert etw ab

toi-même [twamɛm] *pron pers v.* **même**

toise [twaz] *f* **1.** (*instrument de mesure*) Messlatte *f*
2. HIST Klafter *m o nt*

toiser <1> [twaze] **I.** *vt* ■ **qn toise qn** jd schaut jdn geringschätzig [*o* verächtlich] an; ***qn toise qn des pieds à la tête*** jd mustert jdn von Kopf bis Fuß
II. *vpr* ■ **des personnes se toisent** Menschen schauen sich [gegenseitig] geringschätzig [*o* verächtlich] an

toison [twazɔ̃] *f* **1.** (*pelage*) Schaffell *nt*
2. (*chevelure*) Haarpracht *f,* Mähne *f fam*
3. (*poils*) Behaarung *f*
▶ **la T~ d'or** das Goldene Vlies

toit [twa] *m* **1.** (*couverture*) Dach *nt;* ■ **~ de** [*o* **en**] -dach; **~ *en pente*** schräges Dach; **~ [*en*] *terrasse*** Terrassendach
2. (*maison*) Wohnung *f,* Bleibe *f;* ***vivre sous le même ~*** unter einem Dach leben
▶ **le ~ du monde** das Dach der Welt; **~ ouvrant** Schiebedach *nt;* **qn crie** [*o* **chante**] **qc sur [tous] les ~s** jd posaunt etw aus *fam;* **sous le ~ de qn** unter jds Dach (*dat*); **sous les ~s** unterm Dach

toiture [twatyʀ] *f* Bedachung *f*

Tokyo [tɔkjo] Tokio *nt*

tôlard, e [tolaʀ, aʀd] *m, f fam v.* **taulard**

tôle¹ [tol] *f* **1.** METAL Blech *nt;* **~ *ondulée*** Wellblech; ■ **~ de qc** *d'acier, aluminium* -blech
2. AUT [Karosserie]blech *nt*
▶ **de la ~ froissée** Blechschaden *m;* **~ ondulée** *fam* (*route*) holprige Straße; (*terrain*) Stolperfeld *nt fam*

tôle² [tol] *f fam v.* **taule**

tôlé, e [tole] *adj neige* vereist

tolérable [tɔleʀabl] *adj* zumutbar; *douleur* erträglich

tolérance [tɔleʀɑ̃s] *f* **1.** (*largeur d'esprit*) Toleranz *f*
2. (*concession*) Duldung *f;* *grammaticale, orthographique* Freiheit *f;* COM Freigrenze *f*
3. MED ■ **~ [à qc]** Verträglichkeit *f* [einer S. (*gen*)]
4. (*marge admise*) Spielraum *m,* Toleranzbereich *m*
▶ **il y a ~** GRAM man ist tolerant [*o* großzügig]

tolérant, e [tɔleʀɑ̃, ɑ̃t] *adj* tolerant

tolérer <5> [tɔleʀe] **I.** *vt* **1.** (*autoriser*) ■ **qn tolère qn/qc** *abus, culte, infraction, pratique* jd duldet [*o* toleriert] jdn/etw; ■ **qn tolère qc à qn** jd duldet etw bei jdm; ■ **qn tolère que** + *subj* jd duldet [*o* toleriert] [es], dass
2. (*supporter*) ■ **qn tolère qn/qc** jd erträgt jdn/etw; *douleur a.* jd hält etw aus; *injustice, attente, excentricité a.* jd nimmt etw hin; *contradiction, désobéissance, retard, comportement* jd nimmt etw hin, jd duldet etw; ***je veux bien/je ne peux pas ~ cette injustice*** ich will diese Ungerechtigkeit gerne hinnehmen [*o* in Kauf nehmen]/ich kann diese Ungerechtigkeit nicht hinnehmen [*o* ertragen]; ■ **qc tolère qc** etw hält etw aus, etw hält einer S. (*dat*) stand; ■ **qn tolère que** + *subj* jd duldet [es], dass; jd nimmt es hin, dass
3. MED ■ **qn/qc tolère qc** jd/etw verträgt etw
II. *vpr* (*se supporter*) ■ **des personnes se tolèrent** Menschen vertragen sich

tôlerie [tolʀi] *f* (*atelier*) Blechbearbeitungswerkstatt *f;* (*pour voitures*) Karosseriewerkstatt *f*

tôlier [tolje] *m* Blechschmied *m;* **~ *de bâtiment*** Bauschlosser *m;* **~ *en voitures*** Autoschlosser *m,* Karosserieschlosser *m*

tôlier, -ière [tolje, -jɛʀ] *m, f fam v.* **taulier**

tollé [tɔle] *m* Aufruhr *m,* Empörung *f,* Proteststurm *m*

T.O.M. [tɔm] *mpl abr de* **territoires d'outre-mer** *französische Überseegebiete*

tomahawk [tɔmaok] *m* Tomahawk ['tɔmahaːk, -hoːk] *m*

tomate [tɔmat] *f* **1.** (*fruit, plante*) Tomate *f,* Paradeiser *m* AUS
2. (*boisson*) *Aperitif aus Pastis und Granatapfelsaft*
▶ **rouge/rougir comme une ~** rot/rot werden wie eine Tomate; **qn envoie/reçoit des ~s [pourries]** jd wirft mit [faulen] Tomaten/jd wird mit [faulen] Tomaten beworfen

tomawak [tɔmawak] *m v.* **tomahawk**

tombal, e <*s o* -aux> [tɔ̃bal, o] *adj* Grab-

tombant, e [tɔ̃bɑ̃, ɑ̃t] *adj draperies* herabhängend; *épaules* [herab]hängend; ***ses moustaches ~es lui donnent l'air d'un gaulois*** mit seinem herabhängenden Schnurrbart sieht er aus wie ein Gallier ***il a la paupière droite ~e*** sein rechtes Lid hängt

tombe [tɔ̃b] *f* Grab *nt*
▶ **qn creuse sa ~** jd schaufelt sich (*dat*) sein Grab; **qn descend dans la ~** *soutenu* jd sinkt ins Grab *geh;* **qn est dans la ~** *soutenu* jd liegt unter der Erde *geh;* **qn se retourne dans sa ~** *hum* jd dreht sich im Grab[e] um; **qn suit qn dans la ~** jd folgt jdm ins Grab; **comme une ~** wie ein Grab; ***elle est muette*** [*o* ***silencieuse***] ***comme une ~*** sie schweigt wie ein Grab

tombeau <x> [tɔ̃bo] *m* **1.** (*monument funéraire*) Grabmal *nt;* ***mise au ~*** Grablegung *f*
2. *littér* (*lieu funeste*) Untergang *m,* Verderben *nt;* (*fin*) [*amour, espérance*] Ende *nt;* (*lieu sinistre*) Gruft *f*
3. *littér* (*mort*) Grab *nt;* ***fidèle jusqu'au ~*** treu bis in den Tod
▶ **à ~ ouvert** mit einem Höllentempo *fam,* wie der Teufel *fam;* **qn est un [vrai] ~** jd schweigt wie ein Grab

tombée [tɔ̃be] *f:* **~ *de la nuit*** [*o* ***du jour***] [*o* ***du soir***] Einbruch *m* der Dunkelheit, Abenddämmerung *f;* ***avant/à la ~ de la nuit*** vor/bei Einbruch der Dunkelheit

tomber <1> [tɔ̃be] **I.** *vi* + *être* **1.** (*chuter*) ■ **qn/un animal tombe/tombe quelque part** jd fällt [hin]/fällt irgendwo/irgendwohin, jd/ein Tier stürzt/stürzt irgendwo/irgendwohin; ***qn tombe par terre*** jd fällt [*o* stürzt] auf den Boden; ***qn tombe en arrière/en avant*** jd fällt nach hinten/nach vorne [*o* fällt vornüber]; ***je suis mal tombé(e) et je me suis cassé(e) la jambe*** ich bin unglücklich [*o* ungeschickt] gefallen und habe mir das Bein gebrochen; ***qn tombe dans les bras de qn*** jd fällt jdm in die Arme; ***elle est tombée dans la rue*** sie ist auf der Straße hingefallen; ■ **qc tombe/tombe quelque part** /*bouteille, chaise*/ etw fällt um/fällt irgendwohin; /*arbre, pile d'objets, poteau a.*/ etw stürzt um/stürzt irgendwohin; /*échafaudage, édifice, mur*/ etw stürzt ein/stürzt irgendwohin; /*branches, casseroles*/ etw fällt herunter/fällt irgendwohin; ***qc tombe par terre*** etw fällt auf den Boden; ■ **qn tombe sur qc** *sur les mains, le dos, les genoux* jd fällt [*o* stürzt] auf etw (*akk*); ■ **qn se laisse ~/se laisse ~ quelque part** jd lässt sich [hin]fallen/lässt sich irgendwohin fallen; ■ **qn/un animal fait ~ qn/qc** jd/ein Tier bringt jdn zu Fall [*o* zum Stürzen]/wirft etw herunter; ■ **qn/un animal fait/laisse ~ qn/qc** jd/ein Tier lässt jdn/etw fallen, etw fällt jdm herunter; *cloison* jd reißt etw ein; ■ **qn tombe [de qc]** *de bicyclette, d'une chaise, d'un escabeau, d'un arbre, du balcon* jd fällt [*o* stürzt] [von etw]; *du troisième étage* jd fällt [*o* stürzt] aus etw; ■ **qc lui tombe sur qc** etw fällt jdm auf etw (*akk*); ***la tuile m'est tombée sur la tête*** der Dachziegel ist mir auf den Kopf gefallen; ■ **qc tombe [de qc]** etw fällt [aus etw]; ***qc est tombé(e) du panier*** etw ist aus dem Korb gefallen; ■ **qc lui tombe de qc** etw fällt jdm aus etw; ***qc me tombe des mains/du sac*** etw fällt mir aus den Händen/aus der Tasche
2. (*s'abattre*) ■ **qc tombe [de qc]** etw fällt [von etw]; ***qc tombe du ciel*** etw fällt vom Himmel; ***l'eau tombe du plafond*** Wasser tropft von der Decke
3. (*être affaibli*) ■ **qn tombe de qc** jd fällt um vor etw (*dat*); ***qn tombe de fatigue/sommeil/d'inanition*** jd fällt um vor Müdigkeit/Schlaf/Entkräftung
4. (*se détacher*) ■ **qc tombe** /*cheveux, dent*/ etw fällt aus; /*feuille, masque*/ etw fällt; /*fruit*/ etw fällt herunter; /*pierre*/ etw löst sich; ■ **il tombe des choses** es fallen Dinge herunter; /*pierres*/ Dinge lösen sich; ***il faut ramasser ces pommes/pierres/feuilles qui sont tombées*** wir müssen die heruntergefallenen Äpfel/Steine/Blätter aufsammeln
5. (*arriver*) ■ **qc tombe** /*diagnostic*/ etw wird gestellt; /*nouvelle, télex*/ etw trifft ein; /*mot*/ etw fällt; /*accusation*/ etw wird vorgebracht; ■ **qc tombe ...** *un lundi, mardi, le 10/15 mai* etw fällt auf ... (+ *akk*); ***ton anniversaire tombe un jeudi*** dein Geburtstag fällt auf einen Donnerstag
6. (*descendre*) ■ **qc tombe** /*nuit, soir*/ etw bricht herein; /*neige, pluie, averse*/ etw fällt; /*brouillard*/ etw zieht auf; /*foudre*/ etw schlägt ein; THEAT /*rideau*/ etw fällt; ■ **il tombe qc** es fällt etw, es kommt etw herunter; ***hier, il est tombé des grêlons énormes*** es fielen gestern große Hagelkörner, es sind gestern große Hagelkörner heruntergekommen
7. (*être vaincu*) ■ **qn/qc tombe** jd/etw fällt; /*dictateur, gouvernement, ministère*/ jd/etw wird gestürzt; /*mur de Berlin, garnison, ville*/ etw fällt; /*record*/ etw wird gebrochen [*o* überboten]; /*sommet*/ etw wird bezwungen; ■ **qn fait ~ qn/qc** jd stürzt jdn/etw
8. (*être tué*) ■ **qn tombe [quelque part]** /*combattant, soldat*/ jd fällt [irgendwo]
9. (*baisser*) ■ **qc tombe [de/à qc]** /*baromètre, indicateurs, température*/ etw sinkt [*o* fällt] [um/auf etw (*akk*)]; /*chiffre d'affaires a.*/ etw geht [um/auf etw (*akk*)] zurück; /*franc, dollar*/ etw fällt [um/auf etw (*akk*)]; /*parti politique, nombre d'adhérents*/ etw sinkt [um/auf etw (*akk*)]; ■ **qc tombe** /*vent*/ etw legt sich; /*colère*/ etw lässt nach; /*conversation*/ etw erlahmt; /*assurance, enthousiasme, exaltation*/ etw lässt nach, etw nimmt ab; /*voix*/ etw geht nach unten; ■ **qc fait ~ qc** *température* etw lässt etw sinken; *assurance de qn* etw bringt etw ins Wanken
10. (*disparaître, échouer*) ■ **qc tombe** /*objection*/ etw ist/wird widerlegt [*o* entkräftet]; /*obstacle*/ etw ist/wird aus dem Weg geräumt, etw ist/wird beseitigt; /*plan, projet*/ etw wird fallen gelassen, etw scheitert; /*poursuites*/ etw wird eingestellt
11. (*pendre*) ■ **qc [lui] tombe [quelque part]** /*chevelure, moustaches*/ etw fällt [jdm] [irgendwohin]; /*tenture, robe*/ etw fällt [irgendwohin]; ***qn a les épaules qui tombent*** jd hat hängende Schultern; ***son manteau lui tombait jusqu'aux talons*** der Mantel reichte ihm/ihr bis zur Ferse; ***ses moustaches tombent de chaque côté de sa bouche*** sein Schnurrbart hängt auf beiden Seiten seines Mundes herunter
12. *fam* (*se retrouver*) ■ **qn tombe ...** *enceinte, malade* jd wird ...; ***qn tombe amoureux* [*de qn*]** jd verliebt sich [in jdn]; ***des personnes tombent d'accord*** Menschen werden sich einig; ***qn tombe* [*raide*] *mort(e)*** jd fällt auf der Stelle tot um; ■ **qn/qc tombe en qc:** ***qn tombe en extase devant qc*** jd bleibt voller Bewunderung vor etw (*dat*) stehen; ***qc tombe en désuétude*** etw veraltet, etw kommt aus der Mode; ***qc tombe en ruine*** etw verfällt; ***qn tombe en disgrâce*** jd fällt in Ungnade; ***qn/qc tombe en panne*** /*personne, bus*/ jd/etw hat eine Panne; /*appareil, télé*/ etw geht kaputt; ***ma voiture est tombée en panne*** mein Auto ist stehen geblieben [*o* kaputtgegangen]
13. (*être pris*) ■ **qn tombe dans qc** *dans un piège, une embuscade* jd gerät

in etw (*akk*); ***qn tombe aux mains de qn*** jd fällt jdm in die Hände

14. (*succomber à*) ■ **qn/qc tombe sous qc**: ***qn tombe sous l'emprise*** [*o* ***la domination***] ***de qn*** jd gerät unter jds Einfluss (*akk*)

15. (*être entraîné*) ■ **qn tombe dans qc** *dans l'alcoolisme, la folie* jd verfällt einer S. (*dat*); *dans l'oubli, la misère* jd gerät in etw (*akk*); *dans l'autosatisfaction* jd verfällt in etw (*akk*); *dans un piège* jd geht in etw (*akk*); ***qn tombe dans la folie*** jd wird verrückt; ***qn tombe dans le romantisme*** jd gibt sich romantischen Schwärmereien hin; ***qn tombe dans la délinquance*** jd gerät auf die schiefe Bahn; ***qn tombe dans l'excès*** jd übertreibt; ***qn tombe dans le ridicule*** jd macht sich lächerlich, jd gibt sich dem Gelächter [*o* Gespött] preis

16. (*concerner par hasard*) ■ **qc tombe sur qn** etw trifft jdn; ***ça tombe sur moi*** das trifft mich; ***le sort tombe sur qn*** das Los fällt auf jdn

17. (*rencontrer par hasard*) ■ **qn tombe sur qn/qc** *sur un article, détail, lieu* jd stößt auf jdn/etw; *sur une connaissance* jd trifft jdn [zufällig], jd begegnet jdm [zufällig]; ■ **qn tombe quelque part** (*arriver par hasard*) jd platzt irgendwo hinein/herein; ***il nous est tombé dessus*** er ist bei uns hereingeplatzt

18. (*abandonner*) ■ **qn laisse ~ qn/qc** *projet* jd lässt etw fallen; *activité* jd lässt etw sein; *ami* jd lässt jdn im Stich; (*définitivement*) jd lässt jdn fallen

19. CARTES ■ **qc tombe** */atout, carte/* etw fällt, etw ist/wird ausgespielt; ■ **qn fait ~ qc** jd zieht etw

20. (*se poser*) ■ **qc tombe sur qn/qc** */conversation/ sur un événement, fait, incident* etw kommt auf jdn/etw; */regard/* etw fällt auf jdn/etw

21. *fam* (*attaquer*) ■ **qn tombe sur qn** jd fällt über jdn her; ■ **qn lui tombe sur qc**: ***qn lui tombe sur le dos*** [*o* ***le paletot***] [*o* ***le râble***] jd rückt jdm auf die Pelle *fam*; ***ils nous sont tombés dessus à dix*** sie sind zu zehnt über uns hergefallen

▶ **qn/qc tombe <u>bien</u>/<u>mal</u>** jd/etw kommt gelegen [*o* gerade recht]/ungelegen; ***ça tombe bien/mal*** das trifft sich gut/schlecht; **qc tombe <u>bien</u>/<u>mal</u>** */vêtement/* etw fällt gut/schlecht

II. *vt + avoir* **1.** SPORT ■ **qn tombe qn** jd legt jdn; POL *fam* jd schlägt jdn *fam*

2. *fam* (*séduire*) ■ **qn tombe qn** *femme* jd erobert jdn, jd legt jdn um *fam*

3. *fam* (*se défaire de*) ■ **qn tombe qc** *cravate, veste, pantalon* jd legt etw ab, jd zieht etw aus

tombereau <x> [tɔ̃bʀo] *m* **1.** (*voiture*) Kippkarren *m;* (*engin de chantier*) [Hinter]kipper *m*

2. (*contenu*) Wagenladung *f*

3. *fam* (*grande quantité*) ■ **des ~x de qc** eine Riesenladung etw *fam,* [Riesen]mengen *pl* von etw; ***mets des ~x de terre par-dessus*** schütt eine Riesenladung Erde obendrauf *fam*

tombeur [tɔ̃bœʀ] *m* **1.** SPORT *fam* ■ **~ de qn** Sieger *m* über jdn

2. *fam* (*séducteur*) Frauenheld *m,* Playboy ['pleːbɔɪ] *m fam*

tombola [tɔ̃bɔla] *f* Tombola *f*

tome [tɔm] *m* Band *m*

tom[m]e [tɔm] *f Käsesorte aus Savoyen*

tom[m]ette [tɔmɛt] *f sechseckige Bodenplatte aus gebranntem Ton*

ton [tɔ̃] *m* **1.** (*manière de s'exprimer*) Ton *m*

2. (*timbre*) [*voix*] Klang *m;* ***qn récite qc d'un ~ monocorde/grave/nasillard*** jd trägt etw mit eintöniger/ernster/näselnder Stimme vor, jd trägt etw in eintönigem/ernstem/näselndem Ton vor

3. (*couleur*) Farbton *m;* ***dans les ~s roses*** in Rosatönen

4. MUS Tonart *f,* Ton *m;* ***prenez bien le ~*** schlagen Sie den Ton an

5. LING, PHON Tonfall *m*

▶ **le ~ fait la <u>chanson</u>** der Ton macht die Musik; **de <u>bon</u> ~** vornehm; **il est de <u>bon</u> ~ de faire qc** es gehört zum guten Ton, etw zu tun; **qn <u>baisse</u>/<u>hausse</u> le ~** jd hört auf zu schreien/fängt an zu schreien; (*qn se calme/s'échauffe*) jd beruhigt sich/erhitzt sich; **qn <u>change</u> de ~** jd schlägt einen anderen Ton an; **qn <u>donne</u> le ~ [à qn]** jd gibt [bei jdm] den Ton an; **qn le <u>prend</u> sur ce/un ~** jd schlägt diesen/einen Ton an; **<u>dans</u> le ~** (*de couleur*) im gleichen Farbton; (*de style*) im gleichen Stil; MUS in der gleichen Tonart; ***le pianiste se met dans le ~*** der Pianist schlägt den Ton an; ***qn se met dans le ~*** (*d'esprit*) jd passt sich an; ***il n'est pas du tout dans le ~*** er passt da überhaupt nicht rein; **<u>d'un</u>** [*o* **<u>sur</u> un**]/**de** [*o* **<u>sur</u>**] **ce ~** in einem/diesem Ton; **<u>sur</u> le ~ de qc**: ***sur le ~ de la conversation/de la plaisanterie*** im Plauderton/in scherzhaftem Ton; **<u>sur</u> tous les ~s**: ***qn le dit*** [*o* ***répète***] [*o* ***chante***] ***sur tous les ~s*** jd sagt es immer wieder; **~ <u>sur</u> ~** Ton in Ton

ton, ta <tes> [tɔ̃, ta, te] *adj poss* dein; ***j'ai vu ~ fils*** ich habe deinen Sohn gesehen; ***j'ai donné ça à ~ fils*** ich habe das deinem Sohn gegeben

tonal, e <s *o* -aux> [tɔnal, o] *adj* tonal

tonalité [tɔnalite] *f* **1.** RADIO Tonqualität *f,* Klangqualität *f*

2. TELEC Freizeichen *nt*

3. (*timbre*) [*accent, voix*] Klang *m*

4. MUS (*échelle*) Tonalität *f;* PHON Klang *m*

5. (*impression d'ensemble*) [*film, paysage, texte*] Grundstimmung *f;* [*tableau*] Grundfarbe *f;* [*texte*] Tenor *m*

tondeur, -euse [tɔ̃dœʀ, -øz] *m, f* (*personne*) ■ **~ d'un animal** *de chiens, moutons* -scherer(in) *m(f)*

tondeuse [tɔ̃døz] *f* (*pour le gazon*) Rasenmäher *m;* (*pour les cheveux, la barbe*) Haar-/Bartschneider *m,* Haar-/Bartschneidemaschine *f;* (*pour les animaux*) Schermaschine *f;* ■ **~ à qc** *à main, moteur* -rasenmäher

◆ **tondeuse à gazon** Rasenmäher *m,* Rasenmähmaschine *f*

tondre <14> [tɔ̃dʀ] *vt* **1.** (*couper à ras*) ■ **qn tond qc [à qn]** *cheveux, poils* jd schert [jdm] etw; *drap, feutre* jd schert etw; *gazon* jd mäht etw; *haie* jd schneidet etw

2. (*couper les cheveux/la laine à*) ■ **qn tond qn** jd schert jdn; ■ **qn tond un animal** jd schert ein Tier

3. *fam* (*escroquer*) ■ **qn tond qn** jd schmiert jdn an *fam,* jd legt jdn herein; ■ **qn se fait ~ [par qn]** jd wird [von jdm] angeschmiert *fam,* jd fällt [auf jdn] herein

tondu, e [tɔ̃dy] **I.** *pp de* **tondre**

II. *adj cheveux* geschoren; *personne, tête* [kahl] geschoren; *pelouse, pré* gemäht; *haie* geschnitten

III. *m, f* [Kahl]geschorene(r) *f(m)*

tong [tɔ̃g] *f* Sandale *f* mit Zehenriemchen

tonicité [tɔnisite] *f* [*personne*] Spannkraft *f;* [*muscles*] Tonus *m;* [*tissu, peau*] Spannung *f*

tonifiant, e [tɔnifjɑ̃, jɑ̃t] **I.** *adj lotion, massage* belebend, kräftigend, stärkend; ***air ~*** Reizklima *nt*

II. *m* Tonikum *nt,* Stärkungsmittel *nt*

tonifier <1 a> [tɔnifje] **I.** *vt* ■ **qc tonifie qn/qc** *cheveux, muscles, peau* etw kräftigt etw; *organisme, personne* etw stärkt jdn/etw; *esprit, personne* etw belebt jdn/etw, etw regt jdn/etw an

II. *vi* ■ **qc tonifie** etw regt an, etw belebt

tonique [tɔnik] **I.** *adj* **1.** (*revigorant*) *froid* belebend; *lotion, médicament* kräftigend, stärkend; *boisson* tonisch

2. (*débordant d'énergie*) voller Energie

3. (*stimulant*) *idée, lecture* anregend; *expérience* ermutigend

4. LING, PHON *syllabe, voyelle* betont; ***accent ~*** Betonung *f*

II. *m* MED Tonikum *nt,* Stärkungsmittel *nt*

III. *f* MUS Tonika *f*

tonitruant, e [tɔnitʀyɑ̃, ɑ̃t] *adj* laut; *cri, voix* durchdringend; *fig campagne* lautstark; ***une affaire ~e*** eine Sache, die für Lärm sorgt

tonitruer <1> [tɔnitʀye] *vi* ■ **qn tonitrue** jd lärmt

tonnage [tɔnaʒ] *m* Tonnage *f; brut, net* Raumgehalt *m*

tonnant, e [tɔnɑ̃, ɑ̃t] *adj acclamations* tosend; *voix* donnernd

tonne [tɔn] *f* **1.** (*unité*) Tonne *f;* ***trois ~s de charbon/d'oranges/de bois*** drei Tonnen Kohlen/Orangen/Holz

2. *fam* (*énorme quantité*) [ganze] Tonne *fam;* ■ **une ~/des ~s [de choses]** eine Tonne [Dinge]/Tonnen [von Dingen] *fam; de baisers* tausend [Dinge]/Tausende [von Dingen] *fam;* ***il y a des ~s de champignons*** es gibt tonnenweise Pilze; ***qc pèse des ~s*** etw wiegt Tonnen *fam*

3. (*récipient*) Tonne *f*

▶ **~ d'<u>équivalent</u> charbon/pétrole** Heizwert *m* einer Tonne Kohle/Öl; **~ <u>kilométrique</u>** Tonnenkilometer *m;* **qn en <u>fait</u> des ~s** *fam* jd trägt dick auf *fam*

tonneau <x> [tɔno] *m* **1.** (*récipient*) Fass *nt*

2. (*accident de voiture*) Überschlag *m;* (*acrobatie aérienne*) Rolle *f*

3. NAUT Registertonne *f*

▶ **c'est le ~ des <u>Danaïdes</u>** das ist ein Danaidenfass; **qn met un ~ en <u>perce</u>** jd zapft [*o* sticht] ein Fass an; **qn/qc <u>fait</u> un ~** */voiture, personne/* jd/etw überschlägt sich; */avion/* etw macht eine Rolle; **<u>au</u> ~** Fass-, offen

tonnelet [tɔnlɛ] *m* Fässchen *nt*

tonnelier, -ière [tɔnəlje, -jɛʀ] *m, f* Böttcher(in) *m(f),* Küfer(in) *m(f),* Fassbinder(in) *m(f)* SDEUTSCH

tonnelle [tɔnɛl] *f* [Garten]laube *f*

tonnellerie [tɔnɛlʀi] *f* (*métier*) Böttcherhandwerk *nt,* Küferhandwerk *nt;* (*atelier*) Böttcherei *f,* Küferei *f;* (*marchandises*) Böttcherware *f,* Böttcherartikel *pl,* Küferware *f,* Küferartikel *pl*

tonner <1> [tɔne] **I.** *vi* **1.** (*retentir*) ■ **qc tonne** */artillerie, canons/* etw donnert

2. (*parler*) ■ **qn tonne [contre qc]** jd wettert [gegen etw]

II. *vi impers* ■ **il tonne** es donnert

tonnerre [tɔnɛʀ] *m* **1.** METEO Donner *m*

2. (*détonations*) Donner *m*

3. (*manifestation bruyante*) ■ **~ de qc** *d'ovations, de protestations* Sturm *m* von etw; ***~ d'applaudissements*** Beifallssturm *m,* stürmischer Beifall

▶ **~ de <u>Brest</u>!** [*o* **de <u>Dieu</u>**], **<u>mille</u> ~s!, <u>sacré</u> ~!** [zum] Donnerwetter [noch mal]! *fam;* **qc <u>marche</u> du ~** *fam* etw läuft wie geschmiert *fam;* **<u>de</u> ~** donnernd; ***bruit de ~*** Höllenlärm *m;* **<u>du</u> ~** *fille, type, voiture* toll *fam,* super *fam;* **~!** *fam* [zum] Donnerwetter [noch mal]! *fam*

tonsure [tɔ̃syʀ] *f* **1.** REL Tonsur *f*

2. *hum* (*calvitie*) Platte *f fam*

▶ **qn <u>porte</u> la ~** jd trägt eine Tonsur

tonte [tɔ̃t] *f* **1.** (*action*) Scheren *nt,* Schur *f;* [*gazon*] Mähen *nt;* [*haie*] Schneiden *nt*

2. (*laine*) [Schur]wolle *f*

3. (*époque*) Scherzeit *f,* Zeit *f* der Schur

tonton [tɔ̃tɔ̃] *m enfantin* Onkel *m*

tonus [tɔnys] *m* **1.** (*dynamisme*) Energie *f,* Tatkraft *f*

2. *musculaire* Tonus *m; nerveux* Spannung *f*

top [tɔp] **I.** *adj inv, antéposé:* ***~ secret*** streng geheim

II. *m* **1.** (*signal sonore*) Pfeifton *m,* Piepston *m*

2. (*signal de départ*) Startsignal *nt;* SPORT Startschuss *m*

3. *fam* (*niveau maximum*) ■ **le ~** das Beste; ***qn retrouve le ~*** jd kommt wieder ganz nach oben; SPORT jd erreicht wieder Bestform

4. RADIO Gongschlag *m,* Zeitzeichen *nt*

▶ **T~ <u>50</u>** Top 50 *pl,* Hitliste *f* [der ersten 50]; **au <u>deuxième</u>/<u>troisième</u> ~** beim zweiten/dritten Gongschlag [*o* Ton des Zeitzeichens]; **<u>au</u> ~** *fam* an der Spitze *fam,* ganz oben *fam;* **~!:** ***attention, ~, partez!*** auf die Plätze, fertig, los!

◆ **top de départ** Startsignal *nt;* SPORT Startschuss *m;* **top model** Topmodel *nt;* **top niveau** Topniveau *nt*

topaze [tɔpɑz] **I.** *f* Topas *m*

II. *adj inv* (*jaune vif*) topasfarben

toper <1> [tɔpe] *vi* ▶ **tope-<u>là</u>/topez-<u>là</u>!** *fam* einverstanden!, geritzt! *fam*

topinambour [tɔpinɑ̃buʀ] *m* Topinambur *m*

topless [tɔplɛs] *adj inv* oben ohne *fam; serveuse* barbusig

topo [tɔpo] *m fam* **1.** (*exposé*) Aufsatz *m;* (*oral*) Vortrag *m*
2. *péj* (*répétition ennuyeuse*) Sermon *m*
▸ [**c'est toujours**] **le même** ~ [es ist immer] dasselbe Lied [*o* dieselbe Leier] *fam*

topographe [tɔpɔgʀaf] *mf* Topograf(in) *m(f)*

topographie [tɔpɔgʀafi] *f* **1.** (*technique*) Topografie *f*
2. (*configuration*) Gestalt *f,* Form *f*

topographique [tɔpɔgʀafik] *adj* topografisch

topologie [tɔpɔlɔʒi] *f* Topologie *f*

topométrie [tɔpɔmetʀi] *f* [Erd]vermessung *f*

toponyme [tɔpɔnim] *m* Ortsname *m*

toponymie [tɔpɔnimi] *f* Ortsnamenkunde *f*

toquade [tɔkad] *f v.* **tocade**

toquante [tɔkɑ̃t] *f fam v.* **tocante**

toquard, e [tɔkaʀ, aʀd] *adj/subst v.* **tocard**

toque [tɔk] *f* [*juges, magistrats*] Toque *f,* Barett *nt;* [*cuisinier*] Mütze *f;* (*distinction*) Stern *m*

toqué, e [tɔke] **I.** *adj fam* **1.** (*cinglé*) bekloppt *fam,* bescheuert *fam*
2. (*amoureux fou*) ■ ~ **de qn** in jdn verknallt *fam;* ■ ~ **de** *de cinéma, musique* -besessen
II. *m, f fam* Bekloppte(r) *f(m) fam,* Bescheuerte(r) *f(m) fam;* ***un/une*** ~(***e***) ***de cinéma/musique*** ein Kino-/Musikfreak [-fri:k] *m fam*

toquer <1> [tɔke] **I.** *vi fam* ■ **qn toque** [**à qc**] jd klopft [an etw (*akk*)]
II. *vpr fam:* ***qn s'est toqué***(***e***) ***de qn*** jd hat sich in jdn verknallt *fam*

Torah [tɔʀa] *f* Thora *f*

torche [tɔʀʃ] *f* **1.** (*flambeau*) Fackel *f*
2. (*lampe électrique*) Taschenlampe *f*
▸ ~ **vivante** lebende Fackel; **en** ~: ***le parachute est/s'est mis en*** ~ der Fallschirm ist verwickelt/hat sich verwickelt

torcher <1> [tɔʀʃe] **I.** *vt* **1.** *fam* (*essuyer*) ■ **qn torche qc** *assiette, plat* jd tunkt die Soße in etw (*dat*) auf; *le derrière d'un enfant* jd wischt etw ab
2. *fam* (*bâcler*) ■ **qn torche qc** jd schmiert etw hin *fam*
▸ [**qc est**] **bien torché**(**e**) *fam* [etw ist] gelungen, [etw ist] gut geraten
II. *vpr pop* ■ **qn se torche** jd putzt [*o* wischt] sich (*dat*) den Hintern ab *fam;* ■ **qn se torche qc** *le cul, derrière* jd putzt sich (*dat*) etw ab, jd wischt sich (*dat*) etw ab *fam*

torchère [tɔʀʃɛʀ] *f* **1.** IND Hochfackel *f*
2. (*candélabre*) [Arm]leuchter *m,* Kerzenständer *m*

torchis [tɔʀʃi] *m* Strohlehm *m*

torchon [tɔʀʃɔ̃] *m* **1.** (*tissu*) Tuch *nt;* ~ **de cuisine** [*o* **à vaisselle**] Geschirrtuch; ***qn donne un coup de*** ~ ***sur/à qc*** *sur le buffet, la table* jd wischt etw ab; *aux assiettes* jd trocknet etw ab
2. *fam* (*mauvais journal*) Käseblatt *nt fam;* (*sale travail*) Geschmiere *nt fam*
▸ **il ne faut pas mélanger les ~s et les serviettes** *fam* man darf nicht alles in einen Topf werfen *fam,* man darf nicht alles über einen Kamm scheren *fam;* **le** ~ **brûle** *fam* es herrscht [*o* ist] dicke Luft *fam*

torchonner <1> [tɔʀʃɔne] *vt fam* ■ **qn torchonne qc** jd schmiert etw hin *fam*

tordant, e [tɔʀdɑ̃, ɑ̃t] *adj fam* (*drôle*) zum Brüllen *fam,* zum Piepen *fam*

tord-boyaux [tɔʀbwajo] *m inv fam* Fusel *m fam*

tordre <14> [tɔʀdʀ] **I.** *vt* **1.** (*serrer en tournant*) ■ **qn tord qc** *linge* jd wringt etw [aus]; *brins, fils* jd zwirnt etw; ■ **qn tord qc à qn/un animal** *bras, poignets* jd dreht jdm etw um, jd verdreht jdm etw; *cou* jd dreht jdm/einem Tier etw um
2. (*plier*) ■ **qn tord qc** *barre de fer, branche de lunettes, cuillère* jd verbiegt etw; ■ [**qc est**] **tordu**(**e**) /*jambe, nez, règle*/ [etw ist] krumm; /*cuillère, tronc*/ [etw ist] verbogen; /*gueule*/ [etw ist] schief
3. (*déformer*) ■ **qc lui tord qc** *bouche, traits, visage* etw verzerrt jdm etw
4. (*faire mal*) ■ **qc tord qc** [**à qn**]: ***l'angoisse me tord l'estomac*** mir ist vor Angst ganz schlecht; ***cet alcool me tord les boyaux*** bei diesem Schnaps dreht sich mir der Magen um
II. *vpr* **1.** (*faire des contorsions*) ■ **qn/un animal se tord** [**de qc**] jd/ein Tier windet sich [vor etw (*dat*)]; ■ **qc se tord** [**de qc**] /*visage*/ etw verzieht sich [vor etw (*dat*)]; /*estomac*/ etw krümmt sich [vor etw (*dat*)]; ***mon estomac se tord de peur*** mir ist vor Angst ganz schlecht
2. *fam* (*se marrer*) ■ **qn se tord** jd biegt sich vor Lachen *fam*
3. (*se luxer*) ■ **qn se tord qc** *bras* jd verrenkt sich (*dat*) etw; *main, poignet a., cheville* jd verstaucht sich (*dat*) etw
4. (*se déformer*) ■ **qc se tord** /*outil*/ etw verbiegt sich; /*plante, tronc, branche*/ etw biegt sich; /*racine*/ etw krümmt sich
▸ **qn se tord de rire** *fam* jd biegt sich vor Lachen *fam*

tordu, e [tɔʀdy] **I.** *pp de* **tordre**
II. *adj fam esprit, personne, idée* verschroben; *raisonnement* seltsam abgehoben *fam;* ***elle est*** ~***e*** die spinnt *fam*
III. *m, f fam* Verrückte(r) *f(m) fam,* Spinner(in) *m(f) fam*

toréador [tɔʀeadɔʀ] *m* Stierkämpfer *m,* Toreador *m*

toréer <1> [tɔʀee] *vi* ■ **qn torée** jd kämpft gegen den Stier

torero [tɔʀeʀo] *m* Stierkämpfer *m,* Torero *m*

torgnole [tɔʀɲɔl] *f fam* (*claque*) Ohrfeige *f,* Backpfeife *f fam*

tornade [tɔʀnad] *f* Tornado *m*
▸ **comme une** ~ wie ein Tornado, wie ein Wirbelwind

torpédo [tɔʀpedo] *f* AUT, HIST *offener Tourenwagen*

torpeur [tɔʀpœʀ] *f* Erstarrung *f;* (*dans un pays a.*) Lähmung *f*

torpillage [tɔʀpijaʒ] *m* **1.** MIL Torpedierung *f*
2. (*sabotage*) Sabotieren *nt;* [*projet a.*] Hintertreibung *f*

torpille [tɔʀpij] *f* **1.** MIL Torpedo *m*
2. ZOOL Zitterrochen *m*

torpiller <1> [tɔʀpije] *vt* **1.** MIL ■ **qn/qc torpille qc** jd/etw torpediert etw
2. (*faire échouer*) ■ **qn torpille qc** jd sabotiert etw; *plan, projet* jd hintertreibt etw

torpilleur [tɔʀpijœʀ] *m* Torpedoboot *nt*

torréfacteur [tɔʀefaktœʀ] *m* **1.** TECH Röster *m,* Röstmaschine *f;* ■ ~ **à** *à cacao, café, tabac* -röster
2. (*marchand*) Kaffeeröster *m;* (*magasin*) Kaffeerösterei *f*

torréfaction [tɔʀefaksjɔ̃] *f* Rösten *nt*

torréfier <1 a> [tɔʀefje] *vt* ■ **qn torréfie qc** jd röstet etw

torrent [tɔʀɑ̃] *m* **1.** (*cours d'eau*) Gebirgsbach *m,* Wildbach *m*
2. (*flot abondant*) ■ ~ **de** *de boue, d'eau* -masse *f; de fumée* -schwaden *m; de lave* -strom *m; de larmes* Strom von; *d'injures* Schwall *m* von; ~ ***de lumière*** Lichterglanz *m;* ~ ***de paroles*** Redeschwall
▸ **il pleut à** ~**s** es regnet [*o* gießt] in Strömen

torrentiel, le [tɔʀɑ̃sjɛl] *adj pluies* Sturz-; *crue, eaux* reißend; *régime* wild, stürmisch

torride [tɔʀid] *adj* **1.** *climat, journée, région* heiß; ***chaleur*** ~ brütende Hitze
2. (*passionné*) heiß *fam*

tors, e [tɔʀ, tɔʀs] *adj fil* gezwirnt; *jambes* krumm; *pied de verre* gedreht, gewunden; *colonne* gedreht

torsade [tɔʀsad] *f* (*cordelette*) Kordel *f;* (*coiffure*) geflochtener Zopf
▸ **à** ~**s** *colonne* gedreht; ***pull à*** ~***s*** Pullover *m* mit Zopfmuster; **en** ~: ***embrasse en*** ~ Kordel *f;* ***elle met ses cheveux en*** ~ sie flicht ihre Haare [zu einem Zopf]

torsader <1> [tɔʀsade] *vt* ■ **qn torsade qc** *brins, cheveux* jd flicht etw; *drap, fil* jd dreht [*o* windet] etw; ■ [**qc est**] **torsadé**(**e**) [etw ist] gedreht [*o* gewunden]; ***pull torsadé*** Pullover *m* mit Zopfmuster

torse [tɔʀs] *m* Oberkörper *m;* ANAT Rumpf *m;* ART Torso *m*
▸ ~ **nu** mit nacktem Oberkörper; **qn bombe le** ~ jd streckt die Brust heraus; *fig* jd wirft sich in die Brust

torsion [tɔʀsjɔ̃] *f* **1.** (*déformation*) [*bouche, traits*] Verziehen *nt;* [*cheville, pied*] Verstauchung *f;* (*prise exercée sur un adversaire*) Verdrehen *nt*
2. PHYS, TECH Torsion *f*

tort [tɔʀ] *m* **1.** (*erreur*) Fehler *m*
2. (*préjudice*) Nachteil *m,* Schaden *m;* (*moral*) Unrecht *nt*
▸ [**tous**] **les** ~**s sont du côté de qn, qn a** [**tous**] **les** ~**s de son côté** die [alleinige] Schuld trifft jdn [*o* liegt bei jdm]; **à** ~ **ou à raison** zu Recht oder zu Unrecht; **à** ~ **et à travers** unüberlegt; *dépenser* wie wild *fam;* ***qn parle à*** ~ ***et à travers*** jd redet ins Blaue hinein; **qn a** ~ jd hat unrecht; **qn a des** ~**s envers qn** jd hat jdm [ein] Unrecht zugefügt; **qn a le** ~ **de faire qc** jd begeht den Fehler, etw zu tun; **qn a** [**grand**] ~ **de faire qc** jd tut etw zu Unrecht; ***tu n'as pas*** ~ ***de protester*** du protestierst nicht zu Unrecht, du protestierst zu Recht; **qn/qc donne** ~ **à qn** jd/etw gibt jdm Unrecht; **qn est/se met en** [*o* **dans son**] ~ jd ist im Unrecht/setzt sich ins Unrecht; **qn/qc fait** [*o* **cause**] **du** ~ **à qn/qc** jd/etw schadet jdm/einer S., jd/etw fügt jdm/einer S. Schaden zu; **qn/qc ne fait** [*o* **cause**] **de** ~ **à personne** jd/etw schadet niemandem, jd/etw tut keinem weh *fam;* **les** ~**s sont partagés** es besteht beiderseitiges Verschulden; **qn/qc porte** ~ **à qn/qc** jd/etw schadet jdm/einer S., jd/etw fügt jdm/einer S. Schaden zu; **à** ~ zu Unrecht

tortellinis [tɔʀtelini] *mpl* Tortellini *pl*

torticolis [tɔʀtikɔli] *m* steifer Hals
▸ **qn a le** ~ jd hat einen steifen Hals

tortillard [tɔʀtijaʀ] *m fam* Bummelzug *m*

tortillement [tɔʀtijmɑ̃] *m* Verrenkung *f;* [*fesses, hanches*] Wackeln *nt* (*de qc* mit etw)

tortiller <1> [tɔʀtije] **I.** *vt* ■ **qn tortille qc** *cheveux* jd zwirbelt etw, jd zwirbelt an etw (*dat*) herum *fam; cravate, mouchoir* jd [zer]knittert etw; *mouchoir* jd [zer]knüllt etw; *doigts* jd nestelt an etw (*dat*), jd knetet etw
II. *vi* ■ **qn/un animal tortille de qc** *des fesses, hanches* jd wackelt mit etw; *de la croupe* ein Tier schaukelt mit etw hin und her
III. *vpr* **1.** (*se tourner sur soi-même*) ■ **qn/un animal se tortille** jd zappelt herum/ein Tier windet [*o* schlängelt] sich; ***qn se tortille sur sa chaise*** jd rutscht auf seinem Stuhl herum
2. (*s'étirer en spirale*) ■ **qc se tortille** /*racine, tige*/ etw windet sich; ***qc se tortille tout au long du tronc de l'arbre*** etw windet sich um den ganzen Baumstamm herum
▸ **y a pas à** ~ *fam* daran gibt es nichts zu rütteln [*o* zu drehen und zu deuten] *fam*

tortillon [tɔʀtijɔ̃] *m* **1.** (*chose tortillée*): ~ ***de papier*** zusammengedrehtes Papier; ~ ***d'étoffe*** Stoffwulst *m;* ~ ***de chiffon*** Wulst *m* [*o* Wurst *f*] aus Lappen *fam,* zusammengerollte Lappen
2. ART [Wisch]lappen *m,* [Wisch]lumpen *m*

tortionnaire [tɔʀsjɔnɛʀ] *mf* Folterknecht *m,* Peiniger(in) *m(f); hum* Quälgeist *m*

tortue [tɔʀty] *f* **1.** ZOOL Schildkröte *f*
2. *fam* (*personne très lente*) Schnecke *f fam,* Trantüte *f fam*
▸ **comme une** ~ wie eine Schnecke

tortueusement [tɔʀtɥøzmɑ̃] *adv* **1.** (*avec des détours*) über Umwege
2. (*par des moyens détournés*) auf krummen Wege

tortueux, -euse [tɔʀtɥø, -øz] *adj* **1.** (*sinueux*) *chemin, labyrinthe* verschlungen; *escalier, ruelle* verwinkelt; *rivière* mäandrisch, schleifenförmig
2. (*retors*) *conduite* undurchsichtig; *discours, langage* unverständlich; *manœuvres* undurchschaubar

torturant, e [tɔʀtyʀɑ̃, ɑ̃t] *adj attente* qualvoll; *pensée, réflexion* quälend

torture [tɔʀtyʀ] *f* **1.** (*supplice*) Folter *f*
2. (*souffrance*) Qual *f*
▸ **qn est à la** ~ jd steht Qualen aus, jd [er]leidet Qualen; **qn/qc met qn à la** ~ jd/etw spannt jdn auf die Folter

torturer <1> [tɔʀtyʀe] **I.** *vt* **1.** (*supplicier*) ■ **qn torture qn/un animal**

jd foltert jdn/jd quält ein Tier
2. (*faire souffrir*) ■ **qn/qc torture qn** */douleur, doute, faim, jalousie, remords/* jd/etw plagt jdn
3. (*déformer*) ■ **qn torture qc** *style* jd verfälscht etw; *texte* jd verstümmelt etw, jd entstellt etw; ■ **[qc est] torturé(e) [par qc]** */traits, visage/* [etw ist] [durch etw] entstellt
II. *vpr* (*se creuser*) ■ **qn se torture** jd grübelt; ***qn se torture l'esprit/ la mémoire/ les méninges*** jd zerbricht sich (*dat*) den Kopf, jd zermartert sich (*dat*) das Hirn
torve [tɔʀv] *adj* scheel
tôt [to] *adv* 1. (*de bonne heure*) früh
2. (*à une date ou une heure avancée*) früh; ***quelques années plus*** ~ einige Jahre zuvor
3. (*vite*): ***plus*** ~ früher, eher; ***le plus*** ~ ***possible*** so bald wie möglich
▶ **le plus** ~ **sera le mieux** je früher, desto besser; ~ **ou tard** früher oder später; **un peu plus** ~ **ou un peu plus tard ...** auf einen Tag kommt es nicht an; wenn nicht heute, dann morgen; **qn a** ~ **fait de faire qc** jd tut etw im Handumdrehen; **c'est pas trop** ~! *fam* endlich!, es wird auch Zeit!; **au plus** ~ (*au mieux*) frühestens; (*incessamment*) unverzüglich; **pas plus** ~ **... que** + *indic* (*à peine*) kaum ..., da; ***il n'était pas plus*** ~ ***parti que quelqu'un appelait*** kaum war er gegangen, da rief jemand an; **pas de si** ~ nicht so bald; ***il ne recommencera pas de si*** ~ er wird nicht so bald wieder anfangen
total, e <-aux> [tɔtal, o] I. *adj* 1. (*absolu*) total; *destruction a., blocage* vollständig; *maîtrise a.* vollkommen; *désespoir, obscurité, ruine* völlig, vollkommen
2. FIN, MATH *hauteur, revenu, somme, surface* Gesamt-
II. *m* Gesamtbetrag *m;* ■ ~ **de** *des dépenses, de la population* Gesamt-; ■ ~ **de qc** *d'une addition* Gesamtsumme *f* einer S. (*gen*); *d'une opération* Gesamtergebnis *nt* einer S. (*gen*)
▶ **qn fait le** ~ **[de qc]** jd zieht [die] Bilanz [aus etw]; **au** ~ (*en tout*) insgesamt; (*somme toute*) alles in allem; **total: ...** *fam* (*résultat*) Fazit: ..., das Ergebnis ist: ... *fam*
III. *f* MED *fam* ■ **totale** Totaloperation *f*
▶ **c'est la** ~**e** *fam* das ist echt die Härte *fam;* **la** ~**e** *fam* der absolute Wahnsinn *fam,* die totale Härte *fam*
totalement [tɔtalmɑ̃] *adv* total, völlig, vollkommen; *détruit, ruiné a.* vollständig
totalisateur [tɔtalizatœʀ] *m* 1. TECH Rechenmaschine *f,* Rechner *m*
2. INFORM Rechenwerk *nt*
totalisation [tɔtalizasjɔ̃] *f* (*résultat*) [End]abrechnung *f;* (*action*) Zusammenzählen *nt;* ■ ~ **de qc** *des recettes, dépenses* Zusammenrechnen *nt* einer S. (*gen*)
totaliser <1> [tɔtalize] *vt* 1. (*additionner*) ■ **qn totalise qc** jd rechnet [*o* zählt] etw zusammen
2. (*atteindre*) ■ **qn/qc totalise qc** *nombre, points, voix* jd/etw kommt auf etw (*akk*); *habitants* etw zählt etw
totalitaire [tɔtalitɛʀ] *adj* totalitär
totalitarisme [tɔtalitaʀism] *m* Totalitarismus *m*
totalité [tɔtalite] *f* Gesamtheit *f*
▶ **dans sa/leur** ~ in seiner/ihrer/ihrer Gesamtheit; **en** ~ völlig, vollkommen; ***l'œuvre a été éditée en*** ~ ***chez ...*** das Gegsamtwerk ist bei ... erschienen
totem [tɔtɛm] *m* 1. (*symbole*) Totem *nt*
2. (*statue*) Totempfahl *m*
toubib [tubib] *m fam* Arzt/Ärztin *m/f*
toucan [tukɑ̃] *m* Tukan *m,* Pfefferfresser *m*
touchant [tuʃɑ̃] *prép littér* (*concernant*) ■ ~ **qc** etw (*akk*) betreffend, was etw (*akk*) betrifft
touchant, e [tuʃɑ̃, ɑ̃t] *adj* (*émouvant*) rührend, bewegend, ergreifend; *situation, histoire* bewegend, ergreifend; ■ ~ **de qc** *de gentillesse, naïveté* rührend vor etw (*dat*)
touche [tuʃ] *f* 1. (*levier*) Taste *f;* ■ ~ **de** *de fonction, d'entrée* -taste; ~ ***Alternative*** Alt-Taste; ~ ***Contrôle*** Steuerung-Taste; ~ ***Échappement*** Escape-Taste [ɪs'keɪp-]; ~ ***Entrée*** Eingabetaste, Enter-Taste; ~ ***Insertion*** Einfügetaste; ~ ***Majuscule*** Umschalttaste, Shift-Taste ['ʃɪft-]; ~ ***Option*** Alt-Taste; ~ ***Retour arrière*** Rücktaste; ~ ***Retour*** Return-Taste [rɪ'tøːɐn-]; ~ ***Suppression*** Entfernen-Taste; ~ ***Tabulation*** Tabulatortaste; ~ ***verrouillage majuscule*** Feststelltaste
2. MUS [*accordéon, piano*] Taste *f;* [*guitare, violon*] Griffbrett *nt*
3. (*coup de pinceau*) Strich *m;* ■ ~ **de qc** *de gaieté, tendresse, d'humour* Spur *f* von etw; ***une*** ~ ***de couleur/ rose*** ein Strich Farbe/Rosa; ***une*** ~ ***d'humour*** eine Prise Humor
4. (*style d'un artiste*) Stil *m;* ~ ***d'un peintre*** Malstil; ~ ***d'un écrivain*** Schreibstil
5. PECHE Anbiss *m*
6. SPORT (*en escrime*) Treffer *m;* (*au football, rugby*) (*ligne*) Seitenlinie *f;* (*sortie du ballon*) Aus *nt;* ***le ballon sort en*** ~/ ***est en*** ~ der Ball geht ins Aus/ist im Aus; ***il y a*** ~! [der Ball ist im] Aus!; ***une remise en*** ~ ein Einwurf *m*
7. *fam* (*allure*) Aussehen *nt*
▶ **qn a une** ~ PECHE bei jdm beißt ein Fisch an; **qn fait une** ~ *fam* jd macht eine Eroberung; **sur la** ~ (*au bord du terrain*) auf der Ersatzbank [*o* Reservebank]; *fam* (*à l'écart*) im/ins Abseits *fam*
touche-à-tout [tuʃatu] *mf inv fam* (*enfant*) *Kind, das alles anfasst;* (*personne aux activités multiples*) Hansdampf in allen Gassen *m fam;* (*personne aux talents multiples*) Tausendsassa *m fam*
toucher <1> [tuʃe] I. *vt* 1. (*porter la main sur*) ■ **qn touche qn/qc** jd fasst jdn/etw an, jd berührt jdn/etw; ***ne touche pas ces fruits*** rühr dieses Obst nicht an; ■ **qn touche qn/qc [avec [*o* de] qc]** jd berührt jdn/etw [mit etw]; *du doigt, avec la main a.* jd fasst jdn/etw [mit etw] an; ■ **qn lui touche qc [avec [*o* de] qc]** *épaule, bras* jd berührt jdn [mit etw] an etw (*dat*); ***de la main, il me toucha le bras*** mit der Hand berührte er meinen Arm [*o* berührte er mich am Arm]
2. (*entrer en contact avec*) ■ **qn/qc touche qc [de qc]** *ballon, fond, sol* jd/etw berührt etw [mit etw]; *plafond* jd/etw reicht [mit etw] bis an etw (*akk*); ***ld navire a touché un rocher*** das Schiff hat einen Felsen gestreift; ***il a fait*** ~ ***le sol à son adversaire*** er hat seinen Gegner zu Boden gebracht
3. (*être contigu à*) ■ **qc touche qc** etw grenzt an etw (*akk*)
4. (*frapper*) ■ **qn/qc touche qn/qc [quelque part]** */balle, coup, explosion, mesure, politique/* jd/etw trifft jdn/etw [irgendwo]; */maladie a., épidémie/* etw befällt jdn/etw
5. (*concerner*) ■ **qn/qc touche qn/qc** etw betrifft jdn/etw; */histoire, affaire a./* etw geht jdn an; ***elle me touche de près*** sie steht mir nahe; ■ **[qn/qc est] touché(e) [par qc]** [jd/etw ist] [von etw] betroffen
6. (*émouvoir*) ■ **qn/qc touche qn** */critique, reproche/* jd/etw trifft jdn; */drame, deuil, scène/* jd/etw berührt jdn, jd/etw bewegt jdn; */sourire, style/* etw spricht jdn an; ***qn sait*** ~ ***les gens*** jd versteht es, die Leute anzusprechen
7. (*recevoir*) ■ **qn touche qc** *argent, ration, commission* jd bekommt [*o* erhält] etw; *pension, traitement* jd bezieht etw; *prime, tiercé* jd kassiert etw; (*à la banque*) *argent* jd hebt etw ab; *chèque* jd löst etw ein
8. (*contacter*) ■ **qn touche qn** jd erreicht jdn
9. (*atteindre*) ■ **qn/qc touche qc** *port, côte* jd/etw erreicht etw
▶ **touché coulé!** Treffer, versenkt!; **touché!** getroffen!; **qn n'en touche pas une** *fam* jd blickt's nicht *fam*
II. *vi* 1. (*porter la main sur*) ■ **qn touche à qc** jd fasst etw an
2. (*se servir de*) ■ **qn touche à qc** *à un instrument* jd rührt etw an; *à ses économies a.* jd geht an etw (*akk*)
3. (*consommer*) ■ **qn ne touche pas à qc** jd rührt etw nicht an
4. (*tripoter*) ■ **qn touche à qn** jd rührt jdn an, jd geht an jdn; ***ne me touche pas!*** lass mich in Ruhe!, rühr mich nicht an!; ■ **qn touche à qc** *à une plaie* jd rührt etw an
5. (*salir*) ■ **qn touche à qc** *à une légende, réputation* jd rührt [*o* rüttelt] an etw (*dat*)
6. (*modifier*) ■ **qn touche à qc** *à la tradition, au règlement* jd tastet etw an; *à un mécanisme, outil, site* jd macht an etw (*dat*) herum *fam; à un dessin* jd macht etwas an etw (*dat*)
7. (*concerner*) ■ **qc touche à qc** *à des intérêts* etw berührt etw; *à un domaine a.* etw betrifft etw; *à un problème, une question* etw steht in [einem] Zusammenhang mit etw
8. (*aborder*) ■ **qn touche à qc** *à un problème, sujet* jd spricht etw an
9. (*être proche de*) ■ **qc touche à qc** *à un lieu, objet* etw grenzt [*o* stößt] fast an etw (*akk*); *au plafond* etw berührt beinahe etw; *soutenu à la folie, lâcheté, l'inconscience* etw grenzt an etw (*akk*); ***qc touche à sa fin*** etw geht dem Ende zu
10. *pop* (*s'y connaître*) ■ **qn touche [en qc]** jd ist fit [in etw (*dat*)] *fam*
▶ **pas touche [à qn/qc]!** *fam* Finger [*o* Hände] weg [von jdm/etw]! *fam*
III. *vpr* 1. (*être en contact*) ■ **des personnes se touchent** Menschen berühren sich; ■ **des choses se touchent** */immeubles, localités, propriétés/* Dinge stoßen [*o* grenzen] aneinander
2. (*se masturber*) ■ **qn se touche** jd befriedigt sich selbst
IV. *m* 1. (*sens*) Tastsinn *m*
2. (*impression*) *doux, onctueux, rugueux* Beschaffenheit *f*
3. MUS Anschlag *m;* SPORT Ballgefühl *nt*
4. MED *rectal, vaginal* Untersuchung *f*
▶ **au** ~ beim Berühren
touche-touche [tuʃtuʃ] *adv* ▶ **à** ~-~ *fam* Stoßstange an Stoßstange
touffe [tuf] *m* Büschel *nt;* ■ ~ **de** *de cheveux, poils* -büschel; ***une*** ~ ***d'herbe*** ein Büschel Gras, ein Grasbüschel
touffu, e [tufy] *adj* 1. (*épais*) dicht; *sourcils* buschig; *végétation* üppig
2. (*chargé*) überfrachtet; *roman a.* verwickelt, unübersichtlich; *style a.* kompliziert
touillage [tujaʒ] *m fam* Rühren *nt*
touiller <1> [tuje] *vt fam* ■ **qn touille qc** *sauce, mayonnaise* jd rührt etw; *café* jd rührt in etw (*dat*); *salade* jd wendet etw
toujours [tuʒuʀ] *adv* 1. (*constamment*) immer
2. (*encore*) immer noch
3. (*en toutes occasions*) immer, stets; ***pas*** ~ nicht immer; ***comme*** ~ wie immer
4. (*malgré tout*) trotzdem, dennoch; ***je trouverai bien*** ~ ***qn qui ...*** ich werde schon jdn finden, der ...; ***qc peut*** ~ ***servir*** etw kann man immer [*o* schon] noch gebrauchen
▶ **je l'ai** ~ **dit** das habe ich [ja] schon immer gesagt; ~ **est-il que** + *indic* jedenfalls; **qn peut** ~ **faire qc** jd kann etw tun, so viel er will; ***vous pouvez*** ~ ***crier, personne ne vous entendra*** Sie können schreien, so viel Sie wollen, niemand wird Sie hören; **de** ~ alt; **depuis** ~ seit eh und je; ~ **moins/plus** immer weniger/mehr; ~ ***plus grand*** immer größer; **pour** ~ für immer
toundra [tundʀa] *f* Tundra *f*
toupet [tupɛ] *m* 1. (*touffe*) Büschel *nt;* ■ ~ **de** *de cheveux* -büschel; ***un*** ~ ***de crins*** ein Büschel Rosshaare
2. *fam* (*culot*) Frechheit *f,* Unverschämtheit *f*
toupie [tupi] *f* 1. (*jouet*) Kreisel *m*
2. TECH Fräsmaschine *f*
▶ **vieille** ~ *péj fam* alte Schachtel *fam*
tour¹ [tuʀ] *f* 1. (*monument*) [*château, beffroi*] Turm *m;* MIL Wehrturm; ***la*** ~ ***de l'église*** der Kirchturm
2. (*immeuble*) Hochhaus *nt*
3. ECHECS Turm *m*

▶ **une vraie** ~ *fam* ein richtiger Kleiderschrank *fam*
◆ **tour de Babel** REL Turm *m* von Babel; (*mélange de langues*) Sprachgewirr *nt,* Babel *nt;* **tour de contrôle** Kontrollturm *m,* Tower ['tauə(r)] *m;* **tour de forage** Bohrturm *m;* **tour de guet** Wachturm *m;* **tour de refroidissement** Kühlturm *m;* **tour d'ivoire** Elfenbeinturm *m*

tour² [tuʀ] *m* **1.** (*circonférence*) Umfang *m;* [*visage*] Umriss *m;* [*yeux*] Ränder *pl;* ***le ~ du parc/lac va durer une heure*** es wird eine Stunde dauern, um den Park/den See herumzugehen; ■ **~ de** *de hanches, poitrine, taille, tête* -weite *f*
2. (*brève excursion*) Tour *f;* ***un ~ en voiture/à pied*** eine [kleine] Autofahrt/ein [kleiner] Spaziergang
3. (*succession alternée*) ■ **~ de** *de garde, surveillance* -dienst *m;* ***~ de permanence*** Bereitschaftsdienst; ■ **~ de qn**: ***c'est au ~ de qn [de faire qc]*** jd ist dran *fam* [*o* an der Reihe][, etw zu tun]; ***mon/son ~ vient*** ich komme/er/sie kommt an die Reihe; ***qn attend son ~*** jd wartet, bis er an die Reihe kommt; ***c'est mon/son ~*** ich bin/er/sie ist dran *fam* [*o* an der Reihe]; ***c'est à mon/son ~ de faire qc*** ich bin/er/sie ist dran, etw zu tun *fam;* ***je passe mon ~*** ich setze aus; ***vous avez perdu votre ~*** Sie sind nicht mehr an der Reihe
4. (*rotation*) Umdrehung *f;* ■ **~ de** *de manivelle, roue, vis* -umdrehung; ***il faut donner encore un ~ de vis*** man muss die Schraube noch fester anziehen
5. (*duperie*) *mauvais, pendable* Trick *m,* Streich *m;* ***~ de cochon*** [*o* ***salaud***] [*o* ***vache***] *fam* hundsgemeine [*o* üble] Sache *fam;* ***~ de con*** *fam* idiotische Aktion *fam*
6. (*tournure*) [Rede]wendung *f;* ■ **~ de** *de phrase* -bau *m;* ***~ de style*** Ausdrucksweise *f*
7. (*exercice habile*) Kunststück *nt,* Trick *m;* ***~ d'adresse/d'agilité*** Kunststück; ***~ de prestidigitation*** [*o* ***de magie***] Zauberkunststück, Zaubertrick; ***~ de cartes*** Kartentrick
8. (*séance*) Runde *f;* ■ **~ de qc** *de chevaux de bois* Runde mit etw; ***~ de manège*** Karussellrunde
9. MUS *vieilli:* ***un disque 33/45/78 ~*** eine LP [*o* 33er-Platte]/Single [*o* 45er-Platte]/78er-Platte
10. POL Wahlgang *m*
▶ **à ~ de bras** mit voller Wucht; **qn fait le ~ du cadran** (*dort douze heures*) jd schläft zwölf geschlagene [*o* volle] Stunden; **l'aiguille a fait le ~ du cadran** eine geschlagene [*o* volle] Stunde ist vergangen; **qn donne un ~/deux ~s de clé** jd dreht den Schlüssel einmal/zweimal herum; **qn/qc fait des ~s et des détours** jd/etw macht viele Umwege; **un ~ à ma/sa façon**: ***je lui réserve*** [*o* ***vais lui jouer***] ***un ~ à ma façon*** ich werde es ihm/ihr auf meine Weise heimzahlen, der/die kann was erleben *fam;* **~ de faveur** bevorzugte Behandlung; **en un ~ de main** im Handumdrehen; **le premier ~ de manivelle** CINE Beginn *m* der Dreharbeiten; **~ du monde** Weltreise *f;* ***qn fait le ~ du monde*** jd macht eine Weltreise; **qn fait le ~ du propriétaire** jd macht einen Besichtigungsrundgang; **à ~ de rôle** abwechselnd; **qn a plus d'un ~ dans son sac** jd ist mit allen Wassern gewaschen, jd hat einige Tricks auf Lager *fam;* **~ de table**: ***on pourrait faire*** [*o* ***procéder à***] ***un ~ de table*** wir könnten eine Runde machen, wir könnten uns reihum äußern; **qn donne un ~ de vis à qc** *au crédit* jd friert etw ein; *aux dépenses, libertés* jd schränkt etw ein; **qn ferme [qc] à double ~** jd dreht den Schlüssel zweimal herum, jd schließt etw zweimal ab; **trois petits ~s [et puis s'en vont]** *fam* eins, zwei, drei und weg waren sie; **plus souvent qu'à mon/son ~** *fam* öfter als gut [für mich/ihn/sie] ist; **qn fait le ~ de qc** (*parcours*) *du parc, de la propriété, ville* jd macht einen Rundgang durch etw; *du pays, de la région* jd macht eine Rundreise durch etw; (*étude*) *du problème, de la question* jd beschäftigt sich eingehend mit etw; **qn fait le ~ de qn** *de ses amis, relations* jd zählt jdn auf; **qn fait un ~** jd macht [*o* dreht] eine Runde; ***on fait un ~ à la campagne?*** machen wir einen Ausflug aufs Land?; **qn joue un ~ à qn** jd spielt jdm übel mit; **qc joue un ~/des ~s à qn** etw macht jdm zu schaffen *fam;* ***ça peut jouer des ~s*** das kann Unannehmlichkeiten bringen; **le ~ est joué** *fam* die Sache ist geritzt *fam;* **qc prend un ~ …** *désagréable, fâcheux, inquiétant* etw nimmt einen … Verlauf; **c'est un ~ à prendre** das ist eine Frage der Übung; **c'est reparti pour un ~** alles wie gehabt; **~ à ~** nacheinander; **à qui le ~?** wer ist an der Reihe?, wer ist dran? *fam;* **chacun [à] son ~** einer nach dem anderen
◆ **tour de chant** Konzert *nt;* **tour de cou** Halsband *nt;* **tour de force** Kraftakt *m;* (*exploit moral*) Heldentat *f;* **tour de France** SPORT Tour *f* de France; HIST *Wanderschaft eines Handwerksgesellen;* **tour de main** Fingerfertigkeit *f;* **tour de passe-passe** *fam* Masche *f fam,* Kniff *m fam;* **tour de reins** Hexenschuss *m fam;* ***qn se fait un ~ de reins*** jd verrenkt sich (*dat*) den Rücken; **tour de scrutin** Wahlgang *m;* **tour d'honneur** Ehrenrunde *f;* **tour d'horizon** Überblick *m;* ***qn fait un ~ d'horizon [de qc]*** jd gibt einen Überblick [über etw (*akk*)]

tour³ [tuʀ] *m* TECH Drehbank *f;* [*potier*] Töpferscheibe *f;* ***~ à bois/à métaux*** Drechslerbank *f*/Metall verarbeitende Drehbank

tourbe [tuʀb] *f* AGR Torf *m*

tourbeux, -euse [tuʀbø, -øz] *adj* torfig; *plante* Torf-; ***marais ~*** Torfmoor *nt*

tourbière [tuʀbjɛʀ] *f* [Torf]moor *nt*

tourbillon [tuʀbijɔ̃] *m* **1.** (*vent*) Wirbelsturm *m;* ***~ de vent*** Wirbelwind *m;* ***~ de neige*** Schneegestöber *nt*
2. (*masse d'eau*) Strudel *m*
3. (*colonne tournoyante*) ■ **~ de** *de sable* -sturm *m;* *de fumée* Wirbel *m* von
4. (*agitation*) ■ **~ de** -rausch *m,* -taumel *m;* *des affaires* -rummel *m;* ■ **~ de qn/qc** *de la vie* Trubel *m* einer S. (*gen*); *des danseurs* jds wildes Treiben; ***~ des plaisirs*** Vergnügungsrausch; ***~ de mots*** Wortschwall *m*

tourbillonnant, e [tuʀbijɔnɑ̃, ɑ̃t] *adj* **1.** *vent* Wirbel-; *eau* strudelnd; *feuilles, fumée* wirbelnd
2. (*agité*) *vie* lebhaft, trubelig *fam; danse* schwungvoll

tourbillonnement [tuʀbijɔnmɑ̃] *m* **1.** (*tournoiement*) ■ **~ de qc** *des feuilles, de la fumée* Wirbel *m* einer S. (*gen*)
2. (*agitation*) ■ **~ des personnes/choses** *des danseurs* jds Gedränge *nt,* jds Gewühl *nt; des affaires* Trubel *m* einer S. (*gen*)

tourbillonner <1> [tuʀbijɔne] *vi* **1.** (*former un tourbillon*) ■ **qc tourbillonne** */feuilles/* etw wirbelt [herum]; */eaux/* etw strudelt; */fumée, neige, poussière/* etw wirbelt auf
2. (*faire des acrobaties*) ■ **qn/un animal tourbillonne** jd wirbelt [herum]/ein Tier stiebt auf
3. (*s'agiter, être en ébullition*) ■ **qn tourbillonne quelque part** jd wirbelt [*o* tanzt] irgendwo herum; ■ **qc tourbillonne quelque part** */idées, projets/* etw jagt [*o* spukt] [*o* wirbelt] irgendwo herum

tourelle [tuʀɛl] *f* **1.** Türmchen *nt*
2. MIL, NAUT Geschützturm *m*

tourillon [tuʀijɔ̃] *m* Bolzen *m,* Zapfen *m*

tourisme [tuʀism] *m* Tourismus *m,* Fremdenverkehr *m*
▶ **grand ~** AUT Grand-Tourisme, GT; **~ vert** Naturtourismus *m;* **qn fait du ~** jd macht Sightseeing ['saitsiːɪŋ] *fam;* **de ~** Reise-; ***agence/office de ~*** Reisebüro *nt*/Fremdenverkehrsamt *nt;* ***avion de ~*** Privatflugzeug *nt;* ***voiture de ~*** Pkw *m*

touriste [tuʀist] *mf* Tourist(in) *m(f),* Urlaubsreisende(r) *f(m)*
▶ **en ~** als Tourist; *péj fam* ohne rechtes Interesse, halbherzig, eben mal so *fam*

touristique [tuʀistik] *adj* **1.** (*relatif au tourisme*) touristisch; *activités* Freizeit-; *attrait, renseignement* für Touristen; *billet, menu, renseignement* Touristen-; *guide* Fremden-
2. (*où l'on fait du tourisme*) *région* Ferien-; ***ville ~*** Ferienort *m*

tourment [tuʀmɑ̃] *m littér* **1.** (*souffrance morale*) [*attente, jalousie*] Qual *f,* Pein *f liter*
2. (*douleur physique*) [*maladie, soif*] Qual *f,* Marter *f liter;* ***il est mort dans les ~s de la maladie*** er ist qualvoll an der Krankheit gestorben; ***~s de l'enfer*** Höllenqualen *pl*

tourmente [tuʀmɑ̃t] *f* **1.** *soutenu* (*tempête*) Unwetter *nt,* Sturm *m;* ***~ de neige*** Schneesturm
2. *littér* (*bouleversement*) Unruhen *pl*

tourmenté, e [tuʀmɑ̃te] *adj* **1.** (*angoissé*) gequält; ***~ de scrupules*** von Gewissensbissen geplagt
2. (*compliqué*) *côte, formes, paysages* zerklüftet; *style* verzerrt, gequält *pej;* ***un art ~*** eine Kunst, in der Qualen zum Ausdruck kommen
3. (*agité*) *mer* stürmisch; *vie* bewegt

tourmenter <1> [tuʀmɑ̃te] **I.** *vt* **1.** (*tracasser*) ■ **qc tourmente qn** */ambition, envie, jalousie/* etw quält jdn; */doute, remords, scrupules a./* etw plagt jdn
2. (*importuner*) ■ **qn tourmente qn [de qc]** jd bedrängt [*o* drangsaliert] jdn [mit etw]
3. (*faire souffrir*) ■ **qc tourmente qn** */douleur, faim, maladie/* etw plagt jdn
II. *vpr* ■ **qn se tourmente** jd macht sich (*dat*) Sorgen

tournage [tuʀnaʒ] *m* **1.** CINE Dreharbeiten *pl;* ■ **le ~ de qc** *d'un film* die Dreharbeiten für etw; *d'une scène* das Drehen einer S. (*gen*)
2. TECH Drehbankarbeiten *pl;* ***~ sur bois*** Drechslerarbeiten *pl*

tournailler <1> [tuʀnɑje] *vi fam* ■ **qn tournaille quelque part** jd lungert [irgendwo] herum *fam,* jd treibt sich [irgendwo] herum

tournant, e [tuʀnɑ̃, ɑ̃t] **I.** *adj* **1.** (*qui peut tourner*) *plaque, pont, scène* Dreh-; ***le feu ~ d'un phare*** das Drehfeuer eines Leuchtturms
2. MIL *mouvement, manœuvre* Einkreisungs-
3. (*en spirale*) *couloir, ruelle* verwinkelt; ***escalier ~*** Wendeltreppe *f*
II. *m* **1.** (*virage*) Kurve *f,* Biegung *f*
2. (*changement*) [*carrière, histoire, vie*] Wendepunkt *m;* [*match, politique*] Wende *f;* ***qc marque un ~ [dans qc]*** etw bedeutet einen Wendepunkt [in etw (*dat*)]
▶ **qn attend/rattrape qn au ~** *fam* jd kriegt jdn schon noch/jd kriegt jdn dran *fam;* **qc est au ~** etw ist in Sicht; **qn/qc prend bien/mal le/son ~** jd/etw kriegt die Kurve/kriegt die Kurve nicht *fam*

tourné, e [tuʀne] *adj* (*aigri*) schlecht geworden, verdorben; *sauce, vin a.* umgekippt; *lait* sauer geworden; (*retombé*) zusammengefallen
▶ **bien ~** *personne, taille* gut gebaut, wohlgeformt; **bien/mal ~** *article, compliment, lettre* gut/schlecht formuliert; ***un compliment bien ~*** ein wohlgesetztes [*o* gelungenes] Kompliment; **mal ~**: ***qn a l'esprit mal ~*** jd hat eine schmutzige Fantasie

tournebouler <1> [tuʀnəbule] *vt fam* ■ **qn/qc tourneboule qn** jd/etw bringt jdn durcheinander; ■ **qn/qc tourneboule qc à qn**: ***qn/qc tourneboule la cervelle*** [*o* ***l'esprit***] [*o* ***les idées***] ***à qn*** jd/etw bringt jdn völlig durcheinander; ■ **[qn/qc est] tourneboulé(e)** [jd/etw ist] völlig durcheinander

tournebroche [tuʀnəbʀɔʃ] *m* [Dreh]spieß *m*

tourne-disque <~-~s> [tuʀnədisk] *m* Plattenspieler *m*

tournedos [tuʀnədo] *m* Tournedos *nt*

tournée [tuʀne] *f* **1.** (*circuit*) Runde *f,* Tour *f;* [*artiste*] Tournee *f;* [*conférencier*] [Vortrags]reise *f;* ***~ théâtrale/électorale*** Theater-/Wahlkampftournee [*o* Wahlkampfreise]; ***une ~ en Europe/au Japon*** eine Vortragsreise/Tournee durch Europa/Japan [*o* eine Europa-/Japantournee]
2. *fam* (*série de consommations*) Runde *f;* ***une ~ de vodka/bière*** eine Runde Wodka/Bier; ***~ générale*** Lokalrunde *fam;* ***qn paie une/sa ~*** jd zahlt eine/seine Runde, jd gibt eine Runde aus
3. *fam* (*raclée*) Tracht *f* Prügel *fam;* ***qn flanque une ~ à qn*** jd verabreicht jdm eine Tracht Prügel; ***qn prend une ~*** jd bezieht eine Tracht Prügel
▶ **qn fait la ~ des grands ducs** jd macht eine Zechtour [*o* Sause *fam*]; **c'est la ~ du patron** *fam* die Runde geht auf Kosten des Hauses; **c'est ma ~** *fam*

jetzt gebe ich einen [*o* eine Runde] aus; **qn fait la ~ de qc** jd macht eine Runde durch etw, jd klappert etw ab *fam;* ***qn fait la ~ des cafés*** jd zieht durch die Kneipen; **qn fait sa ~** jd macht seine Runde [*o* Tour]; **[qn est] en ~** [jd ist] unterwegs [*o* auf Tour *fam*]; */artiste/* [jd ist] auf Tournee

◆ **tournée d'inspection** Inspektionstour *f*

tournemain [tuʀnəmɛ̃] *m* ▸ **en un ~** im Handumdrehen

tourner <1> [tuʀne] **I.** *vt* **1.** (*mouvoir en rond*) ■ **qn tourne qc** jd dreht etw [*o* an etw (*dat*)]; *poignée a., clé* jd dreht etw herum

2. (*orienter*) ■ **qn tourne qc quelque part** jd dreht etw irgendwohin; *lampe a.* jd richtet etw irgendwohin; ***qn tourne ses pas quelque part*** jd geht irgendwohin, jd lenkt seine Schritte irgendwohin *geh;* ■ **qn tourne qc à qn/qc:** ***qn tourne le dos à qn/qc*** jd wendet [*o* dreht] jdm/etw den Rücken zu, jd stellt sich mit dem Rücken zu jdm/etw; ■ **qn tourne qc vers qn/qc** *yeux* jd richtet etw auf jdn/etw; *tête* jd wendet [*o* dreht] jdm/etw etw zu; *efforts* jd richtet etw auf etw (*akk*); ***qn tourne ses pensées vers qn*** jds Gedanken gelten jdm, jd denkt an jdn; ***sans daigner ~ les yeux vers nous*** ohne uns eines Blickes zu würdigen; ■ **qc tourne qc quelque part:** ***les plantes tournent leurs feuilles vers la lumière*** Pflanzen drehen [*o* wenden] ihre Blätter zum Licht [*o* dem Licht zu]

3. (*retourner*) ■ **qn tourne qc** *disque* jd dreht etw um, jd wendet etw; *page a.* jd blättert [*o* schlägt] etw um; ***qn tourne qc entre ses mains*** jd dreht etw in seinen Händen [hin und her]; ***j'ai tourné l'affaire en tous sens*** ich habe die Angelegenheit von allen Seiten betrachtet; ***quelle que soit la façon de ~ ce problème …*** wie man das Problem auch dreht und wendet …, man kann das Problem drehen und wenden wie man will …

4. (*remuer*) ■ **qn tourne qc** *café* jd rührt etw um; *sauce a.* jd rührt etw; *salade* jd mischt etw

5. (*contourner*) ■ **qn tourne qn/qc** jd umgeht jdn/etw; (*en voiture, à bicyclette*) jd umfährt etw; (*en bateau*) jd umschifft etw; ***qn tourne le coin de la rue*** jd biegt um die Ecke

6. (*détourner*) ■ **qn tourne qc** *regard, tête, yeux* jd wendet etw ab, jd dreht etw weg; ***je lui ai tourné le dos*** ich habe mich [von ihm/ihr] abgewandt [*o* abgewendet]

7. (*formuler*) ■ **qn tourne qc d'une certaine manière** jd formuliert etw irgendwie; ***elle tourne bien ses phrases*** sie drechselt ihre Sätze *iron;* ***il sait comment ~ un compliment*** er versteht es, Komplimente zu machen

8. (*transformer*) ■ **qn tourne qn/qc en/à qc:** ***qn tourne qn/qc en dérision*** [*o* ***ridicule***] jd macht jdn/etw lächerlich; ***qn tourne qc en plaisanterie/au tragique*** jd sieht etw von der lustigen Seite/jd nimmt etw tragisch; ***qn tourne qc à son avantage*** jd wendet etw zu seinen Gunsten [*o* zu seinem Vorteil]

9. CINE ■ **qn tourne qc** jd dreht etw

10. TECH ■ **qn tourne qc** jd dreht etw; *bois, ivoire* jd drechselt etw

▸ **qn tourne et retourne qc** jd dreht etw hin und her; ***qn tourne et retourne un problème*** jd überlegt hin und her

II. *vi* **1.** (*pivoter sur son axe*) ■ **qn/un animal/qc tourne [quelque part]** jd/ein Tier/etw dreht sich [irgendwo] [im Kreis]; ***la roue tourne de travers*** das Rad eiert *fam;* ***qn tourne sur lui-même*** jd dreht sich um sich selbst [*o* um die eigene Achse]; ***la porte tourne sur ses gonds*** die Tür dreht sich in den Angeln

2. (*avoir un déplacement circulaire*) ■ **qn/un animal/qc tourne [quelque part]** jd/ein Tier/etw dreht [irgendwo] seine Runden; */personne, animal a./* jd/ein Tier läuft [irgendwo] im Kreis herum; */avion, oiseau/* etw/ein Tier kreist irgendwo, ein Tier zieht [irgendwo] seine Kreise; ■ **qn/un animal/qc tourne autour de qn/qc** jd/ein Tier/etw umkreist jdn/etw; */oiseau a./* ein Tier fliegt um jdn/etw herum; ***la terre tourne autour du soleil*** die Erde kreist [*o* dreht sich] um die Sonne; ***arrête de me ~ autour!*** lauf mir nicht ständig zwischen den Beinen herum!

3. (*fonctionner*) ■ **qc tourne** etw läuft; ***qc tourne rond*** etw läuft reibungslos; */moteur a./* etw schnurrt *fam;* ***qc tourne à vide*** etw läuft leer; */moteur/* etw läuft im Leerlauf; ***qc tourne à plein rendement*** [*o* ***régime***] etw läuft auf vollen Touren [*o* Hochtouren]; ***les affaires tournent au ralenti*** die Geschäfte laufen auf Sparflamme; ■ **qn/qc fait ~ qc** *moteur* jd lässt etw laufen; ***c'est elle qui fait ~ l'entreprise*** sie schmeißt den [ganzen] Laden *fam*

4. (*avoir trait à*) ■ **qc tourne autour de qn/qc** bei etw geht es um jdn/etw; */conversation, discussion a./* etw dreht sich um jdn/etw *fam*

5. (*bifurquer*) ■ **qn/qc tourne [quelque part]** jd/etw biegt [irgendwohin] ab; ***en tournant*** beim Abbiegen; ***qn/qc tourne dans une rue*** jd/etw biegt in eine Straße [ein]

6. (*s'inverser*) ■ **qc tourne** etw schlägt um; */chance, opinion a./* etw wendet sich; */vent/* etw dreht; ***la chance a tourné*** das Blatt hat sich gewendet

7. (*évoluer*) ■ **qc tourne à/en qc** etw entwickelt sich zu etw; */événement a./* etw endet als etw; */maladie a./* etw wird zu etw; ***qc tourne au drame/tragique/grotesque/vaudeville*** etw endet als Drama/tragisch/wird allmählich grotesk/entwickelt sich [*o* wird] zur Posse; ***le temps tourne au beau/au froid/à la pluie*** es heitert sich auf/wird kalt/es wird Regen geben; ***la discussion tourne à*** [*o* ***sur***] ***la politique*** das Gespräch wendet sich der Politik zu; ***qc tourne en bagarre*** etw endet in einer Schlägerei; ■ **qc tourne …** etw geht … aus, etw entwickelt sich …; ***qc tourne bien/mal*** [***pour qn***] etw geht [für jdn] gut/schlecht aus, etw entwickelt sich zu jds Gunsten/Ungunsten; ***qc tourne à l'avantage/au désavantage de qn*** etw entwickelt [*o* wendet] sich zu jds Gunsten/Ungunsten; ***j'espérais que les choses tourneraient autrement*** ich hoffte, die Dinge würden sich anders entwickeln [*o* würden anders laufen *fam*]

8. (*devenir aigre*) ■ **qc tourne** */crème/* etw wird sauer; */lait a., vin/* etw kippt um

9. CINE ■ **qn tourne** jd dreht [Filme], jd macht Filme

10. (*faire une tournée*) ■ **qn tourne quelque part** jd ist [dienstlich] irgendwo unterwegs

11. (*approcher*) ■ **qc tourne autour de qc** */prix, nombre/* etw bewegt sich um etw, etw liegt [ungefähr [*o* etwa]] bei etw; ***ça va ~ autour des 300 F*** das macht wohl [so] um die 300 F, das wird wohl [so] bei 300 F liegen

12. (*essayer de séduire*) ■ **qn tourne autour de qn** jd umschwärmt jdn, jd läuft jdm nach *fam;* ***il tourne constamment autour du directeur*** er scharwenzelt ständig um den Direktor *pej*

▸ **qn tourne mal** jd gerät auf die schiefe Bahn; **qc tourne mal** etw nimmt eine schlechte Wende

III. *vpr* **1.** ■ **qn se tourne vers qn/qc** (*s'adresser à*) jd wendet sich an jdn/etw; (*s'orienter*) jd wendet sich jdm/etw zu; *vers la littérature, politique a.* jd widmet sich einer S. (*dat*); *vers une profession* jd ergreift etw; ■ **qn se tourne contre qn/qc** jd stellt [*o* wendet] sich gegen jdn/etw; ■ **qc se tourne vers qn/qc** etw richtet sich auf jdn/etw; ***tous les regards se tournent vers elle*** alle Blicke richten sich auf sie

2. (*changer de position*) ■ **qn se tourne quelque part** jd dreht sich irgendwo [hin]; ***qn se tourne et retourne dans son lit*** jd dreht [*o* wirft] sich im Bett hin und her; ***tourne-toi vers moi/de l'autre côté*** dreh dich zu mir/andersherum

tournesol [tuʀnəsɔl] *m* **1.** BOT Sonnenblume *f*

2. CHIM Lackmus *m o nt*

tourneur, -euse [tuʀnœʀ, -øz] *m, f* Dreher(in) *m(f);* (*~ sur bois, ivoire*) Drechsler(in) *m(f);* ■ **~(-euse) sur** *sur métaux* -dreher(in); *sur bois, ivoire* -drechsler(in)

tournevis [tuʀnəvis] *m* Schraubendreher *m,* Schraubenzieher *m;* ***~ cruciforme*** Kreuzschlitzschraubenzieher

▸ **~ testeur** Spannungsprüfer *m*

tournicoter <1> [tuʀnikɔte] *vi fam,* **tourniquer** [tuʀnike] <1> *vi fam* ■ **qn tournicote,** ■ **qn tournique** jd läuft [ziellos] auf und ab [*o* hin und her]

tourniquet [tuʀnikɛ] *m* **1.** (*barrière pivotante*) Drehkreuz *nt;* (*porte pivotante*) Drehtür *f*

2. TECH Sprinkler *m,* [Rasen]sprenger *m*

3. (*présentoir*) Drehständer *m*

4. MED Aderpresse *f*

tournis [tuʀni] *m fam* (*vertige*) Drehwurm *m fam*

▸ **qn a le ~** *fam* jd hat den Drehwurm *fam;* (*à cause de la hauteur*) jdm ist schwind[e]lig; **qc donne le ~ à qn** *fam* von etw bekommt jd den Drehwurm *fam*/wird jdm schwind[e]lig; ***tout ce travail me donne le ~*** vor lauter Arbeit weiß ich nicht mehr, wo mir der Kopf steht; **qn donne le ~ à qn** *fam* jd macht jdn ganz schwind[e]lig

tournoi [tuʀnwa] *m* **1.** (*compétition*) Turnier *nt;* ■ **~ de** *d'échecs, de tennis, rugby* -turnier; ***~ d'adresse*** Geschicklichkeitswettbewerb *m;* ***~ du grand chelem*** Grand-Slam-Turnier ['grænd'slæm-]; ***le ~ des cinq nations*** das Fünfnationenturnier

2. HIST Turnier *nt*

tournoiement [tuʀnwamɑ̃] *m* Kreisen *nt,* [Sich-im-Kreise-]Drehen *nt;* [*feuilles*] [Herum]wirbeln *nt;* [*vagues*] Strudeln *nt*

tournoyer <6> [tuʀnwaje] *vi* ■ **qn/qc tournoie [quelque part]** jd/etw dreht sich [irgendwo] [im Kreis]; (*plus vite*) jd/etw wirbelt [irgendwo] herum; ***l'eau tournoie*** das Wasser bildet Wirbel; ■ **un animal tournoie autour de qc** ein Tier umkreist etw [*o* kreist um etw]; ■ **qn/qc fait ~ qn/qc** jd/etw wirbelt jdn/etw [im Kreis] herum; ***le vent fait ~ les feuilles*** der Wind lässt die Blätter tanzen

tournure [tuʀnyʀ] *f* **1.** (*évolution*) Wendung *f;* ***vu la ~ que prennent les événements*** so wie die Dinge sich entwickeln, so wie die Dinge laufen *fam*

2. LING Wendung *f;* *idiomatique* Redewendung

3. (*apparence*) Erscheinung *f;* ***qn a belle ~*** jd ist eine elegante Erscheinung

▸ **qc prend ~** etw nimmt Gestalt an; **qc prend bonne/mauvaise ~** etw wendet sich zum Guten/nimmt eine schlechte Wendung; **qc prend une ~ …** etw nimmt eine … Wendung; ***qc prend une ~ inespérée*** etw nimmt eine unerhoffte Wendung; ***qc prend une drôle de ~*** etw entwickelt sich [*o* läuft *fam*] nicht wie vorgesehen; **qc se présente sous une meilleure ~** etw nimmt eine Wendung zum Besseren

◆ **tournure d'esprit** Denkweise *f,* Geisteshaltung *f geh*

tour-opérateur <~-~s> [tuʀɔpeʀatœʀ] *m* Reiseveranstalter *m*

tourte [tuʀt] *f* Pastete *f;* ***~ à la viande/au poisson*** Fleisch-/Fischpastete

tourteau[1] <x> [tuʀto] *m* ZOOL Taschenkrebs *m*

tourteau[2] <x> [tuʀto] *m* AGR Ölkuchen *m;* ■ **~ de** -kuchen *m*

tourtereau <x> [tuʀtəʀo] *m* **1.** *pl hum* (*amoureux*) Turteltauben *pl,* Turteltäubchen *pl*

2. ORN Turteltaubenjunge(s) *nt,* junge Turteltaube

tourterelle [tuʀtəʀɛl] *f* Turteltaube *f*

tourtière [tuʀtjɛʀ] *f* runde Pastetenform

tous [tu, tus] *v.* **tout**

Toussaint [tusɛ̃] *f* ■ **la ~** Allerheiligen *nt;* ***à la ~*** zu Allerheiligen

tousser <1> [tuse] *vi* **1.** ■ **qn tousse** (*avoir un accès de toux*) jd hustet; (*pour avertir a., pour s'éclairer la gorge*) jd hüstelt; ***je tousse sans arrêt*** ich muss ständig husten; ■ **qc fait ~ [qn]** etw reizt [jdn] zum Husten, etw löst einen Hustenreiz aus

2. (*avoir des ratés*) ■ **qc tousse** */avion, voiture/* etw stottert; */moteur a./* etw hustet

3. *fam* ■ **qn tousse** (*pour exprimer sa gêne*) jd hüstelt; (*pour exprimer sa désapprobation*) jd hustet; ***pourquoi tu tousses?*** hast du was?, is' was? *sl*

▸ **quand … tousse, c'est … tout entier(-ière) qui s'enrhume** *fam:* ***quand le bâtiment tousse, c'est la France tout entière qui s'enrhume*** wenn der Bausektor hustet, bekommt ganz Frankreich die Grippe

toussotement [tusɔtmɑ̃] *m* [leichter] Husten; (*pour avertir, s'éclaircir la gorge*) Hüsteln *nt*

toussoter <1> [tusɔte] *vi* ■ **qn toussote** jd hustet leicht [*o* schwach]; (*pour avertir, de gêne*) jd hüstelt

tout, e <tous, toutes> [tu, tut, tus] **I.** *adj indéf* **1.** Ø (*entier*) ■ **~ le/~e la …** + *subst* der/die/das ganze … + *subst;* ***~ le temps/ l'argent*** die ganze Zeit/das ganze Geld; ***~ le monde*** alle, jeder[mann]; ***~e la France*** ganz Frankreich; ***il a plu ~e la journée*** es hat den ganzen Tag [lang] geregnet; ***~ l'argent dont j'ai besoin*** so viel Geld, wie ich brauche; ***~ le long de la rivière*** den ganzen Fluss entlang; ■ **~ un/~e une …** ein ganzer/eine ganze/ein ganzes …; ***~e une nuit/~ un été*** eine ganze Nacht/einen ganzen Sommer [lang]; ■ **~ mon/ton/…/~e ma/ta/…** mein/dein/… ganzer/meine/deine/… ganze/mein/dein/… ganzes; ***~e ma famille*** meine ganze Familie; ***de ~ mon cœur*** von ganzem Herzen; ***nous avons ~ notre temps*** wir können uns Zeit lassen; ■ **~ ce/~e cette …** dieser, s) ganze …, all diese(r, s) …; ***~ ce bruit*** dieser ganze Lärm, all dieser Lärm; ***~e cette affaire*** diese ganze Angelegenheit

2. Ø (*tout à fait*) ■ **~ le/~e la …** + *subst* der/die/das genaue … + *subst,* genau der/die/das … + *subst;* ***c'est ~ le contraire*** genau das [*o* das genaue] Gegenteil ist der Fall, ganz im Gegenteil; ***cet enfant est ~ le portrait de son père*** dieses Kind ist genau das [*o* das genaue] Ebenbild seines Vaters, dieses Kind ist ganz der Vater; ***c'est ~ l'un ou ~ l'autre*** es ist immer entweder – oder; ■ **~ un/~e une …** ein ganzer/eine ganze/ein ganzes …; ***c'est ~e une affaire*** es ist eine ziemlich komplizierte Angelegenheit [*o* Sache], das ist ganz schön kompliziert; ***qn fait ~e une histoire de qc*** jd bauscht etw auf, jd macht eine große Sache aus etw; ■ **~ mon/ton/…/~e ma/ta/…** ganz mein(e)/dein(e)/…; ***c'est ~ mon mari/~e mon épouse*** das ist [wieder einmal] ganz mein Mann/meine Frau, das sieht meinem Mann/meiner Frau ähnlich

3. Ø (*seul, unique*) ■ **[qn/qc est] ~ le/~e la …** + *subst* [jd/etw ist] der/die/das ganze [*o* einzige] … + *subst;* ***c'est là ~ le secret*** das ist das ganze Geheimnis; ***c'est ~ l'effet que ça m'a fait*** das ist die einzige [*o* ganze] Wirkung, die es auf mich hatte; mehr Wirkung hatte es nicht auf mich; ■ **[qn/qc est] ~ mon/ton/…/~e ma/ta/…** mein/dein/… ganzer [*o* einziger] …/meine/deine/… ganze [*o* einzige] …/mein/dein/… ganzes [*o* einziges] …; ***cet enfant est ~e ma joie*** dieses Kind ist meine ganze [*o* einzige] Freude

4. Ø (*complet*) ■ **~ …** + *nom propre* der/die ganze … + *Eigenname,* alle Werke [*o* alles] von … + *Eigenname;* ***j'ai lu ~ Simone de Beauvoir*** ich habe alle Werke von [*o* alles von] Simone de Beauvoir gelesen; ■ **~(e) qc:** ***~ Londres*** ganz London; ***en ~e humilité/simplicité/franchise*** in aller Bescheidenheit/Einfachheit/Offenheit; ***selon ~e apparence*** allem Anschein nach; ***à ~ prix*** um jeden Preis; ***à ~e vitesse*** so schnell wie möglich; ***à ~e épreuve*** unerschütterlich; ***qn est d'une patience à ~e épreuve*** jd hat eine Engelsgeduld; ***de ~e beauté*** von vollendeter Schönheit; ***de ~e éternité*** seit Ewigkeiten, seit aller Ewigkeit; ***de ~ repos*** *placement* risikolos, absolut sicher; *travail* geruhsam; ***un travail qui n'est pas de ~ repos*** eine sehr anstrengende Arbeit; ***qn a ~ loisir de faire qc*** jd kann in aller Ruhe etw tun

5. Ø (*quel qu'il soit*) ■ **~(e) …** + *subst* jede(r, s) … + *subst sing,* alle … + *subst pl;* ***~ homme*** jeder [Mensch], alle [Menschen]; ***~e personne susceptible de nous aider*** jeder, der uns helfen kann; alle, die uns helfen können; ***de ~e manière*** jedenfalls, in jedem Fall; ***à ~ propos*** ständig, alle Augenblicke; ***il peut arriver à ~ instant*** er kann jeden Moment [*o* Augenblick] kommen; ***à ~e heure [du jour et de la nuit]*** jederzeit, zu jeder Tages- und Nachtzeit; ***des plantes de ~e espèce*** alle Arten von [*o* alle möglichen] Pflanzen

6. *pl* (*l'ensemble des*) ■ **tous/~es les …** + *subst* alle … + *subst pl;* (*chaque a.*) sämtliche … + *subst pl,* jede(r, s) … + *subst sing;* ***~es les places*** alle [*o* sämtliche] Plätze; ***tous les jours*** jeden Tag; ***cela ne se voit pas tous les jours*** das sieht man nicht alle Tage [*o* jeden Tag]; ***dans tous les cas*** in jedem Fall, in allen Fällen; ***tous les moyens lui sont bons*** ihm/ihr sind alle [*o* ist jedes] Mittel recht; ***un film destiné à tous les publics*** ein für jedes Publikum geeigneter Film; ***des hommes politiques de ~es les tendances*** Politiker aller Richtungen [*o* jeder Couleur]; ***mange d'abord tous tes légumes*** iss zuerst dein ganzes Gemüse [auf]; ***j'ai ~es les raisons d'être content*** ich habe allen Grund zufrieden zu sein; ■ **tous/~es mes/tes/…** alle meine/deine/…, meine/deine/… ganzen *fam;* ***tous mes muscles*** alle meine Muskeln, meine ganzen Muskeln *fam;* ***~es nos amies*** alle unsere Freundinnen, unsere ganzen Freundinnen *fam;* ***de ~es mes forces*** mit all meiner Kraft, mit allen Kräften; ■ **tous/~es ces …** alle diese …, all diese …; ***~es ces maisons/ tous ces gens*** alle [*o* all] diese Häuser/Leute

7. *pl* (*chaque*) ■ **tous/~es les …** alle …; ***tous les dix mètres*** alle zehn Meter; ***tous les quinze jours*** alle vierzehn Tage; ***tous les deux/ trois/… jours/mois*** alle zwei/drei/… Tage/Monate, jeden zweiten/dritten/… Tag/Monat; ***tous les jours/ mois/~es les semaines*** jeden Tag/Monat/jede Woche

8. *pl* (*ensemble*) ■ **tous/~es [les] deux/trois/quatre/…** alle zwei/drei/vier/… [gemeinsam], zu zweit/dritt/viert/…; ***nous avons fait ~es les deux ce voyage*** wir haben diese Reise zu zweit gemacht

9. *pl* (*la totalité des*) ■ **tous/~es …** + *subst pl* jede(r, s) … + *subst sing,* jegliche(r, s) … + *subst sing,* alle … + *subst pl;* ***à tous égards*** in jeder Beziehung; ***en tous lieux*** überall, allerorts *geh;* ***de tous côtés*** *arriver* von allen Seiten; *regarder* nach allen Seiten; ***~es proportions gardées*** im Verhältnis gesehen; ***~es sortes de marchandises*** allerlei Waren; ***tous feux éteints*** ganz ohne Licht; ■ **qc ~/tous/~es …** etw für jede(n, s) …; ***chaussures ~ [o tous] temps*** Allwetterschuhe *pl;* ***chiffon tout usage*** Allzwecktuch *nt;* ***un film tous publics*** ein Film *m* für jedes Publikum; ***le tourisme ~es saisons/~es destinations*** der Rund-ums-Jahr-/Rund-um-die-Welt-Tourismus; ***des meubles tous budgets*** Möbel *pl* für jeden Geldbeutel

10. *pl littér* (*récapitulation*) ■ **tous/~es …** + *subst pl* alles … + *subst sing;* ***le courage, la lucidité, l'autorité, ~es qualités nécessaires à un chef …*** Mut, Scharfsinn, Autorität, alles Eigenschaften, die ein Vorgesetzter braucht

► **ce n'<u>est</u> pas ~ à fait fini** das ist noch nicht ganz fertig; **<u>pour</u> ~ qn/qc:** ***pour ~ invité/ bagage/~e réponse*** als einziger Gast/einziges Gepäck/einzige Antwort

II. *pron indéf* **1.** Ø (*opp: rien*) alles; ***qn mange/ vend de ~*** jd isst/verkauft alles; ***~ s'est bien passé/ va bien*** alles ist gut gegangen/ist in Ordnung; ***~ lui est bon*** ihm/ihr ist alles recht; ***~ est pour le mieux [dans le meilleur des mondes]*** alles steht zum Besten, alles ist bestens; ***~ est bien qui finit bien*** *prov* Ende gut, alles gut; ***~ passe, ~ casse, ~ lasse*** *prov* alles ist vergänglich; es geht alles vorüber, es geht alles vorbei; ***qn a ~ vu, ~ entendu, ~ compris*** jd weiß alles besser, jd hat die Weisheit mit Löffeln gefressen *fam*

2. *pl* (*opp: personne/aucun*) alle; ***un film pour tous*** ein Film *m* für alle [*o* jedermann]; ***nous tous*** wir alle; ***je ne peux vous les prêter tous*** ich kann sie Ihnen nicht alle leihen; ***il s'adresse à tous et à ~es*** er wendet sich an alle[, Männer und Frauen]; ***chacun pour soi et Dieu pour tous*** *prov* jeder für sich und Gott für uns alle

3. Ø (*l'ensemble des choses*) ■ **~ ce qui/que …** alles, was …; ***~ ce qui bouge*** alles, was sich bewegt; ***~ ce dont j'ai besoin/ ce que je sais*** alles, was ich brauche/weiß; ***~ ce qui brille n'est pas or*** *prov* es ist nicht alles Gold, was glänzt; ***~ ce que le pays compte d'artistes*** alles, was es an Künstlern im Land gibt

► **tous/~es <u>ensemble</u>** alle zusammen, alle gemeinsam; ***ne parlez pas tous ensemble*** sprecht nicht alle gleichzeitig; **qn/qc <u>a</u> ~ de qn/qc** jd/etw ist ein richtiger/eine richtige/ein richtiges …; ***il a ~ de son père*** er ist ganz der Vater; **qn <u>a</u> ~ pour lui/elle** *fam* alles spricht für ihn/sie; **~ ce qu'il <u>y a</u> de [plus] …** *fam* unheimlich … *fam; chic a.* tod- *fam;* ***~ ce qu'il y a de plus barbant*** sterbenslangweilig *fam;* **c'<u>est</u> ~!** und damit hat sich's! *fam;* ***c'est ~, ne pleure plus*** ist ja gut, weine nicht mehr *fam;* **c'<u>est</u> ~?** ist das alles?; **~ <u>est</u> là** das ist der springende Punkt; **et c[e n]'<u>est</u> pas ~!** und das ist [noch] nicht alles!; **qn/qc <u>est</u> ~ pour qn** jd/etw ist jds Ein und Alles; **c[e n]'<u>est</u> pas ~ [que] de faire qc** es reicht nicht etw zu tun; **ce <u>sera</u> ~** das ist alles, das wär's *fam;* **à ~ <u>va</u>** *dépenser, acheter* hemmungslos, ohne Ende *fam; expansion, extension, progrès* hemmungslos, maßlos; **<u>comme</u> ~** unheimlich, wahnsinnig *fam;* **<u>et</u> ~ [et ~]** *fam* und so weiter [und so fort]; **~ ou <u>rien</u>** alles oder nichts; **<u>en</u> ~** (*au total*) im Ganzen, insgesamt; (*dans toute chose*) in allem, in jeder Beziehung; **<u>en</u> ~ et pour ~** alles in allem; **<u>voilà</u> ~** das ist alles

III. *adv* **1.** (*totalement*) ■ **~(e) …** *devant consonne* ganz …, völlig …; ***~ neuf/~e neuve*** ganz neu, brandneu; ***~(e) petit(e)*** ganz klein, winzig [klein]; ***~(e) jeune*** ganz jung, blutjung; ***~(e) nu(e)*** ganz [*o* völlig] nackt, splitternackt; ***le ~ premier/ dernier*** der Allererste/-letzte; ***des portes ~es grandes ouvertes*** weit offene [*o* sperrangelweit geöffnete] Türen; ***le repas est ~ préparé*** das Essen ist fix und fertig; ■ **~ …** *devant voyelle ou h muet* ganz, völlig; ***~ heureux(-euse)*** ganz glücklich, überglücklich; ***c'est ~ autre chose*** das ist etwas ganz [*o* völlig] anderes; ***qn/ qc paraît ~ endormi(e)*** jd/etw scheint tief [*o* fest] zu schlafen

2. (*très, vraiment*) ■ **~ …** + *adv o prép, inv* ganz …; ***~ autant/ comme*** [ganz] genauso viel/wie; ***~ autrement/ simplement*** ganz anders/einfach; ***~ près [de qn/ qc]*** ganz in der Nähe, ganz nahe bei jdm/etw; ***~ à côté [de qn/ qc]*** genau [*o* gleich] daneben, genau [*o* gleich] neben jdm/etw; ***~ autour [de qn/ qc]*** rundherum, ringsum, rund [*o* rings] um jdn/etw; ***~ juste*** gerade noch, ganz knapp; ***~ naturellement*** wie selbstverständlich; ***[qn est] ~ à qc*** [jd ist] ganz in etw (*akk*) vertieft

3. (*aussi*) ■ **~(e) …** + *adj* **que qn est [*o* soit]** *devant consonne,* ■ **~ …** + *adj* **que qn est [*o* soit]** *devant voyelle ou h muet* wie … jd auch [immer] ist [*o* sein mag], so … jd auch ist [*o* sein mag]; ***~e maligne qu'elle est, …*** wie schlau sie auch immer sein mag, …, so schlau sie auch ist, …; ***~ timide qu'il soit …*** so ängstlich er auch ist, …, wie ängstlich er auch immer sein mag, …; ***~ heureuses qu'elles soient, …*** wie glücklich sie auch immer sein mögen, …, so glücklich sie auch sind, …; ■ **~(e) … que qn est [*o* soit]** *devant consonne,* ■ **~ … que qn est [*o* soit]** *devant voyelle ou h muet* auch wenn jd … ist, jd mag … sein so viel er will; ***~ médecin qu'il soit/~e directrice qu'elle soit, …*** auch wenn er Arzt ist/sie Direktorin ist, …, er kann Arzt/sie kann Direktorin sein, so viel er/sie will, …, Arzt/Direktorin hin oder her, … *fam;* ***~ ingénieurs qu'ils sont, …*** auch wenn sie Ingenieure sind, …, sie können Ingenieure sein, so viel sie wollen, …, Ingenieure hin oder her, … *fam*

4. *inv* ■ **~ en faisant qc** (*en même temps*) während jd etw tut; (*quoique*) obwohl jd etw tut; ***comment peux-tu travailler ~ en regardant la télévision?*** wie kannst du arbeiten, während du fernsiehst?, wie kannst du arbeiten und dabei [gleichzeitig] fernsehen?; ***~ en marchant à mes côtés, elle me racontait l'histoire*** während sie neben mir herging, erzählte sie mir die Geschichte; sie ging neben mir her und erzählte mir dabei die Geschichte; ***~ en étant très riche, il vit fort simplement*** er ist zwar sehr reich, aber er führt trotzdem ein einfaches Leben; obwohl er sehr reich ist, führt er [doch] ein einfaches Leben

5. + *subst, inv* (*en totalité*) ganz; *laine, soie a.* reine(r, s); ***un tissu ~ laine/ soie*** ein Stoff *m* aus reiner Wolle/Seide, ein reiner Woll-/Seidenstoff; ***elle était encore ~ enfant*** sie war noch ein ganz kleines Kind; ***qn est ~ sourire*** jd ist ganz Lächeln

► **~ à <u>coup</u>** plötzlich, auf einmal; **~ d'un <u>coup</u>** (*en une seule fois*) gleichzeitig, auf einmal *fam; fam* (*soudain*) plötzlich, auf einmal; **~ à <u>fait</u>** ganz, völlig, vollkommen; ***il est ~ à fait guéri*** er ist wieder ganz [*o* vollkommen] gesund; ***ce n'est pas ~ à fait de la magie*** es ist nicht wirklich Zauberei; ***c'est ~ à fait possible*** das ist sehr gut möglich; ***elles n'ont pas ~ à fait la même taille*** sie sind nicht [ganz] genau gleich groß; ***il est ~ à fait charmant*** er ist äußerst charmant; **~ à <u>fait</u>!** [stimmt] genau!; ***vous êtes d'accord/ vous venez demain? – T~ à fait!*** sind Sie einverstanden/kommen Sie morgen? – Ja klar! *fam;* **~ <u>feu</u> ~ flamme** [ganz] Feuer und Flamme; **~ de <u>suite</u>** sofort, gleich; ***ce n'est pas [encore] pour ~ de suite*** (*ce n'est pas pressé*) es muss nicht gleich sein; (*ce n'est pas près d'arriver*) so schnell nicht; **~ de <u>suite</u> avant/après [qn/qc]** gleich davor/danach, gleich vor/nach jdm/etw;

qn est ~ **à qn** jd steht jdm zur [*o* zu jds] Verfügung; **c'est pas** ~ **ça** *fam* das ist [aber] nicht alles; **c'est** ~ **comme** *fam* so gut wie, das ist genau das Gleiche; **c'est** ~ **un** das kommt [*o* läuft] aufs Gleiche hinaus *fam;* **c'est** ~ **vu** das ist todsicher, das steht fest; ~ **de même** (*quand même*) trotz alledem; (*vraiment*) + *adj* wirklich; ~ ***de même!*** also wirklich [*o* ehrlich]!; ***tu aurais ~ de même pu nous prévenir*** du hättest uns immerhin [*o* wenigstens] verständigen können; **le** ~ **qc** *théâtre, cinéma* die Crème de la Crème einer S. (*gen*), alles, was bei etw Rang und Namen hat; *Paris, Londres* die Crème de la Crème von etw; alles, was in etw (*dat*) Rang und Namen hat

IV. *m* **1.** (*totalité*) Ganze(s) *nt*

2. (*ensemble*) ■ **le** ~ das Ganze

▶ **pour couronner le** ~ zur Krönung des Ganzen; **le** ~, **[c']est de faire qc/ [c']est que** + *subj* die Hauptsache [*o* das Wichtigste] ist, etw zu tun/dass; es kommt darauf an, etw zu tun/dass; **c'est pas le** ~ **[de faire qc]** *fam* darauf kommt's nicht an *fam,* es kommt nicht darauf an, etw zu tun *fam;* ***c'est pas le ~ de rigoler*** man kann nicht immer nur spaßen; **du** ~ **au** ~ vollkommen, ganz [und gar]; **[pas] du** ~! [ganz und] gar nicht!, keineswegs *geh*!; **pas/plus du** ~ ... + *vb fumer, danser, etc* überhaupt nicht/überhaupt nicht mehr ... + *vb;* **pas/plus du** ~ ... + *adj,* **pas/plus** + *adj* **du** ~ *cher, bon, difficile etc* überhaupt nicht [*o* kein bisschen]/ganz und gar nicht mehr ... + *adj;* **pas/plus du** ~ **de** + *subst* überhaupt [*o* gar] kein/keine/keinen ... + *subst/*überhaupt [*o* gar] kein/keine/keinen ... + *subst* mehr; ***elle n'avait pas du ~ de pain*** sie hatte überhaupt [*o* gar] kein Brot [im Haus]; ***je n'achète plus du ~ de cigarettes*** ich kaufe überhaupt [*o* gar] keine Zigaretten mehr; **qn joue [*o* risque] [*o* tente] le** ~ **pour le** ~ jd setzt alles auf eine Karte, jd geht aufs Ganze; **rien du** ~ überhaupt [*o* gar] nichts

tout-à-l'égout [tutalegu] *m* ∅ Abwasseranschluss *m;* ***qn n'a pas le ~-~-~*** jd ist nicht an die Kanalisation angeschlossen

toutefois [tutfwa] *adv* jedoch, indessen

toute-puissance [tutpɥisɑ̃s] *f* ∅ Allmacht *f;* ***qn exerce sa ~-~ [sur qn]*** jd übt grenzenlose Macht [über jdn] aus

tout-fou <~-~s> [tufu] **I.** *adj* total verrückt

II. *m fam* Spinner *m;* ***qn fait le ~-~*** jd spielt verrückt

toutou [tutu] *m enfantin* (*chien*) Wauwau *m*

▶ **qn obéit à/suit qn comme un** ~ *fam* jd gehorcht/folgt jdm wie ein Hündchen

tout-petit <~-~s> [tup(ə)ti] *m* Kleinkind *nt*

tout-puissant, toute-puissante <~-~s> [tupɥisɑ̃, tutpɥisɑ̃t] **I.** *adj* allmächtig

II. *m, f* **1.** (*souverain absolu*) allmächtiger Herrscher/allmächtige Herrscherin

2. REL ■ **le T~-P~** der Allmächtige

tout-terrain <~-~s> [tuteʀɛ̃] **I.** *adj* Gelände-; ***vélo ~-~*** Mountainbike ['mauntɪnbaik] *nt*

II. *m* (*camion*) Geländefahrzeug *nt*

III. *f* Geländewagen *m,* Jeep® [dʒi:p] *m*

tout-venant [tuv(ə)nɑ̃] *m inv* **1.** TECH Rohgut *nt;* (*charbon*) Förderkohle *f,* Fördergut *nt*

2. ■ **le** ~-~ (*gens banals*) jeder x-Beliebige; (*choses courantes*) nichts Besonderes; ***ne prends pas du ~-~*** nimm nicht irgendetwas; ***qc est fréquenté(e) par le ~-~*** etw wird von der breiten Masse besucht

toux [tu] *f* Husten *m;* ~ ***grasse/sèche/nerveuse*** lockerer/trockener/nervöser Husten

toxicité [tɔksisite] *f* Giftigkeit *f,* Toxizität *f spec;* ***absence de*** ~ Ungiftigkeit; ***qc est doté(e) d'une haute*** ~ etw ist hochgiftig

toxicologie [tɔksikɔlɔʒi] *f* Toxikologie *f*

toxicologique [tɔksikɔlɔʒik] *adj* MED, SCI *expertise, recherche* toxikologisch; ***des accidents ~s*** Vergiftungen *pl*

toxicologue [tɔksikɔlɔg] *mf* Toxikologe/-login *m/f*

toxicomane [tɔksikɔman] *mf* [Drogen]süchtige(r) *f(m),* Rauschgiftsüchtige(r) *f(m)*

toxicomanie [tɔksikɔmani] *f* [Drogen]sucht *f;* ***les milieux de la*** ~ die Drogenszene

toxine [tɔksin] *f* Toxin *nt*

toxique [tɔksik] *adj* giftig, toxisch *spec; effets, gaz a.* Gift-; ***pouvoir*** ~ Giftwirkung *f,* Giftigkeit *f,* Toxizität *f spec;* ***substance*** ~ giftige [*o* toxische *spec*] Substanz, Giftstoff *m*

toxoplasmose [tɔksoplasmoz] *f* Toxoplasmose *f*

T.P. [tepe] *mpl abr de* **travaux pratiques, travaux publics**

trac [tʀak] *m fam* Lampenfieber *nt*

▶ **qn a le** ~ jd hat Lampenfieber [*o* Manschetten *fam*]; **qn/qc donne [*o* fiche *fam*] [*o* fout *fam*] le** ~ **à qn** jd/etw macht jdm Angst

traçage [tʀasaʒ] *m* [*galerie*] Vortrieb *m;* (*action*) Vortreiben *nt;* [*mine*] Aufschluss *m;* [*pièce*] Anriss *m;* (*action*) Anreißen *nt;* [*terrain*] Markierung *f;* ***qn fait le ~ d'un terrain*** jd markiert ein Gelände

traçant, e [tʀasɑ̃, ɑ̃t] *adj* **1.** *racine* flach

2. *balle, obus* Leuchtspur-

tracas [tʀaka] *m* Sorgen *pl;* ***qn se fait du*** ~ jd macht sich (*dat*) Sorgen; ***qc vaut [o procure] des ~ à qn*** etw macht jdm Sorgen

▶ **qn se donne bien du** ~ jd macht sich (*dat*) viel Mühe

tracasser <1> [tʀakase] **I.** *vt* ■ **qn/qc tracasse qn** jd/etw bereitet jdm Kummer [*o* Sorgen *pl*]; */administration/* jd schikaniert jdn

II. *vpr* ■ **qn se tracasse [pour qn/qc]** jd macht sich (*dat*) Sorgen [um jdn/etw [*o* wegen jdm/etw *fam*]]

tracasserie [tʀakasʀi] *f gén pl* Scherereien *pl fam;* ***les ~s de l'administration*** der Amtsschimmel; ***qn fait mille ~s à qn*** jd legt jdm tausend Steine in den Weg

tracassier, -ière [tʀakasje, -jɛʀ] *adj* lästig; *administration, bureaucratie* schikanös; ■ **qn est** ~ jd schikaniert gerne andere

trace [tʀas] *f* **1.** (*empreinte*) Spur *f;* [*animal a.*] Fährte *f;* ■ ~ **de** *de pas, pneu, roue* -spur

2. (*marque laissée*) Spur *f;* (*cicatrice a.*) Narbe *f;* ■ ~ **de** *de freinage, poudre, sang* -spur; *de brûlure* -mal *nt,* -narbe; **~s de fatigue** Zeichen *pl* von Müdigkeit

3. (*indice*) Hinweis *m;* ■ **~s de qc** Hinweise *pl* auf etw (*akk*)

4. (*voie tracée*) Pfad *m;* SKI Spur *f;* ***qn fait la*** ~ jd legt die Spur

5. *gén pl* (*vestiges*) Spuren *pl*

6. (*quantité minime*) ■ **~s de qc** Spuren *pl* von etw

▶ **qc laisse des ~s [sur qn/qc]** etw hinterlässt Spuren, etw geht nicht spurlos an jdm vorbei; */discours/* etw hinterlässt [bei jdm] einen bleibenden Eindruck; *sur le visage* etw hinterlässt Spuren auf etw (*dat*); *sur la nature* etw hinterlässt Spuren in etw (*dat*); **qn marche sur [*o* suit] les ~s de qn** jd tritt in jds Fußstapfen (*akk*); **qn suit qn à la** ~ jd heftet sich an jds Fersen (*akk*), jd folgt jdm auf den Fersen; **qn suit un animal à la** ~ jd verfolgt die Spuren [*o* die Fährte] eines Tieres; **on peut te suivre à la** ~ du hinterlässt überall Spuren; **sans laisser de ~s** ohne Spuren zu hinterlassen; *disparaître* spurlos; **[qn est] sur la** ~ **[*o* les ~s] de qn/qc** [jd ist] jdm/etw auf der Spur; ***qc met qn sur la ~ de qn*** etw bringt jdn auf jds Spur (*akk*)

tracé [tʀase] *m* **1.** (*parcours*) [*fleuve, frontière, route*] Verlauf *m*

2. (*plan, dessin*) [*réseau routier/ferroviaire*] Streckenführung *f;* [*bâtiment, installations*] Grundriss *m,* Plan *m;* [*dessin, motif*] Umriss *m;* [*épure*] Riss *m*

3. (*graphisme*) [*écriture, lettres*] Linienführung *f,* Duktus *m geh*

tracer <2> [tʀase] **I.** *vt* **1.** (*dessiner*) ■ **qn trace qc** jd zeichnet etw; *chiffre, mot* jd schreibt etw; *graffitis* jd malt/sprüht etw

2. (*frayer*) ■ **qn trace qc [quelque part]** *piste* jd legt etw [irgendwo] an; *route a.* jd trassiert etw [irgendwo] *spec*

3. (*dicter*) ■ **qn trace qc à qn** *conduite, voie* jd schreibt jdm etw vor

4. (*décrire*) ■ **qn trace qc** jd skizziert etw; ***qn trace le portrait de qn*** jd beschreibt jdn

▶ **qn trace la voie à qn** jd ebnet jdm den Weg; **[qc est] tout(e) tracé(e)** [etw ist] vorgegeben; ***qn/qc est le modèle tout tracé*** jd/etw ist das ideale Vorbild

II. *vi fam* (*foncer*) ■ **qn/qc trace** jd/etw düst *fam,* jd pest *fam*

traceur, -euse [tʀasœʀ, -øz] **I.** *adj* SCI Indikator-, Markierungs-

II. *m* CHIM, MED, RADIO Indikator *m,* Tracer ['treɪsɐ] *m spec;* INFORM Plotter *m*

III. *m, f* CONSTR Geometer *m;* TECH Anreißer(in) *m(f);* TEXTIL Schnittaufzeichner(in) *m(f);* SPORT *jemand, der die Pisten steckt oder ausflaggt;* ***il faut d'abord que le ~ soit passé sur le terrain/la piste*** zuerst muss das Spielfeld/die Piste beflaggt [*o* gesteckt] werden

trachée [tʀaʃe] *f* **1.** ANAT Luftröhre *f*

2. ZOOL Trachee *f*

trachée-artère <~s-~s> [tʀaʃeaʀtɛʀ] *f* Luftröhre *f*

trachéite [tʀakeit] *f* Luftröhrenentzündung *f,* Tracheitis *f spec*

trachéotomie [tʀakeɔtɔmi] *f* Luftröhrenschnitt *m,* Tracheotomie *f spec*

trackball [tʀakbal] *m* Trackball ['trækbɔ:l] *m*

tract [tʀakt] *m* Flugblatt *nt;* ~ ***religieux*** Traktat *nt;* ~ ***publicitaire*** Werbeprospekt *m*

tractable [tʀaktabl] *adj* Zug-; ***poids/charge*** ~ Zugleistung *f* [*o* Zugvermögen *nt*]/Anhängerlast *f*

tractation [tʀaktasjɔ̃] *f gén pl* [geheime] Absprache, Mauschelei *f pej*

tracter <1> [tʀakte] *vt* ■ **qc tracte qn/qc** etw schleppt jdn/etw; *caravane* etw zieht etw; ***artillerie tractée/canons tractés*** Geschütze *pl/*Kanonen *pl* auf Lafette

tracteur, -trice [tʀaktœʀ, -tʀis] **I.** *adj* Zug-; ***véhicule*** ~ Zugmaschine *f*

II. *m* AUT [Sattel]schlepper *m;* AGR Traktor *m*

traction [tʀaksjɔ̃] *f* **1.** TECH Zugkraft *f,* Traktion *f;* ***résistance à la*** ~ Zugfestigkeit *f*

2. SPORT (*à la barre, aux anneaux*) Klimmzug *m;* (*au sol*) Liegestütz *m*

3. CHEMDFER Antrieb *m,* Traktion *f spec*

4. AGR: ~ ***mécanique/animale*** Verwendung *f* von Zugmaschinen/Zugtieren

5. AUT Antrieb *m;* ~ ***avant/arrière*** Vorder-/Hinterradantrieb; ***c'est une ~ avant/arrière*** das Auto hat Vorder-/Hinterradantrieb

tradition [tʀadisjɔ̃] *f* **1.** (*coutume*) Tradition *f,* Brauch *m;* ***qc est une ~ dans la famille*** etw ist Tradition [*o* Brauch] in der Familie, etw ist eine Familientradition; ***fidèle à la*** ~ traditionsgemäß; ***l'équipe est restée fidèle à sa ~ d'équipe offensive*** die Mannschaft ist ihrem Ruf einer offensiven Mannschaft treu geblieben

2. ∅ (*ensemble des coutumes transmises*) Tradition *f,* Überlieferung *f;* ~ ***orale*** mündliche Überlieferung; ■ **la T~** REL die Tradition

3. JUR Übergabe *f,* Übertragung *f*

▶ **il est de** ~ **de faire qc/que** + *subj* es ist Tradition [*o* Brauch], etw zu tun/dass; **dans la [grande]** ~ **[de qn/qc]** nach alter Tradition, nach alter Väter Sitte, wie es [bei jdm/etw] Tradition ist; ***dans la grande ~ des sixties*** ganz im Stil der sechziger Jahre; **de** ~ traditionell; ***qc est de*** ~ etw ist Tradition [*o* Brauch]; **par** ~ aus Tradition

traditionalisme [tʀadisjɔnalism] *m* Traditionalismus *m*

traditionaliste [tʀadisjɔnalist] **I.** *adj* traditionalistisch

II. *mf* Traditionalist(in) *m(f)*

traditionnel, le [tʀadisjɔnɛl] *adj* **1.** (*conforme à la tradition*) traditionell; *idée a.* [alt]hergebracht, herkömmlich

2. (*habituel*) üblich; ***qc reste ~(le)*** etw bleibt im Rahmen des Üblichen

traditionnellement [tʀadisjɔnɛlmɑ̃] *adv* **1.** (*selon la tradition*) traditionsgemäß, nach alter Tradition

2. (*habituellement*) üblicherweise

3. (*comme toujours*) wie üblich

traducteur, -trice [tʀadyktœʀ, -tʀis] **I.** *m, f* Übersetzer(in) *m(f);* ~ ***in-***

terprète Übersetzer und Dolmetscher
II. *m* INFORM Konverter *m*, Umsetzer *m*
◆ **traducteur de poche** Sprachcomputer [-kɔmpjuːtɐ] *m*

traduction [tʀadyksjɔ̃] *f* **1.** (*passage dans une autre langue*) Übersetzung *f*; ~ ***assistée par ordinateur*** computergestützte Übersetzung [kɔmˈpjuːtɐ-]; ~ ***libre*** freie Übersetzung; ~ ***simultanée*** Simultanübersetzung; ~ ***mot à mot*** [wort]wörtliche Übersetzung; ***en ~ française*** in französischer Übersetzung; ~ ***en allemand/français*** Übersetzung ins Deutsche/Französische
2. (*texte traduit*) Übersetzung *f*; ***une ~ de Goethe*** eine Goethe-Übersetzung
3. (*expression*) ■ **[qc est] la ~ de qc** *d'un sentiment* [etw ist] der Ausdruck einer S. (*gen*); *d'une intention, des pensées a.* [etw ist] die Wiedergabe einer S. (*gen*), etw gibt etw wieder

traduire <irr> [tʀadɥiʀ] I. *vt* **1.** (*rendre dans une autre langue*) ■ **qn traduit qn/qc [de qc] [en qc]** jd übersetzt jdn/etw [von [*o* aus] etw] [in etw (*akk*)]; ***qn traduit un texte du chinois en français*** jd übersetzt einen Text vom [*o* aus dem] Chinesischen ins Französische
2. (*exprimer*) ■ **qn/qc traduit qc** etw ist der Ausdruck einer S. (*gen*); *pensée, sentiment* jd/etw bringt etw zum Ausdruck, jd/etw drückt etw aus
3. JUR ■ **qn traduit qn quelque part**: ***qn traduit qn en justice*** [*o* ***devant les tribunaux***] jd stellt jdn vor Gericht
II. *vpr* **1.** (*être traduisible*) ■ **qc se traduit [en qc]** etw lässt sich [in etw (*akk*)] übersetzen
2. (*s'exprimer*) ■ **qc se traduit par qc** /*sentiment*/ etw drückt sich in etw (*dat*) aus, etw kommt in etw (*dat*) zum Ausdruck; /*mesures*/ etw wirkt sich in etw (*dat*) aus; ***ces recommandations doivent se ~ par des mesures concrètes*** diese Empfehlungen müssen in konkrete Maßnahmen umgesetzt werden

traduisible [tʀadɥizibl] *adj* übersetzbar; *doctrine* umsetzbar

trafic [tʀafik] *m* **1.** (*circulation*) Verkehr *m*; ~ ***aérien/maritime/ferroviaire*** Luft-/Schiffs-/Eisenbahnverkehr [*o* Schienenverkehr]; ~ ***[des] voyageurs/[de] marchandises*** Reise-/Warenverkehr [*o* Güterverkehr]
2. *péj* (*commerce clandestin*) Schleichhandel *m*, Schwarzhandel *m*; (*trafic de drogues*) Drogenhandel *m*, Rauschgifthandel *m*; ■ **~ de** Handel *m* mit, -handel; *d'armes a., de devises* -schmuggel *m*
3. *fam* (*activité suspecte*) Machenschaften *pl*; ***je ne sais pas à quels ~s ils se sont livrés*** ich weiß nicht, was sie getrieben haben; ***qu'est-ce que c'est que tout ce ~?*** was geht hier vor?
◆ **trafic d'influence** [passive] Bestechung, Vorteilsnahme *f*

traficoter <1> [tʀafikɔte] I. *vt fam* **1.** (*falsifier*) ■ **qn traficote qc** jd manipuliert etw, jd frisiert etw *fam*; *produit* jd verfälscht etw
2. (*bricoler*) ■ **qn traficote qc** jd hantiert an etw (*dat*) herum; *appareil, robinet* jd bastelt an etw (*dat*) herum
3. (*manigancer*) jd heckt etw aus *fam*
II. *vi fam* ■ **qn traficote avec qn/dans qc** jd macht mit jdm krumme Geschäfte/hat seine Finger in etw (*dat*) *fam*

trafiquant, e [tʀafikɑ̃, ɑ̃t] *m, f* Schieber(in) *m(f)*, Schwarzhändler(in) *m(f)*; (*de drogue*) Dealer(in) *m(f)* [ˈdiːlɐ]; ■ **~ de** -schieber(in); ~ ***de drogue*** Rauschgifthändler(in) *m(f)*, Dealer(in)

trafiquer <1> [tʀafike] *vt fam* **1.** (*falsifier*) ■ **qn trafique qc** *comptes, moteur* jd frisiert etw *fam*; *produit* jd verfälscht etw
2. (*bricoler*) jd bastelt an etw (*dat*) herum *fam*
3. (*manigancer*) ■ **qn trafique qc [quelque part]** jd treibt etw [irgendwo]; ***qu'est-ce que tu trafiques encore?*** was treibst du denn da schon wieder?

tragédie [tʀaʒedi] *f* **1.** (*catastrophe*) Tragödie *f*; ***qc finit en ~*** etw endet tragisch
2. THEAT Tragödie *f*

tragédien, ne [tʀaʒedjɛ̃, jɛn] *m, f* Tragöde/Tragödin *m/f*, Tragödiendarsteller(in) *m(f)*

tragicomédie [tʀaʒikɔmedi] *f* **1.** (*événement mi-tragique, mi-comique*) Tragikomödie *f*
2. THEAT Tragikomödie *f*

tragicomique [tʀaʒikɔmik] *adj* **1.** (*mi-tragique, mi-comique*) tragikomisch
2. THEAT tragikomisch

tragique [tʀaʒik] I. *adj* **1.** (*terrible*) tragisch; ***ce n'est pas ~*** das ist doch keine Tragödie [*o* nicht weiter tragisch]
2. THEAT tragisch
II. *m* **1.** (*écrivain*) Tragödiendichter(in) *m(f)*, tragischer Dichter/tragische Dichterin, Tragiker(in) *m(f)* *veraltet*
2. ∅ (*genre littéraire*) ■ **le ~** das Tragische, die Tragödie
3. ∅ (*gravité*) ■ **le ~ de qc** die Tragik einer S. (*gen*)
▸ **qn prend qc au ~** jd nimmt etw tragisch; **qc tourne au ~** etw endet tragisch

tragiquement [tʀaʒikmɑ̃] *adv* tragisch; *mourir* auf tragische [Art und] Weise; ***qc évolue ~*** etw entwickelt sich [*o* wird] zur Tragödie

trahir <8> [tʀaiʀ] I. *vt* **1.** (*tromper*) ■ **qn/qc trahit qn/qc** jd verrät jdn/etw; *ami a.* jd lässt jdn im Stich; *confiance* jd missbraucht etw; *intérêts* jd/etw schadet einer S. (*dat*); *espoir* jd/etw enttäuscht etw; ***j'ai été trahi par ma première impression*** mein erster [*o* der erste] Eindruck hat [mich] getäuscht
2. (*révéler*) ■ **qc trahit qn/qc** etw verrät jdn/etw, etw lässt etw erkennen; ***ses regards trahissaient l'inquiétude*** seine/ihre Blicke verrieten Unruhe
3. (*dénaturer*) ■ **qn/qc trahit qn/qc** *auteur, pièce* jd/etw verfälscht jdn/etw; *pensée, intentions* etw wird einer S. (*dat*) nicht gerecht; ***ton interprétation trahit le poète*** du interpretierst den Dichter falsch
4. (*lâcher*) ■ **qc trahit qn** /*forces*/ etw lässt jdn im Stich, etw versagt; /*sens*/ etw täuscht jdn; ***ses nerfs l'ont trahi*** seine Nerven haben versagt [*o* haben ihn im Stich gelassen]; ***tes sens t'ont trahi*** du hast dich getäuscht; (*mal apprécier a.*) du hast dich verschätzt; (*mal entendre a.*) du hast dich verhört
II. *vi* ■ **qn trahit** jd begeht Verrat
III. *vpr* ■ **qn se trahit** jd verrät sich; ■ **qc se trahit [par qc]** *soutenu* etw verrät sich [durch etw]; ***ma peur commençait à se ~*** meine Angst ließ sich nicht länger verbergen

trahison [tʀaizɔ̃] *f* **1.** (*traîtrise*) Verrat *m kein pl*; [*ami a.*] Untreue *f*; JUR, MIL Verrat; ~ ***de la patrie*** Vaterlandsverrat
2. (*falsification*) [*œuvre*] Verfälschung *f*, Verrat *m* am Original; ***qc est une ~*** etw verfälscht das Original, etw stellt einen Verrat am Original dar
▸ **haute ~** Hochverrat *m*

train [tʀɛ̃] *m* **1.** CHEMDFER Zug *m*; (*moyen de transport a.*) [Eisen]bahn *f*; ~ ***postal/spécial/supplémentaire*** Postzug/Sonderzug/zusätzlicher Zug; ~ ***électrique/à vapeur*** elektrische Eisenbahn/Dampfeisenbahn; ***le ~ [en direction/venant] de Lyon*** der Zug nach/aus Lyon; ***le ~ de 6 heures/de 6 heures 11*** der 6-Uhr-Zug/der Zug um 6 Uhr 11; ■ **~ de** -zug; ~ ***de voyageurs/de marchandises*** Personen-/Güterzug
2. (*allure*) Tempo *nt*; ***qn ralentit/accélère le ~*** jd verringert [*o* verlangsamt]/beschleunigt das Tempo [*o* legt Tempo zu]; ***qn n'arrive pas à suivre le ~*** jd kommt nicht [mehr] hinterher [*o* mit *fam*]
3. (*file*) [*personnes*] Tross *m*; ■ **~ de** *de chevaux, mulets a.* -karawane *f*; ~ ***de bois*** Drift *f*, Floß *nt*; ~ ***de péniches*** Schleppzug *m*
4. MIL Versorgungs- und Transportwesen *nt*
5. (*jeu*) ■ **~ de ...** Satz *m* ...; ~ ***de roues/pneus*** Rad-/Reifensatz, Satz Räder/Reifen
6. ADMIN (*série*) ■ **~ de** *de textes, négociations* Reihe *f* von; ***un ~ de réformes*** ein Reformpaket *nt*; ***un ~ d'expulsions/de licenciements*** eine Ausweisungs-/Entlassungswelle
7. (*partie d'un quadrupède*) ■ **~ de**: ~ ***de derrière/devant*** Hinter-/Vorderteil *nt*; [*cheval a.*] Hinter-/Vor[der]hand *f*
8. AUT: ~ ***avant/arrière*** Vorder-/Hinterachse *f*
▸ ~ **autos-couchettes** [*o* **autocouchettes**] Autoreisezug *m*; **qn monte dans [*o* prend] le ~ en marche** jd schließt sich noch an; **qn/qc va [*o* file] bon ~** (*à vive allure*) jd geht zügig [*o* flott] voran/etw geht flott voran; /*conversation*/ etw ist lebhaft; ***qn mène ses affaires bon ~*** jd führt seine Geschäfte energisch; ~ **express** Eilzug *m*; ~ **fantôme** Geisterbahn *f*; **qn mène grand ~** jd lebt in Saus und Braus [*o* auf großem Fuß *fam*]; ~ **omnibus** Nahverkehrszug *m*; ~ **rapide** Schnellzug *m*; ~ **sanitaire** Lazarettzug *m*; **qn botte le ~ à qn** *fam* jd tritt jdn in den Hintern *fam*; **un ~ peut en cacher un autre** der erste Eindruck kann täuschen; **qn/qc est en ~ de faire qc** jd/etw tut gerade etw; jd/etw ist [gerade] dabei, etw zu tun; ***ne le dérange pas quand il est en ~ de travailler*** stör ihn nicht beim Arbeiten; ***elle est toujours en ~ de donner des conseils aux autres*** sie kann es nicht lassen, anderen ständig gute Ratschläge zu geben; **qn/qc file le ~ à qn** *fam* jd/etw verfolgt jdn; (*à pied a.*) jd läuft hinter jdm her; **qn se magne le ~** *fam* jd legt einen Zahn zu *fam*, jd beeilt sich; **qn mène le ~** jd macht Stimmung; SPORT jd macht das Tempo; **qn prend le ~** jd fährt mit dem Zug [*o* der Bahn]; **qn prend le ~ de qc** jd schließt sich einer S. (*dat*) an; **qn va [*o* suit] son [petit] ~** jd arbeitet so vor sich hin *fam*, jd macht seine Arbeit; ***laisse-le aller son ~*** bring ihn nicht draus *fam*; **qc va [*o* suit] son [petit] ~** etw geht seinen Gang; **au ~ où qn/qc va** wenn jd in dem Tempo weitermacht/wenn es mit etw in dem Tempo weitergeht; ***au ~ où vont les choses*** wenn es in dem Tempo weitergeht; ***au ~ où il allait, j'étais sûr qu'il n'aurait pas fini à temps*** bei seinem Tempo [*o* bei dem Tempo, das er vorlegte] war ich sicher, dass er nicht rechtzeitig fertig werden würde; **à un certain ~** in einem gewissen Tempo; ***à un ~ lent/rapide*** langsam/schnell; ***j'y vais à mon ~*** ich mache das in meinem Tempo; ***à ce ~[-là]*** bei diesem [*o* dem] Tempo; **en ~**: ***qn est/se sent en ~*** jd ist/fühlt sich fit [*o* in Form]; ***qc est en ~*** etw ist im Werden; ***qc met qn en ~*** (*moralement*) etw möbelt jdn auf; (*physiquement a.*) etw bringt jdn in Form, etw macht jdn fit; ***qn met qn en ~*** jd bringt jdn in Stimmung, jd zieht jdn mit; ***qn met qc en ~*** *affaire* jd bringt etw in Gang; *tâche* jd nimmt etw in Angriff; *mesure* jd ergreift etw; ***l'affaire est en ~*** die Sache läuft [*o* ist in Gang]; **entre deux ~s** auf einen Sprung; ***qn va/vient voir qn entre deux ~s*** jd schaut/kommt auf einen Sprung bei jdm vorbei
◆ **train à grande vitesse** Hochgeschwindigkeitszug *m*; **train d'atterrissage** Fahrwerk *nt*; **train de laminoirs** Walzstraße *f*; **train de maison** Haushalt *m*; **train de neige** Skiexpress *m*; **train d'enfer** Höllentempo *nt*; ***à un ~ d'enfer*** in einem Höllentempo; **train de roulement** Fahrwerk *nt*; **train de sénateur** Schneckentempo *nt*; ***avec ce/à un ~ de sénateur*** bei diesem/im Schneckentempo; **train de vie** Lebensstil *m*, Lebensstandard *m*

traînailler <1> [tʀɛnɑje] *vi fam* ■ **qn traînaille** **1.** (*lambiner*) jd trödelt [herum] *fam*
2. (*être inoccupé*) jd lungert herum *fam*

traînant, e [tʀɛnɑ̃, ɑ̃t] *adj* **1.** (*lent*) schleppend; *démarche a.* schlurfend
2. (*qui traîne à terre*) *robe* mit Schleppe; *aile* hängend

traînard, e [tʀɛnaʀ, aʀd] *m, f fam* **1.** (*lambin*) Bummelant(in) *m(f) fam*, Trödelfritze/-liese *m/f fam*
2. (*en queue d'un groupe*) Nachzügler(in) *m(f)*

traînasser <1> [tʀɛnase] *vi fam v.* **traînailler**

traîne [tʀɛn] *f* **1.** COUT Schleppe *f*; ***robe à ~*** Kleid *nt* mit Schleppe
2. METEO Trog *m*
▸ **à la ~** PECHE mit dem Schleppnetz; *fam* (*en retard*) zu spät; ***qn est à la ~*** jd ist zu spät dran

traîneau <x> [tʀɛno] *m* **1.** Schlitten *m*; ***qn va en ~*** jd fährt mit dem Schlitten
2. Schlitten-; ***promenade en ~*** Schlittenfahrt *f*

traînée [tʀene] *f* **1.** (*trace*) Spur *f*; [*étoile filante*] Schweif *m*; ***une ~ lumineuse*** eine Lichtspur; ■ **~ de** *de sang* -spur; *de brouillard, condensation* -streifen *m*; *de poussière* -wolke *f*; ***des ~s d'humidité*** Spuren *pl* von Feuch-

tigkeit
2. *fam* (*femme de mauvaise vie*) Schlampe *f;* (*putain*) Nutte *f*
▸ **comme une ~ de poudre** wie ein Lauffeuer
traînement [tʀɛnmɑ̃] *m* Nachziehen *nt,* Nachschleppen *nt;* ***un ~ de pieds*** ein Schlurfen *nt*
traîne-misère [tʀɛnmizɛʀ] *mf inv* armer Teufel [*o* Schlucker] *fam*
traîner <1> [tʀene] **I.** *vt* **1.** (*tirer*) ■ **qn/un animal/qc traîne qn/qc [quelque part]** jd/ein Tier/etw zieht jdn/etw [irgendwohin]; */véhicule a./* etw schleppt etw [irgendwohin]; *meuble a.* jd schiebt etw [irgendwohin]; ***qn traîne qc sur le sol*** jd schleift etw über den Boden; ***qn traîne la jambe*** jd zieht das Bein nach; ***ne traîne pas les pieds!*** schlurf nicht!
2. (*emmener de force*) ■ **qn traîne qn quelque part** jd schleppt jdn irgendwohin
3. (*être encombré de*) ■ **qn traîne qn/qc [quelque part]** jd schleppt [*o* schleift *fam*] jdn/etw [irgendwohin] mit; ■ **qn traîne qn/qc avec soi** jd schleppt [*o* schleift *fam*] jdn/etw mit sich (*dat*) herum; ***je traîne un sacré rhume*** ich schleppe einen wahnsinnigen Schnupfen mit mir herum
4. (*opp: se débarrasser de*) ■ **qn traîne qc** jd kann sich nicht von etw trennen; *conception, idée a.* jd hält an etw (*dat*) fest
5. (*articuler lentement*): ***qn traîne la voix*** jd spricht schleppend [*o* gedehnt]
II. *vi* **1.** (*lambiner*) ■ **qn traîne** jd trödelt, jd bummelt *fam;* ***qn traîne à l'arrière du groupe*** jd zuckelt hinter der Gruppe her *fam,* jd bleibt hinter der Gruppe zurück; ■ **qn traîne à faire qc** jd hat keine Eile etw zu tun; ■ **qn ne traîne pas à faire qc** jd tut etw so schnell wie möglich; ***il n'a pas traîné à répondre*** seine Antwort hat nicht auf sich warten lassen; ■ **qc traîne** */discussion, maladie, procès/* etw zieht sich [hin]; ***qc traîne en longueur*** etw zieht sich in die Länge; ■ **qn fait ~ qc** jd zieht etw hin; *dossier, projet* jd verzögert etw
2. (*vadrouiller*) ■ **qn traîne [quelque part]** jd hängt [*o* lungert] [irgendwo] herum *fam; dans les cafés, la rue a.* jd treibt sich [irgendwo] herum; ■ **qc traîne [quelque part]** */microbe/* etw schwirrt [irgendwo] herum; ***des idées qui traînent partout*** Ideen, denen man überall begegnet
3. (*être en désordre*) ■ **qc traîne [quelque part]** etw liegt [irgendwo] herum; ***qn laisse tout ~*** jd lässt alles herumliegen
4. (*pendre à terre*) ■ **qc traîne quelque part** etw schleift irgendwo
5. (*végéter*) ■ **qn traîne [quelque part]** jd vegetiert [irgendwo] vor sich hin
6. (*être lent*) ■ **qc traîne:** ***sa voix traîne*** er/sie spricht mit schleppender Stimme; ***elle a l'accent qui traîne*** sie hat einen schleppenden Akzent
▸ **qc n'a pas traîné** etw hat nicht lange auf sich warten lassen; ***ça n'a pas traîné*** das ging ruck, zuck! *fam*
III. *vpr* **1.** (*se déplacer difficilement*) ■ **qn/un animal se traîne** jd/ein Tier schleppt sich dahin; ***c'est tout juste si je peux encore me ~*** ich kann kaum noch krauchen *fam;* ■ **qn/un animal se traîne quelque part** jd/ein Tier schleppt sich irgendwohin; (*à terre a.*) jd/ein Tier kriecht irgendwohin; ■ **qc se traîne [quelque part]** */véhicule/* etw kriecht dahin, etw arbeitet sich mühsam irgendwohin
2. (*se forcer*) ■ **qn se traîne pour faire qc** jd muss sich richtig aufraffen [*o* überwinden] etw zu tun
3. (*s'éterniser*) ■ **qc se traîne** etw schleppt sich [da]hin, etw zieht sich
traîne-savates [tʀɛnsavat] *mf inv fam* **1.** (*personne indigente*) Penner(in) *m(f) fam*
2. (*personne oisive*) Faulenzer(in) *m(f)*
train-ferry <~-~s o ~-ferries> [tʀɛ̃feʀi] *m* Eisenbahnfähre *f*
training [tʀeniŋ] *m* **1.** (*entraînement*) [Fitness]training [-tʀɛːnɪŋ] *nt*
2. (*chaussures*) Sportschuh *m,* Turnschuh *m*
3. (*survêtement*) Jogginganzug [ˈdʒɔgɪŋ-] *m,* Trainingsanzug *m*
train-train [tʀɛ̃tʀɛ̃] *m ∅ fam* Einerlei *nt,* [Alltags]trott *m;* ***qn reprend son ~-~ quotidien*** jd kehrt in den Alltagstrott zurück
traire <*irr, déf*> [tʀɛʀ] *vt* ■ **qn trait un animal** jd melkt ein Tier; ***machine à ~*** Melkmaschine *f*
trait [tʀɛ] *m* **1.** (*élément caractéristique*) [Grund]zug *m; distinctif, dominant, essentiel a.* Merkmal *nt;* [*époque, individu a.*] Charakterzug; ***~ de caractère*** Charakterzug; ***des ~s de ressemblance*** Ähnlichkeiten *pl*
2. (*ligne*) Strich *m;* ***qn tire un ~ à la fin de qc*** jd zieht einen Strich unter etw (*akk*)
3. *gén pl* (*lignes du visage*) [Gesichts]züge *pl;* ***qn a les ~s tirés/creusés*** jd sieht abgespannt aus/hat ganz eingefallene Gesichtszüge
4. (*preuve*) ■ **~ de qc** Beweis *m* einer S (*gen*); ***un ~ de générosité/perfidie*** ein großzügiger/gemeiner Zug; ***~ de courage/d'audace*** Tapferkeitsbeweis
5. *littér* (*sarcasme*) *ironique, venimeux* Bemerkung *f;* ***~ mordant*** Spitze *f;* ***les ~s de la calomnie*** die Pfeile der Verleumdung
6. (*courroie*) Zuggurt *m,* Zugriemen *m*
7. MUS Lauf *m,* Passage *f*
8. LING Merkmal *nt;* ***~ distinctif*** unterscheidendes Merkmal
▸ **d'un ~ de plume** *rédiger* in einem Zug; *rayer* mit einem Federstrich; **à grands ~s** in groben Zügen; **qn/un animal boit à longs ~s** jd/ein Tier trinkt in langen [*o* vollen] Zügen; **qc a ~ à qc** etw betrifft etw, etw hat mit etw zu tun; */film, livre/* etw handelt von etw; **qn tire un ~ [sur qc]** (*renonce*) jd gibt [etw] auf; (*met un terme*) jd zieht einen Schlussstrich [unter etw (*akk*)]; **au ~**: ***dessin au ~*** Skizze *f;* ***dessiner au ~*** skizzieren; **un animal de ~** ein Zugtier *nt;* **d'un ~** in einem Zug, auf einmal; ***qn dort d'un ~ jusqu'au lendemain*** jd schläft [die ganze Nacht] durch [ohne aufzuwachen]; **~ pour ~** ganz genau, haargenau *fam; se ressembler* aufs Haar; **sous les ~s de qn** als jd, in jds Gestalt (*dat*); ***qn dépeint qn sous d'autres ~s*** jd zeichnet ein anderes Bild von jdm; **comme un ~** wie ein Pfeil
◆ **trait de génie** Geistesblitz *m,* genialer Einfall; **trait de lumière** Lichtstreifen *m;* (*révélation*) Erleuchtung *f;* **trait de scie** Sägeschnitt *m;* **trait d'esprit** geistreiche Bemerkung; **trait d'union** LING Bindestrich *m;* (*lien*) Bindeglied *nt,* Verbindung *f*
traitable [tʀɛtabl] *adj* machbar; ***ce sujet est difficilement ~ par les élèves*** dieses Thema ist für die Schüler kaum machbar
traitant, e [tʀɛtɑ̃, ɑ̃t] *adj* pflegend; *shampoing, lotion* Pflege-; *médecin* behandelnd
traite [tʀɛt] *f* **1.** (*titre de paiement*) [gezogener] Wechsel, Tratte *f spec*
2. (*achat à crédit*) Rate *f;* ***les ~s de qc*** die Raten für etw
3. (*mulsion*) Melken *nt*
4. (*trafic*) Handel *m;* ***la ~ des noirs/blanches*** der Sklaven-/Frauenhandel [*o* Mädchenhandel]
▸ **une longue ~** *littér* ein weiter Weg, eine weite Strecke; ***qn fait*** [*o* ***parcourt***] ***une longue ~*** jd legt einen weiten Weg [*o* eine weite Strecke] zurück; **[tout] d'une [seule] ~** in einem Zug; *marcher, voyager* ohne Unterbrechung
traité [tʀete] *m* **1.** POL Vertrag *m;* ■ **~ de** Vertrag von; ***le ~ de Versailles/Maastricht*** der Versailler Vertrag/der Vertrag von Maastricht
2. (*ouvrage*) Abhandlung *f,* Werk *nt;* ■ **~ de** -handbuch *nt*
◆ **traité de non prolifération** Kernwaffensperrvertrag *m,* Nichtweiterverbreitungsvertrag *m;* **traité de paix** Friedensvertrag *m;* **traité sur l'Union européenne** Vertrag *m* über die Europäische Union
traitement [tʀɛtmɑ̃] *m* **1.** (*comportement*) Behandlung *f,* Umgang *m* (*de qc* mit etw)
2. (*façon de traiter*) [*chômage, problème, question*] Handhabung *f*
3. MED Behandlung *f*
4. TECH Behandlung *f;* [*eau a., déchets radioactifs*] [Wieder]aufbereitung *f;* [*métal, minerai a.*] Vergütung *f;* [*odeurs*] Filterung *f;* ***~ thermique*** Wärmebehandlung
5. INFORM [*information, données, texte*] Verarbeitung *f;* ***~ multitâche*** Multitasking [ˈmʌltitɑːskɪŋ] *nt*
6. FIN (*rémunération*) Gehalt *nt;* ***qn touche son ~*** jd bekommt sein Gehalt [ausbezahlt]
7. ***mauvais ~s*** Misshandlungen *pl;* **qn se soumet à un ~** jd unterzieht sich einer Behandlung; **qn suit un ~ [contre qc]** jd wird [wegen [*o* gegen] etw] behandelt; ***qn doit suivre un ~ strict*** jd muss strenge Behandlungsmaßnahmen befolgen; **[qn est] en ~ [pour qc]** [jd ist] [wegen etw] in Behandlung
◆ **traitement de faveur** Sonderbehandlung *f,* Vorzugsbehandlung *f;* **traitement de l'information** [*o* **des données**] INFORM Datenverarbeitung *f;* **traitement par lots** INFORM Stapelverarbeitung *f;* **traitement de texte** Textverarbeitung *f*
traiter <1> [tʀete] **I.** *vt* **1.** (*se comporter envers*) ■ **qn traite qn/un animal/qc d'une certaine façon** jd behandelt jdn/ein Tier/etw irgendwie; ***qn traite qn en malade*** jd behandelt jdn wie einen Kranken/eine Kranke; ***qn traite qn d'égal à égal/de haut/comme moins que rien*** jd behandelt jdn als ebenbürtig/von oben herab/wie den letzten Dreck *fam*
2. (*soigner*) ■ **qn traite qn/qc** jd behandelt jdn/etw; ■ **qn se fait ~ [pour qc]** jd lässt sich [wegen etw] behandeln, jd ist [wegen etw] in Behandlung
3. (*qualifier*) ■ **qn traite qn de qc** jd nennt [*o* heißt] jdn etw (*akk*); ***qn traite qn de fou/menteur/voleur/d'imbécile*** jd nennt [*o* heißt] jdn einen Spinner/Lügner/Dieb/Dummkopf; ■ **qn se fait ~ de qc** man nennt [*o* heißt] jdn etw (*akk*); ***tu vas te faire ~ d'idiot*** man wird dich einen Idioten nennen [*o* heißen]; ■ **une personne se fait ~ de qc par qn** jd nennt [*o* heißt] einen Menschen etw
4. (*analyser*) ■ **qn traite qc** *sujet* jd behandelt etw, jd handelt etw ab
5. (*régler*) ■ **qn traite qc** *affaire, question* jd erledigt etw; *dossier a.* jd bearbeitet etw; *marché* jd wickelt etw ab; *cause* jd befasst sich mit etw
6. TECH ■ **qn traite qc** jd behandelt etw; *déchets, eaux a.* jd bereitet etw [wieder] auf; *minerai a., pétrole* jd raffiniert etw; *cuir a.* jd veredelt etw; ***oranges non traitées*** ungespritzte Orangen; ***laine non traitée*** unbehandelte [*o* naturbelassene] Wolle
7. INFORM ■ **qn traite qc** *données, texte* jd verarbeitet etw
8. (*recevoir à table*) ■ **qn traite qn [d'une certaine façon]** jd bewirtet jdn [irgendwie]
II. *vi* **1.** (*avoir pour sujet*) ■ **qn/qc traite de qc** jd/etw befasst sich mit etw; */conférencier/* jd spricht über etw (*akk*); ***ce livre traite d'économie*** in diesem Buch geht es um Wirtschaft
2. (*négocier*) ■ **qn traite [avec qn]** jd verhandelt [mit jdm]
III. *vpr* (*être réglé*) ■ **qc se traite [d'une certaine façon]** etw wird [irgendwie] erledigt [*o* abgewickelt]; ***l'affaire s'est traitée rapidement*** die Angelegenheit konnte rasch erledigt werden
traiteur [tʀɛtœʀ] *m* Feinkostgeschäft *nt;* (*qui livre à domicile*) Partyservice [ˈpaːtisøːɐvɪs] *m*
traître, -esse [tʀɛtʀ, tʀɛtʀɛs] **I.** *adj* **1.** (*qui trahit*) ■ **qn est ~ à qn/qc** jd verrät jdn/etw
2. (*sournois*) tückisch; *escalier, virage a., soleil* gefährlich; *animal a.* hinterhältig; *paroles a.* trügerisch; ■ **qc est ~** etw ist tückisch/gefährlich; ***ce vin est ~*** dieser Wein hat es in sich (*dat*)
II. *m, f* Verräter(in) *m(f);* ■ **~(-esse) à qn/qc** Verräter(in) an jdm/etw; ***un ~ à sa patrie*** ein Vaterlandsverräter
▸ **en ~** hinterrücks, heimtückisch; ***qn prend qn en ~*** jd überrumpelt jdn hinterrücks; ***je ne t'ai pas pris en ~*** ich habe dich gewarnt; ***ne prétendez pas que je vous ai pris en ~!*** sagt nicht, ich hätte euch nicht gewarnt!
traîtreusement [tʀɛtʀøzmɑ̃] *adv* hinterlistig, hinterrücks; *agir a.* hintenherum
traîtrise [tʀetʀiz] *f* **1.** (*déloyauté*) [Heim]tücke *f,* Arglist *f*
2. (*acte perfide*) Verrat *m*
3. (*danger caché*) Tücke *f;* [*escalier, virage a., soleil*] Gefährlichkeit *f*
trajectoire [tʀaʒɛktwaʀ] *f* **1.** (*parcours*) [*véhicule*] Kurs *m;* [*projectile*] Flugbahn *f;* ASTRON [*planète*] Bahn *f;* ***la voiture a quitté sa ~*** das Auto ist vom Kurs abgekommen

2. (*carrière professionnelle*) Laufbahn *f*, Karriere *f*

trajet [tʀaʒɛ] *m* Strecke *f*, Weg *m*; [*artère, nerf*] Bahn *f*; ***ça me fait deux heures de*** ~ für die Strecke brauche ich zwei Stunden; ***qn fait*** [*o* ***parcourt***] ***un long*** ~ jd legt einen langen Weg [*o* eine lange Strecke] zurück

tralala [tʀalala] *m fam* Drum und Dran *nt fam*, Trara *nt fam*; ***surtout pas de*** ~ nur keinen Aufwand; ***avec tout le*** ~ mit allem Drum und Dran *fam*, mit allen Schikanen

▸ **en grand** ~ in Schale *fam*; ***qn se met en grand*** ~ jd wirft sich in Schale *fam*; **et tout le** ~ und das ganze Drum und Dran *fam*

tram [tʀam] *m abr de* **tramway** Straßenbahn *f*, Tram[bahn *f*] *f veraltet*

trame [tʀam] *f* 1. TEXTIL Schuss[faden *m*] *m*, Einschlagfaden *m*; ***on voit la*** ~ ***du tapis*** der Teppich ist ganz fadenscheinig [*o* hat keinen Flor mehr]

2. (*canevas*) [*récit, film, livre*] Gerüst *nt*, Rahmenhandlung *f*; ***sur cette*** ~ vor diesem Hintergrund

3. TV [Zeilen]raster *m*; PHOT, TECH Raster *nt*

▸ **[qc est] usé(e) jusqu'à la** ~ [etw ist] fadenscheinig [*o* völlig abgenutzt]; (*éculé*) abgegriffen; **qc est la** ~ **de qc** [*o* **constitue**] *d'un film, récit* etw bildet [*o* liefert] die Grundlage für etw; *de la vie* etw bestimmt etw

tramer <1> [tʀame] I. *vt* ■ **qn trame qc** 1. (*ourdir*) jd plant etw; *coup a.* jd heckt etw aus *fam*; *complot* jd schmiedet etw

2. TEXTIL jd webt etw

3. PHOT jd rastert etw

II. *vpr* ■ **qc se trame [contre qn]** / *intrigue*/ etw ist [gegen jdn] im Gang[e]; / *complot*/ etw wird [gegen jdn] geschmiedet

tramontane [tʀamɔ̃tan] *f* Tramontana *f*

trampoline [tʀɑ̃pɔlin] *m* Trampolin *nt*

tramway [tʀamwɛ] *m* Straßenbahn *f*

tranchant, e [tʀɑ̃ʃɑ̃, ɑ̃t] I. *adj* 1. (*coupant*) scharf; ***le côté*** ~/***non*** ~ ***de la lame*** die Schneide/der Rücken [*o* die scharfe/stumpfe Seite] der Klinge

2. (*péremptoire*) scharf; *ton a.* entschieden; *reproche* hart, heftig; *argument* treffend; *personne* kategorisch

3. (*trop vif*) hart, grell

II. *m* 1. (*côté coupant*) Schneide *f*; ***le*** ~ ***de la main*** die Handkante; ***qc est d'un*** ~ ***parfait*** etw ist messerscharf

2. (*caractère incisif*) [*argument*] Schlagkraft *f*; [*reproche a., ton*] Schärfe *f*

▸ **[qc est] à double** ~ [etw ist] zweischneidig; ***une arme à double*** ~ ein zweischneidiges Schwert

tranche [tʀɑ̃ʃ] *f* 1. (*portion*) Scheibe *f*; ■ **une** ~ **de**: ***une*** ~ ***de pain/jambon*** eine Scheibe Brot/Schinken; ***une*** ~ ***de saumon*** ein Lachssteak ['laksste:k, -ʃte:k] *nt*

2. (*subdivision*) [*travaux*] Abschnitt *m*; [*remboursement*] Rate *f*; [*loterie*] Ausspielung *f*; [*centrale nucléaire*] Stufe *f*, Block *m*; MATH [Zahlen]gruppe *f*; ***la première*** ~ ***des travaux de construction*** der erste Bauabschnitt

3. (*bord*) [*pièce de monnaie*] Rand *m*; [*planche a.*] Kante *f*; [*livre*] Schnitt *m*

4. (*morceau de boucherie*) *Stück Rindfleisch aus der Unterschale oder einem Teil der Blume*

▸ **doré(e) sur** ~ mit Goldschnitt; *hum personne* betucht; ***qn mène une vie dorée sur*** ~ jd ist auf Rosen gebettet; ~ **napolitaine** [Scheibe *f*] Fürst-Pückler-Eis[creme *f*] *nt*; **qn s'en paie une** ~ *fam* jd amüsiert sich prächtig, jd hat seinen Spaß; **en ~s** in Scheiben

◆ **tranche d'âge** Altersstufe *f*; **tranche de revenus** Einkommensklasse *f*; **tranche de vie**: [*qc est*] ***une*** ~ ***de vie*** [etw ist] [wie] aus dem Leben gegriffen; **tranche d'imposition** Steuerklasse *f*

tranché, e [tʀɑ̃ʃe] *adj* klar, deutlich; *ligne a., limite* scharf; *opinion, position* bestimmt, fest; ***des couleurs*** ~***es*** sich deutlich voneinander abhebende Farben

tranchée [tʀɑ̃ʃe] *f* 1. (*fossé*) Graben *m*

2. MIL [Schützen]graben *m*

3. (*coupe*) Schneise *f*

trancher <1> [tʀɑ̃ʃe] I. *vt* 1. (*couper*) ■ **qn tranche qc** (*au couteau*) jd schneidet etw durch; (*à l'épée*) jd schlägt etw durch; ■ **qn tranche qc à qn/un animal** jd schneidet jdm/einem Tier etw ab; *cou, gorge* jd schneidet jdm/einem Tier etw durch; ***qn tranche la tête à qn/un animal*** jd schlägt jdm/einem Tier den Kopf ab, jd köpft [*o* enthauptet] jdn

2. (*résoudre*) ■ **qn tranche qc** *différend, débat* jd entscheidet etw; *question* jd klärt [*o* regelt] etw; *difficulté* jd beseitigt etw, jd räumt etw aus dem Weg

II. *vi* 1. (*décider*) ■ **qn tranche** jd entscheidet, jd trifft eine Entscheidung; ***qn tranche en faveur de qn/qc*** jd entscheidet [sich] für jdn/etw, jd trifft eine Entscheidung zugunsten jds/einer S.

2. (*contraster avec*) ■ **qc tranche sur** [*o* **avec**] **qc** etw steht im Kontrast zu etw, etw bildet einen Kontrast zu etw; / *couleur a.*/ etw hebt sich von etw ab, etw kontrastiert mit etw

tranchoir [tʀɑ̃ʃwaʀ] *m* 1. (*planche*) Tranchierbrett [trã'ʃi:e-] *nt*

2. (*couteau*) Tranchiermesser *nt*

tranquille [tʀɑ̃kil] I. *adj* 1. (*calme*) ruhig; *eau, rue a.* still; *élève, enfant a.* brav

2. (*paisible*) *endroit, voisins* still, friedlich

3. (*opp: stressant*) *vacances, travail* geruhsam

4. (*en paix*) ■ **qn est** ~ jd hat seine Ruhe; ***j'ai envie d'être*** ~ ich möchte meine Ruhe haben; ■ **qn laisse qn** ~ jd lässt jdn in Ruhe; ■ **qn laisse qc** ~ *fam* jd lässt etw in Ruhe, jd lässt die Finger von etw *fam*

5. (*rassuré*): [*qn a*] ***l'esprit*** ~ [jd ist] beruhigt; ■ **[qn est]** ~ [jd ist] beruhigt [*o* unbesorgt]; ***qn peut dormir/partir*** ~ jd kann unbesorgt [*o* getrost] schlafen/gehen

6. (*assuré*) *conviction, force* still; *courage* fest

7. *iron fam* (*certain*) ■ **qn est** ~: ***là, je suis*** ~ da bin ich ganz sicher, darauf kann ich Gift nehmen *fam*; ***soyez*** ~! keine Angst!; ■ **qn peut être** ~ **que** + *indic* jd kann ganz sicher sein [*o* Gift darauf nehmen *fam*], dass

▸ **qn peut dormir** ~ jd kann beruhigt sein; **qn fait tenir qn** ~ jd sorgt dafür, dass jd ruhig ist; **qn se tient** ~ jd hält sich ruhig

II. *adv fam* 1. (*facilement*) locker *fam*, mit links *fam*

2. (*sans crainte*) in aller [Seelen]ruhe

tranquillement [tʀɑ̃kilmɑ̃] *adv* 1. (*paisiblement*) ruhig, in [aller] Ruhe; *vivre a.* friedlich, in Frieden

2. (*avec maîtrise de soi*) ruhig, gelassen

3. (*sans risque*) getrost, unbesorgt, ohne Bedenken

4. (*sans se presser*) in [aller] Ruhe

tranquillisant, e [tʀɑ̃kilizɑ̃, ɑ̃t] I. *adj* beruhigend; ***un produit*** ~ ein Beruhigungsmittel *nt*

II. *m* Beruhigungsmittel *nt*, Tranquilizer ['træŋkwilaizɐ] *m*; *fig* Beruhigungspille *f*

tranquilliser <1> [tʀɑ̃kilize] I. *vt* ■ **qn/qc tranquillise qn/qc** jd/etw beruhigt jdn/etw

II. *vpr* ■ **qn se tranquillise** jd beruhigt sich

tranquillité [tʀɑ̃kilite] *f* 1. (*calme*) Ruhe *f*; [*lieu, mer, rue a.*] Stille *f*; ***la police assure la*** ~ ***publique*** die Polizei sorgt für Ruhe und Ordnung

2. (*sérénité*) Ruhe *f*; *matérielle* Sicherheit *f*; ~ ***d'esprit*** Seelenruhe

▸ **en toute** ~ in aller Ruhe, ungestört

trans [tʀɑ̃s] *préf* 1. (*au-delà*) ■ ~ ... + *adj* jenseits ... + *subst* (*gen*); *-atlantique, -pacifique* trans-; ***nos amis*** ~***pyrénéens***/~***alpins*** unserer Freunde jenseits der Pyrenäen/Alpen

2. (*qui transcende, dépasse*): ~***culturel***/~***idéologique***/~***disciplinaire***/~***générationnel*** kultur-/ideologie-/fächer-/generationenübergreifend; ~***individuel*** überindividuell; ~***mondain*** weltumfassend; ~***annuel*** mehrere Jahre umfassend

3. (*qui traverse*): ***le trafic*** ~***manche*** der Verkehr über den Ärmelkanal, der [Ärmel]kanalverkehr; ***le tunnel*** ~***pyrénées*** der Tunnel durch die Pyrenäen, der Pyrenäentunnel; ***chemin de fer*** ~***andin***/~***sibérien*** Transandenbahn *f*/die Transsibirische Eisenbahn; ***route*** ~***canadienne***/~***amazonienne*** Trans-Kanada-Straße *f*/Transamazonas-Straße [*o* Transamazonika *f*]; ***une diagonale*** ~***européenne*** eine Trans-Europa-Verbindung; ***avion*** ~***polaire*** Flugzeug, das die Polroute fliegt

transaction [tʀɑ̃zaksjɔ̃] *f* 1. COM Geschäft *nt*, Transaktion *f*; ~ ***commerciale***/ ***boursière*** Handels-/Börsengeschäft [*o* Börsentransaktion]

2. JUR Vergleich *m*, gütliche Einigung

3. PSYCH Interaktion *f*

transactionnel, le [tʀɑ̃zaksjɔnɛl] *adj* 1. PSYCH Interaktions-

2. JUR Vergleichs-; ***accord*** ~ Vergleich *m*

transafricain, e [tʀɑ̃zafʀikɛ̃, ɛn] *adj* transafrikanisch; ***chemin de fer*** ~ Kap-Kairo-Bahn *f*

transalpin, e [tʀɑ̃zalpɛ̃, in] *adj* 1. (*italien*) italienisch, jenseits der Alpen; ***d'origine*** ~***e*** aus Italien, von jenseits der Alpen

2. GEOG, HIST transalpin[isch]

transat [tʀɑ̃zat] *abr de* **transatlantique** I. *m* (*chaise longue*) Liegestuhl *m*

II. *f* [Trans]atlantikregatta *f*

transatlantique [tʀɑ̃zatlɑ̃tik] I. *adj* jenseits des Atlantik

II. *m* 1. (*paquebot*) Überseedampfer *m*, Ozeandampfer *m*

2. (*chaise longue*) Liegestuhl *m*

transbahuter <1> [tʀɑ̃sbayte] I. *vt fam* (*transporter*) ■ **qn transbahute qc [quelque part]** jd schafft etw [irgendwohin]

II. *vpr fam* ■ **qn se transbahute quelque part** jd schleppt sich irgendwohin

transbordement [tʀɑ̃sbɔʀdəmɑ̃] *m* [*cargaison*] Umladen *nt*, Umschlagen *nt*; [*passagers*] Umsteigen *nt*; NAUT Umschiffen *nt*; ***qn opère le*** ~ ***de qc*** jd schlägt [*o* lädt] etw um; ***qn opère le*** ~ ***de qn*** jd schifft jdn um/lässt jdn umsteigen

transborder <1> [tʀɑ̃sbɔʀde] *vt* ■ **qn transborde qc [quelque part]** jd schlägt etw [irgendwohin] um; ■ **qn transborde qn [quelque part]** jd lässt jdn [irgendwohin] umsteigen; NAUT jd schifft jdn [irgendwohin] um

transbordeur [tʀɑ̃sbɔʀdœʀ] I. *adj*: ***pont*** ~ Überladekran *m*; ***navire*** ~ [Hafen]fähre *f*

II. *m* (*car-ferry*) Autofähre *f*; (*train-ferry*) Eisenbahnfähre *f*

transcendance [tʀɑ̃sɑ̃dɑ̃s] *f* Transzendenz *f*

transcendant, e [tʀɑ̃sɑ̃dɑ̃, ɑ̃t] *adj* 1. (*remarquable*) überragend; ***qn n'est pas*** ~ jd ist keine [*o* nicht gerade eine] Leuchte *fam*

2. PHILOS, REL, MATH transzendent

transcendantal, e <-aux> [tʀɑ̃sɑ̃dɑ̃tal, o] *adj* transzendental

transcender <1> [tʀɑ̃sɑ̃de] I. *vt* 1. (*dépasser*) ■ **qn/qc transcende qc** jd/etw überschreitet die Grenzen einer S. (*gen*), jd/etw transzendiert etw *geh*

2. (*survolter*) ■ **qc transcende qn** etw beflügelt jdn

II. *vpr* ■ **qn se transcende** jd wächst über sich selbst hinaus

transcodage [tʀɑ̃skɔdaʒ] *m* (*action*) Übersetzen *nt*, Umkodieren *nt*; (*résultat*) Übersetzung *f*, Umkodierung *f*

transcoder <1> [tʀɑ̃skɔde] *vt* ■ **qn transcode qc** jd übersetzt etw, jd kodiert etw um

transcodeur [tʀɑ̃skɔdœʀ] *m* Transcoder [trans'koudɐ] *m*, Code-Umsetzer *m*

transcontinental, e <-aux> [tʀɑ̃skɔ̃tinɑ̃tal, o] *adj* transkontinental

transcripteur [tʀɑ̃skʀiptœʀ] *m* (*personne*) Kopist(in) *m(f)*; (*machine*) Kopiergerät *nt*, Kopierer *m*

transcription [tʀɑ̃skʀipsjɔ̃] *f* 1. (*copie*) [*manuscrit, document*] Abschrift *f*; [*émission, conversation*] Niederschrift *f*; ***qn publie la*** ~ ***d'une conversation téléphonique*** jd veröffentlicht den Wortlaut eines Telefongesprächs

2. ADMIN, JUR: ~ ***hypothécaire*** [Grundbuch]eintragung *f* einer Hypothek; ***qc fait l'objet d'une*** ~ ***sur qc*** etw wird in etw (*akk*) eingetragen

3. LING, MUS Transkription *f*; ~ ***phonétique*** Lautschrift *f*, phonetische Umschrift

transcrire <*irr*> [tʀɑ̃skʀiʀ] *vt* 1. (*copier*) ■ **qn transcrit qc [quelque**

part] *manuscrit, texte* jd schreibt etw [irgendwohin] ab, jd überträgt etw irgendwohin; *message oral* jd schreibt etw [irgendwo] auf; *souvenir* jd schreibt etw [irgendwo] nieder [*o* auf]
2. ADMIN, JUR jd trägt etw [irgendwo [*o* irgendwohin]] ein
3. LING, MUS ■ **qn transcrit qc** jd transkribiert etw, jd schreibt etw um
▶ **qn transcrit qc en clair** jd überträgt etw in Klartext

transe [tʀɑ̃s] *f* **1.** *pl* (*affres*) Ängste *pl;* [*examen a., attente*] Qualen *pl;* **~s *de l'examen*** Prüfungsängste; ***les ~s qu'elle a vécues*** die Ängste, die sie ausgestanden hat
2. (*état second*) Trance[zustand *m*] *f*
▶ **qn est dans des ~s mortelles** *soutenu* jd steht Todesängste aus, jd schwebt in Todesängsten *geh;* **[qn est] en ~** (*hors de soi*) [jd ist] außer sich (*dat*); (*en état d'hypnose*) [jd ist] in Trance [*o* in einem Trancezustand]

transept [tʀɑ̃sɛpt] *m* Querschiff *nt*

transférable [tʀɑ̃sfeʀabl] *adj* **1.** (*transportable*) transportfähig
2. FIN transferierbar; *propriété, valeur a.* übertragbar; ■ **qc est ~ [à/sur qn/qc/quelque part]** etw kann [auf jdn/etw] übertragen werden, etw kann [irgendwohin] transferiert werden

transférer <5> [tʀɑ̃sfeʀe] *vt* **1.** (*déplacer ailleurs*) ■ **qn transfère qn/qc [quelque part]** *bureaux, gouvernement* jd verlegt jdn/etw [irgendwohin]; *prisonniers a., cendres, dépouille mortelle* jd überführt jdn/etw [irgendwohin]; *malade* jd legt jdn [irgendwohin] um; (*dans un autre hôpital*) jd transportiert jdn [irgendwohin]; *fonctionnaire* jd versetzt jdn [irgendwohin]; *documents* jd lagert etw um, jd verlagert etw [irgendwohin]; SPORT */joueur/* jd transferiert jdn [irgendwohin]; ***nos bureaux ont été transférés*** wir sind umgezogen
2. JUR ■ **qn transfère qc [quelque part]/[à qn]** jd transferiert etw [irgendwohin]/überträgt etw [auf jdn]
3. FIN ■ **qn transfère qc [à qn] [quelque part]** jd überweist [jdm] etw [irgendwohin]
4. PSYCH ■ **qn transfère qc sur qn/qc** jd überträgt etw auf jdn/etw

transfert [tʀɑ̃sfɛʀ] *m* **1.** (*déplacement*) [*gouvernement*] Verlegung *f;* [*bureau a.*] Umzug *m;* [*prisonnier a., cendres*] Überführung *f;* [*fonctionnaire*] Versetzung *f;* [*population*] Umsiedlung *f;* [*malade*] Transport *m;* [*documents*] Verlagerung *f,* Umlagerung *f*
2. SPORT Transfer *m*
3. JUR Transfer *m,* Übertragung *f*
4. FIN (*virement*) Überweisung *f*
5. PSYCH Übertragung *f*
6. INFORM Übertragung *f*
◆ **transfert de technologie** Technologietransfer *m*

transfiguration [tʀɑ̃sfigyʀasjɔ̃] *f* **1.** (*transformation*) Verwandlung *f;* ***qc provoque une ~ en qn*** etw verwandelt jdn völlig
2. REL ■ **la T~** die Transfiguration, die Verklärung [Christi]

transfigurer <1> [tʀɑ̃sfigyʀe] *vt* ■ **qc transfigure qn/qc** etw verwandelt jdn/etw völlig; *visage, réalité a.* etw verklärt etw; ■ **[qn est] transfiguré(e)** [jd ist] völlig verwandelt [*o* wie umgewandelt]; ***le Christ est apparu transfiguré à ses disciples*** Christus erschien seinen Jüngern verklärt

transfo [tʀɑ̃sfo] *m fam abr de* **transformateur** Trafo *m*

transformable [tʀɑ̃sfɔʀmabl] *adj* verwandelbar; *meubles* zusammenklappbar; ■ **qc est ~ [en qc]** etw ist [in etw (*akk*)] verwandelbar, etw lässt sich [in etw (*akk*)] verwandeln; */meuble a./* etw ist [zu etw] umwandelbar; *en argent* etw lässt sich zu etw machen; */aspect/* etw ist veränderbar; SPORT */essai/* etw ist erhöhbar, etw lässt sich [zu etw] erhöhen

transformateur, -trice [tʀɑ̃sfɔʀmatœʀ, -tʀis] **I.** *adj industrie* verarbeitend; ***qn/qc exerce une action ~trice sur qn/qc*** jd/etw verändert jdn/etw
II. *m* ELEC Transformator *m,* Umspanner *m*

transformation [tʀɑ̃sfɔʀmasjɔ̃] *f* **1.** (*changement*) Veränderung *f,* Wandel *m kein pl;* [*maison, appartement, pièce*] Umbau *m kein pl;* [*matières premières*] Verarbeitung *f kein pl,* Veredelung *f kein pl;* ***qn/qc a connu de grandes ~s*** jd/etw hat große Veränderungen durchgemacht, jd/etw hat sich sehr gewandelt; ***qn fait des ~s à qc*** jd nimmt Veränderungen an etw (*dat*) vor; *maison, appartement, pièce a.* jd baut etw um
2. (*transformation*) Verwandlung *f;* ■ **la ~ de qn/d'un animal/de qc en qn/un animal/qc** die Verwandlung jds/eines Tieres/einer S. in jdn/ein Tier/etw
3. RUGBY Erhöhung *f;* ***qn rate la ~*** jdm gelingt es nicht[, nach einem Versuch zum Treffer] zu erhöhen
4. LING Transformation *f,* Umformung *f*
5. MATH Transformation *f;* GEOM *a.* Abbildung *f*

transformer <1> [tʀɑ̃sfɔʀme] **I.** *vt* **1.** (*modifier*) ■ **qn/qc transforme qn/qc** jd/etw verwandelt jdn/etw; *entreprise* jd strukturiert etw um; *société a.* jd verändert etw; *vêtement* jd ändert etw [ab]; *matière première* jd verarbeitet [*o* veredelt] etw
2. (*opérer une transformation*) ■ **qn transforme qn en qn/un animal/qc** jd verwandelt jdn in jdn/ein Tier/etw; ■ **qn/qc transforme qc en qc** jd/etw macht aus etw etw, jd/etw macht etw zu etw; *vêtement* jd arbeitet etw zu etw um; *lieu* jd gestaltet etw zu etw um; *matière* jd/etw verwandelt etw in etw (*akk*)
3. SPORT ■ **qn transforme qc** *pénalité, penalty* jd verwandelt etw; *essai* jd erhöht etw
4. LING ■ **qn transforme qc** jd formt etw um
5. MATH ■ **qn transforme qc** *équation* jd formt etw um
II. *vpr* **1.** (*changer*) ■ **qn/qc se transforme** jd/etw verändert [*o* wandelt] sich; ■ **un animal se transforme** ein Tier verwandelt sich
2. (*changer de nature*) ■ **qn/un animal/qc se transforme en qn/un animal qc** jd/ein Tier/etw verwandelt sich in jdn/ein Tier/etw [*o* wird zu jdm/einem Tier/etw]; ■ **qc se transforme en qc** CHIM, PHYS etw wandelt sich in etw (*akk*) um

transformisme [tʀɑ̃sfɔʀmism] *m* Abstammungslehre *f,* Deszendenzlehre *f spec*

transformiste [tʀɑ̃sfɔʀmist] **I.** *adj* abstammungstheoretisch; ***théorie ~*** Abstammungslehre *f,* Deszendenzlehre *f spec*
II. *mf* Vertreter(in) *m(f)* der Abstammungslehre [*o* Deszendenzlehre *spec*]

transfuge [tʀɑ̃sfyʒ] *mf* Überläufer(in) *m(f)*

transfusé, e [tʀɑ̃sfyze] *m, f* Empfänger(in) *m(f)* einer [Blut]transfusion

transfuser <1> [tʀɑ̃sfyze] *vt* ■ **qn transfuse qc [à qn]** *sang* jd überträgt [jdm] etw; ■ **qn transfuse qn** jd überträgt jdm Blut, jd nimmt bei jdm eine Blutübertragung [*o* [Blut]transfusion] vor; ■ **qn est transfusé(e)** jd bekommt eine Blutübertragung [*o* [Blut]transfusion], jdm wird Blut übertragen

transfusion [tʀɑ̃sfyzjɔ̃] *f* [Blut]transfusion *f,* Blutübertragung *f;* **~ *sanguine*** [Blut]transfusion, Blutübertragung; ***qn fait une ~ à qn*** jd überträgt jdm Blut, jd nimmt bei jdm eine Blutübertragung [*o* [Blut]transfusion] vor; ***centre de ~ sanguine*** Blutspendezentrale *f*

transgresser <1> [tʀɑ̃sgʀese] *vt* ■ **qn transgresse qc** jd verstößt gegen etw; *loi a.* jd übertritt etw; *ordre a.* jd handelt einer S. (*dat*) zuwider *form*

transgression [tʀɑ̃sgʀesjɔ̃] *f* Verstoß *m* (*de qc* gegen etw); [*loi a.*] Übertretung *f* (*de qc* einer S. (*gen*))

transhumer <1> [tʀɑ̃zyme] *vi* ■ **qn/un animal transhume** jd wandert/ein Tier wechselt die Weide

transiger <2 a> [tʀɑ̃ziʒe] *vi* **1.** JUR ■ **qn transige** jd schließt einen Vergleich, jd vergleicht sich
2. (*faire un compromis*) ■ **qn transige [avec qn] [sur qc]** jd schließt Kompromisse [in etw (*dat*)], jd schließt [in etw (*dat*)] einen Kompromiss mit jdm; ■ **qn transige avec qc** jd nimmt es mit etw nicht so genau; *l'injustice* jd findet sich mit etw ab; ■ **qn transige sur qc** *sur l'honneur* jd nimmt es mit etw nicht so genau; *sur un point* jd gibt in etw (*dat*) nach, jd lässt in etw (*dat*) mit sich (*dat*) handeln

transir <8> [tʀɑ̃ziʀ] *vt* ■ **qc transit qn** *littér / le froid/* etw geht jdm durch Mark und Bein; */la peur/* etw lässt jdm das Blut in den Adern erstarren; ***ce vent me transit [de froid]*** dieser [eisige] Wind geht mir durch Mark und Bein; ■ **[qn est] transi(e) de qc** [jd ist] starr vor etw (*dat*); ***qn est transi(e) de froid/peur*** jd ist völlig durch[ge]froren/angsterstarrt

transistor [tʀɑ̃zistɔʀ] *m* **1.** RADIO Transistor[radio *nt*] *m,* Kofferradio *nt*
2. ELEC Transistor *m*

transit [tʀɑ̃zit] *m* **1.** COM [*voyageurs*] Transit *m;* [*marchandises a.*] Durchfuhr *f*
2. PHYSIOL Verdauung *f;* ***cela aide le ~ intestinal*** das fördert die Verdauung
▶ **qc de ~** Transit-; ***cité de ~*** Durchgangslager *nt;* **en ~** *marchandises, voyageurs* Transit-

transitaire [tʀɑ̃zitɛʀ] **I.** *adj* Transit-
II. *mf* Transithändler(in) *m(f)*

transiter <1> [tʀɑ̃zite] **I.** *vi* ■ **qn transite par qc** jd reist durch etw, jd durchquert etw; (*en avion a.*) jd fliegt über etw (*akk*); ■ **qc transite par qc** */marchandise/* etw wird im Transit[verkehr] durch etw befördert; ■ **qc transite par qn/qc** etw läuft über jdn/etw
II. *vt* ■ **qn transite qc** jd befördert etw im Transit[verkehr]

transitif, -ive [tʀɑ̃zitif, -iv] *adj* transitiv; ***verbe ~ direct/indirect*** Verb *nt* mit direktem Objekt/mit präpositionalem Objekt

transition [tʀɑ̃zisjɔ̃] *f* Übergang *m;* CINE A., MUS Überleitung *f;* PHYS Übergang *m;* ■ **~ de qc à qc** Übergang von etw zu etw; ***qn opère la ~ de qc à qc*** jd wechselt von etw zu etw [über]
▶ **de ~** *gouvernement, période* Übergangs-; **sans ~** übergangslos

transitivement [tʀɑ̃zitivmɑ̃] *adv* transitiv

transitivité [tʀɑ̃zitivite] *f* transitive Eigenschaft, transitiver Charakter

transitoire [tʀɑ̃zitwaʀ] *adj* vorübergehend; *fonction, mesure a., période* Übergangs-; ■ **qc est ~** etw besteht nur vorübergehend; */mesure a./* etw gilt nur vorübergehend

transitoirement [tʀɑ̃zitwaʀmɑ̃] *adv* vorläufig

translation [tʀɑ̃slasjɔ̃] *f* Parallelverschiebung *f,* Translation *f spec*

translucide [tʀɑ̃slysid] *adj* durchscheinend; TECH lichtdurchlässig; ***papier ~*** Transparentpapier *nt*

translucidité [tʀɑ̃slysidite] *f* Transparenz *f;* TECH Lichtdurchlässigkeit *f*

transmetteur [tʀɑ̃smetœʀ] *m* Sender *m*

transmettre <*irr*> [tʀɑ̃smɛtʀ] **I.** *vt* **1.** (*léguer*) ■ **qn transmet qc [à qn]** jd gibt etw [an jdn] weiter; *qualité, titre a.* jd vererbt [jdm] etw; *autorité* jd überträgt etw [auf jdn]
2. (*faire parvenir*) ■ **qn transmet qc [à qn]** *colis, lettre* jd überbringt [jdm] etw, jd stellt [jdm] etw zu; *message a.* jd übermittelt [jdm] etw; *renseignement, ordre* jd leitet [jdm] etw weiter; ***transmettez-lui mon bon souvenir*** richten Sie ihm/ihr viele Grüße [von mir] aus
3. RADIO, TELEC, TV ■ **qn/qc transmet qc** jd/etw überträgt [*o* sendet] etw; *émission a.* jd strahlt etw aus; ***qn/qc transmet qc en direct*** jd/etw überträgt etw direkt [*o* live] [laif]
4. SPORT ■ **qn transmet qc [à qn]** *témoin* jd übergibt [jdm] etw; *ballon* jd spielt [jdm] etw zu
5. BIO, MED ■ **qn/qc transmet qc [à qn]** *maladie* jd/etw überträgt etw [auf jdn], jd steckt jdn mit etw an
6. SCI ■ **qc transmet qc [à qc]** *énergie, mouvement, signal* etw überträgt etw [auf etw (*akk*)]; */corps conducteur/* etw leitet etw
II. *vpr* **1.** (*se passer de l'un à l'autre*) ■ **des personnes se transmettent qc** Menschen übergeben sich (*dat*) etw [*o* geben sich (*dat*) etw weiter]; *maladie* Menschen stecken sich [gegenseitig] an; ***nous nous sommes transmis les nouvelles reçues*** wir haben uns [gegenseitig] benachrichtigt
2. (*se communiquer*) ■ **qc se transmet d'une certaine façon** */recette, secret, métier/* etw wird irgendwie weitergegeben; */maladie/* etw wird irgendwie übertragen

transmissibilité [tʀɑ̃smisibilite] *f* **1.** MED Übertragbarkeit *f*
2. JUR [*héritage*] Vererbbarkeit *f;* [*privilège a.*] Erblichkeit *f*

transmissible [tʀɑ̃smisibl] *adj* **1.** MED übertragbar, ansteckend
2. JUR vererbbar; *privilège a.* erblich; ■ **qc est ~ à qn** etw kann jdm vererbt werden

transmission [tʀɑ̃smisjɔ̃] *f* **1.** (*passation*) ■ ~ [**de qc à qn**] Weitergabe *f* [einer S. (*gen*) an jdn]; *d'un secret a.* Weitersagen *nt* [einer S. (*gen*)] an jdn]; *de l'autorité a.* Übertragung *f* [einer S. (*gen*) auf jdn]; *de biens, du caractère a.* Vererbung *f* [einer S. (*gen*) an jdn]
2. (*diffusion*) ■ ~ [**de qc à qn**] Weitergabe *f* [einer S (*gen*) an jdn]; *d'un renseignement, message, ordre, d'une information a.* Weiterleitung *f* [*o* Übermittlung *f*] [einer S. (*gen*) an jdn]; *d'une lettre, d'un colis* Zustellung *f* [einer S. (*gen*) an jdn]; ***la ~ des connaissances*** die Vermittlung von Wissen
3. RADIO, TELEC, TV Übertragung *f;* [*émission a.*] Ausstrahlung *f;* ~ ***en direct*** Direktübertragung, Liveübertragung ['laif-]; ~ ***à distance*** Fernübertragung
4. SPORT [*témoin*] Übergabe *f;* [*ballon*] Zuspiel *nt*
5. BIO, MED, TECH Übertragung *f*
6. AUT Getriebe *nt*
7. MIL ■ **les ~s** die Fernmeldetruppe; ***dans les ~s*** bei der Fernmeldetruppe
◆ **transmission de données** INFORM Datenübertragung *f;* **transmission de pensée** Gedankenübertragung *f*

transmuer <1> [tʀɑ̃smɥe] *vt* **1.** CHIM ■ **qn/qc transmue qc en qc** jd/etw verwandelt etw in etw (*akk*), jd/etw wandelt etw in etw (*akk*) um
2. *littér* (*changer de nature*) ■ **qn transmue qc en qc** jd gestaltet etw zu etw um, jd verwandelt etw in etw (*akk*)

transmutation [tʀɑ̃smytasjɔ̃] *f* **1.** PHYS, CHIM Umwandlung *f,* Transmutation *f spec;* ***qn opère la ~ de qc en qc*** jd wandelt etw in etw (*akk*) um
2. *littér* (*transformation*) Umgestaltung *f,* Verwandlung *f*

transmuter <1> [tʀɑ̃smyte] *vt v.* **transmuer**

transocéanique [tʀɑ̃zɔseanik] *adj* transozeanisch; *navigation, télégraphie* Übersee-

transparaître <*irr*> [tʀɑ̃spaʀɛtʀ] *vi* ■ **qc transparaît à travers qc** /*forme, jour*/ etw schimmert [*o* scheint] durch etw; ■ **qc transparaît sous qc** /*forme*/ etw zeichnet sich unter etw (*dat*) ab; ■ **qc transparaît dans qc** /*idées, sentiment*/ etw scheint [*o* schimmert] in etw (*dat*) durch; ■ **qn/qc laisse ~ qc** jd/etw lässt etw erkennen, jd/etw verrät etw

transparence [tʀɑ̃spaʀɑ̃s] *f* **1.** (*opp: opacité*) [*cristal, verre*] Transparenz *f,* Durchsichtigkeit *f;* [*eau a., air*] Klarheit *f;* [**qc est**] ***d'une parfaite ~*** [etw ist] kristallklar
2. (*absence de secret*) Transparenz *f;* *financière, fiscale a.* Durchschaubarkeit *f;* [*allusion*] Deutlichkeit *f,* Offensichtlichkeit *f;* ***la ~ de son caractère était telle que*** er/sie war so durchschaubar, dass
▸ **dans la** ~ in aller Offenheit; ***qc se fait dans la*** ~ etw ist durchschaubar, etw wird in aller Offenheit gemacht; **par** ~ gegen das Licht

transparent, e [tʀɑ̃spaʀɑ̃, ɑ̃t] **I.** *adj* **1.** (*opp: opaque*) durchsichtig; *eau a., air* klar; ***papier*** ~ Pauspapier *nt;* ***poudre ~e*** Transparentpuder *m*
2. (*sans secret*) transparent, durchschaubar; *affaire, négociation a.* offen
3. (*limpide*) *âme, regard, yeux* offen; *personne a.* leicht zu durchschauen
4. (*évident*) offensichtlich; *allusion a.* deutlich; *intention a.* durchschaubar, durchsichtig
II. *m* [Transparent]folie *f;* (*feuille réglée*) Linienblatt *nt*

transpercer <2> [tʀɑ̃spɛʀse] *vt* **1.** (*percer de part en part*) ■ **qn/qc transperce qc** [**à qn**] jd/etw durchbohrt [jdm] etw; /*balle*/ etw durchschlägt etw; /*clou*/ etw bohrt sich durch etw
2. (*passer au travers*) ■ **qc transperce qc** /*pluie*/ etw dringt durch etw; ■ **qc transperce qn** /*froid*/ etw durchdringt jdn; /*regard*/ etw durchbohrt jdn; ***le froid/la pluie nous avait transpercés*** wir waren völlig durch[ge]froren/[vom Regen] durchnässt; ***il avait peine à soutenir ce regard qui le transperçait*** er konnte den bohrenden Blick kaum aushalten; ■ **qn/qc est transpercé(e)** [**par la pluie**] jd/etw ist durchnässt

transpiration [tʀɑ̃spiʀasjɔ̃] *f* **1.** PHYSIOL (*processus*) Schwitzen *nt,* Transpiration *f geh;* (*sueur*) Schweiß *m;* ***une soudaine*** ~ ein Schweißausbruch *m*
2. BOT Transpiration *f*
▸ **en** ~ schweißnass

transpirer <1> [tʀɑ̃spiʀe] *vi* **1.** PHYSIOL ■ **qn transpire** [**de qc**] jd schwitzt [an etw (*dat*)], jd transpiriert *geh;* ***qn transpire des pieds/des mains*** (*constamment*) jd hat Schweißfüße/schwitzige Hände; (*accidentellement*) jdm schwitzen die Füße/Hände, jd schwitzt an den Füßen/Händen; ***la sueur transpire à travers la peau/les pores*** Schweiß dringt aus der Haut/den Poren
2. BOT ■ **qc transpire** etw transpiriert
3. *littér* (*être divulgué*) ■ **qc transpire** [**de qc**] etw sickert [von etw] durch, von etw sickert etw durch
4. *fam* (*se donner du mal*) ■ **qn transpire** [**sur qc**] jd gerät [über [*o* bei] etw] ins Schwitzen, jd schwitzt über etw (*dat*)

transplant [tʀɑ̃splɑ̃] *m* Transplantat *nt*

transplantable [tʀɑ̃splɑ̃tabl] *adj* verpflanzbar; MED *a.* transplantierbar; AGR *a.* umpflanzbar

transplantation [tʀɑ̃splɑ̃tasjɔ̃] *f* **1.** BIO, MED Transplantation *f;* [*organe a.*] Verpflanzung *f;* [*peau a.*] Übertragung *f;* ■ ~ **de** -transplantation; *de cœur, foie, pancréas etc a.* -verpflanzung; *de peau a.* -übertragung; ~ ***cardiaque/rénale*** Herz-/Nierentransplantation, Herz-/Nierenverpflanzung
2. AGR [*arbre*] Verpflanzung *f,* Verpflanzen *nt,* Umpflanzen *nt*
3. (*déplacement*) Verpflanzung *f;* [*population a.*] Umsiedlung *f;* [*traditions a.*] Mitnahme *f*

transplanté, e [tʀɑ̃splɑ̃te] *m, f* **1.** MED Organempfänger(in) *m(f)*
2. SOCIOL Fremdling *m;* (*d'un autre pays a.*) Umsiedler(in) *m(f);* (*d'une autre région/ville a.*) Zugezogene(r) *f(m),* Zugereiste(r) *f(m);* ***ils restaient pour longtemps des ~s*** sie wurden lange nicht heimisch

transplanter <1> [tʀɑ̃splɑ̃te] **I.** *vt* **1.** BIO, MED ■ **qn transplante qc** jd transplantiert [*o* verpflanzt] etw; *peau a.* jd überträgt etw; ■ **qn va être/a été transplanté(e)** jd bekommt eine Transplantation/hat eine Transplantation bekommen; ***des personnes transplantées*** Organempfänger *pl*
2. AGR ■ **qn transplante qc** jd pflanzt [*o* setzt] etw um, jd verpflanzt etw
3. SOCIOL (*déplacer*) ■ **qn transplante qn/qc** [**quelque part**] jd verpflanzt jdn/etw [irgendwohin]; *population a.* jd siedelt jdn [irgendwohin] um; *traditions a.* jd nimmt etw [irgendwohin] mit
II. *vpr* ■ **qn se transplante quelque part** jd siedelt irgendwohin über [*o* um]

transpolaire [tʀɑ̃spɔlɛʀ] *adj* Transpolar-, über den Süd-/Nordpol; ***route*** ~ Polroute *f*

transpondeur [tʀɑ̃spɔ̃dœʀ] *m* Transponder *m*

transport [tʀɑ̃spɔʀ] *m* **1.** (*acheminement*) Transport *m;* [*bagages, marchandises a., voyageurs*] Beförderung *f;* [*énergie a.*] Übertragung *f;* ~ ***aérien/maritime/fluvial/routier/ferroviaire*** Beförderung [*o* Transport] auf dem Luft-/Seeweg/auf Binnenwasserstraßen/per Achse/Bahn, Luft-/See-/Binnenwasser-/Straßen-/Bahntransport; ***pendant le*** ~ während des Transports, auf dem Transport; ■ ~ **de** *de personnes* -beförderung, Beförderung von; *de marchandises a.* -transport, Transport von; ***le ~ des voyageurs et des marchandises*** die Beförderung der Fahrgäste und der Güter, der Personen- und Gütertransport; ■ **les ~s** das Transportwesen, das Verkehrswesen; ■ ~ **par** -transport; ~ ***par air/mer*** Beförderung [*o* Transport] auf dem Luft-/Seewege, Luft-/Seetransport; ~ ***par rail*** [*o* ***train***]/***par la route*** Beförderung [*o* Transport] per Bahn [*o* auf der Schiene]/per Achse, Bahn-/Straßentransport; ***qn fait un ~ par avion/train*** jd verfrachtet Güter per Flugzeug/Bahn; ***le ministre des ~s*** der Verkehrsminister
2. *pl littér* (*accès*): ***~s amoureux*** [stürmische] Leidenschaft; ***calme tes ~s!*** nicht so stürmisch!; ■ **~s de** *de colère* -ausbrüche *pl; de joie, d'enthousiasme* -taumel *m;* ***avec des ~s d'enthousiasme/de joie*** mit überschwänglicher Begeisterung/Freude
▸ **~s aériens/ferroviaires/fluviaux/maritimes/routiers** Luft- [*o* Flug-]/Bahn-/Binnenschiffs-/See-/Straßenverkehr; **~s urbains** öffentlicher Nahverkehr; **de** ~ *avion, matériel* Transport-; *entreprise, société a.* Speditions-; *moyens a.* Verkehrs-; *frais* Beförderungs-; (*de marchandises a.*) Transport-, Fracht-; (*de personnes a.*) Fahrt-; ***véhicule de*** ~ Transporter *m*
◆ **transport de troupes** Truppentransport *m;* **transports en commun** öffentliche Verkehrsmittel *pl;* **transport sur les lieux** JUR Lokaltermin *m*

transportable [tʀɑ̃spɔʀtabl] *adj marchandise* transportabel, transportierbar; *blessé, malade* transportfähig

transporter <1> [tʀɑ̃spɔʀte] **I.** *vt* **1.** (*acheminer*) ■ **qn transporte qn** [**en/par qc**] [**quelque part**] *blessé, malade, prisonnier* jd transportiert jdn [mit etw] [irgendwohin], jd bringt jdn [mit etw] irgendwohin; *en ambulance a.* jd transportiert jdn in etw (*dat*) [irgendwohin], jd fährt [*o* bringt] jdn [in etw (*dat*)] irgendwohin; *en hélicoptère a.* jd transportiert jdn in etw (*dat*) [irgendwohin], jd fliegt [*o* bringt] jdn [in etw (*dat*)] irgendwohin; *voyageur a.* jd befördert jdn [mit etw] [irgendwohin]; ***le malade a été transporté en salle d'opération*** der Kranke wurde in den Operationssaal gebracht; ■ **qn transporte qc** [**en/par qc**] [**quelque part**] jd transportiert [*o* befördert] etw [mit etw] [irgendwohin]; ***qn transporte qc par terre/rail/route*** jd befördert etw auf dem Landweg/auf der Schiene [*o* per Bahn]/per Achse; ***elle transportait une forte somme d'argent*** sie führte eine große Geldsumme mit [*o* bei sich]; ■ **qc transporte qn** [**quelque part**] *blessé, malade, prisonnier* etw transportiert jdn [irgendwohin], etw bringt jdn irgendwohin; /*ambulance a.*/ etw fährt jdn irgendwohin; /*hélicoptère a.*/ etw fliegt jdn irgendwohin; *voyageurs a.* etw befördert jdn [irgendwohin]; ■ **qc transporte qc** [**quelque part**] etw transportiert [*o* befördert] etw [irgendwohin]; ■ **qc transporte qc** TECH *énergie, son* etw überträgt etw
2. (*transférer*) ■ **qn/qc transporte qn quelque part** jd/etw versetzt jdn irgendwohin; ■ **qn/qc transporte qc quelque part** *scène, action* jd/etw verlegt [*o* verlagert] etw irgendwohin; *événement, guerre, malheur* jd/etw bringt [*o* trägt] etw irgendwohin; ***qn transporte qc à l'écran*** jd verfilmt etw, jd bringt etw auf die Leinwand; ***qn transporte qc sur scène*** jd bringt etw auf die Bühne
3. *littér* (*exalter*) ■ **qc transporte qn** etw begeistert [*o* überwältigt] jdn, jd ist von etw hingerissen; ■ **qc transporte qn de qc** etw erfüllt jdn mit etw; ■ [**qn est**] **transporté(e) de qc** *de reconnaissance* [jd ist] von etw erfüllt; *de joie, d'enthousiasme a.* [jd ist] außer sich (*dat*) vor etw (*dat*)
II. *vpr* **1.** (*se projeter*) ■ **qn se transporte quelque part** jd versetzt sich [in Gedanken] irgendwohin
2. (*se déplacer*) ■ **qn se transporte quelque part** jd begibt sich irgendwohin; ***qn se transporte sur les lieux*** /*juge, parquet*/ jd hält einen Lokaltermin ab, jd begibt sich an den Ort des Geschehens

transporteur, -euse [tʀɑ̃spɔʀtœʀ, -øz] **I.** *adj* Transport-; ***bande ~euse*** Förderband *nt*
II. *m* **1.** (*entrepreneur*) Transportunternehmer(in) *m(f),* Spediteur(in) *m(f);* (*entreprise*) Transportunternehmen *nt,* Spedition *f*
2. TECH Förderer *m,* Förderanlage *f;* ~ ***pneumatique*** pneumatischer Förderer; ~ ***à godets*** Becherwerk *nt;* ~ ***à bande*** Förderband *nt*
3. (*navire*) Tanker *m*

transposable [tʀɑ̃spozabl] *adj* übertragbar, transponierbar *spec;* MUS transponierbar; ***qc est ~ au cinéma/au théâtre*** etw lässt sich verfilmen/dramatisieren, etw ist filmisch umsetzbar/eignet sich für die Bühne; ***une phrase est/n'est pas ~ au passif*** ein Satz kann/kann nicht ins Passiv [um]gesetzt werden

transposer <1> [tʀɑ̃spoze] *vt* ■ **qn transpose qc** [**quelque part**] jd überträgt etw [irgendwohin]; MUS *morceau* jd transponiert etw; LING *mot* jd stellt etw [irgendwohin] um; *lettre a.* jd vertauscht etw; ***il a transposé cette his-***

toire dans un nouveau cadre er hat der Geschichte einen neuen Rahmen gegeben

transposition [tʀɑ̃spozisjɔ̃] *f* (*transfert*) Übertragung *f;* (*dans une autre époque a.*) Verlegung *f,* Verlagerung *f;* MUS Transposition *f;* LING [*mots*] Umstellung *f;* [*lettres a.*] Vertauschung *f;* ***la pièce est une ~ moderne d'une tragédie antique*** das Stück ist eine moderne Fassung [*o* Version] einer antiken Tragödie

transsexualisme [tʀɑ̃(s)sɛksɥalism] *m* Transsexualismus *m*

transsexuel, le [tʀɑ̃(s)sɛksɥɛl] **I.** *adj* transsexuell; ***le sujet ~*** der/die Transsexuelle
II. *m, f* Transsexuelle(r) *f(m)*

transsibérien, ne [tʀɑ̃(s)sibeʀjɛ̃, jɛn] **I.** *adj* transsibirisch; ***un voyage ~*** eine Reise [quer] durch Sibirien
II. *m* Transsibirische Eisenbahn, Transsib *f fam*

transvasement [tʀɑ̃svɑzmɑ̃] *m* Umfüllen *nt,* Umfüllung *f;* ***qn procède au ~ de qc*** jd füllt etw um

transvaser <1> [tʀɑ̃svɑze] *vt* ■ **qn transvase qc** [**dans qc**] jd füllt etw [in etw (*akk*)] um

transversal, e <-aux> [tʀɑ̃svɛʀsal, o] **I.** *adj* Quer-; *vallée, rue a.* Seiten-, Neben-; ***les liaisons ferroviaires ~es/ lignes ~es*** die [Eisenbahn]querverbindungen *pl;* ***la barre ~e*** die Querlatte
II. *f* ■ **transversale** (*itinéraire*) Querverbindung *f;* (*route*) Querstraße *f,* Seitenstraße *f,* Nebenstraße *f;* (*voie ferrée*) Nebenbahn *f,* Nebenlinie *f*

transversalement [tʀɑ̃svɛʀsalmɑ̃] *adv* quer; ***qn coupe qc ~*** jd schneidet etw quer durch

trapèze [tʀapɛz] *m* **1.** GEOM Trapez *nt*
2. SPORT Trapez *nt*
3. ANAT Trapezmuskel *m*
► **~ volant** fliegender Trapezwechsel; **qn fait du ~** jd turnt am [*o* auf dem] Trapez

trapéziste [tʀapezist] *mf* Trapezkünstler(in) *m(f)*

trapézoïdal, e <-aux> [tʀapezɔidal, o] *adj* trapezförmig

trappe¹ [tʀap] *f* **1.** (*ouverture*) Klappe *f;* (*dans le plancher*) Falltür *f;* THEAT [Bühnen]versenkung *f;* AVIAT [Ausstiegs]luke *f;* ~ ***d'évacuation*** Notausstieg *m*
2. (*piège*) Falle *f,* Fallgrube *f*
► **qn met qn/qc à la ~** jd lässt jdn/etw in der Versenkung verschwinden *fam;* **qc passe à la ~** etw verschwindet in der Versenkung [*o* Schublade] *fam*

trappe² [tʀap] *f* (*ordre*) Trappistenorden *m;* (*monastère*) Trappistenkloster *nt*

trappeur [tʀapœʀ] *m* Trapper *m*

trappiste [tʀapist] *m* Trappist *m*

trappistine [tʀapistin] *f* **1.** (*religieuse*) Trappistin *f*
2. (*liqueur*) Trappistenlikör *m* (*ein Kräuterlikör*)

trapu, e [tʀapy] *adj* **1.** (*ramassé*) gedrungen; *personne, carrure a.* stämmig; *bâtiment a.* massiv
2. *fam* (*difficile*) knifflig, verzwickt *fam*
3. *fam* (*calé*) unheimlich gut *fam;* ***elle est ~e*** [***en maths***] sie hat [in Mathe] unheimlich was drauf *fam*

traque [tʀak] *f* [*gibier*] Treibjagd *f;* [*malfaiteur, vedette*] Verfolgung *f,* Treibjagd *pej;* ■ **~ de qn/d'un animal** Treibjagd auf jdn/ein Tier

traquenard [tʀaknaʀ] *m* **1.** CHASSE Falle *f*
2. (*piège*) Falle *f; pl a.* Fallstricke *pl*
► **qn tend un ~ à qn** jd stellt jdm eine Falle; **qn tombe dans le/un ~** jd geht in die Falle/gerät in eine Falle

traquer <1> [tʀake] *vt* ■ **qn traque qn/qc** *abus, injustices* jd verfolgt jdn/etw; *vedette, voleur a.* jd macht Jagd auf jdn; ■ [**qn/un animal est**] **traqué**(**e**) [jd/ein Tier ist/wird] gehetzt [*o* gejagt]; ***il avait un air/ un regard de bête traquée*** er sah aus wie ein gehetztes Tier [*o* Wild]/sein Blick glich dem eines gehetzten Tieres; ■ **qn traque un animal** jd treibt [*o* hetzt] ein Tier

traumatique [tʀomatik] *adj* traumatisch

traumatisant, e [tʀomatizɑ̃, ɑ̃t] *adj histoire* schockierend, erschütternd; *événement a.* traumatisch; ***une expérience ~e*** ein traumatisches Erlebnis, ein Trauma *nt;* ■ **qc est ~** /*histoire*/ etw ist schockierend [*o* erschütternd]; /*événement a., expérience*/ etw hat eine traumatische Wirkung, etw ist ein Trauma

traumatiser <1> [tʀomatize] *vt* **1.** (*choquer*) ■ **qc traumatise qn** etw versetzt jdm einen Schock, etw schockt jdn, etw führt bei jdm zu einem Trauma; /*échec, culpabilité*/ etw wird für jdn zu einem Trauma; ■ [**qn est**] **traumatisé**(**e**) [**par qc**] [jd ist] [durch etw] geschockt [*o* erschüttert], jd erleidet [durch etw] einen Schock; ***elle est ressortie traumatisée de cette aventure*** dieses Abenteuer wurde für sie zum Trauma
2. MED ■ **qc traumatise qn** etw ruft bei jdm ein Trauma hervor, etw hinterlässt [*o* verursacht] bei jdm ein Trauma

traumatisme [tʀomatism] *m* **1.** MED Trauma *nt,* Verletzung *f;* ~ ***crânien/ thoracique*** Schädel-/Brustkorbverletzung, Schädel-/Thoraxtrauma
2. (*forte émotion*) [seelischer] Schock, Trauma *nt;* ***qc cause/ provoque un ~ chez*** [*o* ***en***] ***qn*** etw führt bei jdm zu einem Trauma, etw wird für jdn zu einem Trauma

traumatologie [tʀomatɔlɔʒi] *f* Unfallmedizin *f,* Traumatologie *f spec;* (*service*) Unfallstation *f;* ***service/ clinique de ~*** Unfallstation/-klinik *f*

traumatologique [tʀomatɔlɔʒik] *adj* Unfall-

traumatologiste [tʀomatɔlɔʒist] *mf* Unfallarzt/-ärztin *m/f,* Traumatologe/-login *m/f spec;* (*chirurgien*) Unfallchirurg(in) *m(f)*

travail <-aux> [tʀavaj, o] *m* **1.** (*activité*) Arbeit *f;* ~ ***manuel*** Handarbeit, manuelle Tätigkeit; SCOL Werken *nt;* ~ ***scolaire*** schulische Arbeit, Arbeit für die Schule
2. (*tâche*) Arbeit *f;* ***qn est surchargé(e) de ~*** jd ist [mit Arbeit] überlastet; ***j'ai beaucoup de ~*** ich habe viel Arbeit [*o* viel zu tun]; ***c'est ton ~, pas le mien!*** das ist deine Aufgabe, nicht meine!, dafür bist du zuständig, nicht ich!; ***il abat à lui seul le ~ de dix personnes*** er allein arbeitet für zehn [*o* macht die Arbeit für zehn Leute]; ***qn a un ~ fou*** jd hat eine Menge Arbeit; ***qn est submergé(e) de ~*** jd steckt bis über den Kopf in der Arbeit, jd erstickt in der Arbeit
3. (*activité professionnelle*) Arbeit *f;* ~ [***au***] ***noir*** Schwarzarbeit; ~ ***à domicile/ de nuit*** Heim-/Nachtarbeit; ~ ***intérimaire,*** ~ ***temporaire*** Zeitarbeit; ***un ~ régulier*** eine feste Arbeit; ***qn apprend un ~*** jd [er]lernt einen Beruf; ***qn a du ~/ n'a plus de ~*** jd hat Arbeit/keine Arbeit mehr, jd arbeitet/ist arbeitslos geworden; ***qn est sans ~*** jd ist ohne [*o* hat keine] Arbeit, jd ist arbeitslos
4. *pl* (*ensemble de tâches*) ■ **les ~aux** die Bauarbeiten; ***les ~aux agricoles*** die Landarbeit[en]; ***les ~aux domestiques/ ménagers*** häusliche Arbeiten *pl,* die Hausarbeit; ***les gros ~aux*** die groben Arbeiten; ■ **~aux de** -arbeiten; ***~aux des champs*** Feldarbeit *f;* ***~aux d'urbanisme*** städtebauliche Maßnahmen *pl*
5. (*réalisation*) Arbeit *f;* (*résultat a.*) Werk *nt;* ***le ~ de cette dentelle est d'une extrême finesse*** diese Spitze ist sehr fein gearbeitet
6. (*publication*) Arbeit *f*
7. ECON Arbeit *f;* ***division du ~*** Arbeitsteilung *f*
8. (*façonnage*) Bearbeiten *nt,* Bearbeitung *f;* [*pâte a.*] Kneten *nt;* ■ **~ de qc** Bearbeitung einer S. (*gen*), -bearbeitung; *de la pâte* Kneten einer S. (*gen*)
9. (*fonctionnement*) Arbeit *f;* [*organe a.*] Funktion *f,* Tätigkeit *f;* ~ ***des muscles*** [*o* ***musculaire***] Muskelarbeit; ~ ***des reins/ du cœur*** Nieren-/Herzfunktion, Nieren-/Herztätigkeit
10. (*effet*) [Ein]wirkung *f;* ■ **~ de qc** *de l'imagination, du temps* Werk *nt* einer S. (*gen*); *de l'inconscient* Arbeit *f* einer S. (*gen*); ***le ~ de l'érosion/ de la fermentation*** der Erosions-/Gärungsprozess; ***qc fait son ~*** etw tut sein Werk, etw wirkt; ***qc est dû au ~ de qc*** etw ist das Werk einer S. (*gen*); ***le ~ de qc fait que*** + *indic* etw bewirkt, dass; ***rien ne vaut le ~ du temps*** [die] Zeit heilt alle Wunden
11. [*bois, métal*] Arbeiten *nt*
12. PHYS Arbeit *f*
13. MED ■ **le ~** die [Geburts]wehen *pl;* ***elle est en ~*** sie hat Wehen [*o* liegt in den Wehen]
► **les douze travaux d'Hercule** die zwölf Arbeiten des Herkules; ~ **d'Hercule** Herkulesarbeit *f;* **qn a du ~ par-dessus la tête** jd ist mit Arbeit [reichlich] eingedeckt, jd erstickt in [der] Arbeit; [**c'est**] **du beau ~** *iron* [eine] tolle Leistung; ***t'as fait du beau ~!*** da hast du ja was Schönes angerichtet!, das hast du hingekriegt! *fam;* **~aux dirigés** SCOL [praktische] Übungen *pl;* **~aux forcés** HIST Zwangsarbeit *f;* ***il a été condamné aux ~aux forcés à perpétuité*** er wurde zu lebenslänglich Zuchthaus verurteilt; ***c'est vraiment les ~aux forcés!*** *fam* das ist die reinste Sklaverei!; **les grands ~aux** die [großen] [staatlichen] Bauprojekte (*als Arbeitsbeschaffungsmaßnahmen*); **~aux pratiques** SCOL praktische Übungen *pl;* UNIV Übung *f;* **~aux publics** Hoch- und Tiefbau *m;* ***ministère des ~aux publics*** Ministerium *nt* für Bauwesen und Verkehr; ***ingénieur des ~aux publics*** Hoch- und Tiefbauingenieur(in) *m(f);* ~ **télépendulaire** INFORM Telearbeit *f;* **ce n'est pas du ~** das ist Pfusch[arbeit] *fam;* **qn mâche le ~ à qn** jd kaut jdm alles vor; **qn prend son ~ à 2/3/10/... heures** jd nimmt seine Arbeit um 2/3/10/... Uhr auf, jd fängt um 2/3/10/... Uhr an zu arbeiten; **qn se tue au ~** jd arbeitet sich tot [*o* zu Tode] *fam;* **au ~** *se mettre* an die Arbeit; *aller* zur Arbeit; ***qn est au ~*** jd ist beim [*o* am] Arbeiten, jd hat zu tun; ***allons, au ~!*** los, an die Arbeit!; **de ~** Arbeits-; ***pendant les heures de ~*** während der Arbeitszeit; **du ~** Arbeits-; ***code du ~*** Arbeitsgesetzbuch *nt;* ***médecin/ inspecteur du ~*** Betriebsarzt *m*/Gewerbeaufsichtsbeamte(r) *m;* **et voilà le ~!** *fam* fertig [ist die Arbeit]!; **~aux!** Bauarbeiten *pl!*
◆ **travail à la chaîne** Fließbandarbeit *f;* **travail à mi-temps/temps partiel/plein temps** Halbtags-/Teilzeit-/Ganztagsarbeit *f,* Halbtags-/Teilzeit-/Ganztagsbeschäftigung *f;* ***j'ai un ~ à mi-temps/ temps partiel/ plein temps*** ich arbeite halbtags/Teilzeit/ganztags; **travail d'amateur** Stümperei *f,* stümperhafte [*o* amateurhafte] Arbeit; **travail d'art** kunstfertige Arbeit; ***c'est un vrai ~ d'art*** es ist ein wahres Kunstwerk, da war ein Künstler am Werk; **travail de bénédictin** Sisyphusarbeit *f;* **travail de force** Schwer[st]arbeit *f;* **travail de fourmi** Fleißarbeit *f,* mühevolle Kleinarbeit; **travail de groupe** Gruppenarbeit *f;* **travail d'équipe** Teamarbeit ['ti:m-] *f,* Teamwork ['ti:mwø:ɐk] *nt;* **travail de Romain** Heidenarbeit *f,* Herkulesarbeit *f;* **travail d'intérêt général** gemeinnützige Arbeit; **travaux d'aiguille** Handarbeiten *pl,* Nadelarbeiten *pl;* **travaux d'approche** (*pour faire la cour*) Annäherungsversuche *pl;* (*pour obtenir qc*) Anbiederungsversuche *pl;* ***qn se livre à des ~aux d'approche*** [***auprès de qn***] jd macht [bei jdm] Annäherungsversuche/biedert sich [bei jdm] an; **travaux d'utilité collective** Arbeitsbeschaffungsmaßnahmen *pl;* (*emploi*) ABM-Stelle *f*

travailler <1> [tʀavaje] **I.** *vi* **1.** (*accomplir sa tâche*) ■ **qn travaille** [**d'une certaine manière**] jd arbeitet [irgendwie]; ***un élève travaille mal en classe*** ein Schüler tut zu wenig in der Schule; ***qn travaille comme un forçat/ une bête de somme*** jd arbeitet [*o* schuftet] wie ein Irrer/ein Pferd [*o* Ochse] *fam;* ***qn travaille d'arrache-pied*** jd arbeitet wie verrückt *fam*
2. (*exercer un métier*) ■ **qn travaille** [**quelque part**] jd arbeitet [irgendwo], jd ist irgendwo beschäftigt; ***il ne travaille pas encore*** er arbeitet noch nicht, er hat noch keine Arbeit; ***à quelle heure finissez-vous de ~?*** wann haben Sie Feierabend?, bis wann arbeiten Sie?; ■ **qn fait ~ qn** jd schickt jdn zur Arbeit [*o* arbeiten], jd lässt jdn arbeiten; ■ **qn travaille pour qn/qc** jd arbeitet für jdn/etw; ***qn travaille à son compte*** jd ist selbständig
3. (*s'exercer*) ■ **qn/un animal travaille** jd/ein Tier arbeitet; /*acrobate, enfant, musicien a.*/ jd übt; /*sportif a.*/ jd trainiert; ■ **qn fait ~ qn** jd lässt jdn arbeiten; *élève a.* jd arbeitet [*o* übt] mit jdm; *sportif* jd lässt jdn trainieren [tʀɛ'ni:ʀən]; *musicien* jd lässt jdn üben; ■ **qn fait ~ un animal** jd arbeitet mit einem Tier, jd trainiert ein Tier

4. (*viser un but*) ■ **qn travaille à** [*o* **sur**] **qc** jd arbeitet an etw (*dat*); *à la promotion, au succès de qn/qc* jd bemüht sich um etw (*akk*); ***qn travaille à sa ruine*** [*o* ***sa perte***] jd schaufelt sich (*dat*) sein eigenes Grab, jd stellt sich (*dat*) selbst ein Bein *fam;* ■ **qn travaille à faire qc** jd arbeitet daran, etw zu tun; jd bemüht sich [*o* ist bestrebt *geh*], etw zu tun; ***il travaille à satisfaire ses clients*** er ist bestrebt [*o* er bemüht sich] seine Kunden zufriedenzustellen; ■ **qc travaille** [**pour qn**] */argent/* etw arbeitet [für jdn], etw bringt [jdm] Zinsen; ■ **qc travaille pour/contre qn/qc** */temps/* etw arbeitet für/gegen jdn/etw; ■ **qn fait ~ qc** *argent* jd lässt etw [für sich] arbeiten; ■ **qn fait ~ qc** [**pour/contre qn/qc**] *temps* jd lässt etw [für/gegen jdn/etw] arbeiten

5. (*fonctionner*) ■ **qc travaille** */esprit, imagination/* etw arbeitet; */muscle a./* etw wird beansprucht; ■ **qn fait ~ qc** *sa tête* jd strengt etw an; *ses jambes, ses muscles* jd bewegt etw, jd lässt etw arbeiten; (*régulièrement*) jd trainiert etw; ***fais ~ ta matière grise!*** streng mal deinen Grips an! *fam*

6. (*subir des modifications*) ■ **qc travaille** etw arbeitet; */bois, métal a./* etw verzieht sich; */cidre, vin a./* etw gärt; */pâte/* etw geht

II. *vt* 1. (*façonner*) ■ **qn travaille qc** jd bearbeitet etw; *pâte a.* jd knetet [*o* arbeitet] etw [durch]; *terre a.* jd bestellt etw; *phrase, style* jd arbeitet [*o* feilt] an etw (*dat*); ■ [**qc est**] **travaillé(e)** */bois, métal, marbre/* [etw ist] bearbeitet; */style, phrase/* [etw ist] ausgefeilt; ***travaillé(e) à la main*** handgearbeitet; [***qc est***] ***travaillé(e) au tour*** [etw ist] maschinengedreht

2. (*s'entraîner à*) ■ **qn travaille qc** jd übt etw; *morceau de musique a.* jd übt etw ein; *discipline a.* jd lernt [*o* paukt *fam*] etw; *son revers* jd trainiert etw; ***tu ne travailles pas suffisamment tes maths*** du arbeitest nicht genug in Mathematik

3. (*agir sur*) ■ **qn/qc travaille qn/qc** jd/etw versucht, jdn/etw zu beeinflussen; *personne, opinion publique a.* jd/etw bearbeitet jdn/etw

4. (*tourmenter*) ■ **qc travaille qn** etw macht jdm zu schaffen; */douleur, fièvre a./* etw plagt jdn; */problème, question a., projet/* etw beschäftigt jdn, etw lässt jdm keine Ruhe; ■ **qc lui travaille qc**: ***qc lui travaille l'esprit*** [*o* ***la tête***] etw geht jdm im Kopf herum, etw beschäftigt jdn; ***qc lui travaille l'estomac*** etw quält seinen/ihren Magen, etw macht seinem/ihrem Magen zu schaffen; ■ [**qn est**] **travaillé(e) par qc** [jd ist/wird] von etw geplagt

5. (*opp: chômer*) ■ [**qc est**] **travaillé(e)**: ***les jours travaillés/non travaillés*** die Tage, an denen gearbeitet/nicht gearbeitet wird/wurde; ***les heures travaillées/non travaillées*** die gearbeitete/nicht gearbeitete Zeit

6. SPORT ■ **qn travaille qn/un animal** jd trainiert jdn/ein Tier; ■ **qn travaille qc** *coup droit* jd trainiert etw; *balle* jd schneidet etw an

travailleur, -euse [tʀavajœʀ, -jøz] I. *adj* fleißig

II. *m, f* 1. (*salarié*) Berufstätige(r) *f(m)*, Erwerbstätige(r) *f(m)*; (*ouvrier*) Arbeiter(in) *m(f)*; **~ *agricole/intellectuel/manuel*** Land-/Kopf-/Handarbeiter; **~ *indépendant*** selbständiger Erwerbstätiger, Selbständige(r) *m*; **~ *à domicile/au noir*** Heimarbeiter/Schwarzarbeiter; **~ *étranger/immigré*** ausländischer Arbeitnehmer/Gastarbeiter

2. (*personne laborieuse*) fleißiger Mensch, Arbeitsmensch *m*, Schaffer(in) *m(f)* SDEUTSCH; (*femme a.*) fleißige Frau; ***qn est un ~*** jd ist fleißig; ***c'est un bon ~*** er ist ein guter Arbeiter [*o* eine gute Arbeitskraft]

III. *f* COUT ■ **travailleuse** Nähkasten *m*, Nähkästchen *nt*

◆ **travailleuse familiale** Hauswirtschaftsgehilfin *f*; **travailleur de force** Schwerarbeiter *m*

travailliste [tʀavajist] I. *adj gouvernement* Labour- [ˈleɪbə-]; ***parti ~*** Labour Party [ˈleɪbəˈpaːrti] *f*; ***programme ~*** Labourprogramm *nt*, Programm *nt* der Labour Party

II. *mf* Mitglied *nt* der Labour Party

travée [tʀave] *f* 1. (*rangée*) [*église*] [Bank]reihe *f*; [*amphithéâtre a., théâtre*] [Sitz]reihe

2. ARCHIT [*mur, pont, voûte*] Joch *nt*; [*nef a.*] Travée *f*; ***un pont à trois ~s*** eine dreijochige Brücke

traveller's [**chèque**] <~ [~s]> *m*, **traveller's** [**check**] [tʀavlœʀs(ʃɛk)] <~ [~s]> *m* Reisescheck *m*, Travellerscheck [ˈtrɛvələ-] *m*

travelling [tʀavliŋ] *m* CINE [Kamera]fahrt *f*; **~ *optique*** Zoomaufnahme [ˈzuːm-] *f*

travelo [tʀavlo] *m* Tunte *f sl*

travers [tʀavɛʀ] *m* 1. (*petit défaut*) Schwäche *f*, [kleiner] Fehler; ***qn a le ~ de faire qc*** jd hat den Fehler, etw zu tun

2. (*morceau de porc*) Rippchen *nt*

▶ **à ~ champs** querfeldein; **qn a qc en ~ de la gorge** jd kaut immer noch an etw (*dat*) *fam*, jd hat etw noch nicht geschluckt [*o* verdaut] *fam*; **qn passe au ~** jd kommt [ungeschoren] davon; */criminel a./* jd entkommt; **qn passe au ~ de qc** jd bleibt von etw verschont; **qn prend qc de ~** jd nimmt etw übel [*o* krumm *fam*], jd bekommt [*o* kriegt] etw in den falschen Hals *fam*; **qn regarde qn de ~** (*avec suspicion*) jd sieht jdn schief an *fam*; (*avec animosité*) jd sieht jdn böse an; **qn tombe dans le ~ de faire qc** jd verfällt in den Fehler, etw zu tun; **à ~** [**qc**], **au ~** [**de qc**] (*en traversant*) durch [etw hindurch]; (*par l'intermédiaire de*) durch etw, an Hand [*o* anhand] einer S. (*gen*); ***on ne voit pas au ~*** man sieht nicht durch; ***le chat est passé à ~ le grillage*** die Katze ist durch den Zaun geschlüpft; ***les malfaiteurs sont passés à ~*** [***les mailles du filet***] die Verbrecher sind der Polizei entkommen [*o* durch die Lappen gegangen *fam*]; ***la glace est mince, tu risques de passer à ~*** [*o* ***au ~***] das Eis ist dünn, du könntest einbrechen; ***à ~ les âges/les siècles*** durch alle Zeiten/Jahrhunderte hindurch, über die Zeiten/über Jahrhunderte; ***à ~ les saisons*** durch alle Jahreszeiten hindurch, im Wandel der Jahreszeiten; ***à ~ le monde*** überall in der Welt; ***au ~ de qc, on devine qc*** etw lässt etw ahnen; ***qn juge qn à ~ son œuvre*** jd beurteilt jdn nach seinem Werk; **à ~ qn** in jdm; **de ~** (*en biais*) schief, schräg; NAUT *vent* Seiten-; (*mal*) falsch, verkehrt; ***qn a le nez/la bouche de ~*** jd hat eine schiefe Nase/einen schiefen Mund; ***tu as mis ton chapeau de ~!*** du hast deinen Hut schief aufgesetzt!; ***vent de ~*** Seitenwind *m*, Dwarswind *m spec*; ***qn avale*** [***qc***] ***de ~*** jd verschluckt sich [an etw (*dat*)]; ***qn marche*** [*o* ***va***] ***de ~*** jd torkelt [hin und her]; ***tout va de ~ en ce moment*** im Moment geht alles schief; **en ~** [**de qc**] *de la route, d'un meuble* quer [über etw (*dat/akk*)]; *du jardin* quer [durch etw]; ***qn coupe/scie qc en ~*** jd schneidet/sägt etw quer durch; ***la voiture s'est mise en ~*** [***de la route***] das Auto hat sich quer gestellt; ***le bateau s'est échoué de ~*** das Schiff ist querschiffs aufgelaufen; ***qn se met/est en ~*** jd stellt sich/steht quer; ***qn se met en ~ des projets de qn*** jd stellt sich jds Plänen in Weg, jd durchkreuzt jds Pläne; ***qn se retrouve en ~ de la route de qn*** jd steht jdm im Weg; ***je le retrouve toujours en ~ de ma route*** er steht mir immer im Weg; **par le ~** NAUT querschiffs

traversable [tʀavɛʀsabl] *adj* passierbar; *rue* überquerbar; *rivière a., forêt* durchquerbar; ■ **qc est ~** etw kann über-/durchquert werden, man kann etw über-/durchqueren

traverse [tʀavɛʀs] *f* 1. CHEMDFER Schwelle *f*

2. TECH [*croix, grille*] Querbalken *m*; [*fenêtre a.*] Querholz *nt*, Kämpfer *m*

traversée [tʀavɛʀse] *f* ■ **~** [**de qc**] *d'une mer, rue, d'un fleuve, pont* Überqueren *nt* [*o* Überquerung *f*] [einer S. (*gen*)]; (*en bateau a.*) [Über]fahrt *f* [über etw (*akk*)]; (*en voiture a.*) Fahrt *f* über etw (*akk*); (*en avion a.*) Überfliegen *nt* [einer S. (*gen*)], Flug *m* über etw (*akk*); *d'une ville, forêt, d'un tunnel, continent, désert* Durchqueren *nt* [einer S. (*gen*)]; (*en voiture a.*) Durchfahren *nt* [einer S. (*gen*)], Fahrt durch etw; *en avion a.* Überfliegen *nt* [einer S. (*gen*)], Flug über etw (*akk*); ***la ~ de l'Atlantique*** die Überquerung des Atlantiks, die Atlantiküberquerung; (*en avion a.*) der Flug über den Atlantik; ***la ~ du tunnel*** die [Durch]fahrt durch den Tunnel; ***la ~ du fleuve à la nage*** das Durchschwimmen des Flusses

▶ **traversée du désert** Durststrecke *f*

traverser <1> [tʀavɛʀse] *vt* 1. (*franchir*) ■ **qn/qc traverse qc** jd/etw überquert etw; (*à pied a.*) jd geht über etw (*akk*); (*en voiture, à vélo a.*) jd fährt über etw (*akk*); (*à la nage*) jd durchschwimmt etw, jd schwimmt über etw (*akk*); *forêt, ville, désert* jd/etw durchquert etw; (*à pied a.*) jd geht durch etw; (*en voiture, à vélo a.*) jd fährt durch etw; ■ **qn fait ~ qn** jd führt jdn über die Straße, jd hilft jdm beim Überqueren [der Straße]

2. (*se situer en travers de*) ■ **qc traverse qc** */route/* etw durchquert etw, etw führt [*o* geht] [quer] durch etw; *montagne a., rivière* etw überquert etw, etw führt über etw (*akk*); */fleuve/* etw durchfließt [*o* durchquert] etw, etw fließt durch etw; */pont/* etw überquert etw, etw führt [*o* geht] über etw (*akk*); */tunnel/ montagne* etw durchquert etw, etw führt [*o* geht] durch etw; *ville, rivière* etw führt [*o* geht] unter etw (*dat*) durch

3. (*transpercer*) ■ **qc traverse qc** etw dringt durch etw, etw geht durch etw durch; */clou a./* etw durchdringt etw, etw bohrt sich durch etw; */pluie/* etw durchnässt etw; */balle/* etw durchschlägt [*o* durchbohrt] etw

4. (*subir*) ■ **qn/qc traverse qc** jd/etw macht etw durch; ***qn/qc traverse une période difficile*** jd/etw befindet sich in einer schwierigen Phase, jd macht eine schwierige Zeit durch

5. (*se manifester dans*) ■ **qc lui traverse qc** */idée/* etw geht [*o* schießt] ihm/ihr durch etw; */douleur/* etw fährt ihm/ihr durch etw; ***une vive douleur me traversa le crâne*** ein heftiger Schmerz durchfuhr meinen Kopf [*o* fuhr mir durch den Kopf]

6. (*fendre*) ■ **qn traverse qc** jd bahnt sich (*dat*) einen Weg durch etw

7. (*survivre à*) ■ **qc traverse qc** etw überdauert etw, etw geht durch etw hindurch

8. (*barrer*) ■ **qc** [**lui**] **traverse qc** etw zieht sich [quer] über etw (*akk*); ***une balafre lui traversait le front*** eine Narbe zog sich quer über seine/ihre Stirn, er/sie hatte eine Narbe quer über die ganze Stirn

traversier, -ière [tʀavɛʀsje, -jɛʀ] I. *adj* Quer-

II. *m* CAN NAUT Fähre *f*, Fährboot *nt*

traversin [tʀavɛʀsɛ̃] *m* Nackenrolle *f*, Schlummerrolle *f*

travesti, e [tʀavɛsti] I. *adj* Kostüm-; *bal a.* Masken-; THEAT *rôle* Verkleidungs-

II. *m* 1. (*homosexuel*) Transvestit *m*

2. THEAT (*rôle*) (*pour un homme*) Frauenrolle *f*; (*pour une femme*) Hosenrolle *f*; (*artiste*) Travestiekünstler *m*; ***il fait un numéro de ~*** er macht eine Travestieshow [-ʃoʊ]

travestir <8> [tʀavɛstiʀ] I. *vt* 1. (*falsifier*) ■ **qn travestit qc** jd verfälscht etw, jd stellt etw falsch dar; *pensée a.* jd gibt etw falsch [*o* verzerrt] wieder; *paroles a.* jd verdreht etw *fam*; *vérité, réalité a.* jd verzerrt etw, jd stellt etw verzerrt dar; *voix* jd verstellt etw

2. (*déguiser*) ■ **qn travestit qn** [**en qc**] jd verkleidet jdn [als etw]

II. *vpr* ■ **qn se travestit** [**en qc**] jd verkleidet sich [als etw]

travestissement [tʀavɛstismɑ̃] *m* 1. (*déformation*) Verfälschung *f*; [*vérité, réalité a.*] Verzerrung *f*, verzerrte Darstellung; [*pensée a.*] verzerrte Wiedergabe; [*voix*] Verstellung *f*

2. (*déguisement*) Verkleidung *f*, Kostümierung *f*

traviole [tʀavjɔl] *loc* ▶ **de ~** *fam être, mettre* schief; *comprendre, faire* falsch, verkehrt; *regarder* schief, komisch; ***elle comprend tout de ~*** sie versteht alles falsch [*o* miss *fam*], sie missversteht alles; ***il prend tout de ~*** er nimmt alles krumm *fam*

trayeur, -euse [tʀɛjœʀ, -jøz] I. *m, f* Melker(in) *m(f)*

II. *f* ■ **trayeuse** Melkmaschine *f*

trébuchant, e [tʀebyʃɑ̃, ɑ̃t] *adj* 1. (*chancelant*) schwankend; *ivrogne a.* torkelnd; ***qn s'avance en ~*** jd kommt angetorkelt [*o* angeschwankt]; ***il sortit du bistrot, la démarche ~e*** er torkelte [*o* schwankte] aus der Kneipe

2. (*hésitant*) *voix* stockend; *diction a.* holprig

trébucher <1> [tʀebyʃe] *vi* 1. (*buter*) ■ **qn trébuche** [**sur qc**] *sur une pierre, marche* jd stolpert [über etw (*akk*)]

2. (*être arrêté par*) ■ **qn trébuche sur qc** jd stolpert über etw (*akk*); ■ **qn/qc fait ~ qn** jd/etw bringt jdn in Schwierigkeiten, jd stellt jdm ein Bein *fam*; ■ **qc fait ~ qn** [**sur qc**] etw lässt jdn [über etw (*akk*)] stolpern

trébuchet [tʀebyʃɛ] *m* 1. (*piège*) [Vogel]falle *f*

2. (*balance*) Feinwaage *f*, Goldwaage *f*; (*pour la monnaie*) Münzwaage *f*

trèfle [tʀɛfl] *m* **1.** BOT Klee *m*
2. CARTES Kreuz *nt*; ***qn joue ~*** jd spielt Kreuz; ***l'as de ~*** [das] Kreuzass
3. (*figure*) Kleeblatt *nt*; ARCHIT Dreipass *m*
▶ **en ~** *carrefour, croisement* Kleeblatt-
◆ **trèfle à quatre feuilles** vierblättriges Kleeblatt

tréfonds [tʀefɔ̃] *m littér* Innerste(s) *nt*; [*affaire*] eigentlicher Hintergrund; ***qn connaît le fonds et le ~ de qc*** jd kennt etw in- und auswendig; ***qc atteint/ébranle qn jusqu'au ~*** [***de son être***] etw trifft/erschüttert jdn zutiefst

treillage [tʀɛjaʒ] *m* Gitter[werk *nt*] *nt*, Lattenwerk *nt*; (*pour des plantes*) Spalier *nt*, Rankrost *m*; (*clôture*) Scherenzaun *m*, Jägerzaun *m*

treille [tʀɛj] *f* **1.** (*tonnelle*) Weinlaube *f*
2. (*vigne*) Kletterwein *m*, Spalierwein *m*; ***jus de la ~*** *hum* Rebensaft *m*

treillis¹ [tʀɛji] *m* **1.** CONSTR Gitterwerk *nt*
2. (*clôture en bois*) Scherenzaun *m*, Kreuzzaun *m*; (*en métal*) Gitter *nt*
3. (*grillage grossier*) Maschendraht *m*; (*fin*) Drahtgitter *nt*; [*garde-manger*] Fliegengitter *nt*

treillis² [tʀɛji] *m* TEXTIL **1.** (*tissu*) Drillich *m*
2. (*vêtement*) Drillichanzug *m*, Drillichzeug *nt*; MIL Kampfanzug *m*

treize [tʀɛz] **I.** *num* **1.** (*cardinal*) dreizehn
2. (*ordinal*): ***chapitre/page ~*** Kapitel *nt*/Seite *f* dreizehn; ***Louis XIII*** Ludwig XIII., Ludwig der Dreizehnte; ***je viens le ~ mai*** ich komme am dreizehnten Mai; ***vendredi ~*** Freitag der Dreizehnte
II. *m inv* **1.** (*chiffre*) Dreizehn *f*
2. (*numéro*) Nummer *f* dreizehn, Dreizehn *f*; ***il habite*** [***au***] ***13, rue de la Gendarmerie*** er wohnt [in der] Rue de la Gendarmerie [Nummer] 13
3. (*date*): ***nous sommes aujourd'hui le ~*** heute ist der Dreizehnte, wir haben heute den Dreizehnten
4. SCOL (*note*) dreizehn Punkte [aus zwanzig] (*befriedigende Note, die einer Drei entspricht*); *v. a.* **cinq**

treizième [tʀɛzjɛm] **I.** *adj antéposé* dreizehnte(r, s); ***au ~ siècle*** im dreizehnten Jahrhundert; ***le ~ mois*** das dreizehnte [Monats]gehalt; ***elle est arrivée ~*** sie ist Dreizehnte geworden
II. *mf* ■ **le/la ~** der/die/das Dreizehnte
III. *m* **1.** (*fraction*) Dreizehntel *nt*, dreizehnter Teil
2. (*étage*) dreizehnter Stock, dreizehnte Etage
3. (*arrondissement*) dreizehntes Arrondissement

tréma [tʀema] **I.** *m* Trema *nt*
II. *app e, i, u* [mit] Trema; ***a/o/u ~*** (*en allemand*) ä/ö/ü, a/o/u Umlaut

tremblant, e [tʀɑ̃blɑ̃, ɑ̃t] *adj* zitternd; *voix a.* bebend; *lueur* flackernd; ***qn est tout ~*** jd zittert am ganzen Körper; ***tout***(***e***) ~(***e***) am ganzen Körper zitternd; ***les membres ~s/la main ~e*** mit zitternden Gliedern/mit zitternder Hand; ■ **~ de qc** vor etw (*dat*) zitternd [*o* bebend]; *de froid, de peur a.* vor etw (*dat*) schlotternd; ***qn est ~ de froid/peur*** jd zittert [*o* schlottert] vor Kälte/Angst

tremble [tʀɑ̃bl] *m* Espe *f*, Zitterpappel *f*

tremblé, e [tʀɑ̃ble] *adj* zitt[e]rig

tremblement [tʀɑ̃bləmɑ̃] *m* **1.** (*frissonnement*) [*mains, personne*] Zittern *nt*; [*jambes a.*] Schlottern *nt*; [*voix a.*] Beben *nt*; [*lumière, flamme*] Flackern *nt*; ***un ~ le parcourut*** er zitterte am ganzen Körper; ■ **~ de qc** *de peur, froid* Zittern vor etw (*dat*); (*très fort a.*) Schlottern vor etw (*dat*); *de colère a.* Beben vor etw (*dat*); ***~s de fièvre*** Schüttelfrost *m*; ***un ~ de peur/de froid/de colère le parcourut*** er zitterte vor Angst/Kälte/Wut am ganzen Körper; ■ **qn est pris d'un ~/de ~s** jd fängt an [*o* beginnt] am ganzen Körper zu zittern; ■ **qn est pris d'un ~/de ~s de qc** jd fängt an [*o* beginnt] vor etw (*dat*) zu zittern; ***qn est pris de ~s de fièvre*** jd bekommt Schüttelfrost
2. (*vibration*) Beben *nt*; [*mur a.*] Wackeln *nt*; [*voix a., feuilles*] Zittern *nt*; ***des ~s*** Erschütterungen *pl*
▶ **et tout le ~** *fam* und das ganze Drum und Dran *fam*; (*personnes*) und die ganze Bagage *fam*; ***avec tout le ~*** mit allem Drum und Dran/mit der ganzen Bagage *fam*
◆ **tremblement de terre** Erdbeben *nt*

trembler <1> [tʀɑ̃ble] *vi* **1.** (*frissonner*) ■ **qn/qc tremble** jd/etw zittert; /*flamme, lumière*/ etw flackert; ■ **qn tremble de qc** *de fièvre* jd zittert vor etw (*dat*); *de colère, d'indignation a.* jd bebt vor etw (*dat*); *de peur, froid a.* jd schlottert vor etw (*dat*)
2. (*vibrer*) ■ **qc tremble** etw bebt; /*bâtiment, plancher, sol, vitre a.*/ etw [er]zittert; /*voix a.*/ etw zittert; ■ **qc fait ~ qc** etw lässt etw erzittern
3. (*avoir peur*) ■ **qn tremble** [**à qc**] jd erschauert; *à la pensée, la vue de qc* jd [er]zittert [*o* erschauert] bei etw; ***qn tremble à l'idée de faire qc/que*** jd zittert [*o* jdm graust es] bei dem Gedanken, etw zu tun/dass; ■ **qn tremble de faire qc** + *subj* jd fürchtet sich davor, etw zu tun; jd zittert [*o* jdm graust es] bei dem Gedanken, etw zu tun; ■ **qn tremble d'avoir fait qc** jd fürchtet, etw getan zu haben; jdm graust es bei dem Gedanken, etw getan zu haben; ***je tremble de l'avoir perdu*** ich fürchte, ihn verloren zu haben; ■ **qn tremble que** + *subj* jd fürchtet, dass; jd zittert [*o* jdm graust es] bei dem Gedanken, dass; ***je tremble qu'elle ne revienne jamais*** ich fürchte, sie kommt nie zurück [*o* wieder]; ■ **tremblant(e)** [**de qc**] [vor etw (*dat*)] zitternd [*o* schaudernd], zitternd [*o* schaudernd] vor etw (*dat*); ■ **qn tremble** [**devant qn/qc**] jd zittert [vor jdm/etw]; ■ **qn tremble pour qn/qc** jd zittert [*o* hat Angst] [*o* bangt *geh*] um jdn/etw; ■ **qn/qc fait ~ qn** jd/etw macht jdm Angst [und Bange]

tremblotant, e [tʀɑ̃blɔtɑ̃, ɑ̃t] *adj* zitt[e]rig; *démarche* unsicher, wackelig; *lumière* flackernd

tremblote [tʀɑ̃blɔt] *f* ▶ **qn a la ~** *fam* jd zittert [*o* schlottert], jd hat das Zittern *fam*; (*de peur*) jd hat das große Zittern *fam*; (*de vieillesse*) jd hat den Tatterich *fam*

tremblotement [tʀɑ̃blɔtmɑ̃] *m* [leichtes] Zittern; ***avec un ~ des mains/dans la voix*** mit leicht zitternden Händen/zitternder Stimme

trembloter <1> [tʀɑ̃blɔte] *vi* ■ **qn/qc tremblote** jd/etw zittert [leicht]

trémie [tʀemi] *f* TECH [Einfüll]trichter *m*

trémolo [tʀemɔlo] *m* **1.** MUS Tremolo *nt*
2. (*tremblement*) Beben *nt*, Zittern *nt*; ***avec des ~s dans la voix*** mit bebender [*o* zitternder] Stimme

trémoussement [tʀemusmɑ̃] *m* [*enfant*] Gezappel *nt fam*, [Herum]gehampel *nt fam*; [*danseur*] Verrenkung *f*; [*hanches*] Wiegen *nt*, Wackeln *nt pej*; ***arrête tes ~s*** hör auf herumzuzappeln; ***elle dansait avec un ~ des hanches*** sie wiegte sich beim Tanzen in den Hüften

trémousser <1> [tʀemuse] *vpr* ■ **qn se trémousse** /*danseur*/ jd verrenkt sich, jd macht Verrenkungen *fam*; /*enfant*/ jd hampelt [*o* zappelt] herum *fam*; /*adulte*/ (*en marchant*) jd wiegt sich in den Hüften, jd wackelt mit den Hüften *pej*; ***elle marche en se trémoussant*** sie wiegte sich beim Gehen in den Hüften, beim Gehen wackelt sie mit den Hüften *pej*

trempage [tʀɑ̃paʒ] *m* **1.** [*linge*] Einweichen *nt*
2. [*grains, semences*] Weichen *nt*; [*papier*] Befeuchten *nt*

trempe [tʀɑ̃p] *f* **1.** (*fermeté*) Charakterstärke *f*; ***un gars de cette/sa ~*** ein Kerl von solchem Schlag [*o* Kaliber]/seines Schlags [*o* Kalibers] *fam*; ***nous sommes de la même ~*** wir sind vom gleichen Schlag
2. *fam* (*correction*) Tracht *f* Prügel, Dresche *f fam*, Abreibung *f fam*; ***qn*** [***se***] ***prend une de ces ~s*** jd bezieht eine Tracht Prügel [*o* eine Abreibung *fam*], jd kriegt Dresche *fam*; ***qn flanque une de ces ~s à qn*** jd verabreicht jdm eine Tracht Prügel, jd verpasst jdm eine Abreibung *fam*, jd verdrischt jdn *fam*
3. TECH [*acier*] Härten *nt*, Härtung *f*; [*verre a.*] Tempern *nt spec*

trempé, e [tʀɑ̃pe] *adj* **1.** (*mouillé*) durchnässt, durch und durch nass, klatschnass *fam*; ■ **~ de qc** von etw überströmt; *de pluie* von etw durchnässt [*o* durchweicht]; **~ *de larmes*** tränenüberströmt; **~ *de sueur*** schweißgebadet, in Schweiß gebadet; ***il a le visage ~/les joues ~s de larmes*** sein Gesicht ist/seine Wangen sind tränenüberströmt
2. TECH *acier* gehärtet; *verre* vorgespannt; ***en verre ~*** aus Sicherheitsglas
▶ **bien ~** stark; *volonté a.* eisern

tremper <1> [tʀɑ̃pe] **I.** *vt* **1.** (*mouiller*) ■ **qc trempe qn/qc** etw durchnässt jdn/etw; *sol a.* etw durchtränkt etw
2. (*humecter*) ■ **qn trempe qc** *grains, semence* jd weicht etw, jd lässt etw quellen; *papier* jd befeuchtet etw
3. (*plonger*) ■ **qn trempe qc quelque part** jd taucht etw in etw (*akk*) ein; *pain, biscotte, biscuit a.* jd tunkt etw in etw (*akk*) [ein]; ***qn trempe ses lèvres dans une boisson*** jd nippt an einem Getränk
4. TECH ■ **qn trempe qc** *acier* jd härtet etw; *verre* jd schreckt etw ab
II. *vi* **1.** (*rester immergé*) ■ **qc trempe quelque part** etw hängt in etw (*dat*); /*linge*/ etw weicht in etw (*dat*); /*tiges de fleurs*/ etw steht in etw (*dat*); ■ **qn laisse** [*o* **fait**] [*o* **met à**] **~ qc** [**dans qc**] *légumes secs* jd lässt etw [in etw (*dat*)] quellen, jd wässert etw; *linge* jd lässt etw [in etw (*dat*)] weichen, jd weicht etw [in etw (*dat*)] ein
2. (*participer à*) ■ **qn trempe dans qc** jd ist in etw (*akk*) verwickelt
III. *vpr* ■ **qn se trempe** jd geht [*o* springt] mal kurz ins Wasser

trempette [tʀɑ̃pɛt] *f fam* kurzes Bad, [kurzer] Sprung ins Wasser
▶ **qn fait ~** [**dans qc**] jd nimmt ein kurzes Bad [in etw (*dat*)], jd springt mal kurz in etw (*akk*) *fam*

tremplin [tʀɑ̃plɛ̃] *m* **1.** SPORT Sprungbrett *nt*; SKI Sprungschanze *f*
2. (*aide, soutien*) Sprungbrett *nt*; ***qc sert de ~ à qn*** etw dient jdm als Sprungbrett, etw ist ein Sprungbrett für jdn

trench-coat [tʀɛnʃkot] *m* Trenchcoat *m*, Trench *m fam*

trentaine [tʀɑ̃tɛn] *f* **1.** (*environ trente*) ■ **une ~** [**de personnes/choses**] ungefähr [*o* um die] dreißig [Menschen/Dinge]
2. (*âge approximatif*): ***qn a la ~*** jd ist ungefähr [*o* etwa] [*o* um die] dreißig [Jahre alt]; ***qn approche de la ~*** jd geht auf die Dreißig zu; ***qn a dépassé/a largement dépassé la ~*** jd ist über/weit über dreißig [Jahre alt]; ***elle a une ~ d'années*** sie ist so um die Dreißig

trente [tʀɑ̃t] **I.** *num* **1.** (*cardinal*) dreißig
2. (*ordinal*): ***chapitre/page ~*** Kapitel *nt*/Seite *f* dreißig; ***je viens le ~ mai*** ich komme am dreißigsten Mai; ***dans les années ~*** in den dreißiger Jahren
II. *m inv* **1.** (*chiffre*) Dreißig *f*
2. (*numéro*) Nummer *f* dreißig, Dreißig *f*; ***j'habite*** [***au***] ***30, rue de la Mésange*** ich wohne [in der] Rue de la Mésange [Nummer] 30
3. (*date*): ***nous sommes aujourd'hui le ~*** heute ist der Dreißigste, wir haben heute den Dreißigsten
◆ **trente et un(e)** einunddreißig ▶ **qn se met/est sur son ~ et un** jd wirft sich in Schale/hat sich in Schale geworfen *fam*; *v. a.* **vingt**

trentenaire [tʀɑ̃tnɛʀ] *adj* dreißigjährig; ***prescription ~*** Verjährungsfrist *f* von dreißig Jahren

trente-six [tʀɑ̃tsis] **I.** *num* **1.** (*chiffre*) sechsunddreißig
2. *fam* (*une grande quantité*) zig[tausend] *fam*, x *fam*; ***~-~ fois*** hundertmal, zigmal *fam*, x-mal *fam*; ***il n'y a pas ~-~ possibilités*** so viele Möglichkeiten gibt es nicht, es gibt keine zig [*o* x] Möglichkeiten *fam*; ***j'ai ~-~ mille choses à faire*** ich habe hunderterlei zu tun, ich habe tausend Dinge zu erledigen
II. *m fam* ▶ **tous les ~-~ du mois** alle Jubeljahre [mal] *fam*

trentième [tʀɑ̃tjɛm] **I.** *adj antéposé* dreißigste(r, s); ***la ~ partie de qc*** der dreißigste Teil von etw, ein Dreißigstel *nt* von etw
II. *m* (*fraction*) Dreißigstel *nt*
III. *mf* ■ **le/la ~** der/die/das Dreißigste

trépan [tʀepɑ̃] *m* **1.** MED Trepan *m spec*, Schädelbohrer *m*
2. TECH (*machine*) (*pour le sol*) Tiefbohrer *m*; (*pour la pierre a.*) Bohrmeißel *m*; (*partie de la machine*) Bohrkopf *m*

trépanation [tʀepanasjɔ̃] *f* Trepanation *f spec*

trépaner <1> [tʀepane] *vt* ■ **qn trépane qn** jd trepaniert jdn *spec*, jd operiert jdn am Schädel

trépas [tʀepɑ] *m littér* Tod *m*, [Da]hinscheiden *nt geh*

trépasser <1> [tʀepɑse] *vi littér* ■ **qn trépasse** jd entschläft *geh*, jd verscheidet *geh*, jd scheidet dahin *geh*

trépidant, e [tʀepidɑ̃, ɑ̃t] *adj* **1.** (*saccadé*) *danse* rhythmisch; *rythme* pulsierend, hämmernd; *moteur* dröhnend
2. (*fébrile*) pulsierend, bewegt

trépidation [tʀepidasjɔ̃] *f* **1.** (*tremblement saccadé*) [*vitres*] Vibrieren *nt;* [*plancher a.*] Beben *nt;* [*machine*] Dröhnen *nt*
2. (*fébrilité*) [*époque*] Hektik *f;* [*vie a.*] Trubel *m; pl* Trubel, Aufregungen *pl*

trépider <1> [tʀepide] *vi* ■ **qc trépide** etw vibriert; /*plancher a.*/ etw bebt; /*machine*/ etw dröhnt; ■ **qc fait ~ qc** etw lässt etw erzittern

trépied [tʀepje] *m* **1.** (*siège*) Dreifuß *m*
2. (*support*) Dreibein *nt;* [*appareil photo*] Stativ *nt*

trépignement [tʀepiɲmɑ̃] *m* Trampeln *nt,* Getrampel *nt fam;* (*de colère*) [Auf]stampfen *nt*

trépigner <1> [tʀepiɲe] *vi* ■ **qn trépigne [de qc]** *d'enthousiasme* jd trampelt [vor etw (*dat*)]; *d'impatience a.* jd tritt [vor etw (*dat*)] von einem Fuß auf den anderen; *de colère, d'indignation* jd stampft [vor etw (*dat*)] [mit den Füßen]

très [tʀɛ] *adv* sehr; *dangereux, aimable a.* höchst; *content, intelligent, intéressant a.* hoch-, äußerst; *nécessaire* dringend; *en avance* viel; ***qn arrive ~ en avance*** jd kommt viel zu früh an; ***qn reste ~ en arrière*** jd bleibt weit zurück; ***qn est ~ au courant*** jd ist bestens informiert, jd weiß genau über alles Bescheid; ***qn a ~ faim/soif/peur*** jd hat großen Hunger/Durst/große Angst; ***qn fait ~ attention*** jd passt gut auf; ***il fait ~ peuple/province*** *fam* er wirkt ziemlich [*o* ganz schön] ordinär/hinterwäldlerisch; ***ça fait ~ style renaissance*** *fam* das ist ganz und gar Renaissancestil; ***elle est ~ femme*** *fam* sie ist sehr fraulich; ■ **pas ~** nicht sehr [*o* besonders] [*o* sonderlich]; ***il n'est pas ~ intelligent*** er ist nicht besonders [*o* sonderlich] intelligent; ***ce n'est pas ~ nécessaire*** das ist eigentlich nicht notwendig; ***qn ne se sent pas ~ à son aise*** jd fühlt sich nicht sehr [*o* besonders] wohl; ***je ne suis pas ~ ciné*** *fam* ich bin kein großer Kinofan
▶ **pas** ~! nicht [so] besonders!; **pas** ~, ~ … nicht besonders …; ***il n'a pas été ~, ~ aimable*** er war nicht besonders [*o* sonderlich] freundlich; ~! sehr!; ***êtes-vous content? – Oui,*** ~! sind Sie zufrieden? – Ja, sehr!

Très-Haut [tʀɛzo] *m* ■ **le ~~** der Allerhöchste *geh*

trésor [tʀezɔʀ] *m* **1.** (*richesse enfouie*) Schatz *m;* ***le ~ de Notre-Dame*** der Kirchenschatz von Notre-Dame
2. *pl* (*richesses*) Schätze *pl;* (*richesses artistiques*) Kunstschätze; [*pays, terre a.*] Reichtümer *pl*
3. (*source précieuse*) ■ **un ~ de qc** eine Fülle von etw; ***cette bibliothèque est un ~ de livres anciens*** diese Bibliothek ist eine wahre Fundgrube für alte Bücher; ■ **des ~s de** eine Menge …, eine große Portion … *fam;* ***il y a en lui des ~s de patience*** er ist grenzenlos geduldig, seine Geduld ist unerschöpflich; ***qn déploie des ~s de patience/de ruses*** jd wappnet sich mit grenzenloser Geduld/jdm fallen immer neue Tricks ein; ***qn dépense des ~s d'ingéniosité*** jd zeigt sich äußerst einfallsreich, jd entwickelt eine Menge Einfallsreichtum
4. ADMIN, FIN ■ **T~ [public]** (*budget*) Staatshaushalt *m;* (*l'État*) öffentliche Hand; (*administration*) Finanzverwaltung *f,* Finanzbehörden *pl;* (*bureau*) Finanzamt *nt;* ***le déficit du T~*** das Defizit im Staatshaushalt; ***Direction du T~ [au ministère des Finances]*** *Abteilung Staatshaushalt im Finanzministerium*
▶ **qn est un ~** jd ist ein Schatz; **mon ~** [mein] [lieber] Schatz

trésorerie [tʀezɔʀʀi] *f* **1.** (*budget*) Finanzen *pl;* (*gestion*) Haushaltsführung *f;* [*entreprise*] (*budget*) [Firmen]gelder *pl;* (*gestion*) [betriebliches] Rechnungswesen; ***qn a des difficultés de ~*** jd ist in Geldnöten, jd hat Geldprobleme, jd ist knapp bei Kasse *fam;* ***rapport de ~*** Geschäftsbericht *m,* Kassenbericht *m*
2. ADMIN, FIN Finanzbehörde *f,* Finanzverwaltung *f;* (*bureau*) Finanzamt *nt;* (*gestion du budget de l'État*) Budgetführung *f,* Etatverwaltung *f*

trésorier, -ière [tʀezɔʀje, -jɛʀ] *m, f* Kassenführer(in) *m(f);* [*association, club a.*] Kassenwart *m,* Kassierer(in) *m(f);* [*parti, syndicat*] Schatzmeister(in) *m(f)*

trésorier-payeur <~s-~s> [tʀezɔʀjepɛjœʀ] *m* ▶ ~-~ **général** ≈ Oberfinanzdirektor(in) *m(f),* Leiter(in) *m(f)* der Finanzverwaltung [eines Departements, einer Provinz]

tressage [tʀesaʒ] *m* Flechten *nt*

tressaillement [tʀesajmɑ̃] *m* Zucken *nt;* [*corps a.*] Zusammenzucken; ***qn a un ~ de surprise/de frayeur*** jd zuckt [*o* fährt] überrascht/vor Schreck zusammen; ***qc provoque un ~ de surprise/frayeur/joie chez qn*** etw lässt jdn überrascht/vor Schreck zusammenzucken [*o* zusammenfahren]/vor Freude erbeben; ***elle eut un ~ de joie*** ein freudiges Beben durchlief sie

tressaillir <*irr*> [tʀesajiʀ] *vi* ■ **qn/un animal tressaille** jd/ein Tier zuckt [*o* fährt] zusammen; /*personne a.*/ jd erzittert; ■ **qc tressaille** /*maison*/ etw erzittert; /*cœur*/ etw bebt; ■ **qn/qc fait ~ qn** jd/etw lässt jdn zusammenzucken [*o* zusammenfahren]; (*de peur*) jd/etw erschreckt jdn [*o* schreckt jdn auf]; (*de plaisir, de joie*) jd/etw lässt jdn erzittern [*o* erbeben]; ■ **qn tressaille de qc** *de douleur, peur* jd zuckt [*o* fährt] vor etw (*dat*) zusammen; *de joie, plaisir* jd bebt vor etw (*dat*)

tressauter <1> [tʀesote] *vi* **1.** (*être secoué*) ■ **qn tressaute [quelque part]** jd wird [irgendwo] hin- und hergeworfen; ■ **qn tressaute [dans qc]** jd wird [in etw (*dat*)] durchgerüttelt [*o* durchgeschüttelt]; ■ **qc tressaute [quelque part]** etw wird [irgendwo] hin-und hergeschüttelt; /*verre*/ etw wackelt [irgendwo] [hin und her]; /*carriole, voiture*/ etw holpert irgendwo; ***la carriole tressautait sur les pavés*** der Karren holperte über das Pflaster; ■ **qc fait ~ qn/qc** etw schüttelt jdn/etw hin und her; *personne a.* etw wirft jdn hin und her, etw rüttelt jdn durch
2. (*sursauter*) ■ **qn tressaute** jd fährt [*o* zuckt] zusammen; (*dans son sommeil, dans ses pensées*) jd fährt auf, jd schreckt [*o* fährt] hoch; ■ **qn/qc fait ~ qn** jd/etw erschreckt jdn, etw lässt jdn zusammenzucken [*o* zusammenfahren]

tresse [tʀɛs] *f* **1.** (*natte*) Zopf *m,* Flechte *f geh*
2. (*cordon*) Litze *f;* [*câble*] Umflechtung *f;* MIL Tresse *f*

tresser <1> [tʀese] *vt* **1.** (*entrelacer*) ■ **qn tresse qc** jd flicht etw
2. (*confectionner*) ■ **qn tresse qc** jd flicht etw; *câble, corde, cordon a.* jd dreht etw; ***elle tresse des guirlandes de fleurs*** sie bindet [*o* flicht] Blumengirlanden

tréteau <x> [tʀeto] *m* **1.** (*support*) Bock *m*
2. THEAT ■ **les ~x** die Bühne; die Bretter, die die Welt bedeuten *geh;* ***qn monte sur les ~x*** jd geht zur Bühne [*o* zum Theater]

treuil [tʀœj] *m* Winde *f*

treuillage [tʀœjaʒ] *m* Bergung *f* [mit Hilfe einer Winde]; [*personne a.*] Rettung *f* [mit Hilfe einer Winde]; ***qn est sauvé(e) par ~*** jd wird mit Hilfe einer Winde geborgen

treuiller <1> [tʀœje] *vt* ■ **qn treuille qn/qc [quelque part]** jd zieht jdn/etw mit einer Winde [irgendwohin] hoch; *marchandises a.* jd windet etw hoch; NAUT jd hievt etw irgendwohin

trêve [tʀɛv] *f* **1.** (*répit*) Ruhepause *f;* ***les affaires ne me laissent aucune ~*** die Geschäfte lassen mich nicht zur Ruhe kommen; ***qn s'accorde une ~*** jd gönnt sich (*dat*) eine [Ruhe]pause [*o* Erholung]
2. (*arrêt des hostilités*) Waffenruhe *f,* Kampfunterbrechung *f;* ***qn met une ~ à qc*** jd beendet etw, jd setzt einer S. (*dat*) ein Ende
▶ ~ **de qc!** Schluss mit etw!, genug einer S. (*gen*); ***~ de rêvasseries!*** Schluss mit den Träumereien!, genug geträumt!; ***~ de plaisanteries!*** genug gescherzt!, Spaß [*o* Scherz] beiseite!; ***~ de sous-entendus!*** genug der Andeutungen!, [jetzt aber mal] Klartext! *fam;* **sans** ~ ununterbrochen, ohne Unterbrechung; ***sans ~ ni repos*** ohne Rast und Ruh[e]
◆ **trêve des confiseurs** Weihnachts- und Neujahrspause *f* (*Unterbrechung der politischen und diplomatischen Tätigkeit während der Feiertage zum Jahresende*)

Trèves [tʀɛv] Trier *nt*

trévise [tʀeviz] *f* Radicchio [ra'dɪkio] *m*

tri [tʀi] *m* **1.** (*choix*) [Aus]sortieren *nt;* ***un ~ s'impose*** man muss aussortieren; ***le ~ des déchets*** die Müllsortierung, die Abfallsortierung, die Abfalltrennung; ***qn effectue [o procède à] un ~ [de qc]*** jd trifft eine Auswahl [bei etw], jd sortiert [etw] aus
2. POST, INFORM Sortieren *nt;* ***le [bureau de] ~, le centre de ~ [postal]*** die Sortierstelle, die Briefverteilerstelle; ***qn/qc effectue un ~ croissant/décroissant*** INFORM jd/etw sortiert etw aufsteigend/absteigend
▶ **qn fait le ~ [de qc]** jd trifft eine Auswahl [zwischen etw (*dat*)]; ***il est nécessaire de faire le ~*** man muss eine Auswahl treffen; (*différencier*) man muss differenzieren

tri- [tʀi] *préf* drei-

triade [tʀijad] *f* Dreiergruppe *f,* Triade *f geh;* [*personnes a.*] Terzett *nt;* HIST, MYTH Triade *geh*

triage [tʀijaʒ] *m* CHEMDFER Rangieren [raŋ'ʒiːrən] *nt;* ***gare de ~*** Rangierbahnhof *m,* Verschiebebahnhof *m*

trial [tʀijal] *m* Moto-Cross-Rad *nt;* (*course*) Moto-Cross[-Rennen *nt*] *nt;* ***qn fait du ~*** jd fährt Moto-Cross

triangle [tʀijɑ̃gl] *m* **1.** GEOM Dreieck *nt;* ***en ~*** dreieckig
2. AUT: ~ [***de présignalisation***] Warndreieck *nt*
3. MUS Triangel *m*
◆ **triangle des Bermudes** Bermudadreieck *nt*

triangulaire [tʀijɑ̃gylɛʀ] **I.** *adj* **1.** (*à trois côtés*) dreieckig; *prisme, pyramide* dreiseitig
2. (*à trois*) *accord, débat, tournoi* Dreier-
II. *f* POL Dreikampf *m,* Wahl *f* mit drei Kandidaten

trias [tʀijɑs] *m* Trias[formation *f*] *f*

triathlon [tʀi(j)atlɔ̃] *m* Triathlon *m*

triathlonien, ne [tʀi(j)atlɔnjɛ̃, jɛn] *m* Triathlet(in) *m(f)*

tribal, e <-aux> [tʀibal, o] *adj* Stammes-; ***violences ~es*** gewalttätige Stammeskonflikte [*o* Stammesfehden] *pl*

tribalisme [tʀibalism] *m* Tribalismus *m*

tribord [tʀibɔʀ] *m* ▶ **à** ~ steuerbord[s]; (*direction*) nach Steuerbord; **de** ~ Steuerbord-

tribu [tʀiby] *f* **1.** SOCIOL Stamm *m,* Stammesverband *m;* ***les douze ~s d'Israël*** die zwölf Stämme Israel[s]
2. *iron* (*grande famille*) Sippe *f,* Sippschaft *f pej,* Mischpoke *f pej fam*

tribulations [tʀibylasjɔ̃] *fpl* unerfreuliche [*o* missliche *geh*] Abenteuer *pl;* ***qn passe par bien des ~ auprès de qn*** jd erlebt viel Unerfreuliches mit jdm, jd hat mit jdm einiges durchzustehen; ***qn n'est pas au bout de ses ~s*** jdm steht noch einiges bevor, jd hat noch einiges auszustehen

tribun [tʀibœ̃] *m* **1.** HIST Tribun *m;* ***~ de la plèbe/militaire*** Volks-/Militärtribun
2. (*orateur*) [Volks]tribun *m*

tribunal <-aux> [tʀibynal, o] *m* **1.** (*juridiction*) Gericht *nt;* ***~ administratif*** Verwaltungsgericht; ***~ correctionnel*** Strafgericht [der zweiten Instanz]; ***~ militaire/ecclésiastique*** Militär-/Kirchengericht; ***le ~ compétent*** das zuständige Gericht; ***qn porte une affaire/un différend devant le ~ [o les ~aux]*** jd geht mit einer Sache/einem Streitfall vor Gericht, jd lässt eine Sache/einen Streitfall gerichtlich klären
2. (*bâtiment*) Gericht[sgebäude *nt*] *nt*
3. *littér* (*juge suprême*) Tribunal *nt;* ***le ~ de l'histoire/des hommes*** das Urteil der Geschichte/des Menschen; ***c'est au ~ de l'histoire qu'il reviendra de les juger*** die Geschichte wird über sie richten [*o* urteilen]
▶ ~ **suprême** REL Gottesgericht *nt,* Gericht *nt* Gottes; ***qn comparaît devant le ~ suprême*** jd tritt vor Gottes Richterstuhl
◆ **tribunal de commerce** Handelsgericht *nt;* **tribunal de droit commun** ordentliches Gericht; **tribunal de grande instance** Zivilgericht *nt*

[der zweiten Instanz]; **tribunal de police** ≈ Amtsgericht *nt* für Strafsachen; **tribunal d'exception** Sondergericht *nt;* **tribunal d'instance** Zivilgericht *nt* [der ersten Instanz]; **tribunal pour enfants** Jugendgericht *nt*
tribune [tʀibyn] *f* **1.** (*estrade*) [Redner]tribüne *f*
2. (*galerie surélevée*) [*assemblée, tribunal*] [Zuhörer]tribüne *f;* [*église*] Empore *f;* SPORT [*champ de courses, stade*] [Zuschauer]tribüne; ***la ~ d'orgue*** die Orgelempore
3. (*lieu d'expression*) Forum *nt,* Plattform *f;* (*dans un journal*) Kolumne *f;* (*à la radio*) eigene Sendung; (*débat*) Podiumsdiskussion *f;* ~ ***libre d'un journal*** Leserbriefkolumne einer Zeitung; ***qn se sert de la ~ électorale*** jd benutzt den Wahlkampf als Plattform
▸ **qn monte à la** ~ jd steigt auf [*o* besteigt] die [Redner]tribüne; (*prend la parole*) jd ergreift das Wort
tribut [tʀiby] *m* **1.** HIST Tribut *m*
2. (*sacrifice*) Tribut *m;* ***le ~ du sang/de l'impôt*** der Blutzoll/das Steueropfer [*o* die Steuerpflicht]
▸ **qn paie un lourd ~ à qc** etw fordert von jdm einen hohen Tribut; ***le ~ payé à la route est très lourd*** der Straßenverkehr fordert einen hohen Tribut; **qn paie son ~ à qc** jd zahlt einer S. (*dat*) seinen Tribut; **qn a payé son** ~ jd hat seinen Tribut gezahlt [*o* geleistet]
tributaire [tʀibytɛʀ] *adj* **1.** (*dépendant*) ■ ~ **de qn/qc** abhängig von jdm/etw; *d'un pays, des parents a., d'un revenu* angewiesen auf jdn/etw
2. GEOG ■ **qc est ~ de qc** etw fließt [*o* mündet] in etw (*akk*); *d'un fleuve a.* etw ist ein Nebenfluss einer S. (*gen*)
tricentenaire [tʀisɑ̃tnɛʀ] **I.** *adj* dreihundertjährig, dreihundert Jahre alt
II. *m* Dreihundertjahrfeier *f*
triceps [tʀisɛps] *m* Trizeps *m*
triche [tʀiʃ] *f fam* Betrug *m,* Beschiss *m fam;* (*au jeu*) Schummeln *nt fam,* Schummelei *f fam,* Mogeln *nt fam,* Mogelei *f fam*
▸ **c'est** [*o* **y a**] **de la** ~ das ist Beschiss *fam;* (*au jeu a.*) das ist geschummelt [*o* gemogelt] *fam;* ***y a sûrement de la ~ quelque part*** das kann doch nicht mit rechten Dingen zugehen, da hat doch einer beschissen *sl*
tricher <1> [tʀiʃe] *vi* **1.** (*frauder*) ■ **qn triche** [**à/en/dans qc**] jd betrügt [bei etw], jd spielt [bei etw] ein falsches Spiel; *dans un sport* jd verstößt [bei etw] gegen die Regeln; *au jeu, à l'examen* jd schummelt [*o* mogelt] [bei etw] *fam,* jd bescheißt [bei etw] *sl; en affaires a.* jd betrügt [*o* trickst *fam*] [*o* bescheißt *sl*] [bei etw]; ■ **qn/qc triche avec qc** jd/etw trickst mit etw *fam*
2. (*tromper*) ■ **qn triche** [**en/dans qc**] *en amour, dans ses sentiments* jd ist [in etw (*dat*)] nicht treu, jd ist unehrlich [in etw (*dat*)]; ■ **qn triche avec qn** jd betrügt [*o* hintergeht] jdn, jd treibt ein falsches Spiel mit jdm; ■ **qn triche avec qc** *avec les chiffres* jd mogelt [*o* schummelt *fam*] mit etw; *avec la vérité* jd beschönigt etw; ■ **qn triche sur qc** jd betrügt bei etw, jd [be]schummelt [*o* mogelt] bei etw *fam;* ***elle triche sur son âge*** sie mogelt mit ihrem Alter
3. (*utiliser un artifice*) ■ **qn triche sur qc** jd schummelt [*o* mogelt] bei etw *fam,* jd biegt etw hin *fam,* jd macht etw passend *fam*
tricherie [tʀiʃʀi] *f* Betrügerei *f;* (*au jeu, à l'examen*) Schummeln *nt fam,* Schummelei *f fam,* Mogeln *nt fam,* Mogelei *f fam*
tricheur, -euse [tʀiʃœʀ, -øz] **I.** *adj* ■ **qn est** ~ jd schummelt [*o* mogelt] [viel [*o* gern]] *fam,* jd bescheißt oft *sl,* jd ist ein(e) Schummler(in) [*o* Mogler(in)] *fam;* ***ce qu'il peut être ~!*** der schummelt vielleicht! *fam*
II. *m, f* Betrüger(in) *m(f);* (*au jeu, à l'examen*) Schummler(in) *m(f),* Mogler(in) *m(f);* (*aux cartes*) Falschspieler(in) *m(f)*
trichloréthylène [tʀiklɔʀetilɛn] *m* Trichloräth[yl]en *nt*
tricolore [tʀikɔlɔʀ] **I.** *adj* **1.** (*bleu, blanc, rouge*) blauweißrot; ***le drapeau ~*** die Trikolore
2. (*français*) *succès* französisch; ***l'équipe ~*** die französische Nationalmannschaft
3. (*de trois couleurs*) dreifarbig
II. *mpl* SPORT ■ **les ~s** die französische Nationalmannschaft
tricorne [tʀikɔʀn] *m* Dreispitz *m*
tricot [tʀiko] *m* **1.** (*vêtement*) Pullover *m;* (*gilet tricoté*) Strickweste *f,* Strickjacke *f; pl* Stricksachen *pl,* Strickwaren *pl;* ***il porte toujours un ~*** er trägt immer Stricksachen; ***une entreprise de tricot*** ein Strickwarenhersteller *m*
2. TECH (*étoffe*) Gestrickte(s) *nt,* Strickware *f;* ■ **en** [*o* **de**] ~ Strick-; *veste, pull a.* gestrickt
3. (*action*) Stricken *nt*
▸ **qn fait du** ~ jd strickt
◆ **tricot de corps** Unterhemd *nt*
tricotage [tʀikɔtaʒ] *m* Stricken *nt;* ■ ~ **de** -stricken
tricoter <1> [tʀikɔte] **I.** *vt* ■ **qn tricote qc** jd strickt etw; *coton, laine, soie* jd verstrickt etw; ***tricoté(e) à la main/à la machine*** hand-/maschinengestrickt
II. *vi* **1.** ■ **qn tricote** jd strickt
2. *fam* (*agiter les jambes*): ***qn tricote [des jambes]*** (*pour pédaler*) jd strampelt [mit den Beinen]; (*pour danser*) jd hüpft [wild] herum, jd zappelt herum; (*pour courir*) jd nimmt die Beine unter den Arm *fam;* ***il a fallu que je tricote*** ich musste ganz schön strampeln/rennen
▸ **à** ~ Strick-
tricoteuse [tʀikɔtøz] *f* Strickmaschine *f*
trictrac [tʀiktʀak] *m* Tricktrack *nt,* Puff[spiel *nt*] *nt*
tricycle [tʀisikl] *m* Dreirad *nt*
trident [tʀidɑ̃] *m* PECHE dreizackiger Fischspeer; AGR [dreizinkige] Heugabel; MYTH Dreizack *m*
tridimensionnel, le [tʀidimɑ̃sjɔnɛl] *adj* dreidimensional
trièdre [tʀijɛdʀ] **I.** *adj prisme* Dreikant-; *pyramide* dreiseitig
II. *m* Dreikant *m o nt,* Trieder *m*
triennal, e <-aux> [tʀijenal, o] *adj* **1.** (*qui dure trois ans*) dreijährig; *plan* Dreijahres-; ***assolement ~*** Dreifelderwirtschaft *f*
2. (*qui a lieu tous les trois ans*) alle drei Jahre stattfindend, dreijährlich; *prix* alle drei Jahre verliehen; ***qc fait l'objet d'une élection ~e*** etw wird alle drei Jahre gewählt; ***dans ce village a lieu une foire ~e*** in diesem Dorf findet alle drei Jahre ein Jahrmarkt statt; ***il faut procéder à une taille ~e de ces arbres*** die Bäume müssen alle drei Jahre geschnitten werden
trier <1 a> [tʀije] *vt* **1.** (*sélectionner*) ■ **qn trie des personnes/choses** jd wählt [*o* sucht] Menschen/Dinge aus; *candidats a.* jd siebt Menschen [aus]; *fruits, habits* jd sortiert Dinge aus; *graines, lentilles, petits pois, haricots* jd liest Dinge aus, jd verliest Dinge
2. (*classer*) ■ **qn trie des choses** jd sortiert [*o* ordnet] etw; *wagons* jd rangiert etw
3. INFORM ■ **qn/qc trie qc ...** *par ordre croissant/décroissant* jd/etw sortiert etw ...
trieur, -euse [tʀijœʀ, -jøz] **I.** *m* MIN Sortiermaschine *f;* AGR Trieur *m*
II. *m, f* (*personne qui trie*) ■ ~ **de** -sortierer(in) *m(f)*
III. *f* TECH ■ **trieuse** Sortiermaschine *f*
trifoliolé, e [tʀifɔljɔle] *adj* dreiblättrig
trifouiller <1> [tʀifuje] *vi fam* ■ **qn trifouille quelque part** jd wühlt [*o* kramt] [*o* stöbert] irgendwo herum *fam; dans son moteur* jd fummelt irgendwo herum *fam;* ***qui donc a trifouillé dans mes affaires?*** wer hat in meinen Sachen [herum]gewühlt [*o* meine Sachen durchstöbert]?
trigonométrie [tʀigɔnɔmetʀi] *f* Trigonometrie *f;* ~ ***plane/sphérique*** ebene/sphärische Trigonometrie, Flächen-/Raumtrigonometrie
trigonométrique [tʀigɔnɔmetʀik] *adj* trigonometrisch
trilatéral, e <-aux> [tʀilateʀal, o] *adj* **1.** ECON, POL trilateral, dreiseitig, Dreier-
2. GEOM dreiseitig
trilingue [tʀilɛ̃g] **I.** *adj* dreisprachig
II. *mf* Dreisprachige(r) *f(m),* jemand, der dreisprachig ist [*o* der drei Sprachen spricht]; ■ **qn est** ~ jd ist dreisprachig, jd spricht drei Sprachen
trille [tʀij] *m* Triller *m*
trillion [tʀiljɔ̃] *m* Trillion *f*
trilobé, e [tʀilɔbe] *adj* BOT dreilappig, dreiteilig; ARCHIT kleeblattförmig, Kleeblatt-
trilogie [tʀilɔʒi] *f* Trilogie *f*
trimaran [tʀimaʀɑ̃] *m* Trimaran *m*
trimbal[l]age [tʀɛ̃balaʒ] *m,* **trimbal[l]ement** [tʀɛ̃balmɑ̃] *m fam* [*bestiaux*] Transport *m,* Herumgekarre *nt fam;* [*meubles*] Schlepperei *f fam,* Geschleppe *nt fam;* [*personnes*] Herumkutschiererei *f fam;* ***le ~ de tout ce mobilier*** diese ganze Möbelschlepperei *fam,* dieses ganze Möbelgeschleppe *fam;* ***le ~ des bestiaux avait duré des jours*** die Tiere waren tagelang herumgekarrt worden *fam*
trimbal[l]er <1> [tʀɛ̃bale] **I.** *vt fam* **1.** (*transporter*) ■ **qn trimbal[l]e qn** (*à pied*) jd schleppt jdn herum *fam;* (*en voiture*) jd kutschiert jdn herum *fam;* ■ **qn trimbal[l]e qn quelque part** (*à pied*) jd schleppt jdn irgendwohin *fam;* (*en voiture*) jd kutschiert jdn irgendwohin *fam;* ***qn trimbal[l]e qn à travers les rues*** jd schleppt jdn durch die Straßen *fam;* ***qn trimbal[l]e qn partout*** [***avec lui***] jd schleppt jdn überallhin mit [*o* überall mit sich (*dat*) herum] *fam;* ■ **qn trimbal[l]e qc** [**quelque part**] jd schleppt etw [irgendwohin] *fam;* (*avec lui*) jd schleppt etw mit [sich (*dat*) herum] *fam;* ***on s'est fait ~ en toute la ville en taxi*** wir haben uns mit dem Taxi durch die ganze Stadt kutschieren lassen *fam*
2. (*détenir*) ■ **qn trimbal[l]e qc:** ***qu'est-ce qu'il trimbal[l]e comme bêtise!*** mein Gott, ist der blöd! *fam,* wie kann man nur so doof sein!; ***il trimbal[l]e une de ces cuites*** der hat ganz schön einen intus [*o* sitzen] *fam,* der ist ganz schön dicht *fam*
II. *vpr fam* ■ **qn se trimbal[l]e** [**quelque part**] jd schleppt sich [irgendwo] hin *fam;* ***qn se trimbal[l]e dans les rues*** jd schlendert durch die Straßen; ■ **qn se trimbal[l]e** [**quelque part**] [**dans qc**] *dans une voiture* jd kutschiert [mit [*o* in] etw] [irgendwo] herum
trimer <1> [tʀime] *vi* ■ **qn trime** jd schuftet *fam,* jd rackert sich ab *fam;* ■ **qn fait ~ qn** jd nimmt jdn hart heran, jd schindet jdn; *ouvriers, enfants, élèves a.* jd lässt jdn schuften
trimestre [tʀimɛstʀ] *m* **1.** (*période de trois mois*) Vierteljahr *nt,* Quartal *nt;* SCOL Trimester *nt*
2. (*somme*) ■ ~ **de qc** vierteljährliche Zahlung [*o* Quartalszahlung *f*] einer S. (*gen*); ***un ~ de loyer*** ein Quartal *nt* Miete, die Miete für ein Quartal; ***un ~ de frais de scolarité/de demi-pension*** das Schulgeld/die Kantinenkosten für ein Trimester
trimestriel, le [tʀimɛstʀijɛl] *adj paiement* vierteljährlich, Quartals-, Vierteljahres-; *retraite* vierteljährlich ausgezahlt; *publication* vierteljährlich erscheinend; *revue, magazine* Vierteljahres-; SCOL *bulletin* Trimester-, Vierteljahres-; *composition* am Endes des Trimesters, Trimesterabschluss-; ***le paiement de qc est ~*** etw wird vierteljährlich [*o* quartalsweise] bezahlt
trimestriellement [tʀimɛstʀijɛlmɑ̃] *adv* vierteljährlich, alle drei Monate
tringle [tʀɛ̃gl] *f* Stange *f;* ~ ***à rideaux*** Gardinenstange
Trinité [tʀinite] *f:* **la** [**Sainte-**]~ die Dreieinigkeit, die Dreifaltigkeit, die Trinität; ***la fête de la ~*** das Dreifaltigkeitsfest, Trinitatis *nt spec*
trinquer <1> [tʀɛ̃ke] *vi* **1.** (*boire un verre*) ■ **qn trinque** [**à qn/qc**] jd stößt [auf jdn/etw] an
2. *fam* (*pâtir*) ■ **qn trinque** [**pour qn**] jd badet es [für jdn] aus *fam,* jd hält [für jdn] den Kopf hin *fam;* ■ **qn fait ~ qn** jd zahlt es jdm heim, jd gibt es jdm *fam*
trio [tʀijo] *m* **1.** (*trois personnes*) Trio *nt,* Terzett *nt*
2. MUS (*morceau*) Trio *nt;* (*chanté*) Terzett *nt;* (*trois musiciens*) Trio, Terzett
triolet [tʀijɔlɛ] *m* Triole *f;* ***un ~ de croches*** eine Achteltriole
triomphal, e <-aux> [tʀijɔ̃fal, o] *adj* triumphal; *accueil a.* begeistert; *retour a.* stürmisch umjubelt; *étape* ruhmreich; *marche* Triumph-
triomphalement [tʀijɔ̃falmɑ̃] *adv* triumphierend; *accueillir a.* jubelnd,

mit stürmischem Jubel; ***élu*** ~ mit überwältigender Mehrheit gewählt

triomphalisme [tʀijɔ̃falism] *m* (*avant un succès*) Siegesgewissheit *f*, [übersteigerte] Siegessicherheit; (*après un succès*) Triumphgefühl *nt*, [übersteigerte] Siegesfreude *f*, Siegestaumel *m*

triomphaliste [tʀijɔ̃falist] *adj* (*avant un succès*) [übertrieben [*o* allzu]] siegesgewiss [*o* siegessicher]; (*après un succès*) triumphierend; *chiffres, rapport, commémoration* glorifizierend

triomphant, e [tʀijɔ̃fɑ̃, ɑ̃t] *adj* triumphierend; *personne a.* siegreich

triomphateur, -trice [tʀijɔ̃fatœʀ, -tʀis] **I.** *adj* Sieger-; *air a.* triumphierend; *nation, parti a.* siegreich; ***le parti ~ des dernières élections*** die Partei, die die letzten Wahlen haushoch gewonnen hat
II. *m, f* Sieger(in) *m(f)*

triomphe [tʀijɔ̃f] *m* **1.** (*victoire éclatante*) Triumph *m*; ■ **~ de qc** Triumph [*o* Sieg *m*] einer S. (*gen*); *d'une certaine mode a.* Siegeszug *m* einer S. (*gen*)
2. (*grand succès*) Triumph *m*, triumphaler Erfolg; ***la pièce/l'actrice a remporté un véritable ~*** das Stück/die Schauspielerin feierte einen wahren Triumph
3. (*joie rayonnante*) Triumph[gefühl *nt*] *m*, Siegesfreude *f*; ***qn a le ~ modeste*** jds Siegesfreude [*o* Triumphgefühl] hält sich in Grenzen; ***le ~ se lit dans tes yeux*** man kann dir deinen Triumph [*o* dein Triumphgefühl] an den Augen ablesen
► **qn <u>fait</u> un ~** jd feiert einen Triumph; **des personnes <u>font</u> un ~ à qn** Menschen bereiten jdm einen triumphalen Empfang; **des personnes <u>portent</u> qn en ~** Menschen tragen jdn [im Triumphzug] auf den Schultern; **<u>de</u> ~** Triumph-; *air* Sieger-

triompher <1> [tʀijɔ̃fe] *vi* **1.** (*remporter une victoire*) ■ **qn triomphe** jd siegt, jd trägt den Sieg davon; ■ **qc triomphe** etw triumphiert, etw siegt; */vérité a./* etw kommt ans Licht; */bon sens a., doctrine, mode/* etw setzt sich durch; */maladie/* etw siegt; ■ **qn triomphe de qn/qc** jd besiegt jdn/etw; *d'un adversaire, concurrent, d'une maladie a.* jd triumphiert über jdn/etw; *de la haine, peur, timidité a., d'un obstacle* jd überwindet etw; *des passions* jd bezwingt etw; ■ **qc triomphe de qc** etw siegt [*o* triumphiert] über etw (*akk*), etw bezwingt etw; ■ **qn/qc fait ~ qn/qc** jd/etw verhilft jdm/einer S. zum Sieg; *idée* jd setzt etw durch; ■ **qn/qc fait ~ qn de qc** jd/etw hilft jdm etw zu überwinden
2. (*crier victoire*) ■ **qn triomphe** jd triumphiert, jd jubelt; ***ne triomphe pas trop vite!*** jubele [*o* freu dich] nicht zu früh!
3. (*faire un triomphe*) ■ **qn triomphe** jd feiert Triumphe [*o* einen großen] Triumph], jd hat großen Erfolg

trip [tʀip] *m fam* Trip *m*; ***il était en plein ~*** er war voll auf dem Trip
► **c'<u>est</u> pas mon ~** da habe ich nichts für übrig *fam*, das ist nicht mein Ding *fam*

tripaille [tʀipɑj] *f fam* Eingeweide *pl*, Innereien *pl*

tripartisme [tʀipaʀtism] *m* Dreiparteiensystem *nt*

tripartite [tʀipaʀti] *adj* dreiseitige(r, s), trilateral *spec*; *gouvernement* Dreiparteien-; (*entre trois États a.*) Dreimächte-

tripatouillage [tʀipatujaʒ] *m fam* (*magouille*) Machenschaften *pl*, Manipulation *f*; (*économique a.*) faule Geschäfte *pl*; (*financière a.*) Unregelmäßigkeit *f*; (*électorale a.*) Schiebung *f fam*

tripatouiller <1> [tʀipatuje] *vt fam* **1.** (*tripoter*) ■ **qn tripatouille qn/qc** jd befummelt [*o* betatscht] jdn/fummelt an etw (*dat*) herum *fam*
2. (*trafiquer*) ■ **qn tripatouille qc** jd manipuliert etw, jd verfälscht etw; *texte a.* jd pfuscht an etw (*dat*) herum *fam*; *comptes, résultats a.* jd frisiert etw *fam*

tripatouilleur, -euse [tʀipatujœʀ, -jøz] *m, f fam* **1.** (*falsificateur*) Fälscher(in) *m(f)*; (*en affaires*) Betrüger(in) *m(f)*; ***c'est un ~ de chiffres*** der frisiert die Zahlen; ***un ~ de résultats électoraux*** ein Wahlbetrüger *m*
2. (*touche-à-tout*) Grapscher(in) *m(f) fam*, Fummler(in) *m(f) fam*

tripe [tʀip] *f* **1.** *pl* (*boyaux*) Gedärme *pl*, Gekröse *nt*, Kaldaunen *pl*
2. *pl* GASTR Kaldaunen *pl*, Kutteln *pl* SDEUTSCH; ***~s à la mode de Caen*** *Kaldaunen, mit Zwiebeln und Karotten gegart*
3. *pl fam* (*boyau de l'homme*) Eingeweide *pl*, Gedärm[e *pl*] *nt*; ***il avait les ~s à l'air*** ihm hingen die Eingeweide raus
4. *pl fam* (*ventre*) Bauch *m*
► **qn rend** [*o* **vomit**] **~s et <u>boyaux</u>** *fam* jd kotzt wie ein Reiher *sl*; **qn a la ~ <u>sensible</u>** jd hat eine empfindsame Seele; **qn <u>a</u> des ~s, qn <u>a</u> quelque chose dans les ~s** *fam* jd hat Mumm [in den Knochen] *fam*; **qc <u>prend</u>** [*o* **<u>saisit</u>**] **[qn] aux ~s** *fam* etw geht [jdm] unter die Haut *fam*; **qn/qc [lui] <u>remue</u> les ~s** jd rührt [ihn/sie] zutiefst/etw geht [ihm/ihr] unter die Haut; */misère, violence/* etw geht [ihm/ihr] an die Nieren *fam*; **qn fait qc <u>avec</u> ses ~s** *fam* (*avec enthousiasme*) jd tut etw mit Leib und Seele; (*intuitivement*) jd tut etw aus dem Bauch heraus *fam*

triperie [tʀipʀi] *f* **1.** (*boutique*) *Metzgerei, die auf Innereien spezialisiert ist*
2. (*abats*) Innereien *pl*

tripette [tʀipɛt] *f* ► **qc ne <u>vaut</u> pas ~** etw ist keinen Pfifferling wert *fam*

triphasé, e [tʀifɑze] **I.** *adj* Dreh-, Dreiphasen-; ***qc est ~*** */appareil, machine/* etw funktioniert mit Drehstrom *m* [*o* Dreiphasenstrom *m*]
II. *m* Drehstrom *m*, Dreiphasenstrom *m*

tripier, -ière [tʀipje, -jɛʀ] *m, f Metzger(in) in einer „triperie"*

triplace [tʀiplas] *adj* dreisitzig; *bob a., siège* Dreier-; [**avion**] ~ Dreisitzer *m*

triple [tʀipl] **I.** *adj* dreifach; ***sous un ~ aspect*** unter drei[erlei] Gesichtspunkten; ***il y a un ~ inconvénient*** es gibt drei Nachteile; ***qc est composé(e) d'une ~ épaisseur de qc*** etw besteht aus drei Schichten einer S. (*gen*); ■ **qc est ~ [de qc]** etw ist dreimal so groß [wie etw]; */indemnité a., prix/* etw ist dreimal so hoch [wie etw]; ***mon souci est ~*** drei Dinge liegen mir am Herzen; ***le prix est ~ de ce qu'il était le mois dernier*** der Preis ist dreimal so hoch wie letzten Monat
II. *m* **1.** (*trois fois plus*) ■ **le ~ [de qc]** das Dreifache [einer S. (*gen*)]; *de travail* das Dreifache an etw (*dat*), dreimal so viel etw; ***le ~ de temps*** dreimal so viel Zeit; ***9 est le ~ de 3*** 9 ist das Dreifache von 3; ***qn gagne/mange/pèse le ~ [de qn]*** jd verdient/isst/wiegt dreimal so viel [wie jd]
2. JEUX Dreier *m*
► **<u>en</u> ~** in dreifacher Ausführung, dreifach

triplé [tʀiple] *m* SPORT dreifacher Sieg, Dreifachsieg *m*; (*trois victoires de suite a.*) Hattrick ['hætrik] *m*; (*les trois premières places*) die drei ersten Plätze; ***qn/une équipe réussit un beau ~*** jdm gelingt ein schöner Hattrick/eine Mannschaft belegt die ersten drei Plätze; *v. a.* **triplés**

triplement [tʀipləmɑ̃] **I.** *adv* **1.** (*trois fois*) dreifach
2. (*tout à fait*) hundertprozentig; *vrai* absolut; *important* ganz besonders; ***vous avez ~ raison*** sie haben hundertprozentig [*o* völlig] Recht
II. *m* **1.** (*multiplication*) Verdreifachung *f*
2. (*agrandissement*) Erweiterung *f* [*o* Ausbau *m*] einer S. (*gen*); [*autoroute, voie a.*] Bau *m* einer dritten Spur; [*chemin de fer a.*] Bau eines dritten Gleises

tripler <1> [tʀiple] **I.** *vt* **1.** (*multiplier par trois*) ■ **qn triple qc** jd verdreifacht etw; *dose, mise, prix a.* jd erhöht etw auf das Dreifache
2. (*agrandir de trois éléments*) ■ **qn triple qc** *autoroute* jd baut die dritte Spur einer S. (*gen*) [aus]; *ligne de chemin de fer* jd baut das dritte Gleis einer S. (*gen*) [aus]
II. *vi* ■ **qc triple** etw verdreifacht sich, etw steigt auf das Dreifache; ■ **qn/qc triple de qc** *de poids, valeur* jd/etw verdreifacht etw; ***qn/qc a triplé de poids*** jd/etw hat sein Gewicht verdreifacht, jd/etw wiegt jetzt das Dreifache; ***ces meubles ont triplé de valeur*** diese Möbel haben ihren Wert verdreifacht [*o* sind das Dreifache wert]

triplés, triplées [tʀiple] *mpl, fpl* (*trois naissances*) Drillinge *pl*

triplex®[1] [tʀiplɛks] *m* (*verre*) Verbund[sicherheits]glas *nt*

triplex[2] [tʀiplɛks] *m* dreigeschossige [Maisonette]wohnung, Wohnung *f* über drei Etagen

triporteur [tʀipɔʀtœʀ] *m* Lieferdreirad *nt*

tripot [tʀipo] *m péj* Spielhölle *f pej*

tripotage [tʀipɔtaʒ] *m* **1.** (*magouille*) Manipulationen *pl*, Machenschaften *pl*; ***~s électoraux*** Wahlschiebung *f*, Wahlmanipulationen
2. (*tripatouillage*) ■ **~ [dans qc]** Herumwühlen *nt* [in etw (*dat*)]; *dans un appareil, moteur* Herumfummeln *nt* [an etw (*dat*)] *fam*, Herumpopeln *nt* [an etw (*dat*)] *sl*; ■ **~ [de qc]** Betatschen *nt* [*o* Befingern *nt*] [*o* Begrapschen *nt*] [einer S. (*gen*)] *fam*; ***arrête tes ~s!*** lass die Finger da weg!

tripotée [tʀipɔte] *f vieilli fam* **1.** (*grand nombre*) ■ **~ de personnes/choses** eine Menge [*o* ein Haufen *fam*] Menschen/Dinge; ***ils ont déjà une ~ d'enfants*** sie haben schon einen ganzen Stall voll Kinder *fam*
2. (*raclée*) Tracht *f* Prügel *fam*, Dresche *f fam*; ***qn flanque une ~ à qn*** jd verpasst jdm eine Tracht Prügel *fam*; ***qn se prend une ~*** jd bezieht Dresche [*o* eine Tracht Prügel] *fam*

tripoter <1> [tʀipɔte] **I.** *vt* **1.** (*triturer*) ■ **qn tripote qc** *objets* jd spielt mit etw [*o* an etw (*dat*)] herum; *fruits* jd betatscht [*o* befingert] [*o* begrapscht] etw *fam*; *bouton* jd fummelt an etw (*dat*) herum *fam*; *appareil, moteur, radio* jd spielt [*o* popelt] an etw (*dat*) herum *fam*; ***il faut tout le temps qu'il tripote quelque chose*** er muss immer mit [*o* an] etwas herumspielen [*o* an etw (*dat*) herumfummeln]
2. (*toucher*) ■ **qn tripote qn** jd betatscht [*o* befummelt] [*o* begrapscht] jdn *fam*; ■ **qn lui tripote qc** jd betatscht [*o* begrapscht] ihm/ihr etw *fam*; ***il lui tripotait les seins*** er betatschte [*o* begrapschte] ihre Brust *fam*
II. *vi* **1.** (*fouiller*) ■ **qn tripote dans qc** jd kramt [*o* wühlt] in etw (*dat*) [herum] *fam*
2. (*trafiquer*) ■ **qn tripote quelque part** jd macht irgendwo dunkle Geschäfte; ***il a tripoté dans des affaires plus ou moins louches*** er hatte seine Finger in mehr oder weniger krummen Geschäften *fam*
III. *vpr* **1.** (*caresser*) ■ **des personnes se tripotent** Menschen betatschen [*o* befummeln] sich *fam*; ■ **qn se tripote** *fam* */garçon, homme/* jd holt sich (*dat*) einen runter *sl*, jd wichst *sl*
2. (*triturer*) ■ **qn se tripote qc** jd spielt [*o* fummelt *fam*] an etw (*dat*) herum; ***il se tripote la barbe en parlant*** er spielt [*o* fummelt *fam*] beim Sprechen an seinem Bart herum

tripoteur, -euse [tʀipɔtœʀ, -øz] *m, f* **1.** (*peloteur*) Fummler(in) *m(f) fam*, Grapscher(in) *m(f) fam*
2. (*bricoleur*) Stümper *m*, Pfuscher *m fam*

triptyque [tʀiptik] *m* Triptychon *nt*

trique [tʀik] *f* Knüppel *m*; ***qn reçoit la ~*** jd kriegt eine [*o* ein paar] mit dem Knüppel übergezogen *fam*
► **qn est sec(sèche) comme un <u>coup</u> de ~** jd ist nur Haut und Knochen; **<u>à</u> la ~** *éducation* mit Drill; ***qn fait marcher qn à la ~*** jd nimmt jdn an die Kandare; ***qn mène qn à la ~*** jd hält jdn unter der Knute

trisannuel, le [tʀizanɥɛl] *adj* **1.** (*qui revient tous les trois ans*) dreijährlich, alle drei Jahre stattfindend; ■ **qc est ~** etw findet alle drei Jahre statt
2. (*qui dure trois ans*) *plante* dreijährig

trisomie [tʀizɔmi] *f* Trisomie *f*
► **~ <u>21</u>** Trisomie *f* 21

trisomique [tʀizɔmik] *adj v.* **mongolien**

trisser <1> [tʀise] *vpr fam* ■ **qn se trisse** jd verdrückt [*o* verzieht] sich *fam*, jd verpisst sich *sl*

triste [tʀist] *adj* **1.** (*affligé*) traurig; *air a.* trübselig; *personne a.* trübsinnig; ***qn a l'air ~*** jd macht ein trauriges Gesicht, jd sieht traurig aus; ■ **qn est ~ de qc/que** + *indic o subj* jd ist traurig wegen etw [*o* über etw (*akk*)]/, dass; ■ **qn est ~ de faire qc** jd ist traurig etw zu tun; ***je suis ~ de te voir partir*** ich bin traurig dich gehen zu sehen; ***je suis ~ de partir*** ich bin traurig [*o* es tut mir Leid], dass ich gehen muss; ***qn est ~ à l'idée de qc/que*** + *indic o subj* der Gedanke an etw (*akk*) macht jdn traurig/jd ist traurig, wenn er daran denkt, dass
2. *a. antéposé* (*maussade*) traurig; *pensée a.* trostlos, trist, trübselig; *paysa-*

ge, région trostlos, trist; *couleur, bâtiment* trist; *temps, journée* trübe, trist
3. *antéposé* (*affligeant*) *nouvelle* traurig; *événements, destin a.* tragisch; *état a.* erbärmlich; *mine a.* kläglich; *épreuve* schmerzlich; ***il est de mon ~ devoir de vous dire …*** ich habe die traurige Pflicht, Ihnen mitzuteilen, …; ***qn a une ~ mine*** jd sieht schlecht [*o* elend] aus; ***qc est dans un ~ état*** etw ist in einem traurigen [*o* kläglichen] Zustand
4. *antéposé péj* (*déplorable*) *époque, mémoire* traurig; *lieu a.* trist; *affaire* unerfreulich; *personnage* unrühmlich; *réputation a.* übel; *résultats a.* kümmerlich, kläglich; ***qn est un ~ sire*** jd ist eine unrühmliche Figur
▶ **c'est bien ~** das ist sehr traurig [*o* schlimm]; ***c'est bien ~ de faire qc*** es ist sehr traurig [*o* schlimm], etw zu tun; **qc est ~ à pleurer** etw ist zum Heulen *fam;* **qn/qc [n'] est pas ~** *fam* jd ist eine Nummer für sich *fam*/etw ist ein Erlebnis [*o* ein Abenteuer]; ***il m'en est arrivé une pas ~ ce matin*** heute Morgen ist mir vielleicht [et]was Komisches [*o* Seltsames] passiert; ***je sens que ça va pas être ~*** da ist bestimmt was los [*o* da geht bestimmt die Post ab] *fam;* ***c'était pas ~!*** da war vielleicht was los! *fam*

tristement [tʀistəmɑ̃] *adv* **1.** (*d'un air triste*) *regarder* traurig, voll[er] Trauer; *parler, raconter* voll[er] Traurigkeit, betrübt; ***qn a l'air de méditer ~*** jd sieht aus, als hinge er traurigen Gedanken nach
2. (*de façon lugubre*) traurig; *ressentir* wehmütig, auf bedrückende Art
3. *péj* (*cruellement*) leider; ***c'est ~ vrai*** es ist leider wahr, es ist die traurige Wahrheit; ***qn s'est rendu(e) ~ célèbre*** jd gelangte zu trauriger Berühmtheit, jd hat es zu trauriger Berühmtheit gebracht; ***une histoire restée ~ célèbre*** ein Geschichte von trauriger Berühmtheit

tristesse [tʀistɛs] *f* **1.** (*état de mélancolie*) Traurigkeit *f,* Niedergeschlagenheit *f;* ■ **la ~ de qc** die Traurigkeit einer S. (*gen*); *d'une pensée a.* die Düsterkeit einer S. (*gen*); *d'une journée, couleur, d'un paysage, du temps* die Trostlosigkeit einer S. (*gen*); ***cette couleur neutre est d'une ~!*** diese neutrale Farbe ist ja furchtbar trist!; ***ne t'abandonne pas à la ~ de tes pensées!*** hänge nicht düsteren Gedanken nach!
2. (*chagrin*) Trauer *f;* ***qn connaît de grandes ~*** jd erlebt viel Kummer; ■ **la ~ de qc** die Traurigkeit [*o* der Schmerz] einer S. (*gen*); ***avec une grande ~, avec beaucoup de ~*** mit großer Trauer

tristounet, te [tʀistunɛ, ɛt] *adj fam* traurig; *air a.* Trauer-; *nouvelles a.* deprimierend; *temps* trist; ***qn est/a l'air ~*** jd ist ziemlich down/sieht ziemlich down aus [daun] *fam*

trithérapie [tʀiteʀapi] *f* MED Kombitherapie *f*

tritium [tʀitjɔm] *m* CHIM Tritium *nt*

triton[1] [tʀitɔ̃] *m* **1.** ZOOL [Wasser]molch *m*
2. MYTH ■ **T~** Triton *m*

triton[2] [tʀitɔ̃] *m* MUS Tritonus *m*

trituration [tʀityʀasjɔ̃] *f* **1.** (*mastication*) Zermahlen *nt;* ***la ~ des aliments avec les dents*** das Zerkauen der Nahrung
2. TECH (*broyage*) Zerreiben *nt;* (*pilage*) Zerstoßen *nt;* (*malaxage*) Durchkneten *nt*

triturer <1> [tʀityʀe] **I.** *vt* **1.** (*broyer*) ■ **qn/qc triture qc** *aliments* jd/etw zerkleinert etw, jd kaut auf etw (*dat*) herum; *médicament, sel* jd zerstößt [*o* zerreibt] etw; ■ **qn [lui] triture qc** *les chairs, les muscles* jd knetet [*o* walkt *fam*] [ihm/ihr] etw durch
2. (*tripoter*) ■ **qn triture qc** *veste* jd knautscht etw; *mouchoir a.* jd zerknüllt etw; *crayon* jd kaut auf etw (*dat*) herum
3. (*dénaturer*) ■ **qn triture qc** *opinion* jd manipuliert etw; *texte* jd nimmt etw auseinander; *pensée* jd verdreht etw
II. *vpr fam* ■ **qn se triture qc:** ***qn se triture la cervelle*** [*o* ***les méninges***] jd zermartert sich (*dat*) das Hirn *fam*

triumvirat [tʀijɔmviʀa] *m* Triumvirat *nt*

trivial, e <-aux> [tʀivjal, jo] *adj* **1.** (*vulgaire*) ordinär; *mot, expression a.* anstößig; *plaisanterie a.* primitiv; ***il a un langage ~*** er drückt sich ordinär [*o* vulgär] aus
2. (*ordinaire*) banal; *détail a.* trivial, belanglos; *objet a.* gewöhnlich
3. MATH (*évident*) trivial

trivialement [tʀivjalmɑ̃] *adv* (*de façon vulgaire*) ordinär, vulgär; *se conduire* unschicklich, primitiv

trivialité [tʀivjalite] *f* **1.** (*vulgarité*) Primitivität *f,* Gewöhnlichkeit *f;* ***la ~ de ses manières*** sein ungehobeltes [*o* primitives] Benehmen/seine unschicklichen [*o* primitiven] Manieren; ***tes plaisanteries sont d'une ~!*** deine Witze sind vielleicht primitiv [*o* ordinär]!
2. (*banalité*) Banalität *f,* Trivialität *f,* Belanglosigkeit *f*

TRM [teɛʀɛm] *f abr de* **toile du réseau mondial** INFORM WWW *nt*

troc [tʀɔk] *m* **1.** (*échange*) ■ **un ~** ein Tausch[geschäft *nt*] *m;* ***qn fait un ~ avec qn*** jd macht mit jdm ein Tauschgeschäft [*o* einen Tausch]
2. (*système économique*) ■ **le ~** der Tauschhandel

troglodyte [tʀɔglɔdit] **I.** *adj v.* **troglodytique**
II. *m* **1.** (*habitant d'une grotte*) Höhlenmensch *m,* Höhlenbewohner *m*
2. ORN Zaunkönig *m*

troglodytique [tʀɔglɔditik] *adj* Höhlen-

trogne [tʀɔɲ] *f fam* (*visage rougeaud*) [Rote] Rübe *fam;* (*d'un buveur*) Säufergesicht *nt*
▶ **qn a la ~ enluminée** jd hat eine [knall]rote Rübe *fam*

trognon [tʀɔɲɔ̃] *m* [*pomme, poire*] Kernhaus *nt,* [Kern]gehäuse *nt;* [*chou*] Strunk *m;* **~ *de pomme/de chou*** Apfelbutzen *m* SDEUTSCH/Kohlstrunk
▶ **qn a** [*o* **possède**] **qn jusqu'au ~** *fam* jd führt jdn ganz schön an der Nase herum *fam,* jd legt jdn gründlich rein *fam;* **qn se fait avoir** [*o* **posséder**] **jusqu'au ~** *fam* jd fällt ganz schön rein *fam,* jd lässt sich ganz schön an der Nase herumführen *fam*

trois [tʀwa] **I.** *num* **1.** (*cardinal*) drei; ***ils ont gagné ~ à un*** sie haben drei zu eins gewonnen; ***ça coûte ~ francs*** das kostet drei Franc; ***le train part dans ~ minutes*** der Zug fährt in drei Minuten ab; ***en ~ jours*** in drei Tagen; ***un et deux font ~*** eins und zwei sind [*o* macht] [*o* gibt] drei
2. (*ordinal*): ***chapitre/page ~*** Kapitel *nt*/Seite *f* drei; ***le numéro ~*** die Nummer drei; ***à ~ heures*** um drei Uhr; ***je viens le ~ mai*** ich komme am dritten Mai; ***nous sommes le ~ juin*** heute ist der dritte Juni, wir haben den dritten Juni; ***Henri III*** Heinrich III., Heinrich der Dritte; ***acte III, scène 3*** Akt III, Szene 3; dritter Akt, dritte Szene
▶ **en ~ mots** mit zwei, drei Worten
II. *m inv* **1.** (*chiffre*) Drei *f*
2. (*numéro*) Nummer *f* drei, Drei *f;* ***j'habite*** [***au***] ***3, rue de la Paix*** ich wohne [in der] Rue de la Paix [Nummer] 3; ■ **le ~** die Nummer drei; TRANSP die Nummer drei, die Linie drei, die Drei *fam;* (*bus a.*) der Dreier SDEUTSCH *fam;* ***quel cheval as-tu joué? – Le ~*** auf welches Pferd hast du gesetzt? – Auf die Nummer drei [*o* die Drei *fam*]
3. CARTES, JEUX Drei *f;* (*face de dé*) Drei *f;* ***je joue le ~ de cœur*** ich spiele die Herzdrei; ***qn mise sur le ~*** jd setzt auf die Drei
4. (*date*): ***nous sommes aujourd'hui le ~*** heute ist der Dritte, wir haben heute den Dritten
5. SCOL (*note*) drei Punkte [aus zwanzig] (*ungenügende Note, die einer Sechs entspricht*); ***elle a eu*** [***un***] ***~ à l'interro de maths*** sie hat drei Punkte in der Mathearbeit geschrieben
▶ **~ arabe/romain** arabische/römische Drei
III. *f* ■ **la ~** die Drei; (*table a.*) der Tisch drei; (*chambre a.*) das Zimmer drei; (*chaîne de télé*) das dritte Programm
IV. *pron* drei; ***seuls ~ sont venus*** nur drei sind gekommen; ***ils étaient dix contre ~*** sie waren zehn gegen drei; ***un jour sur ~*** alle drei Tage
▶ **~ ou quatre** drei, vier; ein paar; **à ~** zu dritt; **à nous ~** wir drei; **en ~** in drei Teile; **par ~** COM im Dreierpack; **~ par ~** *choses* je[weils] drei; *personnes a.* [jeweils] zu dritt, in Dreiergruppen; **tous [les] ~** alle drei

trois-étoiles [tʀwazetwal] **I.** *adj* (*haut de gamme*) *hôtel, restaurant* Dreisterne- **II.** *m* (*hôtel*) Dreisternehotel *nt;* (*restaurant*) Dreisternerestaurant *nt* **trois-huit** [tʀwaɥit] *mpl* ▶ **qn fait les ~-~** jd arbeitet in drei Schichten

troisième [tʀwazjɛm] **I.** *adj antéposé* dritte(r, s); ***elle a obtenu la ~ place*** sie ist Dritte geworden; ***le ~ âge*** (*période de la vie*) das Alter, der Ruhestand; (*les personnes âgées*) die Senioren; **~ *cycle*** (*Studium nach Abschluss der Magisterprüfung, das mit einem Doktortitel oder einer Spezialisierung abschließt*)
II. *mf* ■ **le/la ~** der/die/das Dritte
III. *m* **1.** (*étage*) dritter Stock, dritte Etage
2. (*arrondissement*) drittes Arrondissement
IV. *f* **1.** SCOL ≈ neunte Klasse (*vierte Klasse des Collège in Frankreich, die mit der mittleren Reife abschließt*)
2. AUT dritter Gang; ***qn passe en ~*** jd legt den dritten Gang ein
3. (*course*) drittes Rennen

troisièmement [tʀwazjɛmmɑ̃] *adv* drittens

trois-mâts [tʀwama] *m inv* Dreimaster *m* **trois-pièces** [tʀwapjɛs] *m inv* **1.** (*appartement*) Dreizimmerwohnung *f* **2.** COUT: [***costume***] **~-~** dreiteiliger Anzug; [***tailleur***] **~-~** dreiteiliges Kostüm **trois-quarts** [tʀwakaʀ] *m inv* **1.** COUT: [***manteau***] **~-~** Dreiviertelmantel *m* **2.** MUS (*violon*) Dreiviertelgeige *f* **3.** SPORT Dreiviertelspieler *m;* ***il joue ~-~ centre/aile*** jd spielt als Innen-/Außendreiviertel[spieler] [*o* Eckdreiviertelspieler] **trois-quatre** [tʀwakatʀ] *m inv* MUS Dreivierteltakt *m*

troll [tʀɔl] *m* Troll *m*

trolley[1] [tʀɔlɛ] *m fam abr de* **trolleybus** Obus *m fam*

trolley[2] [tʀɔlɛ] *m* ELEC Stromabnehmer *m*

trolleybus [tʀɔlɛbys] *m* Trolleybus *m,* Oberleitungs[omni]bus *m*

trombe [tʀɔ̃b] *f* **1.** (*forte averse*) Wolkenbruch *m;* ***il est tombé des ~s*** [***d'eau***] ***toute la nuit*** die ganze Nacht hat es in Strömen geregnet
2. METEO Trombe *f*
▶ **en ~** *fam* wie ein Wirbelwind *m;* ***qn file en ~*** jd düst wie der Blitz davon *fam,* jd zischt ab *fam;* ***qn entre/sort en ~*** jd stürzt [*o* wirbelt] herein/fegt wie [ein Wirbelwind] hinaus; ***qn passe en ~*** jd rast vorbei; (*chez qn*) jd kommt auf einen Sprung vorbei; ***qn/un véhicule démarre en ~*** jd/ein Fahrzeug düst los [*o* braust davon] *fam*
◆ **trombe d'eau** Wolkenbruch *m*

trombine [tʀɔ̃bin] *f fam* Gesicht *nt;* ***qn fait une drôle de ~*** jd macht [*o* zieht] ein Gesicht; ***je te dis pas la ~ du mec!*** der Typ hat vielleicht ein Gesicht gezogen!

trombinoscope [tʀɔ̃binɔskɔp] *m fam* Verbrecherkartei *f iron,* Verbrecheralbum *nt iron*

trombone [tʀɔ̃bɔn] **I.** *m* **1.** MUS Posaune *f*
2. (*attache*) Büroklammer *f*
II. *mf* (*instrumentiste*) Posaunist(in) *m(f)*
◆ **trombone à coulisse** Zugposaune *f;* **trombone à pistons** Ventilposaune *f*

trompe [tʀɔ̃p] *f* **1.** MUS Horn *nt;* AUT, HIST [Auto]hupe *f,* [Signal]horn
2. ZOOL [*éléphant, tapir*] Rüssel *m;* [*insecte*] Saugrüssel
3. ANAT *souvent pl* Eileiter *m,* Tuba *f spec;* ***ligature des trompes*** Eileitersterilisation *f* [durch Unterbinden], Tubenligatur *f spec*
4. TECH: ***~ à eau/à mercure*** Wasserstrahl-/Quecksilberpumpe *f*
◆ **trompe de Fallope** Eileiter *m,* Tuba *f spec;* **trompe d'Eustache** eustachische Röhre, Ohrtrompete *f*

trompe-l'œil [tʀɔ̃plœj] *m inv* **1.** (*apparence trompeuse*) Augenwischerei *f pej*
2. ART Trompe-l'œil *m*
▶ **en ~-~** ART täuschend echt, mit Trompe-l'œil-Effekt; ***peinture en ~-~*** Trompe-l'œil-Malerei *f*

tromper <1> [tʀɔ̃pe] **I.** *vt* **1.** (*duper*) ■ **qn/qc trompe qn** jd/etw täuscht jdn, jd führt jdn hinters Licht; ***ça, c'est un signe qui ne trompe personne!*** das ist eindeutig [*o* ein untrügliches Zeichen]!; ***c'est ce qui te/vous***

trompe da täuschst du dich/täuschen Sie sich; ***ses beaux discours ne trompent personne*** mit seinen/ihren schönen Reden kann er/sie niemanden täuschen [*o* hinters Licht führen]; ■ **qn trompe qn [sur qc]** jd betrügt [*o* beschummelt *fam*] jdn[, was etw betrifft], jd haut jdn [mit etw] übers Ohr *fam;* ***on m'a trompé sur la qualité*** man hat mir schlechte Qualität [*o* etwas Schlechtes] angedreht *fam*
2. (*être infidèle à*) ■ **qn trompe qn [avec qn]** jd betrügt jdn [mit jdm]
3. (*déjouer*) ■ **qn/un animal trompe qn/qc** jd/ein Tier überlistet jdn/etw; *poursuivant a.* jd führt jdn irre; ***qn/un animal trompe la surveillance de qn*** jd/ein Tier entwischt jdm; ***qn trompe la vigilance de qn*** jd lenkt jdn ab
4. (*décevoir*) ■ **qn/qc trompe qc** *attente, espoir* jd/etw enttäuscht etw; ■ **qn est trompé(e) dans qc** *dans son espoir* jd wird in etw (*dat*) enttäuscht; ***j'ai été trompée dans mon attente*** ich wurde in meiner Erwartung enttäuscht, meine Erwartungen wurden enttäuscht
5. (*faire oublier*) ■ **qc trompe qc** etw hilft über etw (*akk*) hinweg; *faim, soif* etw lindert etw; ■ **qn trompe qc** jd tut etwas gegen etw, jd überbrückt etw, jd hilft sich (*dat*) über etw (*akk*) hinweg; *le temps* jd vertreibt sich (*dat*) etw; ***qn trompe son ennui/sa solitude en écrivant*** jd tut etw gegen seine Langeweile/Einsamkeit, indem er schreibt; ***qn trompe sa soif/sa faim*** jd trinkt/isst etwas gegen den ärgsten Durst/Hunger; ***prends donc ce fruit pour ~ ta soif/faim*** iss doch das Obst gegen den ärgsten Durst/Hunger; ***ça t'aidera à ~ le temps!*** das wird dir helfen, dir die Zeit zu vertreiben [*o* die Zeit totzuschlagen *fam*]!
II. *vi* (*être trompeur*) ■ **qc trompe** etw täuscht; ***les apparences trompent*** der Schein trügt; ***c'est un signe qui ne trompe pas*** das ist ein untrügliches [*o* sicheres] Zeichen
III. *vpr* **1.** (*faire erreur*) ■ **qn se trompe** jd täuscht [*o* irrt] sich; ***qu'on ne se trompe pas*** damit es keine Missverständnisse gibt, um Missverständnissen vorzubeugen; ■ **qn se trompe de qc** jd irrt [*o* vertut *fam*] sich um etw; *de 10/20/… F a.* jd verrechnet sich um etw; ■ **qn se trompe sur qn** jd irrt [*o* täuscht] sich in jdm, jd schätzt jdn falsch ein; ■ **qn se trompe sur qc** jd irrt sich in etw (*dat*); *sur les intentions, motivations a.* jd schätzt etw falsch ein; ***qn se trompe sur le sens de qc*** jd missversteht etw; ■ **qn se trompe dans qc** jd irrt sich in etw (*dat*); ***qn se trompe dans son calcul*** jd verrechnet sich
2. (*confondre*) ■ **qn se trompe de qn/qc** jd verwechselt jdn/etw, jd irrt sich in jdm/etw (*dat*); ***qn se trompe de chapeau/de veste*** jd verwechselt [*o* vertauscht] den Hut/die Jacke, jd nimmt den falschen Hut/die falsche Jacke; ***qn se trompe de direction/de route*** [*o* ***de chemin***] jd nimmt die falsche Richtung/den falschen Weg; (*en voiture*) jd verfährt sich; ***qn se trompe de numéro*** [***de téléphone***] jd wählt falsch, jd verwählt sich; ***qn se trompe de solution*** jd wählt die falsche Lösung; ***vous vous trompez de personne!*** Sie verwechseln mich!; ***je me suis trompée de personne*** ich habe Sie/ihn/sie/… verwechselt; ***là, tu te trompes d'adresse!*** da bist du an der falschen Adresse! *fam,* da bist du an den Falschen/die Falsche geraten!
► **ou je me trompe <u>fort</u>** [*o* **<u>beaucoup</u>**], **ou …** wenn mich nicht alles täuscht, dann …, wenn ich mich nicht irre, dann …; **<u>à</u> s'y ~** zum Verwechseln [*o* täuschend] ähnlich; ***c'est vraiment à s'y ~*** es sieht täuschend echt aus; **qn ne s'<u>y</u> trompe pas** jd hat Recht; ***qn ne s'y est pas trompé(e)*** jd hat sich nicht getäuscht, jd hat Recht behalten; ***ne vous y trompez pas!*** täuschen Sie sich [da] [ja] nicht!; **<u>si</u> je ne me trompe** wenn ich mich nicht irre
tromperie [tʀɔ̃pʀi] *f* **1.** (*duperie*) Täuschung *f,* Betrug *m kein pl,* Betrügerei *f;* (*infidélité*) Untreue *f;* ***qc n'est que mensonges et ~s*** etw ist nur Lug und Trug; ■ **~ sur qc** Betrug [*o* Schwindel *m*] bei etw; ~ ***sur le prix*** Preisschwindel; ~ ***sur les services*** Rechnungen *pl* über nicht erbrachte Dienstleistungen
2. *vieilli* (*illusion*) Täuschung *f,* Illusion *f*
trompette [tʀɔ̃pɛt] **I.** *f* MUS Trompete *f;* ~ ***basse/bouchée*** Basstrompete/gestopfte Trompete
► **les ~s de <u>Jéricho</u>** die Posaunen von Jericho; **la ~ du <u>Jugement</u> dernier** die Posaune des Jüngsten Gerichts; **les ~s de la <u>renommée</u>:** ***loin des ~s de la renommée*** fern von Starrummel; ***les ~s de la renommée retentissent enfin pour lui*** endlich dringt sein Ruf in die Welt; **<u>en</u> ~** *nez* Himmelfahrts-, Stups-; ***ce chien a une queue en ~*** der Hund hat einen nach oben gebogenen Schwanz
II. *m* MUS Trompeter(in) *m(f);* MIL Hornist(in) *m(f)*
trompette-de-la-mort <~s-~-~-~> [tʀɔ̃pɛtdəlamɔʀ] *f* Totentrompete *f*
trompettiste [tʀɔ̃pɛtist] *mf* Trompeter(in) *m(f)*
trompeur, -euse [tʀɔ̃pœʀ, -øz] **I.** *adj* trügerisch; *promesse a.* falsch; *distance, résultats* irreführend; *ressemblance* täuschend; *personne* betrügerisch; *discours* lügnerisch; ***des paroles ~euses*** trügerische Worte *pl,* Lügen *pl;* ■ **qc est ~** etw ist trügerisch; */promesses a./* etw ist falsch; */calme, silence a./* etw trügt; */distance, résultat, ressemblance/* etw täuscht, etw ist irreführend; ***les apparences sont ~euses*** der Schein trügt
II. *m* Betrüger *m*
trompeusement [tʀɔ̃pøzmɑ̃] *adv* betrügerischerweise, in betrügerischer Absicht
tronc [tʀɔ̃] *m* **1.** BOT Stamm *m*
2. ANAT Rumpf *m*
3. (*boîte à offrandes*) Sammelbüchse *f;* (*à l'église*) Opferstock *m*
4. ARCHIT [*colonne*] [Säulen]schaft *m*
5. GEOM ■ **~ de** -stumpf *m*
► **~ <u>commun</u>** SCOL (*cycle commun*) *Unter- und Mittelstufe einer Gesamtschule;* (*partie de programme commune*) Pflichtfächer *pl;* UNIV Pflichtkurse *pl*
tronche [tʀɔ̃ʃ] *f fam* (*tête*) Schädel *m,* Birne *f sl;* (*visage*) Visage *f sl;* ***qn a une sale ~*** jd sieht fies aus *fam*
tronçon [tʀɔ̃sɔ̃] *m* **1.** (*partie*) [*convoi*] Teil *nt;* [*phrase, texte a.*] Abschnitt *m;* [*voie ferrée*] [Strecken]abschnitt, Teilstrecke *f;* [*route, autoroute*] [Teil]abschnitt, Teilstrecke
2. (*morceau coupé*) [*tube*] Stück *nt;* [*arbre*] Stammteil *m;* [*colonne*] Trommel *f*
tronçonnage [tʀɔ̃sɔnaʒ] *m,* **tronçonnement** [tʀɔ̃sɔnmɑ̃] *m* Zersägen *nt*
tronçonner <1> [tʀɔ̃sɔne] *vt* ■ **qn tronçonne qc** jd zerteilt [*o* zerlegt] etw; (*découper a.*) jd zerschneidet etw; (*scier a.*) jd zersägt etw
tronçonneuse [tʀɔ̃sɔnøz] *f* Motorsäge *f*
trône [tʀon] *m* **1.** (*siège*) Thron *m;* (*fauteuil a.*) Thronsessel *m;* (*fonction*) Thron; ***prétendant au ~*** Thronprätendent *m;* ***le ~ pontifical*** der Päpstliche Stuhl; ***qn occupe le ~*** jd hat den Thron inne
2. *iron fam* (*siège des W.-C.*) Thron *m*
► **le T~ et l'<u>Autel</u>** Thron und Altar; **qn <u>monte</u> sur le ~** jd besteigt den Thron
trôner <1> [tʀone] *vi* ■ **qn/qc trône quelque part** jd/etw thront irgendwo; */tableau/* etw prangt irgendwo
tronquer <1> [tʀɔ̃ke] *vt* ■ **qn/qc tronque qc** jd/etw lässt etw weg; *détail a.* jd/etw lässt etw aus; *conclusion a.* jd/etw führt etw nicht zu Ende; *texte, citation, version, raisonnement* jd/etw verstümmelt [*o* [ver]kürzt] etw; *données* jd/etw verfälscht etw; ■ **qn/qc tronque qc de qc** jd/etw [ver]kürzt etw um etw, jd lässt bei etw etw weg; ***cône/colonne tronqué(e)*** Kegel-/Säulenstumpf *m*
trop [tʀo] *adv* **1.** (*de façon excessive*) + *adj/adv* zu; + *vb* zu viel; *insister, menacer, négliger* zu sehr; ■ **ne … que ~** *connaître, savoir* nur zu gut …; ***ça n'a que ~ duré*** es hat allzu lang[e] gedauert; ***il ne le connaît que ~*** er kennt ihn/es zur Genüge
2. (*en quantité excessive*) ■ **~ de** + *subst sing* zu viel; ~ ***de travail*** zu viel Arbeit; ■ **~ de personnes/choses** zu viele Menschen/Dinge; ***encore des sièges? il y en a déjà ~!*** noch mehr Stühle? es sind bereits zu viele!; ***nous sommes déjà ~*** wir sind schon zu viele [Leute]; ***nous ne sommes pas ~ de trois*** wir sind zu dritt nicht zu viele Leute
3. (*avec conséquence*) ■ **~** + *adj/adv* **… pour faire qc** zu …, um etw zu tun; ***c'est ~ beau pour être vrai*** es ist zu schön, um wahr zu sein; ■ **~** + *adj/adv* **… pour que** + *subj* so …, dass nicht; ***c'est ~ loin pour que je puisse y aller à pied*** es ist so weit, dass ich nicht zu Fuß hingehen kann; ■ **~ de** + *subst sing* **… pour que** + *subj* so viel …, dass nicht; ***j'ai ~ de travail pour que je me permette de prendre des vacances*** ich habe so viel Arbeit, dass ich mir keine Ferien erlaube; ■ **~ de personnes/choses pour que** + *subj* so viele Menschen/Dinge, dass nicht
4. (*vraiment*) *aimable, bête* zu; *drôle a.* ungemein; ***c'est ~ injuste!*** das ist doch wirklich ungerecht!; ***c'est vraiment ~ bête!*** das ist doch zu dumm!
5. (*pas tellement*) ■ **ne … pas ~ …** *aimer, apprécier* nicht besonders, nicht sehr; *savoir, se rappeler* nicht genau; *bien, difficile, grand* nicht besonders; ***elle n'a pas ~ cherché à comprendre*** sie hat sich (*dat*) nicht gerade Mühe gegeben zu verstehen; ***je n'ai pas ~ d'appétit*** ich habe keinen besonderen Appetit; ***je n'ai pas ~ envie/confiance*** ich habe keine große Lust/kein großes Vertrauen; ***pas ~ mal*** nicht so schlecht; ■ **ne … ~ rien** *dire, faire, savoir* überhaupt [*o* gar] nichts …
► **qn en <u>demande</u> ~ [à qn]** jd verlangt [*o* fordert] zu viel [von jdm]; **c'en <u>est</u> ~** jetzt reicht es [mir]!; **c'<u>est</u> ~!** (*il ne fallait pas*) das wäre doch nicht nötig gewesen!; *fam* (*la meilleure*) das gibt's doch nicht!; **~, c'<u>est</u> ~!** was zu viel ist, ist zu viel!; **qn <u>est</u> ~** *fam* (*mignon, gentil*) jd ist umwerfend *fam;* (*incroyable*) jd ist ja wahnsinnig *fam;* ***ce môme est ~!*** das Kind ist wirklich süß!; ***ce mec est ~!*** der Typ ist umwerfend [*o* toll]! *fam;* ***tu m'offres cela? tu es vraiment ~!*** schenkst du mir das? du bist wirklich lieb!; **qn <u>est</u> de ~** jd ist überflüssig; **qn en <u>fait</u> ~** jd übertreibt, jd tut zu viel des Guten; ***n'en fais pas ~!*** lass es gut sein!; **qn ne <u>sait</u> ~ que faire/dire/penser** jd weiß nicht so recht, was er/sie tun/sagen/davon halten soll; **<u>de</u> ~** zu viel; *remarque* unnötig, überflüssig; ***prenez de ces pommes! – Bon, si vous en avez de ~*** nehmen Sie doch Äpfel mit! – Ja, gerne, wenn Sie welche übrig haben; ***qn travaille un peu mais rien de ~*** jd überarbeitet sich nicht gerade *fam;* **<u>en</u> ~** zu viel; ***il faut que je perde mes kilos en ~*** ich muss die überflüssigen Kilos loswerden; **<u>par</u> ~** + *vb* allzu sehr; + *adv* entschieden zu; ***qn est par ~ indulgent(e)*** jd ist allzu nachsichtig; **<u>pas</u> ~** *fam* es geht so *fam,* nicht besonders
trophée [tʀɔfe] *m* **1.** SPORT Trophäe *f*
2. CHASSE [Jagd]trophäe *f*
◆ **trophée de chasse** Jagdtrophäe *f*
tropical, e <-aux> [tʀɔpikal, o] *adj* tropisch; *plante, climat a.* Tropen-; ***forêt ~e*** tropischer Regenwald
tropique [tʀɔpik] *m* **1.** Wendekreis *m;* ~ ***du Cancer/Capricorne*** nördlicher/südlicher Wendekreis
2. ■ **les ~s** die Tropen
► **<u>sous</u> les ~s** in den Tropen
tropisme [tʀɔpism] *m* Tropismus *m*
trop-perçu <~-~s> [tʀopɛʀsy] *m* ADMIN zu viel erhobener Betrag; COM Überschuss *m* **trop-plein** <~-~s> [tʀoplɛ̃] *m* **1.** (*excès d'eau*) [*barrage, réservoir*] Überlauf[becken *nt*] *m;* (*tuyau d'évacuation*) Überlauf[rohr *nt*] *m*
2. (*contenu excessif*) [*récipient, sac*] Überfülle *f;* ***la tasse est trop remplie, vide le ~-~*** die Tasse ist zu voll, gieß sie etwas ab; ■ **~-~ de qc** *d'amour* Übermaß *nt* an etw (*dat*); *d'énergie* Überschuss *m* an etw (*dat*); ~-~ ***de vie*** Übermut *m,* Überschwang *m;* ***qn vide le ~-~ de qc*** *d'un vase, récipient* jd gießt etw [etwas] ab
troquer <1> [tʀɔke] *vt* **1.** COM ■ **qn troque qc contre qc** *marchandise, produit* jd tauscht etw gegen etw
2. (*échanger*) ■ **qn troque qc contre** [*o* **pour**] **qc** *objet, vêtement* jd tauscht etw gegen etw; ***je troquerais bien ma situation contre la tienne*** ich würde gerne mit dir tauschen

troquet [tʀɔkɛ] *m fam* Kneipe *f fam*

trot [tʀo] *m* **1.** (*allure*) Trab *m*
2. (*discipline*): ~ ***assis*** ausgesessener Trab; ***course de ~ attelé*** Trabrennen [mit Sulky] *nt;* ~ ***enlevé*** leichter Trab *m*
▶ **au petit** ~ (*à allure modérée*) [ganz] gemächlich, ohne Eile; **au** ~ im Trab; (*rapidement*) im Eiltempo; ***qn met son cheval au*** ~ jd setzt sein Pferd in Trab; **au** ~! *fam* aber ein bisschen dalli, dalli! *fam*

trotskisme [tʀɔtskism] *m* Trotzkismus *m*

trotskiste [tʀɔtskist] **I.** *adj* trotzkistisch
II. *mf* Trotzkist(in) *m(f)*

trotte [tʀɔt] *f fam* [Weg]strecke *f,* Stück *nt* [Weg] *fam;* ***il y a*** [*o* ***ça fait***] ***une*** [***sacrée***] ~ das ist ein ganz schöner Marsch [*o* schönes Ende] *fam*
▶ **tout d'une** ~ *fam* in einem Stück *fam*

trotter <1> [tʀɔte] *vi* **1.** *fam* (*aller à petits pas*) ■ **un animal trotte** [**quelque part**] ein Tier trippelt [irgendwo] *fam;* ■ **qn trotte** [**quelque part**] jd trottet [irgendwo] *fam*
2. (*aller au trot*) ■ **qn/un animal trotte** jd/ein Tier trabt
3. *fam* (*préoccuper*): ***qc lui trotte dans la tête*** etw geht jdm im Kopf herum *fam;* ***qc lui trotte dans l'esprit*** etw geht ihm/ihr durch den Sinn *fam;* ***qc fait ~ l'imagination*** etw regt die Fantasie an, etw lässt die Fantasie blühen

trotteur, -euse [tʀɔtœʀ, -øz] **I.** *m, f* (*cheval*) Traber *m*
II. *f* (*aiguille*) ■ **trotteuse** Sekundenzeiger *m*

trottinement [tʀɔtinmɑ̃] *m* [*souris*] Trippeln *nt;* [*enfant a., cheval, âne*] Trappeln *nt*

trottiner <1> [tʀɔtine] *vi* (*aller à petits pas*) ■ **qn/un animal trottine** [**quelque part**] /*souris*/ jd/ein Tier trippelt; /*enfant a., cheval, âne*/ jd/ein Tier trappelt

trottinette [tʀɔtinɛt] *f* Roller *m*

trottoir [tʀɔtwaʀ] *m* Bürgersteig *m,* Gehsteig *m,* Gehweg *m*
▶ ~ **roulant** Laufband *nt,* Rollsteg *m;* **qn fait le** ~ jd geht auf den [Straßen]strich *fam*

trou [tʀu] *m* **1.** (*cavité*) Loch *nt;* [*aiguille*] Öhr *nt;* SPORT Loch *nt;* ~ ***de la serrure*** Schlüsselloch *nt*
2. (*moment de libre*) freier Augenblick
3. (*déficit*) Loch *nt*
4. *péj fam* (*bled*) Kaff *nt fam,* Nest *nt fam*
5. (*vide*) [*témoignage, œuvre*] Lücke *f*
6. ANAT Hohlraum *m;* ~ ***olfactif*** Nasenhöhle *f;* ~ ***optique*** Augenhöhle *f;* ~ ***vertébral*** Wirbelloch *nt*
▶ **qn/qc lui sort par les ~s de nez** *pop* jd/etw hängt jdm zum Hals heraus *fam;* **qn regarde** [**qn/qc**] **par le ~ de la serrure** jd beobachtet jdn/etw durchs Schlüsselloch, jd schaut durch das Schlüsselloch; **qn veut disparaître** [*o* **rentrer**] **dans un ~ de souris** *fam* jd würde sich am liebsten in ein Mauseloch verkriechen *fam;* ~ **noir** (*désespoir*) trostlose Lage; ASTRON schwarzes Loch; **c'est pour qn le ~ noir** jd fällt in ein schwarzes Loch; ~ **normand** *Unterbrechung eines ausgiebigen Essens für einen Calvados/Schnaps;* **qn a un ~/des ~s** *fam* (*ne se souvient plus*) jd kann sich nicht erinnern; (*en parlant*) jd bleibt stecken; **qn boit comme un** ~ *fam* jd säuft wie ein Loch *sl;* **qn bouche un** ~ (*comble un vide*) jd füllt eine Lücke; (*comble un déficit, manque*) jd stopft ein Loch; **qn est au** ~ *fam* jd sitzt im Kittchen [*o* hinter Gittern] *fam;* **qn fait le** ~ SPORT jd hängt die Gegner ab; **qn fait son** ~ jd schafft sich (*dat*) sein Plätzchen; **qn met** [*o* **envoie**] **qn au** ~ *fam* jd steckt jdn ins Loch *fam;* **qn reste dans son** ~ *fam* jd hockt zu Hause herum *fam;* **qn n'est jamais sorti(e) de son** ~ *fam* jd ist noch nie aus seinem Kaff herausgekommen *fam*
◆ **trou d'aération** Belüftungsöffnung *f;* **trou d'air** AVIAT Luftloch *nt;* **trou** [**dans la couche**] **d'ozone** Ozonloch *nt;* **trou de balle** *fam* Hintern *m fam;* **trou de mémoire** Black-out *m o nt;* **trou de nez** *fam* Nasenloch *nt;* **trou d'obus** Granateinschuss[loch *nt*] *m;* **trou du cul** *pop* Arschloch *nt sl;* **trou du souffleur** Souffleurkasten *m*

troubadour [tʀubaduʀ] *m* Troubadour *m*

troublant, e [tʀublɑ̃, ɑ̃t] *adj* **1.** (*déconcertant*) irritierend, verwirrend; *question, ressemblance* irritierend; *élément* störend; (*inquiétant*) *événement, fait, coïncidence, question* beunruhigend, Besorgnis erregend; (*étrange*) *événement, mystère* unerklärlich, merkwürdig, seltsam
2. (*qui inspire le désir*) aufregend; *décolleté* aufreizend; *présence* betörend *geh; rencontre* bezaubernd

trouble[1] [tʀubl] **I.** *adj* **1.** (*opp: limpide*) *image, vue* verschwommen, unscharf; *liquide, vin* trüb; *lumière* schummerig; *atmosphère* dunstig
2. (*équivoque*) *période* zwiespältig; *sentiment* gemischt; *affaire, personnage, rôle* zwielichtig, undurchsichtig
II. *adv* ▶ **qn voit** ~ jd sieht alles unscharf [*o* verschwommen]

trouble[2] [tʀubl] *m* **1.** *pl* MED Beschwerden *pl; psychiques, passagers, mentaux* Störungen *pl;* ~***s intestinaux/respiratoires*** Darmprobleme/Atembeschwerden *pl;* ~***s de l'audition/du comportement/langage/de la vision*** Hör-/Verhaltens-/Sprach-/Sehstörungen *pl;* ~***s fonctionnels/névrotiques*** Funktionsstörungen/nervöse Störungen; ~***s de la personnalité*** Persönlichkeitsstörungen *pl*
2. *pl politiques, sociaux* Unruhen *pl*
3. (*désarroi*) Aufregung *f,* Verwirrung *f;* (*émoi*) Erregung *f;* ~ ***du cœur/de l'âme*** innerliche/seelische Erregung
4. (*agitation*) [*assemblée, foule*] Durcheinander *nt,* Unruhe *f;* ***son arrivée a provoqué un ~ dans l'assemblée*** durch seine/ihre Ankunft entstand eine Unruhe in der Versammlung
▶ **qn/qc jette le ~ sur qc** (*le discrédit*) jd/etw bringt etw ins Zwielicht; **qn/qc sème** [*o* **jette**] **le ~** [**quelque part**] jd/etw stiftet [irgendwo] Unruhe [*o* Verwirrung]

trouble-fête <~-~s> [tʀubləfɛt] *mf* Spielverderber(in) *m(f)*
▶ **qn joue les ~-~s** jd ist der Spielverderber

troubler <1> [tʀuble] **I.** *vt* **1.** (*gêner fortement*) ■ **qn/qc trouble qc** jd/etw stört etw; ***son intervention a troublé mes projets*** sein/ihr Eingreifen hat meine Pläne durchkreuzt [*o* durcheinander gebracht]; ■ [**qc est**] **troublé(e)** *période, époque* [etw ist] unruhig
2. (*perturber*) ■ **qn/qc trouble qn** [**dans qc**] jd/etw beunruhigt jdn; /*détail, événement*/ etw stört jdn [bei etw]; (*émouvoir*) jd/etw verwirrt jdn, jd/etw macht jdn unsicher; ***tu me troubles dans mes réflexions*** du störst mich beim Nachdenken; ■ **qn est troublé(e)** jd ist irritiert
3. (*altérer*) ■ **qn/qc** [**lui**] **trouble ...** *digestion, facultés mentales* jd/etw beeinträchtigt [sein/ihr] ...; ***qn/qc lui trouble l'esprit*** [*o* ***la raison***] [*o* ***les sens***] jd/etw raubt jdm den Verstand, jd/etw bringt jdn um den Verstand; ***les larmes me troublaient la vue*** vor lauter Tränen konnte ich nichts sehen
4. (*altérer la clarté*) ■ **qc trouble qc** *atmosphère, ciel* etw verdüstert etw; *eau* etw trübt etw; ***qn/qc trouble la réception d'une chaîne/d'une émission*** jd/etw stört den Empfang eines Senders/einer Sendung
II. *vpr* **1.** (*devenir trouble*) ■ **qc se trouble** /*eau, vue*/ etw trübt sich; /*ciel a.*/ etw bewölkt sich; /*mémoire*/ etw lässt nach; /*temps*/ etw verschlechtert sich
2. (*perdre contenance*) ■ **qn se trouble** jd wird unsicher

troué, e [tʀue] **I.** *adj* durchlöchert; ***qc est ~*** etw hat ein Loch/Löcher
II. *f* ■ **trouée** **1.** (*ouverture*) Loch *nt,* Lücke *f;* [*forêt*] Schneise *f;* ***une ~e entre les arbres/dans la haie*** eine Lücke zwischen den Bäumen/ein Loch in der Hecke
2. MIL Durchbruch *m*

trouer <1> [tʀue] **I.** *vt* **1.** (*faire un trou*) ■ **qn/un animal** [**lui**] **troue qc** [**avec qc**] jd/ein Tier macht [ihm/ihr] [mit etw] ein Loch in etw (*akk*); (*faire plusieurs trous*) jd/ein Tier macht [ihm/ihr] [mit etw] Löcher in etw (*akk*), jd/ein Tier zerlöchert [ihm/ihr] etw [mit etw]; ***le cordonnier utilise une alène pour ~ le cuir*** der Schuhmacher benutzt eine Ahle, um das Leder zu durchstechen; ■ **qc troue qc** etw durchdringt etw; /*balle, projectile*/ etw durchlöchert etw; ***la poitrine trouée d'une balle, il s'effondra sur le sol*** als eine Kugel seine Brust durchbohrte, stürzte er zu Boden
2. (*traverser*) ■ **qc troue qc** /*flèche, projectile*/ *air* etw fliegt durch etw; /*soleil*/ *nuages* etw bricht durch etw [hin]durch; ***le cri troua le silence/la nuit*** der Schrei durchbrach die Stille/hallte durch die Nacht; ***une fusée troua l'obscurité de la nuit*** eine Rakete schoss durch die dunkle Nacht
II. *vpr* ■ **qc se troue** [**quelque part**] etw bekommt [irgendwo] ein Loch/Löcher; ***le blindage de la voiture ne se troue pas*** die Panzerung des Autos kann nicht durchschossen werden

troufion [tʀufjɔ̃] *m fam* Landser *m fam*

trouillard, e [tʀujaʀ, jaʀd] **I.** *adj fam* ängstlich
II. *m, f fam* Angsthase *m fam,* Feigling *m,* Schisser(in) *m(f) sl*

trouille [tʀuj] *f pop* Angst *f*
▶ **qn a la** ~ jd hat Schiss *sl,* jd hat [einen] Bammel *fam;* **qn/qc fiche** [*o* **flanque**] [*o* **fout**] **la ~ à qn** jd/etw jagt jdm Angst ein

trouillomètre [tʀujɔmɛtʀ] *m* ▶ **qn a le ~ à zéro** *fam* jd hat die Hosen [gestrichen] voll *fam*

troupe [tʀup] *f* **1.** THEAT Truppe *f;* ~ ***de chanteurs/danseurs*** Gesangs-/Tanzgruppe; ~ ***de théâtre/ballet*** Theater-/Balletttruppe
2. MIL Truppe *f;* ■ ~ **de** -truppe; ~ ***de choc*** Stoßtrupp *m;* ~ ***de débarquement*** Landetruppe
3. (*groupe*) Haufen *m;* ■ ~ **de** *de touristes* Gruppe *f* von; *de chiens, chats* Horde *f* (+ *gen*); *de pigeons* Schar *f* von, -schar; *de loups* Rudel *nt* (+ *gen*); ***une ~ de personnes*** ein Haufen Menschen, eine Ansammlung von Menschen

troupeau <x> [tʀupo] *m* **1.** (*animaux*) Herde *f;* ~ ***de moutons/vaches/d'éléphants*** Schaf-/Kuh-/Elefantenherde; ~ ***d'oies*** Gänseschar *f*
2. *péj* (*foule*) Massen *pl;* ■ ~ **de** *de gens, prisonniers, touristes* Scharen *pl* von, Massen von; (*groupe*) Trupp *m* von, Gruppe *f* von; ***un ~ d'étudiants marchait en tête du cortège*** ein Trupp [*o* eine Gruppe] von Studenten führte den Zug an; ***un ~ de prisonniers*** ein Gefangenentrupp

trousse [tʀus] *f* Beutel *m;* [*écolier*] [Feder]mäppchen *nt;* [*médecin*] Koffer *m;* ~ ***à ongles*** Maniküreetui *nt,* Nagelnecessaire *nt;* ~ ***à outils*** Werkzeugset *nt;* ~ ***à pharmacie*** Reiseapotheke *f;* ~ ***à couture*** Nähzeug *nt;* ~ ***de maquillage*** Schminktäschchen *nt;* ~ ***de toilette*** [*o* ***voyage***] Toilettenbeutel, Kulturbeutel
▶ **qn a qn à ses ~s** jd hat jdn im Nacken, jd hat jdn auf den Fersen; **qn/un animal est aux ~s de qn** jd/ein Tier ist jdm auf den Fersen, jd/ein Tier ist hinter jdm her; **qn/un animal se lance aux ~s de qn** jd/ein Tier heftet sich [*o* hängt sich] jdm an die Fersen
◆ **trousse d'écolier** [Feder]mäppchen *nt;* **trousse de médecin** Arztkoffer *m*

trousseau <x> [tʀuso] *m* **1.** (*clés*) Schlüsselbund *m o nt*
2. (*vêtements*) Garderobe *f;* [*mariée*] Aussteuer *f*
◆ **trousseau de clés** Schlüsselbund *m o nt*

trousser <1> [tʀuse] *vt* **1.** GASTR ■ **qn trousse qc** jd bindet etw zusammen
2. *hum fam* (*posséder sexuellement*) ■ **qn trousse qn** jd nimmt jdn *sl*
3. *soutenu* (*expédier habilement*) ■ **qn trousse qc** [**à qn**] *compliment* jd wartet [jdm] mit etw auf; *poème* jd zaubert [jdm] etw hin
▶ [**qc est**] **bien troussé(e)** [etw ist] [gut] gelungen

trouvaille [tʀuvaj] *f* [glücklicher] Fund, [herrliche] Entdeckung; ***cette expression/ce mot est une ~*** der Ausdruck/das Wort ist gut getroffen
▶ **dernière** ~ *iron* neueste Masche

trouver <1> [tʀuve] **I.** *vt* **1.** (*découvrir*) ■ **qn trouve qn/un animal/qc** [**quelque part**] jd findet jdn/ein Tier/etw [irgendwo]; ***où vais-je ~ ce renseignement?*** wo werde ich diese Information bekommen?; ***j'espère que tu***

trouveras le beau temps en Norvège ich hoffe, dass du in Norwegen schönes Wetter hast; ***les policiers ont trouvé cet ivrogne dans la rue*** die Polizisten haben den Betrunkenen auf der Straße aufgelesen *fam;* ***on trouve l'edelweiss en haute montagne*** im Hochgebirge findet man [*o* gibt es] Edelweiß; ■ **qn trouve en qn qn/qc** *ami, associé* jd findet jdn/etw in jdm; *défauts* jd findet etw an jdm; ■ **qn trouve qc à qn** jd findet etw für jdn; ***je t'ai trouvé un chemisier en soie/un appartement*** ich habe eine Seidenbluse/eine Wohnung für dich gefunden; ■ **qn trouve qn/qc ...:** ***je l'ai trouvée inanimée*** ich habe sie bewusstlos aufgefunden; ***nous avons trouvé notre appartement cambriolé/vide*** wir haben unsere Wohnung aufgebrochen/leer vorgefunden; ■ **qn trouve qn/qc** + *comp:* ***nous ne trouverons pas moins cher/plus beau*** wir werden nichts Billigeres/nichts Schöneres finden; ■ **qn trouve qc [pour qc/pour** [*o* **de**] **faire qc]** *énergie, force, temps, occasion, courage* jd hat etw [für etw/um etw zu tun]; ***il faut que nous trouvions des capitaux pour ...*** wir müssen das Kapital aufbringen [*o* auftreiben], um ...; ■ **qn trouve [qc] à ...** *à boire, manger* jd findet etw zum ...; ***qn trouve à répondre*** jd findet eine Antwort; ***on trouve toujours à faire*** es gibt immer etwas zu tun

2. (*juger*) ■ **qn trouve que** + *indic* jd findet, dass; ■ **qn trouve qn/qc ...** jd findet jdn/etw ...; ■ **qn trouve ... de faire qc** jd findet es ..., etw zu tun; ■ **qn trouve ... que** + *subj* jd findet es ..., dass; ***je trouve bon de prendre/que vous ayez pris quelques jours de repos*** ich finde es gut [*o* halte es für gut], einige Tage frei zu nehmen/dass Sie einige Tage frei genommen haben

3. (*attribuer*) ■ **qn trouve qc à qn/qc** *avantages, esprit, talent* jd findet, dass jd/etw etw hat; ***mais qu'est-ce qu'il lui trouve?*** *fam* was findet er nur an ihm/ihr?

4. (*résoudre*) ■ **qn trouve qc** *cause* jd findet etw [heraus]; *solution, réponse a.* jd kommt auf etw (*akk*)

5. (*inventer*) ■ **qn trouve qc** *prétexte, moyen, raison* jd findet etw; ■ **[qc est] bien/mal trouvé(e)** *formule, image, titre* [etw ist] gut/schlecht getroffen

6. (*réussir*) ■ **qn trouve à faire qc:** ***il trouve toujours à se plaindre*** er findet immer etwas, worüber er sich beklagen kann; ***je trouve toujours de quoi me distraire/m'occuper*** ich finde immer etwas, womit ich mich zerstreuen/beschäftigen kann; ***qn ne trouve pas à se loger*** jd findet keine Unterkunft

7. (*éprouver*) ■ **qn trouve qc [dans qc/à faire qc]** *consolation* jd findet etw [in etw (*dat*)/darin, etw zu tun]; *difficulté* jd hat etw [mit etw/damit, etw zu tun]; *intérêt* jd hat etw [an etw (*dat*)/daran, etw zu tun]; ***elle trouve du plaisir dans la musique classique/à me taquiner*** sie findet Gefallen an klassischer Musik/daran, mich zu ärgern

► **c'est tout trouvé** alles ist schon klar; **qn trouve/va ~ à qui parler** jd gerät [bei jdm] [gerade] an den Richtigen/die Richtige *fam;* **qn trouve à redire [à qc]** jd hat [immer] etwas [an etw (*dat*)] auszusetzen; **il va/tu vas me ~!** *fam* der kann/du kannst was erleben; **j'ai trouvé!** ich hab's!

II. *vpr* **1.** (*être situé*) ■ **qn/qc se trouve quelque part** jd/etw befindet sich irgendwo; */gare, maison, mont, place a./* etw liegt irgendwo; */nom/* etw steht irgendwo; ***ce village ne se trouve pas sur la carte*** das Dorf ist nicht auf der Karte [eingezeichnet]

2. (*être*) ■ **qn/qc se trouve ... [quelque part]** *bloqué, coincé* jd/etw ist [irgendwo] ...; ***qn se trouve dans une certaine situation*** jd ist in einer bestimmten Situation; ***qn se trouve dans l'impossibilité de répondre*** jd ist nicht in der Lage zu antworten; ***qn se trouve dans l'obligation de partir*** jd sieht sich gezwungen zu gehen; ***qn se trouve en compétition avec qn*** jd steht in Konkurrenz zu jdm

3. (*se sentir*) ■ **qn se trouve ... quelque part** *bien, mal, dépaysé* jd fühlt sich irgendwo ...; ■ **qn se trouve ... [de qc/d'avoir fait qc]** *bien, mal* jd fühlt sich ... [bei etw/, weil er etw getan hat]; ***je me trouve bien d'avoir osé lui répondre*** ich fühle mich gut, weil ich es gewagt habe, ihm/ihr zu widersprechen; ***qn se trouve déçu(e) de qc*** jd ist über etw (*akk*) enttäuscht; ***qn se trouve embarrassé(e)*** jd ist in Verlegenheit

4. (*exprime la coïncidence*) ■ **qn/qc se trouve avoir/être ...** jd/etw hat/ist zufällig ...; ***ces deux personnes se trouvent être nées le même jour*** die beiden sind zufällig am gleichen Tag geboren; ***je me trouve avoir le même âge qu'elle*** ich bin [zufällig] genauso alt wie sie

5. (*se rencontrer*) ■ **qn/qc se trouve** es findet sich jd/etw; */appartement, job, personne complaisante a./* jd/etw ist zu finden; */occasion/* etw bietet sich, etw ergibt sich

III. *vpr impers* ■ **il se trouve que** + *indic* in der Tat; ***il se trouve que je suis libre*** ich habe tatsächlich [*o* in der Tat] Zeit

► **il se trouve toujours qn/qc pour faire qc/qui fait qc** es gibt immer jdn, der etw tut/etw, das etw tut; **ça se trouve** *fam* das gibt es; **si ça se trouve** *fam* es kann gut sein, es ist gut möglich

trouvère [tʀuvɛʀ] *m* Trouvère *m* (*nordfranzösischer Minnesänger*)

truand [tʀyɑ̃] *m* Gauner(in) *m(f)*, Gangster *m fam*, Ganove/Ganovin *m/f*

► **petit ~** kleiner Gauner/kleine Gaunerin

truander <1> [tʀyɑ̃de] **I.** *vt fam* ■ **qn truande qn** jd legt jdn rein *fam*, jd haut jdn übers Ohr *fam;* ■ **qn se fait ~ [par qn]** jd fällt auf jdn] [he]rein *fam*, jd lässt sich [von jdm] übers Ohr hauen *fam*

II. *vi fam* ■ **qn truande** jd trickst *fam*, jd bescheißt *sl;* (*à un examen*) jd schummelt *fam*

trublion [tʀyblijɔ̃] *m* Störer(in) *m(f);* (*qui sème la discorde*) Unruhestifter(in) *m(f)*

truc [tʀyk] *m fam* **1.** *fam* (*chose*) Ding *nt;* ***un drôle de ~*** etwas Komisches; ***un ~ extraordinaire/bizarre*** etwas Außergewöhnliches/Seltsames, eine außergewöhnliche/seltsame Sache

2. *fam* (*machin*) Dings *nt fam;* ***ce ~-là*** das Dings da *fam;* ■ **T~** (*personne*) Dings *mf fam;* ***c'est T~, tu sais*** es ist der/die Dings, du weißt *fam*

3. *fam* (*combine*) Trick *m*, Kniff *m;* ***il a trouvé un ~ pour payer moins d'impôts*** er hat einen Trick gefunden [*o* er hat sich (*dat*) etwas einfallen lassen], um weniger Steuern zu zahlen; ***il faudrait que je trouve un ~ pour ...*** ich sollte mir etwas einfallen lassen, um ...; ***qn découvre le ~ de qn*** jd kommt jdm auf die Schliche *fam*, jd durchschaut jds Spiel

4. (*tour*) [Zauber]trick *m*

► **petit ~** kleiner Trick, Kniff *m;* **il y a un ~** *fam* (*une combine*) es gibt einen Trick; (*qc d'anormal*) da stimmt etwas nicht; **c'est mon/son ~** *fam* (*me concerne*) das ist meine/seine/ihre Sache; (*domaine*) das ist mein/sein/ihr Ding; **c'est pas mon ~** *fam* das ist nicht mein Fall *fam;* **qn trouve le ~ [pour faire qc]** *fam* jd findet den [richtigen] Dreh [*o* jd kommt auf den Dreh] [*o* jd hat es raus][, wie man etw macht] *fam;* ***je n'ai pas encore trouvé le ~*** ich habe den Dreh noch nicht [he]raus *fam*

trucage [tʀykaʒ] *m* **1.** [*statistiques, réalité*] Verfälschung *f;* [*élections*] Fälschung *f*, Fälschen *nt*, Manipulation *f;* [*vin*] Panschen *nt*

2. CINE, PHOT Trickaufnahme *f*

truchement [tʀyʃmɑ̃] *m* ► **par le ~ de qn/qc** *soutenu* mittels einer S. (*gen*) *geh*, über [*o* durch] jdn/etw; ***l'ordre est transmis par le ~ d'un ordinateur*** der Befehl wird per Computer [*o* über den Computer] weitergeleitet; ***elle donne des ordres par le ~ de son conseiller*** sie lässt durch ihren Berater Anweisungen erteilen

trucider <1> [tʀyside] *vt fam* ■ **qn trucide qn/un animal** jd befördert jdn ins Jenseits *fam*/jd killt ein Tier *fam;* ■ **qn se fait ~** jd wird umgelegt *fam*

trucmuche [tʀykmyʃ] *m pop* Dingsbums *nt fam;* ■ **T~** (*personne*) Dingsbums *mf fam*

truculence [tʀykylɑ̃s] *f* [*personnage*] Urwüchsigkeit *f;* [*langue, récit*] Plastizität *f*

truculent, e [tʀykylɑ̃, ɑ̃t] *adj personnage* urwüchsig; *langage, récit a.* plastisch

truelle [tʀyɛl] *f* [Maurer]kelle *f*

truffe [tʀyf] *f* **1.** BOT, GASTR Trüffel *f*

2. (*chocolat*) Trüffel *f*

3. (*museau*) Schnauze *f*

truffer <1> [tʀyfe] *vt* **1.** GASTR ■ **qn truffe qc** jd trüffelt etw

2. *fig* ■ **qn truffe qc de qc** *de citations, références, d'anecdotes* jd spickt etw mit etw; *de pièges, d'obstacles* jd übersät etw mit etw; ***l'armée truffe le terrain de mines*** die Armee vermint das Gelände; ■ **[qc est] truffé(e) de qc** */discours/* [etw ist] gespickt mit etw, [etw ist] voll von etw

truie [tʀɥi] *f* Sau *f*, Mutterschwein *nt*

truisme [tʀɥism] *m littér* Binsenwahrheit *f*, Binsenweisheit *f*

truite [tʀɥit] *f* Forelle *f*

► **~ arc-en-ciel** Regenbogenforelle *f;* **~ au bleu** Forelle blau; **~ meunière** Forelle nach Müllerinart

◆ **truite d'élevage** Zuchtforelle *f;* **truite de mer** Meerforelle *f;* **truite de rivière** Bachforelle *f*

truquage [tʀykaʒ] *m v.* **trucage**

truquer <1> [tʀyke] *vt* ■ **qn truque qc** jd manipuliert etw; *bilan, dossier* jd fälscht etw; *vin* jd panscht etw; *cartes* jd zinkt etw; ***le jeu est truqué*** es wird ein falsches Spiel getrieben, es wird manipuliert; ***valise truquée*** Koffer *m* mit doppeltem Boden

truqueur, -euse [tʀykœʀ, -øz] *m, f* Schwindler(in) *m(f)*, Betrüger(in) *m(f);* (*falsificateur*) Fälscher(in) *m(f)*

trust [tʀœst] *m* Trust *m*

truster <1> [tʀœste] *vt* **1.** *fam* (*accaparer*) ■ **qn truste des choses** *médailles, prix* jd heimst Dinge ein *fam*

2. ECON ■ **qn truste qc** jd vertrustet etw

tsar [tsaʀ] *m* Zar *m*

tsarine [tsaʀin] *f* Zarin *f*

tsariste [tsaʀist] *adj* zaristisch; ***régime ~*** Zarenherrschaft *f*, zaristische Herrschaft; ***à l'époque ~*** zur Zeit der Zarenherrschaft

tsé-tsé [tsetse] *adj inv v.* **mouche**

tsigane, tzigane [tsigan] **I.** *adj* Zigeuner-

II. *mf* Zigeuner(in) *m(f)*

t.s.v.p. *loc abr de* **tournez s'il vous plaît** b.w.

T.T.C. [tetese] *loc abr de* **toutes taxes comprises** inkl. MwSt., inkl. MWSt.

tu, e [ty] *pp de* **taire**

tu <t'> [ty] *pron pers* du; ■ **t'** *fam:* ***t'as vu ça!*** haste das gesehen! *fam;* ***t'as du fric, t'es quelqu'un*** haste was, biste was *fam*

► **qn dit ~ à qn** jd sagt du zu jdm; **qn est à ~ et à toi avec qn** *fam* jd steht mit jdm auf du und du *fam*

tuant, e [tɥɑ̃, ɑ̃t] *adj fam* (*fatigant*) strapaziös; (*pénible*) nervtötend; ***qn/qc est ~*** (*pénible*) jd/etw geht einem auf die Nerven *fam*

tuba [tyba] *m* **1.** MUS Tuba *f*

2. SPORT Schnorchel *m*

tubage [tybaʒ] *m* MED Einführen *nt* [*o* Einführung *f*] eines Schlauches

tube¹ [tyb] *m* **1.** (*tuyau*) [*canalisation, canon, machine*] Rohr *nt;* ■ **~ de** *de cuivre, verre, d'acier* -rohr

2. ELEC Röhre *f;* **~ *cathodique*** Kathodenstrahlröhre; **~ *capillaire*** Kapillare *f;* **~ *électronique*** Elektronenröhre; **~ *fluorescent*** fluoreszierende Leuchtröhre; **~ *luminescent*** Leuchtröhre

3. (*emballage*) (*à presser*) Tube *f;* (*dur*) Röhrchen *nt;* ***un ~ de colle/détachant*** eine Tube Klebstoff/Fleckentferner

► **~ digestif** Verdauungskanal *m*, Verdauungstrakt *m;* **qn déconne à pleins ~s** *fam* jd treibt mordsmäßigen Unsinn *fam;* **à plein[s] ~[s]** (*très fort*) in voller Lautstärke *fam;* (*à toute vitesse*) voll[es] Rohr *sl*

◆ **tube à essai** Reagenzglas *nt;* **tube au** [*o* **de**] **néon** Neonröhre *f;* **tube de rouge [à lèvres]** Lippenstift *m*

tube² [tyb] *m arg* (*chanson*) Hit *m fam*

► **le ~ de l'été** der Hit des Jahres [*o* der Saison]

tubercule [tybɛʀkyl] *m* [Wurzel]knolle *f*
tuberculeux, -euse [tybɛʀkylø, -øz] I. *adj* 1. *personne* tuberkulosekrank; *méningite* tuberkulös; *bacille, bactérie* Tuberkulose-, Tuberkel- *spec*
2. BOT *plante* Knollen-; ***racine ~euse*** Wurzelknolle *f*
II. *m, f* MED Tuberkulosekranke(r) *f(m)*
tuberculinique [tybɛʀkylinik] *adj test, timbre* Tuberkulin-; ***traitement ~*** Tuberkulosebehandlung *f*
tuberculose [tybɛʀkyloz] *f* Tuberkulose *f;* ***~ osseuse/pulmonaire*** Knochen-/Lungentuberkulose
tubulaire [tybylɛʀ] *adj lampe* röhrenförmig; ***échafaudage/meuble ~*** Stahlrohrgerüst *nt*/Stahlrohrmöbel *nt;* ***pont ~*** Rohrbrücke *f*
tubulure [tybylyʀ] *f* 1. (*ensemble de tubes*) Rohrnetz *nt,* Leitungsnetz *nt*
2. (*conduit*) Rohr *nt,* Stutzen *m;* ■ **~ de** -rohr; ***~ d'admission*** Einlasskanal *m;* ***~ d'alimentation*** Zuleitung[srohr *nt*] *f;* ***~ d'échappement*** Auslasskanal *m*
T.U.C. [tyk] I. *m abr de* **travail d'utilité collective** ABM-Stelle *f*
II. *mf* ■ **tuc** Inhaber(in) *m(f)* einer ABM-Stelle
tué, e [tɥe] *m, f* Todesopfer *nt*
tue-mouche[s] [tymuʃ] I. *app inv:* ***papier/ruban ~~*** Fliegenfänger *m*
II. *m* Fliegenklatsche *f*
tuer <1> [tɥe] I. *vt* 1. (*donner la mort à*) ■ **qn/un animal tue qn/un animal [d'une certaine façon]** jd/ein Tier tötet jdn/ein Tier [irgendwie]; / *meurtrier a./* jd bringt jdn [irgendwie] um; ***il a tué un lièvre à la chasse*** er hat auf der Jagd einen Hasen erlegt; ■ **qn/un animal est tué(e)** jd/ein Tier wird getötet; ***qn a été tué(e) dans un incendie/au cours d'une explosion/dans un accident*** jd ist bei einem Brand/einer Explosion/einem Unfall ums Leben gekommen; ***le conducteur a été tué [sur le coup]*** der Fahrer war [auf der Stelle] tot; ■ **qn se fait ~** jd kommt um; ■ **qc tue qn** / *balle/* etw tötet jdn; / *alcool, tabac/* etw bringt jdn ins Grab, etw bringt jdn um; ***la route tue X personnes par an*** auf der Straße sterben jährlich X Menschen
2. (*nuire à*) ■ **qc tue qn** / *déshonneur/* etw richtet jdn zugrunde; ***ça/le ridicule n'a jamais tué personne*** daran/an Lächerlichkeit ist noch keiner gestorben; ■ **qc tue qc** etw zerstört etw; ***la bureaucratie tue toute initiative*** die Bürokratie macht jegliche Initiative zunichte [*o* bringt jegliche Initiative zu Fall]; ***les supermarchés tuent le petit commerce*** die Supermärkte machen den Kleinhandel kaputt *fam;* ***le froid tue les plantes*** die Kälte vernichtet die Pflanzen; ***l'égoïsme tue l'amour*** der Egoismus tötet die Liebe
3. (*fatiguer*) ■ **qn/qc tue qn** jd/etw macht jdn fertig *fam;* / *allées et venues, personne/* jd/etw macht jdn wahnsinnig *fam*
II. *vpr* 1. (*être victime d'un accident*) ■ **qn se tue en qc/en faisant qc** jd verliert bei etw sein Leben, jd kommt bei etw um; ***qn s'est tué(e) en montagne/moto/voiture*** jd hat bei einem Berg-/Motorrad-/Autounfall sein Leben verloren; ***il s'est tué en tombant d'une falaise*** er ist beim Sturz von einem Felsen ums Leben gekommen
2. (*se donner la mort*) ■ **qn se tue [d'une certaine façon]** jd bringt sich [irgendwie] um, jd nimmt sich [irgendwie] das Leben
3. (*se fatiguer*) ■ **qn se tue à qc/à faire qc** jd müht sich mit etw ab/jd müht sich ab etw zu tun; jd bringt sich mit etw fast um/jd bringt sich fast um, um etw zu tun *fam,* jd gibt sich (*dat*) mit etw die größte Mühe/jd gibt sich (*dat*) die größte Mühe etw zu tun
III. *vi* ■ **qn/un animal tue** jd/ein Tier tötet; ■ **qc tue** etw ist tödlich; / *alcool, tabac/* etw fordert Menschenleben; ***des balles qui tuent*** tödliche Schüsse; ***la route tue de plus en plus*** immer mehr Menschen sterben auf der Straße
▶ **le/la ... qui tue** *fam* der/die Wahnsinns- *fam;* ***la blague qui tue*** ein Witz *m* zum Totlachen *fam*
tuerie [tyʀi] *f* Gemetzel *nt,* Blutbad *nt*
tue-tête [tytɛt] *loc* ▶ **à ~-~** lauthals; *chanter* aus voller Kehle; *crier* aus Leibeskräften
tueur, -euse [tɥœʀ, -øz] *m, f* 1. (*meurtrier*) Mörder(in) *m(f)*
2. (*homme de main*) gedungener Mörder/gedungene Mörderin, Killer(in) *m(f) fam*
3. (*dans un abattoir*) Schlachter(in) *m(f),* Schlächter(in) *m(f)*
◆ **tueur(-euse) à gages** gedungener Mörder/gedungene Mörderin, Killer(in) *m(f) fam*
tuf [tyf] *m* Tuff[stein *m*] *m*
tuile [tɥil] *f* 1. [*toit*] [Dach]ziegel *m;* ***~ creuse/faîtière/plate*** Hohl-/First-/Flachziegel
2. *fam* (*événement fâcheux*) unangenehme Überraschung
3. GASTR Teegebäck *nt* (*Mandel- oder Schokoladengebäck in Form gewölbter Ziegel*)
tuilerie [tɥilʀi] *f* Ziegelei *f*
tulipe [tylip] *f* Tulpe *f*
tulle [tyl] *m* Tüll *m*
tuméfaction [tymefaksjɔ̃] *f* Schwellung *f*
tuméfié, e [tymefje] *adj* geschwollen
tumeur [tymœʀ] *f* Tumor *m,* Geschwulst *f;* ***~ du sein*** Knoten *m* in der Brust
◆ **tumeur du [*o* au] cerveau** Gehirntumor *m*
tumulte [tymylt] *m* [*foule*] Tumult *m,* Aufruhr *m;* [*flots, orage*] Toben *nt;* [*passions*] Sturm *m;* [*rue, ville*] (*agitation*) Treiben *nt;* (*bruit*) Lärm *m;* ***~ des applaudissements*** Beifallssturm; ***~ de voix*** Stimmengewirr *nt;* ***~ des affaires*** geschäftliches Treiben
tumultueusement [tymyltɥøzmɑ̃] *adv littér* aufgebracht, erregt; ***qc agite ~ qn*** etw bringt [*o* versetzt] jdn in Aufruhr
tumultueux, -euse [tymyltɥø, -øz] *adj* 1. (*agité*) *passion* stürmisch; *période a., vie* bewegt; *énergie* unbändig; *discussion* hitzig; *flots* wild
2. (*bruyant et confus*) *assemblée* lärmend, tobend; *séance* stürmisch, turbulent
tumulus [tymylys] *m* Grabhügel *m,* Tumulus *m spec*
tune [tyn] *f v.* **thune**
tuner [tynœʀ] *m* Tuner *m*
tungstène [tœ̃kstɛn] *m* CHIM Wolfram *nt*
tunique [tynik] *f* Tunika *f;* MIL Uniformrock *m*
Tunisie [tynizi] *f* ■ **la Tunisie** Tunesien *nt*
tunisien, ne [tynizjɛ̃, jɛn] *adj* tunesisch
tunnel [tynɛl] *m* 1. (*galerie*) Tunnel *m*
2. (*période difficile*) Durststrecke *f;* ***nos responsables politiques prédisent la fin du ~ pour 2000*** unsere Politiker kündigen das Ende der Talsohle für 2000 an; ***elle arrive enfin au bout du ~*** jetzt sieht sie wieder Land; ***l'économie se trouve dans un ~*** die Wirtschaft steckt in einer Krise
▶ **qn/qc sort du ~** jd/etw ist aus dem Gröbsten raus *fam*
turban [tyʀbɑ̃] *m* Turban *m*
turbin [tyʀbɛ̃] *m vieilli pop* Maloche *f sl*
turbine [tyʀbin] *f* Turbine *f;* ■ **~ à** *à eau, gaz, vapeur* -turbine
◆ **turbine à réaction** Überdruckturbine *f,* Reaktionsturbine *f*
turbiner <1> [tyʀbine] *vi vieilli pop* ■ **qn turbine** jd malocht *sl*
turbo¹ [tyʀbo] *adj inv moteur* Turbo-; *véhicule, version* mit Turbomotor
turbo² [tyʀbo] *m abr de* **turbocompresseur** Turbo[lader *m*] *m*
▶ **qn enclenche [*o* met] le ~** *fam* jd legt einen Zahn zu *fam*
turbocompresseur [tyʀbokɔ̃pʀesœʀ] *m* Turbolader *m*
turbopompe [tyʀbopɔ̃p] *f* Turbopumpe *f*
turboréacteur [tyʀboʀeaktœʀ] *m* Turbo-Prop-Triebwerk *nt*
turbot [tyʀbo] *m* Steinbutt *m*
turbulence [tyʀbylɑ̃s] *f* 1. PHYS, METEO Turbulenz *f*
2. *pl* (*agitation*) Turbulenzen *pl,* Wirbel *m*
turbulent, e [tyʀbylɑ̃, ɑ̃t] *adj* (*agité*) *enfant* wild, ungestüm, unruhig; *amour* bewegt; (*rebelle*) aufsässig
turc, turque [tyʀk] I. *adj* türkisch
II. *m* LING Türkisch *nt*
III. *m, f* ■ **Turc/Turque** Türke/Türkin *m/f*
▶ **fort comme un T~** stark wie ein Bär [*o* Löwe]; **le Grand T~** HIST der Großtürke; **à la turque:** ***W.-C. à la turque*** Stehklo[sett] *nt*
turf [tœʀf, tyʀf] *m* Pferderennsport *m*
turfiste [tœʀfist, tyʀfist] *mf* Wetter(in) *m(f)* beim Pferderennen
turlupiner <1> [tyʀlypine] *vt fam* ■ **qc turlupine qn** etw liegt jdm auf dem [*o* im] Magen *fam,* etw lässt jdm keine Ruhe
turne [tyʀn] *f arg* Bude *f fam*
turpitude [tyʀpityd] *f gén pl* Schandtat *f,* Übeltat *f geh*
turque [tyʀk] *v.* **turc**
Turquie [tyʀki] *f* ■ **la Turquie** Türkei *f*
turquoise [tyʀkwaz] I. *f* (*pierre*) Türkis *m*
II. *m* (*couleur*) Türkis *nt*
III. *adj inv* türkis[farben], türkisfarbig; ***bleu ~*** türkisblau
tus [ty] *p simple de* **taire**
tutélaire [tytelɛʀ] *adj* 1. *littér amitié, présence* hilfreich, schützend
2. JUR *puissance* Schutz-; *service* Aufsicht führend; ***gestion ~*** Verwaltung *f* durch den Vormund
tutelle [tytɛl] *f* 1. (*protection abusive*) Bevormundung *f;* ***elle s'est émancipée de la ~ de ses parents*** sie hat sich von der Bevormundung durch ihre Eltern freigemacht
2. JUR [*aliéné, mineur*] Vormundschaft *f*
3. ADMIN, POL Kontrolle *f,* Aufsicht *f;* ***qn/qc est soumis(e) à la ~ d'un conseil/État*** jd/etw unterliegt der Aufsicht [*o* Kontrolle] eines Rates/Staates; ***~ administrative [o de l'État]*** staatliche Aufsicht [*o* Kontrolle], Staatsaufsicht; ***~ des lois*** Gesetzeskontrolle; ■ **... de ~** *pouvoir* Schutz-; ***régime de ~*** Schutzherrschaft *f;* ***ministre de ~*** Aufsichtsbeamter/-beamtin *m/f;* ***administration de ~*** Aufsicht führende Behörde; ***autorité de ~*** übergeordnete Instanz
▶ **qn a la ~ de qn, qn a qn en ~** JUR jd hat die Vormundschaft über [*o* für] jdn; **qn met qn en [*o* sous] ~** JUR jd stellt jdn unter Vormundschaft; **qn prend qn sous sa ~** JUR jd übernimmt die Vormundschaft für jdn; (*protège*) jd nimmt jdn unter seine Fittiche *fam;* **en [*o* sous] ~** unter Aufsicht; **sous la ~ de qn/qc** (*sous la protection*) unter jds Schutz (*dat*)/unter dem Schutz einer S. (*gen*); (*sous la domination*) unter jds Schutzherrschaft (*dat*)/unter der Schutzherrschaft [einer S. (*gen*)]; ***sous la ~ des lois*** unter dem Schutz des Gesetzes; ***sous [la] ~ américaine*** unter amerikanischer Schutzherrschaft; ***sous la ~ de mon oncle*** JUR unter der Vormundschaft meines Onkels
tuteur [tytœʀ] *m* (*support*) Stütze *f*
tuteur, -trice [tytœʀ, -tʀis] *m, f* 1. JUR Vormund *m*
2. (*mentor*) Tutor(in) *m(f),* Betreuer(in) *m(f)*
tutoiement [tytwamɑ̃] *m* Duzen *nt*
tutorat [tytɔʀa] *m* Betreuung *f;* ***le ~ d'un ancien élève permet aux nouveaux élèves ...*** die Betreuung durch einen ehemaligen Schüler ermöglicht es den jüngeren Schülern ...
tutoyer <6> [tytwaje] I. *vt* ■ **qn tutoie qn** jd duzt jdn
II. *vpr* ■ **des personnes se tutoient** Menschen duzen sich
tutti quanti [tutikwɑ̃ti] *loc* ▶ **et ~ ~** und Konsorten
tutu [tyty] *m* Tutu *nt,* Ballettröckchen *nt*
▶ **en ~** im kurzen Ballettrock
tuyau <x> [tɥijo] *m* 1. (*tube rigide*) Rohr *nt,* Röhre *f;* (*tube souple*) Schlauch *m;* ■ **~ de** *de caoutchouc, plastique* -schlauch; *de fer, plomb* -rohr, -röhre; *de cheminée* -schacht *m; d'orgue* -pfeife *f;* ***~ de poêle*** Ofenrohr; ***~ de pompe*** Ausschlagleitung *f*
2. *fam* (*conseil*) Tipp *m fam*
▶ **qn glisse [*o* confie] qc dans le ~ de l'oreille de qn** *vieilli fam* jd flüstert jdm etw ins Ohr

◆ **tuyau d'alimentation** Zuleitung[srohr *nt*] *f*, Zulauf *m*; **tuyau d'arrosage** [Wasser]schlauch *m*; **tuyau d'échappement** Auspuff[rohr *nt*] *m*
tuyauter <1> [tɥijote] *vt fam* ■ **qn tuyaute qn** [**sur qc**] jd klärt jdn [über etw (*akk*)] auf, jd verklickert jdm etw *fam*
tuyauterie [tɥijotʀi] *f* [*installation, chaudière*] Rohrnetz *nt*, Leitungsnetz *nt*; [*orgue*] Pfeifenwerk *nt*, Pfeifen *pl*
T.V. [teve] *f abr de* **télévision** Fernsehen *nt*
T.V.A. [tevea] *f abr de* **taxe à la valeur ajoutée** MwSt., MWSt.
tweed [twid] *m* Tweed [twiːt] *m*; ■ **en** [*o* **de**] ~ aus Tweed, Tweed-
twist [twist] *m* Twist *m*
tympan [tɛ̃pɑ̃] *m* **1.** ANAT Trommelfell *nt*
2. ARCHIT Tympanon *nt*, Giebelfeld *nt*
▶ **qc** [**lui**] **brise** [*o* **crève**] [*o* **déchire**] **le** ~ [*o* **les** ~**s**] es platzt jdm das Trommelfell bei etw; ***des cris à déchirer le*** ~ Schreie, bei denen einem das Trommelfell platzt; ***tu me brises les ~s à crier comme ça*** bei deinem Geschrei platzt mir [*o* einem] ja das Trommelfell; mir platzt das Trommelfell, wenn du so schreist
type [tip] **I.** *m* **1.** (*archétype*) ■ **le** ~ [**même**] **de qn** *de l'intellectuel, du vieux garçon* der Prototyp eines Menschen; ■ **le** ~ [**même**] **de qc** das Paradebeispiel einer S. (*gen*)
2. (*genre*) Art *f*; *asiatique, humain, nordique, oriental* Typ[us] *m*; ***qc n'est pas conforme au ~ réglementaire*** etw entspricht nicht den Vorschriften; ■ **un/ce ~ de qn/qc** *d'architecture, de beauté* eine/diese Art [von] etw; ***ce ~ de femme/d'homme*** dieser Typ [von] Frau/Mann
3. (*individu quelconque*) Kerl *m fam*, Typ *m fam*; ***un drôle de*** ~ ein komischer Kerl [*o* Vogel] *fam*; ***brave*** ~ braver Kerl *fam*; ***chic*** ~ prima [*o* feiner] Kerl *fam*, Prachtkerl *fam*; ~ ***épatant*** toller Kerl [*o* Hecht] *fam*; ***sale*** ~ Dreckskerl *sl*
4. (*modèle*) Typ *m*; ***une machine du*** ~ ... eine Maschine vom Typ ...; ~ ***de machine/véhicule*** Maschinen-/Fahrzeugtyp
5. TYP [Druck]type *f*
▶ **pauvre** ~ *péj fam* Schwachkopf *m fam*, armer Irrer *fam*; **du troisième** ~ der dritten Art; **c'est mon/son/...** ~ *fam* das ist mein/sein/ihr/... Typ *fam*; **au** [*o* **de**] ~ ... ... Typs; ***de ~ nordique/méditerranéen*** nordischen/mediterranen Typs; **qc de ce** ~ etw dieser Art; ***une liaison de ce*** ~ eine solche Verbindung
II. *app inv exemple, situation* typisch; *caractère a.* spezifisch; *portrait a.* charakteristisch; ***exemple*** ~ Musterbeispiel *nt*
typé, e [tipe] *adj* ■ [**qn est**] ~: ***c'est une Asiatique très ~e*** sie ist ein ganz asiatischer [*o* asiatisch aussehender] Typ; ***Fatima, dont la mère est turque, n'est pas ~e*** Fatima, deren Mutter Türkin ist, hat keinen ausgeprägten türkischen Einschlag
typhoïde [tifɔid] **I.** *adj* Typhus-, typhös
II. *f* Typhus *m*
typhon [tifɔ̃] *m* Taifun *m*
typhus [tifys] *m* Typhus *m*, Fleckfieber *nt*
typique [tipik] *adj* **1.** (*caractéristique*) typisch; *trait a.* charakteristisch; ■ ~ **de qn/qc** typisch für jdn/etw, kennzeichnend für jdn/etw
2. BIO (*spécifique*) spezifisch, charakteristisch; ***caractère*** ~ spezifisches Merkmal
typiquement [tipikmɑ̃] *adv* typisch; ***ce problème négligé est ~ d'ordre écologique*** dieses vernachlässigte Problem ist typischerweise [*o* natürlich] ökologischer Natur
typo [tipo] *f fam abr de* **typographie** Typographie *f*
typographe [tipɔgʀaf] *mf* [Schrift]setzer(in) *m(f)*
typographie [tipɔgʀafi] *f* Typographie *f*
typographique [tipɔgʀafik] *adj* typographisch; *erreur, procédé a.* Setz-; *art* der Typographie
typologie [tipɔlɔʒi] *f* Typologie *f*
typologique [tipɔlɔʒik] *adj* typologisch
tyran [tiʀɑ̃] *m* **1.** HIST Tyrann *m*, Gewaltherrscher *m*
2. (*personne autoritaire*) Tyrann(in) *m(f)*
tyranneau <x> [tiʀano] *m hum* Wichtigtuer(in) *m(f)*; ***qn se comporte comme un*** ~ jd spielt sich auf wie der King *fam*
tyrannie [tiʀani] *f* **1.** [*monarque, régime*] Tyrannei *f*, Tyrannis *f geh*, Gewaltherrschaft *f*; ■ **la** ~ [**de qn**] *d'un individu* [jds] Tyrannei, die Unterdrückung [durch jdn], die Unterjochung [durch jdn]
2. (*pouvoir excessif*) [*médias*] Diktatur *f*; [*mode*] Diktat *nt*; [*passion*] gewaltige Macht
tyrannique [tiʀanik] *adj* **1.** HIST *pouvoir* tyrannisch; ***régime*** ~ Gewaltherrschaft *f*
2. (*autoritaire*) tyrannisch, herrschsüchtig; *mode* diktatorisch; *opinion, point de vue* absolut; *passion* überwältigend
tyranniser <1> [tiʀanize] *vt* ■ **qn tyrannise qn** jd tyrannisiert jdn
tyrolien, ne [tiʀɔljɛ̃, jɛn] **I.** *adj* tirol[er]isch; *chant, population* Tiroler *inv*; ***chapeau*** ~ Tirolerhut *m*; ***danse ~ne*** Schuhplattler *m*, Tirolienne *f*, Tyrolienne *f*
II. *m, f* ■ **Tyrolien(ne)** Tiroler(in) *m(f)*
III. *f* MUS ■ **tyrolienne** Jodler *m*
tzar [tsaʀ] *m v.* **tsar**
tzarine [tsaʀin] *f v.* **tsarine**
tzigane [tsigan] *adj v.* **tsigane**

U

U, u [y] *m inv* U *nt*, u *nt*
▶ **u accent circonflexe/grave** U mit Accent circonflexe/grave, U Zirkumflex/Gravis; **u tréma** Ü *nt*, ü *nt*, U-Umlaut *nt*, umgelautetes U; **u comme Ursule** U wie Ulrich; **en u** in U-Form
ubiquité [ybikɥite] *f v.* **don**
ubuesque [ybyɛsk] *adj* absurd, grotesk
UCT [ysete] *f abr de* **Unité Centrale de Traitement** INFORM CPU *f*
U.D.F. [ydeɛf] *f abr de* **Union pour la démocratie française** *französische Partei bürgerlich-liberaler Richtung*
UEFA [yefa] *f abr de* **Union of European Football Associations** UEFA *f*
U.E.M [yøɛm] *f abr de* **Union économique et monétaire** WWU *f*
U.E.R. [yøɛʀ] *f abr de* **unité d'enseignement et de recherche** *universitärer Fachbereich*
U.F.R. [yɛfɛʀ] *f abr de* **unité de formation et de recherche** *universitärer Fachbereich*
U.H.T. [yaʃte] *f abr de* **ultra-haute température** *v.* **lait**
ulcère [ylsɛʀ] *m* Geschwür *nt*
◆ **ulcère de** [*o* **à**] **l'estomac** Magengeschwür *nt*
ulcérer <5> [ylseʀe] *vt* ■ **qn/qc ulcère qn** jd/etw kränkt jdn tief, jd/etw trifft jdn tief [*o* sehr]; ■ [**qn est**] **ulcéré(e)** [**par qn/qc**] [jc ist] wütend wegen jdm/etw]
U.L.M. [yɛlɛm] *m abr de* **ultra-léger motorisé** Ultraleichtflugzeug *nt*
ultérieur, e [ylteʀjœʀ] *adj* spätere(r, s); *générations a., événement* nachfolgend; *réédition a.* weitere(r, s)
ultérieurement [ylteʀjœʀmɑ̃] *adv* später, zu einem späteren Zeitpunkt; ***qn regrette ~ qc*** jd bedauert etw hinterher [*o* im Nachhinein]
ultimatum [yltimatɔm] *m* Ultimatum *nt*
ultime [yltim] *adj a. antéposé* [aller]letzte(r, s); *ironie* höchste(r, s)
ultra [yltʀa] **I.** *mf* (*extrémiste*) Ultra *mf*; HIST (*ultraroyaliste*) Ultraroyalist(in) *m(f)*
II. *préf* **1.** + *adj* (*extrêmement*) *confidentiel, performant, confortable, secret, silencieux, solide, pessimiste, sensible* äußerst; *élégant, court a.* super-; *fin, léger* extra; *conservateur, nationaliste, réactionnaire, sophistiqué, coûteux* extrem; ***café ~serré*** extra starker Kaffee; ~***chic*** todschick *fam*; ~***rapide*** superschnell; ***odorat ~développé*** besonders stark entwickelter Geruchssinn
2. + *subst* (*extrême*) extrem; ***les ~-nationalistes/-gauchistes*** die extremen Nationalisten/die extreme [*o* äußerste] Linke; ***l'~-libéralisme/-centralisation*** der extreme [*o* radikale] Liberalismus/die extreme Zentralisierung
ultramicroscope [yltʀamikʀɔskɔp] *m* Ultramikroskop *nt*
ultramoderne [yltʀamɔdɛʀn] *adj* höchst [*o* äußerst] modern, ultramodern
ultrason [yltʀasɔ̃] *m* Ultraschall *m*
ultraviolet, te [yltʀavjɔlɛ, ɛt] **I.** *adj* ultraviolett
II. *m* Ultraviolett *nt*; ***les ~s*** ultraviolette Strahlen
ululement [ylylmɑ̃] *m v.* **hululement**
ululer <1> [ylyle] *vi v.* **hululer**
Ulysse [ylis] *m* Odysseus *m*
U.M.E [yɛmø] *f abr de* **Union monétaire européenne** EWU *f*
un, une [œ̃, yn] **I.** *art indéf* **1.** (*un certain*) ein(e); ***avec un grand courage*** mit großer Tapferkeit; ***d'une grande bonté/beauté*** von großer Güte/Schönheit; ***venez un jour quelconque*** kommen Sie irgendwann [*o* an irgendeinem Tag]; ***ce tableau n'est pas un Picasso*** das ist kein Picasso; ***un dimanche sur deux nous faisons une promenade*** jeden zweiten Sonntag gehen wir spazieren
2. (*intensif*) ■ **un/une** [**de ces**] ... ein derartiger/eine derartige/ein derartiges ..., ein solcher/eine solche/ein solches ..., so ein/eine ...; ***il a fait une de ces scènes!*** *fam* er hat vielleicht eine Szene gemacht!; ***j'ai eu une de ces peurs!*** *fam* ich habe vielleicht eine Angst gehabt!; ***c'était un de ces jours!*** das war vielleicht wieder ein Tag!; ■ **d'un/une ...** von einem/einer solchen ..., von einem/einer derartigen ...; ***la pièce était d'une saleté*** der Raum war vielleicht schmutzig; ***ce type est d'un culot*** der Kerl ist vielleicht frech
II. *pron* **1.** (*chose/personne parmi d'autres*) ein(e); ***j'en connais un qui ...*** ich kenne jemanden, der ..., ich kenne da einen, der ...; ***un de tes livres*** eines deiner Bücher, eines von deinen Büchern; ***cet enfant est l'un de ceux qui ...*** dieses Kind gehört zu denen, die ..., dieses Kind ist eines von denen, die ...; ***Barbara est l'une des meilleures*** Barbara ist eine der Besten [*o* von den Besten]; ***salut, et à un de ces jours!*** tschüs und bis demnächst [*o*

bald]!; ***je vais faire ça un de ces jours*** ich werde das bei Gelegenheit machen; ***un de ces jours, il va se casser la gueule/ elle va se faire attraper*** eines schönen Tages wird er auf die Nase fallen/wird sie erwischt werden *fam*

2. (*chose/personne opposée à une autre/d'autres*) ■ **l'un(e)/les un(e)s** der/die/das eine/die einen; ***les uns disent blanc, les autres disent noir*** die einen sagen weiß, die anderen schwarz; ***elles sont assises en face l'une de l'autre*** die eine sitzt der anderen gegenüber, sie sitzen einander gegenüber; ***aimez-vous les uns les autres*** liebt einander, liebt euch; ***ils sont aussi menteurs l'un que l'autre*** sie lügen beide, der eine wie der andere; sie lügen alle beide; ***ils s'injurient l'un l'autre*** sie beschimpfen sich gegenseitig

3. (*nombre*) ein(e); ***ils étaient dix contre un*** sie waren zehn gegen einen

▸ **l'un dans l'autre** alles in allem; **l'un ou l'autre** [entweder] der/die/das eine oder der/die/das andere; ***j'aimerais goûter les deux gâteaux – C'est l'un ou l'autre, décide-toi!*** ich würde gerne beide Kuchen probieren – Entweder–oder, entscheide dich!; **à un contre deux/trois/quatre/...** allein gegen zwei/drei/vier/...; **un/une à** [*o* **par**] **un/une** einer/eine/eines nach dem/der/dem anderen; **comme pas un/une** wie kein anderer/keine andere, wie kein Zweiter/keine Zweite; **et d'un/d'une!** *fam* das wäre das Erste!

III. *num* **1.** (*cardinal*) ein(e); ***ils ont gagné deux à un*** sie haben zwei zu eins gewonnen; ***ça coûte un franc*** das kostet einen Franc; ***le train part dans une minute*** der Zug fährt in einer Minute ab; ***dans un mois*** in einem Monat; ***un et un font deux*** eins und eins sind [*o* macht] [*o* gibt] zwei; ***un seul jour*** ein einziger Tag

2. (*ordinal*): ***chapitre un/ page un[e]*** Kapitel *nt*/Seite *f* eins; ***le numéro un*** die Nummer eins; ***à une heure*** um ein Uhr; ***Henri I*** Heinrich I., Heinrich der Erste; ***acte I, scène 1*** Akt I, Szene 1; erster Akt, erste Szene

3. (*non divisible*) einzig; ***le monde/ Dieu est un*** es gibt nur eine [einzige] Welt/einen [einzigen] Gott

IV. *m* **1.** (*chiffre*) Eins *f*; ***11 s'écrit avec deux un*** die Zahl elf besteht aus zwei Einsen

2. (*numéro*) Nummer *f* eins, Eins *f*; ***j'habite [au] 1, rue de la Paix*** ich wohne [in der] Rue de la Paix [Nummer] 1; ■ **le un** die Nummer eins; TRANSP die Nummer eins, die Linie eins, die Eins *fam*; (*bus a.*) der Einer SDEUTSCH *fam*; ***quel cheval as-tu joué? – Le un*** auf welches Pferd hast du gesetzt? – Auf die Nummer eins [*o* die Eins *fam*]

3. SCOL (*note*) Eins *f*, ein Punkt (*ungenügende Note, die einer Sechs entspricht*); ***elle a eu un à l'interro de maths*** sie hat einen Punkt in der Mathearbeit geschrieben

▸ **un arabe/romain** arabische/römische Eins; **c'est tout un** das ist alles eins; **qn ne fait qu'un avec qn/qc** jd bildet eine Einheit mit jdm/etw, jd ist eins mit jdm/etw; ***le cavalier ne fait qu'un avec son cheval*** der Reiter verschmilzt mit seinem Pferd; **qn ne fait ni une ni deux** jd überlegt nicht lange; **deux personnes ne font qu'un** zwei Menschen sind ein Herz und eine Seele; **il était** [*o* **c'était**] **moins une!** *fam* das war haarscharf! *fam*

V. *f* ■ **la** ~ die Eins; (*table a.*) der Tisch eins; (*chambre a.*) das Zimmer eins; (*chaîne de télé*) das erste Programm; (*première page du journal*) die Titelseite; (*premier sujet*) Thema *nt* des Tages

VI. *adv* erstens; ***un, je ne suis pas prêt, deux, je n'ai pas envie d'y aller*** erstens bin ich nicht fertig und zweitens habe ich keine Lust, dorthin zu gehen

unanime [ynanim] *adj approbation, consentement* einhellig, einmütig; *avis, sentiment* übereinstimmend; *vote* einstimmig; ***nous sommes ~s à penser que la situation est dangereuse*** wir sind uns darin einig [*o* sind der einhelligen Ansicht], dass die Situation gefährlich ist; ***les deux familles sont ~s à remercier ceux qui les ont aidées*** die beiden Familien danken den Helfern einmütig

unanimement [ynanimmɑ̃] *adv approuver* einhellig; *décider, voter* einstimmig, ohne Gegenstimme; ***le comité en est ~ convaincu*** das Komitee ist ausnahmslos [*o* ohne Ausnahme] davon überzeugt

unanimité [ynanimite] *f* Übereinstimmung *f*, Einmütigkeit *f*; [*gens, avis a.*] Einhelligkeit *f*; [*suffrages*] Einstimmigkeit *f*

▸ **il y a ~ [pour faire qc]** es herrscht Übereinstimmung [darin, etw zu tun]; ***il y a ~ pour exiger des mesures*** man fordert einhellig Maßnahmen; **qn/qc fait l'~** jd findet einhellige Anerkennung/etw stößt auf einhellige [*o* allgemeine] Zustimmung; */proposition, projet a./* etw wird einstimmig angenommen; **à l'~** einhellig, einstimmig

une [yn] *f* ■ **la** ~ Titelseite *f*, Titelblatt *nt*

▸ **qn/qc fait la ~** jd/etw macht Schlagzeilen; **à la ~** auf der Titelseite

U.N.E.F. [ynɛf] *f abr de* **Union nationale des étudiants de France** *französische Studentenvereinigung*

U.N.E.S.C.O. [ynɛsko] *f abr de* **United Nations Educational Scientific and Cultural Organization** UNESCO *f*

uni, e [yni] **I.** *adj* **1.** (*sans motifs*) ungemustert; (*d'une seule couleur*) einfarbig; ***de couleur ~e*** einfarbig

2. (*lié*) *couple, famille, ménage* harmonisch; ***ils sont ~s*** sie halten zusammen; ***~(e)s par qc*** durch etw verbunden; ***une famille ~e dans le bonheur comme dans l'adversité*** eine im Glück wie im Unglück vereinte Familie; ***ils présentent un front ~ contre leurs ennemis*** sie bilden ihren Feinden gegenüber eine Einheitsfront

3. (*lisse*) *surface* glatt; *chemin* eben

II. *m* Einfarbige(s) *nt*; ***je préfère l'~ à l'imprimé*** ich trage lieber ungemusterte [*o* einfarbige] Stoffe als gemusterte

U.N.I.C.E.F. [ynisɛf] *f abr de* **United Nations International Children's Emergency Fund** UNICEF *f*

unicellulaire [yniselylɛʀ] *adj* einzellig; ***animal*** ~ Einzeller *m*

unicité [ynisite] *f* [*cas*] Einmaligkeit *f*; [*phénomène*] Einzigartigkeit *f*

unicolore [ynikɔlɔʀ] *adj* einfarbig

unidirectionnel, le [ynidiʀɛksjɔnɛl] *adj* Einrichtungs-; *courant a.* in einer Richtung fließend; ***récepteur*** ~ Richtempfänger *m*, Richtantenne *f*

unième [ynjɛm] *adj:* ***vingt/ trente/... et*** ~ einundzwanzigste(r, s)/einunddreißigste(r, s)/...; ***cent*** ~ einhunderterste(r, s)

unièmement [ynjɛmmɑ̃] *adv:* ***vingt/ trente/... et*** ~ Punkt einundzwanzig/einunddreißig/...

unificateur, -trice [ynifikatœʀ, -tʀis] *adj principe* einigend; ***mouvement*** ~ Sammelbewegung *f*

unification [ynifikasjɔ̃] *f* [*pays*] Einigung *f*; [*tendances*] Vereinigung *f*, Zusammenfassung *f*; [*tarifs*] Vereinheitlichung *f*; ***~ allemande*** Wiedervereinigung *f* Deutschlands

unifier <1 a> [ynifje] **I.** *vt* **1.** (*unir*) ■ **qn unifie des choses [en qc]** *classes sociales* jd verein[ig]t Dinge [zu etw]; *plusieurs partis a., régions* jd schließt Dinge [zu etw] zusammen; ■ **qn unifier qc** *parti, pays* jd einigt etw, jd eint etw, jd macht etw zu einer Einheit; ■ **[qc est] unifié(e)** */parti, pays/* [etw ist] geeint; ■ **[des choses sont] unifiées** */plusieurs partis, pays, classes/* [Dinge sind] vereinigt, [Dinge sind] vereint

2. (*uniformiser*) ■ **qn unifie qc** *orthographe, programmes, tarifs* jd vereinheitlicht etw

II. *vpr* ■ **qc s'unifie** */parti, pays/* etw wird zu einer Einheit; ***la France ne s'est unifiée que lentement*** Frankreich ist nur langsam zu einer Einheit zusammengewachsen; ***le parti n'est pas parvenu à s'~*** die Partei konnte nicht als Einheit [*o* nicht geschlossen] auftreten

uniforme [ynifɔʀm] **I.** *adj* **1.** (*pareil*) *maisons* gleichartig, einheitlich; ***les journées sont ~s*** die Tage gleichen sich; ***des goûts ~s*** Einheitsgeschmack *m*

2. (*invariable*) *conduite, vitesse* gleich bleibend; *étendue, vie* einförmig, eintönig; *paysage, ciel* eintönig; *mouvement* gleichförmig

II. *m* Uniform *f*

▸ **qn endosse/quitte l'~** jd legt die Uniform an/ab; **en ~ [de qn]** in [jds] Uniform (*dat*)

uniformément [ynifɔʀmemɑ̃] *adv* **1.** (*de façon monotone*) eintönig, einförmig

2. (*de la même façon*) gleichermaßen; ***les veuves étaient ~ vêtues de noir*** die Witwen trugen alle Schwarz

uniformisation [ynifɔʀmizasjɔ̃] *f* [*habitudes, mode de vie*] Angleichung *f*; [*paysage*] uniforme Gestaltung; [*programmes, tarifs*] Vereinheitlichung *f*, Anpassung *f*

uniformiser <1> [ynifɔʀmize] *vt* ■ **qn/qc uniformise des choses** *mœurs, teintes* jd/etw gleicht Dinge einander an; *programmes, tarifs, goûts* jd/etw vereinheitlicht Dinge, jd/etw passt Dinge einander an; ■ **qn/qc uniformise qc** *paysage* jd/etw macht etw uniform

uniformité [ynifɔʀmite] *f* **1.** (*similitude*) [*habitudes, mœurs*] Übereinstimmung *f*, Gleichartigkeit *f*; [*goûts, produits*] Einheitlichkeit *f*

2. (*monotonie*) [*ciel*] Eintönigkeit *f*; [*paysage, vie a.*] Einförmigkeit *f*

unijambiste [ynizɑ̃bist] **I.** *adj* einbeinig

II. *mf* Einbeinige(r) *f(m)*

unilatéral, e <-aux> [ynilateʀal, o] *adj décision, dénonciation, désistement, jugement* einseitig; *convention, garantie a.* nur für eine Seite verbindlich; POL *a.* unilateral; ***stationnement*** ~ Parken *nt* auf nur einer der beiden Straßenseiten

unilatéralement [ynilateʀalmɑ̃] *adv* im Alleingang; POL einseitig, unilateral

unilingue [ynilɛ̃g] *adj* einsprachig

uninominal, e <-aux> [yninɔminal, o] *adj:* ***scrutin*** ~ Persönlichkeitswahl *f*

union [ynjɔ̃] *f* **1.** (*alliance*) Vereinigung *f*; [*fortunes*] Zusammenlegung *f*; [*partis*] Zusammenschluss *m*, Bund *m*, Bündnis *nt*

2. (*vie commune*) Lebensgemeinschaft *f*; ***l'~ conjugale*** der Bund der Ehe

3. (*juxtaposition*) [*couleurs, éléments*] Zusammenstellung *f*

4. (*association*) Verband *m*, Union *f*; ***~ fédérale/ sportive*** Zentral-/Sportverband; ***~ douanière*** Zollunion; ***~ ouvrière/ syndicale*** Arbeiter-/Gewerkschaftsbund *m*

▸ **l'~ fait la force** *prov* Einigkeit macht stark; **U~ des républiques socialistes soviétiques** HIST Union *f* der Sozialistischen Sowjetrepubliken; **U~ européenne** Europäische Union; **~ libre** wilde Ehe, nichteheliche Lebensgemeinschaft; **~ monétaire** Währungsunion *f*; **~ sacrée** HIST Union *f* Sacrée (*gemeinsame Politik der französischen Parteien zu Beginn des 1. Weltkrieges*); POL politisches Zweckbündnis [zur Bekämpfung des gemeinsamen Gegners]; **U~ Soviétique** Sowjetunion *f*; **en ~ avec qn** gemeinsam mit jdm

unionisme [ynjɔnism] *m politische Doktrin der Unionisten*

unioniste [ynjɔnist] *mf* Unionist(in) *m(f)*

unipare [ynipaʀ] *adj* unipar; ***femme*** ~ Frau *f* mit nur einem Kind

unipersonnel, le [ynipɛʀsɔnɛl] *adj v.* **entreprise**

unique [ynik] *adj* **1.** (*seul*) einzig; *marché, monnaie* einheitlich; *prix, parti* Einheits-; ***enfant*** ~ Einzelkind *nt*; ***mon ~ espoir*** meine einzige Hoffnung; ***à voie*** ~ einspurig; ***rue à sens*** ~ Einbahnstraße *f*

2. (*exceptionnel*) einzigartig, einmalig, unvergleichlich

3. *fam* (*impayable*) ■ **qn est** ~ jd ist einmalig *fam*

4. (*qui n'existe qu'en un endroit*) ■ **[qn/qc est] ~ quelque part** [jd/etw ist] irgendwo einmalig; ***c'est ~ au monde*** das ist einmalig in der Welt

uniquement [ynikmɑ̃] *adv* einzig und allein, nur

unir <8> [yniʀ] **I.** *vt* **1.** (*associer*) ■ **qn unit des choses** jd verein[ig]t Dinge; *partis a.* jd schließt Dinge zusammen; *talents* jd verbindet Dinge miteinander; ***il conviendrait d'~ nos forces*** wir sollten unsere Kräfte vereinen; ■ **qc unit des personnes** */intérêt, nécessité, volonté/* etw verbindet Menschen; ■ **[des personnes sont] unis [dans qc]** [Menschen sind] [in etw (*dat*)] vereint; ***nous ne gagnerons les élections que si nous sommes unis*** wir werden die Wahlen nur gewinnen, wenn wir geschlossen auftreten

2. (*marier*) ■ **qn unit des personnes** jd traut Menschen; ■ **qn unit des choses** *destinées* jd verknüpft Dinge miteinander
3. (*combiner*) ■ **qn/qc unit qc à qc** jd/etw verbindet etw mit etw [*o* und etw (*akk*)]; ***cette femme unit l'intelligence à la beauté*** diese Frau vereint in sich (*dat*) Intelligenz und Schönheit, bei dieser Frau ist Intelligenz mit Schönheit gepaart; ■ **qn/qc unit des choses** *couleurs* jd stellt Dinge zusammen; ***ce roman unit des qualités opposées*** in diesem Roman kommen gegensätzliche Eigenschaften zusammen
4. (*relier*) ■ **qc unit qc à qc** */chemin de fer, ligne aérienne, route etc/* etw verbindet etw mit etw; ■ **qc unit des choses:** ***le langage consiste à ~ des mots pour former des phrases*** die Sprache verknüpft Worte [*o* reiht Worte aneinander] um Sätze zu bilden, die Sprache verknüpft Worte zu Sätzen
II. *vpr* 1. (*s'associer*) ■ **des personnes/des choses s'unissent [pour qc/contre qn/qc]** */nations, partis, pays/* Menschen/Dinge vereinigen sich [zu etw/gegen jdn/etw], Menschen/Dinge schließen sich [zu etw/gegen jdn/etw] zusammen
2. (*se marier*) ■ **des personnes s'unissent** Menschen heiraten
3. (*se combiner*) ■ **qc s'unit à qc** etw kommt mit etw zusammen, etw verbindet sich mit etw; */couleur/* etw ist auf etw (*akk*) abgestimmt; ***chez cette femme l'intelligence s'unit à la beauté*** diese Frau vereint in sich (*dat*) Intelligenz und Schönheit, bei dieser Frau ist Intelligenz mit Schönheit gepaart; ■ **des choses s'unissent** Dinge kommen zusammen; ***des couleurs s'unissent harmonieusement*** Farben verbinden sich harmonisch miteinander, Farben sind harmonisch aufeinander abgestimmt

unisexe [ynisɛks] *adj* für Mann und Frau, nicht geschlechtsspezifisch; ***coiffeur*** ~ Damen- und Herrenfriseur *m*

unisexué, e [ynisɛksɥe] *adj* eingeschlechtig

unisson [ynisɔ̃] *m* Unisono *nt*, Einklang *m*, Gleichklang *m*
▸ **qn se met à l'~ [de qn]** jd passt sich [jdm [*o* an jdn]] an; **[qc est] à l'~ [de qc]** MUS [etw ist] einstimmig; *fig* [etw ist] im Gleichklang [mit etw]

unitaire [ynitɛʀ] *adj* 1. POL *revendications* einheitlich; *mouvement a., parti* geschlossen; *stratégie, grève* gemeinsam; ***notre parti s'est présenté comme un parti*** ~ unsere Partei ist geschlossen aufgetreten; ***nous devons être ~s*** wir müssen gemeinsam handeln [*o* geschlossen auftreten]
2. COM *prix, coût* Stück-; *production* auf ein Produkt beschränkt

unité [ynite] *f* 1. (*cohésion*) [*famille*] Zusammenhalt *m*, Zusammengehörigkeit *f*; [*classe*] Geschlossenheit *f*, Einheit *f*; [*devoir, copie*] Zusammenhang *m*, Kohärenz *f*; [*œuvre*] Kohärenz; [*être*] Harmonie *f*; ***nous agissons dans l'~*** wir handeln gemeinsam; ***ce devoir manque d'~*** dieser Aufsatz ist in sich nicht stimmig; ~ ***d'action/de culture*** gemeinsames Handeln/gemeinsame Kultur; ~ ***d'intérêts/de sentiments/vues*** gleiche [*o* übereinstimmende] Interessen/Gefühle/Standpunkte; ~ ***d'inspiration*** übereinstimmende Inspiration
2. THEAT, CINE: ~ ***d'action/de lieu/de temps*** Einheit *f* der Handlung/des Ortes/der Zeit
3. POL *allemande, nationale, politique* Einheit *f*; ~ ***administrative*** Verwaltungseinheit
4. (*étalon de mesure*) *électrique, géométrique, optique* Einheit *f*; ~ ***monétaire*** Währungseinheit; ~ ***thermique*** [*o* ***de quantité de chaleur***] Wärmeeinheit; ■ ~ **de** *d'énergie, de pression* -einheit; *de longueur a.* -maß *nt*; ~ ***de compte*** Verrechnungseinheit; ~ ***de distance*** Längenmaß; ~ ***de mesure*** Maßeinheit; ~ ***de masse*** Masseneinheit; ~ ***de travail*** Arbeitseinheit
5. MATH Einer *m*
6. IND (*exemplaire*) Einheit *f*
7. MIL Einheit *f*; ~ ***spéciale*** Spezialeinheit; ~ ***blindée*** Panzereinheit; ■ ~ **de** *de gendarmerie, police* -einheit; ***une ~ de parachutistes*** eine Einheit Fallschirmjäger
8. INFORM, TECH: ~ ***de stockage*** Speicher[einheit *f*] *m*; ~ ***de traitement/contrôle*** Verarbeitungs-/Kontrolleinheit; ~ ***d'entrée-sortie*** [*o* ***d'échange***] Ein- und Ausgabebereich *m*
9. *vieilli fam* (*dix mille francs*) zehn Riesen *fam*
▸ ~ **centrale** INFORM Zentraleinheit *f*; **qn rejoint son** ~ jd meldet sich bei seiner Einheit zurück; **à l'~** COM einzeln; ***prix à l'~*** Einzelpreis *m*
◆ **unité d'enseignement et de recherche** *universitärer Fachbereich;* **unité de fabrication, unité de production** Produktionseinheit *f*; **unité de formation et de recherche** *universitärer Fachbereich;* **unité de réanimation** Intensivstation *f*; **unité de valeur** Schein *m*, Studiennachweis *m* (*Kurs an der Uni, der mit einem Schein abgeschlossen werden kann*); ***qu'est-ce que tu as choisi comme ~s de valeur?*** welche Kurse hast du belegt?; **unité de bande magnétique** INFORM Bandlaufwerk *nt*; **unité de disque** INFORM Diskettenlaufwerk *nt*; **unité de sortie** INFORM Ausgabegerät *nt*

univers [ynivɛʀ] *m* 1. (*monde*) Welt *f*; ■ **l'U~** (*cosmos*) das Universum, das Weltall, der Weltraum
2. (*milieu*) Welt *f*; *familier a.* Umgebung *f*, Umkreis *m*; *communiste, conservateur, féministe* Umfeld *nt*; ***l'~ du roman/de l'enfant*** die Welt des Romans [*o* Romanwelt]/der Kinder; ***l'~ du rêve*** die Welt der Träume; ***l'~ mathématique/poétique*** die Welt der Mathematik/Poesie; ***l'adolescent doit quitter l'~ de son enfance*** der Jugendliche muss die Welt seiner Kindheit verlassen

universalisation [ynivɛʀsalizasjɔ̃] *f* allgemeine Verbreitung

universaliser <1> [ynivɛʀsalize] *vpr* ■ **qc s'universalise** etw wird allgemein gültig, etw verbreitet sich

universalité [ynivɛʀsalite] *f* Universalität *f*; [*idée, vérité, droit a.*] Allgemeingültigkeit *f*; [*jugement a.*] Allgemeinverbindlichkeit *f*

universel, le [ynivɛʀsɛl] *adj* 1. (*mondial*) *exposition, histoire, paix* Welt-; *sondage* weltweit
2. (*opp: particulier*) allgemein, universal; *valeur a.* universell; *proposition, jugement* allgemein verbindlich, allgemein gültig; ***la philosophie est ~le*** die Philosophie ist von allgemeiner [*o* universeller] Tragweite
3. *remède* universell; *machine, pince a., dispositif* allgemein verwendbar; *clé* Universal-
4. (*complet*) *personne* allwissend; ***esprit*** ~ Universalgenie *nt*

universellement [ynivɛʀsɛlmɑ̃] *adv* weltweit

universitaire [ynivɛʀsitɛʀ] I. *adj* Universitäts-; *milieu a.* universitär; *diplôme a.* Hochschul-; *carrière, titre* akademisch; (*estudiantin*) studentisch, Studenten-; ***études ~s*** [Hochschul]studium *nt*; ***restaurant*** ~ Mensa *f*
II. *mf* Hochschullehrer(in) *m(f)*

université [ynivɛʀsite] *f* Universität *f*
◆ **université d'été** Sommerkurs *m*; **université du troisième âge** Seniorenstudium *nt*

Untel, Unetelle [œ̃tɛl, yntɛl] *m, f* ■ **Monsieur ~/Madame Unetelle** Herr/Frau Sowieso

uploader <1> [œplode] *vt* INFORM ■ **qn uploade qc** jd lädt etw hoch, jd uploadet etw ['aploʊdət] *spec*

uranium [yʀanjɔm] *m* CHIM Uran *nt*

Uranus [yʀanys] *f* Uranus *m*

urbain, e [yʀbɛ̃, ɛn] *adj* städtisch; *district, population* Stadt-; ***aménagement*** ~ Stadtplanung *f*; ***paysage*** ~ Stadtbild *nt*, Stadtlandschaft *f*

urbanisation [yʀbanizasjɔ̃] *f* 1. [*région, campagne, pays*] Verstädterung *f*
2. (*aménagement*) [*secteur, zone*] städtische Bebauung

urbaniser <1> [yʀbanize] I. *vt* ■ **qn urbanise qc** *région, zone* jd urbanisiert etw; ■ **[qc est] urbanisé(e)** [etw ist/wird] urbanisiert, [etw ist] verstädtert
II. *vpr* ■ **qc s'urbanise** etw wird urbanisiert, etw verstädtert

urbanisme [yʀbanism] *m* Stadtplanung *f*, Städtebau *m*

urbaniste [yʀbanist] I. *mf* Stadtplaner(in) *m(f)*
II. *adj v.* **urbanistique**

urbanistique [yʀbanistik] *adj* städtebaulich

urée [yʀe] *f* Harnstoff *m*

urémie [yʀemi] *f* Harnvergiftung *f*, Urämie *f spec*

urètre [yʀɛtʀ] *m* Harnröhre *f*

urgence [yʀʒɑ̃s] *f* 1. (*caractère urgent*) Dringlichkeit *f*
2. (*cas urgent*) dringende Angelegenheit; MED Notfall *m*; ■ **les ~s** (*service*) Notfallstation *f*
▸ **de première ~:** ***le secours de première*** ~ die erste Hilfe; ***pharmacie/trousse de première*** ~ Erste-Hilfe-Apotheke *f*/-Ausrüstung *f*; **il y a ~** es eilt; **d'[extrême] ~, de toute ~** unverzüglich; **en ~** als Notfall

urgent, e [yʀʒɑ̃, ʒɑ̃t] *adj besoin, cas, décision* dringend; *affaire* dringlich; ***c'est*** ~ es ist dringend, es eilt; ~! eilt!; ■ **il est ~ de faire qc** etw muss dringend getan werden; ■ **il est ~ que** + *subj* es wird Zeit, dass

urger <2 a> [yʀʒe] *vi* ▸ **ça urge!** *fam* es eilt

urinaire [yʀinɛʀ] *adj* Harn-; ***maladie*** ~ Erkrankung *f* der Harnwege, urogene Krankheit *spec*; ***appareil*** ~ Harnapparat *m*; ***voies ~s*** Harnwege *pl*; ***calcul*** ~ Harnstein *m*

urine [yʀin] *f* Urin *m*, Harn *m*

uriner <1> [yʀine] *vi* ■ **qn urine** jd uriniert, jd lässt Wasser

urinoir [yʀinwaʀ] *m* Pissoir *nt*

urique [yʀik] *adj*: ***acide*** ~ Harnsäure *f*

urne [yʀn] *f* 1. POL (*boîte*) [Wahl]urne *f*
2. *pl* (*scrutin*) Wahl *f*
3. (*vase funéraire*) [Grab]urne *f*
▸ ~ **funéraire** [Grab]urne *f*; **qn va [*o* se rend] aux ~s** jd geht wählen [*o* zur Wahl]

urologie [yʀɔlɔʒi] *f* Urologie *f*

urologue [yʀɔlɔg] *mf* Urologe/-login *m/f*

U.R.S.S. [yɛʀɛsɛs] *f* HIST *abr de* **Union des républiques socialistes soviétiques** ■ **l'U.R.S.S.** die UdSSR

urticaire [yʀtikɛʀ] *f* [allergischer] Ausschlag, Urtikaria *f spec*
▸ **qn/qc donne [*o* file] de l'~ à qn** *fam* jd ist gegen jdn/etw allergisch *fam*, von jdm/etw könnte jd die Krätze kriegen *fam*

U.S. [yɛs] *f abr de* **Union sportive de ...** SV *m*, Sportverein *m*, SC *m*, Sportclub *m*

us [ys] *mpl* ▸ ~ **et coutumes** Sitten und Gebräuche *pl*

usage [yzaʒ] *m* 1. (*utilisation*) [*appareil*] Benutzen *nt*; [*produit*] Verwendung *f*; [*méthode*] Anwendung *f*; [*jardin, salle des fêtes*] Benutzung *f*; ***l'~ de fausse monnaie*** der Gebrauch [*o* Einsatz] von Falschgeld
2. (*façon de se servir*) ■ ~ **de qc** *d'un appareil, d'une machine* Bedienung *f* einer S. (*gen*)
3. (*consommation*) [*tabac*] Konsum *m*, Genuss *m*; [*médicaments*] Gebrauch *m*; ~ ***domestique*** Hausgebrauch
4. (*faculté*): ***l'~ de la vue*** die Sehfähigkeit; ***vais-je retrouver l'~ de mes jambes/de la vue?*** werde ich wieder gehen/sehen können?; ***il n'a plus l'~ de son bras*** er kann seinen Arm nicht mehr gebrauchen; ***elle a perdu l'~ de la parole*** sie hat die Sprache verloren, sie kann nicht mehr sprechen; ***dans sa solitude, il semble avoir perdu l'~ de la parole*** da er die ganze Zeit alleine ist, scheint er das Sprechen verlernt zu haben
5. (*fonction*) [*truc, meuble, objet*] [Verwendungs]zweck *m*; ***qc peut servir à des ~s multiples*** etw kann vielseitig genutzt werden, etw kann vielen Zwecken dienen
6. (*coutume*) Brauch *m*, Sitte *f*; ***les ~s de la bonne société*** die Sitten [*o* [Verhaltens]regeln] der guten Gesellschaft; ***c'est contraire aux ~s*** das verstößt gegen die Sitten; COM etw verstößt gegen die Gepflogenheiten
7. LING [Sprach]gebrauch *m*; [*mot*] Verwendung *f*
▸ **qn fait [un] bon/mauvais ~ de qc** (*utilise avec/sans prudence*) jd geht vorsichtig/unachtsam mit etw um, jd passt gut/passt nicht auf etw (*akk*) auf; (*utilise intelligemment/non intelligemment*) jd geht vernünftig [*o* sinnvoll]/unvernünftig mit etw um; ***elle fait bon ~ de ses qualités*** sie nutzt ihre Fä-

higkeiten, sie macht Gebrauch von ihren Fähigkeiten; ***fais bon ~ de ton argent!*** verwende dein Geld sinnvoll!, geh vernünftig mit deinem Geld um!; ***je te prête ma voiture, mais n'en fais pas un mauvais ~!*** ich leihe dir mein Auto, aber pass gut darauf auf [*o* gib gut darauf Acht]!; [**qc est**] **d'~ courant** (*d'utilisation courante*) etw wird häufig benutzt [*o* verwendet]; (*habituel*) [etw ist] gang und gäbe, [etw ist] allgemein üblich; **à ~ externe** nur äußerlich anzuwenden; **qc entre dans l'~** etw setzt sich durch; ***ces comportements entrent dans l'~*** diese Verhaltensweisen setzen sich durch; ***ce terme est entré depuis peu dans l'~*** dieser Begriff ist erst kürzlich [in die Sprache] aufgenommen worden; **c'est l'~** [**quelque part**] [**de faire qc**] es ist [irgendwo] üblich[, etw zu tun]; **comme il est d'~** wie es so üblich [*o* Brauch] ist; **il est d'~ de faire qc/que** + *subj* es ist üblich, etw zu tun/dass; **qn fait ~ de qc** jd wendet etw an; *d'armes* jd macht Gebrauch von etw; **qc fait de l'~** etw leistet gute Dienste; **qn met qc en ~** jd setzt etw ein; **à ~ de qc** als etw; **à ~ …** *collectif, individuel, privé* zum … Gebrauch; MED *externe, interne* zur … Anwendung; ***ce document est réservé à ~ interne*** ADMIN dieses Schriftstück ist für den internen Gebrauch bestimmt; ***à ~ domestique*** für den Hausgebrauch; ***ce jardin est à ~ privé*** dieser Garten ist der privaten Benutzung vorbehalten; **à l'~** in der Praxis; **à l'~ de qn/qc** für jdn/etw; **d'~** *compliment, formule, recommandation* üblich; **en ~** *appareil* in Gebrauch; *manières* üblich; *mode, méthode* verbreitet; **hors d'~** *vêtement, chaussures, voiture* nicht mehr zu gebrauchen; *machine, ascenseur, W.-C.* außer Betrieb; *mot* nicht mehr gebräuchlich

usagé, e [yzaʒe] *adj* abgenutzt; *pneu a.* abgefahren; *pile* verbraucht; *vêtement* abgetragen

usager, -ère [yzaʒe, -ʒɛʀ] *m, f* Benutzer(in) *m(f)*; [*gaz*] Verbraucher(in) *m(f)*, Abnehmer(in) *m(f)*; ~ ***de la route*** Straßenbenutzer(in), Verkehrsteilnehmer(in) *m(f)*

usant, e [yzɑ̃, ɑ̃t] *adj personne* nervig *fam*; *travail, vie* stressig *fam*

usé, e [yze] *adj* **1.** (*détérioré*) abgenutzt; *tapis a.* abgewetzt; *semelles* abgelaufen; *vêtement* abgetragen, verschlissen; ***cette veste est ~e aux coudes*** diese Jacke ist an den Ellenbogen durchgescheuert
2. (*affaibli*) *personne* verbraucht
3. (*banal*) abgedroschen; *plaisanterie a.* uralt; *thème* zigmal behandelt *fam*

user <1> [yze] **I.** *vt* **1.** (*détériorer*) ■ **qn/qc use qc** jd/etw nutzt etw ab, jd/etw verschleißt etw; *vêtement a.* jd wetzt etw ab; ***l'érosion a usé la roche*** durch die Erosion ist der Felsen abgetragen; ***les enregistrements successifs ont usé la cassette*** durch die wiederholten Aufnahmen ist die Kassette verschlissen, wiederholte Aufnahmen haben die Kassette verschlissen
2. (*épuiser*) ■ **qn/qc use qn/qc** jd/etw setzt jdm/einer Sache [stark] zu; ***la maladie use qn/qc*** die Krankheit zehrt an jdm/etw; *personne a.* die Krankheit schwächt jdn, die Krankheit greift jdn an; *santé a.* die Krankheit ruiniert etw; ***le travail use qn/qc*** die Arbeit reibt jdn auf/strapaziert etw
3. (*consommer*) ■ **qn/qc use qc** *charbon, eau, essence* jd/etw verbraucht etw
II. *vi* ■ **qn use de qc** *d'un droit* jd macht von etw Gebrauch, jd nimmt etw in Anspruch; *d'un bien* jd profitiert von etw; *d'un médicament* jd nimmt etw [ein]; *de termes, formules* jd gebraucht etw; *d'un stratagème* jd wendet etw an
▶ **qn use et abuse de qc** jd nutzt etw schamlos aus
III. *vpr* ■ **qc s'use** etw nutzt sich ab; ■ **qn s'use** [**à qc**] jd reibt sich [bei etw] auf; ■ **qn s'use qc** *santé* jd ruiniert [sich (*dat*)] etw; *yeux* jd verdirbt sich (*dat*) etw

usinage [yzinaʒ] *f* [*pièce*] Bearbeitung *f*; [*produit, matériau*] Verarbeitung *f*

usine [yzin] *f* **1.** (*établissement industriel*) Fabrik *f*; ~ ***textile/pilote*** Textilfabrik/Pilotanlage *f*; ■ ~ **de** *d'automobiles* -fabrik, -werk *nt*; *de produits alimentaires* Fabrik für; ~ ***de traitement des ordures*** Müllverwertungsanlage *f*; ~ ***d'incinération des ordures*** Müllverbrennungsanlage *f*; ~ ***sidérurgique*** Eisenhüttenwerk; ***qn travaille en ~*** [*o* ***à l'~***] jd arbeitet in der Fabrik; ***qn va à l'~*** jd geht in die Fabrik
2. *fam* (*lieu d'activité intense*) Ameisenhaufen *m fam*; ***c'est l'~ ici*** hier geht's zu wie in einer Fabrik
◆ **usine à gaz** Gaswerk *nt*

usiner <1> [yzine] *vt* ■ **qn usine qc** *pièce* jd bearbeitet etw; *produit, matériau* jd verarbeitet etw

usité, e [yzite] *adj* gebräuchlich

ustensile [ystɑ̃sil] *m* Utensil *nt meist pl*; ~ ***de cuisine*** Küchenartikel *m*

usuel, le [yzɥɛl] *adj* gebräuchlich; *vocabulaire a., emploi* allgemein üblich; *expression, mot, nom a.* gängig, landläufig; *meuble, objet* weit verbreitet

usufruit [yzyfʀɥi] *m* Nutznießung *f*, Nießbrauch *m spec*

usuraire [yzyʀɛʀ] *adj* Wucher-, wucherisch; ***intérêts ~s*** Wucherzinsen *pl*

usure¹ [yzyʀ] *f* **1.** (*détérioration*) Abnutzung *f*, Verschleiß *m*; ***le tissu résiste à l'~*** der Stoff ist strapazierfähig
2. (*état*) abgenutzter Zustand; ***l'~ rendait son costume tout luisant*** sein Anzug war vom vielen Tragen ganz glänzend
3. (*érosion*) [*roche*] [Ab]schleifung *f*; [*terrain*] Abtragung *f*
4. (*affaiblissement*) [*forces, énergie*] Verbrauch *m*, Verschleiß *m*; [*mot*] Abnutzung *f*
▶ **l'~ du pouvoir** der Verbrauch [*o* der Verschleiß] durch die Macht; **l'~ du temps** die zerstörende Kraft der Zeit; ***il subissait l'~ du temps*** der Zahn der Zeit nagte an ihm *fam*; **qn a qn à l'~** *fam* jd kriegt jdn [mit der Zeit] herum *fam*

usure² [yzyʀ] *f* FIN Wucher *m*; ***qn pratique l'~*** jd treibt Wucher

usurier, -ière [yzyʀje, -jɛʀ] *m, f* Wucherer/Wucherin *m/f*

usurpateur, -trice [yzyʀpatœʀ, -tʀis] **I.** *adj* usurpatorisch
II. *m, f* Usurpator(in) *m(f)*

usurpation [yzyʀpasjɔ̃] *f* **1.** (*appropriation*) widerrechtliche Aneignung; [*titre a.*] unbefugtes Führen; ~ ***de fonction*** Amtsanmaßung *f*
2. POL Usurpation *f*, Usurpierung *f*
◆ **usurpation de pouvoir** JUR Amtsmissbrauch *m*

usurper <1> [yzyʀpe] *vt* **1.** (*s'approprier*) ■ **qn usurpe qc** *titre* jd nimmt etw widerrechtlich an, jd eignet sich (*dat*) etw widerrechtlich an; *honneurs* jd maßt sich (*dat*) etw an; *pouvoir* jd reißt etw widerrechtlich an sich (*akk*)
2. (*être immérité*) ■ **qc est usurpé(e)** /*réputation*/ etw ist nicht gerechtfertigt

ut [yt] *m inv* C *nt*, c *nt*

utérin, e [yteʀɛ̃, in] *adj* **1.** (*de la même mère*) *frères, sœurs* Halb- (*von der gleichen Mutter*)
2. *grossesse, hémorragie* Gebärmutter-; ***la trompe ~e*** der Eileiter

utérus [yteʀys] *m* Gebärmutter *f*

utile [ytil] **I.** *adj* **1.** (*nécessaire, profitable*) nützlich; *cadeau a.* zweckmäßig; *mesure, action a., dépenses* sinnvoll; *effort* lohnend; ■ **qc est ~ à faire** *livre, ouvrage, film* es lohnt sich, etw zu tun; ■ **il/c'est ~ de faire qc** es lohnt sich, etw zu tun; es ist sinnvoll, etw zu tun; ■ **il/c'est ~ que** + *subj* es lohnt sich, dass; es ist sinnvoll, dass; ■ **qn/qc est ~** [**à qn/qc**] jd/etw ist [jdm/einer S.] nützlich, jd/etw ist [für jdn/etw] von Nutzen; ***la religion n'est pas ~*** die Religion bringt keinen Nutzen; ***vos efforts ont été ~s*** eure Anstrengungen haben sich gelohnt
2. TECH: ***partie ~*** zweckdienliches [*o* zweckmäßiges] Teil
▶ **qn peut être ~ à qn en qc/en faisant qc** jd kann jdm in etw (*dat*) nützlich sein/jd kann jdm nützlich sein, indem er etw tut; ***en quoi puis-je vous être ~?*** womit kann ich Ihnen dienen?; **qn se rend ~** jd macht sich nützlich
II. *m* Nützliche(s) *nt*
▶ **qn joint l'~ à l'agréable** jd verbindet das Angenehme mit dem Nützlichen; **qn sacrifie l'~ à l'agréable** jd stellt das Angenehme über das Nützliche

utilement [ytilmɑ̃] *adv* nützlich; *employer* nutzbringend; *lire* mit Gewinn; ***qn conseille ~ qn*** jd gibt jdm nützliche Ratschläge

utilisable [ytilizabl] *adj* verwendbar; *matériel a.* brauchbar; *livre, manuel* benutzbar; *vêtement* tragbar; ***ce n'est plus ~*** es ist nicht mehr zu gebrauchen

utilisateur, -trice [ytilizatœʀ, -tʀis] *m, f* Benutzer(in) *m(f)*; [*gaz, électricité*] Verbraucher(in) *m(f)*

utilisation [ytilizasjɔ̃] *f* **1.** (*emploi*) [*téléphone, logiciel*] Benutzung *f*; [*produit a., charbon, argent*] Verwendung *f*; [*énergie*] Nutzung *f*
2. [*restes*] Verwertung *f*

utiliser <1> [ytilize] *vt* **1.** (*se servir de*) ■ **qn utilise qc** jd benutzt etw; *huile, beurre a.* jd verwendet etw
2. (*recourir à*) ■ **qn utilise qc** *avantage, compétences, dons* jd nutzt [*o* nützt] etw; *force, moyen, procédé* jd wendet etw an; *mot* jd gebraucht [*o* verwendet] etw; *droit* jd macht von etw Gebrauch
3. (*exploiter*) ■ **qn utilise qn/qc** *personne, relations* jd nutzt [*o* nützt] jdn/etw aus; *restes* jd verwertet etw

utilitaire [ytilitɛʀ] **I.** *adj* **1.** (*susceptible d'être utilisé*) für den Gebrauch bestimmt; *objet, article* Gebrauchs-; ***qc a un but ~*** etw ist für den Gebrauch bestimmt
2. (*intéressé*) *préoccupations, calculs* auf Nutzen ausgerichtet
II. *m* INFORM Steuerprogramm *nt*, Utility [juːˈtɪlɪti] *nt*

utilité [ytilite] *f* **1.** (*aide*) Nutzen *m*; ***qn/qc est d'une grande ~*** jd/etw ist von großem Nutzen
2. (*caractère utile*) Nützlichkeit *f*, Brauchbarkeit *f*; [*démarche*] Nutzen *m*
▶ **d'~ publique** gemeinnützig; ***association reconnue d'~ publique*** gemeinnütziger Verein; **qn n'a pas l'~ de qc, qc n'est d'aucune ~ à qn** jd kann etw nicht gebrauchen; **qn joue les ~s** jd spielt eine untergeordnete Rolle [*o* eine Nebenrolle]

utopie [ytɔpi] *f* Utopie *f*

utopique [ytɔpik] *adj* utopisch

utopiste [ytɔpist] *mf* Utopist(in) *m(f)*

U.V. [yve] **I.** *mpl abr de* **ultraviolets** UV-Strahlen *pl*
II. *f abr de* **unité de valeur** Schein *m*, Studiennachweis *m*

V

V, v [ve] *m inv* V *nt,* v *nt*
▶ **qn fait le V de la victoire** jd macht das Victory-Zeichen; **v comme Victor** V wie Viktor; **en V** V-; ***décolleté/col en V*** V-Ausschnitt *m;* ***un pull en V*** ein Pullover mit V-Ausschnitt; ***moteur en V*** V-Motor *m*

va [va] *indic prés de* **aller**

vacance [vakɑ̃s] I. *fpl* 1. SCOL, UNIV Ferien *pl;* ~***s universitaires*** Semesterferien
2. (*congé*) Urlaub *m kein pl;* ***pendant les*** ~***s*** im Urlaub, während der Ferien; ~***s actives*** Aktivurlaub; ~***s à thème*** thematischer Urlaub, thematische Ferien; ■ **de** ~**s** Ferien-, Urlaubs-
3. *pl* JUR, PARL Ferien *pl;* ~***s parlementaires*** Parlamentsferien; ~***s judiciaires*** Gerichtsferien
▶ **grandes** ~**s** SCOL große Ferien; UNIV Sommerpause *f;* **qn est en** ~**s** SCOL, UNIV jd hat Ferien; (*est en congé*) jd ist im Urlaub; **qn part en** ~**s** jd fährt in [die] Ferien; jd fährt in Urlaub; **en** ~**s** in den Ferien; im Urlaub
II. *f* 1. (*poste sans titulaire*) unbesetzte Stelle; UNIV *a.* Vakanz *f*
2. (*non pourvoiement*) ■ ~ **de** *de poste, siège* unbesetzt; *de chaire, fauteuil a.* vakant; ***il y a plusieurs*** ~***s de poste*** mehrere Stellen sind unbesetzt [*o* nicht besetzt]
III. *app* ■ [-]**vacances** Ferien-; ***village-***~***s*** Feriendorf *nt;* ***chèque-***~***s*** Reisegutschein *m*
◆ **vacances de neige** Skiferien *pl/*-urlaub *m;* **vacance du pouvoir** politisches Vakuum

vacancier, -ière [vakɑ̃sje, -jɛʀ] *m, f* Urlauber(in) *m(f),* Feriengast *m*

vacant, e [vakɑ̃, ɑ̃t] *adj* 1. (*sans titulaire*) unbesetzt; *chaire, fauteuil a.* vakant
2. (*non occupé*) frei; *appartement a.* leer stehend
3. JUR herrenlos; ***succession*** ~***e*** Nachlass *m* ohne Erben

vacarme [vakaʀm] *m* Lärm *m,* Krach *m,* Radau *m;* ~ ***assourdissant/d'enfer*** ohrenbetäubender Lärm/Höllenlärm

vacataire [vakatɛʀ] *mf* SCOL, UNIV Vertretung *f;* ADMIN Aushilfe *f,* Aushilfskraft *f*

vacation [vakasjɔ̃] *f* 1. (*temps de travail*) [Arbeits]zeitaufwand *m;* (*rémunération*) Honorar *nt*
2. (*remplacement*) Vertretung *f*
3. *pl* (*vacances judiciaires*) Gerichtsferien *pl*

vaccin [vaksɛ̃] *m* 1. (*substance*) ■ ~ [**contre qc**] Impfstoff *m* [gegen etw]; ~ ***antirabique*** Tollwutimpfstoff; ~ ***antigrippe*** Grippeimpfstoff
2. (*fait de vacciner*) Impfung *f;* ***rappel de*** ~ Wiederholungsimpfung; ***qn fait un*** ~ ***à qn*** jd impft jdn
3. (*remède*) ■ ~ **contre qc** Heilmittel *nt* gegen etw

vaccinable [vaksinabl] *adj* impfbar, impffähig

vaccinal, e <-aux> [vaksinal, o] *adj* durch die [*o* eine] Impfung ausgelöst

vaccination [vaksinasjɔ̃] *f* Impfung *f*

vacciner <1> [vaksine] *vt* 1. MED ■ **qn vaccine qn/un animal contre qc** jd impft jdn/ein Tier [gegen etw]
2. INFORM ■ **qn vaccine qc** jd schützt etw
3. *fam* (*guérir de*) ■ **qc vaccine qn contre qc** etw heilt jdn von etw *fam*

vache [vaʃ] I. *f* 1. ZOOL Kuh *f;* ~ ***laitière*** Milchkuh
2. (*cuir*) Rindsleder *nt;* (*pour des chaussures*) Vacheleder *nt*
3. *fam* (*rosse*) (*homme*) Mistkerl *m sl;* (*femme*) Miststück *nt sl*
▶ **qn est [planté(e)]/reste [là] comme une** ~ **qui regarde passer les trains** jd steht [*o* sitzt] da wie ein Ölgötze; **une** ~ **ne retrouverait pas son veau** wer soll sich da noch zurechtfinden; **qn mange** [*o* **bouffe** *fam*] **de la** ~ **enragée** jd nagt am Hungertuch; **[années/période de]** ~**s grasses/maigres** die [sieben] fetten/mageren Jahre; **gros(se) comme une** ~ *fam* dick wie ein Fass *fam;* **[années/période de]** ~**s maigres** die [sieben] mageren Jahre; **il pleut comme** ~ **qui pisse** *fam* es gießt wie aus Eimern [*o* Kübeln] *fam;* **en** ~ *fam* (*de côté*) von der Seite; (*en traître*) hinterhältig; ***coup de pied en*** ~ Seitenhieb *m,* Rippenstoß *m;* **la** ~! *fam* Donnerwetter! *fam*
II. *adj fam* 1. (*méchant*) gemein; *problème, devoir* gemein schwer, vertrackt *fam;* ***c'est*** ~ ***pour qn*** das ist wirklich beschissen für jdn *fam;* ***c'est*** ~ [***de la part de qn***] [***de faire qc***] es/das ist gemein [von jdm] [etw zu tun]; ***qn est*** ~ ***envers*** [*o* ***avec***] ***qn*** jd ist gemein zu jdm *fam*
2. (*sacré*) ■ ~ **de** Super- *fam; de beau garçon, belle fille* Prachtexemplar *nt* von *fam; de surprise* Bomben- *fam*
◆ **vache à eau** Wasserbeutel *m;* **vache à lait** *fam* Melkkuh *f fam*

vachement [vaʃmɑ̃] *adv fam* echt *fam,* wahnsinnig, irrsinnig *fam*

vacher, -ère [vaʃe, -ɛʀ] *m, f* Kuhhirt(in) *m(f)*

vacherie [vaʃʀi] *f fam* 1. (*dureté*) Gemeinheit *f*
2. (*méchanceté*) Gemeinheit *f;* (*parole a.*) gehässige Bemerkung; *pl* Gehässigkeiten *pl;* ***qn fait une*** ~/***des*** ~***s à qn*** jd spielt jdm übel mit, jd ist gemein zu jdm; ***qn sort*** [*o* ***envoie***] ***des*** ~***s à qn*** jd wirft jdm Gemeinheiten [*o* Gehässigkeiten] an den Kopf *fam*

vacherin [vaʃʀɛ̃] *m* 1. (*fromage*) *Weichkäse aus dem französischen Jura*
2. (*dessert*) *eisgekühlte Meringe mit Crème fraîche*

vachette [vaʃɛt] *f* 1. (*jeune vache*) *junge Kuh, die noch nicht gekalbt hat*
2. (*cuir*) Vachetteleder *nt*

vacillant, e [vasijɑ̃, jɑ̃t] *adj* 1. (*instable*) *démarche* schwankend; *jambes* wackelig
2. *flamme, lumière, lueur* flackernd
3. (*faible*) *caractère, foi* schwankend; *santé a.* labil; *courage* wankend; *esprit* wankelmütig *geh; raison* wirr; *parti* unbeständig; ***qn a la mémoire*** ~***e*** jds Gedächtnis lässt nach

vacillement [vasijmɑ̃] *m* 1. (*oscillation*) [*arbre, personne*] (*de côté et d'autre*) Schwanken *nt;* (*avant la chute*) Wanken *nt;* [*jambes, murs, meubles*] Wackeln *nt*
2. [*flamme, lumière*] Flackern *nt;* [*voix*] Zittern *nt*
3. (*affaiblissement*) [*raison*] Verwirrung *f*
4. (*hésitation*) [*personne*] Unentschlossenheit *f;* [*cœur*] Wankelmütigkeit *f geh;* [*résolution*] Wanken *nt*

vaciller <1> [vasije] *vi* 1. (*être instable*) ■ **qn vacille** jd taumelt, jd torkelt; (*de côté et d'autre*) jd schwankt; (*avant la chute*) jd wankt; ■ **qn vacille sur qc** *sur ses jambes* jd ist unsicher auf etw (*dat*)
2. (*chanceler*) ■ **qc vacille** /*poteau, murs, meubles*/ etw wackelt; /*arbre*/ (*de côté et d'autre*) etw schwankt; (*avant la chute*) etw wankt
3. (*trembler*) ■ **qc vacille** /*flamme, lueur, lumière*/ etw flackert; /*voix*/ etw zittert
4. (*s'affaiblir*) ■ **qc vacille** /*courage, résolution*/ etw gerät ins Wanken; /*santé*/ etw ist labil; /*intelligence, raison, mémoire*/ etw lässt nach; /*cœur*/ etw ist wankelmütig *geh*
5. (*hésiter*) ■ **qn vacille dans qc** jd schwankt in etw (*dat*); *dans ses intentions* jd ist sich (*dat*) unschlüssig über etw (*akk*)

va-comme-je-te-pousse [vakɔmʒtəpus] *adv* ▶ **à la** ~-~-~-~ *fam* nach Gutdünken *fam;* ***qn fait qc à la*** ~-~-~-~ jd macht etw aufs Geratewohl *fam*

vacuité [vakɥite] *f* [*existence*] Nichtigkeit *f,* Bedeutungslosigkeit *f;* [*propos*] Belanglosigkeit *f*

vadrouille [vadʀuj] *f* ▶ **qn est en** ~ *fam* jd ist auf Achse *fam;* **qn part en** ~ *fam* jd zieht los *fam*

Vaduz [vadyz] Vaduz *nt*

va-et-vient [vaevjɛ̃] *m inv* 1. (*passage*) Kommen und Gehen *nt;* ***un*** ~-~-~ ***continuel*** [*o* ***incessant***] [*o* ***perpétuel***] ein ständiges Kommen und Gehen
2. (*mouvement alternatif*) Hin und Her *nt;* [*piston*] Auf und Ab *nt*
3. ELEC Wechselschalter *m*
4. (*charnière*) Bommerband *nt,* Pendeltürband *nt;* ***porte à*** ~-~-~ Pendeltür *f,* Schwingtür *f*
5. NAUT Rundlaufseil *nt*
6. (*bac*) Pendelfähre *f*

vagabond, e [vagabɔ̃, ɔ̃d] I. *adj littér* 1. (*errant*) *peuple* Wander-, wandernd; *chien* streunend; ***vie*** [*o* ***existence***] ~***e*** Wanderleben *nt,* Vagabundenleben *nt*
2. (*sans règles*) *âme, humeur* rastlos, unstet; *pensées, imagination* [umher]schweifend
II. *m, f* 1. (*sans domicile fixe*) Landstreicher(in) *m(f)*
2. *littér* (*aventurier*) Vagabund(in) *m(f)*

vagabondage [vagabɔ̃daʒ] *m* 1. JUR Landstreicherei *f,* Nichtsesshaftigkeit *f*
2. (*errance*) Herumziehen *nt,* Herumstreifen *nt;* ***ses*** ~***s dans la ville*** seine Streifzüge durch die Stadt
3. *littér* (*rêverie*) [*imagination, pensée*] Umherschweifen *nt*

vagabonder <1> [vagabɔ̃de] *vi* 1. (*errer*) ■ **qn vagabonde quelque part** jd zieht [*o* streift] irgendwo herum
2. *littér* ■ **qc vagabonde** /*imagination, esprit*/ etw wandert [*o* schweift] umher; /*pensée a.*/ etw schweift ab; ***son esprit/sa pensée vagabonde*** er/sie ist geistig/mit den Gedanken abwesend, er/sie schweift in Gedanken ab

vagin [vaʒɛ̃] *m* Scheide *f,* Vagina *f*

vaginal, e <-aux> [vaʒinal, o] *adj* vaginal; ***frottis*** ~ [Scheiden]abstrich *m*

vagissement [vaʒismɑ̃] *m* Wimmern *nt*

vague[1] [vag] I. *adj* 1. *a. antéposé* (*indistinct*) *forme, contours* undeutlich, verschwommen; *silhouette* schemenhaft; *bruit, son* unbestimmbar
2. *a. antéposé* (*indéfinissable*) *douleur, angoisse, désir* unbestimmbar; *sensation, impression* vage
3. *a. antéposé* (*imprécis*) ungenau, unklar; *indication, réponse, promesse, idée, souvenir* vage; *projet, intention* unbestimmt; ***qn reste*** ~ [***sur qc***] jd legt sich [in Bezug auf etw (*akk*)] nicht fest
4. *antéposé* (*insuffisant*) *notions, idée* unklar, vage
5. *antéposé* (*lointain*) entfernt
6. *postposé* (*absent*) *air* [geistes]abwesend; *regard* leer

7. *antéposé* (*quelconque*) irgendein
8. (*ample*) *manteau, chemise* weit
II. *m* (*imprécision*) Unklarheit *f;* [*forme, contours*] Undeutlichkeit *f,* Verschwommenheit *f*
▶ **qn est dans le** ~ jd ist im Unklaren; **qn laisse qn dans le** ~ jd lässt jdn in Unkenntnis; **qn laisse qc dans le** ~ jd lässt etw im Unklaren; **qn regarde dans le** ~ jd schaut ins Leere; **qn reste dans le** ~ [**au sujet de qc**] jd legt sich [in Bezug auf etw (*akk*)] nicht fest
◆ **vague à l'âme** melancholische Stimmung; ***qn a du*** ~ ***à l'âme*** jd ist melancholisch; ***qc donne du*** ~ ***à l'âme à qn*** etw macht [*o* stimmt] jdn melancholisch, etw schlägt jdm aufs Gemüt

vague² [vag] *f* **1.** [*mer, lac*] Welle *f,* Woge *f*
2. METEO ■ ~ **de qc:** ~ ***de chaleur/ de froid*** Hitze-/Kältewelle *f*
3. *littér* (*ondulation*) ■ ~**s** [*chevelure*] Welle *f;* [*blé*] Wellenbewegung *f;* ***les ~s de sa chevelure*** ihr wallendes Haar
4. (*phénomène subit*) ■ ~ **de qc** Welle *f* von etw; *de criminalité* Anstieg *m* einer S. (*gen*)
5. (*déferlement*) ■ ~ **de qc** *d'enthousiasme* Welle *f* einer S. (*gen*); *de protestations* Welle von etw; ~ ***d'applaudissements*** Beifallssturm *m;* ~ ***de tendresse*** Anfall *m* von Zärtlichkeit
6. (*afflux*) ■ ~ **de** Welle *f* von, Ansturm *m* von; *de réfugiés, de touristes, d'immigrants a.* -welle; ~ ***démographique*** Bevölkerungsanstieg *m;* ~ ***d'assauts*** Angriffswelle; ~ ***de départs/ d'arrivées*** Abreise-/Anreisewelle
▶ **nouvelle** ~ *Zeitströmung der frühen sechziger Jahre;* **qn/qc fait des ~s** *fam* jd/etw schlägt Wellen; **pas de ~s!** *fam* nur kein Aufsehen [erregen]!
◆ **vague de fond** NAUT Flutwelle *f;* POL Erdrutsch *m;* ***l'affaire a provoqué une*** ~ ***de fond*** die Affäre hat einen Erdrutsch ausgelöst

vaguement [vagmɑ̃] *adv* **1.** (*de façon imprécise*) *dire, comprendre* ungefähr; *parler* andeutungsweise; *expliquer, répondre* ungenau; *distinguer* schemenhaft; *apercevoir* flüchtig
2. (*un peu*) etwas, leicht; ***qn se sent*** ~ ***concerné(e)*** jd fühlt sich nur bedingt betroffen

vaguemestre [vagmɛstʀ] *m für den Postdienst zuständiger Unteroffizier*

vaillamment [vajamɑ̃] *adv littér* **1.** (*avec énergie*) unverzagt, beherzt
2. (*avec courage*) tapfer; *tenir tête a.* mutig

vaillance [vajɑ̃s] *f* **1.** (*énergie*) Unverzagtheit *f,* Beherztheit *f*
2. *littér* (*courage*) Tapferkeit *f*

vaillant, e [vajɑ̃, ʒɑ̃t] *adj* **1.** (*énergique*) beherzt
2. *littér* (*courageux*) tapfer, kühn *geh*
3. (*vigoureux*) bei Kräften, widerstandsfähig

vaille [vaj] *subj prés de* **valoir**

vaille que vaille [vajkəvaj] *adv* so gut [wie] es geht

vain, e [vɛ̃, vɛn] *adj* **1.** (*inutile*) vergeblich; *recherches* erfolglos; *sacrifice* sinnlos; ■ **il est** ~ **de faire qc** es hat keinen Sinn [*o* Zweck], etw zu tun
2. (*stérile*) *discussion* unnütz, sinnlos; ~***s regrets*** sinnloses Bedauern
3. *littér* (*illusoire*) *plaisirs, gloire* eitel *geh; craintes* unbegründet
4. *antéposé littér* (*creux*) leer; **de ~s mots/ ~es paroles** leere Worte *pl*
5. *postposé littér* (*fat*) eitel, hoffärtig *geh*
▶ **en** ~ (*sans résultat*) vergeblich; (*inutilement*) umsonst

vaincre <*irr*> [vɛ̃kʀ] **I.** *vi soutenu* ■ **qn vainc** jd siegt
II. *vt* **1.** MIL *soutenu* ■ **qn vainc qn/qc** *pays* jd besiegt jdn/etw; *ennemi, armée a.* jd bezwingt jdn/etw *geh*
2. SPORT *soutenu* ■ **qn vainc qn/qc** jd besiegt [*o* schlägt] jdn/etw
3. *soutenu* (*surmonter*) ■ **qn vainc qc** jd überwindet etw; *difficulté* jd meistert etw; *misère* jd beseitigt etw; *instincts* jd zügelt etw
4. ALPIN ■ **qn vainc qc** jd bezwingt etw

vaincu, e [vɛ̃ky] **I.** *pp de* **vaincre**
II. *adj* besiegt, geschlagen; ***qn s'avoue*** ~ jd gibt sich geschlagen
III. *m, f* **1.** (*perdant*) Verlierer(in) *m(f)*
2. (*défaitiste*) Schwarzseher(in) *m(f)*

vainement [vɛnmɑ̃] *adv* (*sans résultats*) vergeblich; (*inutilement*) umsonst

vainqueur [vɛ̃kœʀ] **I.** *adj* **1.** (*victorieux*) *personne, nation* siegreich; *équipe a.* Sieger-; ***qn sort*** ~ ***de qc*** jd geht als Sieger aus etw hervor; ***qn est*** ~ ***aux points/ par K.O.*** jd ist Sieger nach Punkten/jd gewinnt durch K.-o.[-Schlag]
2. (*triomphant*) siegessicher, siegesgewiss; ***air*** ~ Siegermiene *f*
II. *m* **1.** MIL, SPORT Sieger(in) *m(f);* [*compétition*] Gewinner(in) *m(f);* ■ ~ **de qn/de qc** Sieger über jdn/etw; ~ ***du 100 m*** Sieger im 100-m-Lauf
2. POL [*élections*] Gewinner(in) *m(f)*
3. ALPIN Bezwinger(in) *m(f)*

vais [vɛ] *indic prés de* **aller**

vaisseau¹ <x> [vɛso] *m* **1.** ANAT Gefäß *nt;* ~ ***sanguin/ lymphatique*** Blut-/Lymphgefäß
2. BOT Gefäß *nt,* Trachee *f*

vaisseau² <x> [vɛso] *m* **1.** (*navire*) Schiff *nt;* ***capitaine de*** ~ Kapitän *m* zur See
2. ARCHIT [Kirchen]schiff *nt*
▶ **le V~ fantôme** der Fliegende Holländer; ~ **spatial** Raumschiff *nt;* **qn brûle ses ~x** jd bricht alle Brücken hinter sich (*dat*) ab

vaisselier [vɛsəlje] *m* Geschirrschrank *m*

vaisselle [vɛsɛl] *f* **1.** (*service de table*) [Tafel]geschirr *nt kein pl;* ~ ***de porcelaine/ en plastique*** Porzellan-/Plastikgeschirr; ~ ***d'or/ d'argent*** Geschirr aus Gold/aus Silber, goldenes/silbernes Geschirr
2. (*objets à nettoyer*) Geschirr *nt*
▶ **qn fait** [*o* **lave**] **la** ~ jd spült das Geschirr, jd wäscht ab

val <vaux> [val, vo] *m littér* Tal *nt;* ■ **V~ de** -tal

valable [valabl] *adj* **1.** (*en règle*) gültig
2. JUR, COM *pièce* gültig; *acte, contrat* [rechts]gültig; *offre* [rechts]verbindlich
3. (*fondé*) *excuse, raisonnement* überzeugend; *argument a.* stichhaltig; *motif, raison* ausreichend, triftig; *critère* hinreichend; *théorie, loi, hypothèse* gerechtfertigt; ***sans raison*** [*o* ***motif***] ~ ohne triftigen Grund
4. (*de qualité*) brauchbar; *solution a.* annehmbar; *équipements a., œuvre, théâtre* ordentlich *fam*
5. (*estimable*) ernst zu nehmend; *auteur, écrivain a.* beachtenswert
6. (*qualifié*) *interlocuteur* akzeptabel; *témoin* brauchbar; *partenaire* tüchtig
7. *fam* (*profitable*) *achat* günstig; *opération, affaire* einträglich

valablement [valabləmɑ̃] *adv* **1.** (*légitimement*) rechtmäßig, legal
2. (*convenablement*) *s'excuser, traiter* angemessen; *répondre* zufrieden stellend; *soutenir, alléguer* überzeugend
3. (*d'une manière efficace*) sinnvoll

Valais [valɛ] *m* ■ **le Valais** das Wallis

valence [valɑ̃s] *f* Wertigkeit *f,* Valenz *f*

valériane [valeʀjan] *f* Baldrian *m*

valet [valɛ] *m* **1.** (*domestique*) [Haus]diener *m;* THEAT Diener
2. *péj* (*personne servile*) Knecht *m*
3. CARTES Bube *m;* ~ ***de cœur*** Herzbube
4. TECH [Schraub]zwinge *f*
◆ **valet de chambre** Kammerdiener *m;* **valet d'écurie** Pferdeknecht *m;* **valet de ferme** Knecht *m;* **valet de nuit** stummer Diener; **valet de pied** Lakai *m*

valeur [valœʀ] *f* **1.** (*prix*) Wert *m;* ~ ***vénale/ marchande*** Verkaufs-/Handelswert
2. BOURSE (*cours*) [Kurs]wert *m;* (*titre*) Wertpapier *nt;* ~ ***de la monnaie*** Geldwert; ~***s mobilières*** Wertpapiere *pl,* Effekten *pl*
3. FIN ■ ~**s** Vermögen[swerte *pl*] *nt;* ~***s immobilisées*** Anlagevermögen *nt;* ~***s réalisables*** Umlaufvermögen; ~***s disponibles*** Barvermögen
4. ECON [Waren]wert *m;* ~ ***ajoutée*** Mehrwert; ~ ***d'usage*** Gebrauchswert; ~ ***d'échange*** Tauschwert
5. JUR [Rechts]gültigkeit *f;* ***qc a*** ~ ***générale*** etw ist allgemein gültig
6. (*qualité*) [*personne*] Wert *m;* ***un savant de sa*** ~ ein so bedeutender [*o* großer] Wissenschaftler; ***une personne de*** [***grande***] ~ ein [sehr] wertvoller Mensch
7. (*importance*) [*objet*] Wert *m;* [*œuvre, roman, ouvrage a.*] Bedeutung *f;* [*succès, exploit*] Tragweite *f;* ***la*** ~ ***artistique du tableau*** der künstlerische Wert des Gemäldes; ***qc a de la*** ~ etw hat seinen Wert; ***qn juge qc au-dessus/ au-dessous de sa*** ~ jd überbewertet/unterbewertet etw
8. (*efficacité*) [praktischer] Wert; [*acte, attitude, conduite*] Nutzen *m*
9. PHILOS [geistiger [*o* ideeller]] Wert; ***hiérarchie/ échelle de ~s*** Wertordnung *f*/Wertmaßstab *m*
10. (*équivalent*) ■ **la** ~ **de** *d'un litre d'eau, d'une cuillérée de rhum* ungefähr, etwa
11. MATH, MUS, CARTES, JEUX Wert *m;* ***la*** ~ ***de x*** der Wert von x; ~ ***relative/ absolue/ arithmétique/ algébrique*** relativer/absoluter/arithmetischer/numerischer Wert; ~ ***d'une note*** Notenwert
12. LING Bedeutung *f*
13. ART [*couleur*] Valenz *f*
▶ **en** ~ **déclarée**: ***colis/ envoi en*** ~ ***déclarée*** Wertpaket *nt*/Wertsendung *f;* ~ **nutritive** Nährwert *m;* **qc n'a plus de** ~ (*n'a plus cours*) etw ist nicht mehr gültig; (*est dévalorisé*) etw hat an Wert verloren; **qn accorde** [*o* **attache**] **de la** ~**/beaucoup de** ~ **à qc/ce que** + *subj* jd legt Wert/großen [*o* viel] Wert auf etw (*akk*)/darauf, dass; **qn connaît la** ~ **de qc** jd weiß etw zu schätzen; **qn/qc met qn/qc en** ~ (*fait apparaître au mieux*) jd/etw bringt jdn/etw zur Geltung; **qn met qc en** ~ (*fait fructifier*) *capital, bien* jd legt etw Gewinn bringend an; *exploitation agricole, terre* jd bewirtschaftet etw mit Gewinn; **qn se met en** ~ jd stellt sich in den Vordergrund; **à sa/leur** [**juste**] ~ (*à son/leur mérite*) nach seinen(ihren)/ihren Verdiensten, gerecht; (*à son/leur importance*) richtig; **de** ~ (*de prix*) wertvoll; (*de qualité*) von Rang, bedeutend; ***objet de*** ~ Wertgegenstand *m;* **sans** [**aucune**] ~ (*de bas prix*) wertlos, ohne jeglichen Wert; (*sans qualité*) unbedeutend, uninteressant; (*sans validité*) nicht [rechts]gültig

validation [validasjɔ̃] *f* **1.** (*certification*) [*papiers, passeport, billet de loto*] Gültigkeitserklärung *f;* [*titre de transport*] Entwertung *f*
2. (*homologation*) Anerkennung *f;* [*élections, décision a.*] Bestätigung *f*
3. INFORM Bestätigung *f*

valide [valid] *adj* **1.** (*bien portant*) gesund; ■ **qn est** ~ jd ist fit, jd ist bei Kräften
2. (*valable*) *papier, passeport, billet* gültig; *contrat* [rechts]gültig

valider <1> [valide] *vt* **1.** (*certifier*) ■ **qn valide qc** *papier, passeport, billet de loto* jd erklärt etw für gültig; *titre de transport* jd entwertet etw; ■ **qn fait** ~ **qc** jd lässt etw für gültig erklären
2. (*homologuer*) ■ **qn valide qc** jd erkennt etw an; *élections, décision a.* jd bestätigt etw
3. INFORM ■ **qn valide** [**qc**] jd bestätigt [etw]

validité [validite] *f* **1.** (*fait d'être valide*) Gültigkeit *f;* [*contrat*] Rechtsgültigkeit
2. (*durée*) Gültigkeitsdauer *f*

valise [valiz] *f* [Reise]koffer *m;* ~ ***à roulettes*** [Reise]koffer *m* auf Rollen
▶ **qn a des ~s sous les yeux** *fam* jd hat Säcke unter den Augen; **par la** ~ **diplomatique** im Diplomatengepäck; **qn fait** [*o* **boucle** *fam*] **sa** [*o* **ses ~s**] ~ (*fait ses bagages*) jd packt seine[n] Koffer; (*part*) jd packt seine Sachen

vallée [vale] *f* Tal *nt;* ■ ~ **de** *de la Loire, du Rhin, du Rhône* -tal; ***la*** ~ ***de Chamonix*** das Tal von Chamonix; ~ ***encaissée*** [Tal]kessel *m*

vallon [valɔ̃] *m* kleines Tal

vallonné, e [valɔne] *adj* hügelig

valoir <*irr*> [valwaʀ] **I.** *vi* **1.** (*coûter*) ■ **qc vaut ...** etw kostet ...; ***qc vaut cher/ 10 F/ ...*** etw kostet viel/10 F/...; ***ça vaut combien?*** wie viel kostet das?
2. *fam* (*posséder*) ■ **qn vaut ...:** ***il vaut 100 millions de dollars*** er bringt

es auf 100 Millionen Dollar *fam,* er ist 100 Millionen Dollar schwer *fam;* ***le nouveau directeur vaut 600 000 francs par an*** der neue Direktor verdient [*o* kriegt *fam*] um die 600 000 Franc pro Jahr
3. (*avoir de la valeur*) ■ **qn/qc vaut quelque chose/pas grand-chose** jd/etw ist etwas wert/ist nicht viel wert, jd/etw taugt etwas/taugt nicht viel; ■ **une chose vaut par qc** der Wert einer S. (*gen*) liegt in etw (*dat*); ***ce roman vaut par son originalité*** der Wert dieses Romans liegt in seiner Originalität
4. (*être valable*) ■ **qc vaut pour qn/dans qc** etw gilt für jdn/in etw (*dat*); */méthode/* etw hilft bei jdm/in etw (*dat*)
5. (*mettre en avant*) ■ **qn fait ~ qc** jd hebt etw hervor; ■ **qn fait ~ que** + *indic* jd hebt hervor, dass
6. (*vanter les mérites de*) ■ **qn fait ~ qn** jd bringt jdn zur Geltung; ■ **qn se fait ~** jd tut sich hervor
7. (*faire fructifier*) ■ **qn fait ~ qc** *bien, capital* jd legt etw Gewinn bringend an; *domaine, terre* jd bewirtschaftet etw mit Gewinn
8. (*mettre en valeur*) ■ **qc fait ~ qc** */vêtement, maquillage/* etw unterstreicht etw, etw bringt etw zur Geltung
9. (*défendre*) ■ **qn fait ~ qc** *droits* jd macht etw geltend
▸ **autant vaut** [*o* **vaudrait**] **faire qc** da kann [*o* könnte man genauso] gut etw tun; ***autant vaut y aller à pied*** [dann] gehen wir lieber [gleich zu Fuß]; **c'est tout ce que ça vaut!** mehr ist das nicht wert!, das ist das Äußerste!; **qn ne fait rien qui vaille** jd bringt nichts Brauchbares zustande; **à ~ sur qc** in Anrechnung auf etw (*akk*); **ça vaudra ce que ça vaudra** *fam* für den Preis kann man nicht viel erwarten; **qn/qc/ça ne vaut rien** jd/etw/das ist nichts wert, jd/etw/das taugt nichts; **qc ne vaut rien à qn** etw bekommt jdm nicht; **ça ne vaut rien à qn de faire qc** es bekommt jdm nicht, etw zu tun; **qc ne vaut rien pour qc** etw ist schädlich [*o* nicht gut] für etw; **ça ne vaut rien pour qn/qc de faire qc** es ist nicht gut für jdn/etw, etw zu tun; *v. a.* **mieux**
II. *vt* 1. (*être équivalent*) ■ **qc vaut qc** MUS etw hat den Wert von etw; CARTES etw zählt etw; ***une blanche vaut deux noires*** eine halbe Note hat den Wert von zwei Viertelnoten
2. (*pouvoir être comparé à*) ■ **qn vaut** [**bien**] **qn** jd kann es [gut] mit jdm aufnehmen, jd steht jdm in nichts nach; ■ **qc vaut** [**bien**] **qc** etw ist einer S. (*dat*) [durchaus] gleichwertig; ***le nouveau disque ne vaut pas le précédent*** die neue Platte kommt an die letzte nicht heran
3. (*mériter*) ■ **qc vaut** [**bien**] **qc** etw ist etw (*akk*) [durchaus] wert; ■ **qc vaut d'être fait** es lohnt sich, etw zu tun; ***ce roman vaut d'être lu*** es lohnt sich, den Roman zu lesen
4. (*avoir pour conséquence*) ■ **qc vaut qc à qn** etw bringt jdm etw ein; ■ **qc vaut à qn d'être ...** etw hat für jdn zur Folge, dass ..., aufgrund von etw ist jd ...
▸ **rien ne vaut qc** es geht nichts über etw (*akk*)
III. *vpr* 1. (*avoir le même prix*) ■ **des choses se valent** Dinge sind gleich im Preis [*o* kosten gleich viel]
2. (*être comparable*) ■ **des personnes/des choses se valent** Menschen/Dinge sind gleichwertig [*o* gleich viel wert], Menschen/Dinge sind gleich [gut/schlecht]; ***ces deux-là, ils se valent*** die beiden da, sie sind einer wie der andere; **ça se vaut** *fam* es/das kommt auf das Gleiche heraus *fam*

valorisant, e [valɔrizɑ̃, ɑ̃t] *adj* dem Ansehen förderlich; *objet, image* Prestige-; *situation, travail* aufwertend; ***qn/qc donne une image plus ~ e de qn/qc*** jd/etw wertet jds Ansehen/das Ansehen einer S. (*gen*) auf
valorisation [valɔrizasjɔ̃] *f* [*région*] Aufwertung *f;* [*déchets*] [Wieder]verwertung *f*
valoriser <1> [valɔrize] I. *vt* 1. ECON ■ **qn valorise qc** *terrain, région* jd wertet etw auf; *infrastructures* jd verbessert etw; *déchets* jd verwertet etw [wieder]
2. PSYCH ■ **qc valorise qn/qc** etw wertet jdn/etw auf
II. *vpr* ■ **qn se valorise** jd wertet sich auf, jd bringt sich [selbst] zur Geltung
valse [vals] *f* 1. (*musique, danse*) Walzer *m;* ~ ***lente/viennoise*** langsamer/Wiener Walzer; ***qn danse la ~ à l'envers/à l'endroit*** jd tanzt den Walzer linksherum/rechtsherum; ~ ***de Strauss/Chopin*** Strauss-/Chopin-Walzer
2. *fam* (*changement*) ■ ~ **de personnes** ständiges Kommen und Gehen von Menschen, ständiger Wechsel von Menschen; ■ ~ **de qc** ständiger Wechsel einer S. (*gen*); ~ ***des étiquettes/des prix*** ständiger Etiketten-/Preiswechsel
▸ ~ **musette** Musettewalzer *m*
valse-hésitation <~s-~s> [valsezitasjɔ̃] *f* [ewiges] Hin und Her *kein pl*
valser <1> [valse] *vi* 1. (*danser une valse*) ■ **qn valse** jd tanzt einen Walzer
2. *fam* (*être projeté*) ■ **qn/qc valse quelque part** jd/etw landet unsanft irgendwo *fam;* ■ **qn fait ~ qn/qc quelque part** jd schmeißt jdn/etw irgendwohin *fam*
3. (*filer*) ■ **qc valse** */argent, millions/* etw fließt in Mengen; ■ **qn fait ~ qc** jd lässt etw in Mengen fließen, jd lässt etw springen *fam*
4. (*interchanger*) ■ **qn fait ~ qn/qc** jd wechselt laufend jdn aus/jd verändert etw laufend
valseur, -euse [valsœʀ, -øz] *m, f* Walzertänzer(in) *m(f)*
valve [valv] *f* 1. TECH Ventil *nt*
2. ELEC Gleichrichter *m*
3. ZOOL [Muschel]schale *f*
valvule [valvyl] *f* Klappe *f*
vamp [vɑ̃p] *f* Vamp [vɛmp] *m*
vampire [vɑ̃piʀ] *m* 1. (*fantôme*) Vampir *m*
2. (*exploiteur*) Ausbeuter(in) *m(f),* Blutsauger(in) *m(f)*
3. ZOOL (*chauve-souris*) Vampir *m*
vanadium [vanadjɔm] *m* CHIM Vanadium *nt*
vandale [vɑ̃dal] *mf* HIST Wandale/-dalin *m/f;* (*destructeur*) Vandale/-dalin *m/f*
vandalisme [vɑ̃dalism] *m* Vandalismus *m*
vanille [vanij] *f* 1. GASTR Vanille *f*
2. BOT Vanille-Frucht *f*
vanillé, e [vanije] *adj crème, chocolat, sucre* Vanille-; ***qc est ~*** etw hat Vanillegeschmack
vanillier [vanije] *m* Vanillepflanze *f*
vanilline [vanilin] *f* Vanillin *nt*
vanité [vanite] *f* 1. (*amour-propre*) Eitelkeit *f;* ***qn flatte/blesse qn dans sa ~*** jd schmeichelt jds Eitelkeit/kränkt jdn in seiner Eitelkeit
2. (*orgueil*) Selbstgefälligkeit *f;* ***il est d'une immense ~*** er ist äußerst eingebildet [*o* selbstgefällig]
3. (*coquetterie*) [kleine] Eitelkeit
4. *littér* (*inutilité*) ■ ~ **de qc** Sinnlosigkeit *f* einer S. (*gen*); *d'un effort a.* Vergeblichkeit *f* einer S. (*gen*)
5. *littér* (*stérilité*) ■ ~ **de qc** Hohlheit *f* einer S. (*gen*)
6. *littér* (*illusion*) [*espoirs, gloire*] Eitelkeit *f geh;* [*vie, plaisirs*] Nichtigkeit *f;* ***ses espoirs n'étaient que ~*** seine Hoffnungen erwiesen sich als eitel *geh*
▸ **qn tire ~ de qn/qc** jd bildet sich (*dat*) etwas auf jdn/etw ein; **sans ~** ohne überheblich zu sein
vaniteux, -euse [vanitø, -øz] I. *adj* eingebildet, eitel
II. *m, f* eingebildeter Mensch; (*femme a.*) eingebildete Person
vanne [van] *f* [*écluse, moulin, barrage*] Schleusentor *nt*
▸ **qn envoie** [*o* **lance**] **des ~s à qn** *fam* jd witzelt über jdn, jd zieht jdn auf
vanné, e [vane] *adj fam* kaputt *fam*
vanneau <x> [vano] *m* Kiebitz *m*
vannerie [vanʀi] *f* 1. (*fabrication*) Korbflechterei *f*
2. (*objets*) Korbware *f*
vannier [vanje] *m* Korbflechter(in) *m(f),* Korbmacher(in) *m(f)*
vantail <-aux> [vɑ̃taj, o] *m* [*porte, fenêtre*] Flügel *m;* [*armoire*] Tür *f;* [*volet*] Laden *m*
vantard, e [vɑ̃taʀ, aʀd] I. *adj* angeberisch *fam,* prahlerisch
II. *m, f* Angeber(in) *m(f) fam,* Prahler(in) *m(f)*
vantardise [vɑ̃taʀdiz] *f* 1. (*caractère*) Prahlsucht *f*
2. (*propos*) Angeberei *f fam,* Prahlerei *f*
vanter <1> [vɑ̃te] I. *vt* ■ **qn vante qn/qc** jd lobt jdn/etw [in den höchsten Tönen]; *mérite, qualité a., efficacité* jd streicht etw heraus, jd rühmt etw; *marchandise* jd preist etw an; ■ **qn vante qn/qc à qn** jd preist jdm jdn/etw [in den höchsten Tönen] an; ■ **qc vante qc** */texte/* etw preist [*o* verherrlicht] etw; */publicité/ produit* etw preist etw an; *qualités, avantages* etw preist etw
II. *vpr* 1. (*fanfaronner*) ■ **qn se vante** jd prahlt, jd gibt an *fam*
2. (*être fier*) ■ **qn se vante de qc/d'avoir fait qc** jd rühmt sich einer S. (*gen*)/etw getan zu haben
3. (*se faire fort*) ■ **qn se vante de faire qc** jd tönt [groß], dass er/sie etw tut *fam*
▸ **il n'y a pas de quoi se ~** das ist wirklich kein Grund, stolz [darauf] zu sein; **et tu t'en vantes** [**encore**]! *fam* und darauf bist du auch noch stolz? *fam;* **et je m'en vante!** und ich bereue es nicht!; **sans** [**vouloir**] **me ~, ...** ohne mich zu rühmen/ohne mich rühmen zu wollen ...; **qn ne se vante pas de qc** *fam* jd hängt etw nicht [gerade] an die große Glocke
va-nu-pieds [vanypje] *mf inv* Landstreicher(in) *m(f)*
vapes [vap] *fpl* ▸ **qn est dans les ~** *fam* jd hat Mattscheibe *fam*
vapeur [vapœʀ] I. *f* 1. [*eau*] [Wasser]dampf *m;* ■ **qc à ~** Dampf-; ***bain de ~*** Dampfbad *nt;* ***qn repasse à la ~*** jd bügelt mit Dampf
2. (*brume*) Dunst *m*
3. (*buée*) Dunst *m;* ***les vitres sont couvertes de ~*** die Scheiben sind beschlagen
4. *pl* (*émanation*) Dämpfe *pl;* ■ **~s de** *d'essence, de pétrole* -dämpfe
▸ **les ~s de l'alcool** die Wirkung des Alkohols; **à toute ~** mit Volldampf; *fam travailler* mit Volldampf *fam; courir, conduire* mit einem Affenzahn *fam;* **qn a des ~s** *fam* jd hat Hitzewallungen; **qn cuit qc à la ~** jd dämpft [*o* dünstet] etw; **qn met la ~** *fam* jd legt einen Zahn zu *fam;* **qn renverse la ~** jd überlegt es sich (*dat*) anders; **à la ~:** ***cuit(e) à la ~*** gedämpft, gedünstet; ***qn fait la cuisine à la ~*** jd kocht mit Dampf
II. *m* Dampfschiff *nt*
vaporeux, -euse [vapɔʀø, -øz] *adj* 1. *déshabillé, robe, tissu* hauchdünn
2. *cheveux, coiffure* duftig
3. *littér ciel, horizon* in Dunst [*o* Nebel] gehüllt; *lumière, atmosphère* nebelhaft
vaporisateur [vapɔʀizatœʀ] *m* (*atomiseur*) Zerstäuber *m;* (*récipient*) Flasche *f* mit [einem] Zerstäuber; ~ ***à parfum*** Parfümzerstäuber
vaporisation [vapɔʀizasjɔ̃] *f* [*parfum, produit*] Zerstäuben *nt;* [*plante, cheveux, pièce, gorge, nez, corps*] Besprühen *nt;* ***qn*** [***se***] ***fait une ~ dans le nez*** jd sprüht [Nasen]spray in seine Nase
vaporiser <1> [vapɔʀize] I. *vt* 1. (*pulvériser*) ■ **qn vaporise qc quelque part** jd sprüht etw irgendwohin
2. (*imprégner*) ■ **qn vaporise qc avec qc** jd besprüht etw mit etw
II. *vpr* ■ **qn se vaporise qc quelque part** *parfum, laque, médicament* jd sprüht [sich (*dat*)] etw irgendwohin; ***elle s'est vaporisé du parfum sur tout le corps*** sie hat sich mit Parfüm eingesprüht
vaquer <1> [vake] *vi* ■ **qn vaque à qc** jd geht einer S. (*dat*) nach; ***qn vaque aux soins du ménage*** jd geht seiner Hausarbeit nach
varappe [vaʀap] *f* Klettern *nt*
varapper <1> [vaʀape] *vi* ■ **qn varappe** jd klettert
varech [vaʀɛk] *m* Seetang *m,* Seegras *nt*
vareuse [vaʀøz] *f* 1. (*blouse*) Matrosenjacke *f,* Kolani *m*
2. (*caban*) [weite] Jacke
variable [vaʀjabl] I. *adj* 1. *revenu, montant, allocation, part* variabel; *ré-*

colte, plaisir, qualité unterschiedlich; ***qn est d'humeur*** ~ jd ist launisch [*o* launenhaft]; ***aux USA il y a des lois ~s selon les États*** in den USA gibt es je nach Staat unterschiedliche Gesetze

2. METEO veränderlich; ***vent*** ~ Wind *m* aus wechselnden [*o* unterschiedlichen] Richtungen

3. (*pour divers usages*) *géométrie* veränderbar; ***à foyer*** ~ mit unterschiedlicher Brennweite; ***à vitesse*** ~ mit mehreren Geschwindigkeitsstufen

4. GRAM ■ ~ **[en genre/en nombre]** veränderlich [im Geschlecht/in der Zahl]; ~ ***en genre et en nombre*** veränderlich in Geschlecht und Zahl

5. SCI, MATH variabel

▸ **qc se met** [*o* **est**] **au** ~: ***le temps s'est mis au*** ~ das Wetter ist veränderlich; ***le baromètre est au*** ~ das Barometer steht auf „veränderlich"

II. *f* Variable *f*

variante [vaʀjɑ̃t] *f* 1. (*forme différente*) Variante *f*

2. LITTER Fassung *f*

3. LING Variante *f*

variateur [vaʀjatœʀ] *m* ◆ **variateur de lumière** [*o* **d'intensité**] Helligkeitsregler *m,* Dimmer *m;* **variateur de vitesse** stufenloses Getriebe

variation [vaʀjasjɔ̃] *f* 1. (*changement*) Veränderung *f;* ~***s d'humeur*** Launenhaftigkeit *f*

2. (*écart*) Schwankung *f;* MATH Varianz *f;* BIO Variation *f*

3. (*nouvelle version*) ■ ~ **sur qc** Variation *f* zu etw; ■ ~ **[sur qc]** MUS Variation [zu etw [*o* über etw (*akk*)]]

varice [vaʀis] *f souvent pl* Krampfader *f*

varicelle [vaʀisɛl] *f* Windpocken *pl*

varié, e [vaʀje] *adj* 1. (*composé d'éléments différents*) abwechslungsreich; *terrain* ungleichförmig; *choix, gamme* bunt

2. *pl* (*très différent*) verschieden; *opinions, arguments a.* unterschiedlich; *plaisanteries* einmalig

3. MUS mit Variationen

varier <1 a> [vaʀje] I. *vi* 1. (*évoluer*) ■ **qc varie** etw ändert sich; */mot/* etw verändert sich

2. (*pouvoir aller*) ■ **qc varie de qc à qc** */prix/* etw schwankt zwischen etw (*dat*) und etw (*dat*); */couleur/* etw wechselt zwischen etw (*dat*) und etw (*dat*); */grandeur/* etw liegt zwischen etw (*dat*) und etw (*dat*); ***les prix varient du simple au double*** die Preise können bis doppelt so hoch sein

3. (*être différent*) ■ **qc varie** etw ist unterschiedlich

4. (*changer d'opinion*) ■ **qn varie dans/sur/au sujet de qc** *sur ce point, à ce sujet* jd ändert seine Meinung in Bezug auf etw (*akk*); ***il n'a jamais varié dans ses idées/ses déclarations*** seine Ansichten/seine Äußerungen haben sich nie geändert

5. (*diverger*) ■ **des personnes varient dans qc** Menschen unterscheiden sich in etw (*dat*)

6. MATH, PHYS ■ **qc varie** etw ändert sich

II. *vt* 1. (*diversifier*) ■ **qn varie qc** *style, menu, alimentation* jd gestaltet etw abwechslungsreich[er]; *programme, distractions a.* jd bringt Abwechslung in etw (*akk*); ***nous avons varié nos produits*** wir haben unsere Produktpalette vielseitiger gestaltet

2. (*changer*) ■ **qn varie qc** jd wechselt etw; *coiffure* jd ändert etw; *produits* jd wechselt etw aus

variété [vaʀjete] *f* 1. (*diversité*) Vielfalt *f,* Mannigfaltigkeit *f;* [*animaux, plantes a.*] Artenreichtum *m*

2. (*changement*) Abwechslung *f*

3. ZOOL, BOT [Ab]art *f,* Varietät *f;* [*fruits*] Sorte *f*

4. (*sorte*) Art *f;* ***toutes les ~s de*** alle Arten von

5. MUS [bunte] Unterhaltungsmusik

6. THEAT ■ ~**s** Varietee[theater *nt*] *nt*

7. AUDIOV ■ ~**s** [bunte] Unterhaltungssendung

variole [vaʀjɔl] *f* Pocken *pl*

variolique [vaʀjɔlik] *adj* Pocken-

varlope [vaʀlɔp] *m* langer Hobel, Raubank *f*

Varsovie [vaʀsɔvi] Warschau *nt*

vas [va] *indic prés de* **aller**

vasculaire [vaskylɛʀ] *adj* 1. ANAT, MED Gefäß-; ***troubles*** ~***s*** Durchblutungsstörungen *pl*

2. BOT Gefäß-

vase¹ [vɑz] *m* 1. (*récipient*) [Blumen]vase *f;* ~ ***grec/chinois*** griechische/chinesische Vase

2. ARCHEOL Gefäß *nt*

▸ **en** ~ **clos** *vivre, se développer* in einer abgeschlossenen Welt; *discussion* fern jeder Realität, abgehoben; *éducation* nicht realitätsbezogen; ~**s communicants** kommunizierende Röhren *pl*

◆ **vase de nuit** Nachttopf *m,* Topf *m fam*

vase² [vɑz] *f* Schlamm *m*

vasectomie [vazɛktɔmi] *f* Vasektomie *f*

vaseline [vazlin] *f* Vaseline *f,* Vaselin *nt*

vaseux, -euse [vɑzø, -øz] *adj* 1. (*boueux*) schlammig

2. *fam* (*confus*) verworren; ***idées*** ~***euses*** nebulöse Vorstellungen

3. *fam astuce, blague* plump

4. *fam* (*mal en point*): ***qn est/se sent*** [***complètement***] ~ jd ist/fühlt sich [völlig] daneben *fam*

vasistas [vazistɑs] *m* [kleines] Klappfenster

vasomoteur, -trice [vazomɔtœʀ, -tʀis] *adj* vasomotorisch; ***nerfs*** ~***s*** Vasomotoren *pl*

vasque [vask] *f* 1. (*bassin*) niedriges Wasserbecken

2. (*coupe*) [Dekorations]schale *f*

vassal, e <-aux> [vasal, o] I. *m, f* HIST Vasall(in) *m(f),* Lehnsmann *m*

▸ **qn n'est le** ~**(e) de personne** jd ist sein eigener Herr

II. *app État* Vasallen-; *pays* untertänig

vaste [vast] *adj antéposé* 1. (*immense*) *mer, monde* weit; *plaine a., forêt, jardin* ausgedehnt; *entrepôt* weiträumig

2. (*spacieux*) *appartement, hall, église* groß[räumig]; *placard* geräumig

3. (*ample*) weit

4. (*puissant*) *groupe* riesengroß; *organisation a.* weit reichend; *empire* gewaltig

5. (*étendu*) *sujet, problème, projet, entreprise, domaine* umfangreich; *érudition, connaissance, culture* umfassend; *ambitions* weit reichend

6. *fam* (*gros*): ~ ***plaisanterie*** schlechter Witz

va-t-en-guerre [vatɑ̃gɛʀ] *m inv* Kriegstreiber(in) *m(f)*

Vatican [vatikɑ̃] *m* ■ **le Vatican** der Vatikan

vaticination [vatisinasjɔ̃] *f péj littér* Orakel[spruch *m*] *nt*

vaticiner <1> [vatisine] *vi péj littér* ■ **qn vaticine** jd verkündet Orakelsprüche

va-tout [vatu] *m inv* ▸ **qn joue son** ~-~ jd setzt alles auf eine Karte

vaudeville [vodvil] *m* Vaudeville *nt*

vaudevillesque [vodvilɛsk] *adj* wie in einem Vaudeville; *situation a.* grotesk

vaudou [vodu] I. *m inv* Voodookult ['vu:du:-] *m*

II. *adj inv culte* Voodoo-; *cérémonie* Voodookult-

vaudrai [vodʀɛ] *fut de* **valoir**

vau-l'eau [volo] *adv* ▸ **qc va à** ~-~ etw erleidet Schiffbruch, etw geht den Bach runter *fam*

vaurien, ne [voʀjɛ̃, jɛn] *m, f* 1. (*mauvais sujet*) Strolch *m,* Tunichtgut *m*

2. (*garnement*) Taugenichts *m,* Nichtsnutz *m*

vaut [vo] *indic prés de* **valoir**

vautour [votuʀ] *m* 1. ORN Geier *m*

2. (*exploiteur*) Aasgeier *m fam*

vautrer <1> [votʀe] *vpr* 1. (*s'étendre*) ■ **qn/un animal se vautre quelque part** jd/ein Tier wälzt sich irgendwo; *dans un fauteuil, sur le lit, sur le canapé* jd flegelt [*o* lümmelt] sich irgendwohin *fam*

2. *littér* (*se complaire*) ■ **qn se vautre dans qc** jd gibt sich einer S. (*dat*) hin; ***qn se vautre dans l'oisiveté*** jd treibt Müßiggang; ***qn se vautre dans son vice*** jd frönt seinem Laster

3. ■ **[qn est] vautré(e) quelque part** [jd hat sich [*o* jd liegt]] irgendwo ausgestreckt

vaux [vo] *indic prés de* **valoir**

va-vite [vavit] *adv fam* ▸ **à la** ~-~ auf die Schnelle *fam*

veau <x> [vo] *m* 1. ZOOL Kalb *nt*

2. GASTR Kalbfleisch *nt;* ***pied de*** ~ Kalbsfuß *m*

3. (*peau*) Kalb[s]leder *nt*

4. *fam* (*personne*) Tranfunzel *f fam,* lahme Ente *fam*

5. *fam* (*voiture*) lahme Ente *fam*

▸ **qn adore le** ~ **d'or** jd betet das Goldene Kalb an; **qn tue le** ~ **gras** jd veranstaltet ein Festessen; ~ **marin** Seehund *m;* **qn crie** [*o* **beugle**] **comme un** ~ **[qu'on égorge]** jd schreit [*o* brüllt] wie am Spieß *fam;* **qn pleure comme un** ~ *fam* jd heult wie ein Schlosshund *fam*

vécés [vese] *mpl fam* WC *nt,* Klo *nt fam*

vecteur [vɛktœʀ] *m* 1. MATH Vektor *m*

2. MED Überträger *m*

3. MIL Kernwaffenträger *m*

4. (*support*) ■ ~ **de** *de culture, communication, d'information, d'agressivité* -träger *m*

vectoriel, le [vɛktɔʀjɛl] *adj* 1. MATH *grandeur* vektoriell; *calcul, espace* Vektor-

2. INFORM vektoriell

vécu, e [veky] I. *pp de* **vivre**

II. *adj* 1. (*réel*) erlebt; *histoire, aventure a.* wahr; *roman* auf Tatsachen beruhend

2. (*éprouvé*) selbst empfunden; *expérience* eigen, selbst gemacht

III. *m* ■ **le** ~ das Erlebte

vécus [veky] *p simple de* **vivre**

vedettariat [vədetaʀja] *m* 1. (*condition de vedette*) Berühmtheit *f;* ***qn accède au*** ~ jd wird ein Star, jd gelangt zu Berühmtheit; ***qn rêve de*** ~ jd träumt davon, ein Star zu werden

2. (*système*) Starkult *m,* Persönlichkeitskult *m*

3. (*attitude*) Starallüren *pl*

vedette¹ [vədɛt] I. *f* 1. (*rôle principal*) Hauptdarsteller(in) *m(f)*

2. (*artiste connu*) Star *m,* Berühmtheit *f*

3. (*personnage connu*) [*politique*] prominente Persönlichkeit; [*sport*] Star *m*

4. (*personne dont on parle*) [*actualité, journal télévisé*] Thema *nt* Nummer eins, Hauptthema; [*soirée, jour*] Star *m*

5. (*mot placé en tête*) [*fiche, catalogue, dictionnaire*] Schlagwort *nt*

▸ ~ **de l'écran** Filmstar *m;* **en** ~ **américaine** */artiste/* als Gast[künstler] *m;* */groupe/* als Vorgruppe; **qn a** [*o* **tient**] **la** ~ AUDIOV, THEAT jd spielt die Starrolle; (*est au premier plan*) jd steht im Mittelpunkt; **qn met qn/qc en** ~ jd stellt jdn/etw in den Vordergrund; **qn/qc met qc en** ~ PRESSE, AUDIOV jd/etw bringt etw in den Schlagzeilen; **qc met qn en** ~ etw macht jdn zum Mittelpunkt; **qn partage la** ~ **avec qn** AUDIOV, THEAT jd teilt die Hauptrolle mit jdm; (*est au premier plan*) jd teilt die Aufmerksamkeit des Publikums mit jdm; **qn ravit la** ~ **à qn** jd stiehlt jdm die Show; **[qc est] en** ~ (*en gros caractères*) [etw ist] in Fettdruck; (*en évidence*) [etw ist] im Blickfeld

II. *app* ■ [-]**vedette** *animateur, mannequin* Top-; *produit, voiture, émission, joueur* Spitzen-

vedette² [vədɛt] *f* (*canot rapide*) Schnellboot *nt;* (*embarcation de guerre*) schnelles Kampfboot

végétal, e <-aux> [veʒetal, o] I. *adj* 1. (*des plantes*) *biologie, cellules, vie* pflanzlich; *règne, fibres, tissu* Pflanzen-

2. *alimentation, produit, crin* pflanzlich; *graisse a., huile* Pflanzen-

3. *décor, ornementation, motif* Pflanzen-
II. *m* Pflanze *f*

végétalien, ne [veʒetaljɛ̃, jɛn] I. *adj* [streng] vegetarisch
II. *m, f* Vegetarier(in) *m(f)*

végétarien, ne [veʒetaʀjɛ̃, jɛn] I. *adj* [ovo-lakto-]vegetarisch
II. *m, f* [Ovo-Lakto-]Vegetarier(in) *m(f)*

végétatif, -ive [veʒetatif, -iv] *adj* 1. PHYSIOL vegetativ; *vie* auf die vegetativen Funktionen beschränkt
2. *péj* (*inactif*): ***qn mène une vie ~e*** jd vegetiert dahin

végétation [veʒetasjɔ̃] *f* 1. BOT Vegetation *f*, Pflanzenwuchs *m*
2. MED ■ **~s** [**adénoïdes**] Polypen *pl*, adenoide Vegetationen *pl spec*; ***qn opère qn des ~s, qn enlève les ~s à qn*** jd nimmt jdm die Polypen heraus

végéter <5> [veʒete] *vt* 1. (*mal pousser*) ■ **qc végète** etw wächst kümmerlich
2. (*vivoter*) ■ **qn végète** jd vegetiert dahin, jd lebt kümmerlich dahin
3. (*stagner*) ■ **qc végète** / *entreprise, affaire*/ etw stagniert, etw geht mäßig

véhémence [veemɑ̃s] *f* [*discussion*] Heftigkeit *f*; [*passion*] Feuer *nt*, Glut *f*; ***qn proteste avec ~*** jd protestiert heftig; ***les personnes discutent avec ~*** die Menschen diskutierten erregt [*o* heftig] miteinander

véhément, e [veemɑ̃, ɑ̃t] *adj reproches* heftig; *discussion a.* erregt, hitzig; *discours, orateur* leidenschaftlich, feurig

véhiculaire [veikylɛʀ] *adj*: ***langue ~*** Verkehrssprache *f*

véhicule [veikyl] *m* 1. (*moyen de transport*) Fahrzeug *nt*; ~ ***à moteur*** Motorfahrzeug; ~ ***à cheval*** Pferdewagen *m*; ~ ***à quatre roues*** vierrädriger Wagen; ~ ***à deux roues*** Zweirad *nt*; ~ ***automobile*** Kraftwagen *m*; ~ ***tout terrain*** Geländefahrzeug; ***type de ~*** Wagenklasse *f*; ***vol de ~*** Autodiebstahl *m*
2. (*agent de transmission*) [*maladie*] Überträger *m*; [*idéologie*] Vermittler *m*; [*information*] Übermittler *m*
3. (*support*) Träger *m*; ~ ***du son*** Schallleiter *m*; ***le langage est le ~ de la pensée*** die Sprache ist das Medium [*o* das Vehikel *geh*] des Denkens
► ~ **spatial** Raumfahrzeug *nt*; ~ **utilitaire** Nutzfahrzeug *nt*
◆ **véhicule de tourisme** Personenwagen *m*

véhiculer <1> [veikyle] *vt* 1. (*transporter*) ■ **qn véhicule qn/qc quelque part** jd fährt jdn/etw irgendwohin; *marchandise, matériel a.* jd befördert [*o* transportiert] etw irgendwohin
2. (*transmettre*) ■ **qn/qc véhicule qc** *maladie, émotions* jd/etw überträgt etw; *idéologie, savoir* jd vermittelt etw
3. (*être le support de*) ■ **qc véhicule qc** etw transportiert etw; *son* etw leitet etw; *pensée* etw vermittelt etw, etw teilt etw mit

veille [vɛj] *f* 1. (*jour précédent*) Vortag *m*, vorhergehender Tag; ■ ~ **de qc** (*jour avant*) Tag vor etw (*dat*); (*soir avant*) Abend *m* vor etw (*dat*), Vorabend einer S. (*gen*); ***la ~*** am vorhergehenden Tag, tags zuvor; ***la ~ de son départ*** am Tag/am Abend vor seiner/ihrer Abreise; ***la ~ du mariage*** am Vorabend der Hochzeit; ***la ~ de Noël*** am Heiligen Abend; ***la ~ du jour de l'an*** an Sylvester
2. (*fait de ne pas dormir*) Wachsein *nt*; ***état de ~*** Wachzustand *m*; ***qn est en état de ~*** jd ist wach [*o* in wachem Zustand]; ***entre la ~ et le sommeil*** zwischen Wachen und Träumen
3. (*période sans sommeil*) Phase *f* des Wachseins
4. (*garde de nuit*) [Nacht]wache *f*; ***infirmière de ~*** Nachtschwester *f*
► **la ~ au soir** am Abend vorher, am Vorabend; **ce n'est pas demain la ~** *fam* das wird [*o* kann] noch eine Weile dauern; **qn est à la ~ de faire qc** jd ist im Begriff etw zu tun; **qn est à la ~ de qc** jd steht kurz vor etw (*dat*); **à la ~ de qc** kurz vor etw (*dat*)

veillée [veje] *f* 1. (*réunion le soir*) Zusammenkunft *f* am Abend
2. (*période*) Abend[stunden *pl*] *m*
3. (*action de veiller*) Wache *f*; ~ ***du malade*** Krankenwache, Sitzwache beim Kranken; ~ ***du mort*** [*o* ***funèbre***] Totenwache
◆ **veillée d'armes** Vorabend *m* eines großen Tages; ***il fait sa ~ d'armes*** er bereitet sich [innerlich] auf den großen Tag vor

veiller <1> [veje] I. *vi* 1. (*faire attention à*) ■ **qn veille à qc** *à la bonne marche, au bon fonctionnement, à l'approvisionnement* jd sorgt für etw; *au bon ordre, à sa réputation, à ses intérêts* jd achtet auf etw (*akk*); ■ **qn veille à faire qc** jd achtet darauf, etw zu tun; ■ **qn veille à ce que** + *subj* jd sorgt dafür, dass
2. (*surveiller*) ■ **qn veille sur qn/qc** jd passt auf jdn/etw auf; *sur la santé* jd achtet auf etw (*akk*); ■ **un animal veille sur qn/qc** ein Tier bewacht jdn/etw
3. (*ne pas dormir*) ■ **qn/un animal veille** jd/ein Tier ist wach
4. (*rester éveillé*) ■ **qn veille** jd bleibt auf; ***qn veille trop tard*** jd bleibt zu lange auf; ***nous avons veillé jusqu'au jour*** wir haben die ganze Nacht durchgemacht
5. (*monter la garde*) ■ **qn veille** jd hält Wache; ***qn veille auprès de qn/au chevet de qn*** jd hält bei jdm/an jds Bett (*dat*) Wache
II. *vt* ■ **qn veille qn** jd hält bei jdm Wache

veilleur [vɛjœʀ] *m* ◆ **veilleur de nuit** [Nacht]wächter *m*

veilleuse [vɛjøz] *f* 1. (*petite lampe*) Nachtlicht *nt*, Nachtbeleuchtung *f*; [*sortie de secours*] Notausgangslampe *f*
2. *pl* (*feu de position*) Standlicht *nt*
3. (*flamme*) [*chauffe-eau, réchaud*] Zündflamme *f*
► **qn met qc en ~** (*diminue*) *flamme, gaz* jd stellt etw klein[er]; *chauffage* jd drosselt etw; (*met en attente*) *revendications, affaire* jd lässt etw ruhen; *problème* jd schiebt etw auf; ***qn met la lampe en ~*** jd schwächt das Licht ab; ***qn met ses phares en ~*** jd schaltet das Standlicht ein; **qn/qc se met en ~** jd schaltet runter *fam*, jd tritt langsamer *fam*; / *entreprise*/ etw setzt auf Sparflamme *fam*; **qn la met en ~** *fam* jd dämpft [*o* drosselt] seine Stimme; (*parle moins*) jd macht halblang *fam*; (*se fait oublier*) jd hält sich zurück

veinard, e [vɛnaʀ, aʀd] I. *adj fam* ■ **qn est ~** jd hat Glück, jd ist ein Glückspilz *fam*
II. *m, f fam* Glückspilz *m fam*, Glückskind *nt*

veine [vɛn] *f* 1. ANAT Vene *f*; ~ ***cave*** Hohlvene; ~ ***porte*** Pfortader *f*; ~ ***coronaire*** Herzkranzvene
2. (*inspiration*) künstlerische Ader; ***il a une ~ poétique*** er hat eine dichterische Ader; ***qn a écrit plusieurs romans/opéras de la même ~*** jd hat mehrere Romane/Opern von der gleichen Art geschrieben
3. *fam* (*chance*) Schwein *nt fam*, Dusel *m fam*
4. (*veinure*) Maserung *f*
5. MIN Ader *f*
6. BOT [Blatt]ader *f*
► **qn a une ~ de cocu** *fam* jd hat ein unverschämtes Schwein *fam*; **qn se saigne aux quatre ~s pour qn/pour faire qc** jd spart sich (*dat*) für jdn den letzten Bissen vom Mund ab/jd spart sich (*dat*) den letzten Bissen vom Mund ab, um etw tun zu können; **qn a de la ~** *fam* jd hat Glück [*o* Schwein *fam*]; **qn a de la ~ de faire qc** jd hat Glück, dass er etw tut; **qn a de la ~ que** + *subj fam* jd kann von Glück reden, dass; **qn a de la ~ à/en qc** *fam au jeu, à un examen* jd hat Schwein in etw (*dat*) *fam*; *en amour* jd hat [wirklich] Glück in etw (*dat*); **qn n'a rien dans les ~s** jd hat keinen Mumm in den Knochen *fam*; **qn est** [*o* **se sent**] **en ~** (*a de la chance*) jd hat eine Glückssträhne; (*est inspiré*) jd hat künstlerische Eingebungen; **qn est en ~ de qc**: ***qn est en ~ de confidences/de patience*** jd ist in redseliger/geduldiger Stimmung; ***qn est en ~ de travail*** jdn überkommt der Arbeitseifer; **c'est bien ma ~** *iron fam* ich Unglücksrabe [*o* Pechvogel]; **qn s'ouvre** [*o* **se coupe**] **les ~s** jd schneidet sich (*dat*) die [Puls]adern auf

veiné, e [vene] *adj* 1. (*aux veines apparentes*) geädert; *main a.* ad[e]rig
2. *bois, marbre* gemasert

veineux, -euse [vɛnø, -øz] *adj* Venen-

veinule [venyl] *f* Äderchen *nt*

vêlage [vɛlaʒ] *m* Kalben *nt*

vélaire [velɛʀ] I. *adj* velar
II. *f* Velar[laut *m*] *m*

velcro® [vɛlkʀo] *app*: ***fermeture ~*** Klettverschluss *m*

vêlement [vɛlmɑ̃] *m v.* **vêlage**

vêler <1> [vele] *vi* ■ **une vache vêle** eine Kuh kalbt

vélin [velɛ̃] I. *m* 1. (*papier*) Velin[papier *nt*] *nt*
2. (*peau*) Velin *nt*
II. *app*: ***papier ~*** Velinpapier *nt*

véliplanchiste [veliplɑ̃ʃist] *mf* [Wind]surfer(in) *m(f)* [-sø:ɐfɐ]

velléitaire [veleitɛʀ] I. *adj* entschlusslos, willensschwach
II. *mf* entschlussloser [*o* willensschwacher] Mensch

velléité [veleite] *f* Anwandlung *f*; ■ ~ **de qc** [leichte] Anwandlung von etw; ***elle a parfois des ~s de voyage*** manchmal überkommt sie die Reiselust; ***qn a des ~s de faire qc*** jd hat wohl die Absicht, etw zu tun; jd nimmt sich (*dat*) wohl vor, etw zu tun

vélo [velo] *m* 1. (*bicyclette*) [Fahr]rad *nt*; ***à ~*** mit dem [Fahr]rad
2. (*activité*) [Fahr]radfahren *nt*; (*sport*) Radsport *m*
► **qn a un petit ~** *fam* jd hat eine Meise *fam*, jd hat eine Schraube locker *fam*; **qn fait du ~** *fam* jd fährt [Fahr]rad
◆ **vélo d'appartement** Heimtrainer [-trɛ:nɐ] *m*, Hometrainer ['hoʊmtrɛ:nɐ] *m*; **vélo de course** Rennrad *nt*; **vélo tout terrain** Mountainbike ['mauntɪnbaik] *nt*

vélocité [velɔsite] *f* Schnelligkeit *f*, Tempo *nt*

vélocross [velokʀɔs] *m* Mountainbike ['mauntɪnbaik] *nt*
► **qn fait du ~** jd fährt Mountainbike

vélodrome [velodʀom] *m* Radrennbahn *f*

vélomoteur [velomɔtœʀ] *m* Moped *nt*

véloski [veloski] *m* Skibob ['ʃi:-] *m*

velours [v(ə)luʀ] *m* 1. (*tissu*) Velours[stoff *m*] *m*, Samt *m*
2. (*douceur*) [*pêche, joue*] weiche [*o* samtige] Beschaffenheit
► ~ **côtelé** Cord[samt *m*] *m*; ~ **frappé** strukturierter Velours[stoff]; **c'est du** [**vrai**] ~ [**sur la langue**] das zergeht auf der Zunge; **c'est du** [**vrai**] ~ [**pour l'estomac**] das ist eine Wohltat für den Magen; **qn joue sur le ~** CARTES jd riskiert nichts; (*agit sans risque*) jd geht lieber auf Nummer sicher; **ça va comme sur du ~** *fam* das geht reibungslos über die Bühne; **de ~** TEXTIL Velours-; Cord[samt]-; (*doux*) samtweich, weich wie Samt; (*recouvert de ~*) *fauteuil* Samt-; *tapis de table de jeu* samten, aus Samt; ***yeux de ~*** sanfte Rehaugen *pl*
◆ **velours à côtes** Cord[samt *m*] *m*

velouté, e [vəlute] I. *adj* 1. (*doux au toucher*) weich wie Samt, samtweich
2. GASTR *crème* zart; *potage, sauce* sämig; *vin* mild
3. (*d'aspect doux*) samtig
4. (*doux*) *regard, lumière* sanft; *voix a.* samtweich
5. TEXTIL Velours-, aus Velours
II. *m* 1. (*douceur*) [*peau, pêche, tissu*] weiche [*o* samtige] Beschaffenheit; [*vin*] milder Geschmack; [*potage*] Sämigkeit *f*; [*regard*] Sanftheit *f*; [*voix*] Weichheit *f*
2. (*potage*) Cremesuppe *f*; ■ ~ **de** -cremesuppe

velu, e [vəly] *adj* behaart; *peau, fruit* flaumig; *animal, chenille* haarig

velum *m*, **vélum** [velɔm] *m* Zeltdach *nt*

venaison [vənɛzɔ̃] *f* Wild[fleisch *nt*] *nt*

vénal, e <-aux> [venal, o] *adj* käuflich; ***valeur ~e*** Verkaufswert *m*

vénalité [venalite] *f* Käuflichkeit *f*, Bestechlichkeit *f*

vendable [vɑ̃dabl] *adj* verkäuflich, für den Verkauf geeignet

vendange [vɑ̃dɑ̃ʒ] *f souvent pl* 1. (*récolte*) Weinlese *f*
2. *sing* (*raisin récolté*) Traubenernte *f*
3. *pl* (*période*) Zeit *f* der Weinlese
► **qn fait les ~s** / *vigneron*/ jd hält Weinlese; / *saisonnier*/ jd geht Trauben lesen *fam*

vendanger <2 a> [vɑ̃dɑ̃ʒe] I. *vi* ■ **qn vendange** jd liest Trauben; *ma-*

chine à ~ Weinlesemaschine *f*
II. *vt* ■ **qn vendange qc** *raisin, muscat* jd liest etw; ***qn vendange la vigne*** jd erntet die Rebstöcke ab

vendangeur, -euse [vɑ̃dɑ̃ʒœʀ, -ʒøz] I. *m, f* Weinleser(in) *m(f)*, Traubenleser(in) *m(f)*
II. *f* ■ **vendangeuse** Weinlesemaschine *f*

Vendée [vɑ̃de] *f* ■ **la Vendée** die Vendée

vendetta [vɑ̃deta, vɑ̃dɛtta] *f* Vendetta *f*, Blutrache *f*

vendeur, -euse [vɑ̃dœʀ, -øz] I. *m, f* 1. (*dans un magasin*) Verkäufer(in) *m(f)*; ~ ***démonstrateur*** Verkaufsvorführer *m*
2. (*petit marchand*) ■ ~ **de** *de légumes, de fruits* -händler(in) *m(f)*; *de poissons, de journaux* -verkäufer(in) *m(f)*
3. (*dans une entreprise*) Vertriebsreferent(in) *m(f)*; (*de formation*) Vertriebsfachmann/-frau *m/f*
4. *seulement m* ECON, COM Verkäufer *m*; JUR *a.* veräußernder Vertragspartner/veräußernde Vertragspartnerin
II. *adj* ■ ~ **de qc**: ***les pays ~s de pétrole*** die Erdöl ausführenden [*o* exportierenden] Länder; ■ **qn est ~ de qc** jd verkauft etw; ***je ne suis pas*** ~ ich verkaufe [es] nicht

vendre <14> [vɑ̃dʀ] I. *vi* 1. COM ■ **qn vend** jd verkauft; ***qn vend qc aux enchères*** jd versteigert etw; ■ **qc fait** ~ etw fördert den Verkauf [*o* Absatz]
2. (*être vendable*) ■ **qc est à** ~ */maison, terrain, tableau/* etw ist zu verkaufen; */aide, services, talent/* etw ist käuflich, etw ist gegen Geld zu haben
II. *vt* 1. (*céder*) ■ **qn vend qc [à qn]** jd verkauft [*o* veräußert *form*] [jdm] etw, jd verkauft [*o* veräußert *form*] etw [an jdn]; ■ **qn vend qc à/en/par qc**: ***qn vend qc par correspondance*** jd verkauft [*o* vertreibt] etw im [*o* über] Versandhandel; ***qn vend qc en gros/au détail*** jd verkauft [*o* vertreibt] etw im Groß-/Einzelhandel; ***qn vend qc en libre service*** jd verkauft etw mit Selbstbedienung; ***qn vend chèrement qc*** jd lässt sich etw teuer bezahlen
2. *péj* (*marchander*) ■ **qn vend qc** *son honneur, son âme* jd verkauft etw; ■ **qn vend qn/qc pour qc/faire qc** jd verkauft jdn/etw für etw/um etw zu tun; ■ **qn vend qc [à qn]** *son silence, ses faveurs, ses charmes* jd lässt sich (*dat*) etw [von jdm] bezahlen; *ses talents* jd stellt [jdm] etw gegen Geld zur Verfügung; *son corps* jd verkauft [jdm] etw; ***qn vend sa conscience*** jd bringt sein Gewissen mit Geld zum Schweigen
3. (*faire du trafic de*) ■ **qn vend qc [à qn]** *drogue, armes, décorations* jd verkauft [jdm] etw, jd handelt mit etw
4. *fam* (*trahir*) ■ **qn vend qn** jd verrät [*o* verpfeift *fam*] jdn
5. *fam* (*faire accepter*) ■ **qn vend qc [à qn]** *politique, idées* jd verkauft [jdm] etw; ***qn vend son image*** jd stellt sich gut dar
III. *vpr* 1. COM ■ **qc se vend** etw lässt sich verkaufen; ***qc se vend bien/mal*** etw verkauft sich gut/schlecht; ■ **qc se vend à/par/en qc** *à la douzaine, en pack* etw wird in etw (*dat*) verkauft; ***qc se vend à la pièce/par paire*** etw wird stückweise/paarweise verkauft; ***qc se vend cher/bon marché*** etw kostet viel/wenig
2. (*se mettre à son avantage*) ■ **qn se vend** jd verkauft sich gut
3. (*se mettre au service de*) ■ **qn se vend à qn/qc** jd verkauft sich an jdn/etw

vendredi [vɑ̃dʀədi] *m* Freitag *m*; ***le ~ matin*** am Freitagmorgen, freitagmorgens; ~ ***matin*** [am] Freitagmorgen; ~ ***dans la nuit*** Freitagnacht; ~ ***prochain/dernier*** nächsten [*o* kommenden]/letzten Freitag; ***le*** ~, ***tous les ~s*** freitags, jeden Freitag; ***ce*** ~ diesen Freitag; ***nous sommes ~ [18 juin]*** heute ist Freitag[, der 18. Juni]; ~, ***on part en vacances*** am Freitag fahren wir in Urlaub
▸ **tel qui rit ~ dimanche pleurera** *prov* man soll den Tag nicht vor dem Abend loben *prov*; **V~ saint** Karfreitag *m*; **le ~ 13** Freitag, der 13.

vendu, e [vɑ̃dy] I. *pp de* **vendre**
II. *adj* (*corrompu*) gekauft, bestochen
III. *m, f* (*personne*) gekaufte Person, Verräter(in) *m(f)*; ***c'est tous des ~s!*** die sind alle gekauft! *fam*

vénéneux, -euse [venenø, -øz] *adj* giftig

vénérable [veneʀabl] *adj* 1. (*respectable*) ehrwürdig
2. (*avancé*) *âge* ehrwürdig

vénération [veneʀasjɔ̃] *f* Verehrung *f*; ***qn a de la ~ pour qn*** jd verehrt jdn; ***qn regarde/traite qn avec*** ~ jd betrachtet/behandelt jdn mit Ehrfurcht

vénérer <5> [veneʀe] *vt* ■ **qn vénère qn** jd verehrt jdn; ■ **qn vénère qc** *religion* jd hält etw in Ehren

vénérien, ne [veneʀjɛ̃, jɛn] *adj vieilli*: ***maladie ~e*** Geschlechtskrankheit *f*

Venezuela [venezɥɛla] *m* ■ **le Venezuela** Venezuela *nt*

vengeance [vɑ̃ʒɑ̃s] *f* (*action*) Rache *f*; ***par [esprit de]*** ~ aus Rache [*o* Rachsucht]; ***désir/soif de*** ~ Rachsucht *f*/Rachedurst *m geh*
▸ **la ~ est un plat qui se mange froid** *prov* Rache ist süß; **qn/qc crie [*o* demande] [*o* réclame]** ~ *littér* jd/etw schreit nach Rache; **qn exerce sa ~ sur qn/qc** jd nimmt [*o* übt *geh*] Rache an jdm/jd rächt sich an etw (*dat*); **qn tire ~ de qc** jd nimmt Rache für etw, jd rächt sich für etw

venger <2 a> [vɑ̃ʒe] I. *vt* 1. (*réparer*) ■ **qn venge qc** jd rächt etw; ■ **qc venge qc** etw macht etw wieder gut
2. (*dédommager moralement*) ■ **qn venge qn** jd rächt jdn; ■ **qn venge qc** *nom, mémoire* jd rettet etw, jd stellt etw wieder her; ***qn venge son honneur d'un affront*** jd lässt um seiner Ehre willen eine Beleidigung nicht auf sich (*dat*) sitzen; ***il a été vengé de cette humiliation*** seine Demütigung wurde gerächt
3. (*constituer une compensation*) ■ **qc venge qn [de qc]** etw entschädigt jdn [für etw]; ***son échec me venge de ses méchancetés*** sein/ihr Misserfolg ist für mich eine Genugtuung für seine/ihre Bosheiten
II. *vpr* 1. (*exercer sa vengeance*) ■ **qn se venge** jd rächt sich; ■ **qn se venge de qn** jd rächt sich an jdm; ■ **qn se venge de qc** jd rächt sich für etw; ■ **qn se venge de qc par qc** jd rächt sich für etw mit etw; ***il s'est vengé du père sur le fils*** er rächte sich am Sohn für das, was der Vater getan hat
2. (*se défouler*) ■ **qn se venge [de qc] sur qn/qc** jd rächt sich an jdm/etw [für etw]

vengeur, -eresse [vɑ̃ʒœʀ, -ʒ(ə)ʀɛs] I. *adj* voller Rachsucht *geh*, rachsüchtig *geh*
II. *m, f* Rächer(in) *m(f)*

véniel, le [venjɛl] *adj faute, oubli* verzeihlich, entschuldbar; *péché* lässlich

venimeux, -euse [vənimø, -øz] *adj* 1. (*qui a du venin*) giftig; ***serpent*** ~ Giftschlange *f*
2. (*haineux*) giftig; *remarques a., personne, paroles* boshaft; ***langue ~euse*** spitze [*o* böse] Zunge

venin [vənɛ̃] *m* 1. (*poison*) Gift *nt*
2. (*haine*) Gift *nt*, Boshaftigkeit *f*; ***l'article est plein de*** ~ der Artikel ist voller Boshaftigkeit
▸ **qn crache [*o* jette] son ~** jd verspritzt sein Gift; **qn répand du ~ contre qn** jd schießt [seine Gift]pfeile gegen jdn ab

venir <9> [v(ə)niʀ] I. *vi* + *être* 1. (*arriver*) ■ **qn/qc vient** jd/etw kommt; ■ **qn vient à/en qc** *en voiture, en train, en avion, en bateau, à bicyclette* jd kommt mit etw; ■ **qn vient par qc** *par le train* jd kommt mit etw; *par la route* jd kommt über etw (*akk*); ■ **qn/qc vient quelque part** */personne/* jd kommt irgendwohin; */voiture, camion, bus/* etw fährt irgendwohin; ***qn vient devant le tribunal*** jd tritt vor Gericht; ■ **qn vient avec qn/qc** jd kommt mit jdm/etw [mit]; ■ **qn/qc vient de quelque part** jd/etw kommt von irgendwoher
2. (*adhérer à*) ■ **qn vient dans qc** *dans un groupe, syndicat, une bibliothèque, association* jd tritt in etw (*akk*) ein
3. (*se présenter*) ■ **qc vient [à qn]** */idée/* etw kommt [jdm]; */envie/* jd bekommt etw
4. (*parvenir*) ■ **qc vient jusqu'à qn/qc** */bruit, odeur/* etw dringt bis zu jdm/etw
5. (*survenir*) ■ **qc vient** etw kommt; */nuit a./* etw bricht herein; */aube a./* etw bricht an; ■ **qc vient à un certain moment**: ***qc vient à point/à propos/mal à propos*** etw kommt gerade richtig/gelegen/ungelegen; ***qn prend les choses comme elles viennent*** jd nimmt die Dinge, wie sie kommen
6. (*se situer*) ■ **qn/qc vient devant/avant/derrière/après qn/qc** jd/etw kommt vor/nach jdm/etw; ***une équipe vient devant/derrière une autre*** eine Mannschaft liegt vor/hinter einer anderen; ■ **qn/qc vient quelque part**: ***qn/qc vient en dernier*** jd/etw kommt als Letzte(r, s); ***qn/qc vient au premier/dernier rang*** jd/etw rangiert ganz vorn/hinten; ***qn/qc vient en priorité*** jd/etw hat Vorrang
7. (*se développer*) ■ **qc vient bien/mal** */plante/* etw wächst gut/schlecht; ■ **qc vient à qn quelque part** */tumeur, boutons, rougeurs/* jd bekommt etw [irgendwo]
8. (*s'étendre*) ■ **qc vient jusqu'à qc** etw geht bis zu etw, etw reicht bis an etw (*akk*)
9. (*atteindre*) ■ **qn/qc vient à qn jusqu'à qc** jd/etw reicht jdm bis an etw (*akk*); */jupe, eau a./* etw geht jdm bis an etw (*akk*)
10. (*être envoyé*) ■ **qn vient de la part de qn** jd kommt in jds Auftrag (*dat*)
11. (*provenir*) ■ **qn/qc vient de quelque part** jd/etw kommt [*o* stammt] aus irgendwoher; ***ces troubles viennent du foie*** die Beschwerden kommen von der Leber
12. (*être donné par*) ■ **qc vient à qn de qn** jd hat etw von jdm, etw kommt von jdm; ***ce mobilier lui vient de sa mère*** er/sie hat den Schrank von seiner/ihrer Mutter, der Schrank kommt von seiner/ihrer Mutter
13. (*être dérivé de*) ■ **qc vient de qc** */mot, terme/* etw kommt [*o* stammt] aus etw; ***c'est un matériau qui vient du pétrole*** das Material wird aus Erdöl hergestellt
14. (*découler*) ■ **qc vient de qc** etw kommt durch etw [*o* von etw]; ***cela vient de ton imprudence*** das kommt von deiner Unvorsichtigkeit; ■ **qc vient de ce que [*o* du fait que]** + *indic* etw kommt daher, dass
▸ **qn fait ~ qn** jd lässt jdn kommen; **qn fait ~ qc [de quelque part]** jd lässt etw [von irgendwoher] kommen; **qn/qc fait ~ des personnes/des animaux** (*attire*) jd/etw lockt Menschen/Tiere an; **qn laisse ~ [qn/qc]** jd lässt jdn/etw [mal] auf sich (*akk*) zukommen; ***qn laisse*** ~ jd wartet [erst mal] ab; **où qn veut-il en ~** worauf jd hinauswill, was jd vorhat; **à ~** kommend, folgend; **qn en vient à qc** *à la conclusion, conviction* jd kommt [schließlich] zu etw; **qn en vient à faire qc** jd fängt [langsam [*o* schließlich]] an etw zu tun; **alors, ça vient?** *fam* also wird's bald? *fam*; **… qui vient** *jour, moi, an* nächste(r, s) …; **viens-/venez-y!** *fam* komm nur/kommt nur! *fam*; **qn y vient**: ***il faudra que qn y vienne*** jd muss da durch
II. *aux* + *être* 1. (*se déplacer pour*) ■ **qn vient faire qc** jd kommt um etw zu tun
2. (*intervenir*) ■ **qn/qc vient faire qc** *troubler, briser, bouleverser* jd/etw tut etw; ***la crise est venue bouleverser toutes les prévisions*** die Krise hat alle Vorhersagen umgeworfen
3. (*avoir juste fini*) ■ **qn/qc vient de faire qc** jd/etw hat soeben [*o* gerade] etw getan
4. (*être conduit à*) ■ **qn vient à faire qc**: ***s'il venait à se perdre/à passer par là*** wenn er sich verirren/hier vorbeikommen sollte; ***on venait à parler de lui*** wir kamen zufällig auf ihn zu sprechen
▸ **qn vient voir qn** (*rend visite à*) jd besucht jdn
III. *vi impers* + *être* ■ **il vient des personnes** es kommen Menschen; ■ **il vient qc** es kommt etw; ***il viendra un temps où*** es wird eine Zeit kommen, wo
▸ **de là vient que** + *indic* daher kommt es, dass; deshalb; **d'où vient que** + *indic* wie kommt es, dass?, weshalb?

vent [vɑ̃] *m* 1. METEO, NAUT Wind *m*; ***léger [souffle de]*** ~ leichter Windhauch; ***petit ~ frais*** frisches Lüftchen; ~ ***du nord/d'est/de nord-est***

Nord-/Ost-/Nordostwind
2. (*courant d'air*) Luftzug *m*; ***le ventilateur fait du*** ~ der Ventilator bringt etwas Zugluft
3. *euph* (*pet*) [Darm]wind *m*
4. (*souffle*) ■ **~ de qc** *de défaite, joie, carnage* Sturm *m* einer S. (*gen*); *de haine, soulagement, révolte* Welle *f* einer S. (*gen*); ***un ~ de folie souffle sur le pays*** der Wahnsinn packt das Land; ***un ~ de révolte gronde dans l'armée*** eine Welle des Widerstands geht durch die Armee
5. (*accès*) ■ **un ~ de qc** ein Anfall *m* von etw; ***un ~ de haine s'était emparé des gens*** die Leute wurden von Hass gepackt
▶ **il fait un ~ à décorner les bœufs** [*o* **cocus**] *fam* es stürmt wie verrückt *fam*; **qn a le ~ dans le dos** jd hat Rückenwind; (*connaît le succès*) jd hat eine Glückssträhne; **qn fait qc contre ~s et marées** jd tut etw gegen heftigsten Widerstand; **qn a le ~ en poupe** NAUT jd segelt mit [*o* vor *spec*] dem Wind; (*connaît le succès*) jd hat eine Glückssträhne; **qui sème le ~ récolte la tempête** *prov* wer Wind sät, wird Sturm ernten; **qn a du ~ dans les voiles** *fam* jd ist im Aufwind; **il y a du ~ dans les voiles** *fam* (*est ivre*) jd hat einen in der Krone *fam*; **~ alizé** Passat[wind *m*] *m*; **qn a le ~ arrière** jd segelt mit [*o* vor *spec*] dem Wind; **bon ~!** *iron* (*bon débarras!*): ***elle est partie; bon ~!*** sie ist weg; Gott sei Dank!; **quel bon ~ vous/t'amène?** *hum* was machen Sie/machst du denn hier?, was verschafft mir die Ehre [Ihres/deines Besuches]? *hum*; **qn a le ~ contraire** jd segelt gegen den [*o* [dicht] am *spec*] Wind; **[petit] ~ coulis** leichter Luftzug; **qn a le ~ debout** jd segelt gegen den [*o* [dicht] am *spec*] Wind; **gros ~** starker Wind; **qn est libre comme le ~** jd ist frei wie ein Vogel; **de** [*o* **en**] **plein ~** [voll] dem Wind ausgesetzt; *arbre, maison a.* frei stehend; **aux quatre ~s** (*dispersé*) in alle Winde; (*ouvert*) nach jeder Seite offen; **qn est rapide comme le ~** jd ist so schnell wie der Wind; **~ solaire** Sonnenwind *m*, Solarwind *m*; **à tous les ~s** (*à tout le monde*) *raconter* jedem, der es wissen will; (*pas protégé*) bei Wind und Wetter; **il y a du ~** es ist windig; **qn a eu ~ de qc** jd hat Wind von etw bekommen; **qn chasse dans le ~** jd jagt mit gutem Wind; **autant en emporte le ~** *prov* alles [*o* das ist] vom Winde verweht; **le ~ est à qc** *au pessimisme, à l'optimisme* die Stimmung ist von etw gezeichnet; ***le ~ est à la révolte*** es liegt Aufruhr in der Luft; **c'est du ~, ce n'est que du ~** das ist alles nur heiße Luft [*o* leeres Gerede]; **il fait du ~** es ist windig; **qn lâche un ~** *euph* jd lässt einen [Darm]wind entweichen; **qn fait du ~** *fam* jd macht [viel] Wind; **le ~ se lève** es kommt Wind auf; **qn observe** [*o* **regarde**] **de quel côté souffle le ~** jd sieht, woher der Wind weht; **qn prend le ~** [*o* **la direction du ~**] jd sondiert die Lage; **qn sent le ~ tourner** jd spürt einen Umschwung; **le ~ tombe** der Wind legt sich; **le ~ tourne** METEO der Wind dreht; (*la situation change*) die Dinge nehmen einen anderen [Ver]lauf; **qn va comme/plus vite que le ~** jd läuft so schnell wie der Wind [*o* in Windeseile]/schneller als der Wind; **qn voit d'où vient le ~** jd spürt, woher der Wind weht; **à ~**: ***moulin à ~*** Windmühle *f*; ***instrument à ~*** Blasinstrument *nt*; **au ~** *être exposé* dem Wind; *flotter, voler* im Wind; NAUT im Wind; **dans le ~** in Mode; **[allez,] du ~!** *fam* [los,] hau/haut ab! *fam*; **sous le ~** mit dem Wind

vente [vɑ̃t] *f* **1.** (*fait de vendre*) Verkauf *m*; ***qc est retiré(e) de la ~*** etw wird aus dem Handel gezogen; ***prix de ~*** Verkaufspreis *m*
2. (*fait d'écouler*) Verkauf *m*, Absatz *m*; ***objectif/point/force de ~*** Verkaufsziel *nt*/Verkaufspunkt *m*/Verkaufsmannschaft *f*; ***réseau de ~*** Vertriebsnetz *nt*
3. (*service*) Vertrieb *m*
4. (*métier*) Verkauf *m*
5. *pl* (*chiffre d'affaires*) Umsatz *m*
6. (*cession*) Verkauf *m*; ***acte/promesse/contrat de ~*** Kaufakt *m*/Kaufversprechen *nt*/Kaufvertrag *m*
7. (*réunion où l'on vend*) Versteigerung *f*
▶ **~ à l'abattage** Verkauf *m* auf offener Straße; **~ par adjudication** Versteigerung *f*; **~ flash** *Verkaufsaktion in Supermärkten, bei der für kurze Zeit bestimmte Artikel zu Schleuderpreisen angeboten werden*; **~ à perte** Verlustgeschäft *nt*; **~ directe** Direktverkauf *m*, Direktvertrieb *m*; **qc est en ~ libre** etw gibt es im freien Verkauf; **~ publique** öffentliche Versteigerung; **qn met qc en ~** (*met à prix*) jd verkauft etw; (*commercialise*) jd bringt etw auf den Markt [*o* in den Handel]; **en ~** (*à vendre*) zu verkaufen; (*disponible sur le marché*) im Handel erhältlich
◆ **vente à crédit** Kreditkauf *m*; **vente à distance** Distanzhandel *m*; **vente à domicile** Haustürgeschäft *nt*; **vente à la sauvette** nicht angemeldeter Straßenverkauf, Schwarzhandel *m*; **vente à tempérament** Teilzahlungsverkauf *m*, Ratenkauf *m*; **vente au comptant** Barverkauf *m*; **vente au détail** Einzelhandel *m*; **vente aux enchères** (*action*) Versteigerung *f*; (*réunion*) Auktion *f*; **vente de charité** (*action*) Wohltätigkeitsverkauf *m*; (*réunion*) Wohltätigkeitsbasar *m*; **vente en gros** Großhandel *m*; **vente par correspondance** Versandhandel *m*; ***maison de ~ par correspondance*** Versandhaus *nt*

venté, e [vɑ̃te] *adj* windig
venter <1> [vɑ̃te] *vi impers* ■ **il vente** es windet, es ist windig; ***il se promène qu'il pleuve ou qu'il vente*** er geht auch bei Wind und Wetter spazieren
venteux, -euse [vɑ̃tø, -øz] *adj* windig
ventilateur [vɑ̃tilatœʀ] *m* Ventilator *m*
ventilation [vɑ̃tilasjɔ̃] *f* **1.** (*aération*) [Be]lüftung *f*
2. (*répartition*) [*courrier*] Verteilung *f*; [*dépenses, crédits a.*] Aufschlüsselung *f*
3. ANAT: **~ *pulmonaire*** Ventilierung *f* der Lunge
ventiler <1> [vɑ̃tile] *vt* **1.** (*aérer*) ■ **qn/qc ventile qc** jd/etw [be]lüftet etw
2. (*répartir*) ■ **qn ventile qc/des personnes/des choses [quelque part]** jd verteilt etw/Menschen/Dinge [auf etw (*akk*)]; ***certaines dépenses de janvier ont été ventilées sur février et mars*** bestimmte Ausgaben vom Januar sind auf Februar und März umgelegt worden
ventouse [vɑ̃tuz] *f* **1.** (*dispositif*) (*adhésif*) Saugplatte *f*; (*aspirant*) Saugnapf *m*, Gummisauger *m*; ***crochet à ~*** Hafthaken *m*; ***fléchette à ~*** Haftpfeil *m*
2. BOT Saugorgan *nt*; ZOOL *a.* Haftscheibe *f*, Saugnapf *m*
3. MED Schröpfkopf *m*
▶ **qc fait ~** etw saugt sich fest
ventral, e <-aux> [vɑ̃tʀal, o] *adj* Bauch-; *parachute* Brust-; ***rouleau ~*** Rollsprung *m*
ventre [vɑ̃tʀ] *m* **1.** (*abdomen*) Bauch *m*; ***j'ai mal au ~*** ich habe Bauchschmerzen *pl* [*o* Bauchweh *nt fam*]
2. (*partie intérieure*) [*terre, volcan*] Innere(s) *nt*; [*navire*] Bauch *m*
3. (*partie bombée*) [*bouteille, cruche*] Bauch *m*
▶ **qn était [encore] dans le ~ de sa mère** *hum* jd war noch nicht auf der Welt; **~ affamé n'a pas d'oreilles** *prov* einem hungrigen Magen ist schlecht predigen; **~ à terre** wie der Blitz *fam*, wie ein geölter Blitz *fam*; ***elle arriva ~ à terre*** sie kam angesaust *fam*; **bas ~** Unterleib *m*; **le ~ creux** [*o* **vide**]/**plein** hungrig/satt; **à plat ~** auf dem/den Bauch, bäuchlings; **qn est/se met à plat ~ devant qn** jd kriecht [*o* liegt] vor jdm auf dem Bauch *fam*; **qn a du ~** jd hat einen Bauch; **qn/qc a quelque chose/n'a rien dans le ~** (*a du caractère*) jd hat etwas drauf/nichts drauf *fam*; ***cette bagnole n'a vraiment rien dans le ~*** mit dieser Kiste ist wirklich nichts los *fam*, diese Kiste taugt wirklich nichts; **qn veut savoir ce que qn/qc a dans le ~** jd will wissen, was jd/etw taugt; jd will wissen, was jd kann; **qn passe** [*o* **marche**] **sur le ~ de qn** jd geht rücksichtslos über jdn hinweg; ***il faudra me passer sur le ~*** nur über meine Leiche *fam*; **qn perd son ~** jd nimmt ab; **qn prend du ~** jd setzt Bauch an; **qn se remplit le ~** jd schlägt sich (*dat*) den Magen voll *fam*; **qn rentre le ~** jd zieht den Bauch ein; **qn tape sur le ~ de qn** jd klopft jdm auf die Schulter; **qc au ~**: ***la peur/rage au ~*** angsterfüllt/wutentbrannt, mit Angst/Wut im Bauch *fam*; **sur le ~** auf den/dem Bauch; ***atterrissage sur le ~*** Bauchlandung *f*
ventrée [vɑ̃tʀe] *f* Ladung *f fam*
ventriculaire [vɑ̃tʀikylɛʀ] *adj* ventrikulär, Ventrikel-
ventricule [vɑ̃tʀikyl] *m* Kammer *f*, Ventrikel *m spec*; **~ *droit/gauche*** rechte/linke Herzkammer
ventrière [vɑ̃tʀijɛʀ] *f* (*pièce de toile*) Bauchschlinge *f*
ventriloque [vɑ̃tʀilɔk] **I.** *adj*: ***un homme/une femme ~*** ein Bauchredner *m*/eine Bauchrednerin; ■ **qn est ~** jd kann bauchreden
II. *mf* Bauchredner(in) *m(f)*
ventripotent, e [vɑ̃tʀipɔtɑ̃, ɑ̃t] *adj* dickbäuchig
venu, e [v(ə)ny] **I.** *pp de* **venir**
II. *adj* ▶ **bien ~** angebracht; *bébé, enfant* kräftig; **mal ~** unangebracht, deplatziert; *bébé, enfant* schwächlich; **qn est mal ~ de faire qc** gerade jd hat es nötig, etw zu tun
III. *m, f* ▶ **dernier(-ière) ~(e)** Letztgekommene(r) *f(m)*; **nouveau(-velle) ~(e)** Neuankömmling *m*; (*débutant*) Newcomer *m*; **le premier ~/la première ~e** der/die erste Beste, der/die Erstbeste
IV. *f* ■ **venue** Kommen *nt*; ***avant ta ~e au monde*** vor deiner Geburt; ***qn attend la ~e de qn/qc*** jd wartet auf jdn/etw; ***la ~e du printemps se fait attendre*** *littér* der Frühling lässt auf sich warten; ***la ~e des asperges a été tardive*** (*croissance*) der Spargel ist spät gekommen
Vénus [venys] *f* Venus *f*
vêpres [vɛpʀ] *fpl* Vesper *f*
ver [vɛʀ] *m* Wurm *m*; (*dans la nourriture a.*) Made *f*
▶ **le ~ est dans le fruit** da ist der Wurm drin *fam*; **qn lui tire les ~s du nez** jd zieht jdm die Würmer aus der Nase *fam*; **~ blanc** Engerling *m*; **~ luisant** Leuchtkäfer *m*, Glühwürmchen *nt fam*; **nu(e) comme un ~** *fam* splitternackt; **pas piqué(e) des ~s** *fam* astrein *fam*; **~ solitaire** Bandwurm *m*; **... aux ~s**: ***qc est mangé(e)*** [*o* ***piqué(e)***] ***aux ~s*** */bois/* etw ist wurmstichig; */fruit/* etw ist wurmig; **comme un ~ [de terre]**: ***qn se tord*** [*o* ***se tortille***] ***comme un ~ de terre*** *fam* jd zappelt herum *fam*
◆ **ver à soie** Seidenraupe *f*; **ver de terre** Regenwurm *m*; **ver de vase** Wattwurm *m*, Köderwurm *m*
véracité [veʀasite] *f* Richtigkeit *f*; [*témoignage a.*] Wahrheit *f*
véranda [veʀɑ̃da] *f* Veranda *f*
verbal, e <-aux> [vɛʀbal, o] *adj* **1.** (*oral*) mündlich; *promesse a.* mündlich gegeben
2. (*constitué de mots*) *délire, expression, violence* verbal
3. GRAM *adjectif, groupe* Verbal-; *forme, terminaison* Verb-; ***locution ~e*** verbale Wendung
verbalement [vɛʀbalmɑ̃] *adv* **1.** (*oralement*) mündlich
2. (*par des mots*) mit Worten, verbal; ***tout ne peut s'exprimer ~*** nicht alles kann man in Worte fassen
verbaliser <1> [vɛʀbalize] **I.** *vi* ■ **qn verbalise [contre qn]** jd verwarnt [jdn] gebührenpflichtig; ■ **qn se fait ~** jd wird gebührenpflichtig verwarnt
II. *vt* **1.** PSYCH ■ **qn verbalise qc** jd fasst etw in Worte, jd verbalisiert etw *geh*
2. *fam* (*mettre une contravention*) ■ **qn verbalise qn** jd verwarnt jdn gebührenpflichtig, jd schreibt jdn auf *fam*
verbalisme [vɛʀbalism] *m péj* Phrasendrescherei *f fam*, leeres Gerede
verbe [vɛʀb] *m* **1.** GRAM Verb *nt*, Zeitwort *nt*, Tätigkeitswort *nt*
2. BIBL ■ **le V~** das Wort; ***le V~ s'est fait chair*** das Wort ward Fleisch
3. *littér* (*parole*) Sprache *f*, Wort *nt*
▶ **~ faible/fort** schwaches/starkes Verb; **qn a le ~ haut** (*parle fort*) jd spricht laut; (*est arrogant*) jd führt das große Wort
verbeux, -euse [vɛʀbø, -øz] *adj commentaire* wortreich; *style* weitschweifig
verbiage [vɛʀbjaʒ] *m* leeres Gerede
verbosité [vɛʀbozite] *f* Weitschweifigkeit *f*

verdâtre [vɛʀdɑtʀ] *adj* grünlich
verdeur [vɛʀdœʀ] *f* **1.** [*langue, propos*] Deftigkeit *f*
2. (*vigueur*) Rüstigkeit *f*
3. (*manque de maturité*) Unreife *f;* (*acidité*) Säure *f;* ***ton vin a encore un peu de*** ~ dein Wein ist noch nicht ganz ausgereift [*o* noch etwas sauer]
verdict [vɛʀdikt] *m* Urteil *nt,* Urteilsspruch *m;* ~ ***d'acquittement*** Freispruch *m;* ***énoncé du*** ~ Urteilsverkündung *f*
▶ **qn rend un** ~ jd fällt ein Urteil
verdir <8> [vɛʀdiʀ] **I.** *vi* **1.** (*devenir vert*) ■ **qc verdit** etw wird grün, etw grünt, etw ergrünt *geh*
2. (*pâlir*) ■ **qn verdit** [**de qc**] jd wird bleich [*o* blass] [vor etw (*dat*)], jd erblasst [vor etw (*dat*)]
II. *vt* ■ **qn/qc verdit qc** jd/etw färbt etw grün
verdoiement [vɛʀdwamɑ̃] *m* Grünen *nt,* Ergrünen *nt geh*
verdoyant, e [vɛʀdwajɑ̃, jɑ̃t] *adj* [satt]grün
verdoyer <6> [vɛʀdwaje] *vi* ■ **qc verdoie** (*être vert*) etw leuchtet grün; (*devenir vert*) etw grünt, etw ergrünt *geh*
verdure [vɛʀdyʀ] *f* **1.** (*végétation*) Grün *nt;* ***les arbres forment un écran de*** ~ die Bäume bilden einen grünen Wall [*o* eine grüne Wand]; ***les citadins recherchent un peu de*** ~ die Städter suchen ein Stück grüne Natur; ***tapis/rideau de*** ~ grüner Teppich/Vorhang
2. (*légumes*) Grünzeug *nt fam*
3. (*couleur*) Grün *nt*
véreux, -euse [veʀø, -øz] *adj* **1.** (*mangé par un ver*) wurmig
2. (*louche*) *personne* zwielichtig; *affaire* faul, anrüchig
verge [vɛʀʒ] *f* **1.** ANAT [männliches] Glied
2. (*baguette*) Stock *m*
▶ **qn donne** [**à qn**] **des ~s pour se faire battre** [*o* **fouetter**] jd schaufelt sich (*dat*) selbst sein Grab/jd liefert jdm Munition gegen sich selbst
vergé, e [vɛʀʒe] *adj* mit Wasserzeichen
verger [vɛʀʒe] *m* (*arbres fruitiers*) Obstbäume *pl;* (*plantation*) Plantage *f;* ***les ~s de cerisiers/pommiers*** die Kirsch-/Apfelplantagen
vergeté, e [vɛʀʒəte] *adj* voller Schwangerschaftsstreifen; ***elle a le ventre*** ~ sie hat Schwangerschaftsstreifen auf dem Bauch
vergeture [vɛʀʒətyʀ] *f* Schwangerschaftsstreifen *m*
verglaçant, e [vɛʀglasɑ̃, ɑ̃t] *adj:* ***pluie ~e*** überfrierende Nässe
verglacé, e [vɛʀglase] *adj* vereist
verglacer <2> [vɛʀglase] *vi impers* ■ **ça verglace** es bildet sich Glatteis
verglas [vɛʀglɑ] *m* Glatteis *nt*
vergogne [vɛʀgɔɲ] *f* ▶ **sans** ~ (*sans scrupule*) schamlos; (*sans pudeur*) ungeniert, ohne Scham
vergue [vɛʀg] *f* Rah[e] *f*
véridique [veʀidik] *adj information* der Wahrheit entsprechend; *histoire, témoignage a.* wahr; *amour, repentir* aufrichtig, ehrlich; ***l'information/le témoignage est*** ~ die Information/die Zeugenaussage entspricht der Wahrheit
vérifiable [veʀifjabl] *adj* überprüfbar, nachprüfbar
vérificateur, -trice [veʀifikatœʀ, -tʀis] **I.** *m* ▶ ~ **orthographique** Rechtschreibkorrekturprogramm *nt,* Programm *nt* zur Orthographiekontrolle
II. *m, f* Prüfer(in) *m(f);* ~ ***des poids et mesures*** Eichbeamte(r)/-beamtin *m/f*
vérificatif, -ive [veʀifikatif, -iv] *adj* überprüfend
vérification [veʀifikasjɔ̃] *f* **1.** (*contrôle*) Überprüfung *f;* ~ ***de routine*** Routinekontrolle *f;* ~ ***d'identité*** Überprüfung der Personalien; ~ ***des pouvoirs*** Prüfung *f* der Vollmachten
2. (*confirmation*) Bestätigung *f*
▶ ~ **faite** nach erfolgter Prüfung
vérifier <1> [veʀifje] **I.** *vt* **1.** (*contrôler*) ■ **qn vérifie qc** jd überprüft etw; ■ **qn vérifie que/si** + *indic* jd überprüft, ob; jd kontrolliert, ob
2. (*confirmer*) ■ **qc vérifie qc** etw bestätigt etw
II. *vpr* ■ **qc se vérifie** etw bewahrheitet sich, etw bestätigt sich
vérifieur, -euse [veʀifjœʀ, -jøz] *m, f* Prüfer(in) *m(f)*
vérin [veʀɛ̃] *m* Winde *f;* ~ ***hydraulique/pneumatique*** hydraulischer/pneumatischer Hebebock; ~ ***à vis*** Schraubenwinde
véritable [veʀitabl] *adj* **1.** (*réel*) wirklich; ***j'ai éprouvé une*** ~ ***joie*** ich habe mich richtig gefreut; ***il l'aime d'un amour*** ~ er liebt ihn/sie aufrichtig [*o* wirklich]
2. *antéposé* (*vrai*) richtig; ***tu ne le connais pas sous son*** ~ ***jour*** du weißt nicht, wie er wirklich ist; ***c'est son*** ~ ***nom*** das ist sein/ihr richtiger Name, er/sie heißt wirklich so; ***la*** ~ ***raison de ma visite*** der eigentliche [*o* wahre] Grund meines Besuchs; ***ce type est une*** ~ ***canaille*** dieser Kerl ist ein regelrechter [*o* echter] Schuft *fam;* ***c'est une*** ~ ***folie*** das ist ja echter Wahnsinn *fam*
3. *postposé cuir, or, argent, perles* echt
véritablement [veʀitabləmɑ̃] *adv* **1.** (*effectivement*) wirklich; ***qui est*** ~ ***cet homme?*** wer ist dieser Mann eigentlich wirklich?
2. (*à proprement parler*) eigentlich
3. (*vraiment*) wirklich, ehrlich
vérité [veʀite] **I.** *f* **1.** (*énoncé conforme à la réalité*) Wahrheit *f*
2. ∅ (*caractère réel*) [*information, principe*] Richtigkeit *f;* ***qn pratique la*** ~ ***des prix*** jd macht eine ehrliche Preispolitik
3. ∅ (*connaissance du vrai*) Wahrheit *f*
4. ∅ (*réalisme*) Wirklichkeitstreue *f,* Realismus *m*
5. ∅ (*sincérité*) Aufrichtigkeit *f*
▶ **la** ~ **sort de la bouche des enfants** *prov* Kindermund tut Wahrheit kund, Kinder und Narren sprechen die Wahrheit; **toute** ~ **n'est pas bonne à dire** *prov* die Wahrheit bleibt manchmal besser unausgesprochen; es ist nicht immer gut, die Wahrheit zu sagen; **qc est criant de** ~ etw ist lebensecht; ~ **première** Grundwahrheit *f;* **qn dit** [*o* **sort** *fam*] **à qn ses quatre ~s** jd sagt jdm gehörig die [*o* seine] Meinung; **c'est la** ~ **vraie** *fam* das ist die reine Wahrheit; **il n'y a que la** ~ **qui blesse** *prov* wenn es nicht wahr wäre, würde es [dich/ihn/sie] nicht so treffen; getroffene Hunde bellen; **qn dit** [*o* **sort** *fam*] **à qn des ~s** jd sagt jdm die [*o* seine] Meinung; **à chacun sa** ~ *prov* jedem seine Sichtweise, jeder sieht die Dinge auf seine Art; **à la** ~ ehrlich gesagt; **en** ~, **en** ~, ***je vous le dis …*** wahrlich, wahrlich, ich sage euch …; **de** ~: ***heure/minute de*** ~ Stunde/Minute der Wahrheit; **la** ~, **toute la** ~, **rien que la** ~ die Wahrheit, die ganze Wahrheit und nichts als die Wahrheit
II. *app cinéma, roman, théâtre* realistisch
◆ **vérité de La Palice** Binsenwahrheit *f,* Binsenweisheit *f*
verjus [vɛʀʒy] *m* Saft *m* von unreifen/sauren Trauben
verlan [vɛʀlɑ̃] *m Art Geheimsprache, in der die Silben gewisser Wörter in umgekehrter Reihenfolge gesprochen werden*
vermeil, le [vɛʀmɛj] **I.** *adj* [leuchtend] rot; ***une bouche ~le*** ein Kirschenmund *m*
II. *m* vergoldetes Silber, Vermeil *nt*
vermicelle [vɛʀmisɛl] *m* Suppennudel *f,* Fadennudel *f;* ***potage aux ~s*** Nudelsuppe *f*
vermifuge [vɛʀmifyʒ] **I.** *adj* gegen Würmer
II. *m* Wurmmittel *nt*
vermillon [vɛʀmijɔ̃] **I.** *adj inv* zinnoberrot
II. *m* Zinnoberrot *nt,* Zinnober *m o nt*
vermine [vɛʀmin] *f* **1.** ∅ (*parasites*) Ungeziefer *nt*
2. ∅ (*racaille*) Gesindel *nt,* Abschaum *m*
vermisseau <x> [vɛʀmiso] *m* Würmlein *nt,* kleiner Wurm
vermoulu, e [vɛʀmuly] *adj* **1.** (*mangé par les vers*) wurmstichig, von Würmern zerfressen
2. (*en piteux état*) in Auflösung begriffen, sich auflösend
vermoulure [vɛʀmulyʀ] *f* [Holz]wurmloch *nt*
vermout[h] [vɛʀmut] *m* Wermut[wein *m*] *m*
verni, e [vɛʀni] **I.** *adj* **1.** *ongles, bois* lackiert; *peinture* gefirnisst; ***chaussures ~es*** Lackschuhe *pl*
2. *fam* (*chanceux*): ***on peut dire qu'il est*** ~ der hat vielleicht Schwein *fam* [*o* ein Glück]
II. *m, f fam* Glückspilz *m fam*
vernir <8> [vɛʀniʀ] **I.** *vt* ■ **qn vernit qc** jd lackiert etw; *peinture* jd firnisst etw
II. *vpr* ■ **qn se vernit qc** jd lackiert sich (*dat*) etw
vernis [vɛʀni] *m* **1.** (*enduit*) (*pour le bois*) Lack *m;* (*pour la poterie*) Glasur *f;* (*pour la peinture*) Firnis *m*
2. COSMETIQUE [Nagel]lack *m*
3. (*aspect brillant*) Glanz *m*
4. *fig* (*façade*) Fassade *f;* ***si tu grattes le*** ~ … wenn du hinter die Fassade schaust, …; ***sa culture n'est que*** ~ seine/ihre Bildung ist nur oberflächlich [*o* nur Fassade]; ***son attitude distante n'est qu'un*** ~ seine/ihre Distanz ist nur Fassade, er/sie ist nur nach außen hin so distanziert
◆ **vernis à ongles** Nagellack *m*
vernissage [vɛʀnisaʒ] *m* **1.** (*action d'enduire*) Lackieren *nt;* [*poterie*] Glasieren *nt;* [*peinture*] Firnissen *nt*
2. (*inauguration*) Eröffnung *f,* Vernissage *f geh*
vernisser <1> [vɛʀnise] *vt* ■ **qn vernisse qc** jd glasiert etw
vernisseur, -euse [vɛʀnisœʀ, -øz] *m, f* Lackierer(in) *m(f)*
vérole [veʀɔl] *f fam* Syphilis *f*
▶ **comme la** ~ **sur le bas clergé** *fam* wie aus heiterem Himmel; **petite** ~ Pocken *pl,* Blattern *pl*
vérolé, e [veʀɔle] **I.** *adj* **1.** *fam* (*syphilitique*) syphiliskrank
2. (*couvert de cicatrices*) [pocken]narbig
3. INFORM fehlerhaft
II. *m, f fam* Syphilitiker(in) *m(f)*
véronique [veʀɔnik] *f* Ehrenpreis *m*
verrai [vɛʀe] *fut de* **voir**
verrat [vɛʀa] *m* Zuchteber *m*
verre [vɛʀ] *m* **1.** (*matière*) Glas *nt kein pl;* ***en*** ~ aus Glas; ~ ***armé/blindé/coloré*** Draht-/Panzer-/Farbglas [*o* Buntglas]; ~ ***dépoli/feuilleté/trempé*** Milch-/Verbund-/Hartglas
2. (*récipient*) Glas *nt;* ■ ~ ***à bière, liqueur, eau, vin, whisky*** -glas; ~ ***ballon*** bauchiges [Rotwein]glas; ~ ***en cristal*** Kristallglas
3. (*contenu*) Glas *nt;* ■ ~ **de qc**: ***deux ~s de vin/lait/d'eau*** zwei Glas [*o* Gläser] Wein/Milch/Wasser; ***on peut commander le vin au*** ~ man kann den Wein glasweise bestellen; ***je vous paie un*** ~? darf ich Sie zu einem Glas einladen?; ***il a bu un*** ~ ***de trop*** er hat ein Glas zu viel [*o* über den Durst] getrunken
4. (*objet*) [*montre, réveil, lampe*] Glas *nt;* OPT [Brillen]glas *nt;* ~***s progressifs*** Bifokalgläser *pl;* ~***s incassables*** Kunststoffgläser *pl;* ***elle porte des ~s épais fumés*** sie trägt dicke, dunkle Gläser; ***vous devriez porter des ~s correcteurs*** Sie sollten eine Brille tragen
▶ ~ **cathédrale** Kathedralglas *nt;* **un** ~, **ça va; deux ~s, bonjour les dégâts!** ein Glas ist in Ordnung, zwei Gläser sind zu viel; **qn se noie dans un** ~ **d'eau** jd stellt sich dusslig an *fam;* [**qn a**] **un** ~ **dans le nez** [jd ist] angeheitert; ~ **blanc** einfaches Glas; **qn est toujours entre deux ~s** *fam* jd trinkt; **petit** ~ Gläschen *nt;* **qui casse les ~s les paie** *prov* wer den Schaden anrichtet, muss dafür aufkommen; **qn lève son** ~ jd erhebt sein Glas; **qn porte des ~s** jd trägt eine Brille; ***il/elle porte des ~s*** er/sie ist Brillenträger(in); **qn prend un** ~ jd trinkt einen *fam;* **sous** ~ unter [*o* hinter] Glas; ***qn met une gravure sous*** ~ jd setzt einen Stich hinter Glas; **comme du** ~ [zerbrechlich] wie Glas; ***qc se brise*** [*o* ***casse***] ***comme du*** ~ etw zerbricht sofort [*o* wie Glas]
◆ **verre à dents** Zahnputzglas *nt,* Zahnputzbecher *m;* **verre à moutarde**

einfaches Glas; **verre à pied** Stielglas *nt;* **verre à vitre** Fensterglas *nt;* **verre de contact** Kontaktlinse *f;* **verre de sécurité** Sicherheitsglas *nt*

verrerie [vɛʀʀi] *f* **1.** (*fabrication*) Glasherstellung *f*
2. (*objet*) Glas *nt kein pl,* Glaswaren *pl*
3. (*fabrique*) Glashütte *f;* (*artisanale*) Glasbläserei *f*

verrier, -ière [vɛʀje, -jɛʀ] **I.** *adj industrie* Glas-; *maître/ artisan/ ouvrier* ~ Glasbläser *m*
II. *m* (*peintre*) Glasmaler *m;* (*ouvrier*) Glaswerker *m*
III. *f* ■ **verrière 1.** (*toit*) Glasdach *nt*
2. (*paroi*) Glaswand *f*

verroterie [vɛʀɔtʀi] *f* Glasschmuck *m*

verrou [veʀu] *m* **1.** (*loquet*) Riegel *m;* ***as-tu mis le*** ~? hast du den Riegel vorgeschoben?
2. (*serrure*) Schloss *nt*
3. MIL, FBALL Riegel *m;* POL, ECON Hürde *f;* ***il faut faire sauter les ~s qui empêchent la restructuration*** man muss die Hürden, die die Restrukturierung verhindern, aus dem Weg räumen
▶ **sous** les ~s hinter Schloss und Riegel; ***qn met qn sous les ~s*** jd setzt jdn hinter Schloss und Riegel

verrouillage [veʀujaʒ] *m* **1.** (*fermeture*) Verriegelung *f;* (*ordinateur*) Sperren *nt;* ~ ***central*** [*o* ***centralisé***] Zentralverriegelung *f*
2. (*blocage*) Blockade *f*

verrouiller <1> [veʀuje] **I.** *vt* **1.** (*fermer*) ■ **qn verrouille qc** *fenêtre, porte* jd verriegelt etw
2. (*bloquer*) ■ **qn verrouille qc** POL, FBALL jd blockiert etw; MIL jd riegelt etw ab; INFORM *mémoire* jd sperrt den Zugang zu etw; *disquette* jd sperrt etw durch Code
II. *vpr* ■ **qn se verrouille [quelque part]** jd schließt sich [irgendwo] ein

verrouilleur [vɛʀujœʀ] *m* letzter Mann in der Gasse

verrue [veʀy] *f* **1.** MED Warze *f*
2. *littér* (*bâtiment*) Schandfleck *m*

verruqueux, -euse [veʀykø, -øz] *adj excroissance* warzenartig; *peau* warzig

vers¹ [vɛʀ] *prép* **1.** (*en direction de*) ■ ~ **qn/qc** auf jdn/etw zu; ***elle alla/ courut/ vint*** ~ ***lui*** sie ging/lief/kam auf ihn zu; ***elle se dirigea*** ~ ***la gare*** sie ging auf den Bahnhof zu, sie ging in Richtung Bahnhof; ***qn tend la main*** ~ ***qn*** jd streckt jdm die Hand hin; ***qn se tourne*** ~ ***qn/ qc*** jd wendet sich jdm/etw zu; ~ ***une résolution du conflit*** auf dem Weg zu einer Konfliktlösung
2. (*aux environs de*) (*lieu*) bei; (*temps*) gegen, etwa um; ***cette coutume est apparue*** ~ ***le XVIe siècle*** dieser Brauch kam etwa zu Beginn des 16. Jahrhunderts auf; ***cela s'est passé*** ~ ***1968*** das ist etwa um [das Jahr] 1968 passiert; ~ ***la mi-juin*** etwa Mitte Juni; ~ ***huit ans*** mit etwa acht Jahren; ***vous viendrez*** ~ ***quelle heure?*** wann etwa werdet ihr kommen?; ***il a commencé à neiger*** ~ ***1000 mètres*** bei ca. 1000 m [Höhe] fing es an zu schneien; ***nous mangeons en général*** ~ ***midi*** wir essen gewöhnlich gegen Mittag;

vers² [vɛʀ] *m* Vers[zeile *f*] *m;* ~ ***de six pieds*** Hexameter *m;* ~ ***boiteux*** holpriger Vers
▶ ~ **alternés** Kreuzreim *m;* ~ **blancs** Blankvers *m;* ~ **libres** freier Vers; **qn fait des** ~ jd dichtet; **en** ~ gereimt
◆ **vers** *pl* **de circonstance** Gelegenheitsgedicht *nt;* **vers** *pl* **de mirliton** *fam* schlechte Verse; ***ce ne sont que des*** ~ ***de mirliton*** das ist nur Reimerei *fam*

versant [vɛʀsɑ̃] *m* **1.** (*pente*) [Berg]hang *m;* (*toit*) Seite; ~ ***nord/ sud*** Nord-/Südhang *m;* ***le*** ~ ***italien des Alpes*** die italienische Seite der Alpen *f*
2. (*aspect*) Aspekt *m,* Seite *f*

versatile [vɛʀsatil] *adj personne* wankelmütig, unbeständig; *caractère a.* schwankend; ***humeur*** ~ Launenhaftigkeit *f;* ***qn a un caractère*** ~ jd ist wankelmütig [*o* unbeständig]

versatilité [vɛʀsatilite] *f* Wankelmut *m,* Wankelmütigkeit *f*

verse [vɛʀs] *f* ▶ **il pleut à** ~ es gießt in Strömen

versé, e [vɛʀse] *adj* ■ ~ **dans qc** bewandert [*o* versiert] in etw (*dat*); ***il est peu*** ~ ***dans l'art d'esquiver les conflits*** er versteht es nicht, Konflikten aus dem Wege zu gehen

Verseau <x> [vɛʀso] *m* ASTROL Wassermann *m*
▶ **qn est [du signe du]** ~ jd ist [ein] Wassermann, jd ist im Zeichen des Wassermanns geboren

versement [vɛʀsəmɑ̃] *m* Zahlung *f;* (*sur un compte*) Einzahlung *f;* ~***s échelonnés*** Ratenzahlungen *pl;* ***vous me faites un*** ~ ***par chèque ou en espèces?*** zahlen Sie per Scheck oder in bar?

verser <1> [vɛʀse] **I.** *vt* **1.** (*faire couler*) ■ **qn verse qc [à qn]** *liquide* jd gießt [*o* schenkt] [jdm] etw ein; ***je vous verse à boire?*** darf ich Ihnen etwas zu trinken einschenken?; ***tu n'as qu'à te*** ~ ***à boire toi-même*** du kannst dir doch selbst einschenken; ■ **qn verse qc [à qn] quelque part** jd gießt [jdm] etw irgendwohin; *lentilles, pâtes, riz* jd schüttet etw irgendwohin; *terre* jd kippt [*o* schüttet] etw irgendwohin; ■ **qn verse qc** *larmes, pleurs, sang* jd vergießt etw; ***qn est prêt(e) à*** ~ ***son sang*** jd ist bereit sein Leben einzusetzen
2. (*payer*) ■ **qn verse qc [à qn]** jd zahlt [jdm] etw; ***qn verse des arrhes*** jd leistet eine Anzahlung; ***le loyer sera versé sur votre compte*** die Miete wird auf Ihr Konto eingezahlt
3. MIL (*affecter*) ■ **qn verse qn dans** [*o* **à**] **qc** jd teilt jdn einer S. (*dat*) zu
4. (*ajouter*) ■ **qn verse qc à qc** *au dossier, à l'acte d'accusation* jd legt etw einer S. (*dat*) [zu etw] bei
II. *vi* **1.** (*basculer*) ■ **qn/qc verse [quelque part]** jd/etw kippt um, jd/etw kippt irgendwohin; ■ **qn/qc fait** ~ **qn/qc** jd/etw bringt jdn/etw zum Umkippen; ***le camion a fait*** ~ ***l'autocar dans le fossé*** wegen des Lastwagens ist der Bus in den Straßengraben gekippt
2. (*faire couler*) ■ **qn/qc verse d'une certaine façon** *bien, mal, vite* jd schenkt irgendwie ein/aus etw gießt es sich irgendwie, etw gießt irgendwie *fam*
3. *péj* (*se laisser aller à*) ■ **qn/qc verse dans qc** jd verfällt in etw (*akk*)/etw sackt in etw (*akk*) ab *fam*
4. (*s'orienter vers*) ■ **qn verse dans qc** jd wendet sich einer S. (*dat*) zu

verset [vɛʀsɛ] *m* **1.** (*Bible, Coran, psaume, poème*) Vers *m*
2. (*couplet*) Versikel *m*

verseur, -euse [vɛʀsœʀ, -øz] **I.** *adj:* ***bec*** ~ Schnabel *m;* ***boîte ~euse*** Schachtel *f* mit Streutülle; ***bouchon*** ~ Verschluss *m* mit Gießtülle; ***sucrier*** ~ Zuckerstreuer *m*
II. *f* ■ **verseuse** Kaffeekanne *f*

versificateur, -trice [vɛʀsifikatœʀ, -tʀis] *m, f* Dichter(in) *m(f); péj* Reimeschmied(in) *m(f),* Dichterling *m*

versification [vɛʀsifikasjɔ̃] *f* (*poète*) Verskunst *f;* (*système*) Verslehre *f*

versifier <1 a> [vɛʀsifje] **I.** *vi* ■ **qn versifie** jd dichtet, jd verfasst Verse
II. *vt* ■ **qn versifie qc** jd setzt etw in Verse; ■ **[qc est] versifié(e)** [etw ist/ wird] in Versform [gesetzt]; ***une traduction versifiée*** eine Übersetzung in Versform

version [vɛʀsjɔ̃] *f* **1.** MUS, THEAT, CINE Version *f,* Fassung *f;* ***un film américain en*** ~ ***française*** die französische Fassung eines amerikanischen Films
2. (*modèle*) Version *f,* Ausführung *f*
3. (*interprétation*) Version *f*
4. SCOL Übersetzung *f* [aus der Fremdsprache]; ~ ***latine*** Übersetzung aus dem Lateinischen
▶ ~ **beta** INFORM Betaversion *f;* **en** ~ **originale** in Originalfassung mit Untertiteln

verso [vɛʀso] **I.** *m* Rückseite *f*
▶ **au** ~ auf der/die Rückseite, umseitig
II. *app inv côté, face, page* Rück-

vert, e [vɛʀ, vɛʀt] **I.** *adj* **1.** (*de couleur verte*) grün
2. (*blême*) ■ ~ **de qc** *de peur* blass vor etw (*dat*); *de rage, jalousie a.* grün [und gelb] vor etw (*dat*) *fam*
3. (*écologiste*) grün
4. (*de végétation*): ***espaces ~s*** Grünanlagen *pl;* ***il y a autour de la ville une ceinture ~e*** ein Grüngürtel zieht sich rings um die Stadt
5. (*à la campagne*): ***classe ~e*** Schullandheim *nt;* ***station ~e*** Luftkurort *m;* ***tourisme*** ~ Urlaub *m* auf dem Lande
6. (*opp: mûr*) *fruit* grün, unreif; *vin* jung, sauer
7. (*opp: sec*) *bois* grün, feucht; *légumes* frisch; ***fourrage*** ~ Grünfutter *nt*
8. (*vaillant*) rüstig
9. (*agricole*) agrar-; ***l'Europe ~e*** das grüne Europa; ***la révolution ~e*** die Agrarrevolution
10. (*acerbe*) *remarque* scharf
II. *m* **1.** (*couleur*) Grün *nt;* ~ ***foncé/ pâle/ tendre*** Dunkel-/Blass-/Zartgrün
2. AUT Grün *nt;* ***je suis passé au*** ~ ich bin bei Grün über die Ampel gefahren; ***le feu est passé au*** ~ die Ampel hat auf Grün geschaltet
▶ ~ **bouteille** Flaschengrün *nt;* ~ **pomme** Apfelgrün; ~ **olive** Olivgrün; ~ **tilleul** Lindgrün; ~ **j'espère** *prov* Grün ist die Farbe der Hoffnung; **qn se met au** ~ (*à la campagne*) jd fährt aufs Land; (*prend le large*) jd taucht für eine Zeit unter; **au** ~ ins Grüne/im Grünen; **en** ~ *habillé, peint* grün
III. *m, f* (*écologiste*) Grüne(r) *f(m)*
IV. *f fam* ▶ **de[s] ~es et de[s] pas mûres**: ***qn en a déjà vu de[s] ~es et de[s] pas mûres*** jd hat in seinem Leben schon einiges Unerhörte gesehen; ***qn en raconte*** [*o* ***en dit***] ***de[s] ~es et de[s] pas mûres*** jd erzählt ordinäre Geschichten; ***qn entend des ~es et des pas mûres*** jd bekommt zotige Sprüche zu hören; **qn en dit de ~es** jd erzählt ordinäre Geschichten

vert-de-gris [vɛʀdəgʀi] **I.** *adj inv* graugrün
II. *m inv* (*dépôt*) Grünspan *m*

vert-de-grisé, ~-~-~e <~-~-~s> [vɛʀdəgʀize] *adj* (*recouvert de vert-de-gris*) mit Grünspan überzogen

vertébral, e <-aux> [vɛʀtebʀal, o] *adj* Wirbel-; ***colonne ~e*** Wirbelsäule *f;* ***douleurs ~es*** Schmerzen *pl* im Bereich der Wirbelsäule; ***des problèmes ~aux*** Probleme *pl* mit der Wirbelsäule

vertèbre [vɛʀtɛbʀ] *f* Wirbel *m;* ***elle s'est déplacé une*** ~ sie hat sich (*dat*) einen Wirbel verschoben

vertébré, e [vɛʀtebʀe] **I.** *adj animal* Wirbel-
II. *m* Wirbeltier *nt*

vertement [vɛʀtəmɑ̃] *adv* schroff, scharf

vertical, e <-aux> [vɛʀtikal, o] **I.** *adj* **1.** (*opp: horizontal*) senkrecht; *station* aufrecht; TECH (*d'aplomb*) lotrecht; ***la paroi est tellement ~e que*** die Wand ist derart steil [*o* senkrecht], dass
2. (*hiérarchique*) streng hierarchisch
II. *f* ■ **verticale** Senkrechte *f;* TECH (*aplomb*) Lot *nt*
▶ **à la ~e** senkrecht; ***le soleil est à la ~e de l'église*** die Sonne steht genau [senkrecht] über der Kirche; ***Béziers est à la ~e de Paris*** Beziers liegt genau [senkrecht] unter Paris; ***des falaises à la ~e*** senkrechte Klippen

verticalement [vɛʀtikalmɑ̃] *adv* senkrecht; TECH (*d'après le fil à plomb*) lotrecht

verticalité [vɛʀtikalite] *f:* ***vérifie la*** ~ ***du mur/ de l'angle*** überprüfe, ob die Mauer/Ecke lotrecht [*o* im Lot] ist

vertige [vɛʀtiʒ] *m* **1.** ∅ (*peur du vide*) Schwindel *m;* ***je suis sujet au*** ~ ich bin nicht schwindelfrei, ich leide an Höhenschwindel; ***qn souffre du*** ~ jdm wird leicht schwindelig
2. (*malaise*) Schwindelanfall *m*
3. (*égarement*) Taumel *m;* ***quand il a dû affronter le public, le*** ~ ***s'est emparé de lui*** als er vor das Publikum treten musste, zitterten ihm die Knie; ■ ~ **de** *de la violence, du pouvoir* -rausch *m;* ~ ***de la gloire*** Ruhmestaumel *m*
▶ **qn a le** ~ jdm wird schwind[e]lig; **qn lui donne le** ~ jd macht jdn

schwind[e]lig; **qc** [**lui**] **donne le** ~ etw ist Schwindel erregend, etw macht jdn schwind[e]lig; **qn est pris(e) de** ~ jdm wird schwind[e]lig, jd hat einen Schwindelanfall; (*en proie à l'ivresse*) jd wird von einem Taumel [*o* Rausch] ergriffen; (*en proie à l'égarement*) jdm wird ganz schwach in den Knien; ***je me suis sentie prise de*** ~ ich merkte, dass mir schwind[e]lig wurde

vertigineusement [vɛʀtiʒinøzmɑ̃] *adv* Schwindel erregend

vertigineux, -euse [vɛʀtiʒinø, -øz] *adj* Schwindel erregend; ***à une hauteur ~euse*** in schwindelnder Höhe *geh*

vertu [vɛʀty] *f* **1.** (*qualité*) Tugend *f*
2. ∅ (*moralité*) Tugend[haftigkeit *f*] *f*; ***il a de la ~ à faire cela*** *hum* man muss es ihm hoch anrechnen, dass er das tut; ***il faut franchement de la ~ pour te supporter*** *hum* es gehört schon einiges dazu, dich zu ertragen
3. ∅ (*chasteté*) Keuschheit *f*, Tugend *f*; ***ce n'est pas un modèle de*** ~ sie ist kein Muster an Tugend
4. (*propriété*) Wirkkraft *f*; (*effet bénéfique*) [positive] Wirkung; ~ ***curative/magique*** Heil-/Zauberkraft *f*; ***le poivre aurait des ~s aphrodisiaques*** Pfeffer soll aphrodisisch wirken
▸ **de petite** ~ nicht sehr tugendhaft; ***fille de petite*** ~ leichtes Mädchen; **en ~ de qc** kraft einer S. (*gen*); ***en ~ de quoi*** weshalb

vertueusement [vɛʀtɥøzmɑ̃] *adv* **1.** (*conformément à la morale*) tugendhaft
2. *vieilli soutenu* (*chastement*) keusch *veraltend geh*, züchtig *veraltend*; ***il lui baisa ~ la main*** keusch küsste er ihr die Hand *geh*; ***elle baissa ~ les yeux*** züchtig schlug sie die Augen nieder *veraltend*

vertueux, -euse [vɛʀtɥø, -øz] *adj* **1.** (*moral*) tugendhaft
2. *vieilli* (*chaste*) tugendhaft, keusch *veraltend geh*

verve [vɛʀv] *f* Witz *m*, Esprit *m*
▸ **en** ~ in Form, in Fahrt *fam*; ***avec beaucoup de*** ~ mit viel Schwung [*o* Verve *geh*]

verveine [vɛʀvɛn] *f* Eisenkraut *nt*; (*tisane*) Eisenkrauttee *m*; (*liqueur*) Eisenkrautlikör *m*

vésicule [vezikyl] *f* BOT Schwimmblase *f*; ANAT Blase *f*, Bläschen *nt*; ~ [***biliaire***] Gallenblase *f*; ~ ***séminale*** Samenbläschen *nt*

vespa® [vɛspa] *f* Vespa® *f*

vespasienne [vɛspazjɛn] *f* Pissoir *nt*

vespéral, e <-aux> [vɛspeʀal, o] *adj littér* abendlich

vesse-de-loup <~s-~-~> [vɛsdəlu] *f* Flaschenbovist *m*

vessie [vesi] *f* **1.** (*réservoir*) [Harn]blase *f*; [*poisson*] Schwimmblase *f*; ~ ***de porc*** Schweinsblase *f*
2. [*ballon*] Blase *f*
▸ **qn fait prendre à qn des ~s pour des lanternes** *fam* jd führt jdn hinters Licht, jd macht jdm ein X für ein U vor; **qn prend des ~s pour des lanternes** *fam* jd lässt sich ein X für ein U vormachen

veste [vɛst] *f* Jacke *f*; (*veston*) Jackett *nt*, Sakko *m o nt*; (*gilet*) Strickjacke *f*, Strickweste *f*; (*sans manches*) Weste *f*; ~ ***droite/croisée*** einreihiges/zweireihiges Jackett; ~ ***de pyjama*** Pyjamaoberteil *nt*; ~ ***d'intérieur*** Hausjacke *f*
▸ **qn prend** [*o* **ramasse**] **une** ~ *fam* jd fällt auf die Nase *fam*; **qn retourne sa** ~ *fam* jd hängt sein Fähnchen [*o* Mäntelchen] nach dem Wind; (*ponctuellement*) jd fällt um *fam*; **qn tombe la** ~ *fam* jd zieht seine Jacke aus

vestiaire [vɛstjɛʀ] *m* **1.** (*pièce*) Garderobe *f*; [*salle de sport, stade, piscine, usine*] Umkleideraum *m*; ***la dame du*** ~ die Garderobenfrau
2. (*vêtement*) Garderobe *f*; ***je vais récupérer mon*** ~ ich werde meine Sachen an der Garderobe abholen
▸ **qn laisse qc au** ~ *fam* jd lässt etw zu Hause *fam*; **au** ~! *fam* raus! *fam*

vestibule [vɛstibyl] *m* (*entrée*) Flur *m*, Diele *f*; [*église*] Vorhalle *f*

vestige [vɛstiʒ] *m souvent pl* [*passé, guerre, civilisation*] Spur *f*; [*bâtiment, fortune, mur*] [Über]rest *m*; ***un dernier ~ de la collection*** ein letztes Relikt [*o* Überbleibsel *fam*] der Sammlung

vestimentaire [vɛstimɑ̃tɛʀ] *adj*: ***son élégance*** ~ seine/ihre elegante Aufmachung; ***je ne partage pas ses goûts ~s*** in Kleiderfragen haben wir nicht denselben Geschmack; ***détail*** ~ Detail *nt* in der Kleidung; ***dépenses ~s*** Ausgaben *pl* für Kleider [*o* Bekleidung]

veston [vɛstɔ̃] *m* Jackett *nt*, Sakko *m o nt*; ~ ***droit/croisé*** einreihiges/zweireihiges Jackett

vêtement [vɛtmɑ̃] *m* Kleidungsstück *nt*; ***industrie du*** ~ Bekleidungsindustrie *f*; ***des ~s*** Kleider *pl*, Kleidung *f*; ***qn change de ~s*** jd zieht sich um; ***~s pour hommes/enfants/dames*** Herren-/Kinder-/Damenbekleidung *f*; ■ **~s de** -kleidung; ***~s de travail/ville*** Arbeits-/Straßenkleidung

vétéran, e [veteʀɑ̃, an] *m, f* (*expérimenté*) alter Hase *fam*; (*vieux*) Oldtimer ['oʊldtaimə] *m hum*; MIL Veteran *m*; SPORT Senior(in) *m(f)*

vétérinaire [veteʀinɛʀ] **I.** *adj* Veterinär-, tierärztlich; *produit* veterinär; *clinique* Tier-; ***médecin*** ~ Tierarzt/-ärztin *m/f*; ***école*** ~ Hochschule *f* für Tiermedizin; ***clinique*** ~ Tierklinik *f*; ***soins ~s*** tiermedizinische Behandlung
II. *mf* Tierarzt/-ärztin *m/f*

vététiste [vetetist] *mf* Mountainbikefahrer(in) *m(f)*

vétille [vetij] *f* Kleinigkeit *f*, Lappalie *f*; ***ils ergotent sur des ~s*** sie reiten auf Kleinigkeiten herum *fam*

vêtir <*irr*> [vetiʀ] **I.** *vpr soutenu* ■ **qn se vêt** jd kleidet sich an *geh*; ■ **qn se vêt de qc** jd zieht etw an; ***tâche de te ~ chaudement!*** kleide dich warm! *geh*; ***elle se vêt très court*** sie trägt sehr kurze Kleider
II. *vt littér* ■ **qn vêt qn** jd kleidet jdn an *geh*

veto [veto] *m inv* Veto *nt*; ***droit de*** ~ Vetorecht *nt*
▸ **qn met** [*o* **oppose**] **son ~ à qc** jd legt sein [*o* ein] Veto gegen etw ein

vêtu, e [vety] **I.** *pp de* **vêtir**
II. *adj* bekleidet, angezogen; ***bien*** ~ gut gekleidet; ~ ***chaudement/légèrement*** warm angezogen/leicht bekleidet; ■ **~ de qc** in etw (*dat*) [gekleidet], mit etw bekleidet; ~ ***de blanc/noir/sombre*** weiß/schwarz/dunkel gekleidet; ***c'est ~e d'une jupe que je te préfère*** in einem [*o* im] Rock gefällst du mir am besten

vétuste [vetyst] *adj littér* alt; *installations a.* veraltet; *bâtiment, escalier, passerelle a.* baufällig

vétusté [vetyste] *f littér* [*installations*] Überalterung *f*; [*bâtiments*] Baufälligkeit *f*

veuf, veuve [vœf, vœv] **I.** *adj* verwitwet; ■ **~ de qn**: ***elle est veuve de mon cousin*** sie ist die Witwe meines Cousins; ***ce soir, je suis ~/veuve*** *hum fam* heute Abend bin ich Strohwitwer/-witwe
II. *m, f* Witwer/Witwe *m/f*; ***veuve de guerre*** Kriegerwitwe; ■ **~/veuve de qn** jds Witwer/Witwe
▸ **qn défend la veuve et l'orphelin** jd spielt den barmherzigen Samariter

veuille [vœj] *subj prés de* **vouloir**

veule [vøl] *adj littér* weichlich

veulent [vœl] *indic prés de* **vouloir**

veulerie [vølʀi] *f littér* Weichlichkeit *f*

veut [vø] *indic prés de* **vouloir**

veuvage [vœvaʒ] *m* (*d'un veuf*) Witwerschaft *f*, Witwertum *nt*; (*d'une veuve*) Witwenschaft *f*, Witwentum *nt*

veuve [vœv] *adj/subst v.* **veuf**

veux [vø] *indic prés de* **vouloir**

vexant, e [vɛksɑ̃, ɑ̃t] *adj* **1.** (*rageant*) ärgerlich
2. (*blessant*) kränkend, beleidigend

vexation [vɛksasjɔ̃] *f* Demütigung *f*; ***qn subit*** [*o* ***essuie***] ***des ~s*** jd muss Demütigungen einstecken

vexatoire [vɛksatwaʀ] *adj littér* kränkend, demütigend; ***ces mesures sont franchement ~s*** diese Maßnahmen sind reine Schikane

vexer <1> [vɛkse] **I.** *vt* ■ **qn/qc vexe qn/qc** jd/etw kränkt jdn/etw; ***j'ai vexé sa susceptibilité*** ich habe ihn/sie gekränkt [*o* empfindlich getroffen]
II. *vpr* ■ **qn se vexe** jd ist [*o* fühlt sich] beleidigt; ■ **qn se vexe de qc** jd nimmt etw übel, jd stößt sich an etw (*dat*); ***ne vous vexez pas de ce que je vais vous dire*** nehmen Sie mir nicht übel, was ich Ihnen sagen werde

V.H.F. [veaʃɛf] *f abr de* **very high frequency** UKW *f*

via [vja] *prép* über, via

viabiliser <1> [vjabilize] *vt* ■ **qn viabilise qc** jd erschließt etw; ***des terrains viabilisés*** erschlossene Grundstücke *pl*

viabilité [vjabilite] *f* **1.** (*état d'une route*) Befahrbarkeit *f*
2. (*aménagement d'un terrain*) Erschließung *f*
3. [*bébé, entreprise*] Lebensfähigkeit *f*; [*projet*] Durchführbarkeit *f*, Ausführbarkeit *f*

viable [vjabl] *adj* lebensfähig; *projet* durchführbar, realisierbar

viaduc [vjadyk] *m* Viadukt *m o nt*

viager, -ère [vjaʒe, -ʒɛʀ] **I.** *adj* auf Lebenszeit, lebenslänglich; ***rente ~ère*** Leibrente *f*
II. *m* Leibrente *f*
▸ **en** ~ auf Leibrentenbasis; ***elle a mis son appartement en*** ~ sie hat ihre Wohnung auf Leibrentenbasis verkauft

viande [vjɑ̃d] *f* **1.** (*chair animale*) Fleisch *nt*; ~ ***blanche*** weißes Fleisch; ~ ***rouge*** rotes Fleisch; ~ ***noire*** Wild *nt*; ~ ***hachée*** Hackfleisch; ~ ***froide*** kalter Braten; ■ **~ de** *de bœuf, mouton, veau* -fleisch; ~ ***de cheval/porc*** Pferde-/Schweinefleisch
2. *péj fam* (*chair humaine*): ***de la ~ soûle/froide*** Besoffene/Tote *pl*; ***quel étalage de*** ~! das ist ja die reinste Fleischbeschau! *fam*; ***on va mettre la ~ dans le torchon*** ich hau mich in die Falle *fam*; ***amène ta*** ~ beweg dich hierüber *fam*, setz deinen Körper in Bewegung *fam*

viander <1> [vjɑ̃de] *vpr pop* ■ **qn se viande** jd baut einen Unfall *fam*

viatique [vjatik] *m littér* **1.** (*équipement de voyage*) [Marsch]gepäck *nt*; ***qn donne qc à qn pour tout*** ~ jd gibt jdm etw mit auf den Weg
2. (*soutien*) [wertvolles] Plus
3. REL (*communion*) letzte Kommunion, Viatikum *nt spec*

vibrant, e [vibʀɑ̃, ɑ̃t] *adj* **1.** *hommage, voix* leidenschaftlich; *discours a.* mitreißend; ■ **~ de qc** *de colère, d'émotion* bebend vor etw (*dat*)
2. *corde, lame* schwingend; *membrane a.* vibrierend; ***consonne ~e*** Zitterlaut *m*, Vibrant *m spec*

vibraphone [vibʀafɔn] *m* Vibraphon *nt*

vibraphoniste [vibʀafɔnist] *mf* Vibraphonist(in) *m(f)*

vibration [vibʀasjɔ̃] *f* Vibration *f*; [*voix a.*] Beben *nt*; [*moteur*] Vibrieren *nt*; [*corde*] Schwingen *nt*, Schwingung *f*; ***la chaleur provoque la ~ de l'air*** die Hitze bringt die Luft zum Flimmern; ***ta perceuse à percussion fait de telles ~s que*** deine Schlagbohrmaschine vibriert derart, dass; ***de bonnes/mauvaises ~s*** gute/schlechte Schwingungen

vibrato [vibʀato] *m* Vibrato *nt*

vibratoire [vibʀatwaʀ] *adj massage* Vibrations-; ***mouvement/phénomène*** ~ Schwingung *f*

vibrer <1> [vibʀe] **I.** *vi* **1.** (*trembler*) ■ **qc vibre** etw vibriert; /*corde a.*/ etw schwingt; /*voix a.*/ etw bebt; ■ **qn/qc fait ~ qc** jd bringt etw zum Erbeben/etw lässt etw erbeben, jd bringt etw zum Vibrieren/etw lässt etw vibrieren, etw lässt etw erzittern; *corde* jd/etw versetzt etw in Schwingung[en]
2. (*trahir une émotion*) ■ **qn/qc vibre** [**de qc**] jd/etw bebt [vor etw (*dat*)]; ■ **qn/qc fait ~ qn/qc** jd/etw lässt jdn/etw erbeben
II. *vt* ■ **qn vibre qc** *béton* jd rüttelt etw; ***béton vibré*** Rüttelbeton *m*

vibromasseur [vibʀomasœʀ] *m* Vibrator *m*

vicaire [vikɛʀ] *m* Kaplan *m*; *épiscopal, général* Vikar *m*

vice [vis] *m* **1.** *vieilli* (*défaut*) Untugend *f*, schlechte [*o* üble] Gewohnheit; ***il faut vraiment du ~ pour faire ça*** man muss schon pervers sein, wenn man das tut *fam*
2. ∅ *vieilli* (*débauche, immoralité*) Laster *nt*; ***il sombre/vit dans le*** ~ er verfällt dem Laster/führt ein Lasterleben
3. (*anomalie*) Mangel *m*; ■ **~ de** *de construction, fabrication, forme, procédure* -fehler *m*; ~ ***de conformation*** Missbildung *f*
▸ **c'est du** ~ *fam* das ist pervers; (*une manie*) das ist ein richtiges Laster [*o*

eine richtige Manie]

vice- [vis] *préf* (*adjoint*) Vize-; (*remplaçant*) stellvertretend

vice-amiral <~-~aux> [visamiʀal, o] *m* Konteradmiral *m* **vice-consul** <~-~s> [viskɔ̃syl] *m* Vizekonsul *m*

vicelard, e [vislaʀ, aʀd] I. *adj fam* (*malin*) gewieft *fam*; (*vicieux*) *histoire* dreckig *fam*; *personne, air* ziemlich geil; (*méchant*) gemein, fies *fam*
II. *m, f fam* (*homme*) geiler Bock *fam*; (*femme*) geile Tante *fam*; (*méchant*) (*homme*) Fiesling *m fam*; (*femme*) fiese Person *fam*

vice-présidence <~-~s> [vispʀezidɑ̃s] *f* (*fonction*) Vizepräsidentschaft *f*
vice-président, ~-~**e** <~-~s> [vispʀezidɑ̃, ɑ̃t] *m, f* Vizepräsident(in) *m(f)* **vice-roi, vice-reine** <~-~s> [visʀwa, -ʀɛn] *m* Vizekönig(in) *m(f)*

vice versa [vis(e)vɛʀsa] *adv* ■ **et** ~ ~ und umgekehrt

vichy [viʃi] I. *m* 1. (*tissu*) Vichy[stoff *m*] *m*
2. (*eau minérale*) ■ **un** ~ ein Mineralwasser *nt*
II. *f* Mineralwasser *nt*; ■ **une** ~ (*bouteille*) eine Flasche Mineralwasser

vicier <1 a> [visje] I. *vt* ■ **qc vicie qc** *goût, relations* etw verdirbt etw; *air* etw verpestet etw; ***l'air est vicié dans cette pièce*** die Luft in diesem Raum ist schlecht; ***l'air vicié des grandes villes*** die verpestete Luft der Großstädte
II. *vpr* ■ **qc se vicie** /*air*/ etw wird schlecht

vicieux, -euse [visjø, -jøz] I. *adj* 1. (*obsédé sexuel*) pervers; *personne, regard, air a.* lüstern, geil; *geste* unsittlich
2. *fam* (*vache, tordu*) *coup, personne* gemein, fies *fam*; ***il faut vraiment être ~ pour faire qc*** man muss schon pervers sein um etw zu tun *fam*
3. *balle, tir* heimtückisch
4. *cheval* heimtückisch
5. *vieux expression, position* falsch; *prononciation a.* fehlerhaft
II. *m, f* 1. (*cochon*) Perverse(r) *f(m)*; ***c'est une ~euse*** sie ist pervers; ***je t'y prends, petit ~/petite ~euse*** hab' ich dich erwischt, du kleiner Lustmolch
2. *fam* (*tordu*) (*homme*) Fiesling *m fam*; (*femme*) fiese Person *fam*

vicinal <-aux> [visinal, o] *adj*: ***chemin*** ~ Gemeindeweg *m*

vicissitudes [visisityd] *fpl littér* [*existence, vie*] Wechselfälle *pl*; ***nous avons connu bien des ~ avec nos enfants*** wir haben mit unseren Kindern viel durchgemacht

vicomte, -esse [vikɔ̃t, -ɛs] *m, f* Vicomte/Vicomtesse *m/f*

victime [viktim] *f* 1. (*blessé*) Opfer *nt*; (*mort*) [Todes]opfer *nt*; ■ **[qn est] ~(e) de qc** [jd ist] Opfer einer S. (*gen*); ***~s de guerre*** Kriegsopfer *pl*, (*morts*) Kriegstote *pl*; ***elle est morte, ~ d'un accident de la route*** sie ist bei einem Verkehrsunfall ums Leben gekommen, sie ist tödlich verunglückt; ***plusieurs clochards ont été ~s du froid*** mehrere Obdachlose sind erfroren [*o* der Kälte zum Opfer gefallen]; ***j'ai été ~ d'une chute*** ich bin gestürzt
2. (*personne/chose qui subit*) Opfer *nt*; ■ **[qn/qc est] [la] ~ de qn/qc** [jd/etw ist] jds Opfer/[das] Opfer einer S. (*gen*); ***les ~s des intempéries*** die Unwettergeschädigten; ***j'ai été ~ de ma bonne foi/de mon imprudence*** ich wurde [das] Opfer meiner [eigenen] Gutgläubigkeit/meines [eigenen] Leichtsinns; ***ils seront les premières ~s de cette évolution*** sie werden als Erste unter dieser Entwicklung zu leiden haben
3. (*créature sacrifiée*) Opfer *nt*; ***il aime jouer les ~s*** er spielt gern das Opferlamm
▶ **qn/qc fait des ~s** Menschen/Dinge fallen jdm/einer S. zum Opfer [*o* werden jds Opfer/[das] Opfer einer S.] (*gen*); (*des morts/blessés*) jd tötet/verletzt Menschen/bei etw werden Menschen getötet/verletzt; ***les escrocs ont fait plusieurs ~s*** mehrere Menschen sind den Hochstaplern zum Opfer gefallen [*o* wurden Opfer der Hochstapler]; ***l'accident n'a pas fait de ~*** bei dem Unfall wurde niemand verletzt; ***le forcené a fait six ~s*** der Wahnsinnige hat sechs Menschen getötet

victoire [viktwaʀ] *f* 1. (*triomphe*) Sieg *m*; ~ ***aux points/par K.-O.*** Sieg nach Punkten/durch K. o.; ■ ~ **sur qn/qc** Sieg über jdn/etw
2. (*statue*) ■ **la V~** die Siegessäule
▶ ~ **à la Pyrrhus** Pyrrhussieg *m*; **qn chante** [*o* **crie**] ~ jd bricht in Jubel aus, jd jubelt; ***il me paraît un peu tôt pour crier ~*** es ist noch etwas früh zum Jubeln; ***il ne faut jamais chanter ~ trop tôt*** man soll den Tag nicht vor dem Abend loben; **qn emporte la** ~ jd siegt

victorieusement [viktɔʀjøzmɑ̃] *adv* 1. (*avec succès*) siegreich
2. (*d'un air triomphant*) triumphierend

victorieux, -euse [viktɔʀjø, -jøz] *adj* 1. (*vainqueur*) siegreich
2. (*fanfaron*) siegessicher; *sourire a.* triumphierend; ***d'un air*** ~ mit Siegermiene *f*

victuailles [viktɥaj] *fpl* Esswaren *pl*, Lebensmittel *pl*

vidage [vidaʒ] *m* 1. [*baignoire, étang*] Ablassen *nt*
2. *fam* (*expulsion*) Rausschmiss *m fam*

vidange [vidɑ̃ʒ] *f* 1. (*action*) [*circuit, fosse*] [Ent]leerung *f*; AUT Ölwechsel *m*; ***qn fait faire une*** ~ jd lässt einen Ölwechsel machen
2. (*dispositif*) [*évier, lavabo*] Abfluss *m*, Abflussrohr *nt*
3. (*effluents*) Fäkalien *pl*

vidanger <2 a> [vidɑ̃ʒe] *vt* 1. AUT ■ **qn vidange/fait ~ qc** jd wechselt das Öl [einer S. (*gen*)]/lässt [bei etw] einen Ölwechsel machen
2. (*vider*) ■ **qn vidange qc** *circuit, tuyau* jd lässt das Wasser aus etw ab; *fosse* jd [ent]leert etw

vidangeur [vidɑ̃ʒœʀ] *m* Grubenentleerer(in) *m(f)*

vide [vid] I. *adj* 1. (*opp: plein*) leer; ***j'ai l'estomac*** [*o* ***le ventre***]/***la tête*** ~ ich habe einen leeren Magen/mein Kopf ist [ganz] leer; ***il a vraiment la tête*** ~ (*est stupide*) er ist wirklich strohdumm *fam*
2. (*opp: riche*) *discussion, existence* leer, sinnlos; *livre, discours* inhalt[s]los; ■ ~ **de qc** ohne etw, bar einer S. (*gen*) *geh*; ***une vie totalement ~ d'idéal*** ein Leben ohne jegliche Ideale [*o* bar jeglicher Ideale *geh*]
3. (*opp: occupé*) *chaise, siège* leer; *appartement a.* leer stehend
II. *m* 1. Ø (*abîme*) Tiefe *f*, Abgrund *m*
2. PHYS luftleerer Raum; ~ ***absolu*** absolutes Vakuum
3. (*espace vide*) Zwischenraum *m*, Lücke *f*; ~ ***d'air*** luftleerer [Zwischen]raum; ***quelques ~s dans les rangs*** einige leere Plätze in den Reihen
4. (*néant*) Leere *f*; ***sa mort a laissé un grand ~*** sein/ihr Tod hat eine große Lücke hinterlassen
▶ **c'est le grand** ~ [*o* **le ~ complet**] [**quelque part**] es herrscht [irgendwo] gähnende Leere; ~ **juridique** Lücke *f* in der Gesetzgebung; ~ **sanitaire** Kriechkeller *m*; **qn fait le** ~ (*débarrasse*) jd räumt gründlich auf; (*jette tout*) jd schmeißt alles raus *fam*; (*évacue ses soucis*) jd schaltet ab *fam*; ***qn fait le ~ dans son esprit*** jd lässt alle Gedanken los; **qn fait le ~ autour de lui/qn** jd isoliert sich/jdn; **à** ~ (*pour rien*) ins Leere; (*sans chargement*) leer; ***voyage à*** ~ Leerfahrt *f*; ***le moteur tourne à*** ~ der Motor läuft leer; ***l'auteur raisonne à*** ~ der Autor argumentiert ins Leere; ***pédaler à*** ~ [die Pedale] ins Leere treten; **dans le** ~ *regarder* ins Leere; ***qn fait une promesse dans le*** ~ jd macht leere Versprechungen; ***qn parle dans le*** ~ (*personne n'écoute*) jd verschwendet seine Worte; (*sans objet*) jd spricht ins Blaue [hinein] *fam*; **sous** ~: ***emballé sous*** ~ vakuumverpackt; ***qc est sous*** ~ /*pot, bouteille*/ etw ist vakuumverschlossen

vidéo [video] I. *f* 1. (*technique*) Videotechnik *f*, Video *nt*; ***en*** ~ in Video
2. (*film, émission*) Video *nt o m*
II. *app inv* Video-

vidéocassette [videokasɛt] *f* Videokassette *f*

vidéoclip [videoklip] *m* Videoclip *m*

vidéoclub [videoklœb] *m* Videothek *f*

vidéoconférence [videokɔ̃feʀɑ̃s] *f* Videokonferenz *f*

vidéodisque [videodisk] *m* Videoplatte *f*, Bildplatte *f*

vidéogramme [videogʀam] *m* Video[film *m*] *nt*

vidéographie [videogʀafi] *f* Videographie *f*

vidéophone [videofɔn] *m v.* **visiophone**

vide-ordures [vidɔʀdyʀ] *m inv* Müllschlucker *m*

vidéotex® [videotɛks] *m* Videotext *m*; (*interactif*) Bildschirmtext *m*

vidéothèque [videotɛk] *f* Videothek *f*

vidéotransmission [videotʀɑ̃smisjɔ̃] *f* Übertragung *f* auf Video, Videoübertragung *f*

vide-poches <~-~s> [vidpɔʃ] *m* 1. AUT Ablage *f*; (*latéral*) Kartentasche *f*, Türtasche *f*; (*au dos du siège*) Kartentasche *f* 2. (*récipient*) Ablageschale *f*
vide-pomme <~-~s> [vidpɔm] *m* Apfelausstecher *m*

vider <1> [vide] I. *vt* 1. (*retirer le contenu de, évacuer, débarrasser de*) ■ **qn/qc vide qc** *récipient, bassin, sac, poches* jd/etw leert etw, jd/etw macht etw leer; ■ **qn vide qc** *tiroir, pièce, grenier* jd räumt etw aus; ***qn vide une cave à l'aide d'une pompe*** jd pumpt einen Keller aus; ***les pompiers ont vidé la salle*** die Feuerwehrleute haben den Saal räumen lassen; ■ **qc vide qc**: ***l'orage a vidé les rues*** das Gewitter hat die Straßen leer gefegt; ■ **qn/qc vide qc de qc**: ***qn vide un bassin de son eau/ses poissons*** jd lässt das Wasser aus einem Becken ab/entfernt die Fische aus einem Becken; ***la pollution a vidé la rivière de ses poissons*** durch die Verschmutzung gibt es in dem Fluss keine Fische mehr; ***qn vide une maison de ses meubles*** jd räumt die Möbel aus einem Haus, jd räumt ein Haus leer; ***qn vide une valise de son contenu*** jd räumt einen Koffer aus [*o* leer]; ***qn vide un appartement/immeuble de ses locataires*** jd weist die Mieter aus einer Wohnung/einem Haus; ***les vacances ont vidé Paris de ses habitants*** durch die Ferien ist Paris wie leer gefegt; ■ **[qc est] vidé(e) de qc**: ***une pièce vidée de ses meubles*** ein leer geräumtes [*o* ausgeräumtes] Zimmer; ***la pièce est vidée de tous ses meubles*** in dem Zimmer sind keine Möbel mehr; ***prendre un pamplemousse vidé de sa pulpe*** man nehme eine vom Fruchtfleisch befreite Grapefruit; ***tu vas ~ ta chambre de tout ce bazar*** du lässt diesen ganzen Kram aus deinem Zimmer verschwinden *fam*; ***la pièce de théâtre est vidée de toute sa substance*** das Theaterstück hat keine Aussage mehr
2. (*faire s'écouler*) ■ **qn vide qc [quelque part]** *liquide, ordure* jd kippt etw aus, jd kippt etw irgendwohin; *bouteille* jd leert etw aus, jd leert etw irgendwohin; *sac, boîte* jd leert etw aus, jd leert etw irgendwo aus/leert etw irgendwohin; ***pourquoi as-tu vidé toute l'eau de la baignoire?*** warum hast du das ganze Badewasser abgelassen?; ***vide le lait dans l'évier*** kipp [*o* schütt] die Milch in den Ausguss
3. (*consommer*) ■ **qn vide qc** jd leert etw, jd trinkt/isst etw leer
4. (*s'emparer du contenu de*) ■ **qn vide qc** *caisse, coffre-fort, tiroirs, grenier* jd räumt etw aus *fam*; ■ **qn vide qc de qc**: ***les voleurs ont vidé le coffre de son contenu/l'appartement de ses meubles*** die Diebe haben den Safe/die Wohnung ausgeräumt
5. (*libérer*) ■ **qn vide qc**: ***elle a vidé son cœur*** sie hat ihr Herz ausgeschüttet; ***une semaine là-bas, ça te vide l'esprit!*** eine Woche dort, da kannst du richtig abschalten! *fam*
6. (*quitter*) ■ **qn vide qc** *place, salle* jd räumt etw; ***le cavalier a vidé les étriers*** *vieilli* der Reiter wurde abgeworfen
7. *fam* (*expulser*) ■ **qn vide qn** jd wirft [*o* schmeißt] jdn raus *fam*, jd setzt jdn vor die Tür *fam*; ■ **qn vide qn de quelque part** jd wirft [*o* schmeißt] jdn aus etw *fam*; ■ **qn se fait ~ [de qc]** jd fliegt raus *fam*, jd fliegt aus etw *fam*
8. *fam* (*fatiguer*) ■ **qn/qc vide qn** jd/etw schafft jdn total *fam*; ■ **qn est vidé(e)** jd ist total geschafft *fam*; ***qn est vidé(e) de forces et d'idées*** jd ist völlig kraft- und ideenlos, jd hat keine Kraft und keine Ideen mehr
9. (*retirer les entrailles de*) ■ **qn vide un animal** jd nimmt ein Tier aus
10. (*régler*) ■ **qn vide qc** *dispute, querelle* jd trägt etw aus
II. *vpr* 1. (*perdre son contenu*) ■ **qc se vide [quelque part]** /*bouteille, radiateur, réservoir*/ etw läuft [irgendwohin] aus; /*baignoire, étang a.*/ das Wasser läuft aus etw ab; ***qc se vide de son contenu*** /*valise, sac*/ der [ganze] Inhalt einer S. (*gen*) fällt heraus, der [ganze] Inhalt fällt aus etwas heraus; /*bouteille*/ der [ganze] Inhalt einer S. (*gen*) läuft aus, der [ganze] Inhalt läuft aus etw [her]aus; /*baignoire, bassin*/ der [ganze] Inhalt einer S. läuft ab (*gen*), der [ganze] Inhalt läuft aus etw ab; ■ **qc se vide** /*ville, rue, café*/ etw

leert sich; ***en été, Paris se vide de ses habitants*** im Sommer verlassen die Pariser ihre Stadt; ■ **qn se vide [de qc]**: ***il s'est vidé de son sang*** er ist verblutet; ***il s'est vidé*** (*a eu la diarrhée*) er hat sich völlig entleert
2. (*s'écouler*) ■ **qc se vide [quelque part]** */eaux usées/pluviales/* etw fließt ab, etw entleert sich [*o* fließt] irgendwohin
3. *fam* (*se défoncer*) ■ **qn se vide** jd holt alles aus sich heraus *fam;* ***qn se vide les tripes*** jd holt alles aus sich heraus *fam;* ***ça ne servait à rien de se ~*** es hat nichts gebracht, sich so zu verausgaben

videur, -euse [vidœʀ, -øz] *m, f* Rausschmeißer(in) *m(f)*

vie [vi] *f* **1.** (*existence, opp: mort*) Leben *nt;* ~ ***organique/ terrestre*** organisches/irdisches Leben; ***sa ~ a été consacrée aux pauvres*** sein/ihr Leben war den Armen gewidmet; ***une fois dans ma/ la ~*** einmal in meinem/im Leben
2. (*façon de vivre*) Leben *nt,* Lebensweise *f;* ~ ***civile/ militaire*** Zivilleben [*o* Leben als Zivilist]/Soldatendasein *nt;* ~ ***quotidienne*** tägliches Leben
3. (*secteur d'activité*): ~ ***conjugale/ familiale/ privée/ professionnelle/ sentimentale*** Ehe-/Familien-/Privat-/Berufs-/Gefühlsleben *nt;* ~ ***courante/ politique/ publique/ religieuse*** tägliches/politisches/öffentliches/religiöses Leben
4. (*vitalité, activité*) Leben *nt;* ***les enfants débordent de ~*** die Kinder sprühen vor Leben; ***qn est plein(e) de ~*** jd steckt voller Leben, jd ist ganz lebendig; ***mets de la ~ dans ce que tu peins*** bring etwas Leben in deine Malerei
5. (*subsistance*) Leben *nt;* ***la ~ coûte de plus en plus cher*** das Leben wird immer teurer
6. (*biographie*) Leben *nt,* Lebensgeschichte *f*
► **c'est triste, la ~ d'<u>artiste</u>** *hum* man hat's nicht immer leicht, das Leben ist nicht immer einfach; **qn prend la ~ du bon <u>côté</u>** jd gewinnt dem Leben die guten Seiten ab; **tant qu'il y a de la ~, il y a de l'<u>espoir</u>** *prov* es hofft der Mensch, solang er lebt; **qn enterre sa ~ de <u>garçon</u>** jd nimmt Abschied von seinem Junggesellendasein; **à la ~, à la <u>mort</u>** fürs [ganze] Leben, für immer; ***entre nous, c'est à la ~, à la mort*** wir sind auf Gedeih und Verderb [*o* auf Leben und Tod] miteinander verbunden; **qn est entre la ~ et la <u>mort</u>** jd schwebt zwischen Leben und Tod; **qn voit la ~ en <u>rose</u>** jd sieht alles optimistisch, jd sieht alles durch die rosa Brille; **qn passe de ~ à <u>trépas</u>** *soutenu* jd scheidet aus dem Leben *geh; hum* jd segnet das Zeitliche *hum;* **qn fait passer qn de ~ à <u>trépas</u>** *hum* jd befördert jdn ins Jenseits *hum;* **la ~ <u>active</u>** das Berufsleben, das Erwerbsleben; ***qn entre dans la ~ active*** jd tritt in das Berufsleben [*o* Erwerbsleben] ein; **dans l'<u>autre</u> ~** im Jenseits; **qn a la ~ <u>belle</u>** jd schiebt eine ruhige Kugel, jd macht sich (*dat*) ein schönes Leben; **c'est la <u>belle</u> ~** so lässt sich's leben; **qn vend <u>chèrement</u> sa ~** jd verkauft sein Leben teuer; **qn a [*o* <u>mène</u>] une <u>double</u> ~** jd führt ein Doppelleben; **qn/qc a la ~ <u>dure</u>** jd/etw ist nicht totzukriegen *fam;* */préjugé, rumeur/* etw ist nicht auszurotten; **qn mène [*o* <u>fait</u>] [*o* <u>rend</u>] la ~ <u>dure</u> à qn** jd macht jdm das Leben schwer [*o* sauer *fam*]; **la ~ <u>éternelle</u>** das ewige Leben; **qn mène la <u>grande</u> ~** jd lebt in Saus und Braus, jd lebt auf großem Fuß; **c'est la <u>grande</u> ~** so lässt sich's leben; **qn mène <u>joyeuse</u> ~** jd lässt es sich (*dat*) gut gehen, jd macht einen drauf *fam;* **qn a/qn laisse à qn la ~ <u>sauve</u>** jd kommt mit dem Leben davon/jd schenkt jdm das Leben; **qn <u>doit</u> la ~ à qn** jd verdankt jdm sein Leben; **qn <u>donne</u> ~ à qc** jd bringt Leben in etw (*akk*); **qc <u>donne</u> ~ à qc** aus etw entsteht etw; **qn <u>donne</u> la ~ à qn** *soutenu* jd schenkt jdm das Leben *geh;* **qn <u>donne</u> sa ~ pour qn/qc** jd opfert sein Leben für jdn/etw, jd gibt für jdn/etw sein Leben hin *geh;* **c'<u>est</u> la ~** so ist das Leben; **ce n'<u>est</u> pas une ~** das ist doch kein Leben; **qn <u>fait</u> la ~** *fam* (*s'amuse*) jd führt ein flottes Leben; **qn <u>fait</u> la [*o* une] ~ [à qn]** *fam* (*fait une scène*) jd führt einen Tanz auf *fam,* jd macht jdm einen Tanz *fam;* **qn <u>gagne</u> sa ~** jd verdient seinen Lebensunterhalt; ***il gagne très bien sa ~*** er verdient sehr gut; **qn <u>joue</u> avec sa ~** jd spielt mit seinem Leben; **qn <u>paie</u> qc de sa ~** jd bezahlt etw mit seinem Leben; **qn <u>perd</u> la ~** jd verliert das Leben; **qn <u>prend</u> la ~ comme elle vient** jd nimmt das Leben so, wie es kommt; **qn <u>raconte</u> sa ~** *fam* jd erzählt sein ganzes Leben [*o* einen ganzen Roman]; **qn/qc <u>rappelle</u> [*o* <u>ramène</u>] qn à la ~** jd/etw holt jdn ins Leben zurück; **qn <u>refait</u> sa ~ [avec qn]** jd fängt [mit jdm] ein neues Leben an; **qn <u>revient</u> à la ~** (*reprend conscience*) jd kommt wieder zu sich; (*reprend goût à la vie*) jd lebt wieder auf; **qn <u>vit</u> sa ~** jd lebt sein [eigenes] Leben; **<u>à</u> ~** auf Lebenszeit; ***nommé(e) à ~*** auf Lebenszeit ernannt; ***condamné(e) à ~*** zu „lebenslänglich" verurteilt; **<u>de</u> [toute] ma/sa/... ~** noch nie in meinem/seinem/ihrem/... ganzen Leben; **<u>en</u> ~** am Leben; ***qn est/ reste en ~*** jd ist/bleibt am Leben; **<u>en</u> cette ~** im Diesseits; **<u>pour</u> la ~** fürs Leben, für immer; **<u>sans</u> ~** leblos; **<u>jamais</u> de la ~!** nie im Leben!, niemals!; **<u>le</u>/<u>la</u> ... de ma/sa ~** *fam* der/die/das ... meines/seines/ihres Lebens; ***j'ai eu la peur/ surprise de ma ~*** ich bekam den Schrecken/ich hatte die Überraschung meines Lebens
◆ **vie de bâton de chaise** ausschweifendes Leben; **vie de bohème** Künstlerleben *nt;* **vie de château** fürstliches Leben; ***c'était la ~ de château*** dort lebte man wie Gott in Frankreich; **vie de chien** Hundeleben *nt fam;* **vie de cocagne** Leben *nt* im Überfluss; ***qn mène une ~ de cocagne*** jd lebt im Überfluss; **vie de pacha** Paschaleben *nt;* **vie de patachon** *fam* ausschweifendes Leben

vieil [vjɛj] *adj v.* **vieux**

vieillard [vjɛjaʀ] *m* alter Mann, Greis *m;* ■ **les ~s** die Alten

vieille [vjɛj] *adj/subst v.* **vieux**

vieillerie [vjɛjʀi] *f* (*vieil objet*) alter Plunder *fam;* (*vieille frusque*) altes Teil *fam;* (*vieux vêtement*) alte Klamotten *pl fam*

vieillesse [vjɛjɛs] *f* **1.** (*période de la vie*) Alter *nt;* ***une ~ heureuse*** ein schöner Lebensabend
2. *∅* (*état*) [*personne, vin*] [hohes] Alter; ***elle est morte de ~*** sie ist an Altersschwäche gestorben
3. *∅* (*personnes âgées*) ■ **la ~** das Alter, die Alten *pl;* ***il faut respecter la ~*** man muss das Alter ehren

vieillir <8> [vjejiʀ] **I.** *vi* **1.** (*prendre de l'âge*) ■ **qn vieillit** jd wird alt; ***chaque jour, nous vieillissons*** wir werden jeden Tag älter; ***en vieillissant*** mit zunehmendem Alter; ■ **qc vieillit** etw altert; */fromage/* etw reift; ***ce vin peut encore ~ plusieurs années*** dieser Wein kann noch einige Jahre altern [*o* lagern]; ■ **qn fait/laisse ~ qc** *vin, alcool* jd lässt etw altern, jd lagert etw; *fromage* jd lässt etw reifen
2. *péj* (*diminuer*) ■ **qn vieillit** jd altert, jd wird [sichtlich] älter; ***elle a vieilli de dix ans*** sie ist um zehn Jahre gealtert
3. (*se démoder*) ■ **qn/qc vieillit** */auteur, œuvre, théorie, film, idéologie/* jd/etw verliert an Aktualität; */expression, terme a./* etw veraltet; ■ **[qn/qc est] vieilli(e)** [jd/etw ist] nicht mehr aktuell; */expression, terme a./* [etw ist] veraltet
II. *vt* **1.** (*faire paraître plus vieux*) ■ **qn/qc vieillit qn/qc** */coiffure, vêtements, peintre/* jd/etw macht jdn/etw älter, jd/etw lässt jdn/etw älter erscheinen; */maladie, épreuve/* durch etw altert jd
2. (*exagérer l'âge de*) ■ **qn vieillit qn** jd macht jdn älter; ***ne me vieillissez pas!*** machen Sie mich nicht älter, als ich bin!
III. *vpr* **1.** (*se faire paraître plus vieux*) ■ **qn se vieillit** jd macht sich älter, jd gibt sich (*dat*) ein älteres Aussehen
2. (*se dire plus vieux*) ■ **qn se vieillit** jd gibt sich für älter aus [als er ist]

vieillissant, e [vjejisɑ̃, ɑ̃t] *adj personne* alternd; *population a., pays* vergreisend

vieillissement [vjejismɑ̃] *m* **1.** [*personne*] Altern *nt,* Älterwerden *nt;* [*pays, population*] Überalterung *f,* Vergreisung *f;* [*idéologie, terme, doctrine, société, loi*] Veralten *nt*
2. [*fromage, vin*] Reifen *nt*

vieillot, te [vjɛjo, jɔt] *adj* altmodisch; *idée a.* überholt

vielle [vjɛl] *f* [Dreh]leier *f*

viendrai [vjɛ̃dʀɛ] *fut de* **venir**

vienne [vjɛn] *subj prés de* **venir**

Vienne [vjɛn] Wien *nt*

viennent [vjɛn] *indic prés de* **venir**

viennois, e [vjɛnwa, waz] **I.** *adj* Wiener *inv*
II. *m, f* Wiener(in) *m(f)*

viennoiserie [vjɛnwazʀi] *f* ≈ Hefegebäck *nt*

viens, vient [vjɛ̃] *indic prés de* **venir**

vierge [vjɛʀʒ] **I.** *adj* **1.** (*non défloré*) *fille, garçon* unberührt; ***il/ elle est ~*** er/sie ist [noch] Jungfrau
2. (*intact*) *bande, disquette* leer; *page a.* unbeschrieben; *film, pellicule* unbelichtet; ***qn a un casier judiciaire ~*** jd ist nicht vorbestraft
3. (*inexploré*) *espace, plage, terre* unberührt, jungfräulich *geh; sommet* noch nicht bezwungen; ***la forêt ~*** der Urwald
4. (*pur*) *huile, laine* rein
5. *soutenu* (*exempt*) ■ **~ de qc** frei von etw; ***neige ~ de toute trace*** unberührte Schneedecke
II. *f* **1.** (*fille vierge*) Jungfrau *f*
2. REL: ***la V~ [Marie]*** die Jungfrau Maria; ***la [Sainte] V~*** die Heilige Jungfrau; ■ **une V~** (*peinture*) ein Marienbild; (*statue*) eine Madonna

Vierge [vjɛʀʒ] *f* ASTROL Jungfrau *f*
► **qn <u>est</u> [du signe de la] ~** jd ist [eine] Jungfrau, jd ist im Zeichen der Jungfrau geboren

Viêt-nam *m,* **Vietnam** [vjɛtnam] *m* ■ **le Viêt-nam,** ■ **le Vietnam** Vietnam *nt*

vieux, vieil, vieille [vjø, vjɛj] **I.** *adj* **1.** *antéposé* (*d'un grand âge*) alt; *personne a.* betagt *geh;* ***quand on devient ~*** wenn man alt wird; ***un couple de vieilles personnes*** ein altes Ehepaar
2. (*âgé*) ■ **qn/qc/un animal est ~ de qc** *d'un mois, de deux/trois/... ans* jd/etw/ein Tier ist ... alt; ***l'arbre est ~ d'une quinzaine d'années*** der Baum ist etwa fünfzehn Jahre alt; ***elle est plus vieille [que moi] de quatre ans*** sie ist vier Jahre älter [als ich]; ***tu n'es pas encore assez ~ pour ...*** du bist noch nicht alt genug, um ...; ***lequel est le plus ~ des deux?*** wer von beiden ist älter [*o* ist der ältere]?
3. *antéposé* (*qui date, ancien*) alt; ***le plus ~ musée de la ville*** das älteste Museum der Stadt; ***le V~ et le Nouveau Monde*** die Alte und die Neue Welt; ***la vieille ville de Heidelberg*** die Altstadt von Heidelberg
4. *antéposé* (*usagé*) *vêtement, livre, voiture* alt; ***un ~ bout de papier*** ein altes Stück Papier; ***container pour récupérer les ~ journaux*** Altpapiercontainer *m*
5. *antéposé* (*passé*) *altercation, coutume, douleur, souvenir* alt; *enthousiasme a.* früher; ***c'est vraiment de la vieille histoire*** das ist schon fast vergessen
6. *antéposé* (*de longue date*) *ami, collègue, serviteur, amitié* alt, langjährig
7. *antéposé fam* (*sacré*) *coup* Wahnsinns- *fam; arnaque* ganz schön *fam; plan* verdammt gut *fam;* ***je me suis encore pris la vieille gamelle en maths*** ich hab' mal wieder eine hundsmiserable Note in Mathe *fam*
8. *antéposé péj fam* (*sale*) *baderne, con, crapule, jeton, peau, schnock* fies *fam;* ***la prof de maths, c'est vraiment une vieille peau*** die Mathelehrerin ist wirklich ein gemeines [*o* fieses] Stück *fam*
9. *antéposé fam* (*brave*) alt *fam;* ***alors, ~ camarade, comment ça va?*** na, alter Junge, wie geht's?; ***qn/ qc est ~ comme Mathusalem*** *fam* jd/etw ist uralt
► **qu'est-ce que tu <u>es</u> ~** *iron* was bist du doch alt; **qn se <u>fait</u> [*o* <u>devient</u>] ~** jd wird alt; ***hé oui, on se fait ~*** tja, man wird [eben] alt; **qn <u>vit</u> ~** jd wird alt, jd erreicht ein hohes Alter; ***il n'a pas vécu ~*** er ist nicht alt geworden, er hat nicht lange gelebt
II. *adv faire, s'habiller* alt; ***ça fait ~*** das macht alt; ***elle s'habille ~*** sie zieht sich alt an
III. *m, f* **1.** (*vieille personne*) Alte(r) *f(m);* ***le respect des ~*** die Achtung vor dem Alter
2. *fam* (*mère/père*) Alte(r) *f(m) sl*

▸ **un petit ~/une petite vieille** *fam* ein alter Opa/eine alte Oma *fam;* **mon [petit] ~!/ma [petite] vieille!** *fam* (*affectueux*) mein Guter!/meine Gute! *fam;* (*agressif*) mein Lieber!/meine Liebe! *fam;* (*étonnement*) Mensch[enskind]! *fam;* **~!** *fam* Alter! *fam*
IV. *m* (*choses anciennes*) alte Sachen *pl;* ***je préfère le ~ au neuf*** ich habe lieber alte Sachen als neue; ***il faut savoir faire du neuf avec du ~*** aus Alt mach Neu
▸ **qn/qc prend un coup de ~** *fam* jd wird mit einem Schlag alt, jd altert sichtbar/etw verliert spürbar an Aktualität; **un ~ de la vieille** einer von der alten Garde; ***c'est un ~ de la vieille*** er gehört zur alten Garde; (*qui a de l'expérience*) er ist ein alter Routinier [*o* Hase]

vif, vive [vif, viv] **I.** *adj* **1.** (*plein de vie*) *personne, style* lebendig; *œil, regard* wach; *imagination* rege; *bébé* lebhaft
2. (*rapide*) *allure, rythme, geste* schnell; *pas a.* rasch; *mouvement a.* flink; ***le train roulait à vive allure*** der Zug fuhr sehr schnell; ***elle a l'esprit ~/l'intelligence vive*** sie ist aufgeweckt/sie fasst sehr schnell auf; ***il n'est pas très ~*** er ist etwas langsam [*o* schwer] von Begriff
3. (*intense*) *douleur, soleil, vent* stark; *air* frisch und kalt; *couleur* kräftig; *éclat, lumière* hell; *papier peint* farbig; ***tu es rouge ~*** du bist krebsrot; ***une jupe rouge/jaune ~*** ein knallroter/knallgelber Rock *fam;* ***il a fait un froid très ~*** es war schneidend kalt; ***l'étoile polaire a l'éclat le plus ~*** der Polarstern strahlt am hellsten; ***faire cuire à feu ~*** bei starker Hitze kochen
4. *antéposé* (*profond*) *plaisir, regret, surprise, inquiétude, satisfaction* groß; *désir, intérêt a.* lebhaft; *chagrin, déception, émotion, impression, reconnaissance* tief; *souvenir* lebendig; *sensation* stark; ***il m'a fait une vive impression*** er hat mich tief beeindruckt; ***avec nos ~s remerciements*** mit herzlichem Dank; ***j'ai le sentiment très ~ que*** ich habe das deutliche Gefühl, dass; ***il a un ~ penchant pour la bouteille*** er trinkt äußerst gern
5. (*violent*) *reproche, terme, ton, paroles* heftig; *personne, altercation a.* hitzig; ***la discussion a pris un tour plutôt ~*** die Diskussion wurde ziemlich hitzig; ***j'ai réagi de façon assez vive*** ich habe ziemlich heftig reagiert
6. (*vivant*) lebend; ***eau vive*** fließendes Wasser; ***poids ~*** Lebendgewicht *nt;* ***ils étaient enterrés ~s*** sie wurden lebend[ig] begraben
7. (*coupant, nu*) *angle, arête* scharf; *joints* unverfugt; ***mur de pierres vives*** unverputzte Mauer
▸ **qn est brûlé(e) ~** (*dans un accident*) jd verbrennt bei lebendigem Leibe; (*par supplice*) jd wird bei lebendigem Leibe verbrannt; **qn est écorché(e) ~** (*supplicié*) jdm wird bei lebendigem Leib die Haut abgezogen
II. *m* PECHE Köderfisch *m*
▸ **le ~ du sujet** der Kern der Sache; ***nous entrons maintenant dans le ~ du sujet*** wir kommen nun zum Kern der Sache; **à ~** *plaie, fracture* offen; ***l'os est à ~*** der Knochen liegt offen; ***qn a les nerfs/une sensibilité à ~*** jd ist überreizt/übersensibel; **au ~** zutiefst; ***qn est piqué au ~*** jd ist zutiefst getroffen; ***le sandre se pêche au ~*** Zander fängt man mit lebendem Köder; ***qn touche qn au ~*** jd trifft jdn an seinem wunden Punkt; **dans le ~:** ***qn tranche*** [*o* ***coupe***] ***dans le ~*** jd handelt konsequent, jd greift radikal durch; **entre ~s** JUR: ***donation entre ~s*** Schenkung *f* unter Lebenden; **sur le ~** (*sur place*) vor Ort; ***photo*** [***prise***] ***sur le ~*** Schnappschuss *m;* ***qn prend une photo sur le ~*** jd macht einen Schnappschuss; ***qn saisit/surprend/prend/recueille qc sur le ~*** jd fängt etw direkt [*o* hautnah] ein; ***des portraits sur le ~*** (*d'un écrivain*) lebensechte Porträts; (*d'un reporter*) unverfälschte Porträts; ***qn fait un croquis sur le ~*** jd skizziert nach der Natur

vif-argent [vifaʀʒɑ̃] *m* ▸ **qn est du ~~** *vieilli* jd ist quecksilbrig

vigie [viʒi] *f* **1.** (*matelot, poste*) Ausguck[posten *m*] *m*
2. (*surveillance*) Wache *f*

vigilance [viʒilɑ̃s] *f* Wachsamkeit *f;* ***tu as manqué de ~*** du warst nicht aufmerksam [*o* wachsam] genug; ***qn redouble de ~*** jd ist noch wachsamer; ***une situation de ~ accrue*** eine Situation, die äußerste Wachsamkeit erfordert; ***qn déjoue la ~ de qn*** jd entgeht jds Aufmerksamkeit (*dat*)

vigilant, e [viʒilɑ̃, ɑ̃t] *adj personne* wachsam; ***attention ~e*** größte Wachsamkeit; ***d'un œil ~*** wachsamen Blickes; ***malgré des soins ~s*** trotz umsichtiger [*o* sorgsamer] Pflege

vigile [viʒil] *mf* Wächter(in) *m(f);* HIST Wache *f*

vigne [viɲ] *f* **1.** BOT Wein *m;* ***pied de ~*** Weinstock *m;* ***tes ~s sont magnifiques*** deine Weinstöcke sind großartig
2. (*vignoble*) Weinberg *m;* ***il est dans les ~s*** er ist im Weinberg; ***il a des ~s en Alsace*** er hat Weinberge im Elsass
3. *∅* (*activité viticole*) Weinbau *m*
▸ **qn est dans les ~s du Seigneur** jd ist betrunken; **~ vierge** wilder Wein

vigneron, ne [viɲ(ə)ʀɔ̃, ɔn] **I.** *adj:* ***activité/charrue ~ne*** Weinbau *m*/Weinbergpflug *m;* ***village ~*** Weindorf *nt*
II. *m, f* Weinbauer/-bäuerin *m/f*, Winzer(in) *m(f)*, Weinhauer(in) *m(f)* AUS

vignette [viɲɛt] *f* **1.** (*automobile*) Kfz-Steuermarke *f*
2. (*autocollant*) [*médicament*] Kontrollabschnitt *m*, Abrisszettel *m für die Kostenerstattung durch die Sozialversicherung*); (*attestant un paiement*) Quittungsmarke *f*
3. (*image*) Sammelbild *nt*
4. ART (*petite illustration*) Vignette *f*, kleines Zierbild; [*bande dessinée*] Feld *nt*

vignoble [viɲɔbl] *m* **1.** (*terrain*) Weinberg *m*
2. *∅* (*ensemble de ~s*) Weinberge *pl*

vigogne [vigɔɲ] *f* Vikunja *nt;* (*tissu*) Stoff *m* aus Vikunjawolle; ***en*** [*o* ***de***] ***~*** aus Vikunjawolle

vigoureusement [viguʀøzmɑ̃] *adv* (*avec force*) kräftig; (*avec détermination*) energisch

vigoureux, -euse [viguʀø, -øz] *adj* **1.** (*robuste*) *corps, bras, personne, poigne* kräftig; *plante, santé* robust, widerstandsfähig
2. *coup* kräftig, kraftvoll
3. *mesure, protestation, résistance, lutte, réaction* energisch

vigueur [vigœʀ] *f* **1.** (*robustesse*) [*personne*] Kraft *f;* (*énergie*) Energie *f;* ***sans ~*** kraftlos; ***il a retrouvé sa ~*** er ist wieder bei Kräften
2. [*coup*] Stärke *f*
3. [*argument, passion*] Kraft *f;* [*esprit, intellect, réaction, protestation*] Schärfe *f;* [*résistance*] Nachdrücklichkeit *f;* ***avec ~*** mit Nachdruck; ***il est d'une grande ~ de caractère*** er hat einen sehr starken Charakter; ***son style manque de ~*** sein/ihr Stil ist kraftlos
▸ **en ~** geltend; *usages* üblich; ***qc entre/est en ~*** etw tritt/ist in Kraft [*o* gilt]

viking [vikiŋ] **I.** *adj* wikingisch; ***bateau ~*** Wikingerschiff *nt*
II. *m* ■ **Viking** Wikinger *m*

vil, e [vil] *adj littér personne, caractère* nichtswürdig *geh; conduite, action a.* schändlich, niedrig

vilain, e [vilɛ̃, ɛn] **I.** *adj* **1.** (*laid*) hässlich
2. *antéposé* (*sale*) *mot* hässlich; *pensée, photo a.* unanständig; *coup, tour* gemein; *affaire* unschön; *défaut* schlimm; ***il m'a joué un ~ tour*** er hat mir übel mitgespielt
3. *antéposé* (*inquiétant*) *affaire, plaie, blessure* schlimm; *toux a.* übel
4. *antéposé enfantin* (*méchant*) böse; *fille, garçon a.* unartig, ungezogen
5. *antéposé journée* unschön; *odeur* unangenehm; *temps* schlecht, hässlich; ***c'est pas ~*** *fam* das ist nicht schlecht [*o* übel *fam*]
▸ **il fait ~** *fam* es ist scheußliches Wetter *fam*
II. *m* **1.** (*grabuge*) Stunk *m;* ***il va y avoir*** [*o* ***ça va faire***] ***du ~, ça va tourner au ~*** es wird Stunk geben *fam*
2. (*paysan*) [Frei]bauer *m*
3. HIST (*roturier*) Bürgerliche(r) *m*
III. *m, f enfantin* böser [*o* unartiger] Junge/böses [*o* unartiges] Mädchen

vilainement [vilɛnmɑ̃] *adv* **1.** (*laidement*) hässlich; ***il est ~ bâti*** er ist schlecht gebaut
2. (*désagréablement*) *parler, se conduire* frech, ungezogen
3. (*gravement*) schlimm, böse

vilebrequin [vilbʀəkɛ̃] *m* **1.** (*outil*) Bohrwinde *f*
2. AUT Kurbelwelle *f*

vilenie [vil(ə)ni] *f*, **vilénie** [vileni] *f littér* **1.** (*bassesse*) Gemeinheit *f*, Niederträchtigkeit *f*
2. (*action, parole méprisable*) Gemeinheit *f*

vilipender <1> [vilipɑ̃de] *vt littér* ■ **qn vilipende qn/qc** jd verunglimpft jdn/etw *geh*

villa [villa] *f* Villa *f;* ***les ~s romaines*** die römischen Villen

village [vilaʒ] *m* Dorf *nt;* ***~ de montagne*** Gebirgsdorf; ***~ de vacances*** Feriendorf

villageois, e [vilaʒwa, waz] **I.** *adj vieilli mœurs, coutumes* dörflich, ländlich; *fête* Dorf-; ***maison ~e*** Landhaus *nt;* ***danse ~e*** Bauerntanz *m*
II. *m, f* Dorfbewohner(in) *m(f)*

ville [vil] *f* **1.** (*agglomération*) Stadt *f;* ***qn habite en ~*** jd lebt in der Stadt
2. (*quartier*) Stadtteil *m;* ***~ basse/haute*** Unter-/Oberstadt *f;* ***vieille ~*** Altstadt *f*
3. (*opp: la campagne*) ■ **la ~** die Stadt; ***les gens de la ~*** die Städter
4. (*municipalité*) Stadt[verwaltung *f*] *f*
5. (*population*) Stadt *f;* ***toute la ~ en parle*** die ganze Stadt spricht davon
▸ **~ jumelée** Partnerstadt *f;* **~ nouvelle** neue Stadt; **~ portuaire** Hafenstadt *f;* **~ universitaire** Universitätsstadt *f;* **à la ~** in der Stadt; (*dans la vie privée*) im Privatleben; ***elle est partie travailler à la ~*** sie hat sich (*dat*) Arbeit in der Stadt gesucht; ***vous trouverez cet article à la ~*** diesen Artikel bekommen Sie in der Stadt; **de ~** *chaussures, costume, tenue* Straßen-; (*chic*) Ausgeh-; **en ~** in der Stadt; (*au centre-ville*) in die/der [Innen]stadt; ***ce soir, nous mangeons en ~*** heute Abend essen wir in der Stadt
◆ **ville d'eau[x]** Kurort *m*, Bad *nt;* **ville de garnison** Garnisonsstadt *f;* **ville de province** Provinzstadt *f*

ville-champignon <~s-~s> [vilʃɑ̃piɲɔ̃] *f* aus dem Boden schießende Stadt **ville-dortoir** <~s-~s> [vildɔʀtwaʀ] *f* Schlafstadt *f*

villégiature [vi(l)leʒjatyʀ] *f* **1.** (*vacances*) Ferien *pl*, Sommerfrische *f*
2. (*lieu*) Ferienort *m;* (*maison*) Ferienhaus *nt*
▸ **en ~:** ***qn est/part en ~*** jd macht Ferien/fährt in [die] Ferien

ville-satellite <~s-~s> [vilsatelit] *f* Satellitenstadt *f*

vin [vɛ̃] *m* Wein *m;* ***~ blanc/rosé/rouge*** Weißwein/Rosé[wein]/Rotwein; ***~ mousseux*** Schaumwein; ***~ chaud*** [***à la cannelle***] Glühwein; ***~ cuit*** Aperitif-Wein; ***~ nouveau*** junger Wein; ***~ primeur*** Primeur *m;* ■ **~ de** -wein; ***~ de palme*** Palmwein
▸ **~ d'appellation d'origine contrôlée** geprüfte Herkunftsbezeichnung; **~ délimité de qualité supérieure** *gesetzliche Kategorie für französische Qualitätsweine;* **entre deux ~s** [noch] beschwipst; **grand ~** erlesener Wein; **petit ~** Landwein, einfacher Wein; **qn a le ~ …** *gai, triste* jd wird auf Wein …; ***il a le ~ mauvais*** Wein versetzt ihn in schlechte Stimmung [*o* macht ihn bösartig]; **quand le ~ est tiré, il faut le boire** *prov* wer A sagt, muss auch B sagen; **qn cuve son ~** *fam* jd schläft seinen Rausch aus *fam*
◆ **vin de pays** Landwein *m;* **vin de table** Tafelwein *m*, Tischwein *m;* **vin d'honneur** Empfang *m;* ***qn offre un ~ d'honneur*** jd lädt zu einem Empfang ein

vinaigre [vinɛgʀ] *m* Essig *m;* ■ **~ de** *de vin, framboise* -essig; ■ **~ à** *à l'estragon, au citron* -essig; ***~ d'alcool*** Essigessenz *f*
▸ **qn fait ~** *fam* jd macht schnell *fam*, jd beeilt sich; **qc tourne au ~** etw geht bös[e] aus; ***ça tourne au ~*** es gibt Stunk *fam*

vinaigrer <1> [vinegʀe] *vt* ■ **qn vinaigre qc** jd schmeckt etw mit Essig ab; ■ [**qc est**] **vinaigré(e):** ***la salade est trop vinaigrée*** in der Salatsoße [*o* am Salat] ist zu viel Essig; ***une mayonnaise légèrement vinaigrée*** eine leicht mit Essig abgeschmeckte Majonäse

vinaigrette [vinɛgʀɛt] **I.** *f* Vinaigrette *f*, French dressing *nt*
II. *app inv:* ***sauce ~*** Vinaigrette *f;* ***avocat/tomates ~*** Avocado *f*/Tomaten

pl mit Vinaigrette

vinaigrier [vinɛɡʀije] *m* **1.** (*ustensile*) Essigtopf *m*
2. (*flacon*) Essigfläschchen *nt*

vinasse [vinas] *f fam* billiger Wein

vindicatif, **-ive** [vɛ̃dikatif, -iv] *adj* rachsüchtig; (*agressif*) *personne, ton* aggressiv

vindicte [vɛ̃dikt] *f littér* Rachsucht *f;* (*agressivité*) Aggressivität *f*
► **qn désigne qn à la ~ publique** [*o* **populaire**] jd prangert jdn an

vineux, **-euse** [vinø, øz] *adj couleur, teint* weinrot; ***qc a un goût ~*** etw schmeckt stark nach Wein; ***haleine ~euse*** Weinfahne *f;* ***il y a une odeur ~euse*** es riecht nach Wein

vingt [vɛ̃] **I.** *num* **1.** (*cardinal*) zwanzig; ***ils ont gagnés ~ à cinq*** sie haben zwanzig zu fünf gewonnen; ***ça coûte ~ francs*** das kostet zwanzig Franc; ***le train part dans ~ minutes*** der Zug fährt in zwanzig Minuten ab; ***en ~ jours*** in zwanzig Tagen
2. (*ordinal*): ***chapitre/page ~*** Kapitel *nt*/Seite *f* zwanzig; ***le numéro ~*** die Nummer zwanzig; ***à ~ heures*** um zwanzig Uhr; ***je viens le ~ mai*** ich komme am zwanzigsten Mai; ***nous sommes le ~ juin*** heute ist der zwanzigste Juni, wir haben den zwanzigsten Juni; ***les années ~*** die zwanziger Jahre
II. *m inv* **1.** (*chiffre*) Zwanzig *f*
2. (*numéro*) Nummer *f* zwanzig, Zwanzig *f;* ***il habite [au] 20, rue de la Gendarmerie*** er wohnt [in der] Rue de la Gendarmerie [Nummer] 20; ***le ~ du mois*** der Zwanzigste des Monats; ■ **le ~** die Nummer zwanzig; TRANSP die Nummer zwanzig, die Linie zwanzig, die Zwanzig *fam;* (*bus a.*) der Zwanziger SDEUTSCH *fam;* ***quel cheval as-tu joué? – Le ~*** auf welches Pferd hast du gesetzt? – Auf die Nummer zwanzig [*o* die Zwanzig *fam*]
3. (*date*): ***nous sommes aujourd'hui le ~*** heute ist der Zwanzigste, wir haben heute den Zwanzigsten
4. SCOL (*note*) Zwanzig *f*, Zwanzig Punkte [aus zwanzig] (*sehr gute Note, die einer Eins entspricht*)
► **~ arabe/romain** arabische/römische Zwanzig
III. *f* ■ **la ~** die Zwanzig; (*table a.*) der Tisch zwanzig; (*chambre a.*) das Zimmer zwanzig
◆ **vingt et un(e)** einundzwanzig; *v. a.* **cinq**

vingtaine [vɛ̃tɛn] *f* **1.** (*environ vingt*) ■ **une ~ [de personnes/de choses]** etwa [*o* ungefähr] [*o* um die] zwanzig [Menschen/Dinge]
2. (*âge approximatif*): ***qn a la ~*** jd ist ungefähr [*o* etwa] [*o* um die] zwanzig [Jahre alt]; ***qn approche de la ~*** jd geht auf die Zwanzig zu; ***qn a dépassé/a largement dépassé la ~*** jd ist über/weit über zwanzig [Jahre alt]; ***elle a une ~ d'années*** sie ist so um die Zwanzig

vingt-deux [vɛ̃tdø] *adj* zweiundzwanzig
► **~~~!** *fam* Achtung!

vingt-et-un [vɛ̃teœ̃] *m inv* CARTES Siebzehnundvier *nt*, Vingt-et-un *nt*

vingtième [vɛ̃tjɛm] **I.** *adj antéposé* zwanzigste(r, s); ***elle a obtenu la ~ place*** sie ist Zwanzigste geworden
II. *mf* ■ **le/la ~** der/die/das Zwanzigste
III. *m* **1.** (*fraction*) Zwanzigstel *nt*
2. (*siècle*) zwanzigstes Jahrhundert
3. (*arrondissement*) zwanzigstes Arrondissement

vinicole [vinikɔl] *adj région, établissement* Weinbau-; *production, industrie* Wein-

vinification [vinifikasjɔ̃] *f* Kelterung *f*, Keltern *nt*

vinifier <1 a> [vinifje] **I.** *vt* ■ **qn vinifie qc** jd keltert etw
II. *vi* ■ **qn vinifie** jd keltert

vînmes [vɛ̃m], **vinrent** [vɛ̃ʀ], **vins** [vɛ̃], **vint** [vɛ̃], **vîntes** [vɛ̃t] *p simple de* **venir**

vinyle [vinil] *m* **1.** (*matière*) Vinyl *nt*
2. (*disque*) [Schall]platte *f*

vinylique [vinilik] *adj* Vinyl-

vioc [vjɔk] *adj/subst v.* **vioque**

viol [vjɔl] *m* **1.** (*agression sexuelle*) Vergewaltigung *f*, Notzucht *f*
2. (*violation*) ■ **~ de qc** *de la loi* Verstoß *m* gegen etw, Übertretung *f* [*o* Verletzung *f*] einer S. (*gen*); *d'un secret* Verrat *m* [*o* Preisgabe *f*] einer S. (*gen*)
◆ **viol de sépulture** Grabschändung *f*

violacé, **e** [vjɔlase] **I.** *adj teinte, tache* bläulich; *visage* bläulich [angelaufen]; *main* blau; *rouge* ins Violett gehend
II. *fpl* ■ **violacées** Veilchengewächse *pl*

violateur, **-trice** [vjɔlatœʀ, -tʀis] *m, f* [*secret*] Verräter(in) *m(f);* [*domicile*] Einbrecher(in) *m(f);* [*lieu sacré*] Schänder(in) *m(f);* ***~ des lois*** Gesetzesbrecher(in) *m(f)*, Rechtsbrecher(in) *m(f)*

violation [vjɔlasjɔ̃] *f* ■ **~ de qc** *de la loi, d'une convention, d'un statut* Verstoß *m* gegen etw, Missachtung *f* einer S. (*gen*); *d'un serment* Bruch *m* einer S. (*gen*); *d'un secret* Preisgabe *f* [*o* Verrat *m*] einer S. (*gen*); *d'un lieu sacré* Schändung *f* einer S. (*gen*)
◆ **violation de domicile** Hausfriedensbruch *m;* **violation de frontière** Grenzverletzung *f;* **violation des correspondances** Verletzung *f* des Briefgeheimnisses; **violation de sépulture** Grabschändung *f*

viole [vjɔl] *f* Bratsche *f*, Viola *f*
◆ **viole d'amour** Viola d'Amore *f;* **viole de gambe** Viola da Gamba *f*

violemment [vjɔlamɑ̃] *adv* heftig; *se débattre a.* wild; *désirer* leidenschaftlich, heiß; *insulter* gewaltig

violence [vjɔlɑ̃s] *f* **1.** (*force brutale*) ■ **la ~** die Gewalt; ***qn utilise*** [*o* ***use de***] [*o* ***a recours à***] ***la ~*** jd wendet Gewalt an; ***par la ~*** mit Gewalt; ***qn répond à la ~ par la ~*** jd beantwortet Gewalt mit Gewalt; ***film de ~*** gewalttätiger Film
2. (*acte de ~*) *physique* Gewalttätigkeit *f;* *morale* Druck *m*, Zwang *m;* ***l'enfant avait subi des ~s*** das Kind war misshandelt worden; ***qn exerce des ~s sur qn*** jd begeht [*o* verübt] an jdm Gewalttaten; ***~ à agent*** tätlicher Angriff auf einen Polizisten
3. (*agressivité dans le comportement*) Heftigkeit *f;* ***~ verbale*** aggressive Ausdrucksweise; ***qn parle avec ~*** jd redet aggressiv
4. (*intensité*) [*averse, tempête, accès, crise*] Heftigkeit *f;* [*éléments*] Unbändigkeit *f;* [*venin*] Stärke *f*
5. (*véhémence*) [*désir, passion, sentiment*] Heftigkeit *f*
► **qn se fait une douce ~** *hum fam* jd gibt seiner Schwäche nach; **qn se fait ~** jd zwingt sich; **qn fait ~ à qn** jd übt Druck auf jdn aus; *à une femme* jd tut jdm Gewalt an; **qn fait ~ à qc** jd tut einer S. (*dat*) Gewalt an

violent, **e** [vjɔlɑ̃, ɑ̃t] **I.** *adj* **1.** (*brutal*) *mort, révolution, affrontement, collision* gewaltsam; *personne* gewalttätig, brutal; *univers* brutal; *sport* hart, roh; *accident, choc, coup* schwer; ***un acte ~*** eine Gewalttat
2. (*intense*) heftig; *effort* gewaltig; *odeur* scharf, durchdringend
3. (*véhément*) *besoin* stark; *désir, passion a.* wild, heiß; *propos* stürmisch
► [**ça**] **c'est** [**un peu**] **~!** *fam* das ist doch ein dicker Hund! *fam*, das ist wirklich ein starkes Stück! *fam*
II. *m, f* gewalttätiger [*o* brutaler] Mensch

violenter <1> [vjɔlɑ̃te] *vt* **1.** (*violer*) ■ **qn violente qn** jd tut jdm Gewalt an
2. *littér* (*faire violence à*) ■ **qn violente qn/qc** jd tut jdm/einer S. Gewalt an *liter*

violer <1> [vjɔle] **I.** *vt* **1.** (*abuser sexuellement de*) ■ **qn viole qn** jd vergewaltigt jdn; ■ **qn se fait ~** [**par qn**] jd wird [von jdm] vergewaltigt
2. (*transgresser*) ■ **qn viole qc** *droit, loi, tabou* jd verletzt etw; *traité a., promesse, serment* jd bricht etw; *secret* jd verrät etw, jd gibt etw preis
3. (*profaner*) ■ **qn viole qc** *domicile, territoire* jd dringt widerrechtlich in etw (*akk*) ein; *frontière* jd verletzt etw; *lieu sacré* jd schändet etw
II. *vi* ■ **qn viole** jd vergewaltigt, jd begeht Notzucht *geh*

violet, **te** [vjɔlɛ, ɛt] **I.** *adj* violett; *vapeur, mains* bläulich; ***qn devient ~ de fureur*** jd wird puterrot vor Wut
II. *m* Violett *nt*
III. *f* BOT ■ **violette** Veilchen *nt*

violeur, **-euse** [vjɔlœʀ, -øz] *m, f* Vergewaltiger(in) *m(f)*

violine [vjɔlin] *adj* rötlich-violett

violon [vjɔlɔ̃] *m* **1.** (*instrument*) Violine *f*, Geige *f*
2. (*musicien*): ***premier/second ~*** erste/zweite Geige
3. *fam* (*prison*) Arrestzelle *f*
► **des personnes accordent leurs ~s** Menschen einigen sich [*o* stimmen sich ab]; **c'est comme si on pissait dans un ~** *fam* das ist für die Katz *fam;* **qn racle du ~** jd kratzt auf der Geige [*o* Fiedel] *fam*
◆ **violon d'Ingres** Steckenpferd *nt*, Hobby *nt*

violoncelle [vjɔlɔ̃sɛl] *m* [Violon]cello *nt*

violoncelliste [vjɔlɔ̃selist] *mf* [Violon]cellist(in) *m(f)*

violoneux [vjɔlɔnø] *m* **1.** HIST Dorffiedler(in) *m(f)*
2. *péj fam* Fiedelkratzer(in) *m(f) fam*

violoniste [vjɔlɔnist] *mf* Geiger(in) *m(f)*, Violinist(in) *m(f)*

vioque [vjɔk] **I.** *adj fam* oll *sl*
II. *mf pop* Olle(r) *f(m) sl*

viorne [vjɔʀn] *f* Schneeball *m*

V.I.P. [veipe, viajpi] *m inv abr de* **very important person** VIP *m*

vipère [vipɛʀ] *f* **1.** ZOOL Viper *f*
2. (*personne*) Schlange *f*, Giftkröte *f fam*, Giftnudel *f fam*

vipérine [vipeʀin] *f* BOT Natternkopf *m*

virage [viʀaʒ] *m* **1.** (*tournant*) Kurve *f*, [Straßen]biegung *f;* ***un ~ en épingle à cheveux*** eine Haarnadelkurve
2. (*action*) [*avion*] Schleife *f;* [*coureur*] Wende *f;* [*skieur*] Bogen *m;* [*véhicule*] Kurve *f*
3. (*changement d'orientation*) [*personne*] Umstellung *f;* [*politique*] Wende *f*, Kurswechsel *m*
4. MED [*cutiréaction*] positive Reaktion; PHOT Tonung *f;* ■ **~ à qc** CHIM: ***~ au bleu/rouge*** Blau-/Rotfärbung *f;* ***~ à l'or*** Goldtonung
► **qn fait un ~** jd wandelt sich; **qc fait un ~** etw macht eine Kurve [*o* Biegung]; **qn/qc prend un/son ~** jd/etw nimmt die Kurve; ***la Russie prend un ~ décisif*** Russland macht einen entscheidenden Kurswechsel durch

virago [viʀago] *f* Mannweib *nt*, Flintenweib *nt*

viral, **e** <-aux> [viʀal, o] *adj* Virus-; ***qc a une origine ~e*** etw wird durch Viren übertragen

vire [viʀ] *f* [Berg]vorsprung *m*

virée [viʀe] *f fam* Spritztour *f fam*, Trip *m fam*
► **qn fait une ~** [**quelque part**] *à la foire, dans les boîtes* jd macht einen Bummel [irgendwo/irgendwohin] *fam;* *dans une ville, une région* jd macht einen Trip [*o* eine Spritztour] [irgendwo/irgendwohin] *fam;* ***ils ont fait une ~ dans les boîtes/les bars*** sie haben einen Bummel durch die Diskos/Kneipen gemacht *fam*, sie sind durch die Diskos/Kneipen gezogen *fam*

virement [viʀmɑ̃] *m* **1.** FIN Überweisung *f;* *budgétaire* Übertragung *f*
2. NAUT Wende *f*

virer <1> [viʀe] **I.** *vi* **1.** (*changer de direction*) ■ **qn/qc vire** */avion/* jd/etw dreht ab; */véhicule/* jd/etw biegt ab; ***qc vire [de bord]*** etw dreht ab; ***qc vire vent devant/arrière*** etw luvt an/fällt ab; ***paré à ~!*** klar zur Wende!
2. (*tourner*) ■ **qn/qc vire** jd/etw dreht sich; ***il vire sur lui-même*** er dreht sich um sich selbst [*o* im Kreise]
3. (*se modifier*) ■ **qn vire [à qc]** jd schwenkt um; *au catholicisme* jd wendet sich einer S.(*dat*) zu; ***qn vire au conformisme*** jd wird [zum] Konformist; ■ **qc vire [à qc]** */temps/* etw schlägt um; */vin/ au vinaigre* etw wird sauer, etw wird zu etw; ***le beurre vire au rance*** die Butter wird ranzig; ***leurs relations ont viré au vinaigre*** ihre Beziehungen haben sich verschlechtert; ***le temps vire au beau/froid*** es wird schöner/kälter [werden]; ***le temps vire à la neige/à la pluie*** es wird Schnee/Regen geben
4. (*changer de couleur*) ■ **qc vire** */épreuve, photo/* etw erfährt eine To-

nung; */cutiréaction/* etw ist/wird positiv; ■ **qn/qc vire** [**à qc**] jd/etw verfärbt sich [irgendwie]; ***qn/qc vire au bleu/rouge/...*** */personne, visage, couleur/* jd/etw wird [*o* färbt sich] blau/rot/...; CHIM etw [ver]färbt sich blau/rot/...; ***ses yeux virent/virent au vert*** seine/ihre Augenfarbe ändert sich/seine/ihre Augen werden grün; ■ **qc fait ~ qc** etw verändert die Farbe von etw; ***qc fait ~ qc au bleu/rouge*** etw lässt etw blau/rot werden
II. *vt* 1. FIN ■ **qn vire qc à qn/à** [*o* **sur**] **qc** jd überweist [jdm] etw/etw auf etw (*akk*); ■ **qn fait ~ qc** jd lässt etw überweisen
2. *fam* (*renvoyer*) ■ **qn vire qn** [**de quelque part**] jd wirft jdn [irgendwo] hinaus, jd feuert jdn *fam;* ■ **qn se fait ~** jd wird gefeuert *fam*
3. *fam* (*se débarrasser de*) ■ **qn vire qc** jd schmeißt etw raus *fam; meubles* jd räumt etw raus *fam*
4. ■ **qn vire qc** PHOT *épreuve* jd tont etw; ***qn vire sa cuti*** MED jds Tuberkulinprobe ist positiv
vireux, -euse [viʀø, -øz] *adj soutenu plante* giftig; *odeur, saveur* widerlich, übel
virevoltant, e [viʀvɔltɑ̃, ɑ̃t] *adj* wirbelnd
virevolte [viʀvɔlt] *f* 1. [*cheval, danseuse*] Drehung *f*
2. (*volte-face*) Kehrtwendung *f*
virevolter <1> [viʀvɔlte] *vi* ■ **qn/un animal virevolte** jd/ein Tier vollführt eine Drehung
virginal, e <-aux> [viʀʒinal, o] *adj soutenu* jungfräulich *geh; neige a.* unberührt; *candeur, pureté a.* unverdorben; *visage* unschuldig; *blanc* makellos, rein
virginité [viʀʒinite] *f* 1. (*pucelage*) Unschuld *f,* Jungfräulichkeit *f*
2. *vieilli* (*candeur*) [*âme*] Reinheit *f;* [*personne*] Unverdorbenheit *f*
► **qn se refait une ~** jd zieht einen Schlussstrich unter seine Vergangenheit
virgule [viʀgyl] *f* Komma *nt*
► **~ fixée** [*o* **fixe**]**/flottante** INFORM Fest-/Fließkomma *nt;* **sans y changer une ~** ohne ein Jota daran zu ändern
viril, e [viʀil] *adj* 1. (*mâle*) männlich
2. *attitude, courage, prouesse, langage* mannhaft; *traits, valeur, style* männlich
virilement [viʀilmɑ̃] *adv* mannhaft
virilisant, e [viʀilizɑ̃, ɑ̃t] *adj médicament* potenzsteigernd
viriliser <1> [viʀilize] *vt* 1. (*opp: féminiser*) ■ **qn/qc virilise qn/qc** *allure, silhouette* jd/etw macht jdn/etw männlicher, jd/etw vermännlicht jdn
2. MED ■ **qc virilise qn** etw steigert jds Potenz
virilité [viʀilite] *f* 1. ANAT Manneskraft *f,* Potenz *f*
2. (*caractère viril*) [*caractère, comportement*] Mannhaftigkeit *f;* [*traits*] Männlichkeit *f;* (*intrépidité*) Unerschrockenheit *f*
virole [viʀɔl] *f* [*arme, couteau, outil*] Zwinge *f,* [Ein]fassung *f*
virologie [viʀɔlɔʒi] *f* Virologie *f*
virologiste [viʀɔlɔʒist] *mf,* **virologue** [viʀɔlɔg] *mf* Virologe/-login *m/f*
virtualité [viʀtɥalite] *f* Virtualität *f*
virtuel, le [viʀtɥɛl] *adj faculté, homme* virtuell; *possibilité, marché, réussite* potenziell; PHYS, INFORM virtuell
virtuellement [viʀtɥɛlmɑ̃] *adv* 1. (*pratiquement*) so gut wie, praktisch
2. *littér* (*en puissance*) potenziell
virtuose [viʀtɥoz] I. *mf* 1. MUS Virtuose/-tuosin *m/f;* ***qn est un ~ du violon/piano*** jd ist ein Virtuose auf der Geige/am Klavier
2. (*expert*) Könner(in) *m(f);* **~ *du pinceau*** großer Meister/große Meisterin; **~ *de l'équitation*** Spitzenreiter(in) *m(f);* **~ *de la plume/parole*** Schreib-/Sprachtalent *nt;* **~ *de la mémoire*** Gehirnakrobat(in) *m(f),* Meister(in) *m(f)* der Gedächtniskunst
II. *adj musicien* virtuos; *artiste* talentiert
virtuosité [viʀtɥozite] *f* [*pianiste, violoniste*] Virtuosität *f;* [*artiste, artisan*] Kunstfertigkeit *f,* Geschick *nt*
virulence [viʀylɑ̃s] *f* 1. MED [*microbe, germe*] Virulenz *f;* [*poison*] Stärke *f,* starke Wirkung
2. (*véhémence*) [*critique*] Heftigkeit *f;* [*discours*] Leidenschaftlichkeit *f;* [*reproche*] Bitterkeit *f*
virulent, e [viʀylɑ̃, ɑ̃t] *adj* 1. (*véhément*) *critique* heftig; *discours* leidenschaftlich, bewegt; *reproche* bitter
2. MED *microbe, germe* virulent; *poison* stark [wirkend]
virus [viʀys] *m* 1. MED Virus *m o nt*
2. *fig* ■ **~ de** *de la danse, compétition* -fieber *nt; du jeu* -trieb *m;* ***le ~ l'a gagné(e)*** [*o* ***pris(e)***] er/sie hat Feuer gefangen
3. INFORM Computervirus [kɔm'pjuːtɐ-] *m*
vis¹ [vis] *f* Schraube *f;* **~ *à bois/métaux*** Holz-/Maschinenschraube *f*
► **~ platinée** AUT Unterbrecherkontakt *m;* **qn serre la ~ à qn** jd zieht bei jdm die Zügel straffer an, jd greift bei jdm härter durch; **qc à ~:** ***tabouret à ~*** Drehschemel *m;* ***escalier à ~*** Wendeltreppe *f*
◆ **vis à ailettes** Flügelschraube *f;* **vis à tête plate** Flachkopfschraube *f;* **vis d'Archimède** archimedische Schraube; **vis sans fin** Schneckengewinde *nt*
vis² [vi] *indic prés de* **vivre**
vis³ [vi] *p simple de* **voir**
visa [viza] *m* 1. (*autorisation de résider*) Visum *nt;* **~ *d'entrée/de sortie*** Einreise-/Ausreisevisum
2. (*signature*) [Genehmigungs]vermerk *m;* (*cachet*) Amtssiegel *nt,* [Amts]stempel *m;* [*passeport*] Sichtvermerk *m;* [*contrôleur*] Kontrollvermerk *m,* Kontrollsiegel *nt*
► **qn a bon/meilleur ~** jd sieht gut/besser aus
◆ **visa de censure** Freigabevermerk *m*
visage [vizaʒ] *m* 1. (*figure*) Gesicht *nt*
2. (*mine*) Miene *f,* Gesicht *nt;* ***qn fait un ~ triste*** jd macht ein trauriges Gesicht; ***qn a le ~ plus reposé*** jd sieht ausgeruhter aus; ***qn a le ~ défait*** jd sieht niedergeschlagen aus; ***qn change de ~*** jds Gesichtsausdruck verändert sich
3. (*personne*) *ami, connu, nouveau* Gesicht *nt*
4. (*aspect*) [*société*] [Erscheinungs]bild *nt;* [*ville a., bâtiment, journal*] Aussehen *nt*
5. (*personnalité*) Gesicht *nt;* ***cet homme a deux ~s*** dieser Mann/Mensch hat zwei Gesichter; ***qn montre son vrai ~*** jd zeigt sein wahres Gesicht
► **~ en lame de couteau** scharf geschnittenes Gesicht; **qn fait bon ~** jd macht gute Miene zum bösen Spiel; **qn fait bon ~ à qn** jd ist freundlich zu jdm; **à ~ découvert** offen; *parler, critiquer a.* unverhohlen, unverblümt; *agir* ohne Maske; *se battre* mit offenem Visier; **qc à ~ humain** etw mit menschlichem Gesicht; **V~ pâle** Bleichgesicht *nt;* **qc change de ~** */destin, sort/* etw nimmt eine andere Wendung; **sans ~** anonym, gesichtslos
visagiste [vizaʒist] *mf* Visagist(in) *m(f)*
vis-à-vis [vizavi] I. *prép* 1. (*envers*) ■ **~-~-~ de qn/qc** jdm/einer S. gegenüber; ***il est sincère ~-~-~ de lui-même*** jd macht sich (*dat*) selbst nichts vor
2. (*en face de*) ■ **~-~-~ de qc** *de l'église, de la gare* gegenüber einer S. (*dat*)
3. (*comparé à*) ■ **~-~-~ de qn/qc** im Vergleich zu jdm/etw
II. *adv:* ***des personnes sont placées/se trouvent ~-~-~*** Menschen sitzen/stehen einander gegenüber; ***des choses sont/se font ~-~-~*** */maisons/* Dinge stehen einander gegenüber
III. *m inv* 1. (*personne, immeuble*) Gegenüber *nt*
2. (*canapé*) *S-förmiger Doppelsitz*
► **en ~-~-~** einander gegenüber; ***des maisons en ~-~-~*** einander gegenüberstehende Häuser; ***nous étions assis en ~-~-~*** wir saßen einander gegenüber
viscéral, e <-aux> [viseʀal, o] *adj* 1. (*profond*) *attachement* innere(r, s); *haine, peur* tief sitzend
2. ANAT *muscle* Organ-; ***cavité ~e*** Bauchhöhle *f*
viscéralement [viseʀalmɑ̃] *adv* in tiefster Seele, zutiefst; ***qn est ~ optimiste*** jd ist ein eingefleischter Optimist
viscère [visɛʀ] *f* inneres Organ; ■ **les ~s** die Eingeweide *pl*
viscose [viskoz] *f* Viskose *f*
viscosité [viskozite] *f* 1. [*peau, champignon*] schmierige Beschaffenheit, Klebrigkeit *f*
2. [*liquide*] Viskosität *f,* Zähflüssigkeit *f*
visée [vize] *f* 1. *pl* (*dessein*) ■ **~s** [**sur qn/qc**] Ziele *pl,* Streben *nt* [nach etw]; ***qn a des ~s sur qn/qc*** jd hat ein Auge auf jdn/etw geworfen, jd hat es auf jdn/etw abgesehen; ***~s coupables*** unlautere Absichten *pl*
2. [*arme*] Zielen *nt;* [*appareil*] Ausrichten *nt*
viser¹ <1> [vize] I. *vi* 1. (*avec une arme*) ■ **qn vise** [**d'une certaine façon**] */chasseur, tireur/* jd zielt [irgendwie]; ***qn vise juste/à la tête*** jd zielt genau/auf den Kopf
2. (*avoir pour but*) ■ **qn/qc vise à qc** jd/etw zielt auf etw (*akk*) [ab]; *au succès* jd/etw strebt nach etw; ■ **qn/qc vise à faire qc** jd/etw zielt darauf ab, etw zu tun; *à plaire, réussir* jd ist darauf aus, etw zu tun; jds Ziel ist es, etw zu tun
3. (*avoir des vues*): ***qn vise haut*** jd will hoch hinaus, jd steckt sein Ziel hoch; ***qn vise bas*** jd stapelt tief; ***qn vise loin*** jd verfolgt weitgesteckte Ziele
II. *vt* 1. (*diriger vers*) ■ **qn vise qn/un animal/qc** */chasseur, tireur/* jd zielt auf jdn/ein Tier/etw
2. (*ambitionner*) ■ **qn vise qc** *but, carrière* jd strebt etw an; *fortune, honneur* jd trachtet nach etw, jd ist auf etw (*akk*) aus
3. (*concerner*) ■ **qc vise qn/qc** */remarque/* etw bezieht sich auf jdn/etw, etw gilt jdm/etw; */critique a./* etw ist auf jdn gemünzt, etw richtet sich gegen jdn/etw; */mesure, décision/* etw betrifft jdn/etw; ■ **qn est/se sent visé(e)** [**par qc**] *par une mesure, décision* jd ist/fühlt sich [von etw] betroffen, etw betrifft jdn; *par une remarque, critique* jd ist [mit etw] gemeint/fühlt sich [mit etw] angesprochen
4. (*chercher à atteindre*) ■ **qn vise qn** jd hat es auf jdn abgesehen, jd hat jdn im Visier; ■ **qn est visé(e) par qn:** ***c'est le ministre qui est visé par l'orateur*** der Redner hat es auf den Minister abgesehen [*o* hat den Minister im Visier]
5. *fam* (*regarder*) ■ **vise qn/qc!** schau [*o* guck *fam*] mal jd/etw!; ***vise-moi ce manteau!*** hast du den Mantel gesehen!
viser² <1> [vize] *vt* (*mettre un visa sur*) ■ **qn vise qc** *document* jd beglaubigt etw; *passeport* jd stempelt etw ab, jd versieht etw mit einem Sichtvermerk; ■ **qn fait ~ qc** jd lässt etw abstempeln
viseur [vizœʀ] *m* 1. [*arme à feu*] Visier *nt*
2. ASTRON, OPT Visier *nt,* Fadenkreuz *nt;* CINE, PHOT Sucher *m*
visibilité [vizibilite] *f* 1. METEO [Fern]sicht *f;* TRANSP Sicht, Sichtverhältnisse *pl;* ***pilotage/vol sans ~*** Blindfliegen *nt*/Blindflug *m;* ***virage sans ~*** unübersichtliche Kurve; ***qn dépasse sans ~*** jd überholt an einer unübersichtlichen Stelle
2. (*caractère visible*) [*objet, phénomène*] Sichtbarkeit *f*
visible [vizibl] I. *adj* 1. (*qui peut être vu*) sichtbar, wahrnehmbar; **~ *à l'œil nu*** mit bloßem Auge erkennbar; ***l'exposition est ~ du ... au ...*** die Ausstellung ist von ... bis ... zu besichtigen
2. (*évident*) *amélioration, progrès, embarras* sichtlich, merklich; *reprise* augenfällig; *souci* offensichtlich; **~ *sur son visage*** an seinem/ihrem Gesicht ablesbar; ■ **il est ~ que** + *indic* es ist offensichtlich, dass
3. (*en état de recevoir*) ■ **qn est ~** jd ist zu sprechen
II. *m* Sichtbare(s) *nt*
visiblement [viziblәmɑ̃] *adv* (*manifestement*) offensichtlich; *fatigué, inquiet* sichtlich; ***qn est ~ heureux de faire qc*** jd freut sich sichtlich, etw zu tun
visière [vizjɛʀ] *f* 1. [*casquette, képi*] Schild *m,* Mützenschirm *m*
2. [*armure*] Visier *nt*
► **qn met qc en ~** jd beschattet seine Augen mit etw, jd schirmt seine Augen

mit etw ab

visioconférence [vizjokɔ̃feʀɑ̃s] *f* Videokonferenz *f*

vision [vizjɔ̃] *f* **1.** (*faculté*) Sehen *nt; défectueuse, déficiente, faible* Sehvermögen *nt; **troubles de la** ~* Sehstörungen *pl; **la** ~ **de loin*** das Sehen in die Ferne
2. (*perception avec télescope, jumelles*) Sicht *f; **une** ~ **floue/ nette*** ein verschwommenes/klares Bild
3. (*action de voir qc*) ■ ~ **de qc** Anblick *m* einer S. (*gen*); *d'un phénomène* Betrachten *nt* einer S. (*gen*); *d'un film, spectacle* Anschauen *nt* einer S. (*gen*)
4. (*conception*) [An]sicht *f;* ■ ~ **de** *de la vie, du monde* -anschauung *f; de l'avenir* Vorstellung *f* von; *de l'Europe, de l'éducation* Auffassung *f* [*o* Vorstellung *f*] von; ***c'est ma** ~ **des choses/ du problème*** so sehe ich die Sache/das Problem; ***qn a une** ~ **optimiste/ réaliste de qc*** jd sieht etw optimistisch/realistisch
5. (*apparition*) Vision *f;* REL *a.* Erscheinung *f*
6. (*spectacle*) ■ ~ **de qc** *d'horreur, de paix* Bild *nt* einer S. (*gen*); ***une** ~ **de cauchemar*** eine Schreckensvision, ein Bild des Schreckens
7. (*image mentale*) [*mort, avenir*] Vision *f*
► **qn a des ~s** *fam* jd hat Visionen

visionnage [vizjɔnaʒ] *m* [*film, émission, diapositives*] Vorführung *f*

visionnaire [vizjɔnɛʀ] **I.** *adj* **1.** (*intuitif*) visionär, [hell]seherisch
2. (*halluciné*) *personne* zu Halluzinationen neigend
II. *mf* **1.** (*intuitif*) Visionär(in) *m(f);* REL Visionär(in) *m(f)*
2. *péj* (*illuminé*) Spinner(in) *m(f)*

visionner <1> [vizjɔne] *vt* ■ **qn visionne qc** jd sieht sich (*dat*) etw an

visionneuse [vizjɔnøz] *f* INFORM Bildbetrachter *m,* Viewer ['vjuːɐ] *m spec*

visiophone [vizjɔfɔn] *m* INFORM Bildtelefon *nt*

Visitation [vizitasjɔ̃] *f* ■ **la** ~ die Heimsuchung Mariä

visite [vizit] *f* **1.** (*action de visiter*) Besuch *m;* [*monument, musée, ville*] Besichtigung *f; ~ **guidée/ organisée/ commentée*** Führung *f; **les heures de** ~* die Besuchszeiten; ***les jours de** ~* die Besuchstage
2. (*inspection*) [*bagages, navire*] Durchsuchung *f,* Kontrolle *f;* [*école, entreprise*] Inspektion *f;* JUR Durchsuchung; ~ ***domiciliaire*** Hausdurchsuchung; ***une** ~ **d'expert*** eine Überprüfung durch einen Fachmann
3. MED [*médecin*] (*à l'hôpital*) Visite *f;* (*à domicile*) Hausbesuch *m; **l'heure de la** ~* die Visite
► ~ **de contrôle** Kontrolluntersuchung *f;* ~ **médicale** ärztliche Untersuchung; ~ **pastorale** Hausbesuch *m;* **qn a/reçoit de la** ~ *fam* jd hat/bekommt Besuch; **qn a/reçoit une/la** ~ **de qn** jd hat/bekommt Besuch von jdm; **qn fait une [petite]** ~ **à qn** jd macht [bei jdm] einen [kurzen] Besuch, jd stattet [jdm] einen [kurzen] Besuch ab; **qn fait ses ~s** */ médecin/* (*à l'hôpital*) jd macht Visite; (*à domicile*) jd macht Hausbesuche [*o* Krankenbesuche]; */ représentant/* jd macht [seine] Kundenbesuche; **qn passe une** ~ **[médicale], qn va à la** ~ MED jd lässt sich untersuchen; **qn rend** ~ **à qn** jd besucht jdn; **qn rend sa** ~ **à qn** jd macht [bei jdm] einen Gegenbesuch, jd stattet [jdm] einen Gegenbesuch ab; **en** ~ zu [*o* auf] Besuch
◆ **visite de condoléances** Beileidsbesuch *m;* **visite de douane** Zollkontrolle *f*

visiter <1> [vizite] **I.** *vt* **1.** (*explorer*) ■ **qn visite qc** jd besichtigt etw; ■ **qn fait** ~ **qc [à qn]** jd führt [jdn] durch etw
2. (*prêter assistance à*) ■ **qn visite qn** *malades, pauvres, prisonniers* jd besucht jdn
3. COM, MED, REL ■ **qn visite qn** jd macht [bei jdm] einen Hausbesuch
4. *littér* (*frapper*) ■ **qc visite qn/qc** */ famine, malheur/* etw sucht jdn/etw heim
5. *vieilli* (*fouiller*) ■ **qn visite qc** *boutiques, recoins, tiroir* jd durchsucht etw; *hum appartement, coffre-fort* jd durchwühlt etw
II. *vi* ■ **qn visite** jd macht eine Besichtigung; ***interdiction de** ~* Besichtigungsverbot *nt*
III. *vpr* ■ **qc se visite** etw ist zu besichtigen

visiteur, -euse [vizitœʀ, -øz] *m, f* **1.** Besucher(in) *m(f);* (*hôte*) Gast *m;* ■ ~ **de qn/qc:** ~ ***de prison/ des malades*** Häftlings-/Krankenbetreuer(in) *m(f)*
2. (*contrôleur*) ■ ~ **de** *de machines* -meister(in) *m(f); de tissus* -prüfer(in) *m(f)*
► ~**(-euse) médical(e)** Pharmareferent(in) *m(f);* ~**euse sociale** [*o* **scolaire**] Sozialarbeiterin *f*
◆ **visiteur(-euse) des douanes** Zollinspektor(in) *m(f)*

vison [vizɔ̃] *m* **1.** (*animal, fourrure*) Nerz *m*
2. (*manteau*) Nerzmantel *m*

visqueux, -euse [viskø, -øz] *adj* **1.** (*gluant*) *liquide* zähflüssig; *surface, peau* klebrig, schmierig
2. *péj* (*mielleux*) *manières* kriecherisch; *personne a.* schleimig; *sourire* süßlich

vissage [visaʒ] *m* [*écrou, pièce*] [Fest]schrauben *nt;* [*os*] [Knochen]verschraubung *f*

visser <1> [vise] **I.** *vt* **1.** TECH ■ **qn visse qc** *plaque, serrure* jd schraubt etw an; *bouchon, couvercle* jd schraubt etw zu; *écrou* jd schraubt etw fest
2. *fam* (*ne pas bouger*) ■ **qn/qc est vissé(e) quelque part** jd hockt irgendwo *fam;* ***qn garde son chapeau vissé sur la tête*** jd macht keine Anstalten den Hut abzunehmen
3. *fam* (*traiter sévèrement*) ■ **qn visse qn** *élève, employé* jd nimmt jdn [ordentlich] ran *fam;* ■ **qn est vissé(e)/se fait** ~ **par qn** jd hat nichts zu lachen [bei jdm] *fam*
II. *vi* ■ **qn visse** jd schraubt
III. *vpr* ■ **qc se visse** etw lässt sich schrauben

visu¹ [vizy] *adv v.* **de visu**

visu² [vizy] *m abr de* **visuel II.**

visualisation [vizɥalizasjɔ̃] *f* bildliche [*o* visuelle] Darstellung; INFORM Anzeige *f; ~ **de la page*** Seitenansicht *f*

visualiser <1> [vizɥalize] *vt* ■ **qn/qc visualise qc** jd/etw stellt etw bildlich [*o* visuell] dar; */ écran/* etw zeigt etw an

visuel, le [vizɥɛl] **I.** *adj acuité, trouble* Seh-; *mémoire* visuell; *effet* optisch; *panneau* bildhaft, anschaulich; ***champ** ~* Blickfeld *nt*
II. *m* INFORM Display [dɪs'pleɪ] *nt*
III. *m, f* (*personne*) ■ **visuel(le)** Augenmensch *m*

visuellement [vizɥɛlmɑ̃] *adv* **1.** (*de visu*) *constater, se rendre compte* mit eigenen Augen
2. (*quant à la vue*) optisch, für das Auge

vit¹ [vi] *indic prés de* **vivre**

vit² [vi], **vîtes** [vit] *p simple de* **voir**

vital, e <-aux> [vital, o] *adj* **1.** BIO, PHILOS *élan, force, principe, pronostic* Lebens-; *fonction, aliment, organe* lebenswichtig
2. (*essentiel*) *besoin, intérêt* vital; *problème, question* existenziell; *centre* lebenswichtig; *point* wesentlich; *espace* Lebens-; *minimum* Existenz-; ***qc est** ~ **pour qn*** etw ist für jdn lebensnotwendig; ***nécessité** ~**e*** Lebensnotwendigkeit *f*

vitalité [vitalite] *f* **1.** [*entreprise*] Leistungsfähigkeit *f;* [*personne a.*] Vitalität *f;* [*personne, plante*] Lebenskraft *f;* [*épiderme*] Spannkraft *f*
2. (*longévité*) Lebensenergie *f,* Lebenskraft *f*

vitamine [vitamin] *f* Vitamin *nt*

vitaminé, e [vitamine] *adj* mit Vitaminen angereichert, vitaminhaltig

vitaminique [vitaminik] *adj* Vitamin-

vite [vit] *adv* (*rapidement*) schnell, rasch; (*sous peu a.*) bald; ***ce sera** ~ **fait*** es wird nicht lange dauern, das geht schnell; ***elle a été** ~ **arrivée/ guérie*** sie ist schnell gekommen/gesund geworden
► **qn comprend** ~**, mais il faut lui expliquer longtemps** *hum* jd hat eine lange Leitung *fam;* **il faut le dire** ~ na ja! [wenn du meinst/wenn Sie meinen]; **c'est** ~ **dit** das sagt sich leicht, das ist schnell gesagt; ~ **fait[, bien fait]** *fam* [mal] schnell *fam;* **qn fait** ~ jd macht schnell *fam;* **qn a** ~ **fait de faire qc** jd braucht nicht lange um etw zu tun; **qn va [un peu/trop]** ~ jd geht [etwas/ein bisschen] zu weit; **au plus** ~ so schnell wie möglich, schnellstmöglich; **pas si** ~! langsam!; **et plus** ~ **que ça!** *fam* aber dalli! *fam*

vitesse [vitɛs] *f* **1.** (*rapidité*) Geschwindigkeit *f;* ■ ~ **de** *de pointe, réaction, du son* -geschwindigkeit; ~ ***d'impression*** [*imprimante*] Druckgeschwindigkeit; ~ ***de libération*** Fluchtgeschwindigkeit; ~ ***de rotation*** Umdrehungsgeschwindigkeit, Drehzahl *f; ~ **d'obturation*** Verschlusszeit *f*
2. (*promptitude*) Schnelligkeit *f; **sa** ~ **de réaction*** seine/ihre Reaktionsgeschwindigkeit
3. AUT Gang *m; **qn change de** ~* jd schaltet, jd legt einen anderen Gang ein
► **qn confond** ~ **et précipitation** jd handelt überstürzt; **à deux ~s** *courrier* mit unterschiedlicher Beförderungsgeschwindigkeit; *couverture sociale, société* Zwei-Klassen-; **à la** ~ **grand V** *fam* in Windeseile *fam;* **à grande/petite** ~ mit hoher/niedriger Geschwindigkeit; ***train à grande** ~* Hochgeschwindigkeitszug *m;* **en grande/petite** ~ CHEMDFER, POST als Expressgut [*o* Eilgut]/als Frachtgut; **qn fait de la** ~ jd fährt schnell; **qn passe les ~s** jd schaltet; **qn passe en deuxième/troisième/...** ~ jd legt den zweiten/dritten/... Gang ein, jd schaltet in den zweiten/dritten/... Gang; **qn prend** [*o* **gagne**] **qn de** ~ jd überrundet jdn; **qn/qc prend** [*o* **gagne**] **de la** ~ */ véhicule/* jd/etw fährt schneller; */ cheval/* ein Tier wird schneller; */ entreprise/* etw kommt in Fahrt; **à** ~ ... *moyenne, réduite* mit ... Geschwindigkeit; **à la** ~ **de ...** *de 100 km/h* mit einer Geschwindigkeit von ...; **à une** ~ ... mit einer ... Geschwindigkeit; **à toute** ~ (*rapidement*) in aller Eile; (*à vive allure*) mit hoher Geschwindigkeit; **en [quatrième]** ~ *fam* ganz schnell
◆ **vitesse de croisière** Reisegeschwindigkeit *f;* ECON normaler Geschäftsgang

viticole [vitikɔl] *adj région* Weinbau-; *production* Wein-; *coopérative* Winzer-

viticulteur, -trice [vitikyltœʀ, -tʀis] *m, f* Winzer(in) *m(f),* Weinbauer/-bäuerin *m/f*

viticulture [vitikyltyʀ] *f* Weinbau *m*

vitrage [vitʀaʒ] *m* Verglasung *f*
► **double** ~ Doppelverglasung *f; **fenêtre à double** ~* Doppelfenster *nt*

vitrail <-aux> [vitʀaj, o] *m* buntes [Kirchen]fenster

vitre [vitʀ] *f* **1.** (*carreau*) [Fenster]scheibe *f*
2. AUT [Fenster]scheibe *f; ~ **arrière*** Heckscheibe
3. (*fenêtre*) Fenster *nt*
► **qn fait les ~s** jd putzt die Fenster

vitré, e [vitʀe] *adj* **1.** verglast, Glas-
2. ANAT: ***corps** ~* Glaskörper *m; **humeur** ~**e*** Kammerwasser *nt*

vitrer <1> [vitʀe] *vt* ■ **qn vitre qc** jd verglast etw; ■ **qn fait** ~ **qc** jd lässt etw verglasen

vitrerie [vitʀəʀi] *f* **1.** (*activité*) Glaserei *f,* Glaserhandwerk *nt*
2. (*marchandise*) Glaserartikel *m*

vitreux, -euse [vitʀø, -øz] *adj* **1.** *yeux, regard* glasig
2. GEOL *état, roche, structure* nichtkristallin; *porcelaine* lichtdurchlässig

vitrier [vitʀije] *m* Glaser(in) *m(f)*

vitrification [vitʀifikasjɔ̃] *f* **1.** [*émail, substance*] Verschmelzung *f* zu Glas
2. [*parquet*] Versiegelung *f*

vitrifier <1 a> [vitʀifje] **I.** *vt* **1.** ■ **qn vitrifie qc** *émail, substance* jd verschmilzt etw zu Glas, jd brennt etw in Glas ein; ■ **[qc est] vitrifié(e)** [etw ist] in Glas eingebrannt
2. ■ **qn vitrifie qc** *parquet* jd versiegelt etw
II. *vpr* ■ **qc se vitrifie** */ roche/* etw nimmt eine nichtkristalline Struktur an; */ émail/* etw wird lichtdurchlässig

vitrine [vitʀin] *f* **1.** (*étalage*) Schaufenster *nt; **la foire-exposition est la** ~*

de tout le Sud-Ouest die Messe ist das Schaufenster des ganzen Südwestens
2. (*vitrage*) Schaufenster[scheibe *f*] *nt*
3. (*armoire vitrée*) Vitrine *f*, Glasschrank *m*
► **qn fait** [*o* **lèche**] **les ~s** *fam* jd macht einen Einkaufsbummel; (*après la fermeture des magasins*) jd macht einen Schaufensterbummel; **qn fait la ~** jd dekoriert [*o* macht *fam*] das Schaufenster [neu]; **en ~** im Schaufenster

vitriol [vitʀijɔl] *m vieilli* Vitriol *nt veraltet*
► **au ~** *critique, style* ätzend; *tract, article* geharnischt, polemisch

vitrioler <1> [vitʀijɔle] *vt* 1. TECH ■ **qn vitriole qc** *toiles* jd behandelt etw mit Vitriol
2. (*défigurer*) ■ **qn vitriole qn** jd schüttet jdm Vitriol [*o* Säure] ins Gesicht

vitro [vitʀo] *adv v.* **in vitro**

vitrocéramique [vitʀoseʀamik] *f* Glaskeramik *f*
► **en ~** *plaques, table de cuisson* Glaskeramik-

vitupérer <5> [vitypeʀe] I. *vi* ■ **qn vitupère contre qn/qc** jd schimpft auf [*o* über] jdn/über etw; *contre une décision, un comportement a.* jd beanstandet etw; *contre le gouvernement a.* jd schimpft gegen jdn
II. *vt littér* ■ **qn vitupère qn/qc** jd schilt über [*o* auf] jdn/jd schilt etw *geh*

vivable [vivabl] *adj appartement* annehmbar, akzeptabel; *monde* lebenswert; *situation* erträglich; *personne* angenehm, erträglich; ***cet appartement/cette maison est ~*** in dieser Wohnung/in diesem Haus lässt es sich wohnen

vivace [vivas] *adj* 1. *plante* mehrjährig, perennierend
2. (*tenace*) *foi* lebendig; *haine* tief sitzend; *préjugé* eingefleischt

vivacité [vivasite] *f* 1. (*promptitude*) [*animal, personne*] Lebhaftigkeit *f*; [*mouvement a.*] Rasanz *f*; [*esprit*] Wendigkeit *f*, Regsamkeit *f*; [*intelligence*] Aufgewecktheit *f*; **~ *d'esprit*** geistige Regsamkeit, schnelle Auffassungsgabe
2. (*brusquerie*) [*critique, langage, propos*] Heftigkeit *f*; [*humeur*] Impulsivität *f*
3. (*intensité*) [*couleur*] Leuchtkraft *f*; [*douleur, vent*] Heftigkeit *f*; [*froid*] Strenge *f*; [*lumière*] Grellheit *f*, Grelle *f*
4. (*violence*) [*émotion*] Heftigkeit *f*; [*passion a.*] Feuer *nt*; [*plaisir*] Intensität *f*

vivant, **e** [vivɑ̃, ɑ̃t] I. *adj* 1. (*en vie*) *animal, personne* lebend; ***qn est encore ~*** jd ist noch am Leben; ***elle n'en sortira pas ~e*** sie wird nicht mit dem Leben [*o* lebend] davonkommen
2. (*animé*) *personne, souvenir* lebhaft; *regard a.* wach; *quartier, rue* belebt; *art, recherche, récit* lebendig
3. (*doué de vie*) *matière, organisme* lebend; ***être ~*** Lebewesen *nt*; ***le Dieu ~*** der lebendige Gott
4. (*expressif*) *image, portrait* lebendig, anschaulich; ***témoignage ~/preuve ~e*** lebendiges Beispiel/lebendiger Beweis
5. (*en usage*) *croyance* landläufig; *influence* wirksam; *langue* lebend; *vocabulaire* gebräuchlich
II. *m* 1. (*personne en vie*) Lebende(r) *f(m)*
2. REL ■ **les ~s** die Lebenden *pl*
► **bon ~** Genießer(in) *m(f)*; **du ~ de qn** zu jds Lebzeiten

vivarium [vivaʀjɔm] *m* Vivarium *nt*

vivat [viva] *m gén pl* Hochruf *m*, Vivat *nt kein pl*

vive[1] [viv] I. *adj v.* **vif**
II. *interj* ■ **~ qn/qc!** jd/etw lebe hoch!, es lebe jd/etw!, hoch lebe jd/etw!

vive[2] [viv] *f* ZOOL Petermännchen *nt*

vivement [vivmɑ̃] *adv* 1. (*intensément*) *intéresser* lebhaft; *regretter a.* zutiefst; *désirer, souhaiter, espérer* sehr, von ganzem Herzen; *ressentir, affecter* tief, stark; *remercier, féliciter* herzlich
2. (*brusquement*) *parler, rabrouer, rétorquer* barsch; *critiquer* harsch, heftig
3. (*avec éclat*) *briller, éclairer* hell; *colorer* lebhaft, kräftig
4. *littér* (*rapidement*) schnell, rasch
5. (*souhait*) ■ **~ qc!**: **~ *Noël/ce soir/les vacances!*** wenn nur schon Weihnachten/Abend wäre/Ferien wären!
6. *fam* ■ **~ que** + *subj* es wird allerhöchste Zeit, dass

viveur [vivœʀ] *m* Lebemann *m*, Genussmensch *m*

vivier [vivje] *m* 1. (*étang*) Fischteich *m*; (*bac*) Frischwasserbehälter *m*, Frischwasserbecken *nt*
2. *fig* ■ **~ de** *d'ingénieurs, de professeurs* Zuchtstätte *f* für

vivifiant, **e** [vivifjɑ̃, jɑ̃t] *adj air* kräftigend, stärkend; *ambiance* anregend, belebend

vivifier <1 a> [vivifje] *vt* 1. (*stimuler*) ■ **qc vivifie qn/qc** etw belebt jdn/etw; *personne, corps a., plante* etw stärkt [*o* kräftigt] jdn/etw; *esprit* etw regt etw an
2. (*animer*) ■ **qc vivifie qc** *région, ville* etw belebt etw, etw bringt Leben in etw (*akk*)
3. REL *littér* ■ **qc vivifie** [**qc**] *foi, force morale* etw stärkt etw; ***l'esprit vivifie*** der Geist macht lebendig

vivipare [vivipaʀ] *adj plante* vivipar; *animal a.* lebend gebärend

vivisection [vivisɛksjɔ̃] *f* Vivisektion *f*

vivo [vivo] *adv v.* **in vivo**

vivoter <1> [vivɔte] *vi fam* ■ **qn/qc vivote** jd vegetiert dahin *fam*; (*avec des petits moyens*) jd schlägt sich durch *fam*; /*entreprise*/ etw kommt gerade so über die Runden *fam*

vivre <*irr*> [vivʀ] I. *vi* 1. (*être en vie*) ■ **qn/un animal vit** jd/ein Tier lebt; ■ **qn a vécu** *littér* jd ist verstorben [*o* verschieden] *geh*
2. (*habiter*) ■ **qn/qc vit quelque part** jd lebt irgendwo; /*espèce*/ etw kommt [irgendwo] vor, etw gibt es [irgendwo]
3. (*mener sa vie*) ■ **qn vit d'une certaine façon** *bien, mal, pauvrement* jd lebt irgendwie; ■ **qn vit dans qc** *dans les livres, le passé, ses souvenirs* jd lebt in etw (*dat*)
4. (*exister*) ■ **qn vit** [**pour qn/qc**] jd lebt [für jdn/etw]; ***qn vit pour travailler*** jd lebt um zu arbeiten
5. (*subsister*) ■ **qn vit de qc** *de son salaire, ses rentes* jd lebt von etw; *de pain a.* jd ernährt sich von etw; ***qn vit d'espérance*** die Hoffnung hält jdn am Leben; ■ **qn fait qc pour ~** jd tut etw um zu leben; ■ **qn fait ~ qn** jd ernährt jdn
6. (*persister*) ■ **qc vit** /*coutume*/ etw ist lebendig; ■ **qc a vécu** etw hat sich überlebt; ***ce manteau a vécu*** der Mantel hat ausgedient
7. (*rester vivant*) ■ **qc vit dans qc** /*gloire, idée, paysage*/ *dans le cœur, le souvenir* etw lebt in etw (*dat*) fort [*o* weiter]
8. (*être plein de vie*) ■ **qc vit** /*portrait*/ etw strahlt Lebendigkeit aus; /*rue*/ etw lebt, etw ist voller Leben
9. (*profiter de l'existence*) ■ **qn vit** jd lebt [intensiv], jd freut sich des Lebens; ***qn a beaucoup vécu*** jd hat intensiv gelebt
► **il faut bien ~** irgendwie muss man sich (*dat*) die Brötchen verdienen; **qn sait ~** (*connaît les convenances*) jd weiß sich zu benehmen; (*profite des plaisirs de la vie*) jd weiß zu leben; **qui vivra verra** *prov* die Zukunft wird es lehren; **qn ne vit plus** (*est très inquiet*) jd findet keine Ruhe mehr, jd kommt vor Sorgen fast um *fam*
II. *vt* 1. (*passer*) ■ **qn vit qc** *jour, moment, roman* jd erlebt etw; *vie* jd lebt etw
2. (*être mêlé à*) ■ **qn vit qc** *événement, période, difficulté* jd erlebt etw; *guerre* jd erlebt etw mit
3. (*éprouver intensément*) ■ **qn vit qc** *époque* jd erlebt etw mit; *amour, foi* jd lebt etw; *art* jd lebt einer S. (*gen*)
III. *m* ► **le ~ et le couvert** Kost und Logis
IV. *mpl* Verpflegung *f*, Lebensmittel *pl*
► **qn coupe les ~s à qn** jd streicht jdm den Unterhalt

vivrier, **-ière** [vivʀije, -ijɛʀ] *adj*: ***cultures ~ières*** Lebensmittelkulturen *pl*

vizir [viziʀ] *m* Wesir *m*
► **grand ~** Großwesir *m*

vlan [vlɑ̃] *interj fam* päng

V.O. [veo] *f abr de* **version originale** OmU
► **en ~** in Originalfassung mit Untertiteln

vocable [vɔkabl] *m* (*mot*) (*d'une langue étrangère*) Vokabel *f*; (*dans la même langue*) Bezeichnung *f*, Ausdruck *m*

vocabulaire [vɔkabylɛʀ] *m* 1. (*terminologie*) *juridique, médical, technique* Vokabular *nt*
2. (*mots disponibles*) [*personne, langue*] Wortschatz *m*
3. (*dictionnaire*) [*langue*] Minimalwörterbuch *nt*, Grundwortschatz *m*; [*gastronomie, musique, photographie*] Wörterbuch *nt*

vocal, **e** <-aux> [vɔkal, o] *adj* 1. *corde, organe* Stimm-
2. *musique* Vokal-; *technique* Stimm-; *ensemble* Gesangs-

vocalement [vɔkalmɑ̃] *adv* mündlich; *communiquer* per Stimme; ***ce passage musical est ~ difficile*** diese Passage ist von der Stimme her schwierig

vocalique [vɔkalik] *adj* Vokal-

vocalisation [vɔkalizasjɔ̃] *f* Vokalisation *f*

vocalise [vɔkaliz] *f* Vokalise *f*
► **qn fait des ~s** jd singt Vokalisen

vocaliser <1> [vɔkalize] I. *vi* ■ **qn vocalise** jd vokalisiert
II. *vt* ■ **qn vocalise qc** *consonne* jd vokalisiert etw
III. *vpr* ■ **qc se vocalise** /*consonne*/ etw wird vokalisiert

vocatif [vɔkatif] *m* Vokativ *m*

vocation [vɔkasjɔ̃] *f* 1. (*disposition*) Berufung *f*, Neigung *f*; ***qn a une ~ artistique*** jd hat künstlerische Neigungen [*o* eine künstlerische Berufung]; ■ **~ de qn** *d'artiste, de peintre, journaliste, médecin* Berufung zu jdm; ***la ~ d'artiste*** die Berufung zum Künstler; ■ **~ de** [*o* **pour**] **qc**: ***la ~ de l'enseignement/du théâtre*** die Berufung Lehrer/Schauspieler zu werden; ***la ~ pour la médecine*** die Berufung zum Arzt [*o* Arzt zu werden]
2. (*destination*) [*personne, peuple, région*] Aufgabe *f*, Bestimmung *f*; ***la ~ de qn/qc est de faire qc*** jd/etw ist dazu bestimmt, etw zu tun; ***l'administration a pour ~ de …*** Aufgabe der Verwaltung ist es, …; ***cette région a une ~ agricole/industrielle*** diese Region ist für die Landwirtschaft/Industrie bestimmt [*o* prädestiniert]
3. REL [innere] Berufung
► **qn a ~ à faire qc** JUR jd ist beauftragt [*o* beordert] etw zu tun; **qn a la ~** REL jd fühlt sich [innerlich] berufen; *hum* jd ist [dazu] berufen; **qn a la ~ de qc** [*o* **une ~ pour qc**] jd ist zu etw berufen, jd hat eine Begabung für etw; ***qn a la ~ du théâtre*** jd ist zum Schauspieler berufen; **il faut avoir la ~!** *fam* dazu muss man wirklich berufen sein!; **qn rate** [*o* **manque**] **sa ~** jd verfehlt seinen Beruf

vociférateur, **-trice** [vɔsifeʀatœʀ, -tʀis] *m, f littér* Schreier(in) *m(f)*

vocifération [vɔsifeʀasjɔ̃] *f souvent pl* Geschrei *nt kein pl*, Gebrüll *nt kein pl*, lautstarker Protest *kein pl*

vociférer <5> [vɔsifeʀe] I. *vi* ■ **qn vocifère** jd schreit, jd brüllt; ■ **qn vocifère contre qn/qc** jd schreit [*o* brüllt] jdn an/jd protestiert lautstark gegen etw
II. *vt* ■ **qn vocifère qc** *ordre* jd brüllt etw; *injures, insultes a.* jd stößt etw aus

vocodeur [vɔkɔdœʀ] *m* INFORM Spracherkennungs-PC *m*

vodka [vɔdka] *f* Wodka *m*

vœu <x> [vø] *m* 1. (*désir*) Wunsch *m*; ■ **qn fait** [*o* **émet**] **le ~ que** + *subj* jd äußert den Wunsch, dass
2. *pl* (*souhaits*) [Glück]wunsch *m*, Glückwünsche *pl*; ***je vous présente mes meilleurs ~x pour le nouvel an*** ich wünsche Ihnen/euch alles Gute zum neuen Jahr; ***meilleurs ~x de nouvel an*** alles Gute zum neuen Jahr; ***meilleurs ~x*** alles Gute; (*félicitations*) herzlichen Glückwunsch; ***je vous présente mes meilleurs ~x à l'occasion de la naissance de votre fils*** herzlichen Glückwunsch zur Geburt Ihres Sohnes; ***tous mes ~x de prompt rétablissement*** meine besten Wünsche für eine schnelle Genesung; ***tous mes ~x vous accompagnent*** meine guten Wünsche begleiten euch/Sie;

réception des ~x Neujahrsempfang *m*
3. REL Gelübde *nt;* ■ ~ **de** *de chasteté, pauvreté, d'obéissance* -gelübde
► ~ **pieux** (*souhait illusoire*) frommer Wunsch; (*engagement fragile*) schwacher Vorsatz; **les ~x télévisés** die [vom Fernsehen übertragene] Neujahrsansprache; *le président de la République présente ses ~x télévisés* der Staatspräsident hält seine Neujahrsansprache im Fernsehen; **qn fait** [**le**] **~ de qc/faire qc** jd gelobt etw/gelobt etw zu tun; **qn fait des ~x pour qn/qc** jd wünscht jdm alles Gute/wünscht alles Gute für etw; **qn fait un ~** jd wünscht sich (*dat*) etwas; **qn prononce** [*o* **fait**] **ses ~x** jd legt seine Gelübde ab

vogue [vɔg] *f* 1. [*chanson, danse, mode*] Beliebtheit *f;* [*artiste a.*] Erfolg *m*
2. CH, SUD-EST (*fête*) Fest *nt*
► **c'est la grande ~** das ist [große] Mode; **en ~** in Mode

voguer <1> [vɔge] *vi littér* 1. NAUT ■ **qn/qc vogue quelque part** /*bateau*/ jd/etw fährt/segelt irgendwo [dahin]; (*dériver*) jd/etw treibt irgendwo [dahin]
2. (*voyager*) ■ **qc vogue quelque part** /*pensées*/ etw schwebt [*o* treibt] irgendwo; *ses pensées voguaient bien loin* in Gedanken schwebte er ganz woanders; *qn laisse ~ ses pensées* jd lässt seine Gedanken treiben

voici [vwasi] I. *adv* 1. (*opp: voilà*) hier; ~ *mon père et voilà ma mère* hier mein Vater und da [*o* dort] meine Mutter
2. *soutenu* (*voilà*) ■ ~ **qn/qc** das ist jd/etw, hier [ist] jd/etw; ~ *mon frère/mes frères* das ist mein Bruder/das sind meine Brüder, hier mein Bruder/meine Brüder; ~ *le printemps* der Frühling ist da; ■ **le/la ... que ~**: *l'histoire que ~* diese Geschichte hier [*o* da]; ■ **le/la/les/en ~ [qui ...]** da [*o* hier] ist er/sie/sind sie/sind welche; *le ~ qui recommence/va chez le directeur* jetzt fängt er wieder an/und jetzt geht er zum Direktor; ■ **me/te/le/... ~ [...]** da [*o* hier] bin ich/bist du/ist er; *me ~* hier bin ich; *les ~ arrivés* hier [*o* da] kommen sie endlich; ■ ~ **comment/où/pourquoi/ce que/[ce] qui ...** so also/dort[hin] also/deshalb also/das also; ~ *comment les choses se sont passées* so ist es nämlich passiert; ~ *qui va vous surprendre* das wird euch sicherlich überraschen; ■ ~ **que** + *indic* da; ~ *qu'il se met à pleuvoir* da fängt es an zu regnen; ~ *que déjà tombe la nuit* es wird [jetzt] schon dunkel
► ~ **venir qc** *littér* jetzt beginnt etw; *la pluie, l'orage, le printemps* [und] nun kommt [*o* naht *liter*] etw; ~ *venir les ennuis* jetzt beginnen die Schwierigkeiten
II. *prép soutenu* (*il y a*) ■ ~ **... [que qn/qc fait qc]** *deux ans, deux heures etc* es ist ... her[, dass jd/etw etw tut], vor ...; (*depuis*) seit ... [tut jd/etw etw]; ~ *quinze ans/près d'une heure que* es ist 15 Jahre/etwa eine Stunde her, dass; ~ *bien des jours que j'attends* ich warte schon einige Tage [*o* seit einigen Tagen]
III. *interj soutenu* 1. (*réponse*) hier!
2. (*présentation*) bitte[sehr]!

voie [vwa] *f* 1. (*passage*) Weg *m;* (*route*) *romaine, publique* Straße *f;* ~ *privée* Privatweg; ~ *express* Schnellstraße; ■ ~ **de** *d'accès, de communication, dégagement, raccordement* -straße
2. (*moyen de transport*): ~ *maritime/aérienne/terrestre* See-/Luft-/Landweg *m;* *par ~ postale/fluviale* per Post/per Schiff; ~ *de terre/des airs* Land-/Luftweg; *~s de communication* [Haupt]verkehrswege *pl,* Verkehrsverbindungen *pl*
3. (*filière*) *diplomatique, légale* Weg *m;* *par une ~ détournée* auf einem [*o* über einen] Umweg; ~ *hiérarchique* Dienstweg; ■ ~ **de qc** *de la réussite, du succès, bonheur* Weg zu etw
4. (*ligne de conduite*) Weg *m;* *sur la bonne/mauvaise ~* auf dem richtigen/falschen Weg; ■ ~ **de qc** *du bien, mal* Weg einer S. (*gen*); *qn suit la ~ du bien* jd wandelt auf dem Pfad der Tugend; *qn s'engage sur la ~ du mal* jd begibt sich auf Abwege; *qn emprunte la ~ du devoir* jd folgt dem Ruf der Pflicht; *qn suit la ~ de l'honneur* jd verhält sich ehrenhaft
5. (*file*) [*route*] [Fahr]spur *f*
6. CHEMDFER Gleis *nt;* ~ *ferrée* Bahngleis; *ligne à ~ unique* eingleisige Bahnlinie
7. ANAT (*conduit*) Weg *m,* Kanal *m;* *~s urinaires/respiratoires* Harn-/Atemwege *pl;* *~s digestives* Verdauungswege *pl,* Verdauungstrakt *m;* ~ *nerveuse* Nervenbahn *f;* *qn évacue qc par les ~s naturelles* jd scheidet etw auf natürlichem Wege aus
8. *littér* (*volonté*) ■ **les ~s de qn/qc** *de Dieu, la Providence* jds Wege/die Wege einer S. (*gen*); *les ~s du Seigneur sont impénétrables* die Wege des Herrn sind unerforschlich
9. AUT Spurweite *f*
► **par ~ de conséquence** als logische Folge, infolgedessen; ~ **de garage** Abstellgleis *nt;* ~ **sans issue** Sackgasse *f;* **qn est sur la bonne/mauvaise ~** jd ist auf dem richtigen/falschen Weg; **qc est en bonne ~** etw kommt gut voran; ~ **lactée** ASTRON Milchstraße *f;* ~ **navigable** [Binnen]schiffahrtsweg *m;* ~ **publique** öffentliche Straße; ~ **royale** idealer Weg, Königsweg *m geh;* **V~ sacrée** HIST *im Ersten Weltkrieg Nachschubweg nach Verdun;* ANTIK *antiker Prozessionsweg;* **qn/qc met qn sur la ~** jd/etw bringt jdn auf die [richtige] Spur; **qn ouvre** [*o* **fraie**] **la ~ à qn** jd ebnet jdm den Weg; **qn/qc ouvre la ~ à qc** (*inaugure*) jd/etw bahnt [*o* bereitet] den Weg für etw; **qc ouvre la ~ à qc** (*peut provoquer*) etw macht den Weg frei für etw; **qn trouve sa ~** jd findet seinen Weg; **qn/qc est en ~ de qc/de faire qc** jd/etw ist auf dem [besten] Wege zu etw/etw zu tun; *qc est en ~ d'achèvement* etw geht dem Ende entgegen; *les travaux sont en ~ d'exécution* [*o* *de réalisation*] die Arbeiten sind im Gange; *qn est en ~ de guérison* jd ist auf dem Wege der Besserung; *qc est en ~ de cicatrisation* etw ist am [Ver]heilen; *qn/un animal est en ~ d'extinction* [*o* *de disparition*] jd/ein Tier ist vom Aussterben bedroht; **par ~ ...** MED: *qc est à prendre par ~ orale* [*o* *buccale*]/*rectale/intraveineuse* etw wird [oral] eingenommen/in den After eingeführt/intravenös gespritzt; **par ~ de qc** *d'héritage, d'affiche* durch etw; *d'annonce* über etw (*akk*)
◆ **voie d'eau** NAUT (*brèche*) Leck *nt,* undichte Stelle; **voie de fait** JUR (*violence*) Gewalttat *f;* **voie de recours** JUR Rechtsmittel *nt;* **voie des ondes** Funk *m*

voilà [vwala] I. *adv* 1. (*opp: voici*) da, dort; *voici ma maison, et ~ le jardin* hier mein Haus und da [*o* dort] der Garten; ~ *les faits, et voici quelle est ma conclusion* soweit der Sachverhalt und jetzt meine Schlussfolgerung
2. (*pour désigner*) ■ ~ **qn/qc** das ist jd/etw, hier [ist] jd/etw; ~ *le livre* das ist das Buch, hier das Buch; ~ *mes amis* das sind meine Freunde; ~ *enfin le printemps* [*qui s'annonce*] endlich ist Frühling, endlich kündigt sich der Frühling an; ■ **le/la ... que ~**: *la jeune femme que ~* die junge Frau dort; ■ **le/la/les/en ~ [qui ...]** da [*o* hier] ist er/ist sie/sind sie/sind welche[, der/die ...]; *si tu veux de l'argent, en ~* falls du Geld willst, hier hast du welches; *le ~ qui va chez le directeur* und jetzt geht er zum Direktor; ■ **me/te/... ~ [...]** da [*o* hier] bin ich/bist du/...; *nous ~ maintenant dans de beaux draps* da sitzen wir nun schön in der Klemme; *nous ~ enfin arrivés* endlich sind wir angekommen; ■ ~ **comment/pourquoi/où/ce que/[ce] qui ...** so also/deshalb also/dort[hin] also/das also; ~ *comment ces événements se sont produits* so nämlich haben sich die Vorfälle ereignet; ~ *ce que je compte faire* das also habe ich vor; ~ *ce dont il s'agit* darum handelt es sich also; ■ ~ **pour qn/qc**: ~ *pour ce qui concerne les recettes* soweit die Einnahmen; ~ *pour toi* das ist für dich
3. (*contretemps*): *c'était simple, mais ~, il fallait y penser* es war einfach, nur musste man draufkommen; *et ~ qui recommence* jetzt fängt er schon wieder an; ■ **[et] ~ que** + *indic* [und] da; *et ~ qu'on entend soudain une explosion* und da hört man plötzlich einen Knall; ~ *que la pluie se met à tomber* jetzt fängt es an zu regnen
► **en ~ assez!** jetzt aber genug!; ~ **bien qn** das sieht jdm ähnlich; ~ *bien ta mère!* das ist ganz deine Mutter!, das sieht deiner Mutter ähnlich!; **me/te/vous/... ~ bien** [*o* **frais(fraîche)**]! *fam* jetzt [*o* da] hab' ich's/hast du's/habt ihr's/haben Sie's/... *fam;* ~ **ce que c'est de faire qc** *fam* so geht es, wenn man etw macht *fam;* **en veux-tu, en ~** *fam* mehr als genug *fam;* **en ~ qc!**: *en ~ une histoire!* das ist vielleicht eine Geschichte!; **nous y ~!** na endlich!; **[et] ~ tout** [und] das ist alles; **~-t-il pas que** + *indic fam:* *~-t-il pas qu'il commence à pleuvoir* da fängt es doch glatt an zu regnen *fam*
II. *prép* (*il y a*) ■ ~ **... [que qn/qc fait qc]** *deux heures, deux ans etc* es ist ... her[, dass jd/etw etw tut], vor ...; (*depuis*) seit ... [tut jd/etw etw]; ~ *quinze ans/près d'une heure que* es ist 15 Jahre/etwa eine Stunde her, dass; ~ *bien une heure que j'attends* ich warte schon seit einer Stunde
III. *interj* 1. (*réponse*) hier!
2. (*présentation*) bitte[sehr]!
► **et ~!** und natürlich

voilage [vwalaʒ] *m* Store *m,* Gardine *f*

voile¹ [vwal] *m* 1. [*religieuse, musulmane*] Schleier *m;* ■ ~ **de** *de deuil, communiante, mariée* -schleier
2. [*statue*] Hülle *f,* Tuch *nt*
3. (*tissu fin*) Voile *m,* Tuch *nt;* ■ ~ **de** *de coton, soie* -tuch; *de tergal* Tuch aus
4. (*léger écran*) Schleier *m;* ■ ~ **de** *de brume* -schleier; *de tristesse* Schimmer *m* von
5. *fig* ■ ~ **de qc** *de l'oubli, de mystère* Schleier *m* einer S. (*gen*); *qn recouvre qc du ~ de l'oubli* jd breitet den Schleier des Vergessens über etw (*akk*) *geh;* *qn soulève le ~ du mystère* jd lüftet den Schleier des Geheimnisses *geh*
6. PHOT Schleier *m*
7. MED Schatten *m;* *qn a un ~ au poumon* jd hat einen Schatten auf der Lunge
8. ANAT [*palais*] Gaumensegel *nt,* Velum *nt spec*
9. BOT [*champignon*] Schleier *m*
► **qn arrache le ~** jd bringt es ans Licht; **qn jette un ~ sur qc** *littér* jd breitet einen Schleier über etw (*akk*) *geh;* **qn/qc lève** [*o* **soulève**] **le ~** jd/etw lüftet den Schleier; **qn prend le ~** REL jd nimmt den Schleier; **sous le ~ de qc** *de la dévotion, franchise* unter dem Deckmantel einer S. (*gen*); *sous le ~ de l'anonymat* unter Wahrung der Anonymität

voile² [vwal] *f* 1. NAUT Segel *nt*
2. *littér* (*embarcation*) Segelboot *nt*
3. SPORT ■ **la ~** [das] Segeln
► **qn marche** [*o* **est**] **à ~ et à vapeur** *fam* jd fährt zweigleisig *fam,* jd ist bisexuell; **toutes ~s dehors** NAUT alle Segel gesetzt; (*par tous les moyens*) mit aller Kraft; **qn fait de la ~** jd segelt; **qn fait ~ quelque part** jd segelt irgendwohin; **qn met à la ~** [*o* **met les ~s**] jd setzt die Segel; **qn met les ~s** *fam* (*s'en va*) jd verzieht sich *fam,* jd verduftet *fam;* **à ~s** *bateau* Segel-

voilé, e¹ [vwale] *adj* 1. *femme* verschleiert; *plaque commémorative, statue* verhüllt
2. *accusation, allusion, façon* versteckt; *terme* verhüllend
3. (*opp: clair*) *ciel* verschleiert, bedeckt; *contour* verschwommen; *regard* trüb; *éclat, soleil* fahl; *voix* heiser, belegt; *un regard ~ de larmes* ein tränenverschleierter [*o* von Tränen verschleierter] Blick

voilé, e² [vwale] *adj planche* verbogen, verzogen; *la roue est ~e* das Rad hat eine Acht

voilement [vwalmɑ̃] *m* [*planche*] Biegung *f;* [*roue*] Acht *f*

voiler¹ <1> [vwale] I. *vpr* 1. (*se dissimuler*) ■ **qn se voile [qc]** jd verschleiert sich; *face, visage* jd verschleiert [*o* bedeckt] sich (*dat*) etw
2. (*perdre sa clarté*) ■ **qc se voile** /*ciel*/ etw verschleiert [*o* bedeckt] sich; /*horizon*/ etw verschwimmt; /*regard*/ etw trübt sich; /*soleil*/ etw wird schwächer; /*voix*/ etw wird heiser
II. *vt littér* ■ **qn/qc voile qc [à qn]** /*brouillard*/ *sommet* etw hüllt etw ein; /*larmes*/ *regard* etw verschleiert [*o* trübt] [jdm] etw; *vérité* jd verschleiert [jdm] etw, jd/etw vertuscht etw; *visage* jd/etw verhüllt [*o* bedeckt] [jdm] etw

voiler² <1> [vwale] I. *vpr* (*se fausser*) ■ **qc se voile** /*étagère*/ etw verzieht [*o* verbiegt] sich; /*roue*/ etw verbiegt sich
II. *vt* (*fausser*) ■ **qn/qc voile qc** *roue, étagère* jd/etw verbiegt etw; ***le poids a voilé l'étagère*** durch das Gewicht hat sich das Regal verzogen
voilerie [vwalʀi] *f* Segelmacherwerkstatt *f*
voilette [vwalɛt] *f* [Hut]schleier *m*
voilier [vwalje] *m* **1.** NAUT Segelboot *nt*, Segeljacht *f*
2. (*fabricant*) Segelmacher(in) *m(f)*
voilure [vwalyʀ] *f* **1.** NAUT Segelfläche *f*
2. AVIAT Tragfläche *f*
voir <*irr*> [vwaʀ] I. *vt* **1.** (*percevoir par la vue*) ■ **qn/un animal voit qn/un animal/qc** jd/ein Tier sieht jdn/ein Tier/etw; ■ **qn voit qn ...** *confiant, gai, triste* jd erlebt jdn ...; ***jamais encore je ne l'avais vu si gai*** ich habe ihn noch nie so fröhlich gesehen [*o* erlebt]; ■ **qn voit qn/un animal faire qc** jd sieht jdn/ein Tier etw tun; ***il la voit venir*** er sieht sie kommen; ***il voit réussir tous ses camarades*** er sieht [*o* erlebt], wie alle seine Kameraden Erfolg haben
2. (*montrer*) ■ **qn/qc fait/laisse ~ qc [à qn]** jd/etw zeigt [jdm] etw; ***laisse-moi donc ~ ce que tu fais!*** lass mich mal sehen [*o* zeig mal], was du machst!; ***ce rideau laisse tout ~*** durch den Vorhang sieht man alles
3. (*trouver*) ■ **qn voit qc [à qc]** *issue, obstacle, solution* jd sieht etw [für etw]; ***je n'y vois aucune solution*** dafür sehe ich keine Lösung; ***je n'y vois pas d'inconvénient*** ich habe nichts dagegen; ***voyez-vous un obstacle à ce que*** + *subj* haben Sie etwas dagegen, wenn; ■ **qn voit ... à faire:** ***je vois encore une chose à ajouter*** da muss noch etwas hinzugefügt werden; ***je ne vois plus rien à ajouter/à dire*** ich habe nichts mehr hinzuzufügen/zu sagen
4. (*se représenter*) ■ **qn voit qn/qc d'une certaine façon** *événement, problème, question, vie* jd sieht jdn/etw irgendwie; ***qn voit qc sous un autre jour*** jd sieht etw ganz anders; ***il verrait bien son fils médecin*** er sähe seinen Sohn gerne als Arzt; ***il voit déjà son fils prenant sa succession*** er sieht seinen Sohn schon als seinen Nachfolger; ***on peut voir les choses de différentes façons*** man kann die Dinge unterschiedlich betrachten; ***je te vois bien/mal faire ce boulot*** ich kann mir gut/schlecht vorstellen, dass du diese Arbeit machst; ***je te vois bien [en] comédienne*** ich kann mir dich gut als Schauspielerin vorstellen; ■ **qn voit en qn qn** jd sieht in jdm jdn, jd betrachtet jdn als jd; ***il a vu en elle une bienfaitrice*** er sah in ihr eine Wohltäterin, er betrachtete sie als Wohltäterin; ■ **qn ne voit pas que** + *subj* jd denkt [*o* glaubt] nicht, dass; ■ **qn ne voit pas comment/où/pourquoi/quand/...** jd weiß nicht, wie/wo/wohin/warum/wann/...
5. (*examiner*) ■ **qn voit qc** *dossier, leçon* jd sieht [sich (*dat*)] etw an; *question* jd geht einer S. (*dat*) nach; ***je verrai ce que je peux faire*** ich werde sehen, was ich tun kann; ***il faut que je voie comment la chose se présente*** ich muss sehen, wie die Sache aussieht; ***nous verrons quel comportement adopter*** wir werden sehen, wie wir uns verhalten müssen; ***voyez la meilleure façon de vous y prendre*** sehen Sie zu, wie Sie es am besten anpacken
6. (*constater*) ■ **qn voit qc** jd sieht etw; ***on verra bien le résultat*** wir werden sehen, was dabei herauskommt; ***il faudra ~ la suite*** man muss sehen, wie es weitergeht; ***on le voit:*** eins steht fest:; ■ **qn voit qn/qc faire qc** jd erlebt, wie jd/etw etw macht; ■ **qn voit ce qui/que** + *indic*/**si/comment** jd sieht, was/dass/ob/wie; ***il faut que je voie s'il est compétent*** ich muss mich vergewissern, ob er kompetent ist; ***on voit bien que*** man merkt wohl, dass
7. (*rendre visite à*) ■ **qn voit qn** jd kommt mit jdm zusammen; ■ **qn voit qc** *spectacle* jd sieht etw; *exposition a., musée* jd besucht etw; ***passez me ~!*** besuchen Sie mich!, schauen Sie bei mir vorbei!; ***le médecin a plusieurs malades à ~*** der Arzt muss mehrere Krankenbesuche machen
8. (*rencontrer*) ■ **qn voit qn** jd sieht jdn; ***je tâcherai de vous ~ demain*** ich werde Sie morgen aufsuchen
9. (*connaître*) ■ **qn/qc voit qc** *drame, guerre* jd/etw sieht [*o* erlebt] etw; ***l'année prochaine verra le bicentenaire de cet événement*** im kommenden Jahr wird die Zweihundertjahrfeier dieses Ereignisses stattfinden; ■ **qn voit qn/qc faire qc** jd erlebt, wie jd/etw etw tut; ***j'ai vu des amis me tourner le dos*** ich habe erlebt [*o* musste erleben], wie Freunde mir den Rücken kehrten; ■ **qc voit qn/qc faire qc:** ***ces terrains ont vu leur prix doubler*** die Preise für diese Grundstücke haben sich verdoppelt; ***la société a vu son chiffre d'affaires tripler en cinq ans*** der Umsatz der Gesellschaft hat sich in fünf Jahren verdreifacht; ***le pays qui l'a vu naître*** das Land seiner Geburt
10. (*comprendre*) ■ **qn voit qc** *problème* jd sieht [*o* begreift] etw; *conséquences* jd sieht etw, jd schätzt etw ab; ***qn voit les conséquences d'un acte*** jd sieht, was für Folgen eine Tat hat; ■ **qn voit ce que/comment/...** jd versteht [*o* begreift], was/wie/...; ■ **qn fait ~ à qn que** + *indic* jd macht jdm klar [*o* begreiflich], dass; ■ **qc fait ~ à qn que** + *indic* etw zeigt jdm, dass; etw lehrt jdn, dass
11. (*apparaître*) ■ **qn fait/laisse ~ qc [à qn]** *colère, déception* jd lässt jdn etw spüren, jd lässt sich (*dat*) etw anmerken
12. (*sentir*) ■ **qn voit qn/qc faire qc** jd sieht, dass jd/etw etw tut; ***je te vois rater ton examen*** ich sehe schon [kommen], dass du deine Prüfung verhaust; ***chacun voyait venir la guerre*** jeder hat den Krieg kommen sehen; ***je le voyais venir*** das habe ich kommen sehen [*o* geahnt]
► **qn a assez vu qn** *fam* jd hat genug von jdm; **je voudrais bien t'y/vous y ~** *fam* ich würde dich/Sie gerne mal sehen, du hast/Sie haben gut reden; **on aura tout vu!** *fam* das ist nicht zu fassen! *fam*; **qn/qc a quelque chose à ~ avec qn/avec qc/dans qc** jd/etw hat etwas mit jdm/etw zu tun; **qn/qc n'a rien à ~ avec qn/avec qc/dans qc** jd/etw hat mit jdm/etw nichts zu tun; ***je n'ai rien à ~ dans cette affaire*** ich habe mit der Sache nichts zu tun; ***cela n'a rien à ~!*** das hat nichts damit zu tun!; **il faut le ~ pour le [*o* y] croire** *fam* man höre und staune *fam*; **c'est à ~!** mal sehen!, warten wir ab!; **qn ne peut pas ~ qn [en peinture]** *fam* jd kann jdn nicht ausstehen; **qn va/vient ~ qn** jd besucht jdn; ***qn va ~ son médecin*** jd geht zu seinem Arzt, jd sucht seinen Arzt auf; **va te faire ~ [ailleurs]!** *fam* zieh Leine! *fam*; **on va ~ ce qu'on va ~** *fam* es wird interessant werden; **qn voit venir** jd wartet ab; **qn peut ~ venir** jd kann sich (*dat*) Zeit lassen; **qn voit venir qn** (*comprend son intention*) jd sieht, worauf jd hinauswill [*o* was jd will]; **à ~** sehenswert; ***c'est un film à ~*** das ist ein sehenswerter Film; **qn en a vu d'autres** jd hat schon ganz anderes [*o* ganz andere Dinge] mitgemacht; **qn voit ça [d'ici]!** *fam* jd kann sich (*dat*) etw lebhaft vorstellen; **voyez-vous ça!** sieh mal [einer] an!; **tu vois ce que je vois?** *fam* träum' ich? *fam*; **je l'ai vu comme je vous vois** ich habe ihn/sie/es mit meinen eigenen Augen gesehen; **qn en fait ~ [de dures/de toutes les couleurs] à qn** *fam* jd macht jdm [schwer] zu schaffen, jd macht jdm das Leben schwer; **qn en voit [de belles/des vertes et des pas mûres]** *fam* jd macht etwas [*o* einiges] mit, jd erlebt einiges; ***j'en ai vu dans ma vie*** ich habe in meinem Leben einiges durchgemacht; **qn en voit de dures** [*o* **de rudes**] [*o* **de raides**] *fam* jd erlebt Schlimmes [*o* schlimme Dinge]; **tu m'en vois/vous m'en voyez ravi(e)/navré(e)** das freut mich/das tut mir Leid; **qn n'a encore rien vu** das Beste/Schlimmste kommt noch
II. *vi* **1.** (*prévoir*) ■ **qn voit d'une certaine façon:** ***qn voit grand/petit*** jd kalkuliert [*o* plant] groß/klein; ***qn voit large*** jd kalkuliert [*o* bemisst] großzügig; ***qn voit juste*** jd sieht richtig; ***qn voit loin*** jd ist weitblickend, jd plant weit voraus
2. (*constater*) ■ **qn voit** jd sieht; ■ **qn verra** jd wird sehen; ***on verra bien*** wir werden [schon] sehen
3. (*veiller*) ■ **qn voit/il faut ~ à faire qc** [*o* **à ce que** + *subj*] jd achtet darauf/man sollte darauf achten, etw zu tun [*o* dass]; ***il faudrait ~ à obéir*** *fam* du solltest/ihr solltet besser folgen
► **c'est toi/lui/vous/... qui vois/voit/voyez/...** *fam* du musst/er/sie muss/Sie müssen/... wissen; **il faudrait ~ à ~** *fam* Achtung!; **[il] faut ~ [comme]** *fam* ich kann dir/Ihnen sagen *fam*, wenn du wüsstest/Sie wüssten; ***elle lui a passé un de ces savons, faut ~ comme*** die hat ihn vielleicht angeschnauzt, ich kann dir sagen *fam*; **ben voyons!** *fam* sonst noch was!; **mais voyons!** also so etwas!, also jetzt!; **à toi/lui/... de ~** es liegt an dir/ihm/...; **pour ~** zum Ausprobieren; **vois-tu/voyez-vous** weißt du/wisst ihr/wissen Sie; **on verra!** wir werden sehen!; **qn y voit** *fam* jd kann sehen; ***tu y vois sans tes lunettes?*** kannst du [was] ohne deine Brille sehen?; **... ~!** *fam:* ***dis/essaie/regarde ~!*** sag/probier/sieh mal! *fam*; **voyons!** hörst du/hört ihr/hören Sie!
III. *vpr* **1.** (*se trouver*) ■ **qn se voit ...** jd sieht sich ...; ***qn se voit contraint(e)*** [*o* ***dans l'obligation***] [*o* ***forcé(e)***] ***de faire qc*** jd sieht sich gezwungen [*o* genötigt] etw zu tun; ***elle se voit admirée par tous*** sie wird von allen bewundert; ***il s'est vu soudain dans la misère*** er war plötzlich arm geworden; ■ **qc se voit ...:** ***tous les meubles se sont vus relégués au grenier*** alle Möbel wurden kurzerhand auf den Speicher verfrachtet
2. (*se produire*) ■ **qc se voit** /*attitude, comportement, réussite*/ man sieht [*o* beobachtet] etw; /*phénomène*/ etw ereignet sich; /*préjugé*/ man trifft auf etw (*akk*); ***ça ne s'est jamais vu*** das hat es noch nie gegeben; ***cela se voit*** das kommt vor; ***cela s'est vu*** das ist vorgekommen
3. (*être visible*) ■ **qc se voit** /*cicatrice, couleur, reprise, tache*/ etw ist zu sehen, man sieht etw; /*sentiment, mensonge*/ etw ist zu spüren, man spürt etw; ***ces couleurs se voient bien la nuit*** diese Farben sind in der Nacht deutlich zu sehen; ***ce film se voit avec plaisir*** es macht Spaß, diesen Film zu sehen
4. (*constater*) ■ **qn/qc se voit ...** + *infin:* ***il s'est vu refuser l'entrée*** man hat ihm den Eintritt verwehrt; ***il s'est vu attribuer une récompense*** er hat eine Belohnung bekommen; ***je me suis vu répondre que*** + *indic* man hat mir geantwortet, dass; ***nous nous voyons objecter que*** + *indic* man hält uns entgegen, dass; ■ **qn/qc se voit ...** + *pp* jd/etw wird ... + *pp;* ***je me voyais exclu*** ich wurde ausgeschlossen; ***l'essence se voit majorée de cinq centimes*** das Benzin wird um fünf Centimes erhöht
5. (*s'imaginer*) ■ **qn se voit d'une certaine façon/quelque part** jd kann sich (*dat*) vorstellen, irgendwie/irgendwo zu sein; ***je ne me vois pas dans ce genre d'entreprise*** ich kann mir nicht vorstellen, in einem solchen Unternehmen zu arbeiten; ***tu te vois dans une robe pareille?*** kannst du dir vorstellen, ein solches Kleid zu tragen?; ■ **qn se voit faire qc** jd kann sich (*dat*) vorstellen etw zu tun
6. (*se rencontrer*) ■ **des personnes se voient** Menschen sehen sich
► **qn se voit mourir** jd spürt [*o* merkt], dass er stirbt; **qn [ne] s'est pas vu(e)** *fam* jd soll sich selber erst mal [im Spiegel] anschauen *fam*; ***il ne s'est pas vu!*** der soll sich selber erst mal [im Spiegel] anschauen; ***tu ne t'es pas vu(e)!*** schau dich erst mal selber [im Spiegel] an
voire [vwaʀ] *adv* **1.** (*et même*) sogar
2. *littér* (*j'en doute*) dein/euer/Ihr Wort in Ehren, aber *liter*
► **~ même** *littér* ja sogar
voirie [vwaʀi] *f* **1.** (*entretien des routes*) Straßenmeisterei *f*; (*service administratif*) Straßenverwaltung *f*
2. (*routes*) [öffentliche] Straßen *pl*
3. (*enlèvement des ordures*) Müllabfuhr *f*; (*dépotoir*) Müllhalde *f*, Schutthalde *f*
voisin, e [vwazɛ̃, in] I. *adj* **1.** (*proche*) *rue* benachbart; *maison, village* Nachbar-; ■ **[qc est] ~ de qc** [etw ist] angrenzend an etw (*akk*); ***région ~e de la frontière*** Grenzregion *f*
2. (*analogue*) *sens, état, aventure* ähnlich; *espèce animale* verwandt; *idée, prix* vergleichbar; ■ **[qc est] ~ de qc** [etw ist] einer S. (*dat*) ähnlich, [etw ist] mit etw verwandt [*o* vergleichbar]
II. *m, f* Nachbar(in) *m(f)*; ■ **~ de** *de table* -nachbar(in); **~ *de palier*** Flurnachbar; **~(*e*) *de dortoir*** Zimmergenosse/-genossin *m/f*; **le ~ d'à côté** der

Nachbar von nebenan

voisinage [vwazinaʒ] *m* **1.** (*voisins*) Nachbarschaft *f*
2. (*proximité*) [*montagne, usine, printemps, flamme*] [unmittelbare] Nähe
3. (*environs*) Umgebung *f*
▸ **bon** ~ gute Nachbarschaft; ***des relations de bon*** ~ gutnachbarliche Beziehungen

voisiner <1> [vwazine] *vi* ■ **qn voisine avec qn** jd steht/sitzt/liegt neben jdm; ■ **qc voisine avec qc** */lit, meuble/* etw steht neben etw (*dat*); */quartier/* etw liegt neben etw (*dat*), etw grenzt an etw (*akk*)

voiture [vwatyʀ] *f* **1.** (*automobile*) Auto *nt*, Wagen *m*; ~ ***particulière*** Pkw *m*; ~ ***ventouse*** Dauerparker *m*; ■ ~ **de** *de compétition, sport* -wagen; ~ ***de fonction*** Geschäftswagen; ~ ***de course*** Rennwagen; ~ ***de location*** Mietwagen; ~ ***d'occasion*** Gebrauchtwagen; ~ ***de tourisme*** Personenwagen
2. CHEMDFER [Eisenbahn]wagen *m*; ~ ***de tête/de queue*** Wagen an der Zugspitze/am Zugende; ~ ***de première/seconde classe*** Wagen der ersten/zweiten Klasse; ~ ***à deux niveaux*** doppelstöckiger Wagen
3. (*véhicule attelé*) Fuhrwerk *nt*, Wagen *m*; ~ ***hippomobile*** Pferdewagen
4. (*véhicule utilitaire*) ■ ~ **de:** ~ ***de déménagement*** Möbelwagen *m*; ~ ***de dépannage*** Auto *nt* des Pannendienstes; ~ ***de livraison*** Lieferwagen *m*; ~ ***de pompiers*** Feuerlöschwagen *m*, Feuerwehrauto *nt*
▸ ~ **des quatre saisons** Obst- und Gemüsestand *m* auf Rädern; **en** ~ **Simone!** *fam* also nichts wie los!; **qn passe sous une** ~ jd kommt [*o* gerät] unter ein Auto; **qn se range/qn [s']est rangé(e) des** ~**s** *fam* jd wird solide/jd ist solide geworden; **en** ~ mit dem Auto; ***qn va quelque part en*** ~ jd fährt mit dem Auto irgendwohin; ***en*** ~, ***s'il vous plaît!*** bitte einsteigen!
◆ **voiture à bras** Handwagen *m*; **voiture à cheval** Pferdewagen *m*; **voiture d'enfant** Kinderwagen *m*; **voiture d'infirme** Rollstuhl *m*

voiture-balai <~s-~s> [vwatyʀbalɛ] *f* SPORT Begleitfahrzeug *nt* ▸ **qn fait la** ~-~ *hum* jd macht das Schlusslicht **voiture-bar** <~s-~s> [vwatyʀbaʀ] *f* CHEMDFER Büfettwagen *m* **voiture-école** <~s-~s> [vwatyʀekɔl] *f* Fahrschule *f* **voiture-lit** <~[s]-~s> [vwatyʀli] *f* Schlafwagen *m* **voiture-poste** <~s-~> [vwatyʀpɔst] *f* Postwagen *m*

voiturer <1> [vwatyʀe] *vt hum* ■ **qn voiture qn** jd kutschiert jdn herum *fam*; ■ **qn se fait** ~ jd lässt sich herumkutschieren *fam*

voiture-radio <~s-~> [vwatyʀʀadjo] *f* Funkwagen *m* **voiture-restaurant** <~s-~s> [vwatyʀʀɛstɔʀɑ̃] *f* Speisewagen *m*

voix [vwɑ] *f* **1.** (*organe de la parole*) Stimme *f*
2. MUS (*organe du chant*) [Sing]stimme *f*; ~ ***fausse/juste*** falsches/richtiges Singen; ■ ~ **de** *de basse, ténor, tête* -stimme; ~ ***de gorge*** kehlige Stimme; ~ ***de contralto*** Kontraalt *m*, tiefe Altstimme
3. POL (*suffrage*) [Wahl]stimme *f*; ~ ***consultative*** beratende Stimme
4. (*appel*) Stimme *f*; ■ ~ **de qc** *de la conscience, raison, du sang* Stimme einer S. (*gen*)
5. (*opinion*) ■ ~ **de qn** *du peuple, de Dieu* jds Stimme *f*; *d'un ami* jds Rat *m*; ***écoute ma*** ~*/**la*** ~ ***des syndicats*** hör auf mich/auf die Gewerkschaften; ***qn fait entendre la*** ~ ***de qn*** jd spricht in jds Namen (*dat*); ***qn fait entendre sa*** ~ jd verschafft sich (*dat*) Gehör
6. (*son*) [*animal*] Stimme *f*; [*oiseau a., coucou*] Ruf *m*; [*instrument*] Ton *m*; [*vent*] Lied *nt*
7. LING *pronominale* Form *f*; ~ ***active*** Tätigkeitsform, Aktiv *nt*; ~ ***passive*** Passiv *nt*; ***ce verbe est utilisé à la*** ~ ***passive*** dieses Verb steht im Passiv
▸ **qn prête sa** ~ **aux aveugles** jd liest für die Blinden; **qn a** ~ **au chapitre** jd hat [ein Wort] mitzureden; **qn a une** ~ **de crécelle** jd krächzt wie ein Rabe; ~ **de fausset** Falsett *nt*, Fistelstimme *f*; **de la** ~ **et du geste** mit Händen und Füßen; ~ **de stentor** dröhnende Stimme; **à** ~ **basse/haute/intelligible** leise/laut/deutlich [*o* vernehmlich]; ~ **blanche** [*o* **éteinte**] tonlose Stimme; **qn fait la grosse** ~ jd schlägt einen härteren Ton an; **à haute et intelligible** ~ laut und deutlich [*o* vernehmlich]; **qn a une petite** ~ jd hat eine schwache Stimme; **à pleine** ~ *crier* lauthals; *chanter a.* aus voller Kehle; **d'une seule** ~ einstimmig; **de vive** ~ mündlich; ***qn dit qc de vive*** ~ jd teilt etw mündlich mit; **qn a de la** ~ jd hat eine kräftige Stimme; **qn donne de la** ~ jd begehrt auf; **qn s'éclaircit la** ~ jd räuspert sich; **qn élève la** ~ (*s'exprime*) jd erhebt die Stimme *geh*; (*hausse le ton*) jd hebt seine Stimme, jd wird lauter; **qn entend des** ~ *hum* jd hört Stimmen; **qn est en** ~ MUS jd ist gut bei Stimme; **qn met qc aux** ~ jd stellt etw zur Wahl; **qn prête sa** ~ **à qc** (*participe*) jd wirkt bei etw mit; (*soutient*) jd setzt sich für etw ein; **à une/deux/...** ~ MUS ein-/zwei-/...stimmig; **d'une** ~ ... *frénétique, forte, claire* mit einer ... Stimme; **sans** ~ sprachlos

vol¹ [vɔl] *m* **1.** (*action de voler*) Flug *m*, Fliegen *nt*
2. AVIAT Flug *m*; ~ ***sans visibilité*** Blindflug; ■ **de** ~ *conditions, heures, durée* Flug-; ■ ~ **de** *d'essai, de nuit* -flug; ~ ***de reconnaissance*** Erkundungsflug, Aufklärungsflug; ~ ***de bombardement*** Luftangriff *m*, Bombenangriff *m*; ~ ***charter/régulier*** Charter-/Linienflug; ***le*** ~ ***187*** der Flug Nr. 187
3. ZOOL (*formation*) ■ **un** ~ **de ...** *de canards sauvages, moucherons* ein Schwarm *m* ...; *de perdrix* eine Kette ...
▸ ~ **sans escale** Nonstopflug *m*; **à** ~ **d'oiseau** in der Luftlinie; ~ **direct** Direktflug *m*; **de haut** ~ ORN von großer Spannweite; *fig* schweren Kalibers; ~ **libre** Drachenfliegen *nt*; **en** ~ **plané** im Gleitflug; **qn fait un** ~ **plané** *fam* jd stürzt in hohem Bogen, jd fliegt hin *fam*; **un animal prend son** ~ ein Tier fliegt fort; **qn prend son** ~ jd wird flügge; **au** ~ *saisir, attraper, cueillir* im Vorbeigehen, im Vorübergehen; *rattraper, tirer* im Flug; ***qn prend/attrape la balle au*** ~ jd nimmt/fängt den Ball aus der Luft; **en [plein]** ~ [mitten] im Flug
◆ **vol à voile** Segelfliegen *nt*

vol² [vɔl] *m* (*larcin*) Diebstahl *m*; (*avec violence*) Raub *m*
▸ ~ **à l'arraché** Raubüberfall *m*; **c'est du** ~ **[manifeste]**, **c'est du** ~ **[organisé]** das ist [glatter] Diebstahl
◆ **vol à la roulotte** Autoaufbruch *m*; **vol à la tire** Taschendiebstahl *m*; **vol à l'étalage** Ladendiebstahl *m*; **vol à main armée** bewaffneter Diebstahl, Raubüberfall *m*; **vol avec effraction** Einbruchsdiebstahl *m*

volage [vɔlaʒ] *adj personne* flatterhaft, leichtfertig; *époux* treulos; *humeur* wechselhaft; ***qn est d'humeur*** ~ jd ist launisch; ***cœur*** ~ unstetes Wesen

volaille [vɔlɑj] *f* **1.** ZOOL, GASTR Geflügel *nt*; ***une*** ~ ***rôtie*** gebratenes Geflügel
2. (*viande*) Geflügel[fleisch *nt*] *nt*; ■ **de** ~ *bouillon, escalope, galantine* Geflügel-

volailler, -ère [vɔlɑje, -jɛʀ] *m, f* Geflügelhändler(in) *m(f)*

volant [vɔlɑ̃] *m* **1.** AUT Lenkrad *nt*, Steuerrad *nt*
2. TECH Schwungrad *nt*
3. (*garniture*) [*rideau, robe*] Volant *m*, Faltenbesatz *m*
4. SPORT Federball *m*
5. (*réserve*) ■ ~ **de** Reserve *f* an (+ *dat*); *de main d'œuvre, d'intérimaires* Reservegruppe *f* von; *d'heures supplémentaires* zusätzliches Quantum an (+ *dat*); ~ ***de sécurité*** eiserner Bestand
6. AVIAT (*personnel volant*) ■ **les** ~**s** das Flugpersonal, das fliegende Personal
▸ **qn est au** ~ AUT jd sitzt am Steuer; **qn se met au** [*o* **prend le**] ~ AUT jd setzt sich ans Steuer; **au** ~ AUT am Steuer; **... du** ~: ***un as du*** ~ ein Ass *m* im Autofahren *fam*, ein super Autofahrer *m fam*; ***un fou du*** ~ ein verrückter Autofahrer

volant, e [vɔlɑ̃, ɑ̃t] *adj* **1.** (*qui vole*) fliegend; ***machine*** ~***e*** Luftfahrzeug *nt*
2. (*mobile*) *feuille* lose; *personnel* mobil; *pont* beweglich; ***douane*** ~***e*** Zollstreife *f*; ***camp*** ~ (*installation de gitans*) Zigeunerlager *nt*; MIL (*installation*) provisorischer Stützpunkt; (*unité*) Militärstreife *f*

volatil, e [vɔlatil] *adj* **1.** CHIM flüchtig
2. *soutenu bien* vergänglich; ***électorat*** ~ Wechselwähler *pl*

volatile [vɔlatil] *m* Vogel *m*

volatilisation [vɔlatilizasjɔ̃] *f* **1.** (*disparition*) spurloses Verschwinden
2. CHIM Verdunstung *f*

volatiliser <1> [vɔlatilize] **I.** *vt* CHIM ■ **qn volatilise qc** jd lässt etw verdunsten
II. *vpr* **1.** CHIM ■ **qc se volatilise** etw verdunstet, etw verflüchtigt sich
2. (*disparaître*) ■ **qn/qc se volatilise** jd/etw löst sich in Luft auf, jd/etw verschwindet spurlos

volatilité [vɔlatilite] *f* Flüchtigkeit *f*

vol-au-vent [vɔlovɑ̃] *m inv* Blätterteigpastete *f*

volcan [vɔlkɑ̃] *m* **1.** GEOL Vulkan *m*
2. (*personne*) [heißer] Vulkan
▸ **qn est assis(e)** [*o* **danse**] **sur un** ~ jd lebt wie auf einem Vulkan

volcanique [vɔlkanik] *adj* **1.** GEOL vulkanisch
2. *tempérament* aufbrausend, wie ein Vulkan; *passion, personne* wild, heiß

volcanisme [vɔlkanism] *m* Vulkanismus *m*

volcanologie [vɔlkanɔlɔʒi] *f* Vulkanologie *f*

volcanologue [vɔlkanɔlɔg] *mf* Vulkanologe/-login *m/f*

volée [vɔle] *f* **1.** (*groupe*) ■ **une** ~ **de ...** *de corbeaux, moineaux* ein Schwarm *m* ..., ein Schwarm von ...; *d'enfants, de personnes* eine Schar ..., eine Schar von ...
2. (*décharge*) ■ **une** ~ **de** *de flèches, projectiles* ein Hagel *m* von; ***une*** ~ ***de plombs*** eine Ladung Blei
3. (*raclée*) Schläge *pl*; ***qn prend/reçoit une*** [**bonne**] ~ jd steckt [tüchtig] Schläge ein/bekommt [tüchtig] Schläge; ***qn flanque une*** [**bonne**] ~ jd teilt [tüchtig] Schläge aus; ~ ***de coups*** Tracht *f* Prügel
4. SPORT Volley *m*; ~ ***croisée*** Volley-Cross *m*; ***qn joue à la*** ~ jd spielt am Netz; ***qn monte à la*** ~ jd geht ans Netz; ■ ~ **de qc:** ~ ***de coup droit/de revers*** Schlag *m* mit der Vorhand/Rückhand
▸ ~ **de bois vert** (*critiques violentes*) harte [*o* herbe] Kritik; **de haute** ~ *entreprise* erstklassig; *personnage* hervorragend; **qn prend sa** ~ (*s'émancipe*) jd wird flügge; **à la** ~ (*d'un geste ample*) mit Schwung, schwungvoll, mit weit ausholender Geste; (*au passage*) im Vorübergehen, im Vorbeigehen; **à toute** ~ mit viel Schwung; ***les cloches sonnent à toute*** ~ alle Glocken läuten; **de** ~ SPORT *arrêt, reprise* im Flug, in der Luft

voler¹ <1> [vɔle] *vi* **1.** (*se mouvoir dans l'air*) ■ **qn/un animal/qc vole** jd/ein Tier/etw fliegt
2. (*être projeté*) ■ **qc vole [quelque part]** */feuilles, pierre/* etw fliegt [irgendwo/irgendwohin]; */information/* etw kursiert, etw ist im Umlauf; ***des feuilles volent au vent*** Blätter flattern im Wind; ***des injures volaient*** man schleuderte sich gegenseitig Beleidigungen an den Kopf; ■ **qc fait** ~ **qc** *feuilles, poussière* etw wirbelt etw auf
3. (*courir*) ■ **qn vole [quelque part]** jd eilt [irgendwohin]
4. *littér* ■ **un animal/qc vole** */embarcation/* etw schießt dahin; */temps/* etw verfliegt; ***le cheval s'est mis à*** ~ das Pferd fing an zu laufen

voler² <1> [vɔle] **I.** *vt* **1.** (*dérober*) ■ **qn vole qc [à qn]** jd stiehlt [jdm] etw; *place* jd nimmt [jdm] etw weg; ■ **qn se fait** ~ **qc** etw wird jdm gestohlen; *place* jd verliert etw; ***tâche de ne pas te faire*** ~ ***ton argent*** lass dir dein Geld nicht stehlen
2. (*tromper*) ■ **qn vole qn [sur qc]** *sur le poids, la quantité* jd betrügt jdn [in Bezug auf etw (*akk*)]
▸ **qn ne l'a pas volé(e)** *fam* jd hat es verdient, das geschieht jdm recht *fam*; ***ta punition, tu ne l'as pas volée*** die Strafe, die hast du verdient
II. *vi* ■ **qn vole** jd stiehlt

volet [vɔlɛ] *m* **1.** (*persienne*) [Fenster]laden *m*; ~ ***roulant*** Rollladen, Rollbalken *m* AUS
2. (*partie*) Teil *m*; ***ce plan comporte quatre*** ~***s*** der Plan besteht aus vier Teilen
3. [*pièce administrative*] [Falt]blatt *nt*; (*feuillet*) [*triptyque*] Flügel *m*
4. AVIAT, TECH, AUT Klappe *f*; [*roue à aubes*] Schaufel *f*; ~ ***de freinage/protection*** Brems-/Schutzklappe *f*
5. INFORM: ~ ***de protection contre l'écriture*** Schreibschutzschalter *m*
▸ **qn trie des personnes/choses sur le** ~ jd wählt [*o* sucht] Menschen/

Dinge sorgfältig aus

voleter <4> [vɔlte] *vi* **1.** (*voltiger*) ■ **un animal volette** ein Tier flattert
2. *littér* (*flotter*) ■ **qc volette** /*flocons*/ etw treibt; /*pans, rubans*/ etw flattert

voleur, -euse [vɔlœʀ, -øz] **I.** *adj* (*qui dérobe*) *personne* betrügerisch; *animal* diebisch
II. *m, f* Dieb(in) *m(f)*; ~(*-euse*) ***à la tire*** Taschendieb(in) *m(f)*; ~(*-euse*) ***à l'étalage*** Ladendieb(in) *m(f)*; ~(*-euse*) ***de grand chemin*** Straßenräuber(in) *m(f)*, Wegelagerer(in) *m(f)*; ■ ~(**-euse**) **de** *de bétail, voitures* -dieb(in) *m(f)*; ~(*-euse*) ***d'enfants*** Kindesentführer(in) *m(f)*
▶ **au** ~! haltet den Dieb!; **comme un(e)** ~(**-euse**) wie ein Dieb, heimlich; ***qn part*** [*o* ***file***] [*o* ***se sauve***] ***comme un(e)*** ~(*-euse*) jd schleicht sich [wie ein Dieb] davon

volière [vɔljɛʀ] *f* Vogelgehege *nt*

volige [vɔliʒ] *f* Dachlatte *f*

volley[-ball] [vɔlɛbol, vɔlɛbal] *m* ∅ Volleyball *m*

volleyer <1> [vɔleje] *vi* ■ **qn volleye** jd spielt volley

volleyeur, -euse [vɔlɛjœʀ, -jøz] *m, f* **1.** (*joueur de volley*) Volleyballspieler(in) *m(f)*
2. TENNIS Netzspieler(in) *m(f)*

volontaire [vɔlɔ̃tɛʀ] **I.** *adj* **1.** (*voulu*) gewollt, beabsichtigt; *oubli* absichtlich; ***incendie*** ~ Brandstiftung *f*
2. (*non contraint*) freiwillig; ***engagé*** ~ Freiwillige(r) *m*; ■ **qn est ~ pour qc/faire qc** jd erklärt sich freiwillig zu etw bereit/ist von sich aus bereit, etw zu tun; ***je suis ~ pour la corvée de pluches*** ich schäle freiwillig die Kartoffeln
3. (*décidé*) energisch; *péj enfant, adulte* eigensinnig
II. *mf* **1.** (*bénévole*) freiwilliger Helfer/freiwillige Helferin
2. MIL Freiwillige(r) *f(m)*
3. (*personne têtue*) Starrkopf *m*; ***c'est un(e)*** ~ er(sie) ist eigensinnig [*o* starrköpfig]

volontairement [vɔlɔ̃tɛʀmɑ̃] *adv* **1.** (*exprès*) mit Absicht, absichtlich, willentlich *geh*
2. (*de son plein gré*) *accomplir, obéir* freiwillig, von sich aus, aus freien Stücken
3. JUR gütlich, in gegenseitigem Einvernehmen

volontariat [vɔlɔ̃taʀja] *m* Freiwilligkeit *f*

volontarisme [vɔlɔ̃taʀism] *m* Voluntarismus *m*

volontariste [vɔlɔ̃taʀist] **I.** *adj* voluntaristisch
II. *mf* **1.** (*personne volontaire*) Willensmensch *m*
2. PHILOS Voluntarist(in) *m(f)*

volonté [vɔlɔ̃te] *f* **1.** (*détermination*) Wille *m*; (*désir*) Wunsch *m*; ***la ~ divine*** der Wille Gottes; ■ **la ~ de qc/faire qc** der Wille zu etw/etw zu tun; ***sa ~ de travailler/réussir*** sein/ihr Arbeitswille/Wille zum Erfolg; ***pourquoi cette ~ d'exagération/de dérision?*** warum diese gewollte Übertreibung/dieser gewollte Spott?
2. (*énergie*) Wille *m*, Willensstärke *f*; ***qn manque de*** ~ jd hat keinen [eigenen] Willen, jd ist willensschwach
▶ **avec la meilleure ~ du monde** beim besten Willen; **bonne/mauvaise** ~ guter/böser Wille; ***qn met de la bonne/mauvaise ~ à faire qc*** jd geht mit gutem Willen daran etw zu tun/tut etw nur ungern; ***tu y mets de la mauvaise ~, ou quoi?*** du stellst dich wohl absichtlich dumm an!; **les dernières ~s** der letzte Wille; **qn fait ses quatre ~s/les quatre ~s de qn** *fam* jd setzt seinen [Dick]kopf durch/tanzt nach jds Pfeife *fam*; **qn a de la** ~ jd hat einen starken Willen, jd ist willensstark; **qn fait la** ~ [*o* **toutes les ~s**] **de qn** jd erfüllt jdm jeden Wunsch; **à** ~ nach Belieben
◆ **volonté de fer** eiserner Wille

volontiers [vɔlɔ̃tje] *adv* **1.** (*avec plaisir*) gern[e]; ***plus ~/le plus*** ~ lieber/am liebsten; ***qn obéit*** ~ jd gehorcht bereitwillig
2. (*souvent*) gern; ***qn est ~ inquiet*** jd ist schnell beunruhigt
▶ **je dirais ~ que** + *indic* ich würde fast sagen, dass; ich meine fast, dass

volt [vɔlt] *m* Volt *nt*

voltage [vɔltaʒ] *m* Spannung *f*

voltaire [vɔltɛʀ] *m* Voltaire-Sessel *m* (*tiefer Armsessel mit hoher Lehne*)

volte [vɔlt] *f* Volte *f*

volte-face [vɔltəfas] *f inv* **1.** (*revirement*) Kehrtwendung *f*, Meinungsumschwung *m*
2. (*demi-tour*) Kehrtwendung *f*
▶ **qn fait ~**/**une ~** jd dreht sich um/macht eine Kehrtwendung

voltige [vɔltiʒ] *f* **1.** (*au cirque*): ***numéro de haute*** ~ Trapeznummer *f*
2. AVIAT Kunstfliegen *nt*
3. (*équitation*) Kunstreiten *nt*
▶ [**qn fait**] **de la haute** ~: ***c'est de la haute*** ~ das ist ein gewagtes Unternehmen; ***de la haute ~ intellectuelle*** Gehirnakrobatik *f*

voltiger <2 a> [vɔltiʒe] *vi* **1.** (*voler çà et là*) ■ **un animal voltige** ein Tier fliegt [*o* flattert] herum
2. (*flotter légèrement*) ■ **qc voltige quelque part** etw tanzt irgendwo; ■ **qc fait ~ qc** etw wirbelt etw durch die Luft

voltigeur, -euse [vɔltiʒœʀ, -ʒøz] *m, f* **1.** (*acrobate*) (*au trapèze*) Trapezkünstler(in) *m(f)*; (*sur un cheval*) Voltigierer(in) *m(f)*
2. HIST MIL *auf Wendigkeit trainierter Infanterist*

voltmètre [vɔltmɛtʀ] *m* Spannungsmesser *m*

volubile [vɔlybil] *adj* redselig, gesprächig

volubilis [vɔlybilis] *m* Winde *f*

volubilité [vɔlybilite] *f* Redseligkeit *f*, Gesprächigkeit *f*

volume [vɔlym] *m* **1.** SCI Volumen *nt*, Rauminhalt *m*; ~ ***atomique/moléculaire*** Atom-/Mol[ekular]volumen
2. COM [Gesamt]menge *f*; [*investissements, production*] Umfang *m*; ~ ***d'importations/de ventes*** Einfuhr-/Verkaufsvolumen *nt*
3. (*intensité*) Volumen *nt*; ~ ***sonore/du son*** Lautstärke *f*
4. (*tome*) Band *m*
5. (*objet*) Körper *m*, Gebilde *nt*
▶ **qn écrit des ~s** jd schreibt einen ganzen Roman; **qc fait du** ~ etw ist sperrig; **qn fait du** ~ *fam* jd plustert sich auf *fam*

volumétrique [vɔlymetʀik] *adj* volumetrisch; ***analyse*** ~ Volumetrie *f*, Maßanalyse *f*; ***compteur*** ~ Volumenzähler *m*

volumineux, -euse [vɔlyminø, -øz] *adj correspondance, dossier* umfangreich; *objet, paquet* voluminös

volumique [vɔlymik] *adj*: ***masse*** ~ spezifische Masse, Dichte *f*

volupté [vɔlypte] *f* **1.** (*plaisir sensuel*) Genuss *m*, Lust *f*
2. (*plaisir sexuel*) Wollust *f*, Lust *f*
3. (*plaisir intellectuel*) Wonne *f*, Hochgenuss *m*

voluptueusement [vɔlyptɥøzmɑ̃] *adv* genüsslich, mit Wonne

voluptueux, -euse [vɔlyptɥø, -øz] **I.** *adj* sinnlich
II. *m, f* Genussmensch *m*, Sinnenmensch *m*

volute [vɔlyt] *f* **1.** (*spirale*) [*plante*] Windung *f*; [*fumée*] Kringel *m*
2. ARCHIT Volute *f*

vomi [vɔmi] *m* Erbrochene(s) *nt*

vomir <8> [vɔmiʀ] **I.** *vt* **1.** (*régurgiter*) ■ **qn vomit qc** jd [er]bricht etw, jd speibt etw AUS
2. *littér* (*cracher*) ■ **qc vomit qc** *feu, lave* etw speit etw *geh*; ■ **qn vomit qc** *injures* jd stößt etw aus; ***qn vomit sa haine contre qn*** jd lässt Hasstiraden gegen jdn los
3. *littér* (*exécrer*) ■ **qn vomit qn/qc** jd verabscheut jdn/etw
▶ [**qn/qc est**] **à** ~ [jd/etw ist] widerlich, [jd/etw ist] Ekel erregend
II. *vi* ■ **qn vomit** jd erbricht sich

vomissement [vɔmismɑ̃] *m* **1.** (*action*) Erbrechen *nt*
2. (*vomissure*) Erbrochene(s) *nt*

vomissure [vɔmisyʀ] *f souvent pl* Erbrochene(s) *nt*

vomitif, -ive [vɔmitif, -iv] **I.** *adj* **1.** PHARM Brechreiz auslösend
2. *fam* (*répugnant*) widerlich, Ekel erregend
II. *m* PHARM Brechmittel *nt*

vont [vɔ̃] *indic prés de* **aller**

vorace [vɔʀas] *adj animal, personne* gefräßig; ***appétit*** ~ Heißhunger *m*; ***des plantes ~s*** Fleisch fressende Pflanzen *pl*

voracement [vɔʀasmɑ̃] *adv* gierig

voracité [vɔʀasite] *f* Gefräßigkeit *f*; [*animal*] Fressgier *f*; [*créancier, usurier*] Geldgier *f*; ***qn lit un livre avec*** ~ jd verschlingt ein Buch

vos [vo] *adj poss v.* **votre**

Vosges [voʒ] *fpl* ■ **les Vosges** die Vogesen *pl*

votant, e [vɔtɑ̃, ɑ̃t] *m, f* **1.** (*participant au vote*) Wähler(in) *m(f)*
2. (*électeur*) Stimmberechtigte(r) *f(m)*; ***liste des ~s*** Wählerliste *f*, Wählerverzeichnis *nt*

vote [vɔt] *m* **1.** (*adoption*) [*crédits*] Bewilligung *f*, Genehmigung *f*; [*projet de loi, motion*] Annahme *f*; [*loi*] Verabschiedung *f*; ***le ~ de la réforme*** die Zustimmung zur Reform, das Votum für die Reform
2. (*suffrage*) Abstimmung *f*; *direct, indirect* Wahl *f*; ***qn compte les ~s*** jd zählt die [Wahl]stimmen [aus]; ~ ***à main levée*** Abstimmung durch Handzeichen; ~ ***à bulletin secret*** geheime Wahl; ~ ***par correspondance*** Briefwahl; ~ ***par procuration*** Wahl in Vertretung
◆ **vote de confiance** Vertrauensvotum *nt*

voter <1> [vɔte] **I.** *vi* ■ **qn vote** jd wählt; ■ **qn vote contre/pour qn/qc** jd stimmt gegen/für jdn/etw; ■ **qn vote sur qc** jd stimmt über etw (*akk*) ab; ■ **qn vote d'une certaine façon** jd wählt irgendwie; ***qn vote R.P.R.*** jd wählt die RPR; ***qn vote à bulletin secret*** jd stimmt in geheimer Wahl ab; ***qn vote à main levée*** jd stimmt durch Handzeichen ab; ***qn vote par procuration*** jd gibt seine Stimme durch einen Bevollmächtigten ab; ***qn vote par correspondance*** jd wählt per Briefwahl; ***qn vote blanc/nul*** jd gibt einen leeren/ungültigen Stimmzettel ab
II. *vt* ■ **qn vote qc** jd stimmt für etw; *projet de loi, motion a.* jd nimmt etw an; *crédits* jd bewilligt etw, jd genehmigt etw; *loi* jd verabschiedet etw

votif, -ive [vɔtif, -iv] *adj messe, église* Votiv-; ***offrande ~ive*** Weihegabe *f*, Votivgabe *f*; ***fête ~ive*** Patronatsfest *nt*

votre <vos> [vɔtʀ, votʀ] *adj poss* **1.** (*qui est à vous, qui vous concerne*) (*à une personne vouvoyée*) Ihr(e); (*à plusieurs personnes tutoyées*) euer/eu[e]re; (*à plusieurs personnes vouvoyées*) Ihr(e)
2. *form* (*appellation respectueuse*) ■ **V~**: ***V~ Excellence/Majesté*** Eu[e]re Exzellenz/Majestät

vôtre [votʀ] **I.** *pron poss* ■ **le/la** ~ (*à une personne vouvoyée*) Ihre(r, s), der/die/das ihr[ig]e *geh*; (*à plusieurs personnes tutoyées*) eurer/eu[e]re(s), der/die/das eurige *geh*, der/die/das eu[e]re *geh*; (*à plusieurs personnes vouvoyées*) Ihre(r, s), der/die/das ihr[ig]e *geh*; ***j'ai retrouvé mon parapluie, mais où est le ~?*** ich habe meinen Schirm wiedergefunden, aber wo ist Ihrer [*o* der ihrige *geh*]?
II. *m* ■ **les ~s** (*votre famille*) die ihren/euren; ***nous espérons pouvoir être des ~s*** wir hoffen, Ihrer Einladung folgen zu können
▶ **vous y mettez du** ~ Sie tun das ihre/ihr tut das eure
III. *f* ▶ **à la [bonne]** ~! *fam* auf Ihr/euer Wohl
IV. *adj poss littér* (*à une personne qu'on vouvoie*) Ihre(r, s), der(die, das) ihr[ig]e *geh*; (*à plusieurs personnes qu'on tutoie*) eurer/eu[e]re(s), der/die/das eurige [*o* eu[e]re] *geh*; ***considérez cette maison comme*** ~ betrachten Sie das Haus als Ihres [*o* das ihr[ig]e *geh*]/betrachtet das Haus als eu[e]res [*o* das eu[e]re] [*o* eurige] *geh*

vouer <1> [vwe] **I.** *vt* **1.** (*condamner*) ■ **qc voue qn/qc à qc** etw verdammt jdn zu etw/etw bestimmt etw zu etw; ***la crise voue un projet à l'échec*** die Krise lässt einen Plan scheitern; ***qn/qc est voué(e) à l'échec/à disparaître*** jd/etw ist zum Scheitern verurteilt/dem Untergang geweiht
2. (*consacrer*) ■ **qn voue qc à qn/qc** jd widmet etw jdm/einer S.; *temps a.*

jd opfert etw jdm/einer S.
3. REL ■ **qn voue qn/qc à qn/qc** jd weiht jdn/etw jdm/einer S.
4. (*ressentir*) ■ **qn voue qc à qn** *amour, haine* jd hegt etw für jdn
II. *vpr* ■ **qn se voue à qn/qc** jd widmet sich jdm/einer S.; *au célibat* jd verschreibt sich einer S. (*dat*)

vouloir <*irr*> [vulwaʀ] I. *vt* 1. (*exiger*) ■ **qn veut qc** jd will etw, jd fordert etw; ***je veux le savoir!*** ich will es wissen!; ■ **qn veut faire qc** jd will etw tun; ■ **qn veut qc de qn** jd verlangt etw von jdm; ***il a voulu de moi une promesse que*** er wollte, dass ich ihm verspreche, dass; ■ **qn veut qc de qc** jd will [*o* fordert] etw für etw; ***il en veut 1 million*** er will [*o* verlangt] 1 Million dafür; ■ **qn veut qc à qn** jd will etw von jdm; ***que lui voulez-vous?*** was wollen Sie von ihm/ihr?; ■ **qn veut/voudrait que** + *subj* jd will [*o* fordert]/hätte gern, dass; ***pourquoi voulez-vous*** [*o* ***voudriez-vous***] ***que je fasse cela?*** warum soll ich das tun?; ***comment veux-tu que je le sache?*** wie soll ich das [denn] wissen?
2. (*souhaiter*) ■ **qn veut/voudrait qc** jd möchte etw/hätte gern etw; ***s'il le voulait vraiment*** wenn er es wirklich wollte; ***sans le*** ~ ohne es zu wollen, unbeabsichtigt; ■ **qn veut/voudrait faire qc** jd möchte etw tun/würde gern[e] etw tun; ***il voudrait être médecin*** er wäre gerne Arzt; ■ **qn veut/voudrait que** + *subj* jd möchte, dass/hätte gern, dass
3. (*consentir à*) ■ **qn/un animal/qc veut faire qc** jd/ein Tier/etw will etw tun; ***le moteur ne veut pas démarrer*** der Motor will nicht anspringen; ■ **veux-tu/voulez-vous** [*o* **veuillez**] **faire qc** (*poli*) würdest du/würden Sie bitte etw tun; (*impératif*) tu doch/tun Sie doch bitte etw
4. (*nécessiter*) ■ **qc veut qc** *eau, soins, lumière* etw braucht etw; *patience, temps* etw erfordert etw; ***"durch" veut l'accusatif*** nach „durch" steht der Akkusativ; ■ **qc veut que** + *subj*: ***l'usage veut que*** der Brauch will es, dass
5. (*faire en sorte*) ■ **qc veut que** + *subj* / *destin, hasard, sort, fatalité* etw will es, dass
6. (*essayer de*) ■ **qn veut faire qc** jd will etw tun
7. (*prétendre*) ■ **qn/qc veut que** + *subj* jd/etw behauptet, dass; ***la loi veut que tout délit soit puni*** dem Gesetz nach steht auf jedes Vergehen Strafe
▶ **qn veut bien que** + *subj* jd ist einverstanden, dass; jd hat nichts dagegen, wenn; **qn veut bien** [**avoir**] **qc/faire qc** jd möchte etw [haben]/tut etw gern[e]; ***il veut bien vous rendre ce service*** er tut Ihnen diesen Gefallen gern[e]; **qn voudrait bien avoir qc/faire qc** jd hätte gern[e] etw/würde gern[e] etw tun; ***elle voudrait bien être avocat*** sie wäre gern[e] Rechtsanwältin; **si tu veux/vous voulez bien faire qc** wenn du [doch] bitte so freundlich wärest/Sie [doch] bitte so freundlich wären, etwas zu tun; ***si vous voulez bien me suivre*** wenn Sie mir bitte folgen wollen; **que qn le veuille ou non** ob jd will oder nicht; **que veux-tu/voulez-vous** [*o* **qu'est-ce que tu veux/vous voulez**] **que j'y fasse?** *fam* was kann ich denn daran schon ändern?; **qn l'a/aura voulu!** jd hat es [ja] so gewollt!; **que veux-tu/voulez-vous** was soll's; **veux-tu** [*o* **tu veux**]**/voulez-vous** [**bien**] **faire qc!** *fam* wirst du/würden Sie wohl etw tun!
II. *vi* 1. (*être disposé*) ■ **qn veut** jd will; ***il chante merveilleusement quand il veut*** er singt wunderbar, wenn er will
2. (*souhaiter*) ■ **qn veut** jd will, jd möchte; ***tu peux partir si tu veux*** du kannst gehen, wenn du willst [*o* möchtest]
3. (*accepter*) ■ **qn veut de qn/qc** [**comme qc**] jd hat Interesse an jdm/etw [als etw]; ■ **qn ne veut plus de qn/qc** jd will von jdm/etw nichts mehr wissen
4. (*avoir des griefs envers*) ■ **qn en veut à qn** [**de qc**] jd ist jdm böse [wegen etw], jd nimmt jdm etw übel; ■ **qn en veut à qn de faire qc** jd ist jdm böse, weil er etw tut
5. (*avoir des visées sur*) ■ **qn en veut à qc** jd hat es auf etw (*akk*) abgesehen
▶ **je veux bien** gern[e]; [**moi,**] **je veux bien** [na ja], von mir aus; ~ **c'est pouvoir, quand on veut, on peut** *prov* wo ein Wille ist, ist auch ein Weg; **qn en veut** *fam* jd ist ehrgeizig; **en veux-tu, en voilà!** in Hülle und Fülle; **je veux!** *fam* und ob! *fam*; **si on veut** *fam* wenn man so will; **si tu veux/vous voulez** wenn du so willst/wenn Sie so wollen
III. *vpr* ■ **qn/qc se veut** + *adj* jd/etw will + *adj* sein, jd gibt sich + *adj*
▶ **qn s'en veut de qc/de faire qc** etw tut jdm Leid/es tut jdm Leid, dass er etw tut
IV. *m littér* Wille *m*, Wollen *nt*
▶ **bon/mauvais** ~: ***qc dépend du bon*** ~ ***de qn*** etw hängt von jds gutem Willen ab; ***qn fait preuve de bon/mauvais*** ~ jd zeigt guten/schlechten Willen

voulu, e [vuly] I. *pp de* **vouloir**
II. *adj* 1. (*requis*) *effet* gewünscht; *somme a., formalité* erforderlich; *moment* richtig
2. (*délibéré*) bewusst, gewollt
▶ **en temps** ~ rechtzeitig; **c'est** ~ *fam* das ist beabsichtigt

vous [vu] I. *pron pers* 1. (*pl de tu*) *sujet* ihr; *compl* euch; ~ ***êtes grands*** ihr seid groß; ***je*** ~ ***aime*** ich liebe euch; ***je*** ~ ***dis la vérité*** ich sage euch die Wahrheit; ***asseyez-vous*** setzt euch; ~, ~ ***commencez à m'agacer*** ihr, ihr geht mir so langsam auf die Nerven
2. (*forme de politesse*) *sujet* Sie; *compl* Sie (*akk*), Ihnen (*dat*); ***je*** ~ ***aime*** ich liebe Sie; ~ ***habitez ici?*** wohnen Sie hier?; ***je*** ~ ***ai vu Pierre/*** ~ ***ai vus messieurs*** ich habe Sie gesehen, Pierre/meine Herren; ***je*** ~ ***crois*** ich glaube Ihnen; ***asseyez-***~ setzen Sie sich
3. (*on*) *sujet* man; *compl* einen (*akk*), einem (*dat*); ~ ***ne pouvez même pas dormir*** man kann nicht einmal schlafen; ***des gens qui viennent*** ~ ***importuner*** Leute, die einen belästigen; ***des choses qui*** ~ ***gâchent la vie*** Dinge, die einem das Leben schwer machen
4. + *prép* euch (*akk/dat*); *forme de politesse* Sie (*akk*), Ihnen (*dat*); ***contre/avec*** ~ gegen/mit euch; *forme de politesse* gegen Sie/mit Ihnen; ***je me souviens de*** ~ ich erinnere mich an euch [*o* mich eurer *geh*]; *forme de politesse* ich erinnere mich an Sie [*o* mich Ihrer *geh*]; ***qc est à*** ~ etw gehört euch; *forme de politesse* etw gehört Ihnen
▶ **de** ~ **à moi** unter uns; **après** ~ nach Ihnen/euch
II. *m* (*vouvoiement*) Sie *nt*, Sie-Form *f*

vous-même <~-~s> [vumɛm] *pron v.* **même**

voussure [vusyʀ] *f* Wölbung *f*; ~ ***de la fenêtre/porte*** Fenster-/Türbogen *m*

voûte [vut] *f* 1. (*paroi supérieure courbe*) Gewölbe *nt*; [*four, grotte, tunnel*] gewölbte Decke; ~ ***de feuillage*** Blätterdach *nt*
2. ARCHIT Gewölbe *nt*; ~ ***en berceau/ogive/plein cintre*** Tonnen-/Spitzbogen-/Rundbogengewölbe; ~ ***en éventail*** fächerförmiges Rippengewölbe
3. ANAT: ~ ***crânienne*** Schädeldach *nt*; ~ ***palatine*** harter Gaumen; ~ ***plantaire*** Fußgewölbe *nt*
4. *littér* (*ciel*): ~ ***azurée*** [*o* ***céleste***] Himmelsgewölbe *nt liter*; ~ ***étoilée*** Sternenzelt *nt liter*

voûter <1> [vute] I. *vt* 1. ARCHIT ■ **qn voûte qc** jd wölbt etw, jd versieht etw mit einem Gewölbe *nt*; ***cave voûtée*** Keller *m* mit Gewölbe
2. (*courber*) ■ **qc voûte qn/qc** etw krümmt jdn/etw; ***dos voûté*** krummer Rücken; ***l'âge avait voûté son dos*** das Alter hatte seinen/ihren Rücken gebeugt [*o* gekrümmt]
II. *vpr* ■ **qn/qc se voûte** jd/etw krümmt sich

vouvoiement [vuvwamɑ̃] *m* Siezen *nt*

vouvoyer <6> [vuvwaje] I. *vt* ■ **qn vouvoie qn** jd siezt jdn, jd redet jdn mit Sie an
II. *vpr* ■ **des personnes se vouvoient** Menschen siezen sich

vox populi [vɔkspɔpyli] *f inv littér* die Stimme des Volkes

voyage [vwajaʒ] *m* 1. (*action de voyager*) Reise *f*; ~ ***en Espagne/aux Pays-Bas*** Reise nach Spanien/in die Niederlande; ***qn fait un*** ~ ***quelque part*** jd macht eine Reise irgendwohin; ***qn aime les*** ~***s*** jd reist gerne; ■ ~ **de** *d'études, de noces* -reise; ■ ~ **à/en qc** *à bicyclette, en avion, train, voiture* Reise per etw; ~ ***par mer*** Schiffsreise; ***qn fait un*** ~ ***à pied*** jd reist zu Fuß
2. (*trajet*) Anreise *f*; ~ ***aller/retour*** Hin-/Rückreise *f*
3. *fam* (*trip*) Reise *f fam*, Trip *m*
▶ **les** ~**s forment la jeunesse** *prov* Reisen *nt* bildet; **le grand** ~ *soutenu* die letzte Reise *geh*; ***qn part pour le grand*** ~ jd tritt seine letzte Reise an; ■ ~ **interplanétaire** interplanetare Raumfahrt; ~ **organisé** Gruppenreise *f*; **qn fait le** ~: ***qn fait le*** ~ ***à Paris tous les jours*** jd fährt täglich nach Paris; ***il a fait le*** ~ ***pour venir me voir*** er hat die Reise gemacht um mich zu besuchen; **qn part en** ~ jd verreist; **en** ~ auf Reisen

voyager <2 a> [vwajaʒe] *vi* 1. (*aller en voyage*) ■ **qn voyage** [**quelque part**] [**d'une certaine façon**] jd reist [irgendwie] [irgendwohin]; ***qn voyage par mer*** jd reist [*o* fährt] mit dem Schiff
2. COM ■ **qn voyage** jd reist, jd ist Handelsreisende(r) *f(m)*; ***qn voyage pour une société*** jd reist für eine Firma
3. (*être transporté*) ■ **qc voyage** etw wird befördert [*o* transportiert]; ***ces denrées voyagent mal*** diese Nahrungsmittel lassen sich schlecht transportieren

voyageur, -euse [vwajaʒœʀ, -ʒøz] I. *adj* Reise-; ***qn est d'humeur*** ~***euse*** jd ist reiselustig
II. *m, f* 1. (*personne qui voyage*) Reisende(r) *f(m)*; (*dans un avion/sur un bateau*) Fluggast *m*/Passagier *m*
2. (*représentant*) [Handels]reisende(r) *f(m)*
◆ **voyageur de commerce** [Handels]reisende(r) *f(m)*

voyagiste [vwajaʒist] *m* Reiseunternehmen *nt*, Reiseveranstalter *m*

voyais [vwajɛ] *imparf de* **voir**

voyance [vwajɑ̃s] *f* Hellsehen *nt*

voyant, e [vwajɑ̃, jɑ̃t] I. *pprés de* **voir**
II. *adj* 1. (*qui se remarque*) auffallend; *couleur a.* grell
2. (*doué de voyance*): ***qn est*** ~ jd kann hellsehen; ***je ne suis pas*** ~! ich bin kein Hellseher!
III. *m* (*indicateur*) Kontrolllicht *nt*, Kontrolllampe *f*
IV. *m, f* 1. (*devin*) Hellseher(in) *m(f)*
2. (*opp: aveugle*) Sehende(r) *f(m)*

voyelle [vwajɛl] *f* Vokal *m*, Selbstlaut *m*

voyeur, -euse [vwajœʀ, -jøz] *m, f* 1. (*amateur de scènes lubriques*) Voyeur(in) *m(f)*
2. (*curieux*) Schaulustige(r) *f(m)*

voyeurisme [vwajœʀism] *m* 1. (*perversion du voyeur*) Voyeurismus *m*
2. (*curiosité*) Schaulust *f*

voyez [vwaje], **voyons** [vwajɔ̃] *indic prés de* **voir**

voyou [vwaju] I. *adj*: ***qn arbore des airs*** ~***s*** jd trägt Ganovenmanieren zur Schau
II. *m* 1. (*délinquant*) Ganove/-vin *m/f*
2. (*garnement*) Tunichtgut *m*
▶ **petit** ~ Schlingel *m*, Strolch *m*

vrac [vʀak] *m* Schüttgut *nt*
▶ **en** ~ (*sans emballage*) nicht abgepackt, lose; (*pêle-mêle*) durcheinander; ***vin en*** ~ offener Wein

vrai, e [vʀɛ] I. *adj* 1. (*véridique*) wahr; ***c'est un événement*** ~ das ist eine tatsächliche Begebenheit
2. *postposé* (*conforme à la réalité*) *personnage, tableau* lebensecht; ***le parler*** ~ die ungeschminkte Wahrheit
3. *antéposé* (*authentique*) echt; *socialiste, héros, nom, archéologue* richtig; *cause, délice* wahr; ***ce sont ses*** ~***s cheveux*** das ist sein/ihr eigenes Haar; ***le*** ~ ***responsable c'est lui*** er ist der eigentliche Verantwortliche
4. *antéposé* (*digne de ce nom*) echt; *mendiant, cauchemar* richtig; ***c'est un*** ~ ***fou*** er ist ein echter Spinner; ***elle était une*** ~***e mère pour lui*** sie war ihm eine echte [*o* wahre] Mutter
5. *antéposé* (*convenable*) *manière, méthode, moyen, place* [einzig] richtig
▶ **aussi** ~ **que** + *indic* so wahr; ***aussi*** ~ ***que je m'appelle Bernard*** so wahr

ich Bernard heiße; ~(e) **faux(fausse)** geschickt fingiert [*o* inszeniert]; **il n'en est pas moins ~ que** nichtsdestoweniger, trotzdem; **y a que ça de ~** *fam* das ist das einzig Wahre *fam;* **c'est ~** das stimmt; ***il a téléphoné, c'est ~, mais …*** er hat angerufen, das stimmt, aber …; **c'est pas ~!** *fam* das darf nicht wahr sein! *fam;* **c'est si ~ que** + *indic* dies zeigt sich daran, dass; **il est ~** [**que** + *indic*] (*il faut dire*): ***il est ~ qu'il a menti, mais …*** es stimmt, dass er gelogen hat, aber …; ***…; il est ~ qu'il a redoublé*** er ist ja auch sitzen geblieben; ~ **de ~** *fam* waschecht *fam;* ***c'est de l'or, du ~ de ~*** das ist Gold, hundertprozentig; ***un ~ de ~*** ein echter Kerl; **pas ~?** *fam* oder? *fam;* ~**!/?** wirklich!/?, echt!/?

II. *m* ■ **le ~** das Wahre; ***il y a du ~*** es ist etwas Wahres daran

▸ **qn démêle** [*o* **distingue**] **le ~ du faux** jd unterscheidet Wahres und Falsches; **à dire ~, à ~ dire** offen gestanden; **qn est dans le ~** jd hat Recht; **au ~** *soutenu* letztlich; **pour de ~** *fam* im Ernst

III. *adv* ▸ **qn dit ~** jd sagt die Wahrheit; **qn/qc fait ~** jd hält sich an die Wirklichkeit/etw sieht echt aus; **qn parle ~** jd sagt die Wahrheit

vraiment [vʀɛmɑ̃] *adv* wirklich; ***ah, ~?*** so, wirklich?

vraisemblable [vʀɛsɑ̃blabl] *adj* **1.** (*plausible*) einleuchtend

2. (*probable*) wahrscheinlich; ■ **il est ~ que** + *indic* es ist sehr wahrscheinlich, dass

vraisemblablement [vʀɛsɑ̃blabləmɑ̃] *adv* wahrscheinlich, vermutlich

vraisemblance [vʀɛsɑ̃blɑ̃s] *f* Glaubwürdigkeit *f*

▸ **selon toute ~** aller Wahrscheinlichkeit nach

vrille [vʀij] *f* **1.** TECH Nagelbohrer *m*

2. AVIAT Schraube *f*

3. BOT Ranke *f*

▸ **en ~** spiralenförmig; ***escalier en ~*** Wendeltreppe *f;* ***queue en ~*** Ringelschwanz *m;* ***un avion se met/descend en ~*** ein Flugzeug *nt* beginnt zu trudeln/trudelt ab

vrillé, e [vʀije] *adj* **1.** BOT mit Ranken, rankig

2. (*tordu*) verdreht

vriller <1> [vʀije] **I.** *vi* ■ **qc vrille** /*avion*/ etw trudelt; /*cordon, fil*/ etw verdreht sich; ***la fusée s'élève en vrillant*** die Rakete schraubt sich in die Höhe

II. *vt* **1.** (*percer*) ■ **qn vrille qc** jd bohrt etw [vor]

2. *fig* (*faire souffrir*) ■ **qc lui vrille qc:** ***la douleur me vrille les tempes*** ich verspüre einen bohrenden Schmerz in den Schläfen; ***les cris leur vrillaient le tympan*** die Schreie zerrissen ihnen das Trommelfell

vrillette [vʀijɛt] *f* Holzwurm *m*

vrombir <8> [vʀɔ̃biʀ] *vi* ■ **un animal/qc vrombit** ein Tier/etw brummt

vrombissement [vʀɔ̃bismɑ̃] *m* Brummen *nt*

vroom *interj,* **vroum** [vʀum] *interj* brumm

V.R.P. [veɛʀpe] *mf abr de* **voyageur représentant placier** *inv* Handelsreisende(r) *f(m)*

vs *prép abr de* **versus** vs

V.T.T. [vetete] *m abr de* **vélo tout terrain** **1.** (*vélo*) Mountainbike ['mauntɪnbaik] *nt*

2. (*sport*) Mountainbike-Fahren *nt*

vu [vy] **I.** *prép* in Anbetracht (+ *gen*), angesichts (+ *gen*); ***~ la loi*** dem Gesetz nach

II. *conj* ■ **~ que** + *indic* nachdem, da; ***~ qu'il est malade …*** nachdem [*o* da] er krank ist, …

vu, e [vy] **I.** *pp de* **voir**

II. *adj pas de forme féminine* **1.** (*compris*) alles klar; ***c'est ~?*** ist das klar?

2. (*convenable*) in Ordnung

3. *form* (*lu*) zur Kenntnis genommen

▸ **qc est bien/mal ~** (*est juste/n'est pas juste*) etw trifft genau die Sache/etw geht daneben; **c'est bien ~?** ist das klar?, kapiert?; [**qn est**] **bien/mal ~** [**de qn**] (*bien/mal apprécié*) [jd ist] [bei jdm] gut/schlecht angeschrieben; [**qc est**] **bien/mal ~** [**de qn**] (*bien/mal apprécié*) [etw wird [von jdm] gern[e] gesehen/[etw ist] [bei jdm] verpönt; **c'est tout ~!** *fam* das ist todsicher *fam!;* [**c'est**] **~?** *fam* ist das klar? *fam*

III. *m* ▸ **au ~ de qc** in Anbetracht einer S. (*gen*); **au ~ et au su de qn** vor jds Augen (*dat*); ***au ~ et au su de tous*** vor aller Augen; [**c'est**] **du déjà/jamais ~** [das ist] nichts Neues/völlig neu; ***on a une impression de déjà ~*** man hat das Gefühl, das kennt man schon

IV. *adv* ▸ **ni ~ ni connu** klammheimlich

vue [vy] *f* **1.** (*sens*) Sehvermögen *nt;* ***~ basse*** Kurzsichtigkeit *f;* ***bonne ~/~ perçante*** gute/scharfe Augen *pl;* ***organe de la ~*** Sehorgan *nt;* ***qn perd la ~*** jd verliert sein Augenlicht; ***qn rend la ~ à qn*** jd gibt jdm das Augenlicht wieder, jd macht jdn wieder sehend; ***qn s'use la ~*** jd verdirbt sich (*dat*) die Augen

2. (*regard*) Blick *m;* ***hors de la ~ de qn*** außerhalb jds Blickfeld[e]s; ***qn détourne la ~*** jd wendet den Blick ab

3. (*panorama*) Aussicht *f,* [Aus]blick *m;* ■ **~ sur qc** Blick *m* auf etw (*akk*)

4. (*spectacle*) [*personne, sang*] Anblick *m*

5. (*photo, peinture*) Ansicht *f*

6. (*conception*) [*événements, situation*] Vorstellung *f;* ■ **les ~s de qn** jds Ansichten *pl,* jds Meinung *f*

7. (*visées*) ■ [**qn a des**] **~s sur qn/qc** [jd hat] Interesse *nt* an jdm/etw, jd hat es auf jdn/etw abgesehen

▸ **qn a une ~ d'aigle** jd hat Adleraugen; **à ~ de nez** *fam* schätzungsweise, über den Daumen gepeilt *fam;* **à ~ d'œil** merklich; **qn a la ~ basse** jd sieht schlecht; **à courte ~** *politique* kurzsichtig; *esprit* engstirnig; **double ~** zweites Gesicht; **qn en met plein la ~ à qn** *fam* jd schindet bei jdm Eindruck *fam;* **à première ~** auf den ersten Blick; **qn a qn/qc en ~** jd hat jdn/etw im Auge; **qn a en ~ de faire qc** jd hat die Absicht etw zu tun; **qc a ~ sur qc** etw geht auf etw (*akk*); ***cette chambre a ~ sur la Tour Eiffel*** von diesem Zimmer aus kann man den Eiffelturm sehen; **qn connaît qn de ~** jd kennt jdn vom Sehen; **qn garde qn à ~** jd nimmt jdn in [Polizei]gewahrsam; **qn perd qn de ~** (*perd le contact*) jd verliert jdn aus den Augen; **qn perd qn/qc de ~** (*ne voit plus*) jd verliert jdn/etw aus den Augen; **qn perd qc de ~** (*oublie*) etw entfällt jdm, jd vergisst etw; **à ~** *dessiner* nach Augenmaß; *tirer* auf Sicht; AVIAT *atterrir, piloter* unter Sichtflugbedingungen; *changement* plötzlich; THEAT bei offenem Vorhang; ***payable à ~*** auf [*o* bei] Sicht zahlbar, bei Vorlage fällig; **à la ~ de qn/qc** (*en voyant qn/qc*) beim Anblick jds/einer S.; (*sous le regard de qn*) vor jds Augen (*dat*); ***à la ~ de tous*** vor aller Augen; **en ~** (*visible*) im Blickfeld; (*tout proche*) in Sicht; (*envié*) begehrt, gefragt; (*célèbre*) mit Namen, sehr bekannt; **en ~ de qc/de faire qc** im Hinblick auf etw (*akk*)/mit dem Ziel etw zu tun; **hors de ~** außer Sicht

◆ **vue de l'esprit** weltfremde Vorstellung; **vue d'ensemble** Überblick *m*

vulcaniser <1> [vylkanize] *vt* ■ **qn vulcanise qc** jd vulkanisiert etw

vulcanologie [vylkanɔlɔʒi] *f v.* **volcanologie**

vulcanologue [vylkanɔlɔg] *mf v.* **volcanologue**

vulgaire [vylgɛʀ] **I.** *adj* **1.** (*grossier*) vulgär, ordinär

2. *antéposé* (*quelconque*) gewöhnlich; *employé, paysan* einfach; *réalité* banal; *problème* alltäglich

3. *postposé* (*populaire*) volkstümlich

4. *postposé littér* (*commun*) allgemein üblich; *esprit* einfach; *opinion* landläufig, gängig

II. *m* **1.** ■ **le ~** das Gewöhnliche; ***qn tombe dans le ~*** jd wird vulgär [*o* ordinär]

2. *péj vieilli* (*peuple*) Pöbel *m*

vulgairement [vylgɛʀmɑ̃] *adv* **1.** (*grossièrement*) vulgär, ordinär

2. (*couramment*) gemeinhin, für gewöhnlich

vulgarisateur, -trice [vylgaʀizatœʀ, -tʀis] **I.** *adj* populärwissenschaftlich

II. *m, f:* ***qn joue le rôle de ~ de qc*** jd macht etw allgemein [*o* der breiten Masse] zugänglich

vulgarisation [vylgaʀizasjɔ̃] *f* allgemeine Verbreitung, Popularisierung *f geh;* [*connaissance, science a.*] gemeinverständliche Darstellung; ***revue de ~*** populärwissenschaftliche Zeitschrift

vulgariser <1> [vylgaʀize] **I.** *vt* ■ **qn/qc vulgarise qc** jd/etw macht etw allgemein zugänglich, jd popularisiert etw *geh*

II. *vpr* ■ **qc se vulgarise** etw wird zum Allgemeingut

vulgarité [vylgaʀite] *f* **1.** (*grossièreté*) [*langage, ouvrage*] vulgärer Stil; [*personne*] vulgäre Art, vulgäres Benehmen

2. (*parole vulgaire*) vulgärer Ausdruck

3. *littér* (*manque d'élévation*) [*esprit*] Einfachheit *f;* [*existence*] Banalität *f;* [*goûts*] Gewöhnlichkeit *f*

vulgum pecus [vylgɔmpekys] *m inv hum fam* ■ **le ~ ~** der Normalsterbliche

vulnérabilité [vylneʀabilite] *f* Verletzbarkeit *f,* Verwundbarkeit *f;* ***la ~ de ma situation*** meine prekäre Situation

vulnérable [vylneʀabl] *adj* verletzbar, verletzlich; *point* schwach; *situation* prekär

vulvaire [vylvɛʀ] *adj* Scham-

vulve [vylv] *f* [weibliche] Scham, Vulva *f spec*

W

W, w [dubləve] *m inv* **1.** W *nt,* w *nt*
2. CHIM, ELEC W
► **w comme William** W wie Wilhelm
wagon [vagɔ̃] *m* **1.** CHEMDFER Wagen *m;* (*pour marchandises, bestiaux a.*) Waggon *m;* ~ ***frigorifique*** Kühlwagen; ■ ~ **à/de qc** -wagen; ~ ***de voyageurs/ marchandise/ à bestiaux*** Personen-/Güter-/Viehwagen [*o* Viehwaggon]; ~ ***de première/ seconde classe*** Wagen erster/zweiter Klasse
2. (*contenu*) Waggon *m,* Wagenladung *f*
3. *fam* (*grosse quantité*) Wagenladung *f fam;* ***des pleins ~s*** ganze Wagenladungen *pl fam*
wagon-citerne <~s-~s> [vagɔ̃sitɛʀn] *m* Tankwagen *m,* Kesselwagen *m*
wagon-lit <~s-~s> [vagɔ̃li] *m* Schlafwagen *m*
wagonnet [vagɔnɛ] *m* [Kipp]lore *f*
wagon-restaurant <~s-~s> [vagɔ̃ʀɛstɔʀɑ̃] *m* Speisewagen *m*
walkman® [wɔ(l)kman] *m* Walkman® ['wɔːkmæn] *m*
walkyrie [valkiʀi] *f* Walküre *f*
wallaby <-ies> [walabi] *m* Wallaby *nt*
Wallis-et-Futuna [waliefytyna] *französisches Überseeterritorium auf den Fidschiinseln*
wallon, ne [walɔ̃, ɔn] **I.** *adj* wallonisch
II. *m* LING Wallonisch[e] *nt*
III. *m, f* ■ **Wallon(ne)** Wallone/Wallonin *m/f*
wapiti [wapiti] *m* Wapiti *m*
wargame [waʀgɛm] *m* **1.** (*jeu électronique*) Kriegsspiel *nt,* Ballerspiel *nt fam*
2. (*simulation d'un conflit*) Kriegsspiel *nt*
warning [waʀniŋ] *m* Warnblinkanlage *f*
wassingue [wasɛ̃g] *f* NORD Scheuertuch *nt*
Waterloo [watɛʀlu] *m* **1.** (*ville belge*) Waterloo *nt*
2. *hum* (*déconfiture*) vernichtende Niederlage, Waterloo *nt geh;* ***qn connaît un véritable*** ~ jd erlebt sein Waterloo
water-polo <~-~s> [watɛʀpɔlo] *m* Wasserball *m*
waterproof [watɛʀpʀuf] *adj inv* wasserfest; *montre* wasserdicht
waters [watɛʀ] *mpl* Toilette *f*
► **qn va aux ~s** jd geht auf die Toilette
watt [wat] *m* Watt *nt*
wattheure [watœʀ] *m* Wattstunde *f*
W.-C. [vese, dubləvese] *mpl abr de* **water-closet** WC *nt*
Web, WEB [vɛb] **I.** *m* INFORM ■ **le** ~ das Web [wɛp]
► **qn navigue** [*o* **surfe**] **sur le** ~ jd surft im Internet
II. *adj inv* INFORM Web-, Internet-; ***chercheur*** ~ Suchmaschine *f;* ***explorateur*** ~ Internet-Browser [-brauze] *m;* ***page*** ~ Webseite *f*
Webmane [vɛbman] *mf* INFORM Internet-Freak [-friːk] *m* **Webmestre** [vɛbmɛstʀ] *m* INFORM Webmaster [wɛp-] *m* **webnaute** [vɛbnot] *mf* INFORM [Internet-]Surfer(in) [-søːɐfɐ] *m*
week-end <~-~s> [wikɛnd] *m* Wochenende *nt*
► **bon** ~-~ schönes Wochenende; **en** ~-~ übers Wochenende; ***qn part en*** ~-~ jd fährt übers Wochenende weg
welter [vɛltɛʀ, wɛltɛʀ] **I.** *app* Welter-
II. *m* **1.** (*catégorie*) ■ **les ~s** das Weltergewicht
2. (*combattant*) Weltergewicht[ler *m*] *nt*
western [wɛstɛʀn] *m* Western *m*
► ~ **spaghetti** Italowestern *m*
whisky <-ies> [wiski] *m* Whisky *m*
white-spirit [wajtspiʀit] *m inv* Terpentinersatz *m*
wigwam [wigwam] *m* Wigwam *m*
williams [wiljams] *f* Williams Christbirne *f*
wisigoth, e [vizigo, ɔt] **I.** *adj* HIST westgotisch; ***le peuple*** ~ die Westgoten
II. *m, f* HIST ■ **Wisigoth(e)** Westgote/-gotin *m/f*
Wurtzbourg, Würzburg [vyʀtsbuʀ] Würzburg *nt*

X

X, x [iks] *m* **1.** X *nt,* x *nt*
2. *fam* (*je ne sais combien*): ***pendant x années*** während soundsoviel Jahren; ***cela fait x années*** seit x Jahren; ***je te l'ai déjà dit x fois*** ich habe es dir schon x-mal [*o* zigmal] gesagt *fam*
3. (*Untel*) ■ **X** [Herr/Frau] X
4. MATH x *nt;* ***axe des x*** x-Achse *f*
5. CINE ■ **X:** ***film classé X*** nicht jugendfreier Film
6. UNIV ■ **l'X** *Bezeichnung für die École Polytechnique in Paris;* ■ **un(e) X** *Student(in) an dieser „Grande École"*
► **x comme Xavier** X wie Xanthippe; **X ou Y** irgendeiner, irgendjemand; **contre X** gegen Unbekannt; **en x** in X-Form
xénon [gzenɔ̃] *m* CHIM Xenon *nt*
xénophobe [gzenɔfɔb] **I.** *adj* fremdenfeindlich, xenophob *geh*
II. *mf* Fremdenfeind(in) *m(f)*
xénophobie [gzenɔfɔbi] *f* Fremdenfeindlichkeit *f,* Fremdenhass *m,* Xenophobie *f geh*
xérès [keʀɛs, gzeʀɛs] *m* Jerezwein ['çeːrɛs-] *m*
xylographie [ksilɔgʀafi, gzilɔgʀafi] *f* **1.** (*technique*) Xylographie *f,* Holzschneidekunst *f*
2. (*œuvre*) Xylographie *f,* Holzschnitt *m*
xylophage [ksilɔfaʒ, gzilɔfaʒ] *adj* Holz fressend; ***insecte*** ~ Holzschädling *m*
xylophène® [ksilɔfɛn, gzilɔfɛn] *m* Holzschutzmittel *nt*
xylophone [ksilɔfɔn, gzilɔfɔn] *m* Xylophon *nt*

Y

Y, y [igʀɛk] *m* **1.** Y *nt,* y *nt*
2. MATH y *nt;* ***axe des y*** y-Achse *f*
► **y comme Yvonne** Ypsilon
y [i] **I.** *adv* (*avec déplacement*) dorthin; ***j'y vais demain*** ich gehe morgen dorthin; (*sans déplacement*) dort; ***restez-y!*** bleibt/bleiben Sie dort!; ***il n'y était pas*** er war nicht dort
II. *pron pers* **1.** (*à/sur cela*): ***je commence à m'y faire*** ich gewöhne mich [schon] langsam daran; ***n'y compte pas trop*** darauf würde ich mich nicht verlassen; ***elle s'y entend*** [*o* ***connaît***] sie kennt sich damit aus, sie versteht sich darauf; ***je n'y tiens plus*** ich lege keinen Wert mehr darauf; ***que vou-***

lez-vous que j'y fasse! was kann ich da schon machen?; ***si tu sais t'y prendre*** wenn du es richtig anpackst
2. *fam* (*il*) er/sie/es
yacht [ˊjɔt] *m* Jacht *f*
yacht-club <~-~s> [ˊjɔtklœb] *m* Jachtklub *m*
yachting [ˊjɔtiŋ] *m* Segelsport *m*
yacht[s]man <s *o* -men> [ˊjɔtman, -mɛn] *m* Segler *m*
ya[c]k [ˊjak] *m* Jak *m*, Yak *m*
yang [ˊjɑ̃g] *m* Yang *nt*
yankee [ˊjɑ̃ki] **I.** *adj péj* Yankee- ['jɛŋki-]
II. *mf péj* ■ **Y~** Yankee *m*
yaourt [ˊjauʀt] *m* Jog[h]urt *m o nt*
▸ **qn pédale dans le ~** *fam* jd schwimmt *fam*
yaourtière [ˊjauʀtjɛʀ] *f* Jog[h]urtbereiter *m*
yen [ˊjɛn] *m* Yen *m*
yéti [ˊjeti] *m* **1.** (*homme des neiges*) Yeti *m*
2. (*glace à l'eau*) Wassereis *nt*
yeux [jø] *mpl v.* **œil**
yé-yé [ˊjeje] **I.** *adj inv fam im Musik-/Modestil der frühen Sechziger; nach dem Refrain eines in den frühen sechziger Jahren weit verbreiteten Schlagers*
II. *m inv* (*style*) *Musik-/Modestil der frühen Sechziger*
III. *mf inv fam* (*adepte*) Popmusikfan *m* der frühen Sechziger [-fæn]
yiddish [ˊjidiʃ] **I.** *adj* jiddisch
II. *m* Jiddisch[e] *nt*
yin [ˊjin] *m* Yin *nt*
yoga [ˊjɔga] *m* Joga [*o* Yoga] *m o nt*
▸ **qn fait du ~** jd macht Joga [*o* Yoga]
yog[h]ourt [ˊjɔgurt] *m v.* **yaourt**
yogi [ˊjɔgi] *m* Jogi[n] *m*, Yogi[n] *m*
yougoslave [ˊjugɔslav] **I.** *adj* HIST jugoslawisch
II. *mf* HIST ■ **Yougoslave** Jugoslawe/-slawin *m/f*
Yougoslavie [ˊjugɔslavi] *f* HIST ■ **la Yougoslavie** Jugoslawien *nt*
youp [ˊjup] *interj* hopp
youpi *interj*, **youppie** [ˊjupi] *interj* hurra, juchhe
youyou [ˊjuju] *m* Dingi *nt*
yo-yo® [ˊjojo] *m inv* Jo-Jo *nt*
ypérite [ipeʀit] *f* Senfgas *nt*
ytterbium [itɛʀbjɔm] *m* CHIM Ytterbium *nt*
yttrium [itʀijɔm] *m* CHIM Yttrium *nt*
yucca [ˊjuka] *m* Yucca *f*, Palmlilie *f*
yuppie [ˊjupi] *mf* Yuppie *m*

Z

Z, z [zɛd] *m* Z *nt*, z *nt*
▸ **z comme Zoé** Z wie Zeppelin
Z.A.C. [zak] *f abr de* **zone d'aménagement concerté** Gebiet *nt* für konzertierte Raumplanung
Z.A.D. [zad] *f abr de* **zone d'aménagement différé** Bauerwartungsland *nt*
Zaïre [zaiʀ] *m* ■ **le Zaïre** Zaire *nt*
zapper <1> [zape] *vi* ■ **qn zappe** jd zappt [zæpt]
zappeur, -euse [zapœʀ, -øz] *m, f* Zapper(in) *m(f)* ['zæpɐ]
zapping [zapiŋ] *m* Zappen ['zæpɪŋ] *nt*
zazou, e [zazu] *m, f exzentrischer Jazzfan der 40er und frühen 50er Jahre*
zèbre [zɛbʀ] *m* **1.** ZOOL Zebra *nt*
2. *fam* (*individu bizarre*) [komischer] Heini [*o* Kauz] *fam*
▸ **comme un ~** *fam* (*très vite*) in Windeseile
zébrer <5> [zebʀe] *vt* ■ **qc zèbre qc [de qc]** etw überzieht etw mit Streifen; ***le fouet zébrait son dos de marques rouges*** die Peitsche hinterließ auf seinem/ihrem Rücken rote Striemen; ***l'orage zébrait le ciel d'éclairs*** Blitze durchzuckten den Gewitterhimmel; ■ **[qc est] zébré(e) [de qc]** [etw ist] [mit etw] gestreift
zébrure [zebʀyʀ] *f* **1.** (*rayure*) Streifen *pl*
2. (*marques sur la peau*) Striemen *pl*
zébu [zeby] *m* Zebu *m o nt*, Buckelrind *nt*
zélateur, -trice [zelatœʀ, -tʀis] *m, f littér* Eiferer(in) *m(f) geh*, Fanatiker(in) *m(f)*; [*cause, personne*] Anhänger(in) *m(f)*, Jünger *m liter*
zèle [zɛl] *m* Eifer *m*
▸ **qn fait du ~** jd ist übereifrig
zélé, e [zele] *adj* eifrig
zen [zɛn] **I.** *adj inv* Zen-
II. *m* Zen *nt*
zénith [zenit] *m* **1.** (*apogée*) Zenit *m*, Höhepunkt *m*; ***elle était au ~ de sa gloire*** sie stand im Zenit [*o* auf dem Gipfel] ihres Ruhms
2. ASTRON Zenit *m*
▸ **qn/qc atteint son ~** jd/etw erreicht seinen Höhepunkt; **qn/qc est à son ~** jd/etw hat seinen Höhepunkt erreicht
zéphyr [zefiʀ] *m littér* Zephir *m*
zeppelin [zɛplɛ̃] *m* Zeppelin[luftschiff *nt*] *m*
zéro [zeʀo] **I.** *adj* **1.** *antéposé* (*aucun*) null; ***ils ont gagné quatre à ~*** sie haben vier zu null gewonnen
2. *fam* (*nul*) ■ **qn/qc est ~** jdn/etw kann man vergessen *fam*, jd ist eine Null *fam*
II. *m* **1.** (*nombre*) Null *f*
2. METEO, PHYS Nullpunkt *m*, Gefrierpunkt *m*; ***~ absolu*** absoluter Nullpunkt
3. SCOL null Punkte (*schlechteste Note*)
4. (*rien*) Nichts *nt*; ***qn compte pour ~*** *fam* jd zählt nicht; ***il est parti de ~*** er hat bei Null [*o* mit nichts] angefangen; ***qc est réduit à ~*** *fam* etw ist zunichte gemacht
5. (*personne incapable*) Null *f fam*
▸ **alors là, ~ de conduite!** *fam* wirklich unter aller Kanone! *fam*; **[c'est] ~ pour la question** *fam* das haut nicht hin *fam*; **~ pointé** glatte Sechs; **qn les a à ~** *pop* jd hat Schiss *fam*; **qn recommence** [*o* **repart**] [*o* **reprend**] **à ~** jd fängt wieder bei Null [*o* ganz von vorne] an; **à ~** *fam* auf dem Nullpunkt *fam*; ***j'ai le moral à ~*** meine Stimmung ist auf dem Nullpunkt; **[c'est] ~!** *fam* daraus wird nichts *fam*
zeste [zɛst] *m* **1.** (*écorce*) ■ **~ de** -schale *f*; ***~ de citron râpé*** geriebene Zitronenschale; ***des ~s d'orange confits*** kandierte Orangenschale
2. (*petite dose*) ■ **un ~ de qc** eine Spur einer S. (*gen*)
zézaiement [zezɛmɑ̃] *m* Lispeln *nt*
zézayer <7> [zezeje] *vi* ■ **qn zézaie** jd lispelt, jd zuzelt AUS
zibeline [ziblin] *f* **1.** (*animal*) Zobel *m*
2. (*fourrure*) Zobel[pelz *m*] *m*
zieuter <1> [zjøte] *vt fam* ■ **qn zieute qn/qc** jd beäugt jdn/etw
Z.I.F. [zif] *f abr de* **zone d'intervention foncière** *Zone, die dem Einspruchsrecht unterliegt*
zig [zig] *m fam* Kerl *m fam*, Type *f fam*
zigoto [zigɔto] *m fam* Heini *m fam*, Type *f fam*
▸ **qn fait le ~** jd albert herum
zigouiller <1> [ziguje] *vt fam* ■ **qn zigouille qn/un animal** jd murkst jdn/ein Tier ab *fam*
zigue [zig] *m fam v.* **zig**
zigzag [zigzag] *m* Zickzack[linie *f*] *m*
▸ **qn/qc fait des ~s** jd geht/fährt im Zickzack/etw verläuft im Zickzack; **en ~** (*sinueux*) im Zickzack; (*irrégulier*) mit großen Schwankungen
zigzaguer <1> [zigzage] *vi* ■ **qn/qc zigzague** jd/etw zickzackt; (*à pied*) jd geht im Zickzack; (*en véhicule*) jd fährt im Zickzack; /*route*/ etw verläuft im Zickzack
zinc [zɛ̃g] *m* **1.** CHIM Zink *nt*
2. *fam* (*comptoir*) Theke *f*, Tresen *m*
3. *fam* (*avion*) Kiste *f fam*
zinguer <1> [zɛ̃ge] *vt* ■ **qn zingue qc** **1.** (*galvaniser*) jd verzinkt etw
2. (*revêtir de zinc*) jd deckt etw mit Zinkblech
zinguerie [zɛ̃gʀi] *f* TECH **1.** (*pièces de zinc*) Verzinkung *f*
2. (*travaux*) Verzinkung *f*
3. (*fabrique*) Zinkhütte *f*
zingueur [zɛ̃gœʀ] *m* Verzinker *m*
zinnia [zinja] *m* Zinnie *f*
zinzin [zɛ̃zɛ̃] **I.** *adj fam* ■ **qn est ~** jd ist plemplem *fam*, bei jdm stimmt's nicht ganz *fam*
II. *m fam* Dingsda *nt*
zip® [zip] *m* Reißverschluss *m*
zipper <1> [zipe] *vt* ■ **qn zippe qc** jd näht einen Reißverschluss in etw (*akk*), jd versieht etw mit einem Reißverschluss; ■ **[qc est] zippé(e)** etw hat einen Reißverschluss, mit Reißverschluss
zircon [ziʀkɔ̃] *m* Zirkon *m*
zirconium [ziʀkɔnjɔm] *m* CHIM Zirkonium *nt*
zizanie [zizani] *f* Zwietracht *f*, Streit *m*; ***la ~ régnait entre elles*** zwischen Ihnen herrschte Zwietracht
▸ **qn sème la ~ quelque part** jd sät irgendwo Zwietracht, jd stiftet irgendwo Unfrieden
zizi [zizi] *m enfantin fam* Pimmel *m fam*, Zipfel *m fam*
zloty [zlɔti] *m* Zloty *m*
zob [zɔb] *m vulg* Schwanz *m sl*
zodiacal, e <-aux> [zɔdjakal, o] *adj* Stern-; ***signe ~*** Tierkreiszeichen *nt*, Sternzeichen *nt*; ***constellation ~e*** Sternbild *nt*; ***lumière ~e*** Zodiakallicht *nt*
zodiaque [zɔdjak] *m* Tierkreis *m*; ***signe du ~*** Tierkreiszeichen *nt*, Sternzeichen *nt*
zombi[e] [zɔ̃bi] *m* **1.** *fam* (*personne sans énergie*) Zombie *m fam*
2. REL Zombie *m*
zona [zona] *m* Gürtelrose *f*

zonard, e [zonaʀ, aʀd] I. *adj fam* [sozial] problematisch
II. *m, f fam* 1. (*habitant de la zone*) *Bewohner(in) eines Vorortbezirks mit problematischer Sozialstruktur*
2. *péj* (*marginal*) Asoziale(r) *f(m)*

zone [zon] *f* 1. (*secteur*) Zone *f,* Gebiet *nt;* ~ ***dangereuse/ piétonnière*** Gefahren-/Fußgängerzone; ~ ***fumeurs/ non-fumeurs*** Raucher-/Nichtraucherzone; ~ ***industrielle/ résidentielle*** Industrie-/Wohngebiet; ■ ~ **de** *d'élevage, habitation* -gebiet; *d'influence* -bereich *m;* ~ ***d'action*** Wirkungsbereich, Aktionsradius *m*
2. ANAT *érogène* Zone *f; sensible* [Körper]partie *f*
3. GEOG Zone *f;* ~ ***climatique*** Klimazone *f;* ~ ***désertique*** Zone *f* mit Wüstenklima; ~ ***équatoriale*** Äquatorialbereich *m*
4. FIN: ~ ***franc*** Währungsbereich *m* des französischen Franc, Franc-Bereich *m;* ~ ***monétaire*** Geldwirtschaftszone *f*
5. ECON: ~ ***franche*** Freizone *f,* zollfreies Grenzgebiet
6. HIST, MIL *démilitarisée, libre, occupée* Zone *f;* ~ ***des opérations*** Kampfgebiet *nt;* ~ ***frontière*** Grenzbereich *m,* Grenzbezirk *m;* ~ ***interdite*** Sperrbezirk *m,* Sperrgebiet *nt;* ~ ***militaire*** Militärbezirk *m*
7. ∅ (*banlieue mal famée*) *Vorortbezirk mit problematischer Sozialstruktur*
► ~ **bleue** Kurzparkzone *f,* blaue Zone
◆ **zone à urbaniser en priorité** Zone *f* für vorrangige Städteplanung; **zone d'aménagement concerté** städtebauliches Erschließungsgebiet *nt;* **zone d'aménagement différé** Bauerwartungsland *nt;* **zone de dépression** Tief[druckgebiet *nt*] *nt;* **zone de dialogue** INFORM Dialogbox *f;* **zone euro** Euro-Währungsgebiet *nt,* Euro-Zone *f;* **zone de libre-échange** Freihandelszone *f;* **zone d'intervention foncière** *Zone, die dem Einspruchsrecht unterliegt;* **zone d'ombre** (*secteur mal connu*) Dunkelzone *f*

zoner <1> [zone] *vi fam* ■ **qn zone** jd gammelt

zoo [zo(o)] *m* Zoo *m,* zoologischer Garten

zoologie [zɔɔlɔʒi] *f* Zoologie *f,* Tierkunde *f*

zoologique [zɔɔlɔʒik] *adj* zoologisch; ***parc*** ~ Tierpark *m*

zoologiste [zɔɔlɔʒist] *mf* Zoologe/-login *m/f*

zoom [zum] *m* 1. (*effet*) Zoom *nt*
2. (*objectif*) Zoom[objektiv *nt*] *nt*

zoomer <1> [zume] *vi* ■ **qn zoome** jd zoomt [zu:mt]

zoophile [zɔɔfil] I. *adj* 1. (*qui aime les animaux*) [übertrieben] tierlieb
2. (*qui pratique la zoophilie*) sodomitisch
II. *mf* 1. (*qui aime les animaux*) Tierliebhaber(in) *m(f),* Tiernarr/-närrin *m/f fam*
2. (*qui pratique la zoophilie*) Sodomit(in) *m(f)*

zoophilie [zɔɔfili] *f* 1. (*amour des animaux*) Tierliebe *f*
2. (*déviation sexuelle*) Sodomie *f*

zou [zu] *interj fam* hopp [hopp]; ***allez,*** ~! los, hopp!

zouave [zwav] *m* Zuave *m*
► ~ **pontifical** Schweizer Gardist *m;* **qn fait le** ~ *fam* (*fait le pitre*) jd albert herum

zozo [zozo] *m fam* Doofi *m fam*

zozoter <1> [zɔzɔte] *vi fam* ■ **qn zozote** jd lispelt

Z.U.P. [zyp] *f abr de* **zone à urbaniser en priorité** Zone *f* für vorrangige Städteplanung

Zurich [zyʀik] Zürich *nt*

zut [zyt] *interj fam* verflixt *fam,* verdammt *fam;* ***je lui ai dit*** ~ ich hab ihm/ihr was gepfiffen *fam*

Französische Verben

Innerhalb der Konjugationsmuster für die Verb-Endungen -**er**, -**ir** und -**re** gibt es wiederkehrende Besonderheiten, die im Folgenden an 14 Musterverben dargestellt werden. Aus Platzgründen wurden die Verben im Wörterbuchteil mit Ziffern in Spitzklammern versehen; diese Ziffern zeigen den Konjugationstyp des betreffenden Verbs an und verweisen auf diese Musterverben hier.

Verben, die sehr viele Besonderheiten aufweisen, sind im Wörterbuchteil mit <*irr*> gekennzeichnet. Diese Verben sind im Anschluss an die 14 Musterverben in alphabetischer Reihenfolge aufgeführt. Wenn bei den Musterverben nur die erste Person Singular angegeben ist, folgen alle weiteren Personen dem Muster der ersten, wobei nur die entsprechende Endung angehängt werden muss.

Bei den meisten Verben werden zusammengesetzte Zeiten mit *avoir* gebildet, mit Ausnahme des pronominalen Gebrauchs, der immer mit *être* gebildet wird. Bei den Verben, deren zusammengesetzte Zeiten mit *être* bzw. *avoir* und *être* gebildet werden, erfolgt ein entsprechender Hinweis beim Eintrag.

avoir

INDICATIF		CONDITIONNEL	SUBJONCTIF
Présent	**Passé composé**	**Présent**	**Présent**
j'ai tu as il/elle a nous avons vous avez ils/elles ont	j'ai eu tu as eu il/elle a eu nous avons eu vous avez eu ils/elles ont eu	j'aurais tu aurais il/elle aurait nous aurions vous auriez ils/elles auraient	que j'aie que tu aies qu'il/elle ait que nous ayons que vous ayez qu'ils/elles aient
Imparfait	**Plus-que-parfait**	**Passé 1ère forme**	**Imparfait**
j'avais tu avais il/elle avait nous avions vous aviez ils/elles avaient	j'avais eu tu avais eu il/elle avait eu nous avions eu vous aviez eu ils/elles avaient eu	j'aurais eu tu aurais eu il/elle aurait eu nous aurions eu vous auriez eu ils/elles auraient eu	que j'eusse que tu eusses qu'il/elle eût que nous eussions que vous eussiez qu'ils/elles eussent
Passé simple	**Passé antérieur**	**Passé 2ème forme**	**Passé**
j'eus tu eus il/elle eut nous eûmes vous eûtes ils/elles eurent	j'eus eu tu eus eu il/elle eut eu nous eûmes eu vous eûtes eu ils/elles eurent eu	j'eusse eu tu eusses eu il/elle eût eu nous eussions eu vous eussiez eu ils/elles eussent eu	que j'aie eu que tu aies eu qu'il/elle ait eu que nous ayons eu que vous ayez eu qu'ils/elles aient eu
Futur simple	**Futur antérieur**		**Plus-que-parfait**
j'aurai tu auras il/elle aura nous aurons vous aurez ils/elles auront	j'aurai eu tu auras eu il/elle aura eu nous aurons eu vous aurez eu ils/elles auront eu		que j'eusse eu que tu eusses eu qu'il/elle eût eu que nous eussions eu que vous eussiez eu qu'ils/elles eussent eu

PARTICIPE		IMPÉRATIF	
Présent	**Passé**	**Présent**	**Passé**
ayant	eu/ayant eu	aie ayons ayez	aie eu ayons eu ayez eu

être

INDICATIF		CONDITIONNEL	SUBJONCTIF
Présent	**Passé composé**	**Présent**	**Présent**
je suis tu es il/elle est nous sommes vous êtes ils/elles sont	j'ai été tu as été il/elle a été nous avons été vous avez été ils/elles ont été	je serais tu serais il/elle serait nous serions vous seriez ils/elles seraient	que je sois que tu sois qu'il/elle soit que nous soyons que vous soyez qu'ils/elles soient
Imparfait	**Plus-que-parfait**	**Passé 1ère forme**	**Imparfait**
j'étais tu étais il/elle était nous étions vous étiez ils/elles étaient	j'avais été tu avais été il/elle avait été nous avions été vous aviez été ils/elles avaient été	j'aurais été tu aurais été il/elle aurait été nous aurions été vous auriez été ils/elles auraient été	que je fusse que tu fusses qu'il/elle fût que nous fussions que vous fussiez qu'ils/elles fussent

Passé simple	Passé antérieur	Passé 2ème forme	Passé
je fus tu fus il/elle fut nous fûmes vous fûtes ils/elles furent	j'eus été tu eus été il/elle eut été nous eûmes été vous eûtes été ils/elles eurent été	j'eusse été tu eusses été il/elle eût été nous eussions été vous eussiez été ils/elles eussent été	que j'aie été que tu aies été qu'il/elle ait été que nous ayons été que vous ayez été qu'ils/elles aient été
Futur simple	**Futur antérieur**		**Plus-que-parfait**
je serai tu seras il/elle sera nous serons vous serez ils/elles seront	j'aurai été tu auras été il/elle aura été nous aurons été vous aurez été ils/elles auront été		que j'eusse été que tu eusses été qu'il/elle eût été que nous eussions été que vous eussiez été qu'ils/elles eussent été

PARTICIPE		IMPÉRATIF	
Présent	**Passé**	**Présent**	**Passé**
étant	été/ayant été	sois soyons soyez	aie été ayons été ayez été

aller

INDICATIF		CONDITIONNEL	SUBJONCTIF
Présent	**Passé composé**	**Présent**	**Présent**
je vais tu vas il/elle va nous allons vous allez ils/elles vont	je suis allé(e) …	j'irais tu irais il/elle irait nous irions vous iriez ils/elles iraient	que j'aille que tu ailles qu'il/elle aille que nous allions que vous alliez qu'ils/elles aillent
Imparfait	**Plus-que-parfait**	**Passé 1ère forme**	**Imparfait**
j'allais …	j'étais allé(e) …	je serais allé(e) …	que j'allasse que tu allasses qu'il/elle allât que nous allassions que vous allassiez qu'ils/elles allassent
Passé simple	**Futur simple**		**Passé**
j'allai …	j'irai tu iras il/elle ira nous irons vous irez ils/elles iront		que je sois allé(e) …

PARTICIPE		IMPÉRATIF	
Présent	**Passé**	**Présent**	**Passé**
allant	allé(e)/étant allé(e)	va allons allez	sois allé(e) soyons allé(e)s soyez allé(e)s

faire

INDICATIF		CONDITIONNEL	SUBJONCTIF
Présent	**Passé simple**	**Présent**	**Présent**
je fais tu fais il/elle fait nous faisons vous faites ils/elles font	je fis tu fis il/elle fit nous fîmes vous fîtes ils/elles firent	je ferais tu ferais il/elle ferait nous ferions vous feriez ils/elles feraient	que je fasse que tu fasses qu'il/elle fasse que nous fassions que vous fassiez qu'ils/elles fassent

Imparfait	Passé composé		Imparfait
je faisais tu faisais il/elle faisait nous faisions vous faisiez ils/elles faisaient	j'ai fait …		que je fisse que tu fisses qu'il/elle fît que nous fissions que vous fissiez qu'ils/elles fissent
	Futur simple		**Passé**
	je ferai tu feras il/elle fera nous ferons vous ferez ils/elles feront		que j'aie fait …

PARTICIPE		IMPÉRATIF	
Présent	**Passé**	**Présent**	**Passé**
faisant	fait/ayant fait	fais faisons faites	aie fait ayons fait ayez fait

1 chanter

INDICATIF		CONDITIONNEL	SUBJONCTIF
Présent	**Passé composé**	**Présent**	**Présent**
je chante tu chantes il/elle chante nous chantons vous chantez ils/elles chantent	j'ai chanté tu as chanté il/elle a chanté nous avons chanté vous avez chanté ils/elles ont chanté	je chanterais tu chanterais il/elle chanterait nous chanterions vous chanteriez ils/elles chanteraient	que je chante que tu chantes qu'il/elle chante que nous chantions que vous chantiez qu'ils/elles chantent
Imparfait	**Plus-que-parfait**	**Passé 1ère forme**	**Imparfait**
je chantais tu chantais il/elle chantait nous chantions vous chantiez ils/elles chantaient	j'avais chanté tu avais chanté il/elle avait chanté nous avions chanté vous aviez chanté ils/elles avaient chanté	j'aurais chanté tu aurais chanté il/elle aurait chanté nous aurions chanté vous auriez chanté ils/elles auraient chanté	que je chantasse que tu chantasses qu'il/elle chantât que nous chantassions que vous chantassiez qu'ils/elles chantassent
Passé simple	**Futur simple**		**Passé**
je chantai tu chantas il/elle chanta nous chantâmes vous chantâtes il/elles chantèrent	je chanterai tu chanteras il/elle chantera nous chanterons vous chanterez ils/elles chanteront		que j'aie chanté que tu aies chanté qu'il/elle ait chanté que nous ayons chanté que vous ayez chanté qu'ils/elles aient chanté

PARTICIPE		IMPÉRATIF	
Présent	**Passé**	**Présent**	**Passé**
chantant	chanté/ayant chanté	chante chantons chantez	aie chanté ayons chanté ayez chanté

1 a parier

INDICATIF		CONDITIONNEL	SUBJONCTIF
Présent	**Passé simple**	**Présent**	**Présent**
je parie tu paries il/elle parie nous parions vous pariez ils/elles parient	je pariai tu parias il/elle paria nous pariâmes vous pariâtes ils/elles parièrent	je parierais …	que je parie que tu paries qu'il/elle parie que nous pariions que vous pariiez qu'ils/elles parient

Imparfait	Passé composé		Imparfait
je pariais tu pariais il/elle pariait nous pariions vous pariiez ils/elles pariaient	j'ai parié …		que je pariasse …
Futur simple			**Passé**
je parierai …			que j'aie parié …

PARTICIPE		IMPÉRATIF	
Présent	**Passé**	**Présent**	**Passé**
pariant	parié/ayant parié	parie parions pariez	aie parié ayons parié ayez parié

2 commencer

INDICATIF		CONDITIONNEL	SUBJONCTIF
Présent	**Passé simple**	**Présent**	**Présent**
je commence tu commences il/elle commence nous commençons vous commencez ils/elles commencent	je commençai tu commenças il/elle commença nous commençâmes vous commençâtes ils/elles commencèrent	je commencerais …	que je commence que tu commences qu'il/elle commence que nous commencions que vous commenciez qu'ils/elles commencent
Imparfait	**Passé composé**		**Imparfait**
je commençais tu commençais il/elle commençait nous commencions vous commenciez ils/elles commençaient	j'ai commencé …		que je commençasse que tu commençasses qu'il/elle commençât que nous commençassions que vous commençassiez qu'ils/elles commençassent
	Futur simple		**Passé**
	je commencerai …		que j'aie commencé …

PARTICIPE		IMPÉRATIF	
Présent	**Passé**	**Présent**	**Passé**
commençant	commencé/ayant commencé	commence commençons commencez	aie commencé ayons commencé ayez commencé

2a changer

INDICATIF		CONDITIONNEL	SUBJONCTIF
Présent	**Passé simple**	**Présent**	**Présent**
je change tu changes il/elle change nous changeons vous changez ils/elles changent	je changeai tu changeas il/elle changea nous changeâmes vous changeâtes ils/elles changèrent	je changerais …	que je change que tu changes qu'il/elle change que nous changions que vous changiez qu'ils/elles changent
Imparfait	**Passé composé**		**Imparfait**
je changeais tu changeais il/elle changeait nous changions vous changiez ils/elles changeaient	j'ai changé …		que je changeasse que tu changeasses qu'il/elle changeât que nous changeassions que vous changeassiez qu'ils/elles changeassent
	Futur simple		**Passé**
	je changerai …		que j'aie changé …

PARTICIPE		IMPÉRATIF	
Présent	**Passé**	**Présent**	**Passé**
changeant	changé/ayant changé	change changeons changez	aie changé ayons changé ayez changé

3 rejeter

INDICATIF		CONDITIONNEL	SUBJONCTIF
Présent	**Passé simple**	**Présent**	**Présent**
je rejette tu rejettes il/elle rejette nous rejetons vous rejetez ils/elles rejettent	je rejetai …	je rejetterais …	que je rejette que tu rejettes qu'il/elle rejette que nous rejetions que vous rejetiez qu'ils/elles rejettent
Imparfait	**Passé composé**		**Imparfait**
je rejetais …	j'ai rejeté …		que je rejetasse …
	Futur simple		**Passé**
	je rejetterai …		que j'aie rejeté …

PARTICIPE		IMPÉRATIF	
Présent	**Passé**	**Présent**	**Passé**
rejetant	rejeté/ayant rejeté	rejette rejetons rejetez	aie rejeté ayons rejeté ayez rejeté

4 peler

INDICATIF		CONDITIONNEL	SUBJONCTIF
Présent	**Passé simple**	**Présent**	**Présent**
je pèle tu pèles il/elle pèle nous pelons vous pelez ils/elles pèlent	je pelai …	je pèlerais tu pèlerais il/elle pèlerait nous pèlerions vous pèleriez ils/elles pèleraient	que je pèle que tu pèles qu'il/elle pèle que nous pelions que vous peliez qu'ils/elles pèlent
Imparfait	**Passé composé**		**Imparfait**
je pelais …	j'ai pelé …		que je pelasse …
	Futur simple		**Passé**
	je pèlerai tu pèleras il/elle pèlera nous pèlerons vous pèlerez ils/elles pèleront		que j'aie pelé …

PARTICIPE		IMPÉRATIF	
Présent	**Passé**	**Présent**	**Passé**
pelant	pelé/ayant pelé	pèle pelons pelez	aie pelé ayons pelé ayez pelé

5 préférer

INDICATIF		CONDITIONNEL	SUBJONCTIF
Présent	**Imparfait**	**Présent**	**Présent**
je préfère tu préfères il/elle préfère nous préférons vous préférez ils/elles préfèrent	je préférais …	je préférerais …	que je préfère que tu préfères qu'il/elle préfère que nous préférions que vous préfériez qu'ils/elles préfèrent
	Passé simple		**Imparfait**
	je préférai …		que je préférasse …
	Passé composé		**Passé**
	j'ai préféré …		que j'aie préféré …
	Futur simple		
	je préférerai …		

PARTICIPE		IMPÉRATIF	
Présent	**Passé**	**Présent**	**Passé**
préférant	préféré/ayant préféré	préfère préférons préférez	aie préféré ayons préféré ayez préféré

6 appuyer

INDICATIF		CONDITIONNEL	SUBJONCTIF
Présent	**Imparfait**	**Présent**	**Présent**
j'appuie tu appuies il/elle appuie nous appuyons vous appuyez ils/elles appuient	j'appuyais …	j'appuierais …	que j'appuie que tu appuies qu'il/elle appuie que nous appuyions que vous appuyiez qu'ils/elles appuient
	Passé simple		**Imparfait**
	j'appuyai …		que j'appuyasse …
	Passé composé		**Passé**
	j'ai appuyé …		que j'aie appuyé …
	Futur simple		
	j'appuierai …		

PARTICIPE		IMPÉRATIF	
Présent	**Passé**	**Présent**	**Passé**
appuyant	appuyé/ayant appuyé	appuie appuyons appuyez	aie appuyé ayons appuyé ayez appuyé

7 essayer

INDICATIF		CONDITIONNEL	SUBJONCTIF
Présent	**Imparfait**	**Présent**	**Présent**
j'essaie/essaye tu essaies/essayes il/elle essaie/essaye nous essayons vous essayez ils/elles essaient/essayent	j'essayais …	j'essaierais/essayerais …	que j'essaie/essaye que tu essaies/essayes qu'il/elle essaie/essaye que nous essayions que vous essayiez qu'ils/elles essaient/essayent
	Passé simple		**Imparfait**
	j'essayai …		que j'essayasse …

	Passé composé		**Passé**
	j'ai essayé …		que j'aie essayé …
	Futur simple		
	j'essaierai/essayerai …		

PARTICIPE		IMPÉRATIF	
Présent	**Passé**	**Présent**	**Passé**
essayant	essayé/ayant essayé	essaie/essaye essayons essayez	aie essayé ayons essayé ayez essayé

8 agir

INDICATIF		CONDITIONNEL	SUBJONCTIF
Présent	**Passé simple**	**Présent**	**Présent**
j'agis tu agis il/elle agit nous agissons vous agissez ils/elles agissent	j'agis tu agis il/elle agit nous agîmes vous agîtes ils/elles agirent	j'agirais …	que j'agisse que tu agisses qu'il/elle agisse que nous agissions que vous agissiez qu'ils/elles agissent
Imparfait j'agissais tu agissais il/elle agissait nous agissions vous agissiez ils/elles agissaient	**Passé composé** j'ai agi …		**Imparfait** que j'agisse que tu agisses qu'il/elle agît que nous agissions que vous agissiez qu'ils/elles agissent
	Futur simple j'agirai tu agiras il/elle agira nous agirons vous agirez ils/elles agiront		**Passé** que j'aie agi …

PARTICIPE		IMPÉRATIF	
Présent	**Passé**	**Présent**	**Passé**
agissant	agi/ayant agi	agis agissons agissez	aie agi ayons agi ayez agi

9 devenir

INDICATIF		CONDITIONNEL	SUBJONCTIF
Présent	**Passé composé**	**Présent**	**Présent**
je deviens tu deviens il/elle devient nous devenons vous devenez ils/elles deviennent	je suis devenu(e) …	je deviendrais …	que je devienne que tu deviennes qu'il/elle devienne que nous devenions que vous deveniez qu'ils/elles deviennent
Imparfait	**Futur simple**		**Imparfait**
je devenais …	je deviendrai tu deviendras il/elle deviendra nous deviendrons vous deviendrez ils/elles deviendront		que je devinsse que tu devinsses qu'il/elle devînt que nous devinssions que vous devinssiez qu'ils/elles devinssent

Passé simple			Passé
je devins tu devins il/elle devint nous devînmes vous devîntes ils/elles devinrent			que je sois devenu(e) …

PARTICIPE		IMPÉRATIF	
Présent	**Passé**	**Présent**	**Passé**
devenant	devenu(e)/étant devenu(e)	deviens devenons devenez	sois devenu(e) soyons devenu(e)s soyez devenu(e)s

10 sortir

INDICATIF		CONDITIONNEL	SUBJONCTIF
Présent	**Imparfait**	**Présent**	**Présent**
je sors tu sors il/elle sort nous sortons vous sortez ils/elles sortent	je sortais …	je sortirais …	que je sorte que tu sortes qu'il/elle sorte que nous sortions que vous sortiez qu'ils/elles sortent
	Passé simple		**Imparfait**
	je sortis…		que je sortisse …
	Passé composé		**Passé**
	je suis sorti(e) …		que je sois sorti(e) …
	Futur simple		
	je sortirai …		

PARTICIPE		IMPÉRATIF	
Présent	**Passé**	**Présent**	**Passé**
sortant	sorti(e)/étant sorti(e)	sors sortons sortez	sois sorti(e) soyons sorti(e)s soyez sorti(e)s

11 ouvrir

INDICATIF		CONDITIONNEL	SUBJONCTIF
Présent	**Imparfait**	**Présent**	**Présent**
j'ouvre tu ouvres il/elle ouvre nous ouvrons vous ouvrez ils/elles ouvrent	j'ouvrais …	j'ouvrirais …	que j'ouvre que tu ouvres qu'il/elle ouvre que nous ouvrions que vous ouvriez qu'ils/elles ouvrent
	Passé simple		**Imparfait**
	j'ouvris …		que j'ouvrisse …
	Passé composé		**Passé**
	j'ai ouvert …		que j'aie ouvert …
	Futur simple		
	j'ouvrirai …		

PARTICIPE		IMPÉRATIF	
Présent	**Passé**	**Présent**	**Passé**
ouvrant	ouvert/ayant ouvert	ouvre ouvrons ouvrez	aie ouvert ayons ouvert ayez ouvert

12 apercevoir

INDICATIF		CONDITIONNEL	SUBJONCTIF
Présent	**Passé simple**	**Présent**	**Présent**
j'aperçois tu aperçois il/elle aperçoit nous apercevons vous apercevez ils/elles aperçoivent	j'aperçus tu aperçus il/elle aperçut nous aperçûmes vous aperçûtes ils/elles aperçurent	j'apercevrais …	que j'aperçoive que tu aperçoives qu'il/elle aperçoive que nous apercevions que vous aperceviez qu'ils/elles aperçoivent
Imparfait	**Passé composé**		**Imparfait**
j'apercevais …	j'ai aperçu …		que j'aperçusse que tu aperçusses qu'il/elle aperçût que nous aperçussions que vous aperçussiez qu'ils/elles aperçussent
	Futur simple		**Passé**
	j'apercevrai …		que j'aie aperçu …

PARTICIPE		IMPÉRATIF	
Présent	**Passé**	**Présent**	**Passé**
apercevant	aperçu/ayant aperçu	aperçois apercevons apercevez	aie aperçu ayons aperçu ayez aperçu

13 comprendre

INDICATIF		CONDITIONNEL	SUBJONCTIF
Présent	**Passé simple**	**Présent**	**Présent**
je comprends tu comprends il/elle comprend nous comprenons vous comprenez ils/elles comprennent	je compris tu compris il/elle comprit nous comprîmes vous comprîtes ils/elles comprirent	je comprendrais …	que je comprenne que tu comprennes qu'il/elle comprenne que nous comprenions que vous compreniez qu'ils/elles comprennent
Imparfait	**Passé composé**		**Imparfait**
je comprenais tu comprenais il/elle comprenait nous comprenions vous compreniez ils/elles comprenaient	j'ai compris …		que je comprisse que tu comprisses qu'il/elle comprît que nous comprissions que vous comprissiez qu'ils/elles comprissent
	Futur simple		**Passé**
	je comprendrai tu comprendras il/elle comprendra nous comprendrons vous comprendrez ils/elles comprendront		que j'aie compris …

PARTICIPE		IMPÉRATIF	
Présent	**Passé**	**Présent**	**Passé**
comprenant	compris/ayant compris	comprends comprenons comprenez	aie compris ayons compris ayez compris

14 vendre

INDICATIF		CONDITIONNEL	SUBJONCTIF
Présent	**Passé simple**	**Présent**	**Présent**
je vends tu vends il/elle vend nous vendons vous vendez ils/elles vendent	je vendis tu vendis il/elle vendit nous vendîmes vous vendîtes ils/elles vendirent	je vendrais …	que je vende que tu vendes qu'il/elle vende que nous vendions que vous vendiez qu'ils/elles vendent
Imparfait	**Passé composé**		**Imparfait**
je vendais tu vendais il/elle vendait nous vendions vous vendiez ils/elles vendaient	j'ai vendu … **Futur simple** je vendrai …		que je vendisse … **Passé** que j'aie vendu …

PARTICIPE		IMPÉRATIF	
Présent	**Passé**	**Présent**	**Passé**
vendant	vendu/ayant vendu	vends vendons vendez	aie vendu ayons vendu ayez vendu

Französische unregelmäßige Verben – *Verbes français irréguliers*

Infinitif	Présent	Imparfait	Futur	Passé simple	Subjonctif présent	Subjonctif imparfait	Part. présent	Part. passé
abattre *siehe battre*								
absoudre	j'absous nous absolvons ils absolvent	j'absolvais nous absolvions ils absolvaient	j'absoudrai nous absoudrons ils absoudront	j'absolus nous absolûmes ils absolurent	que j'absolve que nous absolvions qu'ils absolvent	que j'absolusse que nous absolussions qu'ils absolussent	absolvant	absous, -oute
abstraire *siehe extraire*		**accourir** *siehe courir*						
accroître	j'accrois il accroît nous accroissons ils accroissent	j'accroissais il accroissait nous accroissions ils accroissaient	j'accroîtrai il accroîtra nous accroîtrons ils accroîtront	j'accrus il accrut nous accrûmes ils accrurent	que j'accroisse qu'il accroisse que nous accroissions qu'ils accroissent	que j'accrusse qu'il accrût que nous accrussions qu'ils accrussent	accroissant	accru, e
accueillir *siehe cueillir*								
acquérir	j'acquiers il acquiert nous acquérons ils acquièrent	j'acquérais il acquérait nous acquérions ils acquéraient	j'acquerrai il acquerra nous acquerrons ils acquerront	j'acquis il acquit nous acquîmes ils acquirent	que j'acquière qu'il acquière que nous acquérions qu'ils acquièrent	que j'acquisse qu'il acquît que nous acquissions qu'ils acquissent	acquérant	acquis, e
admettre *siehe mettre*		**aller** *siehe S. 822*		**apparaître** *siehe paraître*		**assaillir** *siehe défaillir*		
asseoir	j'assieds il assied nous asseyons ils asseyent *o* j'assois il assoit nous assoyons ils assoient	j'asseyais il asseyait nous asseyions ils asseyaient *o* j'assoyais il assoyait nous assoyions ils assoyaient	j'assiérai il assiéra nous assiérons ils assiéront *o* j'assoirai il assoira nous assoirons ils assoiront	j'assis il assit nous assîmes ils assirent	que j'asseye qu'il asseye que nous asseyions qu'ils asseyent *o* que j'assoie qu'il assoie que nous assoyions qu'ils assoient	que j'assisse qu'il assît que nous assissions qu'ils assissent	asseyant *o* assoyant	assis, e
astreindre *siehe peindre*		**atteindre** *siehe peindre*		**avoir** *siehe S. 821*				
battre	je bats il bat nous battons ils battent	je battais il battait nous battions ils battaient	je battrai il battra nous battrons ils battront	je battis il battit nous battîmes ils battirent	que je batte qu'il batte que nous battions qu'ils battent	que je battisse qu'il battît que nous battissions qu'ils battissent	battant	battu, e
boire	je bois il boit nous buvons ils boivent	je buvais il buvait nous buvions ils buvaient	je boirai il boira nous boirons ils boiront	je bus il but nous bûmes ils burent	que je boive qu'il boive que nous buvions qu'ils boivent	que je busse qu'il bût que nous bussions qu'ils bussent	buvant	bu, e
bouillir	je bous nous bouillons ils bouillent	je bouillais nous bouillions ils bouillaient	je bouillirai nous bouillirons ils bouilliront	je bouillis nous bouillîmes ils bouillirent	que je bouille que nous bouillions qu'ils bouillent	que je bouillisse que nous bouillissions qu'ils bouillissent	bouillant	bouilli, e
braire *siehe extraire*								
bruire	il bruit *nous/vous fehlt* ils bruissent	il bruissait *nous/vous* fehlt ils bruissaient	*fehlt*	*fehlt*	qu'il bruisse *nous/vous* fehlt qu'ils bruissent	*fehlt*	bruissant	*fehlt*
ceindre *siehe peindre*								

Infinitif	Présent	Imparfait	Futur	Passé simple	Subjonctif présent	Subjonctif imparfait	Part. présent	Part. passé
choir	je chois il choit *nous/vous fehlt* ils choient	*fehlt*	je choirai *o* cherrai ils choiront *o* cherront	je chus il chut nous chûmes ils churent	*fehlt*	*nur:* qu'il chût	*fehlt*	chu, e
circonscrire *siehe écrire*								
clore	je clos il clôt nous closons ils closent	*fehlt*	je clorai il clora nous clorons ils cloront	*fehlt*	que je close qu'il close que nous closions qu'ils closent	*fehlt*	closant	clos, e
comparaître *siehe paraître*		**complaire** *siehe plaire*		**compromettre** *siehe mettre*				
conclure	je conclus	je concluais	je conclurai	je conclus	que je conclue	que je conclusse	concluant	conclu, e
concourir *siehe courir*								
conduire	je conduis	je conduisais	je conduirai	je conduisis	que je conduise	que je conduisisse	conduisant	conduit, e
connaître *siehe paraître*		**conquérir** *siehe acquérir*		**construire** *siehe conduire*		**contraindre** *siehe craindre*		
contredire *siehe dire*		**contrefaire** *siehe faire*		**convaincre** *siehe vaincre*				
corrompre *siehe rompre*								
coudre	je couds il coud nous cousons ils cousent	je cousais il cousait nous cousions ils cousaient	je coudrai il coudra nous coudrons ils coudront	je cousis il cousit nous cousîmes ils cousirent	que je couse qu'il couse que nous cousions qu'ils cousent	que je cousisse qu'il cousît que nous cousissions qu'ils cousissent	cousant	cousu, e
courir	je cours il court nous courons ils courent	je courais il courait nous courions ils couraient	je courrai il courra nous courrons ils courront	je courus il courut nous courûmes ils coururent	que je coure qu'il coure que nous courions qu'ils courent	que je courusse qu'il courût que nous courussions qu'ils courussent	courant	couru, e
craindre	je crains nous craignons ils craignent	je craignais nous craignions ils craignaient	je craindrai nous craindrons ils craindront	je craignis nous craignîmes ils craignirent	que je craigne que nous craignions qu'ils craignent	que je craignisse que nous craignissions qu'ils craignissent	craignant	craint, e
croire	je crois il croit nous croyons ils croient	je croyais il croyait nous croyions ils croyaient	je croirai il croira nous croirons ils croiront	je crus il crut nous crûmes ils crurent	que je croie qu'il croie que nous croyions qu'ils croient	que je crusse qu'il crût que nous crussions qu'ils crussent	croyant	cru, e
croître	je croîs nous croissons ils croissent	je croissais nous croissions ils croissaient	je croîtrai nous croîtrons ils croîtront	je crûs nous crûmes ils crûrent	que je croisse que nous croissions qu'ils croissent	que je crûsse que nous crûssions qu'ils crûssent	croissant	crû, crue, cru(e)s
cueillir	je cueille il cueille nous cueillons ils cueillent	je cueillais il cueillait nous cueillions ils cueillaient	je cueillerai il cueillera nous cueillerons ils cueilleront	je cueillis il cueillit nous cueillîmes ils cueillirent	que je cueille qu'il cueille que nous cueillions qu'ils cueillent	que je cueillisse qu'il cueillît que nous cueillissions qu'ils cueillissent	cueillant	cueilli, e
cuire *siehe conduire*		**débattre** *siehe battre*						
déchoir	je déchois nous déchoyons ils déchoient	*fehlt*	je déchoirai nous déchoirons ils déchoiront	je déchus nous déchûmes ils déchurent	que je déchoie que nous déchoyions qu'ils déchoient	que je déchusse que nous déchussions qu'ils déchussent	*fehlt*	déchu, e

Infinitif	Présent	Imparfait	Futur	Passé simple	Subjonctif présent	Subjonctif imparfait	Part. présent	Part. passé
découdre *siehe coudre*		**décrire** *siehe écrire*		**décroître** *siehe accroître*		**dédire** *siehe contredire*	**déduire** *siehe conduire*	
défaillir	je défaille	je défaillais	je défaillirai	je défaillis	que je défaille	que je défaillisse	défaillant	défailli
défaire *siehe faire*		**démettre** *siehe mettre*		**dépeindre** *siehe peindre*		**déplaire** *siehe plaire*		
desservir *siehe servir*		**déteindre** *siehe peindre*		**détruire** *siehe conduire*		**dévêtir** *siehe vêtir*		
devoir	je dois il doit nous devons ils doivent	je devais il devait nous devions ils devaient	je devrai il devra nous devrons ils devront	je dus il dut nous dûmes ils durent	que je doive qu'il doive que nous devions qu'ils doivent	que je dusse qu'il dût que nous dussions qu'ils dussent	devant	dû, due, du(e)s
dire	je dis nous disons vous dites ils disent	je disais nous disions vous disiez ils disaient	je dirai nous dirons vous direz ils diront	je dis nous dîmes vous dîtes ils dirent	que je dise que nous disions que vous disiez qu'ils disent	que je disse que nous dissions que vous dissiez qu'ils dissent	disant	dit, e
discourir *siehe courir*		**disjoindre** *siehe joindre*		**disparaître** *siehe paraître*		**dissoudre** *siehe absoudre*	**distraire** *siehe extraire*	
dormir	je dors nous dormons ils dorment	je dormais nous dormions ils dormaient	je dormirai nous dormirons ils dormiront	je dormis nous dormîmes ils dormirent	que je dorme que nous dormions qu'ils dorment	que je dormisse que nous dormissions qu'ils dormissent	dormant	dormi
ébattre *siehe battre*								
échoir	il échoit ils échoient	il échoyait ils échoyaient	il échoira *o* écherra ils échoiront *o* écherront	il échut ils échurent	qu'il échoit qu'ils échoient	qu'il échût qu'ils échussent	échéant	échu, e
éclore *siehe clore*								
écrire	j'écris il écrit nous écrivons ils écrivent	j'écrivais il écrivait nous écrivions ils écrivaient	j'écrirai il écrira nous écrirons ils écriront	j'écrivis il écrivit nous écrivîmes ils écrivirent	que j'écrive qu'il écrive que nous écrivions qu'ils écrivent	que j'écrivisse qu'il écrivît que nous écrivissions qu'ils écrivissent	écrivant	écrit, e
élire *siehe lire*		**émettre** *siehe mettre*						
émouvoir *wie mouvoir, Ausnahme:*								ému, e
empreindre *siehe peindre*		**enclore** *siehe clore*		**encourir** *siehe courir*		**endormir** *siehe dormir*	**enduire** *siehe conduire*	
enfreindre *siehe peindre*		**enfuir** *siehe fuir*		**enjoindre** *siehe joindre*		**enquérir** *siehe acquérir*	**ensuivre** *siehe suivre*	
entremettre *siehe mettre*		**entrevoir** *siehe voir*						
envoyer	j'envoie nous envoyons ils envoient	j'envoyais nous envoyions ils envoyaient	j'enverrai nous enverrons ils enverront	j'envoyai nous envoyâmes ils envoyèrent	que j'envoie que nous envoyions qu'ils envoient	que j'envoyasse que nous envoyassions qu'ils envoyassent	envoyant	envoyé, e
équivaloir *siehe valoir*		**éteindre** *siehe peindre*		**être** *siehe S. 821*	**étreindre** *siehe peindre*			
exclure	j'exclus il exclut nous excluons ils excluent	j'excluais il excluait nous excluions ils excluaient	j'exclurai il exclura nous exclurons ils excluront	j'exclus il exclut nous exclûmes ils exclurent	que j'exclue qu'il exclue que nous excluions qu'ils excluent	que j'exclusse qu'il exclût que nous exclussions qu'ils exclussent	excluant	exclu, e
extraire	j'extrais nous extrayons ils extraient	j'extrayais nous extrayions ils extrayaient	j'extrairai nous extrairons ils extrairont	*fehlt*	qu j'extraie que nous extrayions qu'ils extraient	*fehlt*	extrayant	extrait, e

Infinitif	Présent	Imparfait	Futur	Passé simple	Subjonctif présent	Subjonctif imparfait	Part. présent	Part. passé
faillir	je faillis nous faillissons ils faillissent *o* je faux il faut nous faillons ils faillent	je faillissais nous faillissions ils faillissaient *o* je faillais nous faillions ils faillaient	je faillirai nous faillirons ils failliront *o* je faudrai nous faudrons ils faudront	je faillis nous faillîmes ils faillirent	que je faillisse que nous faillissions qu'ils faillissent *o* que je faille que nous faillions qu'ils faillent	que je faillisse que nous faillissions qu'ils faillissent	faillissant *o* faillant	failli
faire *siehe S. 822*								
falloir	il faut	il fallait	il faudra	il fallut	qu'il faille	qu'il fallût	*fehlt*	fallu
feindre *siehe peindre*								
frire	je fris *nous/vous/ils fehlt*	*fehlt*	je frirai nous frirons ils friront	*fehlt*	*fehlt*	*fehlt*	*fehlt*	frit, e
fuir	je fuis il fuit nous fuyons ils fuient	je fuyais il fuyait nous fuyions ils fuyaient	je fuirai il fuira nous fuirons ils fuiront	je fuis il fuit nous fuîmes ils fuirent	que je fuie qu'il fuie que nous fuyions qu'ils fuient	que je fuisse qu'il fuît que nous fuissions qu'ils fuissent	fuyant	fui, e
geindre *siehe peindre*								
gésir	je gis tu gis il gît nous gisons vous gisez ils gisent	je gisais tu gisais il gisait nous gisions vous gisiez ils gisaient	*fehlt*	*fehlt*	*fehlt*	*fehlt*	*fehlt*	*fehlt*
haïr	je hais il hait nous haïssons ils haïssent	je haïssais il haïssait nous haïssions ils haïssaient	je haïrai il haïra nous haïrons ils haïront	je haïs il haït nous haïmes ils haïront	que je haïsse qu'il haïsse que nous haïssions qu'ils haïssent	que je haïsse qu'il haït que nous haïssions qu'ils haïssent	haïssant	haï, e
inclure *siehe conclure*		**induire** *siehe conduire*		**inscrire** *siehe écrire*	**instruire** *siehe conduire*			
interdire *siehe contredire*		**interrompre** *siehe rompre*		**introduire** *siehe conduire*				
joindre	je joins il joint nous joignons ils joignent	je joignais il joignait nous joignions ils joignaient	je joindrai il joindra nous joindrons ils joindront	je joignis il joignit nous joignîmes ils joignirent	que je joigne qu'il joigne que nous joignions qu'ils joignent	que je joignisse qu'il joignît que nous joignissions qu'ils joignissent	joignant	joint, e
lire	je lis il lit nous lisons ils lisent	je lisais il lisait nous lisions ils lisaient	je lirai il lira nous lirons ils liront	je lus il lut nous lûmes ils lurent	que je lise qu'il lise que nous lisions qu'ils lisent	que je lusse qu'il lût que nous lussions qu'ils lussent	lisant	lu, e
luire *siehe nuire*		**méconnaître** *siehe paraître*		**médire** *siehe contredire*				
mettre	je mets il met nous mettons ils mettent	je mettais il mettait nous mettions ils mettaient	je mettrai il mettra nous mettrons ils mettront	je mis il mit nous mîmes ils mirent	que je mette qu'il mette que nous mettions qu'ils mettent	que je misse qu'il mît que nous missions qu'ils missent	mettant	mis, e

Infinitif	Présent	Imparfait	Futur	Passé simple	Subjonctif présent	Subjonctif imparfait	Part. présent	Part. passé
moudre	je mouds il moud nous moulons ils moulent	je moulais il moulait nous moulions ils moulaient	je moudrai il moudra nous moudrons ils moudront	je moulus il moulut nous moulûmes ils moulurent	que je moule qu'il moule que nous moulions qu'ils moulent	que je moulusse qu'il moulût que nous moulussions qu'ils moulussent	moulant	moulu, e
mourir	je meurs il meurt nous mourons ils meurent	je mourais il mourait nous mourions ils mouraient	je mourrai il mourra nous mourrons ils mourront	je mourus il mourut nous mourûmes ils moururent	que je meure qu'il meure que nous mourions qu'ils meurent	que je mourusse qu'il mourût que nous mourussions qu'ils mourussent	mourant	mort, e
mouvoir	je meus il meut nous mouvons ils meuvent	je mouvais il mouvait nous mouvions ils mouvaient	je mouvrai il mouvra nous mouvrons ils mouvront	je mus il mut nous mûmes ils murent	que je meuve qu'il meuve que nous mouvions qu'ils meuvent	que je musse qu'il mût que nous mussions qu'ils mussent	mouvant	mû, mue, mu(e)s
naître	je nais il naît nous naissons ils naissent	je naissais il naissait nous naissions ils naissaient	je naîtrai il naîtra nous naîtrons ils naîtront	je naquis il naquit nous naquîmes ils naquirent	que je naisse qu'il naisse que nous naissions qu'ils naissent	que je naquisse qu'il naquît que nous naquissions qu'ils naquissent	naissant	né, e
nuire	je nuis nous nuisons ils nuisent	je nuisais nous nuisions ils nuisaient	je nuirai nous nuirons ils nuiront	je nuisis nous nuisîmes ils nuisirent	que je nuise que nous nuisions qu'ils nuisent	que je nuisisse que nous nuisissions qu'ils nuisissent	nuisant	nui
occire *nur Infinitiv und Participe passé und zusammengesetzte Zeiten*								occis, e
oindre *siehe joindre*		**omettre** *siehe mettre*						
ouïr	j'ouïs nous ouïssons ils ouïssent *o* j'ois nous oyons ils oient	j'ouïssais nous ouïssions ils ouïssaient *o* j'oyais nous oyions ils oyaient	j'ouïrai nous ouïrons ils ouïront *o* j'orrai nous orrons ils orront	j'ouïs nous ouïmes ils ouïrent	que j'ouïsse que nous ouïssions qu'ils ouïssent *o* que j'oie que nous oyions qu'ils oient	que j'ouïsse que nous ouïssions qu'ils ouïssent	oyant	ouï, e
paître *siehe paraître*								
paraître	je parais il paraît nous paraissons ils paraissent	je paraissais il paraissait nous paraissions ils paraissaient	je paraîtrai il paraîtra nous paraîtrons ils paraîtront	je parus il parut nous parûmes ils parurent	que je paraisse qu'il paraisse que nous paraissions qu'ils paraissent	que je parusse qu'il parût que nous parussions qu'ils parussent	paraissant	paru, e
parcourir *siehe courir*		**parfaire** *siehe faire*						
peindre	je peins nous peignons ils peignent	je peignais nous peignions ils peignaient	je peindrai nous peindrons ils peindront	je peignis nous peignîmes ils peignirent	que je peigne que nous peignions qu'ils peignent	que je peignisse que nous peignissions qu'ils peignissent	peignant	peint, e
permettre *siehe mettre*								
plaindre	je plains il plaint nous plaignons ils plaignent	je plaignais il plaignait nous plaignions ils plaignaient	je plaindrai il plaindra nous plaindrons ils plaindront	je plaignis il plaignit nous plaignîmes ils plaignirent	que je plaigne qu'il plaigne que nous plaignions qu'ils plaignent	que je plaignisse qu'il plaignît que nous plaignissions qu'ils plaignissent	plaignant	plaint, e
plaire	je plais il plaît	je plaisais il plaisait	je plairai il plaira	je plus il plut	que je plaise qu'il plaise	que je plusse qu'il plût	plaisant	plu
pleuvoir *fig*	il pleut ils pleuvent	il pleuvait ils pleuvaient	il pleuvra ils pleuvront	il plut ils plurent	qu'il pleuve qu'ils pleuvent	qu'il plût qu'ils plussent	pleuvant	plu

Infinitif	Présent	Imparfait	Futur	Passé simple	Subjonctif présent	Subjonctif imparfait	Part. présent	Part. passé
poursuivre *siehe suivre*								
pourvoir	je pourvois il pourvoit nous pourvoyons ils pourvoient	je pourvoyais il pourvoyait nous pourvoyions ils pourvoyaient	je pourvoirai il pourvoira nous pourvoirons ils pourvoiront	je pourvus il pourvut nous pourvûmes ils pourvurent	que je pourvoie qu'il pourvoie que nous pourvoyions qu'ils pourvoient	que je pourvusse qu'il pourvût que nous pourvussions qu'ils pourvussent	pourvoyant	pourvu, e
pouvoir	je peux il peut nous pouvons ils peuvent	je pouvais il pouvait nous pouvions ils pouvaient	je pourrai il pourra nous pourrons ils pourront	je pus il put nous pûmes ils purent	que je puisse qu'il puisse que nous puissions qu'ils puissent	que je pusse qu'il pût que nous pussions qu'ils pussent	pouvant	pu
prédire	je prédis il prédit nous prédisons	je prédisais il prédisait nous prédisions	je prédirai il prédira nous prédirons	je prédis il prédit nous prédîmes	que je prédise qu'il prédise que nous prédisions	que je prédisse qu'il prédît que nous prédissions	prédisant	prédit, e
prescrire *siehe écrire*								
prévaloir *wie valoir, Ausnahme:*					que je prévale			
prévoir *wie voir, Ausnahme:*			je prévoirai					
produire *siehe conduire*		**promettre** *siehe mettre*						
promouvoir *wie mouvoir, Ausnahme:*								promu, e
proscrire *siehe écrire*		**rabattre** *siehe battre*		**rasseoir** *siehe asseoir*		**réadmettre** *siehe mettre*		
réapparaître *siehe paraître*		**recomparaître** *siehe paraître*		**reconduire** *siehe conduire*		**reconnaître** *siehe paraître*		
reconquérir *siehe acquérir*		**reconstruire** *siehe conduire*		**recoudre** *siehe coudre*		**recourir** *siehe courir*		
récrire *siehe écrire*		**recueillir** *siehe cueillir*		**recuire** *siehe conduire*		**redéfaire** *siehe faire*		
redire *siehe dire*		**redormir** *siehe dormir*		**réduire** *siehe conduire*		**réécrire** *siehe écrire*		
réélire *siehe lire*		**réinscrire** *siehe écrire*		**réintroduire** *siehe conduire*		**rejoindre** *siehe joindre*		
relire *siehe lire*		**reluire** *siehe nuire*		**remettre** *siehe mettre*		**renaître** *siehe naître*		
rendormir *siehe dormir*		**reparaître** *siehe paraître*		**repeindre** *siehe peindre*		**reproduire** *siehe conduire*		
requérir *siehe acquérir*								
résoudre	je résous il résout nous résolvons ils résolvent	je résolvais il résolvait nous résolvions ils résolvaient	je résoudrai il résoudra nous résoudrons ils résoudront	je résolus il résolut nous résolûmes ils résolurent	que je résolve qu'il résolve que nous résolvions qu'ils résolvent	que je résolusse qu'il résolût que nous résolussions qu'ils résolussent	résolvant	résolu, e
restreindre *siehe peindre*		**retraduire** *siehe traduire*		**retranscrire** *siehe écrire*		**retransmettre** *siehe mettre*		
revaloir *siehe valoir*		**revêtir** *siehe vêtir*		**revivre** *siehe vivre*		**revoir** *siehe voir*		
revouloir *siehe vouloir*								
rire	je ris il rit nous rions ils rient	je riais il riait nous riions ils riaient	je rirai il rira nous rirons ils riront	je ris il rit nous rîmes ils rirent	que je rie qu'il rie que nous riions qu'ils rient	que je risse qu'il rît que nous rissions qu'ils rissent	riant	ri

Infinitif	Présent	Imparfait	Futur	Passé simple	Subjonctif présent	Subjonctif imparfait	Part. présent	Part. passé
rompre	je romps il rompt nous rompons ils rompent	je rompais il rompait nous rompions ils rompaient	je romprai il rompra nous romprons ils rompront	je rompis il rompit nous rompîmes ils rompirent	que je rompe qu'il rompe que nous rompions qu'ils rompent	que je rompisse qu'il rompît que nous rompissions qu'ils rompissent	rompant	rompu, e
saillir = *être en saillie*	il saille ils saillent	il saillait ils saillaient	il saillera ils sailleront	il saillit ils saillirent	qu'il saille qu'ils saillent	qu'il saillît qu'ils saillissent	saillant	sailli, e
satisfaire *siehe faire*								
savoir	je sais il sait nous savons ils savent	je savais il savait nous savions ils savaient	je saurai ils saura nous saurons ils sauront	je sus il sut nous sûmes ils surent	que je sache qu'il sache que nous sachions qu'ils sachent	que je susse qu'il sût que nous sussions qu'ils sussent	sachant	su, e
secourir *siehe courir*		**séduire** *siehe conduire*						
seoir	il sied ils siéent	il seyait ils seyaient	il siéra ils siéront	*fehlt*	qu'il siée qu'ils siéent	*fehlt*	seyant	*fehlt*
servir	je sers il sert nous servons ils servent	je servais il servait nous servions ils servaient	je servirai il servira nous servirons ils serviront	je servis il servit nous servîmes ils servirent	que je serve qu'il serve que nous servions qu'ils servent	que je servisse qu'il servît que nous servissions qu'ils servissent	servant	servi, e
sourire *siehe rire*		**souscrire** *siehe écrire*		**soustraire** *siehe extraire*				
suffire	je suffis nous suffisons ils suffisent	je suffisais nous suffisions ils suffisaient	je suffirai nous suffirons ils suffiront	je suffis nous suffîmes ils suffirent	que je suffise que nous suffisions qu'ils suffisent	que je suffisse que nous suffissions qu'ils suffissent	suffisant	suffi
suivre	je suis il suit nous suivons ils suivent	je suivais il suivait nous suivions ils suivaient	je suivrai il suivra nous suivrons ils suivront	je suivis il suivit nous suivîmes ils suivirent	que je suive qu'il suive que nous suivions qu'ils suivent	que je suivisse qu'il suivît que nous suivissions qu'ils suivissent	suivant	suivi, e
surseoir	je sursois nous sursoyons ils sursoient	je sursoyais nous sursoyions ils sursoyaient	je surseoirai nous surseoirons ils surseoiront	je sursis nous sursîmes ils sursirent	que je sursoie que nous sursoyions qu'ils sursoient	que je sursisse que nous sursissions qu'ils sursissent	sursoyant	sursis, e
survivre *siehe vivre*								
taire	je tais il tait nous taisons ils taisent	je taisais il taisait nous taisions ils taisaient	je tairai il taira nous tairons ils tairont	je tus il tut nous tûmes ils turent	que je taise qu'il taise que nous taisions qu'ils taisent	que je tusse qu'il tût que nous tussions qu'ils tussent	taisant	tu, e
teindre	je teins il teint nous teignons ils teignent	je teignais il teignait nous teignions ils teignaient	je teindrai il teindra nous teindrons ils teindront	je teignis il teignit nous teignîmes ils teignirent	que je teigne qu'il teigne que nous teignions qu'ils teignent	que je teignisse qu'il teignît que nous teignissions qu'ils teignissent	teignant	teint, e
traduire	je traduis il traduit nous traduisons ils traduisent	je traduisais il traduisait nous traduisions ils traduisaient	je traduirai il traduira nous traduirons ils traduiront	je traduisis il traduisit nous traduisîmes ils traduisirent	que je traduise qu'il traduise que nous traduisions qu'ils traduisent	que je traduisisse qu'il traduisît que nous traduisissions qu'ils traduisissent	traduisant	traduit, e

Infinitif	Présent	Imparfait	Futur	Passé simple	Subjonctif présent	Subjonctif imparfait	Part. présent	Part. passé
traire	je trais il trait nous trayons ils traient	je trayais il trayait nous trayions ils trayaient	je trairai il traira nous trairons ils trairont	*fehlt*	que je traie qu'il traie que nous trayions qu'ils traient	*fehlt*	trayant	trait, e
transcrire *siehe écrire*		**transmettre** *siehe mettre*		**transparaître** *siehe paraître*		**tressaillir** *siehe défaillir*		
vaincre	je vaincs il vainc nous vainquons ils vainquent	je vainquais il vainquait nous vainquions ils vainquaient	je vaincrai il vaincra nous vaincrons ils vaincront	je vainquis il vainquit nous vainquîmes ils vainquirent	que je vainque qu'il vainque que nous vainquions qu'ils vainquent	que je vainquisse qu'il vainquît que nous vainquissions qu'ils vainquissent	vaincant	vaincu, e
valoir	je vaux il vaut nous valons ils valent	je valais il valait nous valions ils valaient	je vaudrai il vaudra nous vaudrons ils vaudront	je valus il valut nous valûmes ils valurent	que je vaille qu'il vaille que nous valions qu'ils vaillent	que je valusse qu'il valût que nous valussions qu'ils valussent	valant	valu, e
vêtir	je vêts il vêt nous vêtons ils vêtent	je vêtais il vêtait nous vêtions ils vêtaient	je vêtirai il vêtira nous vêtirons ils vêtiront	je vêtis il vêtit nous vêtîmes ils vêtirent	que je vête qu'il vête que nous vêtions qu'ils vêtent	que je vêtisse qu'il vêtît que nous vêtissions qu'ils vêtissent	vêtant	vêtu, e
vivre	je vis il vit nous vivons ils vivent	je vivais il vivait nous vivions ils vivaient	je vivrai il vivra nous vivrons ils vivront	je vécus il vécut nous vécûmes ils vécurent	que je vive qu'il vive que nous vivions qu'ils vivent	que je vécusse qu'il vécût que nous vécussions qu'ils vécussent	vivant	vécu, e
voir	je vois il voit nous voyons ils voient	je voyais il voyait nous voyions ils voyaient	je verrai il verra nous verrons ils verront	je vis il vit nous vîmes ils virent	que je voie qu'il voie que nous voyions qu'ils voient	que je visse qu'il vît que nous vissions qu'ils vissent	voyant	vu, e
vouloir	je veux il veut nous voulons ils veulent	je voulais il voulait nous voulions ils voulaient	je voudrai il voudra nous voudrons ils voudront	je voulus il voulut nous voulûmes ils voulurent	que je veuille qu'il veuille que nous voulions qu'ils veuillent	que je voulusse qu'il voulût que nous voulussions qu'ils voulussent	voulant	voulu, e

Französische Privatkorrespondenz
Correspondance personnelle en français

1. An das Fremdenverkehrsamt: Anforderung von Prospekten
A l'office du tourisme : demande de documentation

M. et Mme Norbert Petit
5, rue du Dr Chaussier
21000 Dijon

Comité Départemental
du Tourisme du Finistère
11, rue Théodore-Le-Hars
29104 Quimper cedex

Dijon, le 2 février 1999

Messieurs,

Je désire passer mes vacances avec ma famille dans la région de Quimper en juillet.

C'est pourquoi je vous serais reconnaissant de bien vouloir m'envoyer une documentation sur les sites touristiques et les hôtels de cette région.

D'avance, je vous remercie de votre réponse.

Je vous prie de croire, Messieurs, à ma considération distinguée.

N. Petit
Norbert Petit

Je désire passer mes vacances...
Ich möchte meinen Urlaub ... verbringen
envoyer une documentation
Prospekte zuschicken

2. Ein Hotelzimmer reservieren
Réserver une chambre d'hôtel

M. et Mme Norbert Petit
5, rue du Dr Chaussier
21000 Dijon

Hôtel Armorique
35, rue des Promenades
29118 Benodet

Dijon, le 1er mars 1999

Monsieur,

Je vous remercie de votre dépliant me donnant tous les détails sur les conditions de séjour dans votre hôtel.

Je vous prie de réserver pour ma femme, moi-même et nos deux filles deux chambres avec douche et W.-C., l'une à deux lits, l'autre à un grand lit, en demi-pension, du 2 au 15 juillet compris.

D'avance, je vous remercie de votre confirmation.

Veuillez recevoir, Monsieur, l'assurance de mes sentiments distingués.

N. Petit
Norbert Petit

votre dépliant me donnant tous les détails
Ihr Faltblatt, das mich über alle Einzelheiten informiert
Je vous prie de réserver...
Ich bitte Sie, ... zu reservieren.

3. Auskünfte über eine Ferienwohnung einholen

Demander des renseignements pour une location de vacances

M. Guy Framont
6, avenue Leo Lagrange
59280 Armentières

Monsieur Roland Botet
10, Impasse de la Source
34200 Sète

Armentières, le 15 mars 1999

Monsieur,

L'office du tourisme m'a envoyé la liste et le descriptif des gîtes ruraux de votre ville et des environs.

L'appartement meublé que vous proposez m'intéresse particulièrement. Je souhaiterais le louer pour une période d'un mois à compter du premier juillet. Mais j'aimerais, avant de me décider, quelques renseignements supplémentaires.

Pourriez-vous me préciser si les charges (gaz, électricité et autres taxes) sont comprises dans le prix de la location ; et quel serait le montant des arrhes à verser ? Est-ce que la literie est fournie ? Et enfin, est-ce que les animaux sont admis ?

Dans l'attente de votre réponse, je vous prie de recevoir, Monsieur, l'assurance de mes sincères salutations.

Guy Framont

Guy Framont

la liste et le descriptif des gîtes ruraux
die Liste und die Beschreibung der Ferienhäuser und -wohnungen (in ruhiger Lage)
pour une période d'un mois à compter du premier juillet
für einen Monat ab dem ersten Juli
Pourriez-vous me préciser si…
Könnten Sie mir mitteilen, ob …
le prix de la location
der Mietpreis
le montant des arrhes à verser
die Höhe der zu leistenden Anzahlung
la literie est fournie
die Bettwäsche wird zur Verfügung gestellt

4. Eine Ferienwohnung mieten

Réserver une location de vacances

Monsieur,

Je vous remercie de votre prompte réponse.

Ayant pris connaissance des renseignements complémentaires que vous avez eu l'amabilité de me communiquer, je vous confirme ma décision de louer votre appartement du premier au trente juillet inclus.

Ci-joint vous trouverez un chèque de 1500 francs, à valoir comme arrhes. Le solde, c'est-à-dire 7000 francs, vous sera réglé le jour de notre arrivée, le premier juillet.

Dans l'attente de votre réponse, je vous prie de recevoir, Monsieur, l'assurance de mes sincères salutations.

Guy Framont

P.S. : Vous voudrez bien nous préciser où prendre les clés de l'appartement, le jour de notre arrivée.

… que vous avez eu l'amabilité de me communiquer
… die Sie mir freundlicherweise mitgeteilt haben
je vous confirme ma décision de louer …
ich bestätige meine Entscheidung, … zu mieten
à valoir comme arrhes
als Anzahlung
Le solde vous en sera réglé…
Der Restbetrag wird … beglichen / bezahlt.
Vous voudrez bien nous préciser où…
Würden Sie uns bitte genau angeben, wo …

Französische Geschäftskorrespondenz
Correspondance commerciale en français

1.Informationen einholen
Demander des renseignements

SPORFORM
articles de sport
5, Bd ces Bouvets 92000 Nanterre
Tel.: 47.12.43.00 Fax: 47.14.44.21

Groupe B.O.I.S.
3, rue de Rivoli
75038 Paris

N/Ref. JL/ SI 3

Nanterre, le 15 janvier 1999

Messieurs,

Votre publicité parue dans « Le Capital », le 13 janvier, nous a vivement intéressés. Nous souhaiterions donc de plus amples renseignements concernant vos modèles.

Nous vous serions reconnaissants de bien vouloir nous faire parvenir votre catalogue ainsi que les prix en vigueur et les conditions de livraison.

Si vous êtes en mesure de livrer à des prix concurrentiels, nous serions disposés à vous passer très prochainement une commande d'essai.

Nous vous remercions, par avance, de la rapidité de votre réponse et vous prions d'agréer, Messieurs, nos salutations distinguées.

Jules Lebeau

Le Directeur commercial
Jules Lebeau

... nous a vivement intéressés
... hat uns sehr interessiert

Nous vous serions reconnaissants de bien vouloir nous faire parvenir...
Wir wären Ihnen dankbar, wenn Sie uns ... zuschicken würden

les prix en vigueur
die aktuelle Preisliste

Nous vous remercions, par avance, de la rapidité de votre réponse.
Wir danken Ihnen im Voraus für eine rasche Antwort.

2. Angebot
Offre

Alfaga
Ingénierie Informatique

12, av. Madakoff
75016 Paris
Tel.: 45.01.69.71
Fax: 45.00.08.71

Ets Guorlain & Fils
A l'attention de Madame Samsara
30, place Voltaire
42300 Roanne

Paris, le 3 mai 1999

Madame,

Suite à votre lettre du 28 avril, nous avons le plaisir de vous envoyer par ce même courrier notre dernier catalogue ainsi que les prix courants de nos imprimantes.

Nous nous permettons d'attirer votre attention sur notre nouveau modèle, Rapido, qui devrait répondre aux exigences de votre entreprise.

Si vous nous passez commande sous huitaine, vous pourrez profiter de notre offre promotionnelle particulièrement avantageuse : nous accordons actuellement 7 % de réduction à nos clients, auxquels s'ajoutent 3 % d'escompte en cas de paiement comptant.

Le paiement devra s'effectuer par virement bancaire.
La livraison se fait dans un délai de deux semaines.
Nous livrons gracieusement et procédons à l'installation et à la mise en marche des appareils.
La garantie est d'un an.

Nous restons à votre entière disposition pour tous renseignements complémentaires et espérons vous compter très prochainement parmi nos clients.

Nous vous prions de croire, Madame, à l'expression de nos sentiments dévoués.

D. Denoy

Service des ventes
Daniel Denoy

Suite à votre lettre du…	*Bezug nehmend auf Ihr Schreiben vom …*
envoyer par ce même courrier	*mit gleicher Post zuschicken*
sous huitaine	*innerhalb einer Woche / binnen 8 Tagen*
en cas de paiement comptant	*bei sofortiger Zahlung*
Le paiement devra s'effectuer par virement bancaire.	*Die Zahlung hat per Banküberweisung zu erfolgen.*

Monsieur René Fourt
46, bd du Général-de-Gaulle
59100 Roubaix

Roseraie Paul Guallot
Domaine de La Source
38460 Chamagnieu

Objet : Commande

Roubaix, le 10 mars 1999

Monsieur,

Suite à notre entretien téléphonique de ce matin, je vous confirme la commande des rosiers suivants:

Désignation	Quantité
Rose mousse «Goethe»	10
Rose de Damas «Celsina»	5
Rose de Chine «Perle d'or»	6

La facture sera payée par virement bancaire.

Je vous serais reconnaissant de bien vouloir me livrer, comme convenu, sous huitaine.

Veuillez agréer, Monsieur, l'expression de mes salutations distinguées.

René Fourt

4. Reklamationen
Réclamations

Madame,

Les articles commandés par lettre en date du 22 mars me sont bien parvenus.

Cependant, j'ai constaté parmi ceux-ci que l'article référencé 36 A n° 5 présentait un défaut de fabrication : ce qui est inacceptable pour un article de ce prix.

Je vous le renvoie donc à vos frais et vous demande de le remplacer sans délai.

Avec mes remerciements, veuillez agréer, Madame, l'expression de mes salutations distinguées.

l' article présentait un défaut de fabrication
der Artikel hatte einen Herstellungsfehler

... de le remplacer sans délai
... ihn unverzüglich zu ersetzen

5. Reklamationen beantworten
Répondre aux lettres de réclamation

Cher Monsieur,

Nous regrettons vivement que notre dernier envoi ait donné lieu à une réclamation de votre part. Votre mécontentement est tout à fait compréhensible.

Nous avons donc immédiatement effectué les recherches nécessaires pour découvrir les raisons de ce contretemps. Il s'avère que notre transporteur, suite à des problèmes d'organisation, n'a pas été en mesure de vous livrer comme convenu. Quant à la livraison des articles non conformes à votre ordre, il s'agit d'une erreur due à une confusion d'emballages.

Veuillez accepter nos sincères excuses.

Comme vous signalez dans votre lettre que vous êtes prêt à garder les articles, nous vous les facturerons à 50% du prix du catalogue.

Nous espérons que cet incident n'altérera pas nos relations commerciales.

En vous remerciant de votre compréhension, nous vous prions de croire, Cher Monsieur, à nos sentiments dévoués.

une erreur due à une confusion d'emballages
ein Versehen, das auf eine Verwechslung der Verpackungen zurückzuführen ist

altérer les relations commerciales
die Geschäftsbeziehungen beeinträchtigen

Bewerbungen
Lettres de candidature

1. Initiativbewerbung
Lettre de candidature spontanée

François Ripou
6, rue de la Victoire
14104 Lisieux
Tél. : 13 12 92 01

Lisieux, le 1er septembre 1999

Monsieur le Directeur,

La réputation de votre entreprise est à la mesure de la qualité de ses produits et de son dynamisme. J'ai appris que vous étiez sur le point d'adopter une nouvelle politique marketing : domaine qui m'intéresse particulièrement.

Dans la société où je travaille actuellement, j'ai organisé le service publicité, et en trois ans, sa notoriété a été multipliée par deux (voir C.V. joint).

Mes expériences professionnelles, mes qualités de rigueur et d'organisation, mais aussi ma créativité me donnent à penser que je corresponds au profil exigé par une fonction au sein de votre équipe.

Si cette offre est susceptible de vous intéresser, je me tiens à votre disposition pour un prochain rendez-vous.

Dans cette attente, je vous prie de croire, Monsieur le Directeur, à l'assurance de ma considération distinguée.

François Ripou

mes qualités de rigueur et d'organisation
meine Gewissenhaftigkeit und mein Organisationsgeschick

je corresponds au profil exigé par une fonction…
ich bringe die Voraussetzungen für eine Stelle … mit.

2. Bewerbungsschreiben

Lettre de candidature

Bernard Brasier
56, rue Berlioz
33000 Bordeaux
Tél. : 56 03 51 59

Bordeaux, le 10 octobre 1999

Ref. : Votre annonce parue dans « Le Figaro » du 29 septembre

Messieurs,

Votre offre d'emploi citée en référence m'intéresse vivement. En effet, la nature du poste que vous proposez, correspond à celui que je recherche.

J'ai particulièrement retenu dans les termes de votre annonce la perspective de travailler pour une entreprise leader de son marché et la possibilité de mettre en pratique mes connaissances et mes expériences dans ce domaine.

Depuis 5 ans, je dirige le service de Contrôle de gestion d'une entreprise basée à Rome. Entre autres, j'ai mis en place une stratégie informatisée qui s'est révélée très vite opérationnelle.

Le C.V. ci-joint vous permettra de mieux apprécier mon parcours professionnel.

Je serais heureux de pouvoir vous donner plus de détails dans un prochain entretien et dans cette attente, je vous prie de croire, Messieurs, à l'assurance de mes sentiments distingués.

B. Brasier

la perspective de travailler pour une entreprise leader de son marché
die Perspektive, für ein marktführendes Unternehmen zu arbeiten

(de) mettre en pratique mes connaissances et mes expériences
meine Kenntnisse und Erfahrungen in die Praxis umzusetzen

Anrede – En début de lettre

Sie schreiben:

einem guten Bekannten oder Freunden

Mon cher Louis,
Ma chère Caroline,
Bien chers tous,

einer Person oder mehreren Personen, die Sie gut bzw. sehr gut kennen

Cher collègue, Chère collègue,
Chers collègues,
Chers amis,
Chère Elisabeth,

einer Person, die Sie persönlich kennen oder mit der Sie oft zu tun haben

Madame,
Monsieur,
Chère Madame,
Cher Monsieur,

einer Firma bzw. einer Person, von der Sie weder Namen noch Geschlecht kennen

Madame, Monsieur,
Messieurs,
Mesdames, Messieurs,

einer Person, deren Titel oder Berufsbezeichnung bekannt ist

Madame la Présidente,
Monsieur le Président,
Madame la Directrice,
Monsieur le Directeur,
Maître *(an einen Rechtsanwalt),*
Docteur *(an einen Arzt),*
Monsieur le Chef du Personnel *(an einen Personalleiter)*

Grußformeln – Formules de politesse

Sehr privat:
Affectueuses pensées.
Bons baisers.
Grosses bises.
Je t'embrasse bien fort / de tout cœur / affectueusement.

Privat:
Soyez assuré/e de ma sincère amitié.
Sincèrement à toi.
(Avec) Toutes mes amitiés.
Amicalement.
Bien à vous.
Avec mon amical souvenir.
Je t'adresse mes amicales pensées.

Freundlich und für kurze Briefe:
Sincères salutations.
Veuillez agréer nos meilleurs sentiments.
Salutations distinguées.
Amicalement vôtre.
Bien cordialement.
Bien/très sincèrement.

Formell, aber freundlich:
Nous vous prions de croire, ..., à l'assurance de nos sentiments distingués.
Nous vous prions d'agréer, ..., l'expression de nos sentiments distingués. *(Eine Frau sollte vermeiden, einem Mann „sentiments" zu schreiben!)*
Nous vous prions d'agréer / de recevoir, ..., nos salutations distinguées.
Veuillez agréer, ..., nos salutations distinguées.
(Diese beiden letzten Grußformeln werden am häufigsten verwendet.)

Sehr respektvoll:
Je vous prie d'agréer, ..., l'assurance de ma respectueuse considération.
Nous vous prions de croire, ..., à l'expression de nos sentiments respectueux / les plus dévoués.
Je vous prie d'agréer, ..., les assurances de ma haute/respectueuse considération.
Veuillez accepter / Je vous prie d'agréer, Madame, l'expression de mes respectueux hommages / l'hommage de mon respect. *(Nur von einem Mann an eine Frau)*

An Kunden:
Nous vous présentons/adressons, ..., nos salutations les plus empressées/dévouées.
Nous vous prions de croire, ..., à l'assurance de nos sentiments dévoués.
Veuillez agréer, ..., l'expression de mon sincère dévouement.

Korrespondenzbezogene Wendungen
Formules courantes dans la correspondance

Introduction

Informer, annoncer
Nous avons le plaisir de vous annoncer que…
Nous avons le plaisir de vous informer que…
Vous apprendrez avec intérêt que…
Votre lettre du… a retenu toute notre attention.
Je tiens à vous faire savoir que…
Nous désirons vous informer que…

Accuser réception
Je te remercie beaucoup pour ta lettre.
Nous avons bien reçu votre lettre du… et vous en remercions.
Nous accusons réception de…

Se référer à un contact précédent
Suite à notre entretien téléphonique / votre lettre du…
Comme mentionné dans ma lettre du…
En réponse à votre courrier du…
J'ai lu dans LE MONDE de ce jour que…
Me référant à votre annonce parue dans…

Mentionner des pièces jointes
Veuillez trouver ci-joint…
Vous trouverez ci-joint…
Nous avons le plaisir de vous adresser ci-inclus…
Nous vous adressons par le même courrier / sous pli séparé…

Refuser, rejeter une offre
Nous regrettons de devoir vous informer que…
Nous avons le regret de vous informer que…
Malheureusement, je crains que…
A mon grand regret…
Je ne peux que regretter…
Nous ne sommes pas en mesure d'accepter…
Il m'est impossible de…

Briefanfang

Informieren, ankündigen
Wir freuen uns, Ihnen mitteilen zu können, dass …
Wir freuen uns, Sie davon in Kenntnis zu setzen, dass …
Es wird Sie interessieren, dass …
Ihr Brief vom … hat uns aufmerksam gemacht.
Es liegt mir daran, Ihnen mitzuteilen, dass …
Wir möchten Sie darüber informieren, dass …

Den Empfang bestätigen
Ich danke dir vielmals für deinen Brief.
Ihren Brief vom … haben wir dankend erhalten.

Wir haben … erhalten.

Sich auf ein vorausgegangenes Gespräch/ Schreiben beziehen
Bezug nehmend auf unser Telefongespräch / Ihren Brief vom …
Wie in meinem Brief vom … erwähnt, …
In Beantwortung Ihres Schreibens vom …
Der LE MONDE von heute entnehme ich, dass …
Ich beziehe mich auf Ihre Anzeige in …

Auf Anlagen hinweisen
In der Anlage erhalten Sie …
Anbei finden Sie …
Wir freuen uns, … beizufügen.
Beiliegend / Mit getrennter Post schicken wir Ihnen …

Ablehnen, ein Angebot zurückweisen
Es tut uns Leid, Ihnen mitteilen zu müssen, dass …
Es tut uns Leid, Sie davon in Kenntnis zu setzen, dass …
Leider fürchte ich, dass …
Sehr zu meinem Bedauern …
Ich kann … nur bedauern.
Wir sind nicht in der Lage, … anzunehmen.
Es ist mir nicht möglich, …

Se renseigner

Solliciter
Pourriez-vous… ?
Je vous serais très reconnaissant/e de bien vouloir…
Nous vous saurions gré de…
Auriez-vous l'amabilité de… ?
Nous aimerions/voudrions…

Demander des renseignements
Veuillez nous faire savoir si…
Nous aimerions savoir si… ou…
Veuillez nous faire parvenir…
Auriez-vous l'obligeance de m'envoyer…?
Veuillez nous donner des précisions sur…

Demander confirmation
Veuillez répondre dans les plus brefs délais / par retour du courrier.
Nous vous prions de nous répondre rapidement.
Veuillez nous le faire savoir le plus vite possible.
Veuillez confirmer…

Anfragen

Eine Bitte formulieren
Könnten Sie …?
Ich wäre Ihnen sehr dankbar, wenn Sie …

Wir wären (sehr) dankbar für …
Wären Sie so freundlich …?
Wir möchten …

Informationen einholen
Könnten Sie uns mitteilen, ob …?
Wir wüssten gern, ob … oder …
Bitte senden Sie uns …
Könnten Sie mir freundlicherweise … zuschicken?
Bitte geben Sie uns genauere Angaben zu …

Um eine Antwort oder Bestätigung bitten
Bitte antworten Sie umgehend / postwendend.

Wir bitten um eine rasche Antwort.
Bitte lassen Sie es uns schnellstmöglich wissen.
Bitte bestätigen Sie …

Propositions, offres, invitations

Proposer
Permettez-moi de vous suggérer…
Je (vous) suggérerais…
Nous pouvons vous proposer…
Vous pourriez peut-être…
Je propose que…
A notre avis / D'après nous, il serait bon/judicieux…

Faire une offre
Nous (vous) offrons…
Nous pouvons vous offrir…
Nous serions enchantés/heureux de…
Nous vous garantissons…

Inviter
Aurais-tu envie de…
J'aimerais vous inviter (à)…
Nous serions ravis/enchantés de vous avoir parmi nous pour…
Vous êtes cordialement invités à…

Vorschläge, Angebote, Einladungen

Vorschlagen
Darf ich vorschlagen, …?
Ich würde vorschlagen, …
Wir können Ihnen … vorschlagen.
Sie könnten vielleicht …
Ich schlage vor, dass …
Unserer Meinung nach wäre es sinnvoll, …

Ein Angebot machen
Wir bieten (Ihnen) … (an).
Wir können Ihnen … anbieten.
Wir würden sehr gern …
Wir garantieren Ihnen …

Einladen
Hättest du Lust, … zu …
Ich möchte Sie (zu) … einladen.
Wir würden uns sehr freuen, wenn Sie zu/für … zu uns kämen.
Sie sind herzlich zu … eingeladen.

Réclamations

Nous aimerions vous rappeler que…
Nous regrettons de devoir vous informer que… ne nous est pas encore parvenu/e.
Nous sommes au regret de devoir vous signaler que…
Je suis au regret de devoir faire une réclamation à propos de…
Nous voudrions attirer votre attention sur le fait que…

Reklamationen

Wir möchten Sie daran erinnern, dass …
Leider müssen wir Ihnen mitteilen, dass … bei uns noch nicht eingetroffen ist.

Wir bedauern Ihnen mitteilen zu müssen, dass …

Leider muss ich mich über … beschweren.

Wir möchten Sie darauf hinweisen, dass …

Certitude, supposition, doute

Exprimer une certitude
Il est clair que…
Il est évident que…
Il ne fait aucun doute que…
Nous sommes persuadés que…
Nous ne manquerons pas de…

Supposer
Il se pourrait que…
Il semblerait que…
Tout semble indiquer que…
Il pourrait s'agir de…
Au cas où vous ne seriez pas disponible…
Dans le cas où vous constateriez que…

Exprimer des doutes ou des craintes
Malheureusement…
Nous doutons / Nous ne sommes pas certains que…
Je crains que…
Il n'est pas à exclure que…
J'ai (bien) peur que…

Gewissheit, Vermutung, Zweifel

Gewissheit zum Ausdruck bringen
Es ist klar, dass …
Es ist selbstverständlich, dass …
Es besteht kein Zweifel, dass …
Wir sind überzeugt davon, dass …
Wir werden (es) nicht versäumen, … zu …

Vermutungen anstellen
Es ist sehr wahrscheinlich, dass …
Es hat den Anschein, dass …
Alles scheint darauf hinzuweisen, dass …
Es könnte sich um … handeln.
Sollten Sie nicht verfügbar sein, …
Falls Sie feststellen sollten, dass …

Zweifel oder Befürchtungen zum Ausdruck bringen
Leider …
Wir bezweifeln, dass …
Ich fürchte, dass …
Es ist nicht auszuschließen, dass …
Ich habe Angst, dass …

S'excuser

Nous sommes sincèrement désolés de…
Je suis désolé/e de ne pas avoir écrit plus tôt.

Nous vous prions d'excuser…
Veuillez accepter nos sincères excuses pour...
Nous devons vous présenter nos excuses pour…
Veuillez nous excuser…

Entschuldigung

Es tut uns sehr Leid, dass …
Es tut mir Leid, dass ich so lange nicht geschrieben habe.
Wir entschuldigen uns für …
Wir bitten Sie herzlich, uns für … zu entschuldigen.
Wir müssen uns für … entschuldigen.
Bitte entschuldigen Sie …

Félicitations

Toutes nos félicitations.
Je t'adresse mes plus vives félicitations pour…
Je te souhaite un joyeux anniversaire.
Nous vous souhaitons bonne chance.
Nous vous adressons nos meilleurs vœux.
Veuillez recevoir nos sincères félicitations.

Glückwünsche

Herzliche Glückwünsche.
Ich gratuliere dir ganz herzlich zu …
Ich wünsche dir alles Gute zum Geburtstag.
Wir wünschen Ihnen viel Erfolg.
Wir schicken Ihnen unsere (aller)besten Wünsche.
Wir senden unsere herzlichen Glückwünsche.

Remerciements

Merci (beaucoup) pour…
Je te remercie du fond du cœur pour…
Mille fois merci pour…
Je ne sais comment te remercier.
Nous vous remercions (vivement) pour…
Ma femme se joint à moi pour vous remercier de…

J'aimerais vous exprimer ma sincère gratitude / mes sincères remerciements pour…
Nous vous sommes très obligés de…

Ce fut très aimable à vous / de votre part…
Nous vous prions d'accepter / Veuillez agréer/accepter nos remerciements les plus sincères pour…

Dank

Vielen Dank für …
Für … danke ich dir von ganzem Herzen.
Herzlichen/Tausend Dank für …
Ich weiß gar nicht, wie ich dir danken soll.
Für … danken wir Ihnen (sehr herzlich).
Ich möchte Ihnen, auch im Namen meiner Frau, für … danken.
Ich möchte mich ganz herzlich für … bedanken.

Wir sind Ihnen für … zu größter Dankbarkeit verpflichtet.
Es war sehr freundlich von Ihnen …
Wir bedanken uns ganz herzlich für …

Conclusion

Dis bien des choses de ma part à…
Veuillez transmettre mes meilleurs compliments à…
Avec mes/nos remerciements anticipés.
Nous vous remercions, par avance, de votre compréhension/diligence.
Dans l'attente de votre réponse…
Dans l'espoir d'une réponse positive/favorable…
Nous restons à votre entière disposition pour tous renseignements complémentaires.

Briefschluss

Bitte grüße auch … von mir.
Bitte bestellen Sie meine besten Grüße an …
Mit bestem Dank im Voraus.
Wir danken Ihnen im Voraus für Ihr Verständnis / die rasche Erledigung.
In Erwartung Ihrer Antwort …
In der Hoffnung auf eine positive Antwort …
Für weitere Auskünfte stehen wir Ihnen jederzeit gern zur Verfügung.

Deutsche Privatkorrespondenz
Correspondance personnelle en allemand

An das Fremdenverkehrsamt: Anforderung von Prospekten

A l'office du tourisme : demande de documentation

P. Unger
Schneiderstr. 6
28717 Bremen

An das
Fremdenverkehrsamt
Postfach
82211 Herrsching

Bremen, den 12.2.1999

Sehr geehrte Damen und Herren,

wir möchten in diesem Sommer unseren Urlaub am Ammersee verbringen und bitten Sie um Zusendung eines Hotelverzeichnisses und weiterer Informationen.

Für Ihre Bemühungen danken wir Ihnen im Voraus.

Mit freundlichen Grüßen

Peter Unger

Wir bitten um Zusendung von …
Nous vous prions de nous faire parvenir ...

Für Ihre Bemühungen danken wir Ihnen im Voraus.
Vous en remerciant par avance, ...

Deutsche Geschäftskorrespondenz
Correspondance commerciale en allemand

1. Bestellung
Commande

Maria Weigand
Vulkanstr. 56
44225 Dortmund
Tel.: 0231/454532

Betten und Gardinen
Möllermeyer
z. Hd. Herrn Sander
Ludenberger Str. 2

40629 Düsseldorf

Bestellung — Dortmund, den 5.3.99

Sehr geehrter Herr Sander,

Bezug nehmend auf Ihr Angebot vom 19.2.1999 bitte ich Sie, mir zu den angegebenen Preisen und Bedingungen bis zum 25.3.99 zu liefern:

45 m Gardinenstoff „Romantika“, weiß,
30 m Gardinenstoff „Moderna“, creme.

Wie Sie mir in unserem heutigen Telefongespräch zusätzlich garantierten, versteht sich der Preis inklusive Lieferung und Mehrwertsteuer.

Bitte senden Sie mir Ihre Auftragsbestätigung.

Mit freundlichen Grüßen

Maria Weigand

… versteht sich der Preis …
… le prix s’entend …

2. Reklamation

Réclamation

Manuel Bergner
Tannenstr. 30
47805 Krefeld
02151/563078

Media Land
Hi-Fi – Video – TV
Oberbilker Allee 40
40215 Düsseldorf

Krefeld, den 5.3.99

Reklamation

Sehr geehrte Damen und Herren,

am Mittwoch vergangener Woche kaufte ich in Ihrer Niederlassung in Düsseldorf einen Stereo-Videorecorder der Marke Pansono. Leider musste ich im Laufe dieser Woche feststellen, dass der Recorder nicht einwandfrei arbeitet. Die Timer-Funktion ist defekt und das Gerät für mich somit unbrauchbar.

Ich fordere Sie mit diesem Schreiben auf, das Gerät in ein voll funktionsfähiges umzutauschen. Da es mir nicht möglich ist, nochmals ihre Niederlassung in Düsseldorf aufzusuchen, bestehe ich auf einer Lieferung frei Haus bis zum 15.3.99.

Sollte ein solcher Umtausch nicht möglich sein, trete ich von dem mit Ihnen geschlossenen Kaufvertrag zurück und fordere Sie auf, den gezahlten Rechnungsbetrag von 1.295,— DM umgehend auf mein Konto bei der Kreissparkasse Krefeld (Konto-Nr. 745 324 56, BLZ 302 504 00) zu überweisen.

Bitte setzen Sie sich in den nächsten Tagen telefonisch mit mir in Verbindung.

Mit freundlichen Grüßen

Manuel Bergner

die Timer-Funktion
le programmateur, le système de programmation

Ich fordere Sie auf, das Gerät in ein voll funktionsfähiges umzutauschen.
Je vous demande de remplacer cet appareil par un autre fonctionnant parfaitement.

... trete ich von dem mit Ihnen geschlossenen Kaufvertrag zurück.
... je résilierai le contrat de vente qui nous lie.

... den gezahlten Rechnungsbetrag umgehend auf mein Konto zu überweisen.
... de verser, sans délai, sur mon compte le montant de la facture payé.

3. Mahnung
Lettre de rappel

Media Land Hifi – Video – TV
Oberbilker Allee 40 · 40215 Düsseldorf

Frau
Susanne Voigt
Herzogstr. 45

40215 Düsseldorf

Düsseldorf, den 10.02.1999

Ihre Zeichen, Ihre Nachricht vom

Unsere Zeichen, unsere Nachricht vom
P/V 05.01.99

Mahnung
Unsere Rechnung vom 05.01.1999

Sehr geehrte Frau Voigt,

bei der Überprüfung unserer Buchungsunterlagen mussten wir bedauerlicherweise feststellen, dass Sie es bisher übersehen haben, unsere Rechnung vom 05.01.1999 zu begleichen.

Wir bitten Sie, den Betrag in den nächsten Tagen auf unser Konto zu überweisen. Sollten Sie in der Zwischenzeit die Zahlung vorgenommen haben, betrachten Sie dieses Schreiben bitte als gegenstandslos.

Mit freundlichen Grüßen

Buchhaltung

... mussten wir bedauerlicherweise feststellen, dass ...
... nous avons malheureusement constaté que ...

Sollten Sie in der Zwischenzeit die Zahlung vorgenommen haben,
Si entre-temps vous avez effectué le versement,
betrachten Sie dieses Schreiben bitte als gegenstandslos.
veuillez ne pas tenir compte de cette lettre.

Bewerbungen
Lettres de candidature

1. Initiativbewerbung
Lettre de candidature spontanée

Heiner Ludwig

Gerhardstr. 110
40468 Düsseldorf
0211/457856

Düsseldorf Express
Königsallee 27

40212 Düsseldorf

Düsseldorf, den 2. April 1999

Biete: Engagement und Vielseitigkeit
Suche: interessantes Tätigkeitsfeld

Sehr geehrte Damen und Herren,

Sie sind eine der erfolgreichsten Zeitungen in Düsseldorf, bei der auch ich gerne arbeiten würde. Sicher suchen Sie immer engagierte und kreative Redakteure für Ihre Kultur-Redaktion.

Seit 6 Jahren arbeite ich als freier Journalist für verschiedene Zeitungen im Düsseldorfer Raum und verfüge daher über einen reichhaltigen Erfahrungsschatz. Ich habe mich bei meiner Arbeit nicht auf ein Ressort festgelegt, sondern war stets bemüht, mich mit den unterschiedlichsten Bereichen und Aufgabengebieten bekannt zu machen. So habe ich im Lokalteil über regionale Begebenheiten in und um Düsseldorf sowie in der Kultur-Redaktion über Theaterveranstaltungen oder Kinofilme berichtet. Hier – im Kulturbereich – liegt auch meine Stärke.

Durch die diesem Schreiben beigefügten Arbeitsproben möchte ich Sie mit meinem Schreibstil vertraut machen. Sie sehen hier, dass ich in der Lage bin, über ganz verschiedene Themenbereiche in angemessener Form zu berichten, und ein Gespür dafür entwickelt habe, kulturelle Themen auf interessante und unterhaltsame Weise zu präsentieren.

Ich kann mir gut vorstellen, Ihre Kultur-Redaktion baldmöglichst zu ergänzen.
Sind Sie interessiert? Rufen Sie mich an und laden Sie mich zu einem persönlichen Gespräch ein!

Mit freundlichen Grüßen

Heiner Ludwig

Anlagen
Tabellarischer Lebenslauf
Zeugnisse
5 Arbeitsproben

Ich verfüge daher über einen reichhaltigen Erfahrungsschatz.
J'ai donc (acquis) une très grande expérience.

2. Bewerbungsschreiben
Lettre de candidature

Claudia Schröder
Hahnemannstr.8
70191 Stuttgart

Max-Planck-Institut
für Metallforschung
Institut für Werkstoffwissenschaft
Seestraße 92

70174 Stuttgart

Stuttgart, den 12.02.99

Bewerbung als Fremdsprachensekretärin

Sehr geehrte Damen und Herren,

Ihre Anzeige in der „Stuttgarter Zeitung" hat mich sehr angesprochen, und ich habe großes Interesse an der von Ihnen ausgeschriebenen Stelle als Fremdsprachensekretärin.

Meine Ausbildung zur Europa-Sekretärin an der Akademie für Bürokommunikation und Welthandelssprachen (ABW) werde ich Ende März d. J. mit dem Diplom abschließen. Nach Beendigung der Ausbildung möchte ich möglichst sofort ins Berufsleben einsteigen, so dass ich die Stelle zum 01.04.99 antreten könnte.

Ich hatte schon immer ein großes Interesse an Sprachen und an anderen Kulturen und verfüge über sehr gute Englisch- und Französischkenntnisse sowie über gute Griechischkenntnisse und über Grundkenntnisse in Spanisch.

Der Umgang mit moderner Textverarbeitung am PC und die selbständige Erledigung der im Sekretariat anfallenden Arbeiten sowie organisatorischer Aufgaben bereiten mir großen Spaß; ferner verfüge ich über sehr gute Stenografie- und Maschinenschreibkenntnisse in Deutsch, Englisch und Französisch und habe viel Freude an der schriftlichen und mündlichen Kommunikation in Fremdsprachen sowie am Kontakt mit Menschen.

Während meines zweisemestrigen Anglistik- und Romanistikstudiums an der Universität Heidelberg konnte ich meine Englisch- und Französischkenntnisse weiter vertiefen und durch die Teilnahme an Kursen Spanisch- und Griechischkenntnisse erwerben. Letztendlich habe ich dem Studium dann jedoch eine praxisnahe Ausbildung an der ABW vorgezogen.

Durch meine frühere Ferientätigkeit als Bürokraft habe ich bereits einen Einblick in den Büroalltag gewinnen können. Meine Nebentätigkeit als IGA-Hostess im Sommer 98 hat mir durch den Kontakt mit einem internationalen Publikum ebenfalls viel Spaß bereitet.

Ich würde mich sehr über eine Einladung zu einem Vorstellungsgespräch freuen und verbleibe

mit freundlichen Grüßen

Claudia Schröder

Anlagen
Zeugniskopie
Lebenslauf
Lichtbild

ins Berufsleben einsteigen
entrer dans la vie active

... habe ich einen Einblick in den Büroalltag gewinnen können.
... j'ai pu me familiariser avec le travail de bureau.

Anrede – En début de lettre

Vous écrivez :

à une bonne connaissance ou à des amis	Liebe Anja! Lieber Roland! Hallo Michael! Ihr Lieben alle!
à une ou plusieurs personnes que vous connaissez (très) bien	Liebe Frau Kämpf! Liebe Kollegen,
à une personne que vous connaissez personnellement ou avec qui vous avez des relations commerciales régulières	Sehr geehrte Frau Kahnt, Sehr geehrter Herr Koch,
à une société ou à une personne dont vous ne connaissez ni le nom ni le sexe	Sehr geehrte Damen und Herren,
à une personne dont vous connaissez le titre	Sehr geehrter Herr Dr. Müller, Sehr geehrte Frau Professor (Schmidt),

Il n'est pas possible de s'adresser à une personne en particulier sans faire suivre **Herr** ou **Frau** du nom de la personne.

Grußformeln – Formules de politesse

Très amical :	Mach's gut! Bis bald! Viele liebe Grüße Viele Grüße Herzlichst
Amical :	Herzliche Grüße
Formel mais amical :	Mit den besten Grüßen
Formel :	Mit freundlichen Grüßen Mit freundlichem Gruß ... verbleibe (ich) mit freundlichen Grüßen
Très respectueux :	Hochachtungsvoll Mit vorzüglicher Hochachtung

PONS

Großwörterbuch
für Experten
und Universität

Deutsch – Französisch

Ernst Klett Verlag
Stuttgart · Düsseldorf · Leipzig

PONS Großwörterbuch für Experten und Universität Französisch

Deutsch – Französisch
Konzeption und Projektleitung: Büro für Lexikographie, Veronika Schnorr
Deutscher Ausgangstext: Christian Nekvedavic˘ius, bearbeitet vom Büro für Lexikographie, Veronika Schnorr
Übersetzung und Bearbeitung des deutschen Ausgangstextes für das Französische:
Jean Chassard, Jean-Marc Chassard, Jean-Noël Chassard, Gilles Floret, Bernard Gillmann, Claudie Gratias-Schmidt,
Marie-Claude Jadin, Bernadette Poltorak-Pfenning, Alain Salmain
Endredaktion: Jean-Marc Chassard, Jean-Noël Chassard, Gilles Floret, Stéphanie Gehrke, Claudie Gratias-Schmidt,
Michaela Heinz, Marie-Claude Jadin, Barbara Krüger, Bernadette Poltorak-Pfenning, Kirsten Praller
Redaktionsassistenz: Stéphanie Gehrke, Kirsten Praller, Alain Raymond, Beate Wengel
Übersetzung der Erläuterungen: Stéphanie Gehrke
Sprachdatenverarbeitung: Andreas Lang, conTEXT AG für Informatik und Kommunikation, Zürich

Neubearbeitung 1999 – Rechtschreibreform: Karin Löscher

Französisch – Deutsch
Konzeption und Projektleitung: Büro für Lexikographie, Veronika Schnorr
Französischer Ausgangstext: Jean Chassard, Jean-Marc Chassard, Jean-Noël Chassard, Bernard Gillmann,
Claudie Gratias-Schmidt, Marie-Claude Jadin, Estelle Melcer-Diop
Idiomatiksammlung: Alain Raymond
Übersetzung und Bearbeitung des französischen Ausgangstextes für das Deutsche:
Marianne Frischmann-Chautard, Bertold Galli, Brigitte Goulame-Schirrmann, Brigitte Herzfeld-Buss,
Barbara Krüger, Bettina Lorenz, Sabine Lorenz-Baucks, Christiane Müller, Brigitte Poloni, Kirsten Praller, Franz Schneider
Endredaktion: Gilles Floret, Marianne Frischmann-Chautard, Bertold Galli, Stéphanie Gehrke, Bernard Gillmann,
Brigitte Goulame-Schirrmann, Dominique Hamels, Brigitte Herzfeld-Buss, Barbara Krüger, Bernard Poloni,
Brigitte Poloni, Kirsten Praller
Redaktionsassistenz: Stéphanie Gehrke, Dominique Hamels, Raphaëlle-Nadine Mourey,
Kirsten Praller, Sabine Vatter, Beate Wengel
Sprachdatenverarbeitung: Andreas Lang, conTEXT AG für Informatik und Kommunikation, Zürich

Durchgeführt im Auftrag der Redaktion PONS Wörterbücher

Neubearbeitung 1999 – Rechtschreibreform: Katja Meister

A

A, a <-, - *o fam* -s, -s> *nt* A *m*, a *m*
▸ **A wie Anton** a comme Anatole; **wer A sagt, muss auch B sagen** *prov* quand le vin est tiré, il faut le boire; (*moralisch*) il faut savoir assumer; **das A und [das] O [einer S.** (*gen*)**]** l'essentiel *m* [de qc]; **von A bis Z** *fam* de A à Z, depuis A jusqu'à Z
à [a] *präp* à
Ä, ä <-, - *o fam* -s> *nt* A *m* [*o* a *m*] tréma
Aa <-> [aˀa] *nt ∅ Kindersprache* caca *m enfantin*
▸ **jd macht** ~ qn fait caca *enfantin*
AA 1. *abk von* **Auswärtiges Amt**
2. *abk von* **Anonyme Alkoholiker**
Aachen <-s> *nt* Aix-la-Chapelle
Aal <-[e]s, -e> *m* anguille *f*
▸ **glatt wie ein** ~ [glissant(e)] comme une anguille [*o* comme une couleuvre]; **jd [dreht und] windet sich wie ein** ~ qn finasse, qn fait des contorsions
aalen *vr fam* ■ **jd aalt sich** qn lézarde *fam*
aalglatt I. *adj pej* [glissant(e)] comme une anguille [*o* comme une couleuvre]
II. *adv pej*: ***jd redet sich ~ heraus*** qn s'en sort par une pirouette [verbale] [*o* à force de contorsions] **Aalsuppe** *f* soupe *f* d'anguille
a.a.O. [aːˀaːˀoː] *loc abk von* **am angegebenen Ort** ib[id].
Aargau <-s> *m* ■ **der** ~ l'Argovie *f*
Aas <-es, -e *o* Äser> *nt* 1. (*Tierleiche*) charogne *f*
2. <Äser> *fam* (*Miststück*) salaud/salope *m/f fam*
▸ **kein** ~ *fam* personne; ***kein ~ zu sehen*** y a pas un chat *fam*
aasen *vi fam* ■ **jd aast mit etw** qn gaspille qc; *mit einem Erbe, Vermögen a.* qn jette qc par les fenêtres *fam; mit seiner Gesundheit* qn joue avec qc
Aasfresser <-s, -> *m* charognard *m* **Aasgeier** *m* vautour *m* **Aaskäfer** *m* nécrophore *m*
ab I. *präp + dat* 1. (*räumlich*) ■ ~ **etw** à partir de qc; ~ ***hier*** à partir d'ici; ***etw fährt ~ Hamburg*** qc part de Hambourg; ■ ~ **etw bis zu etw** de qc à qc
2. (*zeitlich*) à partir de
3. (*von ... aufwärts*) à partir de
4. COM *Lager* au départ de; ~ ***Werk*** départ usine; ~ ***Grenze*** à partir de la douane [*o* frontière]
5. CH (*nach der Uhrzeit*): ***Viertel ~ 8*** 8 heures 15 [*o* et quart]; ***20 ~ 2*** 2 h 20
6. CH (*von*): ***Aufnahmen ~ Radio*** des enregistrements d'émissions [diffusées par la] radio
▸ ~ **sofort** dès maintenant; ***etw gilt ~ sofort*** qc s'applique immédiatement; ***Sie sind ~ sofort entlassen*** vous êtes licencié(e) avec effet immédiat
II. *adv* 1. (*weg*): ***zur Post geht es links ~*** pour aller à la poste, il faut tourner [*o* prendre] à gauche
2. (*in Befehlen*) allez [hop]; ***jetzt aber ~ nach Hause*** allez, maintenant, on rentre
3. EISENBAHN, AVIAT: ***Berlin ~ 14.15 Uhr, Münster an 19.17 Uhr*** départ de Berlin 14 h 15, arrivée à Munster à 19 h 17
▸ ~ **und zu** [*o* **an** NDEUTSCH] de temps en temps
Abakus <-, -> *m* boulier *m*, abaque *m*
ab|ändern *vt* 1. MEDIA ■ **jd ändert etw ab** qn retouche qc, qn remanie qc; ■ **jd ändert etw in etw** (*akk*) **ab** qn remplace qc par qc
2. COUT ■ **jd ändert etw ab** *Kleidungsstück* qn retouche qc; *Teil eines Kleidungsstücks* qn transforme qc
3. PARL ■ **jd ändert etw ab** *Gesetzentwurf* qn amende qc
4. JUR ■ **jd ändert etw ab** *Strafe, Urteil* qn réforme qc; ■ **jd ändert etw in etw** (*akk*) **ab** *Strafe* qn commue qc en qc
Abänderung *f* 1. MEDIA retouche *f*, modification *f*
2. COUT [*Kleidungsstück*] retouche *f*; [*Teil eines Kleidungsstücks*] transformation *f*
3. PARL [*Gesetzentwurf*] amendement *m*
4. JUR [*Strafe*] commutation *f*; [*Urteil*] réformation *f*
▸ **jd nimmt [an etw** (*dat*)**] ~en vor** *an einem Manuskript, an einer Rede* qn apporte des retouches [*o* modifications] [à qc]; **in ~ einer S.** (*gen*): ***wir senden jetzt in ~ unseres Programms ...*** suite à une modification de notre programme, nous diffusons maintenant ...; ***in ~ des Gerichtsurteils wurde die Strafe auf Bewährung ausgesetzt*** la peine prononcée par le tribunal a été commuée et assortie du sursis
Abänderungsantrag *m* amendement *m*
▸ **jd bringt einen ~ ein** qn dépose un amendement
ab|arbeiten I. *vt* 1. (*durch Arbeit*) ■ **jd arbeitet etw ab** qn travaille pour rembourser qc
2. (*der Reihe nach erledigen*) ■ **jd/etw arbeitet etw ab** qn/qc traite [*o* exécute] qc
3. (*hinter sich bringen*) ■ **jd arbeitet etw ab** *vereinbarte Dienstzeit* qn fait son/sa qc; ***besser, du arbeitest das halbe Jahr ab, statt zu kündigen*** il vaut mieux que tu fasses tes six mois plutôt que de démissionner
II. *vr* ■ **jd arbeitet sich ab** qn se crève au boulot *fam*; *s. a.* **abgearbeitet**

Abart *f* variété *f*
abartig I. *adj* 1. PSYCH *Mensch* qui a un comportement déviant; *Verhalten* déviant(e); ***dieser ~e Mörder*** ce monstre; ■ **jd ist** ~ qn a un comportement déviant
2. *sl* (*irre*) dément(e) *fam*, délirant(e) *fam*; (*verrückt*) dingue *fam*
II. *adv sl* (*sehr*) vachement *fam*
Abartigkeit <-, -en> *f* déviance *f*
Abbau *m ∅* 1. MIN exploitation *f*
2. (*Verringerung*) diminution *f*, réduction *f*
3. [*Privilegien, Leistungen*] suppression *f*; [*Vorurteile*] élimination *f*; ***die Reise hat zum ~ meiner Vorurteile beigetragen*** ce voyage m'a permis de me libérer de mes préjugés
4. MED dégénérescence *f*, détérioration *f*
5. *geh* (*Demontage*) [*Amtsträger*] disgrâce *f*; [*Ansehen*] détérioration *f*
6. PHYSIOL, CHEM [*Giftstoffe, Calcium*] décomposition *f*, dégradation *f*; [*Ausscheidungsprodukte*] filtrage *m*
-abbau *m Arbeitsplatz-* réduction *f* [*o* diminution *f*] du nombre des; *Subventions-* réduction *f* [*o* diminution *f*] des; *Personal-* compression *f* de/du
abbaubar *adj* 1. MIN exploitable
2. CHEM, PHYSIOL décomposable, dégradable
▸ **biologisch** ~ biodégradable
ab|bauen I. *vt* 1. MIN ■ **jd baut etw ab** qn exploite qc
2. (*demontieren*) ■ **jd baut etw ab** *Gerüst, System, Anlage* qn démonte qc
3. (*verringern*) ■ **jd baut etw ab** *Produktion, Bürokratie* qn réduit qc, qn diminue qc
4. (*schrittweise beseitigen*) ■ **jd baut etw ab** *Arbeitsplätze, Privilegien* qn supprime qc; *Belegschaft* qn réduit qc, qn diminue qc
5. PHYSIOL, CHEM ■ **jd/etw baut etw ab** */Körper, Mikroorganismen/* qn/qc décompose qc, qn/qc dégrade qc; */Leber, Nieren/* qc filtre qc
II. *vi fam* 1. (*weniger leisten*) ■ **jd baut ab** qn baisse, qn connaît une baisse de régime
2. (*geistig nachlassen*) ■ **jd baut ab** qn baisse, qn s'amortit *fam*
Abbauprodukt *nt meist pl* 1. PHYSIOL excrétions *fpl*
2. CHEM déchets *mpl*
ab|beißen *irreg* I. *vt* ■ **jd/ein Tier beißt etw ab** qn/un animal coupe qc avec les dents; ■ **jd/ein Tier beißt jdm etw ab** qn/un animal arrache qc à qn [avec ses dents]; ■ **jd beißt etw von etw ab** qn prend qc en mordant dans qc; ■ **ein Tier beißt etw von etw ab** un animal ronge qc de qc; ■ **jd beißt sich** (*dat*) **etw ab** qn se mord qc; *Fingernagel* qn se ronge qc
II. *vi* ■ **jd beißt ab** qn croque un morceau, qn mord
ab|beizen *vt* ■ **jd beizt etw ab** qn décape qc; ■ **jd beizt etw von etw ab** qn enlève qc de qc avec du décapant
Abbeizmittel *nt* décapant *m*
ab|bekommen * *vt irreg* 1. (*seinen Anteil erhalten*) ■ **jd bekommt etw ab** qn reçoit qc; ***jeder bekommt etwas ab*** tout le monde en aura
2. (*betroffen werden*) ■ **jd bekommt etw ab** *Prügel, Dreckspritzer* qn reçoit qc; *Beulen* qn récolte qc
3. *fam* (*beschädigt werden*) ■ **etw bekommt etwas/nichts ab** qc est esquinté(e)/pas esquinté(e) *fam*
4. *fam* (*verletzt werden*) ■ **jd bekommt etwas/nichts ab** qn est amoché(e)/a rien *fam*
5. (*loslösen können*) ■ **jd bekommt etw ab/von etw ab** qn enlève qc/détache [*o* décolle] qc de qc
ab|berufen * *vt irreg* ■ **jd beruft jdn ab** qn rappelle qn
▸ **jd wird [von Gott]** ~ *euph* Dieu rappelle qn à lui *soutenu*
Abberufung *f* rappel *m*
ab|bestellen * *vt* 1. (*die Bestellung widerrufen*) ■ **jd bestellt etw ab** *Abonnement* qn résilie qc; *Zeitung* qn résilie son abonnement à qc; *Ware* qn décommande qc, qn annule la commande de qc
2. (*jds Besuch widerrufen*) ■ **jd bestellt jdn ab** qn décommande qn
Abbestellung *f* 1. [*Abonnement*] résiliation; [*Zeitung*] résiliation *f* d'/de l'abonnement; [*Ware*] annulation *f* de/de la commande
2. [*Besuch, Vertreter*] verbal übersetzt; ***für die ~ meiner Gäste/ der Gäste ist es jetzt zu spät*** il est maintenant trop tard pour que je décommande mes invités/pour décommander les invités
ab|bezahlen * I. *vt* ■ **jd bezahlt etw ab** qn rembourse qc [à tempérament], qn paie qc à crédit
II. *vi* ■ **jd bezahlt ab** qn rembourse des traites
ab|biegen *irreg* I. *vt + haben* 1. (*abbrechen*) ■ **jd biegt etw ab** *Draht, Stange* qn coupe qc en le/la tordant
2. *fam* (*abwenden*) ■ **jd biegt etw ab** *Plan, Thema* qn détourne qc; *Arbeit* qn coupe à qc *fam*
II. *vi + sein* TRANSP 1. (*eine andere Richtung einschlagen*) ■ **jd biegt [irgendwohin] ab** qn tourne [quelque part]; ■ **jd/etw biegt von etw ab** qn/qc quitte qc; ***jd biegt von der Hauptstraße nach links ab*** qn quitte la

route principale et tourne à gauche
2. (*eine Biegung machen*) ■ **etw biegt ab** qc tourne, qc fait un virage

Abbiegespur *f* voie *f* de [pré]sélection, file *f* de droite/gauche

Abbild *nt* (*in zwei Dimensionen*) image *f;* (*in drei Dimensionen*) représentation *f*

ab|bilden *vt* 1. PHOT ■ **etw bildet jdn/etw ab** qc représente qn/qc, qc montre qn/qc; ■ **etw ist irgendwo abgebildet** qc est représenté(e) [*o* en photo] quelque part; ■ **jd bildet jdn/etw ab** qn prend qn/qc en photo, qn photographie qn/qc
2. *geh* ■ **etw bildet etw ab** *Verhältnisse, Lage* qc rend compte de qc

Abbildung <-, -en> *f* 1. (*Illustration*) illustration *f*
2. (*Wiedergabe*): ***etw ist jds ~*** qc représente qn, qc montre qn; ***zeichnerische ~en der Beteiligten*** des portraits *mpl* dessinés des participants
3. (*das Abbilden*) *verbal übersetzt;* ***die ~ der Szene hat lange gedauert*** il a fallu du temps pour photographier la scène [*o* prendre la scène en photo]

ab|binden *irreg* I. *vt* 1. (*losbinden*) ■ **jd bindet etw ab** *Krawatte, Schürze* qn dénoue qc; ■ **jd bindet jdm etw ab** qn lui dénoue son/sa/ses qc
2. MED ■ **jd bindet etw ab** *Arm, Bein* qn fait [*o* met] un garrot à qc; *verletzte Arterie* qn ligature qc
3. GASTR ■ **jd bindet etw [mit etw] ab** qn lie qc [avec qc]; ■ **das A~** la liaison; ***zum A~ der Soße*** pour lier la sauce
II. *vi* 1. CONSTR ■ **etw bindet ab** qc prend
2. GASTR ■ **etw bindet ab** qc épaissit, qc prend
III. *vr* ■ **jd bindet sich** (*dat*) **etw ab** qn dénoue son/sa/ses qc

Abbitte *f geh* excuses *fpl*
▸ **jd tut** [*o* **leistet**] **[bei jdm] [wegen etw] ~** qn présente ses excuses [à qn] [d'avoir fait qc], qn fait amende honorable [à qn] *soutenu*

ab|blasen *vt irreg* 1. *fam* (*absagen*) ■ **jd bläst etw ab** qn annule qc, qn décommande qc
2. (*entfernen*) ■ **jd bläst etw [von etw] ab** *Staub, Schmutz* qn enlève qc [de qc] en soufflant dessus
3. (*reinigen*) ■ **jd bläst etw ab** *Buch, Möbelstück* qn souffle sur qc

ab|blättern *vi + sein* ■ **etw blättert [von etw] ab** qc [de qc] s'écaille

ab|bleiben *vi irreg + sein fam* ■ **jd bleibt ab**: ***wo bleibt sie bloß so lange ab?*** mais où est-ce qu'elle peut bien être? *fam,* qu'est-ce qu'elle fiche? *fam;* ■ **jd/etw ist irgendwo abgeblieben** qn/qc a disparu quelque part

abblendbar *adj* antiéblouissant(e); ■ **etw ist ~** qc se met en position antiéblouissante

ab|blenden I. *vi* 1. AUT ■ **jd blendet ab** qn passe [*o* se met] en code[s]
2. CINE ■ **jd blendet ab** qn coupe
II. *vt* AUT ■ **jd/etw blendet etw ab**: ***jd/etw blendet die Scheinwerfer ab*** qn/qc passe en code[s]

Abblendlicht *nt* codes *mpl,* feux *mpl* de croisement
▸ **mit ~** en code[s]

ab|blitzen *vi + sein fam* ■ **jd blitzt [bei jdm] [mit etw] ab** *mit einem Angebot, Vorschlag* [avec qc,] qn se ramasse/se fait jeter par qn *fam;* ■ **jd lässt jdn ~** qn envoie balader [*o* bouler] [*o* paître] qn *fam*

ab|blocken I. *vt* ■ **jd blockt jdn/etw [mit etw] ab** qn fait barrage à qn/qc [par qc]
II. *vi* ■ **jd blockt ab** qn refuse la discussion

Abbrand *m* (*in Kernreaktor*) combustion *f* nucléaire; (*Restmüll von Brennstäben*) résidus *mpl* de combustion

ab|brausen I. *vi + sein fam* (*abfahren*) ■ **jd/etw braust ab** qn/qc démarre en trombe [*o* sur les chapeaux de roues *fam*]
II. *vt + haben* (*abduschen*) ■ **jd braust jdn/etw ab** qn rince qn/qc

ab|brechen *irreg* I. *vt + haben* 1. (*lösen*) ■ **jd bricht etw ab** *Ast* qn casse qc; ■ **jd bricht [jdm] etw von etw ab** *Riegel, Stück* qn [lui] coupe qc de qc; *Blüte* qn cueille qc [à qn] sur qc
2. (*abbauen*) ■ **jd bricht etw ab** *Lager* qn lève qc; *Zelt* qn démonte qc
3. (*niederreißen*) ■ **jd bricht etw ab** *Gebäude* qn démolit qc, qn détruit qc
4. (*beenden*) ■ **jd bricht etw ab** *Veranstaltung, Kontakt, Behandlung, Studium* qn interrompt qc; *Experiment a.* qn met fin à qc; *Beziehungen, Verhandlungen a.* qn rompe qc; *Kurs* qn ne suit pas qc jusqu'au bout; INFORM *Programm, Anwendung* qn annule qc
II. *vi* 1. + *sein* (*sich lösen*) ■ **etw bricht ab** qc se casse
2. (*aufhören*) ■ **jd bricht ab** qn s'interrompt; (*mit einer Therapie, einem Kurs, dem Studium*) qn abandonne, qn arrête en cours de route
3. (*beendet werden*) ■ **etw bricht ab** */Kontakt, Beziehung, Gespräch/* qc s'interrompt, qc cesse; ■ **jd lässt etw ~** qn interrompt qc
III. *vr + haben* ▸ **jd bricht sich** (*dat*) **einen ab** *sl* qn se casse le cul *fam,* qn se démène; (*beim Reden, Erklären*) qn se casse la tête *fam;* ***jd bricht sich*** (*dat*) ***einen ab um etw zu tun*** qn se casse le cul à faire qc, qn se démène pour faire qc, qn se décarcasse pour faire qc; (*beim Reden*) qn se casse la tête à faire qc; ***er hat sich wirklich keinen abgebrochen*** il en a pas fiché une rame *fam;* **[nun] brich dir [mal] keinen ab!** *sl* ne te casse pas le cul! *fam;* (*beim Reden, Erklären*) te casse pas la tête! *fam;* ***brich dir bloß keinen ab bei deinen Gratulationen!*** arrête un peu tes salamalecs! *fam*

ab|bremsen I. *vt* 1. AUT ■ **jd/etw bremst etw ab** *Pkw* qn/qc réduit la vitesse de qc, qn/qc fait ralentir qc
2. (*verlangsamen*) ■ **jd bremst etw ab** *Entwicklung, Umschwung* qn freine qc, qn ralentit qc
II. *vi* AUT ■ **jd bremst [auf etw** (*akk*)**] ab** *auf 50 km/h* qn ralentit [*o* réduit] sa vitesse [à qc]

ab|brennen *irreg* I. *vt + haben* 1. (*beseitigen*) ■ **jd brennt etw ab** *Böschung, trockenes Gras* qn brûle qc
2. (*niederbrennen*) ■ **jd brennt etw ab** *Gehöft, Dorf* qn incendie qc
3. (*brennen lassen*) ■ **jd brennt etw ab** *Feuerwerk, Rakete* qn tire qc; *Räucherstäbchen* qn fait brûler qc, qn brûle qc
4. (*wegbrennen*) ■ **jd brennt etw ab** *Lack* qn brûle qc [au chalumeau]
II. *vi + sein* 1. (*niederbrennen*) ■ **etw brennt ab** */Gehöft, Dorf/* qc est détruit(e) par un incendie
2. (*sein Haus verlieren*) ■ **jd brennt ab** qn est victime d'un incendie; ■ **abgebrannt** victime d'incendie
3. ■ **etw brennt ab** */Feuerwerkskörper/* qc se consume

ab|bringen *vt irreg* 1. (*dazu bewegen etw aufzugeben*) ■ **jd/etw bringt jdn von etw ab** *vom Rauchen, Trinken* qn/qc fait renoncer qn à qc; *von einem Plan, Vorhaben* qn/qc détourne qn de qc; *von einer Gewohnheit, Meinung* qn/qc fait changer qn de qc; ■ **jd/etw bringt jdn davon ab etw zu tun** qn/qc dissuade qn de faire qc
2. (*weglenken*) ■ **jd/etw bringt jdn von etw ab** *von Spur, Weg, Thema* qn/qc détourne [*o* fait dévier] qn de qc
▸ **jd lässt sich von etw nicht ~** *von einer Gewohnheit* qn ne veut pas se défaire de qc; *von einer Meinung* qn ne démord pas de qc

ab|bröckeln *vi + sein* 1. (*sich lösen*) ■ **etw bröckelt [von etw] ab** qc s'effrite [et se détache de qc]
2. BÖRSE ■ **etw bröckelt ab** qc s'effrite

Abbruch *m* 1. ∅ CONSTR démolition *f*
2. ∅ (*Beendigung*) [*Beziehungen, Verhandlungen*] rupture *f;* [*Reise, Studium, Therapie, Veranstaltung*] interruption *f*
3. MED *fam* avortement *m*
▸ **etw tut einer S.** (*dat*) **keinen ~** qc ne ternit pas qc; **jd verkauft etw auf ~** qn vend qc pour la démolition

Abbrucharbeiten *pl* travaux *mpl* de démolition **abbruchreif** *adj* 1. (*baufällig*) bon(ne) pour la démolition 2. CH (*schrottreif*) bon(ne) pour la casse, bon(ne) à mettre à la ferraille **Abbruchunternehmer(in)** *m(f)* entrepreneur(-euse) *m(f)* de démolition; (*Betrieb*) entreprise *f* de démolition

ab|brummen *vt fam* ■ **jd brummt etw ab** qn tire qc *fam;* ***er musste nach Schulschluss noch zwei Stunden ~*** il a été collé deux heures, après la sortie des cours *fam*

ab|buchen *vt* 1. FIN ■ **jd bucht etw [von etw] ab** qn prélève qc [sur qc]; ■ **jd lässt etw [von etw] ~** qn fait prélever qc [sur qc]; ■ **das A~** le prélèvement
2. COM ■ **jd bucht etw ab** qn passe qc par profits et pertes; ***jd bucht etw unter Verlust ab*** qn passe qc par profits et pertes
3. (*verzeichnen*) ■ **jd bucht etw unter etw** (*dat*)**/als etw ab** qn classe qc dans la rubrique qc, qn range qc dans la catégorie qc; ■ **jd bucht etw als etw ab** *als Misserfolg, Versuch* qn considère que qc est qc

Abbuchung *f* prélèvement *m*

Abbuchungsauftrag *m* autorisation *f* de prélèvement

ab|bürsten I. *vt* 1. (*reinigen*) ■ **jd bürstet etw ab** qn brosse qc
2. (*entfernen*) ■ **jd bürstet etw von etw ab** qn enlève [*o* ôte] qc de qc avec une [*o* à la] brosse; ■ **etw lässt sich von etw ~** qc s'enlève [*o* part] avec une [*o* à la] brosse
3. *fam* (*zurechtweisen*) ■ **jd bürstet jdn ab** qn engueule qn *fam;* ***jd wird abgebürstet*** qn se fait engueuler *fam*
4. *fam* (*zurückweisen*) ■ **jd bürstet etw ab** *Forderung* qn rejette qc; *Einwand* qn balaie qc
II. *vr* ■ **jd bürstet sich** (*dat*) **etw [von etw] ab** qn enlève [*o* ôte] qc [de qc] avec une [*o* à la] brosse; ■ **jd bürstet sich ab** (*Kleidung*) qn brosse ses vêtements; (*Körper*) qn se frictionne avec une [*o* à la] brosse

ab|büßen *vt* ■ **jd büßt etw ab** qn purge qc

Abbüßung <-, -en> *f verbal übersetzt;* ***nach ~ der Strafe wurde er entlassen*** il a été libéré après avoir purgé sa peine

Abc, ABC <-, -> [a:be:'tse:, abe'tse:] *nt* 1. SCOL alphabet *m*
2. (*Anfangsgründe*) ■ **das ~ einer S.** (*gen*) l'a b c *m* de qc, le b.a.-ba de qc
▸ **jd/etw ordnet etw nach dem ~** qn/qc range qc par ordre [*o* dans l'ordre] alphabétique

ABC- [a:be:'tse:-, abe'tse:-] MIL ABC, NBC

ab|checken [-tʃɛkn] *vt fam* 1. (*kontrollieren*) ■ **jd checkt etw ab** qn vérifie qc; ■ **jd checkt ab, ob** qn vérifie que + *indic* [*o* si]
2. (*prüfen*) ■ **jd checkt jdn ab** qn teste qn
3. (*abhaken*) ■ **jd checkt etw ab** qn vérifie qc
4. (*absprechen*) ■ **jd checkt etw mit jdm ab** qn discute de qc avec qn

Abc-Schütze [a:be:'tse:-, abe'tse:-] *m hum* petit écolier *m,* petit *m* du C. P.

ab|danken *vi* 1. *fam* (*zurücktreten*) ■ **jd dankt ab** */Kanzler, Regierung/* qn démissionne; */Herrscher/* qn abdique
2. *veraltet* ■ **abgedankt** *Offizier* réformé(e); *Dienstbote* congédié(e)

Abdankung <-, -en> *f* 1. *fam* (*Rücktritt*) démission *f,* abdication *f*
2. CH (*Trauerfeier*) obsèques *fpl*

ab|decken *vt* 1. (*bedecken*) ■ **jd/etw deckt etw ab** qn/qc recouvre qc; ■ **abgedeckt** couvert(e)
2. (*abnehmen*) ■ **jd deckt etw ab** *Bettdecke, Tischdecke* qn enlève qc, qn retire qc
3. (*das Geschirr wegnehmen*) ■ **jd deckt etw ab** *Tisch* qn débarrasse qc, qn dessert qc
4. (*die Dachpfannen wegnehmen*) ■ **jd deckt etw ab** *Dachpfanne* qn enlève qc; *Haus* qn découvre qc; ■ **etw deckt etw ab** */Sturm/ Dachpfanne* qc arrache qc; *Haus* qc arrache le toit de qc
5. FIN ■ **jd deckt etw [durch [*o* mit] etw] ab** qn couvre qc [par qc]

Abdecker(in) <-s, -> *m(f)* équarrisseur(-euse) *m(f)*

Abdeckerei <-, -en> *f* équarrissoir *m*

Abdeckung *f* 1. (*Material*) couverture *f,* revêtement *m;* ***etw dient als ~ einer S.*** (*gen*) qc sert à [re]couvrir qc
2. ∅ (*Vorgang*) *verbal übersetzt;* ***etw wird zur ~ einer S. verwendet*** qc est utilisé(e) pour couvrir qc

ab|dichten *vt* 1. (*dicht machen*) ■ **jd dichtet etw ab** *Leck, Ritzen* qn bou-

che qc, qn colmate qc; ***die Rohre müssen besser abgedichtet werden*** il faut revoir l'étanchéité des tuyaux
2. (*isolieren*) ▪ **jd dichtet etw gegen etw ab** *Fundament, Keller, Wand* qn isole qc contre [*o* de] qc
Abdichtung *f* 1. (*Dichtung*) joint *m*
2. (*Isolierung*) isolation *f*
3. ∅ (*das Abdichten*) *verbal übersetzt;* ***zur ~ einer S.*** pour boucher [*o* colmater] qc; ***die ~ des Rohrs ist notwendig*** il faut refaire l'étanchéité du tuyau
ab|drängen *vt* 1. (*beiseite drängen*) ▪ **jd drängt jdn ab** qn repousse qn
2. SPORT ▪ **jd drängt jdn ab** *Spieler* qn repousse qn; ▪ **jd drängt jdn von etw ab** *vom Tor* qn écarte qn de qc; *vom Ball* qn dépossède qn de qc
3. NAUT ▪ **etw drängt etw [von etw] ab** qc détourne [*o* déporte] [*o* fait dévier] qc [de qc]; */Fischereischutzboot/* qc déroute qc [de qc]
ab|drehen I. *vt + haben* 1. (*abstellen*) ▪ **jd dreht etw ab** *Hahn, Ventil, Gas* qn ferme qc; *Licht, Radio* qn éteint qc
2. (*umdrehen*) ▪ **jd dreht einem Tier/einer S. etw ab** *Hals* qn tord qc à un animal; *Kopf einer Blume* qn coupe [*o* arrache] qc de qc
3. *sl* (*zudrücken*) ▪ **jd dreht jdm etw ab** *Hals* qn tord qc à qn; ***jd dreht jdm den Hals ab*** (*ruinieren*) qn plume qn *fam*
II. *vi + sein o haben* AVIAT, NAUT ▪ **etw dreht ab** qc change de cap; ▪ **etw dreht irgendwohin ab** qc vire quelque part
ab|driften *vi + sein* 1. (*abgetrieben werden*) ▪ **etw driftet [irgendwohin] ab** qn dérive [quelque part]
2. *sl* (*abgleiten*) ▪ **jd driftet irgendwohin ab** qn glisse quelque part; ***jd driftet nach rechts ab*** qn dérive à droite; ***jd driftet in den Suff ab*** qn tourne à l'alcoolo *fam;* ***jd driftet ins Abseits ab*** qn se retrouve sur la touche
Abdruck[1] <-drücke> *m* (*Spur*) empreinte *f*
▸ **jd nimmt [*o* macht] einen ~ /Zahnarzt/** qn prend une empreinte
Abdruck[2] <-drucke> *m* MEDIA 1. (*Veröffentlichung*) parution *f*
2. ∅ (*das Nachdrucken*) reproduction *f*
ab|drucken *vt* ▪ **jd druckt etw ab** qn fait paraître qc; ▪ **etw wird irgendwo/irgendwie abgedruckt** qc paraît quelque part/d'une certaine façon; ***das Buch wird von jdm wieder abgedruckt*** le livre est réédité par qn
ab|drücken I. *vt* 1. *fam* (*umarmen*) ▪ **jd drückt jdn ab** qn serre qn dans ses bras
2. MED ▪ **jd drückt etwas ab** qn comprime qc
3. (*abfeuern*) ▪ **jd drückt etw ab** qn tire un coup de qc, qn appuie sur la détente de qc; ***er hat seine Pistole zweimal abgedrückt*** il a tiré deux coups de pistolet
II. *vi* ▪ **jd drückt ab** qn tire
ab|ducken *vi* BOXEN ▪ **jd duckt ab** qn se baisse pour esquiver
ab|dunkeln *vt* 1. (*abschirmen*) ▪ **jd dunkelt etw ab** *Lampe* qn tamise la lumière de qc
2. ▪ **jd dunkelt etw ab** *Zimmer* qn obscurcit qc; *Fenster* qn occulte qc
3. (*dunkler werden lassen*) ▪ **jd dunkelt etw ab** *Farbe* qn obscurcit qc
ab|duschen I. *vt* ▪ **jd duscht jdn ab** qn douche qn; ▪ **jd duscht jdm etw ab** *Körperteil, Rücken* qn lui douche qc
II. *vr* ▪ **jd duscht sich ab** qn se douche, qn prend une douche
ab|ebben *vi + sein* ▪ **etw ebbt ab** */Wut, Missmut/* qc passe; */Aufruhr, Streit/* qc se calme; */Lärm, Grölen/* [l'intensité de] qc diminue
abend *s.* **Abend 1.**
Abend <-s, -e> *m* 1. (*Tageszeit*) soir *m;* (*in seinem Verlauf*) soirée *f;* ***im Laufe des ~s*** dans [*o* au cours de] la soirée; ***am späten ~*** tard dans la soirée; ***jeden ~*** tous les soirs, chaque soir; ***heute ~*** ce soir; ***morgen ~*** demain soir
2. (*Vor~*) ▪ **der ~ einer S.** (*gen*) la veille de qc
▸ **je später der ~, desto schöner [*o* netter] die Gäste** *prov* ≈ il faut savoir se faire attendre; **am ~ des Lebens** *geh* au soir de la vie *littér;* **bunter ~** soirée *f* récréative; **guten ~** bonsoir; **jd sagt jdm guten ~** qn dit bonsoir à qn; **letzten ~** hier soir; **am [*o* den] nächsten ~** le lendemain soir; (*von heute aus gesehen*) demain soir; **du kannst mich [mal] am ~ besuchen!** *euph fam* tu peux toujours courir [*o* te brosser]! *fam;* **es ist ~** il fait nuit; **jd isst zu ~** *geh* qn dîne; **es wird ~** le soir tombe; **am ~** (*heute Abend*) ce soir; (*am ~ allgemein*) le soir; **am ~ einer S.** (*gen*): ***am ~ des 13.*** le 13 au soir; ***am 1. ~ jedes Monats*** chaque mois, le premier au soir; **~ für [*o* um] ~** chaque soir, tous les soirs, soir après soir; **gegen ~** vers le soir; ***es geht gegen ~*** le soir tombe; **den ganzen ~ über** toute la soirée; **des ~s** *geh* le soir; **eines ~s** un [beau] soir; **'n ~** *fam* [b]'soir *fam*
-abend *m:* ***Fernseh~*** soirée *f* télé; ***Info~*** soirée *f* d'information; ***Senioren~*** soirée *f* pour le troisième âge; ***Tanz~*** soirée *f* dansante
Abend- *-programm, -beschäftigung* de la soirée; *-zug, -maschine* du soir **Abendandacht** *f* complies *fpl* **Abendanzug** *m* tenue *f* de soirée; (*Frack*) habit *m* ▸ **im ~** en tenue de soirée; en habit **Abendblatt** *nt* journal *m* du soir **Abendbrot** *nt* dîner *m,* repas *m* du soir (*repas froid*) ▸ **jd isst ~** qn dîne **Abenddämmerung** *f* crépuscule *m*
abendelang *adv* à longueur de soirée[s]
Abendessen *nt* repas *m* du soir, dîner *m* **abendfüllend** *adj* qui occupe toute la soirée; ▪ **etw ist ~** qc occupe toute la soirée **Abendgesellschaft** *f* 1. (*Abendgäste*) invités *mpl* [à une/la soirée] 2. (*Feier*) soirée *f* **Abendgymnasium** *nt* cours *mpl* secondaires du soir **Abendkasse** *f* caisse *f;* ***Karten können noch an der ~ gelöst werden*** on peut encore acheter des billets [en se présentant à la caisse] avant le spectacle **Abendkleid** *nt* robe *f* du soir ▸ **im ~** en robe du soir **Abendkleidung** *f* tenue *f* de soirée **Abendkurs** *m* cours *m* du soir **Abendland** *nt* ∅ *geh* ▪ **das ~** l'Occident *m* ▸ **das christliche ~** l'Occident *m* chrétien **abendländisch** I. *adj geh* occidental(e) II. *adv geh:* ***etw ist ~ ausgerichtet/geprägt*** qc est tourné(e) vers l'Occident/imprégné(e) de culture occidentale; ***jd ist ~ beeinflusst*** qn subit une influence occidentale
abendlich I. *adj* 1. *Stille, Nachrichten, Stoßzeit* du soir
2. *Veranstaltung, Witterungsumschwung* en soirée; ***kommst du morgen zu der ~en Demonstration?*** tu viens à la manifestation de demain soir?
3. (*dem Abend gemäß*) *Kleidung* de soirée; *Make-up, Parfüm* du soir
II. *adv:* ***es war schon um drei Uhr ~ kühl*** à trois heures, il faisait aussi frais qu'en soirée; ***~ gekleidet*** en tenue de soirée
Abendmahl *nt* sainte Cène *f* ▸ **das letzte ~** la Cène; **jd geht zum ~** qn communie; **jd nimmt [*o* empfängt *geh*] das ~** qn reçoit la communion; **jd spendet [*o* reicht] [*o* erteilt] jdm das ~** qn donne la communion à qn **Abendmahlzeit** *f geh* dîner *m* **Abendprogramm** *nt* RADIO, TV programme *m* de la soirée; ***im ~ sehen Sie heute ...*** au programme [de] ce soir, vous pourrez voir ... **Abendrot** *nt,* **Abendröte** *f geh* coucher *m* de soleil
abends *adv* (*heute Abend*) ce soir; (*jeden Abend*) le soir
Abendschule *f* cours *mpl* du soir **Abendschüler(in)** *m(f)* participant(e) *m(f)* à un/au cours du soir ▸ **jd ist ~** qn fréquente un cours du soir **Abendstern** *m* ∅ *geh* étoile *f* du soir [*o* du matin] [*o* du berger] **Abendstille** *f* calme *m* [*o* silence *m*] du soir; ***überall herrschte ~*** tout était calme ce soir-là **Abendstunde** *f* heure *f* de la soirée; ***die ~n sind am schönsten*** ce sont les soirées les plus agréables; ***in den [späten] ~n*** [tard] dans la soirée ▸ **bis in die ~n** jusqu'au soir; ***bis in die späten ~n*** jusqu'à une heure avancée, jusque tard dans la soirée **Abendverkauf** *m* CH nocturne *f* **Abendvorstellung** *f* CINE séance *f* du soir **Abendzeit** *f* ▸ **zur ~** *geh* le soir
Abenteuer <-s, -> *nt* 1. (*Erlebnis*) aventure *f*
2. (*Liebes~*) aventure *f*
3. (*Wagnis*) entreprise *f* hasardeuse
▸ **jd geht [*o* ist] auf ~ aus** qn est [toujours] en quête d'aventures; **jd hat ein ~ mit jdm** qn a une aventure avec qn
abenteuerlich I. *adj* 1. *Reise* plein(e) d'aventures, riche en aventures; *Leben* aventureux(-euse); ***ein ~es Erlebnis*** une aventure; ***eine ~e Erzählung*** un récit d'aventures; ▪ **A~es** des aventures *fpl*
2. (*fantastisch*) *Geschichte, Vorfall* rocambolesque
3. (*wild-romantisch*) *Gestalten, Kleidung* extravagant(e)
4. *Ausrede, Forderung* loufoque, farfelu(e); *Preis* exorbitant(e)
II. *adv* 1. (*fantastisch*) *sich anhören, klingen:* ***etw hört sich ~ an/klingt ~*** qc semble [*o* paraît] extravagant(e)
2. (*wildromantisch*) *gekleidet sein* de manière extravagante
Abenteuerlichkeit <-, -en> *f* 1. ∅ [*Erlebnis, Reise*] caractère *m* aventureux
2. (*Unwahrscheinlichkeit*) [*Geschichte, Vorfall*] [côté *m*] rocambolesque *m*
3. (*Unglaublichkeit*) [*These, Forderung*] caractère *m* farfelu, loufoquerie *f*
Abenteuerlust *f* attrait *m* de l'aventure; ***jd brennt vor ~*** qn a soif d'aventure[s] **Abenteuerroman** *m* roman *m* d'aventures **Abenteuerspielplatz** *m* terrain *m* d'aventures
Abenteurer <-s, -> *m,* **-teu[r]erin** *f pej* aventurier(-ière) *m(f)*
aber I. *conj* 1. (*jedoch*) mais *en première position;* ***schreib das noch mal ab, ~ sauberer!*** recopie-moi ça, et proprement!; ***ein Bier, ~ 'n bisschen plötzlich!*** une bière, et plus vite que ça [*o* et que ça saute] ! *fam*
2. (*wirklich*): ***das Kleid ist ~ schrecklich!*** cette robe est d'un laid!, cette robe est vraiment affreuse!; ***das ist ~ lieb von Ihnen*** ça, c'est gentil [de votre part]; ***dann ist er ~ vielleicht wütend geworden!*** alors il a piqué une de ces colères!; ***das ist ~ heiß!*** ouh, c'est chaud!; ***du hast ~ einen schönen Ball!*** tu en as un beau ballon!; ***bist du ~ braun!*** ce que tu es bronzé(e)!, qu'est-ce que tu es bronzé(e)!; ***das geht ~ zu weit!*** ça alors, c'est trop fort!
3. (*oh*) voyons, enfin; ***~ Hanna, so geht das nun wirklich nicht!*** voyons [*o* enfin], Hanna, tu ne peux pas faire ça!
▸ **~ selbstverständlich [*o* gewiss [doch]]** mais bien sûr, mais certainement; **~ dennoch [*o* trotzdem], ...** n'empêche que ... + *indic,* mais ..., pourtant ...; **~ ja!** (*und ob*) et comment!; (*und ob du das tust*) c'est ce qu'on va voir!; **~ nein!** mais non!; **oder ~** ou bien [alors]; **~, ~!** [voyons,] voyons!
II. *adv geh* ▸ **~ und abermals** à de nombreuses reprises
Aber <-s, - *o fam* -s> *nt* mais *m*
▸ **etw hat ein ~** dans qc, il y a un hic [*o* os] *fam;* **kein ~!** il n'y a pas de mais [qui tienne]!
Aberglaube[n] *m* 1. (*falscher Glaube*) superstition *f*
2. *fam* (*Unsinn*) sornettes *fpl,* balivernes *fpl;* *~!* tu parles! *fam*
abergläubisch *adj* superstitieux(-euse)
aberhundert *num geh* ▪ **hundert und ~ ...** des centaines [et des centaines] de ... **Aberhunderte** *pl geh* des centaines *fpl* [et des centaines]; ***zu ~n*** par centaines; ▪ **~ ...** (*gen*) des centaines [et des centaines] de ...
ab|erkennen * *vt irreg* ▪ **jd erkennt jdm etw ab** qn dépossède qn de qc, qn retire qc à qn; *Ehrenrechte* qn prive qn de qc; ***etw wird jdm aberkannt*** qn est déchu(e) de qc
Aberkennung <-, -en> *f* ▪ **~ einer S.** (*gen*) dépossession *f* de qc, déchéance *f* de qc; *der Ehrenrechte* privation *f* de qc
abermalig *adj attr* nouveau(-velle) *antéposé*
abermals *adv* une nouvelle fois
ab|ernten *vt* AGR ▪ **jd erntet etw ab** *Obstbäume* qn récolte [*o* cueille] les fruits de qc; *Früchte* qn récolte [*o* cueille] qc; *Felder* qn fait la récolte dans qc; ▪ **jd lässt etw [von jdm] ~** qn fait cueillir [*o* récolter] qc [à qn]
abertausend *num geh* ▪ **~ ...** des milliers [et des milliers] de ... **Abertausende** *pl geh* des milliers *mpl* [et des milliers]; ***zu ~en*** par milliers; ▪ **~ ...** (*gen*) des milliers [et des milliers] de ...
aberwitzig *adj geh* déraisonnable, insensé(e); ▪ **etw ist ~** qc est un défi au bon sens
ab|essen *vt irreg* ▪ **jd isst etw [von etw] ab** qn mange qc [de qc]
ab|fackeln *vt* 1. (*abbrennen lassen*) ▪ **jd/etw fackelt etw ab** *Erdgas, Munition, Müll* qn/qc brûle qc

2. (*niederbrennen*) ■ **jd fackelt etw ab** qn incendie qc
ạbfahrbereit *adj s.* **abfahrtbereit**
ạb|fahren *irreg* **I.** *vi + sein* **1.** TRANSP ■ **jd/etw fährt ab** qn/qc part
2. SKI ■ **jd fährt ab** qn descend [à skis]
3. *fam* (*abgewiesen werden*) ■ **jd fährt bei jdm ab** qn se fait rembarrer [*o* remballer *fam*] par qn; ■ **jd lässt jdn ~** qn envoie qn paître *fam*
4. *fam* (*beeindruckt sein*) ■ **jd fährt auf jdn/etw ab** qn est fan de qn/fana de qc *fam*, qn craque pour qn/qc *fam*
II. *vt* **1.** + *haben* (*wegfahren*) ■ **jd fährt etw ab** qn enlève qc
2. + *haben* (*abtrennen*) ■ **jd/etw fährt etw ab** *Stück von Mauer, Baumrinde etc* qn/qc arrache qc [en rentrant dedans]; ■ **jd/etw fährt jdm etw ab** *Körperteil* qn/qc lui arrache qc
3. + *sein o haben* (*bereisen*) ■ **jd fährt etw ab** *Land* qn parcourt qc [de long en large]; *Ortschaften, Höfe* qn écume qc *péj*
4. + *sein o haben* (*inspizieren*) ■ **jd/etw fährt etw ab** /*Bauarbeiter/ Straße, Strecke* qn/qc inspecte qc; /*Rennfahrer/* qn reconnaît qc
5. + *haben* AUT ■ **jd fährt etw ab** *Reifen* qn use qc
III. *vr* + *haben* AUT ■ **etw fährt sich ab** /*Reifen/* qc s'use
Ạbfahrt *f* **1.** [*Zug, Bus, Mensch*] départ *m*
2. *fam* (*Autobahn~*) sortie *f*
3. SKI descente *f*; (*Abfahrtsstrecke*) piste *f* [de ski]
ạbfahrtbereit **I.** *adj* prêt(e) à [*o* sur le point de] partir
II. *adv*: ***der Zug steht ~ auf Gleis 14*** quai 14, le train est prêt [*o* s'apprête] à partir; ***der Bus wartet schon eine Minute ~*** ça fait une minute que le bus est prêt à partir
Ạbfahrtslauf *m* descente *f* **Ạbfahrtszeit** *f* heure *f* de départ
Ạbfall¹ *m* (*Müll*) ordures *fpl*; [*Industrie*] déchets *mpl*
Ạbfall² *m* ∅ ECCL apostasie *f*, reniement *m*; POL sécession *f*
Ạbfall- *-entsorgung, -vermeidung* des déchets/ordures; **~*abgabe*** impôt *m* sur les déchets; **~*experte*** expert *m* en matière de traitement des déchets; **~*wirtschaft*** industrie *f* des déchets **Ạbfallbeseitigung** *f* **1.** (*Beseitigung von Müll*) ■ **die ~** la collecte et le traitement des déchets **2.** *fam* (*Reinigungsamt*) poubelles *fpl fam* **Ạbfalleimer** *m* poubelle *f*
ạb|fallen¹ *vi irreg* + *sein* **1.** (*herunterfallen*) ■ **etw fällt von etw ab** *von einem Zweig, einer Unterlage* qc tombe de qc
2. SCOL, SPORT (*schlechter sein*) ■ **jd/etw fällt [gegenüber jdm/gegen etw] ab** qn/qc est moins bon(ne) [que qn/qc]; (*schlechter werden*) qn/qc baisse [par rapport à qn/qc]
3. SPORT (*zurückfallen*) ■ **sie fallen ab** ils/elles décrochent [*o* rétrogradent]
4. (*übrig bleiben*) ■ **etw fällt ab** qc reste
5. (*schwinden*) ■ **etw fällt von jdm ab** /*Scheu, Unsicherheit/* qc [de qn] disparaît; ***alle Furcht fiel von ihm ab*** ses craintes disparurent complètement
6. (*sich senken*) ■ **etw fällt gegen [*o* zu] etw ab** /*Gelände, Hang/* qc descend vers qc; ***etw fällt leicht ab*** qc descend en pente douce; ■ **~d** en pente
7. (*sich vermindern*) ■ **etw fällt ab** /*Druck, Temperatur/* qc diminue, qc baisse
8. *fam* (*herausspringen*) ■ **etw fällt [bei etw] für jdn ab** qn ramasse qc [pour qc] *fam*
ạb|fallen² *vi irreg* + *sein* (*abtrünnig werden*) ■ **jd fällt ab** /*Gläubiger/* qn abjure, qn apostasie; /*Land, Parteimitglied/* qn fait sécession; ■ **jd fällt von etw ab** *vom Glauben* qn renie qc; *von Moskau, einer Partei* qn quitte qc
Ạbfallhaufen *m* tas *m* d'ordures [*o* de détritus]
ạbfällig **I.** *adj* dédaigneux(-euse)
II. *adv* avec dédain; ***etw fällt ~ aus*** qc est dédaigneux(-euse), qc exprime le dédain
Ạbfallprodukt *nt* **1.** CHEM résidu *m* **2.** (*Nebenprodukt*) retombée *f*, sous-produit *m* **Ạbfallverwertung** *f* recyclage *m* [des déchets]
ạb|fangen *vt irreg* **1.** (*vor dem Ziel einfangen*) ■ **jd fängt jdn/etw ab** qn intercepte qn/qc
2. AVIAT ■ **jd fängt etw ab** *Flugzeug, Rakete* qn intercepte qc
3. (*unter Kontrolle bringen*) ■ **jd fängt etw ab** *Fahrzeug* qn redresse qc; ***er konnte den Wagen nicht mehr ~*** il a perdu le contrôle de son véhicule
4. (*abwehren*) ■ **jd fängt etw ab** *Hieb, Schlag* qn pare qc, qn amortit qc
5. (*auffangen*) ■ **etw fängt etw ab** *Aufprall* qc amortit qc
Ạbfangjäger *m* intercepteur *m*, avion *m* d'interception
ạb|färben *vi* **1.** (*die Farbe übertragen*) ■ **etw färbt [auf etw (*akk*)] ab** qc déteint [sur qc]
2. (*sich übertragen*) ■ **etw färbt auf jdn ab** qc déteint sur qn
ạb|fassen *vt* ■ **jd fasst etw ab** qn rédige qc; ■ **jd lässt etw von jdm ~** qn fait rédiger qc par qn
Ạbfassung *f* rédaction *f*; ***jd beauftragt jdn mit der ~ einer S.*** qn charge qn de rédiger qc
ạb|federn **I.** *vt* + *haben* **1.** (*dämpfen*) ■ **etw federt etw ab** *Sprung, Stoß, Straßenunebenheit* qc amortit qc; *Wagen* qc améliore [*o* assouplit] la suspension de qc; ■ **etw federt jdn/etw ab** *Körper, Springer* qc amortit la réception de qn/qc
2. (*abmildern*) ■ **jd federt etw ab** *Kursverfall, Verlust* qn freine qc; *soziale Härte, Arbeitslosigkeit* qn atténue qc; *Kritik* qn adoucit qc
II. *vi* + *sein o haben* SPORT **1.** (*hochfedern*) ■ **jd federt ab** qn prend de l'élan; ***ein gutes A~*** une bonne prise d'élan
2. (*zurückfedern*) ■ **jd federt ab** qn se reçoit [au sol]; ■ **das A~** la réception
ạb|feiern *vt* IND *fam* ■ **jd feiert etw ab** qn récupère [*o* rattrape] qc en jours de congé
ạb|feilen *vt* ■ **jd feilt etw ab** qn lime qc
ạb|fertigen **I.** *vt* **1.** (*versandfertig machen*) ■ **jd fertigt etw ab** qn enregistre qc; ■ **jd lässt etw ~** qn fait enregistrer qc
2. (*be- und entladen*) ■ **jd fertigt etw ab** qn s'occupe du fret de qc
3. (*bedienen*) ■ **jd fertigt jdn ab** *Antragsteller, Passagier* qn sert qn
4. (*am Zoll*) ■ **jd fertigt jdn/etw ab** qn contrôle qn/qc [en douane]
5. (*abspeisen*) ■ **jd fertigt jdn mit etw ab** qn essaie de faire taire qn avec qc
6. (*behandeln*) ■ **jd fertigt jdn irgendwie ab** *barsch, kurz, schroff* qn traite qn d'une certaine manière
II. *vi* (*an der Grenze*) ■ **jd fertigt ab** qn effectue le contrôle de douane
Ạbfertigung *f* **1.** COM, POST [*Pakete, Waren, Sendung*] expédition *f*
2. AVIAT, EISENBAHN (*Abfertigungsstelle*) enregistrement *m*
3. (*Bedienung*) [*Kunden*] service *m*; ***jd lässt sich Zeit bei*** [*o* ***mit***] ***der ~ der Kunden*** qn sert les clients sans se presser
4. (*Kontrolle*) [*Reisende, Fahrzeuge*] contrôle *m* [de douane]
5. AUS (*Abfindung*) dédommagement *m*
Ạbfertigungshalle *f* hall *m* d'enregistrement **Ạbfertigungsschalter** *m* guichet *m* d'enregistrement
ạb|feuern *vt* ■ **jd feuert etw ab** *Schusswaffe* qn décharge qc; *Kanone* qn tire un coup de qc; *Flugkörper, Salve, Schuss* qn tire qc
ạb|finden *irreg* **I.** *vt* **1.** (*entschädigen*) ■ **jd findet jdn [mit etw] ab** qn dédommage qn [en lui versant qc]
2. (*zufrieden stellen*) ■ **jd findet jdn mit etw ab** *mit nichts sagenden Worten, leeren Versprechungen* qn berce qn de qc
II. *vr* ■ **jd findet sich mit jdm/etw ab** qn se fait à qn/qc, qn s'accommode de qn/qc; ■ **jd findet sich damit ab, dass** qn s'accommode du fait que + *subj*
Ạbfindung <-, -en> *f* **1.** (*das Abfinden*) [*Gläubiger, Ehefrau*] dédommagement *m*, indemnisation *f*
2. (*Betrag*) dédommagement *m*, indemnité *f*
Ạbfindungssumme *f s.* **Abfindung 2.**
ạb|flachen **I.** *vi* + *sein* (*sinken*) ■ **etw flacht ab** /*Niveau, Angebot/* qc baisse; /*Kultur/* qc décline; /*Wachstum/* qc ralentit
II. *vt* + *haben* ■ **jd flacht etw ab** *Wall* qn nivelle qc, qn aplanit qc
III. *vr* + *haben* ■ **etw flacht sich ab** /*Hang, Deich/* qc descend en pente [de plus en plus] douce
Ạbflachung <-, -en> *f* **1.** (*abgeflachte Form*) faible déclivité *f*; ***eine starke ~*** une très faible déclivité; ***je geringer die ~, ...*** plus la déclivité est faible, ...
2. (*das Abflachen*) [*Hang, Erdwall*] nivellement *m*
3. (*Sinken*) [*Niveau, Angebot*] baisse *f*; [*Kultur*] déclin *m*; [*Wachstum*] ralentissement *m*
ạb|flauen *vi* + *sein* **1.** ■ **etw flaut ab** /*Wind/* qc faiblit; ■ **~d** faible
2. ■ **etw flaut ab** /*Empörung, Erregung/* qc retombe, qc se calme
3. (*zurückgehen*) ■ **etw flaut ab** /*Interesse, Nachfrage/* qc retombe; ■ **~d** en perte de vitesse
4. BÖRSE ■ **etw flaut ab** /*Börsenkurse/* qc baisse; ■ **~d** à la baisse
ạb|fliegen *vi irreg* + *sein* **1.** AVIAT ■ **jd/etw fliegt ab** /*Pilot, Flugzeug/* qn/qc décolle; ***wir fliegen mit der nächsten Maschine ab*** nous partons par [*o* avec] le prochain avion; ***jd fliegt nach München/von Hamburg ab*** qn s'envole pour Munich/décolle de Hambourg
2. ORN ■ **sie fliegen [irgendwohin] ab** /*Zugvögel/* ils/elles entament leur migration [quelque part]
ạb|fließen *vi irreg* + *sein* **1.** (*wegfließen*) ■ **etw fließt ab** qc s'écoule
2. (*sich entleeren*) ■ **etw fließt ab** qc se vide
3. TRANSP ■ **etw fließt ab** /*Verkehr/* qc s'écoule; ***der Verkehr fließt jetzt schneller ab*** la circulation est devenue plus fluide; ■ **etw lässt etw ~** qc rend qc plus fluide
4. FIN ■ **etw fließt irgendwohin ab** qc fuit quelque part
Ạbflug *m* **1.** AVIAT [*Passagier*] départ *m* [en avion]; [*Flugzeug*] décollage *m*
2. *fam* (*Abflugstelle*) piste *f* d'envol; ***Passagiere nach Paris bitte zum ~!*** vol pour Paris, embarquement immédiat!
3. ORN [*Zugvögel*] migration *f*
ạbflugbereit *adj* /*Flugzeug/* prêt(e) au décollage; /*Passagier/* prêt(e) à s'envoler [*o* embarquer] **Ạbflughafen** *m* aéroport *m* de départ **Ạbflughalle** *f* salle *f* d'embarquement
Ạbfluss^RR *m* **1.** ∅ (*das Abfließen*) écoulement *m*
2. ∅ TRANSP écoulement *m*
3. ∅ FIN fuite *f*
4. (*Rohr*) [*sanitäre Anlagen*] [conduit *m* d']écoulement *m*
5. (*Abflussstelle*) [*Teich, See*] écoulement *m*, déversoir *m*
Ạbflussgraben^RR *m* rigole *f* [d'écoulement] **Ạbflussreiniger^RR** *m* déboucheur *m* **Ạbflussrinne^RR** *f* caniveau *m* **Ạbflussrohr^RR** *nt* **1.** (*Kanalrohr*) égout *m*, collecteur *m*; (*für Regenwasser*) [tuyau *m* de] descente *f*
2. (*Einleitungsrohr*) tuyau *m* [*o* émissaire *m*] d'évacuation
Ạbfolge *f geh* ordre *m*, succession *f*
▶ **in ununterbrochener ~** l'un(e) à la suite de l'autre
ạb|fordern *vt form* **1.** (*einfordern*) ■ **jd fordert jdm etw ab** *Ausweis, Papiere* qn demande qc à qn; *Betrag* qn demande à qn de verser qc
2. (*anfordern*) ■ **jd fordert etw bei jdm ab** *Informationen* qn demande qc à qn
3. (*verlangen*) ■ **jd/etw fordert jdm etw ab** *Geduld, Leistung* qn/qc exige qc de la part de qn
Ạbfrage *f* INFORM requête *f*
ạb|fragen *vt* SCOL **1.** (*befragen*) ■ **jd fragt jdn [etw] ab** qn interroge qn [sur qc]
2. INFORM ■ **jd fragt etw ab** *Daten, Informationen* qn consulte qc; *Kontostand, Zugverbindungen* qn consulte qc sur ordinateur, qn consulte son ordinateur pour connaître qc
ạb|fressen *vt irreg* **1.** (*herunterfressen*) ■ **ein Tier frisst etw ab** /*Insekt, Kaninchen/* un animal mange qc; /*Schaf, Ziege, Giraffe a./* un animal broute qc
2. (*abnagen*) ■ **ein Tier frisst etw ab** *Knochen* un animal ronge qc
ạb|frieren *irreg* **I.** *vi* + *sein* ■ **jdm friert etw ab** qn a qc qui gèle; ■ **jdm ist**

etw abgefroren qn a eu qc gelé(e)
II. *vr* + *haben* ■ **jd friert sich** (*dat*) **etw ab** qn a qc qui gèle
▶ **jd friert sich** (*dat*) **einen ab** *sl* qn se les gèle *fam*

Abfuhr <-, -en> *f* 1. (*Zurückweisung*) fin *f* de non-recevoir, refus *m*
2. Ø *form* (*Abtransport*) ramassage *m*; ***wann ist ~?*** quel est le jour de ramassage des ordures?
▶ **jd erteilt jdm eine ~** qn oppose une fin de non-recevoir [*o* un refus] à qn; *Verehrer* qn éconduit qn; SPORT qn inflige une défaite à qn; **jd holt sich** (*dat*) **[bei jdm] eine ~** qn se fait recevoir [par qn] *iron*; / *Verehrer/* qn se fait éconduire par qn; **jd holt sich** (*dat*) **[gegen jdn] eine ~** SPORT qn subit une défaite [contre qn]

ab|führen I. *vt* 1. (*wegführen*) ■ **jd führt jdn ab** *Täter, Verdächtigen* qn emmène qn; ~! emmenez-le/la!
2. FIN ■ **jd führt etw [an jdn/etw] ab** qn verse qc [à qn/qc]
3. (*ableiten*) ■ **etw führt etw ab** *Abluft, Verbrennungsgase* qc évacue qc
4. (*entfernen*) ■ **etw führt jdn von etw ab** *vom Thema, Ziel* qc éloigne [*o* détourne] qn de qc
II. *vi* 1. MED ■ **etw führt ab** qc est laxatif(-ive); ***jd verschreibt jdm etw zum A~*** qn prescrit qc contre la constipation à qn
2. TRANSP ■ **etw führt ab/von etw ab** / *Straße, Weg/* qc bifurque/qc quitte qc
3. (*entfernen*) ■ **etw führt ab** / *Vorschlag etc/* qc est hors de propos; ■ **etw führt von etw ab** *vom Thema* qc s'écarte de qc

abführend I. *adj* MED laxatif(-ive)
II. *adv* ▶ **etw wirkt ~** qc a des propriétés laxatives

Abführmittel *nt* laxatif *m*

Abführung *f* FIN règlement *m*, acquittement *m*

Abfüllbetrieb *m* usine *f* de mise en bouteilles [*o* d'embouteillage]

ab|füllen *vt* 1. (*abziehen*) ■ **jd füllt etw ab** *Wein, Saft* qn met qc en bouteilles; ■ **jd füllt etw in etw** (*akk*) **ab** *in Flaschen* qn met qc en qc
2. *sl* (*betrunken machen*) ■ **jd füllt jdn ab** qn fait prendre une cuite à qn *fam*, qn soûle la gueule à qn *fam*

ab|füttern *vt* ■ **jd füttert jdn ab** qn donne à manger à qn

Abgabe[1] *f* Ø 1. (*Tätigung*) ■ **die ~ einer S.** (*gen*) *einer Erklärung, eines Urteils, Widerrufs verbal übersetzt*; ***jd wird zur ~ einer Erklärung aufgefordert*** on demande à qn de fournir une explication; ***die ~ eines Urteils kann durch mich nicht erfolgen*** je ne peux pas émettre de jugement; ***nach dem Geständnis kam es zur ~ eines Widerrufs*** une rétractation a fait suite à l'aveu; après avoir avoué, le suspect s'est rétracté
2. (*Einreichung*) [*Gutachten, Prüfungsarbeit*] remise *f*; ***morgen ist die ~ dieser Arbeit*** c'est demain qu'il faut rendre ce travail
3. PARL ■ **die ~ einer S.** (*gen*): ***die ~ der Wählerstimmen*** le vote
4. COM [*Prospekt, Warenprobe*] distribution *f*; [*alkoholisches Getränk*] vente *f*
5. (*das Abliefern*) [*Gepäck, Pässe, Schusswaffen*] dépôt *m*, remise *f*; ***die ~ der Mäntel kann an der Garderobe erfolgen*** on peut déposer les manteaux au vestiaire
6. (*Abstrahlung*) ■ **die ~ von etw** *von Wärme, Energie* le rayonnement de qc; ~ ***von Strahlung*** rayonnement *m*
7. (*Abfeuerung*) ■ **die ~ einer S.** (*gen*) *verbal übersetzt*; ***die ~ des Schusses geschah versehentlich*** le coup a été tiré accidentellement
8. SPORT [*Ball*] passe *f*; ***er hat zu lange mit der ~ gezögert*** il a hésité trop longtemps à donner [*o* passer] la balle [*o* à faire une passe]
9. SPORT ■ **die ~ einer S.** (*gen*) *von Punkten* la perte de qc

Abgabe[2] *f* FIN, FISC taxe *f*

abgabe[n]frei I. *adj form* exonéré(e) d'impôts, non assujetti(e) à l'impôt II. *adv form einnehmen* sans payer d'impôts **abgabe[n]pflichtig** *adj form* assujetti(e) à l'impôt

Abgabetermin *m* date *f* limite de remise

Abgang <-gänge> *m* 1. (*Schul~*) *verbal übersetzt*; ***der vorzeitige ~ von der Schule kann unangenehme Konsequenzen haben*** quitter l'école prématurément peut être lourd de conséquences
2. Ø (*Ausscheiden aus einem Amt*) départ *m*; (*in den Ruhestand*) départ *m* en retraite
3. Ø THEAT sortie *f*; ***vor dem ~ verbeugte er sich*** avant de quitter la scène, il s'est incliné; ■ **jds ~** la sortie de qn
4. Ø POST [*Briefe, Post*] expédition *f*
5. SPORT (*Absprung*) sortie *f*
6. MED *form* [*Embryo, Nierenstein*] expulsion *f*; [*Eiter*] écoulement *m*
7. MED *sl* (*Gestorbene*) décès *m*; ***der Angriff forderte 127 Abgänge*** l'offensive a fait 127 tués [*o* morts]
8. COM AUS (*Fehlbetrag*) débit *m*
9. *form s.* **Abgänger**
▶ **jd verschafft sich** (*dat*) **einen ... ~** *einen guten, glänzenden* qn réussit [*o* se ménage] une sortie ...

Abgänger(in) <-s, -> *m(f)* (*Schul~*) élève *mf* qui quitte [prématurément] l'école

abgängig *adj* AUS *form* porté(e) disparu(e); ■ **etw ist ~** qc est manquant(e)
Abgängige(r) *f(m) decl wie adj* AUS personne *f* portée disparue

Abgängigkeitsanzeige *f* AUS *s.* **Vermisstenanzeige**

Abgangszeugnis *nt* certificat *m* de fin de scolarité

Abgas *nt meist pl* gaz *mpl* d'échappement

abgasarm *adj* peu polluant(e), propre; ■ **etw ist ~** qc pollue peu **abgasfrei** I. *adj* non polluant(e); ■ **etw ist ~** qc ne produit pas de gaz d'échappement II. *adv* sans produire de gaz d'échappement, sans polluer **Abgassonderuntersuchung** *f* contrôle *m* antipollution **Abgaswolke** *f* nuage *m* de gaz d'échappement

ab|gaunern *vt fam* ■ **jd gaunert jdm etw ab** qn carotte qc à qn *fam*; ■ **jd lässt sich** (*dat*) **[von jdm] etw ~** qn se fait carotter qc [par qn] *fam*

abgearbeitet *adj* rompu(e), vanné(e)

ab|geben *irreg* I. *vt* 1. (*hinterlassen*) ■ **jd gibt etw [bei jdm] ab** *Brief, Koffer, Mantel* qn dépose qc [chez qn]
2. (*verschenken*) ■ **jd gibt etw [an jdn] ab** qn donne qc [à qn]
3. (*verkaufen*) ■ **jd gibt etw [an jdn] ab** qn cède qc [à qn]
4. (*teilen*) ■ **jd gibt jdm etw [von etw] ab** qn donne qc [de qc] à qn
5. (*äußern*) ■ **jd gibt etw [zu etw] ab** *Stellungnahme, Urteil* qn émet qc [à propos de qc]; ***jd gibt eine Erklärung [zu etw] ab*** qn fait une déclaration [à propos de qc]
6. (*erstatten*) ■ **jd gibt etw ab** *Gutachten* qn remet qc; *Meinung* qn donne qc, qn exprime qc
7. PARL ■ **jd gibt etw [für jdn] ab** *Wahlstimme* qn donne qc [à qn]; ***die abgegebenen Stimmen*** les votes *mpl*, les suffrages *mpl* [exprimés]
8. (*einreichen*) ■ **jd gibt etw ab** *Prüfungsarbeit, Doktorarbeit* qn rend qc
9. (*überlassen*) ■ **jd gibt jdm etw ab** *Arbeit, Auftrag* qn laisse qc à qn
10. (*übergeben*) ■ **jd gibt etw an jdn ab** *Amt, Vorsitz* qn laisse qc à qn
11. (*liefern*) ■ **etw gibt etw für/zu etw ab** *Rahmen, Hintergrund* qc constitue qc de qc; *Stoff, Material a.* qc fournit qc pour qc
12. *fam* (*für etw brauchbar sein*) ■ **etw gibt etw [für jdn] ab** *Kleidungsstück* qc, ça peut faire qc [pour qn] *fam*
13. *fam* (*darstellen*) ■ **jd gibt etw ab** *eine gute Lehrerin, den Schlichter* qn fait qc
14. (*abfeuern*) ■ **jd gibt etw [auf jdn] ab** *Schuss, Salve* qn tire qc [sur qn]
15. (*ausströmen lassen*) ■ **etw gibt etw ab** / *Rohr/* qc dégage qc; / *Vorgang/* qc produit qc, qc libère qc
16. (*verlieren*) ■ **etw gibt etw ab** *Wärme, Energie, Strahlung* qc émet qc
17. SPORT ■ **jd gibt etw [an jdn] ab** *Punkte, Rang* qn cède qc [à qn]
18. SPORT ■ **jd gibt etw [an jdn] ab** *Ball* qn passe qc [à qn]
II. *vr* 1. (*sich beschäftigen*) ■ **jd gibt sich mit jdm ab** qn s'occupe de qn; ■ **jd gibt sich mit etw ab** *mit Kleinigkeiten* qn perd son temps à qc
2. (*sich einlassen*) ■ **jd gibt sich mit jdm ab** *mit Straßenkindern, verächtlichen Personen* qn fréquente qn
III. *vi* SPORT (*abspielen*) ■ **jd gibt ab** qn passe [la balle], qn fait une passe

abgebrannt *adj fam* fauché(e) *fam*

abgebrochen *adj* 1. *Ausbildung, Studium* interrompu(e)
2. *fam*: ***ein ~er Jurist*** une personne qui a interrompu ses études de droit; ***er ist ~er Mediziner*** il a interrompu ses études de médecine

abgebrüht *adj fam* 1. (*skrupellos*) pourri(e)
2. (*dreist*) culotté(e) *fam*

abgedroschen *adj pej fam* éculé(e), rebattu(e)

abgefeimt *adj pej* retors(e)

Abgefeimtheit <-, -en> *f pej* [*Kerl, Schurke*] rouerie *f*

abgegriffen *adj* 1. (*abgenutzt*) usé(e) [à force d'avoir été manipulé(e)]
2. *pej* (*sinnentleert*) usé(e)

abgehackt I. *adj Silbe, Sprechweise* haché(e), saccadé(e)
II. *adv*: ***jd spricht ~*** qn a un débit haché [*o* saccadé]

abgehangen *adj* GASTR rassis(rassie)

abgehärmt *adj* ravagé(e) de [*o* par le] chagrin

abgehärtet *adj* ■ **jd ist [gegen etw] ~** *gegen Grippe, Schnupfen* qn est résistant(e) [à qc]; *gegen Vorwürfe, Kritik* qn est vacciné(e) [contre qc] *fam*, qn est blindé(e) *fam*, qn est endurci(e)

ab|gehen[1] *irreg* I. *vi* + *sein* 1. (*entfernt werden können*) ■ **etw geht [von etw] ab** / *Farbe, Graffiti/* qc part [*o* s'enlève] [de qc]
2. (*sich lösen*) ■ **etw geht ab/von etw ab** / *Knopf, Aufnäher/* qc se découd/se détache de qc
3. (*abgezogen werden*) ■ **etw geht von etw ab** / *Abzüge, Rabatt/* il faut déduire qc de qc
4. POST ■ **etw geht ab** qc part; ***die ~de Post*** le courrier à expédier
5. (*abzweigen*) ■ **etw geht ab/von etw ab** / *Straße, Weg/* qc bifurque/qc quitte qc
6. (*abfahren*) ■ **etw geht [irgendwo] ab** / *Zug/* qc part [de quelque part]; / *Schiff/* qc appareille [quelque part]; ■ **~d** en partance; ***die Richtung Mannheim ~den Züge*** les trains pour Mannheim; ***die ankommenden und ~den Züge*** les arrivées et les départs; ***die nach England ~de Fähre*** le ferry pour l'Angleterre
7. (*abweichen*) ■ **jd geht von etw ab** *von einer Forderung, Überzeugung, einem Plan* qn renonce à qc
8. *fam* (*fehlen*) ■ **jdm geht etw ab** / *Fähigkeit, Taktgefühl/* qn manque de qc, qc fait défaut à qn
9. SCOL ■ **jd geht ab** qn s'en va; ■ **jd geht von etw ab** qn quitte qc
10. MED ■ **etw geht ab** / *Stuhl, Embryo/* qc est expulsé(e); / *Eiter/* qc s'écoule
11. MED *sl* (*sterben*) ■ **jd geht ab** qn claque *fam*
12. SPORT ■ **jd geht [von etw] ab** *vom Barren, Pferd* qn effectue une sortie [de qc]; ■ **das A~** la sortie
II. *vt* + *sein* 1. (*abmessen*) ■ **jd geht etw ab** qn mesure qc à grandes enjambées
2. MIL ■ **jd geht etw ab** qn passe qc en revue, qn inspecte qc

ab|gehen[2] *irreg vi* + *sein* 1. (*verlaufen*) ■ **etw geht irgendwie ab** *gut, glimpflich, friedlich, ohne Komplikationen* qc se passe d'une certaine manière
2. *sl* (*los sein*) ■ **es geht [irgendwo] ab** ça chauffe [quelque part] *fam*

abgehetzt *adj* stressé(e)

abgehoben *adj* 1. (*weltfremd*) déconnecté(e) de la réalité [*o* du réel], coupé(e) du réel; ■ **jd ist ~** qn plane [un peu]; ***jd ist nicht ~*** qn a les pieds sur terre
2. (*verstiegen*) *Sprache* abstrait(e); *Ansicht* irréaliste

abgekämpft *adj* ■ **jd ist ~** qn est fourbu(e), qn est rompu(e)

abgeklärt I. *adj* serein(e)
II. *adv* sereinement, avec sérénité

abgelegen adj à l'écart, isolé(e)

Abgelegenheit f Ø isolement m; die ~ dieses Landhauses stört mich ce qui me dérange, c'est que cette maison de campagne soit isolée

ab|gelten vt irreg 1. (durch Zahlung) ■ jd gilt etw ab / Versicherung/ Ansprüche qn rembourse qc, qn acquitte qc; / Arbeitgeber/ Urlaub qn paie qc
2. (ausgleichen) ■ jd gilt etw [bei jdm] ab qn rembourse qc [à qn], qn s'acquitte de qc [auprès de qn]

abgeneigt adj ■ jd ist jdm ~ qn est mal disposé(e) envers [o à l'égard de] qn; ■ jd ist einer S. (dat) ~ qn est réticent(e) à l'égard de qc, qn voit qc d'un mauvais œil; ■ jd ist nicht ~ etw zu tun qn a bien envie de faire qc; ich wäre nicht ~ je n'aurais rien contre

Abgeordnete(r) f(m) decl wie adj député(e) m(f)

Abgeordnetenbank <-bänke> f banc m des députés

abgerissen adj 1. (zerlumpt) Kleidung en lambeaux
2. Äußeres, Mensch déguenillé(e); jd macht einen ~en Eindruck qn a l'air d'un clochard
3. Gedanken, Zeug incohérent(e), décousu(e)

Abgesandte(r) f(m) decl wie adj émissaire m, envoyé(e) m(f); POL ambassadeur(-drice) m(f)

Abgesang m 1. (im Minnesang) épode f
2. geh (Ende) ■ ein ~ auf etw (akk) un adieu à qc; ■ etw ist der ~ einer S. (gen) qc sonne le glas de qc soutenu

abgeschieden I. adj geh isolé(e), à l'écart, loin de tout
II. adv loin de tout; jd lebt irgendwo ~ qn vit quelque part isolé(e) du monde; etw liegt ~ qc est isolé(e) [o à l'écart]

Abgeschiedene(r) f(m) decl wie adj geh défunt(e) m(f) form

Abgeschiedenheit <-> f Ø isolement m

abgeschlafft adj 1. fam (erschöpft) flapi(e) fam, flagada fam
2. sl (schlapp) mollasse fam, mollasson(ne) fam; ihr ~en Typen! bande de nouilles! fam

abgeschlagen adj 1. SPORT distancé(e)
2. POL battu(e)
3. COM dépassé(e) par la concurrence, qui n'est plus compétitif(-ive)
4. (ermüdet) abattu(e), à plat fam

Abgeschlagenheit <-> f Ø abattement m

abgeschlossen I. adj 1. (isoliert) Lage, Gegend isolé(e), à l'écart; ■ jd ist ~ qn est isolé(e), qn vit à l'écart de tout
2. attr ARCHIT Appartement, Wohnung indépendant(e)
3. (umgeben) Grundstück, Hof clos(e)
II. adv leben dans l'isolement, à l'écart de tout

Abgeschlossenheit <-> f Ø isolement m

abgeschmackt I. adj d'un goût douteux, de mauvais goût; ■ etwas A~es une incongruité
II. adv sich äußern, berichten de manière incongrue

Abgeschmacktheit <-, -en> f 1. Ø (Geistlosigkeit) mauvais goût m
2. (Äußerung) incongruité f

abgesehen I. adj ▶ jd hat es auf jdn ~ (will jdn schikanieren) qn a qn dans le collimateur; (ist an jdm interessiert) qn a jeté son dévolu sur qn; jd hat es auf etw (akk) ~ qn en veut à qc; jd hat es darauf ~ etw zu tun qn a l'intention de faire qc
II. adv ■ ~ davon, dass mis à part [le fait] que + indic, si ce n'est que + indic; ■ ~ von jdm/etw [mis] à part qn/qc, qn/qc mis(e) à part

abgespannt adj Aussehen fatigué(e); er macht einen ~en Eindruck il fait l'effet [o donne l'impression] d'être fatigué

Abgespanntheit <-> f Ø fatigue f

abgestanden I. adj 1. (schal) Bier, Limonade éventé(e); Wasser pas frais(fraîche), croupi(e)
2. (verbraucht) Luft vicié(e); die Luft ist ~ ça sent le renfermé
II. adv ■ etw schmeckt ~ / Bier, Limonade/ qc est éventé(e); / Wasser/ qc n'est pas frais(fraîche)

abgestumpft adj 1. Mensch endurci(e), insensible; ■ jd wird ~ qn s'endurcit
2. Gewissen émoussé(e); du mit deinen ~en Gefühlen! espèce de sans-cœur! fam

Abgestumpftheit <-> f Ø endurcissement m, insensibilité f; jd betäubt seine Gefühle bis zur völligen ~ qn fait taire ses sentiments jusqu'à devenir complètement insensible

abgetakelt adj pej fam Prostituierte sur le retour; Künstler ringard(e)

ab|gewinnen * vt irreg 1. (mögen) ■ jd gewinnt einer S. (dat) etwas/nichts ab qn apprécie qc/ne trouve aucun plaisir [o intérêt] à qc; ich verstehe nicht, was sie dem Rauchen ~ kann je ne comprends pas quel plaisir elle trouve à fumer
2. (als Gewinn abnehmen) ■ jd gewinnt jdm etw ab qn gagne qc à qn; jd gewinnt jdm etw wieder ab qn reprend qc à qn [en gagnant]; diese Uhr habe ich ihm beim Pokern abgewonnen je lui ai raflé cette montre au poker fam

abgewogen adj pondéré(e); Entscheidung bien pesé(e), [mûrement] réfléchi(e); Worte mesuré(e)

Abgewogenheit <-> f Ø pondération f

ab|gewöhnen * I. vt ■ jd gewöhnt jdm etw ab Frechheit, schlechte Manieren qn fait passer qc à qn; das Rauchen, Trinken qn fait perdre à qn l'habitude de faire qc
▶ jd ist ja zum A~ sl qn a tout pour plaire iron; etw ist ja zum A~ sl / Essen, Medizin/ qc est dégueulasse fam; noch eins/einen zum A~ hum un petit dernier pour la route! fam
II. vr ■ jd gewöhnt sich (dat) etw ab üble Angewohnheit qn perd qc; das Rauchen, Schnarchen qn arrête de faire qc; spät aufstehen? Das habe ich mir längst abgewöhnt! me lever tard? Il y a longtemps que j'en ai perdu l'habitude!

abgezehrt adj squelettique, étique

ab|gießen vt irreg ■ jd gießt etw ab qn vide qc, qn jette qc; das Wasser vom Gemüse ~ égoutter les légumes

Abglanz m Ø ■ ein … ~ eines Menschen/einer S. schwacher, matter un … reflet de qn/qc

Abgleich <-[e]s, -e> m comparaison f; jd unterzieht etw einem ~ mit einer S. qn compare qc avec qc; etw ermöglicht einen schnellen ~ von zwei Sachen qc permet de comparer rapidement deux choses

ab|gleichen vt irreg ■ jd/etw gleicht Dinge ab qn/qc compare des choses; ■ jd/etw gleicht etw mit etw ab qn/qc compare qc avec qc

ab|gleiten vi irreg + sein geh 1. (abrutschen) ■ jd gleitet [von etw] ab von einem Stamm qn glisse [de qc]; er glitt von der Böschung ab il a glissé et a dévalé le talus
2. (abschweifen) ■ jd gleitet von etw/in etw (akk) ab qn s'écarte de/tombe dans qc
3. (absinken) ■ etw gleitet in etw (akk) ab in Anarchie, Unregierbarkeit qc sombre dans qc; ■ jd/etw gleitet [in etw (akk)] ab in Vulgaritäten qn/qc dérape [et tombe dans qc]; das Niveau der Unterhaltung glitt ab la conversation a dérapé
4. (abprallen) ■ etw gleitet an [o von] jdm ab / Beleidigung, Frechheit/ qc glisse sur qn [comme l'eau sur les plumes d'un canard [o sans l'atteindre]]; ■ jd lässt etw an [o von] sich ~ qn laisse qc glisser sur lui/elle

Abgott m, **-göttin** f idole f
▶ jd macht [sich (dat)] jdn/etw zum ~ qn fait son idole de qn [o voue un culte à qn]/a le culte de qc

abgöttisch I. adj idolâtre soutenu
II. adv jusqu'à l'idolâtrie; jd verehrt jdn ~ qn voue un culte à qn; jd liebt jdn ~ qn idolâtre qn

ab|grasen vt 1. (abfressen) ■ ein Tier grast etw ab un animal broute qc
2. fam (besuchen) ■ jd grast etw ab / Vertreter, Kaufinteressent/ Ort, Kundengruppe, Laden qn ratisse qc
3. fam (bearbeiten) ■ jd grast etw ab Gebiet, Thema qn épuise qc; ■ etw ist abgegrast qc est épuisé(e), qc est usé(e)

ab|greifen vt irreg 1. MED ■ jd greift etw ab qn palpe qc
2. sl (einstreichen) ■ jd greift etw ab qn palpe qc fam, qn rafle qc fam

ab|grenzen I. vt 1. (einfrieden) ■ jd grenzt etw ab qn délimite qc, qn enclôt qc; ■ jd grenzt etw gegen etw ab qn sépare qc de qc
2. (eingrenzen) ■ jd grenzt Dinge [gegeneinander] ab Begriffe, Verantwortlichkeiten qn délimite des choses [les unes par rapport aux autres]; ■ jd grenzt etw [gegen etw] ab Begriff, Verantwortlichkeit qn délimite qc [par rapport à qc]
3. FIN ■ jd grenzt etw ab Rechnungsposten qn régularise qc
II. vr ■ jd grenzt sich [gegen jdn/etw] ab qn se démarque [de qn/qc]

Abgrenzung <-, -en> f 1. Ø (das Einfrieden) délimitation f
2. (Einfriedung) [Garten, Grundstück] clôture f
3. (Eingrenzung) [Einflussbereiche, Begriffe] définition f; etw beinhaltet eine genaue ~ einer S. (gen) qc délimite précisément qc, qc fixe les limites précises de qc; jd legt die ~ einer S. fest qn établit les limites de qc
4. (das Abgrenzen) [Ansichten, Überzeugungen] verbal übersetzt; die ~ mehrerer Sachen ist nicht leicht il est difficile de délimiter [o distinguer] [o faire la différence entre] plusieurs choses; ■ ~ von jdm ligne f de démarcation avec qn
5. (Rechnungs~) régularisation f

Abgrund m 1. GEOG abîme m, précipice m, gouffre m
2. (unerhörtes Ausmaß) ■ ein ~ von etw un abîme de qc
3. (Verderben) abîme m
▶ menschliche Abgründe geh les arcanes mpl [o abîmes mpl insondables] de l'être humain littér; ein ~ tut sich auf le monde s'écroule; als sie das erkannte, tat sich ein ~ auf lorsqu'elle a compris ça, elle a cru que le sol allait se dérober sous ses pieds

abgrundhässlich[RR] adj hideux(-euse), laid(e) à faire peur

abgründig adj insondable

abgrundtief adj très profond(e)

ab|gruppieren vt ■ jd gruppiert jdn ab qn déclasse qn

ab|gucken I. vt ■ jd guckt etw [von jdm] ab Satz, gelöste Aufgabe qn copie qc [sur qn]; Trick, Kunststück qn pique qc [à qn] fam; das habe ich Papa abgeguckt j'ai appris ça en regardant faire papa
▶ jd guckt jdm etwas ab euph fam qn reluque qn fam; ich guck dir schon nichts ab! t'inquiète, j'ai pas l'intention de me rincer l'œil! fam
II. vi SCOL ■ jd guckt [bei jdm] ab qn copie [sur qn]; ■ [das] A~ le copiage

ab|haben vt irreg ▶ jd darf/kann/will etw [von etw] ~ fam qn peut avoir/veut qc [de qc]; Schokolade! Darf ich auch was ~? du chocolat! Je peux en avoir un morceau [o carré]?; jd lässt jdn etw [von etw] ~ fam qn donne qc [de qc] à qn; friss den Kuchen nicht allein, lass mich auch was [davon] ~! bouffe pas tout le gâteau, laisse m'en un peu [o un bout]! fam; sie lässt die anderen Kinder nie was von ihrem Anteil ~ elle ne partage jamais avec les autres enfants

ab|hacken I. vt ■ jd hackt etw ab Ast qn coupe qc [à la hache]; Baum qn abat qc [à la hache]; ■ jd hackt jdm etw ab qn tranche qc à qn
II. vr ■ jd hackt sich (dat) etw ab qn se tranche qc; s. a. abgehackt

ab|haken vt 1. (markieren) ■ jd hakt etw ab qn coche qc
2. (den Schlussstrich ziehen) ■ jd hakt jdn/etw ab frühere Anstellung, Affäre qn tire un trait sur qn/qc; Sache qn classe qc; das kannst du ~! tu peux tirer un trait dessus!; ■ etw ist abgehakt qc est une affaire classée

ab|halftern vt 1. fam (entlassen) ■ jd halftert jdn ab qn débarque qn fam; ■ abgehalftert mis(e) au rancart fam
2. (vom Halfter befreien) ■ jd halftert ein Pferd ab qn débride [o ôte la bride à] un cheval

ab|halten[1] vt irreg 1. (hindern) ■ jd hält jdn von etw ab qn empêche qn

de faire qc; ■ **jd hält jdn davon ab etw zu tun** qn empêche qn de faire qc; ■ **jd lässt sich** ~ qn se laisse dissuader; ■ **jd lässt sich von jdm/etw [von einer S.]** ~ qn se laisse dissuader [d'une chose] par qn/détourner d'une chose par qc
2. (*am Eindringen hindern*) ■ **etw hält etw ab** *Kälte, Regen, Wind* qc protège de qc; ■ **jd hält etw mit etw ab** qn se protège de qc avec qc
3. (*fernhalten*) ■ **jd hält Insekten ab** qn se protège contre les insectes; ■ **etw hält Insekten ab** qc éloigne les insectes
4. (*auf dem Töpfchen*) ■ **jd hält jdn ab** *Kleinkind* qn tient qn [pour qu'il/elle fasse ses besoins]
▶ **lass dich nicht** ~! vas-y, je t'en prie!, ne te gêne surtout pas!
ab|halten[2] *vt irreg* ■ **jd hält etw ab** qn organise qc; *Gottesdienst* (*katholisch*) qn dit qc; (*evangelisch*) qn préside qc; ■ **etw wird abgehalten** qc a lieu
Abhaltung *f Ø* organisation *f*; ***für die ~ einer Demonstration bedarf es einer Genehmigung*** pour organiser une manifestation, il faut une autorisation; ***es kam nicht zur ~ der Versammlung*** la réunion n'a pas eu lieu
ab|handeln[1] *vt* 1. (*abkaufen*) ■ **jd handelt jdm etw ab** qn marchande qc avec qn; ■ **jd lässt sich** (*dat*) **etw** ~ qn cède qc [après marchandage]
2. (*herunterhandeln*) ■ **jd handelt [jdm] … ab** *20%, 1.500 Mark* qn fait baisser le prix de … en marchandant [avec qn]; ■ **jd handelt [jdm] etw von etw ab** *Nachlass* qn obtient qc sur qc en marchandant [avec qn]; ■ **jd lässt sich** (*dat*) **… [von etw]** ~ *20%, 1.500 Mark* qn consent une remise de … [sur qc]; ***der Verkäufer ließ sich 100 Mark von seinem Ausgangspreis*** ~ le vendeur a consenti une remise de 100 marks sur son prix de départ
ab|handeln[2] *vt* (*behandeln*) ■ **jd handelt etw ab** qn traite qc
abhanden *adv* ▶ **etw kommt** ~ qc disparaît; **etw kommt jdm** ~ qn perd qc
Abhandenkommen <-s> *nt Ø* perte *f*, disparition *f*
Abhandlung *f* 1. MEDIA traité *m*, étude *f*
2. (*das Abhandeln*) *verbal übersetzt;* ***jd ist mit der ~ einer S.*** (*gen*) ***befasst*** qn est occupé(e) à traiter qc
Abhang *m* [*Berg*] versant *m*; [*Hügel*] pente *f*
ab|hängen[1] *vi irreg* 1. + *haben* (*abhängig sein*) ■ **etw hängt von jdm/etw ab** qc dépend de qn/qc; ■ **etw hängt davon ab, dass/ob** ce qui est déterminant pour qc, c'est que + *subj*/de savoir si; ***alles hängt davon ab, dass*** ce qui est déterminant pour la suite des événements, c'est que + *subj*; ***es hängt davon ab, ob ich genügend Geld habe*** tout dépend si j'ai assez d'argent
2. + *haben* (*angewiesen sein*) ■ **jd hängt von jdm ab** qn dépend de qn
▶ **das hängt davon ab** ça dépend
ab|hängen[2] *vt* + *haben* 1. (*abnehmen*) ■ **jd hängt etw [von etw] ab** qn décroche qc [de qc]
2. TRANSP ■ **jd hängt etw [von etw] ab** qn décroche qc [de qc]
3. *fam* (*hinter sich lassen*) ■ **jd/etw hängt jdn/etw ab** qn/qc sème qn/qc
ab|hängen[3] *vi irreg* + *sein* GASTR ■ **etw hängt ab** qc rassit; *s. a.* **abgehangen**
abhängig *adj* 1. (*bedingt*) ■ **etw ist von etw** ~ qc dépend de qc, qc est fonction de qc; ■ **etw ist davon** ~, **wie** qc dépend [*o* est fonction] de la façon dont 2. GRAM dépendant(e); *Satz a.* subordonné(e); ■ **etw ist von etw** ~ qc dépend [*o* est dépendant(e)] de qc 3. *euph* (*süchtig*) dépendant(e); ■ **jd ist [von etw]** ~ qn est accro [à qc] *fam* 4. (*angewiesen*) ■ **jd ist von jdm** ~ qn est dépendant(e) de qn **Abhängige(r)** *f(m) decl wie adj* 1. (*abhängiger Mensch*) personne *f* dépendante 2. (*Süchtiger*) toxicomane *mf*
Abhängigkeit <-, -en> *f* 1. *Ø* (*Bedingtheit*): ***etw erfolgt/geschieht in ~ von einer S.*** qc a lieu en relation étroite avec qc; ***jd sieht eine gegenseitige ~ zwischen zwei Sachen*** qn voit une interdépendance entre deux choses
2. *euph* (*Sucht*) dépendance *f*
3. (*Angewiesensein*) ■ **jds ~ von jdm** la dépendance de qn à l'égard de qn; ■ **die ~ voneinander** l'interdépendance *f*
Abhängigkeitsverhältnis *nt* rapport *m* de dépendance
ab|härten I. *vt* ■ **etw härtet jdn [gegen etw] ab** qc endurcit qn [à qc]
II. *vi* ■ **etw härtet [gegen etw] ab** qc endurcit [à qc]
III. *vr* ■ **jd härtet sich [gegen etw] ab** qn s'endurcit [à qc]
Abhärtung <-> *f Ø* 1. (*das Abhärten*) endurcissement *m*
2. (*Widerstandsfähigkeit*) résistance *f*
ab|hauen[1] <hieb ab *o fam* haute ab, abgehauen> *vt* 1. (*abschlagen*) ■ **jd haut etw ab** *Ast, Baum* qn coupe qc [à la hache]; ■ **jd haut [jdm] etw ab** *Körperteil* qn coupe [*o* tranche] qc [à qn]
2. <haute ab, abgehauen> (*wegschlagen*) ■ **jd haut etw [mit etw] ab** *Putz* qn fait tomber qc [à coups de qc]; *vorstehenden Gegenstand* qn fait tomber qc [à coups de qc]
ab|hauen[2] <haute ab, abgehauen> *vi* + *sein fam* ■ **jd haut [aus etw] ab** qn se casse [*o* se tire] [de qc] *fam*
▶ **hau ab!** casse-toi! *fam*, tire-toi! *fam*, fous-moi le camp! *fam*
ab|heben *irreg* **I.** *vi* 1. AVIAT, RAUM ■ **etw hebt [von etw] ab** qc décolle [de qc]; ■ **das A~** le décollage
2. TELEC ■ **jd hebt ab** qn décroche
3. KARTEN ■ **jd hebt ab** qn coupe; ***du bist mit A~ dran!*** à toi de couper!
4. JUR *form* ■ **jd hebt auf etw** (*akk*) **ab** */Gericht, Kammer/ auf eine Entscheidung, Gesetzesänderung* qn fait référence à qc, qn prend qc en considération; ■ **jd hebt darauf ab, dass** qn prend en considération le fait que + *indic*
5. *sl* (*spinnen*) ■ **jd hebt ab** qn déconne *fam*; (*ins Träumen kommen*) qn plane *fam*
II. *vt irreg* 1. FIN ■ **jd hebt etw [von etw] ab** qn retire qc [de qc]
2. KARTEN ■ **jd hebt etw [von etw] ab** qn prend [*o* tire] qc [de qc]
3. (*beim Stricken*) ■ **jd hebt etw ab** qn rabat qc
III. *vr* ■ **jd/etw hebt sich von jdm/etw [*o* gegen jdn/etw] ab** qn/qc se distingue de qn/qc; ***ihre wohl fundierten Argumente heben sich gegen den üblichen Schmus ab*** la solidité de ses arguments tranche sur le bavardage habituel; ***die Skyline von Manhattan hob sich gegen den roten Himmel ab*** Manhattan et ses gratte-ciel se détachaient sur fond de ciel rougeoyant
ab|heften *vt* ■ **jd heftet etw ab** qn range qc dans un classeur, qn archive qc
ab|helfen *vi irreg* 1. (*gegenstandslos machen*) ■ **jd hilft einer S.** (*dat*) **ab** *einer Beschwerde, einem Protest* qn fait droit à qc, qn apporte une réponse satisfaisante à qc
2. (*beseitigen*) ■ **jd hilft einer S.** (*dat*) **ab** *einem Missstand* qn remédie à qc
ab|hetzen I. *vr* ■ **jd hetzt sich ab** qn se presse; *s. a.* **abgehetzt**
II. *vt* ■ **jd hetzt jdn/ein Tier ab** qn talonne qn/un animal
Abhilfe *f Ø* remède *m*
▶ **jd schafft** ~ qn trouve le remède qui s'impose; **jd schafft in etw** (*dat*) ~ qn remédie à qc, qn règle qc
ab|hobeln *vt* ■ **jd hobelt etw ab** qn rabote qc; ■ **das A~** rabotage *m*; ***beim A~ der Rinde*** en rabotant l'écorce
ab|holen *vt* 1. (*mitnehmen*) ■ **jd holt etw [bei jdm] ab** (*hingehen und mitnehmen*) qn va chercher qc [chez qn]; (*kommen und mitnehmen*) qn vient chercher qc [chez qn]; *Sperrmüll* qn enlève qc, qn ramasse qc; ■ **jd lässt etw** ~ qn fait chercher qc
2. (*treffen und mitnehmen*) ■ **jd holt jdn [bei jdm/irgendwo] ab** (*hingehen und mitnehmen*) qn va chercher qn [chez qn/quelque part]; (*kommen und mitnehmen*) qn vient chercher qn [chez qn/quelque part]; ■ **jd lässt sich** ~ qn demande qu'on vienne le/la chercher [*o* prendre]; ■ **jd lässt sich von jdm** ~ qn demande que qn vienne le/la chercher [*o* prendre]
3. *euph* (*verhaften*) ■ **jd holt jdn ab** qn emmène qn
Abholmarkt *m* libre-service *m*
Abholung <-, -en> *f verbal übersetzt;* ***unser Angebotspreis gilt nur bei ~*** notre offre spéciale n'est valable que si vous emportez la marchandise; ***Ihre Bestellung steht bei uns zur ~ bereit*** votre commande est prête, vous pouvez venir la chercher [*o* prendre]
ab|holzen *vt* ■ **jd holzt etw ab** qn abat qc; ■ **das A~** l'abattage
Abhöraktion *f* mise *f* sur écoute, écoutes *fpl* téléphoniques **Abhöranlage** *f*, **Abhöreinrichtung** *f* table *f* d'écoute
ab|horchen *vt* MED ■ **jd horcht jdn/etw ab** qn ausculte qn/qc; ■ **das A~** l'auscultation *f*
ab|hören *vt* 1. (*belauschen*) ■ **jd hört etw ab** *Gespräch, Telefonat* qn écoute qc; ■ **das A~** l'écoute *f*; ***etw dient zum A~ der Gespräche*** qc sert à écouter les conversations
2. (*überwachen*) ■ **jd/etw wird [von jdm] abgehört** qn/qc est mis(e) sur écoute [par qn]
3. SCOL ■ **jd hört jdn ab** qn interroge qn
4. MED ■ **jd hört jdn/etw ab** qn ausculte qn/qc
5. AUDIOV ■ **jd hört etw ab** *Sender, Schallplatte* qn écoute qc; ***das A~ einer S.*** (*gen*) ***ist verboten*** il est interdit d'écouter qc
Abhörgerät *nt* micro *m* **abhörsicher** *adj* antiécoute *inv*
ab|hungern *vr* 1. *fam* (*durch Hungern verlieren*) ■ **jd hungert sich** (*dat*) **etw ab** qn suit un régime [*o* se serre la ceinture *fam*] pour perdre qc
2. *fam* (*durch Hungern schlank werden*) ■ **jd hungert sich ab** qn suit un régime draconien, qn se serre la ceinture pour maigrir *fam*
3. (*sich mühselig absparen*) ■ **jd hungert sich** (*dat*) **etw ab** *Geschenk* qn se saigne aux quatre veines pour acheter qc; *Betrag, jede Mark, jeden Pfennig* qn se saigne aux quatre veines pour économiser qc
Abi <-s, -s> *nt fam abk von* **Abitur** bac *m fam*
▶ **jd hat [das]** ~ qn a le bac *fam*; **jd macht das** ~ qn passe le [*o* son] bac *fam*
ab|irren *vi* + *sein geh* ■ **jd irrt ab** */Person, Redner/* qn s'égare; ■ **jd irrt von etw ab** *vom Thema* qn s'écarte de qc
Abitur <-s, *rare* -e> *nt* baccalauréat *m*, bac *m fam*
▶ **jd hat [das]** ~ qn a le bac[calauréat]; **jd legt das [*o* sein] ~ ab** *form* qn passe le baccalauréat *form*; **jd macht [das]** ~ qn passe le [*o* son] bac[calauréat]
Abiturfeier *f* fête *f* en l'honneur des bacheliers [du lycée]
Abiturient(in) <-en, -en> *m(f)* bachelier(-ière) *m(f)*
Abiturklasse *f* [classe *f* de] terminale *f* **Abiturzeugnis** *nt* [diplôme *m* du/de] baccalauréat *m*
ab|jagen *vt fam* 1. (*durch Verfolgung*) ■ **jd jagt jdm etw ab** qn pique [*o* fauche] qc à qn *fam*
2. (*um etw bringen*) ■ **jd jagt jdm jdn/etw ab** qn pique [*o* souffle] qn/qc à qn *fam*
ab|kämmen *vt* ■ **jd kämmt etw [nach jdm/etw] ab** qn ratisse qc [*o* passe qc au peigne fin] [pour retrouver qn/qc]
ab|kämpfen *vr* 1. (*sich verausgaben*) ■ **jd kämpft sich ab** qn s'échine; *s. a.* **abgekämpft**
2. *fam* (*sich abmühen*) ■ **jd kämpft sich mit etw ab** qn s'acharne sur qc, qn se bat avec qc
ab|kanzeln *vt fam* ■ **jd kanzelt jdn [für etw] ab** qn engueule qn [à cause de qc] *fam*; ***ich lasse mich doch von dem nicht einfach so ~*** je vais pas me laisser engueuler comme ça par ce type *fam*
ab|kapseln *vr* 1. (*sich isolieren*) ■ **jd kapselt sich ab** qn s'isole du monde; ■ **jd kapselt sich von jdm/etw ab** qn s'isole de qn/qc
2. MED ■ **etw kapselt sich ab** qc s'enkyste
Abkaps[e]lung <-, -en> *f* 1. (*Isolierung*) isolement *m*
2. MED enkystement *m*
ab|karren *vt* 1. (*auf Karren*) ■ **jd karrt jdn/etw ab** qn brouette qc, qn évacue qc à la brouette
2. (*wegschaffen*) ■ **jd karrt Menschen ab** qn embarque des personnes *fam*
ab|karten *vt fam* ■ **etw ist abgekartet** qc est goupillé(e) à l'avance *fam*; ■ **es war abgekartet, dass** c'était goupillé à l'avance que + *subj*
ab|kassieren * **I.** *vt* 1. *fam* ■ **jd kassiert etw ab** qn empoche qc

2. GASTR ■ jd kassiert etw ab qn encaisse qc
II. *vi* 1. *fam* (*finanziell profitieren*) ■ jd kassiert ab qn palpe *fam*; *er hat beim Lotto ganz schön abkassiert* il a gagné un sacré paquet au loto *fam*
2. GASTR (*abrechnen*) ■ jd kassiert [bei jdm] ab qn encaisse [l'addition de qn]; *kann ich bei Ihnen* ~? je peux encaisser [l'addition]?

ab|kaufen *vt* 1. (*von jdm kaufen*) ■ jd kauft jdm etw [für etw] ab qn achète qc à qn [pour qc]
2. *fam* (*glauben*) ■ jd kauft jdm etw ab qn gobe qc que qn lui raconte *fam*; *ich kaufe dir das nicht ab!* tu me feras pas gober ça! *fam*

Abkehr <-> *f* ∅ ■ die ~ von etw l'éloignement *m* de qc; *die ~ von der Welt* le renoncement au monde; *die ~ immer weiterer Kreise vom Glauben macht die Kirchen besorgt* de plus en plus de gens se détournent de la foi, ce qui inquiète les Églises

ab|kehren¹ *vt* (*abfegen*) ■ jd kehrt etw ab qn balaie qc

ab|kehren² I. *vt geh* (*abwenden*) ■ jd kehrt etw [von etw] ab *Blick, Gesicht* qn détourne qc [de [*o* pour ne pas voir] qc]
II. *vr geh* ■ jd kehrt sich von jdm/etw ab *von Glauben, Gott, Kirche* qn se détourne de qn/qc; *von allem Irdischen* qn renonce à qc; *von einer Ideologie, Parteilinie* qn se détourne de qc, qn s'écarte de qc

ab|klappern *vt fam* ■ jd klappert jdn/etw [nach jdm/etw] ab *alle Ärzte, Läden, jedes Haus* qn fait qn/qc [pour trouver qn/qc] *fam*; *Gegend* qn ratisse qc [pour trouver qn/qc]

ab|klären *vt* ■ jd klärt etw [mit jdm] ab qn clarifie qc [avec qn]; ■ jd klärt [mit jdm] ab, ob qn élucide [avec qn] si

Abklärung *f* mise *f* au point; ■ die ~ einer S. (*gen*) la clarification de qc

Abklatsch <-[e]s, -e> *m pej* (*schlechte Kopie*) pâle imitation *f*; [*Stück a.*] resucée *f fam*

ab|klemmen *vt* 1. (*abquetschen*) ■ jd klemmt jdm/sich etw ab qn lui/se coince qc; ■ etw klemmt jdm eine S. ab qn se coince une chose dans qc
2. (*abbinden*) ■ jd klemmt etw ab *verletzte Arterie* qn comprime qc
3. ELEC ■ jd klemmt etw ab qn débranche qc

ab|klingen *vi irreg* + *sein* 1. (*leiser werden*) ■ etw klingt ab [l'intensité de] qc diminue
2. (*schwinden*) ■ etw klingt ab */Erregung, Wut/* qc [re]tombe; */Erkältung, Infektion/* qc guérit; */Fieber/* qc baisse, qc [re]tombe

ab|klopfen *vt* 1. (*abschlagen*) ■ jd klopft etw [von etw] ab qn enlève qc [de qc] [en tapant dessus]
2. (*reinigen*) ■ jd klopft etw ab qn bat qc
3. MED ■ jd klopft jdn ab *Patient* qn ausculte qn par percussion; ■ jd klopft etw ab *Brustkorb* qn percute qc
4. *fam* (*untersuchen*) ■ jd klopft etw auf etw (*akk*) ab *auf Fallen, Fallstricke* qn vérifie que qc ne cache pas qc, qn épluche qc au cas où il y aurait qc *fam*
5. *sl* (*befragen*) ■ jd klopft jdn auf etw (*akk*) ab *Bewerber, Kandidaten* qn cuisine qn pour lui faire avouer qc *fam*; *auf Eignung, Loyalität* qn cuisine qn pour s'assurer de son/sa/ses qc *fam*

ab|knabbern *vt fam* 1. (*abnagen*) ■ jd knabbert etw ab *Fingernägel* qn se ronge qc; ■ ein Tier knabbert etw ab *Gemüse, Trieb* un animal ronge [*o* grignote] qc
2. (*herunternagen*) ■ jd knabbert etw ab *Knochen* qn ronge qc

ab|knallen *vt sl* ■ jd knallt jdn ab qn descend qn *fam*, qn flingue qn *fam*

ab|knappen *vr*, **ab|knapsen** *vr fam* ■ jd knappt [*o* knapst] sich (*dat*) etw ab *erübrigten Betrag* qn se serre la ceinture pour mettre qc de côté *fam*; *den Urlaub, jds Studium* qn se serre la ceinture pour mettre l'argent de qc de côté *fam*

ab|kneifen *vt irreg* ■ jd kneift etw [mit etw] ab qn sectionne qc [avec qc]

ab|knicken I. *vt* + *haben* 1. (*abbrechen*) ■ jd knickt etw ab *Blume, Stängel* qn [plie et] casse qc
2. (*umknicken*) ■ jd knickt etw ab *Stück einer Seite, Papier* qn plie qc
II. *vi* + *sein* 1. (*umknicken und abbrechen*) ■ etw knickt ab */Blume, Stängel/* qc [plie et] casse
2. (*abzweigen*) ■ etw knickt ab/von etw ab qc bifurque/qc quitte qc

ab|knöpfen *vt* 1. (*durch Knöpfen abnehmen*) ■ jd knöpft etw ab/von etw ab qn déboutonne qc/détache qc de qc
2. *fam* (*von jdm herausbekommen*) ■ jd knöpft jdm etw ab qn soutire qc à qn, qn taxe qn de qc *fam*, qn taxe qc à qn *fam*

ab|knutschen I. *vt pej fam* ■ jd knutscht jdn ab (*bei Liebespaar*) qn roule une pelle à qn *fam*; (*bei Verwandten*) qn donne des grosses bises à qn; ■ jd lässt sich von jdm ~ qn se laisse embrasser par qn
II. *vr pej fam* ■ sie knutschen sich ab ils/elles se roulent des pelles *fam*

ab|kochen *vt* ■ jd kocht etw ab qn fait bouillir qc

ab|kommandieren * *vt* 1. (*woandershin kommandieren*) ■ jd kommandiert jdn zu etw ab qn mute qn dans qc
2. (*befehlen*) ■ jd kommandiert jdn ab qn donne des ordres à qn; ■ jd kommandiert jdn zu etw ab qn donne l'ordre à qn de faire qc; *jd kommandiert jdn zum Wachdienst ab* qn donne l'ordre à qn de monter la garde

ab|kommen *vi irreg* + *sein* 1. (*versehentlich abweichen*) ■ jd/etw kommt von etw ab qn/qc dévie de qc
2. (*aufgeben*) ■ jd kommt von etw ab *von einer Angewohnheit* qn perd qc; *vom Rauchen, Trinken* qn arrête de faire qc; *vom langen Schlafen* qn perd l'habitude de faire qc; *von Meinung, Plan* qn abandonne qc; ■ jd kommt davon ab etw zu tun qn perd l'habitude de faire qc
3. (*abweichen*) ■ jd kommt ab qn perd le fil; ■ jd kommt von etw ab *vom Thema, Tagesordnungspunkt* qn s'écarte de qc

Abkommen <-s, -> *nt* accord *m*
▸ das Münchner ~ les accords *mpl* de Munich

-abkommen *nt* accord *m* [portant] sur le/la/les; *Kultur~* accord *m* culturel

abkömmlich *adj* 1. (*verfügbar*) disponible; ■ jd ist ~ qn est disponible
2. (*entbehrlich*) ■ etw ist ~ qc est disponible

Abkömmling <-s, -e> *m* 1. *geh* (*Nachkomme*) descendant *m*
2. *hum fam* (*Sprössling*) rejeton *m fam*
3. CHEM dérivé *m*

ab|können *vt irreg sl* DIAL ■ jd kann jdn/etw ab qn supporte qn/qc; *jd kann jdn nicht ab* qn peut pas piffer [*o* blairer] qn *fam*; *dieses Gedudel kann ich auf den Tod nicht ab* cette musique me tape sur le système *fam*
▸ jd kann viel ab qn tient l'alcool; jd kann nicht viel/nichts ab qn ne supporte pas trop/pas du tout l'alcool

ab|koppeln I. *vt* TRANSP, RAUM ■ jd koppelt etw [von etw] ab qn décroche qc [de qc]
II. *vr fam* ■ jd koppelt sich von etw ab qn quitte qc, qn se sépare de qc

ab|kratzen I. *vt* + *haben* ■ jd kratzt etw [von etw] ab *Schmutz, Schorf, Schicht* qn gratte qc [qui recouvre qc]; ■ jd kratzt etw von etw ab *Tapete, Plakat* qn gratte qc collé(e) à qc
II. *vi* + *sein sl* (*sterben*) ■ jd kratzt ab qn crève *pop*
III. *vr* ■ jd kratzt sich (*dat*) etw ab *schuppige Haut* qn se gratte qc; *Schorf* qn s'arrache qc

ab|kriegen *vt fam s.* **abbekommen**

ab|kühlen I. *vi* + *sein* 1. GASTR ■ etw kühlt ab qc refroidit
2. (*an Intensität verlieren*) ■ etw kühlt ab */Beziehung, Freundschaft/* qc se refroidit; */Begeisterung, Überhitzung a./* qc retombe
II. *vt* + *haben* 1. GASTR ■ jd kühlt etw ab qn met qc au frais [*o* à rafraîchir]
2. (*weniger intensiv machen*) ■ etw kühlt etw ab *Freundschaft, Zuneigung, Leidenschaft* qc refroidit qc; *Zorn* qc calme qc, qc fait retomber qc
III. *vr, vi impers* + *haben* METEO ■ es kühlt [sich] ab ça [*o* le temps] se rafraîchit [*o* se refroidit]
IV. *vr* + *haben* ■ etw kühlt sich ab */Beziehungen, Kontakte/* qc se refroidit

Abkühlung *f* 1. METEO rafraîchissement *m*; *eine ~ des Wetters* un rafraîchissement
2. (*kühlende Erfrischung*) *verbal übersetzt*; *jd verschafft sich eine leichte* ~ qn se rafraîchit un peu
3. (*Verringerung der Intensität*) [*Beziehungen*] refroidissement *m*

Abkunft <-> *f* ∅ *geh* 1. (*Herkunft*) ■ [jd ist] ... ~ *edler, zweifelhafter* [qn est] d'origine ...
2. (*Nationalität*) ■ jd ist ... ~ *asiatischer, außereuropäischer* qn est d'origine ...

ab|kupfern I. *vt pej fam* ■ jd kupfert etw ab *Text, Passage* qn pompe qc *fam*; ■ jd kupfert etw von jdm/etw ab qn pique qc à qn/pompe qc dans qc *fam*
II. *vi pej fam* ■ jd kupfert [aus etw] ab qn pompe des passages [de qc] *fam*; ■ sie kupfern voneinander ab ils/elles pompent les uns/unes sur les autres *fam*

ab|kürzen I. *vt* 1. (*verkürzt schreiben*) ■ jd kürzt etw [durch etw/mit etw] ab qn abrège qc [en écrivant qc]; *„Doktor" wird durch „Dr." abgekürzt* en abrégé, "Docteur" s'écrit "Dr"
2. (*verkürzen*) ■ jd kürzt etw [um etw] ab *Urlaub, Rede, Verfahren* qn écourte qc [de qc]
II. *vi* 1. (*einen kürzeren Weg nehmen*) ■ jd kürzt ab qn prend un raccourci
2. (*mit Abkürzungen schreiben*) ■ jd kürzt ab qn écrit en abrégé

Abkürzung *f* 1. (*Begriff*) abréviation *f*
2. (*Weg*) raccourci *m*
3. (*Verkürzung*) [*Urlaub, Rede, Verfahren*] *verbal übersetzt*; *manchmal kann die ~ eines zu langen Vortrags von Vorteil sein* parfois il vaut mieux abréger [*o* écourter] un discours trop long

Abkürzungsverzeichnis *nt* tableau *m* [*o* liste *f*] des abréviations

ab|küssen I. *vt* ■ jd küsst jdn ab qn couvre qn de baisers
II. *vr* ■ sie küssen sich ab ils/elles s'embrassent à bouche que veux-tu

Ablad <-[e]s> *m* ∅ CH *form* déchargement *m*

ab|laden *vt irreg* 1. (*deponieren*) ■ jd lädt etw [irgendwo] ab *Schutt, Traglast* qn dépose qc [quelque part]
2. (*entladen*) ■ jd lädt etw ab *Anhänger, Wagen* qn décharge qc
3. (*absetzen*) ■ jd/etw lädt jdn [irgendwo] ab *Passagiere, Touristen* qn/qc dépose qn [quelque part]
4. *fam* (*abreagieren*) ■ jd lädt etw bei jdm ab *Ärger, Frust* qn décharge qc sur qn *fam*
5. *fam* (*abwälzen*) ■ jd lädt etw auf jdn ab *Schuld, Verantwortung* qn se décharge [*o* se défausse] de qc sur qn

Ablage *f* 1. (*Möglichkeit zum Deponieren*) *verbal übersetzt*; *jd benutzt etw als ~ für etw* qn utilise qc pour y mettre [*o* poser] qc
2. (*Akten~*) meuble *m* d'archivage; (*Archiv*) archives *fpl*; (*das Ablegen*) archivage *m*; *jd macht die* ~ qn archive, qn effectue l'archivage
3. (*Ablagekorb*) boîte *f* à courrier
4. CH *s.* **Annahmestelle**

Ablagekorb *m* boîte *f* à courrier

ab|lagern I. *vt* + *haben* 1. (*deponieren*) ■ jd lagert etw ab qn entrepose qc; *Müll* qn dépose qc
2. GASTR ■ jd lagert etw ab *Wein* qn garde qc, qn laisse vieillir qc
II. *vi* + *sein o haben* 1. GASTR ■ etw lagert ab */Wein/* qc vieillit; *dieser Wein muss noch ein paar Jahre* ~ il faut encore garder [*o* laisser vieillir] ce vin quelques années; ■ jd lässt etw ~ qn garde qc, qn laisse vieillir qc; ■ abgelagert qui a vieilli; *ist der Wein lange genug abgelagert?* est-ce que ce vin a vieilli suffisamment?
2. (*durch Lagern trocknen*) ■ etw lagert ab */Holz, Tabak/* qc sèche; ■ abgelagert bien sec(sèche)
III. *vr* + *haben* ■ etw lagert sich [auf etw (*dat*)/in etw (*dat*)] ab */Kalk, Sediment, Korallen/* qc se dépose [sur/dans qc]

Ablagerung *f* 1. ∅ GASTR vieillissement *m*; *für beste Bordeauxweine ist eine ~ von 10 Jahren empfehlenswert* il est recommandé de laisser les

très bons bordeaux vieillir 10 ans
2. ∅ (*Trocknung*) [*Holz*] séchage *m*
3. (*Sedimentbildung*) [*Fossilien*] dépôt *m;* (*Sediment*) sédiment *m;* ***die ~ von Fossilien*** la formation de fossiles
4. (*Inkrustierung*) dépôt *m*

AblassRR <-es, -lässe>, **Ablaß** <-sses, -lässe> *m* 1. TECH *fam* purgeur *m*
2. ECCL indulgence *f*

ab|lassen *irreg* I. *vt* 1. (*abfließen lassen*) ■ **jd lässt etw [aus etw] ab** *Wasser* qn vide qc [de qc]; *Luft, Überdruck* qn enlève qc [ce qc]; ***jd lässt Dampf [aus etw] ab*** qn laisse de la vapeur s'échapper [de qc]; ***jd lässt den Urin ab*** qn vide sa vessie; ***jd lässt jdm heimlich die Luft ab*** qn dégonfle en cachette les pneus de qn; ***in freier Natur Öl abzulassen, ist verboten*** il est interdit de faire sa vidange en pleine nature
2. (*leer laufen lassen*) ■ **jd lässt etw ab** qn vidange qc
3. (*ermäßigen*) ■ **jd lässt jdm ... [von etw] ab** *20%, 1.500 Mark* qn fait à qn un rabais [*o* une remise] de ... [sur qc]; ***können Sie mir nicht noch etwas ~?*** vous ne pourriez pas baisser encore un peu le prix?
II. *vi* 1. *geh* (*mit etw aufhören*) ■ **jd lässt [von etw] ab** *von einem Vorhaben, vom Widerstand* qn renonce [à qc]
2. (*in Ruhe lassen*) ■ **jd lässt von jdm ab** qn laisse qn tranquille

AblassventilRR [-vɛn-] *nt* purgeur *m*

Ablativ <-, -e> *m* ablatif *m*

Ablauf1 *m* 1. (*Verlauf*) ■ **der ~ einer S.** (*gen*) le déroulement de qc; ***in jedem Monat kehren bestimmte Abläufe immer wieder*** il y a un certain nombre de démarches à faire [*o* d'actes à effectuer] tous les mois
2. (*das Verstreichen*) [*Frist, Ultimatum*] expiration *f*, terme *m*
3. (*das Vergehen*) [*Zeitraum*] verbal übersetzt; ***der ~ der Woche war nicht ganz so wie geplant*** la semaine ne s'est pas déroulée [*o* passée] comme prévu
4. LITER (*Handlungs~*) action *f*
▶ **nach ~ einer S.** (*gen*) passé qc; ***nach erfolglosem ~ des Ultimatums ...*** si la situation reste bloquée à l'issue de l'ultimatum, ...; ***nach ~ der drei Tage*** passé le délai de trois jours; **nach ~ von etw** au bout de qc

Ablauf2 *m* 1. *form* (*das Ablaufen*) écoulement *m;* ***der ~ des Wassers erfolgt langsam*** l'eau s'écoule lentement
2. GEOG [*See, Teich*] écoulement *m*, déversoir *m*
3. TECH collecteur *m* [principal], [conduit *m* d']écoulement *m*

Ablaufdiagramm *nt* diagramme *m* prévisionnel

ab|laufen1 *vi irreg* + *sein* 1. (*abfließen*) ■ **etw läuft [aus etw] ab** qc s'écoule [de qc]
2. (*sich leeren*) ■ **etw läuft ab** /*Becken, Wanne*/ qc se vide, qc s'écoule
3. (*ungültig werden*) ■ **etw läuft ab** /*Ausweis, Pass, Visum etc*/ qc expire; ■ **abgelaufen** périmé(e); ■ **das A~** l'expiration *f*
4. (*verstreichen*) ■ **etw läuft ab** /*Frist, Ultimatum*/ qc expire; /*Zeit*/ qc s'achève; ***jds Zeit läuft ab*** l'heure de qn va sonner
5. (*auslaufen*) ■ **etw läuft ab** /*Vertrag*/ qc arrive à échéance; ■ **das A~** l'échéance *f*
6. (*vonstatten gehen*) ■ **etw läuft ... ab** /*Befragung, Demonstration, Konferenz*/ qc se déroule ...; ■ **etw läuft ... [für jdn] ab** /*Aussprache, Ermahnung, Eingreifen*/ qc tourne [*o* se passe] ... [pour qn]
7. (*sich abwickeln*) ■ **etw läuft [von etw] ab** /*Kabel, Seil*/ qc se déroule [*o* se dévide] [de qc]
8. AUDIOV ■ **etw läuft ab** /*Film, Tonband, Videokassette*/ qc passe; ■ **jd lässt etw ~** qn passe qc; ■ **das A~** le passage
9. (*trocken werden*) ■ **jd lässt etw ~** qn laisse qc égoutter
10. *fam* (*unbeeindruckt lassen*) ■ **etw läuft an jdm ab** /*Kritik, Tiraden, Vorwürfe*/ qc glisse sur qn; ***deine Tiraden laufen an mir ab*** tes grands discours, j'en ai rien à cirer *fam*
▶ **jd lässt jdn [irgendwie] ~** *sl* (*weist jdn ab*) qn envoie qn se faire voir *fam*, qn envoie qn sur les roses *fam*

ab|laufen2 *vt irreg* 1. + *haben* (*abnützen*) ■ **jd läuft etw ab** *Absätze, Schuhsohlen, Schuhe* qn use qc
2. + *sein o haben* (*abgehen*) ■ **jd läuft etw ab** qn parcourt [*o* fait] qc [à pied]
3. + *sein o haben* (*absuchen*) ■ **jd läuft etw [nach jdm/etw] ab** *Stadt* qn parcourt qc [pour trouver qn/qc]; *Geschäfte a.* qn fait qc [pour trouver qc]
4. + *haben fam:* ***jd läuft sich*** (*dat*) ***die Absätze/Beine/Hacken/Schuhsohlen nach etw ab*** qn fait des kilomètres pour trouver qc *fam*

Ablaut *m* apophonie *f*

Ableben *nt* ∅ *form* ■ **jds ~** [*o* **das ~ eines Menschen**] le décès de qn *form*

ab|lecken I. *vt* 1. (*entfernen*) ■ **jd leckt etw [von etw] ab** *Blut, Marmelade* qn lèche qc [sur qc]
2. (*säubern*) ■ **jd leckt etw ab** *Finger, Löffel, Teller* qn lèche qc; ***beim A~ einer S.*** (*gen*) en léchant qc
II. *vr* 1. (*entfernen*) ■ **jd/ein Tier leckt sich** (*dat*) **etw von etw ab** *Blut, Marmelade* qn/un animal lèche qc sur son/sa/ses qc
2. (*säubern*) ■ **jd/ein Tier leckt sich** (*dat*) **etw ab** *Finger, Pfote* qn/un animal se lèche qc [*o* lèche son/sa/ses qc]

ab|ledern *vt* ■ **jd ledert [jdm] etw ab** *Auto, Fenster, Lack* qn [lui] passe qc à la peau de chamois; ■ **das A~** le lustrage

ab|legen1 I. *vt* 1. (*deponieren*) ■ **jd legt etw [irgendwo] ab** *Traglast, Manuskripte, Wäsche, Zeitung* qn dépose qc [quelque part]
2. (*archivieren*) ■ **jd legt etw [in etw** (*dat*)**] [unter etw** (*dat*)**] ab** *Akten, Auszüge, Schriftwechsel, Datei, Grafik* qn range qc [dans qc] [sous qc]; ■ **das A~** le rangement; (*Archivieren*) archivage *m*
3. (*ausziehen*) ■ **jd legt etw ab** qn retire qc; ■ **jd legt etw irgendwo ab** qn dépose [*o* laisse] qc quelque part
4. (*aufgeben*) ■ **jd legt etw [gegenüber jdm] ab** *Arroganz, Misstrauen, Scheu, Stolz* qn se départit de qc [à l'égard de qn]; *schlechte Gewohnheit* qn se défait [*o* se corrige] de qc
5. (*ausrangieren*) ■ **jd legt etw ab** *Kleidungsstück* qn met qc au rebut; ***abgelegte Sachen*** de vieux habits
6. (*nicht mehr führen*) ■ **jd legt etw ab** *Namen, Titel* qn abandonne qc
7. KARTEN ■ **jd legt etw ab** qn écarte qc
8. ZOOL ■ **ein Tier legt etw [irgendwo] ab** *Eier* un animal pond qc [quelque part]; *Laich* un animal dépose qc [quelque part]
II. *vi* 1. NAUT ■ **etw legt ab/von etw ab** /*Schiff*/ qc lève l'ancre/quitte qc; ■ **das A~** le départ
2. RAUM ■ **etw legt ab** /*Raumfähre*/ qc décolle; ■ **etw legt von etw ab** qc se sépare de qc; ■ **das A~** le décollage/la séparation
3. *geh* (*den Mantel ausziehen*) ■ **jd legt [irgendwo] ab** qn se débarrasse [quelque part]
4. KARTEN ■ **jd legt ab** qn écarte

ab|legen2 *vt* 1. (*absolvieren*) ■ **jd legt etw ab** *Prüfung* qn passe qc; ■ **das A~ einer S.** (*gen*) le passage de qc
2. (*bestanden haben*) ■ **jd hat etw [irgendwie] abgelegt** *Prüfung* qn a eu [*o* obtenu] qc [avec qc]
3. (*leisten*) ■ **jd legt etw [auf jdn/etw] ab** *Eid* qn prête qc [sur qn/qc]; *Gelübde* qn fait qc; ***jd legt den Eid ab [etw zu tun]*** qn prête serment [de faire qc]; ***jd legt den Eid ab, dass*** qn jure que + *indic;* ***jd legt den feierlichen Schwur seiner Unschuld ab*** qn jure solennellement qu'il/elle est innocent(e); ***jd legt das Gelübde ab, er werde etw tun*** qn fait vœu de faire qc
4. *geh* (*machen*) ■ **jd legt etw [bei/vor jdm] ab** *Bekenntnis, Beichte, Geständnis* qn fait qc [à qn]

Ableger <-s, -> *m* 1. BOT bouture *f;* ***eine Pflanze vermehrt sich durch ~*** une plante se multiplie par rejets
2. *fam* (*Filiale*) filiale *f*
3. *hum fam* (*Sprössling*) rejeton *m hum fam*

ab|lehnen I. *vt* 1. (*zurückweisen*) ■ **jd lehnt etw ab** *Angebot, Antrag, Vorschlag* qn rejette qc; ■ **jd lehnt jdn/etw ab** *Bewerber, Position, Hilfe, Lieferung, Zusammenarbeit* qn refuse qn/qc
2. (*sich weigern*) ■ **jd lehnt es ab etw zu tun** qn refuse de faire qc, qn se refuse à faire qc
3. (*missbilligen*) ■ **jd lehnt etw ab** *Ansicht, Art, Benehmen* qn réprouve [*o* désapprouve] qc; ■ **jd lehnt es ab, wie jd etw macht** qn réprouve la façon que qn a de faire qc
II. *vi* (*nein sagen*) ■ **jd lehnt ab** qn refuse

ablehnend I. *adj Einstellung, Haltung* de refus; *Antwort, Bescheid* négatif(-ive); ■ **etw ist ~** qc est négatif(-ive)
II. *adv form sich äußern* négativement; ***etw wird ~ beschieden*** qc reçoit une réponse négative; ***jd steht einer S.*** (*dat*) ***eher ~ gegenüber*** qn est plutôt hostile à qc

Ablehnung <-, -en> *f* 1. (*Zurückweisung*) [*Angebot, Vorschlag*] rejet *m;* [*Bewerber, Position*] refus *m;* ***jd bittet um begründete ~*** qn demande un refus motivé
2. (*ablehnendes Schreiben*) refus, réponse *f* négative
3. (*Missbilligung*) réprobation *f;* ■ **jds ~ einer S.** (*gen*) [le fait] que qn réprouve qc
▶ **jd/etw stößt** [*o* **trifft**] **auf ~** *form* (*wird abgelehnt*) qn se heurte à un refus/qc est rejeté(e); (*wird missbilligt*) qc soulève la réprobation; **jd stößt bei jdm [mit etw] auf ~** qn se heurte au refus de qn [à propos de qc]

ab|leisten *vt form* ■ **jd leistet etw ab** *Probezeit, Wehrdienst, Küchendienst etc* qn effectue qc; ***nach abgeleistetem Wehrdienst*** après avoir effectué son service militaire

ab|leiten I. *vt* 1. (*ausströmen lassen*) ■ **jd leitet etw in etw** (*akk*) **ab** *Gase, giftige Flüssigkeiten, Abwässer* qn évacue [*o* rejette] qc dans qc
2. (*umleiten*) ■ **jd leitet etw [irgendwohin] ab** *Bach, Fluss, Lavastrom* qn détourne qc [quelque part]
3. LING ■ **jd leitet etw [aus/von etw] ab** *Begriff, Wort, grammatische Form* qn dérive qc [de qc]
4. (*logisch folgern*) ■ **jd leitet etw aus etw ab** qn déduit qc de qc
5. SCI ■ **jd leitet etw aus etw ab** *Formel* qn déduit [*o* tire] qc de qc
II. *vr* 1. LING ■ **etw leitet sich aus etw ab** /*Wort*/ qc est dérivé(e) de qc
2. (*logisch folgen*) ■ **etw leitet sich aus/von etw ab** /*Ereignis, Anspruch*/ qc découle de qc; /*Vorrecht*/ qc provient de qc

Ableitung *f* 1. (*Umleitung*) [*Wasserlauf, Lavastrom*] détournement *m*
2. (*Austritt*) [*Gase, giftige Flüssigkeiten, Abwässer*] évacuation *f*, rejet *m*
3. LING [*Begriff, Wort*] dérivation *f*
4. LING (*abgeleitetes Wort*) dérivé *m*
5. SCI [*Formel, Gleichung*] déduction *f*

ab|lenken I. *vt* 1. (*zerstreuen*) ■ **jd/etw lenkt jdn ab** qn/qc distrait qn
2. (*abbringen*) ■ **jd/etw lenkt jdn [von etw] ab** qn/qc distrait qn [de qc]; ■ **jd lässt sich von etw ~** qn se laisse distraire par qc; ***jd lässt sich von nichts ~*** rien ne peut distraire qn
3. (*abwenden*) ■ **jd lenkt etw [von etw] ab** *Schlag* qn détourne qc [de qc]
4. PHYS ■ **jd/etw lenkt etw ab** *Licht, Strahlen* qn/qc dévie [*o* diffracte] qc
II. *vi* 1. (*ausweichen*) ■ **jd lenkt [von etw] ab** *von einem Thema* qn dévie [de qc]; ***jd lenkt [vom Gesprächsgegenstand] ab*** qn détourne la conversation
2. (*die Aufmerksamkeit auf anderes lenken*) ■ **etw lenkt ab/von etw ab** *von Problemen, Sorgen* qc change les idées/permet d'oublier qc
III. *vr* (*sich zerstreuen*) ■ **jd lenkt sich [mit etw] ab** qn se distrait [*o* se change les idées] [en faisant qc]; ***jd lenkt sich mit Alkohol ab*** qn trouve dans l'alcool un dérivatif

Ablenkung *f* 1. (*Zerstreuung*) distraction *f;* ■ **eine ~ von etw** un dérivatif à qc
2. (*Störung*) diversion *f*
3. PHYS [*Licht, Strahlen*] diffraction *f*

▸ **jd verschafft sich** (*dat*) **[mit etw]** ~ qn se donne un peu de distraction [en faisant qc]; ***jd verschafft sich ~ vom Alltagstrott*** qn trouve un dérivatif au train-train quotidien; **zur** ~ pour se changer les idées

Ạblenkungsmanöver *nt* manœuvre *f* de diversion

ạb|lesen *irreg* **I.** *vt* **1.** (*den Stand feststellen*) ■ **jd liest etw ab** *Strom, Gas, Zählerstand* qn relève qc; *Barometer, Messgerät* qn consulte qc; ■ **das A~** le relevé [des compteurs]; ***zum A~*** pour relever le compteur [*o* les compteurs]
2. (*vorlesen*) ■ **jd liest etw [von etw] ab** *Rede, Text* qn lit qc [sur qc]
3. (*folgern*) ■ **jd liest etw aus etw ab** *aus einer Reaktion, einem Verhalten* qn déduit qc de qc; ***jd liest etw aus jds Gesichtsausdruck ab*** qn lit qc sur le visage de qn
II. *vi* **1.** (*den Zählerstand feststellen*) ■ **jd liest [bei jdm] ab** qn relève le[s] compteur[s] [de qn]
2. (*vorlesen*) ■ **jd liest ab** qn lit son texte; ***jd liest vom Blatt ab*** qn lit sa feuille

ạb|leugnen I. *vt* ■ **jd leugnet etw ab** qn nie qc; ■ **das A~ einer S.** (*gen*) le fait de nier qc; ***durch A~ einer S.*** (*gen*) en niant qc
II. *vi* ■ **jd leugnet ab** qn nie; ■ **das A~** les dénégations *fpl*; ***durch ständiges A~*** en niant constamment

Ạbleugnung *f verbal übersetzt;* ***durch bloße ~ der Tat/ der Beteiligung an dem Verbrechen/ jeglicher Schuld*** en niant simplement avoir fait cela/avoir participé au crime/en niant simplement toute culpabilité

ạb|lichten *vt* **1.** *fam* (*fotografieren*) ■ **jd lichtet jdn ab** qn fait une photo de qn, qn photographie qn; ■ **jd lässt sich** ~ qn se fait photographier; (*Passbilder machen lassen a.*) qn se fait faire des photos; ***jd lässt sich nicht gerne nackt/ in Uniform*** ~ qn n'aime pas se faire photographier nu(e)/en uniforme
2. (*fotokopieren*) ■ **jd lichtet [jdm] etw ab** qn photocopie qc [à qn]

Ạblichtung <-, -en> *f* **1.** ∅ *fam* (*das Fotografieren*) photographie *f*
2. ∅ (*das Fotokopieren*) photocopie *f*
3. (*Fotokopie*) photocopie *f*

ạb|liefern *vt* **1.** (*abgeben*) ■ **jd liefert etw [bei jdm/irgendwo] ab** *Abgaben, Schusswaffen, Unterlagen, Gehalt* qn remet qc [à qn/quelque part]; *alte Telefonbücher a.* qn dépose qc [quelque part]
2. (*einreichen*) ■ **jd liefert etw ab** *Examensarbeit* qn rend qc
3. COM ■ **jd liefert etw [bei jdm] ab** *Bestellung, Waren* qn livre qc [chez qn]
4. *hum fam* (*nach Hause bringen*) ■ **jd liefert jdn [bei jdm] ab** qn ramène qn [chez qn]

Ạblieferung *f* **1.** (*Übergabe*) remise *f*
2. (*Einreichung*) [*Examensarbeit*] remise *f;* ***bei verspäteter ~ einer S.*** (*gen*) si qc est rendu(e) en retard
3. COM [*Bestellung, Waren*] livraison *f*

ạb|liegen *vi irreg* **1.** + *haben* (*entfernt sein*) ■ **etw liegt ... [von etw] ab** qc est ... [de qc]; ***etw liegt zu sehr/ liegt weit ab*** qc est trop à l'écart/est trop éloigné(e); ***etw liegt sehr/ weit ab*** qc est très loin
2. + *haben* GASTR ■ **etw liegt ab** /*Fleisch*/ qc rassit; *s. a.* **abgelegen**
3. + *sein* CH (*sich hinlegen*) ■ **jd liegt ab** qn se couche

ạb|listen *vt* ■ **jd listet jdm etw ab** qn escroque qc à qn; ■ **jd lässt sich** (*dat*) **etw [von jdm]** ~ qn se fait escroquer qc [par qn]

ạb|locken *vt* **1.** (*abnehmen*) ■ **jd lockt jdm etw ab** *Gegenstand, Geld, Foto* qn réussit à soutirer [*o* extorquer] qc à qn; ■ **jd lässt sich** (*dat*) **etw ~/ nicht** ~ on peut soutirer/il n'y a pas moyen de soutirer qc à qn
2. (*entlocken*) ■ **jd/etw lockt jdm etw ab** *Grinsen, Lächeln, Geheimnis* qn/qc arrache qc à qn

ạb|löschen *vt* GASTR ■ **jd löscht etw [mit etw] ab** *mit Wasser, Wein* qn déglace qc [en versant qc]

Ạblöse <-, -n> *f* **1.** AUS (*Abstandssumme, -zahlung*) reprise *f* de mobilier
2. *fam s.* **Ablösesumme**

ạb|lösen I. *vt* **1.** (*jds Tätigkeit übernehmen*) ■ **jd löst jdn ab** qn relève qn; (*beim Spülen, in der Küche*) qn relaie qn; ■ **jd wird [durch jdn] abgelöst** qn est relayé(e) [par qn]; /*Wache*/ qn est relevé(e) par qn
2. (*ersetzen*) ■ **jd löst jdn [durch jdn] ab** *Politiker* qn remplace qn [par qn]
3. (*an die Stelle von etw treten*) ■ **etw löst etw ab** /*neue Methode, anderes System*/ qc remplace qc
4. (*abmachen*) ■ **jd löst etw [von etw] ab** *Preisschild, Briefmarke, Pflaster* qn détache [*o* décolle] qc [de qc]; ■ **etw lässt sich [von etw]** ~ qc se détache [de qc]; ***beim A~ einer S.*** (*gen*) en enlevant qc, en retirant qc
5. (*abkratzen*) ■ **jd löst etw [von etw] ab** *Farbschicht, Rost* qn enlève qc [sur qc]; ■ **etw lässt sich von etw** ~ on peut enlever qc de qc, qc part de qc
6. FIN ■ **jd löst etw ab** *Grundschuld, Kredit* qn rembourse qc; *Hypothek* qn purge qc
II. *vr* **1.** (*sich abwechseln*) ■ **sie lösen sich** [*o* **einander**] **[bei etw] ab** ils/elles se relaient [pour qc]
2. (*abgehen*) ■ **etw löst sich [von etw] ab** /*Briefmarke, Etikett, Rost*/ qc se détache [*o* s'enlève] [de qc]; /*Lack a.*/ qc s'écaille; /*Netzhaut*/ qc se décolle

Ạblösesumme *f* [montant *m* de/du] transfert *m*

Ạblösung *f* **1.** (*Auswechslung*) [*Mitarbeiter, Wache*] relève *f;* (*Ersatzmann*) remplaçant(e) *m(f)*
2. (*Entlassung*) [*Politiker, Minister*] remplacement *m*
3. (*die Entfernung*) [*Briefmarke, Etikett, Pflaster*] décollage *m*
4. (*das Sichablösen*) [*Netzhaut, Schorf*] décollement *m;* [*Lack, Rinde*] *verbal übersetzt;* ***es kommt zur ~ der Rinde/ des Lacks*** l'écorce se détache/le vernis s'écaille
5. FIN [*Kredit*] remboursement *m;* [*Hypothek*] purge *f*

Ạblösungssumme *f s.* **Ablösesumme**

ạb|lotsen *vt*, **ạb|luchsen** [-lʊksn] *vt fam* ■ **jd lotst** [*o* **luchst**] **jdm etw ab** qn soutire [*o* extorque] qc à qn

Ạbluft *f* ∅ TECH [*Werk, Betrieb*] rejets *mpl* dans l'atmosphère; [*Heizungsraum*] air *m* vicié

ABM <-, -s> [aːbeːˀɛm] *f abk von* **Arbeitsbeschaffungsmaßnahme** mesure *f* d'aide à l'emploi

ạb|machen¹ *vt fam* **1.** (*entfernen*) ■ **jd macht [jdm] etw [von etw] ab** *vom Ärmel, von der Wand, vom Sofa* qn [lui] enlève [*o* retire] qc [de qc]
2. (*abnehmen*) ■ **jd macht jdm/einem Tier etw ab** *Pflaster, Kette, Leine* qn enlève [*o* retire] qc à qn/un animal
3. (*herunternehmen*) ■ **jd macht jdn/etw [von etw] ab** *von der Decke, vom Baum, Galgen* qn décroche qn/qc [de qc]

ạb|machen² *vt* (*vereinbaren*) ■ **jd macht etw [mit jdm] ab** qn convient de qc avec qn; ***ich hatte das doch mit dir abgemacht!*** on l'avait pourtant convenu!; ■ **sie machen etw ab** ils/elles conviennent de qc; ■ **jd macht ab/sie machen ab etw zu tun** qn convient/ils/elles conviennent de faire qc; ■ **abgemacht** convenu(e), concerté(e)
▸ **abgemacht!** [c'est] d'accord!

Ạbmachung <-, -en> *f* accord *m;* ***jd hält sich an seine ~en*** qn s'en tient à ce qu'il a convenu; ***wie war noch mal genau unsere ~?*** de quoi avions-nous exactement convenu?

ạb|magern *vi* + *sein* ■ **jd magert ab** qn maigrit; ■ **abgemagert** très amaigri(e)

Ạbmagerung <-> *f* ∅ amaigrissement *m*

Ạbmagerungskur *f* cure *f* d'amaigrissement
▸ **jd macht eine** ~ qn fait une cure d'amaigrissement

ạb|mähen *vt* ■ **jd mäht etw ab** *Gras, Blumen* qn tond [*o* coupe] qc; *Böschung, Wiese* qn fauche qc

ạb|mahnen *vt* ■ **jd mahnt jdn ab** qn rappelle qn à l'ordre

Ạbmahnung *f* rappel *m* à l'ordre

ạb|malen *vt* (*abzeichnen*) ■ **jd malt etw [von etw] ab** qn peint qc [d'après qc]; ■ **das A~** la reproduction [picturale]

Ạbmarsch *m* **1.** MIL départ *m*
2. [*Demonstranten, Teilnehmer etc*] départ *m*, mise *f* en route

ạbmarschbereit I. *adj* prêt(e) pour le départ, prêt(e) à partir
II. *adv* prêt(e) pour le départ, prêt(e) à partir

ạb|marschieren * *vi* + *sein* ■ **jd marschiert ab/marschiert irgendwohin ab** qn se met en marche/part pour qc; ***los,*** ~! en avant, marche!

ạb|mehren *vi* CH (*abstimmen*) ■ **sie mehren ab** ils/elles votent [à main levée]

Ạbmeldeformular *nt* (*für Personen*) [formulaire *m* de] déclaration *f* de changement de domicile; (*für Auto*) déclaration *f* de non-utilisation d'un véhicule

ạb|melden I. *vt* **1.** ■ **jd meldet jdn [von etw] ab** *Mitglied, Schüler* qn retire qn [de qc]
2. ■ **jd meldet etw [bei jdm] ab** *Telefon, Fernsehgerät, Radio* qn demande la résiliation de qc [à qn]; *Auto* qn fait une déclaration de non-utilisation [à qn]
3. *fam* (*unten durch sein*) ■ **jd ist bei einer Person abgemeldet** une personne ne veut plus entendre parler de qn
II. *vr* **1.** (*seinen Umzug anzeigen*) ■ **jd meldet sich ab** qn fait une déclaration de changement de domicile
2. (*sein Fortgehen melden*) ■ **jd meldet sich [bei jdm] ab** qn demande une autorisation de sortie [à qn]; MIL qn prend congé [de qn]; ***melde mich zum Schießen ab*** je demande la permission de me rendre au stand de tir

Ạbmeldung *f* **1.** [*Telefon, Fernsehgerät, Radio*] résiliation *f;* [*Auto*] déclaration *f* de non-utilisation
2. ADMIN (*Anzeige des Umzugs*) déclaration *f* de changement de domicile
3. *fam s.* **Abmeldeformular**

ạb|messen *vt irreg* ■ **jd misst etw ab** *Größe, Strecke, Weite, Wohnung* qn mesure qc; ■ **jd misst [jdm] etw [von etw] ab** *bestimmte Stofflänge* qn [lui] mesure qc [de qc]
▸ **jd kann etw** ~ *Verlust, Schaden* qn peut mesurer qc

Ạbmessung *f meist pl* dimension *f*

ạb|mildern *vt* ■ **jd mildert etw ab** *Äußerung* qn atténue [*o* édulcore] qc; ■ **etw mildert etw ab** *Aufprall, Sturz* qc atténue [*o* absorbe] qc

ạb|montieren * *vt* ■ **jd montiert etw [von etw] ab** qn démonte qc [de qc]; ■ **jd lässt etw** ~ qn fait démonter qc

ạb|mühen *vr* ■ **jd müht sich ab** qn se donne [bien] du mal; ■ **jd müht sich mit jdm/etw ab** qn s'escrime sur qn/qc; ■ **jd müht sich ab etw zu tun** qn s'escrime [*o* s'évertue] à faire qc

ạb|murksen *vt sl* ■ **jd murkst jdn ab** qn trucide [*o* zigouille] qn *fam*

ạb|mustern I. *vt* ■ **jd mustert jdn ab** *Besatzung, Seemann* qn désenrôle qn
II. *vi* ■ **jd mustert ab** /*Seemann*/ qn quitte la marine

ạb|nabeln I. *vt* MED ■ **jd nabelt jdn ab/jdn von jdm ab** *Baby* qn coupe le cordon ombilical de qn/sépare qn de qn en coupant le cordon ombilical
II. *vr* ■ **jd nabelt sich ab** qn coupe le cordon [ombilical]; ■ **jd nabelt sich von jdm/etw ab** *von den Eltern, vom Elternhaus, Partner* qn se détache de qn/qc

ạb|nagen *vt* ■ **jd/ein Tier nagt etw ab** *Knochen* qn/un animal ronge qc; ■ **jd/ein Tier nagt etw [von etw] ab** qn/un animal ronge qc [sur qc]

Ạbnäher <-s, -> *m* pince *f*

Ạbnahme¹ <-, -n> *f* (*Rückgang*) [*Anzahl, Bestand, Geburten, Umsatz, Zahlen*] baisse *f*, diminution *f;* [*Gewicht a.*] perte *f;* [*Energie, Kräfte, Interesse*] déclin *m*

Ạbnahme² <-, -n> *f* **1.** COM achat *m;* ***jd verweigert die ~ einer Ware*** qn refuse de prendre livraison d'une marchandise
2. ADMIN [*Neubau*] réception *f;* [*Fahrzeug*] contrôle *m* technique
3. *form* (*Durchführung*) [*Inspektion*] exécution *f*
4. *form* (*Herunternahme*) [*Gemälde, Lampe*] décrochage *m;* ***für die ~ einer S.*** (*gen*) pour décrocher qc

ạb|nehmen¹ *vi irreg* **1.** (*Körpergewicht verlieren*) ■ **jd nimmt ab/nimmt an/in etw** (*dat*) **ab** *an den Hüften, im Gesicht etc* qn perd du poids/maigrit de qc

2. (*zurückgehen*) ■ **etw nimmt ab** */Anzahl, Bestand, Geburten, Unfälle, Vorräte, Zahlen/* qc diminue, qc baisse; */Aufmerksamkeit, Energie, Kräfte, Interesse, Nachfrage, Überlebenswille/* qc décline, qc baisse

ab|nehmen² *irreg* I. *vt* 1. (*wegnehmen*) ■ **jd nimmt jdm etw ab** *Ausweis, Gegenstand, Führerschein* qn retire qc à qn
2. *fam* (*rauben*) ■ **jd nimmt jdm etw ab** qn pique qc à qn *fam;* (*abgewinnen*) qn empoche qc, qn ramasse qc; ***er hat mir beim Poker mein ganzes Geld abgenommen*** il a empoché tout mon argent au poker
3. (*herunternehmen*) ■ **jd nimmt etw ab** *Vorhang, Bild, Wäsche* qn décroche [*o* dépend] qc
4. (*hochheben*) ■ **jd nimmt etw ab** *Hörer, Telefon* qn décroche qc
5. (*lüften*) ■ **jd nimmt etw ab** *Kopfbedeckung* qn enlève [*o* retire] qc
6. (*tragen helfen*) ■ **jd nimmt jdm etw ab** *Tasche, Mantel* qn débarrasse qn de qc; *Gegenstand* qn décharge qn de qc
7. COM ■ **jd nimmt etw ab** *Bestellung, Lieferung, Ware* qn prend livraison de qc; ■ **jd nimmt jdm etw ab** qn lui réceptionne la livraison de qc
8. (*übernehmen*) ■ **jd nimmt jdm etw ab** *Arbeit, Sorgen, Last* qn soulage qn de qc
9. KARTEN ■ **jd nimmt etw ab** qn prend [*o* pioche] qc
10. (*amputieren*) ■ **jd nimmt [jdm] etw ab** qn [lui] enlève [*o* coupe] qc
11. *fam* (*glauben*) ■ **jd nimmt jdm etw ab** qn gobe qc de qn *fam;* ***das nimmt dir keiner ab*** tu feras gober ça à personne *fam*
12. ADMIN ■ **jd nimmt etw ab** *Gebäude, Wohnung* qn réceptionne qc; ***jd lässt etw vom TÜV*** ~ qn soumet qc au contrôle technique
13. (*durchführen*) ■ **jd nimmt etw ab** *Inspektion* qn effectue [*o* procède à] qc; *Prüfung* qn fait passer qc
II. *vi* TELEC ■ **jd nimmt ab** qn décroche

Abnehmer(in) <-s, -> *m(f)* COM acheteur(-euse) *m(f);* ■ **jds** ~ le/la client(e) de qn
▶ **jd/etw findet** ~ qn/qc trouve preneur; ***etw findet viele/keine/kaum*** [*o* ***weniger***] ~ qc trouve beaucoup de preneurs/qc ne trouve pas/guère preneur

Abneigung *f* aversion *f;* ■ **jds ~ gegen jdn/etw** l'aversion *f* de qn pour qn/le dégoût de qn pour qc; ■ **jds ~ etw zu tun** la répugnance de qn à faire qc
▶ **jd hat eine ~ dagegen etw zu tun** qn éprouve de la répugnance à faire qc

abnorm I. *adj* MED anormal(e)
II. *adv* 1. MED de façon anormale
2. (*überdurchschnittlich*) anormalement

abnormal *adj* AUS, CH *s.* **abnorm**

Abnormität <-, -en> *f* 1. ∅ [*Verhalten*] anormalité *f*
2. MED *geistig* anomalie *f; körperlich* malformation *f*

ab|nötigen *vt geh* ■ **jd/etw nötigt jdm etw ab** *Respekt* qn/qc impose qc à qn; *Bewunderung* qn/qc ne peut que susciter qc de qn

ab|nutzen, ab|nützen I. *vt* ■ **jd/etw nutzt** [*o* **nützt**] **etw ab** qn/qc use qc; ■ **abgenutzt** usé(e)
II. *vr* 1. (*verschleißen*) ■ **etw nutzt** [*o* **nützt**] **sich ab** */Bezüge, Reifen, Stoffe/* qc s'use; */Möbel/* qc s'abîme
2. (*an Wirksamkeit verlieren*) ■ **etw nutzt sich ab** */Parase/* qc finit par être usé(e); */Drohung/* qc finit par tomber à plat; ■ **abgenutzt** *Klischees, Phrasen* éculé(e)

Abnutzung *f,* **Abnützung** <-, -en> *f* usure *f*

Abo <-s, -s> *nt fam abk von* **Abonnement** abonnement *m*

Abonnement <-s, -s> [abɔnəˈmɑ̃ː] *nt* abonnement *m;* ■ **das ~ einer S.** (*gen*) l'abonnement *m* à qc
▶ **im** ~ par abonnement

Abonnent(in) <-en, -en> *m(f)* abonné(e) *m(f)*

abonnieren * *vt* ■ **jd abonniert etw** *Konzertreihe, Theaterreihe* qn prend un abonnement à qc; *Zeitung, Publikation a.* qn s'abonne à qc; ***jd abonniert seit Jahren etw, jd hat seit Jahren etw abonniert*** qn est abonné(e) depuis des années à qc; ■ **jd ist auf etw** (*akk*) **abonniert** qn est abonné(e) à qc

ab|ordnen *vt* ■ **jd ordnet jdn ab/zu etw ab** qn envoie qn en mission/affecte qn à qc; ***jd wird von einer Person zu einem Lehrgang abgeordnet*** qn est désigné(e) par une personne pour suivre un stage, une personne envoie qn en stage

Abordnung *f* délégation *f*

Abort¹ <-s, -e> [aˈbɔrt, ˈapˀɔɐt] *m* DIAL *s.* **Toilette**

Abort² <-s, -e> [aˈbɔrt] *m* MED (*Fehlgeburt*) fausse couche *f;* (*Schwangerschaftsabbruch*) avortement *m*

ab|packen *vt* ■ **jd packt etw ab** qn emballe qc; ■ **jd packt jdm etw ab** qn sert qc [à qn]; ***packen Sie mir drei Kilo Orangen ab!*** mettez-moi [*o* donnez-moi] trois kilos d'oranges!; ■ **jd lässt sich** (*dat*) **etw [von jdm]** ~ qn se fait servir qc [par qn]; ■ **abgepackt** préemballé(e)

ab|passen *vt* 1. (*zeitlich wählen*) ■ **jd passt etw ab** *günstige Gelegenheit, richtigen Zeitpunkt* qn guette qc; ***jd passt etw gut/passend/richtig ab*** qn choisit le bon moment pour [faire] qc; ***das hast du ja gut abgepasst!*** tu as vraiment choisi le bon moment
2. (*abfangen*) ■ **jd passt jdn ab** qn guette qn [pour l'intercepter]; (*jdm auflauern*) qn guette qn [pour le coincer *fam*]; ***um den Briefträger abzupassen*** pour guetter le facteur et l'intercepter; ***irgendwann werden wir dich schon*** ~ un de ces jours, on va te coincer *fam*

ab|pausen *vt* ■ **jd paust etw [auf etw** (*akk*)**] ab** qn décalque qc [sur qc]; ■ **jd paust etw von etw ab** *von einer Vorlage* qn décalque qc sur qc

ab|perlen *vi + sein* ■ **etw perlt ab/von etw ab** qc perle/[dé]goutte de qc

ab|pfeifen *irreg* I. *vt* ■ **jd pfeift etw ab** *Spiel* qn siffle la fin de qc; *Halbzeit* qn siffle qc
II. *vi* ■ **jd pfeift ab** qn siffle la fin du match; (*zur Halbzeit pfeifen*) qn siffle la mi-temps; (*das Spiel unterbrechen*) qn siffle une faute

Abpfiff *m* coup *m* de sifflet final

ab|pflücken *vt* ■ **jd pflückt [jdm] etw ab** qn cueille qc [à qn]

ab|placken *vr fam s.* **abplagen**

ab|plagen *vr* ■ **jd plagt sich [mit jdm/etw/an etw** (*dat*)**] ab** *mit einer Tätigkeit, am Computer, mit den Kindern* qn se coltine qn/qc, qn s'éreinte [*o* s'esquinte *fam*] [à faire qc/à qc]; *mit einer Krankheit* qn doit se colleter avec qc

ab|platten *vt* ■ **jd plattet etw ab** qn aplatit qc; ■ **etw ist [an etw** (*dat*)**] abgeplattet** qc est aplati(e) [à qc]

Abprall <-[e]s, *rare* -e> *m* [*Ball*] rebond *m;* [*Geschoss, Kugel*] ricochet *m*

ab|prallen *vi + sein* 1. (*zurückprallen*) ■ **etw prallt [von etw/an etw** (*dat*)**] ab** */Ball/* qc rebondit sur [*o* contre] qc; */Geschoss, Stein/* qc ricoche sur qc
2. (*nicht treffen*) ■ **etw prallt an jdm ab** */Beleidigung, Vorwurf/* qc glisse sur qn

ab|pressen *vt* ■ **jd presst jdm etw ab** qn extorque qc à qn

ab|pumpen *vt* ■ **jd pumpt etw ab** *Becken, Teich* qn pompe l'eau de qc; ■ **jd pumpt etw [aus etw/von etw] ab** *Flüssiggift, Öl, Wasser* qn pompe qc [de qc]

ab|putzen I. *vt* 1. (*reinigen*) ■ **jd putzt etw ab** *Kacheln, Wand, WC-Deckel* qn nettoie qc; ■ **jd putzt jdm etw ab** qn lui nettoie qc
2. (*entfernen*) ■ **jd putzt etw [von etw] ab** *Dreck* qn nettoie qc [sur qc]
II. *vr* ■ **jd putzt sich** (*dat*) **etw ab** *Hand, Finger, Hintern* qn se nettoie qc; *Schuhe* qn décrotte son/sa/ses qc

ab|quälen *vr* 1. ■ **jd quält sich ab/sich mit etw ab** *mit einer Arbeit* qn s'acharne/s'escrime sur qc; *mit Beschwerden* qn traîne qc
2. ■ **jd quält sich** (*dat*) **etw ab** *Angebot, Lächeln, Erklärung, Entschuldigung* qn doit se forcer pour [*o* se force à] faire qc; ***jd quält sich ein Lächeln ab*** qn doit se forcer pour [*o* se force à] sourire

ab|qualifizieren *vt pej* ■ **jd qualifiziert jdn/etw ab** qn dénigre qn/qc; ■ **etw qualifiziert jdn/etw ab** qc discrédite qn/qc

ab|rackern *vr fam* ■ **jd rackert sich [mit jdm/etw/an etw** (*dat*)**] ab** *mit einer Arbeit, am Bildschirm, mit den Manuskripten* qn se crève avec qc, fam; ***jd rackert sich mit Übersetzungen ab*** qn se crève à faire des traductions *fam;* ■ **jd rackert sich für jdn/etw ab** qn se crève pour qn/qc *fam*

Abraham <-s> [ˈaːbraham] *m* ∅ REL Abraham *m*
▶ **[sicher] wie in ~s Schoß** en totale sécurité, comme un enfant dans le ventre de sa mère

Abrakadabra <-s> *nt* ∅ abracadabra

ab|rasieren * I. *vt* 1. (*wegrasieren*) ■ **jd rasiert [jdm] etw ab** *Bart, Augenbrauen* qn [lui] rase qc; ■ **abrasiert** rasé(e)
2. *fam* (*dem Erdboden gleichmachen*) ■ **etw rasiert etw ab** *Viertel, Häuserreihe, Straßenzug* qc rase qc; (*abtrennen*) *Baumwipfel, Dach, Gebäudeteil* qc arrache qc; ■ **etw rasiert [jdm] etw ab** *Bein* qc [lui] sectionne qc
II. *vr* ■ **jd rasiert sich** (*dat*) **etw ab** qn se rase qc

ab|raten *vi irreg* ■ **jd rät jdm ab/rät jdm von jdm ab** qn en dissuade qn/met qn en garde contre qn; ■ **jd rät jdm von etw ab** déconseille qc à qn; ■ **jd rät jdm davon ab etw zu tun** qn déconseille à qn de faire qc; ***sie hat mir davon abgeraten*** elle me l'a déconseillé

ab|räumen *vt* ■ **jd räumt etw [von etw] ab** *Besteck, Geschirr* qn débarrasse qc [sur qc]; ■ **jd räumt etw ab** *Tisch* qn débarrasse qc; ***das A~ des Bestecks ist deine Sache*** c'est à toi de débarrasser les couverts

Abraumhalde *f* terril *m*

ab|rauschen *vi + sein fam* ■ **jd rauscht ab** qn décampe *fam*

ab|reagieren * I. *vt* ■ **jd reagiert etw ab** qn défoule qc, qn trouve un exutoire à qc; ■ **jd reagiert etw an jdm ab** qn passe qc sur qn; ***jd reagiert seinen Ärger/seinen Frust an jdm ab*** qn se défoule sur qn *fam*
II. *vr fam* ■ **jd reagiert sich ab** qn se défoule *fam*

ab|rechnen I. *vi* 1. GASTR ■ **jd rechnet ab** */Bedienung, Ober/* qn encaisse; ***beim A~*** en faisant la caisse
2. FIN ■ **jd rechnet mit jdm ab** */Chef, Lohnbüro/* qn règle son compte à qn; ***am Ende des Monats wird abgerechnet*** on fait les comptes à la fin du mois
3. (*zur Rechenschaft ziehen*) ■ **jd rechnet mit jdm ab** qn règle ses comptes avec qn; ■ **Menschen rechnen ab** des personnes règlent leurs comptes
II. *vt* FIN ■ **jd rechnet etw [von etw] ab** *Rabatt, Nachlass* qn décompte qc [de qc]

Abrechnung *f* 1. FIN (*Erstellung der Rechnung*) comptes *mpl;* ■ **die ~ über etw** (*akk*)**/einer S.** (*gen*) le décompte de qc
2. FIN (*schriftliche Aufstellung*) facture *f* détaillée
3. (*Rache*) règlement *m* de compte[s]
4. FIN (*Abzug*) ■ **die ~ von etw** *von Skonto, der Mehrwertsteuer* la déduction de qc
▶ **jd bringt etw in ~** *form* qn défalque qc; **jd/etw macht die ~/die ~en, jd/etw nimmt die ~/die ~en vor** qn/qc fait [*o* effectue] les comptes; ***machen Sie mir die*** ~ faites-moi mon compte; **nach ~ einer S.** (*gen*) *der Kosten, Mehrwertsteuer, eines Rabatts* après déduction de qc

Abrede *f* JUR accord *m,* arrangement *m*
▶ **jd stellt etw in ~** *form* qn conteste qc

ab|regen *vr fam* ■ **jd regt sich ab** qn se calme

ab|reiben *irreg* I. *vt* 1. (*entfernen*) ■ **jd reibt etw ab/von einer S. ab** *Fleck, Schmutz, Rost* qn enlève qc en frottant/frotte une chose pour enlever qc; ***mit der Bürste reibt jd jdm den Dreck vom Ärmel ab*** qn brosse la saleté sur la manche de qn
2. (*polieren*) ■ **jd reibt etw ab** *Auto, Oberfläche, Fenster* qn frotte qc
3. (*trocknen*) ■ **jd reibt jdn/ein Tier/etw ab** qn essuie qn/un animal/qc
II. *vr* ■ **jd reibt [sich** (*dat*)**] etw [an etw** (*dat*)**] ab** *Finger, Schuhe* qn [se] frotte qc [sur qc]

Abreibung *f fam* raclée *f fam*

Abreise *f* ∅ départ *m*

ab|reisen *vi + sein* ■ **jd reist [irgendwohin] ab** qn part [quelque part]; ***ich reise ab!*** je m'en vais!; ***jd reist wieder nach Hause ab*** qn repart chez lui/elle

ab|reißen *irreg* I. *vt + haben* 1. (*abtrennen*) ■ **jd reißt etw [von etw] ab** *Bild, Blatt, Foto, Tapete* qn arrache qc [de qc]; ■ **jd reißt etw ab** *Pflanzen* qn arrache qc
2. CONSTR ■ **jd reißt etw ab** *Gebäude* qn rase [*o* démolit] qc; ■ **jd lässt etw** ~ qn fait raser [*o* démolir] qc
3. *sl* (*hinter sich bringen*) ■ **jd reißt etw ab** *Zeit, Schicht, Gefängnis* qn tire qc *fam*
II. *vi + sein* 1. (*reißen*) ■ **etw reißt ab** */Seil, Schnürsenkel/* qc se casse; ***ein Knopf ist mir abgerissen*** j'ai arraché un bouton
2. (*aufhören*) ■ **etw reißt ab** */Besuche, Kontakt/* qc s'interrompt; ■ **jd lässt etw nicht** ~ qn essaie de ne pas rompre qc
3. (*anhalten*) ■ **etw reißt nicht ab** */Probleme, ständige Rechnungen, Arbeit/* qc n'en finit pas
III. *vr + haben* ■ **jd reißt sich** (*dat*) **etw ab** *Knopf, Hautfetzen* qn s'arrache qc

Abreißkalender *m* éphéméride *m*

ab|richten *vt* ■ **jd richtet ein Tier [auf jdn] ab** qn dresse un animal [à attaquer qn]; ■ **jd richtet jdn ab** qn dresse qn; ■ **jd richtet jdn/ein Tier darauf ab etw zu tun** qn dresse qn/un animal à faire qc

Abrichtung *f* dressage *m*

ab|riegeln *vt* ■ **jd riegelt etw ab** *Straßenzug, Häuserblock, Gelände* qn boucle qc

Abrieg[e]lung <-, -en> *f* [*Häuserblock, Straßenzug, Gelände*] bouclage *m*

ab|ringen *irreg* I. *vt* ■ **jd ringt jdm etw ab** *Versprechen, Zusage* qn arrache qc à qn; ■ **jd ringt einer S.** (*dat*) **etw ab** *geh dem Meer, Moor* qn arrache qc à une chose
II. *vr* ■ **jd ringt sich** (*dat*) **etw ab** *Entschuldigung, Dankesworte* qn se force à faire qc; ***jd ringt sich ein Lächeln ab*** qn se force à sourire

Abriss[1RR] *m* CONSTR [*Gebäude*] démolition *f*

Abriss[2RR] *m* (*Übersicht*) abrégé *m*; ■ **ein** ~ **einer S.** (*gen*) un résumé de qc

abrissreif[RR] *adj* bon(ne) pour la démolition, bon(ne) à raser

ab|rollen I. *vi + sein* 1. (*sich abwickeln*) ■ **etw rollt [von etw] ab** *von einer Rolle, Spule* qc se déroule [*o* se dévide] [sur qc]
2. *fam* (*vonstatten gehen*) ■ **etw rollt ab** */Ereignisse, Entwicklung, Programm/* qc se déroule, qc suit son cours
3. (*sich im Geist abspielen*) ■ **etw rollt vor jdm ab** */Ereignisse, Leben/* qc défile devant qn; ■ **jd lässt etw [vor sich]** ~ qn fait défiler qc [devant lui/elle]
II. *vt + haben* ■ **jd rollt etw [von etw] ab** *Faden, Film, Kabel, Papier* qn déroule [*o* dévide] qc [de qc]; ■ **jd lässt sich** (*dat*) **[von jdm] etw** ~ qn se fait dérouler [*o* dévider] qc [par qn]

ab|rücken I. *vi + sein* 1. (*sich distanzieren*) ■ **jd rückt von etw ab** *von einem Vorhaben, Plan* qn renonce à qc; *von Ansichten* qn s'écarte de qc
2. (*abmarschieren*) ■ **jd rückt ab/irgendwohin ab** */Soldaten, Einheit, Polizei/* qn se met en marche/part quelque part
3. *fam* (*weggehen*) ■ **jd rückt irgendwohin ab** qn part [*o* va] quelque part
4. (*wegrücken*) ■ **jd rückt [von etw] ab** *vom Kamin, Spielfeldrand, von einer Absperrung* qn s'écarte [de qc]
II. *vt + haben* ■ **jd rückt etw [von etw] ab** *Möbelstück* qn écarte qc [de qc]

Abruf *m* 1. FIN [*Kredit, Summe*] retrait *m*
2. INFORM [*Daten*] consultation *f*
▶ **auf** ~: ***jd steht/hält sich auf ~ bereit*** qn est/se tient prêt(e) à intervenir; ***etw steht auf ~ bereit*** qc est à disposition

abrufbar *adj Daten* consultable

abrufbereit I. *adj* 1. *Mensch* prêt(e) à intervenir; *Bestellung, Ware* disponible
2. FIN *Kredit, Summe* encaissable; ■ **etw ist** ~ qc peut être retiré(e)
II. *adv* 1. (*einsatzbereit*): ***jd wartet*** ~ qn est prêt(e) à intervenir
2. COM (*abholbereit*): ***die Ware liegt/steht*** ~ la marchandise est à disposition [*o* disponible]

ab|rufen *vt irreg* 1. COM ■ **jd ruft etw [bei jdm] ab** *Bestellung, Waren* qn prend livraison de qc [auprès de qn]
2. FIN ■ **jd ruft etw ab** *Kredit, Summe* qn touche qc
3. INFORM ■ **jd ruft etw [aus etw] ab** *Daten* qn consulte qc [de qc]
4. (*wegrufen*) ■ **jd ruft jdn ab** qn appelle qn ailleurs; ■ **jd ruft jdn von etw ab** *von einer Baustelle* qn rappelle qn de qc; ■ **jd ruft jdn irgendwohin ab** *zu einem Einsatzort* qn fait venir qn quelque part

ab|runden *vt* 1. (*auf eine runde Zahl bringen*) ■ **jd rundet etw [auf etw** (*akk*)**] ab** *Geldbetrag, Zahl* qn arrondit qc [à qc]; ■ **abgerundet** en arrondissant, en chiffres ronds
2. (*perfektionieren*) ■ **jd/etw rundet etw ab** *Abend, Fest, Mahl* qn/qc parachève qc

Abrundung *f* 1. (*das Abrunden*) [*Betrag, Zahl*] *verbal übersetzt;* ***~en sind üblich*** il est d'usage d'arrondir
2. (*Perfektionierung*) *verbal übersetzt;* ***zur ~ des Festes*** pour parachever la fête; ***etw ist eine schöne ~ des Abends/Essens*** la soirée/le repas se termine en beauté avec qc
▶ ~ **nach oben/unten**: ***bei einer ~ nach oben/unten*** en arrondissant au-dessus/au-dessous

ab|rupfen *vt* ■ **jd rupft etw ab** *Küchenkraut* qn cueille qc; *Unkraut, Blume* qn arrache qc

abrupt I. *adj* brusque
II. *adv* brusquement; *stören* sans préavis

ab|rüsten I. *vi* 1. POL ■ **jd rüstet ab/rüstet um etw/auf etw** (*akk*) **ab** qn désarme/réduit les armements de qc/à qc
2. (*das Gerüst entfernen*) ■ **jd rüstet ab** qn retire l'échafaudage
II. *vt* 1. POL ■ **jd rüstet etw ab/rüstet um etw/auf etw** (*akk*) **ab** qn désarme qc/réduit les armements de qc/à qc
2. (*das Gerüst entfernen*) ■ **jd rüstet etw ab** qn retire l'échafaudage de qc

Abrüstung *f* ∅ POL désarmement *m*

Abrüstungs- *-gespräche, -verhandlungen ...* pour le désarmement; *-schritt ...* vers le désarmement; ~***beauftragte(r)*** délégué(e) au désarmement *m*

ab|rutschen *vi + sein* 1. (*abgleiten*) ■ **jd rutscht [an etw** (*dat*)**/von etw] ab** qn glisse [sur qc]
2. *fam* (*sich verschlechtern*) ■ **jd rutscht [von etw] auf etw** (*akk*) **ab** qn glisse [de qc] à qc

ABS <-> [a:be:ˀɛs] *nt abk von* **Antiblockiersystem** A.B.S. *m*

ab|sacken *vi + sein* 1. (*einsinken*) ■ **etw sackt [um etw] ab** qc s'affaisse [de qc]
2. AVIAT ■ **etw sackt ab** */Flugzeug/* qc perd brusquement de l'altitude
3. *fam* (*sich verschlechtern*) ■ **jd sackt [auf etw** (*akk*)**] ab** qn dégringole [à qc] *fam*
4. MED *fam* ■ **etw sackt [auf etw** (*akk*)**] ab** */Blutdruck, Blutzucker/* qc dégringole [à qc] *fam*

Absage *f* réponse *f* négative; ■ **eine ~ an etw** (*akk*) *an den Kommunismus, reaktionäre Kräfte* une condamnation de qc
▶ **jd erteilt jdm eine** ~ *form* qn fait [*o* donne] une réponse négative à qn

ab|sagen I. *vt* ■ **jd sagt etw ab** *Besuch, Teilnahme* qn décommande qc; *Demonstration, Kundgebung, Spiel* qn annule qc
II. *vi* ■ **jd sagt [jdm [*o* bei jdm]] ab** qn se décommande [auprès de qn]

ab|sägen *vt* 1. (*abtrennen*) ■ **jd sägt etw ab** qn scie qc
2. *fam* (*um seine Stellung bringen*) ■ **jd sägt jdn ab** *Chef, Politiker* qn fait sauter qn *fam;* ■ **jd wird abgesägt** qn se fait balancer *fam*

ab|sahnen I. *vt fam* ■ **jd sahnt etw ab** qn se met qc dans les poches *fam*
II. *vi fam* ■ **jd sahnt [bei jdm] ab** qn s'en fiche plein les poches [auprès de qn] *fam*, qn se remplit les poches [auprès de qn]

Absatz[1] *m* 1. (*Schuh~*) talon *m*
2. (*Abschnitt*) paragraphe *m*
3. (*Treppen~*) palier *m* [de repos]
▶ **jd dreht sich auf dem ~ um, jd macht auf dem ~ kehrt** qn tourne les talons; **jd macht einen** ~ qn va à la ligne

Absatz[2] *m* COM ventes *fpl*
▶ **etw findet [...]** ~ *guten, reißenden, starken, kaum, keinen* qc se vend [*o* s'écoule] [...]; ***etw findet guten*** ~ qc se vend [*o* s'écoule] bien

Absatz- COM *-krise, -lage, -rückgang, -steigerung ...* des ventes **absatzfähig** *adj* commercialisable **Absatzförderung** *f* promotion *f* des ventes **Absatzgebiet** *nt* secteur *m* commercial [*o* de vente] **Absatzmarkt** *m* débouché *m* **Absatzschwierigkeiten** *pl* difficultés *fpl* de vente

absatzweise *adv* [paragraphe] par paragraphe

ab|saufen *vi irreg + sein* 1. *sl* (*ertrinken*) ■ **jd säuft [in etw** (*dat*)**] ab** qn se noie [dans qc]
2. NAUT *fam* ■ **etw säuft ab** */Schiff/* qc coule
3. AUT *fam* ■ **etw säuft ab/säuft jdm ab** */Motor/* on/qn noie qc
4. (*überschwemmt werden*) ■ **etw säuft ab** */Bergwerk, Stollen/* qc est inondé(e)

ab|saugen *vt* 1. TECH ■ **jd saugt etw [aus etw/von etw] ab** *Wasser, Öl, Giftgas, Industriestaub* qn aspire qc [de qc]
2. (*staubsaugen*) ■ **jd saugt etw ab** *Teppich, Sofa* qn passe qc à l'aspirateur; ■ **jd saugt etw [von etw] ab** *Staub, Brotkrümel* qn aspire qc [sur qc]

ab|schaben I. *vt + haben* ■ **jd schabt etw [von etw] ab** qn racle qc [sur qc]
II. *vi + sein* ■ **etw schabt [an etw** (*dat*)**] ab** */Stoff/* qc s'use [à qc]

ab|schaffen *vt* 1. ADMIN, JUR ■ **jd schafft etw ab** *Zoll* qn supprime qc; *Strafe a.* qn abolit qc; *Gesetz a.* qn abroge qc
2. (*weggeben*) ■ **jd schafft etw/ein Tier ab** qn se débarrasse de qc/se sépare d'un animal

Abschaffung *f* 1. ADMIN, JUR [*Zoll*] suppression *f;* [*Strafe a.*] abolition *f;* [*Gesetz, Vorschrift a.*] abrogation *f*
2. (*Weggabe*) [*Auto, Haustier, Gerät*] *verbal übersetzt;* ***jd erwägt die ~ einer S./eines Tiers*** qn envisage de se débarrasser d'une chose/de se séparer d'un animal

ab|schälen I. *vt* ■ **jd schält etw [von etw] ab** *Haut* qn ponce qc [de qc]; ***jd schält die Rinde von einem Stamm ab/schält einen Baumstamm ab*** qn écorce un tronc
II. *vr* ■ **etw schält sich ab** */Haut/* qc pèle, qc [se] desquame; */Rinde/* qc se détache

ab|schalten I. *vt* ELEC ■ **jd schaltet etw ab** qn coupe qc
II. *vi fam* ■ **jd schaltet ab** qn décroche *fam*
III. *vr* ELEC ■ **etw schaltet sich ab** qc se coupe

Abschaltung *f* ELEC coupure *f;* [*Reaktor*] arrêt *m*

ab|schätzen *vt* ■ **jd schätzt etw ab** *Lage, Gefahr, Risiko, Zeit, Kosten* qn évalue qc; *Reaktion* qn prévoit qc; ***jd schätzt ein Angebot auf seinen Gehalt ab*** qn évalue le contenu d'une proposition; ■ **jd schätzt jdn nach etw ab** *Bewerber* qn évalue qc de qn

abschätzend I. *adj* scrutateur(-trice)
II. *adv*: ***jd blickt jdn ~ an*** qn jauge qn du regard

abschätzig I. *adj Bemerkung, Witz* désobligeant(e); *Blick* méprisant(e)
II. *adv betrachten* d'un air méprisant; *sich äußern* de façon désobligeante

ab|schauen *vt fam,* AUS (*abgucken*) ■ **jd schaut etw [von jdm] ab** qn copie qc [sur qn]

Abschaum *m* ∅ *pej* lie *f*, rebut *m*

ab|scheiden *irreg* I. *vt + haben* 1. (*absondern*) ■ **etw scheidet etw ab** qc sécrète qc
2. CHEM ■ **jd scheidet etw von etw ab/durch etw wird etw von etw abgeschieden** qn/qc sépare qc de qc
II. *vr* 1. (*abgesondert werden*) ■ **etw scheidet sich ab** qc est sécrété(e)

2. CHEM ■ **etw scheidet sich von etw ab** qc se sépare de qc

ab|scheren *vt* ■ **jd schert etw ab/schert jdm/einem Tier etw ab** qn tond qc/tond qc de qn/d'un animal

Abscheu <-[e]s> *m* Ø dégoût *m;* ■ **jds ~ vor einer S.** (*dat*) le dégoût de qn pour qc
▸ **jd hat** [*o* **empfindet**] **~ vor jdm/etw** qn a [*o* éprouve] du dégoût pour qn/qc

ab|scheuern I. *vt* **1.** (*reinigen*) ■ **jd scheuert etw [mit etw] ab** *Pfanne* qn récure qc [avec qc]; *Fußboden, Kacheln a.* qn astique qc [avec qc]
2. (*entfernen*) ■ **jd scheuert etw [mit etw] ab** *Dreck, Flecken* qn enlève qc en frottant [avec qc]
3. (*abwetzen*) ■ **etw scheuert etw [an …** (*dat*)**] ab** *Kleidung, Stoff* qc use qc [à …]; ■ **jd scheuert etw ab** qn use qc; ■ **abgescheuert** usé(e)
4. (*abschürfen*) ■ **etw scheuert etw ab** qc râpe [*o* écorche] qc
II. *vr* **1.** (*sich abwetzen*) ■ **etw scheuert sich ab** qc s'use; ■ **jd scheuert sich** (*dat*) **etw ab** *Ellenbogen, Kragen* qn use son/sa/ses qc
2. (*sich abschürfen*) ■ **jd scheuert sich** (*dat*) **etw ab** *Haut* qn s'égratigne [*o* s'érafle] qc

abscheulich I. *adj* **1.** (*entsetzlich*) abominable, infect(e); *Anblick, Film, Verbrechen a.* épouvantable
2. *fam* (*unerträglich*) *Schmerzen* atroce; *Kälte* épouvantable
▸ **wie ~!** quelle horreur!
II. *adv* **1.** (*entsetzlich*) *behandeln* de façon abominable; ***jd wird ~ zugerichtet*** qn est mis(e) dans un état épouvantable; ***das schmeckt/riecht ~*** ça a un goût/une odeur abominable
2. *fam* (*unerträglich*) *kalt* horriblement; *wehtun* atrocement; *sich anziehen* de manière atroce *fam*

Abscheulichkeit <-> *f* Ø abomination *f;* ***es ist eine ~ von dir*** c'est abominable de ta part; ■ **~ einer S.** (*gen*) *eines Anblicks, Films, Geschmacks, Vorgehens* atrocité *f* d'une chose

ab|schicken *vt* ■ **jd schickt etw ab** qn expédie qc; ■ **jd schickt jdn [zu jdm] ab** qn envoie qn [à qn], qn dépêche qn [auprès de qn]

Abschiebehaft *f* JUR maintien *m* administratif
▸ **jd befindet sich** [*o* **sitzt** *fam*] **in ~** qn est en détention avant expulsion; **jd kommt in ~** qn fait l'objet d'une mesure de rétention administrative (*avant expulsion*); **jd nimmt jdn in ~** qn prononce une mesure de maintien administratif contre qn (*avant expulsion*)

ab|schieben *irreg* I. *vt + haben* **1.** ADMIN, JUR ■ **jd schiebt jdn ab/jdn in etw** (*akk*) **ab** qn reconduit qn à la frontière/expulse qn dans qc
2. (*abwälzen*) ■ **jd schiebt etw auf jdn ab** *Verantwortung, Schuld* qn fait endosser qc à qn
3. *fam* (*loswerden*) ■ **jd schiebt jdn irgendwohin ab** *in eine andere Abteilung, zu einer anderen Firma* qn expédie qn quelque part *fam*
4. (*abrücken*) ■ **jd schiebt etw von etw ab** *Möbelstück, Gerät* qn écarte qc de qc
II. *vi + sein sl* ■ **jd schiebt ab** qn fout le camp *pop*

Abschiebung *f* reconduite *f* à la frontière, expulsion *f*

Abschied <-[e]s, *rare* -e> *m* **1.** (*Trennung*) adieu *m souvent pl;* ***beim ~*** à l'instant des adieux; ***es war ein sehr trauriger ~*** les adieux étaient particulièrement tristes; ***ein ~ für immer*** [*o* ***fürs Leben***] un éternel adieu; ■ **der/jds ~ von jdm/etw** l'adieu/l'adieu de qn à qn/qc; ***sein ~ von ihr fiel ihm nicht leicht*** c'est avec beaucoup de peine qu'il lui fit ses adieux [*o* qu'il prit congé d'elle]
2. *geh* (*das Aufgeben*) ■ **jds ~ von etw** *von der Kindheit, Vergangenheit* l'adieu *m* de qn à qc
▸ **jd nimmt von jdm/etw ~** qn fait ses adieux à qn/se sépare de qc, qn prend congé de qn; **jd nimmt seinen ~, jd reicht seinen ~ ein** qn donne sa démission; ***jd nimmt seinen vorzeitigen ~*** qn quitte son poste plus tôt que prévu; **zum ~** en guise d'adieu

Abschiedsbesuch *m* visite *f* d'adieu **Abschiedsbrief** *m* lettre *f* d'adieu[x] **Abschiedsfeier** *f* fête *f* d'adieu[x] **Abschiedsgesuch** *nt* lettre *f* de démission **Abschiedsgruß** *m* (*Wort*) mot *m* d'adieu; (*Geste*) geste *m* d'adieu **Abschiedskuss**[RR] *m* baiser *m* d'adieu **Abschiedsrede** *f* discours *m* d'adieu[x] **Abschiedsschmerz** *m* douleur *f* de la séparation, souffrance *f* de l'adieu **Abschiedsszene** *f* scène *f* d'adieu[x] **Abschiedsträne** *f* larme *f* d'adieu

ab|schießen *vt irreg* **1.** (*außer Gefecht setzen*) ■ **jd/etw schießt jdn/etw ab** *Flugzeug, Piloten* qn/qc abat qn/qc; *Panzer* qn/qc détruit qc
2. JAGD ■ **jd schießt ein Tier ab** qn abat [*o* tire] un animal
3. (*abfeuern*) ■ **jd schießt etw [auf etw** (*akk*)**] ab** *Böller, Geschoss* qn tire qc [sur qc]; *Rakete, Torpedo a.* qn lance qc [sur qc]
4. (*wegschießen*) ■ **jdm wird etw abgeschossen** *Körperteil, Glied* un projectile lui/… arrache [*o* emporte] qc; ■ **abgeschossen** arraché(e)
5. *sl* (*erschießen*) ■ **jd schießt jdn ab** qn descend qn *fam*
6. *fam* (*absägen*) ■ **jd schießt jdn ab** qn dégomme qn *fam*

ab|schinden *vr irreg fam* ■ **jd schindet sich [an etw** (*dat*)**] ab** qn s'esquinte [*o* se décarcasse] [sur qc] *fam,* qn se donne un mal de chien *fam;* ■ **jd schindet sich mit jdm/etw ab** qn se donne un mal de chien avec qn/se crève à faire qc *fam;* ***jd schindet sich mit seinem Koffer/mit Holzhacken ab*** qn se crève à porter sa valise/à couper du bois *fam*

Abschirmdienst *m* services *mpl* de contre-espionnage
▸ **militärischer ~** ≈ D.G.S.E. *f*

ab|schirmen I. *vt* **1.** (*isolieren*) ■ **jd schirmt jdn [von jdm/etw] ab** qn isole qn [de qn/qc]
2. (*dämpfen*) ■ **jd schirmt etw ab** *Glühlampe, Leuchte* qn tamise [la lumière de] qc; *Lichtstrahl* qn se protège de qc
II. *vr* ■ **jd schirmt sich [von jdm/etw] ab** qn s'isole [de qn/qc]; ■ **abgeschirmt** isolé(e), à l'écart

Abschirmung <-, -en> *f* **1.** (*Isolierung*) isolement *m*
2. (*Dämpfen, Zurückhalten*) [*Licht, Kälte*] protection *f;* (*Gegenstand, der schützt*) écran *m* protecteur; ***etw dient der ~ des Lichts*** qc sert à tamiser la lumière

ab|schlachten I. *vt* ■ **jd schlachtet jdn/ein Tier ab** qn massacre qn/un animal
II. *vr* ■ **sie schlachten sich [gegenseitig] ab** ils/elles se massacrent

ab|schlaffen *vi + sein fam* ■ **jd schlafft ab** qn a un coup de pompe *fam;* ■ **[jd ist] abgeschlafft** (*erschöpft*) [qn est] flagada *fam;* (*schlapp*) [qn est] ramollo *fam*

Abschlag *m* **1.** COM (*Preisnachlass*) réduction *f,* rabais *m*
2. FIN (*Vorschuss*) ■ **ein ~ auf etw** (*akk*) un acompte [*o* une avance] sur qc

ab|schlagen *irreg* I. *vt* **1.** (*abtrennen*) ■ **jd schlägt etw [von etw] ab** *Ast* qn coupe qc [de qc]; *Ecke* qn ébrèche qc; *Henkel* qn casse qc; ■ **jd schlägt jdm etw ab** qn lui tranche [*o* coupe] qc; ***jd schlägt jdm den Kopf ab*** qn décapite qn
2. (*fällen*) ■ **jd schlägt etw ab** *Baum, Wald* qn abat qc
3. (*ablehnen*) ■ **jd schlägt [jdm] etw ab** *Vorschlag* qn refuse qc [de qn]; *Einladung a.* qn décline qc [de qn]; *Bitte a.* qn repousse qc [de qn]; ***jd kann keinem etwas ~*** qn ne sait rien refuser à personne
4. MIL ■ **jd schlägt jdn/etw ab** *Angriff, Feind* qn repousse qn/qc
5. SPORT ■ **jd/etw ist abgeschlagen** /*Läufer, Schlussfeld*/ qn/qc est distancé(e), qn/qc a décroché
6. POL, COM (*im Hintertreffen sein*) ■ **[jd/etw ist] abgeschlagen** *Partei* [qn/qc est] distancé(e); *Firma a.* [qn/qc est] en perte de vitesse
II. *vr* ■ **etw schlägt sich an etw** (*dat*) **ab** /*Dampf, Feuchtigkeit*/ qc se dépose sur qc

abschlägig *adj* négatif(-ive)
▸ **jd bescheidet jdn/etw ~** *form* qn donne une réponse négative à qn/rejette qc

Abschlag[s]zahlung *f* FIN acompte *m,* avance *f*

ab|schleifen *irreg* I. *vt* **1.** (*entfernen*) ■ **jd schleift etw ab/etw von einer S. ab** *Ecken, Kanten, Rost, Lack* qn élimine qc par ponçage/ponce une chose pour ôter qc
2. (*glätten*) ■ **jd schleift etw ab** *Furnier, Holzoberfläche* qn ponce qc
II. *vr* **1.** (*sich abnutzen*) ■ **etw schleift sich ab** qc s'émousse
2. (*sich bessern*) ■ **etw schleift sich ab** /*ungehobeltes Benehmen, schlechte Manieren*/ qc se dégrossit

Abschleppdienst *m* AUT service *m* de dépannage [*o* remorquage]

ab|schleppen I. *vt* **1.** (*wegziehen*) ■ **jd schleppt jdn/etw [irgendwohin] ab** qn remorque qn/qc [quelque part]; ***unbefugt parkende Fahrzeuge werden abgeschleppt*** les véhicules en stationnement non autorisé sont mis à la fourrière
2. *fam* (*mitnehmen*) ■ **jd schleppt jdn ab** qn embarque qn *fam*
II. *vr fam* ■ **jd schleppt sich ab/mit etw ab** qn s'esquinte à porter du lourd/à porter qc *fam*

Abschleppfahrzeug *nt* dépanneuse *f* **Abschleppseil** *nt* câble *m* de remorqu[ag]e **Abschleppstange** *f* barre *f* de remorqu[ag]e

ab|schließen *irreg* I. *vt* **1.** (*etw zuschließen*) ■ **jd schließt etw ab** *Tür, Auto, Safe, Schrank* qn ferme qc à clé
2. (*verschließen*) ■ **jd schließt etw irgendwie ab** *hermetisch, luftdicht* qn bouche qc d'une certaine façon; ***die Raumkapsel war hermetisch abgeschlossen*** la cabine spatiale était fermée hermétiquement
3. (*absolvieren*) ■ **jd schließt etw [mit etw] ab** *Kurs, Schule, Studium* qn achève qc [en obtenant qc]; ***mit abgeschlossenem Studium*** avec un diplôme en poche
4. (*vereinbaren*) ■ **jd schließt etw [mit jdm/für jdn] ab** *Abkommen, Geschäft, Handel* qn conclut qc [avec qn/pour qn]; *Vertrag* qn passe qc [avec qn/pour qn]; *Versicherung* qn souscrit qc [avec qn/pour qn]
5. (*beenden*) ■ **jd schließt etw [mit etw] ab** *Rede, Vortrag, Worte* qn conclut [*o* termine] qc [par qc]; *Konferenz, Verhandlungen a.* qn clôture qc [par qc]; COM *Geschäftsjahr* qn clôt qc [sur qc]; *Inventur* qn clôt qc
6. FIN ■ **jd schließt etw ab** *Geschäftsbuch, Konto* qn clôture [*o* arrête] qc
7. COUT ■ **etw schließt etw ab** /*Borte, Verzierung*/ qc borde qc; ■ **etw ist mit etw abgeschlossen** qc est bordé(e) de qc
II. *vi* **1.** (*zuschließen*) ■ **jd schließt ab** qn ferme à clé
2. (*Vertrag schließen*) ■ **jd schließt [mit jdm] ab** /*Vertragspartner, Kunde*/ qn fait affaire [avec qn]
3. SCOL, UNIV ■ **etw schließt mit etw ab** /*Gymnasium, Studium*/ qc se termine par qc
4. FIN, COM ■ **etw schließt mit etw ab** qc se solde par qc
5. (*Schluss machen*) ■ **jd schließt mit etw ab** *mit der Vergangenheit, früheren Affären* qn tire un trait sur qc
6. *geh* ■ **jd schließt ab** /*Redner*/ qn en termine *soutenu*
7. COUT ■ **etw schließt mit etw ab** *mit einer Borte, Verzierung* qc est bordé(e) de qc
III. *vr* ■ **jd schließt sich [von jdm/etw] ab** qn s'isole [de qn/qc]

abschließend I. *adj Bemerkung, Worte* final(e)
II. *adv bemerken, darauf hinweisen* en conclusion, pour conclure

Abschluss[RR] *m* **1.** Ø (*Beendigung*) [*Gespräche, Verhandlungen, Veranstaltung, Abend*] conclusion *f;* COM [*Geschäftsjahr, Inventur*] clôture *f*
2. SCOL, UNIV (*Abschlussprüfung*) diplôme *m* [de fin d'études]; (*bei Hauptschülern*) certificat *m* de fin d'études
3. (*Vereinbarung*) [*Abmachung, Geschäft, Vereinbarung*] conclusion *f;* [*Vertrag, Versicherung*] souscription *f;* ***der ~ einer Wette*** le pari
4. COM (*Geschäft*) marché *m,* contrat *m*
5. FIN [*Geschäftsbuch, Konto*] bilan *m,* état *m* [de compte]; ~ ***der Bilanz*** clôture *f* de bilan
▸ **jd bringt etw zum ~** *Rede, Vortrag, Verhandlungen* qn conclut qc; **etw findet seinen ~** *geh* /*Fest, Gespräche*/ qc trouve son épilogue *soutenu;* **jd**

kommt zum ~ */Redner/* qn conclut; **jd tätigt einen ~** qn conclut un marché; **zum ~ einer S.** (*gen*) pour conclure qc, pour mettre le point final à qc

-abschlussRR *m Bildungs-, Realschul-, Hochschul-* diplôme *m* de fin de …; ***Hauptschul~*** certificat *m* de fin d'études

AbschlussballRR *m* bal *m* de clôture **Abschlussfeier**RR *f* (*Feier zum Ende einer S.*) grande fête *f;* SCOL, UNIV cérémonie *f* pour la remise des diplômes **Abschlussklasse**RR *f* [classe *f*] terminale *f;* ***jd ist in der ~*** qn est en terminale **Abschlussprüfung**RR *f* examen *m* de fin d'études **Abschlusszeugnis**RR *nt* diplôme *m* de fin d'études

ab|schmecken I. *vt* ■ **jd schmeckt etw ab** *Suppe, Gericht* qn vérifie l'assaisonnement de qc; ■ **jd schmeckt etw [mit etw/irgendwie] ab** *mit Gewürz, Salz, Pfeffer* qn assaisonne qc [avec qc/d'une certaine façon]
II. *vi* ■ **jd schmeckt ab** qn goûte; ■ **jd schmeckt mit etw ab** *mit Gewürz, Salz, Pfeffer* qn rectifie l'assaisonnement en rajoutant qc, qn rajoute qc [dans l'assaisonnement]; ***schmeck bitte nicht zu scharf ab!*** ne relève pas trop l'assaisonnement, s'il te plaît!

ab|schmelzen *irreg* I. *vt + haben fam* ■ **jd schmilzt etw ab** qn fait fondre qc
II. *vi + sein* ■ **etw schmilzt [auf etw** (*akk*)**] ab** */Rücklage, Guthaben/* qc fond [pour atteindre qc]

ab|schmettern *vt fam* 1. ■ **jd schmettert jdn/etw ab** *Kandidaten, Antrag* qn envoie valser qn/qc *fam; Klage, Berufung, Vorschlag* qn rejette qc
2. SPORT ■ **jd schmettert etw [mit etw] ab** *Ball* qn repousse qc [de qc]

ab|schmieren I. *vt + haben* 1. TECH ■ **jd schmiert etw ab** qn graisse qc
2. *fam* (*abschreiben*) ■ **jd schmiert etw [von jdm/aus etw] ab** *Passage, Text* qn pompe qc [sur qn/dans qc] *fam*
II. *vi + sein spec* ■ **etw schmiert ab** */Flugzeug/* qc s'abat

abschminken I. *vr* 1. (*die Schminke entfernen*) ■ **jd schminkt sich ab** qn se démaquille
2. *fam* (*aufgeben*) ■ **jd schminkt sich** (*dat*) **etw ab** qn fait une croix sur qc *fam*
II. *vt* ■ **jd schminkt etw ab** *Gesicht, Haut* qn démaquille qc

ab|schmirgeln *vt* ■ **jd schmirgelt etw ab** *Möbelstück, Blech, Holz* qn passe qc au papier de verre; ■ **jd schmirgelt etw [von etw] ab** *alten Lack, Rost, alte Farbe* qn enlève qc de qc au papier de verre

ab|schnallen I. *vi sl* 1. (*nicht folgen können*) ■ **jd schnallt ab** qn décroche *fam,* qn déclare forfait *fam*
2. (*fassungslos sein*) ■ **jd schnallt ab** qn est scié(e) *fam*
▸ **da schnallst du ab!** ça te scie! *fam*
II. *vt* ■ **jd schnallt etw ab** qn décroche qc; *Gürtel a.* qn déboucle qc
III. *vr* ■ **jd schnallt sich** (*dat*) **etw ab** qn décroche son/sa/ses qc; *Gürtel a.* qn déboucle son/sa/ses qc

ab|schneiden *irreg* I. *vt* 1. (*abtrennen*) ■ **jd schneidet etw ab** qn coupe qc; ■ **jd schneidet jdm etw ab** qn coupe qc à qn
2. (*sperren*) ■ **jd schneidet jdm etw ab** *Fluchtweg, Weg* qn coupe qc à qn
3. (*unterbinden*) ■ **jd schneidet jdm etw ab** *Ausrede, Einwand* qn bat en brèche [*o* réduit à néant] qc de qn; ***sie hat mir das Wort abgeschnitten*** elle m'a coupé la parole
4. (*isolieren*) ■ **jd/etw ist [durch etw] von etw abgeschnitten** qn/qc est coupé(e) de qc [par qc]; ■ **jd schneidet jdn/etw von etw ab** qn isole qn/qc de qc
II. *vr* ■ **jd schneidet sich** (*dat*) **etw ab** qn se coupe qc
III. *vi fam* ■ **jd schneidet bei etw … ab** *gut, schlecht* qn s'en tire [*o* sort] … à qc *fam;* ***jd schneidet beim Lauf als Bester ab*** qn termine premier(-ière) de la course

ab|schnippeln *vt fam* ■ **jd schnippelt etw [von etw] ab** *Papierfetzen* qn découpe qc [de qc]; *Hautstück* qn [se] rogne qc [de qc]

Abschnitt *m* 1. (*Teilstück*) [*Eintrittskarte, Scheck*] partie *f;* [*Formular*] coupon *m;* (*abtrennbares Teil*) talon *m,* souche *f*
2. (*Zeit~*) période *f,* époque *f*
3. (*Sektion*) [*Gebäude*] partie *f;* [*Autobahn*] tronçon *m;* [*Strecke*] étape *f*
4. MIL (*Front~*) secteur *m*
5. GEOM (*Segment*) segment *m*

ab|schnüren *vt* ■ **jd/etw schnürt [jdm] etw ab** *Glied, Handgelenk* qn/qc garrotte [*o* ligature] qc [à qn]; ***jd schnürt jdm das Blut ab*** qn fait un garrot à qn; ■ **etw schnürt jdn ab** */Gürtel, Kleidungsstück/* qc comprime qn

ab|schöpfen *vt* 1. (*herunternehmen*) ■ **jd schöpft etw [von etw] ab:** ***jd schöpft den Rahm von der Milch ab*** qn écrème le lait; ***jd schöpft das Fett von etw ab*** qn dégraisse qc; ***jd schöpft den Schaum von etw ab*** qn écume qc
2. ECON ■ **jd schöpft etw ab** *Gewinn* qn résorbe qc; *Kaufkraft* qn éponge qc
3. FIN ■ **jd schöpft etw ab** *Konto* qn opère un prélèvement sur qc; *Summe* qn prélève qc

ab|schotten I. *vr* ■ **jd schottet sich ab/gegen etw ab** qn s'isole/se ferme à qc; ■ **abgeschottet** coupé(e) du monde
II. *vt* 1. (*isolieren*) ■ **jd schottet jdn/etw ab** *Volk, Land* qn isole qn/qc, qn coupe qn/qc du monde
2. NAUT ■ **jd schottet etw ab** qn cloisonne qc; *Markt* qn ferme qc

ab|schrägen *vt* ■ **jd schrägt etw ab** *Brett* qn biseaute qc; *Dach* qn incline qc

Abschrägung <-, -en> *f* [*Brett*] biseau *m;* [*Dach*] inclinaison *f*

ab|schrauben *vt* ■ **jd schraubt etw [von etw] ab** qn dévisse qc [de qc]; ■ **etw lässt sich ~** on peut dévisser qc

ab|schrecken I. *vt* 1. (*abhalten*) ■ **jd/etw/ein Tier schreckt jdn ab/ jdn von etw ab** qn/qc/un animal fait peur à qn/dissuade qn de qc; ***jd lässt sich nicht ~*** qn ne se laisse pas intimider; ■ **jd/etw schreckt jdn/Tiere davon ab etw zu tun** qn/qc dissuade qn/des animaux de faire qc
2. GASTR (*schnell abkühlen*) ■ **jd schreckt etw ab** qn refroidit qc
II. *vi* ■ **etw schreckt ab** qc est dissuasif(-ive)

abschreckend I. *adj Beispiel, Wirkung* dissuasif(-ive); *Eindruck* défavorable; *Gestank, Hässlichkeit* repoussant(e)
II. *adv:* ***jd wirkt ~ auf jdn*** qn répugne à qn; ***etw wirkt ~*** qc a un effet dissuasif

Abschreckung <-, -en> *f* 1. (*das Fernhalten*) *verbal übersetzt;* ***etw dient der ~*** qc sert à faire peur; ***etw dient der ~ von Dieben*** qc sert à éloigner [*o* décourager] les voleurs; ***etw bezweckt die ~ von Vögeln*** qc a pour objet de faire peur aux oiseaux
2. MIL dissuasion *f*

Abschreckungsmaßnahme *f,* **Abschreckungsmittel** *nt* mesure d'intimidation *f* **Abschreckungswaffe** *f* arme *f* de dissuasion

ab|schreiben *irreg* I. *vt* 1. (*kopieren*) ■ **jd schreibt etw ab** qn recopie qc
2. (*plagiieren*) ■ **jd schreibt etw [bei [*o* von] jdm/aus etw] ab** qn copie qc [sur qn/dans qc]
3. FISC (*absetzen*) ■ **jd schreibt etw [von etw] ab** qn déduit qc [de qc]
4. *fam* (*verloren geben*) ■ **jd schreibt jdn/etw ab** qn fait une croix sur qn/qc; ***ich hatte ihn schon abgeschrieben, da kam gestern sein Anruf*** j'en avais [déjà] fait mon deuil, et puis hier, il m'a téléphoné
5. FIN (*abziehen*) ■ **jd schreibt etw ab** *Betrag* qn défalque qc, qn déduit qc
▸ **ein Mensch ist bei jdm abgeschrieben** *fam* qn est mort(e) et enterré(e) pour qn *fam*
II. *vi* 1. (*plagiieren*) ■ **jd schreibt [von jdm/etw] ab** *von einem anderen Autor, vom Nachbarn, von einer Vorlage* qn copie [sur qn/qc]
2. (*absagen*) ■ **jd schreibt [jdm] ab/jdm auf etw** (*akk*) **ab** qn se décommande [auprès de qn]/s'excuse de devoir décliner qc de qn
III. *vr* ■ **etw schreibt sich ab** */Bleistift, Filzstift/* qc s'use

Abschreiber(in) *m(f) fam* copieur(-euse) *m(f)*

Abschreibung *f* 1. FISC déduction *f*
2. FIN (*Abzug*) défalcation *f,* déduction *f;* (*abgezogener Betrag*) déduction *f*

ab|schreiten *vt irreg geh* 1. (*abmessen*) ■ **jd schreitet etw ab** qn arpente qc [en comptant ses pas]
2. (*inspizieren*) ■ **jd schreitet etw ab** qn passe qc en revue

Abschrift *f* [*Dokument, Schriftsatz*] copie *f,* duplicata *m*
▸ **in ~:** ***jd reicht seine Zeugnisse in ~ ein*** qn envoie un duplicata de ses diplômes

ab|schrubben I. *vt fam* 1. (*reinigen*) ■ **jd schrubbt [jdm] etw ab** qn [lui] frotte qc; *Kacheln, Becken, Fußboden, Toilette a.* qn brique qc *fam;* ■ **jd lässt etw [von jdm] ~** qn fait briquer qc [à qn] *fam*
2. (*entfernen*) ■ **jd schrubbt etw [von etw] ab** *Schmutz, Dreck* qn brosse qc [sur qc]
II. *vr fam* ■ **jd schrubbt sich ab** qn se récure *fam;* ■ **jd schrubbt sich** (*dat*) **etw ab** qn se récure qc *fam*

ab|schuften *vr fam* ■ **jd schuftet sich ab/schuftet sich an etw** (*dat*) [*o* **mit etw**] **ab** qn s'esquinte *fam*/s'acharne sur [*o* après] qc

ab|schuppen I. *vr* ■ **etw schuppt sich ab** */Haut/* qc pèle, qc se desquame
II. *vt* ■ **jd schuppt ein Tier ab** *Fisch* qn écaille qc

ab|schürfen *vr* ■ **jd schürft sich** (*dat*) **etw ab** qn s'écorche qc

Abschürfung <-, -en> *f* écorchure *f*

AbschussRR *m* 1. (*das Abfeuern*) [*Geschütz, Bogen*] tir *m;* [*Rakete, Pfeil*] lancement *m*
2. MIL (*Zerstörung*) [*Panzer, Flugkörper*] destruction *f;* (*zerstörtes Ziel*) (*Panzer*) cible *f* détruite; (*Flugkörper*) appareil *m* abattu
3. JAGD: ***jd erzielt zehn Abschüsse*** qn abat dix pièces de gibier; ***die Abschüsse müssen gesteigert werden*** il faut augmenter le nombre de bêtes abattues
4. *fam* (*Entlassung*) [*Arbeitnehmer, Politiker*] limogeage *m;* ***jd muss mit dem ~ rechnen*** qn doit s'attendre à se faire virer *fam*
▸ **jd gibt ein Tier zum ~ frei** JAGD qn autorise le tir d'un animal; **jd gibt jdn zum ~ frei** *fam* qn lâche les chiens [*o* la meute] sur qn

AbschussbasisRR *f* base *f* de lancement

abschüssig *adj Böschung* escarpé(e); *Hang a.* abrupt(e); *Straße* en forte déclivité; ***die Straße wird ~er*** la déclivité de la route augmente

AbschusslisteRR *f* ▸ **jd steht auf der ~** *fam* qn est sur la liste des gens à abattre *fam,* qn fait partie de la prochaine charrette *fam;* ***jd steht bei jdm auf der ~*** qn a qn dans le collimateur *fam* **Abschussrampe**RR *f* rampe *f* de lancement

ab|schütteln *vt* 1. (*entfernen*) ■ **jd schüttelt etw [von etw] ab** *Dreck, Krümel, Schnee* qn secoue qc [sur qc]
2. (*sich befreien*) ■ **jd schüttelt jdn ab** *Verfolger* qn sème qn; ■ **jd schüttelt etw ab** *Besatzung, Herrschaft* qn se débarrasse de qc; *Joch* qn secoue qc
3. (*vertreiben*) ■ **jd schüttelt etw ab** *Gedanken, Ärger, Stress* qn évacue qc

ab|schütten *vt* ■ **jd schüttet etw ab** *Flüssigkeit* qn jette qc; *Eimer, Wanne* qn vide qc; *Gemüse, Kartoffeln etc* qn égoutte qc

ab|schwächen I. *vt* 1. (*weniger drastisch machen*) ■ **jd/etw schwächt etw ab** *Behauptung, Formulierung, Vorwurf* qn/qc édulcore qc; *Einfluss, Schock, Wirkung* qn/qc atténue qc
2. (*mildern*) ■ **etw schwächt etw ab** *Aufprall, Aufschlag* qc amortit qc
II. *vr* 1. (*an Intensität verlieren*) ■ **etw schwächt sich ab** */Lärm/* qc s'atténue; METEO */Ausläufer, Hoch, Tief/* qc s'affaiblit; ■ **abgeschwächt** affaibli(e), atténué(e)
2. (*sich vermindern*) ■ **etw schwächt sich ab** */Inflation, Preisauftrieb, Tendenzen/* qc fléchit; */Andrang a./* qc se calme

Abschwächung *f* 1. (*das Abschwächen*) [*Behauptung, Formulierung, Vorwurf*] *verbal übersetzt;* ***jd sieht keinen Grund zur ~ einer S.*** (*gen*) qn ne voit aucune raison d'édulcorer qc
2. (*Verminderung*) [*Einfluss, Eindruck, Wirkung*] diminution *f,* réduction *f;* ***zur ~ des Schocks*** pour atténuer le choc
3. (*Milderung*) [*Aufprall, Aufschlag*] amortissement *m*
4. METEO [*Hoch, Tief*] affaiblissement *m*

5. (*Verringerung*) [*Inflation, Preisauftrieb, Andrang*] fléchissement *m*

ab|schwatzen *vt fam*, **ab|schwätzen** *vt* SDEUTSCH *fam* ■ **jd schwatzt** [*o* **schwätzt**] **jdm etw ab** *Gegenstand* qn soutire qc à qn en le/la baratinant *fam; Bestellung, Unterschrift* qn réussit à extorquer qc à qn en le/la baratinant *fam*

ab|schweifen *vi + sein* ■ **jd schweift ab/von etw ab** qn fait une digression/s'écarte de qc

Abschweifung <-, -en> *f* digression *f*; ***das ist eine ~ vom Thema!*** vous vous écartez du sujet!

ab|schwellen *vi irreg + sein* 1. MED ■ **etw schwillt ab** / *Entzündung*/ qc désenfle; / *Furunkel a.*/ qc se résorbe; / *Fuß, Bein*/ qc désenfle, qc dégonfle
2. (*sich vermindern*) ■ **etw schwillt ab** / *Lärm*/ qc faiblit
▸ **jd/etw bringt etw zum A~** MED qn/qc fait désenfler qc

ab|schwenken I. *vi + sein* 1. (*abdrehen*) ■ **jd/etw schwenkt von etw**] **ab/schwenkt irgendwohin ab** / *Kamera*/ qc se détourne [de qc]/quelque part; / *Fahrzeug*/ qc oblique [de qc]/quelque part; / *Kolonne, Wanderer*/ qn/qc s'écarte [de qc]/oblique quelque part
2. (*Meinung, Programm ändern*) ■ **jd schwenkt ab/von etw ab/irgendwohin ab** / *Partei, Politiker*/ qn change d'orientation/s'écarte de qc/s'oriente quelque part
II. *vt + haben* 1. (*abspülen*) ■ **jd schwenkt etw ab** qn rince qc
2. GASTR ■ **jd schwenkt etw ab** *Kartoffeln, Gemüse* qn égoutte qc

ab|schwindeln *vt pej* ■ **jd schwindelt jdm etw ab** *Wertgegenstand* qn escroque qc à qn; *Unterschrift* qn extorque qc à qn

ab|schwirren *vi + sein* 1. (*wegfliegen*) ■ **etw schwirrt ab** / *Pfeil*/ qc s'éloigne en sifflant; / *Vogelschwarm*/ qc s'envole dans un bruissement d'ailes; / *Insekt*/ qc s'envole en bourdonnant
2. *fam* (*weggehen*) ■ **jd schwirrt ab** qn met les bouts *fam*, qn se tire *fam*

ab|schwören *vi irreg* ■ **jd schwört einer S.** (*dat*) **ab** *dem Alkohol, Rauchen, Sex* qn décide de renoncer à qc; ECCL *dem Glauben, einer Ketzerei* qn abjure qc; *dem Teufel* qn renonce à qc; ■ **jd schwört ab** qn abjure

Abschwung *m* 1. SPORT sortie *f*
2. COM [*Konjunktur, Wirtschaftswachstum*] récession *f*, dépression *f*

ab|segeln I. *vi + sein* ■ **jd/etw segelt [aus etw/von etw] ab** qn/qc lève l'ancre [à partir de qc]; ***die ~den Jachten*** les yachts levant l'ancre
II. *vt + haben* ■ **jd segelt etw ab** qn parcourt qc [à la voile]

ab|segnen *vt fam* ■ **jd segnet etw ab** qn donne sa bénédiction à qc, qc obtient la bénédiction de qn

absehbar *adj* prévisible; ***das Ende einer S.*** (*gen*) ***ist nicht ~*** la fin de qc n'est pas en vue; ***es ist ~, dass*** on peut s'attendre à ce que + *subj*

ab|sehen *irreg* I. *vt* 1. (*voraussehen*) ■ **etw ist abzusehen** / *Dauer, Entwicklung*/ on peut prévoir [*o* avoir une idée de] qc; ■ **es ist abzusehen, dass/wie lange** on peut s'attendre à ce que + *subj*/peut prévoir combien de temps
2. *fam* (*abgucken*) ■ **jd sieht jdm etw ab** qn reluque [*o* mate] qc de qn *fam*
▸ **jd kann ~, ...** qn a une idée de ...; ***ich kann nicht ~, wie lange die Arbeit noch dauern wird/wie sie reagieren wird*** je n'ai encore aucune idée de la durée de ce travail/je ne peux pas prévoir sa réaction; ***können Sie schon ~, wann er kommt/welcher Bewerber eingestellt wird?*** est-ce que vous pouvez déjà prévoir à quelle heure il viendra/quel candidat vous allez embaucher?; *s. a.* **abgesehen**
II. *vi* ■ **jd sieht von etw ab** *von einer Entlassung, Kündigung, Strafe* qn renonce à qc; ***von etw kann nicht abgesehen werden*** on est obligé d'envisager qc; ■ **jd sieht davon ab etw zu tun** qn s'abstient de [*o* renonce à] faire qc

ab|seifen *vt* ■ **jd seift jdn [mit etw] ab** qn savonne qn [avec qc]; ■ **jd seift jdm etw ab** *Kopf, Rücken* qn lui/... savonne qc

ab|seilen I. *vr* 1. (*sich hinunterlassen*) ■ **jd seilt sich [von etw/aus etw] ab** qn descend [de qc] avec une corde; / *Bergsteiger a.*/ qn descend [de qc] en rappel
2. *fam* (*Abstand nehmen*) ■ **jd seilt sich [aus etw/von etw] ab** qn retire ses billes [de qc] *fam*
II. *vt* ■ **jd seilt jdn/etw [von etw/durch etw] ab** *Verletzten, Last* qn descend qn/qc [de/par qc] à l'aide d'une corde

ab|sein *s.* **sein¹ I.**▸

abseits I. *adv* à l'écart
▸ **jd bleibt/steht ~** qn reste/est à l'écart; **jd hält sich ~** qn se tient à l'écart; **jd ist** [*o* **steht**] **~** SPORT qn est hors-jeu
II. *präp* ■ **~ einer S.** (*gen*) à l'écart de qc; ***etw liegt ~ einer S.*** (*gen*) qc est à l'écart de qc

Abseits <-, -> *nt* 1. SPORT hors-jeu *m*
2. (*das Aus*) marginalisation *f*; ***jd manövriert sich selbst ins politische ~*** qn se marginalise lui-même sur le plan politique
▸ **jd lebt im [...] ~** qn est marginalisé(e) [sur le plan ...]; ***jd lebt im beruflichen/gesellschaftlichen ~*** qn est marginalisé(e) sur le plan professionnel/social; **jd steht im ~** SPORT qn est [en position de] hors-jeu

ab|senden *vt irreg o reg* (*abschicken*) ■ **jd sendet etw [an jdn/etw] ab** *Brief, Paket* qn envoie [*o* expédie] qc [à qn/qc]

Absender *m* expéditeur *m*

Absender(in) <-s, -> *m(f)* expéditeur(-trice) *m(f)*

ab|sengen *vt* ■ **jd/etw sengt [jdm] etw ab** qn/qc [lui/...] roussit qc; *Gras* qn/qc brûle qc

ab|senken I. *vt* 1. TECH, CONSTR ■ **jd/etw senkt etw [um etw] ab** *Grundwasserstand* qn/qc abaisse [*o* fait baisser] qc [de qc]; *Fundamente, Terrasse* qn abaisse le niveau de qc [de qc]
2. AGR ■ **jd senkt etw ab** *Pflanzen* qn marcotte qc; *Reben* qn provigne qc
II. *vr* ■ **etw senkt sich [zu/nach ...] ab** / *Gelände, Hang*/ qc s'incline [*o* s'infléchit] [vers ...]

Absenz <-, -en> *f* AUS, CH absence *f*; ***bei ~*** en cas d'absence

ab|servieren * [-vi-] I. *vt* 1. *fam* (*loswerden*) ■ **jd serviert jdn ab** qn balance qn *fam*; ■ **jd lässt sich von jdm ~** qn se fait balancer par qn *fam*
2. *sl* (*umbringen*) ■ **jd serviert jdn ab** qn liquide qn *fam*
3. (*abräumen*) ■ **jd serviert etw ab** *Gedeck, Geschirr, Tisch* qn débarrasse qc
II. *vi* ■ **jd serviert ab** qn dessert, qn débarrasse

absetzbar *adj* 1. COM *Artikel, Produkt* vendable; ***nicht ~/schwer ~*** invendable/difficile à vendre
2. FISC *Ausgabe, Anschaffung* déductible
3. (*des Amtes zu entheben*) ■ **jd ist ~** qn peut être destitué(e)

ab|setzen I. *vt* 1. (*des Amtes entheben*) ■ **jd setzt jdn ab** qn destitue qn, qn démet qn de ses fonctions
2. (*abnehmen*) ■ **jd setzt etw ab** *Brille, Hut, Mütze* qn enlève [*o* retire] qc
3. (*hinstellen*) ■ **jd setzt etw ab** *Gepäck, Trinkgefäß* qn pose qc
4. (*aussteigen lassen*) ■ **jd setzt jdn [irgendwo] ab** *Mitfahrer, Fahrgast* qn dépose qn [quelque part]
5. MIL (*hinunterlassen*) ■ **jd/etw setzt jdn/etw irgendwo ab** *Fallschirmjäger, Material, Verpflegung* qn/qc largue qn/qc quelque part
6. COM ■ **jd setzt etw ab/setzt etw an jdn/irgendwo ab** *Produkt* qn écoule qc/vend qc à qn/vend qc quelque part
7. FISC ■ **jd setzt etw [von etw] ab** *von der Steuer* qn déduit qc [de qc]
8. (*nicht stattfinden lassen*) ■ **jd setzt etw ab/von etw ab** *Film, Konzert, Stück, Veranstaltung, Termin* qn annule qc/retire qc de qc
9. MED ■ **jd setzt etw ab** *Medikament, Tabletten, Behandlung* qn arrête qc
10. (*wegnehmen*) ■ **jd setzt etw ab** *Geigenbogen, Feder, Flöte, Glas* qn lève qc
11. (*kontrastieren*) ■ **jd setzt Menschen/Dinge voneinander ab** *Farbe, Konturen* qn fait ressortir des personnes/des choses; ***die Farben sind nicht klar voneinander abgesetzt*** les couleurs ne ressortent pas nettement
II. *vr* 1. (*sich festsetzen*) ■ **etw setzt sich [auf etw** (*dat*)**/unter etw** (*dat*)**] ab** *auf den Möbeln* qc se dépose [sur qc]; *unter jds Fingernägeln* qc vient se loger sous qc
2. CHEM, GEOL ■ **etw setzt sich [irgendwo] ab** / *Sediment, Substanz*/ qc se dépose [quelque part]
3. *fam* (*verschwinden*) ■ **jd setzt sich [aus etw/irgendwohin] ab** qn se tire [de qc/quelque part] *fam*
4. SPORT ■ **jd/etw setzt sich [von jdm/etw] ab** *von den Verfolgern, vom Hauptfeld* qn/qc se détache [de qn/qc]
5. (*sich unterscheiden*) ■ **jd/etw setzt sich gegen jdn/etw** [*o* **von jdm/etw**] **ab** qn tranche sur qn/qc
III. *vi* (*innehalten*) ■ **jd setzt ab** qn s'interrompt; ***jd trinkt ohne abzusetzen*** qn boit d'un trait

Absetzung <-, -en> *f* 1. [*Minister, Regierungschef, Vorsitzender*] destitution *f*
2. [*Film, Konzert, Stück, Veranstaltung*] annulation *f*; ***die ~ des Stückes vom Spielplan*** le retrait du programme de la pièce

ab|sichern I. *vr* ■ **jd sichert sich ab** qn prend des précautions; ■ **jd sichert sich gegen etw ab** *gegen Risiken, Unvorhergesehenes* qn se prémunit contre qc
II. *vt* 1. (*garantieren*) ■ **jd sichert [jdm/gegenüber jdm] etw [durch etw] ab** qn garantit qc [à qn/vis-à-vis de qn] [par qc]
2. (*sicher machen*) ■ **jd sichert etw [durch** [*o* **mit**] **etw] ab** *Bauplatz, Gefahrenstelle* qn protège qc [au moyen de qc]
3. PARL (*ein Mandat garantieren*) ■ **jd sichert jdn [über etw** (*akk*)**] ab** *über eine Landesliste, einen Listenplatz* qn assure une élection facile [*o* offre un siège] à qn [par le biais de qc]

Absicht <-, -en> *f* intention *f*; ***das war keine ~*** ce n'était pas intentionnel
▸ **in der besten ~** avec les meilleures intentions [du monde]; **jd hat ernste ~en** *fam* qn a des intentions sérieuses; **jd hat die ~ etw zu tun** qn a l'intention de faire qc; **etw ist ~** qc est intentionnel(le); ***das ist ~*** je le fais/il le fait/... exprès; **jd verfolgt eine ~ mit etw** qn poursuit un but avec qc; **in ... ~** *betrügerischer* dans l'intention de + *infin*; ***in selbstmörderischer ~*** dans l'intention de se suicider; **in der ~ etw zu tun** dans l'intention de faire qc; **mit/ohne ~** *jdn ansprechen, grinsen* intentionnellement/sans intention particulière; *anrempeln, stottern* exprès/sans [le] faire exprès

absichtlich I. *adj* intentionnel(le); *Unwahrheit a.* délibéré(e)
II. *adv* intentionnellement, exprès

Absichtserklärung *f* déclaration *f* d'intention

ab|singen *vt irreg* MUS 1. (*bis zu Ende singen*) ■ **jd singt etw ab** *Kampflied, Hymne* qn chante qc en entier, qn chante tout(e) qc; ■ **das A~ einer S.** (*gen*) l'exécution *f* de qc
2. (*vom Blatt singen*) ■ **jd singt etw [von etw] ab** *Lied, Strophe* qn lit qc [sur qc]; ***jd singt das Lied vom Blatt*** qn lit le chant sur la partition

ab|sinken *vi irreg + sein* 1. (*sich verringern*) ■ **etw sinkt [auf etw** (*akk*)**] ab** / *Temperatur, Wasserstand*/ qc baisse; ■ **das A~** la baisse
2. (*sich verschlechtern*) ■ **etw sinkt ab** / *Leistung*/ qc baisse
3. (*tiefer sinken*) ■ **etw sinkt [auf etw** (*akk*)**] ab** / *Schiff, Wrack*/ qc s'enfonce [*o* sombre] [dans qc]
4. (*sich senken*) ■ **etw sinkt [um etw] ab** / *Boden*/ qc s'affaisse [de qc]

Absinth <-[e]s, -e> *m* absinthe *f*

ab|sitzen *irreg* I. *vt + haben* 1. (*verbringen*) ■ **jd sitzt etw ab** *Schulstunde, Zeit* qn laisse passer qc; ***der Schüler muss zwei Stunden Arrest ~*** l'élève doit faire deux heures de retenue [*o* de colle *fam*]
2. (*verbüßen*) ■ **jd sitzt etw ab** *Haftstrafe* qn purge qc
II. *vi + sein* 1. (*vom Reittier steigen*) ■ **jd sitzt ab** qn met pied à terre; ***jd sitzt vom Pferd ab*** qn descend de cheval; ***abgesessen!*** pied à terre!
2. CH (*sich setzen*) ■ **jd sitzt ab** qn s'assied

absolut I. *adj* 1. (*uneingeschränkt*) *Verbot* absolu(e), formel(le); *Ablehnung, jds Nein* catégorique; *Tatsache* avéré(e)

2. *fam* (*völlig*) *Blödsinn, Missverständnis* total(e); *Ruhe, Stillschweigen a.* absolu(e)
II. *adv fam hirnrissig, schleierhaft, unerfindlich, unmöglich* absolument
▶ ~ **genommen** [*o* **betrachtet**] dans l'absolu; ~ **nicht/nichts** [ne …] absolument pas/rien

Absolutheit <-> *f* ∅ **1.** (*Entschiedenheit*) détermination *f*
2. (*Unbedingtheit*) [*Dogma, Grundsätze*] intangibilité *f*

Absolutheitsanspruch *m* prétention *f* à l'infaillibilité; ***jd/etw hat einen*** ~ qn/qc prétend détenir la vérité; ***ohne jeden*** ~ sans aucunement prétendre détenir la vérité

Absolution <-, -en> *f* **1.** REL absolution *f*
2. *geh* (*Verzeihung*) absolution *f soutenu*
▶ **jd erteilt** [**jdm**] **die** ~ qn donne l'absolution [à qn]

Absolutismus <-> *m* ∅ ■ **der** ~ l'absolutisme *m*

absolutistisch **I.** *adj Herrscher* absolu(e); *Herrschaftsanspruch* absolutiste
II. *adv regieren* en souverain absolu

Absolvent(in) <-en, -en> [-'vɛ-] *m(f)* **1.** (*Teilnehmer*) ■ **der** ~ **einer S.** (*gen*) *eines Kursus, Lehrgangs* celui qui a effectué [*o* suivi] qc
2. UNIV diplômé(e) *m(f)*

absolvieren * [-'viː-] *vt* ■ **jd absolviert etw** *Ausbildung, Schule, Studium* qn effectue [*o* fait] qc; *Klausur, Prüfung* qn passe [*o* subit] qc; *Grundwehrdienst, Zivildienst, Probezeit* qn accomplit [*o* effectue] qc

Absolvierung <-> [-'viː-] *f* ∅ [*Klausur, Prüfung*] passage *m*; [*Ausbildung, Probezeit, Schule, Studium, Wehrdienst, Zivildienst*] *verbal übersetzt;* ***die ~ eines zwölfsemestrigen Studiums ist erforderlich*** il est nécessaire d'avoir effectué [*o* accompli] six années d'études; ***nach ~ einer vierjährigen Ausbildung*** après avoir accompli [*o* effectué] quatre années de formation; ***nach erfolgreicher ~ einer Prüfung*** après avoir passé un examen avec succès; ***die ~ des Wehrdienstes dauert 15 Monate*** effectuer son service militaire dure quinze mois; ***nach ~ des Zivildienstes*** après avoir effectué mon/son/… service civil

absonderlich **I.** *adj* bizarre
II. *adv reden* bizarrement; *sich fühlen* bizarre; ***etw riecht/schmeckt*** ~ qc a une odeur/un goût bizarre

Absonderlichkeit <-, -en> *f* ∅ bizarrerie *f*

ab|sondern **I.** *vt* **1.** (*isolieren*) ■ **jd sondert jdn** [**von jdm**] **ab** qn isole qn [de qn]
2. PHYSIOL ■ **etw sondert etw ab** */Drüse/* qc sécrète qc
3. *fam* (*von sich geben*) ■ **jd sondert etw ab** *Artikel* qn pond qc *fam; Unsinn* qn sort qc *fam*
II. *vr* **1.** (*sich isolieren*) ■ **jd sondert sich** [**von jdm**] **ab** qn s'isole [de qn]
2. PHYSIOL ■ **etw sondert sich** [**aus etw**] **ab** qc est sécrété(e) [par qc]

Absonderung <-, -en> *f* **1.** ∅ (*Isolierung*) isolement *m*
2. ∅ PHYSIOL sécrétion *f*

absorbieren * *vt* **1.** (*aufnehmen*) ■ **etw absorbiert etw** *Wirkstoffe, Schadstoffe* qc absorbe qc
2. (*dämpfen*) ■ **etw absorbiert etw** */Federung, Lenkung, Stoßdämpfer/* qc absorbe qc
3. *geh* (*in Anspruch nehmen*) ■ **jd/etw absorbiert jdn/etw** qn/qc accapare [*o* monopolise] qn/qc

Absorption <-, -en> *f* absorption *f*

ab|spalten **I.** *vr* **1.** ECCL, POL ■ **jd/etw spaltet sich ab/sich von etw ab** qn/qc fait sécession/se sépare de qc
2. CHEM ■ **etw spaltet sich** [**von etw**] **ab** qc se libère [de qc]
II. *vt* CHEM ■ **jd spaltet etw** [**von etw**] **ab** qn libère qc [de qc]; ■ **bei etw wird etw abgespaltet** qc libère qc

ab|sparen *vr* ■ **jd spart sich** (*dat*) **etw** [**von etw**] **ab** qn économise [sur qc] pour payer qc

ab|specken **I.** *vi fam* **1.** (*abnehmen*) ■ **jd speckt ab** qn perd du lard *fam*
2. (*reduziert werden*) ■ **jd/etw speckt ab** */Abteilung, Verwaltung/* qn/qc dégraisse *fam;* ***da hilft nur noch A~*** il va falloir dégraisser
II. *vt fam* (*reduzieren*) ■ **jd speckt etw ab** *Produktpalette, Angebot* qn allège qc; *Haushalt* qn dégraisse qc *fam;* ■ **abgespeckt** *Version* allégé(e)

ab|speichern *vt* INFORM ■ **jd speichert etw** [**auf etw** (*akk o dat*)] **ab** qn sauvegarde qc [sur qc]

ab|speisen *vt* (*abfertigen*) ■ **jd speist jdn ab/mit etw ab** qn éconduit gentiment qn/se débarrasse de qn en lui octroyant qc *iron;* ***jd wird mit salbungsvollen Worten abgespeist*** on renvoie qn après lui avoir prodigué quelques belles paroles; ■ **jd lässt sich von jdm** ~ qn se laisse gentiment éconduire par qn *iron;* ***ich lasse mich von Ihnen nicht einfach so*** ~ vous ne vous en tirerez pas à si bon compte

abspenstig *adj* ▶ **jd macht jdm jdn/ein Tier** ~ qn détourne qn/un animal de qn

ab|sperren **I.** *vt* **1.** (*versperren*) ■ **jd sperrt etw** [**mit etw**] **ab** qn barre qc [avec qc]
2. (*abstellen*) ■ **jd sperrt** [**jdm**] **etw ab** *Gas, Heizung, Strom, Wasser* qn coupe qc [à qn]
3. SDEUTSCH (*zuschließen*) ■ **jd sperrt etw ab** qn ferme qc à clé
II. *vi* SDEUTSCH ■ **jd sperrt ab** qn ferme à clé

Absperrgitter *nt* barrière *f* **Absperrhahn** *m* robinet *m* d'arrêt **Absperrkette** *f* chaîne *f* [pour empêcher le passage]

Absperrung *f* **1.** (*das Absperren*) [*Innenstadt, Unfallort*] barrage *m;* [*Parkplatz*] fermeture *f*
2. (*Sperre*) barrage *m;* ***Baugruben müssen durch ~en gesichert werden*** les fouilles doivent être protégées avec des barrières

ab|spielen **I.** *vr* **1.** (*ablaufen*) ■ **etw spielt sich ab** */Unfall, Verbrechen, Szene/* qc se déroule
2. (*stattfinden*) ■ **etw spielt sich ab** qc se passe; ***nach zehn Stunden Arbeit spielen sich keine großartigen Aktivitäten mehr ab*** après dix heures de travail, il n'est plus question d'activités extraordinaires
▶ **da spielt sich** [**bei mir**] **nichts ab!** *fam* je marche pas! *fam*
II. *vt* **1.** AUDIOV ■ **jd spielt** [**jdm**] **etw ab** *CD-Platte, Schallplatte, Tonband* qn passe qc [à qn]; ***nach dem A~ der Platte*** après avoir passé le disque
2. SPORT ■ **jd spielt etw ab** *Ball* qn passe qc; ■ **das A~** la transmission; ***beim A~ des Balles wird jd behindert*** qn est gêné(e) au moment de passer le ballon

ab|splittern **I.** *vi + sein* ■ **etw splittert ab/von etw ab** */Keramik, Lack etc/* un éclat de qc saute/se détache de qc; */Stückchen Holz/* qc saute/se détache de qc
II. *vr + haben* ■ **etw splittert sich ab/sich von etw/an etw** (*dat*) **ab** qc saute/se détache de qc/sur qc; ***etwas splittert sich ab*** un éclat saute

Absprache *f* accord *m*
▶ **jd trifft eine ~/~en** qn conclut un accord/des accords; **nach** ~ après accord

absprachegemäß *adv* comme convenu

ab|sprechen *irreg* **I.** *vt* **1.** (*verabreden*) ■ **jd spricht etw** [**mit jdm**] **ab** *Ort und Zeit, Termin* qn convient de qc [avec qn]
2. (*vorher vereinbaren*) ■ **jd spricht etw ab** *Plan* qn convient de qc; *Gutachten, Aussagen* qn s'entend sur qc; ***das war doch so abgesprochen*** mais c'était convenu ainsi; ***wir haben abgesprochen, dass*** nous avons convenu que + *indic*
3. (*streitig machen*) ■ **jd spricht** [**jdm**] **etw ab** qn conteste qc [à qn]
4. (*verweigern*) ■ **jd spricht jdm etw ab** *Anspruch, Recht* qn dénie qc à qn
II. *vr* ■ **jd spricht sich mit jdm** [**über etw** (*akk*)] **ab** qn s'entend avec qn [sur qc]; ■ **Menschen sprechen sich ab** (*ausmachen*) des personnes se concertent; (*Aussagen aufeinander abstimmen*) des personnes se donnent le mot; ■ **jd spricht sich mit jdm ab/Menschen sprechen sich ab, was/wie** qn s'entend [*o* se met d'accord] avec qn/des personnes s'entendent [*o* se mettent d'accord] sur ce qui/la façon dont

ab|springen *vi irreg + sein* **1.** *fam* (*sich zurückziehen*) ■ **jd springt ab** qn se ravise, qn fait machine arrière; ■ **jd springt von etw ab** *von einer Vereinbarung* revient sur qc; *von einem Vertrag* qn résilie qc
2. POL ■ **jd springt ab** qn déserte
3. (*hinunterspringen*) ■ **jd springt** [**aus etw/von etw**] **ab** *aus einem Flugzeug, von einer Brücke, einem Turm* qn saute [de qc]
4. (*herausspringen*) ■ **jd springt** [**aus etw**] **ab** *aus dem Bus, Zug* qn descend [*o* saute] [de qc] en marche
5. SPORT ■ **jd springt** [**irgendwie**] **ab** qn saute [d'une certaine façon]
6. (*sich lösen*) ■ **etw springt** [**von etw/an etw** (*dat*)] **ab** */Farbe, Lack/* qc s'écaille [quelque part]
7. (*abprallen*) ■ **etw springt an etw** (*dat*)**/von etw ab** */Ball, Stein/* qc rebondit sur [*o* contre] qc

ab|spritzen **I.** *vt* **1.** (*entfernen*) ■ **jd spritzt etw** [**von etw**] **ab** *Dreck, Farbe, Staub* qn retire qc au jet [sur qc]
2. (*reinigen*) ■ **jd spritzt jdn** [**mit etw**] **ab** qn asperge qn [avec qc]; ■ **jd spritzt etw ab** qn passe qc au jet; ■ **jd spritzt etw mit etw ab** qn passe [*o* lave] qc à qc; ***jd spritzt etw mit dem Schlauch ab*** qn passe qc au jet
3. *sl* (*töten*) ■ **jd spritzt jdn** [**mit etw**] **ab** qn pique qn [à qc] *fam*
II. *vr* ■ **jd spritzt sich** [**mit etw**] **ab** qn s'asperge [avec qc]
III. *vi vulg* ■ **jd spritzt ab** qn décharge *fam*

Absprung *m* **1.** *fam* (*Ausstieg*): ***jd schafft den*** ~ qn fait le saut, qn saute le pas; ***jd hat den ~ verpasst*** qn a raté le coche *fam;* ***jd wagt den*** ~ qn ose franchir le pas
2. AVIAT, SKI [*Fallschirmspringer, Skispringer*] saut *m*
3. SPORT [*Turner*] sortie *f*

ab|spulen *vt* **1.** *fam* ■ **jd/etw spult etw ab** *Film* qn/qc laisse défiler qc
2. (*abwickeln*) ■ **jd/etw spult etw** [**von etw**] **ab** *Kabel, Garn* qn déroule [*o* débobine] qc [sur qc]
3. *fam* (*wiederholen*) ■ **jd spult etw ab** qn débite qc *fam; Programm, Verhaltensmuster* qn ressort qc

ab|spülen **I.** *vt* **1.** (*reinigen*) ■ **jd spült etw ab** (*mit Wasser*) qn rince qc; SDEUTSCH (*mit Spülmittel*) qn lave qc
2. (*entfernen*) ■ **jd spült etw** [**von etw**] **ab** *Dreck, Schlamm, Staub* qn lave qc [sur qc] à grande eau; ***kannst du mir den Schaum vom Rücken*** ~? tu peux me rincer le dos?
II. *vi* ■ **jd spült ab** qn fait la vaisselle

ab|stammen *vi kein pp* **1.** ■ **jd stammt von jdm ab** qn descend [*o* est issu(e)] de qn
2. LING ■ **etw stammt von etw ab** qc [pro]vient [*o* est dérivé(e)] de qc

Abstammung <-, -en> *f* **1.** (*Abkunft*) ascendance *f*, origine *f;* ***jd kann seine ~ nicht leugnen*** qn ne peut pas renier ses origines; ■ **jd** [**ist**] … ~ *ausländischer, deutscher etc* qn [est] d'origine [*o* d'ascendance] …
2. LING origine *f*, étymologie *f*
▶ **jd ist ehelicher/nichtehelicher** ~ qn est un enfant légitime/naturel

Abstand *m* **1.** (*räumliche Distanz*) écart *m;* AUT distance *f;* ***jd folgt jdm in einem bestimmten*** ~ qn suit qn à une certaine distance
2. (*zeitliche Distanz*) intervalle *m*
3. (*innere Distanz*) recul *m;* ***der ~ von den Dingen*** le recul par rapport aux choses
4. SPORT (*vor dem Verfolger*) avance *f;* (*hinter dem Verfolger*) retard *m;* ***ein Punkt ~ zum nächsten Verfolger/zur führenden Mannschaft*** un point d'avance sur le premier poursuivant/de retard sur le leader; ***jd folgt mit weitem*** ~ qn suit loin derrière, qn est décroché(e)
5. FIN *fam s.* **Abstandssumme**
▶ **in regelmäßigen/unregelmäßigen Abständen** à intervalles réguliers/irréguliers; **jd führt mit** [**großem**] ~ qn mène largement, qn est largement en tête; **jd gewinnt** ~ [**von etw**] qn prend du recul [par rapport à qc]; **jd hält** ~ [**von jdm/etw**] AUT qn garde les distances [par rapport à qn/qc]; **jd nimmt**

von etw ~ *form* qn renonce à qc; **jd nimmt davon ~ etw zu tun** *form* qn renonce à faire qc; **[jd/etw ist] mit ~ …** [qn/qc est] de loin …

Abstandssumme *f form* (*für einen Spieler, einen Schaden*) indemnité *f*, dédommagement *m*; (*für eine Wohnung*) reprise *f*

ab|statten *vt form* ■ **jd stattet jdm etw ab**: ***jd stattet jdm einen Besuch ab*** qn rend visite à qn

ab|stauben I. *vt* 1. *fam* (*ergattern*) ■ **jd staubt etw ab/von [o bei] jdm ab** qn resquille qc *fam*/soutire qc à qn; ***das Ding habe ich sofort abgestaubt*** j'ai aussitôt embarqué la chose *fam*
2. (*vom Staub befreien*) ■ **jd staubt etw ab** qn dépoussière qc; ■ **das A~** le dépoussiérage
II. *vi* ■ **jd staubt ab** qn fait la poussière

ab|stechen *irreg* I. *vt* 1. (*schlachten*) ■ **jd sticht ein Tier ab** qn saigne un animal
2. *sl* (*erstechen*) ■ **jd sticht jdn ab** qn saigne qn *fam*
3. HORT ■ **jd sticht etw [mit etw] ab** *Rasen* qn coupe qc [avec qc]
4. METAL ■ **jd sticht etw ab** *Hochofen, Schmelze, Erz* qn fait [o ouvre] la coulée de qc
II. *vi* (*abheben*) ■ **jd/etw sticht von jdm/etw ab** *von einem Konkurrenten, Konkurrenzwerk* qn/qc se distingue de qn/qc; ■ **etw sticht gegen etw/von jdm/etw ab** */Silhouette/* qc tranche sur qn/qc

Abstecher <-s, -> *m* 1. TOURISMUS *fam* (*Ausflug*) virée *f fam;* (*Umweg*) crochet *m*
2. *geh* (*Exkurs*) ■ **ein ~ in etw** (*akk*) une digression sur [o à propos de] de qc soutenu; ***ein ~ in die Philosophie/in ein anderes Wissensgebiet*** une digression [o parenthèse] philosophique/dans un autre domaine

ab|stecken *vt* 1. (*markieren*) ■ **jd steckt etw [mit etw] ab** *Grundstück, Trasse, Grenze* qn jalonne qc [avec qc]
2. (*umreißen*) ■ **jd steckt etw ab** *Position, Programm, Vorgehensweise* qn esquisse les contours de qc
3. COUT ■ **jd steckt etw [mit etw] ab** *mit Stecknadeln* qn épingle qc [avec qc]

ab|stehen *vi irreg* 1. (*nicht anliegen*) ■ **etw steht ab** */Haare/* qc est hérissé(e); */Ohr/* qc est décollé(e); */Zöpfe/* qc est écarté(e); ***jd hat ~de Ohren*** qn a les oreilles décollées; ***die Haare/Zöpfe standen vom Kopf ab*** les cheveux étaient hérissés/les tresses s'écartaient de la tête
2. (*entfernt stehen*) ■ **etw steht [von etw] ab** */Gebäude, Möbelstück/* qc est à l'écart [de qc]

Absteige *f fam* (*Stundenhotel*) hôtel *m* de passe; (*schäbiges Hotel*) hôtel *m* borgne

ab|steigen *vi irreg + sein* 1. (*heruntersteigen*) ■ **jd steigt ab** qn met pied à terre; ■ **jd steigt von etw/einem Tier ab** *vom Fahrrad, Motorrad, Pferd, von der Leiter* qn descend de qc/d'un animal
2. *fam* (*sich einquartieren*) ■ **jd steigt in etw** (*dat*) **ab** qn descend [dans qc]; ***wo steigen Sie ab?*** vous descendez dans quel hôtel?
3. (*seinen Status verschlechtern*) ■ **jd steigt irgendwie ab** *beruflich, gesellschaftlich, sozial* qn régresse d'une certaine façon, qn connaît la déchéance + *adj*
4. SPORT ■ **jd steigt [aus etw/in etw** (*akk*)**] ab** qn descend [o est relégué(e)] [de qc/en qc]; ***eine Mannschaft steigt auf den letzten Platz ab*** une équipe est reléguée à la dernière place
5. ALPIN ■ **jd steigt [von etw] ab** qn descend [de qc]; ■ **das A~** la descente

Absteigequartier *nt* pied-à-terre *m*

Absteiger(in) <-s, -> *m(f)* 1. SPORT relégué *m*
2. *fam* (*sozial absteigender Mensch*) laissé(e)-pour-compte *m*

ab|stellen I. *vt* 1. (*ausstellen*) ■ **jd stellt etw ab** *Elektrogerät, Computer etc* qn débranche qc
2. (*abdrehen*) ■ **jd stellt [jdm] etw ab** *Gas, Haupthahn, Strom, Wasser* qn [lui] coupe qc
3. (*hinstellen*) ■ **jd stellt etw [irgendwo/bei jdm] ab** *Gegenstand, Möbelstück, Gepäckstück* qn dépose qc [quelque part/chez qn]
4. (*parken*) ■ **jd stellt etw [auf etw** (*dat*)**/in etw** (*dat*)**] ab** qn gare qc [sur/dans qc]; ***unbefugt abgestellt*** en stationnement interdit
5. (*sein lassen*) ■ **jd stellt etw ab** *Laster, laute Parties, Unsitte* qn met un terme à qc; ***jd stellt das Rauchen/Trinken ab*** qn arrête de fumer/de boire
6. (*mit etw aufhören*) ■ **jd stellt etw ab** qn fait cesser qc
7. (*etw ausrichten*) ■ **jd stellt etw auf jdn/etw ab** *auf jds Bedürfnisse, Einkommen, Ressourcen* qn adapte qc à qn/qc
8. (*abrücken*) ■ **jd stellt etw von etw ab** *vom Fenster, von einem Möbelstück, von der Wand* qn écarte qc de qc
9. (*abordnen*) ■ **jd stellt jdn für etw/zu etw ab** *für eine Aufgabe, zu einem Lehrgang* qn détache qn pour [faire] qc; *zu einer Einheit, einem Bataillon* qn détache qn dans qc
II. *vi* ■ **jd stellt auf etw** (*akk*)**/mit etw auf etw** (*akk*) **ab** *auf Erfordernisse, Gegebenheiten* qn tient compte de qc/oriente qc en fonction de qc

Abstellgleis *nt* EISENBAHN voie *f* de garage ▶ **jd ist** *o* **steht] auf dem ~** *fam* qn est sur la touche *fam*, qn est sur une voie de garage *fam;* **jd schiebt jdn aufs ~** *fam* qn met qn sur la touche [*o* sur une voie de garage] *fam* **Abstellkammer** *f* débarras *m* **Abstellraum** *m* débarras *m*

ab|stempeln *vt* 1. POST ■ **jd stempelt etw ab** qn tamponne qc
2. *pej* (*abwerten*) ■ **jd stempelt jdn ab/stempelt jdn als [o zu] etw ab** qn catalogue qn/qualifie qn de qc; ■ **jd lässt sich von jdm nicht als/zu etw ~** qn se fait traiter de qc par qn; ***ich lass mich doch von dir nicht als/zum Trunkenbold ~*** je ne te laisserai pas me traiter d'ivrogne

ab|steppen *vt* ■ **jd steppt etw ab** qn pique qc; ■ **abgesteppt** piqué(e)

ab|sterben *vi irreg + sein* 1. (*eingehen*) ■ **etw stirbt ab** qc dépérit, qc meurt; ■ **abgestorben** mort(e)
2. MED ■ **etw stirbt ab** */Embryo, Glied/* qc meurt; */Zelle, Gewebe a./* qc se nécrose; ■ **abgestorben** mort(e), nécrosé(e)
3. (*gefühllos werden*) ■ **etw stirbt [jdm] ab** */Glieder/* qc [de qn] s'engourdit; ■ **abgestorben** engourdi(e)
▶ **etw ist wie abgestorben** qc est tout engourdi(e)

Abstieg <-[e]s, -e> *m* 1. (*das Hinabklettern*) descente *f*
2. (*Niedergang*) déchéance *f*, dégringolade *f fam*
3. SPORT descente *f*, relégation *f*; ***vom ~ bedroht*** au bord de la relégation

ab|stillen I. *vt* ■ **jd stillt jdn ab** qn sèvre qn
II. *vi* ■ **jd stillt ab** qn cesse d'allaiter

ab|stimmen I. *vi* ■ **jd stimmt [über jdn/etw] ab** qn vote [pour élire qn/choisir qc]; ■ **jd lässt ~/über etw** (*akk*) **~** qn fait voter/soumet qc au vote
II. *vt* 1. (*in Einklang bringen*) ■ **jd stimmt Dinge aufeinander ab/stimmt etw auf etw** (*akk*) **ab** *Farben, Kleidungungsstücke* qn assortit [*o* accorde] des choses [entre elles]/qc à qc; *Gerichte* qn marie des choses [entre elles]/qc à qc; *Termine* qn synchronise [*o* coordonne] des choses [entre elles]/qc avec qc; *Artikel, Vorträge, Aussagen, Veranstaltungen, Aktivitäten* qn coordonne des choses [entre elles]/qc à qc
2. AUDIOV, RADIO (*einstellen*) ■ **jd stimmt etw [auf etw** (*akk*)**] ab** qn règle qc [sur qc]
3. AUT ■ **jd stimmt etw [auf etw** (*akk*)**] ab** *Ausstattung, Fahrwerk, Stoßdämpfer* qn adapte qc [à qc]
III. *vr* ■ **jd stimmt sich mit jdm ab** qn s'entend [*o* se met d'accord] avec qn; ■ **sie stimmen sich [miteinander] ab** ils/elles s'entendent [*o* se mettent d'accord] [entre eux/elles]

Abstimmung *f* 1. (*Stimmabgabe*) vote *m*, scrutin *m*
2. (*Anpassung*) [*Termine, Pläne*] coordination *f*; [*Farben*] assortiment *m*, assemblage *m*
3. AUDIOV, RADIO [*Radio, Sender*] réglage *m*; [*Videokanal a.*] syntonisation *f*
4. AUT [*Bremsen, Fahrwerk, Stoßdämpfer*] verbal übersetzt; ***die ~ der Bremsen auf die Motorleistung ist gut/schlecht*** les freins sont/ne sont pas adaptés à la puissance du moteur
▶ **geheime ~** scrutin *m* [*o* vote *m*] secret; ***in geheimer ~*** à bulletin secret; **jd bringt etw zur ~** qn met qc aux voix; **jd führt eine ~ [über etw** (*akk*)**] durch** qn procède à un vote [à propos de qc]; **jd nimmt eine ~ vor** qn recourt au scrutin; **Menschen kommen** [*o* **schreiten** *form*] **zur ~** des personnes votent [*o* vont aux urnes *form*]

Abstimmungsergebnis *nt* résultat *m* du scrutin **Abstimmungsniederlage** *f* défaite *f* électorale **Abstimmungssieg** *m* victoire *f* électorale

abstinent I. *adj* (*enthaltsam*) abstinent(e); (*sexuell enthaltsam*) continent(e), chaste
II. *adv* (*enthaltsam*) dans l'abstinence; (*sexuell enthaltsam*) *leben* dans la continence, dans la chasteté

Abstinenz <-> *f* ∅ (*Enthaltsamkeit*) abstinence *f*; (*sexuelle Enthaltsamkeit*) continence *f*

Abstinenzler(in) <-s, -> *m(f)* *pej* non-buveur(-euse) *m(f)*, abstinent(e) *m(f)*

ab|stoppen I. *vt* 1. SPORT ■ **jd stoppt jdn/etw ab** *Läufer, Rennwagen, Rennfahrer, Zeit* qn chronomètre qn/qc
2. (*zum Stillstand bringen*) ■ **jd stoppt etw ab** *Kraftfahrzeug* qn stoppe qc; *Verkehr a.* qn interrompt qc
II. *vi* ■ **jd stoppt ab** */Fahrer, Läufer/* qn stoppe

Abstoß *m* 1. (*Stoß*) poussée *f*, impulsion *f*
2. FBALL dégagement *m* [au pied], renvoi *m* aux six mètres

ab|stoßen *irreg* I. *vt* 1. COM ■ **jd stößt etw ab** *Artikel* qn écoule qc; *Wertpapiere* qn vend qc
2. MED ■ **jd/etw stößt etw ab** *Transplantat* qn/qc rejette qc
3. (*nicht eindringen lassen*) ■ **etw stößt etw ab** *Regen, Wasser* qc est imperméable à qc
4. (*anwidern*) ■ **jd/etw stößt jdn ab** qn/qc dégoûte [*o* répugne à] qn
5. (*abschlagen*) ■ **jd stößt etw [von etw/an etw** (*dat*)**] ab** *Ecke, Stück* qn écorne qc [de qc]; ■ **abgestoßen** écorné(e)
6. (*abnutzen*) ■ **jd stößt etw ab** *Ärmel, Kragen, Manschetten* qn use qc; *Möbelstück* qn abîme qc [en le cognant]; ■ **abgestoßen** *Ärmel, Kragen, Manschetten* usé(e); *Möbelstück* abîmé(e)
7. (*wegstoßen*) ■ **jd stößt etw [von etw] ab** *Boot* qn écarte qc [de qc]
II. *vr* 1. (*sich wegbewegen*) ■ **jd stößt sich [von etw] ab** *vom Boden, Sprungbrett, von der Matte* qn s'élance [de qc]
2. (*ramponiert werden*) ■ **etw stößt sich ab** */Ärmel, Kragen, Manschetten/* qc s'use; */Bucheinband/* qc s'écorne; */Möbelstück/* qc s'abîme
III. *vi* (*anwidern*) ■ **etw stößt ab** qc est répugnant(e)

abstoßend I. *adj* 1. (*widerlich*) répugnant(e)
2. (*undurchlässig*) *Regenmantel, Stoff* imperméable
II. *adv sich verhalten* de façon répugnante; ***jd sieht ~ aus*** qn a un aspect répugnant; ***jd riecht ~*** qn a une odeur répugnante

Abstoßung <-, -en> *f* MED rejet *m*

Abstoßungsreaktion *f* MED réaction *f* de rejet

ab|stottern *vt fam* ■ **jd stottert etw [mit [o durch] etw] ab** qn paie qc à tempérament [à raison de qc] *fam*; ***er stottert sein Motorrad mit 150 Mark pro Monat ab*** il paie sa moto à raison de 150 marks par mois; ■ **das A~** le paiement à tempérament

abstrahieren * [apstra'hi:rən] I. *vi geh* ■ **jd abstrahiert** qn abstrait
II. *vt geh* ■ **jd abstrahiert etw [aus etw]** *Normen, Theorie* qn abstrait *soutenu* [*o* déduit] qc [de qc]

ab|strahlen *vt* 1. PHYS ■ **etw strahlt etw ab** *Energie, Wärme* qc diffuse qc
2. TECH ■ **jd strahlt etw ab** *Karosserie, Fassade* qn sable qc

abstrakt [-'stra-] I. *adj* abstrait(e)
II. *adv* abstraitement; ***jd denkt ~*** qn a une pensée abstraite

Abstraktion <-, -en> *f* abstraction *f*

Abstraktionsvermögen *nt geh* pouvoir *m* [*o* faculté *f*] d'abstraction

ab|strampeln *vr fam* 1. ■ **jd strampelt sich ab** */Fahrradfahrer/* qn pédale sec *fam,* qn mouline *fam*
2. *fam (sich abrackern)* ■ **jd strampelt sich ab** qn s'esquinte *fam*

ab|streichen *vt irreg* 1. *(unberücksichtigt lassen)* ■ **jd streicht etw von etw ab** *von einer Behauptung* qn laisse de côté qc de qc
2. *(abrinnen lassen)* ■ **jd streicht etw [an etw** *(dat)***] ab** *Farbe* qn essuie qc [après qc]

ab|streifen *vt* 1. *(abziehen)* ■ **jd streift etw [von etw] ab** *Kleidungsstück* qn ôte qc [de qc]; *Ring, Reif* qn retire qc [de qc]
2. *(abtreten)* ■ **jd streift etw [an etw** *(dat)***] ab** *Schuhe, Füße* qn essuie qc [sur qc]
3. *geh* ■ **jd streift etw [von etw] ab** *Schmutz* qn enlève qc [de qc]
4. *geh (ablegen)* ■ **jd streift etw ab** *Angewohnheit* qn se défait de qc; *Fehler* qn se corrige de qc
5. *(absuchen)* ■ **jd streift etw ab** *Gegend, Gelände* qn fouille qc

ab|streiten *vt irreg* 1. *(leugnen)* ■ **jd streitet etw ab** *Tat* qn nie qc; *Beteiligung* qn dénie qc; ■ **jd streitet ab etw zu tun** qn nie faire qc
2. *(absprechen)* ■ **jd streitet jdm etw ab** *Einsatz, lobenswertes Verhalten, Leistung* qn conteste qc de qn; ***das kann man ihr nicht*** ~ on ne peut pas lui refuser cela

Abstrich *m* 1. *pl* FIN ■ **~e** réduction *f;* ***erhebliche ~e*** des coupes *fpl* sombres
2. MED frottis *m*
► **jd macht einen ~ [von etw]** MED qn fait un frottis [de qc]; **jd macht ~e** *(kürzt)* qn fait des coupes sombres; *(erwartet weniger)* qn en rabat, qn doit en rabattre; **jd macht an etw** *(dat)* **~e** *am Budget, Etat* qn fait des coupes sombres dans qc, qn restreint qc; *(erwartet weniger) an Erwartungen, Hoffnungen, Plänen* qn renonce à une partie de qc, qn revoit qc à la baisse

abstrus *adj geh (verworren) Begriff, Formulierung, Vorstellung, Ideologie* abscons(e) *soutenu,* abstrus(e) *soutenu*

ab|stufen I. *vt* 1. *(terrassieren)* ■ **jd stuft etw ab** qn étage qc; ■ **etw ist abgestuft** qc est en terrasses
2. *(schneiden)* ■ **jd stuft [jdm] etw ab** *Haare* qn [lui] coupe qc en dégradé; ■ **abgestuft** en dégradé
3. FIN, COM ■ **jd stuft etw ab** *Gehälter, Preise, Rabatte, Steuertarif* qn établit une grille de qc; ***der Steuertarif ist abgestuft*** l'imposition se fait par tranches
4. *(in der Intensität)* ■ **jd stuft etw ab** *Farbschattierung* qn dégrade qc; *Helligkeit, Kontrast* qn règle qc
II. *vr* ■ **etw stuft sich ab** */Gelände/* qc s'étage [en gradins]

Abstufung <-, -en> *f* 1. FIN, COM barème *m*
2. *(Schattierung)* [*Farbe, Farbschattierung*] dégradé *m;* [*Helligkeit, Kontrast*] réglage *m*
3. *∅* [*Hang*] étagement *m*
4. *(Terrasse)* terrasse *f*

ab|stumpfen I. *vt + haben* 1. *(gleichgültig machen)* ■ **etw stumpft jdn [gegenüber einer S.** *(dat)***] ab** à force de qc, qn finit par être blasé(e) [d'une chose]; ***all die Gewalttaten im Fernsehen stumpfen den Menschen ab*** à force de voir toutes ces violences à la télévision, les gens finissent par être blasés
2. *(empfindungslos machen)* ■ **jd stumpft etw ab** *Gerechtigkeitssinn, Gewissen* qn émousse qc
II. *vi + sein* ■ **jd stumpft ab** qn finit par être blasé(e); ***sie arbeitet so viel, dass sie mit der Zeit abstumpft*** à force de travailler, elle s'abrutit; ■ **jd stumpft gegen etw ab** qn finit par être insensible à qc

Abstumpfung <-, -en> *f* [*Fernsehzuschauer*] abrutissement *m;* [*Mörder*] endurcissement *m;* ■ **die ~ gegen etw** l'indifférence *f* progressive à qc

Absturz *m* 1. AVIAT chute *f,* crash *m*
2. ALPIN chute *f*
3. INFORM [*Programm*] blocage *m;* [*Computer a.*] plantage *m fam*
4. *sl (Misserfolg)* déconfiture *f fam;* *(großer Verlust)* dégringolade *f fam*
5. *sl (Rausch)* cuite *f fam,* biture *f fam;* *(Depression)* déprime *f fam*
6. *sl (Abgleiten)* bide *m fam;* ■ **~ in etw** *(akk)* dérapage *m* dans qc; ***sie retteten die Komödie vor dem ~ ins Triviale*** ils/elles ont empêché la comédie de tomber dans la trivialité
► **jd/etw bringt etw zum ~** AVIAT qn/qc fait s'écraser qc, qn/qc provoque la chute de qc; INFORM *System* qn/qc bloque qc; *Computer* qn/qc fait se planter qc

ab|stürzen *vi + sein* 1. AVIAT ■ **etw stürzt ab** qc s'écrase; ***das Flugzeug stürzte aus 1000 Meter Höhe ab*** l'avion a piqué au sol d'une hauteur de 1000 mètres; ■ **etw lässt etw ~** qc entraîne la chute de qc; ■ **~d** en train de tomber; ***das abgestürzte Flugzeug*** l'épave *f* de l'avion
2. ALPIN ■ **jd stürzt [von etw] ab** qn tombe [de qc]; ■ **das A~** la chute
3. INFORM ■ **etw stürzt ab** */Programm/* qc se bloque; */Computer a./* qc se plante *fam*
4. *sl (Misserfolg haben)* ■ **jd stürzt ab** qn se plante *fam;* */Sportler/* qn mord la poussière; */Politiker/* qn ramasse une veste *fam*
5. *sl (großen Verlust machen)* ■ **jd/etw stürzt ab** */Unternehmen/* qn/qc boit un bouillon *fam;* */Währung/* qc dégringole *fam*
6. *sl (betrunken sein)* ■ **jd stürzt ab** qn se pète la gueule *pop;* *(den inneren Halt verlieren)* qn tombe dans la déprime *fam*
7. *(steil abfallen)* ■ **etw stürzt [zu etw] ab** qc tombe à pic [sur qc]

Absturzstelle *f* 1. AVIAT lieu *m* du crash
2. ALPIN lieu *m* de l'accident

ab|stützen I. *vt* ■ **jd/etw stützt etw ab** qn/qc étaie qc; ■ **jd stützt etw durch [*o* mit] etw ab** qn soutient qc à l'aide de qc; ***die Erde an der Terrasse wurde durch eine Mauer abgestützt*** un mur retenait la terre de la terrasse
II. *vr* ■ **jd stützt sich [durch [*o* mit] etw] ab** qn s'appuie [sur qc]; ***er stützte sich an den Wänden ab*** il s'appuyait aux murs

ab|suchen *vt* 1. *(durchstreifen)* ■ **jd sucht etw [nach jdm/etw] ab** *Gegend, Stadt, Waldstück* qn ratisse qc [à la recherche de qn/qc]
2. *(durchstöbern)* ■ **jd sucht etw [nach etw] ab** *Haus, Wohnung, Schrank, Schublade, Kiste etc* qn fouille qc [à la recherche de qc]
3. *(mit Scheinwerfern)* ■ **jd/etw sucht etw [nach etw] ab** qn scrute/qc balaie qc [à la recherche de qc]
4. *(untersuchen)* ■ **jd sucht etw [nach etw] ab** *nach Insekten* qn examine qc [à la recherche de qc]
5. *(absammeln)* ■ **jd sucht etw [von etw] ab** qn ramasse qc [sur qc]

Absud *m* décoction *f*

absurd *adj* absurde; ***~es Zeug*** des absurdités *fpl;* ■ **etwas A~es** une absurdité

Absurdität <-, -en> *f* absurdité *f*

Abszess[RR] <-es, -e>, **Abszeß** <-sses, -sse> *m* abcès *m*

Abszisse <-, -n> *f* abscisse *f*

Abt <-[e]s, ¨-e> *m* abbé *m; s. a.* **Äbtissin**

ab|tasten I. *vt* 1. *(untersuchen)* ■ **jd tastet jdn/etw [auf etw** *(akk)* **[*o* nach etw]] ab** *nach Gegenständen, Waffen* qn fouille qn/qc [à la recherche de qc]; MED qn palpe qn/qc [à la recherche de qc]
2. *(mit Strahlen)* ■ **etw tastet jdn/etw [nach etw] ab** */Laser, Strahl/* qc opère une détection sur qn/qc [à la recherche de qc]
3. INFORM ■ **etw tastet etw ab** */Scanner/* qc explore qc par balayage
4. *(sondieren)* ■ **jd tastet jdn ab** qn jauge qn; ■ **jd tastet jdn auf etw** *(akk)* **ab** *auf Schwächen, Stärken, Wissenslücken* qn jauge qc de qn
II. *vr* ■ **sie tasten sich ab** ils/elles se jaugent; ■ **sie tasten sich auf etw** *(akk)* **ab** ils/elles jaugent le/la/les qc de l'autre

ab|tauchen *vi + sein sl* ■ **jd taucht ab** qn se planque *fam,* qn disparaît de la circulation *fam*

ab|tauen I. *vt + haben* ■ **jd taut etw ab** *Lebensmittel, Gegenstand* qn dégèle qc; *Kühlschrank, Tiefkühlfach* qn dégivre qc
II. *vi + sein* 1. *(sich auflösen)* ■ **etw taut [von etw] ab** */Schnee, Reif-schicht/* qc fond [sur qc]
2. *(eisfrei werden)* ■ **etw taut ab** */Bäume, Fenster, Kühlschrank, Tiefkühlfach/* qc dégivre; ■ **das A~** le dégivrage

Abtei <-, -en> *f* abbaye *f*

Abteil *nt* compartiment *m*
► **~ für Mutter und Kind** compartiment réservé aux personnes accompagnées d'enfants

ab|teilen *vt* 1. *(trennen)* ■ **jd teilt etw ab** qn délimite qc; ■ **jd teilt etw von etw ab** qn sépare qc de qc; ***jd teilt etw in Portionen ab*** qn partage qc en portions
2. *geh (zuteilen)* ■ **jd teilt jdm etw [von etw] ab** qn attribue qc [de qc] à qn

Abteilung[1] *f* 1. *(Verkaufs~)* rayon *m*
2. *(Firmen~)* service *m*
3. UNIV section *f;* [*Krankenhaus*] service *m*
4. MIL détachement *m*

Abteilung[2] *f ∅ (Abtrennung)* cloisonnage *m*

Abteilungsleiter(in) *m(f)* 1. COM chef *mf* de rayon
2. IND chef *mf* de service

ab|telefonieren * I. *vi fam* ■ **jd telefoniert ab** qn se décommande [par téléphone]; ■ **jd telefoniert jdm ab** qn téléphone à qn pour se décommander
II. *vt fam* ■ **jd telefoniert jdn [nach jdm/etw] ab** qn appelle qn [*o* fait qn au téléphone *fam*] [pour trouver qn/qc]

ab|tippen *vt fam* ■ **jd tippt etw ab** qn tape qc

Äbtissin <-, -nen> *f* abbesse *f; s. a.* **Abt**

ab|tönen *vt* ART ■ **jd tönt etw ab** *Farbe* qn nuance qc, qn atténue qc

Abtönung *f* 1. *(das Abtönen) verbal übersetzt;* ***zur ~ der Farbe*** pour nuancer [*o* atténuer] la couleur
2. *(Farbnuance)* nuance *f*

ab|töten *vt* 1. *(absterben lassen)* ■ **jd/etw tötet etw ab** qn/qc tue qc
2. *(erlöschen lassen)* ■ **jd/etw tötet etw [in/bei jdm] ab** *Gefühl, Begierde* qn/qc tue qc [en qn]

ab|tragen *irreg* I. *vt* 1. *(abnutzen)* ■ **jd trägt etw ab** *Kleidung* qn use qc
2. *geh (abbezahlen)* ■ **jd trägt etw ab** *Schulden* qn s'acquitte de qc
3. *geh (abräumen)* ■ **jd trägt etw ab** *Geschirr, Speisen* qn enlève qc
4. CONSTR *(entfernen)* ■ **jd/etw trägt etw [bis auf etw** *(akk)***] ab** *Boden* qn/qc déblaie qc [jusqu'à qc]; *Gelände* qn/qc nivelle qc
5. CONSTR *geh (abbauen)* ■ **jd trägt etw ab** *Gebäude, Mauer* qn démolit qc
6. GEOL *(wegspülen)* ■ **etw trägt etw ab** *Ackerkrume, Boden* qc érode qc; *Böschung* qc affouille qc
II. *vi geh* ■ **jd trägt ab** qn dessert

abträgig *adj* CH, **abträglich** *adj* préjudiciable; ■ **etw ist ~** qc est négatif(-ive); ■ **etw ist jdm/einer S.** *(dat)* **[*o* für jdn/etw] ~** qc est préjudiciable [à qn/qc]

Abtragung <-, -en> *f* 1. FIN *geh* [*Kredit, Schulden*] acquittement *m*
2. GEOL [*Boden*] érosion *f;* [*Ufer*] affouillement *m*
3. *geh (Abbau)* [*Gebäude, Mauer, Statue*] démolition *f*

Abtransport *m* 1. [*Baumaterial, Umzugsgut*] transport *m;* [*Sondermüll a.*] enlèvement *m*
2. [*Opfer, Verletzte*] évacuation *f;* [*Gefangene, Deportierte*] transfert *m*

ab|transportieren * *vt* 1. *(wegfahren)* ■ **jd/etw transportiert etw [von etw] ab** *Aushub, Bauschutt, Umzugsgut* qn/qc transporte qc [de qc]; *Müll* qn/qc enlève qc [de qc]
2. *(wegschaffen)* ■ **jd transportiert jdn [aus etw] ab** *Opfer, Verletzte* qn évacue qn [de qc]; *Gefangene, Deportierte* qn transfère qn

ab|treiben *irreg* I. *vt + haben* 1. ■ **jd treibt ein Kind ab** qn se fait avorter [d'un enfant]; ■ **jd lässt ein Kind ~** qn se fait avorter [d'un enfant]; ■ **das A~** l'avortement *m*

2. (*abkommen lassen*) ■ **etw treibt etw [von etw] ab** *Boot, Ballon, Flugzeug, Schiff* qc déporte qc [de qc]; ■ **etw treibt jdn [von etw] ab** *Schwimmer* qc entraîne qn [loin de qc]
3. (*zu Tal treiben*) ■ **jd treibt Tiere [von etw] ab** *Vieh* qn fait redescendre des animaux [de qc]
II. *vi* 1. + *haben* ■ **jd treibt ab** qn avorte; ■ **jd lässt ~** qn se fait avorter
2. + *sein* (*abkommen*) ■ **etw treibt ab** qc dérive; ■ **etw treibt von etw ab** qc s'écarte de qc; ■ **jd treibt [von etw] ab** qn est entraîné(e) [loin de qc]

Abtreibung <-, -en> *f* avortement *m*
▶ **jd nimmt eine ~ [an jdm] vor** *form* qn pratique un avortement [sur qn]; **jd lässt eine ~ [an sich** (*dat*)**] vornehmen** *form* qn a recours à l'avortement

Abtreibungspille *f* pilule *f* contragestive **Abtreibungsversuch** *m* tentative *f* d'avortement ▶ **jd nimmt einen ~ [an sich** (*dat*)**] vor** *form* qn tente de se faire avorter

ab|trennen *vt* 1. (*abreißen*) ■ **jd trennt etw [von etw] ab** qn détache qc [de qc]
2. COUT ■ **jd trennt etw [von etw] ab** qn découd qc [de qc]
3. (*abteilen*) ■ **jd/etw trennt etw ab** *Bereich, Raum, Verschlag* qn/qc délimite qc; ■ **jd/etw trennt etw von etw ab** qn/qc sépare qc de qc
4. (*abschneiden*) ■ **jd/etw trennt [jdm/einem Tier] etw ab** qn/qc coupe qc [de qn/d'un animal]; */Chirurg a./* qn ampute qc [de qn]; *Kopf* qn tranche qc [de qn/d'un animal]; ***jdm wird der Kopf abgetrennt*** qn est décapité(e); ■ **abgetrennt** coupé(e)

Abtrennung *f* 1. COUT *verbal übersetzt;* ***eine ~ des Knopfs ist möglich*** il est possible de découdre le bouton
2. (*das Abteilen*) cloisonnage *m*
3. (*Vorrichtung*) cloisonnement *m*
4. (*das Abschneiden*) [*Glied*] amputation *f;* [*Tumor, Warze*] ablation *f;* ***die ~ des Kopfes*** la décapitation

ab|treten *irreg* I. *vt* + *haben* 1. JUR ■ **jd tritt [jdm [o an jdn]] etw ab** qn cède qc [à qn]
2. *fam* (*überlassen*) ■ **jd tritt jdm etw ab** qn refile qc à qn *fam*
3. (*abnutzen*) ■ **jd tritt etw ab** *Bodenbelag, Teppich* qn use qc
4. (*entfernen*) ■ **jd tritt etw ab** *Schnee* qn secoue qc; *Schmutz* qn gratte qc; (*stampfend*) qn tape des pieds pour enlever qc
II. *vi* + *sein* 1. (*zurücktreten*) ■ **jd tritt ab** */Herrscher, Politiker, Partei, Regierung/* qn démissionne; */Monarch/* qn abdique; ■ **jd tritt von etw ab** qn se retire de qc; ■ **das A~** la démission; l'abdication *f*
2. THEAT ■ **jd tritt [von etw] ab** qn sort [de qc]
3. *fam* (*sterben*) ■ **jd tritt ab** qn claque *fam*
4. MIL ■ **jd tritt ab** qn rompt les rangs; ■ **jd lässt ~** qn fait rompre les rangs
III. *vr* + *haben* 1. (*sich abnutzen*) ■ **etw tritt sich ab** */Bodenbelag, Läufer, Teppich/* qc s'use
2. (*säubern*) ■ **jd tritt sich** (*dat*) **etw [an etw** (*dat*)**] ab** *Füße, Schuhe, Stiefel* qn s'essuie qc [sur qc]

Abtreter <-s, -> *m fam* (*Fußmatte*) paillasson *m;* (*Gitterrost*) décrottoir *m*

Abtretung <-, -en> *f* JUR cession *f*

Abtrieb *m* AGR descente *f* de l'alpage, désalpe *f* CH

Abtritt[1] *m* 1. POL démission *f;* [*Partei*] retrait *m;* [*Herrscher*] abdication *f*
2. THEAT sortie *f*

Abtritt[2] *m veraltend s.* **Toilette**

ab|trocknen I. *vt* ■ **jd trocknet jdn/etw ab** qn essuie qn/qc; ■ **jd trocknet jdm etw ab** qn lui essuie qc
II. *vi* ■ **jd trocknet ab** qn essuie [la vaisselle]; ***soll ich dir beim A~ helfen?*** dois-je t'aider à essuyer [la vaisselle]?
III. *vr* ■ **jd trocknet sich ab** qn s'essuie, qn se sèche; ■ **jd trocknet sich** (*dat*) **etw ab** qn s'essuie qc

ab|tropfen *vi* + *sein* ■ **etw tropft ab** qc [s']égoutte; ■ **jd lässt etw ~** qn laisse [*o* fait] [s']égoutter qc

ab|trotzen *vt geh* ■ **jd trotzt jdm etw ab** qn extorque qc à qn

abtrünnig *adj Lehnsmann, Provinz* dissident(e); *Ketzer* renégat(e); ■ **jd wird einer S.** (*dat*) **~** qn renie qc; ■ **jd wird jdm ~** qn se sépare de qn, qn fait sécession de qn **Abtrünnige(r)** *f(m) decl wie adj* dissident(e) *m(f)*

ab|tun *vt irreg* 1. (*nicht beachten*) ■ **jd tut etw ab** *Argument, Bemerkung, Einwand, Opposition* qn ignore qc; ■ **jd tut etw mit etw ab** *mit einem Achselzucken* qn balaie qc de qc
2. (*erledigen*) ■ **etw ist [mit etw] abgetan** qc est réglé(e) [par qc]; ***lassen wir es damit abgetan sein*** tirons un trait là-dessus; ■ **jd tut etw mit etw ab** qn règle qc par qc; *Verhalten* qn fait oublier qc par qc

ab|tupfen I. *vt* 1. (*entfernen*) ■ **jd tupft [jdm] etw [von etw] ab** *Blut, Schweiß* qn éponge qc [sur son/sa/ses qc]; *Tränen* qn essuie qc [sur son/sa/ses qc]
2. (*reinigen*) ■ **jd tupft [jdm] etw [mit etw] ab** *Gesicht, Mundwinkel, Stirn* qn [lui] essuie qc [avec qc]; *Wunde* qn [lui] nettoie qc [avec qc]
II. *vr* ■ **jd tupft sich** (*dat*) **etw ab** *Mundwinkel, Stirn etc* qn s'essuie qc; *Schweiß, Lippenstift* qn essuie son/sa/ses qc

ab|urteilen *vt* ■ **jd urteilt jdn ab** qn condamne qn

Aburteilung <-, -en> *f* condamnation *f*

Abverkauf *m* AUS (*Ausverkauf*) liquidation *f*

ab|verlangen * *vt s.* **abfordern**

ab|wägen *vt irreg* ■ **jd wägt etw ab** *Worte, Pro und Kontra* qn pèse qc; *Angebot, Plan* qn examine qc avec attention [*o* avec soin]; ■ **jd wägt Dinge [gegeneinander] ab** qn compare [avec soin] des choses [entre elles]; *s. a.* **abgewogen**

Abwägung <-, -en> *f* [*Angebot, Plan*] examen *m;* [*Vor- und Nachteile*] comparaison *f;* ***etw bedarf der ~ eines jeden Wortes*** qc exige que chaque mot soit pesé

Abwahl *f* ∅ blackboulage *m rare,* destitution *f*

abwählbar *adj* 1. ■ **jd ist ~** qn peut se faire blackbouler
2. *Schulfach* facultatif(-ive)

ab|wählen *vt* 1. ■ **jd wählt jdn ab** qn blackboule qn
2. SCOL ■ **jd wählt etw ab** *Fach* qn abandonne qc

ab|wälzen *vt* 1. (*aufbürden*) ■ **jd wälzt etw [auf jdn] ab** *Arbeit, Aufgaben, Verantwortung* qn se décharge de qc [sur qn]; ***die Mehrarbeit wurde auf die verbliebenen Redakteure abgewälzt*** le surplus de travail est retombé sur les rédacteurs restants; ***jd wälzt die Schuld ab/auf jdn ab*** qn se disculpe/rejette la faute sur qn
2. COM ■ **jd wälzt etw auf jdn/etw ab** *Kosten* qn répercute qc sur qn/qc

ab|wandeln *vt* 1. (*variieren*) ■ **jd wandelt etw ab** qn remanie qc
2. MUS ■ **jd wandelt etw ab** qn modifie qc

ab|wandern *vi* + *sein* 1. (*wegziehen*) ■ **jd wandert [irgendwohin] ab** qn déménage [quelque part]; ■ **jd wandert aus etw [irgendwohin] ab** qn quitte qc [pour s'installer quelque part]
2. *fam* (*überwechseln*) ■ **jd wandert zu jdm/etw ab** */Abonnent, Kunde, Spieler/* qn passe à qn/qc; ***jd wandert aus einem Verein in einen anderen ab*** qn quitte un club pour un autre
3. FIN *fam* ■ **etw wandert [irgendwohin] ab** */Kapital/* qc fuit [quelque part]; ■ **etw wandert aus etw irgendwohin ab** qc fuit qc pour quelque part; ***abgewandertes Kapital*** un capital expatrié
4. (*das Habitat verlagern*) ■ **sie wandern [irgendwohin] ab** */Tiere, Populationen/* ils/elles migrent [quelque part]; ■ **sie wandern aus etw [irgendwohin] ab** ils/elles quittent qc [pour s'installer quelque part]

Abwanderung *f* 1. [*Bevölkerung, Bewohner, Fachkräfte*] migration *f* intérieure
2. FIN [*Kapital*] fuite *f,* exode *m*
3. [*Tiere, Populationen*] migration *f;* [*Pflanzen*] déplacement *m*

Abwanderungsverlust *m* solde *m* migratoire négatif; ***~e von qualifizierten Fachkräften*** une perte de personnel qualifié; ***der ~ von qualifizierten Nachwuchswissenschaftlern*** la fuite des cerveaux

Abwandlung *f* 1. (*Variation*) remaniement *m;* ***das Stück ist nur die ~ eines wohl bekannten Themas*** la pièce n'est qu'une variation sur un sujet bien connu
2. MUS ■ **~ [einer S.** (*gen*)**]** variation *f* [sur qc]

Abwärme *f* TECH (*ungenutzt abgegebene Wärme*) [*Heizung, Kraftwerk*] chaleur *f* perdue

Abwart(in) <-s, -e> *m(f)* CH *s.* **Hausmeister**

ab|warten I. *vt* (*auf das Ende von etw warten*) ■ **jd wartet etw ab** qn attend qc; *Gewitter, Schlacht* qn attend la fin de qc; ■ **jd wartet jdn ab** qn attend [l'arrivée de] qn
▶ **das bleibt abzuwarten** c'est à voir; ***es bleibt noch abzuwarten, ob*** reste à savoir si; **jd kann es ~/nicht ~** (*sich gedulden können*) qn peut/ne peut pas patienter; ***jd kann es nicht ~ etw zu tun*** qn est impatient(e) de faire qc
II. *vi* (*auf den Eintritt von etw warten*) ■ **jd wartet ab** qn attend

abwartend I. *adj Blick* plein(e) d'attente; *Haltung* attentiste
II. *adv ansehen* plein(e) d'attente; ***jd verhält sich ~*** qn reste dans l'expectative

abwärts *adv* 1. (*nach unten*) en bas; ***weiter ~*** plus bas; ***hinter der Kurve geht es ~*** ça descend après le tournant; ***wir müssen wieder ~*** nous devons redescendre; ***wollen Sie [mit dem Fahrstuhl] aufwärts oder ~?*** voulez-vous monter ou descendre?
2. (*unter*) ■ **von jdm ~** depuis qn jusqu'en bas de la hiérarchie; ■ **von etw ~** de qc et moins

-abwärts en descendant le/la

abwärts|gehen *s.* **gehen I.**▶

Abwärtstrend *m* tendance *f* à la baisse; ***unsere Wirtschaft befindet sich im ~*** notre économie connaît une récession

Abwasch[1] <-[e]s> *m* ∅ 1. (*Spülgut*) vaisselle *f* [sale]
2. (*das Spülen*) vaisselle *f;* ***jd ist mit dem ~ beschäftigt*** qn est en train de faire la vaisselle
▶ **das ist ein ~** *fam* tant que j'y suis/tu y es *fam,* ça fait/fera d'une pierre deux coups; **jd/etw macht den ~** qn/qc lave [*o* fait] la vaisselle

Abwasch[2] <-, -en> *f* AUS *s.* **Spülstein**

abwaschbar *adj* lavable; ■ **etw ist von etw ~** qc sur qc disparaît au lavage

Abwaschbecken *nt* évier *m*

ab|waschen *irreg* I. *vt* 1. (*säubern*) ■ **jd wäscht etw/ein Tier [mit etw] ab** qn lave qc/un animal [avec qc]; ***sie wäscht ihr Gesicht ab*** elle se lave la figure; ***jd besorgt das A~ der Pferde*** qn s'occupe de laver les chevaux
2. (*spülen*) ■ **jd wäscht etw ab** *Besteck, Geschirr, Küchengerät* qn lave qc
3. (*entfernen*) ■ **jd wäscht [jdm] etw [von etw] ab** *Farbe, Fleck, Dreck* qn [lui] lave qc [sur qc]; ***etw lässt sich nicht ~*** qc ne s'en va pas au lavage
4. *geh* (*beseitigen*) ■ **jd wäscht etw ab** *Schande, Schmach, Fleck, Makel* qn lave qc; ■ **jd wäscht etw von etw ab** qn efface qc de qc
II. *vr* 1. (*sich waschen*) ■ **jd wäscht sich ab** qn se lave; ***jd wäscht sich kalt ab*** qn se lave à l'eau froide
2. (*entfernen*) ■ **jd wäscht sich** (*dat*) **etw [von etw] ab** *Schmutz* qn lave qc [sur qc]; ***jd wäscht sich die Schminke [vom Gesicht] ab*** qn se démaquille à l'eau
III. *vi* ■ **jd wäscht ab** qn lave [*o* fait] la vaisselle

Abwaschlappen *m* lavette *f* **Abwaschwasser** *nt* 1. (*Spülwasser*) eau *f* de vaisselle 2. *pej fam* eau *f* de vaisselle *fam,* lavasse *f fam*

Abwasser <-wässer> *nt* eaux *fpl* usées; ***industrielle Abwässer*** eaux industrielles

Abwasseraufbereitung *f* traitement *m* des eaux usées **Abwasserkanal** *m* égout *m* **Abwasserreinigung** *f* épuration *f* des eaux usées

ab|wechseln [-vɛks-] *vr* 1. (*im Wechsel handeln*) ■ **jd wechselt sich mit jdm ab** qn alterne avec qn; ■ **sie wechseln sich ab/bei etw ab** ils/elles

alternent/se relaient pour faire qc
2. (*im Wechsel erfolgen*) ■ **Dinge wechseln sich miteinander** [*o* **einander**] **ab** /*Gefühle, Witterungserscheinungen*/ des choses alternent
abwechselnd [-vɛks-] *adv Witterungserscheinungen* tour à tour; *Leute* à tour de rôle
Abwechs(e)lung <-, -en> [-vɛks-] *f* (*Zerstreuung*) distraction *f;* (*Veränderung*) changement *m; **um ein wenig ~ zu haben*** pour se changer un peu les idées; ***etw sorgt für ~ in jds Leben*** qc met de l'animation dans la vie de qn; ***jd verschafft sich*** (*dat*) ***~ vom Alltag*** qn sort du train-train
▸ **jd liebt die ~** qn aime le changement; **zur ~** pour changer
abwechslungshalber [-vɛks-] *adv* pour changer
abwechslungslos [-vɛks-] *adj* immuable, pas varié(e) *péj*
abwechslungsreich [-vɛks-] *adj* varié(e)
Abweg *m meist pl* (*Irrweg*): ***jd schlägt ~e ein, jd befindet sich auf ~en*** qn se fourvoie
▸ **jd führt** [*o* **bringt**] **jdn auf ~e** qn détourne qn du droit chemin; **jd gerät auf ~e** qn se dévoie
abwegig *adj* aberrant(e)
Abwegigkeit <-, *rare* -en> *f* absurdité *f*
Abwehr *f* ∅ **1.** SPORT défense *f; **immer wieder gelang die ~ gegnerischer Angriffe*** ils/elles réussirent toujours à repousser les attaques de l'adversaire
2. MIL ■ **die ~** [**einer S.** (*gen*)] la riposte [à qc]; ***die ~ des feindlichen Angriffs gelang nicht*** l'attaque ennemie ne put être repoussée
3. (*Spionage~*) contre-espionnage *m*
4. PHYSIOL (*das Abwehren*) ■ **die ~ einer S.** (*gen*) la défense contre qc; (*Abwehrsystem*) défenses *fpl*
5. PSYCH (*inneres Widerstreben*) résistance *f; **etw stößt bei jdm auf ~*** qc se heurte à [*o* rencontre] une certaine résistance chez [*o* de la part de] qn
abwehrbereit *adj* MIL prêt(e) à riposter
ab|wehren I. *vt* **1.** MIL ■ **jd wehrt jdn/etw ab** qn repousse qn/qc
2. SPORT ■ **jd wehrt etw ab** *Ball* qn repousse qc; ■ **jd wehrt jdn/etw ab** *Angriff, Angriffsspieler* qn stoppe qn/qc
3. BOXEN ■ **jd wehrt etw ab** *Gerade, Haken, Schlag* qn pare qc
4. MED ■ **etw wehrt etw ab** *Infektion, Mikroorganismen* qc se défend contre qc; ***die Infektion konnte abgewehrt werden*** l'infection a pu être enrayée
5. (*abweisen*) ■ **jd wehrt etw ab** *Anschuldigung, Angriff, Vorwurf* qn repousse qc; ■ **er/sie wehrt etw von sich ab** il/elle rejette qc loin de lui/d'elle
6. (*abwenden*) ■ **jd wehrt etw ab** *Auswirkungen, Verseuchung* qn enraie qc; *Gefahr* qn écarte qc
II. *vi* **1.** (*ablehnen*) ■ **jd wehrt ab** qn refuse
2. SPORT ■ **jd wehrt ab** /*Torwart*/ qn dégage
abwehrend I. *adj Geste* de défense; ***eine ~e Haltung*** une attitude défensive
II. *adv die Hände heben* pour me/se protéger
Abwehrkampf *m* combat *m* défensif **Abwehrkräfte** *pl* MED défenses *fpl* [immunitaires] **Abwehrreaktion** *f* PSYCH réaction *f* de défense
ab|weichen *vi irreg + sein* **1.** (*abgehen*) ■ **jd weicht von etw ab** *von Thema* qn s'écarte de qc; *von Parteilinie a.* qn s'éloigne de qc; *von Äußerungen, Idee, Meinung, Plan* qn dévie de qc
2. (*sich entfernen*) ■ **etw weicht von etw ab** /*Auffassung, Programm*/ qc s'écarte de qc
3. (*sich unterscheiden*) ■ **Dinge weichen voneinander ab** /*Auffassungen, Theorien*/ des choses divergent; ■ **etw weicht von etw ab** /*Auffassung, Aussage, Vorschlag*/ qc s'écarte de qc
4. (*sich unterscheiden*) ■ **jd weicht in einer S.** (*dat*) **von jdm/etw ab** *im Aussehen, Verhalten, in der Arbeitsweise* qn s'oppose à qn sur une chose/une chose de qn est éloignée de qc
5. (*abkommen*) ■ **jd/etw weicht von etw ab** *vom Kurs, von der Route* qn/qc dévie de qc
abweichend *adj Ansicht, Meinung* divergent(e); ***ein von der Norm ~es Verhalten*** un comportement déviant
Abweichler(in) <-s, -> *m(f) pej* déviationniste *mf*
Abweichung <-, -en> *f* **1.** (*Unterschiedlichkeit*) divergence *f;* ■ **~** [**einer S.** (*gen*)] **von etw** divergence *f* [d'une chose] par rapport à qc; ***etw stellt eine ~ von etw dar*** qc s'écarte de qc
2. AVIAT, NAUT déviation *f*
3. TECH (*Differenz*) écart *m*
ab|weisen *vt irreg* **1.** (*wegschicken*) ■ **jd weist jdn ab** qn renvoie qn, qn éconduit qn
2. (*abschlägig bescheiden*) ■ **jd weist etw ab** *Ansinnen, Antrag, Bitte* qn rejette qc; ■ **jd weist jdn ab** *Bewerber* qn refuse qn, qn éconduit qn
3. JUR ■ **jd weist etw ab** *Antrag, Beschwerde, Klage* qn rejette qc
▸ **jd lässt sich** [**von jdm**] **nicht ~** qn ne se laisse pas rebuter [par qn]
abweisend *adj* rebutant(e); ■ **jd ist ~ zu jdm** qn est bourru(e) avec qn
Abweisung *f* **1.** (*das Wegschicken*) renvoi *m; **jd nimmt seine ~ nicht hin*** qn n'accepte pas d'être éconduit(e)
2. (*das Ablehnen*) [*Antrag, Bitte*] rejet *m; **aus den dargelegten Gründen kommen wir zur ~ Ihres Antrages*** nous rejetons votre demande pour les raisons citées
3. JUR [*Antrag, Beschwerde, Klage*] rejet *m*
abwendbar *adj Ereignis, Unglück, Unfall* évitable; ***etw war kein ~es Ereignis*** qc était un événement inévitable; ***das Unglück wäre noch ~ gewesen, wenn ...*** l'accident aurait pu encore être évité si ...; ***noch ist das Verhängnis ~!*** le destin n'est pas encore inéluctable!
ab|wenden *reg o irreg* **I.** *vr geh* **1.** (*sich wegdrehen*) ■ **jd wendet sich ab** qn se détourne; ■ **jd wendet sich von jdm/etw ab** qn tourne le dos à qn/qc; ***sie wandte sich von ihrer Arbeit ab*** elle quitta [un instant] son travail
2. (*sich innerlich abkehren*) ■ **jd wendet sich von jdm ab** qn se détourne de qn, qn tourne le dos à qn
II. *vt* **1.** (*verhindern*) ■ **jd wendet etw** [**von jdm/etw**] **ab** *Folgen, Katastrophe* qn évite qc [à qn/qc]; *Unheil* qn détourne qc [de qn/qc]; *Gefahr* qn écarte qc [de qn/qc]
2. *geh* (*zur Seite wenden*) ■ **jd wendet etw** [**von jdm/etw**] **ab** *Blick, Gesicht, Kopf* qn détourne qc [de qn/qc]; ***mit abgewandtem Blick*** le regard dirigé ailleurs; ***er hielt den Kopf abgewendet*** il garda la tête détournée
ab|werben *vt irreg* ■ **jd wirbt** [**jdm**] **jdn ab** *Abonnenten, Käufer, Kunden* qn racole qn [chez qn]; *Mitarbeiter* qn débauche qn [chez qn]; ***sie werben sich gegenseitig Abonnenten ab*** ils/elles essaient de racoler les abonnés de l'autre
Abwerbung *f* [*Mitarbeiter, Wähler*] débauchage *m;* [*Abonnenten, Kunden*] racolage *m*
ab|werfen *irreg* **I.** *vt* **1.** (*aus der Luft*) ■ **jd/etw wirft etw ab** *Ballast* qn/qc lâche qc; *Bomben* qn/qc largue qc; *Flugblätter, Prospekte* qn/qc lance qc; *Hilfsgüter* qn/qc parachute qc
2. ■ **ein Tier wirft jdn ab** *Reiter* un animal désarçonne qn
3. (*verlieren*) ■ **etw wirft etw ab** /*Baum*/ qc perd qc; ***abgeworfene Blätter*** des feuilles tombées [*o* mortes]
4. (*abstoßen*) ■ **ein Tier wirft etw ab** *Geweih* un animal perd qc; ***abgeworfene Geweihe*** des mues *fpl*
5. (*erzielen*) ■ **etw wirft etw ab** *Gewinn, Zinsen* qc rapporte qc; ***die abgeworfenen Gewinne*** les bénéfices réalisés
6. *geh* ■ **jd wirft etw ab** *Joch* qn secoue qc; *Fesseln* qn brise qc
7. KARTEN ■ **jd wirft etw ab** *Karte* qn se défausse de qc
II. *vi* ■ **jd wirft ab** /*Hochspringer*/ qn fait tomber la barre; /*Torwart*/ qn dégage [à la main]
ab|werten I. *vt* **1.** ECON ■ **jd wertet etw** [**um etw**] **ab** *Währung* qn dévalue qc [de qc]
2. (*Bedeutung mindern*) ■ **jd wertet etw ab** *Ideal, Tugend* qn déprécie qc; ***etw ist/wird abgewertet*** qc est dévalorisé(e)/se dévalorise
II. *vi* ■ **jd/etw wertet** [**um etw**] **ab** qn/qc dévalue [de qc]
abwertend I. *adj Begriff, Gebrauch* péjoratif(-ive)
II. *adv* péjorativement; ***diese Bemerkung war ~ gemeint*** cette remarque avait une connotation péjorative
Abwertung *f* **1.** ECON [*Währung*] dévaluation *f*
2. [*Ideal, Tugend*] dévalorisation *f*
abwesend *adj* **1.** *form* (*nicht anwesend*) absent(e) **2.** (*geistes~*) *Mensch, Gesichtsausdruck* absent(e); ■ **jd ist ~** qn a une absence **Abwesende(r)** *f(m) decl wie adj* absent(e) *m(f)*
Abwesenheit <-, *rare* -en> *f* **1.** (*opp: Anwesenheit*) absence *f;* **bei ~** en cas d'absence
2. (*Geistes~*) absence *f; **sein Gesicht hat so einen Ausdruck von ~*** son visage a un air absent
▸ **jd glänzt durch ~** *iron fam* qn brille par son absence; **in ~ eines Menschen** JUR en l'absence d'une personne; ***jd wird in ~ verurteilt*** qn est condamné(e) par contumace
ab|wickeln I. *vt* **1.** (*herunterwickeln*) ■ **jd wickelt etw** [**von etw**] **ab** *Garn, Kabel, Verband* qn déroule qc [de qc]; ***die Wolle wurde von der Spule abgewickelt*** la laine a été débobinée; ***der Arzt wickelte dem Patienten den Verband*** [***vom Arm***] ***ab*** le médecin défait le bandage [du bras] du patient
2. (*erledigen*) ■ **jd wickelt etw ab** *Auftrag, Überweisung* qn exécute qc; *Käufe, Verkäufe, Geschäft* qn réalise qc; *Konkurs* qn règle qc
3. (*als politische Altlast abschaffen*) ■ **jd wickelt jdn/etw ab** qn se débarrasse de qn/liquide qc
II. *vr* **1.** ■ **etw wickelt sich** [**von etw**] **ab** qc se déroule [de qc]; ***etw wickelt sich von der Spule ab*** qc se débobine
2. (*sich abmachen*) ■ **jd wickelt sich** (*dat*) **etw** [**von etw**] **ab** *Binde, Verband* qn défait qc [de son/sa/ses qc]
Abwicklung <-, -en> *f* **1.** (*Erledigung*) [*Auftrag, Überweisung*] exécution *f;* [*Geschäft*] réalisation *f*
2. POL (*Abschaffung*) [*Betrieb*] liquidation *f;* [*Beamte, Mitarbeiter*] licenciement *m*
ab|wiegeln I. *vi* ■ **jd wiegelt ab** qn minimise; ***die Regierung ist geübt im A~*** le gouvernement a l'art de minimiser [les choses]
II. *vt* ■ **jd wiegelt jdn/etw ab** (*beruhigen*) qn apaise qn/qc; (*vertrösten*) qn endort qn/qc
ab|wiegen *vt irreg* ■ **jd wiegt** [**jdm**] **etw ab** qn pèse qc [à qn]; ■ **das A~** la pesée
ab|wimmeln *vt fam* **1.** (*abweisen*) ■ **jd wimmelt jdn ab** *Besucher, Bittsteller, Vertreter* qn envoie balader qn *fam; **versuchen Sie ihn durch A~ loszuwerden!*** essayez de vous débarrasser de lui en l'envoyant promener!; ***er ließ sich so leicht nicht ~*** il ne se laissa pas rebuter si facilement
2. (*verweigern*) ■ **jd wimmelt etw ab** *Arbeit, Auftrag* qn repousse qc
ab|winkeln *vt* ■ **jd winkelt etw ab** *Arme, Bein* qn plie qc
ab|winken *vi fam* ■ **jd winkt ab** **1.** (*durch Handbewegung*) qn fait signe que non [*o* un signe de dénégation]
2. (*ablehnen*) qn refuse
ab|wirtschaften *vi fam* ■ **jd/etw hat abgewirtschaftet** qn/qc est en [pleine] déconfiture *fam;* ■ **abgewirtschaftet** *Regierung* aux abois; *Firma, Ökonomie* en [pleine] déconfiture *fam; Industrieanlagen* délabré(e); ***etw macht einen abgewirtschafteten Eindruck*** qc donne une impression de délabrement
ab|wischen I. *vt* **1.** (*entfernen*) ■ **jd wischt** [**jdm**] **etw** [**von etw**] **ab** *Dreck, Staub, Insekten, Tränen* qn [lui] essuie qc [sur qc]
2. (*säubern*) ■ **jd wischt** [**jdm**] **etw ab** *Augen, Hände, Nase* qn [lui] essuie qc; ***bitte die Hände an diesem Handtuch ~!*** essuie-toi/essuyez-vous les

mains à cet essuie-mains!
II. *vr* 1. (*sich entfernen*) ■ **jd wischt sich** (*dat*) **etw ab/von etw ab** *Tränen* qn essuie son/sa/ses qc/essuie qc sur son/sa/ses qc; *Schweiß, Dreck* qn s'essuie qc
2. (*sich säubern*) ■ **jd wischt sich** (*dat*) **etw ab** qn s essuie qc

ab|wracken *vt* 1. ■ **jd wrackt etw ab** *Auto, Schiff* qn met qc à la casse [*o* à la ferraille]
2. (*heruntergekommen*) ■ **abgewrackt** *Mensch* décrépit(e); *Äußeres* délabré(e); ***ein abgewrackter Typ*** une épave

Abwurf *m* 1. [*Ballast*] lâchage *m;* [*Bomben*] largage *m;* [*Flugblätter*] lancement *m;* [*Hilfsgüter*] parachutage *m*
2. *verbal übersetzt;* ***bei dem ~ brach er sich den Arm*** il s'est cassé un bras quand le cheval l'a désarçonné
3. SPORT *verbal übersetzt;* ***beinahe wäre es zum ~ der Latte gekommen*** la barre a failli tomber; (*vom Tor*) dégagement *m* [à la main]

ab|würgen *vt fam* 1. AUT ■ **jd würgt etw ab** *Motor* qn cale qc
2. (*im Keim ersticken*) ■ **jd würgt etw ab** *Forderung* qn étouffe qc; *Diskussion* qn coupe court à qc

ab|zahlen I. *vt* 1. (*zurückzahlen*) ■ **jd zahlt etw ab** qn rembourse qc
2. (*bezahlen*) ■ **jd zahlt etw ab** *Auto, gekauften Gegenstand* qn paie qc à tempérament; ***jd zahlt etw in Raten ab*** qn paie qc en plusieurs versements; ■ **etw ist abgezahlt** le remboursement de qc est terminé
II. *vi* ■ **jd zahlt** [**an etw** (*dat*)] **ab** *an Schulden* qn effectue les remboursements [de qc]

ab|zählen I. *vt* ■ **jd zählt** [**jdm**] **etw ab** *Betrag, Banknoten* qn compte qc [à qn]; ***zählen Sie mir das Geld in Hundertern ab!*** faites-moi le compte en billets de 100 marks!; ***in der Tasche habe ich die abgezählten 25 Mark*** j'ai les 25 marks tout rond dans la poche; ***bitte das Fahrgeld abgezählt bereithalten*** veuillez faire l'appoint pour le prix du billet
II. *vi* ■ **jd zählt ab** qn compte; ■ **das A~** le compte ***der Kassierer hatte sich beim A~ vertan*** le caissier s'était trompé en comptant

Abzählreim *m* comptine *f*

Abzahlung *f* [*Kredit, Schulden*] remboursement *m*
► **jd kauft** [**etw**] **auf ~** qn achète [qc] à tempérament

Abzählvers *m* s. **Abzählreim**

ab|zapfen *vt* 1. (*zapfen*) ■ **jd zapft** [**jdm**] **etw** [**aus etw**] **ab** *Bier, Wein* qn tire [de qc] qc [à qn]
2. *fam* (*abnehmen*) ■ **jd zapft jdm etw ab** *Blut* qn pompe qc à qn *fam; Geld* qn soutire qc à qn *fam*

Abzäunung <-, -en> *f* (*abtrennende Umzäunung*) clôture *f;* (*durch Polizei*) barrage *m*

Abzeichen *nt* 1. (*Plakette*) insigne *m*
2. (*Sport~*) insigne *m*
3. MIL (*Rang~*) insigne *m*

ab|zeichnen I. *vt* 1. (*abmalen*) ■ **jd zeichnet etw** [**von etw**] **ab** *Bild, Zeichnung, Gegenstand* qn reproduit qc [à partir de qc]
2. (*signieren*) ■ **jd zeichnet etw ab** *Scheck, Schriftstück* qn signe qc; ***Schriftstücke zum A~*** des lettres *fpl* à signer
II. *vr* 1. (*erkennbar werden*) ■ **etw zeichnet sich** [**irgendwo/an etw** (*dat*)] **ab** */Entwicklung, Konflikt/ am Horizont* qc se profile [quelque part]; *an bestimmten Erscheinungen* qc s'annonce [par qc]
2. (*durchscheinen*) ■ **etw zeichnet sich** [**durch etw**] **ab** */Formen, Hüften, Unterwäsche, Träger/* qc se dessine [à travers qc]

Abziehbild *nt* décalcomanie *f*

ab|ziehen *irreg* I. *vi* 1. + *sein* MIL ■ **jd zieht** [**aus etw**] **ab** qn se retire [de qc]
2. + *sein fam* (*weggehen*) ■ **jd zieht ab** qn décampe *fam*
3. + *sein* (*wegziehen*) ■ **etw zieht ab** */Dampf, Rauch, Staubwolke, Giftwolke/* qc se dissipe; ■ **etw zieht aus etw ab** *aus einem Raum* qc s'échappe de qc; *aus einem Areal, aus einer Siedlung* qc s'éloigne de qc
4. + *sein* METEO ■ **etw zieht** [**irgendwohin**] **ab** */Gewitter, Sturmtief etc/* qc s'éloigne [quelque part]
5. + *haben* (*abdrücken*) ■ **jd zieht ab** qn tire
► **zieh ab!** *fam* (*verdufte!*) fous le camp! *fam,* dégage! *fam*
II. *vt* + *haben* 1. (*einbehalten*) ■ **jd zieht jdm etw** [**von etw**] **ab** *Sozialabgaben, Steuern* qn retient à qn qc [sur qc]
2. COM (*abrechnen*) ■ **jd zieht** [**jdm**] **etw** [**von etw**] **ab** *bestimmten Kaufpreis, Rabatt* qn déduit qc [sur qc] [à qn]
3. MATH (*subtrahieren*) ■ **jd zieht etw** [**von etw**] **ab** qn retranche qc [de qc]
4. FIN ■ **jd zieht etw** [**aus etw**] **ab** *Einlage, Kapital* qn retire qc [de qc]
5. FIN (*belasten*) ■ **jd zieht etw von etw ab/jdm etw ab** qn retire qc sur qc/à qn
6. MIL ■ **jd zieht etw** [**aus etw**] **ab** qn retire qc [de qc]
7. (*herausziehen*) ■ **jd zieht etw** [**von etw**] **ab** *Schlüssel* qn retire qc [de qc]
8. (*herunterziehen*) ■ **jd zieht** [**jdm**] **etw** [**von etw**] **ab** *Ring, Uhr* qn [lui] retire qc [de qc]
9. (*entfernen*): ***jd zieht jdm die Haut/einem Tier das Fell ab*** qn écorche qn/dépouille un animal; ***die feine Haut am Fleisch muss noch abgezogen werden*** il faut encore retirer la fine peau sur la viande
10. (*von den Bezügen befreien*) ■ **jd zieht etw ab** *Matratze* qn déhousse qc; ***jd zieht die Betten/die Kissen ab*** qn retire les draps [des lits]/les taies [des oreillers]
11. (*abnehmen*) ■ **jd zieht etw** [**von etw**] **ab** *Bettzeug, Laken* qn retire qc [de qc]
12. (*abfüllen*) ■ **jd zieht etw** [**von etw**] **ab** *Most, Wein* qn tire qc [de qc]; ***der Wein wird direkt vom Fass auf Flaschen abgezogen*** le vin est tiré directement du tonneau et mis en bouteilles
13. TYP (*vervielfältigen*) ■ **jd zieht etw ab** *Text, Vorlage* qn tire qc; ***jd zieht etw fünfmal ab*** qn tire qc en cinq exemplaires
14. CH (*ausziehen*) ■ **jd zieht etw ab** *Kleidungsstück* qn retire qc
III. *vr* CH (*sich ausziehen*) ■ **jd zieht sich ab** qn se déshabille

ab|zielen *vi* 1. (*treffen wollen*) ■ **jd zielt** [**mit etw**] **auf jdn/etw ab** qn vise qn/veut en venir à qc; ■ **etw zielt auf jdn/etw ab** */Bemerkung, Seitenhieb/* qc vise qn/qc
2. (*zum Ziel haben*) ■ **jd/etw zielt auf etw** (*akk*) **ab** */Gesetz/* qn a qc en vue/qc vise à qc

ab|zocken I. *vt sl* ■ **jd zockt jdn ab** qn arnaque qn *fam*
II. *vi sl* ■ **jd zockt ab** qn ramasse le fric *fam,* qn s'en met plein les poches *fam*

Abzug *m* 1. (*Einbehalt*) [*Sozialabgaben, Steuern*] retenue *f*
2. COM [*Rabatt, Skonto*] déduction *f*
3. TYP (*Abdruck*) copie *f;* (*Korrekturfahne*) épreuve *f,* placard *m*
4. PHOT épreuve *f;* ***ein vergrößerter ~*** un agrandissement
5. ∅ MIL retrait *m*
6. FIN [*Geldanlage, Kapital*] retrait *m;* ***der ~ von ausländischem Kapital*** la fuite des capitaux étrangers
7. METEO départ *m*
8. [*Kamin*] (*das Abziehen*) tirage *m;* (*Abzugsöffnung*) conduit *m* de fumée; (*Dunst~*) hotte *f* [aspirante]
9. (*Drücker*) [*Schusswaffe*] détente *f;* ***den Finger am ~*** le doigt sur la détente
► **jd gewährt ihm freien ~** MIL il obtient de qn les honneurs de la guerre; **jd bringt etw** [**von etw**] **in ~** *form Rabatt, Skonto, Betrag* qn déduit qc [de qc]; **ohne ~** sans déduction

abzüglich *präp + gen* ■ **~ einer S.** (*gen*) déduction faite d'une chose

abzugsfähig *adj Aufwendungen, Kosten* déductible **abzugsfrei** *adj Einkünfte, Umsätze* exonéré(e) d'impôt **Abzugshaube** *f* (*mit Luftschacht*) hotte *f* aspirante; (*ohne Luftschacht*) hotte *f* filtrante; (*über dem Laborplatz*) hotte *f* de laboratoire **Abzugsrohr** *nt* tuyau *m* de cheminée

Abzweig *m form* embranchement *m*

ab|zweigen I. *vi + sein* 1. ELEC, TELEC ■ **etw zweigt an etw** (*dat*)**/von etw** [**irgendwohin**] **ab** */Kabel, Leitung/* qc part de qc [quelque part]
2. TRANSP ■ **etw zweigt** [**von etw**] [**irgendwohin**] **ab** */Straße, Weg, Gleis, Strecke/* qc bifurque [de qc] [quelque part]
II. *vt + haben fam* ■ **jd zweigt etw** [**von etw**] **ab** (*für einen bestimmten Zweck reservieren*) qn gratte qc [sur qc] *fam;* (*sich widerrechtlich aneignen*) qn rafle qc [sur qc] *fam*

Abzweigung <-, -en> *f* 1. TRANSP embranchement *m*
2. ELEC, TELEC branchement *m*

ab|zwicken *vt* ■ **jd zwickt** [**jdm/einer S.**] **etw ab** *welkes Blatt, Frucht, Rebe* qn coupe qc [d'une chose] [au sécateur]; *Warze* qn [lui] retire qc

Accessoire <-s, -s> [aksɛˈsoaːɐ] *nt* accessoire *m*

Acetat <-s, -e> [atse-] *nt* acétate *m*

Aceton <-s> [atse-] *nt* ∅ acétone *f*

Acetylen <-s> [atse-] *nt* ∅ acétylène *m*

ach I. *interj* 1. (*ächz*) ah
2. (*also*) ah
3. (*ärgerlich*) ah
► **~ je!** (*ächz!*) oh là là!; **~ nein** [*o* **ne**]**!** *fam* (*sieh an*) allons bon! *fam;* (*nein, nein*) ah non!; **~ so!** (*nun gut*) bon, bon!; (*aha*) ah bon!; **~ was** [*o* **wo**]**!** (*von wegen*) allons donc!; **~ wirklich?** ah oui?, allons bon! *fam*
II. *adv* (*wer weiß wie*) on ne peut plus, tout ce qu'il y a de plus; ***jd meint, er wäre ~ wie*** [*o* ***so***] ***schlau*** qn se croit on ne peut plus malin(-ligne) [*o* tout ce qu'il y a de plus malin]

Ach <-s, -[s]> *nt* (*Ächzen*) gémissement *m*
► **mit ~ und Krach** *fam* de justesse, dans la douleur; ***er hat die Prüfung mit ~ und Krach bestanden*** il a dû ramer pour avoir son exam *fam;* ***er konnte sich aus der Angelegenheit nur mit ~ und Krach herauswinden*** il a dû galérer pour se sortir de cette histoire *fam;* **jd schreit ~ und Weh** *veraltend geh* qn se répand en lamentations

Achat <-[e]s, -e> *m* agate *f*

Achillesferse *f* [*Mensch*] talon *m* d'Achille; [*Sache*] défaut *m* de la cuirasse **Achillessehne** *f* tendon *m* d'Achille

Achse <-, -n> [ˈaksə] *f* 1. AUT essieu *m*
2. PHYS axe *m*
3. ∅ POL axe *m* [politique]; ■ **die ~** HIST l'Axe [Rome-Berlin]
► **jd ist auf ~** *fam* qn est [toujours] sur les chemins; (*verreist*) qn est en déplacement

Achsel <-, -n> [ˈaksl] *f* 1. (*Achselhöhle*) aisselle *f*
2. *fam* (*Schulter*) épaule *f*
► **jd zuckt die** [*o* **mit den**] **~n** qn hausse les épaules

Achselhaare [ˈaksl-] *pl* poils *mpl* des aisselles **Achselhöhle** *f* aisselle *f;* ***in den ~n*** au creux des aisselles **Achselklappe** *f* patte *f* d'épaule **Achselpolster** *nt* épaulette *f* **Achselstück** *nt* MIL épaulette *f* **Achselzucken** <-> *nt* ∅ haussement *m* d'épaules **achselzuckend** I. *adj* haussant [*o* qui hausse] les épaules II. *adv* en haussant les épaules; ***sie quittierte die Frage/Vorhaltung ~*** elle répondit à la question/au reproche par un haussement d'épaules

Achsenbruch [ˈaksn-] *m* rupture *f* d'essieu **Achsenkreuz** *nt* MATH système *m* d'axes **Achsenmächte** *pl* HIST ■ **die ~** les puissances *fpl* de l'Axe

Achslast [ˈaks-] *f* charge *f* maximale autorisée par essieu **Achsstand** *m* empattement *m*

acht *num* 1. (*Zahl*) huit
2. (*Jahr*) huit ans; ■ **jd ist/wird ~** qn a/va avoir huit ans
3. (*Uhr*) huit heures; (*Minuten*) huit; ***es ist ~*** il est huit heures; ***es ist ~ vor/nach drei*** il est trois heures moins huit/trois heures huit; ***es ist schon kurz nach ~*** il est déjà huit heures passées; ***es ist noch vor ~*** il n'est pas

encore huit heures; *kurz vor* ~ peu avant huit heures
4. SPORT ■ ~ **zu etw** huit à qc; ■ **etw zu** ~ qc à huit
▶ **gegen** ~ vers huit heures; **mit** ~ à huit ans; **um** ~ à huit heures; **zu** ~ à huit; *sein* huit
Acht¹ <-, -en> *f* 1. (*Zahl*) huit *m*
2. TRANSP ■ **die** ~ le huit
3. KARTEN ■ **die/eine** ~ le/un huit; ■ **die** -~ le huit de
4. [*Fahrrad*]: ***sein Rad ist zu einer „~" verbogen*** sa roue fait un huit
Acht² *f* ▶ **jd gibt** [*o* **hat**] ~ qn fait attention; ***jd gibt*** [*o* ***hat***] ~, ***was er/sie tut*** qn fait attention à ce qu'il/elle fait; **jd gibt** [*o* **hat**] **auf jdn/etw** ~ qn surveille qn/qc; **jd gibt** [*o* **hat**] ~, **dass** qn veille [*o* fait attention] à ce que + *subj;* **jd lässt etw außer** ~ qn ne tient pas compte de qc; ***jd lässt etw nicht außer*** ~ qn ne néglige pas qc; **nimm dich in** ~! prends garde [à toi]!; **jd nimmt sich in** ~/**vor jdm/etw in** ~ (*ist vorsichtig*) qn se tient sur ses gardes/fait attention à qn/qc [*o* se méfie de qn/qc]
Acht³ <-> *f* ∅ HIST ■ **die** ~ la proscription
▶ **jd ist in** ~ **und Bann** qn est proscrit(e); **jd tut jdn in** ~ **und Bann** /*Papst*/ qn excommunie qn; (*verdammt jdn*) qn met qn au ban de la société
achte(r, s) *adj* 1. huitième
2. (*Datum*) huit; ***am ~n September*** le huit septembre
Achte(r) *f(m) decl wie adj* 1. (*des Monats*) ■ **der** ~ le huit
2. (*Herrscher*) ■ ... **der** ~ *gesprochen,* ■ ... **VIII.** *geschrieben* ... huit *oral,* ... VIII *écrit*
▶ **jd/etw ist/wird** ~(**r**) qn/qc est/finit huitième; **als** ~(**r**) en huitième position; ***Sie sind als ~(r) dran*** vous êtes le/la huitième; **jeder** ~ [...] un(e) qn/qc [...] sur huit
Achteck *nt* octogone *m* **achteckig** *adj* octogonal(e) **achteinhalb** *num* 1. (*8,5*) huit ... et demi(e) 2. *fam* (*8500 DM*) huit mille cinq cents marks
achtel *adj: **ein** ~ **Gramm*** un huitième de gramme
Achtel <-s, -> *nt* 1. MATH huitième *m*
2. (*0,125 Liter*) ballon *m*
Achtelfinale *nt* huitième *f* de finale **Achtelnote** *f* croche *f* **Achtelpause** *f* demi-soupir *m*
achten I. *vt* 1. (*schätzen*) ■ **jd achtet jdn** qn estime qn; ■ **jd achtet jdn als etw** qn considère qn comme qc; ■ **geachtet** estimé(e)
2. (*respektieren*) ■ **jd achtet etw** qn respecte qc
▶ **jd achtet jdn hoch** *geh* qn tient qn en haute estime, qn voue une grande estime à qn; **jd achtet jdn als etw hoch** qn considère qn comme qc; **hoch geachtet** tenu(e) en haute estime; **jd achtet etw hoch** *jds Treue, Zuverlässigkeit* qn estime beaucoup qc
II. *vi* 1. (*aufpassen*) ■ **jd achtet auf jdn/etw/ein Tier** qn surveille qn/qc/un animal
2. (*be~*) ■ **jd achtet auf jdn/etw** qn fait attention à qn/qc
3. (*darauf sehen*) ■ **jd achtet darauf etw zu tun** qn veille à faire qc
ächten *vt* 1. (*verdammen*) ■ **jd ächtet jdn** qn frappe qn d'ostracisme; ***jd wird gesellschaftlich geächtet*** qn est mis(e) au ban de la société
2. HIST ■ **jd ächtet jdn** [**für etw**] qn proscrit qn [pour cause de qc]
achtens *adv* huitièmement
achtenswert *adj* 1. (*ehrbar*) *Mensch* respectable
2. (*anzuerkennend*) *Bemühungen, Erfolg, Einsatz, Platz* méritoire
Achter <-s, -> *m* (*Ruderboot*) huit *m*
Achterbahn *f* grand 8 *m* **Achterdeck** *nt* pont *m* arrière
achterlei *adj inv* 1. *attr* ■ ~ **etw** *Brot, Käse* huit sortes de qc; ■ ~ **Dinge** *Sorten, Möglichkeiten, Farben, Größen* huit choses différentes
2. *substantivisch* huit sortes *fpl*
achtern *adv* à l'arrière
▶ **nach/von** ~ vers/de l'arrière
achtfach, 8fach I. *adj* 1. (*achtmal so groß*) octuple *rare;* ■ **der/die/das** ~**e** ... *Betrag, Preis, Summe* un/une ... huit fois plus élevé(e); ***es kam die ~e Anzahl*** il en est venu huit fois plus; ***etw ist von ~er Dicke*** qc est huit fois plus épais(se); ***sie kaufte die ~e Menge*** elle en acheta huit fois plus; ***eine ~e Vergrößerung*** un agrandissement [dans un format] huit fois plus grand
2. (*achtmal erstellt*) *Ausfertigung, Kopie* huit; ***in ~er Ausfertigung*** en huit exemplaires
II. *adv* en huit exemplaires; *unterschreiben* huit fois; *gruppieren* par huit
Achtfache(s) *nt decl wie adj* octuple *m rare;* ***jd verdient/bezahlt/verzehrt das*** ~ qn gagne/paie/consomme huit fois plus; ***das ~ an Fläche*** une surface huit fois plus grande; ***das ~ an Gehalt*** un salaire huit fois plus élevé
▶ **um das** ~ de huit fois; ***etw ist um das ~ gestiegen*** qc a été multiplié(e) par huit; ***um das ~ höher*** huit fois plus élevé(e)
acht|geben *s.* **Acht²**
achtgeschossig I. *adj* de huit étages; ■ **etw ist** ~ qc a huit étages
II. *adv* sur huit étages
acht|haben *s.* **Acht²**
achthundert *num* huit cents
achthundertjährig *adj* huit fois centenaire; ***das ~e Bestehen des Dorfs*** les huit cents ans d'existence du village; ***das ~e Jubiläum*** le huitième centenaire
achthundertste(r, s) *adj* huit centième
achthunderttausend *num* huit cent mille
achtjährig *adj* 1. (*8 Jahre alt*) de huit ans 2. (*8 Jahre dauernd*) de huit ans **Achtjährige(r)** *f(m) decl wie adj* enfant *mf* de huit ans **achtköpfig** *adj* de huit [personnes] **achtletzte(r, s)** *adj* huitième [...] avant la fin
achtlos I. *adj* inattentif(-ive); ***ihr ~es Verhalten*** son inattention *f;* ■ **es ist** ~ **von jdm etw zu tun** c'est de l'inattention de la part de qn de faire qc; ■ **jd ist** ~ qn ne fait pas attention
II. *adv* sans faire attention; ■ ~**er** en faisant moins attention
Achtlosigkeit <-> *f* ∅ inattention *f*

achtmal *adv* huit fois
▶ ~ **so viel/so viele** [...] huit fois plus/plus [de ...]
achtmalig *adj: **nach ~em Anruf/Versuch*** après huit appels/essais; ***auf ~es Klingeln*** au huitième coup de sonnette; ***unser geheimes Zeichen ist ~es Klopfen an der Tür*** notre signal consiste à frapper huit fois à la porte; ***trotz bisher ~er Bitte*** malgré une demande réitérée huit fois
Acht-Minuten-Takt *m* unité *f* de huit minutes **achträd[e]rig** *adj* à huit roues; ■ **etw ist** ~ qc a huit roues
achtsam I. *adj geh* soigneux(-euse), précautionneux(-euse) *soutenu;* ■ **jd ist** ~ [**mit etw**] qn fait attention [à qc]
II. *adv geh* soigneusement; ***wenn du dich ~er benommen hättest, ...*** si tu avais fait plus attention, ...
Achtsamkeit <-> *f* ∅ *geh* soin *m;* ***die Kinder wurden zu ~ in allen Dingen erzogen*** les enfants ont été éduqués à prendre soin de tout
achtseitig *adj* de huit pages **Achtsitzer** <-s, -> *m* [véhicule *m* à] huit places *f* **achtsitzig** *adj* AUT à huit places; ■ **etw ist** ~ qc a huit places **achtstellig** *adj Betrag, Einkommen, Summe* à huit chiffres; *Zahl* de huit chiffres **achtstöckig** *adj* de huit étages; ■ **etw ist** ~ qc a huit étages **achtstrophig** *adj Gedicht* de huit strophes; *Lied* de huit couplets; ■ **etw ist** ~ qc a huit strophes/couplets **Achtstundentag** *m* journée *f* de huit heures **achtstündig** *adj attr* de huit heures **achtstündlich** I. *adj* toutes les huit heures II. *adv* toutes les huit heures **achttägig** *adj* de huit jours **achttäglich** *adv* tous les huit jours
achttausend *num* 1. huit mille 2. *fam* (*8000 DM*) huit mille marks **Achttausender** <-s, -> *m* huit mille *m* [mètres]
Achtteiler <-s, -> *m* TV feuilleton *m* en huit épisodes **achtteilig** *adj Film* en huit parties; *Satz* de huit; *Besteck* pour huit personnes
Achtundsechziger(in) <-s, -> *m(f)* soixante-huitard(e) *m(f) fam*
Achtung¹ *interj* 1. (*Vorsicht*) attention
2. (*Obacht*) attention; MIL garde-à-vous
▶ ~, **fertig, los!** attention! Prêts? Partez!; **alle** ~! chapeau bas!
Achtung² <-> *f* ∅ 1. (*Beachtung*) ■ ~ **einer S.** (*gen*) *eines Gebots, der Regeln* respect *m* de qc
2. (*Wertschätzung*) ■ **die** ~ [**vor jdm/etw**] le respect [pour qn/qc]
▶ ~ **gebietend** *geh* imposant(e); ***etw ist ~ gebietend*** qc impose le respect; **er/sie steht in hoher** ~ **bei jdm** qn le/la tient en haute estime; **jd hat** [...] ~ **vor jdm/etw** qn a du/un ... respect pour qn/qc; ***vor dieser großen Leistung muss man wirklich ~ haben*** on ne peut que s'incliner devant cette performance; **jd verschafft sich** (*dat*) [**bei jdm**] ~ qn impose le respect [à qn]; **bei aller** ~ [**vor jdm/etw**] sauf ton/votre respect [*o* sauf le respect que je te/vous dois]/malgré tout le respect dû à qc
Ächtung <-, -en> *f* 1. (*Verfemung*) proscription *f;* ***jd wird ein Opfer der gesellschaftlichen*** ~ qn est mis(e) au ban de la société
2. (*Verdammung*) [*Gewalt, Krieg, Unterdrückung*] condamnation *f,* proscription *f;* ***etw sollte weltweit der ~ anheim fallen*** qc devrait être condamné(e) [*o* proscrit(e)] dans le monde entier
3. HIST proscription *f*
achtunggebietend *s.* **Achtung²** ▶. **Achtungsapplaus** *m* applaudissements *mpl* polis **Achtungserfolg** *m* résultat *m* honorable
achtzehn *num* 1. (*Zahl*) dix-huit
2. (*Jahre*) dix-huit ans; ■ **jd ist/wird** ~ qn a/va avoir dix-huit ans
▶ **mit** ~ à dix-huit ans
achtzehnte(r, s) *adj* dix-huitième; ***der ~ Mai*** le dix-huit mai
achtzeilig *adj Inschrift* de huit lignes; *Gedicht, Strophe* de huit vers; ■ **etw ist** ~ qc a huit lignes/vers
achtzig *num* 1. (*Zahl*) quatre-vingts, huitante CH, octante BELG
2. (*Jahr*) quatre-vingts ans; ■ **jd ist/wird** ~ qn a/va avoir quatre-vingts ans
3. (*Stundenkilometer*) quatre-vingts
▶ **jd bringt jdn** [**mit etw**] **auf** ~ *fam* qn fout les boules à qn [avec qc] *fam;* **jd ist auf** ~ *fam* qn est en pétard *fam;* **mit** ~ (*Alter*) à quatre-vingts ans; (*Geschwindigkeit*) à quatre-vingts
achtziger *adj,* **80er** *adj attr, inv* 1. ■ **die** ~ **Jahre** les années *fpl* quatre-vingt
2. COM de 1980
Achtziger <-s, -> *m* (*Wein*) 1980 *m*
▶ **jd ist in den ~n** qn est octogénaire; **die** ~ les années *fpl* quatre-vingt
Achtziger(in) <-s, -> *m(f)* (*Mensch*) octogénaire *mf*
Achtzigerjahre *pl* ■ **die** ~ les années *fpl* quatre-vingt
achtzigjährig I. *adj attr* 1. *Baum, Tier* de quatre-vingts ans; *Mensch a.* octogénaire 2. *Dauer, Leben, Okkupation* de quatre-vingts ans II. *adv* à quatre-vingts ans **Achtzigjährige(r)** *f(m) decl wie adj* homme/femme de quatre-vingts ans; ***in zwei Monaten bin ich eine*** ~ je serai octogénaire dans deux mois ▶ **als** ~ à quatre-vingts ans **achtzigmal** *adj* quatre-vingts fois **Achtzigpfennigmarke** *f,* **80-Pfennig-Marke** *f* timbre *m* à quatre-vingts pfennigs
achtzigste(r, s) *adj* 1. (*an 80. Stelle*) quatre-vingtième
2. ***der ~ Teil von etw*** un quatre-vingtième de qc
Achtzimmerwohnung *f* appartement *m* de huit pièces **Achtzylinder** *m fam* 1. (*Wagen*) huit cylindres *f fam* 2. (*Motor*) huit cylindres *m* **Achtzylindermotor** *m* moteur *m* [à] huit cylindres **achtzylindrig** *adj* [à] huit cylindres; ■ **etw ist** ~ qc a huit cylindres
ächzen *vi* 1. (*stöhnen*) ■ **jd ächzt** [**vor etw** (*dat*)] qn gémit [de qc]; ***jd ächzt vor Anstrengung*** qn gémit sous l'effort; ■ **das/ein A**~ les gémissements/un gémissement
2. (*knarren*) ■ **etw ächzt** /*Brücke, Baum, Haus*/ qc gémit
▶ **jd ächzt und stöhnt** *fam* qn geint *fam;* ***was ächzt und stöhnt ihr?*** à quoi bon toutes ces jérémiades? *fam*
Ächzer <-s, -> *m* (*vor Erleichterung*) profond soupir *m;* (*vor Schmerz, Vergnügen*) gémissement *m;* (*vor Anstrengung*) ahan *m littér*

▶ **jd tut seinen letzten** ~ *fam* (*stirbt*) qn casse sa pipe *fam;* ***du tust bald deinen letzten*** ~ tu vas y passer *fam*

Acker <-s, Äcker> *m* champ *m*
▶ **jd bestellt den ~/die ~** qn cultive son champ/sa terre

Ackerbau *m Ø* agriculture *f*
▶ ~ **und Viehzucht** l'agriculture et l'élevage; **jd betreibt** ~ qn cultive la terre

Ackerfläche *f* surface *f* cultivable **Ackergaul** *m pej* (*Pflugpferd*) cheval *m* de labour, bourrin *m fam* **Ackergerät** *nt* outil *m* agricole; ***das ganze*** ~ tout l'outillage *m* agricole **Ackerkrume** *f* sol *m* végétal **Ackerland** *nt Ø* terre *f* arable

ackern *vi fam* ■ **jd ackert** qn bosse *fam*

Ackersalat *m* DIAL *s.* **Feldsalat**

a conto *adv* à titre d'acompte

Acryl <-s> [a'kryl] *nt Ø* acrylique *m*

Acrylglas [a'kryl-] *nt* [*Gebrauchsgegenstand*] acrylique *f;* [*Glaswand*] vitrage *m* acrylique

Actinium <-s> *nt Ø* CHEM actinium *m*

Action <-> ['ækʃ(ə)n] *f fam* [*Film*] action *f;* [*Veranstaltung*] animation *f*

Actionfilm ['ækʃ(ə)n-] *m* film *m* d'action

a.D. [a:'de:] *loc abk von* **außer Dienst** E.R., en retraite

A.D. ['ano'do:mini] *loc abk von* **Anno Domini** apr. J. C.

Adabei <-s, -s> *m* AUS *fam* (*Wichtigtuer*) cancanier(-ière) *m(f)*

ad absurdum *adv* ▶ **jd führt etw** ~ ~ *geh* qn prouve l'absurdité de qc

ADAC <-> [a:de:ʔa:'tse:] *m Ø abk von* **Allgemeiner Deutscher Automobil-Club** *club automobile allemand*

ad acta *adv* ▶ **jd legt etw** ~ ~ *geh* qn classe [définitivement] qc

Adam <-s, -s> *m* (*Name*) Adam *m*
▶ **jd fängt bei** ~ **und Eva an** *fam* qn reprend tout à zéro; **etw stammt noch von** ~ **und Eva** *fam* qc remonte au déluge *fam* **nach** ~ **Riese** *fam* si je sais encore compter; **seit ~s Zeiten [...]** *fam* il y a belle lurette [que ... + *indic*] *fam*

Adamsapfel *m fam* pomme *f* d'Adam **Adamskostüm** *nt* ▶ **im** ~ *hum fam* en costume d'Adam *fam*

Adaptation <-, -en> *f spec s.* **Adaption**

Adapter <-s, -> *m* adaptateur *m*

adaptieren * **I.** *vt* **1.** MEDIA ■ **jd adaptiert etw für etw** qn adapte qc pour qc
2. AUS ■ **jd adaptiert etw** *Wohnung* qn aménage qc
II. *vr* ■ **jd/etw adaptiert sich an etw** (*akk*) qn/qc s'adapte à qc; */Auge/* qc accommode suivant qc

Adaption <-, -en> *f* **1.** *Ø* (*Anpassung*) ■ **die** ~ **einer S.** (*gen* **an etw** (*akk*) *der Augen* l'accommodation *f* de qc suivant qc; *der Tier- und Pflanzenwelt* l'adaptation *f* de qc à qc
2. MEDIA adaptation *f*

adäquat *adj Bemühung, Belohnung, Honorar, Stellung* convenable; *Übersetzung, Kritik* juste; *Verhalten* adéquat(e), approprié(e) ■ **etw ist ~/~er** qc convient [bien]/mieux; ***die 2000 Mark sind wohl*** ~ ces 2000 marks suffiront bien; ■ **etw ist einer S.** (*dat*) ~ qc est en rapport avec qc

Adäquatheit <-> *f Ø geh* [*Bemühung, Belohnung, Honorar, Stellung*] rapport *m* convenable; [*Übersetzung, Kritik*] justesse *f;* [*Verhalten*] adéquation *f soutenu*

addieren * **I.** *vt* ■ **jd addiert etw [zu etw]** qn additionne qc [à qc]
II. *vi* ■ **jd/etw addiert** qn/qc additionne; ■ **das A~** l'addition; ***beim A~*** en additionnant

Addition <-, -en> *f* addition *f*

ade *interj* SDEUTSCH au revoir
▶ **jd sagt [jdm]** ~ qn dit au revoir [à qn]; **jd sagt einer S.** (*dat*) ~ qn dit adieu à une chose

Adel <-s> *m Ø* **1.** (*Adelsgeschlechter*) noblesse *f*
2. (*Zugehörigkeit zum* ~) titre *m* de noblesse
3. *geh* (*edle Gesinnung*) noblesse *f*
▶ **alter** ~ ancienne noblesse; **jd stammt aus altem** ~ qn est d'ancienne [*o* de vieille] noblesse; **erblicher** ~ noblesse héréditaire; **der hohe** ~ la haute noblesse; **der niedere** ~ la petite noblesse; **persönlicher** ~ noblesse personnelle; **verarmter** ~ noblesse appauvrie; **jd ist von** ~ qn est noble; **jd verleiht jdm den** ~ qn anoblit qn; ~ **verpflichtet** noblesse oblige; **von** ~ de la noblesse

adelig *adj s.* **adlig. Adelige(r)** *f(m) s.* **Adlige(r)**

adeln *vt* **1.** (*den Adel verleihen*) ■ **jd adelt jdn** qn anoblit qn
2. *geh* (*auszeichnen*) ■ **etw adelt jdn** qc fait honneur à qn

Adelstitel *m* titre *m* nobiliaire

Ader <-, -n> *f* **1.** ANAT veine *f*
2. MIN veine *f,* filon *m*
3. ELEC fil *m*
4. BOT nervure *f*
▶ **jd hat eine ...** ~ (*Veranlagung*) *eine künstlerische, musikalische, poetische, schriftstellerische* qn a un don ...; **jd hat eine** ~ **für etw** qn a un don pour qc; **etw ist jds** ~ qn est féru(e) de qc; ***das ist eben meine*** ~ c'est justement ma spécialité; **jd lässt jdn zur** ~ *veraltet* qn fait une saignée à qn; **jd lässt jdn [mit etw] zur** ~ *fam* qn fait cracher qn [en réclamant qc] *fam;* **jd schneidet sich** (*dat*) **die ~n auf** qn s'ouvre les veines

Äderchen <-s, -> *nt dim von* **Ader** veinule *f,* petit vaisseau *m*

Aderlass[RR] <-es, -lässe>, **Aderlaß** <-lasses, -lässe> *m* **1.** *geh* (*Verlust*) hémorragie *f*
2. MED *veraltet* saignée *f*

Äderung <-, -en> *f* ANAT marbrure *f;* BOT nervures *fpl*

Adhäsionsverschluss[RR] *m* fermeture *f* autocollante

ad hoc *adv geh* (*speziell für den Fall*) dans ce cas précis; (*auf der Stelle*) *entscheiden, Stellung nehmen* sur-le-champ

Ad-hoc-Maßnahme *f geh* mesure *f* ad hoc

adieu [a'diø:] *interj geh s.* **ade**

Adjektiv <-s, -e> *nt* adjectif *m*

Adjunkt(in) <-en, -en> *m(f)* AUS, CH (*Assistent*) adjoint(e) *m(f)*

adjustieren * *vt* ■ **jd adjustiert etw** *Werkstück* qn ajuste qc; *Messgerät, Waage, Zielfernrohr* qn règle qc

Adjutant(in) <-en, -en> *m(f)* aide *mf* de camp

Adler <-s, -> *m* aigle *m*

Adlerauge *nt* œil *m* d'aigle ▶ **jd hat ~n** qn a des yeux d'aigle; *fig* qn a un regard d'aigle **Adlerfarn** *m* fougère *f* aigle **Adlerhorst** *m* aire *f* **Adlernase** *f* nez *m* aquilin [*o* en bec d'aigle]

adlig *adj* noble **Adlige(r)** *f(m) decl wie adj* noble *mf,* aristocrate *mf*

Administration <-, -en> *f* **1.** (*Verwaltung*) administration *f;* CH (*Verwaltungsabteilung*) service *m* administratif
2. (*US-Regierung*) Administration *f*

administrativ **I.** *adj* administratif(-ive)
II. *adv* par la voie administrative

Admiral <-s, -e> *m* ZOOL vulcain *m*

Admiral(in) <-s, -e *o* Admiräle> *m(f)* MIL amiral *m*

Admiralität <-, -en> *f* amirauté *f*

Admiralsrang *m* grade *m* d'amiral
▶ **im** ~ avec le grade d'amiral

Adonis <-, -se> *m geh* Adonis *m*

adoptieren * *vt* ■ **jd adoptiert jdn** qn adopte qn; ■ **adoptiert** adoptif(-ive)

Adoption <-, -en> *f* adoption *f*
▶ **jd gibt ein Kind zur** ~ **frei** qn consent à l'adoption d'un enfant

Adoptiveltern *pl* parents *mpl* adoptifs **Adoptivkind** *nt* [enfant *m*] adopté *m;* ***das sind meine ~er*** ce sont mes enfants adoptifs

Adrenalin <-s> *nt Ø* adrénaline *f*

Adrenalinspiegel *m* taux *m* d'adrénaline **Adrenalinstoß** *m* décharge *f* d'adrénaline

Adressat(in) <-en, -en> *m(f)* **1.** *geh* (*Empfänger*) destinataire *mf*
2. *geh* (*Ansprechpartner*) interlocuteur(-trice) *m(f)*
3. COM (*Zielgruppe*) ■ **~en** cible *f*

Adressatengruppe *f* COM cible *f*

Adressbuch[RR], **Adreßbuch** *nt* **1.** (*amtlich*) annuaire *m*
2. (*Notizbuch*) carnet *m* d'adresses

Adresse <-, -n> *f* **1.** (*Anschrift*) adresse *f*
2. INFORM adresse *f*
3. (*Name*) ■ **eine ...** ~: ***eine heiße*** ~ une bonne adresse; ***eine der besten ~n für Software*** une des meilleures marques de logiciels; ***die feinsten ~n*** les meilleures maisons
▶ **etw geht [*o* richtet sich] an jds eigene** ~ *geh* qc est à l'adresse de qn, qc s'adresse à qn; **jd ist bei jdm [mit etw] an der falschen** ~**, jd kommt [*o* gerät] bei jdm [mit etw] an die falsche [*o* verkehrte]** ~ *fam* qn se trompe d'adresse [pour qc]; **jd ist [mit etw] bei jdm an der richtigen** ~ *fam* qn a frappé à la bonne porte [avec qc]; **jd wendet sich an die richtige** ~ *fam* qn frappe à la bonne porte; **jd richtet etw an jds** ~ *geh* qn adresse qc à qn

-adresse *f* **1.** *Firmen-* adresse *f* du/de la/des; *Urlaubs-* adresse *f* de; ***Heimat~*** adresse habituelle; ***Privat~*** adresse privée; ***Kontakt~*** adresse contact
2. *geh* (*Schreiben*) *Dank-* lettre *f* de; *Solidaritäts-, Sympathie-* message *m* de

adressieren * *vt* POST ■ **jd adressiert etw** qn met l'adresse sur qc; ***hast du den Brief auch richtig adressiert?*** as-tu mis la bonne adresse sur la lettre?; ***der Brief war falsch/richtig adressiert*** l'adresse sur la lettre était fausse/exacte; ***die Sendung war unvollständig adressiert*** l'adresse de l'envoi était incomplète; ■ **jd adressiert etw an jdn/etw** qn adresse qc à qn/qc

Adressiermaschine *f* machine *f* à adresses

adrett **I.** *adj* coquet(te)
II. *adv* coquettement

Adria <-> *f* ■ **die** ~ l'Adriatique

Advent <-s, -e> [-'vɛ-] *m* avent *m*
▶ **erster/zweiter/dritter/vierter** ~ premier/deuxième/troisième/quatrième dimanche de l'avent; **es ist** ~ c'est [le temps de] l'avent; **im** ~ pendant l'avent

Adventskalender [-'vɛ-] *m* calendrier *m* de l'avent **Adventskranz** *m* couronne *f* de l'avent **Adventssonntag** *m* dimanche *m* de l'avent **Adventszeit** *f* temps *m* de l'avent

Adverb <-s, -ien> [at'vɛrp, -biən] *nt* adverbe *m*

adverbial [-vɛr-] **I.** *adj* adverbial(e)
II. *adv* adverbialement

Adverbialbestimmung [-vɛr-] *f* complément *m* circonstanciel; ***eine ~ der Zeit/des Ortes*** un complément circonstanciel de temps/de lieu **Adverbialsatz** *m* subordonnée *f* circonstancielle

Advokat(in) <-en, -en> [-vo-] *m(f)* **1.** AUS, CH avocat(e) *m(f)*
2. *geh* (*Fürsprecher*) avocat(e) *m(f)*

Advokatur <-, -en> [-vo-] *f* CH **1.** (*Amt*) profession *f* d'avocat; ***die Berechtigung zur*** ~ l'inscription *f* au barreau
2. (*Kanzlei*) cabinet *m* [d'avocat]

Advokaturbüro *nt* CH, **Advokaturskanzlei** [-vo-] *f* AUS *s.* **Anwaltskanzlei**

Aerobic <-s> [æ'ro:bɪk] *nt Ø* aérobic *f*

Aerodynamik [aero-] *f* **1.** PHYS aérodynamique *f* **2.** AUT aérodynamisme *m* **aerodynamisch** **I.** *adj* **1.** PHYS *Verhalten* aérodynamique; *Gesetz* de l'aérodynamique **2.** AUT, AVIAT *Form* aérodynamique **II.** *adv:* ***etw ist ~ geformt*** qc a des lignes aérodynamiques; ***rein ~ betrachtet*** d'un simple point de vue aérodynamique, sur le strict plan de l'aérodynamisme

Affäre <-, -n> *f* **1.** (*Angelegenheit*) affaire *f*
2. (*Liebesabenteuer*) aventure *f*

▶ **etw ist keine** ~ y a pas de quoi faire tout un plat de qc *fam;* **jd zieht sich** [**mit etw**] **aus der** ~ *fam* qn se dépatouille [en faisant qc] *fam*

-affäre *f* (*Skandal*) *Abhör-, Callgirl-, Korruptions-, Schmiergeld-* affaire *f* de

Äffchen <-s, -> *nt dim von* **Affe** petit singe *m*

Affe <-n, -n> *m* **1.** ZOOL singe *m; s. a.* **Äffin**
2. *sl* (*blöder Kerl*) conard *m pop*
▶ **wie der** ~ **auf dem Schleifstein** *sl* (*unbequem*) *sitzen* sur le bout des fesses; (*nervös*) en se tortillant, comme si il/elle avait le cul entre deux chaises *fam;* **die drei** ~**n** les trois singes; **ein eingebildeter** ~ *fam* un m'as-tu-vu *fam;* **flink wie ein** ~ vif(vive) comme un écureuil; **der nackte** ~ *sl* le grand singe; **ich glaub'** [*o* **denk'**], **mich laust der** ~! *fam* je me demande si j'ai pas la berlue *fam*

Affekt <-[e]s, -e> *m* JUR [im]pulsion *f*
▶ **im** ~ sous l'empire d'une pulsion, en cédant à une impulsion; ***es war Mord im*** ~ (*aus Liebe*) c'était un crime passionnel; ***ich war so wütend, dass ich den Brief im*** ~ ***zerrissen habe*** j'étais si furieux(-euse) que j'ai déchiré la lettre sous le coup de la colère

Affekthandlung *f* acte *m* impulsif

affektiert I. *adj pej geh Benehmen, Stil* affecté(e); *Mensch* maniéré(e)
II. *adv pej geh* avec affectation, avec afféterie *soutenu*

affenartig *adj s*|miesque **affengeil** *adj sl* génial(e) *fam* **Affenhaus** *nt* pavillon *m* des singes **Affenhitze** *f fam* chaleur *f* à crever *fam* **Affenkäfig** *m* cage *f* des singes ▶ **irgendwo geht es zu wie im** [*o* **in einem**] ~ *fam* c'est le cirque quelque part *fam;* **irgendwo stinkt es wie im** [*o* **in einem**] ~ *sl* ça cocotte *fam* [*o* chlingue *pop*] quelque part **Affenmensch** *m* anthropopithèque *m* **Affenschande** *f fam* scandale *m* **Affentempo** *nt fam* vitesse *f* dingue *fam* ▶ **in** [*o* **mit**] **einem** ~ à toute berzingue *fam,* à toute blinde *fam* **Affentheater** *nt fam* (*Umstände*) cirque *m fam* ▶ **jd macht** [**wegen etw**] **ein** ~ qn fait tout un plat [de qc] *fam* **Affenzahn** *m sl s.* **Affentempo**

Affiche <-, -n> ['afiʃ] *f* CH *s.* **Plakat**

affig I. *adj pej fam* chichiteux(-euse); *Eindruck* ridicule
II. *adv pej fam:* ***stell dich nicht so*** ~ ***an!*** arrête tes simagrées [*o* chichis *fam*]!; ***etw wirkt für jdn*** ~ qn trouve qc ridicule

Äffin <-, -nen> *f* guenon *f; s. a.* **Affe**

Affinität <-, -en> *f geh* ■ ~ [**zu jdm/etw**] affinité *f* [avec qn/qc]

Affront <-s, -s> [a'frõ:] *m geh* affront *m;* ■ **ein** ~ **gegen jdn/etw** un affront à qn/un outrage à qc

Afghanistan <-s> [af'ga:nɪstan] *nt* l'Afghanistan *m*

Afrika <-s> *nt* l'Afrique *f*

Afrikaans <-> *nt* afrika[a]ns *m*

Afrikaner(in) <-s, -> *m(f)* Africain(e) *m(f)*
▶ **jd ist** ~ qn est Africain(e)

afrikanisch *adj* africain(e)

Afrolook[RR] <-s, -s> [-lʊk] *m* (*Frisur*) coiffure *f* afro
▶ **im** ~: ***sie trägt ihre Haare im*** ~ elle a une coiffure afro, elle est coiffée afro

After <-s, -> *m* anus *m*

Aftershave[RR] <-[s], -s> ['a:ftɐʃe:v] *nt* après-rasage *m,* after-shave *m*

AG <-, -s> [a:'ge:] *f abk von* **Aktiengesellschaft** ≈ S.A. *f*

Ägäis <-> *f* ■ **die** ~ la mer Égée

Agave <-, -n> [-və] *f* agave *m*

Agent(in) <-en, -en> *m(f)* **1.** POL agent *m* [secret]
2. COM agent *m* [commercial]

Agentenring *m* réseau *m* d'espionnage **Agententätigkeit** *f* activité *f* d'agent secret

Agentur <-, -en> *f* **1.** MEDIA agence *f* [de presse]
2. COM agence *f*

-agentur *f* agence *f* de

Agenturbericht *m* dépêche *f* d'agence

Agglomeration <-, -en> *f* CH *s.* **Ballungsraum**

Aggregat <-[e]s, -e> *nt* (*Strom~*) groupe *m* électrogène; AUT organe *m*

Aggression <-, -en> *f* **1.** PSYCH instinct *m* d'agression, agressivité *f*
2. MIL ■ ~ [**gegen jdn/etw**] agression *f* [contre qn/qc]

Aggressionsstau *m* refoulement *m* de l'instinct d'agression

aggressiv I. *adj* **1.** agressif(-ive)
2. CHEM *Flüssigkeit* corrosif(-ive); *Gas* toxique
II. *adv* **1.** (*angriffslustig, rücksichtslos*) agressivement
2. CHEM: ***etw wirkt auf etw*** ~ qc attaque qc

Aggressivität <-, -en> [-vi-] *f* agressivité *f*

Aggressor <-s, -ssoren> *m form* agresseur *m*

agieren * *vi geh* ■ **jd agiert irgendwie** qn agit d'une certaine façon; ■ **jd agiert als ...** qn se comporte en ...

agil *adj geh* **1.** (*beweglich*) alerte, ingambe *soutenu*
2. (*geistig regsam*) alerte

Agitation <-, -en> *f* agitation *f;* ***Propaganda und*** ~ agit-prop *f*
▶ **jd treibt** ~ qn fait de l'agitation

Agitator <-en, -toren> *m,* **-torin** *f* agitateur(-trice) *m(f)*

agitieren * *vi geh* ■ **jd agitiert** [**für jdn/etw**] *für eine Partei* qn fait de l'agitation [en faveur de qn/qc]; *für eine Revolution, den Umsturz* qn fait de l'agitation [pour provoquer qc]

Agonie <-, -n> [-'ni:ən] *f geh* agonie *f*
▶ **jd liegt in** ~ qn est à l'agonie; **etw liegt in** [**letzter/tiefer**] ~ qc est agonisant(e), qc agonise

Agrargesellschaft *f* société *f* agricole **Agrarland** *nt* pays *m* agricole **Agrarmarkt** *m* marché *m* agricole **Agrarpolitik** *f* politique *f* agricole **Agrarwissenschaft** *f* agronomie *f*

Agrochemie [-çe-] *f* agrochimie *f*

Ägypten <-s> [ɛ'gʏptn] *nt* l'Égypte *f*

Ägypter(in) <-s, -> [ɛ'gʏptɐ] *m(f)* Égyptien(ne) *m(f)*

ägyptisch [ɛ'gʏptɪʃ] *adj* égyptien(ne)

ah *interj* **1.** (*sieh an*) ah
2. (*hm*) ah

äh *interj* **1.** (*Pausenfüller*) euh
2. (*pfui*) pouah, berk

aha *interj* **1.** (*ach so*) ha [ha]
2. (*sieh da*) tiens [tiens]

Aha-Erlebnis *nt* révélation *f,* déclic *m*

Ahle <-, -n> *f* alène *f*

Ahn <-[e]s *o* -en, -en> *m,* **e** *f,* **Ahnin** *f* ancêtre *mf;* ***unsere*** ~***en*** nos aïeux *mpl soutenu*

ahnden *vt form* ■ **jd ahndet etw** [**mit etw**] *Verstoß, Straftat* qn sanctionne qc [de qc]; *Verbrechen* qn punit qc [de qc]

Ahne <-n, -n> *m s.* **Ahn**

ähneln I. *vi* ■ **jd/etw ähnelt jdm/etw** qn/qc ressemble à qn/qc
II. *vr* ■ **sie** ~ **sich** (*dat*) [*o* **einander**] [**in etw** (*dat*)] ils/elles se ressemblent [par qc]; ***die Geschwister*** ~ ***sich in ihrem Aussehen*** les frères et sœurs se ressemblent physiquement

ahnen I. *vt* **1.** (*vermuten*) ■ **jd ahnt etw** *Ereignis, Veränderung, Vorhaben* qn se doute de qc, qn soupçonne qc; ■ **jd ahnt, dass/was/weshalb/wohin/worauf ...** qn devine que + *indic*/ce que/pourquoi/où ...; ***er hatte ja schon lange geahnt, dass so etwas mal passieren könnte*** il avait pressenti depuis longtemps, que ce genre de choses pouvait arriver
2. (*voraussehen*) ■ **jd ahnt etw** *Gefahr, Tod, Unheil, Verhängnis* qn pressent qc
3. (*er~*) ■ **jd ahnt etw** *Geschmack, Lage, Umrisse* qn devine qc
▶ **das kann/konnte ich doch nicht** ~! je ne peux/pouvais pas le deviner!; **nichts** ~**d** pris(e) au dépourvu; *erzählen, helfen* sans se douter de rien; ***erzähl mir nicht, diese Nachricht hätte dich so ganz nichts*** ~***d getroffen!*** ne me raconte pas que cette nouvelle t'a pris(e) au dépourvu!; **ohne es zu** ~ sans s'en douter; **ohne zu** ~, **dass/was ...** sans se douter que + *indic*/de ce qui/que ...; **jd ahnt etwas/nichts von etw** qn soupçonne qc/ne soupçonne pas du tout qc, qn se doute de qc/ne se doute pas du tout de qc; [**ach,**] **du ahnst es nicht!** *fam* (*du kannst es nicht erraten*) tu devineras jamais! *fam;* (*es ist nicht zu fassen*) tu peux pas imaginer *fam*
II. *vi geh* (*schwanen*) ■ **jdm ahnt etw:** ***mir ahnt da so was/etwas Schreckliches*** j'ai un mauvais pressentiment/un horrible pressentiment; ***mir ahnt da nichts Gutes*** je n'augure rien de bon *soutenu*

Ahnenforschung *f* généalogie *f* **Ahnengalerie** *f* galerie *f* d'ancêtres **Ahnengemälde** *nt* portrait *m* d'ancêtre **Ahnenreihe** *f* généalogie *f* **Ahnentafel** *f* arbre *m* généalogique

Ahnfrau *f veraltend* aïeule *f vieilli* **Ahnherr** *m veraltend* aïeul *m vieilli*

Ahnin *f geh s.* **Ahn**

ähnlich I. *adj Gegenstand, Geschichte, Ansichten, Auskünfte* semblable; ***in*** ~***er Weise*** de façon similaire; ***das ist aber kein sehr*** ~***es Foto*** ce n'est pas une photo très ressemblante; ***sie hat ein ganz*** ~***es Aussehen wie ihre Tante*** elle ressemble beaucoup à sa tante; ***ein dem Rokoko*** ~***er Stil*** un style ressemblant au rococo; ■ **jd/etw ist jdm/einer S.** ~ qn/qc ressemble à qn/qc; ■ **sie sind sich** (*dat*) [*o* **einander**] ~ ils/elles se ressemblent; ***sie werden sich*** [*o* ***einander***] ***immer*** ~***er*** ils/elles se ressemblent de plus en plus; ■ **jd/etw ist** ~ **wie jd/etw** qn/qc ressemble à qn/qc; ■ [**etwas**] **Ä**~**es** quelque chose de semblable
II. *adv* de la même façon; ■ ~ **wie** de la même façon que; ***wir sind da*** ~ ***gelagert*** nous sommes semblables; ■ ~ **... wie** aussi ... que
▶ **jd sieht jdm** ~/~**er** qn ressemble à qn/plus à qn; **das sieht ihm/ihr** [**ganz**] ~! *fam* c'est bien de lui/d'elle! *fam*
III. *präp + dat* ■ ~ **jdm/einer S.** comme qn/qc, de même que qn/qc

Ähnlichkeit <-, -en> *f* **1.** (*Aussehen*) ressemblance *f;* ■ **die** ~ **mit jdm/etw** la ressemblance avec qn/qc
2. (*Vergleichbarkeit*) [*Tat, Vorfall*] similitude *f*
▶ **jd/etw hat mit jdm/etw** ~ (*sieht ähnlich aus*) qn/qc ressemble à qn/qc, qn/qc a des ressemblances avec qn/qc; (*ist mit etw vergleichbar*) qc présente des similitudes avec qc

Ahnung <-, -en> *f* **1.** (*Vorgefühl*) pressentiment *m;* ***meine*** ~ ***sagt mir, dass*** une intuition me dit que + *indic*
2. (*Vermutung*) présomption *f*
▶ **jd hat keine blasse** [*o* **nicht die geringste**] ~ [**von etw**] *fam* qn n'a pas la moindre idée [de qc]; (*auf einem bestimmten Gebiet*) qn ne connaît strictement rien à qc; **hast du/haben Sie eine** ~, **warum/was/wohin/woher ...?** *fam* tu as/vous avez une idée pourquoi/de ce qui/où/d'où ...?, sais-tu/savez-vous pourquoi/ce qui/où/d'où ...?; **hast du eine** ~! *iron fam* qu'est-ce que t'en sais! *fam;* **jd hat eine** ~ [**davon**], **was** qn a une idée de ce qui/que + *indic;* **jd hat** ~ [**von etw**] qn s'y connaît [en qc]; **jd hat keine** ~ [**von etw**] qn n'y connaît rien [en qc]; **jd hat keine** ~, **wie** qn n'a aucune idée comment; **jd hat** ~**en** qn a des prémonitions; **ich hatte ja keine** ~! je n'étais pas du tout au courant!; **jd hatte keine** ~, **dass** qn ne se doutait pas que + *indic;* **jd/etw vermittelt jdm eine** ~ [**von etw**] qn/qc donne une idée [de qc] à qn; **keine** ~! *fam* aucune idée!

ahnungslos I. *adj* **1.** (*nichts ahnend*) *Mensch, Bevölkerung* inconscient(e) [du danger], qui ne se doute de rien; ■ **jd ist** ~ qn ne se doute de rien **2.** (*unwissend*) ■ **jd ist** ~ qn est ignorant(e) II. *adv* (*nichts ahnend*) sans se douter de rien **Ahnungslose(r)** *f(m) decl wie adj* naïf/naïve *m/f;* ***o du*** ~***r!*** pauvre innocent!; ***spiel nicht die*** ~! ne fais pas l'innocente!

Ahnungslosigkeit <-> *f* ∅ **1.** (*Arglosigkeit*) inconscience *f;* ***in völliger*** ~ en toute innocence
2. (*Unwissenheit*) ignorance *f*

ahoi *interj* (*hallo*) ohé; ***Boot*** ~! ohé, du canot!

Ahorn <-s, -e> *m* érable *m*

Ahornblatt *nt* feuille *f* d'érable

Ähre <-, -n> *f* **1.** (*Samenstand*) [*Getreide*] épi *m*
2. (*Blütenstand*) épi *m*
▶ **jd liest ~n** qn glane des épis

Ährenfeld *nt* champ *m* d'épis

Aids <-> [eɪds] *nt ∅ abk von* **Acquired Immune Deficiency Syndrome** sida *m*

Aids- ['eɪds-] MED du sida; *-behandlung, -impfstoff, -therapie* contre le sida, antisida; *-antikörper* anti-V.I.H.; *-forschung* sur le sida; *-todesfall* par le sida; ***a~ähnliche Symptome*** symptômes *mpl* semblables à ceux du sida; ***~beauftragter*** chargé *m* de la commission contre le sida [*o* antisida]; ***~beratungsstelle*** centre *m* d'information du sida [*o* d'assistance contre le sida]; ***12 000 ~erkrankungen*** 12 000 cas de sida; ***er ist an den Folgen einer ~erkrankung gestorben*** il est mort des suites du sida; ***~klinik*** clinique *f* spécialisée contre le sida [*o* pour les sidéens]; ***~tod*** décès *m* provoqué par le sida **Aidshilfe** *f* association *f* antisida [*o* de lutte contre le sida] **aidsinfiziert** *adj* séropositif(-ive) **Aidsinfizierte(r)** *f(m) decl wie adj* séropositif(-ive) *m(f)* **aidskrank** *adj* malade du sida, sidéen(ne) **Aidskranke(r)** *f(m) decl wie adj* sidéen(ne) *m(f)* **Aidstest** *m* test *m* de dépistage du sida **Aidsvirus** [-vi-] *nt* virus *m* du sida

Airbag <-s, -s> ['æːɐbæk] *m* airbag *m*, coussin *m* gonflable

Airbus ['æːɐ-] *m* airbus *m*

Ajatollah <-s, -s> *m* ayatollah *m*

Akademie <-, -en> [-'miːən] *f* ≈ institut *m* universitaire de technologie (*bac + 2*); ***die Berg~/Kunst~*** l'école *f* des mines/des beaux-arts; ***die Forst~*** l'école *f* forestière; ***die Musik~*** le conservatoire
▶ **~ der Wissenschaften** académie *f* des sciences

Akademiker(in) <-s, -> *m(f)* diplômé(e) *m(f)* de l'enseignement supérieur

akademisch I. *adj* **1.** *Ausbildung, Grad, Würde* universitaire
2. (*studentisch*) *Jugend* estudiantin(e); ***das ~e Proletariat*** les chômeurs *mpl* diplômés
3. (*abstrakt*) *Frage, Interesse* théorique
II. *adv* ▶ **jd ist ~ gebildet** qn a une formation universitaire, qn a fait des études supérieures

Akazie <-, -n> [-tsiə] *f* **1.** (*Acacia*) acacia *m*
2. (*Robinia pseudoacacia*) [faux] acacia *m*

Akklamation <-, -en> *f* ▶ **sie wählen jdn per** [*o* **durch**] [*o* **mit**] ~ AUS, CH ils/elles nomment [*o* élisent] qn par acclamation

akklimatisieren * *vr* **1.** (*sich gewöhnen*) ■ **jd akklimatisiert sich** qn s'acclimate; ■ **jd akklimatisiert sich an etw** (*akk*) qn s'habitue à qc
2. (*sich einleben*) ■ **jd akklimatisiert sich** [**bei jdm**] [**an etw** (*akk*)] qn s'acclimate [chez qn] [à qc]

Akkord¹ <-[e]s, -e> *m* MUS accord *m*

Akkord² <-[e]s, e> *m* IND travail *m* à la tâche [*o* aux pièces]
▶ **jd arbeitet im** [*o* **in**] [*o* **auf**] ~ qn travaille à la tâche [*o* aux pièces]

Akkordarbeit *f* travail *m* à la tâche [*o* aux pièces] **Akkordarbeiter(in)** *m(f)* ouvrier(-ière) *m(f)* à la tâche [*o* aux pièces]

Akkordeon <-s, -s> *nt* accordéon *m*

Akkordlohn *m* salaire *m* aux pièces [*o* à la tâche] **Akkordzuschlag** *m* prime *f* de rendement

akkreditieren * *vt* POL ■ **jd akkreditiert jdn** [**bei etw**] [**als etw**] qn accrédite qn [auprès de qc] [en qualité de qc]; ■ [**jd ist**] [**bei etw**] **akkreditiert** [qn est] accrédité(e) [auprès de qc]

Akku <-s, -s> *m fam abk von* **Akkumulator** accus *mpl fam*

Akkumulator <-s, -toren> *m* accumulateur *m*

akkurat I. *adj Arbeit, Mensch, Vorgehen, Arbeitsweise* minutieux(-euse)
II. *adv* **1.** (*exakt*) minutieusement
2. DIAL (*genau*) exactement; ***denn ~ dieser Umstand hat dazu geführt, dass*** car justement cette circonstance a fait que + *indic*

Akkusativ <-s, -e> *m* accusatif *m*

Akkusativobjekt *nt* complément *m* à l'accusatif; (*mit Präposition*) complément *m* prépositionnel à l'accusatif

Akne <-, -n> *f* acné *f*

Akontozahlung *f* acompte *m*

Akribie <-> *f ∅ geh* méticulosité *f littér*, minutie *f*

akribisch I. *adj geh* méticuleux(-euse)
II. *adv geh* méticuleusement

Akrobat(in) <-en, -en> *m(f)* acrobate *mf*

-akrobat(in) *m(f) Sprach-, Verbal-* virtuose *mf* du/de la/des; *Finanz-* acrobate *mf* du/de la/des *péj*

akrobatisch *adj* acrobatique

Akronym <-s, -e> [akro'nyːm] *nt* acronyme *m*

Akt¹ <-[e]s, -e> *m* **1.** ART nu *m*
2. *form* (*Geschlechts~*) acte *m* sexuel *form*
3. (*Handlung*) ■ **ein ~ einer S.** (*gen*) *der Rache, der Gnade* un acte de qc; *der Höflichkeit* une marque de qc
4. (*Zeremonie*) cérémonie *f*
5. THEAT acte *m*
6. (*Zirkusnummer*) numéro *m*
▶ **das ist doch kein ~!** *fam* c'est pas la mer à boire! *fam*, je demande [tout de même] pas la lune! *fam*

Akt² <-[e]s, -en> *m* AUS *s.* **Akte**

Aktaufnahme *f* nu *m* photographique **Aktbild** *nt* nu *m*

Akte <-, -n> *f* **1.** ADMIN, JUR dossier *m*
2. (*Personal~*) dossier *m*
▶ **etw kommt in die ~** qc est porté(e) au dossier; **etw kommt zu den ~n** qc est versé(e) au dossier; **jd legt etw zu den ~n** (*legt etw ab*) qn classe qc; (*betrachtet als erledigt*) *Fall, Angelegenheit* qn classe qc [définitivement]

Aktenberg *m fam* montagne *f* de dossiers **Akteneinsicht** *f form* accès *m* au dossier; ***jd verlangt ~*** qn demande à avoir accès au dossier **Aktenkoffer** *m* mallette *f*, attaché-case *m* **aktenkundig** *adj* **1.** (*mit der Akte vertraut*) ■ **jd ist ~** qn est au courant du dossier/des dossiers, qn connaît le dossier/les dossiers **2.** (*in Akten vermerkt*) ■ **etw ist ~** qc est consigné(e), qc fait l'objet d'un dossier ▶ **jd macht sich ~** qn prend connaissance du dossier/des dossiers **Aktenlage** *f* ▶ **nach ~** d'après le [*o* au vu du] dossier **Aktenmappe** *f* **1.** (*Hefter*) chemise *f*, dossier *m* **2.** (*Aktentasche*) porte-documents *m* **Aktennotiz** *f* note *f* de [*o* jointe au] dossier; ***jd macht sich*** (*dat*) ***eine ~ von etw*** qn prend note de qc, qn écrit un mémorandum sur qc **Aktenordner** *m* classeur *m* **Aktenschrank** *m* classeur *m*, armoire *f* de classement **Aktentasche** *f* serviette *f* **Aktenzeichen** *nt* numéro *m* de dossier

Aktfoto *nt* photo *f* de nu **Aktfotografie** *f ∅* photographie *f* de nus

Aktie <-, -n> [-tsiə] *f* action *f*
▶ **die ~n stehen gut/schlecht** BÖRSE les actions sont en hausse/en baisse; *fig* les perspectives sont bonnes/mauvaises, les choses se présentent bien/mal; **die ~n fallen/steigen** les actions baissent/montent; **wie stehen die ~n?** *hum fam* (*wie geht's?*) comment ça marche? *fam*; (*wie sind die Aussichten?*) comment ça se présente? *fam*

Aktienbesitz [-tsiən-] *m* portefeuille *m* **Aktiengesellschaft** *f* société *f* anonyme [*o* par actions] **Aktienindex** *m* indice *m* boursier *m* **Aktienkurs** *m* cours *m* **Aktienmarkt** *m* BÖRSE marché *m* boursier **Aktienmehrheit** *f* majorité *f* des actions; ***jd besitzt die ~*** qn détient la majorité des actions, qn est l'actionnaire majoritaire

Aktion <-, -en> *f* **1.** (*Handlung*) action *f*; ***die ~ eines Einzelnen*** l'acte d'un individu isolé
2. COM promotion *f*
3. MIL action *f*
▶ **jd ist in ~** qn est en action; **jd tritt in ~** qn entre en action, qn passe à l'action; **etw tritt in ~** /*Plan, Vorschrift*/ qc entre en vigueur; /*Alarmanlage*/ qc se déclenche

-aktion *f Abhol-, Rückruf-, Stützungs-, PR-* opération *f* de; *Vergeltungs-* acte *m* de; *Mafia-, RAF-* acte *m* du/de la

Aktionär(in) <-s, -e> *m(f)* actionnaire *mf*

Aktionärsversammlung *f* assemblée *f* des actionnaires

Aktionismus <-> *m ∅ pej* activisme *m*

aktionsfähig *adj* opérationnel(le) **Aktionskomitee** *nt* comité *m* d'action **Aktionsradius** *m* **1.** AVIAT, NAUT rayon *m* d'action **2.** (*Wirkungsbereich*) champ *m* d'action **aktionsunfähig** *adj* **1.** ■ **jd ist ~** qn est H.S. *fam* **2.** MIL *Geschütz, Panzer* hors de combat ▶ **jd macht etw ~** MIL qn met qc hors de combat

aktiv I. *adj* **1.** (*rührig*) actif(-ive)
2. (*praktizierend*) *Mitglied, Sportler* actif(-ive); ■ **jd ist in etw** (*dat*) **~** qn est actif(-ive) dans qc
3. MIL *Laufbahn* actif(-ive); *Offizier, Soldat* d'active
4. (*berufstätig*) en activité
5. ■ **jd wird ~/in etw** (*dat*) **~** qn fait quelque chose/s'occupe de qc
II. *adv* **1.** (*tatkräftig*) *sich beteiligen, teilnehmen, unterstützen* activement
2. MIL dans l'armée active

Aktiv <-s, *rare* -e> *nt* actif *m*, forme *f* active; ***im ~*** à l'actif, à la forme active

Aktiva [-va] *pl* actif *m*
▶ **~ und Passiva** l'actif et le passif

Aktive(r) [-və, -vɐ] *f(m) decl wie adj* SPORT [sportif] pratiquant/[sportive] pratiquante *m/f*

aktivieren * [-'viː-] *vt* **1.** (*anspornen*) ■ **jd/etw aktiviert jdn** qn/qc stimule qn
2. (*aktiver gestalten*) ■ **jd aktiviert etw** *Anstrengungen, Wahlkampf* qn intensifie qc
3. MED ■ **etw aktiviert etw** qc active qc
4. ELEC ■ **etw aktiviert etw** /*Lichtschranke, Mechanismus*/ qc active qc, qc déclenche qc

Aktivist(in) <-en, -en> [-'vɪst] *m(f)* homme /femme *m/f* d'action; (*politisch aktiv*) militant(e) *m(f)*

Aktivität <-, -en> [-vi-] *f* **1.** (*Tätigkeit*) activité *f*
2. BIO fonctionnement *m*
3. PHYS (*Strahlung*) activité *f*
▶ **jd entfaltet eine ... ~** qn déploie une activité ...

Aktivposten *m* **1.** COM poste *m* de l'actif
2. *fig* atout *m*

Aktivurlaub *m* vacances *fpl* actives

Aktmalerei *f* académie *f*, peinture *f* de nus **Aktmodell** *nt* modèle *m* nu

aktualisieren * *vt* ■ **jd aktualisiert etw** qn [ré]actualise qc; INFORM qn met qc à jour

Aktualität <-, -en> *f geh* actualité *f*; ■ **~en** (*aktuelle Ereignisse*) actualités *fpl*

Aktuar(in) <-s, -e> *m(f)* CH *s.* **Schriftführer**

aktuell *adj* **1.** (*momentan*) actuel(le); *Bedeutung, Problem, Theorie, Thema, Vorgang a.* d'actualité; ***von ~em Interesse*** d'actualité; ■ **etw ist/wird ~** qc est/devient d'actualité
2. MEDIA *Buch, Film, Illustrierte* d'actualité; ***die ~sten Nachrichten*** les actualités *fpl*, les dernières nouvelles *fpl*; ■ **A~es** l'actualité *f*; ***das A~ste vom Tage*** les dernières nouvelles *fpl* du jour [*o* les actualités]
3. (*gegenwärtig*) *Bedarf, Kaufkraft, Warenangebot* actuel(le)
4. COUT *Mode* actuel(le); ***das ist die ~ste Mode*** c'est la [toute] dernière mode; ■ **etw ist/wird ~** /*Formen, Farben*/ qc est/devient actuel(le) [*o* à la mode]

Aktzeichnung *f* académie *f*, dessin *m* de nus

Akupressur <-, -en> *f* massage *m* par pression

Akupunkteur(in) <-s, -e> [akupʊŋk'tøːɐ] *m(f)* acupuncteur(-trice) *m(f)*

akupunktieren * I. *vt* ■ **jd akupunktiert jdn** qn fait de l'acupuncture à qn; ■ **jd wird akupunktiert** qn fait une séance/des séances d'acupuncture
II. *vi* ■ **jd akupunktiert** qn fait de l'acupuncture; ■ **das A~** l'acupuncture

Akupunktur <-, -en> *f* acupuncture *f*

Akustik <-> *f* ∅ acoustique *f*

akustisch I. *adj* acoustique; *Problem, Frage* d'acoustique
II. *adv* 1. (*in klanglicher Hinsicht*) du point de vue de l'acoustique; ***etw wirkt ~ verbessernd*** qc améliore l'acoustique
2. (*als Schall*) *wahrnehmen* par l'ouïe
► **jd versteht jdn/etw ~ nicht** *fam* qn entend mal ce que dit qn/mal qc

akut *adj* 1. MED aigu(ë); ■ **etw ist ~** qc est en phase aiguë
2. (*dringend*) *Frage, Problem* brûlant(e); *Punkt* urgent(e); *Mangel* aigu(ë); ■ **etwas A~es** quelque chose d'urgent

Akut <-[e]s, -e> *m* accent *m* aigu

AKW <-s, -s> [aːkaːˈveː] *nt abk von* **Atomkraftwerk** centrale *f* nucléaire

Akzent <-[e]s, -e> *m* 1. LING, PHON accent *m*
2. (*Schwerpunkt*) accent *m*; ***die ~e liegen bei etw*** [*o* ***auf etw*** (*dat*)] l'accent est mis sur qc, la mode est à qc
► **jd hat einen ...** ~ qn a un accent ...; **jd legt den ~ auf etw** (*akk*) qn met l'accent sur qc; **etw setzt ~e** (*schafft Vorbilder*) /*Jahr, Produkt*/ qc marque un tournant; ***dieses Jahr hat neue ~e in der Mode gesetzt*** cette année a donné une nouvelle orientation à la mode; ***das ungewöhnliche Wörterbuch wird in der Branche noch ~e setzen!*** ce dictionnaire inhabituel va révolutionner la branche; **jd setzt** [**bestimmte**] **~e**: ***dieser Hersteller hat ~e/neue/ungewöhnliche ~e in der Automobilbranche gesetzt*** ce constructeur automobile a innové dans/donné une nouvelle direction/une direction inhabituelle à la branche automobile; ***für die Herbstmode werden ganz andere ~e gesetzt*** la mode d'automne prend une toute autre orientation [*o* direction]; **jd spricht mit ~** qn parle avec un accent

akzentfrei *adj, adv* sans accent

akzentuieren * *vt geh* 1. (*betonen*) ■ **jd akzentuiert etw** *Problem, Punkt* qn insiste sur qc; *Unterschied a.* qn souligne qc
2. (*hervorheben*) ■ **etw akzentuiert etw** /*Mode, Modell*/ qc souligne qc

akzeptabel *adj Angebot, Bedingungen, Vorschlag, Risiko* acceptable; *Gehalt, Umstände, Wohnung* convenable

Akzeptanz <-> *f* ∅ ■ ~ [**einer S.** (*gen*)] [**durch jdn**] adhésion *f* [de qn] [à qc]; ***die mangelnde ~ bei den Deutschen*** le manque d'enthousiasme des Allemands

akzeptieren * I. *vt* ■ **jd akzeptiert etw** qn accepte qc
II. *vi* ■ **jd akzeptiert** qn accepte

AL <-, -s> [aːˈʔɛl] *f abk von* **Alternative Liste** liste *f* alternative

à la *adv* 1. GASTR à la; ***Ente ~ ~ Chef de cuisine*** canard du chef
2. (*nach jds Art*) *Cowboy, Haremsdame* en; *arbeiten, schreiben* à la manière du/de la/des

Alabaster <-s, -> *m* albâtre *m*

Alarm <-[e]s, -e> *m* 1. (*Warnsignal*) alarme *f*; ***stiller ~*** alarme extérieure
2. MIL (*Alarmzustand*) alerte *f*
► **es ist ~** il y a une alerte; **jd schlägt ~** (*warnt*) qn tire la sonnette d'alarme; **jd/etw schlägt** [*o* **gibt**] **~** qn/qc donne l'alarme; /*Alarmanlage*/ qc se déclenche; **bei ~** en cas d'alerte; **~!** alerte!

-alarm *m Öl-, Ozon-, Smog-, UV-, Viren-* alerte *f* au/à la; *Umwelt-* alerte *f* pour; *Katastrophen-* alerte *f* en cas de

Alarmanlage *f* système *m* d'alarme **alarmbereit** *adj* en [état d']alerte, prêt(e) à intervenir; *Rakete, Flugzeug* prêt(e) à décoller **Alarmbereitschaft** *f* état *m* d'alerte ► **jd hat ~** qn est en [état d']alerte; **jd ist** [*o* **steht**] **in ~** qn est en [état d']alerte; **jd versetzt jdn/etw in ~** qn met qn/qc en état d'alerte **Alarmglocke** *f* sonnette *f* d'alarme ► **bei jdm geht die ~** qn s'alarme; *fig fam* ça lui met la puce à l'oreille *fam*

alarmieren * *vt* 1. (*zum Einsatz rufen*) ■ **jd alarmiert jdn** *Feuerwehr, Polizei* qn alerte qn
2. (*beunruhigen*) ■ **etw alarmiert jdn** qc alarme qn

alarmierend *adj Nachricht, Neuigkeit* alarmant(e); ■ **es ist ~, dass** il est alarmant que + *subj*

Alarmsignal *nt* signal *m* d'alarme ► **etw löst bei jdm/etw ein ~ aus** (*schreckt auf*) qc met qn/qc en alerte **Alarmstufe** *f* état *m* d'alerte; ***~ rot bedeutet höchste ~*** l'alerte rouge signifie un état d'alerte maximal **Alarmübung** *f* exercice *m* d'alerte **Alarmvorrichtung** *f* système *m* d'alarme **Alarmzustand** *m* état *m* d'alerte ► **jd ist im ~** qn est en état d'alerte; **jd/etw versetzt jdn in den ~** qn/qc met qn en état d'alerte

Alaska <-s> *nt* l'Alaska *m*

Alb[1] <-> *f* ∅ ■ **die ~** le Jura
► **die Schwäbische ~** le Jura souabe

Alb[2RR] *s.* **Alp**

Albaner(in) <-s, -> *m(f)* Albanais(e) *m(f)*

Albanien <-s> [alˈbaːniən] *nt* l'Albanie *f*

albanisch *adj* albanais(e)

Albanisch *nt decl wie adj* l'albanais *m*; *sprechen* albanais
► **auf ~** en albanais

Albatros <-, -se> *m* albatros *m*

Albdruck[RR] *s.* **Alpdruck**

Alben *pl von* **Album**

albern[1] I. *adj* 1. (*kindisch*) un peu niais(e); ***ihr ~en Blagen!*** petits nigauds!; ■ **jd wird ~** qn commence à faire l'andouille *fam*
2. (*lächerlich*) *Betrag, Vorfall, Vorschlag* ridicule; ***es ist jdm zu ~ etw tun zu müssen*** qn trouve ça trop bête de devoir faire qc
II. *adv* (*kindisch*) *sich benehmen* de façon puérile, sottement; ***etw klingt ~*** qc a l'air idiot

albern[2] *vi* ■ **jd albert** qn bêtifie

Albernheit <-, -en> *f* 1. ∅ (*albernes Wesen*) [*Mensch*] niaiserie *f*; (*alberne Stimmung*) ambiance *f* de défoulement; (*mangelnder Ernst*) manque *m* de sérieux
2. ∅ (*Lächerlichkeit*) [*Vorfall, Vorschlag*] stupidité *f*
3. (*Handlung*) enfantillage *m*
4. (*dumme Äußerung*) bêtise *f*; (*Witziges*) facétie *f*; ***es war nur eine ~ von mir*** j'ai juste dit ça pour rire

Albino <-s, -s> *m* albinos *mf*

Albtraum[RR] *s.* **Alptraum**

Album <-s, Alben> *nt* album *m*

Alchemie <-> *f* ∅ *bes.* AUS, **Alchimie** <-> *f* ∅ HIST alchimie *f*

Alchemist(in) <-en,-en> *m(f) bes.* AUS, **Alchimist(in)** <-en,-en> *m(f)* HIST alchimiste *mf*

al dente *adj* al dente

alemannisch *adj* alémanique

Alge <-, -n> *f* algue *f*

Algebra <-> *f* ∅ algèbre *f*

algebraisch *adj Formel* algébrique; *Regel* d'algèbre

Algenblüte *f* floraison *f* des algues **Algenpest** *f* prolifération *f* d'algues

Algerien <-s> [alˈgeːriən] *nt* l'Algérie *f*

algerisch *adj* algérien(ne)

Algorithmus <-, -men> *m* algorithme *m*

alias *adv* alias

Alibi <-s, -s> *nt* alibi *m*

Alibi- *-frau, -politik* alibi; *-einrichtung, -pöstchen, -veranstaltung a.* bidon *fam*; *-charakter* d'alibi **Alibifunktion** *f* fonction *f* d'alibi ► **etw hat** [**nur**] **~** qc sert [seulement] d'alibi

Alimente *pl* pension *f* alimentaire

Alkali <-s, Alkalien> [-liən] *nt* alcali *m*

alkalisch *adj* alcalin(e)

Alkaloid <-[e]s, -e> [alkaloˈiːt, -iːdə] *nt* alcaloïde *m*

Alkohol <-s, -e> [ˈalkohoːl, alkoˈhoːl] *m* alcool *m*
► **jd setzt jdn unter ~** *sl* qn soûle la gueule à qn *pop*; **jd steht unter ~** *form* qn est sous l'empire de l'alcool *form*

Alkohol- [ˈalkohoːl-, alkoˈhoːl-] d'alcool **alkoholarm** *adj* faiblement alcoolisé(e) **Alkoholeinfluss**[RR] *m form* imprégnation *f* alcoolique *form*
► **jd steht unter ~** qn est en état d'imprégnation alcoolique *form*; **unter ~** sous l'effet de l'alcool **Alkoholeinwirkung** *f s.* **Alkoholeinfluss. Alkoholfahne** *f fam* haleine *f* qui sent l'alcool ► **jd hat eine ~** qn pue l'alcool *fam* **alkoholfrei** *adj* sans alcool; *Getränk a.* non alcoolisé(e) **Alkoholgegner(in)** *m(f)* adversaire *mf* de l'alcool, personne *f* antialcoolique ► **jd ist ~** qn est antialcoolique **Alkoholgehalt** *m* 1. GASTR teneur *f* en alcool 2. [*Blut*] taux *m* d'alcool dans le sang, alcoolémie *f* **Alkoholgenuss**[RR] *m form* consommation *f* d'alcool; ***übermäßiger ~*** un excès d'alcool **alkoholhaltig** *adj* alcoolisé(e)

Alkoholika *pl* alcools *mpl*

Alkoholiker(in) <-s, -> *m(f)* alcoolique *mf*
► **die Anonymen ~** les alcooliques *mpl* anonymes; **jd ist ~** qn est alcoolique

alkoholisch *adj* 1. GASTR *Getränk* alcoolisé(e)
2. CHEM, PHARM à base d'alcool; ***auf ~er Basis*** à base d'alcool

alkoholisiert I. *adj geh* (*betrunken*) *Mensch* ivre; ***in ~em Zustand*** en état d'ébriété
II. *adv geh Auto fahren* en état d'ébriété

Alkoholismus <-> *m* ∅ alcoolisme *m*

Alkoholkonsum *m* consommation *f* d'alcool **alkoholkrank** *adj* alcoolique **Alkoholmessgerät**[RR] *nt* alcoomètre *m* **Alkoholpegel** *m hum*, **Alkoholspiegel** *m* taux *m* d'alcool dans le sang **Alkoholsteuer** *f* impôt *m* sur les alcools **alkoholsüchtig** *adj* alcoolique **Alkoholsüchtige(r)** *f(m) decl wie adj* alcoolique *mf* **Alkoholsünder(in)** *m(f) fam* conducteur(-trice) *m(f)* en état d'ivresse **Alkoholtest** *m* alcootest *m* **Alkoholverbot** *nt* interdiction *f* de consommer de l'alcool ► **jd hat** [**irgendwo**] **~** qn a l'interdiction de consommer de l'alcool [quelque part] **Alkoholvergiftung** *f* intoxication *f* par l'alcool

all *pron indef* (*gesamte*) ■ **~ der/die/das ...** tout le/toute la ...; ***~ mein Geld/Vertrauen*** tout mon argent/toute ma confiance
► **~ dies/das** tout ça

All <-s> *nt* ∅ cosmos *m*

allabendlich I. *adj* du soir II. *adv* tous les soirs **allbekannt** *adj* notoire; *Mensch* très célèbre; ■ **es ist ~, dass jd etw tut** il est notoire [*o* tout le monde sait] que qn fait qc

alldem *pron s.* **alledem**

alle *adj pred fam* ■ **etw ist ~** (*verzehrt*) qc est liquidé(e) *fam*; (*verbraucht*) y a plus de qc *fam*; ***wenn der Kuchen noch nicht ~ ist, ...*** si y a encore du gâteau, ... *fam*; ***die Patrone ist ~*** la cartouche est vide; ***mein Geld ist ~*** j'ai plus un rond *fam*
► **jd macht etw ~** qn liquide qc *fam*; **jd macht jdn ~** *sl* qn bousille qn *pop*; **etw wird ~** /*Vorräte*/ qc s'épuise; ***... sonst wird der Kuchen ja nie ~!*** ... sinon le gâteau sera jamais liquidé! *fam*

alle(r, s) *pron indef* 1. *attr* (*mit Singular*) tout le/toute la; (*mit Plural*) tous/toutes les; ***ich wünsche dir ~s Gute*** je te souhaite bien des choses; ***er hat ~n Grund dazu*** il a de bonnes raisons pour cela; ■ **~ meine/deine/seine/...** tous/toutes mes/tes/ses/...
2. *substantivisch* ■ **alle** tous/toutes; **~ *beide*** tous/toutes les deux; **~ *über 18*** tous les plus de 18 ans; ***diese Städte habe ich ~ gesehen*** j'ai vu toutes ces villes; ■ **~ die[jenigen], die** tous ceux/toutes celles qui/que
3. *substantivisch* (*alle Dinge*) ■ **alles** tout
4. *substantivisch* (*insgesamt*) ■ **das** [**...**] **alles** tout ça
5. *substantivisch fam* (*alle*) ■ **alles** tout le monde
6. (*bei Zeit und Maßangaben*) tous/toutes les
► **hast du/hat er/sie sie noch ~?** *fam* tu es/il/elle est sonné(e)? *fam*; **jd**

hat sie [wohl] nicht mehr ~ *fam* il/elle déménage *fam;* **das ist/wäre ~s** (*im Geschäft*) ça sera tout, c'est tout; **das kann doch nicht ~s sein** ça ne peut tout de même pas s'arrêter là; **soll das schon ~s gewesen sein?** et c'est tout?; ~ **auf einmal** tous/toutes à la fois; **in ~m** (*in jeder Beziehung*) en tout point, pour tout; **~s in ~m** (*insgesamt betrachtet*) tout compte fait; (*zusammengerechnet*) en tout; **trotz ~m** malgré tout; **über ~s** *lieben, mögen* par-dessus tout; *sich freuen* énormément; ***Geld ging ihr über ~s*** elle plaçait l'argent au-dessus de tout; **vor ~m** (*insbesondere*) avant tout; ~ **für einen und einer für** ~ tous pour un et un pour tous; **~s und jedes** absolument tout; ***er sieht in ~m und jedem etwas Schlechtes*** il voit le mal partout; **was ... ~s** *fam:* ***was hast du denn so ~s gemacht/erzählt?*** qu'est-ce que tu as bien pu faire/raconter?; ***was er ~s so weiß/kann*** incroyable tout ce qu'il sait/sait faire; **~s, was** tout ce qui/que **wer ... ~s** *fam* qui donc ...

alledem *pron* ▸**bei/in/trotz/von/zu** ~ malgré/dans/malgré/de/en plus de tout cela

Allee <-, -n> [-eːən] *f* allée *f*

Allegorie <-, -n> [-iːən] *f* allégorie *f*

Allegro <-s, -s *o* Allegri> *nt* allegro *m*

allein I. *adj* (*einsam*) ■ **jd ist** ~ qn est seul(e)

▸**er/sie ist auf sich** (*akk*) ~ **angewiesen** [*o* **gestellt**] il/elle ne peut compter que sur lui-même/elle-même; **jd lässt jdn** ~ qn laisse qn seul(e); **für sich** ~: ***die katholische Kirche beansprucht für sich ~, den Weg zum Paradies zu wissen*** l'Église catholique prétend être la seule à connaître le chemin du paradis; **für sich** ~ **[genommen]** (*isoliert betrachtet*) pris(e) séparément

II. *adv* **1.** (*bereits*) rien que ...

2. (*ausschließlich*) uniquement; ***das ist ganz ~ deine Sache*** c'est à toi de voir

3. (*isoliert*) *leben, liegen, stehen* [tout(e)] seul(e); ***etw liegt für sich*** ~ qc est complètement isolé(e)

4. (*ohne Hilfe*) [tout(e)] seul(e); *entscheiden* en son nom propre; *klären* soi-même

5. (*unbegleitet*) seul(e)

▸~ **erziehend** qui élève seul(e) son enfant; ***jd ist ~ erziehend*** qn est parent unique; ~ **selig machend** *Kirche, Lehre* hors de laquelle/duquel il n'est point de salut; ***etw ist die ~ selig machende Lehre/Ideologie*** qc est la loi et les prophètes; ***etw ist ~ selig machend*** (*ausschließlich richtig*) qc est parole d'évangile; ~ **stehend** qui vit seul(e); (*ledig*) célibataire; ***jd ist ~ stehend*** qn vit seul(e); **von** ~ (*von selber*) tout(e) seul(e); (*aus eigenem Antrieb*) de moi-même/lui-même; ***von ~ tut er gar nichts*** de lui-même, il ne fait vraiment rien; ***ich weiß von ~, was/wo*** je suis assez grand(e) pour savoir ce que/où; ***hör mal, ich weiß von ~, was zu tun ist*** écoute, je n'ai pas besoin de toi pour savoir ce qu'il faut faire; ~ **schon ...** rien que ...; ***diese Frechheit ~ schon könnte mich auf die Palme bringen!*** un tel culot suffirait à me mettre hors de moi!; **nicht** ~ ..., **sondern** non seulement ..., mais ...; ***nicht ~, dass jd etw tut, sondern ...*** non seulement qn fait qc, mais [qui plus est]

alleine *adj, adv fam s.* **allein**

Alleinerbe *m,* **-erbin** *f* unique héritier(-ière) *m(f)* **alleinerziehend** *s.* **allein II.**▸. **Alleingang** <-gänge> *m fam* initiative *f* individuelle; ***jd neigt zu Alleingängen*** qn fait volontiers cavalier seul ▸**im** ~ tout(e) seul(e); ***das hat er ganz im ~ gemacht*** il a fait ça tout seul comme un grand *hum fam* **Alleinherrschaft** *f* [*Partei*] hégémonie *f;* [*Mensch*] autocratie *f,* absolutisme *m* **Alleinherrscher(in)** *m(f) geh* souverain(e) *m(f)* absolu(e)

alleinig I. *adj attr* unique *antéposé;* ***jd hat die ~e Vertretung einer S.*** (*gen*) qn est le représentant exclusif/la représentante exclusive de qc

II. *adv geh* uniquement

Alleinsein *nt* ∅ solitude *f* **alleinseligmachend** *s.* **allein II.**▸. **alleinstehend** *s.* **allein II.**▸. **Alleinstehende(r)** *f(m) decl wie adj* personne *f* [qui vit] seule; (*Ledige*) célibataire *mf* **Alleinvertretung** *f* représentation *f* exclusive; ***er/es/sie hat die ~*** [***einer S.*** (*gen*)] il est le représentant exclusif/elle est la représentante exclusive [de qc] **Alleinvertrieb** *m* (*Vertriebsrecht*) exclusivité *f;* (*Firma*) distributeur exclusif/distributrice exclusive *m/f;* ***jd hat den ~*** [***einer S.*** (*gen*)] qn est le distributeur exclusif [de qc]

allemal *adv* **1.** (*ohne Schwierigkeit*) à tous les coups

2. (*in jedem Falle*) de toute façon

▸~! sans problème!

allenfalls *adv* **1.** (*höchstens*) tout au plus

2. (*bestenfalls*) au mieux, dans le meilleur des cas

allenthalben *adv geh* de toute[s] part[s]; ***etw ist ~ bekannt*** qc est connu(e) de tout le monde; ***es wird ~ wärmer*** on assiste à une augmentation généralisée des températures

aller- + *superl* ... de tous/toutes; ***die ~schönste Blume*** la plus belle de toutes les fleurs; ***das A~lächerlichste*** la chose vraiment la plus ridicule; ***das A~klügste wäre etw zu tun*** la solution vraiment la plus astucieuse serait de faire qc

alleraller- + *superl fam* vraiment ... de tous/toutes; ***das ~kleinste Teilchen*** la particule vraiment la plus petite de toutes

allerbeste(r, s) *adj* meilleur(e); ■ **der/die/das A~** le meilleur [de tous]/la meilleure [de toutes/tous]; ***du bist mein A~r*** je t'adore; ■ **das A~** ce qu'il y a de mieux; ***ich wünsche dir das A~*** je t'adresse tous mes meilleurs vœux; ■ **es ist das** ~ [*o* **am ~n**], **etw zu tun/wenn jd etw tut** le mieux c'est de faire qc/que qn fasse qc

allerdings *adv* **1.** (*jedoch*) mais, toutefois

2. (*in der Tat*) assurément, en effet

▸~! (*und ob!*) je pense bien!, et comment!

allererste(r, s) *adj* tout(e) premier(-ière); ■ **der/die/das A~** le tout premier/la toute première; ■ **das A~** (*die erste Sache*) la toute première chose; ■ **das A~, was** la toute première chose qui/que; ***das ist das A~, was ich höre!*** première nouvelle!

▸**als A~** le tout premier/la toute première; ***er erfährt die Nachricht als A~r*** il est le tout premier à apprendre la nouvelle; **als A~s** avant toute chose

allerfrühestens *adv* au plus tôt

allergen I. *adj* allergène, allergénique

II. *adv:* ***etw wirkt ~*** qc provoque des allergies, qc est allergénique

Allergen <-s, -e> *nt* allergène *m*

Allergie <-, -n> [-iːən] *f* allergie *f*

▸**jd hat eine** ~ **[gegen etw]** qn a une allergie [à qc]

-allergie *f* allergie *f* au/à la/aux

Allergietest *m* test *m* d'allergie

Allergiker(in) <-s, -> *m(f)* personne *f* allergique

▸**jd ist** ~ qn est allergique, qn a une allergie

allergisch I. *adj* **1.** MED [d'origine] allergique; *Mensch* allergique; ■ **jd ist gegen etw** ~ qn est allergique à qc

2. (*ablehnend*) ■ **jd ist ~ gegen jdn/etw** qn est allergique à qn/qc

II. *adv* ~ ***bedingt*** dû(due) à une allergie, d'origine allergique

▸**jd reagiert** ~ **[auf etw** (*akk*)**]** MED qn fait une allergie [à qc]; (*abweisend*) ça/qc donne des boutons à qn

allerhand *adj inv fam* **1.** (*allerlei*) *Dinge, Leckereien* un tas de *fam;* ~ ***Auswahl*** un sacré choix *fam*

2. (*ziemlich viel*) *erzählen, verdrücken* pas mal de choses *fam; transportieren a., gewinnen* un paquet *fam;* ***jd/etw verträgt ~*** qn/qc supporte pas mal de choses *fam;* (*Alkohol*) qn peut vraiment supporter un maximum d'alcool *fam*

▸**das ist ja** [*o* **doch**] ~! c'est un peu fort! *fam;* [**das ist**] ~! eh ben dis donc! *fam*

Allerheiligen <-s> *nt* la Toussaint; ***an ~*** à la Toussaint

Allerheiligste(s) *nt decl wie adj* **1.** (*Raum*) sanctuaire *m*

2. (*im Tempel von Jerusalem*) Saint *m* des Saints

3. (*geweihte Hostie*) saint sacrement *m*

4. *fam* (*privatester Raum*) ■ **jds ~s** le sanctuaire de qn *hum*

allerhöchste(r, s) *adj* **1.** (*an Höhe*) *Berg, Hochhaus, Turm* plus haut(e) [de tous/toutes], plus élevé(e) [de tous/toutes]; ***der ~ Berg*** la montagne la plus haute [de toutes]; ***dieses Haus ist das ~*** cette maison est la plus haute de toutes

2. (*allergrößte*) ■ **der/die/das ~ ...** *Betrag, Belastung, Geschwindigkeit* le/la ... le/la plus élevé(e)

3. (*oberste*) ■ **der/die/das ~ ...** *Kreise, Stelle* le/la ... le/la plus haut placé(e); ***die ~ Instanz*** l'instance *f* suprême; ***in den ~n Kreisen/an ~r Stelle*** en très haut lieu

allerhöchstens *adv* **1.** (*allenfalls*) tout au plus

2. (*spätestens*) ■ **in ~ ...** au plus tard dans ..., dans ... au plus tard

allerlei *adj inv* **1.** *substantivisch* toutes sortes de choses

2. *attributiv* toutes sortes de ... + *pl*

allerletzte(r, s) *adj* **1.** (*ganz letzte*) tout(e) dernier(-ière); ■ **der/die/das A~** vraiment le dernier/la dernière; ■ **das A~** (*die letzte Sache*) la toute dernière chose; ■ **das A~, was** la toute dernière chose qui/que

2. (*allerneueste*) *Nachrichten, Neuigkeiten* tout(e) dernier(-ière)

3. (*allerjüngste*) *Zeit, Zeitabschnitt* tout(e) dernier(-ière)

▸**jd/etw ist** [**ja/wirklich**] **das A~** *fam* qn est [vraiment] pire que tout/qc est au-dessous de tout

allerliebste(r, s) *adj* **1.** (*Lieblings-*) favori(te), préféré(e) **2.** (*meistgeliebte*) ■ **der/die/das ~ von seinen/ihren ...** son/sa ... préféré(e); ***das ~ von seinen Kindern*** son enfant préféré; ***meine ~/mein ~r ...!*** ma très chère/mon très cher ..., ▸**jd tut etw am ~n** qn préfère faire qc; ce que qn préfère, c'est de faire qc; ***mir wäre es am ~n, du ...*** je préférerais que tu ... + *subj*

Allerliebste(r) *f(m) decl wie adj* bien-aimé(e) *m(f)*

allermeiste(r, s) *adj* ■ **der/die/das ~ ...** (*der größte Teil*) la plupart du/des ...; (*das zahlenmäßig meiste*) le plus de; ***in den ~n Fällen*** dans la plupart des cas; ***er verdient von allen das ~ Geld*** de tous, c'est lui qui gagne le plus [d'argent]; ■ **das** ~ (*der größte Teil*) la plus grande partie; (*zahlenmäßig*) le plus; ■ **die ~n** la très grande majorité

▸**am ~n** plus que tout; ***diesen Kerl hasst sie am ~n*** c'est ce type qu'elle déteste le plus; ***am ~n sieht sie abends fern*** le soir, elle regarde le plus souvent la télévision; ***am ~n hat mich gefreut ...*** ce qui m'a fait le plus plaisir, c'est ...; ***was mir am ~n leid tut, ist ...*** ce qui me fait le plus de peine, c'est ...; ***am ~n haben mir die Bilder von Picasso gefallen*** ce sont les tableaux de Picasso qui m'ont le mieux plu; ***was mich am ~n Zeit kostet, ist ...*** ce qui me prend le plus de temps, c'est ...

allernächste(r, s) *adj* **1.** (*folgend*) *S-Bahn* [tout(e)] prochain(e) *antéposé; Zeit, Zukunft* tout(e) proche

2. (*benachbart*) ■ **der/die/das ~ ...** le/la ... le/la plus proche

3. (*kürzeste*) ■ **der/die/das ~ ...** *Route, Strecke* le/la ... le/la plus court(e), le/la plus court(e) ...

▸**als A~s** en tout premier lieu; **am ~n** *liegen, stehen* tout près; (*ganz nah*) *stehen* le/la plus proche; ***wer ist am ~n dran?*** c'est d'abord à qui?; ***etw liegt der Autobahn am ~n*** qc est tout près de l'autoroute; ***was liegt der Autobahn am ~n?*** qu'est-ce qui est le plus près [*o* proche] de l'autoroute?; ***ihre Tante steht ihr am ~n*** c'est sa tante qui lui est la plus proche

allerneu[e]ste(r, s) *adj Ausgabe, Nachrichten, Stand* tout(e) dernier(-ière) *antéposé; Mode, Wagen a.* tout(e) nouveau(-velle) *antéposé;* ***weißt du schon das A~?*** tu sais la dernière?, tu ne connais pas la dernière? *fam;* ***das A~ in Kürze*** les dernières nouvelles en bref; ***sie trägt immer das A~*** elle est toujours habillée à la dernière mode; ***etw ist auf dem ~n Stand*** qc est absolument à jour

▶ **am** ~**n**: ***dieses Haus ist am ~n*** c'est cette maison la plus récente; ***sie sind am ~n ausgestattet*** ce sont eux qui ont l'équipement le plus récent

Allerseelen <-s> *nt* le jour des Morts, la fête des Trépassés; ***an ~*** le jour des Morts, à la fête des Trépassés

allerseits *adv* **1.** (*bei allen*) auprès de tout le monde; ***jd ist ~ gerne gelitten*** qn est apprécié(e) de tout le monde
2. (*an alle*) tout le monde

allerspätestens *adv* au plus tard

Allerwelts- *pej* **1.** (*Durchschnitts-*) ordinaire, quelconque
2. *-blatt, -thema* banal(e); ***~ausdruck/~weisheit*** lieu *m* commun

allerwenigste(r, s) *adj* **1.** (*wenigste*): ***die ~n Menschen*** une [petite] minorité de personnes; ***sie verdienen von allen das ~ Geld*** de tous, ce sont eux qui gagnent le moins [d'argent]; ***in den ~n Fällen*** dans un nombre infime de cas
2. (*mindeste*) ■ **das A~** la moindre des choses, le minimum; ***das ist das A~, was man sagen kann!*** c'est le moins qu'on puisse dire!
▶ **am** ~**n** (*im Vergleich mit anderen*) le moins; (*sehr, sehr wenig*) vraiment très peu; ***Alkohol verträgt sie am ~n*** c'est l'alcool qu'elle supporte le moins; ***von allen seinen Freunden verträgt er Alkohol am ~n*** de tous ses amis c'est lui qui supporte le moins l'alcool; ***von allen Musikarten mag ich Folk am ~n*** de tous les types de musique, c'est le folk que j'aime le moins; **das am ~n!** tout mais pas ça!

allerwenigstens *adv* à tout le moins, tout au moins

Allerwerteste(r) *m decl wie adj hum* [précieux] postérieur *m*

alles *pron s.* **alle(r, s)**

allesamt *adv* tous/toutes; ***sie sind ~ ...*** ils sont tous/elles sont toutes ...; ***sie können ~ ...*** ils peuvent tous autant qu'ils sont/elles peuvent toutes autant qu'elles sont ...; ***ihr könnt/wir können ~ ...*** vous pouvez tous autant que vous êtes/nous pouvons tous autant que nous sommes ...; ***ich werde diesen Typen ~ zeigen ...*** je vais montrer à tous ces types ...

Allesfresser <-s, -> *m* omnivore *m* **Alleskleber** *m* colle *f* universelle **Alleswisser(in)** <-s, -> *m(f)* esprit *m* omniscient; ■ **ein ~** quelqu'un qui sait tout; ***dieser ~ von Oliver ist unerträglich*** Oliver, ce Monsieur Je-sais-tout, est vraiment insupportable

allfällig *adj* CH éventuel(le)

allgegenwärtig *adj geh* omniprésent(e); ***Gott, der A~e*** Dieu, dans son omniprésence [*o* qui est omniprésent]

allgemein I. *adj* **1.** (*global*) *Kenntnisse, Informationen, Sätze* général(e)
2. (*für alle gültig*) *Feiertag* légal(e); *Regelung* qui s'applique à tous; *Wahlrecht* universel(le); *Wehrpflicht* obligatoire
3. (*öffentlich*) *Interesse, Meinung, Wohl* général(e)
4. (*gemeinsam*) *Ablehnung, Überraschung, Zustimmung* général(e)
▶ ~ **bildend** *Schule* d'enseignement général; *Unterricht* général(e); ~ **gültig** universel(le); ~ **verständlich** *Sprache, Wort* intelligible à tous; *Buch, Vortrag a.* à la portée de tous; **im A~en** (*normalerweise*) en général, généralement; (*insgesamt*) en général, dans l'ensemble
II. *adv* **1.** (*überall*) *üblich* généralement; *verbreitet* communément; ***es ist ~ bekannt, dass*** tout le monde sait que + *indic*
2. (*generell*) *gelten, zugänglich* d'une façon générale
3. (*unspezifisch*) *formulieren, gehalten sein* de façon générale
4. (*bei allen*) *sich verständlich machen* de tous; *zustimmen* largement

Allgemeinbefinden *nt* état *m* général **allgemeinbildend** *s.* **allgemein I.▶.** **Allgemeinbildung** *f* Ø culture *f* générale **allgemeingültig** *s.* **allgemein I.▶.** **Allgemeingültigkeit** *f* universalité *f*, caractère *m* universel **Allgemeingut** *nt*: ***etw ist/gehört zum ~*** qc est une chose/fait partie des choses que tout le monde sait; ***diese Sprichwörter sind ~*** ces proverbes font partie du patrimoine collectif [*o* sont des choses que tout le monde connaît]

Allgemeinheit <-> *f* **1.** Ø (*Öffentlichkeit*) collectivité *f*; ***der ~ zugänglich*** ouvert(e) au public
2. Ø [*Äußerung*] généralité *f*; ***in dieser ~ kann man das nicht sagen*** on ne peut pas généraliser comme cela; ***etw ist von zu großer ~*** qc est trop général(e)
3. *meist pl* (*Allgemeinplatz*) généralité *f*

Allgemeinmedizin *f* médecine *f* générale **allgemeinverständlich** *s.* **allgemein I.▶.** **Allgemeinwohl** *nt* bien *m* commun, intérêt *m* général

Allheilmittel *nt* panacée *f*

Allianz <-, -en> *f* alliance *f*

Alligator <-s, -toren> *m* alligator *m*

alliiert *adj attr* allié(e); ■ **sie waren ~** ils/elles étaient allié(e)s **Alliierte(r)** *f(m) decl wie adj* ■ **die ~n** les Alliés *mpl*

Alliteration <-, -en> *f* allitération *f*

alljährlich I. *adj attr* annuel(le)
II. *adv* tous les ans, chaque année; ■ **etw ist ~ irgendwann** qc a lieu tous les ans à une certaine date

Allmacht *f* Ø toute-puissance *f*

allmächtig *adj* tout(e)-puissant(e), omnipotent(e); *Gott* tout(e)-puissant(e) **Allmächtige(r)** *m decl wie adj* REL ■ **der ~** le Tout-Puissant ▶ ~**r!** *fam* sacrebleu!

allmählich I. *adj attr* progressif(-ive), graduel(le)
II. *adv* **1.** (*langsam*) *verbal übersetzt*; ***jd wird ~ müde*** qn commence à être fatigué(e); ***~ gehst du mir auf die Nerven*** tu commences à me taper sur les nerfs *fam*
2. (*endlich*) *verbal übersetzt*; ***hoffentlich kommt er ~!*** j'espère qu'il va finir par arriver!; ***es wird ~ Zeit, dass*** il est grand temps que + *subj*; ***es wurde auch ~ Zeit!*** il était vraiment grand temps!

allmonatlich I. *adj attr* mensuel(le)
II. *adv* tous les mois, chaque mois; ***~ zweimal*** deux fois par mois

allmorgendlich I. *adj attr* chaque matin, matinal(e); ***das ~e Aufstehen ist eine Qual*** se lever tous les matins est un supplice
II. *adv* tous les matins, chaque matin

allnächtlich I. *adj attr* chaque nuit, nocturne; ***fast ~e Hustenanfälle*** des accès de toux presque chaque nuit
II. *adv* toutes les nuits, chaque nuit

Allparteien- *-gespräch* entre tous les partis; *-koalition, -regierung* réunissant tous les partis

Allradantrieb *m* [transmission *f* à] quatre roues *fpl* motrices, transmission *f* intégrale

Allround- ['ɔ:l'raund-] *-sportler, -künstler, -wissenschaftler* polyvalent(e); *-genie* universel(le)

allseitig I. *adj* unanime; *Unruhe a.* généralisé(e); *Zufriedenheit* général(e)
II. *adv begabt* universellement; *informiert* sur tout; ***jd ist ~ interessiert*** qn a des centres d'intérêts multiples et variés

allseits *adv* **1.** (*überall*) partout; *bekannt* de tous; ***es ist ~ bekannt, dass*** tout le monde sait que + *indic*
2. (*rundum*) *informiert* sur tout; *vorbereitet* à fond; ***~ gewappnet*** paré(e)

Alltag *m* **1.** (*Werktag*) jour *m* ouvrable
2. *fig* [*Ehe, Berufsleben*] quotidien *m*, train-train *m péj*
▶ **an ~en** en semaine

alltäglich *adj* **1.** *attr* (*tagtäglich*) quotidien(ne)
2. (*gang und gäbe*) ■ **etw ist ~** /*Engpässe, Probleme*/ qc est habituel(le)
3. (*gewöhnlich*) ordinaire, banal(e)

alltags *adv* les jours ordinaires, en semaine

Alltagskleidung *f* tenue *f* de tous les jours **Alltagsleben** *nt* vie *f* quotidienne, train-train *m péj*

allumfassend *adj geh* universel(le)

Allüren *pl* **1.** (*geziertes Verhalten*) manières *fpl*
2. (*Star~*) minauderies *fpl*

allwissend *adj* **1.** *fam* au courant de tout; ***er tut immer so ~*** il fait toujours celui qui sait tout *fam*; ***jd ist nicht ~*** qn ne sait pas tout
2. REL omniscient(e); ■ **der A~e** Dieu qui sait tout
▶ **bin ich ~?** *fam* est-ce que je sais, moi? *fam*; **ich bin doch nicht ~!** *fam* je ne suis pas omniscient(e)!, je peux quand même pas tout savoir! *fam*

Allwissenheit <-> *f* Ø omniscience *f*

allwöchentlich I. *adj attr* hebdomadaire
II. *adv* toutes les semaines, chaque semaine; ***~ einmal/zweimal*** une/deux fois par semaine

allzeit *adv geh* toujours
▶ ~ **bereit!** toujours prêt!

allzu *adv* bien [*o* beaucoup] trop; ***~ bald*** bien [*o* beaucoup] trop vite; ***~ früh*** bien trop tôt; ***~ sehr*** [*o* ***viel***] trop; ***das weiß ich nur ~ gut*** je ne le sais que trop [bien]; ***es war nur ~ verständlich*** ce n'était que trop compréhensible; ***jd tut etw ~ gern*** qn adore faire qc; ***jd würde etw ~ gern tun*** qn rêve de faire qc; ***jd mag etw ~ gern*** qn adore qc; ***~ weit sind wir ja heute nicht gekommen*** nous n'avons pas tellement avancé aujourd'hui; ***die Krankheit ist ~ weit vorangeschritten, als dass*** la maladie est à un stade beaucoup trop avancé pour que + *subj*
▶ **nicht ~ ...** [ne ...] pas tellement [*o* pas spécialement] ...; ***nicht ~ sehr!*** pas vraiment!, pas spécialement!, pas plus que ça!; ***ich mache es nicht ~ gern*** je n'aime pas trop le faire; ***nicht ~ dumm!*** pas si bête que ça!; ***nicht ~ sehr*** [ne ...] pas outre mesure; ***nicht ~ oft/~ lange*** pas trop souvent/longtemps; ***das ist nicht ~ früh!*** ce n'est pas spécialement tôt!; ***jd mag etw nicht ~ gern*** qn ne raffole pas de qc; ***ich habe das nicht ~ gern getan*** ça ne m'a pas fait spécialement plaisir; ***sein Gesicht verrät nicht ~ viel von seinen Gedanken*** son visage ne trahit pas grand-chose de ses sentiments; ***das ist aber nicht ~ viel!*** c'est vraiment pas grand-chose! *fam*

allzufrüh *s.* **allzu.** **allzugern** *s.* **allzu.** **allzusehr** *s.* **allzu.** **allzuviel** *s.* **allzu**

Allzweck- multiusage **Allzweckhalle** *f* salle *f* polyvalente

Alm <-, -en> *f* alpage *m*

Almanach <-s, -e> *m* almanach *m*

Almosen <-s, -> *nt* **1.** (*geringer Betrag*) misère *f*
2. *geh* (*Spende*) aumône *f*

Aloe <-, -n> ['a:loe, -loən] *f* aloès *m*

Alp <-[e]s, -e> *m* **1.** *veraltend geh* (*Alptraum*) cauchemar *m*
2. *veraltet* (*Nachtmahr*) ≈ incube *m vieux*

Alpaka <-s, -s> *nt* (*Lamaart, Gewebe*) alpaga *m*

Alpdruck <-drücke> *m* (*Vorstellung*) cauchemar *m*; ***der reinste ~*** un vrai cauchemar
▶ **etw lastet wie ein ~ auf jdm** qc poursuit qn comme un cauchemar

Alpen *pl* ■ **die ~** les Alpes *fpl*

Alpenland *nt* **1.** (*Land*) pays *m* alpin **2.** (*Gebiet der Alpen*) Alpes *fpl* **Alpenpass**RR *m* col *m* des Alpes **Alpenrepublik** *f* république *f* d'Autriche **Alpenrose** *f* rose *f* des Alpes **Alpenveilchen** *nt* cyclamen *m* **Alpenvorland** *nt* Préalpes *fpl*

Alphabet <-[e]s, -e> *nt* alphabet *m*
▶ **jd lernt das ~** qn apprend l'alphabet; **jd sagt das ~ auf** qn récite l'alphabet; **nach dem ~** dans l'ordre alphabétique

alphabetisch I. *adj* alphabétique
II. *adv* par ordre alphabétique

alphabetisieren * *vt* **1.** (*ordnen*) ■ **jd alphabetisiert etw** qn classe qc par ordre alphabétique
2. SCOL ■ **jd alphabetisiert jdn** qn alphabétise qn

Alphabetisierung <-, -en> *f* **1.** (*Anordnung*) classement *m* par ordre alphabétique
2. SCOL alphabétisation *f*

alphanumerisch *adj* alphanumérique **Alphastrahlen** *pl* rayons *mpl*

alpha
Alphorn *nt* cor *m* des Alpes
alpin *adj* alpin(e); *Flora* (*in hohen Lagen*) alpin(e); (*in unteren Lagen*) alpestre; *Wettbewerb* de ski alpin; ***die ~en Skimeisterschaften*** les championnats *mpl* de ski alpin
Alpinist(in) <-en, -en> *m(f)* alpiniste *mf;* (*Skifahrer*) skieur(-euse) *m(f)*
Alptraum *m* cauchemar *m*
Alraun <-[e]s, -e> *m,* **Alraune** <-, -n> *f* mandragore *f*
als *conj* **1.** (*in dem Moment, da*) quand, lorsque; (*zu der Zeit, da*) alors que; ***gerade, ~ ...*** au moment précis où ...; ***in jenen Tagen, ~ ...*** à l'époque où ...
2. + *comp* que; ***größer/früher ~ ...*** plus grand/plus tôt que
3. (*wie wenn*) ■ **..., ~ habe/könne/sei/würde ...** ... comme si ... avait/pouvait/était/allait ...; ***es sieht aus, ~ würde es bald schneien*** on dirait qu'il va bientôt neiger
4. (*ausschließend*) ■ **zu ..., ~ dass** trop ... pour que + *subj;* ***jd ist zu jung, ~ dass er etw tun könnte*** qn est trop jeune pour pouvoir faire qc
5. (*zumal*) ■ **um so ..., ~** d'autant ... que + *indic*
6. (*in der Eigenschaft von*) ■ **~ etw** *Beweis, Kompliment, Mahnung* comme qc; ~ ***Antwort nickte sie mit dem Kopf*** elle fit un signe de tête en guise de réponse; ***etw dient ~ Warnung*** qc sert d'avertissement; ■ **~ jd** *Held, Chef, Bürgermeister* en tant que; ***schon ~ Kind hatte er ...*** déjà enfant [*o* dans son enfance], il avait ...; ***ich ~ dein Onkel ...*** moi qui suis ton oncle, je ...; ***noch ~ alte Frau dachte sie an ...*** devenue une vieille femme, elle pensait encore à ...; ***jd wird ~ Held gefeiert*** qn est fêté en héros; ***jd bezeichnet jdn ~ Blödmann*** qn traite qn d'imbécile
► ~ **ob** [*o* **wenn**] comme si + *imparf;* ***es scheint, ~ ob es bald regnen würde*** on dirait qu'il va bientôt pleuvoir; ***jd tut so, ~ ob*** qn fait comme si; ***sie sah aus, ~ ob sie schliefe*** on aurait dit qu'elle dormait
alsbald *adv geh* bientôt **alsbaldig** *adj form* prompt(e) *soutenu* **alsdann** *adv* DIAL eh bien, bon alors
also **I.** *adv* **1.** (*nun ja*) eh bien; ~, ***dann machen wir das so*** bon, eh bien, on fait ça comme ça alors; ~ ***wie ich schon sagte*** bon, comme je l'ai déjà dit
2. (*tatsächlich*) donc; ***das ~ ist dein letztes Wort?*** bon alors, c'est ton dernier mot?; ***er hat es ~ doch gesagt*** il l'a donc bien dit
II. *conj* (*folglich*) donc
III. *interj* (*aber*) enfin; (*ach*) [ainsi] donc; ~ ***so was!*** non mais ça alors!; ~ ***Friedhelm!*** voyons, Friedhelm!; ~ ***so ein/eine ...*** non mais quel/quelle ...; ~, ***sie war das, die ...*** c'était donc elle qui ... ~ ***bitte!*** non mais, dis donc!; (*na*) dis donc/dites donc!; ~ ***warte!*** attends voir [un peu]!; ~ ***komm nur!*** arrive un peu ici!
► ~ **gut** [*o* **schön**] bon d'accord, bon allez; (*als Pausenfüller, überleitend*) bon; allez, c'est bon; ~ **dann, ...!** bon, allez ...!, bon alors, ...; ~ **doch!** donc c'était bien ça!; **na** ~! eh bien, tu vois/vous voyez!, ah quand même!; ~ **nein!** (*entrüstet*) non mais vraiment!; (*überrascht*) ça alors!
Alsterwasser *nt* panaché *m*
alt <¨er, ¨este> *adj* **1.** (*betagt*) *Mensch* vieux(vieille) *antéposé;* ***Heimstätten für ¨ere Mitbürger*** des résidences *fpl* pour personnes âgées; ■ **jd wird ~** qn vieillit; ■ **jd ist ¨er** qn est [assez] âgé(e), qn a déjà un certain âge, qn n'est plus tout jeune; ■ **jd wird ¨er** qn devient [*o* se fait] vieux(vieille), qn prend de l'âge; ■ **jd wird ¨er als jd** qn vit plus vieux(vieille) que qn; ■ **jd ist für etw zu ~** qn est trop vieux(vieille) pour [faire] qc, qn a [dé]passé l'âge de [faire] qc; ■ **jd ist jdm zu ~** qn est trop vieux(vieille) pour qn; *s. a.* **älter**
2. (*ein bestimmtes Alter habend*) *Mensch, Tier* âgé(e); *Pflanze* vieux(vieille) *antéposé;* ***jd hat eine 7 Jahre ~e Tochter*** qn a une fille [âgée] de 7 ans; ***mein ¨erer Bruder*** mon frère aîné; ***sie ist meine ¨este Schwester*** elle est la plus âgée [*o* l'aînée] de mes sœurs, c'est l'aînée de mes sœurs; ■ **jd ist/wird 10/20/... Jahre ~** qn a/va avoir 10/20/... ans; ***jd ist 21 Jahre ~*** qn a 21 ans, qn est âgé(e) de 21 ans *form;* ***dieses Jahr werde ich 30 Jahre ~*** j'aurai [*o* je vais avoir] 30 ans cette année; ***wie ~ bist du?*** quel âge as-tu?; ***darf ich fragen, wie ~ Sie sind?*** puis-je vous demander votre âge?; ■ **jd ist ¨er [als jd]** qn est plus âgé(e) [*o* vieux(vieille)] [que qn]; ***jd ist zwei Jahre ¨er als jd*** qn a deux ans de plus que qn; ■ **jd ist am ¨esten** qn est le/la plus âgé(e), qn est l'aîné(e); ■ **der/die Ä~ere/Ä~este** le plus âgé/la plus âgée, l'aîné/l'aînée, le plus vieux/la plus vieille
3. (*aus früheren Zeiten*) *Kult, Mythos, Sage, Sprache, Hochkultur* ancien(ne); ~**e** [*o* ¨**ere**] ***Geschichte*** l'Antiquité *f;* ***die ¨ere Steinzeit*** le paléolithique; ■ **etw ist ¨er als etw** qc est plus ancien(ne) que qc
4. *attr Dynastie, Kultur, Stadt, Epoche, Zeit* ancien(ne)
5. *attr* (*langjährig*) *Beziehungen, Freund, Freundschaft, Patient* vieux(vieille) *antéposé*
6. (*gebraucht*) *Gegenstand, Kleidung, Wagen* vieux(vieille) *antéposé*
7. (*nicht mehr frisch*) *Kartoffeln, Butter* vieux(vieille) *antéposé; Fisch* pas frais(fraîche)
8. *attr* (*abgelagert*) *Käse, Wein* vieux(vieille) *antéposé*
9. *attr pej* (*wirklich*) *Ferkel, Miststück, Scherzbold* [espèce de] vieux(vieille) *antéposé; Rechthaber, Besserwisser* invétéré(e)
10. *attr* (*ehemalig*) ■ **der/die/das ~e ...** *bestimmter Ort* le/la ... d'autrefois [*o* d'antan]; ■ **jds ~e(r, s) ...** le vieux/la vieille ... de qn; ***mein ~es Nürnberg*** mon vieux Nuremberg
11. *attr* (*frühere*) ■ **jd ist [noch] der/die/das ~e ...** qn est resté(e) le/la ... qu'il/elle était; ***du bist noch der ~e Hanswurst*** tu es resté le clown que tu étais; ■ **der/die A~/die A~en** le/la même/les mêmes; ***wir bleiben die A~en!*** on ne nous changera pas!; ***du bist immer noch die ~e Wendy*** tu es bien toujours la Wendy que j'ai connue
► **A~ und Jung** jeunes et vieux; **aus A~ mach Neu** *prov fam* il faut savoir faire du neuf avec du vieux; **jd ist [für/zu etw] ~ genug** qn a l'âge [pour qc/de faire qc]; **jd ist ~ genug um etw zu tun** qn est assez grand(e) pour faire qc; (*hat das notwendige Alter*) qn a l'âge de faire qc; **wie ~ bist du eigentlich?** *iron* non mais, tu as quel âge?; **alles bleibt beim A~en** les choses ne changent pas, la situation demeure inchangée; ***mach dir keine Sorgen, es bleibt alles beim A~en*** ne t'en fais pas, rien ne va changer; **man ist so ~, wie man sich fühlt** on a l'âge qu'on veut bien avoir; **jd sieht ~ aus** *fam* qn a bonne mine *iron fam,* qn a l'air fin *iron fam,* qn n'a pas l'air fin [*o* con] *fam;* **ich werde heute nicht ~ [werden]** *fam* je sens que ce soir, je vais pas traîner [*o* m'éterniser] *fam;* **hier werde ich nicht ~** *fam* j'ai pas l'intention de [*o* je vais sûrement pas] m'éterniser ici *fam*
Alt¹ <-s, -e> *m* MUS **1.** (*Stimme*) [contr]alto *m*
2. (*Sängerin*) [contr]alto *f*
3. (*Gesamtheit der Stimmen*) altos *mpl*
Alt² <-s, -> *nt s.* **Altbier**
Alt- **1.** (*Gebraucht-*) usagé(e); *-medikament* périmé(e)
2. (*ehemalig*) *-bundespräsident, -achtundsechziger, -kommunist, -bundesland* ancien(ne) *antéposé*
3. *-englisch, -französisch* vieux(vieille) *antéposé*
altangesehen *adj* de vieille réputation
altangesessen *adj,* **altansässig** *adj s.* **alteingesessen**
Altar <-s, Altäre> *m* autel *m*
► **jd führt jdn zum ~** *geh* qn conduit qn à l'autel *soutenu;* **jd opfert etw auf dem ~ einer S.** (*gen*) *geh* qn sacrifie qc sur l'autel de qc *soutenu*
Altar- d'autel; *~aufsatz* retable *m* **Altarraum** *m* sanctuaire *m*
Altauto *nt* véhicule *m* hors d'usage [*o* usagé]; (*Wrack*) épave *f*
altbacken *adj* **1.** GASTR rassis(rassie)
2. (*altmodisch*) *Mensch* vieux jeu *inv; Ansichten, Methoden* dépassé(e), ringard(e) *fam*
Altbau <-bauten> *m* construction *f* ancienne, bâtiment *m* ancien; (*Wohnung*) logement *m* ancien
Altbauwohnung *f* logement *m* ancien
altbekannt *adj Tatsache* connu(e) depuis longtemps, bien connu(e); *Witz* éculé(e); *Lokal* de vieille réputation; ■ **etw ist ~** qc est archiconnu(e)
altbewährt *adj* **1.** *Methode, Mittel* qui a fait ses preuves, éprouvé(e); ***die ~e Entschuldigung*** la bonne vieille excuse; ■ **etw ist ~** qc a fait ses preuves
2. *Freundschaft* de vieille [*o* longue] date; *Tradition* bien établi(e)
Altbier *nt bière maltée assez forte*
Altbundeskanzler(in) *m(f)* ancien chancelier *m* fédéral
altdeutsch *adj, adv* en faux rustique
Alte(r) *f(m) decl wie adj* **1.** *fam* (*Mensch*) vieux/vieille *m/f fam;* ■ **die ~n** les vieux *mpl*
2. *pej fam* (*Ehemann/-frau*) bonhomme/bonne femme *m/f fam;* ***die/meine ~*** bobonne *f fam,* la/ma bourgeoise *fam*
3. *pej fam* (*Vater/Mutter*) vieux/vieille *m/f fam*
4. *pej fam* (*Vorgesetzter*) ■ **der/die ~** le vieux/la vieille *fam*
5. *pl* (*die antiken Menschen*) ■ **die ~n** les Anciens *mpl*
6. *pl* (*Tiereltern*) ■ **die ~n** les parents *mpl*
► **wie die ~n sungen, so zwitschern auch die Jungen** *prov* tel père, tel(s) fils/telle mère, telle(s) fille(s)
Alte(s) *nt decl wie adj* **1.** (*das Traditionelle*) ■ **das ~** la tradition
2. (*alte Dinge*) ancien *m*
► **das ~ und das Neue** l'ancien et le nouveau
altehrwürdig *adj geh* vénérable *antéposé soutenu*
alteingesessen *adj* bien implanté(e)
Alteisen *nt* ferraille *f*
Altenheim *nt s.* **Altersheim. Altenpflege** *f* assistance *f* aux personnes âgées **Altenpfleger(in)** *m(f)* infirmier(-ière) *m(f)* en gériatrie **Altenteil** *nt logement réservé au fermier ayant pris sa retraite* ► **jd begibt** [*o* **setzt**] **sich aufs ~, jd zieht sich aufs ~ zurück** qn prend sa retraite
Alter <-s, -> *nt* **1.** (*Lebens~*) âge *m;* **im ~ von ...** à l'âge de ...
2. (*Bejahrtheit*) vieillesse *f;* **im ~** ***wird man weiser*** on devient plus sage sur ses vieux jours
► **~ schützt vor Torheit nicht** *prov* il n'y a pas d'âge pour faire des folies; **mittleren ~s** entre deux âges; **in vorgerücktem ~** *geh* à un âge avancé; **im zarten ~ von ...** *geh* dans ma/sa/... tendre enfance, à l'âge de qc; **jd ist in jds ~** (*dat*) qn a l'âge de qn; **etw ist doch kein ~!** qc, ce n'est pas vieux!; ***68 ist kein ~!*** on n'est pas vieux à 68 ans!; **im ~** dans la vieillesse, devenu(e) vieux(vieille); **in jds ~** (*dat*) à l'âge de qn
-alter *nt* âge *m* du/de la/des; ***Wahl~*** âge *m* de voter
älter *adj* **1.** *comp von* **alt** **2.** *attr Dame, Herr, Mitbürger* âgé(e) **Ältere(r)** *f(m) decl wie adj* **1.** (*älterer Mensch*) ■ **die ~n** les personnes *fpl* âgées; ***die ~n unter ihnen*** les plus âgés d'entre eux **2.** (*der Erstgeborene*) aîné(e) *m(f);* ***Plinius der ~*** Pline l'Ancien
altern *vi + sein* ■ **jd/etw altert** qn/qc vieillit; ■ **~d** vieillissant(e); ***die ~de Haut*** la peau qui vieillit [*o* exposée au vieillissement]; ■ **das A~** le vieillissement
alternativ **I.** *adj* **1.** POL alternatif(-ive)
2. (*umweltfreundlich*) alternatif(-ive); *Technologien a.* doux(douce); *Medizin a.* parallèle; *Energie a.* de substitution, de remplacement
II. *adv vorgehen* de façon alternative; ***jd ist ~ eingestellt*** qn a des opinions alternatives
Alternativ- *-bewegung* alternatif(-ive); *-bäckerei, -landwirtschaft a.* biologique; *-verfahren a.* écophile; *-energie a.* de substitution, de remplacement, nouveau(-velle)
Alternative <-, -n> [-və] *f* alternative *f;* ■ **die ~ etw zu tun** l'alternative de faire qc
Alternative(r) [-və, -ve] *f(m) decl wie adj* **1.** POL alternatif(-ive) *m(f)*
2. ÖKO écolo *mf fam*
alterprobt *adj* qui a fait ses preuves; ■ **etw ist ~** qc a fait ses preuves

alters *adv* ▸ **von** [*o* **seit**] ~ [**her**] *geh* depuis longtemps, de tout temps
Altersasyl *nt* CH *s.* **Altersheim. altersbedingt** *adj* dû(due) [*o* lié(e)] à l'âge; ■ **etw ist** [**bei jdm**] ~ qc est lié(e) à l'âge [chez qn] **Altersbeschwerden** *pl* maux *mpl* liés à l'âge **Alterserscheinung** *f* signe *m* de vieillesse **Altersforschung** *f* gérontologie *f* **Altersgenosse** *m*, **-genossin** *f* personne *f* du même âge; ■ **jd ist jds** ~ qn a le même âge que qn; ■ **sie sind ~n** ils ont le même âge, ils sont du même âge; ***er ist dein*** ~ il est du même âge que toi, il a ton âge **Altersgrenze** *f* **1.** (*für Einstellung, Aufnahme*) âge *m* limite **2.** (*Beginn des Rentenalters*) âge *m* de la retraite **Altersgründe** *pl* raisons *fpl* dues à l'âge ▸ **aus ~n** en raison de son âge **Altersgruppe** *f* groupe *m* [*o* tranche *f*] [*o* classe *f*] d'âge **Altersheim** *nt* maison *f* de retraite, résidence *f* pour personnes âgées **Altersklasse** *f* catégorie *f* d'âge **Alterskrankheit** *f* maladie *f* sénile **Altersprozess**[RR] *m s.* **Alterungsprozess. Alterspyramide** *f* pyramide *f* des âges **Altersrente** *f* [pension *f* de] retraite *f* **Altersruhegeld** *nt form s.* **Altersrente. altersschwach** *adj* **1.** *Mensch, Tier* diminué(e) [par l'âge], décrépit(e) **2.** *fam Auto, Gerät* pourri(e) *fam; Möbel* bien malade *fam;* ■ **etw ist** ~ qc est au bout du rouleau *fam* **Altersschwäche** *f* ∅ **1.** (*Gebrechlichkeit*) sénilité *f* **2.** *fam* [*Auto, Gerät, Möbel*] vieillesse *f* **Alterssitz** *m* lieu *m* de retraite; ***jd nimmt seinen ~ irgendwo*** qn s'installe quelque part pour sa retraite, qn se retire quelque part **altersspezifisch** I. *adj* propre à une tranche d'âge II. *adv* par âge **Altersstarrsinn** *m* entêtement *m* sénile **Altersstufe** *f* **1.** (*Altersgruppe*) tranche *f* d'âge **2.** (*Lebensabschnitt*) étape *f* de la vie **Altersunterschied** *m* différence *f* d'âge **Altersversicherung** *f* assurance *f* vieillesse **Altersversorgung** *f* (*Rente*) prestations *fpl* vieillesse; (*Vorsorge*) retraite *f* complémentaire **Alterswerk** *nt* œuvre *f* de vieillesse
Altertum <-s> *nt* ∅ Antiquité *f*
altertümlich *adj* **1.** (*altmodisch*) passé(e) de mode, démodé(e)
2. (*archaisch*) *Brauchtum* [très] ancien(ne)
3. *Begriff, Wort* archaïque
Altertümlichkeit <-> *f* ∅ **1.** (*altmodische Art*) caractère *m* démodé; ***etw ist von einer gewissen*** ~ qc est assez démodé(e)
2. (*archaische Art*) ancienneté *f*, caractère *m* archaïque
3. [*Begriff, Wort*] archaïsme *m;* ***Wörter von großer*** ~ des termes très archaïques
Altertumskunde *f* archéologie *f* **Altertumswert** *m* valeur *f* d'ancienneté ▸ **etw hat schon** ~ *hum fam* qc est une véritable antiquité *fam* [*o* pièce de musée *hum*]
Alterung <-, -en> *f* vieillissement *m;* [*Käse a.*] maturation *f*
Alterungsprozess[RR] *m* processus *m* [*o* phénomène *m*] de vieillissement
älteste(r, s) *adj superl von* **alt. Älteste(r)** *f(m) decl wie adj* **1.** plus âgé(e) *m(f);* (*von Geschwistern*) aîné(e) *m(f);* (*ältester Mensch*) doyen(ne) *m(f)* [d'âge] **2.** *pl* ECCL ■ **die ~n** les anciens *mpl* **3.** (*Dorf~*) doyen(ne) *m(f)*
Ältestenrat *m* POL ≈ comité *m* [*o* commission *f*] des sages; [*Stamm*] Conseil *m* des Anciens
Altflöte *f* flûte *f* alto
Altgerät *nt* ancien appareil *m*
Altglas *nt* verre *m* usagé **Altglascontainer** [-kɔnteːnɐ] *m* container *m* [*o* conteneur *m*] à verre
Altgold *nt* (*Gebrauchtgold*) vieil or *m;* (*künstlich gedunkelt*) or *m* bruni
altgriechisch *adj* grec(grecque), du grec ancien
Altgriechisch *nt* ■ ~, ■ **das ~e** le grec ancien
althergebracht *adj*, **altherkömmlich** *adj Art, Brauch* traditionnel(le); *Tradition* très ancien(ne)
althochdeutsch *adj* de l'ancien haut allemand
Althochdeutsch *nt decl wie adj* ■ ~, ■ **das ~e** l'ancien haut allemand
▸ **auf** ~ en ancien haut allemand
Altist(in) <-en, -en> *m(f) form* alto *mf*
Altjahresabend *m* CH *s.* **Silvester**
Altkleidersammlung *f* collecte *f* de vêtements usagés [*o* de vieux vêtements]
altklug *adj* précoce, bêcheur(-euse); *Bemerkung* d'une maturité précoce; ■ **jd ist** ~ qn joue les adultes
Altlast *f* **1.** ÖKO déchet *m* [*o* résidu *m*] toxique
2. (*Überbleibsel*) vieille baderne *f fam*
ältlich *adj* plus tout(e) jeune
Altmaterial *nt* déchets *mpl*
Altmeister(in) *m(f)* **1.** (*Könner*) maître(-esse) *m(f)* incontesté(e)
2. SPORT ex-champion(ne) *m(f)*
Altmetall *nt* vieux métaux *mpl*, ferraille *f* **Altmetallcontainer** [-kɔnteːnɐ] *m* container *m* [*o* conteneur *m*] pour les vieux métaux
altmodisch I. *adj* **1.** *Kleidung* démodé(e); ■ **etwas A~es** quelque chose de démodé
2. *Einrichtung, Möbelstück* vieillot(te)
3. (*rückständig*) *Ansicht, Methode* dépassé(e); ■ **jd ist** ~ qn est vieux jeu
II. *adv* **1.** *gekleidet sein* de façon ringarde *fam*
2. *eingerichtet sein* de façon vieillotte
Altpapier *nt* vieux papiers *mpl* **Altpapiercontainer** [-kɔnteːnɐ] *m* container *m* [*o* conteneur *m*] pour les vieux papiers
Altphilologe *m*, **-login** *f* philologue *mf* classique
altrosa *adj inv* vieux rose
altruistisch I. *adj geh* altruiste
II. *adv geh* de façon altruiste, avec altruisme
Altschnee *m* vieille neige *f*
Altsilber *nt* **1.** (*Gebrauchtsilber*) vieil argent *m*
2. (*künstlich gedunkelt*) argent *m* bruni
Altsprachler(in) <-s, -> *m(f) fam s.* **Altphilologe**
altsprachlich *adj Zweig* classique; ***die ~en Fächer*** les langues anciennes
Altstadt *f* vieille ville *f* **Altstadtsanierung** *f* restauration *f* [*o* réhabilitation *f*] de la vieille ville
Altsteinzeit *f* paléolithique *m* **altsteinzeitlich** *adj* paléolithique
Alt-Taste *f* INFORM touche *f* Alternative [*o* Option]
alttestamentarisch, alttestamentlich I. *adj Name* de l'Ancien Testament; *Ort* mentionné(e) dans l'Ancien Testament; *Kenntnisse* relatif(-ive) à l'Ancien Testament; *Seminar* consacré(e) à l'Ancien Testament
II. *adv:* ***jd kennt sich ~ aus, jd ist ~ bewandert*** qn a une excellente connaissance de l'Ancien Testament
altväterlich I. *adj* **1.** (*überkommen*) *Brauch, Tradition* ancestral(e)
2. (*altmodisch*) *Ausdrucksweise, Stil* désuet(-uète)
3. (*patriarchalisch*) *Belehrung* paternaliste; *Tonfall* pontifiant(e); *Erscheinung* ringard(e) *fam*
II. *adv gekleidet sein* de façon vieillotte [*o* ringarde *fam*]
Altweibersommer *m* **1.** (*Nachsommer*) été *m* de la Saint-Martin, été *m* indien
2. (*Spinnfäden*) fils *mpl* de la vierge
Alufolie [-liə] *f fam* papier *m* [d']alu *fam*
Aluminium <-s> *nt* ∅ CHEM aluminium *m*
Aluminiumfolie [-liə] *f* feuille *f* d'aluminium; (*im Haushalt*) papier *m* d'aluminium
Alzheimer <-s> *m* ∅ *fam* MED maladie *f* d'Alzheimer
am = **an dem** **1.** *zur Bildung des Superlativs* le/la
2. *fam* (*beim*) *Duschen, Überlegen etc* en train de + *infin; s. a.* **an**
Amalgam <-s, -e> *nt* amalgame *m*
Amateur(in) <-s, -e> [ama'tøːɐ] *m(f)* amateur *m*
Amateur- [ama'tøːɐ-] amateur
amateurhaft [ama'tøːɐhaft] I. *adj* d'amateur, de dilettante; ■ **etw ist** ~, ■ **etw hat etwas A~es** qc fait dilettante, qc sent l'amateurisme
II. *adv* avec dilettantisme; ***etw wirkt*** ~ qc donne une impression de dilettantisme
Amateurliga [ama'tøːɐ-] *f* championnat *m* amateur **Amateurmannschaft** [ama'tøːɐ-] *f* équipe *f* amateur
Amazone <-, -n> *f* amazone *f*
Ambiente <-> *nt* ∅ *geh* ambiance *f*
Ambition <-, -en> *f meist pl* ambition *f*
▸ **jd hat ~en** qn a des ambitions; **jd hat ~en auf etw** (*akk*) qn ambitionne qc, qn a des visées sur qc
ambivalent [-va-] *adj geh* ambivalent(e); *Beziehung* ambigu(ë)
Amboss[RR] <-es, -e>, **Amboß** <-sses, -sse> *m* TECH, ANAT enclume *f*
ambulant I. *adj* ambulatoire; *Kosten, Tarif* sans hospitalisation, des soins ambulatoires; ***die ~en Tarife des Krankenhauses*** le tarif des consultations externes
II. *adv behandeln* en ambulatoire; *versichern* pour les soins ambulatoires
Ambulanz <-, -en> *f* **1.** [*Klinik*] hôpital *m* de jour, consultation *f* externe
2. (*Unfallwagen*) ambulance *f*
Ameise <-, -n> *f* fourmi *f*
Ameisenbär *m* [grand] fourmilier *m*, tamanoir *m* **Ameisenhaufen** *m* fourmilière *f* **Ameisensäure** *f* acide *m* formique
amen *interj* amen, ainsi soit-il
Amen <-s, -> *nt* amen *m*
▸ **das ist so sicher wie das ~ in der Kirche** *fam* c'est aussi sûr que deux et deux font quatre; **jd gibt sein ~ zu etw** qn donne sa bénédiction à qc
Americium <-s> [ame'riːtsiʊm] *nt* ∅ CHEM américium *m*
Amerika <-s> *nt* l'Amérique *f;* ***der Kontinent*** ~ le continent américain
Amerikaner <-s, -> *m* GASTR palet *m* de dame
Amerikaner(in) <-s, -> *m(f)* Américain(e) *m(f)*
amerikanisch *adj* américain(e)
Amerikanistik <-> *f* ∅ philologie *f* américaine
Amethyst <-s, -e> [ame'tyst] *m* améthyste *f*
Ami <-s, -s> *m* **1.** *fam* (*US-Bürger*) Ricain(e) *m(f) fam*, Amerloque *mf péj fam*
2. *sl* (*US-Soldat*) G.I. *m*
Aminosäure *f* acide *m* aminé, amino[-]acide *m*
Ammann <-männer> *m* CH **1.** (*Land~*) président *m* du canton; (*Gemeinde~*) maire *m*
2. JUR (*Vollstreckungsbeamter*) huissier *m*
Amme <-, -n> *f* HIST nourrice *f*
Ammenmärchen *nt fam* histoire *f* de brigands [*o* à dormir debout *fam*], boniment *m fam*
Ammer <-, -n> *f* bruant *m*
Ammoniak <-s> *nt* ∅ ammoniac *m*
Ammonit <-en, -en> *m* ammonite *f*
Amnesie <-, -n> [-iːən] *f* amnésie *f*
Amnestie <-, -n> [-iːən] *f* amnistie *f*
amnestieren * *vt* ■ **jd amnestiert jdn** qn amnistie qn
Amöbe <-, -n> *f* amibe *f*
Amok *m* ▸ **jd fährt** ~ qn est pris(e) de folie au volant; **jd läuft** ~ qn est pris(e) de folie furieuse
Amokfahrer(in) *m(f)* conducteur fou/conductrice folle *m/f* **Amokfahrt** *f* course *f* folle **Amoklauf** *m* crise *f* de folie meurtrière **Amokläufer(in)** *m(f)* fou furieux/folle furieuse *m/f*, forcené(e) *m(f)* **Amokschütze** *m*, **-schützin** *f* tireur fou/tireuse folle *m/f*
Amor <-s> *m* ∅ Amour *m*
▸ **~s Pfeil** *geh* les flèches *fpl* de l'Amour [*o* de Cupidon] *littér*
amoralisch *adj* amoral(e), immoral(e); ■ **es ist ~ etw zu tun** il est amoral [*o* immoral] de faire qc
Amortisation <-, -en> *f* amortissement *m*
amortisieren * I. *vt* ■ **jd/etw amortisiert etw** qn/qc amortit qc

II. *vr* ■ **etw amortisiert sich** qc est amorti(e)

amourös [amu'rø:s] *adj geh* amoureux(-euse)

Ampel <-, -n> *f* feu *m*, feux *mpl*; ***die ~ ist grün*** le feu est [au] vert; ***eine rote ~*** un feu rouge; ***jd fährt bei Rot über die ~*** qn passe au [feu] rouge; ***jd überfährt eine rote ~*** qn grille [*o* brûle] un feu [rouge]

Ampelanlage *f* feux *mpl* tricolores [*o* de signalisation] **Ampelkoalition** *f fam* coalition *f* tricolore (*sociaux-démocrates, libéraux et écologistes*) **Ampelkreuzung** *f* carrefour *m* équipé de feux [tricolores] **Ampelphase** *f* rythme *m* des feux

Ampere <-[s], -> [ã'pɛːɐ] *nt* ampère *m*

Amperemeter [ãpɛːɐ-] *nt* ampèremètre *m* **Amperestunde** *f* ampère-heure *m*

Ampfer <-s, -> *m* oseille *f*

Amphetamin <-s, -e> *nt* amphétamine *f*

Amphibie <-, -n> [-iən] *f* amphibien *m*

Amphibienfahrzeug [-iən-] *nt* véhicule *m* amphibie

amphibisch *adj* ZOOL, MIL amphibie

Amphitheater *nt* amphithéâtre *m*

Amphore <-, -n> *f* amphore *f*

Amplitude <-, -n> *f* amplitude *f*

Ampulle <-, -n> *f* ampoule *f*

Amputation <-, -en> *f* amputation *f*

amputieren * I. *vt* ■ **jd amputiert jdn/etw** qn ampute qn/qc; ■ **jd amputiert jdm etw** qn ampute qc à qn [*o* qn de qc]

II. *vi* ■ **jd amputiert** qn ampute

Amsel <-, -n> *f* merle *m*

Amsterdam <-s> *nt* Amsterdam

Amt <-[e]s, Ämter> *nt* **1.** (*Behörde*) administration *f*

2. (*Abteilung einer Behörde*) service *m* [administratif], bureau *m*

3. (*Stellung*) poste *m*, fonction *f*

4. (*offizielle Aufgabe*) charge *f*; ■ **es ist jds ~ etw zu tun** c'est la tâche de qn de faire qc

5. (*Fern~*) interurbain *m vieilli*, central *m*; ***für etw ist das ~ zuständig*** pour qc, il faut passer par l'opérateur(-trice); ***das Gespräch wird vom ~ vermittelt*** la communication passe par l'opérateur(-trice)

6. (*freie Leitung*) [*Hotel etc*] ligne *f* [*o* communication *f*] [avec l'extérieur]

7. (*Hoch~*) célébration *f*

► **jd ist in ~ und Würden** *geh* qn est en fonction; ***jetzt ist sie endlich in ~ und Würden*** elle a obtenu son bâton de maréchal; **Auswärtiges ~** ministère *m* des Affaires étrangères allemand; **jd ist [noch] im ~** qn est [encore] en fonction; **jd waltet seines ~es** *geh* qn remplit son office *soutenu*, qn s'acquitte de ses fonctions; **aufs ~** *fam* à l'administration; **kraft jds ~es** *geh* en vertu des pouvoirs qui sont conférés à qn; **von ~s wegen** *tätig werden, untersuchen* à titre officiel; (*auf behördliche Anordnung hin*) par décision administrative, d'office; (*laut amtlichem Beschluss*) officiellement; ***jd tut etw von ~s wegen*** qn est mandaté(e) pour faire qc

amtieren * *vi* **1.** (*ein Amt innehaben*) ■ **jd amtiert** qn est en fonction; ■ **jd amtiert als etw** qn exerce les fonctions de qc; ■ **~d** en fonction; ***wenden Sie sich an die ~den Stellen!*** adressez-vous aux autorités compétentes!; ***jd amtiert seit drei Jahren in einer Stellung*** qn occupe un poste depuis trois ans

2. (*vorübergehend*) ■ **jd amtiert irgendwie/als etw** qn remplit la fonction d'une certaine façon/fait fonction de qc

3. *fam* (*fungieren*) ■ **jd amtiert als etw** *als Aufpasser, Babysitter* qn fait office de qc; *als Gastgeber* qn joue le rôle de qc

amtlich I. *adj* **1.** (*offiziell*) *Dokument, Funktion, Schreiben* officiel(le), administratif(-ive); ■ **etwas A~es** quelque chose d'officiel

2. *pred* (*sicher*) ■ **etw ist ~** qc est officiel(le)

II. *adv* officiellement

► **jd hat etw ~** qn a confirmation officielle de qc

Amtmann <-leute> *m*, **-männin** *o* **-frau** *f* **1.** ADMIN fonctionnaire *mf* [de catégorie A]

2. HIST bailli *m*

Amtsanmaßung *f* usurpation *f* de fonctions [*o* de pouvoir] **Amtsantritt** *m* entrée *f* en fonctions **Amtsarzt** *m*, **-ärztin** *f* médecin-conseil *m* **amtsärztlich** I. *adj Attest* du [*o* délivré(e) par le] médecin-conseil; *Untersuchung* [effectué(e)] par le médecin-conseil II. *adv* par le médecin-conseil **Amtsbereich** *m* ressort *m* **Amtsblatt** *nt* bulletin *m* municipal **Amtsdauer** *f* [*gewählter Vertreter*] [durée *f* de] mandat *m*; [*Beamte*] durée *f* [*o* période *f*] d'activité **Amtsdeutsch** *nt pej* jargon *m* administratif **Amtseid** *m* serment *m* professionnel **Amtseinführung** *f* installation *f*, prise *f* de fonctions **Amtsenthebung** *f* destitution *f* **Amtsentsetzung** <-, -en> *f* CH, AUS destitution *f* **Amtsgeheimnis** *nt* **1.** *∅* (*Schweigepflicht*) obligation *f* [*o* devoir *m*] de réserve **2.** (*streng Vertrauliches*) secret *m* professionnel **Amtsgericht** *nt* tribunal *m* d'instance **Amtsgeschäfte** *pl* tâches *fpl* inhérentes à sa charge **Amtshandlung** *f form* acte *m* administratif *form* **Amtshilfe** *f* entraide *f* administrative; ***eine Behörde leistet einer anderen ~*** une administration prête assistance à une autre **Amtsinhaber(in)** *m(f)* titulaire *mf* d'un poste **Amtskollege** *m*, **-kollegin** *f* homologue *mf* **Amtsmissbrauch**[RR] *m* abus *m* [*o* excès *m*] de pouvoir **Amtsperiode** *f* [*gewählter Vertreter*] mandat *m*; [*Beamte*] période *f* d'activité **Amtsrichter(in)** *m(f)* juge *m* d'instance **Amtsschimmel** *m ∅ hum fam* esprit *m* bureaucratique ► **jd reitet den ~** qn se complaît dans la paperasserie; **der ~ wiehert** c'est le règne de la paperasserie **Amtssprache** *f* **1.** *∅* (*Amtsdeutsch*) langage *m* administratif **2.** (*offizielle Landessprache*) langue *f* officielle **Amtsstunden** *pl* heures *fpl* de bureau [*o* d'ouverture des bureaux] **Amtsträger(in)** *m(f)* fonctionnaire *mf*, agent *m* de l'État [*o* administratif] **Amtsvergehen** *nt* forfaiture *f*, prévarication *f* **Amtsvormund** *m* tuteur public/tutrice publique *m/f* **Amtsvorsteher(in)** *m(f)* chef *m* de service **Amtsweg** *m* voie *f* hiérarchique ► **jd beschreitet den ~** *form* qn fait intervenir les instances administratives **Amtszeichen** *nt* tonalité *f* **Amtszeit** *f* [*gewählter Vertreter*] mandat *m*; [*Beamte*] période *f* d'activité **Amtszimmer** *nt* bureau *m*

Amulett <-[e]s, -e> *nt* amulette *f*

amüsant I. *adj Geschichte* amusant(e); *Abend, Film a.* divertissant(e); ■ **etwas A~es** quelque chose d'amusant [*o* de divertissant]

II. *adv* de façon divertissante; *unterhalten a.* de façon distrayante

amüsieren * I. *vr* **1.** (*sich vergnügen*) ■ **jd amüsiert sich** qn s'amuse; ■ **jd amüsiert sich mit jdm** qn s'amuse [*o* se paie du bon temps] avec qn

2. (*komisch finden*) ■ **jd amüsiert sich über jdn/etw** qn trouve qn/qc amusant(e); ■ **jd amüsiert sich darüber, dass** qn trouve amusant que + *subj*

II. *vt* ■ **etw amüsiert jdn** qc amuse qn; ■ **amüsiert** amusé(e); ***jd schaut amüsiert zu*** qn regarde d'un air amusé

► **jd findet etw zum A~** qn trouve qc amusant(e) [*o* drôle]

Amüsierviertel *nt* quartier *m* chaud

amusisch *adj geh* hermétique aux arts, béotien(ne)

an I. *präp* **1.** + *dat* (*direkt bei*) *Gebäude, Gebäudeteil, Fenster, Tür* près de; *Fluss, Gerät* sur; *Straße* au bord de; *Hügel, Berg* sur, à flanc de; *Fels* contre; *Tatort* sur; ~ ***dieser Stelle*** à cet endroit; ***jd sitzt am Klavier/Tisch*** qn est [assis(e)] au piano/à la table; ***er ist am Fenster*** il est à la fenêtre

2. + *dat* (*in Berührung mit*) *Kleidungsstück, Hand, Tür, Auto* sur; *Finger, Wand a., Seite* à; ***ein Fleck am Mantel*** une tache après [*o* sur] le manteau; ***jd nimmt jdn ~ der Hand*** qn prend qn par la main; ***etw steht ~ der Wand*** qc est contre le mur; (*angelehnt*) qc est posé(e) contre le mur

3. + *dat* (*auf*) *Universität, Verwaltung, Institut, Rathaus, Arbeitsamt, Finanzamt* à; *Schule, Behörde, Klinik* dans

4. + *dat* (*zur Zeit von*) *Morgen, Abend, Tag, Dezember, Wochenende* le; *Jahresende* à; ***am letzten Mittwoch*** mercredi dernier; ***am Donnerstag*** (*jeden Donnerstag*) le jeudi; (*kommenden Donnerstag*) jeudi [prochain]; ~ ***jenem Morgen*** ce matin-là; ~ ***sonnigen/kühlen Tagen*** les jours de soleil/où il fait frais; ~ ***Festtagen*** les jours de fête; ~ ***Ostern/Weihnachten*** à Pâques/Noël; ***habt ihr am Wochenende etwas vor?*** vous avez prévu quelque chose pour le week-end?

5. + *dat* (*in einer Ortsangabe*) *Main, Bodensee, Donau, Nordsee* sur; *Teutoburger Wald* près de

6. + *dat* (*verbunden mit*) ■ **~ etw** *Dach, Haus, Gegend, Ort* à qc; ***das Schöne ~ etw*** ce qu'il y a de beau dans qc; ***jd ist ~ etw schuld*** qn est coupable de qc; ~ ***dem Ort ist wirklich nichts dran!*** dans cet endroit, il n'y a vraiment rien à voir!; ■ **~ jdm** chez qn

7. + *dat* (*nebeneinander*) ■ **etw ~ etw** (*dat*): ***Tür ~ Tür*** porte à porte; ***in dieser Stadt steht Haus ~ Haus dicht beieinander*** dans cette ville les maisons sont serrées les unes contre les autres; ***sie standen dicht ~ dicht*** ils étaient serrés les uns contre les autres; ***Laden ~ Laden/Haus ~ Haus*** un magasin/une maison après l'autre; ***wir wohnen Haus ~ Haus*** nous habitons l'un à côté de l'autre

8. + *dat* CH (*auf*) *Boden* sur; *Rücken a.* à; (*bei*) *Konferenz* à; *Olympischen Spielen* lors de, à; (*in*) *Straße, Lage* dans; *Sonne, Fernsehen* à

9. + *akk* (*in Richtung auf*) *Gegenstand, Gebäudeteil, Tisch, Fenster, Tür, Grenze, Strand, Tafel, Wand* à; *Hügel, Berg* sur, à flanc de; *Fels* contre; ***jd lehnt den Besen ~ die Wand*** qn pose le balai contre le mur

10. + *akk* (*sich wendend*) *Behörde, Institution, jdn* à; (*bei Anschrift*) à; (*sich mit etw befassend*) *Apparat, Computer, Telefon* à; ***jd geht ~s Telefon*** [*o* ~ ***den Apparat***] qn répond au téléphone; ***jd lässt keinen ~ das Gerät*** qn ne laisse personne utiliser l'appareil

11. + *akk* (*zeitlich*) *Danach, Heute, früher, morgen, alte Zeiten* à; ***jd erinnert sich ~ etw*** qn se souvient de qc

12. + *akk* CH (*zu*) *Vortrag, Konferenz, Sitzung* à

► **~ jdm/etw vorbei** (*mit Bewegungsverb*) devant qn/qc; ~ **[und für] sich** en soi; *s. a.* **ab, am**

II. *adv* **1.** (*ungefähr*) ■ **~ die …** *soundso viel Menschen, Gramm, Jahre, Meter etc* dans les …

2. (*Ankunftszeit*) arrivée à

3. ELEC *fam* allumé(e); ***Licht ~!*** allume/allumez!; ***etw steht auf „~"*** qc est sur "marche"

4. *fam* (*angezogen*): ***und nun die Mäntel ~ und raus!*** allez, enfilons nos manteaux et sortons [de là]!; ***mit dem Mantel ~*** avec mon/son/… manteau sur le dos

► **ohne etwas ~** sans rien sur le dos; **von etw ~** *da, hier, jetzt, heute, morgen* à partir de qc

Anabolikum <-s, -ka> *nt* anabolisant *m*

Anachronismus <-, -nismen> [anakro'nɪsmʊs] *m* anachronisme *m*

anachronistisch [anakro'nɪstɪʃ] *adj* anachronique

Anakonda <-, -s> *f* anaconda *m*

anal I. *adj* anal(e)

II. *adv* **1.** *Fieber messen, einführen* par voie rectale

2. PSYCH: ***er ist ~ fixiert*** il est resté au stade anal

analog I. *adj* **1.** (*entsprechend*) analogue; ■ **zu etw ~** analogue à qc

2. INFORM analogique

II. *adv* **1.** (*entsprechend*) ■ **~ [zu etw]** par analogie [avec qc]

2. INFORM analogiquement

Analogie <-, -n> [-iːən] *f* analogie *f*

► **in ~ zu etw** par analogie avec qc

Analogrechner *m* calculateur *m* analogique **Analoguhr** *f* montre *f*/réveil *m*/pendule *f* à affichage analogique

Analphabet(in) <-en, -en> ['anˀalfabeːt] *m(f)* **1.** analphabète *mf*

2. *pej* (*Unwissender*) analphabète *mf*; ***sie ist die reinste ~in*** elle est complètement ignare [*o* inculte]

Analphabetentum <-s> ['an?alfabetəntu:m] *nt ∅*, **Analphabetismus** <-> [an?alfabe'tɪsmʊs] *m ∅* analphabétisme *m*
Analverkehr *m* coït *m* anal
Analyse <-, -n> [ana'ly:zə] *f* (*in allen Bedeutungen*) analyse *f*
-analyse *f* 1. (*Untersuchung*) analyse *f* [*o* étude *f*] de
2. CHEM analyse *f* de; ***Gen~*** analyse génétique [*o* des empreintes génétiques]
analysieren * *vt* ■ **jd analysiert jdn/etw** qn analyse qn/qc
analytisch [ana'ly:tɪʃ] I. *adj Denken, Denker* analytique; *Arbeit, Fähigkeit* d'analyse
II. *adv* de façon analytique; ***jd ist ~ begabt/fähig*** qn a l'esprit d'analyse
Anämie <-, -n> [-i:ən] *f* anémie *f*
Anamnese <-, -n> *f* anamnèse *f*
Ananas <-, - *o* -se> *f* ananas *m*
Anarchie <-, -n> [-i:ən] *f* anarchie *f*
Anarchismus <-> *m ∅* anarchisme *m*
Anarchist(in) <-en, -en> *m(f)* anarchiste *mf*
anarchistisch *adj* anarchiste
Anarcho <-s, -s> *m sl* anar *mf fam*
Anästhesie <-, -n> [-i:ən] *f* anesthésie *f*
Anästhesist(in) <-en, -en> *m(f)* anesthésiste *mf*
Anatomie <-, -n> [-i:ən] *f* 1. *∅* (*Wissenschaft*) anatomie *f*
2. *∅* ■ **die ~ einer S.** (*gen*) l'anatomie *f* de qc
3. *∅ hum fam* (*Körperbau*) anatomie *f fam*
4. (*Institut*) laboratoire *m* d'anatomie
Anatomiesaal *m* amphithéâtre *m* d'anatomie
anatomisch I. *adj Ausbildung, Kenntnisse* anatomique; *Aufbau* morphologique
II. *adv:* ~ ***geformt*** [de forme] anatomique
an|baggern *vt sl* ■ **jd baggert jdn an** qn drague qn *fam;* ■ **jd lässt sich [von jdm] ~** qn se laisse draguer [par qn] *fam;* (*aktiv herausfordern*) qn se fait draguer [par qn] *fam*
an|bahnen I. *vt* 1. *geh* (*anknüpfen*) ■ **jd bahnt etw an** *Ehe, Verhältnis* qn noue qc
2. (*in die Wege leiten*) ■ **jd bahnt etw an** *Gespräche, Verhandlungen* qn amorce qc; ***jds Aufgabe ist das A~ von Kontakten*** la mission de qn est de nouer des contacts
II. *vr* 1. (*sich andeuten*) ■ **etw bahnt sich an** /*Veränderungen*/ qc s'amorce; /*Möglichkeiten*/ qc s'esquisse; /*Unangenehmes, Unheil*/ qc se prépare
2. (*sich entwickeln*) ■ **etw bahnt sich an** /*Erkältung*/ qc se prépare; ■ **etw bahnt sich bei jdm an** qn couve qc; ■ **zwischen ihnen bahnt sich etwas an** (*Liebesverhältnis*) entre eux/elles, il y a anguille sous roche
an|bandeln *vi* AUS *fam* (*anbaggern*) ■ **jd bandelt mit jdm an** qn drague qn *fam*
Anbau[1] *m ∅* AGR culture *f*
Anbau[2] <-bauten> *m* 1. (*Gebäude*) bâtiment *m* annexe; (*frei stehend*) annexe *f*
2. *∅* (*das Errichten*) ajout *m*
an|bauen[1] *vt* AGR ■ **jd baut etw an** qn cultive qc; ■ **das A~** la culture
an|bauen[2] I. *vt* ARCHIT ■ **jd baut etw [an etw** (*akk*)**] an** qn ajoute qc [à qc]
II. *vi* ■ **jd baut an** qn [s']agrandit; ■ **das A~** les travaux *mpl* d'agrandissement
Anbaufläche *f* (*zum Anbau geeignet*) terre *f* cultivable; (*bebaute Ackerfläche*) surface *f* cultivée **Anbaugebiet** *nt* zone *f* cultivée [*o* de culture]; ***die wichtigsten ~e für Wein*** les principales régions viticoles [*o* de culture viticole]
Anbeginn *m geh* début *m*, commencement *m*; ***im ~*** au commencement
▸ **seit ~ [einer S.** (*gen*)] depuis le commencement [de qc]; **von ~ [an]** *kennen* depuis son plus jeune âge; *wiederholen* depuis le début
an|behalten * *vt irreg* ■ **er/sie behält etw an** il/elle garde qc [sur lui/elle]
anbei *adv form* ci-joint(e)
an|beißen *irreg* I. *vi* 1. ■ **ein Tier beißt an** un animal mord
2. *fam* (*Interesse haben*) ■ **jd beißt an** qn mord à l'hameçon *fam;* ***bisher hat noch keiner angebissen!*** j'ai pas encore fait de touche! *fam*
II. *vt* ■ **jd beißt etw an** qn mord dans qc, qn entame qc; ■ **angebissen** entamé(e)
▸ **zum A~** *fam* à croquer *fam*
an|belangen * *vt geh* ■ **etw belangt jdn an** qc concerne qn
▸ **was jdn/etw anbelangt, ...** en ce qui concerne qn/qc ...
an|bellen *vt* ■ **ein Hund bellt jdn an** un chien aboie après qn
an|beraumen * *vt form* ■ **jd beraumt etw an** qn fixe qc
an|beten *vt* 1. REL ■ **jd betet jdn/etw an** qn adore qn/qc
2. (*verehren*) ■ **jd betet jdn an** qn adore qn
Anbetracht *m* ▸ **in ~ einer S.** (*gen*) compte tenu de qc; **in ~ dessen, dass** compte tenu du fait que + *indic*
an|betreffen * *vt irreg form s.* **anbelangen**
an|betteln *vt* ■ **jd/ein Tier bettelt jdn [um etw] an** qn/un animal mendie [qc] auprès de qn
Anbetung <-, *rare* -en> *f* adoration *f*
an|biedern *vr pej* ■ **jd biedert sich [bei jdm] an** qn fayote [auprès de qn] *arg;* ■ **~d** mielleux(-euse)
Anbiederung <-, -en> *f* avances *fpl* [intéressées], fayotage *m arg;* ■ **die ~ an jdn** les avances [faites] à qn; ***diese ~ an dich*** ces avances [intéressées] dont tu es l'objet
Anbiederungsversuch *m* tentative *f* de fayotage *arg*
an|bieten *irreg* I. *vt* 1. (*zur Auswahl vorschlagen*) ■ **jd/etw bietet [jdm] etw an** /*Gastgeber*/ qn offre qc [à qn]; /*Speisekarte*/ qc propose qc [à qn]; ***jd hat etwas zum A~*** qn a quelque chose à offrir
2. COM ■ **jd bietet [jdm] etw an** *Artikel, Lebensmittel* qn propose qc [à qn]
3. ■ **jd bietet jdm etw an** *Arm, Begleitung, Platz* qn offre qc à qn
4. (*vorschlagen*) ■ **jd bietet [jdm] etw an** *Rücktritt* qn remet qc [à qn]; *Unterstützung* qn offre qc [à qn]; *Entschuldigung* qn présente qc [à qn]
II. *vr* 1. (*sich zur Verfügung stellen*) ■ **jd bietet sich [jdm] [als etw] an** qn offre [*o* propose] ses services [à qn] [comme qc]; ■ **jd bietet sich an etw zu tun** qn propose de faire qc
2. (*nahe liegen*) ■ **etw bietet sich [für etw] [geradezu] an** /*Lösung*/ qc s'impose [pour qc]; /*Ort*/ qc fait [parfaitement] l'affaire [pour qc]; ***es bietet sich keine Alternative an*** il n'y a pas le choix; ■ **es bietet sich an etw zu tun** il est tout indiqué de faire qc
Anbieter(in) *m(f)* offreur(-euse) *m(f)*; [*Ware a.*] fournisseur(-euse) *m(f)*; [*Dienstleistung a.*] prestataire *mf;* (*Firma*) entreprise *f;* TV chaîne *f*
an|binden *vt irreg* 1. (*festbinden*) ■ **jd bindet jdn/etw [an etw** (*akk o dat*)**] an** qn attache qn/qc [à qc]
2. (*einschränken*) ■ **jd/etw bindet jdn an** qn/qc accapare qn; ■ **[jd ist] angebunden** [qn est] pris(e); ***jd fühlt sich angebunden*** qn se sent prisonnier(-ière)
3. TRANSP ■ **jd bindet etw an etw** (*akk*) **an** *an Verkehrsnetz* qn raccorde qc à qc
Anbindung *f* TRANSP raccordement *m* (*an etw* (*akk*) à qc)
Anblick *m* spectacle *m;* ***jd ist ein angenehmer ~*** qn offre un spectacle agréable
▸ **beim ersten ~** au [*o* dès le] premier regard; **beim ~ einer S.** (*gen*) à la vue de qc
an|blicken *vt geh* ■ **jd blickt jdn an** qn regarde qn; ■ **jd blickt jdn irgendwie an** qn regarde qn d'une certaine façon; ***jd blickt jdn kurz an*** qn lance un regard à qn
an|blinzeln *vt* 1. (*ansehen*) ■ **jd blinzelt jdn an** qn regarde qn en clignant des yeux
2. (*zublinzeln*) ■ **jd blinzelt jdn an** qn fait un clin d'œil à qn
an|bohren *vt* 1. (*mit Bohrer*) ■ **jd bohrt etw [mit etw] an** qn perce qc [avec qc]
2. MIN ■ **jd bohrt etw an** *Erdgaslager, Ölquelle, Mineralquelle* qn fore qc
3. ZOOL ■ **ein Tier bohrt etw an** un animal taraude qc
Anbot <-[e]s, -e> *nt* AUS *form s.* **Angebot**
an|braten *vt irreg* ■ **jd brät etw an** qn fait revenir [*o* rissoler] qc
an|brauchen *vt fam* ■ **jd braucht etw an** qn entame qc
an|bräunen *vt* ■ **jd bräunt etw an** qn fait dorer qc
an|brechen *irreg* I. *vi + sein* 1. (*beginnen*) ■ **etw bricht an** /*Periode, Zeitalter*/ qc commence
2. (*sich ankündigen*) ■ **etw bricht an** /*Tag*/ qc se lève; /*Nacht*/ qc tombe; /*Jahreszeit*/ qc commence; ***der Herbst bricht an*** c'est le commencement [*o* début] de l'automne, l'automne fait son apparition; ***der Morgen bricht an*** le jour se lève; ***die ~de Nacht*** la tombée de la nuit; ***der ~de Tag*** le lever du jour
3. *fam* (*begonnen*) ■ **angebrochen** *Abend, Nachmittag, Tag, Urlaub* qui vient de démarrer; *Stunde* entamé(e)
II. *vt + haben* 1. (*zu verbrauchen beginnen*) ■ **jd bricht etw an** *Flasche, Dose, Kiste, Vorrat* qn entame qc
2. FIN ■ **jd bricht etw an** *Ersparnisse, Geld, Sparbuch* qn entame qc
3. (*teilweise brechen*) ■ **etw ist/wird angebrochen** /*Gefäß, Knochen*/ qc est fêlé(e)/se fêle; /*Leiter*/ qc est fendu(e)/se fend
an|brennen *irreg* I. *vi + sein* 1. (*verkohlen*) ■ **etw brennt an** /*Essen*/ qc brûle, qc crame *fam;* (*anhängen*) qc attache; ■ **jd lässt etw ~** qn laisse brûler qc; ■ **[etw ist] angebrannt** [qc est] brûlé(e); ***es riecht/schmeckt angebrannt*** ça sent le brûlé [*o* le cramé *fam*]/ça a un goût de brûlé
2. (*zu brennen beginnen*) ■ **etw brennt an** qc prend
▸ **jd lässt nichts ~** *fam* qn [ne] fait ni une ni deux *fam;* ***nur nichts ~ lassen!*** il faut battre le fer pendant qu'il est chaud, faut surtout pas laisser traîner les choses *fam*
II. *vt + haben* ■ **jd brennt etw an** qn fait prendre qc
an|bringen *vt irreg* 1. (*befestigen*) ■ **jd bringt etw [an etw** (*dat*)**] an** *Bild, Haken, Lampe* qn fixe qc [à qc]
2. (*montieren*) ■ **jd bringt etw an** *Stiel, Beschlag, Hufeisen* qn fixe qc; *Steckdose, Regal, Schalter* qn pose qc; *Telefon* qn installe qc
3. (*vorbringen*) ■ **jd bringt etw [als etw] an** *Argument, Grund, Motiv* qn présente qc [comme qc]; *s. a.* **angebracht**
4. (*äußern*) ■ **jd bringt etw an/bei jdm an** *Bemerkung, Bitte, Gesuch, Beschwerde, Kritik* qn émet qc/adresse qc à qn
5. (*verwenden*) ■ **jd bringt etw [in etw** (*dat*)**] an** *Kenntnisse, Wissen* qn met en œuvre qc [dans qc]
6. *fam* (*herbeibringen*) ■ **jd/ein Tier bringt [jdm] etw an** qn/un animal rapporte qc [à qn]; ■ **jd bringt [jdm] jdn an** qn ramène qn [à qn]
7. *fam* (*loswerden*) ■ **jd bringt etw [bei jdm] an** *Produkt* qn refile [*o* fourgue] qc [à qn] *fam*
Anbruch *m ∅ geh* commencement *m*, début *m*
▸ **bei ~ der Nacht/Dunkelheit** à la tombée de la nuit; **bei ~ des Tages/Morgens** au lever du jour
an|brüllen I. *vt* 1. *fam* (*anschreien*) ■ **jd brüllt jdn/etw an** qn gueule après qn/qc *fam;* ■ **jd lässt sich [von jdm] ~** qn se laisse engueuler [par qn] *fam*
2. ■ **ein Tier brüllt jdn an** /*Löwe*/ un animal lance un rugissement en direction de qn; /*Stier*/ un animal pousse un mugissement en direction de qn
II. *vi fam* ■ **jd brüllt gegen jdn/etw an** qn gueule plus fort que qn/qc *fam*
Anchovis <-, -> [an'ʃo:vɪs] *f* anchois *m*
Andacht <-, -en> *f* prière *f*
▸ **jd hält ~** qn est en prière; **in [*o* mit] [*o* voller] ~** REL avec recueillement; ***jd ist in ~ versunken*** qn est plongé(e) dans la méditation; **voller ~** *geh betrachten, trinken* avec recueillement *hum*, religieusement *hum*
andächtig I. *adj* 1. *Beter, Gläubige* recueilli(e); *Blick* fervent(e), pieux(-euse)

2. (*ehrfürchtig*) *Blick, Staunen* admiratif(-ive) **II.** *adv* **1.** REL avec recueillement, avec dévotion; *falten a.* avec ferveur; ***jd ist ~ im Gebet versunken*** qn est plongé(e) avec ferveur dans la prière **2.** *hum* (*ehrfürchtig*) avec componction *iron* **Andächtige(r)** *f(m) decl wie adj*: ***die Kapelle füllt sich mit ~n*** la chapelle se remplit de fidèles [venus prier]; ***ein einsamer ~r*** un homme seul qui prie

Andauer *f Ø* persistance *f*

an|dauern *vi* ■ **etw dauert an** qc persiste; /*Spannungen a., Streitereien, Auseinandersetzung/* qc dure; /*Gespräche, Schießereien/* qc se poursuit

andauernd I. *adj* **1.** (*anhaltend*) qui persiste; *Gespräche, Schießereien* qui se poursuit; *Spannungen a.* qui dure

2. (*ständig*) continuel(e)

II. *adv* continuellement

Andenken <-s, -> *nt* souvenir *m;* ■ **ein ~ an jdn/etw** un souvenir de qn/qc; ***jd lässt jds ~ nicht besudeln*** qn ne laisse pas salir la mémoire de qn ▶ **jd bewahrt jdm ein ehrendes ~** *geh* qn continue à honorer la mémoire de qn; **jd behält jdn/etw in freundlichem ~** qn garde un bon souvenir de qn/qc; **im ~ an jdn/etw** en souvenir de qn/qc; ***im ~ an jdn/etw kommen ihm die Tränen*** lorsqu'il évoque le souvenir de [*o* repense à] qn/qc, des larmes lui viennent aux yeux; **zum ~ an jdn** *an Verstorbenen* à la mémoire de qn; **zum ~ an jdn/etw** (*als Erinnerung*) comme [*o* en] souvenir de qn/qc

andere(r, s) *pron indef* **1.** *adjektivisch* (*abweichende*) ■ **~ ...** [**als ...**] *Auffassung, Frau, Gegenstand, Kleidungsstück, Zeitschrift* autre ... [que ...]

2. *adjektivisch* (*weitere*) *Ausrede, Buch, Frage, Mensch* autre *antéposé*

3. *adjektivisch* (*nächste*) *Jahr* prochain(e); *Urlaub* prochain(e) *antéposé; Leben, Mal* autre *antéposé*

4. *substantivisch* (*sonstige Dinge*) ■ **~** d'autres; ***alle ~n*** tous/toutes les autres; ***ich habe [noch] ~*** j'en ai [encore] d'autres; ***fünf/einige ~*** cinq/quelques autres; ■ **die ~n** les autres; ■ **das/der/die ~** l'autre; ■ **ein ~r/eine ~/ein ~s** un/une autre; ***eine Sache ist schöner als die ~*** les choses sont toutes plus belles les unes que les autres; ***ich will eine ~*** j'en veux un(e) autre; ***er hat viele Bilder, eines ist schöner als das ~*** il a beaucoup de tableaux, tous plus beaux les uns que les autres

5. *substantivisch* (*sonstige Menschen*) ■ **~** d'autres; ***alle ~n*** tous/toutes les autres; ***fünf/einige ~*** cinq/quelques autres; ***wir ~n*** nous autres; ***ich kenne auch noch ~*** j'en connais encore d'autres; ■ **die ~n** les autres; ■ **der/die/das ~** l'autre; ***die ~ von den beiden Frauen*** la seconde des deux femmes; ■ **ein ~r/eine ~** un/une autre; ***eine ist schöner als die ~*** elles sont toutes plus belles les unes que les autres; ***sie hat einen ~n*** elle en a un autre

6. *substantivisch* (*Abweichendes*) ■ **~s** autre chose; ■ **etwas/nichts ~s** autre chose/[ne ...] rien d'autre; ***ich möchte nichts ~s tun als schlafen*** tout ce que je veux, c'est dormir

▶ **alles ~ als etw** tout sauf qc; **und ~s mehr** et bien d'autres choses encore; **unter ~m** entre autres; **unter ~n** entre autres; **etwas ~s** quelque chose d'autre; **jemand ~r** quelqu'un d'autre; **nichts ~s** [ne ...] rien d'autre; **niemand ~r** [ne ...] personne d'autre; **und ~** et autres; **und ~s** et cætera

ander|e|nfalls *adv* sinon

ander|e|norts *adv geh* ailleurs, autre part

and|e|rerseits *adv* d'un autre côté

andermal *adv* ▶ **ein ~** une autre fois

ändern I. *vt* **1.** (*verändern*) ■ **jd/etw ändert etw** *Angelegenheit, Entschluss, Plan, Umstand, Meinung* qn/qc change [*o* modifie] qc; ***ich kann es nicht ~*** je ne peux rien y changer; ***noch kannst du deine Meinung ~*** tu peux encore changer d'avis

2. (*abändern*) ■ **jd/etw ändert etw** *Namen, Richtung* qn/qc change de qc; *Daten* qn/qc modifie qc; ***der Code wurde geändert*** le code a été changé [*o* modifié]

3. (*umändern*) ■ **jd ändert etw** *Eintrag, Straßenbezeichnung, Personennamen, Überschrift, Satz* qn modifie qc; ■ **jd ändert etw in etw** (*akk*) qn transforme qc en qc

4. COUT ■ **jd ändert [jdm] etw** *Kleidungsstück* qn [lui/...] retouche qc

▶ **etw lässt sich nicht ~** on ne peut rien changer à qc; ***das lässt sich nicht ~*** on ne peut rien y changer; **etw ändert nichts daran, dass** qc ne change rien au fait que + *indic;* ***deine Kritik ändert nichts daran, dass wir so weitermachen werden*** ta critique ne nous empêchera pas de continuer ainsi

II. *vr* **1.** (*anders werden*) ■ **etw ändert sich** /*Benehmen, Entschluss, Plan/* qc change; ■ **an etw** (*dat*) **ändert sich etw** qc change dans qc; ***daran hat sich nicht viel geändert*** cela n'a pas beaucoup changé

2. (*sich verändern*) ■ **etw ändert sich** /*Adresse, Wetter, Windrichtung, Bedeutung, Wort/* qc change

3. (*sich charakterlich verändern*) ■ **jd ändert sich** qn change

andern- *s.* **ander|e|n-**

anders *adv* **1.** (*verschieden*) autrement, différemment; *sein* différent(e); ***~ denkend*** *Bürger* dissident(e); *Kritiker* non-conformiste; ***~ lautend*** discordant(e); ***~ gesinnt*** d'opinion différente; ***er ist ~ gesinnt*** il a un avis différent [*o* un autre avis]; ***etw schmeckt ~*** qc a un autre goût; ***jd sieht ganz ~ aus*** qn a une tout autre allure; ■ **~ als jd/etw** autrement que qn/qc; ***etw schmeckt ~ als etw*** qc a un autre goût que qc; ***ich denke ~ als du*** je suis d'un autre avis que toi; ***du bist ~ als gestern*** tu n'es pas comme hier

2. (*sonst*) sinon, autrement

▶ **es geht nicht ~** il n'y pas moyen de faire autrement; **jd kann auch ~** *fam* qn peut changer de méthodes [s'il le faut]; **jd kann nicht ~** *fam* (*muss leider*) qn peut pas faire autrement *fam;* (*kann es nicht lassen*) c'est plus fort que lui/elle/...; **jd überlegt es sich** (*dat*) **~** qn se ravise; ***ich habe es mir ~ überlegt*** j'ai changé d'avis; **jdm wird ganz ~** (*schwindelig*) qn se sent mal [*o* tout chose *fam*]; ***da wird einem ja ganz ~*** (*ärgerlich*) il y a vraiment de quoi s'énerver!; **jemand/niemand ~** quelqu'un d'autre/[ne ...] personne d'autre; **was/wer/wo ~?** quoi d'autre/qui d'autre/où ... sinon?; ***wo ~ könnte sie sein als im Kino?*** où pourrait-elle être sinon [*o* à part] au cinéma?; ***was ~ kann er tun?*** que peut-il faire d'autre?

andersartig *adj* **1.** *Mensch, Aussehen* différent(e)

2. *Gericht, Getränk* différent(e); ***etw schmeckt ~*** qc a un goût différent

andersdenkend *s.* **anders 1. Andersdenkende(r)** *f(m) decl wie adj* dissident(e) *m(f);* ***man muss ~ tolerieren*** il faut tolérer ceux qui pensent différemment

anderseits *adv s.* **and|e|rerseits**

andersfarbig I. *adj* de couleur différente; ***ich hätte den Wagen lieber ~*** je préférerais cette voiture dans une autre couleur

II. *adv* d'une autre couleur

andersgesinnt *s.* **anders 1. Andersgesinnte(r)** *f(m) decl wie adj* personne *f* d'opinion différente; POL dissident(e) *m(f)*

andersgläubig *adj* de confession différente **Andersgläubige(r)** *f(m) decl wie adj* personne *f* de confession différente

anders|he|rum I. *adv* **1.** (*in die andere Richtung*) dans l'autre sens; ***leg das Buch ~!*** tourne donc le livre!; (*umgedreht*) retourne le livre!

2. (*von der anderen Richtung*) *reinfahren, reinstecken* en sens inverse

3. *tragen* de l'autre côté; ***jd zieht etw ~ an*** qn retourne qc

II. *adj pred fam* ■ **jd ist ~** qn est inverti(e) *vieilli* [*o* homo *fam*]

anderslautend *s.* **anders 1. Anderslautende(s)** *nt decl wie adj* ■ **~s** un autre son de cloche

andersrum *adj, adv fam s.* **anders|he|rum**

anderssprachig *adj* **1.** (*in einer anderen Sprache*) *Buch, Literatur* écrit(e) dans une autre langue; ***die deutsche und ~e Literatur*** la littérature allemande et étrangère

2. (*eine andere Sprache sprechend*) *Minderheit, Volksgruppe* de langue différente, parlant une autre langue

anderswo *adv* ailleurs, autre part; ***so etwas gibt es nicht ~*** cela n'existe nulle part ailleurs

anderswoher *adv* d'ailleurs

anderswohin *adv* ailleurs

anderthalb *num* ■ **~ ...** un(e) ... et demi(e); ***~ Jahre*** un an et demi

anderthalbmal *adv* une fois et demie; ■ **~ etw** moitié plus de qc; ***ich habe ~ so viel gemacht wie sonst*** j'ai fait 50 % de plus que d'habitude; ***~ die Menge Mehl*** moitié plus de farine; ■ **~ so ...** [**wie ...**] une fois et demie plus ... que; ***~ so viele Demonstranten*** une fois et demie plus de manifestants, 50 % de manifestants en plus

Änderung <-, -en> *f* **1.** (*Abänderung*) [*Entwurf, Plan, Haltung, Straßenname, Tagesordnung, Vorschlag*] changement *m,* modification *f;* [*Gesetz, Gesetzentwurf*] amendement *m;* ■ **die ~ einer S.** (*gen*), ■ **die ~ an etw** (*dat*) la modification de qc; ***Sie sollten eine ~ Ihrer Haltung in Erwägung ziehen*** vous devriez envisager de modifier d'attitude; ***nach ~ des Titels*** après avoir modifié le titre

2. COUT [*Kleidungsstück*] retouche *f*

3. (*Wandel*) [*Gesellschaft, Politik*] transformation *f;* [*Wetter*] changement *m*

▶ **jd nimmt eine ~/~en an etw** (*dat*) **vor** qn apporte une modification/des modifications à qc, qn apporte une retouche/des retouches à qc; *an Kleidungsstück* qn fait une retouche/des retouches à [*o* sur] qc

Änderungsantrag *m* [demande *f* d']amendement *m* **Änderungsschneider(in)** *m(f)* retoucheur(-euse) *m(f)* **Änderungsschneiderei** *f* atelier *m* de retouches **Änderungsvorschlag** *m* proposition *f* de changement [*o* de modification]; [*Gesetz*] proposition *f* d'amendement ▶ **jd macht einen ~/Änderungsvorschläge** qn propose un changement/des changements [*o* une modification/des modifications] **Änderungswunsch** *m* demande *f* de modification ▶ **jd hat einen ~/Änderungswünsche** qn souhaite une modification/des modifications

anderweitig I. *adj attr* autre *antéposé,* supplémentaire

II. *adv* **1.** (*mit anderen Dingen*) *beschäftigt sein, zu tun haben* par ailleurs

2. (*von anderer Seite*) *bieten, hören* par ailleurs

3. *darüber denken, informiert sein* en dehors d'ici

4. (*an einen anderen*) *vergeben* à quelqu'un d'autre; *besetzt sein* par quelqu'un d'autre

5. (*anders*) *sich entscheiden, verwenden* autrement

an|deuten I. *vt* **1.** (*erwähnen*) ■ **jd deutet etw an** *Angelegenheit, Problem* qn évoque qc; ***jd deutet etw nicht an*** qn ne fait pas allusion à qc

2. (*zu verstehen geben*) ■ **jd deutet [jdm] etw an** *Absicht, Missfallen* qn laisse entendre qc [à qn]; ■ **jd deutet [jdm] an, dass/was** qn laisse entendre [à qn] que + *indic*/ce que

3. ART, MUS ■ **jd deutet jdn/etw an** qn esquisse qn/qc

II. *vr* ■ **etw deutet sich [bei jdm] an** qc s'esquisse [chez qn]

Andeutung *f* **1.** (*Hinweis*) allusion *f;* ■ **eine ~ einer S.** (*gen*) une allusion à qc; ***etw ist nur eine ~ dessen, was uns erwartet*** qc n'est qu'un pâle reflet de ce qui nous attend; [***mach***] ***wenigstens eine kleine ~!*** [donne-moi/donne-nous] au moins une vague idée!; ***jd lässt eine ~ fallen*** qn fait une insinuation; ***bei der geringsten ~ von Problemen ...*** dès l'apparition du moindre problème ...

2. (*Spur*) [*Farbe*] soupçon *m,* pointe *f;* ***eine ~ von Wolken*** des nuages juste esquissés; ***die ~ eines Schattens*** une ombre juste esquissée

3. (*Anflug*) [*Erstaunen, Lächeln*] esquisse *f,* ébauche *f*

▶ **eine versteckte ~** une allusion voilée; **jd macht eine ~ [über jdn/etw]** qn fait une insinuation [à propos de qn/qc]; ***jd macht nur ~en*** qn parle par sous-entendus, qn procède par insinuations; ***mach nicht nur ~en!*** ne te contente pas d'insinuations [*o* de sous-entendus]!

andeutungsweise I. *adv* **1.** (*indirekt*) à mots couverts

2. (*rudimentär*) très vaguement

II. *adj attr rare Lächeln* juste esquissé(e); *Fleck* qu'on devine à peine

ạn|dienen I. *vt* ■ **jd dient jdm etw an** qn fait pression sur qn pour qu'il accepte qc; ***er hat mir seine Begleitung angedient*** il a insisté pour m'accompagner; ■ **jd lässt sich** (*dat*) **etw von jdm** ~ qn est convaincu(e) par qn d'accepter qc
II. *vr* ■ **jd dient sich jdm [als etw] an** qn propose ses services à qn [comme qc]; ***jd dient sich jdm so lange an, bis …*** qn tarabuste qn jusqu'à ce que … + *subj*, qn harcèle qn jusqu'à ce que … + *subj*

ạn|docken *vi* ■ **etw dockt [an etw** (*dat*)**] an** /*Raumfähre*/ qc s'arrime [à qc]; /*Molekül, Virus*/ qc se fixe [*o* s'accroche] [à qc]

Andọrra <-s> *nt* [la principauté d']Andorre *f*

Andorrạner(in) <-s, -> *m(f)* Andorran(e) *m(f)*

andorrạnisch *adj* andorran(e)

Ạndrang *m* ∅ 1. (*Menschenmenge*) affluence *f*
2. (*Zustrom*) [*Blut, Flut, Schlammmassen*] afflux *m*

ạndre(r, s) *adj s.* **andere(r, s)**

Ạndreaskreuz *nt* croix *f* de Saint-André; TRANSP croix *f* de Saint-André (*signal de position à un passage à niveau sans barrières*)

ạn|drehen *vt* 1. (*anstellen*) ■ **jd dreht etw an** *Gas, Wasser* qn ouvre qc; *Licht* qn allume qc
2. (*festdrehen*) ■ **jd dreht etw an** *Bolzen, Schraube, Sicherung* qn serre qc
3. *fam* (*verkaufen*) ■ **jd dreht jdm etw an** *Ware, Abo* qn refile qc à qn *fam; altes Auto, Schund a.* qn fourgue qc à qn *fam;* ■ **jd lässt sich** (*dat*) **etw** ~ qn se laisse refiler qc *fam*

ạndren- *s.* **ander[e]n-**

ạndrerseits *adv s.* **and[e]rerseits**

Ạndrogen <-s, -e> *nt* androgène *m*

androgyn [andro'gy:n] *adj* androgyne

ạn|drohen *vt* ■ **jd droht jdm etw an** qn menace qn de qc

Ạndrohung *f* menace *f*
► **unter** ~ **einer S.** (*gen*) [*o* **von etw**] (*durch Drohung mit etw*) sous la menace de qc; JUR *eines Bußgelds, von Strafe* sous peine de qc; ***unter ~ der Gewalt*** en menaçant d'utiliser la violence; **unter der** ~ **etw zu tun** sous la menace [*o* en le/… menaçant] de faire qc

Androi̦d[e] <-en, -en> *m* humanoïde *m*

Ạndruck¹ <-drucke> *m* TYP épreuve *f*

Ạndruck² *m* ∅ PHYS accélération *f* [de la pesanteur]

ạn|drucken *vi* TYP ■ **jd druckt an** qn commence le tirage

ạn|dünsten *vt* ■ **jd dünstet etw an** qn fait cuire qc [quelques minutes] à la vapeur; ■ **das A~** la cuisson à la vapeur [pendant quelques minutes]

ạn|ecken *vi + sein fam* ■ **jd eckt [bei jdm] [mit etw] an** qn choque [qn] [par qc]

ạn|eignen *vr* 1. (*an sich nehmen*) ■ **jd eignet sich** (*dat*) **etw an** *Gegenstand, Ware* qn s'approprie [*o* s'empare de] qc
2. (*sich vertraut machen*) ■ **jd eignet sich** (*dat*) **etw an** *Kenntnisse, Fertigkeiten, Sprachen* qn acquiert qc, qn assimile qc
3. (*sich angewöhnen*) ■ **jd eignet sich** (*dat*) **etw an** *Ausdrucksweise* qn attrape qc; *Schimpfwörter* qn apprend qc

Ạneignung <-, *rare* -en> *f* 1. *form* (*Diebstahl*) appropriation *f form;* [*Gegenstand, Ware*] *verbal übersetzt;* ***der Versuch der ~ einer S.*** (*gen*) la tentative de s'approprier qc
2. (*Erwerb*) [*Kenntnisse, Fertigkeiten, Sprachen*] acquisition *f,* assimilation *f*

aneinạnder *adv* 1. (*jeder an den anderen*) *denken, sich gewöhnen, sich klammern* l'un(e) à l'autre/les un(e)s aux autres
2. (*jeder am anderen*) *finden, sich reiben* l'un(e) à l'autre/les un(e)s aux autres; *Spaß haben* ensemble
3. *vorbeigehen, vorübergehen* l'un(e) à côté de l'autre/les un(e)s à côté des autres; ***sie reden ~ vorbei*** ils/elles monologuent chacun(e) pour soi; ***sie sahen beim Vorübergehen ~ vorbei*** ils/elles se sont croisé(e)s sans se regarder
4. (*einer am anderen*) *befestigen* l'un(e) à l'autre/les un(e)s aux autres; *stehen* l'un(e) contre l'autre/les un(e)s contre les autres; *fesseln* ensemble, l'un(e) à l'autre/les un(e)s aux autres
5. (*eines ans andere*) *kleben, knoten* ensemble, l'un(e) à l'autre/les un(e)s aux autres

aneinạnder|geraten * *s.* **geraten** ►

aneinạnder|halten *s.* **halten I.**►

aneinạnder|reihen *s.* **reihen I.**►, **II.**►

aneinạnder|schmiegen *s.* **schmiegen I.**►

aneinạnder|stellen *s.* **stellen I.**►

Anekdọ̈tchen <-s, -> *nt hum fam* petite histoire *f*

Anekdọte <-, -n> *f* anecdote *f*

ạn|ekeln *vt* ■ **jd/etw ekelt jdn an** qn/qc dégoûte qn; ■ **es ekelt jdn an etw tun zu müssen** ça dégoûte qn d'être obligé(e) de faire qc; ■ **angeekelt** dégoûté(e); ■ **jd ist von etw angeekelt** qn est dégoûté(e) par qc

Anemọne <-, -n> *f* anémone *f*

ạn|erbieten * *vr irreg geh* ■ **jd erbietet sich an etw zu tun** qn s'offre pour faire qc; ***jd erbietet sich an jdm zu helfen*** qn offre ses services à qn

Ạnerbieten <-s, -> *nt geh* offre *f,* proposition *f*

ạnerkannt *adj* 1. (*unbestritten*) *Tatsache, Verbesserung* reconnu(e)
2. (*allgemein geschätzt*) *Buch, Kunstwerk, Werk* reconnu(e)
3. (*zugelassen*) *Experte* agréé(e); *Diplom* reconnu(e); *Prüfung* validé(e); *Schule* habilité(e); ***eine staatlich ~e Privatschule*** une école privée reconnue par l'État

ạnerkanntermaßen *adv* tout le monde s'accorde pour dire que + *indic*

ạn|erkennen * *vt irreg* 1. (*offiziell bestätigen*) ■ **jd erkennt jdn/etw [als etw] an** *Staat, Herrscher* qn reconnaît qn/qc [comme qc]; *sportliche Leistung* qn homologue qc [comme qc]
2. (*zulassen*) ■ **jd anerkennt etw** *Diplom, Abschluss* qn reconnaît qc
3. COM ■ **jd erkennt etw an** *Schuld, Zahlungsverpflichtung* qn reconnaît qc; *Forderung, Rechnung* qn accepte qc
4. (*würdigen*) ■ **jd erkennt [jdm] etw/etw als etw an** *Bemühung, Leistung, Werk* qn reconnaît qc [à qn]/considère qc de qn comme qc
5. (*gelten lassen*) ■ **jd erkennt etw an** *Meinung, Standpunkt, Überzeugung* qn accepte qc; ■ **jd erkennt an, dass** qn reconnaît que + *indic*

ạnerkennend I. *adj* approbateur(-trice)
II. *adv* en signe d'approbation

ạnerkennenswert I. *adj* méritoire
II. *adv* de façon méritoire

Ạnerkenntnis *nt* reconnaissance *f*

Ạnerkennung *f* 1. [*Grenze, Staat, Diplom, Abschluss*] reconnaissance *f;* [*Rekord*] homologation *f*
2. COM [*Schuld, Zahlungsverpflichtung*] reconnaissance *f;* [*Forderung, Rechnung*] acceptation *f*
3. (*Würdigung*) [*Bemühung, Leistung, Werk*] reconnaissance *f;* ***etw findet jds ~*** qc reçoit les faveurs de qn; ***als ~ einer S.*** (*gen*) en considération de qc
4. (*lobende Zustimmung*) approbation *f*
5. (*Tolerierung*) [*Meinung, Standpunkt, Überzeugung*] acceptation *f;* ***jd tut sich mit der ~ einer S.*** (*gen*) ***schwer*** qn a du mal à admettre qc; ***etw findet jds ~ nicht*** qn n'admet pas qc
► **in** ~ **einer S.** (*gen*) *form* en considération de qc

ạn|erziehen * *irreg* I. *vt* ■ **jd erzieht jdm/einem Tier etw an** qn inculque qc à qn/apprend qc à un animal; ■ **[etw ist] anerzogen** *Kunstfertigkeit* [qc est] inculqué(e); *das Apportieren* [qc est] obtenu(e) par dressage; ***dieses Benehmen ist anerzogen*** ce comportement vient de son éducation
II. *vr* ■ **jd erzieht sich** (*dat*) **etw an** qn assimile [progressivement] qc; ***jd muss sich das Zuhören ~*** qn doit apprendre à écouter

ạn|fachen *vt geh* 1. (*zum Brennen bringen*) ■ **jd facht etw an** *Feuer, Glut, glühende Reste* qn attise qc; *Holz* qn enflamme qc
2. (*schüren*) ■ **jd/etw facht etw an** *Hass, Leidenschaft* qn/qc attise qc

ạn|fahren *irreg* I. *vi + sein* ■ **jd/etw fährt an** qn/qc démarre; ■ **das A~** le démarrage; ***das ~ am Berg*** le démarrage en côte; ***Vorsicht beim A~ des Zuges!*** attention au départ!
► **jd/etw kommt angefahren** qn/qc arrive; /*Zug*/ qc entre en gare
II. *vt + haben* 1. (*streifen*) ■ **jd/etw fährt jdn/etw an** *Passanten, Baum, Hauswand etc* qn/qc accroche qn/qc
2. (*mit dem Wagen liefern*) ■ **jd fährt etw an** qn livre qc; ■ **jd lässt etw** ~ qn fait livrer qc
3. *fam* (*auftischen*) ■ **jd fährt etw an** *Getränke, Speisen* qn sert qc; ■ **jd lässt etw** ~ qn fait servir qc; ***lass noch mal eine Runde [Bier] ~!*** envoie encore une tournée [de bière]!
4. NAUT ■ **jd/etw fährt etw an** qn/qc met le cap sur qc
5. (*schelten*) ■ **jd fährt jdn an** qn houspille qn

Ạnfahrt *f* 1. (*Hinfahrt*) trajet *m;* ***für die ~ zum Flughafen*** pour rejoindre l'aéroport; [*Taxifahrer*] course *f*
2. (*Anfahrtszeit*) trajet *m*
3. (*Zufahrt*) accès *m;* ***die ~ zum Schloss*** l'accès au château

Ạnfall¹ *m* ∅ 1. (*Aufkommen*) [*Müll, Nebenprodukte*] production *f*
2. FIN [*Erträge, Zinsen*] produit *m*
3. (*Anhäufung*) [*Reparaturen*] succession *f;* [*Kosten*] accumulation *f*

Ạnfall² *m* 1. MED crise *f*
2. (*Wut~*) accès *m* de colère
3. (*Anwandlung*) ■ **ein** ~ **von etw** [*von Wahnsinn*] un accès de qc
► **epileptischer** ~ crise *f* d'épilepsie; **jd bekommt/hat einen** ~ (*Herz~*) qn a une attaque; (*Wut~*) qn a un accès de colère; **jd kriegt [noch] Anfälle** *fam* qn pique une crise [de nerfs] [*o* sa crise] *fam;* ***da könnte man Anfälle kriegen!*** il y a de quoi piquer une crise!; **in einem** ~ **von etw** dans un accès de qc

-anfall¹ *m Arbeits-* charge *f; Müll-* production *f* de; *Papier-* consommation *f* de

-anfall² *m* MED *Erstickungs-* crise *f* de; *Husten-* quinte *f* de, accès *m* de; *Stress-* accès *m* de; ***Herz~*** attaque *f;* ***Schwindel~*** étourdissement *m*

ạn|fallen¹ *vi irreg + sein* 1. (*entstehen*) ■ **etw fällt an** /*Abfall, Müll, Nebenprodukte*/ qc est produit(e); ***der ~de Müll*** les ordures produites; ***bei jeder Produktion fällt Abfall an*** lors de toute fabrication il y a production de déchets
2. FIN ■ **etw fällt an** /*Gebühren, Kosten, Steuern, Zinsen*/ qc est dû(due); ■ **etw fällt bei einer S. an** une chose est soumise à qc; ***bei diesen Papieren fällt keine Steuer an*** ces certificats ne sont pas soumis à l'impôt; ***bei dieser Geldanlage fallen hohe Zinsen an*** cet investissement produit des intérêts élevés
3. (*sich anhäufen*) ■ **etw fällt an** /*Arbeit, Reparaturen*/ il y a qc; /*Papierflut*/ qc s'accumule; ***bei diesem Wagen fielen nur wenig Reparaturen an*** cette voiture a donné lieu à peu de réparations; ***die ~de Arbeit*** le travail à effectuer

ạn|fallen² *vt irreg* 1. (*überfallen*) ■ **jd fällt jdn an** qn attaque [*o* agresse] qn
2. ■ **ein Tier fällt jdn/ein Tier an** un animal attaque qn/un animal
3. (*befallen*) ■ **etw fällt jdn an** /*Heimweh, Sehnsucht, Gefühl*/ qc s'empare de qn, qc envahit qn

ạnfällig *adj* 1. *Mensch* de santé fragile; ***jd ist ~er*** qn est de santé plus fragile [*o* plus fragile de santé]; ■ **jd ist/wird für etw** ~ qn est/devient réceptif(-ive) [*o* sujet(te)] à qc
2. (*reparatur~*) *Gerät, Motor, Wagen* fragile

-anfällig *stau-, reparatur-, stör-* sujet(te) à/aux; *erkältungs-, infektions-* sujet(te) [*o* réceptif(-ive)] au/à la/aux; *stress-* sujet(te) au; ***etw ist fehler~/fehler~er*** qc peut donner lieu à des défauts/plus de défauts; ***etw war sehr fehler~*** qc présentait beaucoup de défauts; ***etw ist verschleiß~/schmutz~*** qc s'use/se salit facilement

Ạnfälligkeit *f* 1. MED fragilité *f;* ***deine ~ macht mir Sorgen*** ta fragilité [*o*

ton manque de résistance] me cause du souci; ■ **die ~ für etw** la réceptivité à qc
2. (*Reparatur~*) fragilité *f*; ***die ~ eines Gerätes für Störungen/ Reparaturen*** la fragilité d'un appareil en ce qui concerne les pannes/la fréquence des réparations à effectuer sur un appareil

Anfang <-[e]s, Anfänge> *m* 1. (*Beginn*) début *m*, commencement *m*; ***der erste ~ ist gemacht*** le premier pas est fait; ■ **~ einer S.** (*gen*) *1998, des Jahres* au début de qc; ~ ***September*** début septembre; ***jd ist ~ 40*** qn a la quarantaine
2. (*Ursprung*) [*Firma*] début *m*, débuts *mpl*; [*Leben, Universum*] commencement *m*; ***er hat diesen Konzern aus kleinen/ bescheidenen Anfängen aufgebaut*** il a monté ce conglomérat en partant de presque rien
▸ **der ~ vom Ende** le commencement de la fin *fam*; **von ~ bis Ende** du début [jusqu']à la fin; ***er liest Bücher nie von ~ bis Ende durch*** il ne lit jamais les livres jusqu'au bout; **im ~ war das Wort** au commencement était le Verbe; **jd macht einen neuen ~** qn repart à zéro; **aller ~ ist schwer** *prov* tous les débuts sont difficiles; **jd macht [bei etw/mit etw] den ~** qn prend l'initiative [à l'occasion de/pour qc]; **etw nimmt seinen ~** *geh* / *Universum*/ qc prend naissance; / *Verhängnis*/ qc commence à se réaliser; **am ~** au début; ***am ~ schuf Gott Himmel und Erde*** au commencement Dieu créa le ciel et la terre; **von ~ an** dès le départ, depuis le début; **zu ~** au début, au départ; ***gleich zu ~*** dès le début, dès le départ

an|fangen *irreg* I. *vt* 1. (*beginnen*) ■ **jd fängt etw an** qn commence qc; ■ **jd fängt etw [mit jdm] an** *Gespräch* qn engage [*o* entame] qc [avec qn]; *Verhältnis* qn s'engage dans qc [avec qn], qn commence à nouer qc [avec qn]; ***du willst wohl Streit ~*** tu cherches la bagarre [*o* des histoires] *fam*; ***wer hat denn diesen ganzen Ärger wieder angefangen?*** qui est-ce qui a remis toute cette histoire sur le tapis?; ■ **jd fängt etw mit etw an** *Essen, Tag, Brief* qn commence qc par qc
2. *fam* (*anbrauchen*) ■ **jd fängt etw an** *neue Flasche, Packung, Tube etc* qn entame qc
3. (*machen*) ■ **jd fängt etw irgendwie an** qn s'y prend d'une certaine façon avec qc; ■ **jd fängt etwas/nichts mit etw an** qn fait quelque chose/ne fait rien avec qc; ***was fange ich nur mit so viel Geld an?*** qu'est-ce que je vais faire de [*o* avec] tout cet argent?; ***was soll ich nur ~?*** qu'est-ce que je vais faire?
▸ **mit jdm ist nichts anzufangen** il n'y a rien à tirer de qn; **jd weiß nichts mit sich anzufangen** qn ne sait pas s'occuper
II. *vi* 1. (*den Anfang machen*) ■ **jd fängt [mit etw] an** qn commence [qc]; *mit dem Essen* qn commence [à faire qc]; ***wer fängt an? – Fang du an!*** qui commence? – À toi!; ***fangt ihr schon [mit dem Essen/ mit dem Spiel] an!*** commencez [à manger/à jouer]!
2. (*beginnen*) ■ **etw fängt an** qc commence; / *Gewitter, Sturm*/ qc éclate; / *Regen*/ qc commence à tomber; ■ **es/etw fängt an zu …** il/qc commence à …; *zu rattern, stinken* ça/qc commence à …
3. (*seine Karriere beginnen*) ■ **jd fängt [als etw] an** qn commence [*o* débute] [comme qc]

Anfänger(in) <-s, -> *m(f)* débutant(e) *m(f)*
▸ **jd ist ein blutiger ~** *fam* qn est novice en la matière; **jd ist [in etw** (*dat*)**] ~** qn est novice [dans qc]; **[du/Sie] ~!** *fam* [eh toi/vous, là] espèce de manche! *fam*

Anfängerkurs[us] *m* cours *m* pour débutants **Anfängerübung** *f* exercice *m* pour débutants

anfänglich I. *adj attr* initial(e); ***nach ~em Zögern*** après avoir hésité au début, la première hésitation passée
II. *adv geh* initialement, au début

anfangs I. *adv* au début; ~ ***kann es noch zu Regenfällen kommen*** quelques averses pourront encore se produire en début de journée
II. *präp + gen* CH *des Monats, der Woche* en début; *Januar, Jahr, Winter* au début de; ~ ***der Woche*** en début de semaine

Anfangs- *-kredit, -umsatz, -zinssatz* initial(e), de départ; *-kurs* d'ouverture
Anfangsbuchstabe *m* [lettre *f*] initiale *f*; ***jd schreibt alle Wörter mit kleinen ~n*** qn écrit tous les mots avec des minuscules à l'initiale **Anfangsgehalt** *nt* salaire *m* [*o* traitement *m*] de départ **Anfangsgründe** *pl* (*Grundlagen*) rudiments *mpl*, premières notions *fpl* **Anfangskapital** *nt* capital *m* de départ, capital *m* initial **Anfangsschwierigkeiten** *pl* difficultés *fpl* de départ, difficultés *fpl* initiales **Anfangsstadium** *nt* [*Krankheit*] premier stade *m*, stade *m* initial; [*Projekt, Versuch*] phase *f* initiale **Anfangszeit** *f* premiers temps *mpl*

an|fassen I. *vt* 1. (*berühren*) ■ **jd fasst jdn/etw an** *Artikel, Gegenstand, Körperteil* qn touche qn/qc; ■ **jd fasst jdn an etw** (*dat*) **an** (*packen*) qn saisit [*o* prend] qn par qc; ***die Polizisten haben ihn grob angefasst*** les policiers l'ont empoigné sans ménagement
2. (*bei der Hand nehmen*) ■ **jd fasst jdn an** qn prend qn par la main
3. (*anpacken*) ■ **jd fasst etw an** *Angelegenheit, Problem* qn aborde qc, qn s'attaque à qc
4. (*behandeln*) ■ **jd fasst jdn/ein Tier irgendwie an** *hart, streng* qn traite qn/un animal d'une certaine façon; ***jd fasst jdn/ ein Tier richtig/ falsch an*** qn s'y prend bien/mal avec qn/un animal
▸ **beim A~ einer S.** (*gen*) en touchant qc; ***beim A~ des Bildes wird Alarm ausgelöst*** quand on touche le tableau, l'alarme se déclenche; **jd/etw zum A~** *fam* (*volksnah*) qn/qc accessible [à tous], qn proche des gens
II. *vi* 1. (*berühren*) ■ **jd fasst [irgendwo] an** qn touche [quelque part]; ***du musst an diesem Ende/ am anderen Ende ~*** tu dois prendre ce bout-là/ l'autre bout
2. (*mithelfen*) ■ **jd fasst mit an** qn donne un coup de main
III. *vr* 1. (*sich an die Hand nehmen*) ■ **sie fassen sich** [*o* **einander** *geh*] **an** ils/elles se donnent la main; ***sie gehen angefasst*** ils se promènent [la] main dans la main

2. (*sich anfühlen*) ■ **etw fasst sich irgendwie an** qc est … au toucher

an|fauchen *vt* 1. ■ **ein Tier faucht jdn an** un animal feule en direction de qn
2. *fam* ■ **jd faucht jdn an** qn engueule qn *fam*; ***was fauchst du mich so an?*** pourquoi tu m'engueules comme ça? *fam*

an|faulen *vi + sein* ■ **etw fault an** / *Früchte*/ qc commence à s'abîmer [*o* se gâter]; / *Holz*/ qc commence à pourrir; ■ **angefault** *Früchte, Stelle* abîmé(e); ***die Balken sind schon angefault*** les poutres commencent à pourrir

anfechtbar *adj* 1. JUR *Beschluss, Urteil* attaquable
2. *Behauptung, Hypothese, Theorie, These* contestable

Anfechtbarkeit <-> *f* ∅ 1. JUR caractère *m* attaquable; ***wegen der ~ dieses Urteils*** comme ce jugement est/était attaquable
2. (*Bestreitbarkeit*) caractère *m* contestable

an|fechten *vt irreg* 1. JUR ■ **jd ficht etw an** *Beschluss, Urteil* qn attaque qc [en annulation]; *Abkommen, Vertrag* qn conteste la validité de qc
2. (*nicht anerkennen*) ■ **jd ficht etw an** qn conteste qc
3. *geh* (*beunruhigen*) ■ **etw ficht jdn an** qc inquiète [*o* préoccupe] qn; ***das ficht mich doch nicht an!*** ça m'est complètement égal!
▸ **jd/etw kann jdn ~** *geh* (*in Versuchung bringen*) qn/qc est susceptible de tenter qn

Anfechtung <-, -en> *f* 1. JUR [*Beschluss, Urteil*] recours *m* en annulation; [*Abkommen, Vertrag*] contestation *f*; ***bei erfolgreicher ~ des Urteils*** si l'appel contre un jugement aboutit
2. *meist pl geh* (*Gewissenskonflikt*) cas *m* de conscience
3. *geh* (*Versuchung*) tentation *f*

an|feinden I. *vt* ■ **jd feindet jdn an** qn manifeste de l'hostilité envers qn, qn agresse qn
II. *vr* ■ **sie feinden sich an** ils /elles s'agressent, ils/elles se manifestent leur hostilité

Anfeindung <-, -en> *f* attaque *f*; ***jd ist jds ~en ausgesetzt*** qn est en butte aux attaques de qn

an|fertigen *vt* 1. (*herstellen*) ■ **jd fertigt etw an** *Kunstgegenstand, Möbelstück, Uhr* qn fabrique qc; *Zeichnung* qn réalise qc; *Kleidungsstück* qn confectionne qc; ***kein Problem, der Anzug ist bis morgen angefertigt!*** pas de problème, le costume sera fait pour demain; ■ **jd lässt sich** (*dat*) **etw [von jdm] ~** *handwerkliche Arbeit* qn se fait faire qc [par qn]; *Kleidungsstück* qn se fait faire [*o* confectionner] qc [par qn]; ***er ließ sich von einem Schreiner einen Bücherschrank ~*** il se fit fabriquer une bibliothèque par un menuisier
2. *form* (*erstellen*) ■ **jd fertigt etw an** *Fälschung, Kopie* qn réalise [*o* fait] qc; *Protokoll* qn dresse [*o* rédige] qc
3. PHARM ■ **jd fertigt etw an** *Arznei, Lotion* qn prépare qc; ***die Lotion/ Creme lässt sich leicht selbst ~*** la lotion/crème est facile à faire [*o* préparer] soi-même

Anfertigung *f* 1. (*Herstellung*) [*handwerkliche Arbeit, Kunstgegenstand*] fabrication *f*; [*Zeichnung*] réalisation *f*; [*Kleidungsstück*] confection *f*
2. *form* [*Schriftstück, Protokoll*] rédaction *f*; [*Übersetzung*] exécution *f*
3. PHARM [*Arznei, Lotion*] préparation *f*

an|feuchten I. *vt* ■ **jd feuchtet etw an** *Briefmarke, Klebestreifen, Etikett, Bügelwäsche, Schwamm* qn humidifie [*o* humecte] qc
II. *vr* ■ **jd feuchtet sich** (*dat*) **etw an** *Lippen* qn s'humecte [*o* s'humidifie] qc

an|feuern *vt* ■ **jd feuert jdn an** qn encourage qn; ■ **~d** d'encouragement; ***~de Zurufe*** des cris d'encouragement, des encouragements

an|fixen *vt sl* ■ **jd fixt jdn an** qn pousse qn à se piquer [*o* se shooter] *fam*

an|flehen *vt* (*jdn flehentlich bitten*) ■ **jd fleht jdn an** qn implore [*o* supplie] qn; ■ **jd fleht jdn um etw an** qn implore qc de qn; ■ **jd fleht jdn an etw zu tun** qn adjure [*o* supplie] qn de faire qc

an|fletschen *vt* ■ **ein Tier fletscht jdn/ein anderes Tier an** un animal montre les dents à qn/à un autre animal

an|fliegen *irreg* I. *vt + haben* 1. AVIAT ■ **etw fliegt etw an** *Flughafen, Stadt* qc dessert qc; ***diese Piste wird kaum noch angeflogen*** cette piste n'est plus que rarement utilisée
2. (*angreifen*) ■ **etw fliegt etw an** qc attaque qc; ■ **ein Tier fliegt jdn an** un animal attaque qn
II. *vi + sein* 1. AVIAT ■ **etw fliegt an** qc amorce son atterrissage; ■ **beim A~** lors de l'amorce des manœuvres d'atterrissage
2. (*herbeifliegen*) ■ **ein Vogel fliegt an** un oiseau s'approche en volant
▸ **etw kommt angeflogen** / *Flugzeug, Hubschrauber*/ qc arrive; / *Geschoss, Stein, Schneeball*/ qc fuse; ***ein Hubschrauber kam ganz niedrig angeflogen*** un hélicoptère arriva en volant à très basse altitude; ***die Pfeile kamen in dichtem Hagel angeflogen*** les flèches fusèrent en pluie serrée; **ein Vogel kommt angeflogen** un oiseau arrive [en volant]

Anflug[1] *m* AVIAT approche *f*

Anflug[2] *m* 1. (*Spur*) ■ **~ einer S.** (*gen*) *von Duft, Parfüm* des traces de qc; *von Gewürz* un soupçon de qc, un brin de qc; ***ein ~ von Knoblauch*** une pointe d'ail
2. (*Andeutung*) ■ **~ einer S.** (*gen*) *von Ironie, von Spott* une pointe de qc, un brin de qc; ***der ~ eines Lächelns*** l'ébauche *f* [*o* l'esquisse *f*] d'un sourire

an|fordern *vt* ■ **jd fordert jdn/etw [bei/von jdm] an** qn demande qn/qc [à qn]

Anforderung *f* 1. ∅ (*das Anfordern*) demande *f*
2. *meist pl* (*Anspruch*) exigences *fpl*; ■ **die ~/~en an jdn** ce qui est exigé de qn, les exigences envers qn; ■ **jds ~en an jdn** ce que qn exige de qn, les exigences de qn envers qn
▸ **jd stellt ~en [an jdn]** qn est exigeant(e) [avec qn]; ***jd stellt große/ immense/ zu hohe ~en an jdn*** qn est très/extrêmement/trop exigeant(e) avec qn, qn exige beaucoup/énormément/trop de qn; ***welche ~en werden***

[*an die Bewerber*] ***gestellt?*** qu'est-ce qui est exigé [de la part des candidats]?; ***die ~en, die gestellt werden*** ce qui est exigé, les exigences; **auf** ~ sur demande; **nach** [**vorheriger**] ~ suite à votre demande

Anforderungsprofil *nt* profil *m* requis

Anfrage *f* **1.** (*Bitte um Auskunft*) demande *f* [de renseignement]; ***ich habe eine*** ~ j'ai un renseignement à demander
2. INFORM demande *f*
▶ **große/kleine** ~ PARL question écrite/orale; **auf** ~ sur demande

an|fragen *vi* ■ **jd fragt an** qn demande; ***ich frage ja nur an!*** je pose simplement la question!; (*Auskunft erfragen*) qn se renseigne; ■ **jd fragt** [**bei jdm**] **um etw an** qn demande qc [à qn]

an|freunden *vr* **1.** (*Freunde werden*) ■ **jd freundet sich mit jdm an** qn se lie d'amitié avec qn, qn devient ami(e) avec qn; ■ **sie freunden sich an** ils/elles se lient d'amitié, ils/elles deviennent ami(e)s
2. (*sich gewöhnen an*) ■ **jd freundet sich mit jdm/etw an** *mit Rockmusik, Schlagersänger, Sportart, mit dem Gedanken, einer Vorstellung* qn se fait à qn/qc

an|fügen *vt* **1.** (*daran legen*) ■ **jd fügt etw** [**an etw** (*akk*)] **an** *Teil* qn [r]ajoute qc [à qc]; *Bruchstück* qn remet qc [à qc]
2. (*hinzufügen*) ■ **jd fügt an, dass** qn ajoute que + *indic*

an|fühlen I. *vt* ■ **jd fühlt etw** [**mit etw**] **an** qn touche qc [avec qc]
II. *vr* ■ **etw fühlt sich ... an** *glatt, weich, kratzig, rau, zart* qc est ... [au toucher]; ***etw fühlt sich zart an*** qc est doux(douce) [au toucher]; ***das Hemd fühlt sich etwas kratzig an*** cette chemise gratte un peu

an|führen *vt* **1.** (*befehligen*) ■ **jd führt jdn/etw an** *Bande, Truppen, Truppenteil* qn commande qn/qc
2. (*zitieren*) ■ **jd führt etw an** *Beispiel, Tatsache* qn donne [*o* cite] qc; *Beweise, Tatsachenergebnisse* qn fournit qc; *Einzelheiten, Grund* qn donne qc; *Zitat* qn mentionne qc
3. (*benennen*) ■ **jd führt jdn an** *Anstifter, Komplizen, Zeugen* qn donne le nom de qn
4. *fam* (*hereinlegen*) ■ **jd führt jdn an** qn roule qn [dans la farine] *fam;* ■ **jd lässt sich von jdm** ~ qn se fait rouler par qn [dans la farine] *fam*

Anführer(in) *m(f)* **1.** (*Befehlshaber*) [*Armee, Truppen*] commandant *m;* [*Bande*] chef *mf*
2. *pej* (*Rädelsführer*) meneur(-euse) *m(f)*

Anführung *f* **1.** (*Befehligung*) [*Bande, Truppen*] commandement *m*
2. (*das Anführen*) [*Beispiel, Einzelheiten, Zitat, Tatsache, Quelle*] mention *f;* [*Beweis, Grund*] production *f;* ***ich bitte Sie um die ~ von Einzelheiten*** je vous demande de me donner des détails; ***durch die ~ dieses Beispiels*** en citant cet exemple; ***ohne ~ von Gründen ist eine Kündigung unzulässig*** si l'on ne fournit pas de motif, un licenciement est irrecevable
▶ **unter** ~ **von jdm/etw** *form* avec mention de qn/qc, en citant [*o* mentionnant] qn/qc

Anführungsstrich *m,* **Anführungszeichen** *nt meist pl* guillemets *mpl*
▶ **~e oben/unten** guillemets ouvrants/fermants

an|füllen *vt* ■ **jd füllt etw** [**mit etw**] **an** qn remplit qc [de qc]; ■ **etw ist** [**mit etw**] **angefüllt** qc est rempli(e) [*o* plein(e)] [de qc]

an|funkeln *vt* ■ **jd funkelt jdn an** qn fusille qn du regard; ***sie funkelte ihn mit blitzenden Augen an, ihre Augen funkelten ihn an*** elle le fusilla du regard

Angabe <-, -n> *f* **1.** *meist pl* (*Aussage*) déclaration *f*
2. (*Nennung*) [*Adresse, Details, Gründe, Namen, Preise*] indication *f;* ***er ist ohne ~ seiner neuen Adresse verzogen*** il a déménagé sans laisser d'adresse; ***man zwang ihn zur ~ der Namen seiner Mitverschworenen*** on l'obligea à donner le nom des autres conjurés
3. SPORT service *m*
4. ∅ *fam* (*Prahlerei*) frime *f fam*
▶ **~n zur Person** *form* renseignements *mpl* sur l'identité; **jd macht ~n** [**über etw** (*akk*)**/zu etw**] qn donne des indications [sur [*o* à propos de] qc]; **laut ~n** (*gen*) selon les indications [*o* les déclarations]; ***laut ~n der Zeugen*** selon les déclarations [*o* les dires] des témoins; **nach ~ einer Person** (*gen*) d'après les indications [*o* selon les déclarations] d'une personne

an|gaffen *vt pej* ■ **jd gafft jdn an** qn regarde qn bouche bée; ***was gaffst du mich so blöd an?*** qu'est-ce que tu as à me regarder avec des yeux pareils?

an|geben *irreg* **I.** *vt* **1.** (*nennen*) ■ **jd gibt** [**jdm**] **jdn/etw an** *Gründe, Namen* qn donne qc [à qn]; *Zeugen* qn cite qn [à qn]; *Mittäter* qn donne le nom de qn; ***er will*** [***uns***] ***nichts über seine Quellen*** ~ il ne veut rien [nous] révéler sur ses sources
2. (*zitieren*) ■ **jd/etw gibt jdn/etw an** *Gewährsleute, Hintergründe, Quellen* qn cite [*o* mentionne] qn/qc, qc mentionne qn/qc; ***in dem Bericht ist nichts über die Hintergründe angegeben*** dans l'article, rien n'est dit sur les dessous de l'affaire
3. (*behaupten*) ■ **jd gibt etw an** qn déclare qc; *Alibi, Gründe* qn fournit qc; ***ich möchte nichts Näheres dazu*** ~ je ne voudrais rien dire de plus là-dessus; ■ **jd gibt an etw zu haben/etw getan zu haben** qn déclare avoir/avoir fait qc
4. (*beim Zoll, Finanzamt*) ■ **jd gibt etw an** qn déclare qc
5. (*anzeigen*) ■ **etw gibt etw an** *Kategorie, Preis, Messwerte, Temperatur* qc indique qc; ***die auf den Etiketten angegebenen Preise*** les prix figurant [*o* indiqués] sur les étiquettes
6. (*bestimmen*) ■ **jd/etw gibt** [**jdm**] **etw an** *Takt, Tempo, Kurs, Note* qn/qc donne qc [à qn]; ***in der Partitur ist hier eine Viertelnote angegeben*** à cet endroit, la partition indique une double croche
II. *vi* **1.** (*prahlen*) ■ **jd gibt** [**bei jdm**] [**mit etw**] **an** qn frime [*o* crâne] [auprès de qn] [avec qc] *fam;* ***nun gib doch nicht so an!*** arrête donc de frimer [*o* de crâner] [*o* de faire ton crâneur/ta crâneuse]! *fam*
2. SPORT ■ **jd gibt an** qn sert, qn est au service

Angeber(in) <-s, -> *m(f)* frimeur(-euse) *m(f) fam,* crâneur(-euse) *m(f) fam*

Angeberei <-, -en> *f fam* **1.** ∅ (*Prahlerei*) frime *f fam;* ***das ist nur*** ~! c'est de la frime! *fam*
2. *meist pl* (*angeberische Äußerung*) fanfaronnade *f*

angeberisch I. *adj* de frimeur(-euse) *fam,* de fanfaron(ne); ***wie*** ~! quelle frime! *fam*
II. *adv* en frimant *fam,* en fanfaronnant; ***jd führt sich ~ auf*** qn fait son crâneur/sa crâneuse, qn crâne *fam*

Angebetete(r) *f(m) decl wie adj geh* ■ **jds** ~ le/la bien-aimé(e) de qn

angeblich I. *adj attr* prétendu(e) *antéposé,* soi-disant *antéposé*
II. *adv* soi-disant

angeboren *adj* **1.** MED congénital(e), de naissance
2. *fam* (*chronisch*) inné(e), congénital(e) *péj*

Angebot <-[e]s, -e> *nt* offre *f;* (*Waren~*) choix *m;* (*Sonder~*) promotion *f,* offre *f* spéciale; ***das ist diese Woche unser*** ~! c'est notre promotion de la semaine!; ■ **ein ~ an etw** (*dat*)**/von etw** *an Artikeln, von Waren* un choix [*o* un éventail] de qc; *an Aktien, Anlagen, von Finanzierungsmöglichkeiten, Krediten* un choix [*o* une offre] de qc
▶ **~ und Nachfrage** l'offre et la demande; ***die Preise werden durch ~ und Nachfrage geregelt*** les prix sont déterminés par la loi de l'offre et de la demande; **jd macht** [*o* **unterbreitet** *geh*] **jdm** [**zu etw**] **ein** ~ qn fait une offre à qn [pour qc]; **im** ~ en promotion, en réclame

-angebot *nt Friedens-, Gesprächs-, Stellen-, Einigungs-* offre *f* de; *Kurs, Fächer-* éventail *m* de; *Waren-* choix *m* de

angebracht *adj* **1.** (*sinnvoll*) opportun(e), indiqué(e); ***diese Bemerkung war in dem Zusammenhang nicht*** ~ cette remarque n'était pas de mise dans ce contexte
2. (*angemessen*) ■ **etw ist für jdn/etw** ~ qc est approprié(e) pour qn/qc

Angedenken *nt* ∅ *geh* (*Gedenken*) ■ **jds** ~ le souvenir [*o* la mémoire] de qn
▶ **seligen ~s:** ***meine Großmutter seligen ~s*** feu ma grand-mère; **unseligen ~s** de sinistre mémoire; **im ~ an etw** (*akk*) en souvenir [*o* mémoire] de qc

angegammelt *adj fam* à moitié pourri(e); *Frucht a.* gâté(e) [*o* abîmé(e)]

angegossen *adj* ▶ **etw sitzt** [*o* **passt**] **wie** ~ *fam* qc va [à qn] comme un gant

angegraut *adj Schläfen, Haar* grisonnant(e), poivre et sel

angehaucht *adj* POL *fam* ■ **jd ist ...** ~ *faschistisch, kommunistisch, ökologisch* qn a des tendances ...; ***jd ist links/rechts*** ~ qn est légèrement marqué(e) à gauche/à droite; ***jd ist grün/braun*** ~ qn a des tendances écologistes/néonazies

angeheiratet *adj* par alliance; ■ **jd ist** ~ qn est parent(e) par alliance

angeheitert *adj fam* éméché(e), pompette *fam;* ■ **jd ist** ~ qn a un petit coup dans le nez *fam,* qn est éméché(e)
▶ **leicht/stark** ~ un peu/complètement parti(e) *fam*

an|gehen *irreg* **I.** *vi + sein* **1.** (*zu leuchten beginnen*) ■ **etw geht an** /*Beleuchtung, Licht*/ qc s'allume
2. (*zu funktionieren beginnen*) ■ **etw geht an** /*Fernseher, Radio*/ qc s'allume; /*Waschmaschine, Elektrogerät*/ qc se met en route [*o* en marche]; ***mit welchem Knopf geht der Fernseher an?*** avec quel bouton allume-t-on la télé?
3. (*zu brennen beginnen*) ■ **etw geht an** /*Feuer*/ qc prend
4. (*beginnen*) ■ **etw geht an** /*Schule, Kino, Theater etc*/ qc commence; ***etw geht wieder an*** qc recommence
5. (*vorgehen*) ■ **jd geht** [**bei jdm/etw**] **gegen jdn an** *bei der Behörde, Firma* qn agit contre qn [auprès de qn/qc]; ■ **jd geht** [**bei etw**] **gegen jdn an** *bei Gericht* qn attaque qn [devant qc]; ***er geht gegen ihn bei Gericht an*** il le poursuit devant les tribunaux
6. (*bekämpfen*) ■ **jd geht gegen etw an** *gegen Drogenhandel, Korruption, Missstände, Schlamperei, Zustände* qn s'attaque à qc, qn combat qc; *gegen Flammen, die Flut, das Hochwasser* qn combat qc
7. (*möglich sein*) ■ **etw geht an** /*jds Verhalten, erbetene Handlung*/ qc peut se faire, qc est possible; ***Ihr ewiges Zuspätkommen geht nicht mehr an*** vos retards continuels ne sont plus tolérables; ■ **es geht nicht an, dass jd etw tut** il n'est pas acceptable que qn fasse qc
8. HORT (*anwachsen*) ■ **etw geht an** qc pousse, qc croît
II. *vt* **1.** + *haben o* SDEUTSCH *sein* (*in Angriff nehmen*) ■ **jd geht etw an** qn s'attaque à qc; *Verhandlungen* qn entame qc
2. + *sein* SPORT ■ **jd/ein Tier geht etw an** qn/un animal aborde qc
3. + *sein* (*vorgehen*) ■ **jd geht jdn an** *Gegner, Konkurrenten* qn aborde qn; ***wir müssen ihn vorsichtig*** ~ il faut procéder avec lui avec prudence
4. + *haben* (*attackieren*) ■ **jd geht jdn irgendwie an** qn attaque [*o* agresse] qn d'une certaine manière; ***jd geht jdn heftig an*** qn agresse [*o* attaque] qn violemment
5. + *haben* AUT ■ **jd geht etw an** *Kehre, Kurve* qn aborde qc
6. + *haben* (*betreffen*) ■ **etw geht jdn an** /*Angelegenheit, Brief, Fall*/ qc concerne qn; ***das hier geht dich nichts an!*** ça ne te regarde pas!; ***was geht das dich an?*** de quoi je me mêle? *fam*
7. + *haben o* SDEUTSCH *sein* (*bitten*) ■ **jd geht jdn** [**um etw**] **an** *um Gabe, Gehaltserhöhung, mehr Taschengeld* qn demande [qc] à qn, qn s'adresse à qn [pour avoir qc]
▶ **was jdn angeht** en ce qui concerne qn; ***was mich angeht, würde ich zustimmen*** pour ma part [*o* en ce qui me concerne], je dirais oui

angehend *adj* **1.** (*beginnend*): ***sie ist eine ~e junge Dame/Abiturientin*** c'est quasiment une jeune femme/une bachelière; ***mit seinen 60 Jahren ist er jetzt ein ~er älterer Herr*** avec ses soixante ans, il aborde maintenant l'âge mûr; ***alle ~en Schüler*** tous les futurs élèves
2. (*in Ausbildung*) futur(e)
3. (*zukünftig*) *Ehemann, Ehefrau, Vater, Mutter* futur(e)

an|gehören * *vi* **1.** (*Mitglied sein*) ■ **jd gehört einer S.** (*dat*) **an** qn fait partie de qc; ***er gehört keiner Partei an*** il n'est membre d'aucun parti, il n'appartient à aucun parti

2. *geh* (*gehören*) ■ **jd gehört jdm an** qn appartient à qn

ạngehörig *adj* ■ **einer S.** (*dat*) ~ *einer Organisation, Partei* membre de qc, appartenant à qc; ■ **jd ist einer S.** (*dat*) ~ qn est membre de qc, qn fait partie de qc **Ạngehörige(r)** *f(m) decl wie adj* **1.** (*Familien~*) [proche] parent(e) *m(f)*; ***meine ~n wohnen alle in Süddeutschland*** tous les miens vivent [*o* toute ma famille vit] en Allemagne du Sud **2.** (*Mitglied*) [*Partei, Organisation, Regierung, Verein*] membre *m*

Ạngeklagte(r) *f(m) decl wie adj* accusé(e) *m(f)*, prévenu(e) *m(f)*

Ạngel[1] <-, -n> *f* (*Fischfanggerät*) ligne *f*, canne *f* à pêche; ***jd wirft die ~ aus*** qn jette sa ligne; ***ich glaube, ich habe da was/einen Fisch an der ~!*** je crois que j'ai quelque chose/un poisson au bout de ma ligne!

Ạngel[2] <-, -n> *f* [*Tür, Fenster, Laden*] gond *m*

► **jd hebt etw aus den ~n** *Fenster, Tür* qn sort qc des gonds; (*krempelt um*) *Welt* qn change qc; *Betrieb* qn chamboule qc *fam*, qn modifie qc de fond en comble

Ạngelegenheit *f* (*Sache*) affaire *f*; ***in welcher ~ wollen Sie mich sprechen?*** à quel sujet désirez-vous me voir?; ***dienstliche ~en*** ce qui concerne le service

► **jd kümmert sich um seine eigenen ~en** qn s'occupe de ses affaires [*o* de ses oignons *fam*]; **in eigener ~** pour une affaire personnelle; **etw ist jds ~** (*Aufgabe*) qc incombe à qn; ***war das nicht Ihre ~?*** n'était-ce pas de votre ressort?; ***das Abwaschen ist heute mal deine ~!*** c'est à toi de faire la vaisselle aujourd'hui!

ạngelernt *adj* **1.** *Arbeiter, Kraft* spécialisé(e) **2.** (*oberflächlich gelernt*) *Fertigkeit, Wissen* sommaire, approximatif(-ive); ***dein Wissen ist nur oberflächlich ~*** tu n'as que des connaissances mal digérées [*o* mal assimilées] **Ạngelernte(r)** *f(m) decl wie adj* ouvrier spécialisé/ouvrière spécialisée *m/f*

Ạngelgerät *nt* accessoires *mpl* [*o* attirail *m*] de pêche **Ạngelhaken** *m* hameçon *m*; ***da hängt ein dicker Brocken am ~!*** j'ai/il a une grosse prise au bout de la ligne! **Ạngelleine** *f* ligne *f*

ạngeln I. *vi* **1.** (*Fische fangen*) ■ **jd angelt** qn pêche; ***jd geht ~*** [*o* ***zum A~***] qn va à la pêche; ■ **[das] A~** la pêche [à la ligne]; ■ **jd angelt nach etw** qn va à la pêche à qc, qn va pêcher qc

2. (*zu greifen versuchen*) ■ **jd angelt nach etw/einem Tier** qn essaie d'attraper qc/un animal

II. *vt* ■ **jd angelt etw** qn attrape [*o* pêche] qc; ***wir wollen heute Forellen ~*** aujourd'hui, nous allons à la pêche à la truite; ***bisher haben wir noch nichts/noch nicht viel geangelt*** jusqu'à maintenant nous n'avons rien pris/pas pris grand-chose

III. *vr fam* ■ **jd angelt sich** (*dat*) **jdn** qn met le grappin sur qn *fam*

Ạngelobung <-, -en> *f* AUS prestation *f* de serment

Ạngelpunkt *m* question *f* centrale; ***ein wichtiger/der entscheidende ~*** un point important/le point décisif; ***das ist natürlich der ~!*** c'est la grande question!, toute la question est là!

Ạngelrute *f* canne *f* à pêche **Ạngelschein** *m* carte *f* de pêche **Ạngelschnur** *f* ligne *f*, fil *m* à pêche **Ạngelsport** *m* pêche *f* à la ligne

ạngemessen I. *adj* **1.** (*entsprechend*) *Preis* convenable, raisonnable; *Honorar* adapté(e), approprié(e); ***ein der Leistung ~es Honorar*** des honoraires correspondant au travail accompli; ■ **etw ist einer S.** (*dat*) ~ qc est adapté(e) à qc, qc correspond à qc

2. (*passend*) *Kleidung, Ansprache* approprié(e); *Verhalten* convenable; ■ **etw ist einer S.** (*dat*) ~ qc est approprié(e) à qc

II. *adv* **1.** (*entsprechend*) *honorieren, würdigen* à sa/leur juste valeur, comme il se doit; *bezahlen* en conséquence

2. (*passend*) *gekleidet sein* de façon appropriée, convenablement; *sich verhalten* comme il faut, convenablement

Ạngemessenheit <-> *f* ∅ **1.** [*Honorar, Preis*] adéquation *f*, juste proportion *f*

2. (*passende Art*) caractère *m* convenable; ***ich danke Ihnen für die ~ Ihres Verhaltens*** je vous remercie d'avoir eu une attitude appropriée ***jd achtet auf die ~ seiner Worte/Wortwahl*** qn veille à choisir ses mots de façon appropriée

ạngenehm I. *adj* agréable; ***jd hat ein ~es Äußeres*** qn est bien; ■ **etw ist jdm ~** qn aime qc, qc fait plaisir à qn; ***darf ich Ihnen helfen? – O ja, das wäre mir sogar sehr ~*** puis-je vous aider? – Oh oui, avec grand plaisir [*o* très volontiers]; ***es ist mir nicht ~, dass/wenn jd etw tut*** je n'aime pas [*o* ça ne me plaît pas] que qn fasse qc/quand qn fait qc; ***es wäre mir ~er, wenn*** je préférerais que + *subj*; ***es ist mir nicht ~, wenn ich früh aufstehen muss*** je n'aime pas [*o* ça ne me plaît pas de] me lever tôt le matin; ***können Sie mir das extra einpacken? – Natürlich, wenn es Ihnen ~ ist*** vous pouvez m'emballer ça à part? – Bien sûr, si ça peut vous faire plaisir

► **jd verbindet das A~e mit dem Nützlichen** qn joint l'utile à l'agréable; **[sehr] ~!** *form* enchanté(e)

II. *adv*: ***etw riecht/duftet ~*** qc sent bon, qc a une odeur agréable; ***etw riecht nicht sehr ~*** qc ne sent pas très bon, qc a une odeur assez désagréable; ***etw schmeckt ~*** qc a bon goût; ***etw klingt ~*** qc a un son agréable

ạngenommen I. *adj* **1.** *Name* d'emprunt

2. (*adoptiert*) adoptif(-ive)

II. *conj* supposons que + *subj*, admettons que + *subj*

ạngepasst[RR], **ạngepaßt I.** *adj Mensch, Verhalten* conformiste, dans la norme

II. *adv sich verhalten* selon la norme; ***jd zeigt sich ~*** qn fait preuve de conformisme

Ạngepasstheit[RR], **Ạngepaßtheit** <-> *f* ∅ [*Mensch, Verhalten*] conformisme *m*

ạngeregt I. *adj Atmosphäre, Diskussion, Gespräch* animé(e); ■ **jd ist ~** qn est remonté(e)

II. *adv* avec animation, de façon animée

ạngerührt *adj* AUS (*beleidigt*) froissé(e)

ạngeschlagen *adj fam Mensch, Aussehen* mal fichu(e) *fam*, mal en point; *Gesundheit* chancelant(e); *Nerven a.* en pelote *fam*; ■ **jd ist von etw ~** qn est éprouvé(e) par qc

ạngeschmutzt *adj* un peu sale; ***leicht ~*** un peu sale; ■ **etw ist [an etw** (*dat*)**] ~** qc est un peu sale [à qc]

ạngeschrieben *adj fam* ■ **jd ist bei jdm ... ~** *gut, schlecht* qn est ... vu(e) de qn

Ạngeschuldigte(r) *f(m) decl wie adj* personne *f* mise en examen, inculpé(e) *m(f)*

ạngesehen *adj Bürger, Kollege, Politiker* estimé(e), considéré(e); *Firma* de renom, renommé(e); ■ **jd ist [wegen etw] ~** qn est estimé(e) [pour qc]; ***er ist bei allen wegen seines Rufes ~*** sa réputation lui vaut de jouir de l'estime de tous

► **hoch ~** *geh* très estimé(e)

Ạngesicht <-[e]s, -er> *nt geh* **1.** (*Antlitz*) visage *m*, face *f*

2. (*Ruf*) renommée *f*, réputation *f*

► **jd kennt jdn von ~** qn connaît qn de vue; **im ~ einer S.** (*gen*) devant qc, face à qc; ***im ~ der nahenden Katastrophe*** devant l'imminence de la catastrophe; **von ~ zu ~** seule(e) à seul(e); ***jd sieht Gott von ~ zu ~*** qn se retrouve seul(e) face à Dieu

ạngesichts *präp + gen* ■ **~ einer S.** (*gen*) face à qc

ạngespannt I. *adj* tendu(e)

II. *adv* [très] attentivement

ạngestammt *adj* **1.** *Rechte, Privilegien* héréditaire; *Platz* habituel(le)

2. (*ererbt*) acquis(e) par héritage, reçu(e) en héritage

Ạngestellte(r) *f(m) decl wie adj* employé(e) *m(f)*

Ạngestelltengewerkschaft *f* syndicat *m* d'employés **Ạngestelltenverhältnis** *nt* statut *m* d'employé(e); ***jd wird ins feste ~ übernommen*** qn est définitivement embauché(e) ► **im ~** sous le statut d'employé(e), comme employé(e) **Ạngestelltenversicherung** *f* assurance *f* des employés

ạngestrengt I. *adj* **1.** *Aussehen, Gesicht* fatigué(e)

2. (*intensiv*) *Nachdenken* intense; *Arbeiten* intensif(-ive), assidu(e)

II. *adv* (*intensiv*) assidûment; ***sie diskutierten ~*** ils ont eu une discussion serrée; ***sie haben sehr ~ konferiert*** ils ont fourni un travail intense en réunion

ạngetan *adj* **1.** (*erbaut*) ■ **jd ist von jdm/etw ~** qn est conquis(e) par qn/qc; ***jd ist von jdm/etw sehr/äußerst ~*** qn est tout à fait conquis(e) par qn/qc

2. *geh* (*so geartet*) ■ **etw ist danach** [*o* **dazu**] **~ etw zu tun** qc est de nature à faire qc

Ạngetraute(r) *f(m) decl wie adj hum fam*: ***meine ~*** ma moitié *fam*, ma régulière *fam*; ***mein ~r*** mon cher et tendre époux

ạngetrunken *adj* un peu gris(e), légèrement ivre

ạngewandt *adj attr Wissenschaft* appliqué(e)

ạngewiesen *adj* ■ **jd ist auf jdn/etw ~** qn est dépendant(e) [*o* qn dépend] de qn/qc; ***auf seine Hilfe bin ich zum Glück nicht ~*** je peux heureusement me passer de son aide; ***ich bin selbst auf jede Mark ~*** j'en suis moi-même à compter chaque mark; ***wer keine Rücklagen hat, ist ganz auf sein Gehalt ~*** celui qui n'a pas d'argent de côté en est réduit à vivre de son seul salaire

ạn|gewöhnen * **I.** *vt* ■ **jd gewöhnt jdm etw an** qn habitue qn à qc; ***wer hat dir nur diese Ausdrucksweise angewöhnt?*** qui t'a appris à parler comme ça?; ***gewöhne deinem Sohn ein gesitteteres Benehmen an!*** apprends donc à ton fils à mieux se conduire!

II. *vr* ■ **jd gewöhnt sich** (*dat*) **etw an** qn prend l'habitude de qc; ***jd gewöhnt sich das Rauchen an*** qn prend l'habitude de fumer; ***wo hast du dir denn diese Ausdrücke/Ausdrucksweise angewöhnt?*** où as-tu pris l'habitude d'employer de telles expressions/de t'exprimer ainsi?; ■ **jd gewöhnt sich** (*dat*) **an etw zu tun** qn prend l'habitude de faire qc

Ạngewohnheit *f* habitude *f*

ạngezeigt *adj form Maßnahme, Schritt* approprié(e), opportun(e); ■ **etw ist ~** qc est indiqué(e), qc est opportun(e)

Angịna <-, Anginen> *f* (*Mandelentzündung*) angine *f*

► **~ pectoris** angine de poitrine

ạn|gleichen *irreg* **I.** *vt* ■ **jd gleicht etw an etw** (*akk*) **an** qn harmonise qc avec qc, qn ajuste qc à qc; ■ **sie werden aneinander** (*dat*) **angeglichen** ils/elles sont harmonisé(e)s l'un(e) avec l'autre/les uns(unes) avec les autres

II. *vr* ■ **jd gleicht sich [jdm/einer S.] [in etw** (*dat*)**] an** qn s'adapte [à qn/qc] [dans qc]; ***in ihren Auffassungen haben sie sich nach und nach angeglichen*** ils/elles ont peu à peu harmonisé leurs conceptions; ***er hat sich der herrschenden Meinung angeglichen*** il s'est conformé à l'avis dominant; ■ **sie gleichen sich [aneinander** (*dat*)**] an** / *Dinge*/ ils/elles s'harmonisent l'un(e) avec l'autre/les uns(unes) avec les autres

Ạngleichung *f* **1.** (*Anpassung*) [*Gehalt, Gesetz, Leistung, Tarif, Verordnung*] harmonisation *f*; [*Artikel, Ausdrucksweise, Verhalten*] adaptation *f*

2. [*Kulturen, Geschlechter, Methoden*] harmonisation *f*

Ạngler(in) <-s, -> *m(f)* pêcheur(-euse) *m(f)* à la ligne

ạn|gliedern *vt* **1.** (*anschließen*) ■ **jd gliedert einer S.** (*dat*) **etw an** *Firma, Organisation, Partei, Verein* qn rattache qc à qc

2. POL ■ **jd gliedert etw einer S.** (*dat*) **an** *Gebiet, Staat* qn annexe [*o* rattache] qc à qc

Ạngliederung *f* **1.** (*Anschluss*) rattachement *m*; ■ **die ~ an etw** (*akk*) le rattachement à qc

2. POL [*Gebiet, Staat*] annexion *f*; ■ **die ~ an etw** (*akk*) l'annexion [*o* le rattachement] à qc

anglikanisch *adj Glauben, Kirche* anglican(e)

Anglist(in) <-en, -en> *m(f)* **1.** (*Wissenschaftler*) angliciste *mf*
2. (*Student*) étudiant(e) *m(f)* en anglais

Anglistik <-> *f Ø* lettres et civilisation *fpl* anglaises

an|glotzen *vt fam* ■ **jd glotzt jdn an** qn regarde qn avec des yeux ronds *fam*; ***was glotzt du mich so an?*** pourquoi tu me regardes avec des yeux pareils?

Angorakaninchen *nt* lapin *m* angora **Angorakater** *m* chat *m* angora **Angorakatze** *f* chat *m* angora; (*weibliches Tier*) chatte *f* angora **Angorawolle** *f* laine *f* angora

angreifbar *adj Politiker, Professor, Redner* critiquable; *Theorie, These, Behauptung a.* contestable

an|greifen *irreg* **I.** *vt* **1.** MIL ■ **jd greift jdn/etw an** qn attaque qn/qc
2. SPORT ■ **jd greift jdn/etw an** qn attaque qn/qc; ***die Mannschaft griff den Gegner verstärkt an*** l'équipe attaqua de plus belle; ■ **angegriffen** harcelé(e)
3. (*kritisieren*) ■ **jd greift jdn/etw an** qn attaque qn/qc
4. (*schädigen*) ■ **etw greift etw an** qc attaque qc; ***Nikotin greift das Herz/die Gefäße an*** la nicotine est mauvaise pour le cœur/les vaisseaux sanguins; ■ **[etw ist] angegriffen** */Gesundheit/* [qc est] atteint(e)
5. (*zersetzen*) ■ **etw greift etw an** qc attaque qc
6. (*beeinträchtigen*) ■ **etw greift jdn/etw an** */Nachricht/* qc affecte [*o* atteint] qn/qc; */Erkrankung, Stress, Überarbeitung/* qc altère [*o* porte atteinte à] la santé de qn; ***zu viel Stress hat ihn/seine Gesundheit ziemlich angegriffen*** l'excès de stress a bien altéré sa santé; ■ **[jd/etw ist] angegriffen** */Aussehen, Mensch/* [qn/qc est] maladif(-ive); ***jd ist nervlich angegriffen*** qn a les nerfs fatigués [*o* malades]
7. (*anbrechen*) ■ **jd greift etw an** *Vorräte, Geld, Guthaben* qn entame [*o* tape dans *fam*] qc
8. DIAL (*anfassen*) ■ **jd greift etw an** qn prend [*o* attrape] qc
II. *vi* **1.** MIL ■ **jd/etw greift an** qn/qc attaque
2. SPORT ■ **jd greift an** qn attaque, qn passe à l'offensive
3. (*Kritik üben*) ■ **jd greift an** qn attaque
4. MED, PHARM ■ **etw greift irgendwo an** (*wirken*) qc agit quelque part; (*beeinträchtigen*) qc s'attaque à qc
5. DIAL (*anfassen*) ■ **jd greift [irgendwo] an** qn prend [*o* attrape] [quelque part]; ***hier, greif mal [mit] an!*** tiens, prends [*o* attrape] ici!

Angreifer(in) <-s, -> *m(f)* **1.** MIL assaillant(e) *m(f)*
2. *meist pl* SPORT attaquant(e) *m(f)*

an|grenzen *vi* ■ **etw grenzt an etw** (*akk*) **an** qc est en bordure de qc, qc est attenant(e) à qc; *an einen Fluss, den See* qc est en bordure [*o* au bord] de qc; */Land/* qc est limitrophe de qc

angrenzend *adj attr Anlieger* immédiat(e); *Baum, Hecke* avoisinant(e); *Mauer, Zaun, Grundstück* contigu(ë), attenant(e); *Land* limitrophe; ***alle direkt ~en Bäume*** tous les arbres qui se trouvent à proximité immédiate; ***direkt ~er Anlieger*** riverain immédiat; ■ **an etw** (*akk*) **~** en bordure de qc; *Land* limitrophe de qc

Angriff *m* **1.** MIL attaque *f*, offensive *f*
2. (*Kritik*) attaque *f*; ■ **ein ~ auf jdn/etw/gegen jdn/etw** une attaque contre qn/qc; ***die Opposition rüstet zum ~ auf die Regierung*** l'opposition se prépare à mener une offensive contre le gouvernement
3. SPORT offensive *f*, attaque *f*; ***diese Mannschaft ist im ~ sehr stark*** cette équipe est très forte en attaque; (*die Angriffsspieler*) attaque *f*; ***jd spielt im ~*** qn joue en attaque
► **~ ist die beste Verteidigung** *prov* la meilleure défense, c'est l'attaque; **jd bläst zum ~** MIL qn sonne la charge; (*eröffnet den Konkurrenzkampf*) qn passe à l'attaque [*o* à l'offensive]; **jd geht zum ~ über** qn passe à l'attaque [*o* à l'offensive]; **jd nimmt etw in ~** *Aufgabe, Projekt* qn s'attaque à qc

angriffig *adj* CH *s.* **angriffslustig**

Angriffsfläche *f* MIL cible *f* ► **jd bietet jdm/einer S. eine ~** MIL qn offre à qn/qc une cible; (*Möglichkeiten, Kritik anzubringen*) qn donne prise à qn **Angriffskrieg** *m* guerre *f* d'agression **Angriffslust** *f Ø* agressivité *f*; SPORT *a.* combativité *f* **angriffslustig** *adj* **1.** *Journalist, Opposition* combatif(-ive), agressif(-ive) **2.** MIL belliqueux(-euse), agressif(-ive) **3.** SPORT offensif(-ive) **Angriffsspiel** *nt* jeu *m* offensif **Angriffsspieler(in)** *m(f)* joueur offensif/joueuse offensive *m/f*, attaquant(e) *m(f)* **Angriffswaffe** *f* arme *f* offensive

an|grinsen *vt* ■ **jd grinst jdn [irgendwie] an** qn regarde qn en ricanant [d'une certaine manière], qn ricane au nez de qn [d'une certaine manière]; ***was grinst du mich so an?*** qu'est-ce que tu as à me ricaner au nez?

angst *adj* ► **jdm wird ~ [und bange]** qn prend peur

Angst <-, ¨-e> *f* **1.** (*Furcht*) peur *f*; ■ **die ~ vor jdm/etw** la peur de qn/qc
2. PSYCH angoisse *f*, anxiété *f*
► **jd/etw verbreitet ~ und Schrecken** qn/qc sème la terreur; **jd schwebt in tausend ¨-en [um jdn]** qn se fait un sang d'encre [*o* est mort(e) de peur] [pour qn]; **jd bekommt [*o* kriegt] ~** qn prend peur; **jd hat ~ [vor jdm/etw/einem Tier]** qn a peur [de qn/qc/d'un animal]; ***jd hat keine ~*** qn n'a pas peur; **jd hat ~ um jdn/etw** qn a peur [*o* craint] pour qn/qc; **etw jagt [*o* flößt geh] jdm ~ ein** qc inspire de la peur à qn *soutenu*, qc effraie qn; **jd/etw macht jdm ~ [und Bange]** qn/qc fait peur à qn; **aus ~, etw zu tun** de peur de faire qc; ***aus ~, man könne ihn entlarven*** de peur d'être démasqué, de peur qu'on puisse le démasquer; **vor ~** de peur; **keine ~!** *fam* (*keine Sorge*) pas de panique! *fam*

-angst *f* peur *f* du/de la/des; ***Katastrophen~*** peur *f* d'une catastrophe; ***aus reiner Verlust~*** par peur de le/la perdre

Angsthase *m fam* trouillard(e) *m(f) fam*, froussard(e) *m(f) fam*

ängstigen **I.** *vt* **1.** (*in Furcht versetzen*) ■ **jd/etw ängstigt jdn** qn/qc fait peur [*o* effraie] qn
2. (*in Sorge versetzen*) ■ **etw ängstigt jdn** qc inquiète qn
II. *vr* **1.** (*Furcht haben*) ■ **jd ängstigt sich [vor jdm/etw/einem Tier]** qn a peur [de qn/qc/d'un animal]
2. (*sich sorgen*) ■ **jd ängstigt sich [um jdn/wegen etw]** qn s'inquiète [pour qn/de qc]

ängstlich **I.** *adj* **1.** *Mensch* qui a peur, craintif(-ive), peureux(-euse); *Blick a.* apeuré(e)
2. (*besorgt*) ■ **jd ist/wird ~** qn est inquiet(-ète)/qn s'inquiète; ■ **jd ist ~, dass** qn est inquiet(-ète) que + *subj*
II. *adv* (*sorgfältig*) *hüten, verbergen* soigneusement, jalousement

Ängstlichkeit <-> *f Ø* **1.** (*Furcht*) peur *f*; ***deine übergroße ~ ist ja bald schon krankhaft!*** tes craintes excessives deviennent presque maladives!; ■ **~ vor etw** (*dat*) peur *f* [*o* crainte *f*] de qc
2. (*Besorgtheit*) inquiétude *f*

Angstschrei *m* cri *m* de frayeur **Angstschweiß** *m* sueur *f* d'angoisse **Angsttraum** *m* cauchemar *m*

an|gucken **I.** *vt fam* ■ **jd guckt jdn/etw an** qn regarde qn/qc
II. *vr fam* ■ **jd guckt sich** (*dat*) **jdn/etw an** qn regarde qn/qc

an|gurten **I.** *vr* ■ **jd gurtet sich an** qn met sa ceinture [de sécurité], qn s'attache; ■ **jd ist angegurtet** qn a [attaché] sa ceinture [de sécurité]; ***nur die angegurteten Passagiere überlebten*** seuls les passagers qui avaient leur ceinture ont survécu; ***er fährt immer angegurtet*** il attache toujours sa ceinture en voiture
II. *vt* ■ **jd gurtet jdn an** qn attache [*o* sangle] qn

an|haben¹ *vt irreg* ■ **jd hat etw/nichts an** qn porte qc [*o* qn est vêtu(e) de qc]/ne porte aucun vêtement; ***jd hat nichts an*** qn est tout(e) nu(e)

anhaben² *vt irreg* ► **jd/ein Tier kann/will jdm etwas ~** (*zuleide tun*) qn peut/veut faire du mal à qn; */Konkurrent, Widersacher/* qn peut/veut nuire à qn; **jd/ein Tier kann/will jdm nichts ~** qn/un animal ne peut/ne veut pas faire de mal à qn; */Konkurrent, Widersacher/* qn ne peut/ne veut pas nuire à qn; **etw kann jdm nichts ~** qc n'a aucune prise sur qn

an|halten¹ *irreg* **I.** *vi* **1.** (*stoppen*) ■ **jd/etw hält [irgendwo] an** qn/qc s'arrête [quelque part]
2. (*innehalten*) ■ **jd hält [in etw** (*dat*)**] an** *in der Rede* qn fait une pause [dans qc]; ***jd hält im Sprechen/Weinen an*** qn s'arrête de parler/de pleurer; ***halt an, Unglückseliger, was tust du!*** arrête, malheureux, que fais-tu?
II. *vt* ■ **jd hält jdn/etw an** qn stoppe qn/qc; *s. a.* **angehalten**

an|halten² *vi irreg* (*fortdauern*) ■ **etw hält an** qc continue; */Beschwerden, Schmerzen a./* qc persiste; ***der Lärm hielt bis in die frühen Morgenstunden an*** le bruit dura jusqu'aux premières heures du matin

an|halten³ *irreg* **I.** *vt* (*anleiten*) ■ **jd hält jdn [zu etw] an** qn éduque qn [à être qc]; ***jd hält jdn zu Ordnung und Sauberkeit an*** qn éduque qn à être ordonné(e) et propre; ■ **jd ist zu etw angehalten** qn est tenu(e) [*o* astreint(e)] à qc; ■ **jd ist angehalten etw zu tun** qn est tenu(e) de [*o* astreint(e) à] faire qc
II. *vi* ■ **jd hält [bei jdm] um jdn an** qn demande [à qn] la main de qn

anhalten⁴ *vt irreg* (*davor halten*) ■ **er/sie hält jdm/sich etw an** (*akk*) *Kleidungsstück* il/elle met qc devant qn/devant lui/elle

anhaltend **I.** *adj* (*fortdauernd*) persistant(e); *Lärm* continuel(le); ***bei dem ~en Sturm*** avec cette tempête qui persiste
II. *adv* durablement, constamment; ***das Wetter ist ~ feucht*** le temps continue à être humide; ***das ~ kühle/heiße Wetter*** le temps froid/chaud persistant; ***in den nächsten Tagen wird es ~ regnerisch sein*** dans les prochains jours, persistance d'un temps pluvieux

Anhalter(in) *m(f)* auto-stoppeur(-euse) *m(f)*
► **jd fährt per ~** qn fait de l'auto-stop

Anhaltspunkt *m* indice *m*; ***können Sie mir einen ~ geben, worum es sich handelt?*** pouvez-vous me donner un point de repère [*o* un indice] qui me permette de retrouver de quoi il s'agit?

anhand *präp + gen* ■ **~ einer S.** (*gen*) grâce à qc, à l'aide de qc

Anhang <-[e]s, Anhänge> *m* **1.** MEDIA appendice *m*
2. *Ø* (*Kinder*) enfants *mpl*; (*Ehepartner und Kinder*) famille *f*; ***ah, der Kleine, das ist also Ihr ~?*** ah, le petit, c'est votre enfant?; ***sie hat keinen ~*** elle n'a ni mari ni enfants
3. *Ø* (*Gefolgschaft*) [*Fürst, Politiker*] partisans *mpl*

an|hängen **I.** *vt* **1.** AUT (*ankuppeln*) ■ **jd hängt etw [an etw** (*akk*)**] an** *Anhänger* qn attelle qc [à qc]; *Waggon a.* qn accroche qc [à qc]
2. (*daran hängen*) ■ **jd hängt etw [an etw** (*akk*)**] an** *Mantel, Schirm* qn accroche qc [à qc]
3. (*hinzufügen*) ■ **jd hängt etw an** *Aufforderung, Bemerkung, Satz* qn ajoute qc; ■ **angehängt** en ajoutant
4. *fam* ■ **jd hängt jdm etw an** *Krankheit* qn refile qc à qn *fam*
5. *fam* (*aufschwatzen*) ■ **jd hängt jdm etw an** *Ladenhüter, Uraltmodell* qn refile [*o* fourgue] qc à qn *fam*; ■ **jd lässt sich** (*dat*) **etw ~** qn se fait fourguer [*o* refiler] qc *fam*
6. *fam* (*anlasten*) ■ **jd hängt jdm etw an** *Verdacht, Schuld* qn colle qc sur le dos de qn *fam*; ***was willst du mir da ~?*** qu'est-ce que tu essaies de me coller sur le dos? *fam*
7. *fam* (*geben*) ■ **jd hängt jdm etw an** *Spitznamen* qn colle qc à qn *fam*
II. *vr* **1.** (*hinterherfahren*) ■ **jd hängt sich [an jdn/etw] an** */Fahrer, Wagen/* qn colle [qn/qc] *fam*
2. (*zustimmen*) ■ **jd hängt sich an jdn an** qn se range à l'avis de qn; ■ **jd hängt sich an etw** (*akk*) **an** *an einen Beschluss, eine Entscheidung* qn se range à qc; ***jd hängt sich an die Mehrheit an*** qn se range à l'avis de la majorité
III. *vi irreg* **1.** (*anhaften*) ■ **etw hängt jdm an** qn ne peut se débarrasser de qc, qc colle à la peau de qn *fam*
2. (*sich zugehörig fühlen*) ■ **jd hängt einer S.** (*dat*) **an** qn adhère à qc

Anhänger <-s, -> *m* **1.** AUT remorque *f*
2. (*Schmuckstück*) pendentif *m*; (*Ohrring*) pendant *m* d'oreille

3. (*Gepäck~*) étiquette *f*
Anhänger(in) <-s, -> *m(f)* 1. SPORT supporter *mf*, supporteur(-trice) *m(f)*
2. (*Gefolgsmann*) partisan(e) *m(f)*
Anhängerschaft <-> *f* ∅ 1. (*Gefolgsleute*) partisans *mpl*
2. SPORT supporters *mpl*, supporteurs *mpl*
anhängig *adj* JUR ■ **etw ist [bei etw]** ~ qc est en instance [à qc]
anhänglich *adj* 1. *Kind, Partner* très attaché(e); ***bin ich dir zu*** ~? suis-je trop attaché à toi?
2. *Haustier* familier(-ière), attaché(e); ■ **ein Tier ist/wird** ~ un animal a de l'attachement/s'attache
Anhänglichkeit <-> *f* ∅ 1. [*Kind, Partner*] attachement *m*; ***mit seiner großen ~ geht er ihr langsam auf die Nerven*** il lui est tellement attaché [*o* il lui porte un tel attachement] que cela commence à lui taper sur les nerfs
2. [*Haustier*] fidélité *f*, attachement *m*; ***die ~ seines Hundes ist groß*** son chien lui est très attaché
Anhängsel <-s, -> *nt* (*Mensch*) fardeau *m*
▸ **etw ist ein ~ an etw** (*akk*) *an einen Text, Vertrag* qc est un appendice de qc
an|hauchen *vt* ■ **jd haucht jdn an** qn souffle en direction de qn; ***hauchen Sie mich mal an!*** soufflez dans ma direction!; *s. a.* **angehaucht**
an|hauen *vt irreg sl* (*ansprechen*) ■ **jd haut jdn an** qn aborde [*o* accoste] qn; ■ **jd haut jdn um etw an** *um eine Mark* qn tape qn de qc *fam*; ***jd haut jdn um Geld an*** qn tape qn *fam*
an|häufen I. *vt* 1. (*aufhäufen*) ■ **jd häuft etw an** *Abfälle, Kompost, Müll* qn accumule [*o* entasse] qc
2. (*ansammeln*) ■ **jd häuft etw an** *Vorräte, Geld* qn amasse qc
II. *vr* 1. ■ **etw häuft sich an** /*Abfälle, Kompost, Müll*/ qc s'entasse, qc s'accumule
2. (*sich ansammeln*) ■ **etw häuft sich an** /*Vermögen*/ qc s'amasse; *Zinsen* qc s'accumule
Anhäufung <-, -en> *f* 1. [*Abfälle, Müll*] accumulation *f*, entassement *m*
2. (*das Ansammeln*) [*Reichtum, Vermögen*] *verbal übersetzt*; ***jdm gelingt die ~ ungeheuren Reichtums/eines Vermögens*** qn réussit à amasser une fortune immense
an|heben *irreg* I. *vt* 1. (*erhöhen*) ■ **jd hebt etw an** *Abgaben, Betrag, Steuer, Tarif, Wohngeld* qn relève [*o* augmente] qc
2. (*erweitern*) ■ **jd hebt etw an** *Freigrenze* qn élargit qc
3. (*verschärfen*) ■ **jd hebt etw an** *Anforderung* qn renforce qc
4. (*hochheben*) ■ **jd hebt etw an** *Möbelstück* qn soulève qc; *Trinkgefäß* qn lève qc; *Kleidungsstück* qn relève qc; *Hut* qn soulève qc
II. *vi* (*hochheben*) ■ **jd hebt mit an** qn aide à soulever; ***du musst da vorne etwas*** ~ il faut que tu soulèves un peu là devant
Anhebung <-, -en> *f* 1. (*Erhöhung*) [*Abgaben, Betrag, Steuer, Tarif, Wohngeld*] relèvement *m*, hausse *f*
2. *Freigrenze* élargissement *m*
3. [*Anforderung*] renforcement *m*
an|heften *vt* 1. (*daran heften*) ■ **jd heftet etw an etw** (*akk*) **an** *Angebot, Dokument* qn fixe [*o* accroche] qc à qc; ***das Dokument muss an die Akte mit Heftklammern angeheftet werden*** le document doit être agrafé à l'acte; ■ **angeheftet** fixé(e); agrafé(e)
2. (*anstecken*) ■ **jd heftet jdm etw an** qn accroche [*o* épingle] qc à qn
anheimelnd *adj geh Klänge, Musik* nostalgique; ***vor einem gemütlichen Kaminfeuer ist es ja so*** ~! on est si bien au coin du feu!
anheim|fallen *s.* **fallen ▸. anheim|stellen** *s.* **stellen I.▸**
anheischig *adv* ▸ **jd macht sich ~ etw zu tun** *form* qn se fait fort de faire qc
an|heizen *vt* 1. ■ **jd heizt etw an** *Kamin, Ofen* qn allume qc
2. *fam* (*verstärken*) ■ **jd heizt etw an** *Konjunktur, Wachstum* qn stimule qc, qn donne un coup de fouet à qc
3. *fam* (*verschlimmern*) ■ **jd heizt etw an** *Krise* qn aggrave qc; *Unmut, Unruhen, Volkszorn* qn attise qc
an|heuern I. *vt* ■ **jd heuert jdn [als etw] an** qn enrôle [*o* engage qn [comme qc]
II. *vi* ■ **jd heuert [bei jdm/auf etw** (*dat*)**] an** qn s'engage [chez qn/sur qc]
Anhieb *m* ▸ **auf [den ersten]** ~ *fam* d'emblée; ***es klappt nicht immer gleich auf [den ersten]*** ~ ça ne marche pas toujours du premier coup
an|himmeln *vt fam* 1. (*verehren*) ■ **jd himmelt jdn an** qn adore qn; *Filmstar, Musiker, Showstar a.* qn adule qn
2. (*ansehen*) ■ **jd himmelt jdn an** qn dévore des yeux qn
Anhöhe *f* butte *f*, hauteur *f*
an|hören I. *vt* 1. (*zuhören*) ■ **jd hört etw an** qn écoute qc
2. (*mithören*) ■ **jd hört etw [mit] an** *Beschwerden, Gespräch, Klagen* qn entend qc; ***dein ewiges Lamentieren kann ich nicht mehr [mit]*** ~! je ne peux plus supporter d'entendre tes jérémiades!
3. (*Gehör schenken*) ■ **jd hört jdn an** qn écoute qn; ***zu jedem Vorwurf muss auch der Betroffene angehört werden*** toute personne à qui l'on reproche quelque chose doit pouvoir se faire entendre
4. (*anmerken*) ■ **jd hört jdm etw an** *Emotion* qn remarque qc de qn; ***man hört ihr gleich ihre Herkunft/die Ausländerin an*** on entend tout de suite d'où elle vient/qu'elle est étrangère; ***dass er Däne ist, hört man ihm aber nicht an*** ça ne s'entend pas qu'il est Danois
II. *vr* 1. (*zuhören*) ■ **jd hört sich** (*dat*) **etw an** *CD, Konzert, Musikstück, Platte, Tonband* qn écoute qc
2. (*Gehör schenken*) ■ **jd hört sich** (*dat*) **etw an** *Anliegen, Rede, Vortrag* qn écoute qc; ***Ihre Unverschämtheiten höre ich mir nicht mehr länger mit an!*** je n'écouterai pas plus longtemps vos insolences!
3. (*stimmlich klingen*) ■ **jd hört sich … an** la voix de qn est … ***jd hört sich heiser an*** la voix de qn est enrouée; ***na, wie hört sich der Tenor an?*** alors, comment chante le ténor?
4. (*bestimmten Klang haben*) ■ **etw hört sich … an** *nicht gut, besser, sauber* le son de qc est …, qc a un son …; ***die Platte hört sich aber gar nicht gut an*** le son de ce disque n'est vraiment pas bon
5. (*klingen*) ■ **etw hört sich … an** *gut, nicht übel* qc est … à entendre, qc sonne … aux oreilles; ***ein Angebot/Vorschlag hört sich gut an*** une offre/proposition a l'air intéressante; ***und wie würden sich tausend Mark*** ~? et comment la somme de mille marks sonnerait-elle à vos oreilles?
Anhörung <-, -en> *f* audition *f*
Anhörungsverfahren *nt* procédure *f* d'audition
an|hupen I. *vt fam* ■ **jd hupt jdn/etw an** qn klaxonne qn/qc *fam*
II. *vr fam* ■ **sie hupen sich an** ils/elles se klaxonnent *fam*
an|husten *vt* ■ **jd hustet jdn an** qn tousse vers [*o* sur *fam*] qn
Anilin <-s> *nt* ∅ aniline *f*
Anilinfarbe *f* colorant *m* d'aniline
animalisch *adj pej* animal(e), bestial(e)
Animateur(in) <-s, -e> [anima'tøːɐ] *m(f)* animateur(-trice) *m(f)*
Animation <-, -en> *f* animation *f*
Animierdame *f* entraîneuse *f*
animieren * I. *vt* ■ **jd animiert jdn zu etw** qn invite qn à [faire] qc; *zu einer Dummheit* qn incite qn à [faire] qc
II. *vi* ■ **etw animiert** qc stimule; ■ **etw animiert zu etw/etw zu tun** qc incite à faire qc, qc donne envie de faire qc; ***animiert das schöne Wetter nicht geradezu zum Baden/zu einem Spaziergang?*** ce beau temps ne donne-t-il pas envie de [*o* n'incite-t-il pas à] se baigner/se promener
animierend I. *adj* (*anregend*) *Champagner* stimulant(e); *Darbietung, Vorstellung* stimulant(e), excitant(e)
II. *adv* (*anregend*): ***etw wirkt ~ [auf jdn/etw]*** qc stimule [qn/qc], qc a un effet stimulant [sur qn/qc]; (*sexuell*) qc excite qn
Animierlokal *nt* boîte *f* de nuit à entraîneuses **Animiermädchen** *nt s.* **Animierdame**
Anis <-[es], -e> *m* 1. (*Pflanze, Gewürz*) anis *m*
2. *fam s.* **Anisschnaps**
Anisschnaps *m* anisette *f*
an|kämpfen *vi* ■ **jd kämpft gegen jdn/etw an** qn lutte contre qn/qc
Ankauf *m* achat *m*, acquisition *f*
▸ **An- und Verkauf** vente et achat
an|kaufen I. *vt* ■ **jd kauft etw an** qn achète [*o* acquiert] qc; ***ich konnte den Antiquitätenhändler dazu überreden diesen Wertgegenstand anzukaufen*** j'ai pu convaincre l'antiquaire de faire l'acquisition de cette œuvre d'art
II. *vi* ■ **jd kauft an** qn achète
III. *vr* ■ **jd kauft sich [irgendwo] an** qn achète [quelque part]
Anker <-s, -> *m* 1. NAUT ancre *f*
2. *geh* (*Halt*) planche *f* [*o* ancre *f vieux*] de salut
3. CONSTR armature *f*
4. ELEC induit *m*
5. [*Uhr*] ancre *f*
▸ **jd/etw geht [irgendwo] vor** ~ NAUT qn/qc jette l'ancre [*o* mouille] [quelque part]; **jd geht irgendwo vor** ~ *fam* (*macht Rast*) qn fait halte quelque part; (*wird sesshaft*) qn installe ses pénates quelque part *fam*; **jd/etw hievt [*o* lichtet] den** ~ qn/qc lève l'ancre; **etw liegt [irgendwo] vor** ~ qc mouille [quelque part]; **jd/etw wirft** ~ qn/qc jette l'ancre
Ankerkette *f* chaîne *f* d'ancre
ankern *vi* 1. (*Anker werfen*) ■ **ein Schiff ankert** un navire jette l'ancre
2. ■ **ein Schiff ankert [irgendwo]** un navire mouille [quelque part]
Ankerplatz *m* mouillage *m* **Ankerwinde** *f* guindeau *m*, treuil *m*
an|ketten *vt* 1. ■ **jd kettet jdn/ein Tier an** *Hund* qn met un animal à la chaîne; *Sträfling* qn enchaîne qn; ***Wärter, ketten Sie die Gefangenen wieder an!*** gardien, remettez les chaînes aux détenus!; ■ **jd kettet etw [an etw** (*dat*)**] an** qn attache qc [à qc]; ■ **jd/ein Tier ist [an etw** (*dat o akk*)**] angekettet** qn/un animal est enchaîné(e) [à qc], un animal est à la chaîne; ■ **etw ist [an etw** (*dat*)**] angekettet** qc est attaché(e) [à qc]
2. (*unbeweglich verbunden*) ■ **jd ist [an jdn] angekettet** qn est enchaîné(e) [à qn]
an|kläffen *vt* ■ **ein Hund kläfft jdn an** un chien jappe après qn
Anklage *f* accusation *f*; JUR *a.* inculpation *f*, mise *f* en accusation; ***und was meint die ~ dazu?*** et qu'en pense le ministère public? [*o* l'accusation?]; ***schon sein Blick war eine einzige*** ~ à lui seul déjà, son regard était accusateur; ■ **eine ~ gegen etw** (*Anprangerung*) un réquisitoire contre qc, une dénonciation de qc
▸ **jd erhebt gegen jdn ~ [wegen etw]** JUR qn met qn en accusation [*o* engage des poursuites contre qn] [pour qc]; ***der Staatsanwalt entschied keine ~ zu erheben*** le procureur décida de ne pas engager de poursuites; **jd steht [wegen etw] unter** ~ qn fait l'objet de poursuites, qn est poursuivi(e) [pour qc]; **jd stellt jdn [wegen etw] unter** ~ qn met qn en accusation [pour qc]
Anklagebank <-bänke> *f* banc *m* des accusés ▸ **jd bringt jdn [wegen etw] auf die** ~ qn traîne qn devant les tribunaux [*o* en justice] [pour qc]; **jd sitzt [wegen etw] auf der** ~ qn se retrouve sur le banc des accusés [pour qc]
Anklageerhebung *f* demande *f* de mise en accusation
an|klagen I. *vt* 1. JUR ■ **jd klagt jdn [einer S.** (*gen*) [*o* **wegen etw**]**] an** qn accuse [*o* inculpe] qn [de qc]
2. (*beschuldigen*) ■ **jd klagt jdn einer S.** (*gen*) **an** qn accuse qn de qc/de faire qc; ***jd klagt jdn übler Methoden an*** qn accuse qn d'employer des méthodes malhonnêtes; ■ **jd klagt jdn an etw getan zu haben** qn accuse qn d'avoir fait qc
3. (*anprangern*) ■ **jd/etw klagt jdn/etw an** qn/qc dénonce qn/qc
II. *vi* ■ **etw klagt an** qc est une accusation [*o* une dénonciation]; ***etw klagt stumm an*** qc est une accusation muette; ■ **jd klagt an** qn accuse; ■ **jd klagt an, dass jd etw tut** qn accuse qn de faire qc

anklagend I. *adj* accusateur(-trice)
II. *adv ansehen* d'un air accusateur; *formulieren, gestalten* sur un ton accusateur; ***jd erhebt ~ die Stimme*** qn prend un ton accusateur

Ankläger(in) *m(f)* accusateur(-trice) *m(f)*
▸ **öffentlicher** ~ ministère public

Anklageschrift *f* acte *m* d'accusation

an|klammern I. *vt* 1. (*mit Büroklammer*) ■ **jd klammert etw [an etw** (*akk o dat*)**] an** *Brief, Notiz, Zettel* qn accroche [*o* fixe] qc [à qc]
2. (*mit Wäscheklammer*) ■ **jd klammert etw an** qn accroche qc
II. *vr* 1. (*festhalten an*) ■ **jd klammert sich an etw** (*akk*) **an** *an eine Hoffnung, ans Leben* qn s'accroche [*o* se cramponne] à qc
2. (*sich festklammern*) ■ **jd klammert sich an jdn/etw an** /*Kind, Ertrinkender, Abstürzender*/ qn s'agrippe [*o* se cramponne] à qc

Anklang *m* 1. ∅ (*Zustimmung*) accueil *m* favorable, écho *m* [favorable]; ***großer ~ bei den Lesern*** un accueil très favorable de la part des lecteurs; ***ich bin wirklich erstaunt über den ~ dieser Rede*** je suis réellement étonné de l'accueil favorable reçu par ce discours
2. (*Reminiszenz*) ■ ~ **an jdn/etw** référence *f* à qn/qc, réminiscence *f* de qc
▸ **jd findet [bei jdm]** ~ qn a du succès [auprès de qn]; **etw findet [bei jdm]** ~ qc est bien accueilli(e) [par qn]; ***jd findet kaum/wenig ~*** qn a peu de succès; ***etw findet wenig/nur geringen ~ bei den Lesern*** qc reçoit un accueil peu favorable de la part des lecteurs

an|kleben I. *vt + haben* ■ **jd klebt etw an etw** (*akk*) **an** qn colle qc sur qc
II. *vi + sein* ■ **etw klebt an** qc colle; /*Braten*/ qc attache

Ankleidekabine *f* (*im Schwimmbad*) cabine *f* [de bain]; (*im Kaufhaus*) cabine *f* d'essayage; (*beim Arzt*) cabine *f* [pour se changer]

an|kleiden I. *vt geh* ■ **jd kleidet jdn an** qn habille [*o* vêt *littér*] qn
II. *vr geh* ■ **jd kleidet sich an** qn s'habille; ***können Sie mir bitte beim A~ helfen?*** pouvez-vous m'aider à me vêtir s'il vous plaît? *littér*

Ankleideraum *m* [*Schwimmbad, Sportclub*] vestiaire *m*; [*Geschäft*] cabine *f* d'essayage

an|klicken *vt* INFORM ■ **jd klickt etw an** *Befehl, Programm, Symbol* qn clique qc; (*auswählen*) qn sélectionne qc

an|klingeln *vi fam* ■ **jd klingelt [bei jdm] an** qn appelle [*o* bigophone *fam*] [chez qn]

an|klingen *vi irreg + sein* 1. (*erinnern*) ■ **etw klingt an etw** (*akk*) **an** *an alte Zeiten, frühere Urlaube etc* qc rappelle [*o* évoque] qc
2. (*spürbar werden*) ■ **etw klingt in etw** (*dat*) **an** /*Anklage, Vorwürfe, Wünsche*/ qc transparaît dans qc; ■ **jd lässt etw [in etw** (*dat*)**]** ~ qn laisse transparaître qc [dans qc]

an|klopfen *vi* 1. (*an die Tür*) ■ **jd klopft [an etw** (*akk o dat*)**] an** qn frappe [à qc]
2. *fam* (*vorfühlen*) ■ **jd klopft bei jdm [wegen etw] an** qn tâte le terrain auprès de qn [pour qc]

an|knabbern *vt fam* ■ **jd/ein Tier knabbert etw an** qn/un animal grignote qc

an|knacksen I. *vr fam* ■ **jd knackst sich** (*dat*) **etw an** qn se fêle qc, qn se fait une fêlure à qc
II. *vt fam* ■ **etw knackst etw an** *Selbstbewusstsein, Zuversicht* qc entame [*o* ébranle] qc; *Stolz a.* qc égratigne qc; ■ **[jd/etw ist] angeknackst** [qn est] mal fichu(e) [*o* patraque] *fam*; /*Gesundheit*/ [qc est] chancelant(e)

an|knöpfen *vt* ■ **jd knöpft etw [an etw** (*akk o dat*)**] an** qn boutonne qc [à qc]; ■ **das A~** le boutonnage; ***hilf mir mal beim A~ des Kragens!*** aide-moi donc à boutonner mon col!

an|knüpfen I. *vt* 1. (*befestigen*) ■ **jd knüpft etw [an etw** (*akk o dat*)**] an** qn attache qc [à qc]
2. (*aufnehmen*) ■ **jd knüpft etw an** *Beziehung, Freundschaft, Verhältnis* qn noue qc
II. *vi* ■ **jd knüpft an etw** (*akk*) **an** qn renoue avec qc

Anknüpfungspunkt *m* motif *m*; (*für ein Gespräch*) point *m* de départ

an|knurren *vt* ■ **ein Hund knurrt jdn an** un animal grogne après qn

an|kommen *irreg* I. *vi + sein* 1. (*ein Ziel erreichen*) ■ **jd/etw kommt [irgendwo] an** qn/qc arrive [quelque part]
2. POST ■ **etw kommt an** /*Brief, Paket, Sendung*/ qc arrive [à destination]; ■ **etw kommt bei jdm an** qc parvient à qn
3. (*anlangen*) ■ **jd kommt bei etw an** qn [en] arrive à qc; ***jd ist bei etw angekommen*** qn en est à qc
4. *fam* (*sich nähern*) ■ **jd kommt an** qn rapplique *fam*, qn se pointe *fam*
5. *fam* (*Anklang finden*) ■ **etw kommt [bei jdm] an** qc est bien accueilli(e) [par qn], qc plaît [à qn]; /*Mode, Trick, Witz, Schlager*/ qc a du succès [auprès de qn]; ***etw kommt nicht/nicht gut an*** qc fait un bide *fam*; ***das ist zu revolutionär, das kommt nicht an!*** c'est trop révolutionnaire, ça ne prendra pas!
6. *fam* (*Eindruck machen*) ■ **jd kommt [bei jdm] [gut] an** qn a la cote [auprès de qn] *fam*; ***mit der Masche kommst du bei mir nicht an!*** ça ne marche pas, ça, avec moi! *fam*
7. (*sich durchsetzen*) ■ **jd kommt gegen jdn/etw an** qn arrive à s'imposer face à qn/qc; (*sich verteidigen können*) qn peut avoir le dessus sur qn; *gegen ein freches Kind* qn arrive à mater qn
8. (*überwinden können*) ■ **jd kommt gegen etw an** *gegen eine Gewohnheit, Sucht* qn arrive à se défaire de qc; *gegen das Rauchen, das Trinken* qn arrive à cesser [*o* se passer] de faire qc; *gegen Arbeitsüberlastung, Vorurteile* qn vient à bout de qc
9. *fam* (*darauf ansprechen*) ■ **jd kommt mit etw an** qn se ramène avec qc *fam*; ■ **jd kommt jdm [mit etw] an** qn vient trouver qn [avec qc]; ***jd kommt [jdm] mit etw wieder an*** qn revient à la charge [auprès de qn] avec qc
10. (*angenommen werden*) ■ **jd kommt [bei jdm] an** qn est pris(e) [chez qn]; ***jd kommt [bei jdm] mit seiner Bewerbung an*** la candidature de qn [chez qn] est retenue
11. (*geboren werden*) ■ **ein Kind kommt [bei jdm] an** qn naît [chez qn]; ***bei Ihrer Frau ist gerade ein Junge angekommen!*** votre femme vient de mettre au monde un garçon!
II. *vi impers + sein* 1. (*wichtig sein*) ■ **es kommt auf etw** (*akk*) **an** c'est qc qui est important(e) [*o* qui compte], ce qui importe [*o* ce qui compte], c'est qc; ***beim Unterricht kommt es auf Aufmerksamkeit an*** en cours, c'est l'attention qui est importante [*o* qui compte], ce qui importe [*o* ce qui compte] en cours, c'est d'être attentif; ***auf ein paar Mark mehr oder weniger kommt es nicht an!*** je n'en suis pas à un mark près; ***auf eine Stunde mehr oder weniger kommt es jetzt auch nicht mehr an!*** on n'en est plus à une heure près, maintenant!; ■ **es kommt darauf an, dass** il importe que + *subj*
2. (*abhängig sein*) ■ **es kommt auf jdn/etw an** cela dépend de qn/qc; ***wollen Sie kaufen? – Hm, das kommt darauf an!*** vous voulez acheter? – Hm, il faut voir! [*o* ça dépend!]; ■ **es kommt darauf an, dass/ob** cela dépend si
▸ **jd lässt es darauf** ~ *fam* qn risque le coup *fam*; ***lass es lieber nicht darauf ~!*** c'est pas la peine de risquer le coup! *fam*; **jd lässt es auf etw** (*akk*) ~ *fam* qn se laisse embarquer dans qc, qn court le risque de qc; ***lassen wir es doch mal auf einen Versuch ~!*** tentons le coup!
III. *vt + sein geh* ■ **etw kommt jdn ... an** *hart, schwer, nicht leicht* qc s'avère ... pour qn, qc est une chose ... pour qn; ***die Aufgabe des Rauchens kam sie hart an*** ce fut dur pour elle de [*o* elle eut du mal à] s'arrêter de fumer; ■ **es kommt jdn ... an etw zu tun** il est ... pour qn de faire qc; ***es käme mich schwer an, wenn ich diese Gewohnheit aufgeben müsste*** il me serait difficile de renoncer à cette habitude

Ankömmling <-s, -e> *m* arrivant(e) *m(f)*; ***darf ich euch die neuen ~e vorstellen?*** puis-je vous présenter les nouveaux arrivants [*o* les nouveaux venus]?; ***sie warteten auf dem Bahnsteig auf ihren ~*** sur le quai de la gare, ils attendaient celui/celle qui devait arriver

an|koppeln *vt* 1. EISENBAHN ■ **jd koppelt etw [an etw** (*akk*)**] an** qn attelle [*o* accroche] qc [à qc]
2. RAUM ■ **jd koppelt etw an etw** (*akk*) **an** qn arrime qc à qc

Ankopplungsmanöver [-ve] *nt* arrimage *m*

an|kotzen *vt* 1. *fam* (*anwidern*) ■ **jd/etw kotzt jdn an** /*jds Art, Benehmen, ekelhafter Mensch*/ qn/qc fait gerber qn *fam*
2. *vulg* (*bespucken*) ■ **jd kotzt jdn/etw an** qn dégueule sur qn/qc *fam*

an|kreiden *vt* 1. (*nachtragen*) ■ **jd kreidet jdm etw [irgendwie]** ~ qn en veut [d'une certaine manière] à qn de qc; ***ich will dir das nicht weiter ~!*** je ne vais pas te garder rancune de cela!, je ne vais pas continuer à t'en vouloir!
2. (*auslegen*) ■ **jd kreidet jdm etw als etw an** qn interprète qc de qn comme qc; ***das darfst du mir nicht als Schwäche ~*** n'interprète pas cela comme [étant] de la faiblesse de ma part

an|kreuzen *vt* ■ **jd kreuzt etw an** qn coche qc

an|kündigen I. *vt* ■ **jd kündigt [jdm] jdn an** *Gast, Künstler, Redner* qn annonce qn [à qn]; ■ **jd kündigt jdn [als jdn] an** qn annonce qn [comme étant qn]; ■ **jd/etw kündigt etw an** qn/qc annonce qc; ***sein Schweigen kündigt uns nichts Gutes an*** son silence ne présage [*o* n'annonce] rien de bon; ■ **jd kündigt etw an** qn annonce qc; ***das Konzert ist für den 6. Mai angekündigt*** le concert est prévu pour le 6 mai
II. *vr* 1. (*sich anmelden*) ■ **jd kündigt sich [bei jdm] [als jd] an** qn s'annonce [auprès de qn] [comme étant qn]
2. (*sich andeuten*) ■ **etw kündigt sich [durch etw] an** qc s'annonce [par qc]

Ankündigung *f* 1. (*das Ankündigen*) annonce *f*; ***wir bitten um rechtzeitige ~ Ihrer Ankunft*** nous vous prions d'annoncer votre arrivée à temps; ***Besucher empfange ich nur nach vorheriger ~*** je ne reçois les visiteurs que s'ils se sont préalablement annoncés; ***die ~ der Wetteraussichten*** l'annonce des prévisions météo[rologiques]
2. (*Vorzeichen*) [*Katastrophe, Vulkanausbruch, Sturmflut*] signe *m* avant-coureur; ***der Rauch war die ~ des Vulkanausbruchs gewesen*** la fumée avait annoncé à l'avance l'éruption du volcan

Ankunft <-, Ankünfte> *f* 1. (*Eintreffen*) arrivée *f*; ***die ~ des Zuges aus Köln verspätet sich um voraussichtlich 10 Minuten*** le train en provenance de Cologne a un retard d'environ 10 minutes; ***bei ~ des Zuges*** lors de l'entrée [du train] en gare; ■ **jds ~ [an etw** (*dat*)**/in etw** (*dat*)**]** *am Bahnhof, in einem Ort* l'arrivée de qn [à/dans qc]
2. (*Wiederkunft*) [*Erlöser, Messias*] venue *f*

Ankunftshalle *f* hall *m* d'arrivée **Ankunftstafel** *f* tableau *m* des arrivées **Ankunftszeit** *f* heure *f* d'arrivée

an|kurbeln *vt* 1. ECON ■ **jd kurbelt etw an** qn relance qc
2. AUT ■ **jd kurbelt etw an** *Auto, Motor* qn met qc en marche, qn fait démarrer qc
▸ **[etw ist] zum A~** /*Auto, Motor*/ [qc est] mis(e) en marche

Ankurbelung <-, -en> *f* ECON relance *f*

an|lächeln *vt* ■ **jd lächelt jdn an** qn sourit à qn

an|lachen I. *vt* ■ **jd lacht jdn an** qn regarde qn en riant; ■ **etw lacht jdn an** /*Himmel, Sonne*/ qc sourit à qn
II. *vr* 1. ■ **sie lachen sich an** ils/elles se regardent en riant
2. *fam* (*anbändeln*) ■ **jd lacht sich** (*dat*) **jdn an** qn drague qn *fam*

Anlage <-, -n> *f* 1. (*Produktionsgebäude*) site *m*, complexe *m*
2. (*das Errichten*) [*Parkhaus, Parkplätze, Stausee*] construction *f*
3. (*Grün~*) espace *m* vert; (*das Anlegen*) [*Grünfläche, Park*] aménagement *m*
4. (*Sport~*) complexe *m* sportif, installations *fpl* sportives *f*
5. MIL (*Einrichtung*) installation *f*, site *m*
6. (*Stereo~*) chaîne *f* hi-fi
7. (*Telefon~*) central *m* [*o* standard *m*] téléphonique
8. (*technische Vorrichtung*) installation *f*
9. (*Kapital~*) placement *m*, investissement *m*

10. (*Beilage zu einem Schreiben*) annexe *f*, pièce *f* jointe
11. *meist pl* (*Veranlagung*) dispositions *fpl*; ***etw ist eine vererbte ~*** qc est de famille
12. *∅* (*Grundidee*) [*Roman, Theaterstück etc*] plan *m*
▸ **sanitäre ~n** *form* installations *fpl* sanitaires; **jd hat die ~ zu etw** qn a les dispositions pour être/avoir qc; **als** [*o* **in der**] **~** en annexe; ***als ~*** [*o* ***in der ~***] ***erhalten Sie unsere Preisliste*** recevez ci-joint [*o* sous ce pli] nos tarifs en vigueur

-anlage *f* **1.** TECH *Aufbereitungs-, Müllsortier-* installations *fpl* de; *Umwälz-* installation *f* de; ***die Fabrik~n*** les installations industrielles; ***die Rückgewinnungs~ für Abwässer*** les installations de retraitement des eaux usées
2. AUDIOV, TELEC installation *f*; ***CD-~*** chaîne *f* laser; ***Quadrophonie~*** installation en quadriphonie; ***Telefon~*** installation téléphonique; ***Telefax~*** télécopieur *m*; ***kombinierte Telefon-/Telefax~*** fax *m* répondeur; ***Computer~*** installations informatiques
3. (*Komplex*) *Tennis-* complexe *m* de; ***Hafen~*** installations *fpl* portuaires; ***die Kai~n*** les quais; AUT système *m* de; ***Auspuff~*** système d'échappement, échappement *m*; ***die Brems~*** le système de freinage

Ạnlageberater(in) *m(f)* conseiller financier/conseillère financière *m/f*

ạn|lagern *vr* ■ **etw lagert sich** [**an etw** (*akk*)] **an** qc se fixe [à qc]

Ạnlagevermögen *nt* capital *m* investi, actif *m* immobilisé

ạn|landen **I.** *vt + haben* ■ **jd/etw landet etw** [**irgendwo**] **an** qn/qc débarque qc [quelque part]
II. *vi + sein* ■ **etw landet irgendwo an** */Flugzeug/* qc atterrit quelque part; */Jacht/* qc aborde quelque part; ***die Jacht landet am Kai an*** le yacht accoste

ạn|langen¹ **I.** *vt + haben* (*betreffen*) ■ **etw langt jdn an** */Angelegenheit, Problem/* qc concerne qn
▸ **was jdn/etw anlangt, …** en ce qui concerne qn/qc, …
II. *vi + sein geh* ■ **jd langt** [**irgendwo**] **an** qn arrive [quelque part]

ạn|langen² **I.** *vi* SDEUTSCH **1.** (*anfassen*) ■ **jd langt irgendwo an** qn touche [*o* met ses mains] quelque part; ***lang da nicht an!*** ne touche pas!
2. (*mithelfen*) ■ **jd langt** [**mit**] **an** qn donne un coup de main
II. *vt* SDEUTSCH (*anfassen*) ■ **jd langt etw an** qn touche qc

Ạnlass^RR <-es, Ạnlässe>, **Ạnlaß** <-sses, Ạnlässe> *m* **1.** (*Grund*) motif *m*, raison *f*; ■ **der/ein ~ zu etw** la/une raison [*o* le/un motif] pour faire/être qc; ***ein ~ zur Trauer/Freude*** un motif de deuil/une raison de se réjouir; ***etw ist ein/kein ~ zur Freude/Selbstgefälligkeit*** qc constitue/ne constitue pas une raison [*o* un motif] pour se réjouir/pour être fier(fière) de soi; ***dieser Sieg ist kein ~ zur Freude*** il n'y a pas lieu de se réjouir de cette victoire; ***etw ist ein ~ zu fröhlicher Stimmung*** qc met une bonne ambiance; ■ **ein ~ etw zu tun** une raison [*o* un motif] pour faire qc; ***etw ist kein ~ etw zu tun*** qc ne constitue pas une raison [*o* un motif] pour faire qc; ***dieser Erfolg ist ein ~ dich zu beglückwünschen*** ce succès est l'occasion de te féliciter; ***ein ~ über seine Fehler nachzudenken*** une occasion de réfléchir à ses erreurs; ***was für einen ~ sollte ich haben mich so zu verhalten?*** quelle raison [*o* quel motif] aurais-je de me conduire ainsi?
2. (*Gelegenheit*) occasion *f*; ***die Preisverleihung war ein festlicher ~*** la remise du prix fut l'occasion de festivités; ***ein Kleid für feierliche Anlässe*** une robe pour les grandes occasions
▸ **dem ~ entsprechend** comme il se doit; **aus gegebenem ~** puisque l'occasion en est/était donnée; ***ich sage das aus gegebenem ~*** j'ai de bonnes raisons pour dire ça; **beim geringsten ~, bei jedem ~** à tout bout de champ, pour un oui ou pour un non; **es besteht ~ zu etw** il y a lieu de faire qc; ***es besteht ~ zur Beunruhigung/Hoffnung*** il y a lieu de s'inquiéter/d'espérer; **es besteht kein ~ zu etw/etw zu tun** il n'y a pas lieu de faire qc; ***es besteht kein ~ nun in Panik auszubrechen!*** il n'y a pas de raison [*o* pas lieu] de céder à la panique!; ***es besteht kein ~ zu Hoffnungen mehr*** il n'y a plus lieu d'espérer; **jd/etw gibt** [**jdm**] **~ zu etw** qn/qc donne des motifs de qc [à qn]; ***etw gibt jdm ~ zu bestimmten Maßnahmen*** qc donne l'occasion à qn de prendre certaines mesures; **jd/etw gibt jdm ~ etw zu tun** qn/qc donne à qn l'occasion de faire qc; **jd hat einen ~/keinen ~ etw zu tun** qn a des raisons/n'a pas de raison [*o* un motif/n'a pas de motif] de faire qc; **etw ist ein ~** [**für jdn**] **etw zu tun** qc est l'occasion [pour qn] de faire qc; ***die Diskussion wäre ein guter ~ ihm mal die Meinung zu sagen!*** cette discussion serait l'occasion de lui dire ma/ta façon de penser!; **jd nimmt etw zum ~ etw zu tun** qn profite de qc pour faire qc; ***dieses Pflichtversäumnis wurde zum ~ genommen ihr zu kündigen*** cette faute professionnelle fut prise comme motif pour la congédier; **jd/etw wird zum ~ von etw** qn est la cause de qc, qc donne lieu à qc; ***sie wurde zum ~ einer Schlägerei zwischen den beiden Rivalen*** elle devint l'enjeu d'une bagarre entre les deux rivaux; **aus ~ einer S.** (*gen*) à l'occasion de qc; **aus bestimmtem ~** pour une certaine raison; ***aus besonderem ~*** pour une raison particulière

ạn|lassen *irreg* **I.** *vt* **1.** AUT ■ **jd lässt etw an** qn fait démarrer qc, qn met qc en marche; ■ **das A~** le démarrage; ***beim A~*** à la mise en marche, au démarrage
2. *fam* (*anbehalten*) ■ **jd lässt etw an** qn garde qc
3. *fam* (*in Betrieb lassen*) ■ **jd lässt etw an** *Anlage, Licht, Radio, Fernseher* qn laisse qc allumé(e); *Motor* qn laisse qc tourner [*o* marcher]
4. *fam* (*brennen lassen*) ■ **jd lässt etw an** *Feuer, Kerze* qn laisse qc brûler
5. *fam* (*laufen lassen*) ■ **jd lässt etw an** *Wasserhahn* qn laisse qc ouvert(e); ***jd lässt das Wasser an*** qn laisse le robinet ouvert
II. *vr fam* **1.** (*sich erweisen*) ■ **jd lässt sich irgendwie an** qn se comporte d'une certaine façon; ***die neue Kollegin lässt sich wirklich sehr gut an!*** la nouvelle collègue fait vraiment ses preuves!
2. METEO ■ **etw lässt sich irgendwie an** */Jahreszeit, Tageszeit, Wetter/* qc s'annonce d'une certaine manière
3. (*sich entwickeln*) ■ **etw lässt sich irgendwie an** */Geschäft, Umsatz/* qc s'annonce [*o* se présente] d'une certaine manière

Ạnlasser <-s, -> *m* démarreur *m*

ạnlässlich^RR, ạnläßlich *präp + gen* ■ **~ einer S.** (*gen*) à l'occasion de qc

ạn|lasten *vt* ■ **jd lastet jdm etw an** qn reproche qc à qn, qn fait grief à qn de qc; ■ **jd lastet jdm etw als etw an** qn reproche qc à qn comme étant qc; ***sein Ausbleiben wurde ihm als mangelndes Interesse angelastet*** son absence lui a été reprochée comme étant une marque de désintérêt

Ạnlauf *m* **1.** (*das Anlaufen*) élan *m*; ***10 m ~*** 10 m d'élan
2. (*Versuch*) essai *m*
3. (*Beginn*) [*Gespräche, Verhandlungen*] débuts *mpl*
▸ **beim ersten/zweiten ~** du premier/second coup, à la première/seconde tentative; **jd nimmt ~** SPORT qn prend de l'élan; ***jd nimmt genügend ~*** qn prend un élan suffisant; **jd nimmt** [*o* **macht**] [**noch**] **einen ~** (*Versuch*) qn essaie encore une fois, qn fait une seconde tentative; **jd nimmt ~ etw zu tun** (*fängt an*) qn s'apprête à faire qc; **mit/ohne ~** SPORT avec/sans élan; ***mit ausreichendem ~*** avec un élan suffisant

ạn|laufen *irreg* **I.** *vi + sein* **1.** (*beginnen*) ■ **etw läuft an** */Film/* qc sort; */Saison, Gespräche, Verhandlungen/* qc commence, qc débute
2. SPORT ■ **jd läuft an** */Springer/* qn prend de l'élan [*o* son élan]
3. (*beschlagen*) ■ **etw läuft an** */Brille, Spiegel etc/* qc s'embue, qc se couvre de buée
4. (*oxidieren*) ■ **etw läuft an** */Metall/* qc s'oxyde, qc se ternit; ***etw läuft schwärzlich an*** qc noircit
5. (*sich verfärben*) ■ **jd läuft … an** *blau, rot* qn devient …; ***die Patientin läuft schon blau an*** la malade commence déjà à bleuir [*o* à devenir toute bleue]
6. (*sich ansammeln*) ■ **etw läuft** [**auf etw** (*akk*)] **an** */Gutschriften, Zinsen/* qc s'accumule [sur qc]
II. *vt + haben* ■ **jd/etw läuft etw an** *Bucht, Hafen* qn/qc fait escale dans qc; ***das Schiff wird San Francisco ~*** le navire fera escale à San Francisco

Ạnlaufstelle *f* lieu *m* d'accueil **Ạnlaufzeit** *f* **1.** (*Vorbereitungszeit*) [*Mensch, Projekt*] temps *m* de mise en train; ***nach einigen Wochen ~*** après quelques semaines de mise en train **2.** [*Motor*] temps *m* de chauffage

Ạnlaut *m* son *m* initial
▸ **im ~** en position initiale

ạn|läuten **I.** *vi* SDEUTSCH, CH (*anrufen*) ■ **jd läutet** [**bei jdm** [*o* **jdm**]] **an** qn téléphone [à qn], qn passe un coup de fil [à qn], qn appelle [qn]
II. *vt* ■ **jd läutet jdn an** qn téléphone à qn, qn passe un coup de fil à qn, qn appelle qn

Ạnlegebrücke *f* embarcadère *m*, appontement *m*

ạn|legen **I.** *vt* **1.** (*erstellen*) ■ **jd legt etw an** *Akte, Kartei* qn constitue qc; *Liste, Statistik* qn établit [*o* dresse] qc
2. HORT ■ **jd legt etw an** *Beet, Garten, Gelände* qn aménage qc
3. (*ansammeln*) ■ **jd legt etw an** *Vorräte, Vorratslager* qn constitue qc
4. FIN ■ **jd legt etw** [**in etw** (*dat*)] **an** *in Aktien, Gold, Wertpapieren* qn investit [*o* place] qc [dans qc]
5. (*ausgeben*) ■ **jd legt etw** [**für etw**] **an** qn met qc [dans qc], qn dépense qc [pour qc]; ***was wollen Sie*** [***dafür***] ***~?*** vous [y] mettriez combien?
6. (*es darauf ankommen lassen*) ■ **jd legt es auf etw** (*akk*) **an** *auf einen Prozess, Streit, auf ein Scheitern* qn se fixe qc comme but, qn escompte qc; ■ **jd legt es** [**mit etw**] **darauf an, dass jd etw tut** qn escompte [avec qc] que qn fasse qc
7. (*daran legen*) ■ **jd legt etw** [**an etw** (*akk*)] **an** *Leiter* qn appuie [*o* met] qc [contre qc]; *Lineal* qn positionne [*o* applique] qc [sur qc]; *Wasserwaage* qn applique qc [contre qc]
8. (*aneinander legen*) ■ **jd legt etw irgendwo an** *Karte, Dominostein* qn met [*o* [dis]pose] qc quelque part
9. *geh* (*anziehen*) ■ **jd legt etw an** *Kleidungsstück, Schmuck* qn met qc; ■ **jd legt jdm etw an** qn met qc à qn
10. (*ausrichten*) ■ **jd legt etw auf etw** (*akk*) **an** *Roman, Stück* qc conçoit qc comme devant faire/durer qc; ***der Roman ist auf etwa 800 Seiten angelegt*** le roman doit faire environ 800 pages; ***jd legt etw auf Dauer an*** qn conçoit qc sur une longue durée; ***das Projekt ist auf 6 Jahre angelegt*** le projet est conçu pour 6 ans; ■ **etw ist auf jdn/etw angelegt** */Kino, Stadion, Aggregat, Anlage/* qc est conçu(e) pour [recevoir] qn/pour qc
II. *vi* **1.** NAUT ■ **jd/etw legt** [**irgendwo**] **an** (*dat*) *in einem Hafen* qn/qc fait escale [quelque part]; *am Kai* qn/qc accoste [quelque part]
2. (*zielen*) ■ **jd legt** [**mit etw**] [**auf jdn**] **an** *mit einem Gewehr* qn met [qn] en joue [avec qc]; ***legt an – Feuer!*** en joue – feu!
3. KARTEN ■ **jd legt** [**bei jdm**] **an** qn joue [en déposant sur le jeu de qn]
III. *vr* ■ **jd legt sich mit jdm an** qn entre en conflit avec qn

Ạnlegeplatz *m* embarcadère *m*, débarcadère *m*

Ạnleger(in) <-s, -> *m(f)* investisseur(-euse) *m(f)*

ạn|lehnen **I.** *vt* **1.** (*daran lehnen*) ■ **jd lehnt etw** [**an etw** (*akk*)] **an** *an eine Mauer, Wand* qn pose qc [contre qc], qn met qc en appui [contre qc]; ■ **etw ist angelehnt** */Brett, Gegenstand/* qc est en appui; ***Vorsicht, das Brett ist nur*** [***lose***] [***an die Wand***] ***angelehnt!*** attention, la planche est simplement posée [contre le mur]!
2. (*offen lassen*) ■ **jd lehnt etw an** *Fenster, Fensterladen, Tür* qn laisse qc entrouvert(e) [*o* entrebâillé(e)]; ***er fand das Fenster nur angelehnt*** il a trouvé la fenêtre entrouverte [*o* entrebâillée]
II. *vr* **1.** (*sich daran lehnen*) ■ **jd lehnt sich** [**an jdn/etw**] **an** qn s'appuie [contre qn/qc]; ***ich muss mich ~, mir wird schwindelig!*** il faut que je m'appuie quelque part, j'ai comme un vertige!
2. (*folgen*) ■ **etw lehnt sich an etw** (*akk*) **an** */Adaptierung, Bearbeitung/* qc s'inspire de qc, qc s'appuie sur qc; ***die Adaptierung für die Bühne lehnt sich nicht sehr eng an die Urfassung an*** l'adaptation théâtrale n'est pas très fidèle au texte de départ

Ạnlehnung <-, -en> *f* (*Imitation*) ■ **die ~ an jdn/etw** les emprunts *mpl* à

qn/qc
▸ **er/sie sucht** ~ (*Anschluss*) il/elle a besoin de sentir quelqu'un près de lui/d'elle; **er/sie sucht ~ an jdn** il/elle a besoin de sentir qn près de lui/d'elle; ***na, suchst du ~?*** alors, tu as besoin de sentir quelqu'un près de toi?; **in ~ an jdn/etw** en référence à qn/qc

Anlehnungsbedürfnis *nt* besoin *m* de se sentir entouré(e) **anlehnungsbedürftig** *adj Mensch* qui a besoin de se sentir entouré(e); ■ **jd ist ~** qn a besoin de se sentir entouré(e)

an|leiern *vt fam* ■ **jd leiert etw an** qn goupille [*o* concocte] qc *fam*

Anleihe <-, -n> *f* **1.** (*Kredit*) emprunt *m*
2. (*Wertpapier*) emprunt *m*
3. *hum* (*Plagiat*) emprunt *m*
▸ **jd macht eine ~ bei jdm/etw** *hum fam* qn fait un emprunt à qn/qc; **jd nimmt eine ~ [bei jdm] auf** qn contracte un emprunt [auprès de qn]

an|leiten *vt* **1.** (*unterweisen*) ■ **jd leitet jdn an** qn instruit qn; ■ **jd lässt sich von jdm ~** qn se fait mettre au courant par qn; ■ **jd leitet jdn an etw zu tun** qn apprend à qn à faire qc
2. (*erziehen*) ■ **jd leitet jdn zu etw an** qn apprend à qn à être qc; ***jd leitet jdn zu Ordnung/kritischer Haltung an*** qn apprend à qn à être ordonné(e)/à avoir une attitude critique

Anleitung *f* directives *fpl*, conseils *mpl*
▸ **unter jds ~** (*dat*) sous la direction [*o* la houlette] de qn

Anlernberuf *m* profession *f* à formation accélérée

an|lernen I. *vt* **1.** (*einweisen*) ■ **jd lernt jdn [zu etw] an** qn forme qn [à qc]; *s. a.* **angelernt**
2. (*dressieren*) ■ **jd lernt ein Tier dazu an etw zu tun** qn dresse un animal à faire qc
II. *vr* ■ **jd lernt sich** (*dat*) **etw an** qn apprend sommairement qc

an|lesen *irreg* I. *vt* ■ **jd liest etw an** qn lit le début de qc; ■ **angelesen** commencé(e)
II. *vr* ■ **jd liest sich** (*dat*) **etw an** *Informationen, Wissen* qn assimile qc par la lecture; ■ **angelesen** assimilé(e) à force de lectures, livresque

an|leuchten *vt* ■ **jd leuchtet jdn/etw [mit etw] an** qn éclaire qn/qc [avec qc]

an|liefern *vt* ■ **jd liefert [jdm] etw an** qn livre qc [à qn] à domicile

Anlieferung *f* livraison *f* [à domicile]
▸ **bei ~** à la livraison

an|liegen *vi irreg* **1.** (*anstehen*) ■ **etw liegt an** qc est à régler; ***was liegt an?*** qu'y a-t-il à régler?; ■ **~d** à régler
2. (*sich eng anpassen*) ■ **etw liegt [an etw** (*dat*)**] an** /*Kleidungsstück*/ qc moule [qc]; ***er mag keine Hosen, die zu eng ~*** il n'aime pas les pantalons trop moulants; ■ **~d** collant(e), moulant(e)
3. (*nicht abstehen*) ■ **etw liegt an** /*Borsten, Haare*/ qc est plaqué(e); ***ich mag es nicht, wenn deine Haare so ganz glatt ~*** je n'aime pas quand tes cheveux sont plaqués comme ça; ■ **~d** *Haar* coiffé(e) plat, plaqué(e); *Borste* plaqué(e); *Ohren* très près du crâne

Anliegen <-s, -> *nt* **1.** (*Bitte*) demande *f*, requête *f*; ***noch weitere ~?*** d'autres souhaits?
2. (*Angelegenheit*) affaire *f*
▸ **jd hat ein ~ [an jdn]** qn a une requête [*o* une demande] [à adresser à qn]; ***ich habe ein ~ an dich*** j'ai quelque chose à te demander

anliegend *adj* **1.** (*beiliegend*) ci-joint(e)
2. (*angrenzend*) *Flurstück, Grundstück* attenant(e), limitrophe; ***das links ~e Grundstück*** le terrain situé immédiatement à gauche

Anlieger(in) <-s, -> *m(f)* **1.** (*Anwohner*) riverain(e) *m(f)*
2. (*Anrainer*) [*Fluss, Kanal, See*] riverain(e) *m(f)*; ***die ~ der Nordsee*** les pays riverains de la mer du Nord
▸ **~ frei, frei für ~** accès réservé aux riverains

Anliegerverkehr *m* circulation *f* des riverains
▸ **~ frei** accès réservé aux riverains

an|locken *vt* **1.** (*anziehen*) ■ **jd lockt jdn an** *Gäste, Käufer, Touristen* qn attire qn
2. (*zu sich locken*) ■ **jd lockt ein Tier an** qn attire [*o* appâte] un animal; *Vogel* qn appâte un animal

an|löten *vt* ■ **jd lötet etw [an etw** (*akk o dat*)**] an** qn soude qc [à qc]; ■ **das A~** le soudage

an|lügen *vt irreg* ■ **jd lügt jdn an** qn ment à qn, qn raconte des mensonges à qn; ■ **jd lässt sich [von jdm] ~** qn se laisse raconter des mensonges [par qn]

Anm. *abk von* **Anmerkung**

Anmache <-> *f ∅ sl* drague *f fam*, avances *fpl*

an|machen *vt* **1.** *fam* (*befestigen*) ■ **jd macht etw [an etw** (*akk o dat*)**] an** *Bild, Regal* qn fixe qc [à qc]; *Brosche* qn accroche qc; *Kette* qn attache qc
2. (*anstellen*) ■ **jd macht etw an** *Licht* qn allume qc; *Fernseher, Radio, Heizung a.* qn met qc
3. (*anzünden*) ■ **jd macht etw an** *Feuer* qn fait qc; *Ofen* qn allume qc; *Kamin* qn allume le feu dans qc
4. GASTR ■ **jd macht etw [mit etw] an** *Salat* qn assaisonne qc [avec qc]; ***ich mache den Salat an*** je vais préparer la salade
5. *sl* (*aufreizen*) ■ **jd/etw macht jdn an** qn/qc excite qn
6. *sl* (*aufreißen wollen*) ■ **jd macht jdn an** qn drague qn *fam*; ■ **jd lässt sich [von jdm] ~** qn se fait draguer [par qn] *fam*; ***ich lasse mich doch nicht von jedem ~!*** je ne me laisse pas draguer par n'importe qui! *fam*
7. *sl* (*rüde ansprechen*) ■ **jd macht jdn an** qn prend qn à partie, qn lui tombe sur le paletot *fam*

an|mahnen *vt* **1.** (*zur Bezahlung auffordern*) ■ **jd mahnt etw [bei jdm] an** *Betrag, Bezahlung, Rechnung* qn réclame qc [à qn]
2. (*ermahnen*) ■ **jd mahnt jdn zu etw an** qn exhorte qn à qc; ***er mahnte den Wächter zu größerer Aufmerksamkeit an*** il exhorta le gardien à être plus attentif
3. (*fordern*) ■ **jd mahnt etw an** *schnelles Handeln, klares Konzept* qn exige qc

an|malen I. *vt* **1.** (*bemalen*) ■ **jd malt etw [mit etw] an** *Figur, Gegenstand, Ostereier* qn peint qc [avec qc]
2. *fam* (*anstreichen*) ■ **jd malt etw an** *Wand, Zaun* qn peint qc; ***etw wird weiß angemalt*** qc est peint(e) en blanc
3. *fam* (*schminken*) ■ **jd malt jdm etw an** *Gesicht* qn lui maquille qc; *Nägel* qn lui met du vernis sur qc; ***sie malte ihren Kindern die Gesichter grün an*** elle maquilla le visage de ses enfants en vert; ***malst du mir bitte meine Zehennägel rot an?*** tu peux me mettre du vernis rouge sur les ongles des orteils?
II. *vr fam* **1.** *pej* (*sich schminken*) ■ **jd malt sich an** qn se peinturlure *fam*; ***sie erschien grell angemalt zum Unterricht*** elle arriva en cours maquillée comme un pot de peinture *fam*; ■ **jd malt sich** (*dat*) **etw an** qn se maquille qc, qn se peinture qc *fam*; ■ **angemalt** maquillé(e), peinturluré(e) *fam*; ***sie hat grün angemalte Nägel*** elle a les ongles peinturés en vert *fam*
2. (*sich aufmalen*) ■ **jd malt sich** (*dat*) **etw an** *Schnurrbart, rote Wangen etc* qn se dessine qc
III. *vi* ■ **jd malt [an etw** (*dat*)**] an, wo** qn trace [sur qc] où

Anmarsch *m ∅* **1.** MIL marche *f*, approche *f*
2. (*Marschweg*) trajet *m*, marche *f*; ***wir haben einen ~ von 4 Stunden*** nous avons 4 heures de marche
▸ **etw ist im ~** *fam* /*Orkan, Unwetter*/ qc approche; **jd ist im ~** MIL qn est en marche; *hum fam* /*Lehrer, Polizei*/ qn rapplique *fam*, qn se pointe *fam*; **jd ist im ~ auf etw** (*akk*) MIL qn marche sur qc

an|marschieren * *vi + sein* MIL ■ **jd marschiert an** qn est en marche

an|maßen *vr* ■ **jd maßt sich** (*dat*) **etw an** *Befugnis, Recht* qn s'arroge qc; *Kritik, Meinung, Urteil* qn se permet qc; *Autorität, Macht, Titel, Würde* qn usurpe qc; ***was maßen Sie sich an!*** quelle arrogance!; ***er maßt sich absolute Macht über seine Untertanen an*** il s'arroge un pouvoir absolu sur ses sujets; ■ **jd maßt sich** (*dat*) **an etw zu tun** qn se permet de faire qc, qn s'arroge le droit de faire qc

anmaßend *adj Art, Charakter, Ton, Mensch* prétentieux(-euse)

Anmaßung <-, -en> *f* prétention *f*; ***es wäre ~ so etwas zu behaupten*** ce serait présomptueux [*o* prétentieux] d'affirmer une chose pareille

Anmeldebestätigung *f* certificat *m* de domicile **Anmeldeformular** *nt* formulaire *m* d'inscription **Anmeldefrist** *f* délai *m* d'inscription **Anmeldegebühr** *f* frais *mpl* d'inscription

an|melden I. *vt* **1.** (*ankündigen*) ■ **jd meldet jdn/etw [bei jdm] an** *Besuch, Besucher, Gast* qn annonce qn/qc [chez qn]; (*beim Arzt*) qn prend rendez-vous pour qn [chez qn]; ***ich möchte für nächste Woche meinen Besuch [bei Ihnen] ~*** je voudrais vous avertir de ma visite [chez vous] la semaine prochaine; ***lassen Sie mich bitte rein, ich bin angemeldet*** laissez-moi entrer, j'ai rendez-vous; ■ **angemeldet** annoncé(e); *Hotelgast* qui a réservé; *Besucher, Kunde, Patient* qui a pris rendez-vous
2. (*vormerken lassen*) ■ **jd meldet jdn [bei/zu etw] an** *bei einer Schule, zu einem Kurs* qn inscrit qn [à qc]; ■ **jd meldet etw [zu etw] an** *Auto* qn prend rendez-vous pour qc [afin de faire qc]; ***für wann wollen Sie Ihren Wagen zur Reparatur ~?*** quand voulez-vous prendre rendez-vous pour faire réparer votre voiture?; ***der Wagen ist für heute zur Inspektion angemeldet*** la révision de la voiture est prévue pour aujourd'hui
3. (*polizeilich melden*) ■ **jd meldet jdn/etw [bei jdm] an** *neuen Wohnsitz, Auto, Untermieter* qn déclare qn/qc [à [*o* auprès de] qn]
4. (*registrieren lassen*) ■ **jd meldet etw [bei jdm] an** *Fernseher, Radio* qn déclare qc [à [*o* auprès de] qn]; *Patent* qn dépose qc [auprès de qn]
5. (*geltend machen*) ■ **jd meldet etw [bei jdm] an** *Anspruch, Recht* qn fait valoir qc [auprès de qn]; *Bedenken, Bedürfnis, Protest, Wunsch* qn exprime [*o* fait connaître] qc [auprès de qn]
6. FISC ■ **jd meldet etw [bei jdm] an** *Lohnsteuer, Mehrwertsteuer, Umsatz* qn déclare qc [à [*o* auprès de] qn]
II. *vr* **1.** (*ankündigen*) ■ **jd meldet sich [bei jdm] an** /*Besucher*/ qn annonce sa venue [à qn]; ***jd meldet sich zu einem Besuch bei jdm an*** qn annonce sa visite à qn; ***ich möchte mich für den 12.7. bei Ihnen ~*** je voudrais prendre rendez-vous avec vous pour le 12.7.
2. (*sich eintragen lassen*) ■ **jd meldet sich [für/zu etw] an** *für ein Studium, zu einem Kurs* qn s'inscrit [à qc]
3. (*sich einen Termin geben lassen*) ■ **jd meldet sich [bei jdm] an** *bei einem Anwalt, Arzt* qn prend rendez-vous [chez qn]
4. ADMIN ■ **jd meldet sich [bei jdm] an** *beim Einwohnermeldeamt* qn fait sa déclaration de domicile [*o* se fait enregistrer] [auprès de qn]

anmeldepflichtig *adj pred* ■ **jd/ein Tier/etw ist [bei jdm] ~** qn/un animal/qc doit être déclaré(e) [auprès de qn] **Anmeldeschluss**[RR] *m* [date *f* de] clôture *f* des inscriptions

Anmeldung *f* **1.** (*Ankündigung*): ***die ~ eines Besuches/der Ankunft*** l'annonce d'une visite/de l'arrivée; ***die ~ beim Portier/an der Rezeption ist vorgeschrieben*** il est obligatoire de déclarer [*o* signaler] son arrivée au concierge/à la réception; ***wie viele ~en zur Konferenz liegen vor?*** combien de personnes ont déclaré vouloir assister à la conférence?; ***ohne ~ können Sie Herrn X nicht sprechen*** vous ne pouvez pas rencontrer M. X sans avoir pris rendez-vous; ***jd nimmt eine/die ~ telefonisch vor*** qn prévient de son arrivée par téléphone; ***bitte lassen Sie keinen Besucher ohne ~ zu mir*** n'introduisez aucun visiteur sans m'avoir prévenu; ***du kannst mich ohne ~ besuchen*** tu peux venir me voir sans prévenir [*o* à l'improviste]
2. SCOL, UNIV inscription *f*
3. (*Registrierung*) [*Auto, neuer Einwohner, Ausländer*] enregistrement *m*, déclaration *f*; [*Fernseher, Radio*] déclaration *f*; [*Patent*] dépôt *m*
4. (*Anmelderaum*) [*Arztpraxis*] secrétariat *m*; [*Klinik*] service *m* des admissions, admissions *fpl*

anmerken I. *vt* **1.** (*an jdm feststellen*) ■ **jd merkt jdm an** *Bestürzung, Ver-*

legenheit, Verwirrung qn remarque qc chez qn; ***du wirst ja rot! – Ist mir das denn anzumerken?*** mais tu rougis! – Ça se voit?; ■ **jd merkt ihm/ihr an, was er/sie tut** qn remarque chez lui/elle ce qu'il/elle fait; ***beim Pokern ist ihm nie anzumerken, was er denkt*** au poker, il ne laisse jamais transparaître ce qu'il pense
2. (*bemerken*) ■ **jd merkt etwas/nichts [zu etw] an** qn fait une remarque/ne fait aucune remarque [à propos de qc]
3. MEDIA ■ **jd merkt etw irgendwo an** *Quelle, Sekundärliteraturangabe, Verweis* qn cite [*o* mentionne] qc quelque part
► **jd lässt sich** (*dat*) **etw** ~ *Ärger, Gefühl* qn laisse transparaître qc; **jd lässt sich** (*dat*) **~, was/wie** qn laisse voir [*o* transparaître] ce qui/ce que/à quel point
II. *vr* (*sich notieren*) ■ **jd merkt sich** (*dat*) **etw an** qn prend note de qc, qn note qc; ***jd merkt etw rot/mit Rotstift an*** qn annote qc en rouge/au crayon rouge

Anmerkung <-, -en> *f* **1.** (*Erläuterung*) commentaire *m*
2. (*Fußnote*) note *f*, remarque *f*, annotation *f*
3. (*Kommentar*) commentaire *m*; (*Notiz*) note *f*; ***jd macht*** [***sich*** (*dat*)] [***auf etw*** (*dat*)] ***~en*** qn prend des notes [sur qc]

an|mieten *vt form* ■ **jd mietet etw an** qn loue qc

anmit *adv* CH *form* par la présente *form*

Anmut <-> *f* ∅ *geh* grâce *f*

an|muten **I.** *vt geh* ■ **etw mutet jdn … an** */Angelegenheit, Gewinn, Szene/* qc fait un effet … à qn; ***etw mutet jdn gefährlich/wie ein Traum an*** qc fait à qn l'effet d'être dangereux(-euse)/d'être un rêve
II. *vi geh* ■ **etw mutet … an** qc fait un effet …, qc procure une impression …; ***etw mutet sonderbar an*** qc fait un effet [*o* procure une impression] étrange; ***eine bedenklich ~de Entwicklung*** une évolution qui ne laisse d'inquiéter *littér*

anmutig *adj geh* gracieux(-euse); *Figuren, Gemälde, Details a.* charmant(e)

an|nageln *vt* ■ **jd nagelt etw** [**an etw** (*akk*)] **an** qn cloue qc [à qc]
► **wie angenagelt** (*unbeweglich*) comme cloué(e) sur place

an|nagen *vt* ■ **jd/ein Tier nagt etw an** qn/un animal grignote qc

an|nähen *vt* ■ **jd näht etw** [**an etw** (*akk o dat*)] **an** qn coud qc [à qc]; ***nähst du mir den Knopf wieder an?*** peux-tu me recoudre le bouton?

an|nähern **I.** *vr* **1.** (*sich angleichen*) ■ **sie nähern sich** [**einander** (*dat*)] **an** */Staaten/* ils/elles se rapprochent
2. (*sich näher kommen*) ■ **sie nähern sich einander** (*dat*) **an** ils/elles se rapprochent
II. *vt* ■ **jd nähert sie aneinander an** qn les rapproche

annähernd **I.** *adj* (*ungefähr*) approximatif(-ive)
II. *adv* (*etwa*) approximativement; ***die beiden sind ~ gleich groß*** ils font tous les deux approximativement la même taille; ***das Ergebnis ist kaum ~ das, was wir erhofft hatten*** le résultat n'a que peu de rapport avec ce que nous avions espéré; ***die Qualität ist nicht ~ so gut, wie das sein müsste*** la qualité est loin d'atteindre le niveau exigé

Annäherung <-, -en> *f* (*Angleichung*) rapprochement *m*

Annäherungsversuch *m* tentative *f* de rapprochement; ■ **~e** des avances *fpl*
► **jd macht** [**bei jdm**] **~e** qn fait des avances [à qn]

annäherungsweise *adv* approximativement; ***dieses Angebot ist nicht ~, was wir erwartet hatten*** cette offre est loin de ce que nous attendions

Annahme <-, -n> *f* **1.** (*Vermutung*) supposition *f*, hypothèse *f*
2. ∅ *form* (*das Annehmen*) acceptation *f* (*oft verbal übersetzt*); ***die ~ dieses Geschenks verpflichtet Sie zu nichts*** le fait d'accepter ce cadeau ne vous engage à rien; ***niemand ist zur ~ unbestellter Sendungen verpflichtet*** personne n'est obligé d'accepter les envois non commandés
3. ∅ COM [*Angebot, Auftrag, Reparatur*] acceptation *f*; ***wir sind überlastet, daher keine ~ von Reparaturen mehr!*** nous sommes débordés, c'est pourquoi nous ne prenons plus aucune réparation!
4. ∅ JUR, POL [*Gesetz, Resolution, Staatsangehörigkeit*] adoption *f*
5. (*Annahmestelle*) réception *f*, bureau *m* de dépôt
► **~ an Kindes statt** adoption *f* [d'un enfant]; **jd geht recht in der ~, dass** *form* qn a raison de supposer que + *indic*; **jd geht von einer ~ aus** qn part d'une supposition [*o* d'une hypothèse]; **jd ist der ~, dass** qn suppose que + *indic*; **~ verweigert** POST refusé(e); **in der ~, dass** en pensant que, en supposant que

Annahmefrist *f* délai *m* de réception **Annahmestelle** *f* **1.** (*Lotto~*) bureau *m* de validation **2.** (*Abgabestelle*) [*Sondermüll, Sperrmüll, Schrott*] point *m* de récupération [*o* de collecte] **3.** (*Stelle für die Annahme*) [*Aufträge, Filme, Reparaturen etc*] bureau *m* de dépôt [*o* de prise en charge]
Annahmeverweigerung *f* POST refus *m* d'acceptation, non-acceptation *f*

Annalen *pl* annales *fpl*
► **etw geht in die ~ ein** qc reste dans les annales

annehmbar **I.** *adj* **1.** (*akzeptabel*) acceptable
2. *Qualität, Preis* convenable, acceptable; *Duft, Geschmack* correct(e)
II. *adv*: ***etw duftet/schmeckt ~*** qc est correct(e), qc n'est pas mauvais(e)

an|nehmen *irreg* **I.** *vt* **1.** (*entgegennehmen*) ■ **jd nimmt etw** [**von jdm**] **an** qn accepte qc [de qn]; ***da ist für Sie ein Gespräch auf Apparat 325, nehmen Sie es an?*** un appel téléphonique pour vous sur la ligne 325, vous prenez?
2. COM ■ **jd nimmt etw an** *Arbeit, Auftrag, Reparatur, Wette* qn accepte qc
3. (*akzeptieren*) ■ **jd nimmt etw an** *Angebot, Rat, Vorschlag* qn accepte qc; *Herausforderung* qn relève qc
4. (*meinen*) ■ **jd nimmt etw** [**von jdm**] **an** qn suppose qc [de la part de qn]; ***er ist nicht so dumm, wie man es von ihm ~ könnte*** il n'est pas aussi bête qu'on pourrait le supposer; ***ich nehme es mit Gewissheit an!*** j'en ai la certitude!; ***du nimmst doch nicht etwa an, ich habe davon gewusst?*** tu n'imagines quand même pas que j'étais au courant?
5. (*voraussetzen*) ■ **jd nimmt etw an** qn suppose qc; ■ **jd nimmt an, dass** qn suppose que + *indic*; *s. a.* **angenommen**
6. (*billigen*) ■ **jd nimmt etw an** *Antrag, Gesetz, Resolution* qn adopte qc
7. (*sich zulegen*) ■ **jd nimmt etw an** *Angewohnheit, Namen* qn prend qc; *Staatsangehörigkeit a.* qn adopte qc; *s. a.* **angenommen**
8. (*zulassen*) ■ **jd nimmt jdn/etw an** *Anmeldung, Schüler* qn accepte [*o* prend] qn/qc; *Patienten* qn accepte [*o* admet] qn
9. (*erscheinen lassen*) ■ **ein Tier/etw nimmt etw an** *Aussehen, Farbe* un animal/qc prend qc
10. (*adoptieren*) ■ **jd nimmt jdn an** qn adopte qn; *s. a.* **angenommen**
11. (*eindringen lassen*) ■ **etw nimmt etw an** *Wasser* qc laisse passer qc; *Farbe* qc prend qc; ***dieser Stoff nimmt kein Wasser an*** ce tissu est imperméable
II. *vr* **1.** (*sich kümmern*) ■ **jd nimmt sich jds an** qn prend soin de qn, qn s'occupe de qn
2. ■ **jd nimmt sich einer S.** (*gen*) **an** qn se charge de qc

Annehmlichkeit <-, -en> *f* **1.** (*Bequemlichkeit*) agrément *m*, commodité *f*
2. (*Vorteil*) avantage *m*

annektieren * *vt* ■ **jd annektiert etw** qn annexe qc

Annexion <-, -en> *f* annexion *f*

Anno *adv*, **anno** *adv* AUS (*im Jahre*) en; ***der mildeste Winter seit ~ 72*** l'hiver le plus doux depuis 72
► **von a~ dazumal** [*o* **dunnemal**] [*o* **Tobak**] *fam* qui date de Mathusalem *fam*; ***etw ist von a~ Tobak*** qc date de Mathusalem *fam*

Anno Domini *adv* en l'an de grâce

Annonce <-, -n> [a'nõːsə, a'nɔŋsə] *f* **1.** (*Anzeige*) [petite] annonce *f*
2. (*Kontaktanzeige*) annonce *f* rencontres

annoncieren * [anõ'siːrən, anɔŋ'siːrən] **I.** *vi* **1.** (*Anzeige veröffentlichen*) ■ **jd annonciert** [**in etw** (*dat*)] qn passe [*o* met] une annonce/des annonces [dans qc]
2. (*Kontaktanzeige veröffentlichen*) ■ **jd annonciert** qn passe [*o* met] une petite annonce/des petites annonces pour rencontrer quelqu'un
II. *vt* **1.** (*veröffentlichen*) ■ **jd annonciert etw** *Dienste, Angebot* qn propose qc; *Haus, Auto etc* qn met une annonce/des annonces pour qc; *Text* qn insère qc; ***in den Zeitungen werden viele günstige Angebote annonciert*** les journaux publient de nombreuses offres avantageuses
2. *geh* (*ankündigen*) ■ **jd annonciert etw** qn annonce qc

annullieren * *vt* ■ **jd annulliert etw** qn annule qc

Annullierung <-, -en> *f* annulation *f*

Anode <-, -n> *f* anode *f*

an|öden *vt fam* ■ **jd/etw ödet jdn an** qn/qc barbe [*o* rase] qn *fam*; ***du ödest mich an mit deinen blöden Witzen!*** tu m'assommes avec tes blagues idiotes! *fam*

anomal *adj* anormal(e); ***dieser ~e Kerl*** cet anormal

Anomalie <-, -n> [-'liːən] *f* anomalie *f*

anonym [ano'nyːm] **I.** *adj* anonyme
► **jd bleibt ~** qn garde l'anonymat
II. *adv* de façon anonyme, anonymement; ***jd schreibt jdm ~*** qn envoie une lettre anonyme/des lettres anonymes à qn; ***jd zeigt jdn ~ an*** qn dénonce qn de façon anonyme; ***ich werde nachts ständig ~ angerufen*** toutes les nuits je reçois des appels anonymes; ***viele Leute spenden ~*** beaucoup de personnes font des dons anonymes

Anonymität <-> *f* ∅ anonymat *m*

Anorak <-s, -s> *m* anorak *m*

an|ordnen *vt* **1.** (*festsetzen*) ■ **jd ordnet etw an** *Maßnahme* qn décrète qc; *Überstunden* qn impose qc; ***das ist alles von oben so angeordnet worden*** tout a été décrété [*o* décidé] en haut lieu
2. (*ordnen*) ■ **jd ordnet etw** [**nach etw**] **an** *Adressen, Karteikarten, Wörterbucheinträge* qn classe qc [d'après qc]

Anordnung <-, -en> *f* **1.** (*Verfügung*) [*Behörde*] disposition *f*, prescription *f*; [*Vorgesetzte*] ordre *m*; ***nur ich gebe hier*** [***die***] ***~en!*** c'est moi seul(e) qui donne les ordres ici!; ***wessen ~ ist das?*** qui a décrété ça?
2. (*Ordnung*) [*Adressen, Karteikarten, Wörterbucheinträge*] classement *m*
► **jd trifft ~en** qn prend des dispositions; **jd verstößt gegen jds ~/~en** qn désobéit à l'ordre/aux ordres de qn; ***Sie haben schon mehrmals gegen meine ~ verstoßen*** vous avez déjà plusieurs fois désobéi à cet ordre; **auf jds ~** (*akk*) sur ordre de qn

Anorexie <-, -en> [-'ksiːən] *f* anorexie *f*

anorganisch *adj* inorganique

anormal *adj fam s.* **anomal**

an|packen **I.** *vt fam* **1.** (*anfassen*) ■ **jd packt jdn/etw/ein Tier an** qn touche qn/qc/un animal; ***was hast du denn bloß angepackt, dass deine Finger jetzt so klebrig sind?*** qu'est-ce que tu es donc allé tripoter pour que tes doigts soient aussi collants? *fam*
2. (*beginnen*) ■ **jd packt etw an** *Arbeit, Aufgabe, Projekt* qn s'attelle à qc, qn se met à qc; ***packen wir's an!*** il faut s'y mettre! *fam*
3. (*behandeln*) ■ **jd packt jdn irgendwie an** qn traite qn d'une certaine façon; ***wir müssen ihn ganz vorsichtig ~*** nous devons prendre des gants avec lui
II. *vi fam* **1.** (*anfassen*) ■ **jd packt** [**irgendwo**] **an** qn attrape [*o* prend] [quelque part]
2. (*mithelfen*) ■ **jd packt** [**mit**] **an** qn file un coup de main *fam*

an|passen **I.** *vt* **1.** (*adaptieren*) ■ **jd passt etw einer S.** (*dat*)/**an etw** (*akk*) **an** qn adapte qc à qc; *Kleidung, Kleidungsstück, Bauelement a.* qn ajuste qc à qc
2. COM (*darauf abstellen*) ■ **jd passt etw einer S.** (*dat*) **an** *den Erfordernissen, Kundenbedürfnissen, Wünschen* qn adapte qc à qc; *den Möglichkeiten*

a. qn module qc en fonction de qc
3. (*angleichen*) ■ **jd passt etw [an etw** (*akk*)**] an** *Gehälter* qn r[é]ajuste qc [en fonction de qc]
4. (*entsprechend verändern*) ■ **jd passt etw einer S.** (*dat*) **an** *Heeresstärke, Politik* qn révise qc en fonction de qc; *Verhalten* qn adapte qc à qc
II. *vr* 1. (*sich darauf einstellen*) ■ **jd passt sich [einer S.** (*dat*)**] an** *einer Situation, neuen Umgebung, örtlichen Verhältnissen* qn s'adapte [*o* s'acclimate] [à qc]; *s. a.* **angepasst**
2. (*sich angleichen*) ■ **jd passt sich jdm [*o* an jdn]/einer S.** (*dat*) **an** qn s'adapte à qn/qc; ■ **etw passt sich einer S.** (*dat*) **an** */Mieten, Verfahren/ gestiegenen Kosten, neuen Möglichkeiten* qc évolue en fonction de qc

Anpassung <-, *rare* -en> *f* 1. [*Produkt, Produktion, Verfahren*] adaptation *f* (*an etw* (*akk*) à qc)
2. [*Gehalt, Rente*] r[é]ajustement *m* (*an etw* (*akk*) en fonction de qc)
3. (*Angleichung*) adaptation *f* (*an jdn/etw* à qn/qc)

anpassungsfähig *adj* capable de s'adapter; (*auf dem Arbeitsmarkt a.*) flexible **Anpassungsfähigkeit** *f* adaptabilité *f*, capacité *f* d'adaptation (*an etw* (*akk*) à qc); (*auf dem Arbeitsmarkt a.*) flexibilité *f* **Anpassungsschwierigkeiten** *pl* difficultés *fpl* d'adaptation

an|peilen *vt* 1. TELEC ■ **jd/etw peilt etw [mit etw] an** qn/qc repère qc [avec qc]
2. NAUT *fam* ■ **jd/etw peilt etw an** *Hafen* qn/qc met le cap sur qc
3. *fam* (*anvisieren*) ■ **jd peilt etw an** *höheres Gehalt, bessere Position* qn lorgne qc, qn guigne qc
4. *sl* (*ins Auge fassen*) ■ **jd peilt jdn an** qn louche sur qn *fam*

an|pfeifen *irreg* I. *vi* SPORT ■ **jd pfeift an** qn siffle [le coup d'envoi]
II. *vt* SPORT ■ **jd pfeift etw an** qn siffle le coup d'envoi de qc

Anpfiff *m* 1. SPORT coup *m* d'envoi; ***nach dem ~ der zweiten Halbzeit*** dès le coup d'envoi de la deuxième mi-temps
2. *fam* (*Rüffel*) savon *m fam*, engueulade *f fam*; ***er kommt häufig zu spät, das wird einen ~ geben*** il est souvent en retard, il va se prendre un savon [*o* une engueulade] *fam*

an|pflanzen *vt* 1. (*anbauen*) ■ **jd pflanzt etw an** *Gemüse, Getreide, Kartoffeln, Salat* qn cultive qc; ***neu angepflanzter Salat*** la salade repiquée; ■ **das A~** la culture; ***das A~ von Salat*** le repiquage de la salade
2. (*setzen*) ■ **jd pflanzt etw an** *Blumen, Bäume* qn plante qc
3. (*bepflanzen*) ■ **jd pflanzt etw [mit etw] an** *mit Salat, Getreide* qn ensemence qc [de qc]; *mit Kohl, Kartoffeln, Bäumen* qn plante qc [de qc]

Anpflanzung *f* 1. [*Gemüse, Getreide*] semis *mpl;* [*Salat*] repiquage *m;* [*Kartoffeln, Bäume, Blumen, Büsche*] plantation *f*
2. (*angepflanzte Fläche*) plantation *f*

an|pinkeln *vt fam* ■ **jd/ein Tier pinkelt jdn/etw an** qn/un animal pisse sur qn/qc *fam; einen Baum, eine Wand* qn/un animal pisse contre qc *fam*

an|pinseln *vt fam* 1. (*anstreichen*) ■ **jd pinselt etw an** *Gegenstand, Pfahl* qn peint qc, qn met en peinture qc; ***er pinselte den Pfahl mit Rostschutzfarbe an*** il a passé de la peinture antirouille sur le poteau
2. (*mit dem Pinsel anmalen*) ■ **jd pinselt etw [an etw** (*akk*)**] an** *Losung, Parole, Wort* qn trace [*o* inscrit] qc [sur qc] à la peinture

an|pirschen *vr* 1. JAGD ■ **jd pirscht sich [an ein Tier] an** qn s'approche [sans bruit] [d'un animal]
2. *fam* (*sich anschleichen*) ■ **jd pirscht sich an jdn an** */Fotograf, Reporter etc/* qn se faufile jusqu'à qn, qn s'approche en douce de qn *fam*

an|pissen *vt vulg s.* **anpinkeln**

Anpöbelei <-, -en> *f fam* prise *f* à partie, agression *f* verbale

an|pöbeln *vt fam* ■ **jd pöbelt jdn an** qn prend qn à partie, qn cherche des crosses à qn *fam*

Anprall <-[e]s, -e> *m* collision *f* (*gegen etw* avec qc)

an|prallen *vi + sein* ■ **jd/etw prallt an etw** (*akk*)**/gegen etw an** qn/qc entre en collision avec [*o* rentre dans] qc, qn/qc percute qc; ***viele Bäume wurden durch ~ de Fahrzeuge beschädigt*** beaucoup d'arbres ont été abîmés à la suite de collisions

an|prangern *vt* ■ **jd prangert jdn/etw an** qn stigmatise qn/qc; ■ **jd prangert jdn/etw als etw an** qn dénonce qn/qc comme étant qc

an|preisen *irreg* I. *vt* ■ **jd/etw preist [jdm] etw [als etw] an** qn/qc vante qc [à qn] [comme étant qc]; ***jd preist jdm etw als zuverlässig an*** qn vante la fiabilité de qc à qn
II. *vr* ■ **jd preist sich [jdm] [als etw] an** qn se vante [auprès de qn] [d'être qc]

Anprobe *f* essayage *m;* ***in der Ankleidekabine haben Sie Gelegenheit zur ~*** vous avez la possibilité d'essayer dans la cabine [d'essayage]

an|probieren * I. *vt* 1. ■ **jd probiert etw an** *Kleidungsstück* qn essaie qc
2. *fam* ■ **jd probiert jdm etw an** */Schneider/* qn fait essayer qc à qn
II. *vi* ■ **jd probiert an** qn essaie; ■ **das A~** l'essayage *m*

an|pumpen *vt fam* ■ **jd pumpt jdn [um etw] an** qn tape qn [de qc] *fam*

an|pusten *vt fam* ■ **jd pustet jdn an** qn souffle vers qn; ***puste mich nicht mit deinem Zigarettenrauch an!*** [ne] m'envoie pas ta fumée de cigarette à la figure! *fam;* ■ **jd pustet etw an** *Feuer* qn souffle sur qc

an|quatschen *vt fam* ■ **jd quatscht jdn an** qn accoste qn; ■ **jd lässt sich [von jdm] ~** qn se fait accoster [par qn]; ***sie lässt sich nicht von jedem ~*** elle ne se laisse pas accoster par n'importe qui

Anrainer(in) <-s, -> *m(f)* 1. *form* [*Land*] pays *m* limitrophe; [*See, Ozean*] pays *m* riverain
2. *bes.* AUS *s.* **Anlieger**

Anrainerstaat *m* [*Land*] État *m* limitrophe; [*See, Ozean*] État *m* riverain

an|raten *vt irreg* ■ **jd rät jdm etw an** qn conseille qc à qn; ■ **jd rät jdm an etw zu tun** qn conseille à qn de faire qc
▶ **auf jds A~ [hin]** (*akk*) sur les conseils de qn

anrechenbar *adj* à prendre en compte; ■ **etw ist auf etw** (*akk*)**/für etw ~** qc compte [*o* est pris(e) en compte] dans/pour qc

an|rechnen I. *vt* 1. (*gutschreiben*) ■ **jd rechnet [jdm] etw an** *Altgerät, Gebrauchtwagen* qn fait la reprise de qc [à qn]; *Anzahlung* qn déduit qc [à qn]; ■ **jd rechnet [jdm] etw auf etw** (*akk*) **an** qn déduit qc [à qn] de [*o* sur] qc
2. (*in Rechnung stellen*) ■ **jd rechnet jdm etw an** qn facture qc à qn
3. (*ankreiden*) ■ **jd rechnet jdm etw ... an:** ***jd rechnet jdm etw übel/schwer an*** qn met qc au passif de qn; ***jd rechnet jdm etw als Verstoß an*** qn reproche qc à qn
4. *form* (*zugute halten*) ■ **jd rechnet jdm etw als etw an:** ***jd rechnet jdm etw als Leistung/ Verdienst an*** qn met qc à l'actif de qn
II. *vr* ■ **jd rechnet sich** (*dat*) **etw als etw an:** ***jd rechnet sich etw als Verdienst/ Leistung an*** qn s'attribue le mérite/s'honore de qc

Anrechnung *f* (*Verrechnung*) décompte *m*, prise *f* en compte; [*Altgerät, Gebrauchtwagen*] reprise *f*
▶ **etw findet ~** *form* */Leistung, Verdienst/* qc est pris(e) en compte; **bei [*o* unter] ~ einer S.** (*gen*) *eines Einsatzes, einer Leistung* eu égard à qc

Anrecht *nt* ■ **das/ein ~ auf etw** (*akk*) le/un droit à qc
▶ **jd macht sein ~ [auf etw** (*akk*)**] geltend** qn fait valoir son droit [*o* ses droits] [à qc]; **jd hat [*o* besitzt] ein ~ auf etw** (*akk*) qn a droit à qc; ***er hat ein gesetzliches ~ auf diesen Titel*** il a légalement droit à ce titre

Anrede *f* titre *m;* ***wie ist die richtige ~ für einen Bischof?*** comment s'adresse-t-on à un évêque?; ***die ~ mit „Frau Präsidentin" gefiel ihr*** elle aimait qu'on l'appelle [*o* qu'on lui donne du] "Mme la présidente"

an|reden I. *vt* ■ **jd redet jdn an** qn s'adresse à qn; ■ **jd redet jdn mit etw an** *mit einem Titel* qn appelle qn par qc; ***sie redet jeden mit „du" an*** elle dit tu à [*o* elle tutoie] tout le monde; ***reden Sie mich mit „Herr Professor" an*** appelez-moi "M. le Professeur"
II. *vi* ■ **jd redet gegen jdn/etw an** qn couvre qn/qc

an|regen I. *vt* 1. (*ermuntern*) ■ **jd/etw regt jdn an** qn/qc stimule qn; ■ **jd/etw regt jdn zu etw an** qn/qc incite qn à qc
2. *geh* (*vorschlagen*) ■ **jd regt etw an** qn suggère qc; ■ **jd regt an etw zu tun** qn suggère de faire qc
3. PHYSIOL ■ **etw regt etw an** qc stimule qc; *Appetit a.* qc aiguise qc, qc ouvre qc; *s. a.* **angeregt**
II. *vi* ■ **etw regt an** */Kaffee, Tee, Sekt/* qc stimule

anregend I. *adj* stimulant(e), tonique; (*sexuell stimulierend*) excitant(e)
II. *adv:* ***etw wirkt ~*** qc a un effet stimulant; (*sexuell*) qc a un effet excitant

Anregung *f* 1. (*Vorschlag*) suggestion *f*
2. (*Impuls*) impulsion *f;* ■ **~ zu etw** incitation *f* à qc; ■ **~ etw zu tun** incitation *f* à faire qc
3. ∅ PHYSIOL stimulation *f*
▶ **auf ~ eines Menschen** à l'instigation d'une personne

an|reichern I. *vt* 1. GASTR ■ **jd reichert etw [mit etw] an** qn rehausse qc [avec qc]
2. CHEM ■ **jd reichert etw mit etw an** qn enrichit qc avec qc
II. *vr* 1. PHYSIOL ■ **etw reichert sich in etw** (*dat*) **an** *im Fett, Gewebe, Körper* qc s'accumule dans qc
2. CHEM ■ **etw reichert sich mit etw an** qc s'enrichit de qc; (*zusätzlich anlagern*) qc s'enrichit en qc

Anreise *f* 1. (*Anfahrt*) trajet *m*, voyage *m*
2. (*Ankunft*) arrivée *f*

an|reisen *vi + sein* 1. (*ein Ziel anfahren*) ■ **jd reist an** qn voyage
2. (*eintreffen*) ■ **jd reist an** qn arrive

an|reißen *vt irreg* 1. (*zur Sprache bringen*) ■ **jd reißt etw an** *Problematik, Thema* qn aborde qc
2. (*anbrechen*) ■ **jd reißt etw an** *Packung, Tüte* qn déchire qc; ***etw wird an der Ecke angerissen*** on ouvre qc en déchirant le coin; ***die Packung bitte an der gestrichelten Linie ~*** déchirer suivant les pointillés
3. ■ **jd reißt etw [an etw** (*dat*)**] an** *Streichholz* qn frotte qc [contre qc]

Anreiz *m* ■ **ein ~ etw zu tun** une incitation à faire qc; ■ **~e etw zu tun** des motifs *mpl* pour faire qc

an|reizen *vt, vi* 1. (*anspornen*) ■ **jd reizt jdn an** qn excite l'intérêt de qn; ■ **jd/etw reizt jdn zu etw an** qn/qc incite qn à qc; ***etw reizt jdn zum Kauf/ zu besonderer Leistung an*** qc incite qn à acheter/à accomplir des performances particulières; ■ **etw reizt [jdn] [dazu] an etw zu tun** qc incite [qn] à faire qc
2. (*stimulieren*) ■ **etw reizt etw an** *Potenz* qc stimule qc; *Appetit a.* qc aiguise qc, qc ouvre qc

an|rempeln *vt* ■ **jd rempelt jdn an** qn bouscule qn

an|rennen *vi irreg + sein* ■ **jd rennt gegen etw an** */Truppen/* qn se lance contre qc

Anrichte <-, -n> *f* 1. (*Büfett*) buffet *m*, crédence *f*
2. (*Raum*) office *m*

an|richten *vt* 1. (*zubereiten*) ■ **jd richtet [jdm] etw [mit etw] an** *mit bestimmten Zutaten* qn prépare qc [à qn] [avec qc]; *Salat a.* qn accommode [*o* assaisonne] qc [à qn] [avec qc]; ■ **jd richtet etw [irgendwie] an** (*garnieren*) qn présente qc [d'une certaine façon]
2. *form* (*servieren*) ■ **es ist/wird angerichtet** le repas est servi
3. *fam* (*anstellen*) ■ **jd richtet etw an** *Schaden, Unfug, Unsinn* qn fait qc; ***was hast du da wieder angerichtet!*** qu'est-ce que t'as encore fabriqué! *fam*
4. (*verursachen*) ■ **etw richtet etw an/etw an etw** (*dat*) **an** */Erdbeben, Sturm, Vulkanausbruch/* qc cause [*o* provoque] qc/fait subir qc à qc

an|ritzen *vt* ■ **jd/etw ritzt etw an** qn/qc égratigne qc

an|rollen *vi + sein* 1. (*zu rollen beginnen*) ■ **etw rollt an** */Lkw, Zug/* qc se met en marche, qc s'ébranle
2. (*heranrollen*) ■ **etw rollt an** */Lkw, Jet/* qc arrive
▶ **jd lässt etw ~** *fam Getränke, Speisen* qn sert qc; ***lass mal Bier ~!*** sers-nous donc de la bière!

ạn|rosten *vi + sein* ■ **etw rostet an** qc rouille

ạn|rösten *vt* ■ **jd röstet etw an** qn grille qc; ***jd röstet sich Brotschnitten an*** qn se fait griller des tranches de pain

ạnrüchig *adj* **1.** (*mit schlechtem Ruf*) *Geschäft* louche; *Nachtlokal, Nepplokal, Spelunke a.* mal famé(e)
2. (*unanständig*) *Etablissement* douteux(-euse); *Sex, Abbildung* inconvenant(e), indécent(e)

ạn|rücken I. *vi + sein* **1.** (*herbeikommen*) ■ **jd/etw rückt an** qn/qc arrive
2. MIL ■ **jd/etw rückt an** qn/qc approche; ■ **jd/etw rückt gegen jdn/etw an** qn/qc avance sur [*o* en direction de] qn/qc
3. *hum fam* (*gebracht werden*) ■ **etw rückt an** /*Bestellung, Essen, Getränk*/ qc rapplique *fam;* ***wann rückt mein Bier endlich an?*** ma bière, elle arrive quand? *fam;* ■ **jd lässt etw** ~ qn sert qc
4. (*heranrücken*) ■ **jd rückt an jdn an** qn s'approche de qn, qn se met plus près de qn
II. *vt + haben* ■ **jd rückt etw an etw** (*akk*) **an** *Möbelstück* qn approche qc de qc; ***man sollte das Sofa näher/nicht zu nahe an den Kamin*** ~ on devrait mettre le canapé plus près/on ne devrait pas mettre le canapé trop près de la cheminée

Ạnruf *m* **1.** TELEC coup *m* de téléphone, appel *m*
2. MIL sommation *f*

Ạnrufbeantworter <-s, -> *m* répondeur *m* [téléphonique]

ạn|rufen *irreg* **I.** *vt* **1.** TELEC ■ **jd ruft jdn an** qn appelle qn, qn téléphone à qn; ***sie wird ständig anonym angerufen*** elle reçoit sans arrêt des coups de téléphone anonymes
2. MIL ■ **jd ruft jdn an** qn interpelle qn
3. JUR ■ **jd ruft jdn an** *höhere Instanz, Kaiser, Papst* qn en appelle à qn
4. (*beschwören*) ■ **jd ruft jdn/etw an** *Geist, Gott* qn invoque qn/qc
II. *vi* ■ **jd ruft [bei jdm/für jdn] an** qn téléphone [*o* appelle] [chez/pour qn]

Ạnrufer(in) <-s, -> *m(f)* correspondant(e) *m(f);* ***diese Telefonanlage kann jeden*** ~ ***mit seiner Nummer registrieren*** ce téléphone peut enregistrer le numéro de toutes les personnes qui appellent

ạn|rühren *vt* **1.** *meist verneint* (*konsumieren*) ■ **jd rührt etw an** *Alkohol, Bissen, Essen, Tasse* qn avale qc; *Zigarette* qn touche qc; ***ich konnte keinen Bissen*** ~ je n'ai pas pu avaler une [seule] bouchée
2. *geh* (*berühren*) ■ **jd rührt jdn/etw an** qn touche qn/à qc
3. (*ansprechen*) ■ **jd rührt etw an** *Thema, wunder Punkt* qn aborde qc
4. (*zurechtmischen*) ■ **jd rührt [jdm] etw an** *Farben, Farbtöne* qn mélange qc [pour qn]
5. GASTR ■ **jd rührt etw an** qn prépare qc; ***... und dann den Teig*** ~ ... puis malaxer la pâte

ạnrührend *adj Geschichte, Szene* touchant(e), émouvant(e)

ạns = an das *s.* **an**

ạn|säen *vt* **1.** (*aussäen*) ■ **jd sät etw an** qn sème qc
2. (*besäen*) ■ **jd sät etw [mit etw] an** qn ensemence qc [de qc]

Ạnsage *f* [*Nachrichten*] présentation *f;* [*Programmteil, Uhrzeit*] annonce *f*
► **jd hat die** ~ KARTEN c'est à qn de parler; (*beim Skat*) qn fait les annonces

ạn|sagen I. *vt* **1.** (*durchsagen*) ■ **jd sagt etw an** *Nachrichten* qn présente qc; *Programmteil* qn annonce qc; *Uhrzeit* qn communique qc
2. (*ankündigen*) ■ **jd sagt [jdm] etw an** qn annonce qc [à qn]; ■ **jd sagt [jdm] jdn/etw an** *Besuch, Besucher, Gast* qn annonce qn/qc [à qn]
3. (*erforderlich sein*) ■ **etw ist angesagt** qc est à l'ordre du jour; ***rasches Handeln ist angesagt*** il faut agir rapidement
4. (*in Mode sein*) ■ **etw ist angesagt** qc est dans le vent
5. KARTEN ■ **jd sagt [jdm] etw an** qn annonce qc [à qn]
II. *vr* **1.** (*Besuch ankündigen*) ■ **jd sagt sich [bei jdm] [für etw/zu etw] an** qn s'annonce [*o* annonce sa venue] [chez qn] [pour qc]; ***ich würde mich gerne bei euch zum Abendessen*** ~ si j'osais, je m'inviterais à dîner chez vous ce soir
2. (*sich ankündigen*) ■ **etw sagt sich an** /*Jahreszeit, bestimmte Zeiten*/ qc s'annonce
III. *vi* **1.** RADIO, TV ■ **jd sagt an** qn présente; ***sie sagt im Radio an*** elle est présentatrice de radio
2. KARTEN ■ **jd sagt an** qn parle, qn fait les annonces, qn annonce; ***du sagst an!*** c'est à toi de parler!

ạn|sägen *vt* ■ **jd sägt etw an** qn scie à moitié qc, qn entame qc à la scie; ■ **das A**~ le sciage

Ạnsager(in) <-s, -> *m(f)* **1.** [*Nachrichten*] présentateur(-trice) *m(f);* [*Programmteil a.*] animateur(-trice) *m(f)*
2. (*Conférencier*) animateur(-trice) *m(f)*

ạn|sammeln I. *vt* **1.** (*anhäufen*) ■ **jd sammelt etw an** qn amasse qc
2. FIN ■ **jd sammelt etw [auf etw** (*dat*)**] an** *Geldbeträge, Vermögen* qn accumule [*o* amasse] qc [sur qc]; *Spenden* qn collecte qc [sur qc]
3. MIL ■ **jd sammelt Menschen [für jdn/zu etw] an** qn rassemble [*o* réunit] [*o* lève] des personnes [pour qn/qc]
II. *vr* **1.** (*sich versammeln*) ■ **etw sammelt sich an** /*Menschenmenge*/ qc se rassemble; ■ **sie sammeln sich an** ils/elles se rassemblent
2. (*sich anhäufen*) ■ **etw sammelt sich [irgendwo] an** /*Feuchtigkeit, Spinnweben, Staub, Wasser*/ qc s'accumule [quelque part]; ■ **etw sammelt sich [in etw** (*dat*)**] an** /*Gegenstände, Krimskrams, Müll*/ qc s'accumule [*o* s'entasse] [*o* s'amoncelle] [dans qc]
3. FIN ■ **etw sammelt sich an** /*Summe, Zinsen*/ qc s'accumule; ***die Zinsen haben sich zu einem hübschen kleinen Vermögen angesammelt*** les intérêts ont fini par constituer un joli pactole
4. (*sich aufstauen*) ■ **etw sammelt sich [bei jdm] an** /*Hass, Wut*/ qc s'accumule [chez qn]

Ạnsammlung *f* **1.** [*Menschen*] rassemblement *m,* attroupement *m;* ***die*** ~ ***der Demonstranten*** la foule des manifestants *f*
2. [*Gegenstände, Krimskrams*] accumulation *f,* amoncellement *m*
3. [*Hass, Wut*] accumulation *f*

ạnsässig *adj form* ■ **irgendwo** ~ domicilié(e) quelque part; ■ **jd ist irgendwo** ~ qn réside [*o* est domicilié(e)] quelque part **Ạnsässige(r)** *f(m) decl wie adj* habitant(e) *m(f)* du lieu, résidant(e) *m(f);* ***Sie sind keiner von den*** ~***n*** vous n'êtes pas d'ici, vous n'habitez pas ici

Ạnsatz *m* **1.** [*Henkel*] base *f;* [*Arm, Haar, Hals, Stirn a.*] naissance *f*
2. (*erster Versuch*) ■ **der/ein** ~ **zu etw/**~ **etw zu tun** la/une tentative de qc/[en vue] de faire qc; ***du hättest wenigstens den/einen*** ~ ***machen können mir beizustehen*** tu aurais au moins pu faire l'effort de m'aider/un effort pour m'aider; ***sie ist nie über die Ansätze hinausgekommen*** elle en est restée au stade des tentatives
3. (*Ausgangspunkt*) point *m* de départ *pas de pl,* préambule *m;* ***der erste*** ~***/die ersten Ansätze zu etw*** le point de départ [*o* le préambule] de qc; ***nun zeigen sich die ersten Ansätze zur Besserung*** les premiers signes d'amélioration se manifestent
4. *form* (*Veranschlagung*) [*Einnahmen, Erträge, Kosten*] évaluation *f,* estimation *f*
5. [*Kalk*] dépôt *m;* [*Rost*] couche *f*
► **schon im** ~ *falsch sein, scheitern* dès le départ; **etw bleibt außer** ~ *form* /*Einnahmen, Erträge, Kosten*/ qc n'est pas passé(e) en compte; **jd bringt etw [für etw] in** ~ *form Betrag* qn porte qc en compte [à titre de qc]; **im** ~ *erkennen, richtig sein* dans les grandes lignes

Ạnsatzpunkt *m* point *m* de départ *pas de pl;* (*in einer Untersuchung*) élément *m* **Ạnsatzstück** *nt* (*Verlängerungsstück*) raccord *m,* embout *m*

ạnsatzweise *adv* dans les grandes lignes

ạn|saufen *vr irreg* ► **jd säuft sich** (*dat*) **einen an** *sl* qn se pinte *pop,* qn se bourre la gueule *pop,* qn prend une biture *fam*

ạn|saugen I. *vt* ■ **jd/etw saugt etw an** qn/qc aspire qc; (*mit Pipette, Saugheber a.*) qn prélève qc
II. *vr* ■ **ein Tier/jd saugt sich [an etw** (*dat o akk*)**] an** un animal/qn s'accroche [à qn]; ***der Vampir saugte sich an ihr an*** le vampire a planté ses crocs dans sa chair

ạn|schaffen I. *vt* ■ **jd schafft etw an** qn achète qc
II. *vr* **1.** (*sich kaufen*) ■ **jd schafft sich** (*dat*) **etw an** qn s'achète qc
2. *fam* (*sich zulegen*) ■ **jd schafft sich** (*dat*) **jdn an** *Freund, Freundin* qn s'offre qn *fam; Kind, Nachwuchs* qn a qn; ***wenn man sich Kinder anschafft*** quand on se colle des enfants sur le dos *fam*
III. *vi sl* ■ **jd schafft [für jdn] an** qn fait le tapin [pour qn] *arg*
► **jd geht [für jdn]** ~ qn fait le tapin [pour qn] *arg*

Ạnschaffung <-, -en> *f* achat *m,* acquisition *f*
► **jd macht eine** ~**/**~**en** qn fait un achat/des achats

Ạnschaffungskosten *pl* frais *mpl* d'acquisition

ạn|schalten I. *vt* ■ **jd schaltet etw an** qn met en marche qc; *Anlage a.* qn branche qc; *Fernseher, Gerät a.* qn allume qc; *Licht* qn allume qc; *Strom* qn met qc
II. *vr* ■ **etw schaltet sich an** /*Anlage*/ qc se met en marche; /*Licht, Strom*/ qc s'allume

ạn|schauen I. *vt* ■ **jd schaut jdn/etw an** qn regarde qn/qc; ***wie schaust du mich denn an?*** qu'est-ce que tu as à me regarder comme ça?
II. *vr* **1.** (*sich ansehen*) ■ **jd schaut sich** (*dat*) **jdn/etw an** qn regarde qn/qc; ***das Haus sollten wir uns mal*** ~ il faudrait qu'on voie cette maison; ***den Bewerber will ich mir*** ~ je veux voir ce candidat
2. (*hinnehmen*) ■ **jd schaut sich** (*dat*) **etw ... an** *lange genug* qn tolère [*o* supporte] qc ...; ■ **jd schaut sich** (*dat*) **an, wie jd etw tut** qn supporte de voir qn faire qc
III. *vi* ► **[da] schau [einer] an!** *fam* mince alors! *fam,* ça, par exemple! *fam*

ạnschaulich I. *adj Unterricht* vivant(e); *Bericht, Beschreibung, Bildmaterial, Informationen, Schilderung, Vortrag a.* évocateur(-trice); *Beispiel a.* parlant(e), suggestif(-ive); ***deine Beschreibung des Wegs war sehr*** ~ ta description du chemin était très claire
► **jd macht [jdm] etw** ~ qn illustre qc [pour qn]; ***so wird der Bericht noch*** ~***er gemacht*** de cette façon, l'exposé devient plus vivant; ***wie soll ich dir das*** ~ ***machen?*** comment te rendre ça plus explicite?
II. *adv* de façon évocatrice, clairement

Ạnschaulichkeit <-> *f* *∅* [*Beschreibung, Informationen, Unterricht*] clarté *f;* [*Beispiel, Bericht, Bildmaterial, Schilderung, Vortrag a.*] puissance *f* évocatrice

Ạnschauung <-, -en> *f* **1.** (*Ansicht*) façon *f* de voir, point *m* de vue; ***nach unserer*** ~ à notre avis; ***eine andere*** ~ ***der Dinge*** une autre façon de voir les choses
2. *geh* (*Vorstellung*) idée *f;* ■ **eine** ~ **von etw** une idée [*o* notion] de qc
► **aus eigener** ~ *geh* à partir de ma/sa/... propre expérience

Ạnschauungsmaterial *nt* documents *mpl,* matériel *m* documentaire

Ạnschein *m* apparence *f;* ***vom äußeren*** ~ ***her*** en apparence
► **jd/etw erweckt den** ~**, als [ob]** qn/qc donne l'impression de + *infin;* **jd gibt sich** (*dat*) **den** ~ **[als/als ob]** qn fait semblant [de + *infin*]; **es hat den** ~**[, als ob]** on dirait [*o* on a l'impression] [que + *indic*]; **es macht den** ~**, dass/als ob** CH on a l'impression que + *indic;* **dem [*o* allem]** ~ **nach** selon toute apparence, apparemment

ạnscheinend *adv* apparemment

ạn|scheißen *vt irreg sl* **1.** (*zurechtweisen*) ■ **jd scheißt jdn an** qn engueule qn *fam*
2. (*betrügen*) ■ **jd scheißt jdn an** qn arnaque qn *fam,* qn baise qn *fam;* ■ **jd wird angeschissen** qn se fait baiser *fam* [*o* niquer *arg*]

ạn|schicken *vr geh* ■ **jd schickt sich an etw zu tun** qn se dispose [*o* s'apprête] à faire qc

ạn|schieben *vi, vt irreg* ■ **jd schiebt [jdn/etw] an** qn pousse [qn/qc]; ***alleine klappt das A***~ ***nicht*** en poussant tout seul, je n'y arrive pas

ạn|schießen *irreg* **I.** *vt* **1.** (*verletzen*) ■ **jd schießt jdn/ein Tier/etw an**

qn blesse qn/un animal/qc [d'un coup de fusil/revolver …]; ***trotz seines angeschossenen Beins*** malgré sa jambe blessée
2. *fam* (*kritisieren*) ■ **jd schießt jdn an** qn débine qn *fam*; ***jd wird schwer angeschossen*** qn se fait descendre en flammes *fam*
II. *vi* ▸ **jd/etw kommt angeschossen** qn/qc arrive comme une flèche [*o* à toute allure]; ***der Pfeil kam so schnell angeschossen, dass*** la flèche est arrivée si vite que + *indic*

ạn|schimmeln *vi* + *sein* ■ **etw schimmelt an** qc moisit

Ạnschiss^RR <-es, -e> *m sl* engueulade *f fam*

Ạnschlag *m* **1.** (*Attentat*) attentat *m* (*auf jdn/etw* contre qn/qc); ***es kann noch nicht gesagt werden, ob es ein ~ auf sein Leben war*** il est encore trop tôt pour dire s'il s'agissait d'un attentat [*o* si on a voulu attenter à ses jours]
2. COM, FIN devis *m*
3. (*auf der Schreibmaschine*) frappe *f*; [*Pianist*] toucher *m*; ***am ~ der Tasten merkt man, ob*** en frappant les touches, on voit si
4. (*Bekanntmachung*) avis *m*; (*Plakat*) affiche *m*
5. (*Widerstand*) [*Hebel, Knopf, Pedal, Schalter*] seuil *m* de résistance; ***bis zum ~*** à fond
6. SPORT (*Berühren des Beckenrands*) *verbal übersetzt*; ***es lag eine Hundertstelsekunde zwischen seinem und meinem ~*** nous avons touché avec un centième [de seconde] de décalage
▸ **jd bringt etw in ~** *form Aufwendungen, Kosten, Spesen* qn fait entrer qc en ligne de compte; **jd bringt etw [auf jdn] in ~** *Pistole, Revolver* qn braque qc [sur qn]; *Gewehr a.* qn met en joue qc, qn met en joue qn avec qc; **jd hat einen ~ auf jdn vor** *hum fam* qn a un petit service [*o* quelque chose] à demander à qn; **jd hat etw im ~** (*zielt mit etw*) *Pistole, Revolver* qn tient qc braqué(e); *Gewehr a.* qn tient qc en joue; **jd hat einen … ~** MUS qn a un toucher …; **jd verübt einen ~ [auf jdn/etw]** qn commet [*o* perpètre *soutenu*] un attentat [contre qn/qc]

-anschlag *m* (*Attentat*) *Bomben-* attentat *m* au/à la; ***Sprengstoff~*** attentat *m* à l'explosif; (*mit Plastiksprengstoff*) plasticage *m*; ***Autobomben~*** attentat *m* à la voiture piégée; ***Brand~*** incendie *m* criminel; ***Terror~*** attentat *m* terroriste

Ạnschlagbrett *nt* panneau *m* [*o* tableau *m*] d'affichage

ạn|schlagen *irreg* **I.** *vt* + *haben* **1.** (*annageln*) ■ **jd schlägt etw [an etw (*akk*)] an** *Bild* qn fixe qc [à qc]; *Brett, Latte a.* qn cloue qc [à qc]; *Aushang, Plakat a.* qn appose qc [à qc]; ***jd schlägt etw [mit Reißnägeln] an*** qn punaise qc
2. MUS ■ **jd schlägt etw an** *Ton* qn joue qc; *Akkord, Taste a.* qn frappe qc
3. (*durch Klang anzeigen*) ■ **etw schlägt etw an** *Stunde* qc sonne qc
4. (*anstimmen*) ■ **jd schlägt etw an** *Ton, Tonfall* qn prend qc; ***jd schlägt ein schallendes Gelächter an*** qn éclate d'un rire retentissant; ***jd schlägt einen anderen Ton an*** qn change de ton
5. (*beschädigen*) ■ **jd schlägt [jdm] etw an** *Geschirr* qn ébrèche qc [de qn]; *s. a.* **angeschlagen**
6. (*zielen*) ■ **jd schlägt etw [auf jdn] an** *Pistole, Revolver* qn braque qc [sur qn]; *Gewehr a.* qn met en joue qc, qn met en joue qn avec qc
7. (*anzapfen*) ■ **jd schlägt etw an** *Fass* qn met en perce qc
II. *vi* **1.** + *sein* (*anprallen*) ■ **jd schlägt [mit etw] an etw (*akk*)/gegen etw an** qn se cogne [qc] contre qc; ■ **etw schlägt [an etw (*akk*)] an** */Brecher, Welle/ an eine Kaimauer* qc se brise [contre qc]; *an das Ufer* qc déferle [sur qc]; ***anschlagende Welle*** [vague *f*] déferlante *f*
2. + *haben* SPORT ■ **jd schlägt an** */Schwimmer/* qn touche
3. + *haben* (*läuten*) ■ **etw schlägt an** */Glocke, Türklingel/* qc sonne
4. + *haben* ■ **ein Hund schlägt an** un chien aboie [*o* donne de la voix]
5. + *haben* (*wirken*) ■ **etw schlägt [bei jdm/etw] an** */Medikament, Therapie/* qc agit [*o* fait de l'effet] [chez qn/pour qc]; ***etw schlägt nicht an*** qc n'agit pas, qc ne fait pas d'effet, qc est inopérant(e)
6. + *haben fam* (*dick machen*) ■ **etw schlägt bei jdm an** qc profite à qn
III. *vr* + *haben* ■ **jd schlägt sich** (*dat*) **etw an** qn se cogne qc

ạn|schleichen *vr irreg* ■ **jd schleicht sich [an jdn/etw] an** qn s'approche tout doucement [de qn/qc], qn se glisse jusqu'à qn/qc
▸ **jd kommt angeschlichen** qn s'approche tout doucement

ạn|schleppen *vt* **1.** AUT ■ **jd schleppt etw an** *Auto* qn remorque qc
2. *fam* (*mitbringen*) ■ **jd schleppt jdn [mit] an** qn rapplique avec qn *fam*, qn ramène qn [avec lui/elle]; ***immer schleppt sie ihren Freund [mit] an*** elle trimballe toujours son copain avec elle *fam*
3. (*herbeibringen*) ■ **jd schleppt etw an** *Kiste, Koffer* qn traîne qc; ■ **ein Tier schleppt [jdm] etw an** un animal ramène qc [à qn]
4. *fam* (*bringen*) ■ **jd schleppt [jdm] etw an** *Getränk, Flasche, Gericht* qn apporte qc [à qn]

ạn|schließen *irreg* **I.** *vt* **1.** TELEC ■ **jd schließt etw [an etw (*akk*)] an** *Anlage, Telefon* qn raccorde qc [à qc]
2. TECH ■ **jd schließt jdn/etw an etw (*akk*) an** *an die Kanalisation, öffentliche Wasserversorgung* qn raccorde qn/qc à qc
3. ELEC ■ **jd schließt etw an** *Anlage, Elektrogerät, Kabel* qn branche qc
4. (*befestigen*) ■ **jd schließt etw [an etw (*akk*)] an** *Gerät, Zweirad* qn attache qc [à qc]
5. (*hinzufügen*) ■ **jd schließt etw an** *Bemerkung, Punkt, Zusatz* qn ajoute qc
II. *vr* **1.** (*sich zugesellen*) ■ **jd schließt sich jdm an** qn rejoint qn, qn se rallie à qn; (*mitkommen*) qn se joint à qn
2. (*beipflichten*) ■ **jd schließt sich jdm/einer S. an** qn se rallie à qn/qc, qn se range à qc
3. (*sich beteiligen*) ■ **jd schließt sich einer S.** (*dat*) **an** *einer Partei* qn s'engage dans qc; *einer Angelegenheit, einem Kampf a.* qn s'implique dans qc; ■ **[etw ist] einer S.** (*dat*) **angeschlossen** */Firma, Partei, Organisation/* [qc est] rattaché(e) [*o* affilié(e)] à qc
4. (*angrenzen*) ■ **etw schließt sich an** */Grundstück, Feld, Wald/* qc est contigu(ë); */Staat a./* qc est limitrophe; ■ **etw schließt sich einer S.** (*dat*) [*o* **an etw** (*akk*)] **an** qc touche qc, qc jouxte qc *soutenu*
5. (*folgen*) ■ **etw schließt sich einer S.** (*dat*) [*o* **an etw** (*akk*)] **an** */Film, kaltes Büfett, Wort/* qc succède à qc
III. *vi* ■ **etw schließt an etw** (*akk*) **an** qc succède à qc, qc enchaîne avec qc

ạnschließend **I.** *adj* qui suit/suivait [immédiatement]; ***ein Vortrag mit ~er Diskussion*** une conférence suivie d'un débat
II. *adv* ensuite, après

Ạnschluss^RR *m* **1.** TELEC branchement *m* [téléphonique], ligne *f*; ***ich habe noch keinen ~*** je n'ai pas encore le téléphone
2. TECH ■ **~ [an etw (*akk*)]** [*Gebäude, Hof*] raccordement *m* [à qc]; [*Computer*] connexion *f* [à qc]; ELEC branchement *m* [à qc]
3. ∅ (*Kontakt*) contacts *mpl*; ***willst du ~?*** veux-tu des contacts?
4. TRANSP ■ **~ [an etw (*akk*)/nach etw]** correspondance *f* [avec/pour qc]
5. POL ■ **~ [an etw (*akk*)]** [*Staat, Gebiet*] rattachement *m* [*o* annexion *f*] [à qc]; NS Anschluss *m*
6. (*Beitritt*) ■ **~ [an etw (*akk*)]** rattachement *m* [*o* adhésion *f*] [à qc]
7. ∅ SPORT ■ **~ [an jdn/etw]** contact *m* [avec qn/qc]; ***diesem Läufer gelang der ~ an die Spitze*** ce coureur a réussi à recoller au peloton de tête
▸ **kein ~ unter dieser Nummer** TELEC le numéro que vous avez demandé n'est plus en service actuellement; **der ~ ist besetzt** la ligne est occupée; **jd bekommt** [*o* **findet**] **~** (*Kontakt*) qn noue des contacts; **jd bekommt ~ [nach etw]** TELEC qn obtient la communication [pour qc]; **jd hat ~ [an etw (*akk*)/nach etw]** EISENBAHN, AVIAT qn a une correspondance [avec/pour qc]; **jd sucht ~ [an jdn]** qn cherche à nouer des contacts [avec qn]; **jd verpasst den ~** EISENBAHN, AVIAT qn rate la correspondance; (*findet keinen Partner*) qn rate le coche *fam*; **im ~ [an etw (*akk*)]** (*nach etw*) après [qc], à la suite de qc; **im ~ an jdn/etw** (*mit Bezug auf*) en référence [*o* en écho] à qn/qc

Ạnschlussflug^RR *m* correspondance *f* **Anschlusszug^RR** *m* correspondance *f*

ạn|schmieden *vt* ■ **jd schmiedet jdn [an etw (*akk*)] an** qn enchaîne qn [à qc], qn rive qn à qc; ■ **etw ist [an etw (*akk*)] angeschmiedet** qc est rivé(e) [à qc]

ạn|schmiegen **I.** *vt* ■ **jd schmiegt etw an etw** (*akk*) **an** qn presse qc contre qc
II. *vr* **1.** (*sich anlehnen*) ■ **jd schmiegt sich [an jdn/etw] an** qn se serre [contre qn]/qn se blottit [contre qc]; ***komm, schmieg dich an!*** viens, serre-toi contre moi!; ■ **ein Tier schmiegt sich [an jdn/etw] an** un animal se blottit [contre qn/qc]
2. (*eng anliegen*) ■ **etw schmiegt sich [an jdn/etw] an** */Kleidung, Kleidungsstück/* qc colle [à qn/qc]; ***Kleidung, die sich zu eng [an den Körper] anschmiegt*** un vêtement qui épouse trop la forme du corps

ạnschmiegsam *adj* **1.** *Mensch, Wesen* tendre, caressant(e); *Kind a.* câlin(e)
2. *Material, Stoff* souple

ạn|schmieren *vt* **1.** (*beschmieren*) ■ **jd schmiert etw [mit etw] an** qn barbouille qc [de qc]
2. *fam* (*beschmutzen*) ■ **jd schmiert jdn [mit etw] an** qn cochonne qn [avec qc] *fam*
3. *fam* (*betrügen*) ■ **jd schmiert jdn [mit etw] an** qn blouse [*o* arnaque] qn [avec qc] *fam*; ***du bist ganz schön angeschmiert worden!*** tu t'es bien fait blouser [*o* arnaquer] [*o* avoir] *fam*; ■ **jd ist mit jdm/etw angeschmiert** avec qn, qn est pas gâté(e)/avec qc, qn est pigeonné(e) *fam* [*o* l'a dans le cul *vulg*]; ■ **jd ist der/die Angeschmierte** qn est le pigeon dans l'affaire *fam*

ạn|schnallen **I.** *vt* **1.** AUT ■ **jd schnallt jdn an** qn attache qn
2. (*festschnallen*) ■ **jd schnallt etw an** *Schlittschuh, Steigeisen* qn attache qc; ***das richtige A~ der Schlittschuhe wird geübt*** on apprend à attacher correctement ses patins à glace
II. *vr* ■ **jd schnallt sich an** qn attache [*o* boucle] sa ceinture; ***man muss sich mit dem Sicherheitsgurt ~*** il faut attacher [*o* boucler] sa ceinture [de sécurité]

Ạnschnallpflicht *f* port *m* obligatoire de la ceinture [de sécurité]

ạn|schnauzen *vt fam* ■ **jd schnauzt jdn an** qn engueule qn *fam*; ■ **jd lässt sich [von jdm] ~** qn se fait engueuler [par qn] *fam*; ***warum lässt du dich einfach von ihr ~?*** pourquoi tu la laisses t'engueuler comme ça?

ạn|schneiden *vt irreg* **1.** (*anbrechen*) ■ **jd schneidet etw an** *Brot, Kuchen, Torte* qn entame qc
2. (*ansprechen*) ■ **jd schneidet etw an** *Problem, Thema* qn aborde qc

Ạnschnitt *m* **1.** ∅ (*das Anschneiden*) *verbal übersetzt*; ***beim ~ eines Brotlaibes*** en entamant une miche de pain
2. (*erstes Stück*) [*Käse, Schinken, Wurst*] entame *f*

Anschọvis <-, -> [-vɪs] *f s.* **Anchovis**

ạn|schrauben *vt* ■ **jd schraubt etw [an etw (*akk o dat*)] an** qn visse qc [à qc]; ■ **das A~** le vissage

ạn|schreiben *irreg* **I.** *vt* **1.** (*darauf schreiben*) ■ **jd schreibt etw [an etw (*akk*)] an** *an die Tafel* qn écrit [*o* note] [*o* marque *fam*] qc [à qc]; *Parole* qn inscrit [*o* marque *fam*] qc [sur qc]
2. (*ein Schreiben an jdn richten*) ■ **jd schreibt jdn [wegen etw] an** qn envoie un courrier à qn [à cause de qc], qn contacte qn par écrit [à cause de qc]; ■ **Angeschriebene(r)** personne *f* contactée par écrit
3. *fam* (*auf Kredit geben*) ■ **jd schreibt [jdm] etw an** qn met qc sur le compte [de qn], qn note qc [de qn]; ***können Sie mir die 50 DM ~?*** vous pouvez mettre ces 50 marks sur ma note [*o* mon ardoise]?; *s. a.* **angeschrieben**
II. *vi fam* ■ **jd schreibt an** qn fait crédit; ■ **jd lässt [bei jdm] ~** qn fait mettre sur sa note [*o* son compte] [chez qn]

ạn|schreien *vt irreg* ■ **jd schreit jdn [wegen etw] an** qn crie après qn [pour qc]; ■ **jd lässt sich [von jdm] ~** qn se fait houspiller [par qn]; ***warum***

lässt du dich so von ihr ~? pourquoi la laisses-tu crier ainsi après toi?

Anschrift *f* adresse *f*

Anschubfinanzierung *f* rallonge *f* financière; (*für Neugründungen*) coup *m* de pouce financier

an|schuldigen *vt* ■ **jd schuldigt jdn** [**einer S.** (*gen*)] **an** qn accuse qn [de qc]; *s. a.* **Angeschuldigte**

Anschuldigung <-, -en> *f* accusation *f*

an|schwärzen *vt fam* **1.** (*schlecht machen*) ■ **jd schwärzt jdn** [**bei jdm**] **an** qn dénigre [*o* débine *fam*] qn [auprès de qn]
2. (*denunzieren*) ■ **jd schwärzt jdn** [**wegen etw**] [**bei jdm**] **an** qn cafarde [*o* moucharde] qn [auprès de qn] [à cause de qc] *fam*

an|schweigen *irreg* **I.** *vt* ■ **jd schweigt jdn an** qn oppose son mutisme à qn; ***was schweigst du mich an?*** pourquoi tu ne veux rien me dire?
II. *vr* ■ **sie schweigen sich an** ils/elles s'enferment dans leur silence respectif [*o* chacun(e) dans le mutisme]

an|schweißen *vt* ■ **jd schweißt etw** [**an etw** (*akk*)] **an** qn soude qc [à qc]; ■ **etw ist** [**an etw** (*akk o dat*)] **angeschweißt** qc est soudé(e) [à qc]

an|schwellen *vi irreg + sein* **1.** PHYSIOL ■ **etw schwillt an** */Haut, Körperteil/* qc enfle, qc gonfle; ***der Finger schwoll rötlich an*** le doigt a enflé en prenant une couleur rougeâtre; ***meine Beine schwellen an*** j'ai les jambes qui enflent [*o* gonflent]; ■ [**etw ist**] **angeschwollen** [qc est] enflé(e)
2. ■ **etw schwillt an** */Fluss/* qc grossit; */Wasser/* qc monte
3. (*lauter werden*) ■ **etw schwillt an** qc s'amplifie, qc s'enfle

an|schwemmen **I.** *vt + haben* ■ **etw schwemmt etw** [**an etw** (*akk*)] **an** qc rejette qc [sur qc]; ■ **angeschwemmt** déposé(e) par les flots
II. *vi + sein* ■ **etw schwemmt** [**irgendwo**] **an** qc est rejeté(e) [quelque part]

an|schwimmen *irreg* **I.** *vi + sein* ■ **jd schwimmt gegen etw an** qn nage contre qc
II. *vt + haben* ■ **jd schwimmt etw an** qn nage jusqu'à qc, qn gagne qc à la nage

an|schwindeln *vt fam* ■ **jd schwindelt jdn an** qn raconte des bobards à qn *fam;* ■ **jd lässt sich** [**von jdm**] ~ qn se fait avoir [par qn] *fam*, qn se laisse mener en bateau [par qn] *fam*

an|segeln *vt* ■ **jd/etw segelt etw an** qn/qc fait voile sur qc

an|sehen *irreg* **I.** *vt* **1.** (*ins Gesicht sehen*) ■ **jd sieht jdn an** qn regarde qn; ■ **jd sieht jdn ... an** *ärgerlich, böse, strahlend, verwundert* qn regarde qn d'un air ...; ***jd sieht jdn unschuldig/groß an*** qn regarde qn d'un air innocent/en ouvrant de grands yeux
2. (*betrachten*) ■ **jd sieht etw an** *Bild, Foto, Gegenstand* qn regarde qc
3. (*für etw halten*) ■ **jd sieht etw als** [*o* **für**] **etw an** qn considère qc comme qc
4. (*ablesen können*) ■ **jd sieht jdm etw** [**an etw** (*dat*)] **an** *Alter, Erleichterung, Erschöpfung, Freude, Strapazen* qn voit qc de qn [à son/sa/ses qc]; ***man sieht ihm an, dass er lügt*** on voit à son air qu'il ment; ***man sieht ihm sein Alter nicht an*** il ne paraît [*o* fait] pas son âge; ***ihre Freude war ihr deutlich anzusehen*** sa joie était visible
5. (*sehen und hinnehmen*) ■ **jd sieht etw** [**mit**] **an** *jds Dummheiten, Schandtaten, Streiche* qn tolère qc, qn supporte qc; ■ **jd sieht nicht** [**mit**] **an, wie jd etw tut** qn ne supporte pas de voir de quelle façon qn fait qc
▸ **etw ist ... anzusehen** *hübsch, schauderhaft* qc est ... + *adj;* ***wie gefällt dir das Kleid? – Hübsch anzusehen!*** comment trouves-tu cette robe? – Jolie!; **sieh mal einer an!** *fam* eh ben, dis donc! *fam;* **jd sieht jdn nicht mehr an** *fam* qn n'a plus un regard pour qn
II. *vr* **1.** (*neugierig betrachten*) ■ **jd sieht sich** (*dat*) **jdn/etw an** qn regarde qn/qc; *Szene a.* qn observe qc; *Sehenswürdigkeit* qn visite qc
2. (*betrachten*) ■ **jd sieht sich** (*dat*) **etw an** *Fernsehsendung, Film, Videokassette* qn regarde qc
3. (*mit verfolgen*) ■ **jd sieht sich** (*dat*) **etw an** *Fußballspiel, Karnevalszug, Sportveranstaltung* qn voit qc, qn assiste à qc
▸ **das sehe sich einer an!** *fam* mais c'est pas vrai! *fam*, non, mais je rêve, ou quoi? *fam*

Ansehen <-s> *nt ∅* **1.** (*Reputation*) réputation *f*
2. *geh* (*Aussehen*) apparence *f*
▸ **ohne ~ der Person** sans considération de personne; **jd genießt** [**bei jdm**] **ein ... ~** *ein gewisses, großes* qn jouit d'un crédit ... [auprès de qn]; ***er genießt bei seinen Kollegen immer noch ~*** il jouit encore de l'estime [*o* la considération] de ses collègues; **jd kommt** [*o* **gelangt**] **zu ~** qn assoit sa réputation; **jd steht** [**bei jdm**] **in ... ~** *in großem* qn jouit d'une ... notoriété [auprès de qn]; ***jd steht in*** [***hohem***] ***~*** qn jouit d'une grande notoriété; **jd verliert** [**bei jdm**] **an ~** qn perd de son crédit [auprès de qn]

ansehnlich *adj* **1.** *Erbschaft, Informationsmaterial* important(e); *Betrag, Guthaben a.* substantiel(le); *Leistung* appréciable, beau(belle) *antéposé;* ***eine ~e Summe*** une belle somme; ***Ihre Leistung hätte ~er sein können*** votre performance aurait pu être meilleure
2. *Mensch* de belle apparence; *Gebäude a.* imposant(e); *Bauch* imposant(e)

an|seilen **I.** *vt* ■ **jd seilt jdn an** *Bergsteiger* qn encorde qn; *Verletzten* qn attache qn à une corde
II. *vr* ■ **jd seilt sich an** qn s'encorde

an|sein *s.* **sein¹ I.**▸

an|sengen **I.** *vt + haben* ■ **jd/etw sengt etw an** qn/qc roussit qc
II. *vi + sein* ■ **etw sengt an** qc roussit; ***es riecht hier angesengt*** ça sent le roussi ici

an|setzen **I.** *vt* **1.** (*anfügen*) ■ **jd setzt etw** [**an etw** (*dat o akk*)] **an** qn ajoute qc [à qc]
2. (*annähen*) ■ **jd setzt etw** [**an etw** (*dat o akk*)] **an** *Stück Stoff* qn pose [*o* met] qc [sur qc]
3. (*anlehnen*) ■ **jd setzt etw** [**an etw** (*akk*)] **an** *Möbelstück* qn pose qc [contre qc]; *Leiter a.* qn dresse qc [contre qc]; ***die Leiter darf nicht zu steil angesetzt werden*** il ne faut pas dresser l'échelle trop à la verticale
4. (*daran setzen*) ■ **jd setzt etw an** *Blasinstrument, Trinkgefäß* qn porte qc à ses lèvres; *Feder, Wagenheber* qn place [*o* met] qc
5. (*veranschlagen*) ■ **jd setzt etw** [**mit etw/auf etw** (*akk*)] **an** *Kosten, Wert, benötigte Zeit* qn évalue [*o* estime] qc [à qc]
6. (*festlegen*) ■ **jd setzt etw** [**für etw**] **an** *Besprechung, Konferenz, Termin, Treffen* qn fixe qc [à qc]; ***das nächste Treffen haben wir für den Frühling/Sommer angesetzt*** nous avons fixé la prochaine rencontre au printemps/en été
7. (*hetzen*) ■ **jd setzt jdn auf jdn/etw an** *Detektiv, Geheimagent, Zollfahndung, Steuerfahndung, Bluthund* qn met qn derrière qn/sur qc; ■ **jd setzt ein Tier auf jdn an** qn met un animal aux trousses de qn; ***jd setzt jdn auf jds Spur an*** qn envoie qn sur les traces de qn
8. (*bilden*) ■ **etw setzt etw an** *Beeren, Blätter, Blüten, Früchte, Knospen* qc fait qc
9. GASTR ■ **jd setzt etw** [**mit etw**] **an** *Bowle, Fruchtwein etc* qn prépare qc [avec qc]; ***sie setzte die Erdbeeren mit etwas Alkohol an*** elle a mélangé les fraises avec un peu d'alcool
II. *vi* **1.** ■ **jd setzt mit etw** [**irgendwo**] **an** *mit Hebel, Wagenheber, Bohrer, Säge, Messer* qn pose [*o* applique] qc [quelque part]
2. (*beginnen*) ■ **jd setzt zu etw an** *zum Sprechen, Sprung, Trinken, Überholen* qn s'apprête à faire qc; ***er hob den Pokal und setzte*** [***zum Trinken***] ***an*** il leva sa coupe et se disposa à boire; ■ **jd setzt mit etw an** *mit der Arbeit* qn entame qc; *mit dem Tragen, Heben* qn commence à faire qc
3. (*sich bilden*) ■ **etw setzt an etw** (*dat*) **an** */Blüten, Früchte, Knospen/* qc pousse [*o* se forme] sur qc
4. (*dick machen*) ■ **etw setzt** [**bei jdm**] **an** qc fait grossir [qn]
III. *vr* ■ **etw setzt sich** [**irgendwo**] **an** qc se dépose [quelque part]

Ansicht <-, -en> *f* **1.** (*Meinung*) opinion *f*, avis *m*
2. (*Abbildung*) vue *f*
▸ **jd ist über etw** (*akk*)**/in etw** (*dat*) **geteilter ~** qn est d'un avis divergent [*o* différent] à propos de qc; **jd ist** [**über etw** (*akk*)**/in etw** (*dat*)] **bestimmter ~** *anderer, der gleichen* qn est d'un certain avis [sur qc]; ***ich bin ganz Ihrer ~*** je suis tout à fait de votre avis; ***ich weiß nicht, welcher ~ du bist*** je ne sais pas quel est ton avis [*o* quelle est ton opinion]; **jd ist der ~, dass** qn est d'avis que + *indic;* **nach ~ bestimmter Menschen** (*gen*) selon [*o* d'après] certaines personnes; **meiner/seiner ~ nach** à mon/son avis; **zur ~** pour examen

ansichtig *adj* ▸ **jd wird jds/einer S. ~** *veraltend geh* qn aperçoit qn/qc

Ansichts[**post**]**karte** *f* carte *f* postale **Ansichtssache** *f* ▸ **etw ist** [**reine**] **~** qc est une question de point de vue, qc est une affaire de goût; **~!** *fam* chacun ses goûts!, ça se discute! *fam*

an|siedeln **I.** *vt* **1.** (*ansässig machen*) ■ **jd siedelt jdn/etw** [**irgendwo**] **an** qn installe [*o* implante] qn/qc [quelque part]
2. (*sesshaft machen*) ■ **jd siedelt Tiere irgendwo** [**wieder**] **an** qn [ré]introduit des animaux quelque part
3. IND ■ **jd siedelt etw irgendwo an** *Industrie, Industrieanlage, Konzern* qn implante qc quelque part
4. *geh* (*stammen*) ■ **etw ist irgendwo angesiedelt** [*o* **anzusiedeln**] */Begriff, Terminus/* qc relève de qc, qc ressortit à qc *littér*
II. *vr* **1.** (*sich niederlassen*) ■ **jd siedelt sich irgendwo an** qn se fixe [*o* s'établit] quelque part
2. BIO ■ **etw siedelt sich irgendwo an** qc se fixe quelque part

Ansiedlung *f* **1.** (*Siedlung*) colonie *f*
2. (*das Ansiedeln*) implantation *f*, installation *f*
3. [*Tiere, Tierarten*] introduction *f*
4. [*Industriebetriebe*] implantation *f*

Ansinnen <-s, -> *nt geh* exigence *f*
▸ **jd hat ein ~** [**an jdn**] (*eine Bitte*) qn a une requête à adresser [à qn]

Ansitz *m* affût *m*, mirador *m*

ansonsten *adv* **1.** (*im Übrigen*) à part ça, pour le reste
2. *iron* (*sonst*) à part ça
3. (*im anderen Fall*) sinon

an|spannen **I.** *vt* **1.** (*zusammenziehen*) ■ **jd/ein Tier spannt etw an** *Muskeln* qn/un animal tend [*o* bande] qc
2. (*anstrengen*) ■ **jd spannt jdn an** qn surmène qn; ■ **jd spannt etw an** *Konzentration, Kräfte* qn mobilise qc; ***du spannst meine Geduld schon sehr an*** tu mets vraiment ma patience à rude épreuve; *s. a.* **angespannt**
3. (*in Anspruch nehmen*) ■ **jd/etw spannt etw an:** ***jd spannt seine Mittel bis zum äußersten für die Finanzierung einer S.*** (*gen*) ***an*** qn engloutit [*o* mange] toute sa fortune pour financer qc; ***dieser Kauf hat seine Rücklagen sehr/aufs äußerste angespannt*** cet achat a absorbé une bonne partie/la plus grande partie de ses réserves financières
4. (*mit Zugtieren bespannen*) ■ **jd spannt etw an** qn attelle qc
5. (*ins Geschirr spannen*) ■ **jd spannt ein Tier an** qn attelle un animal
II. *vi* **1.** (*Zugtier ~*) ■ **jd spannt an** qn attelle
2. (*Kutsche ~*) ■ **es ist angespannt** les chevaux sont attelés; ■ **jd lässt ~** qn fait atteler

Anspannung *f* tension *f*
▸ **unter ~ aller Kräfte** en mobilisant toutes mes/ses/... énergies

an|spielen **I.** *vi* **1.** (*andeuten*) ■ **jd spielt** [**mit etw**] **auf jdn/etw an** qn fait allusion [par qc] à qn/qc
2. FBALL ■ **jd spielt an** qn donne le coup d'envoi, qn commence à jouer
II. *vt* ■ **jd spielt jdn an** *Spieler* qn passe le ballon à qn

Anspielung <-, -en> *f* allusion *f* (*auf jdn/etw* à qn/qc)

an|spitzen *vt* **1.** (*spitz machen*) ■ **jd spitzt etw an** *Bleistift* qn taille qc; *Holzrute a.* qn appointe qc
2. *fam* (*antreiben*) ■ **jd spitzt jdn an** qn secoue les puces à qn *fam*

Ansporn <-[e]s> *m ∅* motivation *f*

an|spornen *vt* **1.** (*ermuntern*) ■ **jd/etw spornt jdn an** *Mitarbeiter, Spieler*

qn/qc stimule qn; ***als Chef muss er seine Mitarbeiter stets*** ~ en tant que patron, il doit continuellement stimuler [*o* motiver] ses collaborateurs; ■ **jd/etw spornt jdn zu etw an** qn/qc incite qn à qc; ***jd/etw spornt jdn zu erhöhter Leistung/verstärktem Einsatz an*** qn/qc incite [*o* pousse] qn à être plus performant(e)/à s'engager davantage; ■ **jd/etw spornt jdn an etw zu tun** qn/qc incite [*o* pousse] qn à faire qc
2. (*die Sporen geben*) ■ **jd spornt ein Pferd an** qn éperonne un cheval

Ansprache *f* (*längere Rede*) discours *m;* (*kurze Rede*) allocution *f*
▸ **jd hält eine** ~ qn prononce un discours/une allocution; **jd hält jdm eine** ~ (*ermahnt jdn*) qn fait un sermon à qn; **halte keine ~n!** *fam* assez de blablabla [*o* de baratin]! *fam*

ansprechbar *adj pred* 1. (*zu sprechen*) ■ **jd ist** ~ qn est disponible, on peut parler à qn
2. MED ■ **jd ist** ~ qn est lucide
3. (*zugänglich*) ■ **jd ist auf etw** (*akk*) ~ qn est réceptif(-ive) à qc

an|sprechen *irreg* I. *vt* 1. (*anreden*) ■ **jd spricht jdn an** qn s'adresse à qn, qn adresse la parole à qn, qn parle à qn; ***der Penner sprach jeden der Passanten an*** le clochard accostait tous les passants; ***man spricht keine Menschen auf der Straße an*** on n'aborde [*o* n'accoste] pas les gens dans la rue
2. (*betiteln*) ■ **jd spricht jdn mit etw an** *mit einem Titel* qn appelle qn par qc; ***wie soll ich Sie eigentlich*** ~? comment dois-je vous appeler?; ***sprich mich einfach mit Kasimir an!*** appelle-moi Casimir, tout simplement!
3. (*gegenüber jdm erwähnen*) ■ **jd spricht jdn auf etw** (*akk*) **an** qn parle à qn de qc
4. (*bitten*) ■ **jd spricht jdn um etw an** qn demande qc à qn
5. (*meinen*) ■ **jd spricht jdn an** qn vise qn; ***mit etw ist jd angesprochen*** qn est visé(e) [*o* concerné(e)] par qc
6. (*erwähnen*) ■ **jd spricht etw an** *Punkt, Thema* qn aborde qc
7. (*gefallen*) ■ **etw spricht jdn an** qc plaît à qn; ***irgendwie spricht mich das nicht an*** ça ne me dit pas grand-chose
8. (*beeindrucken*) ■ **jd/etw spricht jdn an** qn impressionne qn/qc interpelle qn
II. *vi* 1. MED ■ **jd spricht auf etw** (*akk*) **an** qn réagit à qc; ■ **etw spricht bei jdm an** qc fait de l'effet à qn; ***diese Tabletten sprechen bei ihr nicht an*** ces comprimés ne lui font aucun effet
2. TECH ■ **etw spricht bei etw/auf etw** (*akk*) **an** /*Bremse, Gaspedal*/ qc répond [*o* obéit] à qc; /*Geigerzähler, Messgerät*/ qc réagit à qc
3. (*Anklang finden*) ■ **etw spricht** [**bei jdm**] **an** qc trouve un écho [auprès de qn], qc séduit [qn]

ansprechend I. *adj Angebot, Artikel* tentant(e), alléchant(e); *Äußeres* charmant(e); *Kleidungsstück* tentant(e), ravissant(e); *Umgebung* plaisant(e), attrayant(e); *Verpackung* attrayant(e); ***ein sehr ~es Kleid*** une robe tout à fait ravissante
II. *adv* de façon attrayante; ***etw wirkt*** ~ qc est attrayant(e)

Ansprechpartner(in) *m(f)* interlocuteur(-trice) *m(f)*

an|springen *irreg* I. *vi + sein* 1. (*zu laufen beginnen*) ■ **etw springt** [...] **an** /*Motor, Wagen*/ *gut, schlecht, schwer* qc démarre [...]
2. *fam* (*reagieren*) ■ **jd springt auf etw** (*akk*) **an** qn réagit à qc; ***man versuchte ihn zu bestechen, aber er sprang darauf nicht an*** on a essayé de le corrompre, mais il n'a pas marché [dans la combine] *fam*
II. *vt + haben* (*gegen jdn springen*) ■ **jd/ein Tier springt jdn an** qn/un animal saute [*o* bondit] sur qn; ***jd wird von jdm/einem Tier angesprungen*** qn est assailli(e) par qn/un animal; ***sie wurde plötzlich von hinten angesprungen*** elle a soudain été assaillie par derrière

an|spritzen *vt* ■ **jd/etw spritzt jdn/etw** [**mit etw**] **an** qn/qc asperge qn/qc [avec qc]; /*vorbeifahrendes Auto*/ qc éclabousse qn/qc [avec qc]

Anspruch *m* 1. JUR droit *m* (*auf etw* (*akk*) à qc)
2. *pl* (*Anforderungen*) exigences *fpl* (*an jdn* vis-à-vis de qn, à l'égard de qn)
3. *pl* (*Wünsche*) prétentions *fpl*
▸ **jd wird den/jds Ansprüchen** [**irgendwie**] **gerecht** qn satisfait [d'une certaine façon] aux exigences [de qn]; **etw stellt große/hohe Ansprüche an etw** (*akk*) /*Aufgabe*/ qc exige beaucoup de qc; **jd erhebt** ~ **auf etw** (*akk*) qn revendique qc, qn réclame qc; **etw erhebt** ~ **auf etw** (*akk*) qc prétend à qc; **jd hat** ~ **auf etw** (*akk*) qn peut prétendre à qc; **jd nimmt etw** [**für sich**] **in** ~ *Recht* qn revendique [*o* réclame] qc [pour lui/elle]; *etwas Angebotenes* qn recourt [*o* a recours] à qc; *Ablenkungen, Möglichkeiten, Kantine etc* qn profite de qc; **jd/etw nimmt jdn in** ~ qn/qc accapare qn; **jd stellt Ansprüche** qn a des exigences [*o* des prétentions]; **jd stellt Ansprüche** [**an jdn**] qn est exigeant(e) [avec qn]; ***in dieser Firma werden große/hohe Ansprüche gestellt*** on est très exigeant dans cette entreprise

-anspruch *m Renten-, Schadenersatz-, Unterhalts-, Versorgungs-* droit *m* au/à la/aux; ***Führungs***~ prétention *f* à gouverner

Anspruchsdenken *nt* mentalité *f* d'enfant gâté

anspruchslos *adj* 1. *Mensch* peu exigeant(e); ■ **jd ist** ~ qn n'a pas d'exigences; ***jd ist ziemlich/völlig*** ~ qn ne demande pas grand-chose/absolument rien
2. (*trivial*) *Film, Roman, Unterhaltungsliteratur* sans prétention; ■ **etwas A~es** quelque chose de distrayant
3. *Blume, Pflanze* rustique; ***etw ist ~ in der Pflege*** qc demande peu de soins

Anspruchslosigkeit <-> *f* ∅ 1. [*Mensch*] simplicité *f;* [*Kind, Angestellter*] exigences *fpl* raisonnables
2. (*Trivialität*) [*Roman etc*] pauvreté *f*, banalité *f*
3. [*Pflanze*] rusticité *f*

anspruchsvoll *adj* 1. *Mensch* exigeant(e) 2. (*niveauvoll*) ambitieux(-euse)
3. (*qualitativ hochwertig*) *Artikel, Möbelstück* haut de gamme; *Gartenanlage, Gestaltung, Urlaubsort* raffiné(e); *Qualität* supérieur(e); ***Gegenstände von ~erer Qualität*** des objets *mpl* de qualité supérieure; ***sehr ~es Mobiliar*** du mobilier d'excellente qualité **Anspruchsvolle(r)** *f(m) decl wie adj* personne *f* exigeante

an|spucken *vt* ■ **jd spuckt jdn/etw an** qn crache sur qn/qc

an|spülen *vt* ■ **etw spült etw an** qc rejette qc; ***angespülte Wrackteile*** des débris *mpl* d'épaves rejetés par les flots

an|stacheln *vt* ■ **jd stachelt jdn an** qn stimule qn, qn aiguillonne qn; ■ **jd stachelt jdn zu etw an** *zum Widerstand* qn pousse [*o* incite] qn à qc; ***jd stachelt jdn zu höherer Leistung an*** qn pousse [*o* incite] qn à accomplir de meilleures performances; ■ **jd lässt sich durch jdn zu etw** ~ qn est poussé(e) par qn à qc/à faire qc; ■ **jd stachelt jdn** [**dazu**] **an etw zu tun** qn pousse [*o* incite] qn à faire qc

Anstalt <-, -en> *f* 1. (*Heil~*) établissement *m* spécialisé *euph*
2. *geh* (*Einrichtung*) établissement *m;* (*privat a.*) institution *f*
▸ **eine ~ öffentlichen Rechts** un établissement public

Anstalten *pl* préparatifs *mpl*
▸ **jd macht** [*o* **trifft**] ~ *form* qn prend des dispositions; **jd macht** [*o* **trifft**] ~ **etw zu tun** qn s'apprête [*o* se dispose] à faire qc; ***jd macht keine/nicht die geringsten ~ etw zu tun*** qn ne semble pas/pas du tout disposé(e) à faire qc; ***man traf erste/die ersten ~ die Bevölkerung auf die Katastrophe vorzubereiten*** on a pris les premières dispositions en vue de préparer la population à la catastrophe; **jd trifft** ~ [**für** [*o* **zu**] **etw**] (*Vorbereitungen*) qn prend des dispositions [en vue de qc]

Anstalts- de l'établissement **Anstaltsarzt** *m*, **-ärztin** *f* médecin *m* de l'établissement **Anstaltsgeistliche(r)** [-gaist-] *f(m) decl wie adj* aumônier *m* **Anstaltskleidung** *f* 1. (*Klinikkleidung*) tenue *f* [réglementaire]
2. (*Gefängniskleidung*) tenue *f* [*o* costume *m*] de prisonnier(-ière), vêtements *mpl* de détenu(e)

Anstand *m* ∅ bienséance *f*, bonnes manières *fpl;* ***dieses Benehmen verletzt den*** ~ ce comportement est une atteinte à la bienséance; ***Leute ohne*** ~ des gens inconvenants; ***jd verabschiedet sich mit*** [***viel***] ~ qn prend congé avec [beaucoup de] courtoisie; ***ich bitte mir mehr ~ aus!*** j'exige davantage de savoir-vivre!
▸ **jd hat keinen** ~ qn n'a aucun sens des convenances [*o* aucun savoir-vivre]; **jd nimmt** ~ **an etw** (*dat*) (*Anstoß*) qn se formalise de qc, qn est choqué(e) par qc; **ohne** ~ *form* (*Einwand*) sans encombre

anständig I. *adj* 1. (*gesittet*) *Eindruck, Witz, Mensch* convenable; *Benehmen a.* correct(e); *Kleidung a.* décent(e)
2. (*ehrbar*) *Lokal* convenable, sérieux(-euse); *Bürger* honnête; *Verhalten* honorable, correct(e)
3. *fam* (*ordentlich*) bon(ne) *antéposé; Mahlzeit* correct(e); *Honorar* conséquent(e) *fam*
II. *adv* 1. (*gesittet*) convenablement, correctement, comme il faut
2. *fam* (*ordentlich*) *bezahlen, essen* correctement; *baden* pour de bon; ***jetzt schlafe ich mich erst mal ~ aus!*** je vais dormir pour de bon [*o* tout mon soûl]!

anständigerweise *adv* ■ **jd tut etw** ~ qn a la correction de faire qc

Anständigkeit <-> *f* ∅ honnêteté *f;* [*Mensch a.*] moralité *f;* [*Benehmen*] décence *f*, correction *f*

Anstandsbesuch *m* visite *f* de courtoisie **anstandshalber** *adv* par souci des convenances

anstandslos *adv bezahlen* sans difficulté; *durchkommen* sans encombre; *einverstanden sein* sans hésitation

Anstandswauwau <-s, -s> *m fam* chaperon *m*

an|starren *vt* ■ **jd starrt jdn/etw an** qn regarde fixement qn/qc

anstatt I. *präp* ■ ~ **einer S.** (*gen*) au lieu de qc
II. *conj* ■ ~ **etw zu tun** au lieu de faire qc

an|stauben *vi + sein* ■ **etw staubt an** qc prend la poussière; ■ **angestaubt** poussiéreux(-euse)

anstauen I. *vt* ■ **jd staut etw an** *Bach, Wasserlauf* qn barre qc; *Wasser* qn contient qc, qn retient qc
II. *vr* 1. (*sich stauen*) ■ **etw staut sich** [**in etw** (*dat*)/**vor etw** (*dat*)] **an** /*Wasser, Blut*/ qc s'accumule [dans/derrière qc]; ***der Bach staut sich vor der Barriere an*** les eaux du ruisseau s'accumulent derrière le barrage
2. (*sich aufstauen*) ■ **etw staut sich** [**in jdm**] **an** /*Hass, Wut, Verlangen*/ qc s'accumule [chez qn/en lui/en elle]

an|stechen *vt irreg* 1. GASTR ■ **jd sticht etw** [**mit etw**] **an** *Braten, Gemüse, Kartoffeln, Kuchen* qn pique qc [avec qc]
2. MED ■ **jd sticht etw** [**mit etw**] **an** qn perce [*o* crève] qc [avec qc]
3. (*hineinstechen*) ■ **ein Tier sticht etw an** un animal s'attaque à qc; ■ **jd sticht etw an** *Reifen* qn crève qc
4. (*anzapfen*) ■ **jd sticht etw an** *Fass* qn met qc en perce

an|stecken I. *vt* 1. (*befestigen*) ■ **jd steckt** [**jdm**] **etw an** *Abzeichen, Anstecknadel, Orden* qn épingle qc [à qn]
2. (*an den Finger*) ■ **jd steckt** [**jdm**] **etw an** *Ring* qn [lui] met [*o* enfile] qc [au doigt]
3. (*anzünden*) ■ **jd steckt etw an** *Pfeife, Zigarre, Zigarette* qn allume qc; ***steck mir die Zigarette an*** allume-moi ma cigarette
4. (*in Brand stecken*) ■ **jd steckt etw** [**mit etw**] **an** *Papier, Kaminholz* qn fait brûler qc [avec qc]; *Gebäude a.* qn incendie [*o* met le feu à] qc [avec qc]; ■ **etw lässt sich anstecken** qc s'allume
5. (*infizieren*) ■ **jd steckt jdn an** qn contamine qn; ■ **jd steckt jdn mit etw an** qn passe qc à qn
6. (*übertragen*) ■ **jd steckt jdn mit etw an** *mit Begeisterung, Erregung* qn communique qc à qn; ■ **etw steckt jdn an** /*Begeisterung, Wut*/ qc gagne qn, qc s'empare de qn; ***alle wurden von dieser Rede angesteckt*** tous ont été enflammés par ce discours; ***diese Begeisterung steckte auch andere an*** cet enthousiasme a été contagieux
II. *vr* 1. (*sich infizieren*) ■ **jd steckt sich** [**bei jdm**] **an** qn est contaminé(e) [par qn]; ***hast du dich irgendwo angesteckt?*** où est-ce que tu as attrapé ça?; ■ **jd steckt sich** [**bei jdm**] **mit etw an** qn attrape qc [au contact de qn]

2. (*sich anzünden*) ■ **jd steckt sich** (*dat*) **etw an** */Zigarre/Zigarette* qn s'allume qc; ***ich stecke mir eine Pfeife an*** je vais fumer une [petite] pipe
III. *vi* 1. MED ■ **etw steckt an** qc est contagieux(-euse)
2. (*sich übertragen*) ■ **etw steckt an** */Begeisterung, Erregung, Wut/* qc est contagieux(-euse) [*o* communicatif(-ive)]
ansteckend *adj* 1. *Krankheit* contagieux(-euse)
2. (*sich leicht übertragend*) ■ **etw ist ~** */Begeisterung, Erregung, Wut/* qc est contagieux(-euse) [*o* communicatif(-ive)]
Anstecker *m* insigne *m;* (*Werbe~*) pin's *m,* épinglette *f*
Anstecknadel *f* insigne *m*
Ansteckung <-, *rare* -en> *f* infection *f,* contamination *f*
Ansteckungsgefahr *f* risque *m* de contagion [*o* contamination]
▸ **es besteht** ~ il y a risque de contagion [*o* contamination]; ***es besteht große/erhöhte/keine*** ~ il y a des risques importants/élevés/il n'y a aucun risque de contagion [*o* contamination]
an|stehen *vi irreg + haben o* SDEUTSCH *sein* 1. (*Schlange stehen*) ■ **jd steht [nach etw] an** qn fait la queue [pour qc]
2. (*zu erledigen sein*) ■ **etw steht an** qc reste en suspens; ■ **etw steht bei jdm an** qn a qc à régler; (*vorhaben*) qn a qc de prévu; ***steht bei dir heute etwas an?*** est-ce que tu as quelque chose à faire/de prévu aujourd'hui?; ■ **~d** en suspens
3. JUR ■ **etw steht an** */Gerichtssache, Termin/* qc est à l'ordre du jour, qc est inscrit(e) au rôle; ■ **jd hat etw ~** */Gericht/* qn doit juger qc; */Anwalt/* qn doit plaider qc
4. *geh* (*geziemen*) ■ **etw steht jdm ... an** *gut, besser, nicht, schlecht, wohl* qc sied ... à qn *littér;* ***es steht jdm gut/nicht an etw zu tun*** il est séant/il n'est pas séant pour qn de faire qc *littér*
an|steigen *vi irreg + sein* 1. (*sich erhöhen*) ■ **etw steigt [um etw] an** */Miete, Preis, Temperatur, Umsatz, Zahlen, Zinsen/* qc monte [*o* grimpe] [de qc]; ■ **etw steigt auf etw** (*akk*) **an** qc atteint qc; ■ **~d** en hausse, en progression
2. (*steiler werden*) ■ **etw steigt an** */Berghang, Gelände, Weg/* qc monte; ■ **~d** en pente; ***stark/steil ~d*** en pente raide; ***leicht ~d*** en pente douce
anstelle *präp* ■ **~ eines Menschen/einer S.** à la place de qn/qc
an|stellen I. *vt* 1. (*einschalten*) ■ **jd stellt etw an** *Beleuchtung, Licht* qn allume qc
2. (*in Gang setzen*) ■ **jd stellt etw an** *Elektrogerät, Klingel, Läutewerk, Uhr* qn met qc en route; ***die Klingel war nicht angestellt*** la sonnette n'était pas branchée
3. (*wieder fließen lassen*) ■ **jd stellt etw an** *Strom, Wasser* qn met qc; *Gas* qn ouvre qc; ***das Gas lässt sich hier ~*** c'est ici qu'on ouvre le gaz; ***der Strom wurde wieder angestellt*** le courant a été remis
4. (*beschäftigen*) ■ **jd stellt jdn [als etw] an** qn embauche qn [comme qc]; ■ **jd ist [bei jdm] [als etw] angestellt** qn est employé(e) [chez qn] [comme qc]; *s. a.* **Angestellte**
5. (*anlehnen*) ■ **jd stellt etw [an etw** (*akk*)**] an** qn met [*o* pose] qc contre qc
6. (*dazustellen*) ■ **jd stellt etw an** *Bank, Stuhl, Tisch* qn ajoute qc
7. *form* (*durchführen*) ■ **jd stellt etw [über etw** (*akk*)**/zu etw] an** *Ermittlungen, Nachforschungen* qn procède à qc [à propos de qc]; *Betrachtungen, Vermutungen, Überlegungen* qn se livre à qc [à propos de qc]
8. *fam* (*bewerkstelligen*) ■ **jd stellt es irgendwie an:** ***jd stellt es geschickt/nicht geschickt an*** qn se débrouille [*o* se démerde *fam*] bien/mal; ***wie kann man es ~, um*** comment peut-on se débrouiller [*o* se démerder *fam*] pour + *infin;* ***jd stellt es so an, dass*** qn se débrouille pour que + *subj*
9. *fam* (*anrichten*) ■ **jd stellt etw an** *Blödsinn, Quatsch, Unfug, Unsinn* qn fait qc; ***was hast du da wieder angestellt?*** qu'est ce que t'as encore fabriqué? *fam;* ***dass ihr mir ja nichts anstellt!*** tâchez de pas faire de bêtises! *fam*
II. *vr* 1. (*Schlange stehen*) ■ **jd stellt sich an** qn fait la queue; ***jd stellt sich hinten an*** qn se met à la queue
2. *fam* (*sich verhalten*) ■ **jd stellt sich irgendwie an** *dumm, geschickt, klug, tölpelhaft, ungeschickt* qn s'y prend d'une certaine façon
▸ **stell dich nicht [so] an!** *fam* fais pas tant de chichis! *fam*
anstellig I. *adj* adroit(e), habile
II. *adv* habilement, adroitement
Anstellung *f* emploi *m,* place *f*
▸ **jd ist [noch] in ~** qn est [toujours] en activité, qn a [toujours] un emploi
Anstellungsvertrag *m* contrat *m* d'embauche [*o* de travail]
an|steuern *vt* 1. NAUT ■ **jd/etw steuert etw an** qn/qc met le cap sur qc
2. (*anvisieren*) ■ **jd steuert etw an** *Wachstum, Fortschritt* qn vise qc; *Zweck a.* qn poursuit qc; *Thema* qn veut aborder qc
Anstich *m* [*Fass*] mise *f* en perce
Anstieg <-[e]s, -e> *m* 1. ∅ [*Inflation, Kosten, Mieten, Preise, Temperaturen, Zinsen*] hausse *f*
2. (*Aufstieg*) ascension *f* (*zu etw* de qc)
3. ∅ (*Steigung*) montée *f;* ***der ~ der Straße*** la pente de la route
an|stieren *vt pej* ■ **jd stiert jdn an** qn lorgne qn; (*mit Begierde*) qn reluque qn *fam*
an|stiften *vt* 1. (*anzetteln*) ■ **jd stiftet etw an** *Komplott, Verbrechen* qn fomente qc
2. *fam* (*anrichten*) ■ **jd stiftet etw an** *Streich, Unfug* qn fait qc; ***was hast du denn da wieder angestiftet?*** qu'est-ce que t'as encore fabriqué? *fam*
3. (*veranlassen*) ■ **jd stiftet jdn [zu etw] an** *zu einer Straftat* qn entraîne qn [à commettre qc]; ■ **jd stiftet jdn [dazu] an etw zu tun** qn incite [*o* pousse] qn à faire qc
Anstifter(in) *m(f)* instigateur(-trice) *m(f)*
Anstiftung *f* JUR incitation *f;* ■ **die ~ [eines Menschen] zu etw** l'incitation *f* [de qn] à qc
an|stimmen I. *vt* 1. MUS ■ **jd stimmt etw an** *Lied, Melodie* qn entonne qc; ■ **jd stimmt etw an** */Kapelle/Musikstück* qn attaque qc
2. (*erheben*) ■ **jd stimmt etw an** *ein Geheul, Geschrei* qn pousse qc; *ein Klagen, Lamento a.* qn émet qc; *Proteste* qn lance qc; ***jd stimmt ein großes Lamento an*** qn se répand en lamentations; ***jd stimmt ein brüllendes Gelächter an*** qn part d'un grand éclat de rire
II. *vi* ■ **jd stimmt an** qn donne le ton
Anstoß *m* 1. (*Ansporn*) impulsion *f;* ***der ~ zu diesem Projekt ging von ihr aus*** c'est elle qui a impulsé ce projet
2. *geh* (*Ärgernis*) [objet *m* de] scandale; ***diese Sittenlosigkeit ist Gott ein ~*** cette dépravation est une offense [*o* un outrage] à Dieu
3. FBALL coup *m* d'envoi
4. CH (*Angrenzung*) ■ **~ an etw** (*akk*) proximité *f* [immédiate] de qc; ***mit ~ an etw*** (*akk*) en bordure de qc
▸ **jd bekommt von jdm/durch etw den ~ zu etw** c'est qn/qc qui incite qn à qc; **jd bekommt von jdm/durch etw den ~ etw zu tun** c'est qn/qc qui incite qn à faire qc; **jd/etw erregt ~** qn/qc suscite la réprobation; **jd/etw erregt bei jdm ~** qn/qc scandalise qn; **jd/etw gibt den [ersten] ~ zu etw** qn donne la première impulsion à qc/qc est le prélude à qc; **jd gibt jdm den ~ etw zu tun** qn motive [*o* encourage] qn à faire qc; **jd nimmt an etw** (*dat*) **~** qn est choqué(e) par qc
an|stoßen *irreg* I. *vi* 1. + *sein* (*gegen etw stoßen*) ■ **jd stößt [mit etw] [an etw** (*akk*)**] an** *mit Ellenbogen, Kopf* qn se cogne [qc] [contre qc]; ■ **jd stößt mit etw [an etw** (*akk*)**] an** *mit Gerät, Traglast, Körperteil* qn cogne qc [contre qc]; ***pass auf, dass du nicht/nirgendwo anstößt, wenn du die Kiste rausträgst!*** fais attention de ne rien cogner en sortant la caisse!
2. + *haben* (*prosten*) ■ **jd stößt [mit etw] [auf jdn/etw] an** qn trinque [avec qc] [à la santé de qn/à qc]
3. + *sein* (*angrenzen*) ■ **etw stößt an etw** (*akk*) **an** *an einen Wald, ein Grundstück* qc est attenant(e) à qc, qc est en bordure de qc; *an einen Bach, Kanal* qc est en bordure [*o* au bord] de qc; *an ein Land* qc touche qc, qc est limitrophe de qc
II. *vt + haben* 1. (*leicht stoßen*) ■ **jd stößt jdn [mit etw] an** *mit dem Fuß* qn pousse qn [de qc]; ***freundschaftlich stieß er ihn mit der Schulter an*** il lui a donné une bourrade amicale
2. (*in Bewegung setzen*) ■ **jd stößt etw an** *Ball, Kugel* qn frappe qc
3. (*in Gang setzen*) ■ **jd stößt etw an** *Aufstand, Entwicklung, Revolution, Diskussion* qn déclenche qc
III. *vr + haben* ■ **jd stößt sich [an etw** (*dat*)**] an** qn se cogne [contre [*o* à] qc]; ■ **jd stößt sich** (*dat*) **etw an** qn se cogne qc
Anstößer(in) <-s, -> *m(f)* CH *s.* **Anwohner**
anstößig I. *adj* choquant(e); ***diese Witze sind etwas A~es*** ce sont des plaisanteries choquantes; ***das ist doch nichts A~es!*** ça n'a rien de choquant!
II. *adv* de façon choquante
Anstößigkeit <-, -en> *f* 1. ∅ [*Andeutung, Bemerkung, Witz*] inconvenance *f;* [*Kleidung, leicht bekleideter Körperteil*] indécence *f;* [*Romanszene, Film, Filmszene*] obscénité *f,* immoralité *f*
2. (*Bemerkung, anstößige Stelle*) obscénité *f*
an|strahlen *vt* 1. (*anleuchten*) ■ **jd/etw strahlt etw an** qn/qc illumine [*o* éclaire] qc
2. (*strahlend ansehen*) ■ **jd strahlt jdn an** qn regarde qn d'un air rayonnant; ***ihre Augen strahlten ihn an*** elle porta sur lui un regard rayonnant
an|streben *vt* ■ **jd strebt etw an** qn aspire à qc, qn souhaite qc; *Stelle* qn ambitionne qc; ■ **jd strebt an etw zu tun** qn aspire à faire qc
an|streichen *vt irreg* 1. (*mit Farbe*) ■ **jd streicht etw an** qn peint qc, qn met en peinture qc; ***jd streicht etw neu [o frisch] an*** qn repeint qc; ***jd streicht etw lila/rot an*** qn peint qc couleur lilas/en rouge; ***jd streicht etw mit einer ... Farbe an*** qn passe une peinture ... sur qc
2. (*markieren*) ■ **jd streicht etw [mit etw] an** *Fehler, Namen, Satz, Textstelle* qn marque [*o* coche] qc [avec qc]; ***jd streicht etw dick/rot an*** qn marque qc en gros/en rouge
Anstreicher(in) <-s, -> *m(f)* peintre *mf*
an|strengen I. *vr* 1. (*sich einsetzen*) ■ **jd strengt sich [bei etw/für etw] an** qn fait des efforts, qn se fatigue [pour qc]; ***keiner muss sich übermäßig ~*** personne n'a à fournir d'efforts démesurés
2. (*sich Mühe geben*) ■ **jd strengt sich [mit etw] an** *mit einem Essen, Geschenk, einer Zeichnung* qn se donne du mal [pour qc]; ■ **jd strengt sich an etw zu tun** qn se donne du mal pour faire qc, qn s'efforce de faire qc; ***jd strengt sich sehr an etw zu tun*** qn se donne beaucoup de mal pour faire qc
II. *vt* 1. (*strapazieren*) ■ **etw strengt jdn an** qc fatigue qn
2. (*beanspruchen*) ■ **jd strengt etw an** *Geist, Kräfte, Muskeln* qn mobilise qc, qn concentre qc; ***jd strengt sein Gehör/seine Augen an*** qn tend l'oreille/écarquille les yeux
3. (*fordern*) ■ **jd strengt jdn an** qn stresse qn; ***du strengst mich zu sehr an*** tu me surmènes; *s. a.* **angestrengt**
anstrengend *adj* fatigant(e)
Anstrengung <-, -en> *f* 1. (*Kraftaufwand*) dépense *f* physique; ***vermeiden Sie körperliche ~en!*** évitez les efforts physiques!
2. (*Bemühung*) effort *m*
▸ **mit äußerster [o letzter] ~** dans un suprême [*o* ultime] effort; **jd macht ~en etw zu tun** qn fait des efforts pour faire qc
Anstrich *m* 1. ∅ (*das Anstreichen*) [*Gebäude, Wand*] peinture *f,* badigeonnage *m*
2. (*Farbüberzug*) couche *f* [de peinture], enduit *m*
3. ∅ (*Note*) ■ **~ von jdm** *von Charmeur, Nutte* allures *fpl* de qn; ■ **~ von etw** *von Verruchtheit* pointe *f* [*o* soupçon *m*] de qc
4. ∅ (*Anschein*) ■ **~ von etw** *von Expertentum, Wissenschaftlichkeit* apparence *f* [*o* semblant *m*] de qc; ***ein künstlerischer/wissenschaftlicher ~*** une apparence [*o* un vernis] artistique/scientifique

Ansturm *m* 1. (*Andrang*) [*Käufer, Kunden, Sparer*] affluence *f*, ruée *f*, cohue *f*; ■ ~ **auf etw** (*akk*) ruée *f* sur qc
2. MIL assaut *m*
3. *geh* [*Gefühl, Emotionen*] flot *m soutenu*

an|stürmen *vi + sein* 1. MIL ■ **jd stürmt gegen jdn/etw an** qn donne l'assaut contre qn/qc, qn assaille qn/qc
2. (*angelaufen kommen*) ■ **jd stürmt an** /*Horde, Kinderschar*/ qn se précipite, qn accourt
3. *geh* (*dagegen peitschen*) ■ **etw stürmt gegen etw an** /*Brecher, Flut*/ qc vient battre qc

an|suchen *vi* AUS, *veraltend* ■ **jd sucht bei jdm um etw an** qn sollicite qc [auprès] de qn

Ansuchen <-s, -> *nt form* requête *f* (*um etw* pour obtenir qc)
► **auf jds** ~ (*akk*) à la requête de qn

Antagonist(in) <-en, -en> *m(f)* adversaire *mf*

an|tanzen *vi + sein fam* ■ **jd tanzt** [**bei jdm**] **an** qn se pointe [chez qn] *fam*; ■ **jd lässt jdn** [**bei sich**] ~ qn convoque qn illico *fam*

Antarktis <-> *f* ■ **die** ~ l'Antarctique *m*

antarktisch *adj* antarctique

an|tasten *vt* 1. (*beeinträchtigen*) ■ **jd/etw tastet etw an** *jds Ehre, Privileg, Recht, Würde* qn/qc porte atteinte à qc; ■ **jd lässt etw von jdm** ~ qn laisse qn porter atteinte à qc
2. (*anbrechen*) ■ **jd tastet etw an** *Ersparnisse, Sparbuch, Konserven, Vorrat* qn entame qc, qn touche à qc
3. (*leicht berühren*) ■ **jd tastet etw an** qn touche qc; ***jd tastet etw nur leicht an*** qn effleure juste qc

an|tauen *vi + sein* ■ **etw taut an** qc commence à [se] décongeler; ■ **angetaut** [partiellement] décongelé(e)

Anteil *m* 1. (*Teil*) ■ ~ [**an etw** (*dat*)] part *f* [de qc]; ***jd bekommt seinen*** ~ qn reçoit sa [quote-]part; ***ihr*** ~ ***an der Erbschaft*** sa part d'héritage; ***welchen*** ~ ***hat er an diesem Werk geleistet?*** quelle part a-t-il prise à ce travail?
2. (*Menge*) ■ ~ **an etw** (*dat*) *an Asbest, Schwermetallen* teneur *f* en qc
3. COM participation *f*; ■ **jds** ~ [**an etw** (*dat*)] la participation de qn [dans qc]
4. *geh* (*Mitgefühl*) ■ **jds** ~ **an etw** (*dat*) *an einem Trauerfall* la compassion [*o* la sympathie] de qn à l'occasion de qc *soutenu*; ***ihr*** ~ ***an seinem Leid*** sa compassion [pour lui] *soutenu*
5. *geh* (*Anteilnahme*) ■ ~ **an etw** (*dat*) *an jds Freude, einem glücklichen Umstand* participation *f* à qc; ***aus*** ~ ***an ihrer Freude strahlte er über das ganze Gesicht*** son visage rayonnait tant il partageait sa joie
6. *geh* (*Beteiligung*) ■ ~ **an etw** (*dat*) *an einer Diskussion, am Unterricht* intérêt *m* pour qc
► **jd hat** ~ **an etw** (*dat*) (*ist beteiligt*) qn prend part [*o* est associé(e)] à qc; **jd nimmt** ~ **an etw** (*dat*) (*Teilnahme*) qn prend part [*o* participe] à qc; **jd zeigt** ~ **an etw** (*dat*) qn montre de l'intérêt pour qc

anteilig, anteilmäßig I. *adj* proportionnel(le)
II. *adv* proportionnellement

Anteilnahme <-> *f* ∅ 1. (*Beileid*) ■ **jds** ~ [**an etw** (*dat*)] *an einem Trauerfall* les condoléances *fpl* de qn [à l'occasion de qc]; *an einem Unglück* la sympathie de qn [à l'occasion de qc]; ***meine große*** ~ ma profonde sympathie, mes sincères condoléances *fpl*
2. (*Beteiligung*) participation *f*; ***unter großer*** ~ ***der Bevölkerung*** avec la participation massive de la population

Anteilschein *m* action *f*, titre *m* de participation

an|telefonieren * *vt fam* ■ **jd telefoniert jdn an** qn passe [*o* donne] un coup de fil à qn *fam*; ***jd wird antelefoniert*** qn reçoit un coup de fil *fam*

Antenne <-, -n> *f* 1. RADIO, TV antenne *f*
2. ZOOL antenne *f*
► **jd hat eine** ~ **für etw** *fam* qn a un feeling [*o* un sixième sens] pour qc *fam*

-antenne *f Auto-, Dach-, Haus-, Fernseh-* antenne *f* de; ***Parabol***~ antenne *f* parabolique, parabole *f*; ***Radio***~ antenne *f* radio; ***Zentral***~ antenne *f* collective; ***Zimmer***~ antenne *f* intérieure

Anthologie <-, -n> [-'giːən] *f* anthologie *f*

Anthrazit <-s, *rare* -e> *m* anthracite *m*

anthrazitfarben *adj*, **anthrazitfarbig** *adj* anthracite *inv*

Anthropologe <-n, -n> *m*, **-login** *f* anthropologue *mf*

Anthropologie <-> *f* ∅ anthropologie *f*

Anthroposoph(in) <-en, -en> *m(f)* anthroposophe *mf*

Anthroposophie <-> *f* ∅ anthroposophie *f*

anthroposophisch I. *adj* anthroposophique
II. *adv erziehen* conformément à l'anthroposophie; ***jd/etw ist*** ~ ***angehaucht/orientiert*** qn/qc est teinté(e) d'anthroposophie/a des orientations anthroposophiques

Anti- *präf* anti[-]...; ~***-AKW-/Atom-/Kernkraft-Bewegung*** mouvement *m* antinucléaire; ~***inflationspolitik*** politique *f* anti-inflationniste; ~***nikotinbewegung*** mouvement *m* antitabac **Antialkoholiker(in)** *m(f)* antialcoolique *mf*; ***der Verband der*** ~ la ligue antialcoolique ► **jd ist** ~ qn est antialcoolique **antiautoritär** I. *adj* antiautoritaire II. *adv* de façon antiautoritaire; ***jd ist*** ~ ***eingestellt*** qn a une attitude antiautoritaire **Antibabypille** *f fam* pilule *f fam*

Antibiotikum <-s, -biotika> *nt* antibiotique *m*

Antiblockiersystem *nt* système *m* antiblocage, [système *m*] A.B.S. *m* **antichristlich** [-krɪst-] I. *adj* antichrétien(ne) II. *adv* de façon antichrétienne; ***jd ist*** ~ ***eingestellt*** qn est antichrétien(ne) **Antidepressivum** <-s, -va> [-vʊm, -va] *nt* antidépresseur *m*

Antifa <-> *f sl abk von* **Antifaschismus**

Antifaschismus *m* antifascisme *m*

Antigen <-s, -e> *nt* antigène *m*

antihaftbeschichtet *adj Kochtopf, Pfanne* anti-adhésif(-ive)

Antihistamin *nt* antihistaminique *m*

antik I. *adj* 1. (*aus der Antike stammend*) antique
2. (*als Antiquität anzusehen*) ancien(ne)
II. *adv*: ***jd ist*** ~ ***eingerichtet*** qn est meublé(e) en ancien

Antike <-> *f* ∅ Antiquité *f*

antiklerikal I. *adj* anticlérical(e) II. *adv* de façon anticléricale; ***jd ist*** ~ ***eingestellt/gesinnt*** qn a des idées anticléricales **Antikommunismus** *m* anticommunisme *m* **Antikommunist(in)** *m(f)* anticommuniste *mf* **antikommunistisch** I. *adj* anticommuniste II. *adv* de façon anticommuniste; ***jd ist*** [***streng***] ~ ***eingestellt*** qn est [violemment] anticommuniste **Antikörper** *m* anticorps *m*

Antilope <-, -n> *f* antilope *f*

Antimon <-s> *nt* ∅ CHEM antimoine *m*

Antipathie <-, -n> [-'tiːən] *f* antipathie *f* (*gegen jdn* pour qn, envers qn); ***die/eine*** ~ ***gegeneinander*** l'antipathie/une antipathie réciproque [*o* mutuelle]

an|tippen *vt* 1. (*kurz berühren*) ■ **jd tippt jdn** [**an etw** (*dat*)] **an** qn lui donne une petite tape [sur qc]; ■ **jd tippt etw an** *Bremse, Pedal, Bildschirm, Taste* qn effleure qc
2. (*streifen*) ■ **jd tippt etw an** *Problem, Punkt, Thema* qn effleure qc

Antiquar(in) <-s, -e> *m(f)* bouquiniste *mf*

Antiquariat <-[e]s, -e> *nt* (*Laden*) librairie *f* d'occasion; (*Abteilung*) section *f* de livres d'occasion
► **modernes** ~ librairie *f* de livres soldés

antiquarisch *adj, adv* d'occasion

antiquiert *adj geh* archaïque, désuet(-uète), suranné(e)

Antiquität <-, -en> *f* antiquité *f*

Antiquitätengeschäft *nt* magasin *m* d'antiquités **Antiquitätenhandel** *m* commerce *m* d'antiquités **Antiquitätenhändler(in)** *m(f)* antiquaire *mf*

Antirakete *f*, **Antiraketenrakete** *f* missile *m* antimissile **Antisemit(in)** *m(f)* antisémite *mf* **antisemitisch** I. *adj* antisémite II. *adv* de façon antisémite; ***jd ist*** ~ ***eingestellt*** qn est antisémite **Antisemitismus** <-> *m* ∅ antisémitisme *m* **antiseptisch** I. *adj* antiseptique II. *adv*: ***etw wirkt*** ~ qc a un effet antiseptique **Antispastikum** <-s, -ka> *nt* antispasmodique *m*

Antistatik- *-beschichtung, -spray, -tuch* antistatique

antistatisch I. *adj* antistatique II. *adv behandeln* avec un [produit] antistatique **Antiteilchen** *nt* antiparticule *f* **Antiterroreinheit** *f* brigade *f* [*o* unité *f*] antiterroriste **Antithese** *f* antithèse *f* **Antivirenprogramm** [-viː-] *nt* INFORM anti-virus *m* **antizyklisch** [-'tsyːklɪʃ] I. *adj* anticyclique II. *adv* d'une façon anticyclique

Antlitz <-es, -e> *nt poet* visage *m*

Anton <-s> *m* ► **blauer** ~ bleu *m* [de travail]

an|tönen *vt* AUS, CH *s.* **andeuten**

an|törnen I. *vt sl* ■ **etw törnt jdn an** /*Droge*/ qc met qn en transe, qc speede qn *arg*; /*Musik a.*/ qc fait craquer qn *fam*; ■ **jd ist angetörnt** qn est speedé(e) *fam*
II. *vi sl* ■ **etw törnt an** qc met en transe

Antrag <-[e]s, -träge> *m* 1. ADMIN demande *f* (*auf etw* (*akk*) de qc)
2. (*Formular*) [formulaire *m* de] demande *f*
3. (*Forderung bei Gericht*) requête *f*
4. PARL motion *f*
5. (*Heirats~*) demande *f* en mariage
► **jd macht jdm einen** ~ (*Heirats~*) qn demande qn en mariage; **jd stellt einen** ~ [**auf etw** (*akk*)] ADMIN qn fait une demande [de qc]; JUR qn présente une requête [en vue de qc]; **auf jds** ~ (*akk*) à la demande de qn; JUR à la requête de qn

an|tragen *vt irreg geh* ■ **jd trägt jdm etw an** qn propose qc à qn; *Angebot, Vorschlag* qn fait qc à qn; ■ **jd trägt jdm an etw zu tun** qn propose à qn de faire qc

Antragsformular *nt* formulaire *m* de demande **Antragsteller(in)** <-s, -> *m(f) form* demandeur(-euse) *m(f)*; JUR demandeur/-eresse *m/f*, requérant(e) *m(f)*

an|trauen *vt veraltend* ■ **jd wird jdm angetraut** qn et qn sont unis par les liens du mariage; ■ **angetraut** légitime; *s. a.* **Angetraute**

an|treffen *vt irreg* 1. (*treffen*) ■ **jd trifft jdn** [**irgendwo**] **an** (*dat*) qn rencontre qn [quelque part]; ***um diese Zeit bin ich immer anzutreffen*** à cette heure-là, on peut toujours me joindre [*o* me trouver]
2. (*vorfinden*) ■ **jd trifft ein Tier/etw** [**irgendwo**] **an** qn rencontre un animal/qc [quelque part]
3. (*vorfinden*) ■ **jd trifft jdn ... an** qn trouve qn ...; ***jd trifft jdn sterbend/bei bester Gesundheit an*** qn trouve qn mourant(e)/en parfaite santé; ■ **jd trifft jdn bei etw an** qn trouve qn en train de faire qc

an|treiben *irreg* I. *vt + haben* 1. (*vorwärts treiben*) ■ **jd treibt jdn/ein Tier an** qn fait avancer qn/un animal
2. (*drängen*) ■ **jd/etw treibt jdn** [**zu etw**] **an** qn/qc pousse qn [à faire qc]; ***jd treibt jdn zur Eile an*** qn presse qn, qn bouscule qn, qn fait activer qn; ■ **jd treibt jdn dazu an etw zu tun** qn pousse [*o* incite] qn à faire qc
3. (*anschwemmen*) ■ **etw treibt etw an** qc charrie qc; ■ **etw wird angetrieben** qc est charrié(e) par les flots; ■ **etw treibt etw an etw** (*akk*) **an** *an den Strand, ans Ufer* qc rejette qc sur qc
4. TECH ■ **etw treibt etw an** *Rad* qc fait avancer qc, qc meut qc; *Fahrzeug a.* qc propulse qc; *Achse a.* qc entraîne qc
5. (*veranlassen*) ■ **etw treibt jdn** [**dazu**] **an etw zu tun** /*Liebe, Neugier, Sehnsucht*/ qc incite [*o* conduit] qn à faire qc
II. *vi + sein* ■ **etw treibt an** qc flotte vers le rivage; *ans Flussufer* qc flotte vers la rive; ***das ist heute Nacht angetrieben*** ça a été rejeté cette nuit [sur le rivage/la rive]; ■ **etw treibt an etw** (*akk*) **an** qc est rejeté(e) sur qc

Antreiber(in) *m(f) pej* négrier(-ière) *m(f)*
an|treten *irreg* I. *vt + haben* 1. (*beginnen*) ■ **jd tritt etw an** *Ausbildung, Lehre* qn commence qc; *Fahrt a.* qn entreprend qc; ***jd tritt eine Reise an*** qn part en voyage; ***jd tritt eine Strafe an*** qn commence à purger une peine
2. (*übernehmen*) ■ **jd tritt etw an** *Stellung* qn prend qc; *Erbe* qn entre en possession de qc; ***jd tritt sein Amt/seine Amtszeit/seinen Dienst an*** qn prend ses fonctions/son service, qn entre en fonction/en service
3. (*festtreten*) ■ **jd tritt etw an** *Erde* qn tasse qc, qn aplatit qc
4. (*starten*) ■ **jd tritt etw an** *Motorrad* qn met en route qc, qn démarre qc
II. *vi + sein* 1. (*sich aufstellen*) ■ **jd tritt [irgendwo] an** */Häftling, Zögling/* qn se place [*o* se range] [quelque part]; */Soldaten, Truppeneinheit/* qn se rassemble; ***sie treten in Reihen an*** ils se mettent en rang[s], ils se rangent; ***Kompanie*** ~! compagnie, rassemblement!
2. (*erscheinen*) ■ **jd tritt [zu etw] an** *zur Arbeit* qn se présente [à qc]; *zum Dienst* qn se présente [pour qc]
3. (*eine Stellung beginnen*) ■ **jd tritt bei jdm [als etw] an** qn débute [*o* entre en fonction] chez qn [comme qc]
4. SPORT ■ **jd tritt [zu etw] an** qn se présente [pour qc]; ■ **jd tritt gegen jdn an** qn affronte qn
Antrieb *m* 1. AUT, AVIAT, RAUM propulsion *f*
2. (*Getriebe*) transmission *f*
3. (*Impuls*) motivation *f*
► **aus eigenem** ~ de mon/son/... propre chef, de ma/sa/... propre initiative; **jd/etw gibt jdm [neuen]** ~/~ **etw zu tun** (*motiviert jdn*) qn/qc [re]donne à qn une motivation [*o* donne un nouvel élan à qn]/donne à qn la motivation de faire qc
Antriebsachse [-aksə] *f* essieu *m* moteur, arbre *m* de commande **Antriebsaggregat** *nt* groupe *m* motopropulseur **Antriebskraft** *f* force *f* motrice **Antriebsschwäche** *f* indolence *f*, manque *m* de tonus **Antriebswelle** *f* arbre *m* secondaire [*o* de transmission]
an|trinken *irreg* I. *vt fam* ■ **jd trinkt etw an** *Getränk* qn boit un peu de qc; *Flasche* qn entame qc; ■ **[etw ist] angetrunken** */Flasche, Glas/* [qc est] entamé(e); ***das Glas ist schon angetrunken*** on a déjà bu dans ce verre
II. *vr fam* ■ **jd trinkt sich** (*dat*) **etw an:** ***jd trinkt sich einen Rausch/Schwips an*** qn boit un coup de trop *fam*; ***sie haben sich einen handfesten Rausch angetrunken*** ils/elles se sont pris une bonne cuite *fam*; *s. a.* **angetrunken**
► **jd trinkt sich** (*dat*) **einen an** qn prend une cuite *fam*
Antritt *m* ∅ 1. [*Fahrt, Reise*] début *m*
2. [*Amt, Stellung*] prise *f* en charge; [*Erbschaft*] entrée *f* en possession; ***vor ~ seiner Stellung*** avant de prendre son nouveau poste; ***nach ~ seines neuen Amtes*** après son entrée en fonctions
Antrittsrede *f* PARL discours *m* inaugural [*o* d'installation] **Antrittsvorlesung** *f* conférence *f* inaugurale
an|trocknen *vi + sein* ■ **etw trocknet [an etw** (*dat*)**] an** qc sèche [sur qc]
an|tun *vt irreg* ■ **jd tut jdm etwas/nichts an** qn fait quelque chose/ne fait rien à qn
► **jd/etw hat es jdm angetan** qn/qc a conquis qn, qn/qc lui a tapé dans l'œil *fam*; **tu mir das nicht an!** *fam* pitié, pas ça! *fam*; **jd tut sich** (*dat*) **etwas an** qn attente à ses jours; *s. a.* **angetan**
Antwerpen <-s> *nt* Anvers
Antwort <-, -en> *f* 1. (*Beantwortung*) réponse *f* (*auf etw* (*akk*) à qc)
2. (*Reaktion*) réponse *f* (*auf etw* (*akk*) à qc)
3. (*Pendant*) ■ ~ **auf jdn/etw** réplique *f* de qn/qc
► **um ~ wird gebeten!** prière de répondre[, s'il vous plaît]!; ***um baldige/umgehende ~ wird gebeten!*** prière de répondre rapidement/par retour du courrier!; **jd gibt jdm eine** ~ qn donne une réponse à qn; **jd gibt jdm etw zur** ~ qn répond à qn par qc; **keine ~ ist auch eine** ~ *prov* certains silences sont éloquents; **als ~ auf etw** (*akk*) en réponse à qc
Antwortbrief *m* lettre *f* de réponse
antworten I. *vi* 1. (*als Antwort geben*) ■ **jd antwortet [jdm/auf etw** (*akk*)**]** qn répond [à qn/à qc]; ***jd antwortet jdm auf seine Frage*** qn répond à la question de qn; ■ **jd antwortet mit etw** qn répond [par] qc
2. (*schriftlich reagieren*) ■ **jd antwortet [jdm/auf etw** (*akk*)**]** qn répond [à qn/à qc]; ***jd antwortet jdm auf seinen Brief*** qn répond à la lettre de qn
3. (*reagieren*) ■ **jd antwortet mit etw** qn répond par qc; *mit einem Schlag, Tritt a.* qn réplique par qc
II. *vt* ■ **jd antwortet etw** qn répond qc; ■ **jd antwortet, dass** qn répond que + *indic*
Antwortkarte *f* carte-réponse *f* **Antwortschein** *m* ► **internationaler** ~ coupon-réponse *m* international **Antwortschreiben** *nt form* [lettre-]réponse *f* **Antwortzeit** *f* INFORM temps *m* de réponse
an|vertrauen * I. *vt* 1. (*übergeben*) ■ **jd vertraut jdm etw an** *Dokumente, Papiere, Wertgegenstände* qn confie qc à qn
2. *geh* (*bergen*) ■ **jd vertraut etw einer S.** (*dat*) **an** *Schatz, wichtige Unterlagen* qn met qc en sûreté dans qc; *Leiche* qn confie qc à qc
3. (*erzählen*) ■ **jd vertraut jdm/einer S. etw an** qn confie qc à qn/qc
II. *vr* 1. (*sich mitteilen*) ■ **jd vertraut sich jdm an** qn se confie [*o* s'ouvre] à qn
2. (*sich begeben*) ■ **jd vertraut sich einer S.** (*dat*) **an** *jds Führung, Leitung, Obhut, Schutz* qn s'en remet à qc
an|visieren * [-vi-] *vt* 1. (*ins Visier nehmen*) ■ **jd visiert jdn/etw an** qn vise qn/qc
2. *geh* (*ins Auge fassen*) ■ **jd visiert etw an** qn envisage qc
an|wachsen [-ks-] *vi irreg + sein* 1. (*festwachsen*) ■ **etw wächst an** */Baum, Pflanze/* qc pousse, qc prend racine; ■ **etw wächst auf etw** (*dat*) **an** qc se développe sur qc, qc pousse sur qc
2. PHYSIOL ■ **etw wächst [an etw** (*dat*)**] an** */Nagelhaut/ am Nagel* qc se développe sur qc; */Transplantat/* qc s'implante
3. (*zunehmen*) ■ **etw wächst [bis zu etw/auf etw** (*akk*)**] an** */Bevölkerung/* qc augmente [*o* s'accroît] [jusqu'à qc]; */Dröhnen, Lärm, Lautstärke a./* qc s'intensifie [jusqu'à qc]
Anwachsen [-ks-] *nt* 1. [*Baum, Pflanze*] croissance *f*
2. [*Nagelhaut*] développement *m*; [*Transplantat*] implantation *f*
3. (*Zunahme*) [*Bevölkerung, Lärm etc*] augmentation *f*, accroissement *m*
► **etw ist im ~ [begriffen]** qc est en augmentation
an|wählen *vt* ■ **jd wählt jdn/etw an** qn appelle qn/qc; *Telefonnummer a.* qn compose qc
Anwalt <-[e]s, Anwälte> *m*, **-wältin** *f* 1. JUR avocat(e) *m(f)*
2. *geh* (*Fürsprecher*) défenseur *m*
► **jd nimmt sich** (*dat*) **einen** ~ qn prend un avocat
Anwaltsbüro *nt* 1. (*Büro*) bureau *m* [*o* cabinet *m*] d'avocat
2. (*Anwaltssozietät*) cabinet *m* d'avocats
Anwaltschaft <-, *rare* -en> *f* 1. (*Vertretung eines Klienten*) défense *f*
2. (*Gesamtheit der Anwälte*) ensemble *m* des avocats; (*in einer Stadt*) barreau *m*, ordre *m* des avocats
Anwaltskammer *f* Conseil *m* de l'ordre des avocats **Anwaltskanzlei** *f* 1. (*Büro*) bureau *m* [*o* cabinet *m*] d'avocat 2. (*Anwaltssozietät*) cabinet *m* d'avocats **Anwaltskosten** *pl* honoraires *mpl* [*o* frais *mpl*] d'avocat **Anwaltspraxis** *f* cabinet *m* d'avocat
an|wandeln *vt geh* ■ **etw wandelt jdn an** qn se sent saisi(e) [*o* pris(e)] de qc; ***was wandelt dich auf einmal an?*** que t'arrive-t-il tout à coup?
Anwandlung *f* lubie *f*, saute *f* d'humeur
► **jd bekommt ~en** *fam* qn vire sa cuti *fam*; ***bekomm nur keine ~en*** sois pas lunatique! *fam*; **in einer ~ von etw** *von Großzügigkeit, Wahnsinn* dans un [soudain] accès de qc; *von Dummheit, Furcht, Geistesabwesenheit, Misstrauen* dans un moment de qc
an|wärmen *vt* ■ **jd wärmt etw an** *Speise* qn réchauffe qc; *Bett, Sitzmöbel a.* qn chauffe qc
Anwärter(in) *m(f)* (*Kandidat*) candidat(e) *m(f)*, postulant(e) *m(f)* (*auf etw* (*akk*) à qc); SPORT candidat(e) *m(f)*, prétendant(e) *m(f)* (*auf etw* (*akk*) à qc)
► **der ~ auf den Thron** le prétendant au trône
Anwartschaft <-, *rare* -en> *f* ■ **die ~ auf etw** (*akk*) *auf einen Posten* la candidature à qc; *auf ein Erbe* la prétention à qc; SPORT *auf Titel, Meisterschaft* la candidature à qc
► ~ **auf den Thron** prétention *f* au trône
an|weisen *vt irreg* 1. (*beauftragen*) ■ **jd weist jdn an [etw zu tun]** *Behörde, Mitarbeiter* qn donne des instructions [*o* des directives] à qn [pour qu'il/elle fasse qc]; ***er lässt Sie durch mich ~ das zu tun*** il me charge de vous dire de faire ça; ■ **jd wird angewiesen etw zu tun** on donne l'instruction à qn de faire qc
2. (*anleiten*) ■ **jd weist jdn an** *Auszubildenden, neuen Mitarbeiter, Schüler* qn donne des instructions [*o* des indications] à qn; ■ **jd wird von jdm angewiesen** qn est mis(e) au courant par qn
3. (*zuweisen*) ■ **jd weist jdm etw an** *Bett, Schlafplatz, Sitzplatz, Zimmer* qn assigne [*o* affecte] qc à qn
4. (*überweisen*) ■ **jd weist [jdm] etw [auf etw** (*akk*)**] an** *Geld* qn vire [*o* verse] qc [à qn] [sur qc]; *s. a.* **angewiesen**
Anweisung *f* 1. (*Anordnung*) directive *f*, instruction *f*; ***ich habe meine ~en!*** j'ai des instructions [*o* des ordres]
2. (*Anleitung*) information *f*; ***zur ~ der Schüler*** pour informer les élèves
3. (*Gebrauchs~*) mode *m* d'emploi, notice *f* d'utilisation
4. (*Zuweisung*) [*Bett, Schlafplatz, Zimmer*] affectation *f*, attribution *f*
5. (*Überweisung*) ■ ~ **[an jdn] [auf etw** (*akk*)**]** [*Geld*] virement *m* [*o* versement *m*] [à qn] [sur qc]
6. (*Überweisungsformular*) ordre *m* de virement
► **jd hat ~ etw zu tun** qn a l'ordre [*o* pour instruction] de faire qc; **auf [jds] ~** (*akk*) sur ordre [*o* instruction] [de qn]
anwendbar *adj* ■ **[auf etw** (*akk o dat*)**/in etw** (*dat*)**]** ~ applicable [dans qc]
Anwendbarkeit <-> *f* ∅ possibilités *fpl* d'application; ■ **die ~ einer S.** (*gen*) **auf etw** (*akk*) la possibilité d'appliquer une chose à qc
an|wenden *vt reg o irreg* 1. (*gebrauchen*) ■ **jd wendet etw [bei jdm/etw] an** *Methode, Mittel, Technologie, Verfahren* qn utilise [*o* emploie] qc [avec qn/pour qc]; *Prinzipien, Programm, das Gelernte* qn utilise [*o* se sert de] qc [avec qn/pour qc]; *Druck, Folter, Gewalt, üble Methoden* qn emploie [*o* recourt à] qc [avec qn/pour qc]
2. (*übertragen*) ■ **jd wendet etw auf etw** (*akk*) **an** *Regel, Theorie, Urteil* qn applique qc à qc; ■ **etw lässt sich auf etw** (*akk*) ~ qc est applicable dans [*o* à] qc; *s. a.* **angewandt**
Anwender(in) <-s, -> *m(f)* INFORM utilisateur(-trice) *m(f)*
Anwendung *f* 1. (*Gebrauch*) utilisation *f*, emploi *m*; [*Programm*] utilisation *f*; ~ ***von Gewalt/Folter*** recours *m* à la force/torture
2. (*Übertragung*) [*Regel, Theorie*] application *f* (*auf etw* (*akk*) à qc); ~ ***auf die Praxis*** mise *f* en pratique
3. MED (*therapeutische Maßnahme*) séance *f* de soins
4. INFORM application *f*
► **jd bringt etw zur** ~ *form* qn utilise qc, qn emploie qc, qn a recours à qc; **etw findet ~, etw gelangt zur** ~ *form* on a recours à qc, qc est utilisé(e) [*o* employé(e)]; **jd startet eine** ~ INFORM qn lance une application
Anwendungsgebiet *nt* champ *m* [*o* terrain *m*] d'application **Anwendungsvorschrift** *f* conseils *mpl* [*o* notice *f*] d'utilisation
an|werben *vt irreg* ■ **jd wirbt jdn [für etw] an** qn recrute qn [pour qc]; *Söldner a.* qn enrôle qn [pour qc]
Anwerbung *f* recrutement *m*; [*Söldner a.*] enrôlement *m*
an|werfen *irreg* I. *vt* 1. TECH ■ **jd wirft etw an** qn met qc en route
2. *fam* (*anstellen*) ■ **jd wirft etw an** *Elektrogerät* qn allume qc
3. (*in Gang setzen*) ■ **jd wirft etw an** *Motor, Propeller* qn lance qc
II. *vi* SPORT ■ **jd wirft an** qn met la balle en jeu, qn engage

Ạnwesen <-s, -> *nt geh* propriété *f,* domaine *m*

ạnwesend *adj* présent(e) (*bei jdm/etw/auf etw* (*dat*) auprès de qn/à qc)
▸ **jd ist nicht ganz** ~ *fam* qn a la tête ailleurs **Ạnwesende(r)** *f(m) decl wie adj* personne *f* présente; ■ **die ~n** les personnes *fpl* présentes; ***ist Prof. X unter den ~n?*** le professeur X est-il dans l'assistance? ▸ ~ **ausgenommen** je ne parle pas pour vous, ça s'adresse à ceux qui ne sont pas là

Ạnwesenheit <-> *f ∅* présence *f* (*bei jdm/etw/auf etw* (*dat*) auprès de qn/à qc)
▸ **in jds** ~ (*dat*), **in** ~ **von jdm** en présence de qn

Ạnwesenheitsliste *f* feuille *f* de présence **Ạnwesenheitspflicht** *f* présence *f* obligatoire, obligation *f* de présence

ạn|widern *vt* ■ **jd/etw widert jdn an** qn/qc dégoûte [*o* écœure] qn; ***sie sah ihm angewidert zu*** elle le regarda avec dégoût [*o* écœurement]

ạn|winkeln *vt* ■ **jd winkelt etw an** qn [re]plie qc

Ạnwohner(in) <-s, -> *m(f)* **1.** [*Straße*] riverain(e) *m(f),* résidant(e) *m(f)*
2. [*Fluss, Küstenstreifen, See*] riverain(e) *m(f)*

Ạnwurf *m* **1.** ∅ SPORT engagement *m,* mise *f* en jeu
2. *geh* (*Schmähung*) insulte *f;* ***ein beleidigender*** ~ un camouflet *littér*

ạn|wurzeln *vi + sein* ■ **etw wurzelt [in etw** (*dat*)**] an** /*Pflanze*/ qc prend racine [dans qc]
▸ **jd steht wie angewurzelt da, jd bleibt wie angewurzelt stehen** qn reste figé(e) [*o* cloué(e)] sur place

Ạnzahl *f ∅* quantité *f;* ***eine große*** ~ un grand nombre, une [grande] quantité

ạn|zahlen *vt* ■ **jd zahlt [jdm] etw an** *Betrag, Prozentsatz* qn verse un acompte de qc [à qn]; ■ **angezahlt** versé(e) comme acompte; ■ **jd zahlt etw an** *Artikel* qn verse un acompte sur le prix de qc; ■ **angezahlt** réglé(e) partiellement par acompte

Ạnzahlung *f* **1.** COM (*angezahlter Betrag*) acompte *m,* arrhes *fpl*
2. FIN (*erster Teilbetrag*) versement *m* initial
▸ **jd macht** [*o* **leistet** *form*] **eine** ~ qn verse un acompte; qn fait un versement initial

ạn|zapfen *vt* **1.** (*Flüssigkeit entnehmen*) ■ **jd zapft etw an** *Baum* qn gemme qc; *Fass* qn met qc en perce
2. ELEC, TELEC *fam* ■ **jd zapft etw an** *Leitung, Stromnetz* qn se branche clandestinement sur qc; *Telefon* qn met qc sur écoute
3. *fam* (*Informationen gewinnen*) ■ **jd zapft jdn an** *Informanten, Informationsquelle* qn soutire des informations à qn

Ạnzeichen *nt* **1.** (*Indiz*) indice *m,* signe *m*
2. MED symptôme *m*

ạn|zeichnen *vt* **1.** (*markieren*) ■ **jd zeichnet etw [auf etw** (*dat*)**] an** qn marque [*o* trace] qc [sur qc]
2. (*zeichnen*) ■ **jd zeichnet etw [an etw** (*akk*)**] an** *an eine Tafel* qn dessine qc [à qc]; *an eine Wand* qn dessine qc [sur qc]

Ạnzeige <-, -n> *f* **1.** JUR (*wegen Verkehrsdelikt*) procès-verbal *m;* (*wegen Straftat*) plainte *f*
2. (*Bekanntgabe bei Behörde*) dénonciation *f*
3. (*Inserat*) [petite] annonce *f*
4. (*Bekanntgabe*) [*Geburt, Heirat, Verlobung, Todesfall*] faire-part *m*
5. (*das Anzeigen*) [*Geschwindigkeit, Messwerte, Temperatur*] indication *f;* [*Spielstand a., digital*] affichage *m*
6. (*angezeigte Information*) [*Abfahrts-/Ankunftszeit*] avis *m*
7. (*Instrument*) indicateur *m*
▸ ~ **gegen unbekannt** plainte *f* contre X; **jd bringt jdn/etw zur** ~ *form* qn poursuit qn/qc; **jd macht** [*o* **erstattet**] **[gegen jdn] eine** ~ qn porte plainte [contre qn]

-anzeige *f* **1.** *Geburts-, Hochzeits-, Verlobungs-* avis *m* [*o* faire-part *m*] de; *Verlust-* déclaration *f* de; ***Todes~*** avis *m* de décès; ***Zeitungs~*** [petite] annonce *f;* ***sie haben sich über eine Bekanntschafts~ kennen gelernt*** ils se sont rencontrés par une petite annonce
2. TECH *Datums-, Frequenz-, Monitor-, Zeit-* affichage *m* du/de la/des; ***Digital~*** affichage *m* digital

ạn|zeigen **I.** *vt* **1.** (*Strafanzeige erstatten*) ■ **jd zeigt jdn [wegen etw] an** *Täter* qn dénonce [*o* porte plainte contre] qn [pour qc]; ■ **jd zeigt etw an** qn signale qc, qn déclare qc
2. (*mitteilen*) ■ **jd zeigt jdm etw an** qn informe [*o* avertit] qn de qc; *einer Behörde* qn signale qc à qn
3. (*angeben*) ■ **etw zeigt etw an** /*Anzeige, Barometer, Informationstafel, Messinstrument, Uhr*/ qc indique qc, qc affiche qc
4. (*bekannt geben*) ■ **jd zeigt [jdm] etw an** *Geburt, Heirat, Verlobung, Todesfall* qn fait part [à qn] de qc, qn annonce qc [à qn]
5. TRANSP ■ **jd/etw zeigt etw an** *Richtung* qn/qc signale [*o* indique] qc
6. (*erkennen lassen*) ■ **etw zeigt jdm an, dass** qc indique à qn que + *indic; s. a.* **angezeigt**
II. *vr* ■ **jd zeigt sich [selbst] an** qn se dénonce

Ạnzeigenblatt *nt* journal *m* de petites annonces **Ạnzeigenteil** *m* rubrique *f* des petites annonces

Ạnzeigepflicht *f ∅ form* (*bei Verbrechen*) obligation *f* de dénonciation; (*bei Geburten, Todesfällen*) obligation *f* de déclarer ▸ **etw unterliegt der** ~ /*Krankheit*/ qc doit faire l'objet d'une déclaration **ạnzeigepflichtig** *adj Krankheit* qui doit faire l'objet d'une déclaration; ■ **etw ist** ~ qc doit faire l'objet d'une déclaration

Ạnzeiger *m* (*Amts~*) bulletin; (*in Zeitungsnamen*) courrier *m,* journal *m*

Ạnzeiger(in) *m(f) form* accusateur(-trice) *m(f),* dénonciateur(-trice) *m(f)*

Ạnzeigetafel *f* panneau *m* indicateur [*o* d'affichage]; SPORT tableau *m* [*o* panneau *m*] d'affichage; (*mit Leuchtziffern*) panneau *m* lumineux

ạn|zetteln *vt* **1.** (*vom Zaun brechen*) ■ **jd zettelt etw an** *Schlägerei, Streit* qn déclenche qc, qn provoque qc; *Blödsinn* qn fait qc
2. ■ **jd zettelt etw an** *Aufruhr, Verschwörung* qn fomente qc, qn trame qc

ạn|ziehen¹ *irreg* **I.** *vt* **1.** (*sich bekleiden*) ■ **jd zieht etw an** *Kleidung, Schuhe* qn met qc
2. (*jdn bekleiden*) ■ **jd zieht jdn an** qn habille qn; ■ **jd zieht jdm etw an** qn met qc à qn
3. (*mit Kleidung versorgen*) ■ **jd zieht jdn irgendwie an** *elegant, modisch, vorteilhaft* qn habille qn d'une certaine façon
4. CH (*beziehen*) ■ **jd zieht etw an** *Bett* qn fait qc, qn met des draps [à qc]
II. *vr* **1.** (*sich kleiden*) ■ **jd zieht sich an** qn s'habille; ■ **jd zieht sich irgendwie an** qn s'habille d'une certaine façon; ***jd zieht sich sportlich/modisch an*** qn s'habille sport/[à la] mode
2. (*sich mit etw bekleiden*) ■ **jd zieht sich** (*dat*) **etw an** qn met qc

ạn|ziehen² *irreg* **I.** *vt* **1.** (*straffen*) ■ **jd zieht etw an** qn tire qc
2. (*festziehen*) ■ **jd zieht etw an** *Handbremse, Schraube* qn serre qc; *Saite* qn tend qc
3. (*an den Körper ziehen*) ■ **jd zieht etw an** *Arm, Bein* qn ramène qc
4. (*anlocken*) ■ **jd/etw zieht jdn an** *Besucher, Neugierige* qn/qc attire qn
5. PHYS ■ **etw zieht etw an** /*Magnet*/ qc attire qc
6. (*annehmen*) ■ **etw zieht etw an** *Geruch, Feuchtigkeit* qc prend qc
II. *vi* **1.** (*sich in Bewegung setzen*) ■ **etw/ein Tier zieht an** /*Zug, Zugtier*/ qc/un animal démarre [*o* se met en route] [*o* s'ébranle]
2. (*beschleunigen*) ■ **etw zieht an** qc accélère
3. (*ansteigen*) ■ **etw zieht an** /*Kurs, Inflation, Preis, Wertpapier*/ qc augmente, qc grimpe
III. *vr* ■ **sie ziehen sich an** ils/elles se sentent attiré(e)s l'un(e) vers l'autre/les uns(unes) vers les autres

ạnziehend *adj* **1.** *Mensch, Äußeres* attirant(e), séduisant(e)
2. (*ansprechend*) *Anblick* engageant(e); *Kleid* séduisant(e); *Werbung* attrayant(e); ***ein nicht besonders ~er Anblick*** un spectacle peu engageant [*o* peu ragoûtant]

Ạnziehung *f* **1.** (*Reiz*) attrait *m,* séduction *f*
2. ∅ *s.* **Anziehungskraft 1.**

Ạnziehungskraft *f* **1.** PHYS attraction *f*
2. (*Verlockung*) attrait *m*

Ạnzug¹ *m* **1.** (*Herren~*) costume *m;* ***im*** ~ en costume
2. CH (*Bezug*) [*Kissen, Federbett*] housse *f;* [*Kopfkissen*] taie *f*
▸ **jd kippt aus dem** ~ *fam* qn tombe dans les pommes *fam*

Ạnzug² *m ∅* (*Beschleunigungsvermögen*) reprises *fpl*
▸ **jd/etw ist im** ~ **[auf etw** (*akk*)**]** MIL qn/qc approche [de qc]; **etw ist im** ~ /*Gewitter*/ qc se prépare; /*Bedrohung, Gefahr a.*/ qc est imminent(e); ***bei mir ist ein Schnupfen im*** ~ je couve un rhume

ạnzüglich **I.** *adj Bemerkung, Witz* scabreux(-euse), grivois(e); *Geste* déplacé(e); ■ **jd ist/wird** ~ qn est/devient entreprenant(e); ***dieser Typ ist Frauen gegenüber*** ~ ce type se permet des privautés avec les femmes
II. *adv* de manière équivoque

Ạnzüglichkeit <-, -en> *f* **1.** ∅ (*Schlüpfrigkeit*) grivoiserie *f;* [*Geste*] caractère *m* équivoque
2. ∅ (*Zudringlichkeit*) sans-gêne *m*
3. (*Handlung*) privautés *fpl;* (*Bemerkung*) grivoiserie *f,* obscénité *f*

ạn|zünden *vt* **1.** (*entzünden*) ■ **jd zündet etw an** *Feuer, Scheiterhaufen* qn allume qc; *Brennstoff, Holz a.* qn enflamme qc; *Abfall, Gegenstände* qn met le feu à qc
2. (*in Brand stecken*) ■ **jd zündet etw an** *Gebäude, Hof* qn met le feu à qc, qn incendie qc
3. (*zum Brennen bringen*) ■ **jd zündet etw an** *Gasherd, Ofen* qn allume qc; *Kamin* qn allume [*o* fait] du feu dans qc

Ạnzünder *m fam* (*für Gasherd*) allume-gaz *m;* (*für Holzkohlengrill*) allume-feu *m*

ạn|zweifeln *vt* ■ **jd zweifelt etw an** qn met en doute qc

ạn|zwinkern *vt* ■ **jd zwinkert jdn an** qn fait un clin d'œil à qn

AOK <-, -s> [a:ʔo:'ka:] *f abk von* **Allgemeine Ortskrankenkasse** *caisse d'assurance-maladie allemande*

Äọn <-s, -en> *m meist pl geh* siècles *mpl;* ***schon seit ~en*** depuis des temps immémoriaux

Aọrta <-, Aọrten> *f* aorte *f*

apạrt **I.** *adj* qui a de la classe; ■ **jd ist** ~ qn a de la classe
II. *adv* avec recherche

Apạrtheid <-> *f ∅* apartheid *m*

Apạrtheidpolitik *f* politique *f* d'apartheid

Apartment <-s, -s> [a'partmənt] *nt* studio *m,* F 1 *m*

Apartmenthaus [a'partmənt-] *nt* résidence *f* **Apartmentwohnung** *f s.* **Apartment**

Apathie <-, -n> [-'ti:ən] *f* apathie *f*

apathisch **I.** *adj* apathique
II. *adv dasitzen* apathique; *zusehen, reagieren* avec apathie

aper *adj* CH, AUS, SDEUTSCH *Hang* sans neige; *Straße* déneigé(e)

Aperitif <-s, -s *o* -e> *m* apéritif *m*

Ạpfel <-s, ¨-> *m* pomme *f*
▸ **der** ~ **fällt nicht weit vom Stamm** *prov* tel père, tel fils; **jd muss in den sauren** ~ **beißen** *fam* qn est bien obligé(e) d'avaler la pilule *fam*

Ạpfel- **1.** GASTR *-gelee, -kompott, -schnaps* de pommes; *-kuchen, -tasche* aux pommes **2.** (*des Apfels*) *-kern, -schale, -sorte, -stückchen, -geschmack* de pomme **3.** (*von Apfelbäumen*) *-blatt* de pommier; *-plantage* de pommiers; *-ernte* des pommes **Ạpfelbaum** *m* pommier *m*

Ạpfelblüte *f* **1.** (*Blüte*) fleur *f* de pommier
2. (*das Blühen*) floraison *f* des pommiers

Äpfelchen <-s, -> *nt dim von* **Apfel** petite pomme *f*

Ạpfelkuchen *m* gâteau *m* aux pommes **Ạpfelmost** *m* DIAL **1.** (*unvergoren*) jus *m* de pommes **2.** (*vergoren*) cidre *m* **Ạpfelmus** *nt* compote *f* de pommes (*en purée*) **Ạpfelsaft** *m* jus *m* de pommes **Ạpfelschimmel** *m* cheval *m* pommelé

Apfelsine <-, -n> *f* 1.(*Frucht*) orange *f*
2.(*Baum*) oranger *m*
Apfelstrudel *m pâtisserie garnie de pommes et de raisins secs qui se consomme avec une crème à la vanille* **Apfeltasche** *f* ≈ chausson *m* aux pommes **Apfelwein** *m* ≈ cidre *m*
Aphorismus <-, -rismen> *m* aphorisme *m*
Aphrodisiakum <-s, -disiaka> *nt* aphrodisiaque *m*
Apo *f*, **APO** <-> *f abk von* **Außerparlamentarische Opposition** HIST *mouvement de protestation universitaire, qui se manifesta en mai 1968*
Apokalypse <-, -n> [apoka'lʏpsə] *f* apocalypse *f*
apolitisch *adj* apolitique
Apostel <-s, -> *m* apôtre *m*
-apostel *m fam Gesundheits-, Gesamtschul-, Leistungs-* apôtre *m* [*o* adepte *mf*] de
Apostelbrief *m* épître *f* des apôtres **Apostelgeschichte** *f* ∅ ■ **die** ~ les actes *mpl* des apôtres
apostolisch *adj* apostolique
Apostroph <-s, -e> *m* apostrophe *f*
Apotheke <-, -n> *f* pharmacie *f*
apothekenpflichtig *adj* vendu(e) uniquement en pharmacie
Apotheker(in) <-s, -> *m(f)* pharmacien(ne) *m(f)*
Apothekergewicht *nt* petit poids *m* **Apothekerwaage** *f* trébuchet *m*
Apparat <-[e]s, -e> *m* 1.(*Gerät*) appareil *m*
2.(*Telefon*) appareil *m*; ~ ***23*** poste 23
3.*fam* (*Radio*) poste *m*
4.*fam* (*Rasier~*) rasoir *m*
5.*fam* (*Foto~*) appareil *m*
6.(*Verwaltungs~*) appareil *m*
7.*sl* (*großer Gegenstand*) sacré engin *m*
▶ **kritischer** ~ commentaire *m* critique; **jd bleibt am** ~ qn ne quitte pas; **am** ~ à l'appareil; **am** ~! c'est lui-même/elle-même!
-apparat *m* 1.TECH *Dialyse-* appareil *m* de; *Vervielfältigungs-* machine *f* à; ***Vergrößerungs~*** agrandisseur *m*
2.ADMIN *Behörden-, Partei-* appareil *m* du/de la/des; *Kontroll-, Repressions-, Überwachungs-* appareil *m* de; ***Justiz-, Verwaltungs-, Gesetzgebungs-*** appareil *m* + *adj*
Apparatebau *m* ∅ construction *f* mécanique **Apparatemedizin** *f* mécanothérapie *f*
Apparatschik <-s, -s> *m pej* apparatchik *m*
Apparatur <-, -en> *f* appareillage *m*
Appartement <-s, -s> [apartə'mã:] *nt* 1.(*Zimmerflucht*) suite *f*
2.*s.* **Apartment**
Appel <-s, -> *m* NDEUTSCH pomme *f*
▶ **für einen** ~ **und ein Ei** *fam* pour trois fois rien *fam*
Appell <-s, -e> *m* 1.(*Aufruf*) ■ **der/ein** ~ **an jdn/etw** l'appel/un appel à qn/qc; ■ **der/ein** ~ **zu etw** l'appel/un appel à qc
2.MIL appel *m*
▶ **jd richtet einen** ~ **an jdn** qn lance [*o* adresse] un appel à qn; **jd richtet einen** ~ **an jdn etw zu tun** qn appelle qn à faire qc; **jd tritt zum** ~ **an** qn se présente à l'appel
-appell *m Hilfs-, Spar-, Spenden-, Verzichts-* appel *m* au/à la/aux; ***Spenden~*** appel *m* aux dons
Appellation <-, -en> *f* CH appel *m*
appellieren * *vi* 1.(*sich wenden*) ■ **jd appelliert an jdn [etw zu tun]** qn exhorte qn [à faire qc]
2.(*etw ansprechen*) ■ **jd appelliert an etw** (*akk*) qn en appelle à qc
3.CH ■ **jd appelliert gegen etw** *gegen ein Urteil* qn fait appel de qc
Appendix <-, Appendizes> [a'pɛndɪks, -dizes] *m* 1.ANAT *spec* appendice *m* [vermiculaire]
2.*spec* (*Anhang*) appendice *m*
Appenzell <-s> *nt* 1.(*Stadt*) Appenzell
2.(*Kanton*) [canton *m* d']Appenzell *m*
Appetit <-[e]s> *m* ∅ appétit *m*; ***für jeden*** ~ ***ist gesorgt*** il y en a pour tous les appétits
▶ **der** ~ **kommt beim** [*o* **mit dem**] **Essen** *prov* l'appétit vient en mangeant; **guten** ~! bon appétit!; **jd bekommt** ~/~ **auf etw** (*akk*) qn commence à avoir de l'appétit/a envie de manger qc; ***wenn sie das sieht, bekommt sie*** ~/~ ***auf etw*** de voir ça, ça la met en appétit/ça lui donne envie de manger qc; **jd hat** ~/~ **auf etw** (*akk*) qn a de l'appétit/a envie de manger qc; **etw macht [jdm]** ~ qc [lui] ouvre l'appétit, qc met [qn] en appétit; (*Lust auf Sex*) qc excite [qn], qc met [qn] en condition; **etw regt den** ~ **an** qc ouvre l'appétit; **jd/etw verdirbt jdm den** ~/~ **auf etw** (*akk*) *fam* qn/qc lui coupe l'appétit/l'envie de qc; (*Lust auf Sex*) qn/qc lui coupe la chique *fam*/l'envie de qc
appetitanregend *adj* 1.*Speise* appétissant(e); *Aperitif* qui ouvre l'appétit; ■ **etw ist** ~ qc met en appétit 2.PHARM *Mittel* qui stimule l'appétit **Appetithappen** *m* amuse-gueule *m fam* **appetithemmend** *adj Tablette* qui coupe la faim, anorexigène *spéc*; ***ein*** ~***es Mittel*** un coupe-faim; ■ **etw ist** ~ qc coupe la faim
appetitlich I. *adj* 1.(*wohlschmeckend*) *Essen, Gericht* succulent(e); ***sehr*** ~ vraiment succulent(e)
2.(*Appetit machend*) *Aussehen, Duft, Essen* appétissant(e)
3.*fam Frau, Mädchen* appétissant(e); ■ **jd ist** ~ [*o* **etwas A~es**] qn est appétissant(e)
II. *adv verpacken, zubereiten* de manière appétissante; ***etw riecht/schmeckt*** ~ qc a une odeur appétissante/est succulent(e)
Appetitlosigkeit <-> *f* ∅ manque *m* d'appétit
Appetitzügler <-s, -> *m* coupe-faim *m*

applaudieren * *vi geh* ■ **jd applaudiert [jdm/einer S.]** qn applaudit [qn/qc]
Applaus <-es, *rare* -e> *m geh* applaudissements *mpl*; ~! applaudissez!
▶ **stehender** ~ ovation *f* debout
apportieren * I. *vi* ■ **ein Tier apportiert** un animal rapporte
II. *vt* ■ **ein Tier apportiert etw** un animal rapporte qc
appretieren * *vt* ■ **jd appretiert etw** qn apprête qc, qn traite qc
Appretur <-, -en> *f* apprêt *m*
Approbation <-, -en> *f* [*Arzt, Apotheker*] inscription *f* à l'ordre des médecins/pharmaciens
approbiert *adj* inscrit(e) à l'ordre des médecins/pharmaciens
Après-Ski <-, -s> [aprɛ'ʃi:] *nt* 1.(*Freizeit*) après-ski *m*
2.(*Kleidung*) vêtements *mpl* pour l'après-ski
Aprikose <-, -n> *f* 1.(*Frucht*) abricot *m*
2.(*Baum*) abricotier *m*
April <-s, -e> *m* avril *m*; ■ **der** ~ le mois d'avril *m*
▶ **Anfang/Ende/Mitte** ~ début/fin avril/à la mi-avril; **es ist** ~ c'est le mois d'avril, on est en avril; **jd schickt jdn in den** ~ qn fait un poisson d'avril à qn; **im** ~ en avril, au mois d'avril; **in den** ~ *fallen, legen* en avril, au mois d'avril; **in diesem** ~ durant ce mois d'avril; **den ...** ~ le ... avril; ~! ~! *fam* poisson d'avril!
Aprilscherz *m* poisson *m* d'avril **Aprilwetter** *nt* temps *m* de giboulées
a priori [apri'o:ri] *adv geh* a priori
apropos [apro'po:] *adv* 1.(*übrigens*) au fait, à propos
2.(*was ... angeht*) ■ ~ **etw** à propos de qc
Apsis <-, Apsiden> *f* abside *f*
Aquädukt <-[e]s, -e> *m o nt* aqueduc *m*
Aquakultur *f* aquaculture *f*
Aquamarin <-s, -e> *m* aigue-marine *f*
aquamarinblau *adj* bleu-vert *inv*, aigue-marine *inv*
Aquaplaning <-s> *nt* ∅ aquaplaning *m*
Aquarell <-s, -e> *nt* aquarelle *f*
Aquarellfarbe *f* aquarelle *f* **Aquarellmaler(in)** *m(f)* aquarelliste *mf*
Aquarellmalerei *f* aquarelle *f*
Aquarium <-s, -rien> [-riən] *nt* aquarium *m*
Aquatinta <-, -tinten> *f* aquatinte *f*
Äquator <-s> *m* ∅ ■ **der** ~ l'équateur *m*
Äquatortaufe *f* baptême *m* de la ligne
Aquavit <-s, -e> [-vi-] *m* aquavit *m*
Aquitanien <-s> [akvi'ta:niən] *nt* HIST l'Aquitaine *f*
äquivalent [-va-] *adj geh Gehalt* équivalent(e); ■ **sie sind** ~ /*Begriffe*/ ils/elles sont équivalent(e)s; ■ **etw ist einer S.** (*dat*) ~ qc correspond à qc
Äquivalent <-s, -e> [-va-] *nt* équivalent *m*
Ar <-s, -e *o bei Zahlenangabe* -> *nt o m* are *m*
Ära <-, Ären> *f geh* ère *f*
Araber <-s, -> *m* (*Pferd*) cheval *m* arabe
Araber(in) <-s, -> *m(f)* Arabe *mf*
Arabeske <-, -n> [ara'bɛskə] *f* arabesque *f*
arabisch *adj* 1.GEOG arabe; *Klima, Wüste* d'Arabie
2.LING arabe
Arabisch *nt decl wie adj* ■ ~, ■ **das ~e** l'arabe *m*
▶ **auf** ~ en arabe
Arabistik <-> *f* ∅ langue *f* et civilisation *f* arabe
aramäisch *adj* araméen(ne)
Aramäisch <-> *nt decl wie adj* ■ ~, ■ **das ~e** l'araméen *m*
Ärar <-s, -e> *m* AUS (*Staatseigentum*) biens *mpl* d'Etat
Arbeit <-, -en> *f* 1.(*Tätigkeit*) travail *m*; ***jd sieht jdm bei der*** ~ ***zu*** qn regarde qn travailler
2.(*Arbeitsplatz*) travail *m*
3.(*Produkt*) travail *m*
4.(*schriftliches Werk*) travail *m*, ouvrage *m*
5.SCOL (*Klassen~*) devoir *m*, contrôle *m*
6.UNIV mémoire *m*, dissertation *f*
7.∅ (*Mühe*) travail *m*
8.(*Aufgabe*) travail *m*, tâche *f*
▶ ~ **und Kapital** le travail et le capital; **erst die** ~, **dann das Vergnügen** *prov* le travail passe avant le plaisir; **jd/etw leistet ganze** [*o* **gründliche**] ~ (*erledigt etw vollständig*) qn/qc fait vraiment les choses à fond; *iron* (*geht radikal vor*) qn ne fait pas les choses à moitié; ~ **suchend** à la recherche d'un emploi; **jd geht einer [...]** ~ **nach** *geh einer geregelten, regelmäßigen* qn exerce une activité [...]; ***jd geht keiner regelmäßigen*** ~ ***nach*** qn n'a pas d'activité régulière; **jd gibt etw bei jdm in** ~ qn confie qc à qn; **jd hat etw in** ~ qn travaille à qc; ***im Moment haben wir fünf Projekte in*** ~ en ce moment nous avons cinq projets en chantier; ***Sie haben das Gerät schon drei Tage in*** ~! ça fait trois jours que vous avez cet appareil en réparation!; **etw ist in** ~ /*Gegenstand*/ qc est en chantier [*o* en cours de fabrication]; /*intellektuelle Aufgabe*/ qc est en chantier [*o* en cours d'élaboration]; /*Bestellung, Antrag*/ on s'occupe de qc; **jd ist an** [*o* **bei**] **der** ~ qn est au travail; **das ist** [*o* **kostet**] **eine bestimmte** ~ *nicht wenig, viel, eine Menge* c'est [*o* ça représente] un certain travail; **jdm läuft die** ~ **nicht davon** *hum* le travail de qn peut bien attendre un peu; **jd leistet ...** ~ *ausgezeichnete, gründliche* qn fait [*o* effectue] un [*o* du] travail ...; ***jd leistet gute*** ~ qn fait du bon travail; **jd/etw macht jdm** ~/**viel** ~ qn/qc donne du/beaucoup de travail à qn; **jd macht sich an die** ~, **jd geht an die** ~ qn se met au travail; **jd macht sich** (*dat*) ~ **[mit etw]** qn se donne du mal [avec qc]; ~ **schändet nicht** *prov* travailler ne fait de mal à personne; **jd steht** [*o* **ist**] **[bei jdm] in** ~ *geh* qn a un emploi [chez qn]; **an die** ~! au travail!
-arbeit *f* 1.(*Art von Arbeit*) *Ermittlungs-, Garten-, Hintergrund-, Putz-, Reparatur-, Straßenbau-, Stick-, Strick-, Überholungs-* travail *m* de; *Computer-*

travail *m* sur
2. (*Tätigkeit*) *Ausschuss-, Gärtner-, Handwerker-, Maler-* travail *m* de; *Regierungs-* travail *m* du
3. (*Bemühungen*) *Friedens-* efforts *mpl* en faveur de; *Propaganda-, Überzeugungs-* travail *m* de; ***Bewusstseins~*** travail *m* psychologique

arbeiten I. *vi* **1.** (*tätig sein*) ■ **jd arbeitet** qn travaille; ■ **jd arbeitet an etw** (*dat*) qn travaille à qc; ■ **jd arbeitet auf etw** (*dat*)/**mit etw** qn travaille sur qc/avec qc; ***jd arbeitet mit Öl/ der Spritzpistole*** qn travaille à l'huile/au pistolet; ■ **jd arbeitet über jdn/etw** qn travaille sur qn/qc; ■ **das A~** le travail; ***störe ihn nicht beim A~*** ne le dérange pas quand il travaille
2. (*berufstätig sein*) ■ **jd arbeitet** [**bei jdm/für jdn/irgendwo**] qn travaille [chez qn/pour qn/quelque part]; ***jd arbeitet an der Schule/ Universität*** qn travaille à l'école/à l'université
3. (*funktionieren*) ■ **etw arbeitet** [**mit etw**] *mit Gas, Öl, Solarenergie* qc fonctionne [*o* marche] [à qc]
4. PHYSIOL ■ **etw arbeitet irgendwie** /*Immunsystem, Organ, Stoffwechsel/* qc fonctionne d'une certaine façon
5. (*sich bewegen*) ■ **etw arbeitet** /*Balken, Brett, Holz/* qc travaille
6. (*gären*) ■ **etw arbeitet** /*Hefe, Most etc/* qc travaille
7. *impers* (*beschäftigen*) ■ **es arbeitet in jdm** ça travaille dans la tête de qn ▸ **jd geht** ~ qn travaille; **jd lässt irgendwo/bei jdm** ~ (*schneidern*) qn fait faire ses vêtements quelque part/chez qn
II. *vr* **1.** (*sich bewegen*) ■ **jd/etw/ein Tier arbeitet sich irgendwohin** qn/qc/un animal progresse quelque part
2. (*sich irgendwohin kämpfen*) ■ **jd arbeitet sich irgendwohin** *nach oben, an die Spitze, Tabellenspitze* qn se hisse quelque part
3. (*durchdringen*) ■ **jd/etw arbeitet sich durch etw** *durch Fels, Gestein, Stahl* qn creuse/qc perce qc
4. (*bewältigen*) ■ **jd arbeitet sich durch etw** *durch Aktenberge, Stapel von Briefen, Post, Manuskripten* qn vient à bout de qc
5. *impers* (*zusammenarbeiten*) ■ **es arbeitet sich irgendwie mit jdm** *besser, gut, schlecht, schlechter* on travaille d'une certaine façon avec qn; ***es arbeitet sich angenehm mit jdm*** il est agréable de travailler avec qn
6. *impers* (*bearbeiten*) ■ **es arbeitet sich irgendwie auf etw** (*dat*)/**mit etw** *auf Ausdrucken, Papier, mit einem Computer, Gerät* on travaille d'une certaine façon sur qc/avec qc
7. (*durch Arbeit werden*) ■ **jd arbeitet sich irgendwie:** ***jd arbeitet sich krank/ müde/ halbtot*** qn se rend malade à force de travailler/s'épuise au travail/se tue au travail
III. *vt* **1.** (*herstellen*) ■ **jd arbeitet etw** [**aus etw**] *Möbel, Uhr, Teppich* qn fabrique qc [en qc]; *Schmuckstück a.* qn façonne qc en qc; ***von Hand gearbeitet*** fait(e) main; ■ **etw ist irgendwie/aus etw gearbeitet** *kostbar, aus Gold* qc est travaillé(e) [*o* ouvragé(e)] d'une certaine façon/en qc
2. (*tun*) ■ **jd arbeitet etwas/nichts** qn fait quelque chose/ne fait rien

Arbeiter(in) <-s, -> *m(f)* **1.** IND ouvrier(-ière) *m(f)*
2. AGR ouvrier(-ière) *m(f)* agricole

Arbeiterbewegung *f* mouvement *m* ouvrier **Arbeiterfamilie** [-liə] *f* famille *f* ouvrière **Arbeiterführer(in)** *m(f)* leader *m* ouvrier **Arbeiterkind** *nt* enfant *mf* d'ouvrier[s]

Arbeiterschaft <-> *f* ∅ ouvriers *mpl*, personnel *m* ouvrier

Arbeitersiedlung *f* cité *f* ouvrière **Arbeiter-und-Bauern-Staat** *m* HIST État *m* ouvrier et paysan **Arbeiterviertel** *nt* quartier *m* ouvrier **Arbeiterwohlfahrt** *f* ∅ ■ **die** ~ la mutualité ouvrière

Arbeitgeber(in) <-s, -> *m(f)* employeur(-euse) *m(f)*

Arbeitgeber- patronal(e) **Arbeitgeberanteil** *m* cotisation *f* patronale **Arbeitgeberseite** *f* patronat *m* **Arbeitgeberverband** *m* organisation *f* patronale, ≈ C.N.P.F. *m*

Arbeitnehmer(in) *m(f)* salarié(e) *m(f)*

Arbeitnehmer- *-freibetrag, -pauschale, -sparzulage* salarial(e); *-vertretung* des salariés; *-familie, -haushalt, -flügel* salarié(e); *a-feindlich* aux salariés **Arbeitnehmeranteil** *m* cotisation *f* salariale

Arbeitnehmerschaft <-, -en> *f* salariés *mpl*

Arbeitnehmerseite *f* salariat *m*, salariés *mpl*

Arbeits- **1.** (*jds Arbeit betreffend*) *-dauer, -intensität, -überwachung, -disziplin, -verbot* du travail **2.** *-handschuhe, -hemd, -hose, -schuhe, -stiefel* de travail **Arbeitsablauf** *m* [*Fabrik*] processus *m* de fabrication; [*Fertigung*] processus *m*

arbeitsam *adj geh* travailleur(-euse)

Arbeitsamt *nt* agence *f* pour l'emploi **Arbeitsanleitung** *f* **1.** (*mündliche Anweisung*) consignes *fpl* de travail *f* **2.** (*schriftliche Anweisung*) instructions *fpl* **Arbeitsantritt** *m* (*bei neuer Stelle*) entrée *f* en fonctions; (*täglich*) commencement *m* de la journée de travail; ***vor ~ melden Sie sich im Lohnbüro!*** avant de prendre votre poste, présentez-vous à la comptabilité!; ***beim ~ sollte eine Krankenschwester ihre Hände desinfizieren*** quand elle prend [*o* commence] son travail, une infirmière devrait se désinfecter les mains; ***wegen wiederholt verspäteten ~s*** pour des retards au travail répétés **Arbeitsanzug** *m* vêtements *mpl* [*o* combinaison *f*] de travail **Arbeitsatmosphäre** *f* ambiance *f* de travail **Arbeitsauffassung** *f* *s.* **Arbeitsmoral. Arbeitsaufwand** *m* somme *f* de travail; ***der ~ für die Reparatur*** le travail demandé par la réparation **arbeitsaufwendig** *adj* coûteux(-euse) en main-d'œuvre; ■ **etw ist** ~ qc demande beaucoup de [*o* coûte cher en] main-d'œuvre **Arbeitsausfall** *m* perte *f* de travail **Arbeitsbedingungen** *pl* **1.** (*Umstände bei einer Tätigkeit*) conditions *fpl* de travail **2.** (*vertragliche Konditionen*) conditions *fpl* d'emploi **Arbeitsbeginn** *m* début *m* du [*o* de la journée de] travail **Arbeitsbericht** *m* rapport *m* d'activité **Arbeitsbeschaffung** *f* **1.** (*Arbeitsplatzbeschaffung*) création *f* d'emplois **2.** (*Auftragsbeschaffung*): ***etw dient der*** ~ qc sert à entretenir l'activité; ***eine der Aufgaben eines Chefs ist die*** ~ une des tâches du patron, c'est de procurer du travail à ses employés

Arbeitsbeschaffungsmaßnahme *f* mesure *f* d'aide à l'emploi **Arbeitsbescheinigung** *f* certificat *m* de travail **Arbeitsbesuch** *m* visite *f* de travail; ***jd macht einen ~ bei jdm*** qn rend visite à qn pour affaires; ***es ist ein reiner*** ~ nous nous rencontrons uniquement pour affaires **Arbeitsdienst** *m* NS service *m* du travail obligatoire **Arbeitseifer** *m* ardeur *f* au travail **Arbeitseinstellung** *f* débrayage *m*, arrêt *m* de travail **Arbeitsende** *nt* fin *f* du travail **Arbeitsentgelt** *nt form* rémunération *f* du travail, salaire *m* **Arbeitserlaubnis** *f* **1.** (*Recht*) autorisation *f* de travail **2.** (*Bescheinigung*) carte *f* [*o* permis *m*] de travail **Arbeitserleichterung** *f* allégement *m* du travail ▸ **zur** ~ afin d'alléger le travail **Arbeitsessen** *nt* repas *m* d'affaires **Arbeitsexemplar** *nt* exemplaire *m* de corrections **arbeitsfähig** *adj* **1.** *Mensch* apte au travail **2.** (*funktionsfähig*) ■ **etw ist** ~ /*Ausschuss, Parlament/* qc est apte à délibérer; /*Regierung/* qc peut travailler valablement **Arbeitsfähige(r)** *f(m) decl wie adj* personne *f* valide **Arbeitsfähigkeit** *f* **1.** [*Mensch*] capacité *f* de travail; ***jd erreicht wieder seine volle*** ~ qn retrouve la pleine possession de ses moyens **2.** (*Funktionsfähigkeit*) [*Ausschuss, Regierung*] fonctionnement *m* normal; [*Parlament*] aptitude *f* à délibérer **Arbeitsfeld** *nt geh* domaine *m* **Arbeitsfläche** *f* plan *m* de travail **Arbeitsfriede[n]** *m* paix *f* sociale **Arbeitsgang** <-gänge> *m* **1.** (*Produktionsabschnitt*) phase *f* de fabrication **2.** (*Bearbeitungsabschnitt*) phase *f* [de travail] **3.** *s.* **Arbeitsablauf**

Arbeitsgebiet *nt s.* **Arbeitsfeld. Arbeitsgemeinschaft** *f* **1.** (*Lerngruppe*) groupe *m* de travail **2.** (*Projektgruppe*) commission *f* **Arbeitsgericht** *nt* ≈ conseil *m* de prud'hommes (*constitué par des juges professionnels en Allemagne*) **Arbeitsgruppe** *f* groupe *m* de travail, équipe *f* [de travail] **arbeitsintensiv** *adj* qui exige un travail intensif; ■ **etw ist** ~ qc exige un travail intensif **Arbeitskampf** *m* conflit *m* social **Arbeitskleidung** *f* tenue *f* de travail **Arbeitsklima** *nt* ambiance *f* de travail **Arbeitskollege** *m*, **-kollegin** *f* collègue *mf* de travail **Arbeitskraft** *f* **1.** ∅ (*Leistungskraft*) puissance *f* [*o* force *f*] de travail **2.** (*Mitarbeiter*) travailleur(-euse) *m(f)*; ■ **Arbeitskräfte** (*als Sammelbegriff*) main-d'œuvre *f*; ***wie viele Arbeitskräfte sind im Büro beschäftigt?*** combien de personnes sont-elles employées au bureau? **Arbeitskreis** *m* commission *f* **Arbeitslager** *nt* camp *m* de travail **Arbeitsleben** *nt* ∅ vie *f* active [*o* professionnelle] **Arbeitsleistung** *f* rendement *m* **Arbeitslohn** *m* salaire *m*

arbeitslos *adj* au chômage, chômeur(-euse); ■ **jd ist/wird** ~ qn est/se retrouve au chômage **Arbeitslose(r)** *f(m) decl wie adj* chômeur(-euse) *m(f)*; ■ **die ~n** les chômeurs *mpl*

Arbeitslosengeld *nt* allocation *f* [de] chômage **Arbeitslosenhilfe** *f* allocation *f* de fin de droits, ≈ revenu *m* minimum d'insertion **Arbeitslosenquote** *f* taux *m* de chômage **Arbeitslosenversicherung** *f* assurance *f* chômage **Arbeitslosenzahlen** *pl*, **Arbeitslosenziffer** *f* nombre *m* des chômeurs, chiffres *mpl* du chômage

Arbeitslosigkeit <-> *f* ∅ chômage *m*

Arbeitsmangel *m* pénurie *f* de travail **Arbeitsmarkt** *m* marché *m* de l'emploi [*o* du travail] **Arbeitsmaterial** *nt* **1.** IND équipement *m* [professionnel] **2.** SCOL affaires *fpl*, fournitures *fpl* scolaires **Arbeitsmedizin** *f* médecine *f* du travail **Arbeitsminister(in)** *m(f)* ministre *m* du Travail **Arbeitsmittel** *nt s.* **Arbeitsmaterial 2. Arbeitsmoral** *f* conscience *f* professionnelle; ***was ist denn das für eine*** ~? qu'est-ce que c'est que cette conception du travail? **Arbeitsniederlegung** *f* débrayage *m*, arrêt *m* de travail **Arbeitsoberfläche** *f* INFORM surface *f* de travail **Arbeitsort** *m* lieu *m* de travail **Arbeitspapier** *nt* **1.** (*schriftliche Ausarbeitung*) document *m* de travail **2.** *pl* IND ■ **die ~e** le dossier [professionnel] **Arbeitspause** *f* pause *f* [dans le travail] **Arbeitspensum** *nt* quantité *f* de travail à faire **Arbeitsplan** *m* planning *m* [de travail] **Arbeitsplatz** *m* **1.** (*Platz zum Arbeiten*) poste *m* de travail; ***jd ist nicht an seinem*** ~ qn n'est pas à son poste; ***ein Kind braucht einen richtigen*** ~ un enfant a besoin d'un vrai coin travail **2.** (*Stelle*) emploi *m* ▸ **am** ~ sur le lieu de travail; ***bleiben Sie bitte am*** ~! veuillez rester à votre poste!

Arbeitsplatz- *-garantie, -sicherheit, -sicherung* de l'emploi; *-abbau, -beschaffung, -verlust* d'emplois; *-gestaltung* du poste de travail; *-computer, -rechner* de travail; *-gift* sur le lieu de travail **Arbeitsplatzbeschreibung** *f* description *f* de poste **Arbeitsplatzwechsel** *m* changement *m* de poste; ***ein ~ nach München*** une mutation à Munich

Arbeitsprobe *f* échantillon *m* de son/... savoir-faire **Arbeitsraum** *m* *s.* **Arbeitszimmer. Arbeitsrecht** *nt* droit *m* social, législation *f* du travail **arbeitsrechtlich** *adj* qui relève de la législation du travail **arbeitsreich** *adj* laborieux(-euse), bien rempli(e) **Arbeitsrhythmus** *m* rythme *m* de travail **Arbeitsrichter(in)** *m(f)* prud'homme *m* (*juge professionnel en Allemagne*) **Arbeitsruhe** *f* arrêt *m* du travail; ***um 19 Uhr ist*** ~ le travail cesse à 19 heures **arbeitsscheu** *adj* réfractaire au travail, paresseux(-euse) **Arbeitsscheue(r)** *f(m) decl wie adj pej* personne *f* réfractaire au travail; ■ **die ~n** les gens *mpl* réfractaires au travail **Arbeitsschluss**[RR] *m* fin *f* du travail; ***um 12 Uhr ist*** ~ le travail prend fin à midi **Arbeitsschutz** *m* protection *f* contre les maladies et les accidents du travail; ***aus Gründen des ~es*** pour raison de sécurité **Arbeitsspeicher** *m* INFORM mémoire *f* vive **Arbeitssprache** *f* langue *f* de travail **Arbeitsstätte** *f geh* lieu *m* de travail **Arbeitsstelle** *f* (*Stellung*) situation *f*; (*Arbeitsort*) lieu *m* de travail **Arbeitsstunde** *f* heure *f* de travail; (*berechnete Stunde a.*) heure *f* de main-d'œuvre **Arbeitssuche** *f* recherche *f* d'un emploi ▸ **jd ist auf** ~ qn est à la recherche d'un emploi; **jd macht** [*o* **begibt**] **sich auf** ~ qn se met à la recherche d'un emploi **Arbeitstag** *m* journée *f* de travail **Arbeitstagung** *f* séance *f* de travail **Arbeitstätigkeit** *f form* activité *f* professionnelle ▸ **jd geht einer ~ nach** qn exerce une activité professionnelle *form* **arbeitsteilig** I. *adj* où le travail est partagé II. *adv vorgehen* en se partageant [*o* répartissant] le travail; ***sie sind ~ beschäftigt/tätig*** ils/elles se partagent [*o* répartissent] le travail **Arbeitsteilung** *f* répartition *f* du travail [*o* des tâches] **Arbeitstempo** *nt* cadence *f* de travail **Arbeitstier** *nt fam* bourreau *m* de travail **Arbeitstisch** *m* table *f* de travail **Arbeitstitel** *m* titre *m* provisoire **Arbeitsüberlastung** *f* surcharge *f* de travail

arbeitsuchend *s.* **Arbeit** ►. **Arbeitsuchende(r)** *f(m) decl wie adj* demandeur(-euse) *m(f)* d'emploi

arbeitsunfähig I. *adj* en incapacité de travail ►**jd schreibt jdn ~** qn met qn en arrêt de travail; ***jd schreibt jdn für eine Woche krank*** qn donne une semaine d'arrêt de travail à qn II. *adv:* ***jd ist ~ erkrankt*** qn est en incapacité de travail pour maladie **Arbeitsunfähigkeit** *f* incapacité *f* de travail **Arbeitsunfähigkeitsbescheinigung** *f* certificat *m* d'incapacité de travail **Arbeitsunfall** *m* accident *m* du travail **Arbeitsunterlage** *f meist pl* document *m* de travail; ■ **die ~n** la documentation **Arbeitsverdienst** *m form* salaire *m* **Arbeitsvereinfachung** *f* simplification *f* du travail; ***zur ~*** pour simplifier le travail **Arbeitsverhältnis** *nt* emploi *m;* ***jd steht in einem ~*** qn a un emploi; ***jd löst das ~ mit jdm*** */Arbeitgeber/* qn se sépare de qn, qn donne son congé à qn; */Arbeitnehmer/* qn quitte son travail chez qn; ***jd geht ein ~ ein*** qn signe un contrat de travail **Arbeitsvermittlung** *f* 1. (*Vermittlung einer Beschäftigung*) recrutement *m;* ***er verdient sein Geld mit ~*** il gagne sa vie en servant d'intermédiaire auprès des demandeurs d'emploi; ***für die ~ benötigen wir Ihre Papiere*** pour vous mettre en relation avec un employeur, nous avons besoin de vos papiers; ***die ~ erfolgt per Computer*** on se sert d'ordinateurs pour mettre en relation employeurs et demandeurs d'emploi 2. (*Abteilung im Arbeitsamt*) agence *f* pour l'emploi 3. (*Vermittlungsagentur*) bureau *m* de placement **Arbeitsvertrag** *m* contrat *m* de travail **Arbeitsverweigerung** *f* refus *m* d'effectuer un travail [*o* d'obtempérer] **Arbeitsweise** *f* 1. (*Vorgehensweise*) méthode *f* de travail 2. (*Funktionsweise*) [*Computer, Gerät, Maschine*] mode *m* de fonctionnement **Arbeitswelt** *f* monde *m* du travail **arbeitswillig** *adj* enclin(e) au travail, désireux(-euse) de travailler; ■ **jd ist ~** qn a envie de travailler **Arbeitswillige(r)** *f(m) decl wie adj* employé(e) *m(f)* enclin(e) au travail; ■ **die ~n** ceux qui veulent travailler/reprendre le travail **Arbeitswoche** *f* semaine *f* de travail **Arbeitswut** *f fam* frénésie *f* de boulot *fam* **arbeitswütig** *adj fam* acharné(e) au boulot *fam* **Arbeitszeit** *f* 1. (*tägliche Arbeit*) temps *m* [*o* heures *fpl*] de travail 2. (*benötigte Zeit*) temps *m* de travail ►**gleitende ~** horaire *m* mobile [*o* flexible] [*o* à la carte] **Arbeitszeitverkürzung** *f* réduction *f* du temps de travail **Arbeitszeugnis** *nt* certificat *m* de travail **Arbeitszimmer** *nt* bureau *m*

archaisch *adj* archaïque

Archäologe <-n, -n> *m,* **-login** *f* archéologue *mf*

Archäologie <-> *f* ∅ archéologie *f*

archäologisch I. *adj* archéologique
II. *adv erforscht, erschlossen* sur le plan archéologique; *vorbelastet, Vorgebildete* en archéologie; *interessiert, Interessierte* à l'archéologie

Arche <-, -n> *f* ►**die ~ Noah** l'arche *f* de Noé

Archetyp <-s, -en> [-'ty:p] *m* archétype *m*

Archipel <-s, -e> *m* archipel *m*

Architekt(in) <-en, -en> *m(f)* 1. architecte *mf*
2. *geh* (*Schöpfer*) ■ **~ einer S.** (*gen*) artisan *m* de qc

architektonisch I. *adj* architectural(e)
II. *adv* sur le plan architectural, architecturalement; *bewandert* en architecture

Architektur <-, -en> *f* architecture *f*

Archiv <-s, -e> [-və] *nt* 1. archives *fpl*
2. INFORM archive *f*

Archivar(in) <-s, -e> [-'va:ɐ] *m(f)* archiviste *mf*

Archivbild *nt* photo *f* d'archives **Archivexemplar** *nt* exemplaire *m* d'archives

archivieren * [-'vi:-] *vt* ■ **jd archiviert etw** qn archive qc

ARD <-> [a:ʔɛʁ'de:] *f* ∅ *abk von* **Arbeitsgemeinschaft der Rundfunkanstalten Deutschlands** *première chaîne publique de radio et de télévision allemande*

Ardennen <-> *pl* ■ **die ~** les Ardennes *fpl*

Are <-, -n> *f* CH *s.* **Ar**

Areal <-s, -e> *nt* 1. (*Gebiet*) périmètre *m*
2. (*Grundstück*) terrain *m*

Ären *pl von* **Ära**

Arena <-, Arenen> *f* 1. [*Zirkus*] piste *f*
2. [*Stadion*] terrain *m*
3. (*Stierkampf-*) arène *f*
►**jd steigt in die ~** */Matador/* qn combat dans l'arène; */Politiker/* qn descend dans l'arène

arg <ärger, ärgste> I. *adj bes.* SDEUTSCH 1. (*schlimm*) grave; *Feind* juré(e); *Schicksal* fâcheux(-euse); ■ **der/die/das ärgste ...** le/la pire ...; ***immer ärger*** de pire en pire; ***mein ärgster Feind*** mon pire ennemi; ***ein ~er Gestank*** une horrible odeur; ***ein ~er Kerl*** un sale type *fam;* ***eine ~e Klemme*** un drôle de pétrin *fam;* ***das ist zu ~!*** c'est trop fort!; ***du würdest mir aus einer ~en Verlegenheit helfen*** tu me retirerais une belle épine du pied
2. *attr* (*groß*) *Freude, Liebenswürdigkeit* grand(e) *antéposé; Enttäuschung a.* cruel(le)
3. *attr* (*stark*) *Säufer, Raucher* gros(se) *antéposé*
►**jd befürchtet das Ä~ste** qn craint le pire; **etw liegt im A~en, mit etw liegt es im A~en** pour ce qui est de qc, ça ne va pas fort; **jd macht etw noch ärger** qn ne fait qu'aggraver qc
II. *adv fam* DIAL drôlement *fam;* ***hast du Lust? – Nicht so ~*** tu as envie? – Pas plus que ça *fam*
►**jd treibt es [zu] ~** qn pousse un peu *fam*

Argentinien <-s> [argɛn'ti:niən] *nt* ■ **~** l'Argentine *f*

Ärger <-s> *m* ∅ 1. (*wütendes Gefühl*) colère *f*
2. (*Unannehmlichkeiten*) ennuis *mpl*
►**jd bekommt** [*o* **kriegt** *fam*] **~** qn a/va avoir des ennuis [*o* des histoires *fam*]; **es gibt [mit jdm] ~** *fam* il y a des histoires [avec qn] *fam;* ***jetzt gibt es ~*** maintenant ça va aller mal; **jd hat ~** qn a des ennuis; **jd hat ~ mit jdm/etw** qn a des ennuis [*o* des problèmes] avec qn/qc; **mach keinen ~!** *fam* fais pas d'histoires! *fam;* **mach mir keinen ~** *fam* me fais pas avoir d'histoires! *fam;* **jd/etw macht** [*o* **bereitet**] **[jdm] ~** qn/qc cause des ennuis [à qn]; **so ein ~!** *fam* zut de zut! *fam,* et merde! *pop;* **zu jds [großem] ~** à son/... grand déplaisir; ***zum großen ~ der Anwesenden*** au grand déplaisir [*o* dépit] des personnes présentes

ärgerlich I. *adj* 1. (*verärgert*) *Blick, Stimme, Ton* irrité(e); ■ **jd ist ~ [über** [*o* **auf**] **jdn/etw]** qn est fâché(e) [contre qn/de qc]; ■ **jd ist ~ darüber, dass** qn est fâché(e) que + *subj*
2. (*unangenehm*) fâcheux(-euse), contrariant(e); ■ **etw ist ~ [für jdn]** qc est fâcheux(-euse) [pour qn]
►**etw macht jdn ~** qc irrite qn, qc agace qn; **es macht jdn ~ etw zu tun** ça irrite [*o* agace] qn de faire qc
II. *adv reagieren* avec agacement; *ansehen* l'air agacé; ***jds Stimme klingt ~*** le ton de voix de qn trahit l'agacement

ärgern I. *vt* 1. (*ungehalten machen*) ■ **jd ärgert jdn [mit etw]** qn énerve [*o* irrite] qn [avec qc]
2. (*ärgerlich machen*) ■ **etw ärgert jdn** qc énerve qn, qc irrite qn; ■ **es ärgert jdn, dass** ça énerve [*o* irrite] qn que + *subj;* ***es ärgert mich, dass ich das nicht bemerkt habe*** ça m'énerve de ne pas avoir remarqué ça
3. (*reizen*) ■ **jd ärgert jdn [wegen etw]** qn fait enrager qn [à cause de qc]; ■ **jd ärgert ein Tier** qn agace un animal
II. *vr* ■ **jd ärgert sich [über jdn/etw]** qn se met en colère [*o* s'énerve] [*o* râle] [contre qn/à cause de qc]; ***jd ärgert sich gelb*** [*o* ***grün***] [*o* ***schwarz***] [***über jdn/etw***] qn se fâche tout rouge [*o* se met en rogne *fam*] [contre qn/à cause de qc]
►**nicht ~, nur wundern!** *fam* inutile de râler, ça changera rien! *fam*

Ärgernis <-, -se> *nt* 1. ∅ [objet *m* de] scandale *m*
2. (*ärgerliche Sache, Handlung*) scandale *m*
3. *meist pl* (*Unannehmlichkeiten*) contrariété *f,* tracas *m;* ***berufliche ~se*** des ennuis *mpl* professionnels
►**jd/etw erregt ~/bei jdm ~** *geh* qn/qc fait scandale/scandalise [*o* offusque] qn; **etw ist ein ~** (*erregt Anstoß*) qc est un [objet de] scandale; (*ist ärgerlich*) qc est une chose fâcheuse

Arglist <-> *f* ∅ *geh* perfidie *f soutenu,* malice *f littér* **arglistig** I. *adj geh Mensch, Plan* perfide *soutenu; Grinsen a.* narquois(e); ■ **etwas A~es** quelque chose de perfide *soutenu,* une perfidie *soutenu* II. *adv* sournoisement, perfidement *soutenu*

arglos *adj, adv* sans méfiance

Arglosigkeit <-> *f* ∅ naïveté *f,* candeur *f;* ***voller ~*** sans méfiance

Argon <-s> *nt* ∅ CHEM argon *m*

Argument <-[e]s, -e> *nt* argument *m;* ***etw ist das ~ dafür, dass*** qc est ce qui justifie que + *subj*
►**das ist kein ~** ce n'est pas un argument; ***etw ist kein ~ für etw*** qc ne justifie pas qc

Argumentation <-, -en> *f* argumentation *f*

argumentativ I. *adj geh Beweisführung, Begründung* argumenté(e); *Überzeugung, Verunsicherung* par des arguments
II. *adv geh* 1. *überzeugend, schwach* sur le plan de l'argumentation
2. *standhalten, widerlegen* en argumentant, par des arguments

argumentieren * *vi* 1. (*debattieren*) ■ **jd argumentiert [mit jdm]** qn argumente [avec qn]
2. (*als Argument anführen*) ■ **jd argumentiert mit etw** qn invoque qc comme argument, qn tire argument de qc

Argusauge *nt geh* œil *m* de lynx
►**mit ~n** *beobachten, verfolgen* à la loupe; ***jd wacht über jdn/etw mit ~n*** qn veille sur qn/qc comme sur la prunelle de ses yeux

Argwohn <-s> *m* ∅ méfiance *f*
►**jd/etw erregt jds ~, jd/etw erregt ~ bei jdm** qn/qc éveille la méfiance de qn; **jd hegt ~ gegen jdn** *geh* qn a de la méfiance à l'égard de qn; **jd schöpft ~ [gegen jdn]** *geh* qn conçoit de la méfiance [à l'égard de qn] *soutenu;* **jd/etw zerstreut jds ~** qn/qc dissipe la méfiance de qn; **mit** [*o* **voller**] **~** avec méfiance

argwöhnen *vt geh* ■ **jd argwöhnt etw** qn soupçonne qc; ***hatte ich das nicht geargwöhnt?*** ne l'avais-je pas senti venir?; ■ **jd argwöhnt, dass** qn soupçonne que + *indic*

argwöhnisch I. *adj* soupçonneux(-euse)
II. *adv* d'un air soupçonneux

Arie <-, -n> [-riə] *f* aria *f*

Arier(in) <-s, -> [-riɐ] *m(f)* Aryen(ne) *m(f)*

arisch *adj* aryen(ne)

Aristokrat(in) <-en, -en> *m(f)* aristocrate *mf*

Aristokratie <-, -n> [-'ti:ən] *f* aristocratie *f*

aristokratisch *adj* aristocratique

Aristoteles <-> *m* Aristote *m*

Arithmetik <-> *f* ∅ arithmétique *f*

arithmetisch *adj* arithmétique

Arkade <-, -n> *f* 1. (*Torbogen*) arcade *f,* porche *m*
2. *pl* (*Bogengang*) arcades *fpl*
3. (*Einkaufsstraße*) arcades *fpl*

Arktis <-> *f* ∅ ■ **die ~** l'Arctique *m*

arktisch *adj* arctique; *Kälte, Temperaturen* polaire

arm <ärmer, ärmste> I. *adj* 1. (*besitzlos*) pauvre; ■ **jd wird ~/ärmer** qn s'appauvrit,

qn devient pauvre/plus pauvre
2. (*bedauernswert*) *Mensch* pauvre *antéposé*
3. *Boden* pauvre; *Vegetation a.* maigre; ■ **etw ist ~ an etw** (*dat*) qc est pauvre en qc
4. (*verlieren*) ■ **jd ist/wird um etw ¨er** qn a qc en moins/qn perd qc; ■ **jd ist/wird um jdn ¨er** qn est privé(e) de qn/qn perd qn
▸ **die Ärmsten der A~en** les plus pauvres *mpl* parmi les pauvres; **A~ und Reich** pauvres et riches; **du machst mich noch mal ~!** *fam* tu veux me ruiner [*o* me mettre sur la paille]!; **jd/etw macht jdn ~** qn/qc ruine qn [*o* met qn sur la paille]
II. *adv* ***sie haben ihn ~ geraubt/geplündert*** ils/elles ne lui ont laissé que sa chemise
▸ **jd ist ~ dran** *fam* qn est mal barré(e) *fam*

Arm <-[e]s, -e> *m* 1. [*Mensch, Tier*] bras *m*
2. (*Zugriff*) [*Gott, Mafia*] bras *m*; ***jds ~ reicht weit*** qn a le bras long
3. (*Fluss~*) bras *m*
4. (*Ärmel*) manche *f*
5. [*Kran, Lampe*] bras *m*; [*Leuchter*] branche *f*
▸ **der ~ der Gerechtigkeit** *geh* le bras de la justice *soutenu*; **der ~ des Gesetzes** *geh* le bras armé de la loi *soutenu*; **jd hat einen langen/den längeren ~** qn a le bras long; **jd lässt jdn am langen** [*o* **steifen**] **~ verhungern** *fam* qn fait cuire qn à petit feu *fam*; **jd empfängt jdn mit offenen ~en** qn reçoit [*o* accueille] qn à bras ouverts; **jds verlängerter ~** le bras droit [*o* armé] de qn; **ein ~ voll** une brassée; **ein ~ voll …** une brassée de …; **jd bietet** [*o* **reicht**] **jdm den ~** *geh* qn offre [*o* donne] le bras à qn; **jd dreht jdm den ~ um** qn tord le bras à qn; **jd fällt jdm in den ~** qn empêche qn d'agir, qn retient qn; **jd führt jdn am ~** qn donne le bras à qn; **jd greift jdm** [**mit etw**] **unter die ~e** qn donne un coup de main à qn [en faisant qc]; **jd hält jdn im ~** [*o* **in den ~en**] qn tient qn dans ses bras; ***sie halten sich in den ~en*** ils/elles s'étreignent; **jd läuft jdm in die ~e** *fam* qn se jette dans les pattes de qn *fam*; **sie liegen sich in den ~en** ils/elles sont enlacé(e)s; **jd löst sich aus jds ~en** *geh* qn s'arrache à l'étreinte de qn *soutenu*; **jd nimmt jdn auf den ~** (*hebt jdn auf den ~*) qn prend qn sur ses bras; *fam* (*veräppelt jdn*) qn fait marcher qn *fam*, qn se paie la tête de qn *fam*; **jd nimmt jdn in die ~e** qn prend qn dans ses bras; **jd rudert mit den ~en, jd schwenkt die ~e** qn fait de grands gestes [des bras]; **jd schließt jdn in die ~e** *geh* qn serre qn dans ses bras; **sie sinken sich in die ~e** ils/elles tombent dans les bras l'un(e) de l'autre/les uns des autres; **jd treibt jdn jdm/einer S. in die ~e** qn pousse qn dans les bras de qn/qc; **~ in ~** bras dessus, bras dessous

-arm 1. (*wenig enthaltend*) *natrium-, salz-, schadstoff-, vitamin-* pauvre en; ***jd lebt salz~*** qn est au régime sans sel; ***jd ernährt sich vitamin~*** qn a une nourriture pauvre en vitamines
2. METEO peu + *adj*; ***wolken~*** peu nuageux(-euse)
3. PSYCH *emotions-, gefühls-, fantasie-* peu + *adj*; ***emotions~*** peu émotif(-ive)
4. TECH *strahlungs-, rausch-* dégageant peu de; ***knitter~*** infroissable
5. *geh* (*wenig aufweisend*) *handlungs-, nachrichten-, überraschungs-* manquant de; ■ **etw ist …~** qc manque de …

Arm- ANAT du bras, brachial(e) *spéc* **armamputiert** *adj* amputé(e) du bras, manchot(e); ***linksseitig ~*** amputé(e) du bras gauche **Armamputierte(r)** *f(m) decl wie adj* amputé(e) *m(f)* du bras, manchot(e) *m(f)*

Armatur <-, -en> *f meist pl* 1. AUT commande *f*, instrument *m* de bord
2. (*Mischbatterie*) robinetterie *f*

Armaturenbeleuchtung *f* éclairage *m* du tableau de bord **Armaturenbrett** *nt* tableau *m* de bord

Armband <-bänder> *nt* bracelet *m*

Armbanduhr *f* montre-bracelet *f*

Armbeuge *f* saignée *f* du bras **Armbinde** *f* 1. MED écharpe *f*; ***jd trägt den Arm in einer ~*** qn porte le bras en écharpe 2. [*Parteimitglied, Ordner*] brassard *m* **Armbruch** *m* 1. (*gebrochener Armknochen*) fracture *f* du bras 2. *sl* (*Patient*) bras *m* cassé *fam* **Armbrust** *f* arbalète *f*

Ärmchen <-s, -> *nt dim von* **Arm** petit bras *m*

armdick *adj* gros(se) comme le bras; ***über ~*** plus gros(se) que le bras; ■ **etw/ein Tier ist ~** qc/un animal est de la grosseur du bras

Arme(r) *f(m) decl wie adj* pauvre(-esse) *m(f)*; ■ **die ~n** les pauvres *mpl*
▸ **es trifft keinen ~n** *fam* ça touche pas vraiment un sans-le-sou *fam*; [**ach,**] **du/Sie ~!** *iron* oh! le/la pauvre [petit(e)]!; **ich ~(r)!** malheureux(-euse) que je suis!, pauvre de moi!

Armee <-, -n> *f* 1. MIL armée *f*
2. *fam* (*riesige Mengen*) ■ **eine ~ von Menschen/Tieren** une armée [*o* une flopée *fam*] de personnes/d'animaux
▸ **die Rote ~** l'armée *f* rouge

Armee- *s.* **Heeres-**

Ärmel <-s, -> *m* manche *f*
▸ **jd krempelt sich** (*dat*) **die ~ hoch** [*o* **auf**] qn retrousse ses manches; **jd schüttelt etw aus dem ~** *fam* qn sort qc de son chapeau [*o* d'un coup de baguette [magique]]; ***etw ist nicht*** [***gleich so***] ***aus dem ~ zu schütteln*** qc ne se fait pas d'un coup de baguette [magique]

Ärmelaufschlag *m* revers *m*, parement *m*

Armeleuteessen *nt* nourriture *f* de pauvre **Armeleuteviertel** *nt s.* **Armenviertel**

Ärmelkanal *m* ∅ ■ **der ~** la Manche

ärmellos *adj* sans manches

Armenhaus *nt* 1. HIST asile *m* 2. (*arme Region*) région *f* déshéritée, parent *m* pauvre **Armenrecht** *nt* aide *f* judiciaire **Armenviertel** *nt* quartier *m* pauvre

Armflor *m* brassard *m* de deuil, crêpe *m* **Armhebel** *m* clé *f* de bras ▸ **jd setzt** [**bei jdm**] **einen ~ an** qn fait une clé de bras [à qn]

armieren * *vt* ■ **jd armiert etw** qn arme qc

-armig 1. (*mit Zahl*) *Leuchter* à … branches; *Mensch* avec … bras; *Polyp* à … bras
2. *kurz-, lang-, dick-, dünn-* qui a des bras …; ■ **jd ist …~** qn a les bras …

armlang *adj* long(longue) comme le bras **Armlänge** *f* 1. (*Länge eines Armes*) longueur *f* des bras 2. (*Länge eines Ärmels*) longueur *f* des manches **Armlehne** *f* accoudoir *m* **Armleuchter** *m* 1. (*Leuchter*) candélabre *m* 2. *pej fam* (*Dummkopf*) andouille *f fam*

ärmlich I. *adj* 1. *Ausstattung, Eindruck, Kleidung, Verhältnisse, Wohnung* assez misérable, pauvre
2. (*dürftig*) *Essen, Mahlzeit* maigre *antéposé*; ■ **etw wird ~** qc se fait maigre
II. *adv ausgestattet sein, sich kleiden, wohnen* pauvrement; ***etw wirkt ~*** qc donne une impression de pauvreté

Ärmlichkeit <-> *f* ∅ 1. (*kümmerliche Beschaffenheit*) pauvreté *f*
2. (*Dürftigkeit*) frugalité *f*, pauvreté *f*

Armloch *nt* emmanchure *f* **Armmuskel** *m* muscle *m* du bras [*o* brachial *spéc*] **Armpolster** *nt* 1. (*Schulterpolster*) épaulette *f* 2. (*Polster der Armlehne*) garnissage *m* des accoudoirs **Armprothese** *f* prothèse *f* du bras **Armreif[en]** *m* (*am Handgelenk*) bracelet *m*; (*am Oberarm*) tour *m* de bras

armselig *adj* 1. (*primitiv*) misérable, miteux(-euse) 2. (*dürftig*) maigre *antéposé* 3. (*erbärmlich*) *Ausrede* minable; *Honorar, Kredit* misérable; *Feigling, Lügner* misérable *antéposé* **Armseligkeit** *f* 1. (*Primitivität*) misère *f* 2. (*Dürftigkeit*) frugalité *f*, pauvreté *f* 3. (*Erbärmlichkeit*) [*Ausrede, Summe*] mesquinerie *f*; [*Feigling, Lügner*] bassesse *f*

Armsessel *m* fauteuil *m* [à accoudoirs] **Armstumpf** *m* moignon *m* **Armstütze** *f* appuie-bras *m*, repose-bras *m*

Armsündermiene *f hum* air *m* contrit [*o* coupable]

Armut <-> *f* ∅ 1. (*Bedürftigkeit*) pauvreté *f*
2. (*Verarmung*) pauvreté *f*; ■ **~ an etw** (*dat*) *an Arten, Bodenschätzen* pauvreté en qc; *an Gefühlen, Wörtern* indigence *f* de qc
▸ **geistige ~** pauvreté *f* [*o* indigence *f*] intellectuelle; **neue ~** nouveaux pauvres *mpl*

Armutsgrenze *f* seuil *m* de pauvreté **Armutszeugnis** *nt* ▸ **etw ist ein ~ für jdn** qc est un aveu d'impuissance de la part de qn; **jd stellt sich** (*dat*) [**mit etw**] **ein ~ aus** [en faisant qc,] qn démontre son impuissance

Armvoll *s.* **Arm** ▸

Arnika <-, -s> *f* arnica *f*

Aroma <-s, Aromen *o* -s *o* -ta> *nt* 1. (*Geruch*) [*Gewürz*] arôme *m*; [*Rasierwasser*] parfum *m*; [*Parfüm*] odeur *f*
2. (*Geschmack*) saveur *f*
3. (*Aromastoff*) arôme *m*

Aromatherapie *f* aromathérapie *f*

aromatisch I. *adj* 1. (*angenehm duftend*) aromatique; ■ **~er** plus parfumé(e); ***sehr/besonders ~*** très/particulièrement odorant(e)
2. *Gewürz, Speise* savoureux(-euse); *Geschmack a.* aromatique
II. *adv* 1. (*voller Aroma*): ***etw duftet/riecht ~*** qc a un parfum/une odeur aromatique, qc est très parfumé(e)/odorant(e)
2. (*angenehm*): ***etw schmeckt ~*** qc a une saveur aromatique [*o* un goût savoureux]

aromatisieren * *vt* ■ **jd aromatisiert etw** qn aromatise qc

Aronstab *m* pied-de-veau *m*, arum *m* tacheté

Arrak <-s, -s *o* -e> *m* arak *m*

Arrangement <-s, -s> [arɑ̃ʒəˈmɑ̃ː] *nt geh* 1. (*Übereinkunft*) arrangement *m*
2. [*Musikstück*] arrangement *m*; [*Theaterstück*] adaptation *f*; [*Fest*] organisation *f*
3. (*Gesteck*) composition *f*

arrangieren * [arɑ̃ˈʒiːrən] I. *vt* 1. (*organisieren*) ■ **jd arrangiert etw** [**für jdn**] *Besuch Hochzeit, Treffen* qn [lui] arrange qc; *Einlieferung, Entführung, Unfall* qn monte qc [de toutes pièces]; ■ **jd arrangiert es, dass** qn s'arrange pour que + *subj*
2. ■ **jd arrangiert etw** *Blumenschmuck, Einrichtung* qn arrange qc
II. *vr* 1. (*übereinkommen*) ■ **sie arrangieren sich** ils/elles s'arrangent; ■ **jd arrangiert sich mit jdm** [**in etw** (*dat*)] qn s'arrange avec qn [en cas de qc]
2. (*sich abfinden*) ■ **jd arrangiert sich** qn se fait une raison; ■ **jd arrangiert sich mit etw** qn s'accommode de qc

Arrest <-[e]s, -s> *m* 1. MIL arrêts *mpl*; SCOL consigne *f*; ***jd kommt in den/bekommt ~*** qn est mis(e) aux arrêts/qn est consigné(e)
2. (*Sicherstellung*) saisie-arrêt *f*
▸ **dinglicher ~** saisie-gagerie *f*

Arrestzelle *f* cellule *f* [disciplinaire], salle *f* de police

arretieren * *vt* ■ **jd arretiert etw** qn règle qc

Arretierung <-, -en> *f* 1. (*das Arretieren*) réglage *m*, positionnement *m*
2. (*Mechanismus*) dispositif *m* de réglage

arrivieren * [-ˈviː-] *vi + sein geh* ■ **jd arriviert** qn arrive; ■ **jd arriviert zu etw** qn réussit à devenir qc; ■ **arriviert** arrivé(e)

Arrivierte(r) [-ˈviː-] *f(m) decl wie adj pej* parvenu(e) *m(f)*

arrogant I. *adj* arrogant(e)
II. *adv* de manière arrogante

Arroganz <-> *f* ∅ arrogance *f*

Arsch <-[e]s, ¨e> *m* 1. *vulg* (*Hintern*) cul *m fam*
2. *vulg* (*blöder Kerl*) conard(e) *m(f) vulg*, enfoiré(e) *m(f) vulg*
▸ **jdm geht der ~ auf** [*o* **mit**] **Grundeis** *sl* qn fait [*o* chie *pop*] dans son froc *fam*; **jd sieht aus wie ein ~ mit Ohren** *sl* qn a l'air d'un épouvantail *fam*, qn a une gueule pas possible *pop*; **am ~ der Welt** *sl* en pleine cambrousse *fam*; ***etw ist am ~ der Welt*** qc est complètement paumé(e) *fam*; **jd hat/kriegt einen kalten ~** *vulg* qn a les miches gelées/se gèle les miches *fam*; **jd hat den ~ offen** *vulg* qn déconne complètement *fam*; **jd bekommt** [*o* **kriegt**] **den ~/von einem Menschen den ~ voll** *vulg* qn se fait botter le

cul/une personne botte le cul à qn *pop;* **jd friert sich** (*dat*) **den ~ ab** *sl* qn se gèle le cul *pop;* **etw ist im** [*o* **am**] **~** *sl* qc est foutu(e) *fam;* **jd kneift den ~ zu** *vulg* (*stirbt*) qn clamse *pop,* qn avale sa chique *fam;* **jd kriecht jdm in den ~** *vulg* qn lèche le cul à qn *pop;* **jd kann jdn** [**mal**] **am ~ lecken** *vulg* qn peut aller se faire foutre [*o* enculer] *vulg;* **leck mich** [**damit**] **am ~!** *vulg* (*lass mich in Ruhe*) va te faire foutre! *vulg;* (*verdammt noch mal*) bordel de merde! *pop;* **jd setzt sich auf den** [*o* **seinen**] **~** *sl* (*gibt sich Mühe*) qn se casse le cul *pop;* (*ist perplex*) qn en reste sur le cul *pop;* ***setz dich endlich auf den*** [*o* ***deinen***] **~!** allez, pose ton cul quelque part! *pop;* ***beim Schlittenfahren hat er sich voll auf den ~ gesetzt*** en faisant de la luge, il s'est retrouvé le cul par terre *pop;* **jd tritt jdn** [*o* **jdm**] **in den ~** *vulg* qn flanque un coup de pied dans le [*o* au] cul à qn *pop;* (*treibt jdn an*) qn pousse qn au cul *pop*

Arschbacke *f vulg* cul *m pas de pl fam,* fesse *f* ▶ **jd sitzt etw auf einer ~ ab** *sl Haftstrafe* qn se fait qc à l'aise *fam* **Arschfick** *m vulg* enculage *m vulg* **Arschficker** <-s, -> *m vulg* **1.** *pej* (*Homosexueller*) enculé *m vulg,* pédé *m fam* **2.** (*Schimpfwort*) [espèce d']enculé **Arschkriecher(in)** *m(f) sl* lèche-cul *mf vulg,* lèche-bottes *mf fam* **Arschloch** *nt vulg* **1.** (*Anus*) trou *m* du cul *vulg* **2.** (*Blödmann*) trou *m* du cul *vulg;* ■ **das** [*o* **dieses**] **~ von …** *von Chef, Vertreter etc* ce conard [*o* cet enfoiré] de … *vulg* **Arschtritt** *m sl* coup *m* de pied au [*o* dans le] cul *pop* ▶ **jd kriegt einen/von einem Menschen einen ~** qn prend/une personne flanque à qn un coup de pied dans le [*o* au] cul *pop;* (*wird fristlos gekündigt*) qn se fait éjecter/par une personne *fam*

Arsen <-s> *nt* ∅ CHEM arsenic *m*

Arsenal <-s, -e> *nt* **1.** (*Vielzahl*) ■ **ein** [**ganzes**] **~ von etw** tout un arsenal de qc
2. (*Waffenlager*) arsenal *m*

Arsenik <-s> *nt* ∅ arsenic *m* [blanc]

Art. *abk von* **Artikel** art.

Art <-, -en> *f* **1.** (*Sorte*) sorte *f;* ***ein Bursche der übelsten ~*** un type de la pire espèce; ***eine ~ von Baum*** une espèce d'arbre; ***jede ~*** [***von***] ***Folter*** toutes sortes de tortures; ■ **eine/diese ~ …** (*nomin*) *Atriumhaus, Auflauf, Schnaps* un/ce genre [*o* une/cette sorte] de …; *Käfer, Spinne, Blume a.* une/cette espèce de …
2. (*Methode*) façon *f,* manière *f*
3. (*Wesens~*) nature *f;* ***das ist meine ~*** c'est ma façon d'être; ***etw entspricht nicht jds ~*** qc n'est pas le genre de qn
4. (*Verhaltensweise*) manières *fpl,* façons *fpl;* ***versuch es auf die freundliche ~!*** essaie la manière douce!
5. BIO (*Spezies*) [*Pflanze, Tier*] espèce *f*
6. (*Stil*) manière *f*
▶ **nach ~ des Hauses** fait(e) maison, du chef; **die ~ und Weise** la façon, la manière; ***die ~ und Weise unseres Vorgehens*** notre façon de procéder; **auf die** [*o* **diese**] **~ und Weise** de cette façon [*o* manière]; **jd/etw ist einzig in seiner ~** qn/qc est unique en son genre; **das ist doch keine ~!** *fam* c'est pas des manières! *fam;* **ist das vielleicht** [*o* **etwa**] **eine ~?** *fam* en voilà des manières [*o* des façons]!; **jd schlägt aus der ~** qn rompt avec la tradition [familiale], qn tourne différemment; **auf … ~** *grausame, merkwürdige, ungeklärte* d'une [*o* de] manière …; **nach ~ …, nach … ~** à la manière …; ***nach ~ der Franzosen, nach französischer ~*** à la [manière] française

arteigen *adj* spécifique; ■ **etw ist einem Tier ~** qc est spécifique d'un animal

artenreich *adj* riche en espèces **Artenschutz** *m* protection *f* des espèces **Artenschutzabkommen** *nt* Convention *f* sur la protection des espèces **Artensterben** *nt* disparition *f* des espèces **Artenvielfalt** *f* variété *f* [*o* diversité *f*] des espèces

Arterhaltung *f* conservation *f* [*o* sauvegarde *f*] de l'espèce

Arterie <-, -n> [-riə] *f* artère *f*

arteriell *adj* artériel(le)

Arterienverkalkung [-riən-] *f,* **Arteriosklerose** <-, -n> *f* artériosclérose *f*

artfremd *adj* atypique; ■ **etw ist einem Tier ~** qc d'un animal est atypique **artgemäß** *adj, adv s.* **artgerecht. Artgenosse** *m,* **-genossin** *f* congénère *mf* ▶ **jd und seine ~n** *fam* qn et ses congénères **artgerecht** **I.** *adj* qui respecte le rythme biologique des animaux; ■ **etw ist ~** qc respecte le rythme biologique des animaux **II.** *adv* en respectant le rythme biologique des animaux **artgleich** *adj* de nature identique

Arthritis <-, Arthritiden> *f* arthrite *f*

arthritisch *adj* arthritique

Arthrose <-, -n> *f* arthrose *f*

artig *adj* gentil(le), sage

-artig *adjektivisch explosions-, schloss-, seuchen-* qui fait penser [*o* ressemble] à un/une; ■ **etw ist …~** qc fait penser [*o* ressemble] à un/une …; ***gummi~*** caoutchouteux(-euse); ***sintflut~*** diluvien(ne); ***ein jazz~es/komödien~es Stück*** un morceau dans le style jazz/de la comédie; *adverbial explosions-, schloss-, seuchen-, komödien-* à la façon d'un/d'une; ***jazz~ spielen*** jouer dans le style jazz

Artigkeit <-, -en> *f* **1.** ∅ (*Wohlerzogenheit*) sagesse *f*
2. *pl veraltend* (*Komplimente*) gentillesses *fpl,* amabilités *fpl*

Artikel <-s, -> *m* (*alle Bedeutungen*) article *m*

-artikel *m* COM article *m* de; *Herren-, Damen-* article *m* pour

Artikulation <-, -en> *f geh* (*Aussprache*) articulation *f*

artikulieren * **I.** *vt geh* ■ **jd artikuliert etw irgendwie** qn articule qc d'une certaine façon
II. *vr geh* ■ **jd artikuliert sich irgendwie** qn s'exprime d'une certaine façon

Artillerie <-, *rare* -n> [-'riːən] *f* artillerie *f*

Artillerie- d'artillerie **Artilleriebeschuss**^RR *m* tir *m* d'artillerie

Artischocke <-, -n> *f* artichaut *m*

Artischocken- d'artichaut **Artischockenboden** *m* fond *m* d'artichaut **Artischockenherz** *nt* cœur *m* d'artichaut

Artist(in) <-en, -en> *m(f)* **1.** (*Zirkusdarsteller*) artiste *mf* de cirque, saltimbanque *mf;* (*Zirkusakrobat*) acrobate *mf*
2. (*Künstler*) artiste *mf*

artistisch *adj* artistique; (*akrobatisch*) acrobatique

artverschieden *adj* ■ **sie sind ~** ils/elles sont de nature différente **artverwandt** *adj* d'espèce voisine; ■ **sie sind ~** ils/elles appartiennent à des espèces voisines **Artwort** <-wörter> *nt* (*Adjektiv*) qualificatif *m*

Arznei <-, -en> *f* **1.** (*Medizin*) médicament *m*
2. *geh* (*Lektion*) remède *m;* ***eine bittere ~*** (*Erfahrung*) une potion amère; ***das war für ihn eine heilsame ~*** ça l'a guéri

Arzneibuch *nt* codex *m,* pharmacopée *f* **Arzneifläschchen** *nt* fiole *f* [de médicaments] **Arzneikunde** *f* ∅ pharmacologie *f*

Arzneimittel *nt* médicament *m;* **~!** ceci est un médicament!

Arzneimittelforschung *f* recherche *f* pharmaceutique **Arzneimittelgesetz** *nt* loi *f* sur les produits pharmaceutiques **Arzneimittelhersteller(in)** *m(f)* laboratoire *m* pharmaceutique **Arzneimittelmissbrauch**^RR *m* abus *m* de médicaments

Arzneipflanze *f* plante *f* médicinale **Arzneischränkchen** *nt* armoire *f* à pharmacie

Arzt <-es, ¨-e> *m,* **Ärztin** *f* médecin *m,* docteur *m;* ■ **~ für …** médecin + *adj;* ***~ für Orthopädie/Strahlenheilkunde*** [médecin] orthopédiste/radiothérapeute; ***~ für Haut- und Geschlechtskrankheiten*** médecin spécialiste de dermato-vénérologie
▶ **~ für Allgemeinmedizin** médecin *m* généraliste; **~ am Krankenhaus** médecin *m* hospitalier; **behandelnder ~** médecin *m* traitant; **praktischer ~/praktische Ärztin** *veraltet* omnipraticien(ne) *m(f)*

Arztberuf *m* profession *f* de médecin; ***die Ausübung des ~es*** l'exercice de la médecine

Ärztebesteck *nt* trousse *f* [de médecin] **Ärztekammer** *f* conseil *m* de l'ordre **Ärztekollegium** *nt* commission *f* médicale

Ärzteschaft <-> *f* ∅ corps *m* médical

Arztfrau *f* femme *f* de médecin **Arzthelfer(in)** *m(f)* auxiliaire *mf* médical(e)

Ärztin *f s.* **Arzt**

ärztlich **I.** *adj* médical(e)
II. *adv* **1.** (*durch einen Arzt*): ***jd lässt sich ~ behandeln/untersuchen/beraten*** qn suit un traitement médical/passe un examen médical/se rend à une consultation médicale
2. (*in medizinischer Hinsicht*) médicalement

Arztpraxis *f* cabinet *m* médical

As[1] *s.* **Ass**

As[2] <-, -> *nt* MUS la *m* bémol

Asbest <-[e]s> *m* ∅ amiante *m*

Aschantinuss^RR *f* AUS *s.* **Erdnuss**

aschblond *adj* blond cendré *inv*

Asche <-, *rare* -n> *f* **1.** cendre *f souvent pl*
2. ∅ *geh* [*Tote*] cendres *fpl*
▶ **jd streut sich** (*dat*) **~ aufs Haupt** *geh* qn bat sa coulpe *soutenu,* qn se couvre la tête de cendre *littér;* **~ zu ~, Staub zu Staub** souviens-toi que tu es poussière et que tu retourneras en poussière; **jd/etw wird zu ~** qn retourne en poussière/qc est réduit(e) en cendres

Aschenbahn *f* [piste *f*] cendrée *f* **Aschenbecher** *m* cendrier *m* **Aschenbrödel** <-s> *nt* ∅ *s.* **Aschenputtel. Ascheneimer** *m* seau *m* à cendres **Aschenplatz** *m* FBALL terrain *m* en Rotgran®*;* TENNIS [court *m* en] schiste *m* **Aschenputtel** <-s> *nt* ∅ Cendrillon *f* **Aschenregen** *m* pluie *f* de cendres

Aschermittwoch *m* mercredi *m* des Cendres

aschfahl *adj* livide **aschgrau** *adj Haar* cendré(e); *Kleidung* [d'un] gris cendré *inv*

ASCII-Code ['askikoːt] *m* code *m* ASCII

äsen **I.** *vi* ■ **ein Tier äst** un animal broute [*o* viande *spéc*]
II. *vt* ■ **ein Tier äst etw** un animal broute qc

aseptisch *adj* aseptique, stérile; ***jd macht etw ~*** qn aseptise qc, qn stérilise qc

Äser *pl von* **Aas**

asexuell ['azɛksuɛl] *adj* asexué(e)

Asiat(in) <-en, -en> *m(f)* Asiatique *mf*

asiatisch *adj* asiatique; ***hinter dem Ural ist/wird alles schon ~*** au-delà de l'Oural, tout a/prend déjà un petit air asiatique

Asien <-s> ['aːziən] *nt* l'Asie *f*

Askese <-> *f* ∅ *geh* ascèse *f*

Asket(in) <-en, -en> *m(f) geh* ascète *mf*

asketisch **I.** *adj geh* ascétique
II. *adv geh* de manière ascétique; ***jd lebt ~*** qn mène une vie ascétique

Askorbinsäure *f* acide *m* ascorbique

Äskulapstab *m* bâton *m* d'Esculape

asozial **I.** *adj* asocial(e) **II.** *adv* de manière asociale; ***jd verhält sich ~*** qn a un comportement asocial **Asoziale(r)** *f(m) decl wie adj pej* asocial(e) *m(f)*

Aspekt <-[e]s, -e> *m geh* aspect *m*

Asphalt <-[e]s, -e> *m* asphalte *m,* bitume *m*

Asphaltdecke *f* revêtement *m* en asphalte

asphaltieren * *vt* ■ **jd asphaltiert etw** qn asphalte qc, qn goudronne qc; ■ **jd lässt etw ~** qn fait asphalter [*o* goudronner] qc

Asphaltstraße *f* (*in Stadt*) rue *f* asphaltée [*o* goudronnée]; (*Landstraße*) route *f* asphaltée [*o* goudronnée]

Aspik <-s, -e> *m o* AUS *nt* aspic *m*

▸ **etw in ~** un aspic/des aspics de qc

Ass[RR] <-es, -e> *nt* **1.** KARTEN as *m*

2. (*Spitzenkönner*) as *m*

3. TENNIS ace *m*

▸ **jd hat [noch] ein ~ im Ärmel** qn n'a pas joué sa dernière carte, qn a encore un atout dans sa manche

aß *imp von* **essen**

Assekuranz <-, -en> *f geh* assurances *fpl*

Assel <-, -n> *f* cloporte *m*

Asservat <-[e]s, -e> [-'va:t] *nt* pièce *f* à conviction

Asservatenkammer [-'va:-] *f* chambre *f* des séquestres

Assessor <-s, -ssoren> *m*, **-ssorin** *f* **1.** JUR juge *m* (*en début de carrière*)

2. SCOL professeur *m* débutant (*non encore titularisé*)

Assimilation <-, -en> *f* **1.** BIO assimilation *f*

2. *geh* (*Anpassung*) ▪ **die ~ an jdn/etw** *an bestehende Verhältnisse* l'adaptation *f* à qc; *an Umgebung* l'intégration *f* dans qc; *an Einwohnerschaft* l'identification *f* avec qn

assimilieren * **I.** *vr geh* ▪ **jd assimiliert sich an jdn/etw** *an bestehende Verhältnisse* qn s'adapte à qc; *an Umgebung* qn s'intègre dans qc; *an Einwohnerschaft* qn s'identifie avec qn

II. *vt* ▪ **etw assimiliert etw** */Blatt, Pflanze/* qc assimile qc

III. *vi* ▪ **etw assimiliert** */Blatt, Pflanze/* qc assimile

Assisen *pl* CH *s.* **Geschworene**

Assistent(in) <-en, -en> *m(f)* (*alle Bedeutungen*) assistant(e) *m(f)*

▸ **medizinisch-technische ~in** assistante *f* de laboratoire; **wissenschaftlicher ~** assistant(e) *m(f)*

Assistenz <-, *rare* -en> *f geh* (*Mithilfe*) concours *m*

▸ **unter [der] ~ von jdm, unter jds ~** avec le concours de qn

Assistenzarzt *m*, **-ärztin** *f* ≈ interne *mf* des hôpitaux **Assistenzprofessor(in)** *m(f)* ≈ maître *mf* de conférences

assistieren * *vi* ▪ **jd assistiert [bei etw]** qn fait fonction d'assistant(e) [lors de qc]; ▪ **jd assistiert jdm [bei etw]** qn assiste qn [lors de qc]

Assoziation <-, -en> *f geh* association *f*; ***in jds Vorstellung bilden etw und etw eine ~*** dans l'esprit de qn, qc et qc sont associé(e)s; ▪ **die/eine ~ an etw** (*akk*)**/mit etw**: ***dieser Gedanke erweckt in mir ~en an frühere Erlebnisse*** cette pensée est toujours associée pour moi à [*o* évoque pour moi le souvenir de] certaines expériences passées; ***wenn ich Zimt rieche, habe ich immer die ~ mit Reisbrei*** j'associe toujours l'odeur de la cannelle au [*o* l'odeur de la cannelle évoque pour moi le] riz au lait

assoziieren * *vt geh* ▪ **jd assoziiert etw mit etw** qn associe qc à qc; ▪ **etw ist mit etw assoziiert** qc est associé(e) à qc

assoziiert *adj geh Mitglied, Staat* associé(e); ▪ **einer S.** (*dat*) **~** associé(e) à qc

Ast <-[e]s, ⸚e> *m* **1.** (*Zweig*) branche *f*

2. [*Delta, Fluss*] bras *m*

3. PHYSIOL [*Blutgefäß, Nerv*] branche *f*, ramification *f*

4. (*Astknoten*) nœud *m*

▸ **jd ist [*o* befindet sich] auf dem absteigenden ~** *fam* qn est en perte de vitesse *fam*; **jd lacht sich** (*dat*) **einen ~** *sl* qn est écroulé(e) [de rire] *fam*; **jd sägt den ~ ab, auf dem er sitzt** qn scie la branche sur laquelle il/elle est assis(e); **etw teilt sich in ⸚e** */Fluss/* qc se divise en plusieurs bras

AStA <-[s], -[s] *o* Asten> ['asta] *m abk von* **Allgemeiner Studentenausschuss** *comité général des étudiants d'une université*

Aster <-, -n> *f* aster *m*

Asteroid <-en, -en> [astero'i:t, -i:dən] *m* astéroïde *m*

Astgabel *f* fourche *f*

Ästhet(in) <-en, -en> *m(f) geh* esthète *mf*

ästhetisch *adj geh* esthétique; ***jd hat eine ~e Figur*** qn a une belle plastique; ▪ **etwas Ä~es** quelque chose d'esthétique; ***etw ist nichts Ä~es*** qc n'a rien d'esthétique

Asthma <-s> *nt Ø* asthme *m*

Asthmatiker(in) <-s, -> *m(f)* asthmatique *mf*

asthmatisch **I.** *adj* **1.** *Anfall* d'asthme; *Beschwerden, Röcheln* asthmatique

2. *Patient* asthmatique

II. *adv*: **~ *bedingt*** provoqué(e) par l'asthme, d'origine asthmatique; ***jd keucht ~*** qn halète comme un asthmatique

Astknoten *m* nœud *m* **Astloch** *nt* trou *m* de nœud **astrein** **I.** *adj* **1.** *fam* (*moralisch einwandfrei*) impec *fam*; *Lebenslauf* en béton *fam*; ▪ **jd/etw ist nicht ~** qn/qc est pas clair(e) *fam* **2.** *fam* (*echt*) *Kunstwerk, Münze* tout ce qu'il y a de plus vrai *fam* **3.** *sl* (*hervorragend*) super *fam* **4.** *spec Brett, Holz, Stamm* dépourvu(e) de nœuds; ▪ **etw ist ~** qc n'a pas de nœuds

II. *adv sl* (*super*) *sich verhalten, spielen* super bien *fam*; ***etw schmeckt ~*** qc est super bon(ne) *fam*

Astrologe <-n, -n> *m*, **-login** *f* astrologue *mf*

Astrologie <-> *f Ø* astrologie *f*

astrologisch **I.** *adj Buch, Zeitschrift* d'astrologie; *Gutachten, Sinn* astrologique

II. *adv interessiert* à l'astrologie; *bewandert sein* en astrologie

Astronaut(in) <-en, -en> *m(f)* astronaute *mf*

Astronom(in) <-en, -en> *m(f)* astronome *mf*

Astronomie <-> *f Ø* astronomie *f*

astronomisch *adj* **1.** *Studium, Werk* d'astronomie; *Ausbildung, Kenntnisse* en astronomie; *Zweck* concernant l'astronomie

2. (*riesig*) *Gehalt, Höhe, Kosten, Summe* astronomique *fam*

Astrophysik *f* astrophysique *f*

Astrophysiker(in) [astro'fy:zikɐ] *m(f)* astrophysicien(ne) *m(f)*

Astwerk *nt form* branchage *m*, ramure *f soutenu*

ASU <-, -s> *f abk von* **Abgassonderuntersuchung** *s.* **AU**

ASW <-> [a:ʔɛs've:] *f Ø abk von* **außersinnliche Wahrnehmung** perception *f* extrasensorielle

Asyl <-s, -e> [a'zy:l] *nt* (*Zuflucht*) asile *m*

▸ **politisches ~** l'asile *m* politique; **jd bittet um ~, jd sucht um ~ nach** *form* qn demande asile; **jd gewährt jdm ~** qn accorde le droit d'asile à qn

Asylant(in) <-en, -en> *m(f) s.* **Asylbewerber**

Asylantrag [a'zy:l-] *m* demande *f* d'asile **Asylbewerber(in)** *m(f)* demandeur(-euse) *m(f)* d'asile **Asylrecht** *nt* droit *m* d'asile **Asylsuchende(r)** *f(m) decl wie adj* demandeur(-euse) *m(f)* d'asile

Asymmetrie *f* dissymétrie *f*, asymétrie *f*

asymmetrisch **I.** *adj* dissymétrique, asymétrique

II. *adv* de façon dissymétrique [*o* asymétrique]

Aszendent <-en, -en> *m* ascendant *m*

at *abk von* **Atmosphäre** ≈ bar *m*

at <-> [æt] *nt* INFORM ar[r]obas *m*

A.T. *nt abk von* **Altes Testament** Ancien Testament *m*

Atelier <-s, -s> [ate'lie:, atə'lie:] *nt* **1.** (*Künstlerwerkstatt*) atelier *m*

2. (*Dachwohnung*) logement *m* mansardé

Atelieraufnahme [ate'lie:-, atə'lie:-] *f* photo *f* d'art **Atelierfenster** *nt* fenêtre *f* de toit, VELUX® *m* **Atelierwohnung** *f s.* **Atelier 2.**

Atem <-s> *m Ø* **1.** (*Atemluft*) souffle *m*

2. (*Atemgeruch*) haleine *f*; ***ein reiner/unreiner ~*** une bonne/mauvaise haleine

3. (*das Atmen*) respiration *f*; ***jds ~ geht schwer/stoßweise*** qn a du mal à respirer/respire par à-coups

▸ **mit angehaltenem ~** (*ohne zu atmen*) en retenant sa/... respiration; (*sehr aufmerksam*) en retenant son/... souffle; **jd hat den längeren ~** c'est qn qui tient/tiendra [le coup] le plus longtemps; **jd hält den ~ an** (*atmet nicht weiter*) qn retient sa respiration [*o* son souffle]; (*ist fassungslos*) qn est suffoqué(e), qn a le souffle coupé; ***halt den ~ an, gleich sage ich dir etwas sehr Erstaunliches!*** tiens-toi bien, je vais t'en dire une bien bonne!; **jd hält jdn in ~** qn tient qn en haleine; **jd holt [*o* schöpft] ~** qn reprend sa respiration; (*sammelt sich*) qn respire, qn reprend son souffle; **jd kommt wieder zu ~** qn reprend sa respiration; **jd ringt nach ~** qn suffoque, qn cherche à reprendre son souffle; **etw verschlägt jdm den ~** qn a le souffle coupé [*o* est suffoqué(e)] par qc; ***es verschlägt einem den ~*** on en a le souffle coupé, on est suffoqué(e); **außer ~** hors d'haleine, à bout de souffle; **in einem [*o* im selben] ~** *geh* en une seule fois, d'un seul coup

Atembeklemmung *f* suffocation *f* **atemberaubend** **I.** *adj Neuigkeit* suffocant(e), époustouflant(e) *fam*; *Geschwindigkeit, Entwicklung, Schönheit* stupéfiant(e) **II.** *adv* prodigieusement **Atembeschwerden** *pl* troubles *mpl* respiratoires **Atemgerät** *nt* appareil *m* respiratoire **Atemgeräusch** *nt* bruit *m* de respiration **Atemholen** <-s> *nt Ø verbal übersetzt*; ***jd hat Schwierigkeiten beim ~*** qn a des difficultés à respirer; ***jd bleibt zum ~ stehen*** qn s'arrête pour reprendre sa respiration; ***jd kommt kaum noch zum ~*** qn trouve à peine le temps de souffler **Atemlähmung** *f* paralysie *f* respiratoire, asphyxie *f*

atemlos **I.** *adj* **1.** (*außer Atem*) essoufflé(e)

2. (*perplex*) ▪ **jd ist ~** qn a le souffle coupé

II. *adv* (*außer Atem*) tout essoufflé(e)

Atemlosigkeit <-> *f Ø* essoufflement *m*

Atemluft *f* air *m* [respirable] **Atemmaske** *f* masque *m* **Atemnot** *f* dyspnée *f spéc*, détresse *f* respiratoire **Atempause** *f* **1.** (*um Luft zu schöpfen*) pause *f* pour respirer; ***jd muss eine ~ einlegen*** qn a besoin de souffler **2.** (*Verschnaufpause*) ballon *m* d'oxygène **Atemschutzgerät** *nt* appareil *m* respiratoire **Atemschutzmaske** *f s.* **Atemmaske.** **Atemstillstand** *m* arrêt *m* respiratoire, apnée *f* **Atemwege** *pl* voies *fpl* respiratoires **Atemwegserkrankung** *f form* affection *f* des voies respiratoires **Atemzug** *m* inspiration *f*; ***jd macht einen tiefen ~*** qn inspire profondément ▸ **einen ~ lang** un court instant; **in einem ~, im selben ~** en même temps

Atheismus <-> [ate'ɪsmʊs] *m Ø* athéisme *m*

Atheist(in) <-en, -en> [ate'ɪst] *m(f)* athée *m*

atheistisch [ate'ɪstɪʃ] *adj* athée

Athen <-s> *nt* Athènes *f*

Äther <-s> *m Ø* **1.** CHEM éther *m*

2. *poet* (*Himmel*) éther *m poét*

▸ **jd schickt etw in den ~** *geh* qn émet qc par la voie des ondes *soutenu*; **über den ~** *geh* par la voie des ondes *soutenu*

ätherisch *adj* **1.** *geh* (*zart*) éthéré(e) *littér*; ***jd wirkt ~*** qn a quelque chose d'éthéré

2. CHEM *Essenz* volatil(e); *Öl, Zusatz* essentiel(le)

Athlet(in) <-en, -en> *m(f)* athlète *mf*

athletisch *adj* athlétique

Äthylalkohol [ɛ'ty:l-] *m* alcool *m* éthylique

Atlanten *pl von* **Atlas**

Atlantik <-s> *m* ▪ **der ~** l'Atlantique *m*

atlantisch *adj* atlantique

Atlas <- *o* -ses, Atlanten *o* -se> *m* atlas *m*; (*Auto~*) atlas *m* [routier]

atmen **I.** *vi* ▪ **jd atmet** qn respire; ▪ **jd atmet irgendwie** *frei, lang, röchelnd, schwer* qn respire d'une certaine façon; ***jdm fällt das A~ schwer*** qn a du mal à respirer; ***jd röchelt beim A~*** qn râle en respirant

II. *vt* ▪ **jd atmet etw** qn respire qc

Atmosphäre <-, -n> *f* atmosphère *f*

▸ **etw hat ~** il y a une atmosphère dans qc

Atmosphärendruck <-drücke> *m* pression *f* atmosphérique **Atmosphärenüberdruck** <-drücke> *m* ≈ bar *m*

atmosphärisch *adj* atmosphérique

Atmung <-> *f Ø* respiration *f*

atmungsaktiv *adj* thermoactif(-ive) **Atmungsorgane** *pl* organes *mpl* de la respiration
Atoll <-s, -e> *nt* atoll *m*
Atom <-s, -e> *nt* atome *m*
Atom- 1. PHYS *-aufbau, -größe, -zerfall* de l'atome 2. (*Kernwaffen betreffend*) *-arsenal, -granate, -katastrophe, -marine, -rüstungsbehörde, -schutzbunker, -streitmacht, -U-Boot* nucléaire, atomique; *-angst* du nucléaire; *a-bestückt* d'un armement nucléaire; *-tod* provoqué(e) par le nucléaire 3. (*Kernenergie betreffend*) nucléaire; *-angst, -gegner* du nucléaire **Atomangriff** *m* attaque *f* nucléaire **Atomantrieb** *m* propulsion *f* nucléaire [*o* atomique]
atomar I. *adj* 1. PHYS atomique
2. MIL nucléaire, atomique
II. *adv* 1. MIL *bedrohen, vernichten* au moyen d'armes nucléaires; *bestücken* d'armes nucléaires
2. TECH *antreiben, funktionieren* à l'énergie nucléaire
Atombombe *f* bombe *f* atomique
Atombombenexplosion *f* explosion *f* nucléaire **atombombensicher** I. *adj Raketenstellung, Raketensilo* à l'épreuve des bombes atomiques; *Bunker, Unterkunft a.* antiatomique II. *adv* à l'épreuve des bombes atomiques **Atombombenversuch** *m* essai *m* nucléaire
Atombomber *m* bombardier *m* atomique **Atombunker** *m* abri *m* antiatomique **Atomenergie** *f* énergie *f* nucléaire [*o* atomique] **Atomexplosion** *f* explosion *f* nucléaire **atomgetrieben** *adj* à propulsion nucléaire [*o* atomique] **Atomgewicht** *nt* masse *f* atomique
atomisieren * *vt* ■ **jd/etw atomisiert etw** qn/qc pulvérise [*o* atomise] qc
Atomkern *m* noyau *m* [de l'atome] **Atomkraft** *f* ∅ énergie *f* nucléaire [*o* atomique] **Atomkraftwerk** *nt* centrale *f* nucléaire [*o* atomique] **Atomkrieg** *m* MIL guerre *f* nucléaire [*o* atomique] **Atommacht** *f* puissance *f* nucléaire **Atommodell** *nt* modèle *m* atomique **Atommüll** *m* déchets *mpl* nucléaires **Atomphysik** *f* physique *f* nucléaire [*o* atomique] **Atomphysiker(in)** *m(f)* spécialiste *mf* de physique nucléaire, atomiste *mf* **Atompilz** *m* champignon *m* atomique [*o* nucléaire] **Atomrakete** *f* fusée *f* nucléaire [*o* atomique] **Atomreaktor** *m* réacteur *m* nucléaire **Atomsperrvertrag** *m s.* **Atomwaffensperrvertrag. Atomsprengkopf** *m* ogive *f* [*o* tête *f*] nucléaire **Atomtest** *m* essai *m* nucléaire **Atomteststoppabkommen** *nt* accord *m* sur l'arrêt des essais nucléaires **Atomtriebwerk** *nt* propulseur *m* atomique [*o* nucléaire] **Atomuhr** *f* horloge *f* atomique **Atomversuch** *m s.* **Atomtest**
Atomwaffe *f* arme *f* nucléaire [*o* atomique]
atomwaffenfrei *adj* dénucléarisé(e) **Atomwaffensperrvertrag** *m* traité *m* de non-prolifération [des armes nucléaires]
Atomzeitalter *nt* ∅ ■ **das** ~ l'ère *f* atomique [*o* nucléaire] **Atomzerfall** *m* désintégration *f* **Atomzertrümmerung** *f* fission *f* nucléaire
atoxisch *adj spec* non[-]toxique
Atrium <-s, Atrien> [-riən] *nt* (*antik*) atrium *m;* (*modern*) patio *m*
Atriumhaus *nt* (*antik*) maison *f* avec atrium; (*modern*) maison *f* avec patio
Atrophie <-, -n> [-'fi:ən] *f* atrophie *f*
atrophisch *adj* atrophié(e); ***eine ~e Veränderung*** une atrophie
ätsch *interj fam* et toc *fam*
Attaché <-s, -s> [ata'ʃe:] *m* attaché(e) *m(f)*
Attacke <-, -n> *f* 1. MIL charge *f* de cavalerie
2. (*Kritik*) ■ ~ **gegen jdn/etw** attaque *f* contre qn/qc
3. MED attaque *f*
▸ **jd bläst zur** ~ qn déclenche l'offensive; MIL / *Trompeter/* qn sonne la charge; **jd reitet eine ~ gegen jdn/etw** qn déclenche une offensive contre qn/qc; MIL qn charge qn/qc
attackieren * *vt* 1. *geh* ■ **jd attackiert jdn/etw** qn attaque qn/qc
2. MIL *veraltend* ■ **jd attackiert jdn/etw** qn attaque qn/qc
Attentat <-[e]s, -e> *nt* attentat *m;* ■ **ein ~ auf jdn** un attentat contre qn
▸ **jd hat ein ~ auf jdn vor** *hum fam* qn a une faveur à demander à qn; **jd verübt ein ~ auf jdn** qn commet un attentat contre qn
Attentäter(in) *m(f)* auteur *m* de l'attentat
Attest <-[e]s, -e> *nt* (*ärztliche Bescheinigung*) certificat *m* [médical]; (*Arbeitsunfähigkeitsbescheinigung*) certificat *m* d'arrêt de travail
▸ **jd stellt jdm ein ~ [über etw** (*akk*)**] aus** qn établit [*o* délivre] un certificat à qn [concernant qc]
attestieren * *vt* 1. MED *form* ■ **jd attestiert [jdm] etw** qn délivre [à qn] un certificat [médical] établissant qc; ***etw muss attestiert werden*** qc doit faire l'objet d'un certificat médical; ■ **jd attestiert jdm, dass** qn délivre à qn un certificat attestant que + *indic;* ■ **jd lässt sich** (*dat*) **[von jdm] etw** ~ qn se fait établir un certificat de qc [par qn]
2. *geh* (*bescheinigen*) ■ **jd attestiert jdm/einer S. etw** qn certifie [*o* atteste] qc de qn/qc
Attitüde <-, -n> *f meist pl geh* manières *fpl;* ***die ~n einer Filmdiva*** les simagrées *fpl* d'une star de cinéma *péj*
Attraktion <-, -en> *f* 1. (*Anziehungspunkt*) attraction *f*
2. ∅ *geh* (*Reiz*) attrait *m*
attraktiv *adj* 1. (*anziehend*) *Frau, Mann* séduisant(e)
2. (*verlockend*) *Stadt, Land* attrayant(e); *Angebot, Gehalt, Stellung* attractif(-ive)
Attraktivität <-, -en> [-vi-] *f* 1. ∅ [*Frau, Mann*] séduction *f*
2. [*Angebot, Stellung, Gehalt*] caractère *m* attractif; [*Stadt, Land*] attraits *mpl*
Attrappe <-, -n> *f* (*Gegenstand*) objet *m* factice, imitation *f;* (*Schmuck a.*) faux *m;* (*gemalter Gegenstand*) trompe-l'œil *m;* MIL leurre *m;* (*Nachbildung eines Menschen*) mannequin *m;* ***die ~ eines Menschen/einer S.*** un(e) … factice, un(e) faux(fausse) …; ***die ~ eines Fensters*** une fenêtre en trompe-l'œil
▸ **etw ist nur** ~ *geh* (*Schein*) qc n'est qu'un trompe-l'œil [*o* qu'un leurre]; (*Nachbildung*) qc n'est qu'une imitation

Attribut <-[e]s, -e> *nt* 1. GRAM [*Nomen*] épithète *f;* [*Verb*] adverbe *m*
2. *geh* (*Eigenschaft*) (*moralisch*) particularité *f;* (*physisch*) attribut *m;* ***das ~ der Unfehlbarkeit*** la propriété d'être infaillible
atü *abk von* **Atmosphärenüberdruck** ≈ bar *m*
atypisch *adj* atypique, inhabituel(le)
ätzen I. *vi* ■ **etw ätzt** qc attaque, qc est corrosif(-ive)
II. *vt* ART ■ **jd ätzt etw in eine S.** qn grave qc en mordant une chose
ätzend *adj* 1. *Lauge, Säure, Mittel, Substanz* corrosif(-ive)
2. *Geruch, Schwaden* délétère
3. *Kritik, Spott* corrosif(-ive), caustique
4. *sl* (*sehr übel*) chiant(e) *fam*, craignos *fam*
Ätzmittel *nt* substance *f* caustique **Ätznatron** *nt* soude *f* caustique **Ätzstift** *m* MED crayon *m* au nitrate d'argent
Ätzung <-, -en> *f* 1. MED (*Ver~*) brûlure *f*
2. ART morsure *f*
au *interj* aïe, ouille
▸ ~ **fein/ja/klasse** *fam* ouah super [*o* génial] *fam*
Au <-, -en> *f* SDEUTSCH, AUS *s.* **Aue**
AU <-> ['a:'ʔu:] *f abk von* **Abgasuntersuchung** contrôle *m* antipollution
aua *interj* aïe, ouille
aubergine *adj pred,* **auberginefarben** [obɛr'ʒi:nə-] *adj* aubergine *inv*
Aubergine <-, -n> [obɛr'ʒi:nə] *f* aubergine *f*
auch *adv* 1. (*ebenfalls*) aussi; ~ ***die Regierung*** le gouvernement [lui] aussi; ***Gewalt ist aber ~ keine Lösung!*** la violence n'est pas non plus une solution
2. (*tatsächlich*) *oft nicht übersetzt,* effectivement; ***ich habe das nicht nur gesagt, ich meine das*** ~! je ne l'ai pas seulement dit, je le pense [effectivement]!; ***wenn ich etwas verspreche, tu ich das*** ~! quand je promets quelque chose, je le fais!
3. (*immer*) ■ **so/was/wie … ~:** ***was er ~ sagen mag, …*** quoi qu'il dise, …, il aura beau dire, …; ***so schnell sie ~ laufen mag, …*** aussi vite qu'elle coure, …; ***wie sehr du ~ flehst, …*** tu auras beau supplier, …
4. (*sogar*) même; ~ ***dann, wenn du nicht magst*** même si tu n'as pas envie
▸ ~ **gut** (*egal*) [eh bien] tant pis; **wie dem ~ sei** quoi qu'il en soit; **… aber** ~!: ***so was Ärgerliches aber*** ~! il ne manquait plus que ça!; ***Mist aber*** ~! zut de zut! *fam;* ***wozu aber*** ~? de toute façon, à quoi bon?; **… ~ nicht!** … non plus!; ***ich ~ nicht*** moi non plus; ~ **das noch!** il ne manquait plus que ça!; ~ **wenn** (*selbst wenn*) même si; ~ ***wenn du noch so brüllst, …*** tu auras beau hurler, …
Audienz <-, -en> *f* audience *f*
Audimax <-> *nt* ∅ *fam abk von* **Auditorium maximum** grand amphi *m fam*
audiovisuell [-vi-] I. *adj* audiovisuel(le)
II. *adv gestalten, werben* en faisant appel à l'audiovisuel [*o* aux techniques audiovisuelles]; ***dieser Computer kann ~ aufgerüstet werden*** cet ordinateur peut recevoir un équipement audiovisuel [*o* multimédia]
Audit <-s, -s> *nt* IND audit *m*
Auditorium <-s, -rien> [-riən] *nt* 1. UNIV amphithéâtre *m*
2. *geh* (*Zuhörerschaft*) auditoire *m*
▸ ~ **maximum** grand amphithéâtre *m*
Aue <-, -n> *f* DIAL *poet* prairie *f*, noue *f*
Auerhahn *m* coq *m* de bruyère **Auerhenne** *f* poule *f* [de bruyère] **Auerhuhn** *nt* tétras *m* **Auerochse** [-ksə] *m* aurochs *m*
auf I. *präp* 1. + *dat* (*darauf befindlich*) sur; ~ ***dem Grunde des Atlantik*** au fond de l'Atlantique; ***Greenwich liegt ~ 0 Grad*** Greenwich est situé sur le méridien d'origine; ~ ***den Wiesen*** dans les prés; ~ ***der Straße*** dans la rue
2. + *akk* (*in Richtung ~*) sur; ***etw sinkt ~ den Meeresgrund*** qc coule au fond de la mer
3. + *akk o dat* (*in Bezug auf Inseln*) à; ***Korsika, Kreta, Sardinien*** en; ~ ***einer Insel/einem Atoll*** sur une île/un atoll; ~ ***Elba/Mauritius*** sur l'île d'Elbe/l'île Maurice
4. + *dat* (*in einer Institution*) à; ~ ***der Post/Bank/Schule*** à la poste/banque/l'école; ~ ***einem Sparkonto*** sur un compte [d']épargne
5. + *akk* (*in eine Institution, zu einem Anlass*) à; ~ ***die Post/Bank/Schule*** à la poste/banque/l'école; ~ ***das Fest/Volksfest*** à la fête/foire
6. + *akk* (*einen Zeitpunkt festlegend*): ***etw fällt ~ einen Dienstag*** qc tombe un mardi; ***jd verschiebt etw ~ nächste Woche*** qn repousse qc à la semaine prochaine; ***es geht ~ Ostern zu*** on va vers Pâques; ***in der Nacht ~ Dienstag*** dans la nuit de lundi [à mardi]
7. + *akk* (*bis zu*) à; ~ ***den Tag genau*** au jour près
8. + *dat* (*während*) pendant, au cours de; ~ ***der Fahrt*** pendant le [*o* au cours du] trajet; ~ ***dem Weg*** le long du chemin
9. + *akk* (*für*) pour; ***7 Liter ~ 100 Kilometer*** 7 litres aux 100 [kilomètres]; ~ ***einen Tee/eine Zigarette*** le temps de boire le thé/fumer une cigarette
10. + *akk* (*um*) ■ **etw ~ etw** qc sur qc; ***jd setzt Stein ~ Stein*** qn pose les pierres les unes sur les autres
11. + *akk* (*als Reaktion*) ■ ~ **etw [hin]** à la suite de qc, suite à qc
12. + *akk sl* (*in einer bestimmten Art*) avec; ~ ***diese Art/Tour*** avec ce genre de procédé(s)
13. + *akk* (*jdm zuprostend*) à; ~ ***dich!*** à la tienne!
14. + *superl* (*so … wie möglich*) de la façon; ~ ***das Grausamste*** de la façon la plus cruelle
▸ ~ **ihn!** tombez-lui [*o* tous] dessus!
II. *adv* ▸ ~ **und ab** [*o* **nieder** *geh*]: ***es geht mal ~, mal nieder*** [*o* ***ab***] (*runter und rauf*) tantôt ça monte, tantôt ça descend; ***das Boot tanzt ~ und ab*** le bateau tangue; ***es geht/es geht bei etw ~ und ab*** (*Höhen und Tiefen*) il y a/qc connaît des hauts et des bas; **jd/ein Tier ist ~ und davon** (*fort*) qn/un animal a filé [*o* déguerpi]
III. *interj* 1. (*los*) en route; ~ ***nach Kalifornien!*** en route pour [*o* vers] la Californie!

2. (*aufgesetzt*) ■ **...** ~! *Helm, Maske, Mütze, Hut* mets ton(ta)/mettons notre/mettez votre ...!
3. (*offen*): ***Mund*** ~! ouvre/ouvrez la bouche!; ***Fenster*** ~ ouvre/ouvrez la fenêtre!
IV. *conj geh* (*es sei*) ■ ~ **dass** souhaitons que + *subj*; ~ ***dass er sein Unrecht einsehen möge!*** puisse-t-il reconnaître ses torts! *soutenu*; ~ ***dass wir uns in Zukunft vertragen mögen!*** puissions-nous nous entendre à l'avenir! *soutenu*

Auf *nt* ▸ **das/ein** ~ **und Ab** (*räumlich*) le/un tangage; (*Höhen und Tiefen*) les hauts et les bas/des hauts et des bas

auf|arbeiten *vt* 1. (*renovieren*) ■ **jd arbeitet etw auf** *Antiquität, Möbelstück* qn remet qc en état; ***jd arbeitet etw auf neu auf*** qn remet qc à neuf
2. (*bearbeiten*) ■ **jd arbeitet etw auf** *Korrespondenz, Liegengebliebenes* qn met qc à jour; *Akten* qn traite qc
3. (*bewältigen*) ■ **jd arbeitet etw auf** *Vergangenheit* qn surmonte qc, qn assume qc
4. (*auswerten*) ■ **jd arbeitet etw auf** *Belege, Literatur* qn exploite qc, qn compulse qc

auf|atmen *vi* 1. (*erleichtert sein*) ■ **jd atmet auf** qn respire; ***ein A~ ging durch das Volk*** le peuple a respiré
2. (*durchatmen*) ■ **jd atmet auf** qn respire profondément [*o* à pleins poumons]

auf|backen *vt irreg* ■ **jd bäckt etw auf** qn passe qc au four

auf|bahren *vt* ■ **jd bahrt jdn/etw auf** qn expose qn/qc

Aufbahrung <-, -en> *f verbal übersetzt;* ***der Katafalk wurde für die*** ~ ***des Verstorbenen vorbereitet*** on a dressé le catafalque pour y exposer la dépouille mortelle

Aufbahrungshalle *f* chapelle *f* ardente

Aufbau[1] *m* Ø 1. (*das Zusammenbauen*) [*Gerüst, Spielzeug, Regal*] montage *m;* [*Hi-Fi-Anlage*] installation *f*
2. (*Schaffung*) [*Land*] organisation *f;* [*Marktwirtschaft*] instauration *f;* [*Kontakte, Verbindungen*] établissement *m;* [*soziales Netz, Armee, Organisation*] création *f,* mise *f* en place, mise *f* sur pied
3. (*Struktur*) [*Gedicht, Roman*] structure *f,* composition *f*
4. TELEC: ***der*** ~ ***der Verbindung erfolgt über Satellit*** la communication est établie par satellite

Aufbau[2] <-bauten> *m* 1. AUT carrosserie *f*
2. *meist pl* NAUT superstructure *f*

Aufbauarbeit *f* [*Marktwirtschaft, Infrastruktur*] [efforts *mpl* d']organisation *f;* [*Gebäude, Stadt*] [travaux *mpl* de] construction *f*

auf|bauen I. *vt* 1. (*zusammenbauen*) ■ **jd baut etw auf** *Gerüst, Spielzeug, Regal* qn monte qc; *Hi-Fi-Anlage* qn installe qc
2. *sl* (*zusammensetzen*) ■ **jd baut etw auf** *Motor, Karosserie* qn monte qc
3. (*hinstellen*) ■ **jd baut etw auf** *Ausstellungsstücke, Brettspiel* qn installe qc; *kaltes Büfett a.* qn dresse qc
4. (*errichten*) ■ **jd baut etw auf** *Gebäude, Stadt* construit qc
5. (*schaffen*) ■ **jd baut etw auf** *soziales Netz, Armee, Organisation* qn crée qc, qn met qc en place [*o* sur pied]; *Land* qn organise qc; *Marktwirtschaft* qn instaure qc; *Beziehung* qn établit qc
6. ARCHIT ■ **jd baut etw [auf etw** (*akk*)**] auf** *Stockwerk* qn ajoute qc [à qc]
7. (*wiederherstellen*) ■ **etw baut etw wieder auf** / *Kur, Vitamine/ Gesundheit, Kräfte* qc rétablit qc
8. (*errichten*) ■ **jd baut etw auf etw** (*dat o akk*) **auf** *Organisation, Partei, Verwaltung* qn organise qc à partir de qc
9. (*basieren*) ■ **jd baut etw auf etw** (*dat o akk*) **auf** *Plan, Theorie* qn fonde [*o* fait reposer] qc sur qc
10. *fam* ■ **jd baut jdn auf** *Nachwuchs* qn propulse qn sur le devant de la scène; ■ **jd baut jdn zu etw auf** qn fait qc de qn
11. ELEC, PHYS, TELEC (*herstellen*) ■ **jd baut etw auf** *Druck, Spannung* qn établit qc
12. CHEM, PHYS ■ **etw ist ... aufgebaut** qc a une structure ...
▸ **jd baut etw wieder auf** *Land, Firma, Industrie* qn reconstruit qc; *Wirtschaft* qn relève qc
II. *vi* 1. (*sich gründen*) ■ **jd/etw baut auf etw** (*dat o akk*) **auf** / *Planung, Theorie/* qn/qc se fonde sur qc
2. (*zusammenbauen*) ■ **jd baut auf** (*ein Gerüstes, Spielzeug, Regal*) qn fait le montage; (*eine Hi-Fi-Anlage*) qn procède à l'installation
III. *vr* 1. (*sich schaffen*) ■ **jd baut sich** (*dat*) **etw auf** *Existenz* qn organise qc; *Firma* qn crée qc, qn met qc en place [*o* sur pied]; ***jd baut sich eine neue Existenz auf*** qn refait sa vie
2. *fam* (*sich postieren*) ■ **jd baut sich vor jdm/etw auf** qn se plante devant qn/qc
3. (*sich gründen*) ■ **etw baut sich auf etw** (*dat o akk*) **auf** / *Planung, Theorie, These/* qc repose [*o* se fonde] sur qc
4. METEO ■ **etw baut sich auf** qc se forme
5. (*bestehen aus*) ■ **etw baut sich aus etw auf** / *Molekül, Eiweiß/* qc est constitué(e) [*o* composé(e)] de qc

Aufbaukurs *m* cours *m* de perfectionnement

auf|bäumen *vr* 1. (*sich aufrichten*) ■ **jd bäumt sich auf** qn se redresse d'un bond; ■ **ein Tier bäumt sich auf** un animal se cabre
2. *geh* (*sich auflehnen*) ■ **jd bäumt sich gegen jdn/etw auf** qn se révolte [*o* se rebelle] contre qn/qc; ■ **das A~** la révolte, la rébellion

Aufbaupräparat *nt* reconstituant *m* **Aufbauprinzip** *nt* schéma *m* [de construction]

auf|bauschen I. *vt* 1. (*übertreibend*) ■ **jd bauscht etw auf** qn gonfle qc, qn monte qc en épingle; ***etw wird zu übertriebener Größe/zu einem Skandal aufgebauscht*** qc est monté(e) en épingle/présenté(e) comme scandaleux(-euse); ***etw wird zu einer unüberwindlichen Schwierigkeit aufgebauscht*** qc est présenté(e) comme [étant d'une difficulté] insurmontable
2. (*blähen*) ■ **etw bauscht etw auf** *Segel* qc gonfle qc
II. *vr* ■ **etw bauscht sich zu etw auf:** ***etw bauscht sich zu übertriebener Größe/ einer unüberwindlichen Schwierigkeit auf*** qc prend des proportions excessives/finit par sembler insurmontable

Aufbaustudium *nt* complément *m* de formation [universitaire]

auf|begehren * *vi geh* ■ **jd begehrt [gegen jdn/etw] auf** qn se révolte [*o* se rebelle] [contre qn/qc]; ■ **~d** révolté(e), en rébellion; ■ **das A~** la révolte, la rébellion

auf|behalten * *vt irreg* 1. (*anbehalten*) ■ **jd behält etw auf** *Brille, Hut* qn garde qc
2. (*offen lassen*) ■ **jd behält etw auf** *Knopf* qn ne boutonne pas qc; *Jacke* (*gewollt*) qn ne ferme pas qc; (*versehentlich*) qn oublie de fermer qc; ***jd hat den Hosenschlitz*** ~ qn a la braguette ouverte

auf|bekommen * *vt irreg fam* 1. (*öffnen*) ■ **jd bekommt etw auf** qn arrive [*o* réussit] à ouvrir qc; ***etw lässt sich*** ~ on peut ouvrir qc; ***etw ist nicht aufzubekommen*** qc est impossible à ouvrir
2. SCOL ■ **jd bekommt etw auf** *Aufgabe, Hausaufgaben* qn a qc [à faire]; ***zu morgen bekommt ihr nichts auf*** je ne vous donne rien [à faire] pour demain

auf|bereiten * *vt* 1. TECH ■ **jd/etw bereitet etw auf** qn traite qc; (*wieder* ~) qn retraite qc
2. MEDIA ■ **jd bereitet etw auf** qn remanie qc
▸ **jd bereitet etw wieder auf** ÖKO *Brennelemente* qn retraite qc; (*recycelt*) qn recycle qc

Aufbereitung <-, -en> *f* 1. TECH traitement *m;* (*Wieder~*) retraitement *m*
2. MEDIA remaniement *m*

Aufbereitungsanlage *f* usine *f* de traitement/retraitement

auf|bessern *vt* 1. IND ■ **jd/etw bessert etw auf** *Gehalt, Zulage* qn/qc augmente qc
2. (*erhöhen*) ■ **jd bessert [jdm/sich] etw auf** *Taschengeld* qn augmente [son/mon] qc
3. (*auffrischen*) ■ **jd bessert etw auf** *Sprachkenntnisse* qn améliore qc

Aufbesserung <-, -en> *f* 1. IND [*Gehalt, Zulage*] augmentation *f*
2. (*das Erhöhen*) [*Taschengeld*] augmentation *f*
3. (*das Auffrischen*) [*Sprachkenntnisse*] amélioration *f;* ***zur*** ~ ***einer S.*** (*gen*) pour améliorer qc

auf|bewahren * *vt* 1. (*in Verwahrung nehmen*) ■ **jd bewahrt etw auf** *Gepäck, Wertsachen* qn garde qc
2. (*lagern*) ■ **jd bewahrt etw auf** *Lebensmittel, Zeitschriften* qn conserve qc, qn garde qc; *ausrangierte Gegenstände* qn entrepose qc, qn garde qc; ***kühl/ trocken*** ~! à conserver au frais/au sec [*o* à l'abri de l'humidité]

Aufbewahrung <-, -en> *f* 1. (*Verwahrung*) [*Gepäckstück, Koffer*] dépôt *m;* ***jd gibt etw in*** ~ [*Testament, Wertgegenstand*] qn dépose qc; ***er bat mich um*** ~ ***seiner Akten*** il m'a prié de conserver ses dossiers
2. EISENBAHN *fam* consigne *f*
▸ **jd übergibt jdm etw zur** ~, **jd vertraut jdm etw zur** ~ **an** qn confie la garde de qc à qn

Aufbewahrungsort *m:* ***diese Unterlagen müssen an einen sicheren*** ~ ***gebracht werden*** ces documents doivent être mis [*o* déposés] en lieu sûr; ■ **der** ~ **einer S.** (*gen*) le lieu [*o* l'endroit *m*] où est déposé(e) qc

auf|bieten *vt irreg* 1. (*einsetzen*) ■ **jd bietet jdn/etw auf** *Anhänger, Gefolgsleute, Polizei, Truppen* qn mobilise qn/qc
2. (*aufwenden*) ■ **jd bietet etw auf** *Fähigkeiten, Kräfte, Mittel* qn met qc en œuvre, qn mobilise qc
3. ADMIN ■ **jd wird aufgeboten** *Brautpaar* les bans du mariage de qn sont publiés

Aufbietung <-> *f* Ø 1. [*Anhänger, Polizei, Truppen*] mobilisation *f*
2. (*das Aufbieten*) [*Fähigkeiten, Kräfte, Mittel*] mise *f* en œuvre
▸ **unter** [*o* **bei**] ~ **aller Kräfte** (*körperlich*) en mobilisant toute mon/son/... énergie; (*psychisch*) en mobilisant toutes mes/ses/... énergies; **unter** ~ **von etw, unter** ~ **einer S.** (*gen*) *von Truppen* grâce à la levée [*o* mobilisation] de qc; *von Vorräten* grâce au déblocage de qc

auf|binden *vt irreg* 1. (*öffnen*) ■ **jd bindet etw auf/jdm etw auf** *Knoten, Schleife, Krawatte, Schürze* qn défait qc/lui défait son/sa/ses qc; *Schuh* qn délace qc/lui délace son/sa/ses qc
2. (*hochbinden*) ■ **jd bindet etw auf** *Haare* qn relève qc; *Zweige* qn attache qc en hauteur
3. (*befestigen*) ■ **jd bindet jdm/sich etw auf** qn lui attache/s'attache qc sur le dos; ■ **jd bindet jdm/sich etw auf etw** (*akk*) **auf** qn lui attache/s'attache qc sur qc
4. *fam* (*weismachen*) ■ **jd bindet jdm etw auf** qn fait gober qc à qn *fam*

auf|blähen I. *vt* 1. (*füllen*) ■ **etw bläht etw auf** *Ballon, Hülle* qc gonfle qc
2. (*blähen*) ■ **etw bläht etw auf** *Bauch, Darm* qc gonfle qc, qc ballonne qc
3. (*aufbauschen*) ■ **jd bläht etw auf** qn monte qc en épingle
4. (*übersteigern*) ■ **[etw ist] aufgebläht** / *Verwaltungsapparat/* [qc est] hypertrophié(e); / *Kosten/* [qc est] gonflé(e)
II. *vr* 1. (*sich füllen*) ■ **etw bläht sich auf** / *Ballon, Hülle/* qc [se] gonfle
2. ■ **etw bläht sich auf** / *Bauch, Darm/* qc gonfle, qc ballonne
3. *pej* (*sich wichtig machen*) ■ **jd bläht sich auf** qn se rengorge, qn se gonfle de vanité; ■ **aufgebläht** bouffi(e) d'orgueil

aufblasbar *adj* gonflable

auf|blasen *irreg* I. *vt* ■ **jd bläst [jdm] etw auf** qn gonfle qc [à qn]; ***bläst du mir mal den Luftballon auf?*** tu peux me gonfler mon ballon?
▸ **zum A~** gonflable
II. *vr* 1. *pej* (*sich wichtig machen*) ■ **jd bläst sich auf** qn se rengorge, qn se gonfle de vanité; ■ **aufgeblasen** bouffi(e) d'orgueil; ■ **jd ist aufgeblasen** qn se croit sorti(e) de la cuisse de Jupiter *fam*

2. (*sich mit Luft füllen*) ■ **etw bläst sich auf** qc se gonfle

auf|bleiben *vi irreg + sein fam* 1. (*nicht zu Bett gehen*) ■ **jd bleibt auf** qn reste debout; ***wie lange bleibst du abends auf?*** à quelle heure tu vas te coucher le soir?
2. (*geöffnet bleiben*) ■ **etw bleibt auf** /*Fenster, Klappe, Tür*/ qc reste ouvert(e)

auf|blenden I. *vi* 1. AUT ■ **jd/etw blendet auf** qn/qc se met en pleins phares, qn/qc met ses feux de route; (*als Warnsignal*) qn/qc fait un appel de phares; ***aufgeblendet, mit aufgeblendeten Scheinwerfern*** en pleins phares, en [*o* avec les] feux de route
2. PHOT ■ **jd blendet auf** qn ouvre le diaphragme
II. *vt* AUT: ***jd blendet die Scheinwerfer auf*** qn se met en pleins phares, qn met ses feux de route; (*als Warnsignal*) qn fait un appel de phares

auf|blicken *vi* 1. (*nach oben sehen*) ■ **jd blickt** [**zu jdm/etw**] **auf** qn lève les yeux [en direction de qn/qc]
2. (*als Vorbild verehren*) ■ **jd blickt zu jdm auf** qn admire qn

auf|blinken *vi* 1. AUT *fam* ■ **jd blinkt auf** qn fait un appel de phares
2. (*kurz blinken*) ■ **etw blinkt auf** /*Lämpchen, Warnlampe*/ qc clignote

auf|blitzen *vi* 1. + *haben* (*kurz aufleuchten*) ■ **etw blitzt auf** /*Lichtreflex, Leuchtturm*/ qc jette [*o* lance] un éclair de lumière
2. + *sein* (*plötzlich auftauchen*) ■ **etw blitzt** [**bei/in jdm**] **auf** /*Erinnerungsfetzen, flüchtiger Gedanke*/ qc jaillit [dans l'esprit de qn]; ***der alte Hass blitzte auf*** les vieilles haines ont ressurgi

auf|blühen *vi + sein* 1. (*sich öffnen*) ■ **etw blüht auf** /*Blume, Knospe*/ qc s'ouvre, qc s'épanouit; ■ **aufgeblüht** ouvert(e), épanoui(e)
2. (*aufleben*) ■ **jd blüht auf** qn s'épanouit
3. *geh* ■ **etw blüht auf** /*Kultur, Kunst*/ qc s'épanouit, qc fleurit

auf|bocken *vt* ■ **jd bockt etw auf** *Auto* qn soulève qc avec un cric; *Motorrad* qn met qc sur [sa] béquille

auf|bohren *vt* ■ **jd bohrt etw auf** qn ouvre qc à la perceuse; ***jd ist durch A~ der Tür ins Haus gelangt*** qn a pénétré dans la maison en forçant la porte à la perceuse

auf|brauchen I. *vt* ■ **jd braucht etw auf** qn consomme qc; *angebrochene Packung a.* qn finit qc
II. *vr* ■ **etw braucht sich auf** qc s'épuise

auf|brausen *vi + sein* 1. (*wütend werden*) ■ **jd braust auf** qn monte comme une soupe au lait
2. (*schäumen*) ■ **etw braust auf** /*Brausetablette*/ qc fait des bulles; /*Limonade a.*/ qc pétille
3. (*einsetzen*) ■ **etw braust auf** /*Beifall, Jubel*/ qc éclate

aufbrausend *adj Mensch* soupe au lait *inv*

auf|brechen *irreg* I. *vt + haben* 1. (*gewaltsam öffnen*) ■ **jd bricht etw auf** *Deckel* qn force qc; *Pkw, Schloss, Tresor a.* qn fracture qc
2. *geh* ■ **jd bricht etw auf** *Struktur, System* qn fait sauter qc
II. *vi + sein* 1. (*aufplatzen*) ■ **etw bricht auf** /*Erde*/ qc se fend; /*Wunde*/ qc s'ouvre; /*Knospen*/ qc s'ouvre, qc éclôt
2. (*erneut sichtbar werden*) ■ **etw bricht auf** /*Konflikte, Hass*/ qc se ranime, qc se ravive
3. (*sich auf den Weg machen*) ■ **jd bricht** [**irgendwohin**] **auf** qn part [quelque part]

auf|bringen *vt irreg* 1. (*bezahlen*) ■ **jd bringt etw auf** qn règle qc, qn paie qc; *Summe* qn réunit qc
2. (*mobilisieren*) ■ **jd bringt etw auf** *Energie, Geduld, Mut* qn trouve qc
3. (*erzürnen*) ■ **jd bringt jdn** [**gegen jdn/etw**] **auf** qn monte la tête à qn [contre qn/qc]; *s. a.* **aufgebracht**
4. (*ins Leben rufen*) ■ **jd bringt etw auf** *Gerücht, Unsinn* qn fait courir [*o* circuler] qc
5. NAUT ■ **jd/etw bringt etw auf** *Prise, Schiff* qn/qc capture qc
6. DIAL (*aufbekommen*) ■ **jd bringt etw auf** qn arrive à ouvrir qc
7. (*auftragen*) ■ **jd bringt etw** [**auf etw** (*akk*)] **auf** *Farbe, Schicht* qn applique qc [sur qc]; *Glasur, Zuckerguss* qn met [*o* étale] une couche de qc [sur qc]

Aufbruch *m* 1. *Ø* (*das Aufbrechen*) départ *m*
2. *geh* (*Erneuerung*) renouveau *m soutenu*
3. (*Frost~*) nid-de-poule *m*

Aufbruchstimmung *f* 1. (*Unruhe*): ~ ***kam unter den Gästen auf*** les invités ont commencé à faire mine de vouloir partir [*o* s'agiter sur leurs chaises]; ***etw vermittelt eine Art*** ~ qc donne envie de partir [*o* s'en aller]
2. (*Stimmung der Erneuerung*) impression *f* [*o* atmosphère *f*] de renouveau
▸ **jd ist in** ~ qn a envie de partir; **es herrscht** ~ tout le monde s'apprête à [*o* fait mine de vouloir] partir

auf|brühen *vt* ■ **jd brüht etw auf** qn prépare qc; ■ **jd brüht jdm/sich etw auf** qn prépare qc à qn/se prépare qc, qn fait chauffer qc à qn/se fait chauffer qc

auf|brummen *vt fam* ■ **jd brummt jdm etw auf** qn colle qc à qn *fam*

auf|bürden *vt geh* 1. (*belasten*) ■ **jd bürdet jdm etw auf** *Arbeit, Last* qn accable qn de qc
2. (*geben*) ■ **jd bürdet jdm etw auf** *Schuld, Verantwortung* qn impute qc à qn

auf|decken I. *vt* 1. (*enthüllen*) ■ **jd deckt etw auf** *Rätsel, Verbrechen, Zusammenhänge* qn élucide qc; *Komplott* qn démasque qc; *Wahrheit, Hintergründe* qn découvre qc
2. *geh* (*bloßlegen*) ■ **jd deckt etw auf** *Fehler, Schwäche, wahren Charakter* qn met qc à jour; ■ **etw deckt etw auf** /*Untersuchung*/ qc permet de mettre qc à jour
3. KARTEN ■ **jd deckt etw auf** qn retourne qc
4. (*auf den Tisch stellen*) ■ **jd deckt etw auf** qn sert qc
5. (*zurückschlagen*) ■ **jd deckt etw auf** *Bett, Bettdecke* qn défait qc
6. (*jds Bett zurückschlagen*) ■ **jd deckt jdn auf** qn découvre qn
II. *vi* ■ **jd deckt auf** qn met la table [*o* le couvert]

Aufdeckung <-, -en> *f* 1. (*Enthüllung*) [*Rätsel, Verbrechen, Zusammenhänge*] élucidation *f*; *Hintergründe, Komplott, Wahrheit* découverte *f*; ***der Polizei gelingt nicht immer die ~ eines Verbrechens*** la police ne parvient pas toujours à élucider un crime
2. *geh* (*Bloßlegung*) *verbal übersetzt*; ***jd droht jdm mit der öffentlichen ~ einer S.*** (*gen*) qn menace qn de dévoiler qc au grand public

auf|donnern *vr pej fam* ■ **jd donnert sich auf** qn se fait un look d'allumeuse *fam*; ■ **aufgedonnert** avec un look d'allumeuse *fam*; ■ **jd ist aufgedonnert** qn a un look d'allumeuse *fam*

auf|drängen I. *vt* ■ **jd drängt jdm etw auf** qn force qn à prendre qc
II. *vr* 1. (*sich aufdringlich anbieten*) ■ **jd drängt sich jdm auf/als etw auf** qn impose sa présence à qn/s'impose à qn comme qc
2. (*unwillkürlich aufkommen*) ■ **etw drängt sich jdm auf** /*Gedanke, Verdacht*/ qc s'impose à [l'esprit de] qn

auf|drehen I. *vt* 1. (*öffnen*) ■ **jd dreht etw auf** qn ouvre qc
2. *fam* (*lauter stellen*) ■ **jd dreht etw auf** qn pousse le son de qc; ***jd dreht etw voll auf*** qn met qc à plein[s] tube[s] *fam*
3. (*aufziehen*) ■ **jd dreht etw auf** *Spieluhr, Spielzeugauto* qn remonte qc
4. (*zu Locken rollen*) ■ **jd dreht etw auf**: ***sie dreht ihr Haar auf*** elle met des bigoudis
II. *vi fam* 1. (*loslegen*) ■ **jd dreht auf** qn s'éclate *fam*; ■ **jd ist aufgedreht** qn est [vachement] remonté(e) *fam*
2. AUT ■ **jd dreht auf** qn appuie sur le champignon *fam*

aufdringlich *adj* 1. *Mensch* importun(e); ***sein Benehmen ist ~*** son comportement importune; ■ **jd wird** ~ qn devient insistant(e), qn se fait pressant(e)
2. *Geruch, Parfüm* pénétrant(e), entêtant(e)
3. *Farbe, Kleidung, Tapete* voyant(e), agressif(-ive)

Aufdringlichkeit <-, -en> *f* 1. (*Zudringlichkeit*) [*Mensch*] caractère *m* importun; ***die ~ seines Benehmens stößt viele ab*** son comportement importune de nombreuses personnes; ***sie wusste nicht, wie sie sich seiner ~ erwehren sollte*** elle ne savait comment se préserver de ses avances [*o* repousser l'importun]
2. (*zu intensive Art*): ***ein Duft von intensiver ~*** une odeur très pénétrante [*o* entêtante]
3. (*grelle Gestaltung*) côté *m* tape-à-l'œil; ***sie wirkt durch die ~ ihrer Blusen sehr auffallend*** avec ses chemisiers agressifs, elle ne passe pas inaperçue

auf|dröseln *vt fam* ■ **jd dröselt etw auf** *Knoten* qn défait qc; *Fadengewirr* qn démêle qc

Aufdruck <-drucke> *m* 1. (*Aufgedrucktes*) impression *f*
2. POST surcharge *f*
3. COM information *f* imprimée

auf|drucken *vt* ■ **jd druckt etw** [**auf etw** (*akk*)] **auf** qn imprime qc [sur qc]

auf|drücken I. *vt* 1. (*öffnen*) ■ **jd drückt etw auf** *Fenster, Tür* qn ouvre qc en poussant dessus, qn pousse qc [pour l'ouvrir]
2. ELEC ■ **jd drückt etw auf** *Tor, Tür* qn ouvre qc [en appuyant sur un/le bouton]
3. (*mit etw darauf drücken*) ■ **jd drückt etw** [**auf etw** (*akk*)] **auf** *Schreibgerät, Werkzeug* qn appuie qc [sur qc]
▸ **jd drückt jdm einen auf** *fam* qn fait une bise à qn *fam*
II. *vi* (*die Tür öffnen*) ■ **jd drückt auf** qn déclenche l'ouverture

aufeinander *adv* 1. *sich befinden, liegen* l'un(e) sur l'autre/les un(e)s sur les autres
2. *losgehen, losschlagen* l'un(e) sur l'autre/les un(e)s sur les autres
3. (*wechselseitig*): ***sie sind ~ angewiesen*** ils/elles sont tributaires l'un(e) de l'autre/les un(e)s des autres; ***Freunde können sich ~ verlassen*** les amis peuvent compter l'un sur l'autre/les uns sur les autres; ***beide Seiten müssen ~ zugehen*** il faut que les deux parties aillent à la rencontre l'une de l'autre

aufeinander|folgen *s.* **folgen** ▸
aufeinanderfolgend *s.* **folgend** ▸
aufeinander|legen *s.* **legen I.**▸
aufeinander|liegen *s.* **liegen** ▸
aufeinander|prallen *s.* **prallen** ▸
aufeinander|stellen *s.* **stellen I.**▸, **II.**▸
aufeinander|stoßen *s.* **stoßen III.**▸
aufeinander|treffen *s.* **treffen II.**▸

Aufenthalt <-[e]s, -e> *m* 1. (*das Verweilen*) séjour *m*
2. (*Aufenthaltssort*) domicile *m*, lieu *m* de résidence
3. EISENBAHN arrêt *m*
▸ **jd nimmt in etw** (*dat*) ~ *form* qn élit domicile quelque part

Aufenthalter(in) <-s, -> *m(f)* CH résident(e) *m(f)* [temporaire [*o* à titre provisoire]]

Aufenthaltsdauer *f* durée *f* de/du séjour; ***wie lang wird Ihre ~ sein?*** combien de temps durera votre séjour? **Aufenthaltserlaubnis** *f*, **Aufenthaltsgenehmigung** *f* permis *m* de séjour **Aufenthaltsort** *m* domicile *m*, lieu *m* de résidence **Aufenthaltsraum** *m* salle *f* de détente

auf|erlegen * *vt geh* ■ **jd erlegt jdm etw auf** qn inflige qc à qn; *Prüfung* qn impose qc à qn; ■ **jd erlegt jdm auf etw zu tun** qn impose à [*o* contraint] qn de faire qc

auf|erstehen * *vi irreg + sein* ■ **jd ersteht auf** qn ressuscite; ■ **der Auferstandene** le Christ ressuscité

Auferstehung <-, -en> *f* résurrection *f*
▸ **etw feiert** ~ *hum fam* /*Mode*/ qc revient; /*bestimmtes Kleidungsstück*/ qc revient à la mode, c'est le grand retour de qc

Auferstehungsfest *nt* fête *f* de la Résurrection

auf|essen *irreg* I. *vt* ■ **jd isst etw auf** *restliches Essen* qn termine qc; *Gericht* qn mange tout(e) qc; ***sie hat den Pudding*** [***ganz***] ***aufgegessen*** elle a

mangé tout le flan
II. *vi* ■ **jd isst auf** qn finit mon/son/… assiette
auf|fädeln *vt* ■ **jd fädelt etw auf** qn enfile qc
auf|fahren *irreg* I. *vi + sein* 1. (*kollidieren mit*) ■ **jd/etw fährt auf jdn/etw auf** *auf ein Fahrzeug* qn/qc emboutit qn/qc; *auf ein Hindernis, Riff* qn/qc heurte qc
2. AUT (*näher heranfahren*) ■ **jd fährt auf jdn/etw auf** qn serre [*o* vient serrer] qn/qc; ***mein Hintermann fährt dauernd so dicht auf!*** celui qui me suit me colle aux fesses *fam;* ***sie fuhr dicht auf ihren Vordermann auf*** elle est venue talonner le véhicule qui la précédait
3. TRANSP ■ **jd fährt auf etw** (*akk*) **auf** *auf die Autobahn, Schnellstraße* qn prend qc
4. (*hochschrecken*) ■ **jd fährt auf** qn sursaute; ■ **jd fährt aus etw auf:** ***jd fährt aus dem Schlaf auf*** qn s'éveille en sursaut; ***jd fährt aus einem Alptraum auf*** qn s'éveille en sursaut au milieu d'un cauchemar
5. (*aufbrausen*) ■ **jd fährt auf** qn s'emporte, qn se met en colère; ■ **auffahrend** *Mensch, Temperament* soupe au lait
▶ **beim A~** [**auf die Autobahn**] sur la bretelle d'accès [à l'autoroute]
II. *vt + haben* 1. (*herfahren*) ■ **jd fährt etw auf** *Dünger, Erde, Humus* qn apporte qc
2. MIL ■ **jd fährt etw auf** qn met qc en batterie [*o* en position de tir]
3. *sl* (*herbeischaffen*) ■ **jd fährt etw auf** *Getränke, Speisen* qn fait provision de qc
4. (*ins Feld führen*) ■ **jd fährt etw auf** *Argumente, Beweise* qn avance qc
Auffahrt *f* 1. (*Autobahn~*) bretelle *f* d'accès [à l'autoroute]
2. *∅* (*das Hinauffahren*) montée *f*
3. (*Zufahrt*) accès *m*
4. CH *s.* **Himmelfahrt**
Auffahrunfall *m* télescopage *m* [entre véhicules circulant dans le même sens]; (*mit mehreren Fahrzeugen*) carambolage *m fam*
auf|fallen *vi irreg + sein* 1. (*positiv bemerkt werden*) ■ **jd fällt auf** qn se distingue, qn attire l'attention; ■ **jd fällt jdm/bei jdm auf** qn attire l'attention de qn; ■ **jd fällt** [**bei jdm**] … **auf** *angenehm, positiv* qn produit une impression … [sur qn]
2. (*negativ bemerkt werden*) ■ **jd fällt auf** qn se fait remarquer; ■ **jd fällt als etw auf** *als Radikaler* qn se signale comme qc; *als unzuverlässig* qn se révèle être qc; ■ **jd fällt** [**bei jdm**] … **auf** *negativ, unangenehm* qn produit une impression … [sur qn]
3. (*besonders bemerkt werden*) ■ **jd fällt auf** qn ne passe pas inaperçu(e); ■ **jd fällt jdm auf** qn attire [*o* éveille] l'attention de qn
4. (*als auffallend bemerkt werden*) ■ **etw fällt auf** qc se voit, qc se remarque; ■ **etw fällt jdm auf** qc frappe qn; ■ **etw fällt an etw** (*dat*) **auf** *an einem Kleidungsstück* on remarque qc sur qc; *an einem Gedicht, Namen* on remarque qc dans qc; ■ **etw fällt jdm an etw** (*dat*) **auf** *an einem Kleidungsstück* qn remarque qc sur qc; *an einem Gedicht, Namen* qn remarque qc dans qc; ■ **jdm fällt auf, dass** qn remarque que + *indic*
auffallend I. *adj Eleganz, Intelligenz* remarquable; *Farbe, Kleidungsstück* voyant(e); *Ähnlichkeit* frappant(e); ■ **es ist ~, wie/dass** il est étonnant [*o* frappant] de voir que + *indic*/comme
II. *adv artig, ruhig, zurückhaltend* étonnamment; ***die Presse hielt sich ~ zurück*** la presse a été étonnamment réservée
▶ **stimmt** ~! *fam* tout juste, Auguste! *fam,* absolument!
auffällig I. *adj Aussehen, Benehmen, Kleidungsstück* qui ne passe pas inaperçu(e); *Farbe* voyant(e); *Narbe* visible; ***ist an ihm etwas besonders ~?*** il a un signe particulier?; ***du starrst mich so an, was ist denn so ~ an mir?*** pourquoi [est-ce que] tu me regardes comme ça, qu'est-ce que j'ai [de bizarre]?; ***ihr Hut war etwas A~es*** son chapeau ne passait pas inaperçu; ***an jdm/etw kann jd nichts A~es bemerken*** qn ne remarque rien de particulier chez qn/sur qc
II. *adv nervös* visiblement; ***etw ist ~ lackiert*** la couleur de qc est voyante; ***er kümmert sich ~ wenig um sie*** il est étonnant [*o* frappant] de voir à quel point il se soucie peu d'elle
auf|falten I. *vt* ■ **jd faltet etw auf** qn déplie qc
II. *vr* 1. (*sich öffnen*) ■ **etw faltet sich auf** */Fallschirm/* qc s'ouvre
2. GEOL ■ **etw faltet sich auf** qc se plisse
Auffangbecken *nt* 1. IND collecteur *m*
2. (*Sammlungsbewegung*) creuset *m*
auf|fangen *vt irreg* 1. (*fangen*) ■ **jd fängt etw auf** *Ball, geworfenen Gegenstand* qn attrape qc, qn saisit qc; ***fang*** [***den Ball***] ***auf!*** attrape!
2. (*mitbekommen*) ■ **jd fängt etw auf** *Gesprächsfetzen, Worte, Satz* qn saisit [au vol] qc
3. TELEC ■ **jd fängt etw auf** *Funkspruch, Nachricht* qn capte qc, qn intercepte qc
4. COM, IND (*kompensieren*) ■ **jd fängt etw auf** qn compense qc
5. (*sammeln*) ■ **jd fängt etw auf** *Regenwasser* qn recueille qc; ■ **etw fängt etw auf** *Regenwasser* qc sert à recueillir qc
6. AUT ■ **etw fängt jdn auf** */Airbag, Stoßstange/* qc amortit le choc reçu [*o* subi] par qn; ■ **etw fängt etw auf** *Aufprall, Stoß* qc amortit qc
7. SPORT (*abwehren*) ■ **jd/etw fängt etw auf** qn/qc amortit qc
Auffanglager *nt* centre *m* d'accueil; (*für Flüchtlinge*) camp *m* de réfugiés
auf|fassen *vt* ■ **jd fasst etw …/als etw** (*akk*) **auf** *anders, falsch, richtig, als Beleidigung* qn comprend qc … + *adv*/comme qc; *Universum* qn conçoit qc … + *adv*/comme qc
Auffassung *f* 1. (*Vorstellung*) conception *f,* façon *f* de voir; (*Meinung*) opinion *f,* avis *m*
2. *∅* (*Auffassungsgabe*) intelligence *f*
▶ **nach** **jds ~, jds ~ nach** de l'avis de qn; ***nach katholischer ~*** d'un point de vue [*o* selon la conception] catholique; **nach meiner/seiner/… ~, meiner/seiner/… ~ nach** à mon/son/… avis
Auffassungsgabe *f ∅* intelligence *f;* ***jd hat eine rasche ~*** qn a l'esprit vif
auffindbar *adj* ■ **etw ist ~** on peut retrouver qc; ■ **etw macht etw ~** qc permet de retrouver qc; ■ **jd/etw ist nicht ~** qn/qc est introuvable
auf|finden *vt irreg* ■ **jd findet jdn/etw auf** qn retrouve qn/qc
▶ **jd/etw ist nicht/nirgends aufzufinden** qn/qc est introuvable
auf|fischen *vt* 1. *fam* (*aus dem Wasser ziehen*) ■ **jd/etw fischt jdn/etw auf** qn/qc repêche qn/qc
2. *sl* ■ **jd fischt jdn auf** qn dégote qn *fam*
auf|flackern *vi + sein* 1. (*wieder zu flackern beginnen*) ■ **etw flackert auf** qc se remet à flamber, qc flambe de nouveau
2. *geh* (*wieder ausbrechen*) ■ **etw flackert auf** */Hass/* qc se ranime; */Kämpfe/* qc se rallume
auf|flammen *vi + sein* 1. (*aufleuchten*) ■ **etw flammt auf** */Feuer, Papier/* qc s'enflamme, qc flambe; */Brand/* qc prend, qc part
2. *geh* (*losbrechen*) ■ **etw flammt auf** */Empörung, Unruhen/* qc éclate
▶ **jd bringt etw zum A~** *Feuer* qn attise qc, qn ranime [les flammes de] qc
auf|fliegen *vi irreg + sein* 1. (*hochfliegen*) ■ **etw fliegt auf** */Flugwild, Vogelschwarm/* qc s'envole, qc prend son envol; ■ **~d** qui s'envole
2. (*sich öffnen*) ■ **etw fliegt auf** */Fenster, Tür/* qc s'ouvre brusquement
3. *fam* (*öffentlich bekannt werden*) ■ **jd/etw fliegt auf** */Bande, Verbrecher/* qn se fait pincer *fam;* */Betrug/* qc est découvert(e), qc est démasqué(e); ■ **jd lässt jdn/etw ~** qn fait pincer qn *fam; Betrug* qn démasque qc
4. *fam* (*jäh enden*) ■ **etw fliegt auf** */Konferenz, Termin/* qc tourne court, qc se termine en queue de poisson; ■ **jd lässt etw ~** qn fait tourner court qc
auf|fordern *vt* 1. (*ersuchen*) ■ **jd fordert jdn auf etw zu tun** qn prie qn de faire qc 2. (*von jdm verlangen*) ■ **jd fordert jdn zu etw auf** *zum Bleiben, Gehen, Schweigen* qn prie qn de faire qc 3. (*zum Tanz bitten*) ■ **jd fordert jdn auf** qn invite qn [à danser] **auffordernd** I. *adj Blick, Geste* d'invite II. *adv* en signe d'invite; ***jd winkt ~*** qn fait un signe d'invite
Aufforderung *f* demande *f* pressante; [*Polizei*] ordre *m;* (*zum Gerichtstermin*) convocation *f;* (*zum Tanz*) invitation *f*
auf|forsten I. *vt* ■ **jd forstet etw** [**wieder**] **auf** qn [re]boise qc; ■ **das A~** le [re]boisement
II. *vi* ■ **jd forstet auf** qn reboise
auf|fressen *irreg* I. *vt* ■ **jd/ein Tier frisst jdn/etw auf** qn/un animal dévore qn/qc
▶ **jd frisst jdn nicht auf** *fam* qn ne va pas manger [*o* bouffer *fam*] qn
II. *vi* ■ **ein Tier frisst auf** */Raubtier/* un animal dévore sa proie; */Hund, Katze/* un animal termine son repas
auf|frischen I. *vt + haben* 1. (*reaktivieren*) ■ **jd frischt etw auf** *Erinnerungen, Kenntnisse* qn rafraîchit qc; *frühere Beziehungen, Freundschaft* qn renoue qc
2. (*erneuern*) ■ **jd frischt etw auf** *Anstrich* qn ravale qc; *Lippenstift, Schminke* qn se remet qc; ***jd frischt sein Make-up auf*** qn se refait une beauté *fam*
3. MED ■ **jd frischt etw auf** qn fait le [*o* une piqûre de] rappel de qc
4. (*ergänzen*) ■ **jd frischt etw auf** *Vorrat* qn renouvelle qc, qn refait qc
II. *vi + sein o haben* METEO ■ **etw frischt auf** */Wind/* qc fraîchit
III. *vi impers + sein* ■ **es frischt auf** ça se rafraîchit
Auffrischungsimpfung *f* [injection *f* [*o* piqûre *f*] de] rappel *m*
auf|führen I. *vt* 1. MUS, THEAT ■ **jd/etw führt etw auf** *Theaterstück, Autor* qn/qc joue qc, qn/qc représente qc; *Musikwerk, Komponisten* qn/qc joue qc, qn/qc interprète qc
2. (*auflisten*) ■ **jd führt jdn auf** *Zeugen* qn produit qn; ■ **jd führt etw auf** *Beweise, Fakten* qn énumère qc; *Beispiele a.* qn cite qc
II. *vr* ■ **jd führt sich irgendwie auf** qn se comporte d'une certaine manière
Aufführung *f* 1. MUS, THEAT [*Theaterstück, Autor*] représentation *f;* ***jd wagt die ~ weniger bekannter Autoren*** qn ose représenter des auteurs moins connus; [*Musikstück, Komponist*] *verbal übersetzt;* ***jd will zur ~ von Händel/dieser Sonate gehen*** qn veut aller écouter Haendel/cette sonate
2. (*Auflistung*) [*Beweise, Indizien*] énumération *f;* [*Zeugen*] production *f;* ***jd bittet jdn um die ~ weiterer Beispiele*** qn demande à qn de citer [*o* donner] d'autres exemples
▶ **jd bringt jdn/etw zur ~** *form* qn joue qn/qc; THEAT *a.* qn représente qc, qn monte qc; **jd/etw kommt** [*o* **gelangt**] **zur ~** MUS, THEAT *form* qn/qc est joué(e); THEAT *a.* qc est représenté(e)
Aufführungsrecht *nt* (*Theaterstück*) droit *m* de représentation; (*Musikstück*) droit *m* d'exécution
auf|füllen I. *vt* 1. (*vollständig füllen*) ■ **jd füllt etw** [**mit etw**] **auf** *mit Wasser, Kraftstoff* qn remplit qc [de qc]; ■ **etw füllt etw** [**mit etw**] **auf** qc fait se remplir [de qc] qc
2. (*nachfüllen*) ■ **jd füllt jdm etw** [**mit etw**] **auf** *Glas, Krug* qn lui remplit son/sa/ses qc [de qn]; ■ **jd füllt etw auf** *Öl* qn ajoute qc, qn remet qc; *Benzin* qn reprend qc
II. *vi* (*nachfüllen*) ■ **jd füllt jdm auf** qn ressert qn
Aufgabe[1] <-, -n> *f* 1. (*zu verrichtende Tätigkeit*) tâche *f*
2. (*Verpflichtung*) mission *f*
3. SCOL (*Übungs~*) exercice *m;* (*in Mathematik*) problème *m; meist pl* (*Haus~*) devoirs *mpl*
4. (*zu lösendes Problem*) énigme *f*
5. (*Zweck*) rôle *m,* fonction *f;* ***welche ~ hat dieses?*** à quoi cela sert-il?; ■ **etw hat die ~ etw zu tun** qc sert à faire qc
6. [*Gepäck, Koffer*] dépôt *m;* ***die ~ einer S.*** (*gen*) ***geschieht irgendwo*** on dépose qc quelque part
7. [*Einschreiben, Sendung*] expédition *f,* envoi *m*
▶ **jd hat die ~ etw zu tun** qn a pour tâche de faire qc; **es ist jds ~ etw zu tun** c'est [*o* il appartient] à qn de faire qc; **jd macht sich** (*dat*) **etw zur ~** qn se fixe [*o* se donne] qc pour tâche; **jd macht es sich** (*dat*) **zur ~ etw zu tun** qn se fait un devoir de faire qc

Aufgabe² <-> *f ∅* **1.** (*Verzicht auf weiteren Kampf*) reddition *f*; ■ **die ~ einer S.** (*gen*) *des Kampfs, Terrors* la cessation de qc
2. SPORT (*Ausscheiden*) abandon *m*
3. (*das Aufgeben*) ■ **die ~ einer S.** (*gen*) le renoncement à qc; ***die ~ des Alkohols/des Trinkens kam für ihn nicht in Frage*** pour lui, il était hors de question qu'il cesse de boire
4. (*das Fallenlassen*) ■ **die ~ einer S.** (*gen*) *eines Plans, einer Hoffnung* le renoncement à qc
5. [*Firma, Geschäft*] *verbal übersetzt;* ***jd wird zur ~ einer S.*** (*gen*) ***gezwungen*** qn est contraint(e) de fermer qc
6. (*vorzeitige Beendigung*) *verbal übersetzt;* ***eine ~ seines Studiums kam für ihn nicht in Frage*** il n'était pas question pour lui d'interrompre [*o* de mettre un terme à] ses études

auf|gabeln *vt* **1.** *fam* (*kennen lernen*) ■ **jd gabelt jdn auf** qn dégote qn *fam*
2. (*mit der Forke aufladen*) ■ **jd gabelt etw auf** qn charge qc à la fourche

Aufgabenbereich *m*, **Aufgabengebiet** *nt* ressort *m*, attributions *fpl* **Aufgabenheft** *nt* cahier *m* d'exercices **Aufgabenstellung** *f* **1.** (*gestellte Aufgabe*) problème *m* **2.** SCOL *form verbal übersetzt;* ***die ~ erfolgt durch den Lehrer*** c'est le maître qui donne les devoirs **Aufgabenverteilung** *f* répartition *f* des tâches

Aufgang <-gänge> *m* **1.** ASTRON [*Mond, Sonne*] lever *m*
2. (*Treppe*) escalier *m*
3. *fam* (*Treppenhaus*) cage *f* d'escalier

auf|geben **I.** *vt irreg* **1.** (*einstellen*) ■ **jd gibt etw auf** *Kampf, Widerstand* qn abandonne qc
2. (*etw sein lassen*) ■ **jd gibt jdn/etw auf** *Freunde, Stellung, Wohnort* qn laisse tomber qn/qc
3. (*mit etw aufhören*) ■ **jd gibt etw auf** *Alkohol, Sucht* qn renonce à qc; *Gewohnheit* qn perd qc, qn se défait de qc; ***jd gibt das Rauchen auf*** qn arrête de fumer
4. (*fallen lassen*) ■ **jd gibt etw auf** *Forderung, Hoffnung, Plan* qn abandonne qc, qn renonce à qc
5. (*verloren geben*) ■ **jd gibt jdn auf** *schlechten Schüler, todkranken Patienten* qn abandonne qn à son sort, qn cesse de se battre pour qn
6. COM ■ **jd gibt etw auf** *Firma, Geschäft* qn ferme qc, qn met la clé sous la porte de qc
7. (*vorzeitig beenden*) ■ **jd gibt etw auf** *Forschungsarbeit, Studium* qn interrompt qc, qn met un terme à qc
8. (*zu lösen geben*) ■ **etw gibt jdm etw auf** *Fragen, Rätsel* qn pose qc à qn
9. SCOL ■ **jd gibt [jdm] etw auf** *Hausaufgaben* qn donne qc [à qn]
10. AVIAT, EISENBAHN ■ **jd gibt etw auf** qn fait enregistrer qc
11. POST ■ **jd gibt etw auf** qn expédie qc, qn poste qc
12. PRESSE ■ **jd gibt etw auf** *Anzeige* qn fait passer qc, qn passe qc
► **gib's auf!** *fam* laisse tomber! *fam*
II. *vi* ■ **jd gibt auf** */unterlegene Partei/* qn se rend, qn s'avoue vaincu(e); SPORT qn abandonne

Aufgebot *nt* **1.** (*Menschenmenge*) ■ **ein ~ von Menschen** une multitude de personnes
2. (*Einsatz*) ■ **ein ~ von etw** des quantités *fpl* de qc
3. (*Heiratsankündigung*) publication *f* des bans
► **jd bestellt das ~** qn fait publier les bans

aufgebracht **I.** *adj* en colère; ■ **jd ist/wird [über jdn/etw/wegen etw] ~** qn est/se met en colère [contre qn/à cause de qc]
II. *adv reden, fuchteln* sous l'emprise de la colère

aufgedunsen *adj Gesicht, Kranke* bouffi(e), boursouflé(e); *Wasserleiche, Bauch* gonflé(e)

Aufgedunsenheit <-> *f ∅* [*Gesicht, Haut*] bouffissure *f*, boursouflure *f*; [*Wasserleiche*] gonflement *m*

auf|gehen *vi irreg + sein* **1.** ASTRON ■ **etw geht auf** */Mond, Sonne, Stern/* qc se lève
2. (*sich öffnen*) ■ **etw geht auf** */Fenster, Tür, Deckel, Schloss/* qc s'ouvre; */Vorhang/* qc se lève
3. COUT ■ **etw geht auf** */Knopf, Reißverschluss/* qc s'ouvre; */Knoten/* qc se défait
4. (*sich verwirklichen*) ■ **etw geht auf** */Planung, Vorhaben/* qc se réalise
5. (*klar werden*) ■ **jdm geht etw auf** qn commence à comprendre qc; ***etw will jdm einfach nicht ~*** qn n'arrive pas à comprendre qc
6. FIN, MATH ■ **etw geht auf** */Berechnung, Kalkulation/* qc tombe juste
7. (*seine Erfüllung finden*) ■ **jd geht in etw** (*dat*) **auf** qn s'implique [*o* s'investit] dans qc
8. AGR ■ **etw geht auf** qc lève
9. GASTR ■ **etw geht auf** */Hefeteig/* qc lève

aufgehoben *adj* ■ **jd ist ... ~** *gut, besser, schlecht* qn est en de ... mains; ***bei der Großmutter waren die Kinder gut ~*** chez ma grand-mère, les enfants étaient en de bonnes mains

aufgeilen **I.** *vt sl* ■ **jd geilt jdn auf** qn excite qn
II. *vr sl* ■ **jd geilt sich [an jdm/etw] auf** qn s'excite [en regardant qn/qc/en faisant qc]; ***er/sie geilt sich auf*** il bande *fam*/elle mouille *vulg*

aufgeklärt *adj* PHILOS *Mensch* éclairé(e); *Zeitalter a.* des lumières; *s. a.* **aufklären**

aufgekratzt *adj fam* ■ **jd ist ~** qn biche *fam*

aufgelegt *adj* **1.** (*in bestimmter Laune*) ■ **jd ist ... ~** qn est de ... humeur; ***wie bist du heute ~?*** tu es de quelle humeur aujourd'hui?; ■ **jd ist dazu] ~ etw zu tun** qn a envie de [*o* est d'humeur à] faire qc; ■ **jd ist zu etw ~** *zu einer Tasse Kaffee* qn a envie de qc; ***jd ist zum Ausgehen ~*** qn a envie de sortir
2. *attr* DIAL (*offensichtlich*) *Schwindel, Unsinn* manifeste

aufgelöst *adj* **1.** (*außer sich*) ■ **jd ist [vor etw** (*dat*)**] ~** qn est hors de lui/d'elle [de qc]
2. (*erschöpft*) fourbu(e); ***jd ist ganz ~*** qn n'en peut plus

aufgeräumt *adj geh* (*heiter*) d'humeur badine *soutenu*

aufgeregt **I.** *adj Mensch* énervé(e); *Stimmen, Stimmengewirr* où perce la nervosité; ***jd ist in ganz ~er Verfassung*** qn est en proie à la nervosité; ■ **jd ist ~ [über etw** (*akk*)**/vor etw** (*dat*)**]** qn est énervé(e) [à cause de qc]; ***sie hatte ihren Mann noch nie so ~ gesehen*** elle n'avait encore jamais vu son mari dans un tel état de nervosité
II. *adv:* ***er berichtete ganz ~, was sich ereignet hatte*** tout énervé, il raconta ce qui s'était passé; ***jd reagiert auf etw ~*** qn réagit à qc en manifestant de la nervosité

Aufgeregtheit <-> *f ∅* nervosité *f*

aufgeschlossen *adj* ouvert(e); ■ **jd ist für/gegenüber etw ~** qn est ouvert(e) à qc
► **jd steht einer S.** (*dat*) **~ gegenüber** qn est ouvert(e) à qc

Aufgeschlossenheit <-> *f ∅* ouverture *f* d'esprit

aufgeschmissen *adj fam* ■ **jd ist ~** qn est dans le potage *fam*

aufgesetzt *adj s.* **aufsetzen I. 5.**

aufgeweckt *adj Mensch* vif(vive) d'esprit, dégourdi(e); *Verstand, Kind* éveillé(e), vif(vive)

Aufgewecktheit <-> *f ∅* [*Mensch*] vivacité *f* d'esprit; [*Verstand*] vivacité *f*

auf|gießen *vt irreg* **1.** (*nachfüllen*) ■ **jd gießt etw auf** (*akk*) *Getränk, Wasser* qn remet qc, qn reverse qc; ■ **jd gießt jdm etw auf** qn ressert qc à qn
2. (*darauf gießen*) ■ **jd gießt etw auf** *Kaffeewasser* qn verse qc; ***jd gießt den Kaffee/Tee auf*** qn verse l'eau pour le café/le thé

auf|gliedern **I.** *vt* ■ **jd gliedert etw [in etw** (*akk*)**] auf** qn décompose qc [en qc]
II. *vr* ■ **etw gliedert sich in etw** (*akk*) **auf** qc se décompose en qc

Aufgliederung *f* décomposition *f*; [*Bilanz, Rechnung a.*] détail *m*; ***jd nimmt die ~ des Gesamtbetrags vor*** qn décompose la somme totale

auf|glimmen *vi irreg + sein geh* **1.** (*erglimmen*) ■ **etw glimmt auf** */Lämpchen, Streichholz/* qc brille faiblement, qc jette une pâle lueur
2. (*aufflackern*) ■ **etw glimmt auf** */Hass/* qc se ravive, qc se ranime; */Widerstand a./* qc connaît un sursaut; */Leidenschaft a./* qc connaît un retour de flamme

auf|graben *vt irreg* ■ **jd gräbt etw auf** *Erde* qn creuse qc, qn fouille qc; *Erdhügel* qn fait des fouilles dans qc

auf|greifen *vt irreg* **1.** (*festnehmen*) ■ **jd greift jdn auf** qn arrête qn
2. (*weiterverfolgen*) ■ **jd greift etw auf** *Fall* qn s'empare de qc; *Vorschlag* qn saisit qc; ■ **jd greift etw wieder auf** *Idee, Thema* qn reprend qc

aufgrund *präp + gen* ■ **~ einer S.** (*gen*) en raison de qc; *zahlreicher Beschwerden* suite à de nombreuses plaintes

Aufguss^RR^ *m* **1.** PHARM infusion *f*
2. (*in der Sauna*) projection *f* d'eau

Aufgussbeutel^RR^ *m* (*Teebeutel*) sachet *m* d'infusion, infusette® *f*

auf|haben *irreg* **I.** *vt fam* **1.** (*geöffnet haben*) ■ **jd hat etw auf** *Fenster, Tür, Laden* qc de qn est ouvert(e); ***sie hat den Fensterladen immer bis spät abends auf*** elle laisse toujours ses volets ouverts jusque tard le soir
2. (*an sich tragen*) ■ **jd hat etw auf** *Brille, Hut* qn a qc
3. (*aufgeknöpft haben*) ■ **jd hat etw auf** *Bluse, Jacke* qn a qc ouvert(e); *Knopf* qn a qc défait(e); ***jd hat die Hose auf*** qn a la braguette ouverte; ***du hast deine Bluse auf!*** tu as le chemisier ouvert!
4. SCOL ■ **jd hat etw auf** *Hausaufgaben* qn a qc; ***heute haben wir nichts/viel auf*** aujourd'hui, on n'a pas de devoirs/on a beaucoup de devoirs
5. (*aufgegessen haben*) ■ **jd hat etw auf** qn a fini [*o* terminé] qc
II. *vi* COM *fam* ■ **jd/etw hat auf** qn/qc est ouvert(e)

auf|hacken *vt* **1.** (*aufbrechen*) ■ **jd hackt etw auf** *Straße* qn casse qc à coups de pioche; *Erdreich* qn retourne qc à coups de pioche, qn pioche qc
2. (*mit dem Schnabel*) ■ **ein Vogel hackt etw auf** */Vogel/* *Nuss* un oiseau casse qc [à coups de bec]; *Erde* un oiseau pique qc [à coups de bec]

auf|halsen **I.** *vt fam* ■ **jd halst jdm etw auf** qn colle qc à qn *fam*
II. *vr fam* ■ **jd halst sich** (*dat*) **etw auf** qn se met [*o* se colle *fam*] qc sur le dos

auf|halten *irreg* **I.** *vt* **1.** (*abhalten*) ■ **jd hält jdn auf** qn retient qn; ■ **jd hält jdn bei etw auf** qn interrompt [*o* retarde] qn dans qc, qn empêche qn de faire qc
2. (*am Weiterkommen hindern*) ■ **jd/etw hält jdn auf** qn/qc retient qc
3. (*zum Halten bringen*) ■ **jd/etw hält etw auf** *Fahrzeug, Vormarsch, Entwicklung* qn/qc arrête qc
4. *fam* (*offen hinhalten*) ■ **jd hält etw auf** *Hand, Mütze, Tasche* qn tend qc
II. *vr* **1.** (*weilen*) ■ **jd hält sich irgendwo auf** qn se trouve quelque part; ■ **jd hält sich eine bestimmte Zeit irgendwo auf** qn reste quelque part un certain temps; (*eine längere Zeit*) qn séjourne quelque part un certain temps
2. (*verweilen*) ■ **jd hält sich bei etw auf** *bei einem Punkt, einer Textstelle* qn s'attarde sur qc
3. (*sich weiterhin befassen*) ■ **jd hält sich mit jdm/etw auf** qn passe du temps avec qn/à faire qc

auf|hängen **I.** *vt* **1.** (*daran hängen*) ■ **jd hängt etw [an etw** (*dat*)**/auf etw** (*dat*)**] auf** *Bild, Mantel* qn suspend [*o* accroche] qc [à qc]; *Wäsche* qn pend [*o* étend] qc [sur qc]
2. (*töten*) ■ **jd hängt jdn [an etw** (*dat*)**] auf** qn pend qn [à qc]
3. (*entwickeln*) ■ **jd hängt etw an etw** (*dat*) **auf** *an einer Frage, einem Thema* qn fait tourner qc autour de qc, qn développe qc à partir de qc
II. *vr* **1.** ■ **jd hängt sich [an etw** (*dat*)**] auf** qn se pend [à qc]
2. *hum fam* (*den Mantel ~*) ■ **jd hängt sich auf** qn accroche [*o* suspend] son manteau/sa veste
3. *fam* (*nicht funktionieren*) ■ **etw hängt sich auf** */Computer/* qc se plante *fam*

Aufhänger <-s, -> *m* **1.** COUT bride *f*

2. *fam* (*Anknüpfungspunkt*) *verbal übersetzt;* ***er wollte sie gerne ansprechen, er wusste nur noch keinen*** ~ il l'aurait volontiers abordée, mais il ne savait pas comment amorcer la discussion

Aufhängung <-, -en> *f* suspension *f*

auf|hauen I. *vt + haben reg o irreg fam* ■ **jd haut etw auf** qn casse qc
II. *vi + sein fam* ■ **jd haut mit etw auf etw** (*akk o dat*) **auf** *mit dem Kopf, einem Körperteil* qn se cogne qc contre qc

auf|häufen I. *vt* ■ **jd häuft etw auf** qn accumule qc, qn amasse qc
II. *vr* ■ **etw häuft sich auf** qc s'accumule, qc s'amasse

auf|heben *irreg* I. *vt* 1. (*vom Boden nehmen*) ■ **jd hebt etw [von etw] auf** qn ramasse qc [sur qc]; ***jd hebt etw von der Erde auf*** qn ramasse qc [à terre]
2. (*aufrichten*) ■ **jd hebt jdn auf** *Gestürzten* qn relève qn; ■ **jd hebt etw auf** qn met qc debout, qn [re]dresse qc
3. (*aufbewahren*) ■ **jd hebt [jdm] etw auf** qn garde qc [pour qn]; ***hebe mir ein Stück Kuchen auf*** garde-moi un morceau de gâteau, mets-moi un morceau de gâteau de côté; *s. a.* **aufgehoben**
4. ADMIN, JUR ■ **jd/etw hebt etw auf** *Gesetz, Verfügung* qn abroge qc; *Urteil* qn casse qc
5. (*beenden*) ■ **jd hebt etw auf** *Belagerung, Blockade, Sitzung, Embargo* qn lève qc
6. PHYS ■ **etw ist/wird aufgehoben** *Naturgesetze, Schwerkraft* qc est aboli(e)
II. *vr* ■ **sie heben sich auf** ils/elles s'annulent

Aufheben <-s> *nt* Ø ► **jd macht viel ~[s]** qn fait toute une histoire [*o* un plat *fam*]; **jd macht nicht viel ~[s]** qn ne s'embarrasse pas de scrupules; **jd macht viel ~[s] von jdm/etw** qn fait grand cas de qn/qc; */Medien/* qn fait beaucoup de battage autour de qn/qc; **ohne [jedes] [*o* großes] ~** sans autre forme de procès

Aufhebung <-, -en> *f* 1. ADMIN, JUR [*Gesetz, Verfügung*] abrogation *f*; [*Urteil*] invalidation *f*
2. (*Beendigung*) [*Belagerung, Blockade, Sitzung, Embargo*] levée *f*
3. PHYS [*Naturgesetze, Schwerkraft*] abolition *f*

auf|heitern I. *vt* ■ **jd/etw heitert jdn auf** qn/qc déride qn, qn/qc fait rire qn
II. *vr* 1. METEO ■ **etw heitert sich auf** */Himmel/* qc se dégage, qc s'éclaircit; ■ **es heitert sich auf** le temps s'éclaircit
2. *geh* ■ **etw heitert sich auf** */Gesicht/* qc s'éclaire

Aufheiterung <-, -en> *f* 1. METEO éclaircie *f*
2. *geh* [*trübsinniger Mensch*] *verbal übersetzt;* ***jd erzählt einen Witz zu jds/zur allgemeinen*** ~ qn raconte une histoire drôle pour dérider qn/détendre l'atmosphère

auf|heizen I. *vt* 1. (*erhitzen*) ■ **jd/etw heizt etw auf** *Wasser, Zimmer* qn/qc chauffe qc; *Backofen* qn fait chauffer qc; *Atmosphäre* qc réchauffe qc
2. *geh* (*emotional aufladen*) ■ **jd/etw heizt jdn/etw auf** qn/qc enflamme [*o* échauffe] qn/qc; ■ **aufgeheizt** *Atmosphäre, Klima* surchauffé(e); *Debatte, Rede* enflammé(e)
II. *vr* 1. (*sich erhitzen*) ■ **etw heizt sich auf** */Luft, Wohnung, Zimmer/* qc se réchauffe; */Herdplatte/* qc chauffe
2. *geh* (*sich emotional aufladen*) ■ **etw heizt sich auf** qc s'enflamme, qc s'embrase

auf|helfen *vi irreg* ■ **jd hilft jdm auf** qn aide qn à se lever [*o* se mettre debout]; ■ **jd hilft jdm von etw auf** qn aide qn à se lever de qc

auf|hellen I. *vt* 1. (*heller machen*) ■ **jd/etw hellt etw auf** *Haare, Haarfarbe* qn/qc éclaircit qc
2. (*klarer machen*) ■ **jd/etw hellt etw auf** *mysteriösen Sachverhalt, dubiose Affäre* qn éclaircit qc, qn élucide qc/qc permet d'élucider qc
II. *vr* 1. METEO ■ **etw hellt sich auf** */Himmel/* qc s'éclaircit; */Wetter a./* qc se met au beau
2. *geh* ■ **etw hellt sich auf** */Gesicht, Miene/* qc s'éclaire

Aufheller <-s, -> *m* (*für Wäsche*) agent *m* blanchissant [*o* de blanchiment]; (*für Haare*) produit *m* éclaircissant; ***ein optischer*** ~ un azurant optique

Aufhellung <-, -en> *f* 1. (*Blondierung*) *verbal übersetzt;* ***mit/durch ~ der Haare/Haarfarbe*** en éclaircissant les cheveux/la couleur de cheveux
2. (*Erhellung*) *verbal übersetzt;* ***etw trägt zur ~ einer S.*** (*gen*) ***bei*** qc contribue à éclaircir [*o* élucider] qc
3. METEO embellie *f*, éclaircie *f*; ***es kam zu einer plötzlichen ~ des Himmels*** le ciel s'est brusquement éclairci

auf|hetzen *vt* ■ **jd hetzt jdn auf** qn pousse qn à la révolte; ■ **jd hetzt jdn gegen jdn/etw auf** qn monte qn contre qn/qc; ■ **jd/etw hetzt jdn zu etw auf** qn/qc pousse qn à qc; ■ **jd/etw hetzt jdn dazu auf etw zu tun** qn/qc pousse qn à faire qc

auf|heulen *vi* 1. (*abrupt heulen*) ■ **jd/ein Tier heult [vor etw** (*dat*)**] auf** qn/un animal hurle [*o* pousse un hurlement] [de qc]
2. (*zu weinen beginnen*) ■ **jd heult auf** qn se met à pleurer [*o* sangloter], qn éclate en sanglots
3. (*lamentieren*) ■ **jd heult auf** */Presse, Regierung/* qn proteste à grands cris, qn pousse des hurlements
4. (*ertönen*) ■ **etw heult auf** */Motor/* qc s'emballe; */Sirene/* qc se met à mugir; ***jd lässt eine Sirene*** ~ qn déclenche une sirène; ***jd lässt seinen Motor*** ~ qn fait rugir son moteur

auf|holen I. *vt* ■ **jd holt etw auf** qn rattrape qc
II. *vi* ■ **jd holt auf** qn rattrape son retard

auf|horchen *vi* ■ **jd horcht auf** qn dresse [*o* tend] l'oreille

auf|hören *vi* 1. (*nicht weiter tun*) ■ **jd hört [mit etw] auf** qn arrête [*o* cesse] [de faire qc]; ***jd hört mit der Arbeit auf*** qn arrête de travailler; ■ **jd hört auf etw zu tun** qn arrête [*o* cesse] de faire qc
2. (*ein Ende nehmen*) ■ **etw hört auf** */Gerede, Lärm, Musik/* qc s'arrête, qc cesse
3. ■ **etw hört [irgendwo] auf** */Straße/* qc s'arrête [quelque part]
4. (*nicht fortgesetzt werden*) ■ **etw hört auf** */Freundschaft, Korrespondenz/* qc s'interrompt
5. (*Stellung aufgeben*) ■ **jd hört [bei jdm/etw] auf** qn quitte son emploi [chez qn/dans qc]
► **da hört sich doch alles auf!** *fam* là, c'est le bouquet! *fam*

auf|hussen *vt* AUS *fam* (*aufwiegeln*) ■ **jd husst jdn auf** qn excite qn

Aufkauf *m* achat *m* en masse [*o* en grande quantité], accaparement *m péj*

auf|kaufen *vt* ■ **jd kauft etw auf** qn accapare qc *péj; Krempel, Sammlung* qn achète tout/toute qc; *Billigartikel, Immobilien* qn achète qc en grande quantité

Aufkäufer(in) *m(f)* COM [r]acheteur(-euse) *m(f)*, accapareur(-euse) *m(f) péj*

auf|keimen *vi + sein* 1. *geh* (*sich zeigen*) ■ **etw keimt [in jdm] auf** qc naît [en qn], qc commence à poindre [en qn]; ■ **~d** naissant(e)
2. AGR ■ **etw keimt auf** qc germe

aufklappbar *adj Deckel, Fenster* rabattable; *Verdeck* décapotable; ■ **etw ist [irgendwie]** ~ */Deckel, Fenster, Klappe/* qc peut s'ouvrir [*o* être rabattu(e)] [d'une certaine manière]; */Verdeck/* qc peut être décapoté(e) [d'une certaine manière]

auf|klappen I. *vt + haben* 1. (*öffnen*) ■ **jd klappt etw auf** *Buch, Fenster, Klappmesser, Verdeck* qn ouvre qc; *Deckel* qn soulève qc; *Liegestuhl* qn déplie qc; ***beim A~ des Taschenmessers*** en ouvrant le couteau de poche; ***zum ~ des Deckels*** pour soulever le couvercle
2. (*hochschlagen*) ■ **jd klappt etw auf** *Kragen* qn relève qc
II. *vi + sein* ■ **etw klappt auf** */Buch, Fenster, Klappmesser, Verdeck/* qc s'ouvre; */Deckel/* qc se soulève; */Liegestuhl/* qc se déplie

auf|klaren I. *vi impers* ■ **es klart auf** le temps s'éclaircit [*o* se met au beau]
II. *vi* ■ **etw klart auf** */Himmel/* qc se dégage, qc s'éclaircit; */Wetter a./* qc se met au beau

auf|klären I. *vt* 1. (*erklären*) ■ **jd klärt etw auf** *Irrtum, Missverständnis* qn explique qc; ■ **etw lässt sich** ~ qc s'explique
2. (*aufdecken*) ■ **jd klärt etw auf** *Rätsel, Verbrechen* qn élucide qc, qn éclaircit qc, qn tire qc au clair
3. (*informieren*) ■ **jd klärt jdn [über etw** (*akk*)**] auf** qn informe qn [*o* met qn au courant] [de qc]; ■ **jd ist [über etw** (*akk*)**] aufgeklärt** qn est informé(e) [*o* au courant] [de qc]
4. (*sexuell informieren*) ■ **jd klärt jdn auf** qn donne une éducation sexuelle à qn; ■ **jd ist aufgeklärt** qn a reçu une éducation sexuelle, qn est informé(e) des choses du sexe
5. MIL ■ **jd klärt etw auf** qn reconnaît qc; *s. a.* **aufgeklärt**
II. *vr* 1. (*sich aufdecken*) ■ **etw klärt sich auf** */Rätsel/* qc s'éclaircit; */Missverständnis/* qc s'explique
2. *geh* (*sich aufhellen*) ■ **etw klärt sich auf** */Gesicht, Miene/* qc s'éclaire
3. METEO ■ **etw klärt sich auf** */Himmel/* qc s'éclaircit

Aufklärer <-s, -> *m* 1. AVIAT avion *m* de reconnaissance
2. PHILOS esprit *m* éclairé; ***dieser Philosoph war ein*** ~ c'était un philosophe des lumières

Aufklärung *f* 1. (*Erklärung*) explication *f*; ***etw wird die ~ einer S.*** (*gen*) ***bringen*** qc permettra d'expliquer qc [*o* de tirer qc au clair]
2. (*Aufdeckung*) élucidation *f*; ***jdm gelingt die ~ einer S.*** (*gen*) qn réussit à expliquer qc [*o* tirer qc au clair]
3. (*Information*) ■ **[die] ~ über etw** (*akk*) des informations *fpl* concernant qc, des éclaircissements *mpl* sur qc; ***jd bittet um ~ über etw*** (*akk*) qn demande à être informé(e) de qc
4. (*sexuelle Information*) éducation *f* sexuelle
5. MIL reconnaissance *f*
6. PHILOS ■ **die** ~ le siècle des lumières, les lumières *fpl*

Aufklärungsbuch *nt* ouvrage *m* d'éducation sexuelle **Aufklärungsfilm** *m* film *m* d'éducation sexuelle **Aufklärungsflugzeug** *nt s.* **Aufklärer 1. Aufklärungskampagne** [-kampanjə] *f* campagne *f* d'information [*o* de sensibilisation] **Aufklärungspflicht** *f* Ø [*Arzt, Richter*] devoir *m* d'information **Aufklärungsquote** *f* pourcentage *m* d'affaires élucidées **Aufklärungssatellit** *m* satellite *m* d'observation

auf|klauben *vt* AUS *fam* (*aufsammeln*) ■ **jd klaubt etw auf** qn ramasse qc

Aufklebeadresse *f* étiquette *f* autocollante [pour l'adresse]; (*beschriftet*) adresse *f* autocollante

auf|kleben *vt* ■ **jd klebt etw [auf etw** (*akk*)**] auf** qn colle qc [sur qc]

Aufkleber *m* autocollant *m*

auf|knacken *vt* 1. *fam* (*aufbrechen*) ■ **jd knackt etw auf** *Pkw, Tresor* qn fracture qc
2. (*knacken*) ■ **jd knackt etw auf** *Nüsse* qn casse qc

auf|knöpfen I. *vt* 1. (*öffnen*) ■ **jd knöpft etw auf** *Bluse, Hemd* qn déboutonne qc; *Knopf* qn défait qc; ■ **jd knöpft jdm etw auf** *Bluse, Hemd, Hose* qn déboutonne qc de qn, qn lui déboutonne son/sa/ses qc; *Knopf* qn défait qc de qn, qn lui défait son/sa/ses qc; ■ **aufgeknöpft** *Bluse, Hemd* ouvert(e); *Knopf* défait(e); ***mit aufgeknöpfter Hose*** la braguette ouverte
2. (*befestigen*) ■ **jd knöpft etw auf etw** (*akk*) **auf** *Kragen, Kapuze* qn boutonne qc sur qc
II. *vr* ■ **jd knöpft sich** (*dat*) **etw auf** *Bluse, Hemd* qn déboutonne son/sa/ses qc; *Knopf* qn défait son/sa/ses qc

auf|knoten *vt* ■ **jd knotet etw auf** *Schnürsenkel, Tuch* qn dénoue qc; *Knoten* qn défait qc; ***das A~ dieses Knotens/Schnürsenkels ist nicht leicht*** c'est difficile de défaire ce nœud/dénouer ce lacet

auf|knüpfen I. *vt* 1. (*erhängen*) ■ **jd knüpft jdn [an etw** (*dat*)**] auf** qn pend qn [à qc]
2. *s.* **aufknoten**
II. *vr* ■ **jd knüpft sich [an etw** (*dat*)**] auf** qn se pend [à qc]

auf|kochen I. *vt + haben* 1. (*zum Kochen bringen*) ■ **jd kocht etw auf** *Milch, Suppe* qn fait bouillir qc, qn porte qc à ébullition

2. (*erneut kochen lassen*) ■ **jd kocht [jdm] etw auf** *Gemüse, Suppe* qn réchauffe qc [pour qn]; ***jd kocht ihm etw auf*** qn lui réchauffe qc

II. *vi* 1. + *sein* (*zu kochen beginnen*) ■ **etw kocht auf** /*Milch, Suppe, Wasser*/ qc commence à bouillir, qc arrive à ébullition; ■ **jd lässt etw** ~ qn fait bouillir qc, qn porte qc à ébullition; ■ **das A**~ l'ébullition *f*

2. *geh* (*sich erhitzen*) ■ **etw kocht auf** /*Gemüter, die Volksseele*/ qc est en ébullition; ■ ~**d** en ébullition

auf|kommen *vi irreg* + *sein* 1. (*finanziell begleichen*) ■ **jd kommt für etw auf** *für Kosten, Schaden* qn prend qc en charge

2. (*Unterhalt leisten*) ■ **jd kommt für jdn auf** qn subvient aux besoins de qn; ■ **jd kommt für etw auf** qn subvient à qc

3. METEO ■ **etw kommt auf** /*Nebel, Wind*/ qc se lève; /*Regen*/ qc se met à tomber; ■ ~**d**: ***mit ~ dem Nebel muss gerechnet werden*** le brouillard risque de se lever; ***der ~ de Regen behindert den Verkehr*** la pluie qui se met à tomber perturbe le trafic

4. (*entstehen*) ■ **etw kommt auf** /*Kritik, Zweifel*/ qc naît, qc se fait jour; /*Gerücht*/ qc commence à circuler [*o* courir]; ■ ~**d** *Kritik, Zweifel* naissant(e); *Gerücht* qui commence à circuler [*o* courir]; ■ **jd/etw lässt etw** ~ *Kritik, Zweifel* qn/qc fait naître qc; *Gerücht* qn fait circuler [*o* courir] qc; ***jd/etw lässt Kritik gar nicht erst*** ~ qn/qc tue toute critique dans l'œuf

5. (*aufsetzen*) ■ **jd kommt irgendwie [auf etw** (*dat o akk*)**] auf** /*Turner, Skispringer*/ *auf dem o den Boden* qn se reçoit d'une certaine manière [sur qc]; ■ **beim A**~ à la réception

6. NAUT ■ **etw kommt auf** qc s'approche; ■ **jd/etw lässt etw** ~ qn/qc laisse s'approcher qc

▸ **jd lässt jdn/etw nicht** ~ qn ne laisse aucune marge de manœuvre à qn/qc; **jd kommt nicht auf** qn ne tient pas le choc; ***gegen ihn kommst du nicht auf*** tu ne peux pas rivaliser avec lui

Aufkommen <-s, -> *nt* 1. ∅ (*Entstehung*) [*Methode, Mode*] apparition *f*; [*Zweifel*] naissance *f*; ***das ~ jeglicher Kritik sollte im Keim erstickt werden*** on voulait étouffer dans l'œuf toute velléité de critique

2. METEO [*Nebel, Wirbelwind*] formation *f*; ***im Tagesverlauf kann es zum ~ von Niederschlägen kommen*** des précipitations peuvent survenir dans le courant de la journée

3. FISC [*Steuern*] rentrées *fpl*

-aufkommen *nt Müll-, Schadstoff-* quantité *f* de … produit(e)s; (*wenn Material im Singular*) Quantité *f* de … produit(e); ***Müll-*** quantité *f* de déchets produits; ***Altglas-*** quantité *f* de verre usagé [produite]; ***Verkehrs-*** circulation *f*, trafic *m* routier

auf|kratzen I. *vt* ■ **jd kratzt etw auf** *Wunde* qn gratte qc jusqu'au sang

II. *vr* 1. (*sich öffnen*) ■ **jd kratzt sich** (*dat*) **etw auf** *Haut, Pickel, Wunde* qn se gratte qc jusqu'au sang

2. (*sich verletzen*) ■ **jd kratzt sich auf** qn se gratte jusqu'au sang; *s. a.* **aufgekratzt**

auf|kreischen *vi* ■ **jd kreischt [vor etw** (*dat*)**] auf** qn hurle [*o* pousse des cris] [de qc]

auf|krempeln I. *vt* ■ **jd krempelt etw auf** qn retrousse qc

II. *vr* ■ **jd krempelt sich** (*dat*) **etw auf** qn retrousse son/sa/ses qc

auf|kreuzen *vi* + *sein fam* ■ **jd kreuzt [bei jdm] auf** qn se pointe [chez qn] *fam*

auf|kriegen *vt fam s.* **aufbekommen**

auf|künden *vt geh*, **auf|kündigen** *vt* 1. (*kündigen*) ■ **jd kündet [*o* kündigt] [jdm] etw auf** *Dienstverhältnis, Vertrag* qn résilie qc [auprès de qn]; *Stellung* qn quitte qc [chez qn]

2. (*das Ende ankündigen*) ■ **jd kündet [*o* kündigt] jdm etw auf**: ***jd kündigt jdm den Dienst auf*** qn donne sa démission à qn; ***jd kündigt jdm die Freundschaft auf*** qn retire son amitié à qn; ***jd kündigt jdm den Gehorsam auf*** qn refuse d'obéir à qn

Aufkündigung *f geh* 1. (*Kündigung*) [*Dienstverhältnis, Vertrag*] résiliation *f*; ***jd überlegt sich die ~ seiner Stellung*** qn se demande s'il/si elle doit quitter son emploi

2. (*das Aufkündigen*) *verbal übersetzt*; ***jd beschließt die ~ seines Dienstes*** qn décide de rendre son tablier; ***jd droht jdm mit der ~ seiner Freundschaft*** qn menace qn de lui retirer son amitié

auf|lachen *vi* ■ **jd lacht auf** qn éclate de rire

auf|laden *irreg* I. *vt* 1. (*darauf laden*) ■ **jd lädt etw [auf etw** (*akk*)**] auf** qn charge qc [sur qc]

2. (*auf den Rücken packen*) ■ **jd lädt jdm/einem Tier etw auf** qn charge qc sur le dos de qn/d'un animal

3. (*aufbürden*) ■ **jd lädt jdm etw auf** *Arbeit, Aufgaben* qn charge qn de qc, qn lui met qc sur le dos

4. ELEC ■ **jd lädt etw auf** *Batterie* qn recharge qc

5. (*aufheizen*) ■ **jd/etw lädt etw auf** *Atmosphäre, Stimmung* qn/qc rend qc tendu(e); ■ **aufgeladen** tendu(e)

II. *vr* 1. (*sich aufbürden*) ■ **jd lädt sich** (*dat*) **etw auf** qn se charge de qc, qn se met qc sur les bras

2. ■ **etw lädt sich auf** /*Atmosphäre, Bildschirm, Teppich*/ qc se charge d'électricité; ***die Luft lädt sich bei einem Gewitter elektrisch auf*** quand il y a de l'orage, l'air se charge d'électricité

Auflage <-, -n> *f* 1. MEDIA (*Ausgabe*) édition *f*

2. MEDIA (*Auflagenhöhe*) tirage *m*

3. COM [*Modell*] sortie *f*

4. ADMIN (*Bedingung*) condition *f*

5. (*Polster*) coussin *m*

6. METAL (*Überzug*) couche *f*

7. *sl* [*Veranstaltung, Ausstellung, Messe*] édition *f*

▸ **jd hat die ~ etw zu tun** qn a l'obligation [*o* pour consigne] de faire qc; **jd macht jdm eine ~/~n** qn impose un cahier des charges à qn; **jd macht jdm etw zur** ~ qn impose comme condition à qn qc; **jd macht jdm zur ~ etw zu tun** qn impose comme condition à qn de faire qc; **mit der ~ etw zu tun** à condition de faire qc

Auflage[n]höhe *f* tirage *m* **auflagenschwach** *adj* à faible tirage; ■ **etw ist** ~ qc a un faible tirage **auflagenstark** *adj* à fort [*o* gros] tirage; ■ **etw ist** ~ qc a un fort [*o* gros] tirage

auf|lassen *vt irreg* 1. *fam* (*offen lassen*) ■ **jd lässt etw auf** *Fenster, Klappe, Schublade, Truhe* qn laisse qc ouvert(e); *Deckel* qn laisse qc soulevé(e)

2. *fam* (*aufbehalten*) ■ **jd lässt etw auf** *Hut, Mütze* qn garde qc

3. *fam* (*aufbleiben lassen*) ■ **jd lässt jdn auf** *Kind* qn laisse veiller qn

4. JUR ■ **jd lässt etw auf** qn transfère qc

5. (*stilllegen*) ■ **jd lässt etw auf** *Bahnhof, Bergwerk* qn ferme qc

6. AUS, SDEUTSCH ■ **jd lässt etw auf** *Betrieb, Geschäft* qn ferme qc

Auflassung <-, -en> *f* 1. JUR transfert *m*

2. MIN [*Bergwerk*] fermeture *f*

3. AUS, SDEUTSCH [*Betrieb, Geschäft*] fermeture *f*

auf|lauern *vi* ■ **jd lauert jdm auf** qn guette qn

Auflauf *m* 1. GASTR soufflé *m*

2. (*Menschen~*) attroupement *m*

auf|laufen *vi irreg* + *sein* 1. (*sich ansammeln*) ■ **etw läuft auf** /*Schulden, Zinsen*/ qc s'accumule

2. (*auf Grund laufen*) ■ **etw läuft [auf etw** (*akk o dat*)**] auf** qc s'échoue [sur qc]

3. (*aufprallen*) ■ **jd läuft auf jdn/etw auf** qn rentre dans qn/qc

4. (*ansteigen*) ■ **etw läuft auf** /*Flut, Wasser*/ qc monte; ■ ~**d** montant(e); ***wir haben ~ des Wasser*** c'est la marée montante

5. (*scheitern*) ■ **jd läuft [mit etw] auf** [qc de] qn échoue; ■ **jd lässt jdn** ~ *Antragsteller* qn fait lanterner qn; ■ **jd lässt etw** ~ *Bürgerinitiative, Antrag* qn laisse qc s'enliser

Auflaufform *f* moule *m* à soufflé

auf|leben *vi* + *sein* 1. (*munter werden*) ■ **jd lebt auf** qn s'anime

2. (*neuen Lebensmut bekommen*) ■ **jd lebt [wieder] auf** qn reprend goût à la vie, qn se sent revivre

3. *geh* (*sich erneut bemerkbar machen*) ■ **etw lebt [wieder] auf** /*Erinnerungen, Hass*/ qc se ranime, qc se ravive

4. FIN ■ **etw lebt wieder auf** /*Versicherung*/ qc est reconduit(e)

auf|lecken *vt* ■ **jd leckt etw auf** qn lèche qc; ■ **ein Tier leckt etw auf** un animal lape qc

auf|legen I. *vt* 1. MEDIA ■ **jd/etw legt etw auf** *Buch* qn/qc édite qc; ***etw wird neu [o wieder] aufgelegt*** qc est réédité(e)

2. ECON ■ **jd legt etw auf** *Modell, Serie* qn sort qc

3. BÖRSE, FIN ■ **jd/etw legt etw auf** *Aktien, Anleihen* qn/qc émet qc

4. (*auf den Tisch legen*) ■ **jd legt etw auf** *Gedeck, Tischdecke* qn met qc

5. TELEC ■ **jd legt etw auf** qn repose qc; ***leg den Hörer auf!*** raccroche!

6. (*nachlegen*) ■ **jd legt etw auf** *Holz, Kohle* qn remet qc

7. NAUT ■ **jd/etw legt etw auf** *Schiff* qn/qc met qc en chantier

II. *vi* TELEC ■ **jd legt auf** qn raccroche

auf|lehnen *vr* ■ **jd lehnt sich [gegen jdn/etw] auf** qn se rebelle [*o* se soulève] [contre qn/qc]

Auflehnung <-, -en> *f* rébellion *f*, soulèvement *m*

auf|lesen *vt irreg fam* 1. (*aufheben*) ■ **jd liest etw [von etw] auf** qn ramasse qc [quelque part]; ***jd liest etw vom Boden/Bürgersteig/von der Straße auf*** qn ramasse qc à terre/sur le trottoir/dans la rue

2. (*finden und mitnehmen*) ■ **jd liest jdn [von etw] auf** *von der Straße* qn ramasse qn [dans qc]; ***wo hast du den Kerl aufgelesen?*** où t'as dégoté [*o* été pêcher] ce gars-là? *fam*

3. (*aufschnappen*) ■ **jd liest etw auf** qn entend qc

auf|leuchten *vi* + *sein o haben* ■ **etw leuchtet auf** /*Taschenlampe, Glühbirne*/ qc s'allume; ***er sah nur kurz Licht*** ~ il vit juste un éclair de lumière

auf|liegen *irreg* I. *vi* 1. (*auf etw liegen*) ■ **etw liegt [auf etw** (*dat*)**] auf** qc est bien mis(e) [sur qc]; ***der Hörer liegt nicht ganz [o richtig] [auf dem Telefon] auf*** le téléphone est mal raccroché

2. (*erschienen sein*) ■ **etw liegt auf** /*Druckwerk*/ qc est paru(e)

II. *vr* ■ **jd liegt sich** (*dat*) **etw auf** qn a qc qui se couvre d'escarres; ■ **aufgelegen** couvert(e) d'escarres

auf|listen *vt* ■ **jd listet [jdm] etw auf** qn fait [*o* établit] la liste de qc [pour qn]; ***Ihr Name ist bei mir aufgelistet*** votre nom figure [*o* est] sur ma liste

Auflistung <-, -en> *f* 1. ∅ (*das Auflisten*) listage *m*; ***er ist mit der ~ der zu bestellenden Artikel beschäftigt*** il est en train d'établir [*o* de faire] la liste des articles à commander

2. (*Liste*) liste *f*

auf|lockern I. *vt* 1. (*abwechslungsreicher machen*) ■ **jd/etw lockert etw [durch etw] auf** qn rend qc plus attrayant(e) [par [*o* grâce à] qc]; ***durch eingestreute Anekdoten lockerte er seinen Vortrag auf*** il rendait son exposé plus attrayant en l'émaillant d'anecdotes

2. (*zwangloser machen*) ■ **jd/etw lockert etw auf** *Atmosphäre, Stimmung* qn/qc détend qc

3. ■ **jd lockert etw auf** *Frisur, Muster* qn adoucit qc

4. ■ **jd lockert etw auf** *Muskeln, Muskulatur* qn détend qc

5. HORT ■ **jd/etw lockert etw auf** qn ameublit qc

II. *vr* 1. SPORT ■ **jd lockert sich auf** qn se détend

2. METEO ■ **etw lockert sich auf** qc se dissipe; ***eine aufgelockerte Bewölkung*** des nuages *mpl* épars

Auflockerung *f* 1. (*abwechslungsreichere Gestaltung*) *verbal übersetzt*; ***zur ~ des Unterrichtsstoffes*** pour rendre plus attrayant le contenu du cours

2. (*zwanglosere Gestaltung*) *verbal übersetzt*; ***etw hat die ~ der Stimmung zum Zweck*** qc est destiné(e) à détendre l'atmosphère

3. (*weniger strenge Gestaltung*) [*Frisur, Muster*] *verbal übersetzt*; ***etw trägt zur ~ einer S.*** (*gen*) **bei** qc contribue à adoucir qc

4. (*Beseitigung von Verspannungen*) assouplissement *m*; ***etw dient der ~ der Muskeln*** qc sert à détendre les muscles
5. METEO dissipation *f*
6. HORT ameublissement *m*; ***die ~ des Erdreichs kann im Winter vorgenommen werden*** on peut ameublir la terre en hiver

auf|lodern *vi + sein* 1. (*hochschlagen*) ■ **etw lodert auf** */Flammen/* qc monte, qc jaillit; ■ **~d** jaillissant(e)
2. *geh* (*ausbrechen*) ■ **etw lodert auf** */Kämpfe, Hass/* qc se déchaîne; ***etw lodert neu auf*** qc se ranime

auf|lösen I. *vt* 1. (*in Flüssigkeit lösen*) ■ **jd löst etw [in etw** (*dat*)**] auf** qn dissout [*o* fait dissoudre] qc [dans qc]
2. CHEM ■ **etw löst etw auf** */Säure/* qc décompose qc
3. (*aufklären*) ■ **jd löst etw auf** *Widerspruch* qn explique qc; *Missverständnis* qn dissipe qc
4. (*aufheben*) ■ **jd löst etw auf** *Parlament, Partei* qn dissout qc; ■ **aufgelöst** dissous(-oute)
5. (*zerstreuen*) ■ **jd/etw löst etw auf** *Demonstration, Versammlung* qn disperse qc
6. FIN ■ **jd löst etw auf** *Konto* qn ferme qc
7. (*liquidieren*) ■ **jd löst etw auf** *Haushalt, Wohnung* qn liquide qc
8. PHOT ■ **etw löst etw auf** */Bildschirm, Objektiv/* qc rend qc, qc reproduit qc
9. MATH ■ **jd löst etw auf** qn résout qc; ***zuerst sind die Klammern aufzulösen*** tout d'abord, il faut résoudre le contenu des parenthèses
10. MUS ■ **jd löst etw auf** *Vorzeichen* qn résout qc
11. *geh* (*lösen*) ■ **jd löst etw auf** *Haar* qn libère qc; *Haarknoten* qn défait qc
II. *vr* 1. (*in Flüssigkeit*) ■ **etw löst sich auf** */Pulver, Tablette, Salz/* qc se dissout; */Zucker a./* qc fond
2. (*sich zersetzen*) ■ **etw löst sich auf** qc se décompose
3. (*sich klären*) ■ **etw löst sich auf** */Probleme, Schwierigkeiten/* qc se résout; */Widerspruch/* qc s'explique, qc est élucidé(e); */Missverständnis/* qc se dissipe
4. ■ **etw löst sich auf** */Partei, Verein/* qc se dissout
5. METEO ■ **etw löst sich auf** */Nebel, Wolken/* qc se dissipe; ■ **etw löst sich in etw** (*akk*) **auf** qc se disperse en qc
6. (*verschwinden*) ■ **etw löst sich [in etw** (*akk*)**] auf** *in nichts, in Luft* qc s'évanouit [dans qc]; ***alle Probleme lösten sich schließlich in nichts [o in Luft] auf*** tous les problèmes ont fini par se dissiper; *s. a.* **aufgelöst**

Auflösung *f* 1. [*Parlament, Partei*] dissolution *f*
2. [*Demonstration, Versammlung*] dispersion *f*; ***zur ~ der Kundgebung*** pour disperser la manifestation
3. (*Klärung*) *verbal übersetzt*; ***ihm gelang die ~ der Widersprüche*** il a réussi à résoudre les [*o* ses] contradictions; ***das Gespräch führte die ~ des Missverständnisses herbei*** la conversation a permis de dissiper le malentendu
4. [*Konto*] fermeture *f*
5. (*Bildqualität*) [*Bildschirm, Sensor*] résolution *f*, définition *f*
6. (*das Auflösen*) [*Haushalt, Wohnung*] liquidation *f*
7. METEO [*Wolken, Nebel*] dissipation *f*
8. (*das Zergehen*) [*Pulver, Tablette*] dissolution *f*
9. *geh* (*Verstörtheit*) bouleversement *m*, désarroi *m*

Auflösungszeichen *nt* MUS bécarre *m*

auf|machen I. *vt* 1. *fam* (*öffnen*) ■ **jd macht etw auf** qn ouvre qc
2. *fam* (*lösen*) ■ **jd macht etw auf/jdm etw auf** *Knöpfe, Mantel, Schnürsenkel* qn défait qc/lui défait son/sa/ses qc; *Reißverschluss* qn ouvre qc/lui ouvre son/sa/ses qc; ***mit aufgemachter Hose*** la braguette ouverte
3. COM ■ **jd macht etw auf** *Firma, Unternehmen* qn monte qc
4. MEDIA ■ **jd macht etw irgendwie auf** *Buch, Zeitung* qn présente qc d'une certaine façon; ■ **etw ist ... aufgemacht** *schön, reißerisch* qc a une présentation ...
5. PRESSE ■ **jd macht etw ... auf** *mysteriös, spannend* qn relate qc ...
6. MED *sl* ■ **jd macht jdn auf** qn ouvre qn
II. *vi* 1. (*die Tür öffnen*) ■ **jd macht [jdm] auf** qn ouvre [à qn]
2. (*ein Geschäft eröffnen*) ■ **jd/etw macht auf** qn/qc ouvre
3. (*das Geschäft öffnen*) ■ **jd/etw macht [irgendwann] auf** qn/qc ouvre [à une certaine heure]
III. *vr* 1. *fam* (*sich etw öffnen*) ■ **jd macht sich** (*dat*) **etw auf** *Knopf* qn défait son/sa/ses qc; *Reißverschluss* qn ouvre son/sa/ses qc; *Kleidungsstück* qn déboutonne son/sa/ses qc
2. (*sich anschicken*) ■ **jd macht sich [dazu] auf etw zu tun** qn s'apprête à faire qc; ***wann wollt ihr euch endlich dazu ~ einzukaufen?*** quand allez-vous enfin vous décider à partir en courses?
3. (*aufbrechen*) ■ **jd macht sich [irgendwohin] auf** qn part [quelque part]; ***jd macht sich zu einer Wanderung/zu einem Spaziergang/zum Mittagessen auf*** qn part en randonnée/en promenade/manger

Aufmacher *m* [article *m*] leader *m*, article *m* de tête

Aufmachung <-, -en> *f* 1. (*Kleidung*) tenue *f*
2. MEDIA [*Buch*] présentation *f*
3. PRESSE [*Seite, Zeitschrift*] présentation *f*

auf|malen *vt* ■ **jd malt etw [auf etw** (*akk*)**] auf** (*mit Pinsel*) qn peint qc [sur qc]; (*mit Kugelschreiber, Bleistift*) qn dessine qc [sur qc]

Aufmarsch *m* 1. (*das Aufmarschieren*) défilé *m*
2. MIL (*Beziehung der Stellungen*) déploiement *m*, avancée *f*

auf|marschieren * *vi + sein* 1. (*heranmarschieren*) ■ **jd/etw marschiert auf** qn/qc défile
2. MIL (*in Stellung gehen*) ■ **jd/etw marschiert auf** qn/qc se déploie; ■ **jd lässt jdn/etw ~** qn fait se déployer qn/qc
▸ **jd lässt jdn ~** *sl* (*auftreten*) qn fait [inter]venir qn, qn aligne qn

aufmeißeln *vt* MED ■ **jd meißelt [jdm] etw auf** qn [lui] perce qc [avec un trépan]

auf|merken *vi* 1. (*aufhorchen*) ■ **jd merkt auf** qn tend [*o* dresse] l'oreille
2. *geh* (*Acht geben*) ■ **jd merkt [auf etw** (*akk*)**] auf** qn fait attention [à qc], qn prête l'oreille [à qc]

aufmerksam I. *adj* 1. (*alles genau bemerkend*) attentif(-ive); ■ **jd wird ~** qn fait attention; ■ **jd wird auf jdn/etw ~** qn remarque qn/qc
2. (*zuvorkommend*) attentionné(e), prévenant(e); ***ich hätte ~er sein müssen!*** je manque à tous mes devoirs!
▸ **jd macht jdn auf etw** (*akk*) **~** qn fait remarquer qc à qn; **jd macht jdn darauf ~, dass** qn fait remarquer à qn que + *indic*; **[das ist] sehr ~ [von Ihnen]!** c'est très gentil [*o* aimable] [à vous]!
II. *adv zuhören, zusehen* attentivement, avec attention; ***jd beteiligt sich ~ am Unterrichtsgeschehen*** qn participe activement à la classe

Aufmerksamkeit <-, -en> *f* 1. ∅ (*aufmerksames Verhalten*) attention *f*; ***bei entsprechender ~ wäre Ihnen das nicht entgangen*** si vous aviez fait suffisamment attention, ça ne vous aurait pas échappé
2. ∅ (*Zuvorkommenheit*) prévenance *f*, attentions *fpl*
▸ **eine kleine ~** une gentille attention

auf|mischen *vt sl* ■ **jd mischt jdn auf** qn tabasse qn *fam*

auf|möbeln *vt fam* 1. (*aufpolieren*) ■ **jd möbelt etw [wieder] auf** qn retape qc *fam*
2. (*aufmuntern*) ■ **jd/etw möbelt jdn [wieder] auf** qn/qc requinque qn *fam*

auf|montieren * *vt* ■ **jd montiert etw [auf etw** (*akk*)**] auf** qn monte qc [sur qc]

auf|motzen *vt fam* ■ **jd motzt etw auf** *Auto, Motorrad* (*äußerlich*) qn enjolive qc, qn relooke qc *fam*; (*leistungsmäßig*) qn trafique qc *fam*, qn gonfle qc *fam*

auf|mucken *vi fam* ■ **jd/etw muckt [gegen jdn/etw] auf** qn/qc râle [contre qn/qc] *fam*; ■ **~d** mécontent(e)

auf|muntern *vt* 1. (*aufheitern*) ■ **jd/etw muntert jdn auf** qn/qc met qn de bonne humeur; ***das munterte sie wieder auf*** ça lui a remonté le moral
2. (*beleben*) ■ **etw muntert jdn auf** qc donne un coup de fouet à qn, qc ragaillardit qn **aufmunternd** I. *adj* encourageant(e) II. *adv*: ***jd lächelt jdm ~ zu*** qn sourit à qn pour l'encourager; ***etw ist ~ gemeint*** qc se veut encourageant(e)

Aufmunterung <-, -en> *f* 1. (*Aufheiterung*) *verbal übersetzt*; ***etw ist als ~ gemeint*** qc est destiné(e) à détendre l'atmosphère
2. (*Ermutigung*) encouragement *m*
▸ **zur ~**: ***trink eine Tasse Kaffee zur ~!*** bois un café, ça va te donner un coup de fouet!; ***er erzählte ein paar Witze zur ~*** il a raconté quelques histoires drôles pour détendre l'atmosphère

aufmüpfig *adj fam* qui [n']écoute rien *fam*; ■ **jd ist/wird ~** qn écoute rien/commence à rien écouter *fam*; ***sei nicht so ~*** fais pas ta mauvaise tête *fam*

auf|nähen *vt* ■ **jd näht [jdm] etw [auf etw** (*akk*)**] auf** qn [lui] coud qc [sur qc]; ■ **aufgenäht** cousu(e) sur les vêtements

Aufnahme <-, -n> *f* 1. (*Fotografie*) photo[graphie] *f*; ***Film mit 24 ~n*** pellicule *f* de 24 poses
2. (*Tonband~*) enregistrement *m*
3. (*das Fotografieren*) *verbal übersetzt*; ***die ~ von Bildern ist kinderleicht*** prendre des photos est un jeu d'enfant
4. (*das Filmen*) [*Abfolge, Szene*] prise *f* de vue[s]
5. (*Beginn*) [*Gespräch, Tätigkeit*] début *m*, commencement *m*; ***es kommt zur ~ einer S.*** (*gen*) qc commence, qc débute
6. (*Zulassung*) ■ **die/eine ~ [in etw** (*akk*)**]** *in Internat, Krankenhaus, Verein* l'admission//une admission [dans qc]
7. ∅ [*Nährstoffe*] absorption *f*, assimilation *f*; [*Salbe*] pénétration *f*
8. (*das Hinzufügen*) ■ **die ~ von etw in/auf etw** (*akk*) *von Namen, Einträgen* l'intégration *f* [*o* l'insertion *f*] de qc dans qc
9. (*Aufzeichnung*) *verbal übersetzt*; ***Frl. Meier bitte zur ~ eines Diktats zum Chef!*** Melle Meier, le patron vous demande pour vous dicter du courrier!; ***kommen Sie bitte zur ~ Ihrer Personalien mit auf die Wache!*** veuillez me suivre au poste pour un contrôle d'identité!; ***die Polizei erschien zur ~ des Unfalls am Unfallort*** la police est arrivée sur le lieu de l'accident pour faire le constat
10. FIN *verbal übersetzt*; ***zu diesem Vorhaben ist die ~ von Kapital erforderlich*** pour réaliser ce projet, il faut investir des capitaux; ***dazu ist die ~ eines Kredits erforderlich*** pour cela, il faut contracter un crédit
11. (*das Aufnehmen*) ■ **die ~ einer S.** (*gen*) **bei jdm** *eines Theaterstücks, Ansinnens* l'accueil *m* fait à qc par qn
12. (*Aufnahmeraum in Klinik*) accueil *m*
13. (*aufgenommener Patient*) entrée *f*
14. ∅ *form* (*Verzehr*) ■ **~ einer S.** (*gen*) *einer Nahrung* prise *f* de qc
▸ **jd findet bei jdm/irgendwo ~** qn est hébergé(e) chez qn/quelque part; **jd macht ~n** PHOT qn fait des photos; AUDIOV qn fait des enregistrements; **jd macht von jdm/etw eine ~** qn prend qn/qc en photo

Aufnahmeantrag *m* demande *f* d'admission **aufnahmefähig** *adj* ■ **jd ist [für etw] ~** qn est réceptif(-ive) [à qc] **Aufnahmegebühr** *f* droits *mpl* d'entrée [*o* d'inscription] **Aufnahmeprüfung** *f* examen *m* [*o* concours *m*] d'entrée **Aufnahmetaste** *f* AUDIOV touche *f* d'enregistrement **Aufnahmewagen** *m* car *m* de reportage

Aufnahmsprüfung *f* AUS *s.* **Aufnahmeprüfung**

auf|nehmen *vt irreg* 1. PHOT ■ **jd/etw nimmt jdn/etw auf** qn photographie qn/qc, qn prend qn/qc en photo; ***diese Kamera nimmt alles sehr scharf auf*** cet appareil fait des photos très nettes
2. AUDIOV ■ **jd/etw nimmt jdn/etw auf** qn/qc enregistre qn/qc
3. CINE ■ **jd nimmt jdn/etw auf** qn filme qn/qc
4. (*unterbringen*) ■ **jd nimmt jdn [bei sich] auf** *Gast* qn héberge qn [chez lui/elle]; *Asylbewerber, Flüchtling* qn accueille qn [chez lui/elle]

5. (*zulassen*) ■ **etw nimmt jdn auf** */Schule, Internat/* qc admet qn, qc accueille qn; ■ **jd/etw nimmt jdn [in etw** (*akk*)**] auf** *in einen Verein, Orden* qn/qc admet qn [dans qc]
6. (*geistig verarbeiten*) ■ **jd nimmt etw auf** qn saisit qc, qn enregistre qc
7. (*hinzufügen*) ■ **jd nimmt etw [in etw** (*akk*)**] auf** *in eine Bibliografie, Liste* qn intègre qc [dans qc]
8. (*beginnen*) ■ **jd nimmt etw auf** *Kontakt* qn prend qc; *Beziehung* qn noue qc; *Studium, Tätigkeit* qn commence qc, qn entame qc; ***jd nimmt Verbindung zu jdm auf*** qn entre en contact [*o* en relations] avec qn; ***wir sollten den Kontakt zu ihnen wieder*** ~ nous devrions reprendre contact avec eux/elles
9. ■ **etw nimmt etw auf** *Feuchtigkeit, Salbe* qc absorbe qc
10. PHYSIOL ■ **etw nimmt etw auf** */Blut, Darm, Magen/* qc assimile qc
11. (*auf etw reagieren*) ■ **jd nimmt etw irgendwie auf** *Nachricht* qn prend qc d'une certaine façon
12. (*niederschreiben*) ■ **jd nimmt etw auf** *Personalien, Protokoll* qn prend qc; *Antrag, Wunsch* qn enregistre qc, qn consigne qc par écrit
13. (*aufgreifen*) ■ **jd nimmt etw auf** *Fall* qn s'occupe de qc; *Spur* qn relève qc
14. (*fassen*) ■ **etw nimmt etw auf** */Fass, Behälter/* qc contient qc
15. (*aufheben*) ■ **jd nimmt etw auf** qn ramasse qc; ***jd nimmt etw vom Boden/von der Erde auf*** qn ramasse qc à terre
16. NDEUTSCH (*aufwischen*) ■ **jd nimmt etw auf** qn passe la serpillière pour enlever qc; ■ **jd nimmt etw mit etw auf** *mit einem Lappen* qn passe qc pour enlever qc
17. FIN ■ **jd nimmt etw [auf etw** (*akk*)**] auf** *Kredit, Hypothek* qn prend qc [sur qc]; *Gelder* qn emprunte qc [en hypothéquant qc]
18. (*auf die Nadel nehmen*) ■ **jd nimmt etw auf** *Maschen* qn prend qc
▸ **jd nimmt etw wieder auf** qn reprend qc; **jd kann es mit jdm/etw** ~ qn peut se mesurer avec [*o* à] qn/qc, qn est de taille à rivaliser avec qn/qc; **jd/etw kann es mit jdm/etw nicht** ~ qn ne peut se mesurer avec [*o* à] qn/qc, qn n'est pas de taille à rivaliser avec qn/qc, qc ne peut rivaliser avec qc

Aufnehmer <-s, -> *m* NDEUTSCH serpillière *f*

äufnen *vt* CH ■ **jd äufnet etw** *Geld* qn fait fructifier qc; *Fonds* qn réunit qc

auf|nötigen *vt* 1. (*zu nehmen drängen*) ■ **jd nötigt jdm etw auf** qn force qn à prendre qc
2. (*zu akzeptieren nötigen*) ■ **jd nötigt jdm etw auf** qn impose qc à qn

auf|opfern *vr* ■ **jd opfert sich [für jdn/etw] auf** qn se sacrifie [pour qn/qc]

aufopfernd *adj s.* **aufopferungsvoll**

Aufopferung *f* abnégation *f*, esprit *m* de sacrifice, dévouement *m*

aufopferungsvoll I. *adj Mensch, Hingebung* dévoué(e); *Tätigkeit* qui requiert du dévouement; ***von jedem wird ~ er Einsatz gefordert*** on exige de chacun qu'il fasse preuve de dévouement [*o* d'abnégation]
II. *adv* avec abnégation, avec dévouement

auf|packen I. *vt* 1. (*aufladen*) ■ **jd packt [jdm/einem Tier] etw auf** qn charge qc [sur le dos de qn/sur un animal]
2. *fam* (*aufbürden*) ■ **jd packt jdm etw auf** *Arbeit, Aufgabe* qn colle qc à qn *fam*
II. *vr* ■ **jd packt sich** (*dat*) **etw auf** qn charge qc sur son dos

auf|päppeln *vt fam* ■ **jd päppelt jdn/ein Tier auf** qn aide qn à se remplumer *fam*, qn retape qn/un animal [en lui donnant à manger] *fam*

auf|passen *vi* 1. (*aufmerksam sein*) ■ **jd passt auf** qn fait attention, qn est attentif(-ive); ***er passt auf, was man ihm sagt*** il fait attention à ce qu'on lui dit; ■ **jd passt auf, dass etw geschieht** qn veille à ce que + *subj*; ■ **jd passt auf, dass er/sie etw tut** qn fait attention de [*o* à] faire qc
2. (*beaufsichtigen*) ■ **jd passt auf** qn assure la surveillance, qn surveille; ■ **jd passt auf jdn auf** *auf Häftlinge, Kinder, Schüler* qn surveille qn; ■ **jd passt auf ein Tier/etw auf** qn garde un animal/qc, qn veille sur qc
▸ **pass auf!, aufgepasst!** attention!

Aufpasser(in) <-s, -> *m(f) pej* (*Aufseher*) surveillant(e) *m(f)*; [*Partei, Polizei*] indicateur(-trice) *m(f) péj*; SCOL pion(ne) *m(f) fam*

auf|peitschen *vt* 1. (*aufhetzen*) ■ **jd/etw peitscht jdn auf** qn monte la tête à qn/qc excite qn; ■ **jd/etw peitscht jdn zu etw auf** qn/qc excite qn à faire qc; ***er peitscht die Menschen zum Rassenhass auf*** il excite la haine raciale des foules
2. (*entflammen*) ■ **etw peitscht jdn/etw auf** *Begierde, Sinne* qc excite qn/qc
3. (*aufbranden lassen*) ■ **etw peitscht etw auf** *Meer, Wellen* qc fouette qc; ■ **aufgepeitscht** déchaîné(e), démonté(e)

auf|peppen *vt sl* ■ **jd peppt etw auf** qn relooke qc *fam*

auf|pflanzen I. *vt* 1. MIL ■ **jd pflanzt etw auf:** ***jd pflanzt das Bajonett [o Seitengewehr] auf*** qn met [la] baïonnette au canon; ***mit aufgepflanztem Bajonett [o Seitengewehr]*** baïonnette au canon
2. (*aufstellen*) ■ **jd pflanzt etw [irgendwo] auf** *Fahne* qn plante qc [quelque part]
II. *vr fam* ■ **jd pflanzt sich vor jdm/etw auf** qn se plante devant qn/qc

auf|pfropfen *vt* ■ **jd pfropft etw [auf etw** (*akk*)**] auf** qn greffe [*o* ente] qc [sur qc]

auf|picken *vt* 1. (*fressen*) ■ **ein Tier pickt etw auf** un animal picore qc
2. (*öffnen*) ■ **ein Tier pickt etw auf** un animal ouvre qc à coups de bec

auf|platzen *vi + sein* ■ **etw platzt auf** */Frucht, Schote/* qc éclate; */Naht/* qc craque; */Wunde/* qc s'ouvre

auf|plustern I. *vt* ■ **ein Tier plustert etw auf** un animal gonfle qc; ■ **aufgeplustert** aux plumes gonflées
II. *vr* 1. (*die Federn aufrichten*) ■ **ein Tier plustert sich auf** un animal gonfle ses plumes
2. *pej fam* (*sich wichtig machen*) ■ **jd plustert sich auf** qn fait de l'esbroufe *fam*

auf|polieren * *vt* 1. ■ **jd poliert etw auf** */Möbelstück, Oberfläche/* qn polit qc, qn fait briller qc
2. *fam* ■ **jd poliert etw auf** *Kenntnisse, Wissen* qn rafraîchit qc

auf|prägen *vt* ■ **jd prägt etw [auf etw** (*akk*)**] auf** qn grave qc [sur qc]; ■ **das A~** la gravure

Aufprall <-[e]s, -e> *m* choc *m*; [*Geschoss*] impact *m*

auf|prallen *vi + sein* ■ **jd/etw prallt auf** */Fahrzeug, Mensch/* qn/qc s'écrase contre; */Flugzeug/* qc s'écrase; ■ **jd/etw prallt auf etw** (*akk o dat*) **auf** qn/qc s'écrase contre qc; ***vor dem A~ auf das Hindernis*** avant de s'écraser contre l'obstacle

Aufpreis *m* supplément *m*
▸ **gegen** ~ moyennant [le paiement d']un supplément

auf|probieren * *vt* ■ **jd probiert etw auf** *Hut* qn essaie qc

auf|pumpen *vt* 1. (*aufblasen*) ■ **jd/etw pumpt etw auf** *Ballon, Reifen* qn/qc gonfle qc
2. (*mit Luft füllen*) ■ **jd pumpt etw auf** *Fahrrad* qn gonfle qc; ***vergiss das A~ nicht!*** n'oublie pas de gonfler les pneus!

auf|putschen I. *vt* 1. (*aufwiegeln*) ■ **jd/etw putscht jdn/etw [gegen jdn/etw] auf** qn/qc excite qn/qc [*o* pousse qn/qc à la révolte] [contre qn/qc]
2. (*jds Leistungsfähigkeit steigern*) ■ **etw putscht jdn auf** qc excite qn; ■ **~d** excitant(e); ***~de Mittel*** des excitants *mpl*
II. *vr* ■ **jd putscht sich auf** qn prend des excitants; ■ **jd putscht sich mit etw auf** qn prend qc pour se stimuler

Aufputschmittel *nt* excitant *m*

Aufputz *m* AUS (*Verzierung*) décoration *f*

auf|putzen *vt* DIAL *s.* **aufwischen**

auf|quellen *vi irreg + sein* ■ **etw quillt auf** */Auge, Gesicht, Wange/* qc enfle, qc gonfle

auf|raffen I. *vr* 1. (*sich erheben*) ■ **jd rafft sich [von etw] auf** *von der Lagerstatt* qn se soulève [de qc]; *vom Boden* qn se lève avec difficulté [de qc]; (*nach einem Sturz*) qn se relève avec difficulté [de qc]
2. (*sich entschließen*) ■ **jd rafft sich zu etw auf** qn finit par se résoudre à qc, qn parvient à se décider à faire qc; ***jd kann sich kaum zu irgendwas*** ~ qn n'arrive plus à faire grand-chose; ■ **jd rafft sich dazu auf etw zu tun** qn finit par se résoudre [*o* parvient à se décider] à faire qc
II. *vt* 1. (*aufheben*) ■ **jd rafft etw auf** qn ramasse qc [d'un geste vif]
2. (*raffen*) ■ **jd rafft etw auf** *Rock* qn retrousse qc

auf|ragen *vi + sein o haben* ■ **etw ragt auf** qc se dresse; ■ **etw ragt über etw** (*dat*) **auf** qc domine qc; ■ **~d** dressé(e)

auf|rappeln *vr fam* 1. (*wieder zu Kräften kommen*) ■ **jd rappelt sich wieder auf** qn se retape *fam*
2. (*sich aufraffen*) ■ **jd rappelt sich [wieder] auf** qn se remet debout

auf|rauen[RR], **auf|rauhen** *vt* 1. TEXTIL ■ **jd raut etw auf** qn gratte qc
2. (*wund machen*) ■ **etw raut etw auf** *Haut, Hände* qc rend qc rugueux(-euse), qc abîme qc

auf|räumen I. *vt* ■ **jd räumt etw auf** qn range qc
II. *vi* 1. (*Ordnung machen*) ■ **jd räumt auf** qn range, qn fait du rangement
2. *pej* (*dezimieren*) ■ **jd/etw räumt unter etw auf** qn/qc fait des ravages parmi qc
3. (*etw beseitigen*) ■ **jd räumt mit etw auf** qn met un terme à qc, qn remédie à qc

Aufräumungsarbeiten *pl* travaux *mpl* de déblaiement

auf|rechnen *vt* ■ **jd rechnet jdm etw auf** qn décompte qc à qn; ■ **jd rechnet jdm etw gegen etw auf** qn défalque qc de qc à qn

aufrecht I. *adj Gang* en position verticale; *Körperhaltung* le dos droit
II. *adv sich halten, sitzen* le dos droit; ***geh ~!*** marche le dos droit!, tiens-toi droit(e) quand tu marches!
▸ **jd stellt etw ~ hin** qn met qc debout

aufrecht|erhalten * *vt irreg* 1. (*daran festhalten*) ■ **jd erhält etw aufrecht** *Anklage, Behauptung, Entschluss* qn persiste dans qc 2. (*bestehen lassen*) ■ **jd erhält etw aufrecht** *Beziehungen, Kontakt* qn maintient qc, qn poursuit qc 3. (*moralisch stützen*) ■ **etw erhält jdn aufrecht** */Glaube, Hoffnung/* qc permet à qn de tenir, qc soutient qn moralement **Aufrechterhaltung** *f* 1. (*das Aufrechterhalten*) *verbal übersetzt*; ***es bleibt bei der ~ meines Entschlusses*** je persiste dans ma décision 2. (*das weitere Bestehenlassen*) [*Freundschaft, Kontakt*] maintien *m*, poursuite *f*

auf|regen I. *vt* ■ **jd/etw regt jdn auf** qn/qc énerve qn
II. *vr* ■ **jd regt sich [über jdn/etw] auf** qn s'énerve [à cause de qn/qc]; *s. a.* **aufgeregt**

aufregend *adj* passionnant(e)
▸ **wie ~!** *fam* terrible! *fam*, génial! *fam*

Aufregung *f* 1. (*aufgeregte Erwartung*) excitation *f*
2. (*Beunruhigung*) énervement *m*
▸ **jd gerät in helle** ~ qn est bouleversé(e); **in heller** ~ dans tous mes/ses/… états; **jd/etw versetzt jdn/etw in** ~ qn/qc met qn/qc en émoi [*o* dans tous mes/ses/… états]

auf|reiben *irreg* I. *vt* 1. (*zermürben*) ■ **etw reibt jdn auf** qc use qn, qc épuise qn
2. (*wund reiben*) ■ **etw reibt [jdm] etw auf** qc [lui] écorche qc
3. MIL ■ **jd/etw reibt etw auf** *Einheit, Truppen* qn/qc anéantit qc
II. *vr* 1. (*sich zermürben*) ■ **jd reibt sich auf** qn s'use, qn s'épuise
2. (*sich aufscheuern*) ■ **jd reibt sich** (*dat*) **etw auf** *Haut, Körperteil* qn s'écorche qc; ■ **jd reibt sich** (*dat*) **etw an einer S. auf** qn a une chose qui lui écorche qc

aufreibend *adj* (*zermürbend*) usant(e), épuisant(e)

auf|reihen I. *vt* 1. (*aufzählen*) ■ **jd reiht etw auf** qn répertorie qc, qn fait la liste de qc
2. ■ **jd reiht etw [auf etw** (*akk*)**] auf** *Perlen* qn enfile qc [sur qc]
II. *vr* ■ **sie reihen sich auf** ils/elles se mettent en rangs; ■ **aufgereiht** en

rangs; ***seine 12 Kinder standen aufgereiht vor ihm*** ses douze enfants étaient [debout] alignés devant lui

auf|reißen *irreg* **I.** *vt + haben* **1.** *(öffnen)* ■ **jd reißt etw auf** *Karton, Packung* qn déchire qc
2. CONSTR ■ **jd/etw reißt etw auf** *Straße, Bürgersteig* qn/qc ouvre qc
3. *(ruckartig öffnen)* ■ **jd reißt etw auf** *Fenster, Tür* qn ouvre qc d'un geste brusque [*o* un grand coup]; ***sie riss die Augen/den Mund auf*** elle a ouvert de grands yeux/est restée bouche bée
4. *(aufritzen)* ■ **etw reißt etw auf** *Kleidungsstück* qc déchire qc, qc fait un accroc à qc; *Haut* qc égratigne qc
5. *sl* ■ **jd reißt jdn auf** *Mädchen* qn lève qn *fam*, qn drague qn *fam*
II. *vi + sein* *(aufplatzen)* ■ **etw reißt auf** */Narbe, Wunde/* qc s'ouvre; */Hose/* les coutures de qc craquent; */Naht/* qc craque; */Wolkendecke/* qc se déchire
III. *vr + haben* ■ **jd reißt sich** *(dat)* **etw auf** qn s'écorche qc; *Kleidungsstück* qn fait un accroc à son/sa/ses qc; ■ **jd reißt sich** *(dat)* **etw an einer S. auf** *Hand, Haut* qn a une chose qui lui écorche qc; *Kleidungsstück* une chose fait un accroc à qc de qn, qn déchire son/sa/ses qc sur une chose

auf|reizen *vt* **1.** *(erregen)* ■ **etw reizt jdn auf** qc excite qn; ■ **jd lässt sich durch etw** ~ qn s'excite en faisant qc
2. *(provozieren)* ■ **jd/etw reizt jdn [zu etw] auf** qn/qc excite qn [à qc]

aufreizend **I.** *adj* excitant(e)
II. *adv*: ***jd zieht sich ~ an*** qn met des vêtements excitants; ***jd wiegt sich ~ hin und her*** qn a des déhanchements excitants; ***sie rieb ihren Schenkel ~ an seinem*** elle frottait sa cuisse contre la sienne pour l'exciter

auf|ribbeln *vt* DIAL ■ **jd ribbelt etw auf** qn défait qc, qn détricote qc

Aufrichte <-, -n> *f* CH *s.* **Richtfest**

auf|richten **I.** *vt* **1.** *(in aufrechte Lage bringen)* ■ **jd richtet jdn/etw auf** qn remet qn/qc debout, qn relève qn/qc; ***jd richtet seinen Oberkörper auf*** qn redresse le buste
2. *(aufstellen)* ■ **jd richtet etw auf** *Zelt* qn monte qc, qn dresse qc; ***das A~ des Regals*** le montage de l'étagère
3. *geh (ermutigen)* ■ **jd/etw richtet jdn [wieder] auf** qn/qc redonne courage à qn, qn/qc réconforte qn
II. *vr* **1.** *(aufrechte Stellung einnehmen)* ■ **jd richtet sich auf** qn se redresse
2. *geh (Mut fassen)* ■ **jd richtet sich an jdm auf** qn retrouve des forces [*o* retrouve courage] au contact de qn

aufrichtig **I.** *adj Gefühl, Liebe* sincère; *Mensch a.* franc(franche); ■ **jd ist ~ [zu jdm/gegen jdn]** qn est franc(franche) [avec qn], qn fait preuve de franchise [avec qn]
II. *adv bedauern, sich bemühen, lieben, hassen, verabscheuen* sincèrement, franchement; ***er liebt sie ~ und wahrhaftig*** il l'aime d'un amour sincère

Aufrichtigkeit <-> *f* ∅ sincérité *f*; ***die ~ seines Charakters*** la franchise de son caractère, son caractère franc

auf|riegeln *vt* ■ **jd riegelt etw auf** *Tor, Tür* qn déverrouille qc, qn tire le verrou de qc; ***das Tor ist aufgeriegelt*** le verrou du portail n'est pas poussé [*o* fermé]

Aufriss[RR] *m* **1.** ARCHIT élévation *f*
2. *(kurze Darstellung)* esquisse *f*
► **im ~**: ***jd zeichnet etw im ~/jd stellt etw im ~ dar*** qn dessine/présente l'élévation de qc

auf|ritzen **I.** *vt* **1.** *(verletzen)* ■ **etw ritzt jdm etw auf** */Dorn, Nagel/* qc lui égratigne [*o* érafle] qc
2. *(öffnen)* ■ **jd/etw ritzt etw [mit etw] auf** *Packung etc* qn/qc ouvre qc [avec qc]
II. *vr* ■ **jd ritzt sich** *(dat)* **etw auf** *Glied, Haut* qn s'égratigne qc, qn s'érafle qc

auf|rollen **I.** *vt* **1.** *(zusammenrollen)* ■ **jd rollt etw auf** *Kabel, Teppich* qn roule qc; ■ **jd rollt etw [auf etw** *(akk)***] auf** qn enroule [*o* embobine] qc [autour de qc]; ***man kann das Stromkabel eines Staubsaugers wieder~*** on peut rembobiner le câble d'un aspirateur
2. *(entrollen)* ■ **jd rollt etw auf** qn déroule qc
3. *(erneut aufgreifen)* ■ **jd rollt etw wieder auf** *Fall, Prozess* qn rouvre qc, qn reprend qc
II. *vr* ■ **etw/ein Tier rollt sich auf** qc/un animal s'enroule

auf|rücken *vi + sein* **1.** *(weiterrücken)* ■ **jd rückt auf** qn se pousse
2. *(avancieren)* ■ **jd rückt auf** qn est promu(e), qn a de l'avancement, qn monte en grade; ■ **jd rückt zu etw auf** qn accède [*o* est promu(e)] au poste [*o* au grade] de qc

Aufruf *m* **1.** *(Appell)* appel *m*; ■ **der/ein ~ an jdn/zu etw** l'appel/un appel à qn/à qc
2. *(das Aufrufen)* [*Name, Soldat, Teilnehmer*] appel *m*
3. INFORM [*gespeicherte Daten*] appel *m*
4. AVIAT [*Flug*] annonce *f*; ***ist der ~ unseres Fluges schon gekommen?*** notre vol a-t-il été déjà annoncé?; ***letzter ~!*** dernier appel!, dernière annonce!
► **jd richtet einen ~ an jdn** qn lance un appel à qn

auf|rufen *irreg* **I.** *vt* **1.** *(namentlich)* ■ **jd ruft jdn/etw auf** *Teilnehmer* qn fait l'appel [*o* procède à l'appel] de qn/qc
2. *(auffordern)* ■ **jd ruft jdn auf** *Passagier, Patienten, Zeugen* qn appelle qn; *Schüler* qn désigne qn; ■ **jd ruft jdn auf etw zu tun** qn invite qn à faire qc
3. *(appellieren)* ■ **jd ruft jdn zu etw auf** *zu Blutspenden, zur Mithilfe, Unterstützung, zum Streik* qn appelle qn à [faire] qc; ■ **jd ruft jdn auf etw zu tun** qn appelle qn à faire qc
4. INFORM ■ **jd ruft etw auf** *Daten, Programm* qn appelle qc
5. AVIAT ■ **jd ruft etw auf** *Flug* qn annonce qc
II. *vi* ■ **jd ruft zu etw auf** *zum Spenden, Streik, Widerstand* qn appelle à qc, qn lance un appel/des appels à qc

Aufruhr <-[e]s, -e> *m* **1.** ∅ *geh (Erregung)* [*Bevölkerung*] [vive] agitation *f*; [*Gefühle, Emotionen*] bouillonnement *m*; ***im ~ widerstreitender Gefühle*** en proie à des sentiments contradictoires
2. *(Aufstand)* émeute *f*; ■ **jds ~** le soulèvement de qn
► **jd ist [*o* befindet sich] in [*o* im] ~** qn est en effervescence; ***er befindet sich innerlich im ~ der Emotionen*** il est sous le coup d'émotions violentes; **jd gerät in ~** qn entre en ébullition; *(wird nervös)* qn se met dans tous ses états; **jd/etw versetzt jdn in ~** qn/qc met qn en ébullition; *(macht nervös)* qn/qc met qn dans tous ses états

Aufrührer(in) <-s, -> *m(f)* rebelle *mf*, insurgé(e) *m(f)*, émeutier(-ière) *m(f)*

aufrührerisch *adj* **1.** *attr (rebellisch) Bevölkerung* rebelle; *Garnison, Soldaten a.* séditieux(-euse); *Stimmung* de rébellion, d'émeute
2. *(aufwiegelnd) Flugblatt, Parole, Rede* factieux(-euse), séditieux(-euse)

auf|runden *vt* ■ **jd rundet etw [auf etw** *(akk)***] auf** *Betrag, Zahl* qn arrondit qc [à qc]; ■ **aufgerundet** arrondi(e), qui fait un compte rond

auf|rüsten **I.** *vi* ■ **jd rüstet auf** qn s'arme; ***jd rüstet wieder auf*** qn réarme, qn procède à son réarmement
II. *vt* **1.** MIL, POL ■ **jd rüstet jdn auf** *Land, Streitkräfte* qn arme qn, qn procède à l'armement de qn; ***jd rüstet jdn wieder auf*** qn réarme qn
2. *(aufmuntern)* ■ **jd/etw rüstet jdn auf** qn/qc lui remonte le moral, qn/qc réconforte qn
3. TECH ■ **jd rüstet etw auf** *PC* qn augmente la capacité de qc; *Auto, Kraftwerk* qn équipe qc

Aufrüstung *f* [*Land, Streitkräfte*] armement *m*
► **atomare** [*o* **nukleare**] **~** armement nucléaire; **konventionelle ~** armement conventionnel

auf|rütteln *vt* **1.** *(aufwecken)* ■ **jd/etw rüttelt jdn [aus etw] auf** qn/qc réveille qn/qc en le secouant; *aus dem Schlaf* qn tire qn de qc; ***musst du mich immer so grob ~?*** tu as besoin de me secouer pour me réveiller?
2. *(aufstören)* ■ **jd/etw rüttelt jdn/etw auf** *Gewissen, Bevölkerung, Menschen* qn/qc provoque un choc chez qn/parmi qc; ***um jds Gewissen aufzurütteln*** pour réveiller la conscience de qn; ■ **jd/etw rüttelt jdn/etw aus etw auf** *aus der Lethargie, Untätigkeit* qn/qc sort qn/qc de qc, qn/qc arrache qn/qc à qc

aufs = auf das **1.** *fam s.* **auf**
2. + *superl* de la façon [*o* manière]; ***~ Grausamste*** de la façon [*o* manière] la plus atroce; ***~ Beste*** au mieux

auf|sagen *vt* **1.** ■ **jd sagt etw auf** *Gedicht, Spruch* qn récite qc
2. *geh (aufkündigen)* ■ **jd sagt jdm etw auf** *Gehorsam* qn refuse qc à qn; *Freundschaft* qn retire qc à qn; ***jd sagt jdm den Dienst auf*** qn donne son congé à qn

auf|sammeln *vt* ■ **jd sammelt etw auf** qn ramasse qc

aufsässig *adj* récalcitrant(e); *Bevölkerung, Mitarbeiter a.* insoumis(e)

Aufsässigkeit <-> *f* ∅ [*Kind, Schüler, Zögling*] indiscipline *f*; [*Bevölkerung, Mitarbeiter*] insoumission *f*

Aufsatz[1] *m* [*Möbelstück*] corniche *f*

Aufsatz[2] *m* **1.** SCOL *(in der Unter- und Mittelstufe)* rédaction *f*; *(in der Oberstufe)* dissertation *f*
2. *(Essay)* essai *m*, étude *f*

Aufsatzthema *nt* SCOL sujet *m* de rédaction/dissertation

auf|saugen *vt reg o irreg* **1.** *(Flüssigkeit aufnehmen)* ■ **jd saugt etw [mit etw] auf** qn éponge qc [avec qc]; *Tintenklecks* qn absorbe qc [avec qc]; ■ **etw saugt etw auf** qc éponge qc; *Tintenklecks* qc boit qc
2. *(mit dem Staubsauger)* ■ **jd saugt etw auf** qn aspire qc
3. *geh (in sich aufnehmen)* ■ **jd saugt etw [in sich** *(akk)***] auf** *Worte* qn boit qc

auf|schauen *vi geh s.* **aufblicken**

auf|schäumen **I.** *vi + sein* ■ **etw schäumt auf** */Getränk/* qc fait de la mousse; *Meer, Wogen* qc écume
II. *vt + haben* ■ **jd/etw schäumt etw auf** *Kunststoff* qn/qc fait bouillir qc

auf|scheuchen *vt* **1.** *(erschrecken und wegscheuchen)* ■ **jd scheucht Tiere auf** *Rehe, Vögel* qn effarouche [*o* effraie] des animaux; ■ **jd scheucht Tiere von etw auf** qn chasse [*o* fait fuir] des animaux de qc
2. *fam (jds Ruhe stören)* ■ **jd/etw scheucht jdn auf/aus etw auf** qn/qc dérange qn/arrache qn à qc

auf|scheuern **I.** *vt* ■ **etw scheuert [jdm] etw auf** qc [lui] écorche qc
II. *vr* ■ **jd scheuert sich** *(dat)* **etw auf** qn s'écorche qc

auf|schichten *vt* ■ **jd schichtet etw auf** qn empile qc, qn entasse qc

auf|schieben *vt irreg* **1.** *(öffnen)* ■ **jd schiebt etw auf** *Flügel, Schiebefenster, Schiebetür* qn ouvre qc [en le/la faisant glisser]; *Riegel* qn tire qc
2. *(verschieben)* ■ **jd schiebt etw [auf etw** *(akk)***] auf** *Termin, Treffen, Verabredung, Gespräch, Konferenz etc* qn repousse [*o* remet] qc [à qc]
► **aufgeschoben ist nicht aufgehoben** *prov* ce n'est que partie remise

auf|schießen *irreg* **I.** *vi + sein* **1.** *(rasch wachsen)* ■ **jd schießt auf** */Jugendlicher/* qn monte en graine; ■ **etw schießt auf** */Saat/* qc pousse à vue d'œil; ■ **[jd ist] aufgeschossen** [qn est] monté(e) en graine
2. *(hochfahren)* ■ **jd schießt [aus etw] auf** qn bondit [de qc]
3. ■ **etw schießt auf** */Flammen, Fontäne/* qc jaillit
II. *vt + haben* ■ **jd schießt etw auf** *Schloss, Tür* qn fait sauter qc

Aufschlag *m* **1.** *(Aufprall)* impact *m*; *(Geräusch)* bruit *m* de l'impact; ***die Maschine zerschellte beim ~ auf den Boden*** l'appareil se disloqua en heurtant le sol
2. SPORT [*Tennisspieler*] service *m*; ***er hebt den Schläger zum ~*** il lève sa raquette pour servir
3. COM *(Aufpreis)* majoration *f*, supplément *m*
4. COUT [*Jacke, Hose, Mantel*] revers *m*
► **jd hat ~** qn est au service

auf|schlagen *irreg* **I.** *vi* **1.** + *sein (auftreffen)* ■ **jd/etw schlägt [auf etw** *(dat o akk)***] auf** qn/qc s'écrase [*o* s'abat] [sur qc]; ***wo wird der Meteorit ~?*** où va tomber la météorite?; ***der Ball schlägt genau da auf, wo man es***

will la balle va exactement là où on l'envoie; ■ **jd schlägt mit etw auf etw** (*dat o akk*) **auf** qn se cogne qc contre qc
2. + *sein* (*sich öffnen*) ■ **etw schlägt auf** / *Fenster, Tür/* qc s'ouvre d'un seul coup [*o* soudainement]
3. + *sein* (*auflodern*) ■ **etw schlägt aus etw auf** (*dat*) / *Flammen/* qc s'élève en jaillissant de qc
4. + *haben* COM ■ **etw schlägt [um etw] auf** / *Waren, Preise/* qc augmente [de qc]
5. + *haben* SPORT ■ **jd schlägt auf** qn sert
II. *vt + haben* **1.** (*aufklappen*) ■ **jd schlägt etw auf** *Buch, Zeitschrift, Katalog* qn ouvre qc; ■ **aufgeschlagen** ouvert(e)
2. (*aufbrechen*) ■ **jd schlägt etw [mit etw] auf** *Nuss* qn casse qc [avec qc]; *Tür, Schloss* qn force qc [avec qc]; *Eis* qn brise qc [avec qc]; *Tür* qn défonce qc [avec qc]
3. (*öffnen*) ■ **jd schlägt etw auf** *Augen* qn ouvre qc
4. (*aufbauen*) ■ **jd schlägt etw auf** *Zelt* qn dresse qc, qn monte qc; *Liegestuhl* qn déplie qc; *Bett* qn installe qc
5. ■ **jd schlägt etw auf** *Wohnsitz, Quartier, Lager* qn installe qc
6. COM (*hinzurechnen*) ■ **jd schlägt etw auf etw** (*akk*) **auf** qn majore [*o* augmente] qc de qc, qn applique une majoration de qc sur qc
7. COM (*verteuern*) ■ **jd schlägt etw [um etw] auf** *Artikel, Preise* qn majore [*o* augmente] [le prix de] qc [de qc]; ■ **etw wird aufgeschlagen** qc subit une augmentation
8. (*umlegen*) ■ **jd schlägt etw auf** *Ärmel, Kragen* qn remonte qc; *Bett, Bettdecke* qn rejette qc

Aufschläger(in) *m(f)* SPORT serveur(-euse) *m(f)*

auf|schließen *irreg* **I.** *vt* **1.** ■ **jd schließt etw auf** *Tür, Schloss, Zelle* qn ouvre qc
2. *geh* (*offenbaren*) ■ **jd schließt jdm etw auf** *Herz, Innerstes* qn ouvre qc à qn
II. *vi* **1.** (*öffnen*) ■ **jd schließt [jdm] auf** qn ouvre [à qn]
2. SPORT ■ **jd/etw schließt [zu jdm/etw] auf** qn/qc remonte [qn/qc], qn/qc refait son retard [sur qn/qc]; ***jd schließt wieder zur Spitze auf*** qn recolle au peloton de tête; *s. a.* **aufgeschlossen**

auf|schlitzen **I.** *vt* **1.** (*öffnen*) ■ **etw schlitzt etw auf** *Wagen, Karosserie* qc éventre qc, qc coupe qc en deux; ■ **jd schlitzt jdn [mit etw] auf** qn éventre qn [avec qc]; ■ **jd schlitzt etw/ein Tier [mit etw] auf** qn ouvre qc/un animal [avec qc]
2. (*verletzen*) ■ **jd/etw schlitzt jdm etw auf** *Bauch, Körperteil* qn/qc ouvre qc à qn; *Gesicht* qn/qc taillade qc à qn
3. (*beschädigen*) ■ **jd schlitzt etw [mit etw] auf** *Sitz, Bezug, Bild* qn taillade qc [avec qc]; ■ **etw schlitzt einer S.** (*dat*) **etw auf** / *scharfkantiges Eisen, Eisberg, Fels/* qc éventre qc d'une chose
II. *vr* ■ **jd schlitzt sich** (*dat*) **etw auf** qn s'ouvre qc

Aufschluss[RR] *m* (*Aufklärung*) explications *fpl*, éclaircissements *mpl*; ***darf ich Sie um ~ darüber bitten, warum …*** pouvez-vous s'il vous plaît m'expliquer pourquoi …
▸ **jd gibt [jdm] ~ [über jdn/etw]** qn donne des éclaircissements [*o* explications] [à qn] [sur qn/qc]

auf|schlüsseln *vt* **1.** (*detaillieren*) ■ **jd schlüsselt etw [nach etw] auf** *Artikel, Namen* qn ventile [*o* répartit] qc [d'après qc]
2. (*erläutern*) ■ **jd schlüsselt jdm etw auf** *Fakten, Zusammenhang* qn explique qc à qn, qn donne une explication/des explications à qn sur qc

aufschlussreich[RR] *adj* instructif(-ive); *Information a.* révélateur(-trice)

auf|schnappen *vt fam* **1.** (*mitbekommen*) ■ **jd schnappt etw auf** *Gesprächsfetzen, Namen, Wort* qn saisit qc au vol; ***wo hast du dieses Wort schon wieder aufgeschnappt?*** où as-tu encore été pêcher ce mot-là? *fam*
2. (*fangen*) ■ **jd/ein Tier schnappt etw auf** qn/un animal chope qc *fam*

auf|schneiden *irreg* **I.** *vt* **1.** (*tranchieren*) ■ **jd schneidet etw auf** *Braten* qn découpe qc [en tranches]; *Gans, Hähnchen* qn découpe qc
2. (*in Scheiben schneiden*) ■ **jd schneidet [jdm] etw auf** *Wurst, Schinken* qn découpe qc [à qn] [en tranches]; *Käse* qn coupe qc [à qn] en portions; ■ **aufgeschnitten** [découpé(e)] en tranches
3. (*auseinander schneiden*) ■ **jd schneidert etw auf** *Knoten, Kordel, Seiten* qn coupe qc
4. MED ■ **jd schneidet etw auf** *Geschwür, Karbunkel* qn incise qc, qn pratique une incision dans qc
II. *vi fam* (*prahlen*) ■ **jd schneidet auf** qn frime *fam*

Aufschneider(in) *m(f) fam* frimeur(-euse) *m(f) fam*

Aufschnitt *m* Ø (*Wurst*) tranches *fpl* de charcuterie, charcuterie *f* en tranches; (*Käse*) portions *fpl* de fromage, fromages *mpl* tout découpés [*o* en tranches]

auf|schnüren *vt* ■ **jd schnürt etw auf** *Paket* qn défait qc, qn déficelle qc; *Schuh* qn délace qc; *Schnürsenkel* qn défait qc, qn dénoue qc; ***das A~ der Schuhe fällt mir nicht leicht*** j'ai du mal à délacer mes chaussures

auf|schrammen *vr s.* **aufschürfen**

auf|schrauben *vt* ■ **jd schraubt etw auf** *Flasche* qn dévisse le bouchon de qc; *Schraubverschluss* qn dévisse qc

auf|schrecken **I.** <schreckte auf, aufgeschreckt> *vt + haben* **1.** (*wecken*) ■ **jd/etw schreckt jdn auf** qn/qc réveille qn en sursaut; ■ **jd/etw schreckt jdn aus etw auf** qn/qc arrache qn à qc
2. (*aufrütteln*) ■ **jd/etw schreckt jdn auf** qn/qc provoque un sursaut de la part de qn, qn/qc fait sursauter qn; *Land* qn/qc fait peur à qn; ■ **jd/etw schreckt jdn aus etw auf** qn/qc arrache qn à qc
II. <schreckte *o* schrak auf, aufgeschreckt> *vi + sein* (*hochschrecken*) ■ **jd schreckt auf** qn sursaute; (*aus dem Schlaf*) qn se réveille en sursaut; ■ **jd schreckt aus etw auf** *aus Gedanken, Träumereien* qn est brutalement tiré(e) de qc; ***jd schreckt aus dem Schlaf auf*** qn se réveille en sursaut

Aufschrei *m* **1.** (*Schrei*) cri *m* strident
2. (*Lamento*): ***ein ~ [der Empörung]*** un tollé

auf|schreiben *irreg* **I.** *vt* **1.** (*niederschreiben*) ■ **jd schreibt etw [auf etw** (*akk*)**] auf** qn note [*o* inscrit] qc [sur qc]
2. COM *fam* (*anschreiben*) ■ **jd schreibt [jdm] etw auf** *Kaufsumme, gekaufte Artikel* qn note qc [sur le compte de qn]
3. MED (*verordnen*) ■ **jd schreibt [jdm] etw auf** qn prescrit qc [à qn]
4. *fam* (*polizeilich notieren*) ■ **jd schreibt jdn auf** qn verbalise qn *fam*, qn colle un p.-v. à qn *fam*
II. *vr* ■ **jd schreibt sich** (*dat*) **etw auf** qn note qc

auf|schreien *vi irreg* ■ **jd schreit auf** qn pousse un cri

Aufschrift *f* inscription *f*

Aufschub *m* **1.** (*Verzögerung*) report *m*
2. FIN (*Stundung*) délai *m*
▸ **etw duldet keinen ~** *geh* qc ne souffre aucun délai *soutenu;* **jd gewährt jdm ~** FIN qn accorde un délai à qn

auf|schürfen *vr* ■ **jd schürft sich** (*dat*) **etw auf** *Haut, Körperteil* qn s'écorche [*o* s'égratigne] qc

auf|schütteln *vt* ■ **jd schüttelt etw auf** *Kissen, Oberbett* qn secoue qc

auf|schütten *vt* **1.** (*nachgießen*) ■ **jd schüttet [jdm] etw auf** *Flüssigkeit* qn rajoute qc [à qn]
2. (*aufhäufen*) ■ **jd schüttet etw auf** *Steine, Sand* qn déverse qc; ***jd schüttet neues Stroh auf*** qn remet de la paille fraîche; ***jd lässt sich einen Haufen Sand ~*** qn se fait livrer un tas de sable
3. ■ **jd schüttet etw auf** *Damm, Deich* qn construit qc en remblai

Aufschüttung <-, -en> *f* remblai *m*

auf|schwatzen *vt fam*, **auf|schwätzen** *vt* DIAL *fam* ■ **jd schwatzt [*o* schwätzt] jdm etw auf** qn fourgue qc à qn *fam;* ■ **jd lässt sich** (*dat*) **etw [von jdm] ~** qn se fait refiler qc [par qn] *fam*

auf|schwemmen **I.** *vt* ■ **etw schwemmt jdn/etw auf** qc rend qn/qc [tout(e)] boursouflé(e) [*o* bouffi(e)]
II. *vi* ■ **etw schwemmt auf** qc rend boursouflé [*o* bouffi]

auf|schwingen *irreg* **I.** *vr + haben* **1.** (*sich aufraffen*) ■ **jd schwingt sich [zu etw] auf** qn prend son courage à deux mains [pour faire qc], qn a le courage de [faire] qc; ***na, kannst du dich jetzt ~ mitzukommen?*** alors, tu vas enfin te décider à venir avec nous?; ***ich konnte mich nicht früher zu einem Brief ~*** je n'ai pas eu le courage de prendre la plume plus tôt
2. *geh* (*hochfliegen*) ■ **jd/ein Vogel schwingt sich [zu etw] auf** *zum Himmel, zur Sonne* qn/un oiseau prend son essor [vers qc] *soutenu*
II. *vi + sein* (*sich öffnen*) ■ **etw schwingt auf** / *Flügeltüren/* qc s'ouvre

Aufschwung *m* **1.** (*Auftrieb*) élan *m*, impulsion *f;* ***diese Beförderung bedeutet für sie einen ungeahnten ~*** cette promotion signifie pour elle un tremplin inattendu
2. ECON essor *m;* ***etw befindet sich im ~*** qc est en plein essor
3. SPORT rétablissement *m*

auf|sehen *vi irreg* **1.** (*hochsehen*) ■ **jd sieht [von etw] auf** qn lève les yeux [de qc]; ■ **jd sieht zu jdm auf** qn lève les yeux vers qn
2. (*bewundern*) ■ **jd sieht zu jdm auf** qn révère qn

Aufsehen <-s> *nt* Ø remue-ménage *m;* ***das wird für ~ sorgen*** ça va faire du bruit
▸ **~ erregend** *Neuigkeit* sensationnel(le); *Modell* qui fait sensation; *Bericht* qui fait du bruit; *Veränderungen, Umwälzungen* retentissant(e), qui fait du bruit; ***das war etwas ~ erregendes*** ça a fait grand bruit; ***nichts ~ erregendes!*** rien de bien sensationnel!; **jd erregt [mit etw] [großes] ~** qn fait [véritablement] sensation [avec qc]; **etw erregt ~** qc fait sensation [*o* du bruit]; **jd macht um etw viel ~** qn fait toute une histoire pour [*o* de] qc; **ohne […] ~** (*ohne ~ zu erregen*) *großes, jedes* sans tapage, discrètement; ***kommen Sie ohne [jedes] ~ mit!*** suivez-nous sans faire d'histoire!; ***es wird nicht ohne großes ~ abgehen*** ça va forcément faire du bruit

aufsehenerregend *s.* **Aufsehen ▸**

Aufseher(in) <-s, -> *m(f)* gardien(ne) *m(f)*

auf|sein *s.* **sein**[1] **I.▸**

auf|setzen **I.** *vt* **1.** (*auf den Kopf*) ■ **jd setzt etw [auf etw** (*akk*)**] auf** *Brille, Kopfbedeckung* qn met qc [sur qc]
2. (*auf den Herd*) ■ **jd setzt etw auf** qn met qc sur le feu [*o* à cuire]; ■ **etw ist aufgesetzt** qc est sur le feu
3. (*auf den Boden*) ■ **jd setzt etw auf** *Fuß, Gegenstand, Möbelstück* qn pose qc
4. (*verfassen*) ■ **jd setzt [jdm] etw auf** qn [lui] rédige qc
5. (*zur Schau tragen*) ■ **jd setzt etw auf** *bestimmte Miene* qn prend qc; *Lächeln, Grinsen* qn affiche qc; ■ **aufgesetzt** *Grinsen, Freundlichkeit, Lächeln* de façade
6. (*aufrichten*) ■ **jd setzt jdn auf** *Kranken, Kind* qn redresse qn
II. *vr* **1.** (*sich aufrichten*) ■ **jd setzt sich auf** qn se redresse
2. (*sich anziehen*) ■ **jd setzt sich** (*dat*) **etw auf** qn met qc
III. *vi* AVIAT ■ **etw setzt [auf etw** (*dat o akk*)**] auf** qc se pose [sur qc]; ***die Maschine setzt gleich zur Landung auf*** l'appareil se prépare à atterrir

auf|seufzen *vi* ■ **jd seufzt auf** qn soupire

Aufsicht <-, -en> *f* **1.** Ø (*Überwachung*) ■ **~ [über jdn]** surveillance *f* [de qn]
2. (*Person*) personne *f* [chargée] de [la] surveillance
▸ **~ führend** [chargé(e)] de [la] surveillance; **jd führt [*o* hat] [bei etw] ~** qn surveille [qc], qn est de surveillance [lors de qc]; **jd lässt jdn ohne ~** qn laisse qn sans surveillance; **jdm obliegt die ~ über jdn/etw** *form* il incombe à qn de surveiller qn/qc; **unter … ~** (*dat*) *ärztlicher, medizinischer, polizeilicher* sous surveillance …

aufsichtführend *s.* **Aufsicht ▸**. **Aufsichtführende(r)** *f(m) decl wie adj form* surveillant(e) *m(f)*, gardien(ne) *m(f)*

Aufsichtsbehörde *f* autorité *f* de contrôle [*o* de tutelle] **Aufsichts-**

personal *nt* personnel *m* de surveillance [*o* de gardiennage] **Aufsichtspflicht** *f* JUR devoir *m* [*o* obligation *f*] de surveillance **Aufsichtsrat** *m* conseil *m* de surveillance **Aufsichtsrat** *m*, **-rätin** *f* membre *m* du conseil de surveillance **Aufsichtsratsvorsitzende(r)** *f(m) decl wie adj* président(e) *m(f)* du conseil de surveillance

auf|sitzen *vi irreg* **1.** + *sein* (*auf ein Reittier*) ■ **jd sitzt auf** qn monte en selle; ***Schwadron aufgesessen!*** escadron en selle!
2. + *haben fam* (*aufgerichtet sitzen*) ■ **jd sitzt [in etw** (*dat*)**] auf** *im Bett* qn est assis(e) [dans qc]
3. + *haben* NAUT ■ **etw sitzt [auf etw** (*dat*)**] auf** */Schiff, Wrack/* qc est échoué(e) [sur qc]; ***etw sitzt schließlich auf*** qc finit par s'échouer
4. + *sein fam* (*hereinfallen*) ■ **jd sitzt jdm/einer S. auf** qn se fait avoir par qn *fam*/est victime de qc; ***ich bin einem Betrug aufgesessen*** je me suis fait avoir *fam*
▸ **jd lässt jdn ~** *fam* (*im Stich*) qn laisse qn en rade *fam*

auf|spalten I. *vt* **1.** (*teilen*) ■ **jd spaltet sie/etw in etw** (*akk*) **auf** *Klasse, Teilnehmer* qn les divise/divise qc en qc
2. CHEM ■ **jd/etw spaltet etw [in etw** (*akk*)**] auf** qn/qc décompose qc [en qc]
II. *vr* ■ **sie spalten sich [in etw** (*akk*)**] auf** *in kleinere Gruppen* ils/elles se divisent [*o* se séparent] [en qc]

Aufspaltung *f* CHEM décomposition *f*

auf|spannen *vt* **1.** (*ziehen*) ■ **jd spannt etw auf** *Netz, Seil* qn tend qc
2. (*öffnen*) ■ **jd spannt etw auf** *Schirm, Trockenständer* qn ouvre qc; ■ **das A~** l'ouverture; ***helft mir mal beim A~ des großen Sonnenschirms!*** aidez-moi donc à ouvrir le grand parasol!
3. (*aufziehen*) ■ **jd spannt etw [auf etw** (*akk*)**] auf** *Leinwand* qn tend qc [sur qc]; *Saite* qn met qc [sur qc]; ***es müssten mal wieder neue Saiten [auf die Gitarre] aufgespannt werden*** il faudrait remettre des cordes neuves [à la guitare]

auf|sparen *vt* **1.** (*für später aufheben*) ■ **jd spart [jdm] etw auf** *Essen* qn met qc de côté [pour qn]
2. (*für später bewahren*) ■ **jd spart etw für etw auf** *Energie, Kräfte* qn économise qc pour qc

auf|sperren *vt* **1.** (*aufreißen*) ■ **ein Tier sperrt etw auf** *Schnabel* un animal ouvre qc tout(e) grand(e)
2. SDEUTSCH, AUS ■ **jd sperrt etw auf** qn ouvre qc [tout grand]

auf|spielen I. *vr fam* **1.** (*angeben*) ■ **jd spielt sich auf** qn fait de l'esbroufe *fam*
2. (*sich als etw ausgeben*) ■ **jd spielt sich als etw auf** qn joue au/à la qc, qn fait le/la qc
II. *vi veraltend* (*musizieren*) ■ **jd spielt [jdm] auf** qn joue un air [à qn]

auf|spießen *vt* **1.** (*stecken*) ■ **jd spießt etw [mit etw] auf** qn pique qc [avec qc]; (*mit Spieß a.*) qn embroche qc [sur qc]; (*mit Nadel a.*) qn épingle qc [avec qc]
2. (*durchbohren*) ■ **jd spießt jdn/etw [mit etw] auf** *mit einer Stichwaffe* qn embroche qn/qc [avec qc]

auf|springen *vi irreg* + *sein* **1.** (*hochspringen*) ■ **jd springt auf** qn bondit
2. (*auf etw springen*) ■ **jd springt auf** qn monte [en marche]; ■ **jd springt auf etw** (*akk*) **auf** qn saute dans qc [en marche]
3. (*sich öffnen*) ■ **etw springt auf** qc s'ouvre d'un seul coup
4. (*aufplatzen*) ■ **etw springt auf** */Haut, Lippen/* qc se crevasse; */Rinde, Lack/* qc éclate; ■ **aufgesprungen** crevassé(e)
5. (*auftreffen*) ■ **etw springt auf** */Ball/* qc rebondit

auf|sprühen *vt* ■ **jd sprüht etw [auf etw** (*akk*)**] auf** *Farbe, Autolack* qn applique qc au pistolet [sur qc]; *Fixiermittel* qn applique qc à la bombe [sur qc]; *Parolen, Graffiti* qn bombe qc [sur qc] *fam*

auf|spüren *vt* **1.** JAGD ■ **jd/ein Tier spürt jdn/ein Tier auf** qn dépiste/un animal flaire qn/un animal
2. (*ausfindig machen*) ■ **jd spürt jdn auf** qn dépiste qn

auf|stacheln *vt* ■ **jd stachelt jdn [gegen jdn] auf/zu etw auf** qn excite [*o* monte la tête à] qn [contre qn]/pousse qn à qc

auf|stampfen *vi* ■ **jd stampft auf** qn trépigne; ***jd stampft mit dem Fuß auf*** qn trépigne

Aufstand *m* (*Volkserhebung*) soulèvement *m*, insurrection *f*
▸ **es gibt einen ~** *fam* c'est la révolution *fam*; **jd/etw ist im ~** */Bevölkerung/* qn/qc s'est insurgé(e) [*o* soulevé(e)]; */Land/* qc est en état d'insurrection; **jd probt den ~** *fam* qn essaie de se rebiffer *fam*

aufständisch *adj* insurgé(e), révolté(e) **Aufständische(r)** *f(m) decl wie adj* insurgé(e) *m(f)*

auf|stapeln *vt* ■ **jd stapelt etw auf** qn empile qc

auf|stauen I. *vt* ■ **jd staut etw auf** *Wasserlauf, Wasser* qn retient qc
II. *vr* ■ **etw staut sich auf** qc s'accumule

auf|stechen *vt irreg* ■ **jd sticht etw [mit etw] auf** qn perce qc [avec qc]

auf|stecken I. *vt* **1.** (*darauf stecken*) ■ **jd steckt etw auf** *Kerze* qn met qc; ***jd steckt Fahnen auf*** qn pavoise
2. (*hochstecken*) ■ **jd steckt etw auf** *Haar* qn relève qc
3. *fam* (*aufgeben*) ■ **jd steckt es auf** qn laisse tomber *fam*
II. *vi fam* (*aufgeben*) ■ **jd steckt auf** qn laisse tomber *fam*

auf|stehen *vi irreg* + *sein* **1.** (*sich erheben*) ■ **jd steht [von etw] auf** qn se lève [de qc]; ■ **jd steht vor jdm/für jdn auf** qn se lève devant qn/pour laisser sa place à qn; ***jd hilft jdm beim A~ [aus etw]*** qn aide qn à se lever [de qc]
2. (*das Bett verlassen*) ■ **jd steht auf** qn se lève; ■ **das A~** le lever; ***jdm fällt das A~ schwer*** qn a du mal à se lever
3. *fam* (*offen sein*) ■ **etw steht auf** */Fenster, Tür, Klappe/* qc est [grand(e)] ouvert(e); ■ **~d** [grand(e)] ouvert(e)
4. *geh* (*sich auflehnen*) ■ **jd steht gegen jdn/etw auf** qn se soulève [*o* s'insurge] contre qn/qc
▸ **da musst du früher [*o* eher] ~!** *fam* il faudra te lever de bonne heure! *fam*

auf|steigen *vi irreg* + *sein* **1.** (*in die Luft*) ■ **etw/ein Tier steigt auf** */Vogel, Drachen, Flugzeug, Ballon/* qc/un animal s'élève [dans les airs]
2. (*besteigen*) ■ **jd steigt [auf etw** (*akk*)**] auf** *auf ein Fahrrad, Kraftrad* qn monte [sur qc]
3. (*befördert werden*) ■ **jd steigt auf/zu etw auf** qn monte en grade/est promu[e] au grade de qc
4. SPORT ■ **jd steigt [in etw** (*akk*)**] auf** qn monte [en qc]
5. (*sich in die Höhe bewegen*) ■ **etw steigt auf** */Rauch, Nebel/* qc monte
6. (*hochfliegen*) ■ **jd steigt in etw** (*dat*)**/mit etw auf** *in einem Ballon* qn fait une ascension en qc; *mit einem Segelflugzeug* qn fait un vol en qc
7. (*entstehen*) ■ **etw steigt in jdm auf** */Erinnerung, Gefühl, Hass/* qc monte en qn
8. ALPIN ■ **jd steigt [zu etw] auf/an etw** (*akk*) **auf** qn grimpe [jusqu'à qc]/escalade qc
9. *geh* (*aufragen*) ■ **etw steigt [aus etw] auf** */Berge, Gipfel, Steilwand, Klippen/* qc se dresse [au-dessus de qc]

Aufsteiger(in) <-s, -> *m(f)* **1.** *fam* (*beruflich*) personne *f* qui a gravi [tous] les échelons
2. SPORT (*aufgestiegene Mannschaft*) promu *m*

auf|stellen I. *vt* **1.** (*aufbauen*) ■ **jd stellt etw auf** *Fernseher, Gerät, Maschine, Schild, Plakatwände* qn installe qc; *Denkmal* qn érige qc; *Mast* qn dresse qc; *Falle* qn pose qc
2. (*erheben*) ■ **jd stellt etw auf** *Behauptung, Forderung* qn pose qc; *Vermutung* qn avance qc
3. (*ausarbeiten*) ■ **jd stellt etw auf** *Programm* qn établit qc; *Satzung* qn met qc sur pied; *Theorie* qn échafaude qc
4. (*erstellen*) ■ **jd stellt etw auf** *Liste* qn dresse qc; *Rechnung, Tabelle* qn établit qc
5. (*postieren*) ■ **jd stellt jdn auf** *Wache, Wachposten* qn poste qn
6. (*nominieren*) ■ **jd stellt jdn/etw auf** *Kandidaten* qn désigne qn; *Spieler* qn désigne qn, qn aligne qn; *Mannschaft* qn compose qc; *Truppe* qn met qc sur pied; *Soldaten* qn lève qn
7. GASTR (*aufsetzen*) ■ **jd stellt etw auf** *Essen, Topf etc* qn met qc sur le feu
8. SPORT (*erzielen*) ■ **jd stellt etw auf** *Rekord* qn établit qc
9. (*wieder hinstellen*) ■ **jd stellt etw auf** *Gegenstand* qn remet qc debout
10. (*aufrichten*) ■ **ein Tier stellt etw auf** *Ohren* un animal dresse qc; *Stacheln* un animal dresse [*o* hérisse] qc
11. CH (*aufmuntern*) ■ **jd/etw stellt jdn auf** qn/qc remonte [*o* requinque *fam*] qn; ■ **[jd ist] aufgestellt** [qn est] plein(e) d'entrain
II. *vr* **1.** (*sich hinstellen*) ■ **jd stellt sich [irgendwie/irgendwo] auf** qn se place [d'une certaine façon/quelque part]
2. (*sich hochstellen*) ■ **etw stellt sich [jdm/einem Tier] auf/jdm/einem Tier auf** */Haare, Nackenhaare, Ohren/* qc [de qn/d'un animal] se dresse [*o* se hérisse]/qn/un animal a qc qui se dresse [*o* se hérisse]

Aufstellung *f* **1.** ∅ (*Errichtung*) [*Maschine, Plakat, Schild etc*] installation *f*; [*Denkmal*] érection *f*
2. (*Erhebung*) [*Behauptung, Forderung, Vermutung*] formulation *f*; ***wie kommen Sie zur ~ von solchen Forderungen?*** comment en arrivez-vous à poser de telles exigences?
3. [*Programm, Theorie*] élaboration *f*; [*Satzung a.*] mise *f* sur pied
4. (*Erstellung*) [*Liste, Rechnung*] établissement *m*; [*Tabelle a.*] réalisation *f*
5. MIL [*Wache, Wachposten*] mise *f* en place
6. (*Nominierung*) [*Kandidat*] désignation *f*; [*Spieler*] sélection *f*; [*Mannschaft*] composition *f*; [*Truppen, Division*] levée *f*; ***es muss auf die ~ eines Spielers verzichtet werden*** il faut renoncer à aligner un joueur
7. SPORT (*Auswahl*) formation *f*
8. SPORT [*Rekord*] établissement *m*; ***ihm gelang die ~ eines neuen Rekordes*** il a réussi à établir un nouveau record
▸ **jd/etw nimmt ~** MIL qn/qc se rassemble

Aufstieg <-[e]s, -e> *m* **1.** (*beruflich*) ascension *f*; ***der berufliche ~*** la promotion professionnelle; ■ **der ~ zu etw** la promotion au grade de qc
2. (*Weg zum Gipfel*) ascension *f*; ***der ~ auf den Berg*** l'ascension de la montagne
3. SPORT ■ **der ~ [in etw** (*akk*)**]** la montée [en qc]
4. (*das Aufsteigen*) [*Ballon, Drachen, Segelflugzeug*] ascension *f*

Aufstiegschance [-ʃãːs(ə), -ʃaŋs(ə)] *f* perspective *f* de promotion [*o* d'avancement] **Aufstiegsrunde** *f* SPORT poule *f* de qualification pour la montée **Aufstiegsspiel** *nt* SPORT match *m* de barrage pour la montée

auf|stöbern *vt* **1.** (*entdecken*) ■ **jd stöbert jdn/etw auf** qn déniche qn/qc
2. JAGD ■ **jd/ein Tier stöbert ein Tier auf** qn/un animal débusque un animal

auf|stocken I. *vt* **1.** (*zusätzlich erhöhen*) ■ **jd stockt etw [auf etw** (*akk*)**/um etw] auf** *Kapital, Kredit* qn augmente qc [jusqu'à/de qc]
2. ARCHIT ■ **jd stockt etw [um etw] auf** *Haus* qn surélève [*o* exhausse] qc [de qc]; ■ **das A~** le surélévation, l'exhaussement
II. *vi* **1.** FIN ■ **jd stockt [um etw] auf** *um eine bestimmte Summe* qn procède à une augmentation de capital [de qc]
2. ARCHIT ■ **jd stockt [um etw] auf** *um ein Stockwerk* qn procède à une surélévation [*o* un exhaussement] [de qc]

auf|stöhnen *vi* ■ **jd stöhnt auf** qn pousse un gémissement; ■ **das A~** le gémissement [soudain]

auf|stoßen *irreg* I. *vi* **1.** + *haben* (*leicht rülpsen*) ■ **jd stößt auf** qn a un renvoi; */Baby/* qn fait son rot; ■ **das A~** les renvois *mpl*; [*Baby*] le rot
2. + *sein o haben* (*Rülpsen verursachen*) ■ **etw stößt jdm auf** */verzehrte Speisen/* qc donne [*o* fait faire] des renvois à qn
3. + *haben* (*hart auftreffen*) ■ **jd stößt mit etw auf** qn cogne qc

4. + *sein fam* (*auffallen*) ■ **etw stößt jdm auf** qc frappe qn
5. + *sein fam* (*übel vermerkt werden*): ***etw stößt jdm sauer/übel auf*** qc [lui] reste en travers de la gorge; ***es stößt mir so langsam auf, dass ich das machen muss*** je commence à la trouver mauvaise d'être obligé(e) de faire ça *fam*
II. *vt + haben* ■ **jd stößt etw auf/mit etw auf** *Tür, Tor* qn donne un coup dans qc pour l'ouvrir/ouvre qc d'un coup de qc
III. *vr + haben* ■ **jd stößt sich** (*dat*) **etw auf** *Ellenbogen, Knöchel, Knie, Kopf etc* qn se blesse à qc [en se cognant]; ■ **aufgestoßen** ouvert(e); ***jd hat aufgestoßene Knie*** qn a les genoux couronnés

aufstrebend *adj* 1. *Stadt, Land* en plein développement, en plein essor; *Volk* en pleine évolution
2. (*ehrgeizig*) ambitieux(-euse)

Aufstrich *m*: ***was möchten Sie als ~?*** qu'est-ce que vous voulez sur votre pain?, vous voulez une tartine de quoi?; ***machst du dir den ~ immer so dick aufs Brot?*** tu en mets toujours aussi épais sur ta tartine?

auf|stützen I. *vt* ■ **jd stützt etw auf** *Arme, Ellenbogen* qn s'appuie sur qc; ■ **jd stützt jdn auf** *Kranken etc* qn aide qn à se redresser
II. *vr* ■ **jd stützt sich [auf etw** (*akk*)**] auf** qn s'appuie [sur qc]

auf|suchen *vt geh* 1. (*besuchen*) ■ **jd sucht jdn auf** qn rend visite à qn; ***jd sucht einen Arzt auf*** qn va consulter un médecin
2. *form* (*irgendwohin gehen*) ■ **jd sucht etw auf** qn se rend quelque part

auf|takeln I. *vt* NAUT ■ **jd takelt etw auf** *Segelschiff* qn grée qc
II. *vr pej fam* ■ **jd takelt sich irgendwie auf** qn s'attife d'une certaine façon *fam;* ■ **[jd ist] aufgetakelt** [qn est] drôlement attifé(e) *fam;* ***sie ist immer total aufgetakelt*** elle est toujours attifée de façon pas possible *fam*

Auftakt *m* 1. (*Beginn*) ouverture *f;* ■ **der ~ zu** [*o* **für**] [*o* **von**] **etw** le début de qc
2. MUS anacrouse *f*
▶ **etw bildet den ~ von** [*o* **zu**] **etw** qc constitue le point de départ de qc

auf|tanken I. *vt* ■ **jd tankt etw auf** *Wagen, Flugzeug* qn fait le plein [de carburant] de qc; ***tanken Sie mir den Wagen auf!*** faites-moi le plein!; ***etw wird in der Luft aufgetankt*** qc est ravitaillé(e) en vol; ■ **das A~** le plein
II. *vi* 1. AUT, AVIAT ■ **jd tankt auf** qn fait le plein [de carburant]
2. *fam* (*sich erholen*) ■ **jd tankt auf** qn se requinque *fam*, qn recharge ses batteries *fam*

auf|tauchen *vi + sein* 1. (*an die Wasseroberfläche kommen*) ■ **jd/etw taucht auf/aus etw auf** qn/qc remonte à la surface/émerge de qc
2. (*zum Vorschein kommen*) ■ **jd/etw taucht auf** /*verlegter Gegenstand, Beweis, Beweisstück*/ qn/qc apparaît; ***etw taucht wieder auf*** qc réapparaît
3. (*plötzlich dasein*) ■ **jd taucht auf** qn surgit; ***jd taucht irgendwo wieder auf*** qn ressurgit quelque part
4. (*sichtbar werden*) ■ **etw taucht [aus etw] auf** *aus der Dämmerung, dem Nebel* qc apparaît [dans qc]; (*plötzlich*) qc surgit [de qc]
5. (*sich ergeben*) ■ **etw taucht [in/bei jdm] auf** /*Ahnungen, Befürchtungen, Zweifel*/ qc se fait jour [en/chez qn]

auf|tauen I. *vi + sein* 1. (*tauen*) ■ **etw taut auf** /*gefrorene Speise*/ qc décongèle; /*Erdreich*/ qc dégèle
2. (*weniger abweisend werden*) ■ **jd taut auf** qn se dégèle
II. *vt + haben* ■ **jd taut etw auf** *Tiefkühlkost* qn décongèle qc; *Ventil, Wasserleitung* qn dégèle qc

auf|teilen *vt* 1. (*aufgliedern*) ■ **jd teilt etw [in etw** (*akk*)**] auf** *in Bereiche, Fächer, Felder, Parzellen* qn divise qc [en qc]
2. (*verteilen*) ■ **jd teilt etw [unter sie] auf** qn répartit qc [entre eux/elles]

Aufteilung *f* 1. (*Einteilung*) ■ **~ [einer S.** (*gen*)**] [in etw** (*akk*)**]** *einer Fläche, eines Formulars, einer Schublade etc* division *f* [de qc] [en qc]
2. (*Fach*) [*Schublade*] compartiment *m;* [*Wochenplaner*] mise *f* en page

auf|tischen *vt* 1. (*servieren*) ■ **jd tischt [jdm] etw auf** *Speise* qn sert qc [à qn]
2. *fam* (*erzählen*) ■ **jd tischt jdm etw auf** qn fait gober qc à qn *fam*

Auftrag <-[e]s, Aufträge> *m* 1. COM (*Beauftragung*) contrat *m;* ***eine Firma bekommt den ~ zu/für etw*** une entreprise obtient le marché de qc; ■ **ein ~ über** (*akk*) [*o* **für**] **etw** *über ein Projekt* un contrat portant sur qc
2. COM (*Bestellung*) commande *f;* ■ **ein ~ über etw** (*akk*) une commande de qc [*o* portant sur qc]
3. (*Anweisung*) ordre *m*, consigne *f;* ***jd hat den ~ etw zu tun*** qn est chargé(e) de faire qc
4. ∅ *geh* (*Mission*) mission *f*
5. (*das Aufstreichen*) ■ **~ einer S.** (*gen*) *der Farbe etc* application *f* de qc
▶ **im ~ und auf Rechnung von jdm** d'ordre et pour le compte de qn *form;* **jd gibt jdm den ~ etw zu tun** qn charge qn de faire qc; **jd gibt etw [bei jdm] in ~** qn passe commande [à qn] de qc; **im ~** par ordre, par délégation; **in jds ~** sur ordre de qn

auf|tragen *irreg* I. *vt* 1. (*aufstreichen*) ■ **jd trägt etw [auf etw** (*akk*)**] auf** *Farbe, Salbe, Schminke* qn applique qc [sur qc]
2. *form* (*ausrichten lassen*) ■ **jd trägt jdm etw auf** *Botschaft, Grüße* qn charge qn de transmettre qc
3. *geh* (*servieren*) ■ **jd trägt etw auf** qn sert qc; ■ **aufgetragen** servi(e)
4. (*abnutzen*) ■ **jd trägt etw auf** *Kleidungsstücke* qn use [complètement] qc; ■ **aufgetragen** usé(e) [à force d'avoir été porté(e)]
▶ **es ist aufgetragen!** *geh* c'est servi!
II. *vi* 1. (*dick aussehen lassen*) ■ **etw trägt auf** /*Kleidungsstück*/ qc grossit
2. (*übertreiben*) ■ **jd trägt ... auf** *dick, stark* qn force [...] la dose, qn en rajoute [...] *fam*
3. *geh* (*servieren*) ■ **jd trägt jdm auf** qn sert qn

Auftraggeber(in) *m(f)* client(e) *m(f)*, mandant(e) *m(f);* [*Lieferant*] client(e) *m(f)*, commanditaire *mf;* [*Autor, Verbrecher*] commanditaire *mf*

Auftragnehmer(in) <-s, -> *m(f)* mandataire *mf*

Auftrags- *-bestand, -eingang* des commandes; *-boom* sur les commandes; *-buch, -flaute, -plus, -eingang* de commandes **Auftragsbestätigung** *f* confirmation *f* de commande **auftragsgemäß** I. *adj* conforme à l'ordre [*o* à la commande] II. *adv* conformément à l'ordre [*o* à la commande]; ***ich habe ihn ~ angerufen und Ihre Entscheidung mitgeteilt*** je l'ai appelé conformément à vos instructions et lui ai communiqué votre décision **Auftragslage** *f* état *m* des carnets de commandes **Auftragspolster** *nt* carnet *m* de commandes bien rempli **Auftragsrückgang** *m* recul *m* [*o* fléchissement *m*] des commandes

auf|treffen *vi irreg + sein* ■ **jd trifft [mit etw] auf eine** [*o* **einer**] **S. auf** qn heurte une chose [avec qc]; ■ **jd trifft [mit etw] [irgendwie] auf** qn se cogne [qc] [d'une certaine façon]; ■ **etw trifft irgendwo auf** qc tombe quelque part; ■ **das A~** l'impact *m*

auf|treiben *vt irreg + haben* 1. *fam* (*ausfindig machen*) ■ **jd treibt jdn/etw auf** qn dégote qn/qc *fam*
2. (*aufblähen*) ■ **etw treibt etw auf** /*Backpulver, Hefe*/ qc fait lever qc; /*Darmgase, Blähungen*/ qc ballonne qc

auf|trennen *vt* 1. COUT ■ **jd trennt etw auf** *Naht* qn défait qc; *Saum* qn défait [*o* découd] qc
2. MED ■ **jd trennt etw auf** qn ouvre qc

auf|treten *irreg* I. *vi + sein* 1. (*den Fuß aufsetzen*) ■ **jd tritt auf** qn pose le pied; ■ **jd tritt irgendwie auf** *behutsam, laut, leise* qn pose les pieds d'une certaine façon
2. (*eintreten*) ■ **etw tritt auf** /*Probleme, Schwierigkeiten*/ qc surgit, qc apparaît; /*Verzögerungen*/ qc survient; ■ **das A~** l'apparition *f*
3. MED ■ **etw tritt auf** /*Übelkeit*/ qc survient; /*Krankheit*/ qc se déclare; /*Krankheitserreger, Symptom*/ qc se manifeste
4. (*erscheinen*) ■ **jd tritt [als etw] auf** *als Nebenkläger, Sachverständiger* qn se présente [comme qc]; *als Zeuge* qn comparaît [comme qc]; ***ich möchte nicht, dass Sie hier noch mal ~*** je ne voudrais pas vous voir reparaître ici; ***der Kommissar tritt als Zeuge in der Mordsache auf*** le commissaire est cité comme témoin dans cette affaire de meurtre; ***die Eltern der ermordeten Frau treten als Nebenkläger auf*** les parents de la femme assassinée se portent partie civile; ***nach der Vernehmung des Angeklagten treten die Zeugen auf*** après l'interrogatoire de l'accusé les témoins sont appelés; ***der Richter lässt den Sachverständigen als Zeugen ~*** le juge fait citer l'expert comme témoin; ■ **jd tritt gegen jdn/etw [als etw] auf** *als Zeuge* qn dépose [comme qc] contre qn/qc
5. THEAT ■ **jd tritt [auf etw** (*dat*)**/in etw** (*dat*)**] auf** qn se produit [sur/dans qc]; ■ **jd tritt [auf etw** (*dat*)**/in etw** (*dat*)**] als etw auf** qn joue [le rôle de] qc [sur/dans qc]; ***in diesem Stück tritt er als Mephisto auf*** dans cette pièce il joue Méphisto
6. (*sich benehmen*) ■ **jd tritt ... auf** *arrogant, bescheiden, zurückhaltend* qn se montre ...; ***sie tritt arrogant auf*** elle se montre arrogante
7. (*handeln*) ■ **jd tritt als etw/für jdn auf** qn intervient en tant que qc/au nom de qn
II. *vt + haben* ■ **jd tritt etw auf** *Tür* qn enfonce qc, qn défonce qc

Auftreten <-s> *nt* ∅ 1. (*Benehmen*) comportement *m*, conduite *f;* ***die Art des ~s*** la façon de se comporter
2. MED [*Krankheit, Fieber, Schwellung, Übelkeit*] apparition *f*
3. (*Erscheinen*) [*Mensch*] apparition *f;* ***jds ~ als Zeuge*** la comparution de qn comme témoin; ***jd vermeidet das ~ in der Öffentlichkeit*** qn évite d'apparaître en public

Auftrieb *m* 1. ∅ PHYS poussée *f* verticale [*o* d'Archimède]
2. ∅ (*Aufschwung*) essor *m*
3. ∅ (*frischer Schwung*) impulsion *f*
4. AGR (*das Hinauftreiben*) [*Alpenvieh*] transhumance *f* [de printemps], montée *f* à l'alpage

-auftrieb *m Lohn-, Preis-, Zins-* montée *f* des; (*plötzlich*) flambée *f* des

Auftritt *m* 1. (*Erscheinen*) apparition *f*
2. THEAT entrée *f* en scène; ***ich habe meinen ~ erst im zweiten Akt*** j'entre en scène seulement au deuxième acte
3. (*Streit*) scène *f*

auf|trumpfen *vi* 1. (*sich großtun*) ■ **jd trumpft [mit etw] auf** qn parade [avec qc]; ***jetzt werde ich erst mal ~*** maintenant je vais lui/leur en mettre plein la vue
2. (*sich schadenfroh äußern*) ■ **jd trumpft auf** qn triomphe

auf|tun *irreg* I. *vr* 1. *geh* (*sich öffnen*) ■ **etw tut sich [vor jdm] auf** /*Tür, Erdspalte, Abgrund*/ qc s'ouvre [devant qn]
2. (*sich ergeben*) ■ **etw tut sich auf** /*Möglichkeit, Chance, Geschäft*/ qc se présente
II. *vt* 1. *sl* (*ausfindig machen*) ■ **jd tut jdn/etw auf** qn dégote qn/qc *fam*
2. *veraltend geh* (*öffnen*) ■ **jd tut jdm auf** qn ouvre à qn
3. *fam* (*servieren*) ■ **jd tut jdm etw auf** *Essen, Nachschlag* qn sert qc à qn; ***kannst du mir noch etwas Nachschlag ~?*** tu peux m'envoyer un peu de rab? *fam*
III. *vi fam* (*Essen geben*) ■ **jd tut jdm/sich auf** qn sert qn/se sert

auf|türmen I. *vt* ■ **jd türmt etw [irgendwo] auf** *belegte Brote, Holzstapel, Speisen, Würste, Ziegel* qn empile qc [quelque part]
II. *vr geh* 1. (*hoch aufragen*) ■ **etw türmt sich [irgendwo] auf** /*Gebirge, Klippen, Steilhang*/ qc se dresse [quelque part]
2. (*sich zusammenballen*) ■ **sie türmen sich auf** /*Hindernisse, Probleme, Schwierigkeiten*/ des choses s'accumulent

auf|wachen *vi + sein* ■ **jd wacht auf** qn s'éveille, qn se réveille; ■ **jd wacht aus etw auf** qn se réveille de qc

auf|wachsen [-ks-] *vi irreg + sein* ■ **jd wächst [als etw/irgendwo] auf** qn grandit [comme qc/quelque part]

auf|wallen *vi + sein* 1. GASTR ■ **etw wallt auf** qc frémit
2. *geh* (*aufsteigen*) ■ **etw wallt in jdm auf** /*Hass, Leidenschaft, Wut*/ qc monte en qn

Aufwand <-[e]s> *m* Ø **1.** (*Einsatz*) investissement *m;* (*bezüglich Geld*) dépense *f;* ***der zeitliche** ~* le temps investi; ■ **der/ein ~ an etw** (*dat*)**/von etw** la/une dépense en/de qc
2. (*Luxus*) faste *m*
► **jd treibt [großen] ~ [um etw zu tun]** (*gibt viel Geld aus*) qn mène grand train/fait de grosses dépenses [pour faire qc]; ***jd treibt großen ~ um etw mit dem Feinsten auszustatten*** qn ne lésine pas pour équiper qc de ce qui se fait de mieux; **jd treibt [großen] ~ um etw zu tun** (*setzt viel ein*) qn investit beaucoup pour faire qc

-aufwand *m* FIN *Forschungs-, Werbe-* dépenses *fpl* de; *Kosten-* montant *m* des; ***ein Kosten~ von zehn Millionen DM*** des frais d'un montant de dix millions de marks

aufwändig[RR] I. *adj* **1.** *Ausstattung, Komfort, Luxus, Material* coûteux(-euse); *Lebensführung* dispendieux(-euse)
2. (*umfangreich*) de longue haleine; ■ **etw ist ~** c'est qc de longue haleine; ***etw ist zu ~*** qc demande un trop gros investissement
II. *adv ausstatten, sich einrichten* à grands frais; ***jd stattet ein Auto ~ aus*** qn équipe luxueusement une voiture

-aufwändig[RR] *kosten-, zeit-, pflege-* qui nécessite [*o* exige] beaucoup de; ■ **etw ist ...~** qc nécessite [*o* exige] beaucoup de ...

Aufwandsentschädigung *f* indemnités *fpl* de représentation

auf|wärmen I. *vt* **1.** GASTR ■ **jd wärmt [jdm] etw auf** qn [lui] réchauffe qc
2. *fam* (*erneut zur Sprache bringen*) ■ **jd wärmt etw [wieder] auf** qn remet qc sur le tapis *fam*
II. *vr* ■ **jd wärmt sich auf** qn se réchauffe; */Sportler/* qn s'échauffe

auf|warten *vi geh* **1.** (*zu bieten haben*) ■ **jd wartet mit etw auf** qn a qc en réserve
2. GASTR ■ **jd wartet [jdm] mit etw auf** qn offre qc [à qn]
3. *veraltend* (*bedienen*) ■ **jd wartet jdm auf** qn sert qn

aufwärts *adv* **1.** (*nach oben*) vers le haut; ***blick mal ~!*** regarde en l'air!; ***jd fährt einen Fluss ~*** qn remonte une rivière; ***die Wirtschaft zeigt ~*** la conjoncture est à la hausse; ***der Pfeil zeigt ~*** la flèche indique le haut
2. (*bergauf*): ***etw führt/geht ~*** qc monte; ***etw wendet sich ~*** qc monte en tournant, qc tourne en montant
► **von etw [an] ~** à partir de qc

-aufwärts *donau-, fluss-, rhein-, strom-* en remontant le/la; ***jd fährt donau~/fluss~*** qn remonte le Danube/la rivière

Aufwärtsentwicklung *f* [*Inflation, Preise, Zinsen*] hausse *f;* [*Konjunktur*] essor *m;* ***etw befindet sich in einer ~*** qc est en hausse **aufwärts|gehen** *s.* **gehen I.►**. **Aufwärtshaken** *m* uppercut *m* **Aufwärtstrend** *m* [*Inflation, Preise, Zinsen*] tendance *f* à la hausse; [*Konjunktur*] tendance *f* ascendante

Aufwartung *f* ► **jd macht jdm seine ~** *geh* qn présente ses devoirs [*o* hommages] [*o* civilités] à qn *soutenu*

auf|waschen *vt irreg* DIAL ■ **jd wäscht auf** qn fait [*o* lave] la vaisselle
► **das ist ein A~** *fam* ça fait/fera d'une pierre deux coups

auf|wecken *vt* ■ **jd/etw weckt jdn auf** qn/qc réveille qn; *s.a.* **aufgeweckt**

auf|weichen I. *vt + haben* **1.** (*morastig machen*) ■ **etw weicht etw auf** *Weg, Boden* qc détrempe qc
2. ■ **jd weicht [jdm/sich] etw auf** *Brot* qn ramollit qc [à qn]
3. *geh* (*lockern*) ■ **etw weicht etw auf** *Doktrin, Grundsätze* qc amollit qc *littér,* qc provoque le relâchement de qc; ■ **das A~ einer S.** (*gen*) l'amollissement *m* de qc, le relâchement de qc
II. *vi + sein* **1.** (*morastig werden*) ■ **etw weicht auf** */Boden, Erde/* qc se ramollit; ***der Boden/Weg weicht nach und nach auf*** le sol/chemin finit par être détrempé
2. *geh* (*sich lockern*) ■ **etw weicht auf** */Doktrin, Grundsätze, Sitte und Moral/* qc se relâche

auf|weisen *vt irreg* **1.** (*haben*) ■ **jd/etw weist etw auf** qn/qc présente qc
2. ■ **etw weist etw auf** *Fehler, Irrtümer, Trugschluss* qc comporte qc
► **jd hat etw aufzuweisen** (*verfügt über etw*) qn possède qc; *Kenntnisse, Erfahrung, Qualifikation* qn a qc à son actif

auf|wenden *vt irreg o reg* **1.** (*einsetzen*) ■ **jd wendet etw auf** *Energie, Mühe* qn déploie qc; *Zeit* qn consacre qc; *Material* qn engage qc; ***jd wendet viel Mühe auf*** qn se donne beaucoup de peine [*o* de mal]
2. FIN ■ **jd wendet etw auf** *Mittel, Kredite* qn engage qc; *Geld* qn dépense qc, qn débourse qc

aufwendig *s.* **aufwändig**

-aufwendig *s.* **-aufwändig**

Aufwendung *f* **1.** Ø (*das Aufwenden*) [*Geld, Mittel, Kredite*] dépense *f;* ***nur unter ~ aller verbliebenen Reserven könnte das Projekt noch gerettet werden*** le projet pourrait être sauvé à la seule condition d'engager toutes les disponibilités; ***bei** [o **unter**] ~ **zusätzlicher Kredite*** en engageant des crédits supplémentaires
2. *pl* (*Ausgaben*) dépenses *fpl*

auf|werfen *irreg* I. *vt* **1.** (*zur Sprache bringen*) ■ **jd/etw wirft etw auf** *Frage, Probleme* qn/qc soulève qc
2. (*aufhäufen*) ■ **jd wirft etw auf** *Damm* qn élève [*o* érige] qc; ***jd wirft über etw*** (*dat*) ***Erde auf*** qn jette de la terre sur qc; ■ **ein Tier wirft etw auf** *Erdhügel* un animal fait [*o* construit] qc
II. *vr* ■ **jd wirft sich zu etw auf** qn s'érige [*o* se pose] en qc

auf|werten I. *vt* **1.** ECON ■ **etw wertet etw [um etw] auf** *Währung* qn réévalue qc [de qc]
2. (*höher werten*) ■ **jd/etw wertet etw auf** *Ansehen, Werte* qn/qc rehausse qc; *Rolle, Ideale* qn/qc revalorise qc
II. *vi* ECON ■ **jd wertet auf** */Land/* qn réévalue; ***in Kürze wird aufgewertet*** il va y avoir une réévaluation

Aufwertung *f* **1.** ECON réévaluation *f*
2. (*höhere Bewertung*) [*Ansehen*] renforcement *m;* [*Ideale, Rolle*] revalorisation *f;* [*Werte*] retour *m* en grâce

auf|wickeln *vt* **1.** (*aufrollen*) ■ **jd wickelt etw auf** *Garn, Stoffbahn* qn enroule qc; ***jd wickelt etw wieder auf*** qn rembobine qc
2. (*auseinander wickeln*) ■ **jd wickelt etw auf** *Verband* qn défait qc

auf|wiegeln *vt* (*aufhetzen*) ■ **jd wiegelt jdn auf** qn excite qn à la révolte; ■ **jd wiegelt sie gegeneinander auf** qn les monte les un(e)s contre les autres; ■ **jd wiegelt jdn zu etw auf** qn excite qn à qc

auf|wiegen *vt irreg* (*ausgleichen*) ■ **etw wiegt etw auf** qc contrebalance qc, qn compense qc
► **jd/etw ist nicht aufzuwiegen** (*ist unersetzlich*) qn/qc n'a pas de prix

Aufwiegler(in) <-s, -> *m(f) pej* agitateur(-trice) *m(f),* émeutier(-ière) *m(f);* ***die ~ des Volkes*** les fauteurs *mpl* de troubles parmi la population

Aufwind *m* **1.** Ø (*Aufschwung*) reprise *f;* ***der** [**konjunkturelle**] ~* la conjoncture favorable; ***etw verschafft der Wirtschaft neuen ~*** qc donne un nouvel élan à l'économie
2. METEO courant *m* ascendant
► **jd bekommt [neuen] ~** (*Aufschwung*) qn a [de nouveau] le vent en poupe; **jd ist im ~** (*Aufschwung*) qn a le vent en poupe

auf|wirbeln I. *vi + sein* ■ **etw wirbelt auf** qc s'envole en tourbillonnant
II. *vt + haben* ■ **jd/etw wirbelt etw auf** *Blätter, Staub* qn/qc soulève des tourbillons de qc

auf|wischen I. *vt* **1.** (*entfernen*) ■ **jd wischt etw auf** *Wasser, Urin* qn essuie qc; *Dreck, Erbrochenes* qn nettoie qc *abusif*
2. (*durch Wischen reinigen*) ■ **jd wischt etw auf** qn lave qc; *Fußboden* qn passe la serpillière sur qc; *Bad, Küche, Flur* qn passe la serpillière dans qc
II. *vi* ■ **jd wischt auf** qn passe la serpillière

auf|wühlen *vt* **1.** (*aufwerfen*) ■ **ein Tier wühlt etw auf** *Rasen* un animal retourne qc; ■ **etw wühlt etw auf** */Granateinschläge/ Erde* qc défonce qc; */Orkan/ See* qc soulève qc; ■ **[etw ist] aufgewühlt** */Meer/* [qc est] démonté(e) [*o* déchaîné(e)]; */Wasser/* qc est très agité(e)
2. *geh* (*stark bewegen*) ■ **etw wühlt jdn auf** */Eindrücke, Erlebnisse/* qc bouleverse qn; ***aufgewühlte Gefühle/Empfindungen*** un bouillonnement de sentiments/sensations *soutenu*

auf|zählen *vt* ■ **jd zählt [jdm] etw auf** qn énumère qc [à qn]

Aufzahlung *f* AUS, CH *s.* **Aufpreis**

Aufzählung *f* énumération *f;* [*Namen a.*] liste *f*

auf|zäumen *vt* ■ **jd zäumt ein Tier auf** *Pferd* qn bride un animal
► **jd zäumt etw von hinten [*o* verkehrt herum] auf** *fam* qn prend qc par le mauvais bout; ***du hast die Sache von hinten aufgezäumt*** tu as mis la charrue avant les bœufs

auf|zeichnen *vt* **1.** AUDIOV ■ **jd/etw zeichnet etw auf** qn/qc enregistre qc
2. (*aufmalen*) ■ **jd zeichnet [jdm] etw [auf etw** (*akk*)**] auf** *Entwurf, Plan etc* qn dessine [à qn] qc [sur qc]; (*erklärend*) qn fait [à qn] un croquis de qc [sur qc]; ***jd zeichnet jdm auf, wie die Straße verläuft*** qn fait à qn un croquis de la route [*o* de l'itinéraire]
3. (*notieren*) ■ **jd zeichnet etw auf** qn note qc, qn prend qc en note; ***was ich mir aufgezeichnet habe*** les notes que j'ai prises

Aufzeichnung *f* **1.** AUDIOV enregistrement *m*
2. (*Zeichnung*) dessin *m*
3. *meist pl* (*Notizen*) notes *fpl*

auf|zeigen *vt* ■ **jd/etw zeigt [jdm] [an etw** (*dat*)**] auf, dass/wie/wie sehr** qn/qc démontre [à qn] [à l'aide de qc] que + *indic*/comment/à quel point

auf|ziehen *irreg* I. *vt + haben* **1.** (*öffnen*) ■ **jd zieht etw auf** *Gardine, Reißverschluss, Vorhang* qn ouvre qc; *Schleife, Schnürsenkel* qn défait qc
2. ■ **jd zieht etw auf** *Fach, Schublade* qn ouvre qc, qn tire qc
3. (*aufkleben*) ■ **jd zieht etw auf/auf etw** (*akk*) **auf** *Foto, Landkarte, Plakat etc* qn colle qc sur un support/sur qc
4. (*befestigen*) ■ **jd zieht etw auf** *Saite, Reifen* qn monte qc
5. (*spannen*) ■ **jd zieht etw auf** *Feder, Uhrwerk, Uhr* qn remonte qc
6. (*großziehen*) ■ **jd zieht jdn/ein Tier auf** qn élève qn/un animal
7. HORT ■ **jd zieht etw auf** *Pflanze* qn cultive qc, qn fait pousser qc
8. *fam* (*verspotten*) ■ **jd zieht jdn [mit etw] auf** *mit einem körperlichen Defekt* qn charrie [*o* se fiche de] qn [à cause de qc] *fam*
9. (*veranstalten*) ■ **jd zieht etw [irgendwie] auf** *Fest, Veranstaltung* qn organise qc [d'une manière ...]; ***etw wird ganz groß aufgezogen*** pour l'organisation de qc, on fait bien les choses
10. *fam* (*gründen*) ■ **jd zieht etw auf** *Firma, Unternehmen* qn monte qc
11. (*hochziehen*) ■ **jd zieht etw auf** *Flagge, Segel* qn hisse qc
12. (*einsaugen*) ■ **jd zieht etw [mit etw] auf** *Spritze* qn remplit qc [de qc]; ■ **jd zieht etw auf** *Flüssigkeit, Serum* qn remplit une seringue de qc
II. *vi + sein* **1.** METEO ■ **etw zieht auf** */Gewitter, Wolken/* qc s'approche; ***beim A~ eines Gewitters*** à l'approche d'un orage
2. (*aufmarschieren*) ■ **jd zieht [vor etw** (*dat*)**] auf** qn vient prendre position [devant qc]

Aufzucht *f* Ø **1.** (*das Großziehen*) élevage *m*
2. (*Jungpflanzen*) plants *mpl*
3. (*Jungtiere*) jeunes animaux *mpl;* ***die ~ eines ganzen Jahres*** toutes les portées *fpl* de l'année

Aufzug[1] *m* **1.** (*Fahrstuhl*) ascenseur *m;* (*Lasten~*) monte-charge *m;* (*Speisen~*) monte-plat *m*
2. (*Festzug*) défilé *m*
3. Ø METEO [*Gewitter, Wolken*] arrivée *f;* ***beim ~ von Gewitterwolken*** à l'approche de nuages orageux
4. THEAT acte *m*

Aufzug[2] *m* Ø *pej fam* (*Kleidung*) accoutrement *m;* ***was ist denn das für ein ~?*** tu as vu comment tu es attifé(e)? *fam*

auf|zwingen *irreg* I. *vt* 1. (*gewaltsam auferlegen*) ■ jd zwingt jdm etw auf qn impose qc à qn
2. (*aufdrängen*) ■ jd zwingt jdm etw auf *Trinkgeld* qn force qn à accepter qc; *Nachschlag, Stück Kuchen* qn force qn à manger qc
II. *vr* ■ etw zwingt sich jdm auf */Gedanke, Vorstellung/* qc s'impose à qn

Augapfel *m* ANAT globe *m* oculaire
▶ jd hütet jdn/etw wie seinen ~ qn surveille qn/qc comme la prunelle de ses yeux

Auge <-s, -n> *nt* 1. ANAT (*Sehorgan*) œil *m;* (*Sehfähigkeit*) yeux *mpl,* vue *f;* ***jd hat blaue/grüne/braune ~n*** qn a les yeux bleus/verts/marron
2. (*Punkt beim Würfeln*) point *m;* ***jd würfelt sechs ~n*** qn fait un six
3. BOT [*Kartoffel*] œil *m*
4. (*Fett~*) œil *m*
5. (*Zentrum*) [*Hurrikan, Taifun*] œil *m*
▶ das ~ des Gesetzes *hum* les forces *fpl* de l'ordre; ich habe doch ~n im Kopf! *fam* j'ai les yeux en face des trous! *fam;* hast du/haben Sie keine ~n im Kopf? *fam* tu as/vous avez de la merde dans les yeux [*o* pas les yeux en face des trous]? *fam;* jd guckt sich (*dat*) die ~n aus dem Kopf *fam* qn ouvre des yeux comme des soucoupes; jd hat ~n wie ein Luchs (*sieht gut*) qn a des yeux de lynx; (*merkt alles*) qn n'a pas les yeux dans sa poche; die/jds ~n sind größer als der Magen *fam* (*jds Hunger ist größer als das, was verzehrt werden kann*) qn a les yeux plus grands que le ventre; aus den ~n, aus dem Sinn *prov* loin des yeux, loin du cœur; ~ um ~, Zahn um Zahn BIBL œil pour œil, dent pour dent; jd sieht jdn/etw mit anderen ~n [an] qn voit qn/qc d'un autre œil; jd kommt mit einem blauen ~ davon *fam* qn s'en tire à bon compte, qn s'en sort bien; [um] jds blauer ~n willen pour les beaux yeux de qn; mit bloßem [*o* nacktem] ~ à l'œil nu; jd hat etw mit [seinen] eigenen ~n gesehen qn a vu qc de ses propres yeux; vor seinem/ihrem geistigen [*o* inneren] ~ mentalement; jd sieht [*o* schaut] jdn mit [*o* aus] großen ~n an qn regarde qn en ouvrant de grands yeux; [jd hat] gute/schlechte ~n [qn a] de bons/mauvais yeux, [qn a] une bonne/mauvaise vue; ich hab' doch hinten keine ~n! *fam* j'ai pas d'yeux dans le dos [*o* des yeux derrière la tête] *fam;* mit einem lachenden und einem weinenden ~ pleurant d'un œil et riant de l'autre; mi-figue, mi-raisin; jd würde jdm am liebsten die ~n auskratzen *fam* qn aimerait lui arracher les yeux; jd hat [*o* hält] die ~n offen (*passt auf*) qn ouvre l'œil; jd schläft mit offenen ~n qn a les yeux ailleurs [*o* dans le vague]; [die] ~n rechts/links! tête à gauche/droite!; jd macht jdm schöne [*o* verliebte] ~n qn fait les yeux doux à qn; jdm wird schwarz vor ~n qn a un voile noir, tout se brouille devant les yeux de qn; sehenden ~s *geh* sciemment; jd hat ein sicheres ~ für etw qn a le coup d'œil pour voir qc; sie sehen sich tief in die ~n ils/elles se regardent les yeux dans les yeux; da bleibt kein ~ trocken *hum fam* (*da muss jeder weinen vor Lachen*) tous rient aux larmes, tout le monde est écroulé *fam;* jd muss seine ~n überall [*o* hinten und vorn] haben *fam* qn doit avoir l'œil à tout; jd kann seine ~n nicht überall haben *fam* qn ne peut pas avoir l'œil à tout, qn ne peut pas être au four et au moulin; mit verbundenen ~n (*mit einer Binde vor den ~n*) les yeux bandés; (*mit absoluter Sicherheit*) les yeux fermés; unter vier ~n entre quat'z'yeux *fam,* en tête à tête; so weit das ~ reicht à perte de vue; jd behält jdn/etw im ~ (*beobachtet*) qn ne quitte pas qn/qc des yeux; (*merkt sich vor*) qn marque qn/qc sur ses tablettes; jd blinzelt [*o* zwinkert] mit den ~n qn cligne des yeux; jd drückt jdm jdn/etw aufs ~ *fam* qn impose qn/qc à qn; jd drückt ein ~/beide ~n zu *fam* qn ferme les yeux; jd fasst etw ins ~ *Projekt* qn a qc en vue; *Möglichkeit, Investition* qn envisage qc; jd fasst ins ~, etw zu tun qn envisage de faire qc; das muss man sich (*dat*) mal vor ~n führen! il faut imaginer ce que c'est!; jd/etw führt jdm etw vor ~n qn/qc montre qc à qn; geh mir aus den ~n! hors de ma vue!; jdm gehen die ~n auf qn commence à y voir clair, les yeux de qn se dessillent; jdm gehen die ~n über qn est subjugué(e); etw geht ins ~ *fam* qc foire *fam;* jd hat ein ~ auf jdn/etw geworfen qn lorgne qn/qc; jd guckt sich (*dat*) die ~n nach jdm/etw aus *fam* qn cherche qn/qc à s'en abîmer les yeux, qn se crève les yeux à chercher qn/qc; jd hat etw im ~ (*einen Fremdkörper*) qn a qc dans l'œil; jd hat jdn/etw im ~ (*hat ausersehen*) qn a des vues [*o* visées] sur qn/qc; jd hat ein ~ auf jdn/etw (*passt auf*) qn a l'œil sur qn/qc; jd hat etw noch [irgendwie] vor ~n *deutlich, genau, lebhaft* qn revoit encore qc [d'une certaine manière]; jd hat nur ~n für jdn qn n'a d'yeux que pour qn; etw ist etwas fürs ~ (*ist schön*) qc est un plaisir pour l'œil; jd lässt jdn nicht aus den ~n qn ne quitte pas qn des yeux, qn ne perd pas qn de vue; jd liest jdm etw an [*o* von] den ~n ab *Wunsch* qn lit qc dans les yeux de qn; jd macht [große] ~n *fam* qn ouvre de grands yeux; er/sie macht [*o* sperrt] [*o* tut] die ~n auf *fam* (*schaut genau hin*) il/elle ouvre les yeux; (*gibt sich Mühe*) il/elle se donne la peine de regarder autour de lui/d'elle; jd/etw öffnet jdm die ~n qn/qc ouvre les yeux à qn, qn/qc lui dessille les yeux; jd reibt sich (*dat*) die ~n qn se frotte les yeux; jd riskiert ein ~ *fam* qn risque un œil, qn jette un coup d'œil; jd rollt mit den ~n qn roule les yeux; jd schließt die ~n *geh* (*schläft ein*) les yeux de qn se ferment; jd schließt für immer die ~n *geh* (*stirbt*) les yeux de qn se ferment à jamais *soutenu;* jdm schwimmt alles vor den ~n tout se brouille devant les yeux de qn; jd kann kaum aus den ~n sehen [*o* gucken] (*ist übermüdet*) qn a les yeux qui ne tiennent plus ouverts; jd sieht [*o* schaut] jdm in die ~n qn regarde qn dans les yeux; etw sieht jdm aus den ~n */Dummheit, Verschmitztheit/* qc se lit dans le regard de qn; ***dir sieht doch der Schalk aus den ~n*** la malice se lit dans tes yeux; etw springt [*o* fällt] [*o* sticht] ins ~ qc saute aux [*o* crève les] yeux; es springt [*o* fällt] ins ~, wie la façon dont … saute aux [*o* crève les] yeux; jd/etw steht [*o* schwebt] jdm vor ~n qn a l'image de qn/qc devant les yeux; jd traut seinen ~n nicht qn n'en croit pas ses yeux; jd tut kein ~ zu *fam* qn ne ferme pas l'œil; sie verlieren sich aus den ~n ils/elles se perdent de vue; jd verliert etw aus den ~n *Angelegenheit, Vorhaben* qn perd de vue qc; jd verschließt die ~n vor etw (*dat*) qn se bouche les yeux devant qc; auf einem ~ *blind sein, schielen* d'un œil; in jds ~n (*dat*) aux yeux de qn; ~ in ~ face à face; unter jds ~n (*dat*) sous les yeux de qn; vor aller ~n aux yeux de tous, devant tout le monde; ~n zu und durch *fam* foncer tête baissée *fam*

äugen *vi fam* ■ jd äugt qn zieute *fam*

Augenarzt *m,* **-ärztin** *f* oculiste *mf* **augenärztlich** I. *adj attr Fachgebiet* de l'ophtalmologie; *Behandlung, Beratung, Leistung* d'ophtalmologie; ***ein ~es Gutachten*** le certificat d'un oculiste [*o* d'un ophtalmologue] II. *adv* 1. (*durch einen Augenarzt*) *erfolgen, sich untersuchen lassen* par un(e) oculiste 2. (*hinsichtlich der Augenheilkunde*) d'un point de vue ophtalmologique **Augenaufschlag** *m* regard *m;* (*kess*) œillade *f;* ***mit einem unschuldigen/trägen ~*** en levant les yeux innocemment/nonchalamment

Augenblick *m* instant *m,* moment *m*
▶ der ~ der Wahrheit l'instant de vérité; im ersten ~ dans un premier temps; im letzten ~ au dernier moment; im nächsten ~ l'instant d'après; der passende [*o* richtige] ~ (*Gelegenheit*) le moment favorable, le bon moment; im passenden [*o* richtigen] ~ au bon moment; im ~ (*jetzt*) pour le moment; in diesem ~ à cet instant; ***gerade in diesem ~ will mir dazu nichts einfallen*** comme ça, sur le coup, il ne me vient rien à l'esprit; in einem ~ (*in einem Moment*) en un instant; in einem … ~ *in einem schöpferischen, schwachen, unbeobachteten* dans un moment de …; ***in einem schöpferischen ~*** dans un moment d'inspiration; ***in einem schwachen ~*** dans un moment de faiblesse; in einem ~ einer S. (*gen*) *der Geistesverwirrung, Schwäche* dans un moment de qc; alle ~e (*ständig*) à tout bout de champ, à chaque instant; einen ~[, bitte] un instant [*o* un moment][, s'il vous plaît]; jeden ~ (*in jedem Moment*) à tout moment [*o* instant]; keinen ~ à aucun moment; ~ mal (*he*) eh! un moment; (*ach ja*) attends/attendez voir

augenblicklich I. *adj* 1. (*sofortig*) immédiat(e), instantané(e)
2. (*derzeitig*) actuel(le)
3. (*vorübergehend*) momentané(e); *Modeerscheinung* passager(-ère)
4. (*kurz dauernd*) *Aufflackern, Schmerz, Zögern* fugitif(-ive)
II. *adv* 1. (*sofort*) immédiatement
2. (*zur Zeit*) pour le moment

Augenblinzeln <-s> *nt Ø* clin *m* d'œil

Augenbraue *f* sourcil *m*
▶ jd zieht die ~n hoch qn fronce les sourcils

Augenbrauenstift *m* crayon *m* à sourcils

augenfällig *adj Abweichen* évident(e); *Unterschied* qui saute aux yeux; ■ etw ist [jdm [*o* für jdn]] ~ qc saute aux yeux [de qn] **Augenfarbe** *f* (*die Farbe der Iris*) couleur *f* des yeux/d'yeux **Augengläser** *pl* AUS *fam* (*Brille*) lunettes *fpl* **Augenheilkunde** *f* ophtalmologie *f* **Augenhöhe** *f* ▶ in ~ au niveau des yeux **Augenhöhle** *f* orbite *f* **Augenklappe** *f* cache-œil *m* **Augenkrankheit** *f* maladie *f* des yeux **Augenlicht** *nt Ø geh* vue *f* **Augenlid** *nt* paupière *f* **Augenmaß** *nt Ø* 1. (*für Entfernungen*) ■ [ein gutes] ~ le compas dans l'œil, le coup d'œil 2. (*Gabe der Einschätzung*) juste vision *f* des choses, coup *m* d'œil; ***jd verliert das ~*** qn perd le sens de la mesure ▶ jd hat ein gutes/schlechtes ~ qn a/n'a pas le compas dans l'œil; jd hat ~ (*für Entfernungen*) qn a le compas dans l'œil; (*kann etw richtig einschätzen*) qn a le coup d'œil; jd hat ein ~ für etw *für Maße* qn a le compas dans l'œil pour qc; *für machbare Dinge* qn a le coup d'œil pour apprécier qc; nach ~ *anfertigen, fertigen* à vue d'œil **Augenmerk** <-s> *nt Ø* attention *f* ▶ jd lenkt [*o* richtet] sein ~ auf etw (*akk*) qn fixe son attention sur qc; jd/etw lenkt [*o* richtet] jds ~ auf etw (*akk*) qn attire l'attention de qn sur qc **Augennerv** *m* nerf *m* optique **Augenoperation** *f* opération *f* des yeux/de l'œil **Augenoptiker(in)** *m(f) form s.* **Optiker. Augenränder** *pl* tour *m* des yeux **Augenringe** *pl,* **Augenschatten** *pl* cernes *mpl* **Augenschein** *m Ø* 1. (*Anschein*) apparence *f;* ***vom [bloßen/reinen] ~ her würde ich sagen …*** à vue d'œil, je dirais … 2. CH *s.* **Lokaltermin** ▶ jd gibt sich (*dat*) den ~ qn fait comme si; es hat den ~, dass/als/als ob il semblerait que + *subj;* ***wenigstens hat es den ~*** ça en a du moins l'apparence; jd nimmt jdn/etw in ~ qn examine qn/qc; jd urteilt nach dem/nach bloßem ~ qn juge sur les apparences/uniquement sur les apparences; dem ~ nach (*anscheinend*) en apparence

augenscheinlich I. *adj* manifeste, évident(e)
II. *adv* manifestement; ***ganz*** ~ de toute évidence

Augentropfen *pl* gouttes *fpl* pour les yeux, collyre *m* **Augenweide** *f* régal *m* pour les yeux ▶ nicht gerade eine ~ pas vraiment un régal pour les yeux **Augenwinkel** *m* coin *m* de l'œil ▶ aus dem [*o* einem] ~ du coin de l'œil **Augenwischerei** <-, -en> *f pej* poudre *f* aux yeux **Augenzahl** *f* [*Würfel*] nombre *m* de points **Augenzeuge** *m,* **-zeugin** *f* témoin *m* oculaire ▶ jd ist ~: ***waren Sie selbst ~?*** avez-vous personnellement assisté à la scène?; ***Herr Richter, ich bin ~*** Monsieur le juge, j'ai tout vu; jd ist ~, wie … qn est témoin de la façon dont …; jd ist ~ bei etw qn assiste en personne à qc, qn est témoin de qc **Augenzeugenbericht** *m* récit *m* d'un témoin oculaire ▶ nach ~en selon des [*o* d'après les récits de] témoins oculaires **Augenzwinkern** <-s> *nt Ø* clignement *m* d'œil **augenzwinkernd** *adv* en clignant de l'œil

Augiasstall [auˈgiːas-, ˈaugias-] *m Ø pej geh* écuries *fpl* d'Augias

-äugig *braun-, dunkel-, grün-, hell-* aux yeux; ***jd ist hell~*** qn a les yeux clairs; ***reh~*** aux yeux de biche; ***mandel~*** aux yeux en amande; ***schlitz~*** aux yeux bridés

Augur <-s *o* -guren, -guren> *m* augure *m*

August[1] <-[e]s, -e> *m* août *m;* ■ der ~ le mois d'août
▶ Anfang/Ende/Mitte ~ début/fin août/à la mi-août; es ist ~ nous sommes en août [*o* au mois d'août], c'est le mois d'août; im ~ en août, au mois d'août; in den ~ *fallen, legen* en août, au mois d'août; in diesem ~ en août prochain; den … ~ (*Datum im Briefkopf*) le … août

August[2] <-s> *m Ø* ▶ der dumme ~ *veraltend* l'auguste; jd spielt den

dummen ~ qn fait le pitre [*o* le guignol]
Augustfeier *f* CH fête *f* du premier d'août
Augustiner(in) <-s, -> *m(f)*, **Augustinermönch** *m*, **-nonne** *f* augustin(e) *m(f)*
Auktion <-, -en> *f* vente *f* aux enchères
Auktionator <-s, -toren> *m*, **-torin** *f* commissaire-priseur *m*
Aula <-, Aulen> *f* salle *f* des fêtes
Aupairmädchen[RR], **Au-pair-Mädchen** [o'pɛːr-] *nt* [jeune] fille *f* au pair **Aupairstelle**[RR], **Au-pair-Stelle** *f* place *f* de jeune fille au pair
Aura <-> *f* ∅ *geh* aura *f soutenu; **eine geheimnisvolle*** ~ une aura de mystère *soutenu*
aus I. *präp + dat* **1.** (*von innen nach außen*) de; ***jd sieht** ~ **dem Fenster*** qn regarde par la fenêtre; ***jd schneidet einen Artikel** ~ **der Zeitung*** qn découpe un article dans le journal; ***jd zieht Zigaretten** ~ **dem Automaten*** qn prend des cigarettes au distributeur; ***jd trinkt** ~ **der Flasche*** qn boit à la bouteille; ■ ~ ... **heraus** de
2. (*zeitlich*) de; ***etw** ~ **dem letzten Jahrhundert*** qc datant du siècle dernier
3. (*auf Ursache deutend*) ■ ~ **etw** *Angst, Dummheit, Eifersucht, Furcht, Habgier, Haß, Leidenschaft, Liebe, Unachtsamkeit* par; *Verzweiflung* par, de; ■ ~ ... **heraus** pris(e) de/d'un/d'une ...
4. (*von*) de
5. (*aus etw hergestellt*) *Gold, Wolle, Eichenholz etc* en; ***Bier ist** ~ **etw hergestellt*** la bière est faite avec qc; ***dieser Tee wird** ~ **etw zusammengestellt*** cette tisane est composée de qc
II. *adv* **1.** *fam* (*gelöscht*) éteint(e); ***Zigarette*** ~! éteins ta cigarette!
2. (*ausgestellt*) éteint(e), arrêté(e); ***etw steht auf** „~"* qc est sur "arrêt"
▸ **etw ist** ~ **und vorbei** qc est fini(e) et bien fini(e)
Aus <-> *nt* ∅ **1.** SPORT sortie *f; **der Ball geht ins*** ~ la balle sort; ■ **das** ~ (*Spielende*) la fin du match
2. (*Ende*) fin *f; **das soziale*** ~ la mort sociale; ■ [**etw ist**] **das** ~ **für etw** [qc signifie] la fin de qc
aus|arbeiten *vt* ■ **jd arbeitet etw aus** qn élabore qc, qn met qc au point
Ausarbeitung <-, -en> *f* élaboration *f,* mise *f* au point
aus|arten *vi + sein* **1.** (*sich entwickeln*) ■ **etw artet in etw** (*akk*) **aus** qc dégénère en qc
2. (*ausfallend werden*) ■ **jd artet aus** qn a des écarts de langage; ***du artest aus!*** tu t'égares!, tu ne sais plus ce que tu dis!
aus|atmen I. *vi* ■ **jd atmet aus** qn expire
II. *vt* ■ **jd atmet etw aus** qn expire qc; ***jd atmet den Rauch durch die Nase aus*** qn rejette la fumée par le nez
aus|baden *vt fam* ■ **jd badet etw aus** qn trinque pour qc *fam; **was du angerichtet hast, musst du schon selbst*** ~ c'est à toi de payer les pots cassés si tu es responsable
aus|baggern *vt* **1.** (*vertiefen*) ■ **jd/etw baggert etw aus** *Fahrrinne, Fluss, Teich* qn/qc drague qc; *Graben* qn/qc creuse qc [à la pelleteuse]
2. (*mit einem Bagger herausholen*) ■ **jd baggert etw aus** *Sand, Schlamm* qn drague qc; *Erde* qn extrait qc [à la pelleteuse]
aus|balancieren * [-balãsiːrən] *vt* **1.** (*ins Gleichgewicht bringen*) ■ **jd balanciert etw aus** *Balancierstange, Gewichte* qn équilibre qc
2. *geh* (*harmonisieren*) ■ **jd balanciert etw aus** *unterschiedliche Interessen, Meinungen, Vorschläge* qn équilibre qc
3. *geh* (*abstimmen*) ■ **jd balanciert etw aus** *Gewürz, Geschmack* qn dose bien qc
Ausbau <-bauten> *m* **1.** ∅ (*das Ausbauen*) ■ ~ [**einer S.** (*gen*)] [**zu etw**] *des Dachgeschosses, Kellers* aménagement *m* [de qc] [en qc]
2. (*angefügter Teil*) [r]ajout *m*
3. ∅ (*das Herausmontieren*) [*Aggregat, Geräteteil, Maschine*] démontage *m*
4. ∅ (*Vertiefung*) ■ **der** ~ **einer S.** (*gen*) *der Freundschaft* la consolidation de qc *f; von Beziehungen, Verbindungen a.* le renforcement de qc
5. ∅ (*das Vergrößern*) [*Position, Vorsprung*] renforcement *m,* consolidation *f; **der** ~ **des Vorsprunges gelang ihm sogar*** il réussit même à accentuer son avance
aus|bauen *vt* **1.** (*baulich erweitern*) ■ **jd baut etw** [**zu etw**] **aus** qn aménage qc [en qc]
2. (*herausmontieren*) ■ **jd baut etw** [**aus etw**] **aus** qn démonte qc [de qc]
3. (*vertiefen*) ■ **jd baut etw aus** *Beziehung, Freundschaft* qn consolide qc; *Kontakte, Verbindungen a.* qn renforce qc; ***etw wird zu etw ausgebaut*** qc trouve sa consolidation dans qc
4. (*konsolidieren*) ■ **jd/etw baut etw aus** *Position, Vorsprung, Markt* qn/qc consolide [*o* renforce] qc
ausbaufähig *adj* **1.** *fam* (*viel versprechend*) *Schüler, Sportler, Mitarbeiter* plein(e) d'avenir; *Leistung* très prometteur(-euse)
2. *fam* (*verbesserungsfähig*) *Idee, Aufsatz, Artikel* perfectible; ***jd ist noch sehr*** ~ qn a encore une très grosse marge de progression
3. COM *Absatz, Markt* qui peut être consolidé(e); ■ **etw ist** ~ qc peut être consolidé(e)
4. *Beziehungen, Verbindungen* qui peut être renforcé(e); ■ **etw ist** ~ qc peut être renforcé(e)
aus|bedingen * *vr irreg* ■ **jd bedingt sich** (*dat*) [**von jdm**] **etw aus** *Recht* qn se réserve qc [de la part de qn]; *Zugeständnis* qn [lui] pose qc comme condition; ***ich bedinge mir Änderungswünsche aus*** je me réserve le droit de demander des modifications; ■ **jd bedingt sich** (*dat*) [**von jdm**] **aus, dass** qn [lui] pose comme condition que + *subj*
aus|bessern *vt* **1.** (*flicken*) ■ **jd bessert etw** [**mit etw**] **aus** *Kleidungsstück* qn raccommode [*o* reprise] qc [avec qc]
2. (*reparieren*) ■ **jd bessert etw aus** qn répare qc
Ausbesserung <-, -en> *f* **1.** [*Kleidungsstück*] raccommodage *m*
2. [*Bruchstelle, Dach, Roststelle*] réparation *f*
Ausbesserungsarbeiten *pl* travaux *mpl* de réparation **ausbesserungsbedürftig** *adj Lackierung* qui a besoin d'être refait(e); *Dach, Möbelstück* qui a besoin d'être réparé(e); *Möbelstück* qui a besoin d'être restauré(e); *Kleidungsstück* qui a besoin d'être raccommodé(e) [*o* reprisé(e)]; ■ **etw ist** ~ qc a besoin d'être refait(e)/réparé(e)/restauré(e)/raccommodé(e) [*o* reprisé(e)]
aus|beulen I. *vt* **1.** (*nach außen wölben*) ■ **etw beult etw aus** qc déforme qc; ■ **ausgebeult** déformé(e); *Hut* bosselé(e)
2. (*Beulen entfernen*) ■ **jd beult etw aus** qn redresse qc, qn débosselle qc *spéc; **das A~ einer Delle kann jeder besorgen*** tout le monde peut redresser une bosse
II. *vr* ■ **etw beult sich aus** qc se déforme
Ausbeute *f* **1.** MIN ■ **die** ~ **einer S.** (*gen*) le gain de qc; *einer Arbeit* le profit de qc; ■ **die** ~ **an etw** (*dat*) *an Erz, Kohle etc* le rendement en qc
2. (*Gewinn*) gain *m*
aus|beuteln *vt* AUS (*ausschütteln*) ■ **jd beutelt etw aus** *Teppich, Staubtuch* qn secoue qc
aus|beuten *vt* **1.** *pej* ■ **jd beutet jdn aus** *Arbeitskraft, Mitarbeiter* qn exploite qn; ■ **Ausgebeutete** des exploités *mpl*
2. MIN ■ **jd beutet etw aus** qn exploite qc
Ausbeuter(in) <-s, -> *m(f) pej* exploiteur(-euse) *m(f)*
Ausbeutung <-, -en> *f* **1.** *pej* exploitation *f*
2. MIN exploitation *f*
aus|bezahlen * *vt* **1.** (*zahlen*) ■ **jd bezahlt** [**jdm**] **etw aus** qn verse qc [à qn]; *Überstunden, Urlaub* qn paie qc [à qn]
2. (*bezahlen*) ■ **jd zahlt jdn aus** *Arbeitnehmer* qn paie qn
3. (*abfinden*) ■ **jd bezahlt jdn aus** *Erben* qn paie à qn sa part; *Geschäftspartner* qn rachète les parts de qn
aus|bilden I. *vt* **1.** (*beruflich*) ■ **jd bildet jdn** [**in etw** (*dat*)] **aus** *Schulabgänger, Auszubildende* qn forme qn [à qc]; *Akademiker, Lehrer* qn donne à qn une formation [de qc]; *Rekruten* qn forme [*o* instruit] qn [à qc]; *sportlichen Nachwuchs* qn entraîne qn [à qc]; ***jd bildet jdn am Gewehr aus*** qn apprend à qn le maniement des armes; ■ **jd bildet jdn zu etw aus** *zu jds Nachfolger* qn forme qn pour en faire qc; *zum Arzt, Sänger* qn donne à qn une formation de qc; ■ **ausgebildet** de formation, diplômé(e)
2. (*entwickeln*) ■ **jd bildet etw aus** *Fähigkeiten, Fertigkeiten* qn développe qc; *Stimme, Tenor etc* qn développe qc, qn forme qc; ***jd lässt seine Stimme*** ~ qn prend des cours de chant; ***eine ausgebildete Stimme*** une voix qui a été travaillée
II. *vr* **1.** ■ **jd bildet sich** [**in etw** (*dat*)] **aus** qn se forme [à qc]
2. (*sich entwickeln*) ■ **etw bildet sich** [**bei jdm**] **aus** /*Brüste, Hoden, Tumor*/ qc se développe [chez qn]; /*Schambehaarung*/ qc pousse; ■ **etw ist ausgebildet** qc est formé(e)
3. BOT ■ **etw bildet sich aus** /*Knospe, Blatt*/ qc se forme
Ausbilder(in) <-s, -> *m(f)* **1.** IND formateur(-trice) *m(f)*
2. MIL instructeur(-trice) *m(f)*
Ausbildner(in) <-s, -> *m(f)* AUS, CH *s.* **Ausbilder**
Ausbildung *f* **1.** (*Schulung*) [*Auszubildender, Schulabgänger, Akademiker*] formation *f;* [*Rekruten*] instruction *f;* [*sportlicher Nachwuchs*] entraînement *m;* ■ ~ **zu etw** formation de qc
2. (*Entwicklung*) [*Fähigkeiten, Fertigkeiten*] développement *m;* [*Stimme, Bariton etc*] travail *m; **er riet ihr zur** ~ **ihrer Stimme*** il lui conseilla de prendre des cours de chant
3. (*Entwicklung*) [*Brüste, Hoden, Schamhaar, Tumor*] développement *m*
4. BOT [*Knospe, Blatt*] formation *f*
Ausbildungsbeihilfe *f* bourse *f* d'études, allocation *f* de formation professionnelle **Ausbildungsberuf** *m* profession *f* à formation professionnelle **Ausbildungsbetrieb** *m* entreprise *f* possédant un centre de formation [*o* formant des apprentis] **Ausbildungsförderung** *f* bourse *f* d'études **Ausbildungskompanie** *f* centre *m* d'instruction **Ausbildungsplatz** *m* place *f* d'apprenti [*o* en apprentissage] **Ausbildungsstand** *m* ∅ [*Auszubildende*] niveau *m* de formation; [*Soldaten*] niveau *m* d'instruction **Ausbildungsvergütung** *f form* indemnité *f* d'apprentissage **Ausbildungsvertrag** *m* contrat *m* d'apprentissage [*o* de formation] **Ausbildungszeit** *f* période *f* de formation **Ausbildungsziel** *nt* objectif *m* de la formation
aus|bitten *vr irreg geh* **1.** (*fordern*) ■ **jd bittet sich** (*dat*) [**von jdm**] **etw aus** *Ruhe, Verständnis* qn demande [instamment] qc [à qn], qn exige qc [de qn]; ■ **jd bittet sich** (*dat*) [**von ihm/ihr**] **aus, dass er/sie etw tut** qn le/la prie instamment de faire qc
2. (*erbitten*) ■ **jd bittet sich** (*dat*) [**von jdm**] **etw aus** *ein Geschenk* qn demande qc [à qn]; *eine Gunst* qn sollicite qc [de la part de qn]
▸ **das möchte ich mir** [**auch**] **ausgebeten haben!** je l'espère bien!
aus|bleiben *vi irreg + sein* **1.** (*nicht kommen*) ■ **jd bleibt aus** qn ne vient pas; ***etw muss wieder schließen, weil die Gäste*** ~ qc doit fermer faute de clients
2. METEO ■ **etw bleibt aus** /*Schneefälle, Regen*/ il n'y a pas de qc; /*Sturm, Orkan a.*/ qc n'éclate pas; /*Nebel a.*/ qc ne se forme pas
3. MED, PHYSIOL ■ **etw bleibt aus** /*Menstruation*/ qc ne vient pas; /*Symptome*/ qc ne se déclare [*o* manifeste] pas; /*Puls, Atmung*/ qc s'arrête; ***meine Tage sind ausgeblieben*** je n'ai pas eu mes règles
4. ■ **etw bleibt aus** /*Bericht, Meldung, Nachricht*/ qc n'arrive pas
▸ **etw konnte nicht** ~ (*musste geschehen*) qc ne pouvait pas manquer
Ausbleiben <-s> *nt* ∅ **1.** (*Fortbleiben*) absence *f,* défection *f*
2. METEO [*Regen, Nebel*] absence *f; **das** ~ **des Sturms/der Schneefälle/des Regens*** le fait que la tempête n'éclate pas/la neige/la pluie ne tombe pas
3. MED, PHYSIOL [*Menstruation, Symptome*] absence *f*
4. (*das Nichteintreffen*) absence *f; **bei jedem** ~ **der angekündigten Benachrichtigung*** chaque fois qu'une information annoncée n'arrive pas

aus|blenden I. *vt* 1. (*herausnehmen*) ■ **jd blendet etw aus** *Bild, Szene* qn coupe qc; ***es wird ausgeblendet*** il y a une coupure
2. (*ausklingen lassen*) ■ **jd blendet etw aus** qn fait disparaître qc en fondu; ***es wird ausgeblendet*** il y a une fermeture en fondu
II. *vr* (*sich ausschalten*) ■ **jd blendet sich aus etw aus** *aus einer Sendung, Übertragung* qn décroche de qc; ***wir müssen uns leider jetzt*** ~ nous sommes maintenant malheureusement obligés de rendre l'antenne

Ausblick *m* 1. (*Aussicht*) vue *f*; ***von hier aus hat man einen tollen*** ~ d'ici on a un coup d'œil merveilleux; ■ **der/ein ~ auf etw** (*akk*) la/une vue sur qc
2. (*Zukunftsvision*) perspective *f*; ■ **der/ein ~ auf etw** (*akk*) *auf die Zukunft* les/des perspectives de qc; *auf Entwicklungen, Szenarien* les/des perspectives sur qc

aus|bluten I. *vi + sein* ■ **jd/ein Tier blutet [völlig] aus** qn/un animal perd [tout] [*o* se vide de] son sang; ■ **jd lässt ein Tier ~** qn saigne un animal; ■ **ausgeblutet** saigné(e)
II. *vt* (*finanziell erschöpfen*) ■ **jd blutet jdn aus** qn saigne qn à blanc

aus|bomben *vt* ■ **jd wird ausgebombt** qn est sinistré(e) lors d'un bombardement

aus|booten *vt fam* ■ **jd bootet jdn aus** *Freund* qn plaque qn *fam*, qn largue qn *fam*; *Gast* qn vire qn *fam*; *Teilhaber* qn débarque qn *fam*

aus|borgen I. *vt* 1. *fam* (*verleihen*) ■ **jd borgt [jdm] etw aus** qn file qc [à qn] *fam*
2. *fam* (*sich ausleihen*) ■ **jd borgt etw [von jdm] aus** qn emprunte [*o* pique *fam*] qc [à qn]
II. *vr fam* ■ **jd borgt sich** (*dat*) **etw [von jdm] aus** qn emprunte qc [à qn]

aus|brechen *irreg* I. *vi + sein* 1. (*sich befreien*) ■ **jd/ein Tier bricht [aus etw] aus** qn s'évade [*o* s'échappe]/un animal s'échappe [de qc]; ■ **ausgebrochen** évadé(e)/échappé(e)
2. MIL ■ **jd/etw bricht aus/aus etw aus** *aus einem Kessel, aus der Umklammerung* qn rompt l'encerclement [*o* fait une sortie]/se dégage de qc
3. (*sich von etw frei machen*) ■ **jd bricht [aus etw] aus** *aus Beziehung, Ehe etc* qn rompt [qc]; *aus dem Trott, der Gesellschaft* qn rompt avec qc
4. (*zur Eruption gelangen*) ■ **etw bricht aus** */Vulkan/* qc entre en éruption; */Geysir/* qc jaillit; ■ **das A~** l'éruption; le jaillissement
5. (*entstehen*) ■ **etw bricht aus** */Brand, Seuche/* qc se déclare; */Erdbeben/* qc se produit; */Krieg/* qc éclate
6. (*losbrechen*) ■ **etw bricht aus** */Jubel/* qc éclate; */Hass, Wut/* qc se déchaîne
7. (*von sich geben*): ***jd bricht in Jubel aus*** qn laisse éclater sa joie; ***jd bricht in Tränen/Weinen aus*** qn fond en larmes; ***jd bricht in Gelächter aus*** qn éclate de rire
8. (*außer Kontrolle geraten*) ■ **Tiere brechen aus** des animaux se dérobent; ■ **etw bricht aus** */Pkw/* qc fait une embardée
9. (*austreten*) ■ **etw bricht jdm aus** */Schweiß/* qn a qc qui lui vient; ***jdm bricht der Angstschweiß aus*** qn a des sueurs froides
II. *vt + haben* 1. (*herausbrechen*) ■ **jd bricht etw aus** *Trennwand* qn abat qc; ■ **jd bricht etw [aus etw] aus** *Stein* qn détache qc [de qc]; *Fenster* qn perce qc [dans qc]; ■ **jd bricht sich** (*dat*) **etw aus** *Zahn* qn se casse qc
2. (*erbrechen*) ■ **jd bricht etw aus** qn vomit qc, qn rend qc

Ausbrecher(in) <-s, -> *m(f)* évadé(e) *m(f)*

aus|breiten I. *vt* 1. (*entrollen*) ■ **jd breitet etw [vor jdm] aus** *Badetuch, Landkarte* qn étale qc [devant qn]
2. (*verteilen*) ■ **jd breitet etw aus** *Gegenstände* qn étale qc
3. (*ausstrecken*) ■ **jd breitet etw aus** *Arme* qn ouvre [grand] qc; ■ **ein Vogel/Baum breitet etw aus** *Flügel, Äste* un oiseau/arbre déploie qc
4. (*darlegen*) ■ **jd breitet etw [vor jdm] aus** *Details, Plan, Vorhaben* qn expose qc [à qn]
II. *vr* 1. (*sich erstrecken*) ■ **etw breitet sich [irgendwohin] aus** */Klimazone, Wüste etc/* qc s'étend [quelque part]
2. (*übergreifen*) ■ **etw breitet sich [auf etw** (*akk o dat*)**/über etw** (*akk o dat*)**] aus** */Brand, Seuche/* qc se propage [à/sur qc], qc gagne [qc] */Krieg/ auf andere Länder* qc s'étend [à qc]; */Hoch, Tief, Regengebiet, Schönwettergebiet/* qc s'installe [sur qc]
3. (*überhand nehmen*) ■ **etw breitet sich irgendwo aus** qc progresse [*o* se propage] quelque part
4. *fam* (*sich breit machen*) ■ **jd breitet sich aus** qn s'étale *fam*

Ausbreitung <-, -en> *f* 1. (*das Übergreifen*) [*Brand, Seuche*] propagation *f*; [*Krieg*] extension *f*; [*Hoch, Tief, Regengebiet, Schönwettergebiet*] installation *f*
2. (*das Überhandnehmen*) [*Hass, Rassismus*] propagation *f*; [*Friedensbewegung*] extension *f*
3. (*Ausdehnung*) [*Klimazone*] extension *f*; [*Wüste a.*] avancée *f*
4. (*Darlegung*) [*Details, Plan, Vorhaben*] exposé *m*; ***ich bitte Sie um die ~ Ihres Vorhabens*** je vous demande d'exposer votre projet

ausbrennen *irreg* I. *vi + sein* 1. (*zu Ende brennen*) ■ **etw brennt aus** */Feuer, Kerze, Petroleumlampe, Fackel/* qc s'éteint; ■ **ausgebrannt** *Kerze, Fackel* consumé(e)
2. *sl* (*energielos sein*) ■ **jd ist ausgebrannt** qn est nase *fam*
II. *vt + haben* ■ **jd brennt etw aus** *Schlangenbiss, Wunde* qn cautérise qc, qn brûle qc

aus|bringen *vt irreg* 1. (*ausrufen*) ■ **jd bringt etw [auf jdn] aus** *Hochruf, Hurra* qn pousse qc [en l'honneur de qn]; ***jd bringt ein Prost/einen Trinkspruch [auf jdn] aus*** qn porte un toast [à qn]
2. (*verstreuen*) ■ **jd bringt etw [auf etw** (*dat o akk*)**] aus** *Dünger, Gülle* qn épand qc [dans qc]
3. NAUT ■ **jd bringt etw aus** *Anker* qn mouille qc; *Boot* qn met qc à l'eau

Ausbruch *m* 1. (*das Ausbrechen*) ■ **~ [aus etw]** évasion *f* [de qc]; ***jdm gelingt der*** ~ qn réussit à s'évader
2. MIL sortie *f*, percée *f*; ***dem Armeekorps gelang der ~ aus dem Kessel*** le corps d'armée réussit à se dégager de l'encerclement
3. (*Beginn*) [*Brand, Seuche, Krieg*] déclenchement *m*
4. (*Eruption*) [*Vulkan*] éruption *f*; [*Geysir*] jaillissement *m*
5. (*Entladung*) [*Hass, Wut etc*] explosion *f*

Ausbruchsversuch *m* 1. [*Häftling etc*] tentative *f* d'évasion
2. MIL tentative *f* de sortie [*o* de percée]

aus|brüten *vt* 1. ORN ■ **ein Tier brütet etw aus** un animal couve qc [jusqu'à éclosion]; ■ **ausgebrütet** arrivé(e) à éclosion
2. *fam* (*aushecken*) ■ **jd brütet etw aus** qn mijote qc *fam*
3. *fam* ■ **jd brütet etw aus** *Erkältung, Infektionskrankheit* qn couve qc

aus|buchten I. *vr* ■ **etw buchtet sich aus** */Küste, Strand, Ufer/* qc forme une échancrure/des échancrures, qc est échancré(e); ■ **ausgebuchtet** échancré(e)
II. *vt* ■ **etw buchtet etw aus** qc creuse une échancrure dans qc

Ausbuchtung <-, -en> *f* [*Küste, Strand*] échancrure *f*

aus|buddeln *vt fam* 1. (*ausgraben*) ■ **jd/ein Tier buddelt etw aus** qn/un animal déterre qc
2. (*ausfindig machen*) ■ **jd buddelt etw aus** qn dégote qc *fam*

aus|bügeln *vt* 1. (*durch Bügeln glätten*) ■ **jd bügelt etw aus** *Knitterfalte* qn enlève qc en repassant
2. *fam* (*wettmachen*) ■ **jd bügelt etw aus** *schlechte Zensur, miserable Leistung, Pflichtversäumnis etc* qn rattrape qc
3. *fam* (*bereinigen*) ■ **jd bügelt etw [wieder] aus** *Angelegenheit, Missverständnis* qn arrange qc

aus|buhen *vt fam* ■ **jd buht jdn aus** qn conspue qn, qn hue qn; ■ **jd wird ausgebuht** qn se fait conspuer [*o* huer]

Ausbund *m* ∅ (*besonderes Beispiel*) ■ **ein ~ an [*o* von] etw** (*dat*) *an Frömmigkeit, Keuschheit, Tugend* un modèle de qc; *an Tugend a.* un parangon de qc *soutenu*; *an Verworfenheit* un monstre de qc

aus|bürgern *vt* ■ **jd bürgert jdn aus/aus etw aus** qn déclare qn déchu(e) de sa nationalité/de la nationalité ...; ***Solschenizyn wurde aus der Sowjetunion ausgebürgert*** Soljenitsyne a été déchu de la nationalité soviétique; ■ **Ausgebürgerte(r)** personne *f* déchue de sa nationalité

Ausbürgerung <-, -en> *f* déchéance *f* [*o* privation *f*] de la nationalité

aus|bürsten *vt* ■ **jd bürstet etw [aus etw] aus** *Dreck, Fleck* qn enlève qc [de qc] en brossant [*o* à la brosse]; ■ **jd bürstet etw aus** *Anzug, Jacke, Mantel* qn brosse qc

Ausdauer *f* ∅ persévérance *f*, ténacité *f*; (*körperlich*) endurance *f*, résistance *f*

ausdauernd I. *adj Mitarbeiter, Kriminalist, Propagandist etc* persévérant(e); *Anstrengungen, Bemühungen etc* constant(e); ■ **jd ist ~** qn est persévérant(e); (*körperlich*) résistant(e)
II. *adv arbeiten, lernen* avec persévérance, de façon persévérante

ausdehnbar *adj* ■ **~ [auf etw** (*akk*)**/über etw** (*akk*) **hinaus]** *These, Theorie, Schlussfolgerung* extensible [à/au-delà de qc]

aus|dehnen I. *vr* 1. (*größer werden*) ■ **etw dehnt sich aus** */Ballonhülle/* qc se gonfle, qc se tend; */Universum/* qc s'étend; ■ **ausgedehnt** *Ebene, Fläche, Park* étendu(e)
2. (*sich ausbreiten*) ■ **etw dehnt sich [auf etw** (*akk*)**/über etw** (*akk*)**] aus** */Brand, Krieg, Seuche/* qc s'étend [à/sur qc], qc gagne [qc]
3. (*dauern*) ■ **etw dehnt sich aus** */Prüfung, Verhandlungen, Wartezeit/* qc se prolonge; ■ **ausgedehnt** *Erholungspause, Mittagsschlaf, Spaziergang, Urlaub* prolongé(e)
II. *vt* 1. (*verlängern*) ■ **jd dehnt etw [über etw** (*akk*)**] aus** *Aufenthalt, Urlaub* qn prolonge qc [sur qc]
2. (*erweitern*) ■ **jd/etw dehnt etw [auf etw** (*akk*)**] aus** *Einflussbereich, Herrschaft* qn/qc étend qc [à qc]
3. (*vergrößern*) ■ **jd/etw dehnt etw aus** *Ballon, Ballonhülle* qn/qc gonfle qc; *Handschuhe, Schuhe* qn/qc élargit qc

Ausdehnung *f* 1. (*Verlängerung*) [*Aufenthalt, Urlaub*] prolongation *f*
2. (*Ausbreitung*) [*Krieg*] extension *f*; [*Brand, Seuche a.*] propagation *f*
3. (*Erweiterung*) [*Einflussbereich, Herrschaft*] extension *f*; ***jdm gelingt die ~ seines Einflussbereiches*** qn réussit à étendre sa sphère d'influence
4. (*Vergrößerung*) [*Ballon, Ballonhülle*] gonflement *m*; [*Universum*] extension *f*
5. (*Fläche*) étendue *f*

aus|denken *vr irreg* 1. (*ersinnen*) ■ **jd denkt sich** (*dat*) **etw aus** *Ausrede, Entschuldigung, Geschichte, Namen, Witz, Witzfigur* qn invente qc; *Plan, Überraschung* qn imagine qc; ***da hast du dir aber eine nette Überraschung ausgedacht*** en voilà une surprise! Quelle bonne idée tu as eue!; *iron* merci pour la surprise! On peut dire que tu as eu une riche idée!; ***wer hat sich denn diese blöde Idee ausgedacht?*** qui a encore été inventer cette idée stupide?; ■ **ausgedacht** *Geschichte* inventé(e), imaginé(e)
2. (*aussuchen*) ■ **jd denkt sich** (*dat*) **etw aus** *Vorschlag, Wunsch* qn formule qc; ***konntest du dir denn keinen angenehmeren Urlaubsort ~?*** tu ne pouvais pas trouver un lieu de vacances plus agréable?; ***du darfst dir [etwas] ~[, was du dir wünschst]*** tu peux choisir quelque chose [qui te ferait plaisir]
► **da musst du dir schon etwas <u>anderes</u> ~!** *fam* il va falloir inventer autre chose!; **etw <u>ist</u> nicht auszudenken** qc est inimaginable; **das <u>hast</u> du dir so [*o* fein] ausgedacht!** *fam* (*könnte dir so passen!*) tu crois encore au père Noël!; ***das hast du dir so ausgedacht, dass*** alors,m comme ça, tu t'es mis dans le crâne que + *indic fam*

aus|dienen *vi fam* ■ **jd/etw hat ausgedient** qn/qc peut être mis(e) au rancart *fam*; ■ **ausgedient** *Auto, Möbel, Kernkraftwerk* vieux(vieille); *Maschine, Brennelement* usagé(e)

aus|diskutieren * I. *vt* ■ **jd diskutiert etw aus** qn discute qc [à fond], qn débat qc [à fond]
II. *vi* ■ **sie haben ausdiskutiert** ils/elles ont fini de discuter

aus|dörren I. *vt + haben (austrocknen)* ■ **etw dörrt jdn aus** */Hitze, Sonne/* qc dessèche qn, qc déshydrate qn; ■ **etw dörrt etw aus** qc dessèche qc; ■ **[jd ist] ausgedörrt** [qn est] déshydraté(e); ■ **[etw ist] ausgedörrt** */Kehle/* [qc est] déshydraté(e); */Erdboden, Land, Gebiet/* [qc est] desséché(e) [*o* aride]
II. *vi + sein* ■ **etw dörrt aus** qc se dessèche

Ausdruck[1] <-drücke> *m* **1.** *(Bezeichnung)* expression *f*, terme *m*
2. Ø *(Gesichts~)* expression *f*
3. Ø *(Zeichen)* ■ **der ~ einer S.** *(gen)* l'expression de qc; ***als ~ meiner Dankbarkeit*** en témoignage de ma gratitude
4. Ø *(Ausdrucksweise)* façon *f* de s'exprimer; ***jd ist gewandt im ~*** qn s'exprime avec aisance
► **mit dem ~ des Bedauerns** *form* avec l'expression de ses regrets *form;* **mit dem ~ der Hochachtung** *form* avec l'expression de la plus haute considération [*o* du plus grand respect] *form;* **jd bringt etw zum ~, jd gibt** [*o* **verleiht**] **einer S.** *(dat)* **~** *form* qn exprime qc; **etw kommt [in etw** *(dat)*] **zum ~** qc s'exprime [à travers qc]; **jd vergreift sich im ~** qn se trompe de registre; ***Sie vergreifen sich im ~!*** vous devriez changer de registre!

Ausdruck[2] <-drucke> *m (ausgedruckter Text)* édition *f*, listage *m*

aus|drucken *vt* ■ **jd/etw druckt [jdm] etw aus** qn/qc édite [*o* liste] qc [à qn]

aus|drücken I. *vt* **1.** *(bekunden)* ■ **jd drückt [jdm] etw [für etw] aus** *Dankbarkeit, Hochachtung, Liebe, Verständnis, Vertrauen* qn exprime qc [à qn] [pour qc]
2. *(formulieren)* ■ **jd drückt etw irgendwie aus** *Meinung, Unmut, Unzufriedenheit, jds Verhalten* qn exprime qc d'une certaine façon; ***und das ist noch milde ausgedrückt*** et c'est peu dire; ***anders ausgedrückt*** en d'autres termes; ***vorsichtig ausgedrückt*** et je pèse mes termes
3. *(zeigen)* ■ **jd/etw drückt etw aus** *Dankbarkeit, Enttäuschung, Hilflosigkeit, Trauer, Verbitterung, Verzweiflung, Ratlosigkeit* qn/qc exprime qc
4. *(auspressen)* ■ **jd drückt [jdm/sich] etw aus** *Schwamm, Tube, Zitrusfrucht* qn [lui/se] presse qc; *Mitesser, Pickel* qn [lui/se] retire qc en pressant dessus
5. *(löschen)* ■ **jd drückt etw aus** *Zigarette* qn écrase qc
II. *vr* **1.** *(formulieren)* ■ **jd drückt sich irgendwie aus** qn s'exprime d'une certaine manière
2. *(sich widerspiegeln)* ■ **etw drückt sich in etw** *(dat)* **aus** qc s'exprime dans qc; *in jds Gesicht* qc s'exprime sur qc

ausdrücklich I. *adj attr Erlaubnis, Genehmigung* exprès(-esse); *Zuwiderhandlung* caractérisé(e); ***Ihr ~er Wunsch*** le vœu que vous avez formulé expressément
II. *adv betonen, erlauben, gestatten, verbieten* expressément

ausdruckslos *adj Blick, Gesicht, Miene* inexpressif(-ive)

ausdrucksvoll *adj Gebärdenspiel, Mimik, Gestik* expressif(-ive)

Ausdrucksweise *f* façon *f* de s'exprimer

aus|dünnen *vt* **1.** *(reduzieren)* ■ **jd dünnt etw aus** *Bestand, Team, Angebot* qn réduit qc
2. HORT ■ **jd dünnt etw aus** *Obstbaum* qn éclaircit qc
3. *(durch Schneiden)* ■ **jd dünnt [jdm] etw aus** *Haar* qn [lui] désépaissit qc

aus|dünsten I. *vt* ■ **etw dünstet etw aus** qc dégage qc; ■ **jd dünstet etw aus** qn dégage qc
II. *vi* ■ **etw dünstet aus** qc produit des émanations

Ausdünstung <-, -en> *f* **1.** *[Mensch, Tier]* transpiration *f;* *[Pflanze]* exhalaison *f;* *[Farbe]* émanation *f;* *(Geruch)* émanation *f*
2. *(das Ausdünsten)* *[Lösemittel etc]* émanation *f*

auseinander *adv* **1.** *(räumlich entfernt)* ■ **sie sind ~** ils/elles sont écarté(e)s; */Beine a./* ils/elles sont arqué(e)s
2. *(separat) schreiben, setzen, sich setzen* séparément
3. *(altersmäßig)* ■ **sie sind ~** ils/elles ont une différence d'âge; ***sie sind [im Alter] ein Jahr ~*** ils/elles ont un an de différence
4. *fam (getrennt)* ■ **sie sind ~** */Paar/* ils/elles ne sont plus ensemble, ils/elles sont séparé(e)s

auseinander|bekommen * *s.* **bekommen I.**►
auseinander|biegen *s.* **biegen I.1.**
auseinander|brechen *s.* **brechen I.1., II.**►
auseinander|bringen *s.* **bringen** ►
auseinander|dividieren *s.* **dividieren** ►
auseinander|falten *s.* **falten** ►
auseinander|gehen *s.* **gehen I.**►
auseinander|halten *s.* **halten I.**►
auseinander|laufen *s.* **laufen I.**►
auseinander|leben *s.* **leben III.**
auseinander|machen *s.* **machen I.**►
auseinander|nehmen *s.* **nehmen I.**►
auseinander|setzen *s.* **setzen I.**►**, II.**►

Auseinandersetzung <-, -en> *f* **1.** *(Streit)* explication *f*
2. *(Beschäftigung)* ■ **die ~ mit etw** *mit Ergebnissen, Problemen* la prise en compte de qc
► **jd hat [mit jdm] eine ~ [wegen etw]** qn a une explication [avec qn] [à propos de qc]; **es kommt [wegen etw] zu einer ~/zu ~en** *(zu einem Streit)* il y a une explication/des explications [à cause de qc]

auseinander|streben *s.* **streben** ►
auseinander|treiben *s.* **treiben I.**►**, II.**►

auserkoren *adj geh* élu(e) *littér,* choisi(e); ■ **jd ist dazu ~ etw zu tun** qn est appelé(e) à faire qc

auserlesen I. *adj* de choix
II. *adv* particulièrement

aus|ersehen * *vt irreg geh* ■ **jd ersieht jdn [zu etw] aus** *zu seinem Nachfolger, Stellvertreter* qn choisit qn [comme qc]; ■ **jd ersieht jdn dazu aus etw zu tun** qn choisit qn pour faire qc

aus|erwählen * *vt geh* ■ **jd erwählt jdn zu etw aus** qn choisit qn pour qc; ■ **jd erwählt jdn aus etw zu tun** qn choisit qn pour faire qc

Auserwählte(r) *f(m) decl wie adj geh* **1.** *(auserwählte Person)* ■ **die ~n** les élu(e)s
2. *hum (jds Zukünftiger)* ■ **jds ~** l'heureux(-euse) élu(e); ***ein Foto deines ~n*** la photo de l'élu de ton cœur

ausfahrbar *adj* escamotable; *Antenne a.* télescopique; *Kopfstütze a.* rentrant(e)

aus|fahren *irreg* I. *vt + haben* **1.** *(mit Fahrzeug)* ■ **jd fährt jdn aus** qn sort [*o* emmène promener] qn en voiture
2. *(ausliefern)* ■ **jd fährt etw aus** *Waren* qn livre qc
3. *(mit Höchstgeschwindigkeit)* ■ **jd fährt etw aus** qn pousse qc [à fond [*o* au maximum]]
4. *(herauslassen)* ■ **jd/ein Tier/etw fährt etw aus** *Antenne, Fahrgestell* qn/un animal/qc sort qc; *Kopfstütze* qn relève qc
II. *vi + sein* **1.** *(spazieren fahren)* ■ **jd fährt aus** qn sort [*o* va se promener] [en voiture]
2. AUT, AVIAT ■ **etw fährt aus** */Antenne, Fahrgestell/* qc sort; */Kopfstütze/* qc se relève
3. REL ■ **etw fährt [aus jdm] aus** */böser Geist/* qc sort [de qn]

Ausfahrt *f* **1.** Ø EISENBAHN: ***der Zug hat keine ~*** le train ne peut pas partir; ***das Signal gab dem Zug die ~ frei*** le signal indiquait au train qu'il pouvait partir
2. *(Spazierfahrt)* sortie *f* [*o* promenade *f*] [en voiture/à cheval]
3. *(Garagen~)* sortie *f* de garage; *(Hof~)* sortie *f* de voiture[s]; *(Autobahn~)* sortie *f*, bretelle *f* de sortie d'autoroute; ***Sie stehen genau vor meiner ~*** vous êtes garé juste devant mon garage/mon entrée
► **~ freihalten** stationnement *m* interdit, sortie de voiture[s]; **jd macht eine ~** qn sort [*o* fait une promenade] [en voiture/à cheval]

Ausfahrt[s]schild *nt* panneau *m* [indicateur] de sortie d'autoroute

Ausfall *m* **1.** *(Fehlbetrag)* déficit *m*, baisse *f;* *(Verlust)* perte *f;* MIL pertes *fpl*
2. TECH *(das Versagen)* panne *f*, défaillance *f;* *(Produktionsstörung)* perturbation *f*, défaillance *f;* MED *[Atmung]* arrêt *m;* *[Organ]* arrêt *m* du fonctionnement
3. Ø *(das Nichtstattfinden)* suppression *f*, annulation *f;* *(das Fehlen)* *[Lehrer, Mitarbeiter]* absence *f*
4. LING *(Wegfall)* perte *f*, chute *f*
5. *(Ergebnis)* *[Abstimmung, Wahl]* résultat *m*, issue *f*
6. *(beleidigende Äußerung)* invective *f*
7. MIL sortie *f;* *(beim Fechten)* botte *f*

aus|fallen *vi irreg + sein* **1.** *(herausfallen)* ■ **etw fällt aus** */Haare, Zähne/* qc tombe; ■ **etw fällt jdm aus** qn perd qc
2. *(nicht stattfinden)* ■ **etw fällt aus** qc est supprimé(e) [*o* annulé(e)]; ■ **jd lässt etw ~** *Termin* qn laisse tomber qc *fam;* *Unterrichtsstunde* qn fait sauter qc; *(schwänzen)* qn sèche qc; *Essen* qn supprime qc; ***sie lässt oft ein Essen ~*** elle saute souvent un repas
3. *(nicht funktionieren)* ■ **etw fällt aus** */Aggregat, Klimaanlage, Kühlung, Sicherheitssystem, Motor/* qc tombe en panne, qc s'arrête; */Atmung/* qc s'arrête; */Organ/* qc arrête [*o* cesse] de fonctionner
4. *(entfallen)* ■ **etw fällt aus** */Einnahmen, Steuereinnahmen, Verdienst/* qc disparaît; ***30 Prozent des Umsatzes fallen aus*** le chiffre d'affaires baisse de 30 %
5. *(nicht zur Verfügung stehen)* ■ **jd fällt [bei/während etw] [wegen etw] aus** qn manque [à qc] [*o* est absent(e) [de qc]] [à cause de qc]; ***jd fällt aus Krankheitsgründen/krankheitsbedingt aus*** qn est absent(e) pour raison de santé
6. ■ **jd/etw fällt aus** */Sportler, Rennwagen etc/* qn/qc abandonne
7. LING ■ **etw fällt aus** */Endung, Konsonant, Vokal/* qc disparaît, qc tombe; ***zwischen manchen Konsonanten fallen die Vokale aus*** les voyelles ne sont pas prononcées entre certaines consonnes
8. ***etw fällt groß/klein/weit/eng aus*** */Kleidungsstück/* qc taille grand/petit/large/étroit
9. *(werden)* ■ **etw fällt irgendwie aus:** ***hoffentlich wird die Klassenarbeit/Prüfung gut ~!*** j'espère que le devoir sur table/l'examen se passera bien!; ***die Rede ist zu lang ausgefallen*** le discours était trop long; ***aus diesem Anlass fiel die Ansprache besonders markig aus*** c'est pourquoi l'allocution parut particulièrement énergique; *s. a.* **ausgefallen**

aus|fällen *vt* **1.** CHEM ■ **jd fällt etw [aus etw] aus** qn précipite qc [dans qc]
2. CH *(verhängen)* ■ **jd fällt etw aus** *Strafe* qn prononce qc

ausfallend, ausfällig I. *adj* insultant(e), offensant(e)
II. *adv* de/d'une manière insultante [*o* offensante]; ***jd äußert sich ~ über jdn*** qn fait des remarques insultantes au sujet de qn; ***musst du dich denn immer so ~ ausdrücken?*** faut-il toujours que tu insultes les gens?

Ausfallstraße *f* route *f* des sortie de ville, voie *f* de dégagement **Ausfallzeit** *f* temps *m* de travail non effectué, heures *fpl* de travail non effectuées

aus|fechten *vt irreg* ■ **jd ficht etw aus** *Kampf* qn livre qc [jusqu'au bout]; *Prozess* qn poursuit qc [jusqu'au bout]; ***sie haben schon manchen Streit ausgefochten*** ils ont déjà vidé de nombreuses querelles; ***jd ficht eine Auseinandersetzung aus*** qn vide une querelle; ***ich werde das mit ihm ~ müssen*** il va falloir que je me batte avec lui sur ce point

aus|fegen *vt* ■ **jd fegt etw aus** qn balaie qc

aus|feilen *vt* ■ **jd feilt etw aus** **1.** *(wegfeilen)* qn lime qc
2. *(den letzten Schliff geben) schriftliche Arbeit, Rede* qn peaufine [*o* polit *littér*] qc; ■ **ausgefeilt** peaufiné(e), poli(e) *littér*

aus|fertigen *vt form (ausstellen)* ■ **jd fertigt [jdm] etw aus** *Dokument, Pass* qn établit [*o* délivre] qc [à qn]; *Rechnung etc* qn établit qc

Ausfertigung *f form* **1.** Ø *[Dokument, Pass]* établissement *m*, délivrance *f;* *[Rechnung]* établissement *m*

2. (*Abschrift*) exemplaire *m*
▸ **in einfacher** ~ en un exemplaire; **in doppelter/dreifacher/...** ~ en double/triple/... exemplaire; **in mehrfacher** ~ en plusieurs exemplaires

ausfindig *adj* ▸ **jd macht jdn/etw** ~ qn trouve [*o* découvre] qn/qc

aus|fliegen *irreg* I. *vi + sein* 1. (*das Nest verlassen*) ■ **ein Tier fliegt aus** un animal s'envole [*o* quitte le nid]
2. *fam* (*weggehen*) ■ **jd fliegt aus** qn s'envole *fam*; ***sie sind ausgeflogen*** ils/elles se sont envolé(e)s *fam*
II. *vt + haben* ■ **jd/etw fliegt jdn [aus etw] aus** qn/qc évacue qn [de qc] par avion

aus|fließen *vi irreg + sein* ■ **etw fließt [aus etw] aus** / *Öl, giftige Flüssigkeit/* qc s'écoule [*o* s'échappe] [de qc]; / *Eiter etc/* qc s'écoule [de qc]; ■ **etw fließt aus** / *Container, Fass etc/* qc fuit [*o* se vide]

aus|flippen *vi + sein fam* ■ **jd flippt aus** 1. (*wütend werden*) qn pique une [*o* sa] crise *fam*
2. (*sich freuen*) qn ne se sent plus *fam*; ***flipp nicht aus!*** du calme!, calme-toi!
3. (*überschnappen*) qn débloque *fam*, qn déconne *fam*; (*aufgrund von Drogen, Alkohol, Stimulanzien*) qn est [complètement] stone *arg*; ■ **ausgeflippt** (*überspannt*) toqué(e) *fam*, farfelu(e) *fam*, cinglé(e) *fam*; (*unter Drogen stehend*) stone *arg*

Ausflucht <-flüchte> *f* (*Ausrede*) prétexte *m*, faux-fuyant *m*
▸ **jd macht Ausflüchte** qn tergiverse *littér*

Ausflug *m* 1. (*Betriebs~, Schul~*) excursion *f*; (*Wanderung*) randonnée *f*
2. (*Exkurs*) ■ ~ **in etw** (*akk*) digression *f* dans qc
▸ **jd macht einen** ~ qn fait une [*o* part en] excursion **jd macht einen** ~ **in etw** (*akk*) (*Exkurs*) qn fait une digression dans qc

Ausflügler(in) <-s, -> *m(f)* excursionniste *mf*

Ausflugsdampfer *m* bateau-mouche *m* **Ausflugslokal** *nt* restaurant *m* touristique **Ausflugsort** *m* lieu *m* d'excursion **Ausflugsziel** *nt* but *m* d'excursion

AusflussRR *m* 1. (*Ausflussstelle*) [*Teich, See, Becken*] écoulement *m*
2. ∅ MED pertes *fpl* [blanches]
3. *geh* (*Resultat*) fruit *m soutenu*, résultat *m*

aus|folgen *vt* AUS *form* (*aushändigen*) ■ **jd folgt jdm etw aus** *Dokument, Waren* qn remet qc à qn

aus|forschen *vt* ■ **jd forscht jdn/etw aus** qn sonde qn/qc

aus|fragen *vt* ■ **jd fragt jdn aus** qn pose des questions à qn, qn questionne qn, qn interroge qn

aus|fransen *vi + sein* ■ **etw franst aus** qc s'effiloche, qc s'effrange

aus|fressen *vt irreg fam* ■ **jd hat etw ausgefressen** qn a fait qc; ***hast du mit deinen Kameraden wieder was ausgefressen?*** qu'est-ce que t'as encore fait avec tes copains? *fam*; ***hast du wieder was ausgefressen?*** t'as encore fait quelque chose de travers? *fam*

Ausfuhr <-, -en> *f* 1. ∅ (*Export*) exportation *f*; [*Technologie*] transfert *m*
2. *pl* (*Waren*) exportations *fpl*

Ausfuhr- *-artikel, -güter, -hafen, -waren* d'exportation *-beschränkung, -prämie* à l'exportation; ~***kontrolle*** contrôle *m* des exportations; ~***sperre*** embargo *m*; ~***stopp*** gel *m* des exportations; ~***überschuss*** excédent *m* des exportations; ~***verbot*** interdiction *f* d'exporter

ausführbar *adj* réalisable

Ausfuhrbestimmungen *pl* dispositions *fpl* réglementant les [*o* relatives aux] exportations

aus|führen *vt* 1. (*durchführen*) ■ **jd führt etw aus** *Anweisung, Beschluss, Befehl, Truppenbewegung* qn exécute qc; *Auftrag a.* qn remplit qc; *Entwurf, Plan a.* qn réalise qc; *Verbrechen, Mord* qn commet [*o* fait] qc; *Bauarbeiten* qn réalise [*o* mène] qc; MED *Operation* qn fait qc; *Elfmeter, Freistoß, Strafstoß* qn tire qc
2. (*spazieren führen*) ■ **jd führt jdn/ein Tier aus** qn sort qn/un animal
3. *hum* (*öffentlich zeigen*) ■ **jd führt etw aus** *Kleid* qn montre qc
4. COM (*exportieren*) ■ **jd/etw führt etw [in etw** (*akk*)**] aus** *Waren* qn/qc exporte qc [dans/en qc]
5. (*darlegen, erläutern*) ■ **jd führt [jdm] etw aus** *Details, Plan, Vorhaben* qn expose qc [à qn], qn explique qc [à qn] en [*o* dans le] détail

Ausführende(r) *f(m) decl wie adj* THEAT interprète *mf*

Ausfuhrland *nt* 1. (*exportierendes Land*) pays *m* exportateur
2. (*Land, in das ausgeführt wird*) pays *m* importateur

ausführlich I. *adj* détaillé(e), circonstancié(e)
II. *adv* en détail, par le menu

Ausführlichkeit <-> *f* ∅ présentation *f* détaillée [*o* en détail]; ***größere*** ~ plus de détails
▸ **in aller** ~ très en détail, dans les moindres détails

Ausführung *f* 1. ∅ (*Durchführung*) exécution *f*; [*Anweisung, Beschluss*] application *f*; [*Entwurf, Plan, Bauarbeiten etc*] réalisation *f*; [*Elfmeter, Freistoß, Strafstoß*] tir *m*; ***er plante die ~ dieses Mordes/Verbrechens*** il avait l'intention de commettre [*o* faire] ce meurtre/crime; ***die ~ der Operation übernimmt Prof. Schneider*** c'est le professeur Schneider qui opère; ***bei der ~ der Operation waren einige Studenten zugegen*** quelques étudiants assistaient à l'opération
2. (*Qualität*) [*Ware*] qualité *f*; (*Modell*) modèle *m*, version *f*
3. ∅ (*Darlegung*) [*Detail, Plan, Vorhaben*] exposé *m*, explication *f*
4. *meist pl* (*Bericht*) remarques *fpl*
▸ **etw gelangt** [*o* **kommt**] **zur** ~ *form* qc est exécuté(e)

aus|füllen *vt* 1. (*Antworten eintragen*) ■ **jd füllt etw aus** *Antrag, Formular, Liste etc* qn remplit qc
2. (*gerecht werden*) ■ **jd füllt etw aus: *er füllt den Posten nicht gut aus*** il remplit mal ses fonctions; ***sie füllt die Stelle zu unserer vollsten Zufriedenheit aus*** elle occupe ce poste [*o* cet emploi] à notre plus grande satisfaction
3. (*befriedigen*) ■ **etw füllt jdn [ganz** [*o* **voll**]**] aus** / *Beschäftigung/* qc satisfait [tout à fait [*o* parfaitement]] qn
4. (*Zeit in Anspruch nehmen*) ■ **etw füllt etw aus** *Freizeit, Zeit* qc occupe qc
5. (*stopfen*) ■ **jd/etw füllt etw [mit etw] aus** *Loch, Ritze, Spalt etc* qn/qc bouche qc [avec qc]
6. (*verbringen*) ■ **jd füllt etw [mit etw] aus** *Leben, Zeit, Freizeit* qn occupe [*o* passe] qc [à faire [*o* en faisant] qc]

Ausgabe *f* 1. ∅ (*Austeilung*) [*Proviant, Decken, Hilfsgüter, Medikamente etc*] distribution *f*; [*Fahrkarten, Dokumente etc*] délivrance *f*; ***wir warten noch auf die ~ der Befehle*** nous attendons encore [qu'on nous donne] les ordres
2. ∅ BÖRSE [*Aktien, Anleihen etc*] émission *f*
3. INFORM [*Datei, Daten etc*] édition *f*
4. (*Schalter*) (*Bücher~*) guichet *m*; (*Essens~*) comptoir *m*
5. [*Buch, Zeitung, Zeitschrift*] édition *f*; (*Version*) version *f*
6. *pl* (*Kosten*) dépenses *fpl*

Ausgabegerät *nt* INFORM périphérique *m* [*o* unité *f*] de sortie

Ausgabenbeleg *m* facture *f*, ticket *m* de caisse

Ausgabeschalter *m* guichet *m*

Ausgang <-gänge> *m* 1. [*Gebäude, Haus, Ortschaft*] sortie *f*; [*Wald*] lisière *f*, orée *f littér*; AVIAT porte *f*
2. MED [*Organ*] orifice *m*
3. MIL (*Erlaubnis*) permission *f*
4. ∅ (*Ende*) [*Epoche, Roman, Film*] fin *f*; [*Beziehung, Partnerschaft*] fin *f*; (*Ergebnis*) [*Gespräch, Nervenkrieg, Tauziehen, Verhandlung, Unfall*] issue *f*
5. ∅ (*Ausgangspunkt*) [*Rundreise, Führung*] point *m* de départ; (*Anfang*) [*Rennen, Wanderung, Lauf*] départ *m*
6. *pl* (*Post*) courrier *m* à expédier, envois *mpl*; (*Waren*) envois *mpl*
▸ **jd hat** ~ qn peut sortir; / *Personal/* qn a son jour de sortie; MIL qn a une permission; **etw nimmt einen ...** ~ qc connaît une issue [*o* un dénouement] ...; **jd hat ~ bis zum Wecken** qn a quartier libre jusqu'au lendemain matin

Ausgangspunkt *m* point *m* de départ **Ausgangssperre** *f* (*für Zivilisten*) couvre-feu *m*; (*für Soldaten*) consigne *f* ▸ **jd hat** ~ qn est consigné(e) **Ausgangssprache** *f* langue-source *f*

ausgebaut *adj Infrastruktur, Schul-, Verkehrssystem etc* organisé(e); *Straße* aménagé(e)

aus|geben *irreg* I. *vt* 1. (*austeilen*) ■ **jd gibt etw [an jdn] aus** *Essen, Proviant, Decken, Hilfsgüter, Medikamente etc* qn distribue qc [à qn]; (*aushändigen*) *Ausweise, Dokumente, Fahrkarten* qn [lui] délivre qc; *Karten, Befehl* qn donne qc [à qn]; ■ **etw gibt etw aus** / *Drucker/ Datei, Text etc* qc imprime qc; / *Bildschirm/* qc affiche qc; ***jd gibt eine Datei auf dem Drucker aus*** qn fait imprimer un fichier
2. FIN ■ **jd gibt etw aus** *Aktie, Geldschein, Scheckkarte* qn émet qc
3. (*aufwenden*) ■ **jd gibt etw [für etw] aus** *Geld, Gehalt, Gewinn* qn dépense qc [pour qc/faire qc]; ***was hast du für den Mantel ausgegeben?*** combien as-tu payé ton manteau?
4. *fam* (*spendieren*) ■ **jd gibt [jdm] etw aus** qn paie qc [à qn] *fam*
5. (*darstellen*) ■ **jd gibt jdn/etw als/für jdn/etw aus** qn présente qn/qc comme [étant] qn/qc; ■ **jd gibt etw als/für etw aus** qn donne qc pour qc
▸ **jd gibt [jdm] einen aus** *fam* qn paie un coup [*o* pot] [à qn] *fam*
II. *vr* ■ **jd gibt sich [jdm gegenüber] als jd/etw aus** qn se présente [à qn] comme [étant] qn/qc, qn se fait passer pour qn/qc [aux yeux de qn]

ausgebrannt *adj* (*körperlich*) vanné(e) *fam*, sur les genoux [*o* rotules] *fam*; (*geistig*) vanné(e) *fam*, vidé(e) *fam*

ausgebucht *adj* 1. (*belegt*) *Hotel, Ferienort* complet(-ète); *Reise, Angebot* complètement réservé(e)
2. *fam* ■ **jd ist** ~ qn est pris(e); ■ **etw ist** ~ qc est pris(e); ***der Abend ist bei mir schon*** ~ ma soirée est déjà prise

ausgebufft *adj fam Mensch* roublard(e) *fam*, rusé(e); *Methode* pas très catholique *fam*

Ausgeburt *f* 1. (*Gebilde*) [*Fantasie etc*] produit *m*, création *f*
2. *pej* (*Geschöpf*) monstre *m*

Ausgedinge <-s, -> *nt* AUS (*Altenteil*) retraite *f*

ausgefallen *adj Beschäftigung, Hobby, Speise, Wein* peu ordinaire, peu commun(e), qui sort de l'ordinaire; *Mensch* original(e), qui ne ressemble pas aux autres

ausgeglichen *adj* équilibré(e); *Klima* tempéré(e); *Temperament, Mensch a.* pondéré(e)

Ausgeglichenheit <-> *f* ∅ équilibre *m*; [*Temperament, Mensch a.*] pondération *f*; ***das Klima ist von großer*** ~ le climat est très tempéré

aus|gehen *vi irreg + sein* 1. (*aus dem Haus gehen*) ■ **jd geht aus** qn sort; (*spazieren gehen a.*) qn va faire un tour; ■ **jd geht [mit jdm] aus** (*zum Vergnügen*) qn sort [avec qn]
2. (*aufhören zu brennen*) ■ **etw geht [jdm] aus** / *Feuer, Streichholz, Feuerzeug, Ofen/* qc s'éteint
3. (*ausfallen*) ■ **etw geht aus** / *Haare, Federn, Zähne/* qc tombe; ***seine Haare gehen aus*** ses cheveux tombent; ■ **etw geht jdm/einem Tier aus** qn/un animal perd qc
4. (*herrühren*) ■ **etw geht von jdm aus** / *Idee, Anregung, Vorschlag etc/* qc est de qn, c'est qn qui fait qc
5. (*seinen Ursprung haben*) ■ **etw geht von etw aus** / *Kabel, Straße/* qc part de qc; / *Strahlung, Wärme/* qc se dégage de qc
6. (*enden*) ■ **etw geht irgendwie aus** SPORT qc se termine d'une certaine manière; / *Gespräche, Verhandlungen, Poker, Film, Buch, Beziehung/* qc finit [*o* se termine] d'une certaine manière
7. (*annehmen*) ■ **jd geht davon aus, dass** qn part du principe [*o* suppose] que + *indic*
8. (*zugrunde legen*) ■ **jd geht von etw aus** qn escompte qc; *von jds Ver-*

schwiegenheit qn compte sur qc
9. (*beabsichtigen*) ■ **jd geht auf etw** (*akk*) **aus** qn est à la recherche [*o* en quête *soutenu*] de qc
10. (*zu Ende gehen*) ■ **etw geht [jdm] aus** / *Vorräte, Geld*/ il n'y a [bientôt] plus qc; ■ **etw geht jdm aus** / *Ausreden, Gesprächsstoff, Witze, Vorräte, Geld*/ qn manque de qc; / *Geduld, Kraft, Luft, Puste*/ qn perd qc; ***gleich geht mir die Geduld aus*** ma patience a des limites
ausgehend *adj attr* (*endend*) finissant(e), à/de la fin de/du/de la ...
ausgehungert *adj* 1. *fam* (*sehr hungrig*) ■ **jd ist** ~ qn a l'estomac dans les talons *fam*, qn a les crocs *fam*
2. (*ausgezehrt*) affamé(e), famélique
3. (*bedürftig*) ■ **jd ist nach etw** ~ qn est assoiffé(e) [*o* avide] de qc
Ausgehuniform *f* tenue *f* de sortie
ausgekocht *adj pej fam* (*durchtrieben*) roublard(e) *fam*
ausgelassen I. *adj* 1. (*wild*) *Stimmung, Party* débridé(e); *Kinder* déchaîné(e), turbulent(e)
2. (*heiter*) *Mensch* détendu(e); *Stimmung a.* serein(e)
II. *adv* avec entrain
Ausgelassenheit <-, *rare* -en> *f* [*Stimmung*] exubérance *f*; [*Party*] ambiance *f* du tonnerre *fam*; [*Kinder*] fougue *f*, excitation *f*
ausgemacht *adj* 1. (*entschieden*) ■ **es ist** ~ [*o* **eine ~e Sache**], **dass** il est convenu que + *indic*, c'est une affaire entendue que + *indic*
2. *attr fam Witzbold, Schlitzohr* sacré(e) *antéposé fam*; *Lügner, Schwindler a.* fieffé(e) *antéposé fam*
ausgemergelt *adj* décharné(e), émacié(e) *littér*
ausgenommen *conj* à l'exception de, sauf; ***ihn/sie*** ~ excepté lui/elle, sauf lui/elle; ***wir kommen,*** ~ ***es regnet*** nous viendrons, sauf s'il pleut; ■ ... **nicht** ~ y compris ...
ausgepowert [-paʊɐt] *adj fam Mensch* flagada *fam*, vidé(e); ***ein ~er Klassikkatalog*** un répertoire classique usé; ***eine ~e Großstadt*** une grande ville saignée aux quatre veines
ausgeprägt *adj* prononcé(e); *Stolz* grand(e); (*markant*) *Gesichtszüge* accusé(e); *Nase, Kinn, Adamsapfel* proéminent(e); *Ohren* grand(e)
ausgerechnet *adv* 1. (*gerade*) ■ ~ **jd/jdn/jdm ...** précisément [*o* justement] qn; ~ ***du musst mir das erzählen!*** et c'est toi qui viens me dire cela!
2. (*zeitbezogen*): ~ ***dann/jetzt/gestern/heute/...*** précisément [*o* justement] au moment où/maintenant/hier/aujourd'hui; ■ ~, **als** juste au moment [*o* à l'instant] où
ausgeschlafen *adj fam* finaud(e), malin(maligne); ***wenn du dich mit solchen Ganoven einlässt, musst du schon ~ sein*** si tu t'acoquines avec de pareils truands, faudra jouer serré *fam*
ausgeschlossen *adj pred* ■ **etw ist** ~ qc est exclu(e)
► [**völlig**] ~! il n'en est pas question!, c'est hors de question!
ausgeschnitten *adj Bluse, Kleid* décolleté(e)
ausgesprochen I. *adj* (*besondere*) extrême, particulier(-ière); *Begabung* prononcé(e), affirmé(e); *Ähnlichkeit* grand(e), fort(e); (*ausgeprägt*) *Trinkernase, Bierbauch, O-Beine* très prononcé(e); ■ **jd ist ein ~er/eine ~e ...** qn est vraiment un/une ..., qn est un sacré/une sacrée ... *fam*; ***du hast wirklich ~es Pech!*** tu n'as vraiment pas de chance!
II. *adv* vraiment, extrêmement
aus|gestalten * *vt* ■ **jd gestaltet etw aus** *Zimmer, Wohnung, Haus* qn aménage [*o* décore] qc; *Theorie, Methode* qn développe qc
ausgestorben *adj* 1. *Tierart* disparu(e)
2. (*verlassen*) ■ **etw ist** [**wie**] ~ qc est désert(e)
Ausgestoßene(r) *f(m) decl wie adj* exclu(e) *m(f)*, paria *m*
ausgesucht I. *adj* 1. *Wein* fin(e); *Beschaffenheit, Frucht, Güte, Qualität* meilleur(e)
2. *Worte* choisi(e); *Gesellschaft* trié(e) sur le volet
II. *adv* très
ausgewachsen [-vaks-] *adj* 1. *Tier* adulte
2. *fam Blödsinn, Schwachsinn, Dummkopf, Trottel* achevé(e); *Skandal* parfait(e); ■ **jd ist ein ~er/eine ~e ...** qn est le roi/la reine des ... *fam*
ausgewählt *adj* 1. *Gedichte, Lyrik, Werke* choisi(e)
2. (*erlesen*) sélectionné(e); *Publikum, Mannschaft, Kreise* d'élite; *Weine* fin(e)
ausgewiesen *adj* (*anerkannt*) *Experte, Kenner, Fachmann* expert(e); *Kritiker, Linker* déclaré(e)
ausgewogen *adj Kräfteverhältnis, Maßnahmen, Vorgehen* équilibré(e), pondéré(e); *Politik a.* bien balancé(e)
Ausgewogenheit <-> *f* Ø équilibre *m*, mesure *f*; ***eine Politik der ~*** une politique du juste milieu
ausgezeichnet I. *adj* excellent(e); ***Sie haben A~es geleistet!*** vous avez fait un excellent travail!
II. *adv* [très] bien; ***etw schmeckt/ mundet*** ~ qc est excellent(e)
ausgiebig I. *adj Mahlzeit* copieux(-euse); *Mittagsschlaf* bon(ne), réparateur(-trice); *Bericht, Informationen* détaillé(e); *Gebrauch* abondant(e)
II. *adv schlafen, frühstücken, genießen, schwimmen* bien; *berichten* [très] en détail, par le menu; *gebrauchen* abondamment; ***ich möchte ~ duschen/ baden*** je voudrais prendre une bonne douche/un bon bain; ***wir sind ~ Ski gelaufen*** on a skié tout notre soûl
aus|gießen *vt irreg* 1. (*entleeren*) ■ **jd gießt etw aus** *Behälter, Krug, Topf, Flüssigkeit* qn vide qc
2. (*füllen*) ■ **jd gießt etw** [**mit etw**] **aus** *Ritzen, Fugen* qn colmate qc [avec qc]; *Gussform, Hohlraum* qn remplit qc [de qc]
3. ■ **jd gießt etw über jdm aus** *Hohn, Spott* qn déverse qc sur qn
Ausgleich <-[e]s, *rare* -e> *m* 1. FIN: ***die Bank forderte ihn zum ~ seines Kontos auf*** la banque lui a demandé de balancer son compte
2. (*das Wettmachen*) [*Schuld, Schaden, Fehler*] compensation *f*
3. (*das Korrigieren*) [*Unebenheiten, unterschiedliche Gegebenheiten, verschiedene Bedingungen*] compensation *f*, neutralisation *f*
4. (*Vermittlung*) [*Meinungsverschiedenheiten, Konflikte, Spannungen*] règlement *m*
5. (*Kompensierung*) compensation *f*
6. Ø SPORT égalisation *f*
aus|gleichen *irreg* I. *vt* ■ **jd/etw gleicht etw** [**durch etw**] **aus** 1. FIN *Konto* qn/qc balance qc [avec [*o* au moyen de] qc]; *Schulden* qn/qc rembourse qc [avec [*o* au moyen de] qc]
2. (*korrigieren*) *Unebenheit, unterschiedliche Gegebenheiten, verschiedene Bedingungen* qn compense [*o* neutralise] qc [avec [*o* au moyen de] qc]
3. (*wettmachen*) *Schaden, Fehler, Minderleistung, Fehlzeiten, Überstunden, Versäumnisse, schlechte Zensur* qn/qc compense qc [avec [*o* au moyen de] de qc]
4. (*ausbalancieren*) *Meinungsverschiedenheiten, Konflikte, Spannungen* qn/qc règle [*o* aplanit] qc [par [*o* au moyen de] qc]
II. *vi* 1. SPORT ■ **jd gleicht** [**1:1/2:2/...**] **aus** qn égalise [1 à 1/2 à 2/...]
2. (*vermitteln*) ■ **jd/etw gleicht aus** qn/qc arrondit les angles
III. *vr* ■ **Dinge gleichen sich** [**durch etw**] **aus** qc s'équilibre [avec qc], qc est compensé(e) [par qc]; *s. a.* **ausgeglichen**
Ausgleichskasse *f* CH caisse *f* d'allocations familiales **Ausgleichssport** *m* sport *m* de compensation **Ausgleichstor** *nt*, **Ausgleichstreffer** *m* but *m* égalisateur
aus|gleiten *vi irreg + sein geh* ■ **jd gleitet** [**auf etw** (*dat*)] **aus** qn glisse [sur qc]
aus|gliedern *vt* ■ **jd gliedert etw aus** qn dissocie [*o* détache] qc
aus|graben *vt irreg* 1. (*aus der Erde*) ■ **jd/ein Tier gräbt etw aus** *Leiche* qn exhume qc, qn/un animal déterre qc; *Altertümer, versunkene Kultstätte, Stadt etc* qn met qc à jour
2. (*hervorholen*) ■ **jd gräbt etw aus** *alte Geschichten, Gegenstände etc* qn ressort qc
Ausgrabung *f* 1. Ø (*das Ausgraben*) exhumation *f*
2. (*Grabungsarbeiten, Grabungsort*) fouilles *fpl*; (*Grabungsfund*) trouvaille *f* faite au cours des fouilles
aus|greifen *vi irreg* ■ **jd greift aus** / *Redner*/ qn s'étend
ausgreifend *adj* ■ [**weit**] ~ *Schritte* [très] grand(e); *Bewegung* ample; ***mit weit ~en Schritten*** à grands pas, à grandes enjambées
aus|grenzen *vt* ■ **jd grenzt jdn/etw** [**aus etw**] **aus** qn exclut qn/qc [de qc]
Ausgrenzung <-> *f* Ø ■ ~ [**aus etw**] exclusion *f* [de qc]; ***er litt unter der ~ durch seine Kollegen*** il souffrait de sa mise à l'écart par ses collègues
Ausguck <-[e]s, -e> *m* NAUT vigie *f*
► **jd hält** ~ qn est en vigie
Ausguss^RR *m* 1. (*Spüle*) évier *m*
2. (*Tülle*) bec *m* [verseur]
aus|haben *irreg* I. *vt fam* 1. (*ausgezogen haben*) ■ **jd hat etw aus** qn a enlevé qc
2. (*beendet haben*) ■ **jd hat etw aus** *Buch, Artikel* qn a fini [de lire] qc; *Flasche, Teller, Suppe, Bier* qn a fini [de manger/boire] qc; *Schule* qn sort de qc
II. *vi fam* ■ **jd hat aus** qn sort
aus|hacken *vt* 1. (*entfernen*) ■ **jd hackt etw aus** *Unkraut* qn arrache qc [à la binette], qn bine qc
2. ■ **ein Tier hackt jdm/einem Tier etw aus** / *Hahn, Vogel*/ *Augen* qn lui crève qc; *Federn* qn lui arrache qc
aus|haken I. *vt* ■ **jd hakt etw aus** *Fensterladen, Kette, Reißverschluss* qn décroche qc
II. *vi impers fam* ■ **bei jdm hakt es aus** 1. (*nichts mehr verstehen*) qn n'y comprend plus rien, qn patauge
2. (*wütend werden*) qn pique une [*o* sa] crise *fam*
aus|halten *irreg* I. *vt* 1. (*ertragen können*) ■ **jd hält es/das aus** qn tient; ■ **jd hält etw aus** qn supporte qc; ***das ist ja nicht zum A~*** c'est insupportable
2. (*standhalten*) ■ **jd/etw hält etw aus** *Belastungen, Temperaturen, Temperaturschwankungen, Gewicht, Druck* qn/qc supporte qc
3. *fam* (*unterhalten*) ■ **jd hält jdn aus** qn entretient qc
► **mit jdm/etw ist es nicht auszuhalten** [*o* **nicht zum A~**] avec qn/qc, ce n'est plus possible *fam*, qn/qc est insupportable; **irgendwo lässt es sich** ~ on est pas [trop] mal [*o* pas si mal que ça] quelque part; **mit jdm lässt es sich** ~ qn est facile à vivre
II. *vi* ■ **jd hält aus** qn tient bon; ***halt noch ein bisschen aus*** (*um aufs WC zu gehen*) retiens-toi encore un peu
aus|handeln *vt* ■ **jd handelt etw** [**mit jdm**] **aus** qn négocie qc [avec qn]
aus|händigen *vt* ■ **jd händigt jdm etw aus** qn remet qc à qn
Aushändigung <-, -en> *f* remise *f*
Aushang *m* (*Bekanntmachung*) annonce *f*; (*Plakat*) affiche *f*, placard *m*; (*das Aushängen*) publication *f*
aus|hängen I. *vt* 1. (*bekannt machen*) ■ **jd/etw hängt etw aus** *Aufgebot, Nachricht, Plakat etc* qn/qc affiche qc
2. (*aus den Angeln heben*) ■ **jd hängt etw aus** *Tür, Fenster* qn démonte qc, qn sort qc de ses gonds; *Haken* qn décroche qc, qn fait sauter qc
II. *vi* 1. *irreg* ■ **etw hängt aus** / *Ankündigung, Aufgebot, Nachricht*/ qc est affiché(e)
2. CH *fam* (*genug haben*) ■ **es hängt** [**bei**] **jdm aus** qn en a marre [*o* ras le bol] de qc *fam*; (*wütend werden*) qn pique une [*o* sa] crise *fam*
III. *vr* ■ **etw hängt sich aus** / *Knitterfalten*/ qc part, qc disparaît; / *Kleid*/ qc se défroisse
Aushängeschild *nt* 1. (*Reklametafel*) enseigne *f*
2. (*Renommierstück*) vitrine *f*
aus|harren *vi* ■ **jd harrt aus** qn reste
aus|hauchen *vt geh* ■ **jd haucht etw aus** *Luft, Atem* qn expire qc; *Rauch* qn rejette qc; ***er hauchte sein Leben*** [***o seine Seele***] ***aus*** il rendit l'âme [*o*

son dernier souffle]

aus|hebeln *vt* (*zunichte machen*) ■ **jd hebelt etw aus** qn fait sauter qc

aus|heben *vt irreg* **1.** (*ausgraben*) ■ **jd hebt etw aus** *Erde, Graben, Grab* qn creuse qc; ***das ausgehobene Erdreich*** les déblais *mpl*
2. (*ausrauben*) ■ **jd hebt etw aus** *Vogelnest* qn déniche qc
3. (*hochgehen lassen*) ■ **jd hebt jdn/etw aus** */Polizei/ Schlupfwinkel, Drogenlabor etc* qn neutralise qn/qc, qn met qn/qc hors d'état de nuire; *Bande, Hehler* qn déloge [*o* débusque] qn

Aushebung <-, -en> *f* CH (*Einberufung*) sélection *f* [militaire]

aus|hecken *vt fam* ■ **jd heckt etw aus** qn manigance [*o* concocte *fam*] qc

aus|heilen I. *vt + haben* ■ **jd heilt etw aus** qn guérit qc [complètement]
II. *vi + sein* ■ **etw heilt aus** qc guérit [complètement]

aus|helfen *vi irreg* ■ **jd hilft [jdm] aus** qn donne un coup de main [à qn]; ■ **jd hilft jdm [mit etw] aus** qn dépanne qn [en lui prêtant qc]

aus|heulen I. *vi fam* ■ **jd hat ausgeheult** qn a fini [*o* terminé] de pleurer
II. *vr fam* **1.** (*weinen*) ■ **jd heult sich aus** qn pleure un bon coup *fam*
2. (*sein Leid klagen*) ■ **jd heult sich bei jdm aus** qn va pleurer chez qn

Aushilfe *f* **1.** (*Hilfe*) intérim *m*
2. (*Hilfskraft*) intérimaire *mf*
▸ **zur** ~: ***wir haben Frl. Bassler nur eine Woche zur*** ~ Mademoiselle Bassler ne fait de l'intérim chez nous que pendant une semaine; ***jd holt sich ein paar Leute zur*** ~ qn embauche quelques intérimaires; ***ich arbeite hier zur*** ~ ici, je fais de l'intérim; ***„Putzfrau zur ~ gesucht"*** offre d'emploi: femme de ménage intérimaire

Aushilfs- *-putzfrau, -sekretärin etc* intérimaire; *-lehrer* remplaçant(e); ***ein ~koch/~kellner*** un extra **Aushilfskraft** *f* intérimaire *mf* **Aushilfspersonal** *nt* personnel *m* intérimaire **aushilfsweise** *adv* ***sie ist bei dieser Firma ~ tätig*** elle est intérimaire [*o* fait de l'intérim] dans cette entreprise; ***sie steht ihren Nachbarinnen ~ als Kinderbetreuung zur Verfügung*** elle dépanne ses voisines en gardant les enfants

aus|höhlen *vt* **1.** (*unterspülen*) ■ **etw höhlt etw aus** *Ufer, Steilküste* qc sape [*o* érode] [*o* affouille] qc; ■ **jd höhlt etw aus** *Kürbis, Brötchen, Baumstamm* qn évide qc
2. (*untergraben*) ■ **jd/etw höhlt etw aus** *Autorität, Position* qn/qc sape [*o* affaiblit] qc; (*erschöpfen*) *Abwehrkraft, Gesundheit, Widerstandskraft* qn/qc épuise [*o* affaiblit] qc

Aushöhlung <-, -en> *f* **1.** *Ø* [*Ufer, Steilküste*] formation *f* [*o* creusement *m*] de cavités
2. *Ø*: ***etw hat die ~ einer S.*** (*gen*) ***zum Ziel*** qc a pour but de saper [*o* d'affaiblir] qc; ***diese ständigen Versuche zur ~ Ihrer Autorität*** ces tentatives constantes pour saper votre autorité; ***etw führt zur ~ der Gesundheit*** qc épuise [*o* ruine] la santé
3. (*kleine Höhle*) caverne *f*

aus|holen *vi* **1.** (*Schwung nehmen*) ■ **jd holt aus** */Boxer, Schläger/* qn lève la main/le bras [pour frapper]; */Tennisspieler/* qn prend son élan [pour frapper]; */Speerwerfer etc/* qn prend son élan [pour lancer]; ■ **jd holt mit etw aus** *mit Hammer, Stange, Flasche* qn soulève qc [de toutes ses forces]; *mit Schläger, Diskus, Speer, Ball* qn prend son élan avec qc; ***jd holt zum Schlag aus*** qn lève le bras pour frapper
2. (*ausschweifen*) ■ **jd holt aus** */Redner/* qn fait une digression
3. (*große Schritte machen*) ■ **jd holt aus** qn fait de grandes enjambées; ***mit weit ~den Schritten*** à grandes enjambées

aus|horchen *vt fam* ■ **jd horcht jdn [über jdn/etw] aus** qn cuisine qn [pour savoir qc sur qn/qc] *fam*

aus|hungern *vt* ■ **jd hungert jdn aus** qn réduit qn par la famine; *s. a.* **ausgehungert**

aus|husten I. *vt* ■ **jd hustet etw [aus etw] aus** *Schleim* qn expectore qc [[hors] de qc]; *verschluckte Gräte etc* qn crache qc [en toussant]
II. *vi* ■ **jd hat ausgehustet** qn a fini [*o* terminé] de tousser
III. *vr* ■ **jd hustet sich aus** qn tousse un bon coup; ***hast du dich jetzt ausgehustet?*** tu as fini [*o* terminé] de tousser, maintenant?

aus|kämmen *vt* ■ **jd kämmt etw aus** *Haare* qn peigne qc [avec soin/longuement]; *Haare, Nissen, Kaugummi etc* qn enlève qc avec le peigne

aus|keimen *vi + sein* ■ **etw keimt aus** qc germe; ■ **ausgekeimt** dégermé(e)

aus|kennen *vr irreg* **1.** (*sich zurechtfinden*) ■ **jd kennt sich aus** qn s'y connaît; ■ **jd kennt sich irgendwo aus** qn connaît bien tel endroit; ***jd kennt sich in Paris aus*** qn connaît bien Paris
2. (*Kenntnisse besitzen*) ■ **jd kennt sich [auf/in etw** (*dat*)**] aus** qn s'y connaît [en/dans qc]; ■ **jd kennt sich auf/in etw** (*dat*) **aus** qn connaît bien qc; ■ **jd kennt sich mit jdm/etw aus** qn connaît qn/qc; ***mit solchen Problemen kenne ich mich aus!*** ce genre de problèmes, ça me connaît!; ***sie kennt sich mit Kindern hervorragend aus*** elle s'y prend à merveille avec les enfants; ***kennst du dich mit Computern aus?*** tu t'y connais, en ordinateurs?; ***ich kenne mich in dieser Technik nicht aus*** je n'y connais rien à cette technique
3. (*wissen, woran man ist*) ■ **jd kennt sich bei jdm aus** qn sait où il en est avec qn

aus|kippen *vt fam* ■ **jd kippt etw [auf/über etw** (*dat*)**] aus** qn vide qc [dans/sur qc]

aus|klammern *vt* ■ **jd klammert etw aus** *Frage, Problem, Punkt* qn élude [*o* ne traite pas] qc, qn met qc entre parenthèses

Ausklang *m Ø* fin *f*; ***etw bildet den ~ einer S.*** (*gen*) qc termine qc

ausklappbar *adj* escamotable

aus|klappen *vt* ■ **jd klappt etw [aus etw] aus** qn sort qc; *Tischplatte* qn tire qc

aus|kleiden I. *vt* **1.** (*beziehen*) ■ **jd kleidet etw [mit etw] aus** qn habille [*o* recouvre] qc [de qc]
2. *geh* (*entkleiden*) ■ **jd kleidet jdn aus** qn dévêt qn *soutenu*, qn déshabille qn
II. *vr geh* ■ **jd kleidet sich aus** qn se dévêt *soutenu*, qn se déshabille

aus|klingen *vi irreg + sein geh* ■ **etw klingt [mit etw] aus** qc s'achève [*o* se termine] [par/sur qc]; */Tag/* qc décline *soutenu*; ***wir wollen diese Feierstunde mit einem Lied ~ lassen*** nous allons terminer cette petite fête en chantant

aus|klinken I. *vt* ■ **jd/etw klinkt etw aus** qn/qc largue [*o* lâche] qc
II. *vi, vr* (*frei werden*) ■ **jd/etw klinkt [sich] aus** */Bombe, Container, Pilot, Sprengkopf/* qn/qc se décroche
III. *vr* (*nicht mehr mitmachen*) ■ **jd klinkt sich [aus etw] aus** qn se retire [de qc], qn sort de qc

aus|klopfen *vt* ■ **jd klopft etw aus** qn bat qc; *Pfeife* qn débourre qc

aus|klügeln *vt fam* ■ **jd klügelt etw aus** *System, Verfahren* qn améliore [*o* perfectionne] qc; ■ **ausgeklügelt** perfectionné(e), ingénieux(-euse); *System a.* astucieux(-euse)

aus|knipsen *vt fam* ■ **jd knipst etw aus** *Licht, Lampe* qn éteint qc

aus|knobeln *vt* ■ **jd knobelt etw aus** *Angelegenheit, Plan, Vorgehensweise* qn concocte qc *fam*

ausknöpfbar *adj Futter* amovible

aus|kochen *vt* ■ **jd kocht etw aus** **1.** *Knochen, Speck* qn fait bouillir qc
2. *Wäsche, Spritzen, Instrumente* qn fait bouillir qc
3. *fam* (*sich ausdenken*) qn mijote [*o* concocte] qc *fam*; *s. a.* **ausgekocht**

aus|kommen *vi irreg + sein* **1.** (*ausreichend haben*) ■ **jd/etw kommt mit etw aus** *mit Kalorien, Essen* qn tient le coup avec qc; *mit Geld* qn y arrive avec qc, qn s'en sort avec qc; *mit Benzin, Strom* qn consomme seulement qc; ■ **jd/etw kommt ohne jdn/etw aus** qn/qc peut se passer de qn/qc
2. (*sich vertragen*) ■ **jd kommt mit jdm [gut/nicht gut] aus** qn s'entend [bien/mal] avec qn, qn s'entend [bien/ne s'entend pas] avec qn
3. AUS (*entkommen*) ■ **jd kommt aus** qn s'échappe; ■ **jd kommt jdm aus** qn échappe à qn
4. CH (*bekannt werden*) ■ **etw kommt aus** qn s'ébruite

Auskommen <-s> *nt Ø* revenu *m*, ressources *fpl*
▸ **jd hat/findet sein** ~ qn s'en sort [bien]; **mit jdm ist es kein** ~ ce n'est pas possible de s'entendre avec qn

auskömmlich I. *adj* **1.** (*ausreichend*) *Gehalt, Gewinn, Verhältnisse* suffisant(e), confortable; *Preis* modéré(e), raisonnable
2. (*verträglich*) *Mensch* facile à vivre; *Verhältnis* facile, aisé(e)
II. *adv* (*bequem*) confortablement

aus|kosten *vt* **1.** (*genießen*) ■ **jd kostet etw aus** qn savoure [*o* jouit de] qc; *Leben* qn profite [*o* jouit] de qc
2. *geh* (*erleiden*) ■ **jd muss etw ~** *Gräuel, Qualen, Verfolgungen* qn endure [*o* subit] qc
3. *fam* ■ **jd kostet etw aus** *Launen, Marotten, Streitereien* qn endure qc

aus|kotzen I. *vt sl* ■ **jd kotzt etw aus** qn dégueule *pop* [*o* dégobille *fam*] qc
II. *vi sl* ■ **jd kotzt vor jdm aus** qn gerbe devant qn *fam*
III. *vr sl* ■ **jd kotzt sich aus** qn dégueule *pop*, qn gerbe *fam*

aus|kratzen *vt* **1.** ■ **jd kratzt etw aus** qn récure [*o* gratte] qc
2. MED *s.* **ausschaben 2.**

aus|kriegen *vt fam* **1.** (*ausziehen können*) ■ **jd kriegt etw aus** *Kleidungsstück, Schuhe etc* qn arrive à enlever qc
2. (*beenden*) ■ **jd kriegt etw aus** *Buch, Zeitschrift, Artikel etc* qn finit [*o* termine] qc; *Flasche etc* qn termine [*o* vide] qc

aus|kristallisieren * *vi, vr + vi: sein, vr: haben* ■ **etw kristallisiert [sich] aus** */Honig, Harnsalze, Salze/* qc [se] cristallise

aus|kugeln I. *vr* ■ **jd kugelt sich** (*dat*) **etw aus** *Arm, Bein, Gelenk* qn se démet qc; ■ **ausgekugelt** démis(e)
II. *vt* ■ **jd kugelt jdm etw aus** qn lui démet qc

aus|kühlen I. *vt + haben* ■ **etw kühlt jdn/etw aus** qc gèle qn/qc
II. *vi + sein* ■ **jd kühlt aus** qn prend froid; ■ **etw kühlt aus** */Büro, Raum/* qc se refroidit; */Speise/* qc refroidit; ■ **jd lässt etw ~** qn laisse refroidir qc

Auskühlung *f* [*Mensch*] hypothermie *f*; ***an ~ gestorben*** mort(e) de froid

aus|kundschaften *vt* **1.** (*herausfinden*) ■ **jd kundschaftet aus, ob/wann/wie/warum** qn se renseigne pour savoir si/quand/comment/pourquoi; MIL qn va en reconnaissance pour savoir si/quand/comment/pourquoi
2. (*ausfindig machen*) ■ **jd kundschaftet etw aus** *Weg, Lage* qn reconnaît qc; *Lage a.* qn explore qc; *Versteck* qn découvre qc; MIL qn espionne qc

Auskunft <-, -künfte> *f* **1.** (*Information*) renseignement *m*; ■ **die/eine ~ über jdn/etw** le/un renseignement sur [*o* concernant] qn/qc
2. (*Schalter*) renseignements *mpl*, information *f*; EISENBAHN information *f*; (*Fernsprech~*) renseignements *mpl*
▸ **jd gibt** [*o* **erteilt**] **[jdm] eine** ~ qn donne un renseignement [à qn]; **jd holt** [*o* **zieht**] **eine ~ [über jdn/etw] [bei jdm] ein** qn se renseigne [sur qn/qc] [auprès de qn]

Auskunftei <-, -en> *f* agence *f* de renseignements

Auskunftsbeamte(r) *m*, **-beamtin** *f* agent *m* chargé de l'information du public **Auskunftsschalter** *m* guichet *m* des renseignements

aus|kungeln *vt fam* ■ **sie kungeln etw aus** ils/elles magouillent qc *fam*; ■ **jd kungelt etw mit jdm aus** qn magouille qc avec qn *fam*

aus|kuppeln *vi* ■ **jd kuppelt aus** qn débraie, qn débraye

aus|kurieren * I. *vt fam* ■ **jd kuriert etw aus** qn soigne [*o* traite] qc jusqu'à complète guérison, qn guérit complètement qc
II. *vr fam* ■ **jd kuriert sich aus** qn se soigne bien

aus|lachen I. *vt* ■ **jd lacht jdn aus** qn se moque de qn
II. *vi* ■ **jd hat ausgelacht** qn a fini de rire; ***he, hast du bald ausgelacht?*** c'est pas bientôt fini de rire, oui? *fam*

Auslad <-[e]s> *m Ø* CH (*Entladen*) déchargement *m*

aus|laden *irreg* I. *vt* **1.** (*entladen*) ■ **jd/etw lädt etw aus** *Ware, Ladung, Fahrzeug, Schiff* qn/qc décharge qc
2. *fam* (*Einladung widerrufen*) ■ **jd lädt jdn aus** qn décommande qn

II. *vi* ■ **etw lädt aus** */Baum/* qc a des rameaux retombants; */Äste/* qc retombe; */Dach, Balkon/* qc fait saillie

ausladend *adj* **1.** *Baum* qui a des [*o* aux] rameaux retombants; *Äste* retombant(e); *Kinn, Nase* proéminent(e); *Hüften, Becken* large; *Dach* en saillie
2. (*ausholend*) *Gebärde, Bewegung* ample

Auslage *f* **1.** (*Schaufenster, Schaukasten*) vitrine *f*, étalage *m*
2. (*das Auslegen*) [*Waren*] mise *f* en place
3. *meist pl* FIN [faux] frais *mpl*, débours *mpl*

aus|lagern *vt* **1.** (*verlagern*) ■ **jd lagert etw aus** qn transfère [*o* délocalise] qc; *Produktion* qn transfère qc
2. (*an einem anderen Ort lagern*) ■ **jd lagert Dinge aus** *Kunstgegenstände, wertvolle Bücher* qn enlève des choses pour les entreposer en lieu sûr
3. COM (*aus dem Lager bringen*) ■ **jd lagert etw aus** *Lagerbestände, Waren, Abteilung* qn déstocke qc

Auslagerung *f* transfert *m*

Ausland *nt* ∅ étranger *m;* ■ **das** ~ (*die Ausländer*) l'étranger; ***das westliche*** ~ les autres pays occidentaux
▸ **aus dem** ~ en provenance de l'étranger; **ins/im** ~ à l'étranger

Ausländer(in) <-s, -> *m(f)* étranger(-ère) *m(f)*; ***ein heimatloser*** ~ un apatride
▸ **unerwünschter** ~ étranger *m* indésirable

Ausländer- des étrangers; *-stelle* pour les étrangers; *~**hass*** xénophobie *f*; *~**freundlichkeit*** xénophilie *f* **ausländerfeindlich** I. *adj* xénophobe II. *adv:* ~ ***eingestellt*** qui a des opinions xénophobes; ***er hat sich besonders ~ ausgedrückt*** il a eu des propos particulièrement xénophobes **Ausländerfeindlichkeit** *f* xénophobie *f* **Ausländerwahlrecht** *nt* droit *m* de vote des étrangers **Ausländerwohnheim** *nt* foyer *m* pour étrangers

ausländisch *adj* étranger(-ère); BOT exotique

Auslands- (*mit dem Ausland*) *-handel, -beziehungen, -geschäft* avec l'étranger; (*ins Ausland gehend*) *-fracht, -brief, -gespräch, -sendung* pour l'étranger; (*im Ausland*) *-markt, -absatz, -schulden, -verschuldung* extérieur(e); *-absatz, -investition, -tournee, -schule* à l'étranger; (*für das Ausland*) *-krankenschein, -versicherung* pour l'étranger; (*das Ausland betreffend*) *-erfahrung, -bericht, -sendung, -nachrichten, -abteilung* de l'étranger; *~**nachfrage*** demande *f* en provenance de l'étranger; *~**presse*** presse *f* étrangère; *~**sendung*** émission *f* étrangère **Auslandsanleihe** *f* emprunt *m* extérieur [*o* étranger] **Auslandsaufenthalt** *m* séjour *m* à l'étranger **Auslandsdeutsche(r)** *f(m)* Allemand(e) *m(f)* [en résidence] à l'étranger **Auslandskorrespondent(in)** *m(f)* correspondant(e) *m(f)* à l'étranger **Auslandsreise** *f* voyage *m* à l'étranger **Auslandsschutzbrief** *m* AUT assistance *f* [pour l'étranger] **Auslandssemester** *nt* semestre *m* [d'études] à l'étranger **Auslandsvertretung** *f* **1.** POL légation *f* **2.** COM comptoir *m*, représentation *f* commerciale [à l'étranger]

aus|lassen *irreg* I. *vt* **1.** (*weglassen*) ■ **jd lässt etw aus** qn laisse qc de côté, qn passe qc; *Satz, Wort* qn oublie qc; (*verpassen*) *Chance, Gelegenheit* qn laisse passer qc
2. (*abreagieren*) ■ **jd lässt etw an jdm aus** qn passe qc sur qn
3. GASTR ■ **jd lässt etw aus** *Butter, Fett* qn fait fondre qc; *Speck* qn fait revenir qc
4. *fam* (*ausgeschaltet lassen*) ■ **jd lässt etw aus** qn n'allume pas qc; (*nicht anziehen*) *Kleidung* qn ne met pas qc
5. AUS (*freilassen*) ■ **jd lässt jdn/ein Tier aus** qn lâche qn/un animal
II. *vr pej* ■ **jd lässt sich über jdn/etw aus** qn dégoise *fam* [*o* jacte *pop*] sur qn/qc, qn s'étend sur qc
III. *vi* AUS (*loslassen*) ■ **jd/ein Tier lässt aus** qn/un animal lâche; ***lass aus, das ist mein Ball/Auto!*** laisse ça, c'est mon ballon/ma voiture!; *s. a.* **ausgelassen**

Auslassung <-, -en> *f* **1.** ∅ (*das Weglassen*) omission *f*
2. (*weggelassene Stelle*) oubli *m* volontaire, omission *f*
3. *pl pej* (*Äußerungen*) remarques *fpl* désobligeantes

Auslassungspunkte *pl* points *mpl* de suspension **Auslassungszeichen** *nt* apostrophe *f*

aus|lasten *vt* **1.** (*voll beanspruchen*) ■ **jd/etw lastet etw aus** *Förderbänder, Produktionskapazität, Maschine, Motor* qn/qc utilise qc à plein rendement [*o* à pleine capacité]
2. (*voll fordern*) ■ **jd/etw lastet jdn aus** qn/qc occupe [*o* sollicite] qn pleinement; ■ **[jd ist] ausgelastet** [qn est] très occupé(e) [*o* sollicité(e)]

Auslauf *m* **1.** ∅ (*Bewegungsfreiheit*) espace *m* [pour se dépenser]
2. (*Ausfluss*) [*See, Teich*] écoulement *m*

aus|laufen *irreg* I. *vi + sein* **1.** (*herauslaufen*) ■ **etw läuft [aus etw] aus** */Flüssigkeit/* qc [s'é]coule [*o* fuit] [de qc]; ■ **etw läuft aus** */Behälter, Wasserbett/* qc fuit; */Auge, Blase, Ei/* qc coule
2. NAUT ■ **jd/etw läuft aus** qn/qc appareille
3. (*nicht fortgeführt werden*) ■ **etw läuft aus** */Modell, Serie/* qc est en fin de série, qc n'est plus fabriqué(e), la fabrication de qc est arrêtée
4. (*enden*) ■ **etw läuft aus** */Straße, Weg/* qc se termine, qc s'arrête; */Vertrag etc/* qc expire
5. (*ein bestimmtes Ende nehmen*) ■ **etw läuft irgendwie aus** */Prüfung, Prozess, Plan, Vorhaben/* qc finit [*o* se termine] d'une certaine manière; ***wie ist die Prüfung ausgelaufen?*** comment s'est passé ton examen, finalement?
6. (*zum Stillstand kommen*) ■ **jd/etw läuft aus** */Schwungrad, Förderband/* qn/qc ralentit; */Läufer, Skispringer/* qn termine sa course [en ralentissant progressivement]
7. (*übergehen in*) ■ **etw läuft in etw** (*akk*) **aus** */Strand, Straße/* qc se prolonge par qc; */Berge/ in Ebene* qc fait place à qc; */Streit, Ehekrach etc/ in Versöhnung* qc se termine par qc
II. *vr + haben* ■ **jd läuft sich aus** */Kinder/* qn se dépense, qn s'ébat

Ausläufer <-s, -> *m* **1.** METEO queue *f*, ciel *m* de traîne
2. *meist pl* GEOG contreforts *mpl*
3. BOT rejet[on] *m*

Ausläufer(in) <-s, -> *m(f)* CH (*Bote*) coursier *m*, garçon *m* de courses

aus|laugen *vt* **1.** (*Nährstoffe entziehen*) ■ **etw laugt etw aus** *Boden* qc lessive qc; (*austrocknen*) *Haut* qc dessèche qc
2. (*erschöpfen*) ■ **etw laugt jdn aus** qc épuise qn, qc exténue qn

Auslaut *m* syllabe *f* finale

aus|lauten *vi* ■ **etw lautet auf etw** (*akk*) **aus** qc se termine par [*o* en] qc; ■ **~d** *Konsonant, Silbe* final(e)

aus|leben I. *vr* **1.** (*das Leben auskosten*) ■ **jd lebt sich aus** qn profite de la vie, qn se donne du bon temps *fam*
2. (*sich verwirklichen*) ■ **etw lebt sich aus** */Fantasie, Gelüste, Hass etc/* qc se manifeste, qc s'exprime
II. *vt geh* ■ **jd lebt etw aus** *Lüste, Gelüste, Neigungen* qn exprime qc, qn objective qc *soutenu*

aus|lecken *vt* ■ **jd/ein Tier leckt etw aus** qn/un animal lèche qc

aus|leeren *vt* ■ **jd leert etw aus** qn vide qc; ■ **jd leert etw irgendwo aus** qn vide qc quelque part; ■ **jd leert etw über jdm [*o* jdn]/etw aus** qn vide qc sur qn/qc

aus|legen *vt* **1.** (*ausbreiten*) ■ **jd legt etw aus** *Waren, Einzelteile, Saatgut* qn étale qc; (*verlegen*) *Köder* qn place qc, qn dépose qc
2. (*bedecken*) ■ **jd legt etw [mit etw] aus** *mit Teppichen, Teppichboden, Bodenbelag* qn recouvre le sol de qc [avec [*o* de] qc]; (*pflastern*) qn recouvre qc [de qc]; *mit Pflaster* qn pave qc [de qc]; ***etw ist mit Teppichböden ausgelegt*** qc est moquetté(e); ***im Flur sollte man eigentlich einen Läufer*** ~ on devrait mettre un tapis dans le couloir
3. (*erklären*) ■ **jd legt jdm etw aus** *Plan, Problem, Horoskop, Konstellation* qn explique qc à qn
4. (*deuten*) ■ **jd legt etw irgendwie aus** qn interprète qc
5. (*vorstrecken*) ■ **jd legt jdm etw aus** *Geld* qn avance qc à qn
6. TECH (*konzipieren*) ■ **jd legt etw irgendwie aus** qn conçoit qc d'une certaine manière; ■ **etw ist … ausgelegt** */Federung, Stoßdämpfer, Fahrgestell/* qc est …; ■ **jd legt etw für etw aus** qn conçoit [*o* prévoit] qc pour qc; ■ **etw ist auf etw** (*akk*) **ausgelegt** */Motor, Reifen, Bremsen/* qc est fait(e) [*o* conçu(e)] pour [faire] qc

Auslegeordnung *f* CH **1.** MIL passage *m* en revue
2. (*Zusammenstellung*) liste *f*

Ausleger <-s, -> *m* **1.** TECH [*Kran etc*] flèche *f*
2. NAUT balancier *m*

Auslegung <-, -en> *f* (*Deutung*) interprétation *f*; (*Erklärung*) [*Plan, Problem, Horoskop, Konstellation*] explication *f*

Auslegungssache *f* question *f* [*o* affaire *f*] d'interprétation

aus|leiden *vi irreg geh* ■ **jd hat ausgelitten** qn a fini [*o* cessé] de souffrir

aus|leiern I. *vt + haben fam* ■ **jd/etw leiert etw aus** *Gummizug, Feder, Uhrwerk* qn/qc détend qc
II. *vi + sein* ■ **etw leiert aus** qc se détend

Ausleihe <-, -n> *f* **1.** (*das Ausleihen*) prêt *m*
2. (*Schalter*) guichet *m* de prêt

aus|leihen *irreg* I. *vt* ■ **jd leiht [jdm/an jdn] etw aus** qn prête qc [à qn]
II. *vr* ■ **jd leiht sich** (*dat*) **etw [bei/von jdm] aus** qn emprunte qc [à qn]

aus|lernen *vi* ■ **jd hat ausgelernt** */Lehrling/* qn a terminé son apprentissage; */Schüler, Student etc/* qn a terminé ses études; ■ **ausgelernt** diplômé(e)
▸ **man lernt nie aus** *prov* on n'a jamais fini d'apprendre, on en apprend tous les jours

Auslese <-, -n> *f* **1.** (*Elite*) ■ **die** ~ l'élite *f*
2. (*Wein*) grande cuvée *f*, grand cru *m*
3. ∅ (*Auswahl*) ■ **eine ~ von etw** un choix [*o* une sélection] de qc
▸ **natürliche** ~ sélection *f* naturelle; **jd trifft eine ~, jd nimmt eine ~ vor** qn fait son choix

aus|lesen *irreg* I. *vt* ■ **jd liest etw aus** qn finit [*o* termine] de lire qc
II. *vi* ■ **jd liest aus** qn finit [*o* termine] de lire

Ausleseprozess[RR] *m* [processus *m* de] sélection **Ausleseverfahren** *nt* [système *m* de] sélection

aus|leuchten *vt* **1.** (*mit Licht*) ■ **jd leuchtet etw aus** qn éclaire qc
2. (*die Hintergründe klären*) ■ **jd leuchtet etw aus** *Angelegenheit, Frage, Affäre* qn fait la lumière sur qc

aus|liefern *vt* **1.** (*liefern*) ■ **jd/etw liefert etw [an jdn] aus** *Bestellung, Waren* qn/qc livre qc [à qn]
2. (*überstellen*) ■ **jd liefert jdn [an jdn/etw] aus** qn livre [*o* remet] qn [à qn/qc]
3. (*preisgeben*) ■ **jd ist jdm/einer S. ausgeliefert** qn est livré(e) à qn/qc

Auslieferung *f* **1.** COM livraison *f*
2. POL, JUR extradition *f*; [*Geisel*] remise *f*

aus|liegen *vi irreg* **1.** (*zum Verkauf liegen*) ■ **etw liegt aus** qc est à l'étalage; ■ **etw liegt in etw** (*dat*) **aus** */Waren/* qc est exposé(e) dans qc
2. (*bereitliegen*) ■ **etw liegt [für jdn/zu etw] aus** */Prospekte, Zeitschriften, Unterschriftslisten, Wählerverzeichnisse etc/* qc est à la disposition [de qn/pour qc]; ■ **etw liegt [irgendwo] aus** */Schlinge, Reuse etc/* qc est posé(e) [quelque part]

Auslinie [-liːniə] *f* (*bei Fußball*) ligne *f* de touche; (*bei Tennis, Hockey etc*) limite *f*

aus|löffeln *vt* ■ **jd löffelt etw aus** *Brei, Suppe etc* qn mange qc [à la cuillère]; *Teller* qn vide qc [à la cuillère]
▸ **jd muss etw** ~ *fam* (*ausbaden*) qn paie pour qc, qn trinque pour qc *fam*; ***was du dir eingebrockt hast, musst du selbst*** ~ c'est à toi de payer les pots cassés si tu es responsable

aus|loggen *vr* INFORM ■ **jd loggt sich aus** qn clôt une/la session

aus|löschen *vt* **1.** (*löschen*) ■ **jd löscht etw aus** *Feuer* qn éteint qc; *Kerze* qn éteint [*o* souffle] qc

2. (*beseitigen*) ■ **jd/etw löscht etw aus** *Inschriften, Spuren, Schrift* qn/qc efface qc
3. *geh* (*tilgen*) ■ **jd/etw löscht etw aus** *Erinnerung, Schmach* qn/qc efface qc; (*vernichten*) *Existenz, Leben, Menschenleben* qn/qc anéantit [*o* détruit] qc; *Volk* qn/qc élimine qc

aus|losen I. *vt* ■ **jd lost jdn/etw aus** qn tire qn/qc au sort
II. *vi* ■ **jd lost aus** qn tire au sort

aus|lösen *vt* 1. (*in Gang setzen*) ■ **jd/etw löst etw aus** *Mechanismus, Kameraverschluss, Alarm* qn/qc déclenche qc; *Bombe* qn/qc lâche qc
2. (*bewirken*) ■ **jd/etw löst [bei jdm] etw aus** *Wirkung, Beifall, Begeisterung, Mitgefühl, Überraschung, Erleichterung, Verwunderung, Betroffenheit* qn/qc déclenche [*o* provoque] qc [chez qn]; *Reaktion* qn/qc déclenche [*o* provoque] qc [chez qn]; *Aufstand, Widerstand, Protest* qn/qc déclenche [*o* provoque] qc [auprès de [*o* chez] qn]
3. (*einlösen*) ■ **jd löst etw aus** *Pfand* qn dégage qc; *abgeschlepptes Auto* qn reprend [*o* récupère] qc [contre paiement d'une amende]; ■ **jd löst jdn aus** (*freikaufen*) *Gefangene* qn libère qn [contre paiement d'une rançon]
4. DIAL ■ **jd löst etw aus** *Knochen etc* qn enlève [*o* retire] qc

Auslöser <-s, -> *m* 1. PHOT déclencheur *m*, bouton *m* de déclenchement
2. PSYCH (*auslösendes Moment*) déclencheur *m*
3. *fam* (*Anlass*) motif *m*, raison *f*; ***etw ist der ~ für etw*** qc déclenche [*o* provoque] qc

Auslosung <-, -en> *f* tirage *m* au sort

Auslösung *f* 1. [*Falltür, Mechanismus, Kameraverschluss, Alarm*] déclenchement *m*
2. [*Reaktion*] apparition *f*; [*Aufstand*] déclenchement *m*
3. [*Pfand*] dégagement *m*; [*abgeschlepptes Auto*] retrait *m* [de la fourrière], récupération *f* [à la fourrière]; [*Gefangene*] libération *f* [contre paiement d'une rançon]
4. (*Aufwandsentschädigung*) indemnité *f*

aus|loten *vt* 1. NAUT ■ **jd lotet etw aus** *Tiefe des Fahrwassers* qn sonde qc
2. *geh* (*ergründen*) ■ **jd lotet etw aus** *jds Wesen, Charakter* qn sonde [*o* évalue] qc; *Rechtslage, Risiken a.* qn analyse qc; ■ **jd lotet jdn aus** qn sonde qn

aus|machen *vt* 1. (*ausschalten*) ■ **jd macht etw aus** qn éteint qc
2. (*ermitteln*) ■ **jd/etw macht etw aus** *Grund, Zahl der Opfer* qn/qc détermine qc; *Flugzeug, Position* qn/qc repère qc; ■ **jd/etw macht jdn/etw aus** (*entdecken*) *verdächtige Gestalt, Stern, Abtrünnige, Bewegung* qn aperçoit [*o* voit] qn/qc
3. (*vereinbaren*) ■ **jd macht etw [mit jdm] aus** *Termin, Treffen, Uhrzeit, Ort* qn fixe qc [avec qn], qn décide de qc/que ... + *indic* [avec qn]; ■ **ausgemacht** *Zeitpunkt, Termin, Ort* fixé(e), convenu(e)
4. (*abmachen*) ■ **jd macht etw mit sich** (*dat*) **[selbst] aus** qn décide qc [en son âme et conscience]; ■ **jd macht etw [...] aus** *Streit, Meinungsverschiedenheit* qn règle qc
5. (*darstellen*) ■ **etw macht etw aus** qc fait qc; ***die paar Brocken Englisch machen noch keinen Dolmetscher aus*** ce n'est pas parce qu'on connaît quelques mots d'anglais qu'on est [pour autant] interprète
6. (*betragen*) ■ **etw macht etw aus** *Unterschied* qc fait qc; (*sich summieren*) *zeitlicher Rückstand* qc représente qc; ***der Unterschied zwischen den beiden Geräten macht 17500 Mark aus*** la différence entre ces deux appareils est de 17500 DM; ***die Verspätung des Zuges macht schon 2 Stunden aus*** le train a déjà deux heures de retard
7. (*bewirken*) ■ **etw macht etwas/viel/nichts aus** qc fait effet/fait beaucoup d'effet/n'a aucun effet; ***der Protest würde doch nichts ausmachen*** protester ne servirait à rien
8. (*beeinträchtigen*) ■ **etw macht jdm etwas/nichts aus** qc dérange/ne dérange pas qn

aus|malen I. *vr* ■ **jd malt sich** (*dat*) **etw aus** *Plan, Urlaub, Zukunft* qn se représente qc, qn s'imagine qc, qn se figure qc
II. *vt* ■ **jd/etw malt jdm etw aus** *Vorzüge, Strafe, Komfort, landschaftliche Schönheit* qn/qc dépeint [*o* décrit] qc à qn

aus|manövrieren * [-øvriː-] *vt* ■ **jd manövriert jdn/etw aus** qn évince qn/qc

Ausmaß *nt* 1. (*Fläche*) étendue *f*; (*Größe*) taille *f*
2. [*Schaden, Katastrophe, Unglück, Verwüstung etc*] ampleur *f*, étendue *f*
▶ **etw nimmt ... ~e an** qc prend des proportions ...

aus|mehren *vt* CH ■ **jd mehrt jdn/etw aus** qn élit qn/qn décide de qc par un vote à main levée

aus|merzen *vt* 1. (*ausrotten*) ■ **jd merzt jdn/etw aus** *Minderheit, Volksgruppe* qn élimine [*o* liquide] qn; *Unkraut, Schädlinge* qn élimine qc
2. (*beseitigen*) ■ **jd merzt etw aus** *Nachlässigkeiten, Fehler* qn supprime qc; *Übelstände a.* qn éradique qc *soutenu*

aus|messen *vt irreg* ■ **jd misst etw aus** qn mesure qc, qn prend les mesures de qc

Ausmessung *f* 1. ∅ (*das Ausmessen*) [*Raum, Fläche*] mesurage *m*; ***zu zweit geht die ~ des Zimmers schneller*** c'est plus rapide de prendre les mesures de la pièce à deux
2. *pl* (*Abmessungen*) mesures *fpl*, dimensions *fpl*

aus|misten I. *vt* ■ **jd mistet etw aus** *Stall* qn nettoie qc; *fam Schrank, Schublade, Keller, Zimmer* qn fait le grand ménage de qc, qn fait le nettoyage par le vide dans qc *fam*
II. *vi* ■ **jd mistet aus** (*im Stall*) qn nettoie l'étable/l'écurie/la porcherie; *fig fam* qn fait le nettoyage par le vide *fam*

aus|mustern *vt* 1. (*aussortieren*) ■ **jd mustert etw aus** *Gerät, Maschine, Fahrzeug, Möbel* qn réforme qc; *Technik, Artikel* qn abandonne qc
2. MIL ■ **jd mustert jdn aus** qn réforme qn

Ausnahme <-, -n> *f* exception *f*
▶ **~n bestätigen die Regel** *prov* l'exception confirme la règle; **etw ist [bei jdm/etw] die ~** qc est exceptionnel(le) [chez qn/dans qc]; **jd macht [mit jdm/etw] eine/keine ~** qn fait une exception/ne fait pas d'exception avec [*o* pour] qn/qc; **mit ~ von jdm, mit jds ~** excepté qn; **mit einer ~** à une exception [près]; **ohne [jede] ~** sans [aucune] exception

Ausnahmebestimmung *f* disposition *f* [*o* mesure *f*] d'exception **Ausnahmeerscheinung** *f* cas *m* exceptionnel [*o* d'exception] **Ausnahmefall** *m* cas *m* exceptionnel [*o* d'exception], exception *f* **Ausnahmegenehmigung** *f* autorisation *f* exceptionnelle [*o* spéciale] **Ausnahmeregelung** *f* règlement *m* d'exception **Ausnahmesituation** *f* situation *f* exceptionnelle [*o* d'exception] **Ausnahmezustand** *m* état *m* d'urgence ▶ **jd verhängt [über etw** (*akk*)**] den ~** qn décrète [*o* proclame] l'état d'urgence dans qc

ausnahmslos I. *adv* sans exception
II. *adj* sans exception

ausnahmsweise *adv* exceptionnellement, à titre exceptionnel

aus|nehmen *irreg* I. *vt* 1. (*ausweiden*) ■ **jd nimmt etw aus** *Fisch, Geflügel, Schlachtvieh, Wild* qn vide [*o* éviscère] qc
2. (*ausschließen*) ■ **jd nimmt jdn [von etw] aus** *von Anordnung, Regelung, Maßnahme* qn excepte qn [de qc], qn met qn à part [de qc]; (*befreien*) *von Pflicht, Verpflichtung, Aufgabe* qn dispense qn [de qc]
3. *fam* (*viel Geld abnehmen*) ■ **jd nimmt jdn aus** (*beim Glücksspiel*) qn plume qn *fam*; (*beim Kauf*) qn arnaque qn *fam*
4. AUS (*erkennen*) ■ **jd nimmt jdn/etw aus** *Auto, Passant* qn aperçoit [*o* voit] qn/qc
II. *vr geh* ■ **jd/etw nimmt sich ... aus** qn/qc fait [un effet] ...; ***jd nimmt sich gut aus*** qn fait bel effet; ■ **jd/etw nimmt sich neben jdm/etw wie jd/etw aus** qn/qc fait l'effet de qn/qc à côté de [*o* comparé(e) à] qn/qc; *s. a.* **ausgenommen**

ausnehmend I. *adj geh Erscheinung, Schönheit, Eleganz* tout(e) particulier(-ère), extraordinaire, exceptionnel(le)
II. *adv* extraordinairement, tout particulièrement

aus|nüchtern I. *vt* + *haben* ■ **jd nüchtert jdn aus** qn dégrise qn
II. *vi, vr* + *vi: sein, vr: haben* ■ **jd nüchtert [sich] aus** qn se dégrise, qn cuve son vin/sa bière *fam*

Ausnüchterung <-, -en> *f* dégrisement *m*

Ausnüchterungszelle *f* cellule *f* de dégrisement

aus|nutzen *vt* 1. (*ausbeuten*) ■ **jd nutzt jdn aus** qn exploite qn
2. (*sich zunutze machen*) ■ **jd nutzt etw aus** qn profite de qc

ausnützen *vt bes.* SDEUTSCH, AUS *s.* **ausnutzen**

Ausnutzung <-> *f* ∅ 1. (*Ausbeutung*) [*Menschen*] exploitation *f*
2. (*das Wahrnehmen*) [*Gelegenheit, Chance*] mise *f* à profit; ■ **unter ~ von jds etw** *von jds Gutgläubigkeit, Leichtsinn, Unerfahrenheit* en profitant de qc de qn; ***unter ~ von jds Unerfahrenheit*** en profitant de l'inexpérience de qn

Ausnützung <-> *f* ∅ *bes.* SDEUTSCH, AUS *s.* **Ausnutzung**

aus|packen I. *vt* ■ **jd packt etw aus** *Koffer, Reisetasche etc* qn défait qc; *Paket, Geschenk* qn ouvre qc; *Kiste, Gegenstand* qn déballe qc
II. *vi* ■ **jd packt aus** 1. (*Koffer ~*) qn défait sa valise/les valises [*o* bagages]; (*Paket ~*) qn ouvre le paquet/les paquets; (*Kiste ~*) qn déballe la caisse/les caisses
2. *fam* (*gestehen*) qn se met à table *fam*; (*seine Meinung sagen*) qn vide son sac *fam*

aus|peitschen *vt* ■ **jd peitscht jdn aus** qn fouette qn; ***die Strafe des A~s*** la peine du fouet, le fouet

aus|pfeifen *vt irreg* ■ **jd pfeift jdn/etw aus** qn siffle [*o* hue] qn/qc

aus|pflanzen *vt* ■ **jd pflanzt etw aus** qn transplante qc

aus|plaudern *vt* ■ **jd plaudert etw aus** qn rapporte

aus|plündern *vt* 1. (*ausrauben*) ■ **jd plündert etw aus** *Ortschaft, Laden* qn pille qc, qn met qc à sac
2. *hum* (*leer räumen*) ■ **jd plündert etw aus** *Kühlschrank, Speisekammer etc* qn dévalise qc *fam*
3. *fam* (*ausnehmen*) ■ **jd plündert jdn aus** (*beim Glücksspiel*) qn plume qn *fam*; (*beim Kauf*) qn arnaque qn *fam*

aus|posaunen * *vt fam* ■ **jd posaunt etw aus** qn crie qc sur [tous] les toits, qn chante qc *fam*

aus|prägen *vr* ■ **etw prägt sich [in etw** (*dat*)**] aus** qc s'exprime [dans qc]; *s. a.* **ausgeprägt**

Ausprägung <-> *f* 1. ∅ [*Begabung, Charaktereigenschaft*] expression *f*; ***die ~ des Charakters erfolgt bereits im frühkindlichen Stadium*** le caractère s'exprime dès la petite enfance
2. ∅ (*Akzentuierung*) degré *m* [d'acuité]

aus|pressen *vt* 1. (*herauspressen*) ■ **jd presst etw aus** *Saft, Schwamm, Südfrüchte etc* qn presse qc
2. (*ausbeuten*) ■ **jd presst jdn/etw aus** *Land, Mensch* qn pressure [*o* ponctionne *fam*] qn/qc
3. (*brutal ausfragen*) ■ **jd presst jdn aus** qn presse qn de questions, qn soumet qn à un interrogatoire musclé

aus|probieren * I. *vt* 1. (*erproben*) ■ **jd probiert jdn/etw aus** *neuen Mitarbeiter, Zahnarzt etc* qn essaie qn *fam*; *Auto, Bett, Möbelstück etc* qn essaie qc
2. (*es versuchen mit*) ■ **jd probiert es mit jdm aus** /*Arbeitgeber, Chef*/ qn fait un essai avec qn
II. *vi* ■ **jd probiert aus, ob/wie** qn teste si/comment, qn fait l'/un essai pour voir si/comment

Auspuff <-[e]s, -e> *m* pot *m* d'échappement

Auspuffgase *pl* gaz *mpl* d'échappement **Auspuffkrümmer** <-s, -> *nt* tubulure *f* d'échappement **Auspuffrohr** *nt* tuyau *m* d'échappement **Auspufftopf** *m* pot *m* d'échappement, silencieux *m* [d'échappement]

aus|pumpen *vt* 1. (*leer pumpen*) ■ **jd pumpt etw aus** *Behälter, Wanne,*

Teich, Keller, Wasser qn pompe qc, qn vide qc [à l'aide d'une pompe]; *Magen* qn fait un lavage de qc
2. *fam* (*erschöpfen*) ■ **etw pumpt jdn aus** qn pompe [*o* lessive] qn *fam;* ■ **jd ist ausgepumpt** qn est pompé(e) [*o* lessivé(e)] *fam*
aus|pusten *vt fam* ■ **jd pustet etw aus** qn souffle qc
aus|putzen *vt* ■ **jd putzt etw aus** qn nettoie qc
aus|quartieren * *vt* ■ **jd quartiert jdn aus** qn déloge qn; ■ **jd quartiert jdn in etw** (*akk*) **aus** qn héberge [provisoirement] qn dans qc
aus|quetschen *vt* 1. (*auspressen*) ■ **jd quetscht etw aus** *Saft, Südfrüchte* qn presse qc
2. *fam* (*ausfragen*) ■ **jd quetscht jdn [über jdn/etw] aus** qn cuisine qn [à propos [*o* au sujet] de qn/qc] *fam*
aus|radieren * *vt* 1. (*mit Radiergummi*) ■ **jd radiert etw aus** qn gomme qc
2. (*vernichten*) ■ **jd/etw radiert etw aus** *Stadt, Stadtteil* qn raye [*o* raie] qc de la carte; *Menschheit, Volk* qn extermine qn/qc
aus|rangieren * [-raŋ'ʒiːrən, -rã'ʒiːrən] *vt* ■ **jd rangiert etw aus** qn met qc au rebut [*o* rancart *fam*]
aus|rasieren * *vt* ■ **jd rasiert [jdm] etw aus** *Haaransatz, Koteletten* qn [lui] rafraîchit qc; *Nacken* qn [lui] rase qc
aus|rasten I. *vi + sein* 1. TECH ■ **etw rastet aus** /*Fußraste, Feststellknopf*/ qc sort
2. *hum fam* ■ **jd rastet aus** qn pique sa crise *fam*, qn craque *fam*
II. *vi impers + haben fam* ■ **es rastet bei jdm aus** 1. (*durchdrehen*) qn pique une crise *fam*
2. (*nichts mehr verstehen*) qn patauge [*o* nage] *fam*, qn pédale dans la semoule *fam*
aus|rauben *vt* ■ **jd raubt jdn/etw aus** qn dévalise qn/qc; *Grabstätte* qn pille qc
aus|rauchen I. *vt* ■ **jd raucht etw aus** qn termine [*o* finit] [de fumer] qc
II. *vi* ■ **jd raucht aus** qn termine [*o* finit] [de fumer] sa cigarette/sa pipe/son cigare/...
aus|räuchern *vt* ■ **jd räuchert jdn/ein Tier aus** qn enfume qn/un animal [pour le/la faire sortir]
aus|raufen *vr* ■ **jd rauft sich** (*dat*) **etw aus** qn s'arrache qc
aus|räumen *vt* ■ **jd räumt etw aus** 1. (*beseitigen*) *Missverständnisse, Konflikt* qn règle qc; *Zweifel, Bedenken* qn lève [*o* balaie] qc
2. (*herausräumen*) *Möbel, verpackte Gegenstände* qn sort qc; (*leer räumen*) *Schränke, Schubladen, Kisten* qn vide qc
3. MED *Krebsgeschwulst* qn enlève [*o* curette] qc
aus|rechnen I. *vt* (*ermitteln*) ■ **jd rechnet etw aus** qn calcule [*o* évalue] qc; *Gewicht, Länge, Summe, Zahlen* qn calcule qc; *Mathematikaufgabe* qn résout qc; ■ **jd rechnet aus, wie viel/ob/wie** qn calcule combien/pour voir si/comment, qn fait le calcul [*o* une estimation] pour voir combien/si/comment
II. *vr* 1. (*kalkulieren mit*) ■ **jd rechnet sich** (*dat*) **etw aus** *Chancen, Gewinn, Sitze, Wählerstimmen, Prozente* qn escompte [*o* compte sur] qc
2. (*sich vorstellen*) ■ **jd kann sich** (*dat*) **etw** ~ qn estime qc; ***das kannst du dir leicht*** ~ tu dois bien le penser
3. (*sich berechnen lassen*) ■ **etw lässt sich** ~ /*Dauer, Gleichung, Summe*/ on peut [*o* il est possible de] calculer qc; (*sich vorstellen können*) on peut deviner [*o* estimer] qc/que + *indic; s. a.* **ausgerechnet**
Ausrede *f* excuse *f*, prétexte *m*; ***keine ~n!*** pas d'excuses!
▸ **faule** ~ faux prétexte *m*, faux-fuyant *m*
aus|reden I. *vi* ■ **jd redet aus** qn termine [*o* finit] de parler; ■ **jd lässt jdn** ~ qn laisse terminer [*o* finit] qn
II. *vt* (*abbringen*) ■ **jd redet jdm etw aus** *Anschaffung, Plan, Vorhaben* qn dissuade qn de qc/de faire qc
III. *vr bes.* AUS (*sich aussprechen*) ■ **sie reden sich aus** ils/elles [en] discutent [*o* parlent]
aus|reiben *vt irreg* ■ **jd reibt etw aus** 1. *Fleck etc* qn frotte qc
2. (*trockenreiben*) *Topf, Pfanne, Geschirr, Gläser* qn essuie qc [en frottant]
aus|reichen *vi* 1. (*genügen*) ■ **etw reicht [für jdn/etw] aus** qc suffit [*o* est suffisant(e)] [pour qn/qc]; ■ **etw reicht für jdn aus** qc lui suffit; ***das reicht aus um etw zu tun*** c'est assez pour faire qc
2. (*hinkommen*) ■ **jd reicht mit etw aus** *fam* qn tient avec qc
ausreichend I. *adj* (*genügend*) suffisant(e); SCOL satisfaisant
II. *adv* suffisamment
aus|reifen *vi + sein* 1. ■ **etw reift aus** /*Frucht, Wein*/ qc arrive à maturité [*o* mûrit]
2. ■ **etw ist ausgereift** /*These, Theorie, Idee*/ qc arrive à maturité [*o* mûrit]; /*Technik*/ qc est au point; /*Idee*/ qc est arrivé(e) à maturité
Ausreise *f* sortie *f* [du territoire]
Ausreiseantrag *m* demande *f* [d'autorisation] de sortie du territoire **Ausreiseerlaubnis** *f*, **Ausreisegenehmigung** *f* autorisation *f* [*o* permis *m*] de sortie du territoire, visa *m*
aus|reisen *vi + sein* ■ **jd reist aus** qn quitte le territoire [*o* pays]
Ausreisevisum [-viː-] *nt* visa *m* de sortie **Ausreisewillige(r)** *f(m) decl wie adj* volontaire *mf* pour quitter le territoire [*o* pays]
aus|reißen *irreg* I. *vt + haben* ■ **jd reißt [jdm/einem Tier] etw aus** qn [lui] arrache qn/qc arrache qc [à un animal]
II. *vi + sein* 1. (*sich lösen*) ■ **etw reißt [aus etw] aus** qc s'arrache
2. (*einreißen*) ■ **etw reißt aus** /*Naht*/ qc lâche [*o* pète] *fam;* /*Knopfloch*/ qc se découd
3. *fam* (*davonlaufen*) ■ **jd reißt aus** qn se sauve; ■ **jd reißt jdm aus** qn lui file entre les doigts
Ausreißer(in) <-s, -> *m(f)* 1. *fam* (*Mensch, Tier*) fugueur(-euse) *m(f)*
2. (*Ausnahmeerscheinung*) exception *f*
aus|reiten *irreg* I. *vi + sein* ■ **jd reitet aus** qn sort à cheval
II. *vt + haben* ■ **jd reitet ein Tier aus** qn promène [*o* sort] un animal; ***jd reitet sein Pferd voll aus*** qn fait galoper son cheval
aus|reizen *vt* ■ **jd reizt etw aus** 1. KARTEN *Blatt* qn atteint l'enchère maximum autorisée
2. (*ausschöpfen*) *Thema* qn épuise qc; *Möglichkeiten* qn épuise qc, qn exploite qc à fond
aus|renken I. *vt* ■ **jd renkt jdm etw aus** *Glied* qn lui déboîte [*o* démet] qc
II. *vr* ■ **jd renkt sich** (*dat*) **etw aus** qn se déboîte [*o* démet] qc
aus|richten I. *vt* 1. (*aufstellen*) ■ **jd richtet jdn/etw aus** *Schachfiguren* qn dispose [*o* aligne] qc; *Rekruten, Schüler* qn fait s'aligner qn
2. (*einstellen*) ■ **jd richtet etw [auf etw (*akk*)] aus** *Kamera, Teleskop, Antenne, Satellit* qn oriente qc [en direction de qc]; (*abstellen*) *Maßnahmen, Produktion* qn oriente [*o* adapte] qc [en fonction de qc]
3. (*veranstalten*) ■ **jd richtet [jdm] etw aus** *Hochzeit, Fest, Essen* qn [lui] organise qc
4. (*erreichen*) ■ **jd richtet bei jdm etwas/nichts aus** qn obtient quelque chose de qn/n'obtient rien de qn
5. (*übermitteln*) ■ **jd richtet jdm etw aus** *Gruß, Botschaft, Nachricht* qn transmet qc à qn; ***bitte richten Sie ihm einen Gruß [von mir] aus*** soyez gentil(le) de lui donner le bonjour [de ma part], donnez-lui le bonjour [de ma part]; ■ **jd richtet jdm aus, dass** qn dit à qn que + *indic*
6. AUS (*schlecht machen*) ■ **jd richtet jdn aus** qn dit du mal de qn, qn critique qn
7. CH (*zahlen*) ■ **jd richtet jdm etw aus** *Gehalt, Entschädigung* qn paie qc à qn
II. *vr* 1. (*sich aufstellen*) ■ **jd richtet sich [nach jdm] aus** qn se range [aux côtés de/devant/derrière qn]
2. (*sich nach etw richten*) ■ **jd richtet sich an etw** (*dat*) **aus** qn se range à qc; ***jede Politik sollte sich an den Menschenrechten*** ~ toute politique se devrait de faire respecter les droits de l'homme
Ausrichter(in) <-s, -> *m(f)* organisateur(-trice) *m(f)*
Ausrichtung *f* ∅ 1. (*Veranstaltung*) [*Fest, Hochzeit*] organisation *f*
2. (*Übermittlung*) [*Botschaft, Gruß, Nachricht*] transmission *f*; ***er bat sie um die ~ dieser Nachricht*** il lui demanda de transmettre cette nouvelle
3. (*Einstellung*) ■ **die ~ auf etw** (*akk*) [*Antenne*] l'orientation [de qc] en direction de qc; [*Teleskop a.*] la mise au point [de qc] sur qc
4. (*Orientierung*) ■ **die ~ an etw** (*dat*) *an Vorbildern, Prinzipien* l'orientation vers qc
Ausritt *m* sortie *f* à cheval
aus|rollen I. *vt + haben* ■ **jd rollt etw aus** 1. (*entrollen*) *Teppich, Kabel* qn déroule qc
2. *Teig* qn étend qc [au rouleau]
II. *vi + sein* ■ **etw rollt aus** /*Flugzeug, Fahrzeug*/ qc termine sa course
aus|rotten *vt* ■ **jd/etw rottet jdn/Tiere/etw aus** *Schädlinge, Unkraut, Religion, Ideen* qn élimine [*o* supprime] des animaux/qc; *Menschen, Menschheit, Minderheit, Volk* qn extermine [*o* liquide] qn
Ausrottung <-, -en> *f* extermination *f*, liquidation *f*
aus|rücken *vi + sein* 1. ■ **jd/etw rückt aus** /*Truppen, Panzer*/ qn/qc se met en marche; /*Polizei, Feuerwehr*/ qn/qc intervient [*o* sort]
2. *fam* (*ausreißen*) ■ **jd rückt aus** qn fait une fugue *fam*, qn fugue *fam; aus Gefängnis, Anstalt, Heim etc* qn fait le mur *fam*
Ausruf *m* cri *m*
▸ **jd macht etw durch ~ bekannt** qn proclame [*o* publie] qc
aus|rufen *vt irreg* 1. (*verkünden*) ■ **jd ruft etw aus** /*Zeitungsverkäufer/ Schlagzeilen* qn crie qc; /*Marktfrau*/ *Waren* qn vend qc à la criée; /*Auktionator*/ *Versteigerungsgegenstand* qn annonce qc; *Haltestelle* qn annonce qc; *Streik, Krieg* qn proclame qc
2. (*über Lautsprecher suchen lassen*) ■ **jd ruft jdn aus** qn fait appeler qn
3. (*proklamieren*) ■ **jd ruft jdn zu etw aus** qn proclame qn qc; ***der tapferste Krieger wurde zum König ausgerufen*** le guerrier le plus vaillant fut proclamé roi
Ausrufer(in) <-s, -> *m(f)* HIST héraut *m*, crieur *m* public
Ausrufung <-, -en> *f* [*Streik, Krieg*] proclamation *f*
Ausrufungszeichen *nt*, **Ausrufzeichen** *nt* CH point *m* d'exclamation
aus|ruhen *vi, vr* ■ **jd ruht [sich] aus** /*Mensch*/ qn se repose; ■ **etw ruht sich aus** /*Augen, Glieder*/ qc se repose; ■ **[jd ist] ausgeruht** [qn est] bien reposé(e) [*o* en forme]
aus|rupfen *vt* ■ **jd rupft etw aus** *Federn* qn arrache qc
aus|rüsten *vt* ■ **jd rüstet jdn/etw aus** *Armee, Expedition* qn arme [*o* équipe] qn/qc; *Fahrzeug, Schiff* qn équipe [*o* agence] qc; *Mannschaft* qn équipe qn
Ausrüstung *f* 1. ∅ (*das Ausrüsten*) [*Fahrzeug, Schiff, Mannschaft*] équipement *m*; [*Armee, Expedition a.*] armement *m*
2. (*Ausrüstungsgegenstände*) [*Expedition*] équipement *m*; [*Armee a.*] armement *m*; (*Kleidung*) équipement *m*
Ausrüstungsgegenstand *m*, **Ausrüstungsstück** *nt* pièce *f* d'équipement, équipement *m*
aus|rutschen *vi + sein* 1. (*ausgleiten*) ■ **jd rutscht [auf etw (*dat*)] aus** qn glisse [*o* dérape] [sur qc]
2. (*entgleiten*) ■ **etw rutscht jdm aus** qc lui glisse des mains
Ausrutscher <-s, -> *m fam* (*Fehlleistung*) faux pas *m*, faiblesse *f*; (*Fehltritt*) faux pas *m*, gaffe *f fam*
Aussaat *f* 1. ∅ (*das Säen*) [*Getreide*] semailles *fpl*, semis *mpl*
2. (*Saat*) semence *f*
aus|säen *vt* ■ **jd sät etw aus** qn sème qc; ***das A~ des Getreides*** les semis des céréales
Aussage *f* 1. (*Darstellung*) déclaration *f*; JUR [*Beschuldigter, Angeklagter*] déposition *f*; (*Zeugen~*) déposition *f*, témoignage *m*
2. (*Tenor*) [*Artikel, Roman etc*] ton *m*, tonalité *f*

▶ **eine eidliche/schriftliche** ~ une déclaration sous [la foi du] serment/écrite; **jd macht eine** ~ qn fait une déclaration; ~ **steht gegen** ~ les/leurs déclarations sont contradictoires

Aussagekraft *f* ∅ force *f* probante, poids *m* **aussagekräftig** *adj* probant(e)

aus|sagen I. *vt* 1. JUR ■ **jd sagt etw [über jdn/etw] aus** qn déclare qc [à propos [*o* au sujet] de qn/qc]
2. (*deutlich machen*): ***jd/etw sagt einiges/viel/genügend über jdn/etw] aus*** qn/qc en dit assez/long/suffisamment [sur qn/qc]; ***was will der Dichter mit diesem Gedicht*** ~? quel message l'auteur veut-il faire passer dans son poème?
II. *vi* JUR ■ **jd sagt [vor etw (*dat*)] aus** /*Beschuldigter, Angeklagter*/ qn dépose [devant qc], qn fait une déposition [devant qc]; /*Zeuge a.*/ qn témoigne [devant qc]; ***jd sagt eidlich*** [*o* ***unter Eid***] ***aus*** qn fait une déclaration sous [la foi du] serment; ***jd sagt schriftlich/mündlich aus*** qn fait une déclaration par écrit/oralement; ■ **jd sagt für/gegen jdn aus** qn dépose en faveur de/contre qn

aus|sägen *vt* ■ **jd sägt etw aus** qn découpe qc [à la scie]

Aussageverweigerung *f* refus *m* de déposer [*o* témoigner]

Aussand <-[e]s, -sände> *m* CH envoi *m*

Aussatz <-es> *m* ∅ *alt* (*Lepra*) lèpre *f*

aussätzig *adj* MED *alt* lépreux(-euse) **Aussätzige(r)** *f(m) dekl wie adj alt* lépreux(-euse) *m(f)*

aus|saufen *irreg* I. *vt* (*austrinken*) ■ **ein Tier säuft etw aus** *Wasser* un animal boit tout(e) qc; *Eimer, Napf, Trog* qn/un animal boit [*o* vide] tout(e) qc; ■ **jd säuft etw aus** *sl* qn lampe [*o* siffle] qc *fam*
II. *vi sl* ■ **jd säuft aus** qn finit son verre/sa bière/...

aus|saugen *vt* 1. (*leer saugen*) ■ **jd saugt etw aus** qn suce qc
2. (*ausbeuten*) ■ **jd saugt jdn aus** qn saigne qn à blanc

aus|schaben *vt* 1. (*säubern*) ■ **jd schabt etw aus** qn récure qc
2. MED ■ **jd schabt jdn/etw aus** *Frau, Gebärmutter* qn fait un curetage à qn/de qc, qn curette qn/qc

Ausschabung <-, -en> *f* MED curetage *m*

aus|schachten I. *vt* ■ **jd schachtet etw aus** qn creuse qc
II. *vi* ■ **jd/etw schachtet aus** qn/qc creuse

Ausschachtung <-, -en> *f* 1. ∅ (*das Ausschachten*) creusement *m*, creusage *m*; ***sie halfen ihm bei der ~ des Gartenteiches*** ils l'aidèrent à creuser le bassin du jardin
2. (*Baugrube*) fouille *f*, excavation *f*

Ausschachtungsarbeiten *pl* fouilles *fpl*

aus|schaffen *vt* CH *s.* **abschieben**

Ausschaffung *f* CH *s.* **Abschiebung**

aus|schalten I. *vt* 1. (*abstellen*) ■ **jd schaltet etw aus** *Gerät, Herd, Licht, Fernseher, Stereoanlage* qn éteint qc; *Radio a., Strom* qn coupe qc
2. (*eliminieren*) ■ **jd schaltet jdn/etw aus** qn élimine qn/qc
II. *vr* ■ **etw schaltet sich [automatisch] aus** qc s'éteint [*o* s'arrête] [automatiquement]

Ausschaltung *f* (*Eliminierung*) élimination *f*

Ausschank <-[e]s, -schänke> *m* 1. (*Schankraum*) débit *m* de boissons; (*Schanktisch*) comptoir *m*
2. ∅ (*Getränkeausgabe*): ***der ~ alkoholischer Getränke an Jugendliche ist verboten*** il est interdit de servir des boissons alcoolisées aux mineurs; ***„~ von 9 bis 14 Uhr“*** service de 9 à 14 heures

Ausschankerlaubnis *f* licence *f*

Ausschau <-> *f* ▶ **jd hält ~ [nach jdm/etw]** qn regarde [pour trouver/voir qn/qc]; ***halte ~, ob das Taxi kommt!*** regarde si le taxi arrive [*o* pour voir si le taxi arrive]

aus|schauen *vi* 1. *geh* (*sich umsehen*) ■ **jd schaut nach jdm/etw aus** qn cherche qn/qc des yeux
2. DIAL (*aussehen*) ■ **es/das schaut nach etw aus/schaut aus, als** on dirait que + *indic*; ***es schaut heute nach Regen aus*** on dirait qu'il va pleuvoir aujourd'hui; ***es schaut aus, als würde ich Erfolg haben*** on dirait que j'ai du succès; ***eine böse Wunde, das schaut schlimm/nicht gut aus!*** une vilaine plaie, c'est pas beau à voir!; ***für unser Projekt schaut es schlecht aus*** notre projet est mal parti [*o* barré *fam*]; ***die politische Lage hat sich kompliziert, das schaut bedenklich aus*** la situation politique s'est compliquée, c'est pas la joie *fam*; ***also, wie schaut ihr denn wieder aus?*** eh bien, vous êtes beaux! *iron*; ***er schaut in letzter Zeit sehr schlecht aus*** il n'a pas bonne mine ces derniers temps
▶ **wie schaut's aus?** *fam* qu'est-ce que ça donne? *fam*

aus|schaufeln *vt* ■ **jd schaufelt etw aus** *Graben, Grube, Grab* qn creuse qc [à la pelle]; *Erde, Erdreich* qn déblaie [*o* déblaye] qc à la pelle; ***das A~ ist schwierig*** il est difficile de déblayer à la pelle

aus|schäumen *vt* ■ **jd schäumt etw aus** qn garnit qc de mousse, qn capitonne qc [avec de la mousse]

aus|scheiden *irreg* I. *vi* + *sein* 1. (*nicht weitermachen*) ■ **jd/etw scheidet [aus etw] aus** *aus einem Amt* qn/qc se retire [*o* s'en va] [de qc]; /*Sportler*/ *aus einem Wettkampf* qn se retire [de qc]; /*Rennwagen*/ qc abandonne [qc]
2. (*nicht in Betracht kommen*) ■ **jd/etw scheidet aus** /*Plan, Möglichkeit etc*/ qc n'est pas retenu(e); /*Bewerber, Kandidat, Verdächtiger*/ qn est éliminé(e) [*o* écarté(e)], qn n'est pas retenu(e)
II. *vt* + *haben* 1. (*aussondern*) ■ **jd scheidet jdn/etw aus** qn élimine qn/qc
2. ■ **jd/etw scheidet etw aus** /*Mensch, Organ, Darm*/ qn/qc élimine qc
3. CH (*vorsehen*) ■ **jd scheidet etw aus** qn réserve qc
4. CH (*trennen*) ■ **jd scheidet etw aus** qn fait la différence entre qc et qc, qn différencie qc de qc

Ausscheidung <-, -en> *f* 1. ∅ [*Stoffwechselprodukte, Nahrungsreste*] élimination *f*
2. *pl* (*Exkremente*) excréments *mpl*
3. SPORT match *m* [*o* épreuve *f*] éliminatoire

Ausscheidungs- 1. SPORT éliminatoire 2. PHYSIOL *-phase, -vorgang* d'élimination; ~***organ*** organe *m* chargé de l'élimination; ~***produkt*** produit *m* de l'élimination **Ausscheidungskampf** *m* match *m* [*o* épreuve *f*] éliminatoire

aus|schenken I. *vt* ■ **jd schenkt jdm aus** qn sert qn; ■ **jd schenkt jdm etw aus,** ■ **etw an jdn** qn sert qc à qn
II. *vi* ■ **jd schenkt aus** qn sert à boire

aus|scheren *vi* + *sein* 1. ■ **jd/etw schert [aus etw] aus** /*Fahrzeug, Schiff*/ qn/qc déboîte [de qc]; /*Flugzeug*/ qn/qc décroche [de qc]; /*Soldat*/ qn sort [de qc]; ***ab und zu scherte einer der Soldaten aus*** de temps à autre, l'un des soldats quittait les rangs
2. (*von gerader Linie abweichen*) ■ **jd schert aus** /*Abweichler, Oppositioneller, Kolonie*/ qn part, qn s'en va; ■ **jd schert aus etw aus** qn quitte qc, qn se désolidarise de qc

aus|schicken *vt* ■ **jd schickt jdn aus** qn envoie qn

aus|schießen *irreg* I. *vt* + *haben* ■ **jd schießt [jdm] etw aus** *Auge* qn [lui] crève qc d'une balle
II. *vi* + *sein* SDEUTSCH, AUS (*verbleichen*) ■ **etw schießt aus** qc se décolore

aus|schildern *vt* ■ **jd/etw schildert etw aus** qn/qc signale qc [par un panneau indicateur]; ■ **etw ist ausgeschildert** qc est signalé(e) [*o* indiqué(e)] [par un panneau indicateur]

aus|schimpfen *vt* ■ **jd schimpft jdn [wegen etw] aus** qn gronde [*o* sermonne] qn [à cause de qc]

aus|schirren *vt* ■ **jd schirrt ein Tier aus** qn dételle un animal

aus|schlachten *vt* ■ **jd schlachtet etw aus** 1. *alte Fahrzeuge, Maschinen etc* qn démonte qc, qn met qc en pièces; *Firma* qn démonte qc; *Buch, Werk etc* qn exploite qc [à fond]
2. *fam Skandal, Ereignis, Fehltritt* qn exploite qc, qn met qc à profit

aus|schlafen *irreg* I. *vt*: ***jd schläft seinen Rausch aus*** qn cuve son vin/sa bière, qn se dégrise
II. *vi, vr* ■ **jd schläft [sich] aus** qn dort tout son soûl; (*steht spät auf*) qn fait la grasse matinée; ■ **ausgeschlafen** bien reposé(e); *s. a.* **ausgeschlafen**

Ausschlag[1] *m* MED (*Ekzem*) éruption *f* [cutanée]
▶ **jd bekommt/hat** ~ qn attrape/a des boutons [*o* une éruption]

Ausschlag[2] *m* [*Kompassnadel, Zeiger*] déviation *f*, oscillation *f*
▶ **jd/etw gibt [bei etw] den** ~ qn/qc est déterminant(e) [*o* décisif(-ive)] [pour/dans qc]

aus|schlagen *irreg* I. *vt* + *haben* 1. (*herausschlagen*) ■ **jd schlägt jdm etw aus** *Zahn* qn lui casse qc; *Auge* qn lui crève qc
2. (*löschen*) ■ **jd schlägt etw [mit etw] aus** *Feuer* qn éteint qc [avec [*o* au moyen de] qc]
3. DIAL ■ **jd schlägt etw aus** *Fußabtreter, Staubtuch etc* qn secoue qc
4. (*auskleiden*) ■ **jd schlägt etw mit etw aus** qn garnit [*o* recouvre] qc de [*o* avec] qc, qn tend qc de qc
5. (*ablehnen*) ■ **jd schlägt etw aus** qn décline [*o* refuse] qc; ■ **jd schlägt jdm etw aus** (*abschlagen*) *Wunsch* qn refuse de satisfaire qc
II. *vi* 1. + *haben* (*zuschlagen*) ■ **jd schlägt [mit etw] aus** *mit Fäusten, Ellenbogen* qn donne un coup/des coups [de qc]; ■ **ein Tier schlägt [mit etw] aus** un animal rue [*o* fait des ruades]; ***ein Pferd schlägt mit den Hufen aus*** un cheval donne des coups de pied
2. + *sein o haben* (*sich bewegen*) ■ **etw schlägt aus** /*Kompassnadel, Zeiger, Geigerzähler*/ qc oscille; /*Wünschelrute*/ qc vibre, qc oscille
3. + *sein o haben* (*sprießen*) ■ **etw schlägt aus** /*Baum, Strauch*/ qc bourgeonne, qc fait des feuilles
4. (*zu Ende schlagen*) ■ **etw hat ausgeschlagen** /*Turmuhr*/ qc a fini [*o* terminé] de sonner
5. + *sein* (*ausgehen*): ***etw schlägt gut/schlecht/zu jds Vorteil aus*** qc tourne bien/mal/à l'avantage de qn

ausschlaggebend *adj Faktor, Umstand, Grund* déterminant(e), décisif(-ive); *Stimme* prépondérant(e); ■ **von ~er Bedeutung** déterminant(e), décisif(-ive); ■ **etw ist [für jdn/etw]** ~ qc est décisif(-ive) [*o* déterminant(e)] [pour qn/dans/pour qc], qc fait pencher la balance [pour qn/dans/pour qc]

aus|schließen *vt irreg* 1. (*entfernen*) ■ **jd schließt jdn [aus etw] aus** *aus Gemeinschaft, Organisation, Partei* qn exclut qn [de qc]; ■ **jd schließt jdn von etw aus** (*ausnehmen*) qn exclut qn de qc; *vom Kirchenbesuch* qn interdit qc à qn; *von den Sakramenten etc* qn prive qn de qc
2. (*für unmöglich halten*) ■ **jd/etw schließt etw aus** *Panne, Fehler, Möglichkeit etc* qn/qc exclut qc
3. (*aussperren*) ■ **jd schließt jdn/sich [aus etw] aus** *aus Haus, Wohnung, Auto* qn enferme qn dehors/qn s'enferme dehors; *s. a.* **ausgeschlossen**

ausschließlich I. *adj attr Vertretung, Recht* exclusif(-ive); ***das ~e Recht*** l'exclusivité, le monopole
II. *adv* seulement, exclusivement; ***das ist ~ deine Sache*** c'est ton problème; ***das ist ~ unsere Angelegenheit*** ça ne regarde que nous; ***über diese Angelegenheit habe ~ ich zu bestimmen*** dans cette affaire, il n'y a que moi qui puisse décider
III. *präp + gen* sans

aus|schlüpfen *vi* + *sein* ■ **ein Tier schlüpft [aus etw] aus** un animal éclôt, un animal sort de qc

Ausschluss[RR] *m* exclusion *f*
▶ **[etw findet] unter ~ der Öffentlichkeit [statt]** qc a lieu à huis clos

aus|schmücken *vt* ■ **jd schmückt etw [mit etw] aus** 1. (*dekorieren*) *Zimmer, Festsaal* qn décore qc [avec [*o* de] qc]
2. (*ausgestalten*) *Bericht, Erzählung* qn enjolive qc [avec [*o* de] qc]

Ausschmückung <-, -en> *f* 1. (*Dekoration*) [*Zimmer, Wohnung, Festsaal*] décoration *f*

2. [*Bericht, Erzählung*] ornementation *f,* enjolivement *m*
Ausschneidebogen *m* découpage *m*
aus|schneiden *vt irreg* ■ **jd schneidet etw** [**aus etw**] **aus** qn découpe qc [dans qc]; *s. a.* **ausgeschnitten**
Ausschnitt *m* **1.** (*Zeitungs~*) coupure *f* [de presse]
2. MATH (*Sektor*) secteur *m*
3. [*Kleid, Unterrock*] décolleté *m*
4. ART, PHOT ■ **der/ein ~** [**aus etw**] le/un détail [de qc]; LITER, CINE l'/un extrait [de qc] *m*
aus|schöpfen *vt* **1.** (*leeren*) ■ **jd schöpft etw aus** *Fass, Gefäß, Becken, Wasser, Suppe* qn vide qc; *Boot* qn écope qc
2. (*vollen Gebrauch machen*) ■ **jd schöpft etw aus** *Befugnisse, Kompetenzen, Vollmachten* qn use [*o* fait usage] de qc; *Möglichkeiten, Angebot, Thema* qn épuise qc, qn exploite qc à fond; *Kreditrahmen, Reserven* qn épuise qc
aus|schreiben *vt irreg* **1.** (*ungekürzt schreiben*) ■ **jd schreibt etw aus** *Namen, Wort* qn écrit qc en entier [*o* en toutes lettres]
2. (*ausstellen*) ■ **jd schreibt** [**jdm**] **etw aus** *Rechnung etc* qn établit qc [à qn]; *Formular, Krankenschein etc* qn remplit qc
3. (*bekannt machen*) ■ **jd/etw schreibt etw aus** *Projekt* qn met qc en adjudication [*o* au concours]; *Stellen* qn met qc au concours, qn publie qc; *Wahlen* qn organise qc
Ausschreibung <-, -en> *f* [*Projekt, Arbeit*] mise *f* en adjudication, avis *m* de concours, appel *m* d'offres; [*Stelle*] mise *f* au concours; [*Wahlen*] organisation *f*
Ausschreitung <-, -en> *f meist pl* (*Gewalttaten*) exactions *fpl*
Ausschuss[1RR] <-es> *m* ∅ *fam* (*mangelhafte Artikel*) camelote *f fam,* déchet *m*
Ausschuss[2RR] <-es, -schüsse> *m* **1.** (*Komitee*) comité *m,* commission *f*
2. (*opp: Einschuss*) point *m* de sortie
► **~ der Regionen** Comité *m* des régions
Ausschussmitglied[RR] *nt* membre *mf* de/du comité [*o* de/de la commission] **Ausschusssitzung**[RR] *f* séance *f* de/du comité [*o* de/de la commission] **Ausschussware**[RR] *f* marchandise *f* de rebut, camelote *f*
aus|schütteln *vt* ■ **jd schüttelt etw aus** qn secoue qc
aus|schütten **I.** *vt* **1.** (*ausleeren*) ■ **jd schüttet etw** [**über jdn** [*o* **jdm**]/**etw**] **aus** qn vide qc [sur qn/qc]
2. (*verschütten*) ■ **jd schüttet etw aus** qn renverse qc
3. FIN ■ **jd/etw schüttet etw** [**an jdn**] **aus** *Dividende* qn/qc distribue [*o* verse] qc [à qn]
II. *vr fam* (*lachen*) ■ **jd schüttet sich** [**vor Lachen**] **aus** qn se tord de rire *fam;* ***jd hat sich ausgeschüttet*** [***vor Lachen***] qn était plié(e) *fam*
Ausschüttung <-, -en> *f* FIN (*Dividende etc*) versement *m* de dividendes
aus|schwärmen *vi + sein* ■ **sie schwärmen aus** /*Bienen*/ ils/elles essaiment; /*Soldaten*/ ils/elles se déploient [en tirailleurs]
aus|schweifen *vi + sein* **1.** (*abschweifen*) ■ **jd schweift aus** /*Redner*/ qn s'écarte du sujet
2. (*umherschweifen*) ■ **etw schweift aus** /*Fantasie*/ qc vagabonde
ausschweifend *adj Leben* de débauche, dissolu(e); *Fantasie* débordant(e), délirant(e); *Bericht, Darstellung* truffé(e) de digressions, qui s'écarte trop du sujet
Ausschweifungen *pl* excès *mpl,* débauche *f*
aus|schweigen *vr irreg* (*Schweigen bewahren*) ■ **jd schweigt sich aus** qn garde le silence; ■ **jd schweigt sich über jdn aus** qn ne se prononce pas au sujet de qn; ■ **jd schweigt sich über etw** (*akk*) **aus** qn ne s'exprime pas au sujet de qc
aus|schwemmen *vt* ■ **jd/etw schwemmt etw** [**aus etw**] **aus** *Giftstoffe, Schwermetalle* qn/qc élimine qc [de qc]; *Goldkörner, Edelsteine* qn filtre qc [contenu(e) dans qc]
aus|schwenken **I.** *vt + haben* ■ **jd schwenkt etw aus** **1.** (*ausspülen*) *Trinkgläser, Krüge* qn rince qc
2. (*zur Seite schwenken*) *Kran, Boot* qn fait pivoter [*o* basculer] qc
II. *vi + sein* ■ **jd/etw schwenkt** [**irgendwohin**] **aus** qn/qc déboîte [quelque part]
aus|schwitzen *vt* ■ **etw schwitzt etw aus** /*Wände*/ *Schwitzwasser, Feuchtigkeit* qc suinte de qc, qc exsude qc; ■ **jd schwitzt etw aus** *Giftstoffe* qn élimine qc [en transpirant]; *Grippe* qn guérit qc [en transpirant]
aus|sehen *vi irreg* ■ **jd/etw sieht ... aus** qn/qc est ... + *adj;* ***jd sieht gut/schlecht aus*** qn a bonne/mauvaise mine; ***jd sieht jünger/sportlicher aus*** qn paraît plus jeune/sportif(-ive); ***jd sieht krank/müde aus*** qn a l'air malade/fatigué(e); ***in diesem neuen Kleid siehst du wirklich gut aus*** cette nouvelle robe te va à merveille; ***wie siehst du denn*** [***bloß***] ***aus!*** mais de quoi as-tu l'air!; ***weißt du, wie ein Leguan aussieht?*** sais-tu à quoi ressemble un iguane?; ■ **jd/etw sieht aus wie ...** qn/qc ressemble à ..., qn/qc a l'air d'un/une ...; ■ **es sieht** [**bei jdm**] **... aus** ça va ... + *adv* [chez qn]; ***es sieht sehr trübe/regnerisch aus*** le temps est très maussade/pluvieux; ***es sieht*** [***bei mir***] ***heute nicht gut aus*** ça ne va pas aujourd'hui [en ce qui me concerne]; ■ **etw sieht nach etw aus** qc laisse présager qc; ***es sieht nach Schnee/Regen aus*** on dirait qu'il va neiger/pleuvoir; ***wenn es*** [***dir***] ***so aussieht, als ...*** si tu crois que tu dis/vous dites? *fam*
► **etw sieht nach etwas/nichts aus** ça fait de l'effet/ça ne ressemble à rien; ***es soll nach etwas ~*** ça doit faire de l'effet, ça doit avoir l'air de quelque chose; **jd sieht nach etwas aus** qn a de l'allure, qn fait de l'effet; **es sieht** [**jdm**] **danach** [*o* **so**] **aus, als** il semble que + *subj,* il lui semble que + *indic,* on dirait que + *indic;* **jd sieht gerade danach aus** *iron* qn en a bien l'air; **seh' ich so** [*o* **danach**] **aus?** *fam* est-ce que j'en ai l'air?, est-ce que ça me ressemble?; **jd/etw sieht ganz so** [*o* **danach**] **aus** qn/qc en a tout l'air; ***sie sieht ganz so aus, als ...*** on dirait qu'elle ... + *indic;* ***es sieht ganz so aus, als ...*** on dirait que + *indic;* **so siehst du** [**gerade**] **aus!** *fam* des clous! *fam,* tu peux toujours courir! *fam;* **wie sieht's aus?** *fam* alors, qu'est-ce que
Aussehen <-s> *nt* ∅ aspect *m;* ■ **jd hat ein ...** + *adj* **~** qn a l'air ... + *adj;* ***jd hat ein gesundes ~*** qn a l'air en bonne santé; ■ **jds/dem ~ nach** d'après l'apparence de qn/son apparence; ***jd beurteilt jdn nur nach dem*** [*o* ***seinem***] **~** qn ne juge qn que sur les apparences
aus|sein *s.* **sein**[1] **I.**►, **II.**►
außen *adv* (*an der Außenseite*) à l'extérieur; (*außerhalb eines Gebäudes a.*) dehors; FBALL en bordure de terrain; ■ **nach ~** en [*o* au] dehors, à l'extérieur; ■ **von ~** de l'extérieur, du dehors; **~ *am oberen Rand*** sur le bord externe; **~ *an der Windschutzscheibe*** sur le pare-brise, à l'extérieur; ***er spielt links/rechts ~*** il est ailier droit/gauche; ***etw geht nach ~ auf*** qc s'ouvre vers l'extérieur
► **jd/etw bleibt ~ vor** (*wird nicht berücksichtigt*) qn est laissé(e) à l'écart/qc est laissé(e) de côté, qc n'est pas pris(e) en considération; **jd ist ~ vor** qn est mis(e) sur la touche, qn est mis(e) à l'écart; **jd lässt jdn/etw ~ vor** qn met qn sur la touche [*o* à l'écart] /laisse qc de côté, qn ne prend pas qc en considération; **nach ~ hin** (*äußerlich*) de l'extérieur; (*auf den ersten Blick*) à première vue; ***nach ~ hin zeigt sie nie, was innen in ihr vorgeht*** elle ne laisse jamais rien paraître de ses sentiments; ***nach ~ hin stellen sie eine geeinte Front dar*** ils donnent d'eux-mêmes l'image d'un front uni
Außen- (*opp: Innen-*) *-arbeiten, -temperatur, -treppe, -dämmung, -luftverschmutzung, -putz* extérieur(e); (*opp: innere*) *-fläche* externe; *-abmessungen* hors tout; (*nicht in der Firma*) *-mitarbeiter* externe; ***~stelle*** agence *f,* filiale *f* **Außenansicht** *f* [*Gebäude*] vue *f* extérieure **Außenantenne** *f* antenne *f* extérieure **Außenaufnahme** *f* prise *f* de vue en extérieur; CINE *a.* extérieurs *mpl* **Außenbahn** *f* [*Stadion*] couloir *m* extérieur; [*Schwimmbecken a.*] ligne *f* d'eau extérieure **Außenbeleuchtung** *f* [*Gebäude, Park*] éclairage *m* extérieur; [*Auto*] phares *mpl* **Außenbezirk** *m* quartier *m* périphérique **Außenbordmotor** *m* moteur *m* hors-bord
aus|senden *vt irreg geh* **1.** (*ausschicken*) ■ **jd sendet jdn aus** qn envoie qn
2. (*ausstrahlen*) ■ **etw sendet etw aus** *Strahlung, Signal* qc émet qc
Außendienst *m* service *m* clientèle; (*die Vertreter*) force *f* de vente
► **jd ist auf ~** qn est en déplacement, qn est en tournée; **jd ist** [*o* **arbeitet**] **im ~** qn travaille pour le service clientèle; **jd macht ~** (*ist Vertreter*) qn travaille pour le service clientèle; (*ist unterwegs*) qn est en tournée
Außendienstmitarbeiter(in) *m(f)* démarcheur(-euse) *m(f),* représentant(e) *m(f)* de commerce
Außenhandel *m* commerce *m* extérieur
Außenhandels- *-abteilung, -defizit, -überschuss, -bilanz, -beschränkung* du commerce extérieur; *-gesetz, -regelung* régissant le commerce extérieur; ***~politik*** politique *f* en matière de commerce extérieur
Außenhaut *f* [*Schiff*] bordé *m;* [*Flugzeug*] peau *f* de/du fuselage **Außenkurve** [-və] *f* extérieur *m* du virage **Außenminister(in)** *m(f)* ministre *m* des Affaires étrangères **Außenministerium** *nt* ministère *m* des Affaires étrangères **Außenpolitik** *f* politique *f* étrangère **außenpolitisch** **I.** *adj Erfahrung, Fehler, Erfolg, Berater* en politique étrangère; *Debatte, Frage, Ereignis* de politique étrangère; *Kurs* de la politique étrangère; *Sprecher, Referent* spécialiste de/de la politique étrangère **II.** *adv* en politique étrangère **Außenquartier** *nt* CH quartier *m* de banlieue **Außenseite** *f* [*Stoff*] endroit *m;* [*Gebäude*] façade *f* extérieure; [*Kachel, Marmorplatte*] dessus *m;* [*Spielfeld*] aile *f*
Außenseiter(in) <-s, -> *m(f)* **1.** SPORT outsider *m*
2. *fig* marginal(e) *m(f)*
Außenseiterrolle *f* [*Pferd, Sportler*] rôle *m* d'outsider; [*Splittergruppe, Nonkonformist*] rôle *m* [de] marginal
Außenspiegel *m* rétroviseur *m* extérieur **Außenstände** *pl* créances *fpl* à recouvrer, dettes *fpl* actives **Außenstehende(r)** *f(m) decl wie adj* personne *f* extérieure, profane *mf* **Außenstürmer(in)** *m(f)* ailier(-ière) *m(f)* **Außentasche** *f* poche *f* extérieure **Außenwand** *f* [*Gebäude*] mur *m* extérieur; [*Zelt*] toile *f* extérieure **Außenwelt** *f* monde *m* extérieur **Außenwinkel** *m* angle *m* externe **Außenwirtschaft** *f* commerce *m* extérieur
außer **I.** *präp + dat o rare + gen* **1.** (*abgesehen von*) ■ **~ jdm/einer S.** à part qn/qc; ***man hörte nichts ~ ihrem Atem*** on n'entendait que sa respiration; **~ *sonntags*** sauf le dimanche
2. (*zusätzlich zu*) en plus de
3. (*nicht in*) *Sicht, Gefahr, Hörweite, Gefecht* en dehors de, hors de; **~ *Betrieb*** hors service; ***etw wird ~ Kurs gesetzt*** qc est retiré(e) de la circulation
► **jd ist** [**über jdn/etw**] **~ sich** (*dat*) qn est hors de soi [à cause de qn/qc], qn est dans tous ses états [à cause de qn/qc]
II. *conj* ■ **~ dass** si ce n'est que + *indic;* ■ **~** [**wenn**] sauf si, à moins que [ne] + *subj*
Außerachtlassung <-, -en> *f* non-observation *f,* non-respect *m* **außerbetrieblich** *adj* externe à l'entreprise
außerdem *adv* (*obendrein*) en plus, en outre; (*im Übrigen*) du reste, d'ailleurs
außerdienstlich **I.** *adj Gespräch, Telefonat, Angelegenheit* privé(e); *Verhalten* en privé; *Betätigung, Zeit* en dehors des heures de service [*o* de travail] **II.** *adv* en privé, après le service; ***ich bin heute ~ unterwegs*** je fais un déplacement de caractère privé aujourd'hui
äußere(r, s) *adj* **1.** (*außerhalb gelegen*) *Rand, Schicht* externe; *Durchmesser, Verletzung* externe; *Planet* éloigné(e); (*von außen wahrnehmbar*) *Anlass, Eindruck* apparent(e); **~ *Erscheinung*** apparence *f;* ***der ~ Schein trügt*** les apparences sont trompeuses **2.** (*außenpolitisch*) de politique étrangère
Äußere(s) *nt decl wie adj* aspect *m,* apparence *f;* ***jd hat ein angenehmes ~s*** qn a un physique agréable
außerehelich **I.** *adj Beziehungen, Geschlechtsverkehr* extraconjugal(e); *Kind* illégitime, naturel(le) **II.** *adv* hors mariage **außereuropäisch** *adj*

attr extraeuropéen(ne), [situé(e)] hors d'Europe **außerfahrplanmäßig** I. *adj* supplémentaire II. *adv* en dehors des horaires prévus; ~ ***eingesetzter Zug/Bus*** train/bus supplémentaire **außergerichtlich** I. *adj* extrajudiciaire II. *adv* extrajudiciairement **außergewöhnlich** I. *adj Begabung, Leistung, Belastung, Mensch* exceptionnel(le); *Anzeichen, Symptome* anormal(e); ■ **etwas A~es** quelque chose d'exceptionnel [*o* de particulier] II. *adv* particulièrement

außerhalb I. *adv* (*außen*) à l'extérieur; (~ *der Stadt*) en dehors de la ville], en banlieue
► **jd steht** ~ qn est en marge; **nach** ~ en banlieue, à la périphérie; **von** ~ de l'extérieur
II. *präp + gen* 1. (*räumlich*) en dehors de; ~ ***der Stadt*** à la périphérie de la ville; ~ ***des Schulhofes*** hors des limites de la cour
2. (*zeitlich*) en dehors de
3. (*jenseits*) en dehors de

außerirdisch *adj* extraterrestre; ■ **A~e** des extraterrestres

Außerkraftsetzung <-, -en> *f form* [*Befehl*] annulation *f;* [*Bestimmung, Erlass*] abrogation *f*

äußerlich *adj* 1. *Ähnlichkeit* extérieur(e); *Verletzung, Anwendung* externe; ***nur zur ~en Anwendung!*** usage externe!
2. (*oberflächlich*) superficiel(le)
► [**rein**] ~ **betrachtet** à première vue, au premier abord

Äußerlichkeit <-, -en> *f* 1. (*Oberflächlichkeit*) superficialité *f;* (*Formalität*) formalité *f*
2. *pl* (*oberflächliche Details*) signes *mpl* extérieurs; (*Unwesentliches*) détails *mpl* [superficiels]

äußerln *vt, vi nur infin* AUS ■ **den Hund** ~ [**führen**] sortir le chien

äußern I. *vr* 1. (*Stellung nehmen*) ■ **jd äußert sich** [**zu etw**] qn se prononce [sur qc]; *zu einzelnen Problemen, Punkten* qn donne son avis sur qc; ***er hat sich dahin gehend geäußert, dass er ...*** il s'est exprimé en ce sens qu'il ... + *indic;* ***jd äußert sich positiv/negativ/abfällig über jdn*** qn porte un jugement positif/négatif/défavorable sur qn; ***wie hat sie sich geäußert?*** qu'est-ce qu'elle a dit?; ***jd darf sich gerne*** ~ qn peut donner son avis; ***jd möchte sich dazu nicht*** ~ qn préfère ne rien dire
2. (*sich manifestieren*) ■ **etw äußert sich** [**irgendwie**] */Krankheit, Symptom/* qc se manifeste [d'une certaine manière]
II. *vt* (*sagen*) ■ **jd äußert etw** qn exprime qc; *Worte* qn dit qc, qn prononce qc; *Kritik* qn émet qc; ***was hast du da gerade geäußert?*** qu'est-ce que tu viens de dire?

außerordentlich I. *adj* 1. (*ungewöhnlich*) extraordinaire; *Leistung, Begabung, Fähigkeit* exceptionnel(le), remarquable; *Situation, Maßnahme, Mensch, Schönheit* exceptionnel(le)
2. (*nicht turnusgemäß*) *Sitzung, Konferenz* extraordinaire; *Professor* chargé(e) de cours, sans chaire
II. *adv* extrêmement; ***das ist mir ~ recht*** ça me convient tout à fait [*o* parfaitement]

außerorts *adv* CH, AUS hors agglomération

außerparlamentarisch *adj* extraparlementaire **außerplanmäßig** *adj Besuch, Treffen* hors programme, non prévu(e); *Ausgaben, Kosten* non prévu(e); (*nicht fahrplanmäßig*) supplémentaire, spécial(e) **außerschulisch** *adj* extrascolaire, en dehors de l'école **außersinnlich** *adj Wahrnehmung* extrasensoriel(le)

äußerst *adv* (*höchst*) extrêmement; (*absolut*) complètement, absolument

außerstande *adj* ■ **jd ist** ~ **etw zu tun** il est impossible à qn de faire qc, qn est dans l'impossibilité de faire qc; (*körperlich*) qn est incapable [*o* hors d'état] de faire qc; ■ **jd ist zu etw** ~ qn est incapable de faire qc
► **jd sieht/erklärt sich** ~ **etw zu tun** qn est dans l'impossibilité de faire qc; ***als es darum ging mit anzupacken, erklärten sich alle*** ~ quand il s'est agi de donner un coup de main, tous se sont défilés

äußerste(r, s) *adj* 1. (*entfernteste*) *Punkt, Planet, Schicht, Grenze, Ende* le/la plus éloigné(e); *Norden etc* extrême; ***am ~n Ende des Tisches*** à l'extrémité de la table 2. (*späteste*) *Termin* dernier(-ière) 3. (*höchste*) *Konzentration* énorme; *Dringlichkeit* extrême; *Zugeständnis, Preis* dernier(-ière); ***von ~r Bedeutung/Wichtigkeit*** de la plus haute importance; ***mit ~r Kraft*** de toutes ses/leurs forces **Äußerste(s)** *nt decl wie adj* ► **jd ist auf das** ~ **gefasst** qn s'attend au pire; **jd geht bis zum** ~**n** qn va jusqu'au bout; **jd gibt sein** ~**s** qn fait tout son possible; **jd wagt das** ~ qn tente l'impossible

äußerstenfalls *adv* [tout] au plus, à la rigueur

außertourlich [-tu:ɐ-] *adv* AUS, SDEUTSCH (*zusätzlich*) en plus, en sus

Äußerung <-, -en> *f* 1. (*Bemerkung*) remarque *f,* observation *f;* (*Aussage*) propos *mpl*
2. (*Zeichen*) expression *f,* signe *m*

aus|setzen I. *vt* 1. (*im Stich lassen*) ■ **jd setzt jdn/ein Tier aus** qn abandonne qn/un animal
2. (*im Freien ausbringen*) ■ **jd setzt ein Tier/etw aus** *Wild* qn lâche un animal, qn remet un animal dans son milieu naturel; *Fische* qn peuple un cours d'eau/lac de qc; ***jd setzt in einem Teich/Fluss Fische aus*** qn alevine un lac/une rivière; *Pflanzen* qn plante qc dans la nature
3. (*preisgeben*) ■ **jd setzt jdn/etw einer S.** (*dat*) **aus** *Angriffen, der Sonne, Kritik, Vorwürfen, Anklagen, Gefahr* qn expose qn/qc à qc; ■ **jd ist jdm/einer S. ausgesetzt** qn est à la merci de qn/qc
4. (*festsetzen*) ■ **jd setzt etw** [**auf etw** (*akk*)] **aus** *Belohnung* qn offre qc [pour qc]; ■ **jd setzt etw** [**für etw**] **aus** *Preis* qn offre qc [pour qc]; ***auf seinen Kopf sind 500 $ ausgesetzt*** sa tête est mise à prix pour 500 $; ■ **jd setzt jdm etw aus** (*vermacht*) *Geldsumme* qn accorde qc à qn; ***jd setzt jdm ein Legat von x DM aus*** qn lègue x DM à qn
5. (*unterbrechen*) ■ **jd setzt etw aus** *Debatte, Prozess, Verhandlung* qn suspend qc, qn interrompt qc; *Rückzahlung, Zinsen, Tilgung* qn cesse qc, qn suspend qc
6. JUR ■ **jd setzt etw aus** *Strafvollstreckung, Strafverfolgung* qn sursoit à qc
7. (*bemängeln*) ■ **an etw** (*dat*) **ist etwas/nichts auszusetzen** il y a [quelque chose]/il n'y a rien à redire [*o* critiquer] à qc; ■ **jd hat an jdm/etw etwas/nichts auszusetzen** qn a quelque chose/n'a rien à redire [*o* critiquer] à qn/qc
II. *vr* ■ **jd setzt sich einer S.** (*dat*) **aus** qn s'expose à qc; ***jd setzt sich öffentlicher Kritik aus*** qn prête le flanc à la critique
III. *vi* 1. (*pausieren*) ■ **jd setzt** [**bei etw**] **aus** qn fait une pause [au cours de qc]; (*bei Spiel*) qn passe son tour; ***jd setzt eine Runde aus*** qn passe son tour
2. (*versagen*) ■ **etw setzt** [**bei jdm**] **aus** */Atmung, Herz/* qc s'arrête [chez qn]; */Zündung/* qc a des ratés; */Motor/* qc cale
3. ■ **jd setzt mit etw aus** *mit Pille, Behandlung* qn arrête qc
► **ohne auszusetzen** sans interruption
IV. *vi impers fam* ■ **es setzt bei jdm aus** (*jd wird wütend*) qn bout *fam;* (*jd kann nicht mehr klar denken*) qn a un trou *fam;* (*jd dreht durch*) qn perd la tête; ***jetzt setzt's aber aus!*** non mais, ça va pas la tête? *fam*

Aussetzung <-, -en> *f* 1. (*das Aussetzen*) [*Kind, Haustier, Meuterer, Passagiere*] abandon *m*
2. (*Festsetzung*) [*Belohnung, Preis*] offre *f*
3. (*Unterbrechung*) [*Debatte, Verhandlung, Rückzahlung, Zinsen*] suspension *f*
4. JUR [*Strafvollstreckung, Strafverfolgung*] sursis *m*

Aussicht *f* 1. (*Blick*) vue *f;* ■ **die** ~ **auf etw** (*akk*) la vue sur qc
2. (*Chance*) chance *f;* ■ **die** ~ **auf etw** (*akk*) l'espoir d'avoir qc; ***die ~en auf das Wetter von morgen*** les prévisions pour le temps qu'il fera demain
► **etw hat große** ~**en auf etw** (*akk*) qc a de grandes chances de qc; **jd hat gute** ~**en auf etw** (*akk*) qn a de bonnes chances d'avoir qc; **etw hat keine** [*o* **nicht die geringsten**] ~**en** [**auf etw** (*akk*)] *auf Erfolg* qc n'a aucune chance [de qc]; *auf Durchsetzung* qc n'a aucune chance [de faire qc]; **das sind ja schöne** ~**en!** *iron fam* ça promet! *fam;* **jd hat etw in** ~ qn a qc en vue; **etw steht** [**jdm**] **in** ~ qc est en vue [pour qn]; **jd stellt jdm etw in** ~ qn laisse entrevoir qc à qn

aussichtslos *adj* désespéré(e), vain(e); ■ **etw ist** [**so gut wie**] ~ qc est [quasiment] voué(e) à l'échec; ***es ist so gut wie*** ~ c'est quasiment impossible

Aussichtslosigkeit <-> *f* ∅ caractère *m* vain, inutilité *f;* [*Lage*] caractère *m* désespéré; ***zur ~ verurteilt*** condamné(e) [*o* voué(e)] à l'échec

Aussichtspunkt *m* point *m* de vue **aussichtsreich** *adj* prometteur(-euse); *Kandidat, Bewerber* qui a des chances de succès, bien placé(e) **Aussichtsturm** *m* belvédère *m*

aus|sieben *vt* 1. (*mit Sieb*) ■ **jd siebt etw aus** *Gold, Edelsteine* qn tamise qc; *Klumpen* qn filtre qc [avec une passoire]; ■ **jd siebt etw** [**mit etw**] **aus einer S. aus** *Gold, Edelsteine* qn filtre qc contenu(e) dans une chose [au travers de qc]; *Mehlklümpchen* qn passe une chose [à qc] pour enlever qc
2. (*aussondern*) ■ **jd siebt jdn** [**aus etw**] **aus** *Kandidaten, Schüler* qn trie qn [de qc]

aus|siedeln *vt* ■ **jd siedelt jdn aus** qn expatrie qn

Aussiedler(in) *m(f)* (*Emigrant*) émigrant(e) *m(f);* (*Zurückgekehrter*) rapatrié(e) *m(f)*

aus|sitzen *vt* (*untätig abwarten*) ■ **jd sitzt etw aus** qn résout qc par l'attentisme, qn fait le mort face à qc

aus|söhnen I. *vt* ■ **jd/etw söhnt jdn mit jdm/etw aus** qn/qc réconcilie qn avec qn/qc
II. *vr* ■ **jd söhnt sich mit jdm aus** qn se réconcilie avec qn; ■ **jd söhnt sich mit etw aus** qn accepte qc; ■ **sie söhnen sich aus** ils/elles se réconcilient, ils/elles font la paix

Aussöhnung <-, -en> *f* ■ ~ [**mit jdm**] réconciliation *f* [avec qn]

aus|sondern *vt* ■ **jd sondert jdn aus** *schlechten Bewerber, Schüler* qn élimine qn, qn met qn à part; ■ **jd sondert etw aus** *besonderes Stück* qn sélectionne qc; *Schlechtes, beschädigte Teile* qn trie qc

Aussonderung <-, -en> *f* [*Artikel, Früchte*] triage *m;* [*Bewerber*] élimination *f*

aus|sorgen *vi* ■ **jd hat ausgesorgt** qn a assuré ses vieux jours

aus|sortieren * *vt* ■ **jd sortiert etw aus** qn trie qc

aus|spähen I. *vi* ■ **jd späht nach jdm aus** qn guette s'il/si elle aperçoit qn; ■ **jd späht nach etw aus** qn guette qc; ***spähe mal nach ihr aus*** regarde un peu si tu la vois
II. *vt* ■ **jd späht jdn/etw aus** qn espionne qn/qc

aus|spannen I. *vi* (*sich erholen*) ■ **jd spannt aus** qn se détend, qn prend un peu de repos
II. *vt* 1. ■ **jd spannt ein Tier** [**aus etw**] **aus** *Ochsen, Pferde* qn dételle un animal [de qc]
2. (*ausbreiten*) ■ **jd spannt etw aus** *Netz, Seil, Leine* qn tend qc; *Sprungtuch* qn déploie qc
3. (*herausdrehen*) ■ **jd spannt etw** [**aus etw**] **aus** qn retire qc [de qc]
4. *fam* (*abspenstig machen*) ■ **jd spannt jdm jdn aus** qn lui pique [*o* souffle] qn *fam*
5. *fam* (*sich ausborgen*) ■ **jd spannt jdm etw aus** qn lui prend qc; ***darf ich dir mal deine Brosche*** ~? est-ce que tu peux me passer ta broche? *fam*

Ausspannung *f* ∅ (*Erholung*) détente *f,* repos *m*

aus|sparen *vt* 1. (*nicht einbeziehen*) ■ **jd spart etw** [**bei etw**] **aus** *Grundstück* qn épargne qc [en faisant qc]; *Steckdosen beim Verputzen* qn laisse qc visible [*o* apparent(e)] [en faisant qc]; *Vasen beim Wischen* qn passe autour de qc [en faisant qc]; *Pickel beim Rasieren* qn évite qc [en faisant qc]
2. (*ausnehmen*) ■ **jd spart etw** [**bei etw**] **aus** *Frage, Problem, Thema* qn laisse qc de côté [au cours de qc]
3. (*verschonen*) ■ **jd spart jdn aus** *Gefangene, Konkurrenten* qn épargne qn

Aussparung <-, -en> *f* (*Lücke*) trou *m;* (*für Garderobe, Schrank*) renfoncement *m*

aus|speien *irreg* I. *vt geh* 1. (*ausstoßen*) ■ **etw speit etw aus** */Vulkan/* qc crache qc, qc vomit qc *littér;* */Geysir/* qc projette qc, qc vomit qc *littér;* */Schlot/* qc crache qc
2. (*ausspucken*) ■ **jd speit etw aus** qn crache qc
II. *vi geh* ■ **jd speit [vor jdm/etw] aus** qn crache [devant qn/qc]

aus|sperren I. *vt* 1. (*aus der Wohnung*) ■ **jd sperrt jdn aus** qn ferme la porte à clé et laisse qn dehors; (*aus Versehen*) qn enferme qn dehors; ***er drohte sie aus der gemeinsamen Wohnung auszusperren*** il menaça de la mettre à la porte
2. IND ■ **jd sperrt jdn aus** */Arbeitgeber/* qn lock-oute qn
II. *vr* ■ **jd sperrt sich aus** qn s'enferme dehors; ■ **jd sperrt sich aus dem Haus/der Wohnung aus** qn s'enferme dehors (*en laissant les clés à l'intérieur*)

Aussperrung <-, -en> *f* IND lock-out *m*

aus|spielen I. *vt* 1. KARTEN ■ **jd spielt etw aus** *Karte, Trumpf* qn joue qc
2. (*als Preis*) ■ **jd spielt etw aus** *Gewinne* qn met qc en jeu [*o* en loterie]; ■ **etw wird ausgespielt** qc est en jeu
3. (*einsetzen*) ■ **jd spielt etw [gegen jdn] aus** *Erfahrung, Trumpf, Überlegenheit etc* qn fait valoir [*o* jouer] qc [contre qn]; ■ **jd spielt jdn gegen jdn aus** qn se sert de qn contre qn
II. *vi* 1. (*das Spiel eröffnen*) ■ **jd spielt aus** qn joue le/la premier(-ière), qn ouvre la partie [*o* le jeu]; (*Karte ablegen*) qn joue
2. (*verspielen*) ■ **jd hat [bei jdm] [als etw] ausgespielt** qn n'a plus aucune chance [auprès de qn] [comme qn]; ***Polizei, Sie haben ausgespielt!*** Police, vous êtes faits!; ***bei mir hat er [als Freund] endgültig ausgespielt*** je l'ai définitivement rayé de la liste de mes amis

Ausspielung <-, -en> *f* [*Gewinn, Gewinnsumme*] tirage *m*

aus|spinnen *vt irreg* ■ **jd spinnt etw aus** *Gedanken* qn développe qc

aus|spionieren * *vt* ■ **jd spioniert jdn/etw aus** qn espionne qn/qc

Aussprache *f* 1. (*Artikulieren*) prononciation *f;* (*Phonetik*) phonétique *f;* ***jd will seine ~ verbessern*** qn veut perfectionner son accent
2. (*Unterredung*) explication *f*
▶ **jd hat eine feuchte ~** qn postillonne

Ausspracheangabe *f* transcription *f* phonétique, phonétique *f* **Aussprachewörterbuch** *nt* dictionnaire *m* de prononciation

aus|sprechen *irreg* I. *vt* 1. (*artikulieren*) ■ **jd spricht etw aus** *Namen, Laute, Wörter* qn prononce qc
2. (*äußern*) ■ **jd spricht etw aus** qn dit qc; *Anliegen, Meinung, Verdächtigung* qn exprime qc; *Vorwurf* qn fait qc; *Warnung* qn donne qc
3. (*ausdrücken*) ■ **jd spricht jdm etw aus** *Beileid, Bedauern, Lob, Vertrauen* qn exprime qc
4. JUR ■ **jd spricht etw aus** *Scheidung, Strafe* qn prononce qc
II. *vr* 1. ■ **sie sprechen sich aus** (*bei Meinungsverschiedenheiten*) ils/elles s'expliquent; (*besprechen sich*) ils/elles discutent; ■ **jd spricht sich [mit jdm] [über etw (*akk*)] aus** qn s'explique [à propos [*o* au sujet] de qc] [avec qn], qn discute [de qc] [avec qn]
2. (*Stellung nehmen*) ■ **jd spricht sich für/gegen jdn/etw aus** qn se prononce pour/contre qn/qc
3. (*sich äußern*) ■ **jd spricht sich irgendwie über jdn/etw aus** qn parle de qn/qc [de façon ...]; ***jd spricht sich sehr anerkennend/ lobend über jdn aus*** qn dit beaucoup de bien de qn/qn chante les louanges de qn; ***sprich dich aus!*** dis-le!
4. ■ **etw spricht sich irgendwie aus:** ***etw spricht sich leicht/ schwer aus*** qc est facile/difficile à prononcer; ***etw spricht sich lang/ kurz aus*** qc est bref(brève)/long(longue); ***wie spricht sich das aus?*** comment cela se prononce-t-il?
III. *vi* ■ **jd spricht aus** qn finit [de parler]; ***lassen Sie mich doch ~!*** laissez-moi finir!

Ausspruch *m* (*Bemerkung*) remarque *f;* (*geflügeltes Wort*) citation *f,* [bon] mot *m*

aus|spucken I. *vt* 1. (*ausspeien*) ■ **jd spuckt etw aus** qn crache qc
2. *fam* (*auswerfen*) ■ **etw spuckt etw aus** */Automat/* qc crache qc *fam;* ■ **jd spuckt etw aus** *Geld, Einnahmen* qn sort qc *fam*
3. *fam* (*gestehen*) ■ **jd spuckt etw aus** qn donne [*o* crache] qc; ***los, spuck's aus!*** alors, accouche! *fam*
II. *vi* 1. (*auf den Boden spucken*) ■ **jd spuckt [vor jdm/etw] aus** qn crache [devant qn/qc]
2. *pej* (*seine Verachtung zeigen*) ■ **jd spuckt vor jdm/etw aus** qn crache sur qn/qc
3. *fam* (*gestehen*) ■ **jd spuckt aus** qn lâche le morceau *fam*

aus|spülen *vt* ■ **jd spült etw aus** *Krüge, Tassen, Geschirr* qn rince qc; *Gläser a.* qn lave qc; ■ **jd spült [sich (*dat*)] etw aus** *Mund* qn [se] rince qc; ***jd spült [sich (dat)] die Scheide*** qn fait une toilette intime

Ausspülung *f* [*Mund, Mundhöhle*] rinçage *m*

aus|staffieren * *vt fam* 1. (*ausstatten*) ■ **jd staffiert etw [mit etw] aus** *Wohnung, Haus* qn aménage qc [avec qc], qn équipe qc [de qc]
2. (*einkleiden*) ■ **jd staffiert jdn [mit etw] aus** qn affuble qn [de qc] *fam,* qn attife qn [de qc] *fam;* ***jd lässt sich richtig/ ganz/ komplett/ neu ~*** qn se fait rhabiller de pied en cap [*o* des pieds à la tête *fam*]

Ausstand *m* 1. (*Streik*) grève *f*
2. CH (*Ausscheiden*) retrait *m*
▶ **jd gibt seinen ~** qn fête son départ, qn paie un pot [pour fêter son départ]; **jd ist im ~** qn est en grève; **jd tritt in den ~** qn se met en grève

ausständig *adj* AUS *Gebühren, Rechnung* impayé(e), arriéré(e)

aus|stanzen *vt* ■ **jd/etw stanzt etw [aus etw] aus** *Metallteil, Rohling, Schild* qn/qc estampe qc [dans qc]; *Loch* qn/qc fait qc [dans qc]

aus|statten *vt* 1. (*versorgen*) ■ **jd stattet jdn [mit etw] aus** qn équipe qn [de qc]; *Freundin* (*mit Ausrüstung, Einrichtung*) qn équipe qn [de qc]; (*beschenken*) qn couvre qn de cadeaux, qn achète qc à qn
2. ADMIN ■ **jd stattet jdn mit etw aus** *mit Vollmachten* qn investit qn de qc; *mit Privilegien* qn pourvoit [*o* dote] qn de qc
3. (*einrichten*) ■ **jd/etw stattet etw [mit etw] aus** qn/qc aménage qc [au moyen de qc]; ■ **etw ist mit etw ausgestattet** *mit Tapeten, Vorhängen* qc est tendu(e) de qc; *mit Spiegeln* qc est couvert(e) de qc
4. (*ausrüsten*) ■ **jd stattet etw [...]/mit etw aus** *Buch, Buchreihe* qn décore [*o* garnit] qc [...]/de qc; *Auto* qn équipe qc [...]/de qc
5. (*versehen*) ■ **jd/etw stattet jdn [...]/mit etw aus** */Gott, Natur/* qn/qc dote qn [...]/de qc

Ausstattung <-, -en> *f* 1. (*Ausrüstung*) équipement *m* (*mit etw* en qc)
2. *Ø* ADMIN ■ **jds ~ mit etw** l'attribution de qc à qn *f*
3. [*Haus, Wohnung, Zimmer*] agencement *m*
4. (*Aufmachung*) présentation *f;* [*Videorecorder etc*] équipement *m*

aus|stechen *vt irreg* 1. ■ **jd sticht jdm etw aus** *Auge* qn lui crève qc
2. ■ **jd sticht etw aus** *Unkraut* qn creuse pour arracher qc; *Plätzchen etc* qn découpe qc [à l'emporte-pièce]
3. *fam* (*übertreffen*) ■ **jd sticht jdn [bei jdm] aus** *Konkurrenten, Mitbewerber* qn supplante [*o* éclipse] qn [auprès de qn]

Ausstechform *f* emporte-pièce *m*

aus|stehen *irreg* I. *vt* ■ **jd steht etw aus** *Qualen, Schmerzen* qn endure qc, qn supporte qn; ■ **etw ist nicht auszustehen** */Gestank, Lärm/* qc est insupportable; ***jd hat viel/ große Angst ausgestanden*** qn a eu très peur
▶ **jd hat mit jdm/etw etwas/viel auszustehen** qn doit endurer bien des choses/beaucoup de choses avec qn/qc; **etw ist ausgestanden** qc est passé(e); ***jetzt ist es ausgestanden!*** le plus dur est passé!; **jd kann jdn/etw nicht ~** qn ne peut pas supporter qn/qc, qn ne peut pas sentir qn *fam;* **jd muss etw ~** qn doit endurer qc; **jd steht mit jdm/etw etwas/viel aus** qn endure bien des choses/beaucoup de choses avec qn/qc
II. *vi* 1. (*noch nicht*) ■ **etw steht [noch] aus** */Antwort/* qc n'est pas [encore] là [*o* arrivé(e)]; */Buch/* qc est attendu(e); */Sendung, Paket/* qc n'est pas [encore] arrivé(e); */Entscheidung, Lösung, Stellungnahme/* qc est attendu(e); ***die Antwort steht noch/ seit 5 Wochen aus*** on n'a pas encore reçu de réponse/cela fait 5 semaines qu'on attend la réponse
2. COM, FIN ■ **etw steht aus** qc est dû(due) [*o* impayé(e)]; ■ **~d** *Gelder* à recouvrer, non rentré(e); **~*e Forderungen*** créances *fpl* arriérées

aus|steigen *vi irreg + sein* 1. TRANSP ■ **jd steigt [aus etw] aus** *aus Bus, Zug etc* qn descend [de qc]; AVIAT *sl* qn saute [de qc]; ***Endstation, alles ~!*** terminus, tout le monde descend!; ***du kannst mich am Rathaus ~ lassen*** tu peux me déposer près de la mairie
2. (*aufgeben*) ■ **jd steigt [aus etw] aus** qn abandonne [qc], qn laisse tomber [qc]; (*sich zurückziehen*) *aus Aktien, Wertpapieren, Termingeschäften etc* qn retire son argent [investi dans qc], j'abandonne [la partie]; ***jd steigt [aus der Gesellschaft] aus*** qn tourne le dos [à l'establishment]; (*bis zum Extrem*) qn se marginalise

Aussteiger(in) <-s, -> *m(f)* (*aus Gesellschaft*) marginal(e) *m(f);* (*aus Terroristenkreisen*) repenti(e) *m(f);* (*aus Beruf, Studium*) personne *f* qui a décroché *fam*

aus|stellen I. *vt* 1. (*zur Schau stellen*) ■ **jd/etw stellt etw aus** *Kollektion, Modelle* qn/qc expose qc; *Gerichte, Spezialität a.* qn/qc met qc en devanture [*o* à l'étalage]; (*auf Messe, in Museum etc*) qn/qc expose qc
2. (*ausfertigen*) ■ **jd stellt [jdm] etw aus** *Rechnung* qn [lui] fait qc; *Scheck* qn [lui] établit qc; *Bescheinigung, Urkunde, Visum, Zeugnis, Attest* qn [lui] délivre qc; ■ **jd stellt etw auf jdn aus** *Scheck, Wechsel* qn établit qc au nom de qn
3. (*ausschalten*) ■ **jd stellt etw aus** *Radio, Fernseher* qn éteint qc; *Pumpe, Heißwasserbereiter, Kaffeemaschine, Heizung* qn arrête [*o* coupe] qc
II. *vi* COM ■ **jd stellt aus** qn expose

Aussteller(in) <-s, -> *m(f)* 1. COM exposant(e) *m(f)*
2. FIN [*Scheck*] tireur(-euse) *m(f),* signataire *mf;* (*ausstellende Behörde*) bureau *m* de délivrance, organisme *m* certificateur

Ausstellfenster *nt* déflecteur *m*

Ausstellung *f* 1. (*Kunst~, Messe*) exposition *f*
2. *Ø* (*das Ausschreiben*) [*Scheck, Rechnung etc*] établissement *m;* [*Urkunde, Visum, Zeugnis, Attest*] délivrance *f*

Ausstellungs- *-stand, -halle, -raum, -gelände* d'exposition; *-katalog, -pavillon* de l'exposition; **~*exemplar*** exemplaire *m* d'exposition **Ausstellungsdatum** *nt* date *f* de délivrance [*o* d'établissement]; [*Visum*] date *f* d'émission **Ausstellungsfläche** *f* surface *f* d'exposition **Ausstellungsstück** *nt* modèle *m* d'exposition **Ausstellungstag** *m* COM jour *m* d'/de l'exposition; FIN date *f* d'émission

aus|sterben *vi irreg + sein* ■ **etw stirbt aus** */Art, Pflanze, Tier/* qc disparaît; */Geschlecht/* qc s'éteint

Aussterben *nt* [*Arten, Pflanze, Tier*] disparition *f;* [*Geschlecht*] extinction *f;* ***im ~ begriffen*** en voie de disparition; ***vom ~ bedroht*** menacé(e) de disparition

Aussteuer <-, -n> *f* trousseau *m*

Ausstieg <-[e]s, -e> *m* 1. *Ø* (*das Aussteigen*) ■ **der ~ aus etw** *aus Auto, Bus, Zug etc* la descente de qc; *aus Luke, Höhle* la sortie de qc
2. (*Öffnung*) [*Bus, Mannschaftswagen, Schützenpanzerwagen*] issue *f;* [*U-Boot*] sas *m* de secours
3. ■ **der ~ aus etw** *aus der Kernenergie, aus der Abfallwirtschaft etc* l'abandon *m* de qc, le renoncement *m* à qc; ***sie hat sich zum ~ aus der Gesellschaft entschlossen*** elle a décidé de tourner le dos à la société

aus|stopfen *vt* ■ **jd stopft ein Tier aus** qn empaille [*o* naturalise] un animal; ■ **jd stopft etw [mit etw] aus** *Ritzen* qn calfeutre qc [avec qc]; *Kissen, Puppe* qn bourre qc [de avec qc]

Ausstoß *m* 1. (*Produktion*) production *f*
2. (*Emission*) [*Schadstoff, Giftgas*] émission *f*

aus|stoßen *irreg* I. *vt* 1. (*hervorbringen*) ■ **etw stößt etw [in etw (*akk*)] aus** *Asche, Felsbrocken, Lava, Rauchwolken, Staub, Gase* qc émet qc [dans qc], qc rejette qc [dans qc]
2. (*von sich geben*) ■ **jd/ein Tier stößt etw aus** *Schrei, Seufzer, Klagelaut, Laute* qn/un animal pousse qc; *Drohung* qn profère qc
3. (*herausstoßen*) ■ **jd/etw stößt etw [aus etw] aus** *Plazenta* qn/qc expulse qc [de qc]; *Torpedo* qn/qc lance qc [de qc]
4. (*verlieren lassen*) ■ **jd/etw stößt jdm etw aus** *Auge* qn/qc lui crève qc; *Zahn* qn/qc lui casse qc
5. (*ausschließen*) ■ **jd/etw stößt jdn [aus etw] aus** *aus Armee, Partei, Organisation etc* qn/qc exclut qn [de qc]; *aus Gemeinschaft, Stamm a.* qn/qc rejette [*o* bannit] qn [de qc]; *s. a.* **Ausgestoßene(r)**
6. (*produzieren*) ■ **jd/etw stößt etw aus** qn/qc produit qc
II. *vr* ■ **jd stößt sich** (*dat*) **etw aus** *Auge* qn se crève qc; *Zahn* qn se casse qc

Ausstoßung <-> *f* Ø ■ **die ~ aus etw** *aus Armee, Organisation, Partei* l'exclusion *f* de qc; *aus Gemeinschaft, Stamm a.* le bannissement de qc

aus|strahlen I. *vt + haben* 1. (*abstrahlen*) ■ **etw strahlt etw aus** *Licht, Wärme* qc diffuse qc; *Radioaktivität* qc émet qc
2. RADIO, TV ■ **jd/etw strahlt etw aus** qn/qc diffuse qc
3. (*verbreiten*) ■ **jd/etw strahlt etw aus** *Hektik, Unruhe, Nervosität* qn/qc répand qc; *Ausgeglichenheit, Bedachtsamkeit, Gelassenheit, Zufriedenheit, Ruhe* qn/qc exprime qc, qn/qc rayonne de qc
II. *vi + sein* 1. (*abstrahlen*) ■ **etw strahlt aus** */Wärme/* qc se diffuse; ***Licht strahlt aus*** un rayon de lumière jaillit; ■ **etw strahlt von etw aus** */Licht, Wärme/* qc émane de qc; */Radioaktivität/* qc irradie de qc, qc se dégage de qc
2. (*sich ausdehnen*) ■ **etw strahlt in etw** (*akk*) **aus** */Migräne, Schmerz/* qc irradie dans qc
3. (*übergehen*) ■ **etw strahlt auf jdn/etw aus** qc se répercute sur qn/qc, qc gagne qn/qc

Ausstrahlung *f* 1. (*Wirkung*) [*Mensch*] rayonnement *m*, charisme *m*, aura *f littér*; ***jd hat eine gewisse/starke ~*** qn a un certain charisme/du charisme
2. RADIO, TV (*Sendung*) émission *f*; (*das Senden*) diffusion *f*

aus|strecken I. *vt* ■ **jd streckt etw [nach jdm/etw] aus** *Hand, Beine etc* qn tend qc [vers qn/qc]; *Zunge* qn [lui] tire qc; ■ **ein Tier streckt etw aus** *Fühler* un animal sort qc; ■ **ausgestreckt** tendu(e); *Mensch* étendu(e), allongé(e)
II. *vr* ■ **jd/ein Tier streckt sich aus** qn/un animal s'étire

aus|streichen *vt irreg* 1. (*wegstreichen*) ■ **jd streicht etw aus** *Sätze, Wörter, Zeilen* qn raye qc, qn barre qc
2. (*glätten*) ■ **jd streicht etw aus** *Knitterfalten, Tischdecke* qn lisse qc
3. (*innen bestreichen*) ■ **jd streicht etw [mit etw] aus** *Backblech, Kuchenform* qn enduit qc [de qc]; ***jd streicht etw mit Fett/Butter aus*** qn graisse/beurre qc
4. (*ausschmieren*) ■ **jd streicht etw [mit etw] aus** *Loch, Ritze, Riss in Wand* qn bouche [*o* enduit] qc [avec qc]

aus|streuen *vt* 1. (*verstreuen*) ■ **jd streut etw aus** *Körner, Vogelfutter, Sand* qn répand qc
2. (*bestreuen*) ■ **jd streut etw mit etw aus** *mit Blumen* qn parsème qc de qc; *mit Häcksel, Sägemehl* qn répand qc sur qc
3. ■ **jd streut etw aus** *Gerücht, Parolen* qn répand [*o* propage] qc

aus|strömen I. *vi + sein* 1. (*herauskommen*) ■ **etw strömt [aus etw] aus** */Flüssigkeit, Wasser/* qc s'écoule [de qc]; */Dampf, Gas/* qc s'échappe [de qc]
2. (*ausgehen*) ■ **etw strömt von jdm/etw aus** */Duft, Duftwolke/* qc se dégage de qn/qc, qc émane de qn/qc
3. (*ausstrahlen*) ■ **etw strömt von etw aus** */Hitze, Wärme/* qc se dégage de qc, qc est diffusé(e) par qc; ■ **etw strömt von jdm aus** */Gelassenheit, Heiterkeit, Ruhe, Zufriedenheit/* qc émane de qn
II. *vt + haben* 1. (*austreten lassen*) ■ **jd/etw strömt etw aus** *Duft* qn/qc exhale [*o* dégage] qc
2. (*verbreiten*) ■ **jd/etw strömt etw aus** *Behaglichkeit, Gastlichkeit, Gemütlichkeit, Ruhe, Ausgeglichenheit* qn/qc rayonne de qc

aus|suchen I. *vt* ■ **jd sucht [jdm [*o* für jdn]] etw aus** qn choisit qc [pour qn]; ■ **jd sucht jdn [für/zu etw] aus** qn choisit qn [pour qc]; *s. a.* **ausgesucht**
II. *vr* ■ **jd sucht sich** (*dat*) **jdn/etw aus** qn choisit qn/qc

Austausch *m* échange *m*
▶ **im ~ für [*o* gegen] etw** en échange de qc

austauschbar *adj Begriffe, Wörter, Übersetzungen* interchangeable; *Teile* échangeable, remplaçable; ■ **jd ist ~** qn est permutable; ***glaube nicht, du wärst nicht auch ~!*** ne crois pas que tu sois irremplaçable!

aus|tauschen I. *vt* 1. (*ersetzen*) ■ **jd tauscht [jdm] etw [gegen etw] aus** qn [lui] échange qc [contre qc]
2. POL ■ **jd tauscht jdn/etw aus** *Botschafter, Gefangene, Noten* qn échange qn/qc
3. (*miteinander wechseln*) ■ **sie tauschen etw aus** *Erfahrungen, Erinnerungen, Gedanken, Höflichkeiten, Floskeln* ils/elles échangent qc
II. *vr* ■ **sie tauschen sich über jdn/etw aus** ils/elles parlent de qn/qc, ils/elles se racontent qc; ■ **sie tauschen sich aus** ils/elles en parlent; ***sie tauschen sich ausgiebig aus*** ils/elles se racontent plein de choses de l'échange

Austauschmotor *m* moteur *m* d'occasion **Austauschschüler(in)** *m(f)* élève *mf* qui participe à un échange

aus|teilen *vt* ■ **jd teilt etw [an jdn] aus** qn distribue qc [à qn]; *Sakrament* qn administre qc [à qn]; *Segen* qn donne qc [à qn]; *Weihwasser* qn asperge qn de qc

Austeilung *f* distribution *f*; [*Sakrament*] administration *f*; [*Weihwasser*] aspersion *f*; ***zur ~ seines Segens*** pour donner sa bénédiction

Auster <-, -n> *f* huître *f*

Austernbank <-bänke> *f* banc *m* d'huîtres **Austernfischer** *m* ORN huîtrier *m* **Austernpilz** *m* pleurote *m* **Austernschale** *f* coquille *f* d'huître

aus|tilgen *vt geh* 1. (*vernichten*) ■ **jd/etw tilgt jdn/etw aus** *Menschen, Menschheit* qn/qc extermine [*o* anéantit] qn/qc; *Unkraut, Ungeziefer, Schädlinge* qn/qc détruit qc
2. (*auslöschen*) ■ **jd/etw tilgt etw aus** *Unterschiede, Eigenart* qn/qc élimine qc; *Erinnerung* qn/qc efface qc

aus|toben I. *vt* ■ **jd tobt etw an jdm aus** qn décharge qc sur qn
II. *vr* 1. ■ **jd tobt sich aus** (*tobt sich müde*) qn se défoule, qn se dépense; (*führt ein wildes Leben*) qn mène une vie de bâton de chaise; (*lebt seine Neigungen aus*) qn s'en donne à cœur joie, qn s'éclate *fam*
2. ■ **etw tobt sich aus** */Orkan/* qc fait rage

aus|tragen *vt irreg* 1. (*zustellen*) ■ **jd trägt etw aus** *Post, Zeitungen* qn distribue qc, qn apporte qc à domicile
2. (*stattfinden lassen*) ■ **jd trägt etw [mit jdm] aus** *Meinungsverschiedenheit, Streit* qn règle qc [avec qn]; *Wettkampf, Kampf* qn dispute qc [avec qn]; *Duell* qn se bat en qc [avec qn]; ***die Olympischen Spiele werden in Barcelona ausgetragen*** les Jeux olympiques se déroulent à Barcelone
3. (*streichen*) ■ **jd trägt etw [aus etw] aus** *Zahlen, Daten, Namen* qn raye qn [de qc]
4. ■ **jd trägt jdn/etw aus** *Kind, Embryo, Leibesfrucht* qn garde qn/qc

Austräger(in) *m(f)* (*Zeitungsbote*) porteur(-euse) *m(f)* de journaux/prospectus

Austragung <-, -en> *f* SPORT déroulement *m verbal übersetzt*; ***die ~ dauert einen Tag*** les épreuves durent un jour; ***als Ort für die ~ der Olympischen Spiele ist Barcelona vorgesehen*** ils est prévu que les Jeux olympiques se dérouleront à Barcelone

Austragungsort *m* lieu *m* organisateur de la compétition, lieu *m* où se déroulent les épreuves

Australien <-s> [aus'tra:liən] *nt* l'Australie *f*

Australier(in) <-s, -> [aus'tra:liɐ] *m(f)* Australien(ne) *m(f)*

australisch [-s'tra:-] *adj* australien(ne)

aus|träumen *vi* ■ **jd hat ausgeträumt** qn est sorti(e) de son rêve; ■ **etw ist ausgeträumt** qc s'envole en fumée

aus|treiben *irreg* I. *vt* 1. (*vertreiben*) ■ **jd treibt [jdm] etw aus** *Dämon, bösen Geist, Satan* qn exorcise qc
2. (*abgewöhnen*) ■ **jd treibt jdm etw aus** *Ungezogenheit, Unsitte, Fehlverhalten, Vorurteile* qn lui fait passer qc; ***das werde ich ihm schon ~!*** je vais lui en faire passer l'envie!
3. AGR ■ **jd treibt Vieh aus** qn mène les bêtes au pâturage
II. *vi* BOT (*sprießen*) ■ **etw treibt aus** */Kartoffeln/* qc sort [de terre]; */Baum/* qc bourgeonne

Austreibung <-, -en> *f* REL exorcisation *f*

aus|treten *irreg* I. *vi + sein* 1. (*herausdringen*) ■ **etw tritt [aus etw] aus** */Bremsflüssigkeit, Kupplungsflüssigkeit, Öl/* qc s'écoule [de qc]; (*entweichen*) */Gas etc/* qc s'échappe [de qc]; */Blut, Eiter, Wundflüssigkeit, Lymphe/* qc s'écoule [de qc], qc s'extravase [de qc]; */Darmschlinge, Eingeweide/* qc sort [de qc]
2. (*zur Toilette gehen*) ■ **jd tritt aus** qn va quelque part [*o* aux W.-C.]; ***darf ich mal ~?*** je peux sortir?
3. (*ausscheiden*) ■ **jd tritt aus** qn part; ■ **jd tritt aus etw aus** *aus Organisation, Staatenbund, Partei* qn quitte qc; *aus Kirche* qn se détourne de qc
II. *vt + haben* ■ **jd tritt etw aus** 1. (*auslöschen*) *Feuer* qn éteint qc avec les pieds; *Zigarettenkippe* qn écrase qc [du pied]
2. *Schuhe* qn élargit qc; ■ **ausgetreten** usé(e) [à force d'être porté(e)]
3. (*abnutzen*) ■ **jd tritt etw aus** *Treppe, Stufe* qn use qc [à force de passer]; ■ **ausgetreten** usé(e) [par les passages]

aus|tricksen *vt fam* ■ **jd trickst jdn aus** qn roule qn *fam*; FBALL qn feinte qn *fam*

aus|trinken *irreg* I. *vt* ■ **jd trinkt etw aus** *Getränk* qn boit qc, qn finit qc; *Tasse, Glas, Krug* qn vide qc; ***hast du das Glas endlich ausgetrunken?*** as-tu bientôt fini ton verre?
II. *vi* ■ **jd trinkt aus** qn vide son verre

Austritt *m* 1. Ø (*das Herauskommen*) [*Bremsflüssigkeit, Kupplungsflüssigkeit, Öl*] fuite *f*; [*Radioaktivität*] émission *f*; [*Blut, Eiter, Wundflüssigkeit, Lymphe*] écoulement *m*; ***der ~ des Geschosses war über dem rechten Ohr*** le projectile est ressorti au-dessus de l'oreille droite
2. (*das Ausscheiden*) ■ **~ aus etw** *verbal übersetzt; aus Organisation, Staatenbund, Partei* démission *f* de qc; ***beim ~ aus der Partei*** lorsqu'on quitte le parti; ***die ~e aus der Kirche häufen sich*** on se détourne de plus en plus fréquemment de l'Église

aus|trocknen I. *vi + sein* ■ **etw trocknet aus** */Wasserlauf/* qc s'assèche, qc se tarit; */Haut, Kehle, Haut/* qc se déshydrate, qc devient [très] sec(sèche); */Brot, Käse, Kuchen/* qc se dessèche; ***meine Haut/Kehle ist ausgetrocknet*** j'ai la peau/gorge sèche
II. *vt + haben* 1. (*trockenlegen*) ■ **jd/etw trocknet etw aus** *Wiese, Moor, Sumpf, Wasserlauf, Wasserstelle* qn/qc assèche qc
2. (*trocken machen*) ■ **etw trocknet etw aus** *Haut, Kehle* qc dessèche qc

aus|trompeten * *vt fam s.* **ausposaunen**

aus|tüfteln *vt fam* ■ **jd tüftelt etw aus** *Konstruktion, Vorrichtung, Computerprogramm* qn bricole qc *fam*; *Plan* qn combine [*o* mijote] qc *fam*

aus|üben *vt* 1. (*praktizieren, innehaben*) ■ **jd übt etw aus** *Beruf, Gewerbe, Amt, Funktion, Macht* qn exerce qc; *Kunst a.* qn pratique qc
2. (*wirken lassen*) ■ **jd/etw übt etw [auf jdn] aus** *Anziehungskraft, Einfluss, Reiz, Wirkung* qn/qc exerce qc [sur qn]; ***jd übt Druck aus*** qn a recours à des moyens de pression; ***jd/etw übt Druck auf jdn aus*** qn/qc fait pression sur qn, qn/qc fait pression [sur qn]

Ausübung *f* 1. [*Beruf, Gewerbe, Kunst*] exercice *m*, pratique *f*; [*Amt, Aufga-*

be, Funktion] exercice *m*
2. (*Entfaltung*) ■ **durch die/mit der ~ einer S.** (*gen*) par qc, en ayant recours à qc; ***trotz der ~ aller Einflussmöglichkeiten hat er ...*** bien qu'il ait exercé toute son influence, il a ...
3. [*Herrschaft, Macht, Gewalt*] exercice *m*
▶ **in ~ einer S.** (*gen*) dans l'exercice de qc

aus|ufern *vi + sein* ■ **etw ufert** [**zu etw**] **aus** qc dégénère [en qc]

Ausverkauf *m* 1. COM soldes *mpl; ~ **wegen Geschäftsaufgabe*** liquidation pour cessation de commerce; ***im ~*** en solde
2. *pej* (*Aufgabe*) liquidation *f*, abandon *m*

aus|verkaufen * *vt* ■ **jd hat etw ausverkauft** qn a vendu toutes les choses; ***wir haben schon alle ausverkauft*** on a déjà tout vendu

ausverkauft *adj Artikel, Angebot, Sonderangebot* épuisé(e); *Konzert, Veranstaltung* complet(-ète)

aus|wachsen [-ks-] *irreg* I. *vi + sein* (*zu Ende wachsen*) ■ **etw wächst aus** /*Getreide*/ qc arrive à maturité; ■ **etw ist ausgewachsen** qc est mûr(e); ■ **jd ist ausgewachsen** qn a terminé sa croissance
▶ **das/es ist** [**ja**] **zum A~** DIAL *fam* c'est à s'[en] arracher les cheveux *fam*
II. *vr + haben* 1. (*verschwinden*) ■ **etw wächst sich aus** qc se remet [en place] tout(e) seul(e)
2. (*ausufern*) ■ **etw wächst sich zu etw aus** qc dégénère en [*o* tourne à] qc

Auswahl *f* 1. COM choix *m;* ■ **die ~ an etw** (*dat*) l'assortiment *m* [*o* le choix] en [*o* de] qc; ***eine reiche/ reichhaltige/ vielfältige ~ an etw*** un grand choix/un choix varié de qc; ***etw ist in großer/ reicher ~ vorhanden*** il y a un grand choix de qc
2. SPORT équipe *f* sélectionnée
▶ **jd hat freie ~** [**unter** (*dat*) **...**] qn a le choix [entre ...]; **jd hat die ~** qn a le choix; **jd hat Menschen/Dinge zur ~** qn peut choisir [*o* faire son choix] parmi des personnes/des choses; **Menschen/Dinge stehen zur ~** il y a le choix entre plusieurs personnes/choses; **jd trifft eine/seine ~** [**unter** (*dat*) **...**] qn fait un/son choix [parmi [*o* entre] ...]

aus|wählen I. *vt* 1. (*aussuchen*) ■ **jd wählt jdn/etw** [**unter ... +** *dat*] **aus** qn choisit qn/qc [parmi [*o* entre] ...]; *s. a.* **ausgewählt**
2. INFORM ■ **jd wählt etw aus** qn sélectionne qc
II. *vr* ■ **jd wählt sich** (*dat*) **jdn/etw** [**aus/unter** (*dat*) **...**] **aus** qn choisit qn/qc [parmi [*o* entre] ...]
III. *vi* ■ **jd wählt aus** qn choisit, qn fait son choix; INFORM qn sélectionne

Auswahlknopf *m* INFORM pastille *f* **Auswahlmannschaft** *f* équipe *f* sélectionnée **Auswahlmenü** *nt* INFORM barre *f* de sélection **Auswahlspieler(in)** *m(f)* joueur sélectionné/joueuse sélectionnée *m/f*

aus|walzen *vt* 1. (*zu Blech walzen*) ■ **jd/etw walzt etw aus** qn/qc lamine qc
2. *pej* (*zu breit erörtern*) ■ **jd walzt etw aus** qn s'appesantit sur qc, qn en rajoute [en parlant de qc]

Auswanderer *m*, **-wanderin** *f* émigrant(e) *m(f)*

aus|wandern *vi + sein* ■ **jd wandert** [**nach/in etw** (*akk*)] **aus** qn émigre [en/au qc]

Auswanderung *f* émigration *f*

auswärtig *adj attr* 1. (*nicht vom Ort*) *Besucher, Gäste, Kunden* [qui vient] de l'extérieur; *Schüler* [venant] d'une autre ville
2. POL *Angelegenheiten* extérieur(e); *Vertretung* étranger(-ère)
▶ **das Bundesministerium des A~en** *form* le ministère des Affaires étrangères allemand; *s. a.* **Amt**

auswärts *adv* (*außerhalb des Ortes*) à l'extérieur, au dehors; SPORT à l'extérieur; (*außerhalb des Hauses*) en ville, au restaurant; ■ **von ~** (*von außerhalb des Ortes*) de l'extérieur; ***von weit/ weiter ~*** de très loin; ■ **nach ~** (*nach außen*) vers l'extérieur

Auswärtsspiel *nt* match *m* à l'extérieur

aus|waschen *irreg* I. *vt* 1. (*durch Waschen*) ■ **jd wäscht etw** [**aus etw**] **aus** *Farbe, Flecken* qn enlève qc [de qc en le/la lavant], qn fait partir qc [de qc en le/la lavant]; ■ **etw wird ausgewaschen** qc part au lavage
2. (*säubern*) ■ **jd wäscht etw aus** *Gläser, Krüge, Töpfe, Pfannen* qn lave qc; *Farbroller, Pinsel* qn nettoie qc, qn rince qc
3. GEOL ■ **etw wäscht etw aus** *Felsen, Gestein* qc érode [*o* ronge] qc; *Höhle* qc creuse qc
II. *vr* ■ **jd wäscht sich** (*dat*) **etw** [**aus etw**] **aus** *Farbe, Fleck etc* qn nettoie qc [de qc] à l'eau, qn fait partir qc [de qc] à l'eau; ■ **jd wäscht sich** (*dat*) **etw aus** *Haar* qn se rince qc; *Verletzung* qn lave qc, qn nettoie qc

auswechselbar [-ks-] *adj Begriff* interchangeable; *defektes Teil* échangeable, remplaçable; *Mitarbeiter* permutable

aus|wechseln [-ks-] *vt* (*ersetzen*) ■ **jd wechselt jdn/etw** [**gegen jdn/etw**] **aus** *Mitarbeiter, defektes Teil* qn remplace qn/qc [par qn/qc]; *Zündkerzen* qn change qc; *Spieler* qn remplace qn [par qn]
▶ [**jd ist**] **wie ausgewechselt** qn est comme transformé(e); /*Mann a.*/ qn est un autre homme

Auswechselspieler(in) [-ks-] *m(f)* remplaçant(e) *m(f)*

Auswechs[e]lung <-, -en> [-ks-] *f* [*Teil, Gerät, Führungsmannschaft*] changement *m;* [*Mitarbeiter, Spieler*] remplacement *m*

Ausweg *m* (*Lösung*) ■ **der/ein ~** [**aus etw**] *aus Dilemma, Krise* l'/une issue [à qc], la/une solution [à qc]
▶ **der letzte ~** la dernière issue [*o* solution]; **jd lässt** [*o* **hält**] **sich** (*dat*) **einen ~ offen** qn se ménage [*o* se garde] une porte de sortie; **jd weiß keinen ~ mehr** qn ne sait que faire pour s'en sortir; **jd weiß keinen ~ mehr aus etw** qn ne sait que faire pour sortir de qc

ausweglos *adj Lage* sans issue; *Situation* désespéré(e)

Ausweglosigkeit <-> *f* ∅ désespoir *m;* ***als die Schiffbrüchigen die ~ ihrer Situation erkannten*** lorsque les naufragés se rendirent compte que leur situation était désespérée [*o* qu'ils se trouvaient dans une situation désespérée]

aus|weichen *vi irreg + sein* 1. ■ **jd/etw weicht aus** /*Fahrer, Pilot, Kapitän, Wagen, Flugzeug, Schiff*/ qn/qc fait une embardée, qn/qc se déporte; ■ **jd/etw weicht jdm/einer S. aus** qn/qc évite qn/qc; ***er konnte gerade noch ~*** il a tout juste eu le temps de faire une embardée [*o* se déporter]; ***weich aus!*** range-toi [*o* mets-toi] sur le côté!
2. (*zu entgehen versuchen*) ■ **jd weicht jdm/einer S. aus** qn se défile devant qn *fam*/qn esquive qc; ***du weichst*** [***mir***] ***aus, bitte eine klare Antwort!*** tu cherches des faux-fuyants, réponds franchement, s'il te plaît!; ■ **~d** *Antwort* évasif(-ive); ***jd antwortet ~d*** qn répond évasivement
3. (*als Alternative*) ■ **jd weicht auf etw** (*akk*) **aus** qn se rabat sur qc

Ausweichflughafen *m* aéroport *m* de dégagement **Ausweichmanöver** *nt* 1. AUT, AVIAT manœuvre *f* d'évitement 2. (*Ausflucht*) échappatoire *f*, dérobade *f* **Ausweichmöglichkeit** *f* possibilité *f* d'évitement (*meist verbal übersetzt*)

aus|weiden *vt* ■ **jd weidet ein Tier aus** qn vide [*o* étripe] un animal

aus|weinen I. *vr* ■ **jd weint sich** [**bei jdm**] **aus** qn soulage son cœur [auprès de [*o* chez] qn]; ***wein dich*** [***mal richtig***] ***aus, das erleichtert!*** pleure un bon coup, ça soulage!
II. *vi* ■ **jd hat ausgeweint** qn a fini de pleurer
III. *vt* ■ **jd weint etw bei jdm aus** qn confie qc à qn en se lamentant, qn se soulage de qc en se lamentant auprès de [*o* chez] qn

Ausweis <-es, -e> *m* carte *f;* (*Personal~*) carte *f* [*o* pièce *f*] d'identité; ***die ~e bitte!*** vos papiers, s'il vous plaît!

aus|weisen *irreg* I. *vt* 1. (*aus Land*) ■ **jd weist jdn aus** qn expulse qn
2. (*Identität nachweisen*) ■ **etw weist jdn als jdn/etw aus** qc prouve [*o* atteste] que qn est qn/qc
3. (*aufzeigen*) ■ **etw weist etw aus** /*Bebauungsplan*/ qc montre qc; /*Statistik a.*/ qc indique qc, qc fait état de qc; ■ **etw ist als etw ausgewiesen** qc est déclaré(e) qc
II. *vr* 1. (*sich identifizieren*) ■ **jd weist sich aus** qn justifie [de] son identité, qn montre ses papiers
2. (*sich erweisen*) ■ **jd weist sich als etw aus** *als Geschäftsfrau, Taktiker* qn se révèle [être] qc
3. CH (*nachweisen*) ■ **jd weist sich über etw** (*akk*) **aus** qn fait état de qc; ■ **ausgewiesen** (*nachgewiesen*) fondé(e); (*mit entsprechenden Zeugnissen*) avec références

Ausweiskontrolle *f* contrôle *m* d'identité

ausweislich *adv* (*aufgrund von*) ■ **~ einer S.** (*gen*) comme l'atteste [*o* le montre] qc

Ausweisung *f* 1. (*Abschiebung*) expulsion *f*
2. (*Zurverfügungstellung*) mise *f* à disposition

aus|weiten I. *vt* 1. (*weiter machen*) ■ **jd/etw weitet etw aus** qn/qc élargit qc
2. (*umfangreicher machen*) ■ **jd weitet etw aus** *Kontakte, Handel* qn étend qc, qn développe qc
II. *vr* 1. (*weiter werden*) ■ **etw weitet sich aus** qc s'élargit; /*Gummiband*/ qc se distend
2. (*sich auswachsen*) ■ **etw weitet sich** [**zu etw**] **aus** /*Demonstrationen, Konflikt, Streiks, Unruhen*/ qc dégénère [en qc]

Ausweitung <-, -en> *f* 1. [*Pullover, Schuhe*] élargissement *m*, distension *f soutenu*
2. [*Demonstration, Konflikt, Streik, Unruhen*] extension *f*

auswendig *adv lernen* par cœur; ***jd kann/ weiß etw ~*** qn sait qc par cœur
▶ **das kann** [*o* **kenne**] **ich schon ~!** *iron* je connais ça par cœur!

Auswendiglernen <-s> *nt* ∅ apprentissage *m* par cœur; ***ein Gedicht zum ~*** un poème à apprendre par cœur

aus|werfen *vt irreg* 1. (*ausstoßen*) ■ **etw wirft etw aus** /*Vulkan*/ qc crache qc, qc vomit qc *littér;* /*Gewehr, MG*/ qc éjecte qc
2. (*herausschaufeln*) ■ **jd wirft etw aus** *Grab, Graben* qc creuse qc
3. NAUT ■ **jd/etw wirft etw aus** *Anker, Netz, Leine* qn/qc jette qc
4. (*verteilen*) ■ **jd/etw wirft etw** [**an jdn**] **aus** *Dividende, Gewinnanteile* qn/qc alloue qc [à qn]
5. INFORM ■ **etw wirft etw aus** *Namen, Zahlen, Informationen, Statistik* qc sort qc

aus|werten *vt* ■ **jd wertet etw aus** qn exploite qc; *Statistiken a.* qn dépouille qc; *Zeitungen, Prospekte* qn épluche qc

Auswertung *f* exploitation *f;* [*Statistiken*] dépouillement *f;* [*Zeitungen, Prospekte*] épluchage *m*

aus|wickeln *vt* ■ **jd wickelt etw aus** qn enlève le papier de qc; ■ **jd wickelt etw aus etw aus** qn enlève qc de qc

aus|wiegen *vt irreg* ■ **jd wiegt** [**jdm**] **etw aus** qn [lui] pèse qc; ***wie viel darf ich Ihnen*** [***davon***] ***~?*** combien est-ce que je vous en mets?; ***wiegen sie mir bitte 500 Gramm davon aus*** mettez-m'en 500 g, donnez-m'en 500 g

aus|winden *vt irreg* SDEUTSCH, CH ■ **jd windet etw aus** qn tord qc, qn essore qc

aus|wirken *vr* ■ **etw wirkt sich** [**...**] [**auf etw** (*akk*)] **aus** qc se répercute [de façon ...] [sur qc], qc a des conséquences [*o* répercussions] [...] [sur qc]; ***etw wirkt sich positiv/ negativ*** [***auf etw***] ***aus*** qc a des effets positifs/négatifs [sur qc]

Auswirkung *f* conséquence *f*, répercussion *f souvent pl*

aus|wischen *vt* 1. (*löschen*) ■ **jd wischt etw aus** *Schrift, Tafel* qn efface qc
2. (*sauber wischen*) ■ **jd wischt etw aus** qn essuie qc
▶ **jd wischt jdm eins aus** *fam* qn joue un sale tour à qn *fam*

aus|wringen *vt irreg* ■ **jd wringt etw aus** qn tord qc, qn essore qc [à la main]

Auswuchs *m* 1. MED excroissance *f*
2. (*Missstand*) excès *m;* ***das sind Auswüchse deiner Fantasie*** ce sont des

aberrations de ton esprit

aus|wuchten *vt* ■ **jd wuchtet etw aus** qn équilibre qc

Auswurf *m* Ø **1.** MED crachat *m*, expectoration *f*
2. (*das Auswerfen*) [*Asche, Lava*] projection *f*

aus|zahlen I. *vt* **1.** (*Betrag aushändigen*) ■ **jd zahlt [jdm] etw aus** *Geld, Gehalt, Spesen etc* qn [lui] verse qc, qn [lui] paie qc; *Pflichtteil* qn [lui] rembourse qc; ***jd zahlt jdm sein Erbteil aus*** qn verse à qn sa part d'héritage
2. (*abfinden*) ■ **jd zahlt jdn aus** *Arbeiter* qn règle qn; *Gläubiger* qn désintéresse qn; *Kompagnon, Miterben* qn rembourse qn
II. *vr* ■ **etw zahlt sich [für jdn] aus** qc est payant(e) [pour qn]

aus|zählen *vt* **1.** ■ **jd zählt etw aus** *Stimmen* qn dépouille qc, qn compte qc
2. BOXEN ■ **jd zählt jdn aus** qn compte qn K.-O.

Auszahlung *f* **1.** [*Geld, Gehalt, Spesen etc*] versement *m*, paiement *m*; [*Erbteil*] paiement *m* [de la part d'héritage]; [*Pflichtteil*] remboursement *m*; ***die ~ der Löhne*** la paie
2. (*Abfindung*) [*Kompagnon, Miterben*] remboursement *m*
► **etw kommt** [*o* **gelangt**] **zur ~** *form* qc est versé(e)

Auszählung *f* [*Stimmen*] dépouillement *m*, dénombrement *m*

Auszehrung <-, -en> *f* **1.** (*Kräfteverfall*) affaiblissement *m*, épuisement *m*; (*Schwindsucht*) consomption *f*, cachexie *f*
2. (*Substanzverlust*) perte *f* substantielle

aus|zeichnen I. *vt* **1.** (*mit Preisschild versehen*) ■ **jd zeichnet etw [mit etw] aus** qn étiquette qc; ***jd zeichnet etw mit einem Preis aus*** qn marque [*o* indique] le prix de qc; ***etw ist nicht ausgezeichnet*** le prix de qc n'est pas marqué [*o* affiché]; ***etw ist falsch ausgezeichnet*** le prix affiché pour qc est inexact
2. (*ehren*) ■ **jd/etw zeichnet jdn [mit/durch etw] aus** *durch Preis* qn/qc récompense qn [par qc]; *mit einem Orden* qn/qc décore qn [de qc]; *durch Würde* qn/qc distingue qn [de qc]; ***jd/etw zeichnet jdn durch eine besondere Ehrung aus*** qn/qc accorde une distinction honorifique à qn
3. (*hervorheben*) ■ **etw zeichnet jdn aus** */positive Eigenschaft, Engagement, Leistungswille etc/* qn se distingue par qc; ***es zeichnet dich aus, dass du ihm so großmütig verziehen hast*** c'est tout à ton honneur de lui avoir pardonné si généreusement
4. TYP ■ **jd zeichnet etw aus** *Manuskript* qn compose qc
II. *vr* ■ **jd zeichnet sich [durch etw] aus** qn se distingue [par qc]; ■ **etw zeichnet sich durch etw aus** qc se signale par qc, qc se caractérise par qc

Auszeichnung *f* **1.** Ø COM [*Artikel*] étiquetage *m*, marquage *m* [du prix]
2. Ø TYP [*Manuskript*] composition *f*
3. Ø *mit Ehrung, Würde* distinction *f*; *mit Preis* récompense *f*; *mit Orden* décoration *f*; ***die ~ mit dem Nobelpreis erfolgte ...*** le prix Nobel fut attribué ...
4. (*Preisetikett*) étiquette *f*
5. TYP composition *f*
6. (*Ehrung*) distinction *f* honorifique; (*Orden*) décoration *f*; (*Preis*) prix *m*
► **jd besteht [etw] mit ~** *Examen* qn réussit [qc] avec mention

Auszeit *f* SPORT temps *m* mort

ausziehbar *adj Antenne* télescopique; *Tisch* à [r]allonges

aus|ziehen *irreg* **I.** *vt + haben* **1.** (*ablegen*) ■ **jd zieht etw aus** *Kleidungsstück* qn enlève [*o* retire] qc; ■ **jd zieht jdm etw aus** qn lui enlève qc
2. (*entkleiden*) ■ **jd zieht jdn aus** qn déshabille qn
3. *fam* (*ausnehmen*) ■ **jd zieht jdn aus** qn vole qn, qn plume qn *fam*
4. (*verlängern*) ■ **jd zieht etw aus** *Tisch, Ausziehleiter* qn [r]allonge qc; *Antenne* qn [é]tire qc
5. (*nachzeichnen*) ■ **jd zieht etw [mit etw] aus** *Linie, Zeichnung* qn trace qc [à [*o* avec] qc]; *mit Tusche a.* qn passe qc à qc
II. *vr + haben* **1.** (*sich entkleiden*) ■ **jd zieht sich aus** qn se déshabille
2. (*ablegen*) ■ **jd zieht sich** (*dat*) **etw aus** qn enlève [*o* retire] qc
III. *vi + sein* **1.** (*Wohnung aufgeben*) ■ **jd zieht aus** qn déménage; ■ **jd zieht aus etw aus** qn quitte qc
2. (*ausrücken*) ■ **jd zieht auf etw** (*akk*)**/zu etw aus** qn part pour/à qc

Ausziehleiter *f* échelle *f* coulissante **Ausziehplatte** *f* [*Tisch*] [r]allonge *f* **Ausziehtisch** *m* table *f* à [r]allonges

aus|zischen *vt* ■ **jd zischt jdn/etw aus** qn siffle qn/qc, qn hue qn/qc

Auszubildende(r) *f(m) decl wie adj* apprenti(e) *m(f)*, stagiaire *mf*

Auszug *m* **1.** (*aus einer Wohnung*) déménagement *m*
2. (*das Hinausschreiten*) procession *f*; [*Athleten*] défilé *m*
3. (*Ausschnitt*) [*Ansprache, Rede, Artikel, Roman*] extrait *m* (*aus* de)
4. (*Konto~*) extrait *m*, relevé *m*
5. JUR [*Grundbuch*] extrait *m*, copie *f* [certifiée conforme] (*aus* de)
6. (*Extrakt*) ■ **~ [aus etw]** extrait *m* [de qc], essences *fpl* [de qc]
► **der ~ aus Ägypten** l'Exode [des Hébreux]; **in Auszügen** par extraits; ***etw wird in Auszügen zitiert*** on cite des extraits de qc

auszugsweise I. *adv* par extraits; ***etw wird nur ~ übertragen*** on ne retransmet que des extraits de qc
II. *adj* abrégé(e)

autark *adj Land* qui vit dans l'autarcie; *Wirtschaft* autarcique, autosuffisant(e); ***das Land ist landwirtschaftlich ~*** le pays dispose d'une agriculture autarcique

Autarkie <-, -n> [-ki:ən] *f* autarcie *f*, autosuffisance *f*

authentisch *adj* authentique

Authentizität <-> *f* Ø authenticité *f*

Autismus <-> *m* Ø autisme *m*

autistisch *adj* autiste

Auto <-s, -s> *nt* voiture *f*, auto *f*
► **jd fährt ~** (*selbst*) qn conduit; (*benutzt das ~*) qn prend la voiture; (*fährt mit*) qn roule en voiture [*o* auto]; ***jd fährt lieber ~*** qn préfère prendre la voiture; (*als Mitfahrer*) qn préfère la voiture; **jd fährt mit dem ~** qn prend la voiture; ***auf dieser Straße darf man nicht mit dem ~ fahren*** on n'a pas le droit d'emprunter cette rue [en voiture]; ***ich fahre nicht gern ~ auf überfüllten Straßen*** je n'aime pas conduire sur les routes encombrées

auto-, Auto-¹ (*selbst-*) auto-; *A-programmer* automatique

Auto-² AUT (*als Zubehör*) *-schlüssel, -fell, -lautsprecher* de/de la voiture; *-handschuhe* pour conduire; (*Teil des Autos*) *-tür, -dach, -fenster, -scheinwerfer* de/de la voiture; (*für den Autofahrer*) *-atlas, -karte* routier(-ière); (*Autos betreffend*) *-industrie, -versicherung, -bauer, -hersteller, -designer* automobile; *-narr, -fan* de voitures, d'autos; *-lackierer, -schlosser* -auto; *-papiere* de voiture; *~marke* marque *f* [de voiture]; ***~straße*** chaussée *f*, voie *f* publique

Autobahn *f* autoroute *f*

Autobahn- *-anschlussstelle* d'autoroute; *-kirche, -querspange, -trasse* autoroutier(-ière); *-polizei* des autoroutes **Autobahnabschnitt** *m* tronçon *m* d'autoroute **Autobahnausfahrt** *f* sortie *f* d'autoroute **Autobahn|benutzungs|gebühr** *f* péage *m* **Autobahndreieck** *nt* échangeur *m* **Autobahnkreuz** *nt* échangeur *m* **Autobahnraststätte** *f* restoroute *m* **Autobahnring** *m* périphérique *m* autoroutier **Autobahnvignette** [-vɪnjɛtə] *f* vignette *f* d'autoroute **Autobahnzubringer** *m* bretelle *f* d'accès [à l'autoroute]

Autobatterie *f* batterie *f* de voiture

Autobiographie *f* autobiographie *f*

Autobombe *f* voiture *f* piégée **Autobus** *m alt* [auto]bus *m* **Autocar** *m* CH car *m*

Autodidakt(in) <-en, -en> *m(f)* autodidacte *mf*

autodidaktisch I. *adj* d'autodidacte
II. *adv* en autodidacte

Autodieb(in) *m(f)* voleur(-euse) *m(f)* de voiture[s] **Autodiebstahl** *m* vol *m* de voiture

Autodrom <-s, -e> *nt* **1.** SPORT circuit *m*, autodrome *m*
2. AUS piste *f* des autos tamponneuses

Autoelektrik *f* installation *f* électrique [de la voiture] **Autofähre** *f* [car-]ferry *m*, transbordeur *m* **Autofahren** *nt* voiture *f*; ***jd hat keine Lust zum ~*** qn n'a pas envie de prendre la voiture; ***beim ~*** en voiture **Autofahrer(in)** *m(f)* automobiliste *mf*, conducteur(-trice) *m(f)*; ***ich bin schon 20 Jahre [lang] ~*** je conduis depuis 20 ans **Autofahrt** *f* trajet *m* en voiture

Autofokus <-, -se> *m* autofocus *m*

autofrei *adj Tag* sans voiture; *Straße, Stadtteil* interdit(e) aux voitures **Autofriedhof** *m fam* cimetière *m* de voitures *fam*

Autogas *nt* gaz *m* de pétrole liquéfié, G.P.L. *m*

autogen *adj* **1.** TECH *Schweißen* autogène
2. PSYCH *Training* autogène

Autogramm <-s, -e> *nt* autographe *m*

Autokino *nt* ciné-parc *m* **Autoknacker(in)** <-s, -> *m(f) fam* cambrioleur(-euse) *m(f)* de voiture[s] **Autokolonne** *f* file *f* de voitures

Autokrat(in) <-en, -en> *m(f)* autocrate *mf*

Autokratie <-, -n> [-'ti:ən] *f* autocratie *f*

autokratisch *adj* autocratique

Autolenker(in) *m(f) bes.* CH *s.* **Autofahrer. Automarder** *m* **1.** *fam* (*Autodieb*) cambrioleur(-euse) *m(f)* de voitures *fam* **2.** (*Tier*) martre *f*

Automat <-en, -en> *m* **1.** (*Verkaufs~*) distributeur *m* [automatique]; (*Musik~*) juke-box *m*; (*Spiel~*) machine *f* à sous
2. (*Sicherung*) disjoncteur *m*
3. *pej* (*Mensch*) robot *m*, automate *m*

Automatenknacker(in) <-s, -> *m(f) fam* cambrioleur(-euse) *m(f)* de distributeurs **Automatenrestaurant** [-rɛstorã:] *nt* restaurant *m* à distributeurs automatiques

Automatik¹ <-> *f* Ø **1.** (*Steuerungs~*) automatisme *m*
2. (*Automatikgetriebe*) boîte *f* [*o* embrayage *m*] automatique

Automatik² <-s, -s> *m* (*Wagen*) voiture *f* automatique

Automation <-> *f* Ø automatisation *f*, automation *f*

automatisch I. *adj* automatique
II. *adv* **1.** (*selbsttätig*) automatiquement
2. *fam* (*unwillkürlich*) spontanément; ***das geht ganz ~*** c'est automatique

automatisieren * *vt* ■ **jd automatisiert etw** qn automatise qc

Automatisierung <-, -en> *f* automatisation *f*

Automechaniker(in) *m(f)* mécanicien(ne)[-auto] *m(f)*

Automobil <-s, -e> *nt veraltet geh* automobile *f vieilli*

Automobil- *s.* **Auto-. Automobilausstellung** *f* Salon *m* de l'auto[mobile] **Automobilbau** *m* Ø construction *f* automobile **Automobilclub** *m* automobile-club *m*, club *m* automobile ► **~ von Deutschland** *club automobile allemand;* **Allgemeiner Deutscher ~** *club automobile allemand*

Automobilist(in) <-en, -en> *m(f) geh,* CH automobiliste *mf*

Automobilklub *m s.* **Automobilclub. Automobilsalon** [-zalõ:, -zalɔŋ] *m s.* **Automobilausstellung**

Automodell *nt* modèle *m* de voiture

autonom *adj* autonome **Autonome(r)** *f(m) decl wie adj* autonomiste *mf*

Autonomie <-, -n> [-'mi:ən] *f* autonomie *f*

Autonummer *f* numéro *m* d'immatriculation [*o* de la plaque minéralogique]

Autopilot *m* AVIAT pilotage *m* automatique

Autopsie <-, -n> [-'psi:ən] *f* autopsie *f*

Autor <-s, -toren> *m*, **-torin** *f* auteur *m*

Autoradio *nt* autoradio *m* **Autoreifen** *m* pneu *m* **Autoreisezug** *m* train *m* autos-couchettes **Autorennen** *nt* course *f* automobile

autorisieren * *vt* ■ **jd/etw autorisiert jdn [zu etw]** qn/qc autorise qn [à faire qc]; ■ **autorisiert** *Personal, Übersetzung* autorisé(e)

autoritär *adj* autoritaire

Autorität <-, -en> *f* autorité *f*
autoritätsgläubig *adj pej* qui accepte aveuglément l'autorité **Autoritätsgläubigkeit** *f pej* reconnaissance *f* aveugle de l'autorité
Autosalon [-zalõ:, -zalɔŋ] *m s.* **Automobilausstellung. Autoschalter** *m* guichet *m* drive-in **Autoschlange** *f* file *f* de voitures **Autoschutzbrief** *m* assurance *f* dépannage-secours **Autoskooter** <-s, -> [-sku:tɐ] *m* auto *f* tamponneuse **Autostrich** *m sl* quartier *m* réservé à la prostitution en voiture **Autostunde** *f* heure *f* de voiture
Autosuggestion *f* autosuggestion *f*
Autotelefon *nt* radiotéléphone *m* **Autounfall** *m* accident *m* de voiture **Autoverkehr** *m* trafic *m*, circulation *f* automobile **Autoverleih** *m*, **Autovermietung** *f* (*Unternehmen*) société *f* de location de voitures; (*Niederlassung*) agence *f* de location de voitures; (*das Vermieten*) location *f* de voitures **Autowerkstatt** *f* garage *m* **Autowrack** *nt* épave *f* [*o* carcasse *f*] de voiture
Autozoom [-zu:m] *nt* zoom *m* automatique
Autozubehör *nt* accessoires *mpl* auto **Autozug** *m s.* **Autoreisezug**
autsch *interj fam* ouille *fam*
auweh *interj*, **auwei**[**a**] *interj* oh, oh là là
Avance <-, -n> [a'vã:sə] *f* ▸ **jd macht jdm ~n** *geh* qn fait des avances à qn
avancieren * [avã'si:rən] *vi + sein geh* ■ **jd avanciert** qn avance, qn monte en grade; ■ **jd avanciert zu etw** qn passe qc, qn est promu(e) qc
Avantgarde <-, -n> [avã'gardə] *f geh* avant-garde *f*
avantgardistisch [avãgar'dɪstɪʃ] *adj* d'avant-garde, avant-gardiste
AvD <-> [a:fau'de:] *m* ∅ *abk von* **Automobilclub von Deutschland** *club automobile allemand*
Ave-Maria <-[s], -[s]> ['a:və-] *nt* Ave [Maria] *m*
Aversion <-, -en> [-vɛr-] *f* (*Widerwille*) ■ **~** [**gegen jdn/etw**] aversion *f* [pour qn/qc]
▸ **jd hat eine ~ gegen jdn/etw** qn a qn/qc en aversion
avisieren * [-vi-] *vt* ■ **jd avisiert** [**jdm**] **jdn/etw** qn avise [*o* prévient] qn de l'arrivée de qn/qc; ***jd avisiert die Ankunft/das Eintreffen jds/einer S.*** qn avise [*o* prévient] qn de l'arrivée de qn/qc
Avocado <-, -s> [-vo-] *f* avocat *m*
Axiom <-s, -e> *nt* axiome *m*
Axt <-, ¨-e> *f* hache *f*
▸ **die ~ im Haus erspart den Zimmermann** *prov* lorsque l'on a le bon outil à sa disposition, on peut se passer de l'artisan; **jd benimmt sich wie die ~ im Walde** *fam* qn ne fait pas dans la dentelle *fam*; **jd legt die ~ an etw** (*akk*)/**an die Wurzel von etw** qn soigne [*o* prend] le mal à la racine en ce qui concerne qc
Azalee <-, -n> *f* azalée *f*
Azoren *pl* ■ **die ~** les Açores *fpl*
Azteke <-n, -n> *m*, **-tekin** *f* Aztèque *mf*
Azubi <-s, -s> *m*, <-, -s> *f abk von* **Auszubildende**(**r**) apprenti(e) *m(f)*, stagiaire *mf*
azurblau *adj geh* bleu azur *inv*

B

B, b <-, -> [be:] *nt* **1.** (*Buchstabe*) B *m*, b *m*
2. MUS (*Ton*) mi *m*; ■ **b** (*Erniedrigungszeichen*) bémol *m*
▸ **B wie Berta** b comme Berthe; **B-dur/b-Moll** mi mineur/majeur
babbeln I. *vi fam* ■ **jd babbelt** /*Baby*/ qn gazouille, qn babille; (*viel reden*) qn caquette, qn jacasse
II. *vt fam*: ***was er für einen Unsinn babbelt!*** ce qu'il sort comme âneries!; ***was babbelst du da immer?*** mais qu'est-ce que tu racontes sans arrêt?; ***babbele nicht immer so einen Quatsch!*** arrête tes conneries! *fam*
Babel <-s> *nt* ∅ *geh* (*Sünden~*) lieu *m* de perdition
Baby <-s, -s> ['be:bi] *nt* bébé *m*
Baby- ['be:bi-] *-nahrung* pour bébé, du premier âge; *-kleidung, -sachen, -mützchen, -pflege* de/du bébé; *-spielsachen, -zahnbürste, -raum* pour bébé; (*Säuglinge betreffend*) *-sterblichkeit, -vorsorge* infantile; *-baisse, rückgang* de la natalité, des naissances; ***~pass*** carnet *m* de surveillance du nourrisson; ***~fläschchen*** biberon *m*; ***~schuhe*** chaussons *mpl* **Babyausstattung** ['be:bi-] *f* layette *f* **Babyboom** ['be:bibu:m] *m* baby-boom *m*, explosion *f* de la natalité **Babydoll** <-s, -s> ['be:bidɔl, be:bi'dɔl] *nt* baby-doll *m* **Babyjahr** ['be:bi-] *nt fam* congé *m* parental d'éducation
babylonisch *adj* babylonien(ne)
babysitten ['be:bizɪtn] *vi meist infin* ■ **jd babysittet** [**bei jdm**] qn fait du baby-sitting [chez qn]
Babysitter(**in**) <-s, -> ['be:bizɪtɐ] *m(f)* baby-sitter *mf*, garde *mf* d'enfants
Babyspeck ['be:bi-] *m hum fam* rondeurs *fpl* de bébé *fam* **Babystrich** *m fam* prostitution *f* des mineur(e)s; ***sie landet auf dem ~*** elle finit sur le trottoir **Babywaage** *f* pèse-bébé *m* **Babywippe** *f* baby relax *m*
Bach <-[e]s, ¨-e> *m* **1.** GEOG ruisseau *m*; (*Gebirgs~*) torrent *m*
2. (*Rinnsal*) ruisseau *m*; ***¨-e von Schweiß*** des torrents de sueur
▸ **etw geht den ~ runter** *fam* qc tombe à l'eau *fam*, qc tourne en eau de boudin *fam*
bachab *adv* CH (*bachabwärts*) en aval [du ruisseau]
▸ **etw geht** [*o* **schwimmt**] **~** qc s'en va à vau-l'eau; **jd schickt etw ~** qn rejette qc
Bachforelle *f* truite *f* de rivière
Bächlein <-s, -> *nt dim von* **Bach** ruisselet *m*
▸ **ein Kind macht ein ~** *Kindersprache* un enfant fait pipi
Bachstelze <-, -n> *f* bergeronnette *f*
Back[1] <-, -en> *f* NAUT gaillard *m* d'avant, superstructure *f* avant
Back[2] <-s, -s> [bæk] *m* SPORT CH arrière *m*
Backblech *nt* plaque *f* de four
Backbord <-[e]s> *nt* ∅ bâbord *m*
backbord[**s**] *adv* à bâbord
Bäckchen <-s, -> *nt dim von* **Backe** pommette *f*, joue *f*
Backe <-, -n> *f* **1.** (*Wange*) joue *f*
2. *fam* (*Po~*) fesse *f*
3. [*Schraubstock*] mâchoire *f*; (*Brems~*) mâchoire *f* de frein
▸ **jd kaut mit vollen ~n** qn joue des mandibules *fam*; **jd sitzt etw auf einer ~ ab** *fam Haftstrafe* qn fait qc, qn se dépêche de faire qc; *2 Jahre, 5 Jahre* qn tire qc vite fait bien fait *fam*; **au ~!** *veraltet fam* oh là là!
backen <backt *o* bäckt, backte *o alt* buk, gebacken> **I.** *vt* ■ **jd backt** [*o* **bäckt**] **etw** *Brot, Kuchen, Plätzchen, Pfannkuchen* qn fait qc; DIAL (*braten*) *Auflauf, Fisch, Pizza etc* qn fait cuire qc; *Pfannkuchen* qn fait qc; ■ **jd backt** [*o* **bäckt**] **etw in etw** (*akk*) (*als Zutat*) qn met qc dans qc; ***gebackener Fisch*** du poisson frit; ***etw ist knusprig gebacken*** qc est bien croustillant(e)
II. *vi* ■ **etw bäckt** /*Brot, Kuchen*/ qc cuit; DIAL (*braten*) /*Fisch, Krapfen, Pfannkuchen*/ qc cuit; ■ **jd bäckt** qn fait un gâteau/du pain/de la pâtisserie; ***jd kann nicht gut ~*** qn ne sait pas bien faire les gâteaux [*o* la pâtisserie], qn ne réussit pas les gâteaux [*o* la pâtisserie]; ***jd lässt etw in Fett ~*** qn fait frire qc
Backenbart *m* favoris *mpl* **Backenknochen** *m* pommette *f* **Backentasche** *f* abajoue *f* **Backenzahn** *m* molaire *f*
Bäcker(**in**) <-s, -> *m(f)* **1.** boulanger(-ère) *m(f)*
2. (*Bäckerei*) boulangerie *f*
▸ **beim ~** à la boulangerie, chez le boulanger
Bäckerbsen *pl* AUS, SDEUTSCH perles *fpl* à potage (*petites boules pour potage*)
Bäckerei <-, -en> *f* **1.** (*Bäckerladen*) boulangerie *f*; (*Backstube*) fournil *m*
2. AUS (*Gebäck*) pâtisserie *f*
Bäckerladen *m* boulangerie *f* **Bäckermeister**(**in**) *m(f)* maître *m* boulanger
Bäckersfrau *f* femme *f* du boulanger, boulangère *f*
Backfeige *f* DIAL gifle *f*
backfertig *adj* prêt(e) à cuire, P.A.C. **Backfisch** *m* **1.** (*Fisch*) poisson *m* frit **2.** *veraltet* (*Mädchen*) gamine *f* **Backform** *f* moule *m* à gâteau
Background <-s, -s> ['bækgraunt] *m* **1.** *geh* (*Milieu*) milieu *m*
2. (*Berufserfahrung*) expérience *f*
3. (*Hintergründe*) coulisses *fpl*; [*Affäre*] mobiles *mpl*
4. CINE background *m*, contexte *m*
5. MUS arrière-plan *m*, fond *m* musical, accompagnement *m*
Backhähnchen *nt* poulet *m* rôti **Backhendl** <-s, -> *nt* SDEUTSCH, AUS poulet *m* rôti **Backmischung** *f* mélange *m* instantané pour la préparation de gâteaux, préparation *f* à gâteaux **Backobst** *nt* fruits *mpl* secs
Backofen *m* four *m*
▸ **es ist heiß wie in einem ~** il fait chaud comme dans un four, on se croirait dans une étuve
backofenfest *adj* qui va au four
Backpfeife *f* DIAL gifle *f*
Backpflaume *f* pruneau *m* **Backpulver** [-fɐ, -vɐ] *nt* levure *f* chimique **Backrohr** *nt* AUS, **Backröhre** *f* four *m*
Backstein *m* brique *f*
Backsteinbau <-bauten> *m* construction *f* en briques **Backsteingotik** *f* gothique *f* de briques
Backstube *f* fournil *m* **Backtrog** *m* pétrin *m*
Backup <-s, -s> [bæk'ʔap] *nt* INFORM sauvegarde *f*
Backwaren *pl* pâtisserie *f* **Backzeit** *f* temps *f* de cuisson
Bad <-[e]s, ¨-er> *nt* **1.** (*Baden, Wasser*) bain *m*; ***das ~ muss ausgeschüttet werden*** il faut vider l'eau du bain; (*Schwimmen*) baignade *f*
2. (*Badezimmer*) salle *f* de bains
3. (*Schwimm~*) piscine *f*
4. (*Kurort*) ville *f* d'eaux, station *f* thermale; (*See~*) station *f* balnéaire
▸ **ein ~ in der Menge** un bain de foule; **galvanisches ~** bain *m* galvanique; **jd lässt jdm/sich ein ~ ein** [*o* **einlaufen**] qn lui/se fait couler un bain; **jd**

nimmt ein ~ qn prend un bain, qn se baigne
Badeanstalt *f* piscine *f* **Badeanzug** *m* maillot *m* de bain [une pièce] **Badegast** *m* 1. (*Kurgast*) curiste *mf* 2. (*eines Schwimmbades*) baigneur(-euse) *m(f)* **Badegelegenheit** *f* baignade *f*; ***wo ist hier die nächste*** ~? où peut-on se baigner dans le coin? **Bade[hand]tuch** *nt* serviette *f* de bain **Badehose** *f* maillot *m* [*o* slip *m*] de bain **Badekappe** *f* bonnet *m* de bain **Bademantel** *m* peignoir *m*, sortie *f* de bain **Badematte** *f* tapis *m* de bain **Bademeister(in)** *m(f)* maître-nageur *m* **Bademütze** *f s.* **Badekappe**
baden I. *vi* 1. ■ **jd badet** qn se baigne, qn prend un bain
2. (*schwimmen*) ■ **jd badet [in etw** (*dat*)] qn se baigne [dans qc]
▶ **jd badet warm/heiß/kalt** qn prend un bain chaud/très chaud/froid; **jd geht** ~ (*nimmt ein Wannenbad*) qn va prendre un bain; (*geht schwimmen*) qn va se baigner; **jd geht [bei/mit etw]** ~ *fam* qn se casse le nez [avec qc] *fam;* (*durch eigenes Verschulden*) qn se plante *fam*
II. *vt* 1. ■ **jd badet jdn** qn donne un bain à qn, qn baigne qn
2. MED ■ **jd badet etw [in etw** (*dat*)] qn rince [*o* lave] qc [avec qc]
III. *vr* ■ **jd badet sich** qn prend un bain
Badenixe *f hum* sirène *f*
Baden-Württemberg <-s> *nt* le Bade-Wurtemberg
Badeofen *m* chauffe-bain *m* **Badeort** *m* (*Seebad*) station *f* balnéaire; (*Kurort*) ville *f* d'eaux, station *f* thermale **Badeplatz** *m* (*Stelle zum Baden*) baignade *f* **Badesaison** [-zɛzõ:, -zɛzɔŋ] *f* saison *f* balnéaire **Badesalz** *nt* sels *mpl* de bain **Badeschuh** *m* sandale *f* de bain **Badestrand** *m* plage *f* **Badetuch** *nt s.* **Badehandtuch. Badewanne** *f* baignoire *f* **Badewasser** *nt* eau *f* du bain **Badewetter** *nt* temps *m* idéal pour se baigner [*o* propice à la baignade] **Badezeit** *f* 1. (*Saison*) saison *f* balnéaire 2. *pl* (*Öffnungszeiten*) heures *fpl* d'ouverture de la piscine **Badezeug** *nt* affaires *fpl* de bain [*o* de piscine] **Badezimmer** *nt* salle *f* de bains **Badezusatz** *m* sels *mpl*/huile *f*/gel *m* de bain
Badkleid *nt* CH *s.* **Badeanzug**
Badminton <-> ['bætmɪntən] *nt* ∅ badminton *m*
baff *adj pred fam* ■ **jd ist** ~ qn en est baba *fam;* ***da biste*** ~, ***was?*** ça t'en bouche un coin, hein? *fam*
BAföG <-> *nt* ∅ *abk von* **Bundesausbildungsförderungsgesetz** (*Studienbeihilfe*) ≈ bourse *f* d'études (*en partie à titre de prêt*
▶ **jd bekommt** [*o* **kriegt** *fam*] ~ qn a une bourse
Bagage <-> [ba'ga:ʒə] *f* ∅ *pej fam* smala *f fam*
Bagatelldelikt *nt* affaire *f* mineure
Bagatelle <-, -n> *f* bagatelle *f*, bricole *f fam*
bagatellisieren * I. *vt* ■ **jd bagatellisiert etw** qn minimise qc
II. *vi* ■ **jd bagatellisiert** qn minimise l'affaire
Bagatellsache *f* 1. *s.* **Bagatelle** 2. JUR *s.* **Bagatelldelikt Bagatellschaden** *m* dommage *m* minime [*o* insignifiant
Bagger <-s, -> *m* pelleteuse *f*, pelle *f* mécanique, excavatrice *f*; (*Fluss~*) drague *f*
Baggerführer(in) *m(f)* conducteur(-trice) *m(f)* de pelle **Baggergut** *nt* ∅ déblais *mpl*, gravats *mpl*
baggern I. *vi* ■ **jd baggert** qn excave, qn creuse
II. *vt* ■ **jd baggert etw** *Kies, Sand, Erde* qn excave qc *Baugrube, Graben* qn creuse qc
Baggersee *m* plan *m* d'eau, lac *m* artificiel (*ancienne sablière ou ancienne gravière remplie d'eau*)
bäh *interj* 1. (*vor Ekel*) be[u]rk, pouah; (*aus Schadenfreude*) tralalalalère; ***das ist*** ~ c'est caca *enfantin*
2. (*von Schaf*) mê
▶ **ein Tier macht** ~ *Kindersprache* un animal fait mê
Bahn <-, -en> *f* 1. (*Eisen~*) train *m;* (*Straßen~*) tram *m;* (*Verkehrsnetz, Verwaltung*) chemins *mpl* de fer; ***jd ist*** [*o* ***arbeitet***] ***bei der*** ~ qn travaille aux chemins de fer; (*in Frankreich*) qn travaille à la S.N.C.F.
2. SPORT piste *f*; (*in Schwimmbecken*) couloir *m*, ligne *f* d'eau; (*Kegel~, Schlitten~, Bob~*) piste *f*
3. ASTRON orbite *f*; (*Raketen~, Geschoss~*) trajectoire *f*
4. (*Stoff~*) lé *m;* (*Tapeten~ a.*) panneau *m;* [*Packpapier*] feuille *f*; (*Papier~*) bande *f* de papier
5. (*Weg*) [*Fluss*] cours *m;* (*Fahr~*) voie *f*; ***jd/etw schlägt sich eine*** ~ ***durch etw*** qn/qc se fraie un passage dans qc
▶ ~ **frei!** laissez [*o* cédez] le passage; **jd hat freie** ~ [**für etw/bei jdm**] qn a le champ libre [pour [faire] qc/avec qn]; **frei** ~ COM franco de fret; **etw verläuft in geregelten** ~**en** qc est bien réglé(e); **jd/etw bringt jdn wieder auf die rechte** ~ qn/qc remet qn sur le droit chemin; **jd/etw lenkt etw in die richtigen** ~**en** qn/qc met qc sur la bonne voie; **jd kommt** [*o* **gerät**] **auf die schiefe** ~ qn tourne mal, qn est sur la mauvaise pente; **jd/etw bringt jdn auf die schiefe** ~ qn/qc détourne qn du droit chemin; **etw bricht sich** (*dat*) ~ qc fait son chemin; **jd/etw bricht einer S.** (*dat*) ~ qn/qc ouvre la voie à qc; **jd gerät aus der** ~ qn est complètement déboussolé(e); **etw wirft jdn aus der** ~ qc déboussole qn; **mit der** ~**/per** ~ par le train/par rail [*o* voie ferrée]
BahnanschlussRR *m* raccordement *m* au réseau ferroviaire **Bahnarbeiter(in)** *m(f)* cheminot(e) *m(f)* **Bahnbeamte(r)** *m*, **-beamtin** *f* employé(e) *m(f)* des chemins de fer **bahnbrechend** I. *adj* révolutionnaire, novateur(-trice) II. *adv:* ~ ***neue Ideen*** de nouvelles idées révolutionnaires; ***etw wirkt*** ~ ***auf etw*** qc révolutionne qc **Bahnbus** *m* autobus *m* des chemins de fer
Bähnchen <-s, -> *nt dim von* **Bahn 1.**
Bahndamm *m* remblai *m*
bahnen I. *vt* ■ **jd/etw bahnt [jdm] etw** qn/qc [lui] fraye qc
II. *vr* ■ **jd bahnt sich** (*dat*) **etw** qn se fraye qc; ■ **etw bahnt sich** (*dat*) **etw** qc se creuse qc

Bahnfahrt *f* voyage *m* en train [*o* en chemin de fer] **Bahnfracht** *f* fret *m* ferroviaire **Bahngleis** *nt* voie *f* ferrée, rails *mpl*
Bahnhof *m* gare *f*
▶ **großer** ~ [grande] pompe *f*, tralala *m fam;* **jd wird mit großem** ~ **empfangen** *fam* qn est reçu(e) en grande pompe [*o* avec tout le tralala *fam*]; **jd versteht nur** ~ *hum fam* qn ne pige que dalle *fam*
Bahnhof- *bes.* SDEUTSCH, AUS, CH, **Bahnhofs-** de la gare **Bahnhofsgaststätte** *f* restaurant *m* de/de la gare **Bahnhofshalle** *f* hall *m* de/de la gare **Bahnhofsmission** *f* centre *m* d'accueil de/de la gare **Bahnhofsplatz** *m* place *f* de/de la gare **Bahnhofspolizei** *f* (*Polizeistation*) commissariat *m* de police d'une/de la gare; (*Organisation*) *service de police chargé du maintien de l'ordre dans les gares* **Bahnhofsuhr** *f* horloge *f* de/de la gare **Bahnhofsvorstand** *m* AUS, CH, **Bahnhofsvorsteher(in)** *m(f)* chef *m* de gare
Bahnkörper *m* plate-forme *f* de la voie ferrée **bahnlagernd** *adj Frachtgut* gare restante; ***etw wird*** ~ ***versandt*** qc est expédié(e) en gare restante
Bähnler(in) <-s, -> *m(f)* CH *fam* employé(e) *m(f)* des chemins de fer
Bahnlinie [-li:niə] *f* ligne *f* de chemin de fer **Bahnpolizei** *f* police *f* des chemins de fer **Bahnschranke** *f*, **Bahnschranken** *m* AUS barrière *f* de/du passage à niveau **Bahnsteig** <-[e]s, -e> *m* quai *m* de/de la gare; ***auf*** ~ ***3*** quai 3 **Bahnübergang** *m* passage *m* à niveau ▶ **beschrankter/unbeschrankter** ~ passage à niveau muni de barrières/sans barrières
Bahnwärter(in) *m(f)* garde-barrière *mf*
Bahnwärterhäuschen [-hɔɪsçən] *nt* maison *f* de/du garde-barrière
Bahre <-, -n> *f* (*Kranken~*) civière *f*, brancard *m;* (*Toten~*) catafalque *m*
Baiser <-s, -s> [bɛ'ze:] *nt* meringue *f*
Baisse <-, -n> ['bɛ:sə] *f* baisse *f*
▶ **jd spekuliert auf** ~ qn spécule à la baisse
Bajonett <-[e]s, -e> *nt* baïonnette *f*
BajonettverschlussRR *m* fermeture *f* à baïonnette
Bajuware <-n, -n> *m*, **-warin** *f hum s.* **Bayer**
Bake <-, -n> *f* 1. NAUT bouée *f*
2. AVIAT balise *f*
3. TRANSP (*Verkehrszeichen*) balise *f*
Bakkarat <-s> ['bakara] *nt* ∅ baccara *m*
Bakschisch <-s, -e *o* -s> *nt* bakchich *m*, pot-de-vin *m*
Bakterie <-, -n> [-riə] *f meist pl* bactérie *f*, microbe *m*
bakteriell I. *adj* bactérien(ne), microbien(ne)
II. *adv* par des bactéries, par des microbes; ***etw ist*** ~ ***bedingt*** qc est d'origine bactérienne [*o* microbienne]
Bakterienkultur [-riən-] *f* culture *f* bactérienne [*o* microbienne]
Bakteriologe <-n, -n> *m*, **-login** *f* bactériologiste *mf*
Bakteriologie <-> *f* ∅ bactériologie *f*
bakteriologisch *adj* bactériologique
bakterizid I. *adj* bactéricide
II. *adv:* ***etw ist*** ~ ***wirksam, etw wirkt*** ~ qc est bactéricide
Balalaika <-, -s *o* Balalaiken> *f* balalaïka *f*
Balance <-, -n> [ba'lã:s(ə)] *f* 1. (*Gleichgewicht*) équilibre *m*
2. (*Ausgewogenheit*) équilibre *m*
▶ **etw bringt jdn aus der** ~ qc déséquilibre qn; *fig* qc désoriente qn, qc décontenance qn; **jd hält/verliert die** ~ qn garde/perd l'équilibre
Balanceakt [ba'lã:s(ə)-] *m* 1. [*Artist*] numéro *m* d'équilibre
2. (*Vorgang des Lavierens*) exercice *m* sur la corde raide
balancieren * [balã'si:rən] I. *vi* 1. + *sein* (*sich bewegen*) ■ **jd balanciert [über etw** (*akk*)] qn se tient en équilibre [sur qc]
2. + *haben* (*lavieren*) ■ **jd/etw balanciert zwischen etw** (*dat*) **und etw** qn/qc fait la part des choses entre qc et qc
II. *vt* + *haben* ■ **jd balanciert etw [auf etw** (*dat*)] qn fait tenir qc en équilibre [sur qc]
Balancierstange [balã'si:ɐ-] *f* balancier *m*
bald <eher *o* DIAL =er, am ehesten> I. *adv* 1. (*in Kürze*) bientôt, dans peu de temps; (*schnell*) vite; ***er hatte*** ~ ***begriffen, dass*** il eut vite compris que + *indic;* ***komm*** ~ ***wieder!*** reviens vite!; (*zu Besuch*) reviens bientôt me/nous voir
2. (*fast*) presque; ***das ist doch*** ~ ***die Höhe!*** c'est vraiment le comble!; ***das ist doch*** ~ ***nicht mehr wahr!*** c'est à peine croyable!
3. *fam* (*endlich*) enfin; ***hoffentlich siehst du*** ~ ***mal ein, dass*** j'espère que tu vas finir par comprendre que + *indic*
▶ **so** ~ **wie** [*o* **als**] **möglich** le plus tôt possible, aussi tôt que possible; **wird's** ~? *fam* alors, ça vient? *fam;* ***verschwinde! na, wird's*** ~? fiche le camp! et plus vite que ça! *fam;* **[all]zu** ~ bien [trop] vite; **bis** ~! à bientôt; ~ **darauf** aussitôt après, peu après; **nicht so** ~ pas de si tôt; ***wenn auch nicht so*** ~, ***wie wir erwartet hatten*** même si cela n'est pas arrivé aussi vite que nous le souhaitions; ***kommt nicht so*** ~ ***wieder zurück*** prenez votre temps
II. *conj geh* ■ ~ …, ~ … tantôt …, tantôt …
Baldachin <-s, -e> *m* baldaquin *m*
Bälde *f* ▶ **in** ~ bientôt, prochainement
baldig *adj attr Antwort* rapide; *Besuch, Kommen, Eintreffen, Wiedersehen* prochain(e), sous peu; *Genesung* prompt(e)
baldigst *adv form* dans les plus brefs délais, aussi tôt que possible
baldmöglichst *adv* le plus vite possible
Baldrian <-s, -e> *m* valériane *f*
Baldriantropfen *pl* teinture *f* de valériane
Balg[1] <-[e]s, =e> *m* 1. (*Blase~*) soufflet *m*
2. [*Akkordeon*] soufflet *m*
3. (*Tierhaut*) peau *f*
▶ **jd rückt jdm auf den** ~ *fam* (*drängt sich dicht heran*) qn se colle contre qn [*o* à]; (*bedrängt jdn*) qn lui tombe sur le poil *fam*
Balg[2] <-[e]s, =er> *m o nt pej fam* (*Kind*) mouflet *m fam*, mioche *m fam*

balgen *vr* ■ **sie ~ sich** [**um etw**] */Hunde/* ils/elles se bagarrent [pour qc]; */Kinder a./* ils/elles se chamaillent [pour qc]

Balgerei <-, -en> *f* bagarre *f*

Balkan <-s> *m* **1.** (*Halbinsel, Länder*) ■ **der ~** les Balkans *mpl; pej* (*rückständiges Gebiet*) la brousse *fam,* la jungle *fam*
2. (*Gebirge*) [mont *m*] Balkan
▸ **auf dem ~** dans les Balkans

Balkanhalbinsel *f* péninsule *f* balkanique

Balkanisierung <-> *f Ø pej* balkanisation *f*

Balkankrise *f* crise *f* des Balkans

Balken <-s, -> *m* **1.** (*Holz~*) poutre *f,* solive *f*
2. CONSTR (*Stütz~*) poutre *f,* pilier *m,* poutrelle *f;* (*für Brücke*) longeron *m*
3. SPORT (*Schwebe~*) poutre *f*
4. (*in Wappen*) fasce *f;* (*Uniformstreifen*) galon *m*
▸ **der ~ im eigenen Auge:** ***er sieht wohl den Splitter im Auge der anderen, doch nicht den ~ im eigenen Auge*** il voit la paille dans l'œil du voisin et il ne voit pas la poutre [qui est] dans le sien; **jd lügt, dass sich die ~ biegen** *fam* qn ment comme il/elle respire [*o* comme un arracheur de dents] *fam*

Balkendiagramm *nt* INFORM graphique *m,* diagramme *m* en bâtons **Balkenkonstruktion** *f* assemblage *m* de poutres **Balkenüberschrift** *f* gros titre *m,* manchette *f* **Balkenwaage** *f* balance *f* à fléau

Balkon <-s, -s *o* -e> [bal'kɔŋ, bal'kõ:, bal'ko:n] *m* **1.** ARCHIT balcon *f*
2. CINE, THEAT balcon *f*

Balkonpflanze [bal'kɔŋ-, bal'kõ:-, bal'ko:n-] *f* plante *f* de balcon **Balkontür** *f* porte *f* de/du balcon **Balkonzimmer** *nt* chambre *f* avec balcon

Ball[1] <-[e]s, ¨-e> *m* **1.** (*zum Spielen*) balle *f;* (*großer*) ballon *m;* ***jd spielt den ~ an jdn ab*** qn fait une passe à qn; FBALL *a.* qn passe le ballon à qn
2. (*runder Gegenstand*) boule *f*
▸ **jd bleibt am ~** qn s'accroche; **jd bleibt bei jdm am ~** qn ne lâche pas qn; **jd greift den ~ auf** qn prend [*o* saisit] la balle au bond; **jd ist am ~** */Spieler/* qn a la balle; *fig* qn a sa chance *fam;* (*in einer Diskussion*) qn a la parole; **jd spielt ~** qn joue à la balle/au ballon; **jd spielt jdm den ~ zu** *fig* qn lui tend la perche; ***sie spielen sich gegenseitig die ¨-e zu*** ils/elles se renvoient la balle

Ball[2] <-[e]s, ¨-e> *m* (*Tanzfest*) bal *m*
▸ **auf dem ~** au bal

Ballade <-, -n> *f* ballade *f*

Ballast <-[e]s, *rare* -e> *m* **1.** NAUT, AVIAT ballast *m,* lest *m*
2. (*Unnützes*) bagage *m* inutile, poids *m* mort; (*Mensch*) charge *f*
▸ **jd/etw wirft ~ ab/über Bord** NAUT, AVIAT qn/qc jette du lest; (*befreit sich von Unnützem*) qn laisse tomber le superflu

Ballaststoff *m meist pl* fibre *f* alimentaire

ballen **I.** *vt* ■ **jd ballt etw** qn met qc en boule; ***jd ballt Schnee*** [***zu Schneebällen***] qn fait des boules de neige; ***jd ballt Lehm zu Klumpen*** qn fait des mottes avec de la glaise; ***jd ballt die Faust*** [*o* ***die Hand zur Faust***] qn serre le poing; ***jd ballt wütend die Faust*** [***gegen jdn***] qn brandit le poing; *s. a.* **geballt**
II. *vr* **1.** (*sich drängen*) ■ **etw ballt sich** */Menschenmenge/* qc se presse, qc s'agglomère; */Wolken/* qc s'amoncelle; */Verkehr/* qc se concentre; */Faust/* qc se serre
2. (*gehäuft auftreten*) ■ **sie ~ sich** ils/elles s'accumulent

Ballen <-s, -> *m* **1.** (*rundlicher Packen*) balle *f;* (*kleiner*) ballot *m*
2. (*Muskelpolster*) saillie *f,* protubérance *f;* [*Pfote*] coussinet *m*

Ballerei <-, -en> *f fam* pétarade *f*

Ballerina[1] <-, Ballerinen> *f* (*Tänzerin*) ballerine *f*

Ballerina[2] <-s, Ballerinas> *m* (*Schuh*) ballerine *f*

Ballermann <-männer> *m sl* flingue *m arg*

ballern **I.** *vi fam* **1.** (*schießen*) ■ **jd ballert** [**mit etw**] qn tire [avec qc]; ***zu Silvester wird immer viel geballert*** à la Saint-Sylvestre, ça pétarade de partout *fam*
2. (*knallen*) ■ **etw ballert** qc éclate; ***hast du es gerade auch ~ gehört?*** tu as entendu cette pétarade?
3. (*poltern*) ■ **jd ballert** [**gegen etw**] qn tambourine [contre qc]
II. *vt sl* (*zuschlagen*) ■ **jd ballert etw** qn claque qc
▸ **jd ballert jdm eine** qn fout une baffe à qn *fam,* qn lui en met une *fam*

Ballett <-[e]s, -e> *nt* ballet *m*
▸ **jd geht zum ~** qn devient danseur(-euse) de ballet; **jd ist beim ~** qn est danseur(-euse) de ballet

Ballett- de ballet

Ballettänzer(in) *s.* **Balletttänzer(in)**

Balletteuse <-, -n> [balɛ'tø:zə] *f fam* danseuse *f* de ballet, ballerine *f*

Ballettmeister(in) *m(f)* maître(-esse) *m(f)* de ballet **Ballettröckchen** *nt* tutu *m* **Balletttänzer(in)**[RR] *m(f)* danseur(-euse) *m(f)* de ballet **Balletttruppe** *f* [corps *m* de] ballet *m*

Ballistik <-> *f Ø* balistique *f*

ballistisch *adj* balistique

Balljunge *m* ramasseur *m* de balles

Ballkleid *nt* robe *f* de bal

Ballmädchen *nt* ramasseuse *f* de balles

Ballon <-s, -s *o* -e> [ba'lɔŋ, ba'lo:n, ba'lõ:] *m* **1.** (*Luft~*) ballon *m;* AVIAT *a.* montgolfière *f,* aérostat *m*
2. (*Glasbehälter*) ballon *m;* (*für Alkohol*) bonbonne *f*
3. *sl* (*Kopf*) tronche *f pop*
▸ **jd kriegt einen** [**roten**] **~** *fam* qn devient rouge comme une tomate

Ballondilatation <-, -en> *f* angioplastie *f* transluminale **Ballonfahrer(in)** *m(f)* pilote *mf* de ballon, aérostier(-ière) *m(f)* **Ballonfahrt** *f* voyage *m* en ballon **Ballonmütze** *f* casquette *f* à soufflets **Ballonreifen** *m veraltet* pneu *m* ballon **Ballonrock** *m* jupe *f* ballon

Ballsaal *m* salle *f* de bal

Ballspiel *nt* jeu *m* de ballon **Ballspielen** <-s> *nt Ø verbal übersetzt;* ***die Nachbarn fühlen sich durch das ~ der Kinder gestört*** ça dérange les voisins quand les enfants jouent au ballon ▸ **„~ verboten"** "jeux de ballon interdits"

Ballung <-, -en> *f* concentration *f*

Ballungsgebiet *nt,* **Ballungsraum** *m* région *f* à forte concentration urbaine **Ballungszentrum** *nt* zone *f* à forte concentration urbaine

Balsam <-s, -e> *m* baume *m*
▸ **etw ist ~ für jds Ohren** *geh* qc lui met du baume au cœur

Baltikum <-s> *nt* ■ **das ~** les pays baltes

Balustrade <-, -n> *f* balustrade *f*

Balz <-, -en> *f* **1.** (*Paarungsspiel*) parade *f* nuptiale
2. (*Paarungszeit*) pariade *f,* saison *f* des amours

balzen *vi* ■ **ein Tier balzt** [**um ein Tier**] un animal effectue une parade nuptiale (*pour conquérir une femelle*)

Balzzeit *f* pariade *f*

Bambus <-ses *o* -, -se> *m* bambou *m*

Bambus- de [*o* en] bambou **Bambusrohr** *nt* bambou *m* **Bambussprossen** *pl* pousses *fpl* de bambou

Bammel <-s> *m* ▸ **jd hat** [**einen/mächtigen**] **~ vor jdm/etw** *fam* qn a la frousse [*o* la trouille] de qn/qc *fam,* qn a une sacrée frousse de qn/qc *fam*

bamstig *adj* AUS *fam* (*aufgedunsen*) boursouflé(e)

banal *adj* banal(e); *Thema, Angelegenheit, Unterhaltung a.* futile

Banalität <-, -en> *f* **1.** *Ø* banalité *f;* [*Thema, Angelegenheit, Unterhaltung a.*] futilité *f*
2. *meist pl* (*Äußerung*) banalité *f*

Banane <-, -n> *f* banane *f*

Bananendampfer *m* bananier *m* **Bananenrepublik** *f pej* république *f* bananière **Bananenschale** *f* peau *f* de banane **Bananenstaude** *f* bananier *m* **Bananenstecker** *m veraltend* [fiche-]banane *f*

Banause <-, -n> *m,* **Banausin** *f pej* plouc *mf fam,* ignare *mf,* béotien(ne) *m(f)* vieilli; **o du ~!** espèce de plouc! *fam*

band *imp von* **binden**

Band[1] <-[e]s, ¨-er> *nt* **1.** COUT ruban *m*
2. (*Ziel~, bei Eröffnung von Straße*) ruban *m;* (*um Baugrube, zur Absperrung*) bande *f*
3. (*Maß~, Farb~, zur Verpackung*) ruban *m*
4. (*Ton~*) bande *f* [magnétique]
5. (*Fließ~*) chaîne *f;* (*Förder~*) bande *f* transporteuse
6. RADIO bande *f* [de fréquence]
7. *meist pl* ANAT ligament *m*
8. CONSTR garniture *f* métallique
9. (*bandförmiger Verlauf*) ruban *m littér;* (*bandförmiges Fries*) bandeau *m*
▸ **am laufenden ~** sans arrêt, continuellement; *produzieren* en série; **jd arbeitet** [*o* **steht**] **am ~** qn travaille à la chaîne; **etw läuft vom ~** qc sort des chaînes de montage; **jd nimmt etw auf ~ auf** qn enregistre qc sur bande magnétique; **jd spricht/diktiert etw auf ~** qn dicte qc sur bande magnétique; **durchs ~** [**weg**] CH sans exception

Band[2] <-[e]s, -e> *nt geh* **1.** (*Beziehung*) lien *m;* ***ein inniges ~ der Freundschaft*** de profonds liens d'amitié
2. *pl* (*Fesseln*) liens *mpl*
▸ **jd knüpft zarte ~e** qn noue une idylle *soutenu*

Band[3] <-[e]s, ¨-e> *m* (*Buch~*) volume *m;* ***ein Wörterbuch in zwei ¨-en*** un dictionnaire en deux volumes
▸ **das füllt ¨-e** on pourrait en faire un roman; **darüber könnte man ¨-e schreiben/erzählen** on pourrait écrire un roman là-dessus; **etw spricht ¨-e** *fam* qc en dit long

Band[4] <-, -s> [bænt] *f* (*Musikgruppe*) groupe *m;* (*Jazz~ a.*) orchestre *m*

Bandage <-, -n> [ban'da:ʒə] *f* bandage *m;* [*Mumie*] bandelettes *fpl*
▸ **das sind harte ~n** *fam* vous y allez/tu y vas un peu fort *fam;* **mit harten ~n** *fam* sans faire de cadeau

bandagieren * [banda'ʒi:rən] *vt* ■ **jd bandagiert jdn/**[**jdm**] **etw** qn bande qn/qc [à qn]; *Leiche* qn entoure qc de bandelettes

Bandaufnahme *f* enregistrement *m* sur bande magnétique **Bandbreite** *f Ø* **1.** [*Gehälter*] échelle *f;* [*Steuer, Wechselkurs*] marge *f* de fluctuation
2. (*Spektrum*) [*Meinungen, Parteien*] éventail *m* **3.** RADIO fréquence *f*

Bändchen <-s, -> *nt dim von* **Band**[1] **1.**, **Band**[3]

Bande[1] <-, -n> *f* **1.** (*Verbrecher~*) gang *m*
2. *fam* (*Gruppe*) bande *f,* troupe *f;* ***so eine freche ~!*** quelle bande de voyous!

Bande[2] <-, -n> *f* SPORT bordure *f;* [*Billardtisch, Kegelbahn*] bande *f*

Bandeisen *nt* fer *m* feuillard, fer *m* en ruban

Bändel[RR] <-s, -> *m* SDEUTSCH, CH **1.** (*Schnürsenkel*) lacet *m*
2. (*Bändchen*) ruban *m*
▸ **jd hat jdn am ~** *fam* qn mène qn par le bout du nez *fam*

Bandenchef(in) [-ʃɛf] *m(f) fam,* **Bandenführer(in)** *m(f)* chef *mf* de la bande **Bandenkriminalität** *f* délinquance *f* de groupe

Bandenwerbung *f* publicité *f* sur les stades

Banderole <-, -n> *f* bande *f* fiscale

Bänderriss[RR] *m* rupture *f* [*o* déchirure *f*] de ligaments **Bänderzerrung** *f* élongation *f,* claquage *m*

bändigen *vt* **1.** (*zähmen*) ■ **jd bändigt ein Tier** qn dompte un animal
2. (*niederhalten*) ■ **jd bändigt jdn/etw** qn maîtrise qn/qc
3. *hum* (*zügeln*) ■ **jd bändigt jdn** qn mate qn, qn vient à bout de qn
4. *geh* (*zügeln*) ■ **jd bändigt etw** qn réfrène qc
5. *geh* (*eindämmen*) ■ **jd bändigt etw** *Brand* qn maîtrise [*o* circonscrit] qc; *Vulkan, Sturmflut* qn contient qc

6. *fam* (*in Form bringen*) ■ **jd bändigt etw** *Haare* qn discipline qc
Bändigung <-, -en> *f* ■ **jds** ~ la neutralisation de qn; ***Maßnahmen zur ~ des Tobenden*** des mesures pour neutraliser [*o* maîtriser] le forcené; ■ **die ~ einer S.** (*gen*) la maîtrise de qc; ■ **die ~ eines Tiers** le domptage d'un animal
Bandit(in) <-en, -en> *m(f)* bandit *m*, gangster *m*
▶ **einarmiger** ~ *fam* machine *f* à sous
Bandlaufwerk *nt* INFORM unité *f* de bande magnétique **Bandmaß** *nt* mètre *m* à ruban **Bandnudeln** *pl* tagliatelles *fpl*, nouilles *fpl* plates
Bandoneon <-s, -s> *nt* bandonéon *m*
Bandsäge *f* scie *f* à ruban
Bandscheibe *f* disque *m* [intervertébral]
▶ **jd hat es an** [*o* **mit**] **der ~/den ~n** *fam* qn souffre de la colonne [*o* du dos]
Bandscheibenschaden *m* altération *f* des disques intervertébraux **Bandscheibenvorfall** *m* hernie *f* discale
Bandwurm *m* ver *m* solitaire, ténia *m*
bang[e] <-er *o* ¨er, -ste *o* ¨ste> *adj* 1. (*ängstlich*) ■ **jdm ist ~ [vor jdm/etw]** qn a peur [de qn/qc]
2. *geh Augenblicke, Minuten, Stunden, Schweigen* angoissant(e), d'angoisse; ***in ~er Erwartung/Sorge*** plein(e) d'inquiétude; ■ **jdm ist/wird es ~ [zumute]** qn a/prend peur; (*ist besorgt*) qn est inquiet(-ète)/qn s'inquiète
Bange <-> *f* ▶ **jd hat/hat keine ~ [vor jdm/etw]** *fam* qn a/n'a pas peur [de qn/qc]; **jd macht jdm ~** qn fait peur à qn; **~ machen** [*o* **~machen**] **gilt nicht!** *fam* ça sert à rien de s'en faire! *fam*, faut pas s'en faire! *fam*; **[nur] keine ~!** *fam* pas de panique! *fam*
bangen *vi geh* 1. (*Angst haben*) ■ **es bangt jdm [vor jdm/etw]**, ■ **jdm bangt es [vor jdm/etw]** qn a peur [de qn/qc]
2. (*sich sorgen*) ■ **jd bangt um jdn/etw** qn tremble pour qn/qc
Bangkok <-s> *nt* Bangkok
Bangladesch <-> *nt* le Bangladesh
Banjo <-s, -s> ['bændʒo] *nt* banjo *m*
Bank[1] <-, ¨e> *f* 1. (*Sitzmöbel*) banc *m*; ***auf*** [*o* ***in***] ***der ersten/letzten ~*** au premier/dernier rang
2. (*Handwerkstisch*) établi *m*
3. (*Sand~, Nebel~, Wolken~, Austern~*) banc *m*
▶ **jd schiebt etw auf die lange ~** *fam* qn remet qc aux calendes grecques; **vor leeren ~en** devant des bancs vides; ***die Schauspieltruppe spielte heute vor leeren ~en*** la troupe a joué ce soir pour [*o* devant] les banquettes; **[alle] durch die ~** *fam* sans exception, tous/toutes autant qu'ils/qu'elles sont; ***ihr seid alle durch die ~ Lügner!*** vous êtes ces menteurs, tous autant que vous êtes!
Bank[2] <-, -en> *f* 1. FIN banque *f*; ***jd ist*** [*o* ***arbeitet***] ***bei der ~*** qn travaille dans une banque
2. (*beim Glücksspiel*) banque *f*
▶ **jd hat** [*o* **hält**] **die ~** *fam* qn tient la banque; **jd sprengt die ~** qn fait sauter la banque
-bank <-, -en> *f* MED banque *f* du/de la/des
Bankangestellte(r) *f(m) decl wie adj* employé(e) *m(f)* de banque **Bankautomat** *m* distributeur *m* automatique de billets **Bankbürgschaft** *f* garantie *f* bancaire
Bänkchen <-s, -> *nt dim von* **Bank**[1] **1.**
Bankdirektor(in) *m(f)* directeur(-trice) *m(f)* de banque
Bänkellied *nt* chanson *f* des rues (*d'inspiration naïve, elle était interprétée de foire en foire*) **Bänkelsänger** *m* chanteur *m* des rues
Bankenaufsicht *f* commission *f* bancaire **Bankenkrach** *m* krach *m* financier **Bankenviertel** *nt* quartier *m* des banques
Banker(in) <-s, -> ['bæŋkɐ] *m(f) fam* banquier(-ière) *m(f)*
Bankett[1] <-[e]s, -e> *nt* (*Festessen*) banquet *m*
Bankett[2] <-[e]s, -e> *nt*, **Bankette** <-, -n> *f* (*Randstreifen*) accotement *m*
▶ **„~e nicht befahrbar** [*o* **unbefahrbar**]**"** "accotements non stabilisés"
Bankfach *nt* 1. (*Schließfach*) coffre[-fort] *m* 2. (*Beruf*) secteur *m* bancaire, banque *f* **Bankgeheimnis** *nt* secret *m* bancaire **Bankguthaben** *nt* avoir *m* en banque **Bankhalter(in)** *m(f)* (*bei Glücksspielen*) banquier(-ière) *m(f)* **Bankhaus** *nt geh* établissement *m* bancaire
Bankier <-s, -s> [baŋ'kie:] *m* banquier *m*
Bankkaufmann *m*, **-kauffrau** *f* employé(e) *m(f)* de banque diplômé(e) **Bankkonto** *nt* compte *m* en banque **Bankkredit** *m* crédit *m* bancaire **Banklehre** *f* apprentissage *m* dans une banque **Bankleitzahl** *f* code *m* banque **Banknote** *f* billet *m* [de banque] **Bankplatz** *m* place *f* bancaire **Bankprovision** [-vi-] *f* commission *f* bancaire **Bankraub** *m* hold-up *m* **Bankräuber(in)** *m(f)* cambrioleur(-euse) *m(f)* de banque
bankrott *adj* 1. (*zahlungsunfähig*) insolvable, en faillite; ■ **jd ist ~** qn est en faillite
2. *Ideologie, Religion, Politik, Wirtschaft* en déroute; ***etw ist ~*** qc est discrédité(e)
▶ **jd macht jdn ~** qn met qn en faillite
Bankrott <-[e]s, -e> *m* faillite *f*
▶ **jd macht ~** qn fait faillite
Bankrotterklärung *f* faillite *f*
Bankrotteur(in) <-s, -e> [baŋkrɔ'tø:ɐ] *m(f) fam* banqueroutier(-ière) *m(f)*
Banküberfall *m* hold-up *m* **banküblich** *adj* conforme aux usages bancaires **Bankverbindung** *f* identité *f* bancaire, coordonnées *fpl* bancaires
Bann <-[e]s, -e> *m* 1. ∅ *geh* (*Einfluss*) envoûtement *m*; ***ganz im ~e der Musik*** sous le charme de la musique
2. HIST bannissement *m*; REL anathème *m*, excommunication *f*
▶ **jd belegt jdn mit dem ~** qn frappe qn d'anathème; **jd gerät in jds ~** (*akk*)/**in den ~ einer S.** *geh* qn se laisse envoûter par qn/qc; **etw hält jdn in ~** *geh* qc captive qn; **jd löst jdn vom ~** HIST qn annule le bannissement de qn; REL qn lève l'anathème qui frappe qn; **jd/etw schlägt** [*o* **zieht**] **jdn in seinen ~** *geh* qn/qc fascine qn; **jd steht in jds ~** (*dat*)/**im ~ einer S.** *geh* qn est sous le charme de qn/qc; **jd tut jdn in den ~** qn frappe qn d'anathème
bannen *vt* 1. *geh* (*faszinieren*) ■ **etw bannt jdn** qc fascine [*o* captive] qn; *s. a.* **gebannt**
2. (*fernhalten*) ■ **jd bannt jdn/etw** qn conjure qn/qc
3. (*abwenden*) ■ **jd bannt etw** *Gefahr* qn conjure qc
4. (*fotografieren, malen*) ■ **jd bannt jdn/etw auf etw** (*akk*) qn fixe qn/qc sur qc
Banner <-s, -> *nt* 1. (*Fahne*) étendard *m*
2. *geh* (*die Sache*) bannière *f*, étendard *m*
Bannkreis *m* sphère *f* d'influence **Bannmeile** *f* zone *f* interdite **Bannstrahl** *m geh* anathème *m* **Bannwald** *m* AUS, CH forêt *f* de protection
Bantamgewicht *nt* poids *m* coq **Bantamgewichtler(in)** <-s, -> *m(f)* poids *m* coq
Baptist(in) <-en, -en> *m(f)* baptiste *mf*
bar *adj* 1. (*in Banknoten oder Münzen*) en liquide, en espèces; ***~es Geld*** de l'argent liquide; ***das ist*** [***so gut wie***] ***~es Geld*** c'est de l'argent; ***ein Scheck? – B~ wäre mir lieber!*** un chèque? – Je préférerais du liquide!
2. *attr* (*rein*) *Zufall* pur(e) *antéposé*, simple *antéposé*; ***das ist doch ~er*** [*o* ***der ~e***] ***Unsinn!*** c'est de la pure sottise!
3. *pred geh* ■ **~ einer S.** (*gen*) dépourvu(e) de qc
▶ **jd bezahlt [in] ~** qn paie comptant [*o* en espèces]; **gegen ~** [au] comptant; **in ~** en espèces
bar, Bar <-s, -s *o als Maßeinheit* -> *nt* bar *m*
Bar <-, -s> *f* 1. (*Nachtlokal*) boîte *f* de nuit
2. (*Theke*) bar *m*, comptoir *m*
-bar ...able/...ible, qui peut être ... + *pp*; ***realisier~*** réalisable, qui peut être réalisé(e); ***bebau~*** constructible, qui peut être construit(e); ■ **jd/etw ist ...bar** qn/qc est ...able/...ible, qn/qc peut être ... + *pp*
Bär <-en, -en> *m* ours *m*; *s. a.* **Bärin**
▶ **der Große/Kleine ~** la Grande/Petite Ourse; **stark wie ein ~** *fam* fort(e) comme un bœuf; **jd bindet jdm einen ~en auf** *fam* qn mène qn en bateau *fam*; **jd schläft wie ein ~** *fam* qn dort comme un loir *fam*
Baracke <-, -n> *f* baraque *f*
Barbar(in) <-en, -en> *m(f)* barbare *mf*
Barbarei <-, -en> *f pej* barbarie *f*
barbarisch I. *adj* 1. *pej* (*unmenschlich*) barbare
2. *fam* (*grässlich*) horrible, atroce *fam*
3. *fam* (*unerhört*) atroce *fam*
4. HIST barbare
II. *adv* 1. (*grausam*) avec barbarie, sauvagement
2. *fam heiß, kalt* atrocement *fam*; *sich anziehen* de manière atroce *fam*; ***der Friseur hat dich aber ~ zugerichtet!*** il t'a pas raté(e), ton coiffeur! *fam*
bärbeißig *adj fam Ton* grincheux(-euse), grognon *fam*; *Miene a.* renfrogné(e); ***ein ~er Mensch*** un ours [mal léché]
Barbier <-s, -e> *m veraltet* barbier *m vieux*
Barbiturat <-[e]s, -e> *nt* barbiturique *m*
Barbitursäure *f* acide *m* barbiturique
barbusig I. *adj* avec les seins nus; ■ **jd ist ~** qn est seins nus
II. *adv* seins nus
Bardame *f* barmaid *f*
Barde <-n, -n> *m* barde *m*
Bärendienst *m* ▶ **jd erweist jdm/einer S. einen ~** qn rend un mauvais service à qn/qc **Bärendreck** *m* SDEUTSCH, CH réglisse *f o m* **Bärenhaut** *f* ▶ **jd liegt auf der ~** *pej fam* qn se la coule douce *fam* **Bärenhunger** *m* ▶ **jd hat einen ~** *fam* qn a la dalle *fam*, qn a une faim de loup **Bärenjagd** *f* chasse *f* à l'ours **Bärenkräfte** *pl* force *f* de colosse **Bärennatur** *f* ▶ **jd hat eine ~** *fam* qn a une santé de fer **bärenstark** *adj* 1. *fam* fort(e) comme un Turc 2. *sl* (*toll*) *Typ, Mode, Musik* formidable, extra *fam*
Barett <-[e]s, -e *o* -s> *nt* MIL béret *m*; UNIV, JUR toque *f*; ECCL barrette *f*
barfuß *adj pred*, **barfüßig** *adj attr* pieds nus
barg *imp von* **bergen**
Bargeld *nt* argent *m* liquide, espèces *fpl*
bargeldlos I. *adj Auszahlung* par virement; ***der ~e Zahlungsverkehr*** la transaction par virement
II. *adv* sans argent liquide; (*per Überweisung*) par virement
barhäuptig *adj geh* tête nue, nu-tête
Barhocker *m* tabouret *m* de bar
Bärin *f* ourse *f*; *s. a.* **Bär**
Bariton <-s, -e> *m* baryton *m*
Barium <-s> *nt* ∅ CHEM baryum *m*
Barkasse <-, -n> *f* barcasse *f*
Barkauf *m* achat *m* au comptant
Barke <-, -n> *f* barque *f*
Barkeeper <-s, -> ['ba:ɐki:pɐ] *m*, **Barmann** <-männer> *m* barman *m*
barmherzig *adj* charitable; *Gott* miséricordieux(-euse)
▶ **[Gott,] der B~e** le Dieu de Miséricorde
Barmherzigkeit <-> *f* ∅ charité *f*; [*Gott*] miséricorde *f*
▶ **jd übt ~ [an jdm]** *geh* qn fait la charité [à qn]
Barmittel *pl form* liquidités *fpl*, disponibilités *fpl*
Barmixer <-s, -> *m* barman *m*
barock *adj* 1. ART, ARCHIT, LITER baroque
2. (*üppig*) opulent(e)
3. (*pompös*) *Mensch, Geschmack, Art, Fantasie* baroque, excentrique; *Lebensstil* pompeux(-euse)

Barock <-[s]> *nt o m* ∅ baroque *m*
Barock- baroque **Barockzeit** *f* baroque *m*
Barometer <-s, -> *nt a. fig* baromètre *m*
▸ **das ~ steht auf Sturm** *a. fig* le baromètre est à l'orage; **das ~ fällt/steigt** le baromètre baisse/[re]monte
Barometerstand *m* hauteur *f* barométrique
Baron(in) <-s, -e> *m(f)* baron(ne) *m(f)*
-baron(in) *m(f) Industrie-* baron *m* du/de la *fam; Presse- a.* magnat *m* du/de la; ***Drogen~*** gros bonnet de la drogue; ***Rinder~*** gros producteur de bœuf; ***Zeitungs~*** baron [*o* magnat] de la presse
Baroness^RR^ <-, -en>, **Baroneß** <-, -essen> *f veraltet*, **Baronesse** <-, -n> *f veraltet* baronne *f*
Barrel <-s, -s *o als Maßeinheit* -> ['bærəl] *nt* baril *m*
Barren <-s, -> *m* **1.** SPORT barres *fpl* parallèles; (*Stufen~*) barre *f* fixe
2. (*Gold~, Silber~*) lingot *m*, barre *f*
▸ **in ~** en lingot, en barre
Barrengold *nt* or *m* en lingot [*o* en barre]
Barriere <-, -n> *f* **1.** (*Hindernis*) barrière *f*
2. (*Schlagbaum*) barrière *f*; CH (*Bahnschranke*) barrière *f* de passage à niveau
3. PSYCH blocage *m*
Barrikade <-, -n> *f* barricade *f*
▸ **jd geht [für etw] auf die ~n** qn monte sur les barricades [pour qc]
barsch I. *adj* brusque
II. *adv* brutalement
Barsch <-[e]s, -e> *m* perche *f*
Barschaft <-> *f* ∅ *geh* argent *m* liquide; ***das ist meine ganze ~*** c'est tout ce que j'ai comme argent liquide
Barscheck *m* chèque *m* de retrait
barst *imp von* **bersten**
Bart <-[e]s, ¨e> *m* **1.** [*Mann*] barbe *f*; (*Schnurr~*) moustache *f*; (*Kinn~*) bouc *m*, barbiche *f*
2. [*Katze*] moustaches *fpl*; [*Robbe, Walross etc*] vibrisses *fpl*
3. [*Schlüssel*] panneton *m*
▸ **beim ~e des Propheten** par la barbe du prophète; **jd brummelt** [*o* **murmelt**] **etw in seinen ~** *fam* qn marmonne qc entre ses dents [*o* dans sa barbe]; **jd geht jdm um den ~** *fam* qn passe de la pommade à qn, qn caresse qn dans le sens du poil; **jd hat einen ~** qn a une barbe, qn porte la barbe; **etw hat einen ~** *fam* qc est vieux(vieille) comme le monde, qc est usé(e) jusqu'à la corde; **der ~ ist ab** *fam* c'est terminé; **jd lässt sich** (*dat*) **einen ~ wachsen** [*o* **stehen**] qn se laisse pousser la barbe; **mit/ohne ~** barbu/sans barbe
Bärtchen <-s, -> *nt* (*Kinnbart*) bouc *m*; (*Schnurrbart*) moustache *f*
Bartenwal *m* baleine *f*
Bartflechte *f* **1.** MED sycosis *f* **2.** BOT lichen *m* **Barthaar** *nt* poil *m* de barbe; [*Hund, Katze*] moustaches *fpl*
Barthel *m* ▸ **jd weiß, wo der ~ den Most holt** *fam* qn n'est pas tombé(e) [*o* né(e)] de la dernière pluie *fam*
Bartholomäusnacht *f* ■ **die ~** le massacre de la Saint-Barthélemy
bärtig *adj* barbu(e)
bartlos *adj* (*ohne Bart*) imberbe; (*glatt rasiert*) sans barbe
Bartnelke *f* œillet *m* de poète **Bartstoppeln** *pl* barbe *f* piquante **Bartwisch** *m* AUS (*Handbesen*) balayette *f* **Bartwuchs** *m* [*Mann*] barbe *f*; [*Frau*] pilosité *f spéc*
Barverkauf *m* vente *f* au comptant **Barvermögen** *nt* capital-numéraire *m*, valeurs *fpl* disponibles **Barzahlung** *f* paiement *m* comptant [*o* en espèces]
Basalt <-[e]s, -e> *m* basalte *m*
Basar <-s, -e> *m* **1.** (*orientalischer Markt*) bazar *m*; ***auf einem/einen/dem/den ~*** au bazar
2. (*Wohltätigkeits~*) vente *f* de charité
3. (*Supermarkt*) supermarché *m*, grand magasin *m*
Base[1] <-, -n> *f* CHEM base *f*
Base[2] <-, -n> *f alt* cousine *f*
Baseball <-s> ['beɪsbɔʊl] *m* ∅ base-ball *m*
Baseballschläger ['beɪsbɔʊl-] *m* batte *f* de base-ball
Basedow <-s> ['ba:zedo] *m* ∅ goitre *m* exophtalmique
▸ **b~sche Krankheit** maladie *f* de Basedow
Basel <-s> *nt* Bâle
Basen *pl von* **Basis, Base**
basieren * **I.** *vi* ■ **etw basiert auf etw** (*dat*) qc se fonde sur qc
II. *vt* ■ **jd basiert etw auf etw** (*akk*) qn base [*o* fonde] qc sur qc
Basilika <-, Basiliken> *f* basilique *f*
Basilikum <-s> *nt* ∅ basilic *m*
Basis <-, Basen> *f* **1.** (*Grundlage*) base *f*
2. POL ■ **die ~** la base
3. ARCHIT base *f*
4. MIL base *f*
Basisarbeit *f* travail *m* à la base **Basiscamp** [-kɛmp] *nt* camp *m* de base
basisch I. *adj* basique
II. *adv*: ***etw reagiert ~*** qc a une réaction basique
Basisdemokratie *f* démocratie *f* exercée par la base, démocratie *f* directe **basisdemokratisch I.** *adj Arbeit, Forderung* de démocratie directe; *Organisation* à démocratie directe **II.** *adv* sous forme de démocratie directe **Basisgruppe** *f* groupe *m* de base **Basislager** *nt* camp *m* de base
Baske <-n, -n> *m*, **Baskin** *f* Basque *mf*
Baskenland *nt* ■ **das ~** le Pays basque **Baskenmütze** *f* béret *m* basque
Basketball *m* ∅ basket[-ball] *m*
baskisch *adj* basque
Basrelief ['barelɪɛf] *nt* bas-relief *m*
bass^RR^, **baß** *adv hum* ▸ **~ erstaunt** fort surpris(e)
Bass^RR^ <-es, ¨e>, **Baß** <-sses, ¨sse> *m* **1.** MUS basse *f*; (*Kontra~*) contrebasse *f*; (*im Jazz*) basse *f*
2. RADIO, TV basses *fpl*
Bassbariton^RR^ *m* baryton-basse *m*
Bassena <-, -s> *f* AUS lavabo *m* à l'étage
Bassgeige^RR^ *f fam* contrebasse *f*
Bassin <-s, -s> [ba'sɛ̃:] *nt* **1.** (*Schwimmbecken*) bassin *m*
2. (*Behälter*) citerne *f*
Bassist(in) <-en, -en> *m(f)* **1.** (*Sänger*) basse *f*
2. (*Streicher*) [contre]bassiste *mf*
Bassschlüssel^RR^ *m* clé *f* de fa **Bassstimme**^RR^ *f* [voix *f* de] basse *f*
Bast <-[e]s, *rare* -e> *m* **1.** (*Pflanzenfaser*) raphia *m*
2. JAGD velours *m*
basta *interj* ▸ **[und damit] ~!** ça suffit!, un point, c'est tout!
Bastard <-[e]s, -e> *m* **1.** *fam* (*Schimpfwort*) fils *m* de pute *pop*; **du ~!** fils de pute! *pop*
2. HIST bâtard(e) *m(f)*
3. BOT hybride *m*
Bastei <-, -en> *f* bastion *m*
Bastelarbeit *f* **1.** (*Tätigkeit*) bricolage *m*; (*knifflige Arbeit*) travail *m* minutieux; ***~en*** des travaux de bricolage
2. (*Ergebnis*): ***eine ~*** un travail manuel; ***das Modellflugzeug ist eine ~ von mir*** c'est moi qui ai bricolé cette maquette d'avion; ***sie beschenkt die Verwandtschaft mit ~en*** elle offre à sa famille des choses qu'elle a faites elle-même
Bastelei <-, -en> *f pej fam* bricolage *m fam*; (*knifflige Arbeit*) travail *m* fastidieux
basteln I. *vi* **1.** (*handwerklich arbeiten*) ■ **jd bastelt** qn bricole
2. (*herum~*) ■ **jd bastelt an etw** (*dat*) qn bricole [après] qc; *fig* qn travaille à qc
II. *vt* ■ **jd bastelt [jdm] etw** qn bricole qc [pour qn]; ■ **jd bastelt [sich** (*dat*)**] etw** qn se bricole qc; ***ist das gekauft oder gebastelt?*** tu l'as acheté(e) ou tu l'as fait(e) toi-même?
Basteln <-s> *nt* ∅ bricolage *m*; ***stör mich nicht beim ~!*** ne me dérange pas quand je bricole!; ■ **das ~ einer S.** (*gen*) la fabrication de qc
Bastille <-> [bas'ti:jə] *f* ■ **die ~** la Bastille
Bastion <-, -en> *f* bastion *m*
Bastler(in) <-s, -> *m(f)* bricoleur(-euse) *m(f)*
bat *imp von* **bitten**
BAT <-> [be:ʔa:'te:] *m abk von* **Bundesangestelltentarif** *grille des salaires des agents non-fonctionnarisés de la fonction publique*
Bataillon <-s, -e> [batal'jo:n] *nt* bataillon *m*
Bataillonskommandeur(in) [batal'jo:nskɔmandøɐ] *m(f)* commandant(e) *m(f)* de bataillon
Batik <-, -en> *f* batik *m*
batiken I. *vi* ■ **jd batikt** qn fait du batik
II. *vt* ■ **jd batikt etw** qn teint qc en batik; ■ **gebatikt** teint(e) en batik
Batist <-[e]s, -e> *m* batiste *f*
Batterie <-, -n> [-'ri:ən] *f* **1.** [*Taschenlampe, Radio, Elektrogerät*] pile *f*; [*Auto*] batterie *f*; ***die ~ ist leer*** les piles sont mortes; la batterie est à plat
2. (*Misch~*) mélangeur *m*
3. *fam* (*Ansammlung*): ***eine ganze ~ von*** tout un stock de *fam*
batteriebetrieben *adj* [qui fonctionne] à piles **Batteriehuhn** *nt* poulet *m* de batterie **Batterieladegerät** *nt* chargeur *m* de batterie **Batterie- und Netzbetrieb** *m* alimentation *f* piles et secteur
Batzen <-s, -> *m* **1.** (*Klumpen*) motte *f*; ***ein dicker ~ Brei*** une grosse cuillerée de bouillie
2. CH (*Zehnrappenstück*) pièce *f* de dix centimes
3. HIST (*Münze*) sou *m*
▸ **ein ganzer** [*o* **schöner**] **~ [Geld]** *fam* un joli magot *fam*
Bau[1] <-[e]s, -ten> *m* **1.** ∅ (*das Bauen*) construction *f*
2. ∅ (*Körper~*) constitution *f*
3. (*Gebäude*) bâtiment *m*; (*Bauwerk*) édifice *m*
4. *fam* (*Baustelle*) chantier *m*
5. ∅ *sl* (*Arrest*) taule *f arg*, tôle *f arg*; ***jd kommt in den ~*** qn va en taule *arg* [*o* au trou *fam*]
▸ **im ~ befindlich** en [cours de] construction; **jd arbeitet auf dem ~** qn travaille sur des chantiers; **etw ist im** [*o* **in**] **~** qc est en construction
Bau[2] <-[e]s, -e> *m* **1.** (*Fuchs~, Dachs~, Kaninchen~*) terrier *m*; (*Biber~*) hutte *f*
2. *fam* (*Wohnung*): ***ich bin gar nicht aus dem ~ gekommen*** je n'ai pas mis le nez dehors *fam*
Bauabschnitt *m* tranche *f* de travaux [*o* de construction] **Bauamt** *nt* office *m* d'urbanisme **Bauarbeiten** *pl* travaux *mpl* **Bauarbeiter(in)** *m(f)* ouvrier(-ière) *m(f)* du bâtiment **Baubeitrag** *m* CH subvention *f* pour la construction **Baubeschrieb** <-[e]s, -e> *m* CH descriptif *m* de construction **Baubude** *f* baraque *f* de chantier
Bauch <-[e]s, Bäuche> *m* **1.** [*Mensch, Tier*] ventre *m*
2. (*Fett~*) ventre *m*; ***zieh den ~ ein!*** rentre ton ventre!
3. (*Innerstes*) [*Schiff*] coque *f*; [*Flugzeug*] soute *f*
4. [*Flasche, Vase*] ventre *m*
▸ **sie hat einen dicken ~** *sl* (*ist schwanger*) elle est en cloque *arg*; **jd macht jdm einen dicken ~** *sl* qn engrosse qn *vulg*, qn met qn en cloque *arg*; **aus dem hohlen ~** *fam* de but en blanc; **ein voller ~ studiert nicht gern** *prov* à ventre plein, esprit vide; **jd bekommt** [*o* **kriegt**] **einen ~** qn prend du ventre; **jd fällt mit etw auf den ~** *fam* qn se casse la figure avec qc; **jd hält sich** (*dat*) **[vor Lachen] den ~** *fam* qn se tient les côtes [de rire], qn se bidonne *fam*; **jd hat [noch] nichts im ~** *fam* qn n'a rien dans le ven-

tre; **jd kriecht** [*o* **rutscht**] **vor jdm auf dem ~** *fam* qn se met à plat ventre [*o* s'aplatit *fam*] devant qn; **jd schlägt sich** (*dat*) [**mit etw**] **den ~ voll** *fam* qn s'empiffre [de qc] *fam;* **aus dem ~** *fig* instinctivement; ***etw kommt aus dem ~*** qc vient des tripes *fam;* ***dieser Schauspieler spielt die Rollen aus dem ~ heraus*** cet acteur joue avec ses tripes *fam*

Bauchansatz *m* brioche *f fam;* ***jd neigt zum ~*** qn a tendance à prendre du ventre [*o* de la brioche *fam*] **Bauchbinde** *f* **1.** MED ceinture *f* abdominale **2.** [*Zigarre*] bague *f;* [*Buch*] bandeau *m* **Bauchdecke** *f* [muscles *mpl*] abdominaux *mpl*

Bauchfell *nt* péritoine *m*

Bauchfellentzündung *f* péritonite *f*

Bauchfleck *m* AUS *fam s.* **Bauchklatscher. Bauchfleisch** *nt* lard *m* non fumé **Bauchgrimmen** <-s> *nt* ∅ mal *m* au ventre ▶ **jd bekommt** [*o* **kriegt** *fig*] **~** *fam* qn a mal au ventre **Bauchhöhle** *f* cavité *f* abdominale **Bauchhöhlenschwangerschaft** *f* grossesse *f* extra-utérine

bauchig *adj* bombé(e), renflé(e)

Bauchklatscher <-s, -> *m fam* plat *m;* ***ein ~ kann ganz schön schmerzhaft sein*** quand on fait un plat, cela peut être très douloureux; ***jd landet mit einem ~ im Wasser, jd macht einen ~*** qn fait un plat **Bauchladen** *m* éventaire *m* **Bauchlandung** *f fam* atterrissage *m* sur le ventre ▶ **jd macht eine ~** AVIAT qn fait un atterrissage sur le ventre; **jd macht eine ~ mit etw** qn se plante avec qc *fam*

Bäuchlein <-s, -> *nt hum* bedon *m fam,* bedaine *f fam;* [*Baby*] petit ventre *m;* ***jd bekommt ein ~*** qn prend du ventre

bäuchlings *adv* à plat ventre

Bauchmuskeln *pl* abdominaux *mpl* **Bauchnabel** *m* nombril *m* **bauchreden** *vi nur infin und pp* ■ **jd kann ~** qn peut faire le ventriloque **Bauchredner(in)** *m(f)* ventriloque *mf* **Bauchschmerzen** *pl* mal *m* au ventre ▶ **jd hat/kriegt ~** *fig fam* qn a/attrape mal au ventre **Bauchschuss**^RR^ *m* **1.** (*Verletzung*) blessure *f* au ventre par balle; ***jd hat einen ~*** qn a reçu une balle dans le ventre **2.** *fam* (*Patient*) blessé(e) *m(f)* au ventre par balle **Bauchspeck** *m* lard *m* maigre **Bauchspeicheldrüse** *f* pancréas *m* **Bauchtanz** *m* danse *f* du ventre **Bauchtänzerin** *f* danseuse *f* du ventre **Bauchweh** *nt s.* **Bauchschmerzen**

Baud <-[s], -> [bo:t] *nt* TELEC, INFORM baud *m*

Baudenkmal *nt* construction *f* à caractère historique **Bauelement** *nt* élément *m* [préfabriqué]; (*für Möbel*) élément *m;* (*elektronisch*) composant *m*

bauen I. *vt* **1.** CONSTR ■ **jd baut** [**jdm**] **etw** qn construit qc [pour qn]
2. TECH (*zusammen~*) ■ **jd baut etw** qn fabrique qc
3. (*herstellen*) ■ **ein Tier baut etw** *Höhle, Nest* un animal fait qc
4. *fam* (*verursachen*): ***jd baut einen Unfall*** qn provoque un accident; ***jd baut Mist*** *fam* [*o* ***Scheiße*** *sl*] qn fait une connerie/des conneries *fam*
5. *fam* (*schaffen*) ■ **jd baut etw** *Examen, Führerschein* qn réussit qc
II. *vi* **1.** (*ein Haus ~*) ■ **jd baut** qn fait construire [*o* bâtir], qn construit *fam;* ***jd baut billig/teuer*** qn fait construire pour un prix avantageux/élevé; ***jd baut hoch/solide*** qn fait construire en hauteur/du solide; ■ **jd baut an etw** (*dat*) qn travaille à qc [*o* à la construction de qc]
2. (*vertrauen*) ■ **jd baut auf jdn/etw** qn a confiance en qn/qc; *auf Freund, Zuverlässigkeit* qn compte sur qn/qc; ■ **jd baut darauf, dass** qn compte sur le fait que + *indic*
III. *vr* ■ **jd baut sich** (*dat*) **etw** qn se construit qc

Bauentwurf *m* plan *m* [*o* projet *m*] de construction

Bauer^1^ <-n *o rare* -s, -n> *m* **1.** AGR paysan *m,* agriculteur *m; s. a.* **Bäuerin**
2. *pej* paysan *m*
3. SCHACH pion *m*
▶ **die dümmsten ~n haben die größten** [*o* **dicksten**] **Kartoffeln** *prov fam* aux innocents les mains pleines; **was der ~ nicht kennt, das frisst er nicht** *prov fam* je ne mange que ce que je connais *fam*

Bauer^2^ <-s, -> *nt o rare m* (*Vogelkäfig*) cage *f*

-bauer(in) <-s, -> *m(f)* (*jd, der etw baut*) constructeur(-trice) *m(f)* de

Bäuerchen <-s, -> *nt* **1.** *dim von* **Bauer**^1^
2. *Kindersprache* rot *m,* rototo *m enfantin*
▶ **ein Kind macht** [**ein** [*o* **sein**]] **~** un enfant fait un [*o* son] rot [*o* son rototo *enfantin*]

Bäuerin *f* **1.** (*Landwirtin*) agricultrice *f,* paysanne *f*
2. (*Frau des Bauern*) agricultrice *f,* fermière *f; s. a.* **Bauer**^1^

bäuerlich I. *adj* (*ländlich*) agricole, rural(e)
II. *adv:* ***etw ist ~ eingerichtet*** qc est aménagé(e) dans le style rustique; ***die Gegend hier ist ~ geprägt*** cette région a un caractère rural [*o* agricole]

Bauernaufstand *m* révolte *f* des paysans, jacquerie *f* **Bauernbrot** *nt* pain *m* de campagne **Bauernbub** *m* SDEUTSCH, AUS, CH *s.* **Bauernjunge. Bauernfang** *m* ∅ ▶ **jd geht auf ~ aus** *pej fam* qn cherche des pigeons *fam* **Bauernfänger(in)** *m(f) pej fam* arnaqueur(-euse) *m(f)* **Bauernfängerei** <-> *f* ∅ *pej fam* arnaque *f fam* **Bauernfrühstück** *nt plat composé de pommes de terre rôties, d'œufs brouillés et de lard* **Bauernhaus** *nt* ferme *f* **Bauernhochzeit** *f* noce *f* villageoise **Bauernhof** *m* ferme *f* **Bauernjunge** *m* fils *m* de paysan **Bauernkrieg** *m* guerre *f* des paysans **Bauernopfer** *nt fig* sacrifice *m* d'un pion; ***dieses ~ war nötig*** le sacrifice de ce pion était nécessaire **Bauernregel** *f* dicton *m* paysan

Bauernschaft <-> *f* ∅ paysans *mpl*

bauernschlau *adj* futé(e), matois(e) **Bauernschläue** *f* ruse *f* **Bauerntölpel** *m pej* balourd *m,* lourdaud *m*

Bauersfrau *f* fermière *f* **Bauersleute** *pl* paysans *mpl*

Bauerwartungsland *nt* zone *f* d'urbanisation future **baufällig** *adj* délabré(e) **Baufälligkeit** *f* délabrement *m* **Baufirma** *f* entreprise *f* de construction **Baugenehmigung** *f* permis *m* de construire **Baugerüst** *nt* échafaudage *m* **Baugeschäft** *nt* [petite] entreprise *f* de construction **Baugesellschaft** *f* société *f* de construction **Baugewerbe** *nt* [industrie *f* du] bâtiment *m* **Baugrube** *f* fouille *f* de construction **Baugrundstück** *nt* terrain *m* à bâtir **Bauhandwerker(in)** *m(f)* artisan(e) *m(f)* du bâtiment **Bauhaus** *nt* ART Bauhaus *m*

Bauherr(in) *m(f)* maître *m* d'ouvrage

Bauherrenmodell *nt investissement immobilier bénéficiant d'avantages fiscaux*

Bauholz *nt* bois *m* de charpente **Bauindustrie** *f* industrie *f* du bâtiment **Bauingenieur(in)** [-ɪnʒeniøːɐ] *m(f)* ingénieur *m* du bâtiment **Baujahr** *nt* [*Gebäude*] année *f* de construction; [*Auto*] année *f* de fabrication; ***das Haus/das Auto ist ein älteres ~*** cette maison est une construction ancienne/cette voiture est un vieux modèle

Baukasten *m* jeu *m* de construction

Baukastensystem *nt* système *m* modulaire
▶ **im ~** par éléments modulaires

Bauklotz *m* pièce *f* de jeu de construction
▶ **jd staunt Bauklötze** *fam* qn n'en revient pas

Baukosten *pl* coûts *mpl* de [la] construction

Baukunst *f geh* architecture *f* **Bauland** *nt* zone *f* [*o* terrain *m*] à bâtir **Bauleiter(in)** *m(f)* chef *m* de chantier **Bauleitung** *f* direction *f* des travaux

baulich I. *adj* concernant le gros œuvre, architectural(le); ***das Haus befindet sich in gutem ~en Zustand*** la maison est en bon état en ce qui concerne le gros œuvre; ***jd ergreift ~e Maßnahmen*** qn fait des travaux; ***jd nimmt ~e Veränderungen vor*** qn fait des transformations
II. *adv* en ce qui concerne le gros œuvre

Baulichkeit <-, -en> *f meist pl form* édifice *m*

Baulöwe *m fam* gros promoteur *m,* magnat *m* de l'immobilier **Baulücke** *f* terrain *m* vague

Baum <-[e]s, Bäume> *m* **1.** BOT arbre *m*
2. (*Weihnachts~*) sapin *m*
3. INFORM arbre *m*
▶ **der ~ der Erkenntnis** l'arbre de la science du bien et du mal; **die Bäume wachsen nicht in den Himmel** *prov* tout a des limites; **einen alten ~** [*o* **alte Bäume**] **soll man nicht verpflanzen** *prov* on ne transplante pas un vieil arbre; **stark wie ein ~** fort(e) comme un chêne; **ich könnte Bäume ausreißen** *fam* je pourrais soulever des montagnes; **auf dem/den ~** dans l'arbre

Baumarkt *m* **1.** (*Geschäft*) magasin *m* de bricolage [*o* d'outillage et de matériaux] **2.** (*Baugewerbe*) [industrie *f* du] bâtiment *m* **Baumaschine** *f* machine *f* de chantier **Baumaterial** *nt* matériaux *mpl* de construction

Baumbestand *m* peuplement *m* forestier; ***„Baugrundstück mit altem ~ zu verkaufen"*** "à vendre: terrain à bâtir avec plantation de grands arbres"

Bäumchen <-s, -> *nt dim von* **Baum** arbrisseau *m,* arbuste *m*
▶ **jd spielt ~, wechsle dich** *hum* qn papillonne de l'un(e) à l'autre

Baumeister(in) *m(f)* **1.** CONSTR maître *m* d'œuvre
2. *geh* (*Erbauer*) architecte *mf*

baumeln *vi* **1.** ■ **jd baumelt an etw** (*dat*) qn se balance à qc; ■ **etw baumelt** [**an etw** (*dat*)] qc pendille [à qc]; */Arme, Beine/* qc se balance; ■ **jd lässt etw ~** qn laisse pendre qc
2. *sl* (*erhängt werden*) ■ **jd baumelt** qn se balance au bout d'une corde

bäumen *vr s.* **aufbäumen**

Baumfarn *m* fougère *f* arborescente **Baumgrenze** *f* limite *f* [de pousse] des arbres **Baumgruppe** *f* bouquet *m* d'arbres, bosquet *m* **baumhoch** *adj* très haut(e) **Baumkrone** *f* cime *f* de l'/d'arbre **baumlang** *adj fam* immense; ***ein ~er Kerl*** un grand gaillard **Baumläufer** *m* grimpereau *m*

baumlos *adj* dépourvu(e) d'arbres

Baumnuss^RR^ *f* CH noix *f* **Baumriese** *m geh* arbre *m* géant **Baumrinde** *f* écorce *f* d'arbre **Baumschere** *f* sécateur *m* **Baumschule** *f* pépinière *f* **Baumstamm** *m* tronc *m* d'arbre **baumstark** *adj Kerl* fort(e) comme un chêne **Baumsterben** *nt* dépérissement *m* des arbres **Baumstruktur** *f* INFORM structure *f* arborescente, arborescence *f* **Baumstumpf** *m* souche *f* [d'arbre] **Baumwipfel** *m* cime *f* de l'/d'arbre

Baumwoll- de coton; *-ernte, -börse* du coton; *-hemd, -bluse, -tischdecke* en coton

Baumwolle *f* coton *m*

baumwollen *adj attr* en coton

Bauordnung *f* législation *f* sur les constructions **Bauplan** *m* **1.** ARCHIT plan *m* de construction **2.** (*genetischer ~*) structure *f* génétique **3.** *pl* (*Bauvorhaben*) projets *mpl* de construction **Bauplatz** *m* terrain *m* à bâtir **Baupolizei** *f* service *m* d'urbanisme **Baupreis** *m meist pl* prix *m* du bâtiment **Baurecht** *nt* droit *m* relatif aux constructions **Baureihe** *f* série *f* [de fabrication]

bäurisch *adj pej* grossier(-ière), de rustre

Bauruine *f fam* construction *f* inachevée **Bausatz** *m* kit *m*

Bausch <-es, Bäusche *o* -e> *m* **1.** (*Knäuel*) tampon *m*
2. COUT bouffant *m*
▶ **in ~ und Bogen** en bloc

bauschen I. *vr* ■ **etw bauscht sich** qc bouffe
II. *vt* **1.** (*blähen*) ■ **etw bauscht etw** */Wind/* qc gonfle qc
2. COUT ■ **gebauscht** bouffant(e)
III. *vi* ■ **etw bauscht** [**an etw** (*dat*)/**in etw** (*dat*)] */Kleidungsstück/* qc bouffe [à qc]

bauschig *adj* bouffant(e)

Bauschlosser(in) *m(f)* serrurier(-ière) *m(f)* en bâtiment **Bauschutt** *m* gravats *mpl* **bausparen** *vi meist infin* souscrire une épargne-logement; ***das B~*** l'épargne-logement **Bausparer(in)** *m(f)* titulaire *mf* d'un contrat [*o* plan] d'épargne-logement **Bausparkasse** *f* caisse *f* d'épargne-logement **Bausparvertrag** *m* contrat *m* [*o* plan *m*] d'épargne-logement **Baustein** *m* **1.** CONSTR élément *m* **2.** INFORM puce *f* électronique **3.** (*Bestand-*

teil) élément *m* constitutif **Baustelle** *f* chantier *m* ▸ **„Achtung, ~!"** "attention, travaux"; "chantier"; **„Betreten der ~ verboten"** "chantier interdit au public" **Baustil** *m* style *m* [architectural] **Baustoff** *m s.* **Baumaterial. Baustopp** *m* arrêt *m* des travaux; ***jd verhängt einen ~*** qn ordonne l'arrêt des travaux **Bausubstanz** *f* état *m* du gros œuvre **Bautechniker(in)** *m(f)* technicien(ne) *m(f)* du génie civil **Bauteil¹** *m* [*Gebäude*] tranche *f* de construction, partie *f* construite **Bauteil²** *nt* (*Element*) [*Haus*] élément *m* préfabriqué; [*Maschine*] constituant *m*

Bauten *pl von* **Bau¹**

Bautischler(in) *m(f)* menuisier(-ière) *m(f)* du bâtiment **Bauträger(in)** *m(f)* promoteur *m* immobilier **Bauunternehmen** *nt* entreprise *f* de bâtiment **Bauunternehmer(in)** *m(f)* entrepreneur(-euse) *m(f)* de bâtiment **Bauvorhaben** *nt* projet *m* de construction **Bauweise** *f* (*Art des Bauens*) méthode *f* [*o* type *m*] de construction; (*Stil*) style *m* ▸ **offene/geschlossene ~** construction individuelle/alignée **Bauwerk** *nt* construction *f;* (*Gebäude*) édifice *m* **Bauwesen** *nt* bâtiment *m* **Bauwirtschaft** *f* industrie *f* du bâtiment

Bauxit <-s, -e> *m* bauxite *f*

bauz *interj Kindersprache* boum, badaboum *enfantin*
▸ **jd/etw macht ~** qn/qc fait boum *enfantin*

Bauzaun *m* clôture *f* de chantier **Bauzeichnung** *f* plan *m* de construction **Bauzeit** *f* durée *f* de construction

Bayer(in) <-n, -n> ['baiɐ] *m(f)* Bavarois(e) *m(f)*

bay[e]risch ['bai(ə)rɪʃ] *adj* bavarois(e)

Bayern <-s> ['baiɐn] *nt* la Bavière

Bazillus <-, Bazillen> *m* bacille *m; fig geh* virus *m*

BCG-Schutzimpfung [be:tse:'ge:-] *f* B.C.G.® *m*

Bd., **Bde** *abk von* **Band**, **Bände**

BDI <-> [be:de:'ʔi:] *m Ø abk von* **Bundesverband der Deutschen Industrie** *confédération du patronat allemand*

BDÜ <-> [be:de:'ʔy:] *m Ø abk von* **Bundesverband der Dolmetscher und Übersetzer** *association fédérale des interprètes et traducteurs allemands*

beabsichtigen * *vt* **1.** (*intendieren*) ■ **jd beabsichtigt etw [mit etw]** qn cherche qc [avec qc]; ***entschuldige, das habe ich nicht beabsichtigt!*** excuse-moi, je ne l'ai pas fait exprès!; ■ **jd beabsichtigt [mit etw] etw zu tun** qn cherche à [*o* a l'intention de] faire qc [avec qc]; ~ ***Sie uns damit einen Schrecken einzujagen?*** est-ce que vous cherchez à nous effrayer?; ■ **beabsichtigt** *Erfolg, Wirkung* recherché(e), escompté(e); *Kränkung, Beleidigung* intentionnel(le); ***das war nicht/das war beabsichtigt*** c'était/ce n'était pas voulu, ce n'était pas/c'était voulu, c'était involontaire/c'était fait exprès
2. *form* (*planen*) ■ **jd beabsichtigt etw/etw zu tun** qn envisage qc/de faire qc; ■ **beabsichtigt** envisagé(e); ***wie beabsichtigt*** comme prévu

beachten * *vt* **1.** (*befolgen*) ■ **jd beachtet etw** *Bedienungsanleitung, Gebrauchsanweisung* qn suit qc; *Hinweis, Rat, Ratschlag a.* qn écoute qc; *Vorschrift, Verbot, Verkehrszeichen, Vorfahrt* qn respecte [*o* observe] qc
2. (*berücksichtigen*) ■ **jd beachtet etw** qn fait attention à qc; ***es ist zu ~, dass*** il faut tenir compte du fait que + *indic*
3. (*Aufmerksamkeit schenken*) ■ **jd beachtet jdn/etw** qn fait attention à qn/qc; ***ich beachte ihn nicht weiter*** je ne fais pas attention à lui

beachtenswert *adj* remarquable; ***es ist ~, wie schnell er das gelernt hat*** c'est remarquable de voir avec quelle rapidité il a appris ça

beachtlich I. *adj* (*beträchtlich*) important(e), considérable; *Leistung* remarquable, considérable; ***sehr ~e Verbesserungen*** des améliorations majeures; ***etw ist sehr ~*** qc est très important(e); ***er hat im Leben B~es geleistet*** il a fait des choses remarquables durant sa vie
▸ **~!** chapeau!
II. *adv* **1.** (*deutlich*) considérablement
2. (*bemerkenswert*) remarquablement

Beachtung <-> *f Ø* [*Bedienungsanleitung, Gebrauchsanweisung*] observation *f;* [*Vorschrift, Verbot, Verkehrszeichen a.*] respect *m*
▸ **zur geflissentlichen ~** *form* à votre aimable attention; ***zur geflissentlichen ~ an all unsere Gäste*** à l'aimable attention de tous nos visiteurs; **jd/etw findet [bei jdm] [große] ~** qn/qc retient [beaucoup] l'attention [de qn]; **jd/etw findet [bei jdm] keine ~** qn/qc ne retient pas l'attention [de qn]; **jd schenkt jdm/einer S. [große] ~** qn prête [une grande] attention à qn/qc; **etw verdient ~/jds ~** qc mérite considération/la considération de qn; **bei ~ einer S.** (*gen*) si l'on observe rigoureusement qc; ***bei ~ der Sicherheitsbestimmungen wäre dieser Unfall nicht passiert*** si l'on avait respecté les mesures de sécurité, l'accident ne se serait pas produit; **unter ~ einer S.** (*gen*) en considération de qc

Beamte(r) *m decl wie adj,* **Beamtin** *f* (*in der Verwaltung, im gehobenen Dienst, Lehrer*) fonctionnaire *mf;* (*bei öffentlichen Ämtern, der Bahn*) employé(e) *m(f);* (*bei Zoll, Post, Polizei*) fonctionnaire *mf,* employé(e) *m(f)*
▸ **~/Beamtin auf Lebenszeit** fonctionnaire titulaire; **~/Beamtin auf Widerruf** agent *m* contractuel

Beamtenanwärter(in) *m(f)* candidat(e) *m(f)* à la fonction publique **Beamtenbeleidigung** *f* outrage *m* à magistrat [*o* à agent de la force publique] **Beamtenbestechung** *f* corruption *f* de fonctionnaire **Beamtenlaufbahn** *f* carrière *f* de fonctionnaire **Beamtenmentalität** *f pej* mentalité *f* de fonctionnaire **Beamtenrecht** *nt* statut *m* de la fonction publique

Beamtenschaft <-> *f Ø* fonction *f* publique

Beamtentum <-s> *nt Ø* **1.** (*Stand der Beamten*) fonctionnariat *m*
2. (*Beamtenschaft*) fonction *f* publique

Beamtenverhältnis *nt* statut *m* de fonctionnaire
▸ **jd steht im ~** qn est fonctionnaire; **jd wird ins ~ übernommen** qn est fonctionnarisé(e); [*Lehrer*] qn est titularisé(e)

Beamter *m s.* **Beamte**

beamtet *adj* fonctionnarisé(e); *Lehrer* titulaire

Beamtin *f s.* **Beamte**

beängstigen * *vt geh* ■ **etw beängstigt jdn** qc inquiète qn

beängstigend *adj* inquiétant(e), alarmant(e)

beanspruchen * *vt* **1.** (*fordern*) ■ **jd/etw beansprucht etw [für sich]** *Gebiet, Territorium, Anteil* qn/qc revendique [*o* réclame] qc [pour soi]; *Ungestörtheit, Ruhe, eigenes Zimmer, Schadenersatz* qn demande qc, qn réclame qc
2. (*brauchen*) ■ **etw beansprucht etw** *Zeit, Raum* qc prend qc
3. (*in Anspruch nehmen*) ■ **jd/etw beansprucht jdn/etw** /*Kinder, Beruf, Arbeit/ Zeit, Kraft* qn/qc accapare qn/qc; ■ **jd beansprucht etw** *jds Gastfreundschaft, Geduld, Aufmerksamkeit* qn met qc à contribution; ***jd/etw beansprucht permanente/volle Aufmerksamkeit*** qn/qc réclame une attention constante/totale; ***ich möchte Ihre Zeit/Geduld nicht übermäßig ~*** je ne voudrais pas abuser de votre temps/patience
4. (*strapazieren*) ■ **etw beansprucht etw** qc sollicite qc; ■ **etw beansprucht jdn** qc fatigue qn

Beanspruchung <-, -en> *f* **1.** (*das Fordern*) [*Gebiet, Territorium*] revendication *f;* [*Schadenersatz, Anteil a.*] réclamation *f*
2. (*Inanspruchnahme*) [*Aufmerksamkeit, Kräfte*] sollicitation *f;* ***die ~ durch die Kinder/den Beruf*** les sollicitations dues aux enfants/au travail
3. (*Belastung*) [*Maschine, Motor, Lager*] sollicitation *f* excessive; [*Mensch, Psyche*] fatigue *f,* surmenage *m;* ***die ~ durch die Kinder/den Beruf*** le surmenage dû aux enfants/au travail

beanstanden * *vt* ■ **jd beanstandet etw [an jdm/etw]** qn critique qc [chez qn/dans qc]; ***ich beanstande sein ungepflegtes Äußeres an ihm*** ce que je critique chez lui, c'est son aspect débraillé; ***an diesem Buch habe ich zu ~, dass*** ce que je reproche à ce livre, c'est que + *indic o subj;* ■ **beanstandet** *Artikel, Ware* ayant fait [*o* faisant] l'objet d'une réclamation

Beanstandung <-, -en> *f* critique *f;* (*in Bezug auf Ware*) réclamation *f;* ***bei ~ der Ware*** en cas de réclamation concernant la marchandise; ***es gibt keinen Grund zur ~*** il n'y a rien à redire; ***jd hat/findet Grund/es gibt Grund zur ~*** qn a/trouve quelque chose/il y a quelque chose à redire
▸ **etw gibt Anlass zu ~en** *form* qc donne lieu à réclamation[s] *form;* **jd hat ~en** qn a des critiques à faire

beantragen * *vt* **1.** (*durch Antrag erbitten*) ■ **jd beantragt jdn/etw [bei jdm/etw]** qn demande qn/qc [auprès de qn/qc]; ***wie [am 17.2.] beantragt*** comme vous l'avez sollicité [le 17.2.]
2. PARL ■ **jd beantragt etw** qn propose qc; ***ich beantrage, dass*** je propose que + *subj*
3. JUR ■ **jd beantragt etw [für jdn]** qn requiert qc [pour qn]

beantworten * *vt* ■ **jd beantwortet etw** qn répond à qc; ***„alle Zuschriften mit Foto werden beantwortet"*** "toutes les lettres accompagnées d'une photo recevront une réponse"; ■ **jd beantwortet etw mit etw** qn répond à qc par qc

Beantwortung <-, -en> *f* réponse *f;* ***die ~ meiner Frage*** la réponse à ma question
▸ **in ~ einer S.** (*gen*) *form* en réponse à qc

bearbeiten * *vt* **1.** (*behandeln*) ■ **jd bearbeitet etw [mit etw]** *mit Werkzeug* qn travaille qc [avec qc]
2. ■ **jd bearbeitet etw** *Antrag, Fall, Bestellung* qn s'occupe de qc
3. (*redigieren*) ■ **jd bearbeitet etw** qn rédige qc; (*überarbeiten*) qn révise [*o* remanie] qc; MUS qn arrange qc; AUDIOV, THEAT, CINE qn adapte qc; ***das Wörterbuch ist [neu] bearbeitet worden*** le dictionnaire a été revu et corrigé; ■ **bearbeitet** *Fassung, Manuskript* remanié(e), refondu(e)
4. *fam* (*traktieren*) ■ **jd bearbeitet jdn/etw [mit etw]** qn s'occupe de qn/qc [avec qc] *fam,* qn fait un sort à qc [avec qc] *fam; Musikinstrument* qn maltraite [*o* malmène] qc; ***er bearbeitete die Tür mit den Füßen/mit Fußtritten*** il maltraita [*o* malmena] la porte à coups de pied
5. *fam* (*einwirken auf*) ■ **jd bearbeitet jdn** qn travaille qn *fam*
6. AGR ■ **jd bearbeitet etw [mit etw]** qn travaille qc [avec qc]

Bearbeiter(in) *m(f)* **1.** (*Sach~*) personne *f* compétente; (*einer Akte*) personne *f* chargée d'un/du dossier; ***der ~ meiner Steuererklärung*** la personne chargée de ma déclaration d'impôts
2. (*Autor*) rédacteur(-trice) *m(f);* AUDIOV, THEAT, CINE adaptateur(-trice) *m(f);* (*Komponist*) arrangeur(-euse) *m(f)*

Bearbeitung <-, -en> *f* **1.** [*Werkstoff*] travail *m*
2. (*das Bearbeiten*) [*Antrag, Fall, Akte, Bestellung*] traitement *m*
3. (*das Redigieren*) remaniement *m;* AUDIOV, THEAT, CINE adaptation *f;* MUS arrangement *m*
4. (*bearbeitete Version*) [*Buch*] nouvelle édition *f,* édition *f* revue et corrigée; AUDIOV, THEAT, CINE version *f,* adaptation *f;* MUS arrangement *m*

Bearbeitungsgebühr *f* frais *mpl* de gestion

beargwöhnen * *vt* ■ **jd beargwöhnt jdn/etw** qn regarde qn/qc d'un mauvais œil

Beat <-[s]> [bi:t] *m Ø* beat *m*

Beatband <-bands> ['bi:tbænt] *f* groupe *m* pop

beatmen * *vt* **1.** MED ■ **jd beatmet jdn** qn pratique la respiration artificielle sur qn; ***jd beatmet jdn von Mund zu Mund*** qn fait du bouche-à-bouche à qn; ***er wurde mit dem Sauerstoffgerät beatmet*** il a été mis sous assistance respiratoire
2. ÖKO ■ **jd beatmet etw** *Gewässer* qn réoxygène qc

Beatmung *f* MED respiration *f* artificielle; (*von Mund zu Mund*) bouche-à-bouche *m*

Beatmungsgerät *nt* masque *m* à oxygène

Beatmusik ['bi:t-] *f* musique *f* pop

Beau <-, -s> [bo:] *m geh* beau *m vieux*

beaufsichtigen * *vt* ■ **jd beaufsichtigt jdn/etw** qn surveille qn/qc

Beaufsichtigung <-, -en> *f* surveillance *f*

beauftragen * *vt* ■ **jd beauftragt jdn mit etw/[damit] etw zu tun** qn charge qn de qc/de faire qc

Beauftragte(r) *f(m) decl wie adj* mandataire *mf*, chargé(e) *m(f)* d'affaires

-beauftragte(r) *f(m)* POL délégué(e) *m(f)* au/à la/aux

beäugen * *vt fam* ■ **jd beäugt jdn/etw** qn regarde de près [*o* zieute *fam*] qn/qc

bebauen * *vt* **1.** CONSTR ■ **jd bebaut etw [mit einer S.]** qn construit [*o* bâtit] [une chose] sur qc; ***das Grundstück darf nicht bebaut werden*** ce terrain n'est pas constructible; ***diese Gegend ist völlig/dicht/locker bebaut*** cette région est complètement/fortement/peu urbanisée

2. AGR ■ **jd bebaut etw** qn cultive qc; ***mit Mais bebaut*** planté(e) de maïs

Bebauung <-, -en> *f* **1.** (*das Bebauen*) aménagement *m*

2. (*Bauten*) construction *f*

3. AGR culture *f*

Bebauungsplan *m* plan *m* d'occupation des sols

Bébé <-s, -s> *nt* CH bébé *m*

beben *vi* **1.** (*wackeln*) ■ **etw bebt** qc tremble

2. (*zittern*) ■ **jd/etw bebt [vor etw** (*dat*)**]** qn/qc tremble [de qc]

3. *geh* (*bangen*) ■ **jd bebt um jdn/etw** qn tremble pour qn/qc

Beben <-s, -> *nt* tremblement *m;* [*Stimme a.*] frémissement *m;* (*Erd~*) tremblement *m* de terre

bebildern * *vt* ■ **jd bebildert etw [mit etw]** qn illustre qc [de qc]

bebrillt *adj hum fam* porteur(-euse) de lunettes; ■ **jd ist** ~ qn porte des lunettes

Becher <-s, -> *m* **1.** (*Trinkgefäß*) gobelet *m;* (*mit Henkel*) tasse *f;* (*aus Pappe, Plastik a., aus Glas, für Zahnbürste, Zähne*) verre *m;* CH (*Bierglas, Inhalt*) chope *f*

2. (*Verpackung*) (*für Flüssiges, Eis*) pot *m;* (*für Festes*) barquette *f*

3. [*Eichel*] godet *m*

bechern *vi hum fam* ■ **jd bechert** qn picole *fam*

becircen * [bəˈtsɪrtsn] *vt fam* ■ **jd becirct jdn** qn fait du charme à qn

Becken <-s, -> *nt* **1.** (*Bassin, Schwimm~*) bassin *m;* [*Brunnen*] vasque *f;* [*Toilette*] cuvette *f;* (*Spül~*) bac *m* [à évier]; (*Wasch~*) lavabo *m*

2. GEOL bassin *m*

3. ANAT bassin *m*

4. MUS cymbales *fpl*

▸ **sie hat ein gebärfreudiges** ~ elle est faite pour avoir des enfants

Becken- **1.** ANAT, MED pelvien(ne); ~***gurt*** ceinture *f* ventrale **2.** (*ein Waschbecken betreffend*) de/du lavabo **3.** (*ein Bassin betreffend*) de/du bassin **Beckenbruch** *m* fracture *m* du bassin **Beckenknochen** *m* os *m* du bassin

Becquerel <-s, -> [bɛkəˈrɛl] *nt* becquerel *m*

bedachen * *vt* ■ **jd bedacht etw [mit etw]** qn met une toiture [en qc] sur qc; ■ **etw ist mit etw bedacht** qc est recouvert(e) de qc

bedacht I. *adj* **1.** (*überlegt*) réfléchi(e)

2. (*auf etw achtend*) ■ **jd ist auf etw** (*akk*) ~ qn est très soucieux(-euse) de qc; ■ **jd ist darauf** ~ **etw zu tun** qn veille à faire qc; ■ **jd ist darauf** ~**, dass jd etw tut** qn accorde une grande importance à ce que qn fasse qc

II. *adv* avec circonspection

Bedacht <-s> *m* ▸ **mit** ~ *geh* (*vorsichtig*) avec circonspection; (*absichtlich*) volontairement, délibérément, de propos délibéré *soutenu;* **ohne** ~ *geh* sans réfléchir; **voll** ~ *geh* (*überlegt*) avec beaucoup de réflexion; (*absichtlich*) en connaissance de cause

Bedachte(r) *f(m) decl wie adj* légataire *mf*

bedächtig I. *adj* **1.** (*gemessen*) posé(e), mesuré(e)

2. (*besonnen*) réfléchi(e)

II. *adv* (*gemessen*) posément, avec mesure; (*vorsichtig*) avec circonspection

Bedächtigkeit <-> *f* ∅ circonspection *f*

bedachtsam *adj geh* réfléchi(e)

Bedachung <-, -en> *f form* toiture *f*, couverture *f*

bedanken * I. *vr* **1.** ■ **jd bedankt sich** qn dit merci; ***ich bedanke mich!*** je te/vous remercie!; ■ **jd bedankt sich bei jdm [für etw]** qn remercie qn [de [*o* pour] qc]

2. *iron* ■ **jd bedankt sich [für etw]** qn remercie qn [pour qc]; ***dafür bedanke ich mich*** [***bestens***]! merci bien! *fam*

▸ **jd kann** [*o* **darf**] **sich bei jdm [für etw]** ~ qn peut dire merci à qn [pour qc]

II. *vt form* ■ **jd wird [von jdm] für etw bedankt** qn est remercié(e) [par qn] pour qc; ***seien Sie bedankt!*** soyez-en remercié(e)!

Bedarf <-[e]s> *m* ∅ besoins *mpl;* ***ich habe weiter keinen*** ~! je n'ai plus besoin de rien!; ■ **der** ~ **an etw** (*dat*) les besoins en qc; ***ich hätte noch*** ~ ***an Brennholz*** j'aurais encore besoin de bois

▸ **Güter des gehobenen** ~**s** articles de demi-luxe; **Dinge des täglichen** ~**s** articles de première nécessité; **mein** ~ **ist gedeckt** je n'en ai plus besoin; *iron fam* j'ai eu ma dose! *fam;* **jd hat** ~ **an etw** (*dat*) qn a besoin de qc; **jd hat keinen** ~ **an etw** (*dat*) (*braucht nicht*) qn n'a pas besoin de qc; *iron* (*hat genug von etw*) qn peut se passer de qc; **bei** ~ en cas de besoin; **[je] nach** ~ selon [*o* suivant] les besoins; **kein** ~! *iron fam* merci bien! *fam*

-bedarf *m* **1.** COM articles *mpl* de [*o* pour]

2. (*Notwendigkeit*) besoin *m* de; ***Handlungs~*** nécessité *f* d'agir

Bedarfsfall *m* ▸ **für den** ~ *form* en cas de besoin, au besoin; **im** ~ *form* en cas de besoin **bedarfsgerecht** *adj* adapté(e) à la demande **Bedarfsgüter** *pl* biens *mpl* de consommation [courante] **Bedarfshaltestelle** *f* arrêt *m* facultatif

bedauerlich *adj* regrettable; ***ich muss Ihnen etwas B~es mitteilen*** je dois vous annoncer quelque chose de pénible

bedauerlicherweise *adv* malheureusement

bedauern * *vt* **1.** (*schade finden*) ■ **jd bedauert etw/dass** qn regrette qc/que + *subj*

2. (*bemitleiden*) ■ **jd bedauert jdn** qn plaint qn

▸ **jd ist zu** ~ qn est à plaindre; **[ich] bedau[e]re!** je regrette!, désolé(e)!

Bedauern <-s> *nt* ∅ (*Kummer*) regret *m;* (*Mitgefühl*) sympathie *f*

▸ **zu jds größtem** ~, **[sehr] zu jds** ~ au grand regret de qn

bedauernd I. *adj* compatissant(e)

II. *adv* d'un air compatissant; *sagen* d'un ton compatissant; (*bei Ablehnung*) avec regret

bedauernswert *adj*, **bedauernswürdig** *adj geh* malheureux(-euse) *antéposé;* ■ **jd ist** ~ qn est à plaindre

bedecken * I. *vt* ■ **jd bedeckt jdn [mit etw]** qn recouvre qn [avec [*o* de] qc]; ■ **jd bedeckt etw [mit etw]** qn recouvre qc [avec qc]; *Tisch, Möbel, Gesicht* qn couvre qc [avec qc]; *Kopf* qn se couvre qc [avec qc]; ***jd bedeckt sein Gesicht mit den Händen*** qn cache son visage dans ses mains; ■ **etw bedeckt etw** qc recouvre qc; /*Rock*/ *Knie* qc couvre [*o* cache] qc

II. *vr* **1.** ■ **jd bedeckt sich [mit etw]** qn se couvre [de qc]

2. METEO ■ **es bedeckt sich** ça se couvre

bedeckt *adj* METEO couvert(e)

▸ **jd hält sich [in etw** (*dat*)**]** ~ qn ne se prononce pas [*o* qn reste sur sa réserve] [à propos de qc]

bedenken * *irreg* I. *vt* **1.** (*in Betracht ziehen*) ■ **jd bedenkt etw** qn considère [*o* pense à] qc

2. (*durchdenken*) ■ **jd bedenkt etw** qn réfléchit à qc

3. *geh* (*beschenken*) ■ **jd bedenkt jdn [mit etw]** qn lègue qc à qn; ***jd wird [mit etw] bedacht*** qn reçoit qc en cadeau; ***ich wurde im Testament meiner Tante mit 25000 DM bedacht*** dans son testament, ma tante m'a légué 25000 DM; ***er hat mich in seinem Testament bedacht*** il m'a couché sur son testament

4. *geh* (*zuteil werden lassen*) ■ **jd bedenkt jdn mit etw** *mit Schmähungen, Kritik, Lob* qn abreuve qn de qc

▸ **wenn man es recht bedenkt** à la réflexion, réflexion faite; **jd gibt [jdm] etw zu** ~ *geh* qn soumet qc à réflexion/la réflexion de qn *soutenu;* **jd gibt [jdm] zu** ~**, dass** qn fait remarquer [à qn] que + *indic;* **das will wohl bedacht sein** *geh* cela demande réflexion

II. *vr geh* ■ **jd bedenkt sich** qn réfléchit

Bedenken <-s, -> *nt* **1.** *meist pl* (*Zweifel*) réticence *f*, réserves *fpl*

2. ∅ (*das Überlegen*) réflexion *f*

▸ **jd hat** [*o* **hegt** *geh*] ~ qn fait [*o* émet] des réserves; **jdm kommen** ~ qn a des doutes; **ohne** ~ sans hésitation

bedenkenlos I. *adv* **1.** (*ohne Überlegung*) sans hésitation

2. (*skrupellos*) sans scrupules

II. *adj* (*nicht zögernd*) inconditionnel(le)

Bedenkenlosigkeit <-> *f* ∅ **1.** (*Unüberlegtheit*) inconséquence *f*, irréflexion *f*

2. (*Skrupellosigkeit*) absence *f* de scrupules

Bedenkenträger(in) *m(f)* personne *f* qui émet des réserves

bedenklich *adj* **1.** (*fragwürdig*) douteux(-euse)

2. (*Besorgnis erregend*) *Aussichten, Neuigkeiten* inquiétant(e), préoccupant(e); *Gesundheitszustand, Lage* critique, grave

3. (*besorgt*) préoccupé(e), soucieux(-euse)

▸ **etw stimmt jdn** ~ qc préoccupe qn

Bedenkzeit *f* délai *m* [*o* temps *m*] de réflexion

▸ **jd bittet [jdn] um** ~, **jd bittet sich** (*dat*) **[von jdm]** ~ **aus** qn demande un délai de réflexion [à qn], qn demande à réfléchir [à qn]; **jd/etw gibt jdm** ~ qn/qc donne un temps [*o* un délai] de réflexion à qn; ***jd/etw gibt jdm etwas ~/einen Tag*** ~ qn/qc donne à qn un peu de temps pour réfléchir/donne un jour de réflexion à qn

bedeuten * *vt* **1.** (*besagen*) ■ **etw bedeutet etw** qc signifie qc; (*heißen*) qc veut dire qc; MATH, LING qc veut dire qc; (*versinnbildlichen*) qc symbolise qc

2. (*ankündigen*) ■ **etw bedeutet etw** qc présage [*o* annonce] qc; ***das hat nichts weiter zu*** ~ cela n'a pas grande importance; ***etw kann nichts Gutes ~/bedeutet Schlimmes*** qc ne présage rien de bon/qc laisse présager le pire

3. (*gelten*) ■ **jd/etw bedeutet [jdm] etwas/nichts/wenig** qn/qc a de l'importance/n'a pas d'importance/a peu d'importance [pour qn]; ***was bedeute ich dir eigentlich noch?*** qu'est-ce que je représente encore pour toi?

4. *geh* (*zu verstehen geben*) ■ **jd bedeutet jdm, [dass]** qn signifie à qn que + *indic form;* ■ **jd bedeutet jdm etw zu tun** qn signifie [*o* intime] à qn de faire qc *form*

▸ **das hat nichts zu** ~ ça ne veut rien dire, ça ne signifie rien; **was hat das zu** ~? qu'est-ce que ça veut dire [*o* ça signifie]?

bedeutend I. *adj* **1.** (*wichtig*) *Mensch* important(e); *Film, Roman, Erkenntnis, Rolle a.* considérable, majeur(e); *Leistung* remarquable; ***der ~ste Film/Roman der letzten Jahre*** le film/roman le plus important de ces dernières années

2. (*groß*) *Betrag, Summe* important(e); *Erfolg a.* considérable

II. *adv* (*beträchtlich*) nettement, sensiblement

bedeutsam I. *adj* **1.** (*wichtig*) important(e); *Fortschritt a.* considérable

2. (*viel sagend*) *Blick, Lächeln, Geste* significatif(-ive), révélateur(-trice)

II. *adv* d'un air plein de signification; ***sie lächelte ihm ~ zu*** elle lui adressa un sourire très significatif; ***er blickte ihn ~ an*** il lui lança un regard plein de signification

Bedeutung *f* **1.** (*Sinn*) sens *m*, signification *f*

2. (*Wichtigkeit*) importance *f;* (*Geltung*) valeur *f*

▸ **etw besitzt [für jdn] große/größte** ~ qc a [*o* revêt] une grande importance/est de la plus haute importance [pour qn]; **von übergeordneter** ~ de la plus haute importance; **in wörtlicher/übertragener** ~ au sens propre/figuré; **jd/etw ist [für jdn/etw] von** ~ qn/qc est important(e) [pour qn/qc]; ***diese Aussage ist für die Zukunft des Landes von großer*** ~ cette déclaration a une grande importance pour l'avenir du pays; ***das ist für mich***

überhaupt nicht von ~ cela n'a aucune importance pour moi; ***es ist für mich von größter*** ~, ***dass*** il est extrêmement important pour moi que + *subj;* **jd misst einer S.** (*dat*) ~/**große** ~ **bei** qn attache [*o* accorde] de l'importance/une grande importance à qc; **nichts von** ~ rien d'important
bedeutungslos *adj* insignifiant(e), sans importance
Bedeutungslosigkeit <-> *f* ∅ insignifiance *f;* [*Leben*] médiocrité *f*
bedeutungsvoll *adj s.* **bedeutsam. Bedeutungswandel** *m* changement *m* de sens **Bedeutungswörterbuch** *nt* dictionnaire *m* de définitions
bedienen * I. *vt* 1. COM, GASTR ■ **jd bedient jdn** qn sert qn; *sl / Prostituierte/* qn s'occupe de qn *fam;* ***werden Sie schon bedient?*** on s'occupe de vous?, on vous sert?; ***sind Sie gut bedient worden?*** êtes-vous content(e) du service?; ■ **jd lässt sich** [**von jdm**] ~ qn se fait servir [par qn]
2. (*benutzen*) ■ **jd bedient etw** *Telefon, Gerät* qn se sert de qc; *Computer, Steuerung, Band etc* qn fait fonctionner qc; MIL *Geschütz* qn sert qc
3. (*beliefern*) ■ **jd bedient jdn** qn livre qn
4. TRANSP ■ **etw bedient etw** qc dessert qc
5. FIN ■ **jd bedient etw** *Schulden* qn honore qc
6. KARTEN ■ **jd bedient etw** *Farbe* qn fournit à qc; ***jd muss Trumpf*** ~ qn doit fournir en atout
▶ **jd ist bedient** *fam* qn en a sa claque *fam,* qn en a assez; **jd ist mit etw bestens/gut/schlecht bedient** *mit einem Artikel, Vertrag, einer Summe* qn fait une excellente/[bonne]/mauvaise affaire avec qc; *mit einem Ratschlag* qn se trouve très bien/bien/mal de qc; ***da sind Sie noch gut bedient!*** *mit einer Strafe, einem Missgeschick* vous vous en sortez bien!
II. *vi* ■ **jd bedient** 1. GASTR qn sert
2. KARTEN qn fournit
III. *vr* 1. GASTR ■ **jd bedient sich** [**mit etw**] qn se sert [qc]; ~ ***Sie sich ruhig!*** servez-vous!
2. *geh* (*gebrauchen*) ■ **jd bedient sich jds/einer S.** qn se sert de qn/qc
Bediener(in) *m(f)* 1. [*Maschine, Gerät, Computer*] utilisateur(-trice) *m(f);* (*als Beruf*) opérateur(-trice) *m(f)*
2. AUS (*Putzfrau*) femme *f* de ménage
bedienerfreundlich *adj* d'utilisation aisée, facile d'emploi; INFORM convivial(e) ▶ **etw macht etw** ~ qc rend qc facile d'emploi [*o* à utiliser]; qc rend qc convivial(e) **Bedienerführung** *f* INFORM interface *f* utilisateur
bedienstet *adj* 1. AUS (*angestellt*) ■ **jd ist** ~ qn est employé(e) 2. *veraltet* ■ **jd ist bei jdm** ~ qn est en service chez qn **Bedienstete(r)** *f(m) decl wie adj* 1. ADMIN agent *m* de la fonction publique, employé(e) *m(f)* 2. *veraltet* (*Dienstbote*) domestique *mf*
Bedienung <-, -en> *f* 1. ∅ (*Handhabung*) [*Maschine, Gerät, Vorrichtung, Computer*] utilisation *f;* MIL [*Geschütz a.*] service *m;* [*Schaltzentrale, Druckmaschine*] fonctionnement *m*
2. [*Kunden, Gäste*] service *m;* (*Aufschlag für* ~) service *m;* ***incl.*** ~ service compris
3. (*Kellner*) serveur(-euse) *m(f),* garçon *m;* ~! garçon/Mademoiselle!; ***heute haben wir nur eine*** ~ aujourd'hui, nous n'avons qu'une personne de service; ~ ***kommt gleich!*** tout de suite!
4. MIL (*Mannschaft*) servants *mpl*
5. [*Schulden*] remboursement *m*
▶ **etw ist** [*o* **steht**] **zur freien** ~/**jdm zur freien** ~ on se sert à volonté de qc/qn peut se servir à volonté de qc; **mit** ~ avec serveur; (*auf Schild*) ici, on vous sert
Bedienungsanleitung *f* mode *m* d'emploi **Bedienungsfehler** *m* fausse manœuvre *f,* erreur *f* de manipulation **Bedienungshinweise** *pl* conseils *mpl* d'utilisation **Bedienungskomfort** [-kɔmfoːɐ] *m* confort *m* d'utilisation **Bedienungsvorschrift** *f* notice *f* d'emploi
bedingen * *vt* ■ **etw bedingt etw** 1. (*verursachen*) qc provoque [*o* entraîne] qc; ■ **etw ist durch etw bedingt** qc est dû(due) à qc
2. (*verlangen*) qc nécessite qc
bedingt I. *adv* 1. (*eingeschränkt*) partiellement
2. CH avec sursis
II. *adj* 1. *Erlaubnis* conditionnel(le); *Lob* réservé(e)
2. JUR conditionnel(le)
-bedingt dû(due) au/à la/aux; ***kreislauf~e Schwächeanfälle*** des faiblesses dues à une mauvaise circulation
Bedingung <-, -en> *f* condition *f;* ***unter diesen ~en*** dans ces conditions
▶ **jd macht** [**es**] **zur** ~, **dass** qn pose comme condition que + *subj;* **jd stellt** [**jdm**] **eine** ~/~**en** qn pose une condition/des conditions [à qn]; **unter der** ~, **dass** à [la] condition que + *subj;* [**nur**] **unter einer** ~ à une [seule] condition; **unter keiner** ~ en aucun cas; **unter welcher** ~ à quelle condition
bedingungslos I. *adj* inconditionnel(le), sans condition
II. *adv* inconditionnellement, sans condition; ***jd vertraut jdm*** ~ qn a une confiance absolue en qn
Bedingungssatz *m* GRAM proposition *f* conditionnelle, subordonnée *f* de condition
bedrängen * *vt* 1. ■ **jd bedrängt jdn** [**mit etw**] qn harcèle qn [de qc]; ■ **jd bedrängt jdn etw zu tun** qn presse qn de faire qc, qn harcèle qn pour qu'il fasse qc
2. ■ **etw bedrängt jdn** */Sorge, Zweifel/* qc tourmente qn
Bedrängnis <-, -se> *f geh* détresse *f;* ***jd ist in finanzieller*** ~ qn est financièrement aux abois
▶ **jd/etw bringt jdn in** ~/**schwere** ~ qn/qc met qn en grande/très grande difficulté; **jd gerät in** ~/**schwere** ~ qn se retrouve en grande/très grande difficulté
bedrohen * *vt* ■ **jd bedroht jdn** [**mit etw**] qn menace qn [de qc]; ■ **etw bedroht jdn/etw** qc menace qn/qc; ■ **jd/etw ist** [**durch/von etw**] **bedroht** qn/qc est menacé(e) [par qc]
bedrohlich I. *adj* menaçant(e)
II. *adv* de façon menaçante, dangereusement; ***das war*** ~ ***knapp!*** on a eu très chaud!; ***das Flugzeug stürzte*** ~ ***nahe an der Siedlung ab*** l'avion s'est écrasé à une dangereuse proximité du lotissement
Bedrohung *f* menace *f;* ***durch*** ~ ***mit einer Waffe*** sous la menace d'une arme
Bedrohungsanalyse *f* analyse *f* des dangers possibles
bedrucken * *vt* ■ **jd/etw bedruckt etw** qn/qc imprime qc; ■ **jd/etw bedruckt etw mit einer S.** qn/qc imprime une chose sur qc; ***bedruckte Textilien/ Stoffe*** des [tissus] imprimés *mpl*
bedrücken * *vt* ■ **etw bedrückt jdn** qc tourmente qn
bedrückend *adj Anblick, Nachricht* déprimant(e); *Schweigen, Vorstellung* oppressant(e)
bedrückt *adj Mensch* abattu(e); *Schweigen* pesant(e); *Atmosphäre, Stimmung* sinistre
Beduine <-n, -n> *m,* **Beduinin** *f* Bédouin(e) *m(f)*
bedürfen <bedarf, bedurfte, bedurft> *vi geh* ■ **es bedarf einer S.** (*gen*)[[**um**] **etw zu tun**] il faut qc [pour faire qc]; ***es hätte nur eines Wortes bedurft*** il aurait suffi d'un mot; ■ **es bedarf einer S.** (*gen*) **nicht** il n'est pas [*o* point n'est *littér*] besoin de qc; ■ **etw bedarf einer S.** (*dat*) qc requiert qc *soutenu;* ■ **jd bedarf einer S.** (*gen*) qn a besoin de qc
Bedürfnis <-ses, -se> *nt* besoin *m;* ***wenn du irgendwelche ~se hast*** si tu as besoin de quelque chose; ■ ~ **nach etw** besoin de qc; ■ ~ **etw zu tun** besoin de faire qc
▶ **die ~se des täglichen Lebens** les besoins essentiels [*o* de première nécessité]; **ein dringendes** ~ *euph* un besoin pressant; **jdm ist etw ein ~/es ein ~ etw zu tun** *form* qn ressent le besoin de qc/de faire qc
Bedürfnisanstalt *f* ▶ **öffentliche** ~ *form* toilettes *fpl* publiques
bedürfnislos *adj* frugal(e); (*sexuell*) abstinent(e)
Bedürfnislosigkeit <-> *f* ∅ (*beim Essen*) frugalité *f;* (*beim Trinken*) sobriété *f;* ***sie leben in größter*** ~ ils/elles vivent dans la plus grande simplicité
bedürftig *adj* 1. (*Mangel leidend*) dans le besoin, nécessiteux(-euse), indigent(e); ■ **jd ist** ~ qn est dans le besoin; ■ **die B~en** les personnes *fpl* dans le besoin, les nécessiteux *mpl,* les indigents *mpl*
2. *geh* ■ **jd ist jds/einer S.** ~ qn a grand besoin de qn/qc
-bedürftig qui nécessite …; ■ **etw ist** ~ qc nécessite …
Bedürftigkeit <-> *f* ∅ indigence *f,* dénuement *m*
Beefsteak ['biːfsteːk, -ʃteːk] *nt* bifteck *m*
▶ **deutsches** ~ steak *m* haché
beehren * I. *vt iron geh* ■ **jd beehrt jdn** (*mit Anwesenheit*) qn honore qn de sa présence; (*mit Besuch*) qn fait l'honneur de sa visite à qn; ■ **jd beehrt jdn mit etw** *mit Anwesenheit* qn honore qn de qc; *mit Besuch* qn fait l'honneur de qc à qn
▶ **bitte** ~ **Sie uns bald wieder!** au plaisir de vous revoir!
II. *vr form* ■ **jd beehrt sich etw zu tun** qn a l'honneur de faire qc *form*
beeiden * *vt* ■ **jd beeidet etw** qn affirme qc sous serment; *Aussage* qn fait qc sous serment
beeilen * *vr* 1. (*schnell machen*) ■ **jd beeilt sich** [**mit etw**] qn se dépêche [de faire qc]; ***beeil dich mit der Arbeit!*** dépêche-toi de finir ce travail!
2. *geh* (*nicht zögern*) ■ **jd beeilt sich etw zu tun** qn s'empresse [*o* se hâte] de faire qc
Beeilung <-> *interj fam* grouille-toi/grouillons-nous/grouillez-vous *fam*
beeindrucken * *vt* ■ **jd/etw beeindruckt jdn** [**mit etw**] qn/qc impressionne qn [avec [*o* par] qc]; ■ **jd lässt sich** ~ qn se laisse impressionner
beeindruckend *adj* impressionnant(e)
beeinflussbar[RR], **beeinflußbar** *adj* influençable; *Vorgang, Entscheidung* modifiable; ***meine Entscheidung ist nicht mehr*** ~ on ne me fera plus modifier ma décision
beeinflussen * *vt* ■ **jd/etw beeinflusst jdn/etw** qn/qc influence qn/qc; ■ **jd beeinflusst jdn gegen jdn** qn prévient qn contre qn; ■ **jd ist … zu** ~ *leicht, schwer* qn est … influençable; ■ **etw ist … zu** ~ on peut … influer sur qc; ■ **jd/etw ist durch etw beeinflusst** qn/qc est influencé(e) par qc
Beeinflussung <-, -en> *f* influence *f;* ■ ~ **einer S.** (*gen*) [**durch jdn/etw**] *verbal übersetzt;* ***es ist nicht leicht einem Richter die*** ~ ***seiner Entscheidung nachzuweisen*** il n'est pas facile de prouver qu'un juge a été influencé dans sa décision; ***diese Erlebnisse führten zu einer*** ~ ***seiner Einstellung*** ces expériences ont influencé [*o* influé sur] sa manière de voir; ***eine*** ~ ***meiner Meinung ist nicht mehr möglich*** rien ne peut plus modifier mon opinion; ■ ~ **durch jdn** [*o* **von Seiten jds**]/**durch etw** influence *f* de qn/qc
beeinträchtigen * *vt* ■ **jd/etw beeinträchtigt etw** qn/qc nuit à qc, qn/qc porte préjudice à qc; ***der Lärm beeinträchtigt meine Konzentration*** le bruit m'empêche de bien me concentrer; ■ **jd/etw beeinträchtigt jdn** [**in etw** (*dat*)] (*stören*) qn/qc gêne qn [dans qc]; ■ **jd/etw beeinträchtigt jdn in etw** (*dat*) (*behindern*) qn/qc contrarie qc de qn; ■ **~d** négatif(-ive)
Beeinträchtigung <-, -en> *f* [*Verhältnis, Beziehung, Freundschaft*] dégradation *f;* [*Qualität*] détérioration *f;* [*Arbeit, Konzentration, Ruhe*] perturbation *f;* [*Wirkung*] altération *f;* [*Bewegungsfreiheit*] restriction *f;* ***lass diesen kleinen Zwischenfall nicht zu einer*** ~ ***unserer Vorfreude werden!*** ne laissons pas cet incident altérer notre joie!
beelenden * *vt* CH ■ **etw beelendet jdn** qc attriste qn
Beelzebub <-s> *m* ∅ Belzébuth *m*
beenden * *vt* ■ **jd/etw beendet etw** *Gespräch, Verhandlungen, Konferenz, Prozess* qn met fin à qc; *Prüfung, Schule, Studium* qn termine qc; *Blockade, Sitzung* qn lève qc; *Krieg, Kampfhandlungen* qn cesse qc; *Streit, Beziehung, Freundschaft* qn met un terme à qc; INFORM *Programm* qn quitte qc
Beendigung <-> *f* ∅ 1. [*Gespräch, Verhandlungen, Konferenz, Prüfung*] fin *f;* ***das war Anlass für die*** ~ ***des Gesprächs*** cela a été l'occasion de mettre fin à la discussion; ***die*** ~ ***der Konferenz erfolgte um 16 Uhr*** la conférence prit fin à 16 heures; ***das führte zur*** ~ ***ihrer Freundschaft*** cela mit fin à

leur amitié
2. [*Studium, Schule*] *verbal übersetzt;* ***ohne ~ der Schule*** sans scolarité terminée, si la scolarité n'est pas terminée; ***nach der ~ ihres Studiums*** une fois ses études terminées

beengen * *vt* ■ **etw beengt jdn** */ räumliche Enge/* qc oppresse qn; */ kleinbürgerliche Umgebung/* qc étouffe qn; */ Kleidungsstück/* qc serre qn, qn est à l'étroit dans qc; ■ **jd beengt jdn** qn étouffe qn; ■ **~d** *Raum* oppressant(e); *Kleid* étriqué(e)

beengt I. *adj* étroit(e); ***wir sind*** [***sehr***] ***~ in unserer Wohnung*** nous sommes [très] à l'étroit dans notre appartement; ***in sehr ~en Verhältnissen*** très à l'étroit
II. *adv wohnen, leben* à l'étroit
▸ **jd fühlt sich ~** (*in einem Raum*) qn se sent à l'étroit; (*psychisch*) qn se sent oppressé(e)

Beengtheit <-> *f ∅* exiguïté *f;* ***jd wohnt in großer ~*** qn a un appartement très exigu; ***jd hat den Eindruck von ~*** qn a l'impression d'être à l'étroit

beerben * *vt* ■ **jd beerbt jdn** *Toten* qn hérite de qn; *Politiker, Geschäftsführer* qn succède à qn

beerdigen * *vt* ■ **jd beerdigt jdn** qn enterre qn

Beerdigung <-, -en> *f* enterrement *m*

Beerdigungs- d'enterrement **Beerdigungsfeier** *f* funérailles *fpl,* obsèques *fpl form* **Beerdigungsinstitut** *nt,* **Beerdigungsunternehmen** *nt* [entreprise *f* de] pompes *fpl* funèbres

Beere <-, -n> *f* baie *f;* (*Wein~ a.*) grain *m*
▸ **etw trägt ~n** qc porte des baies

Beerenauslese *f* vin *m* liquoreux (*issu d'une sélection de grains avec pourriture noble*) **Beerenfrucht** *f* baie *f* **Beerenobst** *nt* fruits *mpl* rouges **Beerenstrauch** *m* arbuste *m* à baies

Beet <-[e]s, -e> *nt* plate bande *f;* (*Blumen~ a.*) parterre *m;* (*Gemüse~ a.*) carré *m*

befähigen * *vt* ■ **etw befähigt jdn dazu etw zu tun** qc rend qn capable de faire qc; (*berechtigen*) */ Ausbildung, Prüfung/* qc donne qualité à qn pour faire qc; ■ **etw befähigt jdn zu etw** */ Doping, Erziehung/* qc rend qn capable de qc; (*berechtigen*) */ Prüfung/* qc qualifie qn pour qc; ■ **etw befähigt zu etw** */ Prüfung/* qc donne accès à qc

befähigt *adj* 1. (*fähig*) compétent(e)
2. ■ **jd ist für etw ~** qn est apte à qc; ■ **jd ist zu etw ~** (*aufgrund von Prüfung*) qn est qualifié(e) pour qc, qn a accès à qc

Befähigung <-> *f ∅* (*aufgrund von Ausbildung*) qualification *f;* (*Können, Kompetenz*) compétence *f;* (*naturgegebene Eignung*) aptitude *f,* capacités *fpl;* ***etw gilt als ~ zum Richteramt*** qc donne accès à la magistrature

Befähigungsnachweis *m* certificat *m* d'aptitude

befahl *imp von* **befehlen**

befahrbar *adj Straße, Strecke, Weg* praticable, carrossable; *Pass* franchissable; *Kanal, Schifffahrtsweg* navigable; (*mit dem Rad*) cyclable

befahren * *vt irreg* 1. ■ **jd/etw befährt etw** *Landstraße, Weg, Passstraße, Brücke, Seitenstreifen, Bankette* qn/qc emprunte qc, qn/qc circule sur qc; ■ [**etw ist/wird**] **wenig/viel ~** [qc est] peu/très fréquenté(e) [*o* à faible/grande circulation]
2. EISENBAHN ■ **etw befährt etw** qc emprunte qc
3. NAUT ■ **jd/etw befährt etw** qn/qc navigue sur qc, qn/qc parcourt qc; *Route, Seeweg* qn/qc emprunte qc; ■ [**etw ist/wird**] **wenig/viel ~** [qc est] peu/très fréquenté(e)
4. TOURISMUS ■ **jd befährt etw** qn parcourt qc
5. MIN ■ **jd befährt etw** *Schacht* qn descend dans qc; *Grube* qn exploite qc

Befahren <-s> *nt ∅* ■ **das ~ einer S.** (*gen*) la circulation sur qc; *der Gegend* le passage dans qc; ■ **das ~ durch etw** le passage de qc

Befall <-[e]s> *m ∅* (*Schädlings~*) ■ **~** [**durch Tiere**] invasion *f* [d'animaux]; ■ **~ einer S.** (*gen*) *verbal übersetzt;* ***bei ~ der Bäume*** si les arbres sont attaqués

befallen[*1] *vt irreg* 1. *geh* (*überkommen*) ■ **etw befällt jdn** qn est pris(e) de qc; */ Krankheit, Seuche, Fieber/* qn est atteint(e) de qc
2. ■ **etw befällt etw** */ Schädlinge, Ungeziefer/* qc infeste qc, qc envahit qc; ■ **etw befällt jdn/etw** */ Pilz, Virus/* qc contamine qn/qc

befallen[2] *adj Blatt, Pflanze, Baum, Zweig, Stelle* infesté(e), envahi(e); *Lunge, Mensch* contaminé(e)

befangen *adj* 1. (*gehemmt*) inhibé(e), timide
2. JUR partial(e)
3. ■ **jd ist in etw** (*dat*) **~** *in Vorstellung* qn est empêtré(e) dans qc; *in Vorurteilen* qn est imbu(e) de qc; ***jd ist in einem Irrtum ~*** qn persiste dans l'erreur
▸ **jd erklärt sich für ~** JUR qn se récuse, qn se déporte *spéc;* **jd lehnt jdn als ~ ab** JUR qn récuse qn pour cause de suspicion

Befangenheit <-> *f ∅* 1. (*Gehemmtheit*) inhibitions *fpl,* timidité *f*
2. JUR partialité *f*
▸ **jd lehnt jdn wegen** [**Besorgnis der**] **~ ab** JUR qn récuse qn pour cause de suspicion [légitime] [*o* pour prévention]

befassen * I. *vr* ■ **jd befasst sich mit jdm/etw** qn s'occupe de qn/qc; *mit einem Angebot, Vorschlag, einer Frage, einem Gebiet, Fachbereich* qn étudie qc; ***jd befasst sich näher mit etw*** qn examine qc de plus près
II. *vt* 1. *form* (*beauftragen*) ■ **jd befasst jdn mit etw** qn charge qn de qc; ■ [**jd ist**] **mit etw befasst** [qn est] chargé(e) de qc; JUR [qn est] saisi(e) de qc
2. DIAL (*befingern*) ■ **jd befasst etw** qn palpe qc, qn tâte qc

befehden * I. *vt* 1. (*bekämpfen*) ■ **jd befehdet jdn/etw** qn se bat contre qn/qc
2. HIST ■ **jd befehdet jdn/etw** qn se bat contre qn/qc part en guerre contre qc, qn guerroie contre qn/qc
II. *vr* ■ **sie befehden sich** [**gegenseitig**] ils/elles se font la guerre

Befehl <-[e]s, -e> *m* MIL ordre *m;* INFORM instruction *f,* commande *f;* ***der ~ zum Angriff*** l'ordre *m* d'attaquer
▸ **auf höheren ~** sur [l']ordre d'un supérieur, sur ordre venu d'en haut; **~ ausgeführt!** ordre exécuté!; **jd gibt** [**jdm**] **einen ~/den ~ etw zu tun** qn donne un ordre [à qn]/[à qn] l'ordre de faire qc; **jd handelt auf ~** qn agit sur ordre; **jd hat den ~ etw zu tun** qn a [l']ordre de faire qc; **jd hat** [*o* **führt**] **den ~** [**über etw** (*akk*)] qn a le commandement [de qc]; **jd hat** [**...**] **~e** qn a des ordres [...]; **~ ist ~** les ordres sont les ordres; **jd steht unter jds ~** (*dat*) qn est sous les ordres [*o* sous le commandement] de qn; **jd übernimmt den ~** [**über etw** (*akk*)] qn prend le commandement [de qc]; **jd verweigert einen ~** qn refuse de suivre un ordre; **auf ~** MIL selon les ordres; *fam* sur commande; **auf jds ~** [**hin**] sur [l']ordre de qn; **~ von ...!** *fam vom Chef* ordre du/de la ...!; ***~ von oben!*** ordre de la direction!; **zu ~** MIL à vos ordres

befehlen <befiehlt, befahl, befohlen> I. *vt* 1. (*anordnen*) ■ **jd befiehlt** [**jdm**] **etw/jdm etw zu tun** *Stillschweigen, anderen Ton, bessere Manieren* qn ordonne qc à qn/ordonne à qn de faire qc; MIL *Angriff, Manöver, Rückzug* qn donne l'ordre de qc/de faire qc [à qn]; ***du hast mir gar nichts zu ~*** tu n'as pas d'ordres à me donner; ***von dir lasse ich mir nichts ~!*** je n'ai pas d'ordres à recevoir de toi!; ***der Angriff wurde befohlen*** l'ordre a été donné d'attaquer; ***jd führt den befohlenen Rückzug aus*** qn exécute l'ordre de repli; ■ **jd befiehlt, dass** qn ordonne que + *subj*
2. (*beordern*) ■ **jd befiehlt jdn/etw irgendwohin** qn envoie qn quelque part; ■ **jd befiehlt jdn zu jdm/etw** qn convoque qn chez qn/quelque part
3. *alt form* ■ **jd befiehlt** [**etw**] qn désire [qc]; ***Herr Graf ~?*** Monsieur le comte désire?, qu'y a-t-il pour votre service, Monsieur le comte?; [***jawohl,***] ***ganz wie Sie ~!*** comme il vous plaira!
II. *vi* 1. MIL ■ **jd befiehlt über jdn/etw** qn commande qn/qc
2. (*Anordnungen erteilen*) ■ **jd befiehlt** [**jdm**], ... qn commande [à qn], ...; ■ **~d** impérieux(-euse)

befehligen * *vt* ■ **jd befehligt jdn/etw** qn commande qn/qc

Befehlsempfänger(in) *m(f)* exécutant(e) *m(f)* ▸ **jd degradiert jdn zum ~** qn ravale qn au rang d'exécutant **Befehlsform** *f* impératif *m;* ***der Satz steht in der ~*** la phrase est à l'impératif **befehlsgemäß** I. *adj* conforme aux ordres [reçus] II. *adv* conformément aux ordres [reçus] **Befehlsgewalt** *f* ■ **~** [**über etw** (*akk*)] commandement *m* [de qc] (*über + akk* sur) ▸ **jd hat die ~** [**über etw** (*akk*)] qn a le commandement [de qc]; **jd untersteht jds ~** qn est sous le commandement [*o* les ordres] de qn **Befehlshaber(in)** <-s, -> *m(f)* commandant(e) *m(f)* **Befehlssatz** *m* GRAM phrase *f* à l'impératif **Befehlston** *m* ton *m* impérieux [*o* de commandement] **Befehlsverweigerung** *f* MIL insubordination *f;* ***es kam zu ~en*** il y a eu des cas d'insubordination **Befehlszeile** *f* INFORM ligne *f* de commande

befeinden * I. *vt geh* ■ **jd befeindet jdn/etw** qn combat qn/qc
II. *vr* ■ **sie ~ sich** ils/elles sont à couteaux tirés; ■ **sie ~ sich ...** ce sont des ennemi(e)s ...; ***sie ~ sich erbittert*** ce sont des ennemi(e)s acharné(e)s

befestigen * *vt* 1. (*anbringen*) ■ **jd befestigt etw** [**an etw** (*dat*)] qn fixe qc [à qc]
2. (*fest, haltbar machen*) ■ **jd befestigt etw** *Fahrbahn, Straße* qn stabilise qc; *Böschung, Deich* qn consolide qc
3. MIL ■ **jd befestigt etw** qn fortifie qc

Befestigung <-, -en> *f* 1. (*Vorrichtung*) fixation *f;* ■ **~** [**einer S.** (*gen*)] [**an etw** (*dat*)] (*das Befestigen*) fixation *f* [de qc] [à qc]
2. MIL fortification *f*
3. CONSTR ■ **~ einer S.** (*gen*) *der Fahrbahn* stabilisation *f* de qc; *des Damms, der Böschung* consolidation *f* de qc

Befestigungsanlage *f* fortifications *fpl* **Befestigungswerk** *nt* ouvrage *m* fortifié

befeuchten * *vt* ■ **jd befeuchtet etw** [**mit etw**] *Abziehbild, Wäsche, Briefmarke, Oberfläche, Tuch* qn humecte qc [avec qc]; ***jd befeuchtet seinen Finger mit Speichel*** qn mouille son doigt de salive; ■ **jd/etw befeuchtet etw** *Luft* qn/qc humidifie qc; ■ **etw befeuchtet etw** qc mouille qc

befeuern * *vt* 1. (*beheizen*) ■ **jd befeuert etw** *Kessel, Ofen* qn chauffe qc; ■ **jd befeuert etw mit etw** qn alimente qc avec [*o* en] qc
2. MIL ■ **jd/etw befeuert jdn/etw** qn/qc bombarde qn/qc; (*mit MGs*) qn/qc mitraille qn/qc
3. NAUT, AVIAT ■ **jd befeuert etw** qn balise qc
4. *fam* ■ **jd befeuert jdn/jdn mit etw** *mit faulen Eiern, Tomaten* qn canarde qn *fam*/bombarde qn de [*o* avec] qc

Befeuerung <-, -en> *f* NAUT, AVIAT balisage *m*

Beffchen <-s, -> *nt* rabat *m*

befiehlt *3. pers pres von* **befehlen**

befinden * *irreg* I. *vr* 1. (*sich aufhalten*) ■ **jd/etw befindet sich irgendwo** qn/qc est [*o* se trouve] quelque part; (*in einem Zustand*) qn est ...; ***jd befindet sich in guter Stimmung/ schlechter Laune/ auf Reisen*** qn est en forme/de mauvaise humeur/en voyage
2. *form* (*sich fühlen*) ■ **jd befindet sich ...** qn se porte ...; ***wie ~ Sie sich*** comment allez-vous?
▸ **jd befindet sich nicht wohl** qn est indisposé(e)
II. *vt form* (*erachten*) ■ **jd befindet etw als/für ...** *besser, nötig, angemessen* qn considère qc comme ...; *echt, in Ordnung, eine Fälschung* qn déclare qc ...; ■ **jd befindet es für ... etw zu tun** qn juge ... de faire qc; ■ **jd befindet jdn für ...** qn déclare qn ...
III. *vi geh* ■ **jd befindet über jdn/etw** qn se prononce sur qn/qc

Befinden <-s> *nt ∅* 1. (*Gesundheitszustand*) état *m* [de santé]; ***wie ist dein ~?*** comment te portes-tu?
2. *geh* (*Meinung*) position *f,* avis *m,* opinion *f*
▸ **wie ist das werte ~?** *hum* comment se porte Monsieur/Madame?; **nach jds ~** à mon/son/... avis; ***jeder kann nach seinem eigenen ~ urteilen*** chacun peut juger comme bon lui semble

befindlich *adj meist attr form* 1. (*an einer Stelle*) ■ **irgendwo ~** qui est [*o* se trouve] quelque part

2. (*in einem Zustand*) ■ **[jd/etw ist] in etw** (*dat*)/**an etw** (*dat*) ~ *im Rohbau, Umbau, Umlauf, in Kraft, Pension, Reparatur* [qn/qc est] en qc; *an der Macht, Regierung* [qn/qc est] au/à la qc; *in einem Irrtum* [qn est] dans qc; ***er ist in dem Wahn*** ~, … il s'imagine que + *indic*

befingern * *vt fam* ■ **jd befingert jdn/etw** qn tripote qn/qc *fam*, qn pelote qn *fam*

beflaggen * *vt* ■ **jd beflaggt etw** *Gebäude, Straßen, Schiff* qn pavoise qc; ***das Schiff ist vorschriftsmäßig beflaggt*** le bateau arbore les pavillons réglementaires

Beflaggung <-, -en> *f* 1. (*das Beflaggen*) pavoisement *m rare*
2. (*die Flaggen*) drapeaux *mpl;* [*Schiff*] pavillons *mpl*

beflecken * *vt* 1. (*schmutzig machen*) ■ **jd befleckt etw** [**mit etw**] qn tache qc [de qc]; ■ **befleckt** taché(e)
2. *geh* (*entehren*): ***jd befleckt etw*** [***durch etw***] qn salit [*o* souille *littér*] qc [par qc]; ■ **befleckt** sali(e), souillé(e) *littér*

Befleckung <-, -en> *f* ■ **die ~ einer S.** (*gen*) *form* (*das Beflecken*) la tache faite sur qc; (*das Entehren*) la tache [*o* la souillure *littér*] faite à qc

befleißigen * *vr geh* 1. (*walten lassen*) ■ **jd befleißigt sich einer S.** (*gen*) qn s'applique à qc
2. (*sich bemühen*) ■ **jd befleißigt sich etw zu tun** qn s'empresse de faire qc

befliegen * *vt irreg* ■ **jd befliegt etw** qn parcourt qc [en avion]; ***die Route … habe ich früher mal beflogen*** dans le passé, il m'est arrivé d'assurer le vol …; ■ **etw befliegt etw** *Route* qc emprunte qc; ***diese Fluggesellschaft befliegt die Strecke/die Route London - Paris*** cette compagnie aérienne assure la liaison Londres - Paris

beflissen I. *adj geh Schüler* appliqué(e); *Mitarbeiter* zélé(e); *Diener* empressé(e); ■ **jd ist ~ etw zu tun** qn s'applique à faire qc
II. *adv* avec empressement

Beflissenheit <-> *f* ∅ [*Schüler*] application *f;* [*Mitarbeiter*] zèle *m;* [*Diener*] empressement *m*

beflügeln * *vt geh* ■ **etw beflügelt jdn/etw** qc stimule qn/qc; */Liebe, Angst/* qc donne des ailes à qn; ■ **etw beflügelt jdn zu etw/jdn etw zu tun** qc incite qn à qc/à faire qc

befohlen *pp von* **befehlen**

befolgen * *vt* ■ **jd befolgt etw** qn suit qc; *Gebot, Regel, Vorschrift a.* qn se conforme à qc, qn observe qc, qn respecte qc; *Befehl a.* qn exécute qc

Befolgung <-, -en> *f* [*Befehl*] exécution *f;* [*Anordnung, Vorschriften, Spielregeln*] observation *f,* respect *m;* ***ohne ~ meines Rats wärest du nicht so glimpflich davongekommen*** si tu n'avais pas suivi mon conseil, tu ne t'en serais pas sorti(e) si bien

befördern * *vt* 1. (*transportieren*) ■ **jd/etw befördert jdn/etw** qn/qc transporte qn/qc; *Briefe* qc achemine qc; ■ **jd lässt etw** ~ qn expédie qc; ■ **jd befördert etw mit/durch etw** qn expédie qc par qc
2. (*dienstlich aufrücken lassen*) ■ **jd befördert jdn** [**zu etw**] qn promeut qn [qc]; ■ **jd wird befördert** qn a de l'avancement; MIL qn monte en grade
3. *fam* (*hinauswerfen*) ■ **jd befördert jdn irgendwohin** qn expédie qn quelque part *fam;* ***jd befördert jdn zur Tür/zum Ausgang*** qn vide qn *fam*
4. *rare* (*begünstigen*) ■ **etw befördert etw** *Karriere, Projekt* qc favorise qc

Beförderung *f* 1. [*Mensch, Waren, Gepäck*] transport *m;* [*Post*] acheminement *m*
2. (*beruflich*) promotion *f;* [*Beamter a.*] avancement *m;* ■ **jds ~ zu etw** la promotion de qn au rang/titre/à la fonction de qc; MIL la promotion de qn au grade de qc

Beförderungsart *f* mode *m* de transport **Beförderungsbedingungen** *pl* conditions *fpl* de transport **Beförderungsmittel** *nt* moyen *m* de transport **Beförderungspflicht** *f* (*von Personen, Tieren*) obligation *f* de prise en charge; (*von Gütern*) obligation *m* de résultat

befrachten * *vt* 1. (*beladen*) ■ **jd befrachtet etw** [**mit etw**] qn charge qc [de qc]; ***das Schiff wird mit Waffen befrachtet*** on charge des armes sur le bateau
2. *geh* (*überladen*) ■ **jd befrachtet etw mit etw** *Artikel, Darstellung, Rede* qn charge qc de qc; ***übermäßig befrachtet*** surchargé(e); ***ein befrachteter Begriff*** une notion chargée de connotations

befragen * *vt* 1. ■ **jd befragt jdn** [**über jdn/etw/zu etw**] qn interroge qn [sur qn/qc/au sujet de qc]; ■ **jd ist befragt worden** *Zeuge* qn a été entendu(e)
2. ■ **jd befragt etw** *Karten, Kristallkugel, Orakel* qn consulte qc, qn interroge qc
3. (*um Stellungnahme bitten*) ■ **jd befragt jdn nach/um etw** qn demande qc à qn; ■ **jd befragt jdn** [**in etw** (*dat*)] qn demande son avis à qn [au sujet de qc]
▸ **auf** [**jds**] **B~** à la question [de qn]

Befragte(r) *f(m) decl wie adj* personne *f* interrogée

Befragung <-, -en> *f* 1. [*Kandidat*] interrogation *f;* [*Zeuge*] interrogatoire *m*
2. [*Karten, Kristallkugel, Orakel*] consultation *f*
3. (*Umfrage*) sondage *m,* enquête *f*

befreien * I. *vt* 1. (*frei machen*) ■ **jd befreit etw** [**von etw**] *Volk, Land* qn libère qc [de qc]; ■ **jd befreit jdn/ein Tier** [**aus etw**] (*freilassen*) qn libère [*o* délivre] qn/un animal [de qc]
2. (*freistellen*) ■ **jd befreit jdn von etw** qn exempte qn de qc; *von Militärdienst, Verpflichtung, Unterricht* qn dispense qn de qc; *von Steuer* qn exonère qn de qc
3. (*entlasten*) ■ **jd/etw befreit jdn** [**von etw**] *von Bürde, Verantwortung* qn/qc soulage [*o* délivre] qn [de qc]
4. (*erlösen*) ■ **jd/etw befreit jdn von etw** *von Schmerzen* qn/qc soulage qn de qc; *von Parasiten* qc délivre qn de qc; */Lachen/* qc soulage qn/qc
5. (*reinigen*) ■ **jd befreit etw/etw von etw** *verdreckte Schuhe, verkrustete Münzen* qn nettoie qc/débarrasse qc de qc; ■ **etw befreit etw/etw von etw** *Nase, Nebenhöhlen, Atemwege* qc dégage qc/libère qc de qc
II. *vr* 1. (*sich frei machen*) ■ **jd/etw befreit sich** [**aus/von etw**] *aus einer Zelle* qn s'évade [de qc]; *von einer Herrschaft* qn/qc se libère [de qc]
2. (*überwinden*) ■ **jd/etw befreit sich aus etw** qn se sort de qc
3. (*sich lösen*) ■ **jd befreit sich von etw** *von Vorurteilen, Vorstellungen* qn se débarrasse de qc; *von Verantwortung* qn se décharge de qc

befreiend I. *adj Niesen* qui soulage; *Lachen* libérateur(-trice)
II. *adv:* ***etw wirkt*** ~ qc soulage

Befreier(in) <-s, -> *m(f)* ■ ~ [**von etw**] libérateur(-trice) *m(f)* [de qc]

befreit I. *adj Mensch* soulagé(e); *Lächeln, Aufatmen* de soulagement
II. *adv lächeln, aufatmen* de soulagement

Befreiung <-, -en> *f* 1. (*das Befreien*) [*Volk, Land, Häftling, Geisel*] libération *f;* [*Tier, Vogel*] délivrance *f*
2. (*Freistellung*) [*Militärdienst, Verpflichtung, Unterricht*] dispense *f;* *Steuer* exonération *f*
3. (*Erlösung*) [*Schmerzen*] soulagement *m;* ***der Tod war für ihn eine*** ~ la mort a été une délivrance pour lui; ***die ~ von Parasiten ist langwierig*** il faut du temps pour se débarrasser de parasites
4. (*Erleichterung*) soulagement *m*

Befreiungsbewegung *f* mouvement *m* de libération **Befreiungsfront** *f* front *m* de libération **Befreiungskampf** *m* lutte *f* pour l'indépendance **Befreiungskrieg** *m* guerre *f* d'indépendance; ■ **die ~e** HIST les guerres *fpl* d'indépendance **Befreiungsorganisation** *f* organisation *f* de libération; ***die Palästinensische*** ~ l'Organisation *f* de libération de la Palestine **Befreiungsschlag** *m* 1. SPORT dégagement *m* 2. POL *fig* bouffée d'oxygène *f* **Befreiungstheologie** *f* théologie *f* de la libération **Befreiungsversuch** *m* tentative *f* de libération

befremden * I. *vt* ■ **etw befremdet jdn** [**an jdm**] qc [chez qn] déconcerte qn
II. *vi* ■ **etw befremdet** qc paraît insolite, qc a de quoi déconcerter

Befremden <-s> *nt* ∅ stupeur *f*
▸ **zu jds** ~ à ma/sa/… [grande] stupeur

befremdend *adj* déconcertant(e), insolite

befremdet *adj* stupéfait(e)

befremdlich *adj geh s.* **befremdend**

befreunden * *vr* 1. (*sich anfreunden*) ■ **sie ~ sich** ils/elles se lient d'amitié; ■ **jd befreundet sich mit jdm** qn se lie d'amitié avec qn
2. (*mögen*) ■ **jd befreundet sich mit etw** *mit Gedanken, Vorstellung* qn se fait à qc

befreundet *adj* 1. (*freundlich gesinnt*) *Mensch* ami(e); *Staat a.* allié(e); ***ein uns ~er Journalist*** un journaliste de nos amis; ***das ~e Ausland*** les pays *mpl* amis
2. (*einander Freunde*) ■ **jd ist mit jdm** ~ qn est un/une ami(e) de qn; ***er ist mit ihm gut*** ~ c'est un bon ami à lui; ***sie sind ~/eng*** ~ ils/elles sont ami(e)s/ce sont des ami(e)s intimes; ***~e Paare*** des couples *mpl* liés d'amitié

befriedigen * I. *vt* 1. (*stillen*) ■ **jd befriedigt etw** *Verlangen, Wünsche, Neugier* qn satisfait qc; *Gelüste* qn assouvit qc
2. (*sexuelles Verlangen*) ■ **jd befriedigt jdn** qn donne du plaisir à qn
3. (*zufrieden stellen*) ■ **etw befriedigt jdn** qc satisfait qn
4. ■ **jd befriedigt jdn/etw** *Gläubiger, Ansprüche* qn satisfait qn/qc
II. *vi* ■ **etw befriedigt** qc est satisfaisant(e)
III. *vr* ■ **jd befriedigt sich** [**selbst**] qn s'adonne au plaisir solitaire

befriedigend *adj* 1. (*zufrieden stellend*) SCOL satisfaisant(e); *Gehalt* convenable
2. *Gefühl, Gewissheit* réconfortant(e)

befriedigt I. *adj* satisfait(e), content(e); (*sexuell*) comblé(e) sur le plan sexuel
II. *adv* avec satisfaction, de contentement

Befriedigung <-> *f* ∅ satisfaction *f;* [*absonderliches Gelüste, perverses Verlangen, Begierde, Trieb a.*] assouvissement *m;* COM *Gläubiger, Ansprüche* satisfaction *f;* ***zur ~ der Gläubiger*** pour satisfaire les créanciers
▸ **sexuelle** ~ satisfaction *f* sexuelle; **zu jds ~/voller** ~ à ma/sa/… grande/plus grande satisfaction; ***zur allseitigen*** ~ à la satisfaction générale

befristen * *vt* ■ **jd befristet etw/etw auf etw** (*akk*) qn fixe un délai pour qc/limite qc à qc

befristet I. *adj* temporaire; *Anstellung, Arbeitsverhältnis* à durée déterminée; FIN *Anlage* à [court/long] terme; ■ [**etw ist**] **auf etw** (*akk*) ~ [qc est] limité(e) à qc; ***ein auf drei Monate ~es Visum*** un visa valable trois mois
II. *adv:* ***etw gilt*** ~ qc a une durée de validité déterminée

Befristung <-, -en> *f* 1. ■ **eine ~** [**auf etw** (*akk*)] une limitation de durée [à qc]; ***eine Anstellung mit*** ~ un emploi à durée déterminée
2. ADMIN [*Pass, Visum, Genehmigung*] durée *f* de validité

befruchten * *vt* 1. BIO ■ **jd/etw befruchtet jdn/etw** qn/qc féconde qn/qc
2. (*geistig anregen*) ■ **etw befruchtet jdn/etw** qc enrichit qn/qc
▸ **jd befruchtet jdn/etw künstlich** qn insémine qn/qc artificiellement; **etw wirkt ~d** [**auf jdn/etw**] qc est fructueux(-euse) [pour qn/qc]

Befruchtung <-, -en> *f* fécondation *f*
▸ **künstliche** ~ insémination artificielle; (*im Reagenzglas*) fécondation *f* in vitro, F.I.V. *f;* (*in der Gebärmutter*) fivète *f*

befugen * *vt form* ■ **jd/etw befugt jdn** [**zu etw**]/**jdn etw zu tun** qn/qc autorise [*o* habilite *form*] qn [à qc]/qn à faire qc; ***wer hat Sie dazu befugt?*** qui vous y a autorisé?, qui vous en a donné l'autorisation?

Befugnis <-, -se> *f form* habilitation *f;* ***dazu haben Sie keine*** ~ vous n'avez pas autorité pour cela, ce n'est pas de votre compétence; ■ **~ etw zu tun** autorisation *f* de faire qc; ■ **jds ~se** la compétence de qn, les attributions *fpl* de qn

befugt *adj form* autorisé(e); ■ **B~e** personnes *fpl* autorisées; ■ **nicht B~e**

personnes *fpl* non-autorisées; ■ **jd ist zu etw ~/~ etw zu tun** qn a autorité pour qc/pour faire qc

befühlen * *vt* ■ **jd befühlt etw** qn tâte qc

befummeln * *vt fam* ■ **jd befummelt jdn/etw** qn tripote qn/qc *fam*, qn pelote qn/lui pelote qc *fam*

Befund <-[e]s, -e> *m* résultat *m* [de l'analyse médicale]; ***der ärztliche*** ~ le rapport médical
▶ **negativer/positiver** ~ résultat *m* d'analyse négatif/positif; **ohne** ~: ***der Urin war ohne*** ~ l'analyse des urines était négative; ***Cholesterin: ohne*** ~ cholestérol: néant

befürchten * *vt* ■ **jd befürchtet etw** qn craint qc, qn redoute qc; ■ **er/sie befürchtet, dass er/sie etw tut** il/elle craint [*o* redoute] de faire qc; ■ **jd befürchtet, dass** qn craint [*o* redoute] que + *subj*
▶ **es ist** [*o* **steht**] **zu ~, dass** il est à craindre que + *subj*; ***es ist nicht zu ~, dass*** il n'y a pas de danger [*o* à craindre] que + *subj*; **etw ist/ist nicht zu** ~ qc est à craindre/n'est pas à craindre; **wie befürchtet** comme je le craignais/on le craignait

Befürchtung <-, -en> *f* craintes *fpl*; ***es soll ~en geben, dass*** on craint, paraît-il, que + *subj*
▶ **jd/etw erweckt in jdm die ~, dass** qn/qc fait craindre à qn que + *subj*; **jd hat ~/schlimmste/die schlimmsten ~en** qn a ces/les pires craintes; **jd hat die ~, dass** qn craint [*o* redoute] que + *subj*

befürworten * *vt* ■ **jd befürwortet etw** *Antrag, Gesuch, Beförderung* qn appuie qc; *Vorgehen, Eingreifen, Einstellung* qn est partisan(e) de qc, qn préconise qc; ***ich befürworte das sehr*** j'y suis très favorable; ■ **jd befürwortet, dass** qn préconise que + *subj*, qn est favorable à ce que + *subj*

Befürworter(in) <-s, -> *m(f)* **1.** [*Haltung, Vorgehen*] partisan(e) *m(f)*
2. [*Idee, Vorstellung*] avocat(e) *m(f)*

Befürwortung <-, -en> *f* recommandation *f*, appui *m*; ■ ~ **einer S.** (*gen*) *verbal übersetzt;* ***sie bat ihn um ~ ihres Gesuches*** elle lui demanda d'appuyer sa demande; ***durch ~ dieses Plans*** en soutenant ce projet

begabt *adj* **1.** doué(e); ■ **jd ist [für etw] ~** qn est doué(e) [pour qc]; ***sie ist musikalisch*** ~ elle est douée pour la musique **2.** *geh* ■ **jd ist mit etw ~** *mit Mut, Kühnheit, Dreistigkeit* qn est doté(e) de qc, qn ne manque pas de qc
▶ **hoch** ~ surdoué(e) **Begabte(r)** *f(m) decl wie adj* personne *f* douée; ***der mathematisch ~ste*** le plus doué en mathématiques

Begabung <-, -en> *f* **1.** (*Talent*) don *m*; ***jd hat eine ~ für etw*** qn a un don pour qc
2. (*Mensch*) talent *m*; ***sie ist eine*** ~ c'est un talent
▶ **jd hat eine ~ dafür etw zu tun** *iron* qn a vraiment le don de [*o* l'art de] [*o* le chic pour] faire qc

begaffen * *vt pej fam* ■ **jd begafft jdn/etw** qn reluque qn/qc *fam*; ***die Menge begafft jdn/etw*** qn/qc attire le regard des badauds

begann *imp von* **beginnen**

begatten * I. *vt* **1.** ■ **ein Männchen begattet ein Weibchen** un mâle couvre [*o* saillit] une femelle; /*Vogel*/ un oiseau côche une femelle *spéc*
2. *geh* ■ **jd begattet jdn** qn copule avec qn *hum*
II. *vr* **1.** ■ **Tiere begatten sich** des animaux s'accouplent
2. *geh* ■ **sie ~ sich** ils coïtent *spéc*, ils copulent *hum*

Begattung <-, -en> *f* **1.** ZOOL saillie *f*
2. *geh* coït *m*

Begattungstrieb *m geh* rut *m*

begeben * *vr irreg* **1.** *geh* ■ **jd begibt sich irgendwohin** qn va [*o* se rend] quelque part
2. *geh* ■ **jd begibt sich an etw** (*akk*) qn se met à qc
3. *geh* ■ **jd begibt sich in etw** (*akk*) *in Lage* qn se met dans qc; *in Gefahr* qn s'expose à qc; ***jd begibt sich in Behandlung*** qn va se faire soigner
4. *liter* (*verzichten*) ■ **jd begibt sich einer S.** (*gen*) *einer Möglichkeit* qn se prive de qc; *des Einflusses, eines Rechtes, eines Anspruches* qn renonce à qc

Begebenheit <-, -en> *f geh* événement *m*

begegnen * I. *vi + sein* **1.** (*treffen*) ■ **jd begegnet jdm** qn rencontre qn
2. (*antreffen*) ■ **jd begegnet einer S.** (*dat*) qn rencontre qc
3. *geh* (*behandeln*) ■ **jd begegnet jdm .../mit etw** qn traite qn ... [*o* a un comportement ... à l'égard de qn]/avec qc
4. *geh* (*entgegentreten*) ■ **jd begegnet einer S.** (*dat*) **[mit etw]** *mit Misstrauen, Zurückhaltung, Vorsicht* qn accueille qc [avec qc]; *mit entschiedener Haltung* qn répond à qc [avec qc]
5. (*widerfahren*) ■ **jdm begegnet etw** qc arrive à qn
II. *vr* ■ **sie ~ sich** ils/elles se rencontrent

Begegnung <-, -en> *f* **1.** (*Zusammenkunft*) rencontre *f*; ***er vermied eine weitere ~ mit ihr*** il évita de la rencontrer à nouveau; ***ich lege auf eine ~ mit ihm keinen Wert*** je ne tiens pas à le rencontrer
2. SPORT rencontre *f*
3. (*das Bekanntwerden*) ■ **die ~ mit etw** le contact avec qc

Begegnungsstätte *f* lieu *m* de rencontre

begehen * *vt irreg* **1.** (*verüben*) ■ **jd begeht etw** qn commet qc; *Dummheit* qn fait qc
2. *geh* (*feiern*) ■ **jd begeht etw** qn célèbre qc
3. (*betreten*) ■ **jd begeht etw** *Planken, Weg* qn passe [*o* marche] sur qc; *Treppe* qn monte/descend qc; ***die Treppe wurde viel begangen*** l'escalier a été souvent utilisé; ***dieser Weg wird von Spaziergängern viel begangen*** ce chemin est très fréquenté par les promeneurs; ***„B~ der Brücke auf eigene Gefahr"*** "passage du pont à vos risques et périls"; ***den Kleiderschrank kann man*** ~ on peut entrer dans la penderie

begehren * *vt* **1.** *geh* (*Verlangen haben nach*) ■ **jd begehrt jdn/etw** qn désire qn/qc; ■ **jd begehrt jdn zu etw** *zum Mann, zur Frau* qn désire faire de qn son/sa qc
2. *alt* (*verlangen*) ■ **jd begehrt etw [von jdm]** qn demande qc [à qn]; ■ **jd begehrt etw zu tun** qn désire [*o* aimerait] faire qc
▶ **du sollst nicht ~ ...** BIBL tu ne convoiteras pas ...

Begehren <-s, *rare* -> *nt* **1.** *geh* (*Verlangen*) désir *m*; ■ ~ **nach jdm** envie *f* de qn; ■ ~ **nach etw** besoin *m* de qc; ***jd fühlt/hat das ~ etw zu tun*** qn éprouve [*o* ressent] l'envie [*o* a le désir] de faire qc; ***auf jds ~ [hin]*** à la prière de qn
2. *alt* (*Wunsch, Forderung*) demande *f*; ***was ist Ihr ~?*** que désirez-vous?

begehrenswert *adj* désirable, séduisant(e); *Gegenstand* tentant(e)

begehrlich I. *adj geh* de convoitise
II. *adv geh* avec convoitise

Begehrlichkeit <-, -en> *f geh* convoitise *f*

begehrt *adj Frau, Junggeselle* courtisé(e); *Posten, Stellung* convoité(e); *Urlaubsort, Reiseziel* prisé(e)

begeistern * I. *vt* ■ **etw begeistert jdn** qc enthousiasme qn; ■ **jd begeistert jdn/jdn für etw** qn enthousiasme qn/rallie qn à qc; ***kann ich dich nicht noch für ein Stück Braten ~?*** tu ne veux pas te laisser tenter par un autre morceau de rôti?; ***sie ist für nichts zu*** ~ elle manque d'enthousiasme
II. *vr* ■ **jd begeistert sich für jdn/etw/an etw** (*dat*) qn s'enthousiasme pour qn/qc, qn se passionne pour qc

begeisternd I. *adj Rede, Vorschlag, Stimme* enthousiasmant(e); *Vortrag a.* passionnant(e)
II. *adv* d'une façon enthousiasmante; ***jd wirkt ~ auf jdn*** qn suscite l'enthousiasme de qn

begeistert I. *adj* **1.** (*hingerissen*) enthousiaste; ■ **jd ist [von etw] ~** qn est enthousiasmé(e) [par qc]
2. (*leidenschaftlich*) passionné(e), mordu(e) *fam*
II. *adv* avec enthousiasme

Begeisterung <-> *f* ∅ enthousiasme *m*; ■ **jds ~ für/über etw** (*akk*) l'enthousiasme de qn pour/à propos de qc
▶ **jd gerät [über etw** (*akk*)**] in ~** qn se laisse gagner par l'enthousiasme [pour qc]; **[jd tut etw] mit ~** [qn fait qc] avec enthousiasme

begeisterungsfähig *adj* capable de s'enthousiasmer **Begeisterungsfähigkeit** *f* capacité *f* à s'enthousiasmer **Begeisterungssturm** *m* débordements *mpl* d'enthousiasme

Begierde <-, -n> *f geh* **1.** (*sexuell*) concupiscence *f hum*, désir *m*
2. (*das Verlangen nach etw*) ■ **die ~ nach jdm/etw** *nach Einfluss, Macht, Reichtum* la soif de qc; *nach einer Frau, einem Mann* le désir de qn; ***die ~ nach Geld*** la cupidité
▶ **jd brennt vor ~ etw zu tun** qn brûle du désir de faire qc; **voll ~** avec avidité; (*sexuell verlangend a.*) brûlant(e) de désir *soutenu*; (*nach Geld verlangend a.*) avec cupidité

begierig I. *adj* **1.** (*voll Verlangen*) avide; (*sexuell verlangend a.*) concupiscent(e) *hum*; (*nach Geld verlangend a.*) cupide; ~ ***mehr zu wissen*** avide [*o* désireux(-euse)] d'en savoir plus
2. (*gespannt*) impatient(e); ■ **jd ist auf etw** (*akk*) ~ *auf Meinung, Antwort, Stellungnahme* qn est avide d'entendre/d'apprendre qc; ■ **jd ist ~ [darauf] etw zu tun** qn est avide de faire qc
II. *adv* avec avidité, avidement

begießen * *vt irreg* **1.** ■ **jd begießt etw** qn arrose qc
2. *fam* (*mit Alkohol*) ■ **jd begießt etw** qn arrose qc *fam*
▶ **das muss begossen werden!** *fam* il faut arroser ça! *fam*, ça s'arrose! *fam*

Beginn <-[e]s> *m* ∅ commencement *m*, début *m*; (*räumlich*) début *m*
▶ **am** [*o* **bei**] [*o* **zu**] ~ au commencement, au début; **gleich bei** [*o* **zu**] ~ dès le commencement [*o* début], au tout début, tout au début

beginnen <begann, begonnen> I. *vi* (*anfangen*) ■ **etw beginnt** qc commence; ■ **etw beginnt wieder** qc recommence; ■ **etw beginnt etw zu tun** qc commence à faire qc; ■ **etw beginnt mit etw** qc commence par qc; ■ **jd beginnt [mit etw]** qn commence [qc]; ■ **jd beginnt mit etw** (*zunächst tun*) qn commence par [faire] qc; (*anfangen*) qn commence à faire qc; ***er beginnt mit dem Essen*** il commence par/à manger; ■ **jd beginnt als etw** qn débute comme qc; ■ **jd beginnt etw zu tun** qn commence à faire qc
II. *vt* **1.** (*anfangen*) ■ **jd beginnt etw [mit etw]** qn commence qc [par qc]
2. *geh* (*anstellen*) ■ **jd beginnt etw**: ***wir müssen die Sache anders ~*** nous devons nous y prendre autrement; ***ich weiß nicht recht, wie ich es/was ich ~ soll*** je ne sais pas par quel bout commencer [*o* comment m'y prendre]/quoi faire; ***wisst ihr nichts Besseres zu ~?*** c'est tout ce que vous savez faire?

beginnend *adj attr* **1.** ■ **ein ~er/es .../eine ~e ...** *Erkältung, Infektion, Schnupfen* un début de ...
2. ■ **der/die/das ~e ...** *Nacht, Dämmerung* le commencement [*o* début] de ...

beglaubigen * *vt* **1.** ■ **jd beglaubigt [jdm] etw** *Kopie, Abschrift* qn certifie qc conforme [à qn]; *Unterschrift* qn légalise qc; *Testament* qn authentifie qc; ■ **jd lässt etw ~** qn fait certifier qc conforme; ■ **beglaubigt** *Kopie* certifié(e) conforme; *Unterschrift* légalisé(e); *Echtheit* authentifié(e)
2. POL ■ **jd beglaubigt jdn als etw [bei etw]** qn accrédite qn [auprès de qc] en qualité de qc
▶ **amtlich beglaubigt** authentique; **notariell beglaubigt** notarié(e)

Beglaubigung <-, -en> *f* **1.** [*Kopie, Zeugnisabschrift*] attestation *f* de conformité; [*Unterschrift*] légalisation *f*; [*Testament*] authentification *f*
2. POL accréditation *f*

Beglaubigungsschreiben *nt* lettres *fpl* de créance

begleichen * *vt irreg* ■ **jd begleicht etw** *Rechnung, Schulden, Zeche* qn règle qc

Begleichung <-, *rare* -en> *f* règlement *m*; ***zur ~ meiner Schulden*** en règlement de mes dettes

Begleitbrief *m s.* **Begleitschreiben**

begleiten * *vt* **1.** ■ **jd begleitet jdn** qn accompagne qn; *Häftling, Bandenchef* qn escorte qn; (*nach Hause*) qn raccompagne qn; ■ **ein Tier begleitet**

jdn un animal accompagne qn; ■ **etw begleitet etw** qc escorte qc; AVIAT, NAUT *a.* qc convoie qc
2. ■ **etw begleitet jdn** */Glück, Erfolg, Wünsche/* qc accompagne qn
3. MUS ■ **jd begleitet jdn [an/auf etw** (*dat*)**]** *am Klavier, auf einem Instrument* qn accompagne qn [à qc]

Begleiter(in) <-s, -> *m(f)* accompagnateur(-trice) *m(f)*; ***das ist nur mein ~*** il ne fait que m'accompagner
▸ **ständiger ~, ständige ~in** *euph* chevalier *m* servant, compagne *f* [attitrée]

Begleiterscheinung *f* effet *m* secondaire; MED *a.* symptôme *m* concomitant **Begleitinstrument** *nt* instrument *m* d'accompagnement **Begleitmannschaft** *f* escorte *f* **Begleitmusik** *f* **1.** [*Darbietung, Film*] musique *f* de film/de théâtre/de scène/de cirque/de foire; (*in Lokal, Geschäft, Bus*) musique *f* d'ambiance **2.** *sl* (*begleitende Aktionen*) toile *f* de fond **Begleitperson** *f form* accompagnateur(-trice) *m(f)*; [*Geldtransport*] convoyeur *m* **Begleitschein** *m* bordereau *m* d'expédition **Begleitschreiben** *nt* (*zu einer Bewerbung*) lettre *f* d'accompagnement; (*zu einer Warensendung*) notice *f* explicative **Begleitumstände** *pl* circonstances *fpl* concomitantes

Begleitung <-, -en> *f* **1.** ∅ (*das Begleiten*) ■ **jds ~** la compagnie de qn; ***danke für Ihre ~*** merci de m'avoir accompagné(e); (*nach Hause*) merci de m'avoir raccompagné(e)
2. ∅ (*Begleiter*) accompagnateur(-trice) *m(f)*; (*Gefolge*) escorte *f*; ***man sollte nachts immer eine ~ mitnehmen*** on devrait toujours se faire accompagner la nuit; ***ich gehe lieber als ~ mit*** je préfère t'accompagner/vous accompagner
3. MUS accompagnement *m* [musical]
▸ **in ~** accompagné(e); ***in männlicher ~*** accompagnée par un homme, en compagnie d'un homme, en galante compagnie *hum*; **in jds ~** en compagnie de qn; **ohne ~** non accompagné(e); **ohne jds ~** sans la compagnie de qn; *eines Leibwächters* sans l'escorte de qn

beglücken * *vt* ■ **jd beglückt jdn [mit/durch etw]** qn comble d'aise qn [avec/par qc], qn rend qn heureux(-euse) [avec/par qc]; *iron fam* qn gratifie qn de qc; ■ **etw beglückt jdn** qc rend qn heureux(-euse); *hum* (*sexuell befriedigen*) qn comble qn; ■ **~d** réjouissant(e); *Gefühl* de bonheur; *Erlebnis* qui rend heureux(-euse); (*sexuell*) jouissif(-ive)

Beglücker(in) <-s, -> *m(f)* **1.** bienfaiteur(-trice) *m(f)*
2. *iron:* ***sie hat sich einen neuen ~ angeschafft*** elle a trouvé un nouveau chevalier servant *hum*

beglückt **I.** *adj* ■ **~ [über etw** (*akk*)**]** heureux(-euse) [*o* ravi(e)] [de qc]
II. *adv* comblé(e)

beglückwünschen * *vt* ■ **jd beglückwünscht jdn [zu etw]** qn félicite qn [de qc]; ■ **jd ist zu jdm/etw zu ~** qn peut se féliciter d'avoir qn/qc
▸ **jd kann sich ~** qn peut s'estimer heureux(-euse); **lass dich ~!** laisse-moi/nous te féliciter!

begnadet * *adj geh* (*begabt*) d'un talent exceptionnel; ***er ist ein ~er Sänger*** il chante comme un dieu; ■ **jd ist ~** qn a la grâce

begnadigen * *vt* JUR ■ **jd begnadigt jdn** qn gracie qn, qn fait grâce à qn; POL qn amnistie qn; ■ **jd begnadigt jdn zu etw** qn commue la peine [de mort] de qn en qc

Begnadigung <-, -en> *f* JUR grâce *f*; POL amnistie *f*
▸ **jd ersucht um [jds] ~** qn demande la grâce [de qn]

Begnadigungsgesuch *nt* recours *m* en grâce

begnügen * *vr* **1.** (*sich zufrieden geben*) ■ **jd begnügt sich mit etw** qn se contente de qc
2. (*sich beschränken*) ■ **jd begnügt sich damit etw zu tun** qn se contente de faire qc

Begonie <-, -n> [-niə] *f* bégonia *m*

begonnen *pp von* **beginnen**

begraben * *vt irreg* **1.** (*beerdigen*) ■ **jd begräbt jdn** qn enterre qn
2. (*verschütten*) ■ **etw begräbt jdn/etw [unter sich]** qc ensevelit qn/qc [sous lui/elle]
3. (*aufgeben, beenden*) ■ **jd begräbt etw** *Hoffnung, Streit, Angelegenheit* qn enterre qc; *Wunsch, Feindschaft* qn renonce à qc; ***du darfst deine Hoffnung ~*** tu peux faire le deuil de tes espoirs
▸ **jd kann sich [mit etw] ~ lassen** *fam* qn peut aller se rhabiller [avec qc] *fam*; **jd möchte irgendwo nicht ~ sein** *fam* qn aimerait pas aller s'enterrer quelque part *fam*

Begräbnis <-ses, -se> *nt* enterrement *m*

begradigen * *vt* ■ **jd begradigt etw** qn rectifie qc

Begradigung <-, -en> *f* rectification *f*

begreifbar *adj* concevable; ***nicht ~*** inconcevable; ■ **es ist [...] ~, dass/wie** on peut [...] comprendre que + *subj*/comment

begreifen * *irreg* **I.** *vt* **1.** (*verstehen*) ■ **jd begreift etw** *Aufgabe, Problemstellung, Zusammenhang, Tatsache, Vorgang, Tat, Sinn, Notwendigkeit, Lage* qn comprend qc; (*sich vorstellen*) *Tod, Mord, Gott, Unendlichkeit* qn conçoit qc; ■ **jd begreift, dass** qn comprend que + *indic*; (*Verständnis haben*) qn comprend que + *subj*; ***es ist nicht zu ~, dass*** il est inconcevable que + *subj*; ■ **jd begreift nicht, wie/warum/...** qn ne comprend pas comment/pourquoi/...
2. (*auffassen, interpretieren*) ■ **jd begreift etw [in einer bestimmten Art und Weise]** *Satz, Wort* qn comprend qc [d'une certaine façon]
II. *vi* ■ **jd begreift [...]** *langsam, schnell* qn comprend [...]
III. *vr* ■ **er/sie begreift sich [selbst] nicht** il/elle ne se comprend pas [lui/elle-même]; ■ **jd begreift sich als etw** qn se considère comme qc

begreiflich *adj* compréhensible; ■ **etw ist/wird ~** qc s'explique/commence à s'expliquer; ■ **etw ist/wird jdm ~** qn s'explique/commence à s'expliquer qc; ■ **jdm ist/wird ~, warum/wie/...** qn comprend/commence à comprendre pourquoi/comment/...; ***das ist ~*** ça se comprend
▸ **jd macht sich jdm ~** qn se fait comprendre de qn; **jd macht jdm etw ~** qn fait comprendre qc à qn, qn explique qc à qn

begreiflicherweise *adv* naturellement, bien entendu

begrenzen * *vt* **1.** (*Grenze sein von*) ■ **etw begrenzt etw** qc [dé]limite qc
2. (*beschränken*) ■ **jd begrenzt etw [auf etw** (*akk*)**]** *Einfluss, Geschwindigkeit, Redezeit, Schaden* qn limite qc [à qc]

begrenzt **I.** *adj* limité(e); *Rahmen a.* étroit(e)
II. *adv* de façon limitée; ***ich kann mich bei Ihnen nur sehr ~ aufhalten*** je ne peux rester chez vous que très peu de temps

Begrenztheit <-> *f* ∅ caractère *m* limité; [*Aufenthalt*] brièveté *f*

Begrenzung <-, -en> *f* **1.** (*das Begrenzen*) [*Fläche, Garten, Park*] délimitation *f*; ■ **~ [auf etw** (*akk*)**]** (*das Beschränken*) [*Einfluss, Geschwindigkeit, Macht, Redezeit, Atomwaffen, Rüstung*] limitation *f* [à qc]; ***zur ~ des Gartens*** pour délimiter le jardin
2. (*Grenze*) [*Garten, Feld, Wüste*] limite *f*; ***die ~ des Gartens zur Straße*** la limite du jardin avec la rue

Begriff <-[e]s, -e> *m* **1.** (*Wort*) terme *m*; (*Inhalt*) notion *f*, concept *m*
2. (*Vorstellung*) conception *f*; ***nach menschlichen ~en*** d'après l'expérience humaine
3. (*Inbegriff*) symbole *m*; ***Dracula ist zum ~ des Vampirs an sich geworden*** Dracula est devenu l'incarnation du vampire
▸ **jd ist schnell von ~** *fam* qn a l'esprit vif; **jd ist schwer von ~** *fam* qn a l'esprit lent, qn a la comprenette un peu dure *fam*, qn comprend vite, mais il faut lui expliquer longtemps *hum*; **etw geht über jds ~e** qc dépasse l'entendement de qn, qc dépasse qn; **jd/etw ist ein ~** qn/qc est une référence; **jd/etw ist jdm ein/kein ~** qn connaît/ne connaît pas qn/qc; **jd ist [*o* steht] im ~ etw zu tun** *form* qn est sur le point de faire qc; **jd macht sich** (*dat*) **einen ~ von etw** qn se fait une idée de qc; **jd macht sich** (*dat*) **keinen ~/keinen ~ von etw** *fam* qn a pas idée/imagine pas qc *fam*; **für meine/seine ~e** selon moi/lui

begriffen *adj* ■ **etw ist in etw** (*dat*) **~** *form* qc est en cours de qc; ■ **jd ist in etw** (*dat*) **~** *form* qn est sur le point de faire qc

begrifflich **I.** *adj attr* sémantique
II. *adv* du point de vue sémantique

begriffsstutzig *adj* borné(e); ■ **jd ist/wird ~** qn ne comprend rien/se met à ne rien comprendre **Begriffsstutzigkeit** <-> *f* ∅ lenteur *f* d'esprit **Begriffsvermögen** *nt* ∅ entendement *m*, capacités *fpl* intellectuelles

begründen * *vt* **1.** (*Gründe anführen für*) ■ **jd begründet etw [mit etw]** qn justifie qc [par qc]
2. (*gründen*) ■ **jd begründet etw** *eigenen Hausstand, Geschäft* qn fonde qc; ■ **etw begründet etw** *Ruhm* qc crée qc

Begründer(in) *m(f)* [*Staat, Reich*] fondateur(-trice) *m(f)*; [*Wissenschaft, Theorie a.*] créateur(-trice) *m(f)*

begründet *adj Verdacht, Hoffnung, Aussicht* fondé(e); *Beschwerde, Klage* fondé(e) [en droit]
▸ **etw liegt [*o* ist] in etw** (*dat*) **~** qc s'explique par qc

Begründung *f* **1.** [*Ablehnung, Annahme, Behauptung, Verhalten*] justification *f*; ■ **~ für etw** justification *f* de qc; ***dieser Verdacht blieb ohne ~*** rien n'est venu corroborer ce soupçon
2. JUR [*Beschwerde, Klage*] justification *f*; [*Urteil*] exposé *m* des motifs
3. *geh* [*eigener Hausstand*] fondation *f*; [*Firma, Betrieb, Partei a.*] création *f*
▸ **als/zur ~ [von etw]** comme justification [de qc]

begrüßen * *vt* **1.** (*willkommen heißen*) ■ **jd begrüßt jdn** qn salue qn, qn accueille qn; ■ **jd begrüßt jdn mit etw** qn salue qn par qc; ***es ist mir eine große Ehre Sie bei uns ~ zu dürfen*** *form* c'est un honneur pour moi de vous recevoir chez nous; ■ **jd begrüßt jdn als etw** *als Befreier, Messias* qn accueille qn comme qc
2. (*gutheißen*) ■ **jd begrüßt etw** qn salue qc; *Kritik* qn se félicite de qc
3. CH (*ansprechen*) ■ **jd begrüßt jdn/etw [in etw** (*dat*)**]** qn consulte qn/qc [au sujet de qc]
▸ **es ist zu ~, dass** il faut saluer le fait que + *subj*

begrüßenswert *adj* qu'il faut saluer, qui mérite d'être salué(e); ■ **es wäre ~, wenn ...** il serait souhaitable que + *subj*; ■ **es ist ~, dass** je me félicite/nous nous félicitons de ce que + *subj*

Begrüßung <-, -en> *f* souhaits *mpl* de bienvenue, accueil *m*
▸ **zur ~** pour [lui/leur] souhaiter la bienvenue; ***zur ~ erhielt jeder ein Glas Sekt*** en guise d'accueil, on offrit un verre de champagne à chacun

Begrüßungs- d'accueil, de bienvenue; *-abordnung* d'accueil; *-cocktail* de bienvenue; ***~ständchen*** accueil *m* en musique

begucken * *vt fam* ■ **jd beguckt jdn/etw** qn regarde qn/qc; (*kurz*) qn jette un œil sur qn/qc *fam*; (*neugierig*) qn zieute qn/qc *fam*, qn reluque qn/qc *fam*

begünstigen * *vt* **1.** ■ **etw begünstigt etw** qc favorise qc
2. ■ **jd begünstigt jdn [bei etw/vor jdm]** qn favorise [*o* avantage] qn [pour qc/au détriment de qn]
3. JUR ■ **jd begünstigt jdn** qn prête assistance à qn
4. ■ **jd begünstigt jdn** */Erblasser/* qn désigne qn comme bénéficiaire; ■ **jd begünstigt jdn mit etw** qn fait bénéficier qn de qc; ***es gibt vier Begünstigte*** il y a quatre bénéficiaires

Begünstigung <-, -en> *f* **1.** (*das Begünstigen*) *verbal übersetzt*; ***die jetzige wirtschaftliche Lage stellt eine ausgesprochene ~ für den Export dar*** la situation économique actuelle favorise véritablement l'exportation; ***Ihre Unterstützung würde eine ~ unserer Bestrebungen darstellen*** votre appui favoriserait nos efforts
2. (*das Bevorzugen*) ■ **~ [von jdm]** favoritisme *m* [à l'égard de qn]
3. ■ **~ [von jdm]** *von einem Täter* assistance *f* [prêtée à qn]

begutachten * *vt* **1.** (*fachlich prüfen*) ■ **jd begutachtet etw/eine S. auf etw** (*akk*) **hin** qn expertise qc/qc d'une chose
2. *fam* (*ansehen*) ■ **jd begutachtet jdn/etw** qn examine qn/qc, qn in-

specte qn/qc

begütert *adj geh* fortuné(e)

begütigend I. *adj* apaisant(e)
II. *adv* de façon apaisante

behaart *adj Brust, Körper, Mann* poilu(e); *Kopf* chevelu(e)
▸ **schwach** ~ peu poilu(e); **stark** ~ velu(e)

Behaarung <-, -en> *f* 1. [*Mensch, Körperteil*] pilosité *f*
2. ZOOL pelage *m*, poils *mpl*

behäbig *adj* 1. *Mensch* flegmatique, placide; *Bewegung, Hantieren* posé(e); (*stattlich*) *Heim, Sitzmöbel* confortable; *Gebäude* cossu(e)
2. CH *alt* (*wohlhabend*) cossu(e)

Behäbigkeit <-> *f* ∅ (*Geruhsamkeit*) [*Mensch*] flegme *m*, placidité *f*; [*Bewegung, Hantieren*] allure *f* posée; (*Stattlichkeit*) [*Heim, Sitzmöbel*] confort *m*; [*Gebäude*] aspect *m* cossu

behaftet *adj* 1. ■ **etw ist mit etw** ~ /*Begriff, Wort*/ qc est chargé(e) de qc; ***etw ist mit Fehlern/Mängeln/einem Makel*** ~ qc est défectueux(-euse)
2. ■ **jd ist mit etw** ~ *mit Krankheit* qn est atteint(e) de qc; *mit Misstrauen* qn est enclin(e) à qc

behagen * *vi* ■ **etw behagt jdm** qc plaît à qn; ■ **es behagt jdm** [**bei jdm/in etw** (*dat*)] qn se sent bien [*o* se sent à l'aise] [chez qn/quelque part]; ■ **jd behagt jdm nicht** qn ne plaît pas à qn; ■ **etw behagt jdm nicht an jdm** qc chez qn ne plaît pas à qn
▸ **es behagt mir** [**gar**] **nicht, dass ich etw tun soll/er etw tut** ça ne me plaît pas [du tout] de devoir faire qc/qu'il fasse qc

Behagen <-s> *nt* ∅ plaisir *m*, satisfaction *f*

behaglich I. *adj Kaminfeuer, Kachelofen, Raum, Wohnung* agréable, confortable; *Brummen, Schnurren, Stöhnen* de plaisir, de bien-être
▸ **jd macht es sich** (*dat*) **irgendwo** ~ qn s'installe confortablement quelque part
II. *adv stöhnen, schnurren* de plaisir, de bien-être; *eingerichtet* confortablement; *sich fühlen* à l'aise; ***es ist*** ~ ***warm*** il fait agréablement chaud

Behaglichkeit <-> *f* ∅ [*Kaminfeuer, Kachelofen, Raum, Wohnung*] confort *m*, agrément *m*; ***eine Atmosphäre der*** ~ une atmosphère agréable; ***etw strahlt*** ~ ***aus*** qc crée une ambiance agréable

behalten * *vt irreg* 1. (*nicht hergeben*) ■ **jd behält etw** qn garde qc, qn conserve qc
2. (*lassen, wo es ist*) ■ **jd behält etw irgendwo** qn garde qc quelque part
3. (*bewahren*) ■ **jd behält etw** *Fassung, Ruhe* qn garde qc, qn conserve qc; *Nerven* qn contrôle qc; ■ **etw behält etw** *Wert, Form, Aussehen* qc conserve qc, qc garde qc; ***um ihre Form zu behalten*** pour garder la forme
4. (*nicht vergessen*) ■ **jd behält etw** qn retient qc
5. ■ **jd behält etw** *Stellung, Namen, Staatsangehörigkeit* qn garde qc, qn conserve qc
6. ■ **jd behält jdn** [**bei sich**] qn retient qn [à la maison]; *Mitarbeiter* qn garde qn; ***ich hätte dich gerne zum Essen*** ~ je t'aurais bien retenu [*o* gardé] pour le repas; ***als seine Schwester nebst Mann ums Leben kam, behielt er seine Nichte bei sich*** quand sa sœur et son mari sont morts, il a recueilli sa nièce
7. ■ **jd behält etw** [**von etw**] *körperliche Beeinträchtigung* qn garde qc [à la suite de qc]
▸ **jd behält nichts bei sich** *Nahrung* qn ne peut rien garder; **er/sie behält etw für sich** il/elle garde qc pour lui/elle; **jd behält jdn/ein Tier/etw hier** qn garde qn/un animal/qc ici

Behälter <-s, -> *m* récipient *m*; (*groß a.*) réservoir *m*

behämmert *adj sl s.* **bescheuert**

behänd[e][RR] I. *adj geh* preste *soutenu*, prompt(e) *soutenu*
II. *adv geh* prestement *soutenu*

behandeln * *vt* 1. (*umgehen mit*) ■ **jd behandelt jdn/ein Tier/etw irgendwie** qn traite qn/un animal/qc d'une certaine façon; ***jd behandelt etw vorsichtig/pfleglich/schonend*** qn prend soin de qc; ■ **jd behandelt etw mit etw** qn entretient qc avec qc; ***jd behandelt etw mit Sorgfalt*** qn prend soin de qc
2. TECH ■ **jd behandelt etw** [**mit etw**] *Lebensmittel, Stoff, Holz, Pflanze* qn traite qc avec qc; *mit Kalk, Formaldehyd* qn traite qc à qc
3. (*abhandeln*) ■ **jd behandelt etw** *Thema, Antrag, Frage* qn traite qc
4. MED ■ **jd behandelt jdn/etw** *Patienten* qn traite qn, qn soigne qn; *Verletzung, Zahn, Krankheit* qn soigne qc; ■ **~d** *Arzt* médecin *m* traitant
▸ **jd behandelt jdn/etw gut/schlecht** qn traite bien/maltraite qn/qc

behändigen *vt* CH ■ **jd behändigt etw** qn prend qc; (*brutal*) qn se saisit de qc; COM qn prend en charge qc, qn réceptionne qc

Behandlung <-, -en> *f* 1. (*Umgang*) traitement *m*
2. [*Punkt, Thema, Antrag, Frage*] *verbal übersetzt;* ***ich möchte auf die*** ~ ***dieser Frage in einer früheren Publikation verweisen*** j'attire votre attention sur le fait que cette question a déjà été traitée dans une publication antérieure
3. MED [*Patient*] consultation *f* [médicale]; [*Verletzung, Zahn, Krankheit*] soins *mpl* [médicaux]; ■ ~ [**von jdm/etw**] (*Therapie*) traitement *m* [médical] [de qn/qc]; ***sie machte einen Termin zur*** ~ ***ihrer Zähne*** elle a pris rendez-vous pour faire soigner ses dents
4. TECH traitement *m*
▸ **jd ist** [**bei jdm**] **in psychotherapeutischer** ~ qn est en [psych]analyse [chez qn]; **jd ist** [**bei jdm**] [**wegen etw**] **in** ~ qn est en traitement [chez qn] [pour qc]

behandlungsbedürftig *adj* MED qui nécessite des soins; ■ **etw ist** ~ qc nécessite des soins **Behandlungskosten** *pl* MED coût *m* du traitement [*o* des soins], frais *mpl* médicaux **Behandlungsmethode** *f* méthode *f* de traitement [*o* de soins] **Behandlungsraum** *m*, **Behandlungszimmer** *nt* salle *f* de soins

behangen *adj* 1. *Obstbaum* chargé(e); ■ **mit etw** ~ couvert(e) de qc
2. *pej* ■ **mit etw** ~ couvert(e) de qc; ***du bist ja furchtbar*** ~ tu as vraiment sorti toute ta quincaillerie *fam*

behängen * I. *vt* ■ **jd behängt etw mit einer S.** qn accroche une chose à qc; ***die Wände sind mit Bildern reich behängt*** le murs sont recouverts de tableaux; ■ **jd behängt jdn mit etw** *pej* qn couvre qn de qc
II. *vr pej* ■ **jd behängt sich** [**mit etw**] qn se couvre de qc

beharren * *vi* 1. ■ **jd beharrt auf etw** (*dat*) qn s'obstine dans qc; *auf seiner Meinung* qn ne démord pas de qc; *auf einer Klausel* qn se cramponne à qc; ***er beharrt darauf, dass er im Recht sei*** il s'obstine à prétendre qu'il est dans son droit; ***trotz seines B~s*** malgré son insistance
2. (*bleiben*) ■ **jd/etw beharrt in etw** (*dat*) *in Zustand* qn/qc demeure dans qc

beharrlich I. *adj* persévérant(e); *Mensch, Verhalten a.* tenace; *Schweigen* obstiné(e)
II. *adv* avec persévérance, avec ténacité; *schweigen, sich weigern, glauben, darauf pochen* obstinément

Beharrlichkeit <-> *f* ∅ [*Mensch, Verhalten, Suche*] persévérance *f*, ténacité *f*; [*Weigern*] obstination *f*

Beharrungsvermögen *nt* 1. (*Standhaftigkeit*) persévérance *f*
2. PHYS force *f* d'inertie

behaupten * I. *vt* 1. (*sagen*) ■ **jd behauptet etw** [**von jdm/etw**] qn prétend qc [au sujet de qn/qc]; ■ **jd behauptet, dass** qn prétend que + *indic;* ***ich behaupte ja nicht, dass ich immer Recht habe*** je ne prétends pas avoir toujours raison; ■ **jd behauptet von jdm, dass er** qn prétend que qn + *indic;* ■ **jd behauptet nicht von jdm, dass er** qn ne prétend pas que qn + *subj;* ■ **es wird behauptet, dass** on prétend que + *indic*
2. (*erfolgreich verteidigen*) ■ **jd/etw behauptet etw** [**vor jdm/gegen jdn**] qn maintient qc [par rapport à qn]
II. *vr* ■ **jd behauptet sich** [**gegen jdn/etw**] qn s'impose [face à qn/qc]

Behauptung <-, -en> *f* 1. (*Äußerung*) affirmation *f*; ***du stellst da irgendwelche*** ~ ***en auf!*** tu affirmes n'importe quoi!
2. [*Stellung, Privilegien, Lebensstandard, Vorsprung*] maintien *m*; ***die*** ~ ***der Tabellenspitze*** le maintien à la première place
3. (*die Durchsetzung*) *verbal übersetzt;* ***Werbekampagnen verhelfen einer Firma zur*** ~ ***gegen die Konkurrenz*** les campagnes publicitaires permettent à une société de s'imposer face à la concurrence

Behausung <-, -en> *f hum geh* logis *m hum littér;* ***weitab von jeder menschlichen*** ~ loin de toute habitation humaine

Behaviorismus <-> [biheviə'rɪsmʊs] *m* ∅ behaviorisme *m*

beheben * *vt irreg* 1. ■ **jd behebt etw** *Fehler, Schaden* qn répare qc; *Störung, Mangel, Missstände* qn remédie à qc; *Schwierigkeit* qn aplanit qc
2. AUS ■ **jd behebt etw** *Geld, Geldbetrag* qn retire qc

Behebung <-, -en> *f* 1. ∅ [*Fehler, Schaden, Störung, Mangel*] réparation *f*; [*Missstände*] correction *f*, suppression *f*
2. AUS [*Geld, Geldbetrag*] retrait *m*

beheimatet *adj* ■ **irgendwo** ~ originaire de quelque part

beheizbar *adj* 1. *Raum, Freibad* disposant d'un chauffage, qu'on peut chauffer; ■ **etw ist** ~ qc a un chauffage; ■ **etw ist mit etw** ~ /*Kessel*/ qc fonctionne à qc, qc s'alimente à qc
2. *Heckscheibe* chauffant(e)

beheizen * *vt* ■ **jd beheizt etw** [**mit etw**] *Zimmer, Haus, Wohnung* qn chauffe qc [à qc]; *Heizkessel, Ofen* qn alimente qc avec qc; ■ **beheizt** *Raum, Schwimmbad* chauffé(e)

Behelf <-[e]s, -e> *m* moyen *m* de fortune

behelfen * *vr irreg* 1. (*als Ersatz verwenden*) ■ **jd behilft sich mit etw** qn se contente provisoirement de qc
2. (*auskommen*) ■ **jd behilft sich** qn se tire d'affaire, qn se débrouille

Behelfs- (*provisorisch*) provisoire; (*improvisiert*) de fortune **behelfsmäßig** I. *adj* provisoire; de fortune II. *adv* provisoirement

behelligen * *vt* ■ **jd behelligt jdn** qn importune qn *soutenu*

behend[e] *s.* **behänd[e]**

beherbergen * *vt* ■ **jd/etw beherbergt jdn** qn/qc héberge qn

beherrschen * I. *vt* 1. (*gut können*) ■ **jd beherrscht etw** *Instrument, Therapie* qn maîtrise qc; *Sprache a.* qn possède qc; *Handwerk, Tricks, Spielregeln* qn connaît [bien] qc
2. (*herrschen über*) ■ **jd beherrscht jdn/etw** qn domine qn/qc
3. (*zügeln*) ■ **jd beherrscht etw** *Gefühle* qn maîtrise qc; *Leidenschaft, Temperament a.* qn domine qc
4. (*Gewalt haben über*) ■ **jd beherrscht etw** *Fahrzeug* qn maîtrise qc; *Situation a.* qn domine qc; ■ **jd wird von etw beherrscht** qn est dominé(e) par qc
5. ■ **etw beherrscht etw** *Stadtbild, Landschaft, Ebene, Markt* qc domine qc; ■ **~d** *Eindruck, Erscheinung* dominant(e)
II. *vr* ■ **jd beherrscht sich** qn se domine, qn se maîtrise
▸ **ich kann mich ~!** *iron fam* très peu pour moi! *fam*

beherrscht I. *adj Mensch* maître(-esse) de lui/d'elle; *Auftreten, Gesichtsausdruck, Miene* contrôlé(e); ■ **jd bleibt** ~ qn garde son self-control [*o* la maîtrise de soi]
II. *adv* avec maîtrise de soi; ***jd verhält sich*** [***sehr***] ~ qn a une [très] grande maîtrise de soi

Beherrschtheit <-> *f* ∅ *s.* **Beherrschung 2.**

Beherrschung <-> *f* ∅ 1. [*Instrument, Therapie*] maîtrise *f*; [*Sprache a.*] possession *f*; [*Handwerk, Tricks, Spielregel*] connaissance *f*
2. (*Kontrolle, Zügelung*) maîtrise *f* de soi, self-control *m*
3. (*das Beherrschen*) [*Untertanen, Volk*] domination *f*; ■ ~ **von jdm** soumission *f* de qn
▸ **jd verliert die** [*o* **seine**] ~ qn perd la maîtrise de soi [*o* son self-control]

beherzigen * *vt* ■ **jd beherzigt etw** *Mahnung, gute Worte* qn prend qc à cœur; *Rat, Ratschlag* qn suit qc

beherzt I. *adj geh* courageux(-euse); (*entschlossen*) résolu(e)
II. *adv geh* résolument

behilflich *adj* ■ **jd ist jdm [bei etw] ~** qn aide qn [dans qc/à faire qc]; ***darf ich dir bei der Arbeit/beim Auspacken der Koffer ~ sein?*** puis-je t'aider dans ton travail/à défaire tes valises?; ***könntest du mir wohl mit hundert Mark ~ sein?*** pourrais-tu me dépanner de cent marks? *fam*

behindern * *vt* ■ **jd behindert jdn/etw** qn gêne qn/qc; ■ **jd behindert jdn bei etw** qn gêne qn dans qc/pour faire qc, qn empêche qn de faire qc; ***ihr behindert mich beim Staubsaugen*** vous m'empêchez de [*o* me gênez pour] passer l'aspirateur; ***ihr behindert mich bei meiner Arbeit*** vous me gênez dans mon travail; ■ **etw behindert jdn/etw [bei etw]** /*verletztes Glied, Amputation, Erblindung*/ qc handicape qn [dans qc/pour faire qc]; /*enge Kleidung*/ qc gêne qn/qc [dans qc/pour faire qc]; ■ **etw behindert etw** /*Differenz, Zwischenfall*/ *Aufnahme von Beziehungen, Verhandlungen, Gesprächen* qc entrave qc
► **geistig behindert** handicapé(e) mental(e); **körperlich behindert** handicapé(e) physique

Behinderte(r) *f(m) decl wie adj* handicapé(e) *m(f)*
► **geistig** ~ handicapé(e) mental(e); **körperlich** ~ handicapé(e) physique

Behinderten- pour handicapés; ~***olympiade*** Jeux *mpl* olympiques handisports; ***b~gerecht*** adapté(e) aux handicapés **Behindertenparkplatz** *m* place *f* de parking réservée aux handicapés **Behinderten-WC** *nt* toilettes *fpl* pour handicapés

Behinderung <-, -en> *f* **1.** (*das Behindern*) gêne *f*; ***eine Anzeige wegen ~ [im Straßenverkehr]*** une contravention pour entrave à la circulation; ■ **die ~ von jdm** la gêne causée à qn; ■ **~en** (*auf der Straße*) encombrements *mpl*
2. (*körperliche Einschränkung*) handicap *m*
► **geistige** ~ handicap mental; **körperliche** ~ handicap physique

Behörde <-, -n> *f* **1.** (*Dienststelle*) service *m* [administratif]; (*Stadtverwaltung*) municipalité *f*; ***die zuständige ~*** l'autorité *f* compétente, le service compétent; ***die vorgesetzte ~*** l'autorité *f* supérieure; ***ich muss auf die ~*** il faut que j'aille à la mairie
2. (*Amtsgebäude*) bâtiment *m* public

Behördengang <-gänge> *m* démarche *f* administrative [*o* officielle] **Behördenwillkür** *f* arbitraire *m* administratif

behördlich I. *adj Anordnung, Verfügung, Genehmigung, Duldung* officiel(le), administratif(-ive); *hum Segen* des autorités
II. *adv anordnen, genehmigen, vorschreiben* officiellement

behüten * *vt* **1.** ■ **jd/ein Tier behütet jdn/etw** qn/un animal veille sur qn/garde qc; *Schlaf* qn/un animal veille sur qc
2. ■ **jd/etw behütet jdn vor etw** (*dat*) qn/qc préserve qn de qc
► **[Gott] behüte!** et puis quoi encore!

behütet I. *adj Mädchen* protégé(e), élevé(e) dans du coton *péj*; *Aufwachsen, Jugend, Kindheit* protégé(e)
II. *adv* à l'abri du monde

behutsam I. *adj* précautionneux(-euse); ■ **jd ist [bei etw] ~** qn prend des précautions [en faisant qc]
II. *adv* avec précaution; *beibringen a.* avec ménagement

Behutsamkeit <-> *f* ∅ précaution *f*; ***jd lässt ~ walten*** qn use de précautions

bei *präp + dat* **1.** (*räumlich*) ■ **~ jdm** chez qn; (*in der Nähe von jdm*) auprès de qn; SCOL, UNIV, IND, POST chez qn; LITER (*in jds Werk*) dans [l'œuvre de] qn, chez qn; (*in Geschäft*) chez qn; ***~ uns zu Hause*** chez nous à la maison; ***~ mir im Schrank*** dans mon armoire; ***~ diesem Professor hören die Studenten gerne Vorlesungen*** les étudiants aiment suivre les cours de ce professeur; ***sie ist Sekretärin ~ einer Behörde*** elle est secrétaire dans une administration; ***er ist Beamter ~ der Post*** il est fonctionnaire à la poste
2. ■ **~ etw** (*in der Nähe von*) près de qc; (*an*) *Hand, Haare* par qc; ***~ diesem Wörterbuch sind mehrere Mitarbeiter beteiligt*** plusieurs collaborateurs participent à ce dictionnaire; ***der Preis liegt ~ etwa 1000 Mark*** le prix est d'environ 1000 marks, le prix se situe autour de 1000 marks; ■ **~ Menschen/Dingen** (*zwischen*) parmi des personnes/des choses
3. (*zeitlich*) ■ **~ etw** *Film, Vorführung, Rede* pendant qc; *Ankunft, Abreise* à qc; ■ **~m ...** + *substantiviertes Verb* en faisant ...; ***das ist mir ~m Wäschebügeln eingefallen*** j'y ai pensé en repassant
4. (*Tätigkeit, Geschehen ausdrückend*) ■ **~ etw** lors de qc; ***störe mich nicht ~ der Arbeit!*** ne me dérange pas quand je travaille!
5. (*in der Umgebung von etw*) ■ **~ etw** avec qc; ***~ Kerzenlicht*** aux chandelles; ***wir können es ~ einer Flasche Wein besprechen*** nous pouvons en parler autour d'une bouteille de vin; ***Weihnachten ~ Schnee*** Noël sous la neige; ***~ dieser Atmosphäre*** dans cette atmosphère; ***~ diesem Wetter*** par ce temps; ***~ Wind und Wetter*** par tous les temps; ***~ Eis und Schnee*** qu'il gèle ou qu'il neige
6. (*im Falle von etw*) ■ **~ etw** *Gefahr, Feuer, Regen, Nebel, Glatteis* en cas de qc; *Witterung, 45°* par qc
7. (*wegen*) ■ **~ etw** avec qc, vu qc
8. (*trotz*) ■ **~ all/aller ...** malgré tout(e) ...
9. (*in Schwurformeln*) ■ **~ jdm/etw** *Vater, Mutter, Ehre* sur la tête de qn/sur qc; ***ich schwöre ~ Gott*** je jure devant Dieu; ***~ Gott*** je te/vous jure
► **jd ist nicht [ganz] ~ sich** *fam* qn a pas toute sa tête à lui *fam*, qn est [un peu] à côté de ses pompes *pop*; **jd hat etw ~ sich** qn a qc sur soi; ***sie hat Geld ~ sich*** elle a de l'argent sur elle; **er/sie hat jdn ~ sich** qn a qn avec lui/elle [*o* auprès de lui/d'elle]; **~ alledem ...** avec tout ça ...

bei|behalten * *vt irreg* ■ **jd behält etw bei** qn garde qc, qn conserve qc; *Kurs, Drehzahlen, Geschwindigkeit a.* qn maintient qc; *Diät, Therapie* qn poursuit qc

Beibehaltung <-> *f* ∅ [*Tradition, Brauch*] conservation *f*; [*Kurs, Drehzahlen, Geschwindigkeit, Ansicht, Meinung*] maintien *m*; [*Diät, Therapie*] poursuite *f*; ***bei ~ dieser schlechten Angewohnheit*** s'il/si elle conserve cette mauvaise habitude; ***mit zunehmendem Alter fällt die ~ des Körpergewichtes immer schwerer*** avec l'âge, il est de plus en plus difficile de garder son poids

bei|biegen *vt irreg sl* ■ **jd biegt jdm etw bei** qn lui met qc dans le ciboulot *pop*; ■ **jd biegt jdm bei, dass** qn lui met dans le ciboulot que + *indic pop*

Beiblatt *nt* feuille *f* jointe; (*mit Erklärungen*) notice *f*; (*mit Preisen*) liste *f* [jointe]

bei|bringen *vt irreg* **1.** ■ **jd bringt jdm etw bei** *schlechte Nachricht* qn apprend qc à qn; ■ **jd bringt jdm bei, dass** qn apprend à qn que + *indic*; (*zu verstehen geben*) qn fait comprendre à qn que + *indic*
2. (*unterweisen in*) ■ **jd bringt jdm etw bei** qn apprend qc à qn; ***jd bringt sich etw selbst bei*** qn apprend qc tout(e) seul(e)
3. ■ **jd bringt jdm etw bei** *Wunde, blaue Flecken* qn fait qc à qn; *Verluste, Niederlage* qn fait subir [*o* inflige *soutenu*] qc à qn
4. ■ **jd bringt jdn/etw bei** *Zeugen* qn produit qn; *Beweise, Schuldsumme, Dokumente, Papiere* qn apporte qc, qn fournit qc

Beichte <-, -n> *f* confession *f*
► **jd geht zur ~** qn va se confesser à confesse [*o* à confesse *hum vieilli*]; **jd legt [bei jdm] die ~ ab** *geh* qn se confesse [à qn]; **jd legt eine ~ ab** *hum* qn avoue; **jd nimmt jdm die ~ ab** *geh* qn confesse qn

beichten I. *vt* ■ **jd beichtet [jdm] etw** **1.** ECCL qn confesse qc [à qn]
2. *hum fam* (*gestehen*) qn confesse qc [à qn]
II. *vi* ■ **jd beichtet** qn se confesse
► **jd geht ~** qn va se confesser

Beichtgeheimnis *nt* secret *m* de la confession **Beichtstuhl** *m* confessionnal *m* **Beichtvater** *m* confesseur *m*

beidarmig I. *adj* SPORT *Spieler* ambidextre; *Amputation* des deux bras II. *adv* SPORT *spielen* des deux mains; *amputieren* des deux bras **beidbeinig** I. *adj* des deux jambes II. *adv* SPORT des deux jambes, à pieds joints; *amputieren* des deux jambes

beide *pron/adj* **1.** *substantivisch* [tous/toutes] les deux; *adjektivisch* les deux; ■ **die ~n [...]** les deux [...]; ***die ersten/letzten ~n [...]*** les deux premiers(-ières)/derniers(-ières) [...]; ***die ~n lieben sich*** ils s'aiment tous les deux; ■ **[...] von ~n [...]** [...] des deux [...]; ***für eine von ~n [Frauen]*** pour l'une des deux [femmes]; ***ich möchte keins von ~n [Bildern]!*** je ne veux aucun des deux [tableaux]!; ***welches von ~n [Kleidern] willst du?*** laquelle des deux [robes] veux-tu?; ***eins von ~n!*** c'est l'un ou [c'est] l'autre!
2. *substantivisch* (*sowohl du als auch du/ich*) tous les deux; ■ **ihr/wir ~** vous/nous ... tous les deux; ***ihr ~ solltet kommen*** vous devriez venir tous les deux; ■ **euch/uns ~n** vous/nous deux
3. *substantivisch* (*sowohl dies als auch jenes*) ■ **~s** les deux [choses]; ***war das nun Zufall oder Können? – B~!*** c'était le hasard ou son mérite personnel? – Les deux à la fois!
4. TENNIS à; ***15 ~*** 15 à
► **wie wär's mit uns ~n?** (*Prostituierte*) tu viens, chéri?

beidemal *s.* **Mal¹**

beiderlei *adj inv, attr* les/des deux; ***gab es Bier oder Wein? – Es gab ~ Getränke*** il y avait de la bière ou du vin? – Il y avait les deux boissons; ***Kinder ~ Geschlechts*** des enfants des deux sexes

beiderseitig *adj* réciproque; *Vertrauen a.* mutuel(le); *Gespräche* bilatéral(e); *Zufriedenheit* des deux parties

beiderseits I. *adv* **1.** (*auf beiden Seiten*) des deux côtés
2. (*gegenseitig*) chacun(e) de leur côté
II. *präp + gen* (*zu beiden Seiten*) des deux côtés de, de part et d'autre de

beidfüßig I. *adj* SPORT *Absprung* à pieds joints; *Amputation* des deux pieds II. *adv* SPORT *abspringen* à pieds joints; *amputieren* des deux pieds **beidhändig** I. *adj Mensch* ambidextre; *Griff, Rückhand* à deux mains; *Amputation* des deux mains II. *adv* à deux mains; *amputieren* des deux mains **beidseitig** I. *adj* **1.** *Beschichtung, Furnier* des deux côtés, de part et d'autre; *Lähmung* bilatéral(e) **2.** (*gegenseitig*) *s.* **beiderseitig** II. *adv beschichten, beschichtet, furnieren, furniert* des deux côtés, de part et d'autre; *lähmen, gelähmt* des deux côtés; ***jd ist ~ gelähmt*** qn a une paralysie bilatérale

beidseits *präp + gen* CH, SDEUTSCH *s.* **beiderseits II.**

beieinander *adv* l'un(e) près de l'autre/les un(e)s près des autres; ***zu dicht ~*** trop près l'un/l'une de l'autre; ***in dieser Siedlung wohnt man sehr dicht ~*** dans ce lotissement, on vit l'un sur l'autre
► **jd ist gut ~** SDEUTSCH qn se porte bien; **jd ist [noch] gut ~** *fam* (*körperlich*) qn a [encore] la pêche *fam*; (*geistig*) qn a [encore] toute sa tête

beieinander|haben *s.* **haben I.►. beieinander|sein** *s.* **beieinander ►**

Beifahrer(in) *m(f)* AUT passager(-ère) *m(f)* avant; (*zusätzlicher Fahrer*) chauffeur *m* en second; (*bei Rallyes*) coéquipier(-ière) *m(f)*

Beifahrerairbag [-'ɛːɐbæk] *m* airbag *m* [du] passager **Beifahrersitz** *m* siège *m* du passager avant

Beifall <-[e]s> *m* ∅ (*Applaus*) applaudissements *mpl*; (*Zustimmung*) approbation *f*
► **~ auf offener Szene** applaudissements spontanés; **etw findet [jds] ~** qc a [*o* reçoit] l'approbation de qn; **jd klatscht ~** qn applaudit; **jd klopft ~** qn frappe sur la table en signe d'approbation; **jd spendet jdm/einer S. ~** *geh* qn applaudit qn/qc

beifällig I. *adj* approbateur(-trice)
II. *adv nicken, schmunzeln* d'un air approbateur; *aufnehmen* favorablement

Beifallsbekundung *f* manifestation *f* d'approbation; ***zum Zeichen der ~*** pour manifester son/leur approbation **Beifallsbezeigung** <-, -en> *f form s.* **Beifallsbekundung. Beifallssturm** *m* tempête *f* [*o* tonnerre *m*] [*o* salve *f*] d'applaudissements

bei|fügen *vt* **1.** (*mitsenden*) ■ **jd fügt [einer S.** (*dat*)**] etw bei** qn joint qc [à qc]

2. (*beiläufig sagen*) ■ **jd fügt etw bei** *Satz, Wort, Zusatz* qn ajoute qc; ***…, fügte er bei …***, ajouta-t-il

Beifügung <-, -en> *f* 1. ∅ *form* (*das Mitsenden*) *verbal übersetzt; **sie hat die ~ gewisser Unterlagen vergessen*** elle a oublié de joindre certains documents

2. GRAM épithète *f*

► **unter ~ von etw** [*o* **einer S.** (*gen*)] *form* en joignant qc; ***sie erhielt einen Bußgeldbescheid, gleich unter ~ einer vorbereiteten Zahlkarte*** elle a reçu une contravention à laquelle était joint un mandat-carte

Beifuß <-es> *m* ∅ BOT armoise *f*

Beigabe <-, -n> *f* 1. GASTR (*das Beigeben*) addition *f;* GASTR (*Beilage*) accompagnement *m*

2. (*Grab~*) offrande *f*

► **unter ~ von etw** [*o* **einer S.** (*gen*)] en additionnant de qc

beige [beːʃ, 'beːʒə, 'bɛːʒə] *adj inv* beige

Beige[1] <-, - *o fam* -s> [beːʃ, 'beːʒə, 'bɛːʒə] *nt* beige *m*

Beige[2] <-, -n> *f* SDEUTSCH, AUS, CH (*Stapel, Stoß*) tas *m*

bei|geben *vt irreg* 1. (*mitsenden, hinzufügen*) ■ **jd gibt** [**einer S.** (*dat*)] **etw bei** qn joint qc [à qc]; ■ **beigegeben** joint(e)

2. GASTR (*hinzufügen*) ■ **jd gibt einer S.** (*dat*) **etw bei** qn ajoute qc à qc

3. *geh* (*mitgeben*) ■ **jd gibt jdm/einer Sache jdn bei** *Bewaffnete, Wächter, Begleiter* qn adjoint qn/qc à qn

beigefarben [beːʃ-, 'beːʒə-, 'bɛːʒə-] *adj* [de couleur] beige

Beigeordnete(r) *f(m) decl wie adj* adjoint(e) *m(f)*

Beigeschmack *m* [*Wein, Gift*] arrière-goût *m;* [*Wort*] connotation *f;* ***sein Vorwurf hinterließ bei ihr einen bitteren ~*** son reproche lui laissa un goût amer [dans la bouche]

Beiheft *nt* (*beigegebenes Heft*) encart *m;* PRESSE supplément *m;* SCOL (*Lösungsheft*) livre *m* du maître

bei|heften *vt* ■ **jd heftet** [**einer S.** (*dat*)] **etw bei** qn agrafe [*o* joint] qc [à qc]; ■ [**etw ist**] **einer S.** (*dat*) **beigeheftet** [qc est] joint(e) à qc

Beihilfe *f* 1. (*finanzielle Unterstützung*) aide *f* financière, subside *m*

2. JUR ■ ~ [**zu etw**] complicité *f* [de qc]

Beiklang *m* 1. (*Unterton*) [*Ausdruck, Äußerung, Wort*] résonance *f*

2. MUS son *m* discordant

bei|kommen *vi irreg + sein* (*fertig werden mit*) ■ **jd kommt jdm/einer S. bei/nicht bei** qn vient/ne vient pas à bout de qn/qc

Beikost *f* complément *m* [de nourriture]

Beil <-[e]s, -e> *nt* 1. (*Werkzeug*) hache *f*

2. (*Fall~*) couperet *m;* (*Richt~*) hache *f;* ***jd wird mit dem ~ gerichtet*** qn a la tête tranchée

Beilage *f* 1. GASTR garniture *f*

2. (*das Beilegen*): ***wir bitten Sie um ~ der Rechnung*** nous vous prions de joindre une facture à votre envoi; ***unter ~ von 15 DM in Briefmarken*** contre l'envoi de 15 marks en timbres; ***die ~ von Werbematerial zu Zeitschriften nimmt überhand*** il y a de plus en plus de publicité jointe aux [*o* insérée dans les] magazines

3. PRESSE supplément *m;* (*Werbematerial*) encart *m* publicitaire; ***eine bebilderte ~*** un supplément magazine

4. AUS, CH *s.* **Anlage**

beiläufig I. *adj* incident(e); ***eine ~e Bemerkung*** une réflexion faite en passant; ***eine ~e Erwähnung*** une mention faite en passant; ***etw findet nur ~e Erwähnung*** qc n'est mentionné(e) qu'incidemment

II. *adv* 1. (*nebenbei*) incidemment, au passage, en passant

2. AUS (*ungefähr*) à peu près

Beiläufigkeit <-, -en> *f* 1. (*Nebensächlichkeit*) caractère *m* incident

2. (*Gleichgültigkeit*) détachement *m*

bei|legen I. *vt* 1. (*dazulegen*) ■ **jd legt einer S.** (*dat*) **etw bei** qn joint qc à qc

2. (*beimessen*) ■ **jd legt einer S.** (*dat*) **etw bei** qn attache [*o* accorde] qc à qc; ***er legte dieser Bemerkung kein Gewicht bei*** il n'a attaché aucune importance à cette remarque

3. (*schlichten*) ■ **jd legt etw bei** qn règle qc; ***etw wird gütlich beigelegt*** qc se règle à l'amiable

II. *vr* ■ **jd legt sich** (*dat*) **etw bei** qn s'attribue qc, qn s'approprie qc

beileibe *adv* (*bestimmt*) surtout; ***er ist ~ kein Professor!*** Dieu sait qu'il n'est pas professeur!

► **~ nicht!** surtout pas!, pour rien au monde!

Beileid *nt* ∅ condoléances *fpl*

► **herzliches ~** sincères condoléances; **jd spricht** [*o* **drückt**] **jdm** [**zu etw**] **sein ~ aus** qn présente [*o* exprime] à qn ses condoléances [à l'occasion de qc]; **mein** [**…**] **~!** mes [**…**] condoléances!; **mein ~!** *fam* (*du tust mir leid*) mon pauvre [vieux]/ma pauvre [vieille]! *fam*

Beileids- de condoléances **Beileidsbesuch** *m* visite *f* de condoléances

► **jd macht einen ~** qn va présenter ses condoléances; **jd macht bei jdm einen ~, jd stattet jdm einen ~ ab** qn rend visite à qn pour lui présenter ses condoléances

bei|liegen *vi irreg* ■ **etw liegt einer S.** (*dat*) **bei** qc est joint(e) à qc

beiliegend I. *adj* joint(e)

II. *adv* ci-joint(e)

► **~ finden Sie …** vous trouverez [*o* veuillez trouver] ci-joint …; **~ übersenden wir Ihnen …** nous vous envoyons ci-joint …

beim = bei dem *s.* **bei**

bei|mengen *vt* ■ **jd mengt** [**einer S.** (*dat*)] **etw bei** *gehackte Zwiebeln, Gewürze* qn ajoute qc [à qc]; *Gift, Pulver* qn mélange qc [à [*o* avec] qc

bei|messen *vt irreg* ■ **jd misst einer S.** (*dat*) **etw bei** qn accorde [*o* attache] qc à qc; ***dieser Sache muss ein großes Gewicht beigemessen werden*** il faut accorder une grande importance à cette affaire

bei|mischen *vt s.* **beimengen**

Bein <-[e]s, -e> *nt* 1. [*Mensch*] jambe *f;* [*Tier*] patte *f*

2. [*Möbelstück*] pied *m*

3. (*Hosen~*) jambe *f;* ***weite ~e waren bei Hosen früher mal Mode*** les pantalons à pattes d'éléphant étaient autrefois à la mode

4. (*Knochen*) os *m*

► **jd nimmt die ~e unter den Arm** [*o* **in die Hand**] *fam* qn prend ses jambes à son cou; **jd steht sich** (*dat*) **die ~e in den Bauch** [*o* **Leib**] *fam* qn fait le pied de grue *fam;* **jd steht mit einem ~ im Gefängnis** qn frôle l'illégalité; **jd steht mit einem ~ im Grab** (*ist sterbenskrank*) qn a un pied dans la tombe; (*hat einen lebensgefährlichen Beruf*) qn joue avec la mort; **jd steht mit beiden ~en im Leben** [*o* **auf der Erde**] qn a les deux pieds sur terre; **jd streckt die ~e unter jds Tisch** (*akk*) *fam* qn vit sous le toit de qn; **jd steht auf eigenen ~en** qn vole de ses propres ailes; **jd ist noch gut auf den ~en** qn a encore bon pied bon œil; ***ich bin nicht mehr so gut auf den ~en*** je n'ai plus mes jambes de vingt ans; **jd hat jüngere ~e** *fam* qn a encore toutes ses jambes; ***Sie haben schließlich jüngere ~e*** vous, vous avez encore de bonnes jambes; **jd ist mit dem linken ~ zuerst aufgestanden** *fam* qn s'est levé(e) du pied gauche *fam;* **jd ist schwach auf den ~en** qn n'est pas très solide sur ses jambes; **etw steht auf schwachen ~en** qc ne tient guère debout; **jd ist unsicher auf den ~en** qn a les jambes un peu flageolantes [*o* en coton]; **jd ist wacklig auf den ~en** qn n'est pas très solide sur ses jambes; **etw bekommt ~e** *fam* qc disparaît; ***das hat wohl ~e bekommen*** ça s'est volatilisé *fam;* **jd bindet sich** (*dat*) **etw ans ~** qn se met qc sur le dos *fam;* ***binde dir das bloß nicht ans ~!*** ne te mets pas ce fil à la patte! *fam;* **jd/etw bringt** [*o* **stellt**] **jdn wieder auf die ~e** qn/qc remet qn d'aplomb [*o* sur pied]; **jd bringt Menschen auf die ~e** qn rassemble [*o* mobilise] des personnes; **jd fällt immer wieder auf die ~e** *fam* qn retombe toujours sur ses pieds; **jd kann sich** [**noch/nicht mehr/kaum**] **auf den ~en halten** qn tient [encore/ne tient plus/tient à peine] sur ses jambes; **jd hat jdn/etw am ~** *fam* qn a qn/qc sur le dos *fam;* ***du hast sie dann ständig am ~*** tu l'auras sans arrêt dans les pattes *fam;* **alles, was ~e hat, …** tous ceux qui ont des jambes pour courir; **was die ~e hergeben** à toutes jambes; ***lauf, was die ~e hergeben!*** cours aussi vite que tu peux!; **jd hilft jdm** [**wieder**] **auf die ~e** (*hilft aufstehen*) qn aide qn à se relever; **jd/etw hilft jdm** [**wieder**] **auf die ~e** (*aus einer Notlage*) qn/qc remet qn à flot [*o* en selle]; **jd ist auf den ~en** (*ist in Bewegung*) qn est sur ses jambes; (*ist auf*) qn est debout; **jd ist wieder auf den ~en** qn est de nouveau sur pied; **jd kommt wieder auf die ~e** (*richtet sich wieder auf*) qn se relève; (*gesundet wieder*) qn se remet; (*erholt sich wirtschaftlich wieder*) qn se remet à flot, qn refait surface; **jd macht jdm ~e** *fam* (*treibt an*) qn pousse qn aux fesses *fam;* (*jagt fort*) qn fait décamper *fam* [*o* déguerpir] qn; **jd macht sich auf die ~e** *fam* qn se met en route; ***mach dich schnell auf die ~e!*** magne-toi [le train]! *fam,* grouille-toi! *fam;* **jd reißt sich** (*dat*) [**bei etw**] **kein ~ aus** *fam* qn ne se casse pas la nénette [en ce qui concerne qc] *fam;* **jd rennt sich** (*dat*) **die ~e** [**nach etw**] **ab** *fam* qn se crève [pour trouver qc] *fam;* ***ich habe mir in der Stadt fast die ~e abgerannt*** j'ai parcouru la moitié de la ville; **auf einem ~ kann man nicht stehen!** *fam* on ne va pas en rester là!; **jd stellt etw auf die ~e** qn met qc sur pied; **jd stellt jdm ein ~** qn fait un croc-en--jambe [*o* croche-pied] à qn; (*legt herein*) qn met des bâtons dans les roues à qn *fam;* **jd tritt** [**ungeduldig**] **von einem ~ aufs andere** qn danse d'un pied sur l'autre; **jd vertritt sich** (*dat*) **die ~e** qn se dégourdit [*o* dérouille] les jambes

beinah[e] *adv* presque; ***~ hätte es einen Unfall gegeben*** il a failli y avoir un accident; ***dem hätte ich ~ etwas gesagt*** j'ai failli lui dire quelque chose

Beinahe- *-erfolg* manqué(e) de peu, quasi-; *-katastrophe, -zusammenstoß* évité(e) de justesse

Beinamputation *f* amputation *f* de la jambe; ***jd nimmt*** [***an jdm***] ***eine ~ vor*** qn procède à une amputation de la jambe [sur qn] **beinamputiert** *adj* amputé(e) [d'une jambe]; ***jd ist linksseitig/beidseitig ~*** qn est amputé(e) de la jambe gauche/des deux jambes **Beinarbeit** *f* ∅ jeu *m* de jambes **Beinbruch** *m* fracture *f* de la jambe ► **das ist kein ~** *fam* ça vaut mieux qu'une jambe cassée *fam,* c'est pas la mort *fam*

beinern *adj* (*aus Knochen*) en os; (*aus Elfenbein*) en ivoire, d'ivoire; ***~er Knochenmann*** squelette *m*

Beinfreiheit *f* espace *m* pour les jambes

beinhalten * *vt form* ■ **etw beinhaltet etw** qc comporte qc

beinhart I. *adj fam* impitoyable II. *adv* de manière impitoyable **Beinprothese** *f* jambe *f* artificielle **Beinschiene** *f* HIST jambière *f;* SPORT protège--tibia *m;* MED gouttière *f,* attelle *f* **Beinstumpf** *m* moignon *m*

bei|ordnen *vt* ■ **jd ordnet jdn jdm bei** qn adjoint qn à qn; ***dem Angeklagten wurde ein Pflichtverteidiger beigeordnet*** un avocat a été commis d'office à la défense de l'accusé; ■ **jd ist jdm beigeordnet** qn est l'adjoint(e) de qn

Beipack <-[e]s> *m* ∅ fret *m* supplémentaire

Beipackzettel *m* notice *f*

bei|pflichten *vi* ■ **jd pflichtet jdm/einer S.** [**in etw** (*dat*)] **bei** qn approuve qn/qc [sur qc]; ***in diesem Punkte kann ich Ihnen leider nicht ~*** je regrette de ne pouvoir vous suivre sur ce point

Beirat <-räte> *m* conseil *m* [*o* comité *m*] consultatif

Beiried <-, -> *f* AUS (*Roastbeef*) rosbif *m*

beirren * *vt* ■ **etw beirrt jdn** qc déconcerte qn, qc déroute qn

► **jd lässt sich durch etw nicht ~** qn ne se laisse pas troubler [*o* démonter] par qc; ***jd lässt sich bei/in etw*** (*dat*) ***durch niemanden/nichts ~*** personne/rien ne peut détourner qn de qc

beisammen *adv s.* **beieinander**

beisammen- *präf* l'un/l'une près de l'autre **beisammen|haben** *vt irreg fam* ■ **jd hat Menschen/etw beisammen** qn a [réuni] des personnes/qc; ***er hat das Geld für ein kleines Häuschen/genug Pilze für eine Mahlzeit beisammen*** il a [réuni] de quoi acheter une petite maison/[ramassé] assez de champignons pour faire un repas ►**hast du sie noch alle beisammen?** *fam* tu es sûr(sûre) que ça tourne rond? *fam;* **jd hat [sie] nicht alle beisammen** *fam* qn ne tourne pas rond *fam,* qn déménage *fam,* qn débloque *fam* **beisammen|sein** *s.* **sein¹ I.**►. **Beisammensein** *nt* compagnie *f;* ***das war ein nettes*** ~ on a passé un bon moment ensemble; ■ **das** ~ **mit jdm** la compagnie de qn; ***ich freue mich auf ein gemütliches*** ~ ***mit dir*** je me réjouis à l'idée de passer un moment agréable avec toi

Beischlaf *m form* rapports *mpl* sexuels, coït *m spéc;* ***der*** ~ ***von Verlobten*** les rapports sexuels entre fiancés; ***jd übt den*** ~ ***aus, jd vollzieht den*** ~ qn accomplit l'acte sexuel; ***es kam zum*** ~ ils eurent un rapport sexuel ►**außerehelicher** [*o* **unehelicher**] ~ relations *fpl* extraconjugales

Beisein *nt* ►**in** jds ~, **im** ~ **von jdm** en présence de qn; ***in euer aller*** ~ en votre présence à tous; **ohne jds** ~, **ohne** ~ **von jdm** en l'absence de qn

beiseite *adv* de côté; ***geh bitte etwas*** ~! écarte-toi un peu, s'il te plaît! ►**jd bringt etw** ~ qn détourne qc; **jd lässt etw** ~ qn laisse qc de côté; **jd legt etw** ~ qn met qc de côté; **jd schafft jdn** ~ qn supprime qn, qn liquide qn

Beis[e]l <-s, -n> *nt* AUS *fam s.* **Kneipe**

bei|setzen *vt geh* ■ **jd setzt jdn [irgendwo] bei** qn inhume qn [quelque part] *soutenu;* ■ **jd setzt etw [irgendwo] bei** qn dépose qc [quelque part]; ***der Sarg wurde beigesetzt*** le cercueil fut porté en terre

Beisetzung <-, -en> *f geh* [*Verstorbene*] inhumation *f;* [*Urne*] dépôt *m;* [*Sarg*] mise *f* en terre

Beisitzer(in) <-s, -> *m(f)* assesseur(-euse) *m(f)*

Beispiel *nt* exemple *m*
►**jd gibt jdm ein gutes/schlechtes** ~ qn montre le bon/le mauvais exemple à qn; **jd geht mit gutem** ~ **voran** qn montre l'exemple; **etw dient jdm als** ~ qc sert d'exemple [*o* de modèle] à qn; ***lassen Sie sich das als*** ~ ***dienen!*** que cela vous serve d'exemple!; **jd nimmt sich** (*dat*) **an jdm/etw ein** ~ qn prend exemple sur qn/qc; **[wie] zum** ~ [comme] par exemple

beispielhaft I. *adj* exemplaire; ■ **etw ist** ~ **für jdn** qc est un exemple pour qn; ■ **etw ist** ~ **für etw** qc est représentatif(-ive) de qc, qc illustre bien qc
II. *adv* de manière exemplaire; ***er hat sich*** ~ ***großzügig/verständnisvoll gezeigt*** il s'est montré particulièrement généreux/compréhensif, il s'est montré d'une générosité/compréhension exemplaire

beispiellos *adj* **1.** *Frechheit, Unverschämtheit* inouï(e); *Vorgehen* inqualifiable
2. ■ **etw ist** ~ **in etw** (*dat*) (*positiv*) qc est unique dans qc; (*negativ*) qc est sans précédent dans qc

Beispielsatz *m* phrase *f* modèle

beispielsweise *adv* par exemple

bei|springen *vi irreg* + *sein* **1.** (*aushelfen*) ■ **jd springt jdm [mit etw] bei** qn vient en aide à qn [avec qc]
2. (*zu Hilfe kommen*) ■ **jd springt jdm bei** qn vient au secours de qn

beißen <biss, gebissen> **I.** *vt* ■ **jd/ein Tier beißt jdn/ein Tier [in etw** (*akk*)**]** qn/un animal mord qn/un animal [à qc] [*o* qc à qn]
►**jd hat etwas/nichts zu** ~ *fam* qn a quelque chose/n'a rien à se mettre sous la dent; **jd kann etw** ~ *Brot, Frucht* qn arrive à mordre [dans] qc; **er/sie wird dich schon nicht** ~ *fam* il/elle ne te mangera pas *fam,* il/elle ne va pas te mordre
II. *vi* **1.** (*zu~*) ■ **jd beißt auf/in etw** (*akk*) qn mord dans qc
2. (*bissig sein*) ■ **jd/ein Tier beißt** qn/un animal mord; ■ **ein Tier beißt nach jdm/etw** un animal mord qn/qc
3. (*brennen*) ■ **etw beißt [jdm] [an/auf/in etw** (*dat*)**]** / *Geschmack, Flüssigkeit/* qc brûle [qc] [à qn]; / *Geruch/* qc irrite [qc] [à qn]
4. (*zu~*) ■ **ein Fisch beißt** un poisson mord
►**jd hat an etw** (*dat*) **zu** ~ *fam* qn a du fil à retordre avec qc *fam*
III. *vr* **1.** ■ **jd beißt sich** (*akk o dat*) **auf etw** (*akk*) *auf Lippen, Wange, Zunge* qn se mord qc
2. (*nicht zusammenpassen*) ■ **etw beißt sich mit etw** qc jure avec qc; ***die beiden Farben*** ~ ***sich*** ces deux couleurs jurent entre elles
3. (*sich verletzen*) ■ **sie** ~ **sich** ils/elles se mordent

beißend *adj* **1.** *Geschmack, Geruch, Qualm* âcre; *Schmerz* aigu(ë)
2. (*ätzend*) mordant(e), caustique

Beißerchen *pl hum fam* quenottes *fpl*

Beißring *m* anneau *m* de dentition **Beißzange** *f* DIAL *s.* **Kneifzange**

Beistand *m* **1.** ∅ (*Unterstützung*) soutien *m;* ***der*** ~ ***eines Priesters*** l'assistance *f* d'un prêtre
2. (*Mensch*) conseiller(-ère) *m(f),* soutien *m;* JUR conseiller(-ère) *m(f);* ***seelischer*** ~ conseiller spirituel/conseillère spirituelle; ***rechtlicher*** ~ conseiller(-ère) juridique
►**jd leiht jdm seinen** ~ *geh* qn apporte son soutien [*o* appui] à qn; **jd leistet jdm** ~ qn prête assistance à qn; ***der Sterbende verlangte, dass ihm priesterlicher*** ~ ***geleistet werde*** le mourant réclama l'assistance d'un prêtre; ***er leistet ihr seelisch*** [*o* ***seelischen***] ~ il la soutient moralement; ***er leistet ihr verbal/finanziell*** ~ il la soutient verbalement/financièrement

Beistandspakt *m* pacte *m* d'assistance

bei|stehen *vi irreg* ■ **jd steht jdm [in etw** (*dat*)**/während etw] bei** qn assiste qn [dans/lors de qc]; ■ **jd steht jdm gegen jdn/etw bei** qn soutient qn contre qn/qc; ■ **sie stehen einander** [*o* **sich**] **bei** ils/elles se prêtent mutuellement assistance

bei|stellen *vt* AUS ■ **jd stellt jdm etw bei** qn met qc à la disposition de qn

Beistellmöbel *nt* meuble *m* d'appoint **Beistelltisch** *m* table *f* d'appoint; ***ein Dreiersatz*** ~***e*** des tables gigognes

bei|steuern *vt* ■ **jd steuert etw [zu etw] bei** *Geldbetrag* qn verse qc [à qc]; ***sie hat zu unserem Haushalt die Kaffeemaschine beigesteuert*** c'est elle qui a apporté la cafetière électrique dans le ménage; ***kann ich noch etwas*** ~? puis-je encore vous être utile en quoi que ce soit?; ***darf ich auch einen Witz*** ~? est-ce que je peux raconter à mon tour une blague?; ***jeder hat zu dem Projekt seinen Teil beigesteuert*** chacun a apporté sa contribution à ce projet

bei|stimmen *vi s.* **zustimmen**

Beistrich *m bes.* AUS *s.* **Komma**

Beitel <-s, -> *m* ciseau *m* à bois

Beitrag <-[e]s, -̈e> *m* **1.** (*Mitglieds~*) cotisation *f;* (*Versicherungs~*) prime *f*
2. PRESSE article *m*
3. (*Mitwirkung*) contribution *f; fam* (*Anteil*) quote-part *f;* ■ ~ **zu etw** contribution à qc
4. CH subvention *f*
►**jd leistet einen** ~ **zu etw** [*o* **für etw**] qn apporte sa contribution à qc

bei|tragen *irreg* **I.** *vi* ■ **jd/etw trägt zu etw bei** qn/qc contribue à qc; ■ **jd/etw trägt dazu bei, dass** qn/qc contribue à ce que + *subj*
II. *vt* ■ **jd trägt etw zu etw bei:** ***sie will ihren Teil zum Projekt*** ~ elle veut apporter sa part de contribution au projet

Beitrags- de la contribution; (*Versicherung*) de la prime **Beitragsbemessungsgrenze** *f* plafond *m* (*de la Sécurité sociale*) **beitragsfrei I.** *adj* gratuit(e); ■ ~**e Versicherungssumme** capital *m* [*o* cotisation *f*] assuré sans prime **II.** *adv versichern* gratuitement **Beitragsklasse** *f* tranche *f* de cotisation **Beitragsrückerstattung** *f* remboursement *m* de la prime **Beitragssatz** *m* taux *m* de cotisation; (*bei einer Versicherung*) tarif *m* de la prime **Beitragszahler(in)** *m(f)* cotisant(e) *m(f)*

bei|treiben *vt irreg* ■ **jd treibt etw bei** qn recouvre qc

Beitreibung <-, -en> *f* recouvrement *m*

bei|treten *vi irreg* + *sein* ■ **jd/etw tritt einer S.** (*dat*) **bei** qn/qc adhère à qc

Beitritt *m* ■ ~ **[zu etw]** adhésion *f* [à qc]
►**jd erklärt seinen** ~ qn manifeste son intention de devenir adhérant(e); **jd erklärt seinen** ~ **zu etw** qn manifeste son intention d'adhérer à qc

Beitrittserklärung *f* déclaration *f* d'adhésion **Beitrittsgesuch** *nt* demande *f* d'adhésion

Beiwagen *m* side-car *m*

Beiwagenfahrer(in) *m(f)* passager(-ère) *m(f)* du [*o* de] side-car

Beiwerk *nt geh* rajout *m*

bei|wohnen *vi* **1.** *form* (*dabei sein*) ■ **jd wohnt einer S.** (*dat*) **bei** qn assiste à qc
2. *alt* (*beischlafen*) ■ **jd wohnt jdm bei** qn partage la couche de qn

Beiwort <-wörter> *nt* **1.** (*beschreibendes Wort*) qualificatif *m,* épithète *f*
2. *rare* (*Adjektiv*) adjectif *m*

Beize¹ <-, -n> *f* **1.** (*für Holz*) teinture *f*
2. (*das Färben*) teinture *f*
3. GASTR marinade *f*
4. JAGD fauconnerie *f*

Beize² <-, -n> *f* DIAL *s.* **Kneipe**

beizeiten *adv* (*rechtzeitig*) à temps, en temps voulu; (*früh*) assez tôt

beizen *vt* **1.** (*mit Beize behandeln*) ■ **jd beizt etw [auf etw** (*akk*)**]** qn teinte qc [en qc]; ***dieses Möbel ist [auf] dunkelbraun/auf Eiche gebeizt*** ce meuble est teinté [en] brun foncé/chêne
2. GASTR ■ **jd beizt etw** qn marine qc, qn fait mariner qc; ■ **etw wird gebeizt** on fait mariner qc

Beizjagd *f* fauconnerie *f* **Beizmittel** *nt* teinture *f* **Beizvogel** *m* oiseau *m* de poing

bejahen * *vt* **1.** (*mit Ja beantworten*) ■ **jd bejaht etw** *Frage* qn répond affirmativement à qc
2. (*gutheißen*) ■ **jd bejaht etw** qn approuve qc

bejahend I. *adj* affirmatif(-ive)
II. *adv* affirmativement; ***sie nickte*** ~ ***mit dem Kopf*** elle manifesta son accord d'un signe de tête

bejahrt *adj geh Mensch* âgé(e); *Tier* vieux(vieille); ■ **jd ist** ~ qn est d'un âge avancé; ***sie heiratete*** ~ elle se maria à un âge avancé

Bejahung <-, -en> *f* **1.** [*Frage*] acquiescement *m;* ***die*** ~ ***einer Frage*** la réponse affirmative à une question
2. (*Gutheißung*) approbation *f*

bejammern * *vt* ■ **jd bejammert jdn** qn se lamente sur [le sort de] qn, qn prend qn en pitié; ■ **jd bejammert etw** qn se lamente sur qc

bejammernswert *adj Mensch* pitoyable; *Anblick, Lage, Schicksal* lamentable; *Tod* pitoyable; *Verlust* déplorable

bejubeln * *vt* ■ **jd bejubelt jdn [als jd/etw]** qn fête qn [comme qn/qc]; ■ **jd bejubelt etw** qn fête qc

bekakeln * *vt* DIAL *fam* ■ **jd bekakelt etw** qn discute de qc [en long et en large] [*o* en détail]; ■ **jd bekakelt, was/wann/wie** qn établit ce que/quand/comment

bekämpfen * **I.** *vt* ■ **jd bekämpft jdn/etw** qn combat qn/qc, qn lutte contre qc; ■ **etw wird [durch etw] bekämpft** le combat est mené [grâce à qc] contre qc; ***jd versucht etw zu*** ~ qn tente d'enrayer qc
II. *vr* ■ **sie** ~ **sich [gegenseitig]** ils/elles se combattent [mutuellement]

Bekämpfung <-, -en> *f* ■ **die** ~ **von jdm/etw** [*o* **eines Menschen/einer S.**] le combat contre qn/qc; *der Drogensucht, Kriminalität, des Lasters, von Vorurteilen, Schädlingen, Unkraut, Pilzen a.* la lutte contre qc; ***diese Einstellung verdient*** ~ ***durch alle Demokraten*** cette attitude mérite d'être combattue par tous les démocrates; ***zur*** ~ ***der Kriminalität*** pour combattre la criminalité; ***Mittel zur*** ~**/*****für die*** ~ ***der Blattläuse*** produit pour lutter contre les pucerons

-bekämpfung *f* lutte *f* contre qc

bekannt *adj* **1.** (*allgemein gekannt*) connu(e); ■ **jd/etw wird** ~ qn/qc accède à la notoriété; ***durch ihren Roman wurde sie [in der Öffentlichkeit] bekannt*** elle s'est fait connaître [du public] par son roman; ■ **etw ist [jdm]** ~ qc est connu(e) [de qn]; ***das war mir nicht*** ~ je n'étais pas au courant de cela; ***das ist doch allgemein*** ~ tout le monde sait cela; ***dir war***

nicht ~, *dass* tu ne savais pas que + *indic;* ■ **jd/etw ist ~ für etw** qn/qc est connu(e) [*o* réputé(e)] pour qc **2.** (*nicht fremd*) ■ **jdm ~** connu(e) à qn; ***ein mir ~er Philosoph*** un philosophe que je connais [*o* qui m'est connu]; ***ist dir dieser Name ~?*** ce nom-là te dit quelque chose?; ***sein Gesicht ist mir ~*** c'est un visage que je connais [*o* qui me dit quelque chose] **3.** (*kennen gelernt haben*) ■ **jd ist mit jdm ~** qn connaît qn ▸ **weit ~** très connu(e); **wohl ~** *geh* Institution, réputé(e); *Buch, Mensch, Stimme* bien connu(e); ***die Bibel ist ein allseits wohl ~es Buch*** la bible est un ouvrage connu de tous; **jd/etw ist jdm wohl ~** qn connaît bien qn/qc **jd/etw kommt jdm ~ vor** qn a l'impression de connaître qn/qc; **jd macht jdn [mit jdm] ~** qn présente qn [à qn]; **jd macht sich [mit jdm] ~** qn fait la connaissance de qn; **jd macht jdn/sich mit etw ~** (*vertraut*) qn familiarise qn/se familiarise avec qc, qn initie qn/s'initie à qc; **jd/etw macht jdn ~** qn/qc fait connaître qn, qn/qc rend qn célèbre **Bekạnnte(r)** *f(m) decl wie adj* connaissance *f,* relation *f;* (*Freund*) ami(e) *m(f);* ***wir sind ~ von früher*** nous sommes de vieilles connaissances, nous nous connaissons de longue date

Bekạnntenkreis *m* relations *fpl,* connaissances *fpl;* ***mein/sein ~*** le cercle de mes/ses relations; ***jd hat einen großen ~*** qn connaît beaucoup de monde

bekạnntermaßen *adv form s.* **bekanntlich**

Bekạnntgabe *f* [*Nachricht, Vorfall, Hochrechnung*] annonce *f;* [*Tatbestand*] révélation *f;* [*Wahlergebnis*] proclamation *f*

bekạnnt|geben *s.* **geben I.**▸

Bekạnntheit <-> *f* ∅ notoriété *f;* ***ich setze die ~ der Fakten voraus*** je suppose que les faits sont connus; ***Namen von geringer ~*** des noms peu connus; ***etw kommt zu einiger/größerer ~*** qc acquiert une certaine/une assez grande notoriété; ***bei der ~ seines Namens*** vu le degré de notoriété dont il jouit

Bekạnntheitsgrad *m* degré *m* de notoriété

bekạnntlich *adv* comme chacun sait

bekạnnt|machen *s.* **machen I.**▸

Bekạnntmachung <-, -en> *f* **1.** (*das Bekanntmachen*) publication *f;* ***etw wird zur ~ weitergeleitet*** qc est transmis(e) pour être annoncé(e)
2. (*Anschlag etc*) avis *m*

Bekạnntschaft <-, -en> *f* **1.** (*das Bekanntsein*) relations *fpl;* ***gleich in den ersten Tagen ihrer ~*** dès les premiers jours qui suivirent leur rencontre; ***meine ~ mit ihm reicht 15 Jahre zurück*** nous nous connaissons depuis 15 ans; ***bei näherer ~*** quand on le/la connaît mieux
2. *fam* (*Bekanntenkreis*) connaissances *fpl;* ***du hast aber eine große ~!*** tu connais vraiment beaucoup de gens!
▸ **jd macht eine ~** qn fait une rencontre; **jd macht jds ~** qn fait la connaissance de qn; **jd macht mit etw ~** *hum* qn fait connaissance avec qc *hum*

bekạnnt|werden *s.* **werden I.1.**

bekẹhren * I. *vt* ■ **jd bekehrt jdn [zu etw]** qn convertit qn [à qc]
II. *vr* ■ **jd bekehrt sich [zu etw]** qn se convertit [à qc] ***er hat sich von ihr zum Katholizismus ~ lassen*** elle l'a converti au catholicisme

Bekẹhrung <-, -en> *f* conversion *f*

bekẹnnen * *irreg* I. *vt* **1.** (*eingestehen*) ■ **jd bekennt etw** qn reconnaît qc; ***das öffentliche B~ von Fehlern*** la confession publique de ses erreurs; ■ **jd bekennt jdm etw** qn confesse [*o* avoue] qc à qn
2. REL ■ **jd bekennt etw** qn confesse qc, qn proclame qc
II. *vr* **1.** (*stehen zu*) ■ **jd bekennt sich zu etw** *zu einem Glauben, Grundsatz, einer Überzeugung* qn professe qc, qn se réclame de qc; *zu einem Irrtum, einer Tat* qn reconnaît qc; *zu Attentat* qn revendique qc; ■ **jd bekennt sich zu jdm** *zu einem unehelichen Kind* qn reconnaît qn
2. (*sich zeigen als*) ■ **jd bekennt sich als etw** qn se présente comme qc; ***jd bekennt sich offen als*** qn s'affiche comme; ***immer mehr Menschen ~ sich als Homosexuelle*** de plus en plus de gens affichent leur homosexualité; ■ **~d** déclaré(e)

Bekẹnner(in) <-s, -> *m(f)* confesseur *m*

Bekẹnneranruf *m* appel *m* pour revendiquer une action **Bekẹnnerbrief** *m,* **Bekẹnnerschreiben** *nt* lettre *f* pour revendiquer une action

Bekẹnntnis *nt* **1.** (*Eingeständnis*) aveu *m;* ***das öffentliche ~ von Sünden*** la confession publique de ses péchés; ***ich rate dir dringend zum ~ deines Seitensprungs*** je te conseille vivement d'avouer ton incartade
2. (*das Eintreten*) ■ **ein/jds ~ zu etw** une/la profession de foi de qn en faveur de qc
3. REL confession *f;* ***welches ~ haben Sie?*** quelle est votre confession [*o* religion]?; ***Zöglinge katholischen ~ses*** des élèves de confession catholique

Bekẹnntnisfreiheit *f s.* **Glaubensfreiheit. bekẹnntnislos** *adj* sans confession **Bekẹnntnisschule** *f* école *f* confessionnelle

beklagen * I. *vt* **1.** (*klagen über*) ■ **jd beklagt etw** qn déplore qc
2. (*vermelden*) ■ **jd/etw ist zu ~** *Opfer, Tote* on déplore qn/qc
II. *vr* ■ **jd beklagt sich [bei jdm] [über jdn/etw [*o* wegen etw]]** qn se plaint [à [*o* auprès de] qn][de qn/qc]
▸ **jd kann sich nicht ~** qn n'a pas à se plaindre

beklagenswert *adj* regrettable; ***es ist sehr ~, dass*** il est tout à fait regrettable que + *subj*

beklagt *adj:* ***die ~e Partei*** le/la défendeur(-deresse) **Beklagte(r)** *f(m) decl wie adj* défendeur/-deresse *m/f*

beklạtschen * *vt* ■ **jd beklatscht jdn/etw** qn applaudit qn/qc

beklauen * *vt fam* ■ **jd beklaut jdn** qn vole qn; ***ich bin beklaut worden*** je me suis fait dévaliser; ■ **jd beklaut etw** qn fauche dans qc *fam*

bekleben * *vt* ■ **jd beklebt etw mit etw** qn colle qc sur qc; ■ **etw ist [mit etw] beklebt:** ***die Wände sind mit Plakaten beklebt*** les murs sont couverts d'affiches; ***die Gläser sind mit Etiketten beklebt*** les pots sont étiquetés

beklẹckern * I. *vt fam* ■ **jd bekleckert [jdm] etw [mit etw]** qn [lui] tache qc [de qc], qn [lui] fait des taches [de qc] sur qc; ■ **bekleckert** taché(e)
II. *vr fam* ■ **jd bekleckert sich [mit etw]** qn se barbouille [de qc], qn se tache [avec qc]; ■ **jd bekleckert sich (*dat*) etw** qn barbouille qc, qn tache qc; ***sie hat sich ihren Latz mit Spinat bekleckert*** elle a barbouillé sa bavette d'épinards; ***ich habe mir das Hemd mit Farbe bekleckert*** j'ai fait des taches de peinture sur ma chemise

bekleiden * I. *vt geh* **1.** (*innehaben*) ■ **jd bekleidet etw** *Posten, Rang, Stellung* qn occupe qc; *Amt* qn exerce qc
2. (*beziehen*) ■ **jd bekleidet etw mit etw** *Regal, Wand* qn revêt qc de qc
II. *vr geh* (*sich anziehen*) ■ **jd bekleidet sich [mit etw]** qn se vêt [de qc] *soutenu,* qn s'habille [de qc]

bekleidet *adj* vêtu(e), habillé(e); ■ **mit etw ~** vêtu(e) [*o* habillé(e)] de qc

Bekleidung *f* **1.** (*Kleider*) vêtements *mpl;* ***ich brauche mal wieder eine komplett neue ~*** j'ai besoin de renouveler ma garde-robe; ***wo kaufen Sie Ihre ~ ein?*** chez qui vous habillez-vous?; ***ihr Bedarf an ~*** ses besoins vestimentaires; ***in warmer ~*** chaudement vêtu(e); ***leichte ~ wird empfohlen*** il est conseillé de s'habiller léger; ***ohne ~*** dépouillé(e) de ses vêtements, nu(e) *hum*
2. ∅ *form* [*Amt*] exercice *m;* ***er strebte die ~ einer höheren Stellung an*** il ambitionnait d'occuper un poste plus élevé

Bekleidungsindustrie *f* industrie *f* du vêtement [*o* vestimentaire]

beklẹmmend I. *adj* **1.** (*beengend*) *Enge* oppressant(e)
2. (*beängstigend*) *Anblick, Gefühl, Schweigen* angoissant(e)
II. *adv:* ***in dem Raum war es ~ eng*** l'exiguïté de la pièce était oppressante; ***es war ~ still auf den Straßen*** un silence angoissant régnait dans les rues; ***etw wirkt ~*** /*kleines Zimmer, niedrige Zimmerdecke*/ qc a quelque chose d'oppressant

Beklẹmmung <-, -en> *f* oppression *f*
▸ **jd bekommt/hat ~en** qn est pris(e) d'angoisses

beklọmmen I. *adj* angoissé(e); ***mit ~er Stimme*** d'une voix étranglée
II. *adv* avec angoisse; ***du klingst so ~*** ta voix traduit une telle angoisse

Beklọmmenheit <-> *f* ∅ angoisse *f;* ***die ~ des Kandidaten*** le stress du candidat

beklọpfen * *vt* ■ **jd beklopft etw** /*Arzt*/ qn percute qc *spéc,* qn tapote qc

beklọppt *adj sl s.* **bescheuert**

benạckt *adj sl s.* **bescheuert**

beknien * *vt fam* ■ **jd bekniet jdn** qn tanne qn *fam;* ***sie bekniete ihn so lange [mit ihren Bitten], bis ...*** elle l'a tanné [avec ses supplications] jusqu'à ce que ... + *subj*

bekọmmen * *irreg* I. *vt + haben* **1.** (*erhalten*) ■ **jd bekommt etw [von jdm]** qn reçoit qc [de qn]; *Genehmigung, Hinweis a.* qn obtient qc [de qn]; *Ration, Verpflegung a.* qn perçoit qc; ***soeben ~ wir die Benachrichtigung, dass*** nous venons d'apprendre que + *indic;* ***was hast du da gerade für einen Zettel ~?*** qu'est-ce que c'est que ce billet qu'on vient de te donner?; ■ **jd bekommt etw von ihm/ihr** *Betrag, Geld* il/elle doit qc à qn; ***ich bekomme noch zehn Mark von dir*** tu me dois encore dix marks; ***was ~ Sie für die Fahrt?*** combien vous dois-je pour la course?; ■ **jd/etw bekommt etw** /*Antrag, Kandidat, Partei*/ qn/qc obtient qc
2. (*Nachwuchs ~*) ■ **jd/ein Tier bekommt jdn/ein Tier** *Kind, Junges, Nachwuchs* qn/un animal va avoir qn/un animal; ***sie hat schon vier Kinder ~*** elle a déjà mis au monde quatre enfants; ***sie hat gestern ein Mädchen ~*** elle a eu une fille hier; ***unsere Nachbarn ~ demnächst Nachwuchs*** nos voisins attendent une naissance [*o* un heureux événement]
3. (*erreichen*) ■ **jd bekommt etw** *Bus, Flugzeug, Zug, etc* qn a qc, qn attrape qc *fam*
4. (*behandelt werden mit*) ■ **jd bekommt etw** /*Patient*/ on fait qc à qn; *Präparat* qn doit prendre qc; *Katheter* on met qc à qn
5. GASTR, COM: ***ich bekomme ein Brötchen*** pour moi, ce sera un petit pain; ***in dem Lokal bekommt man griechische Spezialitäten*** dans ce restaurant, on sert des spécialités grecques; ***~ Sie sonst noch etwas?*** désirez-vous [encore] autre chose?; ***an der Kasse bekommt man noch kleine Artikel*** à la caisse, on peut encore acheter des bricoles
6. JUR ■ **jd bekommt etw** *Bußgeldbescheid, Strafe* qn a qc; *Gefängnis* qn prend qc *fam,* qn écope [de] qc *fam*
7. METEO ■ **jd bekommt etw** qn va avoir qc; ***wir ~ anderes Wetter*** le temps va changer
8. (*gelegt erhalten*) ■ **jd bekommt etw** *Anschluss, Telefon* qn obtient qc
9. (*entwickeln*) ■ **jd bekommt etw** *Warze, Pickel, Krankheit, Fieber* qn attrape qc; *graue Haare, Falten* qn commence à avoir qc; *Ärger, Probleme, Schwierigkeiten* qn a qc; *Angst, Lust, Skrupel* qn a qc; ***etw bekommt Flecken/Risse/eine Verfärbung*** qc se tache/se fissure/change de couleur; ***mit 30 Jahren bekam sie ihr erstes graues Haar*** elle a eu son premier cheveu gris à 30 ans; ***der Patient bekommt Haarausfall*** le patient commence à perdre ses cheveux; ***er bekommt eine Glatze*** il se dégarnit; ***ich glaube, ich bekomme einen Schnupfen*** je crois que je suis en train d'attraper un rhume; ***wenn's so kalt ist wie heute, bekomme ich meine Allergie*** quand il fait froid comme aujourd'hui, mon allergie me reprend; ***sie hat einen Schlaganfall ~*** elle a eu une attaque; ***schau mal, die Kleine bekommt ein Zähnchen!*** regarde, la petite est en train de faire une dent!; ***jd bekommt Angst/es mit der Angst*** qn prend peur; ***jd bekommt neue Hoffnung*** qn reprend espoir; ***jd bekommt Lust auf etw*** (*akk*) qn a envie de qc, l'envie de qc prend qn, qn a une envie [*o* des envies] de qc; ***jd bekommt Lust auf was Süßes*** qn a envie de manger des sucreries; ***jd bekommt Bedenken/Skrupel*** qn est pris(e) de scrupules
10. *mit Infinitivkonstruktion* ■ **jd bekommt etw zu ...** qn peut/va pouvoir ... qc; ***wann bekommt man hier was zu essen?*** quand est-ce qu'on apporte à manger, ici?; ***der wird was zu hören ~!*** celui-là, il va en entendre!; ***da wirst du etwas zu sehen ~!*** tu vas pouvoir t'en mettre plein la vue! *fam;* ***ich bekomme was zu tun!*** je vais avoir de quoi faire!; ***er bekam gleich wieder etw Neues zu arbeiten*** on lui a aussitôt redonné un

nouveau travail
11. + *adj/pp* ■ **jd bekommt etw ...:** ***jd bekommt etw geschenkt/geliehen*** qn reçoit qc en cadeau/on prête qc à qn; ***jd bekommt etw von einem Menschen gekauft/gemacht*** une personne achète qc à qn/fait qc à qn; ***ich bin gar nicht sicher diese Ware bezahlt zu ~*** je ne suis pas du tout sûr que cette marchandise me soit payée; ***du sollst deinen Wunsch erfüllt ~*** tu auras ce que tu as souhaité; ***das ~ Sie von mir in zwei Tagen gemacht/erledigt*** je vais vous faire ça en deux jours
12. (*verletzt werden*) ■ **jd bekommt etw an/in/vor etw** (*akk*) qn reçoit [*o* attrape *fam*] [*o* prend *fam*] qc dans/en/sur qc; ***ich habe etwas ins Auge ~*** j'ai quelque chose qui m'est rentré dans l'œil
13. (*bewegen können*) ■ **jd bekommt jdn/etw irgendwohin** qn arrive à faire aller qn/qc quelque part; ***jd bekommt jdn/etw nach oben/unten*** qn arrive à monter/descendre qn/qc; ■ **jd bekommt jdn/etw aus etw** qn arrive à faire sortir qn/qc de qc; ***ich bekomme den Korken nicht aus der Flasche/die Wurzeln nicht aus der Erde*** je n'arrive pas à retirer le bouchon de la bouteille/à arracher ces racines; ***sie ist nicht aus dem Bett zu ~*** [il n'y a] pas moyen de la tirer du lit; ■ **jd bekommt jdn/etw durch etw** qn arrive à faire passer qn/qc par qc; ***diesen Schrank ~ wir nicht durch die Tür*** nous ne passerons pas cette armoire par la porte; ■ **jd bekommt jdn/etw in etw** (*akk*) qn arrive à faire entrer qn/qc dans qc; ***den Topf ~ wir nicht in den Mikrowellenherd*** ce plat ne rentre pas dans le micro-ondes; ***das Kind ist nicht ins Bett zu ~*** [il n'y a] pas moyen de faire aller cet enfant au lit; ■ **jd bekommt jdn/etw über etw** *über die Grenze* qn arrive à faire passer qc à qn/qc; *über die Straße* qn arrive à faire traverser qc à qn/qc; ***jd bekommt etw vom Schrank/Regal*** qn arrive à descendre qc du placard/de l'étagère
► **jd bekommt** [*o* **bringt**] **sie auseinander** *Beine* qn réussit à les écarter; *verklebte Teile* qn réussit à les détacher; *Zähne* qn réussit à les desserrer; ***die Teile sind nicht mehr auseinander zu ~*** [*o* ***bringen***] les pièces ne peuvent plus être détachées [l'une de l'autre]; **was ~ Sie bitte?** qu'est-ce que je vous sers?; **jd bekommt jdn dazu etw zu tun** qn arrive à faire faire qc à qn; ***wie bekomme ich meinen Chef dazu, dass er mir eine Gehaltserhöhung bewilligt?*** comment faire pour obtenir de mon chef une augmentation de salaire?; **jd bekommt es nicht über sich** (*akk*) **etw zu tun** qn n'arrive pas à se résoudre à faire qc; *s. a.* **kriegen**
II. *vi* 1. + *sein* (*zuträglich sein*) ■ **etw bekommt jdm** [**gut/schlecht/nicht**] */Essen/* qn supporte [bien/mal/ne supporte pas] qc; ***trink einen Schnaps, dann bekommt dir das Essen besser*** bois un digestif, ça passera mieux; ■ **etw bekommt jdm/einer S.** [**gut/nicht**] */Ehe, frische Luft, Sonne, etc/* qc réussit [bien/ne réussit pas] à qn/qc; ***der Urlaub wird dir sicher gut ~!*** les vacances te feront sûrement du bien; ***die Sonne bekommt dem Kreislauf nicht*** le soleil n'est pas bon pour la circulation
2. COM (*bedient werden*) ■ **jd bekommt** on sert qn; ***~ Sie schon?*** [est-ce qu']on vous sert?, on s'occupe de vous?; ***wer bekommt als Nächster?*** à qui le tour?

bekömmlich *adj* 1. *Getränk, Speise* digeste; ***nicht so gut ~*** peu digeste; ***leicht/schwer ~*** facile/difficile à digérer; ***Kaffee ist nicht für jeden ~*** ce n'est pas tout le monde qui supporte le café
2. *Klima* propice; ***das tropische Klima ist für Europäer nicht/nicht sehr ~*** le climat tropical ne convient pas/guère aux Européens

Bekömmlichkeit <-> *f* ∅ [*Getränk, Speise*] digestibilité *f*; ***Geflügel ist* [*für den Magen*] *von größerer ~ als fettes Fleisch*** la volaille est plus digeste [pour l'estomac] que la viande grasse
► **zur besseren ~** pour faciliter la digestion

beköstigen * *vt* ■ **jd beköstigt jdn** qn nourrit qn

bekräftigen * *vt* 1. (*bestätigen*) ■ **jd bekräftigt etw** qn confirme qc; ■ **jd bekräftigt, etw getan zu haben/zu sein** qn confirme avoir fait qc/être qc
2. (*bestärken*) ■ **etw bekräftigt jdn in etw** (*dat*) qc confirme qn dans qc; ■ **etw bekräftigt etw** *Alibi, Bild, Verdacht* qc confirme qc, qc corrobore qc

Bekräftigung <-, -en> *f* 1. (*Bestätigung*) confirmation *f*
2. (*Bestärkung*) confirmation *f*; ***zur ~ seiner Worte*** à l'appui de ses dires; ***zur ~ meines Versprechens/meiner Vermutung*** pour confirmer ma promesse/mes suppositions

bekränzen * *vt* 1. (*mit einem Kranz schmücken*) ■ **jd bekränzt jdn/etw** [**mit etw**] qn couronne qn/qc [de qc]; ***die Touristen werden mit Blumen bekränzt*** on passe des colliers de fleurs aux touristes
2. (*mit Girlanden*) ■ **jd bekränzt etw** [**mit etw**] qn garnit qc [de qc]

bekreuzigen * *vr* ■ **jd bekreuzigt sich** [**vor jdm/etw**] qn se signe [*o* qn fait le signe de la croix] [devant qn/qc]

bekriegen * I. *vr* ■ **sie ~ sich** [**gegenseitig**] ils/elles se font la guerre
II. *vt* ■ **jd/etw bekriegt jdn/etw** qn/qc fait la guerre à qn/qc; ***die Ungarn wurden immer wieder von den Türken bekriegt*** les Turcs n'ont cessé de guerroyer contre les Hongrois

bekritzeln * *vt* ■ **jd bekritzelt etw** [**mit etw**] qn griffonne [qc] sur qc; ■ [**etw ist**] **bekritzelt** */Mauer, Wand in WC/* [qc est] couvert(e) de graffiti[s]; */Buch, Heft/* [qc est] griffonné(e), [qc est] gribouillé(e); ***mit Obszönitäten bekritzelt*** couvert(e) de graffiti[s] obscènes

bekümmert *adj* (*sorgenvoll*) soucieux(-euse), préoccupé(e); (*traurig*) affligé(e); ***du siehst ~ aus*** tu as l'air préoccupé(e)/on dirait que tu as de la peine; ■ **jd ist** [**über jdn/etw**] **~** qn a de la peine [à cause de qn/qc]; ***sei über ihn nicht mehr ~!*** ne te tracasse plus à son sujet!; ***über dein Verhalten bin ich zutiefst ~*** ton comportement m'affecte beaucoup; ***sie war über den Tod ihres Mannes immer noch sehr ~*** elle était toujours très affectée par la mort de son mari

bekunden * *vt* ■ **jd bekundet** [**jdm**] **etw** [**über etw** (*akk*)] qn manifeste qc [à qn] [au sujet de qc]; ■ **etw bekundet** [**jdm**] **etw** qc témoigne de qc [à qn]

Bekundung <-, -en> *f* ■ **~ einer S.** (*gen*) manifestation *f* de qc; ***sie dankte ihnen für die ~ ihrer Anteilnahme*** elle les remercia de la sympathie qu'ils lui avaient manifestée; ***durch ~ von Interesse zeigte sie, dass*** en manifestant son intérêt, elle montrait que + *indic*

belächeln * *vt* ■ **jd belächelt jdn/etw** qn sourit de qn/qc; ***jd wird belächelt*** qn fait sourire

belachen * *vt* ■ **jd belacht jdn/etw** qn/qc fait rire qn; ***diese Anekdote wurde von allen belacht*** cette anecdote a fait rire tout le monde

beladen[*1] *irreg* I. *vt* ■ **jd/etw belädt etw** [**mit etw**] *Lkw, Transporter, Schiff, Güterwagen* qn/qc charge qc [de qc]; ■ **jd belädt jdn/ein Tier** [**mit etw**] qn charge qn/un animal [de qc]; ■ **jd/ein Tier wird** [**mit etw**] **beladen** on charge qn/un animal [de qc]
II. *vr* ■ **jd belädt sich mit etw** *mit Sorge, Schuld, Verantwortung* qn prend qc sur soi; *mit Last a.* qn transporte qc; ■ **jd belädt sich mit jdm** qn s'encombre de qn

beladen[*2] *adj* ■ **jd/etw ist** [**mit etw**] **~** (*mit Last*) qn/qc est chargé(e) [de qc]; ■ **jd ist mit jdm/etw ~** (*belastet*) qn a qn à sa charge/a la charge de qc; ***mit den vielen Kindern war sie zu sehr ~*** ses nombreux enfants étaient pour elle une trop lourde charge; ■ **etw ist** [**mit etw**] **~** qc est chargé(e) [de qc]
► **hoch** [*o* **schwer**] **~** lourdement chargé(e)

Belag <-[e]s, ¨-e> *m* 1. GASTR garniture *f*; ***die Heidelbeeren sind als ~ für den Tortenboden gedacht*** les myrtilles sont destinées à garnir la pâte à tarte
2. (*Zahn~*) plaque *f* dentaire; (*Zungen~*) dépôt *m*; ***Sie haben einen ~ auf der Zunge*** vous avez la langue chargée
3. (*Schicht*) dépôt *m*; ***ein ~ aus abgesetztem Staub*** une couche de poussière qui s'est déposée
4. (*Brems~*) garniture *f*
5. (*Fußboden~, Straßen~*) revêtement *m*

Belagerer(in) <-s, -> *m(f)* MIL assiégeant(e) *m(f)*

belagern * *vt* 1. MIL ■ **jd/etw belagert etw** qn/qc assiège qc
2. *fam* (*umringen*) ■ **jd belagert jdn/etw** qn assiège qn/qc

Belagerung <-, -en> *f* 1. MIL siège *m*
2. *fam* (*Umringen*) siège *m*

Belagerungszustand *m* état *m* de siège
► **etw befindet sich im ~** qc est en état de siège; **jd verhängt den ~/den ~ über etw** (*akk*) qn proclame l'état de siège/qc en état de siège

belämmert[RR] I. *adj fam* 1. (*betreten*) déconfit(e); ***du siehst so ~ aus*** tu as l'air tout déconfit
2. (*bescheuert*): ***du bist wohl ~!*** mais ça va pas, la tête! *fam*; ***ein ~es Wetter*** un temps de cochon *fam*
II. *adv fam* (*bescheuert*): ***wie kann man sich so ~ anstellen!*** comment peut-on être bête à ce point-là!; ***er hat sich dir gegenüber ~ verhalten!*** il t'a vraiment pris(e) pour un(e) imbécile [*o* un(e) con(ne) *fam*]!; ***wie kann ein Mensch nur so ~ daherreden!*** comment peut-on débloquer à ce point! *fam*

Belang <-[e]s, -e> *m pl* affaires *fpl*; ***er vertritt die ~e seiner Mandantin*** il défend les intérêts de sa cliente
► **etw ist ohne/von/von einigem/großem ~** [**für jdn/etw**] qc est sans importance/a de l'/quelque/une grande importance [pour qn/qc]; **etwas/nichts von ~** quelque chose/rien d'important; ***nichts von irgendeinem ~*** rien de bien important

belangen * *vt* 1. JUR ■ **jd belangt jdn** [**wegen etw**] qn poursuit qn [en justice] [pour qc]
2. (*betreffen*) ■ **was jdn/etw belangt, ...** en [*o* pour] ce qui concerne qn/qc, ...

belanglos *adj* insignifiant(e); ***die Unterhaltung glitt ins B~e ab*** la conversation a sombré dans la futilité; ■ **etw ist** [**für etw**] **~** qc est sans importance [*o* ne joue aucun rôle] [pour qc]; ***der Kompromiss war nicht ganz ~*** ce compromis n'était pas totalement dénué d'intérêt; ■ **etw wird ~** */Unterhaltung/* qc devient futile

Belanglosigkeit <-, -en> *f* 1. ∅ [*Bemerkung, Detail, Einzelheit*] insignifiance *f*, futilité *f*; ***Dinge von ziemlicher ~*** des choses assez insignifiantes
2. (*Bemerkung, Einzelheit*) futilité *f*

belassen * *vt irreg* 1. (*es bewenden lassen*) ■ **jd belässt es bei etw** qn s'en tient à qc; ***also ~ wir es dabei!*** alors restons-en là!
2. *form* (*bleiben lassen*) ■ **jd belässt jdn irgendwo** *Beamte, Mitarbeiter* qn maintient qn quelque part; ■ **jd belässt etw irgendwo** qn laisse qc quelque part
3. (*verhaftet sein lassen*) ■ **jd belässt jdn in etw** (*dat*) *in Annahme, Glauben, Irrtum, Vorstellung, Wahn* qn laisse qn à qc; ***wenn du unbedingt darauf bestehst, ~ wir dich in dem Glauben*** si vraiment tu y tiens, on te laisse y croire; ***ich belasse ihn in seinem Glauben/in seiner Annahme*** je le laisse croire/supposer ça
4. *geh* (*überlassen*) ■ **jd belässt es jdm etw zu tun** qn laisse à qn le soin de faire qc
5. *geh* (*behalten lassen*) ■ **jd belässt jdm/einer S. etw** *Mitgliedschaft, Kompetenzen, Gegenstand* qn laisse qc à qn/qc
► **etw bleibt jdm ~** *geh* (*überlassen*) qn est libre de qc; ***wann er das macht, soll ihm ~ bleiben*** libre à lui de faire cela quand bon lui semble

belastbar *adj* 1. CONSTR: ***eine gering/geringer/hoch/höher ~e Brücke*** un pont capable de supporter de faibles/d'assez faibles/de lourdes/d'assez lourdes charges; ***ein mit bis zu 2 Tonnen ~er Stahlträger*** une poutrelle dont la charge admissible est de 2 tonnes; ■ **etw ist bis zu/mit etw ~** *mit Gewicht, Last* la charge admissible de qc est de qc
2. (*beanspruchbar*) ■ **jd/etw ist** [**bis zu etw/in etw** (*dat*)] **~** */Gedächtnis, Mensch/* qn/qc est performant(e) [jusqu'à qc/dans qc]; *Körper, Kreislauf, Organ a.* qc est résistant(e) [jusqu'à/dans qc]; ***das Stromnetz ist für Spitzenzeiten des Verbrauchs ~*** le réseau électrique peut répondre aux besoins pendant les heures de pointe; ***kein Mensch ist unbegrenzt ~*** tout homme

est limité dans ses possibilités; ***der Körper von Sportlern ist ~er als der von untrainierten Menschen*** un sportif est physiquement plus résistant qu'une personne non entraînée
3. ÖKO ■ **etw ist ~**: ***unsere Umwelt ist nur bis zu einer gewissen Grenze ~*** il y a une limite aux nuisances que peut supporter l'environnement; ***die Atmosphäre ist nicht unbegrenzt ~*** on ne peut indéfiniment polluer l'atmosphère; ***Gewässer sind immer weniger ~*** l'équilibre hydrographique est de plus en plus fragile
4. FIN ■ **etw ist [mit bis zu etw] ~** qc peut avoir un découvert [jusqu'à qc]; ***wie hoch ist mein Konto ~?*** de quel découvert puis-je disposer sur mon compte?

Belastbarkeit <-, -en> *f* **1.** [*Aufzug*] poids *m* autorisé; [*Brücke, Konstruktion, Stahlträger, Straße*] charge *f* admissible; ***für die Brücke ist eine ~ von bis zu 45 Tonnen zulässig*** le pont ne peut supporter une charge supérieure à 45 tonnes
2. [*Gedächtnis, Mensch*] possibilités *fpl*; [*Körper, Kreislauf, Organ a.*] résistance *f*; [*Sicherung, Stromnetz*] capacité *f*
3. ÖKO: ***die ~ der Atmosphäre/der Umwelt mit Schadstoffen ist überschritten*** les limites de la pollution atmosphérique/de la nature par les émissions nocives sont dépassées
4. [*Steuerzahler*] capacité *f* fiscale; ***die Grenzen der ~ des Steuerzahlers sind überschritten*** on a dépassé les bornes de ce que peut supporter le contribuable

belasten * **I.** *vt* **1.** CONSTR ■ **etw belastet etw** qc charge qc; ***der Aufzug darf nur mit [bis zu] 8 Personen belastet werden*** la charge admise dans l'ascenseur est de 8 personnes maximum; ***die Brücke darf nur mit bis zu höchstens 28 Tonnen belastet werden*** le pont ne peut supporter une charge supérieure à 28 tonnes
2. (*anstrengen*) ■ **jd belastet jdn** qn exige trop de qn; ■ **jd belastet jdn mit etw** qn accable qn de qc; *mit Arbeit a.* qn submerge qn de qc; ***sie war mit Arbeit sehr belastet*** elle était surchargée de travail; ***jüngere Arbeiter sind mehr zu ~ als ältere*** on peut exiger davantage des jeunes ouvriers que des plus anciens; ***durch diese Arbeit ist er bis an die Grenzen seiner Leistungsfähigkeit belastet*** ce travail atteint les limites de ses possibilités
3. (*beschweren*) ■ **jd belastet jdn/etw mit etw** *mit Informationen, Kenntnissen, Sorge, Verantwortung* qn encombre qn/qc de qc; ■ **etw belastet jdn/jds ...** /*Schuld, Sorge, Wissen*/ qc pèse sur qn/le/la ... de qn; ***der innere Konflikt belastete ihre Seele*** ce conflit intérieur tourmentait son âme; ■ **~d** *Problem, Schuld, Sorge* pesant(e); ■ **jd belastet jdn/ein Tier [mit etw]** *mit Gepäck, Traglast* qn charge qn/un animal [de qc]
4. ÖKO ■ **etw belastet etw [durch/mit etw]** *Atmosphäre, Gewässer, Luft* qc pollue qc [par/avec qc]; *Ökosystem, Umwelt a.* qc pèse sur qc; ***der Wasserhaushalt ist bis an die Grenzen seiner Aufnahmefähigkeit belastet*** la pollution de l'eau a atteint le seuil du supportable
5. MED (*beanspruchen*) ■ **jd/etw belastet jdn/etw [durch/mit etw]** *Gedächtnis, Körper, Organ, Kreislauf* qn/qc met qn/qc à contribution [*o* solliciter qn/qc] [par/au moyen de qc]
6. JUR ■ **jd/etw belastet jdn** qn/qc charge qn; ■ **~d** *Aussage, Beweis* à charge; **~*de Umstände*** charges *fpl*; **~*des Material*** pièces *fpl* à conviction
7. FIN ■ **jd belastet jdn/etw [mit etw]** *Konto* qn débite qn/qc [de qc]; (*mit einer Hypothek*) qn grève qn/qc [de qc]
8. (*mit Steuern*) ■ **jd belastet jdn** qn taxe qn; ***jd belastet jdn mit Steuern*** qn frappe qn d'impôts
9. (*finanziell beanspruchen*) ■ **jd belastet jdn mit etw** *Schuldner* qn grève qn avec qc; ***er wurde mit den Gerichtskosten belastet*** les frais de justice ont été à sa charge [*o* lui ont été imputés]
II. *vr* **1.** (*sich aufbürden*) ■ **jd belastet sich mit jdm/etw** qn s'encombre de qn/qc; ***er belastet sich mit mehr Arbeit*** il s'encombre de travaux supplémentaires
2. JUR ■ **jd belastet sich [selbst]** qn se charge lui-même

belästigen * *vt* ■ **jd belästigt jdn [mit [*o* durch] etw]** qn importune qn [par/de qc]; ***Sie ~ mich durch Ihre [o mit Ihrer] Gegenwart*** votre présence m'importune; ■ **etw belästigt jdn** /*Ungeziefer, Verhalten*/ qc incommode qn; ■ **~d** *Frage, Zudringlichkeit* importun(e); *Lärm* gênant(e)

Belästigung <-, -en> *f* (*durch Gestank, Rauchen, Telefonanrufe, Ungeziefer*) gêne *f*; (*durch Vertreterbesuche*) harcèlement *m*; ***ich verbitte mir in Zukunft solche ~en*** je ne tolérerai pas à l'avenir qu'on m'importune ainsi

Belastung <-, -en> *f* **1.** CONSTR charge *f*; ***zulässige/höchstmögliche ~*** charge admise/maximale
2. (*Anstrengung*) [*Mensch*] charges *fpl*; (*Last*) corvée *f*; ***eine erhöhte ~ mit Arbeit*** un surcroît [*o* une surcharge] de travail; ***ihre ~ durch alle möglichen Projekte*** les charges que représentent ses multiples tâches; ***die doppelte ~ durch Beruf und Kinder*** la double corvée que représentent le métier et les enfants
3. (*Bürde*) poids *m*, fardeau *m*; ■ **die ~ eines Menschen durch [*o* mit] etw** un trop-plein de qc chez une personne; ***eine zu hohe ~ durch Informationen*** une overdose d'informations *fam*; ***du hättest mir die ~ damit ersparen können*** tu aurais pu te dispenser de m'infliger cela; ***die ~ durch Sorgen und Verantwortung*** le poids des soucis et des responsabilités
4. ÖKO pollution *f*; ***die ~ der Flüsse durch Abwässer*** la pollution des rivières par les eaux usées; ***das stellt eine ~ unserer Umwelt dar*** cela représente une nuisance pour notre environnement
5. (*Beanspruchung*): ***etwas ist eine ~ für die Nerven*** qc met les nerfs à l'épreuve; ***die ~ des Herzens durch sportliche Übungen*** les exercices sportifs auxquels on soumet le cœur
6. JUR charges *fpl*; ***die ~ des Angeklagten durch Beweise ist erdrückend*** les charges que font peser les preuves sur l'accusé sont écrasantes
7. FIN [*Konto*] débit *m*; (*Beschwerung mit Hypothek*) [*Grundstück, Haus*] hypothèque *f*; ***der Kontoauszug wies eine ~ des Kontos mit 578,-- DM aus*** l'extrait de compte indiquait un débit de 578 marks; ***die ~ durch Hypotheken*** la garantie hypothécaire
8. [*Steuerzahler*] charge *f*, imposition *f*; ***die steuerliche ~*** la pression fiscale

Belastungsmaterial *nt* pièces *fpl* à conviction **Belastungsprobe** *f* CONSTR charge *f* d'essai; MED test *m* d'endurance; [*Ehe, Koalition, Geschäftsleitung*] épreuve *f* de vérité, test *m* **Belastungszeuge** *m*, **-zeugin** *f* témoin *m* à charge

belaufen * *vr irreg* ■ **etw beläuft sich auf etw** (*akk*) qc se monte à qc

belauschen * *vt* ■ **jd belauscht jdn/etw/ein Tier** qn épie qn/qc/un animal

beleben * **I.** *vt* **1.** (*anregen*) ■ **etw belebt etw** *Kreislauf* qc active qc; ■ **etw belebt jdn** qc donne un coup de fouet à qn, qc ragaillardit qn, qc revigore qn
2. (*ankurbeln*) ■ **etw belebt etw** *Markt, Konjunktur, Wirtschaftswachstum* qc stimule qc; ***neu ~*** relancer
3. (*lebendiger gestalten*) ■ **jd/etw belebt etw** *Unterhaltung* qn/qc anime qc; *Artikel, Text* qc rend qc vivant(e); ***neu ~*** ranimer
4. (*zum Leben erwecken*) ■ **jd belebt jdn** qn donne la vie à qn; ■ **jd belebt jdn erneut** qn réanime qn; ■ **jd belebt jdn wieder** qn r[é]anime qn, qn ramène qn à la vie
II. *vr* **1.** (*lebhafter werden*) ■ **etw belebt sich** /*Augen, Gesicht*/ qc s'anime
2. (*sich mit Leben füllen*) ■ **etw belebt sich [mit etw]** /*Natur, Stadt*/ qc s'anime [de qc]; ***im Frühling belebt sich die Natur wieder*** la nature se réveille au printemps
3. (*auffrischen*) ■ **etw belebt sich** /*Brise, Wind*/ qc fraîchit
4. COM ■ **etw belebt sich [wieder]** /*Konjunktur, Wirtschaftswachstum*/ qc connaît une reprise
III. *vi* ■ **etw belebt** qc stimule, qc ragaillardit, qc revigore, qc donne un coup de fouet

belebend *adj* (*anregend*) stimulant(e), revigorant(e); (*erfrischend*) *Bad, Dusche* tonifiant(e)

belebt *adj* **1.** (*bevölkert*) animé(e); ***abends waren die Straßen wieder ~*** le soir, les rues retrouvaient leur animation
2. (*lebendig*) *Bakterienkultur, Natur* vivant(e)

Belebtheit <-> *f* ∅ animation *f*

Belebung <-, -en> *f* **1.** (*Anregung*) stimulation *f*; ***er braucht morgens Kaffee zur ~*** tous les matins, il lui faut son café comme stimulant; ***ein Mittel zur ~ des Kreislaufes*** un stimulant pour la circulation
2. ECON: ***etw dient der ~ der Wirtschaft/trägt zur ~ der Konjunktur bei*** qc aide à stimuler [*o* relancer] l'économie/contribue à stimuler la conjoncture

Beleg <-[e]s, -e> *m* **1.** (*Kassenbon*) ticket *m* de caisse; (*Quittung*) quittance *f*; (*Nachweis*) justificatif *m*, pièce *f* justificative
2. (*Unterlage*) document *m* [à l'appui]
3. (*Quellennachweis*) référence *f*

Belegarzt *m*, **-ärztin** *f* médecin *m* disposant d'un secteur privé à l'hôpital

belegbar *adj Identität, Wort, Zitat* vérifiable; ■ **es ist ~, dass/wann/wie/wo** on peut vérifier que + *indic*/quand/comment/où; ***es ist nicht mehr ~, wo*** on ne peut plus vérifier où; ***seine Identität ist nicht mehr ~*** on ne peut plus établir son identité

Belegbett *nt* lit *m* d'hôpital réservé au secteur privé

belegen * *vt* **1.** (*mit Belag versehen*) ■ **jd belegt etw [mit etw]** *Brötchen, Scheibe Brot, Tortenboden* qn garnit qc [de qc]; ***ein [mit Schinken/Käse] belegtes Brot*** un sandwich [au jambon/au fromage]
2. (*beweisen*) ■ **jd belegt etw** *Abstammung, Identität* qn prouve qc; *Behauptung, Vorwurf, Zitat* qn justifie qc; ***eine Behauptung, die sich durch nichts ~ lässt*** une affirmation que rien ne peut justifier
3. (*auferlegen*) ■ **jd belegt jdn/etw mit etw** *mit Bußgeld, Strafe, Zoll, Kirchenbann* qn frappe qn/qc de qc
4. UNIV ■ **jd belegt etw** qn suit qc
5. (*okkupieren*) ■ **jd belegt etw** *Haus, Wohnung* qn occupe qc; ■ **etw wird mit jdm belegt** qc est occupé(e) par qn; ■ **etw ist belegt** qc est occupé(e)
6. (*bewohnen lassen*) ■ **jd belegt etw [mit jdm]** *Wohnung, Hotelzimmer* qn loue qc [à qn]
7. SPORT ■ **jd belegt etw** *Platz, Rang, Tabellenplatz, Tabellenspitze* qn occupe qc
8. MIL ■ **jd/etw belegt jdn/etw mit etw** *mit Artilleriefeuer, Bomben, Raketen* qn/qc bombarde qn/qc [avec qc]; ***die gegnerischen Stellungen wurden mit Artilleriefeuer belegt*** les positions ennemies furent prises sous le feu de l'artillerie; ***etw wird mit Bomben belegt*** qc est bombardé(e)
9. (*beschimpfen*) ■ **jd belegt jdn mit etw** *mit Namen, Schimpfwort* qn couvre qn de qc; *mit Fluch, Verwünschung* qn lance qc à qn; *s. a.* **belegt**

Belegexemplar *nt* exemplaire *m* justificatif

Belegschaft <-, -en> *f* personnel *m*; (*Personalbestand*) effectif *m*
▶ **die ganze ~** *hum fam* toute la bande *fam*

Belegschaftsaktie [-aktsiə] *f* part *f* de capital; ***Mitbesitz in Form von ~n*** actionnariat *m* ouvrier **Belegschaftsmitglied** *nt* membre *m* du personnel **Belegschaftsrabatt** *m* remise *f* au personnel

belegt *adj Zunge* chargé(e); *Mandel* blanc(blanche); *Stimme* enroué(e)

Belegung <-, -en> *f* **1.** (*Einschreibung*) *verbal übersetzt*; ■ **~ [einer S. (*gen*)]** *eines Kurses, Seminars* inscription *f* [à qc]; ***wenn Sie sich zur ~ des Französischkurses entschieden haben*** si vous avez décidé d'assister au cours de français [*o* de suivre les cours de français]; ***ich würde Ihnen dringend von der ~ zu vieler Kurse abraten*** je vous déconseille vivement de vous inscrire à un trop grand nombre de cours; ***die ~ dieses Seminars ist nicht vorgeschrieben*** il n'est pas obligatoire de s'inscrire à ce séminaire
2. [*Haus, Wohnung, Hotelzimmer*] occupation *f* (*mit* par)
3. MIL (*mit Bomben*) bombardement *m* (*mit* par); ***die ~ der Stadt mit Bomben*** le bombardement de la ville

belehrbar *adj* réceptif(-ive); ***sie ist einfach nicht*** ~! elle est indécrottable *fam*

belehren * *vt* **1.** (*informieren*) ■ **jd belehrt jdn** qn informe qn; ***er konnte sie des Gegenteils*** ~ il a pu la convaincre du contraire; ■ **jemand belehrt jdn, dass** qn apprend à qn que + *indic,* qn informe qn que + *indic*
2. *pej* (*besserwisserisch*) ■ **jd belehrt jdn** qn fait la leçon à qn
3. (*von Meinung abbringen*) ■ **jd belehrt jdn** qn fait entendre raison à qn; ***jd lässt sich*** ~ qn accepte d'entendre raison; ***ich habe mich ~ lassen, dass*** on m'a fait comprendre que + *indic*
4. JUR ■ **jd belehrt jdn** [**über etw** (*akk*)] qn renseigne qn sur qc, qn informe qn de qc
▶ **jd belehrt jdn eines anderen** qn ouvre les yeux à qn; **jd lässt sich eines anderen** ~ qn reconnaît son erreur; ***er ließ sich durch nichts und niemanden eines anderen*** ~ rien ni personne n'a pu le convaincre de son erreur [*o* lui faire entendre raison]

belehrend I. *adj pej* doctoral(e)
II. *adv pej* doctoralement; ***jd hebt ~ den Finger*** qn lève le doigt d'un air professoral

Belehrung <-, -en> *f* **1.** *pej* [*Privatperson*] conseil *m;* ***bei Ungezogenheit eines Kindes ist es mit wiederholten ~en nicht getan*** avec un enfant mal élevé, les remontrances répétées ne servent pas à grand-chose
2. [*Verkehrssünder*] avertissement *m;* [*Zeugen, Angeklagte*] information *f;* ***nach der ~ des Zeugen über die Konsequenzen eines Meineides*** après mise en garde du témoin contre les conséquences d'un faux serment
▶ **vielen Dank** [*o* **danke**] **für die** ~! *iron* merci pour le renseignement!

beleibt *adj geh* corpulent(e); ***ganz*** ~ de forte corpulence

beleidigen * *vt* **1.** (*angreifen*) ■ **jd beleidigt jdn/etw** [**durch etw**] qn offense qn/qc [par qc [*o* en faisant qc]]; ■ **~d** offensant(e)
2. (*unangenehm berühren*) ■ **etw beleidigt jdn/etw** /*Anblick, Geruch etc*/ qc offense qn/qc *soutenu*

beleidigt I. *adj* offensé(e); ***ein leicht ~er Mensch*** quelqu'un qui se vexe pour un rien; ■ **jd ist** ~ qn est vexé(e); ***sei nicht gleich*** ~! ne te prends pas aussitôt la mouche!
II. *adv* vexé(e); ***sie macht auf*** ~ elle prend des airs offensés; ***sie machte ~ kehrt*** vexée, elle tourna les talons

Beleidigung <-, -en> *f* **1.** (*das Beleidigen*) injure *f;* (*beleidigendes Wort a.*) insulte *f;* (*beleidigendes Agieren a.*) affront *m;* ***die ~ jds/einer S.*** l'injure à qn/qc
2. (*Missachtung*) offense *f;* ***eine ~ einer S.*** (*gen*) une offense pour qc

beleihen * *vt irreg* **1.** (*als Pfand geben*) ■ **jd beleiht etw** qn met qc en gage, qn met qc au mont-de-piété; (*als Pfand nehmen*) qn prend qc en gage
2. FIN (*jd beleiht etw*) *Haus, Grundstück* qn hypothèque qc; ■ **etw ist** [**mit etw**] **beliehen** qc est hypothéqué(e) [de qc]

belemmert *s.* **belämmert**

belesen *adj* cultivé(e), lettré(e); ***jd ist auf einem Fachgebiet sehr*** ~ qn a une grande érudition dans un domaine

beleuchten * *vt* **1.** (*erhellen*) ■ **jd/etw beleuchtet etw** qn/qc éclaire qc; ***der Garten wird automatisch hell beleuchtet*** le jardin s'illumine automatiquement
2. AUT ■ **jd beleuchtet etw** qn allume les phares de qc; ***dieses Kraftfahrzeug ist vorschriftsmäßig beleuchtet*** l'éclairage de ce véhicule est réglementaire; ***ein parkendes Auto muss beleuchtet sein*** une voiture en stationnement doit avoir ses feux allumés
3. *geh* (*betrachten*) ■ **jd beleuchtet etw** *Angelegenheit, Problem* qn examine qc; ***dieses Problem müssen wir von allen Seiten*** ~ il nous faut mettre ce problème en lumière sous tous ses aspects

Beleuchter(in) <-s, -> *m(f)* éclairagiste *mf*

Beleuchtung <-, -en> *f* **1.** (*das Beleuchten, Lichtquelle*) éclairage *m*
2. *geh* [*Angelegenheit, Problem*] examen *m* [attentif]; ***eine gründliche ~ dieser Frage wäre angesagt*** il faudrait faire la lumière sur cette question

Beleuchtungskörper *m form* luminaire *m*

beleumdet *adj* ▶ **schlecht** [*o* **nicht gut**] [*o* **übel**] ~ *geh* mal famé(e)

Belgien <-s> ['bɛlgiən] *nt* la Belgique

Belgier(in) <-s, -> ['bɛlgiɐ] *m(f)* Belge *mf*

belgisch *adj* belge

Belgrad <-s> *nt* Belgrade

belichten * *vt* ■ **jd belichtet etw** qn expose qc

Belichtung <-, -en> *f* PHOT [*Film*] exposition *f;* ***die ~ erfolgt automatisch*** le temps de pose se règle automatiquement

Belichtungsautomatik *f* commande *f* automatique du temps de pose

Belichtungsmesser <-s, -> *m* posemètre *m,* cellule *f*

Belichtungszeit *f* temps *m* de pose

belieben * **I.** *vt iron geh* ■ **jd beliebt etw zu tun** qn se plaît à faire qc; ***Sie ~*** [***wohl***] ***zu scherzen!*** vous voulez rire [sans doute]!
II. *vi* ▶ **was jdm beliebt** *geh* ce qui plaît à qn; **wie es jdm beliebt** *geh* comme il plaira à qn

Belieben <-s> *nt* ▶ **etw liegt** [*o* **steht**] **in jds** ~ (*dat*) *geh* qc dépend du bon plaisir de qn; ***das liegt/steht ganz in Ihrem*** ~ c'est comme il vous plaira, c'est selon votre bon plaisir; **jd stellt etw in jds** ~ (*akk*) *geh* qn laisse à qn la liberté de [faire] qc; ***das ist ganz in Ihr ~ gestellt!*** faites comme il vous plaira! [*o* comme bon vous semblera]; [**ganz**] **nach** ~ [tout] à ma/sa/... guise

beliebig I. *adj* **1.** (*gewünscht*): ***ein ~er/eine ~e/ein ~es ...*** le/la ... désirée [*o* que l'on veut]; ***jeder ~e/jede ~e/jedes ~e ...*** n'importe quel/quelle ...; ***in ~er Menge*** en toute quantité
2. (*irgendein*) quelconque; ***denk dir eine ~e Ausrede aus!*** tâche de trouver une excuse quelconque!; ■ **etwas B~es** n'importe quoi; ***such dir unter den Schmuckstücken etwas B~es aus!*** choisis parmi ces bijoux ce que tu veux!
3. (*irgendwer*) ■ **jeder B~e/jede B~e** le premier venu/la première venue; ■ **irgendein B~er/irgendeine B~e** n'importe qui
II. *adv* à volonté; ~ ***viele ...*** autant de ... que l'on veut; ***du kannst ~ viele Bücher mitnehmen*** tu peux emporter autant de livres que tu veux; ~ ***lange/oft/spät*** aussi longtemps/souvent/tard que l'on veut; ***du kannst ~ lange hier bleiben*** tu peux rester ici aussi longtemps que tu veux

beliebt *adj Mensch* apprécié(e), populaire; ■ **jd ist** [**bei jdm**] ~ qn est populaire [auprès de qn]; ■ **etw ist** [**bei jdm**] ~ qc est apprécié(e) [de qn], qc est en vogue [chez qn]; ***kaum*** ~ pas très apprécié(e)
▶ **jd macht sich** ~ qn se fait bien voir; **jd macht sich bei jdm** ~ qn s'attire les faveurs de qn

Beliebtheit <-> *f* ∅ popularité *f;* [*Buch, Film, Roman*] audience *f;* [*Ausflugsort, Urlaubsort*] renommée *f;* [*Märchen, Thema*] popularité *f;* ***das Getränk mit der größten*** ~ la boisson favorite
▶ **etw erfreut sich** [**bei jdm**] ... ~ qc est ... apprécié(e) [chez qn]

Beliebtheitsgrad *m* [degré *m* de] popularité *f,* cote *f*

beliefern *vt* ■ **jd beliefert jdn/etw** [**mit etw**] qn fournit qn/qc [en qc], qn livre [qc à] qn/qc

Belieferung *f* livraison *f;* ***die ~ mit den bestellten Waren*** la livraison des marchandises commandées; ***die ~ dieser Firma wurde eingestellt*** cette maison n'est plus livrée

Belladonna <-, Belladonnen> *f* **1.** BOT belladone *f*
2. PHARM atropine *f*

bellen I. *vi* ■ **ein Tier bellt** /*Hund*/ un animal aboie; ***das B~*** les aboiements *mpl*
II. *vt* ■ **jd bellt etw** *Anweisung, Befehl* qn aboie qc

bellend *adj Stimme* gueulard(e); *Husten a.* rauque

Belletristik <-> *f* ∅ [belles-]lettres *fpl*

belletristisch *adj* littéraire; ***~e Literatur*** les ouvrages littéraires

belobigen * *vt* ■ **jd belobigt jdn** [**wegen etw**] qn cite qn [pour qc]

Belobigung <-, -en> *f form* félicitations *fpl;* MIL citation *f;* ***offizielle*** ~ citation *f* officielle
▶ **jd spricht jdm eine ~ aus** qn cite qn

belohnen * *vt* ■ **jd belohnt jdn/ein Tier** [**mit etw**] [**für etw**] qn récompense qn/un animal [par [*o* avec] qc] [de qc]; ■ **jd belohnt jds ...** qn récompense ... de qn; ■ **etw belohnt jdn** [**für etw**] qc récompense qn [de qc]; ***deine Freude belohnt mich zur Genüge*** ta joie est pour moi une récompense suffisante; ***der Erfolg hat unsere Bemühungen belohnt*** le succès est venu récompenser nos efforts

Belohnung <-, -en> *f* récompense *f;* [***die***] ***1000 Mark*** ~ [les] 1000 marks de récompense
▶ **jd setzt eine ~** [**für etw**] **aus** qn offre une récompense [pour qc]; **zur** [*o* **als**] ~ [**für etw**] en [*o* comme] récompense [pour qc]; ***hier haben Sie 100 Mark als*** ~ voilà 100 marks de récompense

belüften * *vt* ■ **jd belüftet etw** qn aère qc

Belüftung *f* **1.** ∅ (*das Belüften*) aération *f;* ***in dieser Wohnung ist zu wenig*** ~ cet appartement est insuffisamment aéré
2. (*Anlage*) ventilation *f*

belügen * *irreg* **I.** *vt* ■ **jd belügt jdn** qn ment à qn
II. *vr* ■ **jd belügt sich** [**selbst**] qn se fait des illusions, qn s'illusionne

belustigen * **I.** *vt* ■ **jd belustigt jdn** [**mit etw**] qn amuse [*o* divertit] qn [avec qc]; ■ **etw belustigt jdn** [**an jdm**] qc [en qn] fait rire qn; ***die großen Schuhe ~ die Kinder an dem Clown*** les grandes chaussures du clown faisaient rire les enfants; ■ **~d** amusant(e)
II. *vr geh* ■ **jd belustigt sich über jdn/etw** *über Mensch, merkwürdige Gewohnheit, ausgefallene Kleidung* qn s'amuse de qn/qc *soutenu*

belustigt I. *adj Ton a.* enjoué(e); ■ **jd ist über etw** (*akk*) ~ qc amuse qn, qn est amusé(e) par qc
II. *adv* l'air amusé; ***sie lächelte*** ~ elle avait un sourire amusé

Belustigung <-, -en> *f* divertissement *m,* amusement *m;* ***eine Stätte öffentlicher*** ~ un lieu de réjouissances publiques; ***sie schlugen sich vor ~ auf die Schenkel*** ils se frappaient les cuisses de rire
▶ **zu jds** ~ pour amuser [*o* divertir] qn

bemächtigen * *vr geh* **1.** (*in seine Gewalt bringen*) ■ **jd bemächtigt sich jds/einer S.** qn s'empare [*o* se saisit] de qn/qc
2. (*überkommen*) ■ **etw bemächtigt sich jds** /*Gefühl, gute Laune, Stimmung*/ qc s'empare de qn; /*Gedanke*/ qc envahit qn

bemäkeln * *vt fam* ■ **jd bemäkelt etw** [**an jdm/etw**] qn critique qc [chez qn/à qc]; ***der einzige Punkt, der*** [***an ihm***] ***zu ~ ist*** le seul point qui chez lui soit critiquable; ***sie findet stets an allem etwas zu*** ~ elle trouve toujours le moyen de tout dénigrer; ***was hast du wieder an dem Essen zu*** ~? qu'est-ce que tu trouves encore à redire au repas?

bemalen * **I.** *vt* ■ **jd bemalt etw** qn peint qc; ■ **jd bemalt etw mit Dingen/Farbe** qn peint des choses sur qc/qn peint qc en une couleur; ***das Tongeschirr wird mit Blumen bemalt*** on peint des fleurs sur la poterie; ***von Hand bemalt*** peint(e) à la main; ■ **etw wird mit etw bemalt** qc est décoré(e) [*o* ornementé(e)] avec qc
II. *vr pej fam* ■ **jd bemalt sich** qn se peinturlure *fam;* ■ **jd bemalt sich** (*dat*) **etw** qn se peinturlure qc *fam*

Bemalung <-, -en> *f* **1.** (*das Bemalen*) ornementation *f,* décoration *f*
2. (*Motiv*) décor *m,* ornementation *f;* (*Kriegs~*) peintures *fpl* [de guerre]

bemängeln * *vt* ■ **jd bemängelt etw** [**an jdm/etw**] qn déplore qc [chez qn/dans qc], qn critique qc [chez qn/à propos de qc]; ***am Stück gab es für die Kritik einiges zu*** ~ la pièce présentait selon la critique un certain nombre de défauts; ■ **jd bemängelt, dass** qn déplore que + *subj,* qn se plaint [de ce] que + *subj;* ***ich muss leider ~, dass der Wein zu warm ist*** il me faut constater avec regret que le vin est trop chaud

Bemängelung <-, -en> *f* ■ ~ [**einer S.** (*gen*)] critiques *fpl* [concernant qc]; ***bei Grund zur ~ einer Reparatur*** quand on a à se plaindre d'une réparation; ***die vielen Fehler in dieser Arbeit verdienen*** ~ on ne peut que déplorer les nombreuses fautes qui apparaissent dans ce travail

bemannen * *vt* ■ **jd bemannt etw [mit jdm]** qn pourvoit qc d'un équipage [de personnes]; ***das Schiff muss wieder voll bemannt werden*** il faut compléter l'équipage du bateau

bemannt *adj* **1.** (*mit Crew*) habité(e); ■ **etw ist [mit jdm] ~** /*U-Boot*/ qc a un équipage [formé de personnes]; /*Raumschiff a.*/ qc est habité(e) [par qn]
2. *fam* ■ **jd ist ~** /*Frau*/ qn a un mec *pop*

Bemannung <-, -en> *f* **1.** (*das Bemannen*) recrutement *m* de l'équipage
2. (*Besatzung*) équipage *m*

bemänteln * *vt* ■ **jd bemäntelt etw** qn camoufle qc

Bembel <-s, -> *m* DIAL pichet *f* (*pour servir le cidre*)

bemerkbar *adj* perceptible; ■ **etw ist für jdn ~** qc est perceptible de [*o* par] qn
▶ **jd macht sich [bei jdm] [durch etw] ~** qn se manifeste [*o* fait signe] [à qn] [par qc]; ***ich werde mich bei Ihnen ~ machen, wenn ich Sie benötige*** je vous ferai signe si j'ai besoin de vous; ***mach dich bitte durch Klopfen ~!*** manifeste-toi en frappant à la porte!; **etw macht sich [bei jdm] [durch etw] ~** qc se manifeste [chez qn] [par qc]

bemerken * *vt* **1.** (*wahrnehmen*) ■ **jd bemerkt jdn/etw** qn remarque qn/qc; ■ **jd bemerkt, dass/wie** qn remarque que + *indic*, qn s'aperçoit que + *indic*; ***er bemerkte noch rechtzeitig, dass/wie*** il eut tout juste le temps de s'apercevoir que + *indic*
2. (*äußern*) ■ **jd bemerkt etw [zu etw]** qn fait une remarque [à propos de qc]

bemerkenswert I. *adj* remarquable; *Punkt* digne d'attention; ■ **etwas/nichts B~es** quelque chose/rien de particulier [*o* qui mérite d'être noté(e)]
II. *adv* remarquablement; ~ ***schön*** d'une beauté remarquable

Bemerkung <-, -en> *f* remarque *f*, réflexion *f*
▶ **jd macht [jdm gegenüber] eine ~ [über etw** (*akk*)**]** qn fait [devant qn] une remarque [à propos de qc]; **jd lässt [jdm gegenüber] eine ~ [über jdn/etw] fallen** qn laisse échapper [devant qn] une réflexion [à propos de qn/qc]

bemessen * *irreg* I. *vt* ■ **jd bemisst jdm etw [nach etw]** qn attribue qc à qn [en fonction de qc]; ■ **jd bemisst etw [nach etw]** qn calcule qc [en fonction de qc]; ***das Trinkgeld bemisst sie nach der Freundlichkeit des Kellners*** le pourboire qu'elle laisse est fonction de la gentillesse du garçon; ■ **etw ist ~** /*Zeit, Mittel*/ qc est compté(e), qc est mesuré(e); ■ **etw ist ... ~** qc est calculé(e) ...; ***4000 DM sind etwas knapp ~*** 4000 marks ça fait un peu juste; ***die Portionen sind reichlich knapp ~*** les portions sont calculées vraiment juste
II. *vr form* ■ **etw bemisst sich nach etw** /*Verdienst*/ qc se mesure à qc; /*Steuer, Strafe, Unterstützung*/ qc se calcule [*o* on détermine qc] en fonction de [*o* selon] qc

Bemessung *f* évaluation *f*, calcul *m*

Bemessungsgrundlage *f* base *f* de calcul, assiette *f*

bemitleiden * I. *vt* ■ **jd bemitleidet jdn** qn prend qn en pitié; ***man muss sie in ihrer Not ~*** on ne peut que compatir à leur misère; ■ **jd ist zu ~** qn est à plaindre
II. *vr* ■ **jd bemitleidet sich [selbst]** qn se lamente sur son [propre] sort

bemitleidenswert *adj* à plaindre, pitoyable; ■ **jd ist ~** qn est à plaindre

bemittelt *adj geh* fortuné(e); ■ **jd ist ... ~** qn est ... fortuné(e); ***ich bin nicht sehr ~*** je n'ai guère les moyens

bemoost *adj* moussu(e), couvert(e) de mousse

bemühen * I. *vr* **1.** (*sich Mühe geben*) ■ **jd bemüht sich** qn fait des efforts; ***sie bemühte sich gar nicht*** elle ne faisait aucun effort; ***du musst dich mehr ~*** il faut te donner plus de mal; ***sosehr sie sich auch bemühte, ...*** elle avait beau se donner beaucoup de mal, ...; ***bitte ~ Sie sich nicht!*** je vous en prie, ne vous dérangez pas!; ■ **jd bemüht sich etw zu tun** qn s'efforce de faire qc
2. (*sich kümmern*) ■ **jd bemüht sich um jdn** qn est aux petits soins avec qn; ■ **jd bemüht sich um etw** *Atmosphäre, Klima* qn s'efforce d'entretenir qc; ***ich bemühe mich nur um dein Wohl*** je ne veux que ton bien
3. (*zu erlangen suchen*) ■ **jd bemüht sich um etw** *um eine Anstellung, Beförderung, Stelle* qn s'efforce d'obtenir qc; *um jds Freundschaft, Gunst, Vertrauen, Zuneigung* qn essaie de gagner qc, qn recherche qc; ***sie bemüht sich um eine Anstellung*** elle est à la recherche d'un emploi
4. *geh* (*gehen*) ■ **jd bemüht sich irgendwohin** qn se déplace quelque part; ***würdest du dich wohl bitte zur Tür ~?*** veux-tu bien te donner la peine d'aller ouvrir?; ■ **jd bemüht sich zu jdm** qn rend visite à qn; ***bemüh dich mal zu mir!*** tâche de venir me voir!
II. *vt geh* **1.** (*beauftragen*) ■ **jd bemüht jdn** qn fait appel à qn; ~ ***Sie nicht Ihren Mann, ich finde selbst hinaus*** ne dérangez pas votre mari, je vais bien trouver la sortie; ***ich bemühe Sie ungern, aber ...*** ce n'est pas dans mes habitudes de vous déranger, mais ...
2. (*benutzen*) ■ **jd bemüht etw** *Ausrede, Revolver* qn a recours à qc; *Fotoalbum, Notizbuch* qn consulte qc

Bemühen <-s> *nt* ∅ *geh* ■ **jds ~ [um jdn/etw]** les efforts de qn [pour obtenir qn/qc] *littér*; ***dein ~ um einen Lottogewinn wird vergeblich bleiben!*** tu auras beau faire, tu ne gagneras jamais au loto

bemüht *adj Schüler* appliqué(e); *Mitarbeiter* sérieux(-euse); ■ **jd ist ~** qn est appliqué(e) [à la tâche]; ■ **jd ist ~ [darum] etw zu tun** qn s'applique à faire qc; ■ **jd ist um etw ~** qn est soucieux(-euse) de [faire] qc; ***er war um einen guten Eindruck ~*** il était soucieux de faire bonne impression; ***um gute Zensuren ~*** soucieux(-euse) d'obtenir de bonnes notes

Bemühung <-, -en> *f* **1.** (*Anstrengung*) effort *m*; ***der ist keine ~ wert*** inutile de se donner du mal, il n'en vaut pas la peine; ***danke für Ihre ~en!*** merci de vous être donné tout ce mal!
2. *pl* (*Dienstleistung*) [*Arzt*] soins *mpl*; [*Freiberufler*] services *mpl*

bemüßigt *adj* ▶ **jd fühlt/sieht sich ~ etw zu tun** *iron geh* qn se croit obligé(e) *iron*/se voit dans l'obligation de faire qc

bemuttern * *vt* ■ **jd bemuttert jdn** qn materne qn, qn dorlote qn; ■ **jd lässt sich von jdm ~** qn se fait dorloter par qn

benachbart *adj* voisin(e); ■ **etw ist jdm/einer S. ~** qn/qc est voisin(e) de qc; ***der Stadtpark ist uns ~*** nous sommes voisins du parc municipal

benachrichtigen * *vt* ■ **jd benachrichtigt jdn [von etw]** qn informe qn [de qc]; ***mich hat noch keiner benachrichtigt*** personne ne m'a encore mis au courant; ■ **jd wird davon benachrichtigt, dass** qn est informé(e) [de ce] que + *indic*

Benachrichtigung <-, -en> *f* **1.** (*das Benachrichtigen*) *verbal übersetzt*; ***ich bitte um sofortige ~ über das Vorgefallene*** je désire être mis(e) au courant immédiatement de ce qui s'est passé; ***sie nahmen die ~ seiner Frau über den Unfall vor*** ils/elles se chargèrent d'informer sa femme de l'accident; ***die ~ der Eltern ist bei einem Unfall vorgeschrieben*** il est prescrit d'informer les parents en cas d'accident
2. (*Nachricht*) notification *f*, avis *m*; ***jeder Wehrpflichtige erhält eine besondere ~*** tout mobilisable reçoit personnellement une convocation

benachteiligen * *vt* **1.** (*schlechter behandeln*) ■ **jd/etw benachteiligt jdn [wegen etw] [jdm gegenüber]** qn/qc désavantage [*o* défavorise] qn [en raison de qc] [par rapport à qn]; ■ **jd ist/fühlt sich benachteiligt** qn est/se sent désavantagé(e) [*o* défavorisé(e)]
2. (*zum Nachteil gereichen*) ■ **etw benachteiligt jdn [jdm gegenüber]** qc handicape qn [par rapport à qn]

Benachteiligte(r) *f(m) decl wie adj* déshérité(e) *m(f)*
▶ **jd ist der/die ~** qn est le/la perdant(e), qn est le parent pauvre

Benachteiligung <-, -en> *f* **1.** (*das Benachteiligen*): ***die ~ eines Arbeitnehmers gegenüber Kollegen aus rassischen Gründen ist verboten*** il est interdit de défavoriser un salarié vis à vis de ses collègues pour des raisons raciales; ***durch ständige ~ der Minderheiten*** en défavorisant constamment les minorités
2. (*Nachteil*) handicap *m*

Bendel *s.* **Bändel**

benebeln * *vt fam* ■ **etw benebelt jdn** qc abrutit qn; ■ **~d** enivrant(e), abrutissant(e); ■ **[jd ist] benebelt** [qn est] dans les vapes *fam*; ***die benebelten Zecher*** les buveurs éméchés *fam*; ■ **jd ist von etw benebelt** qn est abruti(e) par qc

Benediktiner(in) <-s, -> *m(f)* bénédictin(e) *m(f)*

Benefizvorstellung *f* gala *m* de bienfaisance

benehmen * *vr irreg* **1.** (*sich gesittet verhalten*) ■ **jd benimmt sich** qn se tient bien; ***hast du denn nie gelernt dich zu ~?*** on ne t'a donc jamais appris à te tenir [comme il faut]?
2. (*sich verhalten*) ■ **jd benimmt sich ...** qn se tient ...; ■ **jd benimmt sich wie jd** qn se comporte comme qn
▶ **jd benimmt sich anständig/gut/schlecht** qn se tient correctement/bien/mal; **benimm dich** tiens-toi bien!

Benehmen <-s> *nt* ∅ (*Verhalten*) comportement *m*; ***was ist denn das für ein ~!*** en voilà des façons [de se comporter]!; ***das ist kein gutes ~*** ce n'est pas comme ça qu'on se tient; ***sie bemühte sich ihre Kinder zu höflichem ~ zu erziehen*** elle s'efforçait d'apprendre à ses enfants les bonnes manières
▶ **jd hat kein ~** qn ne sait pas se tenir, qn n'a aucun savoir-vivre; **jd setzt sich mit jdm ins ~** *form* qn prend langue avec qn *littér*; **jd setzt sich mit jdm über etw ins ~** *form* qn se met d'accord avec qn à propos de qc; **im ~ mit jdm** *form* en accord avec qn

beneiden * *vt* (*neidisch sein auf*) ■ **jd beneidet jdn** qn envie qn, qn jalouse qn; ■ **jd beneidet jdn um etw [*o* einer S. wegen]** qn envie qc à/de qn; ***sie beneidete ihre Freundin um das schöne Kleid*** elle enviait la belle robe de son amie; ***seiner Erfolge wegen wird er von vielen beneidet*** beaucoup lui envient ses succès
▶ **jd ist nicht zu ~** [la situation de] qn n'est guère enviable

beneidenswert I. *adj* enviable; *Mensch* qu'on peut envier; ***jd ist ein ~er Mann/eine ~e Frau*** qn est un homme/une femme qui suscite l'envie; ***du bist wirklich ~!*** il y a de quoi être jaloux de toi!
II. *adv*: ***ihr habt es hier ~ ruhig*** j'envie le calme dont vous bénéficiez ici; ***du bist wirklich ~ naiv!*** *iron* vraiment, j'envie ta naïveté!

Beneluxländer *pl*, **Beneluxstaaten** *pl* ■ **die ~** le Benelux, les pays *mpl* du Benelux

benennen * *vt irreg* **1.** (*mit Namen versehen*) ■ **jd benennt jdn/etw** qn nomme [*o* appelle] qn/qc; ■ **jd benennt jdn nach jdm** qn donne à qn le nom de qn
2. (*nennen*) ■ **jd benennt [jdm/einer S.] jdn [als etw]** qn désigne qn [à qn/qc] [comme qc]; ***dem Gericht wurden drei Zeugen benannt*** trois témoins ont été cités devant le tribunal

Benennung <-, -en> *f* **1.** (*das Benennen*) *verbal übersetzt*; ***die ~ eines Kindes*** le fait de donner un nom à un enfant; ***die ~ eines Kindes nach jdm*** le fait de donner le nom de qn à un enfant; ***die ~ der Straße nach W. Brandt wurde im Stadtrat beschlossen*** le conseil municipal a décidé de donner à la rue le nom de W. Brandt
2. [*Sachverständigen, Kandidaten*] désignation *f*; *Zeuge* citation *f*
3. (*Bezeichnung*) dénomination *f*, appellation *f*

benetzen * *vt geh* ■ **jd benetzt etw [mit etw]** *Lippen* qn humecte qc [de qc]; *Wangen* qn baigne qc [de qc] *littér*; ■ **etw benetzt etw** qc mouille qc; ***der noch mit kühlem Morgentau benetzte Rasen*** le gazon encore humide de rosée; ***Tränen benetzten ihre Wangen*** ses joues étaient baignées de larmes *littér*

Bengel <-s, -[s]> *m* (*frecher Junge*) garnement *m*; ***du frecher/unverschämter ~!*** espèce d'effronté/de petit voyou!; ***was für ein süßer ~!*** quel mignon petit bambin!
▶ **jd wirft den ~ hoch** CH qn place la barre un peu haut, qn jette un peu loin le bouchon

Benimm <-s> *m* ∅ *fam* [bonnes] manières *fpl*; ***der Kerl hat einfach kein ~!***

ce type ne sait pas se tenir

Benjamin <-s, -e> *m* 1. Benjamin *m*
2. *fam* ■ **der ~** le benjamin, le petit dernier *fam*

benommen *adj* (*vom Schlaf, Lärm, durch Tabletten, Drogen*) hébété(e), abruti(e); (*durch einen Schlag*) sonné(e); (*durch einen Schock*) étourdi(e)
▶ **etw macht jdn ~** qc abrutit qn

Benommenheit <-> *f* ∅ engourdissement *m*, hébétude *f*

benoten * *vt* ■ **jd benotet jdn/etw** qn note qn/qc; ***der Lehrer ist mit B~ beschäftigt*** le professeur est occupé à mettre des notes; ■ **jd benotet etw mit etw:** ***seine Arbeit wurde mit „befriedigend" benotet*** son travail a été noté "satisfaisant"; ***ihre Prüfung wurde mit „sehr gut" benotet*** elle a eu son examen avec la mention "très bien"

benötigen * *vt* ■ **jd benötigt etw** qn a besoin de qc, il faut qc à qn; ***wie viel Geld benötigst du von mir?*** combien d'argent faut-il que je te donne?; ***wir ~ dringend Seife*** nous avons un besoin urgent de savon

Benotung <-, -en> *f* SCOL 1. (*das Benoten*) notation *f*; ***ein Schulleiter ist zur ~ des Unterrichts von Junglehrern verpflichtet*** un chef d'établissement est tenu de noter les cours des jeunes stagiaires
2. (*Note*) note *f*; ***er protestierte gegen die schlechte ~ seiner Arbeit*** il a protesté contre la mauvaise note mise à son devoir

benutzbar *adj Gegenstand* utilisable; *Weg* praticable

benutzen * *vt* 1. (*verwenden*) ■ **jd benutzt etw** qn utilise qc; *Abkürzung, Schleichweg a.* qn prend qc; *Bierglas, Gegenstand, Geschirr, Seife a.* qn se sert de qc; *Literatur, Sekundärliteratur, Werk a.* qn consulte qc; *Anlass, Gelegenheit a.* qn profite de [*o* saisit] qc; ***nach dem B~*** après usage; ***das benutzte Geschirr*** la vaisselle sale; ■ **jd benutzt etw als etw** qn utilise qc comme qc [*o* en guise de qc]; ■ **jd benutzt etw für** [*o* **zu**] **etw** qn profite de qc pour faire qc
2. (*fahren mit*) ■ **jd benutzt etw** qn prend qc
3. (*ausnutzen*) ■ **jd benutzt jdn** qn se sert de qn; ***ich lasse mich nicht mehr länger von dir ~!*** tu ne te serviras pas de moi plus longtemps!
▶ **jd fühlt sich benutzt** qn se sent exploité(e)

benützen * *vt* DIAL *s.* **benutzen**

Benutzer(in) <-s, -> *m(f)* utilisateur(-trice) *m(f)*; [*Bibliothek, Leihbücherei, öffentliche Verkehrsmittel*] usager(-ère) *m(f)*

benutzerfreundlich I. *adj Wörterbuch, Gerät* pratique; *Computer, Programm* convivial(e) II. *adv* de manière pratique; ***dieses Wörterbuch ist ~ konzipiert*** ce dictionnaire est d'une conception pratique **Benutzerhandbuch** *nt* guide *m* de l'utilisateur **Benutzeroberfläche** *f* interface *f* d'utilisateur ▶ **graphische ~** interface *f* graphique **Benutzerprofil** *nt* INFORM profil *m* utilisateur **Benutzerschnittstelle** *f* INFORM interface *f* d'utilisateur **benutzerunfreundlich** I. *adj* peu commode; *Computer* peu convivial(e) II. *adv:* ***~ konzipiert*** de conception peu conviviale

Benutzung *f* ∅ (*das Benutzen*) utilisation *f*; [*Gebrauchsgegenstand*] usage *m*; [*Literatur, Sekundärliteratur, Werk a.*] consultation *f*; ***ihm blieb nur die ~ des Busses*** il ne lui restait plus qu'à prendre le bus; ***die ~ der Treppe ist gesünder*** il vaut mieux pour sa santé prendre l'escalier; ***die ~ einer Abkürzung ist empfehlenswert*** on a intérêt à prendre un raccourci; ***nach der ~*** après usage; ■ **die ~ [einer S. (*gen*)] als etw** l'utilisation [de qc] comme [*o* en guise de] qc
▶ **jd hat/nimmt etw in ~** *form* qn a l'/fait usage de qc; **jd überlässt jdm etw zur ~** qn met qc à la disposition de qn

Benutzungsgebühr *f* droit *m* d'utilisation, taxe *f* d'utilisation; (*Leihgebühr*) droit *m* de location, taxe *f* de location

Benzin <-s, -e> *nt* essence *f*; ***die meisten Autos fahren mit ~*** la plupart des voitures roulent à l'essence; ***die Fettflecken bekommt man mit ~ raus*** les taches de graisse partent à l'essence

Benzin- d'essence; *-preis* de l'essence; *-filter, -kocher, -motor* à essence

Benziner <-s, -> *m fam* voiture *m* à essence

Benzinfeuerzeug *nt* briquet *m* à essence **Benzingutschein** *m* bon *m* d'essence **Benzinkanister** *m* bidon *m* d'essence; (*aus Metall mit 20 l Inhalt*) jerricane *m* d'essence **Benzinpumpe** *f* pompe *f* à essence **Benzinverbrauch** *m* consommation *f* d'essence

Benzoesäure ['bɛntsoe-] *f* acide *m* benzoïque

Benzol <-s, -e> *nt* benzène *m*

beobachtbar *adj* observable; ***am Tag sind Planeten nicht ~*** de jour, on ne peut observer les planètes

beobachten * *vt* 1. (*genau betrachten*) ■ **jd beobachtet jdn/etw** qn observe qn/qc; ■ **jd beobachtet jdn bei etw** qn observe qn occupé(e) à qc [*o* en train de faire qc]
2. (*observieren*) ■ **jd/etw wird durch jdn** [*o* **von jdm**] **beobachtet** qn/qc est surveillé(e) par qn; ■ **jd lässt jdn/etw ~** qn fait surveiller qn/qc
3. (*bemerken*) ■ **jd beobachtet etw an jdm/an** [*o* **bei**] **etw** *Auffälliges, Symptom, Veränderung* qn observe [*o* constate] qc chez qn/dans/avec qc
▶ **jd fühlt sich [von jdm] beobachtet** qn a l'impression d'être observé(e) [par qn]; **gut beobachtet!** bien vu!

Beobachter(in) <-s, -> *m(f)* observateur(-trice) *m(f)*; ***ein nicht mitspracheberechtigter ~*** un observateur muet

Beobachtung <-, -en> *f* 1. (*das Beobachten*) observation *f*
2. (*Observierung*) surveillance *f*; ***der Geheimdienst war mit der ~ des Verdächtigen beschäftigt*** les services secrets étaient occupés à surveiller le suspect
3. (*Ergebnis des Beobachtens*) observation *f*, constatation *f*; ***unterrichten Sie mich täglich über Ihre ~en!*** renseignez-moi chaque jour sur ce que vous aurez constaté!
▶ **jd macht [an jdm] eine ~/die ~, dass** qn observe [chez qn] quelque chose/que + *indic*; ***diese ~ habe ich noch nie gemacht*** c'est une chose que je n'ai encore jamais remarquée

Beobachtungsgabe *f* ∅ esprit *m* d'observation **Beobachtungsposten** *m* ▶ **jd ist auf ~** *fam* qn est en faction **Beobachtungssatellit** *m* satellite *m* d'observation

beordern * *vt* ■ **jd beordert jdn zu sich/irgendwohin** qn convoque qn/envoie qn quelque part; ■ **jd wird zu jdm beordert** qn est convoqué(e) chez qn

bepacken * *vt* ■ **jd bepackt jdn/etw/ein Tier [mit etw]** qn charge qn/qc/un animal [de qc]
▶ **schwer bepackt** lourdement chargé(e)

bepflanzen * *vt* ■ **jd bepflanzt etw [mit etw]** qn plante qc [de qc]

Bepflanzung *f* 1. (*das Bepflanzen*): ***die ~ der Gärten soll bald erfolgen*** ce sera bientôt l'époque des plantations dans les jardins; ***sie will die ~ der Beete mit Blumen vornehmen*** elle veut planter des fleurs dans ses plates-bandes
2. (*die Pflanzen*) plantations *fpl*

bepinkeln * I. *vt fam* ■ **jd/ein Tier bepinkelt etw** qn/un animal pisse sur qc [*o* contre qc] *fam;* ■ **bepinkelt** taché(e) d'urine; *Mauer* pisseux(-euse) *fam*
II. *vr fam* ■ **jd bepinkelt sich** qn se pisse dessus *fam;* ■ **jd bepinkelt sich (*dat*) etw** qn pisse sur qc *fam*

bepinseln * *vt* 1. GASTR ■ **jd bepinselt etw [mit etw]** qn badigeonne qc [de qc]
2. MED ■ **jd bepinselt [jdm] etw** qn badigeonne qc [à qn]
3. *fam* (*voll schreiben*) ■ **jd bepinselt etw [mit etw]** qn gribouille [qc] sur qc *fam*

bequatschen * *vt sl* 1. (*bereden*) ■ **jd bequatscht etw [mit jdm]** qn discute de qc [avec qn]; ***das muss ich erst mit meinen Kollegen ~*** je vais d'abord discuter le coup avec les collègues *fam*
2. (*überreden*) ■ **jd bequatscht jdn [dazu etw zu tun]** qn baratine qn [pour qu'il fasse qc] *fam;* ***du hast mich bequatscht!*** tu m'as eu avec ton baratin! *fam;* ***ich habe mich [von ihm] ~ lassen*** il m'a eu au baratin, je me suis laissé embobiner [par lui] *fam*

bequem I. *adj* 1. (*angenehm*) *Sitzmöbel, Kleidungsstück* confortable
2. (*mühelos*) *Bedienung, Handhabung* commode
3. (*leicht zu handhaben*) *Elektrogerät* pratique; ***~ in der Bedienung*** pratique à l'usage
4. (*umgänglich*) *Mensch* accommodant(e), facile à vivre
5. *pej* (*träge*) *Mensch* paresseux(-euse); ***dazu ist er viel zu ~*** il aime beaucoup trop ses aises pour cela
▶ **jd hat es ~ [mit jdm/etw]** qn a la vie facile [avec qn/qc]; **jd macht es sich (*dat*) ~** qn se met à l'aise; ***macht es euch ~*** mettez-vous à votre aise
II. *adv bedienen, handhaben* commodément; *sitzen a.* confortablement; ***dieser Anzug sitzt sehr ~*** ce costume est très confortable

bequemen * *vr* 1. (*sich entschließen*) ■ **jd bequemt sich zu etw** qn consent à [faire] qc; ***sie bequemte sich zu einer Entschuldigung*** elle consentit à présenter des excuses; ■ **jd bequemt sich [dazu] etw zu tun** qn consent à faire qc; ***er konnte sich noch nicht dazu ~ aufzustehen*** il ne pouvait toujours pas se résoudre à se lever
2. (*sich begeben*) ■ **jd bequemt sich zu jdm/irgendwohin** qn consent à se rendre chez qn/quelque part; ***könntest du dich wohl jetzt ins Bett ~?*** veux-tu aller au lit?

Bequemlichkeit <-> *f* ∅ 1. (*Behaglichkeit*) confort *m*
2. (*Trägheit*) paresse *f*
▶ **aus ~** par paresse

berappen * I. *vt fam* ■ **jd berappt etw** qn paie qc; ■ **jd berappt etw für etw** qn crache qc pour [obtenir] qc *pop;* ***für mein Stillhalten werden Sie aber ganz schön was ~ müssen!*** pour que je me taise, vous allez devoir cracher! *pop*
II. *vi fam* ■ **jd berappt** qn casque *pop*, qn raque *pop*

beraten[*1] *irreg* I. *vt* 1. (*Rat geben*) ■ **jd berät jdn** qn conseille qn; ■ **jd lässt sich [von jdm] ~[, ob/wie]** qn se fait conseiller [par qn] [afin de savoir si/comment]
2. (*besprechen*) ■ **sie ~ etw** ils/elles délibèrent de [*o* sur] qc; *Gesetzesnovelle* ils/elles discutent qc
II. *vr* ■ **sie ~ sich [über jdn/etw]** ils/elles délibèrent [au sujet de qn/qc], ils/elles débattent [de qn/qc]; ■ **jd berät sich mit jdm [über jdn/etw]** qn se concerte avec qn [au sujet de qn/qc]

beraten[2] *adj* ***ein steuerlich/rechtlich ~er Mensch*** une personne assistée en matière fiscale/juridique, une personne qui se fait conseiller sur le plan fiscal/juridique; ***jd ist finanziell/steuerlich/rechtlich [...] ~*** qn est [...] renseigné(e) financièrement/en matière fiscale/juridique, qn se fait conseiller sur le plan fiscal/financier/juridique
▶ **jd ist gut/schlecht ~ etw zu tun** qn est bien/mal inspiré(e) de faire qc; **jd ist mit jdm gut/schlecht ~** qn est bien/mal tombé(e) avec qn; ***mit ihm wärst du besser ~ gewesen*** tu serais mieux tombé(e) avec lui

beratend I. *adj* consultatif(-ive)
II. *adv:* ***jd steht jdm ~ zur Seite*** qn assiste qn à titre de conseiller(-ère)

Berater(in) <-s, -> *m(f)* conseiller(-ère) *m(f)*; COM, FIN, JUR conseil *m*

Beratertätigkeit *f* consultation *f* **Beratervertrag** *m* contrat *m* de consultant

beratschlagen * I. *vt* ■ **sie ~ etw** ils/elles délibèrent de qc; ***wir müssen ~, wie*** il faut que nous délibérions de la manière dont
II. *vi* ■ **jd beratschlagt [mit jdm] [über etw (*akk*)]** qn délibère [avec qn] [de qc]; ***es ist inzwischen genug beratschlagt worden*** on a assez discuté comme ça

Beratung <-, -en> *f* 1. (*Besprechung*) délibération *f*; [*Gesetzesnovelle*] discussion *f*; ***die ~ der Zensur zog sich eine Stunde hin*** on délibéra de la note durant une heure; ***die Richter zogen sich zur ~ zurück*** les juges se retirèrent pour délibérer
2. (*das Beraten*) *verbal übersetzt;* ***der ~ des Präsidenten dient ein Beraterstab*** un état-major de conseillers se charge de conseiller le président; ***er***

war auf ~ durch Experten angewiesen il devait s'en remettre aux conseils des experts
3. (*Gespräch*) [*Klient, Patient*] consultation *f*

Beratungsgesetz *nt additif restrictif à la loi sur l'I.V.G., repoussé en 1989* **Beratungsstelle** *f* service *m* de consultation

berauben * *vt* 1. (*bestehlen*) ■ **jd beraubt jdn/etw** qn dévalise qn/qc; ■ **jd beraubt jdn einer S.** (*gen*) qn dépouille qn de qc
2. *geh* (*entziehen*) ■ **jd/etw beraubt jdn einer S.** (*gen*) *seiner Freiheit, seines Rechtes, seiner Unabhängigkeit* qn/qc prive qn de qc; *aller Hoffnung, jeder Zuversicht, der Zukunftsaussichten* qn/qc ôte qc à qn

berauschen * I. *vt geh* ■ **etw berauscht jdn** qc enivre qn
II. *vr geh* ■ **jd berauscht sich an etw** (*dat*) 1. (*sich trunken machen*) qn s'enivre de qc
2. (*in Ekstase geraten*) qn se délecte [*o* se repaît *littér*] de qc; *an Geschwindigkeit* qn se grise de qc

berauschend I. *adj Droge* euphorisant(e), enivrant(e); *Getränke, Wirkung* grisant(e)
▶ [**das war**] **nicht** [**sehr**] ~! *iron* [c'était] pas terrible! *fam,* [ça n'était] pas enthousiasmant!
II. *adv*: *etw wirkt ~ /Droge/* qc agit comme un stupéfiant; */Getränke/* qc a un effet euphorisant

Berber <-s, -> *m s.* **Berberteppich**

Berber(in) <-s, -> *m(f)* 1. GEOG Berbère *mf*
2. *sl* (*Obdachloser*) clodo *mf pop*

Berberitze <-, -n> *f* épine-vinette *f*

Berberteppich *m* tapis *m* berbère

berechenbar *adj* 1. *Kosten, Projekt* évaluable; ■ **etw ist ~** qc peut être évalué(e), qc peut être estimé(e); ■ **etw ist für jdn ~** qn peut évaluer qc, qn peut estimer qc
2. *Politik, Verhalten* prévisible; *ein ~er Mensch* une personne dont on peut prévoir les réaction; *die Politik der Regierung ist ~er geworden* la politique du gouvernement est devenue moins imprévisible; *ihr Verhalten ist im Voraus ~* on peut prévoir ses réactions; *sein Verhalten ist nicht immer ~* son comportement est parfois imprévisible; ■ **jd ist ~** les réactions de qn sont prévisibles

Berechenbarkeit <-> *f* ∅ 1. [*Kosten, Projekt*]: *es kommt auf die ~ der Kosten an* l'important, c'est de pouvoir faire une estimation des frais
2. (*Einschätzbarkeit*): *die ~ von jds Verhalten* la possibilité de prévoir le comportement de qn; *mangelnde ~ eines Mitarbeiters* le caractère imprévisible d'un collaborateur

berechnen * *vt* 1. (*ausrechnen*) ■ **jd berechnet etw** qn calcule qc; ■ **jd berechnet, ob/wie/wie viel etc** qn calcule si/comment/combien
2. (*in Rechnung stellen*) ■ **jd berechnet** [**jdm**] **etw** qn facture [*o* compte] qc [à qn]; *Reparaturen werden* [*Kunden*] *oft zu hoch berechnet* les réparations sont souvent facturées trop cher [aux clients]
3. (*im Voraus abwägen*) ■ **jd berechnet etw** *Effekt, Wort, Geste, Gebärde* qn calcule qc; ■ **jd berechnet etw für jdn/etw** (*vorsehen*) qn prévoit qc pour qn/qc; ■ **etw ist/wird für jdn/etw berechnet** */Rezept/* qc est prévu(e) pour qn/qc; */Spielplatz, Wohnung a./* qc est conçu(e) pour qn/qc

berechnend *adj pej* calculateur(-trice)

Berechnung *f* 1. (*Ausrechnung*) calcul *m; nehmen Sie die ~ des Umfanges dieses Kreises vor!* calculez la circonférence de ce cercle!
2. (*das Inrechnungstellen*) facturation *f; ich hatte die ~ der Flasche Wein vergessen* j'avais oublié de compter la bouteille de vin; *am Wochenende erfolgt die ~ der Spesen* à la fin de la semaine, on fait le compte des frais généraux
3. (*bewusster Einsatz*) [*Effekt, Wort, Geste*] calcul *m; man merkte ihm beim Sprechen die genaue ~ seiner Worte an* quand il parlait, on remarquait à quel point chaque terme était calculé; *dank genauer ~ seiner Gesten* en calculant précisément chacun de ses gestes
4. *pej* (*Eigennutz*) calcul *m; die Gangster gingen mit eiskalter ~ vor* les gangsters opérèrent avec un professionnalisme froid
▶ **aus** ~ par calcul; **gegen** ~ contre paiement; *Brot wird Kunden gegen ~ zur Verfügung gestellt* le pain mis à leur disposition est compté aux clients; **jds ~ nach, nach jds ~** d'après les calculs de qn; **ohne** ~ à titre gracieux; *der Service war ohne ~* le service n'était pas facturé

berechtigen * *vt, vi* 1. (*bevollmächtigen*) ■ **etw berechtigt zu etw** qc donne droit à qc; ■ **etw berechtigt jdn zu etw** qc autorise qn à [faire] qc; ■ **jd ist zu etw berechtigt/dazu berechtigt etw zu tun** qn est habilité(e) à [faire] qc/qn a le droit de faire qc
2. (*Anlass geben*) ■ **etw berechtigt zu etw** *zur Hoffnung* qc autorise qc, qc permet qc; ■ **etw berechtigt** [**jdn**] **zu etw**: *sein Verhalten berechtigt* [*mich*] *zu der Annahme, dass* son attitude m'autorise à supposer que [*o* me fonde à croire que] + *indic*
▶ **jd fühlt sich zu etw berechtigt** qn se sent autorisé(e) [*o* fondé(e)] [*o* légitimé(e)] à faire qc

berechtigt *adj* légitime, justifié(e)

berechtigterweise *adv form* à juste titre, de façon légitime [*o* justifiée]; *ich halte mich hier ~ auf* je suis ici de façon licite

Berechtigung <-, *rare* -en> *f* 1. (*Befugnis*) autorisation *f; Zutritt nur mit ~!* accès réservé [aux personnes munies d'une autorisation]
2. (*Rechtmäßigkeit*) [*Anspruch, Forderung*] légitimité *f,* bien-fondé *m*
▶ **jd hat die/keine ~ etw zu tun** qn est/n'est pas autorisé(e) à faire qc; *er hat die ~ seine Untergebenen auf Fehler hinzuweisen* il est habilité à [*o* a qualité pour] signaler leurs fautes à ses subordonnés

bereden * I. *vt* 1. (*besprechen*) ■ **jd beredet etw** [**mit jdm**] qn discute qc [avec qn]
2. (*überreden*) ■ **jd beredet jdn zu etw/**[**dazu**] **etw zu tun** qn convainc qn de faire qc; *sie war zur Änderung ihrer Meinung beredet worden* on avait réussi à la faire changer d'avis
II. *vr* ■ **sie ~ sich** ils/elles se concertent; ■ **jd beredet sich mit jdm** (*akk*) qn se concerte avec qn; ■ **jd beredet sich mit jdm/sie ~ sich über etw** (*akk*) qn discute avec qn/des personnes discutent de qc

beredsam *adj* 1. *geh* (*redegewandt*) disert(e) *littér,* éloquent(e)
2. *iron* (*schweigsam*) ■ **jd ist** [**sehr**] ~ qn n'est pas très disert(e) *littér,* qn n'est pas très loquace *iron*

Beredsamkeit <-> *f* ∅ *geh* éloquence *f*

beredt *adj geh* 1. (*ausdrucksvoll*) *Geste, Gestik, Gebärde, Mimik* expressif(-ive), suggestif(-ive)
2. (*viel sagend*) *Schweigen, Gesicht, Miene* éloquent(e)

Bereich <-[e]s, -e> *m* 1. (*Gebiet*) zone *f*
2. (*Sach~*) domaine *m,* secteur *m; für den ~ „Personal" ist er zuständig* il est affecté au secteur "personnel"; *er kennt sich in diesem ~ gut aus* c'est là un domaine qui lui est familier
▶ **etw liegt im ~ des Möglichen** qc est du domaine du possible; **etw fällt in jds ~** (*akk*) qc entre dans les attributions de qn, qc est du ressort de qn

bereichern * I. *vr* ■ **jd bereichert sich** [**an etw**] (*dat*) qn s'enrichit [avec qc]
II. *vt* 1. (*erweitern*) ■ **jd/etw bereichert etw** qn/qc enrichit qc
2. (*innerlich reicher machen*) ■ **jd/etw bereichert jdn** qn/qc enrichit qn

Bereicherung <-, -en> *f* (*alle Bedeutungen*) enrichissement *m; man hat ihm ~ während seiner Amtszeit nachgesagt* on a prétendu qu'il s'était enrichi pendant l'exercice de ses fonctions

Bereifung <-, -en> *f* pneumatiques *mpl*

bereinigen * I. *vt* ■ **jd/etw bereinigt etw** qn/qc règle qc; *durch diesen Kompromiss ist die Unstimmigkeit bereinigt* grâce à ce compromis le désaccord est réglé
II. *vr* ■ **etw bereinigt sich** [**von selbst**] qc s'arrange [de lui-même/d'elle-même]

Bereinigung *f* règlement *m; dieses Gespräch soll zur ~ der Angelegenheit beitragen* cette conversation doit contribuer à arranger l'affaire

bereisen * *vt* ■ **jd bereist etw** qn parcourt qc; *Deutschland hat er noch kaum bereist* c'est tout juste s'il a déjà voyagé en Allemagne

bereit *adj* 1. (*fertig*) ■ **jd ist** [**für etw**] ~ qn est prêt(e) [pour qc]; *ich bin noch nicht soweit ~, dass ich* je ne suis pas encore tout à fait prêt(e) à + *infin*
2. (*vorbereitet*) ■ **etw ist** [**für etw**] ~ qc est prêt(e) [pour qc]
3. (*willens*) ■ **jd ist zu etw ~** qn est disposé(e) à [faire] qc; *er war nicht zum freiwilligen Mitkommen ~* il n'était pas disposé à venir de son plein gré; ■ **jd ist ~ etw zu tun** qn est disposé(e) à faire qc
▶ **allzeit** ~[, **immer** ~]! scouts, toujours prêts!; **jd erklärt sich ~ etw zu tun** qn se déclare prêt(e) à faire qc; **jd findet sich zu etw ~** qn se montre disposé(e) à [faire] qc; **jd hält sich** [**für etw**] **~/~ etw zu tun** qn se tient prêt(e) [pour qc]/prêt(e) à faire qc

bereiten * *vt* 1. (*verursachen*) ■ **jd/etw bereitet jdm etw** *Ärger, Freude, Kummer, Schwierigkeiten, Probleme, Vergnügen* qn/qc cause qc à qn, qn/qc apporte qc à qn; *Kopfschmerzen* qn/qc donne qc à qn; *Empfang, Überraschung* qn/qc réserve qc à qn
2. *geh* (*zu~*) ■ **jd bereitet** [**jdm**] **etw** qn prépare qc [à qn]
3. (*vor~*) ■ **jd bereitet etw** [**für etw/jdn**] qn prépare qc [à qn/pour qc]; *alles war für den Empfang bereitet* tout était prêt pour la réception

bereit|habenRR *vt irreg* ■ **jd hat etw bereit** (*parat*) qn a qc en réserve [*o* tout(e) prêt(e)]

bereit|halten *vt irreg* 1. (*griffbereit haben*) ■ **jd hält etw** [**für jdn/etw**] **bereit** *Ausweis, Pass, Geld, Parkschein* qn prépare qc [pour qn/qc]; *Beatmungsgerät, Spritze, Schusswaffe, Bolzenschussapparat* qn tient qc prêt(e) [pour qn/qc]; *bitte die Pässe ~!* veuillez préparer vos passeports!
2. (*in petto haben*) ■ **etw hält etw** [**für jdn**] **bereit** *Überraschung, Veränderung* qc réserve qc [à qn]

bereit|legen *vt* ■ **jd legt** [**jdm**] **etw** [**für etw**] **bereit** qn prépare qc [à qn] [pour qc]

bereit|liegen *vi irreg* 1. (*abholbereit sein*) ■ **etw liegt bereit/für jdn bereit** qc est prêt(e)/à la disposition de qn; ■ **etw liegt** [**zu/für etw**] **bereit** qc est prêt(e) à [faire]/pour qc; *etw ist zur Abholung bereit* qc est prêt(e) à être emporté(e); *der Bauschutt liegt schon seit Tagen bereit* les décombres attendent depuis des jours [d'être enlevés]
2. (*griffbereit sein*) ■ **etw liegt** [**für etw**] **bereit** qc est prêt(e) [en cas de qc]
3. NAUT ■ **etw liegt** [**zu etw**] **bereit** qc est prêt(e) à qc; *das Schiff liegt zum Ablegen bereit* le bateau est prêt à appareiller

bereit|machen *vr* ■ **jd macht sich** [**für jdn/etw**] **bereit** qn se prépare [pour qn/qc]

bereits *adv* déjà

Bereitschaft <-, -en> *f* 1. ∅ (*Bereitwilligkeit*) bonne volonté *f; ist das nur mangelnde ~?* est-ce seulement un manque de bonne volonté?; *ohne die ~ der Bevölkerung dazu* si la population n'y est pas disposée; *nur bei innerer ~ dazu durchzuhalten, können wir …* ce n'est que si nous sommes intimement disposés à tenir que nous pourrons …
2. ∅ (*Bereitschaftsdienst*) service *m* de garde
3. (*Einheit der Polizei*) unité *f* de gardes mobiles
▶ **jd erklärt seine ~ zu etw/etw zu tun** qn se déclare prêt(e) à qc/à faire qc; **jd hat ~** qn est de [service de] garde; **jd/etw ist in ~** qn/qc est en alerte, qn/qc est prêt(e) à intervenir

Bereitschaftsarzt *m,* **-ärztin** *f* médecin *m* de garde **Bereitschaftsdienst** *m* service *m* de garde ▶ **jd hat ~** qn est de garde **Bereitschaftspolizei** *f corps de police correspondant aux Compagnies Républicaines de Sécurité*

bereit|stehen *vi irreg* ■ **etw steht** [**für jdn**] **bereit** qc est prêt(e) [pour qn]; *Ihr Taxi steht* [*unten*] *für Sie bereit* votre taxi vous attend [en bas]; ■ **etw**

steht für [*o* zu] etw bereit qc est prêt(e) pour qc; ***für den Angriff standen 23 Divisionen bereit*** 23 divisions se tenaient prêtes à l'attaque; ***etw steht zur Abholung bereit*** qc est prêt(e) à être emporté(e)

bereit|stellen *vt* 1. (*zur Verfügung stellen*) ■ **jd stellt etw bereit** qn prépare qc; ■ **jd stellt etw für jdn bereit** qn met qc à la disposition de qn
2. (*vorbereitend hinstellen*) ■ **jd stellt etw [für etw] bereit** qn prépare qc [pour qc]; ***alle notwendigen Werkzeuge sind schon bereitgestellt*** tous les instruments nécessaires sont déjà mis en place
3. EISENBAHN ■ **jd stellt etw bereit** qn prévoit qc
4. MIL ■ **jd stellt etw bereit** qn met qc en place

Bereitstellung *f* [*Fahrzeug, Material, Mittel*] mise *f* à disposition; EISENBAHN mise *f* en place; MIL mise *f* en place; ***bei ~ eines Taxis hätte ich ...*** si un taxi avait été mis à ma disposition, j'aurais ...; ***sie ist selbst für die ~ eines Computers verantwortlich*** c'est à elle de se procurer un ordinateur

bereitwillig I. *adj* 1. *Helfer, Verkaufspersonal* empressé(e); ***ich bin gerne Ihr ~er Helfer*** je suis tout disposé(e) à vous aider
2. *Auskunft, Angebot:* ***Sie können mit einem ~en Angebot rechnen*** soyez sûr qu'on vous servira avec empressement; ***auf Fragen von Kunden erwarte ich von jedem Mitarbeiter die ~ste Auskunft*** j'attends de tout le personnel qu'il renseigne les clients avec le plus grand empressement
II. *adv* avec empressement; ***er gestand ~*** il s'empressa d'avouer

Bereitwilligkeit <-> *f* ∅ empressement *m;* ***seine geringe ~*** son peu d'empressement

bereuen * *vt* ■ **jd bereut etw** qn se repent de qc; ■ **jd bereut etw getan zu haben** qn se repent d'avoir fait qc

Berg <-[e]s, -e> *m* 1. GEOG montagne *f;* (*kleiner*) colline *f*
2. *pl* (*Gebirge*) montagne *f;* ***in die ~e fahren*** aller à la montagne; ***in den ~en der Alpen*** dans les montagnes des Alpes; ***sie hielten sich lange in den ~en auf*** ils ont vécu longtemps à la montagne
3. (*Menge*) ■ **ein ~/~e von etw** une montagne/des monceaux de qc
► ~ **Heil!** *salut que s'adressent les montagnards;* **wenn der ~ nicht zum Propheten kommt, muss der Prophet zum ~e kommen** *prov* si la montagne ne veut pas venir à Mahomet, Mahomet ira à elle; **über ~ und Tal** par monts et par vaux; **jd verspricht jdm goldene ~e** qn promet monts et merveilles à qn; **jd hält mit etw hinterm** [*o* **hinter dem**] **~** qn fait mystère de qc; ***warum hast du mit deinem Wissen so lange hinterm ~ gehalten?*** pourquoi as-tu si longtemps fait mystère de ce que tu savais?; **jd ist am ~** CH qn est devant un mur; **jd ist/ist noch nicht über den ~** *fam* qn a passé le cap [difficile]/n'est pas sorti de l'auberge *fam;* **jd ist über alle ~e** *fam* qn a pris le large *fam*

Berg- 1. (*die Berge betreffend*) de montagne; *-luft* de la montagne; *-spaziergang* en montagne; *-volk* montagnard(e)
2. (*Bergbau-*) des mines

-berg *m* (*große Menge*) montagne *f* de

bergab *adv* (*den Berg hinab*) en descente; ***erst gingen sie ein Stückchen ~*** ils commencèrent par descendre un peu; ***es geht ~*** ça descend ► **mit jdm geht es ~** qn file un mauvais coton; **mit etw geht es ~** qc est sur la mauvaise pente, qc périclite **bergabwärts** *adv* en descente **Bergahorn** *m* [érable *m*] sycomore *m* **Bergakademie** *f* école *f* des mines

Bergamotte <-, -n> *f* bergamotier *m*

Bergamt *nt* service *m* des mines **bergan** *adv s.* **bergauf. Bergarbeiter(in)** *m(f) s.* **Bergmann. bergauf** *adv* en montant; ■ **jd geht ~** qn grimpe, qn gravit la pente; ■ **etw führt ~** qc monte en pente raide; ***er wies ~*** il montra vers le haut ► **es geht ~/mit jdm ~** qn remonte la pente, qn reprend du poil de la bête *fam;* **es geht ~/mit etw ~** ça va mieux/qc va mieux; ***es geht mit den Umsätzen wieder ~*** les affaires reprennent **bergaufwärts** *adv s.* **bergauf 1. Bergbahn** *f* (*Zahnradbahn*) train *m* de montagne; (*Seilbahn*) téléphérique *m* **Bergbau** *m* ∅ industrie *f* minière; ***viele arbeiten im ~*** beaucoup travaillent à la mine; ***sie leben vom ~*** ils vivent de la mine **Bergbewohner(in)** *m(f)* montagnard(e) *m(f)*

Bergelohn *m* indemnité *f* de sauvetage

bergen <birgt, barg, geborgen> *vt* 1. (*retten*) ■ **jd birgt jdn [aus etw]** qn sauve qn [de qc]; *Eingeschlossenen, Verschütteten, Unfallopfer* qn dégage qn [de qc]; *Ertrunkene* qn remonte qn [de qc]; ■ **jd birgt etw [aus etw]** *Kunstschatz, Hausrat* qn sauve qc [de qc]; *giftige Fässer, Schiffsladung* qn récupère qc; *gesunkenes Schiff, Tanker* qn renfloue qc
2. *geh* (*enthalten*) ■ **etw birgt etw** (*dat*) *Schätze, Kunstschätze* qc recèle qc; ■ **etw birgt etw in etw** (*dat*) qc recèle qc dans qc
3. (*mit sich bringen*) ■ **etw birgt etw [in sich]** *Gefahr, Risiko, Vorteil* qc présente [*o* comporte] qc
4. (*schützen*) ■ **etw birgt jdn [vor etw]** qc abrite qn [de qc]; ■ **jd birgt jdn [vor jdm]** *Verfolgten etc* qn protège qn [de qn]; *s. a.* **geborgen**
5. *geh* (*verbergen*) ■ **jd birgt etw an/in etw** (*dat*) *Gesicht, Kopf* qn dissimule qc contre/dans qc

Bergfahrrad *nt* vélo *m* tout terrain, V.T.T. *m* **Bergfried** <-[e]s, -e> *m* donjon *m* **Bergführer(in)** *m(f)* guide *m* de montagne **Berggipfel** *m* sommet *m* **Berghang** *m* versant *m* **berghoch** I. *adj* haut(e) comme une montagne; ***berghohe Wellen*** des vagues hautes comme des montagnes; ***berghohe Müllhaufen*** des montagnes de détritus II. *adv:* ***der Müll türmt sich ~*** des montagnes de détritus s'amoncellent; ***die Wellen türmten sich ~*** les vagues se dressaient hautes comme des montagnes **Berghütte** *f* refuge *m*

bergig *adj* montagneux(-euse); (*hügelig*) vallonné(e)

Bergkette *f* chaîne *f* de montagnes **Bergkristall** *m* cristal *m* de roche **Bergkuppe** *f* dôme *m,* mamelon *m;* TRANSP côte *f;* ***der Unfall befindet sich hinter einer ~*** l'accident est masqué par une côte **Bergland** *nt* région *f* montagneuse **Bergmann** <-leute> *m* mineur *m* **Bergnot** *f* ► **jd ist** [*o* **gerät**] **in ~** qn est en détresse [*o* se trouve en difficulté]; **jd rettet jdn aus ~** qn porte secours à qn en détresse [*o* difficulté] **Bergpredigt** *f* sermon *m* sur la montagne **Bergrücken** *m* arête *f* **Bergrutsch** *m* glissement *m* de terrain **Bergstation** *f* station *f* supérieure, [gare *f* d']arrivée *f* du téléphérique **bergsteigen** *vi irreg, nur infin und pp + sein o haben* faire de l'alpinisme; ***wir waren ~*** nous avons fait de l'alpinisme; ■ **[das] B~** l'alpinisme *m;* ***zum B~*** pour faire de l'alpinisme ► **jd geht ~** qn part faire de l'alpinisme **Bergsteiger(in)** <-s, -> *m(f)* alpiniste *mf* **Bergstraße** *f* 1. route *f* de montagne 2. GEOG ■ **die ~** *région allemande à l'ouest de l'Odenwald* **Bergtour** [-tuːɐ] *f* randonnée *f* en montagne **Berg-und-Tal-Fahrt** *f* parcours *m* de montagnes russes

Bergung <-, -en> *f* sauvetage *m;* [*gesunkenes Schiff*] renflouement *m;* [*Ladung*] récupération *f;* ***die ~ der Opfer/Toten war aussichtslos*** il était impossible de dégager les victimes/morts; ***die ~ der Ertrunkenen war schwierig*** il était difficile de remonter les noyés

Bergungsarbeiten *pl* opérations *fpl* de sauvetage; [*gesunkenes Schiff*] opérations *fpl* de renflouement; [*Ladung*] entreprise *f* de récupération; (*in Bezug auf Verschüttete, Toten, Unfallopfer*) opérations *fpl* de dégagement; (*in Bezug auf Ertrunkene*) opérations *fpl* de remontée **Bergungsmannschaft** *f* équipe *f* de secours [*o* sauvetage] **Bergungstrupp** *m* groupe *m* de sauveteurs

Bergwacht *f* secours *m* en montagne **Bergwand** *f* paroi *f* rocheuse, mur *m;* ***steile ~̈e*** des parois abruptes **Bergwanderung** *f* randonnée *f* en montagne **Bergwerk** *nt* mine *f;* ***er arbeitet im ~*** il travaille à la mine

Beriberi <-> *f* ∅ béribéri *m*

Bericht <-[e]s, -e> *m* 1. MEDIA reportage *m;* [*Zeitung a.*] compte rendu *m;* ***der ~ vom Tage*** le compte rendu de la journée; ***widersprüchliche ~e*** des informations contradictoires; ***ein ausführlicher ~ über die Gespräche in Berlin*** un compte rendu détaillé des entretiens de Berlin; ***ein offizieller ~*** un communiqué officiel
2. (*Report*) rapport *m,* compte rendu *m;* ***schriftlicher/ausführlicher ~*** [***über etw*** (*akk*)] rapport écrit/détaillé [sur qc]; ***geben Sie mir einen ~ von den Aktivitäten der Streikenden!*** faites-moi un rapport des activités du personnel en grève!; ***Sie sind für 16 Uhr zum ~ zur Geschäftsleitung bestellt*** vous êtes convoqué au rapport pour 16 heures à la direction
► **jd erstattet [jdm] [über etw** (*akk*)**] ~** *form* qn fait un rapport [à qn] [sur qc]

berichten * I. *vi* 1. MEDIA ■ **jd berichtet [von irgendwoher]** qn envoie un reportage [de quelque part]; ■ **jd berichtet für jdn/etw** qn travaille comme correspondant(e) pour qn/qc; ***wie unsere Reporterin aus Beirut [soeben] berichtet*** comme nous le communique [à l'instant] notre envoyée spéciale à Beyrouth; ***wie soeben berichtet wird*** comme on nous le communique à l'instant; ***wir ~ für Sie vom Tage*** voici pour vous le résumé de la journée; ***das Fernsehen berichtet über etw*** (*akk*) la télé nous informe sur qc
2. (*mitteilen*) ■ **jd berichtet jdm über etw** (*akk*) qn rend compte à qn de qc, qn informe qn de qc; ■ **jd berichtet jdm darüber, dass** qn informe qn que + *indic;* ***ich werde dir ~, warum*** je vais t'exposer les raisons pour lesquelles; ***~ Sie mir sofort, wenn Sie etwas erfahren*** informez-moi immédiatement si vous apprenez quelque chose; ***von Zeugen wurde uns berichtet, wie ...*** des témoins nous ont appris comment ...; ***es wird berichtet, dass*** on raconte que + *indic*
3. CH (*erzählen*) ■ **jd berichtet** ils/elles discutent; ***es gibt viel zu ~*** il y a beaucoup de choses à raconter
II. *vt* (*erzählen*) ■ **jd berichtet [jdm] etw** qn raconte qc [à qn]; ***es gibt so Verschiedenes zu ~!*** il y a pas mal de choses à raconter!
► **falsch/recht berichtet** CH mal/bien informé(e)

Berichterstatter(in) <-s, -> *m(f)* reporter *mf,* correspondant(e) *m(f)* **Berichterstattung** *f* 1. MEDIA reportage *m* 2. POL consultation *f;* ***der Botschafter wurde zur ~ zurückgerufen*** l'ambassadeur a été rappelé en consultation

berichtigen * I. *vt* ■ **jd berichtigt jdn/etw** qn corrige qn/qc; JUR *Urteilstext, Aussage a.* qn rectifie qc; ***etw in einem Punkt ~*** corriger qc sur un point
II. *vr* ■ **jd berichtigt sich** qn se corrige, qn rectifie son erreur
III. *vi* ■ **jd berichtigt** qn rectifie; ■ **~d** rectificatif(-ive); ***ein ~der Hinweis*** un rectificatif; ***eine ~de Bemerkung*** un correctif, une correction

Berichtigung <-, -en> *f* 1. (*das Berichtigen*) correction *f*
2. JUR rectification *f*
3. SCOL correction *f*

Berichtsjahr *nt* exercice *m,* année *f* de référence

beriechen * *irreg* I. *vt* ■ **jd/ein Tier beriecht jdn/etw** qn/un animal renifle qn/qc
II. *vr fam* ■ **sie ~ sich [gegenseitig]** ils/elles font connaissance

berieseln * *vt* 1. (*bewässern*) ■ **jd/etw berieselt etw** qn/qc arrose qc; ***die Beete werden [dünn] berieselt*** on arrose les plates-bandes en pluie
2. *fam* (*einwirken auf*) ■ **etw berieselt jdn** /*Musik, Werbung*/ qc inonde qn; ***man wird andauernd von Werbung berieselt*** on subit constamment l'effet insidieux de la publicité; ***ich kann nicht arbeiten und mich gleichzeitig von Musik ~ lassen*** je n'arrive pas à travailler quand il y a de la musique

Berieselung <-, -en> *f* 1. AGR arrosage *m;* ***das Bewässern durch ~*** l'arrosage en pluie
2. *fam:* ***die ~ der Hörer mit*** [*o* ***durch***] ***Werbung nimmt ständig zu*** les auditeurs subissent de plus en plus l'effet insidieux de la publicité; ***eine ~ mit*** [*o* ***durch***] ***Musik*** une musique de fond lancinante

Berieselungsanlage *f* installation *f* [*o* dispositif *m*] d'arrosage

beritten *adj* à cheval; ***~e Polizei*** police montée

Berkelium <-> *nt* ∅ CHEM berkélium *m*

Berlin <-s> *nt* Berlin

Berliner[1] <-s, -> *m* GASTR DIAL beignet *m*

Berliner[2] *adj attr* berlinois(e); ***das ~ Wappen*** les armoiries de Berlin

Berliner(in) <-s, -> *m(f)* Berlinois(e) *m(f)*

berlinern * *vi fam* ■ **jd berlinert** qn baragouine [en] berlinois; ***kannst du nicht dein B~ sein lassen?*** si tu cessais de baragouiner [en] berlinois?
Bermudadreieck *nt* triangle *m* des Bermudes **Bermudainseln** *pl* ■ **die** ~ les Bermudes *fpl*
Bermudas[1] *pl* ■ **die** ~ les Bermudes *fpl*
Bermudas[2] *pl*, **Bermudashorts** [-ʃɔrts, -ʃɔ:ɐts] *pl* bermuda *m*
Bern <-s> *nt* Berne
Berner *adj attr* de Berne, bernois(e)
Berner(in) <-s, -> *m(f)* Bernois(e) *m(f)*
Bernstein *m* ∅ ambre *m* jaune
Bernstein- d'ambre **bernsteinfarben** *adj* ambré(e), ambre
Berserker <-s, -> *m* ▸ **jd arbeitet wie ein** ~ qn travaille comme un(e) forcené(e); **jd kämpft wie ein** ~ qn se bat comme un [beau] diable; **jd tobt wie ein** ~ qn est comme fou(folle) furieux(-euse)
bersten <birst, barst, geborsten> *vi + sein geh* **1.** (*auseinander platzen*) ■ **etw birst** /*Ballon*/ qc éclate, qc crève; /*Glasgeschirr, Vase, Kunststoffgegenstand*/ qc se fend, qc claque; /*Erde, Körper*/ qc explose
2. (*platzen*) ■ **jd birst vor etw** (*dat*) *vor Neugierde, Ungeduld, Wut* qn crève de qc
▸ **zum B~ voll** *fam* plein(e) à craquer
Berstschutz *m* barrière *f* de sécurité anti-explosion
Berta <-> *f* ▸ **die dicke** ~ HIST *fam* la grosse Bertha *fam*
berüchtigt *adj* **1.** (*in schlechtem Ruf*) tristement célèbre; (*übel beleumdet*) mal famé(e)
2. (*gefürchtet*) *Keule, Wutanfall* fameux(-euse); *Foltermethode* tristement célèbre; ■ **jd/etw ist wegen etw** ~ qn/qc n'est que trop connu(e) pour qc
berückend *adj geh* ravissant(e); ***sie ist eine ~e Schönheit*** c'est une beauté
▸ **etw ist nicht gerade** [*o* **sehr**] ~ *iron fam* qc n'est pas spécialement réjouissant(e) *fam*; ***das war nicht sehr*** [*o* ***nicht gerade***] [*o* ***alles andere als***] ~ c'était pas terrible *fam*
berücksichtigen * *vt* **1.** (*in Rechnung stellen*) ■ **jd berücksichtigt etw** qn tient compte de qc; *Alter a.* qn considère qc; ■ **etw wird berücksichtigt** qc est pris(e) en compte; ■ **jd berücksichtigt, dass** qn prend en considération que + *indic*, qn considère que + *indic*
2. (*positiv bedenken*) ■ **jd berücksichtigt jdn/etw** qn prend qn/qc en considération; *Bewerber, Bewerbung a.* qn retient qn/qc
▸ **wenn man berücksichtigt, dass** quand on considère que + *indic*
Berücksichtigung <-> *f* ∅ prise *f* en considération; ***auch ohne ~ seines Alters*** même si on ne tient pas compte de son âge; ***bei ~ einer möglichen Zinssteigerung*** si on tient compte d'une éventuelle hausse des intérêts; ***die ~ Ihrer Bewerbung war uns nicht möglich*** il ne nous a pas été possible de retenir votre candidature
▸ **in/unter** ~ **einer S.** (*gen*) compte tenu de qc; *Alter, Verdienst a.* en considération de qc
Beruf <-[e]s, -e> *m* profession *f*; (*handwerklich*) métier *m*
▸ **freier** ~ profession libérale; **jd ergreift einen** ~ qn choisit une profession [*o* un métier]; **jd ist etw von** ~ qn est qc de métier; ***was sind Sie von ~?*** quelle est votre profession ?; **jd steht im** ~ qn exerce une activité professionnelle; **jd übt einen** ~ **aus** qn exerce une profession; **jd hat seinen** ~ **verfehlt** qn a raté sa vocation; **von** ~**s wegen** à cause de sa profession
berufen[1] *adj* **1.** (*kompetent*) qualifié(e), compétent(e)
2. *bes.* REL (*auserwählt, bestimmt*) ■ **jd ist zu etw** ~ qn a la vocation pour qc; ■ **jd ist von jdm/etw zu etw** ~ qn est appelé(e) par qn/qc à qc
▸ **jd fühlt sich für etw ~/~ etw zu tun** qn se sent une vocation pour qc/la vocation de faire qc, qn se sent appelé(e) à qc/à faire qc; **viele sind** ~ BIBL il y a beaucoup d'appelés
berufen*[2] *irreg* **I.** *vt* (*ernennen*) ■ **jd beruft jdn zu etw** qn nomme qn qc
▸ **ich will etw nicht** ~ *fam* j'aime autant pas parler de qc *fam*; ***ich will es nicht ~*** *fam* je veux pas parler de malheur *fam*
II. *vr* ■ **jd beruft sich auf jdn/etw** qn se réfère à qn/qc
III. *vi* AUS (*Berufung einlegen*) ■ **jd beruft** qn fait appel
beruflich **I.** *adj* professionnel(le)
II. *adv* du point de vue professionnel; ■ **jd ist** ~ **etw** qn est qc [de son métier]; ***er ist ~ sehr viel unterwegs*** il est très souvent en déplacement d'affaires; ***sie ist ~ in Frankreich*** [***unterwegs***] elle est en France pour affaires; ***was machen Sie ~?*** quelle est votre profession?
Berufs- professionnel(le) **Berufsausbildung** *f* formation *f* professionnelle **Berufsaussichten** *pl* débouchés *mpl*, perspectives *fpl* professionnelles **Berufsbeamtentum** *nt* fonctionnariat *m*; (*die Beamten*) corps *m* des fonctionnaires **berufsbedingt** *adj* professionnel(le) **Berufsberater(in)** *m(f)* conseiller(-ère) *m(f)* d'orientation, orienteur(-euse) *m(f)* **Berufsberatung** *f* orientation *f* professionnelle **Berufsbezeichnung** *f* profession *f*, qualité *f*; ***was ist Ihre genaue ~?*** quelle est votre profession exacte? **berufsbezogen** **I.** *adj* professionnel(le); ***~er Unterricht*** cours d'enseignement professionnel **II.** *adv*: ***an dieser Schule wird ~ unterrichtet*** dans cette école, on fait de l'enseignement professionnel **Berufsbild** *nt* profil *m* d'une profession **Berufserfahrung** *f* expérience *f* professionnelle **Berufsethos** *nt* déontologie *f* professionnelle **Berufsfachschule** *f* école *f* d'enseignement professionnel **Berufsfeuerwehr** *f* [sapeurs-]pompiers *mpl* professionnels **berufsfremd** *adj* (*nicht zum Beruf gehörend*) *Mensch* qui n'est pas du métier; (*ohne entsprechende Ausbildung*) qui n'a pas la formation [professionnelle] requise; *Tätigkeit* qui ne correspond pas à la formation [professionnelle] de qn **Berufsgeheimnis** *nt* secret *m* professionnel **Berufsgenossenschaft** *f* caisse *f* de prévoyance accidents **Berufsheer** *nt* armée *f* de métier **Berufskleidung** *f* vêtement *m* de travail **Berufskrankheit** *f* maladie *f* professionnelle **Berufsleben** *nt* vie *f* professionnelle ▸ **jd steht im** ~ qn exerce une activité [*o* profession] **berufsmäßig** **I.** *adj* professionnel(le) **II.** *adv* professionnellement; ***etwas, was man ~ betreibt*** une activité qu'on pratique à titre professionnel **Berufsoffizier(in)** *m(f)* officier *m* d'active **Berufsrisiko** *nt* risques *mpl* du métier **Berufsschule** *f* centre *m* de formation [professionnelle] **Berufsschüler(in)** *m(f)* élève *mf* d'un centre de formation [professionnelle] **Berufssoldat(in)** *m(f)* soldat(e) *m(f)* de métier **Berufsspieler(in)** *m(f)* **1.** SPORT professionnel(le) *m(f)* **2.** (*Glücksspieler*) [joueur] professionnel/[joueuse] professionnelle *m/f* **Berufssportler(in)** *m(f)* [sportif] professionnel/[sportive] professionnelle *m/f* **Berufsstand** *m* corps *m* de métier; [*Ärzte, Anwälte*] ordre *m* **berufstätig** *adj* qui travaille; ■ **jd ist** ~ qn travaille **Berufstätige(r)** *f(m) decl wie adj* personne *f* active **Berufstätigkeit** *f* activité *f* professionnelle **berufsunfähig** *adj* qui ne peut plus exercer sa profession; ■ **jd ist** ~ qn ne peut plus exercer sa profession **Berufsunfähigkeit** *f* incapacité *f* à exercer sa profession **Berufsverband** *m* association *f* professionnelle **Berufsverbot** *nt* interdiction *f* professionnelle ▸ **jd erteilt jdm ~, jd erlegt jdm ein** ~ **auf** qn frappe qn d'interdiction [professionnelle]; **jd hat** ~ qn est victime d'interdiction [professionnelle] **Berufsverbrecher(in)** *m(f)* professionnel(le) *m(f)* [du crime] **Berufsverkehr** *m* circulation *f* aux heures de pointe [*o* d'affluence]; ***jd bleibt im ~ stecken*** qn est coincé(e) dans les bouchons des heures de pointe **Berufsvorbereitungsjahr** *nt* année *f* de stage préprofessionnel **Berufswahl** *f* choix *m* d'une profession; ***die Freiheit der ~*** la liberté de choisir sa profession; ***meine ~*** le choix de ma profession **Berufswechsel** *m* changement *m* de métier
Berufung <-, -en> *f* **1.** JUR appel *m*; ***jd rät jdm zur ~*** qn conseille à qn de faire appel; ■ ~ **gegen etw** recours *m* contre qc
2. (*Angebot für ein Amt*) ■ ~ [**auf/in etw** (*akk*)] nomination *f* [à qc]
3. REL ■ **jds** ~ [**zu etw**] la vocation de qn [pour qc]
4. (*Bezug*) ■ **die** ~ **auf jdn/etw** *verbal übersetzt*; ***die ~ auf Befehle hilft nichts*** il ne sert à rien de se référer [*o* faire référence] à des ordres
▸ ~ **in erster/zweiter Instanz** appel d'un jugement de première/seconde instance; **jd geht in die** ~ qn se pourvoit en appel; **jd legt** ~ [**bei jdm**] [**gegen etw**] **ein** qn fait appel [de qc] [auprès de qn]; **aus** ~ par vocation; **unter** ~ **auf jdn/etw** en se référant à qn/qc
Berufungsfrist *f* délai *m* d'appel **Berufungsgericht** *nt* cour *f* d'appel **Berufungsinstanz** *f* tribunal *m* d'appel [*o* d'instance] **Berufungsklage** *f* appel *m*
beruhen * *vi* ■ **etw beruht auf etw** (*dat*) /*Angelegenheit, Bericht*/ qc repose sur qc; /*Brauch, Fest, Zeremonie*/ qc remonte à qc
▸ **jd lässt etw auf sich** (*dat*) ~ qn ne donne pas suite à qc; **jd lässt etw mit einer S. auf sich** ~ qn se contente dans qc d'une chose
beruhigen * **I.** *vt* **1.** (*beschwichtigen*) ■ **jd beruhigt jdn** qn rassure qn
2. (*ruhig machen*) ■ **jd/etw beruhigt jdn/etw** /*Mutter, Arzt, Medikament*/ qn/qc calme qn/qc; /*Auskunft, Nachricht, Umstand*/ qc rassure [*o* tranquillise] qn
3. (*Verkehr reduzieren*) ■ **jd beruhigt etw** *Innenstadt, Verkehr, Wohngebiet* qn rend qc plus calme
II. *vr* ■ **jd/etw beruhigt sich** qn/qc se calme
beruhigend **I.** *adj* **1.** (*ruhig machend*) rassurant(e); *Musik* apaisant(e)
2. PHARM calmant(e)
II. *adv* (*Sorgen nehmend*) de façon rassurante; ***jd/etw wirkt auf jdn ~*** (*nimmt jds Sorgen*) qn/qc a un effet rassurant sur qn; (*macht jdn weniger nervös*) /*Musik*/ qc a un effet apaisant sur qn; ***etw wirkt ~*** PHARM qc a un effet calmant
beruhigt **I.** *adj* ■ **jd ist** ~ qn est rassuré(e)
II. *adv* rassuré(e), l'esprit tranquille
Beruhigung <-> *f* ∅ **1.** (*das Beschwichtigen*) *verbal übersetzt*; ***das dient der ~ der Zuhörer*** c'est pour rassurer les auditeurs
2. [*Patient, Kind, Schüler*] *verbal übersetzt*; ***ihr gelang die ~ des Kinds nicht*** elle ne réussit pas à calmer l'enfant; ***etwas*** [*o* ***ein Mittel***] ***zur ~*** un calmant; ***Musik hat die ~ der Nerven zur Folge*** la musique calme les nerfs; ***zur ~ der Nerven*** pour calmer les nerfs
3. (*das Beruhigtsein*) apaisement *m*
▸ **zu jds** ~ pour rassurer qn; pour calmer qn; ***zu deiner ~*** pour te rassurer
Beruhigungsmittel *nt* calmant *m*, tranquillisant *m* **Beruhigungspille** *f* calmant *m* **Beruhigungsspritze** *f* piqûre *f* calmante
berühmt *adj Künstler, Wissenschaftler, Buch, Kunstwerk* célèbre; *Anbaugebiet, Lage, Name, Restaurant, Volkspark* réputé(e); ■ **jd/etw ist für** [*o* **wegen**] **etw** ~ qn/qc est réputé(e) [*o* renommé(e)] pour qc
▸ **etw ist nicht gerade** [**sehr**] ~ *fam* qc est pas fameux(-euse) *fam*
Berühmtheit <-, -en> *f* **1.** ∅ [*Künstler, Wissenschaftler, Buch, Kunstwerk*] célébrité *f*; [*Anbaugebiet, Lage, Name, Restaurant, Volkspark*] réputation *f*; [*Name*] notoriété *f*
2. (*Mensch*) célébrité *f*
▸ **jd/etw gelangt zu trauriger** ~ qn/qc se rend tristement célèbre; **jd/etw erlangt** ~ qn/qc devient célèbre
berühren * **I.** *vt* **1.** (*anfassen*) ■ **jd/etw berührt jdn/etw** qn/qc touche qn/qc; MATH qc touche qc; ***jd berührt etw leicht*** qn effleure qc
2. (*seelisch bewegen*) ■ **etw berührt jdn** qc touche qc; ***etw berührt jdn angenehm*** qc est agréable à qn; ***etw berührt jdn peinlich*** qc gêne qn; ***etw berührt jdn schmerzlich*** qc fait mal à qn; ***etw berührt jdn seltsam*** qc fait un drôle d'effet à qn
3. (*kurz erwähnen*) ■ **jd/etw berührt etw** qn/qc aborde qc; ***jd/etw berührt etw nur kurz*** qn/qc ne fait qu'effleurer qc
4. (*auf Reise streifen*) ■ **jd/etw berührt etw** qn/qc passe par qc; ***ohne die Küste zu ~*** sans accoster
II. *vr* **1.** (*Kontakt haben*) ■ **sie** ~ **sich** /*Menschen, Drähte, Strom führende Teile, Gegenstand*/ ils/elles se touchent; ■ **sie** ~ **sich mit etw** /*Menschen*/ ils/elles ont qc qui se touche
2. (*übereinstimmen*) ■ **sie** ~ **sich** [**in etw** (*dat*)] /*Ideen, Vorstellungen, Interessen*/ des choses se rejoignent [sur qc]

berührt *adj* ■ **jd ist von etw ~** qn est touché(e) par qc; ***jd ist von etw angenehm ~*** qc fait plaisir à qn; ***jd ist von etw peinlich ~*** qn est gêné(e) par qc; ***jd ist von etw schmerzlich ~*** qn est peiné(e) par qc

Berührung <-, -en> *f* **1.** (*Kontakt*) contact *m;* (*leichte, vorsichtige, flüchtige ~*) effleurement *m;* ***nimm dich in Acht vor ~ des elektrischen Zauns!*** fais attention de [*o* à] ne pas toucher la clôture électrique!; ■ **~ durch jdn** contact de [*o* avec] qn
2. (*Erwähnung*) évocation *f*
▸ **etw bringt jdn mit etw in ~** qc met qn en contact avec qc; **jd kommt mit jdm/etw in ~** (*berührt*) qn touche qn/qc; (*in Kontakt*) qn entre en contact avec qn/qc; **~ verboten!** défense de toucher!; **bei ~ [einer S.** (*gen*)**]** au contact [de qc]; ***bereits bei ~*** par simple contact

Berührungsangst *f meist pl* appréhension *f* **Berührungsbildschirm** *m* écran *m* tactile **Berührungspunkt** *m* point *m* commun; GEOM point *m* de contact

Beryllium <-s> [be'rʏliʊm] *nt* ∅ CHEM béryllium *m*

besabbern * **I.** *vt fam* ■ **jd/ein Tier besabbert jdn/etw** qn/un animal bave [*o* fiche de la bave *fam*] sur qn/qc
II. *vr fam* ■ **jd besabbert sich** qn bave; ■ **jd besabbert sich mit etw** *mit Brei* qn se fiche qc dessus *fam; mit Speichel* qn se bave dessus *fam*

besagen * *vt* ■ **etw besagt etw** qc veut dire [*o* signifie] qc; ***was besagt das schon?*** qu'est-ce que ça prouve?; ***das besagt eigentlich noch gar nichts*** ça ne veut absolument rien dire
▸ **das besagt nicht, dass** cela ne veut pas dire que + *indic o subj*

besagt *adj attr form:* ***der ~e Schriftsteller/Abend*** ledit écrivain/soir; [***die***] ***~e Frau X*** ladite Madame X; ***der/die B~e*** le/la susnommé(e)

besaiten * *vt* ■ **jd besaitet etw** qn met des cordes à qc

besamen * *vt* ■ **jd besamt ein Tier [künstlich]** qn insémine un animal; ■ **jd besamt jdn [künstlich]** qn fait une insémination artificielle à qn

besammeln * *vr* CH *s.* **versammeln**

Besammlung *f* CH *s.* **Versammlung**

Besamung <-, -en> *f* insémination *f* [artificielle]

Besan <-s, -e> [be'zaːn, 'beːzaːn] *m* artimon *m*

besänftigen * **I.** *vt* ■ **jd besänftigt jdn/etw** *Menschen, Menschenmenge* qn apaise qn; *jds Zorn, Erregung* qn calme qc; ***um die erhitzten Gemüter zu ~*** pour calmer les esprits surchauffés
II. *vr* ■ **jd/etw besänftigt sich** qn/qc se calme

Besänftigung <-, -en> *f* apaisement *m;* ■ **zu jds ~/zur ~ einer S.** (*gen*) pour apaiser qn/calmer qc

besät *adj* ■ **mit etw ~ 1.** (*bestreut*) recouvert(e) de qc, jonché(e) de qc; ***mit Sternen ~*** semé(e) d'étoiles
2. *iron* (*überladen*) couvert(e) de qc

Besatz <-es, -̈e> *m* **1.** (*Borte*) bordure *f;* (*Einfassung*) garniture *f*
2. (*Bestand*) ■ **~ [an etw** (*dat*)**]** [*Wild*] population *f* [de qc]; [*Fisch*] peuplement *m* [en qc]

Besatzer(in) <-s, -> *m(f)* occupant(e) *m(f)*

Besatzung <-, -en> *f* **1.** (*Mannschaft*) équipage *m;* (*Verteidigungstruppe*) garnison *f*
2. MIL occupation *f;* (*~sarmee*) troupes *fpl* d'occupation

Besatzungsarmee *f* armée *f* d'occupation **Besatzungsmacht** *f* force *f* d'occupation **Besatzungstruppen** *pl* troupes *fpl* d'occupation **Besatzungszone** *f* HIST zone *f* d'occupation

besaufen * *vr irreg sl* ■ **jd besäuft sich** qn se cuite *fam;* ***heute Abend will ich mich so richtig ~!*** ce soir, je vais me prendre une bonne cuite *fam* [*o* me soûler la gueule *pop*]!

Besäufnis <-ses, -se> *nt sl* soûlerie *f fam*

besäuselt *adj fam* éméché(e) *fam,* pompette *fam*

beschädigen * *vt* ■ **jd/etw beschädigt etw** *Gegenstand, Lack* qn/qc abîme qc; *Fahrzeug, Haus, Gerät* qn/qc endommage qc

Beschädigung *f* **1.** (*das Beschädigen*) ■ **die ~ einer S.** (*gen*) les dommages *mpl* causés à qc; ***etw verursacht eine ~/~en des Autolacks*** qc endommage la peinture de la voiture
2. (*Stelle*) dégât *m;* ■ **die ~ [an etw** (*dat*)**]** le dommage subi [par qc]

beschaffen*¹ **I.** *vt* ■ **jd beschafft [jdm] jdn/etw** qn procure qn/qc [à qn]; ***etw ist schwer zu ~*** il est difficile de se procurer qc
II. *vr* ■ **jd beschafft sich** (*dat*) **etw** qn se procure qc

beschaffen² *adj form* ■ **etw ist … ~** qc est de nature …; ***mit etw ist es gut/schlecht ~*** qc va bien/mal; ***wie ist es mit euren Plänen ~?*** où en sont vos projets?

Beschaffenheit <-> *f* ∅ texture *f*

Beschaffung <-> *f* ∅ *verbal übersetzt;* ***die ~ falscher Papiere ist schwer*** il est difficile de se procurer/de procurer à quelqu'un de faux papiers; ***die ~ von Rauschgift*** l'approvisionnement *m* en drogue

Beschaffungskriminalität *f* délits *mpl* commis pour se procurer de la drogue **Beschaffungsprostitution** *f* prostitution *f* pour se procurer de la drogue

beschäftigen * **I.** *vr* ■ **jd beschäftigt sich** qn s'occupe; ■ **jd beschäftigt sich mit jdm** qn s'occupe de qn; ■ **jd beschäftigt sich mit etw** (*sich befassen*) qn se penche sur qc; (*sich interessieren*) qn s'intéresse à qc
II. *vt* **1.** (*gedanklich*) ■ **etw beschäftigt jdn** qc [pré]occupe qn; ***damit habe ich mich nie beschäftigt*** je ne me suis jamais particulièrement penché(e) sur la question
2. (*anstellen*) ■ **jd beschäftigt jdn** qn emploie qn
3. (*eine Tätigkeit geben*) ■ **jd beschäftigt jdn [mit etw]** qn occupe qn [à qc]

beschäftigt *adj* **1.** (*befasst*) ■ **mit jdm/etw ~** occupé(e) avec qn/à qc; ■ **jd ist ~** qn est occupé(e) **2.** (*angestellt*) ■ **jd ist [als etw] ~** qn est employé(e) [*o* travaille] [comme qc] ▸ **viel ~** très occupé(e) **Beschäftigte(r)** *f(m) decl wie adj* employé(e) *m(f)*

Beschäftigung <-, -en> *f* **1.** (*Anstellung*) emploi *m*
2. (*Tätigkeit*) occupation *f;* ***zur ~ der Kinder*** pour occuper les enfants
3. (*geistige Auseinandersetzung*) ■ **die ~ mit etw** l'examen de qc; ■ **die ~ mit jdm** le travail avec qn
▸ **jd geht einer/keiner ~ nach** *form* qn exerce une/n'exerce aucune activité; **jd hat ~/keine ~** qn a une activité/n'a pas d'activité; **jd ist ohne ~** qn est sans emploi

Beschäftigungsförderungsgesetz *nt* loi *f* favorisant la création d'emplois

beschäftigungslos *adj* sans emploi

Beschäftigungsprogramm *nt* programme *m* pour la création d'emplois **Beschäftigungstherapie** *f* MED ergothérapie *f;* ***das ist doch reine ~*** c'est vraiment pour le plaisir de m'/l'occuper

beschämen * *vt* ■ **jd beschämt jdn** qn fait honte à qn; ■ **etw beschämt jdn** qc rend confus(e) qn

beschämend *adj* **1.** (*schändlich*) honteux(-euse); ■ **etw ist [für jdn] ~** qc est honteux(-euse) de la part de qn; ■ **es ist ~ [für jdn] etw zu tun** c'est honteux [de la part de qn] de faire qc
2. (*demütigend*) humiliant(e); ***es erfüllte sie mit einem ~en Gefühl*** cela la remplit de honte

beschämt *adj* (*mit Scham erfüllt*) honteux(-euse); (*verlegen*) confus(e)

Beschämung <-, *rare* -en> *f* [sentiment *m* de] honte *f*
▸ **zu meiner ~** à ma grande honte

beschatten * *vt* **1.** (*überwachen*) ■ **jd beschattet jdn** qn file qn, qn prend qn en filature; ■ **jd lässt jdn ~** qn fait suivre qn
2. *geh* (*mit Schatten bedecken*) ■ **etw beschattet etw** qc ombrage qc

Beschatter(in) <-s, -> *m(f) fam* ange *m* gardien

Beschattung <-, *rare* -en> *f* (*Überwachung*) filature *f*

beschauen * **I.** *vt* **1.** (*untersuchen*) ■ **jd beschaut etw** *Fleisch* qn contrôle qc
2. DIAL (*betrachten*) ■ **jd beschaut jdn/etw** qn contemple qn/qc; (*untersuchend*) qn examine [*o* regarde] qc de près
II. *vr* DIAL (*sich betrachten*) ■ **jd beschaut sich** (*dat*) **jdn/etw** qn regarde qn/qc de près

beschaulich **I.** *adj* paisible, tranquille; REL contemplatif(-ive)
II. *adv verbringen, leben* au calme; *gestalten* tranquillement

Beschaulichkeit <-> *f* ∅ tranquillité *f,* calme *m;* ***ein Leben in ~*** une vie contemplative

Bescheid <-[e]s, -e> *m* (*Nachricht*) nouvelle *f;* ADMIN réponse *f;* ***positiver/negativer ~*** confirmation *f*/réponse *f* négative; ***Sie erhalten von uns ~*** nous vous [en] informerons
▸ **jd gibt jdm ~ [über etw** (*akk*) [*o* **von etw**]**]** qn informe qn [de qc]; **jd sagt jdm ~ [über etw** (*akk*)**]** qn avertit qn [de qc]; **jd sagt jdm ordentlich ~** *fam,* **jd stößt jdm gründlich ~** *fam* qn dit ses quatre vérités à qn *fam;* **jd weiß ~** qn s'y connaît; **jd weiß [über etw** (*akk*) [*o* **in etw** (*dat*)]**] ~** qn est au courant [de qc]; ***ich weiß ~!*** oui, oui, je sais!; ***sobald ich näher ~ weiß, …*** dès que j'en saurai plus, …

bescheiden¹ **I.** *adj* **1.** (*genügsam*) *Mensch* modeste; *Ansprüche a.* modéré(e); *Leben, Lebensführung a.* simple
2. (*einfach*) *Einrichtung, Mobiliar, Wohnung* modeste
3. *fam* (*gering*) assez minable *fam;* ***mit ~en 50 Mark*** avec 50 malheureux marks *fam*
4. *euph fam* (*unangenehm*) désagréable; (*ekelhaft*) *Essen, Wetter* infect(e); *Wetter* sale *antéposé,* fichu(e) *antéposé;* (*sehr schlecht*) *Zustand* minable *fam*
II. *adv* **1.** (*selbstgenügsam*) modestement
2. (*einfach*) *eingerichtet/ausgestattet* modestement
3. *euph fam* (*sehr schlecht*): ***ihm geht es ~, er fühlt sich ~*** il est mal foutu *fam*

bescheiden*² *irreg* **I.** *vt* **1.** *geh* (*bestellen*) ■ **jd bescheidet jdn zu jdm/irgendwohin** qn convoque qn chez qn/quelque part
2. *form* (*entscheiden*) ■ **jd bescheidet etw** *Gesuch, Antrag* qn statue sur qc *form;* ***jd bescheidet etw positiv/abschlägig*** qn accorde/rejette qc
3. *geh* (*zuteil werden lassen*) ■ **jdm ist etw beschieden** qc est donné(e) à qn; ■ **es ist jdm ~ etw zu tun** il est donné à qn de faire qc
II. *vr geh* ■ **jd bescheidet sich mit etw** qn se contente de qc

Bescheidenheit <-> *f* ∅ **1.** (*Genügsamkeit*) [*Mensch*] modestie *f;* [*Ansprüche*] modération *f;* [*Leben, Lebensführung*] simplicité *f*
2. (*Einfachheit*) [*Einrichtung, Mobiliar*] simplicité *f*
3. (*Geringfügigkeit*) [*Gehalt, Leistung, Verdienst*] modicité *f;* [*Leistung*] médiocrité *f*
▸ **~ ist eine Zier, doch weiter kommt man ohne ihr** *hum fam* la modestie est une vertu, mais on va loin sans elle; **[nur] keine falsche ~!** pas de fausse modestie!; (*Aufforderung zum Zugreifen*) ne fais/faites pas de manières; **aus [reiner] ~** par modestie

bescheinen * *vt irreg* ■ **etw bescheint jdn/etw** /*Fackel, Feuer, Mond, Sonne*/ qc éclaire qn/qc; ***etw wird von der Sonne beschienen*** qc est au soleil; ***jd lässt sich von der Sonne ~*** qn se met au soleil

bescheinigen * *vt* ■ **jd bescheinigt jdm etw** qn fait un certificat [*o* une attestation] de qc à qn; ***jd kann jdm etw ~*** qn peut certifier qc à qn; ***jd bescheinigt den Empfang einer S.*** (*gen*) qn accuse réception de qc; ■ **jd lässt sich** (*dat*) **etw [von jdm] ~** qn se fait délivrer un certificat [*o* une attestation] de qc [par qn]; ■ **jd bescheinigt [jdm], dass** qn certifie [à qn] que + *indic*

Bescheinigung <-, -en> *f* **1.** (*das Bescheinigen*) ■ **~ einer S.** (*gen*) attestation *f* de qc; ***die ~ des Empfangs*** l'accusé *m* de réception
2. (*Dokument*) certificat *m*

bescheißen * *irreg* **I.** *vt sl* (*betrügen*) ■ **jd bescheißt jdn [um etw]** qn arnaque qn [de qc] *fam;* ■ **jd wird beschissen** qn se fait arnaquer *fam*
II. *vi sl* ■ **jd bescheißt [bei etw]** qn triche [à qc]

beschenken * I. *vt* ■ **jd beschenkt jdn** qn fait des cadeaux/un cadeau à qn; ■ **jd beschenkt jdn mit etw** qn fait cadeau de qc à qn; ***er hat uns großzügig beschenkt*** il nous a fait beaucoup de cadeaux
II. *vr* ■ **sie ~ sich [gegenseitig]** ils/elles se font des cadeaux

bescheren * I. *vt* 1. (*zu Weihnachten*) ■ **jd beschert jdn** qn fait un cadeau/des cadeaux de Noël à qn; ■ **jd beschert jdn mit etw** qn fait cadeau de qc à qn
2. (*zuteil werden lassen*) ■ **jd/etw beschert jdm etw** qn/qc accorde qc à qn
II. *vi* ■ **jd beschert** qn fait la distribution des cadeaux de Noël; ***es wird beschert!*** on distribue les cadeaux de Noël!, le Père Noël est passé!

Bescherung <-, -en> *f* distribution *f* des cadeaux de Noël
▶ **die [ganze] ~** *iron fam* [toute] la poisse *fam*; **[das ist ja] eine schöne ~!** *iron* eh bien, c'est réussi! *fam*; **da/jetzt haben wir die ~!** nous voilà propres [maintenant]!

bescheuert I. *adj fam* 1. (*blöd*) débile *fam*; *Mensch a.* taré(e) *fam*; ***dieser ~e Kerl*** ce con *pop*, ce taré *fam*; ***red nicht so etwas B~es!*** arrête tes conneries! *fam*
2. (*unangenehm*) emmerdant(e) *fam*; *Wetter* dégueulasse *fam*
II. *adv fam erklären* bêtement; *sich verhalten a.* comme un(e) crétin(e) *fam*; *sich ausdrücken, übersetzen* d'une façon idiote; ***red nicht so ~!*** arrête tes conneries! *fam*; ***wie kann man sich auch nur so ~ anstellen!*** comment peut-on être aussi con? *fam*; ***jd fragt ~*** qn pose des questions débiles *fam*

beschichten * *vt* ■ **jd beschichtet etw [mit etw]** qn recouvre qc [de qc]

-beschichtet recouvert(e) de

beschicken * *vt* ■ **jd beschickt etw [mit etw]** 1. COM *Ausstellung, Messe* qn participe à qc [en exposant qc]; ***die Leipziger Messe ist immer gut beschickt*** il y a toujours beaucoup d'exposants à la foire de Leipzig
2. TECH qn alimente qc en qc

beschießen * *vt irreg* 1. (*mit Schüssen*) ■ **jd/etw beschießt jdn/etw [mit etw]** */Mensch/* qn tire sur qn/qc [avec qc]; */automatische Waffen/* qc mitraille qn/qc; */Flugzeug, Kriegsschiff/* qc bombarde qn/qc
2. (*überhäufen*) ■ **jd beschießt jdn mit etw** *mit Fragen* qn mitraille qn de qc
3. PHYS ■ **jd beschießt etw [mit etw]** qn/qc bombarde qc [avec qc]

Beschießung <-, -en> *f* bombardement *m*; (*mit automatischen Waffen*) mitraillage *m*

beschildern * *vt* ■ **jd beschildert etw [mit etw]** 1. (*mit Schildchen*) qn étiquette qc [avec qc]
2. *form* (*mit Verkehrszeichen*) qn signalise qc

Beschilderung <-, -en> *f* (*Schildchen*) étiquetage *m*; *form* (*Verkehrszeichen*) signalisation *f*

beschimpfen * I. *vt* ■ **jd beschimpft jdn** qn insulte [*o* injurie] qn ■ **jd beschimpft jdn als/mit etw** qn traite qn de qc
II. *vr* ■ **sie ~ sich [gegenseitig]** ils/elles s'injurient; ***sie beschimpften sich mit den gemeinsten Ausdrücken*** ils se traitaient de tous les noms

Beschimpfung <-, -en> *f* 1. (*das Beschimpfen*) injure *f*; ■ **die ~ durch jdn** les injures de qn; ■ **jds ~** les injures faites à qn; ***eine ~ meiner selbst*** une injure qui m'est faite
2. (*Schimpfwort*) insulte *f*

Beschiss[RR] <-es> *m Ø sl* arnaque *f fam*

beschissen I. *adj sl* (*unangenehm*) *Lage, Situation, Gefühl* emmerdant(e) *fam*; (*ekelhaft*) dégueulasse *fam*, de merde *fam*; (*sehr schlecht*) *Bezahlung, Zustand* dégueulasse *fam*
II. *adv sl sich benehmen, bezahlen, bedienen, behandeln* de façon dégueulasse *fam*; ***etw schmeckt ~*** qc est dégueulasse *fam*; ***stell dich nicht ~ an!*** sois pas dégueulasse! *fam*; ***jdm geht es ~*** qn est dans la merde *fam*; ***jd fühlt sich ~*** qn est mal foutu(e) *fam*

beschlafen * *vt irreg* 1. (*koitieren*) ■ **jd beschläft jdn** qn couche avec qn *fam*
2. *fam s.* **überschlafen**

Beschlag <-[e]s, -̈e> *m* (*Schließe*) [*Koffer, Truhe, Buch*] fermoir *m*; (*Scharnier*) [*Tür, Fenster, Möbelstück*] ferrure *f*
▶ **jd belegt jdn/etw mit ~, jd nimmt jdn/etw in ~** qn accapare qn/qc, qn monopolise qn/qc; **jd/etw ist mit ~ belegt** qn est pris(e)/qc est occupé(e)

beschlagen*[1] *irreg* I. *vt + haben* 1. (*mit Metall*) ■ **jd beschlägt etw [mit etw]** *Truhe, Möbel, Tor* qn ferre qc [avec qc]; (*mit Nägeln*) qn cloute qc [avec qc]
2. (*mit Hufeisen*) ■ **jd beschlägt [jdm] das Pferd** qn ferre le cheval [de qn]
II. *vi + sein* ■ **etw beschlägt** qc s'embue, qc se couvre de buée; */Metall/* qc se ternit; ■ **etw ist ~** qc est embué(e) [*o* couvert(e) de buée]

beschlagen[2] *adj* (*erfahren*) ■ **jd ist in etw** (*dat*) **[gut] ~** qn est très ferré(e) en qc

Beschlagnahme <-, -n> *f* saisie *f*, confiscation *f*; (*in Kriegszeiten*) réquisition *f*

beschlagnahmen * *vt* 1. JUR ■ **jd beschlagnahmt etw** qn saisit qc, qn confisque qc; (*durch Requirieren*) qn réquisitionne qc
2. *fam* (*mit Beschlag belegen*) ■ **jd beschlagnahmt jdn/etw** qn accapare qn/qc, qn monopolise qn/qc; *hum Gegenstand, Instrument* qn réquisitionne qc *fam*
3. (*in Anspruch nehmen*) ■ **etw beschlagnahmt etw** */Arbeit, Projekt/* qc accapare qc

beschleichen * *vt irreg geh* ■ **etw beschleicht jdn** qc envahit qn [*o* gagne]

beschleunigen * I. *vt* 1. (*schneller machen*) ■ **jd/etw beschleunigt etw** *Abläufe, Lieferung, Arbeit, Tempo* qn/qc accélère qc; ***er beschleunigte seine Schritte*** il pressa le pas
2. (*schneller werden lassen*) ■ **etw beschleunigt etw** */Anstrengung, Infektion, Maßnahme, Vorgang/* qc accélère qc; */Angst, Freude, Hoffnung/ jds Gangart, Schritte* qc lui fait accélérer qc
II. *vr* ■ **etw beschleunigt sich** qc s'accélère
III. *vi* ■ **jd/etw beschleunigt** */Fahrzeug, Fahrer/* qn/qc accélère

Beschleunigung <-, -en> *f* 1. AUT accélération *f*
2. (*das Beschleunigen*) ■ **die ~ einer S.** (*gen*) l'accélération *f* de qc

Beschleunigungsvermögen *nt* pouvoir *m* d'accélération

beschließen * *irreg* I. *vt* 1. (*entscheiden*) ■ **jd beschließt etw** *Gesetz, Satzung, Statuten* qn vote qc, qn adopte qc; *Vorgehen, Vorgehensweise* qn décide qc; ■ **jd beschließt etw zu tun** qn décide de faire qc
2. *geh* (*beenden*) ■ **jd beschließt etw [mit etw]** qn termine qc [par qc]; ■ **etw wird mit etw beschlossen** qc se termine par qc
II. *vi* ■ **jd beschließt über etw** (*akk*) qn décide de qc, qn se prononce sur qc

beschlossen *adj Plan, Vorgehen* adopté(e); ***das ist eine ~e Sache*** c'est une chose arrêtée
▶ **etw liegt [*o* ist] in etw** (*dat*) **~** *geh* qc est contenu(e) dans qc

Beschluss[RR] <-es, -̈sse>, **Beschluß** <-sses, -̈sse> *m* décision *f*; [*Gericht a.*] arrêt *m*
▶ **jd fasst einen ~** qn prend une décision; **auf jds ~** (*akk*) par [*o* sur] décision de qn; *des Gerichts* par décret de qn

beschlussfähig[RR] *adj* ■ **etw ist ~** qc réunit le quorum, qc peut valablement délibérer **Beschlussfähigkeit**[RR] *f Ø* [*Gremium*] capacité *f* de statuer; ***wenn die ~ des Ausschusses nicht gegeben ist, ...*** quand le comité ne réunit pas le quorum [*o* ne peut valablement délibérer], ... **beschlussunfähig**[RR] *adj* ■ **etw ist ~** qc ne réunit pas le quorum, qc ne peut valablement délibérer

beschmeißen * *vt irreg fam* ■ **jd beschmeißt jdn/etw mit etw** qn canarde qn/qc avec qc *fam*

beschmieren * I. *vt* 1. (*bestreichen*) ■ **jd beschmiert etw [mit etw]** *Brot, Schnitte* qn tartine qc [de [*o* avec] qc]; *Wunde, Körperteil* qn enduit qc [de qc]; ***jd beschmiert etw mit Butter*** qn beurre qc; ***beschmier mir aber das Brot nicht zu dick/dünn!*** ne m'en mets pas trop sur ma tartine/n'économise pas le beurre sur ma tartine!
2. (*besudeln*) ■ **jd beschmiert jdn/etw [mit etw]** qn tache [*o* salit] qn/qc [avec qc]; *Grabstein, Tafel* qn barbouille qc [de qc]; ***du bist da am Kragen/Kinn ja ganz beschmiert*** tu as le col/le menton tout barbouillé; ■ **jd beschmiert jdm etw [mit etw]** qn barbouille qc de qn [avec qc]
II. *vr* ■ **jd beschmiert sich [mit etw]** qn se tache [avec qc]; */Kind/* qn se barbouille [avec qc]; ■ **jd beschmiert sich** (*dat*) **etw [mit etw]** qn tache son/sa/ses qc [avec qc]; */Kind/* qn barbouille son/sa/ses qc [avec qc]

beschmutzen * I. *vt* 1. (*schmutzig machen*) ■ **jd beschmutzt jdn/etw** qn salit qn/qc; *Bett a.* qn souille qc; ***er hat mir den Pulli beschmutzt*** il a sali mon pull; ■ **beschmutzt** sale
2. (*in den Schmutz ziehen*) ■ **jd beschmutzt etw** *Ehre, guten Ruf, ehrlichen Namen* qn salit qc; ■ **beschmutzt** sali(e)
II. *vr* ■ **jd beschmutzt sich [mit etw]** qn se salit [avec qc]; ■ **jd beschmutzt sich** (*dat*) **etw [mit etw]** *Kleidungsstück* qn salit son/sa/ses qc [avec qc]; *Schuh* qn crotte son/sa/ses qc [avec qc]

Beschmutzung <-, -en> *f* salissures *fpl*; ■ **die ~ einer S.** (*gen*) les taches *fpl* sur qc; ***es kommt zur ~ einer S.*** (*gen*) ***durch jdn*** qn salit qc; ***die ständige ~ des Bettes/der Bettwäsche*** les draps constamment souillés

beschneiden * *vt irreg* 1. (*zurechtschneiden*) ■ **jd beschneidet [jdm/einem Tier] etw** *Nägel, Haare* qn [lui] coupe qc; *Flügel* qn rogne qc [d'un animal]; ■ **jd beschneidet etw** *Baum, Strauch* qn taille qc; *Buchblock, Bogen* qn rogne qc, qn massicote qc
2. REL ■ **jd beschneidet jdn** *Jungen* qn circoncit qn; *Mädchen* qn excise qn
3. (*beschränken*) ■ **jd beschneidet [jdm] etw** qn/qc réduit [*o* restreint] qc [de qn]; *Rechte* qn/qc ampute qc

Beschneidung <-, -en> *f* 1. *Ø* [*Nägel, Haare*] coupe *f*; [*Flügel*] rognage *m*; HORT taille *f*; TYP rognage *m*
2. REL [*Junge*] circoncision *f*; [*Mädchen*] excision *f*
3. (*Beschränkung*) réduction *f*, restriction *f*; [*Rechte*] amputation *f*

beschneit *adj* enneigé(e)

Beschneiungsanlage *f* canons *mpl* à neige

beschnitten *adj* REL *Mann* circoncis; ■ **ein B~er** un circoncis

beschnüffeln * I. *vt* 1. (*beriechen*) ■ **ein Tier beschnüffelt jdn/etw** un animal renifle qn/qc
2. *pej fam* (*bespitzeln*) ■ **jd beschnüffelt jdn** qn espionne qn
II. *vr* ■ **Tiere ~ sich [gegenseitig]** des animaux se flairent [*o* se reniflent]

beschnuppern * I. *vt* 1. (*beriechen*) ■ **jd beschnuppert jdn/etw** qn sent qn/qc; ■ **ein Tier beschnuppert jdn/etw** un animal flaire qn/qc
2. (*kennen lernen*) ■ **jd beschnuppert jdn** qn jauge [*o* sonde] qn
II. *vr* 1. ■ **Tiere ~ sich [gegenseitig]** des animaux se flairent [*o* se reniflent]
2. (*sich kennen lernen*) ■ **sie ~ sich** ils/elles se jaugent; ***wir haben uns wohl genügend beschnuppert*** le round d'observation est terminé

beschönigen * *vt* ■ **jd/etw beschönigt etw** *Angelegenheit, Vorfall* qn/qc embellit qc; *Machenschaften, Missgriff, Übergriff* qn/qc minimise qc; ■ **~d** *Bezeichnung, Darstellung, Bericht* édulcoré(e); *darstellen, meinen* en minimisant; ***ein ~der Ausdruck*** un euphémisme

Beschönigung <-, -en> *f* embellissement *m*, atténuation *f*; ***das dient der ~ des Vorgefallenen*** ça permet d'embellir les faits; ***ohne ~en*** sans minimiser, sans édulcorer

beschranken * *vt* ■ **jd/etw beschrankt etw** qn/qc munit qc d'une barrière/de barrières; ***beschrankter Bahnübergang*** passage à niveau gardé

beschränken * I. *vt* 1. (*begrenzen*) ■ **jd/etw beschränkt etw [auf etw** (*akk*)**]** *Importe, Ausgaben, Verschuldung* qn/qc réduit qc [à qc]; *Teilnehmerzahl, Zahl, Redezeit* qn/qc limite qc [à qc]
2. (*einschränken*) ■ **jd beschränkt jdn in etw** (*dat*) qn restreint [*o* limite]

qn dans qc
II. *vr* ■ **jd/etw beschränkt sich auf etw** (*akk*) qn/qc se limite à qc; ■ **jd beschränkt sich [in etw** (*dat*)**]** qn se restreint [dans qc]; ■ **jd beschränkt sich darauf etw zu tun** qn se contente de faire qc
beschränkt *adj* 1. (*eingeschränkt*) limité(e); ***jd ist finanziell/zeitlich ~*** les moyens de qn sont limités/le temps de qn est limité; ***jd ist räumlich ~*** qn est à l'étroit
2. *pej* (*geistig*) limité(e) *fam;* (*engstirnig*) borné(e)
Beschränktheit <-> *f* ∅ 1. (*die Begrenztheit*) [*Mittel*] insuffisance *f*, limitation *f;* [*Teilnehmer, Plätze*] nombre *m* limité; [*Zeit*] manque *m*
2. (*mangelnde Intelligenz*) manque *m* d'intelligence; (*Engstirnigkeit*) esprit *m* borné, étroitesse *f* d'esprit
Beschränkung <-, -en> *f* (*Begrenzung*) [*Ausgaben*] restriction *f;* [*Importe, Teilnehmerzahl, Verschuldung*] limitation *f;* ■ **die ~ auf etw** (*akk*) la limitation à qc; ***er bat sie um eine ~ [in ihrem Vortrag] auf wesentliche Punkte/auf das Allernötigste*** il lui demanda de se limiter à l'essentiel [dans son discours]
▸ **jd/etw erlegt jdm ~en auf** qn/qc impose des limites à qn; (*finanziell*) qn/qc impose des restrictions à qn
beschreiben * *vt irreg* 1. (*darstellen*) ■ **jd beschreibt [jdm] jdn/etw** *Ding, Einzelheit, Eindruck* qn décrit qn/qc [à qn]; *Täter a.* qn fait une description de qn [à qn], qn donne le signalement de qn [à qn]
2. (*voll schreiben*) ■ **jd beschreibt etw [ganz]** qn remplit qc
3. (*vollführen*) ■ **etw beschreibt etw** *Kreis, Bahn* qc décrit qc
▸ **etw ist kaum/nicht zu ~** qc est indescriptible; **jd kann [jdm] etw gar nicht ~** qn ne peut pas décrire [*o* dire] qc [à qn]
Beschreibung *f* 1. (*das Darstellen*) description *f;* [*Täter a.*] signalement *m*
2. *fam* (*Beipackzettel, Gebrauchsanweisung*) notice *f*
▸ **das spottet jeder ~** cela défie [*o* est au-delà de] toute description
beschreiten * *vt irreg geh* ■ **jd beschreitet etw** 1. (*begehen*) *Pfad, Weg* qn emprunte qc, qn s'engage dans qc
2. (*einschlagen*) *ungewöhnliche Wege* qn prend qc, qn s'engage dans qc; ***da heißt es ganz neue Wege zu ~*** il s'agit ici de sortir des sentiers battus
beschriften * *vt* ■ **jd beschriftet etw [mit etw]** qn met une inscription [en qc] sur qc; *Grabstein, Sockel, Gedenktafel etc a.* qn fait graver une inscription [en qc] sur qc; *Schulheft, Ordner, Marmeladenglas* qn étiquette qc; (*mit Adresse versehen*) *mit Kuli* qn met une adresse sur qc [à qc]
Beschriftung <-, -en> *f* inscription *f;* [*Grabstein, Sockel, Gedenktafel etc a.*] gravure *f;* [*Schulheft, Marmeladenglas*] étiquetage *m;* [*Umschlag, Versandhülle*] (*das Beschriften*) inscription *f* de l'adresse; (*Adresse*) adresse *f*
beschuldigen * *vt* ■ **jd beschuldigt jdn [einer S.** (*gen*)**]** qn accuse qn [de qc]; *einer Straftat* qn inculpe qn [de qc]; ■ **jd beschuldigt jdn etw getan zu haben** qn accuse qn d'avoir fait qc; JUR qn inculpe qn d'avoir fait qc
Beschuldigte(r) *f(m) decl wie adj* JUR inculpé(e) *m(f)*, accusé(e) *m(f)*
Beschuldigung <-, -en> *f* accusation *f*
beschummeln * I. *vt fam* 1. (*betrügen*) ■ **jd beschummelt jdn [bei/um etw]** qn roule qn [à/de qc] *fam*
2. (*belügen*) ■ **jd beschummelt jdn** qn raconte des bobards à qn *fam*
II. *vi fam* ■ **jd beschummelt [bei etw]** qn triche [à qc]
beschuppt *adj* couvert(e) d'écailles, écailleux(-euse); ■ **ein Tier ist ~** un animal a des écailles
Beschuss[RR], **Beschuß** *m* ∅ MIL pilonnage *m;* (*mit Handfeuerwaffen, Munition*) tir *m;* (*mit Granaten, Raketenwerfern a.*) bombardement *m*, pilonnage *m;* (*mit automatischen Waffen*) mitraillage *m;* PHYS bombardement *m*
▸ **jd/etw gerät unter schweren [*o* starken] ~** MIL qn/qc se trouve exposé(e) à un feu nourri; **jd/etw gerät unter ~** MIL qn/qc se trouve exposé(e) au feu; **jd gerät unter ~** (*akk*) (*wird attackiert*) qn se fait attaquer; **jd/etw liegt [*o* steht] unter ~** (*dat*) MIL qn/qc est sous le feu; (*von Granaten, Raketenwerfern*) qn/qc est pilonné(e); **jd/etw nimmt jdn/etw unter ~** (*akk*) MIL qn/qc pilonne qc; (*mit Handfeuerwaffen, Munition*) qn/qc tire sur qn/qc; (*mit Granaten, Raketenwerfern a.*) qn/qc bombarde qn/qc; (*mit automatischen Waffen*) qn/qc mitraille qn/qc; *fig* qn attaque qn/qc
beschützen * *vt* ■ **jd beschützt jdn [vor jdm/etw]** (*behüten*) qn protège qn [contre qn/qc]; (*verteidigen*) qn défend qn [contre qn/qc]; ■ **~d** protecteur(-trice)
Beschützer(in) <-s, -> *m(f)* protecteur(-trice) *m(f)*
beschwatzen * *vt fam* 1. (*überreden*) ■ **jd beschwatzt jdn [zu etw/dazu etw zu tun]** qn baratine [*o* embobine] qn [pour qu'il fasse qc] *fam*
2. (*bereden*) ■ **jd beschwatzt etw [mit jdm]** qn discute [avec qn] de qc
beschwätzen * *vt* DIAL *fam s.* **beschwatzen**
Beschwerde <-, -n> *f* 1. (*Klage*) plainte *f*, réclamation *f;* ***jd hat Grund zur ~*** qn a des raisons de se plaindre [*o* de réclamer]
2. JUR recours *m;* (*gegen Urteil*) pourvoi *m*
3. *pl* MED douleurs *fpl;* ***er hat ~n beim Atmen/Schlucken*** il a des difficultés à respirer/avaler; ***sie hat immer wieder mit ihrer Galle/ihrem Herzen ~n*** elle a toujours des problèmes de vésicule/cardiaques; ***und sonst haben Sie keine ~n?*** et sinon vous n'avez pas d'autres problèmes [de santé]?; ***etw macht jdm [immer wieder] ~n*** qc fait [toujours] souffrir qn
▸ **jd führt ~ gegen jdn/etw** qn dépose une plainte contre qn/qc; **jd legt [gegen etw] [bei jdm] ~ ein** JUR qn adresse un recours [contre qc] [auprès de qn]
Beschwerdebuch *nt* registre *m* des réclamations **beschwerdefrei** *adj Zeitraum, Stadium* sans malaises, sans douleurs; ***ein ~es Intervall*** une période de rémission; ■ **jd ist ~** qn n'a pas de douleurs **Beschwerdefrist** *f* délai *m* de pourvoi [*o* recours] **Beschwerdeführer(in)** *m(f) form* réclamant(e) *m(f);* JUR requérant(e) *m(f)*
-beschwerden *pl* problèmes *mpl*, ennuis *mpl*
Beschwerdeschrift *f* JUR recours *m;* (*gegen Urteil*) pourvoi *m* **Beschwerdeweg** *m form* procédure *f* de recours *form* ▸ **auf dem ~** par voie de recours
beschweren * I. *vr* ■ **jd beschwert sich [bei jdm/etw] [über jdn/etw]** qn se plaint [de qn/qc] [auprès de qn/qc]
II. *vt* 1. (*mit Gewicht*) ■ **jd beschwert etw** qn met quelque chose de lourd sur qc; ■ **jd beschwert jdn/etw mit einer S.** qn met une chose sur qc; *Opfer, Dach* qn leste qn/qc [de [*o* avec] qc]
2. (*belasten*) ■ **etw beschwert jdn** /*Problem, Kummer, Sorgen*/ qc lui pèse; ■ **etw beschwert etw** qc pèse sur qc
beschwerlich *adj* pénible, fatigant(e)
Beschwerlichkeit <-, -en> *f* 1. ∅ [*Aufstieg, Fahrt, Reise*] difficulté *f*
2. *pl* (*Mühsal*) incommodités *fpl;* ***die ~en des Alters*** les maux *mpl* de la vieillesse
beschwichtigen * *vt* 1. (*besänftigen*) ■ **jd beschwichtigt jdn [mit etw]** qn apaise [*o* calme] qn [avec qc]; ***nein, ich lasse mich nicht ~!*** non, je ne me calmerai pas!
2. (*beruhigen*) ■ **jd/etw beschwichtigt etw** *jds Zorn* qn/qc apaise qc; ***jd versucht sein Gewissen zu ~*** qn essaie de se donner bonne conscience; ***etw beschwichtigt jds Gewissen*** qc soulage la conscience de qn
beschwichtigend I. *adj Gespräch, Worte* apaisant(e), tranquillisant(e)
II. *adv* en essayant de le/la calmer
Beschwichtigung <-, -en> *f* 1. [*Mensch*] apaisement *m*
2. (*das Beruhigen*) *verbal übersetzt;* ***zur ~ seines Gewissens*** pour se donner bonne conscience; ***zur ~ seines Zornes*** pour apaiser sa colère
Beschwichtigungsformel *f* formule *f* d'apaisement **Beschwichtigungspolitik** *f* politique *f* d'apaisement
beschwindeln * *vt fam* 1. (*belügen*) ■ **jd beschwindelt jdn** qn raconte des histoires [*o* bobards] à qn *fam*
2. (*betrügen*) ■ **jd beschwindelt jdn [um etw]** qn truande qn [de qc] *fam*
beschwingen * *vt* ■ **etw beschwingt jdn** qc donne de l'entrain à qn
beschwingt *adj Mensch* plein(e) d'entrain; *Musik* entraînant(e); *Gang* léger(-ère); ***etw verschafft [jdm] ein ~es Gefühl*** qc donne de l'entrain [à qn]
beschwipst *adj fam* éméché(e) *fam*
beschwören * *vt irreg* 1. (*beeiden*) ■ **jd beschwört etw** qn jure qc; JUR qn affirme qc sous serment; ■ **jd beschwört, dass** qn jure que + *indic*
2. (*anflehen*) ■ **jd beschwört jdn [etw zu tun]** qn supplie qn [de faire qc]; ***ich beschwöre dich!*** je t'en supplie!
3. (*durch Magie*) ■ **jd beschwört jdn/ein Tier** *Dämon, Geist, Teufel* qn conjure qn; *Schlange* qn charme un animal
4. *geh* (*hervorrufen*) ■ **jd beschwört etw** qn évoque qc; ■ **etw beschwört etw [in jdm]** qc évoque qc [en qn]
beschwörend I. *adj Blick* suppliant(e); ***mit ~en Worten*** par des supplications
II. *adv* en suppliant; ***er sah sie ~ an*** il lui lança un regard suppliant
Beschwörung <-, -en> *f* 1. (*das Anflehen*) supplication *f*
2. (*das Hervorrufen*) [*Bilder, Erinnerung, Vergangenheit, alte Zeiten*] évocation *f*
3. [*Dämon, Geist, Teufel*] conjuration *f;* (*Beschwörungsformel*) incantation *f*
beseelen * *vt* 1. (*durchdringen*) ■ **etw beseelt jdn/etw** /*Mut, Zuversicht*/ qc remplit qn/qc; /*Lächeln*/ qc éclaire qc; /*neuer Geist, Ungeist*/ qc anime qn/qc
2. (*mit Leben erfüllen*) ■ **jd beseelt etw** *Natur, Kunstwerk* qn anime qc
besehen * *irreg* I. *vt* (*betrachten*) ■ **jd besieht jdn/etw** qn examine qn/qc
II. *vr* ■ **jd besieht sich** qn se regarde; ■ **jd besieht sich** (*dat*) **etw** qn regarde qc de plus près
beseitigen * *vt* 1. (*entfernen*) ■ **jd beseitigt etw** *Dreck, Müll, Essensreste, Unrat* qn débarrasse qc, qn enlève qc; *Kadaver, tote Pflanzen* qn élimine qc; *Fleck* qn fait disparaître qc, qn enlève qc; *Spuren* qn fait disparaître qc; *Regime, Regierung, Funktionärsclique, Cliquenwirtschaft* qn élimine qc, qn supprime qc; *Zweifel, Missverständnis* qn lève qc, qn dissipe qc; ■ **etw beseitigt etw** qc élimine qc
2. *euph* (*umbringen*) ■ **jd beseitigt jdn** qn supprime qn
Beseitigung <-> *f* ∅ 1. (*das Beseitigen*) [*Dreck, Müll, Essensreste, Unrat, Farbe*] enlèvement *m;* [*Kadaver, Pflanzen, Abfälle, Spuren*] élimination *f;* [*Regime, Regierung, Funktionärsclique, Cliquenwirtschaft, Machtstruktur*] suppression *f*, élimination *f;* [*Zweifel, Missverständnis*] dissipation *f*
2. *euph* (*Liquidierung*) [*Mensch*] suppression *f*
Besen <-s, -> *m* 1. (*Kehr~*) balai *m*
2. *pej sl* (*Frau*) sale mégère *f fam*
▸ **jd kehrt mit eisernem ~ aus** qn donne un [bon] coup de balai *fam;* **neue ~ kehren gut** *prov* tout nouveau, tout beau; **ich fresse einen ~, wenn ...** *fam* je veux bien être pendu(e) si ... *fam*
Besenkammer *f* placard *m* à balais **besenrein** *adj* nettoyé(e) **Besenschrank** *m* placard *m* à balais **Besenstiel** *m* manche *m* à balai ▸ **steif wie ein ~** raide comme un manche à balai; **als habe jd einen ~ verschluckt** *fam* comme si qn avait avalé son parapluie *fam*
besessen *adj* 1. REL possédé(e); ■ **[jd ist] von .../vom Teufel ~** [qn est] possédé(e) de .../du démon 2. (*unter einem Zwang stehend*) ■ **jd ist [von etw] ~** qn est obsédé(e) [par qc] ▸ **wie ~** comme un(e) forcené(e) [*o* enragé(e)] **Besessene(r)** *f(m) decl wie adj* 1. REL possédé(e) *m(f)* 2. (*fanatischer Mensch*) fanatique *mf* ▸ **wie ein ~r/eine ~** comme un(e) fou(folle)
Besessenheit <-> *f* ∅ 1. REL possession *f*
2. (*Wahn*) obsession *f*
besetzen * *vt* 1. (*belegen*) ■ **jd besetzt etw** *Platz, Sitz, Stuhl* qn réserve qc; *fig Thema* qn se réserve [l'exclusivité de] qc
2. (*okkupieren, bemannen*) ■ **jd/etw besetzt etw** qn/qc occupe qc; *Haus a.* qn squatte qc
3. (*ausfüllen*) ■ **jd besetzt etw** *Stelle, Amt, Posten* qn pourvoit qc; *Rolle* qn distribue qc; ■ **jd besetzt etw mit jdm** qn attribue qc à qn; *Rolle* qn distribue qc à qn

4. (*bestücken*) ■ **jd besetzt etw [wieder] mit Tieren** *mit Jungtieren* qn [re]peuple qc avec des animaux; *mit neuer Fischbrut* qn alevine qc
5. (*dekorieren*) ■ **jd besetzt etw mit etw** qn garnit qc de qc

besetzt *adj* 1. (*vergeben*) *Platz, Sitz, Stuhl, Tisch, WC* occupé(e); ***etw ist kaum/ nur halb*** ~ (*gefüllt*) qc est à moitié vide; ***etw ist voll/ bis zum letzten Platz*** ~ qc affiche complet, qc fait salle comble; */Saal/* qc est comble
2. TELEC ■ **etw ist** ~ qc est occupé(e)
3. (*okkupiert, bemannt*) ■ **[etw ist]** ~ [qc est] occupé(e); ***ein*** ~***es Haus*** un squat
► **jd hält etw** ~ qn occupe qc; *Haus* qn squatte qc

Besetztzeichen *nt* TELEC tonalité *f* d'une ligne occupée, signal *m* "occupé"; ***sie hörte immer nur das*** ~ ça sonnait sans arrêt occupé

Besetzung <-, -en> *f* 1. (*das Besetzen*) [*Posten, Stelle*] attribution *f;* CINE, THEAT [*Rolle*] distribution *f;* ***die ~ des Amtes mit einem Nachfolger*** la nomination d'un successeur à ce poste
2. CINE, THEAT (*die Schauspieler*) distribution *f;* SPORT formation *f*
3. *bes.* MIL occupation *f;* [*Haus a.*] squat *m*

besichtigen * *vt* ■ **jd besichtigt etw** qn visite qc

Besichtigung <-, -en> *f* visite *f*

Besichtigungszeiten *pl* heures *fpl* de visite

besiedeln * *vt* 1. ■ **jd besiedelt etw** *Gebiet, Land, Territorium* qn peuple qc; */Siedler/* qn colonise qc; (*bewohnen*) qn habite [dans] qc
2. (*wachsen*) ■ **etw besiedelt etw** */botanische Spezies, Pflanze/* qc peuple qc; ***mit*** [*o* ***von***] [*o* ***durch***] ***Flechten besiedelt*** recouvert(e) de lichen

besiedelt *adj* peuplé(e)

Besied[e]lung <-, -en> *f* 1. (*das Besiedeln*) [*Landschaft*] colonisation *f;* [*Wirtschaftsraum*] peuplement *m*
2. (*Existenz von Ansiedlungen*) peuplement *m*

Besiedlungsdichte *f* densité *f* de population

besiegeln * *vt* 1. (*bestärken*) ■ **jd/etw besiegelt etw** qn/qc scelle qc; *Versprechen, Zusage* qn/qc confirme qc
2. (*endgültig machen*) ■ **etw besiegelt etw** *Schicksal, Untergang* qc scelle qc; *Scheitern* qc sanctionne qc

besiegen * *vt* ***jd besiegt jdn*** qn vainc qn; *Mannschaft a.* qn bat qn
► **er/sie besiegt sich selbst** il/elle remporte une victoire sur lui-même/elle-même

Besiegte(r) *f(m) decl wie adj* vaincu(e) *m(f)*

besingen * *vt irreg* 1. (*rühmen*) ■ **jd/etw besingt jdn/etw** qn/qc chante [*o* célèbre] qn/qc
2. MUS ■ **jd besingt etw** qn enregistre qc; ***jd besingt eine Platte mit etw*** qn fait [*o* enregistre] un disque de qc

besinnen * *vr irreg* 1. (*überlegen*) ■ **jd besinnt sich** qn réfléchit; ***ohne sich lange zu*** ~ sans hésiter; ***nach kurzem/ einigem B~*** après courte réflexion/quelques instants de réflexion; ***jd besinnt sich wieder*** qn se ravise
2. (*sich erinnern*) ■ **jd besinnt sich [auf jdn/etw]** qn se rappelle [qn/qc], qn se souvient [de qn/qc]; ***besinn dich bitte!*** essaie de te rappeler!
► **jd besinnt sich anders** [*o* **eines anderen**]/**eines besseren** qn change d'avis/se ravise; **wenn ich mich recht besinne** si mes souvenirs sont exacts, si je me souviens bien

besinnlich *adj Abend, Augenblick, Minute, Tag, Zeit* de méditation; *Mensch, Temperament, Wesen* méditatif(-ive); ***ein paar ~e Minuten in der Kirche*** quelques minutes de recueillement dans l'église; ■ **jd wird ~er** qn devient de plus en plus pensif(-ive) [*o* songeur(-euse)]; ■ **etwas B~es** quelque chose qui incite à la méditation

Besinnung <-> *f* ∅ 1. (*Bewusstsein*) connaissance *f;* ***jd erlangt die ~ wieder*** qn reprend conscience [*o* connaissance]
2. (*Reflexion*) méditation *f,* recueillement *m;* ■ ~ **auf etw** (*akk*) méditation sur qc; (*Rückgriff*) retour *m* à qc
► **jd/etw bringt jdn [wieder] zur** ~ (*zu Bewusstsein*) qn/qc fait reprendre connaissance [*o* ses esprits] à qn; (*zur Vernunft*) qn/qc ramène qn à la raison; **jd ist bei/ohne** ~ qn est conscient(e)/est sans connaissance; **jd kommt [wieder] zur** ~ (*zu Bewusstsein*) qn reprend connaissance [*o* conscience]; (*kommt wieder zum Nachdenken*) qn peut se retourner; **jd verliert die** ~ qn perd connaissance [*o* conscience]

Besinnungsaufsatz *m* dissertation *f*

besinnungslos *adj* 1. (*ohnmächtig*) sans connaissance; ■ **jd wird** ~ qn perd connaissance [*o* conscience]; ■ **der/die B~e** l'homme évanoui/la femme évanouie
2. *Angst, Wut* aveugle; ■ **er/sie ist [wie]** ~ il/elle est hors de lui/c'elle

Besinnungslosigkeit <-> *f* ∅ inconscience *f*

Besitz <-es> *m* ∅ 1. (*Eigentum*) biens *mpl;* (*Eigentumsrecht*) droit *m* de propriété; (*Grund~*) propriété *f;* (*landwirtschaftlicher ~*) terres *fpl;* ***jeder kann [eigenen] ~ erwerben*** chacun peut acquérir des biens [personnels]; ***das Land wurde in allgemeinen/ staatlichen ~ überführt*** les terres sont devenues des biens collectifs/propriété de l'État; ***jd weist den ~ an etw*** (*dat*) ***nach*** qn prouve qu'il est propriétaire de qc
2. (*das Besitzen*) possession *f;* [*Schusswaffe*] détention *f*
► **jd ergreift von etw** ~ *geh* qn prend possession de qc; **etw ergreift von jdm** ~ *geh* qc s'empare de qn; **etw geht in jds** ~ (*akk*) **über** qc devient possession de qn, qc passe en ma/sa possession; **etw gelangt in jds** ~ (*akk*) qc entre en ma/sa possession; **jd gelangt** [*o* **kommt**] **in den ~ einer S.** (*gen*) qn entre en possession de qc; **jd hat etw in** ~ *form* qn a qc en sa possession *form;* **etw ist jds** ~ qc est la propriété de qn; ***das ist mein*** ~ c'est mon bien; ***ist all das Ihr alleiniger ~?*** est-ce que tout cela vous appartient à vous tout(e) seul(e)?; ***wessen ~ wohl das Grundstück/ Gebäude ist?*** à qui appartient ce terrain/ce bâtiment?; **jd ist im ~ von etw** *form* qn possède qc, qn a qc en sa possession; **etw ist** [*o* **befindet sich**] **in jds ~** (*dat*) *form* qc est en la possession de qn; **jd macht jdm den ~ [einer S.** (*gen*)**] streitig** qn conteste à qn que qc lui appartienne; **ein Tier macht einem anderen den ~ einer S.** (*gen*) **streitig** un animal dispute son/sa/ses qc à un autre; **jd nimmt etw in** ~ qn entre en possession de qc

Besitzanspruch *m* JUR droit *m* de possession ► **jd hat einen ~ auf etw** (*akk*) qn a des droits sur qc; **jd meldet seine Besitzansprüche [auf etw** (*akk*)**] an** qn fait valoir ses droits [sur qc] **besitzanzeigend** *adj Fürwort* possessif(-ive)

besitzen * *vt irreg* 1. (*Eigentümer sein*) ■ **jd besitzt etw** qn possède qc
2. (*haben*) ■ **jd besitzt etw** qn a qc; ■ **jd besitzt jds ...** qn a le/la ... de qn, qn dispose du/de la ... de qn
3. (*aufweisen*) ■ **etw besitzt etw** qc a qc
4. *euph* ■ **jd besitzt jdn** qn possède qn

besitzend *adj* possédant(e)

Besitzer(in) <-s, -> *m(f)* (*Eigentümer*) propriétaire *mf*
► **der rechtmäßige** ~ le propriétaire légal; **etw wechselt den** ~ qc change de propriétaire [*o* de mains]

Besitzergreifung *f form* prise *f* de possession, appropriation *f;* [*Land*] annexion *f;* ***die ~ der Macht durch jdn*** la prise du pouvoir par qn

besitzlos *adj* (*ohne Besitz*) sans biens; (*mittellos*) démuni(e); ***ich bin nicht gerade*** ~ je ne suis pas dans le besoin

Besitzstand *m* acquis *m*

Besitztum <-s, -tümer> *nt* (*Grundbesitz*) biens *mpl,* terres *fpl;* (*Eigentum*) propriété *f*

Besitzung <-, -en> *f* (*Land- und Grundbesitz*) propriété *f;* (*landwirtschaftlich*) terres *fpl;* (*kolonial, große Ländereien*) possessions *fpl*

Besitzverhältnisse *pl* situation *f* de [la] propriété

besoffen *adj sl* 1. (*betrunken*) *Mensch* bourré(e) *fam;* ***in ~em Zustand darf man nicht fahren*** on a pas le droit de conduire en étant bourré *fam*
2. (*nicht ganz klar*) ■ **jd ist** ~ qn est bourré(e) **Besoffene(r)** *f(m) decl wie adj sl* type bourré/nana bourrée *m/f fam*

besohlen * *vt* ■ **jd besohlt [jdm] etw** qn met une semelle à qc; ■ **jd besohlt [jdm] etw neu** qn [lui] ressemelle qc; ■ **das B~** le ressemelage

besolden * *vt* ■ **jd besoldet jdn** qn rétribue qn; ■ **jd wird nach ... besoldet** qn est rétribué(e) au tarif ...

Besoldung <-, -en> *f* 1. (*das Besolden*) rétribution *f*
2. (*Gehalt*) traitement *m*

Besoldungsgruppe *f* catégorie *f* salariale, échelon *m* **Besoldungsordnung** *f* grille *f* des salaires [*o* traitements]

besondere(r, s) *adj* 1. (*ungewöhnlich*) particulier(-ière); (*außergewöhnlich*) *Anstrengung, Fall, Umstand* spécial(e); *Ehre, Freude* tout(e) particulier(-ière); ■ **jd/etw ist von ~r ...** qn/qc est d'un(e) ... exceptionnel(le) [*o* tout(e) particulier(-ière)]
2. (*speziell*) particulier(-ière), spécial(e); ***um ~ Gäste kümmert sich der Chef persönlich*** le chef s'occupe personnellement des clients exceptionnels
3. (*zusätzlich, gesondert*) *Raum, Schuppen, Antenne, Tür* à part, spécial(e); *Eiskarte, Weinkarte* séparé(e)

Besondere(s) *nt decl wie adj* 1. (*Eigenschaft*) ■ **das ~ an etw** (*dat*) ce que qc a de particulier [*o* spécial]
2. (*Person, Sache*) ■ **jd ist etwas** [*o* **jemand**]/**nichts ~s** qn est quelqu'un de spécial/d'ordinaire; ■ **etw ist etwas/nichts ~s** qc est quelque chose/n'est rien de particulier [*o* spécial]
► **im ~n** en particulier

Besonderheit <-, -en> *f* (*Eigenschaft*) [*Baum, Pflanze, Gegenstand*] particularité *f;* [*Mensch*] signe *m* particulier; (*besondere Art*) [*Bearbeitung, Fassung, Ziselierung, Färbung*] particularité *f*

besonders *adv* 1. (*außergewöhnlich*) particulièrement; ■ **nicht ~ ...** *billig, teuer, warm, kalt, viel* pas particulièrement ..., pas tellement ...
2. (*vor allem*) surtout; ~ ***du müsstest das wissen*** toi le premier/la première tu devrais savoir ça
3. (*speziell*) *anfertigen, behandeln, verpacken* spécialement; (*einzeln*) *verpacken* séparément, à part
► **etw ist nicht** ~ *fam* qc est pas terrible *fam,* qc casse rien *fam;* **[jdm geht es] nicht** ~ *fam* [qn va] pas très fort *fam;* ***jd fühlt sich nicht*** ~ qn se sent patraque *fam*

besonnen I. *adj Charakter, Mensch, Vorgehen* réfléchi(e); *Art* posé(e)
II. *adv* avec circonspection; ***du hättest dich ~ verhalten sollen!*** tu aurais dû garder ton sang-froid!

Besonnenheit <-> *f* ∅ circonspection *f,* prudence *f*

besorgen * I. *vt* 1. (*beschaffen*) ■ **jd besorgt jdm etw** qn procure qc à qn; (*günstig, durch Beziehungen*) qn fait avoir qc à qn
2. (*kaufen*) ■ **jd besorgt [jdm] etw** qn achète qc [à qn]
3. (*erledigen*) ■ **jd besorgt etw** *Arbeit, Erledigung* qn effectue qc; *Auftrag, Druck, Satz* qn se charge de qc
► **jd besorgt es jdm** *fam* (*verprügelt jdn*) qn tabasse qn *fam;* (*zahlt es jdm heim*) qn rend à qn la monnaie de sa pièce; (*sagt jdm die Meinung*) qn remet qn à sa place; *sl* (*befriedigt jdn sexuell*) qn fait jouir qn; ***dir werd' ich's noch ~!*** fais gaffe la prochaine fois! *fam;* ***er hat es Ingeborg mal wieder richtig besorgt*** avec lui, Ingeborg a encore vraiment pris son pied *pop*
II. *vr* ■ **jd besorgt sich** (*dat*) **etw** qn se procure qc

Besorgnis <-, -se> *f* 1. (*Sorge*) inquiétude *f;* ***ich bin in großer*** ~ je suis plein(e) d'inquiétude
2. (*Befürchtung*) crainte *f;* ***etw erregt*** ~ qc inquiète [qn/qc]; ~ ***erregend*** inquiétant(e), préoccupant(e)

besorgniserregend *s.* **Besorgnis 2.**

besorgt *adj* 1. (*voller Sorge*) *Mensch* inquiet(-ète); *Miene* soucieux(-euse); ■ **jd ist [wegen etw]** ~ qn est inquiet(-ète) [à cause de qc]
2. (*fürsorglich*) ■ **jd ist um jdn** ~ qn est aux petits soins pour [*o* avec] qn; ■ **jd ist um etw** ~ qn est très soucieux(-euse) de qc

Besorgtheit <-> *f* ∅ inquiétude *f;* ■ **jds ~ [um jdn/etw]** l'inquiétude de qn [pour qn/pour [*o* à cause de] qc]

Besorgung <-, -en> *f* 1. (*Einkauf*) course *f*, commission *f*
2. (*das Kaufen*) ■ **die ~ einer S.** (*gen*) l'achat de qc *m*
▸ **jd macht** [*o* **erledigt**] **eine ~/~en** qn fait une course/des courses

bespannen * *vt* 1. (*überziehen*) ■ **jd bespannt etw** [**mit etw**] *Lkw, Liegestuhl* qn recouvre [*o* revêt] qc [de qc]; *Wand* qn tend [*o* tapisse] qc [de qc]; *Saiteninstrument, Tennisschläger* qn [re]corde; ***jd lässt einen Tennisschläger neu*** ~ qn fait recorder une raquette de tennis
2. (*anspannen*) ■ **jd bespannt etw** *Kutsche, Fuhrwerk, Wagen* qn attelle qc; ■ **jd bespannt etw mit einem Tier** qn attelle un animal à qc

Bespannung *f* 1. Ø (*das Bespannen*) [*Saiteninstrument*] cordes *fpl;* [*Tennisschläger*] cordage *m*
2. (*Stoff*) [*Wand*] tenture *f;* [*Liegestuhl*] revêtement *m;* MUS (*Saiten*) cordes *fpl;* SPORT [*Tennisschläger*] cordage *m*

bespielbar *adj* 1. *Videokassette, Tonband* enregistrable; ***etw ist wieder*** ~ on peut réenregistrer sur qc
2. SPORT praticable

bespielen * *vt* 1. AUDIOV ■ **jd bespielt etw** [**mit etw**] *Videokassette, Tonband* qn enregistre [qc] sur qc; ***das Band ist mit klassischer Musik bespielt*** sur cette bande, il y a un enregistrement de musique classique; ***eine Videokassette kann immer wieder neu bespielt werden*** on peut toujours réenregistrer sur une cassette vidéo; ■ **bespielt** enregistré(e)
2. SPORT ■ **jd bespielt etw** qn joue sur qc; ***etw kann bespielt werden*** qc est praticable

bespitzeln * *vt* ■ **jd bespitzelt jdn** qn espionne qn

Bespitzelung <-, -en> *f* espionnage *m*

besprechen * *irreg* I. *vt* 1. (*erörtern*) ■ **jd bespricht etw** [**mit jdm**] qn discute de qc [avec qn]; ***da gibt es nichts mehr zu*** ~ maintenant, la discussion est terminée
2. (*rezensieren*) ■ **jd bespricht etw** *Artikel, Essay, Buch, Aufführung* qn fait la critique de qc; ***etw wird von der Kritik positiv/wohlwollend besprochen*** qc obtient une bonne critique; ***das Stück wurde als sehr gewagt besprochen*** la pièce a été jugée très osée par la critique
3. AUDIOV ■ **jd bespricht etw** *Schallplatte, Band* qn enregistre qc; ■ **jd bespricht etw mit einer S.** qn enregistre une chose sur qc; ***eine besprochene Schallplatte*** un disque parlé
▸ **wie besprochen** comme convenu
II. *vr* ■ **sie ~ sich** [**über etw** (*akk*)] ils/elles se concertent [au sujet de qc]; ■ **jd bespricht sich mit jdm** [**über etw** (*akk*)] qn s'entretient avec qn [sur qc]

Besprechung <-, -en> *f* 1. (*Konferenz*) réunion *f;* (*Unterredung*) entretien *m;* ***er hat eine*** ~ il est en réunion; ■ **~ einer S.** (*gen*) discussion *f* de qc
2. (*Rezension*) critique *f*

Besprechungsexemplar *nt* exemplaire *m* de presse

Besprechungszimmer *nt* salle *f* de conférence

bespritzen * I. *vt* 1. (*befeuchten*) ■ **jd bespritzt jdn** [**mit etw**] qn asperge qn [avec [*o* de] qc]; ■ **jd/etw bespritzt jdn/**[**jdm**] **etw** [**mit etw**] (*beschmutzen*) qn/qc éclabousse qn/[lui] éclabousse qc [de qc]
2. (*besprühen*) ■ **jd bespritzt etw** [**mit etw**] *Pflanze* qn vaporise qc [avec qc]; (*mit Insektenvernichtungsmittel*) qn pulvérise qc [avec qc]
II. *vr* (*sich befeuchten*) ■ **jd bespritzt sich** [**mit etw**] qn s'asperge [de qc]; ■ **jd bespritzt sich/sich** (*dat*) **etw** [**mit etw**] (*sich beschmutzen*) *Kleidungsstück* qn s'éclabousse/éclabousse son/sa/ses qc [de qc]

besprühen * I. *vt* ■ **jd/etw besprüht jdn/etw** [**mit etw**] *mit Wasser* qn/qc arrose [*o* asperge] qn/qc [de qc]; *mit Öl* qn/qc enduit qn/qc [de qc]; *mit Haarspray* qn vaporise qc sur qn/qc; *mit Graffiti* qn bombe qc sur qc *fam*
II. *vr* ■ **jd besprüht sich** [**mit etw**] qn s'arrose [de qc]; (*sich beschmutzen*) qn s'éclabousse [de qc]; ■ **jd besprüht sich** (*dat*) **etw** [**mit etw**] qn mouille son/sa/ses qc [avec qc]; (*sich beschmutzen*) qn éclabousse son/sa/ses qc [de qc]

bespucken * *vt* ■ **jd bespuckt jdn/etw** qn crache sur qn/qc; ***ich könnte dich*** ~! je te cracherais bien dessus!; ■ **bespuckt** couvert(e) de crachats

besser I. *adj comp von* **gut** 1. (*qualitativ*) meilleur(e); *Kleidung, Essen, Gerät, Gegenstand* de meilleure qualité; *Wohnung* de meilleur standing; ■ **etwas B~es** (*Gegenstand, Gerät, Kleidung*) quelque chose de mieux; (*Speisen, Getränke*) quelque chose de meilleur; ■ **nichts B~es** (*Gegenstand, Gerät, Kleidung*) rien de mieux; (*Speisen, Getränke*) rien de meilleur; ■ **jd ist** ~ (*bezüglich Fähigkeiten*) qn est meilleur(e); (*bezüglich Eignung*) qn est mieux; ~ ■ **etw ist** ~ (*qualitativ gesehen*) qc est meilleur(e); (*für einen bestimmten Zweck, eine bestimmte Person*) qc est mieux; ■ **es ist ~ etw zu tun** c'est mieux de faire qc; ■ [**es ist**] ~, [**wenn**] … il vaut mieux que + *subj;* ■ **etw wird** ~, ■ **mit etw wird es** ~ qc va mieux; /*Wetter*/ qc s'améliore
2. (*sozial höhergestellt*) *Kreise* haut placé(e); ***es sind ~e Leute*** ce sont des gens de la haute société; ***er wohnt in einer „~en" Gegend*** il habite dans les beaux quartiers
3. *iron fam* ■ **etw ist ein(e) ~e(r, s)** … ce n'est guère plus qu'un(e) …
▸ **jd belehrt jdn eines B~en** qn détrompe qn, qn ouvre les yeux à qn; ***ich lasse mich gerne eines B~en belehren*** on peut me contredire; **jd besinnt sich eines B~en** qn se ravise; **jd hat B~es zu tun** qn a mieux à faire
II. *adv comp von* **gut, wohl** 1. (*opp: schlechter*) mieux; ***ich kann das*** ~! je sais mieux le faire!; ***sie will immer alles ~ wissen*** elle est toujours plus maligne que les autres [*o* que tout le monde]; ***etw schmeckt ~ als etw*** qc est meilleur(e) que qc
2. *fam* ■ **jd tut etw** ~ (*sollte etw tun*) il vaut mieux que qn fasse qc
▸ **es geht jdm** ~ [*o* **jdm geht es** ~] qn va mieux; **es geht einer S.** (*dat*) ~ qc va mieux; ~ [**gesagt**] plus exactement; ~ **gestellt** aisé(e), fortuné(e); **jd hat es** ~ qn a une vie plus agréable; **jd hat es** [**mit jdm**] ~ c'est plus facile pour qn [avec qn]; ~ **ist** ~ deux précautions valent mieux qu'une; **es kommt noch** ~ *iron fam* il y a encore mieux; **etw stellt jdn** ~ qc améliore les revenus de qn; **jd täte ~ daran etw zu tun** qn ferait mieux de faire qc; **jd will es/**[**immer**] **alles ~ wissen** qn est plus malin(-igne) que tout le monde; **um so ~!** *fam* tant mieux!

besser|gehen *s.* **besser II.**▸

bessergestellt *s.* **besser II.**▸

Bessergestellte(r) *f(m)* nanti(e) *m(f);* ■ **die ~n** les revenus *mpl* élevés, les nantis *mpl*

bessern I. *vr* 1. (*sich zum Guten verändern*) ■ **jd bessert sich** qn s'améliore
2. (*besser werden*) ■ **etw bessert sich** qc s'améliore
II. *vt* ■ **jd bessert jdn** qn corrige qn; ***jd lässt sich nicht*** ~ qn est incorrigible; ■ **jd bessert etw** qn améliore qc

besser|stellen *s.* **besser II.**▸

Besserung <-> *f* Ø amélioration *f;* ***ich gelobe*** ~ je promets de me corriger
▸ **gute ~!** bon rétablissement!

Besserwisser(in) <-s, -> *m(f) pej* pédant(e) *m(f);* ***er/sie ist ein ~/eine ~in*** il/elle est plus malin(-igne) que tout le monde

Besserwisserei <-> *f* Ø *pej* pédanterie *f*

besserwisserisch I. *adj* pédant(e)
II. *adv* comme un(e) pédant(e), en pontifiant; ***er tut immer so*** ~ il fait toujours celui qui sait tout

best- + *adj* (*am besten*) le/la mieux …; (*am meisten*) le/la plus …

bestallen * *vt form* ■ **jd bestallt jdn** [**zu etw**] qn nomme qn [qc]; ■ **bestallt** *Beamter, Lehrer* titularisé(e); *Vormund* désigné(e)

Bestallung <-, -en> *f form* ■ **jds ~** [**zu etw**] [*Beamter, Lehrer*] la nomination [*o* titularisation] de qn [comme qc]; [*Vormund*] la désignation de qn [comme qc]

Bestallungsurkunde *f form* titre *m* de nomination

Bestand <-[e]s, ¨-e> *m* 1. (*Fortdauer*) [*Abmachung, Unternehmen*] persistance *f;* [*Regierung, Koalition*] stabilité *f*
2. AUS (*das Bestehen*) existence *f*
3. (*vorhandene Menge*) ■ **der ~** [**an etw** (*dat*)] le stock [*o* la réserve] [de qc]; *an Bäumen* le peuplement [forestier]
▸ **jd nimmt ~ auf** (*resümiert*) qn fait le bilan; COM qn fait [*o* établit] l'inventaire; **etw ist von ~, etw hat ~** qc dure, qc est durable

beständig *adj* 1. *attr* (*ständig*) *Gestank, Lärm, Gejammere* continuel(le), perpétuel(le); *Regen a.* ininterrompu(e)
2. (*gleichbleibend*) *Mensch, Verhalten* constant(e); METEO stable
3. (*widerstandsfähig*) ■ **etw ist ~** [**gegen etw**] qc est résistant(e) [à qc]
4. (*dauerhaft*) *Freundschaft, Beziehung, Partnerschaft* durable

-beständig résistant(e) à; ***waschmittel~*** lavable; ***fäulnis~*** imputrescible

Beständigkeit <-> *f* Ø 1. (*das Anhalten*) [*Wetter, Witterung*] stabilité *f*
2. (*gleichbleibende Eigenschaft*) constance *f*
3. (*Widerstandsfähigkeit*) ■ ~ [**gegen etw**] résistance *f* [à qc]

Bestandsaufnahme *f* 1. (*Registrierung eines Bestandes*) inventaire *m*
2. *fig* (*Bilanz*) bilan *m* ▸ **jd macht** [**eine**] ~ qn fait [*o* établit] l'inventaire; *fig* qn fait le bilan **Bestandsvertrag** *m* AUS *form* (*Mietvertrag*) bail *m*

Bestandteil *m* (*Teil eines Ganzen*) composant *m;* (*Einzelteil, Bauteil*) élément *m;* [*Puzzle*] pièce *f*
▸ **etw löst sich/löst etw in seine ~e auf** qc se décompose/décompose qc; ***der Stuhl löst sich in seine ~e auf*** la chaise se disloque; **jd zerlegt etw in seine ~e** qn démonte qc; **etw zerlegt etw in seine ~e** qc désagrège qc

bestärken * *vt* 1. (*unterstützen*) ■ **jd bestärkt jdn** qn soutient [*o* appuie] qn
2. (*erhärten*) ■ **jd/etw bestärkt jdn in etw** (*dat*) *in jds Entschluss, Wunsch, Vermutung, Verdacht, Vorsatz, Unart* qn/qc conforte [*o* renforce] qn dans qc

Bestärkung *f* 1. (*Unterstützung*) soutien *m*, appui *m*
2. (*Erhärtung*) [*Verdacht, Vermutung, Vorsatz, Wunsch*] renforcement *m;* ***zur ~ deines Entschlusses*** pour te renforcer dans ta décision

bestätigen * *vt* 1. (*für zutreffend erklären*) ■ **jd/etw bestätigt** [**jdm**] **etw** qn/qc confirme qc [à qn]; *Urteil a.* qn/qc entérine qc; ■ **jd/etw bestätigt jdn** qn/qc renforce la certitude de qn; ■ **jd/etw bestätigt jdn in etw** (*dat*) qn/qc renforce [*o* confirme] qn dans qc; ***ich sehe mich endlich bestätigt*** j'ai enfin confirmation; ■ **~d** confirmatif(-ive) *rare;* ***…, sagte er ~d*** …, confirma-t-il
2. (*quittieren*) ■ **jd/etw bestätigt** [**jdm**] **etw** *Anwesenheit, Teilnahme* qn/qc certifie qc [à qn]; *Auftrag, Bestellung* qn/qc confirme qc [à qn]; ■ **jd bestätigt etw** *Befehl, Eingabe* qn valide qc; ***jd bestätigt*** [***jdm***] ***den Empfang*** [***o Erhalt***] ***einer S.*** (*gen*) qn accuse réception de qc [à qn]; ***dieses Dokument bestätigt den Empfang der Sendung*** ce document prouve que qn a reçu le colis
3. (*anerkennen*) ■ **jd bestätigt jdn in etw** (*dat*) *in Amt, Stellung* qn confirme qn dans qc
▸ **„hiermit** [*o* **hierdurch**] **wird bestätigt, dass …"** "par la présente, nous certifions que …"

Bestätigung <-, -en> *f* 1. (*das Bestätigen*) ■ **die ~ einer S.** (*gen*) la confirmation de qc
2. (*Quittierung*) ■ **die ~ einer S.** (*gen*) *der Anwesenheit, Teilnahme* l'attestation *f* de qc; COM *eines Auftrags, einer Bestellung* la confirmation de qc *f;* ***die ~ des Empfangs*** [***o Erhalts***] l'accusé *m* de réception
3. (*Schriftstück*) [*Teilnahme*] attestation *f*, certificat *m;* [*Auftrag, Bestellung*] confirmation *f;* [*Befehl, Eingabe*] validation *f*
▸ **etw findet ~** *geh* qc se confirme; **zur ~ einer S.** (*gen*) pour confirmer qc; *eines Urteils a.* pour entériner qc; *eines Befehls, einer Eingabe* pour valider qc; (*als Quittung*) *der Anwesenheit, Teilnahme* pour attester qc; ***zur ~ des Empfangs der Ware*** pour accuser réception de la marchandise

bestatten * *vt euph geh* ■ **jd bestattet jdn** qn inhume qn *soutenu*
▸ **jd liegt irgendwo bestattet** qn est inhumé(e) quelque part

Bestatter(in) <-s, -> *m(f) geh* entrepreneur(-euse) *m(f)* de pompes funè-

bres
Bestattung <-, -en> *f geh* inhumation *f soutenu*, obsèques *fpl form*
Bestattungsinstitut *nt*, **Bestattungsunternehmen** *nt geh* [entreprise *f* de] pompes *fpl* funèbres **Bestattungsunternehmer(in)** *m(f) geh* entrepreneur(-euse) *m(f)* de pompes funèbres
bestäuben * *vt* 1. GASTR ■ **jd bestäubt etw [mit etw]** qn saupoudre qc [avec [*o* de] qc]
2. BOT ■ **jd/ein Insekt bestäubt etw** qn/un insecte féconde qc
Bestäubung <-, -en> *f* BOT pollinisation *f*
bestaunen * *vt* ■ **jd bestaunt jdn/etw** qn admire qn/qc
bestbezahlt *adj attr* le/la mieux payé(e)
beste(r, s) I. *adj superl von* **gut** 1. *attr* meilleur(e); *Gesundheit, Laune, Stimmung, Familie, Haus, Herkunft* excellent(e); ***ich bin ~r Zuversicht*** je suis tout à fait confiant(e); ***im Zustand ~er Gelassenheit*** parfaitement décontracté(e); ***meine ~n Empfehlungen!*** mes hommages!
2. ■ **der/die B~** le/la meilleur(e); ■ **das B~** le mieux; ***das B~, was es gibt*** ce qu'il y a de mieux; ***das B~ vom B~n*** le fin du fin
▸ **der/die/das erste [*o* nächste] B~** le/la premier(-ière) venu(e); **jd gibt sein B~s** qn donne le maximum; **jd gibt [jdm] etw zum B~n** *Anekdote, Witz, Erlebnis* qn raconte qc [à qn]; **jd hält es für das B~ etw zu tun** qn croit qu'il vaut mieux faire qc, qn pense que le mieux est de faire qc; **jd hält jdn zum B~n** qn fait marcher qn; **wir wollen das B~ hoffen** [nous] espérons [que ce sera pour le mieux]; **es steht [mit etw] nicht zum B~n** ça/qc ne va pas pour le mieux; **jd tut sein B~s** qn fait de son mieux; **jd will nur jds B~s** qn ne veut que le bien de qn; **aufs [*o* auf das] B~** au mieux, pour le mieux; **zu seinem/ihrem B~n** pour son bien, dans son intérêt; **meine B~/mein B~r!** *veraltet fam* très cher(chère)!
II. *adv* 1. + *vb* (*als Beste*) ■ **am ~n** le mieux
2. (*ratenswerterweise*) ■ **am ~n tut jd etw** qn ferait mieux de faire qc
▸ **das ist [auch/doch] am ~n so!** c'est mieux ainsi!; **es wäre [wohl] am ~n, wenn** le mieux serait que + *subj*
bestechen * *irreg* I. *vt* 1. (*durch Geld etc*) ■ **jd besticht jdn [mit etw]** qn soudoie [*o* achète] qn [avec qc]; ***ich lasse mich nicht/von keinem ~!*** on ne m'achète pas!; ■ **jd wird bestochen etw zu tun** qn est payé(e) pour faire qc; ■ **bestochen** corrompu(e), acheté(e)
2. ■ **etw besticht jdn [durch etw]** qc séduit qn [par qc]
II. *vi* (*für sich einnehmen*) ■ **etw besticht [durch etw]** qc séduit [par qc]; ■ **jd besticht durch etw** qc éblouit par qc
bestechend I. *adj* séduisant(e)
II. *adv einfach, schön* étonnamment; *klar, logisch* admirablement; ~ ***elegant*** d'une élégance impressionnante
bestechlich *adj* corruptible, vénal(e)
Bestechlichkeit <-> *f Ø* vénalité *f*
Bestechung <-, -en> *f* corruption *f*; [*Zeuge*] subornation *f*
▸ **aktive** ~ corruption active; **passive** ~ corruption passive
Bestechungsgeld *nt meist pl* pot-de-vin *m* **Bestechungsversuch** *m* tentative *f* de corruption
Besteck <-[e]s, -e> *nt* 1. (*Ess~*) couverts *mpl*
2. MED instruments *mpl*; [*Drogenabhängige*] matériel *m* de drogué
Besteckkasten *m* ménagère *f*
bestehen * *irreg* I. *vt* 1. (*erfolgreich abschließen*) ■ **jd besteht etw [mit etw]** qn réussit qc [avec qc]; *Probezeit* qn passe le cap de qc
2. *geh* (*durchstehen*) ■ **jd besteht etw** *Gefahr, harte Probe, Schicksalsschlag* qn surmonte qc; *schwere Zeit, Kampf* qn sort vainqueur de qc
II. *vi* 1. (*existieren*) ■ **etw besteht,** ■ **es besteht etw** il y a qc; */Brauch, Tradition/* qc existe; ***es besteht der Verdacht, dass er/sie etw getan hat*** on le/la soupçonne d'avoir fait qc; ***es besteht der Brauch etw zu machen*** on a coutume de faire qc
2. *bei Zeitangabe* ■ **etw besteht** qc existe
3. (*sich zusammensetzen*) ■ **etw besteht aus etw** *aus Teilen* qc se compose de qc, qc est composé(e) de qc; *aus Material* qc est en qc
4. (*beinhalten*) ■ **etw besteht in etw** (*dat*)/**darin etw zu tun** qc consiste en qc/à faire qc; */Problem, Schwierigkeit, Unterschied, Sinn/* qc réside en [*o* dans] qc; ***unsere Chance besteht darin, dass wir das tun*** notre seule chance, c'est de faire ça
5. (*standhalten*) ■ **jd besteht vor jdm/etw/neben jdm** qn fait bonne figure face à qn/qc/soutient la comparaison avec qn; ■ **etw besteht vor jdm/etw/neben etw** */Arbeit, Leistung/* qc peut affronter qn/qc/soutient la comparaison avec qc
6. (*durchkommen*) ■ **jd besteht [in etw** (*dat*)**] [mit etw]** qn réussit [qc] [avec qc]
7. (*insistieren*) ■ **jd besteht auf etw** (*dat*)/**darauf, dass jd etw tut** qn tient à qc/à ce que qn fasse qc; ***er besteht immer auf seinem Recht*** il insiste toujours sur son bon droit; ***jd wird auf etw nicht*** ~ qn veut bien renoncer à qc
▸ **etw besteht weiter** (*besteht fort*) */Einrichtung, Institut/* qc continue d'exister, qc existe toujours; **etw besteht [für jdn] weiter** (*bleibt bestehen*) */Verdacht/* qc est toujours présent(e) [dans l'esprit de qn]; **etw besteht weiter** */Verpflichtung/* qc doit être assumé(e); **etw besteht für jdn weiter** */Verpflichtung/* qn doit toujours assumer qc; **etw bleibt** ~ */Hoffnung, Verdacht, Vermutung/* qc demeure; */Abmachung, Bestimmung, Vorschrift/* qc reste valable; **jd lässt etw** ~ qn laisse qc en place; *Abmachung, Regelung, Einrichtung* qn prolonge qc; *Bestimmung* qn conserve qc
Bestehen <-s> *nt Ø* 1. (*Vorhandensein*) ■ **das ~ einer S.** (*gen*) l'existence *f* de qc
2. (*Beharren*) ■ **jds ~ auf etw** (*dat*) *auf Detail, Punkt* l'insistance *f* de qn sur qc; *auf Regelung, Bezahlung, Einhaltung, Erfüllung* l'insistance de qn pour obtenir qc
3. (*das Durchkommen*) ■ **das ~ einer S.** (*gen*) *einer Prüfung, Probe* la réussite à qc; ***nach ~ der Probezeit erhöht sich das Gehalt*** une fois passé le cap de la période d'essai, le salaire est augmenté
▸ **seit [dem] ~ einer S.** (*gen*) depuis que qc existe; *einer Ausgangssperre, der Kontrollen, der Bestimmungen* depuis la création de qc
bestehen|bleiben *s.* **bestehen II.▸**
bestehend *adj* 1. (*geltend*) *Gesetz, Vorschrift, Regelung, Zensur* existant(e); ***eine intern ~e Regelung*** un règlement à usage interne
2. (*existierend*) *Gesellschaftsordnung* existant(e); *Umstände, Verhältnisse* actuel(le)
bestehen|lassen *s.* **bestehen II.▸**
bestehlen * *vt irreg* ■ **jd bestiehlt jdn/etw** qn vole qn/qc; ■ **jd bestiehlt jdn/etw um etw** qn vole qc à qn/qc
besteigen * *vt irreg* 1. (*klettern*) ■ **jd besteigt etw** *Berg, Gletscher* qn escalade qc, qn fait l'ascension de qc; *Hügel* qn gravit qc; *Gerüst, Podest, Thron* qn monte sur qc; *Leiter, Rednerpult, Tribüne* qn monte à qc; *Turm* qn monte au sommet de qc
2. (*aufsteigen*) ■ **jd besteigt ein Tier** qn monte sur un animal
3. (*einsteigen*) ■ **jd besteigt etw** *Bus, Flugzeug, S-Bahn, Taxi, Auto, Segelflugzeug, Hubschrauber* qn monte dans qc; *Fähre, Fahrrad, Motorrad, Segeljacht, Motorboot* qn monte sur qc
Besteigung *f* ■ **die ~ einer S.** (*gen*) *eines Berges, Gletschers* l'ascension *f* de qc, l'escalade *f* de qc; *des Throns* l'accession *f* à qc
bestellen * I. *vt* 1. (*in Auftrag geben*) ■ **jd bestellt etw [bei jdm]** GASTR qn commande qc [à qn]; COM qn commande qc [chez qn]; ***ich habe dir einen Wein/ein neues Kleid bestellt*** je t'ai commandé un verre de vin/une nouvelle robe; ■ **bestellt** *Artikel, Ware* commandé(e); *Getränk, Gericht* le/la ... que qn a commandé(e); ***das Bestellte*** la commande
2. (*reservieren*) ■ **jd bestellt [jdm] etw** qn réserve qc [pour qn]; ■ **bestellt** réservé(e)
3. (*ausrichten*) ■ **jd bestellt jdm etw [von jdm]** qn transmet qc à qn [de la part de qn]; ■ **jd bestellt jdm [von jdm], dass** qn fait dire à qn [de la part de qn] que + *indic*; ***bestell ihm, dass er etw tut!*** dis-lui de faire qc!; ***bestell ihr, dass ich das mache!*** dis-lui que je vais le faire!
4. (*kommen lassen*) ■ **jd bestellt jdn/etw [zu jdm/irgendwohin]** *Mitarbeiter, Agenten* qn fait venir qn [chez qn/quelque part]; *Patienten* qn donne un rendez-vous à qn [chez qn/quelque part]; *Mietwagen, Krankenwagen, Möbelwagen* qn commande qc [chez qn/quelque part]; *Taxi* qn appelle qc [chez qn/quelque part]; ***er hat sie für 16 Uhr zu sich [in sein Büro] bestellt*** il lui a donné rendez-vous à 16 heures [dans son bureau]; ***jd wird zur Impfung/Untersuchung ins Krankenhaus bestellt*** qn est convoqué(e) pour une vaccination/un examen à l'hôpital; ■ **jd ist [bei/zu jdm/in etw** (*akk*)**] bestellt** qn a [un] rendez-vous [chez qn/à qc]; *beim/zum Anwalt, in eine Behörde* qn est convoqué(e) [chez qn/à qc]
5. (*bearbeiten*) ■ **jd bestellt etw** qn cultive qc; ■ **jd bestellt etw mit etw** qn plante qc de qc
▸ **wie bestellt und nicht abgeholt** *hum fam* tout(e) bête, comme une poule qui a trouvé un couteau; **jd hat nichts/nicht viel/kaum etwas zu ~** qn n'a rien/pas grand-chose à dire; **um jdn/mit etw ist es ... bestellt** qn/qc va ...; ***um jdn/mit etw ist es gut/schlecht bestellt*** qn/qc va bien/mal
II. *vi* ■ **jd bestellt [bei jdm]** qn commande [à qn]
III. *vr* ■ **jd bestellt sich** (*dat*) **etw** qn [se] commande qc
Besteller(in) <-s, -> *m(f)* client(e) *m(f)*, acheteur(-euse) *m(f)*
Bestellliste[RR] *f* bulletin *m* de commande
Bestellmenge *f* quantité *f* commandée **Bestellnummer** *f* numéro *m* de référence **Bestellpraxis** *f* cabinet *m* médical de consultations sur rendez-vous **Bestellschein** *m* bon *m* de commande
Bestellung <-, -en> *f* 1. COM (*Ware*) commande *f*; GASTR commande *f*; ■ **die ~ einer S.** (*gen*) **[bei jdm/aus etw]** *bei Firma, aus Katalog, Sortiment* la commande de qc [chez qn/dans qc]; GASTR la commande de qc [à qn]; (*Auftrag*) la commande de qc [auprès de qn]
2. (*Reservierung*) réservation *f*
3. (*das Ausrichten*) [*Nachricht*] transmission *f*; ***er bat sie um ~ von Grüßen an seine Familie*** il la pria de transmettre le bonjour à sa famille *f*
4. [*Acker, Feld, Land*] culture *f*
5. (*die Berufung*) [*Gutachten*] constitution *f*; [*Gutachter, Vormund*] désignation *f*
▸ **jd gibt eine ~ auf, jd macht eine ~** qn passe [*o* fait] une commande, qn commande; GASTR qn commande; **auf ~** *a. fig* sur commande
Bestellzettel *m s.* **Bestellschein**
bestenfalls *adv* au mieux
bestens *adv* (*sehr gut*) très bien, au mieux; *bedienen, vorbereiten, sich bewähren* parfaitement; (*herzlich*) *danken, grüßen* cordialement; ***der Wagen wurde ~ beurteilt*** la voiture a obtenu des appréciations excellentes; ***es/sie hat sich ~ bewährt*** cela/elle s'est avéré(e) parfait(e)
beste(r, s) *adj s.* **beste**
Beste(s) *nt s.* **beste**
besteuern * *vt* ■ **jd/etw besteuert jdn/etw [mit etw]** *Firma, Einkommen, Lohn, Verdienst, Vermögen* qn/qc impose qn/qc [de qc]; *Verbrauchsgüter, Alkohol, Tabak* qn/qc taxe qc [de qc]; ***Firmen werden mit Gewerbesteuer besteuert*** les sociétés sont soumises à la taxe professionnelle
Besteuerung <-, -en> *f* ■ **~ einer S.** (*gen*) *der Einkünfte, des Vermögens* imposition *f* de qc; *von Verbrauchsgütern* taxation *f* de qc; ■ **jds ~** *einer Firma, eines Gewerbetreibenden* imposition *f* de qn
Bestform *f s.* **Höchstform**
bestialisch I. *adj* bestial(e), sauvage; *Gestank* infect(e); *Kälte* terrible; ***er musste ~e Schmerzen aushalten*** il a souffert le martyre
II. *adv fam* vachement *fam*
besticken * *vt* ■ **jd bestickt etw** qn brode qc; ■ **jd bestickt etw mit einer S.** qn brode une chose sur qc

Bestie <-, -n> ['bɛstiə] *f* **1.** (*Tier*) bête *f* féroce
2. (*Mensch*) monstre *m*
bestimmbar *adj Dauer, Kosten, Anzahl* déterminable; *Duft, Farbe* définissable; *Täter* identifiable
bestimmen * **I.** *vt* **1.** (*festsetzen*) ■**jd bestimmt etw** *Preis, Ort, Zeit* qn fixe qc; *Grenze a.* qn détermine qc; ■**jd/etw bestimmt etw** /*Gesetzgeber, Parlament, Stadtrat, Gesetz, Vorschrift*/ qn décrète/qc stipule qc; ■**jd/etw bestimmt, dass** qn décrète/qc stipule que + *indic;* ■**jd bestimmt etw** (*entscheiden*) qn décide qc; ■**jd bestimmt, dass** qn décide que + *indic*
2. (*prägen*) ■**etw bestimmt etw** *Stadtbild, Landschaft, Epoche, Werk, Stil* qc marque qc, qc caractérise qc
3. (*beeinflussen*) ■**etw bestimmt etw** *Preis, Wert, Konjunktur, Wirtschaftswachstum* qc détermine qc
4. (*einordnen*) ■**jd bestimmt etw** *Tier, Pflanze, Funde* qn identifie qc; *Bedeutung, Etymologie, Alter, Herkunft* qn détermine [*o* définit] qc
5. (*vorsehen*) ■**jd bestimmt jdn zu etw** *zum Amtsinhaber, Vorsitzenden, Nachfolger, Regenten* qn désigne qn comme qc; ■**jd bestimmt etw für jdn** *Erbteil, Geschenk, Sendung* qn destine qc à qn
6. *geh* (*bewegen*) ■**jd/etw bestimmt jdn zu etw** *zum Nachgeben, zu Kompromiss, zum Bleiben* qn amène/qc incline qn à qc
▶ **füreinander bestimmt** faits l'un pour l'autre
II. *vi* **1.** (*befehlen*) ■**jd bestimmt** qn commande, qn décide
2. (*verfügen*) ■**jd bestimmt über jdn/etw** qn dispose de qn/qc
bestimmend *adj* **1.** (*entscheidend*) *Faktor, Einfluss* déterminant(e); ■**etw ist für jdn/etw** ~ qc est déterminant(e) pour qn/qc
2. (*dominant*) *Mensch* déterminé(e); *Persönlichkeit* fort(e); ***sie ist ein sehr ~er Mensch*** elle sait s'imposer
bestimmt **I.** *adj* **1.** (*nicht genau genannt*) *Grund, Kreise, Leute, Dinge, Vorstellungen, Aussagen* certain(e) *antéposé*
2. (*speziell, genau genannt*) *Mensch, Haus, Buch, Titel, Gemälde, Firma, Vorstellung* précis(e)
3. (*festgesetzt*) *Preis, Betrag, Summe* fixé(e); (*deutlich*) *Angaben, Information* précis(e); GRAM *Artikel* défini(e); ***am ~en Tag/zur ~en Stunde/am [vorher] ~en Ort*** au jour dit/à l'heure dite/au lieu dit
4. (*entschieden*) *Auftreten, Mensch* décidé(e); *Ton* ferme
II. *adv* **1.** (*sicher*) certainement; ***sind Sie sich auch [ganz] ~ sicher, dass*** êtes-vous [vraiment] sûr(e) que; ***ist es auch ~ dieses Auto?*** es-tu/êtes-vous sûr(e) [*o* certain(e)] que c'est cette voiture?; ***wissen Sie das auch ganz ~?*** en êtes-vous vraiment sûr(e) [*o* certain(e)]?; ***kommst du ganz ~?*** es-tu vraiment sûr(e) [*o* certain(e)] de venir?
2. (*entschieden*): ***sie tritt sehr ~ auf*** elle est très déterminée; ***ich habe ~ abgelehnt*** j'ai refusé fermement
Bestimmtheit <-> *f* Ø [*Auftreten, Mensch*] détermination *f;* [*Ton*] fermeté *f*
▶ **in** [*o* **mit**] **aller** ~ avec fermeté; *ablehnen* catégoriquement; **mit** ~ avec certitude; ***ich zähle mit ~ darauf*** j'y compte fermement
Bestimmung <-, -en> *f* **1.** (*Vorschrift*) règlement *m;* (*vertraglich*) clause *f;* (*administrativ*) disposition *f*
2. Ø (*Zweck*) destination *f;* ***etw wird seiner ~ übergeben*** /*Brücke, Straße*/ qc est ouvert(e) à la circulation
3. (*Schicksal*) destinée *f;* (*Berufung*) vocation *f*
4. (*das Bestimmen*) [*Preis, Grenze, Ort, Zeit*] fixation *f;* [*Alter*] détermination *f;* [*Begriff*] définition *f;* [*Fund, Pflanze*] identification *f*
▶ **gesetzliche ~en** dispositions *fpl* légales; **adverbiale/nähere** ~ GRAM complément *m* circonstanciel
Bestimmungsbahnhof *m* gare *f* de destination **Bestimmungshafen** *m* port *m* de destination **Bestimmungsland** *nt* pays *m* de destination **Bestimmungsort** *m* [lieu *m* de] destination *f;* ***jd/etw kommt am ~ an*** qn/qc arrive à destination **Bestimmungswort** <-wörter> *nt* déterminant *m* (*premier élément d'un mot composé*)
bestirnt *adj poet* étoilé(e), constellé(e)
Bestleistung *f* meilleure performance *f*
bestrafen * *vt* ■**jd bestraft jdn/etw** [**mit etw**] qn punit qn/qc [de qc]; JUR qn condamne qn [à qc]; SPORT qn pénalise qn/qc [de qc]; ***er bestrafte ihn mit der gelben Karte*** il lui a infligé un carton jaune
Bestrafung <-, -en> *f* punition *f;* [*Täter*] châtiment *m;* SPORT pénalisation *f*
bestrahlen * *vt* **1.** MED ■**jd bestrahlt jdn/etw** qn traite qn/qc aux rayons, qn soigne qn/qc par les rayons
2. (*beleuchten*) ■**etw bestrahlt etw** *Gebäude, Bühne* qc illumine qc
Bestrahlung *f* (*das Bestrahlen*) traitement *m* aux rayons, radiothérapie *f;* (*Sitzung zwecks ~*) séance *f* de rayons [*o* radiothérapie]
Bestreben *nt* ***es ist immer mein ~ gewesen etw zu tun*** je me suis toujours efforcé(e) de faire qc; ***Ihr ~ sollte es sein etw zu tun*** vous devriez vous efforcer de faire qc
▶ **jd hat das ~ etw zu tun** qn s'efforce de [*o* cherche à] faire qc; **im ~ etw zu tun** soucieux(-euse) de faire qc; **in seinem/ihrem ~ etw zu tun** dans son souci de faire qc
bestrebt *adj* zélé(e); ■**jd ist ~ etw zu tun** qn s'efforce de faire qc
Bestrebung *f meist pl* tentative *f,* effort *m;* ■**die ~en etw zu tun** les efforts pour [*o* les tentatives de] faire qc
bestreichen * *vt irreg* ■**jd bestreicht etw** [**mit etw**] *Körperteil, Wunde, Braten, Blatt Papier* qn enduit qc [de qc]; *Brot* qn tartine qc [de qc]; ***jd bestreicht etw mit Butter*** qn beurre qc
bestreiken * *vt* IND ■**jd bestreikt etw** *Fabrik, Firma, Werk, Industriezweig* qn fait grève dans qc; ***der Betrieb wird bestreikt*** l'entreprise est en grève; ■**bestreikt** en grève
bestreitbar *adj Behauptung, Fakten* discutable, contestable
bestreiten * *vt irreg* **1.** (*leugnen*) ■**jd bestreitet etw zu tun/getan zu haben** qn nie faire/avoir fait qc; ***es lässt sich nicht ~, dass*** il est indéniable que + *indic;* ■**jd bestreitet etw** qn conteste qc; ***etw lässt sich nicht ~*** qc est incontestable
2. (*finanzieren*) ■**jd bestreitet etw** qn finance qc; *Kosten, Unterhalt* qn paie qc; ***sie kann ihren Lebensunterhalt nicht ~*** elle n'arrive pas à subvenir à ses besoins
3. (*gestalten*) ■**jd bestreitet etw** *Gestaltung, Veranstaltung* qn assure qc; ***er musste das Gespräch ganz allein ~*** il a fait les frais de la conversation
4. (*streitig machen*): ***jd bestreitet jdm das Recht auf etw*** (*akk*)/***etw zu tun*** qn conteste à qn le droit de [*o* à] qc/de faire qc
bestreuen * *vt* ■**jd bestreut etw mit einer S.** *Oberfläche, Weg, Straßenschäden* qn répand une chose sur qc; *Kuchen, Teig* qn saupoudre qc d'une chose; ***sie bestreute den Weg mit Blumen*** elle joncha le chemin de fleurs
bestricken * *vt geh* (*betören*) ■**jd bestrickt jdn** qn envoûte qn; ■**~d** envoûtant(e)
Bestseller <-s, -> ['bɛstzɛlɐ] *m* best-seller *m*
Bestsellerautor(in) ['bɛstzɛlɐ-] *m(f)* auteur *m* de best-seller **Bestsellerliste** *f* liste *f* des best-sellers [*o* meilleures ventes]
bestsituiert *adj attr bes.* AUS *s.* **gutsituiert**
bestücken * *vt* ■**jd bestückt etw** [**mit etw**] *Küche, Haushalt, Rakete* qn équipe qc [de qc]; *Lager, Regal, Keller, Magazin einer Schusswaffe* qn charge qc [avec qc]
bestürmen * *vt* ■**jd bestürmt jdn** [**mit etw**] qn assaille qn [de qc]
bestürzen * *vt* ■**etw bestürzt jdn** /*Ereignis, Vorgang, Tod*/ qc bouleverse qn; /*Handlungsweise*/ qc consterne qn
bestürzend **I.** *adj Ereignis, Nachricht, Neuigkeit* bouleversant(e); *Tod* tragique; ■**etw ist ~** qc est consternant(e)
II. *adv* extrêmement
bestürzt **I.** *adj Aussehen, Gesicht* bouleversé(e); *Miene* consterné(e); ■**jd ist [über etw** (*akk*)**] ~** qn est bouleversé(e) [*o* consterné(e)] [par qc]
II. *adv* avec consternation
Bestürzung <-> *f* Ø consternation *f;* ***mit [großer/tiefer] ~ haben wir von ... erfahren*** c'est avec une immense douleur que nous avons appris ...
Bestzeit *f* meilleur temps *m*
Besuch <-[e]s, -e> *m* **1.** (*das Besuchen*) visite *f;* [*Schule, Veranstaltung*] fréquentation *f;* [*Messe*] assistance *f* (*einer S.* (*gen*) à qc); ***nach dreijährigem ~ des Gymnasiums*** après avoir fréquenté le lycée pendant trois ans; ■**der ~ bei jdm** *beim Arzt* la visite chez qn; ***sie haben einen ~ bei den Schwiegereltern geplant*** ils ont prévu d'aller chez leurs beaux-parents; ***ich entschloss mich zu einem ~ bei meiner Freundin*** j'ai décidé d'aller voir mon amie; ■**der ~ durch jdn** la visite de qn
2. (*Besucher*) visiteur *m;* (*Gast*) invité(e) *m(f);* ***wir erwarten ~*** nous attendons de la visite
▶ **jd bekommt** [*o* **erhält**] **~/~ von jdm** qn reçoit de la visite/la visite de qn; **jd hat ~/hat ~ von jdm** qn a de la visite/la visite de qn; **jd macht einen ~ bei jdm** qn va voir qn; ***sie macht gerade einen ~*** elle fait une visite; ***dieser Arzt macht keine ~e bei seinen Patienten*** ce médecin ne fait pas de visites; **jd stattet jdm einen ~ ab** *geh* qn rend visite à qn; [**jd ist bei jdm**] **auf** [*o* **zu**] ~ [qn est] en visite [chez qn]
-besuch *m* **1.** (*bezüglich Sehenswertem*) *Museums-, Ausstellungs-* visite *f* de; *Schul-, Vorlesungs-, Kurs-* fréquentation *f* du/de la; (*bezüglich Veranstaltungen*) *Theater-, Konzert-, Kirchen-, Kino- verbal übersetzt;* ***wir raten von einem Konzert~ ab*** nous déconseillons d'aller au concert; ***es gibt Leute, die den allsonntäglichen Kirchen~ praktizieren*** il y a des gens qui vont à l'église tous les dimanches
2. (*bei Menschen*): ***Kunden~/Patienten~*** visite *f* à domicile; ***jd macht einen Kranken~*** qn rend visite à un malade
besuchen * *vt* **1.** (*als Besuch kommen*) ■**jd besucht jdn** qn va voir qn; (*vorbeigehen bei*) *Kunden* qn visite [*o* va voir] qn; /*Arzt*/ *Patienten* qn visite qn; /*Patient*/ *Arzt* qn va chez qn; ***er wird oft von Angehörigen besucht*** il reçoit souvent la visite de sa famille; ***besuch mich bald mal wieder!*** reviens me voir bientôt!
2. (*aufsuchen*) ■**jd besucht etw** *Kino, Theater, Lokal, Varietee* qn va à qc; *Ausstellung, Museum* qn visite qc
3. (*teilnehmen*) ■**jd besucht etw** *Vortrag, Veranstaltung, Volksfest, Konzert* qn va à qc; *Schule* qn fréquente [*o* va à] qc; *Gottesdienst* qn assiste à qc; *Kurs* qn suit qc
Besucher(in) <-s, -> *m(f)* **1.** (*eines Menschen*) visiteur(-euse) *m(f);* (*Gast*) invité(e) *m(f);* ***ich habe gerade einen ~ da/bei mir*** j'ai justement une [*o* de la] visite
2. [*Ausstellung, Museum, Festzelt*] visiteur(-euse) *m(f);* [*Lokal, Spielkasino*] client(e) *m(f);* [*Kino, Theater, Varietee*] spectateur(-trice) *m(f)*
3. (*Teilnehmer*) [*Vortrag, Konzert*] auditeur(-trice) *m(f),* spectateur(-trice) *m(f);* [*Kurs*] participant(e) *m(f)* (*einer S.* (*gen*) à qc); [*Gottesdienst*] assistant(e) *m(f)* (*einer S.* (*gen*) à qc); [*Volksfest, Veranstaltung*] visiteur(-euse) *m(f)*
-besucher(in) *m(f)* (*von Sehenswertem*) *Museums-, Ausstellungs-, Messe-* visiteur(-euse) *m(f)* du/de la; ***Kino~/Theater~/Konzert~*** spectateur(-trice) *m(f);* ***Schwimmbad~*** baigneur(-euse) *m(f);* ***Kirchen~*** fidèle *mf*
Besucher- (*von Besuchern*) de visiteurs; (*für Besucher*) pour les visiteurs; ***~ecke*** coin *m* visiteurs; ***b~feindlich*** peu accueillant(e) [pour les visiteurs]; ***b~freundlich*** agréable pour les visiteurs **Besucherparkplatz** *m* place *f* de parking réservée aux visiteurs **Besucherritze** *f hum fam fente située entre les deux matelas d'un lit conjugal* **Besucherzahl** *f* ■**die ~ [bei/von etw]** le nombre de visiteurs [de qc]; *bei Konzert, Theater* le nombre de spectateurs [à qc]; ■**~en** les visiteurs *mpl;* (*im Kino, Theater*) les entrées *fpl*
Besuchserlaubnis *f* droit *m* [*o* autorisation *f*] de visite ▶ **jd bekommt ~** qn obtient une autorisation [*o* un droit] de visite **Besuchsrecht** *nt* droit *m* de visite **Besuchstag** *m* jour *m* de visite **Besuchszeit** *f* heures *fpl* de visite **Besuchszimmer** *nt* parloir *m*
besucht *adj:* ***etw ist gut/kaum/schwach ~*** /*Vorstellung, Konzert, Kino*/

il y a un public nombreux/très peu nombreux/peu nombreux à qc; */Ausstellung, Museum, Schloss/* qc a de nombreux/très peu de/peu de visiteurs; ***viel/gern/häufig*** ~ *Park, Ausflugslokal, Ausflugsziel* très fréquenté(e); ***das Theater war gut/kaum/schwach*** ~ la salle de théâtre était bien/peu remplie/presque vide

besudeln * I. *vt geh* 1. (*mit Flüssigkeit*) ■ **jd/etw besudelt etw [mit etw]** *Kleidungsstück, Körperteil* qn souille qc [de qc] *soutenu; Fassade, Wand, Gegenstand, Möbelstück a.* qn macule qc [de qc] *littér*
2. (*herabwürdigen*) ■ **jd/etw besudelt etw** qn/qc souille qc *soutenu*
II. *vr geh* ■ **jd besudelt sich [mit etw]** qn se salit, qn se tache [de qc]; ■ **jd besudelt sich** (*dat*) **etw [mit etw]** qn souille qc [de qc] *soutenu*

Betablocker <-s, -> *m* MED bêtabloquant *m*

betagt *adj geh* d'un âge avancé, âgé(e)

betanken * *vt* ■ **jd betankt etw [mit etw]** *Flugzeug* qn ravitaille qc [en qc]; *Tankwagen* qn remplit qc [de qc]; ***die Maschine wird betankt*** on ravitaille l'avion [en carburant]; ***jd betankt ein Fahrzeug mit bleifreiem Benzin*** qn prend de l'essence sans plomb pour un véhicule

betasten * *vt* ■ **jd betastet jdn/etw** qn palpe qn/qc; *Frucht, Käse a.* qn tâte qc

Betastrahlen *pl* rayons *mpl* bêta **Betastrahlung** *f* rayonnement *m* bêta **Betateilchen** *nt* électron *m* bêta

betätigen * I. *vt* ■ **jd betätigt etw** 1. (*drücken*) qn actionne qc; *Alarmanlage* qn déclenche qc; *Fußschalter, Pedal, Bremse, Schalter* qn appuie sur qc; *Zündschlüssel, Knopf* qn tourne qc; ***die Zündung wird durch Drehen des Zündschlüssels betätigt*** l'allumage s'effectue en tournant la clé de contact
2. (*funktionieren lassen*) *Muskeln, Sprechwerkzeuge* qn fait fonctionner qc; *Gehirn a.* qn fait travailler qc *fam*
II. *vr* ■ **jd betätigt sich** qn a une activité; ***du betätigst dich zu wenig*** tu te dépenses trop peu physiquement; ***sie betätigt sich als Sportlerin*** elle exerce un sport; ***er betätigt sich als Holzfäller*** il exerce l'activité de bûcheron; ***sie betätigt sich künstlerisch/als Künstlerin*** elle a une activité artistique; ***ihre Mutter muss sich als Aufpasserin*** ~ sa mère est obligée de jouer les chaperons; ***er betätigt sich als Babysitter*** il fait du baby-sitting

Betätigung <-, -en> *f* 1. (*Tätigkeit*) activité *f*; ***durch die ~ als Putzfrau*** en travaillant comme femme de ménage; ***jdm fehlt es an körperlicher ~*** qn manque d'exercice
2. (*das Einschalten*) mise *f* en marche; ***durch ~ dieses Hebels*** en actionnant ce levier; ***durch ~ des Gaspedals*** en appuyant sur la pédale d'accélérateur; ***bei ~ dieses Knopfes*** en appuyant sur ce bouton; ***trotz ~ des Zündschlüssels*** bien que j'aie/qu'il/elle ait tourné la clé de contact; ***vor ~ des Schalters*** avant d'actionner le commutateur; ***wir bitten um ~ der Wasserspülung*** prière d'actionner la chasse d'eau

Betätigungsfeld *nt* domaine *m*

betatschen * *vt pej fam* ■ **jd betatscht jdn/etw** qn pelote qn/qc *fam*; */Kind/* qn tripote qc *fam*

betäuben * *vt* 1. (*narkotisieren*) ■ **jd betäubt jdn/ein Tier [mit etw]** qn endort qn/un animal [avec qc]
2. (*unempfindlich machen*) ■ **jd betäubt [jdm] etw** *Körperteil, Schmerzen* qn endort qc [à qn]; *Nerv, Zahn a.* qn insensibilise qc [à qn]; ■ **[wie] betäubt** *Körperteil* [comme] endormi(e); *Mensch* [comme] assommé(e)
3. (*ruhig stellen*) ■ **jd betäubt etw** *menschliche Regung, Skrupel, Gewissen* qn fait taire qc; ***jd betäubt seinen Kummer mit Alkohol/durch Arbeit*** qn noie son chagrin dans l'alcool/qn essaie d'oublier son chagrin par le travail

betäubend *adj* 1. *Lärm, Krach* assourdissant(e)
2. *Duft, Parfüm* entêtant(e)
3. *Gas, Injektion* anesthésique

Betäubung <-, -en> *f* anesthésie *f*; [*Nerv, Zahn a.*] insensibilisation *f*; ***zur ~ der Schmerzen*** pour endormir la douleur; ***jd wacht aus der ~ auf*** qn se réveille [*o* reprend conscience]
▸ **örtliche** [*o* **lokale**] ~ anesthésie locale

Betäubungsmittel *nt* anesthésique *m*

Betaversion [-vɛr-] *f* INFORM version *f* beta

Betbruder *m*, **-schwester** *f pej fam* bigot(e) *m(f)*; ***sie ist eine echte Betschwester*** c'est une véritable grenouille de bénitier [*o* punaise de sacristie] *fam*

Bete <-, *rare* -n> *f* ▸ **Rote** ~ betterave *f* rouge; **Weiße** ~ navet *m*

beteilen * *vt* AUS ■ **jd beteilt jdn mit etw** qn distribue qc à qn

beteiligen * I. *vt* ■ **jd beteiligt jdn [an etw** (*dat*)**]** qn fait participer qn [à qc]; *an Gewinn, Umsatz a.* qn intéresse qn [à qc]; *an Unternehmen* qn donne une participation à qn [dans qc]
II. *vr* ■ **jd beteiligt sich [an etw** (*dat*)**]** [*o* **bei etw**] qn participe [à qc]; ■ **jd beteiligt sich mit etw an etw** (*dat*) qn participe à qc avec qc; *an Unternehmen* qn prend une participation de qc dans qc

beteiligt *adj* 1. ■ **jd ist an etw** (*dat*) ~ *an Gelingen, Plan, Tat* qn est associé(e) à qc; ■ **jd/etw ist an etw** (*dat*) ~ *an Schlägerei, Unfall* qn/qc est impliqué(e) dans qc 2. BÖRSE, COM ■ **jd ist an etw ~ [mit etw]** (*dat*) *an Geschäft, Konzern* qn a une participation [de qc] dans qc **Beteiligte(r)** *f(m) decl wie adj an Konferenz, Projekt* participant(e) *m(f)* [*an + dat* à]; *an Schlägerei, Unfall etc* personne *f* impliquée (*an + dat* dans); ***alle am Unfall ~n*** toutes les personnes impliquées dans l'accident

Beteiligung <-, -en> *f* 1. (*Teilnahme*) ■ ~ **[an etw** (*dat*)**]** participation *f* [à qc]; ***die Partei lud zur ~ an der Veranstaltung*** le parti invita à participer à la manifestation
2. BÖRSE, COM (*Anteil*) ■ ~ **[an etw** (*dat*)**]** participation *f* [dans qc]
3. (*das Beteiligen*) ■ ~ **[an etw** (*dat*)**]** *an Gewinn, Umsatz, Unternehmen* intéressement *m* [à qc]
▸ **stille** ~ participation *f* occulte

Betelnuss[RR] *f* noix *f* d'arec

beten I. *vi* ■ **jd betet** qn prie; ***lasset uns ~!*** prions!; ***vor dem Schlafengehen ~ die Kinder*** les enfants font leur prière avant d'aller se coucher; ■ **jd betet für jdn/etw** qn prie pour qn/qc; ■ **jd betet um etw** qn prie pour qc; ■ **jd betet zu jdm** qn prie qn; ■ **das B~** la prière
II. *vt* ■ **jd betet etw** qn récite [*o* dit] qc; ■ **jd betet etw zu jdm** qn adresse qc à qn

Beter(in) <-s, -> *m(f)* personne *f* qui prie; (*ins Gebet versunken*) personne *f* en prière; ***meine Mutter ist eine eifrige ~in*** ma mère prie assidûment

beteuern * *vt* ■ **jd beteuert, dass** qn soutient que + *indic*; ■ **jd beteuert etw** *Unschuld* qn proteste de qc *littér*; ■ **jd beteuert jdm etw/jdm, dass** qn assure qn de qc/qn que + *indic*; ■ **jd beteuert jdm, dass** qn certifie à qn que + *indic*

Beteuerung <-, -en> *f* serment *m*; [*Liebe, Treue, Unschuld*] protestation *f*; ***trotz der ~ seiner ewigen Liebe*** malgré ses protestations d'amour éternel

betiteln * *vt* 1. (*anreden*) ■ **jd betitelt jdn** qn donne un titre à qn; ■ **jd betitelt jdn als etw** qn donne le titre de qc à qn
2. *pej* (*beschimpfen*) ■ **jd betitelt jdn als etw/irgendwie** qn traite qn de qc/d'une certaine façon; ■ **jd betitelt jdn mit etw** qn insulte qn par qc
3. (*mit Titel versehen*) ■ **jd betitelt etw** qn intitule qc; ***der Bericht wurde mit einer sensationellen Überschrift betitelt*** on a donné au rapport un titre à sensation; ***die Sendung ist betitelt „...“*** l'émission s'intitule "..."

Beton <-s, *rare* -s> [be'tɔŋ, be'tõ:, be'to:n] *m* béton *m*

Beton- [be'tɔŋ-, be'tõ:-, be'to:n-] 1. (*aus Beton*) de [*o* en] béton 2. *pej* (*stur*) pur(e) et dur(e); ~***kommunist*** communiste pur et dur **Betonbau** <-bauten> *m* 1. (*Gebäude*) construction *f* de [*o* en] béton 2. ∅ (*Bauweise*) béton *m* **Betonburg** *f pej* bloc *m*, béton *m* **Betondecke** *f* 1. (*Gebäudedecke*) dalle *f* de [*o* en] béton 2. (*Straßendecke*) revêtement *m* de [*o* en] béton

betonen * *vt* 1. (*hervorheben*) ■ **etw betont etw** qc met en valeur qc; *Figur, Formen a.* qc souligne qc; ■ **jd betont, dass** qn souligne que + *indic*; ■ **jd betont etw** qn insiste sur qc; *s. a.* **betont**
2. PHON ■ **jd betont [etw]** qn accentue [qc]

betonieren * *vt* ■ **jd betoniert etw** qn bétonne qc

Betonklotz [be'tɔŋ-, be'tõ:-, be'to:n-] *m* 1. (*Klotz*) bloc *m* de béton 2. *pej* (*Gebäude*) bloc *m* **Betonkopf** *m pej* tête *f* de pioche [*o* mule] *fam* **Betonmischer** <-s, -> *m* (*Lkw*) toupie *f*; (*Maschine*) bétonnière *f*

betont I. *adj* 1. *Höflichkeit, Kühle, Sachlichkeit* marqué(e); *Eleganz* prononcé(e)
2. PHON accentué(e)
II. *adv* ostensiblement; ***warum bist du so ~ kühl zu mir?*** pourquoi est-tu si froid(e) à mon égard?

Betonung <-, -en> *f* 1. ∅ (*das Hervorheben*) mise *f* en valeur
2. ∅ (*Beteuerung*) ■ ~ **einer S.** (*gen*) accent *m* mis sur qc
3. PHON accentuation *f*; ***die ~ liegt auf etw*** (*dat*) l'accent porte sur qc
4. (*Gewicht*) insistance *f*; ***jd legt die ~ auf etw*** (*akk*) qn met l'accent sur qc

Betonungszeichen *nt* accent *m*

betören * *vt* ■ **jd/etw betört jdn** qn/qc envoûte qn

betörend *adj* envoûtant(e)

Betörung <-, -en> *f* envoûtement *m*

Betpult *nt* prie-Dieu *m*

betr. *adj, adv abk von* **betreffend**, **betrifft**, **betreffs**

Betr. *abk von* **Betreff**

Betracht <-[e]s> *m* ▸ **etw bleibt außer** ~ qc reste exclu(e), qc n'entre pas en considération; **jd/etw kommt in** ~ qn/qc entre en ligne de compte; **jd lässt etw außer** ~ qn ne prend pas qc en considération; ***jd lässt etw nicht außer ~*** qn ne néglige pas qc; **jd zieht jdn/etw in** ~ qn envisage qn/qc; **jd zieht in ~, dass** qn pense que + *indic*; **jd zieht in ~ etwas zu tun** qn envisage de faire qc

betrachten * I. *vt* 1. (*anschauen*) ■ **jd betrachtet jdn/etw** qn observe qn/examine qc; (*bewundernd*) qn contemple qc
2. (*bedenken*) ■ **jd betrachtet etw** *Vorschlag, Idee, Situation, Veränderung etc* qn considère qc
3. (*halten für*) ■ **jd betrachtet jdn/etw als jd/etw** qn considère qn/qc comme qn/qc; ***ich betrachte diese Arbeit als nützlich*** je considère ce travail comme utile
▸ **bei näherem B~** en y regardant de plus près
II. *vr* 1. (*sich anschauen*) ■ **jd betrachtet sich** qn se contemple; ***wenn ich mich so betrachte ...*** (*über mich nachdenke*) quand je songe à ce que j'ai fait ...; ■ **jd betrachtet sich** (*dat*) **etw** (*ansehen*) qn examine qc; (*bedenken*) qn songe à qc
2. (*sich halten für*) ■ **jd betrachtet sich als jd/etw** qn se considère comme qn/qc; ~ ***Sie sich ab sofort als entlassen!*** considérez-vous comme licencié(e) sur l'heure!

Betrachter(in) <-s, -> *m(f)* observateur(-trice) *m(f)*; [*Kunstwerk*] spectateur(-trice) *m(f)*

beträchtlich I. *adj* considérable
▸ **um ein B~es** notablement, sensiblement
II. *adv* considérablement; *höher, niedriger* nettement

Betrachtung <-, -en> *f* 1. (*das Anschauen*) ■ **die ~ einer S.** (*gen*) *eines Gemäldes, Kunstwerks* la contemplation de qc; *eines zu untersuchenden Gegenstands* l'observation *f* de qc
2. (*Untersuchung*) ■ **die ~ einer S.** (*gen*) l'étude *f* de qc, l'examen *m* de qc
▸ **bei näherer** ~ si on y regarde de plus près; ***bei näherer ~ einer S.*** (*gen*) si on regarde de plus près qc; **bei oberflächlicher ~ [von etw]** si on regarde superficiellement [qc], si on jette un simple coup d'œil [à qc]; **in ~en versunken** absorbé(e) dans ses réflexions; **jd stellt über jdn/etw ~en an** qn se livre à des considérations sur qn/qc; ***in dieser Richtung hatte ich schon ~en angestellt*** j'avais déjà prospecté dans cette direction

Betrachtungsweise *f* façon *f* de voir; ***seine ~ des Problems*** sa façon de voir [*o* d'envisager] le problème; ***bei genauerer/ eingehenderer*** ~ si on se livre à des considérations plus approfondies

Betrag <-[e]s, ¨e> *m* somme *f;* (*Rechnungs~*) montant *m;* ***der ~ auf der Rechnung*** le montant de la facture

▸ **„~ dankend erhalten"** pour acquit

betragen * *irreg* I. *vi* ■ **etw beträgt …** qc se monte [*o* s'élève] à …; /*Entfernung, Unterschied*/ qc représente …

II. *vr* ■ **jd beträgt sich …** qn se comporte …, qn se conduit …

Betragen <-s> *nt* ∅ comportement *m*, conduite *f;* SCOL conduite *f*

betrauen * *vt* ■ **jd betraut jdn mit etw** qn confie qc à qn; ■ **jd betraut jdn damit etw zu tun** qn charge qn de faire qc

betrauern * *vt* ■ **jd betrauert etw** *Verlust, Tatsache* qn déplore qc; *Tod* qn pleure qc; ■ **jd betrauert jdn** qn pleure qn

beträufeln * *vt* 1. GASTR ■ **jd beträufelt etw mit etw** *mit Zitronensaft, Rum* qn met quelques gouttes de qc sur qc

2. MED ■ **jd beträufelt etw [mit etw]** qn humecte qc [de qc]

Betreff <-[e]s, -e> *m form* objet *m*

▸ **in diesem** [*o* **dem**] ~ à ce sujet

betreffen * *vt irreg* 1. (*angehen*) ■ **etw betrifft jdn/etw** qc concerne qn/qc

2. *geh* (*widerfahren*) ■ **etw betrifft jdn/etw** qc frappe qn/qc

3. *geh* (*seelisch treffen*) ■ **etw betrifft jdn …** qc affecte qn …

▸ **was das betrifft, …** pour ce qui est de cela …, quant à cela …; **was jdn betrifft, …** en ce qui concerne qn …; **betrifft: …** objet: …

betreffend *adj attr* 1. (*bewusst*) en question; ***der ~e Artikel*** l'article en question 2. (*angehend*) ■ **etw ~** concernant qc, relatif(-ive) à qc **Betreffende(r)** *f(m) decl wie adj* personne (e) concernée *m*

betreffs *präp form* ■ **etw ~ einer S.** (*gen*) qc concernant qc, qc quant à qc

betreiben * *vt irreg* 1. (*durchführen*) ■ **jd betreibt etw** *Untersuchung, Angelegenheit, Arbeiten, Projekt* qn mène qc

2. COM ■ **jd betreibt etw** *Gewerbe, Handwerk* qn exerce qc; *Bordell, Firma, Geschäft, Lokal* qn exploite qc, qn tient qc; ***jd betreibt die Produktion von etw*** qn fait la production de qc

3. (*sich beschäftigen mit*) ■ **jd betreibt etw** *Hobby, Sport* qn pratique qc

4. ADMIN ■ **jd/etw betreibt etw** *Kraftwerk, Funkanlage* qn/qc exploite qc; *Fernseher, Radiogerät* qn met qc en service

5. (*antreiben*) ■ **etw wird mit etw/auf eine bestimmte Weise betrieben** /*Schiff, Satellit*/ qc est propulsé(e) à qc/d'une certaine façon; /*Anlage*/ qc fonctionne à qc/d'une certaine façon

▸ **auf jds B~** (*akk*) **[hin]** *form* à l'instigation de qn

Betreiber(in) <-s, -> *m(f)* [*Spielhalle, Bordell, Hotel*] tenancier(-ière) *m(f);* [*Kino, Werkstatt*] exploitant(e) *m(f);* (*Firma*) société *f* d'exploitation; ***alle ~ eines Gewerbes*** tous ceux qui exercent une activité artisanale, commerciale ou industrielle

Betreibung <-, -en> *f* 1. conduite *f*

2. COM exploitation *f*

3. [*Kraftwerk, Funkanlage*] exploitation *f;* [*Fernseher, Radiogerät*] utilisation *f*, mise *f* en service

4. CH *s.* **Beitreibung**

betreten*[1] *vt irreg* 1. (*gehen*) ■ **jd betritt etw** *Gebäude, Zimmer* qn entre dans qc; *Spielfeld etc* qn entre sur qc; *Leiter, Podium, Rednerpult, Tribüne* qn monte sur qc; ***jd betritt die Bühne*** qn entre en scène; ***der Fußboden darf nur in Pantoffeln ~ werden*** on ne peut marcher sur le plancher qu'en pantoufles; ***den Innenhof kann man von drei Zimmern aus ~*** on peut accéder à la cour intérieure par trois chambres

2. ■ **[das] B~ [einer S.** (*gen*)**]** [l']accès *m* [à qc]; ***beim B~ eines Gotteshauses*** quand on entre dans une église; ***„B~ [des Rasens] verboten"*** "défense de marcher sur les pelouses"

3. (*sich einlassen auf*) ■ **jd betritt etw** *Gebiet, Neuland, gefährlichen Boden* qn aborde qc

betreten[2] I. *adj* (*verlegen*) *Mensch* embarrassé(e); *Gesicht, Miene* déconfit(e); *Schweigen* gêné(e)

II. *adv* l'air confus; ***er schwieg ~*** il garda un silence gêné; ***er schaute ~*** il avait l'air confus

Betretenheit <-> *f* ∅ [*Mensch*] embarras *m;* ***die ~ ihrer Miene*** son air déconfit; ***an der ~ seines Gesichtes*** à son air déconfit; ***die ~ des Schweigens*** le silence gêné

betreuen * *vt* 1. (*sich kümmern um*) ■ **jd betreut jdn/etw** qn s'occupe de qn/qc; *Senioren, Pflegebedürftige, Reisegruppe, Sportler a.* qn prend qn en charge; *Haustier, Zimmerpflanze, Garten, Anlage a.* qn soigne qc; ***jd lässt sich ~*** qn se fait prendre en charge

2. (*verantwortlich sein für*) ■ **jd betreut etw** qn s'occupe de qc, qn a la charge de qc

Betreuer(in) <-s, -> *m(f)* responsable *mf;* ***der medizinische ~ eines Sportlers*** le soigneur d'un sportif

Betreuung <-> *f* 1. (*das Betreuen*) prise *f* en charge

2. (*Betreuer*) [*Senioren, Pflegebedürftige*] garde-malade *mf*, aide-soignant(e) *m(f);* [*Mannschaft*] encadrement *m*

Betrieb <-[e]s, -e> *m* 1. (*Industrie~*) entreprise *f;* ***ich muss schon um 6 Uhr im ~ sein*** je dois être dès 6 h au travail

2. (*Belegschaft*) entreprise *f*

3. ∅ (*Betriebsamkeit*) activité *f*

4. (*Tätigkeit, Ablauf*) activité *f;* [*Anlage, Maschine, Fabrik a.*] fonctionnement *m;* [*Bahn, Bus, Linie*] exploitation *f;* ***beim ~ macht ein Presslufthammer viel Lärm*** quand il marche, un marteau piqueur fait beaucoup de bruit; ***du störst den ganzen ~ [im Büro]*** tu es une gêne pour la bonne marche du travail [au bureau]; ***ich habe den ganzen ~ satt*** j'en ai assez de toute cette cuisine *fam*

▸ **jd nimmt etw in ~** qn met qc en route; (*zum ersten Mal*) qn met qc en service; **jd/etw setzt etw in/außer ~** qn/qc met qc en marche/qn/qc stoppe qc; **[etw ist] außer ~** [qc est] hors service; (*abgestellt*) qc n'est pas en service; **[etw ist] in ~** [qc est] en service

betrieblich I. *adj attr* de l'entreprise; (*firmenintern*) interne à l'entreprise; *Altersversorgung, Kindergarten, Leistungen* d'entreprise

II. *adv regeln, beschließen* au sein de l'entreprise; ~ ***bedingt*** lié(e) au fonctionnement de l'entreprise

Betriebs- 1. (*Firmen-*) de l'entreprise *f;* (*für die Belegschaft*) de l'/d'entreprise; ***nach dreijähriger ~zugehörigkeit*** après trois ans de maison

2. (*die Tätigkeit betreffend*) d'exploitation; ***~temperatur*** température *f* de régime; ***b~fertig*** prêt(e) à être mis(e) en marche [*o* en service]

betriebsam I. *adj* actif(-ive)

II. *adv* activement; ***alle agierten auf einmal sehr ~*** tous se mirent soudain à s'activer

Betriebsamkeit <-, -en> *f* activité *f*

Betriebsangehörige(r) *f(m) decl wie adj* membre *m* du personnel de l'entreprise **Betriebsanleitung** *f* mode *m* d'emploi, notice *f* d'utilisation **Betriebsausflug** *m* voyage *m* d'entreprise **betriebsbereit** I. *adj* TECH *Anlage, Gerät, Maschine* prêt(e) à fonctionner; ***die Maschine befindet sich in ~em Zustand*** la machine est prête à être mise en marche II. *adv:* ***jd stellt etw ~ auf*** qn installe qc de manière à être prêt(e) à fonctionner; ***ein Gerät wird ~ gemacht*** on met un appareil en service **Betriebsbesichtigung** *f* visite *f* d'usine **betriebsblind** *adj* sclérosé(e) par [la routine dans] l'entreprise, encroûté(e) dans l'entreprise **Betriebsferien** [-riən] *pl* fermeture *f* annuelle **betriebsfremd** *adj* étranger(-ère) à l'entreprise **Betriebsführung** *f s.* **Betriebsleitung. Betriebsgeheimnis** *nt* information *f* confidentielle; (*Produktionsmethoden betreffend*) secret *m* de fabrication **betriebsintern** *adj s.* **betrieblich. Betriebskapital** *nt* fonds *m* de roulement **Betriebsklima** *nt* climat *m* de l'/d'entreprise **Betriebskosten** *pl* [*Firma etc, Maschine*] frais *mpl* d'exploitation; [*Kraftfahrzeug*] frais *mpl* fixes **Betriebsleiter(in)** *m(f)* directeur(-trice) [d'/de l'/d'une entreprise] *m* **Betriebsleitung** *f* 1. (*das Leiten*) direction *f* [d'/de l'/d'une entreprise] 2. (*Büro, Menschen*) direction *f* **Betriebsprüfung** *f* contrôle *m* fiscal **Betriebsrat** *m* comité *m* d'entreprise **Betriebsrat** *m*, **-rätin** *f* membre *m* du comité d'entreprise, délégué (e) du personnel *m* **Betriebsschluss**[RR] *m* fermeture *f* [des ateliers/bureaux] **betriebssicher** *adj* fiable **Betriebsstörung** *f* panne *f* **Betriebssystem** *nt* INFORM système *m* d'exploitation **Betriebsunfall** *m* 1. accident *m* du travail 2. *hum sl* accident *m* **Betriebsvereinbarung** *f* convention *f* d'entreprise **Betriebsverfassung** *f* organisation *f* de l'entreprise (*précisée par le règlement intérieur*) **Betriebsverfassungsgesetz** *nt* loi *f* sur les comités d'entreprise **Betriebsversammlung** *f* assemblée *f* générale du personnel **Betriebswirt(in)** *m(f)* diplômé(e) *m(f)* en gestion [des entreprises] [*o* d'une école de gestion] **Betriebswirtschaft** *f*, **Betriebswirtschaftslehre** *f* SCOL économie *f* d'entreprise; UNIV gestion *f* [d'entreprises]

betrinken * *vr irreg* ■ **jd betrinkt sich [mit etw]** qn se soûle [à qc]; *s. a.* **betrunken**

betroffen I. *adj* 1. (*beteiligt*) ■ **jd ist [von etw] ~** *von Anordnung, Maßnahme, Veränderung* qn est concerné(e) [par qc] 2. (*bestürzt*) *Gesicht, Miene, Schweigen* consterné(e); ■ **jd ist [über etw** (*akk*)**] ~** qn est consterné(e) [par qc]; ■ **etw macht jdn ~** qc consterne qn II. *adv* avec consternation **Betroffene(r)** *f(m) decl wie adj* personne *f* concernée

Betroffenheit <-> *f* consternation *f*

betrüben * *vt* ■ **jd betrübt jdn [mit etw]** qn fait de la peine à qn [avec qc]; ■ **etw betrübt jdn** qc attriste qn, qc désole qn

betrüblich *adj* désolant(e), attristant(e); ■ **etw ist ~** qc est fâcheux(-euse); ***mit meinen Finanzen sieht es ~ aus*** mes finances sont en fâcheux état

betrüblicherweise *adv* malencontreusement; ***das war ~ die letzte Flasche Champagner*** c'était malheureusement la dernière bouteille de champagne

Betrübnis <-, -se> *f geh* affliction *f littér*

betrübt *adj Gesicht, Miene* désolé(e); ■ **jd ist [über etw** (*akk*)**] ~** qn est désolé(e) [de qc]

Betrug <-[e]s> *m* ∅ (*Straftat*) escroquerie *f;* (*Schwindel*) mystification *f;* ***komm, jetzt keinen ~, sag die Wahrheit!*** allez, finies les tromperies, dis la vérité!; ■ **~ an jdm** mystification de qn

betrügen * *irreg* I. *vt* 1. (*hintergehen*) ■ **jd betrügt jdn** qn escroque qn; (*beschwindeln*) qn mystifie qn; ■ **jd betrügt jdn um etw** qn escroque qc à qn [*o* qn de qc]; ■ **betrogen** dupé(e); (*getäuscht*) mystifié(e)

2. (*durch Seitensprung*) ■ **jd betrügt jdn [mit jdm]** qn trompe qn [avec qn]

▸ **jd sieht sich um etw betrogen** qn se sent frustré(e) de qc; **jd sieht sich in etw** (*dat*) **betrogen** qn se sent abusé(e) dans qc

II. *vr* ■ **jd betrügt sich [selbst]** qn s'abuse, qn s'illusionne

Betrüger(in) <-s, -> *m(f)* escroc *m;* (*beim Spiel*) tricheur(-euse) *m(f)*

Betrügerei <-, -en> *f pej* 1. (*Betrügen*) escroquerie *f;* (*Schwindel*) mystification *f;* (*beim Spielen*) tricherie *f* 2. (*Seitensprünge*) infidélité *f*

betrügerisch *adj pej* frauduleux(-euse); ***du ~er Kerl/ du ~es Schwein!*** *fam* espèce d'escroc/espèce de sale escroc! *fam;* ***in ~er Absicht*** à des fins frauduleuses; ***in ~er Weise*** de façon frauduleuse

betrunken I. *adj* ivre, soûl(e); ***du ~es Schwein!*** *fam* espèce de sale poivrot! *fam;* ***in ~em Zustand*** en état d'ébriété; ■ **jd ist […] ~** qn est […] ivre [*o* soûl(e)] II. *adv reden* comme une personne ivre; ***er lag ~ am Boden*** ivre, il était couché sur le sol; ***er torkelte ~ nach Hause*** ivre, il rentra chez lui en titubant **Betrunkene(r)** *f(m) decl wie adj* personne *f* ivre

Betrunkenheit <-> *f* ∅ ivresse *f*

Betschwester *f s.* **Betbruder**

Bett <-[e]s, -en> *nt* 1. (*Möbel*) lit *m*

2. (*Ober~*) couverture *f;* (*in einem Bezug*) couette *f;* ***einmal in der Woche***

werden die ~en frisch [*o* *neu*] *bezogen* une fois par semaine, on change les draps
3. (*Fluss~*) lit *m*
▸ **jd legt sich ins gemachte** ~ qn n'a plus qu'à s'installer; *du meinst, du kannst dich ins gemachte ~ legen?* tu t'imagines que tu n'as qu'à attendre que les alouettes te tombent toutes rôties [dans le bec]?; **jd baut ~en** MIL qn fait les lits; **jd begibt sich zu** ~ *geh* qn va se coucher; **jd bringt jdn ins** [*o* **zu** *geh*] ~ qn met qn au lit, qn couche qn; **etw fesselt jdn ans** ~ *geh* qc cloue qn au lit; **jd geht ins** ~ qn va au lit; **jd geht** [*o* **steigt**] **mit jdm ins** ~ *euph* qn couche avec qn; **jd holt jdn aus dem** ~ qn tire qn du [*o* de son] lit; **jd muss das** ~ **hüten** *geh* qn doit garder le lit [*o* la chambre]; **jd legt sich ins** [*o* **zu** *geh*] ~ qn va au lit, qn va se coucher; **jd liegt im** ~ qn est au lit, qn est couché(e); **jd macht** [*o* **bereitet** *geh*] **das** ~/**jdm das** ~ qn fait [*o* prépare] le lit/son lit à qn; **jd macht ins** ~ qn fait au lit *fam*; **jd packt** [*o* **steckt**] **jdn ins** ~ *fam* qn fourre qn au lit *fam*; **jd sinkt ins** ~ qn s'écroule dans son lit; **an jds** ~ (*dat*) au chevet de qn; **ans** ~ au lit; **im** ~ dans mon/ton/son lit; *ich bin* [*o* *liege*] *schon im* ~ je suis déjà au [*o* dans mon lit] lit; **ins** ~ *gehen* au lit; *fallen* dans mon/ton/son lit

Bettanzug *m* CH *s.* **Bettbezug. Bettbank** <-bänke> *f* AUS *s.* **Bettsofa. Bettbezug** *m* housse *f* de couette **Bettcouch** [-kautʃ] *f s.* **Bettsofa. Bettdecke** *f* couverture *f;* (*Steppdecke*) couette *f*

Bettel <-s> *m* ▸ **der ganze** ~ *fam* tout ce bazar *fam*, tout ce fourbi *fam;* **jd wirft** [*o* **schmeißt**] [**jdm**] **den** [**ganzen**] ~ **hin/jdm den** [**ganzen**] ~ **vor die Füße** *fam* qn envoie tout balader/balance tout à la figure de qn *fam*

bettelarm *adj* totalement démuni(e)

Bettelei <-, -en> *f pej* mendicité *f; kann die ~ nicht aufhören?* (*zu Kind, Hund*) vas-tu cesser de quémander?

Bettelmönch *m* moine *m* mendiant

betteln *vi* ■ **jd/ein Tier bettelt** [**bei jdm**] [**um etw**] qn mendie [qc] [auprès de qn]; */Kind, Hund/* qn/un animal quémande [qc] [auprès de qn]
▸ **„B~ verboten"** "mendicité interdite"

Bettelorden *m* ordre *m* mendiant **Bettelstab** *m* ▸ **jd/etw bringt jdn an den** ~ qn/qc met qn sur la paille; **jd kommt an den** ~ qn se retrouve sur la paille

betten I. *vt* 1. (*hinlegen*) ■ **jd bettet jdn …** qn couche qn …; *Herzkranke dürfen ihren Oberkörper nicht zu flach ~* les cardiaques ne doivent pas se coucher avec le buste trop à plat; *den Kopf eines Verletzten muss man etwas höher ~* on doit coucher un blessé avec la tête légèrement surélevée
2. *liter* (*sich schmiegen*) ■ **etw ist** [*o* **liegt**] **in etw** (*akk*) **gebettet** qc est niché(e) [*o* blotti(e)] quelque part
II. *vr* ▸ **wie man sich bettet, so liegt man** *prov* comme on fait son lit, on se couche
III. *vi* CH ■ **jd bettet** qn fait le lit

Bettenburg *f hum* usine *f* à touristes

Bettflasche *f* SDEUTSCH, CH bouillotte *f*

Bettgeschichte *f* 1. (*Verhältnis*) coucherie *f fam* 2. PRESSE *sl* histoire *f* de fesses *fam* **Bettgestell** *nt* cadre *m* [*o* bois *m*] de lit **Betthase** *m fam* chatte *f* en chaleur **Betthimmel** *m* ciel *m* de lit **Betthupferl** <-s, -> *nt* bonbon *m* (*avant d'aller au lit*) **Bettkante** *f* [re]bord *m* du lit ▸ **den/die würde ich nicht von der ~ stoßen!** *fam* je ne refuserais pas de passer une nuit avec lui/elle **Bettkasten** *m* tiroir *m* de rangement **Bettlade** *f* SDEUTSCH, AUS *s.* **Bettgestell**

bettlägerig *adj* (*dauernd*) grabataire; (*momentan*) alité(e)

Bettlaken *nt* drap *m* **Bettlektüre** *f* livre *m* de chevet

Bettler(in) <-s, -> *m(f)* mendiant(e) *m(f)*

Bettnässen <-s> *nt* ∅ incontinence *f* nocturne **Bettnässer(in)** <-s, -> *m(f)* incontinent(e) *m(f); mein Sohn ist ~* mon fils fait pipi au lit **Bettpfanne** *f* bassin *m* **Bettpfosten** *m* montant *m* de [*o* du] lit **Bettrand** *m s.* **Bettkante. bettreif** *adj fam* bon(ne) à mettre au lit *fam; ~e Kinder* des enfants qui tombent de sommeil **Bettruhe** *f* repos *m; der Arzt hat mir eine Woche ~ verordnet* le médecin m'a prescrit de garder le lit une semaine **Bettschwere** *f* ▸ **jd bekommt die erforderliche** [*o* **nötige**] ~ *fam: um die nötige ~ zu bekommen* pour mieux s'endormir; *damit die Kinder die nötige ~ bekommen* pour fatiguer les enfants; **jd hat die erforderliche** [*o* **nötige**] ~ qn est assez fatigué(e) pour s'endormir; *jd hat nicht die nötige ~* qn n'est pas en état de s'endormir **Bettsofa** *nt* canapé-lit *m* **Bettszene** *f* scène *f* de lit **Betttuch**[RR] <-tücher> *nt s.* **Bettlaken. Bettvorleger** *m* descente *f* de lit **Bettwäsche** *f* linge *m* [*o* parure *f*] de lit **Bettzeug** *nt* matériel *m* de couchage

betucht *adj fam* rupin(e) *fam*, plein(e) aux as *fam;* ■ **jd ist ~/nicht** ~ qn roule/ne roule pas sur l'or *fam*

betulich I. *adj* 1. (*besorgt*) soucieux(-ieuse), circonspect(e)
2. (*gemächlich*) nonchalant(e)
3. (*wenig einfallsreich*) fade
II. *adv* (*gemächlich*) nonchalamment

betupfen * *vt* ■ **jd betupft etw** [**mit etw**] *Wunde, Ekzem, Pickel* qn tamponne qc [avec [*o* de] qc]; */Maler/* qn mouchette qc [de qc]; *der Restaurator betupfte das Gemälde vorsichtig* [*mit Farbe*] le restaurateur a réparé le tableau prudemment par petites touches [de couleur]

betuppen * *vt* DIAL *fam* ■ **jd betuppt jdn** [**um etw**] qn arnaque [*o* truande] qn [de qc] *fam*

Beuge <-, -n> *f* 1. [*Arm, Knie*] pliure *f*
2. (*Rumpf~*) flexion *f*
▸ **jd geht in die** ~ qn penche le buste en avant

Beugel <-s, -> *m* AUS croissant *m*

Beugemuskel *m* muscle *m* fléchisseur

beugen I. *vt* 1. (*neigen*) ■ **jd beugt etw** *Kopf, Rumpf, Oberkörper* qn penche qc; *Knie, Arm* qn fléchit qc; *du beugst den Kopf zu tief über das Buch* tu as la tête penchée trop près du livre; *s. a.* **gebeugt**
2. GRAM ■ **jd beugt etw** *Verb* qn conjugue qc; *Adjektiv, Substantiv* qn décline qc; *dieses Verb wird schwach/stark gebeugt* ce verbe a une flexion faible/forte
II. *vr* 1. ■ **jd beugt sich irgendwohin** qn se penche quelque part
2. (*sich unterwerfen*) ■ **jd beugt sich** qn s'incline; ■ **jd beugt sich jdm/einer S.** *einer Anordnung, einem Zwang, jds Willen* qn se plie à qc; *einem Herrscher* qn se soumet à qn

Beugung <-, -en> *f* 1. [*Arm, Bein*] flexion *f*
2. GRAM flexion *f*
3. [*Licht, Strahl*] diffraction *f*

Beule <-, -n> *f* bosse *f; ich habe mir eine ~ gestoßen* je me suis fait une bosse; *etw hat viele ~n* qc est tout(e) cabossé(e)

Beulenpest *f* peste *f* bubonique

beunruhigen * I. *vt* ■ **jd/etw beunruhigt jdn** qn/qc inquiète qn
II. *vr* ■ **jd beunruhigt sich** [**über etw** (*akk*)/**wegen jdm/etw**] qn s'inquiète [à propos [*o* au sujet] de qn/qc]

beunruhigend *adj* inquiétant(e)

beunruhigt *adj* ■ **jd ist** ~ [**über etw** (*akk*) [*o* **wegen etw**]] qn est inquiet(-ète) [de qc]; *über was* [*o* *weswegen*] *bist du so ~?* qu'est-ce qui t'inquiète tant?

beurkunden * *vt* ■ **jd beurkundet etw** qn authentifie qc

Beurkundung <-, -en> *f* 1. (*das Beurkunden*) authentification *f*
2. (*Urkunde*) attestation *f*

beurlauben * *vt* 1. (*Urlaub geben*) ■ **jd beurlaubt jdn** qn donne un congé à qn; *Soldaten* qn donne une permission à qn; *Schüler* qn dispense qn de cours; ■ **jd beurlaubt jdn für etw** qn donne congé à qn pour faire qc
2. ADMIN (*suspendieren*) ■ **jd beurlaubt jdn** qn met qn en disponibilité; ■ **jd ist** [**von etw**] **beurlaubt** qn est suspendu(e) [de qc]
3. UNIV ■ **jd lässt sich** ~ */Lehrkraft/* qn se fait mettre en disponibilité; */Student/* qn demande l'autorisation d'interrompre ses études; ■ **jd ist beurlaubt** */Lehrkraft/* qn est en disponibilité

Beurlaubung <-, -en> *f* 1. (*das Beurlauben*) congé *m;* MIL permission *f;* SCOL dispense *f* (*von* de)
2. ADMIN (*Suspendierung*) suspension *f*
3. UNIV mise *f* en disponibilité
4. MIL *fam* (*Urlaubsschein*) perm[e] *f fam*

beurteilen * *vt* ■ **jd beurteilt jdn/etw** qn juge qn/qc; *Bild, Kunstgegenstand, Teppich, Wertgegenstand* qn estime qc

Beurteilung <-, -en> *f* 1. (*das Beurteilen*) ■ **jds** ~ le jugement sur qn *m*
2. (*Kritik*) [*Publikation, Aufführung, Stück*] jugement *m;* (*Einschätzung*) [*Kunstgegenstand, Wertgegenstand*] estimation *f; die ~ des Stücks* le jugement sur la pièce
3. (*schriftliches Urteil*) appréciation *f*

Beurteilungsmaßstab *m* [*Mitarbeiter*] critère *m* de jugement; [*Kunstgegenstand, Wertgegenstand*] critère *m* d'estimation

Beuschel <-s, -n> *nt* AUS 1. (*Lungenhaschée*) mou *m* de veau
2. *fam* (*Lunge*): *rauch nicht so viel, denk an dein ~!* ne fume pas autant, pense à tes poumons!

Beute <-> *f* ∅ 1. (*Jagd~*) proie *f;* [*Jäger*] tableau *m* de chasse
2. (*erbeutete Dinge*) butin *m*
3. *geh* (*Opfer*) proie *f*
▸ **eine leichte** ~ une proie facile; **reiche** [*o* **lohnende**] ~ un riche butin; **jd macht** [**fette/dicke/reiche**] ~ qn fait un riche butin; **ohne** ~ JAGD bredouille

Beutel <-s, -> *m* 1. (*Behälter*) sac *m;* [*Tabak*] blague *f*
2. *fam* (*Geld~*) bourse *f*
3. ZOOL poche *f*
▸ **jd muss tief in den ~ greifen** qn est obligé(e) de puiser dans ses économies

beuteln *vt fam,* SDEUTSCH, AUS (*schütteln*) ■ **etw beutelt jdn** qc secoue qn; *jd wird vom Schicksal gebeutelt* qn est secoué(e) par le destin

Beuteltier *nt* marsupial *m*

Beutestück *nt* pièce *f* de butin **Beutezug** *m* razzia *f;* [*Tier*] chasse *f; ein erfolgreicher ~* une équipée fructueuse

bevölkern * I. *vt* ■ **sie ~ etw** 1. (*beleben*) ils/elles remplissent qc
2. (*besiedeln*) *Gebiet, Land* ils/elles peuplent qc
II. *vr* ■ **etw bevölkert sich mit …** qc se remplit de …

bevölkert *adj* 1. (*besiedelt*) peuplé(e); *Holland ist dicht ~* la Hollande a une population dense
2. (*belebt*) fréquenté(e); *etw ist dicht ~* qc est plein(e) de monde; *etw ist kaum ~* qc est presque vide; *lebhaft ~* très animé(e)

Bevölkerung <-, -en> *f* population *f*

Bevölkerungsabnahme *f* diminution *f* de la population, recul *m* démographique **Bevölkerungsdichte** *f* densité *f* de [la] population **Bevölkerungsexplosion** *f* explosion *f* démographique **Bevölkerungsgruppe** *f* groupe *m* de population **Bevölkerungspyramide** *f* pyramide *f* des âges **Bevölkerungsschicht** *f* couche *f* de [la] population **Bevölkerungsstatistik** [-tɪst-] *f* statistiques *fpl* démographiques **Bevölkerungswachstum** *nt* croissance *f* démographique **Bevölkerungszahl** *f* chiffre *m* de [la] population **Bevölkerungszunahme** *f* accroissement *m* de [la] population, croissance *f* démographique

bevollmächtigen * *vt* ■ **jd bevollmächtigt jdn** [**etw zu tun/zu etw**] qn donne pouvoir à qn [de faire qc]; *zur Abholung einer Sendung* qn donne une procuration à qn [pour faire qc]

Bevollmächtigte(r) *f(m) decl wie adj* fondé(e) *m(f)* de pouvoir; POL mandataire *m*

bevor *conj* 1. (*solange*) ■ ~ **… nicht,** ■ **nicht …** ~ tant que … ne … pas + *indic;* ■ **nicht** ~ [**ne …**] pas tant que … ne … pas + *indic; nein, nicht ~ du sagst …* non, pas tant que tu n'auras pas dit …

2. (*ehe*) avant que + *subj;* ~ ***ich abreise, wollte ich …*** avant de partir en voyage, je voulais …

bevormunden * *vt* ■ **jd bevormundet jdn** qn tient qn en [*o* sous sa] tutelle

Bevormundung <-, -en> *f* tutelle *f;* (*durch Chef, Staat*) paternalisme *m*

bevorrechtigt *adj* privilégié(e); TRANSP prioritaire

bevor|stehen *vi irreg* 1. (*zu erwarten haben*) ■ **etw steht jdm/einer S. bevor** qc attend qn/qc, qn/qc va vers qc; */das Schlimmste, der schwierigste Teil, Überraschung/* qc attend qn/qc; ***das Schlimmste steht uns noch bevor*** on n'est pas encore au bout de nos peines

2. (*in Kürze eintreten*) ■ **etw steht bevor** on est à la veille de qc, qc est imminent(e)

bevorstehend *adj* imminent(e); ***der ~e Krieg*** l'imminence de la guerre

bevorzugen * *vt* 1. (*begünstigen*) ■ **jd bevorzugt jdn** [**vor jdm**] qn avantage [*o* favorise] qn [par rapport à qn]; ***hier wird niemand bevorzugt!*** ici, il n'y a pas de favoritisme!

2. (*den Vorzug geben*) ■ **jd bevorzugt etw** qn préfère qc

bevorzugt I. *adj* 1. (*privilegiert*) privilégié(e)

2. (*beliebteste*) préféré(e)

II. *adv bedienen, behandeln* avec des égards particuliers; *abfertigen a., ausliefern, zustellen* en priorité

Bevorzugung <-, -en> *f* 1. (*das Bevorzugen*) ■ [**jds**] ~ [**vor jdm**] la préférence [pour qn] [par rapport à qn]; ***die ~ irgendeines Schülers kommt in dieser Klasse nicht in Betracht!*** dans cette classe, il n'y a pas de chouchou! *fam*

2. (*bevorzugte Behandlung*) ■ [**jds**]~/**die** ~ [**einer S.**] [**bei etw**] le traitement de faveur [accordé(e) à qn/qc] [dans qc]

bewachen * *vt* 1. (*beaufsichtigen*) ■ **jd bewacht jdn/etw** *Gefangenen, Häftling* qn garde qn/qc; *Haus, Transport* qn surveille qc; ■ **ein Tier bewacht etw** un animal garde qc; ■ **bewacht** surveillé(e), gardé(e)

2. SPORT ■ **jd bewacht jdn/etw** qn surveille qn/qc; *Spieler a.* qn marque qn; *Tor a.* qn couvre qc

Bewacher(in) <-s, -> *m(f)* 1. (*Wächter*) surveillant(e) *m(f),* gardien(ne) *m(f);* [*Geldtransport*] vigile *m*

2. SPORT garde *m* du corps, ange *m* gardien

bewachsen * [-ks-] I. *vt irreg* ■ **etw bewächst etw** qc recouvre qc [de sa végétation]

II. *adj* ■ **mit etw** ~ recouvert(e) de qc

Bewachung <-, -en> *f* 1. (*das Bewachen*) surveillance *f,* garde *f*

2. (*Wachmannschaft*) garde *f*

▸ **unter** ~ sous surveillance

bewaffnen * I. *vt* ■ **jd bewaffnet jdn/etw** [**mit etw**] qn arme qn/qc [de qc]

II. *vr* ■ **jd bewaffnet sich** [**mit etw**] qn s'arme [de qc]

bewaffnet *adj* armé(e); ***ein ~er Überfall auf die Bank*** une attaque à main armée contre la banque; ■ **mit etw** ~ armé(e) de qc ▸ **schwer** ~ *Soldaten, Truppe* solidement armé(e); *Bande, Terrorist, Verbrecher a.* armé(e) jusqu'aux dents **Bewaffnete(r)** *f(m) decl wie adj* personne *f* armée; ***die Bauern zählten mehrere zehntausend*** ~ les paysans comptaient plusieurs dizaines de milliers de gens en armes

Bewaffnung <-, -en> *f* armement *m*

bewahren * I. *vt* 1. (*schützen*) ■ **jd bewahrt jdn vor jdm/etw** qn préserve qn de qn/qc; ■ **jd bewahrt jdn davor etw zu tun** qn préserve qn de faire qc; ***jd bleibt vor etw*** (*dat*) ***bewahrt*** *vor Krankheit, Missgeschick, Schicksal* qn demeure à l'abri de qc; ***jd bleibt davor bewahrt etw zu tun*** il est épargné à qn de faire qc

2. *geh* (*auf~*) ■ **jd bewahrt etw** [**für jdn**] qn conserve qc [pour qn]

3. (*behalten*) ■ **jd bewahrt etw** *guten Ruf, Ehre, Jungfräulichkeit, Traditionen* qn préserve qc; *Geheimnis a.* qn garde qc

▸ [**i** [*o* **Gott**]] **bewahre!** *fam* jamais de la vie!

II. *vr* ■ **jd bewahrt sich** (*dat*) **etw** qn conserve qc, qn garde qc

bewähren * *vr* ■ **etw bewährt sich** qc fait ses preuves; */Freundschaft/* qc résiste au temps; ■ **jd bewährt sich** [**als jd/in etw** (*dat*)] qn fait ses preuves [comme qn/dans qc]; ■ **bewährt** éprouvé(e), qui a fait ses preuves

bewahrheiten * *vr* ■ **etw bewahrheitet sich** qc se vérifie; */Befürchtung, Gerücht/* qc se confirme; */Hoffnung/* qc se réalise

Bewahrung <-, -en> *f geh* 1. (*Erhaltung*) préservation *f;* ***ich bitte dich sehr um die ~ dieses Geheimnisses*** je te prie instamment de garder ce secret

2. (*Auf~*) garde *f;* ***darf ich dich um die ~ dieses Ringes bitten?*** puis-je te demander de garder cette bague?

Bewährung <-, -en> *f* mise *f* à l'épreuve; (*Bewährungsfrist a.*) sursis *m*

▸ **jd setzt etw zur ~ aus** qn surseoit à l'exécution de qc; **jd bekommt** ~ qn bénéficie d'un sursis; **auf** ~ avec sursis; **mit/ohne** ~ avec sursis/ferme

Bewährungsfrist *f* sursis *m* avec mise à l'épreuve **Bewährungshelfer(in)** *m(f)* agent *m* de probation **Bewährungsprobe** *f* épreuve *f* de vérité ▸ **jd besteht die** ~ qn surmonte l'épreuve de vérité [*o* le test]; **jd unterzieht jdn/etw einer** ~ qn soumet qn à une épreuve de vérité [*o* à un test]/qn fait subir un test à qc

bewaldet *adj* boisé(e); [***etw ist***] ***spärlich/dicht*** ~ [qc est] recouvert(e) de forêts clairsemées/épaisses

bewältigen * *vt* ■ **jd bewältigt etw** 1. (*meistern*) qn vient à bout de qc; ***etw ist nur mit Mühe zu*** ~ il est difficile de venir à bout de qc; ***diese Arbeit ist nicht zu*** ~ il n'est pas possible de venir à bout de ce travail

2. *Vergangenheit* qn assume qc; *Erlebnis, Eindrücke* qn digère qc *fam*

3. (*verzehren*) *Portion, Speise* qn vient à bout de qc

Bewältigung <-, -en> *f* 1. (*das Meistern*): ***bei rechtzeitiger ~ des Projektes*** si on vient à bout du projet à temps; ***die ~ einer Strecke von 280 Kilometern mit dem Fahrrad ist an einem Tage kaum zu schaffen*** il est pratiquement impossible de venir à bout d'une distance de 280 km à vélo en une journée; ***ich gratuliere zur ~ dieser Schwierigkeiten*** je te/vous félicite d'être venu(e)/venu(e)s à bout de ces difficultés

2. (*Verarbeitung*) [*Vergangenheit, Erlebnis, Eindrücke*] prise *f* en compte; ***die ~ dieser Eindrücke wird einige Zeit in Anspruch nehmen*** il va falloir quelque temps pour digérer ces impressions *fam*

3. (*der Verzehr*) absorption *f;* ***bei der Wette ging es um die ~ von möglichst viel Kartoffelsalat*** le pari consistait à venir à bout du maximum de salade de pommes de terre

bewandert *adj* ■ **jd ist** [**in etw** (*dat*)/**auf einem Gebiet**] ~ qn est ferré(e) [*o* calé(e) *fam*] [en qc/dans un domaine]

Bewandtnis <-, -se> *f* ▸ **etw hat** [*o* **mit etw hat es**] **eine …** ~ *geh* qc a une signification …; ***etw hat*** [*o* ***mit etw hat es***] ***folgende/ diese*** ~ *geh* voilà/voici ce qui en est de qc *soutenu;* **das hat** [*o* **damit hat es**] **eine …** ~ *geh* cela a une signification …; ***das hat*** [*o* ***damit hat es***] ***folgende/ diese*** ~ *geh* voilà/voici ce qui en est *soutenu;* **das hat** [*o* **damit hat es**] **die ~, dass** *geh* la raison en est que + *indic;* ***welche/ was für eine ~ hat es damit?*** qu'en est-il de cela? *soutenu,* qu'est-ce que cela signifie?

bewässern * *vt* ■ **jd bewässert etw** qn arrose qc; *Feld a.* qn irrigue qc

Bewässerung <-, -en> *f* ■ **die ~** [**einer S.** (*gen*)] l'arrosage *m* [de qc]; *eines Felds a.* l'irrigation *f* [de qc]

Bewässerungsanlage *f* dispositif *m* d'arrosage [*o* d'irrigation] **Bewässerungsgraben** *m* fossé *m* d'irrigation **Bewässerungskanal** *m* canal *m* d'irrigation **Bewässerungssystem** *nt* système *m* d'arrosage; ***computergesteuertes*** ~ arrosage *m* automatique programmé

bewegen*[1] I. *vt* 1. (*rühren*) ■ **jd/etw bewegt etw** qn remue [*o* bouge *fam*] qc/qc fait bouger qc; ■ **jd/etw bewegt etw** [**von/zu etw**] qn/qc déplace qc [de/à qc]; ■ **etw lässt sich nicht** ~ */Gegenstand/* il n'est pas possible de déplacer qc; */Tür, Fenster, Scharnier/* qc est coincé(e) [*o* bloqué(e)]; ***sein Bein lässt sich nicht*** ~ il ne peut pas remuer sa jambe

2. (*beschäftigen*) ■ **etw bewegt jdn** */Gedanke, Vorstellung/* qc occupe l'esprit de qn; (*aufwühlen*) */Ereignis, Erlebnis, Katastrophe/* qc remue qn

3. (*bewirken*) ■ **jd/etw bewegt etwas/viel/wenig/nichts** qn/qc fait bouger les choses/beaucoup de choses/peu de choses/qn/qc ne fait rien bouger

II. *vr* 1. (*sich betätigen*) ■ **jd bewegt sich** qn se remue, qn bouge

2. (*sich rühren*) ■ **etw/ein Tier bewegt sich** qc/un animal bouge

3. ASTRON ■ **etw bewegt sich** [**um etw/irgendwohin**] qc se déplace [autour de qc/quelque part]

4. (*variieren*) ■ **etw bewegt sich …** */Kosten, Preis, Verlust/* qc évolue …; ***der Preis bewegt sich um 3000 Mark*** le prix tourne autour de 3000 marks

5. (*sich ändern*) ■ **jd/etw bewegt sich** qn/qc bouge

bewegen[2] <bewog, bewogen> *vt* (*veranlassen*) ■ **jd/etw bewegt jdn zu etw** qn/qc amène qn à qc; ***sie bewog ihn zum Nachgeben/ zu einer Änderung seiner Pläne/ zum Einlenken*** elle l'a amené à céder/changer ses projets/composer; ■ **jd/etw bewegt jdn dazu etw zu tun** qn/qc amène qn à faire qc; ■ **jd lässt sich ~ etw zu tun** qn se laisse convaincre de faire qc

▸ **jd fühlt sich bewogen etw zu tun** *geh* qn se sent porté(e) [*o* poussé(e)] à faire qc

bewegend *adj* émouvant(e)

Beweggrund *m* mobile *m*

beweglich *adj* 1. (*zu bewegen*) mobile

2. *Fahrzeug* maniable; ■ **jd ist** ~ qn est mobile

3. (*geistig wendig*) ■ **jd ist** ~ qn est vif(-ive)

4. *Feiertag, Ferientag* mobile

Beweglichkeit <-> *f* ∅ mobilité *f;* (*geistige Wendigkeit*) vivacité *f*

bewegt *adj* 1. *Oberfläche, Wasser, See* agité(e)

2. *Jugend, Kindheit, Zeiten* agité(e); *Leben, Vergangenheit* mouvementé(e)

3. (*innerlich gerührt*) ■ **jd ist** [**von etw**] ~ qn est remué(e) [par qc]

Bewegung <-, -en> *f* 1. (*das Sichbewegen*) mouvement *m;* (*Geste*) geste *m;* (*das Fortbewegen*) déplacement *m;* ***eine Baumaschine ist für die ~ von größeren Erdmassen da*** il y a un engin pour déplacer les masses importantes de terre

2. (*körperliche Betätigung*) exercice *m*

3. (*Ergriffenheit*) émotion *f*

4. POL, ART mouvement *m*

5. (*Dynamik, Änderung*) changement *m;* ***dieser Firma fehlt es an*** ~ cette entreprise n'évolue pas; ***es hat keinerlei ~ gegeben*** les choses n'ont absolument pas bougé; ~ ***in die Sache bringen/ die Sache in ~ bringen*** faire bouger les choses

▸ **etw bringt jdn in** ~ qc fait bouger qn; **jd/etw gerät in** ~ POL qn/qc commence à bouger; **jd/etw hält jdn in** ~ qn/qc tient qn en haleine; **jd/etw ist in** ~ */Mensch/* qn est en mouvement, qn se remue; */Fahrzeug/* qc circule; **in etw** (*akk*) **kommt** ~ qc bouge; ***es kommt enorm viel ~ in die Ost-West-Beziehungen*** ça bouge énormément dans les relations Est-Ouest; **jd/etw setzt sich in** ~ qn/qc se met en mouvement; **jd/etw setzt** [*o* **bringt**] **etw in** ~ qn/qc met qc en mouvement; */Sturm/* qc agite qc; **jd verschafft** [*o* **macht**] **sich** (*dat*) ~ qn prend de l'exercice, qn se donne du mouvement; **eine** [**falsche**] ~ un seul geste/[un geste de trop]; **keine** [**falsche**] ~! pas un geste!

Bewegungsablauf *m* enchaînement *m* des mouvements **Bewegungsenergie** *f* énergie *f* cinétique **bewegungsfähig** *adj* ■ **jd ist** ~ qn peut se mouvoir **Bewegungsfreiheit** *f* liberté *f* de mouvement

bewegungslos I. *adj* immobile

II. *adv* immobile

Bewegungslosigkeit <-, -en> *f* immobilité *f*

Bewegungsmangel *m* ∅ manque *m* d'exercice **Bewegungstherapie** *f* kinésithérapie *f* **bewegungsunfähig** I. *adj* incapable de se mouvoir II. *adv* incapable de se mouvoir

beweihräuchern * I. *vt* 1. REL ■ **jd beweihräuchert etw** qn encense qc
2. *pej* (*in den Himmel heben*) ■ **jd beweihräuchert jdn** qn encense qn, qn porte qn aux nues
II. *vr pej* ■ **jd beweihräuchert sich [selbst]** qn s'envoie des fleurs

beweinen * *vt* ■ **jd beweint jdn/etw** qn pleure qn/qc; *Scheitern, Verlust a.* qn déplore qc; *unglücklichen Menschen a.* qn plaint qn

Beweis <-es, -e> *m* 1. JUR preuve *f;* ■ **ein/der ~ für etw/einer S.** (*gen*) une/la preuve de qc
2. (*Zeichen*) preuve *f,* témoignage *m*
▸ **jd erbringt den ~ [für etw]** qn produit la preuve [de qc]; **jd erhebt ~** /*Richter*/ qn ordonne [*o* recherche] la preuve; **jd führt den ~ [für etw]** qn établit la preuve [de qc]; **jd stellt etw unter ~** qn prouve qc; **jd tritt den ~ [für etw] an** qn fait la preuve [de qc]; **als** [*o* **zum**] **~ [einer S.** (*gen*)] (*als Zeichen*) comme preuve [*o* en témoignage] [de qc]

Beweisantrag *m* demande *f* de preuve **Beweisaufnahme** *f* JUR examen *m* [*o* audition *f*] des preuves

beweisbar *adj* prouvable; ***diese Anschuldigungen sind nicht ~*** ces accusations ne peuvent être prouvées

beweisen * *irreg* I. *vt* 1. (*nachweisen*) ■ **jd/etw beweist etw** qn/qc prouve qc; ■ **jd beweist jdm etw** (*anlasten*) qn prouve qc contre qn; ***man konnte ihm nie etwas ~*** on n'a jamais rien pu prouver contre lui
2. (*erkennen lassen*) ■ **jd/etw beweist etw** qn/qc démontre qc, qn/qc témoigne de qc; ■ **etw beweist, dass/wie + adj** (*zeigen*) qc démontre [*o* prouve] que + *indic*/à quel point; ***dieser Satz allein schon beweist, wie du wirklich über mich denkst*** cette phrase à elle seule révèle quelle est ta véritable opinion à mon sujet
▸ **was zu ~ war** c.q.f.d.; **was [noch] zu ~ wäre** ce qui reste à démontrer
II. *vr* 1. (*sich zeigen*) ■ **etw beweist sich** qc se démontre; ■ **es beweist sich, dass** il est manifeste que + *indic*
2. (*seine Fähigkeiten zeigen*) ■ **jd beweist sich [als jdn]** qn fait ses preuves [en tant que qn]

Beweiserhebung *f s.* **Beweisaufnahme. Beweisführung** *f* exposé *m* des preuves **Beweiskraft** *f* JUR force *f* probante; ■ **die ~ einer S.** (*gen*) la force probante de qc ▸ **etw hat** [*o* **besitzt**] **~/keine ~** qc a force/n'a aucune force de preuve, qc est/n'est pas probant(e) **beweiskräftig** *adj* probant(e) **Beweislage** *f* état *m* des preuves, preuves *fpl* rassemblées **Beweislast** *f:* ***der Kläger trägt im Prozess die ~*** la preuve est à la charge du plaignant **Beweismaterial** *nt* pièces *fpl* à conviction **Beweismittel** *nt* pièce *f* probante [*o* à conviction] **Beweisnot** *f* JUR insuffisance *f* de preuves ▸ **jd ist/kommt in ~** qn manque de preuves **Beweisstück** *nt* pièce *f* à conviction

bewenden *vt impers* ■ **jd lässt es bei** [*o* **mit**] **etw ~** qn s'en tient à qc; ■ **jd lässt es dabei ~ etw zu tun** qn se contente de faire qc; ***lassen wir es dabei ~!*** restons-en là!

Bewenden <-s> *nt* ▸ **es hat damit sein ~** les choses en restent là

Bewerb <-[e]s, -e> *m* AUS *s.* **Wettbewerb**

bewerben * *irreg* I. *vr* ■ **jd bewirbt sich [um etw] [bei jdm]** (*akk*) qn pose sa candidature [*o* qn postule] [à qc] [auprès de qn]; ■ **jd bewirbt sich [bei jdm] als etw** qn pose sa candidature [auprès de qn] en qualité de qc; ■ **jd bewirbt sich auf etw** (*akk*) qn pose sa candidature en réponse à qc
II. *vt* ■ **jd bewirbt etw** qn fait de la publicité pour qc qn promeut qc *soutenu;* ■ **etw wird beworben** qc bénéficie d'une promotion

Bewerber(in) <-s, -> *m(f)* candidat(e) *m(f)*

Bewerbung <-, -en> *f* 1. (*für Stelle*) candidature *f;* ■ **jds ~ um** [*o* **für**] **etw** la candidature de qn à qc
2. (*werbliche Maßnahmen*) promotion *f*

Bewerbungsbogen *m* formulaire *m* [*o* feuille *f*] de candidature **Bewerbungsgespräch** *nt* entretien *m* d'embauche **Bewerbungsschreiben** *nt* lettre *f* de candidature **Bewerbungsunterlagen** *pl* dossier *m* de candidature

bewerfen * *irreg* I. *vt* 1. (*beschmeißen*) ■ **jd bewirft jdn/etw mit etw** qn bombarde qn/qc de qc
2. CONSTR ■ **jd bewirft etw mit etw** qn crépit qc à qc
II. *vr* ■ **sie ~ sich [gegenseitig] mit etw** ils/elles se bombardent de qc

bewerkstelligen * *vt* 1. (*zuwege bringen*) ■ **jd bewerkstelligt etw** qn réussit [à faire] qc; ■ **jd bewerkstelligt es, dass jd etw tut** qn obtient [*o* réussit à obtenir] que qn fasse qc; ***es war einfach nicht zu ~*** il n'y a vraiment rien eu à faire, je n'ai pas pu y arriver
2. *pej fam* (*anstellen*) ■ **jd bewerkstelligt etw** qn fabrique qc *fam*

bewerten * *vt* ■ **jd bewertet jdn/etw** *Kandidaten, Mitarbeiter, Schüler, Arbeit* qn évalue qn/qc; *Besitz, Kunstobjekt, Vermögen* qn évalue [*o* estime] qc [à tant]; ***ein Aufsatz wird mit befriedigend bewertet*** une rédaction reçoit l'appréciation "satisfaisant"; ***jd bewertet etw zu hoch/niedrig*** qn surestime/sous-estime qc, qn surévalue/sous-évalue qc; ■ **jd bewertet jdn/etw nach etw** *nach Können, Leistung, Wissen, Einheitswert* qn évalue qn/qc en fonction de qc

Bewertung *f* [*Leistung, Bewerber, Mitarbeiter*] évaluation *f;* [*Schüler, Schülerarbeit a.*] notation *f;* [*Besitz, Kunstobjekt, Vermögen*] évaluation *f,* estimation *f*

bewiesenermaßen *adv:* ***jd hat ~ etw getan*** il est prouvé que qn a fait qc; ***etw ist ~ falsch/richtig/eine Lüge*** il est prouvé que qc est faux fausse)/vrai(e)/un mensonge

bewilligen * *vt* ■ **jd bewilligt etw** qn approuve qc; ■ **jd bewilligt jdm jdn** qn accorde qn à qn; ■ **jd bewilligt [jdm] etw** *Geldmittel etc* qn accorde qc [à qn]

Bewilligung <-, -en> *f* 1. (*das Bewilligen*) ■ **die ~ einer S.** (*gen*) *des Etats, der Steuererhöhung, Planstelle* l'approbation *f* de qc; [*Geldmittel*] l'octroi *m* de qc
2. (*schriftliche Genehmigung*) autorisation *f;* ***die ~ der Kredite*** l'accord concernant les crédits

bewirken * *vt* 1. (*verursachen*) ■ **jd/etw bewirkt etw** qn/qc provoque qc, qn/qc produit qc
2. (*erreichen*) ■ **jd bewirkt [bei jdm] etw/etwas/nichts** qn obtient qc/quelque chose/n'obtient rien [[auprès] de qn]

bewirten * *vt* ■ **jd bewirtet jdn** qn régale qn; (*im Restaurant*) qn restaure qn; ***wir haben morgen 10 Personen zu ~*** nous recevons demain 10 personnes à notre table; /*Gastwirt*/ nous avons demain 10 personnes à restaurer; ***jd wird gut bewirtet*** qn est bien traité(e) [*o* nourri(e)]; ***seid ihr heute schon bewirtet worden?*** vous a-t-on déjà servi quelque chose aujourd'hui?; ■ **jd bewirtet jdn mit etw** qn sert qc à qn

bewirtschaften * *vt* 1. (*betreiben*) ■ **jd bewirtschaftet etw** *Gaststätte, Berghütte, Hof* qn exploite qc
2. AGR ■ **jd bewirtschaftet etw [als etw]** *Land* qn exploite qc [en qc]
3. (*staatlich kontrollieren*) ■ **jd bewirtschaftet etw** qn réglemente qc; *Lebensmittel a.* qn rationne qc

Bewirtung <-, -en> *f* (*das Bewirten*) *verbal übersetzt;* ***er lässt sich die ~ seiner Freunde immer einiges kosten*** il ne lésine pas pour régaler ses amis; ***ich kann euch ~ anbieten*** je peux vous restaurer; ***danke für die [gute] ~!*** merci de m'/nous avoir si bien traité(e)/s!; (*Speisen und Getränke*) boire *m* et manger; (*Bedienung*) service *m;* ***jd besorgt die ~ der Gäste*** (*im Restaurant*) qn s'occupe du service de la clientèle; (*privat*) qn sert les invités; ***ich habe meine Nichte gebeten sich um die ~ unserer Gäste zu kümmern*** j'ai prié ma nièce de faire la jeune fille de la maison

bewog *imp von* **bewegen²**

bewogen *pp von* **bewegen²**

bewohnbar *adj* habitable
▸ **jd macht etw ~** qn rend qc habitable

bewohnen * *vt* ■ **jd/ein Tier bewohnt etw** qn/un animal habite qc

Bewohner(in) <-s, -> *m(f)* habitant(e) *m(f)*

Bewohnerschaft <-, -en> *f form* habitants *mpl;* [*Mietshaus a.*] occupants *mpl;* [*Siedlung a.*] résidants *mpl*

bewohnt *adj Gegend, Insel, Land* habité(e); *Haus, Wohnung, Zimmer a.* occupé(e)

bewölken * *vr* ■ **etw bewölkt sich** 1. /*Himmel*/ qc s'ennuage
2. *liter* /*Stirn*/ qc s'assombrit

bewölkt *adj* nuageux(-euse)
▸ **wechselnd ~** des nuages intermittents

Bewölkung <-, -en> *f* nébulosité *f,* nuages *mpl;* ***zunehmende ~*** augmentation de la nébulosité; ***schau dir mal diese ~ an!*** regarde un peu tous ces nuages!
▸ **wechselnde ~** des nuages intermittents

Bewölkungsauflockerung *f* éclaircie *f,* éclaircissement *m;* ***im Tagesverlauf kommt es zu ~*** au cours de la journée, les nuages se dissiperont **Bewölkungszunahme** *f* augmentation *f* de la nébulosité

Bewuchs *m* ∅ végétation *f*

-bewuchs *m* végétation *f* de

Bewund[e]rer <-s, -> *m,* **Bewund[r]erin** *f* admirateur(-trice) *m(f)*

bewundern * *vt* ■ **jd bewundert jdn/etw [wegen etw]** qn admire qn/qc [pour qc]; ■ **jd bewundert etw [an jdm]** qn admire qc [chez qn] **bewundernd** I. *adj* admiratif(-ive) II. *adv* d'un air admiratif; *aufblicken* avec admiration

bewundernswert *adj,* **bewundernswürdig** *adj geh* admirable; ■ **etw ist [an jdm/etw] ~** qc est admirable [chez qn/dans qc]

bewundert *adj* admiré(e)

Bewunderung <-, *rare* -en> *f* admiration *f;* ***meine ~!*** chapeau! *fam*

Bewundrer *m s.* **Bewunderer**

bewusst[RR], **bewußt** I. *adj* 1. *attr* (*vorsätzlich*) délibéré(e), intentionnel(le)
2. *attr* (*überlegt*) *Mensch, Handlung* réfléchi(e); *Essen* équilibré(e); ***jd führt ein ~es Leben*** qn vit consciemment
3. *attr* (*überzeugt*) *Abstinenzler, Nichtraucher* convaincu(e); *Ablehnung, Einstellung* délibéré(e)
4. PSYCH conscient(e); ■ **jd ist sich** (*dat*)**/wird einer S.** (*gen*) **~** qn est conscient(e)/prend conscience de qc; ■ **etw ist/wird jdm ~** qn est conscient(e)/prend conscience de qc; ■ **jdm wird ~, dass** qn prend conscience du fait que + *indic;* ■ **jd macht jdm etw ~** qn lui fait prendre conscience de qc; ■ **jd macht sich** (*dat*) **etw ~** qn prend conscience de qc; ***das muss man sich mal ~ machen!*** il faut le voir pour le croire!
5. *attr* (*besagt*) fameux(-euse)
II. *adv* 1. (*überlegt*) *leben* consciemment; *sich ernähren* de façon équilibrée
2. (*vorsätzlich*) délibérément, intentionnellement

Bewusstheit[RR], **Bewußtheit** <-> *f* ∅ 1. (*Vorsätzlichkeit*) caractère *m* délibéré [*o* intentionnel]
2. (*Überlegtheit*): ***dank der ~ seines Lebens*** grâce à une vie équilibrée; ***er riet ihr dringend zu größerer ~ beim Essen und Trinken*** il lui conseilla instamment de manger et de boire de façon plus équilibrée [*o* plus sainement]

bewusstlos[RR], **bewußtlos** I. *adj Mensch* inconscient(e); *Verfassung, Zustand* d'inconscience; ■ **jd ist/wird ~** qn est inconscient(e) [*o* sans connaissance]/perd connaissance
II. *adv:* ***sie prügelten ihn ~*** ils l'ont frappé jusqu'à ce qu'il perde conscience; ***er brach ~ zusammen*** il s'écroula sans connaissance

Bewusstlose(r)[RR], **Bewußtlose(r)** *f(m) decl wie adj* personne *f* inconsciente [*o* évanouie]

Bewusstlosigkeit[RR], **Bewußtlosigkeit** <-, -en> *f* inconscience *f;* (*kurzfristig*) évanouissement *m;* (*Koma*) coma *m*
▸ **bis zur ~** *fam* (*bis zum Überdruss*) jusqu'à l'abrutissement

bewußt|machen *s.* **bewusst I.4.**

Bewusstsein[RR], **Bewußtsein** <-s> *nt* ∅ **1.** (*bewusster Zustand*) conscience *f*
2. PHILOS, PSYCH (*bewusste Wahrnehmung*) conscient *m*
3. (*bewusste Ansichten*) conscience *f*
4. (*das Wissen*) ■ **das ~ einer S.** (*gen*) la conscience de qc; ***das ~, dass er im Recht war*** la conscience d'avoir raison
▶ **jd ist bei vollem ~** qn est conscient(e); ***jd wird bei vollem ~ operiert*** qn est opéré(e) à vif; ***jd ist wieder bei vollem ~*** qn a retrouvé tous ses esprits; ***er hat alles bei vollem ~ mitbekommen*** il a eu pleine conscience de ce qui se passait; **jd/etw bringt** [*o* **ruft**] **jdm etw ins ~** qn/qc fait prendre conscience de qc à qn; ***das Foto rief ihm wieder die Tage mit Marita ins ~*** cette photo lui remit en mémoire les jours passés avec Marita; ***soll ich dir etwa erst wieder ins ~ rufen, was …*** dois-je te rappeler ce que/qui …; **jd ist bei ~** qn est conscient(e); **jd kommt wieder zu ~**, **jd erlangt das ~ wieder** qn reprend conscience [*o* connaissance]; **etw kommt jdm zu[m] ~** qn prend conscience de qc; ***kommt dir jetzt endlich zum ~, wie dumm du dich verhalten hast?*** est-ce que tu te rends enfin compte à quel point tu t'es conduit(e) bêtement?; **jd tut etw mit [vollem] ~** qn fait qc de façon [tout à fait] consciente; **jd verdrängt jdn/etw aus dem/seinem ~** qn chasse qn/qc de son esprit, qn refoule qc; **jd verliert das ~** qn perd conscience [*o* connaissance]; **im ~ einer S.** (*gen*) conscient(e) de qc

Bewusstseinsbildung[RR] *f* conscientisation *f* **bewusstseinserweiternd**[RR] *adj Drogen* psychédélique **Bewusstseinserweiterung**[RR] *f* psychédélisme *m* **Bewusstseinsspaltung**[RR] *f* dédoublement *m* de la personnalité **Bewusstseinsveränderung**[RR] *f* évolution *f* des esprits

bezahlbar *adj* ■ **etw ist ~** (*muss bezahlt werden*) /*Rechnung*/ qc est payable; (*ist erschwinglich*) qc est abordable

bezahlen * **I.** *vt* **1.** (*begleichen*) ■ **jd bezahlt [jdm] etw** qn paie qc [à qn]
2. (*entlohnen*) ■ **jd bezahlt jdn [für etw]** qn paie qn [pour qc]
3. (*kaufen*) ■ **jd bezahlt jdm etw** qn paie qc à qn *fam*
II. *vi* ■ **jd bezahlt** qn paie
▶ [**Herr Ober,**] [**bitte**] **~!** [garçon,] l'addition[, s'il vous plaît]!

bezahlt *adj* payé(e); ***ein ~er Mord*** un meurtre sur commande
▶ **jd bekommt** [*o* **kriegt**] **etw ~** *fam* on paie qc à qn; ***als Praktikant bekommt man die Arbeit selten ~*** en tant que stagiaire, il est rare qu'on vous paie votre travail; **als ob jd es bezahlt bekäme** *fam* comme si qn était payé(e) pour ça; **etw macht sich [für jdn] ~** qc est payant(e) [*o* qc paie] [pour qn]; ***jetzt macht sich ~, dass ich etw getan habe*** le fait que j'aie fait qc s'avère maintenant payant; ***es macht sich für jdn ~, wenn er etw tut*** c'est payant [*o* ça paie] [*o* ça vaut le coup *fam*] pour qn de faire qc

Bezahlung *f* **1.** (*das Bezahlen*) ■ **die ~** [**einer S.** (*gen*)] le paiement [de qc]; ***es ist Zeit für die ~*** il est temps de payer
2. (*Entlohnung*) rémunération *f*, rétribution *f*; (*Lohn, Gehalt*) paie *f*; ***für den Mord hatte er $ 10.000 als ~ erhalten*** en paiement du meurtre, il avait reçu 10.000 $
▶ **gegen/ohne ~** contre [*o* moyennant] paiement/pour rien; ***sie macht es auch ohne ~*** elle le fait également sans être payée

bezähmen * **I.** *vt geh* ■ **jd bezähmt etw** qn réfrène qc, qn contient qc
II. *vr geh* ■ **jd bezähmt sich** qn se contient; ■ **jd bezähmt sich etw zu tun** qn se retient de faire qc

bezaubern * **I.** *vt* ■ **jd/etw bezaubert jdn** qn/qc charme qn; ***ich bin bezaubert*** je suis sous le charme **II.** *vi* ■ **jd/etw bezaubert** qn/qc a du charme **bezaubernd** *adj* **1.** (*entzückend*) *Mensch, Gesang, Klang* charmant(e); *Gegenstand, Schönheit* ravissant(e) **2.** *iron* charmant(e) *antéposé*; ***sehr ~!*** tout à fait charmant!

bezecht *adj fam* bourré(e) *fam*

bezeichnen * **I.** *vt* **1.** (*benennen*) ■ **jd bezeichnet jdn/etw [als jdn/etw]/[mit etw]** qn qualifie qn/qc [de qn/qc]
2. (*bedeuten*) ■ **etw bezeichnet etw** /*Wort*/ qc désigne qc
3. (*genau beschreiben*) ■ **jd/etw bezeichnet [jdm] etw** *Route, Punkt, Stelle* qn indique qc [à qn]
4. (*kennzeichnen*) ■ **jd/etw bezeichnet etw [durch/mit etw]** qn/qc indique qc [par qc]
II. *vr* ■ **jd bezeichnet sich als jd/etw** qn se qualifie de qn/qc; ***sie bezeichnet sich mir gegenüber immer als großzügig*** elle me dit toujours qu'elle est généreuse

bezeichnend *adj* caractéristique, typique; ***in*** [***sehr***] ***~er Weise*** de façon [très] nette; ■ **etw ist ~ für jdn/etw** qc est caractéristique de qn/qc

bezeichnenderweise *adv* (*typischer Weise*) il est typique que + *subj*; ***er hat das ~ verschwiegen*** il est typique qu'il ait gardé le silence à ce sujet; (*verräterisch*) *zusammenzucken, rot werden* d'une manière très révélatrice

Bezeichnung *f* **1.** (*Ausdruck*) désignation *f*
2. (*Kennzeichnung*) indication *f*; (*Beschreibung*) désignation *f*, indication *f*

bezeugen * *vt* **1.** (*bestätigen*) ■ **jd/etw bezeugt etw** qn/qc atteste qc; ■ **jd bezeugt, dass** qn atteste [*o* certifie] que + *indic*; ■ **etw bezeugt, dass** qc atteste que + *indic*
2. *geh* (*nachweisen*) ■ **jd bezeugt jdm etw** *Richtigkeit, Umstand* qn certifie qc à qn; ■ **etw wird durch etw bezeugt** qc est attesté(e) [*o* établi(e)] par qc; ***es konnte bezeugt werden, wo …*** on a pu établir où …

bezichtigen * *vt* ■ **jd bezichtigt jdn [einer S.** (*gen*)] qn accuse qn [de qc]; ■ **jd bezichtigt jdn etw getan zu haben** qn accuse qn d'avoir fait qc

beziehbar *adj* **1.** *Haus, Wohnung* habitable
2. (*erhältlich*) *Waren etc* disponible, livrable; ***etw ist bei jdm ~*** qc est en vente chez qn

beziehen * *irreg* **I.** *vt* **1.** (*mit Bezug versehen*) ■ **jd bezieht etw [mit etw]** *Polstermöbel, Polster, Regenschirm* qn recouvre qc [de qc]; *Bett, Bettdecke, Kissen* qn change qc; *Saiteninstrument* qn monte [les cordes de/des cordes sur] qc; ***etw kann neu bezogen werden*** on peut faire recouvrir qc [à neuf]; ***frisch bezogene Bettdecken*** des housses propres
2. (*einziehen in*) ■ **jd bezieht etw** *Haus, Wohnung* qn emménage dans qc; ***das Haus kann erst nach der Renovierung bezogen werden*** on ne pourra emménager [dans la maison] qu'après les travaux de rénovation
3. (*einnehmen*) ■ **jd/etw bezieht etw** *Posten, Stellung, Standpunkt* qn/qc prend qc; ***jd bezieht einen anderen Standpunkt*** qn prend une position différente, qn adopte un autre point de vue; ***welchen Standpunkt beziehst du in dieser Angelegenheit?*** quelle est ta position dans cette affaire?
4. COM ■ **jd bezieht etw [von jdm]** *Artikel* qn se fournit en qc [chez qn], qn fait venir qc [de chez qn]; *Lieferung* qn reçoit qc [de qn]; *Publikation* qn est abonné(e) à qc, qn reçoit qc
5. FIN ■ **jd bezieht etw [von jdm/etw]** *Einkommen, Rente* qn touche qc [de qn/qc]; ■ **jd bezieht etw** CH *Steuern* qn perçoit qc
6. *fam* (*bekommen*) ■ **jd bezieht etw [von jdm]** *Ohrfeige, Prügel, Schelte* qn [se] prend qc [de qn] *fam*
7. (*in Beziehung setzen*) ■ **jd bezieht etw auf jdn/etw** qn rapporte qc à qn/qc
II. *vr* **1.** (*sich bedecken*) ■ **etw bezieht sich** /*Himmel*/ qc se couvre
2. (*betreffen*) ■ **etw bezieht sich auf jdn/etw** qc se rapporte à qn/qc
3. (*sich berufen*) ■ **jd bezieht sich auf jdn/etw** qn se réfère à qn/qc

Bezieher(in) <-s, -> *m(f)* FIN bénéficiaire *mf*; (*Abonnent*) abonné(e) *m(f)*; COM [*Artikel, Ware*] acheteur(-euse) *m(f)*; ***bist du schon lange ~ in dieser Zeitung?*** es-tu abonnée depuis longtemps à ce journal?

Beziehung <-, -en> *f* **1.** (*Verbindung*) ■ **die/jds ~ zu etw** la relation [*o* le rapport] [de qn] à qc
2. *meist pl* (*Bekanntschaften*) relation *f*
3. (*Verhältnis*) relations *fpl*; ■ **jds ~ zu jdm** les relations de qn avec qn; ***unsere ~ zueinander*** nos relations
▶ **diplomatische ~en** des relations diplomatiques; **jd hat** [*o* **unterhält**] **intime** [*o* **sexuelle**] **~en [zu jdm]** qn a [*o* entretient] des relations sexuelles [avec qn]; **menschliche ~en** relations humaines; **zwischen etw und jdm/etw besteht eine/keine ~** il y a un/il n'y a aucun rapport entre qc et qn/qc; **jd hat ~en** qn a des relations; **jd hat keine ~ zu jdm/etw** qn n'a aucune relation avec qn/est imperméable à qc; **jd setzt/bringt etw zu etw in ~** qn met en relation qc et qc/fait le rapprochement entre qc et qc; **jd lässt seine ~en spielen** qn fait jouer ses relations; **sie stehen in einer/keiner ~ zueinander** ils/elles ont un/n'ont aucun rapport entre eux/elles; **etw steht in einer/keiner ~ zu etw** qc a un/n'a aucun rapport avec qc; **in einer/keiner ~** d'une certaine manière/en aucune manière; **in jeder ~** à tous égards; **in mancher ~** à bien des égards

Beziehungskiste *f sl* histoires *fpl* de cœur

beziehungslos *adj* indépendant(e); ***diese Ereignisse sind ~ zueinander*** ces événements sont indépendants l'un de l'autre

beziehungsweise *conj* (*oder auch*) ou bien; (*oder vielmehr*) ou plutôt; (*respektive*) respectivement

beziffern * **I.** *vt* ■ **jd beziffert etw [mit etw]** [*o* **auf etw** (*akk*)] qn chiffre qc [à qc]; *Anzahl* qn évalue qc [à qc]
II. *vr* ■ **etw beziffert sich auf etw** (*akk*) qc se chiffre à qc; /*Zahl*/ qc se monte [*o* s'élève] à qc; /*Menschenmenge*/ qc compte qc

Bezifferung <-, -en> *f* **1.** ∅ (*das Beziffern*) chiffrage *m*; *Anzahl* évaluation *f*; ***die ~ der Anzahl der Opfer*** le chiffrage des victimes
2. (*Gesamtheit der Zahlen*) chiffres *mpl*

Bezirk <-[e]s, -e> *m* **1.** (*Gebiet*) région *f*
2. COM secteur *m*
3. (*Verwaltungs~*) district *m* administratif; AUS, CH district *m*
4. (*Fachbereich*) domaine *m*

Bezirksgericht *nt* AUS, CH *s.* **Amtsgericht. Bezirkshauptmann** *m*, **-männin** *f* AUS *responsable mf administratif(-ive) d'un district* **Bezirksklasse** *f*, **Bezirksliga** *f* ligue *f* de district **Bezirksschule** *f* CH école *f* de district **Bezirksspital** *nt bes.* CH *s.* **Kreiskrankenhaus. Bezirksstadt** *f s.* **Kreisstadt**

bezirzen * *vt s.* **becircen**

Bezogene(r) *f(m) decl wie adj* tiré *m*

bezug *s.* **Bezug**

Bezug <-[e]s, ¨-e> *m* **1.** (*Kissen~, Bett~*) housse *f*; ***sie wechselt einmal in der Woche die ¨-e*** elle change les draps une fois par semaine
2. (*Bezugsstoff*) revêtement *m*
3. [*Artikel, Ware*] achat *m*; ***der nachträgliche ~ einer Publikation*** la fourniture rétroactive d'une publication; ***bei ~ im Abonnement*** en cas d'abonnement; ***eine Fachzeitschrift zu regelmäßigem ~*** une revue spécialisée par abonnement
4. [*Einkommen, Rente, Sozialleistung*] perception *f*; CH [*Steuern, Beiträge*] perception *f*; ■ **der ~ von etw** le fait de toucher qc; ***bei ~ von etw*** quand on touche qc
5. *pl* (*Einkünfte*) (*in der Verwaltung*) émoluments *mpl*; [*Abgeordnete*] indemnités *fpl*; (*Honorar*) honoraires *mpl*
6. (*Verbindung*) ■ **~ zu etw** rapport *m* à qc; ***jd hat keinen ~ zur Wirklichkeit*** qn n'a pas le sens des réalités
7. CH [*Haus*] emménagement *m*; ***der ~ der Wohnung*** l'installation *f* dans l'appartement
▶ **jd nimmt ~ auf etw** (*akk*) qn fait référence à qc; **~ nehmend auf** (+ *akk*) en référence à; **in ~ auf** (+ *akk*) concernant; **in ~ darauf** en la matière, sur ce point; **mit** [*o* **unter**] **~ auf** (+ *akk*) *form* en référence à

Bezüger(in) <-s, -> *m(f)* CH [*Strom, Gas, Zeitung, Zeitschrift*] abonné(e) *m(f)*; [*Rente, Lohn*] bénéficiaire *mf*

bezüglich **I.** *präp form* ■ **~ einer S.** (*gen*) concernant qc
II. *adj* **1.** GRAM relatif(-ive)
2. (*betreffend*) ■ **auf etw** (*akk*) **~** relatif(-ive) à qc

Bezugnahme <-, -n> *f* ▶ **unter ~ auf etw** (*akk*) *form* en référence à qc

bezugsberechtigt *adj* bénéficiaire; ■ **jd ist [für etw] ~** qn est bénéficiaire [de qc] **Bezugsberechtigte(r)** *f(m)* bénéficiaire *mf* **bezugsfertig** *adj* prêt(e) à être occupé(e); ***er hat seiner Freundin eine ~e Wohnung geschenkt*** il a offert à son amie un appartement tout installé **Bezugsperson** *f* modèle *m* d'identification **Bezugsquelle** *f* fournisseur *m*, source *f* d'approvisionnement **Bezugsrecht** *nt* droit *m* préférentiel de souscription **Bezugsschein** *m* bon *m* d'achat; ***etw gibt es nur auf~*** il n'y a qc que contre des tickets de rationnement

bezwecken * *vt* 1. (*bewirken*) ■ **etw bezweckt etwas/nichts [bei jdm]** qc sert à quelque chose/n'a aucun effet [auprès de qn]
2. (*beabsichtigen*) ■ **jd bezweckt etw [mit etw]** qn recherche qc [avec qc]; ***was bezweckst du damit?*** que recherches-tu ainsi?; ■ **jd bezweckt [mit etw] etw zu tun** qn vise [avec qc] à faire qc; ■ **etw bezweckt etw** */Bestimmung, Maßnahme, Vorschrift/* qc vise à qc, qc a pour objet qc

bezweifeln * *vt* ■ **jd bezweifelt etw** qn met qc en doute; ***etw ist nicht zu ~*** on ne peut mettre qc en doute; ■ **jd bezweifelt, dass** qn doute que + *subj;* ***es ist doch sehr zu ~, dass*** on peut vraiment douter que + *subj*

bezwingen * *irreg* I. *vt* 1. (*besiegen*) ■ **jd bezwingt jdn** qn triomphe de qn, qn l'emporte sur qn; ■ **jd wird [von jdm] bezwungen** qn est vaincu(e) [par qn]
2. (*überwinden*) ■ **jd bezwingt etw** *Befestigung, Festung* qn prend qc; ***bei der Tour de France müssen viele Pässe bezwungen werden*** lors du Tour de France, il faut triompher de nombreux cols; ***der Mount Everest ist schon mehrmals bezwungen worden*** le mont Everest a déjà été vaincu plusieurs fois
3. (*bezähmen*) ■ **jd bezwingt etw** qn domine qc, qn maîtrise qc
II. *vr* ■ **jd bezwingt sich** qn se domine, qn se maîtrise

BfA <-> [beːˀɛfˀaː] *f ∅ abk von* **Bundesversicherungsanstalt für Angestellte** caisse *f* fédérale de retraite pour employés

BGB <-> [beːgeːˈbeː] *nt ∅ abk von* **Bürgerliches Gesetzbuch** code *m* civil

BGH <-s> [beːgeːˈhaː] *m ∅ abk von* **Bundesgerichtshof** cour *f* suprême fédérale

BH <-[s], -[s]> [beˈhaː] *m abk von* **Büstenhalter** soutien-gorge *m*

Bhagwan <-s, -s> *m* Bhagwan *m*

bi *adj pred sl* ■ **jd ist ~** qn est bi *fam*

Biathlon <-s, -s> *nt* biathlon *m*

bibbern *vi fam* ■ **jd bibbert [vor etw** (*dat*)**]** *vor Angst* qn tremblote [de qc] *fam; vor Kälte* qn grelotte [de qc]; ■ **jd bibbert um etw** qn tremble pour qc

Bibel <-, -n> *f* bible *f;* ■ **die ~** la Bible

bibelfest *adj:* ***jd ist ~*** qn connaît la Bible; ***ein ~er Mensch*** quelqu'un qui connaît la Bible, une personne versée dans la Bible **Bibelspruch** *m* verset *m* biblique **Bibelstelle** *f* passage *m* de la Bible **Bibeltext** *m* 1. (*Text der Bibel*) texte *m* biblique 2. *s.* **Bibelstelle**

Biber <-s, -> *m* 1. (*Tier, Fell*) castor *m*
2. (*Baumwollflanell*) flanelle *f*

Biberbau <-baue> *m* hutte *f* de castor **Biberbetttuch**[RR] *nt* drap *m* de flanelle **Biberburg** *f s.* **Biberbau. Biberpelz** *m* fourrure *f* de castor

Bibliografie[RR] <-, -n> [-ˈfiːən] *f* bibliographie *f*

bibliografisch[RR] I. *adj* bibliographique
II. *adv* sur le plan bibliographique

Bibliographie *s.* **Bibliografie**

bibliographisch *s.* **bibliografisch**

bibliophil I. *adj* 1. *Mensch* bibliophile, amateur(-trice) de livres
2. *Ausgabe* pour bibliophiles
II. *adv:* ***dieses Buch ist ~ ausgestattet*** ce livre est une édition pour bibliophiles

Bibliothek <-, -en> *f* bibliothèque *f*

Bibliothekar(in) <-s, -e> *m(f)* bibliothécaire *mf*

bibliothekarisch *adj* de bibliothécaire

Bibliothekskatalog *m* catalogue *m* [*o* fichier *m*] de la bibliothèque

biblisch *adj* 1. (*aus der Bibel*) biblique
2. *Alter* canonique

Bickbeere *f* NDEUTSCH *s.* **Heidelbeere**

Bidet <-s, -s> [biˈdeː] *nt* bidet *m*

Bidon <-s, -s> [biˈdõː] *m o nt* CH bidon *m*

bieder *adj* 1. (*brav*) *Kleidung, Geschmack, Inszenierung* bien sage
2. *pej* (*einfältig*) simplet(te)
3. *veraltend* (*rechtschaffen*) probe *vieilli*

Biedermann <-männer> *m pej* homme *m* honnête; ***ein braver ~*** un brave et honnête homme

Biedermeier <-s> *nt ∅* Biedermeier *m* (*correspond au style Louis-Philippe*)

biegen <bog, gebogen> I. *vt + haben* 1. ■ **jd biegt etw irgendwohin** *Draht, Metallstab* qn tord qc quelque part; *Oberkörper, Kopf* qn penche qc quelque part; ***jd biegt etw nach vorn/hinten/zur Seite/nach rechts/nach links*** qn penche qc en avant/en arrière/de côté/à droite/à gauche; ***jd biegt etw auseinander*** qn écarte qc; ■ **jd biegt jdn etw irgendwohin** *Körperteil, Leib* qn tord qc à qn quelque part; *s. a.* **gebogen**
2. GRAM AUS ■ **jd biegt etw** *Adjektiv, Substantiv* qn décline qc; *Verb* qn conjugue qc
► **auf B~ oder Brechen** *fam* envers et contre tout; **es geht auf B~ oder Brechen** *fam* c'est à qui cédera le/la premier(-ière), ça passe ou ça casse; **jd biegt etw gerade** (*biegt in gerade Form*) qn redresse qc; *fam* (*bringt in Ordnung*) qn arrange qc
II. *vi + sein* ■ **jd/etw biegt irgendwohin** qn/qc tourne quelque part; ***sie ist zu schnell um die Kurve gebogen*** elle a pris son virage trop vite
III. *vr + haben* 1. (*sich krümmen*) ■ **jd biegt sich irgendwohin** qn se penche quelque part; ***er bog sich mit dem Oberkörper weit nach hinten*** il renversa le buste loin en arrière
2. (*sich verziehen*) ■ **etw biegt sich [irgendwohin]** */Kerze, Metallstab/* qc se tord [quelque part]; */Baum/* qc plie; */Tafel/* qc ploie

biegsam *adj* 1. (*flexibel*) *Einband* souple
2. *Glieder, Körper* souple
3. (*leicht zu biegen*) souple, flexible

Biegsamkeit <-> *f* 1. [*Glied, Körper*] souplesse *f*
2. (*Flexibilität*) flexibilité *f*

Biegung <-, -en> *f* 1. (*Kurve*) virage *m;* [*Wasserlauf*] courbe *f*, coude *f;* [*Wirbelsäule*] courbure *f*
2. GRAM AUS flexion *f*
► **etw macht eine ~** qc fait un virage; */Fluss/* qc fait une courbe

Biene <-, -n> *f* 1. ZOOL abeille *f*
2. *veraltend sl* (*Mädchen*) nénette *f fam*

Bienenfleiß *m* obstination *f* de fourmi **Bienengift** *nt* venin *m* d'abeille **Bienenhonig** *m* miel *m* **Bienenkönigin** *f* reine *f* des abeilles **Bienenkorb** *m* ruche *f* en paille **Bienenschwarm** *m* essaim *m* [d'abeilles] **Bienenstich** *m* 1. (*Stich*) piqûre *f* d'abeille 2. GASTR nid *m* d'abeilles (*gâteau aux amandes*) **Bienenstock** *m* ruche *f* [en bois] ► **wie in einem ~** comme dans une ruche **Bienenvolk** *nt* colonie *f* d'abeilles **Bienenwachs** *nt* cire *f* d'abeille

Biennale <-, -n> [biɛˈnaːlə] *f* biennale *f*

Bier <-[e]s, -e> *nt* bière *f*
► **~ vom Fass** bière à la pression; **dunkles/helles ~** bière brune/blonde; **das ist mein/dein/... ~** *fam* c'est mes/tes/... oignons *fam;* **das ist nicht mein/sein/... ~** *fam* c'est pas mes/tes/... oignons *fam*

Bier- de bière; *-teig* à base de bière; *~lokal* brasserie *f* **Bierbauch** *m fam* bedaine *f fam;* ***er hat einen ~*** il a pris de la bedaine [*o* du bide] avec la bière *fam* **Bierbrauerei** *f* brasserie *f*

Bierchen <-s, -> *nt fam* petite bière *f fam*

Bierdeckel *m* rond *m* de bière **Bierdose** *f* canette *f* **bierernst** *adj, adv fam* sérieux(-euse) comme un pape **Biergarten** *m* brasserie *f* en plein air [*o* en terrasse] **Bierglas** *nt* verre *m* à bière **Bierkeller** *m* 1. (*Wirtschaft*) caveau *m* (*brasserie installée dans une cave*) 2. (*Lager*) cave *f* à bière **Bierkrug** *m* chope *f* **Bierlaune** *f fam* ► **in einer ~, aus einer ~ heraus** sous l'effet euphorisant de la bière **Bierleiche** *f fam personne ivre morte ayant bu trop de bière* **Bierschinken** *m* saucisson *m* au jambon **Bierstängel**[RR] *m* CH *s.* **Salzstange. Bierteller** *m* CH *s.* **Bierdeckel. Bierzelt** *nt* chapiteau *m* (*grande tente où est installée une brasserie*)

Biese <-, -n> *f* (*Besatz*) liseré *m;* (*Fältchen*) nervure *f;* [*Schuh*] piqûre *f*

Biest <-[e]s, -er> *nt fam* 1. *pej* (*Insekt*) bestiole *f fam;* (*bösartiges Tier*) sale bête *f*
2. *pej* (*Frau*) teigne *f fam,* carne *f fam*
► **ein süßes ~** une fille canon *fam*

biestig I. *adj fam* hargneux(-euse); ***jetzt werde ich ~*** je vais me foutre en rogne *fam;* ***ein ~es Weibstück*** une teigne *fam*
II. *adv fam* hargneusement

Biet <-[e]s, -e> *nt* CH région *f*

bieten <bot, geboten> I. *vt* 1. (*anbieten*) ■ **jd bietet [jdm] etw [für etw]** *Geld* qn offre qc [à qn] [pour qc]; *Sonderangebot* qn fait qc [à qn] [pour qc]
2. (*geben*) ■ **jd/etw bietet [jdm] etw** *Anlass, Gewähr, Sicherheit, Schutz, Chance* qn/qc offre qc [à qn]; *Gelegenheit, Möglichkeit a.* qn/qc fournit qc [à qn]; ***etw bietet Anlass zur Sorge/Besorgnis*** qc donne matière à s'inquiéter
3. (*aufweisen*) ■ **etw bietet [jdm] etw** *Ausstattung, Einrichtung, Luxus* qc offre qc [à qn]; *Schwierigkeit, Vorteil, Vorzug a.* qc présente qc [pour qn]; ***das Hochhaus bietet fünfzig Familien Wohnung*** [*o* ***Wohnung für fünfzig Familien***] cet immeuble permet de loger cinquante familles; ***dieser Plan bietet in der Durchführung einige Probleme*** ce plan pose dans sa réalisation plusieurs problèmes
4. (*darbieten*) ■ **jd/etw bietet [jdm] etw** *Anblick, Bild, Spannung, Leistung, Schauspiel, Spiel* qn/qc offre qc [à qn]; *Nervenkitzel, Sensationen a.* qn/qc procure qc [à qn]; ■ **jd bietet etw** *Film, Theaterstück* qn donne qc
5. *pej* (*zumuten*) ■ **jd/etw bietet jdm etw** qn/qc inflige qc à qn; ***so etwas könnte mir kein Mann ~*** je ne tolérerais d'aucun homme une chose pareille
► **jd/etw hat [jdm] etwas/nichts zu ~** qn/qc a quelque chose/n'a rien à offrir [*o* proposer] [à qn]; ***zeig, was du zu ~ hast!*** montre-moi ce que tu sais faire!
II. *vi* ■ **jd bietet** 1. KARTEN qn annonce, qn fait une enchère
2. (*ein Angebot machen*) qn enchérit
III. *vr* 1. (*sich anbieten*) ■ **etw bietet sich** */Chance, Gelegenheit, Lösung, Möglichkeit/* qc se présente; ■ **etw bietet sich jdm** qc s'offre à qn
2. (*sich darbieten*) ■ **etw bietet sich jdm/einer S.** */Anblick, Schauspiel/* qc s'offre à qn/qc
3. (*zumuten*) ■ **jd lässt sich** (*dat*) **etw ~/nicht ~** qn tolère/ne tolère pas qc; ***und das willst du dir ~ lassen?*** et tu as l'intention de tolérer cela?

Bieter(in) <-s, -> *m(f)* enchérisseur(-euse) *m(f)*

Bigamie <-, -n> [-ˈmiːən] *f* bigamie *f;* ***jd lebt in ~*** qn pratique la bigamie

Bigamist(in) <-en, -en> *m(f)* bigame *mf*

bigott *adj* bigot(e); ***du ~er Heuchler!*** espèce de tartuf[f]e!

Bikini <-s, -s> *m* deux-pièces *m*

Bilanz <-, -en> *f* bilan *m*
► **jd macht ~** *fam* qn fait ses comptes; **jd stellt eine ~ auf** qn établit [*o* dresse] un bilan; **jd zieht [die] ~ [aus etw]** qn tire [*o* fait] le bilan [de qc]

Bilanzbuchhalter(in) *m(f)* [*expert-*]*comptable mf chargé(e) du bilan* **Bilanzsumme** *f* total *m* du bilan

bilateral *adj* bilatéral(e)

Bild <-[e]s, -er> *nt* 1. (*Foto*) photo *f*
2. ART tableau *m*
3. TV, CINE image *f*

4. KARTEN figure *f*
5. (*Spiegel~*) image *f*
6. (*Anblick*) spectacle *m;* (*Aussehen*) aspect *m*
7. (*Metapher*) image *f*
8. (*Vorstellung*) image *f;* ***davon habe ich noch kein genaues ~*** je n'en ai pas encore d'idée précise
9. THEAT tableau *m*
► **ein ~ für [die] Götter** *fam* un spectacle à mourir de rire; **ein ~ des Jammers** *geh* (*Gegend, Ort*) un spectacle de désolation; (*Mensch*) l'image de la douleur; **[das ist] ein schwaches ~!** *fam* [c'est] pas brillant! *fam,* [c'est] pas terrible! *fam;* **jd hält etw im ~ fest** qn fixe qc sur la pellicule; **jd ist ein ~ von einem Mann/einer Frau** qn est un homme/une femme d'une grande beauté; **jd ist [über jdn/etw] im ~e** qn est renseigné(e) [sur qn/qc]; ***jetzt bin ich im ~e*** maintenant je suis au courant; **jd macht** [*o* **knipst** *fam*] [*o* **schießt** *fam*] **ein ~ [von jdm/etw]** qn fait [*o* prend] une photo [de qn/qc]; **jd macht sich** (*dat*) **von jdm/etw ein ~** qn se fait une idée de qn/qc; **jd macht sich** (*dat*) **von etw kein ~** qn n'imagine pas qc; **jd setzt jdn [über jdn/etw] ins ~** qn renseigne qn [sur qn/qc]; ***er ließ sich über alle Vorgänge ins ~ setzen*** il se faisait mettre au courant de tous les événements

Bildarchiv *nt* archives *fpl* photographiques **Bildatlas** *m* atlas *m* illustré **Bildauflösung** *f* définition *f* [d'image] **Bildausfall** *m* coupure *f* d'image **Bildband** <-bände> *m* livre *m* illustré **Bildbearbeitung** *f* INFORM retouche *f* d'image **Bildbericht** *m* reportage *m* photographique **Bildbeschreibung** *f* description *f* de tableau **Bilddokument** *nt* document *m* illustré/photographique

bilden I. *vt* 1. (*hervorbringen*) ■ **etw bildet etw** qc produit qc, qc forme qc; ■ **etw wird gebildet** qc se forme
2. GRAM, LING, PHON ■ **jd/etw bildet etw** qn/qc forme qc; *Laut* qn/qc produit qc; ***viele Verben ~ kein Passiv*** de nombreux verbes n'ont pas de passif
3. POL ■ **jd bildet etw** *Kabinett, Regierung, Ausschuss* qn forme qc
4. FIN ■ **jd bildet etw** *Fonds, Überschuss, Vermögen* qn constitue qc
5. (*darstellen*) ■ **jd/etw bildet etw** *Mannschaft, Staat, Gemeinde, Dreieck, Kreis* qn/qc forme qc, qn/qc constitue qc; ■ **etw bildet etw** *Höhepunkt, Regel, Ausnahme, Problem, Gefahr etc* qc constitue qc
6. (*mit Bildung versehen*) ■ **jd/etw bildet jdn** qn/qc forme qn; ***jdn politisch/musisch ~*** donner une formation politique/artistique à qn; *s. a.* **gebildet**
7. (*formen*) ■ **jd bildet etw [aus etw]** qn forme [*o* modèle] qc [en qc]
II. *vr* 1. (*entstehen*) ■ **etw bildet sich** qc se forme
2. (*sich Bildung verschaffen*) ■ **jd bildet sich [aus etw]** qn se forme [*o* se cultive] [grâce à qc]
3. (*sich verschaffen*) ■ **jd bildet sich** (*dat*) **etw [über jdn/etw]** *Meinung, Überzeugung, Urteil* qn se forme [*o* fait] qc [sur qn/qc]
III. *vi* ■ **etw bildet** qc forme, qc est formateur(-trice)

Bilderbogen *m* planche *f*

Bilderbuch *nt* livre *m* d'images
► **wie im ~** de rêve; ***eine Landschaft wie im ~!*** un paysage de rêve [*o* de carte postale

Bilderbuch- de rêve; ***eine ~landung*** un atterrissage parfait

Bilderrahmen *m* cadre *m* **Bilderrätsel** *nt* rébus *m* **Bilderschrift** *f* écriture *f* idéographique, idéographie *f* **Bildersturm** *m* HIST iconoclasme *m*

Bildfernsprecher *m form* visiophone *m,* vidéophone *m vieilli* **Bildfläche** *f* écran *m* ► **jd erscheint auf der ~** *fam* qn fait son apparition; **jd verschwindet von der ~** *fam* (*verschwindet plötzlich*) qn s'éclipse; (*verschwindet aus jds Bewusstsein*) qn disparaît [de la circulation *fam*]; ***jd verschwindet von der politischen ~*** qn disparaît de la scène politique **Bildfolge** *f* cadence *f* d'images; PHOT cadence *f* de prises de vue **Bildfrequenz** *f* fréquence *f* d'images

bildhaft I. *adj* imagé(e)
II. *adv* de façon imagée; ***man kann sich die Szene ~ vorstellen*** on peut bien s'imaginer la scène

Bildhauer(in) <-s, -> *m(f)* sculpteur *m* **Bildhauerei** <-, -en> *f,* **Bildhauerkunst** *f geh* sculpture *f* **bildhübsch** *adj* ravissant(e); *Mann* très beau **Bildlaufleiste** *f* INFORM barre *f* de défilement

bildlich I. *adj* figuré(e), métaphorique; ***ein ~er Ausdruck*** une métaphore; ***im ~en Sinne*** au sens figuré
II. *adv* au [sens] figuré
► **~ gesprochen** par métaphore, au sens figuré; **jd stellt sich** (*dat*) **etw ~ vor** qn se représente qc, qn se figure qc; ***stell dir das mal ~ vor!*** représente-toi la scène!, imagine le tableau! *fam*

Bildmaterial *nt* documentation *f* iconographique; (*Fotos*) photographies *fpl;* (*Illustrationen*) illustrations *fpl*

Bildnis <-ses, -se> *nt geh* portrait *m;* (*auf Münzen*) effigie *f*

Bildplatte *f* vidéodisque *m* **Bildplattenspieler** *m* lecteur *m* de vidéodisque **Bildqualität** *f* 1. TV, CINE qualité *f* de l'image 2. PHOT qualité *f* d'image **Bildredakteur(in)** [-tøːɐ] *m(f)* reporter *m* photographe, reporteur(-trice) *m(f)* d'images **Bildröhre** *f* tube *m* cathodique **Bildschärfe** *f* netteté *f* de l'image

Bildschirm *m* écran *m;* ***jd verbringt viel Zeit vor dem ~*** (*Computer*) qn passe beaucoup de temps devant son écran d'ordinateur; (*Fernsehen*) qn passe beaucoup de temps devant la télé[vision *fam*]
► **etw flimmert über den ~** *fam* qc passe à la télé *fam*

Bildschirm- de l'écran; (*für den Bildschirm*) *-filter* pour écran; (*mittels Bildschirm*) *-dialog, -zeitung* sur écran; *~seite* page-écran *f* **Bildschirmarbeit** *f* travail *m* sur écran **Bildschirmarbeitsplatz** *m* poste *m* de travail sur écran **Bildschirmschoner** <-s, -> *m* INFORM économiseur *m* d'écran **Bildschirmtext** *m* minitel® *m,* vidéotex® *m*

bildschön *adj s.* **bildhübsch.** **Bildstelle** *f* centre *m* de documentation audiovisuelle **Bildstörung** *f* TV perturbation *f* de l'image; (*Bildausfall*) panne *f* d'image **Bildsuchlauf** *m* recherche *f* indexée **Bildtafel** *f* planche *f* **Bildtelefon** *nt* visiophone *m* **Bildtext** *m* légende *f*

Bildung <-, -en> *f* 1. (*Kenntnisse*) connaissances *fpl;* (*Vermittlung von Wissen*) formation *f;* ***man merkt ihr ihre klassische ~ an*** on voit qu'elle a une culture classique
2. *∅* (*das Hervorbringen*) formation *f;* BOT *a.* développement *m*
3. GRAM (*das Formen*) formation *f;* ***die ~ eines Adverbs zu einem Adjektiv*** la transformation d'un adverbe en adjectif; ***Schwierigkeiten mit der ~ von Sätzen*** des difficultés pour former des phrases
4. LING (*Wort*) forme *f,* formation *f*
5. *∅* POL [*Kabinett, Regierung, Ausschuss*] constitution *f,* formation *f*
6. *∅* [*Meinung, Theorie*] formation *f*
7. *∅* FIN [*Fonds, Überschuss, Überschussanteil, Vermögen*] constitution *f*
8. (*Gebilde*) formation *f*
► **höhere ~** bonne formation *f* scolaire; ***die Voraussetzung dafür ist höhere ~*** il faut avoir fait des études secondaires; **jd hat ~/keine ~** qn est cultivé(e)/n'est pas cultivé(e) [*o* est inculte]

Bildungs- SCOL, UNIV de formation; *~**defizit*** formation *f* insuffisante; *~**planer*** planificateur *m* en matière de formation **Bildungsbürger(in)** *m(f)* citoyen cultivé/citoyenne cultivée *m/f,* intellectuel(le) *m(f) péj* **Bildungschancen** [-ʃãːsn, -ʃaŋsn] *pl* chances *fpl* devant l'école **Bildungseinrichtung** *f form* établissement *m* de formation **Bildungsgang** <-gänge> *m* cursus *m* de formation **Bildungsgrad** *m* niveau *m* d'instruction **Bildungsgut** *nt* bien *m* culturel; ***ein wesentliches ~*** un élément essentiel du patrimoine culturel **Bildungslücke** *f* lacune *f* **Bildungsniveau** [-nivoː] *nt* niveau *m* de connaissances [*o* culturel] **Bildungspolitik** *f* politique *f* éducative **Bildungsreise** *f* voyage *m* éducatif [*o* culturel] **Bildungsstand** *m* niveau *m* culturel **Bildungsurlaub** *m* vacances *fpl* culturelles; IND, JUR congé-formation *m* **Bildungsweg** *m* ■ **jds ~** la formation de qn ► **auf dem zweiten ~** en cycle de formation parallèle, ≈ en cours du soir **Bildungswesen** *nt* enseignement *m*

Bildunterschrift *f* légende *f* **Bildwiederholfrequenz** *f* INFORM fréquence *f* de rafraîchissement d'image **Bildwörterbuch** *nt* dictionnaire *m* illustré **Bildzuschrift** *f* réponse *f* avec photo

Bilge <-, -n> *f* fond *m* de cale

Billard <-s, -e *o* AUS -s> ['bɪljart] *nt* billard *m*
► **jd spielt [mit jdm] ~** qn joue au billard [avec qn]

Billard- ['bɪljart-] de billard **Billardkugel** *f* boule *f* de billard **Billardstock** *m* queue *f* [de billard] **Billardtisch** *m* billard *m*

Billeteur <-s, -e> ['bɪljɛtøːɐ, -tøːzə] *m,* **-euse** *f* CH (*Schaffner*) receveur(-euse) *m(f)*

Billett <-[e]s, -e *o* -s> [bɪl'jɛt] *nt* 1. AUS (*Brief*) lettre *f*
2. CH (*Fahrkarte*) billet *m*

Billetteur(in) <-s, -e> [bɪljɛ'tøːɐ] *m(f)* AUS placeur(-euse) *m(f)*

Billiarde <-, -n> *f* mille billions *mpl*

billig *adj* 1. (*preisgünstig*) bon marché; (*niedrig*) *Preis* bas(se), réduit(e); ***Sie kriegen bei mir einen ~en Preis*** je vous fais un prix; ■ **~er** meilleur marché; ***jd kauft ~/~er ein*** qn achète [pour] pas cher *fam*/[pour] moins cher, qn achète à bon prix/à meilleur prix; ***hier kauft man sehr ~ ein*** ici, ça n'est vraiment pas cher; ***jd verkauft etw ~/~er*** qn vend qc à prix réduit/moins cher
2. *pej* (*minderwertig*) bon marché; ***es ist ~er Kram/~er Krempel/~es Zeug*** c'est de la pacotille
3. *pej Ausrede* vaseux(-euse) *fam; Trick, Masche a.* grossier(-ière); *Effekthascherei, Sensationsmache* bas de gamme, de bas étage; ***solche ~en Tricks ziehen bei mir nicht!*** des trucs aussi gros [*o* des ficelles aussi grosses], ça ne marche pas avec moi!
4. *veraltet* (*angemessen*): ***es ist nicht mehr als ~, dass*** ce n'est que justice que + *subj;* ***nach ~em Ermessen*** JUR en toute équité
► **~ abzugeben** à vendre pas cher; **jd kommt ~ davon** *fam* qn s'en sort bien *fam;* **jd macht es jdm ~er** qn fait une remise [*o* une réduction] à qn; **jd/etw ist nicht ganz ~** qn/qc n'est pas bon marché [*o* n'est pas donné(e)]

Billig- bon marché; *pej Ware, Geschäft* de dernière catégorie; *Flug a.* économique; *~**tarif*** tarif *m* réduit; (*bei Telefon, Strom a.*) tarif *m* heures creuses **Billiganbieter** *m* discounter *m*

billigen *vt* ■ **jd billigt etw** qn approuve qc; ■ **jd billigt, dass jd etw tut** qn approuve que qn fasse qc; ***ich werde nicht ~, dass er sich so verhält*** je n'accepte pas qu'il se conduise de cette façon

Billigflagge *f pej* pavillon *m* de complaisance

Billigkeit <-> *f ∅* 1. (*billiger Preis*) prix *m* bas [*o* modique]
2. *pej* [*Ausrede, Masche, Trick*] manque *m* de subtilité; ***hast du die ~ dieser Masche nicht erkannt?*** tu n'as pas vu comme la ficelle était grosse?

Billiglohnland *nt* pays *m* à faibles coûts salariaux [*o* à main d'œuvre bon marché] **Billigpreis** *m* prix *m* bas; ***ausgesprochene ~e*** des prix extrêmement bas

Billigung <-, -en> *f* ■ **die ~ einer S.** (*gen*) l'approbation *f* de qc; ■ **jds ~** l'assentiment *m* [*o* l'approbation *f*] de qn
► **etw findet jds ~** qc reçoit l'approbation [*o* l'assentiment] de qn

Billion <-, -en> *f* billion *m*

bimbam *interj* ding, ding, dong

Bimbam *m* ► **ach du heiliger ~!** *fam* bonté divine! *fam*

Bimetall *nt* bimétal® *m*

bimmeln *vi fam* ■ **jd/etw bimmelt** qn/qc carillonne *fam;* / *Telefon, Wecker*/ qc sonne

Bimsstein *m* 1. pierre *f* ponce
2. CONSTR béton *m* ponce

bin *1. pers pres von* **sein**[1]

binär *adj* binaire

Binde <-, -n> *f* 1. MED bande *f;* (*Schlinge*) écharpe *f;* (*Monats~*) serviette *f* périodique [*o* hygiénique]
2. (*Arm~*) brassard *m;* (*für Augen*) bandeau *m*
▶ **jd gießt** [*o* **kippt**] **sich** (*dat*) **einen hinter die** ~ *fam* qn s'en jette un derrière la cravate *fam*
Bindegewebe *nt* tissu *m* conjonctif
Bindegewebs- du tissu conjonctif **Bindegewebsmassage** [-masa:ʒə] *f* massage *m* fibreux
Bindeglied *nt* lien *m;* ***das fehlende*** ~ le chaînon manquant **Bindehaut** *f* conjonctive *f* **Bindehautentzündung** *f* conjonctivite *f* **Bindemittel** *nt* agglutinant *m;* GASTR épaississant *m;* CONSTR liant *m*
binden <band, gebunden> I. *vt* 1. (*zusammen~*) ■ **jd bindet etw** [**zu etw**] (*durch Bündeln*) qn lie qc [en qc]; (*durch Knoten*) qn noue qc; ***jd bindet Blumen zu einem Strauß*** qn fait un bouquet de fleurs; ***jd bindet einen Knoten*** qn fait un nœud
2. (*fesseln, befestigen*) ■ **jd bindet jdn** qn ligote qn; ***jd/ein Tier ist an den Beinen gebunden*** qn/un animal est attaché(e) par les pieds/les pattes; ■ **jd bindet jdn/ein Tier an jdn/etw** qn attache qn/un animal à qn/qc; ■ **jd bindet jdm etw an etw** (*akk*) qn lui attache qc à qc; ***dem Gefangenen wurde die rechte Hand an den Fuß des Bettes gebunden*** on attacha la main droite du prisonnier au pied du lit; ■ **jd bindet etw an etw** (*akk*) qn attache qc à qc
3. (*festlegen*) ■ **jd/etw bindet jdn** [**an jdn/etw**] qn/qc lie qn [à qn/qc], qn/qc engage qn; *Partner* qn lie qn [à qn]; ***unser Treffen ist an keinen bestimmten Ort gebunden*** notre rencontre n'est pas liée à un lieu particulier; *s. a.* **gebunden**
4. (*emotional*) ■ **etw bindet jdn an etw** (*akk*) qc attache qn à qc
5. (*festhalten*) ■ **jd/etw bindet etw** [**mit/durch etw**] qn/qc fixe qc [avec qc]; FIN *Kapital* qn immobilise qc [dans qc]; ***Wasser bindet Staub*** l'eau retient la poussière
6. (*zusammenhalten*) ■ **etw bindet etw** CHEM qc fixe qc; GASTR, CONSTR qc lie qc, qc épaissit qc
7. (*mit Einband versehen*) ■ **jd bindet etw** *Buch* qn relie qc
II. *vi* (*verbindend sein*) ■ **etw bindet** qc lie
III. *vr* (*sich verpflichten*) ■ **jd bindet sich** [**an jdn**] *an Liebespartner* qn se lie [avec qn]; ■ **jd bindet sich** [**an jdn/etw**] *an Firma, Geschäftspartner* qn s'engage [envers qn/qc]
bindend *adj* (*verpflichtend*) ferme; ***eine ~e Vereinbarung/Abmachung*** un arrangement/un accord à caractère obligatoire; ***eine für beide Seiten ~e Abmachung*** un accord qui engage les deux parties; ■ **etw ist** ~ [**für jdn**] qc engage [qn]; ***etw ist noch nicht*** ~ qc est encore sans engagement
Binder <-s, -> *m* 1. (*Krawatte*) cravate *f*
2. (*Bindemittel*) émulsifiant *m*
Bindestrich *m* trait *m* d'union **Bindewort** <-wörter> *nt* conjonction *f*
Bindfaden *m* ficelle *f*
▶ **es regnet** ~ *fam* il pleut des cordes *fam*
Bindung <-, -en> *f* 1. (*Verbundenheit*) ■ **jds** ~ **an jdn/etw** l'attachement *m* de qn pour qn/à qc
2. (*Verpflichtung*) engagement *m*, obligation *f;* (*im Privatleben*) liaison *f;* ***ich möchte keine ~ eingehen*** je ne veux pas me lier; ■ **jds** ~ **an jdn** l'engagement de qn envers qn
3. SKI fixation *f*
4. TEXTIL armure *f*, croisement *m*
5. CHEM liaison *f;* PHYS combinaison *f*
▶ **jd geht** [**mit jdm**] **eine** [**neue**] ~ **ein** qn a une [nouvelle] liaison [avec qn]
binnen *präp + dat o gen form* dans un délai de; ~ ***dieser Frist*** dans les délais fixés; ~ ***kurzem*** sous peu; ~ ***welcher Zeit?*** dans un délai de combien de temps?
Binnen- intérieur(e), interne; (*auf einen Staat bezogen*) *-wahlkampf* national(e) **Binnendeich** *m* digue *f* fluviale **binnendeutsch** *adj Ausdruck, Wort* allemand(e) (*parlé en Allemagne*); *Sprache, Dialekt* régional(e) (*en Allemagne*) **Binnengewässer** *nt* eaux *fpl* intérieures [*o* continentales] **Binnenhafen** *m* port *m* fluvial [*o* intérieur] **Binnenhandel** *m* commerce *m* intérieur **Binnenmarkt** *m* marché *m* intérieur ▶ **europäischer** ~ marché *m* unique **Binnenmeer** *nt* mer *f* intérieure **Binnenschiffahrt** *s.* **Binnenschifffahrt. Binnenschiffer(in)** *m(f)* marinier(-ère) *m(f)*, batelier(-ère) *m(f)* **Binnenschifffahrt**[RR] *f* navigation *f* fluviale **Binnensee** *m* lac *m* intérieur **Binnenverkehr** *m* TRANSP circulation *f* intérieure; COM trafic *m* interne
binomisch *adj* binomial(e)
Binse <-, -n> *f* jonc *m*
▶ **etw geht in die** ~**n** *fam* qc foire *fam*
Binsenwahrheit *f*, **Binsenweisheit** *f* vérité *f* de La Palice, lapalissade *f;* ■ ~**en** (*banale Äußerungen*) banalités *fpl*, lapalissades *fpl*
Bio <-> *nt* ∅ SCOL *sl* sci[ences] *fpl* nat *arg*
Bio- (*biologisch, gesund*) biologique; (*Naturstoffe betreffend*) *-bluse, -hemd* en matière naturelle; *-müll* biodégradable; ***b~ethisch*** bioéthique; ***~sprit*** biocarburant *m* **bioaktiv** *adj* à activateur biologique **Biochemie** [-çe-] *f* biochimie *f* **biodynamisch** *adj* biologique **Biogas** *nt* biogaz *m* **Biogenese** <-, -n> *f* biogenèse *f* **biogenetisch** *adj* biogénétique
Biograf(in)[RR] <-en, -en> *m(f)* biographe *mf*
Biografie[RR] <-, -n> [-'fi:ən] *f* 1. (*Buch*) biographie *f*
2. (*Lebenslauf*) curriculum *m* [vitae]
biografisch[RR] *adj* biographique
Biograph(in) *s.* **Biograf(in)**
Biographie *s.* **Biografie**
biographisch *s.* **biografisch**
Biologe <-n, -n> *m*, **-login** *f* biologiste *mf*
Biologie <-> *f* ∅ (*Wissenschaft*) biologie *f;* (*Schulfach a.*) sciences *fpl* naturelles
biologisch I. *adj* BIO, MIL biologique; (*natürlich*) biologique
II. *adv* biologiquement; ~ ***abbaubar*** biodégradable; ***hier wird nur ~ gedüngt*** ici, on n'utilise que des engrais biologiques; ***jd baut ~ an*** qn pratique l'agriculture biologique
Biomasse *f* biomasse *f* **Biophysik** *f* biophysique *f*
Biopsie <-, -n> [-'psi:ən] *f* biopsie *f;* ***jd macht bei jdm eine*** ~ qn fait une biopsie à qn
Biorhythmus ['bi:orytmus] *m* biorythme *m* **Biosphäre** *f* biosphère *f* **Biotechnik** *f*, **Biotechnologie** *f* biotechnologie *f*, biotechnique *f*
Biotop <-s, -e> *nt* biotope *m*
Biowissenschaften *pl* sciences *fpl* biologiques
BIP <-> [be:ʔi:'pe:] *nt abk von* **Bruttoinlandsprodukt** ECON PIB *m*
Birchermüesli *nt* CH, **Birchermüsli** *nt* mu[e]sli *m*
birgt *3. pers pres von* **bergen**
Birke <-, -n> *f* bouleau *m*
Birken- de bouleau; *-möbel, -kiste* en [*o* de] bouleau; *-wasser* à l'essence de bouleau **Birkenwald** *m* boulaie *f*
Birkhahn *m* tétras-lyre *m*, coq *m* des bouleaux [*o* de bruyère] **Birkhuhn** *nt* tétras-lyre *m*
Birnbaum *m* poirier *m*
Birne <-, -n> *f* 1. (*Frucht*) poire *f;* (*Baum*) poirier *m*
2. ELEC ampoule *f*
3. *fam* (*Kopf*) caboche *f fam*
▶ **jd hat eine weiche** ~ *sl* qn a le cerveau ramolli *fam*
birnenförmig *adj* en forme de poire
birst *3. pers pres von* **bersten**
bis I. *adv/präp + akk* 1. (*zeitlich*) jusqu'à/jusque; ***ich bin ~ gegen 8 Uhr noch da*** je serai encore là jusque vers 8 heures [*o* jusqu'à 8 heures environ]; (*nicht später als*) d'ici; ~ [***spätestens***] ***Dienstag haben Sie Ihr Geld*** vous aurez votre argent d'ici mardi [au plus tard]; ~ ***zum Herbst/zu Weihnachten sollte es fertig sein*** ça devrait être fini d'ici l'automne/d'ici Noël; ***warte ~ nächste Woche*** attends jusqu'à la semaine prochaine; ~ ***eben*** [*o* ***gerade***] ***habe ich davon nichts gewusst*** j'ignorais encore tout il y a un instant; ***ich bin ~ heute Abend wieder zurück*** je serai rentré d'ici ce soir; ■ **von ... ~ ...** de ... à ...; ***vom 3. ~ zum 26.*** du 3 au 26
2. (*räumlich*) jusque/jusqu'à; ~ ***Frankfurt*** jusqu'à [*o* jusque] Francfort; ~ ***zu*** jusqu'à; ~ ***dahin/nach Hause*** jusque là/jusqu'à la maison; ~ ***vor die Haustür*** jusque devant la porte; ~ ***an die Spitze des Hauptfeldes/auf den Gipfel*** jusqu'en tête du peloton/jusqu'au sommet; ***er hat sie ~ nach Hause/zum Arzt begleitet*** il l'a accompagnée jusque chez elle/chez le médecin; ~ ***Seite 35*** jusqu'à la page 35; ■ **von ... ~ ...** de ... en ...; ***von oben ~ unten*** de haut en bas
3. (*bei Alters-, Maß-, Mengen-, Temperaturangaben*) jusque, jusqu'à; ~ ***zum 17. Lebensjahr*** jusqu'à l'âge de 17 ans; ~ ***zu 8 Jahren alte Kinder*** les enfants jusqu'à 8 ans
4. (*mit Ausnahme von*) ■ ~ **auf jdn/etw**, ■ ~ **an jdn/etw** CH sauf qn/qc, excepté qn/qc; ~ ***auf einen*** à l'exception d'un seul
▶ ~ **anhin** CH (*bis jetzt*) jusqu'à présent, jusqu'ici; ~ **bald!** à bientôt!; ~ **dahin** [*o* **dann**] (*zeitlich*) d'ici là; ~ **dann!** à la prochaine!; ~ **dort/dorthin/dahin** (*räumlich*) jusque-là; ~ **einschließlich** jusqu'à ...[inclus]; ~ **gleich!** à tout de suite!; ~ **hierher** jusqu'ici; ~ **jetzt** jusqu'à maintenant, jusqu'à présent; ~ ***jetzt noch nicht*** pas encore; ~ **ins Letzte/Kleinste** jusqu'au moindre détail; ~ **und mit** CH (*bis einschließlich*) jusqu'à ... inclus; ~ **später!** à tout à l'heure!; ~ **wann?** (*Zeitdauer bis zu einem bestimmten Punkt*) jusqu'à quand?; (*Endpunkt einer Entwicklung*) d'ici combien de temps?; ~ ***wann habt ihr noch Ferien/dauerte der 30-jährige Krieg?*** jusqu'à [*o* jusque] quand êtes-vous encore en vacances/a duré la guerre de Trente Ans?; ~ ***wann erscheint das Buch/ist mein Auto fertig?*** le livre paraîtra/ma voiture sera prête d'ici combien de temps?; ~ **auf weiteres** jusqu'à nouvel ordre; ~ **wo/wohin ...?** (*räumlich*) jusqu'où ...?
II. *conj* 1. (*beiordnend*) entre ... et ...; ***die Arbeit wurde mit 2 ~ 3 zensiert*** le travail a été noté entre 2 et 3; ***das Wetter morgen: bewölkt ~ bedeckt*** le temps de demain: de nuageux à couvert
2. (*zeitlich*) (*vor einem Zeitpunkt*) avant que + *subj;* (*vor bis einschließlich einem bestimmten Zeitpunkt*) jusqu'à ce que + *subj;* ***ich muss hier bleiben, ~ er angerufen hat*** je dois rester ici jusqu'à ce qu'il ait téléphoné; ***warte hier, ~ ich komme/fertig bin*** attends que je vienne/j'aie fini; ***du gehst hier nicht weg, ~ das gemacht ist*** tu ne pars pas avant que ce soit fait [*o* tant que ce n'est pas fait]
Bisam <-s, -e *o* -s> *m* 1. COUT rat *m* musqué
2. ∅ (*Moschus*) musc *m*
Bisamratte *f* rat *m* musqué
Bischof <-s, ¨-e> *m*, **Bischöfin** *f* évêque *m*
bischöflich *adj* épiscopal(e)
Bischofs- épiscopal(e); *-konferenz, -kollegium, -synode a.* diocésain(e); *~hut* mitre *f* **Bischofsamt** *nt* épiscopat *m*, dignité *f* épiscopale **Bischofsmütze** *f* mitre *f* **Bischofssitz** *m* évêché *m* **Bischofsstab** *m* crosse *f*
bisexuell [bizɛ'ksuɛl, 'bi:zɛksuɛl] *adj* bisexuel(le); ■ **B~e(r)** bisexuel(le)
bisher *adv* (*bis jetzt*) jusqu'ici, jusqu'à présent; (*momentan*) actuellement, en ce moment; ~ ***noch nicht*** pas encore; ***dabei blieb es ~ aber auch*** c'en est resté là
bisherig *adj attr* jusqu'ici; *Amtsträger* (*momentan*) actuel(le); (*bei beendetem Zustand, früher*) précédent(e); ***nach den ~en Erkenntnissen der Polizei*** selon les premières constatations de la police
Biskaya <-> *f* METEO golfe *m* de Gascogne
Biskotte <-, -n> *f* AUS (*Löffelbiskuit*) biscuit *m* à cuiller
Biskuit <-[e]s, -s *o* -e> [bɪs'kvi:t, bɪs'kui:t] *nt o m* génoise *f*
Biskuitgebäck [bɪs'kvi:t-, bɪs'kui:t-] *nt* biscuit *m* de Savoie **Biskuit-**

rolle *f* gâteau *m* [*o* biscuit *m*] roulé **Biskuitteig** *m* pâte *f* à génoise
bislang *adv s.* **bisher**
Bismarckhering *m* hareng *m* mariné
Bison <-s, -s> *m* bison *m*
bissRR, **biß** *imp von* **beißen**
BissRR <-es, -e>, **Biß** <-sses, -sse> *m* **1.** (*mit Zähnen*) coup *m* de dent; *~ um ~* bouchée après bouchée; ***er tat einen mächtigen ~*** il ne fit qu'une bouchée
2. (*Bisswunde*) morsure *f*; ***ein ~ in die Wade*** une morsure au mollet
3. *sl* (*engagierter Einsatz*) punch *m*; (*intellektuell*) mordant *m*
▶ **jd hat ~** *sl* qn a la pêche [*o* la frite] *fam*
bisschenRR, **bißchen** I. *adj inv, + subst* ■ **ein ~ …** un peu de …; ■ **kein ~ … ne …** pas du tout de …; ■ **das ~ …** le peu de …; ***mit dem ~ Gehalt*** avec ce salaire de rien du tout
II. *adv* ■ **ein ~ …** un peu …; ***ein ~ [zu] wenig*** ne … pas assez; ***das Honorar ist ein ~ zu wenig*** les honoraires sont un peu trop bas; ***ein ~ sehr …*** un peu trop …; ■ **kein ~ …** *besser, mehr, etc* ne … pas …; ***kein ~ besser*** ne … pas mieux; ***kein ~ teurer*** ne … pas du tout plus cher(chère)
III. *nt inv* (*kleine Menge*) ■ **ein ~** un peu; ***so ein ~*** aussi peu; ■ **das ~** le peu qu'il y a/avait; (*Zeit*) le peu de temps qu'il y a/avait; ***und für das ~ wollen die hundert Mark?*** et pour si peu, ils demandent cent marks?; ■ **das ~, das [*o* was]** le peu qui/que
▶ **ein klein ~** *fam* un petit peu
Bissen <-s, -> *m* (*Happen*) morceau *m*; (*Mundvoll*) bouchée *f*; ***ein leckerer ~*** un morceau de choix; ***jd/ein Tier will keinen ~ anrühren*** qn/un animal ne veut rien avaler; ***sie hat heute noch keinen ~ gegessen*** elle n'a encore rien avalé de la journée; ***jd isst einen ~*** qn mange un morceau
▶ **jd spart sich** (*dat*) **jeden ~ vom Munde ab** qn s'enlève les morceaux de la bouche, qn se prive de tout
bissig *adj* **1.** *Hund* qui mord; ■ **ein Tier ist ~** un animal mord; ***der Hund ist nicht ~*** le chien n'est pas méchant [*o* hargneux]; [***Vorsicht,***] ***~er Hund!*** [attention,] chien méchant!
2. (*sarkastisch*) caustique, virulent(e); *Ton a., Antwort, Äußerung* mordant(e); ***jd reagiert/antwortet ~*** qn réagit avec virulence/répond d'une manière mordante
Bissigkeit <-, -en> *f* **1.** [*Hund*] méchanceté *f*, hargne *f*
2. (*Sarkasmus*) virulence *f*, causticité *f*; (*bissige Bemerkung*) sarcasme *m*
BisswundeRR *f* morsure *f*
bist *2. pers pres von* **sein**[1]
Bistum <-s, -tümer> *nt* diocèse *m*, évêché *m*
bisweilen *adv geh* de temps à autre *soutenu*, parfois
Bit <-[s], -[s]> *nt abk von* **BInary digiT** INFORM bit *m*
Bittbrief *m* requête *f*
bitte *interj* **1.** (*bittend*) s'il te/vous plaît, je te/vous prie *soutenu*; ***hätten Sie ~ mal einen Moment Zeit für mich?*** pourriez-vous m'accorder un instant s'il vous plaît [*o* je vous prie]?; ~, ***womit kann ich dienen?*** je peux vous aider?; ~, ***Sie wünschen?*** vous désirez?
2. (*auffordernd*) s'il te/vous plaît; ***Herr Ober, ~ zahlen/zahlen ~!*** garçon, l'addition s'il vous plaît!; ***hier entlang ~! – B~ nach Ihnen!*** par ici, je vous prie! – Mais je vous en prie, après vous!; ***darf ich Ihnen in den Mantel helfen? – [Ja,] ~!*** puis-je vous aider à mettre votre manteau? – Oui, c'est gentil [à vous]!; ***hier ~!*** voilà!
3. (*erwidernd*) je t'en/vous en prie; ~[***, gern geschehen***]! il n'y a pas de quoi!, de rien!; ***aber ~, das wäre doch nicht nötig gewesen!*** mais je vous en prie, il ne fallait pas!; ***Entschuldigung[, dass ich Sie angerempelt habe]! – B~!*** oh, excusez-moi [de vous avoir bousculé]! – Je vous en prie, il n'y a pas de mal!; ***ich habe deine Vase kaputtgemacht! – B~, das ist nicht so schlimm!*** j'ai cassé ton vase! – Ce n'est pas grave!
4. (*nachfragend*) comment, pardon; ***wie ~? Ich hatte dich akustisch nicht verstanden!*** qu'est-ce que tu dis? Je n'ai pas bien entendu!
5. (*sarkastisch: nun gut*) je t'en/vous en prie!, c'est comme tu voudras/vous voudrez!
▶ **~ schön** (*hier bitte*) voilà!; (*vor danke schön*) tiens/tenez[, voilà]; (*nach danke schön*) je t'en/vous en prie; ***~ schön [, jetzt haben wir den Salat]!*** (*sarkastisch*) et voilà [le travail]!; **~ schön[, was darf es sein]?** COM vous désirez?; ***~ schön, was darf es sein?*** (*im Lokal*) qu'est-ce que vous prenez?; **jd macht ~ ~** *fam* qn le demande gentiment; **ein Hund macht ~ ~** un chien fait le beau; **na ~!** (*na also!*) ah, tu vois/vous voyez [bien]!; **~ nicht!** j'aime mieux pas! *fam*; (*entsetzt*) surtout pas!
Bitte <-, -n> *f* demande *f*, prière *f*; ***kannst du mir diese ~ abschlagen?*** pourrais-tu me refuser cela?; ***jd erfüllt ihr eine ~*** qn lui accorde ce qu'elle [lui] demande
▶ **jd hat eine ~ [an jdn]** qn voudrait demander une faveur [à qn]; **jd richtet eine ~ an jdn/jd wendet sich mit einer ~ an jdn** *geh* qn adresse une demande à qn *form*; **auf jds […] ~** (*akk*) [**hin**] sur [*o* à] la demande […] de qn
bitten <bat, gebeten> I. *vt* **1.** (*Wunsch äußern*) ■ **jd bittet jdn [um etw]** (*inständig*) qn supplie qn [de faire qc]; ***ich bitte dich um alles in der Welt, tue es nicht!*** je t'en supplie/conjure, ne fais pas ça!; ■ **jd bittet jdn um etw** qn demande qc à qn; ***darf/dürfte ich wohl um das Brot ~?*** pourriez-vous me passer le pain, s'il vous plaît?; ***dürfte ich um meinen Mantel ~?*** voudriez-vous me donner mon manteau, je vous prie?; ***darf ich Sie für einen Moment um Gehör ~?*** puis-je vous demander un peu d'attention?; ■ **jd bittet jdn [darum], etw zu tun [*o* dass er etw tut]** qn prie qn de faire qc; ■ **es wird gebeten, …** *form* (*auf einem Hinweisschild*) prière de …; (*als Hinweis*) on est prié de …
2. (*einladen*) ■ **jd bittet jdn in/auf etw** (*akk*) **zu etw** qn invite qn à qc/à faire qc; ***jd bittet jdn auf ein Glas [ins Lokal/zu sich]*** qn invite qn à prendre un verre [au bistro[t]/chez lui]; ***jd bittet jdn auf die Terrasse/in den Garten*** qn invite qn à passer sur la terrasse/dans le jardin
3. (*bestellen*) ■ **jd bittet jdn irgendwohin** qn demande à qn de venir quelque part
▶ **jd lässt sich nicht [lange] ~** qn ne se fait pas prier [longtemps]; **jd lässt sich gerne ~** qn aime [bien] se faire prier; **[aber] ich bitte dich/Sie!** mais [enfin,] voyons!; (*schockiert a.*) je t'en/vous en prie!
II. *vi* **1.** (*dringend wünschen*) ■ **jd bittet** qn supplie; ■ **jd bittet [bei jdm] um etw** qn implore qc [auprès de qn]; ***jd bittet [bei jdm] um jds Leben*** qn implore la grâce de qn [auprès de qn]
2. (*hereinbitten*) ■ **jd lässt ~** qn prie qn d'entrer; ***der Herr Direktor lässt ~!*** M. le Directeur vous prie d'entrer!; ***ich lasse ~!*** faites entrer!
▶ **jd bittet und bettelt** *fam* qn supplie sur tous les tons; **darf ich [um den nächsten Tanz] ~?** puis-je me permettre?, voulez-vous m'accorder la prochaine danse?; **wenn ich ~ darf!** (*auffordernd*) si possible!; (*befehlend*) je vous prie; **ich muss doch [sehr] ~!** un peu de tenue, s'il te/vous plaît/je te/vous prie!; **ich bitte [sogar] darum** *geh* je vous en prie *soutenu*; **darum möchte ich doch sehr gebeten haben!** *geh* je vous en serais très reconnaissant(e) *soutenu*
Bitten <-s> *nt ∅* supplications *fpl*, prières *fpl*
▶ **jds ~ und Betteln** les prières et les supplications de qn; **jd verlegt sich aufs ~** qn passe aux supplications; **auf jds ~** (*akk*) **hin, auf ~ von jdm** sur la demande [*o* les prières] de qn
bittend I. *adj* suppliant(e)
II. *adv* en suppliant; ***jd richtet seine Augen [o seinen Blick] ~ auf jdn*** qn adresse un regard suppliant à qn
bitter I. *adj* **1.** *Frucht, Speise, Medizin, Geschmack, Nachgeschmack* amer(-ère); ***~e Schokolade*** chocolat noir
2. (*schmerzlich*) *Enttäuschung, Erfahrung, Lehre, Reue* amer(-ère); *Verlust* douloureux(-euse); (*beißend*) *Hohn, Ironie, Sarkasmus, Spott* amer(-ère); ***jd weint ~e Tränen*** qn verse des larmes amères
3. (*verbittert*) *Klage, Lachen, Worte* amer(-ère); ***jd hat einen ~en Zug um den Mund*** qn a la lippe amère
4. *Leid, Not, Notwendigkeit, Unrecht, Schicksal* cruel(le); *Kälte, Frost* rigoureux(-euse); ***jd erfährt ~es Leid*** qn souffre cruellement
II. *adv* **1.** ***etw schmeckt ~*** qc a un goût amer
2. (*sehr*) *bezahlen* cher, chèrement; *bereuen* amèrement; ***jd muss etw ~ büßen*** qn paie cher qc; ***jd vermisst etw ~/muss etw ~ entbehren*** qc manque vivement à qn; ***etw rächt sich ~*** qc se paie cher
Bitter <-s, -> *m* amer *m*, bitter *m*
bitterböse I. *adj Mensch* très fâché(e); *Kommentar, Wort, Brief* très méchant(e); *Blick* mauvais(e); ■ **jd wird ~** qn se met en colère
II. *adv formulieren, antworten, sich ausdrücken, schreiben* sur un ton méchant; ***jd sieht jdn ~ an*** qn regarde qn d'un œil mauvais; ***was guckst du denn so ~?*** que signifie ce regard mauvais?
bitterernst *adj Mensch* très sérieux(-euse); *Situation a.* très grave; ***eine ~e Miene*** une tête d'enterrement; ■ **jdm ist es [mit etw] ~** qn est très sérieux(-euse) [en ce qui concerne qc] ▶ **jd meint etw ~** qn est tout ce qu'il y a de plus sérieux(-euse); **jd nimmt etw ~** qn prend qc très au sérieux
bitterkalt *adj* glacial(e); ***es ist ~*** il fait un froid glacial
Bitterkeit <-> *f ∅* **1.** (*Verbitterung*) amertume *f*, aigreur *f*
2. (*bitterer Geschmack*) amertume *f*
bitterlich I. *adj* amer(-ère)
II. *adv schluchzen, weinen* amèrement; ***die Armen mussten ~ frieren*** les pauvres devaient souffrir cruellement du froid
Bittermandel *f* amande *f* amère
Bitternis <-, -se> *f liter* amertume *f*
Bittgang <-gänge> *m geh* démarche *f* ▶ **jd macht einen ~ zu jdm** qn présente une requête à qn **Bittgottesdienst** *m* messe *f* d'action de grâce[s] **Bittsteller(in)** <-s, -> *m(f)* quémandeur(-euse) *m(f) littér*
Bitumen <-s, - *o* Bitumina> *nt* bitume *m*
bivalent [-va-] *adj* bivalent(e)
Biwak <-s, -s *o* -e> *nt* bivouac *m*
biwakieren * *vi* ■ **jd biwakiert** qn bivouaque
bizarr I. *adj* (*absonderlich*) bizarre; (*wunderlich a.*) fantasque
II. *adv geformt, gestaltet* bizarrement
Bizeps <-es, -e> *m* biceps *m*
BKA <-> [beːkaːˈʔaː] *nt ∅ abk von* **Bundeskriminalamt** ≈ P.J. *f fam*
Blabla <-s> *nt ∅ pej fam* [bla]blabla *m fam*
bla bla [bla] *interj pej fam* bla bla bla *fam*
Blache <-, -n> *f* AUS, CH bâche *f*
Blackout, Black-outRR <-s, -s> [ˈblækʔaut, ˈblækˈʔaut, blækˈʔaut] *m*
1. (*Gedächtnislücke*) trou *m* de mémoire, absence *f*
2. (*Bewusstseinstrübung*) perte *f* de conscience momentanée; (*in Prüfungssituationen*) trou *m* [noir]; ***jd hat etw im völligen ~ getan*** qn a fait qc dans un état d'amnésie totale
3. (*Stromausfall*) panne *f* de courant générale
blad *adj* AUS *pej sl* (*dick*) obèse
blaffen *vi* **1.** (*kläffen*) ■ **ein Hund blafft** un chien jappe
2. *pej* (*schimpfen*) ■ **jd blafft** qn aboie
Blag <-s, -en> *nt* DIAL *pej*, **Blage** <-, -n> *f* DIAL *pej* garnement *m*
blähen I. *vt* **1.** (*prall machen*) ■ **etw bläht etw** qc gonfle qc, qc fait gonfler qc
2. PHYSIOL ■ **etw bläht etw** qc ballonne qc; ■ **gebläht** ballonné(e)
3. ■ **jd/ein Tier bläht etw** *Nasenflügel, Nüstern* qn/un animal gonfle qc
II. *vr* ■ **etw bläht sich** qc se gonfle
III. *vi* (*blähend wirken*) ■ **etw bläht** qc ballonne, qc provoque des ballonnements
blähend I. *adj* flatulent(e); *Speise a.* qui provoque des ballonnements
II. *adv:* ***etw wirkt ~*** qc provoque des ballonnements
Blähung <-, -en> *f meist pl* ballonnement *m*

blamabel *adj geh* honteux(-euse); *Lage, Situation* humiliant(e); *Niederlage* infamant(e), humiliant(e)

Blamage <-, -n> [bla'maːʒə] *f geh* honte *f; **es ist einfach/ wirklich eine** ~* c'est une honte; ***diese Niederlage ist eine große*** ~ cette défaite est une véritable humiliation

blamieren * I. *vt* ■ **jd blamiert jdn** qn ridiculise qn qn couvre qn de ridicule
II. *vr* ■ **jd blamiert sich [durch etw]** qn se couvre de ridicule [par qc]

blanchieren * [blɑ̃'ʃiːrən] *vt* ■ **jd blanchiert etw** qn blanchit qc

blank I. *adj* 1. (*sauber*) impeccable; (*glänzend*) brillant(e), étincelant(e); (*abgescheuert*) lustré(e); ***etw ist nicht ~ genug*** qc n'est pas assez propre; ■ **etw ist** ~ (*glänzend*) qc reluit, qc brille, qc est étincelant(e) [de propreté]
2. (*rein*) pur(e); (*total*) *Chaos, Panik, Wahnsinn* à l'état pur; ***~er Hass in den Augen*** de la haine à l'état pur dans le regard
3. *veraltend* (*gezogen*) *Degen, Säbel, Schwert* dégainé(e); ***sie kämpfen mit ~en Waffen*** ils/elles se battent à l'arme blanche
4. (*bloß*) nu(e); ***auf dem ~en Boden*** à même le sol
5. *poet* (*strahlend*) *Lichtstrahl* resplendissant(e); *Tag a.* radieux(-euse); *Augen* brillant(e)
6. *pred fam* (*ohne Geld*) ■ **jd ist** ~ qn est à sec [*o* fauché(e)] *fam*
II. *adv:* ***jd poliert/ reibt/ scheuert etw ~*** qn fait briller [à fond] qc; ***~ gewetzt*** lustré(e); ***~ poliert*** étincelant(e), [bien] astiqué(e); *Schuh, Stiefel, Möbel a.* reluisant(e), briqué(e)

Blank <-s, -s> [blæŋk] *m* TYP, INFORM blanc *m*

blankgewetzt *s.* **blank II.**

blanko *adj pred* 1. (*unbedruckt*) *Papier* non ligné(e)
2. *Scheck, Vollmacht etc* en blanc

Blanko- en blanc **Blankoscheck** *m* chèque *m* en blanc **Blankovollmacht** *f* procuration *f* en blanc, blanc-seing *m; **jd gibt** [o **erteilt**] **jdm** ~* qn donne les pleins pouvoirs à qn

blankpoliert *s.* **blank II.**

Blankvers *m* vers *m* blanc

Bläschen <-s, -> ['blɛːsçən] *nt* MED vésicule *f*, bouton *m;* (*im Mund*) aphte *m; **jd bekommt von der Hitze*** ~ qn attrape des boutons de chaleur

Blase <-, -n> *f* 1. ANAT vessie *f*
2. MED ampoule *f;* (*Brand~*) cloque *f*
3. (*Hohlraum*) bulle *f*
4. (*Sprech~*) bulle *f*
5. *fam* (*Clique*) bande *f fam*
▸ **jd hat eine schwache** ~ qn a toujours envie de faire pipi; **jd erkältet** [*o* **unterkühlt**] **sich** (*dat*) **die** ~ qn attrape froid au ventre; **jd läuft sich** (*dat*) **~n** qn attrape des ampoules; **etw wirft** [*o* **zieht**] **~n** qc fait des bulles

Blasebalg <-[e]s, -bälge> *m* soufflet *m*

blasen <bläst, blies, geblasen> I. *vi* 1. (*Luft ausstoßen*) ■ **jd/etw bläst** qn/qc souffle; ■ **jd bläst auf etw** (*akk*) qn souffle sur qc
2. (*Töne erzeugen*) ■ **jd bläst auf etw** (*dat*) *auf Grashalm, Kamm etc* qn fait de la musique en soufflant sur qc
3. MUS ■ **jd bläst [in etw** (*akk*)**]** qn souffle [dans qc]; ***jd bläst ins Horn*** qn sonne du cor; ***jd bläst in eine Trompete/ Flöte*** qn joue de la trompette/ flûte; ***sie bläst einfach himmlisch*** elle joue divinement bien
II. *vi impers fam* ■ **es bläst** ça souffle *fam*
III. *vt* 1. (*weg~*) ■ **jd bläst etw irgendwohin** *Atem, Seifenblase* qn souffle qc quelque part; ***er blies ihr seinen Atem ins Gesicht*** il lui souffla [*o* exhala] son haleine en plein visage; ■ **jd bläst etw von etw** *Fussel, Krümel* qn souffle sur qc pour le/la faire partir de qc
2. MUS ■ **jd bläst etw** *Melodie* qn joue qc; *Blasinstrument* qn joue de qc
3. *sl* (*fellieren*) ■ **jd bläst jdn,** ■ **jd bläst jdm einen** qn fait une pipe à qn *vulg*, qn suce qn *vulg*

Blasen- de la vessie; *-probleme* de vessie **Blasenentzündung** *f* cystite *f; **jd bekommt** [o **kriegt**] **eine** ~* qn attrape une cystite **Blasenleiden** *nt* infection *f* urinaire, affection *f* vésicale **Blasenstein** *m* calcul *m* vésical **Blasentee** *m* tisane *f* [*o* infusion *f*] diurétique

Bläser(in) <-s, -> *m(f)* joueur(-euse) *m(f)* d'instrument à vent; ■ **die** ~ les vents *mpl;* (*Blechblasinstrumente*) les cuivres *mpl*

Bläserquartett *nt* quatuor *m* à vent

blasiert I. *adj pej geh* snob; *Ton* hautain(e); *Lächeln* blasé(e)
II. *adv sich benehmen* de manière snob; *sprechen* sur un ton hautain; ***jd lächelt*** ~ qn fait un sourire blasé

Blasiertheit <-, -en> *f pej geh* snobisme *m*, comportement *m* blasé; (*Äußerung*) réflexion *f* condescendante

blasig *adj Flüssigkeit, Masse, Teig* qui fait des bulles, bulleux(-euse); MED *Haut* boursouflé(e), cloqué(e); *Füße* plein(e) d'ampoules

Blasinstrument *nt* instrument *m* à vent **Blaskapelle** *f* harmonie *f*, fanfare *f* **Blasmusik** *f* musique *f* de fanfare

Blasphemie <-, -n> [-'miːən] *f geh* blasphème *m*

blasphemisch *adj geh* blasphématoire

Blasrohr *nt* sarbacane *f*

blass[RR], **blaß** *adj* 1. (*bleich*) pâle; ■ **jd wird [vor etw** (*dat*)**]** ~ qn pâlit [de qc]; ***du wirst ganz ~, was ist los?*** tu es tout(e) pâle, qu'est-ce que tu as?
2. (*hell*) *Farbe, Farbton, Schrift etc* pâle
3. *geh Licht, Mond* pâle, blafard(e) *littér*
4. (*schwach*) *Ahnung, Erinnerung, Vorstellung* vague; ***eine ~e Hoffnung*** un mince espoir
5. (*farblos*) *Ausdruck, Sprache, Schilderung* terne, fade

Blässe <-, -n> *f* 1. (*blasse Beschaffenheit*) pâleur *f*
2. LITER (*Farblosigkeit*) fadeur *f*, manque *m* de relief

Blässhuhn[RR], **Bläßhuhn** *nt* foulque *f* macroule

blässlich[RR], **bläßlich** *adj* pâlot(te)

bläst *3. pers pres von* **blasen**

Blatt <-[e]s, Blätter> *nt* 1. BOT feuille *f*
2. (*einzelne Papierseite*) feuille *f*
3. (*Seite*) page *f;* ART feuillet *m*
4. (*Zeitung*) journal *m*
5. [*Messer*] lame *f;* [*Ruder, Propeller*] pale *f*
6. KARTEN jeu *m*, main *f*
7. JAGD, GASTR (*Schulter*) épaule *f*
▸ **jd nimmt kein ~ vor den Mund** qn ne mâche pas ses mots; **das steht auf einem anderen** ~ c'est une autre affaire; **lose** [*o* **fliegende**] **Blätter** des feuilles volantes; **jd ist [noch] ein unbeschriebenes** ~ qn est [encore] novice [*o* inexpérimenté(e)]; ***jd ist kein unbeschriebenes*** ~ qn n'est pas tombé(e) de la dernière pluie; **das ~ hat sich gewendet** le vent a tourné; **jd singt/ spielt vom** ~ qn chante/joue en suivant sur la partition

Blättchen <-s, -> *nt dim von* **Blatt** 1. BOT foliole *f*
2. (*Papier*) petite feuille *f*

blätt[e]rig *adj Anstrich, Farbe etc* écaillé(e); *Gestein* feuilleté(e); ■ **etw wird** ~ / *Anstrich, Farbe etc/* qc s'écaille

Blättermagen *m* feuillet *m*

blättern I. *vi* 1. ■ **jd blättert [in etw** (*dat*)**]** qn feuillette qc; (*suchend*) qn cherche dans qc
2. INFORM ■ **jd blättert** qn déroule; ***jd blättert nach oben/ unten*** qn fait défiler vers le haut/le bas
II. *vt* ■ **jd blättert [jdm] etw auf etw** (*akk*) qn [lui] aligne qc sur qc

Blätterpilz *m* champignon *m* à lamelles **Blätterteig** *m* pâte *f* feuilletée **Blätterteiggebäck** *nt* feuilleté *m;* (*mit Puddingfüllung*) millefeuilles *m*

Blattfeder *f* ressort *m* à lames **Blattform** *f* forme *f* de feuille; ***die ~ der Platane*** la feuille du platane **blattförmig** *adj* en forme de feuille **Blattgemüse** *nt* légume *m* vert en branches **Blattgold** *nt or m* en feuilles **Blattgrün** *nt* chlorophylle *f* **Blattlaus** *f* puceron *m; **etw hat Blattläuse*** qc a des pucerons **Blattpflanze** *f* plante *f* verte

blättrig *adj s.* **blätterig**

Blattsalat *m* salade *f* verte **Blattschuss**[RR] *m* balle *f* de cœur **Blattspinat** *m* épinards *mpl* en branches **Blattwerk** *nt Ø form* feuillage *m*

blau *adj* 1. *Farbe, Himmel, Wasser, Kleidungsstück, Augen* bleu(e)
2. (*blutunterlaufen, vor Kälte*) bleu(e); ***ein ~es Auge*** un œil au beurre noir; ***ein ~er Fleck*** un bleu
3. *inv, nachgestellt* (*gekocht*) au bleu
4. *meist pred fam* (*betrunken*) soûl(e) *fam*, rond(e) *fam*, noir(e) *fam*
5. *fam* (*geschwänzt*) séché(e) *fam*

Blau <-s, - *o fam* -s> *nt* bleu *m*

blauäugig *adj* 1. aux yeux bleus; ***jd ist*** ~ qn a les yeux bleus
2. (*naiv*) naïf(-ïve); *Mensch a.* crédule

Blauäugigkeit <-> *f Ø* (*Naivität*) naïveté *f*, crédulité *f*

Blaubeere *f* myrtille *f*

blaublütig *adj* de sang bleu

Blaue <-n> *nt Ø* ■ **das** ~ le bleu
▸ **er/sie lügt das ~ vom Himmel [herunter]** *fam* il/elle ment comme il/ elle respire *fam;* **jd verspricht jdm das ~ vom Himmel [herunter]** *fam* qn promet la lune à qn *fam;* **etw spielt ins** ~ qc tire sur le bleu; **ins ~ hinein** *fam fragen, reden* en l'air, au petit bonheur la chance *fam;* **eine Fahrt ins** ~ un voyage surprise [*o* sans but précis]; ***jd fährt ins*** ~ qn part/roule sans but précis [*o* au hasard]

Blaue(r) *m decl wie adj sl* billet *m* de cent marks

Bläue <-> *f Ø* bleu *m*, azur *m littér*

Blaufelchen *m* lavaret *m* **Blaufuchs** *m* renard *m* bleu **blaugrau** I. *adj* gris bleu *inv* II. *adv:* ***etw verfärbt sich ~/ läuft ~ an*** qc devient gris bleu **blaugrün** *adj* bleu vert *inv* **Blauhelm** *m* casque *m* bleu **Blaukraut** *nt* SDEUTSCH, AUS chou *m* rouge

bläulich *adj* bleuté(e); (*ins Blaue spielend*) bleuâtre

Blaulicht *nt* gyrophare *m* ▸ **mit** ~ avec le gyrophare en marche **blau|machen** I. *vi fam* (*krank feiern*) ■ **jd macht blau** qn se passe d'aller au boulot *fam*, qn se fait porter pâle *fam* [*o* malade] II. *vt fam* ■ **jd macht ... blau** *Montag, Dienstag etc* qn se fait porter pâle le ... *fam;* / *Schüler/* qn sèche le ... *fam; **jd macht einen Tag blau*** qn sèche une journée de travail *fam;* / *Schüler/* qn sèche *fam; **er macht den Montag immer blau*** tous les lundis, il se fait porter pâle *fam* **Blaumann** <-männer> *m fam* bleu *m* [de travail]; ***im*** ~ en bleu de travail **Blaumeise** *f* mésange *f* bleue **Blaupapier** *nt* papier *m* carbone **blaurot** I. *adj* rouge bleu *inv* II. *adv:* ***etw verfärbt sich*** ~ qc devient violet(te); ***jd läuft ~ an*** qn devient violet(te) **Blausäure** *f* acide *m* prussique [*o* cyanhydrique] **Blauschimmelkäse** *m* fromage *m* à moisissures bleues, bleu *m* **blauschwarz** I. *adj* noir tirant sur le bleu, bleu nuit *inv* II. *adv:* ***etw verfärbt sich ~/ läuft ~ an*** qc noircit **Blaustich** *m* dominante *f* bleue; ***etw hat einen*** ~ qc tire sur le bleu **blaustichig** *adj* à dominante bleue; ■ **etw ist** ~ qc a une dominante bleue **Blaustrumpf** *m pej veraltend* bas-bleu *m vieilli* **Blautanne** *f* sapin *m* noble; (*Fichte*) épicéa *m* glauque **Blauwal** *m* [grande] baleine *f* bleue

Blazer <-s, -> ['bleːzɐ] *m* blazer *m*

Blech <-[e]s, -e> *nt* 1. *Ø* (*Material*) tôle *f;* (*Büchsen~*) fer-blanc *m*
2. (*Blechstück*) [morceau *m* de] tôle *f*
3. (*Back~*) plaque *f* [de four]
4. *Ø fam* (*Unsinn*) bêtises *fpl*, conneries *fpl fam; **du redest mal wieder nur** ~!* tu ne dis que des conneries! *fam*
5. *Ø pej fam* (*Orden etc*) batterie *f* de cuisine *fam*

-blech *nt Silber-* ... feuilleté(e); *Kupfer-, Aluminium- a.* plaques *fpl* [*o* tôle *f*] de

Blechbläser(in) <-s, -> *m(f)* cuivres *mpl* **Blechblasinstrument** *nt* cuivre *m* **Blechbüchse** [-ks-] *f* boîte *f* en fer-blanc **Blechdose** *f* boîte *f* en fer-blanc

blechen I. *vt fam* ■ **jd blecht etw [für etw]** qn crache [*o* raque] qc [pour qc] *fam*
II. *vi fam* ■ **jd blecht** qn casque *fam*

blechern I. *adj* 1. *attr Garagentor, Sarg* en tôle; *Eimer, Verschlag, Behälter* en fer-blanc
2. *Geräusch* creux(-euse); *Klang, Stimme etc* métallique
II. *adv:* ***etw klingt/tönt*** ~ qc a [*o* rend] un son métallique

Blechgeschirr *nt* vaisselle *f* en fer-blanc **Blechinstrument** *nt s.* **Blechblasinstrument. Blechkanister** *m* bidon *m* en fer-blanc; (*für Kraftstoff*) jerrican[e] *m* **Blechkiste** *f pej fam* tas *m* de ferraille *fam*, tapecul *m fam* **Blechlawine** *f pej fam* longue caravane *f* de voitures **Blechnapf** *m* gamelle *f* **Blechschaden** *m* dégâts *mpl* matériels [de tôle]; ***bei dem Unfall entstand nur*** ~ il n'y a eu que de la tôle froissée dans cet accident **Blechschere** *f* cisaille *f* [à tôle] *souvent pl* **Blechtrommel** *f* tambour *m* en fer-blanc

blecken *vt* ■ **jd/ein Tier bleckt etw** *Zähne* qn/un animal montre qc

Blei <-[e]s, -e> *nt* 1. ∅ CHEM plomb *m*
2. (*Lot*) fil *m* à plomb, plomb *m* [de sonde]
3. (*Bleigeschoss*) plomb *m;* ***die Mafia hat ihn voll ~ gepumpt*** la mafia l'a truffé de plomb
▸ **etw liegt jdm wie ~ in den Gliedern** [*o* **Knochen**] qn se sent des jambes de plomb suite à qc; **etw liegt jdm wie ~ im Magen** (*drückt im Magen*) qc lui fait comme du plomb sur l'estomac; (*bedrückt jdn*) qc lui pèse sur l'estomac; **jd gießt** ~ qn coule du plomb

Blei- en [*o* de] plomb; *-bergwerk, -förderung* de plomb

Bleibe <-, -n> *f* demeure *f;* (*vorübergehend*) gîte *m*, abri *m;* ***jd findet bei jdm*** ~ qn trouve logis chez qn
▸ **jd hat eine/keine** ~ qn a un logement/qn est sans logis; ***wenn du keine [feste] ~ hast, ...*** si tu ne sais pas où loger, ...; ***die Penner haben keine*** ~ les clochards n'ont ni feu ni lieu

bleiben <blieb, geblieben> *vi + sein* 1. (*verweilen*) ■ **jd bleibt [bei jdm/an einem Ort]** qn reste [chez qn/quelque part]; ***jd bleibt bei jdm über Nacht*** qn passe la nuit [*o* couche] chez qn; ***wo bleibst du so lange?*** mais qu'est-ce que tu fais [*o* fabriques] [encore]?; ***wo sie nur so lange bleibt?*** où peut-elle bien être?; ***er/der Stuhl bleibt hier*** il/la chaise reste ici [*o* là]; ■ **jd bleibt an etw** (*dat*) *am Computer, Platz, Schreibtisch etc* qn reste à qc; ~ ***Sie am Apparat!*** restez en ligne!, ne quittez pas!
2. (*weiterhin sein*) ■ **jd/etw bleibt ... +** *adj* qn/qc reste ... + *adj;* ***etw bleibt gleich*** qc ne varie pas, qc reste stable; ***wenn der Kurs des Schiffs gleich bleibt*** si le bateau arrive à tenir ce cap; ***jd/etw bleibt unbeachtet*** qn/qc passe inaperçu(e); ***etw bleibt unbeantwortet*** qc reste sans réponse; ***etw bleibt ungehört*** qc n'est pas entendu(e); ***etw bleibt ungerächt*** qc reste impuni(e); ***jd/etw bleibt unvergessen*** qn/qc reste inoubliable; ■ **jd bleibt ... +** *subst Bekannte, Freunde, Konkurrenten* qn reste ... + *subst;* ***lass uns gute Freunde*** ~! restons bons amis!
3. (*andauern*) ■ **etw bleibt** /*Sonne, Wetter*/ qc dure, qc se maintient
4. (*nicht gestrichen werden*) ■ **etw bleibt** qc reste, qc est conservé(e)
5. *meist Vergangenheit* (*hinkommen*) ■ **etw bleibt irgendwo** qc passe quelque part; ***wo bleibt etw?*** que devient qc?
6. *fam* (*unterkommen*) ■ **jd bleibt irgendwo** qn va quelque part; ***irgendwo müssen sie doch auch*** ~! il faut bien qu'ils/elles aillent quelque part!
7. (*verharren*) ■ **jd/es bleibt bei etw** qn maintient qc, qn persiste dans qc; *bei einer Marke, bei Getränk* qn reste fidèle à qc; *bei Getränk* qn continue à [boire] qc; ***es bleibt bei meiner Ablehnung/Entscheidung*** je maintiens mon refus/ma décision
8. (*übrig bleiben*) ■ **es bleibt jdm etw** /*Hoffnung, Möglichkeit, Wahl*/ il lui reste qc; ■ **es bleibt jdm etw zu tun** il reste à qn à faire qc; ***was blieb ihm anderes als nachzugeben?*** que pouvait-il faire d'autre sinon abandonner?; ***es blieb mir keine andere Wahl*** je n'avais pas le choix
9. (*verbleiben*) ■ **es bleibt [jdm] etw zu tun** *abzuwarten, zu beten, zu hoffen, zu wünschen* il ne reste plus [à qn] qu'à faire qc
10. *euph* (*umkommen*) ■ **jd bleibt irgendwo** *auf See* qn disparaît quelque part; *im Feld, im Krieg* qn tombe quelque part
▸ **jd/etw bleibt sich** (*dat*) **gleich** qn/qc ne change pas, qn/qc reste égal(e) à lui-même/elle-même; ***das bleibt sich gleich*** ça revient au même; **jd lässt etw ~** *fam* (*unterlässt*) qn arrête de faire qc; ***wirst du das wohl ~ lassen!*** t'as bientôt fini? *fam;* ***das wirst du hübsch ~ lassen!*** t'as pas intérêt! *fam;* **jd lässt etw [ganz] ~** *fam* (*gibt auf*) qn laisse [complètement] tomber qc; **jd möchte/sie möchten für** [*o* **unter**] **sich** ~ qn préfère rester seul(e)/ils/elles préfèrent rester entre eux/elles; **hier geblieben!** reste/restez ici!; **das bleibt unter uns** cela [*o* ça] reste entre nous; **sieh zu, wo du bleibst!** débrouille-toi [tout(e) seul(e)]!

bleibend *adj* permanent(e); *Wert* durable
▸ **gleich** ~ *Temperatur* constant(e); *freundlich* invariablement; ***etw ist gleich*** ~ qc reste constant(e), qc ne varie pas; ***er ist immer gleich ~ zuvorkommend*** il manifeste toujours une égale prévenance; ***es geht dem Patienten gleich ~ schlecht*** l'état du patient demeure préoccupant

bleiben|lassen *s.* **bleiben** ▸

bleich *adj* 1. (*blass*) *Gesicht, Mensch* blême; *Gesichtsfarbe, Haut* pâle; ■ **jd wird ~ [vor etw** (*dat*)**]** qn devient blême [de qc], qn blêmit [de qc]; ~ ***vor Wut/Zorn*** blême de colère/rage
2. (*fahl*) blême, blafard(e)
3. *geh* (*schier*) *Grauen, Entsetzen* pur(e)

bleichen <bleichte *o alt* blich, gebleicht *o alt* geblichen> I. *vt + haben* ■ **jd/etw bleicht etw** *Farbe, Wäsche* qn/qc blanchit qc; /*Sonne*/ *Haare* qc éclaircit [*o* décolore] qc
II. *vi + sein* ■ **etw bleicht** les couleurs de qc passent

Bleichgesicht *nt* 1. *fam* (*blasser Mensch*) visage *m* pâle *fam* 2. (*Weißer*) visage *m* pâle **bleichgesichtig** *adj fam* [qui a le visage] pâle; ~***e Frauen*** les femmes à la peau pâle **Bleichmittel** *nt* (*in Waschmitteln*) agent *m* blanchissant; ***Eau de Javel ist ein*** ~ l'eau de Javel est un produit de blanchiment **Bleichschnabel** *m* SDEUTSCH, CH visage *m* pâle *hum*

bleiern I. *adj* 1. *attr* (*aus Blei*) en [*o* de] plomb
2. (*grau wie Blei*) *Himmel* plombé(e); *Farbe, Grau a.* livide
3. (*schwer lastend*) *Müdigkeit, Schwere* accablant(e); *Schlaf* de plomb
II. *adv lasten, sich legen* lourdement

Bleierz *nt* minerai *m* de plomb **bleifrei** I. *adj Benzin* sans plomb II. *adv fahren* avec du carburant sans plomb; ***jd darf nur ~ tanken*** qn ne peut prendre que du [carburant] sans plomb **Bleifuß** *m* ▸ **mit ~** *fam* [à] pleins gaz *fam*, pied au plancher *fam* **Bleigießen** <-s> *nt* ∅ coulage *m* du plomb (*coutume qui consiste à lire l'avenir dans des figures de plomb obtenues en jetant du plomb fondu dans de l'eau*)

bleihaltig *adj* plombifère; *Benzin* contenant du plomb; ■ **etw ist** ~ qc contient du plomb

Bleikristall *nt* cristal *m* de plomb **Bleisatz** *m* composition *f* chaude [*o* au plomb] **bleischwer** *adj* de plomb, accablant(e)

Bleistift *m* crayon *m* [à papier]; ***in*** [*o* ***mit***] ~ [***geschrieben***] [écrit(e)] au crayon

Bleistiftabsatz *m* talon *m* aiguille **Bleistiftspitzer** *m* taille-crayon *m* **Bleivergiftung** *f* intoxication *f* par le plomb, saturnisme *m* **bleiverglast** *adj* à plombure, serti(e) dans le plomb **Bleiverglasung** *f* résille *f*

Blende <-, -n> *f* 1. PHOT (*Öffnung*) diaphragme *m;* (*Einstellungsposition*) ouverture *f*
2. (*Lichtschutz*) écran *m*, pare-soleil *m*
3. ARCHIT arcade *f* aveugle; (*Tür~*) fausse porte *f;* (*Fenster~*) fausse fenêtre *f*
4. COUT empiècement *f*, garniture *f*

blenden I. *vt* 1. (*durch Licht*) ■ **jd/etw blendet jdn** /*Scheinwerfer, grelles Licht, Autofahrer*/ qn/qc éblouit qn
2. (*betören*) ■ **jd blendet jdn [mit etw]** qn éblouit qn [par qc]; ***jd ist wie geblendet von jdm/etw*** qn est ébloui(e) par qn/qc
3. (*betrügen*) ■ **jd blendet jdn [durch etw]** qn abuse qn [par qc]
4. (*blind machen*) ■ **jd blendet jdn** qn aveugle qn *vieilli*, qn crève les yeux de qn; ***jd verurteilt jdn dazu geblendet zu werden*** qn condamne qn à avoir les yeux crevés
II. *vi* 1. (*zu grell sein*) ■ **etw blendet** /*Licht, Sonne*/ qc éblouit; ■ **jd/etw blendet** qn/qc éblouit [*o* aveugle]
2. (*hinters Licht führen*) ■ **jd blendet** qn cherche à impressionner [*o* à faire illusion]; ***jd vermag zu*** ~ qn parvient à faire illusion
III. *vi impers* ■ **es blendet** ça éblouit

Blendenautomatik *f* mise *f* au point automatique

blendend I. *adj Musiker, Talent* merveilleux(-euse), éblouissant(e); *Laune, Stimmung* excellent(e); ***mit seinen 62 Jahren war er immer noch eine ~e Erscheinung*** à 62 ans, il continuait d'éblouir tout le monde par son allure
II. *adv* merveilleusement bien; ***jd sieht ~ aus*** qn a une mine magnifique

blendendweiß *s.* **weiß² I.**▸

Blender(in) <-s, -> *m(f)* charlatan *m*, imposteur *m*

blendfrei *adj* 1. (*entspiegelt*) *Glas, Bildschirm* antireflet *inv* 2. *Beleuchtung* indirect(e) **Blendschutz** *m* INFORM dispositif *m* anti[-]éblouissant; (*gegen Sonne*) pare-soleil *m* **Blendschutzzaun** *m* barrière *f* anti[-]éblouissante

Blendung <-, -en> *f* 1. (*das Geblendetwerden*) éblouissement *m*, aveuglement *m*
2. (*das Ausstechen der Augen*) aveuglement *m vieilli*

Blendwerk *nt* ∅ *liter* imposture *f*, supercherie *f*

Blesse <-, -n> *f* tache *f* blanche; (*sternförmig*) étoile *f*

Blessur <-, -en> *f geh* (*leichte Wunde*) blessure *f* [légère]; (*von Stoßwaffe a.*) balafre *f*, estafilade *f; fig* égratignure *f*

bleu [blø:] *adj inv* bleu clair *inv;* ***in B~*** en bleu clair

blich *alt imp von* **bleichen**

Blick <-[e]s, -e> *m* 1. (*mit den Augen*) regard *m; rasch, schnell* coup *m* d'œil; ***von hier aus fällt der ~ auf den Dom*** d'ici vous avez vue sur la cathédrale
2. (*Ausblick*) vue *f* (*auf etw* (*akk*) sur qc); ***jd/etw ist dem*** ~ [***o den ~en***] ***entschwunden*** qn/qc est hors de vue
3. (*Urteilskraft*) coup *m* d'œil; ***mit sicherem*** ~ d'un coup d'œil sûr
▸ **jd tut** [*o* **wirft**] **einen ~ hinter die Kulissen [einer S.** (*gen*)**]** qn considère l'envers du décor, qn va voir ce qui se passe dans les coulisses [de qc]; **jd hat den bösen** ~ qn a le mauvais œil; **auf den ersten** ~ à première vue, au premier coup d'œil; **jd hat einen klaren ~ für etw** qn reconnaît qc du premier coup d'œil; **auf den zweiten** ~ en [y] regardant de plus près; **jd durchbohrt jdn mit den** [*o* **seinen**] **~en** qn transperce qn du regard, qn foudroie qn du regard; **etw entzieht sich jds ~en** (*dat*) *geh* qc se soustrait [*o* se dérobe] aux regards de qn [*o* à la vue de qn] *littér;* **jd erwidert jds** ~ qn répond au regard de qn; **jd hat einen [guten] ~ für etw** qn a l'œil pour qc; **jd hat keinen ~ für etw** qn n'a pas le coup d'œil pour qc; **jd hebt den** ~ qn lève les yeux; **jd heftet den ~ auf jdn/etw** *geh* qn fixe qn/qc du regard, qn fixe son regard sur qn/qc; **jd misst jdn mit den ~en** *geh* qn jauge qn du regard *soutenu;* **jd schenkt jdm einen/keinen** ~ *geh* qn accorde un regard à qn/qn n'accorde pas le moindre regard à qn *soutenu;* **jd senkt den** ~ qn baisse les yeux; **jd streift jdn mit einem** ~ qn jette un bref regard sur qn; **wenn ~e töten könnten!** *fam* si tes/ses yeux étaient des mitraillettes! *fam;* **jd tut** [*o* **wirft**] **einen ~ auf jdn/etw** qn jette un coup d'œil sur qn/qc; **jd verliert etwas aus dem** ~ qn perd de vue qc; **jd verschlingt jdn/etw mit den** [*o* **seinen**] **~en** qn dévore qn/qc du regard [*o* des yeux]; **sie wechseln** [*o* **tauschen**] **~e miteinander** ils/elles échangent des regards; **jd weicht jds ~ aus** qn évite le regard de qn; **jd würdigt jdn keines ~es** *geh* qn ne daigne pas honorer qn d'un regard *soutenu;* **er/sie zieht alle ~e auf sich** (*akk*) il/elle attire tous les regards [sur lui/elle]; **auf einen** ~ du premier coup d'œil;

im ~ en vue; **mit einem** ~ d'un coup d'œil, d'un seul regard; **mit** ~ **auf etw** (*akk*) (*mit Aussicht*) avec vue sur qc; (*in Hinsicht auf*) eu égard à qc

blicken I. *vi* 1. (*sehen*) ■ **jd blickt [auf jdn/etw]** qn regarde [qn/qc]; ■ **jd blickt irgendwohin** qn regarde quelque part; ***blick mal einen Moment hierhin*** jette un coup d'œil par ici
2. *geh* (*aussehen*) ■ **jd blickt ...** *böse, erstaunt, streng* qn regarde d'un air ...; *freudig, gequält, unschlüssig etc* qn a l'air ...
3. (*hervorsehen*) ■ **etw blickt aus etw** qc sort de qc, qc dépasse de qc
► **jd lässt sich** ~ qn se montre; **jd lässt sich bei jdm** ~ qn fait son apparition chez qn, qn va voir qn; ***lass dich doch mal bei uns*** ~! viens donc nous voir!; **jd lässt sich irgendwo** ~ qn se montre quelque part; **jd lässt sich bei jdm/irgendwo nicht** ~ qn ne va pas chez qn/quelque part; **jd lässt sich bei jdm/irgendwo nicht mehr** ~ qn ne met plus les pieds chez qn/quelque part *fam*; ***lass dich [hier] ja nicht mehr*** ~! ne remets plus jamais les pieds ici! *fam*
II. *vt sl* ■ **jd blickt etw** qn pige qc *fam*; ***Mathe habe ich nie geblickt*** j'ai jamais rien pigé aux maths *fam*

Blickfang *m* point *m* de mire; ***als*** ~ comme point de mire **Blickfeld** *nt* champ *m* de vision ► **jd/etw gerät/kommt/rückt/taucht ins** ~/**in jds** ~/**jdm ins** ~ (*wird gesehen*) qn/qc apparaît dans le champ de vision de qn; **jd/etw rückt ins** ~ **[der Öffentlichkeit]** (*wird beachtet*) qn/qc occupe le devant de la scène, qn/qc devient le point de mire de tous; **jd/etw verschwindet aus dem** ~/**aus jds** ~ qn/qc disparaît du champ de vision de qn **Blickkontakt** *m* contact *m* visuel ► **sie haben** ~ ils/elles se regardent; **jd hat** ~ **mit jdm** qn regarde qn dans les yeux; **jd hat** ~ **[mit etw]** qn voit qc **Blickpunkt** *m* point *m* de vue ► **jd/etw steht im** ~ **[der Öffentlichkeit]** qn/qc occupe le devant de la scène, qn/qc est le point de mire de tous; **vom ...** ~ **aus [betrachtet/gesehen]** du [*o* d'un] point de vue ... **Blickrichtung** *f* direction *f* [du regard] ► **in** ~ dans le champs de vision de qn; ***sieh mal in meiner*** ~ suis mon regard; ***in*** ~ **[nach]** ***Westen*** direction ouest **Blickwinkel** *m* angle *m*; ***aus diesem/unter diesem*** ~ sous cet angle

blieb *imp von* **bleiben**

blies *imp von* **blasen**

blind I. *adj* 1. (*ohne Sehvermögen*) aveugle; ***jd ist linksseitig/auf dem rechten Auge/auf einem Auge*** ~ qn est aveugle de l'œil gauche/de l'œil droit/d'un œil; ***von Geburt*** ~ aveugle de naissance; ■ **jd/etw ist von etw/vor etw** (*dat*) ~ qn/qc est aveuglé(e) par qc
2. (*unkritisch*) aveugle; ■ **jd ist** ~ **für [*o* in Bezug auf] etw** qn est aveugle à qc, qn ne veut pas voir qc
3. *Schicksal* aveugle; ***es war der*** ~***e Zufall*** c'était un pur hasard
4. (*verblendet*) *Eifersucht, Hass, Wut, Zorn* aveugle; ■ **[jd ist]** ~ **vor etw** (*dat*) [qn est] aveuglé(e) par qc
5. (*getrübt*) *Fenster, Metallfläche, Spiegel etc* mat(e), terni(e)
► **ich bin doch nicht** ~! *fam* je ne suis [quand même] pas aveugle! *fam*; **bist du [so]** ~? *fam* t'es aveugle ou quoi? *fam*; **etw macht jdn** ~ **[für etw]** qc rend qn aveugle [à qc]
II. *adv* 1. (*wahllos*) au hasard, à l'aveuglette
2. (*unkritisch*) *folgen, glauben, gehorchen* aveuglément; ***jd vertraut jdm*** ~ qn a une confiance aveugle en qn
3. (*ohne Ausgang/Tür*) en cul-de-sac; (*ohne Sicht*) sans visibilité

Blindband <-bände> *m* maquette *f* **Blindbewerbung** *f* candidature *f* spontanée

Blinddarm *m* appendice *m*; ***akuter*** ~ appendicite *f* aiguë

Blinddarmentzündung *f* appendicite *f*; ***jd hat/bekommt eine*** ~ qn a une crise d'appendicite **Blinddarmoperation** *f* appendicectomie *f*, opération *f* de l'appendicite *fam*

Blinde(r) *f(m) decl wie adj* aveugle *mf*
► **unter den** ~**n ist der Einäugige König** *prov* au royaume des aveugles, les borgnes sont rois; **das sieht doch ein** ~**r [mit dem Krückstock]** *fam* ça saute au yeux *fam*, ça se voit comme le nez au milieu de la figure *fam*

Blindekuh *f kein art* colin-maillard *m*
► **jd spielt** ~ qn joue à colin-maillard

Blindenhund *m* chien *m* d'aveugle **Blindenschrift** *f* [écriture *f*] braille *m*; ***in*** ~ en braille

blind|fliegen *s.* **fliegen I.** ►. **Blindflug** *m* 1. AVIAT vol *m* sans visibilité
2. *fig* pilotage *m* à vue [*o* sans visibilité]; ***etw ist ein*** ~ qc se fait au jugé **Blindgänger** <-s, -> *m* MIL engin *m* explosif non éclaté **Blindgänger(in)** <-s, -> *m(f) sl* (*Versager*) fumiste *mf fam* **blindgläubig** I. *adj* aveugle II. *adv* aveuglément

Blindheit <-> *f* ∅ cécité *f*
► **jd schlägt jdn mit** ~ *liter* qn frappe qn d'aveuglement *littér*; **jd ist [wie] mit** ~ **geschlagen** qn est [comme] aveugle [*o* frappé(e) de cécité]

Blindlandung *f* atterrissage *m* sans visibilité

blindlings *adv* aveuglément

Blindschleiche <-, -n> *f* orvet *m*

blindwütig I. *adj* aveuglé(e) par la colère
II. *adv* avec une rage aveugle

blinken I. *vi* 1. (*funkeln*) ■ **etw blinkt** /*Edelstein, Schmuckstück*/ qc scintille; /*polierter Gegenstand*/ qc étincelle, qc reluit
2. (*Blinkzeichen geben*) ■ **etw blinkt** /*Boje, Leuchtturm*/ qc clignote; ■ **jd blinkt** AUT qn met son clignotant; ***jd blinkt rechts/links*** qn met son clignotant à droite/gauche; ***jd blinkt mit der Lichthupe*** qn fait un appel de phares
II. *vt* ■ **jd/etw blinkt etw** qn/qc envoie qc par signaux optiques

Blinker <-s, -> *m* 1. AUT clignotant *m*; ***jd betätigt den*** ~ *form* qn allume son clignotant
2. (*beim Angeln*) cuillère *f*

Blinkerhebel *m* AUT commande *f* de clignotant

Blinkfeuer *nt* feu *m* clignotant **Blinklicht** *nt* 1. EISENBAHN, TRANSP feu *m* clignotant 2. AUT *fam* clignotant *m* **Blinkzeichen** *nt* signal *m* lumineux [*o* optique] ► **jd/etw gibt** ~ qn/qc fait des signaux lumineux; ***jd gibt*** ~ ***mit der Lichthupe*** qn fait des appels de phares

blinzeln *vi* ■ **jd blinzelt** qn cligne des yeux; (*zwinkern*) qn fait un clin d'œil

Blisterpackung *f* blister *m*

Blitz <-es, -e> *m* 1. (*Blitzstrahl*) éclair *m*; (*Blitzeinschlag*) foudre *f* + *art déf*; ***ein Schutz gegen den Einschlag eines*** ~***es*** une protection contre la foudre
2. (*das Aufblitzen*) éclair *m*
3. PHOT flash *m*
4. *pl liter* (*grelle Blicke*) éclairs *mpl*; ***ihre Augen sprühten*** ~***e des Zornes*** ses yeux lançaient des éclairs
► **wie ein** ~ **aus heiterem Himmel** comme un coup de tonnerre; **wie ein geölter** ~ *fam* comme une flèche *fam*; **wie vom** ~ **getroffen [*o* gerührt]** [comme] foudroyé(e), comme frappé(e) par la foudre; **jd wird vom** ~ **getroffen/erschlagen** qn est frappé(e) par la foudre/foudroyé(e); **der** ~ **schlägt in etw** (*akk*) **[ein]** la foudre tombe sur qc; **etw schlägt ein wie ein** ~ qc fait l'effet d'une bombe; **wie der** ~ *fam* à la vitesse de l'éclair, en un éclair

Blitz- 1. (*den Blitz betreffend*) de la foudre; *-schaden* causé(e) par la foudre; ~***schutzanlage*** système *m* de protection antifoudre 2. (*Schnell-*) ... éclair *inv* **Blitzableiter** <-s, -> *m* paratonnerre *m* ► **als** ~ comme bouc émissaire, comme souffre-douleur[s] **Blitzaktion** *f* opération *f* éclair **blitzartig** I. *adj* d'une rapidité foudroyante II. *adv* en un éclair **blitz[e]blank** I. *adj fam* étincelant(e), nickel *inv fam* II. *adv fam*: ***jd poliert etw*** ~ qn fait briller qc; ***jd putzt etw*** ~ qn astique à fond qc

blitzen I. *vi impers* ■ **es blitzt** il fait [*o* il y a] des éclairs; ***hat es da nicht geblitzt?*** il n'y a pas eu un éclair?
II. *vi* 1. (*strahlen*) ■ **etw blitzt** qc étincelle; /*Gebiss, Zähne a.*/ qc brille
2. (*funkeln*) ■ **etw blitzt [vor etw** (*dat*)**]** /*Augen, Blick*/ qc étincelle [*o* flamboie] [de qc]
3. PHOT *fam* ■ **jd blitzt** qn photographie au flash
III. *vt* 1. PHOT *fam* ■ **jd blitzt jdn/etw** qn photographie qn/qc au flash
2. *fam* (*in Radarfalle*) ■ **jd/etw wird geblitzt** qn/qc se fait prendre par un radar

Blitzesschnelle *f* rapidité *f* foudroyante
► **in [*o* mit]** ~ à une vitesse foudroyante, à toute allure; *etw erledigen* en un éclair

Blitzgerät *nt* radar *m* (*muni d'un flash*) **blitzgescheit** *adj fam* super-intelligent(e) *fam* **Blitzkarriere** [-karie:rə] *f* carrière *f* fulgurante ► **jd macht eine** ~ qn fait une carrière fulgurante **Blitzkrieg** *m* guerre *f* éclair

Blitzlicht *nt* flash *m*; ***mit*** ~ avec un flash

Blitzlichtbirne *f* ampoule *f* de flash **Blitzlichtgewitter** *nt fam* crépitement *m* des flash[e]s **Blitzlichtwürfel** *m* flash-cube *m*

blitzsauber *adj fam s.* **blitzblank. Blitzschlag** *m* foudre *f* + *art déf*; ***ein*** ~ ***traf den Baum*** l'arbre fut frappé par la foudre ► **vom** ~ **getroffen** frappé(e) par la foudre [*o* l'éclair] **blitzschnell** *adj s.* **blitzartig. Blitzstrahl** *m geh* éclair *m* **Blitzumfrage** *f* sondage *m* éclair **Blitzwürfel** *m* flash-cube *m*

Blizzard <-s, -s> ['blɪzɐt] *m* blizzard *m*

Block[1] <-[e]s, ¨-e> *m* 1. (*Form*) bloc *m*; [*Schokolade*] plaque *f*; ***ein*** ~ ***aus/von etw*** un bloc de qc
2. HIST (*Richt~*) billot *m*

Block[2] <-[e]s, ¨-e *o* -s> *m* 1. (*Häuser~*) pâté *m* de maisons; (*großes Mietshaus*) bloc *m*, immeuble *m*
2. [*Kernkraftwerk*] réacteur *m*
3. (*Schreib~*) bloc *m*; (*Fahrkarten~*) carnet *m*; (*Notiz~*) bloc-notes *m*
4. POL bloc *m*

Blockade <-, -n> *f* 1. (*Absperrung, politisches Druckmittel*) blocus *m*
2. [*Organ, Hormon, Enzym*] blocage *m*
3. (*Denkhemmung*) blocage *m*
► **jd/etw bricht die** ~ qn/qc force le blocus; **jd verhängt über etw** (*akk*) **eine** ~ qn décrète le blocus de qc

Blockbildung *f* formation *f* de bloc **Blockbuchstabe** *m* lettre *f* en capitales [*o* en caractères] d'imprimerie

blocken *vt, vi* 1. BOXEN (*abfangen*) ■ **jd blockt [jdn/etw]** qn contre [qn/qc]
2. SPORT (*sperren*) ■ **jd blockt jdn** qn bloque qn

Blockflöte *f* flûte *f* à bec **blockfrei** *adj* non-aligné(e), non-engagé(e) **Blockfreiheit** *f* non-alignement *m*, non-engagement *m* **Blockhaus** *nt* cabane *f* en rondins

blockieren * I. *vt* 1. (*unterbrechen*) ■ **jd/etw blockiert etw** *Verkehr, Weiterfahrt* qn/qc bloque qc; *Stromzufuhr* qn/qc coupe qc
2. AUT (*sperren, hemmen*) ■ **etw blockiert etw** qc bloque qc
3. (*absperren*) ■ **jd/etw blockiert etw** *Zufahrt, Ausfahrt, Verkehrswege, Hafen, Land, Staat* qn/qc bloque qc
4. POL (*verhindern*) ■ **jd/etw blockiert etw** *Gesetz, Gesetzgebung, Verhandlung* qn/qc bloque qc
II. *vi* ■ **etw blockiert** qc [se] bloque

Blocksatz *m* composition *f* en carré **Blockschokolade** *f* ∅ chocolat *m* à cuire **Blockschrift** *f* caractères *mpl* d'imprimerie **Blockstelle** *f* poste *m* d'aiguillage **Blockstunde** *f* groupe *m* [*o* bloc *m*] de deux heures **Blockwart** <-[e]s, -e> *m* HIST gardien(ne) *m(f)* d'immeuble (*chargé d'espionner ses concitoyens pendant la période nazie*)

blöd[e] I. *adj fam* 1. (*dumm*) *Frage, Grinsen, Mensch, Gesicht* idiot(e), stupide
2. (*unangenehm*) *Situation* embêtant(e); *fam Kerl* pauvre *antéposé fam*; ***so ein*** ~***es Wetter!*** quel fichu temps! *fam*; ***ein*** ~***es Gefühl*** une drôle d'impression; ***du*** ~***es Schwein!*** espèce de sale [*o* pauvre] con! *fam*
3. SDEUTSCH, CH (*fadenscheinig*) élimé(e), râpé(e)

► **zu** ~! c'est bête [*o* con *fam*]!
II. *adv fam* comme un idiot/une idiote; *sich anstellen, sich verhalten a.* comme un manche *fam*; ***jd fragt*** ~ qn pose une question idiote/des questions idiotes; ***jd stellt sich ~er an als jd*** qn s'y prend plus bêtement que qn; ***so*** ~ si bêtement
Blödelei <-, -en> *f fam* **1.** (*das Blödeln*) idioties *fpl*, conneries *fpl fam*
2. (*Albernheit*) bêtises *fpl*; ***jd hat aber auch nichts als ~en im Sinn*** qn ne pense qu'à déconner [*o* faire l'imbécile] *fam*
blödeln *vi fam* ■ **jd blödelt [mit jdm]** qn déconne [*o* fait l'imbécile] [avec qn] *fam*
blöderweise *adv fam* bêtement
Blödheit <-, -en> *f fam* **1.** (*Dummheit*) bêtise *f*, stupidité *f*
2. (*Verhalten, Bemerkung*) idiotie *f*, connerie *f fam*
Blödian <-[e]s, -e> *m*, **Blödmann** <-männer> *m fam* imbécile *m*, andouille *f fam*; ***du*** ~! espèce d'imbécile [*o* d'andouille *fam*]!
Blödsinn *m Ø pej fam* **1.** (*Quatsch*) idiotie *f*; ***etw ist der reinste*** ~ qc est complètement idiot(e); ***machen Sie keinen*** ~! ne faites pas de bêtises [*o* de connerie *fam*]! **2.** (*Unfug*) bêtise *f*; ***jd hat nichts als ~ im Kopf*** qn ne pense qu'à faire des bêtises [*o* des conneries *fam*] **blödsinnig** *adj pej fam Idee, Plan, Vorschlag* idiot(e); ***so ein ~es Zeug/~es Gerede!*** quelles idioties!, quelles conneries! *fam*; ***so etwas B~es!*** quelle idiotie!, quelle connerie! *fam*; ***ich habe selten so etwas B~es gehört*** j'ai rarement entendu une connerie pareille *fam*
blöken *vi* ■ **ein Tier blökt** un animal bêle
blond *adj* **1.** *Mensch, Haar* blond(e); ***jd lässt sich*** (*dat*) ***die Haare ~ färben*** qn se fait décolorer [les cheveux], qn se fait teindre [les cheveux] en blond; ***~e Menschen*** les blonds; ~ ***gefärbt*** *Haare* blond(e) décoloré(e), teint(e) en blond; ***jd ist ~ gefärbt*** qn a les cheveux teints en blond; ~ ***gelockt*** *Haare* blond(e) bouclé(e); ***jd ist ~ gelockt*** qn a les cheveux blonds bouclés
2. *fam* (*hellfarbig*) *Bier, Pils, Tabak, Zigarette* blond(e)
Blond <-s> *nt Ø* blond *m*
Blonde(r) *f(m) decl wie adj* blond(e) *m(f)*
blondgefärbt *s.* **blond 1. blondgelockt** *s.* **blond 1.**
blondieren * *vt* ■ **jd blondiert etw** qn décolore qc, qn teint qc en blond
Blondine <-, -n> *f* blonde *f*
bloß I. *adj* **1.** (*unbedeckt*) *Kopf, Arm, Schulter* nu(e); ***auf der ~en Erde*** à même le sol; ***an die/deine ~e Haut*** à même la peau; ***mit ~en ...*** *Armen, Beinen, Fäusten, Händen, Schultern* [les] ... nu(e)s; ***mit ~em ...*** *Kopf, Oberkörper, Degen, Schwert* ... nu(e); ***mit ~en Füßen*** pieds nus, nu-pieds *inv*; ***mit ~em Kopf*** tête nue, nu-tête *inv*; ***mit ~em Säbel*** sabre au clair; ***jd verteidigt sich mit ~en Händen/Fäusten*** qn se défend à main[s] nue[s]; ***ich könnte ihn mit ~en Händen erwürgen!*** je l'étranglerais volontiers de mes propres mains!
2. *attr* (*alleinig*) *Neid, Dummheit* pur(e); ***er kam mit dem ~en Schrecken davon*** il en fut quitte pour la peur; ■ **der/die/das ~e ...** *Gedanke, Anblick* le/la simple ..., rien que le/la ...; ***bei der ~en Vorstellung, dass*** rien qu'à la pensée que + *cond*
II. *adv* simplement, seulement; ***was er ~ hat?*** qu'est-ce qui lui prend?; ~ ***ein Wort noch, dann ...*** encore un mot de plus et ...; ***was soll das ~ immer?*** à quoi ça rime tout ça?
► **nicht** ~ **...**, **sondern auch ...** non seulement ..., mais en plus ...
Blöße <-, -n> *f* **1.** *geh* (*Unbedecktheit*) nudité *f soutenu*; (*Nacktheit*) nudité *f*; ***die ~ des Hauptes*** la tête nue
2. SPORT faiblesse *f*, point *m* faible
► **in voller** ~ tout(e) nu(e); **jd bietet jdm eine** ~ qn donne prise à qn; **er/sie gibt sich** (*dat*) **eine/keine** ~ SPORT il/elle donne/ne donne pas prise sur lui/elle; (*zeigt einen Schwachpunkt a.*) il/elle montre/ne montre pas son point faible, il/elle dévoile son talon d'Achille
bloß|legen *vt* ■ **jd legt etw bloß** **1.** ARCHEOL (*ausgraben*) qn dégage qc, qn met au [*o* à] jour qc **2.** (*enthüllen*) *Hintergründe, Verbindungen* qn dévoile qc, qn met qc à nu **bloß|liegen** *vi irreg + sein* ■ **etw liegt bloß** qc est mis(e) à nu; */Knochen/* qc est à vif [*o* à nu] **bloß|stellen** I. *vt* ■ **jd stellt jdn bloß** **1.** (*verraten*) *Verbrecher, Hintermann, Drahtzieher, Lügner, Betrüger* qn démasque qn **2.** (*blamieren*) *Angehörige, Freund* qn couvre qn de ridicule, qn ridiculise qn II. *vr* ■ **jd stellt sich bloß** qn se couvre de ridicule **bloß|strampeln** *vr* ■ **jd strampelt sich bloß** qn se découvre [en s'agitant]
Blouson <-[s], -s> [bluˈzõː] *m o nt* blouson *m*
blubbern *vi fam* ■ **etw blubbert** qc gargouille
Blücher *m* ► **jd geht ran wie** ~ *fam* qn n'y va pas par quatre chemins *fam*
Bluejeans, Blue Jeans[RR] [ˈbluːdʒiːns] *pl* blue-jean[s] *m*
Blues <-, -> [bluːs] *m* (*Musik*) blues *m*; (*Tanz*) slow *m*
Bluff <-[e]s, -s> [blʊf, blaf, blœf] *m* bluff *m*; ***das ist doch sicher nur ein*** ~! c'est sûrement du bluff!; ***jd ist auf einen ~ hereingefallen*** qn s'est fait bluffer *fam*
bluffen [ˈblʊfn, ˈblafn, ˈblœfn] I. *vi* ■ **jd blufft** qn bluffe *fam*
II. *vt* ■ **jd blufft jdn** qn bluffe qn *fam*
blühen I. *vi* **1.** (*Blüten haben*) ■ **etw blüht** qc fleurit; */Garten, Park/* qc est en fleurs; ***etw blüht rot/rosa/gelb*** qc a des fleurs rouges/roses/jaunes
2. (*florieren*) ■ **etw blüht [und gedeiht]** qc est florissant(e)
3. *fam* (*bevorstehen*) ■ **jdm blüht etw** qc lui pend au nez *fam*, qc attend qn; ***dann blüht dir aber was!*** tu vas prendre quelque chose! *fam*; ***das kann mir irgendwann auch noch*** ~! ça me pend au nez! *fam*
► **etw kommt zum B~** qc fleurit
II. *vi impers* ■ **es blüht** tout est en fleur [*o* fleuri]
blühend *adj* **1.** BOT en fleur
2. *Gesichtsfarbe, Gesundheit* florissant(e); ***ein ~es Aussehen*** une mine florissante [*o* resplendissante]
3. (*prosperierend*) florissant(e), prospère
4. *fam* (*ausufernd*) *Unsinn* délirant(e) *fam*; *Fantasie a.* débordant(e)
Blühet <-s> *m Ø* CH (*Blütezeit*) floraison *f*
Blümchen <-s, -> *nt dim von* **Blume** **1.** BOT petite fleur *f*
2. TEXTIL fleur *f*; ***mit kleinen/blauen ~ gemustert*** imprimé(e) à petites fleurs/à fleurs bleues
3. [*Bier*] mousse *f*
Blume <-, -n> *f* **1.** (*Blüte, Pflanze*) fleur *f*; (*Topf~ a.*) plante *f*
2. (*Duftnote*) [*Wein, Weinbrand*] bouquet *m*
► **die blaue** ~ LITER la fleur bleue (*symbole du romantisme*); **jd sagt jdm etw durch die** ~, **jd gibt jdm etw durch die** ~ **zu verstehen** qn fait comprendre qc à qn à demi-mot [*o* à mots couverts]; **danke** [*o* **vielen Dank**] **für die ~n!** *iron* merci, ça fait toujours plaisir à entendre!, merci pour les fleurs!
Blumen- de fleurs; ~***beet*** plate-bande *f*, parterre *m* [de fleurs]; ~***draht*** fil *m* à lier les fleurs; ~***dünger*** engrais *m* pour fleurs; ~***sprache*** langage *m* des fleurs; ~***korso*** corso *m* fleuri **Blumenbank** <-bänke> *f* (*Fensterbank*) appui *m* de fenêtre garni de plantes; (*im Haus*) porte-fleurs *m* **Blumenerde** *f* terreau *m* **Blumenfrau** *f* marchande *f* de fleurs **blumengeschmückt** *adj* fleuri(e) **Blumenhändler(in)** *m(f)* fleuriste *mf* **Blumenkasten** *m* jardinière *f* [de fleurs] **Blumenkohl** *m Ø* chou-fleur *m* **Blumenladen** *m* fleuriste *m* **Blumenmädchen** *nt* bouquetière *f* **Blumenmann** <-männer> *m* marchand *m* de fleurs **Blumenmuster** *nt* motif *m* fleuri [*o* à fleurs] **Blumenstock** *m* plante *f* [en pot] **Blumenstrauß** <-sträuße> *m* bouquet *m* [de fleurs] **Blumentopf** *m* (*Topf*) pot *m* à fleurs; (*Topfpflanze*) pot *m* de fleurs, plante *f* [en pot] ► **jd kann mit etw keinen ~ gewinnen** *fam* qc de qn ne vaut pas tripette *fam* **Blumenvase** [-vaː-] *f* vase *m* **Blumenzwiebel** *f* bulbe *m*, oignon *m* à fleurs
blumig *adj* **1.** *Parfüm, Rasierwasser, Seife etc* fleuri(e)
2. *Wein* bouqueté(e)
3. *Stil, Sprache, Vergleich* fleuri(e); ***jd drückt sich ~ aus*** qn utilise un langage fleuri
Blunze <-, -n>, **Blunzen** <-, -> *f* AUS *fam* (*Blutwurst*) boudin *m*
Bluse <-, -n> *f* (*mit Kragen*) chemisier *m*; (*eleganter*) corsage *m*; (*Kittel~*) blouse *f*
► **pralle** ~ *sl* corsage bien rempli *fam*, amortisseurs *mpl* bien rembourrés *arg*; **jd fasst jdm in die** ~ *sl* qn lui met la main au corsage [*o* au balcon] *fam*; **jd hat was in der** ~ *sl* qn a une belle paire d'amortisseurs *arg*
Blust <-[e]s> *m o nt Ø* CH (*Blüte*) fleur *f*, bouton *m*; (*Blütezeit*) floraison *f*
Blut <-[e]s> *nt Ø* **1.** PHYSIOL sang *m*; ***jd spendet*** ~ qn donne son sang
2. (*Geblüt, Erbe*) sang *m*
► **jdm gefriert** [*o* **stockt**] [*o* **gerinnt**] [*o* **erstarrt**] **das ~ in den Adern** le sang de qn se glace [*o* se fige] dans ses veines; **jdm steigt** [*o* **schießt**] **das ~ in den Kopf** le sang lui monte à la tête [*o* au visage]; **jd schwitzt ~ und Wasser** *fam* qn sue sang et eau *fam*; **jd hat blaues** ~ qn est de sang bleu; **etw macht** [*o* **schafft**] [*o* **gibt**] **böses** ~ qc crée des rancœurs; **frisches** ~ du [*o* un apport de] sang frais; **jd hat heißes** [*o* **feuriges**] ~ qn a le sang chaud; ***zügle dein heißes*** ~! maîtrise ton tempérament!; **jd bewahrt kaltes** ~ qn garde [*o* conserve] son sang-froid; **[nur] ruhig** ~! du calme!; **etw geht [einem] ins** ~ qc [vous] fouette le sang; **jd hat ~ geleckt** qn y a pris goût; **jd hat etw im** ~, **etw liegt jdm im** ~ qn a qc dans le sang; **jd nimmt jdm ~ ab** qn fait une prise de sang à qn; **etw schwimmt in** ~ qc baigne dans une mare de sang; **es wird ~ vergossen, es fließt** ~ le sang coule, il y a effusion de sang; ***es wurde viel ~ vergossen*** le sang a coulé abondamment; **bis aufs** ~ *aussaugen, bekämpfen, unterdrücken* jusqu'à la mort; *reizen, ärgern, peinigen, hassen* à mort *fam*
Blut- **1.** (*das Blut betreffend*) du sang; (*voller Blut*) de sang; ~***krebs*** cancer du sang, leucémie; ~***ader*** veine; ~***fett*** cholestérol; ***eine b~reinigende Wirkung*** un effet de purification du sang; ~***reinigungstee*** tisane qui purifie le sang **2.** BOT rouge, pourpre; ~***haselnuss*** noisetier *m* à feuilles pourpres **Blutabnahme** *f* prise *f* de sang **Blutalkohol[gehalt]** *m* [taux *m* d']alcoolémie *f* **Blutandrang** *m* congestion *f* **blutarm** *adj* anémié(e), anémique **Blutarmut** *f* anémie *f* **Blutbad** *nt* bain *m* de sang, carnage *m* ► **jd richtet [unter ihnen] ein ~ an** qn fait un carnage [parmi eux/elles] **Blutbahn** *f* circuit *m* sanguin; ***etw geht direkt in die ~ über*** qc passe directement dans le sang **Blutbank** <-banken> *f* banque *f* du sang **blutbefleckt** *adj* taché(e) de sang **blutbeschmiert** *adj* couvert(e) [*o* maculé(e)] de sang **Blutbild** *nt* formule *f* sanguine, hémogramme *m*; ***jd macht [bei jdm] ein*** ~ qn fait un examen de la formule sanguine [de qn] **Blutblase** *f* ampoule *f* remplie de sang **Blutbuche** *f* BOT hêtre *m* rouge [*o* pourpre]
Blutdruck *m Ø* tension *f* [artérielle]; ***jd misst jds ~/bei jdm den*** ~ qn prend la tension de qn
► **hoher/niedriger** ~ hypertension *f*/hypotension *f*; ***jd hat zu hohen/niedrigen*** ~ qn fait de l'hypertension/l'hypotension
Blutdruckmesser <-s, -> *m* tensiomètre *m* **blutdrucksenkend** I. *adj* hypotenseur(-euse); ***ein ~es Mittel*** un hypotenseur II. *adv*: ***etw wirkt [leicht/stärker/stark]*** ~ qc a un effet [légèrement/fortement] hypotenseur
Blüte <-, -n> *f* **1.** BOT fleur *f*
2. (*das Blühen, Blütezeit*) floraison *f*
3. *geh* (*Elite*) ■ **die** ~ la fine fleur
4. *fam* (*falsche Banknote*) faux billet *m*
5. (*hoher Entwicklungsstand*) apogée *m*; ***die größte*** ~ l'apogée
► **in der ~ seiner/ihrer Jahre** dans la fleur de l'âge; **etw treibt merkwürdige** [*o* **seltsame**] [*o* **wunderliche**] **~n** qc prend des dimensions curieuses; **etw entfaltet sich zur vollen** ~ */Kultur/* qc atteint son apogée; **etw erreicht** [*o* **erlebt**] **seine** ~ qc atteint [*o* connaît] son apogée; **etw steht in [hoher/voller]** ~ */Baum/* qc est en [pleine] floraison; */Kultur, Kunst, Imperium, Handel, Zivilisation/* qc est à son apogée; **etw treibt ~n** qc fleurit; ***etw***

treibt die ersten ~n qc commence à fleurir
Blutegel *m* sangsue *f*
bluten *vi* ■ **jd blutet** [**an etw** (*dat*)/**aus etw**] qn saigne [à/de qc]; ■ **etw blutet** qc saigne; ***meine Nase blutet*** je saigne du nez
▸ **jd muss/soll** ~ *fam* (*bezahlen*) qn doit casquer *fam*; ***aber dann sollst du*** ~! ça va se payer! *fam*; ***er musste ganz schön*** ~ il a dû casquer un max *fam*
Blütenblatt *nt* pétale *m* **Blütenhonig** *m* miel *m* de fleurs **Blütenkelch** *m* calice *m* **Blütenknospe** *f* bouton *m* [de fleur] **Blütenstand** *m* inflorescence *f* **Blütenstaub** *m* pollen *m*
Blutentnahme *f* prise *f* de sang
Blütenzweig *m* rameau *m* en fleurs
Bluter(in) <-s, -> *m(f)* hémophile *mf*
Bluterguss^RR^ *m* hématome *m*, ecchymose *f*
Bluterkrankheit *f* hémophilie *f*
Blütezeit *f* **1.** (*Zeit des Blühens*) floraison *f*
2. (*Zeit hoher Blüte*) [*Kultur, Zivilisation, Staat*] apogée *m*, prospérité *f*
Blutfarbstoff *m* hémoglobine *f* **Blutfleck** *m* tache *f* de sang **Blutgefäß** *nt* vaisseau *m* sanguin **Blutgerinnsel** *nt* caillot *m* [de sang] **Blutgerinnung** *f* coagulation *f* **blutgierig** *adj geh* féroce, sanguinaire
Blutgruppe *f* groupe *m* sanguin; ***welche ~ haben Sie?*** quel est votre groupe sanguin?; ***jd hat*** [***die***] ~ ***A*** qn est du groupe A
▸ **jd bestimmt jds** ~ qn détermine le groupe sanguin de qn
Blutgruppenbestimmung *f* détermination *f* du groupe sanguin
Bluthochdruck *m* hypertension *f*; ***jd hat ~/leidet an*** ~ qn fait de l'hypertension/souffre d'hypertension; ***Patienten mit*** ~ les malades qui font de l'hypertension **Bluthusten** *m* hémoptysie *f*
blutig **I.** *adj* **1.** *Körperteil* en sang, ensanglanté(e); *Wäschestück, Kleidungsstück* taché(e) de sang; ***etw ist*** ~ qc est plein(e) de sang
2. GASTR saignant(e)
3. (*mit Blutvergießen verbunden*) sanglant(e)
4. *fam* (*völlig*) novice; ***ein ~er Anfänger*** un novice complet, un bleu *fam*; ***jd ist ein ~er Anfänger*** qn est totalement novice
II. *adv* jusqu'au sang; ***jd hat seine Kleidung ~ gemacht*** qn s'est mis du sang sur les vêtements
blutjung *adj* tout(e) [*o* très] jeune **Blutkonserve** [-və] *f* poche *m* de sang (*destinée à la transfusion*) **Blutkörperchen** *nt* globule *m* [du sang] ▸ **rotes/weißes** ~ globule rouge/blanc **Blutkreislauf** *m* circulation *f* sanguine [*o* du sang] **Blutlache** *f* mare *f* de sang **blutleer** *adj* **1.** *Tier* vidé(e) de son sang **2.** MED *Gesicht, Kopf* exsangue **Blutorange** [-orãʒə, -oraŋʒə] *f* sanguine *f* **Blutplasma** *nt* plasma *m* sanguin **Blutplättchen** <-s, -> *nt* plaquette *f* [sanguine] **Blutprobe** *f* prise *f* de sang; ***jd macht bei jdm eine*** ~ qn fait une prise de sang à qn **Blutrache** *f* vendetta *f* **Blutrausch** *m* délire *m* meurtrier, accès *m* de folie sanguinaire **blutrot** **I.** *adj liter Kapuze, Sonne* rouge sang; *Richtbeil, Richtblock, Guillotine, Schafott* rouge de sang, ensanglanté(e) **II.** *adv liter*: ***die Sonne färbte den Abendhimmel*** ~ le soleil ensanglantait le crépuscule *poét*; ~ ***unterlaufene Augen*** les yeux injectés de sang **blutrünstig** *adj* sanguinaire, assoiffé(e) de sang **Blutsauger** *m* (*Tier*) suceur *m* de sang **Blutsauger(in)** *m(f)* (*Ausbeuter*) suceur(-euse) *m(f)* de sang, affameur(-euse) *m(f)*
Blutsbruder *m* frère *m* de sang **Blutsbrüderschaft** *f* pacte *m* du sang
Blutschande *f* inceste *m* **Blutschuld** *f liter* faute *f* capitale; ***jd lädt*** [***eine***] ~ ***auf sich*** (*akk*) qn se rend coupable d'une faute capitale **Blutschwamm** *m* MED hémangiome *m* **Blutsenkung** *f* **1.** (*Messung*) sédimentation *f* du sang **2.** (*Untersuchung zur* ~) contrôle *m* de la vitesse de sédimentation ▸ **jd macht eine** ~ qn contrôle la vitesse de sédimentation du sang **Blutserum** *nt* sérum *m* sanguin **Blutspende** *f* don *m* du sang **Blutspenden** *nt* don *m* du sang **Blutspender(in)** *m(f)* donneur(-euse) *m(f)* de sang **blutstillend** **I.** *adj* hémostatique; ***~es Mittel*** hémostatique *m* **II.** *adv*: ***etw wirkt*** ~ qc a un effet hémostatique
Blutstropfen *m* goutte *f* de sang
▸ **bis zum letzten** ~ jusqu'à la dernière goutte de sang
Blutstuhl *m* selles *fpl* sanglantes **Blutsturz** *m* hémorragie *f*
blutsverwandt *adj* consanguin(e) **Blutsverwandte(r)** *f(m)* decl wie *adj* consanguin(e) *m(f)* **Blutsverwandtschaft** *f* consanguinité *f*
blutt *adj* CH (*nackt*) nu(e)
Bluttat *f geh* meurtre *m*, assassinat *m form*
▸ **jd begeht eine** ~ qn commet un meurtre
blütteln *vi* CH (*sich nackt zeigen*) ■ **jd blüttelt** [**irgendwo**] qn se met tout(e) nu(e) [quelque part]
Bluttransfusion *f* transfusion *f* sanguine; ***jd nimmt*** [***an jdm***] ***eine ~ vor*** qn fait une transfusion [à qn] **blutüberströmt** *adj* tout ensanglanté(e), tout en sang; ***sie fanden ihn ~ auf dem Pflaster*** ils l'ont trouvé baignant dans son sang sur le pavé **Blutübertragung** *f s.* **Bluttransfusion**
Blutung <-, -en> *f* saignement *m*, hémorragie *f*; (*Monats~*) règles *fpl*
▸ **innere ~en** hémorragie interne; **monatliche** ~ règles *fpl*
blutunterlaufen *adj Augen* injecté(e) de sang, ecchymosé(e); ***eine ~e Stelle*** une ecchymose **Blutuntersuchung** *f* analyse *f* de sang; ***jd führt eine ~ durch*** qn procède à une analyse de sang; ***jd nimmt*** [***an jdm***] ***eine ~ vor*** qn fait faire une analyse de sang [à qn] **Blutvergießen** <-s> *nt* ∅ *geh* effusion *f* de sang *souvent pl soutenu* **Blutvergiftung** *f* septicémie *f*, empoisonnement *m* du sang **Blutverlust** *m* perte *f* de sang **Blutwäsche** *f* hémodialyse *f* **Blutwurst** *f* boudin *m* [noir] **Blutzirkulation** *f* circulation *f* du sang **Blutzoll** *m geh* tribut *m* en vies humaines
Blutzucker *m* **1.** PHYSIOL glucose *m* du sang
2. MED *fam* sucre *m fam*
Blutzuckerspiegel *m* [taux *m* de] glycémie *f* **Blutzufuhr** *f* irrigation *f*; ■ **die ~ zu etw** l'irrigation de qc; ***bei unzureichender ~ im Gehirn*** en cas d'irrigation insuffisante du cerveau
BLZ *f abk von* **Bankleitzahl** code *m* banque

BND <-s> [beːʔɛnˈdeː] *m abk von* **Bundesnachrichtendienst**
Bö <-, -en> *f* rafale *f*
Boa <-, -s> *f* boa *m*
Bob <-s, -s> *m* bob[sleigh] *m*
Bobbahn *f* piste *f* de bob[sleigh] **Bobfahrer(in)** *m(f)* bobeur *m*
Boccia <-[s]> *nt*, <-> [ˈbɔtʃa] *f* ∅ jeu *m* de boules, pétanque *f*
Bock[1] <-[e]s, Böcke> *m* **1.** (*Reh~*) chevreuil *m*; (*Schafs~*) bélier *m*; (*Ziegen~*) bouc *m*; (*Kaninchen~*) bouquin *m*
2. *fam* (*Trotz*) tête *f* de mule *fam*; ***das ist nur ihr/sein*** ~ c'est une tête de mule
3. AUT (*Untergestell*) tréteau *m*
4. SPORT cheval *m* de bois
5. (*Kutsch~*) siège *m* du cocher
▸ **jd macht den ~ zum Gärtner** *fam* qn enferme [*o* laisse entrer] le loup dans la bergerie; **jd scheidet** [*o* **trennt**] **die Böcke von den Schafen** *fam* qn sépare le bon grain de l'ivraie; **alter** ~ *fam* vieux bouc; **geiler** ~ *fam* cochon *m fam*, satyre *m*; ***jd ist ein geiler*** ~ qn est un chaud lapin *fam*; **jd hat null** ~ [**auf etw** (*akk*)] *sl* ça fait chier qn [de faire qc] *pop*; ***jd hat null ~ auf nichts*** qn n'a envie de rien; **sturer** ~ *fam* tête *f* de mule [*o* de cochon] *fam*; **jd hat einen/seinen** ~ *fam* qn fait sa tête de mule [*o* de cochon] *fam*; **jd hat** ~ [**auf etw** (*akk*)] *sl* (*Lust*) qn a envie [de qc]; ***hast du auch ~ auf ein Bier?*** ça te dirait aussi de boire une bière?; **jd hat ~ etw zu tun** *sl* qn a envie de faire qc; ***hast/hättest du jetzt wohl ~ mit ins Kino zu gehen?*** ça te dirait d'aller au ciné avec moi? *fam*; **jd hat keinen** ~ [**auf etw** (*akk*)] *sl* qn n'a pas envie [de qc]; **jd hat keinen ~ etw zu tun** *sl* qn n'a pas envie de faire qc; **jd schießt einen** [**kapitalen**] ~ *fam* qn se plante [complètement] *fam*, qn fait une [grosse] gaffe *fam*; **jd stinkt wie ein** ~ *fam* qn pue comme un bouc *fam*
Bock[2] <-s, -> *nt s.* **Bockbier**
bockbeinig *adj fam* buté(e), têtu(e) comme une bourrique *fam*
Bockbier *nt* bière *f* forte
bocken *vi* **1.** (*störrisch sein*) ■ **ein Tier bockt** un animal refuse d'avancer; ■ **ein Tier bockt** [**vor etw** (*dat*)] un animal se dérobe [devant qc]
2. *fam* ■ **etw bockt** /*Auto*/ qc a un soubresaut/des soubresauts; /*Motor*/ qc tousse *fam*
3. *fam* (*trotzig sein*) ■ **jd bockt** qn fait la tête
bockig *adj fam* récalcitrant(e), rétif(-ive); ***ein ~es Kind*** une forte tête; ***sei nicht so ~!*** arrête de faire la [*o* ta] mauvaise tête!
Bockleiter *f* échelle *f* double **Bockmist** *m sl* (*Unsinn*) conneries *fpl fam*
▸ **jd macht** [*o* **baut**] ~ qn fait une connerie/des conneries
Bocksbeutel *m* (*Flasche*) bouteille *f* à large panse; (*Frankenwein*) vin *m* de Franconie **Bockshorn** *nt* ▸ **jd lässt sich** [**von jdm**] **ins ~ jagen** *fam* qn se laisse intimider [par qn]
Bockspringen *nt* ∅ saut *m* au cheval de bois; ***jd macht*** ~ qn fait du cheval de bois **Bocksprung** *m* **1.** (*Sprung über Menschen*) saute-mouton *m* **2.** SPORT saut *m* au cheval de bois **Bockwurst** *f* saucisse *f* (*réchauffée à l'eau bouillante*)
Boden <-s, Böden> *m* **1.** (*Erde, Grundfläche*) sol *m*
2. (*Erdreich*) terre *f*, sol *m*; (*Acker*) sol *m*
3. ∅ (*Grundbesitz*) terrain *m*, terres *fpl*; (*Terrain*) territoire *m*, sol *m*
4. (*Fuß~*) sol *m*
5. (*Teppich~*) moquette *f*
6. (*Dach~*) grenier *m*
7. (*unterer Teil*) [*Behälter, Büchse, Dose, Glas*] fond *m*; [*Flasche a.*] cul *m*; [*See, Meer, Teich, Kanal, Fluss etc*] fond *m*
8. (*Torten~*) fond *m* de tarte
9. (*Grundlage*) base *f*, terrain *m*; ***einer S.*** (*dat*) ***wird der ~ entzogen*** qc se retrouve dénué(e) de tout fondement
▸ **jd hat** [**wieder**] **festen ~ unter den Füßen** qn se [re]trouve sur la terre ferme; **jd verliert den ~ unter den Füßen** qn perd pied; (*fällt in ein Loch*) le sol se dérobe sous les pieds de qn; **jd zieht jdm den ~ unter den Füßen weg** qn retire à qn son gagne-pain; **jd bleibt auf dem ~ der Tatsachen** qn s'en tient aux faits; **jd steht auf dem ~ der Wirklichkeit** qn a [*o* reste] les pieds sur terre; **jd ist** [**wieder**] **auf festem** ~ qn a repris pied; **etw fällt** [**bei jdm**] **auf fruchtbaren** ~ qc trouve une oreille attentive [chez qn]; **jdm wird der ~** [**unter den Füßen**] **zu heiß, jdm brennt der ~ unter den Füßen** le sol lui brûle sous les pieds, ça sent le roussi pour qn; **jd bewegt sich auf schwankendem** [*o* **unsicherem**] ~ qn se trouve sur un terrain mouvant; **jd bereitet jdm/einer S. den** ~ qn prépare le terrain à qn/qc; **jd bringt jdn unter den** ~ CH (*ist jds Tod*) qn envoie qn au cimetière; **jd fällt/sinkt** *geh*/**gleitet** *geh* **zu** ~ qn s'écroule, qn s'effondre *soutenu*; **jd geht zu** ~ qn va au tapis; **jd/etw gewinnt** [**gegenüber jdm/etw**] **an** ~ qn/qc gagne du terrain [sur qn/qc]; **jd macht** [**gegenüber jdm/etw**] ~ **gut** [*o* **wett**] qn regagne du terrain [sur qn/qc]; **jd redet etw** [**mit jdm**] **zu** ~ CH (*spricht gründlich durch*) qn discute à fond de qc [avec qn]; **er/sie reißt jdn** [**mit sich**] **zu** ~ il/elle entraîne qn au sol [avec lui/elle]; **jd schlägt jdn zu** ~ qn envoie qn au tapis; **etw schießt aus dem** ~ /*Saat, Unkraut*/ qc pousse comme un rien; /*Gebäude, neue Firma, neue Zeitung*/ qc pousse comme un champignon/des champignons; **jd stampft etw aus dem** ~ *Gebäude, Stadt* qn fait jaillir qc du sol; **jd/ein Tier streckt jdn zu** ~ *geh* qn/un animal terrasse qn *soutenu*; **jd verliert** [**gegenüber jdm/etw**] **an** ~ qn perd du terrain [sur qn/qc]; **jd könnte** [**vor Scham**] **im ~ versinken** qn voudrait disparaître sous terre; **jd ist am ~ zerstört** *fam* (*erschöpft*) qn est complètement claqué(e) *fam*; (*mitgenommen*) qn est complètement abattu(e) [*o* démoralisé(e)]; **durch alle Böden** [**hindurch**] CH (*um jeden Preis*) à n'importe quel prix
Bodenbelag *m* revêtement *m* de sol; (*aus Keramik, Stein, Marmor*) dallage *m* **Bodenbeschaffenheit** *f* **1.** AGR, HORT nature *f* du sol **2.** [état *m* du] terrain *m*; [*Sportplatz, Piste etc*] état *m*
Boden-Boden- MIL ... sol-sol
Bodendecker <-s, -> *m* plante *f* tapissante **Bodenerhebung** *f* éléva-

tion *f* de terrain, butte *f* **Bodenfrost** *m* gelée *f* au sol **Bodenhaftung** *f* adhérence *f* au sol **Bodenkontrolle** *f* RAUM tour *f* de contrôle

bodenlos I. *adj* 1. (*unerhört*) inouï(e), incroyable
2. (*sehr tief*) *Abgrund, Tiefe* sans fond
▸ **etw fällt ins B~e** qc est en chute libre, qc dégringole
II. *adv* extraordinairement; ***ich finde das ~ gemein/ unverschämt von dir!*** je trouve ça parfaitement dégueulasse/vraiment gonflé de ta part! *fam*

Boden-Luft- MIL … sol-air

Bodennebel *m* brouillard *m* [au sol] **Bodenpersonal** *nt* personnel *m* au sol **Bodenreform** *f* réforme *f* agraire, remembrement *m* **Bodensatz** *m* dépôt *m;* [*Kaffee*] marc *m;* [*Wein*] lie *f;* (*Sediment*) sédiment *m,* résidu *m; fig* (*Abschaum*) rebut *m* **Bodenschätze** *pl* richesses *fpl* minières **Bodenschwelle** *f* ralentisseur *m*

Bodensee *m* ■ **der** ~ le lac de Constance

Bodensicht *f* AVIAT visibilité *f* au sol **Bodenspekulation** *f* spéculation *f* foncière **bodenständig** *adj* 1. (*lange ansässig*) autochtone 2. (*unkompliziert*) *Mensch* sans façon, nature; *Methode* simple; *Firma* solide, bien établi(e) **Bodenstation** *f* RAUM station *f* au sol **Bodenturnen** *nt* gymnastique *f* [*o* exercices *mpl*] au sol **Bodenvase** [-va:zə] *f* grand vase *m* (*posé par terre*) **Bodenwelle** *f* dos *m* d'âne, ondulation *f* de terrain

Body <-s, -s> ['bɔdi] *m* body *m,* justaucorps *m*

Bodybuilding <-s> ['bɔdibɪldɪŋ] *nt* ∅ culturisme *m,* body-building *m*
▸ **jd macht** ~ qn fait du culturisme [*o* du body-building]

bog *imp von* **biegen**

Bogen <-s, - *o* ̈-> *m* 1. (*Linie*) arc *m;* [*Fluss*] coude *m;* MATH arc *m*
2. (*Papier~*) feuille *f*
3. (*Schusswaffe*) arc *m*
4. (*Geigen~ etc*) archet *m;* (*zwischen zwei Noten*) [signe *m* de] liaison *f*
5. ARCHIT arc *m,* arceau *m;* [*Wölbung a.*] cintre *m;* [*Brücke*] arche *f*
▸ **in hohem** ~ à la volée; *hinausfliegen, hinauswerfen* à toute volée; ***das Wasser spritzte in hohem ~ weg*** l'eau jaillissait en un large arc de cercle; **jd fährt einen** ~ qn fait un détour; **jd hat den ~ heraus** *fam* qn a trouvé le truc *fam;* **etw macht einen** ~ */Fluss, Straße/* qc fait un coude; **jd macht einen [großen] ~ um jdn/etw** qn évite qn/qc; **jd überspannt den** ~ qn tire trop sur la ficelle [*o* la corde]

Bogenfenster *nt* fenêtre *f* cintrée **bogenförmig** *adj* arqué(e), en forme d'arc **Bogengang** <-gänge> *m* arcades *fpl* **Bogenlampe** *f* lampe *f* à arc **Bogenschießen** *nt* tir *m* à l'arc **Bogenschütze** *m,* **-schützin** *f* archer *m;* SPORT tireur(-euse) *m(f)* à l'arc **Bogensehne** *f* corde *f* de l'arc

Boheme <-> [bo'ɛ:m, bo'hɛ:m] *f* ∅ *geh* bohème *f*

Bohemien <-s, -s> [boe'mjɛ̃, bohe'mjɛ̃] *m geh* bohème *mf vieilli*

Bohle <-, -n> *f* madrier *m;* EISENBAHN traverse *f*

Böhme <-n, -n> *m,* **Böhmin** *f* Bohémien(ne) *m(f)*

Böhmen <-s> *nt* la Bohême

böhmisch *adj* bohémien(ne)
▸ **jdm kommt etw ~ vor** *fam* qc ne paraît pas très catholique à qn *fam*

Bohne <-, -n> *f* 1. BOT, GASTR haricot *m*
2. (*Kaffee~*) grain *m* [de café]
▸ **du hast wohl/hast du ~n in den Ohren!** *fam* t'as les oreilles bouchées, ma parole! *fam,* t'as les portugaises ensablées! *fam;* **blaue ~n** *veraltet sl* des pruneaux *arg;* **dicke ~n** fèves *fpl;* **grüne/rote/weiße ~n** haricots verts/rouges/blancs; **nicht die ~!** *fam* [mais] pas du tout!, absolument pas!; ***das kümmert mich nicht die ~!*** je m'en fiche comme de l'an quarante [*o* comme de ma première culotte]! *fam*

Bohneneintopf *m* potée *f* de haricots, ≈ cassoulet *m* **Bohnenkaffee** *m* café *m;* (*ungemahlen*) café *m* en grains **Bohnenkraut** *nt* sarriette *f* **Bohnenstange** *f* 1. HORT rame *f* 2. *hum fam* grand échalas *m fam,* grande perche *f fam* **Bohnenstroh** *nt* ▸ **dumm wie** ~ *fam* bête à manger du foin *fam* **Bohnensuppe** *f* soupe *f* aux haricots

Bohner <-s, -> *m,* **Bohnerbesen** *m* cireuse *f*

bohnern I. *vt* ■ **jd bohnert etw** qn cire qc; ***Vorsicht, frisch gebohnert!*** attention, parquet ciré!
II. *vi* ■ **jd bohnert** qn passe la cireuse; ■ **das B~** le cirage [du parquet]; ***bist du schon mit dem B~ fertig?*** as-tu fini de cirer le parquet?

Bohnerwachs [-vaks] *nt* encaustique *f,* cire *f*

bohren I. *vt* 1. (*ein Loch machen*) ■ **jd bohrt etw** *Brunnen* qn creuse qc, qn fore qc; ■ **jd bohrt etw [in etw** (*akk*)**]** *Loch* qn perce qc [dans qc]; *in Erde, Sand* qn creuse qc [dans qc]
2. TECH ■ **jd bohrt etw** *Beton, Glas, Holz, Metall* qn perce qc
3. HORT ■ **ein Tier bohrt etw** *Gang, Fraßgang, Loch* un animal creuse qc
4. (*hineinstoßen*) ■ **jd bohrt etw in etw** (*akk*) qn enfonce qc dans qc
II. *vi* 1. (*stochern*) ■ **jd bohrt in etw** (*dat*) *in Mund, Nase, Ohr etc* qn met ses doigts dans qc; ***er bohrt [mit dem Zahnstocher] zwischen den Zähnen*** il se cure les dents [avec un cure-dent]; ***jd bohrt im Ohr*** qn se gratte dans l'oreille
2. MED ■ **jd bohrt** */Zahnarzt/* qn passe la roulette
3. MIN ■ **jd bohrt nach etw** *nach Bodenschätzen, Erdgas, Erdöl* qn effectue des forages pour trouver qc; ***jd bohrt irgendwo um etw zu finden*** qn prospecte qc [*o* quelque part] pour trouver qc
4. (*hartnäckig fragen*) ■ **jd bohrt** qn revient à la charge [avec insistance]
5. (*nagen*) ■ **etw bohrt [in jdm]** */Zweifel etc/* qc ronge qn; */Schmerz/* qc est lancinant(e); ***hier im Zahn bohrt es!*** ça lance ici dans la dent!
III. *vr* ■ **jd/etw bohrt sich in etw** (*akk*)**/durch etw** *in Körper, Körperteil, Erdreich, Felsen* qc s'enfonce dans qc; *durch Erdreich, Felsen* qn/qc perce [*o* perfore] qc

bohrend *adj Schmerz* lancinant(e); *Selbstzweifel, Zweifel, Ungewissheit* harcelant(e), torturant(e); *Reue* cuisant(e); *Hunger, Frage* pressant(e); *Blick* perçant(e)

Bohrer <-s, -> *m* 1. *fam* (*Bohrmaschine*) perceuse *f;* (*Bohreinsatz*) mèche *f*
2. (*Hand~*) vrille *f,* chignole *f*
3. [*Zahnarzt*] fraise *f*

Bohrfeld *nt* champ *m* pétrolifère **Bohrinsel** *f* plate-forme *f* de forage [*o* pétrolière] **Bohrloch** *nt* 1. MIN puits *m* de forage 2. (*gebohrtes Loch*) trou *m* [de perçage] **Bohrmaschine** *f* perceuse *f* [électrique] **Bohrturm** *m* derrick *m,* tour *f* de forage

Bohrung <-, -en> *f* 1. (*das Bohren*) ■ **die/eine ~ nach etw** le/un forage pour trouver qc; (*Probe~*) sondage *m*
2. (*Bohrloch*) forage *m*
▸ **jd bringt eine ~ nieder** qn effectue un forage

böig I. *adj Wetter* venteux(-euse); ~***er Wind*** rafale *f* de vent, vent *m* en rafales; ***der Wind wird*** ~ le vent se met à souffler en rafales
II. *adv:* ***der Wind frischt ~ auf*** le vent se rafraîchit en soufflant en rafales

Boiler <-s, -> *m* chauffe-eau *m;* ***jd stellt [sich (dat)] den ~ an*** qn branche [*o* allume] le chauffe-eau

Boje <-, -n> *f* bouée *f,* balise *f*

Bolero <-s, -s> *m* MUS, COUT boléro *m*

Bolivien <-s> [bo'li:viən] *nt* la Bolivie

bollern *vi* DIAL ■ **jd bollert [mit etw] gegen etw** qn tambourine contre qc [avec qc]

Böllerschuss[RR] *m* salve *f* d'artillerie, coup *m* de canon

Bollwerk *nt geh* bastion *m*

Bolschewik(in) <-en, -en *o* -i> *m(f) s.* **Bolschewist**

Bolschewismus <-> *m* ∅ bolchevisme *m*

Bolschewist(in) <-en, -en> *m(f)* bolcheviste *mf,* bolchevik *mf*

bolschewistisch *adj* bolchevique

bolzen I. *vi fam* (*Fußball spielen*) ■ **jd bolzt** qn joue au foot *fam;* ***wir gehen ~*** on va faire un foot *fam*
II. *vt fam* ■ **jd bolzt etw irgendwohin** qn envoie qc d'un coup de pied quelque part; ***er bolzte den Ball an den Pfosten*** il a tiré [*o* il a envoyé un boulet] sur le poteau

Bolzen <-s, -> *m* 1. TECH boulon *m*
2. (*Geschoss*) flèche *f*

Bolzenschneider *m* coupe-boulon *m*

Bombardement <-s, -s> [bɔmbardə'mã:] *nt* 1. MIL bombardement *m*
2. *geh* ■ **ein ~ von etw** *von Werbeschriften etc* un flot de qc, une avalanche de qc; *von Fragen a.* un feu nourri de qc

bombardieren * *vt* 1. MIL: ***jd/ etw bombardiert jdn/ etw [mit Bomben]*** qn/qc bombarde qn/qc; ***jd/ etw bombardiert jdn/ etw [mit Granaten]*** qn/qc pilonne qn/qc
2. *geh* (*überschütten*) ■ **jd bombardiert jdn mit etw** *mit Fragen, Vorwürfen* qn assaille qn de qc

Bombardierung <-, -en> *f* 1. MIL (*mit Bomben*) bombardement *m;* (*mit Granaten*) pilonnage *m*
2. *geh* ■ **die ~ mit etw** *mit Vorwürfen* l'avalanche de qc; *mit Fragen a.* le feu nourri de qc

Bombast <-[e]s> *m* ∅ *pej* 1. (*Schwulst*) emphase *f,* grandiloquence *f*
2. (*Pomp*) pompe *f*

bombastisch I. *adj pej* 1. (*schwülstig*) ronflant(e), pompeux(-euse); *Phrase, Rede a.* ampoulé(e); *Sprache* ampoulé(e)
2. (*pompös*) pompeux(-euse)
II. *adv* 1. *sich ausdrücken, reden* de façon ampoulée, pompeusement
2. (*pompös*) de façon pompeuse

Bombe <-, -n> *f* 1. MIL bombe *f;* ■ **die** ~ (*die A-Bombe*) la bombe atomique [*o* A]
2. (*Geld~*) obus *m,* étui *m*
3. FBALL *sl* (*harter Schuss*) boulet *m arg,* tir *m* terrible
▸ **jd/etw belegt etw mit ~n** qn/qc bombarde qc; **die ~ platzt** *fig* la nouvelle éclate comme une bombe; **etw schlägt wie eine ~ ein** qc fait l'effet d'une bombe

Bomben- 1. MIL de bombes; ~**alarm** alerte *f* à la bombe; (*Fliegeralarm*) alerte *f* aérienne 2. *fam* (*hervorragend*) en or, sensationnel(le) **Bombenangriff** *m* bombardement *m;* (*Luftangriff*) raid *m* aérien **Bombenanschlag** *m* attentat *m* à la bombe **Bombendrohung** *f* alerte *f* à la bombe **Bombenerfolg** *m fam* succès *m* fou [*o* monstre] *fam* ▸ **etw ist ein** ~ qc fait un tabac *fam* **bombenfest** *adv fam haften, kleben, sitzen* comme du béton *fam* **Bombengeschäft** *nt fam* affaire *f* en or ▸ **jd macht ein ~ [mit etw]** qn fait de bonnes affaires [*o* des affaires juteuses *fam*] [avec qc] **bombensicher** I. *adj* 1. MIL anti-bombe, à l'épreuve des bombes 2. *fam Gewinn, Tipp* absolument sûr(e); ***etw ist eine ~e Sache*** qc est dans la poche *fam,* qc est couru(e) d'avance *fam* II. *adv lagern, unterbringen* à l'abri des bombes **Bombensplitter** *m* éclat *m* de bombe[s] **Bombenteppich** *m* tapis *m* de bombes; ***etw wird mit einem ~ belegt*** qc subit un déluge de bombes **Bombentrichter** *m* cratère *m* [*o* entonnoir *m*] de bombe[s]

Bomber <-s, -> *m* bombardier *m*

Bommel <-, -n> *f* DIAL pompon *m*

Bon <-s, -s> [bɔŋ, bõ:] *m* 1. (*Kassenzettel*) ticket *m* [*o* bon *m*] de caisse
2. (*Gutschein*) bon *m,* avoir *m*

Bonbon <-s, -s> [bɔŋ'bɔŋ, bõ'bõ:] *nt o m* 1. (*Süßigkeit*) bonbon *m*
2. (*etwas Besonderes*) gâterie *f*

-bonbon [-bɔŋbɔŋ, -bõbõ:] *nt o m* bonbon *m* au/à la; ***Husten~*** pastille *f* contre la toux

bonbonfarben *adj,* **bonbonfarbig** [bɔŋ'bɔŋ-] *adj* de couleur voyante, [de] couleur bonbon

Bonbon[n]iere[RR] <-, -n> [bɔŋbɔ'nie:rə, bɔŋbɔ'niɛ:rə] *f* (*Schachtel*) bonbonnière *f;* (*mit Inhalt*) boîte *f* de pralines

bongen *vt fam* ■ **jd bongt etw** qn enregistre qc
▸ **[das ist] gebongt!** *sl* sûr!, pas de problème! *fam*

Bonität <-, -en> *f* solvabilité *f*
Bonmot <-s, -s> [bõ'mo:] *nt geh* bon mot *m,* mot *m* d'esprit
Bonn <-s> *nt* Bonn
Bonus <- *o* -ses, - *o* -se> *m* **1.** (*Schadenfreiheitsrabatt*) bonus *m*
2. (*Punktvorteil*) bonification *f;* (*Kandidatenvorteil*) bonus *m,* avantage *m*
Bonze <-n, -n> *m* **1.** *pej* ponte *m fam,* bonze *m fam*
2. REL bonze *m*
Booklet <-s, -s> ['bʊklɪt] *nt* livret *m*
Bookmark <-, -s> ['bʊkma:k] *f* INFORM signet *m*
Boom <-s, -s> [bu:m] *m* boom *m;* BÖRSE *a.* envolée *f* des valeurs; ***ein ~ bei Antiquitäten*** un boom sur les antiquités
boomen ['bu:mən] *vi* ■ **etw boomt** qc connaît un boom
Boot <-[e]s, -e> *nt* bateau *m;* (*Segel~*) voilier *m,* bateau *m* à voiles; (*Ruder~*) canot *m,* barque *f*
▸ **jd fährt ~** qn fait du bateau; **sie sitzen alle in einem** [*o* **im gleichen**] **~** ils/elles sont tous logés/toutes logées à la même enseigne
Bootsbauer(in) <-s, -> *m(f)* constructeur(-trice) *m(f)* de bateaux **Bootsfahrt** *f* promenade *f* en bateau **Bootsflüchtling** *m* boat people *m inv* **Bootshaus** *nt* hangar *m* à bateaux **Bootslänge** *f* longueur *f* [de bateau] **Bootsmann** <-leute> *m* NAUT quartier-maître *m;* MIL premier-maître *m* **Bootssteg** *m* ponton *m* **Bootsverleih** *m* location *f* de bateaux **Bootsverleiher(in)** *m(f)* loueur(-euse) *m(f)* de bateaux
Bor <-s> *nt* ∅ CHEM bore *m*
Borax <-[es]> *m* ∅ borax *m*
Bord[1] <-[e]s> *m* ▸ **frei an ~** franco de bord, F.O.B; **jd geht/kommt an ~** qn monte à bord, qn embarque; **jd geht über ~** qn passe par-dessus bord; **jd geht von ~** qn débarque; **jd/etw nimmt jdn/etw an ~** qn/qc embarque qn/qc, qn/qc prend qn/qc à [son] bord; **jd springt über ~** qn saute par-dessus bord; **jd wirft jdn/etw über ~** *Abfall, Passagier* qn jette qn/qc par-dessus bord; **jd wirft etw über ~** *fig* qn met qc au panier; **an ~** à bord; [**Mann/Hund/Kind**] **über ~**! [un homme/un chien/un enfant] à la mer!
Bord[2] <-[e]s, -e> *nt* (*Wandbrett*) tablette *f,* étagère *f*
Bord[3] <-[e]s, -e> *nt* CH (*Rand*) bord *m;* (*Böschung*) talus *m*
Bord- NAUT, AVIAT de bord; ***b~eigen*** de bord; ***mit b~eigenen Duschen*** avec douches à bord **Bordbuch** *nt* journal *m* de bord **Bordcomputer** [-kɔmpju:tɐ] *m* ordinateur *m* de bord [*o* embarqué]
Bordell <-s, -e> *nt* maison *f* close; ***jd geht ins ~*** qn va voir les filles, qn va au bordel *vulg*
Bordellwirt(in) *m(f) form* tenancier(-ière) *m(f)* de maison close
Bordfunk *m* radio *f* de bord **Bordkarte** *f* carte *f* d'embarquement
Bordstein *m* bordure *f* de trottoir
▸ **jd nimmt den ~ mit** *fam* qn se paie la bordure *fam*
Bordsteinkante *f* bordure *f* de trottoir
Bordüre <-, -n> *f* bordure *f,* galon *m*
Bordwaffen *pl* armes *fpl* de bord **Bordwand** *f* NAUT bordage *m;* AVIAT paroi *f* latérale
borgen I. *vr* ■ **jd borgt sich** (*dat*) **etw** [**von jdm**] qn emprunte qc [à qn]
II. *vt* ■ **jd borgt jdm etw** qn prête qc à qn
Borke <-, -n> *f* **1.** BOT écorce *f*
2. NDEUTSCH (*Kruste über Wunde*) croûte *f*
Borkenkäfer *m* bostryche *m*
Born <-[e]s, -e> *m* **1.** *liter* (*Quelle*) fontaine *f,* source *f*
2. *geh* (*Ursprung, Quell*) source *f*
borniert *adj pej* (*eingebildet*) prétentieux(-euse); (*engstirnig*) borné(e), étroit(e)
Bor[r]etsch <-[e]s> *m* ∅ bourrache *f*
Borsalbe *f* vaseline *f* boriquée
Börse <-, -n> *f* **1.** (*Wertpapierhandel, Gebäude*) Bourse *f*
2. (*Geldbeutel*) porte-monnaie *m*
Börsen- *-abschwung, -eröffnung, -ordnung, -tendenzen, -zulassung* de la Bourse; *-spekulant, -spekulation* en Bourse, boursier(-ière); *-handel, -platz* boursier(-ière); *-gesellschaft, -umsatz* de Bourse; ***~aufsicht*** commission *f* des opérations de Bourse; ***~auftrag*** ordre *m* de Bourse; ***~einführung*** introduction *f* en Bourse; ***~termingeschäft*** opération *f* de Bourse à terme; ***~umsatzsteuer*** impôt *m* sur les opérations de Bourse **Börsenbeginn** *m* ouverture *f* de la Bourse; ***bei ~*** à l'ouverture **Börsenbericht** *m* bulletin *m* de la Bourse **Börsengeschäft** *nt* opération *f* boursière **Börsenkrach** *m* krach *m* [boursier] **Börsenkurs** *m* cours *m* de Bourse **Börsenmakler(in)** *m(f)* agent *m* de change, boursier(-ière) *m(f)* **Börsennotierung** *f* cotation *f* en Bourse **Börsenschluss**[RR] *m* ∅ clôture *f* de la Bourse; ***bei ~*** à la clôture **Börsentipp**[RR] *m fam* tuyau *m* boursier *fam*
Börsianer(in) <-s, -> *m(f) fam* **1.** (*Börsenmakler*) boursier(-ière) *m(f)*
2. (*Spekulant*) boursicoteur(-euse) *m(f)*
Borste <-, -n> *f* **1.** (*Schwein*) soie *f*
2. (*Bürste*) poil *m;* (*feine ~*) soie *f*
3. *pl fam* (*Stoppelhaar*) poils *mpl* [ras]
Borstenvieh *nt hum fam* porcs *mpl;* ■ **das ~** la gent porcine *hum*
borstig *adj* poilu(e), hérissé(e)e de poils
Borte <-, -n> *f* bordure *f,* galon *m*
Borwasser *nt* eau *f* boriquée
bös *adj s.* **böse**
bösartig *adj* **1.** *Tier* méchant(e); *Mensch, Wesen, Verleumdung a.* malfaisant(e)
2. MED malin(-igne)
Bösartigkeit <-, -en> *f* **1.** (*Tücke*) méchanceté *f*
2. MED malignité *f*
Böschung <-, -en> *f* (*Straße, Bahndamm*) talus *m;* (*Fluss, Kanal*) berge *f*
böse I. *adj* **1.** (*übel wollend*) *Mensch, Grinsen, Lächeln, Gesichtsausdruck* méchant(e); *Dämon, Geist* mauvais(e); *Fee* méchant(e) *antéposé; Kräfte* maléfique
2. *fam* (*unartig*) vilain(e); ***du ~s Kind!*** sale gosse!, [espèce de] vilain!
3. *attr* (*unangenehm*) *Angelegenheit, Sache* vilain(e) *antéposé,* sale *antéposé; Folgen, Konsequenzen* fâcheux(-euse); *Streich* mauvais(e) *antéposé; Zeit* dur(e), difficile
4. (*verärgert*) *Gesicht* fâché(e), en colère; ■ **jd ist ~** [**auf jdn/mit jdm**] qn est fâché(e) [*o* en colère] [contre qn]
5. *fam Körperteil, Eiterpickel, Furunkel* infecté(e); *Wunde* mauvais(e) *antéposé; Krankheit* grave, pernicieux(-euse); ***ein ~er Pickel*** un méchant bouton *fam;* ***Ihr Husten hört sich ~ an*** vous avez une méchante toux *fam*
6. *fam* (*verstärkend*) *Enttäuschung, Reinfall* énorme; *Zufall, Sturz, Unfall* malheureux(-euse)
▸ **sei** [**mir**]**/seien Sie** [**mir**] **nicht ~, aber ...** ne m'en veux pas/ne m'en veuillez pas, mais ...; ***ich hoffe, Sie sind mir nicht ~, wenn ...*** j'espère que vous ne m'en voudrez pas si ...; [**sie trennen sich**] **im B~n,** [**sie gehen**] **im B~n** [**auseinander**] [ils/elles se quittent] fâché(e)s
II. *adv* **1.** (*übel wollend*) méchamment, avec méchanceté
2. *fam* (*sehr*) bien
▸ **etw geht ~ aus** qc se termine mal; **jd ist ~ dran** qn est en mauvaise posture, qn est dans une situation critique; **jd meint etw nicht ~** qn ne pense pas à mal en faisant/disant qc; ***meine Kritik war nicht ~ gemeint*** je ne pensais pas à mal en faisant cette critique; **etw sieht ~ aus** / *Wunde, Verletzung, Entzündung*/ qc n'est pas beau(belle) [à voir]; **das/es sieht ~** [**für jdn**] **aus** ça se présente mal [pour qn]
Böse(r) *f(m) decl wie adj* **1.** CINE, THEAT méchant *m*
2. *geh* (*Teufel*) ■ **der ~** le malin
Böse(s) *nt decl wie adj* **1.** (*das Schlechte*) ■ **das ~** le mal
2. (*Übles*) ■ [**etwas**] **~s** quelque chose de mal; ***jd will jdm etwas ~s antun*** qn veut faire du mal à qn; ■ **nichts ~s** rien de mal
▸ **erlöse uns von dem ~n** délivre-nous du mal
Bösewicht <-[e]s, -e *o* -er> *m* **1.** *fam* méchant *m fam;* ***du ~!*** espèce de vilain!
2. *hum veraltet* (*Schurke*) coquin *m vieilli,* gredin *m vieilli*
boshaft I. *adj Mensch, Gesichtsausdruck, Bemerkung* méchant(e); *Grinsen, Lächeln a.* malveillant(e); ***ein ~er Mensch*** une méchante personne
II. *adv* méchamment
Bosheit <-, -en> *f* méchanceté *f*
▸ **aus** [**lauter**] **~** par [pure] méchanceté
Boskop <-s, -> *m* boskoop *f*
Bosnien <-s> ['bɔsniən] *nt* la Bosnie
Bosnien-Herzegowina <-s-> ['bɔsniən-] *nt* la Bosnie-Herzégovine
Bosnier(in) <-s, -> ['bɔsniɐ] *m(f)* Bosniaque *mf*
bosnisch *adj* bosniaque
Boss[RR] <-es, -e>, **Boß** <-sses, -sse> *m fam* boss *m fam,* patron *m*
böswillig I. *adj Bemerkung* méchant(e); *Plan* malveillant(e); JUR *Absicht, Verlassen* délictueux(-euse)
II. *adv* avec malveillance; ***entschuldigen Sie, es geschah nicht ~!*** excusez-moi, c'était sans mauvaise intention de ma part!
Böswilligkeit <-> *f* ∅ méchanceté *f,* malveillance *f;* ***es war keine ~*** c'était sans mauvaise intention
▸ **aus** [**lauter**] **~** par [pure] méchanceté
bot *imp von* **bieten**
Botanik <-> *f* ∅ botanique *f*
Botaniker(in) <-s, -> *m(f)* botaniste *mf*
botanisch *adj* botanique
Botanisiertrommel *f* boîte *f* d'herboriste
Bote <-n, -n> *m,* **Botin** *f* **1.** (*Kurier*) messager(-ère) *m(f);* (*Firma, Kanzlei*) commissionnaire *mf;* (*Zeitungs~*) porteur(-euse) *m(f)* de journaux; COM (*Laufbursche*) coursier(-ière) *m(f);* DIAL (*Post~*) facteur(-trice) *m(f)*
2. *geh* (*Anzeichen*) messager(-ère) *m(f) littér*
Botendienst *m* tâche *f* de coursier **Botengang** <-gänge> *m* commission *f,* course *f;* ***jd macht*** [*o* ***erledigt***] [***für jdn***] ***einen ~*** qn fait [*o* effectue] une course [pour qn]
Botschaft[1] <-, -en> *f* **1.** (*Nachricht*) nouvelle *f;* (*Mitteilung, offizielle Nachricht*) message *m;* ***eine wichtige ~ für den Direktor*** un message important pour le directeur
2. (*ideologische Aussage*) message *m*
▸ **die Frohe ~** la bonne nouvelle
Botschaft[2] <-, -en> *f* POL ambassade *f*
Botschafter(in) <-s, -> *m(f)* ambassadeur(-drice) *m(f)*
Bott <-[e]s, -e> *nt* CH assemblée *f* générale [des membres]
Böttcher(in) <-s, -> *m(f)* tonnelier(-ière) *m(f)*
Bottich <-[e]s, -e> *m* baquet *m,* bac *m*
Bouclé <-s, -s> [bu'kle:] *nt* (*Garn*) bouclette *f;* (*Wolle*) laine *f* bouclette
Bouillon <-, -s> [bʊl'jɔŋ, bʊl'jõ:] *f* bouillon *m* gras, consommé *m*
Bouillonwürfel [bʊl'jɔŋ-, bʊl'jõ:-] *m* tablette *f* de bouillon concentré, cube *m* de bouillon
Boulevard <-s, -s> [bulə'va:ɐ] *m* boulevard *m*
Boulevardblatt [bulə'va:ɐ-] *nt fam* journal *m* à sensation **Boulevardpresse** *f fam* presse *f* à sensation **Boulevardtheater** *nt* théâtre *m* de boulevard
Bourgeois <-, -> [bʊr'ʒoa] *m geh* bourgeois(e) *m(f)*
Bourgeoisie <-, -n> [bʊrʒoa'zi:, -'zi:ən] *f geh* bourgeoisie *f*
Boutique <-, -n> [bu'ti:k] *f* boutique *f*
Bovist <-s, -e> ['bo:vɪst, bo'vɪst] *m* vesse-de-loup *f*
Bowle <-, -n> ['bo:lə] *f boisson alcoolisée à base de vin ou de champagne à laquelle on ajoute du sucre et des fruits*
Bowling <-s, -s> ['bo:lɪŋ] *nt* bowling *m*
Bowlingkugel ['bo:lɪŋ -] *f* boule *f* de bowling

Box <-, -en> *f* **1.** (*Raum*) box *m;* (*im Stall a.*) stalle *f*
2. SPORT stand *m*
3. (*Behälter*) mallette *f*
4. (*Lautsprecher~*) enceinte *f* [acoustique], baffle *m;* (*Musik~*) juke-box *m*

boxen **I.** *vi* ■ **jd boxt** qn boxe; ■ **jd boxt um etw** qn boxe pour qc; ■ **jd boxt gegen jdn** qn boxe contre qn
II. *vt* **1.** (*schlagen*) ■ **jd boxt jdn** qn donne des coups de poing à qn
2. SPORT *sl* ■ **jd boxt jdn** qn boxe qn
III. *vr* **1.** *fam* (*sich schlagen*) ■ **sie ~ sich** ils/elles se tabassent *fam*
2. *fam* (*sich einen Weg bahnen*) ■ **jd boxt sich irgendwohin** *nach oben, nach vorne, durchs Leben* qn se bat pour arriver quelque part; *ins Freie, zum Ausgang* qn joue des coudes pour arriver quelque part; ***jd boxt sich durch die Menge*** qn joue des coudes

Boxen <-s> *nt* ∅ boxe *f;* ■ **[das] ~** la boxe

Boxer(in) <-s, -> *m(f)* boxeur(-euse) *m(f)*

Boxermotor *m* moteur *m* quatre cylindres à plat, moteur *m* à cylindres opposés

Boxernase *f* nez *m* de boxeur **Boxershorts** [-ʃo:ɐts, -ʃɔrts] *pl* boxer-short *m*

Boxhandschuh *m* gant *m* de boxe **Boxkampf** *m* **1.** (*Einzelkampf*) match *m* [*o* combat *m*] de boxe **2.** (*Boxen*) boxe *f;* ***Meister im ~*** champion de boxe **Boxring** *m* ring *m* **Boxsport** *m* boxe *f*

Boy <-s, -s> [bɔɪ] *m* **1.** TOURISMUS groom *m,* chasseur *m;* (*Lift~*) garçon *m* d'ascenseur, liftier *m*
2. *sl* (*junger Kerl*) mec *m fam*

Boykott <-[e]s, -e *o* -s> [bɔɪ'kɔt] *m* boycott *m,* boycottage *m*

boykottieren * [bɔɪkɔ'ti:rən] *vt* ■ **jd boykottiert jdn/etw** qn boycotte qn/qc

Bq *abk von* **Becquerel** Bq

brabbeln **I.** *vt fam* ■ **jd brabbelt etw** qn marmonne qc
II. *vi fam* ■ **jd brabbelt** qn marmonne; */Säugling/* qn babille

brach *imp von* **brechen**

Brachfeld *nt* jachère *f*

Brachialgewalt *f* violence *f,* force *f;* ***jd wendet ~ an*** qn a recours à la force [brutale]
► **mit ~** par la force

Brachland *nt* friche *f* **brach|legen** *vt* ■ **jd legt etw brach** qn laisse qc en friche; (*vorübergehend*) qn laisse qc en jachère **brach|liegen** *vi irreg* ■ **etw liegt brach** **1.** AGR qc est en friche; (*vorübergehend*) qc est en jachère **2.** (*ungenutzt sein*) qc est [laissé(e)] en friche; (*vorübergehend*) qc est [laissé(e)] en jachère; ■ **jd lässt etw ~** qn laisse dormir qc

brachte *imp von* **bringen**

Brachvogel *m* courlis *m*

brackig *adj* saumâtre

Brackwasser *nt* eau *f* saumâtre

Brahmane <-n, -n> *m* brahmane *m*

BraindrainRR <-s> ['breɪndreɪn] *m* ∅ exode *m* des cerveaux

Brainstorming <-s> ['breɪnstɔ:mɪŋ] *nt* ∅ brainstorming *m,* remue-méninges *m*

Branche <-, -n> ['brã:ʃə] *f* **1.** (*Wirtschaftszweig*) branche *f,* secteur *m*
2. (*Tätigkeitsbereich*) branche *f*

Branchen- ['brã:ʃən-] de la branche; *b~spezifisch* à la branche; *b~typisch, b~unüblich* dans la/cette branche; ***~adressbuch*** annuaire *m* des professions; ***b~kundig*** expert(e) dans la/une branche; ***b~unüblich*** inhabituel(le) dans la branche **branchenfremd** *adj* qui n'est pas de la branche; ■ **jd ist ~** qn n'est pas de la branche **Branchenführer(in)** *m(f)* leader *m* dans la branche **Branchenkenntnis** *f* connaissance *f* dans la branche **branchenüblich** *adj* habituel(le) dans la branche **Branchenverzeichnis** *nt* pages *fpl* jaunes, annuaire *m* professionnel

Brand <-[e]s, ¨-e> *m* **1.** (*Feuer*) incendie *m*
2. (*das Brennen*) [*Keramik, Porzellan, Ziegel*] cuisson *f,* cuite *f*
3. *fam* (*Durst*) soif *f*
4. MED gangrène *f*
5. BOT rouille *f,* charbon *m*
► **etw gerät in ~** qc prend feu; **jd hat einen ~** *fam* qn a la pépie *fam,* qn a une de ces soifs *fam;* **jd legt einen ~** qn met le feu; **jd steckt etw in ~** qn met le feu à qc

brandaktuell *adj fam Thema, Frage, Buch, Knüller* d'une brûlante actualité; *CD, Schallplatte, Musikkassette, Titel* tout(e) dernier(-ière) *antéposé*

Brandanschlag *m* incendie *m* criminel, attentat *f* à la bombe incendiaire; ***jd verübt einen ~ auf etw*** qn incendie qc **Brandbinde** *f* pansement *m* pour brûlure **Brandblase** *f* cloque *f* **Brandbombe** *f* bombe *f* incendiaire **Brandbrief** *m* note *f* urgente **brandeilig** *adj fam* très urgent(e)

branden *vi* ■ **etw brandet an etw** (*akk*) [*o* **gegen etw**] qc déferle [*o* se brise] contre qc

Brandenburg <-s> *nt* le Brandebourg

Brandfleck *m* [trace *f* de] brûlure *f* **Brandgefahr** *f* risque *m* d'incendie **Brandgeruch** *m* odeur *f* de brûlé [*o* de roussi] **Brandherd** *m* foyer *m* d'incendie

brandig *adj* **1.** *Geruch, Geschmack* de brûlé, de roussi
2. *Blatt, Pflanze* rouillé(e)
3. MED gangrené(e), gangréneux(-euse)
► **etw riecht ~** qc sent le brûlé [*o* le roussi]

Brandkatastrophe *f* incendie *m* catastrophique **Brandleger(in)** <-s, -> *m(f) bes.* AUS *s.* **Brandstifter. Brandloch** *nt* [trace *f* de] brûlure *f;* ***jd macht ein ~ in etw*** (*akk*) qn fait une brûlure sur qc **brandmager** *adj* CH squelettique, décharné(e) **Brandmal** <-s, -e> *nt geh* cicatrice *f* de brûlure

brandmarken *vt* **1.** (*anprangern*) ■ **jd brandmarkt jdn/etw [als etw]** qn dénonce qn/qc [comme qc], qn stigmatise qc
2. HIST ■ **jd brandmarkt jdn [als etw]** qn stigmatise qn [comme qc]

Brandmauer *f* mur *m* coupe-feu **Brandmeister(in)** *m(f)* capitaine *m* des pompiers **brandneu** *adj fam* tout(e) dernier(-ière); ■ **etw ist ~** qc est tout(e) nouveau(-velle) **Brandopfer** *nt* **1.** (*Mensch*) victime *f* [de l'incendie], brûlé(e) *m(f)* **2.** REL holocauste *m* **Brandrede** *f* discours *m* enflammé **Brandrodung** *f* défrichement *m* par le feu **Brandsalbe** *f* pommade *f* pour brûlures **Brandschaden** *m* dégâts *mpl* [*o* dommages *mpl*] causés par le feu

brandschatzen *vt* HIST ■ **jd brandschatzt etw** qn pille qc

Brandstelle *f* **1.** (*Ort des Brandes*) lieu *m* de l'incendie [*o* du sinistre] *m* **2.** (*verbrannte Stelle*) brûlure *f* **Brandstifter(in)** *m(f)* incendiaire *mf,* pyromane *mf* **Brandstiftung** *f* incendie *m* criminel [*o* volontaire]

Brandteig *m* pâte *f* à choux

Brandung <-, -en> *f* ressac *m,* déferlement *m* des vagues

Brandursache *f* cause *f souvent pl* [*o* origine *f*] de l'incendie **Brandwache** *f* **1.** (*Überwachung, Posten*) piquet *m* d'incendie **2.** CH (*Feuerwehr*) [sapeurs-]pompiers *mpl* **Brandwunde** *f* brûlure *f* **Brandzeichen** *nt* **1.** [*Vieh*] marque *f* au fer rouge **2.** HIST stigmate *m,* flétrissure *f*

brannte *imp von* **brennen**

Branntwein *m form* eau-de-vie *f,* spiritueux *m form*

Branntweinsteuer *f* taxe *f* sur les alcools [et les spiritueux]

Brasilien <-s> [-liən] *nt* le Brésil

brät *3. pers pres von* **braten**

Brät <-s> *nt* ∅ DIAL chair *f* à saucisse (*très finement hachée*)

Bratapfel *m* pomme *f* cuite au four

braten <brät, briet, gebraten> **I.** *vt* ■ **jd brät etw** (*in der Pfanne*) qn fait cuire qc [à la poêle]; (*im Ofen*) *Braten* qn fait cuire qc au four; (*am Spieß*) qn fait rôtir qc; ■ **das B~** la cuisson à la poêle; (*im Ofen*) la cuisson au four; (*im Schmortopf*) la cuisson à la cocotte; ***jd brät etw in Olivenöl*** qn fait cuire qc à l'huile d'olive; ***wie soll ich Ihnen das Filet ~, durch oder medium?*** comment voulez-vous votre filet, bien cuit ou à point?; ***ist der Fisch noch am B~?*** est-ce que le poisson est encore en train de cuire?
II. *vi* **1.** GASTR ■ **etw brät** qc cuit
2. *fam* (*schmoren*): ***jd brät [in der Sonne]*** qn rôtit [au soleil] *fam;* ■ **jd lässt sich ~** qn se fait rôtir [au soleil] *fam*
III. *vr* ■ **jd brät sich** (*dat*) **etw** qn se fait cuire qc

Braten <-s, -> *m* rôti *m*
► **ein fetter ~** *fam* une affaire juteuse *fam;* **kalter ~** du rôti froid; **jd riecht den ~** *fam* qn évente la mèche, qn flaire la combine *fam*

Bratenfett *nt* graisse *f* de cuisson **Bratensoße** *f* sauce *f* de rôti **Bratenwender** <-s, -> *m* tournebroche *m*

Bratfett *nt* matière *f* grasse, corps *m* gras **Bratfisch** *m* **1.** (*Fisch zum Braten*) poisson *m* à frire **2.** (*gebratener Fisch*) poisson *m* frit **Brathähnchen** *nt,* **Brathendl** <-s, -[n]> *nt* AUS, SDEUTSCH (*gebraten*) poulet *m* rôti; (*zum Braten*) poulet *m* à rôtir **Brathering** *m* hareng *m* frit

Bratkartoffeln *pl* pommes *fpl* de terre sautées

Bratkartoffelverhältnis *nt hum relation d'amitié entre deux personnes, l'une des deux trouvant toujours chez l'autre quelque chose à manger*

Bratpfanne *f* poêle *f* [à frire] **Bratröhre** *f* DIAL four *m* **Bratrost** *m* gril *m*

Bratsche <-, -n> *f* alto *m*

Bratschist(in) <-en, -en> *m(f)* altiste *mf*

Bratspieß *m* broche *f;* (*für kleinere Fleischstücke*) brochette *f* **Bratwurst** *f* (*zum Braten*) saucisse *f* à griller; (*gebratene Wurst*) saucisse *f* grillée

Brauch <-[e]s, Bräuche> *m* coutume *f,* usage *m;* ***Sitten und Bräuche*** les us et coutumes
► **nach altem ~** selon l'ancienne coutume; **etw ist ~** qc est d'usage; ***es ist ~ etw bei etw zu machen*** c'est la coutume de faire qc à l'occasion de qc; **etw ist bei jdm so ~** il est d'usage chez qn de faire qc

brauchbar *adj* **1.** (*geeignet*) adéquat(e), adapté(e); ■ **etw ist ~** qc est utilisable; (*für bestimmte Zwecke*) qc est adapté(e); ***etw ist für etw ~*** qc est adapté(e) à qc, qc convient pour qc; ■ **jd ist [als etw] ~** qn convient [*o* fait l'affaire] [comme qc]
2. (*ordentlich*) *Idee, Vorschlag, Plan, Leistung* valable; *Mensch* capable

brauchen **I.** *vt* **1.** (*nötig haben*) ■ **jd braucht jdn [für/zu etw]** qn a besoin de qn [pour qc/pour faire qc]; ■ **jd braucht etw [für/zu etw]** qn a besoin de qc [*o* il faut qc à qn] [pour qc/pour faire qc]; ***ich brauche ein Handtuch für meine Hände*** il me faut une serviette pour m'essuyer les mains
2. (*an Zeit benötigen*) ■ **jd braucht etw [für etw]** qn met qc [pour qc/pour faire qc]; ***er hat drei Monate gebraucht um dieses Buch zu schreiben*** il a mis trois mois pour écrire ce livre; ***ich brauche nicht lange für diese Aufgabe*** il ne me faut pas longtemps pour [faire] cet exercice; ***zu Fuß brauche ich bis zum Bahnhof etwa eine Stunde*** je mets [*o* il me faut] environ une heure pour aller à pied jusqu'à la gare; ***ich brauche noch zwei Monate, bis ich mich für die Prüfung vorbereitet habe*** il me faut encore deux mois pour me préparer à l'examen; ***wie lange ~ Sie für die Reparatur?*** il vous faut combien de temps pour la réparation?; ■ **etw braucht etw** */Arbeit, Entschluss/* qc met qc; ***alles braucht seine Zeit*** il faut du temps pour tout; ***der Kuchen braucht noch eine halbe Stunde*** il faut compter encore une demi-heure pour le gâteau
3. DIAL *fam* (*gebrauchen*) ■ **jd braucht etw** qn utilise qc, qn se sert de qc; ***ich kann diese Leute jetzt nicht ~!*** j'ai aucune envie de voir ces gens! *fam;* ***ich kann gerade jetzt keinen Streit ~!*** j'ai vraiment pas besoin d'histoires comme ça en ce moment! *fam*
4. *fam* (*verbrauchen*) ■ **etw braucht etw** *Gas, Öl, Strom, Wasser* qc consomme qc
II. *aux modal* (*müssen*) ■ **jd braucht etw [zu] tun** qn a besoin [*o* est obligé(e)] de faire qc; ***jd braucht nur etw [zu] tun*** qn n'a qu'à faire qc; ***ich hof-***

fe, dass ich das nicht noch einmal [*zu*] *sagen brauche* j'espère ne pas avoir à le répéter; ***Sie ~ es gar nicht wieder*** [***zu***] ***versuchen*** ce n'est pas la peine d'essayer encore une fois; ■ **etw braucht gemacht** [**zu**] **werden** qc a besoin d'être fait(e); ***etw braucht so gut wie nie gemacht*** [***zu***] ***werden*** qc n'a pratiquement jamais besoin d'être fait(e); ■ **jd/etw braucht nicht ...** [**zu**] **sein** qn/qc n'a pas besoin d'être ...
III. *vt impers* CH, SDEUTSCH ■ **es braucht jdn/etw** il faut qn/qc

Brauchtum <-[e]s, -tümer> *nt* coutumes *fpl*

Brauchwasser *nt* eau *f* industrielle; (*im Privathaushalt*) eau *f* pour usages sanitaires

Braue <-, -n> *f* (*Haare*) sourcil *m;* (*Bogen*) arcade *f* sourcilière
▸ **jd runzelt die ~n** qn fronce les sourcils; **jd zieht die ~n hoch** qn hausse les sourcils

brauen I. *vt* 1. (*herstellen*) ■ **jd braut etw** *Bier* qn brasse qc
2. *fam* (*zubereiten*) ■ **jd braut** [**jdm**] **etw** *Kaffee, Tee* qn fait [*o* prépare] qc [à qn]; *Liebestrank, Zaubertrank, Punsch, Grog etc* qn prépare qc [à qn]
II. *vr fam* (*sich zubereiten*) ■ **jd braut sich** (*dat*) **etw** qn se fait qc

Brauer(in) <-s, -> *m(f)* brasseur(-euse) *m(f)*

Brauerei <-, -en> *f* 1. (*Braubetrieb*) brasserie *f*
2. ∅ (*das Brauen*) brassage *m*

Brauhaus *nt* brasserie *f* **Braumeister(in)** *m(f)* maître *m* brasseur

braun I. *adj* 1. *Farbe, Gegenstand* marron *inv; Haar, Haarfarbe* brun(e); *Augen* marron *inv;* (*dunkelhäutig*) *Mensch* brun(e); *Haut, Hautfarbe* brun(e), mat(te); (*von Sonne*) bronzé(e); ■ **jd wird ~** qn bronze
2. *pej* (*nationalsozialistisch*) nazi(e); ***die ~e Ideologie*** la peste brune; ■ **die B~en** les nazis
II. *adv* en marron; *Haar* en brun
▸ **~ gebrannt** bronzé(e)

Braun <-s, -> *nt* marron *m;* [*Auge, Haut*] couleur *f* brune; [*Haar*] brun *m*

braunäugig *adj* aux yeux marron; ■ **jd ist ~** qn a les yeux marron **Braunbär** *m* ours *m* brun

Bräune <-> *f* ∅ couleur *f* brune; (*von Sonne*) bronzage *m*, hâle *m*

bräunen I. *vt* 1. ■ **etw bräunt jdn/etw** /*Sonne, UV-Strahler*/ qc bronze qn/qc, qc brunit qc; ■ **jd lässt sich** (*dat*) **etw ~** qn se fait bronzer qc
2. GASTR ■ **jd bräunt etw** *Speckwürfel etc* qn fait revenir qc; *Zwiebel a., Butter* qn fait dorer [*o* roussir] qc; *Mehl* qn fait brunir [*o* roussir] qc; ***gebräunte Butter*** beurre roux
II. *vi* 1. (*braun werden lassen*) ■ **etw bräunt** /*Sonne, UV-Strahlung*/ qc bronze; ***jd bräunt*** [***in der Sonne***] qn bronze [au soleil]
2. GASTR ■ **etw bräunt** /*Braten, Geflügel, Fisch,*/ qc brunit, qc dore; /*Butter, Speckwürfel, Zwiebel etc*/ qc rissole
III. *vr* ■ **jd bräunt sich** qn se bronze, qn se fait bronzer; ■ **etw bräunt sich** qc bronze, qc brunit

braungebrannt *s.* **braun II.▸. braunhaarig** *adj* brun(e) **Braunkohle** *f* lignite *m* **Braunkohlekraftwerk** *nt* centrale *f* thermique au lignite

bräunlich *adj* brunâtre

Braunschweig <-s> *nt* Brunswick

Bräunung <-, -en> *f* bronzage *m*, hâle *m*

Bräunungscreme [-kre:m] *f* crème *f* bronzante; (*Selbst~*) crème *f* autobronzante

Braus *s.* **Saus**

Brause <-, -n> *f* 1. DIAL *veraltend* (*Dusche*) douche *f;* (*Hand~*) douche[tte] *f;* ***jd stellt sich unter die ~*** qn se douche, qn prend une douche
2. (*Gießkopf*) pomme *f* [d'arrosoir]
3. (*Limonade*) limonade *f;* (*Brausepulver*) limonade *f* en poudre, poudre *f* effervescente

brausen *vi* 1. + *haben* (*tosen*) ■ **etw braust** /*Wind, Wasser, Wogen*/ qc mugit; /*Applaus, Beifall, Jubel*/ qc déferle; ***~der Applaus/Beifall/Jubel*** un tonnerre d'applaudissements/d'acclamations
2. + *sein fam* ■ **jd/etw braust irgendwohin** qn/qc fonce quelque part

Brausepulver [-fɐ, -vɐ] *nt* limonade *f* en poudre **Brausetablette** *f* comprimé *m* effervescent

Braut <-, Bräute> *f* 1. (*bei Hochzeit*) mariée *f*
2. *veraltend* (*Verlobte*) fiancée *f*, promise *f* DIAL
3. *veraltend sl* (*junge Frau*) pépée *f vieilli fam;* (*Freundin*) copine *f fam*, nana *f fam*

-braut *f veraltend fam* copine *f* de *fam*

Brautführer *m* garçon *m* d'honneur

Bräutigam <-s, -e> *m* 1. (*bei Hochzeit*) marié *m*
2. *veraltend* (*Verlobter*) fiancé *m*, promis *m* DIAL

Brautjungfer *f* demoiselle *f* d'honneur **Brautkleid** *nt* robe *f* de mariée **Brautkranz** *m* couronne *f* de mariée **Brautleute** *pl* mariés *mpl* **Brautmutter** *f* mère *f* de la mariée **Brautpaar** *nt* 1. (*bei Hochzeit*) [jeunes] mariés *mpl* 2. *veraltend* (*Verlobte*) fiancés *mpl*, futurs époux *mpl* **Brautschau** *f* ▸ **jd geht auf ~, jd hält ~** *hum* qn cherche la femme de sa vie **Brautschleier** *m* voile *m* de mariée **Brautvater** *m* père *m* de la mariée

brav I. *adj* 1. (*folgsam*) *Kind* sage, gentil(le); *Haustier* brave *antéposé;* ■ **ein Tier ist ~** un animal est sage; ***das war ~ von dir*** c'était gentil de ta part
2. (*bieder*) *Frisur, Kleidungsstück, junger Mensch* sage
3. (*rechtschaffen*) brave *antéposé; Beamter, Bürger a.* honnête
II. *adv* 1. (*folgsam*) (*auf ein Kind bezogen*) gentiment; (*auf ein Haustier bezogen*) sagement
2. (*rechtschaffen*) sagement

bravo [-vo] *interj* bravo

Bravoruf [-vo-] *m* bravo *m*

Bravour <-> [bra'vu:ɐ] *f* ∅ *geh* 1. (*Meisterschaft*) virtuosité *f*, maestria *f*
2. (*Kühnheit*) bravoure *f*
▸ **mit ~** (*meisterlich*) avec brio, avec maestria; (*mit Elan*) avec allant, avec entrain

Bravourleistung [bra'vu:ɐ-] *f geh* exploit *m*, action *f* d'éclat; ***eine hervorragende ~*** un coup de maître; ***gekonnte ~en*** des exploits remarquables

bravourös [bravu'rø:s] I. *adj* 1. *Darbietung, Leistung, Technik* magistral(e), éclatant(e)
2. (*kühn*) *Einsatz, Haltung* courageux(-euse); *Beispiel a.* de bravoure
II. *adv* 1. *lösen* de façon magistrale; *meistern, turnen a.* avec brio
2. (*kühn*) avec bravoure, courageusement

Bravourstück [bra'vu:ɐ-] *nt geh* 1. (*Glanznummer*) exploit *m*, morceau *m* de bravoure
2. MUS morceau *m* de bravoure

Bravur[RR] *s.* **Bravour**

Bravurleistung[RR] *s.* **Bravourleistung**

bravurös[RR] *s.* **bravourös**

Bravurstück[RR] *s.* **Bravourstück**

BRD <-> [be:ˀɛr'de:] *f abk von* **Bundesrepublik Deutschland** la R.F.A.

Brechbohnen *pl* haricots *mpl* mange-tout **Brechdurchfall** *m* gastro-entérite *f* **Brecheisen** *nt* pince-monseigneur *f*

brechen <bricht, brach, gebrochen> I. *vt* + *haben* 1. (*zer~*) ■ **jd bricht etw** *Gebäckstück, Schokoladentafel, Stock* qn casse qc; *Vase, Glasscheibe, Teller, Eis etc a.* qn brise qc; *Brot* qn rompt qc; ***jd bricht etw auseinander*** qn rompt qc
2. (*ab~*) ■ **jd bricht etw von etw** qn coupe qc de qc; *Stein* qn détache qc de qc; ***jd bricht ein Stück vom Brot*** qn coupe un morceau de pain
3. (*abspalten*) ■ **jd bricht etw** *Schiefer, Stein, Marmor* qn extrait qc
4. (*nicht mehr einhalten*) ■ **jd bricht etw** *Vertrag, Abmachung, Vereinbarung, Schweigen* qn rompt qc; *Gelöbnis, Gelübde a.* qn manque à qc; *Eid, Schwur a.* qn viole qc
5. (*übertreffen*) ■ **jd bricht etw** *Rekord* qn bat qc
6. (*niederkämpfen*) ■ **jd/etw bricht etw** [**durch etw**] *Aufsässigkeit, Ungehorsam, Widerstand, Trotz* qn/qc brise qc [par qc]; ■ **jd/etw bricht jdn/etw** [**durch etw**] *Persönlichkeit, Stolz* qn/qc brise [*o* anéantit] qn/qc [par qc]; *s. a.* **gebrochen**
7. *geh* (*pflücken*) ■ **jd bricht etw** *Blume, Blüte, Zweig* qn cueille qc
8. (*abprallen lassen*) ■ **etw bricht etw** *Licht* qc réfracte qc; *Brandung, Strömung, Wellen* qc fait se briser qc
9. (*verletzen*) ■ **jd bricht jdm etw** *Arm, Kiefer, Schulter etc* qn casse qc à qn; ***ich breche dir alle Knochen, wenn ...*** je te brise les os si ...
10. (*erbrechen*) ■ **jd bricht etw** qn vomit qc
II. *vi* 1. + *sein* (*auseinander ~*) ■ **etw bricht** /*Achse, Ast, Wagenrad, Brett*/ qc [se] casse, qc se rompt; /*Balken a., Decke*/ qc cède; /*Leder*/ qc se fend; /*Teppich*/ qc se coupe
2. + *haben* (*beenden*) ■ **jd bricht mit jdm/etw** qn rompt avec qn/qc
3. + *haben* (*sich erbrechen*) ■ **jd bricht** qn vomit
▸ **etw bricht auseinander** (*zerbricht*) /*Gebäude*/ qc s'écroule; /*Möbelstück*/ qc se disloque; (*löst sich auf*) /*Imperium*/ qc se disloque; **etw ist zum B~** [*o* **~d**] **voll** *fam* qc est plein(e) à craquer
III. *vr* + *haben* 1. (*sich verletzen*) ■ **jd bricht sich** (*dat*) **etw** *Arm, Knochen, Schulter etc* qn se casse qc, qn se fracture qc
2. (*abgelenkt werden*) ■ **etw bricht sich** [**an etw** (*dat*)] /*Brecher, Brandung, Strömung, Wellen*/ qc se brise [contre qc]; /*Licht, Lichtstrahl*/ qc se réfracte [sur qc]; /*Ruf, Schall*/ qc se répercute [sur qc]

Brecher <-s, -> *m* lame *f* brisante, paquet *m* de mer

Brechmittel *nt* PHARM vomitif *m* ▸ **jd/etw ist das reinste ~** [**für jdn**] *fam* qn/qc file la nausée [à qn] *fam* **Brechreiz** *m* envie *f* de vomir, nausée *f* **Brechstange** *f* pince-monseigneur *f*

Brechung <-, -en> *f* [*Brandung, Wellen*] déferlement *m;* [*Licht*] réfraction *f;* [*Schall, Schallwelle*] répercussion *f*

Bredouille <-> [bre'dʊljə] *f* ▸ **jd gerät** [*o* **kommt**] **in die ~** qn se fourre dans le pétrin *fam;* **jd ist** [*o* **sitzt**] **in der ~** qn est dans le pétrin *fam*

Brei <-[e]s, -e> *m* 1. GASTR bouillie *f*
2. (*zähe Masse*) pâte *f*, magma *m*
▸ **jd schmiert jdm ~ ums Maul** *fam* qn passe de la pommade à qn *fam;* **jd redet um den** [**heißen**] **~ herum** *fam* qn tourne autour du pot *fam;* **jd schlägt jdn zu ~** *fam* qn réduit qn en bouillie *fam*

breiig *adj* visqueux(-euse); ***jd stampft etw zu einer ~en Masse*** qn réduit qc en bouillie

breit I. *adj* 1. (*opp: schmal*) large; (*~schultrig*) large [d'épaules], baraqué(e) *fam;* TYP *Druckspalte, Buchstabe, Schrift* étendu(e); ■ **... ~/etw ist ... ~** (*bei Maßangabe*) de ... de large/qc a ... de largeur [*o* qc fait ... de large]; ***jd macht etw ~/~er*** qn élargit qc; ***er hat eine ~e Nase*** il a le nez plat [*o* épaté]
2. (*ausgedehnt*) *Bekanntenkreis, Publikum* vaste; *Interessen* varié(e); *Zustimmung* large *antéposé;* ***die ~e Öffentlichkeit*** le grand public
3. *Grinsen, Schmunzeln* large *antéposé; Lachen* gros(se) *antéposé*
4. (*stark ausgeprägt*) *Dialekt* prononcé(e); *Aussprache* épais(se)
5. DIAL *sl* (*betrunken*) bourré(e) *fam*, beurré(e) *fam*
II. *adv* 1. (*flach*): ***jd/etw drückt/fährt/presst/schlägt/hämmert/tritt/walzt etw ~*** qn/qc aplatit qc
2. (*opp: schmal*): [***jd ist***] ***~ gebaut*** [qn est] très large [d'épaules], [qn est] baraqué(e) *fam;* ***in den Hüften ~ gebaut*** large des hanches
3. (*gedehnt*): ***jd grinst/lächelt ~*** qn a un large sourire; ***jd lacht ~*** qn éclate d'un gros rire; (*grundsätzlich*) qn rit de bon cœur
4. (*ausgeprägt*) *sprechen, aussprechen* de façon épaisse; ***du solltest etwas weniger ~ Schwäbisch sprechen*** tu devrais parler un souabe un peu moins épais [*o* prononcé]
▸ **jd macht sich ~** *fam* (*braucht viel Platz*) qn prend beaucoup de place [*o* toute la place]; (*lässt sich nieder*) qn s'installe; ***mach dich doch nicht so***

~! ne t'étale pas comme ça! *fam; **du kannst dich ruhig ~ machen*** tu peux t'installer à ton aise; **etw macht sich** ~ *fam* (*verbreitet sich*) */Unkraut/* qc se propage; */Ansicht, Unart, Vorurteil/* qc se répand; **jd setzt sich ~ hin** qn s'étale *fam*

Breitband <-bänder> *nt* réception *f* hyperbande

breitbeinig *adj, adv* les jambes écartées; ***er hat einen ~en Gang*** il marche les jambes écartées; ***in ~er Stellung*** les jambes écartées

Breite <-, -n> *f* **1.** (*Flächenausdehnung*) largeur *f;* ■ **von ...** ~ (*bei Maßangaben*) de ... de large[ur]
2. (*Ausgedehntheit*) [*Bekanntenkreis, Interessen, Zustimmung*] étendue *f;* [*Interessen*] diversité *f,* variété *f*
3. ***die ~ seines Grinsens/Schmunzelns*** son large sourire; ***die ~ seines Lachens*** son gros rire
4. ***die ~ seiner Aussprache/seines Dialekts*** son accent/dialecte prononcé
5. (*Gebiet*) ■ **~n** latitudes *fpl;* ***in unseren ~n*** sous nos latitudes
▶ **jd erklärt [jdm] etw in aller** ~ qn explique qc [à qn] en long et en large; **nördlicher/südlicher** ~ de latitude Nord/Sud; **jd pflanzt sich in voller ~ vor jdm auf** *fam* qn se campe devant qn; **jd geht in die** ~ *fam* qn épaissit, qn s'empâte

breiten I. *vt* ■ **jd breitet etw über jdn/etw** qn étend qc sur qn/qc; ■ **ein Vogel breitet etw** un oiseau étend [*o* déploie] qc
II. *vr poet* ■ **etw breitet sich über etw** (*akk*) */Nacht, Nebel/* qc enveloppe qc *soutenu*

Breitenarbeit *f* travail *f* à la base **Breitengrad** *m* degré *m* de latitude **Breitenkreis** *m* parallèle *m* **Breitensport** *m* sport *m* populaire [*o* de masse] **Breitenwirkung** *f* effet *m* de masse, impact *m;* ***das Fernsehen hat die größte*** ~ c'est la télévision qui a le rayon d'action [*o* l'impact] le plus important

breitkrempig *adj Hut* à large bord

breit|machen *s.* **breit II.▶**

breitrandig *adj Rahmen, Foto* à bord large; *Brille* à monture épaisse; *Hut* à large bord

breit|schlagen *vt irreg fam* ■ **jd schlägt ihn/sie [zu etw] breit** qn le/la baratine [pour qu'il/qu'elle fasse qc] *fam;* ■ **jd lässt sich [von jdm]** ~ qn se laisse baratiner [par qn] *fam;* ■ **jd lässt sich [von jdm] zu etw** ~ qn se laisse convaincre [par qn] de faire qc

breitschult[e]rig *adj* large d'épaules, baraqué(e) *fam*

Breitseite *f* **1.** NAUT bordée *f*
2. (*scharfe Attacke*) attaque *f* cinglante
3. (*kürzere Seite*) [*Tisch*] bout *m* de table; ***ein Platz an der*** ~ une place en bout de table
▶ **jd/etw gibt eine ~ ab** qn/qc lâche une bordée

breitspurig *adj* à surécartement, à écartement large

breit|treten *vt irreg fam* ■ **jd tritt etw breit 1.** *Thema, Witz* qn s'appesantit sur qc **2.** (*verbreiten*) *Geschichte, Story, Details* qn étale qc **breit|walzen** *vt fam s.* **breittreten**

Breitwand *f* grand écran *m;* ***ein Film in*** ~ un film [sur] grand écran

Breitwandfilm *m* film *m* sur grand écran [*o* en cinémascope®]

Bremen <-s> *nt* Brême

Brems- de frein; *~**anlage*** système *m* de freinage; *~**gummi*** patin *m* de frein **Bremsbacke** *f* mâchoire *f* de frein **Bremsbelag** *m* garniture *f* de frein[s]

Bremse¹ <-, -n> *f* frein *m;* ***die ~ hat versagt*** les freins ont lâché
▶ **jd tritt** [*o* **steigt** *fam*] [*o* **latscht** *sl*] **auf die** ~ qn donne un coup de frein[s]

Bremse² <-, -n> *f* ZOOL taon *m*

bremsen I. *vi* **1.** (*die Bremse betätigen*) ■ **jd bremst** qn freine
2. (*abbremsen*) ■ **etw bremst** */Kraftfahrzeug, Wind/* qc freine
3. (*hinauszögern*) ■ **jd bremst** qn freine
4. *fam* (*zurückstecken*) ■ **jd bremst mit etw** qn freine qc
II. *vt* **1.** (*abbremsen*) ■ **jd bremst etw** qn fait freiner qc, qn freine qc; ***etw lässt sich nicht mehr*** ~ qc ne freine plus
2. (*verzögern*) ■ **jd/etw bremst etw** *Entwicklung, Import, Preisanstieg* qn/qc freine qc; (*dämpfen*) *Begeisterung, Spontaneität* qn/qc refrène qc
3. *fam* (*zurückhalten*) ■ **jd/etw bremst jdn** qn/qc retient qn
▶ **jd ist nicht zu** ~ *fam* on ne peut plus arrêter qn
III. *vr* ▶ **ich kann** [*o* **werd'**] **mich** ~! *fam* je ne suis pas fou(folle)!

Bremser(in) <-s, -> *m(f)* **1.** *fam* (*Verhinderer*) personne *f* qui traîne les pieds; ***jd spielt den*** ~ qn traîne les pieds, qn freine des quatre fers *fam*
2. EISENBAHN, SPORT serre-frein[s] *m*

Bremsfallschirm *m* parachute *m* de freinage **Bremsflüssigkeit** *f* liquide *m* de frein[s] **Bremshebel** *m* levier *m* de frein **Bremsklappe** *f* volet *m* d'atterrissage **Bremsklotz** *m* cale *f,* sabot *m* de frein **Bremskraftverstärker** *m* servofrein *m* **Bremslicht** *nt* [feu *m* de] stop *m* **Bremspedal** *nt* pédale *f* de frein **Bremsrakete** *f* rétrofusée *f* **Bremsspur** *f* trace *f* de freins [*o* de freinage]

Bremsung <-, -en> *f* freinage *m*

Bremsvorrichtung *f form* freins *mpl,* dispositif *m* de freinage **Bremsweg** *m* distance *f* de freinage

brennbar *adj* combustible

Brennelement *nt* élément *m* combustible

brennen <brannte, gebrannt> I. *vi* **1.** (*in Flammen stehen*) ■ **etw brennt** qc brûle; ■ **~d** en feu; *Haus, Stadt a.* en flammes
2. (*entzündet sein*) ■ **etw brennt** */Kerze, Kamin, Pilotflamme, Streichholz, Tabak, Holz, Kohle, Gas, Öl/* qc brûle; */Pfeife, Zigarette, Zigarre, Feuerzeug/* qc est allumé(e); ■ **etw brennt nicht** (*will sich nicht entzünden*) qc ne s'allume pas; */Streichholz, Holz, Kohle, Gas, Öl/* qc ne s'enflamme pas; (*will nicht richtig ~*) qc ne brûle pas; */Holz, Pfeife, Zigarre/* qc ne prend pas, qc ne brûle pas; ■ **~d** allumé(e); *Holz, Kohle, Gas, Öl, Tabak* en train de brûler
3. (*an sein*) ■ **etw brennt** qc est allumé(e); ***etw brennt [erst], wenn ...*** qc s'allume [seulement] si ...; ***es brennt noch Licht*** il y a encore de la lumière
4. (*schmerzen*) ■ **etw brennt** */Füße/* qc brûle; */Augen, Verletzung, Wunde a./* qc pique; ■ **etw brennt [auf/in etw** (*dat*)**]** */Gewürz, Seife, Brennnessel/* qc pique [qc]; */Säure, ätzender Stoff/* qc brûle [qc]
5. (*dringend wollen*) ■ **jd brennt auf etw** (*akk*) *auf Rache, Vergeltung* qn a soif de qc; ■ **jd brennt darauf etw zu tun** qn brûle de faire qc
6. (*ungeduldig sein*) ■ **jd brennt vor etw** (*dat*) *vor Begierde, Neugierde, Ungeduld* qn brûle de qc
II. *vi impers* ■ **es brennt** il y a le feu, ça brûle *fam;* ***es brennt!*** au feu!
▶ **wo brennt's denn?** où est-ce qu'il y a le feu?; *fam* (*was ist denn los?*) qu'est-ce qu'il y a?, il y a le feu quelque part? *fam*
III. *vt* **1.** (*rösten*) ■ **jd brennt etw** *Mandeln* qn grille qc; *Kaffee, Kaffeebohnen a.* qn torréfie qc
2. (*destillieren*) ■ **jd brennt etw** qn distille qc
3. (*härten*) ■ **jd brennt etw** *Kalk, Keramik, Porzellan, Ton, Ziegel* qn cuit qc; ***nach dem B~*** après la cuisson [*o* la cuite]
4. (*auf~*) ■ **jd brennt jdm/einem Tier etw auf etw** (*akk*) *auf Haut, Schulter, Stirn, Fell* qn marque qc au fer rouge sur qc de qn; ■ **jd brennt etw auf/in etw** (*akk*) *Muster, Zeichen* qn grave qc à chaud sur qc
IV. *vr* ■ **jd brennt sich [an etw** (*dat*)**]** qn se brûle [à qc]

brennend I. *adj* **1.** *Hitze* torride; *Durst* ardent(e)
2. (*sehr groß*) *Frage, Problem* brûlant(e); *Wichtigkeit* capital(e); *Interesse* vif(vive) *antéposé*
II. *adv fam neugierig* terriblement, excessivement; *interessiert, sich interessieren* vivement, extrêmement; ***ich wüsste ~ gern ...*** j'aimerais drôlement [*o* rudement] bien savoir ... *fam*

Brennerei <-, -en> *f* distillerie *f*

Brennessel *s.* **Brennnessel**

Brennglas *nt* miroir *m* ardent **Brennholz** *nt* bois *m* de chauffage **Brennkammer** *f* chambre *f* de combustion **Brennnessel**[RR] *f* ortie *f* **Brennofen** *m* four *m* à cuire; [*für Töpferware*] four *m* céramique **Brennpunkt** *m* **1.** OPT foyer *m* **2.** MATH focale *f,* axe *m* focal **3.** (*Zentrum*) [*Handel, Verkehr*] centre *m* ▶ **etw rückt in den ~ [der Aufmerksamkeit/des Interesses]** qc devient le centre des préoccupations; **etw steht im ~ [des Interesses]** qc est au centre des préoccupations **Brennschere** *f* fer *m* à friser **Brennspiritus** *m* alcool *m* à brûler **Brennstab** *m* [barre *f* de] combustible *m* nucléaire **Brennstoff** *m* combustible *m* **Brennstoffkreislauf** *m* circuit *m* [*o* cycle *m*] de retraitement du combustible

brenzlig I. *adj fam* critique, précaire; ***es wird jdm zu*** ~ ça devient trop dangereux pour qn; ***das wird mir zu*** ~ ça sent le roussi *fam*
II. *adv:* ***etw riecht*** ~ qc sent le brûlé [*o* le roussi]

Bresche <-, -n> *f* HIST brèche *f*
▶ **etw reißt in etw** (*akk*) **eine [große]** ~ qc laisse un [grand] vide dans qc; **jd springt [für jdn] in die** ~ (*vertritt jdn*) qn monte en première ligne [à la place de qn]; (*verteidigt jdn a.*) qn monte au créneau [pour défendre qn]; **jd/etw schlägt/schießt eine ~ in etw** (*akk*) qn/qc ouvre une brèche dans qc; **jd schlägt für jdn/etw eine** ~ qn prend fait et cause pour qn/qc

Bretagne <-> [bre'tanjə, brə'tanje] *f* ■ **die** ~ la Bretagne

Bretone <-n, -n> [bre'to:nə, -'to:nɪn] *m,* **-tonin** *f* Breton(ne) *m(f)*

bretonisch [bre'to:nɪʃ] *adj* breton(ne)

Brett <-[e]s, -er> *nt* **1.** (*Planke*) planche *f;* (*Sprung~*) plongeoir *m;* (*Regal~*) étagère *f,* tablette *f*
2. (*Holzplatte*) planche[tte] *f*
3. (*Spiel~*) plateau *m* [de jeu]; (*für Dame*) damier *m;* (*für Schach*) échiquier *m*
4. *pl* (*Skier*) skis *mpl,* planches *fpl fam;* [*Boxring*] tapis *m;* ***jd geht auf die ~er*** qn va au tapis; ***jd liegt auf den ~ern*** qn se retrouve au tapis
▶ **jd hat ein ~ vorm Kopf** *fam* qn est complètement bouché(e) *fam;* **die ~er, die die Welt bedeuten** *geh* les planches; ***sie hat immer von den ~ern, die die Welt bedeuten, geträumt*** elle a toujours rêvé de monter sur les planches; **das schwarze** ~ le tableau [*o* le panneau] d'affichage; **jd schickt jdn auf die ~er** *fam* qn envoie qn au tapis; **jd steht auf den ~n** THEAT qn monte sur les planches; **jd steht** [*o* **ist**] **auf den ~n** SPORT qn est sur des/ses skis

Brettchen <-s, -> *nt* (*im Haushalt*) planchette *f*

Bretterboden *m* plancher *m* **Bretterbude** *f* baraque *f*

brettern *vi + sein fam* ■ **jd brettert** qn roule à toute blinde *fam*

Bretterwand *f* mur *m* [*o* paroi *f*] en bois **Bretterzaun** *m* palissade *f*

Brettspiel *nt* jeu *m* de table

Brevet <-s, -s> [bre'veː, bre'vɛ] *nt* CH brevet *m,* diplôme *m*

brevetieren * [breve'tiːrən] *vt* CH ■ **jd brevetiert jdn** qn diplôme qn

Brevier <-s, -e> [bre'viːɐ] *nt* **1.** (*Leitfaden*) bréviaire *m*
2. bréviaire *m*
▶ **jd betet das** ~ qn lit [*o* récite] son bréviaire

Brezel <-, -n> *f* bretzel *m*

bricht *3. pers pres von* **brechen**

Bridge <-> [brɪdʒ] *nt Ø* bridge *m*

Brief <-[e]s, -e> *m* **1.** POST lettre *f;* ***jd schickt etw als*** ~ qn envoie qc comme lettre; ***auf meinen ~ hin*** en réponse à ma lettre
2. BIBL épître *f*
▶ **jd gibt jdm ~ und Siegel [auf etw** (*akk*)**]** qn donne sa parole à qn [de qc]; ***darauf gebe ich Ihnen ~ und Siegel!*** je vous en donne ma parole [*o* mon billet]!; **blauer** ~ (*Kündigung*) lettre *f* de licenciement; (*vom Vermieter*) [lettre *f* de] préavis *m;* SCOL avertissement *m;* **ein offener** ~ une lettre ouverte; **jd wechselt mit jdm ~e** qn correspond avec qn

Brief- à lettres; *-block, -bogen* de papier à lettres; *~**einwurf*** fente *f* pour let-

tres; ~*schreiber* épistolier *m;* ~*schulden* courrier *m* en retard [*o* en attente]
Briefbeschwerer <-s, -> *m* presse-papiers *m* **Briefbombe** *f* lettre *f* piégée
Briefchen <-s, -> *nt* **1.** *dim von* **Brief** billet *m*
2. [*Streichhölzer*] pochette *f;* [*Nadeln*] paquet *m;* [*Heroin*] sachet *m*
Briefdrucksache *f* imprimé-lettre *m*
briefen *vt* ■ **jd brieft jdn** qn briefe qn
Brieffreund(in) *m(f)* correspondant(e) *m(f)* **Brieffreundschaft** *f* amitié *f* par correspondance **Briefgeheimnis** *nt* secret *m* postal [*o* de la correspondance]
Briefing <-s, -s> *nt* briefing *m,* bref *m*
Briefkarte *f* carte-lettre *f*
Briefkasten *m* boîte *f* aux lettres
▸ **elektronischer** ~ boîte *f* aux lettres électronique; **ein toter** ~ une boîte aux lettres
Briefkastendomizil *nt* CH (*Sitz einer Briefkastenfirma*) siège *m* d'une société boîte aux lettres **Briefkastenfirma** *f* société *f* boîte aux lettres
Briefkopf *m* en-tête *m* [de lettre] **Briefkurs** *m* cours *m* moyen
brieflich I. *adj* par lettre, par écrit
II. *adv* par écrit
Briefmarke *f* timbre[-poste] *m*
Briefmarken- *-automat, -bogen* de timbres[-poste]; *-zähnung, -aufdruck* du timbre[-poste]/des timbres[-poste]; ~*kunde* philatélie *f;* ~*stempel* cachet *m* d'oblitération **Briefmarkensammler(in)** *m(f)* philatéliste *mf,* collectionneur(-euse) *m(f)* de timbres **Briefmarkensammlung** *f* collection *f* de timbres
Brieföffner *m* coupe-papier *m* **Briefpapier** *nt* papier *m* à lettres **Briefporto** *nt* affranchissement *m* lettres **Brieftasche** *f* portefeuille *m* **Brieftaube** *f* pigeon *m* voyageur **Briefträger(in)** *m(f)* facteur(-trice) *m(f)* **Briefumschlag** *m* enveloppe *f* **Briefwaage** *f* pèse-lettres *m* **Briefwahl** *f* vote *m* par correspondance; *jd macht* ~ qn vote par correspondance **Briefwähler(in)** *m(f)* électeur(-trice) *m(f)* votant par correspondance **Briefwechsel** [-vɛksl] *m* correspondance *f* ▸ **jd steht mit jdm in** ~ qn correspond avec qn; **jd führt einen** ~ **mit jdm** *form* qn entretient une correspondance avec qn; ***er führt den* ~ *mit meiner Versicherung*** il s'occupe de la correspondance avec mon assurance **Briefzusteller(in)** *m(f) form* préposé(e) *m(f)*
briet *imp von* **braten**
Brigade <-, -n> *f* brigade *f*
Brikett <-s, -s> *nt* briquette *f,* aggloméré *m*
brillant [brɪl'jant] *adj* brillant(e)
Brillant <-en, -en> [brɪl'jant] *m* brillant *m,* diamant *m* à facettes
Brillant- [brɪl'jant-] à brillant[s], à diamant[s] **Brillantkollier** [brɪl'jantkɔlie:] *nt* collier *m* [*o* rivière *f*] de diamants **Brillantschmuck** *m* bijou *m* de diamant[s]
Brillanz <-> [brɪl'jants] *f* ∅ **1.** (*meisterliche Art*) virtuosité *f;* [*Einfall*] ingéniosité *f*
2. AUDIOV pureté *f* du son
3. PHOT (*Bildschärfe*) netteté *f* d'image
Brille <-, -n> *f* **1.** OPT lunettes *fpl;* ***jd hat mehrere* ~*n*** qn a plusieurs paires de lunettes
2. (*Toiletten~*) lunette *f*
▸ **jd sieht etw durch eine rosa[rote]** ~ qn voit qc en rose; **jd sieht alles durch eine schwarze** ~ qn voit tout en noir; **jd sieht** [*o* **betrachtet**] **etw durch seine [eigene]** ~ qc voit [*o* considère] qc de son point de vue; **jd trägt [eine]** ~ qn porte des lunettes
Brillenetui [-ɛtvi:] *nt* étui *m* à lunettes **Brillenglas** *nt* verre *m* de lunettes **Brillenschlange** *f* **1.** ZOOL serpent *m* à lunettes, naja *m* **2.** *veraltend fam* serpent *m* à lunettes *fam* **Brillenträger(in)** *m(f)* porteur(-euse) *m(f)* de lunettes; ***jd ist*** ~ qn porte des lunettes
brillieren * [brɪl'ji:rən] *vi geh* ■ **jd brilliert [mit etw]** qn brille [par qc]
Brimborium <-s> *nt* ∅ *pej fam* **1.** (*Drumherum*) chichis *mpl*
2. (*Aufheben*) chiqué *m fam,* cinéma *m*
▸ **jd macht ein** ~ **[um etw]** qn fait tout un cinéma [*o* toute une histoire] [de qc]; ***mach kein [großes]*** ~! fais pas tant de chichi! *fam*
bringen <brachte, gebracht> *vt* **1.** (*tragen*) ■ **jd/ein Tier bringt [jdm] etw** qn/un animal apporte qc [à qn]; ■ **jd bringt etw irgendwohin** (*weg~*) qn va porter [*o* mettre] qc quelque part
2. (*servieren*) ■ **jd bringt jdm etw** qn sert qc à qn; ~ ***Sie mir ein Bier!*** apportez-moi [*o* donnez-moi] une bière!; ***lass mir noch ein Eis*** ~ commande-moi une glace
3. (*mitteilen*) ■ **jd bringt jdm etw** *Information, Nachricht, Neues, Neuigkeit* qn apporte qc à qn; ***was* ~ *Sie mir denn heute Neues?*** quoi de neuf, aujourd'hui?
4. (*befördern*) ■ **jd/etw bringt jdn/etw irgendwohin** qn/qc amène qn/qc quelque part; */Fahrer a./* qn conduit qn/qc quelque part; ***jd bringt das Auto in die Garage*** qn met la voiture dans le [*o* au] garage
5. (*begleiten*) ■ **jd bringt jdn irgendwohin** qn [r]accompagne qn quelque part; ***jd bringt jdn nach Hause*** qn ramène qn à la maison; ***jd bringt jdn zum Bahnhof*** qn amène qn à la gare; ***jd bringt jdn ins Bett*** qn met qn au lit
6. (*darbieten*) ■ **jd/etw bringt etw** *Film, Varieteenummer, Vorführung* qn/qc passe qc, qn/qc joue qc; */Artist, Tänzerin, Sportler/* qn présente qc
7. (*senden*) ■ **jd/etw bringt etw** qn/qc diffuse qc; ***was bringt das Radio/Fernsehen heute Abend?*** qu'est-ce qu'il y a à la radio/à la télé, ce soir?; ***das Radio bringt immer dieselben Lieder*** la radio passe toujours les mêmes chansons; ***das Fernsehen bringt immer dieselben Filme*** la télévision [re]passe [*o* rediffuse] toujours les mêmes films
8. THEAT ■ **jd/etw bringt etw** qn/qc présente qc, qn/qc joue qc
9. (*veröffentlichen*) ■ **jd/etw bringt etw** */Verlag, Verleger/* qn/qc sort qc; */Zeitung, Journalist/* qn/qc publie qc
10. (*bescheren*) ■ **etw bringt [jdm] etw** *Sonne, Regen, Sturm* qc apporte qc [à qn]; *Ernte* qc donne qc [à qn]; ■ **jd/etw bringt [jdm] etw** *Freude, Glück, Ärger, Unglück, Vorteil etc* qn/qc apporte [*o* cause] qc [à qn]; ***mal sehen, was uns der Tag noch bringt!*** attendons de voir ce que la journée nous réserve!
11. (*versetzen*) ■ **jd/etw bringt jdn irgendwohin** *ins Gefängnis, vor Gericht* qn/qc mène qn quelque part; ■ **jd/etw bringt jdn in einen Zustand** qn/qc met qn dans un état; ***jd/etw bringt jdn in Bedrängnis/in Schwierigkeiten*** qn/qc met qn dans l'embarras/en difficulté
12. (*rauben*) ■ **jd/etw bringt jdn um etw** *Schlaf, Ruhe, Seelenfrieden, Verstand* qn/qc fait perdre qc à qn; ***der Lärm hat mich um den Schlaf gebracht*** le bruit m'a empêché de dormir
13. (*lenken*) ■ **jd bringt etw auf jdn/etw** *Diskussion, Gespräch* qn amène qc sur qn/qc
14. (*ein~*) ■ **etw bringt [jdm] etw** *Geld, Gewinn, Dividende* qc rapporte qc [à qn]; ***und wie viel soll Ihr Wagen noch*** ~? combien voulez-vous avoir pour votre voiture?
15. *fam* (*bekommen*) ■ **jd bringt etw irgendwohin** qn arrive à mettre qc quelque part; ***jd bringt etw nicht von der Stelle*** qn n'arrive pas à bouger qc; ■ **jd bringt etw aus etw** *Korken* qn arrive à enlever qc de qc; *Fleck, Falten a.* qn arrive à faire partir qc de qc
16. (*bewegen*) ■ **jd bringt jdn dazu etw zu tun** qn amène qn à faire qc; ***du bringst mich noch dazu, dass ich wütend werde!*** tu vas me forcer à me mettre en colère!
17. + *substantiviertes Verb* (*bewerkstelligen*) ■ **jd/etw bringt jdn/etw zum ...** *Sprechen, Singen, Laufen, Stehen, Schweigen* qn/qc parvient à faire + *infin ...* qn/qc; ***jd bringt jdn zum Weinen*** qn fait pleurer qn; ***die Mafia hat ihn zum Schweigen gebracht*** la mafia l'a réduit au silence; ***jd bringt etw zum Stehen*** qn parvient à immobiliser qc
18. (*erreichen*) ■ **jd/etw bringt es auf etw** (*akk*) *Jahre, Kilometer, Note* qn/qc atteint qc
19. (*erfolgreich werden*) ■ **jd bringt es zu etw** qn réussit à devenir qc; ■ **jd bringt es zu etwas/nichts** qn arrive à quelque chose/qn n'arrive à rien
20. *fam* (*leisten*) ■ **jd/etw bringt etw** *Geschwindigkeit, Leistung* qn/qc fait qc *fam;* ***das Auto bringt 227 km/h Spitze*** la voiture fait du 227 km/h maxi *fam*
21. *sl* (*machen*) ■ **jd bringt etw** *Klops, Hammer, Sachen* qn balance qc *fam;* ***er bringt Sachen/Klöpse!*** il balance de ces conneries! *fam;* ***jd bringt das*** qn fait ça
22. *sl* (*gut sein*) ■ **jd bringt es** qn est à la hauteur, qn assure *fam;* ■ **etw bringt es** qc tient la route, qc est super *fam;* ***der Motor wird's nicht mehr*** ~ le moteur ne tiendra pas le coup *fam*
▸ **jd bringt zwei Menschen auseinander** *fam* (*veranlasst sie zur Trennung*) qn bousille un couple *fam;* ***sie versucht die beiden auseinander zu*** ~ elle essaie de bousiller leur couple *fam;* **jd bringt jdm jdn/etw nahe** *Latein, einen Autor, Künstler* qn présente qn à qn/initie qn à qc; *eine Theorie, jds Gedankenwelt* qn explique qn/qc à qn; **etw bringt jdn jdm/einer S. nahe** */Beschäftigung, Unterricht/* qc permet à qn de mieux comprendre qn/qc; **jd/etw bringt jdm etw näher** qn/qc fait mieux connaître qc à qn, qn/qc familiarise qn avec qc; **etw bringt jdn/etw vorwärts** */Durchbruch, Erfolg, Neuerung/* qc fait progresser qn/qc; **jd bringt jdn so weit** [*o* **dahin**], **dass** qn pousse [*o* amène] qn à un point tel que + *indic;* **jd bringt es noch so weit** [*o* **dahin**], **dass** qn fait tant et si bien que + *indic;* **jd bringt etw an sich** (*akk*) *fam* qn s'approprie qc, qn s'empare de qc; **jd/etw bringt ihn/sie außer sich** (*akk*) qn/qc le/la met hors de lui/d'elle; **jd bringt etw hinter sich** (*akk*) qn en finit [*o* en termine] avec qc; **etw bringt etw mit sich** qc a qc pour conséquence; ***etw bringt Unannehmlichkeiten mit sich*** qc s'accompagne de désagréments; **jd bringt etw nicht über sich** (*akk*) qn ne peut pas se résoudre à qc/à faire qc; **das bringt nichts** *fam* ça ne mène à rien; **das bringt's nicht** *fam* ça ne sert à rien
brisant *adj* **1.** *geh* (*heikel*) brûlant(e), explosif(-ive)
2. (*explosiv*) *Sprengstoff* brisant(e), très explosif(-ive)
Brisanz <-, -en> *f* **1.** *geh* [*Diskussion, Problem, Punkt, Thema*] caractère *m* explosif [*o* brûlant]
2. (*Explosivität*) force *f* explosive, explosibilité *f*
Brise <-, -n> *f* brise *f;* ***es weht eine steife*** ~ il vente grand frais
Britannien <-s> [-niən] *nt* HIST les îles *fpl* Britanniques; MEDIA *sl* (*Groß~*) la Grande-Bretagne
britannisch *adj* HIST britannique
Brite <-n, -n> *m,* **Britin** *f* Britannique *mf*
britisch *adj* britannique
bröckelig *adj* **1.** *Gestein, Mauer* effrité(e), friable; ■ **etw wird** ~ qc s'effrite, qc devient friable
2. *Brot, Konsistenz* friable
bröckeln *vi* **1.** + *haben* (*zerfallen*) ■ **etw bröckelt** */Gestein, Mauer, Mergel/* qc s'effrite; */Brot/* qc s'émiette
2. + *sein* (*abfallen*) ■ **etw bröckelt von/aus etw** qc se détache de qc, qc s'effrite; ***der Putz bröckelt von den Wänden*** le crépi s'effrite
Brocken <-s, -> *m* **1.** (*Erd~*) motte *f* [de terre]; (*Stein~*) bloc *m* [de pierre]; (*großes Stück*) morceau *m*
2. *pl* [*Sprache, Gespräch*] bribes *fpl*
3. *fam* (*massiger Mensch*) costaud *m fam;* ***alle ihre Kinder sind solche*** ~ tous ses enfants sont des sacrés costauds *fam*
▸ **jd wirft jdm** ~ **an den Kopf** *fam* qn jette des insultes à la figure de qn; **jd ist ein harter** ~ **[für jdn]** *fam* qn est un gros morceau [pour qn] *fam;* **etw ist ein harter** [*o* **dicker**] ~ **[für jdn]** *fam* qc est un gros morceau [pour qn] *fam*
brockenweise *adv* par [petits] morceaux

brodeln *vi* 1. (*aufwallen*) ■ **etw brodelt** /*Wasser, Brei, Suppe*/ qc bouillonne, qc bout; /*Lava*/ qc bouillonne
2. *liter* (*wallen*) ■ **etw brodelt** [**irgendwo**] (*dat*) /*Dämpfe, Nebel, Nebelschwaden*/ qc flotte [quelque part]

Brodem <-s, -> *m liter* (*Dunst*) émanations *fpl* pestilentielles; (*Atem*) haleine *f* fétide

Brokat <-[e]s, -e> *m* brocart *m*

Broker(in) <-s, -> *m(f)* courtier *m* en bourse, agent *m* de change

Brokkoli *pl* brocoli *m*

Brom <-s> *nt* Ø CHEM brome *m*

Brombeere *f* 1. (*Strauch*) mûrier *m*, ronce *f*
2. (*Frucht*) mûre *f*

Brombeerstrauch *m* ronce *f*, roncier *m*

bronchial [brɔn'çia:l] *adj* bronchique

Bronchialasthma [brɔn'çia:lʔastma] *nt* asthme *m* bronchique **Bronchialkatarr[h]**RR *m* bronchite *f*

Bronchie <-, -n> ['brɔnçiə, -çiən] *f meist pl* bronche *f*; ***jd hat es auf den ~n*** *fam* qn est atteint(e) aux [*o* des] bronches

Bronchitis <-, -tiden> [-çi-] *f* bronchite *f*

Bronze <-, -n> ['brõ:sə] *f* bronze *m*

Bronzemedaille ['brõ:səmedaljə] *f* médaille *f* de bronze

bronzen ['brõ:sn] *adj* 1. (*aus Bronze*) en [*o* de] bronze
2. (*von ~er Farbe*) [de] couleur bronze

Bronzezeit ['brõ:sə-] *f* âge *m* du bronze

Brosche <-, -n> *f* broche *f*

broschiert *adj Ausgabe, Buch* broché(e)

Broschüre <-, -n> *f* brochure *f*

Brösel <-s, -> *m* DIAL 1. (*Krümel*) miette *f*
2. *pl* (*Semmelmehl*) chapelure *f*

brös[e]lig *adj* DIAL friable

bröseln *vi* DIAL 1. ■ **etw bröselt** /*Kuchen*/ qc s'émiette; /*Gestein*/ qc s'effrite
2. ■ **jd bröselt** qn fait des miettes

Brot <-[e]s, -e> *nt* pain *m*; (*Butter~*) tartine *f*; ***ein halbes/ganzes*** ~ un demi-pain/pain entier; ***eine Bratwurst mit*** ~ une saucisse avec du pain
▸ **wes ~ ich ess', des Lied ich sing'** *prov* les payeurs ont toujours raison; **belegtes** ~ sandwich *m*; **das ist ein hartes** [*o* **schweres**] ~ c'est un dur labeur; **das ist unser täglich[es]** ~ c'est notre pain [*o* notre lot] quotidien; **unser tägliches ~ gib uns heute!** REL donne-nous notre pain de ce jour [*o* quotidien *vieilli*]!; **jd verdient sich** (*dat*) **sein** ~ [**als etw**] qn gagne son pain [comme qc] [*o* sa vie]

Brotaufstrich *m* préparation *f* à tartiner; (*süß a.*) pâte *f* à tartiner; ***was willst du als*** ~? qu'est-ce que tu veux sur ton pain? **Brotbelag** *m* garniture *f* sur le pain; ***was willst du als*** ~? qu'est-ce que tu veux sur ton pain? **Brotbeutel** *m* musette *f*

Brötchen <-s, -> *nt* petit pain *m*
▸ **jd backt kleine/kleinere** ~ *fam* qn vise petit/moins haut; **jd verdient sich** (*dat*) **seine** ~ *fam* qn gagne sa croûte *fam*

Brötchengeber(in) *m(f) hum fam* employeur(-euse) *m(f)*

Broteinheit *f* unité *f* pain **Broterwerb** *m* gagne-pain *m*; ***jd betreibt etw zum*** ~ qn fait qc pour gagner sa vie **Brotkasten** *m* boîte *f* à pain **Brotkorb** *m* corbeille *f* à pain ▸ **jd hängt jdm den ~ höher** *fam* qn serre les cordons de la bourse à qn *fam* **Brotkrume** *f* miette *f* de pain **Brotkruste** *f* croûte *f* du pain

brotlos *adj* (*stellungslos*) sans emploi [*o* travail]
▸ **jd/etw macht jdn** ~ qn/qc fait perdre son gagne-pain à qn

Brotmaschine *f* trancheuse *f* à pain **Brotmesser** *nt* couteau *m* à pain **Brotrinde** *f* croûte *f* du pain **Brotröster** <-s, -> *m* grille-pain *m* **Brotschnitte** *f* tranche *f* de pain **Brotsuppe** *f* panade *f* **Brotteig** *m* pâte *f* à pain **Brotvermehrung** *f* ▸ **die wunderbare** ~ la multiplication des pains **Brotzeit** *f* DIAL 1. (*Pause*) heure *f* du casse-croûte 2. (*Essen*) casse-croûte *m* ▸ **jd macht** ~ qn fait une pause casse-croûte

browsen ['brauzən] *vi* INFORM ■ **jd browst** qn explore; ■ **das B~** l'exploration *f*

Browser <-s, -> ['brauzɐ] *m* INFORM explorateur *m*, navigateur *m* Web, fureteur *m* CAN

brr *interj* (*Befehl an Zugtiere*) ho; (*Ausruf bei Kälte*) brr

Bruch[1] <-[e]s, ¨-e> *m* 1. [*Achse, Blattfeder, Damm, Staudamm*] rupture *f*
2. [*Eid, Schwur, Abmachung etc*] rupture *f*; [*Gesetz, Vorschrift, Bestimmung, Vertrag*] violation *f*; ***ein ~ des Vertrauens*** un abus de confiance
3. [*Beziehungen, Partner*] rupture *f*; (*Einschnitt*) *in einer Entwicklung, Partei, zwischen Personen* cassure *f*, rupture *f*; ■ **der ~ mit etw** *mit Tradition, Vergangenheit, Wertvorstellungen* la rupture avec qc
4. MED (*Knochen~*) fracture *f*
5. MED (*Eingeweide~*) hernie *f*
6. MATH fraction *f*
7. COM (*zerbrochene Ware*) débris *mpl*
8. *sl* (*Ein~*) casse *m arg*
▸ **ein eingeklemmter** ~ une hernie étranglée; **etw geht zu** ~ qc se casse, qc se brise; ***bei einem Umzug geht oft einiges zu*** ~ dans un déménagement, il y a souvent de la casse; **etw geht in die ¨-e** qc est un échec, qc se solde par un échec; **jd hat einen** ~ MED qn a une hernie; **jd hebt sich** (*dat*) **einen** ~ qn attrape une hernie; **ich heb' mir doch keinen ~!** *fam* je ne vais pas me fouler [*o* m'esquinter] [pour ça]! *fam*; **jd macht einen** ~ *sl* qn fait un casse *arg*

Bruch[2] <-[e]s, ¨-e> *m o nt* GEOG marais *m*, marécage *m*

-bruch *m Bein-, Knochen- etc* fracture *f* du/de la/des

Bruchbude *f pej fam* taudis *m*, cambuse *f fam* **Bruchfläche** *f* cassure *f*

brüchig *adj* 1. *Gestein, Mauerwerk, Naturstein* friable; *Leder, Pergament, Papyrus* cassant(e)
2. (*rau*) *Stimme* cassé(e)
3. (*ungefestigt*) fragile, précaire

Bruchlandung *f* atterrissage *m* forcé [*o* en catastrophe] ▸ **jd macht eine** ~ qn fait un atterrissage [*o* qn atterrit] en catastrophe **Bruchrechnen** *nt* calcul *m* de fractions **Bruchrechnung** *f* calcul *m* de fractions **Bruchstelle** *f* [*Geschirrteil, Möbelstück etc*] cassure *f*; [*Knochen a.*] point *m* de rupture **Bruchstrich** *m* barre *f* de fraction

Bruchstück *nt* 1. [*Möbel, Geschirr etc*] fragment *m*, morceau *m*
2. [*Lied etc*] fragment *m*; [*Rede*] bribes *fpl*

bruchstückhaft I. *adj* fragmentaire, morcelé(e); *Beweis* incomplet(-ète)
II. *adv* partiellement; *mitbekommen a.* par bribes

Bruchteil *m* fraction *f*; ***es fehlte nur ein ~, und …*** il s'en est fallu de très peu et … ▸ **im ~ eines Augenblicks/einer Sekunde** en une fraction de seconde **Bruchzahl** *f* nombre *m* fractionnaire

Brücke <-, -n> *f* 1. CONSTR pont *m*
2. NAUT passerelle *f*
3. (*Zahn~*) bridge *m*
4. (*Teppich*) carpette *f*
5. SPORT pont *m*
▸ **jd baut jdm goldene ~n/eine goldene** ~ qn tend la perche à qn; **er/sie bricht alle ~n hinter sich** (*dat*) **ab** il/elle coupe les ponts [derrière lui/elle], qn brûle ses vaisseaux; **jd schlägt eine ~ über etw** (*akk*) *liter* qn jette un pont sur qc; **etw schlägt eine ~ zwischen Menschen/Dingen** qc établit un pont entre des personnes/des choses

Brückenbau <-bauten> *m* 1. Ø (*die Errichtung*) construction *f* de ponts
2. (*Brücke*) pont *m* **Brückenbogen** *m* arche *f* [du pont] **Brückengebühr** *f* péage *m* **Brückengeländer** *nt* parapet *m*, garde-fou *m* **Brückenkopf** *m* tête *f* de pont ▸ **jd bildet** [*o* **errichtet**] **einen** ~ qn crée [*o* constitue] une tête de pont **Brückenpfeiler** *m* pilier *m* du pont **Brückenschlag** *m* rapprochement *m* **Brückenspringen** *nt* saut *m* à l'élastique, benji *m* **Brückentag** *m* ▸ **jd macht einen** ~ qn fait le pont

Bruder <-s, ¨-> *m* 1. (*Verwandter*) frère *m*; ***mein jüngerer/jüngster*** ~ mon petit frère/le plus jeune de mes frères; ■ **die ¨- …** les frères …
2. (*Mönch*) frère *m*; ■ ¨- (*Gemeindemitglieder*) mes frères
3. *pej fam* (*Kerl*) lascar *m fam*; ***euch ¨- kenne ich!*** vous, mes lascars, je vous connais!
▸ **der große** ~ le grand frère; (*Überwachungsstaat*) big brother; **ein warmer** ~ *veraltet* un pédéraste, un inverti; **unter ¨-n** *fam* entre potes *fam*

Bruder- (*verbündet*) … frère; (*wie unter Brüdern*) fraternel(le); ~***krieg*** guerre *f* fratricide; ~***zwist*** querelle *f* entre frères

Brüderchen <-s, -> *nt* 1. (*kleiner Bruder*) petit frère *m*
2. (*als Anrede*) frérot *m fam*, frangin *m fam*

Bruderherz *nt hum* cher frangin *m fam*

Brüderlein <-s, -> *nt liter s.* **Brüderchen**

brüderlich I. *adj* fraternel(le)
II. *adv* fraternellement

Brudermord *m* fratricide *m* **Brudermörder(in)** *m(f)* fratricide *mf*

Bruderschaft <-, -en> *f* REL confrérie *f*

Brüderschaft <-, -en> *f* ***jd bietet jdm die ~ an*** qn propose à qn le tutoiement
▸ **jd trinkt mit jdm** ~ qn trinque avec qn (*pour marquer le début du tutoiement*)

Brügge <-s> *nt* Bruges

Brühe <-, -n> *f* 1. (*klare Suppe*) bouillon *m*; ***eine kräftige*** ~ un consommé
2. *fam* (*schmutzige Flüssigkeit*) eau *f* d'égout; ***jdm läuft die ~ runter*** qn sue à grosses gouttes
3. *pej fam* (*Getränk*) lavasse *f fam*

brühen *vt* ■ **jd brüht** [**sich** (*dat*)] **etw** *Kaffee, Tee* qn [se] fait qc

Brühkartoffeln *pl* GASTR DIAL pommes de terre *fpl* bouillies (*dans un bouillon gras*) **brühwarm** I. *adj fam* tout(e) chaud(e) II. *adv fam* illico *fam* **Brühwürfel** *m* cube *m* de bouillon **Brühwurst** *f* (*Wurst zum Kochen*) saucisse *f* à bouillir; (*gekochte Wurst*) saucisse *f* bouillie

Brüllaffe *m* 1. ZOOL [singe *m*] hurleur *m*
2. *pej fam* (*Schreihals*) braillard *m fam*, gueulard *m fam*

brüllen I. *vi* 1. (*schreien*) ■ **jd brüllt** qn crie, qn hurle; /*Kind a.*/ qn braille *fam*; ***brüll doch nicht so*** [***laut***] ce n'est pas la peine de crier comme ça; ■ **jd brüllt vor etw** (*dat*) qn hurle de qc
2. ■ **ein Tier brüllt** /*Affe*/ un animal hurle; /*Raubtier*/ un animal rugit; /*Stier, Vieh*/ un animal mugit [*o* beugle]
▸ **zum B~** *fam* à hurler de rire *fam*
II. *vt* ■ **jd brüllt** [**jdm**] **etw** [**irgendwohin**] qn hurle qc [à qn] [quelque part]

Brummbär *m fam* 1. *Kindersprache* nounours *m* 2. (*brummiger Mann*) grognon *m*, grincheux *m* **Brummbass**RR *m fam* basse *f* profonde

brummeln I. *vi fam* ■ **jd brummelt** qn grommelle
II. *vt fam* ■ **jd brummelt etw** qn grommelle qc, qn marmonne qc

brummen I. *vi* 1. ■ **ein Tier brummt** /*Insekt*/ un animal bourdonne; /*Bär*/ un animal grogne; ■ **etw brummt** /*Motor*/ qc ronfle; /*Klingel*/ qc a une sonnerie sourde; /*Propeller, Triebwerk*/ qc vrombit; /*Kreisel*/ qc bourdonne
2. (*beim Singen*) ■ **jd brummt** qn chante d'une voix caverneuse
3. *fam* (*in Haft sein*) ■ **jd brummt** qn est en cabane *fam*
4. (*murren*) qn ronchonne
II. *vt* ■ **jd brummt etw** qn grommelle qc

Brummer <-s, -> *m fam* 1. (*Insekt*) espèce *f* de bourdon
2. (*Lastwagen*) gros-cul *m fam*, bahut *m fam*

Brummi <-s, -s> *m fam* bahut *m fam*, poids *m* lourd

brummig *adj fam* grognon, grincheux(-euse)

Brummkreisel *m fam* toupie *f* bourdonnante **Brummschädel** *m fam* mal *m* de crâne *fam;* (*nach Alkoholgenuss*) gueule *f* de bois *fam* ►**jd hat einen ~** qn a la gueule de bois *fam,* qn a mal aux cheveux *fam*

Brunch <-[e]s, -[e]s *o* -e> [bran(t)ʃ] *nt* brunch *m*

brünett *adj* brun(e) **Brünette(r)** *f(m) decl wie adj* brun(e) *m(f)*

Brunft <-, ̈-e> *f* [période *f* du] rut *m*
►**ein Tier ist in der ~** un animal est en rut [*o* en chaleur]

brunftig *adj Wild* en rut, en chaleur

Brunftplatz *m* place *f* de rut/brame **Brunftschrei** *m* brame[ment] *m* **Brunftzeit** *f* période *f* du rut

Brunnen <-s, -> *m* (*Zieh~, unter dem Boden*) puits *m;* (*Zier~, über dem Boden*) fontaine *f;* (*natürlich, Heil~*) source *f*
►**jd deckt den ~ erst zu, wenn das Kind hineingefallen ist** *prov* qn prend des mesures après coup; **artesischer ~** puits *m* artésien

Brunnenbauer(in) <-s, -> *m(f)* puisatier *m* **Brunnenbecken** *nt* vasque *f,* bassin *m* **Brunnenfigur** *f* statue *f* de fontaine **Brunnenkresse** *f* cresson *m* de fontaine **Brunnenkur** *f* cure *f* d'eau minérale **Brunnenschacht** *m* puits *m;* ***der ~ des Schlossbrunnens ist 75 Meter tief*** le puits du château fait 75 mètres de profondeur **Brunnenvergifter(in)** <-s, -> *m(f)* semeur(-euse) *m(f)* de discorde [*o* de zizanie] **Brunnenvergiftung** *f* **1.** (*Wasservergiftung*) empoisonnement *m* des puits **2.** *fig* calomnie *f;* ***jd betreibt ~*** qn sème la zizanie **Brunnenwasser** *nt* eau *f* du puits/de la fontaine/de la source

Brünnlein <-s, -> *nt poet dim von* **Brunnen** petite fontaine *f*

Brunst <-, ̈-e> *f s.* **Brunft**

brünstig *adj* **1.** *Tier* en rut, en chaleur
2. *hum Mensch* lubrique, concupiscent(e); *Schrei* de plaisir

Brunstschrei *m s.* **Brunftschrei. Brunstzeit** *f s.* **Brunftzeit**

brüsk I. *adj* brusque, brutal(e)
II. *adv sich abwenden* brusquement; *sagen, abfertigen* brutalement, rudement

brüskieren * *vt* ■**jd brüskiert jdn** qn brusque qn; ***jd fühlt sich brüskiert*** qn a l'impression qu'on le brusque; ***er fühlte sich von ihr brüskiert*** il eut l'impression qu'elle le brusquait

Brüskierung <-, -en> *f* brusquerie *f;* ***die ~ dieses wichtigen Kunden*** la brusquerie avec laquelle on traite ce client important; ***ich verbitte mir die ~ meiner Frau!*** je n'admets pas qu'on brusque ma femme de cette façon!

Brüssel <-s> *nt* Bruxelles

Brüsseler *adj* de Bruxelles, bruxellois(e); *Spitze* de Bruxelles

Brüsseler(in) <-s, -> *m(f)* Bruxellois(e) *m(f)*

Brust <-, ̈-e> *f* **1.** (*Brustkasten*) thorax *m,* cage *f* thoracique; ***~ raus!*** bombe/bombez le torse!; ***jd drückt die ~ heraus*** qn bombe le torse
2. (*weibliche ~ als Ganzes*) poitrine *f,* seins *mpl;* (*einzeln*) sein *m;* ***die rechte ~*** le sein droit
3. GASTR poitrine *f;* [*Geflügel a.*] blanc *m*
4. SPORT *sl* (*Brustschwimmen*) brasse *f*
►**eine flache ~** une poitrine plate; **jd ist schwach auf der ~** *hum fam* (*körperlich*) qn a les pectoraux un peu faiblards *fam,* qn n'a pas de coffre *fam;* (*leidet an Geldmangel*) qn est fauché(e) *fam;* **jd gibt einem Kind die ~, jd legt ein Kind an die ~** qn donne le sein à un enfant; **jd hat es auf der ~** *fam* qn a la poitrine prise; **jd nimmt einen zur ~** *fam* qn s'en jette un derrière la cravate *fam;* **jd nimmt [sich** (*dat*)**] jdn zur ~** *fam* qn prend qn entre quat'z'yeux *fam;* **jd schlägt sich** (*dat*) **an die ~** qn bat sa coulpe, qn fait son mea culpa; **jd weint sich an jds ~** (*dat*) **aus** qn s'épanche dans les bras de qn; **jd wirft sich [vor jdm] in die ~** qn parade [devant qn]; **~ an ~** corps à corps

Brustbein *nt* sternum *m* **Brustbeutel** *m* pochette *f* de sécurité (*portée sur la poitrine autour du cou*) **Brustbild** *nt* ART portrait *m* (*de la tête et du buste*); PHOT portrait *m* en plan rapproché **Brustdrüse** *f* glande *f* mammaire

brüsten *vr* ■**jd brüstet sich [mit etw]** qn se vante [de qc]

Brustfell *nt* plèvre *f*

Brustfellentzündung *f* pleurésie *f*

Brustflosse *f* nageoire *f* pectorale **Brustgegend** *f* poitrine *f* **Brusthöhe** *f* ►**in ~** à hauteur de [la] poitrine **Brusthöhle** *f* cavité *f* thoracique **Brustkasten** *m fam* coffre *m fam* **Brustkorb** *m* cage *f* thoracique **Brustkrebs** *m* cancer *m* du sein **Brustmuskel** *m* [muscle *m*] pectoral *m* **Brustschwimmen** *nt* brasse *f* **Brustschwimmer(in)** *m(f)* nageur(-euse) *m(f)* de brasse **Bruststimme** *f* voix *f* de poitrine **Bruststück** *nt* morceau *m* de poitrine **Brusttasche** *f* (*außen*) poche *f* de poitrine; (*innen*) poche *f* intérieure **Brustton** *m* son *m* émis avec une voix de poitrine ►**im ~ der Überzeugung** sur un [*o* d'un] ton profondément convaincu **Brustumfang** *m* tour *m* de poitrine

Brüstung <-, -en> *f* **1.** (*Balkon~*) balustrade *f,* parapet *m*
2. (*Fenster~*) appui *m* de fenêtre

Brustwarze *f* mamelon *m* **Brustweite** *f* tour *m* de poitrine **Brustwirbel** *m* vertèbre *f* dorsale

Brut <-, -en> *f* **1.** *∅* (*das Brüten*) couvaison *f*
2. (*die Jungen*) [*Hühner, Vögel*] couvée *f;* [*Bienen*] couvain *m*
3. *pej* (*Gesindel*) racaille *f,* engeance *f*

brutal I. *adj* **1.** (*roh*) *Folter, Misshandlung, Vorgehen, Mensch* brutal(e); *Gesicht* de brute; ***ein ~er Kerl*** une brute
2. *fam Kopfschmerzen* violent(e), pas possible *fam; Niederlage* écrasant(e); *Fehler, Ungerechtigkeit* énorme; ***eine ~e Niederlage*** une raclée *fam;* ***das ist eine ~e Sauerei*** c'est dégueulasse *fam*
II. *adv* **1.** (*roh*) brutalement, avec brutalité
2. (*ohne Rücksicht*) *sagen, zeigen* sans ménagement, brutalement
3. *fam* (*sehr*) vachement *fam;* ***~ viel*** vachement *fam;* ***der weiß echt ~ wenig*** il sait que dalle *fam*

brutalisieren * *vt* ■**etw brutalisiert jdn** qc rend qn brutal(e) [*o* bestial(e)]

Brutalisierung <-> *f ∅* déshumanisation *f*

Brutalität <-, -en> *f* brutalité *f;* ***in aller ~*** sans ménagements; ***jd verübt ~en*** qn commet des brutalités [*o* des exactions]

Brutapparat *m* couveuse *f,* incubateur *m*

brüten *vi* **1.** ■**ein Tier brütet** un animal couve
2. (*grübeln*) ■**jd brütet [über etw** (*dat*)**]** qn cogite [sur qc]; ***was brütest du nur immer?*** qu'est-ce que tu rumines encore?

brütendheiß *s.* **heiß I.**►

Brüter <-s, -> *m* ►**schneller ~** sur[ré]générateur *m*

Bruthitze *f fam* chaleur *f* d'étuve **Brutkasten** *m* MED couveuse *f* ►**eine Hitze wie in einem ~** une chaleur d'étuve; **heiß wie in einem ~** chaud(e) comme dans un sauna [*o* une étuve]; ***hier herrscht ja eine Hitze wie in einem ~!*** il fait une chaleur d'étuve ici!, c'est une vraie fournaise ici! **Brutpflege** *f* élevage *m* de la couvée ►**ein Tier betreibt ~** un animal élève sa couvée **Brutplatz** *m* nichoir *m,* couvoir *m* **Brutreaktor** *m* sur[ré]générateur *m* **Brutstätte** *f* **1.** (*Nistplatz*) ■**die ~ von etw** le nid de qc **2.** *geh* (*Herd*) ■**die ~ einer S.** (*gen*) le foyer de qc

brutto *adv* brut

Brutto- brut(e) **Bruttoeinkommen** *nt* revenu *m* brut **Bruttogehalt** *nt* salaire *m* brut **Bruttoinlandsprodukt** *nt* produit *m* intérieur brut, P.I.B. *m* **Bruttolohn** *m* salaire *m* brut **Bruttoregistertonne** *f* tonneau *m* de jauge brut **Bruttosozialprodukt** *nt* produit *m* national brut, P.N.B. *m*

brutzeln I. *vi* ■**etw brutzelt [in etw** (*dat*)**]** qc grille [*o* grésille] [dans qc]
II. *vt* ■**jd brutzelt [sich** (*dat*)**] etw** qn [se] fait cuire [*o* griller] qc

Btx [be:te:ˈʔɪks] *abk von* **Bildschirmtext** ≈ minitel® *m*

Btx- [be:te:ˈʔɪks-] *-Anschluss, -Empfang, -Netz …* minitel; ***~-Anbieter*** [centre *m*] serveur *m* minitel; ***~-Fernseher*** écran *m* minitel; ***~-Gerät*** minitel *m;* ***~-Nummer*** code *m* [minitel]; ***~-Nutzer*** minitéliste *mf;* ***~-Teilnehmer*** abonné *m* du minitel

Bub <-en, -en> *m* SDEUTSCH, AUS, CH gamin *m,* petit garçon *m*

Bube <-n, -n> *m* KARTEN valet *m*

Bubikopf *m* coiffure *f* à la garçonne; ***jd lässt sich*** (*dat*) ***einen ~ machen*** qn se fait coiffer à la garçonne

Buch <-[e]s, ̈-er> *nt* **1.** (*zum Lesen*) livre *m*
2. *meist pl* (*Geschäfts~*) livre *m* de comptes, registre *m* de comptabilité
3. REL livre *m,* écriture *f;* ***die ̈-er Mose*** le Pentateuque
►**etw ist ein ~ mit sieben Siegeln** qc est de l'hébreu; **jd ist ein ~ mit sieben Siegeln** qn est totalement impénétrable; **das Goldene ~ [der Stadt]** le livre d'or [de la ville]; **jd ist für einen Menschen ein offenes [*o* aufgeschlagenes] ~** une personne lit à livre ouvert dans la tête de qn; **ein schlaues ~** *fam* un livre réponse à tout *fam;* **jd führt [jdm] die ̈-er** COM qn tient la comptabilité [de qn]; **jd führt über etw** (*akk*) **~** qn tient un inventaire de qc, qn note qc; **jd geht über die ̈-er** CH qn fait les comptes; **jd redet wie ein ~** *fam* qn est une vraie pipelette [*o* un vrai moulin à paroles] *fam;* / *Vertreter*/ qn a du bagou[t] [*o* de la tchatche] *fam;* **etw schlägt [mit etw] zu ~[e]** (*belastet Budget*) qc pèse [de qc] dans le budget; (*zählt*) qc entre en ligne de compte; **jd sitzt über den ̈-ern** qn est plongé(e) dans ses livres; **…, wie er/es im ~e steht** comme on n'en voit pas souvent, comme pas un(e); **das ~ der ̈-er** *geh* la Sainte Écriture, l'Écriture *f*

Buch- *-club, -geschäft, -laden, -reihe* de livres; *-preis, -gestaltung* du livre; ***~ausstattung*** présentation *f* du livre; ***~decke, ~einband*** couverture *f;* ***~format*** format *m* **Buchbesprechung** *f* critique *f* de livre[s] **Buchbinder(in)** <-s, -> *m(f)* relieur(-euse) *m(f)* **Buchbinderei** <-, -en> *f* **1.** (*Betrieb*) atelier *m* de relieur **2.** *∅* (*das Buchbinden*) reliure *f* **Buchblock** <-blöcke> *m* corps *m* du livre **Buchdeckel** *m* plat *m* ►**der hintere/vordere ~** le plat inférieur/supérieur **Buchdruck** *m ∅* typographie *f* **Buchdrucker(in)** *m(f)* typographe *mf* **Buchdruckerei** *f* **1.** (*Betrieb*) atelier *m* de typographie **2.** *∅* (*das Buchdrucken*) typographie *f* **Buchdruckerkunst** *f* art *m* typographique

Buche <-, -n> *f* hêtre *m*

Buchecker <-, -n> *f* faine *f*

buchen *vt* **1.** (*vorbestellen*) ■**jd bucht etw [bei jdm]** *Fahrt, Flug, Hotelzimmer* qn réserve qc [auprès de qn]; *Schiffsreise, Reise etc* qn s'inscrit à qc [auprès de qn]
2. COM (*ver~*) ■**jd bucht etw [als etw]** qn comptabilise qc [comme qc], qn porte qc en compte [comme qc]; ■**etw bucht etw** qc enregistre qc
3. (*sich zurechnen*) ■**jd bucht etw [als etw]** *als Erfolg, Plus, Sieg* qn inscrit qc à son compte [comme étant qc]; ***das kannst du auf dein Konto ~*** tu peux mettre ça à ton crédit

Buchenholz *nt* [bois *m* de] hêtre *m*

Bücher- (*für Bücher*) à livres; (*von Büchern*) de livres; ***~bus*** bibliobus *m;* ***~freund*** bibliophile *m;* ***~narr*** bibliomane *m;* ***~tisch*** présentoir *m* de livres; ***~verbrennung*** autodafé *m* de livres **Bücherbord** <-borde> *nt,* **Bücherbrett** *nt* étagère *f,* tablette *f*

Bücherei <-, -en> *f* bibliothèque *f*

Bücherregal *nt* étagères *fpl,* rayons *mpl* de bibliothèque **Bücherschaft** *m* CH *s.* **Bücherregal, Bücherschrank. Bücherschrank** *m* bibliothèque *f* **Büchersendung** *f* colis *m* de livres **Bücherwand** *f* bibliothèque *f* murale **Bücherwurm** *m hum* rat *m* de bibliothèque

Buchfink *m* pinson *m*

Buchform *f* ►**in ~** sous forme de volume [*o* de livre] **Buchführung** *f* comptabilité *f* ►**einfache/doppelte ~** comptabilité en partie simple/double **Buchgeld** *nt* monnaie *f* scripturale **Buchgemeinschaft** *f* club *m* du livre **Buchhalter(in)** *m(f)* comptable *mf* **buchhalterisch** *adj Pflichten, Tätigkeit* de comptable; *Arbeit* de comptabilité, comptable **Buchhaltung** *f* **1.** (*Rechnungsabteilung*) [service *m* de la] comptabilité *f* **2.** (*Buchführung*) comptabilité *f* **Buchhandel** *m* commerce *m* du livre; (*Gesamtheit der Buchhändler*) libraires *mpl* ►**im ~ erhältlich** disponible en librairie **Buchhändler(in)** *m(f)* libraire *mf* **buchhändlerisch** I. *adj* de libraire II. *adv* comme libraire **Buchhandlung** *f* librairie *f* **Buchhülle** *f* jaquette *f* **Buchmacher(in)** *m(f)* bookmaker *m* **Buchmalerei** *f* enluminure *f* **Buchmesse** *f* foire *f* du livre **Buchprüfer(in)** *m(f)* expert-comptable *m,* commissaire *mf* aux comptes **Buchprüfung** *f* vérification *f* des livres, expertise *f* comptable **Buchrücken** *m* dos *m* du livre

Buchsbaum ['bʊks-] *m* buis *m*

Buchse <-, -n> ['bʊksə] *f* 1. ELEC douille *f*
2. TECH manchon *m*

Büchse <-, -n> ['bʏksə] *f* 1. (*Behälter, Konserven~*) boîte *f*
2. (*Sammel~*) tronc *m*
3. (*Jagdgewehr*) carabine *f*

Büchsen- ['bʏksn-] (*in Dosen*) en boîte **Büchsenmacher(in)** *m(f)* armurier *m* **Büchsenöffner** *m* ouvre-boîtes *m*

Buchstabe <-n[s], -n> *m* lettre *f;* (*Druck~*) caractère *m* [d'imprimerie]
▸ **nach dem ~n des Gesetzes** aux termes de la loi; **fetter** ~ caractère *m* gras; **großer/kleiner** ~ majuscule *f*/minuscule *f;* **jd setzt sich auf seine vier ~n** *hum fam* qn s'assoit, qn pose ses fesses *hum;* **in ~n** en lettres; **dem ~n nach** à la lettre, au pied de la lettre

buchstabengetreu I. *adj* à la lettre; ***er bestand auf ~er Befolgung der Vorschriften*** il a exigé que l'on suive à la lettre les consignes II. *adv* ▸ **jd befolgt etw** ~ qn suit qc au pied de la lettre [*o* à la lettre] **Buchstabenkombination** *f* combinaison *f* de lettres **Buchstabenrätsel** *nt* logogriphe *m* **Buchstabenschloss**[RR] *nt* serrure *f* à combinaison [de lettres] **Buchstabenschrift** *f* écriture *f* alphabétique

buchstabieren * *vt* ■ **jd buchstabiert etw** qn épelle qc

buchstäblich I. *adj* à la lettre; ***der Chef legt großen Wert auf ~e Befolgung seiner Anweisungen*** le chef tient beaucoup à ce que ses directives soient suivies à la lettre
II. *adv* (*geradezu*) littéralement

Buchstütze *f* serre-livres *m*

Bucht <-, -en> *f* 1. (*im Meer*) baie *m;* (*klein*) crique *f,* anse *f*
2. (*im Stall*) stalle *f*
3. (*Park~*) place *f* [de parking]
▸ **die Deutsche** ~ la baie allemande

Buchtel <-, -n> *f* AUS beignet *m*

buchtenreich *adj* découpé(e)

Buchtitel *m* 1. (*Titel*) titre *m* du livre 2. (*Buch*) titre *m* **Buchumschlag** *m* jaquette *f*

Buchung <-, -en> *f* 1. TOURISMUS réservation *f*
2. (*Ver~*) [*Betrag, Zahlung, Kontobewegung, Scheck*] écriture *f*

Buchungs- de réservation; ~***gebühr*** frais *mpl* d'enregistrement; ~***maschine*** machine *f* comptable; ~***system*** système *m* de réservation **Buchungscomputer** [-kɔmpju:tɐ] *m* ordinateur *m* de réservation **Buchungskarte** *f* ≈ carte *f* France Télécom

Buchweizen *m* sarrasin *m*

Buchwesen *nt* livre *m,* édition *f*

Buckel <-s, -> *m* 1. MED *fam* bosse *f*
2. *fam* (*Rücken*) dos *m*
3. *fam* (*Bergkuppe*) mamelon *m*
4. (*Wölbung*) bosse *f;* [*Schild*] boucle *f*
▸ **jd hat den ~ voll Schulden** *fam* qn est criblé(e) de dettes; **jd hat einiges** [*o* **viel**] **auf dem** ~ *fam* (*viel erlebt*) qn a roulé sa bosse *fam;* **jd hat viel/genug auf dem** ~ *fam* (*viel am Hals*) qn a beaucoup de choses/assez de choses sur les bras *fam;* ***das Auto hat schon einige Jahre auf dem*** ~ *fam* la voiture a déjà bien roulé; **jd kriegt den ~ voll** *fam* qn se fait chatouiller les côtes *fam;* **jd/ein Tier macht einen** [**krummen**] ~ *fam* qn/un animal fait le dos rond; **rutsch mir** [**doch**] **den ~ runter!** *fam* lâche-moi les baskets *fam*

buck[e]lig *adj fam* 1. *Mensch* bossu(e) 2. *Pflaster, Straße, Piste* bosselé(e) **Buck[e]lige(r)** *f(m) decl wie adj* bossu(e) *m(f)*

buckeln *vi* 1. (*einen Buckel machen*) ■ **ein Tier buckelt** /*Katze*/ un animal fait le gros dos
2. *pej* (*sich devot verhalten*) ■ **jd buckelt** [**vor jdm**] qn courbe l'échine [*o* s'aplatit] [devant qn]
▸ **jd buckelt nach oben und tritt nach unten** qn s'aplatit devant ses supérieurs et joue au petit chef avec ses subordonnés

Buckelpiste *f* piste *f* bosselée **Buckelpistenfahren** *nt* ski *m* sur bosses **Buckelrind** *nt* zébu *m*

bücken *vr* ■ **jd bückt sich** [**nach etw**] qn se penche [pour ramasser qc]; *s. a.* gebückt

Bückling <-s, -e> *m* 1. GASTR hareng *m* saur
2. *hum fam* (*Verbeugung*) courbette *f*
▸ **jd macht** [**vor jdm**] **einen** ~ qn s'incline [devant qn], qn fait une révérence devant qn, qn fait la révérence

Budapest <-s> *nt* Budapest

buddeln I. *vi fam* ■ **jd/ein Tier buddelt** [**irgendwo**] qn/un animal fait un trou/des trous [*o* creuse] [quelque part]
II. *vt* DIAL ■ **jd/ein Tier buddelt etw** qn/un animal creuse qc

Buddha <-s, -s> ['bʊda] *m* REL Bouddha *m;* ART bouddha *m*

Buddhismus <-> [bʊ'dɪsmʊs] *m* ∅ bouddhisme *m*

Buddhist(in) <-en, -en> [bʊ'dɪst] *m(f)* bouddhiste *mf*

buddhistisch [bʊ'dɪstɪʃ] I. *adj* bouddhiste
II. *adv* selon le rite bouddhiste

Bude <-, -n> *f* 1. (*Hütte*) cabane *f;* (*Bau~*) cabane *f* de chantier; (*Kiosk*) stand *m*
2. *fam* (*Wohnung*) piaule *f fam; pej* gourbi *m fam*
3. *fam* (*Etablissement*) boutique *f;* (*Firma*) boîte *f fam*
▸ **jdm fällt die ~ auf den Kopf** *fam* qn étouffe entre ses quatre murs; **jd stellt** [**jdm**] **die ~ auf den Kopf** *fam* qn [lui] met la maison sens dessus dessous; **eine sturmfreie** ~ *fam chambre d'étudiant ou de sous-locataire, où l'on peut recevoir des visites sans s'attirer d'ennuis;* **sie rennen** [*o* **laufen**] **jdm die ~ ein** *fam* ils/elles rappliquent [*o* défilent] chez qn *fam;* **jd rückt jdm auf die** ~ qn se pointe [*o* rapplique] chez qn *fam*

Budget <-s, -s> [bʏ'dʒe:] *nt* budget *m*

Budget- [bʏ'dʒe:-] *-entwurf, -vorlage* de budget; *-direktor, -betrag* du budget **Budgetberatung** *f* discussion *f* budgétaire

budgetieren * [bʏdʒe'ti:rən] *vt* CH ■ **jd budgetiert etw** qn budgétise qc

Büfett <-[e]s, -e *o* -s> *nt* 1. (*Anrichte*) buffet *m*
2. (*Verkaufstisch*) comptoir *m*
▸ **kaltes** ~ buffet *m* froid

Büffel <-s, -> *m* buffle *m*

Büffelei <-, -en> *f fam* bachotage *m fam*

Büffelherde *f* troupeau *m* de buffles **Büffelleder** *nt* buffle *m*

büffeln I. *vi fam* ■ **jd büffelt** qn bosse *fam,* qn bûche *fam*
II. *vt fam* ■ **jd büffelt etw** qn potasse qc *fam*

Buffet <-s, -s> *nt,* **Büffet** <-s, -s> [bʏ'fe:] *nt* 1. AUS, CH *s.* **Büfett**
2. CH (*Bahnhofsgaststätte*) buffet *m*

Buffo <-s, -s *o* Buffi> *m* chanteur *m* bouffe

Bug <-[e]s, ¨e *o* -e> *m* 1. [*Schiff*] proue *f,* avant *m;* [*Flugzeug*] nez *m,* avant *m* du fuselage
2. GASTR épaule *f*

Bügel <-s, -> *m* 1. (*Kleider~*) cintre *m*
2. (*Griff*) [*Handtasche*] poignée *f;* [*Säge*] archet *m*
3. (*Einfassung*) [*Geldbörse, Handtasche, Reisetasche etc*] monture *f*
4. (*Brillen~*) branche *f*
5. (*Steig~*) étrier *m*
6. [*Schlepplift*] perche *f*
7. (*Abzugs~*) pontet *m*

Bügelbrett *nt* table *f* à repasser **Bügeleisen** *nt* fer *m* à repasser **Bügelfalte** *f* pli *m* [de pantalon] **bügelfrei** *adj* sans repassage; ■ **etw ist** ~ qc ne se repasse pas **Bügelmaschine** *f* machine *f* à repasser

bügeln I. *vt* ■ **jd bügelt etw** qn repasse qc
II. *vi* ■ **jd bügelt** qn repasse; ■ [**das**] **B~** le repassage

Buggy <-s, -s> ['bagi] *m* (*Kinderwagen*) poussette-canne *f*

Bugrad *nt* train *m* d'atterrissage avant

bugsieren * I. *vt* 1. NAUT ■ **etw bugsiert etw irgendwohin** qc remorque qc quelque part
2. *fam* (*bewegen*) ■ **jd bugsiert etw irgendwohin** *Möbelstück etc* qn déplace qc quelque part avec difficulté, qn transbahute qc quelque part *fam;* ***beim B~ mit dem Sekretär*** en transbahutant le secrétaire *fam*
3. *fam* ■ **jd bugsiert jdn irgendwohin** qn pousse qn quelque part
II. *vi* NAUT ■ **etw bugsiert** qc effectue un remorquage/des remorquages

Bugspriet <-[e]s, -e> *m o nt* beaupré *m* **Bugwelle** *f* vague *f* d'étrave

buh *interj* [h]ou

Buh <-s, -s> *nt fam s.* **Buhruf**

buhen *vi fam* ■ **jd buht** qn pousse des hou de mécontentement [*o* des huées]

buhlen *vi pej* ■ **jd buhlt um etw** qn cherche à s'attirer qc

Buhmann <-männer> *m fam* tête *f* de Turc, bouc *m* émissaire
▸ **jd macht jdn zum** ~ qn prend qn comme tête de Turc *fam* [*o* comme bouc émissaire]

Bühne <-, -n> *f* 1. (*Spielfläche*) scène *f*
2. (*Theater*) théâtre *m*
3. (*Tribüne*) [*Konzertsaal, Aula etc*] estrade *f*
4. (*Hebe~*) pont *m* élévateur
5. DIAL (*Dachboden*) grenier *m*
▸ **jd bringt etw über die** ~ *fam* qn en finit avec qc; **jd geht zur** ~ qn monte sur les planches; **etw geht über die** ~ *fam* (*wird abgewickelt*) qc se déroule, qc se passe; (*wird aufgeführt*) qc est joué(e); **jd steht auf der** ~ qn se produit [sur scène]; **jd tritt von der ~ ab, jd verschwindet von der** ~ *fam* qn quitte le devant de la scène; **hinter der** ~ (*im Hintergrund*) dans la coulisse, dans les coulisses

Bühnen- *-beleuchtung, -equipment* scénique, de scène; *-maler* de décors; *-stück, -werk* de théâtre; *-bearbeitung, -fassung* pour la scène, théâtral(e); *-präsenz* sur scène, scénique; ~***anweisung*** indication *f* scénique, didascalie *f;* ~***ausbildung*** formation *f* théâtrale; ~***autor*** auteur *m* dramatique; ~***dekoration,*** ~***ausstattung*** décors *mpl;* ~***erfolg*** succès *m* au théâtre; ~***personal*** techniciens *mpl;* ~***raum*** espace *m* scénique; ~***techniker*** technicien *m;* ~***reife eines Stücks*** *état d'un texte, d'une pièce, prêts à être représentés sur scène* **Bühnenarbeiter(in)** *m(f)* machiniste *m* **Bühnen[aus]sprache** *f* prononciation *f* adoptée au théâtre **Bühnenbild** *nt* décors *mpl* **Bühnenbildner(in)** <-s, -> *m(f)* décorateur(-trice) *m(f)* de théâtre, scénographe *mf* **bühnenreif** *adj* 1. *Stück* prêt(e) [à être représenté(e)] 2. *iron Auftritt, Szene* théâtral(e); ***dein Auftritt/diese*** [***hysterische***] ***Szene von dir war wirklich*** [***fast***] ~! quand tu nous as fait cette scène [hystérique], on se serait [presque] cru au théâtre **Bühnensprache** *f s.* **Bühnenaussprache. bühnenwirksam** I. *adj* scéniquement approprié(e) II. *adv* pour la scène

Buhruf *m* huées *fpl,* cri *m* réprobateur; ***laute ~e*** des huées **Buhrufer(in)** *m(f)* perturbateur(-trice) *m(f)* [qui pousse des huées]

buk *imp von* **backen**

Bukarest <-s> *nt* Bucarest

Bukett <-s, -s *o* -e> *nt* 1. *geh* (*Strauß*) bouquet *m*
2. [*Wein*] bouquet *m*

Buklee[RR] *s.* **Bouclé**

bukolisch *adj geh* bucolique

Bulette <-, -n> *f* DIAL boulette *f* [de viande]
▸ **ran an die ~n!** *fam* on y va! *fam,* faut y aller! *fam*

Bulgare <-n, -n> *m*, **-garin** *f* Bulgare *mf*
Bulgarien <-s> [-riən] *nt* la Bulgarie
bulgarisch *adj* bulgare
Bulimie <-> *f Ø* boulimie *f*
Bullauge *nt* hublot *m*
Bulldozer <-s, -> ['bʊldo:zɐ] *m* bulldozer *m*
Bulle¹ <-n, -n> *m* **1.** (*Rind*) taureau *m;* (*männliches Tier*) mâle *m*
2. *fam* (*starker Mann*) gros *m* balèze *fam*, armoire *f* à glace *fam*
3. *sl* (*Polizist*) flic *m fam*, poulet *m fam*
Bulle² <-, -n> *f* HIST bulle *f*
Bullenhitze *f fam* chaleur *f* à crever *fam*
Bulletin <-s, -s> [bʏl'tɛ̃:] *nt* communiqué *m*
bullig *adj fam* **1.** (*massig*) *Kerl, Mann* costaud *fam*, balèze *fam*
2. (*drückend heiß*) à crever *fam;* (*angenehm*) douillet(te)
bum *interj* boum
► **es macht** ~ ça fait boum
Bumerang <-s, -s *o* -e> *m* boomerang *m; **etw könnte sich für jdn als ein ~ erweisen*** qc pourrait avoir un effet [de] boomerang pour qn
Bummel <-s, -> *m* balade *f*
► **jd macht einen** ~ qn fait une balade
Bummelant(in) <-en, -en> *m(f) pej fam* glandeur(-euse) *m(f) fam*
Bummelei <-, -en> *f pej fam verbal übersetzt; **diese*** [*ständige*] ~ ***bringt mich noch ins Grab!*** ils vont me faire mourir à force de traînasser!; ***wir können uns keine ~ leisten!*** on ne peut pas se permettre de traînasser!; ***nur durch deine ~ haben wir jetzt die Bahn verpasst*** c'est parce que tu as traînassé qu'on a raté le train
bummeln *vi* **1.** + *sein* (*spazieren gehen*) ■ **jd bummelt [irgendwo]** qn se balade [quelque part]
2. + *haben fam* (*trödeln*) ■ **jd bummelt** qn traînasse
► **jd geht** ~ qn va se balader
Bummelstreik *m* grève du zèle *f* **Bummelzug** *m fam* tortillard *m fam*
Bummler(in) <-s, -> *m(f)* **1.** (*Spaziergänger*) flâneur(-euse) *m(f)*
2. *fam* (*Trödler*) traînard(e) *m(f);* (*langsamer Arbeiter*) glandeur(-euse) *m(f) fam*
bums *interj* boum
► **es macht** ~ ça fait boum
Bumsbomber *m pej fam* charter *m* du sexe
bumsen I. *vi impers* + *haben fam* **1.** ■ **es bumst** (*es kracht dumpf*) ça fait boum; ***es hat furchtbar gebumst*** ça a fait un grand boum; ***er hämmerte gegen die Tür, dass es bumste*** il tambourinait à la porte en faisant un boucan pas possible *fam*
2. (*Ohrfeige*) ■ **es bumst!** tu en prends une! *fam*
II. *vi* **1.** + *sein* (*prallen*) ■ **jd/etw bumst auf/gegen etw** qn/qc rentre dans qc; ***sie ist mit dem Kopf gegen die Windschutzscheibe gebumst*** sa tête a tapé dans le pare-brise
2. + *haben fam* (*koitieren*) ■ **jd bumst** qn baise *fam;* ■ **jd bumst mit jdm** qn couche avec qn *fam;* ■ **[das] B~** la baise *fam; **sie sind gerade am B~!*** ils sont en train de baiser! *fam*
III. *vt* + *haben fam* ■ **jd bumst jdn** qn baise qn *fam*, qn se fait qn *fam;* ■ **jd wird [von jdm] gebumst** qn se fait sauter [par qn] *fam*
Bumslokal *nt pej fam* boui-boui *m fam* **Bumsmusik** *f pej fam* musique *f* de bastringue *fam*
Bund¹ <-[e]s, =e> *m* **1.** (*Gemeinschaft*) association *f;* [*Freundschaft*] pacte *m*
2. (*Verband*) ■ ~ **der ...** (*gen*) association *f* des ...
3. POL ■ **der** ~ (*Bundesrepublik*) la République fédérale [d'Allemagne]; CH (*Eidgenossenschaft*) la Confédération [helvétique]
4. POL (*Konföderation*) fédération *f;* (*Bündnis*) alliance *f*
5. *fam* (*Bundeswehr*) ■ **der** ~ l'armée allemande; ***beim*** ~ à l'armée; [***jd geht***] ***zum*** ~ [qn va] à l'armée
6. COUT [*Anorak, Hose, Rock*] ceinture *f*
7. MUS [*Zupfinstrument*] touche *f*
► **jd geht den ~ der Ehe ein** *geh* qn contracte mariage *soutenu;* ~ **und Länder** le Bund et les Länder, la Fédération et les États; **jd schließt den ~ fürs Leben** *geh* qn convole en justes noces *vieilli; **sie schließen den ~ fürs Leben*** ils unissent leurs destinées; **jd steht** [*o* **ist**] **mit jdm im ~e** (*als Verbündeter*) qn est l'allié(e) de qn; (*als Komplize*) qn est le/la complice de qn; ***jd steht mit dem Teufel im ~e*** qn a conclu un pacte [*o* a pactisé] avec le diable
Bund² <-[e]s, -e> *nt* [*Stroh, Radieschen, Spargel*] botte *f;* [*Flachs*] écheveau *m; **ein ~ Reisig*** un fagot
Bündchen <-s, -> *nt* (*am Hals*) col *m;* (*am Ärmel*) poignet *m*
Bündel <-s, -> *nt* **1.** (*Packen*) [*Wäsche, Kleidung*] paquet *m;* [*Banknoten*] liasse *f*
2. *fam* (*Wickelkind*) ■ **ein ...** ~ un ballot ...
3. *s.* **Bund²**
4. (*eine Menge*) [*Wünsche, Fragen, Probleme, Vorschläge*] lot *m*
► **jd schnürt** [*o* **packt**] **sein** ~ *hum fam* qn fait ses valises; **jeder hat sein ~ zu tragen** chacun doit porter sa croix
bündeln *vt* **1.** (*zusammenschnüren*) ■ **jd bündelt etw** qn lie ensemble qc; *Papiere, Zeitungen etc a.* qn fait un paquet/des paquets avec qc; *Banknoten* qn fait une liasse/des liasses avec qc; *Garben, Stroh, Rettiche, Radieschen, Karotten etc a.* qn fait une botte/des bottes avec qc; *Flachs* qn fait un écheveau/des écheveaux avec qc; ***Radieschen werden gebündelt verkauft*** les radis sont vendus en bottes
2. OPT ■ **etw bündelt etw** *Strahlen* qc focalise qc
bündelweise *adv verkaufen* en bottes; ***er holte ~ Banknoten aus der Tasche*** il sortit des liasses de billets de sa poche
Bundes- (*Deutschland/Österreich/die Schweiz betreffend*) fédéral(e); (*einen föderativen Staat betreffend*) confédéré(e); (*ein Bündnis betreffend*) *-mitglied, -satzung* de l'alliance; (*eine Studentenverbindung betreffend*) de la corporation estudiantine; ~***brief*** pacte *m* confédéré de 1291 (*en Suisse*); ~***feier*** fête *f* nationale [du 1er août] (*en Suisse*) **Bundesamt** *nt* office *m* fédéral **Bundesangestelltentarif** *m* grille *f* des salaires des agents de la fonction publique **Bundesanleihe** *f* emprunt *m* fédéral **Bundesanstalt** *f* office *m* fédéral **Bundesanwalt** *m*, **-anwältin** *f* BRD, CH procureur *m* fédéral **Bundesanwaltschaft** *f* BRD parquet *m* fédéral **Bundesanzeiger** *m* BRD journal *m* officiel **Bundesausbildungsförderungsgesetz** *nt* loi *f* fédérale visant à promouvoir la formation **Bundesautobahn** *f* BRD, AUS autoroute *f* fédérale **Bundesbahn** *f* BRD, AUS, CH chemins *mpl* de fer fédéraux **Bundesbank** *f* banque *f* fédérale [allemande] **Bundesbürger(in)** *m(f)* citoyen(ne) *m(f)* de la République fédérale d'Allemagne **bundesdeutsch** *adj* de la République fédérale d'Allemagne **Bundesdeutsche(r)** *f(m) decl wie adj* ressortissant allemand/ressortissante allemande *m/f* **Bundesebene** *f* ► **auf** ~ à l'échelon fédéral **bundeseigen** *adj Betrieb, Versuchsanstalt* fédéral(e) **Bundesgebiet** *nt* BRD territoire *m* fédéral **Bundesgenosse** *m*, **-genossin** *f* allié(e) *m(f)* **Bundesgericht** *nt* CH Tribunal *m* fédéral [suprême] **Bundesgerichtshof** *m* BRD cour *f* suprême fédérale **Bundesgrenzschutz** *m* BRD police *f* fédérale pour la protection des frontières **Bundeshauptstadt** *f* capitale *f* fédérale **Bundeshaus** *nt* **1.** BRD siège *m* du Parlement fédéral **2.** CH siège *m* du Parlement de la Confédération **Bundesheer** *nt* AUS armée *f* autrichienne **Bundeskabinett** *nt* cabinet *m* fédéral **Bundeskanzler(in)** *m(f)* BRD, AUS chancelier *m* fédéral; CH chancelier *m* de la Confédération **Bundeskanzleramt** *nt* BRD, AUS chancellerie *f* fédérale **Bundeskriminalamt** *nt* BRD direction *f* générale de la police judiciaire **Bundeslade** *f* BIBL arche *f* d'alliance **Bundesland** *nt* Land *m*, État *m* fédéré **Bundesliga** *f* BRD première division *f* **Bundesligist** <-en, -en> *m* BRD équipe *f* de première division **Bundesminister(in)** *m(f)* BRD, AUS ministre *m* fédéral **Bundesministerium** *nt* BRD, AUS ministère *m* fédéral **Bundesnachrichtendienst** *m* BRD service *m* de renseignements fédéral **Bundespost** *f* poste *f* fédérale **Bundespräsident(in)** *m(f)* **1.** BRD, AUS président(e) *m(f)* de la République fédérale **2.** CH président(e) *m(f)* de la Confédération **Bundesrat** *m* AUS, CH Conseil *m* fédéral; (*in der BRD a.*) Bundesrat *m* **Bundesrat** *m*, **-rätin** *f* CH, AUS conseiller fédéral/conseillère fédérale *m/f* **Bundesrechnungshof** *m* Cour *f* fédérale des comptes **Bundesregierung** *f* gouvernement *m* fédéral **Bundesrepublik** *f* république *f* fédérale ► **die ~ Deutschland** la République fédérale d'Allemagne **bundesrepublikanisch** *adj* de la République fédérale [d'Allemagne] **Bundesschatzbrief** *m* bon *m* du Trésor fédéral **Bundesstaat** *m* **1.** (*Staatenbund*) fédération *f* d'États, État *m* fédéral **2.** (*Gliedstaat*) État *m* fédéré **Bundesstraße** *f* BRD, AUS route *f* fédérale **Bundestag** *m* Bundestag *m*, Diète *f* fédérale
Bundestags- BRD du Bundestag **Bundestagsabgeordnete(r)** *f(m) decl wie adj* député(e) *m(f)* au Bundestag **Bundestagsdebatte** *f* débat *m* au Bundestag **Bundestagspräsident(in)** *m(f)* président(e) *m(f)* du Bundestag **Bundestagswahl** *f* élections *fpl* au Bundestag
Bundestrainer(in) [-trɛːnɐ] *m(f)* BRD entraîneur fédéral/entraîneuse fédérale *m/f* **Bundesverdienstkreuz** *nt* BRD croix *f* fédérale du Mérite **Bundesverfassung** *f* constitution *f* fédérale **Bundesverfassungsgericht** *nt* BRD tribunal *m* constitutionnel suprême **Bundesversammlung** *f* BRD, CH Assemblée *f* fédérale **Bundesversicherungsanstalt** *f* ► ~ **für Angestellte** *caisse fédérale de retraite pour employés* **Bundesverwaltungsgericht** *nt* BRD tribunal *m* administratif de la République fédérale [d'Allemagne] **Bundeswehr** *f* BRD armée *f* fédérale, Bundeswehr *f* **bundesweit** *adj, adv* dans l'ensemble du territoire fédéral
Bundfalte *f* pince *f* **Bundfaltenhose** *f* pantalon *m* à pinces **Bundhose** *f* knicker *m*, knickers *mpl*
bündig *adj* **1.** *Antwort, Auskunft, Aussage* concis(e)
2. (*schlüssig*) *Beweis* concluant(e)
3. CONSTR plan(e); ***die Trittplatten sind mit dem Erdboden ~*** les marches sont au même niveau que le sol
Bund-Länder- entre l'État et les Länder; ~***-Kommission*** commission *f* paritaire de l'État et des Länder
Bündnis <-ses, -se> *nt* alliance *f*, pacte *m*
► ~ **90** Alliance *f* 90
Bündnisblock <-blöcke> *m* bloc *m* des alliés **Bündnissystem** *nt* système *m* d'alliance **Bündnistreue** *f* fidélité *f* à l'alliance
Bundweite *f* taille *f*
Bungalow <-s, -s> ['bʊŋgalo:] *m* bungalow *m*
Bungeejumping <-s> ['bandʒidʒampɪŋ] *nt Ø* saut *m* à l'élastique, benji *m*
Bunker <-s, -> *m* **1.** MIL bunker *m;* (*Luftschutz~*) abri *m* antiaérien
2. SPORT bunker *m*
3. MIL *sl* (*Gefängnis*) trou *m fam*
Bunsenbrenner *m* bec *m* Bunsen
bunt I. *adj* **1.** (*farbig*) de toutes les couleurs, multicolore; *Stoff, Vorhang a.* bariolé(e); ***etw ist sehr ~/~er*** qc est très coloré(e)/plus coloré(e)
2. (*ungeordnet*) *Durcheinander, Reihenfolge* disparate, hétéroclite; (*vielfältig*) *Menge, Gewimmel, Gewirr* bigarré(e); *Mischung, Auswahl* varié(e)
II. *adv* **1.** (*farbig*) de toutes les couleurs; *bekleben* en mélangeant les couleurs; ~ ***bemalt*** peint(e) [de multiples couleurs]; *Gesicht* de toutes les couleurs; ~ ***gestreift/~ kariert*** avec des rayures/carreaux de toutes les couleurs; ~ ***gefleckt*** tacheté(e), moucheté(e); ~ ***getupft*** tacheté(e) de pois multicolores; ~ ***schillernd*** aux reflets irisés; ***die Blätter färben sich ~*** les feuilles deviennent multicolores
2. (*ungeordnet*) *durcheinander* pêle-mêle; ***ihre Sachen liegen ~ verstreut im Zimmer*** ses affaires sont posées pêle-mêle dans la pièce

3. (*abwechslungsreich*): ~ ***gemischt*** varié(e)
▶ **jd treibt es zu** ~ *fam* qn y va un peu [*o* trop] fort *fam;* **jdm wird es zu** ~ *fam* qn en a marre *fam*
buntbemalt *s.* **bunt II.1. buntgemischt** *s.* **bunt II.3.**
Buntheit <-> *f* ∅ variété *f* de couleurs, bigarrure *f*
Buntpapier *nt* papier *m* [gommé] de couleur **Buntsandstein** *m* grès *m* bigarré **buntscheckig** *adj* bigarré(e) **Buntspecht** *m* pic *m* épeiche **Buntstift** *m* crayon *m* de couleur **Buntwäsche** *f* linge *m* de couleur
Bünzli <-s, -> *m* CH *fam s.* **Spießer**
Bürde <-, -n> *f geh* fardeau *m*
Bure <-n, -n> *m*, **Burin** *f* Boer/[femme] Boer *m/f*
Burenwurst *f* AUS (*Bockwurst*) saucisse *f* (*rechauffée à l'eau bouillante*)
Burg <-, -en> *f* 1. HIST château *m* fort
2. (*Sand~*) château *m* de sable
3. (*Biberbau*) hutte *f*
Bürge <-n, -n> *m*, **Bürgin** *f* JUR garant(e) *m(f)*, caution *f*
▶ **jd ist jdm ~ für etw** qn se porte garant de qc auprès de qn; ***Sie sind mir ~ dafür, dass*** vous vous portez garant que + *subj*, vous êtes pour moi le garant que + *subj;* **jd stellt** [*o* **bringt** *fam*] [**jdm**] **einen ~n** FIN qn fournit [*o* donne] une caution [à qn]
bürgen *vi* 1. JUR (*einstehen für*) ■ **jd bürgt** [**jdm**] **für etw** *für Kredit, Schulden, Verbindlichkeiten* qn se porte garant [auprès de qn] de qc; ■ **jd bürgt für jdn** qn se porte garant pour qn
2. (*garantieren*) ■ **jd/etw bürgt für etw** *für Qualität, Richtigkeit, Wahrheitsgehalt* qn/qc garantit qc
Burgenland *nt* le Burgenland
Bürger(in) <-s, -> *m(f)* citoyen(ne) *m(f)*
Bürger- (*der Bürger*) des citoyens; (*die Bourgeoisie betreffend*) bourgeois(e); ~***sinn*** esprit *m* [*o* sens *m*] civique, civisme *m;* ***b~freundlich*** attentif(-ive) aux préoccupations des citoyens **Bürgerbeauftragte(r)** *f(m)* ▶ **Europäische(r)** ~ Médiateur(-trice) *m(f)* européen(ne) **Bürgerbegehren** *nt* BRD initiative *f* populaire **Bürgerbewegung** *f* mouvement *m* revendicatif **bürgerfern** *adj* éloigné(e) des préoccupations des citoyens **Bürgerhaus** *nt* 1. (*Gemeindezentrum*) centre *m* social et culturel 2. ARCHIT maison *f* bourgeoise 3. *veraltend* (*Familie*) maison *f* bourgeoise **Bürgerinitiative** [-və] *f* comité *m* de défense **Bürgerkrieg** *m* guerre *f* civile **bürgerkriegsähnlich** *adj* comparable à une guerre civile; ~***e Zustände*** un climat de guerre civile
bürgerlich *adj* 1. *attr Ehe, Gesetzbuch etc* civil(e); *Ehrenrechte, Pflichten* civique 2. (*des Bürgertums*) bourgeois(e) **Bürgerliche(r)** *f(m) decl wie adj* HIST roturier(-ière) *m(f)*
Bürgermeister(in) *m(f)* maire *m* ▶ **der regierende** ~ [**von Berlin**] le maire de Berlin **bürgernah** *adj* proche des citoyens **Bürgernähe** *f* prévenance *f* à l'égard des citoyens; ***jd bemüht sich um mehr*** ~ qn s'efforce d'être davantage proche [*o* à l'écoute] des citoyens **Bürgerpflicht** *f* devoir *m* civique **Bürgerrecht** *nt meist pl* droit *m* civique; ***das schweizerische*** ~ la citoyenneté suisse **Bürgerrechtler(in)** <-s, -> *m(f)* défenseur *m* des droits du citoyen [*o* des citoyens] **Bürgerrechtsbewegung** *f* mouvement *m* de défense des droits du citoyen [*o* des citoyens] **Bürgerrechtsgesuch** *nt* CH demande *f* de naturalisation **Bürgerrodel** <-s, -> *m* CH fichier *m* de population
Bürgerschaft <-, *rare* -en> *f* 1. (*die Bürger*) citoyens *mpl*
2. (*Bürgervertretung*) municipalité *f*
Bürgerschaftswahl *f* élections *fpl* municipales
Bürgerschreck *m* terreur *f* des bourgeois **Bürgersteig** <-[e]s, -e> *m* trottoir *m*
Bürgertum <-[e]s> *nt* ∅ bourgeoisie *f*
Burgfriede[n] *m* trêve *f* **Burgherr(in)** *m(f)* châtelain(e) *m(f)*
Bürgin *f s.* **Bürge**
Bürgschaft <-, -en> *f* caution *f*
▶ **jd leistet** ~ [**für jdn/etw**] qn se porte garant [de qn/qc]; **jd übernimmt die ~ für jdn** qn se porte caution pour qn
Burgund <-[s]> *nt* la Bourgogne
Burgunder <-s, -> *m* (*Wein*) bourgogne *m*
Burgverlies *nt* oubliettes *fpl*
Burleske <-, -n> *f* pièce *f* burlesque
Burnout <-s, -s> ['bø:naut] *m* psychasthénie *f*, usure *f* morale
Burnus <- *o* -ses, -se> *m* burnous *m*
Büro <-s, -s> *nt* bureau *m*
Büro- de bureau; ~***mensch*** rond-de-cuir *m péj* **Büroangestellte(r)** *f(m) decl wie adj* employé(e) *m(f)* de bureau **Büroarbeit** *f* travail *m* de bureau **Büroautomation** *f* automatisation *f* [*o* automation *f*] du bureau **Bürobedarf** *m* articles *mpl* [*o* fournitures *fpl*] de bureau **Bürohaus** *nt* immeuble *m* de bureaux **Bürokaufmann** *m*, **-frau** *f* secrétaire *mf* commercial(e) **Büroklammer** *f* trombone *m* **Bürokommunikation** *f* bureautique® *f* **Bürokraft** *f* employé(e) *m(f)* de bureau
Bürokrat(in) <-en, -en> *m(f) pej* bureaucrate *mf*
Bürokratie <-, -n> [-'ti:ən] *f* bureaucratie *f*
bürokratisch I. *adj* bureaucratique
II. *adv* de façon bureaucratique
Bürokratismus <-> *m* ∅ *pej* bureaucratie *f*
Büromaschine *f* machine *f* de bureau **Büroschluss**[RR] *m* fermeture *f* des bureaux **Bürostunden** *pl* heures *fpl* de bureau **Büroturm** *m* tour *f* de bureaux
Bürschchen <-s, -> *nt dim von* **Bursche** *pej* type *m*, gaillard *m*
▶ **mein** ~! mon gaillard!
Bursche <-n, -n> *m* 1. (*Halbwüchsiger*) jeune *m;* ***warte, mein*** ~! attends un peu, mon gaillard [*o* mon coco *fam*]!
2. *fam* (*Kerl*) *hinterhältig, link, übel* type *m*, gaillard *m;* ***ein übler ~/ein ganz übler*** ~ un sale type/une ordure
3. *fam* (*Exemplar*) morceau *m fam*, engin *m fam*
Burschenschaft <-, -en> *f* société *f* [*o* corporation *f*] d'étudiants (*dont les membres se battent à l'épée*)
Burschenschaft[l]er <-s, -> *m* membre *m* d'une société [*o* corporation] d'étudiants
burschikos I. *adj Mädchen* sans façons, déluré(e) *péj; Art, Benehmen, Umgangsformen* décontracté(e) *fam*, déluré(e) *péj; Ausdrucksweise* relâché(e), cavalier(-ière) *péj; Kleidung* décontracté(e) *fam*
II. *adv sich benehmen* d'une façon décontractée *fam* [*o* cavalière *péj*]; *sich ausdrücken* d'une façon relâchée [*o* cavalière *péj*]; *sich kleiden* d'une façon décontractée *fam*
Bürste <-, -n> *f* brosse *f*
bürsten *vt* ■ **jd bürstet etw** *Kleidungsstück, Schuhe, Haare, Fell* qn brosse qc; *Körper, Körperteil* qn frictionne qc à la [*o* avec une] brosse; ***jd bürstet seine Haare*** qn se brosse les cheveux; ■ **jd bürstet etw von etw** qn enlève qc de qc [à la [*o* avec une] brosse], qn brosse qc [pour enlever qc]
Bürsten[haar]schnitt *m* coupe *f* en brosse, brosse *f* **Bürstenmacher(in)** *m(f)* fabricant *m* de brosses **Bürstenmassage** [-masa:ʒə] *f* friction *f* à la [*o* avec une] brosse
Bürzel <-s -> *m* croupion *m;* GASTR sot-l'y-laisse *m*
Bus[1] <-ses, -se> *m* bus *m;* (*Reise~*) car *m*
Bus[2] <-, -se> *m* INFORM bus *m*
Busbahnhof *m* gare *f* routière
Busch <-[e]s, ¨-e> *m* 1. (*Strauch*) buisson *m*
2. (*Buschwald*) brousse *f*
3. (*Strauß*) bouquet *m; rare* [*Haare, Federn*] touffe *f*
▶ **jd hält mit etw hinter dem** ~ *fam* qn cache qc; **etwas ist im** ~ *fam* il y a anguille sous roche; **jd klopft** [**bei jdm**] **auf den** ~ *fam* qn tâte le terrain [auprès de qn]; **jd schlägt sich** [**seitwärts**] **in die ¨-e** *fam* qn prend la tangente
Buschbohne *f* haricot *m* nain
Büschel <-s, -> *nt* (*Handvoll*) poignée *f;* [*Haare a., Gras*] touffe *f;* (*Armvoll*) brassée *f;* ***ein paar ~ Stroh*** quelques poignées [de brins] de paille
büschelweise *adv* par poignées/touffes/brassées
Buschenschenke *f* AUS *s.* **Straußenwirtschaft**
Buschfeuer *nt* feu *m* de brousse
buschig I. *adj* 1. *Fell, Schwanz* fourni(e), touffu(e); *Augenbrauen* en broussaille, broussailleux(-euse)
2. *Staude, Baum, Strauch* touffu(e)
II. *adv wachsen* en buisson
Buschmann <-männer *o* -leute> *m* Bochiman *m* **Buschmannfrau** *f* femme *f* Bochiman **Buschmesser** *nt* machette *f* **Buschwerk** *nt* ∅ broussailles *fpl* **Buschwindröschen** [-rø:sçən] *nt* anémone *f*
Busen <-s, -> *m* 1. (*weibliche Brust*) poitrine *f*, seins *mpl;* ***dieses weit ausgeschnittene Kleid zeigt viel*** ~ cette robe très décolletée dégage la gorge
2. COUT (*Oberteil*) haut *m*
3. *geh* (*Innerstes*) cœur *m;* ***ein Geheimnis in seinem ~ bewahren*** garder un secret au fond de son cœur
Busenfreund(in) *m(f)* 1. (*enger Freund*) ami(e) *m(f)* intime
2. *iron* (*Intimfeind*) copain/copine *m/f fam*
Buslinie [-li:niə] *f* ligne *f* de bus
Bussard <-s, -e> *m* buse *f*
Buße <-, -n> *f* 1. ∅ REL pénitence *f*
2. (*Schadenersatz*) amende *f*
3. CH (*Geld~*) amende *f*
▶ **jd tut** ~ qn fait pénitence; **jd verurteilt jdn zu einer** ~ qn condamne qn à une amende; **zur** ~ comme pénitence
büßen I. *vt* 1. (*bezahlen*) ■ **jd büßt etw** [**mit etw**] qn paie qc [de qc/en faisant qc]
2. CH (*mit einer Geldbuße belegen*) ■ **jd büßt jdn** qn frappe qn d'une amende
▶ **das wirst** [*o* **sollst**] **du mir** ~! tu vas me le payer!
II. *vi* ■ **jd büßt** [**für etw**] qn paie [pour qc], qn subit les conséquences [de qc]; ***dafür wird er mir*** ~! il me le paiera!
Büßer(in) <-s, -> *m(f)* pénitent(e) *m(f)*
Büßergewand *nt* habit *m* de pénitent
▶ **keineswegs im** ~ la tête haute, en n'ayant rien d'une victime expiatoire
Busse[r]l <-s, -[n]> *nt* SDEUTSCH, AUS *fam* bisou *m fam*
busse[r]ln *vt, vi* SDEUTSCH, AUS *fam* ■ **jd busserlt jdn** qn fait des bisous à qn *fam*, qn bécote qn *fam;* ■ **sie** ~ ils/elles se font des bisous *fam*, ils/elles se bécotent *fam*
bußfertig *adj Sünder* repentant(e) **Bußgang** <-gänge> *m* ▶ **jd tritt einen ~ an** *geh* qn fait acte de pénitence [*o* de contrition] *soutenu* **Bußgebet** *nt* prière *f* de pénitence
Bußgeld *nt* amende *f*
Bußgeldbescheid *m* contravention *f* **Bußgeldkatalog** *m* liste *f* de tarification des amendes **Bußgeldstelle** *f* service *m* de recouvrement des amendes **Bußgeldverfahren** *nt* procédure *f* de recouvrement des amendes
Bußpredigt *f* sermon *m* sur la pénitence **Buß- und Bettag** *m* jour *m* de jeûne et de prières
Büste <-, -n> *f* 1. ART buste *m*
2. (*Schneiderpuppe*) mannequin *m*
3. *euph* (*Busen*) buste *m*
Büstenhalter *m* soutien-gorge *m*
Busverbindung *f* correspondance *f* [de bus]
Butan <-s, -e> *nt* butane *m*
Butangas *nt* gaz *m* butane, butane *m*
Butt <-[e]s, -e> *m* turbot *m*

Bütt <-, -en> *f* DIAL tribune *f* de carnaval (*tribune en forme de tonneau qui sert aux discours de carnaval*)
▶ **jd steigt in die** ~ qn monte à la tribune de carnaval
Butte <-, -n> *f* **1.** (*Tragebehälter*) hotte *f*
2. *s.* Bütte
Bütte <-, -n> *f* DIAL baquet *m*
Büttel <-s, -> *m pej* **1.** (*Handlanger*) larbin *m*, sbire *m*
2. *alt* (*Gerichtsbote*) huissier *m*
Bütten <-s> *nt*, **Büttenpapier** *nt* ∅ papier *m* à la cuve [*o* de cuve] **Büttenrand** *m* bord *m* frangeux **Büttenrede** *f* DIAL discours *m* de carnaval
Butter <-> *f* ∅ beurre *m*
▶ **jd gönnt jdm nicht die** ~ **auf dem Brot** *fam* qn n'accepte pas que qn mette du beurre dans ses épinards; **jd lässt sich** (*dat*) [**von jdm**] **nicht die** ~ **vom Brot nehmen** *fam* qn ne se laisse pas manger la laine sur le dos; **etw schmilzt dahin wie** ~ **in der Sonne** qc fond comme neige au soleil; **braune** ~ beurre *m* noir; **gute** ~ du pur beurre; **weich wie** ~ mou(molle) comme du beurre; ***meine Knie waren weich wie*** ~ j'avais les jambes en coton; **alles** [**ist**] **in** ~ *fam* ça [*o* tout] baigne [dans l'huile] *fam*
Butter- au beurre; *-messer, -schale* à beurre; *~**behälter*** beurrier *m*; *~**käse*** fromage *m* à pâte cuite **Butterberg** *m* montagne *f* de beurre **Butterblume** *f fam* bouton *m* d'or **Butterbrot** *nt* tartine *f* [beurrée] [*o* de beurre] ▶ **jd schmiert jdm etw aufs** ~ *fam* qn lui envoie qc dans les gencives [*o* dans les dents] *fam*; **für ein** ~ *fam* pour une bouchée de pain **Butterbrotpapier** *nt* papier *m* sulfurisé **Buttercreme** [-kre:m] *f* crème *f* au beurre **Butterdose** *f* beurrier *m*
Butterfly <-s> *m* ∅, **Butterflystil** ['batə(r)flai-] *m s.* **Schmetterlingsstil**
Buttermilch *f* petit-lait *m*, babeurre *m*
buttern I. *vt* **1.** (*bestreichen*) ■ **jd buttert etw** qn beurre qc, qn met du beurre sur qc; ***fertig gebutterte Brötchen*** des petits pains beurrés tout prêts
2. *fam* (*investieren*) ■ **jd buttert etw in etw** (*akk*) qn fourre qc dans qc *fam*
II. *vi* ■ **jd buttert** qn fait [*o* bat] le beurre
Butterpilz *m* bolet *m* jaune **Butterschmalz** *nt* beurre *m* fondu **butterweich I.** *adj* **1.** (*sehr weich*) *Frucht* fondant(e); *Metall, Plastik* mou(molle) **2.** *Landung* en douceur **II.** *adv aufsetzen, landen* en douceur
Büttner(in) <-s, -> *m(f)* DIAL *s.* **Böttcher**
Button <-s, -s> ['bat(ə)n] *m* badge *m*
Butzenscheibe *f* vitre *f* [*o* vitrail *m*] en cul de bouteille
b.w. *loc abk von* **bitte wenden** T.S.V.P.
B-Waffe ['be:-] *f* arme *f* biologique
BWL [be:ve:'ʔɛl] *f abk von* **Betriebswirtschaftslehre** sciences *fpl* éco
Bypass <-es, -̈e> ['baipas] *m* greffon *m*
Bypassoperation ['baipas-] *f* pontage *m*
Byte <-s, -s> [bait] *nt* INFORM octet *m*
byzantinisch *adj* byzantin(e)
Byzanz <-'> *nt* Byzance
bzw. *adv abk von* **beziehungsweise**

C

C, c <-, -> [tse:] *nt* **1.** (*Buchstabe*) C *m*, c *m*
2. MUS do *m*, ut *m*
▶ **C wie Cäsar** c comme Célestin; **das hohe** ~ le contre-ut; *s. a.* **K, Z, SCH**
C *abk von* **Celsius** C
ca. *adv abk von* **circa** env.
Cabriolet <-[s], -s> [kabrio'le:] *nt s.* **Kabriolett**
Cache <-s, -s> *m*, **Cachespeicher** ['kæʃ-] *m* INFORM mémoire *f* cache, antémémoire *f*
CAD <-s> [tse:ʔa:'de:] *nt abk von* **computer-aided design** C.A.O. *f*
Caddie <-s, -> ['kɛdi] *m* **1.** (*Mensch*) caddie *m*, caddy *m*
2. (*Wagen*) chariot *m* de golf
Cadmium <-s> *nt* ∅ CHEM cadmium *m*
Café <-s, -s> *nt* ≈ salon *m* de thé
Cafeteria <-, -s> *f* cafétéria *f*
cal *abk von* [**Gramm**]**kalorie** cal.
Calcium <-s> ['kaltsiʊm] *nt* ∅ *s.* **Kalzium**
Californium <-s> *nt* ∅ CHEM californium *m*
Callboy <-s, -s> ['kɔ:lbɔɪ] *m* call-boy *m* **Callgirl** <-s, -s> ['kɔ:lgø:ɐl] *nt* call-girl *f*
Camcorder <-s, -> ['kamkɔrdɐ] *m* caméscope *m*
Camembert <-s, -s> ['kaməmbe:ɐ, 'kaməmbɛ:ɐ] *m* camembert *m*
Camion <-s, -s> ['kamjõ:] *m* CH camion *m*, poids *m* lourd
Camp <-s, -s> [kɛmp] *nt* **1.** (*Lager*) camp *m*
2. (*Gefangenenlager*) camp *m* [de prisonniers]
campen ['kɛmpn] *vi* ■ **jd campt** [**irgendwo**] qn fait du camping [*o* qn campe] [quelque part]; ***überall wird wild gecampt*** tout le monde fait du camping sauvage; ■ **das C**~ le camping
Camper(in) <-s, -> ['kɛmpɐ] *m(f)* campeur(-euse) *m(f)*
campieren * [kam'pi:rən] *vi* **1.** *s.* **kampieren**
2. AUS, CH *s.* **campen**
Camping <-s> ['kɛmpɪŋ] *nt* ∅ camping *m*
Camping- ['kɛmpɪŋ-] de camping; *~**freund*** ami *m* du camping; *~**ferien*** vacances *fpl* en camping **Campingartikel** *m* article *m* de camping; *pl* matériel *m* de camping **Campingbus** *m* camping-car *m* **Campingführer** *m* guide *m* de camping et de caravaning **Campingplatz** *m* terrain *m* de camping **Campingzubehör** *nt* matériel *m* [*o* accessoires *mpl*] de camping
Campus <-, -> *m* campus *m*
Canasta <-s> *nt* ∅ canasta *f*
Cancan <-s, -s> [kã'kã:] *m* [french] cancan *m*
cand. *abk von* **candidatus** UNIV candidat à
Cannabis <-> *m* ∅ cannabis *m*
Canneloni *pl* cannelloni *m*
Cañon <-s, -s> ['kanjɔn] *m* cañon *m*, canyon *m*
Cape <-s, -s> [ke:p] *nt* cape *f*
Caquelon <-s, -s> ['kakəlõ:] *nt* CH caquelon *m*
Car <-s, -s> *m* CH car *m*
Caravan <-s, -s> ['ka(:)rava:n, kara'va:n] *m* (*Wohnwagen*) caravane *f*
Carepaket ['kɛ:(r)-] *nt* colis *m* de ravitaillement
Carport <-s, -s> ['ka:(r)pɔ:rt] *m* toit *m* de protection pour automobile, auvent *m*
Cartoon <-s, -s> [kar'tu:n] *m* dessin *m* [humoristique]; (*Geschichte*) B.D. *f*, bédé *f*
Casanova <-s, -s> [kaza'no:va] *m* don Juan *m*
Cäsar[1] <-s> ['tsɛ:zar] *m* César *m*
Cäsar[2] <-saren, -saren> ['tsɛ:zar] *m* (*Titel*) césar *m*
cash [kæʃ] *adv* cash, comptant
Cashewnuss[RR] ['kɛʃu-] *f* noix *f* de cajou
Cashflow[RR] <-s, -s> ['kæʃfloʊ] *m* cash-flow *m*, marge *f* brute d'autofinancement
Cäsium <-s> ['tsɛ:ziʊm] *nt* ∅ CHEM césium *m*, caesium *m*
Catch-as-catch-can <-> ['kætʃəz'kætʃ'kæn] *nt* ∅ catch *m*
catchen ['kætʃn] *vi* ■ **jd catcht** [**gegen jdn**] qn catche [contre qn]
Catcher(in) <-s, -> ['kætʃɐ] *m(f)* catcheur(-euse) *m(f)*
Cateringservice ['keɪtərɪŋsø:ɐvis] *m* service *m* de restauration à domicile; ***das Essen bei einem*** ~ ***bestellen*** commander le repas chez un traiteur
Cayennepfeffer [ka'jɛn-] *m* poivre *m* de Cayenne
CB-Funk [tse:'be:-] *m* C.B. *f*
CD <-, -s> [tse:'de:] *f abk von* **Compact Disc** C.D. *m*, compact *m*, disque *m* audionumérique [*o* compact]
CD-Player <-s, -> [tse:'de:ple:ɐ] *m* lecteur *m* [*o* platine *f*] laser **CD-ROM** <-, -s> [-'rɔm] *f* INFORM CD-ROM *m*, disque *m* optique compact **CD-ROM-Brenner** *m* INFORM graveur *m* de CD-ROM **CD-ROM-Laufwerk** *nt* lecteur *m* de CD-ROM [*o* de disques optiques compacts] **CD-Spieler** [tse:'de:-] *m* lecteur *m* [*o* platine *f*] laser
CDU <-> [tse:de:'ʔu:] *f abk von* **Christlich-Demokratische Union** ■ **die** ~ la CDU
CD-Video [tse:'de:-] *nt* vidéodisque *m* **CD-Videogerät** *nt* lecteur *m* de disques compacts vidéo **CD-Wechsler** *m* changeur *m* de disques compacts
Cellist(in) <-en, -en> [(t)ʃɛ'lɪst] *m(f)* violoncelliste *mf*
Cello <-s, -s *o* Celli> ['(t)ʃɛlo] *nt* violoncelle *m*
Cellophan® <-s> [tsɛlo'fa:n] *nt* ∅ cellophane® *f*
Celsius ['tsɛlziʊs] *kein art, inv* Celsius
Celsiusskala ['tsɛlziʊs-] *f* échelle *f* [thermométrique] Celsius
Cembalo <-s, -s *o* Cembali> ['tʃɛmbalo] *nt* clavecin *m*
Cent <-[s], -[s]> [(t)sɛnt] *m* (*amerikanische Münze*) cent *m*; (*Euro~ a.*) euro centime *m*
Cer <-s> [tse:ɐ] *nt* ∅ CHEM cérium *m*
ces, Ces <-, -> [tsɛs] *nt* do *m* bémol
Cha-Cha-Cha <-[s], -s> ['tʃa'tʃa'tʃa] *m* cha-cha-cha *m*
Chagrinleder [ʃa'grɛ̃-] *nt* chagrin *m*
Chalet <-s, -s> ['ʃale:, 'ʃalɛ] *nt* CH chalet *m*
Chamäleon <-s, -s> [ka'mɛ:leɔn] *nt* caméléon *m*
▶ **jd ist ein** ~ *pej* qn est un caméléon [*o* une girouette]
Champagner <-s, -> [ʃam'panjɐ] *m* champagne *m*
Champignon <-s, -s> ['ʃampɪnjɔŋ, 'ʃã:pɪnjõ] *m* champignon *m* de couche [*o* de Paris]
Champion <-s, -s> ['tʃæmpiən] *m* champion(ne) *m(f)*
Chance <-, -n> ['ʃã:s(ə), 'ʃaŋsə] *f* **1.** (*Möglichkeit*) chance *f*; (*Tor~*) occasion *f*; ***die*** ~, ***dass etwas passiert, ist nicht gering*** l'éventualité que quelque chose se passe n'est pas mince; ***er nimmt jede*** ~ ***wahr etw zu tun*** il

saisit la moindre occasion de faire qc; ***wir haben kaum eine ~ etw zu tun*** nous avons peu de chance de faire qc
2. *pl* (*Aussichten*) chances *fpl;* ***die ~n auf einen Erfolg*** les chances de succès; ***es bestehen kaum ~n, dass*** il y a peu de chances que + *subj;* ***Frauen und Männer haben immer noch nicht die gleichen ~n*** les femmes continuent de ne pas avoir les mêmes chances que les hommes
▸ **jd lässt eine/keine ~ ungenutzt** qn laisse/ne laisse pas passer sa chance; **jd gibt jdm eine** [**letzte**] ~ qn donne une [dernière] chance à qn; **jd hat** [**bei jdm**] **~n** *fam* qn a ses chances [avec [*o* auprès de] qn]; **jd hat** [**gegen jdn**] **keine** ~ qn n'a aucune chance [face à [*o* contre] qn]; **die ~n stehen ...** les chances sont ...; ***die ~n stehen nicht schlecht, dass wir mit unserer Klage durchkommen werden*** nos chances de voir aboutir notre plainte ne sont pas mauvaises; ***die ~n, dass etwas passiert, stehen 100:1*** la probabilité que quelque chose se passe est de 100 contre 1; **wie stehen die ~n?** *fam* comment ça se présente?
Chancengleichheit ['ʃã:sn-] *f ∅* égalité *f* des chances
chancenlos ['ʃã:sn-] *adj* malchanceux(-euse); ▪ **jd ist ~** qn n'a aucune chance
changieren * [ʃã'ʒi:rən, ʃaŋ'ʒi:rən] *vi* ▪ **etw changiert** */Seide, Moiré/* qc chatoie
Chanson <-s, -s> [ʃã'sõ:] *nt* chanson *f* (*d'un certain niveau intellectuel*)
Chanson[**n**]**ette** <-, -n> [ʃãsɔ'nɛt] *f* chanteuse *f* de variétés
Chansonsänger(**in**) [ʃã'sõ:-] *m(f)* chanteur(-euse) *m(f)* (*qui interprète des chansons d'un certain niveau intellectuel*)
Chaos <-> ['ka:ɔs] *nt ∅* chaos *m*
▸ [**irgendwo**] **herrscht** [**ein einziges**] ~ c'est le chaos quelque part
Chaot(**in**) <-en, -en> [ka'o:t] *m(f) pej* **1.** (*Radikalinski*) casseur *m*
2. *sl* (*chaotischer Mensch*) personne *f* bordélique *fam;* ***sie ist eine ~in*** elle est bordélique *fam*
chaotisch [ka'o:tɪʃ] **I.** *adj Durcheinander, Zustände* chaotique *fam; Mensch* désordonné(e), bordélique *fam*
II. *adv:* ***es geht irgendwo ~ zu/es sieht irgendwo ~ aus*** c'est le bordel [*o* le foutoir] quelque part *fam;* ***etw klingt ~*** qc est d'une confusion totale; ***~ aufgebaut*** mis(e) n'importe comment
Charakter <-s, -tere> [ka'raktɐ] *m* **1.** (*Wesen*) caractère *m*
2. (*Eigenart*) caractère *m;* ***seine Warnung hatte mehr den ~ einer Drohung*** sa mise en garde ressemblait davantage à une menace
3. (*Mensch*) personnalité *f;* LITER, THEAT personnage *m,* caractère *m;* ***sie sind ganz gegensätzliche ~e*** ils ont des personnalités opposées
▸ **jd hat ~** qn a du caractère; **etw prägt** [*o* **formt**] **den ~** qc forme le caractère; [**Mann/Frau**] **von ~** [personne/homme/femme] de caractère
Charakteranlage [ka'raktɐ-] *f* disposition *f* de caractère **Charakterdarsteller**(**in**) *m(f)* acteur/actrice *m/f* qui joue des rôles de caractère **Charaktereigenschaft** *f* trait *m* de caractère **Charakterfehler** *m* défaut *m* de caractère **charakterfest** *adj* de caractère; ▪ **jd ist ~** qn a du caractère **Charakterfestigkeit** *f* fermeté *f* de caractère
charakterisieren * [ka-] *vt* **1.** (*schildern*) ▪ **jd charakterisiert jdn/etw** [**als ...**] qn décrit [*o* dépeint] qn/qc [comme quelqu'un/quelque chose de ...]; ***man charakterisiert ihn als sehr verschlossen*** on le décrit [*o* dépeint] comme quelqu'un de très renfermé
2. (*kennzeichnen*) ▪ **etw charakterisiert etw** qc caractérise qc
Charakterisierung <-, -en> [ka-] *f* description *f*
Charakteristik <-, -en> [karaktə'rɪstɪk] *f* **1.** (*Schilderung*) portrait *m*
2. TECH (*Eigenschaft*) caractéristique *f*
Charakteristikum <-s, Charakteristika> [karaktə'rɪstɪkʊm] *nt geh* [*Auto, Hi-Fi-Anlage etc*] caractéristique *f;* [*Mensch, Wesen a.*] trait *m;* ***ein ~ seines Wesens*** un trait de sa personnalité
charakteristisch [karaktə'rɪstɪʃ] *adj* caractéristique; ▪ **etw ist ~** [**für jdn/etw**] qc est caractéristique [chez qn/de qc]
charakteristischerweise [karaktə'rɪstɪʃɐ-] *adv* de façon caractéristique
Charakterkopf [ka-] *m* tête *f* expressive
▸ **jd hat einen ~** qn a une tête [*o* une gueule *fam*] expressive
charakterlich [ka-] **I.** *adj* de caractère; ***das gehört zu seinen ~en Merkmalen/Stärken*** c'est un des aspects/une des forces de son caractère
II. *adv* sur le plan du caractère; ***Geld kann schwache Naturen ~ stark verändern*** l'argent peut changer le caractère des natures faibles
charakterlos [ka-] **I.** *adj* méprisable; *Mensch* sans caractère; ▪ **jd ist ~** qn n'a pas de caractère
II. *adv* avec bassesse, de façon méprisable
Charakterlosigkeit <-, -en> [ka-] *f* bassesse *f*
Charaktermerkmal [ka-] *nt s.* **Charaktereigenschaft**
Charakterologie <-> [ka-] *f ∅* caractérologie *f*
charakterologisch [ka-] *adj* caractérologique
Charakterrolle [ka-] *f* rôle *m* de caractère **Charakterschwäche** *f* faiblesse *f* de caractère **Charakterschwein** *nt fam* dégonflé(e) *m(f) fam* **Charakterstärke** *f* force *f* de caractère **Charakterstudie** [-diə] *f* étude *f* de caractère **charaktervoll I.** *adj* **1.** (*anständig*) *Verhalten* droit(e), loyal(e) **2.** (*ausgeprägt*) *Gesichtszüge, Kinn, Nase, Stirn* marqué(e)
II. *adv* loyalement **Charakterzug** *m* trait *m* de caractère
Charge <-, -n> ['ʃarʒə] *f* **1.** MIL grade *m*
2. THEAT rôle *m* de composition
3. PHARM lot *m*
▸ **die höheren/unteren ~n** les personnes haut placées/les sous-fifres
Charisma <-s, Charismen *o* Charismata> ['çarɪsma, ça:'rɪsma] *nt geh* charisme *m*
Charismatiker(**in**) <-s, -> [çarɪs'ma:tikɐ] *m(f)* leader *m* [*o* personnage *m*] charismatique
charismatisch [çarɪs'ma:tɪʃ] *adj* charismatique
Charleston <-, -s> ['tʃarlstn] *m* charleston *m*
charmant [ʃar'mant] **I.** *adj* charmant(e), gentil(le); ▪ **~er** plus gentil(le); ***sehr ~ von dir!*** très gentil [*o* sympa *fam*] de ta part!
II. *adv* de façon charmante, aimablement; ***jd verhält sich*** [***äußerst***] ***~/~er*** qn se conduit de façon [absolument] charmante/plus aimablement
Charme <-s> [ʃarm] *m ∅* charme *m*
▸ **jd hat ~** qn a du charme
Charmeur <-s, -e> [ʃar'mø:ɐ] *m* charmeur *m*
Charta <-, -s> ['karta] *f* charte *f*
▸ **die Magna ~** HIST la Grande Charte [d'Angleterre]
Charter- ['(t)ʃartɐ-] charter; ***~flugzeug*** charter *m* **Charterflug** *m* vol *m* charter, charter *m* **Charter**[**flug**]**gesellschaft** *f* compagnie *f* de charters [*o* charter] **Chartermaschine** *f* charter *m,* avion *m* charter
chartern ['(t)ʃartɐn] *vt* **1.** (*mieten*) ▪ **jd chartert etw** qn chartérise qc, qn nolise qc, qn affrète qc
2. *fam* ▪ **jd chartert** [**sich** (*dat*)] **jdn** *Detektiv, Leibwächter etc* qn loue les services de qn
Charts [tʃa:(r)ts] *pl* hit-parade *m,* Top 50 *m;* ***auf den ~*** au hit-parade, au Top 50
Chassis <-, -> [ʃa'si:, 'ʃasi:] *nt* châssis *m*
Chauffeur(**in**) <-s, -e> [ʃɔ'fø:ɐ] *m(f)* chauffeur *m*
chauffieren * [ʃɔ'fi:rən] **I.** *vt veraltend geh* ▪ **jd chauffiert jdn** [**irgendwohin/zu jdm**] qn conduit qn [quelque part/chez qn]
II. *vi veraltend geh* ▪ **jd chauffiert** qn conduit, qn pilote
Chauvi <-s, -s> ['ʃo:vi] *m sl* macho *m fam*
Chauvinismus <-> [ʃovi'nɪsmʊs] *m ∅ pej* **1.** POL chauvinisme *m*
2. (*männlicher ~*) machisme *m,* phallocratie *f*
Chauvinist(**in**) <-en, -en> [ʃovi'nɪst] *m(f) pej* **1.** POL chauvin(e) *m(f)*
2. (*Chauvi*) machiste *m,* phallocrate *m*
chauvinistisch [ʃovi'nɪstɪʃ] **I.** *adj pej* **1.** POL chauvin(e)
2. (*männlich ~*) machiste, phallocrate, macho *fam*
II. *adv pej* comme un macho/des machos *fam;* ***jd ist ~ eingestellt*** qn a une attitude machiste
checken ['tʃɛkn] *vt* **1.** (*überprüfen*) ▪ **jd checkt etw** qn vérifie qc; ▪ **jd checkt, ob** qn vérifie si
2. *sl* (*begreifen*) ▪ **jd checkt etw** qn pige qc *fam*
3. SPORT ▪ **jd checkt jdn** *Mitspieler* qn contre qn
Check-in <-s, -s> ['tʃɛk-] *m* enregistrement *m* **Checkliste** *f* (*der Passagiere*) liste *f* des passagers; (*Kontrolliste des Piloten*) check-list *f,* liste *f* de vérification; (*allgemeine Aufstellung*) liste *f* **Checkpoint** <-s, -s> ['tʃɛkpɔɪnt] *m* point *m* de passage **Check-up** <-s, -s> ['tʃɛkap] *m* check-up *m,* bilan *m* de santé
Chef <-s, -s> [ʃɛf] *m* [*Firma*] patron *m,* chef *m;* [*Behörde, Polizei, Verwaltung*] directeur *m,* patron *m fam; s. a.* **Chefin**
▸ **~ des Stabes** chef *m* d'état-major
Chefarzt ['ʃɛf-] *m,* **-ärztin** *f* médecin-chef *m* **Chefetage** [-eta:ʒə] *f* bureaux *mpl* de la direction **Chefideologe** *m,* **-login** *f* idéologue *mf* principal(e)
Chefin <-, -nen> ['ʃefɪn, 'ʃɛfɪn] *f* **1.** (*Leiterin*) [*Delegation, Kabinett etc*] directrice *f;* [*Firma*] patronne *f,* chef *f fam*
2. *fam* (*Frau des Chefs*) patronne *f fam*
Chefkoch ['ʃɛf-] *m,* **-köchin** *f* chef *m* **Chefredakteur**(**in**) [-redaktø:ɐ] *m(f)* rédacteur(-trice) *m(f)* en chef **Chefredaktion** *f* direction *f* de la rédaction **Chefsache** *f* affaire *f* de/des responsables ▸ **jd macht etw zur ~** qn fait de qc une affaire de responsables **Chefsekretär**(**in**) *m(f)* secrétaire *mf* de direction
chem. *adj abk von* **chemisch**
Chemie <-> [çe'mi:] *f ∅* **1.** CHEM, IND chimie *f*
2. *fam* (*chemischer Stoff*) produit *m* chimique
Chemie- [çe'mi:-] chimique; *-studium, -unterricht, -lehrer* de chimie; ***~export*** exportation *f* de produits chimiques; ***~gigant*** géant *m* de l'industrie chimique **Chemiearbeiter**(**in**) *m(f)* ouvrier(-ière) *m(f)* de l'industrie chimique **Chemiefaser** *f* fibre *f* synthétique **Chemiewaffen** *pl* armes *fpl* chimiques **chemiewaffenfrei** *adj* sans arme chimique
Chemikalie <-, -n> [çemi'ka:liə] *f meist pl* produit *m* chimique
Chemiker(**in**) <-s, -> ['çe:mikɐ] *m(f)* chimiste *mf*
Cheminée <-s, -s> ['ʃmine:] *nt* CH cheminée *f*
chemisch ['çe:mɪʃ] **I.** *adj* chimique; *Labor* de chimie
II. *adv* chimiquement; ***etw ist ~ behandelt*** qc a subi un traitement chimique; */Frucht, Gemüse, Schale a./* qc est traité(e); ***jd lässt etw ~ reinigen*** qn fait nettoyer qc, qn porte qc au nettoyage; ***jd untersucht etw ~*** qn fait une analyse chimique de qc
Chemotechnik [çemo-] *f ∅* technologie *f* chimique **Chemotechniker**(**in**) *m(f)* technicien(ne)-chimiste *m* **Chemotherapeutikum** <-s, -ka> *nt* médicament *m* chimique **Chemotherapie** *f* chimiothérapie *f*
Cherub <-s, -im *o* -binen> ['çe:rʊp, 'ke:rʊp, -bi:m] *m* chérubin *m*
chic [ʃɪk] *adj s.* **schick**
Chicorée <-> *f ∅,* <-s> ['ʃikore:, ʃiko're:] *m ∅* endive *f*
Chiffon <-s, -s> ['ʃɪfɔŋ, ʃɪ'fõ:] *m* gaze *f*
Chiffre <-, -n> ['ʃɪfɐ, 'ʃɪfrə] *f* **1.** [*Annonce*] numéro *m* [d'identification]
2. (*Zeichen*) chiffre *m,* code *m* secret
chiffrieren * [ʃɪ'fri:rən] *vt* ▪ **jd chiffriert etw** qn chiffre qc, qn code qc; ▪ **chiffriert** codé(e)
Chile <-s> ['tʃi:le, 'çi:le] *nt* le Chili
Chili <-s> ['tʃi:li] *m ∅* **1.** (*Pfefferschote*) piment *m* fort
2. (*Pfeffersoße*) chili *m*
China <-s> ['çi:na] *nt* la Chine
Chinakohl ['çi:na-] *m* chou *m* de Chine
Chinchilla[1] <-, -s> [tʃɪn'tʃɪla] *f* (*Tier*) chinchilla *m*
Chinchilla[2] <-s, -s> [tʃɪn'tʃɪla] *nt* (*Pelz*) chinchilla *m*

Chinese <-n, -n> [çi'ne:zə] *m*, **Chinesin** *f* Chinois(e) *m(f)*
chinesisch [çi'ne:zɪʃ] *adj* chinois(e)
▶ **etw ist ~ für jdn** *fam* qc est du chinois pour qn
Chinesisch [çi'ne:zɪʃ] *nt decl wie adj* chinois *m*; ■ **das ~e** le chinois
▶ **auf ~** en chinois
Chinin <-s> [çi'ni:n] *nt Ø* quinine *f*
Chip <-s, -s> [tʃɪp] *m* **1.** INFORM puce *f*, microplaquette *f*
2. (*im Kasino*) (*rund*) jeton *m*; (*rechteckig*) plaque *f*
3. *meist pl* (*Kartoffel~*) chips *f*
Chiro- [çiro-] chiro- **Chiropraktik** *f* chiropraxie *f*, chiropractie *f* **Chiropraktiker(in)** *m(f)* chiropracteur *m*, chiropraticien(ne) *m(f)* *rare*
Chirurg(in) <-en, -en> [çi'rʊrk] *m(f)* chirurgien(ne) *m(f)*
Chirurgie <-, -n> [çirʊr'gi:, -'gi:ən] *f* chirurgie *f*
chirurgisch [çi'rʊrgɪʃ] **I.** *adj* chirurgical(e); *Abteilung* de chirurgie; *Ausbildung* en chirurgie; ■ **die C~e** la chir *arg*
II. *adv einpflanzen, entfernen* chirurgicalement; ***jd ist ~ tätig*** qn exerce en chirurgie, qn est chirurgien(ne); ***jd ist ~ spezialisiert*** qn est spécialisé(e) en chirurgie; ***jd ist ~ erfahren*** qn a une expérience de chirurgien(ne)
Chitin <-s> [çi'ti:n] *nt Ø* chitine *f*
Chlor <-s> [klo:ɐ] *nt Ø* CHEM chlore *m*
Chlorakne ['klo:ɐ-] *f* acné *f* chlorique
chloren ['klo:rən] *vt* ■ **jd chlort etw** qn traite qc avec du chlore, qn chlore qc
chlorieren * [klo'ri:rən] *vt* ■ **jd chloriert etw** qn chlore qc
chlorig ['klo:rɪç] *adj Wasser* chloré(e), javellisé(e); ***etw riecht stark ~*** qc sent fortement le chlore
Chloro- [kloro-] chloro- **Chloroform** <-s> *nt Ø* chloroforme *m* **chloroformieren** * *vt* ■ **jd chloroformiert jdn** qn chloroforme qn **Chlorophyll** <-s> *nt Ø* chlorophylle *f*
Choke <-s, -s> [tʃo:k] *m* starter *m*
Cholera <-> ['ko:lera] *f Ø* choléra *m*
Choleriker(in) <-s, -> [ko'le:rikɐ] *m(f)* coléreux(-euse) *m(f)*, colérique *mf*
cholerisch [ko'le:rɪʃ] *adj* colérique
Cholesterin <-s> [çolɛste'ri:n, kolɛste'ri:n] *nt Ø* cholestérol *m*
Cholesterinspiegel [çolɛste'ri:n-, kolɛste'ri:n-] *m* taux *m* de cholestérol
Chor¹ <-[e]s, Chöre> [ko:ɐ, 'kø:rə] *m* **1.** (*Gruppe von Sängern*) chorale *f*; (*in der Oper*) chœurs *mpl*
2. ANTIK chœur *m*
3. (*Komposition*) chœur *m*
▶ **im ~** *rufen, singen, sprechen* en chœur
Chor² <-[e]s, Chöre> [ko:ɐ, 'kø:rə] *m* **1.** (*Altarraum*) chœur *m*
2. (*Chorempore*) tribune *f*
Choral <-s, Choräle> [ko'ra:l] *m* choral *m*
Choreograf(in)[RR] <-en, -en> [koreo'gra:f] *m(f)* chorégraphe *mf*
Choreografie[RR] <-, -n> [koreogra'fi:, -'fi:ən] *f* chorégraphie *f*
choreografisch[RR] [koreo'gra:fɪʃ] *adj* chorégraphique
Choreograph *s.* **Choreograf**
Choreographie *s.* **Choreografie**
choreographisch *s.* **choreografisch**
Chorgesang ['ko:ɐ-] *m* chœur *m* **Chorgestühl** *nt* stalles *fpl* **Chorknabe** *m* petit chanteur *m* **Chorleiter(in)** *m(f)* chef *m* de chorale [*o* de chœur] **Chorsänger(in)** *m(f)* choriste *mf*
Chose <-, -n> ['ʃo:zə] *f fam* **1.** (*Angelegenheit*) truc *m fam*
2. (*Zeug*) ■ **die [ganze] ~** tout [le bazar *fam*]
Chr. *abk von* **Christus, Christi**
Christ(in) <-en, -en> [krɪst] *m(f)* chrétien(ne) *m(f)*
Christbaum ['krɪst-] *m* DIAL *s.* **Weihnachtsbaum. Christbaumschmuck** *m Ø* DIAL décorations *fpl* de l'arbre de Noël **Christdemokrat(in)** *m(f)* chrétien/chrétienne-démocrate *m* **christdemokratisch** *adj* chrétien(ne)-démocrate
Christenheit <-> ['krɪstn-] *f Ø* chrétienté *f*
Christenpflicht ['krɪstn-] *f* devoir *m* chrétien
Christentum <-[e]s> ['krɪstn-] *nt Ø* christianisme *m*
Christenverfolgung ['krɪstn-] *f* persécution *f* des chrétiens
Christfest ['krɪst-] *nt* DIAL *s.* **Weihnachtsfest**
Christi ['krɪsti] *gen von* **Christus**
christianisieren * [krɪstiani'zi:rən] *vt* ■ **jd christianisiert jdn/etw** qn évangélise qn/qc, qn christianise qn/qc
Christin ['krɪstɪn] *f s.* **Christ**
Christkind[chen] ['krɪst-] *nt Ø* enfant *m* Jésus; (*Symbolfigur für Weihnachten*) petit Jésus *m*
christlich ['krɪst-] **I.** *adj* chrétien(ne)
II. *adv* dans la foi chrétienne, chrétiennement
Christmesse *f*, **Christmette** ['krɪst-] *f* messe *f* de minuit **Christrose** *f* rose *f* de Noël
Christus <Christi, (*dat*) - *o form* Christo, (*akk*) - *o form* Christum> ['krɪstʊs] *m form* REL le Christ; ART christ *m*
▶ **nach Christi Geburt, nach ~** après Jésus-Christ, après J-C; **vor Christi Geburt, vor ~** avant Jésus-Christ, avant J-C; **Christi Himmelfahrt** l'Ascension *f*
Chrom <-s> [kro:m] *nt Ø* CHEM chrome *m*
Chromatik <-> [kro'ma:tɪk] *f Ø* MUS, OPT chromatisme *m*
chromatisch [kro'ma:tɪʃ] *adj* chromatique
chromblitzend ['kro:m-] *adj* aux chromes étincelants; ■ **etw ist ~** les chromes de qc étincellent
Chromosom <-s, -en> [kromo'zo:m] *nt* chromosome *m*
Chromosomensatz [kromo'zo:mən-] *m* caryotype *m*, arrangement *m* de chromosomes
Chronik <-, -en> ['kro:nɪk] *f* chronique *f*
chronisch ['kro:nɪʃ] *adj* **1.** MED chronique; ***~ kranke Menschen*** des malades chroniques; ■ **etw ist/wird [bei jdm] ~** qc est/devient chronique [chez qn]
2. *fam* (*dauernd*) chronique; ■ **etw ist bei jdm ~** qc est chronique chez qn
Chronist(in) <-en, -en> [kro'nɪst] *m(f)* chroniqueur(-euse) *m(f)*
Chronologie <-, -n> [kronolo'gi:, -'gi:ən] *f* chronologie *f*
chronologisch [krono'lo:gɪʃ] **I.** *adj* chronologique
II. *adv* dans l'ordre chronologique, chronologiquement
Chronometer <-s, -> [krono-] *nt* montre *f* de précision
Chrysantheme <-, -n> [kryzan'te:mə] *f* chrysanthème *m*
Chuzpe <-> ['xʊtspə] *f Ø pej sl* culot *m fam*, toupet *m fam*
CIA <-> [si:ˀaiˀeɪ] *f o m abk von* **Central Intelligence Agency** CIA *f*
Cicerone <-[s], -s *o geh* Ciceroni> [tʃitʃe'ro:nə] *m veraltend* **1.** (*Fremdenführer*) cicérone *m vieilli*
2. (*Reiseführer*) guide *m* [de voyage]
Cie. CH *abk von* **Kompanie** Cie
Cineast(in) <-en, -en> [sine'ast] *m(f) geh* **1.** (*Filmschaffender*) cinéaste *mf*
2. (*Filmkritiker*) critique *mf* de cinéma
3. (*Filmkenner*) cinéphile *mf*
cineastisch [sine'astɪʃ] *adj* cinématographique; ***eine ~e Größe*** un grand du cinéma
circa ['tsɪrka] *adv s.* **zirka**
Circe <-, -n> ['tsɪrtsə] *f* **1.** MYTH Circé
2. *geh* (*verführerische Frau*) séductrice *f*, ensorceleuse *f*
Circulus vitiosus <- -, Circuli vitiosi> ['tsɪrkulʊsvi'tsio:zʊs] *m geh* cercle *m* vicieux
cis, Cis <-, -> [tsɪs] *nt* do *m* dièse
City <-, -s> ['sɪti] *f* centre-ville *m*
Clan <-s, -e> *m*, <-s, -s> [kla:n, klæn] *m* **1.** (*Stamm*) clan *m*
2. *pej* clan *m*
Claqueur <-s, -e> [kla'kø:ɐ] *m pej geh* personne *f* qui fait partie de la claque; ■ **die ~e** la claque
Clavicembalo [klavi'tʃɛmbalo] *nt* clavecin *m*
clean [kli:n] *adj pred sl* ■ **jd ist ~** qn est clean *arg*
Clementine <-, -n> *f* clémentine *f*
clever ['klɛvɐ] **I.** *adj fam* **1.** (*aufgeweckt*) futé(e); ***jd ist nicht ~ genug*** qn n'est pas assez fute-fute *fam*
2. *pej* (*raffiniert*) *Intrige, Intrigant, Schwindler* roublard(e) *fam*
II. *adv fam* **1.** (*geschickt*) astucieusement
2. *pej* (*raffiniert*) sournoisement
Cleverness[RR], **Cleverneß** <-> ['klɛvɐnɛs] *f Ø* **1.** (*Aufgewecktheit*) astuce *f*
2. *pej* (*Raffinesse*) roublardise *f fam*
Clinch <-[e]s> [klɪn(t)ʃ] *m Ø* **1.** BOXEN corps à corps *m*
2. *fam* (*Auseinandersetzung*) partie *f* de bras de fer
▶ **jd geht [mit jdm] in den ~** BOXEN /*Boxer*/ qn va au corps à corps [avec qn]; *fam* /*Verhandlungspartner*/ qn entame une partie de bras de fer avec qn; **jd ist [*o* liegt] [mit jdm] im ~** *fig* qn est en désaccord [avec qn]; **jd löst sich aus dem ~** BOXEN qn se dégage [du corps à corps]
Clip <-s, -s> *m* **1.** [*Füller, Kugelschreiber, Geldbeutel*] agrafe *f*
2. (*Haarklemme*) pince *f* [à cheveux]
3. (*Schmuck*) clip *m*
4. (*Video~*) clip *m* [vidéo], vidéoclip *m*
Clips <-, -e> *m s.* **Clip 3.**
Clique <-, -n> ['klɪkə, 'kli:kə] *f* **1.** (*Freundeskreis*) bande *f*
2. *pej* clique *f*
Cliquen[un]wesen ['klɪkn-] *nt pej* copinage *m fam*, régime *m* de coterie **Cliquenwirtschaft** *f pej fam* copinage *m fam*, esprit *m* [*o* régime *m*] de coterie
Clochard <-s, -s> [klɔ'ʃa:ɐ] *m* clochard *m*
Clou <-s, -s> [klu:] *m* **1.** (*Glanzpunkt*) [*Abend, Show, Vorführung*] clou *m*
2. (*Kernpunkt*) [*Geschichte*] nœud *m*
3. (*Pointe*) [*Witz*] trait *m* d'esprit
Clown(in) <-s, -s> [klaun] *m(f)* clown *m*
▶ **jd macht sich/jdn zum ~** qn se ridiculise/qn ridiculise qn; **jd spielt den ~** qn fait le clown
Club <-s, -s> *m s.* **Klub**
cm *abk von* **Zentimeter** cm
Co. *abk von* **Kompagnon, Kompanie** Co
Coach <-[s], -s> [koʊtʃ] *m* entraîneur *m*, coach *m*
Coca <-, -[s]> *f*, <-[s], -[s]> *nt fam* coca *m*
Cockpit <-s, -s> *nt* cockpit *m*
Cocktail <-s, -s> ['kɔkte:l] *m* cocktail *m*
Cocktailkleid ['kɔkte:l-] *nt* robe *f* de cocktail **Cocktailparty** [-pa:ɐti] *f* cocktail *m*
Cocom <-> ['kokom] *m abk von* **Coordinating Committee for East-West Trade Policy** C.O.C.O.M. *m*
Code <-s, -s> [ko:t] *m s.* **Kode**
Codepage <-, -s> ['ko:tpeɪdʒ] *f* INFORM page *f* de codes
Codex <-es *o* -, -e *o* Codices> ['ko:dɛks, 'ko:ditse:s] *m s.* **Kodex**
Cognac® <-s, -s> ['kɔnjak] *m* cognac *m*
Coiffeur <-s, -e> [koa'fø:ɐ, -'fø:z] *m*, **Coiffeuse** *f* CH *geh* coiffeur(-euse) *m(f)*
Coiffeursalon [koa'fø:ɐzalõ:, -zalɔŋ] *m* CH salon *m* de coiffure
Coitus <-, -> *m* coït *m*
▶ **~ a tergo** position *f* en levrette; **~ interruptus** coït *m* interrompu; **~ per anum** sodomie *f*
Cola <-, -[s]> *f*, <-[s], -[s]> *nt fam* coca *m*

Collage <-, -n> [kɔ'la:ʒə] *f* ART, MUS collage *m*
Collier <-s, -s> [kɔ'lie:] *nt s.* **Kollier**
Coloniakübel *m* AUS *s.* **Koloniakübel**
Color- couleur
Colt® <-s, -s> *m* colt *m*
▸ **jd greift zum** ~ qn saisit son colt
Combo <-, -s> *f* combo *m*
Comeback, **Come-back**^{RR} <-[s], -s> [kam'bæk] *nt* come-back *m*, retour *m*
▸ **jd feiert ein/sein** ~ qn fête son come-back [*o* son retour]; **jdm gelingt ein** ~ qn réussit son come-back [*o* son retour]
Comecon, **COMECON** <-> ['kɔmekɔn] *m o nt abk von* **Council for Mutual Economic Assistance/Aid** Comecon *m*
Comicheft *nt* bande *f* dessinée, B.D. *f fam*, bédé *f fam*
Comics ['kɔmɪks] *pl* bande *f* dessinée, B.D. *f*
Coming-out <-[s], -s> [kamɪŋ'ˀaut] *nt* déclaration *f* publique de son homosexualité
Compactdisc^{RR}, **Compact Disc** <- -, - -s> [kɔm'pakt'disk] *f* Compact Disc *m*, C.D. *m*, disque *m* audionumérique [*o* compact]
Compiler <-s, -> [kɔm'pailɐ] *m* compilateur *m*
Computer <-s, -> [kɔm'pju:tɐ] *m* ordinateur *m*
▸ **jd stellt auf** ~ **um** qn s'informatise; **jd stellt etw auf** ~ **um** qn informatise qc
Computer- [kɔm'pju:tɐ-] informatique; ~***arbeitsplatz*** poste *m* de travail; ~***baustein*** microprocesseur *m*; ~***fan*** fan *m* d'informatique; ***c~gestützt*** assisté(e) par ordinateur; ***c~lesbar*** lisible informatiquement; ~***techniker*** technicien *m* [en] informatique; ~***zeitalter*** époque *f* de l'informatique **Computerdiagnostik** *f* diagnostic *m* informatisé **computergesteuert** **I.** *adj Roboter, Ampel, Verkehrsregelung* commandé(e) [*o* piloté(e)] par ordinateur; *Fertigung a.* informatisé(e) **II.** *adv* par ordinateur **Computergrafik** *f* graphique *m*
computerisieren * [kɔmpjutəri'zi:rən] *vt* ■ **jd computerisiert etw** qn informatise qc
Computerkasse [kɔm'pju:tɐ-] *f* caisse *f* informatisée **Computerlinguistik** *f* linguistique *f* informatique **Computerspiel** *nt* jeu *m* informatique **Computersprache** *f* langage *m* informatique **Computertomogramm** *nt* image *f* scanner **Computertomograph** *m* scanner *m* **Computertomographie** *f* scanographie *f* **Computervirus** [-vi:-] *m* virus *m* informatique
Conditio sine qua non <- - - -> [kɔn'di:tsio-] *f* ∅ *geh* condition *f* sine qua non
Conférencier <-s, -s> [kõferã'sje:] *m* animateur *m*, présentateur *m*
Confiserie <-, -n> [kõfizə'ri:, kɔnfizə'ri:, -'ri:ən] *f* CH confiserie *f*
Container <-s, -> [kɔn'te:nɐ] *m* **1.** COM container *m*, conteneur *m*
2. (*Müll~*) benne *f* [à ordures]
-container [-kɔnte:nɐ] *m* container *m*, conteneur *m*; ***Blumen~*** bac *m* à fleurs; ***Müll~*** benne *f* [à ordures]
Container- [kɔn'te:nɐ-] de containers, de conteneurs; ~***schiff*** porte-conteneurs *m* **Containerbahnhof** *m* gare *f* [à] conteneurs **Containerterminal** [-tø:ɐminl] *m o nt* terminal *m* pour conteneurs **Containerverkehr** *m* trafic-container *m*
Containment <-s, -s> [kɔn'teɪnmənt] *nt* [*Kernkraftwerk*] enceinte *f* de confinement
Contenance <-> [kõtə'nã:s] *f* ∅ *geh* calme *m*; ***behalte die*** ~! garde ton calme [*o* ton sang-froid]!; ***nichts kann ihn aus der*** ~ ***bringen*** rien ne peut lui faire perdre son calme [*o* son sang-froid]
Contergankind *nt fam* enfant *m* victime de la thalidomide
Controller(in) <-s, -> [kɔn'troʊlɐ] *m(f)* contrôleur(-euse) *m(f)* de gestion
Controlling <-s> [kɔn'troʊlɪŋ] *nt* ∅ contrôle *m* de gestion
cool [ku:l] *adj sl* **1.** (*gefasst*) *Art, Mensch* cool *fam*
2. (*sehr zusagend*) *Job, Typ, Drink, CD, Musik* sympa *fam*
Copilot(in) *m(f)* copilote *mf*
Copyright <-s, -s> ['kɔpirait] *nt* copyright *m*
coram publico *adv geh* en public
Cord <-s> *m* ∅ velours *m* [côtelé]
Cord- en velours [côtelé]; ***c~bezogen*** recouvert(e) de velours [côtelé] **Cordjeans** [-dʒi:nz] *pl* jean *m* velours
Cordon bleu <- -, -s -s> [kɔrdõ'blø:] *nt* cordon *m* bleu
Corner <-s, -> ['kɔ:rnɐ] *m* AUS, CH corner *m*
Cornflakes^{RR} ['ko:ɐnfle:ks] *pl* corn-flakes *mpl*
Cornichon <-s, -s> [kɔrni'ʃõ:] *nt* cornichon *m* [au vinaigre]
Corps <-, -> [ko:ɐ] *nt s.* **Korps**
Corpus Delicti^{RR} <- -, Corpora -> *nt* corps *m* du délit
cos *abk von* **Kosinus** cos
Couch <-, -es *o* -en> [kautʃ] *f o* CH *m* canapé *m*
Couchgarnitur ['kautʃ-] *f* salon *m* **Couchtisch** *m* table *f* de salon, table *f* basse
Couleur <-, -s> [ku'lø:ɐ] *f* **1.** *geh* (*Anschauung*) ■ **einer bestimmten** ~ de certaines tendances; ***Journalisten verschiedener*** ~ des journalistes de différentes tendances [*o* couleurs politiques]; ***Politiker jeder*** ~ des hommes politiques de toutes tendances
2. UNIV couleurs *fpl*
▸ **jd trägt** ~ qn porte les couleurs de sa corporation d'étudiants
Countdown, **Count-down**^{RR} <-s, -s> ['kaunt'daun] *m o nt* compte *m* à rebours
Coup <-s, -s> [ku:] *m* coup *m*
▸ **jd landet einen** ~ [**gegen jdn/etw**] qn réussit un coup [de maître] [contre qn/qc]
Coupé <-s, -s> [ku'pe:] *nt* **1.** (*Sportlimousine*) coupé *m*
2. AUS (*Zugabteil*) compartiment *m*
Coupon <-s, -s> [ku'põ:] *m* **1.** ticket *m* détachable, volant *m* [détachable]; (*zum Antworten*) coupon-réponse *m*
2. FIN coupon *m* [d'action]
Courage <-> [ku'ra:ʒə] *f* ∅ *geh* courage *m*
couragiert [kura'ʒi:ɐt] **I.** *adj geh* courageux(-euse)
II. *adv geh* courageusement; ***er hat sich*** ~ ***verhalten*** il a eu une attitude courageuse
Courtage <-, -n> [kʊr'ta:ʒə] *f* courtage *m*
Cousin <-s, -s> [ku'zɛ̃:] *m* cousin *m*
Cousine <-, -n> [ku'zi:nə] *f* cousine *f*
Cover <-s, -s> ['kavɐ] *nt* **1.** PRESSE couverture *f*
2. (*Plattenhülle*) pochette *f*
Covergirl <-s, -s> ['kavɐgø:ɐl] *nt* cover-girl *f*
CPU [tsepeˀ'u:] *f abk von* **Central processing unit** INFORM UCT *f*
Crack^{1} <-s, -s> [kræk] *m* SPORT crack *m*
Crack^{2} <-s> [kræk] *nt* ∅ (*Rauschgift*) crack *m*
Cracker <-s, -[s]> ['krækɐ] *m* cracker *m*
Crashkurs ['kræʃ-] *m* cours *m* accéléré
Crashtest ['kræʃ-] *m* AUT essai *m* de collision
Creme <-, -s> [kre:m, krɛ:m] *f* crème *f*
Crème <-, -s> [krɛ:m] *f* ▸ ~ **fraîche** crème *f* fraîche; **die** ~ **de la** ~ *geh* la crème, la fine fleur
cremefarben [kre:m-] *adj* [de couleur] crème **Cremetorte** *f* gâteau *m* à la crème, tarte *f* à la crème
cremig **I.** *adj* crémeux(-euse)
II. *adv rühren, schlagen* jusqu'à consistance crémeuse
Crêpe de Chine <- - -, -s - -> [krɛpdə'ʃi:n] *m* crêpe *m* de Chine
Crescendo <-s, -s *o* Crescendi> [krɛ'ʃɛndo] *nt* crescendo *m*
Crew <-, -s> [kru:] *f* **1.** AVIAT, NAUT équipage *m*
2. (*Arbeitsgruppe*) équipe *f*
Croissant <-s, -s> [kroa'sã:] *nt* croissant *m*
Cromargan® <-s> *nt* ∅ acier *m* au nickel-chrome
Croupier <-s, -s> [kru'pie:] *m* croupier *m*
Crux <-> *f* ∅ *geh* (*Schwierigkeit*) ■ **die** ~ **bei etw** le problème dans qc
▸ **mit jdm ist es eine** ~, **man hat seine** ~ **mit jdm** (*Last*) on n'est pas gâté(e) avec qn
C-Schlüssel ['tse:-] *m* clé *f* d'ut
CSU <-> [tse:ˀɛsˀu:] *f abk von* **Christlich-Soziale Union** ■ **die** ~ la CSU
c.t. [tse:'te:] *adv abk von* **cum tempore** *en tenant compte du quart d'heure académique*
cum grano salis *adv geh* cum grano salis *littér*, en tenant compte d'une certaine approximation
cum laude *adv* avec mention honorable
cum tempore *adv* en tenant compte du quart d'heure académique
Cunnilingus <-, -lingi> [kuni'lɪŋgʊs] *m geh* cunnilingus *m*, cunnilinctus *m rare*
Cup <-s, -s> [kap] *m* **1.** SPORT coupe *f*
2. [*BH*] bonnet *m*
Cupido <-s> *m* Cupidon *m*
Curie <-, -> [ky'ri:] *nt* PHYS curie *m*
Curium <-s> *nt* ∅ CHEM curium *m*
Curry <-s, -s> ['kœri, 'kari] *m o nt* curry *m*, cari *m rare*
Currywurst ['kœri-, 'kari-] *f* saucisse *f* au curry
Cursor <-s, -> ['kœrsɐ] *m* curseur *m*
cutten ['katn] *vt, vi* ■ **jd cuttet** qn fait un/le montage; ■ **jd cuttet etw** qn fait le montage de qc, qn monte qc; ■ **das C~** le montage
Cutter(in) <-s, -> ['katɐ] *m(f)* monteur(-euse) *m(f)*
CVJM [tse:faujɔtˀɛm] *m abk von* **Christlicher Verein Junger Männer** Union *f* chrétienne de jeunes gens
C-Waffe ['tse:-] *f* arme *f* chimique

D

D, d <-, -> [deː] *nt* **1.** (*Buchstabe*) D *m*, d *m*
2. MUS ré *m*
▸ **D wie Dora** d comme Désiré
d.Ä. *loc abk von* **der Ältere** l'Ancien
da **I.** *adv* **1.** *örtlich* (*dort, hier*) là; ***diese Frau/dieses Haus ~*** cette femme/cette maison[-là]; ~ ***ist etw*** voici [*o* voilà] qc; ~ ***hinten kommt sie*** la voilà qui arrive; ***schau mal ~!*** regarde voir!; ***Sie haben Staub gewischt? Und was ist ~?*** vous avez fait la poussière? Et ça, qu'est-ce que c'est?; ***mach mal die Hand auf! – Also gut, ~!*** ouvre la main! – D'accord, tiens [*o* voilà]!
2. *zeitlich* (*dann*) [juste] à ce moment; ***ich ging aus dem Haus, ~ schlug es zwei*** je sortais de chez moi, [juste] à ce moment deux heures sonnèrent; ***Sie haben keinen Ausweis? D~ kommen Sie mal mit!*** vous n'avez pas vos papiers? [Alors] suivez-moi!; ~ ***sieht man's mal wieder*** on le constate une fois de plus; ~ ***fällt mir gerade ein, …*** tiens, au fait, …
3. *liter* (*damals, nun*) *nicht übersetzt;* ***vor vielen, vielen Jahren, ~ lebte ein König*** il y a longtemps, bien longtemps, vivait un roi
4. (*daraufhin*) alors (*oft nicht übersetzt*); ***ich bat sie um Verständnis, ~ lachte sie nur*** je lui ai demandé d'être compréhensive, elle s'est contentée de rire; ***ich sagte nur deinen Namen, ~ fing er an zu brüllen*** j'ai simplement prononcé ton nom et il s'est mis à hurler
5. *fam* (*in diesem Fall*) *nicht übersetzt;* ~ ***hast du Glück gehabt!*** tu as eu de la chance!; ***was gibt's denn ~ zu lachen?*** il n'y a pas de quoi rire!; ***und ~ wunderst du dich noch?*** et ça t'étonne?; ~ ***fragt man sich doch, ob*** c'est à se demander si; ***hätte ich das gewusst, ~ wäre ich nicht gekommen*** si j'avais su, je ne serais pas venu
6. *fam* (*anwesend*): ***er ist ~*** il est là; ***so, ich bin wieder ~*** me revoilà *fam;* ***ich bin gleich [wieder] ~*** je reviens tout de suite, je n'en ai pas pour longtemps
7. (*gekommen*): ***es ist jemand für dich ~*** il y a [là] quelqu'un qui te demande; ***ist Post für mich ~?*** il y a du courrier pour moi?; ***war der Postbote schon ~?*** le facteur est passé?; ***ist inzwischen die Überweisung ~?*** est-ce que mon virement est arrivé?
8. (*vorhanden*): ***ist noch Bier ~?*** il y a encore [*o* il reste] de la bière?
9. (*ansprechbar*): ***er ist für sie ~*** il est là pour elle
10. *fam* (*geistig anwesend*): ***sie war noch nicht ganz ~*** elle était encore un peu ailleurs [*o* à côté de ses pompes *fam*]; ***nach einem Stündchen Ruhe war er wieder ganz/voll ~*** après une petite heure de repos, il était de nouveau frais et dispos; ***ich war eben nur halb ~*** j'avais la tête ailleurs; ***so, jetzt bin ich ganz für dich ~*** bon, maintenant je suis à toi
▸ **alles bisher ~ Gewesene** tout ce qui a précédé; **[es ist] alles schon mal ~ gewesen** rien de nouveau sous le soleil; **das/so etwas ist noch nie ~ gewesen** on n'a encore jamais vu ça [*o* une chose pareille]; **ein(e) noch nie ~ gewesene(r, s) …** un(e) … sans précédent; ~ **und dort** ici et là; ~ **… hin!:** ~ ***möchte ich zu gern auch einmal hin[fahren]!*** [ah, ça,] j'aimerais vraiment y aller!; ***die Karibik ist wunderschön, ~ müsst ihr unbedingt auch mal hin!*** les Caraïbes, c'est magnifique, il faut absolument que vous y alliez!; ~ **… ja!:** ~ ***bist du ja!*** te voilà!; ~ ***kommt sie ja!*** la voilà!; ~, **wo …** là où …; **ach, ~ …!** c'est là que …!; ***ach, ~ bist du!*** ah te voilà!; ***ach, ~ lag meine Brieftasche!*** [ah,] c'est là qu'il était, mon portefeuille!
II. *interj* (*hier*) tiens/tenez, le/la/les voilà; ***wo ist denn nur meine Brille? – D~!*** où sont passées mes lunettes? – [Tiens,] les voilà!; ***wo steht nun dieser Name? – Na, ~!*** où peut bien se trouver ce nom? – [Tiens,] le voilà!
▸ **[he,] Sie ~!** hé vous, là[-bas]!
III. *conj* **1.** (*weil*) étant donné que + *indic*, comme; ~ ***die Dinge nun mal so liegen*** les choses étant ce qu'elles sont; ~ ***er gutwillig nicht gestehen wollte*** comme il ne voulait pas avouer spontanément; ***sie wachte auf, ~ sie ein Scharren an der Tür gehört hatte*** elle se réveilla en entendant gratter à la porte
2. *zeitlich geh* (*als, wenn*) où; ***die Zeit/die schöne Zeit, ~*** le moment [*o* le temps]/le bon temps où; ***die Stunde, ~*** l'heure à laquelle; ***es war in den Jahren, ~*** c'était du temps où
da|behalten * *vt irreg* ▪ **jd behält jdn da** qn retient qn, qn garde qn; (*in Haft*) qn incarcère qn
dabei *adv* **1.** *örtlich* (*mit etwas zusammen*) avec; (*in der Nähe*) à côté; ***ich stand nahe/direkt ~*** je me trouvais à côté/juste à côté; ***er war nicht nahe genug ~*** il n'était pas assez près
2. *zeitlich* (*währenddessen*) en même temps (*oft auch mit Gerundium übersetzt*); (*bei dieser Gelegenheit, diesem Ereignis*) à cette occasion; ***man kann nicht gut essen und sich ~ unterhalten*** on ne peut pas manger correctement [tout] en discutant [*o* et discuter en même temps]; ***Arbeit am Computer? Aber ~ muss man immer so viel tippen!*** travailler à l'ordinateur? Mais ça demande des heures de saisie!
3. (*außerdem*) de plus, par ailleurs
4. (*während jd etw tut*) en train de + *infin;* (*bei einer Veranstaltung, einem Kurs*) y; (*aber in Anbetracht dessen*) mais; ***jd beobachtet/erwischt sie ~, wie sie etw tut*** qn l'observe/la surprend en train de faire qc; ***du warst bei einem Vortrag? Hast du ~ etwas gelernt?*** tu as assisté à un exposé? [Et] tu y as appris quelque chose?; ***du kannst den Wagen kaufen, ~ darfst du [allerdings] nicht vergessen, dass*** tu peux acheter cette voiture, mais n'oublie pas que + *indic;* ***das Dumme/Schöne ~ ist, dass*** ce qui est bête/bien [dans cette affaire [*o* là-dedans]], c'est que + *indic;* ***es kommt nichts ~ heraus*** il n'en sortira rien
5. *einräumend* (*doch*) et pourtant, alors que + *indic;* ***sie hat ihn geschlagen, ~ hatte er doch gar nichts gemacht*** elle l'a frappé et pourtant il n'avait rien fait [*o* alors qu'il n'avait rien fait]
6. (*damit verbunden*): ***nimm das nicht so ernst, ich habe mir nichts ~ gedacht*** ne prends pas les choses si au sérieux, j'ai dit ça comme ça; ***was hast du dir denn ~ gedacht, als du sie derart brüskiert hast?*** qu'est-ce qui t'a pris de la rudoyer comme ça?
7. (*wie gesagt*) *bleiben, belassen, lassen:* ***du gehst sofort nach Hause, und ~ bleibt es!*** tu rentres immédiatement à la maison, un point, c'est tout!; ***es bleibt ~, dass ihr morgen alle mitkommt*** c'est toujours d'accord, vous venez tous demain; ***ich bleibe ~, alles hat sich genauso zugetragen, wie ich es ausgesagt habe!*** je maintiens ma déclaration, tout s'est déroulé comme je vous l'ai dit; ***ich finde, wir sollten es ~ belassen*** je pense que nous devrions en rester là
▸ **jd findet nichts ~[, etw zu tun/wenn jd etw tut]** qn ne voit pas ce qu'il y a de mal [à faire qc/à ce que qn fasse qc]; **es ist nichts ~[, wenn man/jd etw tut]** il n'y a pas de mal [à faire qc/à ce que qn fasse qc]; **da ist [doch] nichts ~** (*das ist doch nicht schwierig*) ça n'est pas difficile [*o* sorcier]; (*das hat keine Auswirkungen*) ça n'engage à rien; (*das ist nicht schlimm*) ça n'a pas d'importance; **was ist schon ~?** qu'est-ce que ça peut faire?, et après?
dabei|bleiben *vi irreg + sein* ▪ **jd bleibt [bei jdm/etw] dabei** qn reste [avec qn/à/dans qc]; *s. a.* **dabei 7.**
dabei|haben *vt irreg, Zusammenschreibung nur bei infin und pp* ▪ **er/sie hat etw dabei** il/elle a qc sur lui/elle; ▪ **er/sie hat jdn dabei** il/elle a qn avec lui/elle
dabei|sein *s.* **sein¹ I.**▸
dabei|sitzen *vi irreg* ▪ **jd sitzt [mit] dabei** qn est là; ▪ **jd sitzt bei etw [mit] dabei** qn est présent(e) à qc
dabei|stehen *vi irreg* ▪ **jd steht [mit] dabei** qn est là; ▪ **jd steht bei etw [mit] dabei** qn est présent(e) à qc
da|bleiben *vi irreg + sein* ▪ **jd bleibt da** qn reste [ici] [*o* là]; ***sie bat ihn dazubleiben*** elle l'a prié de rester; ***bleibst du über Nacht da?*** (*bei mir*) tu restes ici cette nuit?; (*dort*) tu y restes [*o* passes] la nuit?
▸ **dageblieben!** reste ici!/restez ici!
da capo *adv* **1.** (*Zugabe*) bis; ***nach mehreren ~-Rufen*** après plusieurs bis *mpl*
2. MUS da capo
Dach <-[e]s, Dächer> *nt* **1.** [*Gebäude*] toit *m;* (*Schutz~*) auvent *m*, avant-toit *m;* ***ein flaches/steiles ~*** un toit plat/en pente; ***nächste Woche wird das ~ auf unser Haus gemacht*** la semaine prochaine, on doit nous faire la toiture de la maison
2. AUT toit *m;* (*beim Kabrio*) capote *f*
▸ **jd bringt etw unter ~ und Fach** *Ernte, Getreide* qn met qc à l'abri, qn rentre qc; *Geschäft, Vertrag* qn conclut qc; **etw ist/jd hat etw unter ~ und Fach** */Ernte/* qc est rentré(e) [*o* à l'abri]/qn a rentré qc; */Geschäft, Vertrag/* qc est conclu(e)/qn a conclu qc; **jd hat ein/kein ~ über dem Kopf** *fam* qn possède un toit/est sans abri; **jd zündet jdm das ~ überm Kopf an** *fam* qn met le feu à la baraque de qn *fam;* **das ~ der Welt** le toit du monde; **jd bekommt [*o* kriegt] eins aufs ~** *fam* (*wird geohrfeigt*) qn reçoit [*o* se prend] une taloche [*o* une baffe] *fam;* (*bekommt einen Anpfiff*) qn se prend un savon *fam*, qn en prend pour son grade *fam;* **jd gibt jdm eins aufs ~** *fam* (*gibt jdm eine Ohrfeige*) qn flanque une taloche [*o* une baffe] à qn *fam;* (*macht jdn zur Schnecke*) qn remet qn à sa place, qn passe un savon à qn *fam;* **jd steigt jdm aufs ~** *fam* qn sonne les cloches à qn *fam;* **jd wohnt [*o* lebt] mit jdm unter einem ~** qn habite sous le même toit que qn; **unterm ~:** ***jd wohnt unterm ~*** qn habite sous les combles; ***etw unterm ~ unterbringen*** remiser qc au grenier; **unter dem ~ einer S.** (*gen*): ***die Fächer greifen unter dem ~ der Informatik ineinander*** les matières s'enchaînent dans le cadre de l'informatique; ***Friedensmissionen unter dem ~ der Uno*** missions de paix sous le couvert de l'O.N.U.
Dachantenne *f* antenne *f* extérieure **Dachbalken** *m* entrait *m;* (*Dachsparren*) chevron *m* **Dachboden** *m* grenier *m*, combles *mpl* ▸ **auf dem ~** au grenier, sous les combles **Dachdecker(in)** <-s, -> *m(f)* couvreur *m* ▸ **das kannst du halten wie ein ~** *fam* tu fais comme tu veux **Dachfenster** *nt* (*Luke*) lucarne *f;* (*Atelierfenster*) verrière *f* **Dachgarten** *m* **1.** HORT jardin-terrasse *m*, jardin *m* suspendu **2.** ARCHIT DIAL *s.* **Dachterrasse** **Dachgepäckträger** *m* galerie *f* **Dachgeschoss**^RR *nt* étage *m* mansardé **Dachgesellschaft** *f* holding *m* **Dachgleiche[nfei-**

er| <-, -n> *f* AUS *s.* **Richtfest. Dachkammer** *f* mansarde *f,* chambre *f* de bonne **Dachkännel** <-s, -> *m* CH *s.* **Dachrinne. Dachlatte** *f* latte *f* **Dachlawine** *f* chute *f* de neige **Dachluke** *f* tabatière *f,* lucarne *f* **Dachorganisation** *f* centrale *f* **Dachpappe** *f* carton *m* bitumé [*o* goudronné] **Dachrinne** *f* gouttière *f,* chéneau *m*
Dachs <-es, -e> *m* blaireau *m; s. a.* Dächsin
▶ [so] ein frecher ~! *fam* il/elle a un sacré culot! *fam,* quel(le) insolent(e)!; ein junger ~ un(e) morveux(-euse) *fam; s. a.* Dächsin
Dachsbau <-baue> *m* terrier *m* de blaireau
Dachschaden *m* dégât *m* de toiture ▶ **jd hat einen** ~ *fam* qn a une araignée au plafond *fam,* qn travaille du chapeau *fam* **Dachschräge** *f* pente *f* de comble; ***ein Raum mit*** ~ une pièce mansardée
Dächsin *f* blaireau *m* femelle; *s. a.* Dachs
Dachsparren *m* chevron *m* **Dachstube** *f* DIAL *s.* **Dachkammer. Dachstuhl** *m* comble *m,* combles *mpl,* ferme *f*
dachte *imp von* **denken**
Dachterrasse *f* toit *m* en terrasse **Dachträger** *m* (*für Fahrräder*) porte-vélos *m;* (*für Skier*) porte-skis *m* **Dachverband** *m* confédération *f* **Dachwohnung** *f* appartement *m* mansardé [*o* sous les toits] **Dachziegel** *m* tuile *f* **Dachzimmer** *nt s.* **Dachkammer**
Dackel <-s, -> *m* **1.** ZOOL teckel *m*
2. DIAL *fam* idiot(e) *m(f)*
Dadaismus <-> *m* Ø dadaïsme *m*
Dadaist(in) <-en, -en> *m(f)* dadaïste *mf*
Daddelautomat *m* machine *f* à sous **Daddelhalle** *f* salle *f* de jeux
daddeln *vi* ■ **jd daddelt** qn joue aux machines à sous
dadurch *adv* **1.** *örtlich* (*hindurch*) par-là; ***der Faden geht nicht*** ~ le fil ne passe pas; ***jd zwängt sich*** ~ qn arrive à passer à travers; ***jd kriegt etw nicht*** ~ qn n'arrive pas à faire passer qc
2. (*aus diesem Grund*) de ce fait, ainsi; (*auf diese Weise*) de cette façon
3. (*deswegen, weil*) ■ ~, **dass** du fait que + *indic; s. a.* **durch**
dafür I. *adv* **1.** (*für das*) pour cela [*o* ça]; ***was wohl der Grund*** ~ ***sein mag?*** quelle peut bien en être la raison?; ***das ist kein Beweis*** ~, ***dass er es war*** cela ne prouve pas que c'était lui
2. (*deswegen*) pour ça; ~ ***bin ich ja da*** c'est pour ça que je suis là; ***ich bezahle Sie nicht*** ~, ***dass Sie nur hier rumstehen!*** je ne vous paie pas pour que vous restiez sans rien faire!; ***er ist*** ~ ***ausgeschimpft worden, dass er gelogen hatte*** il a reçu un savon pour avoir menti
3. (*als Gegenleistung*) en échange; ***er packte aus,*** ~ ***ließ man ihn laufen*** il a parlé et en échange, on l'a relâché
4. (*andererseits*) en revanche, par contre
5. (*im Hinblick darauf*) ■ ~, **dass er/sie** pour quelqu'un qui; ~, ***dass du angeblich von nichts etwas weißt, bist du aber erstaunlich gut informiert*** pour quelqu'un qui prétend ne rien savoir, tu es étonnamment bien informé(e); ~, ***dass er erst sechs Jahre ist, ist er*** [***schon***] ***sehr groß*** pour un enfant de six ans seulement, il est vraiment [déjà] grand
6. (*für einen solchen*): ***jd geht*** ~ ***durch*** qn passe pour tel(telle); ***jd gilt*** ~ qn passe pour l'être; ***jd hält etw*** ~ qn tient qc pour tel(telle) [*o* pour l'être]; ~ ***hätte ich ihn nicht gehalten*** je n'aurais pas cru ça de lui; ***man könnte es aber*** ~ ***halten*** mais on pourrait le considérer comme tel
7. (*für das/dieses*) *sich begeistern, sich interessieren, sorgen, halten, opfern:* ***ich interessiere mich nicht*** ~ je ne m'y intéresse pas; ***sie opferte ihre ganze Freizeit*** ~ elle y consacrait tous ses loisirs; ***ich kann mich*** ~ ***nicht begeistern*** ça me laisse froid, ça ne me passionne pas; ***ich werde*** ~ ***sorgen, dass*** je vais faire en sorte que + *subj*
II. *adj pred* (*zustimmen*) ■ **jd ist** ~, **dass** qn est d'avis que + *indic;* (*im Hinblick auf die Zukunft*) qn est d'avis que + *subj;* ***ich bin*** ~, ***dass wir das noch einmal überdenken*** je suis d'avis que nous y réfléchissions encore; ***ich bin*** ~, ***dass wir diese Diskussion abschließen sollten*** je suis d'avis que nous mettions fin à cette discussion; ■ **jd ist** ~ qn est pour [*o* d'accord]
dafür|halten *vi irreg geh* ■ **jd hält dafür, dass** qn est d'avis que + *indic;* (*im Hinblick auf die Zukunft*) qn est d'avis que + *subj;* ***ich halte*** ~, ***dass wir das noch einmal überdenken*** je suis d'avis que nous y réfléchissions encore
▶ **nach meinem/seinem D~** à mon/son avis
dafür|können *s.* **können I.**▶
dafür|stehen *vi irreg* AUS ■ **etw steht dafür** qc vaut la peine
DAG <-> [deːʔaːˈgeː] *f abk von* **Deutsche Angestellten-Gewerkschaft** *syndicat des employés et cadres*
dagegen I. *adv* **1.** *örtlich* là contre, contre *fam;* ***er trug die Leiter zum Baum und lehnte sie*** ~ il a porté l'échelle vers l'arbre et l'a appuyée contre *fam*
2. (*in Opposition dazu*) contre cela; ***auch wenn Sie nicht der Täter waren, die Beweise sprechen*** ~ même si vous n'êtes pas coupable, les preuves parlent contre vous
3. (*zur Abwehr*) contre cela; ***ich kann nichts*** ~ ***machen*** je n'y peux rien; ***das hilft*** ~ c'est efficace contre ça; ~ ***hilft nichts*** il n'y a rien à y faire
4. (*im Vergleich dazu*) en comparaison
5. (*als Gegenwert*): ***ich möchte dieses Gerät zurückgeben und*** ~ ***ein kleineres Modell haben*** je voudrais échanger cet appareil contre un modèle plus petit, je voudrais rendre cet appareil et avoir un modèle plus petit en échange; ***die Wette gilt, ich setze 500 Mark*** ~ je parie à 500 contre un
▶ **jd hat etwas/nichts** ~ qn a quelque chose/n'a rien contre; ***jd hat etwas/nichts*** ~, ***wenn/dass*** qn a quelque chose/n'a rien contre le fait que + *subj;* ***sie kann doch nichts*** ~ ***haben*** elle ne peut pas ne pas être d'accord, elle ne peut rien trouver à redire; ***jd hat einiges*** ~ qn a pas mal de choses à redire *fam;* ***was hat er*** ~, ***dass wir früher anfangen?*** quelle objection a-t-il à ce [*o* pourquoi n'est-il pas d'accord] que nous commencions plus tôt?; ***haben Sie etwas*** ~, ***wenn ich rauche?*** ça vous dérange si je fume?; ***nehmen Sie ruhig hier Platz, ich habe nichts*** ~ prenez place, je n'y vois aucun inconvénient; ***sollen wir ausgehen? – Ich hätte nichts*** ~! on sort? – Je veux bien!
II. *adj pred* ■ **jd ist** ~[**, dass**] qn est contre [le fait que + *subj*], qn voit une objection à ce que + *subj*
III. *conj* (*allerdings*) en revanche, par contre
dagegen- 1. (*an eine Sache lehnend*) [là-]contre
2. (*einer S. entgegnend*) contre [ça]; ***jd schreit dagegen*** qn proteste avec force contre cela; ***jd schreit dagegen, dass*** qn proteste contre le fait que + *subj*
dagegen|halten *vt irreg* **1.** (*vergleichen*) ■ **jd hält etw dagegen** qn met qc à côté; ***um das Original von der Fälschung zu unterscheiden, muss man es*** ~ pour distinguer l'original du faux, il faut les mettre en regard [*o* l'un à côté de l'autre]
2. (*einwenden*) ■ **jd hält etw dagegen** qn [y] oppose qc; ■ **jd hält dagegen, dass** qn [y] objecte que + *indic*
dagegen|setzen *vt* ■ **jd setzt etw dagegen** qn y oppose qc; ***ich kann nichts*** ~/ ***es gibt nichts dagegenzusetzen*** je n'ai rien à objecter/il n'y a rien à objecter; ***ich habe nichts Besseres dagegenzusetzen*** je n'ai rien de mieux à proposer
dagegen|sprechen *vi irreg* ■ **etwas/nichts spricht dagegen** qc/rien ne s'y oppose; ■ **etwas/nichts spricht dagegen, dass** qc/rien ne s'oppose à ce que + *subj;* / *die öffentliche Meinung/* qc se prononce contre le fait que + *subj;* ***was spricht eigentlich dagegen, dass wir erst morgen abreisen?*** qu'est-ce qui nous empêche de ne partir que demain?
dagegen|stellen *vr* ■ **jd stellt sich dagegen** qn s'y oppose
dagegen|stemmen *vr* ■ **jd stemmt sich dagegen** qn s'y oppose [avec force]; ■ **jd stemmt sich dagegen, dass** qn s'oppose [avec force] à ce que + *subj*
da|haben *vt irreg, Zusammenschreibung nur bei infin und pp* **1.** (*vorrätig haben*) ■ **jd hat etw da** qn a qc [en réserve]; (*zur Hand haben*) qn a qc [sous la main]
2. (*zu Besuch haben*) ■ **jd hat jdn da** qn a la visite de qn; ***jd hat Besuch da*** qn a de la visite
daheim *adv* SDEUTSCH, AUS, CH chez moi/soi; ~ ***ist es doch noch am gemütlichsten*** c'est chez soi qu'on est le mieux; ***wie jetzt wohl das Wetter*** ~ ***sein mag?*** quel temps peut-il bien faire chez nous?
▶ **jd ist irgendwo** ~ qn est de quelque part; ***ich bin in Augsburg*** ~ je suis d'Augsbourg; ***ich bin da doch*** ~! je suis de là!; ***unsere Familie ist seit Jahrhunderten in Stuttgart*** ~ notre famille habite Stuttgart depuis des siècles; **bei jdm** ~ chez qn; **ich bin für niemanden** ~ je n'y suis pour personne; **wo bist du** ~? d'où es-tu?
Daheim <-s> *nt* Ø SDEUTSCH, AUS, CH chez-soi *m;* ***mein/unser*** ~ mon chez-moi/notre chez-nous
Daheimgebliebene(r) *f(m) decl wie adj* ■ **die/alle ~n** ceux/celles/tous ceux/toutes celles qui sont resté(e)s chez eux/elles
daher I. *adv* **1.** (*von dort*) de là, en; ***ich komme*** ~ j'en viens; ***soll ich euch*** ~ ***etwas mitbringen?*** voulez-vous que je vous rapporte quelque chose [de là-bas]?; ***er ist doch auf unserer Seite,*** ~ ***haben wir also nichts zu befürchten*** il est avec nous, nous n'avons rien à craindre de ce côté-là; ■ **von** ~ de [par-]là
2. (*aus diesem Grund*) ■ [**von**] ~ c'est pourquoi + *indic,* c'est pour ça que + *indic;* [***von***] ~ ***weißt du das also*** c'est de là que tu le sais, c'est comme ça que tu l'as appris; [***von***] ~ ***also der Lärm!*** c'est pour ça qu'il y a du bruit!; [***von***] ~ ***die Aufregung!*** c'est ce qui explique tout ce remue-ménage!; ~ ***also!*** voilà pourquoi!, voilà d'où ça vient!
3. DIAL (*hierher*) là, ici
▶ **jd ist** ~ qn vient [*o* est] de là; ~ **kommt es, dass** c'est pourquoi, c'est la raison pour laquelle; **das/etw kommt** [*o* **rührt**] ~, **dass** cela/qc provient du fait que + *indic,* cela/qc vient de ce que + *indic*
II. *conj* (*deshalb*) c'est pourquoi, c'est la raison pour laquelle
daher|bringen *vt irreg* AUS ■ **jd bringt etw daher** qn apporte qc
dahergelaufen *adj pej* ■ **ein ~er ..., eine ~e ...** un(e) ... quelconque; ***ein*** ~***er Kerl*** un pas grand-chose *fam*
▶ **jede(r) D~e/jede(r) ~e ...** n'importe qui, le premier venu/la première venue
daher|kommen *vi irreg + sein* **1.** (*herankommen*) ■ **jd kommt daher** qn arrive
2. *fam* (*sich zeigen*) ■ **jd kommt ... daher** qn se présente ...; ***er kam in ganz schmutzigen Arbeitsklamotten daher*** il s'est ramené avec des fringues dégoûtantes *fam;* ***wie kommst du denn wieder daher!*** qu'est-ce que c'est que cette allure! *fam*
3. (*auftreten*) ■ **jd kommt ... daher**: ***da kommt einfach irgendeiner daher und erzählt Lügen über mich*** n'importe qui rapplique et se met à raconter n'importe quoi sur moi *fam;* ***diese neue Chefin kommt ja ganz schön arrogant daher*** elle prend des airs drôlement arrogants, la nouvelle chef *fam*
daher|reden I. *vi:* ***jd redet*** [***dumm***] ***daher*** qn parle sans réfléchir, qn dit n'importe quoi
II. *vt* ■ **jd redet etw daher** qn dit qc [sans réfléchir]; ***das war nur so*** [***von mir***] ***dahergeredet*** j'ai dit ça comme ça *fam;* ***was der wieder*** [***so/ alles***] ***daherredet*** [il dit] n'importe quoi *fam*
daherum *adv* par là
dahin I. *adv* **1.** (*an diesen Ort*) là-bas, y; ***ich will nicht*** ~ je ne veux pas y aller [*o* aller là-bas]; ***kommst du auch mit*** ~? tu viens avec moi/nous [là-bas]?; ***er ist schon unterwegs/ auf dem Weg*** ~ il est déjà en chemin/en route; ■ **da ... hin** *fam* y; ***da will ich nie wieder hin*** je n'irai plus jamais
2. (*in dem Sinne*): ***jd interpretiert etw*** ~ [***gehend***], ***dass*** l'interprétation que qn fait de qc, c'est que + *indic;* ***sie haben sich*** ~ ***geeinigt, dass*** ils se

sont mis d'accord de telle sorte que [*o* pour que] + *subj;* ***all unsere Bestrebungen gehen ~, dass*** tous nos efforts visent [*o* tendent] à ce que + *subj* ▸**jd bringt es [noch] ~, dass** qn va [encore] réussir à ce que + *subj;* ***er brachte es ~, dass*** tout ce qu'il a réussi à faire, c'est que + *indic;* **jd bringt jdn ~, dass:** ***du bringst mich noch ~, dass ich mich vergesse*** tu finiras par me faire sortir de mes gonds; ~ **gehend** en ce sens; ***wir sind ~ gehend verblieben, dass*** nous avons convenu de + *infin;* **es kommt [noch] ~, dass** on va en arriver à ce que + *subj;* ***es kommt noch ~, dass ich dir eine scheuere*** je vais [bien] finir par t'en flanquer une *fam;* ***ich sehe es schon ~ kommen, dass*** je pressens déjà que + *indic;* ***ich sehe es schon ~ kommen*** je vois venir ça gros comme une maison *fam;* ~ **und dorthin** ici et là; **bis** ~ (*bis zu dem Ort*) jusque là[-bas]; (*solange*) d'ici là; (*inzwischen*) entre-temps

II. *adj pred geh* ■ **etw ist** ~ */Vase, Kanne/* qc est irréparable; */Teppich/* qc est irrécupérable; ***all meine Hoffnungen sind ~*** tous mes espoirs se sont évanouis

dahinab *adv s.* **dorthinunter. dahinauf** *adv s.* **dorthinauf. dahinaus** *adv s.* **dorthinaus**

dahin|dämmern *vi + sein o haben* ■ **jd dämmert dahin** qn somnole, qn est dans les vapes *fam*

dahinein *adv s.* **dorthinein**

dahin|fallen *vi irreg + sein* CH *form s.* **entfallen**

dahin|geben *vt irreg liter* ■ **jd gibt etw dahin** *Geld, Besitz* qn donne qc; *Leben a.* qn sacrifie qc

Dahingegangene(r) *f(m) decl wie adj euph liter* disparu(e) *m(f),* défunt(e) *m(f) littér*

dahingegen *adv geh* en revanche

dahin|gehen *vi irreg + sein geh* **1.** ■ **etw geht dahin** */Zeit, Jahre/* qc passe; ***etw geht schnell dahin*** qc fuit *littér;* ***etw geht wie im Flug dahin*** qc passe comme un éclair
2. (*einhergehen*) ■ **jd geht … dahin** qn marche
3. (*weggehen*) ■ **jd geht dahin** qn s'en va
4. *euph* (*sterben*) ■ **jd geht dahin** qn disparaît, qn s'en va *littér*

dahingestellt *adj* ▸**das bleibt/sei [mal]** ~ la question reste posée; **etw bleibt** ~ qc reste en suspens; **jd lässt es ~ sein** qn laisse ça en suspens

dahin|raffen *vt liter* ■ **etw rafft jdn dahin** */Seuche, Krankheit/* qc emporte qn; */Tod/* qc fauche qn

dahin|sagen *vt* ■ **jd sagt etw [nur so] dahin** qn dit qc sans réfléchir; ***das war nur so dahingesagt*** j'ai/il a dit ça comme ça *fam*

dahin|scheiden *vi irreg + sein geh s.* **dahingehen 4.**

dahin|schleppen *vr* **1.** (*gehen*) ■ **jd schleppt sich dahin** qn se traîne
2. (*sich hinziehen*) ■ **etw schleppt sich dahin** */Verhandlungen/* qc traîne [en longueur]; */Zeit, Stunden/* qc s'étire en longueur; */Tage/* qc se traîne

dahin|schwinden *vi irreg + sein geh* ■ **etw schwindet dahin** **1.** (*weniger werden*) */Vorräte, Ersparnisse/* qc fond, qc s'amenuise; ***etw schwindet wie Schnee in der Sonne dahin*** qc fond comme neige au soleil; */Kräfte, Interesse/* qc s'amoindrit
2. (*vergehen*) qc s'écoule, qc fuit *littér;* */Tage, Stunden a./* qc s'enfuit *littér*

dahin|stehen *vi irreg* ■ **etw steht [noch] dahin** qc demeure en suspens; ***ob etw passiert, steht noch dahin*** on ne sait pas encore si qc va se passer

dahinten *adv* là-bas

dahinter *adv* **1.** (*hinter dem/der*) [là] derrière
2. (*anschließend*) après, derrière
▸**da ist etwas** ~ ça cache quelque chose, il y a anguille sous roche; **da ist nichts** ~ il n'y a rien là-dessous

dahinterher *adj fam* ■ **jd ist ~[, dass]** qn est derrière [pour faire attention [*o* gaffe *fam*] que + *subj*]; ***jd ist schon lange ~ etw zu bekommen*** ça fait longtemps que qn court après qc; ***ist die Lieferung schon eingetroffen? – Noch nicht, aber ich bin ~*** la livraison est arrivée? – Pas encore, mais je m'en occupe

dahinter|klemmen *s.* **klemmen II.3.**
dahinter|knien *s.* **knien II.3.**
dahinter|kommen *s.* **kommen I.26.**
dahinter|stecken *s.* **stecken I.**▸
dahinter|stehen *s.* **stehen I.19., I.**▸

dahinunter *adv s.* **dorthinunter**

dahin|vegetieren * [-ve-] *vi + sein* ■ **jd/ein Tier vegetiert dahin** qn/un animal végète; ***ein D~*** une vie végétative

Dahlie <-, -n> ['da:liə] *f* dahlia *m*

Dakapo <-s, -s> *nt* bis *m*

Daktylo <-, -s> *f* CH dactylo *mf*

da|lassen *vt irreg* **1.** (*an Ort und Stelle lassen*) ■ **jd lässt jdn/etw da** qn laisse qn/qc [là]
2. (*überlassen*) ■ **jd lässt jdm etw da** qn laisse qc à qn

da|liegen *vi irreg* **1.** ■ **jd liegt da** */Bewusstlose, Verletzte/* qn est étendu(e) là; ***man sah viele Opfer ~*** on voyait de nombreuses victimes étendues [*o* allongées] par terre
2. ■ **etw liegt da** */Gegenstand/* qc est là; ***meine Geldbörse lag offen da*** mon porte-monnaie était posé en évidence
3. *geh* ■ **etw liegt … da** */Lichtung, Wald, Weiher/* qc s'étend

dalli *adv fam* ▸**[nun] mach mal ~!** [allez,] magne-toi! *fam;* **…, aber ~!** et que ça saute! *fam,* et plus vite que ça!; ~, ~! dare-dare! *fam*

damalig *adj attr* d'alors, de ce temps-là

damals *adv* (*zu jener Zeit*) en ce temps-là, à cette époque-là, à l'époque; ■ **seit** ~ depuis lors, depuis ce temps-là; ■ **von** ~ de ce temps-là, de cette époque-là; ***von ~, als*** de l'époque où, du temps où

Damast <-[e]s, -e> *m* damas *m*

damasten *adj attr geh* damassé(e)

Dämchen <-s, -> *nt dim von* **Dame 1.** petite dame *f;* ***mein kleines ~*** ma petite dame *fam;* ***Ihre Tochter ist schon ein richtiges kleines ~*** votre fille est une vraie demoiselle; ***eine Klasse voller ~*** *pej* une classe de péronnelles *fam*

Dame <-, -n> *f* **1.** *geh* (*Frau*) dame *f;* ***guten Abend, die ~n!*** bonsoir, mesdames!; ***womit kann ich dienen, meine ~?*** que puis-je faire pour vous, madame?
2. (*Begleiterin*): ***die Herren können ihre ~n mitbringen*** les messieurs peuvent venir accompagnés; ***Ihre ~ lässt Ihnen sagen …*** Madame vous fait dire …; (*Tanzpartnerin*) cavalière *f*
3. *pl* SPORT dames *fpl;* ***unsere ~n*** notre équipe féminine, nos féminines *fam*
4. (*Spiel*) dames *fpl,* jeu *m* de dames; (*Doppelstein*) dame *f*
5. (*Königin im Schach*) dame *f*
6. KARTEN dame *f*
▸**die ~ des Hauses** la maîtresse de maison [*o* de céans] *littér;* **meine [sehr verehrten] ~n und Herren!** *form* Mesdames et Messieurs!; **die ~ meines/seines Herzens** *geh* la dame de mes/ses pensées, la femme de ma/sa vie; **eine ~ von Welt** *geh* une femme du monde; **jds alte ~** *fam* la mère de qn; **eine ältere ~** une dame d'un certain âge [*o* d'âge mûr]; **jd spielt die große ~** qn joue à [*o* fait] la grande dame; **junge ~** une demoiselle, une petite dame; **jd spielt ~** qn joue aux dames; ***sie spielen eine Partie ~*** ils font une partie de dames; **[jd ist] ganz ~** [qn fait] très dame; **„~n"** "dames"; ***ich muss gerade mal „für ~n"*** je dois aller aux toilettes

Damebrett *nt* damier *m*

Damen- (*allgemein*) de femme; *-accessoires, -mode, -unterwäsche* féminin(e); *-sachen* pour femmes; *-abteilung, -oberbekleidung, -schneider, -friseur* pour dames; *-kränzchen* de femmes; *-mannschaft, -fußball, -riege* féminin(e) **Damenbart** *m* moustache *f* **Damenbegleitung** *f* partenaire *f;* ***wir bitten Sie um ~*** nous vous prions de venir avec votre partenaire ▸**in** ~ en galante compagnie, en compagnie [*o* accompagné] d'une dame **Damenbekanntschaft** *f* connaissance *f* [féminine] ▸**jd hat ~en** qn a des amies; **jd macht eine** ~ qn fait une rencontre [féminine], qn rencontre une femme **Damenbesuch** *m* visiteuse *f,* visite *f* féminine ▸**jd hat** ~ qn a la visite d'une dame **Damenbinde** *f* serviette *f* [hygiénique] **Damendoppel** *nt* double *m* dames **Dameneinzel** *nt* simple *m* dames **Damengesellschaft** *f* cercle *m* féminin, société *f* féminine

damenhaft I. *adj:* ***sie hat ein richtig ~es Aussehen/Auftreten*** elle a l'air d'une vraie dame; *Kleidungsstück* féminin(e)
II. *adv sich verhalten, sich kleiden* comme une dame

Damensattel *m* selle *f* de dame ▸**im** ~ sur une selle de dame; ***im ~ reiten*** monter en amazone **Damentoilette** [-toalɛtə] *f* toilettes *fpl* pour dames **Damenwahl** *f* quart *m* d'heure américain

Damespiel *nt* jeu *m* de dames **Damestein** *m* pion *m*

damisch I. *adj* SDEUTSCH, AUS *fam* **1.** (*dämlich*) idiot(e); ***dieser ~e Kerl*** cet idiot
2. *pred* (*schwindlig*): ***mir ist ~*** j'ai la tête qui tourne, j'ai le tournis *fam;* ***mir wird [ganz] ~*** j'attrape le tournis *fam;* ***etw macht jdn ~*** qc donne le tournis à qn *fam*
II. *adv* SDEUTSCH, AUS *fam* (*sehr*) drôlement *fam*

damit I. *adv* **1.** (*mit diesem Gegenstand*) avec *fam;* ***was soll ich ~?*** que veux-tu/voulez-vous que j'en fasse?; ***was will sie ~?*** qu'est-ce qu'elle veut faire avec? *fam,* que veut-elle en faire?; ***er nahm einen Knüppel und schlug ihn ~*** il saisit un gourdin et lui en donna un coup; ***womit soll ich das essen, etwa ~, mit diesen Stäbchen?*** avec quoi dois-je manger cela, avec ça, avec ces baguettes?; ***das ist ein Wasserkocher, ~ kann man Wasser erhitzen*** c'est une bouilloire électrique, on peut chauffer de l'eau avec *fam*
2. (*mit dieser Angelegenheit*): ***meint er etwa mich ~?*** c'est de moi qu'il veut parler?; ***weißt du, was er ~ meint?*** tu sais ce qu'il entend par là?; ***haben Sie über meinen Vorschlag nachgedacht? Ja? Was ist nun ~?*** avez-vous réfléchi à ma proposition? Oui? Alors qu'en pensez-vous?; ***ich habe keine Ahnung, was es ~ auf sich hat*** je n'ai aucune idée de ce que ça veut dire; ***ist Ihre Frage ~ beantwortet?*** est-ce que cela répond à votre question?; ***musst du denn immer wieder ~ anfangen?*** est-il vraiment nécessaire de revenir sans arrêt là-dessus?; ***ich habe wirklich nichts ~ zu tun*** je n'ai vraiment rien à voir là-dedans; ~ ***hat es noch Zeit bis Oktober*** ça peut attendre octobre
3. *bei Verben, siehe auch dort:* ***was willst du ~ sagen?*** qu'entends-tu par là?; ***sind Sie ~ einverstanden?*** vous êtes d'accord?; ~ ***hatte ich nicht gerechnet*** je ne m'y attendais pas, je n'avais pas prévu ça; ***wir hatten nicht ~ gerechnet, dass sie mitkommen würde*** nous ne nous attendions pas à ce qu'elle vienne; ***jetzt fängst du schon wieder ~ an!*** et voilà que tu recommences avec ça [*o* que tu remets ça *fam*]!; ~ ***fing alles an*** tout a commencé par là; ***du sollst ~ aufhören!*** arrête avec ça!; ***wann werden die wohl endlich ~ aufhören, so einen Krach zu machen?*** quand vont-ils enfin arrêter de faire tout ce vacarme?
4. (*bei Befehlen*): ***willst du das noch aufheben? – Nein, weg ~!*** tu veux encore garder ça? – Non, enlève-moi ça!; ***her ~, das ist mein Geld!*** par ici [*o* donne/donnez-moi ça], c'est mon argent!; ***genug ~, ich kann das nicht mehr hören!*** ça suffit, je ne veux plus entendre parler de ça!; ***Schluss ~!*** ça suffit!, arrête/arrêtez!
5. (*somit*) ainsi
6. (*nun, jetzt*): ~ ***ist unser Programm für heute beendet*** ainsi se termine pour aujourd'hui notre programme; *s. a.* **mit**
II. *conj* pour que + *subj,* afin que + *subj,* pour + *infin,* afin de + *infin;* ***sie schrie aus Leibeskräften, ~ er sie hören konnte*** elle cria de toutes ses forces afin qu'il [*o* pour qu'il] puisse l'entendre; ***halt dich fest, ~ du nicht fällst!*** tiens-toi bien pour [*o* afin de] ne pas tomber!; ~ ***er zuvorkommend bedient wird, gibt er immer Trinkgeld*** pour être [*o* afin d'être] bien servi, il donne toujours un pourboire

dämlich I. *adj pej fam* 1. (*dumm*) stupide; ***jd macht ein ~es Gesicht*** qn prend un air stupide [*o* ahuri]; ***dieser ~e Kerl*** cet[te espèce d']abruti [*o* imbécile] *fam*
2. (*ungeschickt*): ***zu ~!*** c'est trop bête [*o* trop con *fam*]!
II. *adv pej fam gucken* avec un air idiot; ***du fragst vielleicht ~!*** tu en poses des questions idiotes!; ***jd stellt sich ~ an*** qn s'y prend comme un manche *fam*
▶ **jd kommt jdm ~** qn joue à l'idiot(e) [avec qn] *fam*
Dämlichkeit <-, -en> *f pej fam* 1. ∅ (*dummes Verhalten*) bêtise *f*, connerie *f fam*
2. (*dumme Handlung*) idiotie *f*
Damm <-[e]s, =e> *m* 1. (*Stau~*) barrage *m*; (*Deich*) digue *f*; (*Erdwall*) barrage *m*
2. (*Schutzwall*) digue *f*
3. ANAT périnée *m*
▶ **jd ist wieder auf dem ~** *fam* qn est de nouveau d'attaque *fam*; **jd ist nicht [ganz] auf dem ~** *fam* qn ne se sent pas [vraiment] d'attaque *fam* [*o* dans son assiette]
dämmen *vt* ■ **jd/etw dämmt etw** *Trittschall, Schall* qn/qc amortit qc; *Rohr, Wand* qn/qc isole qc
dämm[e]rig *adj* 1. *Licht, Kerzenschein, Mondlicht* faible *antéposé*
2. ■ **es ist/wird ~** le crépuscule tombe; ***es ist/wird schon ~*** c'est déjà le crépuscule
Dämmerlicht *nt* (*Halbdunkel*) pénombre *f*; (*nach Sonnenuntergang*) crépuscule *m*
dämmern I. *vi* 1. *geh* ■ **etw dämmert** /*Tag*/ qc se lève, qc point *littér*; /*Abend*/ qc tombe; ***der Morgen dämmert*** l'aube point *littér*
2. *fam* (*klar werden*) ■ **jdm dämmert etw**: ***ihm begann nach und nach die Erinnerung wieder zu ~*** le souvenir lui revenait peu à peu; ***so langsam dämmert es mir, was er meinte*** je commence à entrevoir ce qu'il a voulu dire; ***mir dämmert eine Ahnung*** je commence à avoir une intuition; ***ihr dämmerte die Erkenntnis/Vermutung, ...*** elle commença à se rendre compte/croire que
3. (*im Dämmerzustand sein*) ■ **jd dämmert vor sich hin** qn somnole; ***sie dämmerte bis zu ihrem Tode nur noch [so] vor sich hin*** elle resta dans un état léthargique jusqu'à sa mort
II. *vi impers* ■ **es dämmert** (*morgens*) il commence à faire jour; (*abends*) le crépuscule tombe, il commence à faire nuit
▶ **[na,] dämmert es [dir] jetzt?** *fam* [ça y est,] ça s'éclaire là-dedans *fam* [*o* tu commences à y voir clair]?
Dämmerschlaf *m* état *m* de somnolence ▶ **im ~** dans un demi-sommeil **Dämmerstunde** *f* heure *f* du crépuscule [*o* entre le jour et la nuit]; ***in der ~*** au crépuscule, entre chien et loup
Dämmerung <-, -en> *f* 1. (*Abend~*) crépuscule *m*; ***die ~ bricht an*** [*o* ***herein***] le crépuscule tombe; ***in der ~*** au crépuscule
2. (*Morgen~*) aube *f*; ***die ~ bricht an*** l'aube se lève [*o* paraît]; ***bei ~*** à [*o* dès] l'aube
Dämmerzustand *m* 1. (*Halbschlaf*) demi-sommeil *m*
2. MED état *m* crépusculaire
▶ **im ~** dans un demi-sommeil
dämmrig *adj s.* **dämmerig**
Dammriss[RR] *m* déchirure *f* périnéale **Dammschnitt** *m* épisiotomie *f*
Dämmstoff *m* (*gegen Kälte*) matériau *m* isolant; (*zur Dämmung von Schall a.*) matériau *m* insonorisant
Dämmung <-> *f* ∅: ***eine ~ des Schalls*** une insonorisation; ***eine ~ der Geräusche/des Trittschalls*** un amortissement du bruit/des bruits de pas; ***eine ~ der Kälte*** une isolation contre le froid
Damoklesschwert *nt geh* épée *f* de Damoclès
▶ **etw hängt/schwebt wie ein ~ über jdm/über jds Haupt** qc est suspendu(e)/plane au-dessus de qn/de la tête de qn comme une épée [*o* l'épée] de Damoclès
Dämon <-s, Dämonen> *m* 1. MYTH démon *m*
2. ■ **der ~ der/des ...** *der Lust, Macht, Völlerei, des Triebes* le démon du/de la ...
dämonisch I. *adj* démoniaque
II. *adv* d'une façon démoniaque
Dampf <-[e]s, =e> *m* 1. (*Wasser~*) vapeur *f* [d'eau]
2. *pl* CHEM émanation *f*, vapeur *f*
▶ **jd/etw hat ~ drauf** *fam* qn/qc est déchaîné(e), qn/qc a de l'entrain; **jd lässt ~ ab** *fam* qn se défoule, qn décompresse *fam*; **jd macht jdm ~** *fam* qn secoue les puces à qn *fam*; **jd macht ~ hinter etw** (*akk*) [*o* **dahinter**], **jd setzt ~ auf** CH qn active le mouvement, qn fait le forcing *fam*; **etw ist** [*o* **steht**] **unter ~** /*Dampflok, Schiff*/ qc est sous pression [pour partir]
Dampf- *-maschine, -turbine, -antrieb* à vapeur; ***~hammer*** marteau-pilon *m*
Dampfbad *nt* bain *m* de vapeur; (*Raum*) étuve *f* humide, hammam *m* **Dampfbügeleisen** *nt* fer *m* [à] vapeur **Dampfdruck** *m* pression *f* de la vapeur
dampfen *vi* 1. + *haben* ■ **etw dampft** /*Badezimmer*/ qc est plein(e) de vapeur; /*Badewasser, Kochtopf*/ qc dégage de la vapeur; /*heiße Speise, Schüssel*/ qc fume; ■ **ein Tier dampft** /*Pferd*/ un animal est fumant(e)
2. + *sein* ■ **etw dampft irgendwohin**: ***der Zug dampfte in den Bahnhof/aus dem Bahnhof*** le train [à vapeur] entra en gare/sortit de la gare; ***das Schiff dampfte aus dem Hafen/in Richtung offenes Meer*** le bateau [à vapeur] sortit du port/se dirigea vers la pleine mer
dämpfen *vt* 1. (*abschwächen*) ■ **jd/etw dämpft etw** *Geräusch, Schall, Ton* qn/qc étouffe qc, qn/qc assourdit qc; *Stimme* qn baisse qc; ***kannst du deine Stimme nicht etwas ~?*** tu peux baisser un peu la voix [*o* mettre un peu la sourdine]?; ■ **[etw ist] gedämpft** /*Geräusch, Klänge, Musik*/ [qc est] assourdi(e); /*Stimme a.*/ [qc est] étouffé(e); /*Farben*/ [qc est] estompé(e); /*Licht*/ [qc est] tamisé(e)
2. (*mindern*) ■ **etw dämpft etw** *Aufprall, Stoß, Wucht* qc amortit qc
3. (*mäßigen*) ■ **jd/etw dämpft etw** *Freude, Begeisterung* qn/qc tempère qc; *Wut, Ärger* qn/qc apaise qc; ***der Vorfall hat die Stimmung natürlich gedämpft*** cet incident a naturellement jeté un froid; ■ **[etw ist] gedämpft** /*Freude*/ [qc est] assombri(e); /*Stimmung*/ [qc est] morose; ■ **jd/etw dämpft jdn** qn/qc freine qn
4. (*mit Dampf glätten*) ■ **jd dämpft etw** qn repasse qc à la vapeur; ***etw lässt sich durch D~ wieder glatt bügeln*** qc se défroisse au repassage à la vapeur
5. GASTR ■ **jd dämpft etw** qn cuit qc à l'étuvée [*o* à l'étouffée], qn étuve qc
Dampfer <-s, -> *m* vapeur *m*
▶ **jd ist** [*o* **sitzt**] [*o* **befindet sich**] **auf dem falschen ~** *fam* qn se met le doigt dans l'œil *fam*
Dämpfer <-s, -> *m* [*Trompete, Saxophon*] sourdine *f*; [*Klavier a.*] étouffoir *m*
▶ **jd/etw bekommt [durch etw] einen ~** qn/qc est refroidi(e) [par qc]; /*Zuversicht*/ qc est ébranlé(e) [par qc]; **jd setzt jdm/etw einen ~ auf** qn freine qn/qc; ***jd setzt jdm in seinem Enthusiasmus*** [*o* ***jds ~***] ***einen ~ auf*** qn freine [*o* tempère] l'enthousiasme de qn
Dampfer- *-anlegestelle, -linie* de vapeurs; *-ausflug* en vapeur; *-kapitän* d'un/du vapeur
Dampfheizung *f* chauffage *m* central à vapeur
dampfig *adj Badezimmer, Sauna, Waschküche* plein(e) de vapeur; *Luft* saturé(e) de vapeur; *Niederung, Talaue* voilé(e) de vapeur, vaporeux(-euse) *littér*
Dampfkessel *m* chaudière *f* à vapeur **Dampfkochtopf** *m* autocuiseur *m*, cocotte-minute® *f* **Dampfkraft** *f* force *f* motrice à vapeur **Dampflok** *f*, **Dampflokomotive** [-ti:və] *f* locomotive *f* à vapeur **Dampfnudel** *f* SDEUTSCH ≈ boule *f* au levain (*cuite à l'étuvée*) **Dampfschiff** *nt s.* **Dampfer**
Dämpfung <-, -en> *f* 1. [*Schall, Geräusch*] amortissement *m*, étouffement *m*
2. [*Inflation, Konjunktur, Nachfrage*] ralentissement *m*
Dampfwalze *f* rouleau *m* compresseur
Damwild *nt* daim *m*, daims *mpl*
danach *adv* 1. *zeitlich* après
2. *örtlich* après
3. (*zielgerichtet*): ***das Kind erblickte den Ball und wollte ~ greifen*** l'enfant aperçut le ballon et voulut s'en saisir [*o* s'en emparer]; ***die Spinne tut dir doch nichts, warum schlägst du denn ~?*** l'araignée ne te fait pas de mal, pourquoi tu tapes dessus?; ***er kann an keinem Motorrad vorbeigehen ohne sich mehrmals ~ umzudrehen*** il ne peut pas passer devant une moto sans se retourner plusieurs fois pour la regarder
4. (*dementsprechend*): ***es liegen Aussagen von Zeugen vor; ~ war er in der fraglichen Zeit dort*** il y a des témoignages; selon ceux-ci, il était à cet endroit pendant la période en question
5. *fam* (*zumute*) ■ **jdm ist ~** qn a envie; ***mir ist [im Moment] nicht [so] ~*** ça ne me dit rien/pas grand-chose [pour l'instant]; ***irgendwie ist mir [gerade] ~*** j'en aurais [justement] envie; ***manchmal ist mir so ~, da könnte ich alles hinschmeißen*** parfois j'aurais bien envie de tout envoyer promener; ***ist es dir ~?*** ça te dit? [*o* dirait?]
6. *bei Verben, siehe auch dort* (*hiernach*): ***hier sind die Anweisungen, bitte richten Sie sich auch ~!*** voici les directives, veuillez vous y conformer!; ***es geht nicht ~, was wir gerne hätten*** il ne s'agit pas de faire ce qui nous plairait; ***ich sehne mich so ~*** j'en aurais tellement envie
▶ **~ ist etw auch** *fam*, **~ sieht etw auch aus** *fam*: ***ich habe mein Auto den ganzen Sommer nicht gewaschen – D~ sieht es auch aus!*** je n'ai pas lavé ma voiture de tout l'été – Ça se voit!; ***die Schokolade war ein Sonderangebot – Sie ist/schmeckt auch ~!*** le chocolat était en promotion – Ça se remarque au goût!; *s. a.* **nach**
Danaergeschenk *nt geh* cadeau *m* empoisonné
Däne <-n, -n> *m*, **Dänin** *f* Danois(e) *m(f)*
daneben *adv* 1. *legen, stellen, schieben* à côté; ***rechts/links ~*** à sa/leur droite/gauche
2. (*verglichen damit*) à côté
3. (*außerdem*) à côté *fam*; ***ich kann nicht schreiben und ~ Musik hören*** je ne peux pas écrire et écouter de la musique en même temps; ***er ist schon berufstätig, ~ schreibt er an seiner Dissertation*** il travaille déjà et en plus [*o* à côté *fam*], il prépare sa dissertation
daneben- (*falsch*): ***~raten*** se tromper en devinant; ***~tippen*** se ficher dedans *fam*; ***~hauen*** se gourer *fam*; ***~schätzen*** se tromper dans ses estimations
daneben|benehmen * *vr irreg fam* ■ **jd benimmt sich daneben** qn se comporte mal; ***benimm dich nicht wieder so daneben!*** ne recommence pas à te conduire comme un(e) mal élevé(e)!
daneben|gehen *vi irreg + sein* ■ **etw geht daneben** 1. /*Ball, Pfeil, Schuss*/ qc passe à côté, qc manque son but
2. *fam* /*Experiment*/ qc rate; /*Plan, Versuch*/ qc foire *fam*
daneben|greifen *vi irreg* 1. ■ **jd greift daneben** (*beim Zugreifen*) qn manque son coup; (*auf Musikinstrumenten*) qn fait une fausse note/des fausses notes
2. *fam* ■ **jd greift [mit etw] daneben** *mit Schätzung, Prognose* qn se plante [dans qc] *fam*
daneben|hauen *vi irreg* ■ **jd haut [mit etw] daneben** 1. (*an etw vorbeihauen*) qn frappe à côté [avec qc]; ***der Boxer haute mit der Faust daneben*** le boxeur envoya son poing dans le vide
2. *fam s.* **danebengreifen 2.**
daneben|liegen *vi irreg fam* ■ **jd liegt [mit etw] daneben** *mit Berechnung, Schätzung, Prognose* qn se fiche dedans [*o* se plante] [dans qc] *fam*
daneben|schießen *vi irreg* ■ **jd schießt daneben** 1. (*das Ziel verfehlen*)

qn rate son coup, qn tire à côté
2. (*absichtlich vorbeischießen*) qn tire à côté
daneben|sein *s.* **sein¹ I.▸**
daneben|treffen *vi irreg* ■ **jd trifft [mit etw] daneben** **1.** (*vorbeitreffen*) qn manque son but; ***daneben getroffen!*** raté!, à côté!; ***er traf mit dem Hammer daneben*** il a tapé à côté [avec son marteau]
2. (*mit Antwort*) qn tombe à côté; ***danebengetroffen!*** faux!
Dänemark <-s> *nt* le Danemark
dang *alt imp von* **dingen**
Dänin *f s.* **Däne**
dänisch *adj* danois(e)
Dänisch *nt decl wie adj* danois *m; **auf** ~* en danois
dank *präp + gen o dat* grâce à
Dank <-[e]s> *m ∅* **1.** (*Anerkennung für Geleistetes*) ■ **jds ~** le remerciement de qn; ***nimm dieses Geschenk als*** [*o* ***zum***] ***Dank*** reçois ce cadeau comme [*o* en guise de] remerciement; ***darf ich Ihnen meinen ~ abstatten?*** puis-je vous remercier ?
2. (*Dankbarkeit*) gratitude *f,* reconnaissance *f*
▸ **der ~ des Vaterlandes ist dir gewiss** *iron* notre mère patrie t'en sera [éternellement] reconnaissante; *hum* (*vielen ~ aber auch*) le bon Dieu te le rendra!; **mit bestem ~ zurück!** [je te le/la rends] avec tous mes remerciements!; **besten ~** merci bien; **herzlichen ~** je te/vous remercie de tout cœur; **schönen ~** [un] grand merci; **tausend ~** merci mille fois; **vielen ~** merci beaucoup; **das war ein schlechter ~** curieuse façon de me/le remercier!, en voilà des remerciements!; **haben Sie/hab ~!** *geh* soyez-en/sois-en remercié(e)! *soutenu;* **jd nimmt etw mit ~ an** qn accepte qc avec gratitude [*o* reconnaissance]; **jd sagt jdm für etw ~** *geh* qn remercie qn pour [*o* de] qc; ***ich will nicht enden ohne allen, die …, ~ zu sagen*** je ne voudrais pas terminer sans adresser mes remerciements à tous ceux qui …; ***und nun lassen Sie uns dem Herrn ~ sagen für …*** et maintenant remercions le Seigneur pour …; **jd schuldet jdm ~, jd ist jdm zu ~ verpflichtet** *form* qn a une dette de reconnaissance envers qn; **jd weiß jdm ~ für etw** *form* qn sait gré à qn de qc, qn est reconnaissant(e) à qn de qc; **jd zollt jdm ~ für etw** *geh* qn témoigne sa gratitude [*o* sa reconnaissance] à qn pour qc; **als ~ für etw** en remerciement de qc, comme remerciement pour qc; **zum ~** *iron* pour tout remerciement; ***zum ~ dafür, dass ich ihn abschreiben ließ, bekam ich eine 5*** pour tout remerciement de l'avoir laissé copier, j'ai eu un 5; **[das ist] der [ganze] ~ dafür** c'est tout ce que ça lui a/m'a rapporté; ***ist das der [ganze] ~ dafür, dass ich mich jahrelang so für Sie aufopferte?*** c'est comme ça que vous me remerciez de m'être sacrifié pour vous pendant toutes ces années?
Dankadresse *f form* remerciements *mpl* officiels
dankbar **I.** *adj* **1.** *Mensch, Blick, Händedruck* reconnaissant(e); ■ **jd ist jdm ~ [für etw]** qn est reconnaissant(e) à [*o* envers] qn [de qc]
2. (*lohnend*) *Arbeit, Aufgabe, Rolle* gratifiant(e); (*finanziell*) lucratif(-ive)
3. (*anspruchslos*) *Zuhörer* peu exigeant(e); *Publikum a.* bon(ne) *antéposé; Pflanze* résistant(e), facile d'entretien
▸ **jd erweist [*o* zeigt] sich [jdm gegenüber] ~** qn se montre reconnaissant(e) [envers qn]; **ich wäre dir/Ihnen ~, wenn** je te/vous serais reconnaissant(e) de + *infin*
II. *adv lächeln, die Hand drücken* avec gratitude
Dankbarkeit <-> *f ∅* gratitude *f,* reconnaissance *f*
▸ **jd erweist/zeigt jdm seine ~ [für etw]** qn témoigne sa gratitude [*o* sa reconnaissance] à qn [de qc]
danke *interj* merci
▸ **~ schön [*o* sehr]** merci bien [*o* beaucoup]; **~ vielmals** *iron* merci mille fois; **mir geht's ~** *fam* ça va bien, merci; **sonst geht's dir [wohl] ~!** *iron* ça va pas la tête? *fam;* **jd sagt jdm für etw ~** *geh* qn dit merci à qn pour qc; **~ ja, ja, ~** oui, merci; **~ nein, nein, ~** non, merci
danken **I.** *vi* (*Dank aussprechen*) ■ **jd dankt [jdm] [für etw]** qn remercie qn [pour/de qc]; ■ **jd lässt [jdm] ~** qn remercie qn; ***bestellen Sie ihm bitte, ich lasse recht herzlich ~!*** veuillez lui dire que je le remercie vivement [*o* lui transmettre mes vifs remerciements]; ***ich habe ihn gestern getroffen, er lässt ~*** je l'ai rencontré hier, il te/vous dit merci [*o* il te/vous remercie]
▸ **na, ich danke [bestens]!** *iron* ah, merci bien!; **man dankt** *fam* grand merci!; **nichts zu ~** de rien, [il n'y a] pas de quoi
II. *vt* **1.** (*lohnen*) ■ **jd dankt jdm etw** qn remercie qn de qc; ***wie kann ich Ihnen das jemals ~?*** comment pourrai-je vous en remercier?; ***Sie werden es mir später einmal ~, dass ich das getan habe*** un jour vous me remercierez d'avoir fait ça
2. *geh* (*verdanken*) ■ **jd dankt jdm/einer S., dass** qn est redevable [*o* doit] à qn/qc de + *infin;* ■ **nur jdm/etw ist es zu danken, dass** c'est grâce à qn/qc que + *indic,* c'est à qn/qc que je dois/tu dois/… de + *infin*
dankend *adv: **ich nehme ~ an!*** j'accepte avec joie!; ***Betrag ~ erhalten*** pour acquit; ***jd lehnt [etw] dankend ab*** qn refuse poliment [qc]; *iron* (*weist etw verärgert zurück*) qn oppose une fin de non-recevoir [à qc]
dankenswert *adj* méritoire, digne de reconnaissance; ■ **etw ist ~/es ist ~, dass:** ***Ihr großzügiges Angebot ist wirklich ~, leider …*** nous vous savons vraiment gré de votre offre généreuse, malheureusement …; ***es ist ~, dass Sie sich für eine Mitarbeit zur Verfügung stellen wollten*** nous vous savons gré d'avoir proposé votre collaboration
dankenswerterweise *adv* obligeamment, d'une façon méritoire
dankerfüllt *adj geh* plein(e) de gratitude
Dankeschön <-s> *nt ∅* **1.** (*ein Wort als Dank*) remerciement *m; **jd sagt jdm ein herzliches ~*** qn dit à qn un grand merci
2. (*Aufmerksamkeit*) attention *f,* cadeau *m* de remerciement; ***als kleines ~*** en signe de remerciement
Dankesworte *pl geh* mots *mpl* de remerciement; ***nehmen Sie meine ~ entgegen*** recevez mes remerciements
Dankgottesdienst *m* action *f* de grâce **Dankschreiben** *nt* lettre *f* de remerciement
dann *adv* **1.** (*danach*) ensuite, puis; ***wenn ich mit dem Hobeln fertig bin, ~ kehre ich die Späne zusammen*** dès que j'ai fini de raboter, je ramasse les copeaux; ***noch drei Tage, ~ habe ich Geburtstag*** encore trois jours et c'est mon anniversaire
2. (*zu dem Zeitpunkt*) ■ **~ […], wenn** au moment où; ***immer/ausgerechnet ~, wenn ich dusche, muss das Telefon klingeln!*** c'est toujours/juste au moment où je prends ma douche que le téléphone sonne!
3. (*unter diesen Umständen*) à ce moment-là, alors; ***ich fahre nur ~, wenn du mitkommst*** je ne partirai qu'à condition que tu m'accompagnes
4. (*sonst*) ■ **wenn … nicht, was/wer … ~?** si … ne … pas, quoi/qui … alors?; ***falls das so nicht geht, wie ~?*** si ça ne marche pas ainsi, que faire alors?
5. (*außerdem*): ***erst zu spät kommen und ~ auch noch stören*** non seulement il/elle arrive en retard, mais en plus il/elle dérange tout le monde
▸ **~ eben nicht!** c'est toi qui vois/vous qui voyez!, comme tu veux/vous voulez!; **~ erst recht nicht!** à plus forte raison!; ***nein, sage ich! Und wenn du mich zwingen willst, ~ erst recht nicht!*** je dis non! Et à plus forte raison si tu veux m'obliger!; **selbst ~** même dans ce cas-là; ***er hätte selbst ~ nichts gemerkt, wenn man ihn mit der Nase draufgestoßen hätte*** il n'aurait rien remarqué, même si on lui avait mis le nez dessus; **ja, selbst ~!** oui, même dans ce cas-là!; **nein, selbst ~ nicht!** non, même pas dans ce cas-là!; **~ und wann** de temps en temps, de temps à autre
dannen *adv* ▸ **von ~** *alt: **er war bereits von ~*** il était déjà parti; ***die Zigeuner zogen wieder von ~*** les bohémiens se remettaient en route; ***weiche von ~, Satan!*** arrière, Satan!, vade retro, Satanas!; ***hebe dich von ~!*** écarte-toi d'ici!; ***aufgefahren in den Himmel, von ~ er wiederkommen wird, zu richten die Lebenden und die Toten*** monté aux cieux d'où il reviendra pour juger les vivants et les morts
dannzumal *adv* CH *form* à ce moment-là
daran *adv* **1.** *örtlich befestigen, kleben, stellen, sich anlehnen* y; *vorbeigehen, vorbeischießen* à côté; ***halt mal die/deine Hand ~*** mets[-y] la/ta main; ***riech/schnupper mal ~!*** sens/renifle[-le/la/les]!
2. *zeitlich:* ***~ knüpfte sich eine lebhafte Aussprache*** il s'ensuivit une vive discussion; ***erst fand die kirchliche Trauung statt, ~ schloss sich ein Stehempfang an*** d'abord eut lieu le mariage religieux auquel succéda un vin d'honneur [*o* suivi d'un vin d'honneur]
3. *bei adj/subst/vb, siehe auch dort* (*an dieser Sache*) y, en; ***ich arbeite/sitze noch ~*** je suis encore en train d'y travailler/de le faire; ***… so viele Hausaufgaben, dass die Schüler stundenlang ~ sitzen*** … tant de devoirs que les élèves y passent des heures; ***erinnerst du dich noch ~?*** tu t'en souviens?; ***bitte denk ~!*** penses-y, s'il te plaît!; ***bist du ~ interessiert?*** ça t'intéresse?; ***das Interesse ~ ist groß*** on s'y intéresse beaucoup; ***~ stirbt man nicht!*** on n'en meurt pas!; ***~ sieht man wieder mal, dass*** ça montre bien que + *indic; **er verschluckte eine große Gräte und ist ~ erstickt*** il a avalé une grosse arête et il en est mort étouffé; ***das ändert nichts ~*** ça n'y change rien; ***das ganze Land ist arm/sehr reich ~*** tout le pays en est dépourvu/richement pourvu; ***sagen Sie mir, was wahr ~ ist*** dites-moi ce qu'il y a de vrai [là-dedans]; ***nichts/kein Wort ist wahr ~*** il n'y a rien/pas un mot de vrai dans tout ça [*o* là-dedans]
4. ■ **das Dumme/Gute/Schöne … ~ ist, dass** ce qui est bête/bien/agréable [là-dedans], c'est que + *indic*
▸ **jd ist ~** qn y travaille, qn est dessus *fam; s. a.* **an**
daran|geben *vt irreg geh* ■ **jd gibt etw daran** qn donne qc; ***ich würde einiges/viel ~, wenn ich mich noch einmal anders entscheiden könnte*** je donnerais beaucoup pour pouvoir revenir sur ma décision
daran|machen *vr fam* ■ **jd macht sich daran** qn s'y met; ■ **jd macht sich daran etw zu tun** qn se met à faire qc
daran|setzen **I.** *vt* ■ **jd setzt etw daran etw zu tun** qn met qc en œuvre pour faire qc; ***wir müssen alles ~ die Termine einzuhalten*** nous devons tout mettre en œuvre pour respecter les délais; ***er setzte viel Zeit und Geld daran*** il y a investi beaucoup de temps et d'argent
II. *vr* (*sich vornehmen*) ■ **jd setzt sich daran** qn s'y met, qn s'en occupe
darauf *adv* **1.** *örtlich hämmern, legen, liegen, losstürmen, schießen, schlagen, sitzen, stellen* dessus; *losfahren, losgehen, losschwimmen* là-bas; ***ein großes Gebäude mit sechs Schornsteinen ~*** un grand immeuble avec six cheminées [dessus]; ***ein Hut mit einer Feder ~*** un chapeau avec une plume [dessus] [*o* surmonté d'une plume]; ***jd zielt ~*** qn le/la/les vise
2. *zeitlich* puis; ***die Tage, die ~ folgten*** les jours qui suivirent; ***~ folgend*** *Woche, Monat, Jahr, Frage, Wagen, Konferenz* suivant(e); ***am ~ folgenden Tag*** le lendemain; ■ **… ~** *ein Jahr, einen Monat etc …* après; ***bald*** [*o* ***kurz***] **~** peu après; ***tags ~, am Tag ~*** le lendemain; ***im Jahr/am Abend ~*** l'année suivante/le soir suivant
3. (*auf einen Bezugspunkt zurückführend*): ***etw basiert/fußt ~*** qc se fonde/repose là-dessus; ***jd bezieht sich ~*** qn s'y réfère; ***jd kommt ~ zurück*** qn y revient; ***etw stützt sich ~, dass*** qc s'appuie sur le fait que + *indic*
4. (*infolgedessen*) alors
5. (*als Reaktion*) *antworten, reagieren* à cela; *sagen, schreiben, dichten* là-dessus, à ce sujet; ***was wollen Sie ~ antworten?*** que voulez-vous y répondre? [*o* répondre à cela?]; ***wie sie wohl ~ reagieren wird?*** comment va-t-elle réagir [à cela]?; ***ich sage gar nichts ~ ohne meinen Anwalt*** je ne veux rien dire à ce sujet en l'absence de mon avocat; ***möge er lange leben! D~ wollen wir jetzt trinken!*** puisse-t-il vivre longtemps! Levons nos verres!, portons un toast pour qu'il vive longtemps!; ***eine Ohrfeige war seine Antwort/Reaktion ~*** il a répondu/il a réagi par une gifle
6. *bei adj/subst/vb, siehe auch dort* (*auf etw*) y, en; ***du kannst ~ stolz sein*** tu peux en être fier; ***ich bestehe ~, dass du mir antwortest*** j'exige [*o* je tiens à ce] que tu me répondes; ***er hat sich ~ vorbereitet*** il s'y est préparé;

ich verlasse mich ~ je compte là-dessus; ***wir freuen uns sehr*** ~ nous nous en réjouissons beaucoup; ***ich wette*** ~, ***dass*** je parie que + *indic;* ***jd hofft*** ~, ***dass*** qn espère que + *indic;* ***entschuldigen Sie sich wohl endlich? Ich warte*** ~! alors vous vous décidez à vous excuser? J'attends!; ***wir müssen ~ Rücksicht nehmen, dass*** nous devons prendre en considération le fait que + *indic;* ***du hast ein Recht*** ~ tu y as droit; ***ich komme schon noch*** ~! je finirai bien par le savoir!; ***ach, ~ also wolltest du die ganze Zeit hinaus!*** ah, c'est là que tu voulais en venir!; *s. a.* **auf**

darauffolgend *s.* **darauf 2.**

daraufhin[1] *adv* (*infolgedessen*) à la suite de quoi, alors; ***der Schuss musste ihn schwer verletzt haben, jedenfalls stürzte er ~ zu Boden*** le coup a dû le blesser grièvement, en tout cas il s'écroula peu après

daraufhin[2] *adv: jd prüft/untersucht etw* ~, ***ob*** qn inspecte/examine qc pour voir si

daraus *adv* **1.** (*aus diesem Material*) en; ~ ***kann man etwas schnitzen/Marmelade machen*** on peut tailler quelque chose avec ça/en faire de la confiture
2. (*aus diesem Gefäß*): ~ ***kann man essen/trinken*** on peut manger/boire dedans
3. *bei subst/vb, siehe auch dort* (*aus dieser Sache, Angelegenheit*): ~ ***ergibt sich etw*** il en résulte qc; ***wie Sie ~ ersehen, ...*** comme vous pouvez le voir, ...; ~ ***folgt/ergibt sich, dass*** il s'ensuit/il en résulte que + *indic;* ***was ist ~ eigentlich geworden?*** qu'en est-il advenu?, qu'est-ce que ça a donné?
► ~ **wird nichts!** il n'en est pas question!

darben *vi geh* ■ **jd darbt** qn est dans le besoin; ***viele Leute mussten sehr*** ~ beaucoup de gens ont dû se priver

dar|bieten *irreg* **I.** *vt geh* **1.** (*vorführen*) ■ **jd bietet [jdm] etw dar** *Tanz, Schauspiel, Vorführung, Lehrstoff* qn présente qc [à qn]; *Gedicht a.* qn récite [*o* dit] qc [à qn]
2. (*anbieten*) ■ **jd bietet jdm etw dar** *Getränke, Speisen, Gabe* qn offre qc à qn; *Hand, Rechte a.* qn tend qc à qn
II. *vr* ■ **etw bietet sich jdm dar** */Anblick, Aussicht, Gelegenheit/* qc se présente à qn, qc s'offre à qn

Darbietung <-, -en> *f* **1.** (*Vorführung*) représentation *f*
2. ∅ *geh* [*Getränke, Speisen*] présentation *f*

dar|bringen *vt irreg geh* ■ **jd bringt [jdm] etw dar** **1.** *Glückwünsche* qn présente qc [à qn]; *Ständchen* qn donne qc [à qn]; ***sie brachten ihm Ovationen dar*** ils/elles l'ont ovationné
2. *Opfer* qn fait qc [à qn]; ***jd bringt jdm jdn/etw zum Opfer dar*** qn offre qn/qc en sacrifice à qn

darein *adv* **1.** (*in etw hinein*) dedans, y; ***steck den Brief*** ~ mets la lettre dedans, mets-y la lettre
2. *veraltend* (*in diesen Umstand*): ***sie fügten sich*** ~ ils/elles en ont pris leur parti, ils/elles s'en sont accommodé(e)s; ***er ergab sich*** ~ il s'y résigna

darein- *s.* **drein-**

darein|finden *vr irreg geh* ■ **jd findet sich darein** qn s'y résigne; ■ **jd findet sich darein etw zu tun** qn se résigne à faire qc

darein|setzen *vt geh* ■ **jd setzt etw darein** *Ehrgeiz* qn y met qc; *Energie a.* qn y déploie [*o* emploie] qc; ■ **jd setzt etw darein etw zu tun** qn met/déploie [*o* emploie] qc à faire qc

darf *3. pers pres von* **dürfen**

darin *adv* **1.** (*in dem/der*) dedans, à l'intérieur; ***er schenkte ihr eine Schachtel mit köstlichem Konfekt*** ~ il lui a offert une boîte remplie de bonbons délicieux [*o* avec des bonbons délicieux à l'intérieur]
2. (*in dieser Hinsicht*): ***es gibt einen Punkt, ~ unterscheiden sie sich*** il y a un point sur lequel ils/elles se distinguent; ***es liegt ~ ein gewisser Widerspruch begründet*** il y a là une certaine contradiction; ~ ***war sie jedem überlegen*** dans ce domaine, elle surpassait tout le monde; ***was die Vorgehensweise angeht, so stimmen wir ~ überein*** nous sommes d'accord en ce qui concerne la façon de procéder; ***sie stimmen ~ überein, dass*** ils/elles sont d'accord sur le fait que + *indic;* ~ ***irrst du dich!*** tu te trompes sur ce point!; ***der Unterschied besteht ~, dass*** la différence réside dans le fait que + *indic;* ■ ~ **ist jd ...** + *adj fam ganz groß, perfekt* pour ça, qn est ... + *adj;* ~ ***ist sie unübertroffen*** pour ça elle est imbattable

dar|legen *vt* ■ **jd legt [jdm] etw dar** qn expose [*o* explique] qc [à qn]; ***jd legt dar, wie/warum*** qn explique comment/pourquoi

Darlegung <-, -en> *f* exposé *m*, explication *f*

Darleh[e]n <-s, -> *nt* prêt *m;* ■ **ein ~ [in Höhe] von/über ...** un prêt [à concurrence] de ...
► **als** ~ à titre de prêt

Darleh[e]nsgeber(in) <-s, -> *m(f)* prêteur(-euse) *m(f)* **Darleh[e]nsnehmer(in)** <-s, -> *m(f)* emprunteur(-euse) *m(f)* **Darleh[e]nssumme** *f* somme *f* prêtée; ***eine höhere ~ vereinbaren*** convenir d'un prêt plus élevé

Darling <-s, -s> ['da:ɐlɪŋ] *m* ■ **jds** ~ la coqueluche de qn, l'enfant *m* chéri de qn

Darm <-[e]s, ¨-e> *m* **1.** ANAT intestin *m*
2. (*Wursthülle*) boyau *m;* ***kann man den ~ mitessen?*** peut-on manger la peau avec?
3. (*Material für Saiten, Schläger*) boyau *m*
► **etw schlägt bei jdm auf den** ~ qc lui reste sur l'estomac

Darm- intestinal(e); *-operation, -krebs* de l'intestin; *-beschwerden, -erkrankung, -geschwür, -trakt, -bakterie, -infektion* intestinal(e) **Darmausgang** *m* anus *m;* ***ein künstlicher*** ~ un anus artificiel **Darmentleerung** *f* défécation *f;* ***hatten Sie heute bereits eine*** ~? êtes-vous déjà allé à la selle aujourd'hui? **Darmflora** *f* flore *f* intestinale **Darmgrippe** *f* grippe *f* intestinale **Darmsaite** *f* corde *f* de boyau **Darmschleimhaut** *f* muqueuse *f* intestinale **Darmspülung** *f* lavement *m* **Darmtätigkeit** *f* fonctionnement *m* intestinal; ***Leinsamen fördern sehr die*** ~ les graines de lin favorisent beaucoup le transit intestinal **Darmträgheit** *f* paresse *f* [*o* atonie *f*] intestinale **Darmverschlingung** *f* étranglement *m* [*o* volvulus *m*] intestinal **Darmverschluss[RR]** *m* occlusion *f* intestinale, iléus *m*

darnieder|liegen *vi irreg* **1.** *geh* ■ **jd liegt [mit etw] darnieder** qn est alité(e) [pour cause de qc]
2. CH, AUS ■ **etw liegt darnieder** */Firma, Wirtschaft/* qc est mal en point, qc est malade

darob *adv hum* de par le fait

Darre <-, -n> *f* **1.** (*in der Brauerei*) touraille *f*, four *m* à sécher
2. (*Trockengestell*) séchoir *m*

dar|reichen *vt geh s.* **darbieten 2.**

darren *vt* ■ **jd darrt etw** *Malz, Hopfen* qn sèche qc, qn torréfie qc

darstellbar *adj* **1.** (*zu berichten*) qui peut être exposé(e); ***etw ist nicht leicht*** ~ qc n'est pas facile à exposer
2. (*wiederzugeben*) représentable; ***etw ist zeichnerisch nicht*** ~ qc ne peut pas être représenté(e) par un dessin

dar|stellen **I.** *vt* **1.** (*wiedergeben*) ■ **jd/etw stellt jdn/etw dar** qn/qc représente qn/qc; ***auf der Straßenkarte sind alle Wasserläufe blau dargestellt*** sur la carte, tous les cours d'eau sont figurés en bleu
2. ■ **jd stellt jdn/etw dar** */Schauspieler/* qn joue qn/qc, qn interprète qn/qc
3. ■ **jd/etw stellt etw dar** *Theorie, Sachverhalt* qn/qc expose qc; *Verlauf* qn/qc établit qc; *Verdienst* qn/qc souligne qc
4. ■ **etw stellt etw dar** *Fortschritt, Höhepunkt* qc représente qc
► **jd/etw stellt etwas dar** (*macht Eindruck*) qn/qc a de l'allure, qn/qc en impose; **jd stellt nichts dar** qn n'a aucun avenir
II. *vr* ■ **etw stellt sich als ... dar** *als nicht übel, schwierig* qc s'avère [*o* se révèle] ... + *adj;* ***etw stellt sich als nicht einfach dar*** qc ne s'avère [*o* se révèle] pas facile; ■ **jd stellt sich als etw dar** qn se révèle être qc; ***er hat sich als Experte/als Kenner der Materie dargestellt*** il s'est montré expert en la matière

Darsteller(in) <-s, -> *m(f)* interprète *mf;* ***er war bisher meist ein ~ komischer Rollen*** jusqu'à présent, il a interprété principalement des rôles comiques

darstellerisch **I.** *adj Können, Leistung* d'interprétation; ***ein ~es Talent*** un interprète de talent
II. *adv* au niveau de l'interprétation; ***das Stück war ~ hervorragend besetzt*** la pièce était remarquablement interprétée

Darstellung <-, -en> *f* **1.** ∅ [*Landschaft, Mensch, Perspektive*] représentation *f;* ***die zeichnerische*** ~ la figuration
2. ∅ THEAT [*Rolle*] interprétation *f;* [*Stoff*] représentation *f*
3. [*Ereignisse, Fakten*] (*objektiv*) description *f;* (*subjektiv*) présentation *f;* (*Bericht*) exposé *m*

Darstellungsform *f* mise *f* en scène **Darstellungsmittel** *nt* moyens *mpl* d'expression

darüber *adv* **1.** *örtlich* (*über dem/den Gegenstand*) *legen, hängen, gehen, fahren* dessus; *anhaben, tragen, liegen* par-dessus; ***hänge deinen Mantel ruhig*** ~ pends ton manteau par-dessus
2. (*höher als etw*) au-dessus; ***das ist Herr Martin, vom Stock[werk]*** ~ c'est monsieur Martin, de l'étage au-dessus
3. (*über etw hinweg*) par-dessus
4. (*mehr*): ***die Teilnehmer waren 50 Jahre alt und*** ~ les participants avaient 50 ans et plus; ***keine Mark*** ~! pas un mark de plus!; ***mit meinem Angebot liege ich etwas*** ~ mon offre se situe un peu au-dessus; ***es war nicht 8.15 Uhr, sondern schon eine halbe Stunde*** ~ il n'était pas 8 h 15, mais déjà une demi-heure de plus
5. (*währenddessen*) pendant ce temps; ***wir vergaßen ~, dass*** nous en avons oublié que + *indic;* ***Jahre vergingen*** ~ les années passèrent; ***es wurde ~ immer später*** et il se fit de plus en plus tard; ***sie hatte gelesen und war ~ eingeschlafen*** elle s'était endormie en lisant
6. *bei adj/subst/vb, siehe auch dort* (*über eine Angelegenheit*) à ce sujet; ***sie war sehr erfreut*** ~ elle s'en est beaucoup réjouie; ***wir sollten ~ reden*** nous devrions en parler; ***ich muss mich doch sehr ~ wundern, was du dir wieder für Sachen ausdenkst*** je suis très surpris(e) de ce que tu peux inventer; ***sie beklagte sich ~, dass sie es im Leben so schwer habe*** elle se plaignait d'avoir une vie difficile; ~ ***kann man ja nur lachen*** on ne peut qu'en rire; ~ ***spricht man nicht*** on ne parle pas de ces choses-là; ***ich werde ~ nachdenken*** je vais y réfléchir; ***ein schwieriges Rätsel, wir haben lange ~ gesessen/gebrütet*** une énigme compliquée, nous avons passé beaucoup de temps dessus; ~ ***besteht für die Geschworenen kein Zweifel*** les jurés n'ont aucun doute là-dessus
► **jd ist ~ hinaus** [*o* **hinweg**] (*über den Ärger*) qn a dépassé ce stade; (*über einen Verlust*) qn en a fait son deuil; (*über einen Schlag*) qn l'a encaissé(e); **jd/etw hilft jdm ~ hinweg** qn/qc aide qn à passer le cap; ~ **hinaus** au-delà; ***seine Forderungen gehen noch ~ hinaus*** ses exigences vont encore au[-]delà; *s. a.* **über**

darüber|fahren *s.* **fahren I.8.**

darüber|liegen *s.* **liegen 4., 12.**

darüber|stehen *s.* **stehen I.23.**

darum *adv* **1.** (*deshalb*) c'est pourquoi; ***sie ist zwar körperlich klein, aber ~ beileibe nicht auf den Mund gefallen*** elle est peut-être petite, mais elle n'a pas la langue dans sa poche pour autant
2. *bei Verben, siehe auch dort* (*um diese Angelegenheit*): ***ich habe ihn schon ein paarmal ~ gebeten*** je le lui ai déjà demandé à plusieurs reprises; ***ich gäbe viel ~ wieder frei zu leben*** je donnerais beaucoup pour être à nouveau libre; ***es geht doch nicht ~, wer lauter schreien kann*** il ne s'agit pas de savoir qui peut crier le plus fort; ~ ***geht es ja gerade*** c'est justement de cela qu'il s'agit; ***wir kommen nicht ~ herum*** on n'y échappera pas; ***rede nicht lange ~ herum*** ne tourne pas autour du pot

3. *örtlich* ■ ~ [**herum**] tout autour
▶ **ach** ~! ah, c'est pour ça!; **eben** ~! exactement!; ~, [**nur**] **weil** si …, c'est [uniquement] parce que; ***ich rufe dich ~ noch so spät an, weil ich morgen schon verreist bin*** si je t'appelle encore si tard, c'est parce que je pars en voyage demain; **warum? – D~!** *fam* pourquoi? – Parce que!; *s. a.* **um**

darunter *adv* 1. *örtlich* (*unter dem/den Gegenstand*) en dessous; ■ ~ **hervor-…**: ***jd sieht ~ hervor*** qn apparaît; ***Wasser kam/sprudelte ~ hervor*** de l'eau jaillit
2. (*niedriger als etw*) en dessous, plus bas; ***das ist Herr Martin, vom Stock[werk] ~*** c'est monsieur Martin, de l'étage en dessous
3. (*weniger*): ***teilnehmen können Kinder im Alter von zwölf Jahren und ~*** peuvent participer les enfants de douze ans et moins; ***ich kann die Ware nicht ~ abgeben*** je ne peux pas vendre la marchandise à moins; ***ich gehe keine müde Mark ~!*** je ne baisse pas mon prix d'un mark!; ***keine Mark ~!*** pas un mark de moins!; ***mindestens 35° im Schatten, kaum ~*** au moins 35° à l'ombre ou à peine moins
4. (*unter diesen*) parmi eux/elles; ***bei den Äpfeln waren auch einige angefaulte ~*** parmi les pommes, il y en avait quelques-unes de pourries; ***einige Länder der EU, ~ Dänemark, Frankreich, …*** quelques pays de l'Union européenne, dont le Danemark, la France, …
5. (*unter dieser Angelegenheit*): ***sie leidet [sehr] ~*** elle en souffre [beaucoup]; ***~ kann ich mir nichts/nicht viel vorstellen*** ça ne me dit rien/pas grand-chose
▶ **jd/etw fällt ~** (*gehört zu einer Kategorie*) qn/qc entre dans cette catégorie, qc en fait partie; (*ist davon betroffen*) qn/qc est concerné(e); **etw geht ~** (*passt darunter*) on peut mettre qc dessous; **jd geht ~** (*passt darunter*) qn peut se mettre dessous; **etw liegt ~** (*unterschreitet ein Niveau*) qc est inférieur(e) [*o* plus bas(se)]; **jd liegt ~** qn est en dessous; ***die Konkurrenz liegt 7%/156 DM ~*** la concurrence se situe [*o* est] 7%/156 marks en dessous; ~ **macht** [*o* **tut**] **jd es nicht** *fam* qn ne descend pas en dessous; **jd mischt etw ~** *Gewürz, Gift* qn y mélange qc, qn mélange qc dedans; ***da hast du aber viel Pfeffer ~ gemischt!*** qu'est-ce que tu as pu mettre comme poivre!; ***misch lieber noch etwas Mehl ~*** rajoute encore un peu de farine; **jd mischt sich ~** qn se fond au milieu; **jd setzt etw ~** qn y met qc, qn met qc en dessous; *Unterschrift a.* qn appose qc; *s. a.* **unter**

darunter|fallen *s.* **darunter** ▶
darunter|gehen *s.* **darunter 3.**, ▶
darunter|liegen *s.* **darunter** ▶
darunter|mischen *s.* **darunter** ▶
darunter|setzen *s.* **darunter** ▶
das *art nomin/akk von* **der²**, **die**, **das**
da|sein *s.* **da I.6.**, **I.7.**, **I.8.**, **I.9.**, **I.10.**, **I.**▶
Dasein <-s> *nt* ∅ 1. (*Leben*) vie *f*, existence *f*; ***ein kümmerliches ~ fristen*** vivoter; ***ein jämmerliches ~ führen*** traîner une existence misérable
2. (*Existenz*) existence *f*; ***Verwandte, von deren ~ sie bisher nichts gewusst hatte*** des parents dont elle ignorait [jusqu'à] l'existence
3. (*Anwesendsein*) présence *f*
Daseinsberechtigung *f* 1. (*Nutzen*) raison *f* d'être 2. (*Recht zu existieren*) droit *m* à l'existence **Daseinsfreude** *f geh* joie *f* de vivre
daselbst *adv veraltet* au même endroit
da|sitzen *vi irreg* 1. (*an einer Stelle sitzen*) ■ **jd sitzt da** qn est là; ■ **jd sitzt … da** *müde, gedankenverloren* qn est assis(e) là, …; (*untätig sein*) qn reste [assis(e)] sans rien faire; ***er saß traurig/zitternd da*** il était assis là, triste/tremblant
2. *fam* (*zurechtkommen müssen*) ■ **jd sitzt … da** *ohne Hilfe, ohne einen Pfennig, mit der ganzen Arbeit* qn se retrouve …; ***jd lässt jdn ohne Geld ~*** qn laisse qn sans le sou
dasjenige *pron dem s.* **derjenige**
dass^RR^, **daß** *conj* 1. *mit Subjektsatz* que + *subj*; ***schade, ~ du schon gehen musst*** dommage que tu sois déjà obligé de partir; ***~ dir nichts passiert ist, ist doch die Hauptsache*** le principal, c'est qu'il ne te soit rien arrivé
2. *mit Objektsatz* que + *subj o indic*; ***ich nehme es ihr übel, ~ sie mir davon nichts erzählt hat*** je lui en veux de ne pas m'en avoir parlé; ***man kann nie sicher sein, ~ man nicht vielleicht etwas übersehen hat*** on ne peut jamais être sûr de ne pas avoir oublié quelque chose
3. *mit Attributivsatz* que + *subj o indic*; ***ich bin fest überzeugt, ~ er kommen wird*** je suis absolument sûr qu'il viendra; ***ich bin mir [dessen] bewusst, ~ ich einen Fehler begangen habe*** j'ai conscience d'avoir commis une faute; ***ich bin dagegen, ~ ihr alle kommt*** je ne suis pas d'accord pour que vous veniez tous; ***vorausgesetzt, ~*** à supposer que + *subj*
4. *mit Kausalsatz* que + *subj o indic*; ***ich freue mich darüber, ~ wir uns endlich wiedersehen*** je me réjouis que nous nous revoyions enfin; ***dadurch, ~ es so lange nicht geregnet hat, gibt es wenig Obst*** il y a peu de fruits du fait qu'il n'a pas plu depuis longtemps; ***das liegt daran, ~*** cela vient de ce que [*o* du fait que] + *indic*
5. *mit Konsekutivsatz* que + *indic*; ***er schlug so zu, ~ der andere vor Schmerz aufschrie*** il tapa si fort que l'autre cria de douleur
6. *als Einleitung eines Instrumentalsatzes* ■ **damit, ~** en + *ppr*; ***sie bestreitet ihren Lebensunterhalt damit, ~ sie putzen geht*** elle gagne sa vie en faisant des ménages; ***sie verbringt ihre Ferien damit, ~ sie Mode entwirft*** elle passe ses vacances à créer des vêtements
7. *mit Wunschsatz geh* (*wenn*) si seulement, pourvu que + *subj*; ***~ du doch Recht hättest!*** si seulement tu avais raison!; ***~ das nur hält!*** pourvu que ça tienne!
8. (*sieh zu, ~*) surtout + *impératif*; ***~ du/ihr pünktlich zurückkommst/zurückkommt*** tâche/tâchez de rentrer à l'heure!, surtout rentre/rentrez à l'heure!; ***~ mir ja keine Klagen kommen!*** surtout qu'aucune plainte ne me revienne aux oreilles!
dasselbe *pron dem*, **dasselbige** *pron dem s.* **derselbe**

da|stehen *vi irreg* 1. (*an einer Stelle stehen*) ■ **jd steht da** qn est là; ■ **jd steht … da** *ratlos, hilflos, verwundert* qn reste là, …; (*untätig sein*) qn reste là [sans rien faire] [*o* les bras ballants]; ***er stand verblüfft da*** il restait là, stupéfait; ***er stand ganz geduldig da und wartete*** il attendait debout, patiemment; ***er stand einfach nur da*** il restait planté là
2. (*erscheinen*) ■ **jd steht … da** *gut, schlecht, besser, schlechter* qn se retrouve en … position; *ohne Geld, mittellos* qn se retrouve …; *als Lügner, Dummkopf* qn fait figure de …; ***jd steht gut da*** qn fait bonne figure, qn se retrouve en bonne position; ***ohne seinen Leichtsinn stände er jetzt anders da*** sans son étourderie, il n'en serait pas là
▶ **jd steht allein da** qn se retrouve seul(e); **etw steht einzig da** qc est unique en son genre [*o* sans égal]; **jd steht ohne etw da** qn se retrouve sans qc; **na, wie stehe ich jetzt da?** alors, j'ai fait bonne figure?; **wie stehe ich jetzt da!** (*die Blamage*) de quoi j'ai l'air, moi [maintenant]?
DAT <-s, -s> [deːʔaːˈteː] *nt abk von* **digitales Tonband** D.A.T. *m*
Datei <-, -n> *f* fichier *m*
▶ **jd legt eine ~ an** qn ouvre un fichier
Dateiname *m* nom *m* de fichier **Dateiverwaltungstools** [-tuːls] *pl* outils *mpl* de manipulation de fichiers
Daten¹ *pl von* **Datum**
Daten² *pl* 1. (*Angaben*) données *fpl*, informations *fpl*
2. TECH caractéristiques *fpl*
Daten- *-abgleich, -basis, -block, -erhebung, -fluss, -netz, -speicher, -transfer, -verwaltung* de données; *-erhalt* des données; *-skandal, -spionage* informatique; ***~fernleitung*** transaction *f* en ligne; ***~sperre*** défense *f* d'accès [aux données]; ***~vergleich*** comparaison *f* de fichiers; ***~zentrale*** unité *f* centrale; ***~zentrum*** serveur *m* de réseau **Datenaustausch** *m* échange *m* de données **Datenautobahn** *f* autoroute *f* de l'information **Datenbank** <-banken> *f* banque *f* [*o* base *f*] de données ▶ **relationale ~** base *f* de données relationnelles
Datenbank- de banque [*o* base] de données; ***~system*** système *m* de gestion de bases de données **Datenbankverwaltung** *f* gestion *f* de banques de données **Datenbankverwaltungssystem** *nt* INFORM système *m* de gestion de base de données
Datenbestand *m* stock *m* de données **Datenerfassung** *f* saisie *f* de données **Datenfeld** *nt* zone *f* de données **Datenfernübertragung** *f* télétransmission *f* **Datenfernverarbeitung** *f* INFORM télétraitement *m* **Datenfluss**^RR^ *m* flux *m* de données **Datenflut** *f* masse *f* d'informations **Datenformat** *nt* format *m* de données **Datenfunkgerät** *nt* terminal *m* radio **Datenhandschuh** *m* gant *m* de données **Datenkomprimierung** *f* compression *f* de données **Datenmissbrauch**^RR^ *m* utilisation *f* non autorisée [*o* abusive] de données **Datenschrott** *m* données *fpl* non exploitables **Datenschutz** *m* protection *f* de la vie privée [*o* des données nominatives]
Datenschutz- *-lücke, -probleme* au niveau de la protection de la vie privée [*o* des données nominatives]; *-bestimmung, -gesetz* sur le contrôle de l'utilisation des données informatiques **Datenschutzbeauftragte(r)** *f(m) decl wie adj* commissaire *mf* à la protection des données
Datenschützer(in) <-s, -> *m(f) fam* contrôleur(-euse) *m(f)* de l'utilisation des données informatiques **Datensicherung** *f* sauvegarde *f* des données **Datensichtgerät** *nt* écran *m* d'affichage, console *f* de visualisation; ***Passkontrolle mit ~*** contrôle de passeports avec lecteur **Datenträger** *m* support *m* de données [*o* d'information] **Datentypist(in)** <-en, -en> *m(f)* opérateur(-trice) *m(f)* **Datenübernahme** *f* réception *f* de données **Datenübertragung** *f* transmission *f* [*o* transfert *m*] de données
Datenverarbeitung *f* informatique *f*; ***die ~ erfolgt vollautomatisch*** le traitement des données se fait automatiquement
▶ **elektronische ~** traitement électronique des données
Datenverarbeitungs- *-spezialist* de l'informatique; *-kapazität, -zeit, -system* de traitement [de données]; ***~kaufmann/-frau*** informaticien(ne) *m(f)* **Datenverarbeitungsanlage** *f* système *m* informatique
Datenverbund *m* raccordement *m* informatique
Datenwust *m fam* fouillis *m* de données [*o* dans les fichiers]
datieren * I. *vt* 1. (*mit Datum versehen*) ■ **jd datiert etw** qn date qc; ■ **jd datiert etw auf etw** (*akk*) qn date qc à qc; ***jd datiert etw eine Woche zurück/im Voraus*** qn postdate/antidate qc d'une semaine; ***auf den Wievielten war der Brief datiert worden?*** la lettre était datée du combien?, de quand était datée la lettre?
2. (*zeitlich einordnen*) ■ **jd datiert etw** [**auf etw** (*akk*)] qn date qc [à qc]
II. *vi* 1. (*stammen*) ■ **etw datiert aus etw** qc date de qc
2. (*mit Datum versehen sein*) ■ **etw** [**ist**] **datiert von etw** qc est daté(e) de qc
3. (*bestehen*) ■ **etw datiert seit etw** qc date de qc
Dativ <-s, -e> *m* datif *m*; ***„mir" steht im ~*** "mir" est au datif
Dativobjekt *nt* complément *m* au datif, complément *m* d'objet indirect
dato *adv geh* ▶ **bis ~** jusqu'à ce jour
Datscha <-, Datschen> *f* datcha *f*
Dattel <-, -n> *f* datte *f*
Dattelpalme *f* [palmier *m*] dattier *m*
Datum <-s, Daten> *nt* date *f*; ***was für ein ~ haben wir heute?*** quel jour [*o* le combien] sommes-nous aujourd'hui?; ***mit welchem ~ war der Brief versehen?*** du combien [*o* de quand] était datée la lettre?; ***alle Briefe sollten mit dem ~ versehen werden*** toutes les lettres doivent être datées; ***sie versieht ihre Briefe mit dem ~*** elle date ses lettres, elle met la date sur ses lettres
▶ **das ~ des Poststempels** la date du cachet de la poste; **älteren ~s** d'une époque déjà ancienne; **das heutige/gestrige/morgige ~** la date d'aujourd'hui/d'hier/de demain; **neueren ~s** récent(e), de fraîche date
Datumsanzeige *f* [*Uhr*] dateur *m*; [*PC*] affichage *m* de la date **Datums-**

grenze *f* ligne *f* de changement de date **Datumsstempel** *m* **1.** (*Stempel*) dateur *m* **2.** (*Aufdruck*) cachet *m*; ***der ~ vom 15.7.1995*** le cachet à date du 15–7–1995

Dauer <-> *f* ∅ ■ **die ~ einer S.** (*gen*) la durée de qc
▸ **etw ist von kurzer/langer ~** qc est de courte/longue durée; **etw hat keine ~** qc ne dure pas; **etw ist von ~** qc dure; */gutes Wetter/* qc persiste; **etw ist nicht von ~** qc ne dure pas; **auf ~** pour une durée illimitée; ***er war auf~ verbeamtet*** il était titularisé; ***Anstellung auf Zeit oder auf~*** emploi temporaire ou permanent; ***auf~ kannst du nicht hier bleiben*** tu ne peux pas rester ici éternellement; **auf die ~** à la longue; **für die ~ von** pour la durée de; ***für die ~ von drei Tagen*** pour une durée de trois jours

Dauer- *-belastung, -stress, -speicher, -mieter* permanent(e); *-beanspruchung, -feuer* continu(e); *-behandlung* à long terme; *-diskutierer, -redner* intarissable; *-palaver* qui n'en finit pas; *-verhandlungen* marathon; *-erwerbsloser* de longue durée; *-kunde* fidèle; *-test* de résistance; *-beziehung* durable; ***~nörgler*** ronchonneur(-euse) *m(f)* **Dauerarbeitslose(r)** *f(m) decl wie adj* chômeur(-euse) *m(f)* de longue durée **Dauerarbeitslosigkeit** *f* chômage *m* de longue durée **Dauerauftrag** *m* virement *m* permanent ▸ **per ~** par virement permanent **Dauerbeschäftigung** *f* situation *f* stable **Dauerbrenner** <-s, -> *m fam* **1.** (*Thema*) question *f* qui reste d'actualité **2.** (*langer Kuss*) long baiser *m* langoureux **Dauereinrichtung** *f* **1.** (*ständige Institution*) installation *f* définitive; ***etw wird zu einer ~*** qc devient définitif(-ive); ***etw soll nicht zu einer ~ werden*** qc ne doit pas s'éterniser **2.** (*ständige Übung*) habitude *f*, institution *f iron* **Dauergast** *m* **1.** [*Kneipe, Nachtlokal*] habitué(e) *m(f)* **2.** (*in Hotel, Pension*) pensionnaire *mf* ▸ **jd richtet sich [bei jdm] als ~ ein** *iron fam* qn s'incruste [chez qn] *fam*

dauerhaft I. *adj* **1.** *Farbe, Material* résistant(e)
2. *Abmachung, Bündnis, Frieden, Partnerschaft* durable; *Einrichtungen a.* permanent(e)
II. *adv sich einigen, teilen, schützen* durablement; ***das Gehirn wurde ~ geschädigt*** le cerveau a subi des lésions irrémédiables

Dauerhaftigkeit <-> *f* ∅ **1.** [*Farbe, Material*] résistance *f*
2. [*Bündnis, Frieden, Partnerschaft*] stabilité *f*, durabilité *f*; [*Wetter*] persistance *f*

Dauerkarte *f* abonnement *m* **Dauerlauf** *m* footing *m*, course *f* d'endurance ▸ **jd macht einen ~** qn fait un footing [*o* du jogging]; ***jeden Tag macht er einen halbstündigen ~*** chaque jour, il fait un footing d'une demi-heure [*o* il fait son jogging pendant une demi-heure]; **im ~** au pas de course **Dauerlutscher** *m* sucette *f*

dauern[1] *vi* **1.** (*an~*) ■ **etw dauert ...** *eine Weile, Stunde, einen Tag* qc dure ...
2. (*Zeit benötigen*) ■ **etw dauert ...:** ***warum dauert das Schminken bei ihr immer so lange?*** pourquoi est-elle si longue à se maquiller?; ***es dauerte lange, bis er den richtigen Weg gefunden hatte*** il a mis longtemps à trouver le bon chemin; ***das dauert mir zu lange*** ça dure trop longtemps, c'est trop long [pour moi]; ***dauert es noch lange[, bis du endlich fertig bist]?*** tu en as encore pour longtemps?, c'est pour aujourd'hui ou pour demain? *fam*; ***das dauert wieder, bis er endlich fertig ist*** il en met un temps à se préparer!
3. *geh* (*dauerhaft sein*) ■ **etw dauert** qc est durable, qc dure
▸ **das dauert und dauert** *fam* ça n'en finit pas

dauern[2] *vt veraltend geh* **1.** ■ **etw dauert jdn** */Geld, Kosten, Umstand/* qn regrette qc
2. (*bedauern*) ■ **es dauert jdn, dass** qn regrette que + *subj*; ■ **es dauert jdn etw gemacht zu haben** qn regrette d'avoir fait qc
3. (*leid tun*) ■ **jd/ein Tier dauert jdn** qn/un animal fait pitié à qn

dauernd I. *adj* **1.** *Wohnsitz* fixe; *Ausstellung* permanent(e); *Anstellung* stable
2. *Frieden, Regelung, Partnerschaft* durable; ***etw ist als ~ gedacht*** qc est censé(e) durer, qc est prévu(e) pour durer
3. *Ärger, Nörgelei, Probleme* continuel(le), perpétuel(le)
II. *adv* **1.** (*für immer*) en permanence, définitivement
2. (*immer wieder*) sans arrêt, continuellement; ***musst du ~ so blöd fragen?*** tu n'arrêteras donc jamais de poser des questions idiotes?

Dauerparker(in) <-s, -> *m(f)* personne *f* qui reste en stationnement prolongé; ***~ zahlen pro Monat 120 DM in diesem Parkhaus*** les locataires de ce parking [*o* dans ce parking, les abonnés] paient 120 marks par mois **Dauerregen** *m* pluie *f* persistante, pluies *fpl* continuelles **Dauerstellung** *f* emploi *m* stable ▸ **in ~ [beschäftigt]** employé(e) à titre définitif **Dauerstress[RR]** *m* stress *m* permanent **Dauerthema** *nt* thème *m* qui revient en permanence **Dauerton** *m* tonalité *f* continue **Dauerwelle** *f* permanente *f* ▸ **jd lässt sich eine ~ machen** qn se fait faire une permanente; **jd macht jdm eine ~** qn fait une permanente à qn **Dauerzustand** *m* état *m* permanent; ***das kann kein ~ sein*** cet état de choses ne saurait durer ▸ **etw ist/wird [bei jdm] ein/zum ~** qc est/devient la règle [*o* qc devient une habitude] [chez qn]

Däumchen <-s, -> *nt dim von* Daumen
▸ **jd dreht ~** *fam* qn se tourne les pouces

Daumen <-s, -> *m* pouce *m*
▸ **jd drückt [*o* hält] jdm die ~n** qn croise les doigts; **jd hält [*o* hat] den ~ auf etw** (*akk*) *fam* qn a la mainmise sur qc; **jd lutscht am ~** qn suce son pouce; **jd peilt etw über den ~** qn estime qc grosso modo [*o* à vue de nez]; ***über den ~ gepeilt*** grosso modo, à vue de nez

Daumenabdruck <-abdrücke> *m* empreinte *f* du pouce **daumenbreit** *adj* large d'un pouce **Daumenlutscher(in)** *m(f) pej* enfant *m* qui suce son pouce; ***ihr Sohn ist noch ein ~*** son fils suce encore son pouce; [*du*] ~! si on te pressait le nez, il en sortirait du lait **Daumennagel** *m* ongle *m* du pouce **Daumenregister** *nt* index *m* à encoches **Daumenschraube** *f* poucettes *fpl* ▸ **jd legt jdm die ~n an** HIST qn met les poucettes à qn; *fam* qn met le couteau sous la gorge à qn

Däumling <-s, -e> *m* **1.** (*Schutzkappe*) poucier *m*
2. (*Märchengestalt*) ■ **der ~** le Petit Poucet

Daune <-, -n> *f* plumule *f*; ■ **~n** du duvet
▸ **weich wie ~n** mœlleux(-euse) comme du duvet; **wie auf ~n** comme sur un tapis de mousse

Daunen- *-kissen* de duvet; ***~bett*** couette *f* en duvet; ***~schlafsack*** duvet *m*; ***~decke*** édredon *m* en duvet; ***~steppdecke*** édredon *m* en duvet piqué; ***~blouson, ~jacke*** doudoune *f*, anorak *m*; ***~mantel*** manteau *m* en duvet matelassé **daunenweich** *adj* moelleux(-euse)

Daus *m* ▸ **ei der ~!** *alt* [que] diable! *vieux*, sacrebleu! *vieux*

David[s]stern ['da:fɪd-, 'da:vɪd-] *m* étoile *f* de David

Daviscup[RR] <-[s]> ['deɪvɪskap] *m* (*Veranstaltung*) coupe *f* Davis; (*Pokal a.*) saladier *m* d'argent

davon *adv* **1.** *örtlich:* ***der Klebstoff/ die Farbe geht nicht ~ ab*** la colle/la couleur ne s'en va pas; ***ein Weg geht/ zweigt [rechts] ~ ab*** un chemin bifurque [sur la droite]; ***nicht weit ~*** un peu plus loin, non loin de là; ***du stehst/ sitzt/ bist zu weit ~ weg*** tu es trop loin; ***der Stuhl ist nicht weit genug ~ ab*** la chaise n'en est pas assez éloignée; ***sie standen mindestens 50 Meter ~ weg*** ils étaient à une distance d'au moins 50 mètres; ***hier bin ich auf dem Foto, links ~ meine Tante*** c'est moi sur la photo, et à ma gauche ma tante
2. (*Anteil aus einer Menge*) *bleiben, essen, trinken, nehmen* en; ***nichts ist ihm ~ geblieben*** il ne lui [en] est rien resté; ***hast du ~ gegessen?*** tu en as mangé?; ***nimm ~!*** prends-en!; ***das ist nicht alles, sondern nur ein Teil ~*** ce n'est pas tout mais seulement une partie; ***die Hälfte/ ein Viertel ~*** la moitié/un quart de ça; ***möchten Sie mehr ~?*** vous en voulez plus?; ***geben Sie mir das Doppelte ~!*** donnez-m'en le double!
3. (*von Gegenstand*): ***sie unterscheidet sich ~ nur in diesem kleinen Detail*** elle ne s'en distingue que par ce petit détail; ***nimm deine Finger ~ weg!*** retire tes doigts!
4. (*dadurch*): ***~ stirbst du nicht!*** tu n'en mourras pas!; ***sie wachte ~ auf*** ça la réveilla; ***man wird ~ müde/ dick*** ça fatigue/fait grossir; ***~ sind Sie nicht betroffen*** ça ne vous concerne pas; ***~ hast du nichts als Unannehmlichkeiten*** ça ne peut te procurer que des ennuis
5. (*mittels dieser Sache*): ***ich lebe doch ~!*** j'en vis!, c'est mon gagne-pain!; ***sie ernähren sich ausschließlich ~*** ils ne se nourrissent que de ça; ***~ kannst du mir einen Pullover stricken*** avec ça, tu peux me tricoter un pull-over
6. *bei Verben, siehe auch dort:* ***was halten Sie ~?*** qu'en pensez-vous?; ***man hört nur wenig ~*** on en entend peu parler; ***reden/ sprechen wir also nicht mehr ~!*** n'en parlons plus!; ***wissen Sie etwas ~?*** vous êtes au courant?; ***genug ~!*** assez!, ça suffit [comme ça]!
▸ **jd hat etwas/nichts ~** qn y gagne quelque chose/n'y gagne rien; ***das hast du nun ~!*** tu as gagné!; ***was hast du denn ~?*** qu'est-ce que tu y gagnes?; ***hast du etwas ~?*** à quoi ça t'avance?; ***ich habe ~ nichts!*** je n'en ai que faire!; **das kommt ~!** voilà ce qui arrive!; **weg ~!** *fam* écarte-toi/écartez-vous de là!, pas touche! *fam*, bas les pattes! *fam*; *s. a.* **von**

davon- (*weg*): ***~rennen*** partir en courant; ***~reiten*** partir à cheval; ***er stieg in seinen Jaguar und brauste davon*** il monta dans sa Jaguar et partit sur les chapeaux de roues; ***die Kinder sausen davon*** les enfants décampent [*o* déguerpissent]; ***die Tiere stieben davon*** les animaux s'enfuient de tous les côtés; ***die Mäuse huschten davon*** les souris s'enfuirent furtivement

davon|eilen *vi + sein geh* ■ **jd eilt davon** qn part à la hâte

davon|fahren *vi irreg + sein* **1.** *geh* (*wegfahren*) ■ **jd fährt davon** qn s'en va; ■ **etw fährt davon** qc part
2. (*hinter sich lassen*) ■ **jd fährt jdm davon** qn distance qn

davon|fliegen *vi irreg + sein geh* ■ **ein Vogel fliegt [jdm] davon** un oiseau s'envole

davon|gehen *vi irreg + sein geh* ■ **jd geht davon** qn s'en va, qn part

davon|jagen I. *vt + haben* ■ **jd jagt jdn/ein Tier davon** qn chasse qn/un animal, qn fait déguerpir qn/un animal
II. *vi + sein* **1.** (*davoneilen*) ■ **jd jagt davon** qn s'enfuit [à toutes jambes]
2. (*wegfahren, wegfliegen*) ■ **etw jagt davon** qc s'éloigne à toute allure

davon|kommen *vi irreg + sein* ■ **jd kommt [mit etw] davon** *mit einer Geldstrafe, einer Verwarnung* qn s'en tire [*o* s'en sort] [avec qc]; ***du bist [noch einmal] mit einem blauen Auge davongekommen!*** tu l'as échappé belle!; ***sie kam mit dem Schrecken davon*** elle en a été quitte pour la peur; ***er ist mit dem Leben davongekommen*** il en a réchappé, il s'en est sorti vivant; ***du wirst nicht ungeschoren ~*** tu y laisseras des plumes; ***er kommt mir nicht einfach davon*** il ne m'échappera pas

davon|laufen *vi irreg + sein* **1.** (*weglaufen*) ■ **jd läuft davon** qn se sauve
2. (*hinter sich lassen*) ■ **jd läuft jdm davon** qn distance qn; ***lauf mir nicht davon!*** ne cours pas si vite!
3. *fam* (*verlassen*) ■ **jd läuft jdm [mit jdm] davon** qn laisse en plan [*o* qn lâche] qn [pour qn] *fam*; *Liebespartner a.* qn plaque qn [pour qn] *fam*
4. ■ **etw läuft jdm davon** */Preise, Kosten/* qc s'envole; ■ **etw läuft einer S. davon** qc augmente plus vite que qc
▸ **etw ist ja zum D~** *fam* qc est à faire fuir, qc donne envie de se barrer *fam*

davon|machen I. *vr* ■ **jd macht sich davon** qn décampe, qn déguerpit; ***jd macht sich heimlich davon*** qn s'esquive, qn s'éclipse
II. *vi fam* ■ **jd macht davon** qn met les voiles *fam*

davon|schleichen *vi, vr irreg + vi: sein* ■ **jd schleicht [sich] davon** qn s'esquive, qn s'éclipse

davon|stehlen *vr irreg geh s.* **davonschleichen**

davon|tragen *vt irreg* **1.** (*wegtragen*) ■ **jd trägt jdn/etw davon** qn emporte qn/qc
2. (*erringen*) ■ **jd trägt etw davon** *Sieg, Preis* qn remporte qc; *Ruhm* qn re-

tire qc
3. (*erleiden*) ■ **jd trägt etw davon** *Schaden, Verletzung* qn reçoit qc

davonlziehen *vi irreg + sein* 1. *geh* (*sich weiter bewegen*) ■ **jd/etw zieht davon** qn/qc s'en va
2. SPORT *fam* ■ **jd zieht davon** qn prend de l'avance; ■ **jd zieht jdm davon** qn distance qn, qn lâche qn, qn sème qn; TECH qn distance qn; ■ **etw zieht davon** */Technologie/* qc progresse

davor *adv*, **davor** *adv* 1. *örtlich* devant; ***ein Mann/Hund liegt ~*** il y a un homme/chien [couché(e)] devant; ***ein Schlüssel liegt ~*** il y a une clé devant; ~ ***ist ein Loch*** il y a un trou devant; devant, il y a un trou; ***ein Mann/Baum steht ~*** il y a un homme/arbre devant; ***ein Wachposten steht ~*** une sentinelle est posté(e) devant; ***sie stellt eine Tasse ~*** elle met une tasse devant; ***er stellt ein Schild ~*** il appose un panneau; ***als die Angreifer in Richtung Präsident vorstürmten, stellten sich schnell seine Leibwächter ~*** lorsque les agresseurs se ruèrent sur le président, ses gardes du corps se mirent rapidement devant lui
2. *zeitlich* avant
3. (*vor jdm/etw*) *bewahren, schützen, warnen:* ***jd bewahrt jdn ~ etw zu tun*** qn évite à qn de faire qc; ***Gott bewahre mich ~!*** Dieu m'en garde!; ***wenn dir die Kälte etwas ausmacht, nimm diesen Schal, der schützt dich ~*** si le froid te gêne, prends cette écharpe, elle te protégera; ***jd warnt jdn ~ etw zu tun*** qn avertit [*o* prévient] qn de ne pas faire qc; ***tu das nicht, ich warne dich ~!*** ne fais pas ça, je te préviens!; ***wieso ekelst du dich ~?*** pourquoi est-ce que ça te dégoûte?; ***das ist gefährlich, nimm dich in Acht ~!*** c'est dangereux, fais attention!; ***jd hat Angst ~ etw zu tun*** qn a peur de faire qc; *s. a.* **vor**
► **jd ist ~** *fam* (*verhindert*) qn se met en travers, qn est contre *fam*

davorlliegen *s.* **davor 1.**
davorlsein *s.* **davor 1.**, ►
davorlstehen *s.* **davor 1.**
davorlstellen *s.* **davor 1.**

dazu *adv*, **dazu** *adv* 1. (*zu dem gehörend*) avec; ***die Tischdecke ist hier, aber wo sind die Servietten ~?*** j'ai trouvé la nappe, mais où sont les serviettes qui vont avec?; ***wozu gehört dieses Teil? – D~!*** avec quoi va cette pièce? – Avec ça!; ***sie singt und ~ spielt sie Harfe*** elle chante tout en jouant de la harpe
2. (*außerdem*) de plus, par-dessus le marché
3. *bei Verben, siehe auch dort* (*zu diesem Ergebnis*): ***das führte ~, dass*** ça a eu pour résultat que + *indic;* ***er riet mir ~ einen Anwalt zu nehmen*** il m'a conseillé de prendre un avocat; ***wie konnte es nur ~ kommen?*** comment a-t-on pu en arriver là?; ***das würde ich mir gern anschaffen, aber meine Ersparnisse reichen nicht ~*** je voudrais bien m'acheter ça, mais je n'ai pas assez d'économies
4. (*dafür*) *zu alt, zu schade, zu unerfahren* pour ça; (*zu dem Zweck*) *bereit, fähig oft nicht übersetzt;* ***sie ist ~ wie geschaffen*** elle est la personne idéale [pour ça]; ***du hast kein Recht ~ mich ständig zu kritisieren*** tu n'as pas le droit de me critiquer sans arrêt; ***ich bin nicht länger ~ bereit dich zu unterstützen!*** je ne suis plus disposé(e) à t'entretenir plus longtemps; ***ich würde gerne zu der Party gehen, gibst du mir die Erlaubnis ~?*** j'aimerais aller à cette fête, tu me donnes la permission?; ***kannst du mir helfen? – Tut mir leid, aber ~ habe ich jetzt keine Lust/Zeit!*** tu peux m'aider? – Désolé(e), je n'[en] ai pas envie/le temps!; ~ ***habe ich dich nicht studieren lassen, dass*** je ne t'ai pas laissé faire des études pour que + *subj*
5. (*darüber*) à ce propos, à ce sujet; ***aber dein Vater sieht das anders! – Was er ~ sagt/meint, ist mir egal!*** mais ton père est d'un autre avis! – Ce qu'il en dit/pense, je m'en moque!
6. NDEUTSCH *fam* ■ **da ... zu** là-dessus *fam;* ***die Briefe müssen bis morgen warten, da komme ich heute nicht mehr zu*** le courrier devra attendre jusqu'à demain, aujourd'hui, je n'y arriverai pas
► **wie komme ich ~!** *fam* et puis quoi encore! *fam; s. a.* **zu**

dazulgeben *vt irreg* 1. (*zusätzlich geben*) ■ **jd gibt [jdm] etw dazu** *Geld* qn donne [à qn] qc en plus
2. (*dazutun*) ■ **jd gibt etw dazu** *Salz, Backpulver* qn ajoute qc

dazulgehören * *vi* ■ **jd gehört dazu** qn est à sa place; ***du bist mein Freund und gehörst dazu!*** tu es mon ami et tu as ta place ici [*o* parmi nous]!; ***was macht er denn auf der Feier? Der gehört doch nicht dazu!*** qu'est-ce qu'il fabrique à cette fête? Il n'a rien à faire là! *fam;* ■ **etw gehört dazu** */Zubehör/* qc va avec; ***muss das Brot zum Essen extra bezahlt werden, oder gehört es dazu?*** est-ce qu'on doit payer le pain en plus du repas, ou est-ce qu'il est compris dedans?
► **es gehört schon einiges dazu etw zu tun** il faut oser faire qc; ***es gehört schon einiges dazu!*** il faut le faire!

dazugehörig *adj attr* qui va avec

dazulkommen *vi irreg + sein* 1. (*hinzukommen*) ■ **jd kommt dazu** (*plötzlich*) qn surgit; (*unangemeldet*) qn arrive en plus
2. (*hinzugefügt werden*) ■ **etw kommt dazu** qc vient s'ajouter; ***du hast sechs Regale voll Bücher! – Ja, und es kommen ständig welche dazu!*** tu as six étagères chargées de livres! – Oui, et il en arrive toujours de nouveaux!; ***die Tafel Schokolade hier kommt auch noch dazu!*** et vous me mettrez encore cette tablette de chocolat; ***kommt noch etwas dazu?*** et avec ça [*o* ceci]?

dazullegen I. *vt* ■ **jd legt [sich (*dat*)] etw dazu** qn [se] met qc; ■ **jd legt jdm etw dazu** qn met [*o* ajoute] qc à qn; ***ich lege noch 200 Mark dazu*** j'ajoute [*o* je rajoute] 200 marks
II. *vr* ■ **jd legt sich dazu**: ***er schlief bereits, als sie sich dazulegte*** il dormait déjà lorsqu'elle se coucha à ses côtés; ***komm, leg dich dazu*** viens te coucher avec moi

dazullernen *vt* ■ **jd lernt etw dazu** qn apprend qc; ***du machst ja immer noch die gleichen Fehler, du hast nichts dazugelernt*** tu fais toujours les mêmes fautes, tu n'as rien appris

dazumal *adv veraltend* dans le temps

dazulrechnen *vt* 1. (*hinzurechnen*) ■ **jd rechnet etw dazu** *Kosten, Mehrwertsteuer* qn calcule qc en plus, qn ajoute qc au/à son calcul
2. (*in Betracht ziehen*) ■ **jd rechnet etw dazu** qn prend [aussi] qc en compte

dazulsetzen I. *vt* 1. (*dazuschreiben*) ■ **jd setzt etw dazu** *Gruß, Namen* qn ajoute qc
2. (*zu jdm setzen*) ■ **jd setzt jdn dazu** qn assied [*o* assoit] qn
II. *vr* ■ **jd setzt sich dazu** qn s'assied; ***ist bei euch noch Platz? – Ja, setz dich doch einfach dazu!*** est-ce qu'il y a encore de la place? – Oui, assieds-toi [*o* viens t'asseoir] avec nous

dazultun *vt irreg fam* 1. GASTR ■ **jd tut etw dazu** *Gewürz, Salz* qn remet qc, qn ajoute qc
2. (*zusätzlich geben*) ■ **jd tut etw dazu** *Geld* qn [r]ajoute qc

Dazutun <-> *nt* ► **ohne jds ~** sans l'aide de qn

dazwischen *adv* 1. *räumlich* (*zwischen zwei Dingen*) entre les deux; (*darunter*) y; ***ich habe die Post durchgesehen, aber der Brief war nicht ~*** j'ai épluché le courrier, mais la lettre ne s'y trouvait pas
2. *zeitlich* dans l'intervalle

dazwischenlfahren *vi irreg + sein* 1. (*eingreifen*) ■ **jd fährt dazwischen** qn intervient, qn s'interpose
2. (*unterbrechen*) ■ **jd fährt dazwischen** qn intervient dans la conversation; ■ **jd fährt jdm dazwischen** qn coupe la parole à qn, qn interrompt qn

dazwischenlfunken *vi fam* ■ **jd funkt dazwischen** qn joue les perturbateurs; ■ **jd funkt jdm dazwischen** qn vient perturber [*o* embêter *fam*] qn; ***denen werde ich [ganz schön] ~!*** ça ne se passera pas comme ça!

dazwischenlkommen *vi irreg + sein* 1. (*zwischen etw geraten*) ■ **jd kommt mit etw dazwischen** *mit Fuß, Hand, Finger* qn se coince qc; *mit Hose, Hosenbein* qn coince qc
2. (*als Unterbrechung eintreten*) ■ **etw kommt dazwischen** qc intervient; ■ **etw kommt jdm dazwischen** qn a qc; ***leider ist [mir] etwas dazwischengekommen*** j'ai malheureusement eu un contretemps [*o* un empêchement]; ***wenn nichts dazwischenkommt, ...*** sauf [événement] imprévu, ...; ***falls dir etwas ~ sollte, ruf mich bitte kurz an*** en cas d'empêchement, passe-moi un coup de fil

dazwischenlreden *vi* ■ **jd redet [jdm] dazwischen** qn coupe la parole [à qn]; ■ **das D~** *verbal übersetzt;* ***unterlassen Sie bitte dieses ständige D~!*** mais arrêtez donc de [me/lui/...] couper la parole!

dazwischenlrufen *vt, vi irreg* ■ **jd ruft dazwischen** qn s'exclame; ■ **jd ruft etw dazwischen** qn crie qc; ■ **das D~** *verbal übersetzt;* ***ich verbitte mir Ihr ständiges D~!*** je ne supporte pas vos perpétuelles interventions intempestives!

dazwischenlstehen *vi irreg* 1. (*zwischen zweien stehen*) ■ **jd/etw steht dazwischen** qn/qc est entre les deux
2. (*unentschieden sein*) ■ **jd steht ... dazwischen** *politisch* qn n'est pas fixé(e) ... + *adv; mit jds Meinung, Überzeugung* qn n'est pas fixé(e) en ce qui concerne qc
3. *geh* (*trennend sein*) ■ **jd/etw steht dazwischen** */Missverständnis, ungelöstes Problem/* qn/qc fait obstacle

dazwischenltreten *vi irreg + sein* 1. (*schlichtend eingreifen*) ■ **jd tritt dazwischen** qn intervient, qn s'interpose; ■ **das D~** l'intervention *f*, l'interposition *f*
2. *geh* (*störend auftreten*) ■ **jd/etw tritt dazwischen** qn/qc survient, qn/qc s'interpose *soutenu*

DB <-> [deːˈbeː] *f abk von* **Deutsche Bundesbahn** *sigle de la société des chemins de fer allemands*

DCC <-> [deːtseːˈtseː] *f abk von* **Digital Compact Kassette** DCC *f*

DD-Diskette [deːˈdeː-] *f* disquette *f* double densité

DDR <-> [deːdeːˈʔɛr] *f abk von* **Deutsche Demokratische Republik** ■ **die ~** la R.D.A.
► **die ehemalige ~** l'ex-R.D.A. *f*, l'ancienne R.D.A. *f*

DDR-Bürger(in) [deːdeːˈʔɛr-] *m(f)* citoyen(ne) *m(f)* de [la] R.D.A.

DDT <-> [deːdeːˈteː] *nt abk von* **Dichlordiphenyltrichloräthan** D.D.T. *m*

Deal <-s, -s> [diːl] *m sl* marché *m*
► **jd macht [mit jdm] einen ~** qn conclut [*o* passe] un marché [avec qn]

dealen [ˈdiːlən] *vi sl* ■ **jd dealt** qn fait du trafic de drogue; ■ **jd dealt mit etw** qn fait du trafic de qc, qn deale qc *fam*

Dealer(in) <-s, -> [ˈdiːlɐ] *m(f) fam* dealer *m*

Debakel <-s, -> *nt geh* échec *m* [total]; SPORT *a.* déroute *f*, naufrage *m*
► **jd erleidet [mit etw] ein ~** *mit einem Plan, Projekt* qn essuie *soutenu* [*o* subit] un échec [total] [avec qc]

Debatte <-, -n> *f* 1. (*Streitgespräch*) débat *m*, discussion *f*
2. PARL débats *mpl*
► **jd lässt sich auf eine/keine ~ ein** qn accepte/refuse la discussion; **jd lässt sich auf eine/keine ~ über etw (*akk*) ein** qn accepte/refuse de discuter qc; **etw steht zur ~** qc est à l'ordre du jour, qc est mis(e) au débat; **jd stellt etw zur ~** qn soumet qc au débat [*o* à la discussion]; **jd wirft etw in die ~** qn fait intervenir qc dans le débat [*o* la discussion]

debattieren * I. *vt* ■ **jd debattiert etw** qn débat [de] qc, qn discute qc
II. *vi* ■ **jd debattiert [mit jdm] [über etw (*akk*)]** qn débat [qc [*o* de qc]] [avec qn]

Debet <-s, -s> *nt* débit *m;* ***jd steht/ist mit 1000,-- DM im ~*** qn a un débit de 1000 DM

debil *adj* débile [mental(e)]

Debilität <-> *f Ø* débilité *f* [mentale]

Debüt <-s, -s> [deˈbyː] *nt* débuts *mpl*
► **jd gibt mit etw sein ~** qn fait ses débuts avec qc

Debütant(in) <-en, -en> *m(f)* 1. (*Anfänger*) débutant(e) *m(f)*

2. (*gesellschaftlicher Neuling*) ■ ~**in** débutante *f*

debütieren * *vi* 1. MUS, THEAT ■ **jd debütiert als jd** */Schauspieler, Sänger/ als Hamlet etc* qn débute [*o* fait ses débuts] dans le rôle de qn; *als Sopranistin etc* qn débute [*o* fait ses débuts] comme qc
2. *geh* (*erstmals in Erscheinung treten*) ■ **jd debütiert** [**mit etw**] *mit einer Aufführung, einem Werk etc* qn fait ses débuts [avec qc]

dechiffrieren * [deʃɪ'fri:rən] *vt* ■ **jd dechiffriert etw** qn déchiffre qc, qn décode qc

Dechiffrierung <-, -en> [deʃɪ'fri:rʊŋ] *f* déchiffrement *m*, décodage *m*

Deck <-[e]s, -s> *nt* 1. NAUT pont *m*
2. (*Park~*) niveau *m*
▶ **jd geht an** ~ qn monte à bord; **an** ~ sur le pont; **unter** ~: ***gehen Sie alle wieder unter*** ~! regagnez tous vos cabines!

Deckadresse *f* adresse *f* de couverture, boîte *f* aux lettres **Deckaufbauten** *pl* superstructure *f* **Deckbett** *nt* 1. (*Bettdecke*) couette *f* 2. CH (*Bettbezug*) [paire *f* de] draps *mpl* **Deckblatt** *nt* 1. BOT bractée *f* 2. [*Zigarre*] cape *f*, robe *f* 3. KARTEN carte *f* du dessus

Deckchen <-s, -> *nt dim von* **Decke** napperon *m*

Decke <-, -n> *f* 1. (*Zimmer~*) plafond *m*
2. (*Woll~*) couverture *f*; (*Bett~*) couette *f*
3. (*Tisch~*) nappe *f*
4. TRANSP [*Fahrbahn*] tapis *m*
5. AUT [*Reifen*] enveloppe *f*, bandage *m*
▶ **jdm fällt die** ~ **auf den Kopf** *fam* qn étouffe; **jd geht an die** ~ *fam* qn explose *fam*, qn pique sa crise *fam*; **jd springt** [**vor Freude**] **an die** ~ *fam* qn saute au plafond [de joie] *fam*; **jd steckt mit jdm unter einer** ~ *fam* qn est de mèche avec qn *fam*; **jd streckt sich nach der** ~ *fam* qn s'y fait

Deckel <-s, -> *m* 1. (*Verschluss*) [*Schachtel, Einmachglas, Bierkrug etc*] couvercle *m*; [*Kompass a.*] capot *m* de protection
2. (*Buch~*) couverture *f*; ***der hintere*** ~ le plat inférieur
▶ **jd gibt jdm eins auf den** ~ *fam* qn met une baffe à qn *fam*; **jd bekommt** [*o* **kriegt**] [**von jdm**] **eins auf den** ~ *fam* (*wird geschlagen*) qn se reçoit [*o* se prend] une baffe [de qn] *fam*; (*wird gerügt*) qn se fait remonter les bretelles [par qn] *fam*, qn se fait sonner les cloches [par qn] *fam*; ***du kriegst gleich von mir eins auf den*** ~! je vais t'en coller une! *fam*

Deckel- à couvercle, muni(e) d'un couvercle

decken I. *vt* 1. (*breiten*) ■ **jd deckt etw über jdn/etw** (*akk*) qn [re]couvre qn/qc de qc
2. (*be~*) ■ **etw deckt etw** */Asche, Schicht/* qc recouvre qc
3. CONSTR ■ **jd deckt etw** [**mit etw**] *Dach, Haus* qn couvre qc [avec qc]
4. ■ **jd deckt etw** *Tisch, Tafel* qn met qc, qn dresse qc *soutenu*
5. (*schützen*) ■ **jd deckt jdn/etw** *Komplizen, Tat* qn couvre qn/qc
6. (*abschirmen*) ■ **jd/etw deckt jdn** qn/qc couvre qn; SPORT qn marque qn
7. COM, FIN (*ausgleichen*) ■ **jd/etw deckt etw** *Bedarf, Kosten, Defizit, Schaden* qn/qc couvre qc; (*absichern*) *Darlehen* qn/qc garantit [*o* gage] qc; ■ **etw ist/ist nicht gedeckt** *Scheck, Wechsel* qc est approvisionné(e)/est sans provision
8. ZOOL (*begatten*) ■ **ein Tier deckt ein Tier** un animal couvre un animal
II. *vi* 1. (*über~*) ■ **etw deckt** */Farbe/* qc couvre; ■ ~**d** couvrant(e)
2. SPORT ■ **jd deckt** qn marque l'adversaire
▶ **es ist gedeckt** la table est mise
III. *vr* 1. (*übereinstimmen*) ■ **sie** ~ **sich** */Ansichten, Aussagen, Begriffe/* ils/elles coïncident, ils/elles se recoupent, ils/elles concordent; GEOM ils/elles coïncident, ils/elles se superposent
2. (*sich schützen*) ■ **jd deckt sich** */Boxer/* qn se couvre, qn se protège

Decken-: ~***beleuchtung*** éclairage *m* au plafond; ~***gerüst*** échafaudage *m* pour plafond; ~***malereien*** plafond *m*; ~***strahler*** spot *m* **Deckengemälde** *nt* plafond *m* **Deckengewölbe** *nt* plafond *m* voûté **Deckenlampe** *f* (*Hängelampe*) suspension *f*, lustre *m*; (*nicht hängend*) plafonnier *m*

Deckfarbe *f* peinture *f* couvrante **Deckflügel** *m* élytre *m* **Deckhaar** *nt* ∅ pelage *m* **Deckhengst** *m* étalon *m* **Deckmantel** *m* prétexte *m*, couverture *f* ▶ **unter dem** ~ **einer S.** (*gen*) sous couvert de qc **Deckname** *m* pseudonyme *m*, nom *m* d'emprunt

Deckung <-, -en> *f* 1. (*Feuerschutz*) couverture *f*; ***sie gaben ihm*** ~ ils l'ont couvert
2. FBALL marquage *m*
3. SPORT (*schützende Haltung*) défense *f*, garde *f*
4. MIL abri *m*, protection *f*
5. (*Protektion*) ■ **jds** ~ **durch jdn**: ***jd hat*** ~ ***durch jdn*** qn est couvert(e) par qn
6. COM, FIN *verbal übersetzt*; ***zur*** ~ ***einer S.*** (*gen*) pour couvrir qc; *der Schulden a.* pour éponger qc
7. FIN, COM [*Scheck, Wechsel*] provision *f*; [*Defizit, Darlehen*] *verbal übersetzt*; ***zur*** ~ ***des Defizits*** pour combler [*o* couvrir] le déficit
▶ **volle** ~! MIL à couvert!, couchez-vous!; **jd bringt Dinge zur** ~ *Aussagen, Interessen* qn fait coïncider [*o* concorder] des choses; **jd geht in** ~ qn se met à couvert [*o* à l'abri]; **jd gibt jdm** ~ qn couvre qn

Deckungsauflage *f* tirage *m* de couverture **deckungsgleich** *adj* 1. GEOM coïncident(e), superposable 2. (*übereinstimmend*) *Ansicht, Aussage* convergent(e), concordant(e); ■ **sie sind** ~ ils/elles coïncident, ils/elles concordent **Deckungsgleichheit** *f* 1. GEOM coïncidence *f* 2. (*Übereinstimmung*) [*Ansicht, Aussage*] convergence *f*, concordance *f* **Deckungskapital** *nt* capital *m* de couverture

Deckweiß *nt* blanc *m* couvrant **Deckwort** <-wörter> *nt* nom *m* de code

Decoder <-s, -> [de'koʊdɐ] *m* décodeur *m*

decodieren * *vt* ■ **jd/etw decodiert etw** qn/qc décode qc

Decolleté <-s, -s> [dekɔl'te:] *nt s.* **Dekolletee**

Decrescendo <-s, -s *o* Decrescendi> [dekrɛ'ʃɛndo] *nt* decrescendo *m*

Dedikationsexemplar *nt* exemplaire *m* dédicacé

Deern <-, -s> *f* NDEUTSCH *fam* nana *f fam*, nénette *f fam*

Deeskalation [de:ʔɛs-] *f* désescalade *f*

de facto *adv* de facto, de fait

De-facto-Anerkennung *f* reconnaissance *f* de facto [*o* de fait]

Defätismus <-> *m* ∅ *geh* défaitisme *m*

defätistisch *adj geh* défaitiste

defekt *adj* endommagé(e); *Motor, Gerät a.* en panne

Defekt <-[e]s, -e> *m* 1. TECH panne *f*
2. MED (*Missbildung*) malformation *f*, anomalie *f*; (*Schädigung*) troubles *mpl*
▶ **etw hat einen** ~ TECH qc a un problème; **jd hat einen** ~ MED qn a un problème psychique; ***jd hat einen schweren geistigen*** ~ qn souffre de graves troubles mentaux [*o* psychiques]

defensiv I. *adj* 1. (*auf Abwehr bedacht*) *Maßnahmen, Taktik* défensif(-ive)
2. (*auf Sicherheit bedacht*) *Fahrweise* prudent(e); *Spielweise* défensif(-ive)
II. *adv fahren* prudemment; ***jd spielt*** ~ qn joue défensivement [*o* la défense]

Defensiv- défensif(-ive)

Defensive <-, -n> [-və] *f* ∅ MIL défensive *f*; SPORT *a.* défense *f*; ***die Mannschaft bevorzugte die*** ~ l'équipe a privilégié la défense
▶ **jd/etw begibt sich in die** ~ qn/qc se met sur la défensive; **jd bleibt in der** ~ qn reste [*o* se tient] sur la défensive; **jd drängt jdn in die** ~ qn contraint qn à la défensive; **jd geht in die** ~ qn se met sur la défensive

Defensivkrieg *m* guerre *f* défensive **Defensivspiel** *nt* jeu *m* défensif

defilieren * *vi* + *haben o sein* ■ **sie defilieren/etw defiliert** [**vor jdm/etw**] ils/elles défilent/qc défile [devant qn/qc]

definierbar *adj* définissable, identifiable; ■ **etw ist ...** ~ *nicht, schwer, leicht* qc est ... définissable; */Geruch, Gestank, Geschmack a./* qc est ... identifiable

definieren * *vt* 1. (*genau erklären*) ■ **jd definiert etw** *Begriff, Wort* qn définit qc
2. (*beschreiben*) ■ **jd definiert etw** *Farbe, Geruch, Geschmack* qn définit qc, qn précise qc

Definition <-, -en> *f* définition *f*
▶ **jd gibt** [**jdm**] **eine** ~ **von etw** qn donne une définition de qc [à qn]

definitiv I. *adj* bien défini(e), précis(e)
II. *adv abmachen, sich entscheiden* définitivement; ***das ist*** ~ ***das letzte Mal*** c'est bien la dernière fois

Defizit <-s, -e> *nt* 1. FIN, COM déficit *m*
2. (*Mangel*) ■ **ein** ~ **an etw** (*dat*) *an Liebe, Zuwendung* un manque de qc, une carence en qc; ■ **jd hat ein** ~ **an etw** qn manque de qc, qn souffre d'un manque de qc [*o* d'une carence en qc]
▶ **jd macht** [**mit etw**] **ein** ~ qn est en déficit [avec qc]

-defizit *nt* manque *m* de

defizitär I. *adj* 1. (*mit Defizit belastet*) déficitaire
2. (*zu Defiziten führend*) déficitaire, générateur(-trice) de déficit
II. *adv sich entwickeln* en générant un déficit

Deflation <-, -en> *f* déflation *f*

deflationär *adj* déflationniste

Defloration <-, -en> *f spec* défloration *f*

deflorieren * *vt spec* ■ **jd defloriert jdn** qn déflore qn

Deformation <-, -en> *f* 1. MED difformité *f*; [*Nase, Wirbelsäule*] déformation *f*
2. PHYS déformation *f*

deformieren * *vt* ■ **etw deformiert etw** qc déforme qc

Deformierung <-, -en> *f* 1. MED (*Verunstaltung*) déformation *f*; (*das Deformieren*) difformité *f*; ■ **etw ist eine** ~ qc est une difformité
2. PHYS déformation *f*

Defroster <-s, -> *m* dégivrant *m*

deftig I. *adj* 1. GASTR *Wurst, Schinken, Käse* savoureux(-euse), goûteux(-euse); *Mahlzeit a.* consistant(e), solide; ■ **etwas D~es** quelque chose de consistant [*o* qui tient au ventre *fam*]
2. (*anständig*) *Ohrfeige, Tracht Prügel* bon(ne) *antéposé*
3. (*urwüchsig*) *Humor, Witz* épicé(e), cru(e)
II. *adv zulangen, reinhauen* avec appétit; ***mit dieser Antwort hat die Kandidatin ganz*** ~ ***danebengehauen*** la candidate a répondu complètement à côté de la plaque *fam*

Deftigkeit <-, -en> *f* 1. ∅ GASTR [*Wurst, Schinken*] grande saveur *f*; [*Mahlzeit a.*] consistance *f*
2. (*Derbheit*) [*Witz, Humor*] grivoiserie *f*, crudité *f*

Degen <-s, -> *m* épée *f*
▶ **mit bloßem** [*o* **nacktem**] ~ l'épée nue; **jd fordert jdn auf** ~ qn provoque qn au duel à l'épée

Degen- d'épée

Degeneration <-, -en> *f* 1. *geh* (*Entartung*) dégénérescence *f*, abâtardissement *m*
2. MED dégénérescence *f*

Degenerationserscheinung *f* manifestation *f* [*o* phénomène *m*] de dégénérescence

degeneriert *adj* dégénéré(e), abâtardi(e)

Degenfechten *nt* [escrime *f* à l']épée *f*

degradieren * *vt* 1. MIL ■ **jd degradiert jdn** [**zu etw**] qn dégrade qn [au rang de qc]
2. *geh* (*herabwürdigen*) ■ **jd degradiert jdn** [**zu etw**] qn dégrade qn [au rang de qc] *littér*

Degradierung <-, -en> *f* 1. MIL ■ **jds** ~ [**zu etw**] la dégradation de qn [au rang de qc]
2. *geh* (*Herabwürdigung*) ■ **jds** ~ [**zu etw**] la dégradation de qn [au rang de qc] *littér*

degressiv *adj* dégressif(-ive)

Degustation <-, -en> *f* CH *geh* dégustation *f*
degustieren * *vt* CH *geh* ■ **jd degustiert etw** qn déguste qc
dehnbar *adj* (*alle Bedeutungen*) extensible, élastique
Dehnbarkeit <-> *f* ∅ (*alle Bedeutungen*) extensibilité *f*, élasticité *f*
dehnen I. *vt* 1. (*ausweiten*) ■ **jd dehnt etw** *Gummizug* qn détend qc; (*strecken*) *Bänder, Glieder* qn étire qc
2. MED (*weiten*) ■ **jd dehnt etw** qn dilate qc
3. PHON ■ **jd dehnt etw** qn allonge qc
II. *vr* 1. (*sich aus~*) ■ **etw dehnt sich** */Zeit/* qc se dilate
2. (*sich strecken*) ■ **jd dehnt sich** qn s'étire
Dehnung <-, -en> *f* 1. (*das Dehnen*) [*Gummizug*] tension *f*
2. MED (*Weitung*) dilatation *f*
3. PHON allongement *m*
Dehydratation <-, -en> *f* déshydratation *f*, dessiccation *f*
dehydratisieren *vt* ■ **jd/etw dehydratisiert etw** qn/qc déshydrate qc
dehydrieren * *vt* ■ **jd/etw dehydriert etw** qn/qc déshydrogène qc
Dehydrierung <-, -en> *f* déshydrogénation *f*
Deibel <-s, -> *m* NDEUTSCH *fam* ► **pfui** ~! beurk! *fam*
Deich <-[e]s, -e> *m* digue *f*
Deichsel <-, -n> [-ks-] *f* timon *m*, flèche *f*
Deichselbruch [-ks-] *m* rupture *f* de timon [*o* de flèche]
deichseln [-ks-] *vt fam* ■ **jd deichselt etw** qn goupille qc *fam*
Deichverband *m* association *f* des riverains de la digue
dein I. *pron poss* 1. *adjektivisch, bei Singular* ton/ta; (*bei Plural*) tes; ***das sind ~e 100 Mark*** ces 100 marks sont à toi; ■ ~[e] ... (*in Briefen*) *nicht übersetzt*
2. *substantivisch veraltend* ■ **etw ist** ~ qc est à toi, qc t'appartient; ***ich bin*** ~ je suis à toi, je t'appartiens
II. *pron pers gen von* **du** *alt poet* de/à toi; ***ich werde ewig ~ gedenken*** je penserai toujours à toi
deine(r, s) *pron poss, substantivisch* 1. (*Besitz*) le tien/la tienne; ***ist das mein Schirm oder ~r?*** c'est mon parapluie ou le tien?; ■ **der/die/das D~** *geh* le tien/la tienne; ***stets der D~, Anton*** à toi pour toujours, Anton
2. (*Angehörige*) ■ **die D~n** les tiens *mpl soutenu*
3. *geh* (*Anteil*) ■ **das D~** ton rôle; ***tu du das D~*** fais ce que tu as à faire
4. (*das dir Gehörige*) ■ **das D~** ce qui est à toi, ce qui t'appartient, ta part; ***das ist alles das D~*** tout cela est à toi, tout cela t'appartient
deiner *pron pers geh gen von* **du** de/à toi; ***wir werden immer ~ gedenken*** nous penserons toujours à toi; ***ich werde mich ~ erinnern*** je me souviendrai de toi
deinerseits *adv* de ton côté
deines *pron s.* **deine(r, s)**
deinesgleichen *pron inv* 1. *pej* (*deine Sorte*) tes semblables; ***du und ~*** toi et tes semblables
2. (*jemand wie du*) les gens comme toi; (*so jemand wie du*) quelqu'un comme toi; ***an Schönheit ist keine ~!*** *geh* ta beauté est sans pareille; ***unter der Sonne gibt es keine ~*** *geh* tu n'as pas ta pareille sous le soleil
deinethalben *adv veraltend*, **deinetwegen** *adv* (*wegen dir*) à cause de toi; (*es ist deine Schuld*) par ta faute; (*dir zuliebe*) pour toi, pour tes beaux yeux
deinetwillen *adv* ► **um** ~ pour toi, pour te faire plaisir
deinige *pron poss veraltend geh s.* **deine(r, s)**
deins *pron poss* le tien/la tienne; ■ **etw ist** ~ qc est à toi
Deismus <-> *m* ∅ déisme *m*
Déjà-vu-Erlebnis [deʒa'vyː-] *nt* impression *f* de déjà-vu
de jure *adv* de jure, de droit
De-jure-Anerkennung *f* reconnaissance *f* de jure [*o* de droit]
Deka <-[s], -> *nt* AUS *s.* **Dekagramm**
Dekade <-, -n> *f* (*10 Tage*) décade *f*; (*10 Jahre*) décennie *f*
dekadent *adj* décadent(e)
Dekadenz <-> *f* ∅ décadence *f*
Dekaeder <-s, -> *m* décaèdre *m*
Dekagramm *nt* AUS décagramme *m*
Dekan(in) <-s, -e> *m(f)* doyen(ne) *m(f)*
Dekanat <-[e]s, -e> *nt* décanat *m*
Deklamation <-, -en> *f* déclamation *f*
deklamieren * I. *vt geh* ■ **jd deklamiert etw** qn déclame qc
II. *vi geh* ■ **jd deklamiert** qn récite des vers, qn déclame
Deklaration <-, -en> *f* (*alle Bedeutungen*) déclaration *f*
deklarieren * *vt* (*alle Bedeutungen*) ■ **jd deklariert etw** qn déclare qc
deklassieren * *vt* ■ **jd deklassiert jdn/etw** qn surclasse qn/qc
Deklassierung <-, -en> *f* effondrement *m*, naufrage *m*
Deklination <-, -en> *f* déclinaison *f*
deklinierbar *adj* déclinable
deklinieren * *vt* ■ **jd dekliniert etw** qn décline qc; ■ **das D~** les déclinaisons
dekodieren * *vt s.* **decodieren**
Dekolleté, Dekolletee^RR <-s, -s> [dekɔl'teː] *nt* décolleté *m*
dekolletiert [dekɔl'tiːɐt] *adj* décolleté(e)
Dekompression *f* décompression *f*
Dekompressionskammer *f* chambre *f* de décompression
Dekontamination *f* décontamination *f*
dekontaminieren * *vt* ■ **jd dekontaminiert jdn/etw** qn décontamine qn/qc
Dekor <-s, -s *o* -e> *m o nt* 1. (*Muster*) motif *m*
2. THEAT, CINE décor *m*
Dekorateur(in) <-s, -e> [dekora'tøːɐ] *m(f)* décorateur(-trice) *m(f)*
Dekoration <-, -en> *f* 1. ∅ (*das Ausschmücken*) décoration *f*
2. COM vitrine *f*; ***in der ~*** en vitrine
3. (*Ausschmückung*) décoration *f*
4. THEAT décors *mpl*; CINE *a.* décor *m*
dekorativ I. *adj* décoratif(-ive)
II. *adv*: ***etw sieht ~ aus*** qc est décoratif(-ive); ***etw wirkt ~*** qc a un effet décoratif; ***jd kleidet sich ~*** qn est coquet(te)
dekorieren * *vt* 1. (*ausgestalten*) ■ **jd dekoriert etw** qn décore qc
2. (*auszeichnen*) ■ **jd dekoriert jdn [mit etw]** *mit Auszeichnung, Medaille, Orden* qn décore qn [de qc]
Dekostoff *m* tissu *m* d'ameublement
Dekret <-[e]s, -e> *nt* décret *m*, arrêté *m*
dekuvrieren * [-vr-] I. *vt geh* ■ **jd/etw dekuvriert jdn/etw [als etw]** qn/qc démasque qn/qc [comme étant qc]
II. *vr geh* ■ **jd dekuvriert sich als etw** qn se démasque comme étant qc
Deleatur[zeichen] <-s, -> *nt* deleatur *m*
Delegation <-,-en> *f* délégation *f*
Delegationschef(in) [-ʃɛf] *m(f)* chef *m* de délégation
delegieren * *vt* ■ **jd delegiert etw [an jdn]** qn délègue qc [à qn]
Delegierte(r) *f(m) decl wie adj* délégué(e) *m(f)*
Delfin^RR *s.* **Delphin**
Delfinschwimmen^RR *s.* **Delphinschwimmen**
Delfter *adj attr* de Delft
delikat *adj* 1. (*wohlschmeckend*) délicieux(-euse); ***sehr ~*** succulent(e), excellent(e)
2. *geh* (*behutsam*) délicat(e), subtil(e)
3. *geh* (*heikel*) délicat(e)
4. *geh* (*empfindlich*) délicat(e), sensible
Delikatess-^RR, Delikateß- fin(e)
Delikatesse <-, -n> *f* 1. (*Leckerbissen*) mets *m* de choix
2. *geh* (*etwas Außergewöhnliches*) régal *m*, plaisir *m*
3. ∅ *geh* (*Feinfühligkeit*) doigté *m*, tact *m*, délicatesse *f*
Delikatessengeschäft *nt* épicerie *f* fine
Delikt <-[e]s, -e> *nt* 1. (*Vergehen*) délit *m*, infraction *f*
2. (*Straftat*) délit *m*
Delinquent(in) <-en, -en> *m(f) geh* délinquant(e) *m(f)*; ***ein reuiger ~*** un repenti
delirieren * *vi geh* ■ **jd deliriert** qn délire
Delirium <-s, -rien> *nt* délire *m*
► ~ **tremens** delirium *m* [tremens]; **im** ~ dans mon/son/... délire; ***im ~ redete der Kranke wirr und konfus*** dans son délire, le malade disait n'importe quoi
Delle <-, -n> *f fam* bosse *f*; ■ **etw hat überall ~n** qc est tout(e) cabossé(e)
delogieren * [delo'ʒiːrən] *vt* AUS ■ **jd delogiert jdn** qn déloge qn, qn expulse qn
Delphin¹ <-s, -e> *m* ZOOL dauphin *m*
Delphin² <-s> *nt* ∅ *s.* **Delphinschwimmen**
Delphinschwimmen *nt* [brasse *f*] papillon *m*
Delta <-s, -s *o* Delten> *nt* delta *m*
Deltagleiter <-s, -> *m* deltaplane *m* **Deltamündung** *f* [embouchure *f* de] delta *m* **Deltastrahlen** *pl* rayons *mpl* delta
De-Luxe-Ausführung [də'lyks-] *f* version *f* de luxe, haut *m* de gamme
► **in** ~ en version de luxe
dem *art/pron dat von* **der/das** *s.* **der², die, das**
Demagoge <-n, -n> *m*, **-gogin** *f pej* démagogue *mf*
Demagogie <-, -n> [-'giːən] *f pej* démagogie *f*
► **jd betreibt** ~ qn fait de la démagogie
demagogisch I. *adj pej* démagogique
II. *adv pej* avec démagogie
Demarche <-, -n> [de'marʃ(ə)] *f* démarche *f*
► **jd unternimmt eine** ~ qn entreprend une démarche
Demarkationslinie [-liːniə] *f* ligne *f* de démarcation
demaskieren * I. *vt geh* ■ **jd/etw demaskiert jdn [als etw]** qn/qc démasque qn [comme étant qc]
II. *vr geh* ■ **jd demaskiert sich [als etw]** qn se démasque [comme étant qc]
Dementi <-s, -s> *nt* démenti *m*
dementieren * I. *vt* ■ **jd dementiert etw** qn dément qc
II. *vi* ■ **jd dementiert** qn donne [*o* oppose] un démenti; ■ **jd lässt** ~ qn donne [*o* oppose] un démenti
Dementierung <-, -en> *f* démenti *m*; ***was veranlasst dich zur ~ dieser Behauptung?*** qu'est-ce qui te conduit à démentir cette affirmation?
dementsprechend I. *adv entlohnen, honorieren* en conséquence II. *adj Entlohnung, Honorierung* en conséquence; *Bemerkung* dans ce sens; ■ **etw ist** ~ qc est à l'avenant **demgegenüber** *adv* en revanche **demgemäß** *adj, adv s.* **dementsprechend**
demilitarisieren * *vt* ■ **jd demilitarisiert etw** qn démilitarise qc
Demilitarisierung <-, -en> *f* démilitarisation *f*
Demission <-, -en> *f* démission *f*
demissionieren * *vi* ■ **jd demissioniert** qn démissionne
demnach *adv* 1. (*folglich*) donc, en conséquence 2. (*nach dem gerade Gesagten*) il [en] ressort que + *indic*; ***die Zeugenaussagen sind übereinstimmend, ~ war er zur fraglichen Zeit nicht am Tatort*** les témoignages concordent, selon ceux-ci [*o* il en ressort qu']il ne se trouvait pas sur le lieu du crime à cette heure-là **demnächst** *adv* d'ici peu, sous peu, prochainement
► ~ **hier** CINE prochainement dans cette salle
Demo <-, -s> *f fam abk von* **Demonstration** manif *f fam*
demobilisieren * *vt* ■ **jd demobilisiert jdn/etw** qn démobilise qn/qc
Demographie <-, -en> *f* 1. (*Zusammensetzung der Bevölkerung*) population *f*
2. ∅ (*Bevölkerungswissenschaft*) démographie *f*
demographisch *adj* démographique

Demokrat(in) <-en, -en> *m(f)* démocrate *mf*
Demokratie <-, -n> *f* démocratie *f*
▶ **parlamentarische** ~ démocratie *f* parlementaire
demokratisch I. *adj* **1.** *Partei, Wahlen, Staatsform, Verfassung* démocratique
2. (*der Partei der Demokraten angehörend*) démocrate
II. *adv sich verhalten* démocratiquement; ***das Regime war nicht ~ legitimiert*** le régime n'avait pas de légitimité démocratique
demokratisieren * *vt* ■ **jd demokratisiert etw** qn démocratise qc
Demokratisierung <-, -en> *f* démocratisation *f*
demolieren * *vt* **1.** ■ **jd demoliert etw** / *Demonstrant, Rowdy/* qn démolit qc, qn saccage qc
2. ■ **etw demoliert etw** / *Unfall/* qc endommage qc; ■ **demoliert** embouti(e); ***völlig demoliert*** complètement défoncé(e)
Demonstrant(in) <-en, -en> *m(f)* manifestant(e) *m(f)*
Demonstration <-, -en> *f* **1.** POL manifestation *f;* ■ ~ **für/gegen etw** manifestation pour/contre qc
2. *geh* (*Bekundung*) démonstration *f;* ***etw ist eine ~ einer S.*** qc démontre qc; ***zur ~ meiner guten Absichten*** pour prouver mes bonnes intentions
3. *geh* (*Veranschaulichung*) démonstration *f*
Demonstrationsrecht *nt* ∅ ■ **das** ~ le droit de manifester **Demonstrationszug** *m* cortège *m* de manifestants
demonstrativ I. *adj* ostensible, manifeste
II. *adv* ostensiblement
Demonstrativpronomen *nt* (*adjektivisch*) adjectif *m* démonstratif; (*substantivisch*) pronom *m* démonstratif
demonstrieren * I. *vi* POL ■ **jd demonstriert [für/gegen jdn/etw]** qn manifeste [pour/contre qn/qc]
II. *vt geh* ■ **jd demonstriert etw** qn manifeste qc, qn fait la preuve de qc; ***jd demonstriert Entschlossenheit*** qn fait preuve de détermination
Demontage <-, -n> [demɔntaʒə] *f* **1.** (*das Demontieren*) démontage *m;* [*Anlage, Fabrik a.*] démantèlement *m*
2. *geh* (*Abbau*) [*Ideologie, Sozialleistungen*] anéantissement *m,* effondrement *m*
demontieren * *vt* **1.** (*abmontieren*) ■ **jd demontiert etw** qn démonte qc; *Anlage, Fabrik a.* qn démantèle qc
2. *geh* (*abbauen*) ■ **jd demontiert etw** qn anéantit qc, qn démolit qc; ■ **jd demontiert jdn** qn renverse qn
demoralisieren * *vt* **1.** (*entmutigen*) ■ **etw demoralisiert jdn** qc démoralise qn
2. *geh* (*korrumpieren*) ■ **etw demoralisiert jdn** qc corrompt qn, qc avilit qn; ■ **demoralisiert** démoralisé(e)
Demoskop(in) <-en -en> *m(f)* sondeur(-euse) *m(f)* d'opinion; ***~en geben der Liste gut zehn Prozent*** les instituts de sondage accordent au moins dix pour cent à cette liste
Demoskopie <-, -n> *f* **1.** ∅ (*Meinungsforschung*) étude *f* des courants d'opinion
2. (*Meinungsumfrage*) sondage *m* d'opinion
demoskopisch *adj Institut* de sondage; *Erhebung, Voraussage, Zahlen* des instituts de sondage; ***jd gibt ~e Untersuchungen in Auftrag*** qn fait faire des enquêtes par des instituts de sondage
demselben *pron dat von* **derselbe/dasselbe** *s.* **derselbe, dieselbe, dasselbe**
Demut <-> *f* ∅ humilité *f*
▶ **in** ~ humblement
demütig I. *adj* humble
II. *adv* humblement
demütigen I. *vt* ■ **jd/etw demütigt jdn** qn/qc humilie qn
II. *vr* ■ **jd demütigt sich [vor jdm]** qn s'humilie [devant qn]
Demütigung <-, -en> *f* humiliation *f*
▶ **jd fügt jdm eine ~ zu** *geh* qn inflige une humiliation à qn *soutenu*
demzufolge *adv* **1.** (*wonach*) il en ressort que + *indic,* comme quoi *fam*
2. (*folglich*) donc
den *art/pron akk von* **der;** *dat von pl* **die** *s.* **der²**, **die, das**
denaturieren * *vt* ■ **etw denaturiert etw** qc dénature qc
Dendrit <-en, -en> *m* dendrite *f*
denen *pron dat von pl* **die** *s.* **der²**, **die, das**
dengeln *vt* ■ **jd dengelt etw** *Sense* qn bat qc
Den Haag <-s> *m* La Haye *f*
Denim <-s, -s> *m o nt* denim *m*
Denim- en denim
Denkansatz *m* principe *m,* postulat *m* **Denkanstoß** *m* piste *f* de réflexion, suggestion *f* ▶ **jd/etw gibt** [*o* **vermittelt**] **jdm einen ~/Denkanstöße** qn/qc fournit une piste/des pistes de réflexion à qn **Denkaufgabe** *f* énigme *f*
denkbar I. *adj* concevable, envisageable; ***sie gab sich alle nur ~e Mühe*** elle se donnait toutes les peines possibles et imaginables; ■ **es ist ~, dass** il n'est pas impensable que + *subj*
II. *adv* (*ziemlich*) *schlecht, günstig* très; + *superl* ... possible; ***der ~ beste Eindruck*** le meilleur effet possible
Denke <-> *f sl* (*Denkungsart*) façon *f* de penser
denken <dachte, gedacht> I. *vi* **1.** (*überlegen*) ■ **jd denkt** qn pense, qn réfléchit; ■ **jd denkt ...** *langsam, zu kurzfristig, weiter, in die falsche/richtige Richtung, in anderen Dimensionen* qn pense [*o* réfléchit] ...
2. (*meinen*) ■ **jd denkt, [dass]** qn pense que + *indic;* ***wollen wir heute Abend ins Kino gehen, was denkst du?*** si on allait au cinéma ce soir, qu'en penses-tu?; ***wie viel Trinkgeld gibt man? – So viel, wie Sie ~*** qu'est-ce qu'on donne comme pourboire? – Ce que vous voulez
3. (*urteilen*) ■ **jd denkt ... [über jdn/etw/von jdm/etw]** *differenzierter, positiv, negativ* qn a un jugement ... + *adj* [à propos de qn/qc]; ***jd denkt gut/schlecht über jdn/etw*** qn pense du bien/du mal de qn/qc; ***jd denkt anders [über jdn/etw]*** qn change d'avis [à propos de qn/qc]; ***wie ~ Sie darüber?*** qu'en pensez-vous?
4. (*eingestellt sein*) ■ **jd denkt ...** *edel, engstirnig, liberal* qn est ...
5. (*sich vorstellen*) ■ **jd denkt an jdn/etw** qn pense à qn/qc
6. (*sich erinnern*) ■ **jd denkt an jdn/etw** qn pense à qn/qc
7. (*beabsichtigen*) ■ **jd denkt an etw** (*akk*) qn pense à qc, qn pense faire qc
8. (*im Sinn haben*) ■ **jd denkt [nur] an jdn/etw** qn [ne] pense [qu']à qn/qc
▶ **ich denke, also bin ich** je pense, donc je suis; **etw gibt jdm zu ~** qc donne [matière] à réfléchir à qn, qc fait réfléchir qn; **der/die wird noch an mich ~!** il/elle ne perd rien pour attendre!, il/elle va voir comment je m'appelle!; **ich dachte bei mir, ...** je pensais [*o* me disais] [en moi-même] que + *indic;* **daran ist gar nicht zu ~** il ne faut pas y penser, il n'en est pas question; **ich denke [gar] nicht daran!** (*akk*) je n'en ai pas la moindre intention!, tu n'y penses/vous n'y pensez pas!; **jd denkt daran etw zu tun** qn pense faire qc; **jd denkt nicht/gar nicht daran etw zu tun** qn n'a pas/aucunement l'intention de faire qc; **ich denke nicht** je ne pense pas; **ich denke schon** je pense que oui; **wo ~ Sie hin!** vous n'y pensez pas!, comme vous y allez!
II. *vt* **1.** (*sich vorstellen*) ■ **jd denkt etw** qn pense à qc; *Gedanken, Vorstellung* qn a qc; ***er war der Erste, der diesen Gedanken gedacht hatte*** il était le premier à avoir eu cette pensée; ***diese Vorstellung ist absurd, kaum zu ~*** cette vision des choses est absurde, à peine pensable; ***das wage ich kaum zu ~*** j'ose à peine y penser
2. (*annehmen, glauben*) ■ **jd denkt etw [von jdm]** qn pense qc [de qn]; ***jd denkt das Beste/Schlechteste [von jdm/etw]*** qn pense tout le bien/mal possible [de qn/qc]
3. (*bestimmen*) ■ **etw ist für jdn/etw gedacht** qc est pour qn/qc; ***so war das nicht gedacht*** ce n'était pas prévu comme ça
▶ **denkste!** *fam* en voilà une idée! *fam*
III. *vr* **1.** (*sich vorstellen*) ■ **jd denkt sich** (*dat*) **etw:** ***wie viel darf ich Ihnen geben? – Eben, was Sie sich so gedacht haben*** combien est-ce que je peux vous donner? – Eh bien, ce que vous voulez; ***das kann ich mir ~, dass euch das so passen würde*** je comprends que ça vous arrangerait; ***ich habe mir das so gedacht*** je vois les choses comme ça; ***denk dir nur, Annes Eltern lassen sich scheiden!*** tu te rends compte, les parents d'Anne vont divorcer!; ■ **gedacht** MATH imaginaire
2. (*beabsichtigen*) ■ **jd denkt sich** (*dat*) **etw bei etw** qn pense qc de qc; ***jd denkt sich nichts Böses dabei, als er/sie etw tut*** qn ne pense pas à mal en faisant qc; ***jd tut etw und denkt sich nichts dabei*** qn fait qc sans penser à mal
▶ **das habe ich mir [...] gedacht** *doch, schon* je m'en doutais; ***das habe ich mir fast gedacht*** j'en étais à peu près sûr(e); **das hast du dir [so] gedacht!** *fam* tu crois ça! *fam;* **wie denkst du dir das [eigentlich]?** *fam* tu trouves ça normal?; **dachte ich mir's doch!** *fam* je m'en doutais!, c'est bien ce que je pensais!
Denken <-s> *nt* ∅ **1.** (*das Überlegen*) *verbal übersetzt;* ***etw hindert jdn am ~*** qc empêche qn de penser [*o* de réfléchir]; ***bei diesem Lärm fällt mir das ~ schwer*** j'ai du mal à réfléchir dans ce vacarme
2. (*Denkweise*) pensée *f*
3. (*Gedanken*) pensées *fpl;* ***dass es einmal so kommen musste, war immer schon mein ~ gewesen*** j'ai toujours pensé que ça se passerait comme ça
4. (*Denkvermögen*) pensée *f*
▶ **positives** ~ pensée *f* positive
-denken *nt* mentalité *f* de
Denker(in) <-s, -> *m(f)* penseur(-euse) *m(f)*
Denkerfalte *f meist pl hum* ride *f* du front **Denkerstirn** *f hum* front *m* dégagé
Denkfabrik *f* usine *f* à concepts **denkfaul** *adj* paresseux(-euse) d'esprit **Denkfaulheit** *f* paresse *f* d'esprit **Denkfehler** *m* erreur *f* [*o* faute *f*] de raisonnement ▶ **jd begeht** [*o* **macht**] **einen ~** qn commet [*o* fait] une faute [*o* une erreur] de raisonnement **Denkhilfe** *f* indication *f* ▶ **jd gibt jdm eine ~** qn donne [*o* fournit] une indication à qn; **jd gibt jdm etw als ~** qn donne [*o* fournit] qc comme indication à qn
Denkmal <-s, -̈er *o liter* -e> *nt* monument *m*
▶ **jd errichtet** [*o* **setzt**] **jdm ein ~** qn élève [*o* érige] un monument à [la gloire de] qn; **jd errichtet** [*o* **setzt**] **sich** (*dat*) **[selbst] [mit etw] ein ~** qn passe à la postérité [avec qc]
Denkmal[s]pflege *f* conservation *f* et restauration *f* des monuments historiques, sauvegarde *f* du patrimoine **Denkmal[s]pfleger(in)** *m(f)* spécialiste *mf* de la sauvegarde des monuments historiques [*o* du patrimoine] **Denkmal[s]schutz** *m* protection *f* des monuments historiques [*o* du patrimoine] ▶ **etw steht unter ~** qc est classé(e) [monument historique]; **jd stellt etw unter ~** qn classe qc [monument historique]
Denkmodell *nt* modèle *m* théorique; ***für die Entstehung des Universums gibt es verschiedene ~e*** il existe différentes théories sur l'origine de l'univers **Denkpause** *f* pause *f* [pour faire le point] ▶ **jd legt eine ~ ein** qn fait une pause [pour faire le point] **Denkprozess**[RR] *m* évolution *f* des mentalités, processus *m* de pensée **Denkschema** *nt* schéma *m* de pensée **Denkschrift** *f* mémoire *m*
Denksport *m* gymnastique *f* de l'esprit
Denksportaufgabe *f s.* **Denkaufgabe**
denkste *interj s.* **denken II. 4.**
Denkübung *f* exercice *m* de réflexion **Denkvermögen** *nt* ∅ capacité *f* de réflexion [*o* de penser] **Denkweise** *f* façon *f* de penser **denkwürdig** *adj* mémorable **Denkwürdigkeit** *f* importance *f* **Denkzettel** *m fam* leçon *f* ▶ **jd gibt** [*o* **verpasst**] **jdm einen ~** qn donne une bonne leçon à qn;

etw ist jdm ein ~ qc sert de leçon à qn; ***das wird dir ein ~ sein!*** ça t'apprendra!

denn I. *conj* 1. (*weil*) *oft nicht übersetzt,* car; ***ich habe Hunger, ~ ich habe seit heute Morgen noch nichts gegessen*** j'ai faim, je n'ai rien mangé depuis ce matin
2. (*jedoch*) ■ **es sei ~, [dass]** à moins que + *subj,* sauf si + *indic*
3. *geh* (*als*) que; ■ **... ~ je** *schöner, mehr, ungeduldiger* plus ... que jamais; ***besser ~ je*** mieux que jamais
II. *adv* 1. (*eigentlich*) *oft nicht übersetzt,* donc; ***wie geht's ~ so?*** alors, comment ça va?; ***he, was soll das ~?*** holà, qu'est-ce qui se passe?; ■ **wann/wer/wie/warum/wieso/wo ~?** quand/qui/comment/pourquoi/où ça?; ***und warum/weshalb/wieso ~ nicht?*** et pourquoi pas?
2. ■ **was/wen/wo/wohin ~ sonst?** *oft nicht übersetzt;* ***ach, das hattest du damit gemeint! – Klar, was ~ sonst?*** ah, c'est ce que tu avais voulu dire! – Ben oui, qu'est-ce que j'aurais pu dire d'autre?; ***setz dich doch hin! – Wo? – Na, auf den Stuhl, wohin ~ sonst!*** mais assieds-toi! – Où, là? – Ben, sur la chaise, où veux-tu t'asseoir[, sinon]?; ***den habe ich damit nicht gemeint! – Ja, wen ~ sonst?*** ce n'est pas à lui que je pensais! – Ah oui, et à qui d'autre alors?
3. NDEUTSCH *fam* alors; ***na, ~ beeilt euch mal!*** bon, alors dépêchez-vous!
►**... ~ auch** *oft nicht übersetzt;* ***so kam [o passierte] es ~ auch*** c'est ce qui s'est passé

dennoch *adv* malgré tout, quand même
►**und ~, ...** et pourtant, ..., et malgré tout, ...

denselben *pron akk von* **derselbe** *dat von pl* **dieselben** *s.* **derselbe, dieselbe, dasselbe**

dental *adj* 1. MED dentaire
2. PHON dental(e)

Dental <-s, -e> *m* PHON dentale *f*

Dental- MED dentaire; **~*hygieniker*** spécialiste *mf* d'hygiène dentaire; **~*labor*** laboratoire *m* d'orthodontie

Denunziant(in) <-en, -en> *m(f) pej* dénonciateur(-trice) *m(f),* délateur(-trice) *m(f)*

Denunziantentum <-s> *nt Ø pej* délation *f,* dénonciation *f*

Denunziation <-, -en> *f pej* dénonciation *f*

denunzieren * *vt* 1. *pej* (*anzeigen*) ■ **jd denunziert jdn [bei jdm] [als etw]** qn dénonce qn [à qn] [comme qc]
2. *geh* (*brandmarken*) ■ **jd denunziert etw als etw** *als staatsfeindlich, gotteslästerlich* qn dénonce qc comme quelque chose de; *als Gotteslästerung* qn dénonce qc comme qc

Deo <-s, -s> *nt fam* déodorant *m*

Deodorant <-s, -s *o* -e> *nt* déodorant *m*

deodorierend I. *adj* déodorant(e)
II. *adv:* ***etw wirkt ~*** qc a un effet déodorant

Deoroller *m* déodorant *m* à bille **Deospray** [-ʃpreː, -spreː] *nt o m* 1. (*Substanz*) déodorant *m* 2. (*Behälter*) bombe *f* de déodorant **Deostift** *m* déodorant *m* en stick

Departement <-s, -s> [departə'mãː] *nt* département *m*

Dependance <-, -n> [depã'dãːs] *f* 1. (*Nebengebäude*) dépendances *fpl*
2. *geh* (*Zweigstelle*) succursale *f*

Depesche <-, -n> *f veraltet* dépêche *f*

deplaciert [-'siːɐt], **deplatziert**[RR] *adj* déplacé(e), incongru(e); ■ **jd ist irgendwo ~** qn détonne [*o* n'est pas à sa place] quelque part

Deponie <-, -n> [-'niːən] *f* décharge *f*

deponieren * *vt* 1. (*hinterlegen*) ■ **jd deponiert etw,** ■ **jd deponiert etw [bei jdm/etw/in etw** (*dat*)**]** qn met qc en dépôt [*o* qn dépose qc] [chez qn/dans qc/à qc]
2. (*hinstellen*) ■ **jd deponiert etw irgendwo** qn [dé]pose qc quelque part

Deportation <-, -en> *f* déportation *f*

deportieren * *vt* ■ **jd deportiert jdn** qn déporte qn

Deportierte(r) *f(m) decl wie adj* déporté(e) *m(f)*

Depositen *pl* dépôts *mpl* à court terme, valeurs *fpl* en dépôt

Depot <-s, -s> [de'poː] *nt* 1. (*Lager*) entrepôt *m,* dépôt *m*
2. FIN coffre-fort *m*
3. TRANSP dépôt *m*
4. [*Wein*] dépôt *m*
5. CH (*Flaschenpfand*) consigne *f*

Depp <-en *o* -s, -e[n]> *m* SDEUTSCH, AUS, CH *fam* imbécile *m,* andouille *f fam*

deppert I. *adj* SDEUTSCH, AUS *fam* idiot(e), con(ne) *fam;* ***dieser ~e Kerl*** cet idiot, ce con *fam*
II. *adv* SDEUTSCH, AUS *fam:* ***jd stellt sich ~ an*** qn se débrouille comme un manche *fam*

Depression <-, -en> *f* (*alle Bedeutungen*) dépression *f;* ***jd leidet an ~en*** qn souffre de dépression

depressiv I. *adj* dépressif(-ive)
II. *adv:* ***jd ist ~ veranlagt*** qn a des tendances dépressives; ***jd ist ~ gestimmt*** qn est dépressif(-ive)

deprimieren * *vt* ■ **jd/etw deprimiert jdn** qn/qc déprime qn **deprimierend** *adj* déprimant(e)

deprimiert *adj Mensch* déprimé(e); *Gesichtsausdruck* abattu(e); ***jd ist in ~er Stimmung*** qn se sent déprimé(e)

Deputat <-[e]s, -e> *nt* nombre *m* d'heures d'enseignement dues

Deputation <-, -en> *f veraltet* députation *f,* délégation *f*

Deputierte(r) *f(m) decl wie adj* député(e) *m(f)*

der[1] *art gen/dat von* **die** *s.* **der**[2], **die, das**

der[2], **die, das** I. <*gen* **des, der, des,** *pl* **der;** *dat* **dem, der, dem,** *pl* **den;** *akk* **den, die, das,** *pl* **die**> *art* 1. (*allgemein*) *nomin, sing* le/la; *pl* les; ***der Mai*** [le mois de] mai; ***die Donau*** le Danube; ***das kleine Mädchen*** la petite fille; ***der Franzose isst gern gut*** les Français aiment la bonne cuisine
2. *gen, sing* du/de la; *pl* des; ***der Preis der Vase*** le prix du vase; ***die Vorladung des Hans Schneider*** la citation [à comparaître] de Hans Schneider; ***die Erinnerungen der Greta Garbo*** les souvenirs de Greta Garbo
3. *dat, sing* au/à la; *pl* aux; ***sag das dem Friseur/der Friseuse*** dis ça au coiffeur/à la coiffeuse; ***ich gehe mit dem Kind spazieren*** je vais me promener avec l'enfant; ***der Esche ist ein feuchter Untergrund am liebsten*** c'est un sous-sol humide qui convient le mieux au frêne; ***dem Gerät sieht man seine Qualität an*** la qualité de cet appareil se voit à l'œil nu; ***ich habe das den Kindern geschenkt*** j'ai donné ça aux enfants
4. *akk, sing* le/la; *pl* les; ***hilfst du mir mal den Schrank zu tragen?*** tu m'aides à porter l'armoire?; ***ich hatte den ganzen Juni viel zu tun*** j'ai eu beaucoup de choses à faire tout le mois de juin; ***stell den Stuhl an die Wand/auf den Tisch*** mets la chaise contre le mur/sur la table; ***ich habe die Kinder meiner Schwester eingeladen*** j'ai invité les enfants de ma sœur
5. *bei Namen mit Attribut* le/la; ***die hübsche Beate*** la ravissante Beate; ***das Deutschland des 19. Jahrhunderts*** l'Allemagne du XIXe siècle
6. + *Eigennamen* SDEUTSCH *nicht übersetzt;* ***der Andreas lässt dich grüßen*** Andreas te dit bonjour; ***die Mutti hat's erlaubt*** maman l'a permis
7. *bei berühmten Persönlichkeiten:* ***die Bardot*** la Bardot
II. <*gen* **dessen, deren, dessen,** *pl* **derer** *substantivisch o* **deren** *attributiv; dat* **dem, der, dem,** *pl* **denen** *substantivisch o* **deren** *attributiv; akk* **den, die, das,** *pl* **die**> *pron dem* 1. *attributiv, sing* ce/*vor Vokal* cet/cette; *gen* son/sa; *dat* à ce/*vor Vokal* cet/cette; *akk* ce/*vor Vokal* cet/cette; ***das Kind auf dem Bild*** l'enfant sur la photo; ***dessen/deren Auto hätte ich gern*** j'aimerais bien avoir sa voiture; ***der Frau können wir trauen*** nous pouvons faire confiance à [*o* avoir confiance en] cette femme; ***den Mann hätte ich gern geheiratet*** j'aurais bien épousé cet homme; ■ **der/die/das ... da** ce/*vor Vokal* cet/cette ...-là; ***der Baum da*** cet arbre-là
2. *attributiv, pl* ces; *gen* leur; *dat* à ces; *akk* ces; ***hast du deren Auto gesehen?*** tu as vu leur voiture?; ***den Leuten können wir nicht trauen*** nous ne pouvons pas faire confiance à [*o* avoir confiance en] ces gens[-là]
3. *substantivisch, sing* celui-ci/celle-ci; *pl* ceux-là/celles-là, ceux-ci/celles-ci; ***wer ist denn der?*** qui est-ce?, qui c'est celui-là? *fam;* ***was will denn die schon wieder?*** qu'est-ce qu'elle veut encore[, celle-là]?; ***der auf dem Foto, der kommt mir doch bekannt vor!*** ce type sur la photo, il me semble bien que je le connais!; ■ **der, der ...** celui qui ...; ■ **die, die ...** *sing* celle qui ...; *pl* ceux/celles qui ...; ***gedenke derer, die ...*** souviens-toi de ceux qui ...
4. (*unbestimmtes Ding*) ■ **das** ça, cela; ***das geht nicht*** ça [*o* cela] ne va pas; ***das gefällt mir, dass*** je suis content que + *subj;* ***das regnet schon wieder!*** voilà qu'il recommence à pleuvoir!; ***gib mir das!*** donne-moi ça!; ■ **das ist/sind** c'est/ce sont; ■ **das war/waren** c'était/c'étaient
III. <[**wie da**]> *pron rel* 1. *nomin* qui; *gen* dont; *dat* auquel/à laquelle/auxquels/auxquelles; *akk* que; ***der Mann, der das sah*** l'homme qui a vu ça; ***die Frau, deren Kinder ich kenne*** la femme dont je connais les enfants; ***der Mann, dessen Auto gestohlen wurde*** l'homme dont on a volé la voiture; ***das Kind, dem ich das gegeben habe*** l'enfant auquel [*o* à qui] j'ai donné ça; ***die Frau, die er liebt*** la femme qu'il aime
2. *am Satzanfang* celui/celle qui; ***der/die mir das erzählt hat, hat gelogen*** celui/celle qui m'a raconté ça a menti
IV. <*gen* **dessen, deren, dessen,** *pl* **deren;** *dat* **dem, der, dem,** *pl* **denen;** *akk* **den, die, das,** *pl* **die**> *pron pers, sing, nomin* il/elle; *gen* de lui/d'elle; *dat* lui; *akk* le/la; *pl, nomin* ils/elles; *gen* d'eux/d'elles; *dat* leur; *akk* les; ***dessen bin ich mir sicher*** j'en suis sûr(e), je suis sûr(e) de ça [*o* cela]

derart *adv* 1. + *vb* ■ **~ ..., dass** *reizen, provozieren* tellement que + *indic,* à tel point que + *indic; sich benehmen* d'une telle façon que + *indic;* ***dein Benehmen ist ~, dass*** ton comportement est tel que + *indic;* ***er büffelte wochenlang; ~ vorbereitet brauchte er sich dann keine Sorgen zu machen*** il a bossé durant des semaines; ainsi préparé, il n'avait plus à se faire de souci
2. + *adj* ■ **~ ..., dass** si ... que + *indic,* tellement ... que + *indic*

derartig I. *adj* tel(le); ■ **[etwas] D~es** ce genre de chose; ***etwas D~es habe ich noch nie gesehen*** je n'ai encore rien vu de tel
II. *adv* si

derb I. *adj* 1. (*grob*) *Manieren, Witz, Sprache* grossier(-ère)
2. (*fest*) *Stoff, Leder, Schuhe* solide, résistant(e)
3. (*einfach und kräftig*) *Essen, Kost* simple
II. *adv* 1. (*heftig*) *jdn anfahren, behandeln* brutalement, rudement
2. (*grob*) *sich ausdrücken* grossièrement

Derbheit <-, -en> *f* 1. (*Grobheit*) grossièreté *f*
2. *Ø* (*feste Beschaffenheit*) solidité *f,* résistance *f*

Derby <-s, -s> ['dɛrbi] *nt* derby *m*

Deregulierung *f* dérégulation *f*

deren *pron gen von sing/pl* **die** *s.* **der**[2], **die, das**

derenthalben *adv veraltet,* **derentwegen** *adv* 1. *sing* (*wegen welcher*) pour lequel/laquelle; *auf Menschen bezogen a.* pour qui
2. *pl* (*wegen welchen*) pour lesquels/lesquelles; *auf Menschen bezogen a.* pour qui **derentwillen** *adv* ►**um ~** pour lequel/laquelle; *auf Menschen bezogen a.* pour qui; (*denen zuliebe*) pour lesquels/lesquelles; *auf Menschen bezogen a.* pour qui

derer *pron gen pl von dem pron* **der, die, das** 1. (*derjenigen*) ■ **~, die ...** de ceux/celles qui ...
2. *geh* (*der Herren*) ■ **~ von ...** des seigneurs *mpl* de ...

deret- *präf s.* **derent-**

dergestalt *adv geh* ainsi; ■ **~, dass** tellement ... que + *indic,* à tel point que + *indic;* ***sie veränderte den Text ~, dass*** elle a tellement modifié le texte que + *indic,* elle a modifié le texte à tel point que + *indic*

dergleichen *pron dem, inv* **1.** *adjektivisch* (*solche*) ce genre de, de tels/telles
2. *substantivisch* (*in der Art*) ce genre de choses; ***ein interessanter Schmuck, ich habe selten/noch nie ~ gesehen*** un bijou original, j'en ai rarement/je n'en ai encore jamais vu de pareil; ***ich will nichts ~ hören!*** je ne veux rien entendre de pareil!
▸ **und ~ [mehr]** et cetera

Derivat <-[e]s, -e> [-'vaːt] *nt* dérivé *m*

derjenige, diejenige, dasjenige <*gen* desjenigen, derjenigen, desjenigen, *pl* derjenigen; *dat* demjenigen, derjenigen, demjenigen, *pl* denjenigen; *akk* denjenigen, diejenige, dasjenige, *pl* diejenigen> *pron dem* **1.** *substantivisch* ■ **derjenige, der ...** celui qui ...; ■ **diejenige, die ...** celle qui ...; ■ **diejenigen, die ...** ceux/celles qui ...; ***diejenigen unter Ihnen*** ceux d'entre vous; ■ **dasjenige, was ...** ce qui/ce que ...
2. *attributiv form* ce/ *vor Vokal* cet/cette; *pl* ces; ***dasjenige Lied habe ich irgendwo schon einmal gehört*** ce chant[-là], je l'ai déjà entendu quelque part
▸ **derjenige, welcher/diejenige, welche** *fam* notre vieille connaissance, celui/celle qu'on connaît bien

derlei *pron inv* ce genre de; ~ ***Anspielungen*** ce genre d'allusions

dermaßen *adv* aussi; ***das ist ein ~ gemeiner Vorwurf, den ich einfach nicht auf mir sitzen lassen kann!*** c'est un reproche si [*o* tellement] méchant que je ne peux m'empêcher de répondre!; ■ ~ **[...], dass** tellement [...] que + *indic;* (*mit adj a.*) si ... que + *indic*

Dermatologe <-n, -n> *m*, **-login** *f* dermatologue *mf,* dermato *mf fam*

Dermatologie <-> *f* ∅ dermatologie *f*

derselbe, dieselbe, dasselbe <*gen* desselben, derselben, desselben, *pl* derselben; *dat* demselben, derselben, demselben, *pl* denselben; *akk* denselben, dieselbe, dasselbe, *pl* dieselben> *pron dem* **1.** (*ebender, ebendie, ebendas*) le/la même; ***war das nicht eben ihr Chef, der da vorbeiging? – Genau,*** ~ **[*war es*]**! ce n'est pas votre chef qui vient de passer à l'instant? – Tout à fait, c'était bien lui!
2. *substantivisch/attributiv fam* (*der, die, das Gleiche*) (*bezüglich auf Personen*) le/la même; (*bezüglich auf Sachen*) la même chose
▸ **noch mal dasselbe, bitte!** GASTR *fam* la même chose, s'il vous plaît!

derweil[en] **I.** *adv veraltend* (*inzwischen*) pendant ce temps
II. *conj veraltend* (*während*) pendant que + *indic*

Derwisch <-es, -e> *m* derviche *m*

derzeit *adv* actuellement, en ce moment **derzeitig** *adj attr* actuel(le); ***mein ~es Befinden ist ausgezeichnet*** je suis en excellente forme actuellement

des¹ *art gen von* **der/das** *s.* **der², die, das**

des², Des <-> *nt* ∅ MUS ré *m* bémol

Desaster <-s, -> *nt* désastre *m*

desensibilisieren * *vt* ■ **jd desensibilisiert jdn [gegen etw]** qn désensibilise qn [à qc]

Deserteur(in) <-s, -e> [dezɛr'tøːɐ] *m(f)* déserteur *m*

desertieren * *vi + sein o rare haben* ■ **jd desertiert** qn déserte; ■ **jd desertiert von etw** qn quitte qc et déserte; ■ **jd desertiert zu jdm:** ***jd desertiert zum Feind/zur anderen Seite*** qn passe à l'ennemi/de l'autre côté; ***er desertierte zu den Engländern*** il est passé chez les Anglais

desgleichen *adv* également; ***die Hypothekenzinsen sind sehr hoch, ~ die Baupreise*** les intérêts d'hypothèque sont très élevés, les prix à la construction également [*o* il en va de même pour les prix à la construction]

deshalb *adv* **1.** (*daher*) c'est la raison pour laquelle, c'est pourquoi
2. (*aus dem Grunde*) c'est la raison pour laquelle; ***ich habe mich versprochen, aber ~ müssen Sie sich nicht gleich aufregen!*** j'ai fait un lapsus, mais ce n'est pas une raison pour vous énerver!
▸ **also ~!**, ~ **also!** c'était [*o* c'est] donc [*o* pour] ça!; **also ~ ...**, ~ **also ...** c'est pour ça que ... + *indic;* ~, **weil** parce que; ***ich bin ~ gekommen, weil ich dich sprechen wollte*** si je suis venu, c'est parce que j'avais envie de te parler

Design <-s, -s> [di'zain] *nt* [*Sportwagen, Möbel*] design *m;* [*Kleid*] style *m*

Designer(in) <-s, -> [di'zainɐ] *m(f)* (*für Möbel, Einrichtung*) designer *mf;* (*für Kleidung*) styliste *mf*

Designer- [di'zainɐ-] *-lampe, -teppich, -waschbecken* design; *-kleid, -kleidung* créé(e) par des stylistes **Designerdroge** *f* drogue *f* de synthèse

designiert *adj attr* désigné(e)

desillusionieren * [dɛsˀɪluzio'niːrən, dezɪlu-] *vt* ■ **jd/etw desillusioniert jdn** qn/qc désillusionne qn, qn/qc fait perdre ses illusions à qn; ■ **~d:** ***jd macht eine ~de Erfahrung*** qn éprouve une désillusion; ***diese bittere Enttäuschung war endgültig ~d für sie*** cette amère déception lui fit perdre définitivement ses illusions

Desillusionierung <-, -en> [dɛsˀɪluzio'niːrʊŋ, dezɪlu-] *f* désillusion *f*

Desinfektion <-, -en> [dɛsˀɪnfɛk'tsioːn, dezɪ-] *f* désinfection *f*

Desinfektionsmittel [dɛsˀɪ-, dezɪ-] *nt* [produit *m*] désinfectant *m*

desinfizieren * [dɛsˀɪnfi'tsiːrən, dezɪ-] *vt* ■ **jd desinfiziert etw** qn désinfecte qc

Desinfizierung <-, -en> [dɛsˀɪ-, dezɪ-] *f s.* **Desinfektion**

Desinformation [dɛsˀɪnfɔrma'tsioːn, dezɪ-] *f* **1.** (*Verfahrensweise*) désinformation *f*
2. (*falsche Information*) fausse information *f*

Desinformationskampagne [dɛsˀɪ-, dezɪ-, -kampanjə] *f* campagne *f* de désinformation

Desintegration [dɛsˀɪntegra'tsioːn, dezɪ-] *f geh* désintégration *f,* désagrégation *f*

Desinteresse ['dɛsˀɪntə'rɛsə, 'dezɪ-] *nt* manque *m* d'intérêt, désintérêt *m;* ■ **jds ~ [an jdm/etw]** le manque d'intérêt de qn [pour qn/qc]
▸ **jd bekundet [*o* zeigt] sein ~ an etw** (*dat*) qn manifeste [*o* montre] son manque [*o* son peu] d'intérêt pour qc

desinteressiert [dɛsˀɪntərɛ'siːɐt, 'dezɪ-, 'dɛsˀɪ-, 'deːzɪ-] *adj Zuhörer, Zuschauer* peu intéressé(e); ***er machte ein ~es Gesicht*** le manque d'intérêt se lisait sur son visage; ■ **jd ist an jdm/etw ~** qn n'est pas intéressé(e) par qn/qc

Desktop <-s, -s> ['dɛsktɔp] *m* INFORM ordinateur *m* de table

Desktoppublishing[RR], **Desktop-Publishing**[RR] <-> ['dɛsktɔp 'pablɪʃɪŋ] *nt* ∅ microédition *f,* publication *f* assistée par ordinateur

desolat *adj geh Anblick, Zustand* piteux(-euse) *antéposé; Wirtschaft etc* en piteux état

Desorientierung [dɛsˀɔriɛn'tiːrʊŋ, dezɔ-] *f* **1.** (*Verwirrung*) désarroi *m*
2. (*Störung der Orientierungsfähigkeit*) désorientation *f* [spatio-temporelle]

Desoxyribonukleinsäure [dɛsˀɔksyribonukle'iːn-, dezɔksy-] *f* BIO, CHEM acide *m* désoxyribonucléique

despektierlich **I.** *adj geh* irrévérencieux(-euse) *littér,* irrespectueux(-euse); ■ **es ist ~ etw zu tun** il est irrévérencieux de faire qc
II. *adv geh* irrévérencieusement *littér,* irrespectueusement *littér*

Desperado <-s, -s> *m geh* desperado *m*

Despot(in) <-en, -en> *m(f)* despote *m*

despotisch **I.** *adj* despotique
II. *adv* en despote, despotiquement

desselben *pron gen von* **derselbe, dasselbe**

dessen *pron gen von* **der/das** *s.* **der², die, das**

dessentwillen *adv* ▸ **um ~** pour qui [*o* lequel], pour l'amour de qui

dessenungeachtet *s.* **ungeachtet**

Dessert <-s, -s> [dɛ'sɛːɐ, dɛ'sɛːɐ] *nt* dessert *m*

Dessin <-s, -s> [dɛ'sɛ̃ː] *nt* motif *m*

Dessous <-, -> [dɛ'suː, *pl* dɛ'suːs] *nt meist pl* dessous *mpl;* ***ein seidenes*** ~ des dessous en soie

destabilisieren *vt* ■ **jd/etw destabilisiert etw** qn/qc déstabilise qc

Destillat <-[e]s, -e> *nt* distillat *m*

Destillation <-, -en> *f* distillation *f*

destillieren * *vt* ■ **jd destilliert etw** qn distille qc

Destillierkolben *m* alambic *m*

desto *conj* d'autant + *comp;* ~ ***besser für uns*** tant mieux pour nous; ~ ***schlimmer!*** c'est encore [bien] pire!

destruktiv *adj* négatif(-ive)

deswegen *adv s.* **deshalb**

Detail <-s, -s> [de'tai, de'taːj] *nt* détail *m*
▸ **jd geht ins ~** qn entre dans les détails; **etw liegt [*o* steckt] im ~ /** *Problem, Schwierigkeit/* qc est à préciser; ***es gibt nur noch ein paar Probleme, die im ~ liegen*** il ne reste plus que quelques problèmes de détail; **im ~** dans le détail; **in allen ~s** en détail, dans les moindres détails

Detailfrage [de'tai-, de'taːj-] *f* question *f* [*o* point *m*] de détail **Detailkenntnisse** *pl* connaissances *fpl* détaillées

detaillieren * [deta'jiːrən] *vt* ■ **jd detailliert [jdm] etw** qn détaille qc [à qn], qn explique qc en détail [à qn]

detailliert [deta'jiːɐt] **I.** *adj* détaillé(e); *Bild, Vorstellung a.* précis(e)
II. *adv* en détail, dans le détail

Detailliertheit <-> [deta'jiːɐt-] *f* ∅ précision *f,* caractère *m* détaillé; ***von größerer ~*** d'une plus grande précision
▸ **in aller ~** dans les moindres détails

Detaillist(in) <-en, -en> [deta'jɪst] *m(f)* CH *s.* **Einzelhändler**

Detektei <-, -en> *f* agence *f* [*o* bureau *m*] de détectives [privés]

Detektiv(in) <-s, -e> *m(f)* **1.** (*Privat~*) détective *m* [privé]
2. (*Zivilfahnder*) inspecteur(-trice) *m(f)*

Detektivbüro *nt* agence *f* [*o* bureau *m*] de détectives [privés]

detektivisch [-vɪʃ] **I.** *adj* de détective; *Kleinarbeit a.* de fourmi
II. *adv* à la manière d'un détective; ***er ging geradezu ~ vor*** il a effectué un véritable travail de fourmi

Detektivroman *m* roman *m* policier

determinieren * *vt geh* ■ **etw determiniert etw** qc détermine qc

Determinismus <-> *m* ∅ déterminisme *m*

deterministisch *adj* déterministe

Detonation <-, -en> *f* détonation *f,* explosion *f*
▸ **jd bringt etw zur ~** qn fait exploser qc

detonieren * *vi + sein* ■ **etw detoniert** qc détone, qc explose

Deubel <-s, -> *m* DIAL *s.* **Teufel**

deucht *alt 3. pers pres von* **dünken**

deuchte *alt imp von* **dünken**

Deus ex Machina[RR] <- - -, Dei - - -> *m geh* deus ex machina *m*

Deut *m* ▸ **etw ist keinen [*o* nicht einen] ~ wert** qc ne vaut rien, qc ne vaut pas un clou [*o* un radis] *fam;* **um keinen ~** ne ... pas d'un iota; ***du bist um keinen ~ besser als er*** tu ne vaux pas mieux que lui; **kein ~:** ***daran ist kein ~ wahr*** il n'y a pas une once de vérité dans tout cela; **keinen [*o* nicht einen] ~** ne ... rien du tout; *verstehen* ne ... pas un traître mot

deutbar *adj* ■ **etw ist ... ~** *kaum, nicht anders, nur so* qc peut être interprété(e) ..., qc s'explique ...; ***etw ist nicht anders ~*** qc ne s'explique pas autrement

deuteln *vi geh* ■ **jd deutelt an etw** (*dat*) qn ratiocine *littér* [*o* ergote] à propos de qc
▸ **daran gibt es nichts zu ~!** trêve d'arguties! *littér,* il n'y a pas à tortiller *fam*

deuten **I.** *vt* ■ **jd deutet [jdm] etw** *Erscheinung, Traum* qn interprète qc [à qn]; *Zukunft* qn prédit qc [à qn]; ■ **jd lässt sich** (*dat*) **etw [von jdm] ~** *Zukunft* qn se fait prédire qc [par qn]
II. *vi* **1.** (*zeigen*) ■ **jd deutet [mit etw] auf jdn/etw** qn montre qn/qc [de qc]

2. (*hinweisen*) ■ **etw deutet auf jdn/etw** qc fait penser à qn/qc
▶ **alles deutet darauf [hin], dass** tout laisse à penser que + *indic*, tout porte à croire que + *indic*

deutlich I. *adj* 1. (*klar*) *Konturen, Muster, Skizze* net(te), distinct(e); *Aussprache a.* clair(e); *Schrift a.* lisible
2. (*eindeutig*) *Hinweis, Stellungnahme, Absage, Unterscheidung* clair(e); ***etw spricht eine ~e Sprache*** qc est éloquent(e)
▶ **das war** ~! c'est on ne peut plus clair; **etw wird [jdm] ~/~er** (*etw wird klar*) qc apparaît clairement [à qn]; ***jetzt wird mir langsam ~, warum ...*** maintenant je commence à comprendre [*o* entrevoir] pourquoi ...; **jd wird** ~ qn met les points sur les i; ***bitte gehen Sie jetzt, oder muss ich ~er werden?*** et maintenant sortez, ou faut-il que j'emploie les grands moyens?
II. *adv* 1. (*klar*) *erkennbar, sichtbar, fühlbar, zu hören, wahrzunehmen, zu unterscheiden* distinctement; *zeichnen* avec précision; *reden, sprechen a.* clairement; *schreiben a.* lisiblement
2. (*eindeutig*) *sich ausdrücken, sagen, fühlen* clairement; *merken, feststellen* sans le moindre doute

Deutlichkeit <-, -en> *f* 1. ∅ (*Klarheit*) [*Aussprache*] clarté *f;* [*Schrift, Zeichnung a.*] netteté *f*
2. (*Eindeutigkeit*) [*Antwort, Erklärung, Hinweis*] clarté *f,* précision *f;* ***ihre Ablehnung ließ an ~ nichts zu wünschen übrig*** son refus clair et net ne laissait pas de place au moindre doute
▶ **in** [*o* **mit**] **aller** ~ *ausmachen, erkennen* très distinctement; *sagen, zu verstehen geben* très clairement, sans la moindre ambiguïté

deutsch *adj* allemand(e)
▶ **jd redet ~ mit jdm** *fam* qn met les points sur les i à qn; **jd spricht etw ~ aus** qn dit qc avec l'accent allemand, qn prononce qc à l'allemande; **jd spricht** ~ qn parle [en] allemand

Deutsch *nt decl wie adj lehren, studieren, verstehen* l'allemand *m; sprechen a.* allemand; ~ ***sprechend*** qui parle allemand; ***jd kann*** ~ qn parle allemand, qn sait l'allemand; ***jd spricht ein akzentfreies*** ~ qn parle un allemand sans accent; ***Professor/Lehrstuhl für*** ~ professeur/chaire d'allemand; ***sie gibt an der Volkshochschule ~ für Ausländer*** elle donne des cours d'allemand pour étrangers à l'université populaire; ***der Unterricht in*** ~ l'enseignement de l'allemand; ■ **das ~e** l'allemand *m;* ***sie hat den Text ins ~e/aus dem ~en übersetzt*** elle a traduit le texte en allemand/de l'allemand; ***das Futur im ~en*** le futur en allemand
▶ **auf gut ~ [gesagt]** *fam* en bon français; **auf** ~ en allemand

deutsch- germano-; ***ein ~-französisches Wörterbuch*** un dictionnaire allemand-français; ***die ~-französische Freundschaft*** l'amitié franco-allemande; ***dieser Film ist eine ~-italienische Koproduktion*** ce film est une coproduction germano-italienne

Deutsche(r) *f(m) decl wie adj* Allemand(e) *m(f)*
▶ **der hässliche** ~ l'Allemand affreux et méchant; **jd ist** ~ qn est Allemand(e)

Deutschenfeind(in) *m(f)* germanophobe *mf* ▶ **jd ist ein** ~ qn n'aime pas les Allemands, qn est germanophobe **Deutschenfreund(in)** *m(f)* germanophile *mf* ▶ **jd ist ein** ~ qn aime les Allemands, qn est germanophile **Deutschenhass**[RR] *m* germanophobie *f* **Deutschenhasser(in)** <-s, -> *m(f)* germanophobe *mf* ▶ **jd ist ein** ~ qn hait les Allemands, qn est germanophobe

deutschfeindlich *adj* germanophobe **Deutschfeindlichkeit** *f* germanophobie *f* **deutschfreundlich** *adj* germanophile **Deutschfreundlichkeit** *f* germanophilie *f*

Deutschland *nt* l'Allemagne *f;* ***in*** ~ en Allemagne; ***das [wieder]vereinte*** ~ l'Allemagne [ré]unifiée

Deutschlandfrage *f* question *f* allemande **Deutschlandlied** *nt* ■ **das** ~ l'hymne *m* national allemand **Deutschlandpolitik** *f* politique *f* allemande

Deutschlehrer(in) *m(f)* professeur *mf* d'allemand **deutschnational** *adj* national(e)-allemand(e) **Deutschordensritter** *m* chevalier *m* de l'Ordre teutonique **Deutschschweiz** *f* ■ **die** ~ la Suisse alémanique **Deutschschweizer(in)** *m(f)* Alémanique *mf* **deutschschweizerisch** *adj* alémanique **deutschsprachig** *adj* 1. (*deutsch sprechend*) *Bevölkerung, Gebiete* germanophone, de langue [*o* d'expression] allemande 2. (*in deutscher Sprache*) *Literatur, Zeitung* en langue allemande **deutschsprachlich** *adj Unterricht* de l'allemand **deutschsprechend** *s.* **Deutsch. deutschstämmig** *adj* d'origine [*o* de souche] allemande **Deutschstämmige(r)** *f(m) decl wie adj* Allemand(e) *m(f)* d'origine [*o* de souche]; ***jd ist ein*** ~ qn est d'origine [*o* de souche] allemande

Deutschtum <-s> *nt* ∅ culture *f* allemande

Deutung <-, -en> *f* 1. (*das Deuten*) [*Phänomen, Traum*] interprétation *f;* ***die ~ der Handlinien*** la lecture dans les lignes de la main, la chiromancie; ***die ~ der Zukunft*** la prédiction de l'avenir
2. LITER interprétation *f*

Deutungsversuch *m* LITER essai *m* d'interprétation
▶ **jd macht** [*o* **unternimmt** *geh*] **einen** ~ qn fait un essai d'interprétation, qn avance une interprétation *soutenu*

Devise <-, -n> [-ˈviː-] *f* devise *f*

Devisen [-ˈviː-] *pl* devises *fpl*

Devisen- [-ˈviː-]: ~***beschränkungen*** restrictions *fpl* en matière de devises [*o* change]; ~***geschäft*** opération *f* en devises [*o* de change]; ~***knappheit*** pénurie *f* de devises; ~***kurs*** taux *m* de change, cours *m* des devises; ~***markt*** marché *m* des devises; ~***reserven*** réserves *fpl* en devises; ***ein d~schwaches/d~starkes Land*** un pays à devise faible/forte **Devisenbestimmungen** *pl* réglementation *f* des changes **Devisenbringer** <-s, -> *m fam* source *f* de devises **Devisenhandel** *m* marché *m* des changes **Devisenvergehen** *nt* infraction *f* à la réglementation des [*o* sur les changes

devot [-ˈvoːt] I. *adj pej geh* soumis(e), servile
II. *adv pej geh* dans une attitude servile

Devotionalien [devotsioˈnaːliən] *pl* objets *mpl* de piété

Dextrose <-> *f* ∅ dextrose *m*

Dezember <-s, -> *m* décembre *m;* ■ **der** ~ le mois de décembre
▶ **Anfang/Ende/Mitte** ~ début/fin décembre/à la mi-décembre; **es ist** ~ on est en décembre; **im** ~ en décembre; **in den** ~ *fallen, legen* en décembre, au mois de décembre; [***bis***] ***in den*** ~ jusqu'en décembre; **in diesem** ~ en décembre [prochain]; **Ulm, den ...** ~ Ulm, le ... décembre

dezent I. *adj* 1. (*unaufdringlich*) *Farbe, Krawatte, Parfüm* discret(-ète)
2. *Andeutung, Hinweis* discret(-ète); *Lächeln* léger(-ère) *antéposé*
II. *adv* 1. (*unaufdringlich*) *im Hintergrund bleiben* discrètement; *geschminkt, gekleidet* avec discrétion
2. (*zurückhaltend*) *andeuten, auf etw hinweisen* discrètement, en passant; ***jd lächelt*** ~ qn arbore un léger sourire

dezentral I. *adj* décentralisé(e)
II. *adv* de façon [*o* manière] décentralisée

dezentralisieren * *vt* ■ **jd dezentralisiert etw** qn décentralise qc

Dezentralisierung <-, -en> *f* décentralisation *f*

Dezernat <-[e]s, -e> *nt* service *m*

Dezernent(in) <-en, -en> *m(f)* chef *m* de service

Dezibel <-s, -> *nt* décibel *m*

dezidiert I. *adj geh Haltung* résolu(e); *Befürworter, Gegner a.* déterminé(e); *Forderung* ferme; *Ablehnung* catégorique
II. *adv geh* fermement, résolument; *ablehnen* catégoriquement

Dezigramm *nt* décigramme *m* **Deziliter** *m o nt* décilitre *m*

dezimal *adj* décimal(e)

Dezimalstelle *f* décimale *f* **Dezimalsystem** *nt* système *m* décimal **Dezimalzahl** *f* nombre *m* décimal

Dezime <-, -n> *f* dixième *f*

Dezimeter *m o nt* décimètre *m*

dezimieren * *vt* ■ **etw dezimiert etw** qc décime qc

Dezimierung <-, -en> *f* décimation *f rare;* ***es ging ihnen um die ~ der feindlichen Truppen*** il leur importait de décimer les troupes ennemies

DFÜ <-> [deːˀɛfˀyː] *f* ∅ *abk von* **Datenfernübertragung** télétransmission *f*

DGB <-s> [deːgeːˈbeː] *m abk von* **Deutscher Gewerkschaftsbund** *confédération des syndicats allemands*

dgl. *pron abk von* **dergleichen, desgleichen** de même

d. Gr. *loc abk von* **der Große** le Grand

d. h. *loc abk von* **das heißt** c.-à-d.

Dia <-s, -s> *nt* diapo[sitive] *f*

Diabetes <-> *m* ∅ diabète *m*

Diabetiker(in) <-s, -> *m(f)* diabétique *mf*

Diabetiker- pour diabétiques

diabetisch I. *adj Mensch* diabétique; *Beschwerden* dû(due) au diabète
II. *adv:* ~ ***bedingt*** dû(due) au diabète

diabolisch I. *adj geh* 1. (*boshaft*) *Gelächter, Vergnügen* diabolique, démoniaque
2. (*teuflisch*) *Grausamkeit, Folter* diabolique
II. *adv geh* 1. (*boshaft*): ***jd grinst/lächelt*** ~ qn a un ricanement/sourire diabolique
2. (*teuflisch*) *foltern, quälen* avec une cruauté diabolique

diachron[isch] [-ˈkroː-] *adj* diachronique

Diadem <-s, -e> *nt* diadème *m*

Diadochen *pl* diadoques *mpl*

Diadochenkämpfe *pl geh* luttes *fpl* pour la succession

Diagnose <-, -n> *f* MED diagnostic *m*
▶ **jd stellt eine** ~ qn établit un diagnostic

Diagnosezentrum *nt* centre *m* de médecine préventive

Diagnostik <-> *f* ∅ science *f* du diagnostic, diagnose *f vieilli*

diagnostisch *adj* diagnostique

diagnostizieren * *vt* ■ **jd diagnostiziert etw [bei jdm]** qn diagnostique qc [chez qn]

diagonal I. *adj* diagonal(e)
II. *adv* en diagonale

Diagonale <-, -n> *f* diagonale *f*

Diagramm <-s, -e> *nt* diagramme *m*

Diagramm-Assistent *m* INFORM assistant *m* graphique

Diakon(in) <-s *o* -en, -e[n]> *m(f)* diacre *m*

Diakonie <-> *f* ∅ diaconat *m*

Diakonisse <-, -n> *f,* **Diakonissin** *f* diaconesse *f*

diakritisch *adj* diacritique

Dialekt <-[e]s, -e> *m* dialecte *m*

Dialekt- *-ausdruck* dialectal(e); *-dichtung, -stück* en dialecte; *-dichter* qui écrit en dialecte

dialektal *adj* dialectal(e)

Dialektik <-> *f* ∅ dialectique *f*

dialektisch *adj* 1. PHILOS dialectique
2. LING *s.* **dialektal**

Dialog <-[e]s, -e> *m geh* dialogue *m;* ***sie treten in einen ~ über etw*** (*akk*) ***ein*** ils/elles entament un dialogue au sujet de qc

Dialogbereitschaft *f* volonté *f* de dialoguer [*o* de dialogue] **Dialogbetrieb** *m* INFORM mode *m* conversationnel **Dialogfähigkeit** *f* ouverture *f* au dialogue

Dialyse <-, -n> [diaˈlyːzə] *f* dialyse *f;* ***ein ~-Patient*** un dialysé

Diamant <-en, -en> *m* diamant *m*

diamanten *adj attr Schmuckstück* [orné(e)] de diamants; ***die Krone funkelte in ~em Glanz*** la couronne étincelait des feux du diamant

Diamantschleifer(in) <-s, -> *m(f)* diamantaire *mf* **Diamantstaub** *m*

poudre *f* de diamant
diametral I. *adj geh* [diamétralement] opposé(e)
II. *adv geh* diamétralement; *aufeinander prallen* de front
Diaphragma <-s, -s> *nt* diaphragme *m*
Diapositiv [diapozi'ti:f, 'di:apoziti:f] *nt* diapositive *f* **Diaprojektor** *m* projecteur *m* pour diapositives **Diarahmen** *m* cadre-cache *m*
Diarrhöe <-, -n> [dia'rø:, -'rø:ən] *f spec* diarrhée *f*
Diaspora <-> [di'aspora] *f* Ø: ***in Norddeutschland leben die Katholiken in der ~*** en Allemagne du Nord, les catholiques sont minoritaires [*o* en minorité]
Diastole <-, -n> [di'astole, dia'sto:lə] *f* diastole *f*
diät *s.* **Diät** ▶
Diät <-, -en> *f* diète *f*, régime *m* [alimentaire]; ***eine salzlose ~*** un régime sans sel
▶ **jd lebt streng ~** elle suit un régime sévère; **jd hält ~** qn fait un régime; **jd ist auf ~** *fam* qn est au régime; **jd kocht ~** qn fait de la cuisine diététique; **jd lebt nach einer ~** qn suit un régime; **jd setzt jdn auf ~** *fam* qn met qn au régime
Diät- diététique
Diätassistent(in) *m(f)* diététicien(ne) *m(f)*
Diäten *pl* indemnité *f* parlementaire
Diätetik <-, -en> *f* diététique *f*
Diätfahrplan *m fam* programme *m* de régime; ***etw steht heute auf dem ~*** le régime d'aujourd'hui prévoit qc **Diätkost** *f* aliments *mpl* diététiques **Diätkur** *f* cure *f* diététique
diatonisch *adj* diatonique
dich I. *pron pers akk von* **du** te, t'; (*betont, nach Präpositionen*) toi; ***ich habe ~ gesehen*** je t'ai vu(e); ***ich werde ~ dafür zur Rechenschaft ziehen!*** je vais te demander des comptes!; ***er hat ~ gemeint!*** c'est de toi qu'il parlait!; ***für ~*** pour toi
II. *pron refl* te, t'; (*bei bejahtem Imperativ, nach Präposition*) toi; ***du darfst ~ nicht wundern, wenn*** ne t'étonne pas si; ***wie fühlst du ~?*** comment te sens-tu?; ***betrachte ~ mal im Spiegel*** regarde-toi dans le miroir
dicht I. *adj* 1. (*opp: dünn*) épais(se); *Hecke, Wald, Gebüsch, Unterholz, Bart a.* touffu(e); *Gedränge, Menschenmenge, Gewühl* dense; *Reihe* serré(e)
2. *Nebel* épais(se), dense; *Schneetreiben, Regen* dru(e); *Verkehr* dense
3. (*undurchlässig*) étanche; *Fenster, Tür* hermétique; *Stoff, Schuh* imperméable; *Rollläden, Vorhänge* épais(se)
4. *Gewebe, Stoff, Webart* serré(e)
▶ **jd ist nicht ganz ~** *sl* qn déconne *fam*
II. *adv* 1. (*örtlich*) près; ***~ gefolgt von seinen Mannen*** suivi de près par ses hommes; ***jd fährt ~ auf*** (*mit Zweirad a.*) qn colle à la roue d'un véhicule; (*mit Auto a.*) qn colle au parechoc d'un véhicule; ***wir müssen ~ zusammenbleiben*** il faut que nous restions près les uns/unes des autres; ***die Polizei ist ~ hinter jdm*** la police est sur les talons de qn; ***etw ist mit etw ~ übersät*** qc est jonché(e) de qc; ***~ neben/vor/hinter/über/unter jdm/etw*** juste à côté de/devant/derrière/au-dessus de/au-dessous de qn/qc; ***~ am Wasser/an der Straße*** tout au bord de l'eau/de la route; ***sie blieben ~ beieinander*** ils/elles sont resté(e)s tout près les uns/unes des autres
2. (*zeitlich*): ***etw steht ~ bevor*** qc est imminent(e); ***etw liegt/folgt ~ danach/dahinter*** qc suit immédiatement; ***jd ist ganz ~ daran*** qn en est tout près
3. (*sehr stark*) de façon dense; ***~/~er bevölkert*** [*o* ***besiedelt***]/***belaubt/bewölkt*** très/plus peuplé(e)/feuillu(e)/nuageux(-euse); ***~ gedrängt*** *Menschenmenge, Publikum* [très] dense; *Zuhörer, Zuschauer* serré(e)s [les uns/unes contre les autres]; ***~ behaart*** velu(e); ***auf der Brust war er ganz ~ behaart*** sa poitrine était toute velue; ***früher warst du*** [***auf dem Kopf***] ***aber noch ~er behaart!*** avant, tu avais plus de cheveux [sur la tête]!; ***in seiner Jugend war er noch ~er behaart*** il était encore plus poilu quand il était jeune; ***der Garten war ganz ~ mit Rosen bepflanzt*** le jardin était tapissé de roses
4. (*fest*) *schließen, verhängen* hermétiquement; ***dieser Stoff ist ~ gewebt*** cette étoffe est tissée serré
▶ **sie stehen ~ [an ~]** ils/elles sont les uns/unes contre les autres; ***die Bäume stehen ~ an ~*** les arbres poussent en rangs serrés; ***die Menschen standen auf dem Platz ~ an ~*** les gens s'entassaient sur la place
-dicht: ***luft~*** hermétique; ***regen~*** imperméable; ***das Dach ist nicht mehr regen~*** le toit laisse passer la pluie; ***wasser~*** étanche; ***blick~e Strumpfhosen*** des collants *mpl* opaques; ***ein blick~er Sichtschutzzaun*** une clôture qui protège des regards indiscrets
dichtauf *adv folgen* de près; *liegen* juste derrière; *bleiben* près l'un de l'autre/les uns des autres **dichtbehaart** *s.* **dicht II.3. dichtbelaubt** *s.* **dicht II.3. dichtbesiedelt, dichtbevölkert** *s.* **dicht II.3. dichtbewölkt** *s.* **dicht II.3.**
Dichte <-, -n> *f* 1. Ø [*Gebüsch, Unterholz, Wald*] épaisseur *f*; [*Gedränge, Gewühl*] densité *f*
2. [*Schneetreiben*] densité *f*; *Nebel a.* épaisseur *f*
3. PHYS densité *f*
dichten[1] I. *vt* (*literarisch erzeugen*) ■ **jd dichtet etw [auf jdn/etw]** qn compose [*o* écrit] qc [sur qn/qc]
II. *vi* ■ **jd dichtet** qn compose [*o* fait] de la poésie
dichten[2] *vt* (*ab~*) ■ **jd dichtet etw [gegen etw]** qn rend qc étanche [contre qc]; *gegen Zugluft* qn calfeutre qc [contre qc]
Dichter(in) <-s, -> *m(f)* poète *m*; ***sie ist eine große ~in*** c'est un grand poète
dichterisch I. *adj* poétique
II. *adv* 1. *ausgezeichnet* poétiquement; *begabt* pour la poésie
2. *darstellen, wiedergeben* de façon poétique, poétiquement
Dichterwort <-worte> *nt* citation *f* [de poète/d'écrivain]
dichtgedrängt *s.* **dicht II.3. dichtlhalten** *vi irreg* 1. *sl* (*den Mund halten*) ■ **jd hält dicht** qn lâche pas le morceau *fam* 2. (*dicht bleiben*) ■ **etw hält dicht** qc est hermétique; /*Schuhe*/ qc est étanche
Dichtkunst *f* art *m* poétique
dichtlmachen *vt, vi fam* ■ **jd macht [etw] dicht** *Laden, Fabrik* qn ferme [qc]; *Grenze* qn ferme qc; *Durchfahrt* qn bloque qc
Dichtung[1] <-, -en> *f* 1. Ø (*Dichtkunst*) poésie *f*
2. (*Gedicht*) poème *m*
▶ **~ und Wahrheit** la réalité et la fiction
Dichtung[2] <-, -en> *f* TECH joint *m*
Dichtungsmasse *f* mastic *m* [pour joints] **Dichtungsmittel** *nt* adjuvant *m* hydrofuge **Dichtungsring** *m* joint *m* [d'étanchéité]
dick I. *adj* 1. (*umfangreich*) gros(se) *antéposé*; ■ **jd wird ~** qn grossit; ***wovon bist du so ~ geworden?*** qu'est-ce qui t'a fait grossir autant?; ***jd wird ~ von zu fettem Essen/von dem ständigen Biertrinken*** qn grossit parce qu'il/elle mange trop gras/à force de boire de la bière
2. *bei Maßangaben* (*stark*) ■ **etw** (*akk*) **~** *5 m, 10 cm* de qc d'épaisseur; ■ **etw ist etw** (*akk*) **~** qc a qc d'épaisseur
3. *fam* (*beträchtlich*) gros(se) *antéposé*; ***~es Geld*** un paquet *fam*
4. *fam* (*schwer*) *Fehler* gros(se) *antéposé*; *Lob, Kompliment* grand(e) *antéposé*; *Tadel, Verweis* sévère
5. *Beule, Mandeln* gros(se) *antéposé*; *Backe, Beine, Finger* enflé(e)
6. *Flüssigkeit, Sauce* épais(se); *Milch* caillé(e); ***die Sauce wird ~er*** la sauce épaissit; ***die Milch wird ~*** le lait caille
7. *fam* (*dicht*) épais(se); *Verkehr, Gewühl* gros(se) *antéposé*
8. *fam Freundschaft, Freund* grand(e) *antéposé*
▶ **jd geht mit jdm durch ~ und dünn** qn suivrait qn au bout du monde [*o* en enfer]; **etw macht ~** qc fait grossir
II. *adv* 1. (*warm*): ***zieh dich bloß ~ an!*** couvre-toi bien!; ***du solltest dich lieber ~er anziehen*** tu devrais te couvrir davantage
2. *anstreichen, unterstreichen* en gros
3. (*reichlich*): ***die Creme darf nicht zu ~ aufgetragen werden*** il ne faut pas mettre une trop grosse épaisseur de crème; ***schmier dir nicht die Butter so ~ aufs Brot!*** ne mets pas de telles épaisseurs de beurre sur ton pain!
4. *fam* (*sehr*): ***ich bin ~ satt!*** je suis gavé(e)! *fam*; ***das kreide ich dir ~ an!*** tu vas me le payer cher!; ***jd ist mit etw ~ im Geschäft*** qn fait son beurre de qc *fam*
▶ **jd ist mit jdm ~[e] befreundet** *fam*: ***die sind ~ miteinander befreundet*** ils/elles sont comme cul et chemise *fam*; **jd hat es ~[e]** *sl* qn est plein(e) aux as *fam*; **jd hat es nicht so ~[e]** *fam* qn roule pas sur l'or *fam*; **jd hat jdn/etw ~[e]** *fam* qn en a ras le bol de qn/qc *fam*; **etw kommt ~[e]** *fam* qc arrête pas *fam*; ***es wird noch ~er kommen*** ça va aller de pire en pire; ***dann kam's ~er*** et puis ça a été pire; ***dass es so ~e kommen würde*** qu'on en arrive à ce point; **jd macht sich ~** *fam* qn s'étale *fam*; **jd trägt ~ auf** *pej fam* qn en rajoute *fam*
dickbauchig *adj Kanne, Krug, Vase* ventru(e), pansu(e) **dickbäuchig** *adj Mensch* bedonnant(e), ventripotent(e) **Dickdarm** *m* gros intestin *m*
dicke *adv fam s.* **dick II. 4.**
Dicke <-, -n> *f* grosseur *f*; [*Schicht, Eisdecke*] épaisseur *f*; (*bei Maßangabe*) épaisseur *f*; ***die Wand hat 70 cm ~*** la paroi a 70 cm d'épaisseur [*o* une épaisseur de 70 cm]
Dicke(r) *f(m) decl wie adj fam* gros(se) *m(f)*, gros patapouf/grosse dondon *m/f fam*; ***sie ist so eine kleine ~*** c'est une [petite] boulotte *fam*; ***he, ~r!*** hé, gros plein de soupe! *fam*
Dickerchen <-s, -> *nt fam* gros(se) *m(f)*, rondouillard(e) *m(f) fam*; ***mein ~!*** mon gros! *fam*
dickfellig *adj pej fam* cabochard(e) *fam*; ■ **jd ist ~** qn est un mur
dickflüssig *adj* visqueux(-euse); *Sauce* épais(se); ■ **etw wird ~** qc devient visqueux(-euse), qc épaissit
Dickhäuter <-s, -> *m hum fam* (*Tier*) pachyderme *m*
▶ **jd ist ein ~** les choses glissent sur qn
Dickicht <-[e]s, -e> *nt* 1. (*Gebüsch*) fourré *m*
2. [*Paragraphen, Steuergesetzgebung*] maquis *m*
Dickkopf *m fam* 1. (*Starrsinn*) entêtement *m*
2. (*Mensch*) tête *f* de lard [*o* de pioche] *fam*; ***sei kein ~!*** ne fais pas ta tête de lard [*o* de pioche]! *fam*
▶ **jd bekommt einen/seinen ~, jd setzt seinen ~ auf** qn fait sa tête de lard *fam*; /*Kind*/ qn fait un caprice; **jd hat einen/seinen ~** qn a une/fait sa tête de mule *fam*; **jd setzt seinen ~ durch** on fait les quatre volontés de qn *fam*
dickköpfig *adj* cabochard(e) *fam*
dickleibig *adj geh* 1. *Mensch* corpulent(e)
2. *Band, Wälzer* gros(se) *antéposé*
Dickleibigkeit <-> *f* Ø *geh* embonpoint *m*
dicklich *adj* 1. (*etwas dick*) *Mensch* grassouillet(te); *Gesicht, Arm, Bein* potelé(e)
2. (*dickflüssig*) épais(se); ■ **etw wird ~** qc épaissit
Dickmilch *f* lait *m* caillé **Dickschädel** *m fam s.* **Dickkopf. dickschalig** *adj Nuss* à coque épaisse; *Orange* à écorce [*o* peau] épaisse; ■ **etw ist ~** qc a une coque/une écorce [*o* peau] épaisse **dickwandig** *adj* 1. *Gefäß, Schale* en verre/grès/… épais(se) 2. *Gebäude, Bunker etc* aux murs épais; ■ **etw ist ~** qc a des murs épais **Dickwanst** *m pej fam* gros *m* plein de soupe
Didaktik <-, -en> *f* didactique *f*
didaktisch I. *adj* didactique
II. *adv* au niveau [*o* sur le plan] didactique
die *art nomin sing/pl, akk pl* **der**[2], **die, das**
Dieb(in) <-[e]s, -e> *m(f)* voleur(-euse) *m(f)*
▶ **die kleinen ~e hängt man, die großen lässt man laufen** *prov* c'est tou-

jours le petit qui trinque; **haltet den** ~! au voleur!, arrêtez-le!; **jd wird zum** ~ qn devient voleur, qn se met à voler; **wie ein** ~ comme un voleur

Dieberei <-, -en> *f fam* chapardage *m fam; **jd wird von ihm/ihr zu ~en angehalten*** il/elle incite qn à chaparder *fam*

Diebesbande *f pej* bande *f* de voleurs **Diebesgesindel** *nt s.* **Diebespack. Diebesgut** *nt ∅* butin *m* **Diebesnest** *nt veraltend* repaire *m* de voleurs **Diebespack** *nt ∅ pej* racaille *f*

diebisch I. *adj* 1. (*stehlend*) *Penner, Zigeuner* voleur(-euse); *Gesindel, Pack* de voleurs
2. *fam Freude, Vergnügen* furtif(-ive)
II. *adv fam* en douce *fam; **jd freut sich*** ~ qn biche dans son coin *fam*

Diebstahl <-[e]s, -e> *m* vol *m*
► **geistiger** ~ vol *m* littéraire; **schwerer** ~ vol *m* qualifié; **jd begeht einen** ~ qn commet un vol

Diebstahlversicherung *f* assurance *f* contre le vol

diejenige *pron dem s.* **derjenige**

Diele <-, -n> *f* 1. ARCHIT hall *m* [d'entrée]
2. (*Fußbodenbrett*) lame *f* [de parquet]

dienen *vi* 1. (*nützlich sein*) ■ **etw dient einer S.** (*dat*) qc sert à qc
2. (*helfen*) ■ **jdm ist mit etw gedient**: ***mit dieser Auskunft ist mir nicht/kaum/wenig gedient*** ce renseignement ne me suffit pas/ne me sert pas à grand-chose; ***vielleicht ist dir erst mal mit einem Handtuch gedient?*** peut-être qu'un essuie-mains [*o* une serviette] peut te dépanner?; ***wäre Ihnen vielleicht mit diesem Fläschchen hier gedient?*** est-ce que cette petite bouteille correspond à ce que vous cherchez?
3. (*verwendet werden*) ■ **etw dient [jdm] als etw** qc sert de qc; */Gebäude, Gerät a./* qc fait office de qc
4. (*herbeiführen*) ■ **etw dient zu etw** qc sert à qc; ***etw dient zur allgemeinen Erheiterung*** qc provoque l'hilarité générale; ***ich weiß wirklich nicht, wozu das alles ~ soll*** je ne vois vraiment pas l'intérêt de tout ça
5. MIL ■ **jd dient/dient bei etw/unter jdm** qn fait son service/sert dans qc/sous les ordres de qn; *s. a.* **gedient**
6. *veraltet* (*beschäftigt sein*) ■ **jd dient [bei] jdm [als etw]** qn sert chez qn [comme qc]
► **jd kann jdm mit etw** ~: ***womit kann ich Ihnen ~?*** en quoi puis-je vous être utile?; ***damit können wir im Moment leider nicht*** ~ nous n'avons malheureusement pas ça [en magasin] actuellement

Diener <-s, -> *m fam* (*Verbeugung*): ***durch einen tiefen*** ~ en s'inclinant profondément
► **jd macht [vor jdm] einen** ~ qn s'incline [devant qn]

Diener(in) <-s, -> *m(f)* 1. (*Bediensteter*) serviteur/servante *m/f vieilli*
2. *geh* ■ **ein** ~ **einer Person/S.** *Gottes, des Gesetzes, Staates* un serviteur de qn/qc *soutenu*
► **Ihr [sehr] ergebener** ~ *veraltet* votre très humble serviteur *vieilli*

dienern *vi pej* ■ **jd dienert [vor jdm]** qn fait des courbettes [à [*o* devant] qn]

Dienerschaft <-, -en> *f* domestiques *mpl*

dienlich *adj* utile; ■ **jd/etw ist jdm/einer S.** ~ qn/qc est utile à qn/qc

Dienst <-[e]s, -e> *m* 1. (*berufliche Tätigkeit*) travail *m*
2. (*Bereitschafts~*) service *m*
3. *pl* (*Unterstützung*) services *mpl*
4. (*Service*) service *m*
► ~ **am Kunden!** c'est gratuit pour les [bons] clients!; ~ **ist** ~, **und Schnaps ist Schnaps** *fam* le travail est une chose, le plaisir en est une autre; ~ **nach Vorschrift** grève *f* du zèle; **diplomatischer** [*o* **auswärtiger**] ~ carrière *f* diplomatique; ***Angehörige des auswärtigen ~es*** les membres *mpl* du corps diplomatique; ***die Laufbahn des diplomatischen ~es*** la carrière diplomatique; **etw leistet jdm gute ~e** qc rend bien service à qn; **der mittlere/gehobene** [*o* **höhere**] ~ le corps des fonctionnaires de catégorie B et C/ des hauts fonctionnaires [*o* de catégorie B et C]; **öffentlicher** ~ fonction *f* publique; **jd befreit jdn vom** ~ qn donne un congé à qn; **jd beurlaubt** [*o* **suspendiert**] **jdn vom** ~ qn suspend qn; **jd erweist** [*o* **tut**] **jdm einen guten/schlechten]** ~ qn rend [un bon/mauvais] service à qn; ~ **habend** de service, de garde; **jd/etw hat** ~ (*arbeitet*) qn travaille; (*hat Bereitschafts~*) qn/qc est de service; **jd ist** [*o* **steht**] **bei jdm in ~[en]** [*o* **in jds ~[en]**] (*dat*) *veraltet* qn est au service de qn; **jd nimmt jdn in [seinen]** ~ [*o* **in seine ~e**] *veraltet* qn prend qn à son service; **jd quittiert den** ~ qn quitte le service; **jd scheidet aus dem [aktiven]** ~ **aus** qn quitte le service [actif]; **jd/etw steht jdm zu ~en** [*o* **zu jds ~en**] qn/qc est à la disposition de qn; **was steht zu ~en?** *veraltend* que puis-je faire pour vous?, qu'y a-t-il pour votre service?; **jd stellt sich in den** ~ **einer S.** (*gen*) qn se met au service de qc; **jd stellt etw in** ~ qn met qc en service; **jd tritt in jds ~[e]** (*akk*) qn entre au service de qn; ~ **tuend** de garde; **jd tut** ~ **bei jdm/als etw** qn travaille chez qn/comme qc; **etw versagt seinen** ~ */Augen/* qc défaille; */Beine/* qc se dérobe; ***sein Gehör versagt manchmal seinen*** ~ l'ouïe lui fait parfois défaut; ***seine Stimme versagte ihren*** ~ la voix lui manqua; **außer** ~ en retraite; **im** ~ pendant le travail [*o* le service]; ***ich bin im ~!*** je suis de service!; **im ~[e] einer S.** (*gen*) au service de qc; **nach** ~ après le travail; **... vom** ~ ... de service

Dienstabteil *nt* compartiment *m* de service

Dienstag *m* mardi *m; **der ~ ist der Tag nach Montag*** mardi est le jour après lundi; ***in der Nacht [von Montag] auf*** ~ dans la nuit de lundi à mardi; ***wir haben nicht ~, sondern schon Mittwoch!*** nous ne sommes pas mardi aujourd'hui, mais déjà mercredi!; ***dein Geburtstag fällt in diesem Jahr auf einen*** ~ cette année, ton anniversaire tombe [sur] un mardi
► ~ **in/vor acht Tagen**, ~ **in/vor einer Woche** mardi en huit [*o* dans une semaine]/mardi il y a huit jours [*o* une semaine]; **letzten** [*o* **vorigen**] ~ mardi dernier; **seit letzten** [*o* **letztem**] ~ depuis mardi dernier; **nächsten** [*o* **am nächsten**] ~ mardi prochain; **ab nächsten** [*o* **nächstem**] ~ à partir de mardi prochain; **es ist** ~ c'est mardi; ***heute ist ~, der 31. Mai*** aujourd'hui nous sommes le mardi 31 mai; **am** ~ (*an diesem ~*) mardi; (*dienstags*) le mardi; **am** ~, **dem ...** le mardi ...; **an einem** ~ un mardi; ~, **der ...** le mardi ...; **diesen** [*o* **an diesem**] ~ ce mardi[-ci]; **eines ~s** un mardi; **jeden** ~ chaque mardi, tous les mardis

Dienstagabend *m* mardi *m* soir ► **am** ~ le mardi soir **dienstagabends**[RR] *adv* le mardi soir **Dienstagmorgen** *m* mardi *m* matin ► **am** ~ le mardi matin **Dienstagnachmittag** *m* mardi *m* après-midi ► **am** ~ le mardi après-midi **dienstagnachts**[RR] *adv* le mardi dans la nuit

dienstags *adv* le mardi

Dienstags- du mardi

dienstagvormittags[RR] *adv* le mardi matin

Dienstalter *nt* ancienneté *f; **nach dem*** ~ à l'ancienneté **Dienstälteste(r)** *f(m) decl wie adj* ■ **der** ~ le plus ancien/la plus ancienne *m/f*, le doyen/la doyenne *m/f* **Dienstantritt** *m* prise *f* de service; ~ ***ist am Montag um 6 Uhr 30!*** le travail commence lundi à 6 h 30!; ***warum erscheinen Sie zu spät zum ~?*** pourquoi prenez-vous votre service en retard? ► **bei/nach/vor** ~ lors de/après/avant la prise de service **Dienstanweisung** *f* instructions *fpl* [de service] **Dienstauffassung** *f* conception *f* du travail, déontologie *f* ► **nach jds** ~ d'après la déontologie de qn **Dienstaufsicht** *f* inspection *f* ► **jd hat die** ~ **über etw** (*akk*) qn a le contrôle de qc, qn est chargé(e) de contrôler qc **Dienstausweis** *m* carte *f* d'identité de service

dienstbar *adj* ► **jd erzeigt sich jdm** ~ qn se montre serviable envers qn; **jd macht sich** (*dat*) **jdn/etw** ~ qn met qn/qc à son service

dienstbeflissen *adj* zélé(e), empressé(e); ***er war ~ zur Stelle*** il était là, le petit doigt sur la couture du pantalon **dienstbereit** *adj* 1. *Apotheke, Arzt* de garde 2. *veraltend* (*hilfsbereit*) serviable; ***ich bin gerne*** ~ je suis [toujours] prêt(e) à rendre service **Dienstbereitschaft** *f* (*Abrufbereitschaft*) garde *f* ► **jd/etw hat** ~ qn/qc est de garde **Dienstbezüge** *pl* émoluments *mpl* **Dienstbote** *m*, **-botin** *f veraltend* domestique *mf* **Dienstboteneingang** *m veraltend* entrée *f* de service **Diensteid** *m* serment *m* professionnel ► **jd nimmt etw auf seinen** ~ qn répond [solennellement] de qc **Diensteifer** *m* zèle *m* **diensteifrig** *adj s.* **dienstbeflissen.**

dienstfrei *adj* de liberté ► **jd bekommt/hat** ~: ***könnte ich am Samstagnachmittag ~ bekommen?*** est-ce que je pourrais avoir mon samedi après-midi [libre]?; ***sie hatte jeden zweiten Sonntag im Monat*** ~ elle avait un dimanche sur deux de libre; **jd nimmt** ~ qn prend un congé; ***er musste zwei Tage ~ nehmen*** il a dû prendre deux jours de congé [*o* un congé de deux jours] **Dienstgebrauch** *m* ► **nur für den** ~ réservé(e) au service **Dienstgeheimnis** *nt* secret *m* professionnel **Dienstgespräch** *nt* communication *f* de service [*o* à caractère professionnel] **Dienstgrad** *m* 1. (*Rangstufe*) grade *m* 2. (*Mensch*) gradé *m* **Dienstgradabzeichen** *nt* insigne *m* de grade **diensthabend** *s.* **Dienst** ►. **Diensthabende(r)** *f(m)* officier *m* de service [*o* de garde] **Dienstjahr** *nt meist pl* année *f* de service **Dienstkleidung** *f* tenue *f* [de service] ► **in** ~ en tenue [de service]

Dienstleistung *f* 1. (*Gefälligkeit*) service *m*
2. *pl* COM prestations *fpl* de service

Dienstleistungsabend *m* nocturne *f* **Dienstleistungsberuf** *m* métier *m* du [secteur] tertiaire **Dienstleistungsbetrieb** *m* entreprise *f* du secteur tertiaire **Dienstleistungsgewerbe** *nt* [secteur *m*] tertiaire *m* **Dienstleistungssektor** *m* secteur *m* tertiaire

dienstlich I. *adj* de service; (*amtlich*) *Schreiben, Befehl* officiel(le); (*opp: privat*) professionnel(le)
► **jd wird** ~ *fam* qn prend un ton officiel
II. *adv* à titre professionnel; *sprechen* pour affaires

Dienstmädchen *nt veraltend* bonne *f vieilli* **Dienstmütze** *f* casquette *f* [d'uniforme] **Dienstpflicht** *f* 1. JUR obligation *f* d'accomplir le service; (*Wehrpflicht*) obligation *f* d'accomplir le service national 2. ADMIN, IND obligations *fpl* professionnelles **Dienstplan** *m* tableau *m* de service **Dienstrang** *m s.* **Dienstgrad. Dienstreise** *f* déplacement *m* professionnel ► **jd geht** [*o* **begibt sich**] **auf** ~ (*akk*) qn part en déplacement, qn effectue un déplacement [professionnel]; */Chef/* qn part en voyage d'affaires **Dienstschluss**[RR] *m* fermeture *f; **es ist/wir haben jetzt ~!*** c'est l'heure de la fermeture! ► **nach/vor** ~ après/avant la fermeture **Dienstsiegel** *nt* sceau *m* officiel **Dienststelle** *f* bureau *m; **die/eine höhere*** ~ l'autorité *f* [hiérarchique] supérieure **Dienststempel** *m* timbre *m* [*o* cachet *m*] officiel **Dienststunden** *pl* heures *fpl* de bureau [*o* d'ouverture au public] **diensttauglich** *adj* bon(ne) pour le service actif **diensttuend** *s.* **Dienst** ►. **dienstunfähig** *adj* inapte au service; *Beamter* en incapacité de travail; ■ **jd ist** ~ */Beamter/* qn est en incapacité de travail **dienstuntauglich** *adj Soldat* inapte [au service [militaire [*o* actif]]] ► **etw macht jdn** ~ qc rend qn inapte [au service [militaire [*o* actif]]] **Dienstvergehen** *nt* faute *f* de service **dienstverpflichten** * *vt* ■ **jd wird dienstverpflichtet** qn est mobilisé(e) [*o* requis(e)] **Dienstvertrag** *m* convention *f* **Dienstvorschrift** *f* règlement *m* [intérieur]; MIL consigne *f* **Dienstwagen** *m* voiture *f* de fonction; EISENBAHN voiture *f* de service **Dienstweg** *m* voie *f* hiérarchique ► **auf dem** ~ par la voie hiérarchique; ***etw ist auf dem ~ hängen geblieben*** qc s'est perdu(e) dans le dédale administratif **Dienstwohnung** *f* logement *m* de fonction **Dienstzeit** *f* 1. ADMIN années *fpl* de service 2. (*Arbeitszeit*) horaire *m* de travail; ***während der*** ~ pendant les heures de travail [*o* de bureau] **Dienstzeugnis** *nt* certificat *m* de travail; ADMIN états *mpl* de service

dies *pron dem, inv* 1. (*das hier*): ~ ***ist mein Onkel Ferdinand!*** voici mon oncle Ferdinand!; ~ ***ist der Freund, der bei uns wohnt*** c'est l'ami qui habite chez nous; ***ich hätte gerne ~ [da]!*** j'aimerais bien celle-ci/celui-ci!; ~ ***Benehmen*** ce comportement; ~ ***alles gehört mir*** tout ceci [*o* ça] est à moi; ***wir sprachen nur über ~ und das*** nous parlions seulement de choses et d'autres
2. *pl* (*diese*) ■ ~ **sind ...** voici ..., ce sont ...

diesbezüglich I. *adj form* à ce sujet

II. *adv fam* à ce sujet
diese(r, s) *pron dem* 1. *substantivisch* (*der hier*) celui-ci/celle-ci; (*der dort*) celui-là/celle-là; ***kennst du ~n?*** (*Witz*) tu la connais, celle-là?; ***~n da vorne habe ich schon irgendwo mal gesehen*** ce type là-devant, je l'ai déjà vu quelque part; ***~ sagt das, jene dann wieder etwas anderes*** l'une dit une chose, l'autre autre chose
2. *pl* ■ ~ [**da**] (*die hier*) ceux-ci/celles-ci; (*die dort*) ceux-là/celles-là
3. *attr* ce/cette; *pl* ces; ***~s Flugzeug*** cet avion; ***in ~n Jahren*** ces années-là
▶ **~s und jenes** différentes choses *fpl*; ***sich über ~s und jenes unterhalten*** parler de choses et d'autres; ***~s und jenes Land*** différents pays *mpl*
Diesel[1] <-s> *nt ∅ fam* (*Kraftstoff*) gazole *m*, gasoil *m*
Diesel[2] <-s, -> *m* 1. (*Wagen*) diesel *m*
2. *s.* Dieselmotor
dieselbe *pron dem*, **dieselbige** *pron dem veraltend s.* **derselbe**
Diesellok[omotive] [-və] *f* locomotive *f* diesel **Dieselmotor** *m* [moteur *m*] diesel *m* **Dieselöl** *nt s.* **Diesel[1]**
dieser *pron*, **dieses** *pron dem s.* **diese**
diesig *adj* brumeux(-euse); ■ **es ist** ~ c'est brumeux
diesjährig *adj attr* de cette année **diesmal** *adv* cette fois-ci ▶ **für** ~ pour cette fois[-ci] **diesseitig** *adj* 1. (*auf dieser Seite*) de ce côté-ci 2. *geh* (*irdisch*) *Existenz, Freuden, Leben* d'ici-bas; *Denken* temporel(le)
diesseits *präp* ■ ~ **einer S.** (*gen*) de ce côté-ci de qc
Diesseits <-> *nt ∅* ■ **das** ~ les choses *fpl* d'ici-bas; ***das ~ ist nur von kurzer Dauer*** la vie ici-bas est de courte durée; ***im ~*** dans ce bas monde
Dietrich <-s, -e> *m* rossignol *m*; ***die Tür war mit einem ~ geöffnet worden*** la porte avait été crochetée
dieweil I. *adv veraltend* pendant ce temps-là
II. *conj* 1. *veraltend* (*während*) pendant que + *indic*
2. (*da*) puisque, du fait que + *indic*; (*weil*) parce que + *indic*
diffamieren * *vt* ■ **jd/etw diffamiert jdn/etw** [**als etw**] qn/qc diffame qn/qc [en l'accusant d'être qc]
diffamierend I. *adj* diffamatoire
II. *adv* de façon diffamatoire
Diffamierung <-, -en> *f* diffamation *f*
Differential *s.* **Differenzial**
Differentialgetriebe *s.* **Differenzialgetriebe. Differentialrechnung** *s.* **Differenzialrechnung**
Differenz <-, -en> *f* 1. FIN, MATH différence *f*
2. (*zeitlicher Unterschied*) écart *m*
3. *meist pl* (*Meinungsverschiedenheit*) différend *m*; ***es bestehen kleinere ~en zwischen den jeweiligen Auffassungen*** il y a de petites différences entre les opinions des uns et des autres
Differenzbetrag *m* différence *f*
Differenzial[RR] <-s, -e> *nt* 1. AUT différentiel *m*
2. MATH différentielle *f*
Differenzialgetriebe[RR] *nt* [engrenage *m*] différentiel *m* **Differenzialrechnung[RR]** *f* calcul *m* différentiel
differenzieren * I. *vt geh* ■ **jd differenziert etw** *Aussage, Behauptung, Urteil* qn nuance qc; *Angebot, Vorschlag* qn modifie qc
II. *vi geh* ■ **jd differenziert** [**bei etw**] qn est nuancé(e) [dans qc]; ***jd differenziert zwischen Dingen*** qn nuance les [*o* fait la part des] choses
III. *vr* ■ **etw differenziert sich** qc se différencie
differenziert I. *adj geh* nuancé(e); *Methode, Werbung* subtil(e)
II. *adv geh* de façon nuancée
Differenzierung <-, -en> *f geh* 1. (*das Differenzieren*) jugement *m* nuancé; ***man kann zur größerer ~ [der Dinge] gelangen*** on peut arriver à nuancer plus les [*o* faire mieux la part des] choses; ***du solltest dich um ~ bemühen*** tu devrais tâcher de nuancer ton jugement
2. BIO différenciation *f*
differieren * *vi geh* ■ **Menschen** ~ [**in etw** (*dat*)] *in Punkt* des personnes diffèrent [sur qc]; *in Ansichten, Sichtweise* le/la ... des personnes diffère; ■ **Dinge** ~/~ **um etw** des choses sont différentes/diffèrent de qc
diffizil *adj geh* compliqué(e)
diffus I. *adj* 1. *Beleuchtung, Licht* diffus(e)
2. *Formulierung, Ausdrucksweise* filandreux(-euse); *Gedanken* confus(e)
II. *adv* d'une manière confuse
digital I. *adj Anzeige, Kommunikationsnetz, Übertragung, Kommunikation* numérique; *Technik* digital(e); *Steuersystem* numérisé(e); *Tonbandgerät, Kassettenrecorder* audionumérique
II. *adv*: ***etw ~ darstellen*** numériser qc, digitaliser qc; ***etw erfolgt ~*** qc se fait [*o* s'effectue] par numérisation
Digital- *-anzeige, -kamera, -thermometer* numérique; *-technik, -uhr a.* digital(e); *-band, -recorder* audionumérique; ***~baustein*** unité *f* logique; ***~ziffer*** chiffre *m*
digitalisieren * *vt* INFORM ■ **jd digitalisiert etw** qn numérise qc, qn digitalise qc
Digitalrechner *m veraltend* calculateur *m* numérique
Diktat <-[e]s, -e> *nt* 1. SCOL dictée *f*
2. (*Text für Stenotypistin*): ***der Chef spricht das ~ immer auf Band*** le chef dicte toujours son courrier sur cassette; ***Frau Schulze, bitte zum ~!*** Madame Schulze, j'ai quelque chose à [vous] dicter!; ***ich muss morgens immer die ~e tippen*** le matin, je dois toujours taper les lettres dictées
3. *geh* (*Gebot*) [*Mensch, Verstand, Vernunft*] diktats *mpl*, exigences *fpl*; [*Stunde, Mode*] impératifs *mpl*
4. POL (*Willkür*) diktat *m*
-diktat *nt Mode-* tyrannie *f* du/de la; ***das Preis~ der Händler*** les prix *mpl* imposés par les commerçants; ***Tarif~*** diktat *m* tarifaire
Diktator <-s, -toren> *m*, **-torin** *f pej* dictateur(-trice) *m(f)*
diktatorisch I. *adj* dictatorial(e)
II. *adv* en dictateur
Diktatur <-, -en> *f pej* dictature *f*; ***sie lebten in [o unter] einer ~*** ils/elles vivaient sous une dictature
▶ **die ~ des Proletariats** la dictature du prolétariat
diktieren * *vt* (*alle Bedeutungen*) ■ **jd diktiert [jdm] etw** qn dicte qc [à qn]
Diktiergerät *nt* dictaphone *m*
Dildo <-s, -s> *m* godemiché *m*
Dilemma <-s, -s *o* -ta> *nt geh* dilemme *m*
▶ **jd befindet sich [o steckt] in einem** ~ qn est [enfermé(e)] dans un dilemme; **jd gerät in ein** ~ qn se trouve confronté(e) à un dilemme; **jd steht vor einem** ~ qn est devant un dilemme
Dilettant(in) <-en, -en> *m(f)* dilettante *mf*
dilettantisch I. *adj pej* de dilettante; ***mit Ihrem ~en Verhalten*** par votre dilettantisme; ***auf eine ~e Weise*** en dilettante
II. *adv pej* en dilettante
Dill <-s, -e> *m* aneth *m*
Dimension <-, -en> *f* dimension *f*
▶ **etw nimmt ... ~en an** qc prend des dimensions ...
Diminutivform *f* diminutif *m*
Dimmer <-s, -> *m* variateur *m*
DIN® <-> *f ∅ abk von* **Deutsche Industrie-Norm[en]** *norme industrielle allemande*
▶ ~ **A4/A5/...** [format] A4/A5/...
Dinar <-s, -e> *m* dinar *m*
Diner <-s, -s> [di'ne:] *nt geh* dîner *m*
DIN-Format *nt* format *m* standard (*aux normes allemandes*)
Ding <-[e]s, -e *o fam* -er> *nt* 1. (*Gegenstand*) chose *f*; ***persönliche ~e*** des affaires *fpl* personnelles; ***ein paar ~e für die Reise einpacken*** mettre quelques affaires dans sa valise/son sac pour le voyage
2. *fam* (*Zeug*) ■ **~er** des machins *mpl fam*
3. *pl* (*Angelegenheit*) choses *fpl*
4. PHILOS chose *f*
▶ **jd nennt die ~e beim [rechten] Namen** qn appelle les choses par leur nom; **jedes ~ hat zwei Seiten** *prov* toute médaille a son revers; **das ist ein ~ der Unmöglichkeit** *fam* c'est pas possible *fam*; **gut ~ will Weile haben** *prov* Paris ne s'est pas fait en un jour; **vor allen ~en** avant toute chose; **aller guten ~e sind drei** jamais deux sans trois; **jd ist guter ~e** qn est de bonne humeur; **ein junges ~/junge ~er** *fam* une jeunesse/des [petites] jeunottes *fam*; **ein krummes ~/krumme ~er** *fam* une magouille/des magouilles *fam*; **da geht etwas nicht mit rechten ~en zu** il y a quelque chose de bizarre là-dessous; **ein tolles ~!** *fam* un truc super! *fam*; **unverrichteter ~e**: ***unverrichteter ~e wieder abziehen/zurückkommen*** revenir bredouille [*o* les mains vides]; **jd dreht ein [krummes] ~** *sl* qn fait un mauvais coup; **jd harrt der ~e, die da kommen [sollen]** qn attend la suite des événements; **das ist ein [tolles] ~!** *fam* c'est dingue[, ce truc] *fam*, tu parles d'un truc! *fam*; **jd leistet sich** (*dat*) **ein ~** *fam* qn y va pas avec le dos de la cuillère *fam*; **so wie die ~e liegen** au point où en sont les choses; **wie ich die ~e sehe** il me semble que + *indic*; **jd steht über den ~en** qn est au-dessus de ça; **jd verpasst jdm ein ~** *sl* qn file un pain à qn *pop*; **in ~en der/des ...** en matière de ...; **das ~ an sich** la chose en soi
Dingelchen <-s, -> *nt pej fam* babiole *f*, bibelot *m*
dingen <dang *o* dingte, gedungen> *vt geh* ■ **jd dingt jdn** qn soudoie qn; ■ **gedungen** à gages
Dingens <-, -> *nt* DIAL *fam s.* **Dings[1]**
dingfest *adj* ▶ **jd macht jdn** ~ qn appréhende qn, qn arrête qn
Dingi <-s, -s> ['dɪŋgi] *nt* dinghy *m*
Dings[1] <-> *nt ∅ fam* (*Gegenstand*) truc *m fam*, bidule *m fam*
Dings[2] <-> *mf ∅ fam* (*Person*) Machin(e) *m(f)* [Chouette] *fam*; ***hast du schon gehört, dass sich die ~ verlobt hat?*** tu savais que Machine s'est fiancée?; ***der Herr ~*** Monsieur Chose [*o* Machin] *fam*
Dingsbums <-> *nt ∅ fam*, **Dingsda[1]** <-> *nt ∅ fam s.* **Dings[1]**
Dingsda[2] <-> *mf ∅ fam* (*Person*) Trucmuche *mf fam*
dinieren * *vi geh* ■ **jd diniert [bei/mit jdm]** qn dîne [chez/avec qn]
Dinosaurier [-riɐ] *m* dinosaure *m*
Diode <-, -n> *f* diode *f*
Dioptrie <-, -n> [-'tri:ən] *f* dioptrie *f*
Dioxid <-s, -e> *nt* dioxyde *m*
Dioxin <-s, -e> *nt* dioxine *f*
Diözese <-, -n> *f* diocèse *m*
Diphtherie <-, -n> [dɪfte'ri:, -'ri:ən] *f* diphtérie *f*
Diphthong <-s, -e> [dɪf'tɔŋ] *m* diphtongue *f*
Dipl. *abk von* **Diplom** diplôme
Dipl.-Ing. *abk von* **Diplomingenieur** ingénieur diplômé
Dipl.-Kfm. *abk von* **Diplomkaufmann** diplômé(e) d'études commerciales
Diplom <-s, -e> *nt* diplôme *m*; ***~ als Chemiker*** diplôme de chimie [*o* de chimiste]
▶ **jd macht sein ~ [in etw** (*dat*)] (*studiert*) qn prépare son diplôme [de qc]; (*macht den Abschluss*) qn passe son diplôme [de qc]
Diplom- diplômé(e); ***~landwirt*** ingénieur *m* agronome **Diplomarbeit** *f* mémoire *m*
Diplomat(in) <-en, -en> *m(f)* diplomate *mf*
Diplomaten- diplomatique; ***~viertel*** quartier *m* des ambassades **Diplomatenkoffer** *m* attaché-case *m*
Diplomatie <-> *f ∅* diplomatie *f*
diplomatisch I. *adj* diplomatique; ■ **jd ist** ~ qn est diplomate
II. *adv sich verhalten* avec diplomatie
diplomieren * *vi* CH ■ **jd diplomiert [irgendwo] in etw** (*dat*) qn passe son diplôme de qc [quelque part]
diplomiert *adj* diplômé(e)

Diplomingenieur [-ɪnʒeniøːɐ] *m* ingénieur *m* diplômé **Diplomkaufmann** *m*, **-kauffrau** *f* diplômé(e) *m(f)* d'études commerciales **Diplomprüfung** *f* examen *m* [pour l'obtention d'un/du diplôme]

Dippel <-s, -n> *m* AUS *fam* (*Schwellung*) enflure *f*

dir *pron* **1.** *pers dat von* **du** te, t'; (*betont*) [à] toi; (*nach Präpositionen*) toi; ***ich habe ~ etwas mitgebracht*** je t'ai apporté quelque chose; ~ ***verrate ich nicht, was ich vorhabe!*** ce n'est pas à toi que je vais révéler ce que j'ai l'intention de faire!; ***geht es ~ heute besser?*** tu vas mieux aujourd'hui?; ***hinter/vor*** ~ derrière/devant toi
2. *refl* (*vor dem Verb*) te, t'; (*bei bejahtem Imperativ, nach Präposition*) toi; ***überlege ~, was du sagst!*** réfléchis à ce que tu dis!

direkt I. *adj* (*alle Bedeutungen*) direct(e); *Übertragung, Sendung* en direct
▶ **kein ~er/keine ~e ...** *fam* pas vraiment un/une ...
II. *adv* **1.** directement
2. *antworten, fragen* sans détour
3. *fam* (*eindeutig*) franchement

Direkt- direct(e); *-sendung* en direct

Direktion <-, -en> *f* **1.** (*Leitung, Vorstand, Büro*) direction *f*
2. CH (*Ressort*) ministère *m* cantonal

Direktive <-n, -n> [-'tiːvə] *f geh* directive *f*

Direktmandat *nt* mandat *m* direct (*obtenu dans une circonscription*)

Direktor <-s, -toren> *m*, **-torin** *f* directeur(-trice) *m(f)*; [*Gymnasium*] proviseur/directrice *m/f*; [*Realschule*] principal *m*

Direktorat <-[e]s, -e> *nt* SCOL *geh* direction *f*; (*Diensträume a.*) bureau *m* du directeur/de la directrice

Direktorium <-s, -rien> *nt* **1.** IND directoire *m*
2. HIST Directoire *m*

Direktrice <-, -n> [-'triːsə] *f* styliste *f*, créatrice *f* [de mode]

Direktübertragung *f* retransmission *f* en direct **Direktverbindung** *f* liaison *f* directe ▶ **jd hat** ~ qn a une liaison directe **Direktzugriff** *m* accès *m* direct ▶ **im** ~ directement

Dirigent(in) <-en, -en> *m(f)* chef *m* d'orchestre

Dirigentenstab *m* MUS baguette *f* [du/de chef d'orchestre]

dirigieren * **I.** *vt* **1.** MUS ■ **jd dirigiert etw** *Aufführung, Orchester* qn dirige qc; *Musikstück* qn dirige l'exécution de qc
2. (*einweisen*) ■ **jd dirigiert jdn/etw** *Fahrzeug, Fahrer* qn dirige qn/qc; *Verkehr* qn règle qc
3. (*leiten*) ■ **jd dirigiert jdn/etw** *Touristen, Gruppe* qn guide qn/qc; *Firma, Firmenpolitik* qn dirige qn/qc
II. *vi* **1.** MUS ■ **jd dirigiert** qn dirige [un orchestre/l'orchestre]
2. (*befehlen*) ■ **jd dirigiert** qn dirige

Dirigismus <-> *m* Ø dirigisme *m*

Dirndl <-s, -> *nt* **1.** *s.* **Dirndlkleid**
2. SDEUTSCH, AUS (*Mädchen*) fille *f*

Dirndlkleid *nt* dirndl *m* (*costume bavarois ou autrichien*)

Dirne <-, -n> *f form* péripatéticienne *f soutenu*

Dirnenmilieu [-miliøː] *nt* milieu *m*, milieu *m* de la prostitution

dis, Dis <-, -> *nt* ré *m* dièse

Disagio <-s, -s> [dɪs'ʔaːdʒo] *nt* (*zwischen Nennwert und Ausgabekurs*) prime *f* d'émission; (*zwischen Nennwert und Tageskurs*) décote *f*

Disco <-, -s> *f fam s.* **Disko**

Discount- [dɪs'kaunt-] *-geschäft, -laden* discount; **~preis** prix *m* choc; **~anbieter, ~händler** discounter *m*; **~tarif** tarif *m* au rabais

Disharmonie *f* **1.** MUS discordance *f*
2. *geh* (*Unstimmigkeit*) discorde *f soutenu*

disharmonisch *adj* **1.** MUS discordant(e)
2. *geh Farbgebung, Zusammenstellung* discordant(e)
3. *geh Ehe* en proie à la discorde *soutenu*; *Atmosphäre* de discorde *soutenu*

Diskette <-, -n> *f* disquette *f*

Diskettenbox *f* boîte *f* à disquettes **Diskettenlaufwerk** *nt* lecteur *m* de disquettes ▶ **jd schiebt etw in das** ~ qn introduit qc dans le lecteur de disquettes

Diskjockey ['dɪskdʒɔke, -dʒɔki] *m* disque-jockey *m*

Disko <-, -s> *f fam* boîte *f fam*; ***jd geht in die*** ~ qn va en boîte *fam*

Diskont <-s, -e> *m* **1.** escompte *m*
2. *s.* **Diskontsatz**

Diskontsatz *m* taux *m* d'escompte

Diskothek <-, -en> *f* discothèque *f*

diskreditieren * *vt geh* ■ **jd/etw diskreditiert jdn/etw** qn/qc discrédite qn/qc

Diskrepanz <-, -en> *f geh* divergence *f*, décalage *m*

diskret I. *adj* **1.** *Angelegenheit, Gespräch, Thema* confidentiel(le)
2. *Mensch* discret(-ète)
II. *adv* avec discrétion

Diskretion <-> *f* Ø *geh* discrétion *f*
▶ ~ **[ist] Ehrensache!** discrétion assurée!; **jd übt [o wahrt]** ~ qn fait preuve de discrétion; ***jd übt äußerste*** ~ qn fait preuve de la plus grande discrétion

diskriminieren * *vt geh* **1.** (*benachteiligen*) ■ **jd/etw diskriminiert ihn/sie** il/elle souffre [*o* est l'objet] de discrimination de la part de qn/du fait de qc
2. (*herabwürdigen*) ■ **jd/etw diskriminiert jdn** qn/qc jette le discrédit sur qn/qc; ***jd fühlt sich diskriminiert*** qn se sent atteint(e) dans son honneur

diskriminierend *adj geh* **1.** *Behandlung* discriminatoire
2. *Artikel, Darstellung, Bezeichnung* infamant(e)

Diskriminierung <-, -en> *f geh* **1.** (*Benachteiligung*) discrimination *f*
2. (*Herabwürdigung*) diffamation *f*

Diskurs <-es, -e> *m geh* débat *m*, discussion *f*

Diskus <-, -se *o* Disken> *m* disque *m*
▶ **im** ~ au lancer du disque

Diskussion <-, -en> *f* discussion *f*; ***die ~ dieser Entscheidung der Regierung*** la discussion sur cette décision du gouvernement; ■ ~ **über etw** (*akk*) discussion *f* sur qc
▶ **etw steht zur** ~ qc est l'objet de la discussion [*o* à l'ordre du jour]; **das steht außer [o nicht zur]** ~ là n'est pas la question; **jd stellt etw zur** ~ qn propose de discuter qc; ***heute sind verschiedene Punkte zur ~ gestellt*** différents points font l'objet de la discussion d'aujourd'hui; **keine** ~ [*o* ~**en**] pas de discussion!

Diskussionsbeitrag *m* contribution *f* à la discussion; ***jd bringt Diskussionsbeiträge in die Diskussion*** qn apporte sa contribution à la discussion **Diskussionsteilnehmer(in)** *m(f)* participant(e) *m(f)* à la discussion

Diskuswerfen <-s> *nt* Ø lancer *m* du disque ▶ **im** ~ au lancer du disque **Diskuswerfer(in)** *m(f)* lanceur(-euse) *m(f)* de disque

diskutabel *adj geh* qui peut se discuter, intéressant(e); ■ **etw ist** ~ qc peut se discuter, qc est envisageable
▶ **jd hält etw für** ~ qn est prêt(e) à discuter de qc; ***jd hält etw nicht für*** ~ qn trouve que qc est inacceptable

diskutieren * **I.** *vt* ■ **jd diskutiert etw** qn discute qc
II. *vi* ■ **jd diskutiert [mit jdm] [über etw** (*akk*)**]** *über eine Frage, Problem* qn discute [avec qn] [de qc]

dispensieren * *vt geh* ■ **jd dispensiert jdn von etw** qn dispense qn de qc

Dispersion <-, -en> *f* dispersion *f*

Dispersionsfarbe *f* peinture *f* à dispersion

Display <-s, -s> [dɪs'pleɪ] *nt* INFORM écran *m* de visualisation, visuel *m*

Dispokredit *m fam s.* **Dispositionskredit**

disponieren * *vi geh* **1.** (*verfügen*) ■ **jd disponiert [frei] über etw** (*akk*) qn dispose [librement] de qc; ***ich kann über meine Termine frei*** ~ je suis libre de mes rendez-vous
2. (*planen*) ■ **jd disponiert** qn prend des dispositions

Disposition <-, -en> *f* ▶ **jd hat ~ über etw** (*akk*) *geh* qn a la [libre] disposition de qc; **jd hat jdn/etw zu seiner** ~ qn a qn/qc à sa disposition; **jd/etw steht zur** ~ (*zur Verfügung*) qn se tient à disposition/qc est disponible; (*wird in Frage gestellt*) qn est sur la sellette/qc est remis(e) en cause; ***diese Frage darf nicht zur ~ stehen*** il ne faut pas mettre cette question sur le tapis; **jd/etw steht jdm zur** ~ qn/qc est à la disposition de qn; **jd stellt etw zur** ~ qn remet qc en cause [*o* en jeu]; **jd trifft seine ~en** qn prend ses dispositions

Dispositionskredit *m* découvert *m* autorisé, découvert *m* [*o* facilité *f*] de caisse

Disput <-[e]s, -e> *m geh* discussion *f*
▶ **jd führt einen ~ [über etw** (*akk*)**]** qn a une discussion [sur qc]

disputieren * *vi geh* ■ **jd disputiert [mit jdm] [über etw** (*akk*)**]** qn discute [avec qn] [de qc]

Disqualifikation <-, -en> *f* disqualification *f*

disqualifizieren * **I.** *vt* **1.** SPORT ■ **jd disqualifiziert jdn/etw** qn disqualifie qn/qc
2. *geh* (*als ungeeignet erweisen*) ■ **etw disqualifiziert jdn für etw** qc disqualifie qn pour qc
II. *vr geh* ■ **jd disqualifiziert sich [mit etw]** qn se disqualifie [en faisant qc]

Disqualifizierung <-, -en> *f s.* **Disqualifikation**

Dissertation <-, -en> *f* thèse *f* [de troisième cycle]

Dissident(in) <-en, -en> *m(f)* dissident(e) *m(f)*

Dissonanz <-, -en> *f* **1.** MUS dissonance *f*
2. *geh s.* **Disharmonie**

Distanz <-, -en> *f* (*alle Bedeutungen*) distance *f*; ***aus der zeitlichen ~ betrachtet*** avec le recul du temps
▶ **jd geht [zu jdm/etw] auf** ~ qn prend ses distances [par rapport à qn/qc]; **jd hält [o wahrt]** ~ *geh* qn garde [*o* conserve] ses distances

distanzieren * *vr* ■ **jd distanziert sich von jdm/etw** qn se démarque de qn/qc, qn prend ses distances par rapport à qn/qc

distanziert I. *adj geh* distant(e)
II. *adv geh sich verhalten* de façon distante; ***sein Verhalten wirkt*** ~ son comportement semble distant

Distel <-, -n> *f* chardon *m*

Distelfink *m* chardonneret *m*

distinguiert [dɪstɪŋ'giːɐt] **I.** *adj geh* distingué(e)
II. *adv geh* de façon recherchée, avec distinction

Distrikt <-[e]s, -e> *m* district *m*

Disziplin <-, -en> *f* (*alle Bedeutungen*) discipline *f*
▶ **jd hält** ~ */Ausbilder, Lehrer/* qn fait régner la discipline; */Mannschaft, Soldaten/* qn observe la discipline

disziplinarisch I. *adj* disciplinaire
II. *adv* **1.** ***jd geht gegen jdn ~ vor*** qn prend des mesures disciplinaires à l'égard de qn
2. (*besonders hart*) de façon draconienne

Disziplinarstrafe *f* sanction *f* disciplinaire **Disziplinarverfahren** *nt* procédure *f* disciplinaire

disziplinieren * **I.** *vt geh* ■ **jd diszipliniert jdn** qn discipline qn *soutenu*, qn dresse qn
II. *vr geh* ■ **jd diszipliniert sich** qn s'astreint à une discipline

diszipliniert I. *adj geh* discipliné(e)
II. *adv geh* de façon disciplinée

disziplinlos I. *adj* indiscipliné(e)
II. *adv* de façon indisciplinée

Disziplinlosigkeit <-, -en> *f* **1.** Ø (*Verhalten*) indiscipline *f*; ***die ~ deines Verhaltens*** ta conduite indisciplinée
2. (*Handlung*) acte *m* d'indiscipline

dito *adv* de même, pareillement

Diva <-, -s *o* Diven> ['diːva, 'diːvən] *f* (*Sängerin*) diva *f*; (*Filmschauspiele-*

rin) star *f*
divergieren * [-vɛr-] *vi* ■ **sie** ~ ils/elles divergent; *~de Überzeugungen* des convictions *fpl* divergentes; ■ **etw divergiert von etw** qc diverge de qc
divers ['vɛrs] *adj attr* ■ **~e ...** divers(es) ..., des ... divers(es); ■ **D~es** diverses choses *fpl*
Diversifikation <-, -en> [-vɛr-] *f* diversification *f*
Dividend <-en, -en> [-vi-] *m* dividende *m*
Dividende <-, -n> [-vi-] *f* dividende *m*
Dividendenausschüttung [-vi-] *f* distribution *f* des dividendes
dividieren * [-vi-] *vt, vi* ■ **jd dividiert [etw] [durch etw]** qn divise [qc] [par qc]; ***120 dividiert durch 6 ist** [o **gibt**] **20*** 120 divisés par 6 font 20
► **jd dividiert sie auseinander** *Menschen* qn crée la division entre eux/elles; ***wir lassen uns von keinem auseinander*** ~ nous ne laisserons personne créer la division entre nous
Divis <-es, -e> [di'viːs] *nt spec* division *f*
Division <-, -en> [-vi-] *f* MIL division *f*
Divisionär(in) <-s, -e> [-vi-] *m(f)* CH général *m* de division
Divisions- [-vi-] *-general, -kommandeur* de division; *-lazarett, -stärke* divisionnaire **Divisionsstab** *m* état-major *m* divisionnaire
Divisor <-s, -en> [-'viː-] *m* (*Nenner eines Bruchs*) dénominateur *m;* (*Teiler*) diviseur *m*
Diwan <-s, -e> *m veraltend* divan *m*
d.J. *loc* **1.** *abk von* **dieses Jahres** de l'année courante
2. *abk von* **der Jüngere** le Jeune
DJH <-[s]> [deːjɔt'haː] *nt abk von* **Deutsches Jugendherbergswerk** fédération *f* des auberges de jeunesse allemandes; (*in Frankreich*) F.U.A.J. *f*
DKP <-> [deːkaː'peː] *f abk von* **Deutsche Kommunistische Partei** *parti m communiste ouest-allemand*
DM <-, -> *kein art abk von* **Deutsche Mark** DM
d.M. *loc abk von* **dieses Monats** courant
D-Mark <-, -> ['deː-] *f* mark *m*
D-Netz ['deː-] *nt* réseau *m* de radiotéléphone à couverture européenne
DNS <-> [deːʔɛnʔɛs] *f abk von* **Desoxyribonukleinsäure** A.D.N. *m*
doch I. *conj* (*jedoch*) mais, pourtant
II. *adv* **1.** (*dennoch*) quand même; ***zum Glück ist aber ~ nichts passiert*** en fin de compte, il n'est heureusement rien arrivé; ***du weißt ja ~ immer alles besser!*** tu sais toujours tout mieux que tout le monde!
2. (*wirklich*) tout de même; ***das war ~ gar nicht schlimm*** tu vois/vous voyez bien que ça n'était pas grand-chose
3. (*aber ja!, Widerspruch ausdrückend*) si; ~, ~! mais si!
4. (*bloß*) donc; ***soll sie ~!*** qu'elle le fasse donc!
5. (*nun ja*): ***es wäre ~ schön, wenn du mir endlich mal die Wahrheit sagen würdest*** j'aimerais bien que tu me dises enfin la vérité; ***das ist ~ gar nicht wahr!*** mais ce n'est pas vrai du tout!; ***du hast ihr ~ nicht etwa von unserem Geheimnis erzählt?*** tu n'as tout de même pas été lui raconter notre secret?; ***du hast ~ hoffentlich um Erlaubnis gefragt?*** j'espère bien que tu as demandé la permission?; ***du hast mir ~ bestimmt die Wahrheit gesagt, oder?*** tu m'as bien dit la vérité, n'est-ce pas?
6. (*Wunsch ausdrückend*) ■ **wenn jd/etw ~ nur ...** si seulement qn/qc ...; ***wäre es ~ schon endlich Sommer!*** si seulement c'était enfin l'été!; ***möge er ~ in Frieden ruhen!*** puisse-t-il reposer en paix!
7. (*ja nun*): ***du weißt ~, wie das ist*** tu sais bien comment c'est; ***Sie kennen sich ~ sicher hier aus*** vous connaissez certainement l'endroit; ***wie war ~ [gleich] Ihr Name?*** quel était donc votre nom[, déjà]?; ***es ist ~ [einmal] so, dass*** il n'y a pas à dire,; ***das ist Ihnen aber ~ bekannt gewesen, oder?*** enfin vous le saviez, non?
Docht <-[e]s, -e> *m* mèche *f*
Dock <-s, -s *o* -e> *nt* dock *m*, bassin *m*
Docker(in) <-s, -> *m(f)* docker *m*
Doge <-n, -n> ['doːʒə] *m* doge *m*
Dogma <-s, Dogmen> *nt* dogme *m*
► **jd erhebt** [*o* **macht**] **etw zum ~** qn érige qc en dogme
dogmatisch *adj pej geh* dogmatique
Dohle <-, -n> *f* choucas *m*
Doktor <-s, -toren> *m*, **-torin** *f* **1.** (*Arzt*) docteur *m;* ***guten Tag, Frau/Herr ~*** bonjour, docteur; ***Frau ~ Müller kommt gleich*** le docteur Müller vient tout de suite
2. UNIV docteur *m;* ~ ***der Theologie/Rechte/Medizin*** docteur en théologie/droit/médecine; ~ ***der Philosophie/Naturwissenschaften*** docteur ès lettres/sciences; ***liebe ~innen und ~en!*** Mesdames et Messieurs les Professeurs!; ***Frau Meier ist eine ~in*** Madame Meier a le titre de docteur [*o* est docteur]; ***in dem Haus wohnt ~ Schmidt*** Monsieur Schmidt habite dans cette maison
► **jd hat den ~** qn a obtenu le doctorat, qn a le titre de docteur; **jd macht den** [*o* **seinen**] **~** (*schreibt die Doktorarbeit*) qn prépare une [*o* sa] thèse; (*legt die Prüfung ab*) qn passe son doctorat
Doktorand(in) <-en, -en> *m(f)* doctorant(e) *m(f)*, thésard(e) *m(f) fam*
Doktorarbeit *f* thèse *f* [de troisième cycle] **Doktordiplom** *nt* diplôme *m* de docteur **Doktorexamen** *nt s.* **Doktorprüfung. Doktorgrad** *m* doctorat *m*, grade *m* de docteur ► **jd erwirbt den ~** qn accède au doctorat; **jd verleiht jdm den ~** qn confère à qn le doctorat **Doktorhut** *m* bonnet *m* [de docteur] ► **jd erwirbt den ~** *geh* qn accède au grade de docteur
Doktorin <-, -nen> *f s.* **Doktor**
Doktorprüfung *f* soutenance *f* [de thèse] **Doktortitel** *m* UNIV titre *m* de docteur ► **jd führt den ~** qn porte le titre de docteur; /*die Deutschen*/ qn se fait appeler docteur; **jd hat den ~** qn possède le titre de docteur; **jd verleiht jdm den ~** qn confère à qn le titre de docteur **Doktorvater** *m* patron *m* de thèse **Doktorwürde** *f veraltend s.* **Doktortitel**

Doktrin <-, -en> *f* **1.** *geh* (*Lehre*) doctrine *f*
2. POL (*Programm*) principe *m*
doktrinär *adj pej geh* doctrinal(e); ■ **jd ist ~** qn est doctrinaire
Dokument <-[e]s, -e> *nt* **1.** (*Schriftstück*) document *m*
2. *geh* (*Zeugnis*) ■ **ein ~ einer S.** (*gen*) un témoignage de qc *m*
Dokumentar(in) <-s, -e> *m(f)* documentaliste *mf*
Dokumentaraufnahme *f* document *m* [visuel/sonore], documentaire *m* **Dokumentarfilm** *m* [film *m*] documentaire *m*
dokumentarisch I. *adj* documentaire
II. *adv beweisen, erhärten* par des documents; ***jd belegt etw ~*** qn documente qc
Dokumentation <-, -en> *f* **1.** (*Sammlung von Nachweisen*) dossier *m*
2. (*Beschreibung*) documentation *f*
3. *geh* (*Zeugnis*) témoignage *m*
dokumentieren * I. *vt* **1.** (*aufzeigen*) ■ **etw dokumentiert etw** qc témoigne de qc; ■ **jd dokumentiert etw** qn manifeste qc; ***in meinem Testament ist mein Wille dokumentiert*** j'ai manifesté ma volonté dans mon testament
2. (*belegen*) ■ **jd dokumentiert etw** qn justifie qc, qn prouve qc [par un document]; *Identität, Tätigkeit* qn justifie de qc
II. *vr* ■ **etw dokumentiert sich in etw** (*dat*) qc se manifeste dans qc
Dolce Vita[RR] <-> ['dɔltʃə'viːta] *nt o f* ∅ dolce vita *f*
Dolch <-[e]s, -e> *m* poignard *m*
Dolchstoßlegende *f* légende *f* du coup de poignard dans le dos
Dolde <-, -n> *f* BOT [fleur *f* en] ombelle *f*
doll I. *adj fam* **1.** (*schlimm*) *Wunde, Beule, Foul* méchant(e) *antéposé; Gestank, Lärm* sacré(e) *antéposé*
2. (*großartig*) super *fam;* ***eine ~e Überraschung*** une super-surprise *fam;* ***das finde ich ~ von dir!*** je trouve que c'est vachement chic de ta part! *fam*
3. (*unerhört*) dingue *fam;* ***das ist doch wohl das D~ste!*** [alors là,] c'est le bouquet! *fam;* ***aber das D~ste kommt erst noch!*** attends/attendez, tu sais/vous savez pas la meilleure! *fam*
II. *adv* DIAL *sl* (*sehr*) drôlement *fam;* ***so ~, dass*** tellement que + *indic;* ***es regnet immer ~er*** ça dégringole de plus en plus fort *fam*
Dollar <-[s], -s> *m* dollar *m*
► **australischer/kanadischer ~** dollar *m* australien/canadien
Dollarzeichen *nt* symbole *m* du dollar
dolmetschen I. *vi:* ***jd dolmetscht [für jdn]*** qn sert d'interprète [à qn]; ***er kann in mehreren Sprachen ~*** c'est un interprète polyglotte; ***er kann simultan ~*** il peut faire de l'interprétation [*o* de la traduction] simultanée
II. *vt* ■ **jd dolmetscht [jdm] etw** qn traduit [oralement] qc [à qn], qn interprète qc [à qn] *spéc*
Dolmetscher(in) <-s, -> *m(f)* interprète *mf*
Dolmetscherinstitut *nt* école *f* d'interprétariat
Dolomiten *pl* ■ **die ~** les Dolomites *fpl*
Dom <-[e]s, -e> *m* cathédrale *f;* (*in Italien a.*) dôme *m*
Dom- de la/de cathédrale
Domäne <-, -n> *f* **1.** (*Staatsgut*) domaine *m*
2. *geh* (*Spezialgebiet*) domaine *m*
Domherr *m s.* **Domkapitular**
Domina <-, -s> *f* prostituée *f* sadomasochiste
dominant *adj* **1.** *geh Mensch* dominateur(-trice); ***eine ~e Persönlichkeit wird gesucht*** on cherche une forte personnalité
2. BIO dominant(e); ***etw wird ~ vererbt*** qc est un caractère héréditaire dominant
Dominante <-, -n> *f* dominante *f*
Dominanz <-, -en> *f* **1.** *geh* (*dominantes Wesen*) autorité *f*
2. BIO dominance *f*
dominieren * I. *vi geh* **1.** (*vorherrschen*) ■ **jd dominiert** qn commande, qn fait la loi
2. (*überwiegen*) ■ **etw dominiert [in etw** (*dat*)**]** qc [pré]domine [dans qc]
II. *vt geh* ■ **jd dominiert jdn/etw** qn domine qn/qc
dominierend *adj geh Ereignis, Stellung* dominant(e); *Rolle, Einfluss* prépondérant(e); ***eine ~e Figur auf einem Gebiet*** quelqu'un qui fait autorité dans un domaine
Dominikaner(in) <-s, -> *m(f)* dominicain(e) *m(f)*
dominikanisch *adj* dominicain(e)
Domino[1] <-s, -s> *m* (*Maske*) domino *m*
Domino[2] <-s, -s> *nt* (*Spiel*) dominos *mpl*
Dominospiel *nt s.* **Domino**[2]. **Dominostein** *m* **1.** (*Spielstein*) domino *m* **2.** GASTR *bouchée f de pain d'épice fourré nappé de chocolat*
Domizil <-s, -e> *nt geh* domicile *m*
Domkapitel *nt* chapitre *m* de la cathédrale **Domkapitular** <-s, -e> *m* chanoine *m* **Dompfaff** <-en *o* -s, -en> *m* bouvreuil *m*
Dompteur(in) <-s, -e> [dɔmp'tøːɐ] *m(f)*, **Dompteuse** <-, -n> [dɔmp'tøːzə] *f* dompteur(-euse) *m(f)*
Donator <-s, toren> *m*, **-torin** *f* CH donateur(-trice) *m(f)*
Donau <-> *f* ■ **die ~** le Danube
Donau- du Danube; *-raum, -staaten, -länder* danubien(ne) **Donaumonarchie** *f* ∅ ■ **die ~** la monarchie austro-hongroise
Dönerkebab <- -s, - -s> *m* kebab *m*
Donner <-s, *rare* -> *m* tonnerre *m*
► **wie vom ~ gerührt** *fam* comme frappé(e) par la foudre
Donnerbalken *m hum sl* gogues *mpl fam* **Donnergott** *m* dieu *m* du tonnerre **Donnergrollen** <-s> *nt* ∅ *geh* grondement *m* du/de tonnerre
donnern I. *vi impers* + *haben* ■ **es donnert** il tonne
II. *vi* **1.** + *haben* (*poltern*) ■ **jd donnert [mit etw] an etw** (*akk*)**/gegen etw** qn tape [de qc] comme un sourd à qc/sur qc
2. + *sein* (*prallen*) ■ **jd donnert [mit etw]/etw donnert gegen etw/in**

etw (*akk*) */Fahrer, Fahrzeug, Jet/* qn s'écrase [avec qc]/qc s'écrase dans un bruit de tonnerre [*o* avec fracas] contre qc/sur qc; ■ **etw donnert auf etw** (*akk*)**/gegen etw** (*fallen*) qc s'abat à grand fracas sur qc/contre qc
3. + *sein* (*sich bewegen*) ■ **etw donnert irgendwohin:** ***ein Laster donnerte auf sie zu*** un camion s'approchait d'elle en grondant; ***der Zug donnerte durch den Bahnhof/ über die Brücke/ durch den Tunnel*** le train a traversé la gare/le pont/le tunnel dans un grand fracas; ***eine Lawine donnerte den Berg herunter*** une avalanche dévalait de la montagne dans un grondement de tonnerre
III. *vt* + *haben fam* (*schleudern*) ■ **jd donnert etw irgendwohin** qn envoie valdinguer qc quelque part *fam;* ***jd donnert jdm den Ball vor den Kopf*** qn lui allume la figure *fam*
▶ **jd donnert jdm eine** *sl* qn file [*o* balance] un pain à qn *fam;* ***er bekam*** [*o* ***kriegte***] ***eine gedonnert*** il s'en est pris une *fam*

donnernd *adj:* ***mit ~em Applaus/Jubel*** par un tonnerre d'applaudissements/d'acclamations; ***ein ~es Plädoyer*** un plaidoyer fracassant; ***die ~e Brandung*** le grondement du ressac

Donnerschlag *m* coup *m* de tonnerre
▶ **etw trifft jdn wie ein ~** qc frappe qn de stupeur; ~! *veraltend fam* tonnerre de Brest!

Donnerstag *m* jeudi *m;* ***der ~ ist der dritte Tag nach Montag*** jeudi est le troisième jour après lundi; ***wir haben nicht Freitag, sondern erst ~*** nous ne sommes pas vendredi, mais seulement jeudi; ***in der Nacht von Mittwoch auf ~*** dans la nuit de mercredi à jeudi; ***fällt dein Geburtstag nicht auf einen ~?*** ton anniversaire ne tombe pas [sur] un jeudi?
▶ **~ in/vor acht Tagen, ~ in/vor einer Woche** jeudi en huit [*o* dans une semaine]/jeudi il y a huit jours [*o* une semaine]; **letzten** [*o* **vorigen**] **~** jeudi dernier; **seit letzten** [*o* **letztem**] **~** depuis jeudi dernier; **nächsten** [*o* **am nächsten**] **~** jeudi prochain; **ab nächsten** [*o* **nächstem**] **~** à partir de jeudi prochain; **es ist ~** c'est jeudi; **am ~** (*an diesem ~*) jeudi; (*donnerstags*) le jeudi; **am ~, dem …** le jeudi …; **an einem ~** un jeudi; **~, der …** le jeudi …; **diesen** [*o* **an diesem**] **~** ce jeudi[-là]; **eines ~s** un jeudi; **jeden ~** tous les jeudis, chaque jeudi

Donnerstagabend *m* jeudi *m* soir ▶ **am ~** le jeudi soir **donnerstagabends**[RR] *adv* le jeudi soir **Donnerstagmorgen** *m* jeudi *m* matin ▶ **am ~** le jeudi matin **Donnerstagnachmittag** *m* jeudi *m* après-midi ▶ **am ~** le jeudi après-midi **donnerstagnachts**[RR] *adv* le jeudi dans la nuit

donnerstags *adv* le jeudi

Donnerstags- du jeudi

donnerstagvormittags[RR] *adv* le jeudi matin

Donnerwetter *nt* **1.** *veraltend* (*Gewitter*) temps *m* d'orage
2. *fam* (*Schelte*) tempête *f;* ***sie musste ein ~ über sich ergehen lassen*** elle s'en est pris plein la poire *fam;* ***das wird ein ~ geben!*** ça va barder! *fam*
▶ **~!** *fam* (*alle Achtung!*) chapeau! *fam;* [**zum**] **~!** *fam* (*verdammt!*) mille tonnerres!

doof <doofer *o* döfer, doofste *o* döfste> *adj fam* **1.** (*blöd*) *Bild, Idee, Vorschlag etc* débile *fam;* ***hau ab, du ~er Kerl!*** fous le camp, espèce de crétin! *fam;* ***unser ~er Englischlehrer*** notre crétin de prof d'anglais *fam;* ■ **jd ist ~** qn est un crétin/une crétine *fam;* ■ **etwas D~es** un truc débile *fam;* ***so etwas D~es*** un truc aussi débile; ***etwas Döferes habe ich noch nie gehört!*** j'ai jamais rien entendu de plus débile! *fam*
2. (*verflixt*) à la con *fam;* ***so etwas D~es*** quelle connerie *fam*
▶ **jdm ist/wird etw zu ~** qn trouve/commence à trouver qc trop bête [*o* con(ne) *fam*]; **zu ~** [**aber auch**]! c'est vraiment trop bête [*o* con *fam*]!

Doofheit <-, -en> *f fam* idiotie *f,* connerie *f fam*

Doofi <-[s], -s> *m fam* bêta/-asse *m/f fam*
▶ **Klein ~** (*kleines Dummerchen*): ***jd spielt Klein ~*** qn fait l'andouille *fam;* ***du guckst wie Klein ~!*** tu prends un air abruti!; ***ich kam mir vor wie Klein ~*** je me suis senti(e) tout(e) con(ne) *fam*

Doofkopp <-s, -köppe> *m sl,* **Doofmann** <-männer> *m sl* con[n]ard *m pop;* ~, ~! espèce de con[n]ard! *pop*

Dope <-s, -s> [doʊp] *nt sl* dope *f arg*

dopen **I.** *vt* ■ **jd dopt jdn/ein Tier** qn dope qn/un animal
II. *vr, vi* ■ **jd dopt** [**sich**] qn se dope

Doping <-s, -s> *nt* dopage *m,* doping *m*

Doping- de dopage; *~kontrolle* antidopage, antidoping; ***~sünder*** sportif *m* convaincu de dopage; ***~mittel*** [produit *m*] dopant *m*

Doppel <-s, -> *nt* **1.** (*Duplikat*) ■ **das/ein ~ einer S.** (*gen*) le/un double de qc *m*
2. TENNIS (*Spiel*) double *m;* (*Mannschaft*) équipe *f* de double; ***im ~*** en double
▶ **gemischtes ~** double mixte

Doppeladler *m* aigle *f* à deux têtes **Doppelagent(in)** *m(f)* agent *m* double **Doppelband** <-bände> *m* **1.** (*von doppeltem Umfang*) volume *m* double **2.** (*zweibändig*) ouvrage *m* en deux volumes; ***das Kunstbuch kam als ~ heraus*** le livre d'art est sorti en deux volumes **Doppelbelastung** *f* double charge *f* **Doppelbesteuerung** *f* double imposition *f* **Doppelbett** *nt* lit *m* à deux places **Doppelbock** *nt o m* double bière *f* **Doppelbuchstabe** *m* lettre *f* double **Doppeldecker** <-s, -> *m* **1.** AVIAT biplan *m* **2.** AUT *fam* autobus *m* à impériale **3.** GASTR *fam* sandwich *m,* tartine *f* double

doppeldeutig *adj* à double sens

Doppeldeutigkeit <-, -en> *f* ambiguïté *f*

Doppelfehler *m* double faute *f* **Doppelfenster** *nt* double fenêtre *f* **Doppelgänger(in)** <-s, -> *m(f)* sosie *m* ▶ **jd hat einen ~/eine ~in** qn a un sosie **doppelgleisig** **I.** *adj Strecke* à double voie **II.** *adv* ▶ **jd baut etw ~ aus** qn élargit qc à deux voies; **jd fährt ~** *fig* qn joue sur [les] deux tableaux **Doppelhaus** *nt* maisons *fpl* jumelées **Doppelhaushälfte** *f* ARCHIT (*Hälfte eines Doppelhauses*) maison *f* jumelée **Doppelkinn** *nt* double menton *m* ▶ **jd bekommt** [*o* **kriegt** *fam*] **ein ~** qn attrape [*o* chope *fam*] un double menton; **jd hat ein ~** qn a un double menton **doppelklicken** <*pp* doppelgeklickt, *infin* doppelzuklicken> *vi* ■ **jd doppelklickt** qn clique deux fois, qn double clique **Doppelkonsonant** *m* consonne *f* double **Doppelkopf** *m* ∅ *jeu de cartes pour 4 joueurs avec deux jeux de 24 cartes* **Doppelkorn** *m* double eau-de-vie *f* **Doppellaut** *m* **1.** (*Diphthong*) semi-consonne *f,* semi-voyelle *f* **2.** *s.* Doppelkonsonant, Doppelvokal **Doppelleben** *nt* double vie *f* ▶ **jd führt ein ~** qn mène une double vie **Doppelmoral** *f* double morale *f* **Doppelmord** *m* double meurtre *m* ▶ **jd begeht** [*o* **verübt** *geh*] **einen ~** qn commet [*o* perpètre *soutenu*] un double meurtre

doppeln *vt* AUS (*besohlen*) ■ **jd doppelt etw** qn ressemelle qc

Doppelname *m* (*Nachname*) nom *m* double; (*Vorname*) prénom *m* double **Doppelpunkt** *m* deux-points *mpl;* ***hier steht ein ~*** ici il y a deux-points **Doppelrolle** *f* double rôle *m* ▶ **jd spielt eine ~** CINE, THEAT qn joue un double rôle; (*erfüllt zwei Funktionen*) qn remplit un double rôle **doppelseitig** **I.** *adj* **1.** *Lähmung* bilatéral(e); *Lungenentzündung, Prothese* double **2.** (*zweiseitig*) sur une double page **II.** *adv* MED: ***jd wird ~ an den Nieren operiert*** qn est opéré(e) des deux reins; ***jd ist ~ gelähmt*** qn a une paralysie bilatérale **Doppelsinn** *m* double sens *m* **Doppelspiel** *nt pej* double jeu *m* ▶ **jd treibt mit jdm ein ~** qn joue [un] double jeu avec qn **Doppelstecker** *m* prise *f* multiple **doppelstöckig** *adj* **1.** *Haus, Bett, Bus* à deux étages; ■ **etw ist ~** qc a deux étages **2.** *fam Schnaps* double **Doppelstunde** *f* heure *f* double

doppelt **I.** *adj* **1.** *Staatsangehörigkeit, Gehalt* double *antéposé; Sammlerstück, Auto, Haus* en double
2. (*zweifach*) ■ **der/die/das ~e …** le double du/de la …, deux fois le/la …; ***es kostet das ~e Geld*** ça coûte le double d'argent
3. (*verdoppelt*) *Einsatz, Enthusiasmus, Arbeitseifer* redoublé(e)
▶ **jd hat etw ~** qn a qc en double
II. *adv* **1.** + *adj* (*zweimal*) ■ **~ so …** deux fois plus …; ■ **jd/etw ist ~ so … wie …** qn/qc est deux fois plus … que
2. (*zweifach*) *prüfen, versichern, bezahlen* deux fois; *sehen* double; *sich entschuldigen, sich irren* doublement
3. (*um so mehr*) doublement
▶ **~ und dreifach** plutôt deux fois qu'une; **das ist ~ gemoppelt** *fam* c'est une redondance; **~ gemoppelt hält besser!** *fam* ça fait pas de mal de répéter les choses *fam;* **~ genäht hält besser** *fam* deux précautions valent mieux qu'une; **~ so viel** [**etw**] deux fois plus [de qc], le double [de qc]

Doppelte(s) *nt decl wie adj* ■ **das ~** le double
▶ **auf das/um das ~:** ***der Stamm hat sich auf das ~ seines Durchmessers verbreitet*** le tronc a doublé de diamètre; ***die Kosten sind auf das ~ gestiegen*** les coûts ont doublé; ***um das ~ mehr*** deux fois plus; ***um das ~ schneller/ teuer*** deux fois plus rapide/cher

Doppelverdiener(in) *m(f)* **1.** (*einzelner Mensch*) cumulard(e) *m(f) péj;* ***als ~in verdiene ich 14000 DM im Monat*** avec mon double salaire, je gagne 14000 marks par mois **2.** *pl* (*Paar*) couple *m* avec deux salaires ▶ **jd ist ~** qn cumule deux salaires **Doppelvokal** *m* voyelle *f* double **Doppelwährungsphase** *f* (*in den Euro-Ländern*) période *f* de double circulation **Doppelzentner** *m* quintal *m* **Doppelzimmer** *nt* chambre *f* double

doppelzüngig **I.** *adj pej* faux(fausse), hypocrite; ***so eine ~e Schlange!*** quelle langue fourchue [*o* de vipère]!
II. *adv pej* en faux jeton; ***jd redet ~*** qn tient un double langage

Doppelzüngigkeit <-, -en> *f* ∅ *pej* duplicité *f*

Dopplereffekt *m* effet *m* Doppler

Dorado <-s, -s> *nt s.* **Eldorado**

Dorf <-[e]s, Dörfer> *nt* village *m*
▶ **Dinge sind für jdn böhmische Dörfer** des choses, c'est de l'hébreu pour qn; **Potemkinsche Dörfer** *geh* des installations *fpl* en trompe-l'œil; **das olympische ~** le village olympique; **auf dem ~[e]** dans un village; **vom ~** de la campagne; ***Leute vom ~*** des villageois *mpl*

Dorf- du/de village; ***~musikant*** *veraltet* ménétrier *m;* ***~polizist*** garde *m* champêtre **Dorfälteste(r)** *f(m) decl wie adj* **1.** (*ältester Bewohner*) doyen(ne) *m(f)* du village **2.** (*Vorsteher*) chef *mf* du/de village **Dorfbewohner(in)** *m(f)* villageois(e) *m(f)*

Dörfchen <-s, -> *nt dim von* **Dorf** petit village *m*

Dorfjugend *f* jeunesse *f* du/de village **Dorfkrug** *m* auberge *f* du/de village

dörflich *adj* rural(e)

Dorfplatz *m* place *f* du/de village

Dorfschaft <-, -en> *f* CH petite commune *f*

Dorfschöne *f,* **Dorfschönheit** *f* belle *f* paysanne **Dorfschulze** <-n, -n> *m* maire *m* du/de village **Dorftrottel** *m fam* idiot *m* du village

dorisch *adj* **1.** ARCHIT, ART dorique
2. MUS dorien(ne)

Dorn[1] <-[e]s, -en> *m* BOT épine *f*
▶ **jdm ist etw ein ~ im Auge** qc est quelque chose qui offusque [*o* heurte] qn

Dorn[2] <-[e]s, -e> *m* **1.** [*Gürtelschnalle*] ardillon *m*
2. (*Werkzeug*) mandrin *m*

Dornbusch *m* arbuste *m* épineux, ronces *fpl*
▶ **der brennende ~** le buisson ardent

Dornengestrüpp *nt* broussailles *fpl* [épineuses], roncier *m* **Dornenhecke** *f* haie *f* d'épines **Dornenkrone** *f* couronne *f* d'épines

dornig *adj* **1.** *Gestrüpp, Hecke, Ranke* épineux(-euse)
2. *geh Angelegenheit, Sache* épineux(-euse); *Verhandlungen* délicat(e)

Dornröschen <-> [-ˈrøːsçən] *nt* ∅ la Belle au bois dormant

Dornröschenschlaf [-'rø:sçən-] *m* [douce] torpeur *f*
▶ **etw erwacht aus seinem ~** qc sort de sa [douce] torpeur; **etw versinkt in einen ~/wieder in seinen ~** qc tombe en léthargie/retombe dans sa [douce] torpeur
dörren I. *vt + haben* ■ **jd dörrt etw** qn sèche qc; ■ **etw dörrt etw** */Hitze, Sonne/* qc dessèche qc
II. *vi + sein* ■ **etw dörrt** */Obst, Fisch/* qc sèche
Dörrfisch *m* poisson *m* séché **Dörrfleisch** *nt* DIAL viande *f* séchée **Dörrobst** *nt* fruits *mpl* secs [*o* séchés] **Dörrpflaume** *f* pruneau *m*
Dorsch <-[e]s, -e> *m* morue *f*
dort *adv* là-bas; ***wer ist ~?*** (*am Telefon*) qui est à l'appareil [*o* au bout du fil]?; ***sie behalten ihn ~*** ils le gardent [sur place]; ***sie bleibt ~*** elle reste là-bas
▶ **~ drüben** là-bas [en face]; **nach ~** là-bas; ***nach ~ würde ich auch gern einmal!*** j'aimerais bien aussi y aller un jour!; **~ oben** là-haut; **~ unten** là en bas; **von ~** de là-bas; ***ich komme gerade von ~*** j'en [re]viens justement; **von ~ aus** de là[-bas]; ***von ~ aus sind es noch 10 km*** il y a encore 10 km à partir de là-bas
dortlbehalten * *s.* **dort. dortlbleiben** *s.* **dort. dorther** *adv* de là-bas; ***ich komme doch gerade ~!*** j'en [re]viens justement! **dorthin** *adv* là-bas; ***ich will nicht ~*** je ne veux pas aller là-bas [*o* y aller] ▶ **bis ~** jusque là-bas **dorthinab** *adv s.* **dorthinunter. dorthinauf** *adv* là-haut **dorthinaus** *adv* ~ ***bitte!*** la sortie est là-bas!; ***schau ~!*** regarde par là[-bas]!
▶ **bis ~** *fam* à un point pas possible *fam; ärgern, wurmen a.* un max *fam* **dorthinein** *adv* là-dedans **dorthinunter** *adv: **wir können ~ gehen*** nous pouvons descendre par là; ***der Wagen ist ~ gestürzt*** la voiture a dévalé la pente par là
dortig *adj attr* **1.** (*dort befindlich*) de là-bas, sur place
2. (*dort herrschend*) de là-bas, de l'endroit
Döschen <-s, -> ['dø:sçən] *nt dim von* **Dose** petite boîte *f*
Dose <-, -n> *f* **1.** (*Büchse*) boîte *f*
2. (*Steck~*) prise *f;* (*Verteiler~*) boîtier *m* de distribution
▶ **in ~n** en boîte
-dose *f* boîte *f* de
Dosen *pl von* **Dosis**
Dosen- en boîte [de conserve]
dösen *vi fam* ■ **jd döst [vor sich hin]** qn somnole
Dosenbier *nt* bière *f* en canettes **Dosenmilch** *f* lait *m* en boîte **Dosenöffner** *m* ouvre-boîte *m*
dosierbar *adj* dosable; ■ **etw ist ~** qc peut être dosé(e), qc est dosable; ***etw ist leicht ~*** qc est facile à doser
dosieren * *vt* ■ **jd dosiert etw [irgendwie]** qn dose qc [d'une certaine façon]
Dosierung <-, -en> *f* (*Dosis*) dose *f,* posologie *f;* (*das Dosieren*) dosage *m*
dösig I. *adj fam* **1.** (*dösend*) dans les vapes *fam*
2. (*blöd*) abruti(e) *fam; **ein ~er Beamter*** un abruti de fonctionnaire *fam*
II. *adv fam* (*blöd*): ***jd fragt ~*** qn pose des questions débiles *fam; **stell dich nicht so ~ an*** ne joue pas les abrutis *fam*
Dosimeter <-s, -> *nt* dosimètre *m*
Dosis <-, Dosen> *f* dose *f*
▶ **in kleinen Dosen** à petite[s] dose[s]
-dosis *f* dose *f* de; ***Strahlen~*** dose *f* radioactive
Döskopp <-s, -köppe> *m* NDEUTSCH *fam* (*Blödmann*) abruti(e) *m(f) fam;* (*unaufmerksamer Mensch*) ahuri(e) *m(f) fam*
Dossier <-s, -s> [dɔ'sie:] *nt* dossier *m*
Dotation <-, -en> *f geh* donation *f*
dotieren * *vt* **1.** (*honorieren*) ■ **jd dotiert etw [mit etw]** *mit einem bestimmten Betrag* qn rémunère qc [à hauteur de qc]
2. (*ausstatten*) ■ **etw ist mit etw dotiert** qc est doté(e) de qc; ***der erste Preis war mit 25000 DM dotiert*** le montant du premier prix était de 25000 marks
▶ **hoch dotiert** très bien payé(e)
Dotter <-s, -> *m o nt* jaune *m* d'œuf
Dotterblume *f s.* **Sumpfdotterblume**
doubeln ['du:bln] **I.** *vt* ■ **jd doubelt jdn** qn double qn; ■ **jd doubelt etw/etw für jdn** qn double qn/qc pour qc
II. *vi* ■ **jd doubelt** qn fait un/le doublage/des doublages
Double <-s, -s> ['du:bl] *nt* doublure *f*
Doublé <-s, -s> [du'ble:] *nt* doublé *m*
Douglasfichte *f,* **Douglastanne** ['du(:)glas-] *f* sapin *m* Douglas
Dow-Jones-Index ['dau'dʒoʊns-] *m* indice *m* Dow-Jones
down [daun] *adj, adv pred sl* à plat *fam*
downloaden ['daunloʊdən] *vt* INFORM ■ **jd downloadet etw** qn télécharge qc [vers l'aval]
Dozent(in) <-en, -en> *m(f)* **1.** UNIV maître *m* de conférences
2. [*Volkshochschule*] formateur(-trice) *m(f);* ■ **jd ist ~ für etw** qn est chargé(e) d'un cours de qc
Dozentur <-, -en> *f* charge *f* d'enseignement [dans une faculté]
dozieren * *vi* **1.** UNIV ■ **jd doziert über etw** (*akk*) qn donne un cours sur qc
2. (*belehren*) ■ **jd doziert** qn pontifie; ■ **~d** doctoral(e)
dpa <-> [de:pe:'ʔa:] *f abk von* **Deutsche Presse-Agentur** *agence de presse allemande*
dpt *abk von* **Dioptrie** dioptrie
Dr. *abk von* **Doktor** Dr; ~ ***Bauer*** M./Mme Bauer; ***den ~ med. schafft man nicht so leicht*** il n'est pas si facile d'obtenir son doctorat en médecine
Drache <-n, -n> *m* MYTH dragon *m; s. a.* **Drachen**
Drachen <-s, -> *m* **1.** (*Papier~*) cerf-volant *m*
2. SPORT deltaplane *m*
3. *fam* (*Frau*) dragon *m,* harpie *f*
▶ **jd lässt einen ~ steigen** qn lance un cerf-volant
Drachenfliegen *nt* vol *m* libre **Drachenflieger(in)** *m(f)* libériste *mf*
Drachme <-, -n> *f* drachme *f*
Dragée <-s, -s> *nt,* **Dragee** <-s, -s> [dra'ʒe:] *nt* dragée *f*
Draht <-[e]s, ¨-e> *m* fil *m* métallique; (*Eisen~*) fil *m* de fer; ***die ¨-e der Telefonleitung/Stromleitung*** les fils téléphoniques/électriques
▶ **jd hat zu jdm einen guten ~** qn est bien avec qn; **der heiße ~** le téléphone rouge; **jd ist [schwer] auf ~** *fam* qn est dans le coup *fam;* (*clever*) qn est pas né(e) de la dernière pluie *fam;* **jd ist nicht auf ~** *fam* (*nicht gesund*) qn est patraque *fam*
Draht- *-gestell* en treillis métallique; *-korb* en fil métallique; *-rolle* de fil de fer
Drahtbürste *f* brosse *f* métallique **Drahtgeflecht** *nt* treillis *m* métallique **Drahtgitter** *nt* grillage *m* métallique
drahtig *adj* **1.** *Mensch, Figur* nerveux(-euse)
2. *Bart, Haar* dur(e)
drahtlos *adj* sans fil; ***~es Telefon*** radiotéléphone *m;* ***~e Telegrafie*** radiotélégraphie *f*
Drahtschere *f* cisaille *f* **Drahtseil** *nt* câble *m* métallique **Drahtseilakt** *m geh* numéro *m* de haute voltige **Drahtseilbahn** *f* (*Schwebebahn*) téléphérique *m;* (*auf Schienen*) funiculaire *m* **Drahtverhau** *m* [réseau *m* de] fils *mpl* de fer **Drahtzaun** *m* grillage *m* **Drahtzieher(in)** <-s, -> *m(f)* instigateur(-trice) *m(f);* ***er soll der ~ sein*** on dit qu'il tire les ficelles
Drainage <-, -n> [drɛ'na:ʒə] *f s.* **Dränage**
drainieren * [drɛ'ni:rən] *vt s.* **dränieren**
Draisine <-, -n> [drɛ'zi:nə] *f* **1.** EISENBAHN draisine *f*
2. (*Fahrrad*) draisienne *f*
drakonisch I. *adj Strafe, Maßnahme, Gesetz, Justiz* draconien(ne); *Strenge, Härte a.* impitoyable
II. *adv* de façon draconienne
drall *adj* (*stramm*) *Busen, Hintern, Frau* plantureux(-euse); *Backen* rebondi(e); *Arme, Beine* bien en chair
Drall <-[e]s, -e> *m* **1.** [*Geschoss*] dérivation *f;* [*Ball, Billardkugel*] effet *m*
2. [*Rohrlauf*] pas *m* de rayure
3. (*Hang*) ■ **jds ~ irgendwohin** la tendance de qn à qc
Dralon® <-[s]> *nt* ∅ dralon® *m*
Drama <-s, Dramen> *nt* drame *m*
▶ **jd macht ein/kein ~ aus etw** qn fait/ne fait pas [tout] un drame de qc
Dramatik <-> *f* ∅ *geh* intensité *f* dramatique
Dramatiker(in) <-s, -> *m(f)* dramaturge *mf*
dramatisch I. *adj* dramatique
II. *adv* de façon dramatique
▶ **jd macht es ~** *fam* qn en rajoute *fam*
dramatisieren * **I.** *vt* ■ **jd dramatisiert etw** qn dramatise qc
II. *vi* ■ **jd dramatisiert** qn dramatise; ***sie neigt zum D~*** elle a tendance à [tout] dramatiser
Dramatisierung <-, -en> *f* dramatisation *f*
Dramaturg(in) <-en, -en> *m(f)* conseiller(-ère) *m(f)* artistique
Dramaturgie <-, -en> [-'gi:ən] *f* **1.** (*Lehre*) dramaturgie *f*
2. (*Gestaltung*) adaptation *f*
3. (*Abteilung*) réalisation *f*
dramaturgisch *adj* **1.** d'adaptation; ***die ~e Gestaltung*** l'adaptation *f*
2. ***die ~e Abteilung*** la réalisation
dran *adv* ▶ **jd ist [zu] früh/spät ~** *fam* qn est en avance/en retard; **jd ist gut ~** *fam* qn est en bonne posture [*o* bien loti(e)]; **jd ist schlecht ~** *fam* qn est mal fichu(e) *fam;* (*hat schlechte Möglichkeiten*) qn est en mauvaise posture [*o* mal loti(e)] [*o* mal barré(e) *fam*]; **jd ist ~** *fam* (*ist an der Reihe*) c'est à [*o* au tour de] qn; (*jdm geht es an den Kragen*) qn va passer un mauvais quart d'heure; ***wer ist als Nächster/jetzt ~?*** à qui le tour?; ***ich war vor Ihnen ~*** j'étais [là] avant vous; **an jdm ist alles ~** *fam* qn a tout ce qu'il faut [pour plaire]; **an etw** (*dat*) **ist etwas ~** *fam* (*stimmt etwas nicht*) qc a quelque chose qui cloche *fam;* (*trifft zu*) il y a du vrai dans qc; **an jdm ist etwas ~** *fam* qn a un petit quelque chose; ***was ist an ihm ~?*** qu'est-ce qu'il a de spécial?; **an jdm ist nichts ~** *fam* (*ist sehr mager*) qn n'a que la peau et les os; (*hat wenig Fähigkeiten*) y a pas grand-chose à attendre de qn *fam;* **an etw** (*dat*) **ist nichts/was ~** *fam* (*stimmt nicht*) y a rien/quelque chose de vrai dans qc *fam;* (*bietet wenig*) *an einem Gericht* y a pas grand-chose à se mettre sous la dent dans qc/y a de quoi faire avec qc *fam;* **..., wo jd [bei jdm] ~ ist** *fam* ... où qn en est [avec qn]; **etw ist ~/bei jdm ~** *fam* (*etw ist an der Reihe*) c'est le tour de qc /qn à qc; *s. a.* **daran**
Dränage <-, -n> [drɛ'na:ʒə] *f* drainage *m*
dranlbleiben *vi irreg + sein fam* **1.** SPORT ■ **jd bleibt [an jdm] dran** qn s'accroche [à qn]
2. TELEC ■ **jd bleibt dran** qn ne quitte pas, qn reste au bout du fil
drang *imp von* **dringen**
Drang <-[e]s, ¨-e> *m* **1.** (*innerer Antrieb*) ■ **jds ~ nach etw/etw zu tun** le besoin [*o* la soif] de qn de qc/de faire qc
2. (*Harn~*) besoin *m*
3. *geh* (*Druck*) ■ **der ~ einer S.** (*gen*) la pression de qc; ***der Minister sah sich unter einem starken ~ zu handeln*** le ministre se sentit obligé d'agir
▶ **der ~ nach Osten** la poussée vers l'Est
-drang *m: **Entdecker~/Wissens~*** soif *f* de découvrir/de savoir; ***Expansions~*** poussée *f* expansionniste; ***Perfektions~*** perfectionnisme *m*
dranlgeben *vt irreg fam* ■ **jd gibt etw dran** qn laisse tomber qc; ***wirst du das wohl endlich ~!*** tu vas finir par arrêter!; ■ **jd gibt es dran etw zu tun** qn renonce à faire qc
dranlgehen *vi irreg + sein fam* **1.** (*sich zu schaffen machen*) ■ **jd geht dran** qn y touche; ***geh da bloß nicht dran!*** touche [surtout] pas [à ça]! *fam;* ■ **jd geht an etw** (*akk*) **dran** qn touche à qc

2. *s.* darangehen

Drängelei <-, -en> *f fam* 1. (*Drängeln*) bousculade *f*
2. (*Drängen*) harcèlement *m*

drängeln I. *vi fam* ▪ **jd drängelt** qn pousse; ***die Kunden drängelten an den Kassen*** les clients se bousculaient aux caisses
II. *vt, vi fam* (*drängen*) ▪ **jd drängelt [jdn]** qn harcèle qn, qn tanne qn *fam;* ▪ **das D~** le harcèlement
III. *vr fam* 1. (*sich drängen*) ▪ **jd drängelt sich irgendwo/irgendwohin** il/elle se bouscule quelque part; ***sie drängelte sich zur Kasse/nach vorne*** elle joua des coudes pour parvenir à la caisse/devant
2. (*sich bemühen*) ▪ **jd drängelt sich [darum] etw zu tun** qn se bouscule pour faire qc

drängen I. *vi* 1. (*drücken*) ▪ **jd drängt [irgendwohin]** qn pousse [quelque part]; ***sie drängten in die U-Bahn*** ils/elles se bousculaient pour entrer dans le métro
2. (*fordern*) ▪ **jd drängt [bei jdm] auf etw** (*akk*) qn insiste [auprès de qn] pour obtenir qc [*o* pour obtenir qc [de qn]]; ***jd drängt bei jdm auf Eile/auf zügigere Bearbeitung*** qn insiste auprès de qn pour qu'il/elle presse le mouvement/traite le dossier plus rapidement; ▪ **jd drängt zu etw:** ***jd drängt zum Aufbruch*** qn veut hâter le départ; ***warum drängst du so zur Eile?*** pourquoi nous presses-tu ainsi?; ▪ **jd drängt darauf, dass jd etw tut/dass etw getan wird** qn insiste pour que qn fasse qc/qc soit fait(e)
3. (*eilig sein*) ▪ **etw drängt** qc presse; ▪ **es drängt** ça presse; ***leider drängt es etwas*** malheureusement, le temps presse
II. *vt* 1. (*drücken*) ▪ **jd/etw drängt jdn irgendwohin** qn/qc pousse qn quelque part
2. (*auffordern*) ▪ **jd drängt jdn** qn presse qn; ***ich lasse mich von ihm nicht ~*** je n'accepte pas qu'il fasse pression sur moi; ***er drängte sie zum Kauf/zur Unterschrift*** il la pressait d'acheter/de signer; ▪ **jd drängt jdn etw zu tun** qn presse qn de faire qc
3. (*treiben*) ▪ **etw drängt jdn** qc presse qn; ***meine Termine ~ mich zur Eile*** mes rendez-vous m'obligent à me dépêcher; ▪ **etw drängt jdn etw zu tun** qc pousse qn à faire qc; ***es drängt jdn etw zu tun*** qn éprouve le besoin de faire qc; ***es drängt mich Ihnen zu sagen ...*** il faut que je vous dise ..., je veux vraiment vous dire ...
▶ **jd fühlt sich [von jdm] gedrängt** qn se sent obligé(e) [par qn]
III. *vr* 1. (*sich drängeln*) ▪ **jd drängt sich irgendwo/irgendwohin** qn se bouscule quelque part; ***jd drängt sich durch die Menge zum Ausgang*** qn se fraie un chemin dans la foule vers la sortie; ***die Leute ~ sich in die U-Bahn*** les gens se bousculent pour entrer dans le métro
2. (*sich häufen*) ▪ **sie ~ sich** ils/elles se bousculent
3. (*unbedingt wollen*) ▪ **jd drängt sich nach etw** qn court après qc

Drängen <-s> *nt* ∅ insistance *f*
▶ **auf jds ~** (*akk*) **[hin]** sur les instances de qn

drängend *adj* 1. *Fragen, Problem* urgent(e), pressant(e)
2. *Stimme, Ton, Tonfall* pressant(e), insistant(e)

drangsalieren * *vt* ▪ **jd drangsaliert jdn [mit etw]** qn harcèle qn [de qc]; ▪ **ein Tier drangsaliert jdn** un animal tourmente qn

dran|halten *irreg* I. *vt fam* ▪ **jd hält etw dran** qn tient qc là contre; ***halt mal die Bluse dran*** tiens le chemisier contre toi; ▪ **jd hält etw an etw** (*akk*) **dran** qn tient qc contre qc
II. *vr fam* ▪ **jd hält sich dran** qn s'accroche *fam*

dran|hängen I. *vt fam* 1. (*anhängen*) ▪ **jd hängt etw dran** qn [y] accroche qc; ▪ **jd hängt etw an etw** (*akk*) **dran** qn accroche qc à qc
2. (*mehr aufwenden*) ▪ **jd hängt [bei etw] etw dran** qn rajoute qc [à qc]; ***wir mussten bei der Sendung noch eine halbe Stunde ~*** nous avons dû prolonger l'émission d'une demi-heure
II. *vi irreg fam* ▪ **etw hängt dran** qc [y] pend [*o* est suspendu(e)]; ▪ **etw hängt an etw** (*dat*) **dran** qc pend [*o* est suspendu(e)] à qc
III. *vr fam* ▪ **jd hängt sich dran** qn le/la lâche pas [d'une semelle] *fam;* ▪ **jd hängt sich an jdn dran** qn lâche pas qn d'une semelle *fam*

dränieren * *vt* ▪ **jd dräniert etw** qn draine qc

dran|kommen *vi irreg + sein fam* 1. (*erreichen können*) ▪ **jd kommt dran** qn arrive à l'attraper/les attraper; ▪ **jd kommt an etw** (*akk*) **dran** qn arrive à attraper qc
2. (*an die Reihe kommen*) ▪ **jd kommt dran** c'est le tour de qn; ***es kommt jeder [der Reihe nach] dran!*** chacun son tour!; ***wer [von Ihnen] kommt als Nächster/jetzt dran?*** à qui le tour?
3. SCOL ▪ **jd kommt dran** qn se fait interroger; ***er kommt beim Abfragen der Vokabeln dran*** c'est à son tour d'être interrogé sur le vocabulaire; ***er kommt mit dem Aufsagen des Gedichtes dran*** c'est à son tour de réciter le poème
4. (*auf dem Lehrplan stehen*) ▪ **etw kommt dran** qc est traité(e); ***was kommt im Unterricht dran?*** quel est le sujet du cours?; ***welche Frage kommt zuerst dran?*** quelle question vient en premier?; ***dieses Thema kommt erst im nächsten Schuljahr dran*** ce sujet ne sera traité que l'année prochaine
5. (*zu bearbeiten sein*) ▪ **etw kommt dran** il faut faire qc, il y a qc à faire

dran|kriegen *vt fam* 1. (*veranlassen*) ▪ **jd kriegt jdn dran** qn met qn au boulot *fam*
2. (*reinlegen*) ▪ **jd kriegt jdn dran** qn entube qn *fam*

dran|lassen *vt irreg fam* 1. (*belassen*) ▪ **jd lässt etw dran** qn laisse qc [dessus]; ▪ **jd lässt etw an etw** (*dat*) **dran** *Etikett* qn laisse qc sur qc; ***jd lässt etw an der Wand dran*** qn laisse qc au mur
2. *s.* ranlassen

dran|machen I. *vr fam* ▪ **jd macht sich dran** qn s'y met; ▪ **jd macht sich an etw** (*akk*) **dran** qn se met à qc
II. *vt fam* ▪ **jd macht etw [an etw** (*akk*)**] dran** qn met qc [sur qc]; *an eine Wand* qn met qc [à qc]; *an den Zaun* qn accroche qc [à qc]

dran|nehmen *vt irreg fam* 1. SCOL ▪ **jd nimmt jdn dran** qn interroge qn
2. (*zur Behandlung*) ▪ **jd nimmt jdn dran** *Patienten* qn prend qn

dran|setzen I. *vt fam* 1. (*anfügen*) ▪ **jd setzt etw [an etw** (*akk*)**] dran** qn ajoute qc [à qc pour le/la rallonger]
2. (*einsetzen*) ▪ **jd setzt etw dran** *Energie, Geldmittel* qn met qc en œuvre, qn investit qc
3. (*beschäftigen*) ▪ **jd setzt jdn dran** qn met qn à contribution [*o* sur le coup *fam*]
II. *vr fam* 1. (*sich nahe an etw setzen*) ▪ **jd setzt sich dran** qn s'assied à côté; ***setzt euch nicht zu nahe dran!*** ne vous asseyez pas trop près!; ▪ **jd setzt sich an jdn/etw dran** qn s'assied près de qn/qc
2. *s.* dranmachen I.

drapieren * *vt* 1. (*falten*) ▪ **jd drapiert etw [um etw]** qn drape qc [autour de qc]
2. (*schmücken*) ▪ **jd drapiert etw [mit etw]** *mit Luftschlangen, Stoffbahnen* qn drape qc [de qc]

Drapierung <-, -en> *f* 1. (*das Drapieren*) verbal übersetzt; ***die ~ des Festsaals wurde schon ein paar Tage vorher vorgenommen*** on entreprit de draper la salle des fêtes quelques jours à l'avance
2. (*Schmuck durch Stoff*) drapé *m*, draperie *f*

drastisch I. *adj* 1. (*einschneidend*) draconien(ne), drastique
2. (*eindeutig*) abrupt(e); *Ausdrucksweise, Wortwahl a.* sans détour; *Mensch a.* direct(e), qui ne mâche pas ses mots; ▪ **jd ist ~** qn est direct(e), qn parle sans détour
II. *adv* 1. (*einschneidend*) de façon draconienne [*o* drastique], avec la plus grande rigueur; ***jd geht ~ vor*** qn prend des mesures draconiennes [*o* drastiques]
2. (*deutlich*) sans détour, sans mâcher ses mots; ***ich muss das wohl ~ er zeigen*** il faut probablement que je mette les points sur les i

drauf *adv fam* (*darauf*) dessus; ***die Beete sind noch ganz kahl, aber bald sind Blumen ~*** les massifs sont encore nus, mais bientôt ils seront couverts de fleurs; ▪ **auf jdn/ein Tier/etw ~** sur qn/un animal/qc
▶ **jd/etw hat etw ~** *fam:* ***der Sportwagen hatte bestimmt 250 Sachen/Kilometer ~!*** la voiture de sport faisait bien du 250!; **jd ist ~ und dran etw zu tun** qn n'est [*o* ne serait] pas loin de faire qc; **immer feste ~!** hardi, petit!; *s. a.* draufhaben

drauf|bekommen * *vt irreg fam* ▪ **jd bekommt etw [auf etw** (*akk*)**] drauf** qn arrive à mettre qc [sur qc]
▶ **jd bekommt eins drauf** (*bekommt einen Klaps*) qn en prend une *fam;* (*wird ausgeschimpft*) qn se fait passer un savon *fam*

Draufgabe *f* AUS rappel *m*, bis *m*; ***das Publikum verlangte eine ~*** le public a bissé

Draufgänger(in) <-s, -> *m(f)* fonceur(-euse) *m(f) fam*

draufgängerisch *adj Mentalität* de fonceur; ***jd ist ein ~er Typ*** qn est un fonceur/une fonceuse

drauf|gehen *vi irreg + sein fam* 1. (*sterben*) ▪ **jd geht drauf** qn y passe *fam*, qn casse sa pipe *fam;* ▪ **jd geht bei etw drauf** au cours de qc, qn y reste *fam*
2. (*verbraucht werden*) ▪ **etw geht drauf** /*Geld*/ qc y passe *fam;* ▪ **etw geht bei etw drauf** qc passe dans qc
3. (*kaputtgehen*) ▪ **etw geht [bei etw] drauf** qc est bousillé(e) [*o* ratatiné(e)] [au cours de qc] *fam*

drauf|haben *vt irreg fam* 1. (*Kenntnisse haben*) ▪ **jd hat etwas/viel drauf** qn est calé(e)/vachement calé(e) *fam;* ***sie hat nicht so viel [Kenntnisse] drauf*** elle est pas très calée *fam;* ▪ **jd hat nichts drauf** qn est ignare
2. (*von sich geben*) ▪ **jd hat etw drauf** *dumme Sprüche, Witze* qn sort qc *fam; s. a.* drauf

drauf|halten *irreg* I. *vt fam* ▪ **jd hält etw drauf** *Daumen, Hand, Tuch* qn met qc dessus; ▪ **jd hält etw auf etw** (*akk*) **drauf** *auf ein Loch, eine Wunde* qn met qc sur qc
II. *vi fam* ▪ **jd hält [mit etw] [auf jdn/etw] drauf** qn vise [qn/qc] [avec qc]

drauf|hauen *vi irreg fam* ▪ **jd haut drauf** qn tape dessus; ▪ **jd haut auf jdn/etw drauf** qn tape sur qn/qc
▶ **jd haut jdm eins drauf** qn met un pain à qn *fam*

drauf|kommen *vi irreg + sein fam* 1. (*sich erinnern*) ▪ **jd kommt drauf, wie/wann/wo/warum** qn retrouve comment/quand/où/pourquoi *fam;* ***ich komme nicht drauf!*** ça me revient pas *fam*
2. (*herausbekommen*) ▪ **jd kommt drauf, wie/wann/wo/warum** qn trouve comment/quand/où/pourquoi

drauf|kriegen *vt fam s.* **draufbekommen**

drauf|lassen *vt irreg fam* ▪ **jd lässt etw drauf** qn laisse qc dessus; ▪ **jd lässt etw auf etw** (*dat*) **drauf** qn laisse qc sur qc

drauf|legen *vt fam* 1. (*zusätzlich geben*) ▪ **jd legt etw drauf** *Geldbetrag* qn met qc *fam*
2. (*auf etw legen*) ▪ **jd legt etw drauf** qn met qc dessus; ▪ **jd legt etw auf etw** (*akk*) **drauf** qn met qc sur qc

drauflos *adv* ▶ **[nur] immer feste** [*o* **munter**] **~!** (*drauf*) allez, vas-y!; (*voran*) allez, du nerf!

drauflos- -*brüllen, -fahren, -prügeln, -schimpfen* se mettre à ...; ***jd schreibt einfach drauflos*** qn écrit comme ça vient **drauflos|arbeiten** *vi fam* ▪ **jd arbeitet drauflos** qn y va au petit bonheur *fam;* ***arbeitet nur frisch drauflos!*** bossez sans vous poser de question! *fam* **drauflos|gehen** *vi irreg + sein fam* ▪ **jd geht drauflos** qn part comme ça au petit bonheur *fam* **drauflos|reden** *vi fam* ▪ **jd redet drauflos** qn prend la parole; ***wenn ihr alle auf einmal drauflosredet, kann ich ja gar nichts verstehen!*** si vous vous mettez tous à parler en même temps, je n'y comprendrai rien!; ***reden Sie mal einfach nur drauflos*** n'hésitez pas à vous manifester spontanément

drauf|machen *vt fam* ▪ **jd macht etw drauf** qn met qc dessus; ▪ **jd macht**

etw auf etw (*akk*) **drauf** qn met qc sur qc
▸**jd macht einen drauf** *sl* qn s'éclate *fam*, qn fait la java *fam*
drauf|satteln *vt sl* ■**jd sattelt etw drauf** *Betrag, Zuschlag* qn file qc en plus *fam;* ***Sie müssen schon noch 2000 Mark*** ~ il faut que vous mettiez une rallonge de 2000 marks *fam;* ***jd sattelt die Bemerkung drauf, dass*** par-dessus le marché, qn sort que + *indic fam*
drauf|sein *s.* **sein¹ I.**▸
drauf|setzen I. *vt fam* ■**jd setzt jdn/etw drauf** qn met qn/qc dessus; ■**jd setzt jdn/etw auf ein Tier/etw** (*akk*) **drauf** qn met qn/qc sur un animal/qc; ***wo soll ich den Kleinen*** ~? où est-ce que je mets le petit?
▸**jd setzt [noch] eins drauf** *sl* qn en rajoute *fam*
II. *vr* ■**jd setzt sich drauf** (*auf eine Bank, einen Stuhl*) qn s'assied dessus; (*auf ein Tier*) qn monte dessus; ■**jd setzt sich auf ein Tier drauf** qn monte sur un animal; ■**jd setzt sich auf etw** (*akk*) **drauf** qn s'assied sur qc
Draufsicht *f spec* vue *f* plongeante [*o* en plongée]
drauf|stehen *vi irreg fam* **1.** (*auf etw stehen*) ■**jd/etw steht auf etw** (*dat*) **drauf**: ***aua, du stehst auf meinem Fuß drauf!*** aïe, tu me marches sur le pied!; ***da, wo der Schrank auf dem Teppichboden draufgestanden hatte, haben sich die Umrisse genau abgezeichnet*** à l'endroit où était l'armoire, il y a des marques bien visibles dans le revêtement de sol
2. (*geschrieben stehen*) ■**etw steht drauf** qc est écrit(e) [*o* marqué(e) *fam*] dessus; ■**etw steht auf etw** (*dat*) **drauf** qc est écrit(e) [*o* marqué(e) *fam*] sur qc
drauf|stoßen *irreg* **I.** *vi + sein fam* (*finden*) ■**jd stößt drauf** qn tombe dessus
II. *vt + haben fam* ■**jd stößt jdn drauf** qn met qn sur la voie; ***du findest den Satz nicht? Muss ich dich erst [mit dem Kopf]*** ~? tu vois pas où est cette phrase? Il faut que je te mette le nez dessus? *fam;* ***verstehst du nicht, was sie damit meinte? Muss ich dich*** ~? tu comprends pas ce qu'elle a voulu dire? Il faut que je te fasse un dessin? *fam*
drauf|zahlen *vi fam* ■**jd zahlt etw [auf etw** (*akk*)**] drauf** qn rajoute qc [à qc], qn met qc au bout [de qc] *fam*
▸**jd muss** ~ qn y laisse des plumes *fam*
draus *adv fam s.* **daraus**
draus|bringen *vt irreg* AUS, CH, SDEUTSCH ■**jd bringt jdn draus** qn perturbe qn **draus|kommen** *vi irreg + sein* AUS, CH, SDEUTSCH ■**jd kommt draus** qn ne sait plus où il/elle en est
draußen *adv* **1.** (*im Freien*) dehors
2. (*weit entfernt*) loin; ~ ***auf dem Meer*** en pleine mer; [***weit***] ~ ***auf dem Land*** au fin fond de la campagne
▸**jd bleibt** ~ qn reste dehors; **nach** ~ dehors; **von** ~ de [*o* du] dehors, de l'extérieur
drechseln [-ks-] **I.** *vt* ■**jd drechselt etw** qn tourne qc, qn façonne qc au tour
II. *vi* ■**jd drechselt** qn travaille au tour
Drechsler(in) <-s, -> [-ks-] *m(f)* tourneur(-euse) *m(f)* sur bois
Drechslerbank <-bänke> [-ks-] *f* tour *m*
Drechslerei <-, -en> [-ks-] *f* atelier *m* de tourneur
Dreck <-[e]s> *m* ∅ **1.** (*aus Erde*) boue *f;* (*Schmutz*) saleté *f*
2. (*Schund*) saleté *f fam*, cochonnerie *f fam*
▸**jd hat** ~ **am Stecken** *fam* qn n'est pas tout(e) blanc(blanche), qn traîne une casserole *fam;* **frech wie** ~ *fam* effronté(e) comme il est pas permis *fam;* ***er ist frech wie*** ~ il a un toupet incroyable *fam;* **jd ist aus dem gröbsten** ~ **heraus** *fam* qn voit le bout du tunnel, qn est sorti(e) de l'ornière; **jd ist der letzte** ~ *sl* qn n'est qu'une merde *vulg;* **jd behandelt jdn wie den letzten** ~ *fam* qn traite qn comme s'il/si elle était de la merde *vulg;* **etw geht jdn einen [feuchten]** ~ **an** *fam* qc, c'est pas les oignons de qn *fam;* ***das geht dich einen*** ~ ***an!*** qu'est-ce que ça peut te foutre? *fam;* **jd kümmert** [*o* **schert**] **sich einen** ~ **um jdn/etw** *fam* qn/qc, qn en a rien à fiche [*o* foutre] [*o* cirer] [*o* secouer] *fam*, qn se soucie de qn/qc comme de sa première chemise [*o* de l'an quarante] *fam;* **jd macht** ~ qn fait des saletés; **mach deinen** ~ **alleine!** *fam* démerde-toi tout(e) seule(e) *fam;* **jd sitzt** [*o* **steckt**] **im** ~ *fam* qn est dans la merde [*o* le caca] *fam;* **jd/etw starrt vor** ~ qn/qc est dégoûtant(e) [*o* crasseux(-euse)]; **jd zieht jdn/etw in** [*o* **durch**] **den** ~ *fam* qn traîne qn/qc dans la boue; **mit jedem** ~ *fam belastet, belästigt werden* par n'importe quelle connerie *fam; sich befassen* de n'importe quelle connerie *fam*, de tout et n'importe quoi; **einen** ~ *sl verstehen, wissen, wert sein* que dalle *fam*
Dreckarbeit *f fam* **1.** (*schmutzig machende Arbeit*) travail *m* salissant
2. *pej* (*niedere Arbeit*) sale boulot *m fam* **Dreckfinger** *pl fam* ■**jds** ~ les sales pattes *fpl* de qn *fam*
dreckig I. *adj* **1.** (*schmutzig*) sale
2. *fam* (*gemein*) sale *antéposé*
3. *fam* (*abstoßend*) *Lache, Witz* méchant(e)
▸**jd macht sich [an etw** (*dat*)**]** ~ qn se salit [en se frottant à/touchant qc]
II. *adv fam* (*abstoßend*): ***jd lacht*** ~ qn a un rire méchant
▸**jdm geht es** ~ *fam* (*fühlt sich miserabel*) qn est mal foutu(e) *fam;* (*steht finanziell schlecht da*) qn est dans la merde [*o* le caca] *fam;* (*jdm steht Übles bevor*) ça va barder pour qn; ***wenn er erwischt wird, geht es ihm*** ~! s'il se fait piquer, ça va barder pour son matricule! *fam*
Dreckloch *nt pej sl* cambuse *f fam*, taudis *m* **Drecknest** *nt pej sl* bled *m fam*, trou *m* [perdu] *fam* **Dreckpfoten** *pl sl* sales pattes *fpl fam* **Drecksack** *m sl* salaud *m fam*
Drecksarbeit *f fam s.* **Dreckarbeit**
Drecksau *m pej sl* salaud/salope *m/f fam*, salopard *m fam* **Dreckschleuder** *f pej* **1.** (*verleumderische Person*) semeur(-euse) *m(f)* de merde *fam*
2. (*Umweltverschmutzer*) pollueur(-euse) *m(f)*, fauteur(-trice) *m(f)* de pollution; (*Auto*) engin *m* polluant; (*Müllverbrennungsanlage*) usine *f* polluante
Dreckschwein *nt fam s.* **Drecksau**
Dreckskerl *m fam s.* **Drecksack**
Dreckspatz *m fam* [petit] cochon *m fam*
Dreckswetter *nt pej fam* temps *m* de merde *fam*
Dreh <-s, -s *o* -e> *m fam* truc *m fam*
▸**jd hat den [richtigen]** ~ **heraus** *fam* qn a trouvé le [bon] truc; **[so] um den** ~ *fam* à peu près, dans ces eaux-là
Dreharbeit *f meist pl* tournage *m pas de pl;* ***bei den ~en zu seinem neuen Film*** sur [*o* pendant] le tournage de son dernier film **Drehbank** <-bänke> *f* tour *m*
drehbar I. *adj* pivotant(e)
II. *adv:* ~ ***gelagert*** pivotant(e)
Drehbewegung *f* rotation *f* ▸**jd macht eine** ~ qn se retourne, qn fait [une] volte-face, qn pivote sur lui-même/elle-même **Drehbleistift** *m* portemine *m* **Drehbrücke** *f* pont *m* tournant **Drehbuch** *nt* scénario *m* **Drehbuchautor(in)** *m(f)* scénariste *mf* **Drehbühne** *f* scène *f* tournante
drehen I. *vt* **1.** (*herum~*) ■**jd dreht etw** *Schlüssel* qn tourne qc; *Kreisel* qn fait tourner qc
2. (*verdrehen*) ■**jd dreht etw [irgendwohin]** *Monitor, Sitzgelegenheit, Drehknopf, Kopf* qn tourne qc [quelque part]; *Arm, Handgelenk, Bein* qn bouge qc [quelque part]
3. (*rollen*) ■**jd dreht [sich** (*dat*)**] etw** *Zigarette* qn roule qc; *Pille* qn fait qc
4. CINE ■**jd dreht etw** qn tourne qc
5. (*stellen*) ■**jd dreht etw ...:** ***jd dreht etw leise/leiser/laut/lauter*** qn baisse/monte [le son de] qc; ***dreh den Fernseher nicht so laut*** ne mets pas la télé si fort; ***jd dreht das Gas/die Heizung klein/kleiner/hoch/höher*** qn baisse/monte le gaz/le chauffage
6. *sl* (*hinkriegen*) ■**jd dreht etw** qn goupille qc *fam*
▸**wie man es auch dreht und wendet** on a beau tourner et retourner le problème, qu'on prenne le problème par n'importe quel bout, y a pas à tortiller *fam*
II. *vi* **1.** CINE ■**jd dreht** qn tourne
2. (*stellen*) ■**jd dreht an etw** (*dat*) *an Einstellknopf* qn tourne qc; *an Radio, Heizung* qn touche à qc
3. (*wenden*) ■**jd/etw dreht** /*Fahrer, Wagen*/ qn/qc fait demi-tour
4. (*umspringen*) ■**etw dreht** /*Wind*/ *auf andere Himmelsrichtung* qc tourne; ***der Wind drehte auf West*** le vent a tourné à l'ouest
▸**daran ist nichts zu** ~ **und zu deuteln** il n'y a pas à épiloguer là-dessus
III. *vr* **1.** (*rotieren*) ■**jd/etw dreht sich [um etw]** *um die Sonne, die eigene Achse* qn/qc tourne [autour de qc]
2. (*sich um~*) ■**jd dreht sich irgendwohin** qn se tourne quelque part
3. (*etw betreffen*) ■**etw dreht sich um etw** *um einen Gegenstand, ein Problem* qc tourne autour de qc; ■**es dreht sich darum, dass** ce qu'il y a, c'est que + *indic;* ■**es dreht sich um jdn/etw** il s'agit de qn/qc
▸**jd dreht und windet sich** qn tergiverse; **alles dreht sich um jdn** qn est le centre du monde; **jdm dreht sich alles** qn a la tête qui tourne
Dreher(in) <-s, -> *m(f)* tourneur(-euse) *m(f)*
Drehkran *m* grue *f* tournante **Drehkreuz** *nt* **1.** (*Sperrvorrichtung*) tourniquet *m* **2.** TRANSP plaque *f* tournante **Drehleiter** *f* échelle *f* orientable **Drehmoment** *nt* moment *m* [*o* couple *m*] de rotation **Drehorgel** *f* orgue *m* de Barbarie **Drehorgelspieler(in)** *m(f)* joueur(-euse) *m(f)* d'orgue de Barbarie **Drehort** *m* lieu *m* de tournage **Drehpause** *f* pause *f* [entre les prises] **Drehrestaurant** [-rɛstorã:] *nt* restaurant *m* panoramique **Drehschalter** *m* commutateur *m* rotatif **Drehscheibe** *f* ■**die/eine** ~ **einer S.** (*gen*) *des Drogenhandels, Waffenhandels* la/une plaque tournante de qc **Drehstrom** *m* [courant *m*] triphasé *m* **Drehstuhl** *m* siège *m* pivotant **Drehtür** *f* porte *f* à tambour
Dreh- und Angelpunkt *m* nœud *m*
Drehung <-, -en> *f* rotation *f;* (*Kreis*) tour *m*
▸**jd macht eine** ~ **irgendwohin** qn se tourne [*o* qn pivote] [quelque part]
Drehwurm *m* ▸**jd hat/kriegt einen** ~ *fam* qn a/attrape le tournis *fam*
Drehzahl *f* nombre *m* de tours
Drehzahlbereich *m* régime *m* ▸**hoher/niedriger** ~ haut/bas régime *m*
Drehzahlmesser <-s, -> *m* compte-tours *m*
drei *num* **1.** (*Zahl*) trois
2. (*Jahr*) trois ans; ■**jd ist/wird** ~ qn a/va avoir trois ans
3. (*Uhr*) trois heures; ***es ist*** ~ il est trois heures; ***es ist*** ~ ***vor/nach fünf*** il est cinq heures moins trois/cinq heures trois; ***es ist kurz nach*** ~ il est déjà trois heures passées; ***es ist noch vor*** ~ il n'est pas encore trois heures; ***kurz vor*** ~ peu avant trois heures
4. SPORT ■ ~ **zu etw** trois à qc; ■**etw zu** ~ qc à trois
▸**jd sieht aus, als könne er nicht bis** ~ **zählen** qn a un air de ne pas y toucher; **ehe man bis** ~ **zählen konnte** en moins de temps qu'il n'en faut pour dire ouf; **für** ~ *fam arbeiten, essen* pour trois; ***jd frisst für*** ~ *sl* qn bouffe comme quatre *fam;* **gegen** ~ vers trois heures; **mit** ~ à trois ans; **um** ~ à trois heures; ~ **viertel ...** ... aux trois quarts; ***das Glas ist*** ~ ***viertel voll*** le verre est rempli aux trois quarts; ~ **viertel ...** DIAL (*Viertel vor ...*): ~ ***viertel sieben/zehn*** sept/dix heures moins le quart; **zu dritt, zu** ~**en** à trois; *sein* trois
Drei <-, -en> *f* **1.** (*Zahl*) trois *m*
2. TRANSP ■**die** ~ le trois
3. KARTEN ■**die/eine** ~ le/un trois; ■**die** -~ le trois de
4. SCOL trois *m* (*note convenable située entre onze et treize sur vingt*)
Dreiachteltakt *m* [mesure *f* à] trois-huit *m* **dreiarmig** *adj* à trois branches; ■**etw ist** ~ qc a trois branches **dreibändig** *adj* en trois volumes **dreibeinig** *adj* à trois pieds; ■**etw ist** ~ qc a trois pieds **dreiblätt[e]rig** *adj* trifolié(e), à trois feuilles
Drei-D- [draiˈde:-] en trois dimensions, 3D; *-Effekt* de relief
dreidimensional I. *adj* tridimensionnel(le); *Bewegung* dans l'espace; *Raum a.* à trois dimensions **II.** *adv darstellen, wiedergeben* en trois dimensions

Dreieck *nt* triangle *m* ▸**jd springt im** ~ *fam* qn se fiche [*o* fou] en rogne *fam,* qn pique sa crise *fam* **dreieckig** I. *adj* triangulaire; ***etw ist von** ~**er Form*** qc a la forme d'un triangle II. *adv:* ~ ***geformt*** en forme de triangle
Dreieckstuch *nt* COUT (*eher klein*) foulard *m;* (*eher groß*) châle *m;* MED écharpe *f* **Dreiecksverhältnis** *nt* ménage *m* à trois ▸**jd hat ein** ~ qn fait ménage à trois
dreieinhalb *num* 1. (*Zahl*) ■ ~ ... trois ... et demi(e)
2. *fam* (*3500 DM*) trois mille cinq cents marks
dreieinig *adj s.* **dreifaltig. Dreieinigkeit** <-> *f* ∅ *s.* **Dreifaltigkeit**
Dreier <-s, -> *m fam* 1. SCOL trois *m* (*note convenable située entre onze et treize sur vingt*)
2. (*drei Richtige*) trois bons numéros *mpl*
▸**ein flotter** ~ *sl* une partouze à trois *fam*
Dreier- *-kanu, -sitz* à trois places **dreierlei** *adj inv* 1. *attr* ■ ~ **etw** *Brot, Wein* trois sortes de qc; ■ ~ **Dinge** *Möglichkeiten, Farben, Größen* trois ... [différent(e)s]; ~ ***Sorten Käse*** trois sortes *fpl* de fromage 2. *substantivisch* (*drei Sorten*) trois sortes *fpl* **Dreierreihe** *f* triple rangée *f;* ***in*** ~***n*** en rang par trois, sur trois rangs
dreifach, 3fach I. *adj* 1. (*dreimal so viel*) triple; ■ **der/die/das** ~**e** ... *Betrag, Preis, Summe, Anzahl* un/une ... trois fois plus élevé(e), le triple, trois fois plus; ***etw ist von der** ~**en Dicke/Länge*** qc est trois fois plus épais(se)/long(longue)
2. (*dreimal erstellt*) *Kopie* en triple exemplaire; ***in** ~**er Ausfertigung*** en triple exemplaire
II. *adv* 1. (*dreimal*) trois fois
2. (*in drei Exemplaren*) en trois exemplaires; *zusammenlegen, gruppieren* par trois
Dreifache(s) *nt decl wie adj* ■ **das** ~ le triple; ■ **das** ~ **an etw** (*dat*) le triple de qc, trois fois plus de qc
▸**auf/um das** ~: ***etw vermehrt sich/steigt um/auf das*** ~ qc triple, qc est multiplié(e) par trois; ***um das** ~ **höher*** trois fois plus élevé(e)
dreifaltig *adj* en trois personnes; ■ **der D**~**e** le Dieu en trois personnes
Dreifaltigkeit <-> *f* ∅ REL Trinité *f*
▸**die Heilige** ~ la sainte Trinité
Dreifarbendruck <-drucke> *m* 1. ∅ (*Verfahren*) trichromie *f* 2. (*Gedrucktes*) image *f* trichrome **dreifarbig** *adj,* **dreifärbig** *adj* AUS tricolore **Dreifelderwirtschaft** *f* ∅ assolement *m* triennal **Dreifuß** *m* trépied *m* **dreifüßig** *adj* 1. (*mit drei Beinen*) à trois pieds; ■ **etw ist** ~ qc a trois pieds 2. POES de trois pieds **Dreigangschaltung** *f* triple plateau *m*
dreigeschossig I. *adj Gebäude* à trois étages; *Bauweise* sur trois étages; ■ **etw ist** ~ qc a trois étages II. *adv:* ***diese Grundstücke sollen** ~ **bebaut werden*** sur ces terrains, il faut construire des immeubles à trois étages
Dreigespann *nt* troïka *f; fam* (*drei Personen a.*) triplette *f fam,* trio *m*
Dreigroschenheft[chen] *nt pej* brochure *f* à quatre sous
dreihundert *num* trois cents
dreihundertjährig *adj Herrschaft* de trois cents ans; ***das** ~**e Bestehen einer S.*** (*gen*) le tricentenaire de qc
dreihundertste(r, s) *adj* trois centième
dreihunderttausend *num* trois cent mille
dreijährig *adj* 1. (*drei Jahre alt*) de trois ans 2. (*drei Jahre dauernd*) *Dauer* de trois ans; *Lehrzeit* d'une durée de trois ans; ***etw ist von** ~**er Dauer*** qc dure trois ans **Dreijährige(r)** *f(m) decl wie adj* enfant *mf* de trois ans; ***unser Sohn kam als** ~**r in den Kindergarten*** notre fils est entré au jardin d'enfants à trois ans **Dreikampf** *m* triathlon *m* **Dreikäsehoch** <-s, -s> *m hum fam* demi-portion *f péj fam,* bout *m* de chou *fam* **Dreiklang** *m* triple accord *m* **Dreikönige** *pl* Épiphanie *f* **Dreikönigsfest** *nt* Épiphanie *f* **Dreikönigstag** *m* jour *m* des Rois **dreiköpfig** *adj Familie* [composé(e)] de trois membres; *Delegation, Vorstand* tricéphale **Dreiländereck** *nt* triangle *m* de/des trois pays
dreimal *adv* trois fois, à trois reprises
▸~ **darfst du raten!** *fam* je te le donne en mille; **jd muss jdm alles erst** ~ **sagen** *fam* qn doit dire [*o* répéter] trois fois la même chose à qn; ~ **so ...** *lange, teuer, schnell, viel* trois fois plus ...; ~ ***so viele Besucher wie im letzten Jahr*** trois fois plus de visiteurs que l'an passé [*o* l'année dernière]
dreimalig *adj* trois fois; ***nach** ~**em Anruf habe ich es aufgegeben*** j'ai appelé trois fois, puis j'ai abandonné
Dreimaster <-s, -> *m* trois-mâts *m* **Dreimeilenzone** *f* zone *f* des eaux territoriales [de trois milles marins] ▸**außerhalb/innerhalb der** ~ hors des/dans les eaux territoriales [de trois milles marins] **Dreimeterbrett** *nt* tremplin *m* de[s] trois mètres
drein *adv fam s.* **darein**
drein|blicken *vi* ■ **jd blickt ... drein** *fröhlich, trübsinnig* qn a l'air ... **drein|fügen** *vr* ■ **jd fügt sich drein** qn s'y fait **drein|reden** *vi* DIAL (*dazwischenreden*) ■ **jd redet jdm [bei etw/in etw** (*akk*)**] drein** qn coupe la parole à qn [au milieu de qc]; (*sich einmischen*) qn met son grain de sel [dans qc] *fam* **drein|schauen** *vi s.* **dreinblicken. drein|schlagen** *vi irreg* DIAL ■ **jd schlägt drein** qn tape dans le tas *fam*
Dreipunkt[sicherheits]gurt *m* ceinture *f* [de sécurité] trois points
Dreirad *nt* 1. (*für Kinder*) tricycle *m* 2. (*Lieferfahrzeug*) triporteur *m*
dreiräd[e]rig *adj* à trois roues; ■ **etw ist** ~ qc a trois roues
Dreisatz *m* ∅ règle *f* de trois
Dreisatzrechnung *f* calcul *m* par la règle de trois
dreiseitig *adj* de trois pages; ■ **etw ist** ~ qc fait trois pages **dreisitzig** *adj* à trois places **dreispaltig** *adj* sur trois colonnes; ■ **etw ist** ~ qc fait trois colonnes **Dreispitz** <-es, -e> *m* tricorne *m* **Dreisprung** *m* ∅ triple saut *m* **dreispurig** I. *adj* à trois voies II. *adv:* ***es ist geplant die Autobahn** ~ **auszubauen*** il est prévu de mettre l'autoroute à trois voies
dreißig *num* 1. (*Zahl*) trente
2. (*Jahr*) trente ans; ■ **jd ist/wird** ~ qn a/va avoir trente ans
3. (*Stundenkilometer*) trente [à l'heure]
▸**mit** ~ (*Alter*) à trente ans; (*Geschwindigkeit*) à trente [à l'heure]
Dreißig <-, -en> *f* (*Zahl*) trente *m*
2. (*Alter*) trentaine *f;* ***jd kommt in die*** ~ qn entame la trentaine
dreißiger *adj attr, inv* ■ **die** ~ **Jahre** les années *fpl* trente
Dreißiger *pl* (*eines Jahrhunderts*) ■ **die** ~ les années *fpl* trente
Dreißiger(in) <-s, -> *m(f)* (*Mensch*) personne *f* qui a la trentaine; ***sie ist wohl eine** ~**in*** elle doit avoir la trentaine
▸**jd ist in den** ~**n** qn a la trentaine
Dreißigerjahre *pl* ■ **die** ~ les années *fpl* trente
dreißigjährig I. *adj attr* 1. (*30 Jahre alt*) de trente ans; ***ein etwa** ~**er Mann*** un homme d'une trentaine d'années 2. (*30 Jahre dauernd*) *Dauer, Abwesenheit* de trente ans; *Verjährungsfrist* trentenaire; ***er beschloss sein junges, erst** ~**es Leben*** il mit un terme à sa jeune existence alors qu'il n'avait que trente ans II. *adv* à trente ans **Dreißigjährige(r)** *f(m) decl wie adj* personne *f* de trente ans **dreißigmal** *adv* trente fois
dreißigste(r, s) *adj* 1. (*an 30. Stelle*) trentième; ***der** ~ **März*** le trente mars
2. *Bruchteil* trentième; ***der** ~ **Teil*** le trentième
dreißigstel *adj inv* trentième *m* de; ***eine** ~ **Sekunde*** un trentième de seconde; ***drei** ~ **Millimeter*** trois trentièmes de millimètre
Dreißigstel <-s, -> *nt* trentième *m*
dreist *adj* impudent(e); ***jd wird immer** ~**er*** qn a de plus en plus d'aplomb; ***du wirst ganz schön*** ~ tu ne manques pas d'aplomb [*o* de culot *fam*]
dreistellig *adj* (*drei Stellen aufweisend*) à trois chiffres; *Zahl* de trois chiffres
Dreistigkeit <-, -en> *f* 1. ∅ (*dreiste Art*) aplomb *m,* impudence *f;* [*Einbruch*] audace *f*
2. (*dreiste Handlung*) impudence *f;* ***diese Behauptung, einfach eine** ~!* affirmer cela, mais quelle impudence!
▸**jd besitzt** [*o* **hat**] **die** ~ **etw zu tun** qn a l'aplomb [*o* l'impudence] de faire qc
dreistimmig *adj* à trois voix **dreistöckig** *adj* de trois étages; ■ **etw ist** ~ qc a trois étages **dreistrophig** *adj* de trois strophes; ■ **etw ist** ~ qc fait trois strophes **dreistündig** *adj attr Dauer* de trois heures; *Film, Reise, Vortrag a.* d'une durée de trois heures **dreistündlich** *adj, adv* toutes les trois heures **Dreitagebart** *m* barbe *f* de trois jours **dreitägig** *adj attr* [d'une durée] de trois jours **dreitausend** *num* 1. (*Anzahl*) trois mille 2. *fam* (*3000 DM*) trois mille marks **Dreitausender** <-s, -> *m* sommet *m* de plus de trois mille mètres **Dreiteiler** <-s, -> *m* CINE film *m* en trois parties; (*TV*) série *f* en trois épisodes **dreiteilig** *adj* en trois parties; ***ein** ~**er Anzug*** un costume trois-pièces; ■ **etw ist** ~ qc se compose de trois pièces **Dreiteilung** *f* [*Fernsehfilm, Theaterstück*] division *f* en trois parties; ***die** ~ **in drei Akte*** la division en trois actes **Dreitürer** <-s, -> *m fam* trois portes *f* **dreitürig** *adj* [à] trois portes; ■ **etw ist** ~ qc a trois portes **dreiundzwanzig** *num* 1. (*Anzahl*) vingt-trois 2. (*Jahr*) vingt-trois ans
dreiviertel *s.* **Dreiviertelstunde, drei** ▸
Dreiviertelärmel [draiˈfɪrtl-] *m* manche *f* trois-quarts **Dreivierteljahr**[RR] *nt* ■ **ein** ~ neuf mois **dreiviertellang** *adj Jacke, Mantel* trois-quarts; *Rock* aux mollets **Dreiviertelliterflasche** [draifɪrtl-] *f* bouteille *f* de 75 cl **Dreiviertelmehrheit** *f* majorité *f* des trois quarts **Dreiviertelstunde** [ˈdraifɪrtl-] *f* trois quarts *mpl* d'heure **Dreivierteltakt** *m* mesure *f* à trois temps; ***im*** ~ à trois temps
Dreiwegekatalysator *m* AUT pot *m* [catalytique] à trois voies **dreiwertig** *adj* trivalent(e) **dreiwöchentlich** *adj, adv* toutes les trois semaines **dreiwöchig** *adj Dauer* de trois semaines; *Reise, Urlaub a.* d'une durée de trois semaines **Dreizack** <-s, -e> *m* trident *m*
dreizehn *num* 1. (*Zahl*) treize
2. (*Jahr*) treize ans; ■ **jd ist/wird** ~ qn a/va avoir treize ans
▸**jetzt schlägt's aber** ~ *fam* [alors là,] c'est le bouquet! *fam;* **mit** ~ à treize ans
Dreizehn *f* treize *m*
dreizehnte(r, s) *adj* treizième; ***wir haben morgen den D**~**n*** demain nous serons le treize
Dreizehntel <-s, -> *nt* treizième *m*
Dreizeiler <-s, -> *m* tercet *m* **dreizeilig** *adj Gedicht, Strophe* de trois vers; *Mitteilung* de trois lignes; ■ **etw ist** ~ */Gedicht, Strophe/* qc fait trois vers; */Mitteilung/* qc fait trois lignes **Dreizimmerwohnung** *f* trois-pièces *m*
Dresche <-> *f* ∅ *fam* (*Prügel*) dérouillée *f fam,* raclée *f fam*
▸**jd bekommt** [*o* **kriegt**] ~ qn prend une dérouillée [*o* raclée] *fam*
dreschen <drischt, drosch, gedroschen> I. *vt* 1. AGR ■ **jd drischt etw** qn bat qc
2. *fam* (*prügeln*) ■ **jd drischt jdn irgendwie** qn flanque [*o* colle] une [bonne [*o* sacrée]] dérouillée à qn *fam*
II. *vi* 1. AGR ■ **jd drischt** qn bat le blé
2. *fam* (*schlagen*) ■ **jd drischt irgendwie/irgendwohin** qn cogne d'une certaine façon/quelque part; ***er drosch wild um sich*** il s'est mis à cogner dans tous les sens
III. *vr fam* ■ **sie** ~ **sich** ils/elles se tabassent *fam*
Dreschflegel *m* fléau *m* **Dreschmaschine** *f* batteuse *f*
Dresden <-s> *nt* Dresde
Dress[RR] <-[es], -e>, **Dreß** <-sses, -sse> *m,* <-, -ssen> *f* AUS tenue *f* [de sport]
dressieren * *vt* 1. (*abrichten*) ■ **jd dressiert ein Tier [für etw]** qn dresse un animal [à faire qc]; ■ **jd dressiert ein Tier darauf** (*akk*) **etw zu tun** *zu apportieren etc* qn apprend à un animal à faire qc; ***ein [auf Kunststückchen] dressierter Hund*** un chien savant
2. *pej* (*disziplinierend*) ■ **jd dressiert jdn** *Kind* qn dresse qn
Dressing <-s, -s> *nt* sauce *f* de salade
Dressman <-s, -men> [ˈdrɛsmən] *m* mannequin *m* [homme]

Dressur <-, -en> *f* **1.** (*das Dressieren*) dressage *m*
2. (*eingeübte Fertigkeit*) numéro *m* de dressage
3. *pej* [*Kind, Soldat*] dressage *m*

dribbeln *vi* ■ **jd dribbelt** qn dribble

driften *vi* + *sein* **1.** (*auf dem Wasser treiben*) ■ **etw driftet** qc dérive
2. (*ab~*) ■ **jd/etw driftet irgendwohin** /*Abgeordnete, Partei*/ qn/qc dérive quelque part; ***die Partei driftet immer mehr nach links außen*** le parti dérive de plus en plus vers l'extrême-gauche

Drill <-[e]s> *m* ∅ **1.** MIL entraînement *m* intensif, mise *f* au pas
2. SCOL *pej* rabâchage *m fam*

Drillbohrer *m* chignole *f*, drille *f*

drillen *vt* **1.** MIL ■ **jd drillt jdn [...]** *brutal, gnadenlos, hart* qn dresse qn [...], qn met qn au pas [...]
2. SCOL ■ **jd drillt jdn/jdn auf etw** (*akk*) qn fait rabâcher qn/entraîne qn à qc en le/la faisant rabâcher *fam*
3. *fam* (*erziehen*) ■ **jd ist auf etw** (*akk*) **gedrillt** qn est dressé(e) à faire qc

Drillich <-s, -e> *m* coutil *m*, treillis *m*

Drilling <-s, -e> *m* **1.** triplé *m*; ■ **~e** des triplés *mpl*
2. JAGD drilling *m*, fusil *m* à triple canon
► **jd bekommt ~e** qn va avoir des triplés

drin *adv fam* **1.** (*darin*) dedans; ***im Glas ist noch etwas ~*** il y a encore quelque chose dans le verre; *s. a.* **darin 1.**
2. (*drinnen*) à l'intérieur; ***du bleibst ~, du warst unartig*** tu restes à la maison, tu n'as pas été sage
► **jd ist ~/in etw** (*dat*) **~** (*eingearbeitet*) qn est dans le coup [*o* le bain]/familiarisé(e) avec qc; **bei jdm ist** [*o* **liegt**] **alles ~** avec qn, il faut s'attendre à tout; **für jdn ist** [*o* **liegt**] **noch alles ~** qn a encore toutes ses chances

dringen <drang, gedrungen> *vi* **1.** + *sein* (*stoßen*) ■ **etw dringt durch etw** /*Speer, Splitter, Gammastrahlung, Regen*/ qc traverse qc; ■ **etw dringt in etw** (*akk*) qn pénètre dans qc; ***der Pfeil drang durchs Ohr ins Gehirn*** la flèche a pénétré dans le cerveau par l'oreille; /*Licht, Sonne*/ *durch Bewölkung, Nebel* qc perce qc
2. + *sein* (*vorwärts kommen*) ■ **jd/ein Tier dringt durch etw** *durch Dickicht, Gebüsch* qn/un animal pénètre [*o* s'enfonce] dans qc
3. + *sein* (*vor~*) ■ **etw dringt zu jdm/an etw** (*akk*) qc parvient à qn/qc, qc arrive [*o* filtre] jusqu'à qn/qc
4. + *haben* (*auf etw bestehen*) ■ **jd dringt auf etw** (*akk*) qn insiste pour avoir qc, qn exige qc; ■ **jd dringt darauf, etw zu tun/dass etw getan wird** qn insiste pour faire qc/que qc soit fait(e)
5. + *sein* (*bestürmen*) ■ **jd dringt [mit etw] in jdn** qn presse qn [de qc]; ■ **jd dringt in jdn etw zu tun** qn presse qn de faire qc; *s. a.* **gedrungen**

dringend **I.** *adj* **1.** (*schnell erforderlich*) *Anruf, Verabredung* urgent(e); MED d'urgence
2. (*nachdrücklich*) *Abraten, Bitte, Warnung* insistant(e), pressant(e)
II. *adv* **1.** (*schnellstens*) *brauchen, auf die Toilette müssen* de toute urgence; *wegmüssen, operieren* d'urgence
2. (*nachdrücklich*) *warnen, bitten, abraten* avec insistance
3. (*unbedingt*) *erforderlich, notwendig* absolument
► **jd macht etw ~** *fam:* ***machen Sie es ~!*** faites le nécessaire le plus vite possible!

dringlich *adj s.* **dringend 1.**

Dringlichkeit <-> *f* ∅ urgence *f*; ***etw ist von großer ~*** qc est très urgent(e)

Dringlichkeitsanfrage *f* question *f* d'urgence **Dringlichkeitsantrag** *m* demande *f* d'urgence

drin|hängen *vi irreg fam s.* **drinstecken 3., 4.**

Drink <-s, -s> *m* boisson *f*; (*mit Alkohol*) drink *m*
► **jd macht** [*o* **mixt**] **jdm einen ~** qn fait [*o* prépare] un drink à qn

drinnen *adv* (*im Haus*) à l'intérieur; ***ist da jemand ~ in der Garage?*** y a-t-il quelqu'un dans le garage?; ***das ist der Hauswirtschaftsraum, da ~ ist die Waschmaschine*** voici la lingerie, c'est là que se trouve la machine à laver
► **nach ~** à la maison, à l'intérieur; **von ~** de l'intérieur

drin|sein *s.* **sein[1] I. ►**. **drin|sitzen** *vi irreg* AUS, SDEUTSCH *fam* (*in der Patsche sitzen*) qn est dans la merde [*o* le caca] *fam* **drin|stecken** *vi fam* **1.** (*sich in etw befinden*) ■ **etw steckt in etw** (*dat*) **drin** il y a qc dans qc; ***der Schlüssel steckt drin*** la clé est dans la serrure **2.** (*investiert sein*) ■ **in etw** (*dat*) **steckt etw drin** /*Liebe, Arbeit*/ il y a qc dans qc; /*Geld*/ on a mis qc dans qc **3.** (*direkt mit etw befasst sein*) ■ **jd steckt in etw** (*dat*) **drin** qn est pour quelque chose dans qc; ***manche Dinge entwickeln sich anders, schließlich steckt man ja nicht drin*** certaines choses prennent un tour différent après tout, on n'y est pour rien **4.** (*verwickelt sein*) ■ **jd steckt drin/in etw** (*dat*) **drin** *in Affäre* qn est dans le coup/mêlé(e) à qc [*o* impliqué(e) dans qc]; ***in was steckst du da wieder drin?*** dans quoi tu t'es encore embringué(e)? *fam* **drin|stehen** *vi* **1.** (*in etw stehen*) ■ **etw steht drin** qc est dedans; ***was da wohl ~ mag?*** qu'est-ce qu'il peut bien y avoir là-dedans?; ■ **etw steht in etw** (*dat*) **drin** *in Schrank, Zimmer, Regal* qc est dans qc **2.** (*verzeichnet sein*) ■ **etw steht irgendwo drin** qc se trouve quelque part

drischt *3. pers pres von* **dreschen**

dritt *adv s.* **drei**

drittälteste(r, s) *adj Nachkomme* troisième ... [par rang d'âge]; *Gegenstand* troisième ... par ordre d'ancienneté

dritte(r, s) *adj* **1.** troisième; ■ **ein D~s** une troisième chose
2. (*Datum*) trois; ***am ~n Mai*** le trois mai
► **jede(r, s) ~ ...** un(e) ... sur trois

Dritte(r) *f(m) decl wie adj* **1.** (*des Monats*) ■ **der ~** le trois
2. (*Herrscher*) ■ **... der ~** *gesprochen*, ■ **... III.** *geschrieben* trois *oral*, III *écrit*
3. (*Unbeteiligter*) tiers *m*, tierce personne *f*
► **der ~ im Bunde** le troisième de la bande; **der lachende ~** le troisième larron; **wenn zwei sich streiten, freut sich der ~** *prov* on est toujours prêt à se réjouir des disputes des autres, les disputes des uns font le bonheur des autres; **jd ist/wird ~** qn est/finit troisième; **etw ist/wird ~** qc est/arrive en troisième position [*o* à la troisième place]; **als ~(r)** en troisième position, à la troisième place; ***jd ist als ~(r) an der Reihe*** qn est le/la troisième; **jede(r, s) ~** un(e) sur trois

Drittel <-s, -> *nt* tiers *m*

dritteln *vt* ■ **jd drittelt etw** qn partage [*o* divise] qc en trois

drittens *adv* en troisième lieu; ***erstens ..., zweitens ..., ~ ...*** premièrement ..., deuxièmement ..., troisièmement ...

Dritte-Welt- *-Bewegung, -Initiative* en faveur des pays du tiers-monde **Dritte-Welt-Laden** *m* magasin *m* [spécialisé dans la vente] de produits du tiers-monde **Dritte-Welt-Land** *nt* pays *m* du tiers-monde

drittgrößte(r, s) *adj* (*der/die Dritte an Größe*) *Mensch* troisième ... en [*o* par ordre de] taille [*o* par la taille]; *Gegenstand* troisième ... [par ordre de grandeur] **dritthöchste(r, s)** *adj* (*der/die Dritte an Höhe*) troisième ... [en ce qui concerne la hauteur] **drittklassig** *adj pej* de troisième zone **Drittklässler(in)**[RR] <-s, -> *m(f) fam* élève *mf* du CE2 (*troisième classe en Allemagne*) **Drittland** *nt* pays *m* tiers **drittletzte(r, s)** *adj* ■ **der/die/das ~ ...** l'antépénultième ... *mf soutenu*, le/la troisième ... à partir de la fin; ■ **der/die/das D~** l'antépénultième *mf soutenu*, le/la troisième à partir de la fin

DRK <-> [deːˀɛrˈkaː] *nt abk von* **Deutsches Rotes Kreuz** Croix-Rouge *f* allemande

droben *adv geh* là-haut

Droge <-, -n> *f* drogue *f*
► **harte/weiche ~n** des drogues *fpl* dures/douces; **eine psychedelische ~** une drogue hallucinogène; **jd nimmt ~n** qn prend de la drogue, qn se drogue; **jd steht unter ~n** qn est drogué(e)

dröge *adj* NDEUTSCH **1.** (*trocken*) *Brot, Fleisch* sec(sèche)
2. (*langweilig*) austère

Drögeler(in) <-s, -> *m(f)* CH drogué(e) *m(f)*

Drogen- *-einnahme, -lieferant* de drogue; *-beratung* des toxicomanes; *-tod, -tote(r)* par overdose, par surdose; *-fahnder, -krieg* antidrogue; **~*kriminalität*** criminalité *f* due à la toxicomanie; **~*labor*** laboratoire *m* de fabrication de la drogue **drogenabhängig** *adj* toxicomane ► **jd macht jdn ~** qn fait de qn un/une toxicomane; **etw macht [jdn] ~** qc rend [qn] toxicomane **Drogenabhängige(r)** *f(m) decl wie adj* toxicomane *mf*, drogué dépendant/droguée dépendante *m/f* **Drogenabhängigkeit** *f* toxicomanie *f* **Drogenbekämpfung** *f* lutte *f* antidrogue [*o* contre la drogue] **Drogenhandel** *m* trafic *m* de drogue **Drogenkonsum** *m* consommation *f* de drogue **Drogenkonsument(in)** *m(f)* toxicomane *mf*, drogué(e) *m(f)* **Drogensucht** *f s.* **Drogenabhängigkeit. drogensüchtig** *adj s.* **drogenabhängig. Drogensüchtige(r)** *f(m) decl wie adj s.* **Drogenabhängige(r). Drogenszene** *f* milieu *m* des toxicomanes

Drogerie <-, -n> [-ˈriːən] *f* droguerie-herboristerie *f*

Drogist(in) <-en, -en> *m(f)* droguiste-herboriste *mf*

Drohbrief *m* lettre *f* de menace

drohen **I.** *vi* **1.** (*physisch*) ■ **jd droht [jdm] mit etw** *mit Finger, Faust, Stock* qn menace [qn] de qc
2. (*moralisch*) ■ **jd droht [jdm] mit etw** *mit Enthüllungen, Selbstmord, Streik, Entlassung* qn menace [qn] de faire qc; ***willst du mir etwa ~?*** serait-ce que tu me menaces?; ■ **jd droht [jdm] etw zu tun** qn menace [qn] de faire qc
3. (*bevorstehen*) ■ **etw droht** /*Gewitter, Streik, Krieg, Unheil*/ qc menace; ■ **etw droht jdm/einer S.** /*Gefahr, Tod, Folter, Inflation, Abriss*/ qc menace qn/qc
II. *aux* ■ **jd/etw droht etw zu tun** qn/qc menace de faire qc

drohend **I.** *adj* **1.** *Haltung, Blick, Wolken* menaçant(e)
2. *Krieg, Konflikt, Unheil* imminent(e); *Gefahr a.* menaçant(e)
II. *adv* (*als Drohung*) en signe de menace

Drohgebärde *f* **1.** (*drohende Gebärde*) geste *m* de menace
2. (*drohende Aktion*) manœuvre *f* d'intimidation

Drohne <-, -n> *f* **1.** ZOOL faux bourdon *m*
2. *pej* (*Schmarotzer*) pique-assiette *m fam*, fainéant *m*

dröhnen *vi* **1.** (*dumpf klingen*) ■ **etw dröhnt** /*Donner*/ qc gronde; /*Lautsprecher, Musik, Stimme*/ qc résonne
2. (*dumpf widerhallen*) ■ **jdm dröhnt etw** /*Schädel, Ohren*/ qn a qc qui bourdonne
3. (*dumpf vibrieren*) ■ **etw dröhnt** /*Boden, Wand*/ qc résonne
► **jd dröhnt sich voll** *sl* (*mit Alkohol*) qn se bourre *pop*; (*mit Drogen*) qn se défonce *fam*; **voll gedröhnt** bourré(e)/défoncé(e)

dröhnend *adj* bourdonnant(e); *Applaus* vibrant(e); *Stimme* de stentor; *Gelächter* sonore; ***ein ~er Lärm*** un grondement

Drohung <-, -en> *f* menace *f*
► **eine leere ~** une menace en l'air; **eine offene** [*o* **unverhüllte**] **~** une menace à peine voilée; **eine versteckte ~** une menace déguisée

drollig *adj* **1.** (*belustigend*) *Art, Anekdote* drôle, amusant(e)
2. (*niedlich*) mignon(ne)
► **werd' nicht ~!** ne fais pas l'idiot/idiote

Dromedar <-s, -e> *nt* dromadaire *m*

Drops <-, - *o* -e> *m o nt* bonbon *m* [aux fruits]
► **saure ~** des bonbons *mpl* acidulés

drosch *imp von* **dreschen**

Droschke <-, -n> *f veraltend* **1.** (*Pferde~*) fiacre *m*
2. (*Taxi*) taxi *m*

Drosophila <-, -ae> *f* drosophile *f*

Drossel <-, -n> *f* grive *f*

drosseln *vt* **1.** (*kleiner stellen*) ■ **jd drosselt etw** *Heizung, Leerlauf* qn ré-

duit qc, qn baisse qc
2. (*verringern*) ■ **jd drosselt etw** [**auf etw** (*akk*)/**um etw**] *Tempo, Produktion* qn réduit [*o* baisse] qc [à/de qc]
Drosselung <-, -en> *f*, **Drosslung**[RR] <-, -en> *f* réduction *f*, baisse *f*
drüben *adv* en face, de l'autre côté
▸ **da** ~ là-bas, en face; **nach** ~ en face; **von** ~ d'en face
drüber *adv fam* 1. (*hinüber*) de l'autre côté; *hüpfen, springen* par-dessus
2. (*darüber*) ■ **da** ~ de l'autre côté
Druck[1] <-[e]s, -e> *m* 1. PHYS pression *f*
2. (*drückendes Gefühl*) (*in der Brust*) oppression *f*; (*im Magen*) lourdeur *f*; ***ich habe einen ~ auf der Blase/im Kopf*** j'ai une envie pressante/la tête lourde
3. (*das Drücken*) [*Knopf, Taste*] pression *f*
4. ∅ (*Zwang*) contrainte *f*
5. *sl* (*Rauschgiftspritze*) shoot *m arg*
▸ ~ **erzeugt Gegendruck** l'action appelle la réaction; **jd bekommt** ~ *fam* qn est mis(e) sous pression; **jd ist in** ~, **jd steht unter** ~ qn est sous pression [*o* à la bourre *fam*]; **jd macht** ~ *fam* qn met la pression *fam*; **jd macht** ~ **hinter etw** (*akk*) *fam* qn fait accélérer [*o* activer] qc; **jd setzt jdn unter** ~ qn presse qn; **etw steht unter** ~ qc est sous pression; **jd übt** ~ **auf jdn aus** qn fait pression sur qn; **jd übt** ~ **auf etw** (*akk*) **aus** *geh auf eine Taste etc* qn exerce une pression sur qc
Druck[2] <-[e]s, -e> *m* 1. TYP (*das Drucken*) impression *f*
2. TYP (*Druckwerk*) imprimé *m*
3. TYP (*Art des Drucks*) impression *f*
4. TEXTIL imprimé *m*
▸ **etw geht in** ~ qc part à l'impression, qc va être imprimé(e); **jd gibt etw in** ~ qn fait imprimer qc; **etw ist im** ~ qc est sous presse
-druck *m* (*Zwang*) obligation *f* de; ***der Problem~*** la gravité des problèmes
Druckabfall *m* chute *f* de pression **Druckanstieg** *m* augmentation *f* de pression **Druckanzug** *m* combinaison *f* pressurisée **Druckbehälter** *m* récipient *m* sous pression, autoclave *m* **Druckbleistift** *m* portemine *m* **Druckbogen** *m* feuille *f* d'impression **Druckbuchstabe** *m* caractère *m* d'imprimerie, capitale *f*, majuscule *f* ▸ **in** ~**n** en capitales, en majuscules
Drückeberger(in) <-s, -> *m(f) pej fam* (*vor einer Arbeit*) tire-au-cul *m fam*; (*vor einer Gefahr*) dégonflé(e) *m(f) fam*
Drückebergerei <-> *f* ∅ *pej fam* (*bei einer Arbeit*) art *m* de se défiler; (*bei einer Gefahr*) dégonfle *f fam*
druckempfindlich *adj Obst* fragile; *Körperregion, Stelle* sensible
drucken[1] I. *vt* TYP 1. (*vervielfältigen*) ■ **jd druckt** [**jdm**] **etw** qn imprime qc [de qn]
2. (*auf~*) ■ **jd druckt etw auf etw** (*dat*) qn imprime qc sur qc; *s. a.* **gedruckt**
II. *vi* TYP ■ **jd druckt** qn imprime
drucken[2] DIAL *s.* **drücken**
drücken I. *vt* 1. (*pressen*) ■ **jd drückt etw** *Klinke, Knopf, Taste* qn appuie sur qc; *Obst* qn presse qc; ■ **jd drückt etw aus einer S.** *Saft, Eiter, Mitesser* qn presse une chose pour extraire qc
2. (*umarmen*) ■ **jd drückt jdn** qn étreint qn; ■ **jd drückt jdn an etw** (*akk*) qn étreint [*o* presse] qn contre qc
3. (*schieben*) ■ **jd drückt jdn/etw irgendwohin** (*akk*) qn pousse qn/qc quelque part; ***er drückte den Hut in die Stirn*** il a enfoncé son chapeau sur ses oreilles [*o* jusqu'aux oreilles]
4. (*ein Druckgefühl auslösen*) ■ **etw drückt jdn** /*Schuhe, Hut, Gürtel*/ qc serre qn, qc comprime qn; /*Rucksack, Traglast, Sack*/ qc pèse sur qn; /*fette Gans, Sahnepudding, Ölsardinen*/ qc lui pèse sur l'estomac
5. (*herabsetzen*) ■ **jd/etw drückt etw** *Leistung, Niveau* qn/qc fait baisser qc, qn/qc pèse sur qc
6. (*be~*) ■ **etw drückt jdn** /*Kummer, Sorgen, Schulden*/ qc oppresse qn
II. *vi* 1. (*Druck hervorrufen*) ■ **etw drückt** [**irgendwo**] /*Brille, Schuhe, Rucksack*/ qc serre [quelque part]; /*Essen*/ qc reste [*o* pèse] sur l'estomac
2. (*pressen*) ■ **jd drückt** [**auf etw** (*akk*)] *auf Knopf, Hebel, Taste* qn appuie [sur qc]; ■ **jd drückt an etw** (*dat*) *an Mitesser, Pickel* qn presse qc
3. METEO ■ **etw drückt** qc est lourd(e), qc est oppressant(e)
4. (*bedrückend sein*) ■ **etw drückt** /*Kummer, Sorgen, Verantwortung*/ qc est oppressant(e)
5. (*beeinträchtigen*) ■ **etw drückt auf etw** (*akk*): ***dieses trübe Wetter drückt aufs Gemüt/auf die Stimmung*** ce temps maussade est oppressant
6. (*Druck auf den Darm ausüben*) ■ **jd drückt** qn pousse
7. *sl* (*Rauschgift spritzen*) ■ **jd drückt** qn se shoote *arg*
III. *vr* 1. (*sich quetschen*) ■ **jd drückt sich irgendwohin** *an Hauswand* qn se plaque quelque part; ***er drückte sich schnell in ein Nebenzimmer*** il a battu précipitamment en retraite dans une pièce voisine
2. *fam* (*sich einer S. entziehen*) ■ **jd drückt sich** qn se défile *fam*; ■ **jd drückt sich vor etw** (*dat*) *vor Arbeit, Aufgabe* qn essaie de couper à qc *fam*; ■ **jd drückt sich um etw** *um Unterhaltszahlung, Entscheidung* qn se défile [pour ne pas faire qc] *fam*; ***er drückt sich um eine Entscheidung*** il se défile pour ne pas prendre de décision *fam*
drückend *adj* 1. (*lastend*) *Bürde, Last* pesant(e), lourd(e); *Steuern* oppressant(e); *Armut, Sorgen, Verantwortung* accablant(e), oppressant(e)
2. (*schwül*) lourd(e), accablant(e)
Drucker <-s, -> *m* imprimante *f*
Drucker(in) <-s, -> *m(f)* imprimeur(-euse) *m(f)*
-drucker *m Nadel-, Tintenstrahl-, Typenrad-* imprimante *f* à; ***Laser~/Matrix~*** imprimante *f* laser/matricielle
Drücker <-s, -> *m* 1. ELEC [*Klingel, Sprechanlage*] bouton *m*; (*zum Öffnen*) tire-suisse *m*
2. [*Jagdgewehr*] détente *f*
3. [*Schnappschloss*] loquet *m*
▸ **auf den letzten** ~ *fam* à la dernière minute; **jd ist** [*o* **sitzt**] **am** ~ *fam* qn est aux [*o* tient les] commandes
Drücker(in) <-s, -> *m(f) fam* (*Zeitungswerber*) vendeur(-euse) *m(f)* de journaux au porte-à-porte
Druckerei <-, -en> *f* imprimerie *f*
Drückerkolonne *f fam* cohorte *f* de démarcheurs [vendant des journaux]
Druckerlaubnis *f* imprimatur *m*, bon *m* à tirer
Druckerport [-pɔːt] *m* INFORM port *m* imprimante **Druckerpresse** *f* presse *f* [à imprimer] **Druckerschnittstelle** *f* INFORM port *m* imprimante **Druckerschwärze** *f* encre *f* d'imprimerie **Druckertreiber** *m* driver *m*, pilote *m* d'impression [*o* d'imprimante]
Druckerzeugnis *nt* imprimé *m* **Druckfahne** *f* placard *m* **Druckfarbe** *f* encre *f* **Druckfehler** *m* faute *f* typographique, coquille *f* **Druckformatvorlage** *f* feuille *f* de style **druckfrisch** *adj* tout juste sorti(e) des presses; ■ **etw ist** ~ qc vient de sortir des presses
Druckgefühl *nt* impression *f* de lourdeur [*o* d'oppression] **Druckkabine** *f* cabine *f* pressurisée
Druckknopf *m* bouton-pression *m*, pression *f*
Druckkosten *pl* frais *mpl* d'impression
Druckluft *f* ∅ air *m* comprimé **Druckluftbremse** *f* frein *m* à air comprimé
Druckmaschine *f* presse *f*
Druckmesser <-s, -> *m* manomètre *m* **Druckmittel** *nt* moyen *m* de pression ▸ **jd benutzt etw als** ~, **jd setzt etw als** ~ **ein** qn utilise qc comme moyen de pression
Druckplatte *f* forme *f* imprimante **Druckpresse** *f s.* **Druckmaschine. druckreif** *adj* bon(ne) à tirer, prêt(e) à imprimer [*o* l'impression] **Drucksache** *f* imprimé *m* ▸ **als** ~ comme imprimé **Druckschrift** *f* 1. (*Schriftart*) [écriture *f* en] lettres *fpl* d'imprimerie 2. MEDIA imprimé *m* ▸ **in** ~ en lettres d'imprimerie, en capitales, en majuscules
drucksen *vi fam* ■ **jd druckst** qn bafouille *fam*
Drucksorte *f* AUS (*Formblatt*) formulaire *m* **Druckstelle** *f* (*Mal*) meurtrissure *f*; ***sie suchte sich Äpfel ohne ~n aus*** elle a choisi des pommes qui ne soient pas talées **Drucktaste** *f* touche *f*
Drucktype *f* caractère *m* d'imprimerie
druckunempfindlich *adj Körperregion* insensible à la pression; *Stoff* résistant(e) **Druckverband** *m* bandage *m* compressif
Druckverfahren *nt* procédé *m* d'impression **Druckvorlage** *f* original *m*
Druckwasserreaktor *m* réacteur *m* à eau sous pression **Druckwelle** *f* onde *f* de choc
Druckwerk *nt* ouvrage *m* [imprimé]
Drudenfuß *m* pentacle *m*
druff *adv* DIAL *fam s.* **drauf**
Druide <-n, -n> *m* druide *m*
drum *adv fam* c'est pour ça [que … + *indic*] *fam*
▸ **das D~ und Dran** l'accessoire *m*, les [petits] à-côtés *mpl*; **mit allem D~ und Dran** et tout le tralala *fam*; ***ein Essen mit allem D~ und Dran*** un repas à tout casser [*o* à grand tralala *fam*]; ~ **rum** [*o* **herum**] tout autour; **sei's ~!** soit!, ça ne fait rien!; *s. a.* **darum**
Drumherum <-s> *nt* ∅ *fam* ■ **das** [**ganze**] ~ le tralala *fam*; ***lassen Sie bei Ihrem Bericht bitte das ganze ~ weg*** épargnez-nous les broutilles dans votre récit!
Drummer(in) <-s, -> ['dramɐ] *m(f)* batteur(-euse) *m(f)*
drunten *adv* DIAL en bas
drunter *adv* 1. *fam* (*unter einem Gegenstand*) dessous
2. *fam* (*unter einem Begriff*): ***da kann ich mir nichts ~ vorstellen*** ça me dit rien *fam*
▸ **das D~ und Drüber** le remue-ménage; **alles geht ~ und drüber** c'est la pagaille *fam*; *s. a.* **darunter**
Drüse <-, -n> *f* glande *f*
▸ **jd hat etwas mit den ~n** *fam* qn a les glandes qui fonctionnent mal, qn a un problème avec ses glandes *fam*
DSB <-s> [deːˀɛs'beː] *m abk von* **Deutscher Sportbund** *fédération allemande de sport*
Dschungel <-s, -> *m* jungle *f*
▸ **der ~ der Großstadt** *geh* la jungle de la grande ville *soutenu*; **der ~ der Paragraphen** *geh* le maquis des textes de loi
-dschungel *m Medien-, Polit-* jungle *f* de qc; *Steuer-* maquis *m* de
Dschunke <-, -n> *f* jonque *f*
DSG <-> [deːˀɛs'geː] *f abk von* **Deutsche Schlafwagen- und Speisewagen-Gesellschaft** Compagnie *f* allemande des wagons-lits [et des wagons-restaurants]
dt. *adj, adv abk von* **deutsch** allemand(e)
DTP <-> [deːteː'peː] *nt abk von* **Desktoppublishing** INFORM P.A.O. *f*
Dtzd. *abk von* **Dutzend**
du <*gen* deiner, *dat* dir, *akk* dich> *pron pers* 1. 2. *pers sing* tu; (*als Anrede*) toi; ***he, ~ da!*** dis donc, toi!; ~ [***Mutti***], ***kannst ~ mir mal helfen?*** dis, [maman], est-ce que tu peux m'aider?; ■ **… und ~?** … et toi?; ***ich bin müde, ~ nicht?*** moi, je suis fatigué(e), pas toi?; ■ ~ …! *Dummkopf, Trottel* [espèce de] …!; ~ ***Arme!*** ma pauvre!; ~ ***Glücklicher!*** [oh le] veinard! *fam*
2. *poet:* ***sei mir gegrüßt, ~ meine Heimat!*** je te salue, ô [toi] ma patrie! *poét*
3. (*man*) tu
▸ ~ **bist/warst es** c'est toi/c'était toi; ***warst etwa ~ das?*** est-ce que c'était toi?; **jd ist mit jdm per** ~ qn tutoie qn; **jd sagt** ~ [**zu jdm**] qn dit tu [à qn]; ***sie sagen ~ zueinander*** ils/elles se disent tu, ils/elles se tutoient; **wenn ich ~ wäre** si j'étais toi; ~, **der/die etw macht**, ~, **der/die ~ etw machst**

toi qui fais qc; ~ nicht! pas toi!; ~ selbst toi-même[, tu …]; ~ *selbst könntest das nicht besser machen* même toi, tu ne pourrais pas faire mieux; *so sehr, dass nicht einmal ~ es machen könntest* de telle façon que pas même toi, tu ne pourrais le faire; ~, ~! *fam* eh là!, non mais dis donc!

Du <-[s], -[s]> *nt* tu *m; als Anrede* toi; *sie flüsterte ihm ein zärtliches „~" ins Ohr* "oh, toi", lui chuchotait-elle tendrement à l'oreille; *in Studentenkreisen ist das ~ Usus* chez les étudiants, le tutoiement est de règle
▶ jd bietet jdm das ~ an qn propose à qn de le/la tutoyer

Dualsystem *nt* système *m* binaire

Dübel <-s, -> *m* cheville *f*

dübeln *vt* ■ jd dübelt etw [an etw (*akk*)] qn cheville qc [à [*o* dans] qc]

dubios *adj geh* douteux(-euse), suspect(e)

Dublee <-s, -s> *nt* plaqué *m*

Dublette <-, -n> *f* 1. (*doppeltes Exemplar*) doublet *m*, [exemplaire *m*] double *m*
2. (*Edelsteinimitat*) imitation *f*

Dublin <-s> ['dablɪn] *nt* Dublin

ducken I. *vr* 1. (*sich bücken*) ■ jd duckt sich [vor etw (*dat*)] *vor einem Hieb* qn se baisse [pour éviter qc]; ■ jd duckt sich irgendwohin *nach links, zur Seite* qn se penche quelque part; *das Kind duckte sich ängstlich in eine Ecke* apeuré, l'enfant s'est tapi dans un coin; *s. a.* geduckt
2. (*niedrig aufragen*) ■ etw duckt sich */Baum/* qc se recroqueville; */Haus/* qc se tapit
3. *pej* (*sich unterwürfig zeigen*) ■ jd duckt sich qn plie l'échine *péj*
II. *vt* 1. (*einziehen*) ■ jd duckt etw *Kopf* qn baisse qc
2. (*unterdrücken*) ■ jd duckt jdn qn fait plier l'échine à qn, qn opprime qn
III. *vi pej* (*ergeben sein*) ■ jd duckt qn plie l'échine

Duckmäuser(in) <-s, -> *m(f) pej* dégonflé(e) *m(f) fam*

duckmäuserisch I. *adj pej* de dégonflé *fam;* ■ jd ist ~ qn est un dégonflé/une dégonflée *fam*, qn se dégonfle *fam*
II. *adv pej* comme un dégonflé/une dégonflée

Dudelei <-, -en> *f pej* rengaine *f fam*, musique *f* lancinante

dudeln I. *vi pej fam* ■ jd/etw dudelt qn/qc serine le même air, qn/qc joue une musique lancinante; ■ ~d lancinant(e); *die ~de Flöte* la musique lancinante de la flûte; *das D~ der Drehorgel* les rengaines *fpl* de l'orgue de Barbarie
II. *vt pej fam* ■ jd/etw dudelt etw qn/qc serine qc

Dudelsack *m* cornemuse *f*

Dudelsackspieler(in) *m(f)* MUS joueur(-euse) *m(f)* de cornemuse

Duell <-s, -e> *nt* duel *m*
▶ jd trägt ein ~ [mit jdm] aus qn se bat en duel [avec qn]; jd fordert jdn zum ~ [heraus] qn provoque qn en duel

Duellant(in) <-en, -en> [duɛ'lant] *m(f)* duelliste *mf*

duellieren * [duɛ'liːrən] *vr* ■ sie ~ sich ils/elles se battent en duel; ■ jd duelliert sich [mit jdm] qn se bat en duel [avec qn]

Duett <-[e]s, -e> *nt* duo *m*
▶ sie singen [etw] im ~ ils/elles chantent [qc] en duo

Dufflecoat <-s, -s> ['daflko:t] *m* duffel-coat *m*

Duft <-[e]s, ‐̈e> *m* [*Blume, Gewürz*] parfum *m;* [*Essen, Kaffee, Parfüm*] arôme *m;* [*Braten*] fumet *m*

-duft *m Blumen-, Frühlings-* parfum *m* du/de la/des; *Kaffee- a.* arôme *m* du/de la/des; *Braten-* fumet *m* du/de la/des

dufte *adj* DIAL *sl* super *fam*, génial(e) *fam*
▶ jd findet etw ~ qn trouve qc super [*o* génial(e)] *fam*

duften I. *vi* ■ jd/etw duftet qn/qc sent bon, qn/qc embaume; *etw duftet gut* qc sent bon; ■ jd/etw duftet nach etw qn/qc sent qc, qn/qc embaume qc; *das Zimmer duftet nach Veilchen* la pièce sent [bon] [*o* embaume] la violette
II. *vi impers* ■ es duftet ça sent bon; *das duftet gut/lecker/intensiv* ça sent bon/délicieusement bon/il y a un parfum pénétrant; ■ es duftet nach etw ça sent qc; *es duftet nach Veilchen* ça sent [bon] [*o* embaume] la violette

duftend *adj attr* odorant(e)

duftig *adj Kleid, Stoff* vaporeux(-euse)

Duftmarke *f* marque *f* odorante **Duftnote** *f* 1. [*Parfüm*] note *f* parfumée 2. *pej* (*Ausdünstung*) odeur *f* [corporelle] **Duftstoff** *m* 1. CHEM substance *f* aromatique 2. BIO substance *f* odorante **Duftwasser** *nt hum* [eau *f* de] parfum *m* **Duftwolke** *f* bouffée *f* de parfum

Dukatenscheißer <-s, -> *m* ▶ jd hat einen ~ *sl* qn est plein(e) aux as *fam;* jd ist ein ~ *sl* qn roule sur l'or *fam; glaubst du vielleicht, ich bin ein ~?* tu me prends pour la poule aux œufs d'or?

dulden I. *vt* 1. (*zulassen*) ■ jd duldet etw *Widerspruch, andere Meinung* qn tolère qc
2. (*tolerieren*) ■ jd duldet jdn qn tolère qn
3. *geh* (*er~*) ■ jd duldet etw qn supporte [le poids de] qc
II. *vi geh* ■ jd duldet […] *klaglos, widerspruchslos* qn porte sa croix […]

Dulder(in) <-s, -> *m(f) geh* martyr(e) *m(f)*

Duldermiene *f iron* tête *f* de martyr
▶ jd setzt eine ~ auf qn prend des airs de martyr; mit ~ en jouant les martyrs, avec des airs de martyr

duldsam I. *adj* ■ jd ist ~ [jdm/einer S. gegenüber] qn est tolérant(e) [envers [*o* à l'égard de] qn/face à qc]
II. *adv* d'une façon tolérante

Duldsamkeit <-> *f Ø* tolérance *f*

Duldung <-, *rare* -en> *f* ■ die ~ einer S. (*gen*) l'acceptation *f* de qc; ■ die ~ von jdm la tolérance à l'égard de qn; ■ die ~ durch jdn l'assentiment *m* de qn
▶ mit [*o* unter] jds … ~ *stillschweigender, offizieller* avec l'accord *m* … de qn

Dumdumgeschoss[RR] *nt* balle *f* dum-dum

dumm <‐̈er, ‐̈ste> I. *adj* 1. (*geistig beschränkt*) bête
2. (*albern*) stupide; *rede kein ~es Zeug* ne dis pas de bêtises [*o* d'idioties]; ■ etw ist/wird jdm zu ~ qn en a ras le bol/commence à en avoir ras le bol de qc *fam*
3. (*unklug*) bête, idiot(e); ■ es wäre ~ etw zu tun ce serait bête [*o* idiot] de faire qc; ■ jd ist so ~ etw zu tun qn est assez bête pour faire qc; *sei nicht so ~ etw zu tun* ne sois pas bête au point de faire qc; ■ etwas D~es une bêtise, une idiotie; *mir ist etwas D~es passiert* il m'est arrivé quelque chose d'idiot [*o* une chose idiote]
4. (*unangenehm*) *Sache, Geschichte* idiot(e), sale *antéposé; ein ~es Gefühl* une drôle d'impression; *ich habe so ein ~es Gefühl, dass* j'ai le sentiment désagréable que + *indic*
▶ [es ist] zu ~ *fam* c'est trop bête [*o* con *fam*]!
II. *adv jd fragt ~* qn pose des questions bêtes [*o* idiotes]; *jd stellt sich ~ an/verhält sich ~* qn n'est pas malin(-igne); *jd guckt ~* qn prend un air bête [*o* idiot]
▶ ~ und dämlich *fam sich … reden, suchen* à en devenir chèvre *fam; jd verdient sich ~ und dämlich* qn gagne des sommes faramineuses *fam;* jd kommt jdm ~ *fam* qn lui marche sur les pieds; jd steht ~ da qn n'a pas l'air bête *iron*, qn se retrouve le bec dans l'eau; jd stellt sich ~ qn fait l'idiot(e); jd verkauft jdn für ~ *fam* qn prend qn pour un/une imbécile [*o* un con/une conne *fam*]

Dummchen <-s, -> *nt fam s.* **Dummerchen**

dummdreist I. *adj* bête et méchant(e); *Mensch a.* bête et fier(fière) de l'être; *Grinsen, Antwort, Ausrede a.* d'abruti/abrutie; ■ etw ist ~ qc est digne d'un abruti/une abrutie
II. *adv* de façon bête et méchante; *jd fragt ~* qn pose des questions bêtes et méchantes; *jd grinst ~* qn a un sourire d'abruti(e)

Dumme(r) *f(m) decl wie adj fam* gros bêta/grosse bêtasse *m/f fam*
▶ jd findet einen ~n qn trouve une [bonne] poire; jd ist der ~ qn est le dindon [de la farce]; die ~n sterben nicht aus, die ~n werden nicht alle la bêtise est la chose du monde la mieux partagée, on n'est pas près d'enterrer le roi des cons *fam*

Dummejungenstreich *m fam* blague *f* de gamin [*o* de potache] *fam*

Dummenfang *m Ø pej* attrape-nigaud *m*, piège *m* à cons *fam*
▶ jd geht [*o* ist] auf ~ aus qn cherche quelqu'un à pigeonner *fam*

Dummerchen <-s, -> *nt fam* gros bêta/grosse bêtasse *m/f fam*

dummerweise *adv* 1. (*leider*): ~ *habe ich kein Geld dabei* c'est bête, je n'ai pas d'argent sur moi
2. (*unklugerweise*) bêtement

Dummheit <-, -en> *f* bêtise *f*
▶ ~ und Stolz wachsen auf einem Holz *prov* la bêtise et l'orgueil vont de pair; jd ist mit ~ geschlagen qn est bouché(e); jd macht [*o* begeht] eine ~ qn fait [*o* commet] une bêtise; jd macht ~en qn fait des bêtises

Dummkopf *m pej fam* andouille *f fam*
▶ sei kein ~! fais pas l'imbécile [*o* l'idiot] [*o* l'andouille]! *fam*

dümmlich I. *adj* niais(e)
II. *adv* niaisement

Dummy <-, -s> ['dami] *m* mannequin *m*

dümpeln *vi* ■ etw dümpelt qc se balance, qc roule faiblement

dumpf I. *adj* 1. (*hohl klingend*) sourd(e); *Ton der Bratsche* grave, mat(e)
2. (*feuchtmuffig*) *Atmosphäre, Luft* moite; *Geruch* de renfermé
3. (*unbestimmt*) *Gefühl, Ahnung, Erinnerung* vague, confus(e); *Schmerz* diffus(e)
4. (*stumpfsinnig*) *Geist, Sinn* obtus(e)
II. *adv* 1. (*hohl*) *aufprallen* avec un son sourd; *klingen* sourdement
2. (*stumpfsinnig*) *glotzen* d'un air stupide

dumpfig *adj* moite

Dumpingpreis ['dampɪŋ-] *m* prix *m* sacrifié
▶ zu ~en à des prix sacrifiés, en pratiquant le dumping

Düne <-, -n> *f* dune *f*

Dünen- GEOG des dunes

Dung <-[e]s> *m Ø* fumier *m*

Düngemittel *nt* engrais *m*

düngen I. *vt* 1. (*mit Dünger versehen*) ■ jd düngt etw *Beet, Pflanzen* qn met de l'engrais à qc; *Acker, Garten* qn met de l'engrais dans qc; ■ jd düngt etw mit einer S. *Beet, Pflanzen* qn met une chose comme engrais à qc; *Acker, Garten* qn met une chose comme engrais dans qc
2. *geh* ■ jd düngt etw mit etw *mit Blut* qn abreuve qc de qc *littér*
II. *vi* 1. (*mit Dünger versehen*) ■ jd düngt qn met de l'engrais; ■ jd düngt mit etw qn met qc comme engrais; ■ jd düngt … *organisch etc* qn met de l'engrais … + *adj; du düngst zu viel* tu mets trop d'engrais
2. (*düngende Wirkung haben*) ■ etw düngt … */Dünger/ gut, schlecht* qc est un … engrais; *etw wirkt ~d/hat eine ~e Wirkung* qc est un engrais/agit comme engrais; *etw düngt nachhaltig* qc est un engrais à action lente

Dünger <-s, -> *m* engrais *m*

-dünger *m* 1. (*für bestimmte Pflanzen*) *Blumen-, Rosen-* engrais *m* pour
2. (*aus bestimmten Stoffen*): *Kunst~/Natur~/Flüssig~/Stickstoff~* engrais *m* chimique/naturel/liquide/azoté

Düngung <-, -en> *f verbal übersetzt; es reicht eine einmalige ~ pro Jahr* il suffit de mettre de l'engrais une fois par an

dunkel I. *adj* 1. (*nicht hell*) *Zimmer, Nacht* sombre; ■ irgendwo ist/wird es ~ il fait sombre/de plus en plus sombre quelque part
2. (*düster in der Farbe*) *Kleidung, Hautfarbe, Wolke* sombre; *Haare a.* brun(e); *Brot* bis(e)
3. (*tief*) *Stimme, Klang* grave
4. (*unklar*) *Andeutung, Erinnerung* obscur(e), confus(e); *Verdacht* vague *antéposé*

5. *pej* (*zwielichtig*) *Punkt, Vergangenheit* obscur(e), pas très clair(e); *Geschäfte* louche
▶ **jd lässt jdn im D~n** qn laisse qn dans le vague [*o* l'incertitude]; **etw liegt noch im D~n** qc est encore incertain(e); **im D~n ist gut munkeln** *prov* l'obscurité est propice aux confidences; **jd tappt im D~n** qn est dans le brouillard; **im D~n** dans le noir; (*nachts*) quand il fait sombre; **ein Dunkles, bitte!** une brune, s'il vous plaît
II. *adv streichen, lackieren* de couleur sombre; *sich anziehen, sich kleiden* en sombre, de couleurs sombres

Dunkel <-s> *nt Ø geh* 1. (*Dunkelheit*) obscurité *f*
2. (*Undurchschaubarkeit*) mystère *m*
▶ **das ~ der Nacht** l'obscurité *f* de la nuit; **etw verliert sich im ~ der Vorzeit** qc se perd dans la nuit des temps; **etw ist in ~ gehüllt** (*im Unklaren*) qc est nimbé(e) de mystère

Dünkel <-s> *m Ø pej* suffisance *f*, prétention *f*, fatuité *f*

dunkel- *-braun, -grün, -grau* foncé *inv* **dunkelblau** *adj* bleu foncé *inv*, bleu marine *inv*; ***etw ist tief~*** qc est d'un bleu très foncé **dunkelblond** I. *adj* blond foncé *inv* II. *adv färben* en blond foncé **dunkelhaarig** *adj* aux cheveux bruns, brun(e); ■ **jd ist ~** qn a les cheveux bruns, qn est brun(e)

dünkelhaft I. *adj pej Auftreten, Gehabe* prétentieux(-euse), plein(e) de fatuité; *Kaste, Mensch a.* infatué(e); ■ **jd ist ~** qn est infatué(e) de sa personne
II. *adv pej* prétentieusement, avec prétention, avec suffisance, avec fatuité

dunkelhäutig *adj* sombre de peau, à la peau sombre; ■ **jd ist ~** qn a la peau sombre, qn est sombre de peau

Dunkelheit <-> *f Ø* obscurité *f*
▶ **die ~ bricht herein** *geh* la nuit [*o* le soir] tombe; **bei einbrechender ~** à la nuit tombante

Dunkelkammer *f* chambre *f* noire **Dunkelmann** <-männer> *m pej* individu *m* agissant dans l'ombre, sous-marin *m*; ***wir kennen die Dunkelmänner*** nous connaissons ceux qui tirent les ficelles

dunkeln I. *vi* 1. *impers + haben geh* (*Abend werden*) ■ **es dunkelt** le soir [*o* la nuit] tombe
2. *+ sein* (*nach~*) ■ **etw dunkelt** qc fonce
II. *vt + haben rare* ■ **jd dunkelt etw** qn fonce qc; ■ **gedunkelt** patiné(e)

dunkelrot *adj Kleidungsstück, Stoff* bordeaux, grenat *inv*, pourpre; *Gesicht* cramoisi(e) **Dunkelziffer** *f* chiffres *mpl* non connus; ■ **~ von etw** chiffres *mpl* de qc qui n'entrent pas dans les statistiques

dünken <dünkte *o veraltet* deuchte, gedünkt *o veraltet* gedeucht> I. *vt, vi impers veraltend geh* ■ **etw dünkt jdn [*o* jdm] ...** *übereilt, unangebracht* qc me/lui/... semble ... + *adj*; ■ **jdm dünkt [*o* es dünkt jdn], dass** il me/lui/... semble que + *indic*
II. *vr veraltend geh* ■ **jd dünkt sich etw** *allwissend, schlau, etwas Besseres, eine Schönheit* qn se croit qc

Dünkirchen <-s> *nt* Dunkerque

dünn I. *adj* 1. (*eine geringe Stärke aufweisend, schlank*) mince; (*mager*) maigre; ***sie will ~er werden*** elle veut maigrir [*o* mincir]
2. (*nicht konzentriert*) *Brei* liquide; *Kaffee, Tee* léger(-ère); *Bier* petit(e) *antéposé; Suppe* clair(e)
3. TEXTIL (*fein*) fin(e), léger(-ère)
4. (*spärlich*) *Haarwuchs, Besiedlung* clairsemé(e)
▶ **jd macht sich ~** *sl* qn rentre le [*o* son] ventre
II. *adv* (*spärlich*) *besiedelt, bevölkert* peu, faiblement
▶ **Menschen/Dinge sind/etw ist ~ gesät** des personnes/des choses ne courent/qc ne court pas les rues

dünnbesiedelt, **dünnbevölkert** *s.* **dünn II.** **Dünnbrettbohrer** *m pej sl* 1. (*Widerstand Meidender*) partisan *m* du moindre effort 2. (*Unintelligenter*) patate *f fam*, andouille *f fam* **Dünndarm** *m* intestin *m* grêle **Dünndruckausgabe** *f* édition *f* [*o* tirage *m*] sur papier bible **Dünndruckpapier** *nt* papier *m* bible **dünnflüssig** *adj Teig, aufgetautes Speiseeis, Schleim, Eiter* liquide; *Brei, Suppe a.* clair(e) **dünnhäutig** *adj* 1. (*mit dünner Haut*) *Mensch* qui a la peau fine; *Insektenflügel* fin(e); ■ **jd ist ~** qn a la peau fine 2. (*zart besaitet*) sensible, émotif(-ive) **dünn|machen** *vr sl* ■ **jd macht sich dünn** qn se casse *pop* **dünnschalig** *adj Nuss, Ei* qui a la coquille fine; *Frucht* qui a la peau fine **Dünnschiss**RR *m sl* chiasse *f pop* **dünnwandig** *adj Behälter, Rohr* aux parois fines; *Glas* fin(e); *Haus* dont les murs sont minces; ■ **etw ist ~** /*Behälter, Rohr*/ les parois de qc sont fines, qc a des parois fines; /*Glas*/ qc est fin(e); /*Haus*/ les murs de qc sont minces, qc a des murs minces

Dunst <-[e]s, Dünste> *m* 1. (*Nebel*) brume *f*
2. (*Dampf*) vapeur *f*
3. (*Geruch*) odeur *f*; (*Ausdünstung*) émanation *f*
▶ **jd hat keinen blassen ~ von etw** *fam* qn connaît que dalle à qc *fam*; **jd macht jdm blauen ~ vor** *fam* qn jette de la poudre aux yeux à qn

Dunstabzugshaube *f* hotte *f* [aspirante]

dünsten *vt* ■ **jd dünstet etw** qn fait cuire qc à l'étouffée [*o* l'étuvée] [*o* la vapeur]; ■ **gedünstet** à l'étouffée, à l'étuvée, à la vapeur

Dunstglocke *f* nuage *m* de pollution, smog *m*

dunstig *adj* 1. METEO brumeux(-euse)
2. *Kneipe, Wartesaal* enfumé(e)

Dunstkreis *m geh* ■ **jds ~** l'entourage *m* de qn **Dunstschleier** *m* voile *m* de brume **Dunstwolke** *f* nuage *m* de fumée

Dünung <-, -en> *f* houle *f*

Duo <-s, -s> *nt* 1. (*Paar*) duo *m*, tandem *m*
2. MUS *s.* **Duett**
▶ **ein feines [*o* sauberes] ~** *iron* un beau [*o* sacré *fam*] tandem; ***ihr zwei seid mir ein feines/sauberes ~*** vous deux, vous faites la paire

Duodezimalsystem *nt Ø* système *m* duodécimal

Duplikat <-[e]s, -e> *nt* double *m*; ADMIN duplicata *m*

Dur <-, -> *nt* mode *m* [*o* ton *m*] majeur
▶ **in ~** en majeur; ***in G~*** en sol majeur

durch I. *präp + akk* 1. (*hindurch*) ■ **~ etw** *dringen, waten, laufen* à travers qc, au travers de qc; ***wir müssen noch zwei Kilometer ~ den Wald*** nous devons faire encore deux kilomètres à travers bois; ***etw verläuft ~ den Sumpf*** qc traverse le marais; ***die Einbrecher sind ~ die Hintertür eingedrungen*** les cambrioleurs sont passés par la porte de derrière; ***die Lanze drang ihm ~ das Herz*** la lance lui transperça le cœur; ***der Attentäter hatte ihm genau ~ den Kopf/Arm geschossen*** l'auteur de l'attentat lui avait tiré une balle en pleine tête/en plein dans le bras
2. (*sich hindurch bewegend*) ■ **~ etw** *streifen, wandern, reisen* dans qc; *atmen* par qc; ***jd bummelt ~ die Stadt*** qn fait un tour en ville
3. (*per*) ■ **~ jdn/etw** *auszahlen, übermitteln, ausrufen, gerettet werden, bekannt werden, hören* par qn/qc; ***die Nachricht kam soeben ~ das Radio*** la nouvelle vient d'être annoncée à la radio
4. (*von*) ■ **~ etw** *entwurzelt, obdachlos gemacht, zerstört werden* par qc
5. (*vermittels*) ■ **~ etw** *Herzschlag* de qc; *Unfall a.* dans qc; *+ substantiviertes Verb* en faisant qc; **~ [einen] *Zufall/ein Versehen*** par hasard/erreur; ***~ Fragen haben wir den Weg dann doch noch gefunden*** à force de demander, on a fini par trouver notre chemin; **~ *Üben*** en s'entraînant
6. (*dank*) ■ **~ jdn/etw** grâce à qn/qc
7. (*während*) ■ **~ etw** *das Leben, die ganze Nacht* pendant qc; ***der Prozess ging ~ zwölf Jahre*** le procès a duré douze ans; ***mit dem Brennholz kommen wir gut ~ den Winter*** nous tiendrons tout l'hiver avec notre bois de chauffage
8. MATH (*dividiert*) ■ **... ~ etw** ... sur qc, ... divisé par qc
▶ **mitten ~ etw**: ***mitten ~s Herz/~ die Brust*** en plein cœur/pleine poitrine; ***der Stahlträger drang mitten ~ die Windschutzscheibe*** la poutre d'acier a traversé le pare-brise en plein milieu; ***die Straße verläuft mitten ~ das Naturschutzgebiet*** la route traverse le parc naturel de part en part; **quer ~ etw**: ***etw geht/verläuft quer ~ etw*** qc traverse/coupe qc en biais
II. *adv fam* ■ **es ist etw ~** *Mittag, 12 Uhr* il est ... passé(e)
▶ **etw geht jdm ~ und ~** qc lui donne la chair de poule, qc lui fait froid dans le dos; **~ und ~** (*eingehend*) *kennen* à fond; *überzeugt sein* absolument; (*ganz und gar*) *ehrlich* tout à fait; (*völlig*) *durchnässt, nass* jusqu'aux os, jusqu'à la moelle; **~ und ~ *verlogen*** menteur(-euse) comme un arracheur de dents

durch|ackern I. *vt fam* ■ **jd ackert etw durch** *Lehrbuch* qn potasse qc *fam*; *Akten* qn bosse qc *fam*
II. *vr fam* ■ **jd ackert sich durch** qn s'en sort; ■ **jd ackert sich durch etw durch** qn se farcit qc *fam*

durch|arbeiten I. *vt* 1. (*sich mit etw beschäftigen*) ■ **jd arbeitet etw durch** *Buch, Stoff* qn étudie qc [à fond]
2. (*durchkneten*) ■ **jd arbeitet etw durch** *Teig, Knetmasse* qn travaille qc
II. *vi* ■ **jd arbeitet durch** qn travaille sans interruption; (*ohne Mittagspause*) qn fait la journée continue
III. *vr* 1. (*erledigen*) ■ **jd arbeitet sich durch etw durch** *durch Buch, Post, Akten* qn vient à bout de qc
2. (*sich durchkämpfen*) ■ **jd arbeitet sich durch etw durch** *durch Dickicht, Sumpf* qn se fraie un passage à travers qc

durchgearbeitet *adj Nacht, Wochenende* passé(e) à travailler

durch|atmen *vi* ■ **jd atmet durch** qn respire profondément [*o* à fond]
▶ **jd kann [wieder] ~** qn respire

durchaus *adv*, **durchaus** *adv* 1. (*unbedingt*) absolument; ***jd beharrt ~ auf seiner Meinung*** qn reste fermement ancré(e) sur ses positions
2. (*wirklich*) *verständlich, richtig, möglich, sich machen lassen, befürchten, jds Meinung sein* tout à fait
3. (*völlig*) *zufrieden, gelungen, ernst gemeint* tout à fait; *unerfreulich, unschön* très très
4. (*keineswegs*) ■ **jd/etw ist ~ nicht ...** *klug, schlecht, einfach* qn/qc est loin d'être ...; *einsehen, überzeugen* absolument pas, en aucun cas; ***wenn er das ~ nicht tun will, ...*** s'il ne veut faire cela à aucun prix, ...
5. (*sicher kein*) ■ **jd/etw ist ~ kein ...** *Unsinn, schlechter Mensch* qn/qc n'est pas un/une ... du tout

durch|beißen *irreg* I. *vt* ■ **jd/ein Tier beißt [etw] durch** qn/un animal coupe [qc] avec ses dents
II. *vr fam* 1. (*sich durchkämpfen*) ■ **jd beißt sich durch** qn s'en sort à la force du poignet *fam*; ■ **jd beißt sich durch etw durch** *durch harte Zeiten* qn se sort de qc à la force du poignet *fam*
2. (*sich mühselig durcharbeiten*) ■ **jd beißt sich durch** qn en vient à bout; ■ **jd beißt sich durch etw durch** *durch eine Aufgabe* qn vient à bout de qc

durch|bekommen * *vt irreg fam* 1. (*durchtrennen*) ■ **jd bekommt etw durch** qn arrive à couper qc
2. *s.* **durchbringen**

durch|biegen *irreg* I. *vt* ■ **jd biegt etw [irgendwie/irgendwohin] durch** *Rücken, Kreuz* qn courbe qc [d'une certaine manière/quelque part]; *Knie* qn plie [*o* fléchit] qc [d'une certaine manière/quelque part]
II. *vr* ■ **etw biegt sich durch** qc se courbe, qc plie

durch|blasen *irreg* I. *vt* ■ **jd bläst etw durch** *Rohr* qn envoie de l'air pour déboucher qc; *Eileiter, Ohren* qn débouche qc par insufflation
II. *vi* (*durch etw wehen*) ■ **etw bläst durch** qc souffle; ***überall bläst es durch*** il y a des courants d'air partout

durch|blättern *vt*, **durchblättern** * *vt* ■ **jd blättert etw durch**, ■ **jd durchblättert etw** qn feuillette qc; ***beim flüchtigen D~ der Zeitung*** en feuilletant rapidement le journal

Durchblick *m* 1. (*Ausblick*) ■ **der/ein ~ auf etw** (*akk*) la/une vue sur qc
2. *fam* (*Überblick*) *verbal übersetzt;* ***sorgen Sie für den notwendigen ~*** débrouillez-vous pour qu'on y voie plus clair [*o* qu'on s'y retrouve]
▶ **jd hat den ~ [bei etw]** *fam* qn sait de quoi il retourne [dans qc]; **jd ver-**

liert den ~ qn perd le fil; **jd verliert den ~ bei etw** qn ne se retrouve plus dans qc; **jd verschafft sich** (*dat*) **einen ~ [bei etw]** qn essaie de se retrouver [dans qc]

durch|blicken *vi* **1.** (*hindurchsehen*) ■ **jd blickt durch** qn regarde [dedans]; ■ **jd blickt durch etw durch** *durch Fernglas, Mikroskop* qn regarde dans qc; *durch Scheibe* qn regarde par [*o* à travers] qc
2. *geh* (*zum Vorschein kommen*) ■ **etw blickt durch** */Unterwäsche/* qc dépasse; */Krageneinlage/* on voit qc [*o* qc se voit] au travers
3. *fam* (*den Überblick haben*) ■ **jd blickt durch:** ***wer soll da noch*** ~! comment voulez-vous qu'on y pige quelque chose! *fam;* ***ich blicke da nicht mehr durch*** j'y pige plus rien *fam*
► **jd lässt etw** ~ qn laisse [trans]paraître qc; **jd lässt** ~, **dass** qn laisse entendre que + *indic,* qn insinue que + *indic péj*

durchbluten*[1] *vt* PHYSIOL ■ **etw durchblutet etw** */Blut/* qc irrigue qc

durch|bluten[2] *vi* (*mit Blut tränken*) ■ **etw blutet durch** */Wunde/* qc saigne à travers le pansement; ■ **es blutet durch** le sang traverse le pansement, ça saigne beaucoup; ■ **etw ist durchgeblutet** */Verband, Hemd/* qc est [tout] imbibé(e) de sang

Durchblutung *f* irrigation *f* [sanguine]
► **jd hat eine gute/schlechte** ~ qn a une bonne/mauvaise circulation

Durchblutungsstörung *f* mauvaise circulation *f*

durchbohren*[1] *vt* (*durchdringen*) ■ **jd durchbohrt jdn [mit etw]** qn transperce qn [avec [*o* de] qc]; ■ **etw durchbohrt jdn/etw** */Kugel, Granatsplitter/* qc transperce qn/qc
► **... als wolle man jdn** ~: ***sie sah mich wütend an/warf mir einen giftigen Blick zu, als wollte sie mich*** ~ elle m'a fusillé(e) [*o* foudroyé(e)] du regard

durch|bohren[2] **I.** *vt* (*durch Bohren herstellen*) ■ **jd bohrt etw durch etw durch** *Loch, Tunnel* qn perce qc dans qc
II. *vr* ■ **etw bohrt sich durch etw durch** */Speer, Pfeil/* qc s'enfonce dans qc; */Borkenkäfer/* qc creuse des galeries dans qc

durch|boxen I. *vt fam* ■ **jd boxt etw [bei jdm] durch** qn obtient qc [de qn] au forcing *fam; Gesetz* qn fait passer qc au forceps
II. *vr fam* **1.** (*sich durchdrängen*) ■ **jd boxt sich [irgendwohin] durch** qn joue des coudes [vers qc]
2. (*sich durchschlagen*) ■ **jd boxt sich [irgendwohin] durch** *nach oben, an die Spitze* qn joue des coudes [pour arriver quelque part]

durch|braten *irreg* **I.** *vt* + *haben* ■ **jd brät etw durch** qn fait [bien] rôtir qc; ■ **durchgebraten** [bien] cuit(e)
II. *vi* + *sein* ■ **etw brät durch** qc rôtit, qc cuit; ***das Filet ist durchgebraten*** le filet est bien cuit

durch|brausen *vi* + *sein* ■ **jd/etw braust [durch etw] durch** qn/qc passe à toute vitesse [quelque part]

durch|brechen[1] *irreg* **I.** *vt* + *haben* (*in zwei Teile*) ■ **jd bricht etw durch** *Brot, Schokoriegel, Stock* qn casse qc en deux
II. *vi* + *sein* **1.** (*entzweibrechen*) ■ **etw bricht [unter etw** (*dat*)**] durch** */Brett, Fensterbank/* qc cède [*o* se casse] [sous qc]; */Wirbelsäule/* qc se fracture [sous qc]
2. (*einbrechen*) ■ **jd bricht [bei etw] durch** qn passe à travers [en faisant qc]
3. (*hervorkommen*) ■ **etw bricht [durch etw] durch** */Sonne, Zahn/* qc perce [à travers qc]; */Knospen, Keimling/* qc sort [de qc]
4. (*sich zeigen*) ■ **etw bricht durch** */Eifersucht, Jähzorn/* qc transparaît
5. MED ■ **etw bricht durch** */Blinddarm/* qc se perfore

durchbrechen*[2] *vt irreg* **1.** (*gewaltsam durch etw dringen*) ■ **jd/etw durchbricht etw** *Grenzzaun, Mauer* qn/qc enfonce qc
2. (*überwinden*) ■ **jd/etw durchbricht etw** *Schallmauer* qn/qc franchit qc; *Blockade* qn/qc force qc

Durchbrechung *f verbal übersetzt;* ***nur wenigen gelang die ~ der Blockade*** peu nombreux sont ceux qui ont réussi à forcer le blocus

durch|brennen *vi irreg* **1.** + *haben* (*weiter brennen*) ■ **etw brennt durch** */Ofen, Feuer/* qc continue de brûler; */Lampe/* qc brûle
2. + *sein* ELEC ■ **etw brennt durch** */Sicherung/* qc saute; */Glühbirne/* qc grille
3. + *sein fam* (*davonlaufen*) ■ **jd brennt [jdm] durch** */Kind/* qn fugue [de chez qn] *fam;* ■ **jd brennt jdm [mit jdm] durch** */Ehepartner/* qn se barre [*o* se tire] [avec qn] *fam*

durch|bringen *irreg* **I.** *vt* **1.** (*durchsetzen*) ■ **jd bringt etw [bei jdm] durch** qn réussit [*o* parvient] à faire passer qc [auprès de qn]; ■ **jd bringt jdn [bei jdm] durch** *Kandidaten, Vertrauensperson* qn réussit [*o* parvient] à placer qn [auprès de qn]; ■ **jd bringt jdn [bei etw] durch** *bei einem Gremium* qn réussit [*o* parvient] à placer qn [dans qc]; *bei einer Wahl* qn réussit [*o* parvient] à placer qn [à qc]
2. (*für Unterhalt sorgen*) ■ **jd bringt jdn durch** qn subvient aux besoins de qn
3. (*ausgeben*) ■ **jd bringt etw [bei etw/für etw/mit jdm] durch** qn dilapide qc [en faisant qc/avec qn]
II. *vr* ■ **jd bringt sich durch** qn réussit à s'en sortir, qn joint les deux bouts

durchbrochen *adj* COUT ajouré(e)

Durchbruch *m* **1.** (*entscheidender Erfolg*) percée *f;* ■ **[jds]** ~ le tournant décisif [pour qn]; ■ **jds ~ zu etw** *zur Spitzenklasse* le pas décisif vers qc
2. MIL percée *f*
3. (*das Hindurchkommen*) [*Zahn*] percée *f;* ***man kann den ~ der ersten Pflanzenspitzen durch die Erde beobachten*** on peut voir les premières pousses sortir de terre
4. MED [*Blinddarm*] perforation *f*
5. (*Öffnung*) brèche *f*
► **etw kommt zum** ~ */Idee, Sache/* qc parvient à s'imposer; */Naturell, Charaktereigenschaft/* qc se fait jour; **jd verhilft jdm/einer S. zum** ~ qn aide qn à/permet à qc de percer

durch|checken [-tʃɛkn] *vt* **1.** *fam* (*überprüfen*) ■ **jd checkt jdn durch** qn fait subir un examen approfondi à qn; ■ **jd lässt sich** ~ qn se fait examiner; ■ **jd checkt etw durch** qn passe qc en revue
2. AVIAT ■ **jd checkt etw durch** qn enregistre qc

durchdacht *adj* mûri(e), bien pensé(e)
► **wohl** ~ *geh* mûrement réfléchi(e) [*o* pensé(e)]

durch|denken *vt irreg,* **durchdenken** * *vt irreg* ■ **jd denkt etw durch,** ■ **jd durchdenkt etw** *irreg* qn réfléchit mûrement à qn

durch|diskutieren * *vt* ■ **jd diskutiert etw [mit jdm] durch** qn discute à fond de qc [avec qn]; ***wir haben den Plan wieder und wieder durchdiskutiert*** nous avons tourné le projet dans tous les sens

durch|drehen I. *vi* **1.** AUT ■ **etw dreht durch** qc tourne dans le vide
2. *fam* (*die Nerven verlieren*) ■ **jd dreht durch** qn disjoncte *fam,* qn craque *fam,* qn perd la tête; (*in Panik geraten*) qn panique
► **jd ist durchgedreht** *fam* qn est au bout du rouleau *fam*
II. *vt* GASTR ■ **jd dreht etw durch** *Gemüse, Kartoffeln* qn mouline qc *fam,* qn passe qc à la moulinette *fam; Fleisch* qn hache qc, qn passe qc au hachoir

durch|dringen[1] *vi irreg* + *sein* **1.** (*durch etw dringen*) ■ **etw dringt [durch etw] durch** */Regen, Kälte/* qc passe [*o* pénètre] à travers [qc]
2. (*vordringen*) ■ **etw dringt durch** */Stimme, Geräusch/* qc passe à travers; ■ **etw dringt durch eine S. durch** *durch eine dünne Wand* une chose laisse passer qc; ■ **etw dringt bis zu jdm [durch etw] durch** qc parvient à qn [à travers qc]
3. (*vordringen*) ■ **jd dringt zu jdm durch** qn parvient jusqu'à qn
4. (*durchsetzen*) ■ **jd dringt mit etw durch** qn fait passer qc; ■ **jd dringt bei jdm/in etw** (*dat*) **mit einer S. durch** qn impose une chose auprès de qn/à qc

durchdringen*[2] *vt irreg* **1.** (*durch etw dringen*) ■ **etw durchdringt etw** *Material* qc passe à travers qc; *Dunkelheit* qc perce qc
2. *geh* (*erfüllen*) ■ **etw durchdringt jdn** */Idee/* qn est pénétré(e) de qc; */Gefühl/* qc s'empare de qn

durchdringend *adj Kälte, Wind* pénétrant(e), mordant(e); *Stimme, Schrei, Blick, Schmerz* aigu(ë); *Geruch, Schwaden* pénétrant(e), qui prend à la gorge

durch|drücken *vt* **1.** (*erzwingen*) ■ **jd drückt etw durch** qn fait passer qc, qn impose qc; ■ **jd drückt [es] [bei jdm] durch, dass** qn réussit [*o* parvient] à obtenir [de qn] que + *subj*
2. (*straffen*) ■ **jd drückt etw durch** *Knie, Ellbogen* qn tend qc

durchdrungen *adj pred* ■ **jd ist von etw** ~ qn est pénétré(e) de qc; *von einem Gefühl* qn est rempli(e) de qc

durch|dürfen *vi irreg fam* ■ **jd darf [irgendwo] durch** qn a le droit de passer [quelque part]; ***darf ich mal durch?*** je peux passer?

durcheinander I. *adj pred fam* **1.** (*nicht ordentlich*) ■ **etw ist** ~ */Wohnung, Schreibtisch/* qc est en désordre, qc est sens dessus dessous; */Karteikarten, Unterlagen/* qc est mélangé(e); ■ **irgendwo ist es** ~ c'est le foutoir [*o* cirque] quelque part *fam*
2. (*verwirrt*) ■ **jd ist** ~ qn est tourneboulé(e) *fam*
II. *adv* ► **jd/etw bringt etw** ~ (*in Unordnung*) qn/qc mélange qc; *Schreibtisch* qn/qc dérange qc; **jd bringt** [*o* **wirft**] **etw** ~ (*verwechselt*) qn confond qc, qn mélange qc; **jd bringt jdn [mit etw]** ~ (*verwirrt*) *mit Fragen, Störung* qn perturbe [*o* trouble] qn [avec qc]; **etw gerät** ~ (*in Unordnung*) */Briefe, Unterlagen/* qc se mélange; ***mir sind die Briefe ~ geraten*** mes lettres se sont retrouvées mélangées; **jd gerät** ~ (*wird verwirrt*) qn perd la boussole *fam;* **etw gerät** ~ on confond qc; **etw gerät jdm** ~ qn confond qc; **jd isst/trinkt etw** ~ qn mange/boit qc en dépit du bon sens [*o* n'importe comment]; **etw liegt [irgendwo]** ~ qc est en désordre [quelque part]; **sie reden** ~ ils/elles parlent tous/toutes en même temps; **sie schreien** ~ ils/elles crient tous/toutes en même temps; **jd wirft [jdm] etw** ~ (*bringt in Unordnung*) qn met le souk dans qc [de qn] *fam;* **etw wirbelt etw** ~ (*lässt umherfliegen*) qc éparpille qc, qc fait voler qc en l'air; **jd wirbelt etw** ~ *fam* (*versetzt in Unruhe*) *Branche, erstarrte Politik* qn sème la pagaille dans qc *fam,* qn met le boxon dans qc *pop*

Durcheinander <-s> *nt ∅* **1.** (*Unordnung*) désordre *m*
2. (*Wirrwarr*) confusion *f*

durcheinander|bringen *s.* **durcheinander II.**
durcheinander|geraten * *s.* **durcheinander II.**
durcheinander|liegen *s.* **durcheinander II.**
durcheinander|reden *s.* **durcheinander II.**
durcheinander|schreien *s.* **durcheinander II.**
durcheinander|werfen *s.* **durcheinander II.**
durcheinander|wirbeln *s.* **durcheinander II.**

durch|exerzieren * *vt* **1.** (*wiederholend üben*) ■ **jd exerziert etw [mit jdm] durch** *Vokabeln, Geschichtszahlen* qn repasse [*o* révise] qc [avec qn]
2. (*durchspielen*) ■ **jd exerziert etw [mit jdm] durch** *einstudierte Antwort, Möglichkeit* qn répète qc [avec qn]

durch|fahren[1] *vi irreg* + *sein* **1.** (*zwischen etw fahren*) ■ **jd fährt zwischen ihnen durch** */Rennfahrer, Skifahrer/* *zwischen zwei Pfosten, Markierungen* qn passe entre eux/elles
2. (*fahrend durchbrechen*) ■ **jd/etw fährt durch etw durch** *durch Wand, Zaun* qn/qc rentre dans qc; *durch Fenster* qn/qc passe par qc; *durch Straßensperre* qn/qc force qc, qn/qc passe [*o* franchit] qc sans s'arrêter
3. (*unterqueren*) ■ **etw fährt unter etw** (*dat*) **durch** qc passe sous qc
4. (*nicht anhalten*) ■ **jd/etw fährt durch** qn/qc roule; ***jd fährt die ganze Nacht durch*** qn roule toute la nuit; ***jd fährt bei Rot durch*** qn brûle [*o* grille] un/le feu rouge, qn passe au rouge

durchfahren*[2] *vt irreg* **1.** (*durchzucken*) ■ **etw durchfährt jdn** */Gedanke/* qc lui traverse l'esprit; */Schreck/* qc s'empare de qn
2. (*schütteln*) ■ **etw durchfährt jdn/ein Tier** */Frösteln, Zittern/* qn/un animal est secoué(e) de qc, qc parcourt qn/un animal

Durchfahrt *f* **1.** (*Öffnung zum Durchfahren*) passage *m*

2. (*das Durchfahren*) passage *m*; ***für Lkws ist hier keine*** ~! passage interdit aux poids lourds!, [ici,] les poids lourds ne peuvent pas passer
► ~ **verboten** passage interdit; ~ **bitte freihalten** ne pas obstruer le passage, ne pas stationner; passage de véhicules; **jd ist auf der** ~ qn est en transit
Durchfahrtsrecht *nt* droit *m* de passage **Durchfahrtsstraße** *f* grand axe *m*
Durchfall *m* 1. MED diarrhée *f*, coliques *fpl*
2. *fam* (*Misserfolg, Nichtbestehen*) échec *m*
► **jd hat** [*o* **leidet an**] ~ qn a de la diarrhée, qn a des coliques
durch|fallen *vi irreg + sein* 1. (*durch etw fallen*) ■ **etw fällt** [**durch etw**] **durch** *durch einen Rost, ein Sieb* qc passe [à travers qc]
2. *fam* (*nicht bestehen*) ■ **jd fällt bei etw** [*o* **in etw** (*dat*)] **durch** qn se fait étendre à qc *fam*, qn se plante à qc *fam*, qn se ramasse à qc *fam*
3. (*einen Misserfolg haben*) ■ **jd/etw fällt** [**bei jdm/etw**] **durch** /*Autor, Aufführung, Film*/ qn/qc fait un four [auprès de qn/qc]
durch|faulen *vi + sein* ■ **etw fault durch** qc pourrit [complètement]
durch|fechten *vt irreg* ■ **jd ficht etw durch** qn mène qc à terme
durch|feiern¹ *vi fam* (*ohne Pause feiern*) ■ **jd feiert durch** qn fait la java *fam*, qn s'éclate *fam*
durchfeiern*² *vt* (*mit Feiern verbringen*) ■ **jd durchfeiert etw** *Nacht* qn fait la fête tout le/toute la qc; ***eine durchfeierte Nacht*** une nuit passée à faire la fête
durch|feilen *vt* ■ **jd feilt etw durch** qn coupe qc à la lime, qn lime qc
durchfeuchten * *vt* ■ **etw durchfeuchtet etw** qc trempe qc; ■ **jd/etw ist durchfeuchtet** qn/qc est trempé(e)
durch|finden *vi, vr irreg* ■ **jd findet** [**sich**] **durch** qn s'y retrouve; ■ **jd findet** [**sich**] **durch etw/in etw** (*dat*) **durch** qn se retrouve dans qc
durch|fliegen¹ *vi irreg + sein* 1. (*ohne Landung fliegen*) ■ **jd/etw fliegt durch** qn/qc vole sans escale
2. *fam* (*durchfallen*) ■ **jd fliegt durch** qn se fait étendre *fam*
durchfliegen*² *vt irreg* (*fliegend durchqueren*) ■ **jd/etw durchfliegt etw** qn/qc traverse qc
durch|fließen¹ *vi irreg + sein* (*durch etw fließen*) ■ **etw fließt durch** /*Wasser*/ qc s'écoule
durchfließen*² *vt irreg* (*fließend durchqueren*) ■ **etw durchfließt etw** /*Bach, Strom*/ *Tal, Aue* qc traverse qc, qc arrose qc
Durchflug *m* (*das Durchfliegen*) ■ **der** ~ **durch etw** le survol de qc
► **auf dem** ~ en transit
Durchfluss^RR^ *m* 1. (*fließende Menge*) débit *m*
2. (*das Durchfließen*) écoulement *m*
3. (*Öffnung zum Durchfließen*) chenal *m*, passage *m*
durchfluten * *vt geh* 1. (*erhellen*) ■ **etw durchflutet etw** /*Licht, Sonne*/ qc baigne qc *littér*; ■ **von etw durchflutet** baigné(e) de qc *littér*
2. (*durchströmen*) ■ **etw durchflutet jdn** /*Wärme, Gefühl*/ qc submerge qn, qc envahit qn
durchforschen * *vt* 1. (*durchstreifen*) ■ **jd durchforscht etw** *Gegend, Land* qn explore qc
2. (*durchsuchen*) ■ **jd durchforscht etw** [**nach etw**] *Akten, Bücher* qn compulse qc [à la recherche de qc]
durchforsten * *vt fam* ■ **jd durchforstet etw** [**nach etw**] qn épluche qc [*o* passe qc au crible] [*o* peigne fin] [à la recherche de qc]
durch|fragen *vr* ■ **jd fragt sich durch** qn finit par trouver [à force de poser des questions]; ■ **jd fragt sich durch etw/zu jdm/zu einer S. durch** qn finit par trouver qc/arriver chez qn/quelque part à force de demander à droite et à gauche
durch|fressen *irreg* I. *vr* 1. (*korrodieren*) ■ **etw frisst sich durch** /*Säure, Rost*/ qc finit par traverser qc; ■ **etw frisst sich durch etw durch** qc ronge complètement qc, qc traverse qc en le/la rongeant
2. (*sich durch etw nagen*) ■ **ein Tier frisst sich durch** un animal se fraie un passage, un animal fait un trou; ■ **ein Tier frisst sich durch etw durch** un animal fait un trou dans qc [en le/la rongeant]
3. *pej fam* (*schmarotzen*) ■ **jd frisst sich** [**bei jdm**] **durch** qn joue les pique-assiettes [chez qn] *fam*
II. *vt* 1. (*korrodieren*) ■ **etw frisst etw durch etw durch** /*Säure, Rost*/ *Loch* qc fait [*o* creuse] qc dans qc
2. (*durch etw nagen*) ■ **ein Tier frisst etw durch etw durch** un animal fait [*o* creuse] qc dans qc [en le/la rongeant]
Durchfuhr *f* transit *m*
durchführbar *adj* faisable, réalisable
durch|führen I. *vt* 1. (*verwirklichen*) ■ **jd führt etw durch** *Plan, Beschluss* qn réalise qc, qn met qc à exécution
2. ■ **jd führt etw durch** *Haussuchung, Reform, Messung* qn fait qc
3. (*hindurchführen*) ■ **jd führt jdn** [**durch etw**] **durch** /*Führer, Verkäufer*/ qn guide [*o* pilote] qn [à travers qc]
4. (*durchleiten*) ■ **jd führt etw durch etw/unter etw** (*dat*) **durch** *Kabel, Gasleitung, Straße, Trasse* qn fait passer qc à travers/sous qc
II. *vi* (*verlaufen*) ■ **etw führt durch etw durch** qc traverse qc
Durchführung *f* 1. (*Verwirklichung*) réalisation *f*, mise *f* en œuvre
2. (*Abhaltung*) *verbal übersetzt*; ***die*** ~ ***weiterer Messungen ist erforderlich*** il est nécessaire de faire d'autres mesures
► **jd bringt etw zur** ~ *form* qn réalise qc, qn met qc en œuvre; **etw kommt** [*o* **gelangt**] **zur** ~ *form* qc entre en application
durch|füttern *vt fam* ■ **jd füttert jdn durch** qn nourrit qn, qn entretient qn; ■ **jd lässt sich von jdm** ~ qn se fait nourrir [*o* entretenir] par qn
Durchgabe *f verbal übersetzt*; ***bei der*** ~ ***von Zahlen übers Telefon*** quand on donne [*o* communique] des chiffres par téléphone; ***für die*** ~ ***einer kurzen Nachricht*** pour transmettre un rapide message
Durchgang *m* 1. (*Passage*) passage *m*
2. (*das Durchgehen*) passage *m*
3. PARL [*Wahl, Verfahren*] tour *m*
► **kein** ~!, ~ **nicht gestattet!** passage interdit
durchgängig I. *adj* (*ausnahmslos*) général(e)
II. *adv ablehnen, befürworten* à l'unanimité, d'un commun accord; *feststellen* toujours, de manière constante; ***diese Eigenart ist in ihren Gedichten*** ~ ***feststellbar*** on peut constater cette particularité dans tous ses poèmes
Durchgangslager *nt* camp *m* de transit **Durchgangsstraße** *f* grand axe *m* **Durchgangsverkehr** *m* trafic *m* de transit, passages *mpl* de véhicules; ***Lyon hat viel*** ~ de nombreux véhicules transitent par Lyon; ***„[Straße] für den*** ~ ***gesperrt"*** passage interdit sauf riverains
durch|geben *vt irreg* RADIO, TV ■ **jd gibt** [**jdm**] **etw durch** qn donne [*o* communique] qc [à qn]; ■ **jd gibt jdm durch, dass** qn communique [*o* fait savoir] à qn que + *indic*
durchgefroren *adj* [complètement] gelé(e)
durch|gehen *irreg* I. *vi + sein* 1. (*gehen*) ■ **jd geht durch** (*im Bus*) qn avance; ■ **jd geht durch etw durch** *durch Kontrolle, Zoll* qn passe qc
2. *fam* (*durchpassen*) ■ **etw geht** [**durch etw/zwischen Dingen/unter etw** (*dat*)] **durch** qc passe [par qc/entre des choses/sous qc]
3. AVIAT, EISENBAHN ■ **etw geht durch** /*Flug, Zug*/ qc est direct(e); TRANSP /*weiße Linie*/ qc est continu(e)
4. *fam* (*ohne Unterbrechung andauern*) ■ **etw geht durch** qc [n']arrête pas *fam*; ***die Feier ging*** [***ohne Unterbrechung***] ***von nachmittags 15 Uhr bis morgens 7 Uhr durch*** on a pas arrêté de faire la java de trois heures de l'après-midi au lendemain matin sept heures *fam*; ***die Konferenz ging von morgens bis abends mit nur 20 Minuten Pause durch*** la conférence a duré du matin au soir avec seulement 20 minutes de pause
5. (*durchdringen*) ■ **etw geht durch jdn/etw durch** /*Strahlung, Regen*/ qc traverse qn/qc
6. (*angenommen werden*) ■ **etw geht durch** /*Antrag, Gesetz*/ qc passe, qc est adopté(e)
7. *fam* (*weglaufen*) ■ **ein Tier geht** [**mit jdm/etw**] **durch** /*Pferd*/ un animal s'emballe [et s'enfuit avec qn/qc]; ■ **jd geht mit jdm/etw durch** qn se tire avec qn/qc *fam*; ***sie ging ihm mit einem jüngeren Mann durch*** elle l'a plaqué pour un type plus jeune *fam*
8. (*außer Kontrolle geraten*) ■ **etw geht mit jdm durch** /*Temperament, Gefühle*/ qn ne peut plus contenir qc; /*Nerven*/ qn a qc qui craque
9. (*gehalten werden*) ■ **jd geht für jdn/etw durch** *für 30, 40* qn fait … ans; *für einen Mann* qn passe pour qn
► **jd lässt etw** ~ qn laisse passer qc; **jd lässt jdm etw** ~ qn passe qc à qn
II. *vt + sein o haben* (*durchsehen*) ■ **jd geht etw** [**mit jdm**] **durch** *Akten, Vokabeln, Daten* qn revoit qc [avec qn]; *Prüfungsstoff a.* qn révise qc [avec qn]; *Listen* qn vérifie qc [avec qn]
durchgehend I. *adj* 1. *Öffnungszeiten* sans interruption, en continu
2. *Zug* direct(e)
II. *adv* (*ständig*) tout le temps, en permanence
► ~ **geöffnet** COM ouvert(e) sans interruption
durchgeistigt *adj geh Mensch* d'une intellectualité supérieure *littér*; *Züge* empreint(e) de sagesse *littér*
durchgeknallt *adj sl* ■ **jd ist** ~ qn est [complètement] à la masse *fam*
durch|gießen *vt irreg* ■ **jd gießt etw** [**durch etw**] **durch** qn passe qc [avec qc]
durch|graben *irreg* I. *vt* ■ **jd gräbt etw durch etw durch** qn creuse qc dans qc
II. *vr* ■ **jd/ein Tier gräbt sich** [**durch etw/unter etw** (*dat*)] **durch** qn/un animal se creuse un passage [à travers/sous qc]
durch|greifen *vi irreg* 1. (*vorgehen*) ■ **jd greift durch** qn prend des mesures énergiques; ***jd greift hart/streng durch*** qn sévit; ***jd greift zu wenig durch*** qn n'a pas assez de poigne, qn n'est pas assez énergique
2. (*hindurchfassen*) ■ **jd greift** [**durch etw**] **durch** qn passe la main [à travers qc]
durchgreifend I. *adj Maßnahme* énergique; *Änderung, Verbesserung* radical(e)
II. *adv* fondamentalement
durch|gucken *vi fam s.* **durchblicken 1., 2.**
durch|haben *vt irreg fam* 1. (*durchgelesen haben*) ■ **jd hat etw durch** qn a fini de lire qc
2. ■ **jd hat etw durch** *Vokabeln, Prüfungsstoff* qn a révisé qc
3. (*durchtrennt haben*) ■ **jd hat etw durch** qn a coupé qc en deux; *Draht a.* qn a sectionné qc
durch|hacken *vt* ■ **jd hackt etw durch** qn découpe qc à la hache; *Eisdecke a.* qn fend qc à coups de hache
durch|halten *irreg* I. *vt* 1. (*ertragen*) ■ **jd hält etw durch** qn supporte qc
2. (*weiterhin durchführen*) ■ **jd hält etw durch** *Ausstand, Streik* qn poursuit qc, qn reconduit qc
3. (*beibehalten*) ■ **jd hält etw durch** *Tempo* qn tient qc; *Strecke* qn va jusqu'au bout de qc
4. (*aushalten*) ■ **etw hält etw durch** qc résiste à qc
II. *vi* 1. (*standhalten*) ■ **jd hält durch** qn tient bon, qn ne cède pas
2. (*funktionieren*) ■ **etw hält durch** qc tient bon [*o* le coup] *fam*
Durchhalteparole *f* paroles *fpl* d'encouragement; (*im Krieg*) mot *m* d'ordre jusqu'au-boutiste **Durchhaltevermögen** *nt* endurance *f* ► **jd hat** ~ qn a de l'endurance, qn est endurant(e)
durch|hängen *vi irreg + haben o sein* 1. (*nach unten hängen*) ■ **etw hängt** [**nach unten**] **durch** /*Hängebrücke*/ qc est arqué(e); /*Seil*/ qc est lâche
2. *fam* (*erschlafft sein*) ■ **jd hängt durch** qn est à plat *fam*; ***lass dich nicht so*** ~! ne te laisse pas aller comme ça!
3. *fam* (*deprimiert sein*) ■ **jd hängt durch** qn broie du noir, qn a le cafard
Durchhänger <-s, -> *m* ► **jd hat einen** ~ *sl* (*körperlich*) qn est va-

seux(-euse) [*o* mal fichu(e)] *fam;* (*moralisch*) qn déprime *fam,* qn a le cafard *fam*

durch|hauen *irreg* I. *vt* 1. (*zerteilen*) ■ **jd haut etw [mit etw] durch** *Ast, Brett, Ziegelstein* qn coupe qc en deux [avec qc]; *Knoten* qn tranche qc [avec qc]; ***jd haut etw mit einem Schlag durch*** qn coupe/tranche qc en deux d'un seul coup
2. *fam* (*verprügeln*) ■ **jd haut jdn durch** qn tabasse qn *fam*
II. *vr* ■ **jd haut sich [durch etw] durch** *durch Dickicht, Gebüsch* qn se fraye [*o* se taille] un chemin [à travers qc]

durch|hecheln *vt pej fam* ■ **jd/etw hechelt etw durch** qn/qc fait des gorges chaudes [*o* se régale] de qc

durch|heizen I. *vi* 1. (*ohne Unterbrechung heizen*) ■ **jd heizt durch** qc chauffe jour et nuit
2. (*gründlich heizen*) ■ **jd heizt durch** qn chauffe à fond
II. *vt* 1. (*gründlich heizen*) ■ **jd heizt etw durch** *Haus, Wohnung, Zimmer* qn chauffe qc à fond; ■ **etw heizt etw durch** */Kamin/* qc réchauffe qc
2. (*ohne Unterbrechung heizen*) ■ **jd heizt etw durch** qn continue à chauffer qc [sans arrêt], qn chauffe qc jour et nuit

durch|helfen *irreg* I. *vi* ■ **jd hilft jdm [durch etw] durch** *durch Öffnung, Spalt etc* qn aide qn à passer [par qc]; *durch Notlage, schwierige Zeit* qn aide qn [à passer [*o* traverser] qc]
II. *vr* ■ **jd hilft sich durch** qn s'en tire *fam,* qn se débrouille *fam*

durch|hören *vt* 1. (*heraushören*) ■ **jd hört [bei jdm] etw durch** *Enttäuschung, Unsicherheit* qn perçoit [*o* sent] qc [chez qn]
2. (*etw durch etw hören*) ■ **jd hört etw [durch etw] durch** *Geräusch, Unterhaltung, Musik etc* qn entend qc [à travers qc]

durch|ixen *vt fam* ■ **jd ixt etw durch** qn barre qc

durch|kämmen[1] *vt* ■ **jd kämmt etw durch** *Haare* qn coiffe qc, qn peigne qc

durchkämmen*[2] *vt* (*durchsuchen*) ■ **jd durchkämmt etw [nach jdm]** qn passe qc au peigne fin [à la recherche de qn], qn ratisse qc [pour trouver qn]

durch|kämpfen I. *vr* 1. (*durchackern*) ■ **jd kämpft sich durch/durch etw durch** qn se bat/vient à bout de qc
2. (*sich durchringen*) ■ **jd kämpft sich zu etw durch** qn se résout à qc
II. *vt* ■ **jd kämpft etw durch** *Recht, Verbesserung* qn réussit à imposer qc; ***jd muss etw*** ~ qn doit se battre pour imposer qc
III. *vi* ■ **sie kämpfen durch** */Soldaten/* ils/elles continuent les combats

durch|kauen *vt* 1. *fam* (*behandeln*) ■ **jd kaut etw [mit jdm] durch** qn rabâche qc [avec qn] *fam*
2. (*gründlich kauen*) ■ **jd kaut etw durch** qn mâche [bien] qc, qn mastique qc; ■ **durchgekaut** [bien] mâché(e)

durch|klettern *vi + sein* ■ **jd klettert [durch etw] durch** qn passe à travers [qc]; ***reich mir deine Hand, damit ich da ~ kann!*** donne-moi la main pour que je puisse grimper!

durch|klingen *vi irreg + haben o sein* ■ **etw klingt durch** qc transparaît, on sent qc
▸ **jd lässt** ~, **dass** qn laisse entendre que + *indic*

durch|kneten *vt* 1. GASTR ■ **jd knetet etw durch** qn pétrit [bien] qc
2. (*massieren*) ■ **jd knetet jdn/etw durch** qn masse qn/qc [fort]

durch|kommen *vi irreg + sein* 1. (*durchfahren*) ■ **jd kommt [durch etw] durch** qn passe [dans qc]
2. (*vorbeikommen*) ■ **jd/etw kommt [irgendwo] durch** qn/qc peut passer [quelque part]
3. (*durchdringen*) ■ **etw kommt [durch etw] durch** */Feuchtigkeit, Wasser/* qc s'infiltre [à travers qc], qc passe à travers [*o* pénètre] [qc]
4. (*sichtbar werden*) ■ **etw kommt [durch etw] durch** */Farbe, Untergrund/* qc passe à travers [qc], qc se voit au travers; */Sonne/* qc perce [qc]
5. (*in Erscheinung treten*) ■ **etw kommt [bei jdm] durch** */Eifersucht, Hass, Neid etc/* on sent qc [chez qn]; ■ **etw kommt in jdm durch** */der Lehrer, Pfarrer etc/* on sent qc chez qn, qc réapparaît chez qn
6. (*Erfolg haben*) ■ **jd kommt [bei jdm] mit etw durch** qn a du succès avec qc [auprès de qn]; ***damit kommen Sie bei mir nicht durch!*** ça ne prend [*o* marche] pas avec moi!
7. (*durch etw gelangen*) ■ **jd kommt [mit etw] [durch etw] durch** *mit einem Glied* qn arrive à passer [qc] [par/dans qc]
8. (*Prüfung bestehen*) ■ **jd kommt [bei jdm/in etw** (*dat*)**] durch** *bei einem Prüfer* qn réussit [avec qn]; *in einer Prüfung* qn réussit [qc], qn est reçu(e) [à qc]
9. (*überleben*) ■ **jd kommt durch** qn s'en tire, qn s'en sort
10. (*durchgesagt werden*) ■ **etw kommt [in etw** (*dat*)**] durch** */Meldung, Nachricht/* on annonce qc [à qc], qc passe [à qc]
▸ **für jdn ist kein D~** qn ne peut pas passer

durch|können *vi irreg fam* ■ **jd/etw kann [durch etw] durch** qn/qc peut passer [par qc]

durchkreuzen*[1] *vt* 1. (*vereiteln*) ■ **jd/etw durchkreuzt etw** *Pläne, Vorhaben* qn/qc contrarie qc, qn/qc contrecarre qc
2. (*durchqueren*) ■ **jd/etw durchkreuzt etw** *Erde, Land* qn/qc parcourt qc; *Wüste, Ozean a.* qn/qc traverse qc

durch|kreuzen[2] *vt* (*durchstreichen*) ■ **jd kreuzt jdn/etw durch** qn barre qn/qc

durch|kriechen *vi irreg + sein* ■ **jd/ein Tier kriecht [durch etw/unter etw** (*dat*)**] durch** qn/qc rampe [dans qc/sous qc]

durch|kriegen *vt fam s.* **durchbekommen**

durch|laden *irreg* I. *vt* ■ **jd lädt etw durch** *Schusswaffe* qn charge qc
II. *vi* ■ **jd lädt durch** qn charge son arme; ***jd lädt wieder durch*** qn recharge

durch|langen I. *vi fam* ■ **jd langt [durch etw] durch** qn passe la main à travers [qc]
II. *vt fam* ■ **jd langt [jdm] etw durch** qn passe qc [à qn]

Durchlass[RR] <-es, -lässe>, **Durchlaß** <-sses, -lässe> *m* entrée *f,* passage *m*
▸ **jd/etw verschafft jdm/sich** ~ qn/qc lui/se fraye un passage

durch|lassen *vt irreg* 1. (*passieren lassen*) ■ **jd lässt jdn/etw durch** qn laisse passer qn/qc
2. (*durchdringen lassen*) ■ **etw lässt etw durch** *Licht, Tageslicht, Wasser etc* qc laisse passer qc
3. *fam* (*durchgehen lassen*) ■ **jd lässt jdm etw durch** qn passe qc à qn

durchlässig *adj* 1. (*porös*) perméable; ■ **etw ist [für etw]** ~ *für Wasser* qc est perméable [à qc]
2. (*den Übergang gestattend*) ■ **etw ist** ~ */System/* qc est souple; */Grenze/* qc est ouvert(e)

Durchlässigkeit <-> *f* ∅ 1. (*Porosität*) perméabilité *f*
2. [*System*] souplesse *f;* [*Grenze*] ouverture *f*

Durchlaucht <-, -en> *f* HIST Altesse *f* sérénissime; ■ **Euer** ~ votre Altesse

Durchlauf *m* 1. INFORM exécution *f,* déroulement *m*
2. SKI manche *m*

durch|laufen[1] *irreg* I. *vi + sein* 1. (*verlaufen*) ■ **etw läuft [durch etw] durch** */Kabel, Leitung, Rohr/* qc passe à travers [qc], qc traverse qc
2. ■ **etw läuft [durch etw] durch** */Kaffee, Saft/* qc passe [dans qc]
3. (*passieren*) ■ **jd läuft [bei jdm/irgendwo] durch** *bei einem Kontrollposten etc* qn passe [devant qn/quelque part]
II. *vt + haben* ■ **jd läuft etw durch** *Schuhe, Sohlen* qn use qc

durchlaufen*[2] *vt irreg* 1. (*durchqueren*) ■ **jd durchläuft etw** *Gebiet* qn traverse qc
2. SPORT ■ **jd durchläuft etw** *Strecke* qn parcourt qc
3. (*absolvieren*) ■ **jd durchläuft etw** *Ausbildung* qn fait qc; *Phase* qn traverse qc; ***jd durchläuft die Schule*** qn effectue sa scolarité; ***nach dem D~ der Schule*** après avoir effectué sa scolarité
4. (*erfassen*) ■ **etw durchläuft jdn** */Schauder, Frösteln/* qc traverse qn, qc parcourt qn; ***ein Frösteln durchlief ihn*** il fut parcouru d'un frisson; ***es durchlief mich siedend heiß*** j'ai eu des sueurs froides

durchlaufend *adj Geländer, Fries, Sims* continu(e), d'un bout à l'autre

Durchlauferhitzer <-s, -> *m* chauffe-eau *m*

durch|lavieren * [-vi:-] *vr fam* ■ **jd laviert sich [durch etw] durch** qn donne le change [*o* biaise] [dans qc]; ***jd laviert sich durchs Leben durch*** qn passe sa vie à louvoyer

durchleben * *vt* 1. (*erleben*) ■ **jd durchlebt etw** *Jugend, Kindheit, Zeit* qn vit qc
2. (*durchmachen*) ■ **jd durchlebt etw** *Angst, Hoffen, Tiefen, Höhen* qn passe par qc

durchleiden * *vt irreg* ■ **jd durchleidet etw** qn endure qc; ***in seinem Leben hat er viel durchlitten*** il est passé par de dures épreuves

durch|lesen *vt irreg* ■ **jd liest [sich** (*dat*)**] etw durch** *Publikation, Brief, Antrag, Akte, Unterlage, Klassenarbeit* qn lit qc; (*bis zum Ende*) qn lit qc en entier; ■ **jd liest [sich** (*dat*)**] etw [auf etw** (*akk*)**] durch** *auf Fehler, Ungenauigkeiten etc* qn relit qc [pour trouver qc]; ■ **das D~** la lecture

durchleuchten*[1] *vt* 1. MED ■ **jd durchleuchtet jdn [auf etw** (*akk*) **hin]** qn radiographie qn [pour dépister qc]; ■ **jd durchleuchtet jdm etw** qn lui radiographie qc; ■ **jd lässt sich [von jdm]** ~ qn passe une radio, qn se fait radiographier [par qn]; ■ **jd lässt sich** (*dat*) **etw** ~ qn se fait radiographier qc; ■ **das D~** la radio[graphie]
2. *fam* (*überprüfen*) ■ **jd durchleuchtet jdn/etw** qn examine qn à la loupe, qn épluche [*o* passe au crible] qc

durch|leuchten[2] *vi* ■ **etw leuchtet [durch etw] durch** qc passe à travers [qc]

Durchleuchtung <-, -en> *f* 1. MED radio[graphie] *f*
2. (*Überprüfung*) examen *m* approfondi, étude *f;* ***eine genauere*** ~ un examen plus approfondi

durch|liegen *irreg* I. *vt* ■ **jd liegt etw durch** *Matratze, Bett* qn use qc; ■ **durchgelegen** usé(e), qui a un trou au milieu; ■ **etw ist durchgelegen** qc est usé(e), qc a un trou au milieu
II. *vr* ■ **jd liegt sich durch** qn a des escarres [à force d'être alité(e)]; ■ **durchgelegen** meurtri(e) [par des escarres], écorché(e)

durchlöchern * *vt* ■ **jd/etw durchlöchert jdn/etw [mit etw]** qn/qc perce [*o* perfore] qn/qc [de qc]; [***von Kugeln***] ***durchlöchert*** criblé(e) de balles; ■ **durchlöchert** *Kleidungsstück* troué(e); *Blech, Karosserie* percé(e), perforé(e)

durch|lotsen *vt fam* ■ **jd lotst jdn [durch etw/bis zu etw] durch** qn pilote qn [à travers qc/jusqu'à qc]

durch|lüften I. *vt* ■ **jd lüftet etw durch** qn aère qc [à fond]
II. *vi* ■ **jd lüftet durch** qn aère à fond, qn ouvre les fenêtres en grand

durch|machen I. *vt* 1. (*mitmachen*) ■ **jd macht etw durch** *Krankheit* qn a qc; *schwere Zeiten* qn passe qc, qn traverse qc; *Unangenehmes, Schreckliches* qn vit qc; ***jd hat viel/Schweres durchgemacht*** qn en a vu de toutes les couleurs/de dures *fam*
2. (*durchlaufen*) ■ **jd macht etw durch** *Ausbildung, Lehre* qn fait qc; *Phase, Wandlung* qn passe par qc, qn subit qc
II. *vi fam* 1. (*durchfeiern*) ■ **jd macht durch** qn fait la fête [*o* la bringue *fam*] jusqu'au petit matin; ***jd macht drei Tage und drei Nächte durch*** qn passe trois jours et trois nuits à faire la bringue *fam*
2. (*durcharbeiten*) ■ **jd macht durch** qn fait la journée continue, qn ne fait pas de pause [à midi]

Durchmarsch *m* 1. (*das Durchmarschieren*) ■ **jds** ~ **[durch etw]** le passage de qn [dans qc]
2. *fam* (*Sieg*) victoire *f*
3. *sl* (*Durchfall*) chiasse *f vulg,* courante *f pop*
▸ **jd hat** ~ *sl* qn a la chiasse *vulg* [*o* la courante *pop*]; **auf dem** ~ au cours de

mon/ton/… passage; ***jd ist auf dem*** ~ qn est de passage

durch|marschieren * *vi + sein* ■ **jd marschiert** [**durch etw**] **durch** qn défile [dans [*o* à travers] qc]

durchmessen * *vt irreg geh* ■ **jd durchmisst etw** qn parcourt qc

Durchmesser <-s, -> *m* diamètre *m;* [*Gewehrkugel*] calibre *m*
► **im** ~ de diamètre/calibre

durch|mischen[1] *vt* (*gut mischen*) ■ **jd mischt etw durch** qn mélange [bien] qc

durchmischen*[2] *vt* (*vermengen*) ■ **jd durchmischt etw mit etw** qn mélange [*o* mêle] qc à qc

durch|mogeln I. *vr fam* ■ **jd mogelt sich durch** qn passe entre les gouttes; ■ **jd mogelt sich durch etw/an etw** (*dat*) **durch** *durch die Kontrolle, an der Grenze, am Eingang* qn se débrouille pour passer qc *fam; durch die Schule, das Schuljahr* qn se débrouille pour ne pas se faire jeter de qc *fam*
II. *vt fam* ■ **jd mogelt jdn/etw** [**durch etw**] **durch** qn fait passer qn/qc [à travers qc]; *zollpflichtige Waren a.* qn resquille qc [à qc]

durch|müssen *vi irreg fam* 1. (*durchgehen müssen*) ■ **jd muss** [**durch etw**] **durch** qn doit passer [à travers qc]
2. (*durchmachen*) ■ **jd muss durch etw durch** qn doit passer par qc

durch|nagen *vt* ■ **ein Tier nagt etw durch** un animal ronge qc entièrement

durchnässen * *vt* ■ **etw durchnässt jdn/etw** qc trempe qn/qc; ***völlig durchnässt*** trempé(e) comme une soupe [*o* jusqu'aux os]

durch|nehmen *vt irreg* ■ **jd nimmt etw** [**in etw** (*dat*)] **durch** qn fait [*o* traite] qc [en qc]

durch|nummerieren[RR] * *vt* ■ **jd nummeriert etw durch** qn numérote qc à la file

durch|organisieren * *vt* ■ **jd organisiert etw durch** qn organise qc [dans le détail]; ■ **durchorganisiert** organisé(e), structuré(e)

durch|pauken *vt* 1. SCOL *fam* ■ **jd paukt etw** [**mit jdm**] **durch** qn bûche [*o* bosse] qc [avec qn] *fam*
2. (*durchsetzen*) ■ **jd paukt jdn/etw durch** *Gesetz, Änderungen, Verbesserung* qn impose qn/qc
3. JUR *fam* ■ **jd paukt jdn durch** *Mandanten* qn tire qn d'affaire

durch|pausen *vt* ■ **jd paust etw durch** qn calque qc

durch|peitschen *vt* 1. *fam* (*durchpauken*) ■ **jd peitscht etw durch** qn fait passer qc à la va-vite [*o* à la hussarde]
2. (*auspeitschen*) ■ **jd peitscht jdn durch** qn fouette qn

durchpflügen * *vt geh* ■ **etw durchpflügt etw** /*Schiff*/ qc sillonne qc

durch|plumpsen *vi + sein fam s.* **durchfallen 2.**

durch|probieren * *vt* 1. (*testen*) ■ **jd probiert etw durch** qn essaie qc
2. *fam* (*ausprobieren*) ■ **jd probiert Menschen durch** qn essaie des personnes [l'un(e) après l'autre]

durch|prügeln *vt* ■ **jd prügelt jdn durch** qn donne [*o* administre] une bonne correction à qn; ■ **jd wird von jdm durchgeprügelt** qn est frappé(e) [*o* rossé(e)] par qn

durch|pusten *vt fam s.* **durchblasen**

durchqueren * *vt* ■ **jd/etw durchquert etw** qn/qc traverse qc

durch|quetschen I. *vr fam* ■ **jd quetscht sich** [**durch etw**] **durch** *durch Öffnung* qn se faufile [par qc]; *durch Menschenansammlung a.* qn se fraye un passage [à travers qc]
II. *vt fam* ■ **jd quetscht etw** [**durch etw**] **durch** *Knoblauch* qn écrase qc [dans qc]

durch|rasen *vi + sein fam* ■ **jd/etw rast** [**durch etw**] **durch** *durch Radarkontrolle* qn/qc passe à toute blinde [dans qc] *fam;* ■ **jd/etw rast durch etw durch** *durch Verkehrskontrolle, Straßensperre* qn/qc force qc

durch|rasseln *vi + sein sl s.* **durchfallen 2.**

durch|rechnen *vt* ■ **jd rechnet etw durch** qn calcule qc; ***die durchgerechneten Zahlen ergeben …*** le calcul des chiffres indique …; ***mein durchgerechneter Kreditbedarf*** le calcul de ce qu'il me faut comme crédit

durch|regnen *vi impers* 1. (*Regen durchlassen*) ■ **es regnet** [**durch etw**] **durch** il pleut à travers [qc], la pluie passe à travers [qc]
2. (*weiter regnen*) ■ **es regnet durch** il n'arrête pas de pleuvoir; ■ **es regnet … durch** *stundenlang, tagelang etc* il pleut …

Durchreiche <-, -n> *f* passe-plat *m*

durch|reichen *vt* ■ **jd reicht** [**jdm**] **etw** [**durch etw**] **durch** qn passe qc [à qn] [par qc]

Durchreise *f* traversée *f*
► **jd ist auf der** ~ qn est de passage; **auf der** ~ lors de mon/ton/… passage

durch|reisen[1] *vi + sein* ■ **jd reist durch** qn voyage sans s'arrêter; ■ **jd reist bis irgendwo durch** qn voyage jusque quelque part; ■ **jd reist durch etw durch** qn traverse qc, qn passe par qc

durchreisen*[2] *vt* ■ **jd durchreist etw** *Gegend, Land, Erdteil, Welt* qn traverse qc, qn parcourt qc

Durchreisende(r) *f(m) decl wie adj* (*Transitreisende*) voyageur(-euse) *m(f)* en transit; (*im Hotelgewerbe*) client(e) *m(f)* de passage; ~ ***nach Bangkok*** les passagers pour Bangkok

Durchreisevisum [-viː-] *nt* visa *m* de transit

durch|reißen *irreg* I. *vt + haben* ■ **jd reißt etw durch** qn déchire qc; ***jd reißt etw mitten durch*** qn déchire qc en son milieu [*o* en deux]; ■ **durchgerissen** déchiré(e) en deux
II. *vi + sein* ■ **etw reißt durch** /*Seil*/ qc se casse; /*Sprungtuch*/ qc se déchire; ***etw reißt mitten durch*** qc se casse/se déchire en deux

durch|rieseln[1] *vi + sein* ■ **etw rieselt** [**durch etw**] **durch** /*Sand, Steinchen*/ qc passe [*o* coule] à travers [qc]; ■ **jd lässt etw zwischen etw** (*dat*) ~ qn laisse qc couler entre qc

durchrieseln*[2] *vt geh* ■ **etw durchrieselt jdn** /*Schauder*/ qc parcourt qn; /*Wonne*/ qc inonde qn

durch|ringen *vr irreg* ■ **jd ringt sich zu etw durch** *zu einer Entscheidung, einem Entschluss* qn se résout à prendre qc; *zu einer Zustimmung, Bewilligung* qn se décide à donner qc; ■ **jd ringt sich dazu durch etw zu tun** qn se résout à faire qc

durch|rosten *vi + sein* ■ **etw rostet durch** qc rouille [complètement]

durch|rufen *vi irreg fam* ■ **jd ruft durch** qn passe un coup de fil *fam*

durch|rühren *vt* ■ **jd rührt etw durch** qn mélange qc; (*in Kochrezept*) qn remue qc

durch|rutschen *vi + sein* ■ **etw rutscht** [**durch etw**] **durch** qc glisse à travers [qc]; ■ **jd rutscht** [**unter etw** (*dat*)] **durch** qn se glisse [sous qc]

durch|rütteln *vt* ■ **jd/etw rüttelt jdn durch** qn/qc secoue qn

durchs = *fam* **durch das** *s.* **durch**

Durchsage *f* communiqué *m;* (*Telefon~*) communication *f;* (*Wetter~*) bulletin *m* météo; (*Verkehrs~*) bulletin *m* [*o* flash *m*] d'informations routières

durch|sagen *vt* 1. RADIO, TV ■ **jd sagt etw durch** qn communique qc; ***etw wird im Radio durchgesagt*** on donne qc à la radio
2. (*mündlich*) ■ **jd sagt etw** [**nach vorne/hinten**] **durch** qn transmet qc, qn fait passer qc; [***nach vorne/hinten***] ~! fais/faites passer!

durch|sägen *vt* ■ **jd sägt etw durch** qn scie qc [en deux]

durch|saufen *irreg* I. *vi sl* ■ **jd säuft durch** qn picole *fam,* qn pinte *pop*
II. *vr sl* ■ **jd säuft sich** [**bei jdm**] **durch** qn se rince le gosier [*o* qn picole] [sur le compte de qn] *fam*

durch|sausen *vi + sein fam s.* **durchfallen 2.**

durchschaubar *adj* 1. *Absicht, Hintergründe* clair(e), évident(e); *Plan a.* facile à deviner; *Intrige a.* facile à démêler; ***leicht/schwer*** ~ clair(e)/peu clair(e), facile/difficile à deviner/démêler
2. *Charakter, Mensch* transparent(e); ***ein schwer ~er Mensch*** une personne impénétrable [*o* insondable]; ***nicht leicht*** ~ très énigmatique

durchschauen*[1] *vt* ■ **jd durchschaut etw** *Lüge, Ränkespiel, Intrige* qn voit clair dans qc; *Absichten* qn devine qc; ***etw ist*** [***leicht***] ***zu*** ~ qc est facile à déceler/deviner; ■ **jd durchschaut jdn** qn voit clair dans le jeu de qn; ***hast du ihn denn nicht gleich durchschaut?*** tu n'a pas vu tout de suite où il voulait en venir?; ***jd ist leicht zu*** ~ qn est transparent(e); ***jd ist kaum/schwer zu*** ~ qn est impénétrable [*o* insondable]
► **du bist durchschaut!** tu es découvert(e)

durch|schauen[2] *vt s.* **durchsehen**

durch|scheinen *vi irreg* 1. (*scheinen*) ■ **etw scheint** [**durch etw**] **durch** /*Licht, Sonne*/ qc luit [*o* passe] à travers [qc]; /*Kerze*/ qc transparaît [à travers qc], qc se voit à travers [qc]
2. (*sichtbar sein*) ■ **etw scheint** [**unter etw** (*dat*)/**durch etw**] **durch** /*Farbe, Muster, Unterrock*/ on voit qc à travers [qc], qc transparaît [à travers qc]

durchscheinend *adj Vorhang, Papier, Porzellan* transparent(e); *Kleidungsstück, Stoff a.* vaporeux(-euse)

durch|scheuern I. *vt* ■ **jd/etw scheuert etw durch** qn/qc use qc; ■ **etw ist** [**an etw** (*dat*)] **durchgescheuert** qc est élimé(e) [*o* râpé(e)] [à qc]
II. *vr* 1. (*sich verschleißen*) ■ **etw scheuert sich durch** qc s'use
2. (*sich wund scheuern*) ■ **jd scheuert sich** (*dat*) **etw durch** qn s'écorche qc

durch|schieben *vt irreg* ■ **jd schiebt etw** [**durch etw**] **durch** (*dat*) qn passe [*o* glisse] qc à travers [qc]; ■ **jd schiebt etw** [**unter etw** (*dat*)] **durch** *unter der Tür* qn glisse qc [sous qc]; *unter dem Sichtfenster* qn passe qc [par qc]

durch|schießen[1] *vi irreg* ■ **jd schießt durch etw durch** *durch Öffnung, Schießscharte* qn tire par [*o* à travers] qc

durchschießen*[2] *vt irreg* 1. (*mit Kugeln*) ■ **jd durchschießt** [**jdm**] **etw** qn [lui] tire une balle dans qc; ■ **durchschossen** atteint(e) d'une balle; ***mit durchschossener Kinnlade*** atteint(e) d'une balle à la mâchoire
2. (*einfallen*) ■ **etw durchschießt jdn** qc traverse d'un coup l'esprit de qn, qc lui vient d'un coup
3. TYP ■ **jd durchschießt etw** qn espace qc, qn interligne qc

durch|schimmern *vi* ■ **etw schimmert** [**durch etw**] **durch** qc luit à travers [qc]

durch|schlafen *vi irreg* ■ **jd schläft durch** qn dort d'une traite [*o* sans se réveiller]; /*Baby*/ qn fait ses nuits *fam*

Durchschlag *m* 1. (*Kopie*) copie *f,* double *m*
2. (*Sieb*) passoire *f*

durch|schlagen[1] *irreg* I. *vt + haben* 1. (*durchbrechen*) ■ **jd schlägt etw durch** *Brett* qn coupe qc en deux; *Ziegelstein* qn fend qc; *Wand* qn enfonce qc; *gordischen Knoten* qn tranche qc
2. (*einschlagen*) ■ **jd schlägt etw** [**durch etw**] **durch** *Nagel* qn enfonce qc [dans qc]
II. *vi* 1. + *sein* (*sich bemerkbar machen*) ■ **etw schlägt** [**bei/in jdm**] **durch** /*Charakter, Eigenschaft, Untugend*/ qc ressort [chez qn]; ***etw schlägt wieder durch*** qc ressort, qc refait surface; ***in ihm schlägt der Vater durch*** c'est tout son père
2. + *sein* (*durchdringen*) ■ **etw schlägt** [**durch etw**] **durch** /*Geschoss, Meteorit*/ qc passe à travers [qc], qc traverse qc; /*Feuchtigkeit*/ qc s'infiltre [dans qc]
3. + *haben fam* (*abführen*) ■ **etw schlägt** [**bei jdm**] **durch** qc fait effet [*o* qc agit] [chez qn]
4. + *sein* (*sich auswirken*) ■ **etw schlägt** [**auf etw** (*akk*)] **durch** qc se répercute sur qc, qc a des répercussions [sur qc]; ***etw schlägt voll durch*** l'effet de qc se fait pleinement sentir
III. *vr* + *haben* 1. (*sein Leben fristen*) ■ **jd schlägt sich durch** qn se débrouille comme il/elle peut *fam;* ***jd schlägt sich mit Mühe durch*** qn tire le diable par la queue
2. (*ans Ziel gelangen*) ■ **jd schlägt sich** [**durch etw**] **an einen Ort durch** qn parvient à rejoindre un endroit [en traversant qc]

durchschlagen*[2] *vt irreg* 1. (*durchtrennen*) ■ **jd durchschlägt etw** [**mit**

etw] *Ast* qn coupe qc en deux [avec qc]; */Henker/ Hals* qn tranche qc [avec qc]
2. (*durchdringen*) ■ **etw durchschlägt etw** */Geschoss, Kugel/* qc perce qc, qc traverse qc
durchschlagend *adj* 1. *Erfolg, Sieg* éclatant(e), retentissant(e); *Wirkung* décisif(-ive)
2. *Beweis* décisif(-ive); *Argument a.* percutant(e)
Durchschlagpapier *nt* 1. (*dünnes Papier*) papier *m* pelure
2. (*Kohlepapier*) [papier *m*] carbone *m*
Durchschlagskraft *f* 1. [*Geschoss*] force *f* de pénétration 2. (*überzeugende Wirkung*) impact *m*, force *f* percutante **durchschlagskräftig** *adj Argument* percutant(e); *Beweis* concluant(e), décisif(-ive)
durch|schlängeln *vr* ■ **jd schlängelt sich [zu jdm/etw] durch** qn se faufile [*o* se glisse] [jusqu'à qn/qc]; ■ **etw schlängelt sich durch etw durch** */Wasserlauf/* qc serpente à travers qc
durch|schleppen *vt* 1. (*helfen*) ■ **jd schleppt jdn [mit] durch** *Kollegen, schwächeren Mitschüler* qn soutient qn, qn aide qn
2. (*versorgen*) ■ **jd schleppt jdn [mit] durch** *Bedürftige, Verwandte* qn fait vivre qn
durch|schleusen *vt fam* ■ **jd schleust jdn [durch etw] durch** *durch Nebeneingang* qn fait passer qn [par qc]; *durch Kontrolle, Grenze* qn fait passer qc à qn
Durchschlupf <-[e]s, -schlüpfe> *m* ouverture *f*, passage *m* [étroit]
durch|schlüpfen *vi + sein* 1. (*schlüpfen*) ■ **jd/ein Tier schlüpft [durch etw/unter etw** (*dat*)**] durch** qn/un animal se glisse [*o* se faufile] [par/sous qc]
2. (*sich durchmogeln*) ■ **jd schlüpft [durch etw] durch** *durch Kontrolle* qn passe à travers [qc]
durch|schmecken I. *vt* ■ **jd schmeckt etw durch** qn sent qc; ***jd schmeckt etw einzeln durch*** qn sent bien le goût de qc
II. *vi* ■ **etw schmeckt durch** le goût de qc ressort
durch|schmuggeln *vt* ■ **jd schmuggelt etw [durch etw] durch** *durch Grenze* qn passe qc en fraude [*o* en contrebande] [à qc]; ***jd schmuggelt etw durch die Kontrolle durch*** qn passe le contrôle avec qc
durch|schneiden[1] *vt irreg* ■ **jd schneidet [jdm] etw durch** qn [lui] coupe qc; *Kehle* qn lui tranche qc
durchschneiden*[2] *vt irreg* 1. (*entzweischneiden*) ■ **jd durchschneidet etw** qn coupe qc
2. (*durchziehen*) ■ **etw durchschneidet etw** */Graben, Kanal, Straße, Bahnlinie/* qc traverse qc
3. *geh* ■ **etw durchschneidet etw** */Bug, Schiff/* qc sillonne qc
Durchschnitt *m* 1. (*Mittelwert*) moyenne *f*
2. (*die Mehrzahl*) ■ **der ~ von Menschen** la majorité des gens
► **jd/etw ist guter ~** qn/qc est dans la bonne moyenne; **jd/etw ist ~** qn/qc est moyen(ne); **im ~** en moyenne; **über/unter dem ~** au-dessus/en dessous de la moyenne
durchschnittlich I. *adj* moyen(ne); (*mittelmäßig a.*) quelconque
II. *adv* 1. (*im Durchschnitt*) en moyenne
2. (*mäßig*) moyennement
Durchschnitts- (*auf Menschen bezogen*) moyen(ne); (*auf Dinge bezogen*) ordinaire, de qualité moyenne; ~***bürger*** homme *m* de la rue **Durchschnittsalter** *nt* âge *m* moyen, moyenne *f* d'âge **Durchschnittsehe** *f* couple *m* normal; ***sie führen eine ~*** ils forment un couple normal **Durchschnittseinkommen** *nt* revenu *m* moyen **Durchschnittsgeschwindigkeit** *f* vitesse *f* moyenne **Durchschnittsgesicht** *nt* visage *m* quelconque **Durchschnittsmensch** *m* homme *m* de la rue, Monsieur *m*/Madame *f* Tout-le-monde; ***er/sie ist kein ~*** ce n'est pas une personne ordinaire **Durchschnittsschüler(in)** *m(f)* élève *mf* moyen(ne) **Durchschnittstemperatur** *f* température *f* moyenne **Durchschnittswert** *m* valeur *f* moyenne
durchschnüffeln * *vt*, **durch|schnüffeln** *vt pej fam* ■ **jd durchschnüffelt etw**, ■ **jd schnüffelt etw durch** *Korrespondenz, Briefe, Handtasche, Notizbuch* qn fouille [*o* fourre son nez *fam*] dans qc; *Wohnung, Zimmer* qn fouille qc
Durchschreibeblock *m* bloc *m* à calquer **Durchschreibepapier** *nt* papier *m* pelure
durchschreiten * *vt irreg geh* ■ **jd durchschreitet etw** *Halle, Saal* qn franchit qc; *Grundstück* qn parcourt qc
Durchschrift *f* copie *f*, double *m*
Durchschuss[RR] *m* 1. (*Schuss*) perforation *f* par balle; ***es war ein glatter ~*** la balle est ressortie, la balle n'est pas restée dans la plaie
2. TYP interligne *m*
durch|schütteln *vt* 1. (*schütteln*) ■ **jd schüttelt etw durch** qn secoue [*o* agite] [bien] qc
2. (*rütteln*) ■ **jd schüttelt jdn durch** qn secoue qn; ■ **jd wird [in etw** (*dat*)**] durchgeschüttelt** qn est secoué(e) [dans qc]
durchschweifen * *vt poet* ■ **jd durchschweift etw** qn parcourt qc
durch|schwimmen[1] *vi irreg + sein* 1. (*hindurchschwimmen*) ■ **jd/ein Tier schwimmt irgendwo durch** qn/un animal nage quelque part
2. (*ohne Pause schwimmen*) ■ **jd schwimmt durch** qn nage sans s'arrêter
durchschwimmen*[2] *vt irreg* ■ **jd durchschwimmt etw** *Strecke* qn nage qc; *Meerenge* qn traverse qc à la nage
durch|schwitzen *vt* ■ **jd schwitzt etw durch** qn trempe qc de sueur
durch|segeln *vi + sein* 1. NAUT ■ **jd/etw segelt zwischen zwei Dingen durch** qn/qc navigue [*o* qn fait voile] entre deux choses
2. *fam s.* **durchfallen 2.**
durch|sehen *irreg* I. *vt* ■ **jd sieht etw durch** qn regarde qc; ■ **jd sieht etw auf etw** (*akk*) **durch** qn relit qc pour corriger qc
II. *vi* 1. (*hindurchsehen*) ■ **jd sieht [durch etw] durch** *durch Fernglas, Teleskop, Mikroskop* qn regarde [à travers qc]; *durch feines Gewebe, Nachthemd etc* qn voit à travers [qc]; ■ **jd/ein Tier sieht zwischen etw** (*dat*) **durch** qn/un animal regarde à travers qc
2. *fam* (*durchblicken*) ■ **jd sieht irgendwo durch** qn voit clair quelque part; ***siehst du noch da durch?*** tu y vois clair?, tu y piges encore quelque chose? *fam*
durch|seihen *vt* ■ **jd seiht etw [durch etw] durch** qn filtre qc [à travers qc]
durch|sein *s.* **sein**[1] **I.►**
durch|setzen[1] I. *vt* 1. (*erzwingen*) ■ **jd setzt etw durch** *Maßnahmen, Steuererhöhung* qn impose qc; *Reformen a.* qn fait passer qc
2. (*verwirklichen*) ■ **jd setzt etw durch** *Anspruch, Plan, Vorschlag, Willen* qn impose qc; *Forderung* qn fait aboutir qc
3. (*bewilligt bekommen*) ■ **jd setzt etw [bei jdm] durch** qn fait accepter qc [par qn]; ■ **jd setzt [bei jdm] durch, dass** qn obtient [de qn] que + *subj*
II. *vr* 1. (*sich Geltung verschaffen*) ■ **jd setzt sich [bei jdm] durch** qn s'impose [auprès de qn]; ■ **jd setzt sich gegen jdn durch** qn s'impose face à qn; ■ **jd setzt sich mit etw durch** qn arrive à imposer [*o* faire admettre] qc; ***jd kann sich nicht mit etw ~*** qn n'a pas beaucoup de succès avec qc
2. (*sich verbreiten*) ■ **etw setzt sich durch** qc s'impose, qc est admis(e)
durchsetzen*[2] *vt* (*infiltrieren*) ■ **jd durchsetzt etw mit jdm/etw** qn infiltre [*o* noyaute] qc avec qn/qc; ■ **etw ist mit [*o* von] jdm durchsetzt** qc est noyauté(e) par qn
Durchsetzung <-> *f* ∅ [*Anspruch, Forderung*] satisfaction *f*; [*Reformen*] imposition *f*; ***bei der ~ ihrer Forderungen*** pour faire aboutir leurs revendications; ***zur ~ seines Willens*** pour imposer sa volonté
Durchsetzungsvermögen *nt* capacité *f* de s'imposer
Durchseuchung <-, -en> *f* contamination *f*
Durchsicht *f* examen *m*; [*Rechnung*] vérification *f*; ***bei ~ der Rechnungen*** en vérifiant les factures
► **zur ~** pour examen; ***hier ist die Post zur ~*** voici le courrier à dépouiller
durchsichtig *adj* 1. (*transparent*) transparent(e)
2. (*offensichtlich*) manifeste, évident(e); *Lüge a.* cousu(e) de fil blanc
durch|sickern *vi + sein* 1. (*bekannt werden*) ■ **etw sickert [zu jdm/in etw** (*akk*)**] durch** qc filtre [*o* transpire] [jusqu'à qn/dans qc]; ■ **es sickert durch, dass** on a divulgué [*o* révélé] que + *indic*; ***es darf auf keinen Fall ~, dass*** on ne doit absolument pas apprendre que + *indic*; ■ **jd lässt etw ~** qn laisse filtrer qc; ■ **jd lässt ~, dass** qn laisse filtrer l'information selon laquelle
2. (*durchdringen*) ■ **etw sickert [in etw** (*akk*)**] durch** */Wasser/* qc s'infiltre [*o* suinte] [dans qc]; ■ **etw lässt etw ~** qc laisse passer [*o* s'infiltrer] qc
durch|sieben[1] *vt* 1. (*durch ein Sieb schütteln*) ■ **jd siebt etw durch** qn tamise qc
2. (*ausmustern*) ■ **jd siebt sie durch** *Bewerber, Kandidaten* qn les passe au crible
durchsieben*[2] *vt fam* (*durchlöchern*) ■ **jd/etw durchsiebt jdn/etw [mit etw]** qn/qc crible qn/qc [de qc]
durch|spielen *vt* ■ **jd spielt etw durch** *Eventualitäten, Möglichkeiten, Varianten* qn envisage qc; *Atomangriff* qn simule qc
durch|sprechen *vt irreg* ■ **jd spricht etw [mit jdm] durch** qn discute de qc [avec qn]
durch|spülen *vt* ■ **jd spült [sich** (*dat*)**] etw durch** *Mund* qn se rince qc; ■ **etw spült etw durch** */Waschmaschine/* qc rince qc [à fond]
durch|starten *vi* 1. AVIAT ■ **jd/etw startet durch** qn/qc remet les [pleins] gaz
2. AUT ■ **jd startet durch** qn démarre
durch|stechen[1] *vt irreg* ■ **jd sticht mit etw [durch etw] durch** qn pique qc à travers [qc]
durchstechen*[2] *vt irreg* 1. (*durchdringen*) ■ **jd durchsticht etw [mit etw]** *Stoff, Pappe, Papier* qn fait un trou dans [*o* qn perce] qc [avec qc]; ■ **jd lässt sich** (*dat*) **etw ~** *Ohrläppchen* qn se fait percer qc
2. (*durchbohren*) ■ **jd durchsticht jdn [mit etw]** qn transperce qn [avec qc]
durch|stecken *vt* ■ **jd/ein Tier steckt etw [durch etw] durch** qn/un animal passe qc à travers [qc]; ■ **jd steckt etw [durch etw] durch** *Faden* qn enfile qc [dans qc]; *Brief, Zeitung, Post* qn glisse qc [par qc]
durch|stehen *vt irreg* 1. (*ertragen*) ■ **jd steht etw durch** *harte Zeit* qn surmonte qc; *Entbehrungen, Unangenehmes, Qualen* qn endure qc, qn supporte qc
2. (*standhalten*) ■ **etw steht etw durch** *Beanspruchung* qc résiste à qc; *Test etc* qc réussit qc; *Tempo* qc tient qc
durch|steigen *vi irreg + sein* 1. (*steigen*) ■ **jd steigt durch etw durch** qn passe par qc; ***steigen Sie hier durch!*** passez [*o* montez] par ici!
2. *sl* (*verstehen*) ■ **jd steigt [bei etw] durch** qn s'y retrouve [dans qc *fam*]; ***ich bin noch nicht durchgestiegen, was sie damit eigentlich meinte*** j'ai pas bien pigé où elle voulait en venir *fam*
durch|stellen *vt, vi* ■ **jd stellt ihn/sie [zu jdm] durch** qn lui passe qn, qn le/la met en communication [avec qn]; ***ich stelle Sie [zu ihm/ihr] durch*** je vous le/la passe, je vous mets en communication [avec lui/elle]; ***jd will keine Anrufe durchgestellt bekommen*** qn ne prend pas de communications; ■ **jd stellt durch** qn passe la communication; ***meine Frau ist am Apparat? Gut, stellen Sie durch!*** ma femme est à l'appareil? Bon, passez-la moi!
Durchstieg <-[e]s, -e> *m* ouverture *f*, passage *m*
durchstöbern * *vt*, **durch|stöbern** *vt* ■ **jd durchstöbert etw [nach etw]**, ■ **jd stöbert etw [nach einer S.] durch** qn cherche une chose [dans qc], qn fouille qc [pour trouver une chose]; *Zimmer, Haus, Wohnung a.* qn retourne qc [pour trouver une chose]
Durchstoß *m* MIL percée *f*
durchstoßen*[1] *vt irreg* 1. (*durchbohren*) ■ **jd/etw durchstößt jdn/etw** */Fechter, spitzer Gegenstand, Spieß etc/* qn/qc transperce qn/qc; */T-Trä-*

ger/ qc traverse qc; ■ **jd/etw durchstößt jdm etw** qn/qc lui transperce qc
2. MIL ■ **jd/etw durchstößt etw** *Front, Frontlinie* qn/qc perce qc; *Verteidigungsstellung a.* qn/qc enfonce qc

durch|stoßen² *irreg* I. *vi + sein* 1. *(durchdringen)* ■ **etw stößt bis zu etw durch** qc s'enfonce dans qc, qc transperce qc
2. MIL ■ **jd/etw stößt [zu/bis zu etw/durch etw] durch** qn/qc fait une percée [jusqu'à qc/à travers qc], qn/qc pénètre jusqu'à qc/à travers qc
II. *vt + haben* ■ **jd stößt [jdm] etw [durch etw] durch** qn [lui] enfonce qc [dans qc]

durch|streichen *vt irreg* ■ **jd streicht etw durch** qn barre qc, qn raye qc

durchstreifen * *vt geh* ■ **jd durchstreift etw** qn parcourt qc

durch|strömen¹ *vi + sein* ■ **sie strömen [durch etw/irgendwohin] durch** */Menschen, Menschenmassen/* ils/elles affluent [par qc/quelque part]

durchströmen*² *vt geh* 1. *(fließen)* ■ **etw durchströmt etw** */Fluss/* qc traverse qc, qc arrose qc; */Wasser/* qc circule dans qc
2. *(durchdringen)* ■ **etw durchströmt jdn** */Kraft, Energie/* qc envahit qn; *Gefühl a.* qc inonde qn

durch|stylen [-stailən] *vt sl* ■ **jd stylt etw durch** */Eigentümer, Innenarchitekt/ Inneneinrichtung, Haus* qn agence qc; ■ **durchgestylt** *Büro, Ambiente* design *inv*; ***sie kommt immer total durchgestylt ins Büro*** elle a toujours sa touche bien à elle quand elle vient au bureau *fam*

durchsuchen * *vt* ■ **jd durchsucht jdn/etw [nach jdm/etw]** qn fouille qn/qc [pour trouver qn/qc]; */Polizei/ Wohnung* qn perquisitionne qc; ■ **jd durchsucht etw nach jdm/etw** qn cherche qn/qc dans qc; *Stadtviertel, Gegend* qn explore qc [pour trouver [*o* à la recherche de] qn]

Durchsuchung <-, -en> *f* [*Mensch*] fouille *f*, visite *f*; [*Zimmer, Haus, Wohnung*] perquisition *f*; [*Schublade, Schrank*] fouille *f*; [*Stadt, Gegend*] exploration *f*; ***wie kommen Sie zur ~ meiner Schränke?*** qu'est-ce qui vous prend de fouiller dans mes armoires?

Durchsuchungsbefehl *m* mandat *m* de perquisition

durch|tanzen¹ *vi* ■ **jd tanzt durch** qn danse sans arrêt; ***jd tanzt die ganze Nacht durch*** qn danse toute la nuit

durchtanzen*² *vt* ■ **jd durchtanzt etw** *Nacht* qn passe qc à danser; *Stunden* qn danse pendant qc

durch|trainieren * [-treni:rən, -trɛ-] *vt* ■ **jd trainiert etw durch** *Körper* qn muscle qc; ***jd trainiert seine Muskeln durch*** qn fait de la musculation; ■ **[gut] durchtrainiert** *Muskeln* bien entretenu(e); *Körper* [bien] musclé(e); *Sportler* en bonne forme physique

durchtränken * *vt* ■ **jd/etw durchtränkt etw** *Tuch, Verband* qn imbibe qc, qn imprègne qc; ■ **mit [*o* von] etw durchtränkt** imprégné(e) de qc, imbibé(e) de qc; *mit Blut a.* taché(e) de qc

durch|trennen *vt*, **durchtrennen** * *vt* ■ **jd trennt etw durch**, ■ **jd durchtrennt etw** qn sectionne qc

durch|treten *irreg* I. *vt + haben* 1. *(betätigen)* ■ **jd tritt etw durch** *Pedal* qn appuie à fond sur qc
2. *(abnutzen)* ■ **jd tritt etw durch** qn use qc
II. *vi + sein* 1. *geh (durchgehen)* ■ **jd tritt durch** qn entre
2. *(durchsickern)* ■ **etw tritt [durch etw] durch** qc passe à travers [qc], qc traverse [qc]; */Feuchtigkeit a./ durch Mauerwerk* qc suinte [de qc]

durchtrieben *adj pej* rusé(e), roué(e), fourbe *vieilli*

Durchtriebenheit <-> *f Ø pej* fourberie *f vieilli*, ruse *f*

durch|tropfen *vi + sein* ■ **etw tropft [durch etw] durch** qc goutte [de qc]

durchwachen * *vt* ■ **jd durchwacht etw** qn passe qc à veiller

durch|wachsen¹ [-ks-] *vi irreg + sein* ■ **etw wächst [durch etw] durch** qc pousse à travers [qc]

durchwachsen² [-ks-] *adj* 1. *Speck* maigre
2. *hum fam (mittelmäßig)* ■ **etw ist ~** qc est couci-couça *fam*

Durchwahl *f* 1. *(Möglichkeit des Durchwählens)* automatique *m*
2. *fam (Nummer)* numéro *m* de poste

durch|wählen I. *vi* ■ **jd wählt nach etw durch** *nach Paris etc* qn obtient qc par l'automatique, qn appelle qc directement; ■ **jd wählt durch** qn demande l'interurbain automatique; ***nach Timbuktu können Sie nicht direkt ~*** vous ne pouvez pas obtenir Tombouctou par l'automatique
II. *vt* ■ **jd wählt etw durch** qn obtient qc par l'automatique

Durchwahlnummer *f* numéro *m* de poste

durch|wandern¹ *vi + sein* ■ **jd wandert [bis zu etw] durch** qn continue à marcher [jusqu'à qc]

durchwandern*² *vt* ■ **jd durchwandert etw** *Gegend, Welt* qn traverse qc à pied, qn parcourt qc

durch|waschen *vt irreg fam* ■ **jd wäscht etw durch** *Kleidungsstück, Wäschestück* qn lave qc

durch|waten¹ *vi + sein* ■ **jd watet [durch etw] durch** qn passe [*o* traverse] [qc] à gué; *durch Furt* qn passe qc, qn traverse qc

durchwaten*² *vt* ■ **jd durchwatet etw** qn passe [*o* traverse] qc à gué; *Furt* qn passe qc, qn traverse qc

durchweben * *vt irreg* 1. TEXTIL ■ **jd durchwebt etw mit etw** qn tisse [*o* entrelace] qc de qc
2. *geh* ■ **etw ist mit [*o* von] etw durchwoben** */Rede, Erzählung/* qc est entremêlé(e) [*o* tissé(e) *littér*] de qc

durchweg *adv*, **durchwegs** *adv* AUS tous(toutes), sans exception; ***die Kandidaten entsprachen ~ nicht den Anforderungen*** aucun des candidats n'avait le profil requis; ***die Artikel dieser Firma sind ~ von minderer Qualität*** les articles de cette maison sont tous de mauvaise qualité

durchwehen * *vt geh* ■ **etw durchweht etw** qc souffle dans qc; ***jd öffnet die Fenster, damit der Wind das Haus ~ kann*** qn ouvre les fenêtres pour faire un courant d'air dans la maison

durch|weichen¹ *vi + sein* ■ **etw weicht durch** */Boden/* qc se détrempe, qc s'imbibe; */Pappkarton a./* qc se ramollit; ■ **etw ist durchgeweicht** qc est détrempé(e); */Pappkarton a./* qc est ramolli(e)

durchweichen² *vt* ■ **etw durchweicht etw** qc [dé]trempe qc; *Pappkarton a.* qc ramollit qc

durch|wetzen *vt* ■ **jd wetzt [sich *(dat)*] etw durch** qn use qc; ■ **durchgewetzt** usé(e), élimé(e)

durch|winden *vr irreg* 1. *(sich winden)* ■ **etw windet sich durch etw durch** */Wasserlauf/* qc serpente à travers qc; ■ **jd windet sich zwischen etw *(dat)* durch** qn se faufile entre qc
2. *(sich durchschlängeln)* ■ **jd windet sich [durch etw] durch** *durch Paragraphendschungel, Vorschriften* qn s'y retrouve [dans qc *fam*], qn navigue au milieu de qc

durchwirken * *vt geh s.* **durchweben**

durch|wollen *vi fam* ■ **jd/ein Tier will [irgendwo] durch** *durch Gruppe von Menschen, Kordon* qn/un animal veut passer [quelque part]

durch|wühlen¹ I. *vt* ■ **jd wühlt etw [nach etw] durch** qn fouille qc [à la recherche de qc], qn cherche qc dans qc
II. *vr* 1. *(sich durcharbeiten)* ■ **jd wühlt sich durch** qn voit le bout; ■ **jd wühlt sich durch etw durch** qn vient à bout de qc
2. *(durch Wühlen gelangen)* ■ **ein Tier wühlt sich [durch etw/unter etw *(dat)*] durch** un animal se creuse un passage [sous qc]

durchwühlen*² *vt* 1. *(durchstöbern)* ■ **jd durchwühlt etw [nach etw]** qn retourne qc [pour trouver qc]
2. *(aufwühlen)* ■ **jd/ein Tier durchwühlt etw [nach etw]** *Boden, Erde* qn/un animal fouille [*o* retourne] qc [à la recherche de qc]; ■ **etw durchwühlt etw** */Granaten/* qc retourne qc, qc ravage qc

durch|wurschteln *vr*, **durch|wursteln** *vr sl* ■ **jd wurschtelt [*o* wurstelt] sich durch** qn se démerde *fam*

durch|zählen I. *vi* ■ **jd zählt durch** qn compte; ■ **sie zählen durch** ils/elles se comptent; ***sie zählen in Vierergruppen durch*** ils/elles se comptent quatre par quatre
II. *vt* ■ **jd zählt sie/etw durch** qn les compte/qn compte qc

durchzechen * *vt fam* ■ **jd durchzecht etw** qn passe qc à picoler *fam*

durch|ziehen¹ *irreg* I. *vt + haben* 1. *(hindurchziehen)* ■ **jd zieht etw [durch etw] durch** qn fait passer qc [par [*o* à travers] qc]
2. *fam (zu Ende führen)* ■ **jd zieht etw durch** qn s'efforce de réaliser qc; ***jd zieht etw bis zum Schluss durch*** qn mène qc à son terme
3. *sl (rauchen)* ■ **jd zieht etw durch** *Joint* qn fume qc
II. *vi + sein* ■ **jd/etw zieht durch etw durch** qn/qc traverse qc; ***ist der Karnevalszug hier schon durchgezogen?*** est-ce que le défilé de carnaval est déjà passé par ici?
III. *vr + haben* ■ **etw zieht sich durch etw durch** */Motiv/* qc se retrouve tout au long de qc

durchziehen*² *vt irreg* 1. *(durchqueren)* ■ **jd/etw durchzieht etw** qn/qc traverse qc, qn/qc parcourt qc
2. *(konsequent verwendet werden)* ■ **etw durchzieht etw** */Thema, Motiv/* qc traverse qc
3. *(durch etw verlaufen)* ■ **etw durchzieht etw** */Graben, Wasserlauf, Schlucht/* qc traverse qc; */Verkehrswege a./* qc sillonne qc

durchzucken * *vt* 1. *geh* ■ **etw durchzuckt etw** */Blitz/* qc zèbre qc, qc sillonne qc
2. *(einfallen)* ■ **etw durchzuckt jdn** */Einfall, Gedanke/* qc traverse qn, qc fait tressaillir qn

Durchzug *m* 1. *Ø (Luftzug)* courant *m* d'air
2. *(das Durchziehen)* passage *m*
▸ **jd macht ~** qn fait un courant d'air; **jd stellt auf ~** *sl* qn fait la sourde oreille

dürfen I. <darf, durfte, dürfen> *aux modal* 1. *(Erlaubnis haben)* ■ **jd darf etw tun** qn peut faire qc, qn a la permission [*o* le droit] de faire qc; ■ **jd darf etw nicht tun** qn n'a pas le droit de faire qc
2. *(sollen)* ■ **jd darf etw nicht tun** qn ne doit pas faire qc, il ne faut pas que qn fasse qc
3. *(müssen)* ■ **jd darf etw nicht tun** il ne faut pas que qn fasse qc, il ne faut pas faire qc; ***du darfst ihm das nicht übel nehmen*** il ne faut pas lui en vouloir; ***du darfst dir nichts vormachen*** il ne faut pas te faire d'illusions
4. *fragend* ■ **darf/dürfte ich/er/... ?** puis-je/pourrais-je/peut-il/pourrait-il ...?
5. *(können)* ■ **jd darf etw tun** qn peut faire qc; ***ich darf wohl sagen, dass*** je dois dire que + *indic*; ***man wird doch wohl noch fragen*** ~! on a tout de même le droit de poser la question [*o* de demander]!; ***Sie ~ mir das ruhig glauben*** vous pouvez me croire
6. *im Konjunktiv (sollen)* ■ **das/es dürfte ...** cela [*o* ça] devrait ...; ***es dürfte wohl das Beste sein, wenn*** le mieux serait de + *infin* [*o* que + *subj*]
▸ **was darf es sein?** vous désirez?, qu'est-ce que ce sera?; **es darf nicht sein, dass** il est inadmissible que + *subj*; **etw darf nicht ...** *passieren, vorkommen, sich wiederholen* qc ne doit pas ...; ***das darf nicht wieder vorkommen!*** que cela ne se reproduise plus!; ***das durfte einfach nicht passieren!*** ça n'aurait pas dû arriver!
II. <darf, durfte, gedurft> *vi* ■ **jd darf** qn peut, qn a la permission; ***jd hat gedurft*** qn a eu la permission; ***das Karussell war so schön! Darf ich noch mal?*** le manège était super! Je peux y retourner?; ***durfte er davon wissen? – Nein, eigentlich durfte er nicht!*** il était censé être au courant? – Non, normalement il ne devait rien savoir!
III. <darf, durfte, gedurft> *vt* ■ **jd darf etw** qn a le droit de faire qc, qn peut faire qc; ***das hätten Sie nicht ~!*** vous n'auriez pas dû faire ça!

dürftig I. *adj* 1. *(kärglich) Essen, Verpflegung* frugal(e); *Unterkunft* sommaire, rudimentaire; *Bekleidung* miteux(-euse), misérable; ***in ~er Bekleidung*** *(unzureichend)* en tenue légère
2. *pej (kümmerlich) Einkommen, Gehalt* dérisoire, maigre *antéposé*; ***sehr ~*** vraiment dérisoire, bien maigre

3. (*sehr gering*) *Antwort* piètre *antéposé; Kenntnisse a.* maigre *antéposé; Ersatz* minable; ***eine ~e Ausrede*** une mauvaise excuse
4. (*spärlich*) *Haarwuchs, Vegetation* clairsemé(e)
II. *adv* (*kümmerlich*) *beleuchtet sein* faiblement; *bekleidet sein* (*ärmlich*) misérablement; [***jd ist***] ***~ bekleidet*** (*unzureichend*) [qn est] en tenue légère; ***die Gehaltserhöhung ist ~ ausgefallen*** l'augmentation de salaire était bien maigre

Dürftigkeit <-> *f ∅* [*Verpflegung*] frugalité *f;* [*Unterkunft*] caractère *m* sommaire; [*Einkommen, Gehalt*] insuffisance *f;* [*Vegetation*] pauvreté *f*

dürr *adj* 1. (*trocken*) *Ast, Laub* mort(e); *Unterholz a.* sec(sèche)
2. *pej Körper, Mensch* maigre; *Arme, Beine a.* décharné(e)
3. (*knapp*) *Hinweis* succinct(e); *Worte a.* laconique

Dürre <-, -n> *f* sécheresse *f*

Dürrejahr *nt* année *f* de sécheresse **Dürrekatastrophe** *f* sécheresse *f* catastrophique **Dürreperiode** *f* période *f* de sécheresse

Durst <-[e]s> *m ∅* soif *f*
▸ **jd bekommt** [*o* **kriegt**] ~ qn a soif; ***ich kriege langsam ~*** je commence à avoir soif; **jd bekommt** [*o* **kriegt**] **von etw** ~ qc donne soif à qn; **jd hat einen** [*o* **ein Glas**] **über den ~ getrunken** *fam* qn a bu un coup de trop *fam;* **jd hat** ~ qn a soif; ***jd hat großen ~*** qn a très soif; ***habe ich einen ~!*** j'ai une de ces soifs!; **jd hat ~ auf etw** (*akk*) qn a envie de boire qc; **jd löscht** [*o* **stillt**] **seinen ~** [**mit etw**] qn étanche sa soif [avec qc], qn se désaltère [avec qc]; **etw löscht** [*o* **stillt**] **den ~** qc désaltère; **etw macht ~** qc donne soif

dursten *vi* 1. *geh* (*Durst haben*) ■ **jd durstet** qn a soif, qn est assoiffé(e) *soutenu;* ***jd muss ~*** qn doit rester sans boire
2. *s.* **dürsten II.**

dürsten I. *vt impers geh* 1. (*Durst haben*) ■ **jdn dürstet,** ■ **es dürstet jdn** qn a soif
2. (*verlangen*) ■ **es dürstet jdn nach etw** qn a soif de qc
II. *vi geh* ■ **jd dürstet nach etw** qn a soif de qc

Durstgefühl *nt* soif *f*

durstig *adj Mensch* assoiffé(e); ■ **jd ist ~** qn a soif
▸ **etw macht** [**jdn**] ~ qc donne soif [à qn]; **jd wird ~** qn commence à avoir soif; **jd wird von etw ~** qc donne soif à qn

durststillend *adj* désaltérant(e) **Durststrecke** *f* période *f* de vaches maigres **Durststreik** *m* grève *f* de la soif

Dusche <-, -n> *f* douche *f*
▸ **eine heiße ~** une douche très chaude; **eine kalte ~** *a. fig* une douche froide; **jd geht unter die ~** qn passe sous la douche; **jd ist** [*o* **steht**] **unter der ~** qn est sous la douche; **jd nimmt eine ~** qn prend une douche

duschen I. *vi* ■ **jd duscht** qn se douche, qn prend une douche; ■ **jd duscht ...** *heiß, kalt, lauwarm* qn prend une douche ...; ***frisch geduscht fühlt man sich doch viel wohler!*** après une bonne douche, on se sent bien mieux!
II. *vr* ■ **jd duscht sich** qn se douche, qn prend une douche
III. *vt* ■ **jd duscht jdn** qn douche qn

Duschgel *nt* gel *m* douche **Duschkabine** *f* cabine *f* de douche **Duschraum** *m* douches *fpl* **Duschvorhang** *m* rideau *m* de douche

Düse <-, -n> *f* 1. [*Wasserschlauch, Pumpe*] buse *f,* tuyère *f*
2. AVIAT tuyère *f*

Dusel <-s> *m* ▸ **jd hat ~** *fam* qn a du bol [*o* du pot] *fam;* **etw ist** [**reiner**] ~ *fam* qc est un coup de pot *fam;* **im ~** *fam* (*benommen*) dans un état second; (*schläfrig*) dans les vapes *fam,* vaseux(-euse) *fam;* CH, SDEUTSCH (*angetrunken*) entre deux vins, dans les vapes *fam;* **so ein ~!** *fam* le bol! *fam,* quel pot! *fam*

dus[e]lig *adj fam* ■ **jd ist ~** qn est dans les vapes *fam;* (*leicht betrunken*) qn est vaseux(-euse) *fam;* ■ **jdm wird ~** qn se sent vaseux(-euse)

düsen *vi + sein fam* (*fliegen*) ■ **jd düst irgendwohin** qn file en avion quelque part *fam;* (*fahren*) qn file quelque part *fam;* (*schnell gehen*) qn fonce quelque part *fam*

Düsen- à réaction **Düsenantrieb** *m* propulsion *f* par réaction ▸ **mit ~** à réaction **Düsenflugzeug** *nt* avion *m* à réaction **Düsenjäger** *m* MIL avion *m* [*o* chasseur *m*] à réaction **Düsentriebwerk** *nt* turboréacteur *m,* propulseur *m* à réaction

duslig *adj s.* **duselig**

Dussel <-s, -> *m fam* andouille *f fam,* patate *f fam*

dusselig, dussligRR, dußlig I. *adj fam* idiot(e), con(ne) *fam*
II. *adv fam* 1. (*dämlich*): ***jd stellt sich ~ an*** qn fait l'imbécile
2. (*enorm viel*) vachement *fam*

Dusseligkeit, DussligkeitRR, Dußligkeit <-, -en> *f fam* connerie *f fam,* idiotie *f*

düster *adj* 1. (*finster*) sombre; ■ **jdm ist es zu ~** qn trouve que c'est trop sombre
2. (*bedrückend*) sombre *antéposé; Gestalten* sinistre; ***mit etw sieht es ~ aus*** la situation n'est pas brillante en ce qui concerne qc
3. *Miene, Stimmung* sombre, lugubre; *Gedanken a.* noir(e)

Düsterkeit <-> *f ∅* 1. [*Himmel*] obscurité *f;* [*Wetter*] grisaille *f*
2. [*Gedanken*] mélancolie *f,* tristesse *f;* ***die ~ seiner Miene*** son air sombre

Dutt <-[e]s, -s *o* -e> *m* DIAL chignon *m*

DutyfreeshopRR, Duty-free-Shop <-s, -s> ['dju:ti'fri:ʃɔp] *m* magasin *m* hors taxes, duty-free *m*

Dutzend <-s, -e> *nt* 1. (*zwölf Stück*) douzaine *f*
2. *pl fam* (*jede Menge*) douzaines *fpl*
▸ **ein halbes ~** une demi-douzaine; **ein rundes ~** une [bonne] douzaine; **im ~** *fam* à la douzaine; **zu ~en** par douzaines

dutzendemal *adv fam* des dizaines de fois *fam;* ***er hat ~ den gleichen Fehler gemacht*** il a fait dix fois la même faute **dutzendfach** I. *adj* (*sehr häufig*) multiple *antéposé,* mille et un(e) *antéposé;* ***in ~en Varianten*** sous de multiples variantes II. *adv* x fois; ***die Zeugen haben sich ~ gemeldet*** les témoins se sont fait connaître par dizaines; ***es gibt ~ Belege*** il y a des dizaines de références **Dutzendgesicht** *nt pej* visage *m* quelconque [*o* banal] **Dutzendware** *f pej* article *m* de série, produit *m* bas de gamme; ***es ist reine ~*** c'est de la production de série **dutzendweise** *adv kaufen, verkaufen* à la douzaine; *über jdn herfallen* par douzaines

duzen I. *vt* ■ **jd duzt jdn** qn tutoie qn; ■ **jd lässt sich** [**von jdm**] ~ qn se laisse tutoyer [par qc]
II. *vr* ■ **sie ~ sich** ils/elles se tutoient

Duzfreund(in) *m(f)* ami(e) *m(f)* très proche; ***sie sind alte ~e*** ils sont à tu et à toi depuis longtemps; ***ein ~ von mir*** un pote à moi *fam*

Duzis ▸ **jd macht mit jdm ~** CH qn dit tu à qn, qn tutoie qn

DV <-> [de:'fau] *f abk von* **Datenverarbeitung** informatique *f*

DV- [de:'fau-] d'informatique; ***~-Fachmann*** informaticien *m*

DVD-Laufwerk [defau'de:-] *nt* INFORM lecteur *m* de DVD

Dynamik <-> *f ∅* 1. PHYS dynamique *f*
2. [*Idee, Ideologie, Religion, Entwicklung*] dynamique *f;* [*Mensch*] dynamisme *m*

Dynamiker(in) <-s, -> *m(f) sl* fonceur(-euse) *m(f) fam,* battant(e) *m(f)*

dynamisch I. *adj* 1. *Mensch* dynamique
2. *Entwicklung, Politik, Tendenz* dynamique
3. (*regelmäßig angepasst*) *Lebensversicherung, Rente* indexé(e)
II. *adv* avec dynamisme

dynamisieren * *vt* ■ **jd dynamisiert etw** *Lebensversicherung* qn indexe qc, qn réactualise qc; *Renten a.* qn revalorise qc

Dynamisierung <-, -en> *f* indexation *f,* revalorisation *f*

Dynamit <-s> *nt ∅ a. fig* dynamite *f*

Dynamo <-s, -s> *m* dynamo *f*

Dynastie <-, -n> [-'sti:, -'sti:ən] *f* dynastie *f*

Dysprosium <-s> [dys'pro:ziʊm] *nt ∅* CHEM dysprosium *m*

D-Zug ['de:-] *m* rapide *m*
▸ **jd ist** [**doch**] **kein ~** *hum fam* qn n'est pas aux pièces *fam*

D-Zug-Tempo ['de:-] *nt* ▸ **im ~** *fam* en quatrième vitesse *fam,* à toute berzingue *fam* **D-Zug-Zuschlag** *m* supplément *m* pour rapide

E

E, e <-, -> [e:] *nt* 1. E *m,* e *m*
2. MUS mi *m*
▸ **E wie Emil** e comme Eugène

Ebbe <-, -n> *f* marée *f* basse, reflux *m*
▸ **~ und Flut** le flux et le reflux, la marée; **es ist ~** c'est [la] marée basse; **bei jdm ist** [*o* **herrscht**] **~** *fam* qn est à sec *fam,* qn est dans la dèche *fam;* **in etw** (*dat*) **ist** [*o* **herrscht**] **~** qc est à sec *fam;* ***in meiner Kasse ist ~*** c'est la dèche *fam,* je suis à sec *fam;* **bei ~** à marée basse; **mit der ~** à marée descendante

eben1 I. *adj* 1. (*flach*) *Land, Gegend, Weg* plat(e); ■ **irgendwo ist es ~** c'est plat quelque part
2. (*glatt*) plat(e), plan(e); ■ **es ist** [**irgendwo**] **~** c'est plat [quelque part]
II. *adv verlaufen* sur le plat

eben2 *adv* 1. *zeitlich* (*gerade*): ***jd/etw hat etw ~*** [***erst***] ***gemacht*** qn/qc vient [juste] de faire qc; ***jd/etw ist ~ noch hier/da gewesen*** qn/qc était encore ici/là à l'instant; ***der Zug ist ~*** [***erst***] ***abgefahren*** le train vient [juste] de partir; ***meine Brille war doch ~ noch hier*** mes lunettes étaient encore ici à l'instant
2. (*nämlich*) justement; ***das ist es ja ~*** eh bien, [c'est] justement [ça]; ***nein, das ~ nicht*** non, justement pas; ***~ das wollte ich sagen*** c'est exactement [*o* justement] ce que je voulais dire
3. (*nun einmal*) tout simplement; ***es ist ~ so*** c'est comme ça
4. (*gerade noch*) (*mengenmäßig*) [tout] juste; (*zeitlich*) de justesse
▸ **mal ~, ~ mal** *nicht übersetzt;* ***komm mal ~ mit, ich will dir was zeigen!*** viens avec moi, je veux te montrer quelque chose!; **nicht ~** pas précisément, pas vraiment; [**na**] **~!** [alors,] tu vois/vous voyez!

Ebenbild *nt* ■ **jds ~** le portrait de qn; ***deine Tochter ist aber wirklich*** [***ganz***] ***dein ~!*** ta fille[, c']est vraiment tout ton portrait!

ebenbürtig *adj* de même valeur, d'égale valeur; ■ **jd ist jdm [an etw** (*dat*)**]** ~ *an Ausdauer, Kraft, Geschicklichkeit* qn égale qn [en qc], qn est l'égal(e) de qn [en ce qui concerne qc]; *an Kenntnissen, Wissen* qn est du même niveau [de qc] que qn; *an Heimtücke, Schlechtigkeit etc* qn vaut bien qn [en ce qui concerne qc]; ***sie waren einander nicht*** ~ ils/elles n'étaient pas du même niveau

Ebenbürtigkeit <-> *f Ø* valeur *f* égale, égalité *f* de valeur

ebenda *adv* **1.** (*genau dort*) là-même
2. (*in Verweisen*) ibidem

ebendahin *adv* à cet endroit, là-bas; ~ ***fahre ich ja*** c'est justement là que je vais **ebendarum** *adv* voilà justement pourquoi, c'est [justement] pour ça que + *indic; **nein,** ~ **frage ich ja!*** non, c'est [justement] pour ça que je demande! **ebender, ebendie, ebendas** *pron* c'est justement celui/celle/cela qui/que; ***es war ebender Ramses …*** c'était justement ce Ramsès-là …; ***es war ebendas, was ich dir klar machen wollte*** c'était justement cela que j'essayais de te faire comprendre **ebendeshalb** *adv,* **ebendeswegen** *adv s.* **ebendarum. ebendiese(r, s)** *pron geh* c'est justement celui-là/celle-là/cela [qui/que]

Ebene <-, -n> *f* **1.** (*ebene Gegend*) plaine *f*
2. GEOM, PHYS plan *m*
3. (*Schicht*) échelon *m;* (*Kreis*) sphère *f,* monde *m;* ***dafür ist die*** ~ ***der Geschäftsleitung zuständig*** ceci est de la compétence de la direction; ***die*** ~ ***des mittleren Managements ist personell oft unterbesetzt*** au niveau des cadres moyens, il manque souvent du personnel
▶ **schiefe** ~ plan *m* incliné; **jd begibt sich nicht auf jds** ~ (*akk*) *geh* qn ne s'abaisse pas au niveau de qn; **auf …** ~ au niveau …; ***auf diplomatischer*** ~ au niveau diplomatique; ***auf höchster*** ~ au plus haut niveau

-ebene *f* ▶ **auf** ~ au niveau du/de la/des; ***auf Regierungs~*** au niveau du gouvernement [*o* gouvernemental]

ebenerdig *adj* de plain-pied

ebenfalls *adv* aussi, également; ***ich*** ~ moi aussi; ■ ~ **nicht** non plus
▶ **danke,** ~! merci, toi/vous de même!, merci, pareillement!

Ebenholz *nt* [bois *m* d'] ébène *m*
▶ **schwarz wie** ~ noir(e) comme l'ébène

ebenjene(r, s) *pron geh substantivisch* c'est justement lui/elle [qui/que]; *adjektivisch* c'est justement ce/cette … qui/que

Ebenmaß *nt Ø geh* harmonie *f;* [*Gestalt, Körperteil a.*] proportions *fpl* harmonieuses

ebenmäßig I. *adj Proportionen, Wuchs* harmonieux(-euse); *Gesichtszüge a.* régulier(-ière); *Gestalt, Körperteil* bien proportionné(e)
II. *adv: **etw ist*** ~ ***geformt*** qc est bien proportionné(e); ~ ***geformte Brüste*** une poitrine aux formes harmonieuses

ebenso *adv* **1.** (*genauso*): ~ ***gern*** tout aussi bien; ~ ***gut*** tout aussi bien; ~ ***lang[e]*** aussi longtemps; ~ ***oft*** aussi souvent; ~ ***sehr*** autant; ~ ***viel*** autant; ~ ***wenig*** tout aussi peu; ■ ~ **… wie** *intelligent, klug* tout aussi … que; *studieren, sich anstrengen* tout autant … que; *Lehrer, Chef* … tout comme; ***er hat*** ~ ***studiert wie ich*** il a fait [tout] autant d'études que moi, il a [tout] autant étudié que moi; ***ich habe dich*** ~ ***sehr lieb wie du mich*** je t'aime autant que toi [tu m'aimes]
2. (*desgleichen*) aussi, également; ***mir*** ~ ***nicht*** à moi non plus; ***die Geschäfte sind geschlossen,*** ~ ***alle Kinos*** les magasins sont fermés, tous les cinémas aussi [*o* également]

ebensogern *s.* **ebenso 1. ebensogut** *s.* **ebenso 1. ebensolang[e]** *s.* **ebenso 1. ebensooft** [-zoˀɔft] *s.* **ebenso 1. ebensosehr** *s.* **ebenso 1. ebensoviel** *s.* **ebenso 1. ebensowenig** *s.* **ebenso 1.**

Eber <-s, -> *m* verrat *m;* (*wilder* ~) sanglier *m*

Eberesche *f* sorbier *m*

EC <-s, -s> [eːˈtseː] *m* **1.** *abk von* **Eurocity[-Zug]** Eurocity *m*
2. *abk von* **Euroscheck** eurochèque *m*

echauffieren * [eʃɔˈfiːrən] *vr veraltet* ■ **jd echauffiert sich [über jdn/etw]** qn s'énerve [à cause de qn/qc]

Echo <-s, -s> *nt* **1.** (*Widerhall*) écho *m*
2. (*Reaktion*) écho *m,* réaction *f*
3. (*Nachbeter*) réplique *f*
▶ **etw findet ein bestimmtes** ~ qc rencontre un certain écho [*o* une certaine résonance]

Echolot *nt* sonde *f* acoustique, écho-sonde *f*

Echse <-, -n> [ˈɛksə] *f* saurien *m*

echt I. *adj* **1.** (*nicht künstlich*) véritable; *Perle a.* fin(e); *Haar, Haarfarbe, Bräunung* naturel(le); (*nicht gefälscht*) *Geldschein* vrai(e) *antéposé; Unterschrift, Gemälde* authentique; ***ist der Stein*** ~? c'est une vraie pierre?
2. (*aufrichtig*) *Liebe, Zuneigung etc* sincère; *Schmerz* vrai(e)
3. (*typisch*) vrai(e) *antéposé,* typique
4. (*beständig*) *Farbe* grand teint *inv*
5. (*wirklich*) *Manko, Problem, Reinfall* vrai(e) *antéposé,* véritable *antéposé*
II. *adv* **1.** (*typisch*) typique; ***das ist*** ~ ***van Gogh*** c'est typique [*o* caractéristique] de Van Gogh; ***das ist wieder mal*** ~ ***deine Mutter!*** je reconnais bien là ta mère!
2. (*rein*) *Gold, Platin, Silber* véritable, pur(e)
3. *fam* (*wirklich*) vraiment

-echt *säure-, laugen-* résistant(e) au/à la/aux; ***licht~*** grand [*o* bon] teint *inv;* ***koch~*** qu'on peut faire bouillir, qui peut bouillir; ***bügel~*** qui se repasse, qu'on peut repasser; ***etw ist koch~*** qc peut bouillir, on peut faire bouillir qc; ***etw ist bügel~*** qc se repasse; ***wasch~*** lavable en machine

Echtheit <-> *f Ø* **1.** (*echte Beschaffenheit*) authenticité *f*
2. (*Aufrichtigkeit*) sincérité *f,* authenticité *f*

Echtzeit *f* temps *m* réel

Eck <-[e]s, -e> *nt* **1.** AUS, SDEUTSCH (*Ecke*) coin *m*
2. SPORT (*Ecke des Tores*) coin *m;* ***das linke/rechte untere*** ~ le coin gauche/droit; ***das linke/rechte obere*** ~ la lucarne gauche/droite
▶ **das kurze/lange** ~ SPORT l'angle *m* fermé/opposé; **über** ~ (*diagonal*) en diagonale

-eck *nt: **Sechs~*** hexagone *m;* ***Sieben~*** heptagone *m;* ***Acht~*** octogone *m*

Eck- 1. (*in der Zimmerecke*) *-regal* d'angle; ~***brett*** encoignure *f* **2.** (*an einer Ecke befindlich*) *-gebäude, -grundstück, -turm* d'angle; ~***tisch*** table *f* du coin; ~***platz*** place *f* de coin **Eckball** *m* corner *m* ▶ **jd gibt einen** ~ qn accorde un corner; **jd schießt einen** ~ qn tire un corner; **jd verwandelt einen** ~ qn marque un but sur corner **Eckbank** <-bänke> *f* banquette *f* d'angle **Eckdaten** *pl s.* **Eckwert**

Ecke <-, -n> *f* **1.** [*Möbelstück, Buch, Grundstück, Zimmer etc*] coin *m;* [*Kragen*] pointe *f;* GEOM [*Fläche, Körper*] angle *m,* coin *m*
2. (*Winkel zweier Straßen*) coin *m,* angle *m;* ~ ***Goethestraße und Mandlstraße*** au coin [*o* à l'angle] de la rue Goethe et de la rue Mandl; ***an der nächsten*** ~ au prochain coin de rue
3. (*dreieckiges Stück Käse*) portion *f*
4. *fam* (*Gegend*) coin *m*
5. *fam* (*Strecke*) bout *m* de chemin; ***eine ganz schöne*** ~ un sacré bout de chemin *fam*
6. SPORT corner *m;* BOXEN coin *m*
▶ **an allen** ~**n und Enden** *fam knausern, sparen* sur tout [et n'importe quoi]; *hapern* dans tous les domaines; ***im Haushalt langt es an allen*** ~***n und Enden nicht*** à la maison, c'est la dèche complète *fam;* **jd muss sich noch die** ~**n und Kanten abstoßen** qn doit arrondir les angles; **mit** ~**n und Kanten** (*eigenwillig*) carré(e); **eine ganze** ~ *fam* bien; ***eine ganze*** ~ ***teurer*** bien plus cher; **eine kurze** ~ un petit corner; **eine lange** ~ un corner devant le but; **um ein paar** ~**n [herum]** *fam verwandt* vaguement, de loin *fam;* **jd bringt jdn um die** ~ *fam* qn fait disparaître qn, qn fait la peau à qn *fam;* **jd drängt jdn in die** ~ qn met qn à l'écart [*o* sur la touche]; **jd stellt jdn in die** ~ qn met qn au coin; **jd stellt jdn in eine bestimmte** ~ qn colle à qn une certaine étiquette, qn catalogue [*o* étiquette] qn comme qc; ***jd wird in die*** ~ ***der Emanze gestellt*** qn est catalogué(e) comme féministe; **in die** ~! au coin!; **gleich um die** ~ juste au coin [*o* à côté]

Eckfenster *nt* fenêtre *f* d'angle [*o* en encoignure] **Eckhaus** *nt* maison *f* d'angle, maison *f* qui fait le coin [*o* l'angle]

eckig *adj* **1.** (*nicht rund*) *Tisch* carré(e); *Skulptur, Gesicht* anguleux(-euse)
2. (*ungelenk*) *Bewegung* raide; *Gang a.* empesé(e)

-eckig: ***sechs~*** hexagonal(e); ***sieben~*** heptagonal(e); ***acht~*** octogonal(e)

Ecklohn *m* salaire *m* de base [*o* de référence] **Eckpfeiler** *m* **1.** ARCHIT pilier *m* d'angle **2.** [*Ideologie, Theorie*] pierre *f* angulaire **Eckpfosten** *m* poteau *m* cornier **Eckschrank** *m* armoire *f* d'angle **Eckstein** *m* **1.** CONSTR pierre *f* angulaire **2.** *s.* Eckpfeiler 2. **Eckstoß** *m s.* **Eckball. Eckstunde** *f première ou dernière heure de cours de la journée* **Eckwert** *m meist pl* valeur *f* de référence [*o* de base] **Eckzahn** *m* canine *f* **Eckzins** *m* taux *m* de référence, taux *m* d'intérêt obligatoire

Ecu <-[s], -[s]> [eˈkyː] *m,* <-, -> *f abk von* **European currency unit** écu *m*

Edamer <-s, -> *m* édam *m*

Edda <-> *f Ø* Edda *f* (*recueil de mythologie scandinave*)

edel I. *adj* **1.** *Gesinnung, Mensch, Tat* noble, généreux(-euse); *Spender, Spende* généreux(-euse)
2. (*hochwertig*) *Hölzer* précieux(-euse), noble; *Rose* sélectionné(e); *Wein* fin(e), noble; *Tier* de race
3. (*harmonisch*) *Nase, Profil* aristocratique
4. *attr alt* (*vornehm, adlig*) noble; *Ritter, Herr* noble *antéposé;* ***verzeiht, edler Herr*** pardon, Monseigneur
II. *adv denken, handeln* noblement; *verarbeitet, gestylt* élégamment; ~ ***geformte Züge*** des traits harmonieux

Edel- 1. (*besonders hochwertig*) précieux(-euse) **2.** BOT *-rose, -gewächs* sélectionné(e) **3.** (*dem gehobenen Standard entsprechend*) de luxe **Edelfrau** *f* dame *f* de la noblesse, noble *f* **Edelgas** *nt* gaz *m* rare **Edelholz** *nt* bois *m* précieux [*o* noble] **Edelkastanie** [-kastaːniə] *f* châtaignier *m* **Edelkitsch** *m iron* kitsch *m* pompier **Edelmann** <-leute> *m* gentilhomme *m,* noble *m* **Edelmetall** *nt* métal *m* précieux **Edelmut** *m Ø geh* noblesse *f* d'âme, générosité *f* **edelmütig I.** *adj geh* noble, magnanime **II.** *adv* avec magnanimité; ***jd handelt*** ~ qn se montre magnanime; ***jd denkt*** ~ (*ist* ~) qn fait preuve de noblesse de caractère; (*denkt* ~ *von anderen*) qn a une vision noble du monde **Edelpilzkäse** *m* fromage *m* à moisissure noble **Edelschnulze** *f iron* (*Film*) film *m* à l'eau de rose; (*Roman*) roman *m* à l'eau de rose **Edelstahl** *m* acier *m* affiné [*o* spécial] **Edelstein** *m* pierre *f* précieuse **Edeltanne** *f* sapin *m* argenté **Edelweiß** <-[es], -e> *nt* edelweiss *m*

Eden <-s> *nt Ø geh* éden *m littér,* paradis *m;* ***ein grünes*** ~ un éden de verdure

edieren * *vt* ■ **jd ediert etw** qn publie qc, qn édite qc

Edikt <-[e]s, -e> *nt* édit *m*

editieren * *vt* ■ **jd editiert etw** *Datei, Text* qn édite qc

Edition <-, -en> *f* **1.** MEDIA édition *f*
2. (*Verlag*) maison *f* d'édition

Editor <-s, -toren> *m* INFORM éditeur *m* [de textes]

Editor <-s, -toren> *m,* **-torin** *f geh* éditeur(-trice) *m(f)*

Editorial <-s, -s> [editoˈriaːl, ɛdiˈtɔːrɪəl] *nt* éditorial *m*

editorisch *adj* au niveau édition [*o* publication]

EDV <-> [eːdeːˈfau] *f Ø abk von* **elektronische Datenverarbeitung** informatique *f*

EDV- [eːdeːˈfau-] *-Lehrgang* d'informatique; *-Ausbildung, -Ausbilder* en informatique; *-Anlage* informatique; ~***-Fachfrau*** informaticienne *f,* spécialiste *f* en informatique

EEG <-s, -s> [eːˀeːˈgeː] *nt abk von* **Elektroenzephalogramm** électro-encéphalogramme *m*

Efeu <-s> *m* Ø lierre *m*

Effeff <-> *nt* ▶ **aus dem** ~ *fam* sur le bout des doigts [*o* des ongles]

Effekt <-[e]s, -e> *m* **1.** (*Wirkung*) effet *m; **etw zeigt keinen*** ~ qc ne produit pas d'effet; ***was war der ~ deiner Bemühungen?*** quel a été le résultat de tes efforts?; ***mit welchem*** ~? pour quel résultat?
2. (*Erscheinung*) effet *m*
▶ **im** ~ en définitive

-effekt *m Neben-, Spezial-* effet *m* ...

Effekten *pl* valeurs *fpl*, effets *mpl*

Effektenbörse *f* Bourse *f* des valeurs **Effektenhandel** *m* opérations *fpl* sur titres

Effekthascherei <-, -en> *f fam* poudre *f* aux yeux, esbroufe *f fam*, fla[-]fla *m fam*

effektiv I. *adj* **1.** (*wirksam*) *Maßnahme, Schutz* efficace; *Verbesserung* effectif(-ive)
2. FIN réel(le)
II. *adv* **1.** (*wirksam*) *gestalten* efficacement; *kooperieren a.* de manière efficace; ***etw stellt sich als sehr/wenig ~ heraus*** qc se révèle très/peu efficace
2. (*tatsächlich*) *betragen, verdienen* effectivement, réellement

Effektivität <-> [-vi-] *f* Ø efficacité *f*

effektvoll *adj* qui fait de l'effet; ■ **etw ist** ~ qc fait de l'effet; ***etw ist immer sehr*** ~ qc fait toujours beaucoup d'effet

effizient I. *adj geh* performant(e), efficient(e)
II. *adv geh* avec efficience, avec un bon rendement

Effizienz <-, -en> *f geh* efficience *f*; [*Produktionsverfahren a.*] rentabilité *f*, rendement *m*

EFTA <-> *f* Ø *abk von* **European Free Trade Association** A.E.L.E. *f*

EG <-> [eːˈgeː] *f* **1.** POL *abk von* **Europäische Gemeinschaft** C.E. *f*
2. COM *abk von* **eingetragene Genossenschaft** coopérative *f* inscrite au registre

EG- [eːˈgeː] de la C.E.; ***~-Binnenmarkt*** marché *m* unique européen; ***~-Haushalt*** budget *m* communautaire; ***~-Norm*** norme *f* européenne

egal I. *adj fam* **1.** (*gleichgültig*) ■ **etw ist jdm** ~ qc lui est égal(e), qc n'a pas d'importance pour qn
2. (*gleich aussehend*) pareil(le), identique
▶ **das ist** ~ ça n'a pas d'importance, ça m'/t'/... est égal; ~, **bloß ...** ça n'a pas d'importance pourvu que + *subj;* (*mit folgender Verneinung a.*) tout sauf ...; ~, **was ...** quoi que + *subj;* ~, **wie/wo/warum ...** peu importe comment/où/pourquoi ..., cela m'/t'/... est égal comment/où/pourquoi ...
II. *adv fam* **1.** (*gleich*) également, pareillement; ~ ***lange/dicke Schrauben*** des vis de même taille/grosseur
2. DIAL (*ständig*) tout le temps
3. DIAL (*trotzdem*) tout le temps

Egel <-s, -> *m* sangsue *f*

Egge <-, -n> *f* herse *f*

eggen I. *vt* ■ **jd eggt etw** qn herse qc
II. *vi* ■ **jd eggt** qn herse; ***das E~*** le hersage

Ego <-s, -s> *nt* ego *m*

Egoismus <-, -ismen> *m* égoïsme *m*

Egoist(in) <-en, -en> *m(f)* égoïste *mf*

egoistisch I. *adj* égoïste
II. *adv* d'une manière égoïste, avec égoïsme

Egomane <-n, -n> *m*, **-manin** *f geh* égoïste *mf* forcené(e)

Egomanie <-> *f* Ø *geh* égoïsme *m* forcené

Egotrip <-s, -s> *m* satisfaction *f* d'amour-propre; ***es ist der reinste*** ~ c'est de l'autosatisfaction
▶ **er/sie ist auf dem** ~ *fam* il/elle ne pense qu'à lui/elle

Egozentriker(in) <-s, -> *m(f) geh* égocentriste *mf*, égocentrique *mf*

egozentrisch *adj geh* égocentriste

EG-Richtlinie [eːˈgeː-, -liːniə] *f* directive *f* communautaire

eh[1] *interj sl* **1.** (*he*) eh
2. (*was?*) hein *fam*

eh[2] I. *adv bes.* SDEUTSCH, AUS (*sowieso*) de toutes façons
▶ **seit** ~ **und je** depuis toujours; **wie** ~ **und je** comme toujours
II. *conj* avant de + *infin*, avant que [ne] + *subj*

ehe *conj* (*bevor*) avant de + *infin*, avant que [ne] + *subj;* ~ ***es zu spät ist*** avant qu'il ne soit trop tard; ***sie verabschiedet sich, ~ sie fährt*** elle dit au revoir avant de partir; ■ ~ **nicht** tant que ne ... pas + *fut/fut antérieur;* ~ ***wir [nicht] Nachricht haben/gehabt haben ...*** tant que nous n'aurons pas/n'aurons pas eu de nouvelles ...

Ehe <-, -n> *f* mariage *m; **ihre ~ ist kinderlos geblieben*** leur union est restée sans enfant
▶ ~ **ohne Trauschein** union *f* libre; **offene** ~ couple *m* pratiquant l'amour libre; **wilde** ~ *veraltend* union *f* libre, concubinage *m; **sie führen eine wilde*** ~ ils vivent en union libre; **jd bricht die** ~ qn commet un adultère, qn est adultère; **jd geht die** ~ **ein** *form*, **jd schließt die** ~ *form* qn contracte mariage *form*, qn se marie; **jd geht mit jdm die** ~ **ein** *form*, **jd schließt mit jdm die** ~ *form* qn et qn s'unissent par les liens du mariage *form*, qn prend qn pour époux/épouse *form;* **jd führt eine ...** ~ la vie conjugale [*o* de couple] de qn est ..., le couple de qn est ...; **jd führt mit jdm eine ...** ~ *glückliche, unglückliche* qn et qn forment un couple ...; **jd schließt die** ~ */Standesbeamte/* qn procède au mariage; ***die ~ kann sofort geschlossen werden*** le mariage peut avoir lieu immédiatement; **jd verspricht jdm die** ~ qn promet le mariage à qn; **aus bestimmter** ~ *erster, zweiter etc* d'un certain lit; **in ...** ~ *erster, zweiter etc* en ... noces *fpl*

eheähnlich *adj Zusammenleben* en concubinage; ***jd lebt mit jdm in einer ~en Gemeinschaft*** qn vit maritalement [*o* en concubinage] avec qn **Eheberater(in)** *m(f)* conseiller conjugal/conseillère conjugale *m/f* **Eheberatung** *f* **1.** (*das Beraten*) consultation *f* conjugale **2.** (*Stelle*) cabinet *m* de consultation conjugale **Ehebett** *nt* lit *m* conjugal **ehebrechen** *vi nur infin* être adultère, commettre un adultère; ■ **das E~** l'adultère *m* **Ehebrecher(in)** <-s, -> *m(f)* [homme/femme *m/f*] adultère *mf* **ehebrecherisch** *adj* adultère **Ehebruch** *m* adultère *m* ▶ **jd begeht** ~ qn commet un adultère

ehedem *adv* ▶ **von** ~ *geh* de jadis *soutenu*, d'autrefois; **wie** ~ *geh* comme autrefois

Ehefrau *f* femme *f*, épouse *f form* **Ehegatte** *m form* **1.** *s.* Ehemann **2.** *pl* JUR ■ **die ~n** les époux **Ehegattensplitting** *nt* imposition *f* séparée des époux [*o* des conjoints] **Ehegattin** *f form s.* **Ehefrau. Eheglück** *nt* bonheur *m* conjugal **Ehehindernis** *nt* empêchement *m* au mariage **Ehekrach** *m fam* scène *f* de ménage **Ehekrüppel** *m fam* déçu(e) *m(f)* [*o* traumatisé(e) *m(f)*] du mariage **Eheleben** *nt* Ø vie *f* de couple [*o* conjugale] **Eheleute** *pl form* conjoints *mpl form*, époux *mpl; **die jungen*** ~ les jeunes mariés

ehelich I. *adj* conjugal(e); *Rechte* matrimonial(e); *Kind* légitime
II. *adv: **ein ~ geborenes Kind*** un enfant légitime

ehelichen *vt hum* ■ **jd ehelicht jdn** qn convole avec qn

ehelos *adv bleiben* célibataire; *leben* dans le célibat

Ehelosigkeit <-> *f* Ø célibat *m*

ehemalig *adj* **1.** *attr* (*früher*) ancien(ne) *antéposé* **2.** ■ **die E~en** SCOL les anciens élèves; ■ **jds E~er/jds E~e** *hum fam* l'ancien(ne) *m(f)* [*o* l'ex *mf*] de qn *fam* **ehemals** *adv form* autrefois, jadis *soutenu*

Ehemann <-männer> *m* mari *m*, époux *m form* **Ehepaar** *nt* couple *m* **Ehepartner(in)** *m(f)* conjoint(e) *m(f)*

eher *adv* **1.** (*früher*) plus tôt; ***ich gehe nicht ~, bis ...*** [**nicht**] je ne partirai pas avant que ... + *subj* [*o* tant que ne ... pas + *indic*]
2. (*wahrscheinlicher*) plutôt; ***etw ist ~ möglich/wahrscheinlich*** qc a plus de chances de se produire/est plus vraisemblable; ***um so ~, als*** d'autant plus que + *indic*
3. (*mehr*) plutôt; ***das lässt sich schon ~ hören*** à la bonne heure
▶ ~, **als** (*früher, als*) plus tôt que; (*lieber, als*) plutôt que

Ehering *m* alliance *f*

ehern *adj* **1.** *geh* (*unbeugbar*) *Gesetz* d'airain *littér*, dur(e) *antéposé; Wille a.* implacable
2. *geh* (*aus Metall*) *Rüstung, Standbild* d'airain

Ehescheidung *f* divorce *m* **Eheschließung** *f geh* mariage *m*

ehest *adv* AUS [très] bientôt

Ehestand *m* Ø *geh* vie *f* de couple [*o* conjugale]
▶ **jd tritt in den** ~ qn se marie

eheste(r, s) I. *adj: **der ~ Termin*** le prochain rendez-vous possible; ***zum ~n Zeitpunkt*** le plus tôt possible; ***bei ~r Gelegenheit*** à la première occasion
II. *adv* **1.** (*am wahrscheinlichsten*) ■ **am ~n** très probablement, très vraisemblablement; ***etw scheint am ~ möglich*** qc semble le plus probable; (*am liebsten*) de préférence
2. (*zuerst*) ■ **am ~n** d'abord, en premier

ehestens *adv* **1.** (*frühestens*) au plus tôt
2. AUS *s.* **ehest**

Eheverkündigung *f* CH publication *f* des bans **Ehevermittlung** *f* **1.** Ø conseil *m* matrimonial **2.** (*Büro*) agence *f* matrimoniale **Eheversprechen** *nt* promesse *f* de mariage **Ehevertrag** *m* contrat *m* de mariage **Eheweib** *nt hum fam* moitié *f fam*, bourgeoise *f pop*

Ehrabschneider(in) <-s, -> *m(f) pej form* diffamateur(-trice) *m(f)*, détracteur(-trice) *m(f)*

ehrbar *adj* honorable, respectable

Ehre <-, -n> *f* honneur *m*
▶ **auf** ~ **und Gewissen** en mon/ton/... âme et conscience; ~ **sei Gott in der Höhe** Gloire à Dieu au plus haut des cieux; **jd hat ~/keine ~ im Leib** qn a/n'a pas le sens de l'honneur; **es ist mir eine besondere ~, ...** *form* c'est un grand honneur pour moi de ...; **jd erweist jdm die letzte** ~ *geh* qn rend les derniers honneurs à qn *soutenu;* **mit militärischen ~n** avec les honneurs militaires; **jd ist in ~n ergraut** *geh* qn est honorablement connu(e); **wir geben uns** (*dat*) **die** ~ **etw zu tun** *form* nous avons l'honneur de faire qc; ~, **wem** ~ **gebührt** *prov* à tout seigneur, tout honneur; **etw gereicht jdm zur** ~ *geh* qc est tout à l'honneur de qn, qc fait honneur à qn; **habe die ~!** AUS, SDEUTSCH mes hommages!; **mit wem habe ich die ~?** *iron form* à qui ai-je l'honneur? *form;* **jd hält etw in ~n** *Andenken* qn respecte qc; *Geschenk, Orden* qn garde avec soin qc; **es ist/war mir eine [große]** ~ c'est/c'était un [grand] honneur pour moi; **etw kommt zu ~n** qc est à l'honneur; **jd kränkt jdn in seiner** ~ [**als etw**] qn pique qn au vif, qn blesse qn dans son honneur [de qc]; **etw macht jdm ~/wenig** ~ qc fait honneur/peu honneur à qn, qc est/n'est pas à l'honneur de qn; **jd packt jdn bei seiner** ~ qn en appelle à l'honneur de qn; **jd rechnet sich** (*dat*) **etw als** ~ **an** qn considère qc comme un honneur; **was verschafft mir die ~?** *iron form* qu'est-ce qui me vaut l'honneur?; **... in allen ~n, aber ...** sauf le respect que je porte à ...,; [**das ist**] **zu viel der ~!** c'est trop d'honneur [que vous me faites]!; **zu jds ~n/zu ~n einer S.** en l'honneur de qn/qc

ehren *vt* **1.** (*würdigen*) ■ **jd ehrt jdn** [**durch** [*o* **mit**] **etw**] qn honore qn [de qc]
2. (*Ehre machen*) ■ **etw ehrt jdn** */Angebot, Besuch, Großherzigkeit/* qc honore qn; */Vertrauen a./* qc fait honneur à qn; ***jd fühlt sich durch etw geehrt*** qn est honoré(e) de qc; *s. a.* **geehrt**

Ehrenamt *nt* charge *f* [*o* fonction *f*] honorifique **ehrenamtlich** I. *adj* bénévole; *Vorsitzender* honoraire II. *adv* à titre bénévole, bénévolement **Ehrenbürger(in)** *m(f)* citoyen(ne) *m(f)* d'honneur **Ehrenbürgerrecht** *nt* droit *m* de cité honoris causa **Ehrendoktor(in)** *m(f)* **1.** (*Titel*) titre *m* de docteur honoris causa **2.** (*Inhaber*) docteur *m* honoris causa **Ehren-**

doktorwürde *f* titre *m* de docteur honoris causa **Ehrenerklärung** *f* 1. JUR réparation *f* d'honneur 2. (*Ausspruch des Vertrauens*) déclaration *f* de confiance **Ehrenformation** *f* garde *f* d'honneur **Ehrengast** *m* invité(e) *m(f)* d'honneur

ehrenhaft I. *adj* honorable, honnête
II. *adv* honorablement, avec honnêteté

Ehrenhaftigkeit <-> *f* Ø honorabilité *f*, honnêteté *f*

ehrenhalber *adv* 1. (*als Ehrung*) à titre honorifique
2. (*ohne Bezahlung*) bénévolement

Ehrenlegion *f* légion *f* d'honneur **Ehrenloge** *f* loge *f* d'honneur **Ehrenmal** *nt* monument *m* aux morts **Ehrenmann** <-männer> *m* homme *m* d'honneur **Ehrenmitglied** *nt* membre *m* d'honneur **Ehrenplatz** *m* place *f* d'honneur **Ehrenpreis** <-es, -> *nt* véronique *f* **Ehrenrechte** *pl* ▸**bürgerliche** ~ droits *mpl* civiques **Ehrenrettung** *f* ▸**zu jds** ~ pour la réhabilitation [*o* la défense] de qn **Ehrenrunde** *f* 1. SPORT tour *m* d'honneur 2. SCOL *fam* redoublement *m* ▸**jd dreht** [*o* **läuft**] **eine** ~ SPORT qn fait un tour d'honneur **Ehrensache** *f* affaire *f* [*o* point *m*] d'honneur ▸~! *fam* parole d'honneur! **Ehrensalve** [-və] *f* salve *f* d'honneur **Ehrentag** *m geh* grand jour *m*; ***zum heutigen*** ~ à l'occasion de ce grand jour, en ce jour solennel **Ehrentor** *m* but *m* de consolation; ***jd/eine Mannschaft erzielt das*** ~ qn/une équipe sauve l'honneur **Ehrentribüne** *f* tribune *f* d'honneur **Ehrenurkunde** *f* diplôme *m* d'honneur **ehrenvoll** *adj* MIL honorable; ***ein ~es Begräbnis*** des obsèques solennelles; ***jd betrachtet etw als*** ~ qn considère qc comme un honneur; ***ich habe die ~e Aufgabe, …*** j'ai le grand [*o* l'insigne *soutenu*] honneur de … **Ehrenvorsitzende(r)** *f(m) decl wie adj* président(e) *m(f)* d'honneur **Ehrenwache** *f* garde *f* d'honneur ▸**jd hält die** ~ qn monte la garde **ehrenwert** *adj geh s.* **ehrbar. Ehrenwort** <-worte> *nt* parole *f* d'honneur ▸**jd bricht sein** ~ qn manque à sa parole; **jd gibt** [**jdm**] **sein** ~ qn donne sa parole [d'honneur] [à qn]; **jd hält sein** ~ qn tient parole; **mein** ~! tu as/vous avez ma parole!, parole d'honneur!; [**großes**] ~! *fam* c'est juré! *fam*, parole d'honneur!; ~? *fam* c'est juré? *fam*

ehrerbietig I. *adj geh* déférent(e), respectueux(-euse)
II. *adv geh* avec déférence

Ehrerbietung <-> *f* Ø *geh* déférence *f*

Ehrfurcht *f* Ø respect *m*, considération *f* respectueuse; ***alle erstarren in ~/verneigen sich voller*** ~ tout le monde s'immobilise dans une attitude révérencieuse *littér*/se prosterne avec respect; ■ **jds** ~ **vor jdm/etw** le respect de qn pour [*o* envers] qn/de qc
▸ ~ **gebietend** qui inspire le respect; **jd hat ~/keine ~ vor jdm/etw** qn respecte/ne respecte pas qn/qc, qn est révérencieux(-euse)/irrévérencieux(-euse) envers qn/qc *littér*; ***sie haben große ~ vor Gott*** ils ont un grand respect envers Dieu

ehrfurchtgebietend *s.* **Ehrfurcht** ▸

ehrfürchtig, ehrfurchtsvoll I. *adj* respectueux(-euse)
II. *adv* avec respect

Ehrgefühl *nt* Ø sens *m* de l'honneur; ***aus falschem ~/falsch verstandenem*** ~ [**heraus**] à cause d'un sens de l'honneur mal placé; ***jd hat kein ~ im Leib[e]*** qn n'a aucun sens de l'honneur

Ehrgeiz *m* Ø ambition *f*
▸**jd setzt seinen** ~ **darein etw zu tun** qn met toute son ambition à faire qc

ehrgeizig *adj* ambitieux(-euse); ***ihr ~es Streben*** ses/leurs ambitions

ehrlich I. *adj* 1. (*aufrichtig*) sincère; *Mensch a.* franc(franche)
2. (*verlässlich*) *Mitarbeiter, Finder* honnête
▸ ~ **währt am längsten** *prov* l'honnêteté finit toujours par être récompensée; **jd meint es** ~ **mit jdm** qn a des intentions honnêtes envers qn, qn est sincère avec qn; ***ich meine es ~ mit dir*** je suis sincère
II. *adv* 1. *teilen, verdienen, spielen* honnêtement
2. *fam* (*wirklich*) franchement
▸ ~ **gesagt, …** franchement …, à vrai dire, …; **um** ~ **zu sein, …** pour parler franchement, …; ~! (*wirklich*) oui, vraiment!; ~? c'est vrai?

ehrlicherweise *adv* honnêtement, en toute honnêteté

Ehrlichkeit <-> *f* Ø 1. [*Absicht, Zuneigung, Gefühle*] sincérité *f*
2. [*Mensch*] honnêteté *f*

ehrlos I. *adj Mensch* sans honneur; *Verhalten* indigne
II. *adv* de façon indigne

Ehrlosigkeit <-> *f* Ø infamie *f littér*

Ehrung <-, -en> *f* 1. (*das Ehren*) hommage *m*; ***die ~ der Sieger*** l'hommage aux vainqueurs
2. (*Beweis der Wertschätzung*) distinction *f*; ***jd wird mit ~en überhäuft*** qn est comblé(e) d'honneurs

ehrwürdig *adj* 1. *Gebäude, Alter, Vergangenheit* vénérable
2. ECCL révérend(e)

Ehrwürdigkeit *f* caractère *m* vénérable; ***ich bitte mir mehr Respekt vor der ~ des Alters aus*** je demande plus de respect envers les personnes d'âge vénérable

ei *interj* 1. (*oha*) et bien, tiens
2. (*brav*) là *non répété*; ***du darfst bei der Mieze ~ [~] machen*** *Kindersprache* tu peux faire des mimis au minou *enfantin*

Ei <-[e]s, -er> *nt* 1. [*Huhn, Vogel, Reptil, Fisch*] œuf *m*
2. PHYSIOL ovule *m*
3. *pl sl* (*Hoden*) couilles *fpl vulg*
4. *pl sl* (*Mark*) balles *fpl fam*
▸**das** ~ **will klüger sein als die Henne** on n'apprend pas à un vieux singe à faire la grimace; **das ist das** ~ **des Kolumbus** c'est [comme] l'œuf de [Christophe] Colomb; **das ist ein dickes** ~! *fam* c'est un peu fort *fam*; **ach, du dickes** ~! *fam* bon sang [de bonsoir]! *fam*; **faules** ~ œuf pourri; **hartes** [*o* **hart gekochtes**] ~ œuf dur; **jd behandelt jdn wie ein rohes** ~ qn prend des gants avec qn; **russische** ~**er** œufs à la russe; **das sind ungelegte** ~**er** *fam* on n'y est pas encore!; **verlorene** [*o* **pochierte**] ~**er** œufs pochés; **weiches** [*o* **weich gekochtes**] ~ œuf à la coque; **jd geht wie auf ~ern** *fam* (*geht ungeschickt*) qn marche maladroitement; (*geht vorsichtig, ängstlich*) qn [s']avance tout doucement; **sie gleichen sich** [*o* **einander**] **wie ein** ~ **dem anderen** ils se ressemblent comme deux gouttes d'eau; **wie aus dem** ~ **gepellt** *fam* tiré(e) à quatre épingles *fam*; **ein Tier kriecht aus dem** ~ un animal sort de l'œuf; **ein Tier legt ein** ~ un animal pond un œuf; **jd poliert jdm die ~er** *sl* qn frictionne les roubignoles à qn *vulg*

Eibe <-, -n> *f* if *m*

Eichamt *nt* service *m* des poids et mesures

Eiche <-, -n> *f* (*Baum, Holz*) chêne *m*

Eichel <-, -n> *f* 1. BOT, ANAT gland *m*
2. *pl* KARTEN trèfle *m*

Eichelhäher *m* geai *m*

eichen[1] *adj* (*aus Eichenholz*) de [*o* en] chêne

eichen[2] *vt* 1. ■ **jd eicht etw** *Messgerät, Waage, Maß, Gewicht* qn étalonne qc; *Gefäß* qn jauge qc
2. *fam* ■ **jd ist auf etw** (*akk*) **geeicht** qn est calé(e) en qc *fam*; ***darauf bin ich geeicht*** je suis expert(e) [*o* incollable *fam*] en la matière

Eichen- de chêne **Eichenholz** *nt* chêne *m* **Eichenlaub** *nt* 1. BOT feuilles *fpl* de chêne 2. MIL feuilles *fpl* de chêne (*décoration militaire*)

Eichgewicht *nt* étalon *m* de masse

Eichhörnchen *nt*, **Eichkätzchen** *nt* DIAL écureuil *m*

Eichmaß *nt* étalon *m*; (*Hohlmaß*) jauge *f* **Eichstrich** *m* trait *m* repère

Eichung <-, -en> *f* étalonnage *m*; [*Gefäß*] jaugeage *m*

Eid <-[e]s, -e> *m* serment *m*
▸**jd schwört einen falschen** ~ qn fait un faux serment; **jd legt einen** ~ **ab, jd leistet** [*o* **schwört**] **einen** ~ qn [le] jure; JUR qn prête serment; ***ich könnte einen ~ schwören, dass*** je serais prêt(e) à jurer que + *indic*; **jd leistet einen** ~ **auf jdn/etw** qn prête serment sur qn/qc; **jd nimmt jdm einen** ~ **ab** qn fait prêter serment à qn; **jd nimmt etw auf seinen** ~ qn est prêt(e) à jurer qc; **jd schwört jeden ~, dass** qn jure que + *indic*, qn mettrait sa main au feu que + *indic fam*; **darauf kann ich einen** ~ **schwören** je suis prêt(e) à le jurer; **jd steht unter** ~ qn est assermenté(e); **an ~es statt** sur l'honneur; **unter** ~ sous serment

Eidbruch *m* parjure *m* ▸**jd begeht einen** ~ qn commet un parjure **eidbrüchig** *adj* parjure; ■ **jd wird** ~ qn se parjure *soutenu*

Eidechse [-ɛksə] *f* lézard *m*

Eiderente *f* eider *m*

Eidesformel *f* formule *f* de prestation de serment ▸**jd spricht jdm die** ~ **vor/nach** qn dicte à qn/répète après qn la formule de prestation de serment **eidesstattlich** I. *adj Versicherung* sur l'honneur, sous serment; ~***e Erklärung*** déclaration *f* sur l'honneur II. *adv* ▸**jd erklärt etw** ~ qn déclare qc sur l'honneur [*o* sous serment]

Eidgenosse *m*, **-genossin** *f* citoyen(ne) *m(f)* helvétique; ***das Team der ~n*** l'équipe helvétique **Eidgenossenschaft** *f* ▸**Schweizerische** ~ Confédération *f* helvétique **eidgenössisch** *adj* helvétique, suisse; (*im Gegensatz zu kantonal*) confédéral(e)

eidlich I. *adj Abmachung* passé(e) sous serment; ***jd macht eine ~e Zusage*** qn donne son approbation sous serment
II. *adv gebunden, verpflichtet* par serment; *erhärten* par un serment

Eidotter *m o nt* jaune *m* d'œuf

Eier- *-korb, -trenner, -wärmer* à œufs; *-salat* aux œufs; *-speise* à base d'œufs **Eierbecher** *m* coquetier *m* **Eierbrikett** *nt* boulet *m* **Eierhandgranate** *f* grenade *f* à main [ovale] défensive **Eierkocher** *m* œufrier *m* **Eierkopf** *m pej sl* grosse tête *f fam*, intello *mf fam* **Eierkuchen** *m* ≈ crêpe *f* **Eierlikör** *m* liqueur *f* au jaune d'œuf **Eierlöffel** *m* cuillère *f* à œufs

eiern *vi fam* ■ **etw eiert** /*Rad, Reifen*/ qc est voilé(e); /*Schallplatte*/ qc est gondolé(e)

Eierpfannkuchen *m* ≈ crêpe *f* **Eierschale** *f* coquille *f* d'œuf **Eierschneider** *m* découpe-œufs *m* **Eierschwamm** *m* AUS, **Eierschwammerl** <-s, -e> *nt* AUS *fam* (*Pfifferling*) chanterelle *f* **Eierspeise** *f* 1. *plat à base d'œufs* 2. AUS (*Rührei*) œufs *mpl* brouillés **Eierstock** *m* ovaire *m* **Eierstockentzündung** *f* infection *f* des ovaires **Eiertanz** *m fam* valse-hésitation *f* ▸**jd führt** [**um etw**] **einen** [**regelrechten**] ~ **auf** qn louvoie [*o* biaise] [au sujet de qc] **Eieruhr** *f* sablier *m* [de cuisine]

Eifer <-s> *m* Ø zèle *m*
▸**im** ~ **des Gefechts** *fam* dans le feu de l'action; **blinder** ~ **schadet nur** *prov* prudence est mère de sûreté, qui se hâte trop se fourvoie; **im** ~ dans son/leur agitation; **mit** [**großem**] ~ avec [beaucoup de] zèle, avec ardeur; ***er ist mit ~ bei der Sache*** [*o* ***dabei***] il se donne à fond

eifern *vi geh* 1. (*wettern*) ■ **jd eifert gegen etw** qn fulmine contre qc
2. *veraltend* (*streben*) ■ **jd eifert nach etw** qn soupire après qc *vieilli*

Eifersucht *f* Ø jalousie *f*; ***krankhafte*** ~ jalousie maladive; ■ **jds** ~ **auf jdn** la jalousie de qn envers qn
▸**aus** ~ par jalousie

Eifersüchtelei <-, -en> *f pej* perpétuelle jalousie *f*; ***seine ständigen ~en*** ses perpétuelles crises de jalousie

eifersüchtig *adj* jaloux(-ouse); ■ **jd ist** ~ [**auf jdn/etw**] qn est jaloux(-ouse) [de qn/qc]
▸**jd macht jdn** ~ qn rend qn jaloux(-ouse)

Eifersuchtsszene *f* scène *f* de jalousie
▸**jd macht jdm eine** ~ qn fait une scène de jalousie à qn

Eiffelturm *m* tour *f* Eiffel

eifrig I. *adj Schüler* studieux(-euse), assidu(e); *Leser, Sammler* fervent(e); *Theater-, Museumsbesucher* assidu(e); *Gegner* farouche; *Bemühen* empressé(e); *Suche* intensif(-ive)
II. *adv lernen, üben* avec assiduité; *sich an die Arbeit machen* avec ardeur, avec empressement; ***sie sind ~ bemüht ihm zu dienen*** ils se donnent

beaucoup de mal pour le servir; *jd beteiligt sich ~ an etw* (*dat*) qn participe activement à qc

Eigelb <-s, -e *o bei Zahlenangabe* -> *nt* jaune *m* d'œuf

eigen *adj* **1.** *Auto, Haus, Wohnung, Zimmer, Rechenzentrum etc* propre antéposé; *er hat ein ~es Auto* il a sa [propre] voiture; *er besitzt kein ~es Land* il n'a pas de terrain à lui
2. *Auffassung, Ansicht, Meinung* personnel(le); *seine ~en Worte* ses propres paroles
3. (*separat*) *Bad, Eingang, Garage, Abstellplatz* particulier(-ière)
4. (*typisch*) ■ **etw ist jdm** ~ qc est propre à qn; *das ist ihm ~* c'est quelque chose qui lui est propre; *mit dem ihr ~en Optimismus* avec l'optimisme qui lui est propre
5. (*eigenartig*) *Art, Reiz, Schönheit* particulier(-ière)
6. (*pingelig*) ■ **jd ist in etw** (*dat*) ~ qn est pointilleux(-euse) sur qc
► **jd macht sich** (*dat*) **etw zu** ~ qn s'approprie qc; **jd nennt etw sein** ~ *geh* qn détient qc, qn possède qc

-eigen *firmen-, betriebs-, haus- etc* qui appartient à

Eigen- *-arbeit, -beteiligung, -versuch* personnel(le); *~abwehr* défenses *fpl* de l'organisme; *~werbung* autopublicité *f*; *nach ~bekenntnis* de son/leur propre aveu; *durch ~kompostierung* en faisant son/leur propre compost

Eigenart *f* **1.** [*Mensch*] particularité *f*; *etw gehört zu seinen ~en* qc est une de ses spécialités
2. [*Landschaft, Stadt*] caractère *m* particulier
► **jd/etw hat die** [...] ~ **etw zu tun** qn/qc a la particularité [...] de faire qc

eigenartig I. *adj* (*merkwürdig*) particulier(-ière); *Aussehen, Kleidung* bizarre, singulier(-ière)
► **das ist aber** ~! c'est vraiment bizarre [*o* curieux]!
II. *adv aussehen* bizarre; *sich benehmen* bizarrement; *das riecht ~* ça sent une drôle d'odeur; *jd/etw sieht ~ aus* qn/qc est bizarre

Eigenbau *m* ∅ **1.** (*selbst angebauter Tabak, Wein*) production *f* maison; *jd raucht* [*Zigaretten/Tabak*] ~ qn fume des cigarettes/du tabac maison **2.** (*eigene Konstruktion*) œuvre *f* de ma/sa/... fabrication **Eigenbedarf** *m* **1.** [*Mensch*] besoins *mpl* personnels, autoconsommation *f*; *sie bauen nur für den* [*o ihren*] ~ *an* ils ne cultivent que ce dont ils ont besoin pour leur [propre] consommation **2.** JUR: *jd kündigt eine Wohnung wegen ~s* qn résilie un bail pour usage personnel; *Herrn Schulz wurde wegen ~s gekündigt* le propriétaire a résilié le bail de M. Schulz pour son usage personnel ► **jd macht** ~ **geltend** qn fait valoir son droit de reprise pour son usage personnel; **zum** [*o* **für den**] ~ pour ma/sa/... [propre] consommation **Eigenbericht** *m* communiqué *m* rédactionnel

Eigenblut *nt*: *die Transfusion von ~* l'autotransfusion *f*; *viele Patienten lassen sich* (*dat*) *~ abnehmen* de nombreux patients se font prélever leur sang; *er bietet den Patienten die Lagerung von gefrorenem ~ an* il propose aux patients de conserver leur propre sang congelé

Eigenblut-: *~behandlung* traitement *m* par autotransfusion; *~spende* don *m* de son propre sang; *~spender* donneur *m* de sang pour autotransfusion; *~injektion/transfusion* autotransfusion *f*; *~spende* don *m* de sang pour autotransfusion

Eigenbrötler(in) <-s, -> *m(f)* individualiste *mf*, ours *m*

eigenbrötlerisch *adj Mensch, Verhaltensweise* original(e); *ein ~er Mensch* un(e) original(e)

Eigendynamik *f* dynamique *f* interne ► **etw entfaltet** [*o* **entwickelt**] **eine** ~ qc développe sa propre dynamique **Eigengewicht** *nt* [*Lkw, Fahrrad etc*] poids *m* à vide; [*Ware*] poids *m* net **eigenhändig I.** *adj Brief* autographe *spéc*; *Testament* [h]olographe; *ist das nun Ihre ~e Unterschrift?* c'est bien votre propre signature?; *eine ~e Widmung des Autors* une dédicace manuscrite de l'auteur **II.** *adv* de mes/ses/... propres mains, moi-même/lui-même/...; *er hat diesen Brief ~ geschrieben* il a écrit cette lettre lui-même [*o* de sa propre main] **Eigenheim** *nt* maison *f* individuelle

Eigenheit <-, -en> *f s.* **Eigenart**

Eigeninitiative [-initsiati:və] *f* initiative *f* individuelle ► **auf jds** ~ (*akk*) (*einer Person*) suite à l'initiative personnelle de qn; (*mehrerer Menschen*) suite à l'initiative individuelle de qn; **in** ~ de sa/leur propre initiative **Eigenkapital** *nt* **1.** [*Person*] apport *m* personnel **2.** [*Firma*] capital *m* propre **Eigenleben** *nt* ∅ (*Privatsphäre*) vie *f* personnelle; (*opp: Arbeitsleben*) vie *f* privée; (*selbständige Existenz*) existence *f* propre **Eigenleistung** *f* (*eigene kreative Leistung*) œuvre *f* personnelle; (*eigene Arbeit*) travail *m* personnel; (*selbst finanzierte Arbeiten, Reparaturen*) travaux *mpl* d'entretien; ~ *des Mieters* (*Arbeit*) travail effectué par le locataire; (*finanzielle Leistung*) frais *mpl* à la charge du locataire **Eigenlob** *nt* éloge *m* de soi, autocongratulation *f* ► ~ **stinkt!** *fam* qu'il est laid de se vanter! **eigenmächtig I.** *adj Entscheidung* pris(e) sans concertation préalable; *er wurde wegen seines ~en Vorgehens bestraft* il a été sanctionné pour cette initiative individualiste et non concertée **II.** *adv anordnen, handeln* de mon/son/... propre chef **Eigenmächtigkeit** <-, -en> *f* **1.** ∅ (*Selbstherrlichkeit*) individualisme *m*; *die ~ seines Vorgehens* sa façon d'agir individualiste **2.** (*Handlung*) initiative *f* individualiste **Eigenmittel** *pl form* apport *m* personnel ► **aus** ~**n** avec mes/ses/... propres ressources **Eigenname** *m* nom *m* propre **Eigennutz** *m* ∅ intérêt *m* personnel ► **aus** ~ par intérêt; **ohne** [**jeden**] ~ sans calcul intéressé, de manière désintéressée **eigennützig I.** *adj* intéressé(e) **II.** *adv* par intérêt [personnel]; *sie denkt ~er als er* elle pense plus que lui à son intérêt personnel

eigens *adv* **1.** (*extra*) spécialement
2. (*ausschließlich*) tout exprès, spécialement; *diese Kreditmittel sind ~ für diesen Zweck gedacht* ces crédits sont expressément conçus dans ce but

Eigenschaft <-, -en> *f* **1.** [*Mensch*] trait *m* de caractère; *gute und schlechte ~en* des qualités et des défauts
2. CHEM, PHYS propriété *f*
3. (*Funktion*) qualité *f*; *in amtlicher/geschäftlicher ~* en mission officielle/d'affaires
► **in meiner/seiner** ~ **als** ... en ma/sa qualité de ..., en tant que

Eigenschaftswort <-wörter> *nt* adjectif *m*

Eigensinn *m* ∅ obstination *f* ► **aus** ~ par entêtement **eigensinnig I.** *adj Verhalten* obstiné(e); *Mensch a.* têtu(e) **II.** *adv* obstinément **eigenstaatlich** *adj* indépendant(e); *die ~e Existenz eines Volkes* l'indépendance *f* d'un peuple **Eigenstaatlichkeit** <-> *f* ∅ indépendance *f*

eigenständig I. *adj* autonome
II. *adv* de façon autonome

Eigenständigkeit <-> *f* ∅ autonomie *f*; [*Kunstwerk*] originalité *f*; *jd ist von großer ~* qn est parfaitement autonome

eigentlich I. *adj* **1.** (*wirklich*) véritable; *Tatsache, Wert* réel(le)
2. (*ursprünglich*) d'origine
II. *adv* **1.** (*normalerweise*) en principe
2. (*überhaupt*) au juste; *wie reden Sie ~ mit mir?* qu'est-ce que c'est, cette façon de [me] parler?; *wie alt bist du ~?* mais quel âge as-tu au fait?
3. (*wirklich*) en fait, à proprement parler, à vrai dire

Eigentor *nt* but *m* contre son camp
► **jd schießt ein** ~ qn marque un but contre son camp; (*schadet sich selbst*) qn se fait du tort à lui-même

Eigentum <-s> *nt* ∅ propriété *f*; (*Besitzgüter*) biens *mpl*; *er besitzt ~* il a des biens; ■ **jds** ~ la propriété de qn; *dieser Sportwagen ist mein ~* cette voiture de sport est à moi [*o* m'appartient]; *wessen ~ ist das?* à qui appartient cela?; ■ **das** ~ **an etw** (*dat*) la propriété de qc
► **jds geistiges** ~ la propriété spirituelle de qn; **jd erwirbt an etw** (*dat*) ~ qn entre en possession de qc

Eigentümer(in) <-s, -> *m(f)* propriétaire *mf*

eigentümlich I. *adj* **1.** (*merkwürdig*) particulier(-ière); *Verhalten* singulier(-ière), curieux(-euse)
2. *geh* (*typisch*) ■ **jdm/einer S.** ~ caractéristique de qn/qc; *mit der ihm ~en Gelassenheit* avec le calme qui le caractérise
3. (*übel*) ■ **jdm ist/wird** ~ qn se sent/commence à se sentir [tout(e)] drôle
II. *adv sich verhalten* bizarrement; *sie verhält sich immer ~er* elle a un comportement de plus en plus bizarre; *etw riecht ~/schmeckt ~/sieht ~ aus* qc a une drôle d'odeur/un drôle de goût/un drôle d'aspect

Eigentümlichkeit <-, -en> *f* **1.** [*Mineral, Pflanze, Stoff*] propriété *f*
2. [*Mensch*] particularité *f*
3. ∅ [*Geruch, Geschmack, Verhalten*] bizarrerie *f*; *die ~ des Geruchs/Geschmacks/Verhaltens* l'odeur/le goût/le comportement bizarre

Eigentumsdelikt *nt* atteinte *f* à la propriété **Eigentumsrecht** *nt* droit *m* de propriété; ■ **jds** ~ **an jdm/etw** le droit de propriété de qn sur qn/qc **Eigentumswohnung** *f* appartement *m* en copropriété; (*im Gegensatz zu Mietwohnung*) appartement *m* acheté

eigenverantwortlich I. *adj Handeln* autonome; *sie ist zur ~en Gestaltung ihrer Zukunft fähig* elle est capable de prendre en charge son avenir elle-même **II.** *adv* de mon/son/... propre chef, en prenant la responsabilité sur soi **eigenwillig** *adj* **1.** (*eigensinnig*) obstiné(e) **2.** (*unkonventionell*) original(e) **Eigenwilligkeit** <-, -en> *f* **1.** ∅ (*Eigensinn*) obstination *f* **2.** (*unkonventionelle Art*) originalité *f*

eignen *vr* ■ **jd eignet sich für/zu etw** qn est fait(e) pour qc; *er eignet sich zum Lehrer* il est fait pour être enseignant; ■ **etw eignet sich als etw** qc est bon(ne) à servir de qc; *dieses Handtuch eignet sich allenfalls als Putzlappen* cette serviette est tout juste bonne à servir de serpillière; *ein Buch, das sich* [*sehr gut*] *zum Verschenken eignet* un livre qui fera un beau cadeau; *s. a.* **geeignet**

Eigner(in) <-s, -> *m(f) form* propriétaire *mf*

Eignung <-> *f* ∅ ■ **jds** ~ **für/zu etw** l'aptitude *f* de qn à [*o* pour] qc; *die ~ zum Lexikographen* l'aptitude pour être lexicographe; ■ **die** ~ **einer S.** (*gen*) **für etw** les qualités *fpl* de qc pour qc

Eignungsprüfung *f*, **Eignungstest** *m* examen *m* [*o* test *m*] d'aptitude

Eiklar <-s, -> *nt* AUS, SDEUTSCH blanc *m* d'œuf

Eiland <-lande> *nt liter* île *f*

Eilbote *m*, **-botin** *f* porteur(-euse) *m(f)* spécial(e) ► **per** [*o* **durch**] ~**n** par porteur(-euse) spécial(e) **Eilbrief** *m* lettre *f* [par] exprès ► **als** ~ en exprès

Eile <-> *f* ∅ hâte *f*; *warum die ~?* pourquoi tant de précipitation?
► **jd hat** [**große**] ~ qn est [très] pressé(e); **jd hat keine** ~ qn n'est pas pressé(e); **etw hat** [**große**] ~ qc est [très] urgent(e); **jd ist in** ~ qn est pressé(e); **jd mahnt jdn zur** ~, **jd treibt jdn zur** ~ qn pousse [*o* incite] qn à se dépêcher [davantage]; **in** ~ en vitesse; (*auf Nachricht*) en toute hâte; *in der/aller/jds ~* dans ma/sa/... hâte; *in fliegender/fluchtartiger ~* en toute hâte, précipitamment; **nur keine** ~! doucement!

Eileiter *m* oviducte *m*, trompe *f* de Fallope

Eileiterentzündung *f* salpingite *f* **Eileiterschwangerschaft** *f* grossesse *f* tubaire

eilen I. *vi* **1.** + *sein* ■ **jd eilt irgendwohin** qn se dépêche d'aller quelque part; *die Menschen ~ durch die Straßen* les gens courent dans les rues; *jd eilt von Erfolg zu Erfolg* qn accumule les succès
2. + *haben* (*dringlich sein*) ■ **etw eilt** qc est urgent(e)
► **eilt!** urgent!
II. *vi impers* + *haben* ■ **es eilt** c'est urgent; *es eilt nicht* il n'y a pas urgence, cela ne presse pas; ■ **es eilt mit etw** qc est urgent(e); ■ **es eilt jdm** qn est pressé(e)

eilends *adv* d'urgence

eilfertig I. *adj geh* empressé(e), diligent(e) *littér*
II. *adv geh* avec empressement

Eilfertigkeit *f geh* empressement *m*, diligence *f littér*

eilig I. *adj* **1.** (*dringend*) urgent(e)
2. (*schnell*) pressé(e); *mit ~en Schritten* à pas pressés; *nur nicht so ~!*

doucement!
▸ **jd hat es [mit etw] ~** qn est pressé(e) [de faire qc] ***wir haben es damit nicht so ~*** ça ne presse pas; **jd hat nichts E~eres zu tun als etw zu tun** *iron* qn n'a rien de plus pressé que de faire qc
II. *adv* rapidement, à toute vitesse
eiligst *adv* le plus vite possible
Eilpäckchen *nt* colis *m* [par] exprès **Eilsendung** *f* envoi *m* [par] exprès **Eiltempo** *nt* ▸ **im ~** *fam* à toute vitesse, en quatrième vitesse *fam* **Eilzug** *m* express *m* **Eilzustellung** *f* distribution *f* exprès
Eimer <-s, -> *m* seau *m*; (*Müll~*) poubelle *f*
▸ **es gießt wie mit [o aus] ~n** *fam* il pleut à seaux; **etw ist im ~** *sl* qc est foutu(e) *pop*, qc est nase *arg*
eimerweise *adv* par seaux entiers; (*in Eimern*) par seaux
ein *adv* (*eingeschaltet*) marche, on
ein, eine, ein I. *num* un(e); ***es ist ~ Uhr*** il est une heure; *s. a.* **eins**
▸ **~ für alle Mal** une [bonne] fois pour toutes; **mein/sein ~ und alles** tout ce que j'ai/qu'il a de plus cher; **~ und derselbe/dieselbe/dasselbe** une seule et même personne/chose; ***das ist doch ~ und dasselbe*** c'est du pareil au même *fam*
II. *art indef* **1.** un(e); ***als Tochter ~es Lehrers*** en tant que fille d'enseignant; ***~e Hitze ist das hier!*** il fait une de ces chaleurs ici!; ***wenn ich so ~ Kerl wie du wäre*** si j'étais aussi costaud que toi; ***was ist das für ~ Lärm!*** qu'est-ce que c'est que ce bruit!; ***so ~e Frechheit!*** quelle insolence!; *s. a.* **eine(r, s)**
2. (*jeder*) les + *subst au pl*; ***~ Piranha ist ein sehr gefräßiger Fisch*** les piranhas sont des poissons très voraces
einachsig [-aksɪç] *adj* à un essieu; ■ **etw ist ~** qc a un [seul] essieu
Einakter <-s, -> *m* pièce *f* en un acte
einander *pron geh* se/nous/vous; ***sie gleichen ~*** ils se ressemblent; ***reicht ~ die Hände*** donnez-vous la main
ein|arbeiten I. *vr* ■ **jd arbeitet sich ein** (*am Arbeitsplatz*) qn s'adapte; ■ **jd arbeitet sich [in etw (*akk*)] ein** qn se met au courant [de qc]
II. *vt* **1.** ■ **jd arbeitet jdn ein** qn forme qn; ■ **jd arbeitet jdn in etw (*akk*) ein** qn initie qn à qc, qn met qn au courant de qc; *in neues Aufgabengebiet* qn familiarise qn avec qc
2. (*einfügen*) ■ **jd arbeitet etw [in etw (*akk*)] ein** *Futter, Polster* qn coud qc [dans qc]; *Ergänzung, Zitat* qn insère qc [dans qc]
3. (*einholen*) ■ **jd arbeitet etw ein** *Rückstand, Zeit* qn rattrape qc
Einarbeitungszeit *f* période *f* de formation
einarmig I. *adj Mensch* manchot(e); ■ **der/die E~e** le/la manchot(e)
II. *adv* avec un [seul] bras
ein|äschern *vt* **1.** ■ **jd äschert jdn ein** qn incinère qn
2. (*durch Feuer vernichten*) ■ **etw äschert etw ein** qc réduit qc en cendres
Einäscherung <-, -en> *f* incinération *f*
ein|atmen I. *vt* ■ **jd atmet etw ein** qn respire qc; *Gas, Dämpfe a.* qn inhale qc
II. *vi* ■ **jd atmet ein** qn inspire
einäugig *adj* borgne; ■ **der/die E~e** le/la borgne
Einbahnstraße *f* sens *m* unique, rue *f* à sens unique
ein|balsamieren * I. *vt* ■ **jd balsamiert jdn ein** qn embaume qn
▸ **jd kann sich (*dat*) ~ lassen** *fam* qn peut prendre sa retraite *hum*
II. *vr hum fam* ■ **jd balsamiert sich [mit etw] ein** *mit Duftwasser etc* qn s'asperge [de qc]; *mit Salbe etc* qn s'enduit le corps [de qc]
Einbalsamierung <-, -en> *f* embaumement *m*
Einband <-bände> *m* reliure *f*
einbändig *adj* en un volume; ■ **etw ist ~** qc est en un volume
Einbau <-bauten> *m* **1.** ∅ (*das Einbauen*) installation *f*; [*Getriebe, Motor, Achse etc*] pose *f*, montage *m*
2. *meist pl* (*eingebautes Teil*) équipement *m*
Einbau- encastrable
ein|bauen *vt* **1.** (*montieren*) ■ **jd baut etw [in etw (*akk*)] ein** *Küche, Bad, Schrank, Steckdose* qn installe qc [dans qc]; *Motor, Achse, Gerätetel* qn pose [*o* monte] qc; ■ **eingebaut** *Küche, Blitzlicht, Netzteil* intégré(e); ***eingebauter Schrank*** armoire *f* encastrable; (*kleiner Schrank*) placard *m*
2. *fam* (*einfügen*) ■ **jd baut etw [in etw (*akk*)] ein** *Hinweis, Zitat* qn insère qc [dans qc]; *Theorie* qn intègre qc [dans qc]
Einbauküche *f* cuisine *f* intégrée
Einbaum *m* pirogue *f*
Einbaumöbel *pl* mobilier *m* encastrable **Einbauschrank** *m* placard *m*
ein|behalten * *vt irreg* ■ **jd behält etw ein** qn retient qc
einbeinig *adj Mensch* unijambiste; *Hocker* à un pied; ■ **der/die E~e** l'unijambiste *mf*
ein|berufen * *vt irreg* **1.** (*zusammentreten lassen*) ■ **jd beruft jdn/etw ein** qn convoque qn/qc
2. MIL ■ **jd beruft jdn ein** qn incorpore qn
Einberufene(r) *f(m) decl wie adj* appelé(e) *m(f)*
Einberufung *f* convocation *f*; MIL incorporation *f*; (*Einberufungsbescheid*) avis *m* d'incorporation
Einberufungsbescheid *m* avis *m* d'incorporation
ein|betonieren * *vt* ■ **jd betoniert etw ein** *Halterung, Zaunpfahl etc* qn scelle qc dans du béton; ***der Pfahl wurde in den Boden einbetoniert*** le poteau a été scellé dans le sol; ■ **jd betoniert jdn ein** qn coule qn dans du béton
ein|betten *vt* ■ **jd bettet etw in etw (*akk*) ein** *Fundament* qn implante qc dans qc; *Implantat* qn insère qc dans qc
Einbettzimmer *nt* chambre *f* à un lit; (*im Krankenhaus*) chambre *f* privée
ein|beulen I. *vt* ■ **jd beult [jdm] etw ein** qn [lui] cabosse qc; ***der Wagen wurde vorne eingebeult*** la voiture a été cabossée à l'avant
II. *vr* ■ **etw beult sich ein** qc se déforme
ein|beziehen * *vt irreg* ■ **jd bezieht jdn [in etw (*akk*) mit] ein** *in Aufführung* qn fait participer qn [à qc]; *in Diskussion a.* qn implique qn [dans qc]; *in Planung, Arbeit* qn associe qn [à qc]; ■ **jd bezieht etw [in etw (*akk*) mit] ein** qn prend en compte qc [pour [*o* dans] qc]
Einbeziehung *f*, **Einbezug** *m* CH (*das Berücksichtigen*) prise *f* en compte; (*das Beteiligen*) implication *f*
▸ **unter ~ von** eu égard à, compte tenu de
ein|biegen *vi irreg + sein* ■ **jd/etw biegt [in etw (*akk*)] ein** qn/qc tourne [dans qc]; ***der Fahrer/Wagen biegt nach links ein*** le conducteur/la voiture tourne à gauche; ***etw biegt nach rechts ein*** qc tourne à droite; ■ **etw biegt in etw (*akk*) ein** (*münden*) qc tourne pour aboutir dans qc
ein|bilden *vr* **1.** (*fälschlicherweise glauben*) ■ **jd bildet sich (*dat*) etw ein** qn s'imagine qc; ■ **jd bildet sich (*dat*) ein, dass** qn s'imagine que + *indic*
2. (*fantasieren*) ■ **jd bildet sich (*dat*) etw [nur] ein** qn s'imagine qc; ***das hast du dir nur eingebildet*** tu as rêvé
3. (*stolz sein*) ■ **jd bildet sich (*dat*) etwas auf etw (*akk*) ein** qn est fier(fière) de qc; ***auf ihre Schönheit bildet sie sich einiges ein*** elle n'est pas peu fière de sa beauté; ***darauf brauchst du dir nichts einzubilden*** tu n'as pas de quoi en être fier(fière)
▸ **du bildest dir wohl viel ein!** mais qu'est-ce que tu te crois!; **was bildest du dir eigentlich ein?** *fam* pour qui tu te prends? *fam*
Einbildung *f* **1.** ∅ (*Fantasie*) imagination *f*; ***das ist [bloße [o reine]] ~!*** c'est de l'imagination pure et simple!; ***das war keine ~ [von mir]*** je n'ai pas rêvé
2. ∅ (*Arroganz*) prétention *f*
▸ **~ ist auch eine Bildung!** *fam* tu peux/il/elle peut toujours courir! *fam*, tu rêves/il/elle rêve, ou quoi! *fam*; **jd leidet an ~** *hum fam* qn prend ses désirs pour des réalités
Einbildungskraft *f* ∅ imagination *f*
ein|binden *vt irreg* **1.** (*mit Einband versehen*) ■ **jd bindet etw [in etw (*akk*)] ein** *Buch* qn relie qc [en qc]
2. (*einbeziehen*) ■ **jd bindet etw [in etw (*akk*)] ein** *Gebiet, Land* qn intègre qc [dans [*o* à] qc]; ■ **jd bindet jdn [in etw (*akk*)] ein** qn engage qn [dans qc]; *Außenseiter* qn intègre qn [à qc]; ***sie will ihn in die Verantwortung ~*** elle veut l'impliquer sur le plan de la responsabilité; ■ **jd/etw ist in etw (*akk*) [gut] eingebunden** qn/qc fait partie intégrante de qc; ■ **jd lässt sich [in etw (*akk*)] ~** qn s'engage [dans qc]
Einbindung *f* ■ **die ~ eines Menschen/einer S. in etw (*akk*)** l'intégration *f* d'une personne/de qc dans qc
ein|bläuen[RR] *vt fam* ■ **jd bläut jdm etw ein** **1.** (*einschärfen*) qn rabâche qc à qn *fam*
2. (*einprügeln*) qn lui fait rentrer qc dans le crâne *fam*
ein|blenden I. *vt* ■ **jd blendet etw [in etw (*akk*)] ein** CINE, TV qn insère qc [dans qc]; RADIO qn intercale qc [dans qc]; ***jd blendet etw wieder ein*** INFORM qn réaffiche qc
II. *vr* TV, RADIO ■ **jd/etw blendet sich [in etw (*akk*)] ein** (*unterbrechen*) qn/qc intervient [dans qc]; (*sich dazuschalten*) qn/qc passe [*o* donne] l'antenne à qc; ***wir blenden uns wieder in die Übertragung des Spiels ein*** nous reprenons la retransmission en direct du match
Einblendung *f* **1.** (*das Einblenden*) insertion *f*
2. (*Unterbrechung*) coupure *f*; ***die ~ von Werbung*** la coupure publicitaire
ein|bleuen *s.* **einbläuen**
Einblick *m* **1.** (*Einsichtnahme*) aperçu *m*; ■ **~ in etw (*akk*)** aperçu de [*o* sur] qc
2. (*Sicht*): ***man hatte [einen] ~ in den Garten*** on pouvait voir dans le jardin
▸ **etw eröffnet jdm [...] ~e** qc ouvre des perspectives [...] à qn; **jd gewährt jdm ~ in etw (*akk*)** qn laisse qn regarder dans qc; *in Arbeitsweise, Produktionsmethode* qn laisse qn recueillir des informations sur qc; **jd gewinnt ~ in etw (*akk*)** qn peut se faire une idée de qc; **jd hat ~ in etw (*akk*)** (*kann hineinsehen*) *in Zimmer, Garten* qn a vue sur qc; (*ist informiert*) qn a connaissance de qc; **jd nimmt ~ in etw (*akk*)** *form* qn prend connaissance de qc
ein|brechen *irreg* I. *vi* **1.** + *sein o haben* (*Einbruch verüben*) ■ **jd bricht [bei jdm/in etw (*dat o akk*)] ein** qn cambriole qn/qc; ***bei mir ist eingebrochen worden*** j'ai été cambriolé(e)
2. + *sein* (*eindringen*) ■ **jd/etw bricht ein** /*Feind, Truppen*/ qn envahit le pays; /*Wasser*/ qc inonde; ■ **jd/etw bricht in etw (*akk*) ein** qn envahit qc/qc inonde qc
3. + *sein* (*durchbrechen*) ■ **jd bricht [auf etw (*dat*)] ein** *auf Eis, Eisdecke* qn passe au travers [de qc]
4. + *sein* (*einstürzen*) ■ **etw bricht ein** /*Eisdecke*/ qc se brise; /*Decke*/ qc s'effondre; /*Stollen, Tunnel*/ qc s'éboule, qc s'écroule
5. + *sein* (*Misserfolg haben*) ■ **jd/etw bricht ein** qn/qc s'effondre
II. *vt* + *haben* ■ **jd bricht etw ein** *Tür, Wand etc* qn enfonce qc
Einbrecher(in) *m(f)* cambrioleur(-euse) *m(f)*
Einbrenn <-, -en> *f* AUS (*Mehlschwitze*) roux *m*
ein|bringen *irreg* I. *vt* **1.** (*eintragen*) ■ **etw bringt [jdm] etw ein** qc rapporte qc [à qn]
2. (*beitragen*) ■ **jd bringt etw [in etw (*akk*)] ein** *Anteil, Vermögen, Geld, Know-how* qn apporte qc [dans qc]
3. AGR ■ **jd bringt etw ein** *Ernte etc* qn rentre qc
4. PARL (*vorschlagen*) ■ **jd bringt etw [in etw (*dat*)] ein** qn dépose qc [à qc]
II. *vr* ■ **jd bringt sich [bei etw/in etw (*akk*)] ein** qn s'investit [dans qc]
ein|brocken I. *vt fam*: ***jd brockt jdm etwas [Schönes] ein*** qn met qn dans le pétrin *fam*; ***da hast du uns wieder was eingebrockt!*** tu nous as encore mis dans de beaux draps!
II. *vr fam* ■ **jd brockt sich (*dat*) etw ein** qn cherche qc *fam*; ***das hast du dir selber eingebrockt!*** tu t'es mis tout seul dans ce pétrin! *fam*
Einbruch *m* **1.** JUR cambriolage *m*; ■ **der/ein ~ in etw (*akk*)** le/un cam-

briolage de qc
2. (*das Eindringen*) [*Wasser*] pénétration *f;* [*Polarluft*] poussée *f; **der ~ von Wasser*** l'inondation *f*
3. (*Einsturz*) effondrement *m*
4. [*Kurs, Preis*] chute *f;* ■ **¨e** baisses *fpl*
5. (*Verluste, Misserfolg*) échec *m;* ■ **¨e** pertes *fpl*
6. (*Beginn*) [*Nacht, Dämmerung, Dunkelheit*] tombée *f;* [*Winter*] irruption *f,* apparition *f; **vor ~ der Dunkelheit*** avant la tombée de la nuit
▸**jd begeht** [*o* **verübt**] **einen ~** [**in etw** (*akk*)] qn commet un cambriolage [dans qc]
Einbruch[s]diebstahl *m* vol *m* avec effraction ▸**jd begeht** [*o* **verübt**] **einen ~** qn commet un vol avec effraction **einbruch[s]sicher** *adj Fenster, Tür* antivol; *Gebäude* protégé(e) contre le vol; ***die Tür wurde ~ gemacht*** la porte a été équipée d'un dispositif anticambriolage **Einbruch[s]werkzeug** *nt* attirail *m* de cambrioleur
ein|buchten *vt sl* ■ **jd buchtet jdn ein** qn coffre qn *fam,* qn met qn en taule *arg*
Einbuchtung <-, -en> *f* 1. (*Delle*) trace *f* d'enfoncement, bosselure *f*
2. (*Bucht*) anse *f*
ein|buddeln I. *vt fam* ■ **jd buddelt jdn/etw ein** qn enterre qn/qc, qn enfouit qc; *s. a.* **verbuddeln**
II. *vr fam* ■ **jd buddelt sich ein** qn s'enterre
ein|bürgern I. *vt* 1. ADMIN ■ **jd bürgert jdn ein** qn naturalise qn; ***er kann sich in der*** [*o* ***die***] ***Schweiz ~ lassen*** il peut se faire naturaliser Suisse
2. (*heimisch machen*) ■ **jd bürgert ein Tier/etw** [**in etw** (*akk o dat*)] **ein** qn acclimate un animal/qc [dans qc]
3. (*übernehmen*) ■ **jd bürgert etw ein** *Fremdwort, Brauch etc* qn importe qc, qn assimile qc
II. *vr* 1. (*übernommen werden*) ■ **etw bürgert sich ein** /*Fremdwort, Brauch etc*/ qc s'implante
2. (*üblich werden*): ***es hat sich*** [***bei jdm/irgendwo***] ***so eingebürgert*** c'est devenu une habitude [chez qn/quelque part]
Einbürgerung <-, -en> *f* 1. ADMIN naturalisation *f; **er beantragt seine ~ nach Deutschland*** il veut se faire naturaliser Allemand
2. [*Pflanze, Tier*] acclimatation *f,* naturalisation *f spéc*
3. [*Fremdwort, Brauch etc*] importation *f,* introduction *f*
Einbuße *f* perte *f; **finanzielle ~n*** pertes financières; ***eine ~ an Macht/Einfluss*** une perte de pouvoir/d'influence
▸**jd erleidet** [**mit etw**] **~n** FIN qn subit des pertes [par suite de qc]; **etw tut jdm/einer S.** [**schwere**] **~** *geh* qc porte [un grave] préjudice à qn/qc
ein|büßen I. *vt* ■ **jd büßt etw ein** qn perd qc; ***er hat sein Leben/ein Bein eingebüßt*** il a perdu la vie/une jambe
II. *vi* ■ **jd/etw büßt an etw** (*dat*) **ein** qn/qc perd de son/sa qc; ***er hat sehr an Ansehen eingebüßt*** il a perdu beaucoup de son crédit
ein|checken [-tʃɛkn] I. *vi* ■ **jd checkt ein** qn se fait enregistrer; ***nach dem E~*** après l'enregistrement; ■ **jd checkt in etw** (*dat*) **ein** *in einem Hotel* (*sich anmelden*) qn se présente [à [*o* dans] qc]; (*absteigen*) qn descend dans qc
II. *vt* ■ **jd checkt jdn ein** qn enregistre qn; ■ **jd checkt etw ein** qn fait enregistrer qc
ein|cremen I. *vt* ■ **jd cremt** [**jdm**] **etw ein** qn [lui] met de la crème sur qc
II. *vr* ■ **jd cremt sich ein** qn se met de la crème; ***jd cremt sich mit Feuchtigkeitscreme ein*** qn se met de la crème hydratante; ■ **jd cremt sich** (*dat*) **etw ein** qn se met de la crème sur qc
ein|dämmen *vt* ■ **jd dämmt etw ein** *Fluss, Hochwasser* qn endigue qc; *Ausbreitung einer Seuche* qn enraie qc; *Inflation* qn jugule qc, qn enraie qc; *Kriminalität* qn endigue qc; *Brand* qn circonscrit qc
ein|dämmern *vi impers* CH ■ **es dämmert ein** le soir tombe
Eindämmung *f* [*Inflation, Kriminalität*] limitation *f;* [*Seuche*] enraiement *m; **eine ~ des Brandes konnte erreicht werden*** l'incendie a pu être circonscrit; ***unser Ziel ist die ~ der Seuche*** notre objectif est d'enrayer l'épidémie
ein|decken I. *vr* ■ **jd deckt sich** [**mit etw**] **ein** *mit Lebensmitteln* qn s'approvisionne [en qc]; *mit Kleidung* qn s'équipe [de [*o* en] qc]; *mit Kohle, Holz* qn fait des provisions [de qc]
II. *vt* 1. CONSTR ■ **jd deckt etw** [**mit etw**] **ein** qn couvre qc [de qc]
2. *fam* (*überhäufen*) ■ **jd deckt jdn mit etw ein** qn submerge qn de qc; ■ **jd ist mit etw eingedeckt** qn croule sous qc, qn est submergé(e) de qc
ein|deichen *vt* ■ **jd deicht etw ein** qn endigue qc
ein|dellen *vt fam* ■ **jd dellt** [**jdm**] **etw ein** qn [lui] enfonce qc
eindeutig I. *adj* 1. *Absicht, Anordnung* clair(e); *Stellungnahme a.* sans équivoque; *Absage, Bitte, Weigerung* explicite; ***~er geht es nicht*** [***mehr***]! ça ne peut pas être plus clair!; ***diese Erklärung war nicht ~ genug*** cette explication n'était pas suffisamment claire
2. *Beweis, Niederlage, Sieg* indiscutable; *Aussage* clair(e), explicite
II. *adv* 1. (*unmissverständlich*) clairement
2. (*klar*) manifestement; ***ganz ~*** de toute évidence
Eindeutigkeit <-> *f* ∅ 1. (*Unmissverständlichkeit*) clarté *f*
2. (*Unzweifelhaftigkeit*) netteté *f;* [*Beweis*] caractère *m* indiscutable
ein|deutschen *vt* 1. LING ■ **jd deutscht etw ein** *Fremdwort, Familienname* qn germanise qc; ■ **eingedeutscht** *Schreibung* germanisé(e)
2. POL ■ **jd deutscht jdn/etw ein** *Ausländer, Gebiet* qn germanise qn/qc
ein|dicken I. *vt + haben* ■ **jd dickt etw ein** qn épaissit qc, qn lie qc
II. *vi + sein* ■ **etw dickt ein** /*Farbe*/ qc durcit; /*Soße*/ qc épaissit
eindimensional *adj* 1. MATH unidimensionnel(le)
2. *Denkweise* monolithique
ein|dolen *vt* CH ■ **jd dolt etw ein** qn canalise qc
ein|dosen *vt* ■ **jd dost etw ein** qn met qc en conserve; ***eingedostes Fleisch*** viande *f* en conserve
ein|dösen *vi + sein fam* ■ **jd döst ein** qn s'assoupit
ein|drängen *vi + sein* ■ **jd drängt auf jdn ein** qn harcèle qn; /*Fans*/ qn assiège qn; ■ **etw drängt auf jdn ein** qc se bouscule dans la tête de qn
ein|drecken I. *vi + sein fam* ■ **etw dreckt ein** qc s'encrasse
II. *vr + haben fam* ■ **jd dreckt sich ein** qn se dégueulasse *fam*
ein|drehen *vt* ■ **jd dreht etw** [**in etw** (*akk*)] **ein** qn visse qc [dans qc]; ***jd dreht jdm/sich die Haare ein*** qn lui/se met des bigoudis [*o* rouleaux]
ein|dreschen *vi irreg fam* ■ **jd drischt auf jdn ein** (*einprügeln*) qn flanque une raclée à qn *fam;* (*beschimpfen*) qn tombe sur qn *fam*
ein|dringen *vi irreg + sein* 1. (*einbrechen*) ■ **jd dringt in etw** (*akk*) **ein** qn s'introduit dans qc
2. (*vordringen*) ■ **jd/etw dringt in etw** (*akk*) **ein** qn/qc pénètre dans qc
3. (*hineindringen, hineinsickern*) ■ **etw dringt** [**in etw** (*akk*)] **ein** /*Messer, Geschoss, Wasser, Gas*/ qc pénètre [dans qc]
4. (*sich kundig machen*) ■ **jd dringt in etw** (*akk*) **ein** qn étudie qc
5. (*sich verbreiten*) ■ **etw dringt in etw** (*akk*) **ein** *in Sprache, Wortschatz* qc passe dans qc
6. (*bestürmen*) ■ **jd dringt** [**mit etw**] **auf jdn ein** qn harcèle qn [de qc]
eindringlich I. *adj Bitte, Forderung, Stimme, Worte, Warnung* pressant(e); *Rede* suppliant(e); *Schilderung* saisissant(e), impressionnant(e)
II. *adv* avec insistance; ***~st*** avec beaucoup d'insistance
Eindringlichkeit *f* [*Bitte, Forderung, Warnung*] insistance *f;* [*Schilderung a.*] intensité *f*
Eindringling <-s, -e> *m* intrus(e) *m(f)*
Eindruck <-drücke> *m* 1. impression *f; **der erste ~, den der Kandidat erweckt/erweckte*** la première impression faite [*o* laissée] par le candidat; ***die ¨e meines Besuches/meiner Reise*** mes impressions de visite/voyage
2. *rare* (*eingedrückte Spur*) empreinte *f*
▸**jd erweckt den ~, als täte er etw** [*o* **dass er etw täte**] qn donne l'impression de faire qc; **etw erweckt den ~, als** qc donne l'impression de; **jd kann sich des ~s nicht erwehren, dass** *geh* qn n'arrive pas à se défaire de l'impression que + *indic;* **jd gewinnt** [**von jdm/etw**] **den ~, dass** qn a peu à peu le sentiment [à propos de qn/qc] que + *indic;* **jd hat den ~, dass** qn a l'impression que + *indic;* **ich habe nicht diesen ~** je n'ai pas cette impression; **jd macht** [**auf jdn**] **einen ... ~** qn donne [à qn] l'impression d'être ...; **jd macht** [**auf jdn**] **den ~ eines ...** qn donne [à qn] l'impression d'être ...; **jd/etw macht ~ auf jdn** qn/qc fait impression sur qn, qn/qc impressionne qn; ***diese Drohung macht auf ihn großen/keinen/keinen großen/nicht den geringsten ~*** cette menace fait grande impression/ne fait aucune impression/aucune véritable impression/pas la moindre impression sur lui; **jd will** [**bei jdm**] **~ machen** [*o* **schinden** *fam*] qn veut faire impression [auprès de qn]; ***jd will ~ machen*** qn veut épater la galerie *fam;* **jd sammelt ¨e** qn emmagasine des impressions; **jd steht unter dem ~ einer S.** (*gen*) qn est sous le coup de qc; **etw verfehlt seinen ~ auf jdn nicht** qc ne rate pas son effet sur qn
ein|drücken I. *vt* 1. (*beschädigen*) ■ **jd/etw drückt etw ein** /*Mensch, Wassermassen*/ qn/qc enfonce qc; /*Sturm, Explosion*/ qc défonce qc, qc démolit qc
2. (*verletzen*) ■ **jd/etw drückt jdm etw ein** qn/qc lui écrase qc; *Brustkorb a.* qn/qc lui enfonce qc; ***der Fahrer drückte sich*** (*dat*) ***mit dem Lenkrad den Brustkorb ein*** le conducteur a eu la cage thoracique enfoncée par le volant
II. *vr* ■ **etw drückt sich in etw** (*akk*) **ein** qc laisse des marques sur qc
eindrücklich *adj* CH *s.* **eindrucksvoll**
eindrucksvoll I. *adj* impressionnant(e)
II. *adv* de façon saisissante
ein|dunkeln *vi impers* CH *s.* **eindämmern**
eine(r, s) *pron indef* 1. (*jemand*) quelqu'un; ***~s von den Kindern*** un des enfants; ■ **der/die/das ~ ...** [l']un/[l']une des ...; ***das ~ Buch habe ich schon gelesen*** j'ai déjà lu [l']un de ces livres; ***der ~ dieser Kerle*** [l']un de ces individus; ***die ~n sagen so*** il y en a qui disent ça; *s. a.* **ein**
2. *fam* (*man*): ***und das soll ~r glauben?*** laisse-moi rire! *fam;* ***dieser Film macht ~n traurig*** ce film [vous] rend triste
3. (*ein Punkt*) ■ **~s, eins** une chose; *s. a.* **eins**
▸**du bist mir** [**...**] **~**(**r**)! *fam* [non mais,] toi alors!; **das ist ~r!** c'est quelqu'un!; **~r für alle, alle für ~n** *prov* un pour tous, tous pour un
ein|ebnen *vt* ■ **jd/etw ebnet etw ein** qn/qc aplanit qc, qn/qc nivelle qc
Einehe *f* monogamie *f*
eineiig *adj Zwilling* univitellin(e), monozygote, vrai(e)
eineinhalb *num* un(e) ... et demi(e); ***~ Jahre*** un an et demi
eineinhalbmal *adv* une fois et demie
Einelternfamilie [-liə] *f* famille *f* monoparentale
einen *vt geh* ■ **jd/etw eint etw/Menschen** qn/qc unit qc/des gens; /*äußere Gefahr, Gedanke a.*/ qc soude qc/des gens
ein|engen *vt* 1. (*bedrängen*) ■ **jd engt jdn ein** qn étouffe qn
2. (*beschränken*) ■ **jd engt jdn in etw** (*dat*) **ein** qn restreint qn dans qc
3. (*beengen*) ■ **etw engt jdn ein** /*Kleidungsstück*/ qc serre qn; ***jd fühlt sich*** [***in etw*** (*dat*)] ***eingeengt*** qn est [*o* se sent] étriqué(e) [dans qc]
4. (*begrenzen*) ■ **jd engt etw** [**auf etw** (*akk*)] **ein** *Begriff, Bedeutung* qn circonscrit [*o* limite] qc [à qc]
Einengung <-, -en> *f* 1. (*Bedrängung*) servitude *f*
2. (*Beschränkung*) restriction *f,* limitation *f*
einer *pron s.* **eine**
Einer <-s, -> *m* 1. MATH unité *f*
2. SPORT skif[f] *m*
einerlei *adj inv pred* ■ **etw ist jdm ~** qc lui est égal; ***das ist mir ~*** ça m'est égal; ■ **~, ob** tant pis si
Einerlei <-s> *nt* ∅ monotonie *f*
einerseits *adv* ▸**~ ... andererseits ...** d'un côté ..., de l'autre [côté] [*o* d'un

autre côté] ...; ***was du sagst, ist ~ richtig, andererseits ...*** d'un côté, ce que tu dis est juste, d'un autre côté, ...

Einerzimmer *nt* CH *s.* **Einzelzimmer**

eines *pron s.* **eine**

einesteils *adv* ▸ ~ ... **ander[e]nteils** ... d'une part ..., d'autre part ...

einfach I. *adj* 1. (*opp: schwierig*) *Grund* simple; *Aufgabe, Rätsel, Sache, Frage a.* facile; ***etw ist kein ~es Unterfangen*** qc n'est pas si simple [*o* pas une mince affaire]
2. *Maschine* simple; ***eine ganz ~e Konstruktion*** une construction élémentaire
3. (*gewöhnlich*) *Mensch, Schuhe, Essen* simple
4. (*nicht doppelt*) *Knoten, Faden* simple; *Ausfertigung* en un exemplaire; *Buchführung* en partie simple; EISENBAHN *Fahrt* simple; ***eine ~e Fahrkarte*** un aller simple; ***einmal ~ nach München*** un aller simple [pour] Munich
▸ **warum ~, wenn's auch umständlich geht?** *iron.* pourquoi faire simple quand on peut faire compliqué?; **jd macht es sich** (*dat*) [**mit etw**] **zu ~** qn s'en tire un peu vite [avec qc]
II. *adv* 1. (*leicht*) *verstehen* facilement, aisément; *erklären* simplement; ***etw ist ~ zu verstehen*** qc est facile à comprendre
2. (*schlicht*) simplement
3. (*einmal*) *zusammenfalten, zusammenlegen* en deux; ***du solltest den Faden ~ nehmen*** tu devrais mettre le fil en simple
4. (*geradezu*) vraiment, tout simplement; ~ ***herrlich*** vraiment formidable
5. (*ohne weiteres*) *weggehen, ohrfeigen, hinunterschlingen* tout bonnement; ***du kannst doch nicht ~ verschwinden!*** tu ne peux tout de même pas t'en aller comme ça!
6. *verneint* (*zur Verstärkung*) tout simplement; ***es will ~ nichts werden*** ça ne veut pas marcher

Einfachheit <-> *f* Ø simplicité *f*
▸ **der ~ halber** pour plus de simplicité, pour simplifier

ein|fädeln I. *vt* 1. ■ **jd fädelt etw ein** *Nadel* qn enfile qc; *Nähmaschine* qn charge qc de fil; ■ **jd fädelt etw** [**in etw** (*akk*)] **ein** *Faden, Garn* qn fait passer qc [dans qc]; *Film, Tonband* qn engage qc [dans qc]
2. *fam* (*anbahnen*) ■ **jd fädelt etw ein** *Geschäft etc* qn combine qc; *Intrige* qn manigance qc *fam*
II. *vr* AUT ■ **jd fädelt sich** [**in etw** (*akk*)] **ein** qn s'insère [dans qc]

ein|fahren *irreg* I. *vi + sein* 1. ■ **jd/etw fährt** [**in etw** (*akk*)] **ein** */Rennfahrer, Zug/* qn/qc fait son entrée [dans/sur qc]; */Schiff/* **in** *Hafen* qc entre dans qc; ***der Zug fährt in den Bahnhof ein*** le train entre en gare
2. MIN ■ **jd fährt** [**in etw** (*akk*)] **ein** qn descend [dans qc]
II. *vt + haben* 1. (*kaputtfahren*) ■ **jd/etw fährt etw ein** qn/qc défonce qc
2. AUT, AVIAT, NAUT (*einziehen*) ■ **jd fährt etw ein** qn rentre qc
3. AUT ■ **jd fährt etw ein** *neuen Wagen* qn rode qc
4. (*erzielen*) ■ **jd fährt etw ein** *Verlust, Gewinn* qn enregistre qc
5. AGR ■ **jd fährt etw ein** qn rentre qc

Einfahrt *f* 1. Ø [*Zug*] entrée *f* en gare; [*Radrennfahrer*] passage *m* [*Schiff*] arrivée *f* au port
2. (*Zufahrt*) voie *f* d'accès
▸ ~ **freihalten!** sortie de véhicules; **ein Zug hat ~/hat keine ~** un train entre en gare/n'a pas la voie libre

Einfall *m* 1. (*Idee*) idée *f*; ***du hast manchmal ~e!*** tu as parfois de ces idées!
2. MIL ■ **jds ~ in etw** (*akk*) invasion *f* de qc par qn; ***der ~ des Feindes in unser Land*** l'invasion de notre pays par l'ennemi
3. [*Licht, Strahlen*] pénétration *f*
▸ **jd kommt auf den ~ etw zu tun** l'idée vient à qn de faire qc

ein|fallen *vi irreg + sein* 1. (*in den Sinn kommen*) ■ **jdm fällt etw ein** qc vient à l'esprit de qn; ***mir wird schon was ~*** je vais bien trouver quelque chose
2. (*in Erinnerung kommen*) ■ **jdm fällt etw** [**wieder**] **ein** qn retrouve qc
3. (*einstürzen*) ■ **etw fällt ein** qc s'écroule
4. (*eindringen*) ■ **jd fällt in etw** (*akk*) **ein** qn envahit qc
5. ■ **etw fällt** [**in etw** (*akk*)] **ein** */Licht/* qc rentre [dans qc]
6. (*einsetzen*) ■ **jd/etw fällt** [**in etw** (*akk*)] **ein** */Chor, Singstimmen/* qn/qc se joint à qc, qn/qc commence à chanter; */Instrument/* qc se joint à qc, qc commence à jouer; (*dazwischenreden*) qn place son mot [dans qc]
7. (*einsinken*) ■ **etw fällt ein** */Gesicht, Wangen/* qc se creuse; *s. a.* **eingefallen**
▸ **jd lässt sich** (*dat*) **etwas ~** qn trouve quelque chose; ***sie haben sich einiges ~ lassen*** ils ont eu pas mal d'idées; ***da musst du dir etwas anderes/Besseres ~ lassen*** trouve autre chose! *fam*; **was fällt Ihnen ein!** qu'est-ce qui vous prend? *fam*

einfallslos *adj, adv* sans imagination

Einfallslosigkeit <-> *f* Ø [*Mensch*] absence *f* [*o* manque *m*] d'imagination; [*Entwurf, Design, Gestaltung etc*] manque *m* d'originalité

einfallsreich I. *adj Entwurf, Design, Gestaltung* qui fait preuve d'imagination, ingénieux(-euse); *Mensch a.* imaginatif(-ive) II. *adv* de façon ingénieuse; (*originell*) de manière originale **Einfallsreichtum** *m* Ø [*Mensch*] ingéniosité *f* **Einfallswinkel** *m* angle *m* d'incidence

Einfalt <-> *f* Ø naïveté *f*, candeur *f*
▸ [**o/du**] **heilige ~!** o splendide innocence!; **in seiner ~** dans sa naïveté

einfältig I. *adj Mensch* naïf(-ïve), niais(e) *péj*; *Frage* naïf(-ïve); *Gemüt* candide
II. *adv fragen, tun* naïvement, candidement; ***tu doch nicht so ~*** ne joue pas les naïfs/naïves

Einfaltspinsel *m pej fam* gogo *m fam*, nigaud(e) *m(f)*

Einfamilienhaus [-liən-] *nt* maison *f* individuelle

ein|fangen *irreg* I. *vt* 1. (*wieder fangen*) ■ **jd fängt jdn** [**wieder**] **ein** qn reprend qn; ■ **jd fängt ein Tier** [**wieder**] **ein** qn capture à nouveau [*o* reprend] un animal
2. (*wiedergeben*) ■ **jd fängt etw** [**in etw** (*dat*)] **ein** *Stimmung, Atmosphäre* qn rend qc [dans qc]
II. *vr fam* ■ **jd fängt sich** (*dat*) **etw ein** *Grippe, Schnupfen* qn attrape qc; ***er hat sich*** (*dat*) ***eine Erkältung eingefangen*** il a attrapé froid

ein|färben *vt* 1. ■ **jd färbt etw blond/schwarz/... ein** *Haar, Stoff* qn teint qc en blond/noir/...; ■ **etw färbt etw ein** (*beim Waschen*) qc déteint sur qc
2. TYP ■ **jd färbt etw** [**mit etw**] **ein** qn encre qc [avec qc]

einfarbig I. *adj* uni(e), unicolore, d'une seule couleur
II. *adv streichen* d'une seule couleur

einfärbig *adj, adv* AUS *s.* **einfarbig**

ein|fassen *vt* ■ **jd fasst etw** [**mit etw**] **ein** 1. *Beet, Grab, Quelle* qn borde qc [de qc]; *Garten, Grundstück* qn entoure qc [de qc]; (*umsäumen*) *mit Borte* qn galonne qc; ***jd fasst ein Kleid*** [***mit einem Saum***] ***ein*** qn ourle une robe
2. *Edelstein* qn sertit qc, qn enchâsse qc

ein|fetten I. *vt* ■ **jd fettet etw** [**mit etw**] **ein** *Backform, Kuchenblech* qn graisse qc [avec qc]; *Leder etc* qn graisse qc [avec qc]; *Haut* qn enduit qc [de qc]
II. *vr* ■ **jd fettet sich ein** qn se met de la crème; ■ **jd fettet sich** (*dat*) **etw ein** *Haut, Hände* qn se met de la crème sur qc

ein|finden *vr irreg form* ■ **jd findet sich** [**irgendwo**] **ein** qn arrive [quelque part]

ein|flechten *vt irreg* 1. ■ **jd flicht etw** [**in etw** (*akk*)] **ein** *Band, Muster* qn tresse qc [dans qc]; *Bänder, Blumen* qn entrelace qc [dans qc]
2. (*einfließen lassen*) ■ **jd flicht etw** [**in etw** (*akk*)] **ein** qn glisse qc [dans qc]; ■ **jd flicht ein, dass** qn signale [*o* glisse] que + *indic*

ein|fliegen *irreg* I. *vt + haben* 1. (*transportieren*) ■ **jd/etw fliegt jdn/etw** [**in etw** (*akk*)] **ein** qn/qc achemine qn/qc par avion [dans/en qc]
2. (*machen*) ■ **jd fliegt etw ein** *Gewinn* qn engrange qc; *Verlust* qn essuie qc
II. *vi + sein* ■ **jd fliegt ein** qn arrive par avion

ein|fließen *vi irreg + sein* 1. (*als Zuschuss*) ■ **etw fließt** [**in etw** (*akk*)] **ein** qc est alloué(e) [à qc]
2. METEO ■ **etw fließt in etw** (*akk*)**/nach etw ein** qc souffle vers qc
▸ **jd lässt ~, dass** qn mentionne [incidemment] que + *indic*

ein|flößen *vt* 1. (*geben*) ■ **jd flößt jdm etw ein** *Arznei* qn fait avaler [*o* prendre] qc à qn
2. (*erwecken*) ■ **jd/etw flößt jdm etw ein** *Ehrfurcht, Vertrauen etc* qn/qc inspire qc à qn; ***du flößt ihm Angst ein*** tu lui fais peur; ***das flößt mir wieder Mut ein*** ça me redonne courage

Einflugschneise *f* axe *m* d'atterrissage

Einfluss[RR] *m* 1. (*Einwirkung*) [*Mensch*] influence *f*; [*Witterung, Wind*] action *f*; ■ **jds ~ auf jdn** l'influence de qn sur qn
2. (*Beziehungen*) influence *f*, crédit *m*
▸ **jd besitzt** [*o* **hat**] **~** qn a [*o* possède] de l'influence; ***er besitzt einigen/großen/ziemlichen ~*** il possède quelque/une grande/une certaine influence; **jd gerät unter jds ~** (*akk*) qn tombe sous l'influence de qn; **jd/etw hat auf etw** (*akk*) **~** qn/qc a une influence sur qc; **jd hat ~ auf jdn, jd übt ~ auf jdn aus** qn a [*o* exerce] une influence sur qn; **jd macht seinen ~ geltend** qn fait jouer son crédit; **jd nimmt auf etw** (*akk*) **~** qn pèse sur qc; **jd steht unter dem ~ von jdm/etw** qn est [*o* se trouve] sous l'influence de qn/qc; **unter dem ~ von jdm/etw** sous l'influence de qn/qc; ***unter*** [***dem***] ***~ von Alkohol*** sous l'effet [*o* l'influence] de l'alcool

Einflussbereich[RR] *m* 1. POL sphère *f* d'influence
2. METEO zone *f* d'influence

einflusslos[RR] *adj* sans influence; ***ich bin nicht so ~, wie du denkst*** j'ai plus d'influence que tu ne le penses

Einflussnahme[RR] <-, *rare* -n> *f form* ■ **jds ~** [**auf etw** (*akk*)] l'immixtion *f* de qn [dans qc] *soutenu*, l'ingérence *f* de qn [dans qc]; ***versuchte ~*** tentative *f* d'ingérence; ■ **jds ~ auf jdn** l'influence *f* de qn sur qn

einflussreich[RR] *adj* influent(e)

ein|flüstern *vt pej* ■ **jd flüstert jdm etw ein** qn souffle qc à qn; (*vorsagen*) *Lösung, Antwort, Text* qn lui souffle qc à l'oreille

Einflüsterung <-, -en> *f pej* bon conseil *m iron*

ein|fordern *vt geh* ■ **jd fordert etw** [**von jdm**] **ein** qn exige qc [de qn]

einförmig I. *adj* uniforme
II. *adv verlaufen* de façon uniforme

Einförmigkeit <-, -en> *f* uniformité *f*

ein|frieden *vt geh* ■ **jd friedet etw** [**mit etw**] **ein** qn enclôt qc [avec qc] *soutenu*

Einfriedung <-, -en> *f geh* 1. (*das Einfrieden*): ***die ~ des Gartens dauerte zwei Tage*** il a fallu deux jours pour enclore le jardin
2. (*Umzäunung*) enclos *m soutenu*

ein|frieren *irreg* I. *vi + sein* 1. ■ **etw friert ein** */Wasserleitung/* qc gèle
2. ■ **etw friert in etw** (*dat*) **ein** */Schiff/* qc est pris(e) dans les glaces dans qc
II. *vt + haben* ■ **jd friert etw ein** (*konservieren*) qn congèle qc; (*suspendieren, festlegen*) qn gèle qc

Einfrierung <-, -en> *f* [*diplomatische Beziehungen, Projekt, Planung*] gel *m*; [*Löhne, Gehälter, Preise, Konto a.*] blocage *m*

ein|fügen I. *vt* 1. ■ **jd fügt etw** [**in etw** (*akk*)] **ein** *Bauteile, Maschinenteile* qn encastre [*o* ajuste] qc [dans qc]; *Ziegel* qn pose qc [sur qc]
2. (*einfließen lassen*) ■ **jd fügt etw** [**in etw** (*akk*)] **ein** qn introduit qc [dans qc]; ***darf ich kurz ~, dass*** puis-je signaler brièvement que + *indic*
II. *vr* 1. ■ **jd fügt sich** [**in etw** (*akk*)] **ein** *in Internatsleben* qn s'intègre [à [*o* dans] qc]; *in bestehende Verhältnisse* qn s'adapte [à qc]; *in Gemeinschaft* qn s'insère [dans qc]
2. ■ **etw fügt sich** [**in etw** (*akk*)] **ein** *in Umgebung etc* qc s'intègre [à [*o* dans] qc]

Einfügetaste *f* INFORM touche *f* Insertion

ein|fühlen *vr* ■ **jd fühlt sich in jdn ein** qn se met à la place de qn; ***ein guter Schauspieler fühlt sich in jede Rolle ein*** un bon acteur entre [*o* se met] dans la peau de chaque personnage; ■ **jd fühlt sich in etw** (*akk*) **ein** qn s'imprègne de qc, qn intériorise qc

einfühlsam I. *adj Mensch, Verhalten, Worte* compréhensif(-ive); *Begründung, Kritiker* subtil(e)
II. *adv* avec tact; *schildern* avec beaucoup de sensibilité

Einfühlungsvermögen *nt* (*gegenüber Menschen*) faculté *f* d'identification, intuition *f*; (*gegenüber Werken etc*) sensibilité *f*

Einfuhr <-, -en> *f* importation *f*

Einfuhr- d'importation; *~**beschränkung*** limitation *f* des importations

ein|führen I. *vt* 1. (*importieren*) ■ **jd führt etw ein** qn importe qc
2. (*bekannt machen*) ■ **jd führt etw [irgendwo] ein** *Mode, Sitte* qn introduit qc [quelque part]; *Firma* qn implante qc [quelque part]; *Artikel* qn lance qc [quelque part]
3. (*verordnen*) ■ **jd führt etw [in etw** (*dat*)] **ein** *Lehrbuch, Sommerzeit, gleitende Arbeitszeit* qn introduit qc [dans/en qc]
4. (*einweisen*) ■ **jd führt jdn [in etw** (*akk*)] **ein** qn initie qn [à qc]
5. (*hineinschieben*) ■ **jd führt etw [in etw** (*akk*)] **ein** qn introduit qc [dans qc]
II. *vr:* ***jd führt sich gut/hervorragend ein*** qn fait bonne/très bonne impression
III. *vi* ■ **jd/etw führt in etw** (*akk*) **ein** qn/qc initie à qc; ***das Buch führt in die Anfangsgründe der Astrophysik ein*** ce livre constitue une initiation à l'astrophysique; ■ **~d** *Bemerkungen* initial(e), préliminaire; ***~de Worte*** paroles d'introduction

Einfuhrland *nt* pays *m* importateur **Einfuhrsperre** *f* arrêt *m* des importations

Einführung *f* 1. (*das Einführen*) [*Neuerung, Brauch, Todesstrafe, Lehrbuch*] introduction *f*
2. (*Einweisung*) ■ **jds ~ [in etw** (*akk*)] *in Tätigkeit, Amt, Obliegenheiten* initiation *f* de qn [à qc]; (*Amts~*) installation *f* de qn [dans qc]
3. (*Einleitung*) ■ **~ [in etw** (*akk*)] introduction *f* [à qc]; ***einige Worte zur ~*** quelques paroles d'introduction

Einführungs- *-seminar, -lehrgang, -besprechung* d'initiation; *~**preis*** prix *m* de lancement; *~**kurs*** FIN cours *m* initial

Einfuhrzoll *m* taxe *f* à l'importation

ein|füllen *vt* ■ **jd füllt etw [in etw** (*akk*)] **ein** qn verse qc [dans qc]

Einfüllöffnung *f* orifice *m* de remplissage **Einfüllstutzen** *m* tubulure *f* de remplissage

Eingabe *f* 1. ADMIN ■ **~ [an jdn]** pétition *f* [*o* requête *f*] [auprès de qn]
2. (*das Verabreichen*) administration *f*
3. INFORM entrée *f*
▶ **jd macht eine ~ [an jdn]** qn adresse une pétition [*o* requête] [à qn]

Eingabeaufforderung *f* INFORM signal *m* de sollicitation, invite *f* **Eingabegerät** *nt* INFORM périphérique *m* [*o* unité *f*] d'entrée-sortie **Eingabetaste** *f* INFORM touche *f* Entrée

Eingang <-gänge> *m* 1. (*Tür, Tor*) entrée *f*
2. (*Zugang*) [*Ortschaft, Lichtung, Schonung*] entrée *f*; [*Wald*] lisière *f*; [*Moor*] bord *m*
3. *pl* (*Post in Büro*) courrier *m*
4. ∅ (*Erhalt*) réception *f*; ***nach ~*** après réception
5. ∅ (*Beginn*) [*Vortrag, Veranstaltung*] prologue *m*, préambule *m*; ***zu ~ des Vortrags*** en prologue [*o* préambule] à cet exposé
▶ **etw findet in etw** (*akk*) **~** *geh in Annalen, Enzyklopädie* qc fait son entrée dans qc; **jd verschafft jdm/sich ~ in etw** (*akk*) qn donne accès à qn dans qn/qc s'introduit dans qc; **kein ~!** entrée interdite!

eingängig I. *adj* 1. (*einprägsam*) *Spruch, Slogan* évocateur(-trice), frappant(e); ***~e Melodien*** rengaines *fpl*
2. (*einleuchtend*) *Erklärung, Theorie* limpide; *Forderung* clair(e)
II. *adv* d'une façon limpide

eingangs I. *adv* au début; ***gleich ~ auf etw** (akk) **hinweisen*** indiquer qc dès le début
II. *präp + gen* au début de; ***~ der Aufführung*** dès le début de la représentation

Eingangs- *-halle, -portal, -tür* d'entrée; *-datum, -stempel, -vermerk* de réception; *-kapitel, -strophe* d'introduction **Eingangsbestätigung** *f* accusé *m* de réception

ein|geben *irreg* I. *vt* 1. (*verabreichen*) ■ **jd gibt jdm etw ein** qn administre [*o* fait prendre] qc à qn
2. INFORM ■ **jd gibt etw [in etw** (*akk*)] **ein** qn entre qc [dans qc]
3. *geh* (*inspirieren*) ■ **jd/etw gibt jdm etw ein** *Gedanken, Idee* qn/qc inspire qc à qn; *Inspiration* qc donne qc à qn
II. *vi* CH ■ **jd gibt [für etw] ein** qn soumissionne [qc]

eingebildet *adj* 1. *pej* (*hochmütig*) prétentieux(-euse); ***jd ist ziemlich ~*** qn est vraiment prétentieux(-euse), qn est très imbu(e) de sa personne; ■ **jd ist auf etw** (*akk*) **~** qn est très fier(fière) de qc; ***sie ist ziemlich auf ihre Schönheit/Intelligenz ~*** elle se croit vraiment belle/intelligente
2. (*imaginär*) imaginaire; ***das ist alles nur ~*** c'est son/ton/... imagination qui lui/te/... joue des tours

eingeboren *adj* 1. (*einheimisch*) indigène, autochtone 2. ***Gottes ~er Sohn*** le fils unique de Dieu **Eingeborene(r)** *f(m) decl wie adj* indigène *mf*, autochtone *mf* **Eingeborenensprache** *f* langue *f* des indigènes [*o* des autochtones]

Eingebung <-, -en> *f* inspiration *f*
▶ **göttliche ~** inspiration divine

eingedenk *adj geh* ■ **~ einer S.** (*gen*) eu égard à qc
▶ **jd ist/bleibt einer S.** (*gen*) **~** qn a/garde souvenance de qc *littér*

eingefahren *adj Verhaltensweise, Denkmuster* conventionnel(le); ***~e Gleise*** des voies toutes tracées; ***jd verlässt die ~en Bahnen*** qn sort des sentiers battus

eingefallen *adj Gesicht* émacié(e); *Wangen* creux(-euse), cave *vieux; Augen* enfoncé(e)

eingefleischt *adj attr Junggeselle, Optimist* endurci(e); *Kommunist* convaincu(e); *Unart, Geiz* invétéré(e); *Vorurteil* enraciné(e)

ein|gehen *irreg* I. *vi + sein* 1. (*aufgenommen werden*) ■ **etw geht in etw** (*akk*) **ein** *in Annalen, Geschichte* qc entre dans qc; *in Wortschatz* qc passe dans qc
2. (*ankommen*) ■ **etw geht [irgendwo/bei jdm] ein** /*Post, Meldung, Bewerbung*/ qc arrive [quelque part], qc parvient quelque part/à qn; ■ **~d** *Post, Bestellung etc* arrivé(e)
3. FIN ■ **etw geht [auf etw** (*dat*)] **ein** *auf Konto* qc est viré(e) [sur qc]
4. (*sterben*) ■ **eine Pflanze/ein Tier geht [an etw** (*dat*)] **ein** une plante/un animal meurt [de qc]; ■ **ein Tier geht [an etw** (*dat*)] **ein** un animal meurt [de qc]; ■ **jd geht ein** *fam* qn crève *fam*
5. *fam* (*Pleite gehen*) ■ **etw geht ein** qc fait la culbute *fam*
6. (*aufgenommen werden*) ■ **etw geht jdm ein** /*Slogan*/ qn retient facilement qc; /*Lob, Kompliment*/ qc est reçu(e) par qn
7. (*einleuchten*) ■ **etw geht jdm ein** /*Argument*/ qn saisit qc; ***diese Argumente gehen einem leicht ein*** ces arguments sont faciles à comprendre
8. (*einlaufen*) ■ **etw geht ein** qc rétrécit; ***das Hemd ist mir bei der Wäsche eingegangen*** la chemise a rétréci au lavage
9. (*sich beschäftigen mit*) ■ **jd geht auf jdn/etw ein** qn s'occupe de qn/qn aborde qc
10. (*zustimmen*) ■ **jd geht auf etw** (*akk*) **ein** *auf Plan, Vorschlag etc* qn souscrit à qc; *auf Angebot* qn accepte qc; (*sich einlassen*) *auf Ton* qn réagit à qc
▶ **jdm will es nicht ~, dass** qn n'arrive pas à comprendre que + *indic*
II. *vt + sein* ■ **jd geht etw ein** *Kompromiss* qn accepte qc; *Risiko* qn court qc; *Verpflichtung* qn prend qc, qn contracte qc; *Wette* qn fait qc; ***ich gehe jede Wette ein, dass*** je parie tout ce que tu voudras [*o* veux] que + *indic;* ■ **jd geht [mit jdm] etw ein** *Bündnis, Ehe, Vergleich* qn conclut qc [avec qn]

eingehend I. *adj* détaillé(e)
II. *adv* à fond

eingekeilt *adj Auto, Mensch* coincé(e)

Eingemachte(s) *nt decl wie adj* conserves *fpl*
▶ **es geht [jetzt] ans ~** *fam* [maintenant,] on touche à l'essentiel

ein|gemeinden * *vt* ■ **jd gemeindet etw ein** qn rattache qc [administrativement] à une plus grande commune

Eingemeindung <-, -en> *f* ■ **~ [nach etw/in etw** (*akk*)] rattachement *m* [administratif] [à qc]

eingenommen *adj* ■ **jd ist von jdm/etw ~** qn estime [beaucoup] qn/qc; ■ **jd ist gegen jdn/etw ~** qn a des préjugés contre qn/qc; ■ **jd ist von sich** (*dat*) **[selbst]/von etw ~** qn est imbu(e) de soi-même/de qc

eingeschlechtig *adj* unisexué(e), dicline *spéc*

eingeschossig *adj* à un étage

eingeschränkt *adj Möglichkeiten* limité(e); ***jd lebt in ~en Verhältnissen*** (*finanziell*) qn vit en se restreignant; (*räumlich*) qn vit dans un espace exigu; ■ **jd ist [in etw** (*dat*)] **~** qn est limité(e) [dans qc]

eingeschrieben I. *adj Mitglied* inscrit(e); *Brief, Sendung* recommandé(e)
II. *adv* en recommandé

eingeschworen *adj* 1. (*durch Schwur verpflichtet*) lié(e) par serment
2. (*zusammenhaltend*) *Team, Mannschaft* uni(e)
3. (*festgelegt*) ■ **jd ist auf etw** (*akk*) **~** /*Konsument, Verbraucher*/ qn ne jure que par qc; /*Politiker, Fraktion*/ qn est attaché(e) à qc

eingesessen *adj* installé(e) de longue date

Eingesottene(s) *nt decl wie adj* AUS *s.* **Eingemachte(s)**

eingespannt *adj* ■ **jd ist [sehr] ~** qn est [très] pris(e)

eingespielt *adj* bien rodé(e); ■ **sie sind aufeinander ~** ils/elles forment une bonne équipe

eingestandenermaßen *adv* il faut bien l'admettre

Eingeständnis *nt* aveu *m*

ein|gestehen * *irreg* I. *vt* ■ **jd gesteht [jdm] etw ein** qn admet qc, qn avoue qc [à qn]
II. *vr* ■ **jd gesteht sich** (*dat*) **ein, dass** qn s'avoue que + *indic*
▶ **jd will sich** (*dat*) **etw nicht ~** qn ne veut pas reconnaître [*o* admettre] qc; **jd will sich** (*dat*) **nicht ~, dass** qn ne veut pas admettre que + *indic*

eingestellt *adj* 1. (*gesinnt*): ***fortschrittlich/modern ~e Menschen*** des partisans du progrès/de la modernité; ***ökologisch ~e Menschen*** des personnes aux idées écologiques; ***jd ist religiös/kommunistisch/konservativ ~*** qn est religieux(-euse)/communiste/conservateur(-trice)
2. (*vorbereitet*) ■ **jd/etw ist auf etw** (*akk*) **~** *auf Besuch* qn/qc s'attend à qc; (*ausgerichtet*) *auf Liebe* qn est disposé(e) à faire qc; (*spezialisiert*) *auf Export* qn/qc est spécialiste de qc

eingetragen *adj Mitglied* inscrit(e); *Warenzeichen* déposé(e); *Verein* déclaré(e)

Eingeweide <-s, -> *nt meist pl* viscères *mpl;* ***dieser Schnaps brennt einem ja richtig in den ~n!*** cette eau-de-vie est un véritable tord-boyaux! *fam*

Eingeweihte(r) *f(m) decl wie adj* 1. (*Adept*) adepte *mf*, initié(e) *m(f)*
2. (*Experte*) initié(e) *m(f)*

ein|gewöhnen * *vr* ■ **jd gewöhnt sich [in etw** (*akk*)] **ein** qn s'acclimate [à qc]

ein|gießen *vt irreg* ■ **jd gießt [jdm] etw ein** qn sert qc [à qn]; ■ **jd gießt etw in etw** (*akk*) **ein** qn verse qc dans qc; ■ **jd gießt sich** (*dat*) **ein** qn se verse à boire; ■ **jd gießt sich** (*dat*) **etw ein** qn se verse qc

ein|gipsen *vt* 1. MED ■ **jd gipst [jdm] etw ein** qn [lui] plâtre qc
2. CONSTR ■ **jd gipst etw [in etw** (*akk*)**] ein** qn scelle qc [avec du plâtre] [dans qc]
eingleisig I. *adj Strecke* à voie unique; ***diese Strecke ist nur*** ~ cette section n'est qu'à une voie
II. *adv* 1. EISENBAHN sur une voie
2. *fig:* ***er denkt völlig*** ~ il suit toujours le même schéma de pensée
ein|gliedern I. *vt* 1. (*integrieren*) ■ **jd gliedert jdn [wieder] [in etw** (*akk*)**] ein** qn réinsère qn [dans qc]
2. ADMIN, POL ■ **jd gliedert etw [in etw** (*akk*)**] ein** qn incorpore qc [dans qc]
II. *vr* ■ **jd gliedert sich [in etw** (*akk*)**] ein** qn s'intègre [*o* s'insère] [dans qc]
Eingliederung *f* 1. (*Integration*) réinsertion *f* (*in + akk* dans); [*Ausländer*] intégration *f*
2. [*Behörde, Territorium*] incorporation *f* (*in + akk* dans)
Eingliederungsgeld *nt* allocation *f* d'insertion **Eingliederungshilfe** *f* aide *f* à l'insertion
ein|graben *irreg* I. *vt* 1. (*vergraben*) ■ **jd gräbt jdn/etw [in etw** (*akk*)**] ein** qn enterre qn/qc [dans qc]
2. *geh* (*einmeißeln*) ■ **jd gräbt etw [in etw** (*akk*)**] ein** qn grave qc [dans qc]
II. *vr* 1. MIL ■ **jd gräbt sich ein** qn se retranche
2. (*durch Erosion eindringen*) ■ **etw gräbt sich [in etw** (*akk*)**] ein** */Fluss/* qc s'enfonce [dans qc]
3. (*sich einprägen*) ■ **etw gräbt sich in etw** (*akk*) **ein** */Erlebnis, Bilder/ in jds Gedächtnis* qc se grave dans qc
4. (*eindringen*) ■ **etw gräbt sich [in etw** (*akk*)**] ein** */Fänge, Krallen/* qc s'enfonce [*o* se plante] [dans qc]
ein|gravieren * [-vi:-] *vt* ■ **jd graviert etw [in etw** (*akk*)**] ein** qn grave qc [dans qc]
ein|greifen *vi irreg* 1. (*einschreiten*) ■ **jd greift ein** qn intervient; ***durch das E~ der Polizei*** grâce à l'intervention de la police
2. (*sich einschalten*) ■ **jd greift [in etw** (*akk*)**] ein** qn intervient [dans qc]; ***jd greift helfend/hinweisend ein*** qn donne un coup de main/qn ajoute une remarque; ***er versuchte vermittelnd in die Prügelei einzugreifen*** il tenta de s'interposer [dans la bagarre]
3. (*beschneiden*) ■ **jd/etw greift in etw** (*akk*) **ein** */Gesetz, Maßnahme, Erlass/* qn/qc empiète sur qc
4. TECH ■ **etw greift in etw** (*akk*) **ein** */Zahnrad/* qc s'engrène dans qc
ein|grenzen *vt* ■ **jd grenzt etw [auf etw** (*akk*)**] ein** *Problem, Thema* qn circonscrit [*o* délimite] qc, qn limite qc à qc
Eingriff *m* 1. MED intervention *f*
2. (*Übergriff*) ■ ~ **in etw** (*akk*) atteinte *f* à qc
▸ **jd unterzieht sich einem ...** ~ qn subit une intervention ...
ein|gruppieren * *vt* ■ **jd gruppiert jdn [in etw** (*akk*)**] ein** *in Lohngruppe, Tarifgruppe* qn classe qn [dans qc]
Eingruppierung *f* classification *f*
ein|haken I. *vt* ■ **jd hakt etw [in etw** (*akk*)**] ein** qn accroche qc [dans qc]
II. *vi fam* (*ansetzen*) ■ **jd hakt [bei etw/an etw** (*dat*)**] ein** qn intervient [*o* réagit aussitôt] [à propos de qc]; ***bei der Erwähnung des Wortes „Kompromiss" hakte er sofort ein*** lorsqu'il fut question de compromis, il intervint aussitôt
III. *vr* ■ **jd hakt sich [bei jdm] ein** qn prend le bras à qn; ***willst du dich nicht [bei mir]*** ~? tu ne veux pas me prendre le bras?
▸ **sie gehen eingehakt** ils marchent bras dessus, bras dessous; **jd geht mit jdm eingehakt** qn donne le bras à qn; ***er findet es albern eingehakt zu gehen*** il trouve ça idiot de marcher en se donnant le bras
Einhalt *m* ▸ **jd/etw gebietet jdm/einer S.** ~ *geh* qn/qc arrête qn/qc, qn/qc met un terme à qc
ein|halten *irreg* I. *vt* ■ **jd hält etw ein** 1. (*beachten Abmachung, Termin, Verabredung, Vorschrift* qn respecte qc, qn observe qc; *Verpflichtungen a.* qn tient qc; *Diät a.* qn suit à la lettre qc
2. (*beibehalten*) *Geschwindigkeit, Kurs* qn garde qc, qn maintient qc
II. *vi geh* ■ **jd hält [mit etw] ein** qn s'interrompt [dans qc]; ***halt ein [mit deinen Vorwürfen]***! cesse donc [tes reproches]! *soutenu*
Einhaltung *f* 1. (*das Beachten*) respect *m;* [*Diät a.*] observation *f*
2. (*Beibehaltung*) [*Geschwindigkeit, Kurs*] maintien *m*
ein|hämmern I. *vt* ■ **jd hämmert jdm etw ein** *Grammatikregeln, Formeln, Vokabeln* qn lui fait entrer qc dans la tête, qn rabâche qc à qn; ■ **jd/etw hämmert jdm ein, dass** */Werbestrategen, Werbung, Propaganda/* qn/qc inculque à qn que + *indic,* qn/qc rabâche à qn que + *indic*
II. *vi* 1. (*einschlagen*) ■ **jd hämmert [mit etw] auf etw** (*akk*) **ein** qn tape [avec qc] sur qc; ■ **jd hämmert auf jdn ein** qn bourre qn de coups [de poing]; */Boxer/* qn cogne sur qn; ***mit den Fäusten auf ihn*** ~***d*** en le bourrant de coups de poing
2. (*eindröhnen*) ■ **etw hämmert auf jdn ein** */Lärm, Musik/* qc lui résonne dans la tête
III. *vr* ■ **jd hämmert sich** (*dat*) **ein, dass** qn se met [bien] dans la tête que + *indic*
ein|handeln I. *vt* ■ **jd handelt etw gegen** [*o* **für**] **etw ein** qn échange qc contre qc
II. *vr fam* ■ **jd handelt sich** (*dat*) **etw [für etw] ein** *Prügel* qn attrape qc [en échange de qc] *fam; Geschlechtskrankheit a.* qn chope qc *fam; Ärger, Probleme* qn s'attire qc [en échange de qc]
einhändig I. *adj* manchot(e)
II. *adv* d'une [seule] main
ein|händigen *vt form* ■ **jd händigt jdm etw ein** *Schlüssel, Unterlagen, Geldbetrag* qn remet qc à qn
ein|hängen I. *vt* 1. (*montieren*) ■ **jd hängt etw [in etw** (*akk*)**] ein** *Fenster, Tür, Laden* qn accroche qc [dans qc]
2. (*auflegen*) ■ **jd hängt etw ein** *Hörer* qn raccroche qc]
II. *vi* (*auflegen*) ■ **jd hängt ein** qn raccroche
III. *vr* ■ **jd hängt sich [bei jdm] ein** qn prend le bras à qn
ein|hauchen *vt geh* ■ **etw haucht jdm etw ein** qn insuffle qc à qn *littér*
ein|hauen *irreg* I. *vt* 1. (*einschlagen*) ■ **jd haut etw ein** *Tür, Truhe* qn démolit qc; *Fensterscheibe* qn brise qc; ■ **jd haut jdm etw ein** *Nase, Zähne* qn lui casse qc; *Kiefer, Schädel* qn lui fracasse qc
2. (*einmeißeln*) ■ **jd haut etw [in etw** (*akk*)**] ein** qn grave qc [dans qc]
II. *vi* ■ **jd haut auf jdn/etw ein** qn tape sur qn/qc
ein|heben *vt irreg* AUS (*einnehmen*) ■ **jd hebt etw ein** *Geld, Steuern* qn encaisse qc
ein|heften *vt* 1. (*einordnen*) ■ **jd heftet etw [in etw** (*akk*)**] ein** qn classe qc [dans qc]
2. (*einnähen*) ■ **jd heftet etw ein** qn faufile qc
einheimisch *adj* 1. (*ortsansässig*) *Bevölkerung* local(e); (*in dem Land, der Gegend ansässig*) indigène; ***die*** ~***en Dorfbewohner*** les gens du village
2. (*opp: ausländisch*) *Produkt, Industrie* national(e); *Mannschaft* local(e)
3. BOT, ZOOL local(e), du pays **Einheimische(r)** *f(m) decl wie adj* (*Ortsansässiger*) habitant(e) *m(f);* (*Inländer*) personne *f* du pays; ***fragen Sie doch einen*** ~***n!*** demandez donc à quelqu'un d'ici!; ■ **die** ~**n** (*Ortsbewohner*) les gens *mpl* du coin; (*Inländer*) les gens *mpl* du pays
ein|heimsen *vt fam* ■ **jd heimst etw ein** *Auftrag* qn décroche qc *fam; Betrag, Gewinn* qn récolte qc; *Erfolg* qn remporte qc
Einheirat *f* ■ ~ **in etw** (*akk*) *in Familie, Firma* entrée *f* par mariage dans qc
ein|heiraten *vi* ■ **jd heiratet in etw** (*akk*) **ein** *in Familie, Firma* qn entre par mariage dans qc
Einheit <-, -en> *f* 1. (*Gesamtheit*) [*Land etc*] unité *f;* ***das alles bildet eine [geschlossene]*** ~ cela forme un tout
2. (*Einigkeit*) union *f*
3. MIL, PHARM unité *f*
4. (*Telefon~*) unité *f*
▸ **die deutsche** ~ l'unité allemande
einheitlich I. *adj* 1. (*gleich*) *Farbe, Kleidung* uniforme
2. *Gestaltung, Werk* cohérent(e), homogène; *Front* unitaire
II. *adv handeln, vorgehen* de façon unitaire; *gestalten* de façon homogène [*o* cohérente]; *sich kleiden* de façon uniforme
Einheitlichkeit <-> *f Ø* 1. (*Gleichheit*) [*Farbe, Kleidung*] uniformité *f*
2. (*Geschlossenheit*) [*Design, Gestaltung, Vorgehen*] homogénéité *f*
Einheitskleidung *f* uniforme *m* **Einheitspreis** *m* prix *m* unique **Einheitstarif** *m* tarif *m* unique **Einheitswährung** *f* monnaie *f* unique
▸ **europäische** ~ monnaie *f* unique européenne
ein|heizen *vi* 1. ■ **jd heizt ein** qn met le chauffage; ***jd heizt tüchtig ein*** qn chauffe bien
2. *fam* ■ **jd heizt jdm ein** (*die Meinung sagen*) qn secoue les puces à qn *fam;* (*zu schaffen machen*) qn donne du fil à retordre à qn
Einheizer(in) *m(f)* agitateur(-trice) *m(f)*
einhellig I. *adj* unanime
II. *adv* unanimement
Einhelligkeit *f* unanimité *f* (+ *gen* dans); ***bei aller*** ~ malgré l'apparente unanimité
einher|gehen *vi irreg + sein geh* ■ **etw geht mit etw einher** qc s'accompagne de qc
ein|holen I. *vt* 1. (*einziehen*) ■ **jd holt etw ein** *Netz* qn [r]amène qc; *Tau, Halteleine* qn hale qc; *Fahne, Segel* qn amène qc
2. (*anfordern*) ■ **jd holt etw ein** *Gutachten, Erlaubnis, Genehmigung* qn demande qc; ***sie holten den Rat des Dorfältesten ein*** ils demandèrent conseil au doyen
3. (*erreichen*) ■ **jd holt jdn/etw ein** qn rattrape qn/qc
4. (*wettmachen*) ■ **jd holt etw [wieder] ein** *Versäumtes, Zeit* qn rattrape qc; ***wir holen diesen Vorsprung nie und nimmer ein*** nous ne comblerons [*o* rattraperons] jamais notre retard
II. *vt, vi* DIAL (*einkaufen*) ■ **jd holt ein** qn fait les commissions [*o* les courses]; ■ **jd holt etw ein** *Lebensmittel* qn achète qc
Einholung <-, -en> *f* [*Rat, Gutachten*] demande *f*
Einhorn *nt* licorne *f*
ein|hüllen I. *vt geh* ■ **jd hüllt jdn/etw [in etw** (*akk*)**] ein** qn enveloppe qn/qc [dans qc]
II. *vr geh* ■ **jd hüllt sich [in etw** (*akk*)**] ein** *in Pelz* qn s'emmitoufle [dans qc]; *in Decke* qn s'enveloppe dans qc
einhundert *num form s.* **hundert**
einig *adj* 1. (*geeint*) uni(e)
2. (*einer Meinung*) ■ **sie sind sich** (*dat*) **[über etw** (*akk*)**]** ~ ils/elles sont d'accord [sur qc]; ■ **sie werden sich** (*dat*) **[über etw** (*akk*)**]** ~ ils/elles se mettent d'accord [sur qc]; ■ **sie sind sich** (*dat*) **[darüber** [*o* **darin**]**]** ~, **dass** ils/elles sont d'accord pour que + *subj*
▸ **jd geht mit jdm [in etw** (*dat*)**]** ~**/darin** ~, **dass** qn est d'accord avec qn [sur qc]/que + *indic*
einige(r, s) *pron indef* 1. *sing, adjektivisch* (*ziemlich viel*) *Geld, Zeit* pas mal de; (*ziemlich groß*) *Entfernung, Überzeugungskraft* un(e) certain(e); ***man darf noch*** ~ ***Hoffnung haben*** on peut encore avoir quelque espoir; ***mit*** ~***m guten Willen*** avec un peu de bonne volonté; ***mit*** ~***r Sicherheit*** avec une quasi-certitude
2. *sing, substantivisch* (*viel*) ■ **einiges** un certain nombre de choses; ***das kostet aber*** ~***s!*** ça n'est pas donné!; ~***s an Mut*** un courage certain
3. *pl, adjektivisch* (*mehrere*) plusieurs; ~ ***Mal*** plusieurs fois; ~ ***tausend Teilnehmer*** plusieurs milliers de participants; ***in/vor*** ~***n Tagen*** dans/voici [*o* il y a] quelques jours; ***ich war mit*** ~***n anderen dabei, als ...*** je me trouvais avec plusieurs autres personnes quand ...
4. *pl, substantivisch* (*Menschen*) quelques-uns(-unes); (*Dinge*) quelques-uns(-unes), certains(-aines); ~ ***von euch*** quelques-uns [*o* certains] d'entre

vous
▶ [nur] ~ wenige [seuls] quelques-uns; ***mit Ausnahme ~r weniger*** à l'exception d'un petit nombre de gens; [nur] ~ **wenige ...** [seul] un petit nombre de ...

ein|igeln *vr* 1. (*sich zusammenrollen*) ■ **ein Tier igelt sich ein** un animal se roule en boule
2. (*sich zurückziehen*) ■ **jd igelt sich ein** qn rentre dans sa coquille; ■ **jd igelt sich irgendwo ein** qn se calfeutre quelque part
3. MIL ■ **jd igelt sich ein** qn se dispose en hérisson

einigemal *s.* **einige(r, s) 3.**

einigen I. *vr* ■ **sie ~ sich [auf/über etw** (*akk*)] ils/elles tombent [*o* se mettent] d'accord [sur qc]; ■ **sie ~ sich [dahin gehend], dass** ils/elles se mettent d'accord sur le fait que + *indic*
II. *vt* ■ **jd/etw einigt Menschen/etw** *Volk, Stämme* qn/qc unifie des personnes/qc

einiger *pron s.* **einige**

einigermaßen I. *adv* 1. (*ziemlich*) relativement + *adj/adv*; ***darin kenne ich mich ~ aus*** je m'y connais relativement bien; ***ich wundere mich ~, dass*** je suis relativement surpris(e) que + *subj*
2. (*leidlich*) moyennement; ***er hat sich wieder ~ erholt*** il s'est à peu près remis
II. *adj pred fam* (*leidlich*) pas trop mal *fam*

einiges *pron s.* **einige**

einig|gehen *s.* **einig ▶**

Einigkeit <-> *f* Ø 1. (*Eintracht*) [*Nation, Volk, Staat*] union *f*
2. (*Übereinstimmung*) entente *f* (*in etw* (*dat*) sur qc)
▶ ~ **macht stark** *prov* l'union fait la force; **es herrscht ~ darüber, dass** tout le monde est d'accord [sur le fait] que + *indic*

Einigung <-, -en> *f* 1. [*Staaten*] unification *f*; ***die ~ Europas*** l'union de l'Europe
2. (*Vergleich*) accord *m*; ***der Richter schlug den Parteien eine ~ vor*** le juge a proposé un arrangement aux deux parties
▶ **jd erzielt [eine] ~ [über etw** (*akk*)] qn parvient à un accord [sur qc]; ***eine ~ konnte erzielt werden*** un accord a pu être réalisé

Einigungsvertrag *m* POL traité *f* d'union

ein|impfen *vt* ■ **jd impft jdm etw ein** qn inocule qc à qn; ■ **jd impft jdm ein, dass** qn inculque à qn que + *indic*

ein|jagen *vt* ■ **jd/etw jagt jdm etw ein** *Furcht, Schrecken* qn/qc inspire qc à qn; ***jd/etw jagt jdm Angst ein*** qn/qc fait peur à qn; ***du hast mir so einen Schrecken eingejagt!*** tu m'as fait une de ces peurs!

einjährig *adj* 1. *Kind, Tier* [âgé(e)] d'un an
2. BOT annuel(le)
3. (*ein Jahr dauernd*) d'un an

ein|kalkulieren * *vt* 1. (*mit bedenken*) ■ **jd kalkuliert etw [mit] [in etw** (*akk*)] **ein** qn prend qc en compte [dans qc], qn fait entrer qc en ligne de compte [dans qc]; ■ **jd kalkuliert [mit] ein, dass** qn tient compte du fait que + *indic*
2. (*mit einrechnen*) ■ **jd kalkuliert etw [mit] [in etw** (*akk*)] **ein** qn inclut qc [dans qc]

ein|kapseln I. *vt* PHARM ■ **jd kapselt etw ein** qn met qc en gélules
II. *vr* ■ **etw kapselt sich [in etw** (*dat*)] **ein** /*krankes Gewebe*/ qc s'enkyste; /*Parasit*/ qc se fixe [dans qc]

ein|kassieren * *vt* 1. (*kassieren*) ■ **jd kassiert etw [bei/von jdm] ein** qn encaisse qc [auprès de qn]; ***ich muss jetzt diese 100 Mark von dir ~*** il faut que tu me paies ces 100 marks
2. *fam* (*wegnehmen*) ■ **jd kassiert etw ein** qn embarque qc *fam*

Einkauf *m* 1. (*das Einkaufen*) achat *m*; ***denke an den ~ von ...*** pense à acheter ...
2. (*eingekaufter Artikel*) achat *m*
3. Ø COM (*Abteilung*) achats *mpl*
▶ **jd macht** [*o* **tätigt** *form*] **Einkäufe** qn fait [*o* effectue *form*] des courses

ein|kaufen I. *vt* ■ **jd kauft etw ein** qn achète qc; ***jd kauft etw billig*** [*o* ***günstig***]/***teuer ein*** qn achète qc bon marché/cher
II. *vi* ■ **jd kauft ein** qn fait des/les courses; ■ **jd kauft bei jdm/in etw** (*dat*) **ein** qn achète chez qn/dans qc
▶ **jd geht ~** qn va faire des/les courses
III. *vr* 1. (*einen Anteil erwerben*) ■ **jd kauft sich in etw** (*akk*) **ein** qn achète des parts dans qc
2. CH ■ **jd kauft sich ein** *en Suisse, un étranger paie pour acheter son droit de cité, condition préalable à l'obtention des droits civils et politiques de la Confédération helvétique*

Einkäufer(in) *m(f)* acheteur(-euse) *m(f)*

Einkaufs- *-beutel, -netz* à provisions; ***~abteilung*** service *m* des achats; ***~center*** centre *m* commercial; ***~möglichkeiten*** possibilités *fpl* pour faire ses courses; ***~roller*** poussette *f* de marché **Einkaufsbummel** *m* lèche-vitrines *m*; ***auf meinem/beim ~*** en faisant du lèche-vitrines ▶ **jd macht [mit jdm] einen ~** qn fait du lèche-vitrines [avec qn] **Einkaufsleiter(in)** *m(f)* COM directeur(-trice) *m(f)* des achats **Einkaufspreis** *m* prix *m* d'achat ▶ **zum ~** à prix coûtant **Einkaufsquelle** *f* [bonne] adresse *f* **Einkaufsstraße** *f* rue *f* commerçante **Einkaufssumme** *f* CH *somme payée par un étranger pour acheter son droit de cité, condition préalable à l'obtention des droits civils et politiques de la Confédération helvétique* **Einkaufstasche** *f* sac *m* à provisions **Einkaufswagen** *m* chariot *m*, caddie® *m* **Einkaufszentrum** *nt* centre *m* commercial **Einkaufszettel** *m* liste *f* des commissions

Einkehr <-> *f* Ø *geh* (*Besinnung*) méditation *f*
▶ **etw bringt jdn zur ~** qc amène qn à méditer; **jd hält ~** qn se recueille

ein|kehren *vi + sein* 1. (*in Gasthof*) ■ **jd kehrt [irgendwo/in etw** (*dat*)] **ein** qn va quelque part/dans qc; ***in diesem Gasthof kehren viele Touristen ein*** beaucoup de touristes s'arrêtent dans cette auberge; ***ich habe Hunger, können wir nicht irgendwo ~?*** j'ai faim, ne pourrions pas nous arrêter pour manger quelque part?
2. (*sich einstellen*) ■ **etw kehrt [bei jdm] [wieder] ein** /*Ruhe, Friede, Not, Sorge*/ qc s'installe [chez qn]; /*Jahreszeit*/ qc arrive; ***hoffentlich kehrt hier bald Ruhe ein*** j'espère que le calme va revenir; ***etw kehrt wieder ein*** qc revient

ein|keilen *vt s.* **eingekeilt**

ein|kellern *vt* ■ **jd kellert etw ein** qn entrepose qc [dans la/sa cave]

ein|kerben *vt* ■ **jd kerbt etw [in etw** (*akk*)] **ein** qn grave qc [dans qc]

Einkerbung <-, -en> *f* 1. (*das Einkerben*) gravure *f*
2. (*Eingekerbtes*) inscription *f*

ein|kerkern *vt geh* ■ **jd kerkert jdn [irgendwo] ein** qn met qn au cachot [quelque part]; ***der König wurde einige Zeit eingekerkert gehalten*** le roi est resté incarcéré quelque temps

ein|kesseln *vt* ■ **jd kesselt jdn/etw ein** qn encercle qn/qc

einklagbar *adj* [juridiquement] opposable; *Schulden* recouvrable par une action en justice

ein|klagen *vt* ■ **jd klagt etw ein** *Anspruch, Versprechen, Zusage* qn oppose juridiquement qc; *Schulden* qn réclame juridiquement le recouvrement de qc, qn poursuit le recouvrement de qc

ein|klammern *vt* ■ **jd klammert etw ein** (*rund*) qn met qc entre parenthèses; (*eckig*) qn met qc entre crochets

Einklang *m geh* accord *m*, harmonie *f*
▶ **jd bringt Dinge [miteinander] in ~** qn concilie des choses; **jd bringt etw mit etw in ~** qn concilie qc avec qc; **etw steht in** [*o* **im**] **~ mit etw** /*Offenbarung*/ *mit Aussage* qc est conforme à qc; /*Aufgaben, Verantwortung*/ *mit Bezahlung* qc est proportionnel(le) à qc; /*Worte*/ *mit Taten* qc est en conformité [*o* harmonie] avec qc; **im ~ mit jdm/etw** en harmonie avec qn/qc

ein|kleben *vt* ■ **jd klebt etw [in etw** (*akk*)] **ein** qn colle qc [dans qc]

ein|kleiden *vt* 1. ■ **jd kleidet jdn ein** *Rekruten, Novizen* qn habille qn; ***die neuen Rekruten wurden eingekleidet*** les nouvelles recrues ont reçu leur tenue; ***er hat sich neu eingekleidet*** il a renouvelé sa garde-robe; ***jd lässt sich von jdm neu ~*** qn se fait renouveler sa garde-robe par qn
2. *geh* (*fassen*) ■ **jd kleidet etw in etw** (*akk*) **ein** *Aussage, Gedanken, Wunsch, Forderung* qn enveloppe qc sous qc

Einkleidung *f* [*Rekrut*] habillement *m*; [*Novizin*] prise *f* de voile

ein|klemmen I. *vt* 1. (*quetschen*) ■ **jd/etw klemmt jdm etw ein** *Finger, Hand, Haut etc* qn/qc lui coince qc; ■ **etw klemmt jdn ein** /*Lenkrad, Baum, Mast etc*/ qc coince qn
2. (*festdrücken*) ■ **jd klemmt etw in etw** (*akk*) **ein** qn pince qc dans qc
II. *vr* ■ **jd klemmt sich** (*dat*) **etw ein** qn se coince qc

ein|klinken I. *vt* 1. (*schließen*) ■ **jd klinkt etw ein** *Tür* qn enclenche qc
2. (*einrasten lassen*) ■ **jd klinkt etw [in etw** (*akk*)] **ein** *Halteseil, Karabinerhaken, Feldflasche, Riemen* qn accroche qc [dans qc]; *Sicherheitsgurt a.* qn enclenche qc [dans qc]
II. *vi* ■ **etw klinkt ein** /*Tür*/ qc s'enclenche
III. *vr* ■ **jd klinkt sich in etw** (*akk*) **ein** *in Operation, Planung* qn se joint à qc; *in Netz a.* qn se raccorde à qc, qn se connecte à qc; *in Diskussion, Geschäft a.* qn se glisse dans qc, qn s'immisce dans qc *péj*; INFORM qn se connecte à qc, qn accède à qc

ein|knicken I. *vi + sein* 1. ■ **jd knickt ein** qn se tord le pied; ■ **jd knickt mit etw** [*o* **in etw** (*dat*)] **ein** *in/mit den Knien, im/mit dem Knöchel* qn se tord qc; ■ **etw knickt [jdm] ein** /*Fuß, Gelenk, Knöchel*/ qc se tord
2. (*einen Knick bekommen*) ■ **etw knickt ein** /*Papier, Bild, Foto*/ qc se plie; ***am Rand/an der Ecke eingeknickt*** écorné(e)
3. (*nachgeben*) ■ **jd knickt ein** qn s'incline, qn capitule
II. *vt + haben* ■ **jd knickt etw ein** *Papier* qn plie qc; *Streichholz, Zweig* qn casse qc; ***Bücher mit eingeknickten Blättern*** des livres aux pages froissées; ***er hat mir das Foto an den Ecken/am Rand eingeknickt!*** il m'a écorné ma photo!

einknöpfbar *adj* qui se boutonne; ***dieses Futter ist ~*** cette doublure se boutonne

ein|knöpfen *vt* ■ **jd knöpft etw [in etw** (*akk*)] **ein** qn boutonne qc [dans qc]

ein|knüppeln *vi* ■ **jd knüppelt [mit etw] auf jdn ein** qn matraque qn, qn tabasse qn [avec qc] *fam*

ein|kochen I. *vt + haben* ■ **jd kocht etw ein** qn met qc en conserve; ***selbst eingekocht*** conserve maison
II. *vi + sein* ■ **etw kocht ein** qc réduit

ein|kommen *vi irreg + sein form* ■ **jd kommt [bei jdm] um etw ein** qn sollicite qc [auprès de qn]

Einkommen <-s, -> *nt* revenu *m*

Einkommens- *-gefälle, -pyramide* des revenus; *-einbuße, -zuwachs* de revenu; ***~verhältnisse*** revenus *mpl* **Einkommensgrenze** *f* (*obere Grenze*) plafond *m* de ressources; (*untere Grenze*) seuil *m* de revenus **einkommensschwach** *adj* à faibles revenus, défavorisé(e) **einkommensstark** *adj* à revenus élevés, favorisé(e); ***diese Personen sind um einiges einkommensstärker als die Mehrheit der Bevölkerung*** ces personnes ont de bien plus gros revenus que la majorité de la population

Einkommensteuer *f* impôt *m* sur le revenu

Einkommensteuererklärung *f* déclaration *f* d'impôts [sur le revenu]

einkommensteuerpflichtig *adj* imposable, assujetti(e) à l'impôt sur le revenu

ein|kreisen *vt* 1. (*einkringeln*) ■ **jd kreist etw ein** *Zahl, Wort, Punkt, Stelle* qn encercle [*o* entoure] qc
2. (*umschließen*) ■ **jd kreist jdn ein** qn cerne qn, qn encercle qn; ■ **jd kreist ein Tier ein** qn encercle un animal
3. (*eingrenzen*) ■ **jd kreist etw ein** qn cerne qc

Einkreisung <-, -en> *f* [*Feind, Verbrecher, Wild*] encerclement *m*; ***die ~ einer Frage/eines Problems bedeutet ...*** cerner une question/un problème, cela signifie ...

ein|kriegen *vr meist verneint fam* ■ **jd kriegt sich [wieder] ein** qn se reprend; ***sie konnte sich gar nicht*** [***mehr***] ***~*** elle ne se sentait plus *fam*
▸ **jd kriegt sich nicht mehr ein, jd kann sich nicht [mehr] ~** qn n'en peut plus; (*vor Freude*) qn ne se sent plus [de joie]

ein|kringeln *vt* ■ **jd kringelt etw ein** qn entoure qc

Einkünfte *pl* revenus *mpl*

ein|kuppeln *vi* ■ **jd kuppelt ein** qn embraie

Einlad <-[e]s> *m* ∅ CH chargement *m*

ein|laden[1] *irreg* **I.** *vt* **1.** (*zum Besuch auffordern*) ■ **jd lädt jdn [zu etw/in etw** (*akk*)**] ein** qn invite qn [à qc/dans qc]; ***jd lädt jdn zu sich ein*** qn invite qn chez soi; ***jd ist bei jdm eingeladen*** qn est invité(e) chez qn
2. (*kostenlos teilnehmen lassen*) ■ **jd lädt jdn zu etw/auf etw** (*akk*) DIAL/ **in etw** (*akk*) **ein:** ***ich lade dich zu einem Bier*** [*o* ***auf ein Bier*** DIAL]/***zum Essen ein*** je t'invite à boire une bière/à manger; ***sie lud ihn ins Theater/Konzert ein*** elle l'invita au théâtre; ***kommst du mit ins Kino? Ich lade dich dazu ein*** tu viens au cinéma? Je t'invite; ■ **jd ist eingeladen** qn est invité(e)
3. CH (*auffordern*) ■ **jd lädt jdn ein etw zu tun** qn invite qn à faire qc
II. *vi geh* ■ **etw lädt zu etw ein** qc invite à faire qc

einladen[2] *vt irreg* (*laden*) ■ **jd lädt etw [in etw** (*akk*)**] ein** qn charge qc [dans qc]

einladend **I.** *adj* **1.** *Geste* engageant(e); *Blick, Lächeln* enjôleur(-euse)
2. (*appetitlich*) *Essen* appétissant(e); *Lokal* attrayant(e); ***dieses Lokal sieht alles andere als ~ aus*** ce restaurant n'a vraiment rien de ragoûtant
II. *adv dekorieren, Tisch decken* de façon charmante

Einladung *f* invitation *f*
▸ **jd leistet einer ~ Folge** *form* qn donne suite à une invitation *form*

Einladungskarte *f* carte *f* [*o* carton *m*] d'invitation **Einladungsschreiben** *nt* lettre *f* d'invitation

Einlage <-, -n> *f* **1.** (*Schuh~*) semelle *f* [intérieure]
2. THEAT intermède *m*
3. (*Intarsie*) incrustation *f*
4. GASTR: ***Fleischbrühe mit einer ~ von Eierstich*** du bouillon avec de l'œuf battu [dedans]; ***klare Suppe mit einer ~ von Reis*** du bouillon dans lequel on a ajouté du riz
5. FIN dépôt *m*
6. COM apport *m*, mise *f* de fonds

ein|lagern *vt* ■ **jd lagert etw ein** *Vorräte, Kartoffeln, Kohlen* qn rentre qc, qn fait [sa] provision de qc; *Brennstäbe, Raketen* qn stocke qc, qn entrepose qc; ■ **eingelagert** stocké(e), entreposé(e)

Einlagerung *f* **1.** (*das Einlagern*) stockage *m*; ***die ~ von Heizöl bereits im Sommer macht sich bezahlt*** ça vaut le coup de rentrer son fioul dès l'été; ***bei der ~ der Vorräte*** en rangeant les provisions
2. MINER incrustation *f*

ein|langen *vi + sein* AUS *s.* **eintreffen**

EinlassRR <-es, -sse>, **Einlaß** <-sses, -sse> *m* **1.** ∅ (*Zutritt*) entrée *f*, accès *m*; ***~ erst ab 11 Uhr*** ouverture des portes à partir de 11 h; ***jd bittet um ~*** qn demande à entrer
2. TECH admission *f*
▸ **jd begehrt ~ [in etw** (*akk*)**]** qn demande à entrer [dans qc]; **jd findet ~** qn est admis(e); **jd gewährt jdm ~ [in etw** (*akk*)**]** qn laisse entrer qn [dans qc]; **jd verschafft sich** (*dat*) **~** qn réussit à entrer; **jd verschafft sich** (*dat*) **~ in etw** (*akk*) qn s'introduit dans qc

ein|lassen *irreg* **I.** *vt* **1.** (*eintreten lassen*) ■ **jd lässt jdn ein/nicht ein** qn fait/ne laisse pas entrer qn
2. (*einströmen lassen*) ■ **jd/etw lässt etw ein** *Licht, Luft, Sonne* qn/qc laisse entrer qc
3. (*einlaufen lassen*) ■ **jd lässt etw [in etw** (*akk*)**] ein** *Badewasser, Wasser* qn fait couler qc [dans qc]; ■ **jd lässt jdm etw ein** qn lui fait couler qc; *Badewanne* qn lui remplit qc
4. (*einfügen*) ■ **jd lässt etw [in etw** (*akk*)**] ein** *Intarsie* qn incruste qc [dans qc]; *Edelstein* qn enchâsse [*o* sertit] qc [dans qc]
5. AUS (*bohnern*) ■ **jd lässt etw ein** *Boden* qn cire qc
II. *vr* **1.** ■ **jd lässt sich** (*dat*) **etw ein** *Bad, Badewasser* qn se fait couler qc; ***jd lässt sich eine Wanne ein*** qn se fait couler un bain
2. (*auf etw eingehen*) ■ **jd lässt sich auf etw** (*akk*) **ein** *auf Abenteuer, Diskussion* qn s'embarque dans qc; *auf Kompromiss* qn consent à qc; ***ich lasse mich auf nichts ein!*** je n'accepte[rai] aucun compromis!
3. *pej* (*Kontakt aufnehmen*) ■ **jd lässt sich mit jdm ein** qn s'acoquine avec qn, qn se commet avec qn
4. JUR ■ **jd lässt sich [zu etw] ein** qn dépose des conclusions [concernant qc]

einlässlichRR, **einläßlich** *adj* CH *s.* **ausführlich**

Einlassung <-, -en> *f* JUR déclaration *f*

Einlauf *m* **1.** ∅ SPORT: ***jetzt beginnt der ~ in die letzte Runde*** les coureurs entament à présent le dernier tour; ***beim ~ in die Zielgerade*** au moment d'aborder la [dernière] ligne droite
2. MED lavement *m*
▸ **jd macht jdm einen ~** qn fait [*o* administre] un lavement à qn

ein|laufen *irreg* **I.** *vi + sein* **1.** TEXTIL ■ **etw läuft ein** qc rétrécit
2. (*hineinströmen*) ■ **etw läuft ein** /*Badewasser*/ qc coule; ■ **jd lässt [jdm] etw ~** qn fait couler qc [à qn]
3. (*eintreffen*) ■ **etw läuft ein** /*Bewerbungen, Bestellungen*/ qc arrive; ■ **etw läuft bei jdm ein** qc parvient à qn
4. SPORT ■ **jd läuft [auf etw** (*akk*)/**in etw** (*akk*)**] ein** *aufs Spielfeld, ins Stadion* qn fait son entrée [sur/dans qc]; ***jd läuft in die Zielgerade ein*** qn aborde la dernière ligne droite
5. (*einfahren*) ■ **etw läuft ein/in etw** (*akk*) **ein** /*Schiff*/ qc entre dans le port/dans qc
II. *vt + haben* ■ **jd läuft etw ein** *Schuhe, Stiefel* qn fait qc [à son pied]; ***bereits eingelaufene Schuhe*** des chaussures *fpl* déjà portées

ein|läuten *vt* **1.** (*durch Läuten anzeigen*) ■ **etw läutet etw ein** qc sonne pour annoncer qc
2. SPORT ■ **jd läutet etw ein** /*Ringrichter*/ qn sonne le début de qc

ein|leben *vr* ■ **jd lebt sich [bei jdm/in etw** (*dat o akk*)**] ein** qn s'intègre [chez qn]/s'acclimate [à qc]

Einlegearbeit *f* **1.** (*Intarsie*) incrustations *fpl*, marqueterie *f*
2. (*Möbelstück*) ouvrage *m* de marqueterie

ein|legen *vt* **1.** (*hineintun*) ■ **jd legt etw [in etw** (*akk*)**] ein** qn met [*o* introduit] qc [dans qc]; ***warum spielt die eingelegte Kassette nicht?*** pourquoi la cassette que j'ai mise ne passe-t-elle pas?
2. AUT ■ **jd legt etw ein** *Gang* qn enclenche qc, qn passe qc; ***der eingelegte sechste Gang setzt die Umdrehungszahl herab*** en enclenchant [*o* passant] la sixième, on réduit le nombre de tours
3. GASTR ■ **jd legt etw [in etw** (*dat o akk*)**] ein** qn fait mariner qc [dans qc]
4. (*zwischendurch machen*) ■ **jd legt etw ein** *Pause, Sonderschicht* qn fait qc; ***jd legt einen Zwischenspurt ein*** qn accélère, qn place une accélération
5. (*einreichen*) ■ **jd legt etw [bei jdm] [gegen etw] ein** *Protest, Vorbehalt* qn émet qc [auprès de qn] [contre qc]; *Veto* qn oppose qc, qn met qc; JUR *Berufung, Revision* qn fait [*o* se pourvoit en] qc [auprès de qn]; *Beschwerde, Verfassungsbeschwerde* qn introduit [*o* dépose] qc [auprès de qn]; ■ **eingelegt** déposé(e)
6. COM (*einzahlen*) ■ **jd legt etw [in etw** (*akk*)**] ein** *in einen Fonds* qn dépose qc [dans qc]
7. ART ■ **jd legt etw ein** *Intarsien, Ornamente* qn incruste qc; ***eingelegte Arbeit*** de la marqueterie

Einlegesohle *f* semelle *f* [intérieure]

ein|leiten *vt* **1.** ADMIN ■ **jd leitet etw [gegen jdn] ein** *Maßnahmen* qn prend [*o* met en œuvre] qc [contre qn]; *Schritte* qn entame [*o* entreprend] qc [contre qn]; JUR *Untersuchung* qn ouvre qc; *Verfahren* qn engage qc
2. MED ■ **jd leitet etw ein** *Geburt, Wehen* qn provoque qc, qn déclenche qc
3. (*eröffnen*) ■ **jd leitet etw [mit etw] ein** *Fest, Veranstaltung* qn ouvre qc [par qc]
4. (*beginnen lassen*) ■ **jd/etw leitet etw ein** *neues Zeitalter, neue Kunstrichtung* qn/qc introduit qc, qc marque le début de qc
5. MEDIA ■ **jd/etw leitet etw ein** *Buch* qn préface qc/qc introduit qc
6. ÖKO ■ **jd leitet etw [in etw** (*akk*)**] ein** *Abwässer, Gülle* qn déverse qc [dans qc]

einleitend **I.** *adj* préliminaire, introductif(-ive)
II. *adv* en [guise d']introduction

Einleitung *f* **1.** ADMIN [*Maßnahmen*] prise *f*; [*Schritte*] mise *f* en œuvre; JUR [*Untersuchung*] ouverture *f*; [*Verfahren*] introduction *f*
2. MEDIA préface *f*, introduction *f*
3. (*das Einleiten*) ■ **die ~ von etw [in etw** (*akk*)**]** le déversement de qc [dans qc]; ***die ~ von giftigen Abwässern in Flüsse sollte verboten sein*** il devrait être interdit de déverser des eaux usées polluées dans les cours d'eau

ein|lenken *vi* ■ **jd lenkt [in etw** (*dat*)**] ein** qn lâche du lest [dans qc], qn se montre plus conciliant(e) [dans qc]; ■ **das E~** attitude *f* plus conciliante
▸ **jd bringt jdn zum E~** qn amène qn à lâcher du lest [*o* faire des concessions]

ein|lesen *irreg* **I.** *vt* INFORM ■ **jd liest etw [in etw** (*akk*)**] ein** qn entre qc [dans qc] par lecture directe
II. *vr* ■ **jd liest sich in etw** (*akk*) **ein** qn se familiarise avec qc

ein|leuchten *vi* ■ **etw leuchtet [jdm] ein** qc apparaît clairement [à qn]; ■ **es leuchtet [jdm] ein, dass** il est clair [pour qn] que + *indic*; ***es leuchtet mir nicht ein, wieso ...*** je ne vois pas bien pourquoi ...

einleuchtend **I.** *adj Erklärung* clair(e); *Argument, Grund* convaincant(e)
II. *adv erklären* de façon claire, clairement; *begründen* de façon convaincante

ein|liefern *vt* **1.** MED ■ **jd liefert jdn ein** qn hospitalise qn; ■ **jd liefert jdn in etw** (*akk*) **ein** qn admet qn à/dans qc; ***der eben eingelieferte Patient*** le malade qui vient d'être admis
2. JUR ■ **jd liefert jdn [in etw** (*akk*)**] ein** *Häftling* qn écroue [*o* incarcère] qn [à qc]; ***ein neu eingelieferter Häftling*** un nouvel arrivant à la prison
3. POST ■ **jd liefert etw [bei etw] ein** qn dépose qc [quelque part]

Einlieferung *f* **1.** MED hospitalisation *f*; ***wir hatten heute 56 ~en*** nous avons eu 56 entrées aujourd'hui; ***die ~ mit dem Notarztwagen*** le transport à l'hôpital par le SAMU
2. JUR [*Häftling*] incarcération *f*
3. POST dépôt *m*; ***bei einer ~ vor 16 Uhr*** si on le/la dépose avant 16 h

Einlieferungsschein *m* POST récépissé *m*

ein|lochen *vt* **1.** *fam* (*inhaftieren*) ■ **jd locht jdn [wegen etw] ein** qn coffre qn [*o* met qn en taule] [pour qc] *fam*
2. SPORT ■ **jd locht etw ein** qn rentre [qc]; ***der Ball ist eingelocht*** la balle est rentrée [*o* dans le trou]

ein|loggen *vr* ■ **jd loggt sich ein** qn ouvre une/la session; ■ **jd loggt sich in etw** (*akk*) **ein** qn se connecte à qc; ***beim E~*** lors de la connexion

einlösbar *adj* convertible, remboursable; ■ **etw ist [gegen etw] ~** qc peut être échangé(e) [contre qc]

ein|lösen *vt* **1.** FIN ■ **jd löst etw ein** *Scheck* qn honore qc; *Wechsel, Schuldschein a.* qn acquitte qc
2. (*auslösen*) ■ **jd löst etw [bei jdm/in etw** (*dat*)**] ein** *Pfand* qn dégage [*o* retire] qc [chez qn/de qc]
3. (*wahr machen*) ■ **jd löst etw ein** *Versprechen, Wort* qn honore qc

Einlösung *f* **1.** FIN [*Scheck, Wechsel*] paiement *m*

2. (*Auslösung*) [*Pfand*] dégagement *m*, retrait *m*; ***jd vergisst die ~ einer S.*** qn oublie de dégager [*o* retirer] qc
3. [*Versprechen*] accomplissement *m*; [*Wort, Zusage*] respect *m*

ein|lullen *vt* 1. (*schläfrig machen*) ■ **etw lullt jdn ein** qc endort qn; ■ **~d** endormant(e)
2. (*willfährig machen*) ■ **jd lullt jdn [mit etw] ein** qn berce qn [de qc], qn endort qn [par qc], qn berce qn [de qc] *soutenu*

ein|machen I. *vt* ■ **jd macht etw ein** *Obst* qn fait un bocal/des bocaux de qc; *Marmelade* qn fait de la confiture de qc; ***eingemachte Marmelade*** de la confiture maison; ***eingemachtes Obst*** des fruits *mpl* en bocaux
II. *vi* ■ **jd macht ein** qn fait des bocaux/de la confiture

Einmachglas *nt* (*für Marmelade*) pot *m* [à confitures]; (*für Obst und Gemüse*) bocal *m* **Einmachring** *m* caoutchouc *m* [pour bocaux]

einmal *adv* 1. (*ein einziges Mal*) une fois; ~ ***vier ist vier*** une fois quatre quatre
2. (*mal*) un jour, une fois; ~ ***prügeln sie sich und dann vertragen sie sich wieder*** ils/elles se tapent dessus et ensuite, ils/elles s'accordent de nouveau
3. (*irgendwann, früher*) autrefois; ***das mag ich ja ~ gesagt haben, aber ...*** peut-être que j'ai dit ça, mais ...
4. (*irgendwann, später*) un jour; ***ich will ~ Pilot werden*** plus tard, je veux être pilote; ***besuchen Sie mich doch ~*** venez me voir un de ces jours
5. (*eben*): ***so liegen die Dinge ~*** c'est comme ça [et pas autrement], c'est comme ça; ***sag ~*** dis voir *fam*; ***alle ~ herhören!*** écoutez voir un peu!, fam
▶ **für ~** CH (*ausnahmsweise*) pour une fois; (*einstweilen*) en attendant; **~ ist keinmal** *prov* une fois n'est pas coutume; une fois, ça ne compte pas; (~ *schadet nicht*) pour une fois!, une fois, ça ne peut pas faire de mal; **es war ~** il était une fois; **das war ~!** avant, oui!, c'est du passé!; ***seid ihr denn nicht mehr befreundet? – Das war ~!*** vous n'êtes plus amis? – Avant, si!; **auf ~** (*plötzlich*) tout d'un coup; (*an einem Stück*) d'un seul coup, en une seule fois; **~ mehr** une fois de plus; **nicht ~** [ne] ... même pas; **~ und nicht [*o* nie] wieder** c'est la première et la dernière fois [que + *indic*], plus jamais ça!; **wieder ~** encore une fois, une fois de plus

Einmal- *-geschirr* jetable; *-katheter, -handschuh a.* à usage unique

Einmaleins <-> *nt* ∅ 1. ■ **das ~** la table de multiplication
2. (*die Grundzüge*) b.a.-ba *m*, abc *m*
▶ **das kleine/große ~** la table de multiplication jusqu'à 10/20

einmalig I. *adj* (*alle Bedeutungen*) unique
II. *adv schön, toll* extraordinairement, super *fam*

Einmalspritze *f* seringue *f* à usage unique [*o* jetable]

Einmannbetrieb *m* 1. COM entreprise *f* unipersonnelle
2. TRANSP *service effectué par un seul agent*

Einmarkstück *nt* pièce *f* d'un mark

Einmarsch *m* 1. MIL ■ **jds ~ in etw** (*akk*): ***der ~ der irakischen Truppen in Kuwait*** l'entrée des troupes irakiennes au Koweït, l'invasion du Koweït par les troupes irakiennes
2. (*Einzug*) ■ **jds ~ [in etw (*akk*)]** l'entrée de qn [dans qc]

ein|marschieren * *vi + sein* 1. MIL ■ **jd/etw marschiert ein** qn/qc envahit le pays; ■ **jd/etw marschiert in etw** (*akk*) **ein** qn/qc envahit qc
2. (*einziehen*) ■ **jd/etw marschiert [in etw (*akk*)] ein** *in Festzelt, Stadt* qn/qc fait son entrée [dans qc]; ***die ~den Schützen*** les tireurs faisant [*o* qui font/faisaient] leur entrée

ein|massieren * *vt* ■ **jd massiert [jdm] etw [in etw (*akk*)] ein** qn applique [à qn] qc [sur qc] [en massages légers [*o* en massant légèrement]]

ein|mauern *vt* 1. CONSTR ■ **jd mauert etw [in etw (*akk*)] mit ein** *in eine Wand* qn scelle qc [dans qc]; *in ein Fundament a.* qn coule qc [dans qc]
2. (*ummauern*) ■ **jd mauert jdn [in etw (*akk*)] ein** *in eine Grabkammer, Wand, einen Keller* qn emmure qn [dans qc]; ■ **jd mauert etw [in etw (*akk*)] ein** *Schatztruhe, Dokumente* qn scelle [*o* coule] qc [dans qc]

Ein-Megabit-Chip [-tʃɪp] *m* puce *f* de 128 Ko

ein|meißeln *vt* ■ **jd meißelt etw [in etw (*akk*)] ein** qn grave qc [dans qc]

Einmeterbrett *nt* tremplin *m* d'un mètre

ein|mieten *vr* ■ **jd mietet sich [bei jdm/in etw (*dat*)] ein** qn loue un logement [*o* s'installe en location] [chez qn/dans qc]

ein|mischen *vr* ■ **jd mischt sich [bei etw/in etw (*akk*)] ein** *bei Auseinandersetzung, in Streit, Verhandlung* qn s'immisce dans qc; ***misch dich da nicht ein!*** ne te mêle pas de ça!; ***er muss sich immer [in alles] ~!*** il faut toujours qu'il mette son grain de sel [partout]!

Einmischung *f* ■ **jds ~ in etw** (*akk*) l'immixtion *f* [*o* l'ingérence *f*] de qn dans qc

einmonatig *adj attr* d'un mois

einmonatlich *adj* mensuel(le)

ein|montieren * *vt* ■ **jd montiert etw [in etw (*akk*)] ein** qn monte qc [dans qc]

einmotorig *adj* monomoteur; ***ein ~es Flugzeug*** un [avion] monomoteur

ein|motten *vt* 1. MIL ■ **jd mottet etw ein** *Bomber, Kriegsschiff* qn met qc hors service; *Kernkraftwerk* qn met qc en sommeil; ***die Bomber/Kriegsschiffe wurden eingemottet*** les bombardiers ont été rangés dans les hangars/les navires de guerre ont été mis sur cales
2. (*einlagern*) ■ **jd mottet etw [in etw (*akk*)] ein** *Kleidungsstücke* qn range qc [dans qc] avec de l'antimite

ein|mumme[l]n I. *vt fam* ■ **jd mummelt [*o* mummt] jdn [in etw (*akk*)] ein** qn emmitoufle qn [dans qc]
II. *vr fam* ■ **jd mummelt [*o* mummt] sich ein** qn s'emmitoufle

ein|münden *vi + sein* 1. TRANSP ■ **etw mündet in etw** (*akk*) **ein** qc débouche sur qc; ***die von rechts ~de Straße*** la rue qui débouche à [*o* de la] droite
2. GEOG ■ **etw mündet in etw** (*akk*) **ein** qc se jette dans qc

Einmündung *f* 1. TRANSP ■ **die ~ [in etw (*akk*)]** le débouché *m* [sur qc]
2. (*Mündung*) [*Kanal, Rohr*] arrivée *f*, sortie *f*; [*Fluss*] confluent *m*; [*Strom*] embouchure *f*

einmütig I. *adj* unanime
II. *adv befürworten, verurteilen* unanimement, d'une seule voix; ***wir müssen ~ zusammenstehen*** il faut que nous fassions bloc [*o* parlions d'une seule voix]

Einmütigkeit <-> *f* ∅ unanimité *f*; ***in seltener ~*** avec une rare unanimité

ein|nachten *vi impers* CH ■ **es nachtet ein** la nuit tombe; ■ **das E~** la tombée de la nuit

ein|nähen *vt* 1. (*nähen*) ■ **jd näht etw [in etw (*akk*)] ein** *Reißverschluss, Futter* qn coud [*o* met] qc [à qc]; ■ **eingenäht** cousu(e)
2. (*enger machen*) ■ **jd näht etw ein** *Kleidungsstück* qn reprend qc

Einnahme <-, -n> *f* 1. FIN recette *f*, rentrée *f* [d'argent]; ■ **~n** [*Steuerzahler*] revenus *mpl*
2. ∅ *form* (*das Einnehmen*) [*Medikament*] prise *f*; ***die vorgeschriebene ~*** la posologie; ***die ~ der Mahlzeiten erfolgt im Speisesaal*** les repas se prennent à la salle à manger
3. MIL [*Stellung, Stadt*] prise *f*
▶ **~n und Ausgaben** les recettes *fpl* et [les] dépenses *fpl*

Einnahmequelle *f* source *f* de revenus, ressources *fpl*
▶ **jd erschließt [sich (*dat*)] ... ~n** *neue, zusätzliche* qn se procure des sources de revenus ...

ein|nehmen *vt irreg* 1. COM ■ **jd nimmt etw ein** *Geld, Summe* qn encaisse qc, qn a des rentrées [d'argent] d'un montant de qc; ***heute haben wir eine größere Summe eingenommen*** nous avons eu aujourd'hui des rentrées [d'argent] assez importantes
2. FISC ■ **jd nimmt etw ein** *Steuern* qn perçoit qc, qn encaisse qc
3. MED ■ **jd nimmt etw ein** qn prend qc
4. *form* (*besetzen*) ■ **jd nimmt etw ein** qn prend qc, qn occupe qc; ***jd nimmt seinen Platz ein*** qn prend place, qn s'installe
5. (*vertreten*) ■ **jd nimmt etw ein** *Haltung, Standpunkt* qn adopte qc
6. (*innehaben*) ■ **jd nimmt etw ein** *Position, Stellung* qn occupe qc
7. SPORT ■ **jd nimmt etw ein** *Tabellenplatz, Rang* qn occupe qc
8. MIL ■ **jd nimmt etw ein** qn prend qc, qn conquiert qc; ■ **eingenommen** conquis(e)
▶ **etw nimmt jdn für einen Menschen ein** qc d'une personne attire les faveurs [*o* la bienveillance] de qn; **etw nimmt jdn für etw ein:** ***unsere Argumente haben ihn für unseren Plan eingenommen*** grâce à nos arguments, il est maintenant acquis à notre projet; nos arguments ont su le convaincre d'adhérer à notre projet; **jd nimmt jdn für sich ein** qn conquiert qn; **jd/etw nimmt jdn gegen jdn/etw ein** qn/qc prévient qn contre qn/qc; **jd nimmt jdn gegen sich ein** qn donne une mauvaise image de soi à qn

einnehmend *adj Charme, Wesen* séduisant(e), plein(e) de séduction; *Äußeres, Lächeln a.* avenant(e); ***jd hat etwas sehr E~es*** qn a beaucoup de séduction

ein|nicken *vi + sein fam* ■ **jd nickt ein** qn s'assoupit, qn pique du nez *fam*

ein|nisten *vr* 1. (*sich niederlassen*) ■ **jd nistet sich [irgendwo/bei jdm] ein** qn s'installe [à demeure] [*o* s'incruste] [quelque part/chez qn]
2. (*sich festsetzen*) ■ **Tiere nisten sich [irgendwo/bei jdm] ein** /*Vögel*/ des animaux nichent [*o* font leur nid] [quelque part/chez qn]; /*Ungeziefer*/ des animaux s'installent [quelque part/chez qn]
3. PHYSIOL ■ **etw nistet sich [in etw (*dat*)] ein** /*Ei*/ *in der Gebärmutter* qc s'implante [dans qc]

Einöde *f* étendue *f* déserte

Einödhof *m* ferme *f* isolée

ein|ölen I. *vt* ■ **jd ölt jdn ein** qn met [*o* passe] de l'huile sur le corps de qn; ■ **jd ölt jdn mit etw ein** qn met [*o* passe] qc sur le corps de qn; ■ **jd ölt etw [mit etw] ein** *Holz* qn huile qc [avec qc]; *Fahrradkette, Beschläge a.* qn lubrifie qc [avec qc]; ***jd macht sich an eingeölten Teilen schmutzig*** qn se fait des taches en se frottant contre [*o* à] des pièces huilées
II. *vr* 1. ■ **jd ölt sich ein** qn se met [*o* se passe] de l'huile [sur le corps], qn s'enduit [le corps] d'huile; ■ **jd ölt sich mit etw ein** qn se met [*o* se passe] qc [sur le corps], qn s'enduit [le corps] de qc
2. ■ **jd ölt sich** (*dat*) **etw [mit etw] ein** qn s'enduit qc [de qc]

ein|ordnen I. *vt* 1. (*einsortieren*) ■ **jd ordnet etw [in etw (*akk*)] ein** *in eine Kartei, in die Ablage* qn range [*o* classe] qc [dans qc]
2. (*klassifizieren*) ■ **jd ordnet jdn/etw ein/unter etw** (*dat*) **ein** *Begriff, Vertreter einer Richtung, Kunstwerk* qn classe qn/qc/met qn/qc sous la rubrique qc; ***ich weiß nicht, wie ich ihn ~ soll*** je ne sais pas comment le cataloguer; ***dieses Gemälde ist unter italienische Renaissance einzuordnen*** il faut classer [*o* ranger] ce tableau parmi les chefs d'œuvre de la Renaissance italienne
II. *vr* 1. (*sich einfügen*) ■ **jd ordnet sich [in etw (*akk*)] ein** qn s'intègre [*o* trouve sa place] [dans qc]
2. TRANSP ■ **jd/etw ordnet sich [irgendwo] ein** qn/qc prend la bonne file; ***jd ordnet sich links ein*** qn prend [*o* se met dans] la file de gauche

ein|packen I. *vt* 1. (*verpacken*) ■ **jd packt etw [in etw (*akk*)] ein** qn emballe qc [dans qc]; ■ **jd lässt etw ~** qn fait emballer qc
2. (*einstecken*) ■ **jd packt [jdm] etw ein** (*akk*) *Butterbrot, Kleidungsstück* qn [lui] met qc dans ses affaires; ■ **eingepackt** préparé(e); ***hast du unsere Pässe eingepackt?*** tu as pris nos passeports?
3. *fam* (*einmummeln*) ■ **jd packt jdn [in etw (*akk*)] ein** qn emmitoufle qn [dans qc]; ***dick eingepackt*** bien emmitouflé(e)
▶ **jd kann sich [mit etw] ~ lassen** *sl* [avec qc,] qn peut [toujours] aller se rhabiller *fam* [*o* se faire foutre *pop*]
II. *vi* ■ **jd packt ein** qn fait sa valise/ses valises; ***wann kommen die Spediteure zum E~?*** quand les transporteurs viennent-ils pour faire les paquets?
▶ **jd kann ~** *sl* qn peut remballer ses gaules *pop*
III. *vr* 1. *fam* (*sich einmummeln*) ■ **jd packt sich [in etw (*akk*)] ein** qn

s'emmitoufle [dans qc]; ***packt euch bloß ganz dick ein!*** tâchez de bien vous emmitoufler!
2. (*sich einstecken*) ■ **jd packt sich** (*dat*) **etw ein** *Butterbrot, Reisebedarf* qn prend [*o* emporte] qc [dans ses affaires]

ein|parken I. *vi* TRANSP ■ **jd parkt [irgendwie] ein** *richtig, vorwärts* qn se gare [d'une certaine façon]; *rückwärts* qn fait un créneau; ■ **das E~** le stationnement; ***Spezialität des Fahrlehrers: das E~*** la spécialité du moniteur d'auto-école: les créneaux
II. *vt* ■ **jd parkt etw ein** qn gare qc, qn parque qc; ■ **etw lässt sich ...** ~ *leicht, schwer* qc se gare ...

Einparteien- à parti unique

ein|passen I. *vt* ■ **jd passt etw [in etw** (*akk*)**] ein** qn ajuste [*o* adapte] qc [aux dimensions de qc]
II. *vr* ■ **jd passt sich ein** qn s'intègre; ■ **jd passt sich in etw** (*akk*) **ein** qn s'adapte à qc

ein|pauken *vt fam* ■ **jd paukt jdm etw ein** qn lui fourre qc dans le crâne *fam*, qn serine [*o* rabâche] qc à qn *fam*, qn fait potasser qc à qn *fam*; ***jd paukt jdm Prüfungsfragen ein*** qn fait bachoter qn *fam*

ein|pennen *vi + sein sl* ■ **jd pennt ein** qn se met à roupiller [*o* pioncer] *pop*

Einpersonenhaushalt *m form* ménage *m* d'une seule personne **Einpersonenstück** *nt* pièce *f* à un [seul] personnage

Einpfennigstück *nt* pièce *f* d'un pfennig

ein|pferchen *vt* ■ **jd pfercht Tiere [in etw** (*akk*)**] ein** qn parque des animaux [dans qc]; ■ **eingepfercht** *Menschen* entassé(e)

ein|pflanzen *vt* **1.** HORT ■ **jd pflanzt etw [in etw** (*dat*)**] ein** qn plante qc [dans qc]; ***die frisch eingepflanzten Blumen*** les fleurs fraîchement plantées [*o* qui viennent d'être plantées]
2. MED ■ **jd pflanzt [jdm] etw ein** qn implante qc [à qn]

ein|pinseln *vt* **1.** GASTR ■ **jd pinselt etw [mit etw] ein** qn badigeonne qc [avec qc]
2. MED ■ **jd pinselt [jdm] etw [mit etw] ein** *mit einer antibiotischen Lösung etc* qn [lui] badigeonne qc [de [*o* avec] qc]

ein|planen *vt* **1.** (*einbeziehen*) ■ **jd plant etw [mit] ein** *Preissteigerung, Verzögerungen, Verluste* qn prévoit qc, qn programme qc
2. ARCHIT qn prévoit qc [dans ses plans]

ein|pökeln *vt* ■ **jd pökelt etw ein** qn met qc dans la saumure

ein|prägen I. *vr* **1.** (*sich etw einschärfen*) ■ **jd prägt sich** (*dat*) **etw ein** *Namen, Zahl* qn retient qc; *Mahnung, Wortlaut a.* qn enregistre qc; *Formel, Melodie a.* qn assimile qc
2. (*im Gedächtnis haften*) ■ **etw prägt sich jdm ein** qc reste gravé(e) dans la mémoire de qn; ***etw prägt sich leicht ein*** qc est facile à retenir [*o* se retient facilement]
II. *vt* **1.** (*einschärfen*) ■ **jd prägt jdm etw ein** qn inculque qc à qn; ■ **jd prägt jdm ein etw zu tun** qn inculque à qn qu'il/elle doit faire qc
2. (*in etw prägen*) ■ **jd prägt etw [in etw** (*akk*)**] ein** *in Metall* qn grave qc [dans qc]; *in Papier* qn grave qc [sur qc]

einprägsam *adj* facile à retenir; ■ **etw ist** ~ qc se retient facilement

ein|programmieren * *vt* INFORM ■ **jd programmiert etw ein** qn installe qc; ***der Computer wird mit einprogrammiertem Betriebssystem geliefert*** l'ordinateur est livré [d'origine] avec un système d'exploitation

ein|prügeln I. *vt fam* ■ **jd prügelt jdm etw ein** qn lui fait entrer qc à coups de pied aux fesses *fam*
II. *vi fam* ■ **jd prügelt [mit etw] auf jdn ein** qn tabasse qn [à coups de qc] *fam*

ein|pudern I. *vr* ■ **jd pudert sich** (*dat*) **etw ein** qn se poudre qc
II. *vt* ■ **jd pudert [jdm] etw ein** *Gesicht, Haut* qn [lui] poudre qc; *Po* qn [lui] talque qc

ein|quartieren * I. *vt* **1.** (*unterbringen*) ■ **jd quartiert jdn [bei jdm] ein** qn loge [*o* héberge] qn [chez qn]
2. MIL ■ **jd quartiert jdn irgendwo ein** qn cantonne qn quelque part
II. *vr* ■ **jd quartiert sich bei jdm ein** */Gast/* qn s'installe [*o* prend ses quartiers *hum*] chez qn

ein|rahmen *vt* **1.** (*in Rahmen fassen*) ■ **jd rahmt [jdm] etw ein** *Druck, Foto* qn [lui] encadre qc; ***ein teuer eingerahmtes Foto*** une photo dans un cadre de grande valeur
2. *fam* (*links und rechts begleiten*) ■ **jd rahmt jdn ein** qn encadre qn
► **jd kann sich** (*dat*) **etw ~ lassen** qn peut mettre qc au panier, qn peut faire des confettis avec qc *fam*; ***die Bescheinigung kannst du dir ~ lassen!*** ton attestation, tu peux te la mettre où je pense! *fam*

ein|rammen *vt* ■ **jd rammt etw [in etw** (*akk*)**] ein** qn enfonce qc [dans qc]

ein|rasten *vi + sein* ■ **etw rastet [in etw** (*akk*)**] ein** qc s'enclenche [dans qc]; ***schon war die Tür eingerastet*** déjà la porte s'était refermée

ein|räumen *vt* **1.** (*in etw räumen*) ■ **jd räumt etw [in etw** (*akk*)**] ein** *in Schränke, Schubladen* qn range qc [dans qc]; *Möbel* qn [re]met qc en place; ■ **das E~** le rangement; ***beim E~ der Möbel*** en [re]mettant les meubles en place
2. (*füllen*) ■ **jd räumt etw ein** *Schrank, Regal* qn range qc
3. (*mit Möbeln füllen*) ■ **jd räumt [jdm] etw ein** *Wohnung, Zimmer* qn [lui] installe qc
4. (*zugeben*) ■ **jd räumt [jdm gegenüber] etw ein** qn admet qc [devant qn]; ■ **jd räumt [jdm gegenüber] ein, dass** qn admet [devant qn] que + *indic*
5. (*gewähren*) ■ **jd räumt jdm etw ein** *Frist, Kredit* qn accorde [*o* consent] qc à qn
6. (*zugestehen*) ■ **jd/etw räumt jdm etw ein** *Freiheiten, Rechte* qn/qc reconnaît [*o* accorde] qc à qn

ein|rechnen *vt* **1.** (*mit einbeziehen*) ■ **jd rechnet jdn/etw [mit] ein** qn inclut qn/qc; ***dich mit eingerechnet*** toi compris(e), y compris toi
2. FIN ■ **jd rechnet etw [mit] ein** qn inclut qc; ***Bedienung mit eingerechnet*** service compris

ein|reden I. *vt* ■ **jd redet jdm etw ein** qn essaie de faire croire qc à qn, qn essaie de lui mettre qc en [*o* dans la] tête; ■ **jd redet jdm ein, dass** qn essaie de persuader qn [*o* faire croire à qn] que + *indic*
II. *vi* ■ **jd redet auf jdn ein** qn harcèle qn [de paroles]
III. *vr* ■ **jd redet sich** (*dat*) **etw ein** qn se met qc dans la tête; ■ **jd redet sich ein, dass** qn se persuade que + *indic*

ein|regnen *vr impers* ■ **es regnet sich ein** la pluie s'installe

ein|reiben *irreg* I. *vt* **1.** (*in etw reiben*) ■ **jd reibt [jdm] etw irgendwohin ein** qn fait [à qn] une friction de qc quelque part, qn [lui] frictionne un endroit avec qc
2. (*massieren*) ■ **jd reibt jdn [mit etw] ein** qn frictionne qn [avec qc]; ■ **jd reibt jdm etw [mit etw] ein** qn frictionne qc de qn [avec qc]
II. *vr* ■ **jd reibt sich [mit etw] ein** qn se frictionne [avec qc]; ■ **jd reibt sich** (*dat*) **etw mit etw ein** qn se frictionne qc avec qc

ein|reichen *vt* **1.** ADMIN, JUR ■ **jd reicht etw [bei jdm] ein** *Bewerbung, Unterlagen* qn dépose qc [auprès de/à qn]
2. ADMIN ■ **jd reicht etw ein** *seine Demissionierung, Entlassung* qn présente qc, qn remet qc, qn donne qc; *seine Versetzung, Pensionierung* qn demande qc, qn fait une demande de qc

Einreichung <-, *rare* -en> *f* **1.** ADMIN, JUR (*das Einreichen*) dépôt *m*
2. ADMIN [*Pensionierung, Versetzung*] demande *f*; ***jd drängt jdn zur ~ seiner Entlassung*** qn presse qn de remettre sa démission

ein|reihen I. *vt* ■ **jd reiht jdn/etw unter Menschen/etw** (*akk*) **ein** qn range [*o* classe] qn/qc parmi des personnes/dans qc
II. *vr* ■ **jd reiht sich in etw** (*akk*) **ein** *in Schlange* qn prend place dans qc; *in Demonstrationszug* qn se joint à qc

Einreiher <-s, -> *m* costume *m* droit

Einreise *f* entrée *f*; ***bei der ~*** à l'entrée; ■ **jds ~ nach etw/in etw** (*akk*) l'entrée de qn en/au/dans qc

Einreisebestimmungen *pl* dispositions *fpl* d'entrée [dans un/le pays] **Einreiseerlaubnis** *f* autorisation *f* [*o* visa *m*] d'entrée ► **jd hat eine/keine ~** qn a une/n'a pas d'autorisation [*o* de visa] d'entrée

ein|reisen *vi + sein form* ■ **jd reist ein** qn entre dans un pays; ■ **jd reist nach etw/in etw** (*akk*) **ein** qn entre [en/au/dans qc]

Einreiseverbot *nt* interdiction *f* d'entrée dans un/le pays ► **jd hat ~** qn est interdit(e) d'entrée dans un/le pays **Einreisevisum** [-vi-] *nt* visa *m* d'entrée

ein|reißen *irreg* I. *vi + sein* **1.** (*einen Riss bekommen*) ■ **etw reißt ein** */Haut/* qc se crevasse, qc se gerce; */Banknote, Seite/* qc se déchire
2. *fam* (*zur Gewohnheit werden*) ■ **etw reißt ein** qc devient une habitude; ***sonst reißt das noch ein*** sinon le pli est pris
► **jd lässt etw ~** *fam* qn prend l'habitude de faire qc; ***das wollen wir nicht ~ lassen*** il ne faut laisser s'installer cette mauvaise habitude
II. *vt + haben* **1.** (*niederreißen*) ■ **jd reißt etw ein** *Mauer, Barrikaden* qn démolit qc, qn abat qc
2. (*mit Riss versehen*) ■ **jd reißt etw ein** *Papier, Seite* qn déchire qc
III. *vr + haben* ■ **jd reißt sich** (*dat*) **etw [an etw** (*dat*)**] ein** *Hemd* qn déchire son(sa) qc [dans/contre qc]; *Haut* qn s'écorche qc [dans/contre qc]

ein|reiten *irreg* I. *vt + haben* ■ **jd reitet ein Pferd ein** qn débourre un cheval
II. *vi + sein* ■ **jd reitet [in etw** (*akk*)**] ein** *in die Manege, Reithalle* qn fait son entrée [dans qc]

ein|renken I. *vt* **1.** MED ■ **jd renkt [jdm] etw ein** qn [lui] remboîte qc
2. *fam* (*in Ordnung bringen*) ■ **jd renkt etw [wieder] ein** qn fait en sorte que qc s'arrange
II. *vr fam* ■ **etw renkt sich wieder ein** qc s'arrange

ein|richten I. *vt* **1.** (*möblieren*) ■ **jd richtet [jdm] etw [irgendwie] ein** *Wohnung, Zimmer* qn [lui] aménage qc [d'une certaine façon]; *Labor, Praxis* qn [lui] installe qc [d'une certaine façon]; ■ **jd ist ... eingerichtet** *klassisch, modern, japanisch* qn est meublé(e) en ..., qn a un intérieur ...; ***fertig eingerichtet*** entièrement meublé(e)
2. (*installieren*) ■ **jd richtet [jdm] etw ein** *Hobbyraum, Sauna* qn aménage qc [pour qn]
3. ADMIN ■ **jd richtet etw ein** *Dienststelle, Lehrstuhl* qn crée qc
4. FIN ■ **jd richtet [jdm] etw [bei jdm] ein** *Konto* qn ouvre qc [à qn] [dans qc]
5. TRANSP ■ **jd richtet etw ein** *Buslinie etc* qn crée qc, qn ouvre qc
6. (*arrangieren*) ■ **ich richte es ein, dass ich/du ...** je m'arrange pour + *infin*/pour que tu ... + *subj*, je fais en sorte de + *infin*/que tu ... + *subj*
7. MED ■ **jd richtet [jdm] etw ein** *gebrochenes Bein, gebrochenen Knochen* qn [lui] remet qc; *Bruch* qn [lui] réduit qc
► **es lässt sich ~** ça peut se faire, il y a moyen *fam*
II. *vr* **1.** (*sich möblieren*) ■ **jd richtet sich [...] ein** *anders, luxuriös, neu* qn se meuble [*o* s'installe] [...]
2. (*sich einbauen*) ■ **jd richtet sich** (*dat*) **etw ein** *Partykeller, Sauna* qn installe qc chez lui/elle, qn aménage qc chez lui/elle
3. (*sich der Lage anpassen*) ■ **jd richtet sich ein** qn s'adapte; ***da hatte man sich eben einzurichten*** on n'avait pas le choix, il fallait s'y faire
4. (*sich einstellen*) ■ **jd richtet sich auf etw** (*akk*) **ein** *auf Wartezeit, Ärger* qn se prépare à qc
5. (*vorbereitet sein*) ■ **jd/etw ist auf etw** (*akk*) **eingerichtet** */Hotel, Restaurant/* qn/qc est équipé(e) pour qc

Einrichtung <-, -en> *f* **1.** (*Wohnungs~*) mobilier *m*; (*Ausstattung*) [*Labor, Praxis*] aménagement *m* [intérieur]
2. (*das Möblieren*) [*Wohnung, Zimmer*] ameublement *m*; (*das Ausstatten*) [*Labor, Praxis*] équipement *m*
3. (*das Installieren*) [*Hobbyraum, Sauna*] installation *f*, aménagement *m*
4. ADMIN [*Dienststelle, Lehrstuhl*] création *f*; [*Behörde*] installation *f*

5. *[Konto]* ouverture *f*
6. TRANSP *[Linie]* création *f*, ouverture *f*
7. *(Institution)* organisation *f*

Einrichtungsgegenstand *m* meuble *m* **Einrichtungshaus** *nt* magasin *m* de meubles

ein|ritzen *vt* ■ **jd ritzt etw [in etw** *(akk)***] ein** *Initialen, Namen* qn grave qc [dans qc]; *Tätowierung* qn trace [*o* dessine] qc [sur qc]

ein|rollen I. *vr + haben* ■ **jd rollt sich [auf etw** *(dat)***] ein** *auf Sessel, Sofa* qn se pelotonne [sur qc]; ■ **ein Tier rollt sich [auf etw** *(dat)***] ein** */Igel, Katze/* un animal se roule en boule [sur qc]; */Schlange/* un animal se love [sur qc]
II. *vi + sein* ■ **ein Zug rollt ein** un train entre en gare

ein|rosten *vi + sein* 1. *(rostig werden)* ■ **etw rostet ein** qc [se] rouille
2. *(ungelenkig werden)* ■ **jd/etw rostet ein** qn/qc se rouille; ■ **jd lässt etw** ~ qn laisse qc se rouiller

ein|rücken I. *vi + sein* 1. MIL *(eindringen)* ■ **jd/etw rückt ein/in etw** *(akk)* **ein** qn/qc fait son entrée/pénètre dans/en/au qc; ■ **jd lässt etw [in etw** *(akk)***]** ~ qn fait entrer qc [dans/en/au qc]
2. *(zurückkehren)* ■ **jd/etw rückt [wieder] ein** */Feuerwehr, Truppen/* qn/qc réintègre ses quartiers; ■ **jd/etw rückt [wieder] in etw** *(akk)* **ein** qn/qc réintègre qc
3. MIL *(eingezogen werden)* ■ **jd rückt ein** */Soldat/* qn est incorporé(e); ■ **jd rückt zu etw ein** *zum Militär* qn part au service [militaire] [*o* à l'armée]
II. *vt + haben* 1. TYP ■ **jd rückt etw ein** qn met qc en retrait, qn décale qc
2. PRESSE ■ **jd rückt [jdm] etw ein** qn [lui] insère qc

ein|rühren *vt* ■ **jd rührt etw [in etw** *(akk)***] ein** *Gift, Suppenpulver* qn délaie qc [dans qc]; *Ei* qn brouille qc [dans qc]

ein|rüsten *vt* CONSTR ■ **jd rüstet etw ein** qn dresse [*o* installe] un échafaudage au pied de qc

eins I. *num* 1. MATH un
2. *(ein Uhr)* une heure
3. SPORT *(Punkt)* ■ ~ **zu ...** un à ...; ■ **... zu** ~ ... à un
► ~ **a** *fam* extra *fam*; ~, **zwei, drei** *fam* *(im Nu)* en moins de deux *fam*; **es kommt** ~ **zum anderen** une chose en entraîne une autre; **das kommt** [*o* **läuft**] **auf** ~ **hinaus** *fam* c'est du pareil au même *fam*; **gegen** ~ vers une heure; **... nach/vor** ~ une heure .../moins ...; ***kurz nach/vor*** ~ peu après/avant une heure; **um** ~ à une heure; *s. a.* **eine(r, s)**
II. *adj pred* 1. *(eine Einheit)* une seule et même chose; ***Denken und Handeln sollten*** ~ ***sein*** la réflexion et l'action devraient aller de pair
2. *(egal)* ■ **etw ist jdm** ~ qc, ça m'/t'/... est égal
3. *(einig)* ■ **jd ist** ~ **mit jdm/mit sich/etw** qn est en harmonie avec qn/soi-même/qc
► **jd weiß/fühlt sich** ~ **mit jdm** qn se sait/se sent en accord [*o* en harmonie] [*o* en phase] avec qn; **das ist alles** ~ *fam* c'est du pareil au même *fam*, cela [*o* ça *fam*] revient au même

Eins <-, -en> *f* 1. *(Zahl)* un *m*
2. TRANSP ■ **die** ~ le un
3. KARTEN ■ **die/eine** ~ l'as/un as; ■ **die ...**-~ *Kreuz, Karo, Herz, Pik* l'as *m* de ...
4. *(beim Würfeln)* un *m*; *(beim Pferderennen)* as *m*; ***ich habe auf die*** ~ ***gesetzt*** j'ai joué l'as
5. SCOL *(sehr gut)* ≈ dix-sept *m* *(excellente note entre dix-huit et vingt)*

ein|sacken[1] *vt fam* 1. *(an sich bringen)* ■ **jd sackt etw ein** *Geld* qn empoche qc
2. *(einheimsen)* ■ **jd sackt etw ein** *Prämie, Preis, Ruhm* qn récolte qc, qn ramasse qc *fam*

ein|sacken[2] *vi + sein* ■ **etw sackt [in etw** *(akk)***] ein** qc s'affaisse [dans qc]

ein|sagen *vt* SDEUTSCH, AUS *fam* *(vorsagen)* ■ **jd sagt jdm etw ein** qn souffle qc à qn

ein|salben I. *vt* ■ **jd salbt jdn [mit etw] ein** qn enduit [*o* oint *littér*] qn [de qc]; ■ **jd salbt [jdm] etw [mit etw] ein** qn [lui] enduit qc [de qc]
II. *vr* 1. ■ **jd salbt sich ein** qn s'enduit de crème/pommade; ■ **jd salbt sich mit etw ein** qn s'enduit de qc
2. ■ **jd salbt sich** *(dat)* **etw ein** qn enduit son/sa qc

ein|salzen *vt* ■ **jd salzt etw ein** qn met qc dans la saumure; ■ **eingesalzt** passé(e) à la saumure

einsam I. *adj* 1. *(verlassen)* *Mensch* seul(e); *Leben* solitaire; *Gefühl* de solitude; ■ **jd ist** ~ qn est seul(e)
2. *(abgelegen)* *Dorf, Alm* isolé(e), solitaire
3. *(menschenleer)* *Moor, Strand* solitaire, désert(e)
4. *(vereinzelt)* *Boot, Fasan* isolé(e), solitaire
5. *(allein getroffen)* *Entschluss, Entscheidung* unilatéral(e)
6. *fam* *(absolut)*: ***das Konzert war*** ~***e Klasse*** c'était vraiment le superconcert *fam*; ***die Frau ist*** ~***e Klasse*** cette femme, elle est superclasse *fam*; ***der*** ~***e Höhepunkt des Abends*** le bouquet de la soirée
► ~ **und verlassen** abandonné(e) de tous; **es wird** ~ **um jdn** qn se fait lâcher
II. *adv leben, liegen* à l'écart

Einsamkeit <-, *rare* -en> *f* solitude *f*
► **in jds** ~ *(dat)* dans ma/sa/... solitude

ein|sammeln *vt* 1. *(sich aushändigen lassen)* ■ **jd sammelt etw ein** *Pässe, Schulhefte* qn ramasse qc; *Spenden* qn collecte qc; ***jd sammelt die Kollekte ein*** qn fait la quête
2. *(aufsammeln)* ■ **jd sammelt etw ein** qn ramasse qc

ein|sargen *vt* ■ **jd sargt jdn ein** qn met qn en bière; ■ **das E**~ la mise en bière
► **jd kann sich mit etw** ~ **lassen** *sl* qn peut aller se rhabiller *fam* [*o* se faire foutre *pop*]

Einsatz <-es, ¨-e> *m* 1. *(Leistungsbereitschaft)* *[Spieler]* engagement *m*; *[Mitarbeiter a.]* énergie *f* au travail
2. SPIEL mise *f*; ***bitte Ihre*** ¨~***e!*** faites vos jeux!
3. BÖRSE mise *f* de fonds, investissement *m*
4. *(Verwendung)* ■ **der Einsatz von jdm** *[Arbeitskräfte, Helfer, Feuerwehr]* le recours à qn *m*; *[Spieler]* l'entrée *f* en jeu de qn; ***durch den*** ~ ***von Häftlingen*** en ayant recours à des prisonniers
5. MIL *(das Einsetzen)* ■ **der** ~ **von jdm/etw** *[Truppen, Atomwaffen]* l'engagement *m* de qn/le recours à qc
6. *(Aktion)* *[Polizei, Feuerwehr]* intervention *f*
7. MIL *(Aktion)* opération *f*
8. MUS départ *m*
9. *(eingesetztes Teil)*: ***ein*** ~ ***für Besteck*** un range-couverts
10. *[Kleidungsstück]* motif *m* incrusté, incrustation *f*
► **jd gibt den** ~ qn donne le départ; **jd ist im** ~ */Feuerwehr, THW/* qn est en action [*o* sur la brèche]; */Soldat/* qn est en opération; **jd/etw kommt zum** ~ */Feuerwehr, Polizei, Schlagstöcke, Wasserwerfer/* qn/qc entre en action, qn intervient; */Spieler/* qn entre en jeu; **jd zeigt** ~ qn met du cœur à l'ouvrage, qn met de l'énergie au travail; */Spieler/* qn fait preuve d'engagement; **unter** ~ **von etw** *aller Kräfte* en y mettant qc; *von jds Leben* au péril de qc; MIL *von Artillerie, Raketenwerfern* en recourant à qc

-einsatz *m* 1. *(der Einsatz von etw)* *Polizei-* intervention *f* de; *Schusswaffen-, Tränengas-* recours *m* à
2. *(der Einsatz bei etw)* *Erdbeben-, Katastrophen-* intervention *f* [*o* secours *mpl*] sur les lieux de [*o* en cas de]

Einsatzbefehl *m* *[Polizei, Sicherheitskräfte]* ordre *m* d'intervention; *[Truppen]* ordre *m* d'engagement [*o* de mission] ► **jd gibt den** ~ qn donne l'ordre d'intervenir **einsatzbereit** *adj* *(zum Einsatz bereit)* *Feuerwehr, Wasserwerfer* prêt(e) à entrer en action [*o* intervenir]; MIL *Truppen* à pied d'œuvre, opérationnel(le); *Geschütz, Panzer* opérationnel(le) **Einsatzbereitschaft** *f* ***der Polizei wird*** ~ ***befohlen*** la police reçoit l'ordre de se tenir prête à intervenir; ***jd überprüft die*** ~ ***der Truppen*** qn vérifie que les troupes sont opérationnelles ► **jd ist** [*o* **befindet sich**] **in** ~ qn est prêt(e) à intervenir [*o* en état d'alerte] **einsatzfähig** *adj* 1. SPORT *Sportler* disponible, opérationnel(le); *Spieler* prêt(e) à jouer; ***voll*** ~ en pleine possession de ses moyens 2. *(im Einsatz verwendungsfähig)* *Truppen* opérationnel(le); *Geschütze, Panzer* en état de marche, opérationnel(le) **Einsatzkommando** *nt* ► **mobiles** ~ groupe *m* d'intervention rapide, ≈ G.I.G.N. *m* **Einsatzleiter(in)** *m(f)* chef *m* des secours **Einsatzwagen** *m* 1. TRANSP voiture *f* supplémentaire 2. *(Polizeifahrzeug)* véhicule *m* d'intervention

ein|saugen *vt* ■ **jd saugt etw ein** *(akk)* qn inhale qc, qn aspire qc

ein|scannen [-skænən] *vt* INFORM ■ **jd scannt etw ein** qn scanne qc; ■ **das E**~ le scannage

ein|schalten I. *vt* 1. *(in Betrieb setzen)* ■ **jd schaltet etw ein** *Radio, Fernseher* qn allume qc; *Alarmanlage, Gerät a.* qn met qc en marche
2. *(hinzuziehen)* ■ **jd schaltet jdn ein/in etw** *(akk)* **ein** qn met qn sur l'affaire/fait appel [*o* a recours] à qn pour qc
II. *vr* 1. RADIO, TV ■ **jd/etw schaltet sich [in etw** *(akk)***] ein** *in laufende Sendung* qn/qc intervient à l'antenne [dans qc]
2. *(sich einmischen)* ■ **jd schaltet sich [in etw** *(akk)***] ein** *in eine Diskussion, einen Streit* qn intervient [dans qc]

Einschaltquote *f* audimat *m*, taux *m* d'écoute

ein|schärfen I. *vt* ■ **jd schärft jdm etw ein** qn exhorte qn à qc, qn recommande bien qc à qn; ■ **jd schärft jdm ein etw zu tun** qn exhorte qn à faire qc, qn recommande bien à qn de faire qc
II. *vr* ■ **jd schärft sich** *(dat)* **etw ein** qn se met qc dans la tête

ein|schätzen *vt* ■ **jd schätzt jdn/etw ... ein** *falsch, richtig, anders* qn juge qn/qc ...

Einschätzung *f* ■ **die** ~ **einer S.** *(gen)* le jugement porté sur qc, l'opinion que l'on a sur qc
► **jd kommt zu einer bestimmten** ~ **[einer S.** *(gen)***]** qn se fait une certaine opinion [de qc]; **nach jds** ~ à mon/son/... point de vue/du point de vue de qn; ***nach allgemeiner*** ~ de l'avis de tous

ein|schenken *vt* ■ **jd schenkt jdm etw ein** qn verse [*o* sert] qc à qn; ■ **jd lässt sich** *(dat)* **etw** ~ qn se fait servir qc

Einschicht *f* AUS *(Einöde)* désert *m*

ein|schicken *vt* ■ **jd schickt etw [an jdn/etw] ein** qn expédie [*o* envoie] qc [à qn/qc]

ein|schieben *vt irreg* 1. *(hineinschieben)* ■ **jd schiebt etw [in etw** *(akk)***] ein** *Diskette, Magnetkarte* qn introduit [*o* insère] qc [dans qc]; *Backblech, Grillrost* qn introduit qc [dans qc]; ***jd schiebt etw in den Backofen ein*** qn enfourne qc
2. TRANSP *(einsetzen)* ■ **jd schiebt etw ein** qn ajoute qc
3. *(zwischendurch drannehmen)* ■ **jd schiebt jdn ein** *Kandidaten, Patienten* qn intercale qn, qn glisse qn entre deux personnes
4. *(einfügen)* ■ **jd schiebt etw ein** *Pause, Unterbrechung* qn se ménage qc

Einschienenbahn *f* monorail *m*

ein|schießen *irreg* I. *vt + haben* 1. *(zerschießen)* ■ **jd schießt etw [mit etw] ein** *mit einem Fußball* qn brise qc [avec qc]; *mit einer Schusswaffe* qn fait sauter qc [avec qc]
2. *(funktionssicher machen)* ■ **jd schießt etw ein** *Schusswaffe* qn essaie qc, qn fait des essais de tir avec qc
3. TYP ■ **jd schießt etw ein** *Vakatseite, Stich* qn intercale qc
II. *vr + haben* 1. MIL ■ **jd/etw schießt sich ein** qn s'exerce au tir; ■ **jd/etw schießt sich auf jdn/etw ein** qn/qc règle son tir sur qn/qc
2. *(als Ziel wählen)* ■ **jd schießt sich auf jdn/etw ein** */Kritiker, Presse/* qn prend qn/qc pour cible
III. *vi* 1. + *haben* SPORT ■ **jd schießt zu etw ein** qn marque qc; ***er schoss zum 3:0 ein*** il a marqué le troisième but [*o* le but du 3:0]
2. + *sein* MED ■ **etw schießt [in etw** *(akk)***] ein** */Muttermilch/* *in Brüste* qc

monte [dans qc]; ***sie spürte, wie die Milch in ihre Brüste einschoss*** elle a perçu les montées de lait
3. + *sein* (*hineinströmen*) ■ **etw schießt in etw** (*akk*) **ein** *in Kammer, Schleuse* qc s'engouffre dans qc

ein|schiffen I. *vt* ■ **jd schifft jdn/etw ein** qn embarque qn/qc
II. *vr* ■ **jd schifft sich [in etw** (*dat*)**/nach etw] ein** qn [s']embarque [dans qc/pour qc]

ein|schlafen *vi irreg* + *sein* **1.** (*in Schlaf fallen*) ■ **jd schläft [bei/über** (*dat*) **etw] ein** qn s'endort [pendant/sur qc]; ***jd kann schlecht ~*** qn a du mal à s'endormir; ***vor/nach dem E~*** avant de s'endormir/après s'être endormi(e); ***um das E~ zu fördern*** pour faciliter le sommeil
2. *euph* (*sterben*) ■ **jd schläft ein** qn s'endort *littér,* qn s'éteint *soutenu;* ***sie ist ganz friedlich eingeschlafen*** elle s'est éteinte dans la paix
3. (*gefühllos werden*) ■ **etw schläft [jdm] ein** */Bein, Arm/* qn a qc qui s'engourdit; ***mein Bein ist eingeschlafen!*** j'ai la jambe engourdie!
4. (*nachlassen*) ■ **etw schläft ein** */Beziehung, Briefwechsel/* qc s'espace puis s'interrompt; */Freundschaft/* qc n'est plus entretenu(e)
▸ **schlaf nicht ein!** *fam* t'endors pas! *fam*

ein|schläfern *vt* **1.** (*jds Schlaf herbeiführen*) ■ **jd schläfert jdn ein** *Kind* qn endort qn
2. (*schläfrig machen*) ■ **etw schläfert jdn ein** */Hitze, Geräusch/* qc endort qn
3. *euph* (*töten*) ■ **jd schläfert ein Tier ein** qn pique un animal; ■ **jd lässt ein Tier ~** qn fait piquer un animal

einschläfernd *adj* **1.** MED soporifique; ***ein ~es Mittel*** un somnifère
2. (*langweilig*) ■ **etw ist ~** qc est soporifique; ***es ist ~ ihr zuzuhören*** elle est soporifique

Einschlag *m* **1.** METEO: ***der ~ des Blitzes*** la foudre
2. MIL [*Geschoss*] impact *m*
3. (*Schussloch*) [point *m* d']impact *m*
4. (*Anteil*): ***ein negroider ~*** certains traits *mpl* négroïdes
5. AUT braquage *m*

ein|schlagen *irreg* **I.** *vt* + *haben* **1.** (*in etw schlagen*) ■ **jd schlägt etw [in etw** (*akk*)**] ein** *Pfahl, Nagel* qn enfonce [*o* plante] qc [dans qc]
2. (*öffnen*) ■ **jd schlägt [jdm] etw ein** *Tor, Tür* qn enfonce [*o* défonce] qc [de qn]; *Fenster, Scheibe* qn [fra]casse qc [de qn]
3. (*zerschmettern*) ■ **jd schlägt jdm etw ein** *Schädel, Kiefer* qn lui fracasse qc; *Nase, Zähne* qn lui casse qc
4. (*einwickeln*) ■ **jd schlägt etw [in etw** (*akk*)**] ein** qn emballe qc [dans qc]
5. (*wählen*) ■ **jd schlägt etw ein** *Weg, Richtung* qn prend qc; *Laufbahn* qn embrasse qc; ***das Schiff änderte den eingeschlagenen Kurs*** le bateau changea sa route [*o* de cap]
6. AUT ■ **jd schlägt etw ein** *Räder, Lenkrad* qn braque qc
II. *vi* **1.** + *haben o sein* METEO ■ **etw schlägt [in etw** (*akk*)**] ein** */Blitz/* qc tombe [sur qc]; ***es muss irgendwo eingeschlagen haben*** la foudre a dû tomber quelque part
2. + *sein* MIL (*auftreffen*) ■ **etw schlägt [in etw** (*akk*)**] ein** */Geschoss etc/* qc tombe [à/sur qc]
3. + *haben o sein* (*Wirkung haben*) ■ **etw schlägt ein** qc fait du bruit; ***die Nachricht hat eingeschlagen wie eine Bombe*** la nouvelle a fait l'effet d'une bombe
4. + *haben* (*einprügeln*) ■ **jd schlägt auf jdn/etw ein** qn tape sur qn/qc
5. + *haben* (*einen Handschlag geben*) ■ **jd schlägt ein** qn tope; ***schlag ein!*** tope là!

einschlägig I. *adj Literatur, Paragraph* correspondant(e), s'y rapportant
II. *adv* JUR à ce titre

ein|schleichen *vr irreg* **1.** (*in etw schleichen*) ■ **jd schleicht sich ein** qn s'introduit dans une maison; ■ **jd schleicht sich in etw** (*akk*) **ein** qn se glisse [*o* se faufile] dans qc
2. (*unbemerkt auftreten*) ■ **etw schleicht sich [in etw** (*akk*)**] ein** */Fehler, Irrtum/* qc se glisse [dans qc]

ein|schleppen *vt* ■ **jd schleppt etw [in etw** (*akk*)**/nach etw] ein** qn importe [*o* introduit] qc [dans/en/à qc]

ein|schleusen *vt* ■ **jd schleust jdn [in etw** (*akk*)**/nach etw] ein** qn introduit clandestinement qn [dans/en/à qc]; ***diese Leute sind in unseren Betrieb eingeschleust worden*** ces personnes avaient pour tâche d'infiltrer notre entreprise

ein|schließen *vt irreg* **1.** (*einsperren*) ■ **jd schließt jdn [in etw** (*akk o dat*)**] ein** qn enferme qn [dans qc]; ■ **jd lässt sich irgendwo ~** qn se laisse enfermer quelque part
2. (*wegschließen*) ■ **jd schließt etw [in etw** (*akk*)**] ein** qn met qc sous clé [dans qc], qn enferme qc [dans qc]; ■ **eingeschlossen** mis(e) sous clé
3. (*inbegriffen sein*) ■ **etw ist [in etw** (*dat*)**] eingeschlossen** *in einem Preis* qc est compris(e) [*o* inclus(e)] [dans qc]
4. MIL ■ **jd schließt jdn/etw ein** qn encercle qn/qc, qn cerne qn/qc
5. ■ **jd schließt jdn in etw** (*akk*) **ein** *in Gebet* qn associe qn à qc

einschließlich I. *präp* ■ **~ einer S.** (*gen*) y compris qc, qc compris(e); ***~ Nebenkosten/Mehrwertsteuer*** frais annexes compris/T.V.A. comprise
II. *adv* inclus(e), inclusivement; ***bis Seite 25 ~*** jusqu'à la page 25 incluse [*o* inclusivement]

ein|schlummern *vi* + *sein geh* **1.** (*einschlafen*) ■ **jd schlummert ein** qn s'assoupit
2. *euph* (*sterben*) ■ **jd schlummert ein** qn s'endort *littér*

Einschluss[RR] *m* GEOL inclusion *f*
▸ **mit** [*o* **unter**] **~ von etw** *form* y compris qc

ein|schmeicheln *vr* ■ **jd schmeichelt sich [bei jdm] ein** qn s'insinue [auprès [*o* dans les bonnes grâces] de qn]

einschmeichelnd *adj Musik* langoureux(-euse); *Stimme a.* enjôleur(-euse)

ein|schmeißen *vt irreg fam* ■ **jd schmeißt [jdm] etw ein** *Fenster* qn [lui] casse [*o* pète] qc [à coups de pierres] *fam;* ■ **eingeschmissen** cassé(e), pété(e) *fam*

ein|schmelzen *vt irreg* ■ **jd schmilzt etw [zu etw] ein** qn [re]fond qc [pour en faire qc]; ***etw wird zum E~ an jdn/etw*** (*akk*) ***geliefert*** qc est livré(e) à qn/qc pour être [re]fondu(e)

ein|schmieren I. *vt* **1.** (*einölen*) ■ **jd schmiert etw ein** *Metallteil* qn graisse qc, qn lubrifie qc
2. (*einreiben*) ■ **jd schmiert [jdm/sich] etw [mit etw] ein** *Gesicht, Rücken* qn [lui/s']enduit qc [de qc]
II. *vr* **1.** (*sich beschmieren*) ■ **jd schmiert sich [mit etw] ein** qn se barbouille [avec [*o* de] qc]
2. (*sich etw beschmieren*) ■ **jd schmiert sich** (*dat*) **etw ein** *Kleidungsstück* qn se salit qc, qn salit son/sa qc

ein|schmuggeln I. *vt* **1.** (*einschleusen*) ■ **jd schmuggelt jdn [in etw** (*akk*)**] ein** qn introduit qn [clandestinement] [dans qc]; ■ **jd schmuggelt Menschen in etw** (*akk*) **ein** qn infiltre qc avec des personnes
2. (*heimlich hineinschaffen*) ■ **jd schmuggelt etw [in etw** (*akk*)**] ein** *Sprengstoff* qn glisse [subrepticement] qc [dans qc]; *Drogen, Landeswährung* qn introduit [*o* passe] qc en fraude [*o* en contrebande] [dans/en/à qc]
II. *vr* ■ **jd schmuggelt sich [irgendwohin/in etw** (*akk*)**] ein** qn se faufile [*o* s'insinue] [*o* se glisse] [quelque part/dans qc]

ein|schnappen *vi* + *sein* **1.** (*ins Schloss fallen*) ■ **etw schnappt ein** qc se [re]ferme
2. *fam* (*beleidigt sein*) ■ **jd schnappt ein** qn se vexe; ■ **jd ist eingeschnappt** qn fait la gueule *fam;* ***nun schnapp mal nicht gleich ein!*** tu vas pas te mettre à faire la gueule! *fam*

ein|schneiden *irreg* **I.** *vt* **1.** (*einen Schnitt machen*) ■ **jd schneidet etw ein** *Papier, Stoff* qn entaille qc
2. (*hineinschneiden*) ■ **jd schneidet etw [in etw** (*akk*)**] ein** *Namen, Zeichen* qn grave qc [dans qc]
3. GASTR ■ **jd schneidet etw in etw** (*akk*) **ein** qn découpe qc et le/la met [*o* l'ajoute] dans qc
4. GEOG ■ **[etw ist] in etw** (*akk*) **eingeschnitten** */Schlucht, Tal, Flussbett/* [qc est] entaillé(e) [*o* creusé(e)] dans qc; ***ein eingeschnittener Hohlweg*** un chemin creux encaissé
II. *vi* ■ **etw schneidet ein** qc entame la peau; ■ **etw schneidet in etw** (*akk*) **ein** *in Handgelenke, Haut* qc entame qc

einschneidend *adj Bedeutung* décisif(ive); *Veränderung, Wirkung* radical(e)

ein|schneien *vi* + *sein* ■ **etw schneit ein** */Auto, Haus/* qc se couvre de neige; ■ **[jd ist] eingeschneit** [qn est] bloqué(e) par la neige; ■ **[etw ist] eingeschneit** [qc est] recouvert(e) de neige; ■ **jd schneit [in etw** (*dat*)**] ein** *in Gebäude, Schutzhütte* qn est bloqué(e) par la neige [dans qc]

Einschnitt *m* **1.** GEOG ■ **ein ~ in etw** (*dat o akk*) *im/in das Gelände* une entaille dans qc; *im Fels a.* une anfractuosité *f* dans qc
2. (*Schnitt*) coupure *f* [accidentelle]; MED incision *f; in Rinde* entaille *f*
3. (*Zäsur*) coupure *f,* tournant *m;* ***etw ist ein ~ in jds Leben*** qc marque une coupure [*o* un tournant] dans la vie de qn
▸ **jd macht einen ~ [in etw** (*akk*)**]** MED qn incise [*o* fait une incision] [dans qc]

ein|schnüren I. *vt* ■ **etw schnürt jdn ein** */Gürtel, Schal, Mieder/* qc serre qn, qc comprime qn; ■ **etw schnürt jdm etw ein** qc lui serre [*o* comprime] qc; ***dieser Kragen schnürt mich am Hals ein*** ce col me serre le cou, ce col m'étrangle
II. *vr* ■ **etw schnürt sich in etw** (*akk*) **ein** *in die Haut, ins Fleisch* qc lui entame qc

ein|schränken I. *vt* **1.** (*reduzieren*) ■ **jd schränkt etw ein** *Ausgaben, Alkoholkonsum* qn réduit qc, qn restreint qc; ***jd schränkt das Essen ein*** qn mange moins, qn se restreint sur la nourriture; ***bei eingeschränktem Alkoholkonsum*** en réduisant [*o* restreignant] la consommation d'alcool
2. (*beschränken*) ■ **jd/etw schränkt etw ein** *Rechte, Vollmachten* qn/qc limite [*o* restreint] qc; ■ **jd/etw schränkt jdn in etw** (*dat*) **ein** *in Befugnissen, Freiheit* qn/qc limite [*o* restreint] qc de qn
II. *vr* ■ **jd schränkt sich ein/in etw** (*dat*) **ein** qn se restreint/restreint son/sa qc

einschränkend I. *adj* restrictif(-ive), limitatif(-ive)
II. *adv* à titre restrictif

Einschränkung <-, -en> *f* **1.** (*Beschränkung*) restriction *f*
2. (*das Reduzieren*) [*Alkoholkonsum, Kalorienverbrauch*] réduction *f,* limitation *f*
▸ **jd macht eine ~/~en** qn apporte une restriction/des restrictions; **mit ~[en]** avec des réserves; **mit der ~, dass** sous réserve que + *subj;* **ohne ~[en]** sans restriction

ein|schrauben *vt* ■ **jd schraubt etw ein** qn visse qc

Einschreib[e]brief *m* lettre *f* recommandée ▸ **als ~** en recommandé **Einschreib[e]gebühr** *f* **1.** POST taxe *f* de recommandation **2.** UNIV droits *mpl* d'inscription

ein|schreiben *irreg* **I.** *vt* POST ■ **jd schreibt etw ein** qn envoie qc en recommandé, qn recommande qc
II. *vr* **1.** (*sich eintragen*) ■ **jd schreibt sich [in etw** (*akk*)**/für etw] ein** *in Liste, Verein, für Kurs* qn s'inscrit [sur/dans/pour qc]
2. UNIV ■ **jd schreibt sich [für etw] ein** qn s'inscrit [en qc]

Einschreiben *nt* [envoi *m*] recommandé *m*
▸ **~ mit Rückschein** [envoi *m*] recommandé *m* avec accusé de réception; **jd schickt etw als** [*o* **per**] **~** qn envoie qc en recommandé

Einschreib[e]sendung *f* [envoi *m*] recommandé *m*

Einschreibung *f* inscription *f*

ein|schreien *vi irreg* ■ **jd schreit auf jdn ein** qn invective qn

ein|schreiten *vi irreg* + *sein* ■ **jd schreitet [gegen jdn] ein** qn intervient [contre qn]; ■ **jd schreitet gegen etw ein** qn prend des mesures [*o* sévit] contre qc

Einschreiten <-s> *nt* ∅ intervention *f;* ■ **das ~ gegen jdn** l'intervention *f* contre qn; ■ **das ~ gegen etw** les mesures *fpl* prises contre qc

ein|schrumpeln *vi + sein fam* ■ **etw schrumpelt ein** */Frucht/* qc se ratatine; */Haut/* qc se ride

ein|schrumpfen *vi + sein* ■ **etw schrumpft ein** */Frucht/* qc se ratatine; */Wäschestück/* qc rétrécit

Einschub *m* rajout *m*

ein|schüchtern *vt* ■ **jd/etw schüchtert jdn [durch** [*o* **mit**] **etw] ein** qn/qc intimide qn [par [*o* avec] qc]; *mit einer Waffe* qn/qc intimide qn [avec qc]

Einschüchterung <-, -en> *f* intimidation *f;* ■ **~en** des manœuvres *fpl* d'intimidation; ***zu jds ~*** pour intimider qn

Einschüchterungsversuch *m* manœuvre *f* d'intimidation

ein|schulen *vt* ■ **jd wird eingeschult** qn est scolarisé(e)

Einschulung *f* scolarisation *f*

Einschuss[RR] *m* (*in einem Gebäude*) [point *m* d']impact *m;* (*am Körper*) marque *f* de blessure par balle; ***der Gerichtsarzt fand mehrere Einschüsse am Kopf der Leiche*** le médecin légiste a trouvé plusieurs blessures par balle sur la tête de la victime

Einschussloch[RR] *nt* [point *m* d']impact *m* [de balle] **Einschussstelle**[RR] *f* [marque *f* de] blessure *f* [par balle]

ein|schütten I. *vt* ■ **jd schüttet [jdm] etw [in etw** (*akk*)**] ein** qn verse qc [à qn] [dans qc]

II. *vr* ■ **jd schüttet sich** (*dat*) **etw ein** qn se verse qc; ***jd schüttet sich noch einmal ein/schüttet sich noch Tee ein*** qn se ressert/reprend [*o* se ressert] du thé

ein|schweißen *vt* 1. COM ■ **jd schweißt etw [in etw** (*akk*)**] ein** *Nahrungsmittel, Tiefkühlkost* qn emballe qc sous vide [dans qc]; *Buch* qn emballe qc sous plastique

2. TECH ■ **jd schweißt etw [irgendwo] ein** *Rohrstück, Blechstück* qn soude qc [quelque part]

Einschweißfolie [-liə] *f* plastique *m* transparent (*pour conditionner des denrées sous vide*)

ein|schwören *vt irreg* ■ **jd schwört jdn auf etw** (*akk*) **ein** qn tente d'imposer qc à qn; ■ **jd ist auf etw** (*akk*) **eingeschworen** qn est un(e) inconditionnel(le) de qc

ein|segnen *vt* 1. (*konfirmieren*) ■ **jd segnet jdn ein** qn confirme qn

2. (*weihen*) ■ **jd segnet etw ein** *Kirche* qn consacre qc; *Haus* qn bénit qc

Einsegnung *f* 1. (*Konfirmation*) confirmation *f*

2. (*die Weihe*) [*Kirche*] consécration *f; Haus* bénédiction *f*

ein|sehen *vt irreg* 1. (*begreifen*) ■ **jd sieht etw ein** qn reconnaît qc; ■ **jd sieht ein, dass/etw gemacht zu haben** qn admet [*o* qn se rend compte] que + *indic*/reconnaît avoir fait qc

2. *form* (*prüfen*) ■ **jd sieht etw ein** (*eingehend*) qn examine qc; (*eher oberflächlich*) qn prend connaissance de qc

3. (*hineinsehen*) ■ **jd sieht etw ein** *Garten, Gelände* qn a vue sur qc; ***der Innenhof kann*** [***von außen***] ***nicht eingesehen werden*** [de l'extérieur,] on ne peut pas voir l'intérieur de la cour

▶ **das sehe ich nicht ein, das ist nicht einzusehen** je ne suis pas d'accord

Einsehen <-> *nt* ∅ ▶ **so haben Sie doch ein ~!** soyez compréhensif(-ive)!; **jd hat ein/kein ~** qn se montre compréhensif(-ive)/ne veut rien entendre

ein|seifen I. *vt* 1. (*mit Seife*) ■ **jd seift jdn ein** qn savonne qn; ■ **jd seift jdm etw ein** qn lui savonne qc

2. *fam* (*hintergehen*) ■ **jd seift jdn ein** qn roule qn *fam*

II. *vr* ■ **jd seift sich ein** qn se savonne; (*mit Rasierseife*) qn se savonne [le visage [*o* la barbe]]; ■ **jd lässt sich von jdm ~** qn se fait savonner [le visage [*o* la barbe]] par qn; ■ **jd seift sich** (*dat*) **etw ein** qn se savonne qc

einseitig I. *adj* 1. *Liebe, Zuneigung* non partagé(e); JUR, POL unilatéral(e)

2. MED localisé(e) d'un côté

3. (*beschränkt*) *Ausbildung, Studium* monolithique; *Begabung* limité(e) [à un seul domaine]; *Ernährung* peu varié(e), peu équilibré(e)

4. (*voreingenommen*) *Bericht, Standpunkt* partial(e); ■ **jd ist ~ [in etw** (*dat*)**]** *in einer Ansicht, einem Kommentar* qn est partial(e) [dans qc]

II. *adv* 1. (*auf einer Seite*) d'un [seul] côté; *s. a.* **halbseitig**

2. (*beschränkt*): ***jd ernährt sich ~*** qn a une alimentation peu variée [*o* déséquilibrée]; ***jd wird ~ ausgebildet*** qn reçoit une formation monolithique [*o* insuffisamment diversifiée]

3. (*parteiisch*) avec partialité, de façon partiale

Einseitigkeit <-, *rare* -en> *f* 1. (*Voreingenommenheit*) partialité *f*

2. (*Beschränktheit*) [*Ernährung*] déséquilibre *m;* [*Ausbildung*] manque *m* de diversité

ein|senden *vt irreg* ■ **jd sendet etw [an jdn/etw] ein** qn envoie [*o* expédie] qc [à qn/qc]

Einsender(in) *m(f)* expéditeur(-trice) *m(f)*

Einsendeschluss[RR] *m* date *f* limite d'expédition [*o* d'envoi]; ■ **der ~ für etw** la date limite d'envoi [*o* d'expédition] de qc

▶ **... ist ~** la date limite est fixée au ...

Einsendung *f* 1. ∅ (*das Einsenden*) [*Lösung*] envoi *m;* [*Manuskript a.*] expédition *f*

2. (*Zuschrift*) réponse *f*

Einser <-s, -> *m* SCOL *fam* ≈ vingt *m* (*excellente note entre dix-sept et vingt*)

ein|setzen I. *vt* 1. (*einfügen*) ■ **jd setzt [jdm] etw [in etw** (*akk*)**] ein** *in einen Rahmen, eine Konstruktion* qn [lui] pose qc [dans qc]; *in eine Halterung* qn place qc [dans qc]

2. COUT ■ **jd setzt [jdm] etw [in etw** (*akk*)**] ein** *Stück Stoff, Innentasche* qn met [à qn] qc [sur qc]; *Ärmel* qn [lui] monte qc [sur qc]; ■ **jd lässt sich [von jdm] etw [in etw** (*akk*)**] ~** qn fait mettre [*o* poser] qc [par qn] [sur qc]

3. (*hineinschreiben*) ■ **jd setzt etw [in etw** (*akk*)**] ein** *in ein Feld, Kästchen* qn inscrit [*o* place] qc [dans qc]

4. (*ins Leben rufen*) ■ **jd setzt etw ein** *Komitee, Gremium* qn institue qc, qn met qc en place

5. (*ernennen*) ■ **jd setzt jdn [als etw] ein** qn désigne qn [comme qc]; ■ **jd setzt jdn wieder ein** *abgesetzten Amtsinhaber* qn réintègre qn; *früheren Gouverneur* qn rétablit qn

6. (*zum Einsatz bringen*) ■ **jd setzt jdn [gegen jdn/etw] ein** qn engage [*o* fait appel à] qn [contre qn/qc]; ■ **jd setzt etw [gegen jdn/etw] ein** qn a recours à qc [contre qc/qn]

7. TRANSP ■ **jd setzt etw ein** *Sonderzug* qn met qc en service

8. (*aufbieten*) ■ **jd setzt etw ein** *Kraft* qn déploie qc; *Leben* qn met qc en jeu, qn risque qc

9. SPIEL ■ **jd setzt etw ein** *Spielfigur* qn joue qc; *Geldbetrag, Jeton* qn mise qc; *Los* qn joue qc

II. *vi* 1. (*anheben*) ■ **etw setzt ein** */Krach, laute Musik/* qc commence; */Sturm, Regen/* qc survient; ***der Sturm/Regen hat eingesetzt*** la tempête a commencé à souffler/la pluie a commencé à tomber; ***der Lärm setzt verstärkt ein*** le bruit reprend de plus belle; ***die Ebbe/Flut setzt ein*** la marée commence à descendre/monter

2. MED ■ **etw setzt ein** qc survient, qc commence; ■ **etw setzt bei jdm ein** qc survient chez qn, qn commence à avoir qc; ***die Wehen setzen gerade bei ihr ein*** elle commence à avoir des contractions

3. MUS ■ **jd/etw setzt ein** qn/qc attaque

III. *vr* 1. (*sich engagieren*) ■ **jd setzt sich ein** qn paie de sa personne, qn s'investit; ***jd setzt sich voll ein*** qn se donne à fond

2. (*sich verwenden für*) ■ **jd setzt sich [bei jdm] für jdn ein** qn intervient en faveur de qn [auprès de qn]; ■ **jd setzt sich [bei jdm] für etw ein** qn œuvre pour qc [auprès de qn]; ■ **jd setzt sich [bei jdm] dafür ein, dass** qn intervient [auprès de qn] pour que/s'emploie à ce que + *subj*

Einsetzung <-, -en> *f form* ■ **jds ~ in etw** (*akk*) l'installation *f* de qn dans qc; ***die ~ des neuen Rektors in sein Amt war ein feierlicher Akt*** la cérémonie d'investiture du nouveau recteur a été solennelle

Einsicht *f* 1. (*Erkenntnis*) révélation *f*

2. (*Durchsicht*) ■ **~ [in etw** (*akk*)**]** *in Akten, Unterlagen* examen *m* [*o* consultation *f*] [de qc]; ***jd besteht auf ~ in etw*** (*akk*) qn insiste pour examiner [*o* consulter] qc; ***jd verwehrt jdm die ~ in etw*** (*akk*) qn refuse à qn le droit d'examiner [*o* de consulter] qc

3. (*Einblick*) ■ **~ [in etw** (*akk*)**]** vue *f* [sur qc]

▶ **jd/etw bringt jdn zur ~/, dass** qn/qc ouvre les yeux à qn/fait prendre conscience à qn [du fait] que + *indic;* **jd gewährt jdm ~ in etw** (*akk*) *form* qn autorise qn à consulter qc; **jd kommt** [*o* **gelangt**] **zur ~** qn finit par regarder la réalité en face [*o* voir les choses telles qu'elles sont], qn devient raisonnable; **jd kommt zu der ~, dass** qn en arrive à la conclusion que + *indic,* qn finit par se dire que + *indic;* **jd nimmt ~ in etw** (*akk*) qn prend connaissance de [*o* consulte] [*o* examine] qc; **jd verlangt ~ in etw** (*akk*) qn demande à consulter [*o* examiner] qc; **zur ~** *bestimmt sein, vorlegen* pour examen

einsichtig *adj* 1. (*vernünftig*) avisé(e); ■ **jd ist ~** qn se montre raisonnable, qn fait preuve de bon sens; ■ **jd ist so ~ etw zu tun** qn a la sagesse de faire qc

2. (*verständlich*) plausible; ■ **etw ist [jdm** [*o* **für jdn**]**] ~** qc est clair(e) [pour qn]; ***es ist nicht ~, warum ...*** la raison pour laquelle ... n'est pas évidente

Einsichtnahme <-, -n> *f form* ■ **die/jds ~ in etw** (*akk*) la prise de connaissance [*o* la consultation] [*o* l'examen *m*] de qc [par qn]; ***nach ~ in etw*** (*akk*) après avoir pris connaissance de [*o* consulté] [*o* examiné] qc

ein|sieden <sott *o* siedete ein, eingesotten> *vt* AUS (*einwecken*) ■ **jd siedet etw ein** *Früchte* qn conserve qc

Einsiedler(in) *m(f)* 1. REL ermite *m*

2. (*zurückgezogen lebender Mensch*) ermite *m,* sauvage *m*

einsiedlerisch I. *adj Leben* d'ermite, érémitique *littér; Mensch* solitaire, qui vit en ermite

II. *adv leben* en ermite

einsilbig *adj* 1. LING monosyllabique

2. (*wenig redselig*) taciturne, peu loquace

3. *Antwort* laconique, peu explicite

Einsilbigkeit <-> *f* ∅ [*Mensch*] mutisme *m,* caractère *m* taciturne; ***diese ~ von dir!*** tu n'es vraiment pas loquace!

ein|sinken *vi irreg + sein* ■ **jd sinkt [in etw** (*akk o dat*)**] ein** qn enfonce [dans qc]; ■ **etw sinkt [in etw** (*akk o dat*)**] ein** qc s'enfonce [dans qc]

ein|sitzen *vi irreg form* ■ **jd sitzt ein** qn purge une peine de prison *form,* qn est incarcéré(e)

ein|sortieren * *vt* ■ **jd sortiert etw ein/in etw** (*akk*) **ein** *in Fächer, Kästchen* qn trie qc/qn répartit qc dans qc; *in eine Kartei* qn classe [*o* range] qc dans qc

einspaltig I. *adj* d'une [*o* sur une] colonne; ■ **etw ist ~** qc est sur une colonne

II. *adv setzen* sur une colonne

ein|spannen *vt* 1. (*heranziehen*) ■ **jd spannt jdn [für etw] ein** qn met qn à contribution [pour qc]; ***jd spannt andere für sich ein*** qn fait travailler les autres pour lui; *s. a.* **eingespannt**

2. (*hineinspannen*) ■ **jd spannt etw [in etw** (*akk*)**] ein** *in einen Schraubstock* qn serre [*o* fixe] qc [dans qc]; *in die Schreibmaschine* qn place qc [dans qc]

3. AGR ■ **jd spannt Tiere ein** qn attelle des animaux

▶ **jd lässt sich für jdn/etw ~** qn se laisse embrigader au service de qn/dans qc

Einspänner <-s, -> *m* 1. (*Kutsche*) cabriolet *m*

2. GASTR AUS cappucino *m*

einspännig *adj* à [*o* tiré(e) par] un cheval

▸**jd fährt** ~ qn attelle un seul cheval

ein|sparen *vt* 1. ÖKO ■**jd spart etw ein** *Energie, Strom, Wasser* qn économise qc, qn fait des économies de qc
2. FIN ■**jd spart etw ein** *Ausgaben, Geld, Löhne* qn économise sur qc

Einsparung <-, -en> *f* 1. ÖKO [*Energie, Strom, Wasser*] économie *f*
2. FIN compression *f*; ***der Zwang zur ~ unnötiger Kosten*** l'obligation d'éviter [*o* de faire des économies sur] les frais inutiles; ***die Möglichkeit der ~ großer Beträge*** la possibilité d'économiser [sur] de grosses sommes

ein|speichern *vt* INFORM ■**jd speichert etw [in etw** (*akk*)**] ein** qn entre qc [dans qc]

ein|speisen *vt* 1. ELEC ■**jd speist etw [in etw** (*akk*)**] ein** *Strom* qn envoie qc [sur qc]
2. INFORM ■**jd speist etw [in etw** (*akk*)**] ein** qn entre qc [dans qc]
3. RADIO, TV ■**jd speist etw [in etw** (*akk*)**] ein** *Programm, Sendung* qn diffuse qc [sur qc]

ein|sperren *vt* 1. (*in etw sperren*) ■**jd sperrt jdn/ein Tier [in etw** (*akk*)**] ein** qn enferme qn/un animal [dans qc]
2. (*inhaftieren*) ■**jd sperrt jdn ein** qn enferme qn
▸**jd gehört eingesperrt!** il faut [*o* faudrait] enfermer qn!

ein|spielen I. *vr* 1. (*sich regeln*) ■**etw spielt sich ein** /*Regelung, Zusammenarbeit*/ qc se rode
2. (*sich aneinander gewöhnen*) ■**sie spielen sich aufeinander ein** ils/elles apprennent à se connaître/travailler ensemble; *s. a.* **eingespielt**
3. SPORT ■**jd spielt sich ein** /*Spieler*/ qn s'échauffe; /*Mannschaft*/ qn trouve ses automatismes
II. *vt* 1. CINE ■**etw spielt etw ein** qc couvre qc
2. RADIO, TV (*einblenden*) ■**jd spielt etw ein** qn diffuse qc; ■**jd lässt sich** (*dat*) **etw** ~ qn appelle qc en incrustation

Einsprache *f* JUR CH *s.* **Einspruch**

einsprachig *adj Wörterbuch* unilingue, monolingue

ein|sprechen *vi irreg* ■**jd spricht auf jdn ein** qn essaie de convaincre qn, qn soûle qn de paroles *péj*

ein|sprengen *vt* ■**jd sprengt etw [mit etw] ein** *Wäschestück* qn humecte qc [de qc]; ■**jd sprengt jdn mit etw ein** *mit Weihwasser* qn asperge qn de qc

ein|springen *vi irreg + sein* 1. (*vertreten*) ■**jd springt [irgendwo] ein/für jdn ein** qn vient à la rescousse [quelque part]/qn remplace qn au pied levé
2. (*aushelfen*) ■**jd springt ein** qn met la main au porte-monnaie; ■**jd springt mit etw ein** *mit Geld* qn met qc de sa poche

Einspritz- *-anlage, -motor* à injection; *-pumpe* d'injection; ~***düse*** injecteur *m*

ein|spritzen I. *vt* 1. MED ■**jd spritzt jdm etw ein** qn injecte qc à qn, qn fait à qn une piqûre de qc
2. AUT ■**etw spritzt etw ein** qc injecte qc
II. *vr* ■**jd spritzt sich** (*dat*) **etw ein** qn s'injecte qc, qn se fait une piqûre de qc

Einspritzer <-s, -> *m* moteur *m* à injection

Einspruch *m* 1. (*Protest*) objection *f*
2. JUR recours *m*
▸~ **abgelehnt!** objection rejetée!; **jd erhebt [gegen etw]** ~ qn élève une protestation [contre qc]; **jd legt [gegen etw]** ~ **ein** qn dépose un recours [contre qc]; **dem** ~ **wird stattgegeben!** l'objection est acceptée!; ~! objection!

einspurig I. *adj* 1. TRANSP à une voie
2. *pej Denken* borné(e), sectaire
II. *adv* 1. TRANSP *befahrbar* sur une [seule] voie
2. *pej denken* de façon sectaire

einst *adv* 1. (*früher*) autrefois; ***Russland ~ und heute*** la Russie d'hier et d'aujourd'hui
2. *geh* (*in Zukunft*) un jour

ein|stampfen *vt* MEDIA ■**jd stampft etw ein** qn met qc au pilon

Einstand *m* 1. (*Arbeitsanfang*) entrée *f* en fonction
2. TENNIS égalité *f*
▸**jd gibt seinen** ~ qn arrose son arrivée [*o* son entrée en fonction[s]]

ein|stechen *vi irreg* ■**jd sticht [mit etw] auf jdn/ein Tier/etw ein** qn larde qn/un animal/qc de coups [de qc]

ein|stecken *vt* 1. (*in die Tasche*) ■**jd steckt etw ein** qn met qc dans sa poche; ***ich habe vergessen Geld einzustecken*** j'ai oublié de prendre de l'argent
2. *fam* (*einsacken*) ■**jd steckt etw ein** qn garde qc
3. POST *fam* ■**jd steckt etw ein** qn met qc à la boîte, qn poste qc
4. *fam* (*hinnehmen*) ■**jd steckt etw ein** qn encaisse qc *fam*
5. (*verkraften*) ■**jd steckt etw ein** qn encaisse qc
6. ELEC ■**jd steckt etw ein** qn branche qc

Einsteckkarte *f* (*Magnetkarte*) carte *f* magnétique; INFORM carte *f* extension

ein|stehen *vi irreg + sein* 1. (*sich verbürgen*) ■**jd steht für jdn/etw ein** qn répond de qn/qc; ■**jd steht [jdm] dafür ein, dass** qn garantit [à qn] que + *indic*; ***ich stehe mit meinem Wort dafür ein, dass*** je vous donne ma parole que + *indic*
2. (*aufkommen*) ■**jd steht für etw ein** *für Schaden, Schulden* qn répond de [*o* assume] qc

Einsteigekarte *f* carte *f* d'accès à bord

ein|steigen *vi irreg + sein* 1. (*besteigen*) ■**jd steigt [in etw** (*akk*)**] ein** *in Auto, Taxi* qn monte [en qc]; *in Bus, Zug, U-Bahn* qn monte [dans qc]; ***das Ein den Zug ist nicht einfach*** il n'est pas facile de monter dans le train
2. *fam* (*hineinklettern*) ■**jd steigt durch/über etw [in etw** (*akk*)**] ein** qn rentre [dans qc] en escaladant qc
3. COM ■**jd steigt in etw** (*akk*) **ein** *in Firma, Geschäft* qn prend une participation dans qc
4. (*sich engagieren*) ■**jd steigt in etw** (*akk*) **ein** *in Atomenergie, Politik* qn se lance dans qc
▸~! en voiture!

Einsteinium <-s> *nt* ∅ einsteinium *m*

Einstell- *-knopf, -rad* de réglage; ~***schraube*** molette *f* [de mise au point]

einstellbar *adj* ■**[auf jdn/etw]** ~ réglable [en fonction de qn/qc]

ein|stellen I. *vt* 1. IND ■**jd stellt jdn [als etw] ein** *Arbeitskräfte* qn embauche qn [comme qc]
2. (*beenden*) ■**jd/etw stellt etw ein** *Projekt, Arbeit, Erscheinen* qn arrête qc, qn cesse qc, qn stoppe qc
3. MIL ■**jd/etw stellt etw ein** *Feuer, Kampfhandlungen* qn cesse qc
4. JUR ■**jd stellt etw ein** *Prozess* qn suspend qc; ***jd stellt ein Verfahren ein*** qn rend un non-lieu
5. PHOT, OPT ■**jd stellt etw [auf etw** (*akk*)**] ein** *Fernglas, Fotoapparat* qn règle [*o* met au point] qc [sur qc]; *Belichtungszeit* qn règle qc
6. ELEC ■**jd stellt etw [auf etw** (*akk*)**] ein** *Schaltuhr, Thermostat, Temperatur* qn règle qc [sur qc]
7. AUDIOV ■**jd stellt [jdm] etw [auf etw** (*akk*)**] ein** *Radio, Fernseher* qn [lui] règle qc [sur qc]
8. AUT ■**jd stellt [jdm] etw ein** *Scheinwerfer, Zündung, Leerlauf, Spur* qn [lui] règle qc; ■**jd lässt sich** (*dat*) **etw** ~ qn fait régler qc
9. TECH ■**jd stellt [jdm] etw [...] ein** *Autositz, Bürostuhl, Lenkrad* qn [lui] règle qc [...]
10. (*hineinstellen*) ■**jd stellt etw [in etw** (*akk*)**] ein** *Buch ins Regal* qn range qc [sur qc]; *Auto in Carport* qn gare qc [dans qc]
11. SPORT ■**jd stellt etw ein** *Rekord* qn égale qc
II. *vr* 1. (*auftreten*) ■**etw stellt sich [bei jdm] ein** /*Bedenken, Zweifel*/ qc se manifeste [chez qn]; /*Beschwerden, Fieber, Übelkeit*/ qc survient [*o* apparaît] [chez qn]; /*Schmerzen*/ qc se fait sentir [chez qn]
2. (*sich anpassen*) ■**jd stellt sich auf jdn/etw ein** qn s'adapte à qn/qc
3. (*sich vorbereiten*) ■**jd stellt sich auf etw** (*akk*) **ein** qn se prépare mentalement à qc; ***ich hatte mich schon auf deinen Besuch eingestellt*** j'attendais ta visite
4. (*sich einfinden*) ■**jd stellt sich ein** qn arrive, qn se présente
III. *vi* ■**jd stellt ein** qn embauche

einstellig *adj* à un chiffre; ■**etw ist** ~ qc a un seul chiffre

Einstellplatz *m* 1. (*Stellplatz*) place *m* [*o* emplacement *m*] de parking
2. (*Platz zum Unterstellen*): ***genügend ~ für drei Autos*** assez de place pour garer trois voitures

Einstellung *f* 1. [*Arbeitnehmer, Mitarbeiter*] embauche *f*
2. (*Beendigung*) [*Arbeiten, Projekt, Suche*] arrêt *m*, interruption *f*
3. PHOT [*Entfernung, Blende*] réglage *m*, mise *f* au point
4. ELEC [*Temperatur, Heizung*] réglage *m*
5. AUT [*Scheinwerfer, Zündung, Leerlauf, Spur*] réglage *m*
6. TECH [*Lehne, Bürostuhl, Lenkrad*] réglage *m*
7. [*Radio, Fernseher*] réglage *m*
8. CINE plan *m*; ***eine lange*** ~ un plan-séquence
9. INFORM paramètre *m*
10. (*Haltung*): ***optimistische/pessimistische*** ~ façon *f* de voir [*o* point *m* de vue] optimiste/pessimiste; ***politische/religiöse*** ~ position *f* politique/religieuse; ***falsche/richtige*** ~ mauvaise/bonne attitude; ***seine ~ zum Leben*** sa manière de concevoir la vie
▸**jd bringt die richtige** ~ **mit** qn est au diapason; **jd hat keine** ~ **zu etw** qn n'a aucune position [*o* opinion] sur qc

Einstellungs- *-bedingungen, -bescheid, -test* d'embauche; *-hürde* à l'emploi
Einstellungsgespräch *nt* entretien *m* d'embauche **Einstellungsstopp** *m* gel *m* de l'embauche ▸**jd verhängt einen** ~ qn décide de geler l'embauche [*o* cesser les embauches] **Einstellungstermin** *m* date *f* d'embauche

Einstich *m* piqûre *f*

Einstieg <-[e]s, -e> *m* 1. [*Bahn, Bus, Bagger*] porte *f*, portière *f*; ***der ~ für Fahrgäste ist hinten*** la montée se fait à l'arrière
2. ∅ (*das Einsteigen*) montée *f*; ■**jds** ~ **in etw** (*akk*) *in Bahn, Bus* la montée de qn dans qc; ***beim ~ in den Zug*** en montant dans le train; ***dieser Griff erleichtert den*** ~ cette poignée permet de monter plus facilement
3. (*Zugang*) ■**jds** ~ **in etw** (*akk*) l'initiation *f* de qn à qc; ***für einen ~ in diese Materie*** (*akk*) pour s'initier à ce domaine [*o* cette matière]
4. (*opp: Ausstieg*) ■~ **in etw** (*akk*) *in Marktwirtschaft* accession *f* à qc, entrée *f* dans qc; *in Kernenergie* adoption *f* de qc
5. ALPIN ■**jds** ~ **in etw** (*akk*) *in die Bergwand* l'escalade *f* [*o* l'ascension *f*] de qc par qn
▸~ **nur mit Fahrausweis** accès réservé aux personnes munies d'un titre de transport; **[hier] kein** ~! montée interdite; ~ **nur vorn!** montée à l'avant

Einstiegsdroge *f* drogue *f* douce (*favorisant l'escalade vers les substances dures*)

einstig *adj attr König, Schüler* ancien(ne) *antéposé*; *Größe, Pracht a.* d'autrefois

ein|stimmen I. *vi* 1. (*einfallen*) ■**jd stimmt ein** qn se met également à chanter; ■**jd stimmt in etw** (*akk*) **ein** *in Lied, Kanon etc* qn entonne qc; ***ich fange an und ihr stimmt mit ein*** je commence et vous chantez avec moi
2. (*sich anschließen*) ■**jd stimmt ein** qn fait chorus; ■**jd stimmt in etw** (*akk*) **ein** *in eine Klage, in Beschwerden* qn s'associe à qc
II. *vt* ■**jd/etw stimmt jdn auf etw** (*akk*) **ein** *auf einen Anlass* qn/qc prépare qn à qc; *auf ein Fest a.* qn/qc met qn dans l'ambiance de qc

einstimmig I. *adj* 1. *Lied* à une [seule] voix
2. *Beschluss, Wahl* unanime

II. *adv* 1. *singen* à l'unisson
2. *beschließen, wählen* à l'unanimité; *erklären* unanimement

Einstimmigkeit <-> *f* ∅ unanimité *f*

einstmals *adv geh s.* **einst**

einstöckig *adj* à un [*o* d'un] étage; ■ **etw ist ~** qc a un [seul] étage

ein|stöpseln *vt fam* ■ **jd stöpselt etw ein** qn branche qc

ein|stoßen *vt irreg* ■ **jd/etw stößt etw ein** qn/qc enfonce qc

ein|streichen *vt irreg* 1. *fam* (*einheimsen*) ■ **jd streicht etw ein** qn empoche qc
2. (*bestreichen*) ■ **jd streicht etw ein** qn passe une couche sur qc; (*mit Farbe*) qn passe une couche de peinture sur qc; (*mit Lasur*) qn passe une couche de lasure sur qc; (*mit Holzschutzmittel*) qn passe une couche de xylophène® *sur qc;* ■ **jd streicht eine S. mit etw ein** qn passe une couche de qc sur une chose

ein|streuen *vt* 1. (*einflechten*) ■ **jd streut etw [in etw** (*akk*)**] ein** *Bemerkung, Zitat* qn glisse qc [dans qc]; ***sie streute in ihren Vortrag lateinische Zitate ein*** elle a saupoudré [*o* parsemé] son discours de citations latines
2. (*ganz bestreuen*) ■ **jd streut etw mit einer S. ein** qn répand une chose sur qc; ■ **jd streut etw ein** *mit Streusalz* qn sale qc; *mit Streugut* qn sable qc; *mit Dünger* qn répand de l'engrais sur qc

ein|strömen *vi + sein* 1. METEO ■ **etw strömt [nach etw] ein** qc arrive [sur qc]; ***~de Kaltluft polaren Ursprungs*** un flux [*o* une arrivée] d'air froid d'origine polaire
2. (*hineindringen*) ■ **etw strömt [in etw** (*akk*)**] ein** */Gas/* qc se répand [dans qc]; */Wasser/* qc s'engouffre [dans qc]

einstrophig *adj* à un [seul] couplet; ■ **etw ist ~** qc a un [seul] couplet

ein|studieren * *vt* ■ **jd studiert etw ein** *Antwort, Grimasse* qn étudie qc; *Lied, Gedicht, Rolle a.* qn répète qc; ■ **einstudiert** *Antwort* préparé(e), tout(e) prêt(e); *Gebärde* étudié(e), calculé(e); ***etw wirkt einstudiert*** qc manque de naturel

ein|stufen *vt* 1. (*eingruppieren*) ■ **jd stuft jdn [in etw** (*akk*)**] ein** qn [re]classe qn [dans qc]; ***wie werde ich nach Ende der Probezeit eingestuft?*** quel sera mon [re]classement indiciaire au terme de la période probatoire?
2. (*zuordnen*) ■ **jd stuft etw in etw** (*akk*) **ein** *in Güteklasse, Kategorie* qn classe qc dans qc

Einstufung <-, -en> *f* [re]classement *m;* ■ **jds ~ in etw** (*akk*) *in Gehaltsklasse, Tarif* le [re]classement de qn dans qc

einstündig *adj attr* d'une heure

ein|stürmen *vi + sein* 1. (*bestürmen*) ■ **jd stürmt auf jdn ein** qn se précipite sur qn; ■ **jd stürmt mit etw auf jdn ein** *mit Bitten, Fragen* qn assaille qn de qc
2. (*eindringen*) ■ **etw stürmt auf jdn ein** */Eindrücke, Gerüche/* qn est assailli(e) de [*o* par] qc; */Termine, Verpflichtungen/* qc lui tombe dessus

Einsturz *m* [*Gebäude, Boden, Decke*] écroulement *m,* effondrement *m;* [*Mauer a.*] éboulement *m*
▸ **etw bringt etw zum ~** qc provoque l'écroulement [*o* l'effondrement] de qc, qc fait s'écrouler [*o* s'effondrer] qc

ein|stürzen *vi + sein* 1. (*zusammenbrechen*) ■ **etw stürzt ein** */Gebäude, Mauer, Decke/* qc s'écroule, qc s'effondre
2. (*eindringen*) ■ **etw stürzt auf jdn ein** */Ereignisse/* qc s'abat sur qn
▸ **etw bringt etw zum E~** qc provoque l'écroulement [*o* l'effondrement] de qc, qc fait s'écrouler [*o* s'effondrer] qc

Einsturzgefahr *f* ∅ risque *m* d'écroulement [*o* d'éboulement]
▸ **es besteht ~** il y a [un] risque d'écroulement [*o* d'éboulement], ça risque de s'écrouler *fam;* **wegen ~** en raison [*o* à cause] des risques d'écroulement [*o* d'éboulement]

einstweilen *adv* 1. (*vorläufig*) provisoirement, momentanément
2. (*in der Zwischenzeit*) entre-temps

einstweilig *adj attr* ADMIN (*Schließung, Sperrung*) temporaire; JUR *Anordnung* provisoire; ***eine ~e Verfügung*** une ordonnance de référé

ein|suggerieren * *vt fam* ■ **jd suggeriert jdm etw ein** qn souffle qc à qn; ■ **jd will jdm ~, dass** qn veut faire avaler à qn que + *indic fam*

eintägig *adj attr* d'une [seule] journée

Eintagsfliege *f* 1. ZOOL éphémère *m o f*
2. (*kurzlebige Erscheinung*) chose *f* éphémère, déjeuner *m* de soleil

ein|tätowieren * *vt* ■ **jd tätowiert [jdm/einem Tier] etw ein** qn [lui] tatoue qc; ■ **jd lässt sich** (*dat*) **etw ~** qn se fait tatouer qc; ■ **eintätowiert** tatoué(e)

ein|tauchen I. *vt + haben* ■ **jd taucht jdn [in etw** (*akk*)**] ein** qn plonge [*o* immerge] qn [dans qc]; ■ **jd taucht etw [in etw** (*akk*)**] ein** qn trempe qc [dans qc]
II. *vi + sein* ■ **jd taucht [in etw** (*akk*)**] ein** qn plonge [dans qc]; ■ **etw taucht [in etw** (*akk*)**] ein** */Auto/* qc s'enfonce [dans qc]

Eintausch *m* [*Gutschein*] échange *m;* [*Banknoten*] change *m*
▸ **im ~ gegen etw** en échange de qc

ein|tauschen *vt* 1. (*tauschen*) ■ **jd tauscht etw [gegen [*o* für] etw] ein** qn échange [*o* troque] qc [contre qc]
2. (*umtauschen*) ■ **jd tauscht etw [gegen etw] ein** *Devisen* qn change qc [contre qc]

eintausend *num form s.* **tausend**

ein|teilen I. *vt* 1. (*aufteilen*) ■ **jd teilt etw ein** qn répartit qc
2. (*verpflichten*) ■ **jd teilt jdn zu etw ein** qn affecte qn à qc
3. (*unterteilen*) ■ **jd teilt etw in etw** (*akk*) **ein** *in Abschnitte, Unterarten* qn [sub]divise qc en qc; *Skala a.* qn gradue qc [en qc]
II. *vi fam* ■ **jd teilt ein** qn s'organise; ***wir müssen besser ~, sonst reicht das Öl nicht*** il faut qu'on fasse attention, sinon, on n'aura pas assez de fuel
III. *vr* ■ **jd teilt sich** (*dat*) **etw ein** *Vorräte, Arbeit* qn répartit qc; *Zeit, Arbeit a.* qn organise qc; ***ich habe mir das so eingeteilt, dass*** je me suis organisé(e) [*o* arrangé(e)] de telle sorte que + *indic o subj*

einteilig *adj* COUT une pièce; ***ein ~er Badeanzug*** un [maillot] une pièce

Einteilung *f* 1. (*Aufteilung*) [*Vorräte, Geld*] répartition; [*Zeit a.*] organisation *f*
2. (*Verpflichtung*) ■ **jds ~ zu etw** l'affectation *f* de qn à qc

Eintel <-s, -> *nt o* CH *m* MATH un sur un

ein|tippen *vt* ■ **jd tippt etw ein** qn saisit qc; ■ **jd tippt etw in etw** (*akk*) **ein** *Daten, Text* qn entre qc dans qc

eintönig I. *adj Musik* monotone; *Arbeit, Landschaft, Leben a.* uniforme; *Stimme* monocorde
II. *adv vortragen* de façon monocorde; ***etw klingt ~*** qc rend un son monotone

Eintönigkeit <-> *f* ∅ [*Musik, Stimme*] monotonie *f;* [*Arbeit, Landschaft, Leben a.*] uniformité *f*

Eintopf *m* potée *f*

-eintopf *m* potée *f* au(x), marmite *f* de

Eintopfgericht *nt* potée *f*

Eintracht <-> *f* ∅ concorde *f,* harmonie *f*
▸ **in ~** en bonne intelligence, en parfaite harmonie, dans la concorde

einträchtig I. *adj Atmosphäre, Stimmung* cordial(e); ***ein ~es Zusammenleben*** une vie partagée dans la concorde; ■ **etw ist ~** qc est cordial(e); ***in ~er Weise*** en bonne intelligence, en parfaite harmonie, dans la concorde
II. *adv* en bonne intelligence, en parfaite harmonie, dans la concorde

Eintrag <-[e]s, -̈e> *m* 1. (*Vermerk*) note *f;* JUR inscription *f;* SCOL avertissement *m*
2. (*in Wörterbuch, Nachschlagewerk*) article *m*
3. *form* (*Einleiten*) [*Schadstoffe, Abwässer*] apport *m,* émission *f*

-eintrag *m* ÖKO *form Schadstoff-, Säure-* apport *m* de, émission *f* de

ein|tragen *irreg* I. *vt* 1. (*einschreiben*) ■ **jd trägt jdn [in etw** (*akk*)**] ein** *in eine Liste, Teilnehmerliste* qn inscrit qn [sur qc]; *ins Klassenbuch* qn met un avertissement à qn [dans qc]
2. JUR ■ **jd trägt jdn/etw in etw** (*akk*) **ein** *ins Handelsregister* qn inscrit qn/qc à qc; ■ **jd/etw lässt sich in etw** (*akk*) **~** qn/qc s'inscrit à qc; ■ **jd lässt etw [in etw** (*akk*)**] ~** *in die Warenzeichenrolle* qn dépose qc [à qc]; ■ **in etw** (*dat*) **eingetragen** *Firma* inscrit(e) à qc; *Patent* déposé(e) à qc; *s. a.* **eingetragen**
3. (*einzeichnen*) ■ **jd trägt etw [auf etw** (*dat*)**] ein** *auf Zeichnung, Karte* qn inscrit [*o* porte] qc [sur qc]
4. *geh* (*einbringen*) ■ **etw trägt jdm etw ein** *Neid, Anerkennung, Nachteile* qc vaut qc à qn
II. *vr* ■ **jd trägt sich [in etw** (*akk*)**] ein** qn s'inscrit [sur qc]

einträglich *adj* lucratif(-ive)

Eintragung <-, -en> *f s.* **Eintrag 1.**

ein|träufeln *vt* ■ **jd träufelt jdm/einem Tier etw ein** qn instille qc à qn *form,* qn lui met des gouttes dans qc; ***sie träufelte sich*** (*dat*) ***Ohrentropfen ein*** elle s'est mis des gouttes dans l'oreille/les oreilles

ein|treffen *vi irreg + sein* 1. (*ankommen*) ■ **jd/etw trifft [irgendwo/bei jdm] ein** qn/qc arrive [quelque part/chez qn]
2. (*in Erfüllung gehen*) ■ **etw trifft ein** */Prophezeiung/* qc se réalise, qc s'accomplit; */Vorhersage/* qc se vérifie; */Katastrophe/* qc arrive, qc se produit

ein|treiben *vt irreg* ■ **jd treibt etw [bei/von jdm] ein** qn récupère [*o* recouvre] qc [auprès de qn]

Eintreibung <-, -en> *f* récupération *f,* recouvrement *m*

ein|treten *irreg* I. *vi* 1. *+ sein* (*betreten*) ■ **jd tritt [in etw** (*akk*)**] ein** qn entre [dans qc]; ■ **beim/nach dem E~:** ***beim/nach dem E~ nahm er seinen Hut ab*** il a ôté son chapeau en entrant/après être entré; ***beim/nach dem E~ ging das Licht an*** la lumière s'est allumée au moment où il/elle entrait/après qu'il fut entré/elle fut entrée
2. *+ sein* (*beitreten*) ■ **jd tritt in etw** (*akk*) **ein** *in Partei, Club* qn entre dans qc; ***seit seinem E~ in die Armee*** (*akk*) depuis qu'il est entré [*o* depuis son entrée] dans l'armée
3. *+ sein* (*Mitarbeiter werden*) ■ **jd tritt [bei jdm/in etw** (*akk o dat*)**] ein** qn entre [chez qn/dans qc]
4. *+ sein* (*aufnehmen*) ■ **jd tritt in etw** (*akk*) **[mit jdm] ein** *in Diskussion, Verhandlungen* qn entre en qc [avec qn]
5. *+ sein* (*sich ereignen*) ■ **etw tritt ein** */Verschlechterung, Übelkeit/* qc apparaît, qc se manifeste; */Bewusstlosigkeit, Tod/* qc intervient; */Fall, Besserung a./* qc se produit; ■ **das E~** l'apparition *f*
6. *+ sein* (*auftreten*) ■ **etw tritt ein** */Stille/* qc se fait, qc s'installe; */Tauwetter, Schneeschmelze/* qc arrive
7. *+ sein* RAUM ■ **etw tritt in etw** (*akk*) **ein** *in Erdatmosphäre* qc rentre dans qc; ■ **beim E~ in etw** (*akk*) lors de sa rentrée [*o* en rentrant] dans qc; ***etw tritt in eine Umlaufbahn*** qc se met sur orbite
8. *+ sein* (*sich einsetzen*) ■ **jd tritt für jdn/etw ein** qn s'engage en faveur de qn/qc
9. *+ haben* (*treten*) ■ **jd tritt auf jdn/ein Tier ein** qn donne des coups de pied à qn/un animal
II. *vt + haben* 1. (*durchtreten*) ■ **jd tritt etw ein** *Tür, Fenster* qn enfonce qc [à coups de pied]
2. (*sich eindrücken*) ■ **jd tritt sich** (*dat*) **etw ein** *Dorn, Splitter* qn s'enfonce qc dans le pied

Eintreten <-s> *nt* ∅ ■ **jds ~ für jdn/etw** l'engagement *m* de qn en faveur de qn/qc

ein|trichtern *vt fam* ■ **jd trichtert jdm etw ein** qn rabâche qc à qn *fam*

Eintritt *m* 1. (*Beitritt*) ■ **jds ~ in etw** (*akk*) l'entrée de qn dans qc; ***sie entschloss sich zum ~ in die CDU/SPD*** elle a décidé d'entrer à la CDU/au SPD
2. *form* (*das Betreten*) ■ **jds ~ in etw** (*akk*) l'entrée *f* de qn dans qc

3. (*Eintrittsgeld*) entrée *f*
4. (*Einlass*) ■ **der/jds ~ [zu etw/in etw** (*akk*)**]** *zu einer Veranstaltung, in ein Museum* l'entrée *f*/l'entrée de qn [à qc]
5. METEO [*Winter, Tauwetter*] arrivée *f*
▸ **bei/vor/nach ~ der Dunkelheit** à/avant/après la tombée de la nuit; **der ~ des Todes** *form* le décès *form;* **~ frei** entrée libre; (*in eine Ausstellung, ein Museum*) entrée gratuite; **„~ verboten"** "entrée interdite" "défense d'entrer"

Eintrittsgeld *nt* prix *m* d'entrée **Eintrittskarte** *f* billet *m* [*o* ticket *m*] d'entrée **Eintrittspreis** *m* prix *m* d'entrée

ein|trocknen *vi + sein* 1. (*austrocknen*) ■ **etw trocknet ein** */Blut, Farbe/* qc sèche; */Sauce/* qc réduit; ■ **eingetrocknet** séché(e)
2. (*verdunsten*) ■ **etw trocknet ein** */Bach, Teich/* qc s'assèche, qc [se] tarit; ■ **eingetrocknet** asséché(e), tari(e)
3. (*trocken werden*) ■ **etw trocknet ein** */Frucht, Käse/* qc sèche, qc se dessèche

ein|trüben *vr impers* ■ **es trübt sich ein** ça se brouille, ça se couvre

Eintrübung *f* détérioration *f* du temps

ein|trudeln *vi + sein fam* ■ **jd trudelt ein** qn arrive, qn se pointe *fam*

ein|tunken *vt* DIAL ■ **jd tunkt etw [in etw** (*akk*)**] ein** qn trempe qc [dans qc]

ein|üben *vt* ■ **jd übt etw ein** *Vokabeln, Grammatikregeln* qn révise qc; *Rolle, Stück* qn répète qc; ***eine gut eingeübte Rolle, du Intrigantin!*** tu as bien appris ta leçon, toi, la faiseuse d'histoires!

ein|verleiben * I. *vt* 1. POL (*eingliedern*) ■ **jd/etw verleibt etw einer S.** (*dat*) **ein** qn/qc annexe qc à qc
2. *hum* (*hinzufügen*) ■ **jd verleibt etw einer S.** (*dat*) **ein** *einer Sammlung, einem Museum* qn enrichit une chose de qc
II. *vr* 1. POL (*annektieren*) ■ **jd/etw verleibt sich** (*dat*) **etw ein** qn/qc annexe qc; COM *Unternehmen* qn/qc absorbe qc
2. *hum fam* (*verzehren*) ■ **jd verleibt sich** (*dat*) **etw ein** qn s'envoie qc *fam,* qn s'enfile qc *fam*

Einverleibung <-, -en> *f* POL annexion *f;* [*Unternehmen*] absorption *f*

Einvernahme <-, -n> *f* JUR *bes.* AUS, CH *s.* **Vernehmung**

ein|vernehmen * *vt irreg* JUR *bes.* AUS, CH *s.* **vernehmen**

Einvernehmen <-s> *nt* ∅ accord *m*
▸ **in gegenseitigem** [*o* **beiderseitigem**] **~** d'un commun accord; **in gutem** [*o* **bestem**] **~** en bonne intelligence, en parfaite harmonie; **im ~ mit jdm** en accord avec qn

einvernehmlich I. *adj form* consensuel(le)
II. *adv form* à l'amiable

einverstanden *adj pred* ■ **jd ist [mit jdm/etw] ~** qn est d'accord [avec qn/sur qc]; ■ **jd ist [damit] ~, dass** qn est d'accord pour que + *subj*
▸ **jd erklärt sich mit etw ~/damit ~, dass** qn donne son accord pour qc/pour que + *subj;* **~!** d'accord!

Einverständnis *nt* accord *m*
▸ **in gegenseitigem** [*o* **beiderseitigem**] **~** d'un commun accord; *sich trennen a.* à l'amiable; **jd erklärt sein ~ mit etw** qn donne son accord [*o* son approbation] à qc; **im ~ mit jdm** en accord avec qn

Einverständniserklärung *f* accord *m* écrit

Einwaage *f* ∅ 1. (*Reingewicht*) poids *m* net
2. (*Gewichtsverlust*) perte *f* de poids; ***beim Erhitzen kann es zu einer geringfügigen ~ kommen*** la cuisson peut entraîner une légère perte de poids

ein|wachsen[1] [-ks-] *vt* ■ **jd wachst etw ein** *Boden* qn cire qc; *Skier* qn farte qc

ein|wachsen[2] [-ks-] *vi irreg + sein* ■ **etw wächst [jdm] ein** */Nagel/* qc [de qn] s'incarne

Einwand <-[e]s, -e> *m* objection *f*
▸ **jd hat einen ~ [gegen etw]** qn a une objection [à qc]; **jd macht einen ~ [gegen etw], jd bringt einen ~ vor, jd erhebt einen ~** qn fait [*o* formule] [*o* soulève] une objection [à qc]

Einwanderer *m,* **-wand[r]erin** *f* immigrant(e) *m(f)*

ein|wandern *vi + sein* 1. (*immigrieren*) ■ **jd wandert [nach/in etw** (*akk*)**] ein** qn immigre [à/en/dans qc]
2. HIST ■ **jd wandert nach/in etw** (*akk*) **ein** */Volk, Volksstamm/* qn migre à/en/dans qc

Einwanderung *f* ■ **jds ~ nach/in etw** (*akk*) l'immigration *f* de qn à/en/dans qc

Einwanderungs- *-land, -visum, -behörde* d'immigration; *-gesetz* sur l'immigration

einwandfrei I. *adj* 1. (*tadellos*) *Zustand* impeccable; *Aussprache, Arbeit, Beschaffenheit, Qualität a.* irréprochable; *Benehmen, Leumund* irréprochable; *Lebensmittel* [de qualité] irréprochable
2. (*unzweifelhaft*) *Beweis, Tatsache* irréfutable, incontestable
II. *adv* 1. (*tadellos*) impeccablement
2. (*unzweifelhaft*) *zeigen* formellement; *beweisen, feststehen* de façon irréfutable; *Betrug sein, erlogen sein* incontestablement

einwärts *adv* vers l'intérieur

ein|weben *vt irreg* ■ **jd webt etw [in etw** (*akk*)**] ein** qn tisse qc [dans qc]; ■ **eingewebt** tissé(e)

ein|wechseln [-ks-] *vt* 1. FIN ■ **jd wechselt [jdm] etw [in** [*o* **gegen**] **etw** (*akk*)**] ein** *in andere Währung* qn [lui] change qc [en [*o* contre] qc]
2. SPORT ■ **jd wechselt jdn [für jdn] ein** qn fait [r]entrer qn [à la place de qn]

ein|wecken *vt* DIAL ■ **jd weckt etw ein** *Obst etc* qn met qc en conserve, qn fait des conserves de qc; ■ **eingeweckt** en conserve

Einweg- COM *-spritze, -verpackung etc* à usage unique, jetable; *-feuerzeug, -spritze* jetable; *-flasche, -glas a.* non consigné(e)

ein|weichen *vt* 1. (*in Lauge legen*) ■ **jd weicht etw [in etw** (*dat*)**] ein** *Wäsche, Kleidungsstück* qn fait tremper qc [*o* met qc à tremper] [dans qc]
2. (*in Flüssigkeit legen*) ■ **jd weicht etw [in etw** (*akk*)**] ein** *Brötchen, Zwieback* qn ramollit qc [dans qc]

ein|weihen *vt* 1. (*eröffnen*) ■ **jd weiht etw ein** qn inaugure qc
2. (*vertraut machen*) ■ **jd weiht jdn [in etw** (*akk*)**] ein** *in Geheimnis, Plan* qn met qn au courant [de qc]; *in geheimes Wissen, Magie* qn initie qn [à qc]; ***sie ist in mein/ins Geheimnis eingeweiht*** elle est au courant de mon secret/est dans le secret

Einweihung <-, -en> *f* inauguration *f*

Einweihungsfeier *f* cérémonie *f* inaugurale, d'inauguration

ein|weisen *vt irreg* 1. MED ■ **jd weist jdn [in etw** (*akk*)**] ein** *in ein Krankenhaus* qn hospitalise qn [dans qc]; *in psychiatrische Klinik* qn interne qn [dans qc]; ***jd lässt jdn ~*** qn fait interner qn
2. (*unterweisen*) ■ **jd weist jdn [in etw** (*akk*)**] ein** qn met qn au courant [en ce qui concerne qc]; ***sie hat mich in meine neue Arbeit eingewiesen*** elle m'a expliqué en quoi consistait mon travail
3. AUT ■ **jd weist jdn [in etw** (*akk*)**] ein** *in Parklücke, Einfahrt* qn guide [*o* dirige] qn [pour qu'il/elle entre dans qc]; ■ **jd lässt sich in etw** (*akk*) **~** qn se fait guider pour entrer dans qc

Einweisung *f* 1. MED ■ **jds ~ [in etw** (*akk*)**]** *in ein Krankenhaus* l'hospitalisation *f* de qn [dans qc]; *in psychiatrische Klinik* l'internement *m* de qn dans qc
2. (*Unterweisung*) ■ **jds ~ [in etw** (*akk*)**]** la mise au courant de qn [en ce qui concerne qc]; ***wer sorgt für die ~ der neuen Mitarbeiter?*** qui est chargé de mettre les nouveaux collaborateurs au courant [*o* d'expliquer leur travail aux nouveaux collaborateurs]?

ein|wenden *vt irreg* ■ **jd wendet etw [gegen etw] ein** qn objecte qc [à qc]; ■ **jd wendet etw gegen jdn ein** qn reproche qc à qn; ■ **jd wendet [dagegen] ein, dass** qn objecte [à cela] que + *indic*
▸ **jd hat etwas/nichts gegen jdn einzuwenden** qn a quelque chose/n'a rien contre qn; **jd hat etwas/nichts [gegen etw] einzuwenden** qn a quelque chose/n'a rien à objecter [*o* redire] [à qc]; ***er hat immer etwas einzuwenden*** il trouve à redire à tout, il a toujours quelque chose à redire; **dagegen lässt sich ~, dass** on pourrait objecter [à cela] que + *indic;* **dagegen lässt sich nichts ~** il n'y a rien à y redire

Einwendung *f* objection *f;* JUR contestation *f,* réclamation *f; s. a.* **Einwand**
▸ **jd macht ~en** JUR qn fait une réclamation; **jd macht ~en gegen etw** qn conteste qc

ein|werfen *irreg* I. *vt* 1. POST ■ **jd wirft etw ein** qn poste qc; ■ **jd wirft etw in etw** (*akk*) **ein** qn met [*o* glisse] qc à/dans qc
2. (*zerschlagen*) ■ **jd wirft [jdm] etw [mit etw] ein** *Fensterscheibe etc* qn [lui] casse qc [à coups de qc]
3. SPORT ■ **jd wirft etw ein** *Ball* qn remet qc en jeu
4. (*bemerken*) ■ **jd wirft etw in etw** (*akk*) **ein** qn glisse [*o* lance] qc [dans qc]; ■ **jd wirft ein, dass** qn fait remarquer que + *indic*
II. *vi* SPORT ■ **jd wirft ein** qn fait la remise en jeu

einwertig *adj* monovalent(e), univalent(e)

ein|wickeln I. *vt* 1. (*in etw wickeln*) ■ **jd wickelt [jdm] etw [in etw** (*akk*)**] ein** qn enveloppe [*o* emballe] qc [à qn] [dans qc]; ■ **das E~** l'emballage *m*
2. (*einhüllen*) ■ **jd wickelt jdn ein** qn emmitoufle qn; ■ **jd wickelt jdn in etw** (*akk*) **ein** *in eine Decke etc* qn enveloppe [*o* enroule] qn [dans qc]
3. *fam* (*überlisten*) ■ **jd wickelt jdn [durch etw] ein** qn embobine qn [par qc] *fam;* ■ **jd lässt sich [von jdm/etw] ~** qn se laisse embobiner [par qn/qc] *fam*
II. *vr* ■ **jd wickelt sich in etw** (*akk*) **ein** qn s'enveloppe [*o* s'enroule] dans qc; ***wickele dich schön warm ein*** emmitoufle-toi bien

Einwickelpapier *nt* papier *m* d'emballage

ein|willigen *vi* ■ **jd willigt ein** qn donne son accord; */Erziehungsberechtigter a./* qn donne son consentement; ■ **jd willigt in etw** (*akk*) **ein** qn accepte qc

Einwilligung <-, -en> *f* accord *m,* assentiment *m;* [*Erziehungsberechtigter a.*] consentement *m;* ■ **jds ~ in etw** (*akk*) l'adhésion *f* de qn à qc; ***man zwang sie zur ~ in diesen Vertrag*** on l'a obligée à accepter ce contrat
▸ **jd gibt seine ~ [zu etw]** qn donne son accord [*o* son approbation] [à qc]

ein|wirken *vi* 1. (*beeinflussen*) ■ **jd/etw wirkt auf jdn/etw ein** qn/qc influe [*o* exerce une influence] sur qn/qc; ***schädliche Einflüsse haben auf ihn eingewirkt*** il a subi de mauvaises influences
2. PHYS ■ **etw wirkt auf etw** (*akk*) **ein** qc exerce une action sur qc
▸ **jd lässt etw ~** qn laisse agir qc, qn laisse qc faire son effet; **jd lässt etw auf sich** (*akk*) **~** qn laisse qc se décanter

Einwirkung *f* ■ **jds ~ auf jdn** l'influence *f* de qn sur qn
▸ **unter [der] ~ von etw/einer S.** (*gen*) sous l'effet de qc

Einwirkungsmöglichkeit *f* possibilité *f* d'influencer; ***es gibt nur noch diese ~*** il ne reste plus que cette possibilité pour l'influencer
▸ **jd hat eine ~/~en [auf jdn/etw]** qn a une possibilité d'agir/des moyens d'action [*o* qn peut avoir une influence] [sur qn/qc]

einwöchig *adj* d'une semaine; ***nach ~m Anhalten des schlechten Wetters*** après une semaine de mauvais temps persistant

Einwohner(in) <-s, -> *m(f)* habitant(e) *m(f)*

Einwohnermeldeamt *nt bureau d'inscription de la population d'une ville*

Einwohnerschaft <-, *rare* -en> *f form* habitants *mpl,* population *f*

Einwohnerzahl *f* nombre *m* d'habitants

Einwurf *m* 1. *form* (*das Hineinstecken*) [*Münze*] introduction *f;* [*Brief, Sendung*] postage *m;* ***nach ~ von 5 DM*** après avoir introduit 5 DM; ***denke an den ~ des Briefes*** pense bien à poster la lettre
2. SPORT [re]mise *f* en jeu; ***er führt den ~ aus*** il effectue la touche [*o* la remise en jeu]
3. (*Zwischenbemerkung*) remarque *f*
4. POST [*Briefkasten*] fente *f,* ouverture *f*
▸ **~ … Mark** introduire … marks; **~ hier, hier ~** introduire ici

Einzahl *f* singulier *m*
ein|zahlen *vt* ■ **jd zahlt etw** [**auf etw** (*akk*)] **ein** qn verse [*o* dépose] qc [sur qc]
Einzahlung *f* versement *m*, dépôt *m*
Einzahlungsbeleg *m* reçu *m* de versement **Einzahlungsformular** *nt* (*für Bareinzahlung*) bordereau *m* de versement en espèces; (*bei Scheckeinreichung*) bordereau *m* de remises de chèques **Einzahlungsschalter** *m* guichet *m* de dépôt, caisse *f* de dépôt **Einzahlungsschein** *m* **1.** (*für Bareinzahlung*) reçu *m* de versement en espèces; (*bei Scheckeinreichung*) reçu *m* de remise de chèques **2.** CH *s.* **Zahlkarte**
ein|zäunen *vt* ■ **jd zäunt etw ein** qn clôture qc, qn entoure qc d'une clôture; ■ **eingezäunt** clôturé(e), enclos(e)
Einzäunung <-, -en> *f* **1.** (*Zaun*) clôture *f*
2. (*das Einzäunen*) *verbal übersetzt;* ***die ~ dieses Grundstückes ist vorgeschrieben*** ce terrain doit être clôturé
ein|zeichnen *vt* ■ **jd zeichnet etw** [**auf etw** (*dat*)] **ein** qn fait figurer qc [sur qc]; ■ **etw ist irgendwo eingezeichnet** qc figure [*o* est dessiné(e)] quelque part
einzeilig *adj* d'une ligne; ■ **etw ist ~** qc fait une ligne
Einzel <-s, -> *nt* simple *m*
▶ **im ~** en simple
Einzel- *-band* unique; *-blatteinzug* page par page, feuille à feuille; *-fahrschein, -preis* à l'unité; *-frage* sur un sujet; *-reisender* qui voyage seul(e); *-therapie* individualisé(e); *-unterricht* individuel(le); ***als ~band*** en un seul volume **Einzelausgabe** *f* édition *f* séparée **Einzelblatteinzug** *m* alimentation *f* feuille à feuille **Einzelfall** *m* cas *m* individuel [*o* particulier], cas *m* d'espèce ▶ **etw ist kein ~** qc n'est pas un cas isolé; **im ~** au cas par cas, individuellement **Einzelgänger(in)** <-s, -> *m(f)* **1.** (*Mensch*) solitaire *mf* **2.** ZOOL solitaire *m* **Einzelhaft** *f* isolement *m* cellulaire ▶ **jd hält jdn in ~** qn soumet qn à l'isolement cellulaire
Einzelhandel *m* commerce *m* de détail, petit commerce *m*
▶ **im ~** au commerce de détail
Einzelhandels- *-tarif, -verband* du commerce de détail, du petit commerce **Einzelhandelsgeschäft** *nt* magasin *m* de détail [*o* détaillant] **Einzelhandelskaufmann** *m*, **-kauffrau** *f* commerçant(e) *m(f)* au détail, détaillant(e) *m(f)* **Einzelhandelspreis** *m* prix *m* de détail
Einzelhändler(in) *m(f)* commerçant(e) *m(f)* au détail, détaillant(e) *m(f)*
Einzelheit <-, -en> *f* détail *m*
▶ **in allen ~en, bis in die kleinsten ~en** [jusque] dans les moindres détails; **technische ~en** des détails techniques; **jd verliert sich in ~en** qn se perd dans les détails
Einzelkabine *f* **1.** NAUT cabine *f* individuelle **2.** (*Umkleidekabine*) cabine *f* de déshabillage **Einzelkampf** *m* rencontre *f* individuelle **Einzelkind** *nt* enfant *m* unique; ***er/sie ist ein ~*** il/elle est fils/fille unique
Einzeller <-s, -> *m* [organisme *m*] unicellulaire *m*
einzellig *adj* unicellulaire
einzeln I. *adj* **1.** (*separat*) *Teil eines Ganzen* séparé(e); ***die ~en Teile des Services können nachgekauft werden*** les pièces du service peuvent être achetées après séparément
2. (*individuell*) *Mensch* tout(e) seul(e), à lui seul/à elle seule; ■ **der E~e/die E~en** l'individu *m*/les individus *mpl*
3. (*allein stehend*) *Baum, Gehöft* isolé(e)
4. *pl* (*einige wenige*) *Menschen, Gegenstände* quelques; ■ **E~e** quelques-uns/-unes; ■ **E~es** certaines choses; ***nur E~es*** peu de choses
5. *pl* METEO isolé(e)
▶ **als E~er** en tant qu'individu; **ein E~er/eine E~e** une personne seule; **jede(r, s) E~e** chacun(e) en particulier, chacun(e) individuellement
II. *adv* (*separat*) *abgeben, verkaufen* séparément
▶ **bitte ~ eintreten!** une seule personne à la fois, s'il vous plaît!; **jd führt etw ~ auf** qn établit une écriture séparée pour qc; **sie kommen ~** ils/elles viennent séparément; **im E~en** en [*o* dans le] détail
Einzelperson *f form* personne *f* seule **Einzelradaufhängung** *f* suspension *f* à roues indépendantes **Einzelstück** *nt* pièce *f* unique **Einzelteil** *nt* pièce *f* ▶ **jd zerlegt etw in seine ~e** qn met qc en pièces [*o* en morceaux] **Einzelzelle** *f* cellule *f* individuelle **Einzelzimmer** *nt* chambre *f* individuelle [*o* particulière]
ein|zementieren * *vt* ■ **jd zementiert etw** [**in etw** (*akk*)] **ein** qn cimente [*o* scelle] qc [dans qc]
ein|ziehen *irreg* I. *vt + haben* **1.** FIN ■ **jd zieht etw ein** *Beitrag, Gebühr* qn perçoit qc, qn encaisse qc; *Schulden* qn recouvre qc; ***etw wird direkt vom Konto eingezogen*** qc est débité(e) directement du compte
2. (*aus dem Verkehr ziehen*) ■ **jd zieht etw ein** qn retire qc de la circulation
3. (*beschlagnahmen*) ■ **jd zieht etw ein** qn confisque qc, qn saisit qc
4. MIL (*einberufen*) ■ **jd zieht jdn** [**zu etw**] **ein** qn incorpore qn [dans qc]
5. (*nach innen ziehen*) ■ **etw zieht etw ein** *Geldschein, Papier* qc avale qc
6. ZOOL ■ **ein Tier zieht etw ein** *Krallen* un animal rentre qc; *Fühler* un animal rétracte qc
7. (*nach innen ziehen*) ■ **jd zieht etw ein** *Bauch, Schultern* qn rentre qc
8. AUT, NAUT (*einfahren*) ■ **jd zieht etw ein** qn rentre qc, qn escamote qc; ***etw wird automatisch eingezogen*** qc [se] rentre automatiquement
9. COUT ■ **jd zieht etw** [**in etw** (*akk*)] **ein** *Gummiband* qn enfile [*o* passe] qc [dans qc]; *Bettdecke in Bezug* qn enfile qc [dans qc]
10. CONSTR ■ **jd zieht etw ein** *Wand, Träger* qn monte qc; *Zwischendecke* qn pose qc
11. (*einsaugen*) ■ **jd zieht etw ein** *durch Trinkhalm* qn aspire qc; *Luft* qn inspire qc; *Duft* qn inhale qc; *Rauch* qn inhale qc, qn avale qc
II. *vi + sein* **1.** (*in etw ziehen*) ■ **jd zieht** [**irgendwo/bei jdm/in etw** (*akk*)] **ein** qn emménage [quelque part/chez qn/dans qc]
2. POL ■ **jd zieht in etw** (*akk*) **ein** qn entre à qc; ***diese Partei zieht ins Parlament ein*** ce parti fait son entrée au parlement; ***diese Partei zieht nicht mehr in den Bundestag ein*** ce parti n'est plus représenté au parlement
3. (*einmarschieren*) ■ **jd zieht in etw** (*akk*) **ein** qn entre [*o* fait son entrée] dans qc
4. (*einkehren*) ■ **etw zieht** [**bei jdm**] **ein** qc se fait jour [*o* s'installe] [chez qn]; ***Ruhe und Ordnung ziehen wieder ein*** le calme et l'ordre reviennent
5. (*eindringen*) ■ **etw zieht** [**in etw** (*akk*)] **ein** /*Beize, Farbe, Creme*/ qc pénètre [dans qc]
Einziehung *f* **1.** [*Vermögen, Führerschein*] confiscation *f*, saisie *f*
2. (*Einforderung*) [*Banknoten*] retrait *m* de la circulation
3. FIN [*Beitrag, Gebühr*] prélèvement *m*, perception *f*; ***die ~ der fälligen Beiträge erfolgt direkt*** le prélèvement des cotisations se fait automatiquement à l'échéance
einzig I. *adj* **1.** (*alleinige*) ■ **der/die E~e, der/die** le seul/la seule qui; ■ **das E~e, was** la seule chose qui/que
2. (*~es Kind*) ■ **jds E~e(r)** le fils/la fille unique de qn
3. *attr* (*letzte(r, s)*) seul(e) *antéposé;* ***es ist nicht eine/keine ~e Mark übrig geblieben*** il n'est pas resté un seul mark; ***es gibt nur eine ~e Möglichkeit*** il n'y a qu'une [seule] possibilité, il y a une seule et unique possibilité
4. *pred* (*einzigartig*) ■ **jd/etw ist ~** qn/qc est unique [en son genre]
5. *fam* (*unglaublich*) ■ **ein ~er/eine ~e/ein ~es ...** *Quälerei, Saufgelage, Schlammschlacht* un incroyable/une incroyable ..., un effarant/une effarante ...
▶ **er tut etw als E~er/sie tut etw als E~e** il est le seul/elle est la seule à faire qc, lui seul/elle seule fait qc; ***dieser Schüler hat es als E~er geschafft*** cet élève a été le seul à y arriver, seul cet élève y est arrivé; **das ~ ...** [**an etw** (*dat*)] la seule chose de ... [dans qc]; ***das war das ~ Richtige*** c'était la seule chose de correcte; ***das ~ Gute daran ist, dass*** la seule chose de bien dans cette affaire, c'est que; **kein E~er/keine E~e/kein E~es** ne ... pas un seul/une seule, ne ... pas le moindre/la moindre; **kein ~er/keine ~e/kein ~es ...** ne ... pas un seul/une seule ...; **nicht ein ~r/eine ~e/ein ~es ...** ne ... pas un seul/une seule ..., ne ... pas le moindre/la moindre ...; **nur ein E~er/eine E~e** un seul et unique/une seule et unique
II. *adv* (*ausschließlich*) uniquement; ***die ~ mögliche Lösung*** la seule et unique solution possible
▶ **~ und allein** uniquement; ***es liegt ~ und allein an Ihnen*** il ne tient qu'à vous et à vous seul
einzigartig I. *adj* sans pareil(le), unique en son genre
II. *adv* extraordinairement; ***dieses Gemälde ist ~ schön*** ce tableau est d'une beauté sans nom
Einzigartigkeit <-> *f* ∅ caractère *m* unique, unicité *f*
Einzimmer- *-büro* d'une pièce; ***ein ~appartement, eine ~wohnung*** un studio
Einzug *m* **1.** (*das Einziehen*) ■ **der/jds ~** [**in etw** (*akk*)] *in Haus, Wohnung* l'emménagement/l'emménagement *m* de qn [dans qc]
2. POL ■ **der/jds ~ in etw** (*akk*) l'entrée/l'entrée *f* de qn à qc
3. (*das Einziehen*) ■ **der/jds ~ in etw** (*akk*) [*Schützen, Sportler, Mannschaft*] l'entrée/l'entrée *f* de qn dans qc
4. MIL ■ **der/jds ~ in etw** (*akk*) l'entrée/l'entrée *f* de qn dans qc
5. FIN [*Beitrag, Gebühr*] prélèvement *m*, encaissement *m*; [*Schulden*] recouvrement *m*
6. TYP retrait *m*, renfoncement *m*
▶ **jd feiert seinen ~** qn pend la crémaillère; **etw hält seinen ~** /*Frühling, Winter*/ qc est de retour; **beim/nach dem/vor dem/zum ~** lors de l'emménagement/après avoir emménagé/avant d'emménager/pour l'emménagement; *in Festzelt, Stadion* lors de l'entrée/après/avant/pour l'entrée
Einzugsbereich *m*, **Einzugsgebiet** *nt* zone *f* de rayonnement **Einzugsermächtigung** *f* autorisation *f* de prélèvement automatique
ein|zwängen I. *vt* **1.** (*beengen*) ■ **jd zwängt jdn ein** qn serre qn, qn coince qn
2. (*in etw zwängen*) ■ **jd zwängt etw** [**in etw** (*akk*)] **ein** qn fait entrer qc [dans qc] [en forçant], qn case qc [dans qc] *fam*
3. (*festlegen auf*) ■ **jd zwängt jdn in etw** (*akk*) **ein** qn enserre [*o* enferme] qn dans qc
II. *vr* ■ **jd zwängt sich in etw** (*akk*) **ein** qn réussit à entrer dans qc
▶ **jd fühlt sich** [**in etw** (*dat*)] **eingezwängt** *in Kleidungsstück* qn se sent [complètement] à l'étroit [*o* comprimé(e)] [dans qc]; ***sie stehen dicht eingezwängt*** ils sont serrés comme des sardines *fam*
Einzylindermotor *m* moteur *m* monocylindrique, monocylindre *m*
Eis <-es, -> *nt* glace *f*; (*Eiswürfel*) glaçon *m*; ***ein Whisky mit ~*** un whisky on the rocks
▶ **~ am Stiel** esquimau *m;* **jd/etw bricht das ~** qc brise [*o* rompt] la glace; **etw gefriert zu ~** qc se transforme en glace, qc gèle; **jd geht aufs ~** qn marche sur la glace; (*mit Schlittschuhen*) qn fait du patin à glace; **jd legt etw auf ~** *fam* qn met qc au frigidaire *fam* [*o* au placard]; **etw liegt auf ~** qc est au frigidaire *fam;* **etw wird zu ~** qc gèle
-eis *nt Milch-, Schokolade-, Himbeer-, Nuss-* glace *f* au/à la; ***Frucht~*** glace *f* aux fruits; ***Sahne~*** crème *f* glacée
Eisbahn *f* patinoire *f* **Eisbär** *m* ours *m* blanc [*o* polaire] **Eisbecher** *m* **1.** COM (*Pappbecher*) petit pot *m* de glace; (*Metallschale*) coupe *f* à glace **2.** GASTR coupe *f* de glace **Eisbein** *nt* jambonneau *m* **Eisberg** *m* **1.** GEOG iceberg *m* **2.** *fam* (*kühle Frau*) glaçon *m*, bloc *m* de glace; ***sie ist ein ~*** elle est réfrigérante [*o* glaciale] **Eisbeutel** *m* vessie *f* de glace **Eisblock** <-blöcke> *m* bloc *m* de glace **Eisblume** *f meist pl* fleur *f* de givre **Eisbombe** *f* bombe *f* glacée **Eisbrecher** *m* brise-glace *m*
Eischnee *m* blanc *m* [battu]/blancs *mpl* [battus] en neige
Eiscreme [-kre:m] *f* crème *f* glacée, glace *f* **Eisdecke** *f* couche *f* de glace
Eisdiele *f* café *m* glacier

Eisen <-s, -> *nt* 1. ∅ CHEM fer *m*
2. (*Eisenbeschlag*) ferrure *f*
▸ **jd hat mehrere/noch ein ~ im Feuer** *fam* qn a plus d'une corde à son arc; **jd gehört** [*o* **zählt**] **zum alten ~** *fam* qn est bon[ne] à mettre au rancart *fam* [*o* au rebut]; **ein heißes ~** un sujet brûlant [*o* explosif]; **man muss das ~ schmieden, solange es heiß ist** *prov* il faut battre le fer pendant qu'il est chaud; **aus ~** en [*o* de] fer; ***etw ist ganz aus ~*** qc est tout en fer
Eisen- de fer; **~*beton*** béton *m* armé; **~*feile*** lime *f* à métaux
Eisenbahn *f* 1. (*Zug*) train *m*; ***jd fährt mit der ~*** qn prend le train, qn voyage par le train; ***etw wird mit der ~ transportiert*** qc est transporté(e) par chemin de fer, qc est acheminé(e) par voie ferrée [*o* par le rail]
2. (*Spielzeug*) train *m* [électrique]
▸ **es ist [aller]höchste ~** *fam* il n'y a plus une minute à perdre
Eisenbahn- *-verkehr, -unglück* ferroviaire; *-gesellschaft, -waggon* de chemin de fer; **~*fahrplan*** indicateur *m* [*o* horaire *m*] des chemins de fer
Eisenbahner(in) <-s, -> *m(f) fam* cheminot(e) *m(f)*
Eisenbeschlag *m* ferrure *f* **eisenbeschlagen** *adj* ferré(e), avec des ferrures **Eisenerz** *nt* minerai *m* de fer **Eisengehalt** *m* teneur *f* en fer **Eisengießerei** *f* fonderie *f* **eisenhaltig** *adj* 1. (*Eisen enthaltend*) *Gestein* ferreux(-euse); *Erz* ferrifère 2. (*Eisenverbindungen enthaltend*) riche en fer; *Wasser a.* ferrugineux(-euse) **Eisenhut** *m* ▸ **blauer ~** aconit *m* **Eisenindustrie** *f s.* **Eisen- und Stahlindustrie. Eisenmangel** *m* ∅ carence *f* en fer **Eisenoxid** *nt* oxyde *m* de fer **Eisenpräparat** *nt* préparation *f* à base de fer **Eisenspäne** *pl* copeaux *mpl* de fer **Eisenstange** *f* barre *f* de fer **Eisen- und Stahlindustrie** *f* sidérurgie *f* **Eisenverbindung** *f* alliage *m* ferreux **Eisenwaren** *pl* articles *mpl* de quincaillerie **Eisenwarenhändler(in)** *m(f)* quincaillier(-ière) *m(f)* **Eisenwarenhandlung** *f* quincaillerie *f*
eisern I. *adj* 1. *attr* (*aus Eisen*) en [*o* de] fer
2. (*unnachgiebig*) *Disziplin, Wille, Konstitution* de fer; *Energie* sans faille; ■ **jd ist** [*o* **bleibt**] **~** qn est inébranlable [*o* intransigeant(e)]
3. (*fest*) *Griff, Händedruck* de fer
4. *attr* (*unantastbar*) *Ration* de réserve
▸ **aber ~!** *fam* mais sans aucun doute!, un peu, mon neveu! *pop*
II. *adv* 1. (*unerschütterlich*) *schweigen* obstinément; *sparen, weiterverfolgen* inlassablement; *trainieren* sans faiblir; *sich an etw halten* résolument, mordicus *fam*
2. (*unnachgiebig*) *durchgreifen* d'une façon implacable; ***jd ist ~ entschlossen*** qn est d'une résolution inébranlable
Eiseskälte *f geh* froid *m* sibérien
Eisfach *nt* [*Kühlschrank*] freezer *m*, compartiment *m* à glace **Eisfläche** *f* étendue *f* [*o* surface *f*] gelée **eisfrei** *adj* 1. *Straße* sans verglas; ■ **etw ist ~** qc n'est pas verglacé(e), il n'y a pas de verglas sur qc 2. *Gegend, Meer, Seestraße* qui n'est pas pris(e) dans les glaces; ■ **etw ist ~** qc n'est pas pris(e) dans les glaces; ***das arktische Meer ist nie ganz ~*** l'océan Arctique est toujours partiellement gelé [*o* pris dans les glaces] ▸ **etw bleibt ~** qc ne verglace pas **eisgekühlt** *adj* glacé(e) **Eisheilige** *pl* ■ **die** [**drei**] **~n** les saints *mpl* de glace **Eishockey** [-hɔki, -hɔke] *nt* hockey *m* sur glace
eisig I. *adj* 1. *Wasser, Wind, Kälte* glacé(e), glacial(e)
2. *Ablehnung, Schweigen* glacial(e); *Blick, Lächeln, Empfang a.* glacé(e), de glace
3. *Schreck, Grauen* glaçant(e)
II. *adv empfangen* de manière glaciale
Eiskaffee *m* café *m* liégeois **eiskalt** I. *adj* 1. *Getränk, Wasser, Hände* glacé(e); *Zimmer, Wohnung* glacial(e) 2. (*berechnend*) implacable 3. *Abfuhr* glacé(e); *Blick, Lächeln a.* de glace II. *adv handeln, vorgehen* de sang froid, froidement; ***sie blickte ihn ~ an*** elle lui jeta un regard glacial [*o* glacé]; ***jd reagiert ~*** qn reste de glace **Eiskasten** *m* AUS (*Kühlschrank*) réfrigérateur *m* **Eiskratzer** <-s, -> *m* racloir *m* **Eiskristall** *nt* cristal *m* de glace **Eiskunstlauf** *m* patinage *m* artistique **Eiskunstläufer(in)** *m(f)* patineur(-euse) *m(f)* artistique **Eismaschine** *f* sorbetière *f* **Eismeer** *nt* mer *f* de glace ▸ **Nördliches/Südliches ~** océan *m* Glacial Arctique/Antarctique **Eispickel** *m* piolet *m*
Eisprung *m* ovulation *f*
Eisregen *m* pluie *f* verglaçante, grésil *m* **Eisrevue** [-revy:, -rəvy] *f* spectacle *m* sur glace **Eissalon** [-zalo:n, -zalɔ̃:] *m* AUS (*Eisdiele*) café *m* glacier **Eisschießen** *nt* curling *m* **Eisschnelllauf**^RR^ *m* patinage *m* de vitesse **Eisschnellläufer(in)**^RR^ *m(f)* patineur(-euse) *m(f)* de vitesse **Eisscholle** *f* bloc *m* de glace **Eisschrank** *m veraltend s.* **Kühlschrank. Eissport** *m* sports *mpl* de glace **Eisstadion** *nt* patinoire *f* **Eistanz** *m* danse *f* sur glace **Eistorte** *f* gâteau *m* glacé, ≈ vacherin *m* **Eisverkäufer(in)** *m(f)* marchand(e) *m(f)* de glaces **Eisvogel** *m* martin-pêcheur *m* **Eiswasser** *nt* eau *f* glacée **Eiswein** *m vin de raisins récoltés après les premières gelées* **Eiswürfel** *m* glaçon *m*, cube *m* de glace **Eiszapfen** *m* stalactite *f* de glace **Eiszeit** *f* 1. GEOL période *f* [*o* époque *f*] glaciaire 2. POL période *f* de refroidissement **eiszeitlich** *adj* de l'époque] glaciaire
eitel *adj* 1. *pej* vaniteux(-euse); (*in Bezug auf das Äußere*) coquet(te)
2. *veraltend geh* (*nichtig*) vain(e) *antéposé*
Eitelkeit <-, -en> *f pej* vanité *f*; (*in Bezug auf das Äußere*) coquetterie *f*
Eiter <-s> *m* ∅ pus *m*
Eiterbeule *f* 1. MED furoncle *m* 2. *pej* (*Übelstand*) abcès *m* **Eiterbläschen** [-blɛːsçən] *nt* pustule *f* **Eitererreger** *m* agent *m* infectieux **Eiterherd** *m* foyer *m* purulent
eit[e]rig *adj* 1. *Ausfluss, Entzündung, Schnupfen* suppurant(e)
2. (*eiternd*) *Geschwür, Pickel, Wunde* purulent(e)
3. (*mit Eiter getränkt*) *Binde, Verband* plein(e) de pus
eitern *vi* ■ **etw eitert** qc suppure, qc forme du pus; ■ **~d** suppurant(e), purulent(e)
Eiterpickel *m* pustule *f*
eitrig *adj s.* **eiterig**
Eiweiß *nt* 1. CHEM protéine *f*
2. GASTR blanc *m* d'œuf
▸ **jd schlägt ~ zu Schnee** [*o* **schaumig**] qn bat des blancs en neige
eiweißarm I. *adj* pauvre en protéines II. *adv*: ***sie ernährt sich zu ~*** son alimentation est trop pauvre en protéines **eiweißreich** *adj* riche en protéines
Eizelle *f* ovule *m*
Ejakulat <-[e]s, -e> *nt* sperme *m*
Ejakulation <-, -en> *f* éjaculation *f*
▸ **jd kommt zur ~** qn éjacule, qn a une éjaculation; **es kommt zur ~** il y a éjaculation, l'éjaculation se produit
ejakulieren * *vi* ■ **jd ejakuliert** qn éjacule; ■ **das E~** l'éjaculation *f*
EKD <-> [e:ka:'de:] *f abk von* **Evangelische Kirche in Deutschland** Église *f* réformée [*o* protestante] d'Allemagne
Ekel[1] <-s> *m* ∅ (*Abscheu*) dégoût *m*, répulsion *f*
▸ **~ erregend** *Anblick, Gestank* répugnant(e), dégoûtant(e); *Geschmack* répugnant(e), exécrable; **jd hat** [*o* **empfindet**] **vor jdm/etw** [**einen**] **~** qn a [*o* éprouve] de la répulsion pour qn/qc; **vor ~** de dégoût, d'écœurement
Ekel[2] <-s, -> *nt fam* (*ekelhafter Mensch*) salaud *m fam*; ***du ~!*** espèce de dégueulasse! *fam*
ekelerregend *s.* **Ekel**[1] ▸
ekelhaft I. *adj* 1. (*widerlich*) *Gestank, Anblick* dégoûtant(e), répugnant(e); *Geschmack* infect(e)
2. *fam* (*unangenehm*) *Schmerzen, Mensch* affreux(-euse), terrible; ■ **jd ist ~** [**zu jdm**] qn est dégueulasse *fam* [*o* infect(e)] [avec qn]
II. *adv* 1. (*widerlich*): ***etw stinkt ~*** qc soulève le cœur, qc pue horriblement [*o* atrocement *fam*]; ***etw riecht ~*** qc dégage une odeur écœurante; ***etw schmeckt ~*** qc a un goût infect
2. *fam* (*unangenehm*) *jucken* affreusement, terriblement; ***du hast dich wirklich ~ benommen*** tu t'es vraiment conduit de façon dégueulasse *fam*
ekelig *adj s.* **ekelhaft**
ekeln I. *vt* ■ **etw ekelt jdn** qc écœure qn, qc dégoûte qn
II. *vt impers* ■ **jdn ekelt es** [**vor jdm/etw**] qn est écœuré(e) [*o* dégoûté(e)] [par qn/qc]
III. *vr* ■ **jd ekelt sich** [**vor jdm/etw**] qn éprouve de l'écœurement [*o* de la répulsion] [pour qn/qc]
EKG <-s, -s> [e:ka:'ge:] *nt abk von* **Elektrokardiogramm** électrocardiogramme *m*, E.C.G. *m*
▸ **jd lässt** [**sich** (*dat*)] **ein ~ machen** qn se fait faire un électrocardiogramme [*o* un E.C.G.]; **jd macht jdm ein ~** qn fait un électrocardiogramme [*o* un E.C.G.] à qn
Eklat <-s, -s> [e'kla(:)] *m geh* scandale *m*, éclat *m*
▸ **es kommt zu einem ~** cela fait un scandale [*o* un éclat]; **etw verursacht einen ~** qc cause un scandale
eklatant *adj* flagrant(e), manifeste
eklig *adj s.* **ekelhaft**
Ekstase <-, -n> *f* extase *f*
▸ **jd gerät** [**über etw** (*dat*)] **in ~** qn s'extasie [sur qc]; **jd treibt jdn zur ~** (*lässt jdn sich bis zum Äußersten steigern*) qn galvanise qn; (*bringt zum Orgasmus*) qn fait grimper qn aux rideaux *fam*; **jd/etw versetzt jdn in ~** qn/qc met qn en transe; **in ~** en transe
ekstatisch [-'st-] *adj geh Blick* d'extase; *Schwärmer, Tänzer* grisé(e), exalté(e); ***eine ~e Begeisterung*** un débordement d'enthousiasme
Ekzem <-s, -e> *nt* eczéma *m*
▸ **seborrhoisches ~** eczéma *m* séborrhéique
Elaborat <-[e]s, -e> *nt pej geh* élucubration *f*
Elan <-s> *m* ∅ entrain *m*
▸ **mit ~** avec entrain
elastisch I. *adj* 1. (*flexibel*) *Sprungfeder, Karosserieaufhängung* élastique, flexible; *Stoff, Binde* extensible, élastique
2. (*spannkräftig*) *Muskel, Gang* élastique; *Gelenk* mobile; *Mensch* élastique, souple
II. *adv aufkommen, federn* avec souplesse
Elastizität <-, *rare* -en> *f* 1. (*elastische Beschaffenheit*) [*Sprungfeder, Lattenrost*] élasticité *f*, flexibilité *f*; [*Stoff*] élasticité *f*, extensibilité *f*
2. (*Spannkraft*) élasticité *f*
Elbe <-> *f* ■ **die ~** l'Elbe *f*
Elch <-[e]s, -e> *m* élan *m*
Eldorado <-s, -s> *nt* paradis *m*, eldorado *m*
Electronic Banking <- -s> [elɛk'trɔnɪk 'bæŋkɪŋ] *nt* ∅ règlement *m* électronique des opérations bancaires
Electronic Cash-Service <- - -> [elɛktrɔnɪk 'kæʃ sø:evɪs] *m* ∅ paiement *m* par carte
Elefant <-en, -en> *m* éléphant *m*
▸ **wie ein ~ im Porzellanladen** *fam* comme un éléphant dans un magasin de porcelaine *fam*
Elefantenbaby [-be:bi] *nt* 1. ZOOL éléphanteau *m* 2. *pej fam* [gros] lourdaud/[grosse] lourdaude *m/f*, balourd(e) *m(f)* **Elefantenbulle** *m* éléphant *m* mâle **Elefantenhochzeit** *f sl* mariage *m* de géants **Elefantenkuh** *f* éléphant *m* femelle **Elefantenrüssel** *m* trompe *f* d'éléphant
elegant I. *adj* élégant(e)
II. *adv* 1. COUT avec élégance, élégamment
2. (*geschickt*) élégamment, adroitement
Eleganz <-> *f* ∅ élégance *f*
Elegie <-, -n> [-'gi:ən] *f* élégie *f*
elegisch *adj* élégiaque

elektrifizieren * *vt* ■ **jd elektrifiziert etw** qn électrifie qc
Elektrifizierung <-, -en> *f* électrification *f*
Elektrik <-, -en> *f* système *m* [*o* installation *f*] électrique
Elektriker(in) <-s, -> *m(f)* électricien(ne) *m(f)*
elektrisch I. *adj* électrique; ***jd bekommt einen ~en Schlag*** qn reçoit une décharge électrique, qn prend un coup de jus *fam*
II. *adv funktionieren* électriquement, à l'électricité; *heizen, kochen* à l'électricité; *sich rasieren* au rasoir électrique
▸ **~ betrieben** actionné(e) électriquement; **~ geladen** chargé(e) d'électricité; ***der Zaun ist ~ geladen*** la barrière est électrifiée
elektrisieren * I. *vt* MED ■ **jd elektrisiert jdn** qn fait un électrochoc à qn
▸ **wie elektrisiert** comme s'il/si elle avait reçu une décharge électrique
II. *vr* ■ **jd elektrisiert sich [an etw (*dat*)]** qn reçoit une décharge électrique [au contact de qc], qn [se] prend un coup de jus *fam*
Elektrizität <-> *f* ∅ électricité *f*
▸ **statische ~** électricité *f* statique
Elektrizitäts- *-erzeugung, -menge* d'électricité; *-wirtschaft* de l'électricité **Elektrizitätsgesellschaft** *f* compagnie *f* d'électricité **Elektrizitätsversorgung** *f* approvisionnement *m* [*o* alimentation *f*] en électricité **Elektrizitätswerk** *nt* 1. centrale *f* électrique 2. *s.* **Elektrizitätsgesellschaft**
Elektro- électrique **Elektroantrieb** *m* propulsion *f* électrique ▸ **etw hat ~** qc est à propulsion électrique, qc marche à l'électricité; **mit ~** à propulsion électrique **Elektroartikel** *m* appareil *m* électrique **Elektrochemie** [-çe-] *f* électrochimie *f* **elektrochemisch** [-çe-] *adj* électrochimique
Elektrode <-, -n> *f* électrode *f*
Elektroenzephalogramm *nt* électro-encéphalogramme *m* **Elektrofahrzeug** *nt* véhicule *m* électrique **Elektrogerät** *nt* appareil *m* électrique **Elektrogeschäft** *nt* magasin *m* d'appareils électriques [*o* d'électroménager] **Elektroherd** *m* cuisinière *f* électrique **Elektroindustrie** *f* industrie *f* électrotechnique [*o* électrique] **Elektroingenieur(in)** [-ɪnʒeniøːɐ] *m(f)* ingénieur *m* électricien **Elektrokardiogramm** *nt* électrocardiogramme *m* **Elektrokarren** *m* chariot *m* électrique
Elektrolyse <-, -n> [elɛktro'lyːzə] *f* électrolyse *f*
Elektrolyt <-en, -en> [elɛktro'lyːt] *m* électrolyte *m*
elektrolytisch [elɛktro'lyːtɪʃ] *adj* électrolytique
Elektromagnet *m* électroaimant *m* **elektromagnetisch** I. *adj* électromagnétique II. *adv* par électromagnétisme **Elektromagnetismus** *m* électromagnétisme *m* **Elektromotor** *m* moteur *m* électrique ▸ **mit ~** à moteur électrique
Elektron <-s, -tronen> ['eːlɛktrɔn, e'lɛktrɔn] *nt* électron *m*
Elektronenblitz *m* flash *m* électronique **Elektronenblitzgerät** *nt veraltend s.* **Elektronenblitz. Elektronenhülle** *f* nuage *m* électronique **Elektronenmikroskop** *nt* microscope *m* électronique **Elektronenstrahl** *m* faisceau *m* électronique
Elektronik <-, -en> *f* électronique *f*
elektronisch I. *adj* électronique
II. *adv* électroniquement
Elektrorasierer *m* rasoir *m* électrique **Elektroschock** *m* électrochoc *m* **Elektrosmog** *m* pollution *f* électromagnétique **Elektrostatik** *f* électrostatique *f* **elektrostatisch** I. *adj* électrostatique, d'électricité statique II. *adv* d'électricité statique **Elektrotechnik** *f* électrotechnique *f* **Elektrotechniker(in)** *m(f)* 1. électrotechnicien(ne) *m(f)* 2. *s.* **Elektriker elektrotechnisch** *adj Gerät* électrotechnique; *Industrie a.* de l'électrotechnique
Element <-[e]s, -e> *nt* 1. CONSTR, CHEM élément *m*
2. *geh* (*Komponente*) [*Prognose*] donnée *f*; [*Plan*] composant *m*, composante *f*
3. *pl geh* (*Naturgewalten*) ■ **die ~e** les éléments *mpl*
▸ **dunkle/kriminelle/subversive ~e** *pej* des éléments louches/criminels/subversifs; **das nasse ~** *geh* l'élément *m* liquide; **radioaktives ~** élément *m* radioactif; **jd ist [irgendwo] in seinem ~** qn est dans son élément [quelque part]
elementar *adj* 1. (*wesentlich*) *Bedürfnis* élémentaire, vital(e); *Regel, Voraussetzung* de base, fondamental(e)
2. (*urwüchsig*) primaire
Elementar- 1. (*grundlegend*) *-mathematik, -physik* élémentaire; *-schule a.* primaire; *-unterricht* élémentaire, de base 2. (*naturhaft*) *-ereignis, -kraft* naturel(le) **Elementarbegriff** *m* notion *f* de base [*o* élémentaire] **Elementargewalt** *f geh* forces *fpl* élémentaires **Elementarkenntnisse** *pl* connaissances *fpl* élémentaires [*o* de base] **Elementarteilchen** *nt* particule *f* élémentaire
Elementbau *m* ∅ CH *s.* **Fertigbau**
elend I. *adj* 1. (*beklagenswert*) *Leben* misérable; *Verhältnisse, Lage a.* lamentable; ■ **die E~en** les malheureux *mpl*, les miséreux *mpl*
2. (*krank*) piètre *antéposé*, pitoyable
3. (*erbärmlich*) *Verfassung* lamentable; *Hütte* misérable
4. *pej* (*gemein*) misérable, infâme
5. *fam* (*sehr groß*) *Hunger, Hitze* sacré(e) *antéposé fam;* (*sehr schlecht*) *Wetter* pourri, exécrable, de chien; *Kälte* de canard *fam; Leistung* nul(le), minable *fam;* ***ich habe ~en Hunger*** j'ai une sacrée faim *fam*, je crève [*o* j'ai] la dalle *fam*
▸ **jd fühlt sich ~** qn se sent mal, qn est mal fichu(e) *fam;* **jdm geht es ~, jdm ist ~ [zumute]** qn se sent mal; **jd sieht ~ aus** qn a une sale mine; **jdm wird ganz ~** qn se sent mal, qn est mal *fam*
II. *adv fam* (*ungemein*) *frieren* vachement *fam; betrügen* ignoblement; *heiß, kalt* vachement *fam*
Elend <-[e]s> *nt* ∅ misère *f*, dénuement *m*
▸ **jd kriegt/hat das heulende ~** *fam* qn attrape/a le blues *fam;* **jd gerät ins ~** qn tombe dans la misère; **es ist ein ~, dass** *fam* c'est quand même malheureux que + *subj;* ***es ist ein ~, wie du dich immer benimmst!*** ta façon de te comporter est lamentable!; **es ist ein ~ mit jdm** *fam* c'est lamentable de voir qn comme ça; **jd lebt im ~** qn vit dans le dénuement [*o* la misère]; ***jd lebt in bitterem/schrecklichem ~*** qn vit dans une misère noire/un terrible dénuement; **jd stürzt jdn ins ~** qn cause la perte de qn; **jd stürzt sich selbst ins ~** qn fait son propre malheur
elendig *adj* DIAL *s.* **elend**
elendiglich *adv geh* ignominieusement *littér*
Elendsquartier *nt* taudis *m* **Elendsviertel** [-fɪrtl] *nt* bidonville *m*, quartier *m* miséreux
elf *num* 1. (*Zahl*) onze
2. (*Jahr*) onze ans; ***jd ist/wird ~*** qn a/va avoir [*o* aura] onze ans
3. (*Uhr*) onze heures
4. SPORT (*Punkt*) ■ **~ zu etw** onze à qc; ■ **etw zu ~** qc à onze
▸ **gegen ~** (*etwa um elf Uhr*) vers onze heures; **mit ~** (*im Alter von ~ Jahren*) à onze ans; **nach/vor ~** avant/après onze heures; ***es ist schon kurz nach ~*** il est onze heures passées; ***es ist noch vor ~*** il n'est pas encore onze heures; ***kurz vor ~*** peu avant onze heures; **... nach ~** *zehn etc* onze heures ...; **... vor ~** *zehn etc* onze heures moins ...; **um ~** à onze heures; **zu ~t, zu ~en** à onze
Elf[1] <-, -en> *f* 1. (*Zahl*) onze *m*
2. TRANSP ■ **die ~** le onze
3. FBALL (*Fußballmannschaft*) équipe *f*, onze *m;* ***die französische ~*** le onze tricolore
Elf[2] <-en, -en> *m* elfe *m*, sylphe *m*
Elfe <-, -n> *f* sylphide *f*
Elfenbein *nt* ivoire *m*
▸ **aus ~** en ivoire
elfenbeine[r]n *adj* en ivoire
elfenbeinfarben *adj* couleur d'ivoire **Elfenbeinturm** *m geh* tour *f* d'ivoire
Elfer <-s, -> *m* FBALL *fam* penalty *m*
Elfmeter *m* penalty *m*
▸ **jd schießt einen ~** qn tire un penalty; **jd verhängt einen ~** qn accorde un penalty
Elfmetermarke *f* point *m* de penalty **Elfmeterschießen** *nt* tir *m* au but
elfte(r, s) *adj* 1. (*11.*) onzième; ■ **der/die/das ~ jd/etw, der/die/das ...** le/la onzième qn/qc qui ...
2. (*Datum*) onze; ***am ~n September*** le onze septembre
▸ **als E~(r)** en onzième position; ***Sie sind als E~(r) dran*** vous êtes le/la onzième; **jeder E~** un(e) qn/qc sur onze
eliminieren * *vt* 1. (*liquidieren*) ■ **jd eliminiert jdn** qn élimine qn, qn liquide qn *fam*
2. (*beseitigen*) ■ **jd eliminiert etw** qn supprime qc
Eliminierung <-, -en> *f* 1. (*Liquidierung*) [*Gegner*] élimination *f*, liquidation *f*
2. (*Beseitigung*) [*Fehler, Unklarheiten*] suppression *f*
elitär I. *adj* 1. (*eine Elite betreffend*) élitaire
2. *pej* (*arrogant*) élitiste
II. *adv denken, handeln* de façon élitaire
Elite <-, -n> *f* élite *f*
Elite- *-einheit* d'élite; *-schule* de prestige **Elitetruppe** *f* troupe *f* d'élite
Elixier <-s, -e> *nt* élixir *m*
Ellbogengesellschaft *f* société *f* d'arrivistes
Elle <-, -n> *f* 1. ANAT cubitus *m*
2. (*Maßstock*) aune *f*
3. HIST coudée *f*
▸ **jd misst alles mit der gleichen [*o* mit gleicher] ~** qn mesure tout à la même aune
Ell[en]bogen <-bogen> *m* coude *m*
▸ **jd gebraucht die [*o* seine] ~** qn joue des coudes
Ell[en]bogenfreiheit *f* liberté *f* d'action; ***jd hat ~*** qn a les coudées franches; ***ich habe zu wenig ~*** j'ai trop peu de liberté d'action, je n'ai pas les coudées assez franches **Ell[en]bogenmensch** *m* arriviste *mf*
ellenlang *adj fam Liste, Roman* interminable, long(longue) comme un jour sans pain; ***ein ~er Kerl*** une grande perche *fam*
Ellipse <-, -n> *f* ellipse *f*
elliptisch *adj* elliptique
Ellok, E-Lok <-, -s> *f abk von* **elektrische Lokomotive** locomotive *f* électrique
eloquent I. *adj geh* éloquent(e)
II. *adv geh* avec éloquence, éloquemment
Eloquenz <-> *f* ∅ *geh* éloquence *f*
Elsass[RR] <- *o* -es>, **Elsaß** <- *o* -sses> *nt* ■ **das ~** l'Alsace *f*
Elsässer(in) <-s, -> *m(f)* Alsacien(ne) *m(f)*
elsässisch *adj* alsacien(ne); ***Straßburg ist die ~e Hauptstadt*** Strasbourg est la capitale de l'Alsace; ■ **das E~e** l'alsacien; ***auf E~*** en alsacien
Elsass-Lothringen[RR] *nt* l'Alsace-Lorraine *f*
Elster <-, -n> *f* pie *f*
▸ **jd ist eine diebische ~** qn est voleur(-euse) comme une pie
elterlich *adj* 1. (*von den Eltern kommend*) *Fürsorge, Liebe* des parents; *Gewalt* parental(e); ***die ~e Liebe für ein Kind*** l'amour d'un père et d'une mère pour leur enfant
2. (*den Eltern gehörend*) des parents; ***sie lebt noch in der ~en Wohnung*** elle vit encore sous le toit de ses parents
Eltern *pl* parents *mpl*
▸ **etw ist nicht von schlechten ~** *fam /Antwort/* qc n'est pas piqué(e) des

hannetons [*o* des vers] *fam;* /*Ohrfeige*/ qc n'est pas volé(e) *fam;* /*Schnaps*/ qc n'est pas dégueulasse *fam*

Elternabend *m* rencontre *f* parents-professeurs, réunion *f* parents-profs

Elternhaus *nt* **1.** (*Gebäude*) maison *f* familiale **2.** (*Herkunft*) milieu *m* familial ► **aus** [**einem**] ... ~ d'une famille ...; ***er kommt aus gutem*** ~ il est de bonne famille; ***sie ist aus katholischem*** ~ elle est issue d'une famille catholique **Elternliebe** *f* amour *m* des parents [*o* porté par les parents]

elternlos I. *adj* orphelin(e); ■ **jd wird** ~ qn perd ses parents, qn devient orphelin(e)

II. *adv* *aufwachsen* sans avoir de parents

Elternschaft <-> *f* Ø *form* parents *mpl* d'élèves

Elternsprechstunde *f* heures *fpl* de rendez-vous avec les parents; ***kommen Sie bitte gelegentlich zu mir in die*** ~ passez me voir à l'occasion pendant mes heures de rencontre avec les parents **Elternteil** *m*: ***das Kind bleibt bei dem*** ~, ***der ...*** l'enfant reste chez celui des parents qui ...; ***sie hat einen*** ~ ***verloren*** elle a perdu l'un de ses deux parents **Elternurlaub** *m* congé *m* parental

Email <-s, -s> [e'mai, e'ma:j] *nt* émail *m*

E-Mail <-s, -s> ['i:meɪl] *nt* message *m* électronique

E-Mail-Adresse ['i:meɪl-] *f* INFORM adresse *f* de messagerie

Emaillack [e'mai-, e'ma:j-] *m* peinture *f* laquée

Emaille <-, -n> [e'maljə, e'mai, e'ma:j] *f s.* **Email**

emaillieren * [ema'ji:rən, emal'ji:rən] *vt* ■ **jd emailliert etw** qn émaille qc

Emanze <-, -n> *f pej fam* féministe *f*

Emanzipation <-, -en> *f* émancipation *f*

emanzipieren * *vr* ■ **jd emanzipiert sich** qn s'émancipe

Embargo <-s, -s> *nt* embargo *m*

► **jd verhängt ein** ~ **über ein Land** qn décrète un embargo sur un pays

Emblem <-[e]s, -e> [ɛm'ble:m, ã'ble:m] *nt* **1.** (*Abzeichen*) insigne *m;* (*Hoheitszeichen*) emblème *m*

2. (*Sinnbild*) symbole *m*, emblème *m*

Embolie <-, -n> [-'li:ən] *f* embolie *f*

► **jd hat eine** ~ qn a [*o* fait] une embolie

Embryo <-s, -s *o* -bryonen> *m o* AUS *nt* embryon *m*

emeritieren * *vt* ■ **jd emeritiert jdn** qn accorde à qn ses droits à la retraite; ■ **emeritiert** honoraire

Emigrant(in) <-en, -en> *m(f)* émigré(e) *m(f)*

Emigration <-, -en> *f* **1.** (*das Emigrieren*) émigration *f*

2. (*die Emigranten*) colonie *f*, communauté *f*

► **innere** ~ *geh* émigration *f* intérieure; **jd geht in die** ~ qn émigre; **jd lebt in der** ~ qn vit en exil volontaire

emigrieren * *vi + sein* ■ **jd emigriert** [**irgendwohin**] qn émigre [quelque part]

eminent I. *adj geh* insigne *littér,* primordial(e), capital(e)

II. *adv* éminemment

Eminenz <-, -en> *f* éminence *f*

► **graue** ~ éminence *f* grise; **Seine/Eure** ~ Son/Votre Éminence

Emir <-s, -e> *m* émir *m*

Emirat <-[e]s, -e> *nt* émirat *m*

► **die Vereinigten Arabischen** ~**e** les Émirats *mpl* arabes unis

Emission <-, -en> *f* **1.** ÖKO émission *f*

2. (*Ausgabe*) [*Wertpapier*] émission *f*

3. (*Wertpapier*) valeur *f*

Emissionskurs *m* taux *m* d'émission

Emmentaler <-s, -> *m* emmenthal *m*

Emoticon <-s, -s> [ɪ'moʊtɪkən] *nt* INFORM souriant *m*

Emotion <-, -en> *f* émotion *f*

emotional I. *adj* émotif(-ive); *Reaktion a.* émotionnel(le)

II. *adv* de façon émotionnelle, émotivement

emotionell *adj s.* **emotional**

emotionsgeladen *adj* chargé(e) d'émotion

emotionslos *adj* qui n'éprouve aucune émotion; ■ **jd ist** ~ qn n'éprouve aucune émotion

empfahl *imp von* **empfehlen**

empfand *imp von* **empfinden**

Empfang <-[e]s, -̈e> *m* **1.** (*das Entgegennehmen*) réception *f*

2. TV, RADIO réception *f*

3. [*Hotel*] réception *f*

4. (*Begrüßung*) accueil *m*

► **zahlbar nach/bei** ~ payable après/à réception; **jd gibt** [*o* **veranstaltet**] **einen** ~ qn donne une réception; **jd nimmt jdn in** ~ qn accueille qn; **jd nimmt etw in** ~ qn réceptionne qc; **jd schaltet etw auf** ~ qn met qc sur la position d'écoute

empfangen <empfängt, empfing, empfangen> *vt* **1.** (*begrüßen*) ■ **jd/etw empfängt jdn** qn/qc accueille qn; ■ **jd empfängt jdn mit etw** qn accueille qn par qc

2. TV, RADIO ■ **jd/etw empfängt etw** qn/qc capte qc, qn/qc reçoit qc; ■ **etw lässt sich ...** ~ *gut, schlecht, schwer* on capte [*o* reçoit] ... qc

3. *geh* (*schwanger werden*) ■ **eine Frau empfängt ein Kind** une femme conçoit un enfant

Empfänger <-s, -> *m* RADIO, TV *form* récepteur *m*

Empfänger(in) <-s, -> *m(f)* **1.** COM, POST destinataire *mf*

2. FIN [*Zahlung, Überweisung*] bénéficiaire *mf;* [*Sozialhilfe a.*] allocataire *mf*

3. MED receveur(-euse) *m(f)*

► ~ **unbekannt** destinataire *m* inconnu; ~ **verzogen** n'habite pas/plus à l'adresse indiquée

-empfänger(in) *m(f) form BAföG-, Spenden-, Versorgungs-* bénéficiaire *mf* du/de la/des; *Organ-* receveur(-euse) *m(f)* de; *Sozialhilfe-* allocataire *mf* du/de la

Empfängerabschnitt *m* reçu *m* de versement

empfänglich *adj* **1.** (*zugänglich*) ■ [**jd ist**] **für etw** ~ *für Liebkosungen, Schmeicheleien* [qn est] sensible à qc; *für Ratschläge* [qn est] réceptif(-ive) à qc; *für Bestechungsversuche* [qn est] accessible à qc

2. (*anfällig*) ■ **jd ist für etw** ~ *für Erkrankung, Infektion* qn est sensible [*o* réceptif(-ive)] à qc

Empfängnis <-> *f* Ø conception *f*

► **die Unbefleckte** ~ [**Mariä** [*o* **Mariens**]] l'Immaculée Conception *f;* **etw verhütet die** ~ qc évite une conception

empfängnisverhütend I. *adj* contraceptif(-ive); *Pille a.* anticonceptionnel(le); ~ ***es Mittel*** [moyen *m*] contraceptif *m* **II.** *adv:* ***etw wirkt*** ~ qc a une action contraceptive **Empfängnisverhütung** *f* contraception *f*

empfangsberechtigt *adj* mandaté(e) **Empfangsberechtigte(r)** *f(m) decl wie adj* mandataire *mf* **Empfangsbestätigung** *f* accusé *m* de réception, récépissé *m* **Empfangschef(in)** [-ʃɛf] *m(f)* chef *m* de la réception, réceptionnaire *mf* **Empfangsdame** *f* réceptionnaire *f* **Empfangsgerät** *nt form* récepteur *m* **Empfangsschüssel** *f* parabole *f* de réception **Empfangszimmer** *nt* salon *m* [de réception]

empfängt *3. pers pres von* **empfangen**

empfehlen <empfiehlt, empfahl, empfohlen> **I.** *vt* **1.** (*vorschlagen*) ■ **jd empfiehlt** [**jdm**] **etw** qn recommande qc [à qn]; *Medikament a.* qn préconise qc; ■ **jd empfiehlt jdm jdn** [**als etw**] qn recommande qn à qn [comme qc]; ■ **jd empfiehlt** [**jdm**] **etw zu tun** qn recommande [*o* conseille] [à qn] de faire qc

2. *veraltend geh* (*anvertrauen*) ■ **jd empfiehlt jdn jdm/einer S.** *jds Obhut, Schutz* qn confie qn à qn/qc; ***ich empfehle meine Seele Gott*** je recommande mon âme à Dieu

► **etw ist zu** ~ qc est à conseiller [*o* recommander]; ~ **Sie mich/uns ...!** *form* saluez de ma/notre part ...!; ***empfehlen Sie mich Ihrer werten Gattin!*** présentez mes/nos hommages à madame votre épouse!

II. *vr impers* (*angeraten sein*) ■ **es empfiehlt sich etw zu tun** il est recommandé [*o* indiqué] de faire qc

III. *vr* **1.** (*sich anempfehlen*) ■ **jd empfiehlt sich** [**jdm**] **als etw** qn se recommande [à qn] comme qc

2. *hum* (*sich verabschieden*) ■ **jd empfiehlt sich** qn tire sa révérence

empfehlenswert *adj* **1.** (*gut*) *Lokal, Hotel* recommandé(e), conseillé(e); *Ausstellung* à voir

2. (*ratsam*) recommandé(e), à conseiller; ■ **etw ist** ~ qc est recommandé(e) [*o* conseillé(e)]; ■ **etw ist** ~**er** qc est préférable

Empfehlung <-, -en> *f* recommandation *f*

► **mit den besten** ~**en** *form:* ***... verbleibe ich mit den besten*** ~***en, Ihr(e)*** ... ... avec mes sentiments les plus dévoués ...; **meine/unsere** ~ **an ...!** *form* mes/nos hommages à ...!; **auf** ~ **von jdm, auf jds** ~ (*akk*) sur recommandation de qn

Empfehlungsschreiben *nt* lettre *f* de recommandation

empfiehlt *3. pers pres von* **empfehlen**

empfinden <empfand, empfunden> *vt* **1.** (*fühlen*) ■ **jd empfindet etw** [**bei etw**] *Gefühl, Schmerzen* qn éprouve qc [lors de qc]; *Lust, Befriedigung a.* qn ressent qc [lors de qc]; *Hunger, Entbehrungen* qn connaît [*o* ressent] qc [lors de qc]; ***sie hat noch nie Hunger empfunden*** elle n'a jamais connu [*o* ressenti] la faim

2. (*auffassen*) ■ **jd empfindet jdn/etw als etw** qn ressent qn/qc comme qc

3. (*Gefühle haben*) ■ **jd empfindet etw für jdn** qn éprouve [*o* ressent] qc pour qn

Empfinden <-s> *nt* Ø flair *m*

► **jds** ~ **nach, für jds** ~ au sens de qn; ***meinem*** ~ ***nach*** à mon sens

empfindlich I. *adj* **1.** (*leicht reizbar*) *Mensch* susceptible; ■ **jd ist** [**in etw** (*dat*)] ~ qn est susceptible [*o* chatouilleux(-euse)] [sur qc]

2. (*leicht zu beschädigen*) *Material, Stoff, Keramik* fragile; ■ **etw ist gegen etw** ~ *gegen Scheuern, Kratzer* qc craint qc

3. (*anfällig*) ■ **jd ist gegen etw** ~ qn est sujet(te) [*o* sensible] à qc

4. HORT fragile, délicat(e)

5. (*spürbar*) *Kälte* vif(vive); *Verlust* sensible, sévère; *Strafe, Niederlage* sévère; *Mangel* conséquent(e), appréciable

6. TECH (*fein anzeigend*) sensible

► **hoch** ~ TECH très sensible; PHOT ultrasensible; *Material, Stoff, Teppich* très fragile

II. *adv* **1.** (*hart*): ***diese Kritik hat ihn*** ~ ***getroffen*** cette critique l'a touché au vif

2. (*unangenehm*): ***es ist*** ~ ***kalt*** il fait un froid saisissant

► **jd reagiert** ~ [**auf etw** (*akk*)] qn réagit vivement [à qc], qn se formalise [de qc]; ***du musst nicht so*** ~ ***reagieren*** ne prends pas la mouche comme ça!

-empfindlich sensible au/à la; ***schmutz***~ salissant(e)

Empfindlichkeit <-, -en> *f* **1.** (*Reizbarkeit*) susceptibilité *f*

2. *meist pl* (*Gefühlsbeschaffenheit*) susceptibilités *fpl*

3. Ø (*empfindliche Beschaffenheit*) fragilité *f*

4. Ø MED réceptivité *f*, sensibilité *f* (*gegen etw* à qc)

5. Ø PHOT sensibilité *f*

6. Ø TECH sensibilité *f*

empfindsam *adj* sensible

Empfindung <-, -en> *f* **1.** (*Gefühlsregung*) sentiment *m*

2. (*Wahrnehmung*) sensation *f*

3. (*Ahnung*) intuition *f*, pressentiment *m*

empfindungslos *adj* insensible

empfing *imp von* **empfangen**

empfohlen I. *pp von* empfehlen

II. *adj* ► **sehr** [*o* **besonders**] ~ particulièrement recommandé(e)

empfunden *pp von* **empfinden**
Emphase <-, -n> *f geh* emphase *f*
emphatisch I. *adj geh* emphatique
II. *adv geh* avec emphase
Empire[1] <-[s]> [ɑ̃'piːɐ, ɑ̃'piːr] *nt* ∅ ART style *m* Empire
▸ **in** ~ de style Empire; ***sie sind ganz in ~ eingerichtet*** ils sont meublés en style Empire
Empire[2] <-[s]> ['ɛmpaiə] *nt* ∅ (*das britische Weltreich*) ■ **das** ~ l'Empire *m* [britannique]
empirisch *adj geh* empirique
empor *adv geh* en [*o* vers le] haut
empor|arbeiten *vr geh* ■ **jd arbeitet sich empor** qn fait son chemin à force de travail, qn se hisse à la force du poignet; ■ **jd arbeitet sich zu etw empor** qn parvient par son travail à devenir qc, qn se hisse par son travail au rang de qc **empor|blicken** *vi* ■ **jd blickt [zu jdm/etw] empor** qn lève les yeux [vers qn/qc]
Empore <-, -n> *f* tribune *f*, galerie *f*
empören * I. *vt* ■ **etw empört jdn** qc indigne qn, qc révolte qn
II. *vr* 1. (*sich entrüsten*) ■ **jd empört sich [über jdn/etw]** qn s'indigne [contre qn/de qc]
2. (*rebellieren*) ■ **jd empört sich [gegen jdn/etw]** qn se révolte [*o* se rebeller] [contre qn/qc]
empörend *adj* révoltant(e)
▸ **jd findet etw** ~ qn trouve qc révoltant(e); **jd findet es ~, dass/wie** qn trouve révoltant que + *subj*/qn est révolté(e) de voir comment
empor|heben *vt irreg geh* ■ **jd hebt jdn/etw [zu jdm/etw] empor** qn lève qn/qc [en direction de [*o* vers] qn/qc] **empor|kommen** *vi irreg + sein geh* 1. (*vorankommen*) ■ **jd kommt empor** qn fait son chemin; ***wer im Beruf ~ will, muss …*** celui qui veut réussir professionnellement doit …
2. (*an die Oberfläche kommen*) ■ **etw kommt empor** /*Leiche, versenkter Gegenstand*/ qc remonte [à la surface]; ***etw kommt wieder an die Oberfläche empor*** qc remonte à la surface, qc refait surface 3. (*aufstehen können*) ■ **jd kommt empor** qn arrive à se relever
Emporkömmling <-s, -e> *m pej* parvenu(e) *m(f)*
empor|lodern *vi + sein o haben geh* ■ **etw lodert empor** /*Feuer*/ qc s'élève en flamboyant; /*Flammen*/ qc s'élève **empor|ragen** *vi + haben o sein geh* ■ **etw ragt [über etw** (*akk*)**] empor** qc se dresse [au dessus de qc] **empor|steigen** *irreg* I. *vi + sein geh* 1. (*hochkommen*) ■ **etw steigt in jdm empor** /*Angst, Bedenken, Zweifel*/ qc monte en qn 2. (*aufsteigen*) ■ **etw steigt empor** /*Rauch, Gebete*/ qc s'élève, qc monte; /*Nebel*/ qc se lève II. *vt + sein geh* ■ **jd steigt etw empor** *Stufen, Treppe* qn monte qc, qn gravit qc
empört I. *adj* indigné(e); ■ **jd ist [über jdn/etw]** ~ qn est indigné(e) [contre qn/de qc]
II. *adv* avec indignation
Empörung <-, -en> *f* 1. ∅ (*Entrüstung*) indignation *f*; ■ **jds ~ über jdn/etw** l'indignation de qn contre qn/à propos de qc
2. (*Rebellion*) révolte *f*, rébellion *f*; ■ **jds ~ gegen jdn/etw** la révolte [*o* la rébellion] de qn contre qn/qc
▸ **jd gerät [über etw** (*akk*)**] in** ~ qn s'insurge [contre qc]; **aus** ~ d'indignation; **voller** [*o* **mit**] ~ avec indignation, révolté(e)
empor|ziehen *vt irreg geh* ■ **jd zieht jdn/etw empor** qn monte qn/qc, qn hisse qn/qc
emsig I. *adj Arbeiter* travailleur(-euse), actif(-ive); *Ameise, Eichhörnchen a.* laborieux(-euse); *Tätigkeit* intense; *Fleiß* assidu(e), ardent(e)
II. *adv arbeiten, bauen* avec ardeur; *lernen, studieren* assidûment, avec assiduité; *sammeln* infatigablement
Emsigkeit <-> *f* ∅ ardeur *f* au travail
Emu <-s, -s> *m* émeu *m*
emulgieren * *vt* ■ **jd emulgiert etw [in etw** (*dat*)**]** qn émulsionne [*o* émulsifie] qc [dans qc]
Emulsion <-, -en> *f* émulsion *f*
E-Musik *f* musique *f* classique
en bloc [ɑ̃'blɔk] *adv* en bloc
End- 1. (*endgültig*) *-bescheid* définitif(-ive); *-montage, -produkt, -wertung* final(e) 2. (*Mensch Ende …*) *-dreißiger, -vierziger etc:* ***er ist ein ~dreißiger*** il est proche de la quarantaine **Endabrechnung** *f* compte *m* définitif, facture *f* définitive **Endalarm** *m* CH fin *f* d'alerte **Endbahnhof** *m* terminus *m* **Endbetrag** *m* montant *m* définitif
Ende <-s, -n> *nt* 1. (*Ergebnis*) [*Konferenz, Streit*] fin *f*; [*Prozess a.*] terme *m*; [*Verhandlung a.*] issue *f*; [*Projekt*] aboutissement *m*
2. CINE, LITER fin *f*
3. (*endende Stelle*) bout *m*, extrémité *f*; ■ **das … ~ einer S.** (*gen*) *eine, hintere, obere, richtige, falsche, verkehrte* l'extrémité *f* [*o* le bout] … de qc
4. (*Stückchen*) bout *m*; ***ein ~ Draht*** un bout de fil de fer
5. (*Strecke*) bout *m* de chemin; ***ein ganzes ~ [Weges]*** un bon bout de chemin
6. (*bei Datumsangaben*) ■ **~ einer S.** (*gen*) *der Woche, des Monats, Jahres* à la fin de qc; ***~ Januar/der Woche*** fin janvier/à la fin de la semaine; ***vor ~ Januar/des Jahres*** avant la fin janvier/avant la fin de l'année
7. (*bei Altersangaben*): ***jd ist ~ zwanzig*** qn approche de la trentaine, qn a presque trente ans
8. *euph geh* (*Tod*) fin *f*
9. JAGD (*Geweih~*) époi *m*; ***ein Hirsch mit zehn ~n*** un cerf à dix cors
▸ **das ~ der Fahnenstange** *fam* l'extrême limite *f*, le grand maximum; **das ~ vom Lied** *fam* le résultat des courses; ***oft sind Tränen das ~ vom Lied*** ça se termine souvent par des pleurs; **ein ~ mit Schrecken** *fam* une fin effroyable; **lieber ein ~ mit Schrecken als ein Schrecken ohne** ~ *prov* mieux vaut une fin effroyable qu'une frayeur sans fin; **das ~ der Welt** la fin du monde; **am ~ der Welt** *fam* au bout du monde, au diable [vauvert] *fam*; **etw nimmt ein böses** ~ qc finit [*o* se termine] mal; **das dicke** ~ *fam* le pire; ***das dicke ~ kommt noch*** le pire est encore à venir, dans la queue [gît] le venin; **~ gut, alles gut** *prov* tout est bien qui finit bien; **jd bringt** [*o* **führt**] **etw zu einem guten** ~ qn mène qc à bien [*o* à bonne fin], qn fait aboutir qc; **letzten ~s** finalement, au bout du compte; **etw findet** [*o* **nimmt**] **kein rühmliches** ~ qc trouve une issue peu glorieuse; **bis an sein seliges ~, bis zu seinem seligen** ~ jusqu'à la fin de ses jours; **jd findet ein unrühmliches** ~ qn a une fin peu glorieuse; **ein ~ ist noch nicht abzusehen** une issue n'est pas encore en vue; **jd bringt** [*o* **führt**] **etw zu** ~ *Arbeit, Angelegenheit, Projekt etc* qn mène qc à son terme, qn achève qc; ***ich werde das erfolgreich zu ~ bringen*** je mènerai cela à bien; **jd findet bei** [*o* **mit**] **etw kein** ~ *fam* qn n'en finit pas de faire qc; **etw geht dem/seinem ~ zu** qc touche à sa fin, qc arrive à son terme; **alles geht mal zu** ~ /*Unangenehmes*/ tout a une fin; **etw geht zu** ~ /*Vorräte*/ qc s'épuise; /*Urlaub, Vertrag*/ qc se termine, qc s'achève; ***jds Geld geht zu ~*** qn n'a plus d'argent; **es geht [mit jdm] zu** ~ la fin [de qn] est proche; **damit muss es jetzt ein ~ haben** il faut que cela cesse; **alles hat ein ~[, nur die Wurst hat zwei** *fam*] tout a une fin; **jd ist am** ~ *fam* (*hat nichts mehr*) qn est raide [comme un passe-lacet] *fam*; (*ist erledigt*) qn est vidé(e) *fam*, qn est au bout du rouleau; **jd ist mit etw am** ~ qn est à bout de qc; **jd ist mit etw zu** ~ qn a terminé qc; **etw ist zu** ~ qc est terminé(e); **jd macht** [*o* **bereitet**] **einer S.** (*dat*) **ein** ~ qn met un terme [*o* met fin] à qc; **etw nimmt ein/kein** ~ *fam* qc se termine/n'en finit pas; **am** ~ *fam* (*schließlich*) en fin de compte, au bout du compte; (*etwa*) des fois *fam*; ***bist du am ~ schwanger?*** tu ne serais pas enceinte, par hasard?, tu serais pas enceinte, des fois? *fam*; **ans** ~ au bout; ***er stellt sich ganz ans ~ der Schlange*** il se met au bout de la file, il prend la queue de la file; **ohne** ~ (*nicht endend*) *Qual* interminable; *Hunger, Durst* continuel(le); *fam* (*enorm viel*) drôlement *fam*, vachement *fam*; ***ich habe Fehler ohne ~ gefunden*** *fam* j'ai trouvé des fautes en pagaille *fam*; **zu** ~: ***jd liest/schreibt etw zu ~*** qn termine qc
Endeffekt *m* ■ **der ~ einer S.** (*gen*) le résultat de qc
▸ **im** ~ *fam* en fin de compte
Endemarke *f* INFORM marque *f* de fin
Endemie <-, -n> [-'miːən] *f* endémie *f*
enden *vi* 1. + *haben* (*sein Ende haben*) ■ **etw endet irgendwo** /*Rock, Leitung*/ qc s'arrête quelque part
2. + *haben* (*auslaufen*) ■ **etw endet irgendwann** /*Frist, Ultimatum*/ qc expire à un certain moment; /*Jahr*/ qc se termine [*o* finit] à un certain moment
3. + *haben* (*nicht mehr weiterlaufen*) ■ **etw endet irgendwo** /*Straße, Weg*/ qc s'arrête [*o* finit] quelque part
4. + *haben* TRANSP ■ **etw endet irgendwo** /*Bus, U-Bahn*/ qc ne va pas plus loin que quelque part, qc s'arrête quelque part; ***die Bahn endet hier!*** terminus [du train]!
5. + *haben* LING ■ **etw endet auf etw** (*akk*) [*o* **mit etw**] qc se termine [*o* finit] par qc
6. + *sein fam* (*landen*) ■ **jd endet irgendwo** *in der Gosse, im Gefängnis* qn finit quelque part; ***jd endet im Gefängnis*** qn finit en prison
7. + *haben* (*zu etw führen*) ■ **etw endet in etw** (*dat*)**/irgendwo** *in einem Streit, vor Gericht* qc se termine par qc/quelque part
▸ **das wird böse** ~! ça va mal finir [*o* se terminer]!; **jd wird schlimm** ~ qn finira mal; **nicht ~ wollend** *Ärger, Klagen* à n'en plus finir, interminable; *schlechtes Wetter, Regen* qui n'en finit pas; **es endet damit, dass** cela finit que + *indic fam*; ***es endete damit, dass dann doch alles beim Alten blieb*** finalement, tout est resté comme avant; **wie soll/wird es mit jdm noch mal** ~? comment ça finira [*o* comment les choses vont tourner] [pour qn]?
-ender <-s, -> *m*: ***ein Vierzehn~*** un cerf à quatorze cors
Endergebnis *nt* résultat *m* définitif ▸ **im** ~ au bout du compte, en fin de compte **Endgehalt** *nt* traitement *m* de fin de carrière **Endgerät** *nt* périphérique *m* **Endgeschwindigkeit** *f* vitesse *f* maximale **endgültig** I. *adj* définitif(-ive) II. *adv* définitivement, un fois pour toutes ▸ **das ist ~ aus** [*o* **vorbei**] c'est définitivement terminé **Endgültigkeit** <-> *f* ∅ caractère *m* définitif, irrévocabilité *f* **Endhaltestelle** *f* terminus *m*
Endivie <-, -n> [-viə] *f* chicorée *f*
Endkampf *m* finale *f* **Endkontrolle** *f* contrôle *m* final, dernier contrôle *m* **Endlager** *nt* lieu *m* de stockage définitif **end|lagern** *vt* ■ **jd endlagert etw [irgendwo]** qn stocke qc définitivement [quelque part] **Endlagerung** *f* stockage *m* définitif
endlich I. *adv* 1. (*nunmehr*) à la fin, enfin; ***lass mich ~ in Ruhe!*** laisse-moi tranquille à la fin!; ***komm doch*** ~! mais viens donc [à la fin]!
2. (*schließlich*) enfin, finalement; ***nach zwei Jahren bekamen wir ~ den Bescheid*** au bout de deux ans, nous avons enfin obtenu une réponse
▸ **na** ~! ah, enfin!, c'est pas trop tôt! *fam*
II. *adj* ASTRON, MATH, PHILOS fini(e)
endlos I. *adj* 1. (*lange dauernd*) *Ärger, Streitereien* sans fin, qui n'en finit pas, interminable
2. (*sehr lang*) *Kolonne, Warteschlange* interminable
3. (*unbegrenzt*) *Weite* infini()e; *Wüste* interminable, sans fin
II. *adv* (*unerhört lange*) indéfiniment, une éternité; ***das dauert ja ~ [lange]*** ça dure une éternité
Endlospapier *nt* papier *m* en continu
Endlösung *f* NS ■ **die** ~ la solution finale **Endmoräne** *f* moraine *f* terminale
Endo- endo…
endogen *adj* endogène
Endorphin <-s, -e> *nt meist pl* endorphine *f*
Endoskop <-s, -e> *nt* endoscope *m*
Endphase *f* [*Projekt, Meisterschaft*] phase *f* finale; [*Krankheit*] phase *f* ter-

minale, stade *m* terminal ▶ **etw befindet sich in der/seiner** ~ qc se trouve dans la/sa phase finale; **etw tritt in die/seine** ~ qc entre dans la/sa phase finale **Endpreis** *m* prix *m* définitif **Endprodukt** *nt* produit *m* final **Endpunkt** *m* **1.** (*Wanderung*) point *m* d'arrivée **2.** (*Endhaltestelle*) terminus *m* **Endreim** *m* rime *f* finale **Endresultat** *nt* résultat *m* définitif [*o* final] **Endrunde** *f* finale *f* ▶ **jd kommt in die** ~ qn arrive en finale, qn accède à la finale **Endsieg** *m* NS ■ **der** ~ la victoire finale **Endsilbe** *f* syllabe *f* finale **Endspiel** *nt* finale *f* ▶ **jd erreicht das** ~, **jd kommt ins** ~ qn arrive en finale, qn accède à la finale **Endspurt** *m* sprint *m* ▶ **jd setzt zum** ~ **an** qn entame [*o* lance] le sprint **Endstadium** *nt* (*Krankheit*) stade *m* terminal, phase *f* terminale ▶ ... **im** ~ ... au stade terminal, ... en phase terminale **Endstation** *f* **1.** TRANSP terminus *m* **2.** (*letztliche Bestimmung*) dernière station *f*, fin *f* du voyage **Endsumme** *f* somme *f* totale, total *m*

Endung <-, -en> *f* terminaison *f*

Endurteil *nt* jugement *m* définitif **Endverbraucher(in)** *m(f)* consommateur final/consommatrice finale *m/f* **Endzeit** *f* fin *f* des temps **endzeitlich** *adj attr* annonçant la fin des temps, eschatologique; ***eine ~e Stimmung*** une atmosphère de fin du monde **Endzeitstimmung** *f* atmosphère *f* [*o* climat *m*] de fin du monde; ***ich befinde mich in einer richtigen*** ~ j'ai l'impression que tout est en train de s'effondrer autour de moi **Endziel** *nt* (*Reise, Wanderung*) destination *f* finale; (*Bestrebungen, Aktivitäten*) objectif *m* final **Endziffer** *f* dernier *m* chiffre, unité *f* **Endzustand** *m* résultat *m* final, état *m* définitif ▶ **im** ~ une fois terminé(e)

Energie <-, -n> [-ˈgiːən] *f* **1.** PHYS énergie *f*
2. (*Tatkraft*) énergie *f*, dynamisme *m*
▶ **kriminelle** ~ énergie *f* [*o* détermination *f*] criminelle; **jd hat** ... ~ qn est ... dynamique; ***jd hat viel/wenig/keine*** ~ qn est très/peu dynamique/n'est pas dynamique; **jd tut etw mit aller** [*o* **ganzer**] ~ qn fait qc avec toute son énergie [*o* de toutes ses forces]

-energie *f*: ***Strahlungs~*** énergie *f* rayonnée; ***Wellen~*** énergie *f* marémotrice; ***Wind~*** énergie *f* éolienne

Energiebedarf *m* besoins *mpl* énergétiques [*o* en énergie] **Energiehaushalt** *m* bilan *m* énergétique **Energiekrise** *f* crise *f* de l'énergie **Energiepolitik** *f* politique *f* énergétique [*o* en matière d'énergie] **Energiequelle** *f* source *f* d'énergie **Energiesparen** *nt* économies *fpl* d'énergie **energiesparend** *adj* qui consomme peu d'énergie, à faible consommation d'énergie; ■ **etw ist** ~ qc consomme peu d'énergie **Energiesparlampe** *f* ampoule *f* à faible consommation [d'énergie] **Energieträger** *m* source *f* d'énergie **Energieverbrauch** *m* consommation *f* d'énergie **Energieversorgung** *f* approvisionnement *m* [*o* alimentation *f*] en énergie **Energievorrat** *m* stocks *mpl* en matières énergétiques **Energiewirtschaft** *f* secteur *m* de l'énergie

energisch I. *adj* énergique
II. *adv* énergiquement; ***sie machte ~ ihre Meinung klar*** elle a mis les points sur les i

Enfant terrible <- -, -s -s> [ãfãtɛˈribl] *nt geh* enfant *m* terrible

eng I. *adj* **1.** (*schmal*) *Tor, Straße, Kurve, Becken* étroit(e); ***die Altstadt ist ein ~es Nadelöhr*** la vieille ville est un goulot d'étranglement
2. (*beengt*) exigu(ë); ■ **bei jdm ist es** ~ c'est exigu chez qn
3. COUT (*knapp sitzend*) étroit(e), serré(e), étriqué(e); ■ **etw ist [jdm] zu** ~ qc serre trop [qn], qc [lui] est trop juste
4. (*beschränkt*) *Horizont* limité(e); *Sichtweise, Moralbegriff* étroit(e)
5. *Pflanzung* rapproché(e); *Masche* serré(e), étroit(e)
6. (*intim*) *Beziehung, Freundschaft* étroit(e)
7. (*eingeschränkt*) *Grenzen* étroit(e), restreint(e); *Rahmen, Sinn* strict(e); *Verwandtschaft* proche; ***er feiert seinen Geburtstag im ~sten Kreis*** il fête son anniversaire dans l'intimité; ***er kam in die ~ere Wahl*** il a subi avec succès la sélection; ***der Markt ist ~ geworden*** le marché s'est rétréci
▶ **es wird** ~ *fam* ça devient difficile; **es wird** ~ **für jdn** *fam* qn a du mal à joindre les deux bouts
II. *adv* **1.** (*knapp*): ~ ***anliegend*** collant(e), moulant(e); ***der Pullover liegt ~ an*** le pull-over moule [*o* est moulant]; ***deine Hose sitzt so*** ~ ton pantalon te boudine [*o* te moule]
2. (*dicht*) *beschreiben* d'une écriture serrée; ~ ***bedruckt*** imprimé(e) serré; ~ ***beschrieben*** écrit(e) serré; ***sie sitzen ~ nebeneinander*** ils/elles sont serré(e)s l'un(e) contre l'autre; ***sie tanzen sehr*** ~ ils dansent étroitement enlacés
3. (*intim*) *liiert* étroitement; ~ ***befreundet*** étroitement [*o* intimement] lié(e); ***jd ist mit jdm ~ befreundet*** qn a des liens d'amitié étroits avec qn
▶ **jd ist** ~ **gebaut** qn est étroit(e); **jd macht [jdm] etw ~er** COUT qn rétrécit qc [à qn]; **jd sieht etw** ~ *fam* qn est à cheval sur qc; **jd sieht etw nicht so** ~ *fam* qn n'est pas trop pointilleux(-euse) sur qc; ***man soll das nicht so ~ sehen*** il ne faut pas être plus royaliste que le roi; **sie stehen** ~ [**nebeneinander/beisammen**] ils/elles sont étroitement serré(e)s; ***die Blumen stehen zu ~ beisammen*** les fleurs sont trop serrées

Engagement <-s, -s> [ãgaʒəˈmãː] *nt* **1.** *geh* (*Eintreten*) ■ **jds** ~ **für jdn/etw** l'engagement de qn pour qn/qc *m*
2. THEAT engagement *m*

engagieren * [ãgaˈʒiːrən] I. *vt* ■ **jd engagiert jdn** [**für etw/als etw**] *Leibwächter, Nachhilfelehrer* qn engage [*o* embauche] qn [pour faire qc/comme qc]; MUS, THEAT qn engage qn [pour faire qc/dans le rôle de qc]
II. *vr* ■ **jd engagiert sich** [**für jdn/etw**] qn s'engage [pour [*o* en faveur de] qn/qc]; ■ **jd engagiert sich dafür, dass** qn s'engage pour que + *subj*

engagiert [ãgaˈʒiːɐt] *adj geh* engagé(e); ■ **jd ist ... engagiert** qn est ... engagé(e); ***jd ist politisch*** ~ qn est engagé(e) politiquement

enganliegend *s.* **eng II.1.** **engbedruckt** *s.* **eng II.2.** **engbefreundet** *s.* **eng II.3.** **engbeschrieben** *s.* **eng II.2.**

Enge <-, -n> *f* ∅ **1.** (*Schmalheit*) étroitesse *f*
2. ∅ (*räumlich*) exiguïté *f*; (*geistig*) étroitesse *f*; (*zeitlich*) brièveté *f* [extrême]
▶ **jd treibt jdn in die** ~ qn met qn au pied du mur

Engel <-s, -> *m* ange *m*
▶ **jd hört die** ~ **im Himmel singen** *fam* qn en voit trente-six chandelles; **ein gefallener** ~ un ange déchu; **ein rettender/guter** ~ un ange gardien/un bon ange; **jd ist ein** ~ *fam* qn est un ange [*o* un chou]; **jd ist [auch] nicht gerade ein** ~ *fam* qn n'est pas un saint/une sainte

Engelmacher(in) *m(f) euph fam* avorteur(-euse) *m(f)*; ***sie ist eine ~in*** c'est une faiseuse d'anges

Engel[s]geduld *f* patience *f* d'ange [*o* angélique] ▶ **jd hat** [*o* **zeigt**] **eine** [**wahre**] ~ qn fait preuve d'une patience d'ange [*o* angélique] **Engel[s]zungen** *pl* ▶ [**wie**] **mit** ~ en étant tout miel, sur un ton enjôleur

Engerling <-s, -e> *m* ver *m* blanc

engherzig *adj* mesquin(e), étroit(e); ■ **jd ist** [**in etw** (*dat*)] ~ qn est mesquin(e) [en ce qui concerne qc] **Engherzigkeit** <-> *f* ∅ mesquinerie *f*

engl. *adj abk von* **englisch** angl.

England *nt* l'Angleterre *f*

Engländer <-s, -> *m* (*Werkzeug*) clé *f* anglaise

Engländer(in) <-s, -> *m(f)* Anglais(e) *m(f)*

englisch *adj* anglais(e)

Englisch *nt decl wie adj* anglais *m*; ***er spricht/lernt*** ~ il parle anglais/apprend l'anglais; ***ihr ~ ist recht dürftig*** son anglais est vraiment médiocre;
■ **das ~e** l'anglais *m*
■ ~ **auf** ~ en anglais; **in** ~ (*im Schulfach*) en anglais

engmaschig *adj* **1.** *Netz* à mailles serrées
2. *Spionagenetz, Überwachungsnetz* très dense, très serré(e)
▶ **jd strickt** [**etw**] ~ qn tricote [qc] serré

Engpass[RR] *m* **1.** GEOG défilé *m*
2. (*Fahrbahnverengung*) rétrécissement *m*
3. ECON goulot *m* d'étranglement

-engpass[RR] *m Liefer-, Versorgungs-, Produktions-* difficultés *fpl* de; *Liquiditäts-* resserrement *m* de, difficultés *fpl* de; ***Energie~*** difficultés *fpl* d'approvisionnement en énergie

en gros [ãˈgro] *adv* en gros

engstirnig I. *adj pej Mensch* borné(e), étroit(e) d'esprit; *Art, Entscheidung* étroit(e); ■ **es ist** ~ **etw zu tun** c'est faire preuve d'étroitesse d'esprit que de faire qc
II. *adv pej*: ***jd denkt*** ~ qn fait preuve d'étroitesse d'esprit; ***jd handelt*** ~ qn ne voit pas plus loin que le bout de son nez, qn agit à courte vue

Enjambement <-s, -s> [ãʒãbəˈmãː] *nt* enjambement *m*

Enkel(in) <-s, -> *m(f)* **1.** (*Kind des Kindes*) petit-fils/petite-fille *m/f*; ***die*** ~ les petits-enfants *mpl*
2. (*später Nachfahr*) descendant(e) *m(f)*
▶ **politischer** ~ héritier(-ière) *m(f)* politique

Enkelkind *nt* (*Enkelsohn*) petit-fils *m*; (*Enkeltochter*) petite-fille *f*; ■ **die ~er** les petits-enfants *mpl* **Enkelsohn** *m geh* petit-fils *m* **Enkeltochter** *f geh* petite-fille *f*

Enklave <-, -n> [-və] *f* enclave *f*

en masse [ãˈmas] *adv fam* en masse; *fam* en quantité; ***Kartoffeln gab es*** ~ il y avait des pommes de terre en masse [*o* à la pelle] *fam*

enorm I. *adj* **1.** (*groß*) *Belastung* énorme; *Hitze, Kälte* terrible; *Kraft, Geschwindigkeit* inouï(e); *Gehalt* fabuleux(-euse); *Summe* colossal(e), exorbitant(e)
2. *pred fam* (*toll*) super *fam*
II. *adv fam stark, glücklich, günstig, praktisch* drôlement *fam*, vachement *fam*
▶ ~ **viel** énormément, vachement *fam*; ***das ist aber ~ viel*** ça fait énormément

en passant [ãpaˈsãː] *adv* en passant; *erwähnen, sagen a.* incidemment

Enquete <-, -n> [ãˈkeːt(ə), ãˈkɛːt(ə)] *f* AUS *form* séance *f* [*o* réunion *f*] de travail

Enquetekommission [ãˈkeːt(ə)-, ãˈkɛːt(ə)-] *f* commission *f* parlementaire

Ensemble <-s, -s> [ãˈsãbl] *nt* **1.** THEAT troupe *f*; MUS ensemble *m*
2. *geh* (*Gruppe von Dingen*) ensemble *m*

entarten * *vi + sein* **1.** (*verkommen*) ■ **etw entartet** [**zu etw**] qc dégénère [en qc]
2. MED ■ **etw entartet** [**irgendwie/zu etw**] qc dégénère [d'une certaine manière/en qc]

entäußern * *vr geh* ■ **jd entäußert sich einer S.** (*gen*) qn se défait de qc

entbehren * I. *vt* **1.** (*ohne auskommen*) ■ **jd kann jdn/etw** ~ qn peut se passer de qn/qc; ***ich kann im Moment keine einzige Mark*** ~ j'ai besoin de tous mes sous en ce moment
2. *geh* (*vermissen*) ■ **jd entbehrt jdn/etw** qn est privé(e) de qn/qc
3. (*überflüssig sein*) ■ **etw ist/ist nicht zu** ~ qc n'est pas/est indispensable
II. *vi geh* **1.** (*Not leiden*) ■ **jd entbehrt** qn subit [*o* connaît] des privations
2. (*ohne etw sein*) ■ **etw entbehrt einer S.** (*gen*) qc est dépourvu(e) [*o* dénué(e)] de qc

entbehrlich *adj* superflu(e), non indispensable; ■ **etw ist** ~ qc n'est pas indispensable

Entbehrung <-, -en> *f meist pl* privation *f*
▶ **jd nimmt ~en auf sich** (*akk*) qn supporte [*o* endure] des privations

entbehrungsreich *adj geh* de vaches maigres, de grande[s] privation[s]; ***er kannte ~e Jahre*** il a connu des années de vaches maigres, il a mangé de la vache enragée

entbieten * *vt irreg form* ■ **jd entbietet [jdm] etw** *Willkommen* qn souhaite qc [à qn]; *Willkommensgrüße* qn présente qc [à qn]

entbinden * *irreg* I. *vt* **1.** MED ■ **jd entbindet jdn** [**von einem Kind**] qn accouche qn [de qn]

2. (*dispensieren*) ■ **jd entbindet jdn von etw** *von Versprechen, Schwur* qn délie qn de qc
II. *vi* MED ■ **jd entbindet** [**irgendwo**] qn accouche [quelque part]
Entbindung *f* 1. MED accouchement *m*
2. (*Dispensierung*) ■ ~ **von etw** déliement *m* de qc (*oft verbal übersetzt*); ***er bat um ~ von seinem Schwur*** il a demandé à être délié de son serment
Entbindungsklinik *f* clinique *f* d'accouchement, maternité *f* **Entbindungsstation** *f* maternité *f*
entblättern * *vr hum fam* ■ **jd entblättert sich** [**vor jdm**] qn se met à poil [devant qn] *fam,* qn fait un strip-tease [devant qn]
entblöden * *vr* ▸ **jd entblödet sich nicht etw zu tun** *pej geh* qn n'a pas honte [*o* a le front *soutenu*] de faire qc
entblößen * I. *vt form* 1. *geh* (*freimachen*) ■ **jd entblößt etw** *Körperteil* qn découvre qc, qn dénude qc; ***er entblößt sein Haupt*** il se découvre
2. MIL ■ **jd entblößt etw** qn découvre qc, qn expose qc
II. *vr* 1. *geh* (*sich freimachen*) ■ **jd entblößt sich** qn se déshabille, qn se découvre
2. *form* (*sich nackt zeigen*) ■ **jd entblößt sich vor jdm** qn se montre [*o* s'exhibe] nu(e) devant qn
entblößt I. *adj geh* dénudé(e)
▸ **mit** ~**em**/~**er** … le/la … dénudé(e) [*o* nu(e)]; ***mit ~em Haupt*** tête nue
II. *adv geh* nu(e)
entbrennen * *vi irreg + sein geh* 1. (*ausbrechen*) ■ **etw entbrennt** */Kampf, Streit/* qc éclate
2. (*Leidenschaft empfinden*) ■ **jd entbrennt für jdn** qn s'enflamme pour qn
3. (*von etw ergriffen werden*) ■ **jd entbrennt vor etw** (*dat*) qn s'enflamme de qc
Entchen <-s, -> *nt dim von* Ente caneton *m,* petit canard *m*
entdecken * I. *vt* 1. (*finden*) ■ **jd entdeckt etw** qn découvre qc; *Rätsel* qn résout qc; *ungelöste Geheimnisse* qn élucide qc
2. (*ausfindig machen*) ■ **jd entdeckt jdn/etw** qn découvre [*o* déniche] qn/qc; *Fehler, Versteck* qn trouve qc
3. *veraltend* (*offenbaren*) ■ **jd entdeckt jdm etw** qn révèle qc à qn, qn informe qn de qc
▸ **jd entdeckt etw wieder** qn redécouvre qc
II. *vr veraltend* ■ **jd entdeckt sich jdm** qn se confie [*o* s'ouvre] à qn
Entdecker(in) <-s, -> *m(f)* explorateur(-trice) *m(f),* découvreur(-euse) *m(f);* ***Columbus ist der ~ Amerikas*** Christophe Colomb a découvert l'Amérique
Entdeckung *f* 1. (*das Entdecken*) découverte *f*
2. (*etw Entdecktes*) découverte *f,* trouvaille *f*
3. CINE, THEAT (*Talent*) révélation *f*
Entdeckungsreise *f* voyage *m* de découverte [*o* d'exploration]
▸ **jd geht auf** ~ *hum fam* qn part à la découverte [*o* en exploration]
Ente <-, -n> *f* 1. ORN canard *m;* [***die***] ~ ***und*** [***der***] ***Enterich*** la cane et le canard
2. *fam* (*Zeitungs~*) canard *m vieilli fam,* bobard *m fam*
3. *fam* (*2 CV*) deuche *f fam,* deux-pattes *f fam*
▸ ~ **mit Orange** canard *m* à l'orange; **jd schwimmt wie eine bleierne** ~ qn nage comme un fer à repasser *fam;* **eine lahme** ~ *fam* un(e) lourdingue *fam,* un gros tas *fam*
entehren * *vt* ■ **jd/etw entehrt jdn/etw** qn/qc déshonore qn/qc; ■ ~**d** déshonorant(e)
enteignen * *vt* ■ **jd enteignet jdn/etw** qn exproprie qn/qc
Enteignung <-, -en> *f* expropriation *f*
▸ **jd betreibt jds** ~ *form* qn procède à l'expropriation de qn
enteilen * *vi + sein geh* 1. */Zeit/* ■ **etw enteilt** qc s'enfuit
2. ■ **jd enteilt** qn s'éloigne
enteisen * *vt* ■ **jd/etw enteist etw** qn/qc dégivre qc
Enteisung <-, -en> *f* dégivrage *m*
Entenbraten *m* canard *m* rôti **Entenei** *nt* œuf *m* de cane **Entenküken** *nt* caneton *m*
Entente <-, -n> [ɑ̃'tɑ̃t(ə)] *f* entente *f*
enterben * *vt* ■ **jd enterbt jdn** qn déshérite qn
Enterhaken *m* grappin *m,* crochet *m* d'abordage
Enterich <-s, -e> *m* canard *m* [mâle]
entern I. *vt + haben* ■ **jd entert etw** qn monte à l'abordage de qc, qn prend qc à l'abordage; ■ **geentert** pris(e) à l'abordage
II. *vi + sein* ■ **jd entert** qn monte à l'abordage; ■ **das E~** l'abordage *m*
Entertainer(in) <-s, -> [ɛntɐ'teːnɐ] *m(f)* animateur(-trice) *m(f),* présentateur(-trice) *m(f)*
Enter-Taste *f* touche *f* Entrée
entfachen * *vt geh* 1. (*anzünden*) ■ **jd/etw entfacht etw** qn/qc attise qc; *Zunder* qn/qc enflamme qc; ***jd entfacht etw zum Feuer*** qn enflamme qc; ***die Funken entfachten einen Brand*** les étincelles ont déclenché un incendie
2. (*entfesseln*) ■ **etw entfacht etw** *Leidenschaft* qc attise qc, qc avive qc; *Streit* qc engendre qc, qc déclenche qc
entfahren * *vi irreg + sein* ■ **etw entfährt jdm** qc échappe à qn
entfallen * *vi irreg + sein* 1. (*vergessen werden*) ■ **etw entfällt jdm** qc lui sort de l'esprit, qc échappe à qn; ***etw ist ihm/ihr entfallen*** qc lui échappe
2. (*wegfallen*) ■ **etw entfällt** */Punkt/* qc est laissé(e) de côté; */Konferenz, Veranstaltung/* qc est annulé(e)
3. (*als Anteil zustehen*) ■ **etw entfällt auf jdn** qc revient à qn; ***auf jeden von uns ~ 150 Mark*** ça fait [*o* ça revient à] 150 marks par personne
4. *geh* (*entgleiten*) ■ **etw entfällt jdm** qc échappe à qn
entfalten * I. *vt* 1. (*auseinander falten*) ■ **jd entfaltet etw** *Zeitung, Brief* qn déplie qc; ■ **etw entfaltet etw** *Blüte, Blütenpracht* qc épanouit qc
2. (*zeigen*) ■ **jd entfaltet etw** *Aktivität, Betriebsamkeit* qn déploie qc
3. (*entwickeln*) ■ **jd entfaltet etw** [**zu etw**] *Fähigkeiten, Kräfte, Talente* qn épanouit qc [jusqu'à qc]
4. (*darlegen*) ■ **jd entfaltet etw** [**vor jdm**] qn développe qc [devant qn]
5. (*zur Geltung bringen*) ■ **jd/etw entfaltet etw** *Pracht, Prunk* qn/qc étale qc, qn/qc déploie qc
II. *vr* 1. (*sich auseinander falten*) ■ **etw entfaltet sich** */Knospe, Blüte/* qc s'épanouit; */Fallschirm/* qc s'ouvre, qc se déplie; ***die Knospe entfaltete sich zur Blüte*** le bouton s'est [pleinement] épanoui
2. (*seine Fähigkeiten ~*) ■ **jd entfaltet sich** qn s'épanouit
3. (*sich voll entwickeln*) ■ **etw entfaltet sich** */Talente, Persönlichkeit/* qc s'épanouit
Entfaltung <-, -en> *f* 1. (*die Auseinanderfaltung*) [*Blüte*] épanouissement *m;* [*Fallschirm*] ouverture *f,* déploiement *m*
2. (*Entwicklung*) [*Aktivität, Tätigkeit*] déploiement *m*
3. (*Darstellung*) [*Plan, Gedanken*] développement *m,* exposition *f*
4. (*Demonstration*) [*Pracht, Prunk*] déploiement *m,* étalage *m*
▸ **jd/etw bringt etw zur** ~ *jds Anlagen, Talente* qn/qc permet à qc de s'épanouir; */Architekt, Designer/* qn met en valeur qc; **etw kommt** [*o* **gelangt**] **zur** ~ */schlummernde Energie/* qc s'épanouit
entfärben * I. *vt* ■ **jd entfärbt etw** qn décolore qc; ■ **das E~** la décoloration
II. *vr* ■ **etw entfärbt sich** qc se décolore
Entfärber <-s, -> *m* décolorant *m*
Entfärbungsmittel *nt form s.* **Entfärber**
entfernen * I. *vt* 1. (*beseitigen*) ■ **jd entfernt etw** [**aus/von etw**] *Fleck, Staub, Aufkleber* qn enlève [*o* ôte] qc [de qc]
2. MED ■ **jd entfernt** [**jdm**] **etw** qn enlève qc [à qn]
3. ADMIN *form* ■ **jd entfernt jdn aus/von etw** *aus einem Amt* qn écarte qn de qc; *von der Schule* qn exclut qn de qc
4. (*weit abbringen*) ■ **etw entfernt jdn von etw** *vom Thema* qc éloigne qn de qc
II. *vr* 1. (*weggehen*) ■ **jd entfernt sich** [**von/aus etw**] qn s'éloigne [de qc]; ***Sie können sich jetzt ~*** vous pouvez vous en aller
2. (*abweichen*) ■ **jd entfernt sich von etw** *von einem Thema, von der Wahrheit* qn s'éloigne de qc
Entfernen-Taste *f* INFORM touche *f* Suppression
entfernt I. *adj* 1. GEOG (*abgelegen*) reculé(e); ■ **jd ist von jdm** ~ qn est éloigné(e) [*o* loin] de qn
2. (*weitläufig*) *Cousin, Verwandter* éloigné(e)
3. (*gering*) *Ähnlichkeit* vague *antéposé*
4. (*leise*) *Ahnung* obscur(e) *antéposé; Verdacht* vague *antéposé*
▸ **jd ist weit davon ~ etw zu tun** loin de qn l'idée de faire qc; ***ich bin weit davon ~ ihr Geld zu leihen*** il est pour moi hors de question de lui prêter de l'argent; **etw liegt** [*o* **ist**] … ~ [**von etw**] *7 Kilometer, drei Stunden Weges* qc se trouve [*o* est] à … [de qc]
II. *adv* (*nur geringfügig*) de loin; *erinnern* vaguement; ***ich erinnere mich ~ an ihn*** je me souviens vaguement de lui, j'ai de lui un souvenir lointain
▸ **nicht im E~esten** ne … pas le moins du monde; **im E~esten** ne serait-ce qu'un peu [*o* que vaguement]; ***wenn ich das auch nur im E~esten geahnt hätte, …*** si j'avais pu me douter de ça, ne serait-ce que vaguement, …; **nicht ~ so …** *gut, hübsch, frech* ne … en aucune manière aussi …
Entfernung <-, -en> *f* 1. (*Distanz*) distance *f*
2. *form* (*Ausschluss*) exclusion *f* (*aus o von etw* de qc); *aus dem Amt* radiation *f,* révocation *f*
▸ **unerlaubte** ~ [**von der Truppe**] absence *f* illégale [de la troupe]; **auf …** ~ à … distance; ***auf die/eine solche*** ~ à cette/une telle distance; **auf eine ~ von etw, auf … ~** *… Meter, Schritte* à une distance de qc; **aus der ~** à distance, de loin; **aus … ~** à … distance; ***etw aus einiger/ziemlicher ~ beobachten*** observer qc d'assez loin/de relativement loin; ***jdn aus kurzer/nächster ~ niederschießen*** abattre qn de près/à bout portant; **in … ~** à … distance; ***in einiger/beträchtlicher ~*** à quelque distance/à une distance considérable; **in einer ~ von etw** *von … Metern, Schritten* à une distance de qc
Entfernungsmesser <-s, -> *m* PHOT télémètre *m*
entfesseln * *vt* ■ **jd entfesselt etw** qn déclenche qc
entfesselt *adj Leidenschaft, Triebe* déchaîné(e), débridé(e); *Naturgewalten* déchaîné(e)
Entfettungskur *f fam* cure *f* d'amaigrissement
▸ **jd macht eine ~** qn fait une cure d'amaigrissement
entflammbar *adj* inflammable
▸ **jd ist leicht ~** *fam* qn s'enflamme facilement
entflammen * I. *vt + haben* 1. *geh* (*entfachen*) ■ **jd/etw entflammt etw** *Begierde, Leidenschaft, Hass* qn/qc enflamme qc; ***er entflammte das Feuer des Aufruhrs aufs Neue*** il raviva la flamme de la révolte
2. *geh* (*begeistern*) ■ **jd entflammt jdn für etw** qn enflamme qn pour qc
3. (*verliebt machen*) ■ **jd/etw entflammt jdn** qn/qc conquiert qn; ***er hat mich gleich für sich entflammt*** il m'a tout de suite conquise
II. *vr + haben geh* ■ **jd entflammt sich für etw** qn s'enflamme pour qc
III. *vi + sein geh* 1. (*entbrennen*) ■ **etw entflammt** */Zorn, Streit/* qc éclate; */Leidenschaft, Liebe/* qc s'enflamme; */alte Leidenschaft/* qc se rallume, qc se ravive
2. (*verliebt sein*) ■ **jd ist für jdn entflammt** qn est épris(e) de qn
entflechten * *vt irreg* 1. ■ **jd entflicht etw** *Großkonzern, Kartell* qn décartellise qc
2. (*entwirren*) ■ **jd entflicht etw** qn démêle qc
Entflechtung <-, -en> *f* POL décartellisation *f*
entfliegen * *vi irreg + sein geh* ■ **ein Vogel entfliegt** [**aus etw**] un oiseau s'échappe [de qc]; ***sein Papagei ist ihm entflogen*** son perroquet s'est sauvé; ■ **entflogen** échappé(e)

entfliehen * *vi irreg + sein geh* 1. (*fliehen*) ■ **jd entflieht [aus etw]** qn s'enfuit [*o* s'évade] de [qc]
2. (*entkommen*) ■ **jd entflieht einer S.** (*dat*) *dem Lärm, der Hektik* qn échappe à qc
3. (*eilends vergehen*) ■ **etw entflieht** */Jugend, Tage, Monate/* qc s'enfuit; */Zeit a./* qc s'envole

entfremden * I. *vt* 1. (*fremd machen*) ■ **etw entfremdet sie einander** qc les rend étrangers(-ères) l'un(e) à l'autre; ***er ist mir ganz entfremdet*** il m'est devenu complètement étranger
2. (*zweck~*) ■ **jd entfremdet etw [einer S.** (*dat*)**]** qn détourne qc [de qc]
II. *vr* ■ **jd entfremdet sich jdm** qn devient étranger(-ère) à qn, qn se détache de qn

Entfremdung <-, -en> *f* détachement *m*; ***die zunehmende ~ von seinen Kindern*** son détachement croissant vis-à-vis de ses enfants

entfrosten * *vt* ■ **jd entfrostet etw** qn dégivre qc

Entfroster <-s, -> *m* dégivreur *m*

entführen * *vt* 1. (*mit Gewalt fortschaffen*) ■ **jd entführt jdn** *Kind, Geisel* qn enlève qn, qn kidnappe qn; ■ **jd entführt etw** *Flugzeug* qn détourne qc
2. *fam* (*wegnehmen*) ■ **jd entführt jdm jdn/etw** qn emprunte [*o* pique *fam*] qn/qc à qn

Entführer(in) *m(f)* 1. (*Kidnapper*) ravisseur(-euse) *m(f)*
2. (*Hijacker*) pirate *m* de l'air

Entführung *f* [*Kind, Geisel*] rapt *m*, enlèvement *m*; [*Flugzeug*] détournement *m*

entgegen I. *adv geh* ■ **einer S.** (*dat*) ~ au devant [*o* à la rencontre] [*o* en direction] de qc, vers qc; ***seine Spielleidenschaft brachte ihn immer weiter dem Ruin*** ~ sa passion du jeu l'a inexorablement conduit à la ruine
II. *präp* ■ ~ **einer S.** (*dat*) contrairement à qc; ~ ***allen Erwartungen*** contre toute attente

entgegen- (*in jds Richtung*) au devant de, à la rencontre de

entgegen|bringen *vt irreg* 1. (*bezeigen*) ■ **jd bringt jdm etw entgegen** qn témoigne qc à qn, qn fait preuve de qc à l'égard de qn
2. (*bekunden*) ■ **jd bringt einer S.** (*dat*) **etw entgegen** qn manifeste qc à qc

entgegen|eilen *vi + sein geh* ■ **jd eilt jdm entgegen** qn court à la rencontre de qn; ■ **jd eilt einer S.** (*dat*) **entgegen** qn vole vers qc
► **jd kommt jdm entgegengeeilt** qn vient en courant à la rencontre [*o* au devant] de qn

entgegen|fahren *vi irreg + sein* ■ **jd fährt jdm entgegen** qn va à la rencontre [*o* au devant] de qn
► **jd kommt jdm entgegengefahren** qn vient à la rencontre de qn

entgegen|gehen *vi irreg + sein* 1. (*in jds Richtung gehen*) ■ **jd geht jdm entgegen** qn va à la rencontre de qn
2. (*zu erwarten haben*) ■ **jd geht einer S.** (*dat*) **entgegen** *einer Gefahr, dem Tod* qn va au devant de qc; ***er geht seinem Untergang entgegen*** il court à sa perte
3. (*bevorstehen*) ■ **etw geht einer S.** (*dat*) **entgegen** *der Vollendung* qc est proche de qc; ***etw geht dem [o seinem] Ende entgegen*** qc touche à sa fin
► **jd kommt jdm entgegengegangen** qn vient à la rencontre [*o* au devant] de qn

entgegengesetzt I. *adj* 1. (*gegenüberliegend*) opposé(e); ***er sitzt am ~en Teil des Tisches*** il est assis de l'autre côté de la table; ***fass mal den Tisch am ~en Ende an*** prends la table par l'autre bout
2. (*umgekehrt*) *Richtung* opposé(e), contraire
3. (*einander widersprechend*) *Interessen, Meinungen* opposé(e), contraire; ***unsere Auffassungen sind diametral*** ~ nos conceptions sont diamétralement opposées
II. *adv* (*gegenteilig*): ***jd denkt/handelt*** ~ qn pense/fait le contraire [*o* l'inverse]; ***sie reagierte genau*** ~ sa réaction a été totalement inverse

entgegen|halten *vt irreg* 1. (*in eine bestimmte Richtung halten*) ■ **jd hält jdm/einer S. etw entgegen** qn tend [*o* présente] qc à qn
2. (*vorhalten*) ■ **jd hält jdm/einer S. etw entgegen** qn objecte [*o* oppose] qc à qn/qc
3. (*einwenden*) ■ **jd hält jdm/einer S. entgegen, dass** qn objecte à qn/qc que + *indic*

entgegen|kommen *vi irreg + sein* 1. (*in jds Richtung kommen*) ■ **jd kommt jdm entgegen** qn vient à la rencontre [*o* au devant] de qn
2. (*in jds Richtung fahren*) ■ **jd/etw kommt jdm entgegen** */Autofahrer, Wagen/* qn arrive en sens inverse de qn; ■ **~d** qui arrive en sens inverse
3. (*Zugeständnisse machen*) ■ **jd kommt jdm entgegen** qn fait une concession à qn; ■ **jd kommt einer S.** (*dat*) **entgegen** *jds Bitte, Wunsch* qn accède à qc; ***ich will Ihnen insoweit ~, als ich …*** je veux bien vous faire une concession [*o* faciliter les choses] en …; ***sie kamen sich auf der Mitte entgegen*** il ont coupé la poire en deux
4. (*entsprechen*) ■ **etw kommt einer S.** (*dat*) **entgegen** qc va dans le sens de qc, qc correspond à qc; ***Ihr Vorschlag kommt mir sehr entgegen*** votre proposition me va tout à fait

Entgegenkommen <-s, -> *nt* 1. (*gefällige Haltung*) compréhension *f*, bienveillance *f*
2. (*Zugeständnis*) concession *f*

entgegenkommend *adj Art, Haltung* bienveillant(e), conciliant(e); *Mensch a.* arrangeant(e)

entgegenkommenderweise *adv* obligeamment, complaisamment; ***wenn Sie mir ~ mal hierbei helfen könnten, …*** si vous vouliez bien avoir l'obligeance de m'aider, …

entgegen|laufen *vi irreg + sein* 1. (*in jds Richtung laufen*) ■ **jd/ein Tier läuft jdm entgegen** qn/un animal court à la rencontre [*o* au devant] de qn
2. (*im Gegensatz stehen*) ■ **etw läuft einer S.** (*dat*) **entgegen** qc va à l'encontre de qc
► **jd/ein Tier kommt jdm entgegengelaufen** qn/un animal court à la rencontre [*o* au devant] de qn

Entgegennahme <-, -n> *f form* [*Bestellung, Ware*] réception *f*; [*Zahlung*] encaissement *m*

entgegen|nehmen *vt irreg* ■ **jd nimmt etw [von jdm/für jdn] entgegen** *Brief, Ware* qn accepte qc [de qn/pour qn]; *Geldbetrag* qn encaisse qc [venant de qn/pour qn]

entgegen|schlagen *vi irreg + sein* 1. (*in jds Richtung dringen*) ■ **etw schlägt jdm entgegen** */Gestank, Hitzeschwall, Kälte/* qc assaille qn, qc submerge qn; */Flammen/* qc jaillit en direction de qn
2. (*begegnen*) ■ **etw schlägt jdm entgegen** */Jubel, Hass, Ablehnung/* qn est accueilli(e) par qc, qc accueille qn

entgegen|sehen *vi irreg* 1. *geh* (*erwarten*) ■ **jd sieht einer S.** (*dat*) **entgegen** qn attend qc, qn est dans l'attente de qc
2. (*in jds Richtung sehen*) ■ **jd sieht jdm entgegen** qn regarde dans la direction de qn

entgegen|setzen I. *vt* 1. (*gegenüberstellen*) ■ **jd setzt einer S.** (*dat*) **etw entgegen** *ein Gegenargument* qn oppose qc à qc
2. (*entgegenbringen*) ■ **jd setzt [einer S.** (*dat*)**] etw entgegen** *Widerstand, Ablehnung* qn oppose qc [à qc]
II. *vr* (*ablehnen*) ■ **jd setzt sich einer S.** (*dat*) **entgegen** qn s'oppose à qc

entgegen|stehen *vi irreg* ■ **etw steht einer S.** (*dat*) **entgegen** qc s'oppose à qc, qc fait obstacle à qc; ■ **etw steht dem entgegen, dass** qc s'oppose à ce que + *subj*
► **dem steht nichts entgegen** rien ne s'y oppose

entgegen|stellen *vr* 1. (*ablehnen*) ■ **jd stellt sich jdm/einer S. entgegen** qn s'oppose à qn/qc
2. MIL ■ **jd stellt sich jdm entgegen** qn fait face [*o* fait front] à qn

entgegen|strecken *vt* ■ **jd streckt jdm etw entgegen** qn tend qc à qn

entgegen|treten *vi irreg + sein* 1. (*in den Weg treten*) ■ **jd tritt jdm entgegen** qn fait front [*o* fait face] à qn
2. (*sich zur Wehr setzen*) ■ **jd tritt einer S.** (*dat*) **entgegen** qn lutte contre qc, qn combat qc

entgegen|wirken *vi* ■ **jd wirkt einer S.** (*dat*) **entgegen** qn agit [*o* lutte] contre qc; ***die Regierung wirkt der Inflation entgegen*** le gouvernement combat [*o* lutte contre] l'inflation

entgegnen * *vt* (*antworten*) ■ **jd entgegnet [jdm] etw [auf etw** (*akk*)**]** qn répond qc [à qn] [à propos de qc]; ■ **… entgegnete er/sie …** répliqua-t-il/elle

Entgegnung <-, -en> *f* 1. (*Erwiderung*) réponse *f*, réplique *f*
2. (*Stellungnahme*) réponse *f*

entgehen * *vi irreg + sein* 1. (*entkommen*) ■ **jd entgeht jdm** *Verfolgern, dem Feind* qn échappe à qn
2. (*entrinnen*) ■ **jd entgeht einer S.** (*dat*) *dem Schicksal, der Gefahr, Strafe, dem Anschlag* qn échappe à qc
3. (*nicht bemerkt werden*) ■ **etw entgeht jdm** */Bemerkung, Pointe, Fehler, Versprecher/* qc échappe à qn; ■ **es entgeht jdm nicht, dass** il n'échappe pas à qn que + *indic*
4. (*versäumen*) ■ **jd lässt sich** (*dat*) **etw** ~ qn laisse passer qc

entgeistert I. *adj* hébété(e)
II. *adv anstarren* d'un air [*o* l'air] hébété

Entgelt <-[e]s, -e> *nt form* rétribution *f*
► **als [o zum]** ~ **[für etw]** en contrepartie [de qc]; **gegen** ~ moyennant finances; **ohne** ~ sans contrepartie financière

entgelten * *vt irreg geh* ■ **jd entgilt jdm etw** qn dédommage qn de qc

entgiften * *vt* 1. ÖKO ■ **etw entgiftet etw** qc épure qc, qc filtre qc
2. MED ■ **etw entgiftet etw** qc purifie qc, qc épure qc

Entgiftung <-, -en> *f* 1. ÖKO filtrage *m*, épuration *f*
2. MED épuration *f*

entgleisen * *vi + sein* 1. EISENBAHN ■ **etw entgleist** qc déraille
2. *geh* (*ausfallend werden*) ■ **jd entgleist** qn dérape, qn commet un impair
► **jd/etw bringt etw zum E~, jd/etw lässt etw** ~ qn/qc fait dérailler qc

Entgleisung <-, -en> *f* 1. EISENBAHN déraillement *m*
2. (*Taktlosigkeit*) dérapage *m*, impair *m*

entgleiten * *vi irreg + sein* 1. *geh* (*aus den Händen*) ■ **jdm entgleitet etw** qc glisse [*o* échappe] des mains de qn
2. ■ **etw entgleitet jdm** */Kontrolle, Leitung/* qc échappe à qn

entgräten * *vt* ■ **jd entgrätet etw** qn enlève [*o* ôte] les arêtes de qc; ***entgräteter Fisch*** poisson sans arêtes

enthaaren * *vt* ■ **jd enthaart etw** qn épile qc

Enthaarung <-, -en> *f* épilation *f*

Enthaarungsmittel *nt* [d]épilatoire *m*

enthalten * *irreg* I. *vt* 1. (*in sich haben*) ■ **etw enthält etw** qc contient qc
2. (*bergen*) ■ **etw enthält etw** */Artikel, Buch, Bemerkung, Rede/* qc renferme qc
3. COM ■ **etw enthält etw** */Preis/* qc comprend qc; ■ **etw ist in etw** (*dat*) **[mit]** ~ qc est compris(e) dans qc
II. *vr* 1. (*nicht abstimmen*) ■ **jd enthält sich** qn s'abstient
2. *geh* (*verzichten*) ■ **jd enthält sich einer S.** (*gen*) qn s'abstient de faire qc; ***jd kann sich eines Kommentars/des Lachens nicht*** ~ qn ne peut s'empêcher de faire un commentaire/de rire; ***jd enthält sich des Rauchens/Weines*** qn s'abstient de fumer/boire du vin
► **jd kann sich nicht ~ etw zu tun** *geh* qn ne peut s'abstenir [*o* s'empêcher] de faire qc

enthaltsam I. *adj Zeitraum, Leben* de tempérance, de modération; *Mensch* tempérant(e), modéré(e)
II. *adv*: ***jd lebt*** ~ qn est tempérant(e), qn est modéré(e); ***jd lebt völlig*** ~ qn vit dans l'abstinence

Enthaltsamkeit <-> *f* ∅ modération *f*, tempérance *f*; (*sexuelle Abstinenz*)

continence *f*, chasteté *f*
Enthaltung *f* (*Stimm~*) abstention *f*
enthärten * *vt* ■ **jd/etw enthärtet etw** *Wasser* qn/qc adoucit qc
enthaupten * *vt* ■ **jd enthauptet jdn** qn décapite qn
Enthauptung <-, -en> *f* décapitation *f*
enthäuten * *vt* 1. GASTR ■ **jd enthäutet etw** qn enlève [*o* ôte] la peau de qc
2. JAGD ■ **jd enthäutet ein Tier** qn dépouille un animal
entheben * *vt irreg* 1. ADMIN ■ **jd enthebt jdn einer S.** (*gen*) qn relève qn de qc
2. *geh* (*entbinden*) ■ **etw enthebt jdn einer S.** (*gen*) *einer Verpflichtung, Notwendigkeit* qc dégage qn de qc
enthemmen * I. *vt* ■ **etw enthemmt jdn** qc désinhibe qn, qc libère qn de ses inhibitions; ■ **~d** désinhibant(e)
▸ **etw wirkt ~d** qc a un effet désinhibant, qc lève les inhibitions
II. *vi* ■ **etw enthemmt** qc a un effet désinhibant, qc lève les inhibitions
Enthemmung *f* ∅ désinhibition *f*, levée *f* des inhibitions
enthüllen * I. *vt* 1. (*aufdecken*) ■ **jd/etw enthüllt [jdm] etw** *Geheimnis, Plan, Hintergründe* qn/qc dévoile [*o* révèle] qc [à qn]
2. (*von einer Bedeckung befreien*) ■ **jd enthüllt [jdm] etw** *Denkmal, Gesicht* qn dévoile qc [à qn]
II. *vr* ■ **etw enthüllt sich jdm** qc se révèle à qn
Enthüllung <-, -en> *f* 1. (*die Aufdeckung*) révélation *f*
2. (*enthüllte Angelegenheit*) révélation *f*
3. [*Denkmal, Gesicht*] dévoilement *m*
Enthüllungs- *-artikel, -biografie, -blatt, -bericht, -buch, -story* qui contient des révélations; *-autor, -journalist, -reporter* qui fait des révélations; **~*feldzug*** campagne *f* de révélations; **~*journalismus*** journalisme *m* de révélations
Enthusiasmus <-> *m* ∅ enthousiasme *m*
▸ **etw bremst** [*o* **dämpft**] [*o* **zügelt**] **jds ~** qc freine [*o* tempère] l'enthousiasme de qn
Enthusiast(in) <-en, -en> *m(f)* fervent(e) *m(f)*
enthusiastisch I. *adj* enthousiaste, plein(e) d'enthousiasme; ■ **jd ist [zu] ~** qn fait preuve d'[un trop grand]enthousiasme
II. *adv* avec enthousiasme
entjungfern * *vt* ■ **jd entjungfert jdn** qn dépucelle qn, qn déflore qn
Entjungferung <-, -en> *f* dépucelage *m*, défloration *f*
entkalken * *vt* ■ **jd/etw entkalkt etw** *Wasserkessel, Topf* qn/qc détartre qc; *Wasser* qn/qc adoucit qc
entkeimen * *vt* ■ **jd entkeimt etw** qn débarrasse qc de ses germes, qn désinfecte qc
entkernen * *vt* 1. GASTR ■ **jd entkernt etw** *Kirsche, Pfirsich, Olive etc* qn dénoyaute qc; *Apfel, Birne, Orange etc* qn épépine qc
2. ARCHIT ■ **jd entkernt etw** *Gebäude* qn énuclée qc
entkleiden * I. *vt geh* ■ **jd entkleidet jdn** qn dévêt qn *soutenu*
II. *vr geh* ■ **jd entkleidet sich** qn se dévêt *soutenu*
entknoten * *vt* ■ **jd entknotet etw** qn dénoue qc
entkolonialisieren * *vt* ■ **etw wird entkolonialisiert** qc est décolonisé(e)
Entkolonialisierung *f* décolonisation *f*
entkommen * *vi irreg* + *sein* ■ **jd entkommt [aus etw/irgendwohin]** qn s'évade [de qc/quelque part]; ■ **jd entkommt jdm** qn échappe à qn; ***jd entkommt über die Grenze*** qn s'évade et passe la frontière; ■ **ein Tier entkommt** un animal s'échappe; ■ **ein Tier entkommt jdm** un animal échappe à qn
Entkommen <-> *nt* ∅ évasion *f*
▸ **aus/von etw gibt es [für jdn] kein ~** il n'y a pas moyen [pour qn] de s'évader de qc, on ne s'évade pas de qc
entkorken * *vt* ■ **jd entkorkt etw** qn débouche qc
entkräften * *vt* 1. (*kraftlos machen*) ■ **etw entkräftet jdn** qc épuise qn; ■ **jd ist entkräftet** qn est épuisé(e), qn n'a plus de forces
2. (*widerlegen*) ■ **jd entkräftet etw** *Behauptung, Einwand, Verdacht* qn désamorce qc, qn réfute qc
Entkräftung <-, -en> *f* 1. (*Erschöpfung*) épuisement *m*
2. (*Widerlegung*) réfutation *f*; ***die ~ dieser Behauptung war leicht*** il a été facile de désamorcer [*o* réfuter] cette affirmation
entkrampfen * I. *vt* 1. (*lockern*) ■ **jd entkrampft etw** *Muskeln, Körper* qn détend qc, qn décontracte qc
2. (*entspannen*) ■ **jd entkrampft etw** *Atmosphäre, Lage* qn détend qc, qn décrispe qc *fam*; ■ **entkrampft** détendu(e), décontracté(e) *fam*
II. *vr* 1. (*sich lockern*) ■ **etw entkrampft sich** /*Muskulatur, Körper*/ qc se détend, qc se décontracte
2. (*sich entspannen*) ■ **etw entkrampft sich** /*Atmosphäre, Lage*/ qc se détend, qc se décrispe *fam*
Entkrampfung <-, -en> *f* 1. (*Lockerung*) décontraction *f*, détente *f*
2. (*Entspannung*) [*Atmosphäre, Lage*] détente *f*, décrispation *f*; ***etw führt zur ~ der Lage*** qc contribue à détendre la situation
Entlad <-[e]s> *m* ∅ CH déchargement *m*
entladen * *irreg* I. *vt* (*alle Bedeutungen*) ■ **jd/etw entlädt etw** qn/qc décharge qc; ■ **das E~** le déchargement
II. *vr* 1. (*zum Ausbruch kommen*) ■ **etw entlädt sich [über jdm/etw]** /*Gewitter*/ qc éclate [au-dessus de qn/qc]
2. ELEC ■ **etw entlädt sich** qc se décharge
3. (*ausbrechen*) ■ **etw entlädt sich [über jdm]** /*Begeisterung, Emotionen etc*/ qc éclate; /*Zorn etc*/ qc éclate [contre qn]
Entladung *f* (*alle Bedeutungen*) déchargement *m*; ***etw führt zur ~ der Batterie*** qc a pour conséquence de décharger la batterie
entlang I. *präp* ■ **~ einer S.** (*gen*), ■ **etw** (*akk*) **~** le long de qc; ***wir müssen die Grenze ~*** nous devons longer la frontière
II. *adv* ■ **an etw** (*dat*) **~** le long de qc
▸ **hier ~** par ici
entlang- *präf*: ***jd kriecht an der Hecke ~*** qn rampe le long de la haie, qn longe la haie en rampant; ***jd läuft den Graben ~*** qn marche le long du fossé, qn longe le fossé; ***was schleichst du hier ~?*** qu'est-ce que tu fais à rôder par ici? **entlang|gehen** *irreg* I. *vt* + *sein* ■ **jd geht etw entlang** qn suit qc II. *vi* + *sein* ■ **jd geht an etw** (*dat*) **entlang** qn marche le long de qc, qn longe qc; ■ **etw geht an etw** (*dat*) **entlang** qc longe qc
entlarven * I. *vt* 1. (*enttarnen*) ■ **jd entlarvt jdn** qn démasque qn, qn confond qn; ■ **jd entlarvt jdn als etw** qn démasque qn comme étant qc
2. (*aufdecken*) ■ **jd entlarvt etw** qn déjoue qc; ■ **jd entlarvt etw als etw** qn découvre que qc est qc; ***das verlockende Angebot wurde als Falle entlarvt*** on a découvert que cette offre alléchante était un piège, cette offre alléchante s'est avérée être un piège
II. *vr* ■ **jd entlarvt sich [selbst] [als etw]** qn se démasque [comme étant qc]
Entlarvung <-, -en> *f* 1. (*Enttarnung*) *verbal übersetzt*; ***die ~ des Agenten war von langer Hand vorbereitet worden*** on s'y était pris longtemps à l'avance pour démasquer [*o* confondre] l'agent
2. (*Aufdeckung*) mise *f* à jour, découverte *f*
entlassen * *vt irreg* 1. (*kündigen*) ■ **jd entlässt jdn** qn licencie qn
2. *geh* (*gehen lassen*) ■ **jd entlässt jdn** *Besucher, Bittsteller* qn congédie qn
3. (*zu gehen gestatten*) ■ **jd entlässt jdn [aus etw]** *Patienten* qn laisse sortir qn [de qc]; ■ **jd wird [aus etw] ~** qn sort [de qc]; *Soldaten* qn libère qn [de qc]; *Schüler* qn libère qn; ***jd wird aus der Schule ~*** qn quitte l'école
4. *geh* (*entbinden*) ■ **jd entlässt jdn aus etw** *aus Vertrag, Verpflichtung, Verantwortung, Versprechen* qn dégage [*o* délie] qn de qc
Entlassung <-, -en> *f* (*Kündigung*) licenciement *m*
Entlassungsgesuch *nt* lettre *f* de démission **Entlassungszeugnis** *nt* dossier *m* scolaire
entlasten * *vt* 1. JUR ■ **jd entlastet jdn** qn décharge qn; ■ **etw entlastet jdn [von etw]** qc décharge [*o* disculpe] qn [de qc]; ***etw entlastet jdn völlig*** qc lave qn de tout soupçon, qc innocente complètement qn; ■ **~d** à décharge
2. (*helfen*) ■ **jd entlastet jdn** qn décharge qn, qn soulage qn
3. (*ausgleichen*) ■ **jd entlastet etw** *Konto* qn crédite qc; ■ **etw entlastet etw** qc permet de créditer qc
4. COM ■ **jd entlastet jdn** *Vorstand, Hausverwaltung* qn donne quitus à qn
Entlastung <-, -en> *f* 1. JUR décharge *f*
2. (*Hilfe*) soulagement *m*; ***es wäre eine große ~ [für mich], wenn ...*** ça me déchargerait beaucoup si ...
3. COM quitus *m*
▸ **zu jds ~** *engagieren* pour décharger qn; JUR à la décharge de qn
Entlastungsmaterial *nt* documents *mpl* à décharge **Entlastungszeuge** *m*, **-zeugin** *f* témoin *m* à décharge **Entlastungszug** *m* train *m* supplémentaire
entlauben * I. *vt* ■ **jd entlaubt etw** qn défolie qc
II. *vr* ■ **etw entlaubt sich** qc perd ses feuilles; ■ **entlaubt** sans feuilles, nu(e)
entlaufen * *vi irreg* + *sein* ■ **ein Tier entläuft jdm** un animal se sauve et échappe à qn; ***uns ist unser Hund ~*** nous avons perdu notre chien; ***Anzeige: „Hund/Katze ~"*** petite annonce: perdu chien/chat; ■ **entlaufen** *Tier* qui s'est sauvé(e); *Insasse, Sklave, Sträfling* qui s'est évadé(e); *Heimkind* fugueur(-euse)
entledigen * *vr* 1. (*loswerden*) ■ **jd entledigt sich jds** *eines Komplizen, Mitwissers* qn se débarrasse de qn
2. *geh* (*ablegen*) ■ **jd entledigt sich einer S.** (*gen*) qn se débarrasse de qc
3. (*loswerden*) ■ **jd entledigt sich einer S.** (*gen*) *einer Verpflichtung, eines Auftrags* qn s'acquitte de qc
entleeren * *vt* ■ **jd entleert etw [irgendwohin]** *Behälter, Darm, Blase* qn vide qc [quelque part]; *Grube, Becken a.* qn vidange qc [quelque part]
Entleerung *f* [*Behälter*] vidage *m*; [*Grube, Becken*] vidange *f*; ***etw dient zur ~ einer S.*** (*gen*) qc sert à vider/vidanger qc; ***zur ~ der Blase*** pour vider la vessie
entlegen *adj* 1. (*abgelegen*) isolé(e); *Ort, Gegend a.* retiré(e), reculé(e); *Haus a.* à l'écart
2. *Ding* insolite, singulier(-ère); *Gedanke, Vorstellung a.* saugrenu(e)
entlehnen * *vt* ■ **jd entlehnt etw aus etw** *Wort* qn emprunte qc à qc
Entlehnung <-, -en> *f* LING emprunt *m*
Entleiher(in) <-s, -> *m(f) form* emprunteur(-euse) *m(f)*
Entlein <-s, -> *nt* caneton *m*, petit canard *m*
entloben * *vr* ■ **jd entlobt sich** qn rompt ses fiançailles
Entlobung <-, -en> *f* rupture *f* des fiançailles
entlocken * *vt* 1. (*herausholen*) ■ **jd entlockt jdm etw** *Geheimnis, Geld, Information* qn soutire qc à qn
2. *hum* ■ **jd entlockt einer S.** (*dat*) **etw** *einer Geldbörse, einem Spielautomaten* qn sort qc de qc, qn fait cracher qc à qc *fam*; *einem Instrument* qn tire qc de qc
entlohnen * *vt* 1. (*bezahlen*) ■ **jd entlohnt jdn [für etw]** qn paie [*o* rétribue] qn [pour qc], qn dédommage qn [de qc]
2. (*entgelten*) ■ **jdm wird etw [irgendwie] entlohnt** *Hilfsbereitschaft, Verständnis* qc de qn est récompensé(e) [d'une certaine manière]
entlöhnen * *vt* CH *s.* **entlohnen**
Entlohnung <-, -en> *f* rétribution *f*, rémunération *f*
entlüften * *vt* 1. ■ **jd entlüftet etw** *Zimmer, Saal, Kino* qn aère qc, qn ventile qc
2. TECH ■ **jd entlüftet etw** *Bremsen, Heizung* qn purge qc
Entlüftung <-, -en> *f* 1. (*das Entlüften*) [*Bremsen, Heizung*] purge *f*; ***etw ist für die ~ der Radiatoren da*** qc sert à purger les radiateurs
2. (*Ventilation*) système *m* d'aération, ventilation *f*
entmachten * *vt* ■ **jd/etw entmachtet jdn/etw** qn/qc renverse qn/qc
Entmachtung <-, -en> *f* [*Regime, Diktator*] renversement *m*; [*Gegenspie-*

ler] mise *f* sur la touche; ***ihr gelang die ~ ihrer Rivalin*** elle est parvenue à mettre sa rivale sur la touche
entmannen * I. *vt geh* ▪ **jd entmannt jdn** qn émascule qn, qn châtre qn
II. *vr geh* ▪ **jd entmannt sich** [**selbst**] qn s'émascule, qn se châtre
entmenscht *adj* inhumain(e), barbare
entmilitarisieren * *vt* ▪ **jd entmilitarisiert etw** qn démilitarise qc
Entmilitarisierung *f* démilitarisation *f*
entmündigen * *vt* ▪ **jd entmündigt jdn** [**wegen etw**] qn met qn en tutelle [pour qc]; ▪ **jd lässt jdn ~** qn fait mettre qn en tutelle
Entmündigung <-, -en> *f* 1. JUR ▪ **jds ~** [**wegen etw**] la mise en tutelle de qn [pour qc]
2. (*Bevormundung*) déresponsabilisation *f*
entmutigen * *vt* ▪ **jd/etw entmutigt jdn** qn/qc décourage qn; ▪ **jd lässt sich ~** qn se décourage
Entmutigung <-, -en> *f* ▪ **jds ~** [**aufgrund/wegen einer S.** (*gen*)] le découragement de qn [dû à [*o* du fait de] qc]
Entnahme <-, -n> *f* (*alle Bedeutungen*) prélèvement *m*
entnehmen * *vt irreg* 1. (*herausnehmen*) ▪ **jd entnimmt** [**einer S.** (*dat*)] **etw** *Inhalt, Gegenstand, Bargeld* qn retire qc [de qc]; ▪ **jd entnimmt etw** [**aus etw**] *Geld* qn retire qc [de qc], qn prélève qc [sur qc]
2. MED ▪ **jd entnimmt jdm etw** *Blutprobe, Gewebsprobe etc* qn prélève qc à qn
3. (*schließen*) ▪ **jd entnimmt etw aus etw** qn déduit qc de qc; ▪ **jd entnimmt aus etw, dass** qn déduit [*o* conclut] de qc que + *indic*
entnerven * *vt* ▪ **jd/etw entnervt jdn** qn/qc énerve qn, qn/qc met qn à bout de nerfs; ▪ **~d** énervant(e), épuisant(e) nerveusement
entnervt I. *adj Blick* excédé(e); *Mensch a.* à bout [de nerfs], épuisé(e) nerveusement
II. *adv* excédé(e), à bout de nerfs
Entomologie <-> *f Ø* entomologie *f*
entpuppen * *vr* ▪ **jd entpuppt sich** qn se montre sous son vrai jour, qn jette le masque; ▪ **jd entpuppt sich als etw** qn se révèle être qc
entrahmen * *vt* ▪ **jd entrahmt etw** qn écrème qc
enträtseln * *vt* ▪ **jd enträtselt etw** *Geheimnis* qn perce qc à jour; *Sinn a.* qn élucide qc; *Schrift* qn déchiffre qc
entrechten * *vt* ▪ **jd entrechtet jdn** qn prive [*o* déchoit] qn de ses droits
Entrechtete(**r**) *f(m) decl wie adj, meist pl* opprimé(e) *m(f)*
Entrechtung <-, -en> *f* privation *f* des droits; ***etw bedeutet jds ~*** qc signifie pour qn la privation de ses droits
entreißen * *vt irreg* 1. (*wegreißen*) ▪ **jd entreißt jdm etw** qn arrache qc à qn; ***sie entriss ihm das Foto*** elle lui arracha la photo [des mains]
2. *geh* (*retten*) ▪ **jd entreißt jdn einer S.** (*dat*) qn arrache qn à qc
entrichten * *vt form* ▪ **jd entrichtet etw** qn règle qc, qn paie qc; (*auf ein Konto*) qn vire qc
Entrichtung *f form* règlement *m*, paiement *m*; (*auf ein Konto*) virement *m*
entringen * *vt irreg geh* ▪ **jd entringt jdm etw** qn arrache de force qc à qn
entrinnen * *vi irreg + sein geh* ▪ **jd entrinnt jdm/einer S.** qn échappe à qn/qc
▶ **es gibt für jdn kein E~** qn n'y échappera pas; ***es gibt kein E~, wir/ihr …*** nous n'y échapperons/vous n'y échapperez pas, nous/vous … **es gibt für jdn kein E~ vor etw** (*dat*) qn n'échappera pas à qc
entrollen * I. *vt + haben* ▪ **jd entrollt etw** qn déroule qc; *Segel* qn déploie qc
II. *vi + sein* ▪ **etw entrollt jdm** / *Kugel, Münze*/ qc échappe à qn et se met à rouler
III. *vr + haben geh* ▪ **etw entrollt sich** / *Geschehnisse, Bilder*/ qc défile
Entropie <-, -n> [-'piːən] *f* entropie *f*
entrosten * *vt* ▪ **jd entrostet etw** qn élimine la rouille de qc, qn dérouille qc; ▪ **etw wird entrostet** qc est débarrassé(e) de sa rouille
entrücken * *vt geh* ▪ **etw entrückt jdn einer S.** (*dat*) qc retranche qn de qc
entrückt *adj geh* absent(e); ▪ **jd ist ~** qn est dans un état second; ***jd wirkt ~*** qn donne l'impression d'être dans un état second
entrümpeln * *vt* 1. (*von Gerümpel befreien*) ▪ **jd entrümpelt etw** qn débarrasse qc
2. (*von Unnützem befreien*) ▪ **jd entrümpelt etw** *Lehrpläne* qn allège qc; *Vorschriften* qn débarrasse qc de ce qui l'encombre
Entrümp[**e**]**lung** <-, -en> *f* 1. (*das Entrümpeln*) *verbal übersetzt;* ***die ~ des Kellers dauerte Tage*** il a fallu des jours pour débarrasser la cave
2. (*Befreiung von Unnützem*) lifting *m*; [*Lehrpläne a.*] allègement *m*
entrüsten * I. *vt* ▪ **etw entrüstet jdn** qc scandalise qn, qc indigne qn
II. *vr* ▪ **jd entrüstet sich über jdn** qn est scandalisé(e) par qn; ▪ **jd entrüstet sich über etw** (*akk*) qn s'indigne de qc, qn se scandalise de qc
entrüstet I. *adj* indigné(e), outré(e); ▪ **jd ist über jdn/etw ~** qn est scandalisé(e) par qn/qc, qn est outré(e) de [*o* par] qc
II. *adv* d'un air outré [*o* scandalisé]; *rufen, sagen* d'un ton outré [*o* scandalisé]
Entrüstung *f* indignation *f*; ▪ **jds ~ über jdn/etw** l'indignation de qn contre qn/qc
▶ **voller ~** plein(e) d'indignation; **jd schnaubt vor ~** qn suffoque d'indignation
entsaften * *vt* 1. (*auspressen*) ▪ **jd entsaftet etw** qn presse le jus de qc
2. (*auskochen*) ▪ **jd entsaftet etw** *Obst* qn extrait le jus de qc
Entsafter <-s, -> *m* (*zum Entsaften mit Hitze*) extracteur *m* de jus de fruit; (*elektrisch*) centrifugeuse *f*
entsagen * *vi geh* ▪ **jd entsagt einer S.** (*dat*) qn renonce à qc
Entsagung <-, -en> *f geh* renoncement *m*
▶ **voller ~** mû(e) par le renoncement
entsagungsvoll *adj geh* 1. *Leben* tout(e) de renoncement
2. *Blick* plein(e) de renoncement; *Geste* en signe de renoncement

entsalzen * *vt* ▪ **jd entsalzt etw** qn dessale qc
Entsalzung <-, -en> *f* dessalement *m*
entschädigen * *vt* 1. JUR ▪ **jd entschädigt jdn** [**für etw**] qn dédommage qn [de qc], qn indemnise qn [pour qc]
2. (*kompensieren*) ▪ **jd entschädigt etw** [**durch/mit etw**] *Schaden, Verlust* qn compense qc [par [*o* au moyen de] qc]; ▪ **etw wird von jdm entschädigt** qc est indemnisé(e) par qn
3. (*ein Ausgleich sein*) ▪ **etw entschädigt jdn** [**für etw**] qc dédommage qn [de qc]
Entschädigung *f* 1. (*das Entschädigen*) dédommagement *m*, indemnisation *f*
2. (*Leistung*) indemnité *f*
▶ **jd bekommt** [*o* **erhält**] **etw als ~** qn reçoit qc en dédommagement; **jd zahlt jdm eine ~** qn paie [*o* verse] une indemnité à qn
Entschädigungs- *-forderung, -leistung* d'indemnisation; *~**anspruch*** droit *m* à indemnisation; *~**summe*** indemnité *f*
entschärfen * *vt* 1. (*den Zünder entfernen*) ▪ **jd entschärft etw** qn désamorce qc; ▪ **das E~** le désamorçage
2. (*weniger kritisch machen*) ▪ **jd entschärft etw** *Debatte, Lage, Problem, Tarifverhandlung* qn décrispe qc *fam*, qn dépassionne qc
3. (*weniger anstößig machen*) ▪ **jd entschärft etw** *Buch, Film* qn expurge qc, qn édulcore qc
Entscheid <-[e]s, -e> *m form s.* **Entscheidung**
entscheiden * *irreg* I. *vt* 1. (*beschließen*) ▪ **jd entscheidet, dass/ob/was/wann/wie** qn décide que + *indic*/si/ce qui/ce que/quand/comment
2. (*endgültig klären*) ▪ **jd entscheidet etw** *Fall, Streit, Zweifelsfrage* qn tranche qc; ▪ **jd/etw entscheidet etw** / *Spieler, Mannschaft, Votum, Wort, Pluspunkt, Umstand*/ qn/qc a une influence décisive sur qc; ▪ **jd/etw entscheidet etw für jdn/zugunsten eines Menschen** qn/qc fait pencher qc en faveur de qn; ▪ **etw ist entschieden** qc est décidé(e); / *Spiel*/ qc est joué(e); ***noch ist nichts entschieden*** les jeux ne sont pas encore faits
3. (*gewinnen*) ▪ **jd entscheidet etw für sich** *Auseinandersetzung, Entscheidungsspiel* qn fait tourner qc en sa faveur
II. *vi* ▪ **jd entscheidet** qn décide; ▪ **jd entscheidet für/gegen jdn/etw** qn tranche [*o* se prononce] en faveur de/contre qn/qc; ▪ **jd entscheidet über etw** (*akk*) qn statue sur qc
III. *vr* 1. (*eine Entscheidung treffen*) ▪ **jd entscheidet sich** qn se décide, qn prend une décision; ▪ **jd entscheidet sich** [**dazu**] **etw zu tun** qn se décide à faire qc, qn prend la décision de faire qc; ▪ **jd entscheidet sich für/gegen jdn/etw** qn se prononce en faveur de/contre qn/qc
2. (*sich herausstellen*) ▪ **es entscheidet sich, ob/wann/wer/wie/wie viel** on va voir si/quand/qui/comment/combien; ***es hat sich bisher noch nicht entschieden, wer die Stelle bekommen wird*** on ne sait pas encore qui aura le poste; *s. a.* **entschieden**
entscheidend I. *adj* 1. (*ausschlaggebend*) décisif(-ive); ▪ **von ~er …** *Bedeutung, Wichtigkeit* d'un/d'une … capital(e); ▪ **etw ist für jdn/etw ~** qc est décisif(-ive) [*o* capital(e)] pour qn/qc
2. *Fehler, Irrtum* grave
II. *adv beitragen, schwächen* de manière décisive; *schlagen* à plate[s] couture[s]
Entscheidung *f* 1. (*Beschluss*) décision *f*
2. JUR verdict *m*
3. SPORT résultat *m*; ***jd will eine ~ erzwingen*** qn veut emporter la décision; ***die ~ im Spiel fiel knapp aus*** l'issue du match a été serrée
▶ **finanzielle/gehaltliche ~** *form* décision *f* concernant les finances/salaires; **personelle ~** *form* décision *f* concernant le personnel; **es geht um die ~, ob/wer/wie** il s'agit de décider si/qui/comment; **jd kommt** [*o* **gelangt**] **zu einer ~** qn parvient à une décision; **die ~ liegt bei jdm** la décision appartient à qn; **jd spielt um die ~** qn joue pour emporter la décision; **jd steht vor einer ~** qn doit prendre une décision; **jd stellt jdn vor die ~** qn met qn au pied du mur; **jd trifft eine ~** qn prend une décision
Entscheidungsbefugnis *f* pouvoir *m* de décision ▶ **jd hat die ~** qn a le pouvoir de décision **Entscheidungsfreiheit** *f* liberté *f* de décision ▶ **jd hat völlige ~** qn a toute liberté de décision **Entscheidungsschlacht** *f* bataille *f* décisive, combat *m* décisif **Entscheidungsspiel** *nt* match *m* décisif **Entscheidungsträger**(**in**) *m(f)* décideur(-euse) *m(f)*
entschieden I. *pp von* **entscheiden**
II. *adj* 1. *Befürworter, Gegner* résolu(e), déterminé(e)
2. *Ablehnung, Gegnerschaft* catégorique; *Befürwortung* entier(-ière), total(e); *Stellungnahme* clair(e) [et net(te)]
III. *adv* 1. (*eindeutig*) incontestablement, sans conteste
2. *ablehnen, bekämpfen* catégoriquement, avec force
Entschiedenheit <-, -en> *f* détermination *f*, résolution *f*
▶ **mit** [**aller**] **~** catégoriquement, avec [la plus extrême] fermeté
entschlacken * I. *vt* ▪ **jd entschlackt etw** qn désintoxique qc, qn libère qc de ses toxines
II. *vi* ▪ **etw entschlackt** qc a un effet dépuratif
Entschlackung <-, -en> *f verbal übersetzt;* ***etw dient der ~ des Blutes*** qc sert à libérer le sang de ses toxines
entschlafen * *vi irreg + sein euph geh* ▪ **jd entschläft** qn rend le dernier soupir *soutenu*, qn expire *littér*
Entschlafene(**r**) *f(m) decl wie adj euph geh* défunt(e) *m(f) littér*
entschleiern * *vt geh* ▪ **jd entschleiert etw** *Geheimnis* qn dévoile qc, qn perce qc *littér*
entschließen * *vr irreg* ▪ **jd entschließt sich** qn se décide; ▪ **jd entschließt sich für/zu etw** qn opte pour qc, qn se détermine pour qc; *für ein Kleidungsstück, eine Urlaubsreise, den Kauf einer S. a.* qn se décide pour qc; ▪ **jd entschließt sich** [**dazu**] **etw zu tun** qn se décide à faire qc, qn prend la

décision de faire qc
▸ **jd kann** [*o* **mag**] **sich zu nichts** ~ qn n'arrive [*o* ne parvient] pas à se décider; *s. a.* **entschlossen**

Entschließung *f form* décision *f*
▸ **jd bringt eine** ~ **ein** qn dépose une résolution; **jd gelangt zu einer** ~ *form* qn parvient [*o* arrive] à prendre une décision; **jd nimmt eine** ~ **an** qn adopte une résolution

entschlossen I. *pp von* **entschließen**
II. *adj Handeln, Vorgehen, Maßnahme, Mensch* énergique
▸ **fest** ~ *Gesichtsausdruck* déterminé(e); *Mensch a.* bien décidé(e); ***fest ~ etw zu tun*** bien décidé(e) à faire qc; **jd ist fest** ~ la décision de qn est prise; **jd ist kurz** ~ qn n'y va pas par quatre chemins, qn ne tergiverse pas; **jd tut etw kurz** ~ qn n'y va pas par quatre chemins et fait qc, qn fait qc sans tergiverser; **wild** ~ *fam* remonté(e) à bloc *fam;* **zu allem** ~ prêt(e) à tout
III. *adv* avec détermination

Entschlossenheit <-> *f* ∅ détermination *f*
▸ **mit wilder** ~ *fam* remonté(e) à bloc *fam*

entschlummern * *vi + sein* 1. *euph geh* ■ **jd entschlummert** qn rend le dernier soupir *soutenu*, qn expire *littér*
2. *veraltend geh* (*einschlafen*) ■ **jd entschlummert** qn s'assoupit

entschlüpfen * *vi + sein* 1. (*entkommen*) ■ **jd/ein Tier entschlüpft** qn/un animal se sauve [*o* s'enfuit]; ■ **jd/ein Tier entschlüpft jdm** qn/un animal échappe à qn
2. (*entfahren*) ■ **etw entschlüpft jdm** qc échappe à qn

Entschluss[RR] *m* décision *f*
▸ **jd handelt aus eigenem** ~ qn agit de son propre chef [*o* de sa propre autorité]; **es ist jds fester** ~ **etw zu tun** qn a la ferme intention de faire qc, qn est fermement décidé(e) à faire qc; **ein löblicher/weiser** ~ une décision louable/une sage décision; **jd ändert seinen** ~ qn change d'avis; **jd fasst einen** ~, **jd kommt zu einem** ~ qn prend une décision; **jd kommt zu keinem** ~ qn n'arrive [*o* ne parvient] pas à prendre une décision

entschlüsseln * *vt* ■ **jd entschlüsselt etw** qn décode qc, qn décrypte qc

Entschlüsselung <-, -en> *f* décodage *m*, décryptage *m*

entschlussfreudig[RR] *adj* qui va de l'avant, avec un esprit de décision; ■ **jd ist** ~ qn va de l'avant, qn a l'esprit de décision **Entschlussfreudigkeit**[RR] <-> *f* ∅ esprit *m* de décision **Entschlusskraft**[RR] *f* ∅ esprit *m* de décision ▸ **jd besitzt** [*o* **hat**] ~ qn a l'esprit [*o* un esprit] de décision; **jdm fehlt** [*o* **mangelt**] **es an** ~ qn manque d'esprit de décision

entschlusslos[RR] I. *adj* irrésolu(e)
II. *adv* sans pouvoir se décider

entschuldbar *adj* excusable, pardonnable

entschuldigen * I. *vi* ***entschuldige, ich tu das nicht wieder*** excuse-moi [*o* pardon], je ne recommencerai pas; ~ ***Sie, können Sie mir sagen, ...*** s'il vous plaît [*o* excusez-moi] [*o* pardon], pouvez-vous me dire ...
▸ **Sie müssen** [**schon**] ~, ... je vous demande pardon, ..., excusez-moi, ...
II. *vr* 1. (*um Verzeihung bitten*) ■ **jd entschuldigt sich** [**bei jdm**] [**für/wegen etw**] qn s'excuse [auprès de qn] [de qc/de faire qc]; ***ich muss mich bei Ihnen wegen meines Zuspätkommens*** ~ je vous prie de bien vouloir excuser mon retard
2. (*ein Versäumnis begründen*) ■ **jd entschuldigt sich** [**bei jdm**] */Schüler/* qn s'excuse [auprès de qn]; ■ **jd lässt sich** [**bei jdm/von jdm**] ~ */Gesprächspartner etc/* qn se fait excuser [auprès de qn/par qn]
III. *vt* 1. (*als verzeihlich begründen*) ■ **jd entschuldigt etw mit etw** *Fehler, Versäumnis* qn excuse qc en invoquant qc; ***etw ist durch nichts zu*** ~ qc n'est pas excusable [*o* pardonnable]
2. SCOL ■ **jd entschuldigt jdn/etw** [**bei jdm**] qn excuse qn/qc [auprès de qn]; ***ich möchte meine Tochter für morgen*** ~ je vous prie de bien vouloir excuser l'absence de ma fille demain
3. ■ **etw entschuldigt etw** *Fehler, Versäumnis* qc excuse qc
4. (*verzeihen*) ■ **jd entschuldigt etw** qn excuse qc
5. (*gehen lassen*) ■ **jd entschuldigt jdn** qn excuse qn

entschuldigend *adj Ton, Tonfall, Geste* d'excuse

Entschuldigung <-, -en> *f* 1. (*Bitte um Verzeihung*) excuses *fpl*
2. SCOL mot *m* d'excuse
▸ **jd bittet um** ~ qn demande qu'on l'excuse; ***jd bittet sehr/vielmals um*** ~ qn se confond en excuses; **jd bittet wegen etw um** ~ qn demande qu'on excuse son/sa qc; **jd bittet jdn** [**wegen etw**] **um** ~ qn demande à [*o* prie] qn de l'excuser [de qc]; ***ich bitte um ~, aber ich habe mich etwas verspätet*** excuse-moi/excusez-moi, mais je suis un peu en retard; **ich bitte um** ~, **aber ...?** je te/vous demande pardon, ...?; **jd bittet um** ~, **dass/weil:** ***er bittet um ~, dass/weil er das gemacht hat*** il s'excuse d'avoir fait ça; ***ich bitte um ~, dass ich mich verspätet habe*** veuillez excuser mon retard; ***ich muss Sie um ~ bitten, wenn ich Sie verletzt habe*** je vous prie de bien vouloir m'excuser si je vous ai offensé; **jd schreibt jdm eine** ~ qn écrit [*o* fait] à qn un mot d'excuse; **als** [*o* **zur**] ~ **für etw** pour excuser qc; **ohne** ~ SCOL sans [mot d']excuse; **zu jds** ~ à la décharge de qn; ***etw dient jdm zu seiner*** ~ qc sert d'excuse à qn; ~! (*Verzeihung*) pardon!, excuse-moi/excusez-moi!; ~, ...? s'il vous plaît, ...?, pardon, ...?

entschweben * *vi + sein hum geh* ■ **jd entschwebt** qn tire sa révérence, qn s'envole vers d'autres horizons

entschwefeln * *vt* ■ **jd/etw entschwefelt etw** qn désulfure qc

Entschwefelung <-, -en> *f* désulfuration *f*

entschwinden * *vi irreg + sein geh* 1. (*verschwinden*) ■ **jd/etw entschwindet** [**irgendwohin**] qn/qc disparaît [quelque part]
2. (*vergehen*) ■ **etw entschwindet** */Zeit, Stunden etc/* qc fuit *littér*

entseelt *adj, adv geh* inanimé(e), sans vie **Entseelte**(**r**) *f(m) decl wie adj geh* défunt(e) *m(f) littér*

entsenden * *vt irreg o reg* 1. PARL ■ **jd entsendet jdn in etw** (*akk*)/**zu etw** qn délègue qn à qc
2. (*schicken*) ■ **jd entsendet jdn** [**zu jdm**] qn envoie qn [auprès de qn]

Entsendung *f* 1. [*Abgeordnete etc*] délégation *f*
2. [*Boten*] envoi *m*

entsetzen * I. *vt* ■ **jd/etw entsetzt jdn** qn/qc horrifie qn, qn/qc épouvante qn; ■ **etw entsetzt jdn** (*fassungslos machen*) qc effare qn
II. *vr* ■ **jd entsetzt sich** [**über jdn/etw**] qn est horrifié(e) [par qn/qc], qn est effaré(e) [par qc]

Entsetzen <-s> *nt* ∅ horreur *f*, épouvante *f*
▸ **voller** [*o* **mit**] ~ avec horreur [*o* effroi] [*o* épouvante]; **vor** ~ d'horreur, d'épouvante; **zu jds** [...] ~ *großem, größtem* à la grande frayeur [*o* au grand effroi] de qn

Entsetzensschrei *m* cri *m* d'horreur [*o* d'effroi] [*o* d'épouvante]

entsetzlich I. *adj* 1. (*schrecklich*) horrible, épouvantable
2. *fam* (*unerhört*) horrible, épouvantable
▸ **wie** ~! quelle horreur!
II. *adv* 1. (*in furchtbarer Weise*) affreusement, horriblement; ***du siehst ~ aus!*** mais tu es affreuse [*o* horrible]!
2. *fam kalt, heiß* affreusement, horriblement, épouvantablement; ***diese Bluse sieht ~ bunt aus*** ce chemisier de toutes les couleurs est affreux [*o* horrible]

entsetzt I. *adj Mensch, Blick* épouvanté(e), horrifié(e); *Schrei* d'épouvante, d'horreur; ■ **jd ist ~ über jdn/etw** qn est horrifié(e) [par qn/qc], qn est effaré(e) [par qc]
II. *adv anstarren* l'air épouvanté [*o* horrifié]; ***jd schreit ~ auf*** qn pousse un cri/des cris d'épouvante [*o* d'effroi] [*o* d'horreur]

entseuchen * *vt* ■ **jd entseucht etw** qn décontamine qc

entsichern * *vt* ■ **jd entsichert etw** qn enlève [*o* ôte] le cran de sûreté de qc

entsinnen * *vr irreg geh* ■ **jd entsinnt sich** [**jds/einer S.**] [*o* **an jdn/etw**] qn se souvient [de qn/qc], il souvient à qn de qn/qc *littér;* ***entsinnst du dich noch?*** t'en souvient-il? *littér*
▸ **wenn ich mich recht entsinne** si mes souvenirs sont exacts

entsorgen * *vt* 1. (*wegschaffen*) ■ **jd entsorgt etw** qn évacue qc
2. (*von Abfallstoffen befreien*) ■ **jd entsorgt etw** *Stadt, Stadtteil* qn nettoie qc

Entsorgung <-, -en> *f* [*Müll etc*] évacuation *f;* ***etw dient der ~ einer Stadt*** [***von etw***] qc sert à débarrasser une ville [de qc]

Entsorgungsbetrieb *m* usine *f* de traitement des déchets

entspannen * I. *vr* 1. PHYSIOL ■ **jd/etw entspannt sich** qn/qc se détend; ■ **entspannt** détendu(e)
2. (*sich beruhigen*) ■ **etw entspannt sich** */Lage, Verhältnis/* qc se détend
II. *vt* 1. (*lockern*) ■ **jd/etw entspannt jdn/etw** *Muskeln, Nerven etc* qn/qc détend qn/qc
2. (*beruhigen*) ■ **jd/etw entspannt etw** *Lage, Verhältnis* qn/qc détend qc, qn/qc décrispe qc *fam*

Entspannung *f* détente *f*
▸ **zur** ~ pour se détendre

Entspannungspolitik *f* politique *f* de détente

entspinnen * *vr irreg* ■ **etw entspinnt sich** [**aus etw**] qc se tisse [à partir de qc]

entsprechen * *vi irreg* 1. (*übereinstimmen*) ■ **etw entspricht einer S.** (*dat*) qc correspond à qc; */Gemälde, Skizze, Zeichnung a./* qc ressemble à qc
2. (*genügen*) ■ **jd/etw entspricht einer S.** (*dat*) *Anforderungen, Bedingungen, Kriterien* qn/qc répond à qc, qn/qc satisfait à qc
3. *geh* (*nachkommen*) ■ **jd entspricht einer S.** (*dat*) *jds Bitte, Wunsch etc* qn accède à qc

entsprechend I. *adj* 1. (*angemessen*) *Entschädigung, Gehalt, Vergütung* en conséquence; ***das braucht seine ~e Zeit*** ça dure ce que ça doit durer; ■ **einer S.** (*dat*) ~ en rapport avec qc, correspondant à qc
2. (*gemäß*) *Benehmen, Kleidung* approprié(e); ■ **einer S.** (*dat*) ~ adapté(e) à qc, approprié(e) à qc
3. (*zuständig*) *Auskunft, Sachbearbeiter* autorisé(e)
4. (*dementsprechend*) ■ **etw ist** ~ qc est à l'avenant
II. *adv bezahlen, sich benehmen, handeln* en conséquence, à l'avenant; ***die Preise waren recht gering/hoch, die Qualität war auch ~ schlecht/gut*** les prix étaient vraiment bas/élevés, la qualité était à l'avenant
III. *präp* ■ **einer S.** (*dat*) ~ conformément à qc, en fonction de qc

Entsprechung <-, -en> *f* 1. (*Gegenstück*) pendant *m*
2. (*Übereinstimmung*) correspondance *f*, point *m* commun

entspringen * *vi irreg + sein* 1. GEOG ■ **etw entspringt irgendwo** */Fluss/* qc prend sa source quelque part
2. (*seinen Ursprung haben*) ■ **etw entspringt einer S.** (*dat*) qc sort de qc, qc est le fruit de qc

entstammen * *vi + sein* 1. (*aus etw stammen*) ■ **jd entstammt einer S.** (*dat*) qn est issu(e) de qc
2. (*herrühren*) ■ **etw entstammt einer S.** (*dat*) */Begriff, Bezeichnung, Schimpfwort/* qc vient de qc; */Kunstgegenstand, Gemälde, Mobiliar/* qc provient de qc

entstauben * *vt* ■ **jd entstaubt etw** qn dépoussière qc

entstehen * *vi irreg + sein* 1. (*zu existieren beginnen*) ■ **jd/etw entsteht** [**aus/durch etw**] qn/qc se constitue [à partir de qc]; */Kunstwerk, Gebäude, Stadtteil/* qc naît de qc; ***das Haus ist in 8 Monaten entstanden*** la maison a été érigée [*o* construite] en l'espace de huit mois
2. ■ **etw entsteht** */Brand, Streit, Unruhe/* qc se déclenche
3. CHEM ■ **etw entsteht** qc se forme, qc se constitue
4. (*sich ergeben*) ■ **jdm entsteht etw** */Kosten, Nachteile, Verpflichtungen/* il en résulte qc pour qn; ■ **jdm entsteht etw aus/durch etw** il résulte de qc qc pour qn

▸ **etw ist im E~ begriffen** *geh* qc est en cours de réalisation

Entstehung <-, -en> *f* **1.** (*das Werden*) [*Pflanze, Tier*] naissance *f;* [*Leben a.*] origine *f;* [*Kunstwerk*] éclosion *f*, création *f;* [*Gebäude*] construction *f;* ***die ~ des Lebens geschah vor Milliarden von Jahren*** la vie s'est constituée il y a des milliards d'années
2. [*Brand, Streit, Unruhe*] déclenchement *m*
3. CHEM formation *f*

Entstehungsgeschichte *f* [*Werk, Kultur*] genèse *f* **Entstehungsort** *m* lieu *m* de création

entsteigen * *vi irreg + sein geh* **1.** (*aussteigen*) ▪ **jd entsteigt einer S.** (*dat*) *einem Fahrzeug* qn descend de qc; *dem Bad, Wasser* qn sort de qc
2. (*aufsteigen*) ▪ **etw entsteigt einer S.** (*dat*) */Dämpfe, Schwaden/* qc se dégage de qc

entsteinen * *vt* ▪ **jd entsteint etw** qn dénoyaute qc

entstellen * *vt* **1.** (*verunstalten*) ▪ **etw entstellt jdn** qc défigure qn; ▪ **etw entstellt etw** qc déforme qc; */Peitschenhieb/* qc lacère qc; *Leiche* qc rend qc méconnaissable
2. (*verzerren*) ▪ **etw entstellt etw** */Hass, Schmerz/* qc déforme qc, qc altère qc; ▪ **von etw entstellt** déformé(e) [*o* altéré(e)] par qc
3. (*verzerrt wiedergeben*) ▪ **jd/etw entstellt etw** *Vorfall* qn/qc déforme qc, qn/qc dénature qc; *Wahrheit a.* qn/qc altère qc
▸ **jd/etw gibt etw entstellt wieder** qn/qc rend compte de qc en le/la déformant

Entstellung *f* **1.** (*Verunstaltung*) défiguration *f rare;* (*Narbe*) marque *f;* ***etw kann zur völligen ~ des Gesichts führen*** qc peut défigurer complètement
2. (*Verzerrung*) [*Ereignis, Vorfall*] déformation *f;* [*Tatsachen, Wahrheit a.*] altération *f*

entsticken *vt* ▪ **jd entstickt etw** qn dénitrogène qc

Entstickung <-, -en> *f* dénitrogénation *f*

entstören * *vt* ▪ **jd entstört etw** qn déparasite qc

Entstörung *f* déparasitage *m*

Entstörungsstelle *f s.* **Störungsstelle**

entströmen * *vi + sein geh* ▪ **etw entströmt einer S.** (*dat*) qc s'écoule de qc, qc coule de qc

enttabuisieren * *vt geh* ▪ **jd/etw enttabuisiert etw** qn/qc lève les tabous qui pèsent sur qc

enttarnen * *vt* ▪ **jd enttarnt jdn [als etw]** qn démasque qn [comme étant qc]

enttäuschen * **I.** *vt* ▪ **jd/etw enttäuscht jdn/etw** qn/qc déçoit qn/qc
II. *vi* ▪ **jd/etw enttäuscht** */Sportler, Mannschaft/* qn/qc déçoit, qn/qc est décevant(e); */Auto, Elektrogerät/* qc se révèle décevant(e)

enttäuschend **I.** *adj* décevant(e)
II. *adv schlecht, kurz* singulièrement; ***die Mannschaft hat ~ gespielt*** l'équipe a été décevante; ***unser Gespräch ist ~ verlaufen*** notre entretien a été décevant

enttäuscht **I.** *adj Mensch* déçu(e); *Blick, Stimme* empreint(e) de déception; ▪ **jd ist über jdn/etw [*o* von jdm/etw] ~** qn est déçu(e) par qn/qc [*o* de qc]
▸ **jd sieht ~ aus** qn a l'air déçu
II. *adv blicken* d'un air déçu; *sagen* d'un ton déçu; ***deine Stimme klingt/du klingst ~*** ta voix trahit ta déception/à t'entendre, on sent que tu es déçu(e)

Enttäuschung *f* déception *f*
▸ **jd bereitet jdm eine ~** qn déçoit [les espérances [*o* les attentes] de] qn; **zu jds ~** à la grande déception de qn; ***zu ihrer großen ~*** à sa grande déception

entthronen * *vt geh* ▪ **jd entthront jdn** qn détrône qn

entvölkern * **I.** *vt* ▪ **etw entvölkert etw** */Epidemie, Krieg/* qc dépeuple qc; *hum /schlechtes Wetter, attraktiver Anlass/* qc vide qc
II. *vr hum* ▪ **etw entvölkert sich** qc se vide

Entvölkerung <-> *f Ø* dépeuplement *m*

entwachsen * [-ks-] *vi irreg + sein geh* ▪ **jd entwächst einer S.** (*dat*) qn dépasse qc; ***du bist diesen Kindereien doch wohl ~!*** tu as passé l'âge de ces enfantillages!

entwaffnen * *vt* **1.** (*die Waffen abnehmen*) ▪ **jd entwaffnet jdn** qn désarme qn
2. (*mild stimmen*) ▪ **jd/etw entwaffnet jdn** qn/qc désarme qn

entwaffnend **I.** *adj* désarmant(e)
II. *adv:* ***jd lächelt ~*** qn a un sourire désarmant

Entwaffnung <-, -en> *f* désarmement *m;* ***ihm gelang die ~ des Angreifers*** il parvint à désarmer l'agresseur

entwarnen * *vi* ▪ **es wird entwarnt,** ▪ **man entwarnt** la fin de l'alerte est donnée, le signal de fin d'alerte est donné

Entwarnung *f* signal *m* de fin d'alerte; ~! ***sagte er*** l'alerte est passée, dit-il
▸ **jd/etw gibt ~** qn donne le signal de la fin de l'alerte [*o* de fin d'alerte]

entwässern * *vt* (*alle Bedeutungen*) ▪ **jd/etw entwässert etw** qn/qc assèche qc

Entwässerungsgraben *m* drain *m*, fossé *m* de drainage

entweder *conj* ▸ **~ ..., oder ...** ou [bien] ..., ou [bien] ...; **~ oder!** [c'est] l'un ou l'autre!

Entweder-oder[RR] <-, -> *nt* alternative *f*

entweichen * *vi irreg + sein* **1.** (*austreten*) ▪ **etw entweicht [aus [*o* durch] etw]** */Gas, Luft/* qc fuit [de qc]
2. *geh* (*fliehen*) ▪ **jd entweicht [aus etw]** qn s'enfuit [*o* s'échappe] [de qc]; *aus Haftanstalt a.* qn s'évade [de qc]

entweihen * *vt* ▪ **jd/etw entweiht etw** qn/qc profane qc

Entweihung <-, -en> *f* profanation *f*

entwenden * *vt geh* **1.** (*stehlen*) ▪ **jd entwendet [jdm] etw** qn dérobe qc [à qn] *littér;* ▪ **jd entwendet etw aus etw** qn détourne qc de qc
2. *hum* (*an sich nehmen*) ▪ **jd entwendet jdm etw** qn subtilise qc à qn

entwerfen * *vt irreg* **1.** (*gestalten*) ▪ **jd entwirft [jdm] etw** qn conçoit qc [pour qn]; *Gartenanlage, Gebäude etc* qn fait [à qn] les plans de qc
2. (*ausarbeiten*) ▪ **jd entwirft etw** *Rede, Predigt* qn élabore qc; ***jd entwirft ein Gesetz*** qn élabore un projet de loi

entwerten * *vt* **1.** (*ungültig machen*) ▪ **jd/etw entwertet etw** *Fahrschein, Eintrittskarte* qn/qc composte qc, qn/qc valide qc; *Briefmarke* qn/qc oblitère qc; *Banknoten, Münzen* qn dévalue qc, qn déprécie qc
2. (*im Wert mindern*) ▪ **jd/etw entwertet etw** qn/qc déprécie qc

Entwerter <-s, -> *m* composteur *m*

Entwertung *f* **1.** [*Eintrittskarte, Fahrschein*] compostage *m*, validation *f;* [*Briefmarke*] oblitération *f;* [*Banknoten, Münzen*] dépréciation *f*, dévaluation *f*
2. (*Wertminderung*) [*Alibi, Aussage etc*] *verbal übersetzt;* ***etw führt zur ~ einer S.*** (*gen*) qc a pour effet de diminuer la crédibilité de qc

entwickeln * **I.** *vt* **1.** IND ▪ **jd entwickelt etw** *Auto, Gerät* qn élabore qc; *Mittel, Verfahren a.* qn développe qc; (*am Bildschirm*) qn conçoit qc
2. (*entwerfen*) ▪ **jd entwickelt etw** *Gedankengang, Plan* qn élabore qc; *Theorie a.* qn développe qc
3. (*entfalten*) ▪ **jd entwickelt etw** *Talent, Fähigkeit* qn développe qc; *Kräfte, Energie* qn déploie qc
4. PHOT ▪ **jd entwickelt etw** qn développe qc
5. (*entstehen lassen*) ▪ **etw entwickelt etw** *Gase, Hitze, hohe Temperaturen* qc dégage qc
▸ **hoch entwickelt** *Kultur, Reich, Volk* très développé(e); TECH *Maschine, Methode, Verfahren* ultraperfectionné(e)
II. *vr* **1.** (*sich entfalten*) ▪ **jd entwickelt sich** qn se développe; ▪ **etw entwickelt sich** */Pflanze/* qc se développe; ▪ **jd/etw entwickelt sich zu etw** qn/qc devient qc
2. *pej fam* (*sich entpuppen*) ▪ **jd entwickelt sich: *du hast dich ja ganz schön entwickelt!*** qui aurait cru ça de toi! *fam;* ***ich hätte nie gedacht, dass sie sich so ~ würde*** j'aurais jamais cru qu'elle tournerait [*o* évoluerait] comme ça *fam*
3. (*vorankommen*) ▪ **etw entwickelt sich** */Projekt, Verhandlungen/* qc prend tournure; ▪ **etw entwickelt sich ...** *erstaunlich, positiv* qc prend une tournure ...
4. POL ▪ **etw entwickelt sich** */unterentwickelte Nation, Entwicklungsland/* qc se développe; ▪ **etw entwickelt sich zu etw** qc devient qc
5. CHEM ▪ **etw entwickelt sich** */Gase, hohe Temperaturen/* qc se dégage; */Verbindung/* qc se produit

Entwickler <-s, -> *m* révélateur *m*

Entwicklung <-, -en> *f* **1.** (*das Entwickeln*) mise *f* au point; [*Auto, Gerät a.*] conception *f;* [*Präparat, Verfahren a.*] élaboration *f*, développement *m*
2. (*das Entwerfen*) [*Plan*] élaboration *f;* [*Theorie a.*] développement *m*
3. (*Entfaltung*) [*Kind, Fähigkeiten*] développement *m;* [*Pflanze a.*] croissance *f;* [*Kräfte, Energie*] déploiement *m*
4. PHOT développement *m*
5. (*das Vorankommen*) [*Projekt, Verhandlungen*] évolution *f*
6. [*unterentwickelte Nation, Entwicklungsland*] développement *m*
7. CHEM [*Gas, Rauch etc*] dégagement *m;* [*Flüssigkeit, Verbindung etc*] formation *f*
▸ **eine rückläufige ~ [bei/von etw]** une régression [*o* une évolution à la baisse] [de qc]; **etw ist [*o* befindet sich] [noch] in der ~** qc en est [encore] au stade de la conception; **jd ist noch in der ~** qn est en période de croissance; **in der ~** pendant la croissance

Entwicklungsdienst *m* aide *f* aux pays en voie de développement ▸ **jd geht in den ~** qn part en coopération, qn fait de la coopération **entwicklungsfähig** *adj* **1.** *Design, Konzept, Text* évolutif(-ive) **2.** *Mitarbeiter* capable de progresser **Entwicklungsgeschichte** *f* génétique *f* **Entwicklungshelfer(in)** *m(f)* coopérant(e) *m(f)* **Entwicklungshilfe** *f* **1.** POL aide *f* au[x pays en voie de] développement, coopération *f* **2.** FIN fonds *m* d'aide au développement ▸ **jd geht in die ~** qn part en coopération, qn fait de la coopération **Entwicklungsjahre** *pl* ▸ **jd ist [*o* befindet sich] in den ~n** qn est en période de puberté, qn fait sa puberté **Entwicklungsland** *nt* pays *m* en voie de développement **Entwicklungsstufe** *f* stade *m* de développement [*o* d'évolution] **Entwicklungszeit** *f* **1.** [*Jugendliche*] puberté *f* **2.** PHOT temps *m* de développement

entwinden * *irreg* **I.** *vt geh* ▪ **jd entwindet jdm etw** qn arrache qc à qn [*o* des mains de qn]
II. *vr geh* ▪ **jd entwindet sich jdm** qn échappe à l'étreinte de qn; ▪ **jd entwindet sich einer S.** (*dat*) qn se dégage de qc

entwirren * *vt* ▪ **jd entwirrt etw** qn démêle qc, qn débrouille qc

entwischen * *vi + sein* ▪ **jd/ein Tier entwischt [aus etw]** qn/un animal s'échappe [*o* se sauve] [de qc]; ▪ **jd/ein Tier entwischt jdm** qn/un animal échappe à qn

entwöhnen * *vt* **1.** ▪ **jd entwöhnt jdn** *einen Säugling* qn sèvre qn
2. (*nicht mehr gewöhnt sein*) ▪ **jd ist [einer S. (*dat*)] entwöhnt** qn a perdu l'habitude [de qc]

entwürdigend *adj* dégradant(e), humiliant(e); ▪ **es ist ~, wie ...** la façon dont ... est dégradante [*o* humiliante]

Entwürdigung *f* humiliation *f*, avilissement *m*

Entwurf *m* **1.** (*Skizze*) projet *m;* (*eines Modemachers*) croquis *m*, dessin *m*
2. (*Design*) design *m*
3. (*schriftliche Planung*) [*Richtlinien, Plan*] élaboration *f;* [*Gesetz*] projet *m;* ***etw ist nur ein erster ~*** qc n'est qu'un premier jet
▸ **im ~** à l'état de projet; (*als Skizze*) sur plan; ***das neue Gesetz ist im ~ fertig*** le projet de nouvelle loi est terminé

entwurzeln * *vt* ▪ **etw entwurzelt jdn/etw** qc déracine qn/qc

Entwurzelung <-, -en> *f* déracinement *m*

entzaubern * *vt* **1.** *geh* (*den Glanz nehmen*) ■ **etw entzaubert jdn** qn fait descendre qn de son piédestal; ■ **jd/etw entzaubert etw** qn/qc fait tomber de haut qc
2. *geh* (*von einem Zauber befreien*) ■ **jd entzaubert jdn** qn désensorcelle qn, qn désenvoûte qn
entzerren * *vt* **1.** (*zeitlich*) ■ **jd entzerrt etw** *Beginn der Ferien* qn étale qc; ■ **etw entzerrt etw** qc permet d'étaler qc
2. TRANSP ■ **jd entzerrt etw** *Verkehr, Verkehrsströme* qn étale qc; ■ **etw entzerrt etw** qc permet d'étaler qc
3. (*verständlicher machen*) ■ **jd entzerrt etw** *Übertragungsqualität* qn égalise qc, qn corrige la distorsion de qc; *Text, komplexe Formulierung* qn décompose qc; *Sätze, Konstruktionen* qn dissocie qc, qn scinde qc
Entzerrung *f* [*Verkehr*] étalement *m*
entziehen * *irreg* **I.** *vt* **1.** ADMIN ■ **jd entzieht jdm etw** *Führerschein, Erlaubnis etc* qn retire qc à qn
2. (*nicht länger geben*) ■ **jd entzieht jdm etw** *Unterstützung, Vertrauen, Zuneigung* qn retire qc à qn
3. (*fernhalten*) ■ **etw entzieht jdn einer S.** (*dat*) *jds Blicken, Kontrolle, Zugriff, der Gerichtsbarkeit, Gerechtigkeit* qc soustrait qn à qc
4. (*wegziehen*) ■ **jd entzieht jdm etw** *Arm, Hand* qn dégage [*o* retire] qc que qn tient
5. (*entnehmen*) ■ **etw entzieht einer S.** (*dat*) **etw** *Feuchtigkeit, Nährstoffe* qc absorbe qc d'une chose
6. CHEM ■ **etw entzieht einer S.** (*dat*) **etw** *Wasser, giftige Inhaltsstoffe* qc absorbe [*o* extrait] qc d'une chose
II. *vr* **1.** (*sich losmachen*) ■ **jd entzieht sich jdm/einer S.** *jds Annäherungsversuchen, Umarmung, der Verfolgung* qn se dérobe à qn/qc
2. ■ **etw entzieht sich einer S.** (*dat*) *jds Kenntnis, Wissen, Zuständigkeit* qc est en dehors de qc
Entziehung *f* **1.** ADMIN [*Führerschein, Lizenz etc*] retrait *m*
2. (*Entzug*) [*Unterstützung, Vertrauen*] retrait *m*
3. (*Entziehungskur*) cure *f* de désintoxication
Entziehungskur *f* cure *f* de désintoxication
► **jd macht eine** ~ qn suit une [*o* est en] cure de désintoxication
entzifferbar *adj* déchiffrable; ■ **etw ist/wird [für jdn]** ~ qc peut être déchiffré(e) [par qn]
entziffern * *vt* **1.** (*lesen*) ■ **jd entziffert etw** qn déchiffre qc
2. (*entschlüsseln*) ■ **jd entziffert etw** qn déchiffre qc, qn décode qc
Entzifferung <-, -en> *f* déchiffrement; [*Geheimschrift, Funkspruch, verschlüsselte Nachricht etc a.*] décodage *m*; ***die ~ der Schrift wird eine Weile dauern*** il faudra un certain temps pour déchiffrer l'écriture; ***für die ~ dieser Nachricht werde ich Tage brauchen*** j'aurai besoin de plusieurs jours pour déchiffrer [*o* décoder] cette information
entzücken * *vt* ■ **etw entzückt jdn** qc ravit qn, qc enchante qn; ■ **jd ist [über etw** (*akk*)**] entzückt** qn est ravi(e) [de qc]; ■ **jd ist [von jdm] entzückt** qn est sous le charme [de qn]
► **jd ist [von etw] wenig entzückt** qn est loin d'être ravi(e) [de qc]
Entzücken <-s> *nt* ∅ ravissement *m*, enchantement *m*
► **jd gerät [über etw** (*akk*)**] in** ~ qn tombe sous le charme [de qc]; **zu jds [größten]** ~ au grand plaisir de qn; ***zu meinem größten ~*** à mon grand plaisir
entzückend *adj* ravissant(e)
► **das ist ja** ~! *iron* [voilà qui est] charmant!
Entzug <-[e]s> *m* ∅ **1.** ADMIN [*Führerschein, Lizenz etc*] retrait *m*
2. MED désaccoutumance *f*; ***der ~ von Alkohol dauert viele Monate*** il faut de nombreux mois pour se désaccoutumer de l'alcool
3. (*Entziehungskur*) cure *f* de désintoxication
► **kalter** ~ sevrage *m*; **jd ist auf** ~ *sl* qn suit une [*o* est en] cure de désintoxication
Entzugserscheinung *f* syndrome *m* de manque
entzündbar *adj* inflammable
entzünden * **I.** *vt* **1.** MED ■ **etw entzündet etw** qc infecte qc, qc enflamme qc
2. *geh* (*anzünden*) ■ **jd entzündet etw** *Kerze* qn allume qc; *Holzstoß, Fackel a.* qn enflamme qc
II. *vr* **1.** MED ■ **etw entzündet sich** qc s'infecte, qc s'enflamme; ■ **entzündet** infecté(e), enflammé(e)
2. (*in Brand geraten*) ■ **etw entzündet sich** qc s'enflamme
3. (*entstehen*) ■ **etw entzündet sich an etw** (*dat*) /*Begeisterung, Streit*/ une chose fait s'enflammer qc
entzündlich *adj* **1.** (*infektiös*) infectieux(-euse), inflammatoire
2. (*sich leicht entzündend*) ■ **etw ist [...]** ~ /*Mandeln, Organ*/ qc s'infecte [*o* s'enflamme] [...]
3. *Gas, Brennstoff* inflammable
Entzündung *f* infection *f*, inflammation *f*
► **akute/chronische** ~ infection aiguë/chronique
-entzündung *f* infection *f* [*o* inflammation *f*] du/de la/des
entzündungshemmend *adj* anti-inflammatoire, anti-infectieux(-euse); ■ **etw ist** [*o* **wirkt**] ~ qc est [un] anti-inflammatoire [*o* [un] anti-infectieux], qc a un effet anti-inflammatoire [*o* anti-infectieux] **Entzündungsherd** *m* foyer *m* infectieux
entzwei *adj* ■ **etw ist** ~ /*Geschirrteil, Krug, Glas etc*/ qc est cassé(e), qc est brisé(e); /*Faden, Seil*/ qc est coupé(e); /*Kleidungsstück*/ qc est déchiré(e)
entzwei|brechen *irreg* **I.** *vi + sein* ■ **etw bricht entzwei** qc se casse, qc se brise
II. *vt + haben* ■ **jd bricht etw entzwei** *Brot, Brötchen* qn rompt qc; *Oblate a.* qn brise qc; *Stock* qn casse qc
entzweien * **I.** *vt* ■ **jd/etw entzweit sie** qn/qc les divise
II. *vr* ■ **jd entzweit sich mit jdm** qn se brouille avec qn; ■ **sie ~ sich [wegen etw]** ils/elles se brouillent [pour [*o* à cause de] qc]
entzwei|gehen *vi irreg + sein* ■ **etw geht entzwei** qc se brise, qc se casse
Entzweiung <-, -en> *f* brouille *f*, différend *m*
en vogue [ã'vo:k] *adj geh* ■ **etw ist ~ ~** qc est en vogue, qc est à la mode
Enzephalogramm <-gramme> *nt* encéphalogramme *m*
Enzian <-s, -e> *m* (*Blume, Schnaps*) gentiane *f*
Enzyklika <-, Enzykliken> [ɛn'tsy:klika] *f* encyclique *f*
Enzyklopädie <-, -n> [-'di:ən] *f* encyclopédie *f*
enzyklopädisch **I.** *adj* encyclopédique
II. *adv*: ***jd ist ~ gebildet*** qn a des connaissances encyclopédiques
Enzym <-s, -e> [ɛn'tsy:m] *nt* enzyme *f*
Epen *pl von* **Epos**
Epidemie <-, -n> [-'mi:ən] *f* épidémie *f*
-epidemie *f* épidémie *f* de; ***Virus~*** épidémie *f* virale
epidemisch *adj* épidémique
Epigone <-n, -n> *m geh* épigone *m littér*
Epigramm <-gramme> *nt* épigramme *f*
Epik <-> *f* ∅ littérature *f* [*o* genre *m*] épique
Epikureer(in) <-s, -> *m(f)* épicurien(ne) *m(f)*
Epilepsie <-, -n> [-'psi:ən] *f* épilepsie *f*
Epileptiker(in) <-s, -> *m(f)* épileptique *mf*
epileptisch **I.** *adj Veranlagung* épileptique; *Anfall, Symptom a.* d'épilepsie
II. *adv*: ***jd ist ~ veranlagt*** qn est prédisposé(e) à l'épilepsie
Epilog <-s, -e> *m* épilogue *m*
episch *adj* **1.** *Gedicht* épique
2. *geh* (*endlos ausschmückend*) prolixe
► **jd wird** ~ qn en rajoute
Episode <-, -n> *f* épisode *m*
Epitaph <-s, -e> *nt geh* **1.** (*Gedenktafel*) ex-voto *m*
2. (*Grabinschrift*) épitaphe *f*
Epizentrum *nt* épicentre *m*
epochal *adj* qui fait date; ■ **etw ist** ~ qc fait date
Epoche <-, -n> *f* époque *f*
► **etw macht** ~ qc fait date; ~ **machend** qui fait date; ***etw ist ~ machend*** qc fait date
epochemachend *s.* **Epoche** ►
Epos <-, Epen> *nt* épopée *f*
Equipe <-, -n> [e'kɪp] *f* équipe *f*
er <(*gen*) seiner, (*dat*) ihm, (*akk*) ihn> *pron pers* **1.** (*Mensch, Tier*) il; (*betont*) lui; ~ **[ist es]**! [c'est] lui!; ***~ ist es wirklich!*** c'est bien lui!; ***sie ist größer als ~*** elle est plus grande que lui; ***da geht mein Onkel, ~ ist der mit dem Hut*** voilà mon oncle, c'est celui avec le chapeau
2. (*Sache bezeichnend*) il; (*sich auf französisches Femininum beziehend*) elle; ***kauf dir doch einen Computer, ~ ist ein nützliches Hilfsmittel*** achète-toi donc un ordinateur, c'est un instrument utile
► ~ **nicht**! pas lui!; ~ **selbst** lui-même[, il ...]; ~ ***selbst konnte das nicht machen*** il ne pouvait pas le faire lui-même; ***so dass nicht einmal ~ selbst es machen könnte*** de telle façon que pas même lui, il ne porrait le faire; **ein E~ und eine Sie** *hum fam* un mâle et une femelle; **wenn ich ~ wäre** si j'étais lui
erachten * *vt geh* ■ **jd erachtet es als etw [etw zu tun]** qn considère que c'est qc [de faire qc], qn considère comme qc de faire qc
Erachten <-s> *nt* ∅ ► **meines ~s**, **nach meinem** ~ à mon sens, à mon avis
erahnen * *vt geh* ■ **jd erahnt etw** *Vorhaben, Plan, künftige Proportionen* qn devine qc, qn pressent qc; *Umrisse, zukünftiges Werk* qn devine qc; ■ **etw lässt etw** ~ qc laisse deviner [*o* entrevoir] qc; ■ **etw lässt sich** ~ qc se devine
erarbeiten * **I.** *vt* **1.** (*durch Arbeit*) ■ **jd erarbeitet etw** *Haus, Grundbesitz, Vermögen etc* qn acquiert qc à la sueur de son front
2. (*erstellen*) ■ **jd erarbeitet [jdm] etw** *Entwurf, Plan, Vorschlag* qn réalise qc [pour qn]
II. *vr* ■ **jd erarbeitet sich** (*dat*) **etw** *Haus, Grundbesitz, Vermögen* qn acquiert qc à la sueur de son front
Erbadel *m* noblesse *f* héréditaire **Erbanlage** *f meist pl* caractère *m* héréditaire
erbarmen * **I.** *vt* ■ **jd/etw erbarmt jdn** qn/qc apitoie qn, qn/qc fait pitié à qn; ■ **es erbarmt mich, wenn** je suis pris(e) de pitié quand
II. *vr* **1.** (*Mitleid haben*) ■ **jd erbarmt sich jds/einer S.** qn a pitié de qn/qc; ***Herr, erbarme dich unser!*** Seigneur, prends pitié de nous!
2. *hum fam* (*sich annehmen*) ■ **jd erbarmt sich** qn se dévoue *fam*, qn se sacrifie *fam*; ■ **jd erbarmt sich einer S.** (*gen*) qn se dévoue et prend qc *fam*
Erbarmen <-s> *nt* ∅ pitié *f*; ■ **jds ~ mit jdm/etw** la pitié de qn pour qn/qc; ***er bittet sie um ~ mit ihm*** il la prie d'avoir pitié de lui
► **voller** ~ pris(e) de pitié; **jd kennt kein ~ [mit jdm]** qn n'a aucune [*o* pas de] pitié [pour qn]; **aus** ~ par pitié; **ohne** ~ sans pitié; **zum** ~ *fam singen* d'une façon pitoyable; ***jd sieht zum ~ aus*** qn fait pitié, qn a un air pitoyable; ***diese grässliche Musik hört sich zum ~ an!*** quelle pitié que cette horrible musique!, c'est pitié que d'entendre cette horrible musique!; ~! pitié!
erbarmenswert *adj geh* pitoyable; ■ **etw ist** ~ qc est pitoyable, qc fait pitié
erbärmlich **I.** *adj* **1.** *fam* (*gemein*) *Kerl, Schuft, Intrigantin* sale *antéposé fam*; ***du ~es Schwein!*** sale vache! *fam*; ■ **jd ist** ~ qn est vache *fam*, qn est une sale bête *fam*
2. (*furchtbar*) *Angst, Hunger, Kälte* terrible
3. (*jämmerlich*) *Leistung* lamentable; *Zustand a.* pitoyable, déplorable; *Hütte, Unterkunft* misérable
II. *adv pej* **1.** *fam* (*gemein*): ***jd verhält sich ~*** qn se conduit de façon lamentable [*o* déplorable]
2. *fam kalt, übel, frieren, wehtun* vachement *fam*, terriblement, horriblement
► **jd sieht [in etw** (*dat*)**] ~ aus** *fam* qn n'a pas l'air chouette [dans qc] *fam*; *in*

einem Hut qn n'a pas l'air chouette [avec qc] *fam*
Erbärmlichkeit <-> *f Ø* **1.** (*Gemeinheit*) méchanceté *f*, vacherie *f fam* **2.** [*Leistung*] médiocrité *f*; [*Slum*] misère *f*
erbạrmungslos **I.** *adj* impitoyable, sans pitié **II.** *adv* impitoyablement, sans pitié
erbạrmungsvoll **I.** *adj* compatissant(e); ■ **jd ist** ~ qn est compatissant(e), qn compatit, qn a pitié **II.** *adv* avec une grande compassion
erbauen * **I.** *vt* **1.** (*errichten*) ■ **jd erbaut etw** *Gebäude* qn bâtit qc, qn construit qc **2.** (*bereichern*) ■ **etw erbaut jdn** / *Kunstwerk, Musik*/ qc enrichit spirituellement qn, qc édifie qn **3.** *fam* (*begeistert sein*) ■ **jd ist** [**von** [*o* **über** (*akk*)] **etw**] **erbaut** qn est emballé(e) [par qc] *fam* **II.** *vr* ■ **jd erbaut sich an etw** (*dat*) qn savoure spirituellement qc, qn est édifié(e) par qc
Erbauer(in) <-s, -> *m(f)* bâtisseur(-euse) *m(f)*
erbaulich *adj geh* édifiant(e)
▸ **nicht gerade** [*o* **sehr**] ~ pas très réjouissant(e) [*o* folichon(ne)]
Erbauung <-, -en> *f* [*Gebäude*] construction *f*, édification *f*
▸ **zur** ~ *lesen, hören* pour ma/sa propre édification
ẹrbberechtigt *adj* successible **ẹrbbiologisch** *adj* du patrimoine héréditaire
Ẹrbe <-s> *nt Ø* **1.** JUR héritage *m* **2.** *pej* (*Hinterlassenschaft*) héritage *m*, passif *m péj*
▸ **jd nimmt das** ~ **an** qn accepte l'héritage; **jd schlägt das** ~ **aus** qn refuse l'héritage
Ẹrbe <-n, -n> *m*, **Ẹrbin** *f* héritier(-ière) *m(f)*
▸ **direkter** ~ héritier direct; **gesetzlicher** ~ héritier légitime [*o* ab intestat]; **die lachenden** ~**n** *hum* les héritiers qui se frottent les mains; **leiblicher** ~ héritier du sang; **jd setzt jdn als** ~**n/Erbin ein** qn institue qn comme héritier(-ière), qn couche qn sur son testament
erbeben * *vi + sein geh* **1.** (*beben*) ■ **etw erbebt** / *Erde, Gebäude*/ qc tremble **2.** (*zittern*) ■ **etw erbebt** [**vor etw** (*dat*)] / *Stimme*/ qc tremble [de qc]
ẹrben **I.** *vt* **1.** JUR ■ **jd erbt etw** [**von jdm**] qn hérite qc [de qn] **2.** *fam* (*geschenkt bekommen*) ■ **jd erbt etw** [**bei/von jdm**] qn récupère qc [chez/de qn] *fam* **3.** BIO ■ **jd erbt etw von jdm** qn hérite de qc de qn **II.** *vi* ■ **jd erbt** qn hérite
Ẹrbengemeinschaft *f* communauté *f* des héritiers
erbetteln * *vt, vr* ■ **jd erbettelt** [**sich** (*dat*)] **etw** qn quémande qc; ***jd versucht sich etw zu*** ~ qn tente d'obtenir [*o* d'arracher] qc; ***jd hat*** [***sich***] ***etw erbettelt*** qn a obtenu [*o* arraché] qc
erbeuten * *vt* **1.** (*als Beute erhalten*) ■ **jd erbeutet etw** / *Verbrecher*/ qn s'empare de qc **2.** MIL ■ **jd erbeutet etw** qn prend qc à l'ennemi, qn s'empare de qc **3.** (*fangen*) ■ **ein Tier erbeutet ein Tier** un animal capture un animal
Ẹrbfaktor *m* facteur *m* héréditaire **Ẹrbfeind(in)** *m(f)* ennemi(e) *m(f)* juré(e) **Ẹrbfolge** *f* [ordre *m* de] succession *f*
Ẹrbgut *nt Ø* patrimoine *m* héréditaire [*o* génétique], génotype *m*
ẹrbgutschädigend *adj* dangereux(-euse) sur le plan génétique, qui détériore le patrimoine héréditaire; ■ **etw ist** ~ qc est dangereux(-euse) sur le plan génétique, qc détériore le patrimoine héréditaire
erbieten * *vr irreg geh* ■ **jd erbietet sich etw zu tun** qn se propose pour faire qc
Ẹrbin *f s.* **Erbe**
Ẹrbinformation *f* information *f* génétique
erbịtten * *vt irreg geh* ■ **jd erbittet etw** [**von jdm**] qn demande qc [à qn]
erbịttern * *vt* ■ **etw erbittert jdn** qc remplit qn d'amertume, qc ulcère qn
erbịttert **I.** *adj* acharné(e); ■ **etw wird** ~ qc est de plus en plus acharné(e) **II.** *adv* avec acharnement, la rage au cœur [*o* au ventre]
Erbịtterung <-> *f Ø* **1.** (*Wut*) acharnement *m*, rage *f* au cœur [*o* au ventre] **2.** *rare* (*Heftigkeit*) furie *f*, violence *f*
Ẹrbium <-s> *nt Ø* CHEM erbium *m*
Ẹrbkrankheit *f* maladie *f* héréditaire
erblạssen * *vi + sein* ■ **jd erblasst** [**vor etw** (*dat*)] qn pâlit [*o* blêmit] [de qc]; ■ **etw lässt jdn** ~ qc fait pâlir [*o* blêmir] qn
Ẹrblasser(in) <-s, -> *m(f)* de cujus *m*, testateur(-trice) *m(f)* **Ẹrblast** *f* passif *m*
erbleichen * *vi + sein geh* ■ **jd erbleicht** [**vor etw** (*dat*)] qn pâlit [*o* blêmit] [de qc]
ẹrblich **I.** *adj* héréditaire **II.** *adv* héréditairement
▸ [**jd ist**] ~ **belastet** [qn est] porteur(-euse) d'une maladie héréditaire; **jd ist** ~ [**vor**]**belastet** *hum* qn a une prédisposition héréditaire
erblịcken * *vt geh* **1.** (*sehen*) ■ **jd erblickt jdn/etw** qn aperçoit qn/qc **2.** (*erkennen*) ■ **jd erblickt in jdm/einer S. etw** qn voit en qn/dans qc qc, qn considère qn/qc comme qc **3.** (*betrachten*) ■ **jd erblickt etw darin etw zu tun** *seine Aufgabe, Bestimmung* qn considère comme qc de faire qc
erblịnden * *vi + sein* ■ **jd erblindet** [**von/durch etw**] qn perd la vue [*o* devient aveugle] [à cause de/à la suite de qc]
Erblịndete(r) *f(m) decl wie adj* aveugle *mf*
Erblịndung <-, -en> *f* cécité *f*
▸ **etw führt zur** ~**/zu einer** … ~ qc fait perdre la vue, qc conduit à la cécité/à une cécité …
erblühen * *vi + sein geh* ■ **etw erblüht** qc fleurit
Ẹrbmasse *f* patrimoine *m* héréditaire [*o* génétique], génotype *m* **Ẹrbonkel** *m fam* oncle *m* à héritage
erbosen * **I.** *vt geh* ■ **etw erbost jdn** qc fâche qn, qc courrouce qn *littér;* ■ **jd ist erbost** [**über jdn/etw**] qn est fâché(e) [*o* en colère] [contre qn/qc], qn est courroucé(e) [contre qn/de qc] *littér* **II.** *vr geh* ■ **jd erbost sich über jdn/etw** qn se fâche [*o* se met en colère] [contre qn/qc]
Ẹrbpacht *f* bail *m* emphythéotique
erbrẹchen *irreg* **I.** *vt* **1.** (*ausspucken*) ■ **jd erbricht etw** qn vomit qc **2.** *geh* (*aufbrechen*) ■ **jd erbricht etw** *Schloss* qn fracture qc; ***jd erbricht das Amtssiegel*** qn brise les scellés **II.** *vi* ■ **jd erbricht** qn vomit
▸ **bis zum E~** *fam* jusqu'à la nausée; **zum E~** *fam:* ***das riecht/schmeckt zum E~*** c'est écœurant comme odeur/goût, c'est à vomir [*o* à gerber *fam*]
III. *vr* ■ **jd erbricht sich** qn vomit
Ẹrbrecht *nt* droit *m* successoral [*o* de succession]
erbrịngen * *vt irreg* **1.** (*aufbringen*) ■ **jd erbringt etw** *Summe, Ratenzahlung, Kosten* qn règle qc; *Leistung* qn réalise qc **2.** (*als Erlös erzielen*) ■ **etw erbringt etw** qc rapporte qc **3.** (*ergeben*) ■ **etw erbringt etw** / *Nachforschungen, Untersuchung*/ qc aboutit à qc, qc donne qc; ***etw erbringt viel*** qc donne des résultats **4.** JUR ■ **jd/etw erbringt etw** *Beweis, Nachweis, Alibi, Zeugenaussage* qn/qc apporte qc, qn produit qc
Erbrọchene(s) *nt decl wie adj* vomi *m*
Ẹrbschaft <-, -en> *f* héritage *m*
▸ **jd macht eine** ~ qn hérite, qn fait un héritage
Ẹrbschaft[s]steuer *f* droits *mpl* de succession
Ẹrbschein *m* certificat *m* d'héritier [*o* d'hérédité] ▸ **jd stellt jdm einen** ~ **aus** qn établit un certificat d'héritier [*o* d'hérédité] à qn **Ẹrbschleicher(in)** <-s, -> *m(f)* captateur(-trice) *m(f)* [de testament]
Ẹrbse <-, -n> *f* petit pois *m*
ẹrbsengroß *adj* gros(se) comme un [*o* de la taille d'un] petit pois **Ẹrbsensuppe** *f* soupe *f* aux pois
Ẹrbstück *nt* bien *m* reçu en héritage; ***das ist ein*** ~ ***von meiner Großmutter*** c'est un héritage [*o* je l'ai hérité(e)] de ma grand-mère **Ẹrbsünde** *f* péché *m* originel **Ẹrbtante** *f fam* tante *m* à héritage **Ẹrbteil** *nt* **1.** JUR part *f* d'héritage **2.** (*Veranlagung*): ***das ist ihr väterliches/mütterliches*** ~ elle tient cela de son père/sa mère
Erdachse [-ks-] *f* axe *m* terrestre [*o* de la Terre]
erdacht *adj* inventé(e)
Erdanziehung *f Ø* attraction *f* terrestre **Erdapfel** *m* AUS, SDEUTSCH pomme *f* de terre, patate *f fam* **Erdarbeiten** *pl* terrassement *m*, travaux *mpl* de terrassement **Erdatmosphäre** *f* atmosphère *f* terrestre **Erdball** *m geh s.* **Erdkugel**
Erdbeben *nt* tremblement *m* de terre, séisme *m*
Erdbebenherd *m* hypocentre *m* **erdbebensicher** *adj* antisismique **Erdbebenwarte** *f* observatoire *m* sismologique
Erdbeere *f* (*Frucht*) fraise *f*; (*Pflanze*) fraisier *m*
erdbeerfarben *adj* [de couleur] fraise; ■ **etw ist** ~ qc est [de] couleur fraise
Erdbestattung *f* enterrement *m*, inhumation *f* **Erdbevölkerung** *f* population *f* terrestre [*o* du globe] **Erdbewohner(in)** *m(f)* terrien(ne) *m(f)*
Erdboden *m* sol *m* ▸ **jd/etw macht etw dem** ~ **gleich** qn/qc rase qc, qn/qc raie [*o* raye] qc de la carte; **als hätte ihn/sie der** ~ **verschluckt** comme s'il/si elle s'était volatilisé(e), comme englouti(e) dans les entrailles de la terre
Erde <-, -n> *f* **1.** *Ø* (*Welt*) ■ **die** ~ la Terre **2.** (*Erdreich*) terre *f* **3.** ELEC terre *f*
▸ **zu ebener** ~ au niveau du sol, à ras de terre; **jd ruht in fremder/heimatlicher** ~ *geh* qn repose en terre étrangère/dans sa terre natale; **auf der ganzen** ~ sur terre, au monde; **seltene** ~**n** terres *fpl* rares; **du wirst mich noch unter die** ~ **bringen!** *fam* tu veux ma mort? *fam;* **jd bringt jdn unter die** ~ qn fait mourir qn; **jd geht unter die** ~ qn passe sous terre; **jd geht mit etw unter die** ~ *mit S-Bahn-Trasse etc* qn fait passer qc sous terre; **jd stampft etw aus der** ~ *fam* qn fait sortir qc de terre; **auf der** ~ (*auf dem Boden*) par terre; (*auf der Welt*) sur terre; **auf** ~**n** *geh* sur terre, en ce monde; **über der** ~ au dessus du niveau du sol; **unter der** ~ sous terre; ~ **zu** ~ terre, tu seras terre
erden *vt* ■ **jd erdet etw** qn met qc à la terre
Erdenbürger(in) *m(f) hum* (*Neugeborener*) nouveau-né(e) *m(f)*
erdẹnken * *vt irreg* ■ **jd erdenkt etw** qn imagine qc
erdẹnklich *adj attr* imaginable, possible
▸ **alles** ~ **Gute/Böse/Schlechte** tout le bien/mal possible; **jd tut alles E~e** qn fait tout son possible
erdfarben *adj* kaki **Erdgas** *nt* gaz *m* naturel **Erdgeruch** *m* odeur *f* de terre [*o* terreuse] **Erdgeschichte** *f Ø* géologie *f* **erdgeschichtlich** **I.** *adj attr* géologique **II.** *adv* géologiquement **Erdgeschoss**[RR] *nt* rez-de-chaussée *m* ▸ **im** ~ au rez-de-chaussée **Erdhaufen** *m* tas *m* de terre
erdig **I.** *adj* **1.** *Geruch, Geschmack* de terre, terreux(-euse) **2.** (*mit Erde beschmutzt*) plein(e) de terre, terreux(-euse) **II.** *adv:* ***etw schmeckt*** ~ qc a un goût terreux [*o* de terre]; / *Wein*/ qc a un goût de terroir
Erdinnere(s) *nt decl wie adj* centre *m* [*o* profondeurs *fpl*] de la Terre **Erdkern** *m* noyau *m* terrestre [*o* de la Terre] **Erdklumpen** *m* motte *f* de terre **Erdkreis** *m* ■ **der** ~ la Terre **Erdkruste** *f* croûte *f* [*o* écorce *f*] terrestre **Erdkugel** *f* globe *m* [*o* sphère *f*] terrestre **Erdkunde** *f* géographie *f* **erdkundlich** *adj Kenntnisse* en géographie; *Werk* de géographie **Erdnuss**[RR] *f* (*Pflanze*) arachide *f*; (*Frucht*) cacah[o]uète *f* **Erdnussbutter**[RR] *f* beurre *m* de cacah[o]uète **Erdoberfläche** *f* surface *f* terrestre [*o* de la Terre]

Erdöl *nt* pétrole *m*

Erdöl- de pétrole; *~preis* prix *m* du pétrole; *~versorgung* approvisionnement *m* en pétrole; *~prospektion* prospection *f* pétrolière

erdolchen * *vt geh* ■ **jd erdolcht jdn** qn poignarde qn

Erdölleitung *f* oléoduc *m*, pipeline *m* **Erdreich** *nt* terre *f*

erdreisten * *vr* ■ **jd erdreistet sich** qn en prend à son aise, qn ne se gêne pas; ■ **jd erdreistet sich etw zu tun** qn a l'audace de faire qc

Erdrinde *f s.* **Erdkruste**

erdröhnen * *vi + sein* **1.** (*widerhallen*) ■ **etw erdröhnt [von etw]** */Gebäude, Raum/* qc résonne [de qc]

2. (*dröhnen*) ■ **etw erdröhnt** */Lautsprecher, Wand, Decke/* qc résonne, qc vibre

erdrosseln * *vt* ■ **jd erdrosselt jdn** qn étrangle qn

Erdrosselte(r) *f(m) decl wie adj* victime *f* [qui a été] étranglée

erdrücken * *vt* **1.** (*zermalmen*) ■ **jd/ein Tier/etw erdrückt jdn/ein Tier** qn/un animal/qc écrase qn/un animal; */Schlange/* un animal étouffe qn/un animal

2. *fam* (*Eigenständigkeit nehmen*) ■ **jd erdrückt jdn [mit etw]** qn étouffe qn [avec qc]

3. (*überwältigen*) ■ **etw erdrückt jdn** */Last, Sorgen/* qc étouffe qn; */Schulden a./* qc prend qn à la gorge

erdrückend *adj Beweise, Beweismaterial* accablant(e); *Übermacht* écrasant(e)

Erdrutsch *m* **1.** (*Erdbewegung*) glissement *m* de terrain **2.** (*überwältigender Wahlsieg*) raz *m* de marée, raz-de-marée *m* **erdrutschartig** *adj:* ***ein ~er Wahlausgang/Wahlsieg*** un raz[-]de[-]marée électoral; ■ **etw ist ~** qc est un raz[-]de[-]marée **Erdrutschsieg** *m* raz *m* de marée, raz-de-marée *m* **Erdschicht** *f* **1.** (*Schicht Erde*) couche *f* de terre **2.** GEOL strate *f* **Erdspalte** *f* crevasse *f*, faille *f* **Erdstoß** *m* secousse *f* sismique **Erdteil** *m* continent *m* ▸ **der Schwarze ~** le continent africain

erdulden * *vt* ■ **jd erduldet etw [von jdm/von jds Seiten]** qn endure [*o* supporte] qc [de qn/de la part de qn]

Erdumdrehung *f* rotation *f* de la Terre [sur elle-même] **Erdumfang** *m* circonférence *f* terrestre [*o* de la Terre] **Erdumkreisung** *f* rotation *f* autour de la Terre **Erdumlaufbahn** *f* orbite *f* terrestre

Erdung <-, -en> *f* **1.** (*das Erden*) mise *f* à la terre

2. (*Verbindung*) prise *f* de terre

Erdwall *m* levée *f* de terre **Erdwärme** *f* géothermie *f*, chaleur *f* terrestre **Erdzeitalter** *nt* ère *f* géologique

ereifern * *vr* ■ **jd ereifert sich [über etw** (*akk*)**]** qn s'énerve [*o* s'emporte] [à cause [*o* au sujet] de qc]

ereignen * *vr* ■ **etw ereignet sich** qc se passe, qc se produit; */Unfall, Wunder/* qc se produit

Ereignis <-ses, -se> *nt* événement *m*

▸ **das ~ des Jahrhunderts** l'événement du siècle; **ein freudiges ~** un heureux événement

ereignislos I. *adj* calme, sans incident; ■ **etw ist ~** qc passe calmement, qc se déroule sans incident

II. *adv verlaufen* sans incident

ereignisreich *adj* mouvementé(e), fertile en rebondissements

ereilen * *vt geh* ■ **etw ereilt jdn** */Schicksal, Tod/* qc rattrape qn; */Nachricht/* qc parvient à qn

Erektion <-, -en> *f* érection *f*

▸ **jd hat eine ~** qn a une érection, qn est en érection

Eremit(in) <-en, -en> *m(f)* ermite *m*

erfahren¹ *irreg* **I.** *vt* **1.** (*zu hören bekommen*) ■ **jd erfährt etw [von jdm] [über jdn/etw]** qn apprend qc [par qn] [au sujet [*o* à propos] de qn/qc]; ***wenn wir nichts anderes von Ihnen ~, …*** si nous n'obtenons pas d'autre information de votre part, …; ■ **jd erfährt etw** *jds Absichten, Plan, Vorstellungen* qn est informé(e) [*o* mis(e) au courant] de qc

2. *geh* (*erleben*) ■ **jd erfährt etw** *Demütigungen, Glück, Leid, Liebe* qn fait l'expérience de qc; *Verständnis* qn rencontre qc

3. *form* (*unterzogen werden*) ■ **etw erfährt etw** */Gebäude, Etat, Gesetz/ Erweiterung, Kürzung, Veränderung* qc fait l'objet de qc

II. *vi* ■ **jd erfährt von etw/über etw** (*akk*) qn est informé(e) [*o* mis(e) au courant] de qc

erfahren² *adj* (*kundig*) expérimenté(e); ■ **jd ist [in etw** (*dat*)**/auf einem Gebiet] ~** qn a de l'expérience [en qc/dans un domaine]

-erfahren *demonstrations-, industrie-, politik-, sex-* qui a de l'expérience en matière de [*o* dans le domaine du/de la/des]; ■ **jd ist …~** qn est un vieux routier du/de la/des …, qn a de l'expérience en matière de …

Erfahrenheit <-> *f* ∅ *geh* expérience *f*

Erfahrung <-, -en> *f* expérience *f*; ■ **jds ~en mit jdm/etw** l'expérience de qn avec qn/qc

▸ **durch ~ wird man klug** *prov* il faut être pris pour être appris; **jd bringt etw in ~** qn apprend qc; ***jd kann etw in ~ bringen*** qn peut savoir qc; **jd macht diese ~** qn en fait l'expérience; ***diese ~ habe ich nie gemacht*** ce genre de choses ne m'est jamais arrivé; **jd macht [mit jdm/etw] eine bestimmte ~/bestimmte ~en:** ***jd macht eine gute/schlechte ~/gute/schlechte ~en*** ça se passe bien/mal pour qn; ***jd macht eine gute ~/[nur] gute ~en mit jdm/etw*** qn n'a qu'à se féliciter de qn/qc; ***jd macht eine schlechte ~/[nur] schlechte/böse/schlimme ~en [mit jdm/etw]*** qn a une déconvenue/[n']a [que] des déconvenues [avec qn/qc]; ***jd macht eine heilsame ~*** qn fait une expérience salutaire; **jd macht die ~, dass** qn fait l'expérience que + *indic;* ***du wirst auch noch die ~ machen, dass*** tu vas te rendre compte que + *indic;* ***hast du schon mal die ~ gemacht, dass …?*** est-ce que ça t'est déjà arrivé que … + *subj?*; **jd macht [*o* sammelt] [seine] ~en** qn fait ses propres expériences; **die ~ zeigt, dass** l'expérience montre que + *indic;* ***wie die ~ zeigt, …*** comme le montre l'expérience, …; **aus [eigener] ~** par expérience; **mit ~** expérimenté(e), avec de l'expérience; ***ein Mann mit ~*** un homme d'expérience; ***mit entsprechender ~*** avec l'expérience correspondante; **nach meiner ~** d'après ce que j'ai pu constater

Erfahrungsaustausch *m* échange *m* d'expériences **erfahrungsgemäß** *adv* comme l'expérience le prouve

erfassbar[RR] *adj* **1.** (*begreifbar*) concevable

2. (*zu ermitteln*) ■ **etw ist ~** qc peut être enregistré(e)

erfassen * *vt* **1.** (*mitreißen*) ■ **etw erfasst jdn/ein Tier/etw** */Auto, Strömung, Flut, Strudel/* qc happe qn/un animal/qc

2. (*befallen*) ■ **etw erfasst jdn** */Gefühl, Traurigkeit, Furcht, Verlangen etc/* qc saisit qn

3. (*begreifen*) ■ **jd erfasst etw** qn saisit qc, qn comprend qc

4. (*registrieren*) ■ **jd erfasst etw** *Verhalten, Sachverhalt* qn recense qc

5. INFORM ■ **jd erfasst etw** *Daten, Text, Neologismen* qn saisit qc

Erfassung *f* **1.** STATIST recensement *m*

2. INFORM saisie *f*

erfinden * *vt irreg* **1.** (*neu hervorbringen*) ■ **jd erfindet etw** qn invente qc

2. (*erdichten*) ■ **jd erfindet etw** *Ausrede, Geschichte, Version* qn invente qc, qn imagine qc

▸ **etw ist frei erfunden** */Behauptung, Vorwurf etc/* qc est inventé(e) de toutes pièces; */Namen und Personen/* qc est imaginaire

Erfinder(in) *m(f)* inventeur(-trice) *m(f)*

Erfindergeist *m* ∅ esprit *m* d'invention

erfinderisch *adj* inventif(-ive), ingénieux(-euse)

Erfindung <-, -en> *f* (*alle Bedeutungen*) invention *f*

▸ **jd macht eine ~** qn invente quelque chose; ***sie wurde für die ~, die sie gemacht hatte, ausgezeichnet*** elle a été récompensée pour son invention

Erfindungsgabe *f*, **Erfindungsgeist** *m* inventivité *f*; (*Fantasie*) imagination *f*

erflehen * *vt geh* ■ **jd erfleht etw [von jdm]** qn implore qc [de [*o* auprès de] qn]

Erfolg <-[e]s, -e> *m* **1.** (*positives Ergebnis*) succès *m*

2. (*Folge*) résultat *m*

▸ **etw ist ein voller [*o* durchschlagender] ~** qc est un succès total [*o* sans précédent]; **jd bucht [*o* verbucht] etw als ~** qn considère qc comme un succès [*o* que qc est un succès]; **jd hat ~** qn réussit; **jd hat ~ mit etw** qc de qn est bien reçu(e); **jd hat keinen ~ [mit etw/bei jdm]** qn n'a pas de succès [avec qc/auprès de qn]; **jd hat ~ bei jdm** *bei Frauen, Männern* qn a du succès auprès de [*o* avec] qn; **~ versprechend** *Methode, Maßnahme* prometteur(-euse); **mit ~** avec succès; SCOL, UNIV *teilnehmen* avec profit, avec succès; **mit dem ~, dass** avec comme conséquence [*o* résultat] que + *indic;* **ohne ~** sans succès, en vain; **viel ~!** bonne chance!

-erfolg *m Fahndungs-, Verhandlungs-* succès *m* en matière de; ***Wahl~*** succès *m* électoral

erfolgen * *vi + sein form* ■ **etw erfolgt** qc a lieu, qc se produit; */Genehmigung/* qc est donné(e); ***alle Bewerbungen haben schriftlich zu ~*** toutes les candidatures doivent être présentées [*o* se faire] par écrit; ***bisher ist auf meine Anfrage noch keine Antwort erfolgt*** jusqu'à présent je n'ai pas eu de réponse à ma demande

erfolglos I. *adj* **1.** *Mensch* obscur(e) *antéposé*, malchanceux(-euse); ■ **jd ist ~** qn n'a pas de succès

2. *Bestrebungen, Versuch* infructueux(-euse), vain(e) *antéposé*

▸ **jd bleibt ~** qn n'arrive à rien; **etw bleibt ~** qc reste vain(e)

II. *adv* sans succès; *sich bemühen, versuchen a.* vainement, en vain

Erfolglosigkeit <-> *f* ∅ **1.** [*Autor, Künstler etc*] insuccès *m*, échec *m*

2. (*Vergeblichkeit*) inutilité *f*; ***etw ist zur ~ verdammt*** qc est voué(e) à l'échec

erfolgreich I. *adj* couronné(e) de succès; *Autor, Schauspieler a.* à succès; *Kurs, Politik a.* concluant(e); ■ **jd ist ~** qn a du succès

II. *adv* avec succès

Erfolgs- *-buch, -film, -stück* à succès **Erfolgsautor(in)** *m(f)* auteur *m* à succès **Erfolgserlebnis** *nt* expérience *f* valorisante, satisfaction *f* ▸ **jd hat ein ~** qn fait une expérience valorisante, qn a une satisfaction **Erfolgsmeldung** *f* annonce *f* d'un succès **Erfolgsmensch** *m* personne *f* à qui tout réussit professionnellement

erfolgversprechend I. *adj* ▸ **höchst/sehr ~** extrêmement/très prometteur(-euse) *s.a.* **Erfolg** ▸

II. *adv* de façon prometteuse; ***etw sieht ~ aus*** qc a l'air prometteur(-euse)

erforderlich *adj* **1.** (*notwendig*) nécessaire; *Maßnahme, Einwilligung, Zustimmung a.* requis(e); ■ **es ist ~, dass** il est nécessaire que + *subj*

2. (*bereitzustellen*) *Mittel* nécessaire; ■ **etw ist [für etw] ~** qc est nécessaire [pour qc], on a besoin de qc [pour qc]

▸ **etw macht etw ~** qc rend qc nécessaire; **jd veranlasst alles E~e** qn fait le nécessaire [*o* tout ce qu'il faut]

erfordern * *vt* ■ **etw erfordert etw** qc exige qc, qc nécessite qc; *Zeit* qc demande qc

Erfordernis <-ses, -se> *nt* nécessité *f*, exigence *f*; ■ **das/ein ~ für etw** l'exigence/une exigence [*o* la/une nécessité] pour qc; ***eine Liste der ~se*** une liste des exigences

erforschen * *vt* **1.** (*entdecken wollen*) ■ **jd erforscht etw** */Entdecker, Seefahrer/* qn explore qc

2. (*genau untersuchen*) ■ **jd erforscht etw** *Lage, Meinung, Problem, Verhalten, Zusammenhänge* qn étudie qc; *Beweggründe, Hintergründe, Wahrheit* qn recherche qc, qn tente de découvrir qc; ***jd erforscht sein Gewissen*** qn interroge sa conscience, qn fait un examen de conscience

Erforschung *f* **1.** [*Gegend, Erdteil, Weltraum etc*] exploration *f*

2. (*das Untersuchen*) [*Lage, Meinung, Problem, Verhalten, Zusammenhänge*] étude *f*; [*Beweggründe, Hintergründe, Wahrheit*] recherche *f*; ***~ des Gewissens*** examen *m* de conscience

erfragen * *vt* ■ **jd erfragt etw** [**von jdm**] qn demande qc [à qn]
erfreuen * I. *vt* ■ **jd/etw erfreut jdn** qc fait plaisir à qn, qc réjouit qn
II. *vr* 1. (*Freude haben*) ■ **jd erfreut sich an etw** (*dat*) *an einem Geschenk* qc fait plaisir à qn; *an der Schönheit einer S., an Kunst, Musik a.* qc procure du plaisir à qn
2. *geh* (*genießen*) ■ **jd/etw erfreut sich einer S.** (*gen*) *großer Beliebtheit, zunehmenden Interesses, jds Vertrauens, jds Zuspruchs* qn/qc jouit de qc
erfreulich I. *adj* réjouissant(e), qui fait plaisir; ■ **etw ist** [**sehr**] ~ qc fait [très] plaisir, qc est [très] réjouissant(e); ■ **etwas E~es** quelque chose de réjouissant, quelque chose qui fait plaisir; ■ **es ist ~, dass/falls/wenn:** ***es wäre ~, wenn Sie mir ...*** cela me ferait plaisir si vous ..., je serais heureux(-euse) que ... + *subj*; ***es ist ~, dass ich endlich was von dir höre*** cela me fait plaisir [*o* je suis heureux(-euse)] d'avoir enfin de tes nouvelles
▶ **alles andere als ~** (*adverbial*) d'une façon qui n'a rien de réjouissant; **etw ist alles andere als ~** qc est tout sauf réjouissant(e); **wie ~!** c'est bien!, c'est une bonne chose!
II. *adv* remarquablement
erfreulicherweise *adv* heureusement, par bonheur
erfreut I. *adj Blick, Gesicht* réjoui(e); ■ **jd ist über jdn/etw ~** qn est content(e) de qn/qc
▶ **sehr ~!** *geh* enchanté(e)!
II. *adv antworten, den Raum verlassen* l'air réjoui, la mine réjouie; ***jd verzieht ~ das Gesicht*** qn arbore une mine réjouie
erfrieren * *vi irreg + sein* 1. (*eingehen*) ■ **etw erfriert** /*Blume, Blüte, Knospe, Pflanze, Gemüse etc*/ qc gèle; ■ **etw erfriert jdm** qc de qn gèle
2. (*absterben*) ■ **etw erfriert jdm** /*Finger, Zehe, Nase, Ohr*/ qn a qc qui gèle; ■ **erfroren** gelé(e)
3. (*sterben*) ■ **jd erfriert** qn meurt de froid; ■ **erfroren** gelé(e)
Erfrierung <-, -en> *f meist pl* gelure *f*
erfrischen * I. *vt* 1. (*abkühlen*) ■ **etw erfrischt jdn** /*Dusche, Getränk*/ qc rafraîchit qn
2. (*beleben*) ■ **etw erfrischt jdn** /*Kaffee, Ruhepause*/ qc fait du bien à qn, qc remet qn d'aplomb; ***jd ist wieder erfrischt*** qn est remis(e) d'aplomb, qn est de nouveau en forme
II. *vi* ■ **etw erfrischt** qc rafraîchit
III. *vr* ■ **jd erfrischt sich** qn se rafraîchit
erfrischend I. *adj* 1. *Getränk, Bad, Dusche* rafraîchissant(e)
2. (*erfreulich*) *Art, Humor* rafraîchissant(e)
II. *adv* 1. (*kühlend*): ***etw wirkt ~*** qc a un effet rafraîchissant; ***~ kühl*** rafraîchissant(e)
2. (*erheiternd*): ***~ unkompliziert/jugendlich*** d'une simplicité/juvénilité rafraîchissante
Erfrischung <-, -en> *f* 1. (*Abkühlung*) *verbal übersetzt;* ***jd braucht eine ~*** qn a besoin de se rafraîchir
2. (*Getränk*) rafraîchissement *m*
▶ **zur ~** (*gegen den Durst*) comme rafraîchissement; ***zur ~ gehe ich unter die Dusche*** je vais prendre une douche pour me rafraîchir, je vais me rafraîchir sous la douche
Erfrischungsgetränk *nt* boisson *f* rafraîchissante, rafraîchissement *m* **Erfrischungsraum** *m* buvette *f* **Erfrischungstuch** *nt* serviette *f* [*o* lingette *f*] rafraîchissante
erfüllen * I. *vt* 1. (*ausführen*) ■ **jd/etw erfüllt etw** *Erwartung, Forderung, Bitte, Wunsch* qn/qc satisfait qc; *Aufgabe, Pflicht* qn accomplit qc; *Funktion, Zweck* qn remplit qc; *Voraussetzung, Bedingung* qn remplit qc, qn/qc satisfait à qc
2. (*anfüllen*) ■ **etw erfüllt etw** /*Duft, Qualm, Klänge*/ qc emplit qc
3. (*durchdringen*) ■ **etw erfüllt jdn** /*Gefühl, Freude, Ekel etc*/ qn est pris(e) de qc, qc envahit qn
II. *vr* ■ **etw erfüllt sich** qc se réalise, qc s'accomplit
Erfüllung *f* 1. [*Erwartung, Bitte*] satisfaction *f;* [*Wunsch a.*] accomplissement *m;* [*Pflicht, Vertrag*] respect *m;* ***bedeutet diese Zusage die ~ Ihrer Erwartungen?*** ce consentement signifie-t-il que vos attentes sont satisfaites?; ***die ~ der ihm übertragenen Aufgabe ist ihm oberste Pflicht*** il considère comme son devoir suprême de remplir [*o* d'accomplir] la mission qui lui a été confiée
2. (*Befriedigung*) accomplissement *m*, épanouissement *m;* ***ihre Arbeit als Hausfrau war ihr nicht ~ genug*** son travail comme femme au foyer ne lui permettait pas suffisamment de s'épanouir [*o* n'était pas assez épanouissant]
▶ **etw geht in ~** qc se réalise, qc s'accomplit; **in ~ einer S.** (*gen*) *form* dans l'exercice de qc
Erfüllungsgehilfe *m*, **-gehilfin** *f* JUR auxiliaire *mf* [*o* agent *m*] d'exécution
▶ **jd macht sich zum ~n eines Menschen/einer S.** *pej geh* qn est l'exécutant(e) [*o* l'agent d'exécution] d'une personne/de qc
Erg <-s, -> *nt* erg *m*
ergänzen * I. *vt* 1. (*auffüllen*) ■ **jd ergänzt etw** [**um etw**] *Fehlendes, Lücke* qn complète qc [par adjonction de [*o* en ajoutant] qc]; *Fresko, Gemälde* qn restaure qc
2. (*komplettieren*) ■ **jd ergänzt etw durch etw** *Lager, Sammlung, Vorräte* qn complète qc avec qc
3. (*vervollständigen*) ■ **jd ergänzt etw um etw** *Ausführungen, Vertrag, Text* qn augmente [*o* assortit] qc de qc
II. *vr* ■ **sie ~ sich** [*o* **einander**] ils/elles se complètent, ils/elles sont complémentaires
ergänzend I. *adj* complémentaire
II. *adv* pour compléter
Ergänzung <-, -en> *f* 1. (*das Auffüllen*) [*Fehlendes*] [r]ajout *m*
2. (*das Komplettieren*) [*Lager*] [ré]approvisionnement *m;* [*Sammlung*] enrichissement *m;* ***eine ~ der Vorräte*** un réapprovisionnement; ***etw dient der ~ einer S.*** (*gen*) qc sert à compléter qc
3. (*das Ergänzen*) [*Ausführungen, Worte, Text etc*] *verbal übersetzt;* ***etw dient der ~ einer S.*** (*gen*) qc sert à compléter qc; ***Neubearbeitung und ~ durch ...*** édition révisée et complétée par ...
4. (*Zusatz*) [r]ajout *m*
5. GRAM complément *m*
▶ **zur ~ einer S.** (*gen*) pour compléter qc; *einer Sammlung a.* pour enrichir qc
Ergänzungsabgabe *f* impôt *m* [*o* contribution *f*] supplémentaire **Ergänzungsband** <-bände> *m* supplément *m*
ergattern * *vt fam* ■ **jd ergattert etw** qn dégot[t]e qc *fam*
ergaunern * *vt, vr fam* ■ **jd ergaunert** [**sich** (*dat*)] **etw** qn escroque qc
ergeben*¹ *irreg* I. *vt* 1. (*ausmachen*) ■ **etw ergibt etw** [**für jdn**] *Betrag, Summe, Prozentsatz* qc donne qc [à qn]
2. (*als Resultat haben*) ■ **etw ergibt etw** *Beweis, Nachweis* qc apporte qc; ■ **etw ergibt, dass** qc démontre que + *indic*
II. *vr* 1. MIL ■ **jd ergibt sich** [**jdm**] qn se rend [à qn]
2. (*sich fügen*) ■ **jd ergibt sich in etw** (*akk*) *in sein Schicksal, eine Zwangslage* qn se résigne à qc
3. (*sich hingeben*) ■ **jd ergibt sich einer S.** (*dat*) *dem Alkohol, einer Droge, Leidenschaft, Sucht, dem Spiel* qn s'adonne à qc; ■ **jd ist einer S.** (*dat*) ~ qn est dépendant(e) de qc
4. (*folgen*) ■ **etw ergibt sich aus etw** /*Folgen, Nachteile, Vorteile*/ qc découle de qc, qc résulte de qc
III. *vr impers* ■ **es ergibt sich, dass** il s'avère que + *indic*
ergeben² *adj* 1. *Gesicht, Blick* résigné(e)
2. (*treu*) *Mensch* dévoué(e)
▶ **Ihr** [**sehr**] **~er ...** *veraltend* votre [très] dévoué(e) ...
Ergebenheit <-> *f* ∅ 1. (*Demut*) résignation *f*
2. (*Treue*) dévouement *m*, fidélité *f*
Ergebnis <-ses, -se> *nt* 1. (*Ausgang*) résultat *m;* [*Gespräche, Verhandlungen a.*] issue *f*
2. SPORT résultat *m*
▶ **etw führt zu einem/keinem ~** qc aboutit/n'aboutit pas; ***etw führt zu folgendem ~*** qc aboutit au résultat suivant; **etw führt zu dem ~, dass** qc a comme conséquence [*o* pour résultat] que + *indic;* **jd kommt zu einem/keinem ~** qn parvient à un résultat/ne parvient à aucun résultat; **im ~** au bout du compte, l'un dans l'autre; **ohne ~** sans résultat
ergebnislos I. *adj* sans résultat
▶ **etw bleibt ~** qn n'aboutit pas [*o* à rien]
II. *adv* sans qu'on parvienne [*o* aboutisse] à un résultat
ergehen * *irreg* I. *vi + sein form* ■ **etw ergeht an jdn** qc est adressé(e) à qn; ***es erging der Befehl, dass*** on ordonna que + *subj*, l'ordre fut donné que + *subj form;* ■ **jd lässt etw ~** qn fait paraître qc; ■ **jd lässt etw an jdn ~** qn adresse qc à qn
▶ **jd lässt etw über sich** (*akk*) **~** qn supporte qc, qn subit qc
II. *vi impers + sein* ■ **es ergeht jdm ...** *gut, schlecht* ça va ... pour qn; ***es ist mir immer gut ergangen*** ça a toujours bien été pour moi, ça s'est toujours bien passé pour moi; ***und wie ist es euch im Urlaub ergangen?*** alors, comment se sont passées vos vacances?
III. *vr + haben* 1. (*sich auslassen*) ■ **jd ergeht sich in etw** (*dat*) [**gegen jdn/etw**] *in Hetztiraden, Schmähungen* qn se répand en qc [contre qn/qc], qn se laisse aller à qc [contre qn/qc]
2. *geh* ■ **jd ergeht sich irgendwo** qn se promène quelque part
ergiebig *adj* 1. (*sparsam*) *Waschmittel, Seife, Shampoo etc* économique
2. (*fruchtbar*) *Diskussion, Gesprächsthema* fructueux(-euse), fertile
Ergiebigkeit <-> *f* ∅ [*Waschmittel, Seife, Shampoo etc*]: ***die ~ eines Shampoos*** le caractère économique d'un shampooing; ***bei besserer ~ brauchen Sie von dem neuen Waschmittel jetzt nur die halbe Menge*** cette lessive étant plus économique, vous n'avez besoin que de la moitié de la dose habituelle
erglänzen * *vi + sein geh* ■ **etw erglänzt** qc scintille, qc brille de tous ses feux
erglühen * *vi + sein geh* ■ **jd erglüht** [**vor etw** (*dat*)] *vor Scham, Zorn* qn s'empourpre [sous le coup [*o* l'effet] de qc] *soutenu*, qn rougit [de qc]
ergo *conj* donc
Ergonomie <-> *f* ergonomie *f*
ergonomisch I. *adj* ergonomique
II. *adv* dans un souci d'ergonomie
ergötzen * I. *vt geh* ■ **etw ergötzt jdn** qc amuse qn
▶ **zu jds E~** à la grande joie de qn, au grand plaisir de qn
II. *vr geh* ■ **jd ergötzt sich** qn s'amuse; ■ **jd ergötzt sich an etw** (*dat*) qn se délecte de qc, qn se repaît de qc *littér*
ergrauen * *vi + sein* ■ **jd/etw ergraut** qn/qc grisonne; ■ **ergraut** grisonnant(e)
ergreifen * *vt irreg* 1. (*fassen*) ■ **jd ergreift etw** *Gegenstand, Hand* qn saisit qc
2. (*dingfest machen*) ■ **jd ergreift jdn** *Ausbrecher, Flüchtigen, Verbrecher* qn arrête qn, qn appréhende qn
3. (*übergreifen*) ■ **etw ergreift etw** /*Feuer, Flammen*/ *Vorhänge* qc prend à qc; *Wald, Gebäude* qc s'étend à qc
4. (*wahrnehmen*) ■ **jd ergreift etw** *Chance, Gelegenheit* qn saisit qc
5. (*in die Wege leiten*) ■ **jd ergreift etw** *Maßnahmen* qn prend qc
6. (*bewegen*) ■ **etw ergreift jdn** /*Angst, ein Gefühl, Reue, Sehnsucht*/ qc saisit qn, qn est pris(e) de qc
ergreifend I. *adj* émouvant(e), bouleversant(e); *Abschied* touchant(e); ***sehr ~*** très émouvant
II. *adv schildern, berichten* de façon bouleversante; ***~ sprechende Bilder*** des images bouleversantes [*o* saisissantes]; ***~ wehmütige Klänge*** des sonori-

tés d'une mélancolie bouleversante

ergriffen *adj* ému(e), bouleversé(e)

Ergriffenheit <-> *f* ∅ émotion *f*, bouleversement *m*

ergründen * *vt* ■ **jd ergründet etw** qn explique qc; *Geheimnis, Phänomene a.* qn élucide qc; *Sinn des Lebens a.* qn pénètre qc

Erguss[RR] *m* **1.** (*Ejakulation*) éjaculation *f*
2. (*Blut~*) hématome *m*
▸ **vorzeitiger** ~ éjaculation *f* précoce; **jd hat einen/seinen** ~ qn éjacule

erhaben *adj* **1.** *Anblick* sublime, grandiose; *Augenblick a.* solennel(le); *Schönheit a.* majestueux(-euse); *Gedanken* noble
2. *Fürst, Herrscher etc* auguste *antéposé littér*
3. TYP *Druck* en relief
4. (*über etw stehen*) ■ **jd/etw ist über etw** (*akk*) ~ qn/qc est au-dessus de qc

Erhabenheit <-> *f* ∅ majesté *f*; [*Augenblick*] solennité *f*; [*Gedanke*] noblesse *f*

Erhalt *m* ∅ *form* [*Lieferung, Zahlung*] réception *f*
▸ ~ **der Macht** maintien *m* au pouvoir; **zahlbar bei** ~ payable à réception [*o* à la livraison]; **jd bestätigt den ~ von etw** *form* qn accuse réception de qc; **nach/vor ~ [einer S.]** (*gen*) après/avant réception [de qc]

erhalten * *irreg* **I.** *vt* **1.** (*bekommen*) ■ **jd erhält etw [von jdm]** *Geschenk, Lieferung* qn reçoit qc [de qn]; *Geld a.* qn perçoit [*o* touche] qc [de qn]
2. (*bedacht werden*) ■ **jd erhält etw [für etw]** *Geldbuße, Strafe, Tadel* qn reçoit qc [pour qc]
3. (*verliehen bekommen*) ■ **jd erhält etw [für etw]** *Preis, Orden* qn reçoit [*o* obtient] qc [pour qc]
4. (*versetzt bekommen*) ■ **jd erhält etw [von jdm]** *Ohrfeige, Prügel, Tritt* qn reçoit qc [de qn]
5. (*zugestanden bekommen*) ■ **jd erhält etw [von jdm]** *Erlaubnis, Zustimmung, Urlaub* qn obtient qc [de qn]; ***Sie ~ einen freien Tag in der Woche*** vous aurez un jour de liberté par semaine
6. (*erteilt bekommen*) *Auftrag, Befehl* qn reçoit qc
7. (*bewahren*) ■ **jd/etw erhält etw** *jds Arbeits-, Leistungsfähigkeit* qn/qc maintient [*o* garde] qc; *jds Gesundheit* qn/qc conserve qc; *Vitamine, Wirkstoffe* qn/qc garde [*o* conserve] qc; ***so werden die Lebensmittel länger*** ~ comme cela, les aliments se conservent [*o* se gardent] plus longtemps
8. CONSTR ■ **jd erhält etw** *Bauwerk, Fassade* qn sauvegarde qc, qn préserve qc; ■ **etw ist** ~ qc est préservé(e) [*o* conservé(e)]; ***die Altstadt ist vollständig*** ~ la vieille ville est parfaitement conservée
9. (*werden*) ■ **jd erhält etw getan** qn voit qc être fait(e); ***ich habe meine Vermutung bestätigt*** ~ j'ai vu ma supposition se confirmer, j'ai eu confirmation de ce que je supposais
10. CINE, THEAT ■ **etw erhält etw** /*Bühnenstück, Drehbuch*/ *neue Fassung* qc reçoit qc, qc bénéficie de qc
▸ **gut** ~ *Gegenstand, Bauwerk* bien conservé(e); **[jd ist] gut** ~ *hum fam* [qn est] bien conservé(e); **jd bleibt jdm** ~ qn reste aux côtés de qn; ***ich hoffe, dass du uns noch lange ~ bleibst*** j'espère que nous te garderons encore longtemps parmi nous; *iron* qn gratifie qn de sa présence; **etw bleibt [durch etw]** ~ (*bewahrt*) /*wertvolle Bausubstanz, alte Dokumente*/ qc est préservé(e) [*o* sauvegardé(e)] [grâce à qc]; /*Vitamine, Wirkstoffe*/ qc est préservé(e) [grâce à qc]
II. *vr* **1.** (*sich halten*) ■ **jd erhält sich …** *arbeitsfähig, beweglich, fit* qn se maintient …
2. (*sich bewahren*) ■ **jd erhält sich** (*dat*) **etw** *Optimismus, Zuversicht* qn garde qc, qn conserve qc
3. (*bewahrt bleiben*) ■ **etw erhält sich** /*Brauch*/ qc se maintient

erhältlich *adj* disponible, en vente; ■ **etw ist irgendwo/bei jdm** ~ qc est en vente [*o* disponible] quelque part/chez qn; ***kaum noch*** ~ pratiquement introuvable
▸ **jd macht etw** ~ CH qn se procure qc

Erhaltung *f* ∅ **1.** [*Fassade, Kunstwerk*] sauvegarde *f*, conservation *f*
2. (*Aufrecht~*) [*Arbeitskraft, Gesundheit*] protection *f*, préservation *f*
3. (*Bewahrung*) [*Frieden, Einvernehmen*] maintien *m*, sauvegarde *f*

erhängen * **I.** *vt* ■ **jd erhängt jdn** qn pend qn
▸ **… durch E~** *Selbstmord, Tod* par pendaison
II. *vr* ■ **jd erhängt sich** qn se pend

erhärten * **I.** *vt* ■ **jd/etw erhärtet etw** /*Zeuge*/ qn/qc confirme [*o* corrobore] qc; /*Aussage, Beweis a.*/ qc étaie qc, qc renforce qc
II. *vr* ■ **etw erhärtet sich [durch etw]** qc se confirme [*o* se renforce] [grâce à qc]

Erhärtung <-, -en> *f* confirmation *f*, renforcement *m*; ***haben Sie Beweismittel zur ~ Ihrer Vermutung?*** avez-vous des preuves qui viennent étayer votre supposition?

erhaschen * *vt geh* **1.** (*ergreifen*) ■ **jd/ein Tier erhascht etw** qn/un animal attrape [*o* se saisit de] qc
2. (*wahrnehmen*) ■ **jd erhascht etw** *Wortfetzen, Szene* qn saisit qc au passage; *Bild* qn perçoit furtivement qc

erheben * *irreg* **I.** *vt* **1.** (*hochheben*) ■ **jd erhebt etw** qn lève qc
2. (*hochrecken*) ■ **jd erhebt etw [zu etw]** *Hand, Faust* qn lève qc [pour faire qc]
3. FIN ■ **jd erhebt etw [auf etw** (*akk*)**/von jdm]** *Steuer, Aufschlag* qn perçoit qc [sur qc/auprès de qn]
4. STATIST ■ **jd erhebt etw** *Fakten, Daten* qn relève qc, qn rassemble qc
5. (*machen*) ■ **jd erhebt etw zu etw** *zu einem Prinzip, zur Richtschnur* qn érige qc en qc
6. (*zum Ausdruck bringen*) ■ **jd erhebt etw** *Geschrei* qn pousse qc; *Einspruch* qn élève qc, qn émet qc
▸ **hoch erhoben** *Arm, Zeigefinger* levé(e); *Kopf* droit(e); ***hoch erhobenen Hauptes*** la tête haute
II. *vr* **1.** (*aufstehen*) ■ **jd/ein Tier erhebt sich [von etw]** qn/un animal se lève [de qc]
2. (*sich auflehnen*) ■ **jd erhebt sich [gegen jdn/etw]** qn se soulève [*o* se dresse] [*o* se révolte] [contre qn/qc]
3. (*aufragen*) ■ **etw erhebt sich [über etw** (*akk*)**]** qc s'élève [*o* se dresse] [au-dessus de qc]
4. *geh* (*sich erhöhen*) ■ **jd erhebt sich über jdn** qn s'élève au-dessus de qn
5. METEO ■ **etw erhebt sich** /*Brise, Wind*/ qc se lève
6. (*entstehen*) ■ **etw erhebt sich** /*Frage*/ qc se pose; /*Bedenken, Zweifel*/ qc se fait jour; /*Geschrei, Wehklagen*/ qc s'élève

erhebend *adj geh* exaltant(e)

erheblich **I.** *adj* **1.** (*beträchtlich*) *Belastung, Schaden, Unterschied, Verspätung, Störung* considérable, important(e); *Vorteil, Summe a.* substantiel(le); *Bedeutung* considérable, crucial(e); *Nachteil, Verletzung* grave, sérieux(-euse); *Stau* important(e)
2. (*relevant*) décisif(-ive)
▸ **jd erklärt etw für** ~ CH *Motion* qn adopte qc
II. *adv* **1.** (*beträchtlich*) *beschädigen* gravement; *verletzen* gravement, sérieusement
2. (*deutlich*) *teurer, besser, weniger, mehr* nettement

Erhebung *f* **1.** (*Aufstand*) soulèvement *m*, insurrection *f*
2. ADMIN [*Gebühren, Abgaben*] perception *f*; [*Steuern a.*] levée *f*; ***die ~ neuer Abgaben*** de nouvelles ponctions fiscales
3. STATIST [*Daten, Zahlen*] relevé *m*
4. GEOG éminence *f*, hauteur *f*, butte *f*
▸ **jd macht eine ~/~en [über etw** (*akk*)**], jd stellt eine ~/~en an, jd führt eine ~/~en durch** qn procède à [*o* mène] une enquête [sur qc]

erheitern * **I.** *vt* ■ **jd/etw erheitert jdn** qn/qc déride qn
II. *vr* ■ **etw erheitert sich** /*jds Gesicht, Miene*/ qc se déride

Erheiterung <-, *rare* -en> *f* gaieté *f*, hilarité *f*
▸ **zu jds** ~ pour la plus grande joie de qn; ***schön, dass mein Witz zu eurer ~ dienen konnte*** si ma plaisanterie a pu vous dérider, tant mieux

erhellen * **I.** *vt* **1.** (*hell machen*) ■ **etw erhellt etw** /*Fackel, Lampe*/ qc éclaire qc
2. (*klären*) ■ **jd erhellt etw** *mysteriöse Affäre, Geheimnis* qn éclaircit qc, qn élucide qc; *Hintergründe* qn fait la lumière [*o* lève le voile] sur qc; ■ **etw erhellt etw** qc permet d'éclaircir [*o* d'élucider] qc; *Hintergründe* qc permet de faire la lumière [*o* de lever le voile] sur qc
II. *vr* ■ **etw erhellt sich** /*Himmel*/ qc s'éclaircit

Erhellung <-, *rare* -en> *f* (*Klärung*) [*Hintergründe etc*] clarification *f*, éclaircissement *m*, élucidation *f*

erhitzen * **I.** *vt* **1.** (*heiß machen*) ■ **jd erhitzt etw [auf etw** (*akk*)**]** qn fait chauffer qc [à qc]; ***die Milch wird hoch erhitzt*** le lait est chauffé à haute température
2. (*zum Schwitzen bringen*) ■ **etw erhitzt jdn** qc donne chaud à qn; ■ **erhitzt** *Mensch* en sueur, en nage; *Gesicht a.* en feu; ■ **jd ist [von etw] erhitzt** qn a chaud [*o* est en sueur] [d'avoir fait qc]
II. *vr* ■ **jd erhitzt sich [an etw** (*dat*)**]** qn s'échauffe [à propos de qc]

Erhitzung <-, *rare* -en> *f* **1.** (*das Erhitzen*) [*Milch, Wasser*] *verbal übersetzt;* ***ein Wasserkocher dient zur raschen ~ von Wasser*** une bouilloire électrique permet de [faire] chauffer de l'eau rapidement
2. (*Erregung*) énervement *m*

erhoffen * *vr* ■ **jd erhofft sich** (*dat*) **etw [von jdm/etw]** qn espère [*o* escompte] qc [de qn/qc]; ***was erhoffst du dir davon?*** qu'est-ce que tu espères [*o* attends]?

erhöhen * **I.** *vt* **1.** CONSTR ■ **jd erhöht etw [um etw]** *um eine bestimmte Höhe* qn rehausse qc [de qc]; ■ **jd erhöht etw um etw** (*aufstocken*) qn surélève [*o* rehausse] qc de qc
2. FIN, FISC ■ **jd erhöht etw [um etw]** *um einen Betrag, Prozentsatz* qn augmente qc [de qc]; *Zahl a.* qn accroît qc [de qc]; ■ **jd erhöht etw auf etw** (*akk*) qn porte le montant de qc à qc
3. (*verstärken*) ■ **etw erhöht etw** *Wirkung* qc accroît qc, qc renforce qc; *Spannung a.* qc fait monter qc
4. MUS ■ **jd erhöht etw** *Note* qn hausse qc, qn dièse qc *spéc*
II. *vr* **1.** FIN, FISC ■ **etw erhöht sich [um etw]** qc augmente [de qc]; ■ **etw erhöht sich auf etw** (*akk*) qc s'élève [*o* se monte] à qc
2. (*sich verstärken*) ■ **etw erhöht sich** /*Blutdruck*/ qc augmente, qc monte; /*Wirkung*/ qc s'intensifie

erhöht *adj* **1.** MED *Ausscheidung* accru(e); *Blutdruck* élevé(e); *Wert* en augmentation; *Herzschlag, Puls* accéléré(e); ***bei ~em Blutdruck*** en cas d'hypertension; ***der Puls ist*** ~ le rythme du pouls est [trop] rapide
2. (*gesteigert*) *Anstrengungen, Aufmerksamkeit* accru(e)

Erhöhung <-, -en> *f* **1.** (*Steigerung*) [*Gebühren, Steuern, Löhne*] augmentation *f*, relèvement *m*, hausse *f*; [*Zahlen a.*] accroissement *m*
2. (*Verstärkung*) [*Spannung*] accroissement *m*, renforcement *m*; *Wirkung a.* intensification *f*
3. (*Anhebung*) [*Blutdruck, Geschwindigkeit, Produktion*] augmentation *f*, accroissement *m*; [*Frequenz a.*] accélération *f*

Erhöhungszeichen *nt* dièse *m*

erholen * *vr* **1.** (*wieder zu Kräften kommen*) ■ **jd erholt sich [von etw]** *von Krankheit, Operation* qn se remet [*o* se rétablit] [de qc]
2. (*ausspannen*) ■ **jd erholt sich [von etw]** *von Arbeit* qn se repose [de qc]
3. (*sich wieder fassen*) ■ **jd erholt sich von etw** *von Schrecken, Rückschlag* qn se remet de qc
4. COM, BÖRSE ■ **etw erholt sich** qc se redresse, qc se raffermit
5. HORT ■ **etw erholt sich** qc reprend, qc retrouve de la vigueur

erholsam *adj Nichtstun, Urlaub* reposant(e); *Schlaf a.* réparateur(-trice)

Erholung <-> *f* ∅ **1.** (*das Schöpfen neuer Kräfte*) repos *m*, détente *f*
2. COM, BÖRSE [*Preise*] relance *f*; [*Aktien, Kurse*] redressement *m*, reprise *f*

▸ **gute** ~! repose-toi/reposez-vous bien!; **zur** ~ pour me/se/... reposer; ***Urlaub ist zur ~ da*** les vacances sont faites pour se reposer
Erholungsaufenthalt *m* séjour *m* de repos **erholungsbedürftig** *adj* qui a besoin de repos; ■ **jd ist** ~ qn a besoin de repos [*o* de se reposer] **Erholungskur** *f* cure *f* de repos ▸ **jd macht eine** ~ qn fait une cure de repos **Erholungsort** *m* lieu *m* de repos, villégiature *f* **Erholungspause** *f* récréation *f*, pause *f* [détente] ▸ **jd macht eine** ~, **jd legt eine** ~ **ein** qn s'accorde un moment de détente, qn fait une pause **Erholungsurlaub** *m* vacances *fpl*, congé *m* pour me/se/... détendre [*o* reposer]
erhören * *vt geh* **1.** (*nachkommen*) ■ **jd erhört etw** *Bitte, Gebet* qn exauce qc, qn accède à qc; *Flehen* qn accède à qc
2. (*sich hingeben*) ■ **jd erhört jdn** *verliebten Menschen* qn cède à qn
erigieren * *vi* ■ **etw erigiert** */Kitzler, Penis/* qc entre en érection; */Brustwarze/* qc durcit; ■ **erigiert** en érection
Erika <-, Eriken> *f* bruyère *f*
erinnerlich *adj pred form* ■ **jdm ist etw** ~ qn se souvient [*o* a souvenir] [*o* a souvenance *littér*] de qc
▸ **soviel mir** ~ **ist** pour autant qu'il m'en souvienne *form*
erinnern * **I.** *vt* **1.** (*zu denken veranlassen*) ■ **jd erinnert jdn an etw** (*akk*) qn rappelle qc à qn, qn fait penser qn à qc, qn lui fait penser à qc; ■ **jd erinnert jdn daran etw zu tun** qn rappelle à qn de faire qc, qn fait penser à qn de faire qc; ***erinnere mich daran, dass ich die Briefe einwerfen muss*** fais-moi penser que je dois mettre les lettres à la boîte
2. (*denken lassen*) ■ **jd/etw erinnert jdn an jdn/etw** qn/qc rappelle qn/qc à qn
II. *vr* ■ **jd erinnert sich an jdn/etw** qn se souvient de qn/qc, qn se rappelle qn/qc
▸ **wenn ich mich recht erinnere, ...** si je me souviens bien, ..., si mes souvenirs sont bons, ...; **soweit ich mich** ~ **kann** autant que je me souvienne
III. *vi* **1.** (*in Erinnerung bringen*) ■ **jd erinnert an jdn/etw** qn rappelle qn/qc, qn fait penser à qn/qc; ■ **etw erinnert an etw** */Art, Verhalten/* qc rappelle qc, qc fait penser à qc
2. (*ins Gedächtnis rufen*) ■ **jd erinnert daran, dass** qn rappelle que + *indic*
Erinnerung <-, -en> *f* **1.** (*Gedächtnis*) mémoire *f*; ***ich werde deiner ~ nachhelfen*** je vais te rafraîchir la mémoire
2. *meist pl* (*Eindruck*) souvenir *m* (*an etw* (*akk*) de qc); ***er hatte in seinem Gedächtnis jede ~ an den Krieg ausgelöscht*** il avait effacé de sa mémoire tout souvenir de la guerre
3. *pl* (*Memoiren*) souvenirs *mpl*, mémoires *fpl*
4. COM *form* rappel *m*
▸ **jd bringt sich in** ~ qn redonne signe de vie; **jd bringt sich bei jdm in** ~ qn se rappelle au bon souvenir de qn; **jd hat eine/keine** ~ **an jdn/etw** qn se souvient/n'a aucun souvenir de qn/qc; ***ich habe nur noch eine vage ~ daran*** je n'en ai plus qu'un vague souvenir; **jd hat** [*o* **behält**] **jdn/etw in ...** ~ *in angenehmer, guter, schlechter* qn garde un ... souvenir de qn/qc; **sie tauschen** ~**en aus** ils/elles échangent des souvenirs; **zur** ~ **an etw** (*akk*) *an gemeinsame Zeit, schöne Jahre* en souvenir de qc
Erinnerungslücke *f* trou *m* de mémoire **Erinnerungsstück** *nt* souvenir *m* (*an jdn/etw* de qn/qc) **Erinnerungsvermögen** *nt* ∅ mémoire *f*
erkalten * *vi + sein* **1.** (*kalt werden*) ■ **jd/etw erkaltet** */Toter, Hände, Füße/* qn/qc se refroidit; ***der Leichnam ist schon erkaltet*** le cadavre est déjà froid
2. (*abkühlen*) ■ **etw erkaltet** */Pudding, Lava/* qc refroidit
3. *geh* (*nachlassen*) ■ **etw erkaltet** */Gefühl, Begeisterung/* qc se refroidit
erkälten * *vr* **1.** (*eine Erkältung bekommen*) ■ **jd erkältet sich** qn s'enrhume, qn prend froid
2. (*sich unterkühlen*) ■ **jd erkältet sich** (*dat*) **etw** *Blase, Nebenhöhlen* qn prend froid à qc
erkältet **I.** *adj* enrhumé(e); ***stark ~*** très enrhumé
II. *adv sprechen* comme quelqu'un d'enrhumé
Erkältung <-, -en> *f* refroidissement *m*, rhume *m*
▸ **jd bekommt** [*o* **kriegt**] **eine** ~ qn attrape un refroidissement [*o* rhume]; **jd hat eine** ~ qn a un refroidissement [*o* rhume]; **jd zieht sich** (*dat*) **eine** ~ **zu** *form* qn contracte un refroidissement [*o* rhume] *form*
Erkältungskrankheit *f* refroidissement *m*
erkämpfen * **I.** *vt* **1.** (*erlangen*) ■ **jd erkämpft** [**jdm**] **etw** *Lohnerhöhung, Position, Unabhängigkeit* qn conquiert qc [pour qn], qn obtient qc de haute lutte [au profit de qn]
2. SPORT ■ **jd erkämpft etw** [**für jdn/etw**] *Platz, Sieg* qn arrache qc [pour qn/qc]; *Medaille a.* qn décroche qc [pour qn/qc]; ***ein hart/mühsam erkämpfter zweiter Platz*** une seconde place remportée de haute lutte/arrachée péniblement
II. *vr* ■ **jd erkämpft sich** (*dat*) **etw** *Position, Erfolg* qn conquiert qc, qn obtient qc de haute lutte
erkaufen * *vt* **1.** (*durch Bezahlung erhalten*) ■ **jd erkauft etw** *Freiheit, Freilassung, Zusicherung* qn achète qc; ***der Bürgermeister von Calais erkaufte die Schonung der Bevölkerung dadurch, dass er sechs Bürger opferte*** le maire de Calais a obtenu que la population soit épargnée au prix du sacrifice de six bourgeois
2. ■ **jd erkauft etw** [...] *teuer, teuer genug* qn paie qc [...]
erkennbar *adj* **1.** (*sichtbar*) visible
2. (*wahrnehmbar*) ■ **etw ist für jdn/etw** ~ qc est perceptible pour qn/qc; ■ **an etw** (*dat*) **ist** ~, **dass** on peut se rendre compte à qc que + *indic*
erkennen * *irreg* **I.** *vt* **1.** (*wahrnehmen*) ■ **jd erkennt jdn** qn reconnaît qn; ■ **jd erkennt etw** *Detail, Einzelheit* qn distingue qc; ***ohne Mikroskop kann man Bakterien nicht ~*** sans microscope, on ne peut pas apercevoir [*o* identifier] les bactéries; ■ **jd erkennt, ob/um was/wen** qn distingue si/de quoi/de qui
2. (*identifizieren*) ■ **jd erkennt jdn/etw** [**an etw** (*dat*)] qn reconnaît qn/qc [à qc]
3. (*einsehen*) ■ **jd erkennt etw** *Fehler, Irrtum* qn s'aperçoit de qc, qn se rend compte de qc; *richtigen Weg* qn distingue qc; ■ **jd erkennt etw als etw** *als falsch, richtig, gut* qn se rend compte que qc est qc; ***sie hatte ihr Schweigen als besser erkannt*** elle avait jugé préférable de se taire; ***dieses Vorgehen wurde von uns als unangebracht erkannt*** nous nous sommes rendu compte que cette façon de procéder était inadaptée; ■ **jd erkennt, dass/wie** qn s'aperçoit [*o* se rend compte] que + *indic*/à quel point
4. (*feststellen*) ■ **jd erkennt etw** *Fehler, Schwächen, Krankheit Motorschaden* qn décèle qc; ■ **etw lässt sich durch etw** ~ qc peut être décelé(e) grâce à qc
▸ **jd erkennt jdn/etw wieder** qn reconnaît qn/qc; **jd/etw ist nicht wieder zu** ~ qn/qc est méconnaissable; **du bist erkannt!** tu es démasqué(e)!; **jd gibt** [**jdm**] **etw zu** ~ *Fehler, Irrtum* qn indique qc [à qn]; **jd gibt jdm zu** ~, **dass** qn fait comprendre à qn que + *indic*; **etw lässt etw** ~ *Unsicherheit, Schwäche* qc révèle qc, qc dénote qc; **etw lässt** ~, **dass** qc indique [*o* révèle] que + *indic*
II. *vi* **1.** JUR ■ **jd erkennt auf etw** (*akk*) qn prononce qc
2. SPORT ■ **jd erkennt auf etw** (*akk*) *auf Elfmeter, Freistoß* qn accorde qc
III. *vr* ■ **jd erkennt sich** [**selbst**] qn se trouve [lui/elle-même]; ***erkenne dich selbst!*** connais-toi toi-même!
▸ **jd gibt sich** [**jdm**] [**als jd**] **zu** ~ qn révèle son identité, qn se fait reconnaître [à qn] [comme étant qn]
erkenntlich *adj* ▸ **jd zeigt sich** [**jdm**] [**für etw**] ~ qn témoigne [à qn] sa reconnaissance [pour qc]
Erkenntlichkeit <-, -en> *f* **1.** ∅ (*Dankbarkeit*) reconnaissance *f*, gratitude *f*; ***zum Zeichen meiner ~*** en témoignage de ma reconnaissance
2. (*Geschenk*) témoignage *m* de reconnaissance
Erkenntnis *f* **1.** (*Einsicht*) connaissance *f*; ***~se in das Wesen der Welt*** des connaissances *fpl* sur l'essence du monde
2. PHILOS, PSYCH [*eigenes Ich, wahres Wesen*] connaissance *f*
▸ **jd kommt** [*o* **gelangt**] **zu einer** ~ qn arrive [*o* parvient] à une conclusion; **jd kommt** [*o* **gelangt**] **zu der** ~, **dass** qn arrive [*o* parvient] à cette conclusion que + *indic*
Erkenntnisstand *m* ∅ *form* état *m* des connaissances
Erkennung <-> *f* ∅ INFORM reconnaissance *f*
Erkennungsdienst *m* service *m* anthropométrique **erkennungsdienstlich** **I.** *adj Beamte* de l'anthropométrie [judiciaire]; *Behandlung, Arbeit* anthropométrique **II.** *adv behandeln* selon les méthodes anthropométriques **Erkennungsmarke** *f* plaque *f* d'identité **Erkennungszeichen** *nt* signe *m* de reconnaissance
Erker <-s, -> *m* encorbellement *m*
Erkerfenster *nt* fenêtre *f* en encorbellement, bow-window *m*, oriel *m* **Erkerzimmer** *nt* pièce *f* avec une fenêtre en encorbellement
erklärbar *adj* explicable; ***nicht ~*** inexplicable; ***das ist wohl dadurch ~, dass*** ceci s'explique sans doute par le fait que + *indic*; ***sein Verhalten ist mir nicht ~*** je ne m'explique pas son comportement
erklären * **I.** *vt* **1.** (*erläutern*) ■ **jd erklärt** [**jdm**] **etw** [**an etw** (*dat*)] *an einem Beispiel* qn explique qc [à qn] [à l'aide de qc]; ***das lässt sich schwer ~*** c'est difficile à expliquer; ***die Gründe für seinen Irrtum sind wie folgt zu ~*** les raisons de son erreur s'expliquent de la façon suivante; ■ **jd erklärt jdm, dass/wieso** qn explique à qn que + *indic*/pourquoi
2. ART, LITER ■ **jd erklärt** [**jdm**] **etw** *Bild, Gemälde* qn explique [*o* interprète] qc [à qn]; *Gedicht, Text* qn commente [*o* analyse] qc [à qn]
3. (*klar machen*) ■ **etw erklärt etw** */Vorfall, Umstand/* qc explique qc
4. (*bekannt geben*) ■ **jd erklärt etw** */Politiker, Pressesprecher/* *jds Kandidatur, Rücktritt* qn annonce qc; *Einverständnis* qn exprime qc; ■ **jd erklärt jdm etw** *den Krieg, seine Liebe* qn déclare qc à qn; ■ **jd erklärt etw für ...** qn déclare qc ...; ***hiermit erkläre ich die Sitzung für beendet!*** la séance est close!
5. ADMIN ■ **jd erklärt jdn für ...** *für tot, schuldig* qn déclare qn ...; ***hiermit erkläre ich Sie für Mann und Frau*** je vous déclare unis par les liens du mariage; ***für vermisst erklärt*** porté(e) disparu(e); ■ **jd erklärt etw für ...** *für gültig, gefälscht* qn déclare qc ...
II. *vr* **1.** (*sich deuten*) ■ **jd erklärt sich** (*dat*) **etw** qn s'explique qc
2. (*sich aufklären*) ■ **etw erklärt sich** qc s'explique
3. (*sich bezeichnen*) ■ **jd erklärt sich ...** qn se déclare ...; ***die Redakteure erklärten sich solidarisch mit den streikenden Druckern*** les rédacteurs se sont déclarés solidaires des imprimeurs en grève; ***ich erkläre mich einverstanden*** j'exprime mon accord
erklärend **I.** *adj Bemerkung* explicatif(-ive); *Worte a.* d'explication
II. *adv bemerken, hinzufügen* à titre explicatif
erklärlich *adj* explicable, compréhensible; ***der Grund ist leicht ~*** la raison est facile à comprendre; ■ **etw ist jdm** ~ qn s'explique qc, qn comprend qc
erklärt *adj attr Gegner einer S., jds Liebling* déclaré(e); ***der ~e Favorit*** SPORT le super-favori; ***sein ~es Ziel ist es etw zu tun*** son but avoué, c'est de faire qc
Erklärung *f* **1.** (*Darlegung*) explication *f*; ***zur ~ ihres Zuspätkommens*** pour expliquer son retard
2. (*Mitteilung*) [*Politiker, Pressesprecher*] déclaration *f*
▸ **jd gibt eine** ~ [**zu etw**] **ab** *form* qn fait une déclaration [au sujet de qc]; **es gibt für etw eine/keine** ~ il y a une/il n'y a aucune explication à qc; **es gibt für alles eine** ~ il y a une explication à tout; **jd hat eine/keine** ~ **für etw** qn a une explication/n'a pas d'explication à qc; **jd hat für alles eine** ~ qn a réponse à tout
erklimmen * *vt irreg geh* **1.** (*ersteigen*) ■ **jd/ein Tier erklimmt etw** *Baum, Leiter* qn/un animal grimpe à qc; *Bergwand* qn/un animal escalade [*o* gravit *soutenu*] qc

2. (*erreichen*) ■ **jd erklimmt etw** *Spitze, höchste Stufe* qn accède à qc

erklingen * *vi irreg + sein geh* ■ **etw erklingt** */Melodie, Stimme/* qc retentit; */Instrument, Glocke a./* qc résonne

erkor *imp von* **erküren**

erkoren *pp von* **erküren**

erkranken * *vi + sein* 1. MED ■ **jd/ein Tier erkrankt** qn/un animal tombe malade; ■ **jd/ein Tier erkrankt an etw** (*dat*) qn/un animal attrape qc; ■ **erkrankt** malade; ■ **an etw** (*dat*) **erkrankt** atteint(e) de qc
2. HORT ■ **etw erkrankt** qc attrape une maladie; ■ **etw erkrankt an etw** (*dat*) qc attrape qc; ■ **erkrankt** malade

Erkrankung <-, -en> *f* maladie *f*; ***die Zahl der ~en durch den Aidsvirus*** le nombre de cas nouveaux de sida

erkühnen * *vr geh* ■ **jd erkühnt sich etw zu tun** qn a le front [*o* l'outrecuidance *littér*] de faire qc
▸ **was ~ Sie sich!** quelle impudence!, quelle outrecuidance! *littér*

erkunden * *vt* 1. MIL ■ **jd erkundet etw** qn reconnaît qc
2. (*sondieren*) ■ **jd erkundet etw** *jds Meinung, Stimmung* qn sonde qc

erkundigen * *vr* ■ **jd erkundigt sich [bei jdm] [nach jdm/etw]** qn se renseigne [auprès de qn] [sur qn/qc]; ***er hat sich erkundigt, was der Flug kostet*** il s'est renseigné sur le prix du billet d'avion; ■ **jd erkundigt sich [bei jdm] über jdn/etw** qn prend des renseignements sur qn/qc [auprès de qn]

Erkundigung <-, -en> *f* recherche *f*, investigation *f*
▸ **jd holt** [*o* **zieht** *form*] **[bei jdm] ~en [über jdn/etw] ein** qn prend des renseignements [*o* des informations] [sur qn/qc] [auprès de qn]

Erkundung <-, -en> *f* MIL reconnaissance *f*

erküren * <erkor, erkoren> *vt* 1. *veraltend geh* (*erwählen*) ■ **jd/etw erkürt jdn zu etw** qn érige qn en qc *littér*/qc désigne qn pour faire qc; *zum Vormund* qn/qc désigne qn pour être qc
2. *hum* (*machen*) ■ **jd erkürt jdn zu etw** *zum Vorsitzenden* qn intronise qn qc; ***mich also habt ihr zum Sündenbock erkoren?*** c'est donc à moi qu'a été dévolu le rôle de bouc émissaire?

Erlagschein *m* AUS (*Einzahlungsschein*) reçu *m* de versement

erlahmen * *vi + sein* 1. (*kraftlos werden*) ■ **etw erlahmt** */Arme/* qc s'engourdit, qc s'ankylose; ***seine Kräfte erlahmten*** ses forces l'ont abandonné
2. (*nachlassen*) ■ **etw erlahmt** */Arbeitseifer, Interesse/* qc s'émousse, qc se refroidit

erlangen * *vt geh* ■ **jd erlangt etw** qn obtient qc

Erlass[RR] <-es, -e *o* AUS ¨-e>, **Erlaß** <-sses, -sse *o* AUS ¨-sse> *m* 1. ADMIN [*Ministerium, Verwaltung*] décret *m*, arrêté *m*
2. (*das Erlassen*) [*Schulden, Strafe*] remise *f*; [*Sünden*] rémission *f*; ***~ der Haftstrafe*** remise *f* de peine

erlassen * *vt irreg* 1. ADMIN ■ **jd erlässt etw** *Befehl* qn édicte qc; *Verfügung* qn promulgue qc
2. (*von etw befreien*) ■ **jd erlässt jdm etw** *Strafe* qn fait grâce à qn de qc; *Schulden, Sünden* qn remet qc à qn; *Gebühren* qn exonère qn de qc

erlauben * I. *vt* 1. (*gestatten*) ■ **jd erlaubt jdm etw** qn permet qc à qn; ***das längere Aufbleiben wurde ihr ausnahmsweise erlaubt*** elle a eu exceptionnellement la permission [*o* l'autorisation] de veiller plus longtemps; ■ **jd erlaubt jdm etw zu tun** qn permet à qn de [*o* qn autorise qn à] faire qc; ■ **es ist irgendwo erlaubt etw zu tun** il est [*o* c'est] permis de faire qc quelque part; ■ **jdm ist etw erlaubt** qn a le droit de faire qc; ***nichts ist erlaubt*** on n'a le droit de rien faire
2. *form* (*zulassen*) ■ **etw erlaubt [jdm] etw** */jds Finanzen, Mittel/ Ausgabe, Anschaffung* qc permet qc [à qn]; ***die Vorschriften ~ keine Ausnahme*** le règlement ne souffre pas d'exception; ■ **etw erlaubt es jdm etw zu tun** qc permet à qn de faire qc
▸ **~ Sie/erlaube, dass ich lache!** laissez-moi/laisse-moi rire!; **~ Sie mal!** (*was fällt Ihnen ein!*) permettez!; **~ Sie/erlaubst du, dass: ~ *Sie/erlaubst du, dass ich heute früher aufhöre?*** vous permettez/tu permets que je finisse plus tôt ce soir?; ***~ Sie, dass ich mich vorstelle!*** permettez-moi de me présenter!; **~ Sie?, Sie ~ doch?** *form* vous permettez?
II. *vr* 1. (*sich leisten*) ■ **jd erlaubt sich** (*dat*) **etw** qn s'offre qc; ***ich kann mir kein Auto mehr ~*** je ne peux plus me permettre d'avoir une voiture
2. *form* (*wagen*) ■ **jd erlaubt sich** (*dat*) **etw** *Bemerkung, Vorschlag* qn se permet [de faire] qc
3. (*sich herausnehmen*) ■ **jd erlaubt sich** (*dat*) **etw zu tun** qn se permet de faire qc; ***was die Jugend sich heutzutage alles erlaubt!*** la jeunesse se croit tout permis aujourd'hui!
▸ **was ~ Sie sich [eigentlich]!** pour qui vous prenez-vous?, vous en avez un culot! *fam*

Erlaubnis <-, *rare* -se> *f* 1. (*Genehmigung*) permission *f*, autorisation *f*; ***~ zum Ausgang*** autorisation *f* [*o* permission *f*] de sortie
2. (*genehmigendes Schriftstück*) autorisation *f*
▸ **jd bittet/fragt [jdn] um ~** qn demande la permission [*o* l'autorisation] [à qn]; **jd gibt** [*o* **erteilt** *form*] **jdm die ~ [zu etw/etw zu tun]** qn donne [*o* accorde] la permission [*o* l'autorisation] à qn [de faire qc]; ***die ~ zum Besichtigen des Labors*** l'autorisation *f* de visiter le laboratoire; **jd hat die ~ etw zu tun** qn a la permission [*o* l'autorisation] de faire qc; **jd hat jds ~ etw zu tun** qn a la permission [*o* l'autorisation] de qn pour faire qc; **mit jds ~** avec l'autorisation [*o* la permission] de qn; **mit Ihrer [freundlichen/gütigen] ~** *form* avec votre [aimable] permission; **ohne jds ~** sans l'autorisation [*o* la permission] de qn

erlaucht *adj* 1. (*illuster*) *Gesellschaft* distingué(e), illustre; *Gäste* éminent(e); ***die ~en Größen der Gesellschaft*** la fine fleur de la société
2. *iron* (*übel*) *Gesellschaft, Chef* honorable *antéposé*

erläutern * *vt* ■ **jd erläutert [jdm] etw** qn explique qc [à qn]

erläuternd I. *adj* explicatif(-ive)
II. *adv bemerken, hinzufügen* en guise d'explication

Erläuterung <-, -en> *f* explication *f*; ***~en zum Text*** des explications *fpl* relatives au texte
▸ **jd gibt [jdm] ~en [zu etw]** qn donne des explications [à qn] [au sujet de qc]; **ohne ~** sans explication; **zur ~** dans un but explicatif; ***zur ~ einer S.*** (*gen*) pour expliquer qc

Erle <-, -n> *f* (*Baum, Holz*) aulne *m*
▸ **aus** [*o* **in**] **~** en bois d'aulne

erleben * *vt* 1. (*im Leben mitmachen*) ■ **jd erlebt jdn** *Herrscher, Enkel* qn connaît qn; ■ **jd erlebt etw** *Geburtstag, Ereignis* qn vit qc; ***er hat mehrere Kriege erlebt*** il a traversé plusieurs guerres
2. (*erfahren*) ■ **jd erlebt etw** *etwas Angenehmes, schöne Tage* qn vit qc; *einen schönen Urlaub* qn passe qc; *bessere Zeiten, viel Freude* qn connaît qc; ***wir haben viel/wenig erlebt*** nous avons vu beaucoup de choses/n'avons pas vu grand-chose
3. *pej* (*durchmachen*) ■ **jd erlebt etw** *schlimme Zeiten, Krieg, Hungersnot, Leid* qn endure qc; *Enttäuschung* qn connaît qc; *Misserfolg, Niederlage* qn essuie qc, qn subit qc
4. (*mit ansehen*) ■ **jd erlebt es, dass** [*o* **wie**] **etw geschieht** qn voit que + *indic* qc arrive, qn voit qc arriver; ***du wirst es noch erleben, wie er uns um Verzeihung bittet!*** tu vas voir qu'il va nous demander pardon!
5. (*kennen lernen*) ■ **jd erlebt jdn** *Redner, Musiker* qn entend qn; *Schauspieler* qn voit qn; ■ **jd erlebt jdn ...** *gelassen, erregt* qn voit qn ...
▸ **hat man so [et]was schon [mal] erlebt!** *fam* qu'est-ce qu'il faut pas voir/entendre! *fam*; **der/die kann was ~!** *fam* ça va barder *fam* [*o* chier *pop*] [pour lui/elle]!; **das möchte ich ~!** *fam* je voudrais bien voir ça! *fam*; **jd möchte/will [mal] [et]was ~** qn voudrait/a envie de faire quelque chose d'intéressant; **das muss man erlebt haben!** c'est vraiment quelque chose!; **dass ich das [noch] ~ muss!** il aura fallu que je voie ça!

Erlebnis <-ses, -se> *nt* expérience *f* [vécue]; ***er erzählt von seinen Erlebnissen*** il parle des événements qu'il a vécus; ***das war ein schreckliches ~*** ça a été un moment terrible; ***dieser Urlaub war ein wundervolles ~*** j'ai passé des vacances magnifiques
▸ **jd hat ein ~** qn vit qc; ***ich hatte ein ähnliches ~*** j'ai vécu quelque chose d'analogue; **etw ist/wird ein ~** qc est/sera un événement marquant [*o* une expérience mémorable]

Erlebnisaufsatz *m* ≈ narration *f*

erledigen * I. *vt* 1. (*ausführen*) ■ **jd erledigt etw** *Aufgabe, Auftrag* qn exécute qc, qn accomplit qc; *Formalitäten* qn accomplit qc; *Besorgung* qn règle qc, qn effectue qc; ***ich muss noch schnell was ~*** j'ai encore quelque chose à finir [*o* régler] en vitesse; ■ **erledigt** classé(e), achevé(e)
2. *fam* (*erschöpfen*) ■ **etw erledigt jdn** qc crève qn *fam*
3. *sl* (*umbringen*) ■ **jd erledigt jdn** qn liquide qn *fam*
4. *sl* (*k. o. schlagen*) ■ **jd erledigt jdn mit etw** qn étend qn pour le compte en faisant qc *fam*; ***er erledigte ihn mit einigen gezielten Schlägen*** il l'a étendu pour le compte en lui balançant quelques coups bien appliqués *fam*
▸ **wird erledigt!** *fam* ça roule! *fam*; **zu ~** à régler; **erledigt** *fam* (*Schwamm drüber*) c'est réglé
II. *vr* ■ **etw erledigt sich [von selbst]** qc se règle [*o* s'arrange] tout(e) seul(e); ***hat sich schon erledigt!*** c'est une affaire réglée!

erledigt *adj pred* 1. *fam* (*erschöpft*) crevé(e) *fam*
2. *sl* (*am Ende*) ■ **jd ist ~** qn est cuit(e) *fam* [*o* foutu(e) *pop*]
3. (*abgehakt*) ■ **jd ist für jdn ~** qn n'existe plus pour qn; ■ **etw ist [für jdn] ~** [pour qn,] qc est réglé(e)

Erledigung <-, -en> *f* 1. (*Ausführung*) exécution *f*; ***für die ~ meiner Korrespondenz ist meine Sekretärin zuständig*** c'est ma secrétaire qui se charge de ma correspondance; ***sie betraute ihn mit der ~ ihrer Geschäfte*** elle l'a chargé de régler ses affaires
2. (*Besorgung*) course *f*
▸ **jd macht eine ~/~en** qn fait une course/des courses; **in ~ einer S.** (*gen*) *form* en exécution [*o* en règlement] de qc *form*

erlegen * *vt* 1. JAGD ■ **jd erlegt ein Tier** qn abat un animal
2. AUS (*bezahlen*) ■ **jd erlegt etw** qn acquitte qc, qn verse qc

erleichtern * I. *vt* 1. (*ertragbarer machen*) ■ **jd erleichtert [jdm] etw** qn simplifie [*o* allège] qc [à qn]; ■ **etw erleichtert [jdm] etw** */Hinweis, Tipp/ Arbeit, Aufgabe* qc facilite [*o* simplifie] qc [à qn]; */Gewissheit, Hoffnung/ Los, Schicksal* qc adoucit qc, qc soulage qc
2. (*beruhigen*) ■ **etw erleichtert jdn** */Nachricht, Umstand/* qc soulage qn
3. *fam* (*beklauen*) ■ **jd erleichtert jdn um etw** *um Geld, jds Geldbörse, Brieftasche* qn soulage [*o* déleste] qn de qc *hum*
4. *hum fam* (*ausleihen*) ■ **jd erleichtert jdn um etw** *um einen auszuleihenden Betrag* qn déleste qn de qc *hum*
II. *vr euph geh* ■ **jd erleichtert sich** qn se soulage

erleichtert I. *adj Blick* soulagé(e); *Seufzer* de soulagement; ***mit ~em Aufatmen*** en poussant un soupir de soulagement; ■ **jd ist ~** qn est soulagé(e)
II. *adv*: ***jd atmet ~ auf/jd seufzt ~*** qn pousse un soupir de soulagement

Erleichterung <-, -en> *f* soulagement *m*; ***wenn es deiner ~ dient, ...*** si ça peut te rassurer, ...
▸ **jd/etw verschafft jdm ~** MED qn/qc procure [*o* apporte] un soulagement à qn; **mit** [*o* **voller**] **~** avec soulagement; **zu jds ~** au grand soulagement de qn; ***zu deiner ~ kann ich dir sagen, dass*** pour te rassurer, je peux te dire que + *indic*; **zur ~ von etw** pour faciliter [*o* simplifier] qc; ***zur ~ Ihrer Arbeit*** afin de vous faciliter le travail

erleiden * *vt irreg* 1. ■ **jd erleidet etw** *Niederlage, Verluste* qn subit qc
2. *geh* (*erdulden*) ■ **jd erleidet etw** *Schmerzen, Qualen* qn endure qc

erlernbar *adj* qui s'apprend; ■ **etw ist [...] ~** *leicht, schnell, schwer* qc s'apprend [...]; ***Gitarre ist auch von Erwachsenen ~*** les adultes aussi peuvent apprendre à jouer de la guitare

erlernen * *vt* ■ **jd erlernt etw** qn apprend qc; ***sie sollte ein Instrument ~*** elle devrait apprendre [à jouer d']un instrument

erlesen *adj Geschmack* délicat(e), raffiné(e); *Wein a.* de choix; *Kunstwerk, Teppich a.* de qualité; ■ **etw ist** ~ qc est recherché(e)

erleuchten * *vt* **1.** (*erhellen*) ■ **etw erleuchtet etw** qc éclaire qc; ■ **erleuchtet** *Fenster* éclairé(e), illuminé(e); ***die hell erleuchteten Schaufenster*** les vitrines brillamment éclairées
2. (*inspirieren*) ■ **jd erleuchtet jdn** / *Gott*/ qn éclaire qn; ■ **etw erleuchtet jdn** qc illumine qn; ■ **erleuchtet** *Mensch, Herrscher* éclairé(e)

Erleuchtung <-, -en> *f* **1.** (*Inspiration*) illumination *f*, révélation *f*
2. (*das Erleuchten*) éclairage *m*
▸ **jd hat eine** ~ qn a une illumination [*o* une révélation]

erliegen * *vi irreg* + *sein* **1.** (*verfallen*) ■ **jd erliegt einer S.** (*dat*) *einem Irrtum* qn commet qc
2. *geh* (*zum Opfer fallen*) ■ **jd erliegt einer S.** (*dat*) *einer Krankheit, seinen Verletzungen* qn succombe à qc
▸ **etw bringt etw zum E**~ *Schifffahrt, Verkehr* qc bloque qc; *Produktion, das öffentliche Leben a.* qc paralyse qc; **etw kommt zum E**~ / *Aktivitäten, Verkehr*/ qc est bloqué(e), qc est paralysé(e); / *Atmung, Herztätigkeit*/ qc s'arrête

erlischt *3. pers pres von* **erlöschen**

Erlös <-es, -e> *m* recette *f*, produit *m* (*aus etw* de qc)

erlöschen <erlischt, erlosch, erloschen> *vi* + *sein* **1.** (*zu brennen aufhören*) ■ **etw erlischt** qc s'éteint
2. (*vergehen*) ■ **etw erlischt** / *Gefühle, Leidenschaft*/ qc s'éteint
3. JUR ■ **etw erlischt** qc expire, qc prend fin

erlösen * *vt* **1.** (*befreien*) ■ **jd erlöst jdn [aus/von etw]** *aus übler Lage, von Leiden* qn délivre qn [de qc]
2. REL ■ **jd erlöst jdn** qn rachète qn; ■ **jd erlöst jdn aus/von etw** *von Sünden, aus dem Fegefeuer* qn délivre [*o* sauve] qn [de qc]; ***erlöse uns von dem Übel*** délivre-nous du mal
3. FIN ■ **jd erlöst etw [aus etw]** *Betrag, Geld* qn retire qc [de qc]

erlösend **I.** *adj Wort* libérateur(-trice); ***etw ist von ~er Wirkung*** qc apporte un soulagement
II. *adv*: ***etw wirkt*** ~ qc apporte un soulagement

Erlöser(in) <-s, -> *m(f)* ■ **der** ~ le Rédempteur, le Sauveur

Erlösung *f* **1.** (*Erleichterung*) soulagement *m*; ***der Tod war für ihn eine*** ~ la mort fut pour lui une délivrance
2. REL Rédemption *f*

ermächtigen * *vt* ■ **jd/etw ermächtigt jdn [zu etw]** qn/qc autorise [*o* habilite] qn [à faire qc]; ■ **jd ermächtigt jdn dazu etw zu tun** qn autorise qn à faire qc; ■ **jd ist zu etw ermächtigt** qn est autorisé(e) [*o* habilité(e)] à faire qc

Ermächtigung <-, -en> *f* autorisation *f*; ***ich habe die ~ zum Betreten des Labors*** j'ai l'autorisation de pénétrer dans le laboratoire

ermahnen * *vt* **1.** (*warnend mahnen*) ■ **jd ermahnt jdn** qn avertit qn, qn rappelle qn à l'ordre
2. (*anhalten*) ■ **jd ermahnt jdn zu etw** qn exhorte [*o* invite] qn à qc; ***sie ermahnte ihn zu größerem Fleiß*** elle l'a invité à s'appliquer davantage; ■ **jd ermahnt jdn etw zu tun** qn demande à qn de faire qc

Ermahnung *f* rappel *m* à l'ordre

Ermang[e]lung <-> *f* ∅ ▸ **in ~ eines Besseren** faute de mieux; **in ~ einer S.** (*gen*) *form* à défaut de qc

ermannen * *vr geh* ■ **jd ermannt sich** qn prend son courage à deux mains; ■ **jd ermannt sich zu etw** qn se décide [*o* se résout] à qc

ermäßigen * **I.** *vt* ■ **jd ermäßigt [jdm] etw [um etw]** qn fait une réduction sur qc [de qc] [à qn]; ■ **jd ermäßigt [jdm] etw auf etw** (*akk*) [pour qn,] qn ramène qc à qc; ■ **ermäßigt** réduit(e)
II. *vr* ■ **etw ermäßigt sich [um etw]** qc est réduit(e) [de qc]; ■ **etw ermäßigt sich auf etw** (*akk*) qc est ramené(e) à qc

Ermäßigung <-, -en> *f* réduction *f*
▸ **jd hat** ~ qn a une réduction

ermatten * **I.** *vt* + *haben geh* ■ **etw ermattet jdn** qc épuise qn; ■ **jd ist [von etw] ermattet** qn est épuisé(e) [*o* harassé(e) *soutenu*] [par qc]
II. *vi* + *sein geh* ■ **jd/etw ermattet** qn/qc faiblit

ermessen * *vt irreg* ■ **jd ermisst etw** qn conçoit qc

Ermessen <-s> *nt* ∅ appréciation *f*
▸ **nach eigenem** ~ en mon/son/… âme et conscience; **nach freiem** ~ en toute liberté; **nach menschlichem** ~ pour autant qu'on puisse juger; **etw liegt** [*o* **steht**] **in jds** ~ (*dat*) qc est laissé(e) à l'appréciation de qn; **jd stellt etw in jds** ~ (*akk*) qn laisse qc à l'appréciation de qn; **nach meinem** ~ à mon sens

ermitteln * **I.** *vt* **1.** (*herausfinden*) ■ **jd ermittelt etw** *jds Versteck* qn découvre qc; *jds Identität* qn établit qc; ■ **jd ermittelt jdn** *Täter* qn identifie qn; *Gesuchten* qn retrouve qn
2. (*errechnen*) ■ **jd ermittelt jdn/etw** qn détermine qn/qc; *Gewinner a.* qn désigne qn
3. MATH ■ **jd ermittelt etw** *Wert, Summe* qn calcule qc
II. *vi* JUR ■ **jd/etw ermittelt [gegen jdn] [wegen etw]** qn/qc enquête [sur qn] [pour qc]; ***es wurde gegen unbekannt ermittelt*** une enquête a été menée pour identifier le coupable

Ermittler(in) <-s, -> *m(f)* enquêteur(-euse) *m(f)*
▸ **verdeckter** ~ *form* enquêteur *m* en civil

Ermittlung <-, -en> *f* **1.** ∅ [*Gewinner, Sieger*] désignation *f*
2. JUR enquête *f pas de pl*
▸ **jd führt ~en durch** qn mène [*o* procède à] une enquête [*o* des investigations]; **jd stellt ~en an** qn ouvre une enquête

Ermittlungsrichter(in) *m(f)* juge *m* d'instruction **Ermittlungsverfahren** *nt* information *f* judiciaire ▸ **jd leitet ein ~ gegen jdn ein** qn ouvre une information judiciaire contre qn

ermöglichen * *vt* **1.** ■ **jd/etw ermöglicht jdm etw** *Ausbildung, Lebensstil* qn/qc permet à qn d'avoir qc; *Studium* qn/qc permet à qn de faire qc; ■ **jd/etw ermöglicht es jdm etw zu tun** qn/qc permet à qn de faire qc
2. *form* ■ **jd ermöglicht es etw zu tun** qn fait en sorte de faire qc; ■ **jd ermöglicht es, dass** qn fait en sorte que + *subj*

ermorden * *vt* ■ **jd ermordet jdn** qn assassine qn

Ermordete(r) *f(m) decl wie adj* victime *f* [du/de meurtre]

Ermordung <-, -en> *f* ■ **jds** ~ l'assassinat *m* de qn

ermüden * **I.** *vt* + *haben* ■ **etw ermüdet jdn** qc fatigue qn
II. *vi* + *sein* **1.** (*müde werden*) ■ **jd/etw ermüdet** qn/qc se fatigue
2. TECH ■ **etw ermüdet** qc fatigue

ermüdend *adj* fatigant(e)

Ermüdung <-, *rare* -en> *f* **1.** (*das Ermüden*) fatigue *f*
2. TECH usure *f*, fatigue *f*
▸ **vor** ~ de fatigue

Ermüdungserscheinung *f* signe *m* de fatigue

ermuntern * *vt* **1.** (*ermutigen*) ■ **jd/etw ermuntert jdn [zu etw]** *zu einer Bemerkung* qn/qc encourage qn [à faire qc]; *zu Aktivitäten* qn/qc encourage qn à avoir qc; ■ **jd/etw ermuntert jdn etw zu tun** qn/qc encourage qn à faire qc
2. (*beleben*) ■ **etw ermuntert jdn** / *Mittagsschlaf, Pause*/ qc revigore qn; / *Getränk a.*/ qc remonte qn
▸ **jd fühlt sich ermuntert** qn se sent ragaillardi(e) [*o* revigoré(e)]

Ermunterung <-, -en> *f* encouragement *m*
▸ **zu jds** ~ pour réconforter qn, en guise de réconfort

ermutigen * *vt* ■ **jd/etw ermutigt jdn [zu etw]** qn/qc encourage qn [à faire qc]; ***dieser Erfolg ermutigte sie zur Weiterarbeit*** ce succès l'a encouragée à poursuivre le travail

ermutigend **I.** *adj Erfolg, Nachricht* encourageant(e); *Worte* d'encouragement; ■ **etw ist** ~ qc est encourageant(e)
II. *adv zunicken, auf die Schulter klopfen* en guise d'encouragement

Ermutigung <-, -en> *f* encouragement *m*

ernähren * **I.** *vt* **1.** (*mit Nahrung versorgen*) ■ **jd ernährt jdn/ein Tier** qn nourrit qn/nourrit [*o* donne à manger à] un animal
2. (*unterhalten*) ■ **jd ernährt jdn** qn entretient qn, qn nourrit qn; ■ **etw ernährt jdn** / *Beruf, Tätigkeit*/ qc nourrit qn, qc fait vivre qn
II. *vr* **1.** (*sich nähren*) ■ **jd ernährt sich von etw** qn se nourrit de qc; ■ **jd ernährt sich …** *einseitig, ungesund* qn se nourrit …; ***du musst dich vitaminreicher*** ~ tu dois manger plus de vitamines
2. (*sich unterhalten*) ■ **jd ernährt sich** qn assure sa subsistance; ■ **jd ernährt sich von etw** qn vit de qc

Ernährer(in) <-s, -> *m(f)* soutien *m* de famille

Ernährung <-> *f* ∅ **1.** (*das Ernähren*) alimentation *f*
2. (*Unterhalt*) entretien *m*
3. (*Nahrung*) nourriture *f*
▸ **falsche/richtige** ~ mauvaise alimentation *f*/alimentation *f* saine [*o* équilibrée]; **pflanzliche** ~ nourriture *f* végétarienne

Ernährungs- *-gewohnheiten, -störung* alimentaire; *-forschung* nutritionnel(le); ~***lehre*** science *f* de la nutrition, diététique *f*; ~***wissenschaftler*** nutritionniste *mf* **Ernährungsweise** *f* alimentation *f* **Ernährungswissenschaft** *f* science *f* de la nutrition, diététique *f*

ernennen * *vt irreg* ■ **jd ernennt jdn [zu etw]** qn nomme qn [qc]
▸ **selbst ernannt** autoproclamé(e)

Ernennung *f* ■ **jds ~ zu etw** la nomination de qn comme qc

Ernennungsurkunde *f* acte *m* de nomination

erneuerbar *adj* **1.** (*austauschbar*) *Teil, Material* remplaçable; ***Reifen sind*** ~ les pneus peuvent être remplacés [*o* changés]
2. (*reparierbar*) réparable; ***Reifen sind*** ~ les pneus peuvent être rechapés
3. ÖKO, BIO renouvelable; *Zelle* capable de se régénérer; ***Nervenzellen sind nicht*** ~ les cellules nerveuses ne se régénèrent pas

Erneuerer <-s, -> *m*, **Erneuerin** *f* rénovateur(-trice) *m(f)*

erneuern * *vt* **1.** (*auswechseln*) ■ **jd erneuert etw** *Bettwäsche, Handtücher, Reifen, Getriebe* qn change qc; *Verband a.* qn renouvelle qc
2. (*renovieren*) ■ **jd erneuert etw** *Dach, Leitungen, Heizung, Fenster* qn rénove qc; *Fassade a.* qn ravale qc; ■ **jd lässt etw** ~ qn fait rénover qc
3. (*restaurieren*) ■ **jd erneuert etw** *Kirche etc* qn réforme qc
4. (*verlängern*) ■ **jd erneuert etw** *Ausweis, Pass* qn renouvelle qc

Erneuerung *f* **1.** (*das Auswechseln*) [*Bettwäsche, Handtücher, Reifen*] changement *m*; *Verband a.* renouvellement *m*
2. [*Fenster, Heizung, Leitungen etc*] rénovation *f*; *Fassade a.* ravalement *m*
3. (*Restaurierung*) [*Kirche, Institution*] réforme *f*
4. (*Verlängerung*) [*Ausweis, Pass*] renouvellement *m*
5. (*Wandel*) renouvellement *m*

erneut **I.** *adj attr* nouveau(-velle) *antéposé*; ***erst auf ~es Klopfen wurde ihr aufgemacht*** il a fallu qu'elle frappe de nouveau pour qu'on lui ouvre
II. *adv* de nouveau

erniedrigen * **I.** *vt* **1.** (*demütigen*) ■ **jd/etw erniedrigt jdn** qn/qc humilie qn; ■ **~d** humiliant(e)
2. MUS ■ **jd erniedrigt etw** qn [a]baisse qc
II. *vr* ■ **jd erniedrigt sich** qn s'abaisse, qn s'avilit

Erniedrigung <-, -en> *f* **1.** (*Demütigung*) humiliation *f*
2. MUS: ***ein b bewirkt die ~ um eine halbe Note*** un bémol abaisse la note d'un demi-ton

Erniedrigungszeichen *nt* bémol *m*

ernst *adj* **1.** (*gravierend*) *Krankheit, Lage, Verfehlung* grave; *Zustand a.* sérieux(-euse); ***die Lage wird stündlich ~er*** la situation s'aggrave d'heure en heure
2. (*Ernst zeigend*) *Mensch* grave, sérieux(-euse); *Stimmung a.* de gravité; *Gesinnung* austère; *Miene, Blick* austère, grave; ***ich muss mal ein ~es Wort mit ihr reden*** il faut que je lui parle sérieusement

3. (*aufrichtig*) *Absicht, Ansicht, Überzeugung* réel(le); ***hast du wirklich die ~e Absicht die Firma zu verlassen?*** tu as sérieusement l'intention de quitter la boîte?; ***ich bin der ~en Überzeugung, dass*** je suis sincèrement [*o* réellement] convaincu(e) que + *indic*
4. (*bedeutungsvoll*) *Anlass* grave; *Anliegen* important(e)
▸ **jd bleibt** ~ (*verbeißt sich das Lachen*) qn garde son sérieux; ~ **gemeint** sérieux(-euse); ***„… bitte nur ~ gemeinte Zuschriften!“*** "… pas sérieux s'abstenir!"; **jd meint es** ~ qn est sérieux(-euse); ***ich meine es ~ mit dem, was ich dir sage*** je suis sérieux en te disant ça, je te parle sérieusement; ***ich weiß nicht, ob er es ~ mit ihr meint*** je ne sais pas si ses intentions sont sérieuses; **jd nimmt jdn/etw** ~ qn prend qn/qc au sérieux; **es steht** ~ **um jdn** l'état de qn est sérieux; **etwas E~es** (*Erkrankung*) quelque chose de sérieux [*o* de grave]; (*Beziehung*) du sérieux; **nichts E~es** (*Erkrankung*) rien de sérieux [*o* de grave]; (*Beziehung*) rien de sérieux

Ernst <-[e]s> *m* Ø 1. (*Ernsthaftigkeit*) ■ **jds ~/der ~ einer S.** *jds Worte* le sérieux de qn/qc; *eines Blicks, einer Stimme* la gravité de qc; ***sein Charakter ist geprägt von tiefem ~*** son caractère est empreint d'une grande austérité
2. (*Bedrohlichkeit*) ■ **der ~ einer S.** (*gen*) la gravité de qc
3. (*Entschlossenheit*) ■ **jds ~** la détermination de qn
▸ **der ~ des Lebens** la dure réalité de la vie; **jd ist mit ~ bei der Sache** qn est tout entier(-ière) à sa tâche, qn prend ce qu'il/elle fait très au sérieux; **allen ~es** sérieusement; **feierlicher ~** ferme résolution *f*; ***mit feierlichem ~ in der Stimme*** d'une voix grave et solennelle; **das ist mein voller** [*o* **völliger**] **~** je suis catégorique là-dessus; **etw ist ~/jds ~** qc est sérieux(-euse)/qn pense sérieusement qc; **jdm ist es ~ mit etw** qc tient à cœur à qn; **ist das dein/Ihr ~?** (*wirklich?*) tu es/vous êtes sérieux(-euse)?; **das kann doch nicht dein/Ihr ~ sein!** tu ne parles/vous ne parlez pas sérieusement!; **jd macht ~** qn passe aux actes; **jd macht mit etw ~** qn met qc à exécution; **im ~** sérieusement

Ernstfall *m* situation *f* de crise; ***für den ~*** pour parer à toute éventualité; ***wenn einmal der ~ eintreten sollte*** si un jour le pire devait arriver
▸ **jd probt den ~** qn procède à des exercices d'alerte simulée; **im ~** en cas de coup dur

ernstgemeint *s.* **ernst** ▸

ernsthaft I. *adj* 1. (*ernst gemeint*) sérieux(-euse)
2. (*aufrichtig*) [*Mensch*] sérieux(-euse)
3. (*eindringlich*) *Ton, Worte* grave; *Blick, Miene a.* sévère
4. MED grave
II. *adv* 1. (*wirklich*) *glauben, wollen* sérieusement, pour de bon; *aufgebracht, verliebt a.* vraiment
2. MED *erkranken, krank* gravement, sérieusement; *sich verschlimmern* sérieusement
3. (*eindringlich*) *ermahnen, warnen* sérieusement, avec insistance

Ernsthaftigkeit <-> *f* Ø (*Aufrichtigkeit*) sérieux *m*

ernstlich I. *adj attr Absicht* ferme *antéposé; Bedenken* sérieux(-euse); ***ein ~es Anliegen*** une affaire qui me/lui/… tient à cœur
II. *adv s.* **ernsthaft II.**

Ernte <-, -n> *f* 1. (*Ertrag*) récolte *f*
2. (*das Ernten*) [*Kartoffeln*] récolte *f;* [*Obst a.*] cueillette *f;* ***die ~ des Getreides/Weizens*** la moisson
▸ **jd bringt die ~ ein** *form* qn rentre la récolte

Ernte[dank]fest *nt* jour *f* d'action de grâce (*pour les moissons et les récoltes*)

ernten *vt* 1. AGR, HORT ■ **jd erntet etw** *Gemüse, Kartoffeln* qn récolte qc; *Getreide a.* qn moissonne qc; *Obst a.* qn cueille qc; ■ **das E~** la récolte; [*Getreide a.*] la moisson; [*Obst a.*] la cueillette
2. (*erzielen*) ■ **jd erntet etw [mit/für etw]** qn récolte [*o* recueille] qc [avec/pour qc]

ernüchtern * *vt* ■ **jd/etw ernüchtert jdn** */der Alltag/* qn/qc ramène qn à la réalité; */die Wirklichkeit/* qc fait retomber qn sur terre; ■ **~d** *Gespräch* qui ramène à la réalité; *Erlebnis, Vorfall* qui fait l'effet d'une douche froide, décevant(e); ■ **etw ist ~d [für jdn]** qc ramène [qn] à la réalité

Ernüchterung <-, -en> *f* désillusion *f*, désenchantement *m;* ***der Hinweis auf die Kosten führte rasch zur ~*** l'indication du coût me/le/… fit rapidement déchanter

Eroberer <-s, -> *m*, **Erob[r]erin** *f* conquérant(e) *m(f)*

erobern * *vt* 1. MIL ■ **jd erobert etw** qn conquiert qc
2. (*erlangen*) ■ **jd erobert etw** *Macht* qn conquiert qc; *Mandat, Platz, Titel a.* qn remporte qc, qn enlève qc
3. (*für sich einnehmen*) ■ **jd erobert jdn/etw** *Frau, jds Herz* qn conquiert qn/qc

Eroberung <-, -en> *f* (*alle Bedeutungen*) conquête *f*
▸ **jd macht eine ~** *fam* qn fait une conquête *fam*

Eroberungskrieg *m* guerre *f* de conquête

eröffnen * I. *vt* 1. (*erstmals aufmachen*) ■ **jd eröffnet etw** *Geschäft, Praxis* qn ouvre qc; *Ausstellung, Museum a.* qn inaugure qc; ***jd eröffnet etw wieder*** qn rouvre qc
2. JUR ■ **jd eröffnet etw** *Verfahren, Vergleich* qn ouvre qc, qn engage qc
3. ■ **jd eröffnet etw** *Diskussion, Sitzung, Schachpartie* qn ouvre qc
4. (*mitteilen*) ■ **jd eröffnet jdm etw** qn révèle qc à qn
5. (*bieten*) ■ **etw eröffnet jdm etw** *Aussichten, Möglichkeiten, Wege* qc ouvre qc à qn
6. MIL ■ **jd eröffnet etw** *Angriff* qn engage qc; *Feuer* qn ouvre qc
▸ **jd erklärt etw für eröffnet** *form* qn déclare qc ouvert(e)
II. *vr* ■ **etw eröffnet sich jdm [durch etw]** */Alternative, Möglichkeiten, Wege/* qc s'ouvre à qn [grâce à qc]
III. *vi* FIN ■ **etw eröffnet …** *ruhig, hektisch* qc démarre …, qc débute …; ■ **etw eröffnet mit etw** *mit 0,47 Pfund* qc ouvre à qc

Eröffnung *f* 1. (*das Eröffnen*) [*Geschäft, Praxis*] ouverture *f;* [*Ausstellung, Museum a.*] inauguration *f*
2. JUR [*Verfahren, Vergleich*] ouverture *f*
3. (*Beginn*) [*Diskussion, Sitzung, Schachpartie*] ouverture *f*
4. MIL [*Angriff*] début *m;* [*Feuer*] ouverture *f*
5. *geh* (*Mitteilung*) révélation *f*
▸ **jd macht jdm eine ~** *form* qn fait part à qn d'une information *form*

Eröffnungsansprache *f* discours *m* d'inauguration [*o* d'ouverture]

erogen *adj* érogène

erörtern * *vt* ■ **jd erörtert etw** qn discute qc, qn débat [de] qc; ***der erörterte Plan*** le projet en discussion

Erörterung <-, -en> *f* 1. SCOL dissertation *f;* ***morgen schreiben wir eine ~*** demain nous faisons une dissertation
2. (*das Erörtern*) ■ **die ~ [einer S.]** la discussion [*o* le débat] [sur qc]

EroscenterRR <-s, -> [-sɛnte] *nt euph* éros-center *m*

Erosion <-, -en> *f* érosion *f*

Erotik <-> *f* Ø érotisme *m*

Erotika *pl* littérature *f* érotique

erotisch *adj* érotique

Erpel <-s, -> *m* canard *m* [mâle]

erpicht *adj* ■ **jd ist auf etw** (*akk*) **~** *auf Schmeicheleien, Klatsch* qn est friand(e) de qc; *auf Geld* qn en veut à qc; ■ **jd ist darauf/nicht darauf ~ etw zu tun** qn brûle de/n'a aucune envie de faire qc

erpressen * *vt* 1. (*nötigen*) ■ **jd erpresst jdn** qn fait chanter qn
2. ■ **jd erpresst etw [von jdm]** *Geld, Zusage* qn extorque qc [à qn]

Erpresser(in) <-s, -> *m(f)* maître chanteur *m*, racketteur(-euse) *m(f)*

Erpresserbrief *m* lettre *f* de chantage

erpresserisch I. *adj Verhalten* de maître chanteur; ***ein ~es Vorgehen*** un chantage; ***dieser ~e Mensch*** ce maître chanteur; ■ **etw ist ~** qc est du chantage
II. *adv* en maître chanteur

Erpressung <-, -en> *f* 1. (*das Erpressen*) ■ **[jds] ~** le chantage [exercé sur qn]
2. (*das Abpressen*) [*Geld, Zugeständnis*] extorsion *f*
▸ **räuberische ~** extorsion *f* sous la menace, racket *m* avec violence

Erpressungsversuch *m* tentative *f* de chantage

erproben * *vt* ■ **jd erprobt etw** *Gerät, Verfahren* qn teste qc; ■ **jd erprobt etw [an jdm/an einem Tier]** PHARM qn teste [*o* expérimente] qc [sur qn/un animal]

erprobt *adj* 1. (*erfahren*) *Mensch* expérimenté(e), chevronné(e)
2. (*zuverlässig*) *Gerät* fiable; *Verfahren* éprouvé(e)

erquicken * *vt geh* ■ **etw erquickt jdn** */Quelle, Getränk/* qc rafraîchit qn; */Schlaf/* qc revigore qn
▸ **jd fühlt sich erquickt** qn se sent revigoré(e) [*o* ragaillardi(e)]

erquicklich *adj iron geh Aussichten, Nachricht* réjouissant(e) *iron*

Erquickung <-, -en> *f geh* (*Erfrischung*) rafraîchissement *m*
▸ **zur ~/zu meiner/seiner/… ~** en guise de rafraîchissement/pour me/se/… rafraîchir

Errata *pl* errata *mpl*

erraten * *vt irreg* ■ **jd errät etw** qn devine qc
▸ **~!** *fam* tout juste[, Auguste *fam*]!

errechnen * *vt* ■ **jd/etw errechnet etw** qn/qc calcule qc

erregbar *adj* 1. (*leicht aufzuregen*) irritable, susceptible
2. (*sexuell zu erregen*) ■ **jd/etw ist ~** qn/qc est excitable; ■ **jd/etw ist … ~** *sexuell, leicht* qn s'excite/qc peut être excité(e) …

Erregbarkeit <-> *f* Ø susceptibilité *f*

erregen * I. *vt* 1. (*aufregen*) ■ **jd/etw erregt jdn** */Ärger, Vorwurf, Streit/* qn/qc irrite [*o* énerve] qn
2. (*sexuell anregen*) ■ **jd/etw erregt jdn** qn/qc excite [*o* émoustille] qn
3. (*hervorrufen*) ■ **etw erregt etw** *Missfallen, Neid, Heiterkeit* qc suscite qc; *öffentliches Ärgernis* qc provoque qc; *Zweifel a.* qc éveille qc, qc fait naître qc; ***dieses Verhalten hat Aufsehen/Anstoß erregt*** ce comportement a fait sensation/scandale
II. *vr* ■ **jd erregt sich über jdn/etw** qn est énervé(e) par qn/qc; ***über diese Frechheit erregte sie sich aufs Höchste*** cette insolence l'a exaspérée

Erreger <-s, -> *m* agent *m* pathogène

erregt I. *adj* 1. (*aufgeregt geführt*) *Auseinandersetzung, Wortwechsel* orageux(-euse); *Debatte, Diskussion a.* houleux(-euse)
2. (*aufgeregt*) énervé(e), agité(e); (*aufgebracht*) en colère; ***sie war vor Wut ganz ~*** elle était absolument furieuse
II. *adv* 1. (*aufgeregt*) en proie à l'agitation; ***in der Debatte ging es ~ zu*** le débat a été orageux [*o* houleux]
2. (*aufgebracht*) en proie à la colère

Erregung *f* 1. (*Angeregtheit*) énervement *m*, agitation *f;* ***die ~ der Gemüter*** l'agitation *f* des esprits
2. (*Aufgebrachtsein*) irritation *f*
3. (*sexuell erregter Zustand*) excitation *f*
4. Ø (*Erzeugung*) [*Missfallen, Zweifel*] naissance *f*, apparition *f;* ***vermeiden Sie alles, was der ~ von Aufsehen dienen könnte*** évitez tout ce qui pourrait faire des remous
▸ **~ öffentlichen Ärgernisses** outrage *m* aux bonne mœurs; **jd gerät in ~** qn se met dans tous ses états; ***warum gerät er denn wegen dieser Bemerkung in solche ~?*** pourquoi cette remarque le met-elle dans tous ses états?; **etw versetzt jdn in ~** qc met qn dans tous ses états

erreichbar *adj* 1. TELEC ■ **jd ist ~** qn est joignable; ■ **jd ist für einen Menschen ~** une personne peut joindre qn
2. (*zu erreichen*) ■ **etw ist […] ~** */Ausflugsziel, Bahnhof/ zu Fuß, in zehn Minuten* on peut rejoindre qc […]; (*zugänglich*) qc est accessible […]; ***diese Hütte ist selbst mit einem Geländewagen nicht ~*** cette cabane est inac-

cessible même en 4x4

erreichen * *vt* **1.** (*an etw reichen*) ■ **jd erreicht etw** [**mit etw**] (*in der Entfernung*) qn attrape qc [avec qc]; (*in der Höhe*) qn atteint qc [avec qc]
2. (*erzielen*) ■ **jd erreicht etw** *Ziel, Zweck, Alter* qn atteint qc
3. (*bewirken*) ■ **jd erreicht** [**mit etw**] **etw** [**bei jdm**] qn obtient qc [de qn] [par qc]; ***damit erreichst du nur, dass sie ärgerlich wird*** [comme ça,] tu ne vas réussir qu'à l'énerver
4. (*antreffen*) ■ **jd erreicht jdn** qn joint qn, qn touche qn; ***ich kann sie*** [***telefonisch***] ***einfach nicht*** ~ je n'arrive pas à la joindre [au téléphone]; ■ **etw erreicht jdn** */Brief, Nachricht/* qc parvient à qn
5. (*einholen*) ■ **jd erreicht jdn** qn rattrape qn, qn rejoint qn
6. TRANSP ■ **jd erreicht etw** *Zug, Flugzeug, Fähre* qn attrape qc, qn a qc; ***ob wir den Zug noch rechtzeitig*** ~? est-ce que nous arriverons à temps pour avoir notre train?
7. (*eintreffen*) ■ **jd/etw erreicht etw** */Zug, Schiff, Flugzeug/ Bahnhof, Hafen* qn/qc atteint [*o* arrive à] qc; ***das Flugzeug hat sein Ziel/seinen Bestimmungsort nie erreicht*** l'avion n'est jamais arrivé à destination
8. (*hingelangen*) ■ **jd erreicht etw** qn arrive à qc, qn rejoint qc

Erreichung <-> *f* ∅ *form* **1.** (*das Erreichen*) ■ **die** ~ **einer S.** *eines Bestimmungsorts* l'arrivée *f* à qc; ***vor Einbruch der Dunkelheit wird uns die*** ~ ***unseres Ziels nicht möglich sein*** nous ne pourrons pas arriver à destination avant la tombée de la nuit
2. (*das Erleben*) [*Altersgrenze, Lebensjahr*] *verbal übersetzt;* ***bei/nach*** ~ ***der gesetzlichen Altersgrenze*** une fois atteinte la limite d'âge légale; ***bei*** ~ ***des 60. Lebensjahres*** une fois 60 ans; ***die*** ~ ***des hundertjährigen Jubiläums*** le jubilé qui marque le centième anniversaire

erretten * *vt geh* **1.** (*retten*) ■ **jd/etw errettet jdn vor etw** (*dat*) *vor dem Tod, Ertrinken* qn/qc sauve qn de qc; *vor dem Abstürzen* qn préserve qn de qc
2. (*befreien*) ■ **jd/etw errettet jdn** [**aus etw**] *aus jds Hand, Klauen, aus einem Verlies* qn/qc délivre qn [de qc]

Erretter(in) *m(f) geh* [*Mensch*] sauveur *m;* [*Land a.*] libérateur(-trice) *m(f)*

Errettung *f* ∅ *geh* ■ **jds** ~ [**aus etw**] la libération [*o* la délivrance] de qn [[hors] de qc]; ***seine*** ~ ***aus der Hand der Feinde*** sa libération des griffes de l'ennemi

errichten * *vt* **1.** (*erbauen*) ■ **jd errichtet etw** *Haus* qn construit qc; *Denkmal, Gebäude, Bauwerk a.* qn élève qc, qn érige qc; ■ **jd lässt etw** ~ qn fait construire qc; *Denkmal a.* qn fait ériger qc
2. (*aufstellen*) ■ **jd errichtet etw** *Barrikaden* qn dresse qc, qn élève qc; *Podium, Plakatwand, Schafott* qn dresse qc, qn monte qc
3. (*begründen*) ■ **jd errichtet etw** *Herrschaft, Tyrannei* qn installe qc, qn instaure qc; *Reich* qn fonde qc, qn établit qc

Errichtung *f* **1.** CONSTR construction *f;* [*Denkmal a.*] édification *f*
2. (*Aufstellung*) [*Barrikaden*] construction *f;* [*Podium, Plakatwand, Schafott*] installation *f*
3. (*Begründung*) [*Herrschaft*] instauration *f,* avènement *m*

erringen * *vt irreg* **1.** (*erkämpfen*) ■ **jd erringt etw** *einen Sieg, eine Meisterschaft, Trophäe* qn remporte qc
2. (*mühselig erlangen*) ■ **jd erringt etw** *jds Vertrauen* qn gagne qc

erröten * *vi + sein* ■ **jd/etw errötet** [**vor etw** (*dat*)] qn/qc rougit [de qc]
▶ **jd/etw bringt jdn zum E~** qn/qc fait rougir qn

Errungenschaft <-, -en> *f* **1.** (*Erfolg*) conquête *f;* ***die neuesten ~en der Technik*** les toutes dernières nouveautés *fpl* techniques
2. *hum fam* (*Anschaffung*) acquisition *f*

Ersatz <-es> *m* ∅ **1.** (*zum Austauschen*) (*Gerät*) appareil *m* de remplacement [*o* de rechange]; (*Stoff, Ware*) produit *m* de remplacement [*o* de rechange]; (*Mensch*) remplaçant(e) *m(f);* ***der Trainer hat noch*** ~ ***in Reserve*** l'entraîneur a des remplaçants en réserve
2. (*Entschädigung*) ■ [**jds**] ~ [le] dédommagement [de qn]; ■ ~ [**einer S.**] (*gen*) réparation *f* [de qc]
▶ **jd leistet** ~ **für etw** qn verse une indemnité pour qc; ***jd leistet*** ~ ***für einen Schaden*** qn répare un dommage, qn compense un préjudice; **als** ~ **für jdn** en remplacement de qn; **als** ~ [**für etw**] *für ein defektes Gerät* en remplacement [de qc]

Ersatz- (*Reserve-*) de rechange, de secours; ***der ~torwart*** le gardien remplaçant **Ersatzbefriedigung** *f* compensation *f* **Ersatzdienst** *m* service *m* civil [*o* de substitution] **Ersatzkasse** *f* caisse *f* complémentaire d'assurance maladie **Ersatzmann** <-männer *o* -leute> *m* **1.** suppléant(e) *m(f),* remplaçant(e) *m(f)* **2.** SPORT *s.* Ersatzspieler **Ersatzschlüssel** *m* double *m* **Ersatzspieler(in)** *m(f)* remplaçant(e) *m(f)* **Ersatzteil** *nt* pièce *f* de rechange **ersatzweise** *adv* ■ ~ [**für etw**] en remplacement [de qc]

ersaufen * *vi irreg + sein sl* ■ **jd ersäuft** qn se noie, qn boit le bouillon *hum fam*

ersäufen * *vt* **1.** (*ertränken*) ■ **jd ersäuft jdn/ein Tier** qn noie qn/un animal
2. *fam* (*betäuben*) ■ **jd ersäuft etw in etw** (*dat*) *Sorgen* qn noie qc dans qc

erschaffen *vt irreg* **1.** REL ■ **jd erschafft jdn/etw** */Gott/ Menschen, Welt* qn crée qn/qc
2. ART, MUS ■ **jd erschafft etw** qn crée qc

Erschaffung *f* création *f*

erschallen <erscholl *o* erschallte, erschollen *o* erschallt> *vi + sein geh* ■ **etw erschallt** */Stimme/* qc résonne; */Lachen a./* qc éclate; */Fanfare a./* qc retentit; */Posaune, Trompete a./* qc sonne

erschaudern * *vi + sein geh* ■ **jd erschaudert** [**vor etw** (*dat*)] qn frémit [de qc] *soutenu*

erschauern * *vi + sein geh* ■ **jd erschauert** [**vor etw** (*dat*)] qn frissonne [de qc]; ■ **etw lässt jdn** ~ qc donne le frisson [à qn]

erscheinen * *vi irreg + sein* **1.** (*sichtbar werden*) ■ **etw erscheint** qc paraît
2. ■ **jd/etw erscheint jdm** */Geist, Verstorbener/* qn/qc apparaît à qn
3. MEDIA ■ **etw erscheint** qc paraît, qc sort
4. (*scheinen*) ■ **jd/etw erscheint jdm ...** *unglaubwürdig, zweifelhaft* qn/qc paraît [*o* semble] ... à qn
5. (*wirken*) ■ **jd erscheint** [**jdm**] ... *ruhig, gelassen, aufgeregt* qn semble [*o* paraît] ... [à qn]
6. (*vorkommen*) ■ **jdm erscheint etw wie etw** *wie ein Traum, das Paradies* qc semble qc à qn, qc fait à qn l'effet de qc [*o* d'être qc]
7. (*auftreten*) ■ **jd erscheint** qn se présente; ***sie war oft zu spät zum Dienst erschienen*** elle avait souvent pris son service en retard

Erscheinen <-s> *nt* ∅ **1.** (*das Auftreten*) [*Gäste, Besucher*] venue *f,* arrivée *f;* ***beim*** ~ ***des Präsidenten*** à l'arrivée du président; ***um rechtzeitiges/zahlreiches*** ~ ***wird gebeten*** prière d'arriver à l'heure/venez nombreux
2. (*die Verkörperung*) [*Verstorbener, Geist*] apparition *f;* ***diese Formel soll den Dämon zum*** ~ ***zwingen*** cette formule doit faire apparaître le démon
3. MEDIA parution *f,* sortie *f*
▶ **etw stellt sein** ~ **ein** qc suspend sa parution, qc cesse de paraître

Erscheinung <-, -en> *f* **1.** (*Phänomen*) phénomène *m*
2. (*Persönlichkeit*) ■ **eine ...** ~ *eine elegante, interessante, seltsame* une figure ...
3. (*Vision*) apparition *f,* vision *f*
▶ **jd hat eine** ~ qn a une apparition [*o* une vision]; **jd tritt in** ~ qn se montre, qn se manifeste; ***jd tritt persönlich in*** ~ qn apparaît en personne

Erscheinungsbild *nt* [*Mensch*] apparence *f* [extérieure]; [*Stadt, Gebäude*] aspect *m* extérieur; ***vom äußeren*** ~ ***her wirkt er sehr gelassen*** en apparence, il est très calme; il est d'apparence très calme **Erscheinungsjahr** *nt* année *f* de parution **Erscheinungsort** *m* lieu *m* de parution

erschießen * *irreg* **I.** *vt* ■ **jd erschießt jdn** qn abat qn; ***er wurde standrechtlich erschossen*** il a été passé par les armes, il a été fusillé
II. *vr* ■ **jd erschießt sich** qn se tue [d'un coup de pistolet/revolver/...], qn se tire une balle dans la tête

Erschießung <-, -en> *f* exécution *f;* ***er wurde zur*** ~ ***verurteilt*** il a été condamné à être passé par les armes; ***der Terrorist drohte mit*** ~ ***der Geiseln*** le terroriste menaçait d'abattre les otages; ***die Verurteilten wurden zur*** ~ ***abgeführt*** les condamnés ont été conduits au peloton d'exécution
▶ **standrechtliche** ~ exécution *f* militaire; ***einem Deserteur droht die standrechtliche*** ~ un déserteur est passible du peloton d'exécution

erschlaffen * *vi + sein* **1.** PHYSIOL ■ **etw erschlafft** */Arme/* qc mollit; */Muskeln a./* qc se relâche; ■ **jd lässt etw** ~ qn relâche qc
2. (*die Straffheit verlieren*) ■ **etw erschlafft** */Seil/* qc se détend
3. ■ **etw erschlafft** */Haut/* qc se ramollit, qc devient flasque

erschlagen*[1] *vt irreg* **1.** (*totschlagen*) ■ **jd erschlägt jdn** qn tue qn
2. (*durch Darauffallen töten*) ■ **etw erschlägt jdn** */Baum, Trümmer/* qc tue qn
3. (*überwältigen*) ■ **etw erschlägt jdn** */Informationsflut, Angebot/* qn est submergé(e) par qc; */Pracht/* qn se sent écrasé(e) par qc; *Farben* qn est agressé(e) par qc
▶ **du kannst mich** ~, **aber ...** *fam* avec la meilleure volonté du monde, ...

erschlagen[2] *adj fam* ■ **jd ist** ~ qn est crevé(e) [*o* vanné(e)] *fam*

erschleichen * *vr irreg* ■ **jd erschleicht sich** (*dat*) **etw** *einen Posten, eine Vergünstigung* qn obtient qc au prix de manœuvres; *jds Gunst, Vertrauen a.* qn capte qc

erschließen * *irreg* **I.** *vt* **1.** ADMIN ■ **jd erschließt etw** *Baugrundstück, Baugebiet* qn viabilise qc
2. COM, POL ■ **jd erschließt** [**jdm**] **etw** *Gebiet, Absatzmarkt* qn ouvre qc [à qn]; *Käuferschicht, Wählerschicht* qn gagne [*o* conquiert] qc [pour qn]; *Einnahmequelle* qn dégage qc [pour qn]; *Rohstoffe, Bodenschätze* qn met qc en exploitation [pour qn]
3. LING ■ **jd erschließt etw aus etw** qn retrouve qc à partir de qc
II. *vr* (*sich offenbaren*) ■ **etw erschließt sich** (*dat*) **jdm** */Wunderwelt/* qc s'ouvre à qn; */Gedicht/* qc se révèle à qn

erscholl *imp von* **erschallen**

erschollen *pp von* **erschallen**

erschöpfen * **I.** *vt* **1.** (*ermüden*) ■ **jd/etw erschöpft jdn** qn/qc épuise qn
2. (*aufbrauchen*) ■ **jd/etw erschöpft etw** *Kräfte* qn/qc épuise qc; *Mittel a.* qn/qc absorbe [*o* engloutit] qc; *Geduld a.* qn/qc use qc; ■ **etw ist erschöpft** qc est épuisé(e); ***meine Geduld ist erschöpft!*** ma patience est à bout!
II. *vr* **1.** (*zu Ende gehen*) ■ **etw erschöpft sich** qc s'épuise; */Geduld, Langmut a./* qc s'use; */Interesse a./* qc s'émousse
2. (*etw umfassen*) ■ **etw erschöpft sich in etw** (*dat*) *in Phrasen etc* qc se réduit [*o* se résume] à qc; ■ **etw erschöpft sich darin, dass jd etw tut** qc de qn se réduit [*o* se limite] à faire qc; ***meine Kompetenzen*** ~ ***sich darin, dass ich die Texte überprüfen darf*** mes compétences se réduisent [*o* se limitent] à réviser les textes

erschöpfend **I.** *adj* **1.** (*zur Erschöpfung führend*) épuisant(e), éreintant(e)
2. (*ausführlich*) complet(-ète), exhaustif(-ive)
II. *adv berichten, kommentieren* de façon complète [*o* exhaustive], par le menu

Erschöpfung <-, *rare* -en> *f* épuisement *m*
▶ **jd arbeitet bis zur** [**völligen**] ~ qn travaille jusqu'à l'épuisement [total]; **vor** ~ d'épuisement

Erschöpfungszustand *m* état *m* d'épuisement

erschossen *adj fam* ■ **jd ist** [**völlig**] ~ qn est [complètement] crevé(e) [*o* vidé(e)] *fam*

Erschossene(r) *f(m) decl wie adj* mort(e) *m(f)* [par balle]

erschrak *imp von* **erschrecken II.**

erschrecken **I.** <erschreckte, erschreckt> *vt + haben* **1.** (*in Schrecken versetzen*) ■ **jd erschreckt jdn** qn fait peur à qn

2. (*bestürzen*) ■ **etw erschreckt jdn** qn est effrayé(e) par qc; ***es erschreckt einen wirklich*** c'est vraiment effrayant; ***es hat mich erschreckt, wie schlecht er aussah*** j'ai été effrayé(e) de voir à quel point il avait mauvaise mine

II. <erschrickt, erschrak, erschrocken> *vi + sein* (*einen Schrecken bekommen*) ■ **jd erschrickt [vor jdm/etw]** qn a peur [de qn/qc], qn est effrayé(e) [par qn/qc]; ***da muss man ja vor dir ~*** tu fais vraiment peur, tu es vraiment effrayant(e); ***~ Sie nicht, ich bin's nur!*** n'ayez pas peur, ce n'est que moi!; ***sie erschrak beim Gedanken, dass*** elle a été effrayée à l'idée que + *indic o subj*

III. <erschrickt, erschreckte *o* erschrak, erschreckt *o* erschrocken> *vr + haben fam* ■ **jd erschreckt sich [über etw** (*akk*)**]** *über eine Begegnung* qn s'effraie [de qc], qn a la frousse [de qc] *fam; über eine Nachricht* qn est effrayé(e) [par qc]

Erschrecken *nt* ∅ terreur *f*, épouvante *f*

erschreckend I. *adj* effrayant(e)

II. *adv* 1. de façon épouvantable; ***Aussätzige sehen ~ aus*** les lépreux ont un aspect effrayant

2. *fam* (*unglaublich*) *wenig, wenige* vachement *fam;* ***~ viel Material/viele Bürger*** un matériel pas possible/un nombre pas possible de citoyens *fam*

erschrickt *3. pers pres von* **erschrecken**

erschrocken I. *pp von* erschrecken

II. *adj* effrayé(e)

III. *adv* avec effroi

erschüttern * *vt* 1. (*zum Beben bringen*) ■ **etw erschüttert etw** */Erdstoß, Explosion/* qc ébranle qc, qc secoue qc

2. (*in Frage stellen*) ■ **etw erschüttert etw** *jds Glaubwürdigkeit, Vertrauen* qc ébranle qc, qc entame qc

3. (*tief bewegen*) ■ **etw erschüttert jdn** */Nachricht, Vorfall/* qc bouleverse qn; ***das hat mich sehr erschüttert*** ça m'a beaucoup frappé(e)

▸ **jdn kann nichts mehr ~, jd lässt sich durch nichts ~** plus rien/rien ne peut atteindre qn; ***mich kann nichts mehr ~!*** j'en ai vu d'autres!

erschütternd *adj Nachricht* bouleversant(e); *Szene a.* poignant(e); *Umstand, Vorfall* dramatique; ■ **etwas E~es** une chose bouleversante

erschüttert *adj Mensch* bouleversé(e); *Gesicht, Gesichtsausdruck a.* décomposé(e); ■ **jd ist [über etw** (*akk*)**] erschüttert** qn est atterré(e) [*o* consterné(e)] [par qc]; ***man muss ~ sein, wenn man bedenkt, dass*** il y a de quoi être consterné [*o* atterré] quand on pense que + *indic*

Erschütterung <-, -en> *f* 1. (*erschütternde Bewegung*) ébranlement *m*, secousse *f*; ***schwere ~en des Bodens/der Gebäude*** d'importantes secousses sismiques/qui ont ébranlé les constructions; ***die ~ der Hauswand durch die Explosion war so stark, dass*** le mur de la maison a été si fortement secoué par l'explosion que + *indic*

2. (*Instabilisierung*) [*Preisgefüge, Staat*] déstabilisation *f pas de pl;* ***schwere ~en der bisher prosperierenden Konjunktur*** de graves secousses *fpl* qui ébranlent une conjoncture jusque là prospère

3. (*das Erschüttern*) [*Ansehen*] affaiblissement *m;* [*Selbstvertrauen a.*] altération *f;* ***diese Widersprüche führten zur ~ der Glaubwürdigkeit der Zeugen*** ces contradictions ont porté un coup à [*o* ont affaibli] la crédibilité des témoins

4. (*Ergriffenheit*) consternation *f*

erschweren * *vt* ■ **jd/etw erschwert [jdm] etw** qn/qc complique qc [à qn]; ■ **etw erschwert [es] jdm etw zu tun** qc rend plus difficile pour qn [*o* augmente pour qn la difficulté] de faire qc

erschwerend I. *adj Umstand* qui complique les choses; JUR aggravant(e)

II. *adv:* ***etw wirkt sich ~ aus*** qc vient compliquer les choses; ***~ kommt hinzu, dass*** ce qui complique les choses, c'est que + *indic*

Erschwernis <-, -se> *f geh* complication *f*

Erschwerung <-, -en> *f* complication *f;* ***eine zusätzliche ~*** une difficulté supplémentaire; ■ **die ~ einer S.** (*gen*) *der Prüfung, Bergungsarbeiten* le surcroît de difficulté dans qc

erschwindeln * *vt, vr* ■ **jd erschwindelt [sich** (*dat*)**] etw [von jdm]** qn escroque qc [à qn]

erschwinglich *adj Anschaffung, Auto, Küche, Miete, Preis* abordable; *Lebensstandard* accessible; ***kaum noch ~e Mieten*** des loyers *mpl* prohibitifs

ersehen * *vt irreg form* ■ **jd ersieht etw aus etw** qn voit qc d'après qc; ■ **jd ersieht aus etw, dass** qn voit qc d'après qc que + *indic,* il ressort de qc que + *indic*

ersehnen * *vt geh* ■ **jd ersehnt etw** qn désire ardemment qc, qn appelle de ses vœux qc *soutenu;* ■ **ersehnt** ardemment désiré(e)

ersetzbar *adj Schaden, Verlust* réparable; *Mitarbeiter, Ring, Brille* remplaçable; ***ein kaum ~er Verlust*** une perte quasiment irréparable

ersetzen * *vt* 1. (*erstatten*) ■ **jd ersetzt jdm etw** *Unkosten, Schaden* qn rembourse qc à qn, qn dédommage qn de qc

2. (*austauschen*) ■ **jd ersetzt etw** *Gegenstand, abgenutztes Teil* qn change qc, qn remplace qc

3. (*vertreten*) ■ **jd/etw ersetzt [jdm] jdn/etw** *die Mutter, Heimat* qn/qc remplace [*o* supplée] qn/qc [auprès de qn]

ersichtlich *adj Grund, Ursache* apparent(e), visible; ■ **aus etw ist ~, dass** il ressort de qc que + *indic*

ersinnen * *vt irreg geh* ■ **jd ersinnt etw** qn imagine qc, qn échafaude qc

erspähen * *vt* ■ **jd erspäht jdn/etw [unter etw** (*dat*)**]** qn repère qn/qc [parmi qc]

ersparen * I. *vt* (*sparen*) ■ **jd erspart jdm etw** qn épargne [*o* évite] qc à qn; ***ich kann Ihnen den Vorwurf nicht ~*** je ne peux pas ne pas vous faire ce reproche

▸ **jdm bleibt etw/nichts erspart** qc est/rien n'est épargné(e) à qn

II. *vr* 1. (*sich sparen*) ■ **jd erspart sich** (*dat*) **etw** *Aufwand, Ärger, Kosten* qn s'épargne qc

2. FIN ■ **jd erspart sich** (*dat*) **etw** *Vermögen* qn épargne qc, qn met qc de côté; *Haus* qn acquiert qc à force d'économies [*o* en économisant]

Ersparnis <-, -se> *f*, <-ses, -se> *nt* AUS 1. ∅ (*Einsparung*) ■ **die/eine ~ an etw** (*dat*) *an Arbeitskraft, Kosten* l'économie/une économie de qc; *an Zeit a.* le/un gain de qc

2. *meist pl* FIN économies *fpl*

Ersparte(s) *nt decl wie adj* économies *fpl*

ersprießlich *adj geh Zusammenarbeit* fructueux(-euse); ■ **etw ist ...** *~ wenig, sehr, äußerst* qc est ... fructueux(-euse); ***dieser Vorschlag ist wenig ~*** cette proposition est assez stérile

erst *adv* 1. (*zuerst*) d'abord; ***~ sagst du ja, dann wieder nein!*** tu commences par dire oui, et ensuite tu dis non!; ***mach ~ [ein]mal die Arbeit fertig, dann sehen wir weiter*** finis d'abord [*o* commence par terminer] ton travail, nous verrons après; ***wenn du das ~ einmal hinter dir hast, ...*** quand tu en auras terminé, ...

2. (*nicht früher als*) seulement, ne ... que; ***der nächste Flug geht ~ um 20 Uhr*** le prochain vol ne partira qu'à 20 h

3. (*bloß*) seulement, ne ... que; ***was, Sie sind ~ 24?*** quoi? vous avez seulement [*o* vous n'avez que] 24 ans?

4. (*aber*) alors, pour le coup; ***sie ist ja schon ziemlich blöd, aber ihre Schwester ~!*** elle n'est déjà pas maligne, mais alors [que dire de] sa sœur!

5. (*nur schon*) seulement; ***wären wir nur ~ [schon] zu Hause!*** si seulement nous étions déjà chez nous!

▸ **eben [*o* gerade] ~** à l'instant; ***er hat eben/gerade ~ das Büro verlassen*** il vient juste [*o* à l'instant] de quitter son travail; **~ gestern/heute/morgen** pas plus tard qu'hier/seulement aujourd'hui/seulement demain; ***ich habe dir das doch ~ gestern erklärt*** enfin, je t'ai expliqué ça pas plus tard qu'hier; ***der nächste Zug fährt ~ morgen*** le prochain train ne part que [*o* part seulement] demain; **~ jetzt** seulement maintenant; **~ vor kurzem** tout récemment seulement; **~ recht** du coup; ***wenn sie ihm sagt, er solle langsamer fahren, fährt er ~ recht schnell*** quand elle lui dit de rouler plus lentement, il se met du coup [*o* c'est pour le coup qu'il se met] à rouler vite; **jetzt ~ recht/recht nicht!** eh bien, raison de plus/si c'est comme ça, d'autant moins [*o* il n'y a pas de danger *fam*]!; **~ als ...** ce n'est que lorsque ... que + *indic;* ***~ als er Schlaftabletten schluckte, kümmerte man sich um ihn*** ce n'est que lorsqu'il a eu avalé des somnifères qu'on a commencé à s'occuper de lui; **~ wenn, ~ ..., wenn** c'est seulement quand ... que + *indic;* ***sie zieht ~ einen Mantel an, wenn es unter null Grad ist*** c'est seulement quand il fait moins de zéro qu'elle met un manteau

Erst- 1. *-delinquant, -täter* primaire; ***~wähler*** nouvel électeur

2. *-lagerung, -zulassung, e-instanzlich* premier(-ière) *antéposé*

erstarken * *vi + sein geh* ■ **etw erstarkt** qc se renforce; */Glaube a./* qc s'affermit

erstarren * *vi + sein* 1. (*fest werden*) ■ **etw erstarrt** qc se solidifie; */Gelatine, Pudding/* qc prend; */Öl/* qc [se] fige; */Beton, Zement a./* qc durcit; ***bei 0° C erstarrt Wasser zu Eis*** l'eau gèle à 0 °C

2. (*wie gefroren sein*) ■ **etw erstarrt [jdm] [in etw** (*dat*)**/auf etw** (*dat*)**]:** ***das Blut erstarrte ihr in den Adern*** son sang s'est glacé dans ses veines; ***das Lächeln erstarrte ihm auf den Lippen*** son sourire s'est figé sur ses lèvres

3. (*vor Kälte steif werden*) ■ **jd erstarrt [vor etw** (*dat*)**]** *vor Kälte* qn est transi(e) [de qc]; ■ **etw erstarrt** qc s'engourdit; ***meine Füße sind halb erstarrt*** j'ai les pieds transis [*o* tout engourdis]

4. (*starr werden*) ■ **jd erstarrt** qn se fige; ■ **jd erstarrt vor etw** (*dat*) *vor Ehrfurcht, Schrecken etc* qn est paralysé(e) par qc

erstatten * *vt* 1. FIN ■ **jd erstattet [jdm] etw** *Auslagen, Unkosten* qn rembourse qc [à qn]

2. *form* (*mitteilen*) ■ **jd erstattet [jdm] etw** *Bericht* qn fait qc [à qn]; ***jd erstattet [jdm] Meldung von etw/Bericht über etw*** (*akk*) qn fait un rapport [à qn] sur qc, qn signale qc [à qn]; ■ **jd erstattet etw [gegen jdn]** *Anzeige* qn dépose qc [contre qn]

Erstattung <-, -en> *f* FIN remboursement *m*

erstauf|führen *vt nur infin und pp Bühnenstück* [re]présenter pour la première fois; *Musical* présenter pour la première fois

Erstaufführung *f* première *f* **Erstauflage** *f* première édition *f*, édition *f* originale

erstaunen * I. *vt + haben* ■ **jd/etw erstaunt jdn** qn/qc étonne [*o* surprend] qn; *s. a.* **erstaunt**

II. *vi + sein* ■ **jd erstaunt über etw** (*akk*) qn est étonné(e) [*o* surpris(e)] par [*o* de] qc, qn s'étonne de qc

Erstaunen *nt* étonnement *m*

▸ **voller ~** rempli(e) [*o* avec beaucoup] d'étonnement; **jd/etw versetzt jdn in ~** qn/qc remplit qn d'étonnement, qn/qc étonne [*o* surprend] qn; **zu jds [großem] ~** à la grande surprise [*o* au grand étonnement] de qn

erstaunlich I. *adj* étonnant(e), surprenant(e); ■ **es ist ~, dass** c'est étonnant [*o* surprenant] que + *subj;* ■ **es ist ~, was/wie** c'est étonnant [*o* surprenant] de voir ce qui/ce que/comme[nt]; ***es ist ~, wie sehr diese Leute lügen*** c'est étonnant de voir à quel point ces gens sont des menteurs; ■ **E~es** des choses étonnantes; ***nichts E~es*** rien d'extraordinaire

II. *adv gut, billig, wenig* étonnamment; ***für sein Alter kann er schon ~ viel*** c'est étonnant tout ce qu'il sait déjà faire pour son âge

erstaunt I. *adj* étonné(e); ***du machst so ein ~es Gesicht!*** tu en as un air étonné!; ■ **jd ist [über etw** (*akk*)**] ~** qn est étonné(e) [*o* surpris(e)] [de qc]; ■ **jd ist über einen Menschen ~** une personne étonne [*o* surprend] qn; ***ich bin immer wieder über dich ~*** tu m'étonneras toujours

II. *adv* avec étonnement; ***du blickst so ~*** tu en as un air étonné!

Erstausgabe *f* 1. (*erste Veröffentlichung*) première édition *f* 2. (*Buch*) édition *f* originale [*o* princeps *spéc*] **Erstausstrahlung** *f* première diffusion *f* **erstbeste(r, s)** *adj attr* ■ **der/die/das ~ ...** le premier ... venu/la première … venue; ***das ~ Auto*** la première voiture venue **Erstbesteigung** *f* ALPIN première *f*

erste(r, s) *adj* **1.** (*an erster Stelle kommend*) premier(-ière) *antéposé;* ■ **die ~n drei/vier/…** les trois/quatre premiers(-ières) …; ***die ~n drei Häuser*** les trois premières maisons *fpl*
2. (*Datum*) premier; ***am ~n September*** le premier septembre
3. COM *Haus, Hotel, Firma* premier(-ière) *antéposé*
▸ **der/die/das ~ beste …** le premier … venu/la première … venue; **fürs E~** pour commencer, dans un premier temps; **zum E~n, zum Zweiten, zum Dritten!** une fois, deux fois, trois fois!; **als E~s** pour commencer, en premier; **das E~, was …** la première chose qui/que …; ***das ist das E~, was ich höre*** première nouvelle!

Erste(r) *f(m) decl wie adj* **1.** SPORT, SCOL premier(-ière) *m(f); **sie ist die ~ in der Klasse*** elle est [la] première de la classe; ■ **etw ist/wird ~** qc est/termine premier(-ière); ***welcher Wagen/Rennstall wurde ~r?*** quel e voiture/écurie est arrivée première?; ■ **der/die/das ~, der/die/das …** le premier/la première qui …
2. (*des Monats*) ■ **der ~** le premier; ***vor dem jeweiligen ~n*** avant le premier du mois; ***vom nächsten ~n an*** à partir du premier du mois prochain
3. (*Herrscher*) ■ **… der/die ~** *gesprochen,* ■ **… I.** *geschrieben* … premier(-ière) *oral,* … Ier/Ière *écrit; **Elisabeth die ~ von England*** Élisabeth Ière d'Angleterre
▸ **~(r) unter Gleichen** primus inter pares, le premier/la première entre ses égaux [*o* parmi ses pairs]; **als ~(r)** le premier/la première; ***er kam als ~r der Gäste*** il a été le premier invité à arriver; ***sie ging als ~ durchs Ziel*** elle a franchi la ligne d'arrivée en tête; ***ich will als ~r dran sein!*** (*Kinder beim Spielen*) prem's! *fam*

erstechen * *vt irreg* ■ **jd ersticht jdn [mit etw]** qn poignarde qn [avec qc]

erstehen * *irreg* **I.** *vt + haben fam* (*erwerben*) ■ **jd ersteht etw** qn achète qc, qn se paie qc *fam*
II. *vi + sein* **1.** *form* (*neu entstehen*) ■ **etw ersteht [neu [*o* wieder]]** */zerstörtes Gebäude, zerbombte Stadt/* qc renaît de ses cendres *soutenu*
2. *geh* (*erwachsen*) ■ **etw ersteht jdm** */Zahlungsverpflichtungen/* qc incombe à qn; */Unannehmlichkeiten/* qn subit qc; ■ **etw ersteht jdm aus etw** qc résulte pour qn de qc; ***daraus würden Ihnen nur Unannehmlichkeiten ~*** cela ne vous attirerait [*o* procurerait] que des désagréments

Erste-Hilfe-Kurs *m* cours *m* de secourisme **Erste-Hilfe-Leistung** *f* premiers soins *mpl*

ersteigen * *vt irreg* **1.** ALPIN ■ **jd ersteigt etw** qn fait l'ascension de qc, qn escalade qc
2. (*erklettern*) ■ **jd ersteigt etw** *Burgmauer, Stadtmauer* qn escalade qc

Ersteigung *f* ascension *f*

Erste-Klasse-Abteil *nt* compartiment *m* de première classe **Erste-Klasse-Wagen** *m* voiture *f* de première classe

erstellen * *vt* **1.** CONSTR *form* ■ **jd erstellt etw [in etw** (*dat*)**]** *in Beton, Kalksandstein* qn construit qc [en qc]; ***dieses Haus wurde in Leichtbauweise erstellt*** cette maison est de construction légère
2. (*anfertigen*) ■ **jd erstellt [jdm] etw** *Gutachten, Liste, Abrechnung* qn dresse [*o* établit] qc [à qn]; ■ **jd lässt sich** (*dat*) **etw [von jdm] ~** qn se fait dresser [*o* établir] qc [par qn]

Erstellung *f* **1.** CONSTR *form* construction *f*
2. (*Anfertigung*) [*Gutachten etc*] établissement *m*

erstemal *s.* **Mal**[1]

erstenmal *s.* **Mal**[1] ▸

erstens *adv* premièrement, primo

erste(r, s) *adj s.* **erste**

erstere(r, s) *adj* ■ **der/die/das E~** le premier/la première

Erstgebärende *f decl wie adj* [femme *f*] primipare *f* **erstgeboren** *adj attr* aîné(e); ***das ~e Kind*** l'aîné(e) *m(f);* ■ **der/die E~e** l'aîné(e) *m(f)* **erstgenannt** *adj attr Gegenstand, Mensch* nommé(e) en premier; *Name* cité(e) en premier

ersticken * **I.** *vi + sein* **1.** (*sterben*) ■ **jd erstickt an etw** (*dat*) *an einer Gräte* qn s'étouffe [*o* s'étrangle] avec qc; *an Auspuffgasen* qn s'asphyxie avec qc
2. (*erlöschen*) ■ **etw erstickt** qc s'éteint, qc s'étouffe
3. (*übermäßig viel haben*) ■ **jd/etw erstickt in etw** (*dat*) qn/qc croule sous qc; *in Arbeit a.* qn/qc est submergé(e) de qc; ***Deutschlands Städte ~ im Verkehr*** les villes allemandes sont menacées d'asphyxie [*o* sont complètement engorgées] par la circulation
▸ **zum E~** *fam* irrespirable
II. *vt + haben* **1.** (*töten*) ■ **jd erstickt jdn** qn étouffe qn; (*mit Gas*) qn asphyxie qn; ■ **etw erstickt jdn** */Gas/* qc asphyxie qn
2. (*erlöschen lassen*) ■ **jd/etw erstickt etw** qn/qc étouffe qc
3. ■ **etw erstickt etw** *Geräusch, Lärm* qc étouffe qc, qc amortit qc
4. (*unterdrücken*) ■ **jd erstickt etw** *Aufruhr, Opposition* qn étouffe qc, qn mate qc; *Widerstand a.* qn brise qc; ***im Keim erstickt*** étouffé(e) dans l'œuf

erstickt *adj Röcheln* étouffé(e); *Stimme a.* assourdi(e) **Erstickte(r)** *f(m) decl wie adj* personne *f* étouffée; (*durch Gas*) personne *f* asphyxiée

Erstickung <-> *f Ø* étouffement *m;* (*durch Gas*) asphyxie *f*

erstklassig **I.** *adj* excellent(e); *Service, Stoff a.* de première qualité; *Essen, Wein, Ware a.* de premier choix; *Chirurg, Anwalt a.* de premier plan; ■ **jd ist ~** qn est excellent(e) **II.** *adv* à la perfection; *sich kleiden a.* impeccablement; ***etw schmeckt/mundet ~*** qc est excellent(e)/succulent(e) **Erstklässler(in)**[RR], **Erstkläßler(in)** <-s, -> *m(f) bes.* SDEUTSCH, CH ≈ élève *mf* du cours préparatoire, ≈ C.P. *mf fam* **Erstkommunion** *f* ECCL ≈ première communion *f; **er geht zur ~*** il fait sa première communion

Erstling <-s, -e> *m* **1.** ART, CINE, LITER première œuvre *f*
2. (*Kind*) premier-né/première-née *m/f*

Erstlingswerk *nt* LITER première œuvre *f*

erstmalig **I.** *adj* premier(-ière) *antéposé; **die ~e Veranstaltung dieser Messe*** la première édition de cette foire **II.** *adv form s.* **erstmals** **erstmals** *adv* pour la première fois

Erstochene(r) *f(m) decl wie adj* personne *f* poignardée; ***ein ~r*** un homme poignardé

erstrahlen * *vi + sein geh* ■ **etw erstrahlt [in etw** (*dat*)**]** *im Glanz etc* qc est illuminé(e) [par qc], qc resplendit [de qc]; ***die Bühne erstrahlt taghell*** la scène est illuminée

erstrangig *adj* **1.** (*wichtig*) primordial(e)
2. *Grundschuld, Hypothek* de premier rang

erstreben * *vt geh* ■ **jd erstrebt etw** qn aspire à qc

erstrebenswert *adj* enviable; ■ **etw ist [für jdn] ~** qc est enviable [*o* tentant(e)] [pour qn]; ■ **etwas E~es** une chose enviable; ***diese Stellung ist nichts unbedingt E~es*** cette situation n'a rien de particulièrement enviable

erstrecken * **I.** *vr* **1.** (*sich ausdehnen*) ■ **etw erstreckt sich [in etw** (*akk*)**/über etw** (*akk*)**]** *in beide Richtungen, über große Weiten* qc s'étend [dans/sur qc]
2. (*betreffen*) ■ **etw erstreckt sich auf etw** (*akk*) *auf Ausnahmefälle, Details* qc s'étend à qc, qc comprend qc
II. *vt* CH (*verlängern*) ■ **jd erstreckt etw [um etw]** *Frist, Abgabetermin* qn prolonge qc [de qc]

Erstschlag *m* MIL attaque *f* préventive **Erststimme** *f* première voix *f* (*vote exprimé par l'électeur pour un candidat de sa circonscription lors des élections au Parlement fédéral*) **Ersttagsbrief** *m* enveloppe *f* premier jour

erstunken *adj* ▸ **das ist ~ und erlogen** *fam* tout ça, c'est des bobards *fam*

Erstveröffentlichung *f* **1.** (*Werk*) nouvelle publication *f*
2. (*erstmalige Veröffentlichung*) parution *f*, sortie *f*

ersuchen * *vt form* **1.** (*auffordern*) ■ **jd ersucht jdn um etw** *um Akteneinsicht, Übersendung* qn requiert qc de qn *form;* ■ **jd ersucht jdn [darum] etw zu tun** qn demande [*o* enjoint *form*] à qn de faire qc; ***Sie werden ersucht sich zur Verfügung der Polizei zu halten*** vous êtes invité(e) à vous tenir à la disposition de la police
2. ■ **jd ersucht [jdn [*o* bei jdm]] um etw** qn sollicite qc [de la part de qn]

Ersuchen <-s, -> *nt form* requête *f*
▸ **jd richtet [*o* stellt] ein ~ an jdn** qn adresse une requête à qn; **auf ~ des/der …** à la requête [*o* sur demande [expresse]] du/de la …

ertappen * **I.** *vt* ■ **jd ertappt jdn** qn prend qn sur le fait; ■ **jd ertappt jdn bei etw** qn [sur]prend qn en train de faire qc; ***wehe, ich ertappe jemanden beim Mogeln!*** malheur si j'en prends un en train de tricher!
II. *vr* ■ **jd ertappt sich bei etw** qn se surprend à faire qc; ***ich habe mich dabei ertappt, dass ich an ihn dachte*** je me suis surpris(e) à penser à lui

erteilen * *vt form* **1.** (*zukommen lassen*) ■ **jd erteilt [jdm] etw** *Auftrag* qn donne [*o* confie] qc [à qn]; *Genehmigung, Lizenz* qn accorde [*o* attribue] qc [à qn]; *Lob* qn décerne [*o* adresse] qc [à qn]; *Rat* qn prodigue qc [à qn]; *Tadel* qn inflige qc [à qn]
2. SCOL *Unterricht* ■ **jd erteilt [jdm] etw** qn donne qc [à qn]

ertönen * *vi + sein geh* **1.** (*zu hören sein*) ■ **etw ertönt** */Lied, Musik/* qc se fait entendre; */Klingel, Schuss, Sirene a./* qc retentit; ■ **jd lässt etw ~** *Stimme, Bass* qn fait retentir [*o* entendre] qc; *Lied a.* qn entonne qc
2. (*widerhallen*) ■ **etw ertönt von einer S.** *von Geschrei* qc retentit [*o* résonne] d'une chose; *von Musik* une chose résonne dans qc

Ertrag <-[e]s, ¨e> *m* **1.** AGR rendement *m; **vom ~ der paar Äcker kann er nicht leben*** il ne peut pas vivre du produit [*o* du rendement] de ses quelques champs
2. *meist pl* FIN revenu *m*
▸ **etw bringt ~, etw wirft ~ ab** */Anbau/* qc rend bien, qc est d'un bon rendement [*o* rapport]; */Anlage, Anlageform/* qc rapporte, qc est d'un bon rapport, qc assure des bénéfices; ***der Anbau von Getreide/diese Anlageform bringt hohe ¨e*** la culture des céréales/cette forme de placement assure des rendements élevés/des bénéfices importants

ertragen * *vt irreg* ■ **jd erträgt etw** *Anblick, Gedanken, Zweifel* qn supporte qc; *Schmerzen a.* qn endure qc; *Launen a.* qn subit qc
▸ **etw ist nicht zu ~** qc est insupportable [*o* intolérable]; ***diese Ungewissheit ist nicht mehr zu ~*** cette incertitude n'est plus supportable

erträglich *adj Beeinträchtigung, Maß* supportable, tolérable; *Temperaturen* supportable; ■ **etw ist […] ~** qc est […] supportable

ertränken * **I.** *vt* **1.** ■ **jd ertränkt jdn/ein Tier** qn noie qn/un animal
2. (*betäuben*) ■ **jd ertränkt etw [in etw** (*dat*)**]** *in Alkohol* qn noie qc dans qc; ***er will nur seine Probleme ~*** il cherche à évacuer ses problèmes en buvant [*o* noyer ses problèmes dans l'alcool]
II. *vr* ■ **jd ertränkt sich** qn se noie

erträumen * *vr* ■ **jd erträumt sich** (*dat*) **jdn/etw** qn rêve de qn/qc; ***das Haus, das er sich schon immer erträumt hatte*** la maison de ses rêves [*o* dont il rêvait depuis toujours]

ertrinken * *vi irreg + sein* ■ **jd ertrinkt [in etw** (*dat*)**]** qn se noie [dans qc]

Ertrinken <-s> *nt Ø* noyade *f; **Tod durch ~*** mort *f* par noyade

ertrotzen * *vr geh* ■ **jd ertrotzt sich** (*dat*) **etw** qn arrache qc, qn extorque qc *péj*

Ertrunkene(r) *f(m) decl wie adj* noyé(e) *m(f)*

ertüchtigen * **I.** *vt geh* ■ **jd/etw ertüchtigt jdn** qn/qc endurcit qn [*o* aguerrit]
II. *vr geh* ■ **jd ertüchtigt sich** qn s'endurcit, qn s'aguerrit

Ertüchtigung <-, -en> *f geh* entraînement *m*, entretien *m* physique
▸ **körperliche ~** entraînement *m* physique

erübrigen * **I.** *vr* ■ **etw erübrigt sich** qc est superflu(e) [*o* inutile]; ***da erübrigt sich jeder weitere Kommentar!*** ça se passe de commentaire!; ■ **es erübrigt sich, dass/etw zu tun** il est inutile que + *subj*/de faire qc
II. *vt* ▸ **jd kann etw [für jdn/etw] ~** *Betrag, Geld* qn arrive à mettre qc

[pour qn/qc]; *Zeitspanne* qn arrive à accorder qc [à qn]; **jd kann etw** ~ qn n'a plus besoin de qc

eruieren * *vt form* 1. (*in Erfahrung bringen*) ■ **jd eruiert etw** qn élucide qc, qn tire au clair qc; ■ **jd eruiert [bei jdm], wann/wer** qn tire au clair [avec qn] quand/qui
2. AUS, CH ■ **jd eruiert jdn** *Halter, Täter* qn identifie qn

erwachen * *vi + sein* 1. *geh* (*aufwachen*) ■ **jd erwacht** qn se réveille; ■ **jd erwacht aus etw** *aus einer Ohnmacht, der Narkose* qn sort de qc, qn s'éveille de qc *soutenu; **jd erwacht [plötzlich] aus dem Schlaf*** qn se réveille [en sursaut]; ■ **jd erwacht von etw** qn est réveillé(e) par qc; ***er erwacht vom geringsten Geräusch*** il se réveille au moindre bruit
2. (*sich regen*) ■ **etw erwacht** */Gefühle, Gewissen, Interesse/* qc s'éveille; ***seine Skrupel erwachten*** il a été pris de scrupules; ***ein Verdacht erwachte in ihm*** il lui est venu un soupçon
▶ **ein böses E**~ un réveil douloureux

erwachsen*[1] [-ks-] *vi irreg + sein geh* (*entstehen*) ■ **jdm erwächst etw** */Probleme/* qc retombe sur qn; */Kosten/* qc incombe à qn; */Vorteile/* qc revient à qn; ■ **jdm erwächst etw aus etw** *aus einer Einmischung, einem Prozess* il résulte pour qn qc de qc, qn retire qc de qc; ***daraus können dir nur Unannehmlichkeiten*** ~ il ne peut en résulter pour toi que des ennuis

erwachsen[2] [-ks-] *adj* (*ausgewachsen*) *Mensch* adulte; ***als ~er Mensch*** en tant qu'adulte; ***er hat schon eine ~e Tochter*** il a déjà une grande fille **Erwachsene(r)** *f(m) decl wie adj* adulte *mf; **nur für*** ~ réservé aux adultes

Erwachsenenbildung [-ks-] *f* formation *f* pour adultes **Erwachsenentaufe** *f* baptême *m* d'adultes/des adultes

erwägen * *vt irreg* 1. (*in Betracht ziehen*) ■ **jd erwägt etw** *Angebot, Vorschlag* qn étudie qc; *Möglichkeit a.* qn envisage qc; ■ **jd erwägt etw zu tun** qn envisage de faire qc
2. (*überlegen*) ■ **jd erwägt etw** *Ablehnung, Schritt* qn réfléchit à qc; *Zustimmung a.* qn pèse qc; ***eine solche Entscheidung will wohl erwogen werden*** une telle décision doit être bien pesée [*o* mûrement réfléchie]

Erwägung <-, -en> *f* réflexion *f; **eine wirklich interessante*** ~! une perspective intéressante!
▶ **jd zieht etw in** ~ qn envisage qc; **jd zieht in** ~ **etw zu tun** qn envisage de faire qc; **aus** ... **~en [heraus]** *diesen, solchen, welchen* en vertu de ... considérations

erwähnen * *vt* 1. (*nennen*) ■ **jd/etw erwähnt jdn/etw** qn/qc mentionne qn/qc; *Menschen, Namen a.* qn cite qn/qc
2. (*nebenbei bemerken*) ■ **jd erwähnt [jdm gegenüber], dass** qn évoque [devant qn] le fait que + *indic*

erwähnenswert *adj* digne d'être mentionné(e) [*o* signalé(e)]; ***das ist nicht weiter*** ~ ça ne vaut pas la peine d'en parler; ■ **etwas/nichts E~es** quelque chose/rien de particulier [*o* qui mérite d'être signalé]

Erwähnung <-, -en> *f* mention *f; **sie legt Wert auf die ~ der Namen aller Mitarbeiter*** elle tient à ce que les noms de tous les collaborateurs soient cités
▶ **etw findet** ~ *form* il est fait mention de qc *form*

erwärmen * I. *vt* 1. (*warm machen*) ■ **jd erwärmt etw** *Suppe, Essen* qn fait chauffer qc; ***das Wasser soll auf 30° erwärmt werden*** l'eau doit être chauffée à 30°; ***jd erwärmt etw wieder*** qn réchauffe qc, qn fait réchauffer qc; ■ **etw erwärmt etw** *Luft, Zimmer* qc réchauffe qc
2. (*begeistern*) ■ **jd erwärmt jdn für etw** qn gagne qn à qc; ***dafür kann ich mich kaum*** ~ ça ne me dit pas grand-chose
II. *vr* 1. (*warm werden*) ■ **etw erwärmt sich** qc se réchauffe; ■ **etw erwärmt sich auf etw** (*akk*) *auf ... Grad* qc atteint qc [en se réchauffant]
2. (*sich begeistern*) ■ **jd erwärmt sich für einen Menschen** *für einen Schriftsteller* une personne passionne qn; ■ **jd erwärmt sich für etw** qn se passionne pour qc; ***dafür kann ich mich nicht*** ~ ça ne me passionne pas

erwarten * I. *vt* 1. (*entgegensehen*) ■ **jd erwartet jdn/etw** *Besuch, Gast, Rückkehr, Post, jds Ankunft, Frühjahr, Urlaub* qn attend qn/qc; ***für wann darf ich deine Ankunft*** ~? je peux espérer ton arrivée pour quand?
2. (*voraussetzen*) ■ **jd erwartet etw von jdm** qn attend qc [de la part] de qn; ***ich hätte mehr Verständnis von dir erwartet*** j'espérais [*o* j'attendais] plus de compréhension de ta part; ■ **jd erwartet [von jdm], dass** qn attend [de qn] que + *subj; **du erwartest doch nicht von mir, dass ich dir diesen Quatsch glaube?*** tu n'espères tout de même pas que je vais croire tes bobards?
3. (*mit etw rechnen*) ■ **jdn erwartet etw** *nichts Gutes, Unheil* qc attend qn
4. (*bekommen*) ■ **jd erwartet etw [von jdm]** *Baby, Kind, Nachwuchs* qn attend qc [de qn]
▶ **von jdm ist kein(e)** ... **zu** ~ */Hilfe, Verständnis, Entgegenkommen/* il ne faut pas s'attendre à du/de la ... de la part de qn, de qn il ne faut pas attendre de ...; **es ist** [*o* **steht** *form*] **zu ~, dass** on peut [*o* il faut] s'attendre à ce que + *subj; **zum Glück ist** [o **steht**] **zu ~, dass*** on peut heureusement espérer que + *indic;* **etw war zu** ~ il fallait s'attendre à qc; ***das war doch auch zu*** ~ [ça,] il fallait s'y attendre; ***das war eigentlich nicht zu*** ~ à vrai dire, on ne s'y attendait pas; **wider E**~ contre toute attente
II. *vr* ■ **jd erwartet sich** (*dat*) **etw von jdm/etw** qn attend qc de qn/qc

Erwartung <-, -en> *f* 1. ∅ (*Ungeduld*) attente *f; **voll ängstlicher/banger*** ~ en proie à une attente anxieuse; ***sie konnte ihre ~ kaum noch bezähmen*** elle parvenait difficilement à maîtriser sa fébrilité [*o* son impatience]; ***ich sehe unserem Treffen mit froher ~ entgegen*** j'attends avec joie le moment de nous rencontrer
2. *pl* (*Hoffnung*) espoirs *mpl*, attentes *fpl*
▶ **jd/etw wird jds ~en gerecht** qn répond/qc correspond à l'attente de qn; **in gespannter** ~ dans l'expectative et l'anxiété; **jd spannt seine ~en zu hoch** qn nourrit des espoirs excessifs; **voller** ~ rendu(e) fébrile par l'attente; **etw berechtigt zu ... ~en** *zu großen* qc autorise de ... espoirs; **etw bleibt hinter jds ~en zurück** qc demeure en deçà des espérances de qn; **jd/etw entspricht den ~en** qn répond aux espoirs/qc est conforme aux espérances; **jd/etw enttäuscht jds ~en** qn/qc déçoit les attentes de qn; **jd knüpft große ~en an etw** (*akk*) qn fonde de grands espoirs sur qc; **jd/etw übertrifft alle ~en** qn/qc dépasse toutes les espérances; **in** ~ **einer S.** (*gen*) *form Ihrer Antwort, Stellungnahme* dans l'attente de qc

erwartungsgemäß *adv* comme prévu, comme il fallait s'y attendre **Erwartungshaltung** *f* attentes *fpl* **erwartungsvoll** I. *adj* plein(e) d'espoir; ***du bist zu*** ~ tu en attends trop II. *adv* plein(e) d'espoir

erwecken * *vt* 1. (*hervorrufen*) ■ **jd/etw erweckt etw** *Befürchtungen, Hoffnung, Interesse, Zweifel* qn/qc suscite qc, qn/qc fait naître, qn éveille qc; *Eindruck* qn/qc donne qc; ***er erweckt den Eindruck des Naiven*** il donne l'impression d'être naïf
2. *geh* (*aufwecken*) ■ **jd/etw erweckt jdn** qn/qc réveille qn; ■ **jd/etw erweckt jdn aus etw** *aus dem Schlaf, der Lethargie* qn/qc tire qn de qc

erwehren * *vr geh* (*widerstehen*) ■ **jd erwehrt sich jds/einer S.** qn fait face à qn/qc, qn se défend contre qn/qc; *der Angreifer a.* qn tient tête à qn
▶ **jd kann sich einer S.** (*gen*) **nicht/kaum** ~ *eines Eindrucks, einer Vorstellung* qn ne peut/peut difficilement se défaire de qc; *des Lachens* qn ne peut/peut difficilement se retenir de faire qc; *eines Grinsens, der Tränen* qn ne peut/peut difficilement contenir [*o* réprimer] qc; ***sie konnte sich kaum der Tränen*** ~ elle avait peine à contenir ses larmes

erweichen * *vt* 1. (*umstimmen*) ■ **jd erweicht jdn** qn fléchit qn
2. ■ **etw erweicht etw** */Sonne, Hitze/ Wachs, Asphalt* qc ramollit qc
▶ **jd lässt sich** ~ qn se laisse fléchir

erweisen * *irreg* I. *vt* 1. (*nachweisen*) ■ **etw erweist etw** *jds Schuld, Täterschaft* qc établit qc, qc met en évidence qc; ■ **etw erweist, dass** qc démontre que + *indic;* ■ **erwiesen** *Behauptung* avéré(e), démontré(e); *Beteiligung, Unschuld a.* reconnu(e)
2. (*zeigen*) ■ **etw wird ~, dass/ob** */die nächste Zeit, Zukunft/* qc montrera [*o* fera apparaître] que + *indic*/si
3. *form* (*entgegenbringen*) ■ **jd erweist [jdm] etw** *Dienst* qn rend qc [à qn]; *Gefallen* qn fait qc [à qn]; ■ **erwiesen** *Anteilnahme, Vertrauen* manifesté(e), témoigné(e)
II. *vr* 1. (*sich herausstellen*) ■ **jd erweist sich als etw** *als leistungsbewusst, unzuverlässig, vertrauenswürdig* qn se révèle qc
2. (*sich zeigen*) ■ **jd erweist sich [gegen jdn** [*o* **jdm gegenüber**]**] als etw** *als undankbar, kooperativ* qn se montre qc [envers [*o* vis-à-vis de] qn]
3. (*sich herausstellen*) ■ **etw erweist sich** qc se vérifie; ■ **etw erweist sich als etw** *als Flop, zu teuer, undurchführbar, Betrug, gelogen* qc se révèle [être] qc; ■ **es erweist sich, dass** il s'avère que + *indic; **es wird sich bald ~, dass*** l'avenir ne tardera pas à prouver que + *indic*

erweitern * I. *vt* 1. (*verbreitern*) ■ **jd erweitert etw [auf etw** (*akk*)**/um etw]** *auf/um eine bestimmte Breite* qn élargit qc [à/de qc]; *Öffnung a.* qn agrandit qc [à/de qc]
2. (*vergrößern*) ■ **jd erweitert etw [um etw]** *um eine bestimmte Fläche* qn agrandit [*o* étend] qc [de qc]; ***der Parkplatz wurde um 45 Stellplätze erweitert*** la capacité du parking a été augmentée de 45 places; ■ **jd erweitert etw auf etw** (*akk*) *auf eine bestimmte Fläche* qn agrandit [*o* étend] qc pour qu'il/elle fasse qc, qn amène qc à qc
3. COUT ■ **jd erweitert etw [um etw]** *um Zentimeter* qn élargit qc [de qc]; ■ **jd lässt sich** (*dat*) **etw** ~ qn se fait élargir qc
4. COM ■ **jd erweitert etw [auf etw** (*akk*)**/um etw]** *Angebot* qn élargit qc [à/de qc]; *Kapazität* qn augmente qc [jusqu'à/de qc]; ***etw wird auf das Zehnfache erweitert*** qc est multiplié(e) par dix; ■ **jd erweitert etw [um etw]** *Produktpalette, Katalog* qn enrichit qc [de qc]
II. *vr* 1. (*sich verbreitern*) ■ **etw erweitert sich [auf etw** (*akk*)**/um etw]** qc s'élargit [à/de qc]; ***der Tunnel erweiterte sich auf das Doppelte*** le tunnel a doublé de largeur
2. PHYSIOL ■ **etw erweitert sich** */Gefäß, Herz, Pupille/* qc se dilate

Erweiterung <-, -en> *f* 1. (*Verbreiterung*) [*Durchfahrt, Öffnung, Straße*] élargissement *m;* ■ ~ **auf etw** (*akk*)**/um etw** élargissement *m* à qc/de qc
2. (*Vergrößerung*) [*Flughafen, Stellfläche*] agrandissement *m*, extension *f; **eine ~ des Parkplatzes um das Dreifache*** un triplement de la taille [*o* des capacités] du parking
3. COM [*Kapazität*] accroissement *m*, extension *f;* [*Katalog a.*] enrichissement *m;* [*Angebot a.*] élargissement *m; **eine ~ auf das Doppelte*** un doublement
4. MED, PHYSIOL [*Gefäß, Herz, Pupille*] dilatation *f*

Erwerb <-[e]s, -e> *m* 1. ∅ *form* (*Kauf*) ■ **der** ~ **einer S.** (*gen*) l'acquisition *f* de qc
2. ■ **jds** ~ *Tätigkeit* l'activité *f* professionnelle [*o* le gagne-pain] de qn
▶ **jd geht einem/keinem** ~ **nach** *form* qn s'adonne à une/ne s'adonne à aucune activité professionnelle *form*

erwerben * *vt irreg* 1. (*kaufen*) ■ **jd erwirbt etw [für etw]** *für einen bestimmten Betrag* qn fait l'acquisition de qc [pour qc]; ■ **etw lässt sich ...** ~ *günstig, für wenig Geld* on peut acheter qc ...
2. (*an sich bringen*) ■ **jd erwirbt etw [durch etw]** *Besitz, Vermögen, Titel, Würde* qc acquiert [*o* obtient] qc [grâce à qc]
3. (*gewinnen*) ■ **jd erwirbt [sich** (*dat*)**] etw** *Ehre, Verdienste* qn acquiert qc; *Achtung* qn conquiert qc; *Vertrauen* qn gagne qc

erwerbsfähig *adj form* apte à exercer un emploi **Erwerbsleben** *nt form* vie *f* active **erwerbslos** *adj form* sans emploi **erwerbsunfähig** *adj form* invalide, inapte à exercer un emploi; ■ **jd ist** ~ qn est en incapacité de travail ▶ **etw macht jdn** ~ qc rend qn inapte à exercer un emploi

Erwerbung *f* 1. (*das Erwerben*) [*Reichtum, Vermögen*] acquisition *f*
2. *geh* (*Kauf*) [*Auto, Haus, Wertgegenstand*] acquisition *f*
3. (*erworbener Gegenstand*) acquisition *f*
4. (*Gewinnung*) *verbal übersetzt; **die ~ ihres Vertrauens dürfte schwierig sein*** il devrait être difficile de gagner sa confiance; ***wegen der ~ großer***

Verdienste auf diesem Gebiet en raison des éminents mérites acquis dans ce domaine
erwidern * *vt* 1. (*antworten*) ■ **jd erwidert [jdm] etw** qn répond [*o* réplique] qc [à qn]; ■ **jd erwidert etw auf etw** (*akk*) qn répond qc à qc; ■ **jd erwidert [auf etw** (*akk*)], **dass** qn répond [à qc] que + *indic;* (*schlagartig*) [en réponse à qc,] qn rétorque que + *indic*
2. (*zurückgeben*) ■ **jd erwidert etw** *Grüße* qn rend qc; *Blick, Kuss, Zärtlichkeit a.* qn répond à qc; *Kompliment* qn retourne qc; *Gefühl* qn paie qc de retour; ***sie erwiderte seinen Gruß*** elle lui a rendu son salut
Erwiderung <-, -en> *f* (*alle Bedeutungen*) réponse *f;* ***die ~ meiner Liebe*** la réponse à mon amour
erwiesenermaßen *adv* il est avéré que + *indic,* de toute évidence; ***das stimmt nicht und zwar ~!*** c'est faux, les preuves sont là!
erwirken * *vt* JUR *form* ■ **jd erwirkt etw [gegen jdn]** qn obtient qc [à l'encontre de qn]
erwirtschaften * *vt* ■ **jd erwirtschaftet etw** *Verluste, rote Zahlen* qn enregistre qc; *Gewinne a.* qn réalise qc, qn dégage qc
erwischen * *vt fam* 1. (*ertappen*) ■ **jd erwischt jdn [bei etw]** qn pince qn [en train de faire qc] *fam;* ***man darf sich nicht ~ lassen*** il [ne] faut pas se faire pincer [*o* piquer] [*o* choper] *fam*
2. (*ergreifen*) ■ **jd erwischt jdn/etw** *Arm, Rockzipfel, Schwanz eines Tieres* qn chope qn/qc *fam,* qn attrape qn/qc
3. (*erreichen*) ■ **jd erwischt jdn** *im Gehen begriffene Person* qn trouve [encore] qn; ■ **jd erwischt etw** *Bus, Bahn* qn attrape qc qn réussit à avoir qc
4. (*treffen*) ■ **etw erwischt jdn [an etw** (*dat*)] /*Kugel, Schuss, Schlag, Auto/ an einem Körperteil* qn se prend qc [à qc] *fam*
▸ **jdn hat's erwischt** *sl* (*ist verliebt*) qn est vachement mordu(e) *fam;* (*ist erkrankt*) qn tient quelque chose *fam;* (*ist umgekommen*) qn y est passé(e) *fam*
erworben *adj* MED acquis(e)
erwünscht *adj* 1. (*gewünscht*) *Effekt, Wirkung* espéré(e), escompté(e); *Eigenschaft, Kenntnisse* souhaité(e)
2. (*willkommen*) *Gelegenheit* attendu(e), opportun(e); *Anwesenheit* souhaité(e), bienvenu(e); ■ **jd/etw ist nicht ~** /*jds Anwesenheit/* qn/qc est indésirable; ***Rauchen nicht ~*** prière de ne pas fumer
erwürgen * *vt* ■ **jd erwürgt jdn** qn étrangle qn
Erwürgte(r) *f(m) decl wie adj* mort(e) *m(f)* par strangulation
Erz <-es, -e> *nt* minerai *m*
Erz-[1] MIN *-gewinnung* de/du minerai; *~**vorkommen*** gisement *m* minier; *~**ader*** filon *m* métallifère; *~**bergwerk*** mine *f*
Erz-[2] 1. *pej -gauner, -schurke* consommé(e); *-verbrecher* invétéré(e); *-rivale* acharné(e)
2. (*ranghöher*) *-diakon, -herzog* archi...
erzählen * I. *vt* 1. (*berichten*) ■ **jd erzählt [jdm] etw** *Erlebnis, Geschichte, Witz* qn raconte qc [à qn]; ■ **jd erzählt [jdm], was/wie** qn raconte [à qn] ce que/ce qui/comment
2. (*sagen*) ■ **jd erzählt jdm etw** qn raconte qc à qn; ■ **jd erzählt jdm, was/wer** qn raconte à qn ce que/ce qui/qui; ***ich habe ihm gerade erzählt, was du mir gesagt hast*** je viens de lui répéter ce que tu m'avais dit
▸ **das kannst du sonst wem [o einem anderen] [o anderen] ~!** *fam* à d'autres! *fam;* **mir kannst du viel ~!** *fam* cause toujours! *fam;* **dem/der werd' ich was ~!** *fam* je vais lui dire deux mots! *fam* il/elle va m'entendre! *fam;* **es wird erzählt, dass** on raconte que + *indic,* il paraît que + *indic;* **wem ~ Sie/erzählst du das!** *fam* à qui le dites-vous/dis-tu! *fam,* et comment! *fam*
II. *vi* ■ **jd erzählt** qn raconte
Erzähler(in) *m(f)* 1. LITER (*Novellist*) conteur(-euse) *m(f);* (*im Roman*) narrateur(-trice) *m(f);* ***der allwissende ~*** le narrateur omniscient
2. MEDIA récitant(e) *m(f),* conteur(-euse) *m(f)*
▸ **jd ist ein guter ~** qn sait bien raconter les histoires
Erzählung *f* 1. LITER récit *m;* (*Märchen*) conte *m*
2. ∅ (*das Erzählen*) récit *m*
Erzbischof *m,* **-bischöfin** *f* archevêque *m* **erzbischöflich** *adj attr* archiépiscopal(e) **Erzbistum** *nt* archevêché *m* **Erzdiözese** *f* archidiocèse *m* **Erzengel** *m* archange *m*
erzeugen * *vt* 1. COM, CHEM, ELEC, PHYS (*produzieren*) ■ **jd/etw erzeugt etw** qn/qc produit qc
2. (*hervorrufen*) ■ **jd/etw erzeugt etw [bei jdm]** *Ärger, Misstrauen, Unbehagen, Langeweile* qn/qc provoque [*o* fait naître] [*o* engendre] qc chez qn]; ***der Autor versteht es Spannung zu ~*** l'auteur s'y entend pour créer le suspense
Erzeuger(in) <-s, -> *m(f)* 1. COM *form* producteur(-trice) *m(f)*
2. *hum fam* (*Vater*) géniteur *m hum,* paternel *m fam*
Erzeugnis <-ses, -se> *nt* COM produit *m;* ***der Wein ist unser eigenes ~*** ce vin est de notre propre production
Erzeugung <-, -en> *f* [*Energie, Strom, Wärme, Abfallprodukt*] production *f*
Erzgebirge *nt* monts *mpl* Métallifères
erziehbar *adj* ■ **jd ist ... ~** /*Kind/ gut, leicht, schwer* qn s'élève ..., qn s'éduque ...; ***schwer ~*** inadapté(e)
erziehen * *vt irreg* 1. (*aufziehen*) ■ **jd erzieht jdn** qn élève qn, qn éduque qn; ***er erzieht seine Kinder katholisch*** il donne une éducation catholique à ses enfants; *Ehepartner, Freund* qn fait l'éducation de qn, qn dresse qn *péj*
2. (*anleiten*) ■ **jd erzieht jdn zu etw** *zur Ordnung, Sauberkeit, Selbständigkeit* qn enseigne [*o* apprend] qc à qn; *zu kritischem, tüchtigem Menschen* qn fait de qn qc, qn éduque qn à être qc
▸ **jd ist gut/schlecht erzogen** qn est bien/mal élevé(e)
Erzieher(in) <-s, -> *m(f)* éducateur(-trice) *m(f)*
erzieherisch *adj* éducatif(-ive)
Erziehung *f* ∅ 1. (*das Erziehen*) éducation *f;* ***die Aufgaben der ~*** les tâches *fpl* éducatives; ■ **jds ~ zu jdm** *zu kritischem Menschen* l'éducation de qn afin qu'il/elle devienne qn; ■ **jds ~ zu etw** *zur Ordnung, Sauberkeit, Selbständigkeit* l'éducation *f* de qn à qc
2. (*Aufzucht*) éducation *f*
3. (*anerzogene Manieren*) éducation *f,* savoir-vivre *m;* ***was ist denn das für eine ~!*** en voilà une éducation!
▸ **jd hat keine ~, jdm fehlt die ~** qn n'a aucune éducation [*o* aucun savoir-vivre]
erziehungsberechtigt *adj* investi(e) de l'autorité parentale **Erziehungsberechtigte(r)** *f(m) decl wie adj* responsable *mf* légal(e) **Erziehungsgeld** *nt* allocation *f* parentale d'éducation **Erziehungsjahr** *nt* année *f* de congé parental **Erziehungsmethode** *f* méthode *f* éducative [*o* d'éducation] **Erziehungsurlaub** *m* congé *m* parental d'éducation **Erziehungswesen** *nt* ∅ système *m* éducatif, éducation *f* **Erziehungswissenschaft** *f* ∅ pédagogie *f,* sciences *fpl* de l'éducation
erzielen * *vt* 1. (*erreichen*) ■ **jd erzielt etw** *Einigung, Erfolg, Kompromiss* qn aboutit [*o* parvient] à qc; *Ergebnis a., Wirkung* qn obtient qc; *Gewinn, Preis* qn remporte qc, qn gagne qc; *Treffer* qn tire qc; ■ **etw erzielt etw** /*Rennwagen/ Geschwindigkeit* qc atteint qc
2. SPORT ■ **jd erzielt etw** *Rekord* qn établit qc; *Jahresbestzeit* qn réalise qc; ■ **jd erzielt etw [gegen jdn]** *Tor, Punkte* qn marque qc [contre qn]
erzittern * *vi + sein geh* 1. (*zu zittern beginnen*) ■ **jd/ein Tier erzittert [vor jdm/etw]** qn/un animal se met à trembler [devant qn/qc]
2. (*erbeben*) ■ **etw erzittert** /*Boden, Hauswand, Fenster/* qc tremble; ■ **etw lässt etw ~** qc fait trembler qc
erzkonservativ [-va-] *adj* ultraconservateur(-trice)
erzürnen * I. *vt geh* ■ **jd/etw erzürnt jdn** qn/qc met qn en colère, qn/qc irrite qn
II. *vr geh* ■ **jd erzürnt sich über jdn/etw** qn se met en colère [*o* se fâche] contre qn/à propos de qc
erzwingen * *vt irreg* ■ **jd erzwingt etw [von jdm]** *Eheschließung* qn obtient par la force qc [de qn]; *Einverständnis* qn arrache qc [à qn], qn obtient qc [de qn] au forcing *fam; Genehmigung, Geständnis, Unterschrift, Zugeständnis a.* qn extorque qc [à qn]; *Gefühle, Liebe, Zuneigung, Entscheidung* qn force qc [de qn]; ***erzwungenes Geständnis*** aveu *m* obtenu sous la contrainte
es <(*gen*) seiner, (*dat*) ihm, (*akk*) es> *pron pers* 1. (*auf Dinge bezogen*) *Subjekt* il/elle; *Objekt* le/la; ***wo ist mein Buch? – E~ liegt auf dem Tisch*** où est mon livre? – Il est sur la table; ***wo ist mein Portmonee, ich habe ~ doch eben noch gehabt?*** où est mon porte-monnaie, je l'avais encore à l'instant; ***wem gehört der Koffer? – E~ ist Emmas/ meiner!*** à qui est cette valise? – C'est à Emma/à moi [*o* la mienne]!
2. (*auf Personen bezogen*) ■ **~ ist jd/etw** c'est qn/qc; ***~ ist Onkel Jürgen/ Tante Inge!*** c'est l'oncle Jürgen/la tante Inge; ***ich bin ~*** c'est moi; ***~ sind meine Kinder*** ce sont mes enfants
3. *auf vorangehenden Satzinhalt bezogen* (*das*) cela, ça; ***hoffentlich macht ~ Ihnen nichts aus?*** j'espère que cela [*o* ça] ne vous gêne pas?; ***~ ist wirklich ein Skandal!*** c'est vraiment un scandale!; ***alle dachten ~, aber niemand sagte ~*** tout le monde le pensait, mais personne ne le disait
4. *rein formales Subjekt* ■ **~ ... jdn/jdm** cela [*o* ça] ... qn, qn ...; ***~ überläuft mich kalt*** ça me donne des frissons; ***~ gefällt ihm*** ça lui plaît; ***~ friert mich in deiner Wohnung*** on gèle dans ton appartement; ***~ interessiert ihn sehr, was du machst/ ob du deinen Urlaub gut verbracht hast*** cela [*o* ça] l'intéresse beaucoup de savoir ce que tu fais/si tu as passé de bonnes vacances; ***~ freut mich, dass es dir gut geht*** je suis content(e) que tu ailles bien; ***~ gefällt ihr, dass*** ça lui plaît que + *subj;* ■ **~ ist ...** c'est/il est/il fait ...; ***~ ist zu dumm*** c'est trop bête; ***~ ist schon 7 Uhr*** il est déjà 7 heures; ***~ ist verdammt warm*** il fait une chaleur d'enfer; ■ **~ ist ..., dass/ob/wenn** c'est ... que + *subj*/si + *indic;* ***~ ist noch sehr fraglich, ob ich mitkommen kann*** il n'est pas encore sûr du tout que je puisse venir
5. *rein formales Objekt* le; ***ich glaube ~ nicht*** je ne le crois pas
6. *bei unpersönlichem Gebrauch des Verbs* ■ **~ ...** il/cela [*o* ça *fam*] ...; ***hier riecht ~ nach Essig*** ça sent le vinaigre ici *fam;* ***~ klopft*** on frappe; ***hat ~ da nicht eben gerufen/ geklingelt?*** est-ce qu'on ne vient pas d'appeler/de sonner?; ***~ stimmt*** c'est juste; ***~ regnet schon wieder*** voilà qu'il pleut de nouveau; ■ **~ wird etw getan** on fait qc; ***~ wurde getanzt und geraucht*** on dansait et fumait
7. *Einleitewort mit folgendem Subjekt* ■ **~ ereignet sich etw,** ■ **~ geschieht etw** il se passe qc; ***~ fehlen immer noch hundert DM*** il manque encore cent marks; ■ **~ tut jd etw** qn fait qc; ***~ meldete sich niemand*** personne ne se manifesta
Es[1] <-, -> *nt* MUS mi *m* bémol
Es[2] <-, -> *nt* PSYCH ça *m*
ESA <-> *f* ∅ *abk von* **European Space Agency** ASE *f*
Escape-Taste [ɪs'keɪp-] *f* INFORM touche *f* Échappement
Esche <-, -n> *f Baum, Holz* frêne *m*
Escudo <-[s], -[s]> *m* escudo *m*
Es-Dur <-> *nt* MUS mi *m* bémol majeur
Esel <-s, -> *m* 1. ZOOL âne *m; s. a.* **Eselin**
2. *fam* (*Dummkopf*) âne *m,* andouille *f fam*
▸ **[du] alter ~!** espèce d'andouille [*o* d'âne]! *fam;* **ich ~!** ce que je suis bête! *fam*
Eselin <-, -nen> *f* ânesse *f; s. a.* **Esel**
Eselsbrücke *f fam* moyen *m* mnémotechnique ▸ **jd baut jdm eine ~** qn lui donne un pense-bête **Eselsohr** *nt* corne *f*
Eskalation <-, -en> *f* [*Spannungen*] aggravation *f;* [*Konflikt a.*] escalade *f*
eskalieren * I. *vi* ■ **etw eskaliert [zu etw]** qc dégénère [en qc]
II. *vt* ■ **jd/etw eskaliert etw** *Spannungen, Nervenkrieg* qn/qc accroît qc; *Konflikt* qn/qc envenime qc
Eskapade <-, -n> *f geh* écart *m* [de conduite], incartade *f;* (*Seitensprung*)

frasque *f; **militärische ~n*** des aventures *fpl* militaires

Eskimo <-s, -s> *m*, **-frau** *f* Esquimau(de) *m(f)*

Eskorte <-, -n> *f* escorte *f*

eskortieren * *vt* ■ **jd/etw eskortiert jdn/etw** qn/qc escorte qn/qc

Esoterik <-> *f* Ø ésotérisme *m*

esoterisch *adj* ésotérique

Espe <-, -n> *f* tremble *m*

Espenlaub *nt* ► **jd zittert wie ~** qn tremble comme une feuille

Esperanto <-s> *nt* Ø espéranto *m*

Espresso <-[s], -s *o* Espressi> *m* express *m*, expresso *m*, café *m*

Espressomaschine *f* cafetière *f* [*o* machine *f*] expresso, expresso *f*

Esprit <-s> [ɛs'pri:] *m* Ø *geh* esprit *m; **eine Frau mit ~*** une femme d'esprit

Essay <-s, -s> ['ɛse, ɛ'se:] *m o nt* essai *m*

Essayist(in) <-en, -en> [ɛse'ɪst] *m(f)* essayiste *mf*

essbar[RR], **eßbar** *adj Pilz, Beeren* comestible; ■ **etw ist ~** */Pilz/* qc est comestible; (*ist akzeptabel*) qc est mangeable; ■ **etwas E~es** quelque chose à manger; ***etwas/nichts E~es im Haus haben*** *fam* avoir quelque chose/n'avoir rien à manger à la maison

Essbesteck[RR], **Eßbesteck** *nt* couverts *mpl;* (*Garnitur*) ménagère *f*

Essecke[RR], **Eßecke** *f* coin *m* repas

essen <isst, aß, gegessen> **I.** *vt* ■ **jd isst etw** qn mange qc
► **das** [*o* **die Sache**] **ist gegessen** *fam* c'est classé
II. *vi* **1.** (*speisen*) ■ **jd isst** qn mange; ***ich mag nicht ~*** je n'ai pas envie de manger; ***jd isst warm/kalt/ordentlich/tüchtig*** qn mange chaud/froid/bien [*o* beaucoup]; ***ich habe noch nie so gut gegessen*** je n'ai jamais aussi bien mangé; ■ **jd isst irgendwo** qn mange quelque part; ■ **jd isst ...** *italienisch, französisch etc* qn mange ...; ***jd isst gern chinesisch*** qn aime la cuisine chinoise
2. (*probieren*) ■ **jd isst von etw** qn mange [*o* prend] de qc
3. (*Nahrung zu sich nehmen*) ■ **jd isst von etw** *von einem Holzbrett* qn mange sur qc; *von einem Teller* qn mange dans qc; ■ **jd isst mit etw** *mit dem Löffel, den Fingern, Stäbchen* qn mange avec qc
► **jd geht ~** (*geht zum Essen*) qn va manger; (*isst auswärts*) qn va [manger] au restaurant; **jd ist ~** *fam* qn est allé(e) manger; **jd ist** [**gerade**] **beim E~** qn est [juste] en train de manger; **jd kommt ~** qn vient manger

Essen <-s, -> *nt* **1.** (*Mahlzeit*) repas *m;* (*offizielles Diner*) banquet *m; **bleib doch zum ~!*** reste donc manger!
2. (*Nahrung*) nourriture *f*
► **~ auf Rädern** repas à domicile; **jd fasst ~** qn touche sa ration; **jd gibt ein ~** qn donne un repas; **jd kocht** [*o* **macht** *fam*] **das ~** qn fait à manger [*o* la cuisine]; **jd kommt zum ~** qn vient manger; ***jd kommt mittags/abends zum ~*** qn vient déjeuner/dîner; **jdm kommt das ~ hoch** qn a des nausées [*o* des haut-le-cœur]; **jd lädt jdn zum ~ ein** qn invite qn à manger

Essen[s]ausgabe *f* **1.** (*Schalter*) guichet *m* de distribution **2.** Ø (*Verteilung*) distribution *f* de la nourriture **Essen[s]marke** *f* ticket *m* [de] repas **Essenszeit** *f* heure *f* du repas

Essenz <-, -en> *f* **1.** GASTR coulis *m; **eine ~ aus Wachteln und Trüffeln*** un suprême de cailles aux truffes
2. CHEM, PHARM essence *f*

-essenz *f* essence *f* de

Esser(in) <-s, -> *m(f)* convive *mf soutenu; **ein ~ mehr oder weniger*** une personne de plus ou de moins [à table]
► **jd ist ein guter** [*o* **starker**] **~/eine gute** [*o* **starke**] **~in** qn est un gros mangeur/une grosse mangeuse, qn a un bon coup de fourchette *fam;* **jd ist ein schlechter ~/eine schlechte ~in** qn est un petit mangeur/une petite mangeuse, qn a un appétit d'oiseau

Essgeschirr[RR], **Eßgeschirr** *nt* (*Service*) service *m* de table; MIL gamelle *f*

Essig <-s, -e> *m* vinaigre *m*
► **mit etw ist es ~** *fam* qc tombe à l'eau *fam*

Essigessenz *f* essence *f* de vinaigre **Essiggurke** *f* cornichon *m* à la russe **essigsauer** *adj: **essigsaures Salz*** acétate *m; **essigsaure Tonerde*** acétate *m* d'alumine **Essigsäure** *f* acide *m* acétique

Esskastanie[RR], **Eßkastanie** [-kasta:niə] *f* châtaigne *f*, marron *m* **Esslöffel**[RR], **Eßlöffel** *m* cuillère *f* [*o* cuiller *f*] à soupe; (*Menge eines ~s*) cuillérée *f* [*o* cuillerée *f*] **Essstäbchen**[RR], **Eßstäbchen** *pl* baguettes *fpl* **Esstisch**[RR], **Eßtisch** *m* table *f* [familiale] **Esswaren**[RR], **Eßwaren** *pl* denrées *fpl* alimentaires **Esszimmer**[RR], **Eßzimmer** *nt* salle *f* à manger

Establishment <-s, -s> [ɪs'tɛblɪʃmənt] *nt* **1.** (*etablierte Gesellschaft*) establishment *m*
2. (*die oberen zehntausend*) bonne société *f*, gratin *m fam*

Ester <-s, -> *m* ester *m*

Estland *nt* l'Estonie *f*

Estragon <-s> *m* Ø estragon *m*

Estrich <-s, -e> *m* **1.** CONSTR chape *f* de ciment
2. CH (*Dachboden*) grenier *m*

ESZB <-> [e:ˀɛstsɛt'be:] *nt abk von* **Europäisches System der Zentralbanken** SEBC *m*

Eszett <-, -> *nt* s *m* tsett

etablieren * **I.** *vt geh* ■ **jd etabliert etw** qn établit [*o* instaure] qc
II. *vr geh* **1.** (*sich festsetzen*) ■ **jd etabliert sich** */Gruppe, Partei, Regime/* qn s'établit, qn s'installe
2. (*sich niederlassen*) ■ **jd etabliert sich irgendwo** qn s'installe quelque part
3. COM ■ **jd etabliert sich als etw** qn s'établit [*o* s'installe] comme qc

etabliert *adj geh Firma, Handelshaus, Ordnung* établi(e); *Gruppe, Partei, Schicht a.* en place; ***die schon lange existierenden ~en Parteien*** les partis en place depuis longtemps

Etablissement <-s, -s> [etablɪsə'mã:] *nt geh* **1.** (*Lokal*) établissement *m*
2. *euph* (*Bordell*) maison *f* [de tolérance]

Etage <-, -n> [e'ta:ʒə] *f* étage *m; **in*** [*o **auf***] ***der 5. ~*** au 5ème étage; ***in der obersten ~*** au dernier étage

Etagenbett [e'ta:ʒən-] *nt* lits *mpl* superposés **Etagenheizung** *f* chauffage *m* central par étage [*o* individuel] **Etagenwohnung** *f* ARCHIT appartement *m* [sur tout un étage]

Etappe <-, -n> *f* **1.** (*Abschnitt*) étape *f; **in ~n*** par étapes
2. SPORT étape *f*
3. MIL arrière *m; **er hat den Krieg in der ~ verbracht*** il a passé la guerre à l'arrière

Etappensieg *m* victoire *f* d'étape; *fig* semi-victoire *f*, demi-succès *m* **Etappensieger(in)** *m(f)* vainqueur *m* d'étape

Etat <-s, -s> [e'ta:] *m* **1.** POL budget *m; **Eingriffe in den ~*** ponctions *fpl* budgétaires
2. *fam* (*finanzielle Mittel*) budget *m; **ich weiß nicht, ob das mein ~ noch hergibt*** je ne sais pas si c'est encore à la portée de mon budget
3. CH (*Verzeichnis*) dossier *m*

etc. [ɛt'tse:tera] *loc abk von* **et cetera** etc.

etepetete *adj pred fam* ■ **jd/etw ist ~** qn/qc est très maniaque; ***er ist immer so ~*** il fait tellement de chichis *fam*

Ethik <-> *f* Ø éthique *f*

ethisch *adj* éthique; *Werte a.* moral(e)

ethnisch *adj* ethnique

Ethnografie[RR], **Ethnographie** <-, -n> [-'fi:ən] *f* ethnographie *f*

Ethnologie <-, -n> [-'gi:ən] *f* ethnologie *f*

Ethos <-> ['e:tɔs] *nt* Ø *geh* éthique *f*

Etikett <-[e]s, -e> *nt* **1.** (*Preisschild*) étiquette *f*
2. (*Aufnäher*) étiquette *f*, marque *f*

Etikette <-, -n> *f* **1.** *geh* étiquette *f*
2. CH *s.* **Etikett**

Etikettenschwindel *m* tromperie *f* sur la marchandise; ***es ist reinster ~*** c'est de l'arnaque pure et simple *fam*

etikettieren * *vt* ■ **jd etikettiert etw** qn étiquette qc

etliche(r, s) *pron indef* **1.** *sing, attr* pas mal de, un grand nombre de; ***~ neue Gesichter*** pas mal de nouvelles têtes
2. *substantivisch, pl* ■ **~** quelques-uns(unes), un grand nombre; ***von den Patienten waren ~ zum ersten Male da*** parmi les patients, beaucoup étaient là pour la première fois
3. *substantivisch, sing* ■ **~s** pas mal de choses
► **um ~s:** ***ihr Mann ist um ~s älter/größer als sie*** son mari a pas mal d'années de plus qu'elle/est bien plus grand qu'elle; ***etw ist um ~s geschrumpft*** qc a rapetissé de beaucoup

etlichemal *adv s.* **Mal**[1]

etruskisch *adj* étrusque

Etsch <-> *f* ■ **die ~** l'Adige *f*

Etüde <-, -n> *f* étude *f*

Etui <-s, -s> [ɛt'vi:, e'tyi:] *nt* étui *m*

etwa *adv* **1.** (*ungefähr*) à peu près, environ
2. (*zum Beispiel*) par exemple
3. (*womöglich*) par hasard
4. CH (*ab und zu*) de temps à autre
► **in ~** à peu près, environ; **~ doch** [...]? tout de même, quand même; ***oder ~ doch?*** ou est-ce que je me trompe?; **~ nicht** [...]?: ***ist er ~ nicht einverstanden?*** est-ce que par hasard il ne serait d'accord?; ***ihr seid doch auch auf meiner Geburtstagsparty, oder ~ nicht?*** vous viendrez aussi à mon anniversaire, ou non?; **nicht ~** quand même pas; ***du wirst doch nicht ~ absagen*** tu ne vas quand même pas annuler; **wie ~** comme

etwaige(r, s) ['ɛtvaˀɪgə] *adj attr* éventuel(le)

etwas *pron indef* **1.** *substantivisch* quelque chose; ***ich habe ~ von ihr gehört*** j'ai eu de ses nouvelles; ***hast du ~?*** as-tu quelque chose?, il y a quelque chose qui ne va pas?; ***kannst du mir ~ davon geben?*** peux-tu m'en donner?
2. *adjektivisch* ■ **~ ...** *Dummes, Interessantes, Nettes, Neues etc* quelque chose de ...; **~ *sehr Ungewöhnliches*** quelque chose de très inhabituel; **~ *Schöneres habe ich noch nie gesehen!*** je n'ai encore jamais rien vu de plus beau!; ***so ~ Dummes!*** que c'est bête!
3. (*ein bisschen*) ■ **~ ...** *Kaffee, Geld etc* un peu de ...
4. *adverbial* (*ein wenig*) *frech, kalt, genauer etc* un peu; *arbeiten* encore un peu; **~ *wenig*** pas beaucoup
► **jd ist ~** qn est quelqu'un; **das ist ~** c'est quelque chose [*o* pas rien *fam*]; **~ anderes** autre chose; **~ *anderes wäre es, wenn*** ce serait [tout] autre chose si

Etwas <-> *nt* Ø ■ **ein ... ~** quelque chose de ...
► **das gewisse ~** un je ne sais quoi, un plus

etwelche(r, s) *adj* CH *s.* **etliche**

Etymologie <-, -n> [-'gi:ən] *f* étymologie *f*

etymologisch *adj* étymologique

EU <-> [e:ˀ'u:] *f abk von* **Europäische Union** Union *f* européenne

euch *pron pers akk/dat von* **ihr** **1.** *dat* vous; ***weg mit ~!*** allez-vous-en!; ***eine Bekannte von ~*** une de vos connaissances
2. *akk* vous; ***hier ist eine Karte, die an ~ gerichtet ist!*** voici une carte qui vous est adressée!
3. *refl* vous

Eucharistie <-> *f* Ø eucharistie *f*

euer **I.** *pron poss* **1.** *bei Singular* votre; *bei Plural* vos; ***ich glaube, es sind eu[e]re 100 Mark!*** je crois que ces 100 marks sont à vous!
2. *substantivisch veraltend* ■ **etw ist E~** qc est à vous, qc vous appartient
► **~/eu[e]re ...** votre; ***eu[e]re euch liebende Tante Petra*** votre tante qui vous aime, Petra; **E~ ...** (*Anrede vor Titel*) votre ...

II. *pron pers gen von* **ihr** à vous; ***wir werden ~ gedenken*** nous garderons votre souvenir
euere(r, s) *pron poss s.* **eure(r, s)**
Eugenik <-> *f Ø* eugénisme *m*, eugénique *f*
eugenisch *adj* eugénique
Eukalyptus <-, -lypten> [ɔɪka'lʏptʊs] *m* eucalyptus *m*
Eukalyptusbonbon [ɔɪka'lʏptʊsbɔŋbɔŋ, -bõbõ:] *m o nt* bonbon *m* à l'eucalyptus
EU-Kommissar(in) [e:'ʔu:-] *m(f)* commissaire *m(f)* européen(ne) **EU-Kommission** *f* Commission *f* europénne **EU-Land** *nt* pays *m* membre de l'Union européenne
Eule <-, -n> *f* chouette *f;* (*mit Ohrfedern*) hibou *m*
▸ **jd trägt ~n nach Athen** *prov* qn porte de l'eau à la rivière; **alte ~** *pej* vieille chouette
Eulenspiegel *m* (*Hanswurst*) polisson(ne) *m(f)*, espiègle *mf*
EU-Mitgliedstaat [e:'ʔu:-] *m* État *m* membre de l'Union européenne
Eunuch <-en, -en> *m* eunuque *m*
Euphemismus <-, -mismen> *m* euphémisme *m*
euphemistisch I. *adj* euphémique
II. *adv* euphémiquement; ***er hat das ~ ausgedrückt*** il s'est exprimé par euphémisme
Euphorie <-, -n> [-'ri:ən] *f* euphorie *f*
euphorisch *adj* euphorique
Euratom <-> *f abk von* **Europäische Atomgemeinschaft** Euratom *m*
eure(r, s) *pron poss, substantivisch geh* 1. (*Besitz*) le/la vôtre; ■ **der/die/das ~** *geh* le/la vôtre
2. *geh* (*Angehörige*) ■ **die E~n** les vôtres *mpl soutenu*
3. (*Anteil*) ■ **das E~** votre affaire/vos affaires; ***tut ihr das E~!*** faites ce que vous avez à faire!
4. (*das euch Gehörige*) ■ **das E~** ce qui vous appartient, ce que vous possédez; ***das ist alles das E~*** tout cela est à vous, tout cela vous appartient
5. ■ **[stets/immer] der/die E~** votre tout(e) dévoué(e); ***ich bin stets der/die E~!*** je suis toujours votre fidèle serviteur/votre dévouée servante
Eureka <-> *f abk von* **European Research Coordination Agency** EUREKA
eurerseits *adv* de votre part, de votre côté; ***jetzt seid ihr ~ damit dran*** maintenant c'est [à] votre tour
eures *pron s.* **eure(r, s)**
euresgleichen *pron inv* 1. *pej* (*eure Sorte*) vos semblables
2. (*jemand wie ihr*) les gens comme vous; (*so jemand wie ihr*) quelqu'un comme vous
euretwegen *adv* (*wegen euch*) à cause de vous; (*euch zuliebe*) pour vous
Eurhythmie <-> *f Ø* eurythmie *f*
Euro <-[s], -[s]> *m* euro *m*
▸ **Übergang** *m* **zum ~** passage *m* à l'euro; **jd/etw bindet etw an den ~** qn/qc relie qc à l'euro; **etw lautet auf ~** qc est libellé(e) en euros; **jd/etw nimmt am ~ teil** qn/qc participe au passage à l'euro
Euro- européen(ne); *~**kommunismus*** HIST eurocommunisme *m;* *~**markt*** marché *m* européen; *~**währung*** eurodevise *f* **Euro-Banknote** *f* billet *m* [en] euro **Eurocheque** [-ʃɛk] *m s.* **Euroscheck. Eurocity** <-s, -s> [-sɪti] *m* Eurocity *m* **Eurodollars** *pl* eurodollars *mpl*
Eurokrat(in) <-en, -en> *m(f) sl* eurocrate *mf péj fam*
Euro-Münze *f* pièce *f* [en] euro
Europa <-s> *nt* l'Europe *f*
Europa- européen(ne); *~**minister*** ministre *m* des affaires européennes **Europacup** [-kap] *m* coupe *f* d'Europe
Europäer(in) <-s, -> *m(f)* Européen(ne) *m(f)*
europäisch *adj* européen(ne)
Europameister(in) *m(f)* champion(ne) *m(f)* d'Europe **Europameisterschaft** *f* championnat *m* d'Europe **Europapokal** *m* coupe *f* d'Europe ▸ **~ der Pokalsieger** coupe *f* d'Europe des vainqueurs de coupe **Europarat** *m Ø* Conseil *m* de l'Europe **Europastraße** *f* route *f* européenne **Europawahl** *f* élections *fpl* européennes
Europium <-s> *nt Ø* CHEM europium *m*
Euroscheck *m* eurochèque *m* **Euroscheckkarte** *f* carte *f* européenne de crédit; (*für Geldautomaten*) carte *f* interbancaire **Euro-Schein** *m* billet *m* [en] euro **Eurosignal** *nt* eurosignal *m* **Eurotunnel** *m* tunnel *m* sous la manche **Eurovision** [-vi-] *f* eurovision *f*
Eurovisionssendung [-vi-] *f* émission *f* en eurovision
Eurowährung *f* eurodevise *f* **Euro-Währungsgebiet** *nt*, **Euro-Zone** *f* zone *f* euro
Euter <-s, -> *nt o m* pis *m*
Euthanasie <-> *f Ø* 1. MED euthanasie *f*
2. NS *euph* euthanasie *f*
ev. *adj abk von* **evangelisch**
e.V., E.V. [e:'fau] *abk von* **eingetragener Verein**
Eva <-s> ['e:fa, 'e:va] *f* 1. Ève *f*
2. *hum fam* (*Frau*) fille *f* d'Ève
Evakostüm *nt s.* **Evaskostüm**
evakuieren * [-va-] *vt* ■ **jd evakuiert jdn/etw [irgendwohin]** *Bewohner, Stadt, Region* qn évacue qn/qc [quelque part]; ■ **jd evakuiert etw [irgendwohin]** *Kunstschätze, Archive etc* qn met qc à l'abri [quelque part]
Evakuierte(r) [-va-] *f(m) decl wie adj* évacué(e) *m(f)*
Evakuierung <-, -en> [-va-] *f* évacuation *f*
evangelisch [evaŋ'ge:lɪʃ] *adj* protestant(e)
Evangelist <-en, -en> [evaŋge'lɪst] *m* évangéliste *m*
Evangelium <-s, -lien> [evaŋ'ge:liʊm, -liən] *nt* 1. évangile *m*
2. (*maßgebliche Äußerung*) parole *f* d'évangile; ***alles, was er sagt, ist für sie [ein] ~*** tout ce qu'il dit est pour elle parole d'évangile
Eva[s]kostüm *nt* ▸ **im ~** *hum* en tenue d'Ève
Eventualfall [-vɛn-] *m* éventualité *f;* ***für den ~*** le cas échéant, au cas où *fam*
▸ **im ~** le cas échéant
Eventualität <-, -en> [-vɛn-] *f* éventualité *f;* ***auf alle ~en vorbereitet*** prêt(e) à parer à toute éventualité
eventuell [-vɛn-] I. *adj attr* éventuel(le)
II. *adv* éventuellement
Evergreen <-s, -s> ['ɛvɐgri:n] *m* succès *m* de toujours
evident [-vi-] *adj geh* évident(e); ■ **es ist ~, dass** il est évident que + *indic*
ev.-luth. *adj abk von* **evangelisch-lutherisch** protestant(e)-luthérien(ne)
Evolution <-, -en> [-vo-] *f* évolution *f*
evtl. *adj, adv abk von* **eventuell**
E-Werk ['e:-] *nt abk von* **Elektrizitätswerk** centrale *f* électrique
EWG <-> [e:ve:'ge:] *f abk von* **Europäische Wirtschaftsgemeinschaft** HIST C.E.E. *f*
EWI <-> [e:ve:'ʔi:] *nt abk von* **Europäisches Währungsinstitut** IME *m*
ewig I. *adj* 1. (*immer während*) éternel(le); *~**er Schnee*** neiges *fpl* éternelles
2. *pej fam* (*ständig*) perpétuel(le), sempiternel(le) *fam*
II. *adv* 1. (*seit jeher*) *bestehen, existieren* depuis toujours, de toute éternité; (*für immer, dauernd*) éternellement; ***er schwor, ihr ~ treu zu sein*** il jura qu'il lui serait éternellement fidèle
2. *fam* (*ständig*) éternellement; (*sehr lange*) depuis une éternité; ***den habe ich schon ~ nicht mehr gesehen*** ça fait une éternité que je ne l'ai pas vu
▸ **das dauert ja ~[, bis]!** ça dure une éternité [avant que + *subj*]!; **drum prüfe, wer sich ~ bindet** il faut bien réfléchir avant de se lier à quelqu'un; **auf ~** pour toujours, à jamais *soutenu*
Ewiggestrige(r) *f(m) decl wie adj pej* passéiste *mf* incurable
Ewigkeit <-, -en> *f* éternité *f*
▸ **bis in alle ~** pour l'éternité; (*wer weiß wie lange*) indéfiniment; **es dauert eine ~ [o eine halbe ~** *hum*][, **bis**] *fam* ça dure une éternité [avant que + *subj*], ça n'en finit pas; **jd geht in die ~ ein** *geh* qn entre dans la vie éternelle; **seit einer ~** *fam*, **seit ~en** *fam* depuis une éternité [*o* des lustres]; ***wir haben uns ja seit einer ~ [o seit ~en] nicht gesehen*** ça fait une éternité [*o* une paye *fam*] qu'on ne s'est pas vus
EWS <-> [e:ve:'ʔɛs] *nt Ø abk von* **Europäisches Währungssystem** S.M.E. *m*
EWU <-> [e:ve:'ʔu:] *f Ø abk von* **Europäische Währungsunion** U.M.E. *f*
ex *adv fam* ▸ **~ und hopp** (*schnell und bedenkenlos*) en deux temps trois mouvements *fam;* ***wenn er nicht mehr will, ~ und hopp!*** quand il n'a plus envie, il balance tout *fam;* ***mit jdm heißt es ~ und hopp*** on jette qn [aux oubliettes] *fam;* ***da geht es ~ und hopp*** on prend et on jette; ***jd arbeitet nach der Methode ~ und hopp*** qn salope son boulot *fam;* **jd trinkt etw [auf] ~** qn boit qc cul sec *fam;* **[trink] ~!** cul sec! *fam*
Ex- ancien(ne) *antéposé; -bekannte, -freund, -frau, -mann* ex-
exakt I. *adj* exact(e); *Informationen, Definition, Berechnung a.* précis(e); ■ **etw ist ~ das, was** qc est exactement [*o* tout à fait] ce que
II. *adv* exactement, précisément; ***jd arbeitet noch ~er*** qn travaille avec encore plus de précision
Exaktheit <-> *f Ø* [*Bild, Darstellung*] exactitude *f;* [*Berechnung, Informationen etc a.*] précision *f*
exaltiert *adj geh Benehmen* excentrique; ***ein ~er Mensch*** un(e) exalté(e)
Examen <-s, - *o* Examina> *nt* examen *m*
▸ **das mündliche ~** l'[examen] oral *m;* **das schriftliche ~** l'[examen] écrit *m;* **jd besteht das ~** qn réussit l'examen, qn est reçu(e) [à l'examen]; **jd besteht das ~ mit etw** qn réussit l'examen [*o* est reçu(e)] avec mention …; **jd fällt durch das ~** qn échoue à l'examen, qn est recalé(e) [à l'examen]; **jd macht ~** qn passe ses examens; **jd macht das ~ mit etw** qn obtient son diplôme avec mention …; ***mit was hast du das ~ gemacht?*** quelle mention as-tu obtenue pour ton diplôme?
Examenskandidat(in) *m(f)* candidat(e) *m(f)* à un examen [*o* à un diplôme]
examinieren * *vt geh* 1. (*prüfen*) ■ **jd examiniert jdn [in etw** (*dat*)/**über etw** (*akk*)] qn examine qn [en/sur qc]; ***jd wird in einem Fachgebiet examiniert*** qn est examiné(e) dans une matière
2. (*ausforschen*) ■ **jd examiniert jdn** qn soumet qn à un interrogatoire
Exegese <-, -n> *f geh* exégèse *f*
exekutieren * *vt form* ■ **jd exekutiert jdn** qn exécute qn
Exekution <-, -en> *f* 1. *form* (*Erschießung*) exécution *f*
2. AUS (*Pfändung*) saisie *f*
Exekutionskommando *nt form* peloton *m* d'exécution
Exekutive <-, -n> [-'ti:və] *f* exécutif *m*
Exekutor <-s, -en> *m*, **-toin** *f* AUS (*Gerichtsvollzieher*) huissier *m*
Exempel <-s, -> *nt geh* (*Rechenaufgabe*) calcul *m*
▸ **jd statuiert [an jdm/mit jdm] ein ~** qn fait un exemple [de qn]
Exemplar <-s, -e> *nt* 1. (*einzelnes Stück*) exemplaire *m*, spécimen *m*
2. (*Buch, Heft*) exemplaire *m*
exemplarisch I. *adj* 1. (*beispielhaft*) exemplaire
2. (*typisch*) ■ **etw ist ~ für etw** qc est typique de qc
II. *adv* à titre d'exemple; *vormachen, zeigen* de façon exemplaire
▸ **jd bestraft jdn ~** qn punit qn de façon exemplaire
exerzieren * I. *vi* ■ **jd exerziert** qn fait l'exercice; ■ **das E~** l'exercice; ***beim E~*** pendant l'exercice
II. *vt* ■ **jd exerziert etw** 1. MIL qn répète qc
2. *geh* (*praktizieren*) qn pratique qc
Exerzierplatz *m* terrain *m* d'exercices
Exerzitien [-tsiən] *pl* exercices *mpl* spirituels
Exhibitionismus <-> *m Ø* exhibitionnisme *m*
Exhibitionist(in) <-en, -en> *m(f)* exhibitionniste *mf*
exhumieren * *vt* ■ **jd exhumiert eine Leiche** qn exhume un cadavre

Exhumierung <-, -en> *f* exhumation *f*

Exil <-s, -e> *nt* exil *m*
▸**jd geht ins [...] ~** *amerikanische, brasilianische etc* qn s'exile [quelque part]; ***er ging ins ~ nach Südamerika*** il s'est exilé en Amérique du Sud; **jd lebt im [...] ~** *im amerikanischen, brasilianischen etc* qn vit en exil [quelque part]; ***er lebt im ausländischen ~*** il vit en exil à l'étranger

Exilliteratur *f* littérature *f* d'exil **Exilregierung** *f* gouvernement *m* en exil

existent *adj geh* existant(e); ***eine latent ~e Bedrohung*** une menace qui existe à l'état latent; ■ **etw ist ~** qc existe; ■ **jd ist für jdn nicht mehr ~** qn n'existe plus pour qn

Existentialismus *s.* **Existenzialismus**

Existentialist *s.* **Existenzialist**

existentialistisch *s.* **existenzialistisch**

existentiell *s.* **existenziell**

Existenz <-, -en> *f* **1.** ∅ (*das Existieren*) existence *f*; ■ **die ~ von jdm/etw,** ■ **jds ~/die ~ einer S.** (*gen*) l'existence de qn/qc
2. (*Lebensgrundlage*) moyens *mpl* d'existence; ***sie fristete eine kärgliche ~*** elle vivotait péniblement
▸ **eine gescheiterte** [*o* **verkrachte** *fam*] **~** une épave, un(e) raté(e)

Existenzangst *f geh* souci *m* du lendemain; ***die ~̈e der Ärzte*** les médecins craignant pour leur avenir **Existenzberechtigung** *f* ∅ droit *m* à l'existence, raison *f* d'être **Existenzgrundlage** *f* ressources *fpl*, gagne-pain *m* **Existenzgründung** *f* création *f* d'entreprise

Existenzialismus[RR] <-> *m* ∅ existentialisme *m*

Existenzialist(in)[RR] <-en, -en> *m(f)* existentialiste *mf*

existenzialistisch[RR] *adj* existentialiste

existenziell[RR] *adj geh* vital(e)

Existenzkampf *m* lutte *f* pour l'existence **Existenzminimum** *nt* minimum *m* vital **Existenzsicherung** *f* assurance *f* de l'existence

existieren * *vi* **1.** (*vorhanden sein*) ■ **etw existiert** qc existe
2. (*sein Auskommen haben*) ■ **jd existiert [von etw]** qn vit [de qc], qn subsiste [avec qc]

Exitus <-> *m* ∅ *spec* décès *m*

Exklave <-, -n> [-və] *f* enclave *f*

exklusiv *adj* raffiné(e); *Restaurant a.* sélect(e)

Exklusiv- exclusif(-ive)

exklusive [-və] **I.** *präp + gen* non compris(e); ***tausend Mark ~ Mehrwertsteuer*** mille marks, non compris la T.V.A. [*o* T.V.A. non comprise]
II. *adv geh* exclu; ***bis zum 1. ~*** jusqu'au 1er exclu

Exklusivität <-> [-vi-] *f* ∅ *geh* [*Design, Einrichtung*] classe *f*, grand standing *m*; *Gegenstand, Geschmack, Wein, Speise a.* raffinement *m*

Exkommunikation *f* excommunication *f*

exkommunizieren * *vt* ■ **jd exkommuniziert jdn** qn excommunie qn

Exkrement <-[e]s, -e> *nt meist pl geh* excrément *m*

Exkursion <-, -en> *f geh* excursion *f*

Exlibris <-, -> *nt* ex-libris *m*

Exmatrikulation <-, -en> *f radiation de la liste des étudiants inscrits à l'université*

exmatrikulieren * **I.** *vt* ■ **jd exmatrikuliert jdn** qn radie [*o* raye] qn de la liste des étudiants; ■ **jd lässt sich ~** qn se fait radier de la liste des étudiants
II. *vr* ■ **jd exmatrikuliert sich** qn se raie [*o* se radie] [de la liste des étudiants]

Exodus <-, -se> *m geh* [*Besucher, Kinogäste, Abgeordnete*] sortie *f*; [*Bevölkerung, Firmen*] exode *f*

exorbitant *adj geh* exorbitant(e); *Erfolg* considérable, énorme

Exorzist(in) <-en, -en> *m(f)* exorciste *mf*

Exot(in) <-en, -en> *m(f)* **1.** (*Mensch*) habitant(e) *m(f)* d'un pays lointain; (*Pflanze*) plante *f* exotique; (*Tier*) animal *m* exotique
2. *fam* (*ausgefallenes Exemplar*) (*Auto*) modèle *m* rare; (*Magazin etc*) modèle *m* à part; (*Mensch*) excentrique *mf*, drôle *m* de spécimen *fam*

exotisch *adj* **1.** *Gewächs, Pflanze, Aussehen* exotique; *Mensch* d'un pays lointain
2. *fam* (*ausgefallen*) *Wagen* extravagant(e); *Hobby, Beruf* hors du commun, insolite; *Mensch* excentrique, farfelu(e) *fam*

Expander <-s, -> *m* extenseur *m*

expandieren * *vi* **1.** (*sich vergrößern*) ■ **jd/etw expandiert** /*Firma, Branche*/ qn/qc prend de l'extension [*o* s'étend]; ***ein stark ~der Konzern*** un groupe industriel en pleine extension [*o* expansion]
2. PHYS ■ **etw expandiert** /*Gas, Wasserdampf*/ qc se dilate; /*Universum*/ qc est en expansion

Expansion <-, -en> *f* POL, COM expansion *f*

Expansionspolitik *f* politique *f* expansionniste, expansionnisme *m*

Expedition <-, -en> *f* **1.** (*Forschungsreise*) expédition *f*
2. (*Versandabteilung*) [service *m* d']expédition *f*

Experiment <-[e]s, -e> *nt* expérience *f*; (*wissenschaftliches ~*) expérimentation *f*
▸ **jd lässt sich auf keine ~e ein** qn n'expérimente pas, qn ne tente pas d'expériences; **jd macht ein ~/~e** qn fait une expérience/des expériences

experimentell **I.** *adj* expérimental(e); ***auf ~e Weise*** expérimentalement
II. *adv* expérimentalement; ***jd geht ~ vor*** qn expérimente
▸ **jd weist etw ~ nach** qn démontre qc expérimentalement

experimentieren * *vi* ■ **jd experimentiert [mit etw/an einem Tier]** qn fait des expériences [avec qc/sur un animal]; ■ **das E~** l'expérimentation *f*

Experte <-n, -n> *m*, **Expertin** *f* expert(e) *m(f)*

Experten- d'experts; *~**hearing*** audit *m* **Expertensystem** *nt* système *m* expert

Expertise <-, -n> *f* expertise *f*; ***Antiquitäten mit ~*** des antiquités *fpl* expertisées

explizit **I.** *adj geh* (*ausdrücklich*) *Anordnung, Verbot* explicite
II. *adv geh* de façon explicite, explicitement

explodieren * *vi + sein* **1.** (*zerplatzen*) ■ **etw explodiert** qc explose
2. ■ **etw explodiert** /*Kosten, Preis, Kurs*/ qc explose, qc s'envole
3. *fam* (*in Wut geraten*) ■ **jd explodiert** qn explose *fam*

Explosion <-, -en> *f* **1.** (*das Detonieren*) explosion *f*
2. (*Steigerung*) [*Kosten, Preise, Kurs*] explosion *f*, envolée *f*
▸ **jd bringt etw zur ~** qn fait exploser qc

explosionsartig *adv* à une vitesse fulgurante, de façon fulgurante

explosiv *adj* explosif(-ive)

Explosiv <-s, -e> *m*, **Explosivlaut** *m* occlusive *f*

Explosivstoff *m* matière *f* explosive, explosif *m*

Exponat <-[e]s, -e> *nt* pièce *f* d'exposition

Exponent <-en, -en> *m* exposant *m*

Exponent(in) <-en, -en> *m(f)* représentant(e) *m(f)*

Export <-[e]s, -e> *m* **1.** ∅ (*das Ausführen*) exportation *f*
2. (*ausgeführte Ware*) exportations *fpl*

Export- d'exportation; *-abteilung, -beschränkung, -markt* des exportations; *~**ausführung*** version *f* exportation; ***e~freudig*** exportateur(-trice)

Exporteur(in) <-s, -e> [ɛkspɔrˈtøːɐ] *m(f)* exportateur(-trice) *m(f)*

exportieren * *vt* **1.** COM ■ **jd exportiert etw [nach etw/in etw** (*akk*)**]** qn exporte qc [à/en/vers qc]
2. *fig* ■ **jd exportiert etw [nach etw/in etw** (*akk*)**]** *Arbeitslosigkeit, Inflation* qn exporte qc [en/vers qc]; *Krankheit, Virus* qn transmet qc [en qc]

Exportkaufmann *m*, **-kauffrau** *f* exportateur(-trice) *m(f)*

Exposé, Exposee[RR] <-s, -s> *nt* rapport *m*, exposé *m* écrit

Express[RR] <-es>, **Expreß** <-sses> *m* ▸ **per ~** par exprès

Expressgut[RR] *nt* [envoi *m*] exprès *m*

Expressionismus <-> *m* ∅ expressionnisme *m*

Expressionist(in) <-en, -en> *m(f)* expressionniste *mf*

expressionistisch *adj* expressionniste

expressis verbis [-ˈvɛr-] *adv geh* expressément, de façon expresse

Expressstraße[RR] *f* CH *s.* **Schnellstraße**

exquisit **I.** *adj geh Lokal* de premier ordre, excellent(e); *Essen, Wein a.* exquis(e), raffiné(e)
II. *adv geh*: ***das Essen war ~ zubereitet*** la cuisine était raffinée; ***in dem Restaurant isst man ~*** dans ce restaurant, la cuisine est [très] raffinée; ***etw schmeckt ~*** qc est exquis(e)

extern **I.** *adj Prüfung* subi(e) à l'extérieur; *Kandidat* venu(e) de l'extérieur; *Schüler* externe **II.** *adv*: ***er musste das Abitur ~ ablegen*** ≈ il a dû passer le bac de l'enseignement public **Externe(r)** *f(m) decl wie adj* SCOL externe *mf*

exterritorial *adj* qui bénéficie de l'exterritorialité; *~**er Status*** statut *m* d'exterritorialité

extra *adv* **1.** (*besonders*) extra[-]; ***~ dünne Scheiben*** tranches extrafines
2. (*zusätzlich*) en plus
3. (*eigens*) exprès
4. *fam* (*absichtlich*) exprès
5. (*gesondert*) à part, séparément

Extra <-s, -s> *nt* AUT accessoire *m* [optionnel]

extra- **1.** (*besonders*) *-fein, -mild, -groß, -stark* extra[-], ultra[-]
2. SCI *-galaktisch, -terrestrisch, -uterin, -zellulär* extra[-]; *~**genital*** sans contact sexuel; *~**korporal*** in vitro

Extra- **1.** (*zusätzlich*) supplémentaire; *~**ration*** ration *f* supplémentaire, rab *m fam* **2.** (*besondere*): *~**blatt*** édition *f* spéciale; *~**tour*** fantaisies *fpl*, lubie *f fam*; *~**klasse*** première catégorie *f*; ***ein Wagen/Sportler der ~klasse*** une voiture/un sportif d'exception **3.** *~**ausstattung*** équipement *m* optionnel **Extraausgabe** *f* **1.** PRESSE édition *f* spéciale **2.** (*zusätzliche Ausgabe*) dépense *f* supplémentaire **Extrafahrt** *f* CH trajet *m* spécial

Extrakt <-[e]s, -e> *m* extrait *m*

extravagant [-va-] **I.** *adj* extravagant(e); ■ **das E~e** l'extravagant
II. *adv* de façon extravagante

Extravaganz <-, -en> [-va-] *f* extravagance *f*

extravertiert [-vɛr-] *adj* extraverti(e)

Extrawurst *f fam* régime *m* spécial ▸ **jd brät jdm eine ~** qn fait une faveur [*o* une fleur *fam*] à qn; **jd will immer eine ~ [gebraten haben]** qn veut qu'on fasse toujours ses quatre volontés *fam* **Extrazug** *f* CH train *m* spécial

extrem **I.** *adj* **1.** (*äußerst*) extrême
2. (*krass*) *Ansichten, Beispiel, Fall* extrême; *Gegensatz a.* radical(e)
II. *adv + adj* (*äußerst*) extrêmement, excessivement; *+ vb* (*in hohem Maße*) énormément, considérablement; ***Abgeordnete, die ~ links/rechts stehen*** des députés d'extrême gauche/droite

Extrem <-s, -e> *nt* extrême *m*; ***in ihren Ansichten stellen sie ~e dar*** leurs points de vue se situent aux antipodes; ***das entgegengesetzte ~*** l'extrême opposé
▸ **jd fällt von einem ~ ins andere** qn tombe d'un extrême dans l'autre

Extremfall *m* cas *m* extrême
▸ **im ~** au grand maximum, dans le pire des cas

Extremist(in) <-en, -en> *m(f)* extrémiste *mf*

extremistisch *adj* extrémiste

Extremitäten *pl* extrémités *fpl*

Ex-und-Hopp <-s> *nt* ∅ gaspillage *m*, gâchis *m*

Ex-und-hopp- *-Material, -Verpackung* perdu(e); *-Gefäß* jetable; *-Gesellschaft, -Mentalität* du tout jetable

exzellent **I.** *adj geh* excellent(e)
II. *adv geh*: ***etw schmeckt ~*** qc est excellent(e); ***jd speist irgendwo ~*** qn mange extrêmement bien quelque part; ***jd fühlt sich ~*** qn est en excellente forme

Exzellenz <-, -en> *f* Excellence *f*; ***Seine ~, der Herr Botschafter!*** Son Excellence Monsieur l'ambassadeur!

exzentrisch *adj geh* excentrique

exzerpieren * *vt geh* ■ **jd exzerpiert etw** [**aus etw**] qn extrait qc [de qc]

Exzerpt <-[e]s, -e> *nt geh* extrait *m*

Exzess^RR <-es, -e>, **Exzeß** <-sses, -sse> *m meist pl* (*Ausschreitung*) excès *m;* (*Ausschweifung*) excès *m,* abus *m; **sexuelle ~e*** débordements *mpl,* débauche *f*

► **jd treibt etw bis zum ~** qn pousse qc [jusqu']à l'extrême

exzessiv *adj geh* excessif(-ive), immodéré(e); *~**es Rauchen*** l'abus *m* de tabac; ***bei deiner ~en Lebensweise*** avec tous tes excès

Eyeliner <-s, -> ['ailainɐ] *m* eye-liner *m*

EZB <-> [e:tsɛt'be:] *f abk von* **Europäische Zentralbank** BCE *f*

F

F, f <-, -> [ɛf] *nt* **1.** (*Buchstabe*) F *m,* f *m*

2. MUS fa *m*

► **F wie Friedrich** f comme François

Fa. *abk von* **Firma**

Fabel <-, -n> *f* **1.** LITER fable *f*

2. *fam* (*erfundene Geschichte*) fable *f,* invention *f*

fabelhaft **I.** *adj Neuigkeit, Qualität, Angebot* fabuleux(-euse), sensationnel(le), extraordinaire; *Aussehen, Wetter* splendide, merveilleux(-euse)

► **das ist ja ~!** *fam* c'est vraiment sensationnel! [*o* formidable! *fam*]

II. *adv* merveilleusement; ***das Kleid steht dir wirklich ~*** cette robe te va vraiment à ravir; ***du siehst ~ aus*** tu as une mine splendide

fabeln **I.** *vt fam* ■ **jd fabelt etw** *Unsinn* qn débite qc *fam;* ***was fabelst du da?*** qu'est-ce que tu radotes? *fam;* ***jd fabelt nur dummes Zeug*** qn débite des fadaises *fam*

II. *vi geh* ■ **jd fabelt** [**von etw**] qn [af]fabule, qn raconte des histoires de qc

Fabeltier *nt* animal *m* fabuleux **Fabelwesen** *nt* être *m* fabuleux

Fabrik <-, -en> *f* usine *f;* ***er arbeitet in der ~*** il travaille à l'usine

► **jd geht in die ~** *fam* qn va à l'usine

-fabrik *f* **1.** *Schuh-, Brot-, Möbel-* fabrique *f* de; ***Kartonagen~*** cartonnerie *f;* ***Textil~*** usine *f* textile

2. *pej* (*Massenproduktionsstätte*) usine *f* à fabriquer; ***Traum~*** usine *f* à fabriquer du rêve

Fabrik- *-anlage, -gebäude* industriel(le); *-schornstein, -sirene, -tor, -direktor, -arbeiter* d'usine; *-belegschaft, -leitung, -sprecher, -besitzer* de l'usine; *~**arbeit*** travail *m* en usine; *~**erzeugnis*** produit *m* manufacturé; *~**gelände*** terrain *m* industrielle; *~**halle*** atelier *m; ~**schiff*** bateau *m* usine

Fabrikant(**in**) <-en, -en> *m(f)* **1.** (*Fabrikbesitzer*) industriel(le) *m(f)*

2. (*Hersteller*) fabricant(e) *m(f)*

-fabrikant(**in**) *m(f)* fabricant(e) *m(f)* de

Fabrikat <-[e]s, -e> *nt* **1.** (*Marke*) marque *f*

2. (*Produkt*) produit *m*

Fabrikation <-, -en> *f* fabrication *f*

Fabrikationsfehler *m* défaut *m* [*o* vice *m*] de fabrication

Fabrikler(**in**) <-s, -> *m(f)* CH ouvrier(-ière) *m(f)* d'usine

fabrikneu *adj* fraîchement sorti(e) d'usine, tout(e) neuf(-euve); ***der Wagen ist ~*** la voiture est flambant neuve

Fabriks- AUS *s.* **Fabrik-**

fabrizieren * *vt fam* ■ **jd fabriziert etw** **1.** (*anfertigen*) qn fabrique qc

2. (*anstellen*) qn fabrique qc *fam;* ***da hast du ja mal wieder was Schönes fabriziert!*** tu en as encore fait de belles! *fam*

Facelifting <-s, -s> ['feɪslɪftɪŋ] *nt* **1.** MED lifting *m,* lissage *m*

2. (*Verschönerungsaktion*) lifting *m;* [*Gebäude*] ravalement *m* de façade

Facette <-, -n> [fa'sɛtə] *f* facette *f*

Facettenauge [fa'sɛtn-] *nt* œil *m* à facettes

Fach <-[e]s, ¨-er> *nt* **1.** [*Tasche, Brieftasche, Portmonee etc*] poche *f,* compartiment *m;* [*Schrank, Regal etc*] rayon *m;* [*Automat*] tiroir *m*

2. (*Sachgebiet*) domaine *m,* matière *f;* SCOL discipline *f,* matière *f;* ***Mathematik, das ist nicht mein ~*** mathématiques, ce n'est pas mon domaine [*o* mon rayon *fam*]

► **jd ist vom ~** qn est du métier; **jd ist nicht vom ~** qn n'est pas du métier; **jd versteht sein ~** qn s'y connaît [dans son domaine]

-fach fois; ***ich nehme die zwei~e/drei~e Menge*** je prends le double/triple

Fach- *-berater, -beratung, -organ, -prüfung, -vokabular, -wort* technique; *-bibliothek, -organ, -publikation, -veröffentlichung, -studium, -verlag, -wort* spécialisé(e); *-aufsicht, -ausschuss* spécial(e); *~**konferenz*** SCOL conseil *m* d'enseignement; *~**verband*** association *f* professionnelle; *~**welt*** ensemble *m* des spécialistes **Facharbeiter**(**in**) *m(f)* ouvrier(-ière) *m(f)* qualifié(e) **Facharbeiterbrief** *m* diplôme *m* d'ouvrier(-ière) qualifié(e) **Facharzt** *m,* **-ärztin** *f* [médecin *m*] spécialiste *mf;* ■ **~ für etw** *für innere Krankheiten, Kinderkrankheiten, Hals-, Nasen-, Ohrenkrankheiten, Haut- und Geschlechtskrankheiten etc* spécialiste de qc; *für Gynäkologie, Urologie, Proktologie, Orthopädie, Allergologie etc* spécialiste *mf* en qc **fachärztlich** **I.** *adj Behandlung, Untersuchung, Weiterbehandlung* par un(e) spécialiste; (*von einem Facharzt*) *Attest, Gutachten* d'un(e) spécialiste; ***die Patientin kann sich in ~e Behandlung begeben*** la patiente peut se faire soigner par un spécialiste **II.** *adv* par un(e) spécialiste **Fachausdruck** <-ausdrücke> *m* expression *f* [*o* terme *m*] technique; ***ein juristischer ~*** une expression du vocabulaire juridique **Fachbereich** *m* **1.** UNIV ≈ unité *f* de formation et de recherche **2.** (*Sachgebiet*) domaine *m,* spécialité *f;* ***diese Frage fällt in meinen ~*** cette question est de mon ressort **fachbezogen** *adj* technique **Fachbuch** *nt* ouvrage *m* technique [*o* spécialisé] **Fachbuchhandlung** *f* librairie *f* spécialisée

fächeln **I.** *vi* ■ **jd fächelt** [**mit etw**] qn s'évente [avec qc]; ***um den Sultan standen Sklaven herum, die*** [***ihm***] ***mit Palmwedeln fächelten*** il y avait des esclaves autour du sultan qui l'éventaient en agitant des palmes

II. *vt geh:* ***jd fächelt jdm Luft/Kühlung*** qn évente qn

Fächer <-s, -> *m* éventail *m*

Fachfrau *f s.* **Fachmann. fachfremd** **I.** *adj* non spécialisé(e); ***jd beschäftigt sich mit ~en Aufgaben*** qn s'occupe de tâches qui ne sont pas de sa compétence **II.** *adv* [en de]hors de ma/sa/... compétence; ***jd unterrichtet ~*** qn enseigne dans des disciplines étrangères à sa spécialité **Fachgebiet** *nt* spécialité *f,* domaine *m* **fachgebunden** *adj Studium* spécialisé(e) **fachgerecht** **I.** *adj* approprié(e), ciblé(e); *Ausbildung* spécialisé(e) **II.** *adv* selon [*o* dans] les règles de l'art **Fachgeschäft** *nt* magasin *m* spécialisé **Fachgruppe** *f* commission *f* spécialisée, groupement *m* professionnel **Fachhandel** *m* commerce *m* spécialisé **Fachhochschule** *f* école *f* supérieure spécialisée, ≈ institut *m* universitaire de technologie **Fachidiot**(**in**) *m(f) pej fam* spécialiste *mf* borné(e) **Fachjargon** [-ʒargõ:, -ʒargɔŋ] *m* jargon *m* de spécialiste [*o* de métier] **Fachkenntnisse** *pl* connaissances *fpl* techniques [*o* professionnelles] **Fachkraft** *f* spécialiste *mf;* ■ **Fachkräfte** personnel *m* qualifié **Fachkreise** *pl* milieux *mpl* spécialisés; ***medizinische ~*** milieux *mpl* médicaux ► **in ~n** dans les milieux spécialisés; ***in entsprechenden/maßgeblichen/wissenschaftlichen ~n*** dans les milieux concernés/autorisés/scientifiques **fachkundig** **I.** *adj* compétent(e); *Rat a.* autorisé(e); *Publikum* averti(e); ■ **jd ist ~** qn est compétent(e), qn est expert(e) en la matière ► **jd macht sich ~** qn se familiarise avec le sujet; **jd macht sich in etw ~** qn se familiarise avec qc **II.** *adv* avec compétence **fachkundlich** *adj* spécialisé(e) **Fachlehrer**(**in**) *m(f)* enseignant(e) *m(f)* qualifié(e); ***alle ~ der Klasse*** tous les professeurs de la classe **Fachleiter**(**in**) *m(f)* (*an Gymnasium*) professeur *m* responsable de la discipline; (*an Studienseminar*) ≈ conseiller(-ère) *m(f)* pédagogique

fachlich **I.** *adj Ausbildung, Qualifikation* professionnel(le); *Beratung, Betreuung* compétent(e); *Rat* autorisé(e)

II. *adv* sur le plan [*o* dans le domaine] professionnel; *kompetent, inkompetent a.* professionnellement

Fachliteratur *f* littérature *f* spécialisée **Fachmann** <-leute *o rare* -männer> *m,* **-frau** *f* spécialiste *mf* **fachmännisch** **I.** *adj* de spécialiste **II.** *adv beraten, erledigen* avec compétence; *prüfen* en connaisseur **Fachpresse** *f* presse *f* spécialisée **Fachrichtung** *f* branche *f,* spécialité *f*

Fachschaft <-, -en> *f* étudiants *mpl* de la discipline; ***die ~ Romanistik*** la section romaniste

Fachschule *f* école *f* professionnelle **Fachschulreife** *f* ≈ brevet *m* d'études professionnelles

Fachsimpelei <-, -en> *f fam* discussion *f* sur le boulot *fam*

fachsimpeln *vi fam* ■ **jd fachsimpelt** [**mit jdm**] qn parle boulot [avec qn] *fam*

fachspezifisch **I.** *adj Arbeit, Ausbildung, Aufgabe* spécifique; *Buch, Literatur, Veröffentlichung, Unterricht* spécialisé(e) **II.** *adv* de façon spécifique **Fachsprache** *f* jargon *m,* argot *m* de métier

Fachwerk *nt* ∅ colombage *m*

Fachwerkhaus *nt* maison *f* à colombages

Fachwissen *nt* savoir *m* technique, connaissances *fpl* professionnelles **Fachwörterbuch** *nt* dictionnaire *m* spécialisé **Fachzeitschrift** *f* revue *f* spécialisée

Fackel <-, -n> *f* torche *f,* flambeau *m*

fackeln *vi fam* ■ **jd fackelt** qn hésite

► **da wird nicht** [**lange**] **gefackelt** on ne fait ni une ni deux *fam*

Fackelschein *m* lueur *f* des torches [*o* flambeaux] **Fackelzug** *m* retraite *f* aux flambeaux

Factoring <-s> ['fɛktərɪŋ, 'fɛktorɪŋ] *nt* ∅ factoring *m,* affacturage *m*

fad *adj s.* **fade**

Fädchen <-s, -> *nt dim von* **Faden** [bout *m* de] fil *m*

fade *adj* **1.** *Geschmack, schmecken, Essen, Gericht* fade, insipide

2. (*langweilig*) *Mensch* terne, insipide

fädeln *vt* **1.** (*ein~*) ■ **jd fädelt etw in etw** (*akk*) *in Nadel, Öhr* qn fait passer qc dans qc; ***jd fädelt den Faden in die Nadel*** qn enfile une aiguille

2. (*auf~*) ■ **jd fädelt etw auf etw** (*akk*) *Perlen etc* qn enfile qc sur qc

Faden <-s, ¨-> *m* **1.** (*Garn*) fil *m*
2. [*Raupe, Spinne etc*] fil *m*; *geh* (*Haar*) cheveu *m*
▶ **jd hält** [*o* **behält**] **alle ¨~ [fest] in der Hand** qn garde les choses [bien] en main, qn tient les rênes; **jd hat keinen trockenen ~ am Leib** qn est trempé(e) jusqu'aux os, qn n'a plus un poil de sec *fam*; **jd lässt keinen guten ~ an jdm/etw** *fam* qn dit pis que pendre de qn/qc *fam*; **der rote ~** le fil conducteur; **alle ¨~ laufen irgendwo zusammen** c'est quelque part qu'on tire [toutes] les ficelles; ***alle ¨~ laufen in seiner Hand zusammen*** c'est lui qui tire toutes les ficelles; **jd verliert den ~** qn perd le fil; **jd zieht die ¨~** MED qn retire les fils; **etw zieht ¨~** qc file
Fadenkreuz *nt* réticule *m* ▶ **jd gerät ins ~** qn tombe dans le collimateur; **jd hat jdn/etw im ~** qn a qn dans le collimateur [*o* à l'œil], qn a l'œil sur qc **Fadennudeln** *pl* vermicelles *mpl* **fadenscheinig** *adj* **1.** *pej Argument, Ausrede, Vorwand* cousu(e) de fil blanc **2.** (*abgewetzt*) râpé(e), élimé(e) **Fadenwurm** *m* nématode *m*
fadisieren * **I.** *vt* AUS *fam* (*langweilen*) ■ **jd fadisiert jdn** qn ennuie qn
II. *vr* AUS *fam* (*langweilen*) ■ **jd fadisiert sich** qn s'ennuie
Fagott <-[e]s, -e> *nt* basson *m*
Fagottbläser(in) *m(f)*, **Fagottist(in)** <-en, -en> *m(f) form* basson *m*, bassoniste *mf*
fähig *adj* capable; ■ **jd ist [dazu] ~ etw zu tun** qn est capable de faire qc; ■ **[jd ist] zu etw ~** [qn est] capable de qc
▶ **[jd ist] zu allem ~** [qn est] capable de tout
Fähigkeit <-, -en> *f* **1.** ∅ (*Begabung*) faculté *f*, capacité *f*
2. (*Befähigung*) aptitude *f*; ***jd besitzt hellseherische ~en*** qn possède des dons de voyance
▶ **jd hat die ~ etw zu tun** qn a la faculté [*o* est capable] de faire qc; **bei jds ~en ...** vu [*o* étant donné] mes/tes/... aptitudes [*o* capacités]
fahl *adj geh* blême, blafard(e)
Fähnchen <-s, -> *nt* **1.** *dim von* **Fahne** petit drapeau *m*
2. (*Wimpel*) fanion *m*
3. *pej fam* (*Kleid*) bout *m* de tissu *fam*
▶ **jd hängt sein ~ nach dem Wind** qn change d'avis comme de chemise *fam*, qn est une vraie girouette *fam*
fahnden *vi* ■ **jd fahndet nach jdm/etw** qn recherche qn/qc
Fahndung <-, -en> *f* recherches *fpl*; ***die ~ nach den Tätern*** les recherches entreprises pour retrouver les malfaiteurs
▶ **jd schreibt jdn zur ~ aus** qn lance un avis de recherche à l'encontre de qn
Fahndungsliste *f* liste *f* des personnes recherchées
▶ **jd steht auf der ~** qn figure sur la liste des personnes recherchées
Fahne <-, -n> *f* **1.** (*Banner*) drapeau *m*
2. *fam* (*Gestank nach Alkohol*) haleine *f* qui sent d'alcool
3. (*Korrekturabzug*) placard *m*, épreuve *f*
▶ **mit fliegenden ~n** (*bedenkenlos*) drapeaux *mpl* au vent; **jd hat eine ~** *fam* qn empeste [*o* pue *fam*] l'alcool; **jd schreibt etw auf seine ~n** qn se fixe qc comme objectif
Fahnenabzug *m* placard *m* **Fahneneid** *m* serment *m* de fidélité au drapeau **Fahnenflucht** *f* ∅ désertion *f* ▶ **jd begeht ~** qn déserte **fahnenflüchtig** *adj* déserteur; ■ **jd wird ~** qn déserte **Fahnenflüchtige(r)** *f(m) decl wie adj* déserteur *m* **Fahnenmast** *m* mât *m* **Fahnenstange** *f* hampe *f* **Fahnenträger(in)** *m(f)* porte-drapeau *m*
Fähnlein <-s, -> *nt* **1.** *dim von* **Fahne** petit drapeau *m*, fanion *m*
2. HIST (*Truppeneinheit*) compagnie *f*
Fahrausweis *m* **1.** *form* titre *m* de transport **2.** CH (*Führerschein*) permis *m* de conduire **Fahrbahn** *f* **1.** (*Straße*) chaussée *f* **2.** (*Fahrspur*) voie *f* [de circulation]; ***vor einem Wechsel der ~*** avant de changer de voie
fahrbar *adj Serviertisch, Teewagen* roulant(e); *Garderobenständer* mobile
fahrbereit *adj* en état de marche **Fahrbereitschaft** *f* parc *m* des véhicules de fonction **Fahrdienstleiter(in)** *m(f)* chef *m* de section
Fähre <-, -n> *f* bac *m*, [car-]ferry *m*
fahren <fährt, fuhr, gefahren> **I.** *vi* **1.** + *sein* (*sich fortbewegen*) ■ **jd fährt**: ***wollen wir ~ oder zu Fuß gehen?*** nous y allons en voiture ou à pied?; ***ich fahre immer erster Klasse*** je voyage toujours en première classe; ***wann fährst du nach Hamburg/Frankreich?*** quand vas-tu à Hambourg/en France?; ***in Großbritannien muss man links ~*** en Grande-Bretagne il faut rouler à gauche; ■ **jd fährt irgendwohin** /*Fahrgast*/ qn va quelque part; ***wie lange fährt man von hier nach Basel?*** combien de temps faut-il pour aller d'ici à Bâle?; ■ **jd fährt mit etw** qn prend qc; (*verreisen mit a.*) qn voyage en qc; ***jd fährt mit dem Zug*** qn voyage par le [*o* en] train, qn prend le train; ***ich fahre lieber mit dem Taxi*** j'aime mieux prendre un taxi; ■ **jd fährt auf etw** (*dat*) qn roule sur qc; ***jd fährt auf der Autobahn*** qn prend l'autoroute; ■ **jd fährt gegen etw** qn rentre dans qc; ■ **das F~** les trajets *mpl*; ***beim F~*** quand qn voyage en voiture
2. + *sein* (*sich fortbewegen*) ■ **etw fährt** qc roule; /*Fahrsteig, Rolltreppe etc*/ (*nach oben*) qc monte; (*nach unten*) qc descend; ***die Bahn fährt gleich durch einen Tunnel*** le train va passer dans un tunnel
3. + *sein* (*ein Fahrzeug lenken*) ■ **jd fährt** qn conduit; ■ **[das] F~** la conduite
4. + *sein* (*losfahren*) ■ **jd/etw fährt** qn/qc part; ■ **etw fährt** qc part
5. + *sein* (*verkehren*) ■ **etw fährt** qc passe; ***~ heute keine Busse?*** les bus ne circulent pas aujourd'hui?; ***nach X ~ sonntags keine Züge*** le dimanche il n'y a aucun train pour X; ***die U-Bahn fährt erst wieder ab 4 Uhr*** le métro ne circulera de nouveau qu'à partir de 4 h; ***welche Linie fährt zum Odeonsplatz?*** quelle ligne va jusqu'à la place de l'Odéon?
6. + *sein* (*reisen*) ■ **jd fährt irgendwohin** qn va quelque part; ***wir ~ lieber mit der Bahn in Urlaub*** nous préférons partir en vacances par le [*o* en] train
7. + *sein* (*schießen*): ***etw fährt jdm durch den Kopf*** qc lui vient à l'esprit; ***der Schreck fuhr ihr in die Glieder*** la peur lui a coupé les jambes
8. + *sein o haben* (*streichen*) ■ **jd fährt mit etw über etw** (*akk*) qn passe qc sur qc; ***sie fuhr sich mit der Hand über die Stirn*** elle se passa la main sur le front; ***fahr ruhig mal [mit der Hand/ dem Tuch] darüber*** passe ta main/le chiffon dessus; ■ **jd fährt über etw** (*akk*) qn passe un coup sur qc
9. + *sein* (*wegkommen*) ■ **jd fährt [bei etw** [*o* **mit etw**]] **irgendwie**: ***jd fährt [bei etw [o mit etw]] gut/ besser*** qn est content(e)/plus content(e) [de qc]; ***jd fährt [bei etw [o mit etw]] schlecht/ schlechter*** qn n'est pas content(e)/est encore moins content(e) [de qc]; ■ **jd fährt mit jdm irgendwie**: ***jd fährt mit jdm gut*** qn est content(e) de qn; ***jd fährt mit jdm schlecht*** qn n'est pas content(e) de qn; ***jd fährt mit jdm besser/ schlechter*** qn est plus/moins content(e) de qn
▶ **jd/ein Tier lässt jdn/etw ~** (*lässt los*) qn/un animal lâche qn/qc; **jd lässt jdn/etw ~** (*gibt auf*) qn laisse tomber qn/abandonne qc; **jd lässt einen ~** *fam* qn lâche un pet *fam*; **was ist in jdn gefahren?** qu'est-ce qui a pris à qn?; ***was ist [denn] in dich gefahren?*** qu'est-ce qui t'a pris?
II. *vt* **1.** + *haben* (*lenken*) ■ **jd fährt etw** qn conduit qc; *Motorrad a.* qn pilote qc; *Fahrrad* qn roule sur qc
2. + *sein* (*zum Fahren benutzen*) ■ **jd fährt etw** *Straße, Strecke, Buslinie etc* qn prend qc; ■ **etw fährt etw** *Strecke* qc emprunte qc; ***welche Strecke fährt die Linie 25?*** quel est le parcours [*o* le trajet] de la ligne 25?
3. + *haben o sein* (*verwenden*) ■ **jd fährt etw** *Kraftstoff etc* qn roule à qc; *Reifen, Bremsbeläge, Kupplungsbeläge* qn roule avec qc; ***er fährt nur bleifrei*** il ne roule qu'à l'essence sans plomb
4. + *haben* (*befördern*) ■ **jd/etw fährt jdn/etw irgendwohin** qc transporte qc quelque part, qn/qc conduit qn quelque part; ***komm, ich fahre dich nach Hause*** viens, je te ramène chez toi
5. + *sein* (*Geschwindigkeit haben*) ■ **jd/etw fährt etw** *Geschwindigkeit* qn/qc roule à qc; ***ich fahre 90 km/h*** je roule à 90 km/h; ***was [o wie viel] fährt der Wagen denn Spitze?*** quelle est la vitesse de pointe de cette voiture?
6. + *haben o sein* SPORT ■ **jd fährt etw** *Rennen, Runde* qn effectue qc; *Zeit* qn réalise qc; *Rekord* qn établit qc
7. + *haben* (*durchführen*) ■ **jd fährt etw** *Sonderschicht, Überstunden* qn fait [*o* effectue] qc; (*betreiben*) *Kernkraftwerk* qn fait marcher qc; ***die Produktion wird vorübergehend mit 50% gefahren*** la production est provisoirement assurée à 50%; ***ein neues Programm wird gefahren*** on fonctionne avec un nouveau programme
▶ **jd fährt etw nach oben/unten** qn augmente/réduit qc
III. *vr* + *haben* **1.** *impers* ■ **es fährt sich ...** *bequemer, gut, leichter, sicherer etc* on conduit ...
2. (*sich ~ lassen*) ■ **etw fährt sich ...** /*Fahrzeug*/ qc se conduit ...; ***der neue Wagen fährt sich sehr angenehm*** cette nouvelle voiture a une conduite très agréable
fahrend *adj Musikant* ambulant(e); *Volk* nomade
Fahrenheit <-> *kein art* Fahrenheit *sans art*
fahren|lassen * *s.* **fahren I.▶**
Fahrer(in) <-s, -> *m(f)* **1.** (*Chauffeur*) chauffeur *m*
2. (*Auto~*) conducteur(-trice) *m(f)*; (*Motorrad~*) pilote *mf*, motard *m*; (*Renn~*) pilote *mf*; (*Radrenn~*) coureur(-euse) *m(f)*
Fahrerei <-, -en> *f pej* allées et venues *fpl* en voiture
Fahrerflucht *f* délit *m* de fuite ▶ **jd begeht ~** qn commet un délit de fuite
Fahrerhaus *nt* cabine *f*
Fahrerlaubnis *f form* permis *m* de conduire
▶ **jd erteilt jdm die ~** qn délivre à qn le permis de conduire
Fahrgast *m* passager(-ère) *m(f)*, voyageur(-euse) *m(f)*; ***alle unsere Fahrgäste*** tous nos passagers, tous les voyageurs
Fahrgast-: *f~arme Zeiten* périodes *fpl* creuses; ***~aufkommen*** nombre *m* de voyageurs; ***~raum*** habitacle *m*; ***~zahlen*** nombre *m* de voyageurs
Fahrgeld *nt* prix *m* du billet; ***das ~ bitte passend [o abgezählt] bereithalten*** pour votre règlement, prière de faire l'appoint **Fahrgelegenheit** *f* moyen *m* de transport **Fahrgemeinschaft** *f groupe de personnes qui s'entendent pour effectuer dans un véhicule commun les trajets jusqu'à leur lieu de travail* **Fahrgestell** *nt* **1.** AUT châssis *m* **2.** AVIAT train *m* d'atterrissage
fahrig *adj Mensch* surexcité(e), agité(e); *Bewegung* nerveux(-euse)
Fahrkarte *f* billet *m*
Fahrkartenausgabe *f s.* **Fahrkartenschalter. Fahrkartenautomat** *m* billetterie *f*, distributeur *m* [automatique] de billets **Fahrkartenschalter** *m* guichet *m* [de vente] des billets
Fahrkomfort [-kɔmfoːɐ] *m* confort *m* intérieur
fahrlässig I. *adj Handeln* imprudent(e); *Mensch a.* négligent(e); *Tötung, Körperverletzung* par imprudence; ***jd wird wegen ~er Tötung verurteilt*** qn est condamné(e) pour homicide par imprudence
▶ **grob ~**: ***etw ist grob ~es Handeln*** qc est une faute lourde
II. *adv* imprudemment
▶ **grob ~**: ***jd handelt grob ~*** qn commet une faute lourde
Fahrlässigkeit <-, -en> *f* [*Handeln*] imprudence *f*; [*Mensch a.*] négligence *f*; ***man konnte ihm keine ~ nachweisen*** on n'a pu relever aucune imprudence [*o* négligence] de sa part
▶ **grobe ~** faute *f* lourde; **leichte ~** légère imprudence *f*
Fahrlehrer(in) *m(f)* moniteur(-trice) *m(f)* d'auto-école
Fährmann <-männer *o* -leute> *m* passeur *m*
Fahrplan *m* **1.** TRANSP [indicateur *m*] horaire *m*
2. *fam* (*Programm*) ■ **jds ~** le planning [*o* le programme] de qn
Fahrplanauszug *m* fiche-horaire *f* des trains **fahrplanmäßig I.** *adj* prévu(e); ***die ~e Ankunft des Zuges*** l'arrivée du train conformément à l'heure prévue **II.** *adv* selon l'horaire prévu
Fahrpraxis *f* ∅ expérience *f* au volant, pratique *f* de la conduite **Fahrpreis** *m* prix *m* du transport **Fahrprüfung** *f* examen *m* pratique du permis de conduire

Fahrrad *nt* bicyclette *f*, vélo *m*; ***jd fährt** [**mit dem**]* ~ qn roule à bicyclette [*o* en vélo]; ***jd fährt mit dem** ~ **irgendwohin*** qn va à bicyclette [*o* en vélo] quelque part

Fahrrad- de vélo; ~***computer*** mini-ordinateur *m* de vélo; ~***ergometer*** cycloergomètre *m*, cycle *m* ergomètre; ~***händler*** marchand(e) *m(f)* de cycles; ~***kurier*** coursier(-ière) *m(f)* à bicyclette; ~***pumpe*** pompe *f* à vélo; ~***rikscha*** vélo-pousse *m* **Fahrradfahrer(in)** *m(f)* cycliste *mf* **Fahrradständer** *m* (*Gestell*) support *m* pour vélos; (*Vorrichtung am Fahrrad*) béquille *f*; (*Gepäckträger*) galerie *f* pour vélos **Fahrradweg** *m* piste *f* cyclable

Fahrrichtung *f* CH *s.* **Fahrtrichtung. Fahrrinne** *f* chenal *m*

Fahrschein *m* billet *m*, ticket *m*

Fahrscheinautomat *m* billetterie *f*, distributeur *m* automatique [de billets] **Fahrscheinentwerter** *m* composteur *m*

Fahrschule *f* auto-école *f* ▸ **jd geht in die** ~ qn va à l'auto-école **Fahrschüler(in)** *m(f)* **1.** AUT élève *mf* d'auto-école **2.** SCOL élève *mf* de l'extérieur **Fahrspur** *f* voie *f* [de circulation]; ***die rechte*** ~ la voie de droite **Fahrstil** *m* façon *f* de conduire; ***er hat einen nervösen*** ~ il a une conduite [*o* une façon de conduire] nerveuse **Fahrstreifen** *m* AUS *s.* **Fahrspur.**

Fahrstuhl *m* ascenseur *m* **Fahrstuhlschacht** *m* cage *f* d'ascenseur

Fahrstunde *f* AUT leçon *f* de conduite ▸ **jd nimmt eine** ~/~**n** qn prend une leçon/des leçons de conduite

Fahrt <-, -en> *f* **1.** (*das Fahren*) trajet *m*; ***ich bevorzuge die** ~ **mit dem Auto*** je préfère voyager en voiture; ***vor Beginn der*** ~ avant de partir; ***während der** ~ **nicht hinauslehnen*** ne pas se pencher au dehors pendant la marche du train
2. (*Geschwindigkeit*) allure *f*, vitesse *f*; ***mit voller*** ~ à pleine vitesse; ***der hatte ganz schön** ~ **drauf*** *fam* il roulait à fond la caisse [*o* pleins tubes] *fam*
3. (*Reise*) voyage *m*; ***hattet ihr eine angenehme*** ~? vous avez fait bon voyage?; ***was kostet eine einfache** ~ **nach London?*** combien coûte un aller simple pour Londres?
4. (*Kamera*~) travelling *m*
▸ **eine** ~ **ins Blaue** une excursion surprise; **freie** ~ EISENBAHN voie *f* libre; AUT circulation *f* fluide; ***bis Frankfurt hatten wir freie*** ~ jusqu'à Francfort, la circulation était fluide; **jd hat/gibt jdm freie** ~ (*ungehindert handeln*) qn a/laisse à qn les coudées franches; **gute** ~! bon voyage!, bonne route!; **volle/halbe** ~ **voraus!** en avant toute!/machines à mi-vitesse!; **etw nimmt** ~ **auf** qc prend de la vitesse; **jd/etw bringt jdn in** ~ *fam* qn/qc met qn en rogne *fam*; **jd kommt** [*o* **gerät**]/**ist in** ~ *fam* (*wütend*) qn se met/est en rogne *fam*; (*in Schwung*) qn trouve la forme/est en forme, qn se met/est en train; **jd macht eine** ~/~**en** qn fait un tour/des randonnées [en voiture]; **etw macht** [...] ~ /*Schiff*/ qc avance à [...] vitesse; ***warum macht das Schiff so wenig*** ~? pourquoi le bateau avance-t-il à si petite vitesse?

fährt *3. pers pres von* **fahren**

Fahrtantritt *m* départ *m*

fahrtauglich *adj* en état de [*o* apte à] conduire **Fahrtauglichkeit** *f* aptitude *f* à conduire

Fahrtdauer *f* durée *f* du trajet [*o* du voyage]; ***eine dreistündige*** ~ un trajet [*o* un voyage] de trois heures

Fährte <-, -n> *f* trace *f*, piste *f*
▸ **jd lockt jdn auf eine falsche** ~ qn attire [*o* entraîne] qn sur une fausse piste; **jd/etw bringt jdn auf die richtige** ~ qn/qc met qn sur la bonne piste; **jd ist auf der richtigen/falschen** ~ qn est sur la bonne piste/fait fausse route [*o* est sur la mauvaise piste]; **jd verfolgt eine** ~ qn suit une piste

Fahrtenbuch *nt* AUT carnet *m* de route; (*Tagebuch*) journal *m* [*tenu pendant les vacances*] **Fahrtenmesser** *nt* poignard *m* scout **Fahrtenschreiber** *m* tachygraphe *m*

Fahrtkosten *pl* frais *mpl* de transport **Fahrtrichtung** *f* destination *f*; ***die Züge in** ~ **Norden*** les trains à destination [*o* en direction] du nord; ***in beiden** ~**en*** dans les deux sens ▸ **entgegen der/in** ~ dans le sens contraire/dans le sens de la marche

fahrtüchtig *adj Kraftfahrzeug* en état de marche; *Mensch* en état de conduire; ***der** ~**e Zustand eines Kraftfahrzeugs*** le bon état de marche d'un véhicule **Fahrtüchtigkeit** *f* [*Kraftfahrzeug*] bon état *m* de marche; [*Mensch*] aptitude *f* à conduire

Fahrtunterbrechung *f* interruption *f* de voyage **Fahrtwind** *m* courant *m* [*o* déplacement *m*] d'air

fahruntüchtig *adj Kraftfahrzeug* inutilisable, qui n'est pas en état de marche; *Fahrer* inapte à conduire; ■ **jd ist** ~ qn est inapte à conduire **Fahrverbot** *nt* interdiction *f* de circuler ▸ **jd verhängt** [**gegen jdn**] **ein** ~ qn prononce une suspension de permis [contre qn] **Fahrwasser** *nt* chenal *m*
▸ **jd/etw gerät in ein ...** ~ qn s'engage/qc glisse sur une pente [*o* un terrain] ...; ***wir geraten bei unserer Diskussion in ein ganz anderes*** ~ notre discussion nous entraîne sur un tout autre terrain; ***die Unterhaltung geriet langsam in ein politisches*** ~ la discussion glissait peu à peu sur le terrain politique; **jd segelt** [*o* **schwimmt**] **in jds** ~ (*dat*) qn est dans le sillage de qn **Fahrweise** *f* façon *f* de conduire, conduite *f* **Fahrwerk** *nt* **1.** AVIAT train *m* d'atterrissage **2.** AUT châssis *m* **Fahrzeit** *f s.* **Fahrtdauer**

Fahrzeug <-, -e> *nt* véhicule *m*

Fahrzeugbrief *m titre de propriété d'un véhicule*, ≈ carte *f* grise **Fahrzeughalter(in)** *m(f)* (*Halter*) propriétaire *mf* du véhicule **Fahrzeuglenker(in)** *m(f)* CH conducteur(-trice) *m(f)* **Fahrzeugnummer** *f* numéro *m* de série **Fahrzeugpapiere** *pl* papiers *mpl* du véhicule **Fahrzeugpark** *m form* parc *m* de véhicules [*o* automobile] **Fahrzeugschein** *m* carte *f* grise

Faible <-s, -s> ['fɛːbl] *nt geh* ■ **jds** ~ **für jdn/etw** le faible [*o* le penchant] de qn pour qn/qc
▸ **jd hat ein** ~ **für jdn/etw** qn a un faible [*o* un penchant] pour qn/qc

fair [fɛːɐ] **I.** *adj* (*gerecht*) *Mensch* loyal(e), fair-play; *Angebot, Behandlung, Kampf, Spiel* correct(e); *Entscheidung a.* justifié(e); ***das ist nicht*** ~! ce n'est pas juste!; ■ **jd ist** ~ [**gegen jdn**] qn est correct(e) [*o* régulier(-ière)] [avec qn]
II. *adv spielen* avec sportivité [*o* fair-play]; *boxen, kämpfen a.* loyalement, à la loyale *fam*; *behandeln, sich verhalten* de façon correcte

Fairness[RR], **Fairneß** <-> ['fɛːɐnɛs] *f* ∅ franc-jeu *m*, fair-play *m*; SPORT *a.* sportivité *f*

Fäkalien [-liən] *pl* matières *fpl* fécales

Fakir <-s, -e> *m* fakir *m*

Faksimile <-s, -s> *nt* fac-similé *m*

Faksimileausgabe *f* réédition *f* en fac-similé

Fakten *pl* faits *mpl*

faktisch I. *adj attr* effectif(-ive)
II. *adv* en fait, en réalité

Faktor <-s, -toren> *m* facteur *m*

Faktotum <-s, -s *o* Faktoten> *nt* **1.** (*Arbeitskraft*) factotum *m*
2. *fam* (*schrulliger Mensch*) original *m*, drôle *m* de personnage

Faktum <-s, Fakten> *nt geh* fait *m*

fakturieren * *vt* ■ **jd fakturiert etw** qn facture qc

Fakultas <-, Fakultäten> *f* (*Lehrbefähigung*) ≈ licence *m* [d'enseignement]; ***Lehrkraft mit** ~ **in Englisch gesucht*** recherchons enseignant(e) licencié(e) d'anglais
▸ **jd hat die** ~ **für etw** ≈ qn est licencié(e) de qc

Fakultät <-, -en> *f* faculté *f*
▸ **von der anderen** ~ *hum* (*einer anderen Richtung*) de l'autre bord; (*homosexuell*) homo; ***einige Herren von der anderen*** ~ plusieurs homos; **philosophische/medizinische/mathematisch-naturwissenschaftliche/juristische** ~ faculté de philosophie/de médecine/des sciences/de droit

Falke <-n, -n> *m* **1.** ORN faucon *m*
2. POL faucon *m*

Falkner(in) <-s, -> *m(f)* fauconnier(-ière) *m(f)*

Fall[1] <-[e]s, ¨-e> *m* ∅ **1.** (*das Fallen*) chute *f*; ***er hat sich bei einem** ~ **verletzt*** il s'est blessé en tombant; ***ein dumpfer*** ~ le bruit sourd d'une chute
2. (*Untergang*) chute *f*
▸ **der freie** ~ la chute libre; **jd bringt jdn zu** ~ *geh* (*lässt hinfallen*) qn fait tomber qn; **jd/etw bringt jdn/etw zu** ~ *Regierung* qn/qc provoque la chute de qc; *Gesetz, Plan etc* qn/qc fait capoter qc; **jd kommt zu** ~ *geh* (*fällt hin*) qn fait une chute; **jd kommt** [**über etw** (*akk*)] **zu** ~ *geh* (*stürzt*) qn tombe [à cause de qc]; **jd tut einen** ~ *geh* qn fait une chute

Fall[2] <-[e]s, ¨-e> *m* **1.** (*Umstand*) éventualité *f*; ***für solche** ¨-**e*** pour ce genre de cas [*o* de situations]
2. JUR cas *m*; (*Akte*) dossier *m*; [*Polizei*] affaire *f*; ***jd rollt einen** ~ **wieder auf*** qn rouvre un dossier
3. MED cas *m*
4. GRAM cas *m*; ***mit welchem** ~ **steht diese Präposition?*** quel cas cette préposition régit-elle?
▸ **auf alle** ¨-**e** (*sicherheitshalber*) de toute façon [*o* manière]; (*unbedingt*) de toute façon, en tout cas; **für alle** ¨-**e** on ne sait jamais; **im anderen** ~[**e**] *geh* dans le cas contraire; **im äußersten** ~[**e**] tout au plus, au grand maximum; **der erste/zweite/dritte/vierte/fünfte/sechste** ~ GRAM le premier/deuxième/troisième/quatrième/cinquième/sixième cas; **gesetzt den** ~ au cas où ... + *cond*; **im günstigsten/schlimmsten** ~[**e**] dans le meilleur/le pire des cas; **auf jeden** ~, **in jedem** ~ de toute façon, en tout cas; **auf keinen** ~, **in keinem** ~ en aucun cas; **klarer** ~! *fam* pas de problème! *fam*; **jd/etw ist jds** ~ *fam* qn est mon/ton/... genre, qc est mon/ton/... truc *fam*; **jd ist ein ...** ~ qn est un cas ...; ***er ist ein hoffnungsloser*** ~ on ne peut vraiment rien faire pour lui, il est vraiment irrécupérable *fam*; MED c'est un cas désespéré; **jd/etw ist nicht jds** ~ *fam* qn n'est pas mon/ton/... truc, qc n'est pas ma/ta/... tasse de thé *fam*; **es ist der** ~ c'est le cas; **es ist nicht der** ~ ce n'est pas le cas; **für den** ~ **einer S.** (*gen*) en cas de qc; ***für den** ~ **ihrer Verhinderung*** en cas d'empêchement de sa part, au cas où elle serait empêchée; ***für den** ~ **seines Todes*** s'il venait à mourir; **für den** ~, **dass** au cas où + *cond*, à supposer que + *subj*; **im** ~**e eines** ~**es** en cas de nécessité; **in diesem** ~ dans ce cas, s'il en est ainsi; **von** ~ **zu** ~ cas par cas

Fallbeil *nt* guillotine *f*; ***er wurde durch das** ~ **hingerichtet*** il a été guillotiné

Falle <-, -n> *f* **1.** (*Fanggerät*) piège *m*
2. (*List*) piège *m*, traquenard *m*
3. *sl* (*Bett*) pieu *m fam*, plumard *m fam*; ***ab in die*** ~ allez, au pieu! *fam*
4. CH (*Türklinke*) poignée *f*, bec-de-cane *m*
▸ **jd geht** [*o* **haut sich**] **in die** ~ *sl* qn va au pieu [*o* au plumard] *fam*, qn va se pieuter *fam*; **ein Tier geht in die** ~ un animal se prend au piège; **jd geht jdm in die** ~ qn tombe dans le piège de qn; ***er ist dir nicht in die** ~ **gegangen*** il n'est pas tombé dans ton piège; **jd gerät** [*o* **geht**] **in eine** ~ qn tombe dans un piège; **jd legt/stellt** ~**n** qn tend des pièges; **jd liegt** [*o* **ist**] **in der** ~**e** *sl* qn est pieuté(e) [*o* au pieu] *fam*; **jd lockt jdn in eine** ~ qn attire qn dans un guet-apens [*o* un piège]; **jd sitzt in der** ~ qn est pris au piège; **jd stellt jdm eine** ~ qn tend un piège à qn

fallen <fällt, fiel, gefallen> *vi* + *sein* **1.** (*hinabfallen, umfallen*) ■ **jd/etw fällt** [**irgendwohin**] qn/qc tombe [quelque part]; ***die Vase ist zu Boden*** [*o* ***auf den Boden***]/***auf die Erde gefallen*** le vase est tombé sur le sol/par terre; ■ **jd lässt jdn/etw** ~ qn laisse tomber qn/qc
2. (*niedergehen*) ■ **etw fällt** /*Regen, Schnee, Hüllen, Slip, BH*/ qc tombe; /*Vorhang*/ qc tombe; /*Fallbeil, Hammer*/ qc s'abat; ***der Regisseur hob die Hand, die Klappe fiel*** le metteur en scène leva le bras, le clap retentit; ***über Nacht fielen 10 cm Schnee*** il est tombé 10 cm de neige au cours de la nuit
3. (*stolpern*) ■ **jd fällt über etw** (*akk*) qn trébuche [*o* bute] sur qc
4. (*nicht bestehen*) ■ **jd fällt durch etw** qn échoue à qc, qn est recalé(e) à qc; ■ **jd lässt jdn durch etw** ~ qn fait échouer qn à qc, qn recale qn à qc

5. (*sinken*) ■ **etw fällt** /*Aktie, Kurs, Wert, Wasser, Fluss*/ qc baisse; /*Barometer, Thermometer, Quecksilbersäule a.*/ qc descend; /*Temperatur, Fieber a.*/ qc diminue; ***das Thermometer ist bis auf minus 28° C gefallen*** le thermomètre est descendu jusqu'à moins 28; ***Gold ist deutlich/stark gefallen*** l'or a connu une baisse sensible/a chuté; ***der Dollar fällt immer noch*** la baisse du dollar se poursuit, le dollar continue de baisser
6. MIL ■ **jd fällt** qn tombe à la guerre; ■ **etw fällt** /*Stadt etc*/ qc tombe
7. (*treffen*) ■ **etw fällt auf jdn** /*Wahl, Verdacht*/ qc se porte sur qn
8. (*dringen*) ■ **etw fällt auf/durch/in etw** (*akk*) /*Licht, Schein, Schimmer, Strahl*/ qc tombe sur/passe par/pénètre dans qc
9. (*stattfinden*) ■ **etw fällt auf einen bestimmten Tag** qc tombe un certain jour; ***in diesem Jahr fällt Weihnachten auf einen Montag*** cette année Noël tombe un lundi; ***etw fällt auf den 15.*** qc tombe le 15
10. JUR ■ **etw fällt an jdn** qc revient à qn; ■ **etw fällt in etw** (*akk*) *in die Konkursmasse, in das gemeinschaftliche Vermögen* qc tombe [*o* qc est inclus(e)] dans qc; POL /*Grundstück, Land, Gebiet*/ qc revient à qc
11. (*ergehen*) ■ **etw fällt** /*Beschluss, Entscheidung*/ qc est pris(e); /*Urteil*/ qc tombe, qc est prononcé(e)
12. SPORT ■ **etw fällt** /*Tor, Ausgleichstreffer*/ qc est marqué(e)
13. (*abgegeben werden*) ■ **etw fällt** /*Schuss*/ qc est tiré(e)
14. (*verlauten*) ■ **etw fällt** /*Name, Wort*/ qc est prononcé(e); /*Bemerkung*/ qc est fait(e)
▶ **etw fällt jdm schwer** qc coûte à qn; ***die Entscheidung fällt jdm schwer*** qn a du mal à prendre la décision; **es fällt jdm schwer etw zu tun** qn a du mal [*o* de la difficulté] à faire qc; ***es fällt mir schwer ihn so enttäuschen zu müssen*** cela me coûte de devoir le décevoir; **jd lässt jdn** ~ (*trennt sich*) *Mitarbeiter, Mandatsträger etc* qn laisse tomber qn; **jd lässt etw** ~ (*gibt auf*) qn abandonne qc; (*äußert*) *Bemerkung, Namen, Wort* qn laisse échapper qc; **jd fällt jdm/einer S. anheim** *geh* qn est victime de qn/qc
fällen *vt* 1. (*umhauen*) ■ **jd fällt etw** *Baum, Wald* qn abat qc
2. JUR ■ **jd fällt etw** *Entscheidung* qn prend qc; *Schiedsspruch, Urteil* qn prononce [*o* rend] qc
fallen|lassen * *s.* **fallen** ▶
Fallgrube *f* trappe *f*
fällig *adj* 1. FIN *Rechnung, Steuer, Betrag etc* parvenu(e) à échéance, exigible; ■ **etw ist/wird** ~ qc est payable [*o* exigible]/qc arrive à échéance; ***der Betrag ist bis zum 23./innerhalb von 30 Tagen*** ~ la somme est payable avant le 23/dans les 30 jours
2. (*anstehend*) *Entschuldigung* attendu(e); *Reform a.* en suspens; ■ **etw ist** ~ *fam* qc serait [tout] indiqué(e)
3. *fam* (*geliefert*) ■ **jd ist** ~ qn n'y coupe pas *fam*; ***wenn ich den erwische, der ist*** ~! si je l'attrape, ça va être sa fête! *fam*
Fälligkeit <-, -en> *f* échéance *f*
▶ **bei/nach/vor** ~ à l'/après/avant [l']échéance
Fallobst *nt* fruits *mpl* tombés
Fallout, Fall-out[RR] <-s, -s> ['fɔːlʔaʊt] *m* retombées *fpl* [radioactives]
Fallreep *nt* échelle *f* de coupée
falls *conj* au cas où + *cond*, si + *indic*; ~ ***möglich/nötig*** si possible/nécessaire
Fallschirm *m* parachute *m*
▶ **jd springt mit dem** ~ **ab** qn saute en parachute; **jd wirft etw mit dem** ~ **ab** qn parachute qc
Fallschirmabsprung *m* saut *m* en parachute **Fallschirmjäger(in)** *m(f)* 1. parachutiste *mf*, para *mf fam* 2. (*Einheit*) ■ **die** ~ les parachutistes, les paras *fam* **Fallschirmspringen** *nt* parachutisme *m*; ***beim*** ~ en faisant du parachutisme **Fallschirmspringer(in)** *m(f)* parachutiste *mf*
Fallstrick *m* piège *m*, embûche *f*
▶ **jd legt jdm ~e** qn tend un piège à qn
Fallstudie [-ʃtuːdiə] *f* étude *f* de cas
fällt *3. pers pres von* **fallen**
Falltür *f* trappe *f* **Fallwind** *m* vent *m* rabattant
falsch I. *adj* 1. (*nicht richtig*) faux(fausse); *Gegenstand, Uhrzeit, Datum, Bus, Zug* mauvais(e); ***der Verdacht erwies sich als*** ~ le soupçon s'est révélé non fondé; ***du hast den ~en Schlüssel genommen*** tu as pris la mauvaise clé, tu n'as pas pris la bonne clé; ***sie sah, dass es der ~e Mann war*** elle vit que cet homme n'était pas le bon
2. (*unecht, gefälscht*) *Schmuck, Stein, Ausweis, Pass, Banknote* faux(fausse); *Würfel* truqué(e)
3. *pej* (*hinterhältig*) faux(fausse), hypocrite; ***dieser Kerl ist ein ~er Hund*** ce type est un faux jeton
4. (*unangebracht*) *Scham, Zurückhaltung etc* faux(fausse), mal placé(e); *Pathos* affecté(e)
▶ **jd gerät bei jdm an den F~en/die F~e** avec qn, qn n'a pas choisi la bonne adresse [*o* n'a pas frappé à la bonne porte]; **jd ist irgendwo** ~ qn n'est pas où il faut, qn n'est pas à la bonne adresse; **wie man's macht, ist es** ~ *fam* quoi qu'on fasse, c'est jamais bien [*o* on se plante] *fam*
II. *adv erziehen, informieren, jdn verstehen* mal; *etw verstehen, machen, schreiben, aussprechen a.* de travers; *singen* faux
▶ **jd liegt** [**mit etw**] ~ *fam* qn tombe à côté [avec qc], qn se fourre le doigt dans l'œil [à propos de qc] *fam*; **jd spielt** ~ qn triche
Falsch- faux(fausse); ~***buchung*** erreur *f* comptable; ~***stellung*** position *f* erronée **Falschaussage** *f* faux témoignage *m* ▶ **uneidliche** ~ faux témoignage *m* non fait sous serment
fälschen *vt* ■ **jd fälscht etw** *Ausweis, Pass, Dokument, Urkunde* qn falsifie qc; *Banknoten, Unterschrift a.* qn contrefait qc; *Abrechnungen, Bilanzen, Bücher a.* qn maquille qc
Fälscher(in) <-s, -> *m(f)* faussaire *mf*
Falschfahrer(in) *m(f)* automobiliste *mf* [*o* chauffard *m*] circulant à contresens [sur une autoroute] **Falschgeld** *nt* fausse monnaie *f*
Falschheit <-> *f* ∅ fausseté *f*
fälschlich I. *adj* 1. (*irrtümlich*) *Annahme, Glaube* erroné(e)
2. (*falsch*) *Behauptung, Beschuldigung, Verdächtigung* faux(fausse), mensonger(-ère)
II. *adv* 1. (*irrtümlich*) à tort, de façon erronée
2. (*zu Unrecht*) à tort
fälschlicherweise *adv* 1. (*irrtümlicherweise*) à tort, de façon erronée
2. (*zu Unrecht*) à tort
falsch|liegen *s.* **falsch II.** ▶
Falschmeldung *f* fausse nouvelle *f* **Falschmünzer(in)** <-s, -> *m(f)* faux-monnayeur/fausse-monnayeuse *m/f* **Falschmünzerei** <-, -en> *f* fabrication *f* de fausse-monnaie **Falschparker(in)** *m(f)* automobiliste *mf* mal garé(e) **falsch|spielen** *s.* **falsch II.** ▶. **Falschspieler(in)** *m(f)* tricheur(-euse) *m(f)*
Fälschung <-, -en> *f* 1. ∅ (*das Fälschen*) falsification *f*; [*Banknoten, Unterschrift a.*] contrefaçon *f*
2. (*gefälschte Sache*) faux *m*; [*Gemälde a.*] copie *f*
fälschungssicher *adj* infalsifiable
Falsett <-[e]s, -e> *nt* voix *f* de fausset [*o* de tête]
▶ **jd singt** ~ qn chante en voix de tête [*o* de fausset]
Falsifikat <-[e]s, -e> *nt geh* faux *m*; (*Gemälde a.*) copie *f*
Faltblatt *nt* dépliant *m* **Faltboot** *nt* canot *m* pliant
Fältchen <-s, -> *nt* (*Hautfalte*) ride *f*, ridule *f*
Falte <-, -n> *f* 1. [*Kleidungsstück, Papier*] pli *m*; (*Knitter~*) [faux] pli *m*; [*Stoff, Vorhang etc*] fronce *f*
2. (*Haut~*) ride *f*
▶ **jd legt etw in ~n** *Stoff* qn plisse qc; **jd legt** [*o* **zieht**] **etw in ~n** *Stirn* qn plisse qc; **etw wirft ~n** qc fait des plis
falten *vt* 1. (*zusammen~*) ■ **jd faltet etw** *Brief, Papierbogen, Wäschestück* qn plie qc; *Hände* qn joint qc; ***Briefe müssen zweimal gefaltet werden*** les lettres doivent être pliées deux fois
2. (*in Falten legen*) ■ **jd faltet etw** *Stirn* qn plisse qc
▶ **jd faltet etw auseinander** *Karte, Zeitung etc* qn déplie qc
faltenlos *adj Gesicht, Haut* lisse, sans rides
Faltenrock *m* jupe *f* plissée
Falter <-s, -> *m* papillon *m*
faltig *adj* 1. (*zerknittert*) froissé(e)
2. *Gesicht, Haut* ridé(e); ***etw wird*** ~ qc se ride
Faltkarton [-kartɔŋ, -kartõː, -kartoːn] *m* carton *m* pliant
Falz <-es, -e> *m* 1. [*Papier*] pliure *f*, pli *m*
2. TECH rainure *f*
falzen *vt* ■ **jd falzt etw** *Papierbogen* qn plie qc
Fam. *abk von* **Familie**
familiär I. *adj* 1. (*die Familie betreffend*) familial(e)
2. *Atmosphäre* décontracté(e), relax[e] *fam*; *Umgangston* familier(-ière)
II. *adv* (*zwanglos*) familièrement; ***da geht es*** ~ ***zu*** tout se passe sans façon [*o* à la bonne franquette *fam*]
Familie <-, -n> [-liə] *f* famille *f*; ***kinderreiche/vielköpfige ~n*** familles nombreuses; ***etw bleibt in der*** ~ qc ne sort pas de la famille
▶ **das kommt in den besten ~n vor** *fam* ça peut arriver à tout le monde; **jd ist aus guter** ~ qn est [issu(e)] de bonne famille; **jd gehört zur** ~ qn fait partie de la famille; **jd gründet eine** ~ *geh* qn fonde une famille; **jd hat** ~ *fam* qn a de la famille *fam*; **etw liegt in der** ~ qc est de famille
Familien- [-liən-] 1. (*einer bestimmten Familie gehörend*) *-grab, -gruft, -schmuck, -stück* de famille; *-bibel, -sitz, -wappen* familial(e) 2. (*eine bestimmte Familie betreffend*) *-chronik, -geschichte, -glück, -serie, -tragödie* familial(e); *-album, -bild* de famille; ~***ähnlichkeit*** air *m* de famille; ~***ehre*** honneur *m* familial [*o* de la famille]; ~***roman*** roman *m* d'une famille, saga *f* 3. POL *-amt, -minister, -ministerium* de la famille; *-fragen, -politik, -ressort* familial(e) 4. (*speziell für Familien*) *-beratung, -freizeit, -gottesdienst, -telefon, -therapie, -unterstützung, -zulage* familial(e); ~***ausweis*** carte *f* familiale; ~***helferin*** aide *f* familiale; ~***hilfe*** aide *f* à la famille 5. COM: ~***flasche*** magnum *m*, bouteille *f* familiale; ~***packung*** paquet *m* géant [*o* familial] **Familienangehörige(r)** *f(m) decl wie adj* membre *m* de la famille, parent(e) *m(f)* **Familienbeihilfe** *f* AUS (*Kindergeld*) ≈ allocations *fpl* familiales **Familienbesitz** *m* propriété *f* familiale [*o* de famille] ▶ **etw ist** [*o* **befindet sich**] **in** ~ qc est propriété familiale **Familienbetrieb** *m* entreprise *f* familiale **Familienbuch** *nt* livret *m* de famille **Familienfeier** *f* réunion *f* familiale **Familienfest** *nt* fête *f* de famille **Familienkreis** *m* cercle *m* de famille; ***im engsten*** ~ dans la plus stricte intimité **Familienleben** *nt* ∅ vie *f* familiale [*o* de famille] **Familienmitglied** *nt* membre *m* de la famille **Familienname** *m* nom *m* de famille, patronyme *m littér*; ***jd heißt Braun mit ~n*** le nom de famille de qn est Braun **Familienoberhaupt** *nt* chef *m* de famille **Familienplanung** *f* planning *m* familial **Familienrecht** *nt* droit *m* familial **Familienstand** *m* situation *f* de famille **Familienunternehmen** *nt* entreprise *f* familiale **Familienvater** *m* père *m* de famille **Familienverhältnisse** *pl* situation *f* familiale **Familienvorstand** *m form s.* **Familienoberhaupt. Familienzusammenführung** *f* rapprochement *m* familial [*o* de famille] **Familienzuwachs** *m* agrandissement *m* de la famille ▶ **jd erwartet** ~ qn attend une naissance, la famille de qn va s'agrandir; **jd bekommt** [*o* **kriegt**] ~ qn va avoir un enfant; ***jd hat*** ~ ***bekommen*** qn a eu un enfant
famos *adj veraltend fam Idee, Sache, Vorschlag* épatant(e) *fam*; *Mensch, Kerl a.* du tonnerre *fam*
Famulus <-, Famuli> *m veraltend geh* étudiant *m* en médecine stagiaire
Fan <-s, -s> [fæn] *m* [*Filmstar, Sängerin etc*] fan *mf*; [*Fußballmannschaft, Sportart etc*] supporter *mf*
Fanal <-s, -e> *nt geh* signal *m*

▸ **jd setzt mit etw ein** ~ qn lance un appel par qc [*o* en faisant qc]

Fanatiker(in) <-s, -> *m(f)* fanatique *mf*

fanatisch I. *adj Mensch* fanatique; *Schrei, Ruf* frénétique
II. *adv* fanatiquement

fanatisiert *adj* fanatisé(e)

Fanatismus <-> *m* Ø fanatisme *m*

Fanclub ['fænklʊb] *m* fan-club *m*

fand *imp von* **finden**

Fanfare <-, -n> *f* 1. MUS (*Instrument*) clairon *m*, trompette *f* de cavalerie; (*Signal, Musik*) fanfare *f*
2. AUT klaxon *m* italien [*o* à trois tons]

Fang[1] <-[e]s, ¨e> *m* 1. Ø (*das Fangen*) [*Pelztiere*] chasse *f* (*eines Tiers* à un animal); [*Fische*] pêche *f* (*eines Fisches* à un poisson); [*wilde Tiere*] capture *f*
2. (*Beute*) [*Tier*] proie *f*; [*Mensch*] prise *f*
▸ **jd macht [mit jdm/etw] einen guten** ~ qn fait [avec qn/qc] une belle prise; ***die Polizei hat einen guten ~ gemacht*** la police a réussi un beau coup de filet; **etw läuft zum ~ aus** qc sort en mer

Fang[2] <-[e]s, ¨e> *m meist pl* (*Kralle*) serre *f*; (*Reißzahn*) croc *m*
▸ **jd gerät in jds ¨e** *fam* qn tombe dans les griffes de qn; **jd hat jdn/etw in seinen ¨en** *fam* qn a qn/qc en son pouvoir; **jd ist in jds ¨en** *fam* qn est sous la coupe de qn

Fangarm *m* tentacule *m*

fangen <fängt, fing, gefangen> I. *vt* 1. (*festnehmen*) ■ **jd fängt jdn** *Täter, Verbrecher* qn arrête qn
2. (*erbeuten*) ■ **jd fängt ein Tier** qn attrape un animal; *Pelztier a.* qn capture un animal; *Fisch a.* qn prend un animal; ■ **ein Tier fängt ein Tier** un animal attrape un animal; / *Katze a.*/ un animal capture un animal
3. (*erhaschen*) ■ **jd fängt etw** qn attrape qc
▸ **jd hält jdn ge~** (*hält in Gefangenschaft*) qn retient prisonnier(-ière) qn, qn maintient qn en captivité; **etw hält jdn/jds ... ge~** (*nimmt in Anspruch*) *Aufmerksamkeit* qc captive qn/... de qn; **jd nimmt jdn ge~** MIL qn fait qn prisonnier(-ière), qn capture qn; JUR qn arrête qn
II. *vi* ■ **jd fängt** qn attrape
▸ **jd spielt F~** qn joue à chat perché
III. *vr* 1. (*in eine Falle geraten*) ■ **ein Tier fängt sich in etw** (*dat*) un animal est pris(e) à qc
2. (*das Gleichgewicht wiedererlangen*) ■ **jd fängt sich** qn reprend l'équilibre
3. (*sich beruhigen*) ■ **jd fängt sich [wieder]** qn se ressaisit, qn se retrouve

Fangflotte *f* flotte *f* de pêche **Fangfrage** *f* question *f* piège, colle *f fam*
▸ **jd stellt [jdm] eine** ~ qn pose [à qn] une question vicieuse [*o* une colle *fam*] **Fanggründe** *pl* zone *f* poissonneuse **Fangnetz** *nt* filet *m* **Fangquote** *f* quota *m* de pêche **Fangschaltung** *f* système *m* de détection de la provenance des appels **Fangschiff** *nt* bateau *m* de pêche **Fangschuss**[RR] *m* coup *m* de grâce

fängt *3. pers pres von* **fangen**

Fangvorrichtung *f* récepteur *m* mobile de localisation d'un appel **Fangzahn** *m* croc *m*

Fanpost ['fæn-] *f* lettres *fpl* de fans

Fantasie <-, -n> [-'ziːən] *f* 1. Ø (*Einbildungsvermögen*) imagination *f*
2. *meist pl* (*Fantasterei*) fantasme *m*
3. MUS fantaisie *f*
▸ **jd hat eine lebhafte [*o* blühende] [*o* rege]** ~ qn a une imagination débordante; **jd hat eine krankhafte** ~ qn a une imagination maladive; **jd hat eine schmutzige** ~ qn a l'esprit mal tourné

fantasiebegabt[RR] *adj geh s.* **fantasievoll. Fantasiegebilde**[RR] *nt* créature *f* imaginaire [*o* fantasmagorique]

fantasielos[RR] *adj* dépourvu(e) d'imagination

Fantasielosigkeit[RR] <-> *f* Ø absence *f* d'imagination

fantasieren[RR] * I. *vi* 1. (*fabulieren*) ■ **jd fantasiert [von jdm/etw]** qn affabule [*o* fabule] [à propos de qn/qc]
2. MED ■ **jd fantasiert** qn délire
II. *vt* ■ **jd fantasiert etw** qn invente qc

fantasievoll[RR] I. *adj Mensch* imaginatif(-ive), plein(e) d'imagination; *Darstellung, Erzählung, Wiedergabe* inventif(-ive), plein(e) d'imagination
II. *adv* avec beaucoup d'imagination [*o* d'inventivité]

Fantast(in)[RR] <-en, -en> *m(f)* utopiste *mf*, rêveur(-euse) *m(f)*

Fantasterei[RR] <-, -n> *f geh* fantasme *m*

fantastisch[RR] I. *adj* 1. *fam* (*toll*) formidable; *Figur, Stimme a.* fantastique; *Kleidungsstück, Sitz a.* exceptionnel(le), merveilleux(-euse)
2. *attr* (*unglaublich*) *Entfernung, Geschwindigkeit, Höhe, Versprechungen, Wert* phénoménal(e), fantastique, incroyable
3. *geh* (*illusionär*) *Gedankenwelt, Vorstellung* fantastique, fantasmagorique
II. *adv* 1. *fam* (*toll*) merveilleusement [bien]; ***es duftet/riecht*** ~ ça sent vachement bon *fam*; ***das Essen schmeckt*** ~ le repas est vachement bon *fam*
2. (*unglaublich*) de façon fantastique; ***der Wagen beschleunigt*** ~ la voiture a des accélérations fantastiques [*o* phénoménales]; ***was ich sage, mag ~ klingen*** ce que je dis peut sembler extraordinaire

Fantasy- ['fæntəzi-] fantastique

Farb- (*die Farbe betreffend*) de couleur; (*Farben betreffend*) de[s] couleurs; (*in Farbe, farbig*) [en] couleur[s]; ~***fotografie*** photographie *f* en couleurs; ~***festiger*** fixateur *m* de couleur; ~***grafik*** graphique *m* en couleurs; ***mit vielen ~tafeln*** avec beaucoup d'illustrations en couleurs; ~***mine*** mine *f* de couleur **Farbband** <-bänder> *nt* [*Schreibmaschine*] ruban *m* **Farbbeutel** *m* sachet *m* de peinture

Farbe <-, -n> *f* 1. (*Farbton*) couleur *f*; [*Kleidung, Stoff a.*] coloris *m*; [*Gesicht a.*] teint *m*
2. (*Anstrich, Substanz*) peinture *f*; (*Färbemittel*) [*Kleidung*] couleur *f*
3. *pl* (*optisches Symbol*) [*Land, Konzern, Verein*] couleurs *fpl*
4. KARTEN couleur *f*
▸ **jd malt [*o* schildert] etw in den schwärzesten ~n** qn peint qc en noir; **jd bekennt [endlich]** ~ (*legt seine Absicht, Meinung offen*) qn cesse son petit jeu, qn révèle son jeu, qn annonce la couleur; (*gibt alles zu*) qn joue [enfin] franc jeu [*o* cartes sur table]; **jd bekommt** ~ qn prend des couleurs; **in** ~ en couleurs

farbecht *adj* grand teint *inv*

Färbemittel *nt* teinture *f*

färben I. *vt* 1. ■ **jd färbt etw** *Kleidungsstück, Stoff, Haar* qn teint qc; ***jd färbt jdm/sich die Haare [blond/rot]*** qn lui/se teint les cheveux [en blond/en roux]
2. (*einen bestimmten Anstrich geben*) ■ **jd färbt etw ...** *humoristisch, politisch* qn donne une tournure ... à qc; ***politisch/rassistisch/humoristisch gefärbt*** qui a des connotations politiques/racistes/humoristiques
II. *vi* ■ **etw färbt** qc déteint
III. *vr* ■ **etw färbt sich** qc se colore; ■ **etw färbt sich irgendwie** *rot, orange* qc se teint en qc; ***die Blätter/Äpfel ~ sich gelb/rot*** les feuilles/pommes jaunissent/rougissent; ***der Himmel färbt sich orange*** le ciel prend des teintes orangées, le ciel se teint en orange

Farben- *-palette, -kasten* de couleurs; *-lehre, -spiel, -symbolik* des couleurs; *-druck, -holzschnitt* en couleurs; *-industrie* des colorants; ~***geschäft*** droguerie *f* **farbenblind** *adj* daltonien(ne) **farbenfroh** *adj* très coloré(e), bigarré(e) **Farbenpracht** *f geh* couleurs *fpl* somptueuses **farbenprächtig** *adj geh* chamarré(e), aux couleurs somptueuses

Färber(in) <-s, -> *m(f)* teinturier(-ière) *m(f)*

Färberei <-, -en> *f* teinturerie *f*

Farbfernsehen *nt* télévision *f* en couleur **Farbfernseher** *m fam* télé *f* couleur *fam* **Farbfernsehgerät** *nt* téléviseur *m* couleur **Farbfilm** *m* film *m* couleur **Farbfilter** *m* filtre *m* coloré **Farbgebung** <-, -en> *f* teinte *f*

farbig I. *adj* 1. (*bunt*) *Glas, Kleidungsstück, Stoff, Tapete* de couleur; *Passbild, Postkarte* en couleur; (*mehrfarbig*) coloré(e)
2. (*anschaulich*) coloré(e)
3. *attr* (*nicht weiß*) *Bevölkerung, Mensch* de couleur
II. *adv* 1. *anstreichen, streichen* en couleur
2. *schildern, berichten, beschreiben* d'une manière colorée

färbig *adj* AUS *s.* **farbig 1.**

Farbige(r) *f(m) decl wie adj* homme/femme *m/f* de couleur

Farbkasten *m* boîte *f* de couleurs **Farbkopierer** *m* photocopieuse *f* [*o* [photo]copieur *m*] couleur

farblich I. *adj* de couleurs; ***die ~e Qualität dieser Fotos lässt zu wünschen übrig*** les couleurs de ces photos laissent à désirer
II. *adv harmonisch, einwandfrei* sur le plan des couleurs; ***jd stimmt etw ~ mit etw [o auf etw (akk)] ab*** qn coordonne qc à qc [*o* les couleurs de qc et de qc]; ***Dinge sind ~ aufeinander abgestimmt*** des choses sont coordonnées

farblos *adj* 1. (*ohne Farbe*) incolore
2. (*nicht anschaulich*) *Bericht, Schilderung* plat(e), insipide; (*unauffällig*) *Mensch* terne, insipide

Farbmonitor *m* moniteur *m* couleur **Farbscanner** [-skænɐ] *m* scanne[u]r *m* couleur **Farbstift** *m* (*Buntstift*) crayon *m* de couleur; (*Kugelschreiber*) stylo *m* à bille de couleur; (*Filzstift*) feutre *m* de couleur **Farbstoff** *m* 1. (*Färbemittel*) colorant *m* 2. (*Pigment*) pigment *m*; [*Pflanze a.*] matière *f* colorante **Farbton** <-töne> *m* ton *m*, teinte *f*; [*Haar*] teinte *f* **Farbtupfer** *m*: ***jd/etw wirkt wie/ist ein*** ~ qn/qc apporte une note *f* de couleur [*o* de gaieté]

Färbung <-, -en> *f* 1. Ø (*das Färben*) [*Textilien, Wolle etc*] teinture *f*; ***zur ~ von Butter/für die ~ von Lebensmitteln*** pour colorer le beurre/les matières alimentaires
2. (*Tönung*) [*Haut, Wasser*] couleur *f*
3. (*Einschlag*) tonalité *f*; ***die ironische ~ dieses Films/Romans*** le ton ironique de ce film/roman

Farce <-, -n> ['farsə] *f* (*alle Bedeutungen*) farce *f*

Farm <-, -en> *f* ferme *f*, exploitation *f* agricole; (*Geflügel~, Pelztier~*) ferme *f* d'élevage intensif; (*Rinder~ bes. in Amerika*) ranch *m*

Farmer(in) <-s, -> *m(f)* fermier(-ière) *m(f)*, exploitant(e) *m(f)* agricole

Farmhaus *nt* ferme *f*

Farn <-[e]s, -e> *m*, **Farnkraut** *nt* fougère *f*

Fasan <-s, -e[n]> *m* faisan *m*

faschieren * *vt* AUS ■ **jd faschiert etw** qn hache qc
▸ **faschierter Braten** rôti *m* de viande hachée; **faschiertes Laibchen** boulette *f* de viande

Faschiermaschine *f* AUS (*Fleischwolf*) hache-viande *m*

Faschierte(s) *nt decl wie adj* AUS viande *f* hachée

Fasching <-s, -e *o* -s> *m* SDEUTSCH carnaval *m*

Faschings- SDEUTSCH *-ball, -kostüm, -umzug* de carnaval; ~***dienstag*** mardi *m* gras; ~***krapfen*** beignet *m*; ~***prinz*** prince *m* Carnaval; ~***prinzessin*** princesse *f* Carnaval; ~***zeit*** carnaval *m*

Faschismus <-> *m* Ø fascisme *m*

Faschist(in) <-en, -en> *m(f)* fasciste *mf*

faschistisch *adj* fasciste

Faselei <-, -en> *f pej fam* histoires *fpl*, sottises *fpl*, inepties *fpl*, sornettes *fpl fam*; ***jd sollte mit der ~ von etw aufhören*** qn devrait arrêter de raconter des sottises sur qc

faseln I. *vi pej fam* ■ **jd faselt** qn divague, qn débite des sornettes *fam*, qn déraille *fam*, qn débloque *fam*
II. *vt pej fam* ■ **jd faselt etw** qn radote qc *fam*; ***was faselst du da von einem Millionengewinn?*** qu'est-ce que tu me chantes, tu as/il a/... gagné des millions?

Faser <-, -n> *f* (*alle Bedeutungen*) fibre *f*
fas[e]rig *adj* fibreux(-euse); *Fleisch, Spargel* filandreux(-euse)
fasern *vi* ■ **etw fasert** */Gewebe, Stoff/* qc s'effiloche
Fasnacht *f* DIAL *s.* **Fastnacht**
fasrig *adj s.* **faserig**
Fass[RR] <-es, Fässer>, **Faß** <-sses, Fässer> *nt* tonneau *m;* (*Wein~ a., Schnaps~*) fût *m*, futaille *f;* (*kleineres ~*) baril *m;* (*größeres ~*) barrique *f;* (*Herings~*) caque *f*, baril *m;* (*Giftmüll~*) fût *m;* (*Öl~*) bidon *m*
▸ **ein ~ ohne Boden** un vrai gouffre; **das schlägt dem ~ den Boden aus!** *fam* faut tout de même pas pousser! *fam;* **etw bringt das ~ zum Überlaufen** qc fait déborder le vase; ***das bringt das ~ zum Überlaufen*** c'est la goutte qui fait déborder le vase; **jd füllt etw in Fässer** qn met qc en tonneau[x]; *Wein a., Schnaps* qn met qc en fûts, qn enfûte qc; **vom ~** *Bier* [à la] pression; *Wein* (*im Geschäft*) en tonneau, en fût; (*im Restaurant*) au tonneau, à la tireuse
Fassade <-, -n> *f* façade *f;* ***jd versucht die ~ aufrechtzuerhalten*** qn essaie de sauver les apparences [*o* les meubles *fam*]
▸ **etw ist nur ~** qc n'est que pure façade [*o* qu'une façade]
Fassbier[RR] *nt* bière *f* [à la] pression, pression *f*
Fässchen[RR], **Fäßchen** <-s, -> *nt dim von* **Fass** (*sehr kleines Fass*) tonnelet *m;* (*Wein~, Schnaps~ a.*) petit fût *m;* (*kleines Fass*) baril *m*
fassen I. *vt* 1. (*ergreifen*) ■ **jd fasst etw** qn saisit qc; *Hand, Arm a.* qn prend qc; ■ **jd fasst jdn an etw** (*dat*)/**bei etw** qn prend qn par qc; ■ **jd fasst etw an etw** (*dat*) qn saisit qc par qc
2. (*festnehmen*) ■ **jd fasst jdn** qn arrête qn
3. ■ **jd fasst etw** *Beschluss, Entschluss, Vorsatz* qn prend qc; ***hier kann man keinen klaren Gedanken ~*** on ne peut pas se concentrer ici
4. (*begreifen*) ■ **jd fasst etw** qn réalise qc; ***jd kann sein Glück kaum ~*** qn n'arrive pas à croire à une telle chance; ***kann man so etwas überhaupt ~!*** c'est inimaginable!; ***ist es noch zu ~, ...!*** ce n'est pas croyable, ...!
5. (*enthalten können*) ■ **etw fasst etw** qc peut contenir qc
6. (*ein~*) ■ **jd fasst etw [in etw** (*akk*)] *Edelstein* qn monte qc [sur qc]
▸ **jd kann es nicht ~** qn n'arrive pas à y croire; **jd kann es nicht ~, dass** qn n'arrive pas à croire que; **[es ist] nicht zu ~** ça alors!
II. *vi* 1. (*greifen*) ■ **etw fasst** */Reifen/* qc adhère; */Schraube/* qc mord; ***ein Zahnrad/Rädchen fasst ins andere*** une roue dentée/petite roue s'engrène dans la suivante
2. (*berühren*) ■ **jd fasst an etw** (*akk*) qn touche qc avec la main/les mains; ■ **jd fasst in etw** (*akk*) qn met la main/les mains dans qc; ***jd fasst vorsichtig an etw*** qn touche prudemment qc [du doigt/de la main]
3. ■ **ein Hund fasst [nach etw]** un chien mord [qc]; ***fass!*** mords!
III. *vr* ■ **jd fasst sich** qn se calme, qn se ressaisit, qn se remet
fässerweise *adv* par tonneaux entiers; (*in Weinfässern*) par fûts entiers; (*in Ölfässern*) par bidons entiers
Fassette[RR] *s.* **Facette**
Fassettenauge[RR] *s.* **Facettenauge**
Fasson <-, -s> [fa'sõ, fa'sɔŋ] *f* [*Kleidung*] tenue *f*
▸ **jeder soll nach seiner** [*o* **auf seine**] **~ selig werden** *prov* chacun vit sa vie; **jd gerät aus der ~** *fam* qn perd la ligne *fam*
Fassreif[en][RR] *m* cerceau *m*
Fassung <-, -en> *f* 1. [*Edelstein, Perle, Brille*] monture *f*
2. [*Glühbirne, Sicherung*] douille *f*
3. (*Bearbeitung, Wortlaut*) [*Roman, Text, Lied, Film*] version *f*
4. ∅ (*Selbstbeherrschung*) maîtrise *f* de soi/de lui-même/d'elle-même/...
▸ **jd bewahrt die ~** qn reste impassible, qn garde son sang-froid; **jd/etw bringt jdn aus der ~** qn/qc fait perdre son sang-froid à qn; **jd gerät außer ~** qn perd son sang-froid; **jd trägt etw mit ~** qn supporte qc avec stoïcisme; *Misserfolg, Niederlage* qn encaisse qc avec stoïcisme; **jd verliert die ~** qn perd son sang-froid
fassungslos I. *adj Blick, Gesicht, Staunen* décontenancé(e); ■ **jd ist ~** qn n'arrive pas à réaliser, qn est stupéfait(e), qn est interdit(e)
II. *adv* avec stupeur, avec stupéfaction
Fassungslosigkeit <-> *f* ∅ stupeur *f*
Fassungsvermögen *nt* [*Becken, Glas, Krug*] contenance *f;* [*Tank, Schwimmbecken a.*] capacité *f*
Fasswein[RR] *m* vin *m* en fût
fassweise[RR] *adv* par tonneau entier; (*in Weinfässern*) par fût entier
fast *adv* presque; ***~ hätte ich's vergessen*** j'ai failli oublier; pour un peu, j'aurais oublié; ***~ wäre er gestürzt*** il a failli tomber; ***das ist mir ~ schon egal*** je m'en fous pratiquement *fam;* ***nicht so fest, du erdrückst mich ja ~!*** pas si fort, tu vas m'écraser!
fasten *vi* ■ **jd fastet** qn est à la diète; REL qn jeûne, qn observe un jeûne; ■ **das F~** la diète; REL le jeûne; ***ich sollte mal ~*** je devrais me mettre à la diète
Fastenkur *f* cure *f* d'amaigrissement ▸ **jd macht eine ~** qn suit une cure d'amaigrissement **Fastenzeit** *f* carême *m*
Fastfood[RR], **Fast Food**[RR] <-> ['fa:stfu:d] *nt* ∅ prêt-à-manger *m*, restauration *f* rapide; ***er ernährt sich nur von ~*** il ne mange que dans les fast-foods
Fastfood- ['fa:stfu:d-] *-branche, -markt, -verpackung* de la restauration rapide; *-kette, -konzern, -hersteller* de restauration rapide; ***~betrieb/~restaurant*** fast-food *m*
Fastnacht *f* ∅ DIAL carnaval *m;* (*Fastnachtsdienstag*) mardi *m* gras
Fastnachts- DIAL *s.* **Faschings-**
Fasttag *m* jour *m* de diète; REL jour *m* de jeûne
▸ **jd legt einen ~ ein, jd macht einen ~** qn fait une diète d'une journée
Faszination <-> *f* ∅ fascination *f;* ***er/sie erliegt der ~ einer S.*** (*gen*) il/elle cède à la fascination qu'exerce sur lui/elle qc
▸ **jd/etw übt eine ~ auf jdn aus** qn/qc exerce une fascination sur qn
faszinieren * I. *vt* ■ **jd fasziniert jdn [mit etw]** qn fascine qn [par qc]; ■ **etw fasziniert jdn [an jdm/etw]** ce qui séduit [*o* fascine] qn [chez qn/dans qc], c'est/ce sont qc
II. *vi* ■ **etw fasziniert [an jdm/etw]** ce qui est séduisant [chez qn/dans qc], c'est/ce sont qc
faszinierend *adj* fascinant(e); *Lächeln* ensorcelant(e); *Gedanke, Idee, Vorstellung* séduisant(e); ***ihre ~e Ausstrahlung*** la fascination qui émane d'elle
fatal *adj geh* 1. (*verhängnisvoll*) *Fehler, Folgen, Irrtum* fatal(e)
2. (*peinlich*) *Fauxpas, Gefühl, Irrtum* affreux(-euse); ■ **etw ist ~** qc est une catastrophe
Fatalismus <-> *m* ∅ *geh* fatalisme *m*
Fatalist(in) <-en, -en> *m(f)* fataliste *mf*
Fata Morgana <- -, - Morganen *o* -s> *f* mirage *m*
Fatzke <-n *o* -s, -n *o* -s> *m pej fam* petit con *m fam*, prétentieux *m*
fauchen *vi* 1. ■ **ein Tier faucht** un animal crache [*o* feule]
2. ■ **jd faucht** qn siffle
faul *adj* 1. (*opp: fleißig*) paresseux(-euse)
2. (*verfault*) *Lebensmittel* pourri(e), avarié(e); *Wasser* putride; *Holz, Blätter, Laub* pourri(e); (*faulig*) *Geschmack, Geruch* de pourri; ***hier riecht es so ~*** ça sent vraiment le pourri ici
3. *pej fam Ausrede* mauvais(e) *antéposé*, douteux(-euse); *Kredit* hasardeux(-euse); *Kunde* douteux(-euse); *Kompromiss* boiteux(-euse); ■ **an etw** (*dat*) **ist etwas ~** *fam* il y a quelque chose de pas net [*o* de louche] dans qc *fam*
▸ **nicht ~** aussi sec *fam*
faulen *vi* + *sein o haben* ■ **etw fault** qc pourrit; */Wasser/* qc croupit; ***~des Gemüse*** des légumes avariés
faulenzen *vi* ■ **jd faulenzt** qn ne fait rien, qn fainéante, qn glande *fam*, qn flemmarde *fam;* ***es ist lange genug gefaulenzt worden!*** assez glandé [*o* flemmardé] [comme ça]! *fam;* ***das lange F~ macht träge*** rester à ne rien faire rend indolent; ***er verbringt seinen Urlaub mit F~*** il passe ses vacances à ne rien faire [*o* à glander *fam*] [*o* à flemmarder *fam*]
Faulenzer(in) <-s, -> *m(f) pej* fainéant(e) *m(f)*, feignant(e) *m(f) fam*
Faulenzerei <-, *rare* -en> *f pej* fainéantise *f*
Faulheit <-> *f* ∅ paresse *f*
▸ **jd stinkt vor ~** *pej fam* qn est un(e) sale feignant(e) *fam*, qn est vraiment partisan(e) du moindre effort, qn a un poil dans la main *fam*
faulig *adj Lebensmittel* pourri(e); *Obst a.* gâté(e); *Wasser* putride, croupi(e); *Geschmack* de pourri; *Geruch* putride, fétide, de pourri
▸ **etw riecht/schmeckt ~** qc sent le pourri/a un goût de pourri; */Wasser/* qc dégage une odeur fétide/qc a un goût fétide
Fäulnis <-> *f* ∅ [*Kadaver, Leichnam*] décomposition *f*, putréfaction *f;* [*Getreide, Holz*] pourriture *f*
▸ **etw geht in ~ über** */Lebensmittel/* qc se met à pourrir; */Kadaver, Leiche/* qc se putréfie
Faulpelz *m pej fam* feignant(e) *m(f) fam* **Faulschlamm** *m* [*Teich*] vase *f;* [*Klärbecken*] boues *fpl* **Faultier** *nt* 1. ZOOL paresseux *m* 2. *fam s.* **Faulpelz**
Faun <-[e]s, -e> *m* faune *m*
Fauna <-, Faunen> *f* faune *f*
Faust <-, Fäuste> *f* poing *m*
▸ **jd passt zu jdm wie die ~ aufs Auge** *fam* (*harmoniert nicht*) qn et qn ne sont pas du tout assorti(e)s, qn et qn ne vont pas ensemble; (*harmoniert*) qn et qn sont fait(e)s l'un(e) pour l'autre [*o* sont parfaitement assorti(e)s]; **etw passt [zu etw] wie die ~ aufs Auge** *fam* (*harmoniert nicht*) qc n'est pas du tout assorti(e) [à qc]; (*ist eine unangebrachte Bemerkung*) qc vient comme un cheveu sur la soupe *fam;* (*harmoniert*) qc est parfaitement assorti(e) [à qc]; **jd ballt die ~/Fäuste in der Tasche** qn ravale sa colère, qn serre les poings; **jd schlägt mit der ~ auf den Tisch** qn tape du poing sur la table; **auf eigene ~** *vorgehen, fahren* de ma/sa/... propre initiative; *handeln, genehmigen, etw unternehmen a.* de mon/son/... propre chef; *reisen* par ses propres moyens; ***er/sie will ein Land auf eigene ~ kennen lernen*** il/elle veut découvrir un pays par lui-même/elle-même; **mit eiserner ~** avec une extrême fermeté; *regieren a.* avec une poigne de fer; **jd ballt die [Hand zur] ~** qn serre le poing; *fig* (*aus Wut*) qn brandit [*o* montre] le poing
Fäustchen <-s, -> *nt dim von* **Faust** petit poing *m*
▸ **jd lacht sich** (*dat*) **ins ~** *fam* qn ricane [*o* se marre] dans son coin *fam*, qn rit sous cape [*o* dans sa barbe] *fam*
faustdick *adj fam* 1. *s.* **faustgroß**
2. *fam* (*unerhört*) *Lüge* grossier(-ière)
▸ **jd trägt ~ auf** *fam* qn en rajoute *fam*
Fäustel <-s, -> *m* massette *f*
Faustfeuerwaffe *f* arme *f* de poing **faustgroß** *adj* gros(se) comme le poing **Fausthandschuh** *m* moufle *f* **Faustkeil** *m* coup-de-poing *m*
Fäustling <-s, -e> *m s.* **Fausthandschuh**
Faustpfand *nt* gage *m* **Faustrecht** *nt* ∅ droit *m* du plus fort; ***er/sie wendet das ~ an*** il/elle se fait justice [lui-même/elle-même] **Faustregel** *f* règle *f* générale; ***als ~ gilt: 45 m² für eine Person*** en règle générale, on compte 45 m² par personne **Faustschlag** *m* coup *m* de poing; ***jd versetzt jdm einen ~*** qn donne [*o* assène] un coup de poing à qn
Fauxpas <-, -> [fo'pa] *m geh* manque *m* de savoir-vivre
▸ **jd begeht einen ~** qn commet un impair
favorisieren * [-vo-] *vt geh* ■ **jd favorisiert jdn** qn favorise qn
Favorit(in) <-en, -en> [-vo-] *m(f)* favori(te) *m(f)*
Fax <-, -e> *nt* fax *m;* (*Übermittlungsverfahren a.*) télécopie *f;* (*Gerät*) [télé]fax *m*, télécopieur *m;* ***jd schickt etw per ~*** qn envoie qc par fax
Fax- de/du fax; ***~anschluss*** prise *f* [de] fax; ***ein Computer mit ~anschluss*** un ordinateur avec carte fax [*o* télécopie]; ***~gerät*** télécopieur *m*, [télé]fax *m;* ***~nummer*** numéro *m* de fax [*o* de télécopie]; ***~papier*** papier *m* pour télécopieur

faxen I. *vi* ■ **jd faxt [jdm]** qn envoie un fax [à qn]
II. *vt* ■ **jd faxt etw [an jdn]** qn faxe qc [à qn]

Faxen *pl fam* (*Albereien*) gamineries *fpl;* (*Grimassen*) singeries *fpl*
▶ **jd hat die ~ dicke** *sl* qn en a ras le bol *fam;* ***langsam habe ich die ~ dicke!*** je commence à en avoir ras le bol! *fam;* **jd macht ~** *sl* qn fait le con *fam;* **keine ~: *Hände hoch und keine ~!*** haut les mains et ne fais pas le malin/ne faites pas les malins!

Fayence <-, -n> [fa'jã:s] *f* faïence *f*

Fazit <-s, -s *o* -e> *nt* bilan *m;* [*Bemühungen*] résultat *m;* ***Fazit: …*** conclusion: …
▶ **jd zieht das ~ aus etw** qn dresse le bilan de qc

FCKW <-s, -s> [ɛftse:ka:'ve:] *m abk von* **Fluorchlorkohlenwasserstoff** C.F.C. *m*

FCKW-frei [ɛftse:ka:'ve:-] *adj* sans C.F.C.

FDP <-> [ɛfde:'pe:] *f* CH *abk von* **Freisinnig-demokratische Partei** *Parti radical-démocrate*

F.D.P. <-> [ɛfde:'pe:] *f abk von* **Freie Demokratische Partei** *parti libéral allemand*

Feature <-s, -s> ['fi:tʃɐ] *nt* document *m* exclusif

Feber <-s, -> *m* AUS *s.* **Februar**

Februar <-[s], -e> *m* février *m;* ■ **der ~** le mois de février
▶ **Anfang/Ende/Mitte ~** début/fin/à la mi-février; **es ist ~** nous sommes en février [*o* au mois de février], c'est le mois de février; **im ~** en février, au mois de février; **in den ~** *fallen, legen* en février, au mois de février; **in diesem ~** en février prochain; **den … ~** (*Datum im Briefkopf*) le … février

fechten <ficht, focht, gefochten> *vi* 1. (*mit einer Waffe kämpfen*) ■ **jd ficht [mit etw]** (*bestreitet Kampf*) qn se bat [à qc]; (*betreibt Fechtsport*) qn fait de l'escrime [à qc], qn tire [à qc]; ***sie ~ mit schweren Säbeln*** ils/elles se battent avec de lourdes épées; ■ **jd ficht gegen jdn** qn tire contre qn
2. *geh* (*kämpfen*) ■ **jd ficht [für jdn/etw/unter jdm]** qn combat [pour qn/qc/sous qn]

Fechten <-s> *nt* escrime *f*

Fechter(in) <-s, -> *m(f)* escrimeur(-euse) *m(f)*

Feder <-, -n> *f* 1. [*Vogel, Ente, Gans etc*] plume *f;* (*Hut~*) plume *m;* ■ **die ~n** [*Kopfkissen*] les plumes *fpl*
2. (*Schreib~*) plume *f*
3. TECH ressort *m*
▶ **jd schmückt sich mit fremden ~n** qn se pare des plumes du paon; **leicht wie eine ~** léger(-ère) comme une plume; **jd führt eine spitze ~** qn a une plume acérée; **jd greift zur ~** qn prend la plume; **jd muss ~n lassen** *fam* qn y laisse des plumes *fam;* **jd liegt noch in den ~n** *fam* qn est encore au pieu [*o* dans son plumard] *fam,* qn roupille encore *fam;* **etw stammt aus jds ~** qc est de la plume de qn; **raus aus den ~n!** *fam* fini de roupiller! *fam*

Federball *m* 1. (*Ball*) volant *m* 2. *∅* (*Spiel*) badminton *m* ▶ **jd spielt ~** qn joue au badminton **Federbein** *nt* jambe *f* de suspension **Federbett** *nt* édredon *m,* couette *f* **Federbusch** *m* 1. [*Vogel*] aigrette *f,* huppe *f* 2. [*Hut*] aigrette *f,* plumet *m;* [*Helm*] panache *m* **Federdecke** *f s.* **Federbett. Federfuchser(in)** <-s, -> [-fʊksɐ] *m(f) pej* bureaucrate *mf* **federführend** *adj* compétent(e); ■ **jd/etw ist [bei/für/in etw** (*dat*)**] ~** qn/qc est compétent(e) [pour qc]; *in einer Angelegenheit* qc est compétent(e) dans qc **Federführung** *f* ■ **~ [bei/für/in etw** (*dat*)**]** responsabilité *f* [de qc]; *in einer Angelegenheit* responsabilité *f* dans qc ▶ **unter der ~ … +** *gen* sous la responsabilité de … **Federgewicht** *nt* poids *m* plume **Federgewichtler(in)** <-s, -> *m(f)* poids *mf* plume **Federhalter** *m* porte-plume *m;* (*Füll~*) stylo *m* plume [*o* à encre] **Federkernmatratze** *f* matelas *m* à ressorts **Federkiel** *m* 1. ORN tuyau *m* de plume 2. (*Schreibgerät*) plume *f* **Federkissen** *nt* oreiller *m* de plumes; (*Sofakissen*) coussin *m* de plumes **Federkohl** *m* CH chou *m* frisé **federleicht** *adj Decke, Material, Stoff* ultra-léger(-ère); *Mensch* léger(-ère) comme une plume **Federlesen** *nt* ▶ **ohne langes ~, ohne viel ~s** purement et simplement, sans plus de cérémonie; **jd macht nicht viel ~s mit jdm/etw** qn règle très vite le problème de qn/qc; ***mit solchen wie uns wird nicht viel ~s gemacht!*** le problème est très vite réglé avec des gens comme nous!; ***der Polizist macht nicht viel ~s mit jdm*** le policier n'y va pas par quatre chemins avec qn **Federmäppchen** <-s, -> *nt* trousse *f* [d'écolier]

federn I. *vi* ■ **etw federt** [*Boden, Material, Sessel*] qc fait ressort; [*Waldboden*] qc amortit les pas; ■ **jd federt** [*Turner*] qn se reçoit en souplesse
II. *vt* ■ **jd federt etw** *Kraftfahrzeug* qn munit qc d'une suspension; *Sessel* qn pourvoit qc de ressorts; ■ **etw wird von jdm gefedert** [*Kraftfahrzeug*] qc est pourvu(e) d'une suspension par qn; [*Sessel*] qc est pourvu(e) de ressorts par qn; ***etw ist gut/schlecht gefedert*** qc a une bonne/mauvaise suspension

federnd *adj Gang, Schritt* souple, élastique

Federstrich *m* trait *m* de plume
▶ **mit einem ~** d'un trait de plume

Federung <-, -en> *f* suspension *f*

Federvieh *nt fam* volailles *fpl* **Federweiße(r)** *m decl wie adj* vin *m* nouveau **Federzeichnung** *f* dessin *m* à la plume

Fee <-, -n> [-e:ən] *f* fée *f*
▶ **die gute/böse ~** la bonne/méchante fée

Feedback, Feed-back[RR] <-s, -s> ['fi:dbæk] *nt* réactions *fpl,* ***ich bekomme nie ein ~ von meinem Chef*** mon patron ne me fait jamais part de ses réactions [*o* de son avis sur mon travail]

Feeling <-s> ['fi:lɪŋ] *nt ∅* 1. (*Empfindung*) sensation *f,* sensations *fpl,* impression *f;* (*gutes Gefühl*) sensation *f* formidable; ***ich habe ein tolles ~*** je me sens vachement bien *fam;* ***das ist vielleicht ein ~ so angehimmelt zu werden*** c'est formidable de se sentir adulé(e) à ce point
2. (*Gefühl für etw*) intuition *f;* [*Sänger, Musiker*] feeling *m,* sensibilité *f;* ■ **das ~ für etw** le sens de qc; ***sie hat das ~ für solche Sachen*** elle sent littéralement ce genre de choses *fam;* ***er hat noch kein ~ dafür*** il ne le sent pas encore bien *fam*

Fegefeuer *nt* ■ **das ~** le purgatoire

fegen I. *vt + haben* 1. (*mit Besen*) ■ **jd fegt etw** qn balaie qc
2. (*ab~*) ■ **jd fegt etw von etw** qn enlève qc de qc avec un balai; ■ **jd fegt etw irgendwohin** qn balaie et met qc quelque part
3. CH (*feucht wischen*) ■ **jd fegt etw** qn lave qc
4. (*fortschieben*) ■ **jd fegt etw von etw** qn envoie valser qc qui est sur qc *fam;* ***sie fegte das Formular zur Seite*** elle a envoyé valser le formulaire *fam*
II. *vi* 1. + *haben* (*ausfegen*) ■ **jd fegt** qn balaie
2. + *haben* CH (*feucht wischen*) ■ **jd fegt** qn lave par terre
3. + *sein fam* (*jagen*) ■ **jd fegt irgendwohin** qn sprinte quelque part *fam;* ***er kommt um die Ecke gefegt*** il tourne en sprintant le coin de la rue *fam;* ■ **etw fegt irgendwohin** qc se déchaîne quelque part

Fehde <-, -n> *f* querelle *f*
▶ **jd liegt mit jdm in ~** *geh* qn se querelle avec qn; **jd trägt [*o* ficht] eine ~ mit jdm aus** *geh* qn polémique contre qn, qn se querelle avec qn

Fehdehandschuh *m* ▶ **jd hebt [*o* nimmt] den ~ auf** *geh* qn relève le gant; **jd wirft jdm den ~ hin** *geh* qn jette le gant à qn

fehl *adj s.* **Platz**

Fehl *m* ▶ **ohne ~ [und Tadel]** *geh* irréprochable

Fehl- 1. (*falsch*): **~*alarm*** fausse alerte *f;* **~*belegung von Wohnungen*** occupation *f* abusive de logements HLM; **~*diagnose*** erreur *f* de diagnostic; **~*entscheidung*** mauvaise décision *f;* ***dieses Urteil ist eine krasse ~entscheidung!*** ce jugement est totalement contraire au droit; **~*entwicklung*** évolution *f* négative; (*wirtschaftlich*) dérapage *f;* (*körperlich*) mauvais développement *m;* (*psychisch*) développement *m* psychique anormal; ***eine f~gesteuerte Rakete*** une fusée qui a raté son objectif; **~*kalkulation*** calcul *m* prévisionnel erroné; **~*reaktion*** mauvaise réaction *f;* [*Polizist*] bavure *f*
2. (*fehlerhaft*): **~*bedienung*** erreur *f* de manipulation [*o* d'utilisation]
3. (*fehlend*): **~*bestand*** stock *m* déficitaire; **~*zeiten*** absences *fpl* **Fehlanzeige** *f* ratage *m* ▶ **~!** *fam* le bide complet! *fam,* c'est raté! *fam*

fehlbar *adj* 1. faillible; ■ **jd ist ~** qn n'est pas infaillible; ***wir alle sind ~*** personne n'est infaillible
2. JUR CH (*schuldig*) fautif(-ive)

Fehlbesetzung *f* erreur *f* dans l'attribution d'un poste; CINE, THEAT erreur *f* de distribution; ***jd ist als Minister/als Hamlet eine ~*** confier à qn le poste de ministre/le rôle de Hamlet est/a été une erreur, qn ne convient pas pour le poste de ministre/le rôle de Hamlet; ***die ~ [der Rolle] durch jdn*** le choix malencontreux de qn [pour le rôle] **Fehlbetrag** *m* FIN trou *m;* COM déficit *m;* (*in der Kasse*) encaisse *f* négative, erreur *f* d'encaisse; ***die Kellnerin musste den ~ aus der eigenen Tasche bezahlen*** la serveuse a dû payer la somme manquante de sa poche **Fehleinschätzung** *f* erreur *f* d'appréciation

fehlen I. *vi* ■ **etw fehlt [jdm]** qc manque [à qn]; ■ **jdm fehlt etw** il manque qc à qn; ■ **jd fehlt [in etw** (*dat*)**]** qn manque [qc]; ***jd fehlt im Unterricht/in Mathematik*** qn est absent du cours/qn manque le cours de mathématiques; ■ **jd fehlt jdm** qn manque à qn
▶ **jd fehlt entschuldigt/unentschuldigt** SCOL qn a une excuse/n'a pas d'excuse pour son absence/ses absences; **das durfte nicht ~** *fam* la vieille rengaine, quoi! *fam,* il fallait s'y attendre; **der/die/das hat [mir/uns] gerade noch gefehlt!** *fam* (*auch das noch*) il ne [me/nous] manquait plus que lui/qu'elle/que ça; **das hat gerade noch gefehlt!** *fam* (*das könnte dir so passen*) tu peux toujours courir *fam,* il ne manquerait plus que ça; **es wird/kann [jdm] nicht ~** CH ça ne peut pas ne pas marcher [pour qn]; **jdm fehlt etwas** qn a quelque chose; ***fehlt dir etwas?*** ça ne va pas?; **jdm fehlt nichts** (*gesundheitlich*) qn va bien
II. *vi impers* ■ **es fehlt etw** il manque qc; ■ **es fehlt an jdm/etw** [c'est] qn/qc [qui] manque; ■ **es fehlt jdm an etw** (*dat*) qn manque de qc
▶ **es fehlte nicht viel und …** c'est tout juste si … + *indic;* **jdm fehlt es an nichts** (*dat*) *geh* qn ne manque de rien; **wo fehlt es?** qu'est-ce qui ne va pas?

Fehler <-s, -> *m* 1. (*Irrtum*) faute *f,* erreur *f*
2. SCOL, SPORT faute *f*
3. (*Charakter~, Mangel*) [*Mensch, Artikel, Ware*] défaut *m*
▶ **jd erkennt auf ~** (*akk*) qn signale une faute; **etw hat einen ~** qc a un défaut; **jd hat den ~ [an sich** (*dat*)**] etw zu tun** qn a la mauvaise habitude de faire qc; **jeder hat [seine] ~** nous avons tous nos défauts; **etw ist jds ~** qc est de la faute de qn; **jd macht [*o* begeht] einen ~** qn fait [*o* commet] une faute; **jdm unterläuft ein ~** une faute échappe à qn

fehleranfällig *adj* sujet(te) à erreur[s] **Fehleranzeige** *f* message *m* d'erreur **fehlerfrei** *adj s.* **fehlerlos**

fehlerhaft I. *adj* 1. (*mangelhaft*) *Arbeit* plein(e) de fautes [*o* d'erreurs]; *Übersetzung a.* entaché(e) d'erreurs, incorrect(e); *Aussprache* incorrect(e); *Artikel, Ware* défectueux(-euse); (*beschädigt*) endommagé(e)
2. (*falsch*) *Messung, Rechnung* erroné(e)
II. *adv* mal

fehlerlos *adj Arbeit, Übersetzung* impeccable; *Aussprache a.* parfait(e)

Fehlermeldung *f s.* **Fehleranzeige. Fehlerquelle** *f* source *f* d'erreur **Fehlersuchprogramm** *nt* programme *m* de dépistage

Fehlgeburt *f* 1. (*Abgang*) fausse couche *f* 2. (*Fötus*) foetus *m* [non viable] **fehl|gehen** *vi irreg + sein geh* 1. (*sich irren*) ■ **jd geht fehl** qn fait erreur; ■ **jd geht in etw** (*dat*) **fehl, dass** qn fait erreur si … + *indic;* ***Sie gehen fehl in der Meinung, dass*** vous faites erreur si vous pensez que + *indic;* ***jd geht in einer Einschätzung/Meinung fehl*** qn fait une erreur d'appréciation/de jugement 2. (*sich verlaufen*) ■ **jd geht fehl** qn fait fausse route 3. (*das Ziel verfehlen*) ■ **etw geht fehl** qc manque sa cible **Fehlinformation** *f* fausse information *f* **Fehlinvestition** [-vɛst-] *f* mauvais investissement [*o* placement] *m; hum* mauvais placement *m* **Fehlkonstruktion** *f* ▶**etw ist eine ~** *pej* qc est mal conçu(e) **Fehlleistung** *f* acte *m* manqué; (*das Versprechen*) lapsus *m* ▶**freudsche ~** acte *m* manqué freudien **Fehlplanung** *f* erreur *f* de planification **Fehlschlag** *m* échec *m* **fehl|schlagen** *vi irreg + sein* ■**etw schlägt fehl** qc échoue **Fehlstart** *m* [*Sportler*] faux départ *m;* [*Rakete*] lancement *m* raté **Fehltritt** *m geh* **1.** (*Verstoß gegen die Moral*) écart *m* de conduite, incartade *f;* (*Verstoß gegen das Gesetz*) acte *m* répréhensible; (*Ehebruch*) écart *m* **2.** (*falscher Schritt*) faux pas *m* **Fehlurteil** *nt* **1.** JUR erreur *f* judiciaire **2.** (*falsche Beurteilung*) erreur *f* de jugement ▶**jd fällt ein ~** /*Jury*/ qn rend un verdict [*o* fait un choix] contestable; JUR qn rend un jugement contraire à la justice **Fehlverhalten** *nt* mauvais comportement *m;* PSYCH comportement *m* bizarre **Fehlzündung** *f* raté *m* [d'allumage] ▶**ein Motor hat ~en** un moteur a des ratés [à l'allumage]

Feier <-, -n> *f* (*Fest*) fête *f;* (*Festakt*) cérémonie *f*
▶**zur ~ des Tages** (*anlässlich einer Feier*) en cet honneur; (*um sich etwas Gutes zu tun*) pour le plaisir; **zur ~ einer S.** (*gen*) pour célébrer qc

Feierabend *m* **1.** (*Arbeitsschluss*) fin *f* du travail [*o* de la journée de travail]; (*Geschäftsschluss*) heure *f* de fermeture; ***ist bald ~?*** c'est bientôt l'heure?; ***wann hast du ~?*** tu termines à quelle heure?
2. (*Zeit nach Arbeitsschluss*) début *m* de soirée
▶**jd hat ~** la journée de travail est finie pour qn, qn a terminé sa journée; **jetzt ist [damit] aber ~!** *fam* ça suffit maintenant [*o* comme ça]! *fam;* **für mich ist ~** *fam* c'est l'heure pour moi d'arrêter le boulot *fam,* j'ai terminé ma journée; **jd/etw macht ~** /*Mitarbeiter*/ qn cesse le travail, qn s'arrête [de travailler]; /*Geschäft*/ qc ferme; **nach ~** (*nach Dienstschluss*) après le travail; (*nach Büroschluss*) après le bureau; **~!** la journée est finie!, c'est l'heure!, c'est terminé pour aujourd'hui!; (*in Gaststätte*) on ferme!

feierlich I. *adj* solennel(le)
▶**das ist ja nicht mehr ~!** *fam* c'est vraiment lamentable! *fam*
II. *adv* **1.** (*würdig*) avec solennité
2. (*nachdrücklich*) *erklären, beteuern* solennellement

Feierlichkeit <-, -en> *f* **1.** ∅ [*Anlass, Augenblick, Handlung*] solennité *f*
2. *meist pl* (*Feier*) festivités *fpl,* réjouissances *fpl*

feiern I. *vt* **1.** (*veranstalten*) ■**jd feiert etw** *Fest, Anlass, Geburtstag* qn fête qc; *Party, Orgie* qn organise qc; (*teilnehmen*) qn va à qc; ***das muss gefeiert werden!*** ça s'arrose!, ça se fête!
2. (*umjubeln*) ■**jd feiert jdn** qn fête qn
II. *vi* ■**jd feiert** qn fait la fête; (*organisiert eine Fete*) qn fait une fête

Feierschicht *f* journée *f* chômée ▶**jd fährt eine ~, jd legt eine ~ ein** /*Arbeitgeber, Unternehmer*/ qn supprime temporairement une équipe; /*Arbeitnehmer*/ qn se prend une journée [de libre] **Feierstunde** *f* cérémonie *f* **Feiertag** *m* jour *m* férié; ***schöne ~e!*** [passe/passez de] joyeuses fêtes!

feig[e] I. *adj* lâche; ***du ~es Schwein!*** *pej vulg* espèce de sale lâche!
II. *adv* lâchement

Feige <-, -n> *f* (*Frucht*) figue *f;* (*Baum*) figuier *m*

Feigenbaum *m* figuier *m* **Feigenblatt** *nt* **1.** BOT feuille *f* de figuier **2.** ART feuille *f* de vigne **3.** (*dürftiges Alibi*) [*Partei, Diktatur*] vernis *m* [de respectabilité]; ***ein demokratisches ~*** un simulacre de démocratie

Feigheit <-> *f* ∅ lâcheté *f*
▶**~ vor dem Feind** MIL lâcheté devant l'ennemi; ***keine ~ vor dem Feind!*** *hum* du courage!

Feigling <-s, -e> *m* lâche *mf;* ***du ~!*** espèce de lâche!

Feile <-, -n> *f* lime *f*

feilen I. *vt* ■**jd feilt etw** qn lime qc; ***er feilte die Kanten rund*** il arrondissait les bords avec la lime
II. *vi* (*vervollkommnen*) ■**jd feilt an etw** (*dat*) qn lime qc, qn peaufine qc

feilschen *vi pej* ■**jd feilscht [mit jdm] [um etw]** qn marchande [qc] [avec qn]

fein I. *adj* **1.** (*nicht grob*) *Mehl, Wurst* fin(e); *Zucker a.* en poudre
2. (*erlesen*) *Duft, Geruch, Geschmack* subtil(e), délicat(e); *Qualität* raffiné(e); *Wein, Gericht* fin(e); ■**etwas F~es** quelque chose d'exquis
3. METAL *Gold, Silber* fin(e)
4. *fam* (*anständig*) *Kerl, Mensch, Charakter* sympa *fam,* sympathique; *iron Freund, Helfer, Verwandte etc* drôle de *antéposé*
5. (*scharf*) *Gehör, Nase etc* fin(e); ***für solche Sachen habe ich ein ~es Gefühl*** j'ai un instinct très sûr pour ce genre de choses
6. (*vornehm*) distingué(e)
7. (*dezent*) *Humor, Ironie* fin(e)
▶**jd ist ~ heraus** [*o* **raus**] *fam* qn n'a pas à se plaindre, qn peut s'estimer heureux(-euse); **jd ist sich** (*dat*) **zu ~ dafür etw zu machen** ce serait trop demander à qn de faire qc; ***du bist dir wohl zu ~ für so etwas!*** ce serait vraiment trop te demander, une chose de ce genre!; **das F~ste vom F~en** le fin du fin; **vom F~sten** ce qu'il y a de plus raffiné(e); ***was da steht, gehört zum F~sten*** ce qu'il y a là est du dernier raffinement; ***Jazz vom F~sten*** le meilleur du jazz; **~, dass** c'est vraiment sympa que + *subj fam;* **~!** super! *fam*
II. *adv* **1.** + *adj/adv Kindersprache:* ***sei ~ artig*** [*o* ***brav***]***!*** sois bien sage!; ***sei jetzt mal ~ still!*** sois gentil(le) maintenant et tais-toi!
2. (*genau*) *einstellen* d'une manière précise
3. GASTR *mahlen, hacken etc* fin; **~ *gemahlen*** moulu(e) fin; **~ *geschnitten Kräuter*** coupé(e) fin
4. (*zart*): **~ *gestreift*** à fines rayures; **~ *geschnitten Gesicht*** fin(e)
5. (*gleichmäßig*) *verteilt* finement
▶**jd macht sich ~** qn se fait beau (belle)

Fein- (*detailliert, nicht grob*) fin(e); **~*blech*** tôle *f* mince; ***f~fädig Batist*** fin(e) *antéposé;* ***f~maschig*** *Strickwaren, Draht, Netz* aux [*o* avec des] mailles serrées; *Sieb* fin(e); ***f~nervig*** d'une grande sensibilité; *Chronist* fin(e) *antéposé;* ***f~porig*** aux pores fins, microporeux(-euse); **~*säge*** égoïne *f;* **~*schnitt*** scaferlati *m;* **~*struktur*** structure *f* constitutive **Feinarbeit** *f* travail *m* d'affinage, fignolage *m*

Feind(in) <-[e]s, -e> *m(f)* ennemi(e) *m(f);* ■**ein ~ einer S.** (*gen*) un(e) ennemi(e) de qc
▶**viel ~ viel Ehr** c'est l'indifférence qui est le pire ennemi; **jd hat jdn zum ~** qn s'est fait un(e) ennemi(e) de qn; **liebet eure ~e** BIBL aimez vos ennemis; **jd macht sich** (*dat*) **jdn zum ~** qn se fait un(e) ennemi(e) de qn; **jd schafft sich** (*dat*) **~e** qn se fait des ennemi(e)s; **ran an den ~!** *fam* allez, on se secoue! *fam*

Feind- *-einwirkung, -sender, -propaganda* de l'ennemi; ***hatten sie ~berührung?*** sont-ils entrés en contact avec l'ennemi? **Feindbild** *nt* repoussoir *m,* épouvantail *m,* spectre *m;* ***die neuen ~er einer Partei*** les nouvelles têtes de Turc d'un parti; ***jd entspricht dem ~ des kapitalistischen Ausbeuters*** qn est l'archétype de l'exploiteur capitaliste

feindlich I. *adj* **1.** MIL ennemi(e)
2. (*feindselig*) hostile
II. *adv:* ***jd ist einer S.*** (*dat*) ***gegenüber ~ eingestellt, jd steht einer S.*** (*dat*) **~ *gegenüber*** qn est [*o* se montre] hostile à [l'égard de] qc

-feindlich *touristen-, auto-* anti-; ***lust~*** inhibant(e); ***kinder~*** qui ne fait pas place aux enfants; ***bürger~*** contraire à l'intérêt général; ***menschen~*** barbare

Feindschaft <-, -en> *f* (*feindliche Haltung*) hostilité *f;* (*feindliches Verhältnis*) haine *f*
▶**jd lebt mit jdm in ~** qn est en guerre perpétuelle avec qn

feindselig I. *adj* hostile
II. *adv ansehen* de travers; ***er hat sich ausgesprochen ~ verhalten*** il s'est montré particulièrement hostile

Feindseligkeit <-, -en> *f* **1.** ∅ hostilité *f*
2. *pl* MIL hostilités *fpl*

feinfühlig *adj* sensible, d'une grande délicatesse [*o* finesse]; *Interpretation* d'une grande sensibilité; (*taktvoll*) qui a du tact, qui a du doigté; ***du könntest ~er sein*** tu pourrais avoir plus de tact [*o* de doigté]

Feingefühl *nt* ∅ (*Feinfühligkeit*) sensibilité *f,* délicatesse *f;* (*Fingerspitzengefühl*) tact *m,* doigté *m,* délicatesse *f* **Feingehalt** *m* [*Münze*] titre *m* **feingemahlen** *s.* **fein II.3. feinglied[e]rig** *adj* gracile *littér; Gestalt, Wuchs a.* élancé(e) **Feingold** *nt* or *m* fin

Feinheit <-, -en> *f* **1.** finesse *f;* [*Humor, Ironie a.*] raffinement *m*
2. *pl* (*Nuancen*) finesses *fpl*

feinkörnig *adj Sand, Salz, Zucker* fin(e); *Film* grain fin

Feinkost *f* épicerie *f* fine

Feinkostgeschäft *nt* épicerie *f* fine

fein|machen *s.* **fein II.▶. Feinmechanik** *f* mécanique *f* de précision **Feinmechaniker(in)** *m(f)* mécanicien(ne) *m(f)* de précision **Feinschmecker(in)** <-s, -> *m(f)* gourmet *m* **Feinsilber** *nt* argent *m* fin **feinsinnig** *adj geh* subtil(e) **Feinwäsche** *f* linge *m* délicat **Feinwaschmittel** *nt* lessive *f* basse température

feist *adj* gras(se)

Feitel <-s, -n> *m* AUS *fam* (*Taschenmesser*) canif, m

feixen *vi fam* ■**jd feixt** qn ricane; ■**das F~** les ricanements *mpl*

Felchen *pl* corégones *mpl*

Feld <-[e]s, -er> *nt* **1.** (*offenes Gelände*) campagne *f;* ***sie traten auf freies*** [*o* ***offenes***] **~** ils arrivaient en rase campagne
2. (*Acker*) champ *m*
3. (*abgeteilte Fläche*) [*Formular*] cadre *m;* [*Kassettendecke*] compartiment *m;* [*Spielbrett*] case *f;* [*Wappen*] champ *m*
4. (*Spiel~*) terrain *m*
5. (*Öl~*) champ *m* pétrolifère
6. ∅ (*Schlacht~*) champ *m* de bataille
7. (*Bereich*) domaine *m*
8. SPORT [*Läufer, Rennfahrer*] peloton *m*
9. PHYS champ *m*
▶**etw ist ein weites ~** qc est un vaste sujet; **jd behauptet das ~** qn occupe le terrain; MIL qn reste maître du champ de bataille; **jd bestellt das ~/die ~er** qn cultive le champ/les champs; **jd führt etw ins ~** *geh* qn a recours à qc, qn avance qc, qn invoque qc; **jd räumt das ~** (*macht Platz*) qn libère le terrain; (*gibt auf*) qn capitule; **jd schlägt jdn aus dem ~** qn évince qn; **jd überlässt jdm/einer S. das ~** qn laisse le champ libre à qn/qc; **jd zieht gegen jdn/etw zu ~e** *geh* qn fait campagne contre qn/qc

Feld- **1.** (*auf Feldern vorkommend, Äcker betreffend*) des champs; **~*heuschrecke*** sauterelle *f* verte; **~*huhn*** perdrix *f* grise; **~*rain*** lisière *f* d'un champ **2.** MIL *-telefon* de campagne; *-post* militaire; **~*geistlicher*** aumônier *m* [militaire]; **~*gottesdienst*** office *m* religieux sur le front **Feldahorn** *m* érable *m* champêtre **Feldarbeit** *f* travail *m* des champs [*o* agricole] **Feldbett** *nt* lit *m* de camp **Feldflasche** *f* bidon *m* de soldat, gourde *f* **Feldfrüchte** *pl* produits *mpl* agricoles [*o* de la terre] **Feldherr(in)** *m(f)* général(e) *m(f)* en chef **Feldjäger(in)** *m(f)* **1.** *pl* ■**die ~** la police militaire **2.** (*Soldat*) soldat(e) *m(f)* de la police militaire **Feldküche** *f* cuisine *f* roulante **Feldlazarett** *nt* antenne *f* chirurgicale, hôpital *m* de campagne **Feldmarschall(in)** *m(f)* feld-maréchal(e) *m(f)* **Feldmaus** *f* campagnol *m* **Feldsalat** *m* mâche *f* **Feldspat** *m* feldspath *m* **Feldstärke** *f* intensité *f* de champ **Feldstecher** <-s, -> *m* jumelles *fpl* **Feldstudie** *f* étude *f* [*o* enquête *f*] sur le terrain **Feldversuch** *m* test *m* pratique, essai *m* in situ

Feld-Wald-und-Wiesen- *fam* quelconque

Feldwebel(in) <-s, -> *m(f)* feldwebel *m;* (*in der französischen Armee*) adjudant(e) *m(f)* **Feldweg** *m* chemin *m* de terre [*o* rural] **Feldweibel(in)** <-s, -> *m(f)* CH *s.* **Feldwebel. Feldzug** *m* campagne *f*

Felge <-, -n> *f* jante *f*

Felgenbremse *f* frein *m* sur jante

Fell <-[e]s, -e> *nt* (*Tierhaut*) poil *m,* pelage *m;* [*Angorakatze a.*] fourrure *f;*

[*Pferd*] robe *f;* [*Schaf*] toison *f;* (*verarbeitetes* ~) fourrure *f;* ***er zog dem Hasen das*** ~ ***ab*** il a dépouillé le lièvre

▶ **jd zieht jdm das ~ über die Ohren** *fam* qn double qn *fam;* **jd hat ein dickes ~** *fam* qn est blindé(e) *fam;* **jd schafft sich** (*dat*) **ein dickes ~ an** *fam* qn se blinde *fam;* **jd gerbt** [*o* **versohlt**] **jdm das ~** *fam* qn flanque une raclée à qn *fam;* **jdn** [*o* **jdm**] **juckt das ~** *fam* qn cherche une raclée *fam;* **jdm schwimmen alle** [*o* **die**] **~e weg** *fam* qn voit fondre ses espérances [comme neige au soleil]

Fell- *-mütze, -mantel, -jacke* de fourrure; *-handschuhe* de peau; *-schuh* fourré(e)

Fellache <-n, -n> *m,* **Fellachin** *f* fellah *mf*

Fellatio <-> *f* ∅ fellation *f*

Fels <-en, -en> *m* **1.** *s.* Felsen

2. (*Gestein*) pierre *f,* roche *f*

Felsblock <-blöcke> *m* bloc *m* de pierre **Felsbrocken** *m* fragment *m* de roche

Felsen <-s, -> *m* rocher *m*

felsenfest I. *adj* inébranlable **II.** *adv überzeugt sein* absolument; *glauben a.* dur comme fer, fermement; *sich verlassen* tout à fait **Felsengebirge** *nt* montagnes *fpl* rocheuses **Fels[en]riff** *nt* récif *m* **Fels[en]schlucht** *f* gorge *f* taillée dans le roc

felsig *adj Küste* rocheux(-euse); *Gegend, Landschaft* couvert(e) de rochers; *Aufstieg, Weg* accidenté(e), rocailleux(-euse)

Felsmalerei *f* peinture *f* rupestre **Felsspalte** *f* crevasse *f* **Felswand** *f* paroi *f* rocheuse

Feme <-, -n> *f,* **Fem[e]gericht** *nt* HIST [Sainte-]Vehme *f*

Fememord *m* exécution *f* [sommaire] [*o* liquidation *f*] d'un(e) traître

Feminat <-[e]s, -e> *nt* direction *f* exclusivement féminine

feminin *adj* **1.** GRAM féminin(e)

2. *geh* (*fraulich*) féminin(e); *pej Mann* efféminé(e)

Femininum <-s, Feminina> *nt* féminin *m*

Feminismus <-> *m* ∅ féminisme *m*

Feminist(in) <-en, -en> *m(f)* féministe *mf*

feministisch *adj* féministe

Fenchel <-s> *m* ∅ fenouil *m*

Fenster <-s, -> *nt* **1.** [*Gebäude, Briefumschlag*] fenêtre *f;* ***alle*** ~ ***gehen auf den Hof*** toutes les fenêtres donnent sur la cour; ***sie lehnte sich aus dem*** ~ elle s'est penchée par la fenêtre

2. INFORM fenêtre *f*

▶ **jd ist weg vom ~** *fam* qn est hors circuit *fam;* /*Sänger, Künstler a.*/ qn n'est plus dans le coup [*o* le vent] *fam*

Fenster-: *~**front*** façade *f* percée de nombreuses fenêtres; *~**kurbel*** manivelle *f* de lève-glace [*o* lève-vitre]; *~**griff*** poignée *f* de fenêtre **Fensterbank** <-bänke> *f* tablette *f* d'appui, appui *m* de fenêtre **Fensterbriefumschlag** *m* enveloppe *f* à fenêtre **Fensterflügel** *m* battant *m* [*o* vantail *m*] de fenêtre **Fensterglas** *nt* verre *m* à vitre **Fensterheber** <-s, -> *m* lève-glace *m,* lève-vitre *m* **Fensterkreuz** *nt* croisée *f* de fenêtre **Fensterladen** *m* volet *m* **Fensterleder** *nt* peau *f* de chamois

fensterln *vi* SDEUTSCH, AUS ■ **jd fensterlt** *qn passe par la fenêtre pour rejoindre sa bien-aimée*

fensterlos *adj* sans fenêtre

Fensterplatz *m* place *f* côté fenêtre, coin *m* [*o* côté *m*] fenêtre **Fensterputzer(in)** <-s, -> *m(f)* laveur(-euse) *m(f)* de carreaux **Fensterrahmen** *m* châssis *m* de fenêtre **Fensterrede** *f* grand discours *m* creux **Fensterscheibe** *f* vitre *f,* carreau *m* **Fenstersims** *m o nt* rebord *m* de fenêtre **Fensterstock** *m* AUS *s.* **Fensterrahmen. Fenstersturz** *m* **1.** CONSTR linteau *m* de fenêtre **2.** (*Sturz aus einem Fenster*) chute *f* par la fenêtre, défenestration *f* ▶ **der Prager ~** HIST la défenestration de Prague **Fenstertechnik** *f* INFORM système *m* de fenêtres, multifenêtrage *m*

Ferial- AUS *s.* **Ferien-**

Ferien [-riən] *pl* vacances *fpl*

▶ **die großen ~** les grandes vacances; **jd fährt in die ~** qn part en vacances; **jd hat ~** qn a des vacances, qn est en vacances; **jd macht ~** qn prend des vacances; **jd macht irgendwo ~** qn passe ses vacances quelque part

Ferien- [-riən-] de vacances; *-beginn, -schluss* des vacances; *~**arbeit*** (*Ferienjob*) job *m* de vacances; *~**aufenthalt*** vacances *fpl;* ***ich kenne diese Stadt von einem ~aufenthalt*** je connais cette ville pour y avoir passé des vacances; *~**kurs*** cours *m* pendant les vacances, cours *m* de vacances; *~**ordnung der Schulen*** calendrier *m* des vacances scolaires; *~**paradies*** paradis *m* pour vacanciers; *~**reise*** voyage *m* touristique [*o* d'agrément]; ***wir haben eine ~reise gemacht*** nous avons fait du tourisme pendant les vacances; *~**wohnung*** location *f* meublée de vacances **Feriengast** *m* vacancier(-ière) *m(f)* en pension, pensionnaire *mf* **Ferienhaus** *nt* maison *f* de vacances **Ferienort** *m* lieu *m* de vacances [*o* de villégiature] **Ferientag** *m* jour *m* de vacances; ***am ersten/letzten*** ~ le premier/dernier jour des vacances; ***mein erster*** ~ mon premier jour de vacances **Ferienwohnung** *f* appartement *m* de vacances **Ferienzeit** *f* [période *f* des] vacances *fpl*

Ferkel <-s, -> *nt* **1.** ZOOL porcelet *m*

2. *pej fam* (*unsauberer Mensch*) cochon(ne) *m(f) fam;* ***du*** ~! espèce de cochon! *fam;* ***was bist du doch für ein*** ~! quel cochon tu fais! *fam*

3. *pej fam* (*obszöner Mensch*) sale porc *m fam*

Ferkelei <-, -en> *f pej fam* cochonnerie *f fam*

ferkeln *vi* **1.** ZOOL ■ **eine Sau ferkelt** une truie met bas

2. *pej fam* ■ **jd ferkelt** qn fait des cochonneries *fam*

Fermate <-, -n> *f* point *m* d'orgue

Ferment <-s, -e> *nt veraltend* ferment *m*

Fermium <-s> *nt* ∅ CHEM fermium *m*

fern I. *adj* **1.** (*räumlich*) *Gegend, Land, Geräusch, Summen, Lachen* lointain(e); *Gewitter, Donnern* au loin

2. (*zeitlich*) *Tag, Zeit, Zukunft* lointain(e), éloigné(e), loin *attribut;* ***der Tag ist nicht mehr*** ~***, an dem …*** le jour n'est plus loin où …; ■ **~er** *Zeiten* futur(e); *Zukunft* plus éloigné(e); ***in ~eren Zeiten*** dans un futur très éloigné

II. *adv* loin; ■ **~ von jdm/etw** loin de qn/qc

▶ **von ~ betrachtet** avec du recul; **jd hält jdn von jdm/etw ~** qn tient qn éloigné(e) de qn/qc; **jd/etw hält Tiere [von jdm/etw] ~** qn/qc éloigne des animaux [de qn/qc]; ***jd hält jdn vom Kontakt mit der Außenwelt*** ~ qn coupe qn du contact avec l'extérieur; **jd hält sich von jdm ~** *von Grippepatienten* qn ne s'approche pas de qn; *von bösen Leuten* qn évite de fréquenter qn; **jd hält sich von etw ~** qn tient à garder ses distances par rapport à qc; *von Veranstaltung, Lokal* qn ne fréquente pas qc; *von Politik, Diskussion* qn ne se mêle pas de qc; *von Feierlichkeiten* qn ne prend pas part à qc; **etw liegt jdm ~** qc ne viendrait pas à l'esprit de qn; **es liegt jdm ~ etw zu tun** il n'est pas dans les intentions de qn de faire qc; ***nichts liegt mir ~er als etw zu tun*** loin de moi l'idée de faire qc, je suis à cent lieues de vouloir faire qc; **etw liegt nicht ~** (*ist nicht abwegig*) qc s'impose; /*Verdacht, Vermutung, Schluss, Gedanke*/ qc s'impose fatalement; **das sei ~ von mir!** tu n'y penses pas!/vous n'y pensez pas!; **jd steht jdm ~** *geh* qn est étranger(-ère) à qn; **jd steht einer S.** (*dat*) **~** qn n'a rien à voir avec qc; **von ~[e]** de loin

III. *präp + dat* ■ **~ einem Menschen/einer S.** loin de qn/qc

Fern- *-abfrage, -ablesung, -trauung* à distance; *-reise, -reisender* dans des pays lointains; *~**erkundung*** télédétection *f;* *~**express*** express *m;* *~**flug*** vol *m* long-courrier; *~**lehrgang*** enseignement *m* à distance [*o* par correspondance], téléenseignement *m;* *~**lehrinstitut*** organisme *m* d'enseignement à distance [*o* de téléenseignement]; *~**tourist*** personne *f* qui fait du tourisme dans les pays lointains; *~**transport*** transport *m* à grande distance; *~**wärme*** chauffage *m* urbain; *~**zug*** train *m* [à] grande [*o* longue] distance **Fernamt** *nt* central *m* [téléphonique], inter[urbain] *m vieilli,* commutateur *m* téléphonique manuel; ***das Gespräch wird vom ~ vermittelt*** la communication passe par l'opérateur(-trice) **Fernbedienung** *f* télécommande *f* **fern\|bleiben** *vi irreg + sein geh* ■ **jd bleibt [einer S.** (*dat*)**] fern** *der Arbeit, dem Unterricht* qn ne vient pas [à qc]; *einer Veranstaltung a.* qn ne prend pas part à qc **Fernblick** *m* panorama *m,* vue *f* panoramique; ***man hat einen ungehinderten*** ~ on embrasse un immense horizon

Ferne <-, -n> *f* ∅ **1.** (*Entfernung*) lointain *m;* ***eine Brille für die*** ~ des lunettes pour voir de loin; ***sie ließ ihren Blick weit in die ~ schweifen*** elle promenait son regard dans le lointain; ***sie sahen das Meer in der ~/in weiter ~ vor sich liegen*** ils voyaient la mer au loin/au fond de [*o* à] l'horizon

2. *geh* (*ferne Länder*) vaste monde *m littér*

▶ **etw liegt in weiter ~** qc est encore très loin; **aus der ~** de loin; **in der ~** (*in der Entfernung*) au loin; (*in der Fremde*) loin du pays natal

ferner I. *adj comp von* fern

II. *adv* encore et toujours; ***es wird sich auch ~ nichts daran ändern*** cela restera toujours ainsi à l'avenir

▶ **unter ~ liefen** *fam* dans la catégorie "Ne fait pas le poids"

III. *conj* de plus

fernerhin *veraltend geh s.* **ferner**

Fernfahrer(in) *m(f)* routier(-ière) *m(f)* **Ferngas** *nt* ∅ gaz *m* [transporté] à grande distance **Ferngespräch** *nt* communication *f* à moyenne et grande distance [*o* hors circonscription] **Fernglas** *nt* [paire *f* de] jumelles *fpl* **fern\|halten** *s.* **fern II.▶. Fernheizung** *f* chauffage *m* à distance [*o* à distribution collective] **Fernkopie** *f s.* **Telefax. Fernkurs[us]** *m* cours *m* par correspondance **Fernlaster** *m fam* poids *m* lourd **Fernlastverkehr** *m* camionnage *m,* transport *m* routier longue distance **Fernlastzug** *m* poids *m* lourd **fern\|lenken** *vt* ■ **jd lenkt etw fern** qn téléguide qc; ■ **etw wird ferngelenkt** qc est téléguidé(e) **Fernlenkung** *f* téléguidage *m,* télécommande *f* ▶ **mit ~** téléguidé(e) **Fernlicht** *nt* feux *mpl* de route, phares *mpl* ▶ **jd fährt mit ~, jd hat [das] ~ an** qn roule pleins phares, qn est [*o* roule] en phares, qn a les phares **fern\|liegen** *s.* **fern II.▶**

Fernmelde- 1. TELEC: *~**gebühren*** (*auf der Telefonrechnung*) taxe *f* [*o* redevance *f*] téléphonique; (*Preisliste*) tarifs *mpl* télécoms; *~**turm*** tour *f* de télécommunications; *~**konto*** compte *m* de titulaire de carte Pastel **2.** MIL *-bataillon, -zug* de transmissions; *~**truppe*** transmissions *fpl* **Fernmeldeamt** *nt* centre *m* télécoms *fam* **Fernmeldegeheimnis** *nt* secret *m* relatif aux télécommunications ▶ **jd verletzt/wahrt das ~** qn viole/garantit le secret des correspondances émises par la voie des télécommunications **Fernmeldesatellit** *m* satellite *m* de télécommunications **Fernmeldetechnik** *f* ∅ télécommunications *fpl*

fernmündlich I. *adj form* téléphonique **II.** *adv form* par téléphone **Fernost** *kein art* ▶ **aus ~** d'Extrême-Orient; **in/nach ~** en Extrême-Orient **fernöstlich** *adj* d'Extrême-Orient **Fernrohr** *nt* télescope *m* **Fernruf** *m form* numéro *m* de téléphone; (*auf Briefbögen, Visitenkarten etc*) téléphone *m,* tél. **Fernschreiben** *nt* télex *m* **Fernschreiber** *m* télex *m,* téléscripteur *m*

Fernseh- *-kanal, -magazin* de télévision; *-reportage, -spot, -ansprache, -debatte, -duell, -diskussion, -werbung* télévisé(e); *~**teilnehmer*** détenteur *m* de poste de télévision; *~**auftritt*** passage *m* à la télévision, apparition *f* télévisée; *~**direktor(in)*** directeur(-trice) *m(f)* de chaîne; ***f~frei*** sans télévision; *~**gesellschaft*** société *f* gavée de télévision, société *f* de spectacle; *~**prediger(in)*** télévangéliste *mf;* *~**satellit*** satellite *m* de télédiffusion; *~**schaffende(r)*** protagoniste *mf* de la télévision; *~**serie*** série *f* [télévisée]; (*in Fortsetzungen*) feuilleton *m* [télé]; *~**volk*** téléspectateurs *mpl* **Fernsehansager(in)** *m(f)* speaker/ine *m/f,* présentateur(-trice) *m(f)* télé *fam* **Fernsehanstalt** *f* société *f* de télévision **Fernsehapparat** *m form* poste *m* de télévision, téléviseur *m*

fern\|sehen *vi irreg* ■ **jd sieht fern** qn regarde la télévision; ■ **das F~** [regarder] la télévision; ***das ständige/zu häufiges F~*** regarder tout le temps/trop souvent la télévision; ***die Zeit mit F~ verbringen*** passer son temps devant

la télé
Fernsehen <-s> *nt ∅* télévision *f*
▸ **jd arbeitet** [*o* **ist**] **beim** ~ qn travaille à la télé[vision]; **jd hat** ~ qn a la télé[vision]; **ein Land hat** [**ein eigenes**] ~ un pays a sa [propre] télévision; **jd kommt im** ~ qn passe à la télé[vision]; **etw kommt im** ~ il y a qc à la télé[vision]; **im** ~, **am** ~ CH à la télé[vision]
Fernseher <-s, -> *m fam* télé *f fam*
▸ **jd hockt** [*o* **sitzt**] **vor dem** ~ qn est collé(e) [*o* assis(e)] devant la télé *fam*
Fernsehgebühren *pl* redevance *f* de la télévision, redevance *f* télé *fam* **Fernsehgerät** *nt form* téléviseur *m*, télévision *f* **Fernsehjournalist(in)** [-ʒʊrnalɪst] *m(f)* journaliste *mf* de télévision **Fernsehkamera** *f* caméra *f* de télévision **Fernsehprogramm** *nt* **1.** (*Kanal*) chaîne *f* de télévision **2.** (*Programm im Fernsehen*) programme *m* de télévision **3.** (*Programmheft*) programme *m* de la télé **Fernsehsender** *m* émetteur *m* de télévision, station *f* de télévision, chaîne *f* de télé *fam* **Fernsehsendung** *f* émission *f* de télévision **Fernsehspiel** *nt* téléfilm *m* **Fernsehturm** *m* tour *f* de télévision
Fernsicht *f* vue *f*; ***bei guter*** ~ par une vue dégagée
▸ **jd hat eine gute/schlechte** ~ qn a une bonne/mauvaise vue; **jd hat keine** ~ qn n'a pas une vue très étendue
Fernsprech- *form* téléphonique; ~***ansagedienst*** kiosque *m* téléphonique; ~***auskunft*** renseignements *mpl* téléphoniques; ~***gebühren*** (*Preisliste*) tarifs *mpl* des communications; (*auf der Telefonrechnung*) redevance *f* [*o* taxe *f*] téléphonique; ~***gebührenzähler*** compteur *m* d'impulsions; ~***teilnehmer*** abonné *m* du téléphone; ~***zelle*** cabine *f* téléphonique [*o* publique]
Fernsprecher <-s, -> *m form* téléphone *m* **fern|stehen** *s.* **fern II.▸. fern|steuern** *vt* ■ **jd steuert etw fern** qn téléguide qc; ■ **etw wird ferngesteuert** qc est téléguidé(e); */Bombe a./* qc est télécommandé(e) **Fernsteuerung** *f* **1.** (*das Fernsteuern*) téléguidage *m* **2.** (*Gerät*) télécommande *f* ▸ **etw hat** ~ qc fonctionne avec une télécommande; */Rakete/* qc est téléguidé(e); */Bombe/* qc est télécommandé(e) [*o* téléguidé(e)] **Fernstraße** *f* grand axe *m* routier [*o* de circulation]; (*auf dem Land*) grande route *f* **Fernstudium** *nt* cours *m* universitaire à distance [*o* par correspondance] **Fernüberwachung** *f* télécontrôle *m* **Fernuniversität** *f* institut *m* universitaire de téléenseignement **Fernverkehr** *m* TRANSP transports *mpl* interrégionaux; EISENBAHN trafic *m* grandes lignes **Fernweh** <-s> *nt ∅ geh* besoin *m* de courir le monde *soutenu* **Fernziel** *nt* but *m* lointain, objectif *m* à long terme
Ferse <-, -n> *f* talon *m*
▸ **jd heftet sich an jds ~n, jd hängt sich jdm an die ~n** qn ne lâche pas qn d'une semelle; **jd ist** [*o* **bleibt**] **jdm auf den ~n** qn est sur les talons de qn
Fersenbein *nt* calcanéum *m* **Fersengeld** *nt* ▸ **jd gibt** ~ *fam* qn fout le camp *fam*
fertig I. *adj* **1.** (*abgeschlossen*) *Arbeit, Manuskript, Bau* achevé(e), terminé(e); (*zubereitet*) *Speise* prêt(e); ■ **jd wird** ~ qn finit
2. (*bereit*) ■ ~ [**zu etw**] prêt(e) [à qc]; ***zur Verladung*** ~ prêt(e) à être chargé(e); ***jd ist*** ~ ***zum Aufbruch*** qn est prêt(e) à partir
3. (*ausgebildet*) *Mensch* adulte; *Jurist* diplômé(e); *Künstler* en pleine maturité
4. *fam* ■ **jd ist** ~ (*erschöpft*) qn est crevé(e) [*o* rétamé(e)] *fam;* (*verblüfft*) ça coupe le sifflet à qn *fam*, qn est scié(e) *fam*
5. *fam* (*zerstritten*) ■ **jd ist mit jdm** ~ *mit Partner* c'est fini entre qn et qn; *mit Freund, Familie* qn est brouillé(e) avec qn
6. *fam* (*bewältigen*) ■ **jd wird mit jdm** ~ qn arrive à tenir qn *fam*, qn peut [*o* arrive à] faire façon de qn; ■ **jd wird mit etw** ~ qn vient à bout de qc; (*beenden*) qn aura fini qc
▸ **halb** ~ à moitié terminé(e); **jd bringt** [*o* **bekommt**] [*o* **kriegt**] **es/das** ~ (*führt aus*) qn le fera; **jd bringt** [*o* **bekommt**] [*o* **kriegt**] **es** ~ **etw zu tun** qn arrive à faire qc; ***der bringt*** [*o* ***bekommt***] [*o* ***kriegt***] ***es noch*** ~ ***und macht seine Drohung wahr!*** il est capable, à force, de mettre sa menace à exécution!; ***er brachte*** [*o* ***bekam***] [*o* ***kriegte***] ***das Wunder*** ~ ***den Streit zu schlichten*** il a réussi l'exploit de régler le différend; **jd bringt** [*o* **bekommt**] [*o* **kriegt**] **etw** ~ (*vollendet*) qn arrive à faire qc; ***in der kurzen Zeit ist die Arbeit nicht*** ~ ***zu bringen*** [*o* ***bekommen***] [*o* ***kriegen***] il est impossible de faire ce travail en si peu de temps; ***jd hat noch nie etwas*** ~ ***gebracht*** [*o* ***bekommen***] [*o* ***gekriegt***] qn n'est jamais arrivé(e) à rien; **jd hat etw** ~, **jd ist mit etw** ~ qn a fini qc; ***wann bist du endlich mit dieser Arbeit*** ~? mais enfin! Quand auras-tu fini ce travail?; **jd macht etw** ~ (*stellt fertig*) qn fait qc, qn finit qc; ***in einer Stunde habe ich Ihnen das*** ~ ***gemacht*** vous aurez ça dans une heure; ***ich mache Ihnen das bis Freitag*** ~ je vous fais ça pour vendredi; **etw macht jdn** ~ *fam* (*zermürbt*) qc démolit qn, qc tue qn; **jd macht jdn** ~ *fam* (*erschöpft seelisch*) qn met qn dans un état effroyable [*o* épouvantable]; ***jd macht jdn so*** ~, ***dass*** qn met qn dans un tel état que + *indic*; **jd macht jdn** ~ *sl* (*schlägt zusammen*) qn casse la gueule à qn *pop;* **jd macht sich** [**für etw**] ~ qn se prépare [pour qc]; **jd stellt etw** ~ qn finit qc, qn achève qc; ~! *fam* un point, c'est tout!
II. *adv* ■ **jd macht etw** ~ *essen, lesen, duschen etc* qn finit de faire qc
Fertig- *-mahlzeit, -menü* préparé(e); *-bauelement, -beton, -haus* préfabriqué(e); ~***bauweise*** construction *f* en préfabriqué; ***in*** ~***bauweise gebaut*** en préfabriqué **Fertigbau** <-bauten> *m* **1.** ∅ (*Bauweise*) préfabriqué *m* **2.** (*Gebäude*) construction *f* préfabriquée, préfabriqué *m* **fertig|bekommen** * *s.* **fertig I.▸**, **fertig|bringen** *s.* **fertig I.▸**
fertigen *vt form* ■ **jd fertigt etw** qn fabrique qc; ■ **jd lässt etw** ~ qn fait fabriquer qc; ■ **jd lässt irgendwo** ~ qn transfère sa production quelque part
Fertiggericht *nt* plat *m* préparé [*o* cuisiné] **Fertighaus** *nt* maison *f* préfabriquée
Fertigkeit <-, -en> *f* **1.** ∅ (*Geschicklichkeit*) technique *f*, adresse *f*
2. *pl* (*Fähigkeiten*) aptitudes *fpl*

fertig|kriegen *s.* **fertig I.▸. fertig|machen** *s.* **fertig I.▸. Fertigprodukt** *nt* produit *m* fini **fertig|stellen** *s.* **fertig I.▸. Fertigstellung** *f* achèvement *m;* ***bei pünktlicher*** ~ ***der Arbeit*** si le travail est fini dans les délais **Fertigteil** *nt* élément *m* préfabriqué
Fertigung <-, -en> *f* fabrication *f*, production *f*; ***die industrielle/automatisierte*** ~ la production industrielle/automatisée
Fertigungs- *-kosten, -methode, -verfahren, -bereich* de production; *-programm, -prozess, -technik* de fabrication; ~***industrie*** industrie *f* des produits manufacturés; ~***insel*** îlot *m* de production; ~***menge*** production *f*; ~***reife*** stade *m* de la maîtrise industrielle **Fertigungsstraße** *f* chaîne *f* de production
Fes <-, -> *nt* MUS fa *m* bémol
fesch[2] *adj* AUS *fam* (*hübsch*) joli(e)
Feschak <-s, -s> *m* AUS *fam* (*Schönling*) beau *m*
Fessel <-, -n> *f* **1.** (*Band, Schnur*) lien *m;* (*Kette*) chaîne *f;* ***mit eisernen*** ~***n gekettet*** mis(e) aux fers
2. ANAT [*Pferd*] paturon *m; geh* [*Mensch*] attaches *fpl soutenu*
▸ **jd legt** [*o* **schlägt** *liter*] **jdn in ~n** qn met qn aux fers *littér*
Fesselballon [-balɔŋ, -baloːn, -balõː] *m* ballon *m* captif
fesseln *vt* **1.** (*mit Fesseln binden*) ■ **jd fesselt jdn** [**mit etw**] qn attache qn [avec qc], qn ligote qn [avec qc]; ■ **jd fesselt jdn an etw** (*akk*) *an Pfahl, Bett* qn attache qn à qc; ■ **jd fesselt jdn an etw** (*dat*) *an den Händen, Füßen* qn attache qc à qn; (*mit Handschellen*) qn passe à qn les menottes à qc, qn menotte qn à qc *fam;* ***jd fesselt jdm die Hände auf dem Rücken/den Rücken*** qn attache à qn les mains dans le dos; ***mit gefesselten Händen*** avec les menottes aux poignets
2. *geh* (*binden*) ■ **jd fesselt jdn an sich** (*akk*) qn s'attache qn
3. (*faszinieren*) ■ **etw fesselt jdn** */Buch, Lektüre, Film, Beschäftigung/* qc captive qn; */Anblick/* qc envoûte qn; ■ **etw fesselt jdn** [**an jdm**] */Stimme, Verhalten, Blick/* qc attire qn [chez qn]; ■ **etw fesselt jdn** [**an etw** (*dat*)] */Handlung, Darstellung/* qc passionne qn [dans qc]
fesselnd *adj Bericht, Buch, Film* passionnant(e), captivant(e); *Mensch, Anblick* fascinant(e)
fest I. *adj* **1.** (*hart, stabil*) solide
2. solide; ***die Lava wird*** ~ la lave se solidifie
3. (*endgültig*) *Entschluss, Entscheidung, Zusage* ferme; *Absicht* ferme *antéposé; Plan, Vorhaben* bien arrêté(e); ■ **etw ist** ~ qc est définitif(-ive); ***unsere Zusage ist*** ~ ***und bindend*** notre engagement est ferme et définitif; ***also morgen um acht, ist das auch wirklich*** ~? alors demain à huit heures, ça tient toujours?
4. (*kräftig*) *Druck, Griff* ferme; *Schlag* fort(e); ***eine*** ~***e Tracht Prügel*** une bonne correction
5. (*nicht locker*) *Verband, Verschnürung, Knoten* serré(e); ***der Gurt hat einen*** ~***en Sitz*** la ceinture est suffisamment serrée
6. (*ständig, dauerhaft*) *Anstellung* définitif(-ive); *Position, Stellung* stable; *Mitarbeiter* permanent(e); *Kosten, Tarif, Einkommen* fixe; *Bindung, Beziehung* sérieux(-ieuse), stable; *Freund* avec qui c'est sérieux
7. CH (*rundlich*) *Mensch* fort(e)
▸ **halb** ~ *Honig* crémeux(-euse); *Schnittkäse* à pâte molle
II. *adv* **1.** (*kräftig*) fort; ***wenn ihr*** ~ ***mit anpackt*** si vous nous donnez un bon coup de main
2. (*nicht locker*) fort, à fond; *verschnüren, verknoten, zubinden* solidement; *verbinden* serré; ***du musst den Gürtel etwas*** ~***er ziehen*** tu dois resserrer un peu la ceinture
3. (*nachdrücklich*) *versprechen, zusagen, gebunden sein* formellement
4. (*dauernd*) *anlegen* à terme fixe; *anstellen* définitivement; *regeln* expressément; ~ ***angestellt*** sous contrat à durée indéterminée; ***etw ist im Tarifvertrag*** ~ ***geregelt*** qc est fixé(e) par la convention collective
5. (*gut*) *schlafen* profondément
6. (*genau*): ~ ***umrissen*** bien précis(e)
Fest <-[e]s, -e> *nt* fête *f*
▸ **bewegliches/unbewegliches** ~ fête mobile/fixe; **frohes** ~! joyeuse fête!; **man soll die ~e feiern, wie sie fallen** *prov* ce n'est pas tous les jours qu'on peut en profiter; **jd gibt ein** ~ qn fait une fête
Fest-[1] (*festlich*) *-dekoration* de fête; ~***gottesdienst*** office *m* solennel; ~***kleidung*** vêtements *mpl* de gala; ~***schmaus*** régal *m*
fest-, **Fest-**[2] **1.** (*dauerhaft*): *f*~***angelegtes Geld*** argent *m* placé à terme fixe
2. (*bindend*) *-auftrag, -bestellung* ferme
3. (*gleichbleibend*): ~***betrag bei der Krankenkasse*** montant *m* forfaitaire de la caisse d'assurance maladie; ~***geschäft*** opération *f* à règlement mensuel
4. *-brennstoff, -körper* solide; ~***körperphysik*** physique *f* des solides
5. + *vb* (*befestigend*): *f*~***klopfen*** tasser; *f*~***nähen*** coudre
Festakt *m* cérémonie *f*
festangestellt *s.* **fest II.4. Festangestellte(r)** *f(m) decl wie adj* employé(e) *m(f)* sous contrat à durée indéterminée
fest|beißen *vr irreg* ■ **ein Tier beißt sich** [**an jdm/etw**] **fest** un animal s'accroche avec ses dents [à qn/qc]; ■ **jd beißt sich** [**an etw** (*dat*)] **fest** qn accroche sur qc
Festbeleuchtung *f* **1.** (*für feierlichen Anlass*) éclairage *m* des grandes occasions
2. *hum fam* ■ **die** ~ toutes les lumières allumées; ***warum denn/was soll denn diese*** ~? que signifie cet éclairage des grands jours/que signifient ces grands éclairages [*o* toutes ces lumières]?
fest|binden *vt irreg* ■ **jd bindet jdn/etw/ein Tier** [**an etw** (*dat*)] **fest** qn attache qn/qc/un animal [à qc] **fest|bleiben** *vi irreg* + *sein* ■ **jd bleibt fest** qn se montre ferme
feste *adv fam mithelfen, feiern* vachement *fam*, drôlement *fam; arbeiten a.* d'arrache-pied, dur; ***wir werden*** ~ ***arbeiten müssen*** il va falloir cravacher [*o* en mettre un coup] *fam*

▶ **immer ~ druff!** vas-y! tape-lui dessus! *fam*

Feste <-, -n> *f alt s.* **Festung**

festen *vi* CH ■ **jd festet** qn fait la fête; ***am nächsten 1. August wird gefestet*** ce sera la fête le 1er août prochain

Festessen *nt* banquet *m*

fest|fahren *vr irreg* **1.** (*stecken bleiben*) ■ **jd/etw fährt sich [in etw** (*dat*)**] fest** / *Fahrer, Fahrzeug/* qn/qc s'enlise [dans qc]; *in Schlamm a.* qn/qc s'embourbe [dans qc] **2.** (*nicht weitergehen*) ■ **etw fährt sich fest** / *Gespräche, Verhandlung/* qc s'enlise; ■ **etw fährt sich an etw** (*dat*) **fest** *an einem Punkt, Problem* qc bute sur qc **fest|frieren** *vi irreg + sein* ■ **etw friert [an etw** (*dat*)**] fest** le froid colle qc [à qc]; ***die Finger könnten daran ~!*** les doigts pourraient rester collés!

Festgelage *nt geh* festin *m*

Festgeld *nt* dépôt *m* à terme fixe **fest|haken I.** *vt* ■ **jd hakt etw [an etw** (*dat*)**] fest** qn accroche qc [à qc] **II.** *vr* ■ **etw hakt sich an/in etw** (*dat*) **fest** qc reste accroché(e) à qc

Festhalle *f* salle *f* des fêtes

fest|halten *irreg* **I.** *vt* **1.** (*fest ergreifen*) ■ **jd hält jdn [an etw** (*dat*)**] fest** qn retient qn [par qc]; ■ **jd hält jds … fest** *Arm, Hand, Bein etc* qn me/lui/… immobilise qc
2. (*gefangen halten*) ■ **jd hält jdn fest** qn retient qn
3. (*konstatieren*) ■ **jd hält etw fest** *Punkt, Aspekt* qn met qc en exergue, qn insiste sur qc; (*schriftlich*) qn consigne qc par écrit; ■ **jd hält fest, dass** qn fait observer que + *indic*
II. *vi* ■ **jd hält an etw** (*dat*) **fest** *an Tradition, Meinung etc* qn garde qc, qn reste fidèle à qc
III. *vr* ■ **jd hält sich [an jdm/etw] fest** qn s'accroche [à qn/qc]

festigen I. *vt* ■ **jd/etw festigt etw** qn/qc consolide qc, qn/qc affermit qc; *s. a.* **gefestigt**
II. *vr* ■ **etw festigt sich** qc se consolide

Festiger <-s, -> *m* fixateur *m*

Festigkeit <-> *f* ∅ **1.** (*Stabilität*) résistance *f*
2. (*Unnachgiebigkeit*) fermeté *f*

Festigung <-, -en> *f* consolidation *f*

Festival <-s, -s> ['fɛstival] *nt* festival *m*

fest|klammern I. *vt* ■ **jd klammert etw [an etw** (*dat*)**] fest** qn fixe qc [à qc]; *Tischtuch* qn fixe qc avec des pinces [à qc]; *Wäschestück* qn accroche qc avec des pinces à linge [à qc]; ■ **etw ist/wird an etw** (*dat*) **festgeklammert** qc est fixé(e) à qc par des pinces **II.** *vr* ■ **jd klammert sich [an jdm/etw] fest** qn s'agrippe [à qn/qc] **fest|kleben I.** *vt + haben* ■ **jd klebt etw fest** qn colle qc **II.** *vi + sein* ■ **jd/etw klebt [an etw** (*dat*)**] fest** qn/qc colle [à qc] **fest|krallen** *vr* ■ **jd krallt sich [an jdm/etw] fest** qn se cramponne [à qn/qc]; ■ **ein Tier krallt sich [an jdm/etw] fest** un animal s'accroche avec ses griffes [à qn/qc]; / *Raubvogel/* un animal s'accroche avec ses serres [à qn/qc]

Festland *nt* ∅ **1.** (*große Landmasse*) continent *m;* ***hinter uns das ~, vor uns die offene See*** derrière nous, la terre ferme, devant nous, la haute mer
2. (*im Gegensatz zu Wasserfläche*) continents *mpl*, terres *fpl*

Festland[s]sockel *m* socle *m* continental

fest|legen I. *vt* **1.** (*bestimmen*) ■ **jd legt etw fest** qn fixe qc; ■ **es wird festgelegt, dass** il est convenu que + *indic;* (*in einem Vertrag*) il est stipulé que + *indic;* ■ **etw ist in etw** (*dat*) **festgelegt** / *Vorschriften, Rechte/* qc est fixé(e) par qc
2. FIN ■ **jd legt etw fest** qn place qc à terme fixe
3. (*verpflichten*) ■ **jd legt jdn auf etw** (*akk*) **fest** qn considère qc comme un engagement ferme de la part de qn; ***er will sich nicht ~ lassen*** il ne veut pas s'engager
II. *vr* ■ **jd legt sich fest** qn s'engage; ■ **jd legt sich [auf etw** (*akk*)**] fest** qn s'engage [à propos de qc]; ***ich will mich nicht ~, aber …*** je ne voudrais pas trop m'avancer, mais …

Festlegung <-, -en> *f* [*Thema*] détermination *f;* [*Tagesordnung*] fixation *f;* [*Ablauf*] mise *f* au point; [*Programm*] établissement *m;* ***die ~ des Fernsehprogramms*** la programmation des émissions [de télévision]

festlich I. *adj* **1.** (*feierlich*) *Veranstaltung, Konzert, Anlass* solennel(le); *Stimmung* de fête; ***jd ist in ~er Stimmung*** qn est en veine de réjouissances; ***ein ~er Anlass*** une cérémonie
2. (*prächtig*) *Schmuck* de fête; *Kleidung* de cérémonie; *Beleuchtung* des grands jours
II. *adv* ***~ gekleidet*** en habit de cérémonie; ***~ geschmückt*** décoré(e)
▶ **jd begeht etw ~** *geh* qn célèbre qc

Festlichkeit <-, -en> *f* fête *f;* ***die ~en*** les festivités *fpl*

fest|liegen *vi irreg* **1.** (*festgesetzt sein*) ■ **etw liegt fest** qc est fixé(e) **2.** (*nicht weiterkönnen*) ■ **jd/etw liegt fest** qn/qc est bloqué(e) **3.** FIN ■ **etw liegt fest** qc est placé(e) **fest|machen I.** *vt* **1.** (*befestigen*) ■ **jd macht etw [an etw** (*dat*)**] fest** qn fixe qc [à qc] **2.** (*vereinbaren*) ■ **jd macht etw fest** *Geschäft, Übereinkunft* qn conclut qc; *Vereinbarung a.* qn adopte qc; *Termin* qn convient de qc, qn fixe qc; ***jd macht eine Vereinbarung schriftlich fest*** qn fixe un arrangement par écrit; ***was habt ihr festgemacht?*** qu'est-ce que vous avez décidé? **3.** (*herleiten*) ■ **jd macht etw an etw** (*dat*) **fest** qn met qc en rapport avec qc, qn lie qc à qc; ***festgemacht an der Frage von …*** en rapport [*o* en liaison] avec la question de …; ***sie macht ihre Unzufriedenheit an ihrer beruflichen Situation fest*** elle attribue [*o* relie] son insatisfaction à sa situation professionnelle **II.** *vi* (*anlegen*) ■ **etw macht [an etw** (*dat*)**] fest** qc accoste [qc] **Festmeter** *m o nt* stère *m* **fest|nageln** *vt* **1.** ■ **jd nagelt etw [an etw** (*dat*)**] fest** qn cloue qc [à qc] **2.** *fam* (*festlegen*) ■ **jd nagelt jdn [auf etw** (*akk*)**] fest** qn coince qn [sur qc] *fam;* ***Sie dürfen mich nicht auf diese Aussage ~*** ne me faites pas dire ce que je n'ai pas dit

Festnahme <-, -n> *f* arrestation *f*

fest|nehmen *vt irreg* ■ **jd nimmt jdn fest** qn arrête qn; ***Sie sind festgenommen!*** vous êtes en état d'arrestation!

Festplatte *f* disque *m* dur

Festplattenlaufwerk *nt* disque *m* dur

Festplatz *m* champ *m* de foire

Festpreis *m* prix *m* fixe; (*gebundener Preis*) prix *m* imposé

Festrede *f* discours *m* officiel ▶ **jd hält die ~** qn prononce le discours **Festredner(in)** *m(f)* orateur(-trice) *m(f)* [officiel(le)] **Festsaal** *m* salle *f* des fêtes

fest|saugen *vr* ■ **ein Tier saugt sich an jdm/etw fest** un animal se fixe à qn/qc par ses ventouses; ■ **etw saugt sich an etw** (*dat*) **fest** / *Saughaken, Staubsauger/* qc colle à qc **fest|schrauben** *vt* ■ **jd schraubt etw fest** *Schraube* qn serre qc; *Haken* qn visse qc; *lose Schraube* qn revisse qc; *Halterung* qn serre la/les vis de qc; ***der Haken ist nicht festgeschraubt*** le crochet n'est pas bien vissé **fest|schreiben** *vt irreg* ■ **jd schreibt etw fest** *mündliche Abmachung, Konzession, Vereinbarung* qn met qc par écrit; *Mittel, Ausgaben, Beitrag, Zahlen* qn programme qc; *Preise, Mittel* qn fixe qc; *Wechsel, Praxis* qn officialise qc; ■ **etw schreibt etw fest** / *Vertrag, Vereinbarung, Abkommen/* qc entérine qc; *Machtverhältnisse* qc institutionnalise qc

Festschrift *f* brochure *f* commémorative

fest|setzen I. *vt* ■ **jd setzt etw fest** *Preis* qn fixe qc; *Rente, Wert a.* qn détermine qc
II. *vr* ■ **etw setzt sich fest** / *Staub, Schmutz/* qc s'incruste

Festsetzung <-, -en> *f* [*Preis*] fixation *f;* [*Rente, Einheitswert a.*] liquidation *f;* [*Wert, Verkehrswert, Streitwert*] détermination *f*

fest|sitzen *vi irreg* **1.** (*befestigt sein*) ■ **etw sitzt fest** qc ne bouge plus; ***etw sitzt so fest, dass*** qc tient tellement bien, que + *indic*
2. (*festkleben*) ■ **etw sitzt fest** / *Schmutz/* qc est incrusté(e)
3. (*stecken geblieben sein*) ■ **jd/etw sitzt fest** / *Fahrer, Fahrzeug/* qn/qc est enlisé(e); / *Schiff/* qc est immobilisé(e)

Festspiele *pl* festival *m* **Festspielhaus** *nt* palais *m* des festivals

fest|stecken I. *vt + haben* ■ **jd steckt etw fest** *Perücke, Hut* qn fixe qc avec une épingle/des épingles; *Haare a.* qn attache qc; *Saum* qn épingle qc **II.** *vi + sein s.* **festsitzen 3. fest|stehen** *vi irreg* **1.** (*festgelegt sein*) ■ **etw steht fest** qc est fixé(e) **2.** (*unveränderlich sein*) ■ **etw steht fest** / *Entschluss/* qc est irrévocable; / *Meinung/* qc est fait(e) **3.** (*sicher sein*) ■ **es steht fest, dass** il est clair que + *indic;* ***nach diesen Ergebnissen dürfte ~, dass*** d'après ces résultats, il est à peu près sûr et certain que + *indic;* ***so viel steht fest, …*** ce qui est clair, c'est que … **feststehend** *adj attr Redewendung* tout(e) fait(e); *Reihenfolge* déterminé(e) **feststellbar** *adj* **1.** (*arretierbar*) doté(e) d'un dispositif de blocage **2.** (*herauszufinden*) ■ **jd ist ~** qn peut être retrouvé(e) [*o* identifié(e)]; ■ **etw ist ~** qc peut être vérifié(e) **fest|stellen** *vt* **1.** (*ermitteln*) ■ **jd stellt jdn fest** qn identifie qn; ■ **jd stellt etw fest** *Sachverhalt, Schuld, Unschuld* qn établit qc; ***die Polizei stellte den Namen/die Personalien der Fahrerin fest*** la police a identifié la conductrice **2.** (*konstatieren*) ■ **jd stellt [bei jdm] etw fest** *Veränderung, Besonderheit, Krankheit, Geschwulst* qn constate qc [chez qn]; ■ **jd stellt fest, dass** qn constate que + *indic;* ***jd muss zu seinem Erstaunen ~, dass*** qn doit reconnaître avec étonnement que + *indic;* ***nach Durchsicht der Unterlagen ist nicht festzustellen, ob*** après examen des documents, il n'est pas possible de savoir si + *indic* **3.** (*arretieren*) ■ **jd stellt etw fest** qn bloque qc **Feststelltaste** [-tastə] *f* touche *f* fixe-majuscules

Feststellung *f* **1.** (*Bemerkung*) remarque *f;* ***jd macht*** [*o* ***trifft***] ***eine ~*** qn fait une remarque; ***dieser ~ möchte ich widersprechen*** permettez-moi de contredire ces déclarations; ***auf diese ~ lege ich besonderen Wert*** je tiens particulièrement à le faire remarquer; ***erlauben Sie mir die ~, dass*** permettez-moi de vous faire remarquer que + *indic*
2. (*Ermittlung*) [*Täter*] identification *f;* [*Sachverhalt, Schuld, Unschuld*] établissement *m;* ***die ~ der Personalien/des Namens des [Fahrzeug]halters*** l'identification du propriétaire
3. (*Beobachtung*) observation *f;* (*das Bemerken*) constatation *f;* ***diese ~ erschreckte ihn*** cette constatation [*o* ce constat] l'effraya
▶ **jd kommt** [*o* **gelangt**] **zu der ~, dass** qn en conclut que + *indic;* **jd macht ~en** qn remarque quelque chose; ***ich habe keine besonderen ~en machen können*** je n'ai rien remarqué de spécial; **jd macht die ~, dass** *form* qn arrive à la constatation que + *indic form*

Feststimmung *f* ambiance *f* [de fête]; (*eines Einzelnen*) humeur *f* joyeuse; ***es hat mir meine ~ verdorben*** ça m'a gâché mon plaisir ▶ **jd ist schon in ~** qn se réjouit déjà **Festtafel** *f geh* table *f* des convives

Festtag *m* **1.** (*Ehrentag*) grand jour *m*
2. (*Feiertag*) jour *m* de fête; ***über die ~e*** pendant les fêtes
▶ **frohe ~e!** joyeuses fêtes!

Festtagsstimmung *f s.* **Feststimmung**

fest|treten *irreg* **I.** *vt* ■ **jd tritt etw fest** *Erde* qn tasse qc **II.** *vr* ■ **etw tritt sich fest** qc se tasse ▶ **das tritt sich fest!** *hum sl* laisse/laissez tomber, ça fait rien! *fam* **festumrissen** *s.* **fest II.6.**

Festung <-, -en> *f* forteresse *f*

festverzinslich *adj* à revenu fixe

Festwertspeicher *m* INFORM mémoire *f* morte

Festwiese *f s.* **Festplatz. Festzelt** *nt* chapiteau *m*

fest|ziehen *vt irreg* ■ **jd zieht etw fest** qn serre qc; (*strammer ziehen*) qn resserre qc

Festzug *m* cortège *m*

Fete <-, -n> *f,* **Fête** <-, -n> ['fe:tə, 'fɛ:tə] *f* fête *f*
▶ **jd macht** [*o* **feiert**] **eine ~** qn fait une fête

Fetisch <-[e]s, -e> *m* fétiche *m*

Fetischismus <-> *m* ∅ fétichisme *m*

Fetischist(in) <-en, -en> *m(f)* fétichiste *mf*

fett I. *adj* 1. (*fetthaltig*) gras(se)
2. *pej* (*dick*) *Mensch, Tier* gros(se) *antéposé,* énorme; *Bissen, Happen* bon(ne) *antéposé;* ***dieser Karpfen ist ein ~er Brocken*** quel sacré morceau, cette carpe!
3. TYP gras(se)
4. (*üppig*) *Boden, Weide* gras(se); *Beute, Gewinn* gros(se) *antéposé;* AUT *Gemisch* riche
II. *adv kochen, essen* gras
▶ ~ **gedruckt** *pred* [imprimé(e)] en caractères gras, en gras
Fett <-[e]s, -e> *nt* graisse *f*
▶ **pflanzliches/tierisches** ~ graisse végétale/animale; **jd backt etw in schwimmendem** ~ qn fait frire qc; **jd bekommt** [*o* **kriegt**] **sein** ~ **ab** *fam* qn se fait remettre en place *fam;* **jd hat sein** ~ [**weg**] *fam* qn a été remis(e) à sa place *fam;* **jd/ein Tier setzt** ~ **an** qn/un animal engraisse
Fettansatz *m* pli *m* de graisse ▶ **jd neigt zu** ~ qn prend facilement de la graisse **fettarm** I. *adj* pauvre en graisses, allégé(e) II. *adv essen, sich ernähren, kochen* léger **Fettauge** *nt* rond *m* de graisse; ~*n* yeux *mpl* de graisse **Fettbauch** *m pej fam* 1. (*Bauch*) gros ventre *m* 2. (*Mensch*) gros *m* plein de soupe *fam* **Fettcreme** [-kre:m] *f* graisse *f* à traire **Fettdruck** *m* caractères *mpl* gras, gras *m* **Fettembolie** *f* embolie *f* graisseuse
fetten I. *vt* ■ **jd fettet etw** qn graisse qc, qn enduit qc de graisse
II. *vi* ■ **etw fettet** */Haut, Haare/* qc est gras(se); */Creme/* qc est huileux(-euse)
Fettfilm *m* pellicule *f* de graisse **Fettfleck**[**en**] *m* tache *f* de graisse **fettgedruckt** *s.* **fett II.**▶. **Fettgehalt** *m* teneur *f* en matières grasses **Fettgewebe** *nt* tissu *m* adipeux [*o* graisseux] **fetthaltig** *adj* gras(se)
fettig *adj* gras(se)
Fettkloß *m pej* boule *f* de graisse **Fettklumpen** *m* gras *m* **Fettleber** *f* cirrhose *f* graisseuse
fettleibig *adj geh* obèse
Fettleibigkeit <-> *f* ∅ *geh* obésité *f*
Fettnäpfchen <-s, -> *nt fam* ▶ **jd tritt** [**bei jdm**] **ins** ~ qn fait une gaffe [avec qn] *fam* **Fettpolster** *nt fam* bourrelet *m* de graisse **Fettpresse** *f* pompe *f* à graisse **fettreich** I. *adj* très gras(se) II. *adv essen, sich ernähren* gras **Fettsack** *m sl* gros lard *m pop* **Fettsäure** *f* acide *m* gras **Fettschicht** *f* couche *f* de graisse **Fettsucht** *f* ∅ obésité *f* **fetttriefend** *adj* huileux(-euse) **Fettwanst** *m pej* tas *m* de graisse
fetzen I. *vt* ■ **jd/etw fetzt etw** [**von etw**] **irgendwohin** qn/qc arrache qc [de qc] et le/la fait tomber quelque part
II. *vi* 1. + *sein fam* (*rasen*) ■ **jd fetzt irgendwohin** qn fonce en quatrième vitesse quelque part *fam*
2. + *haben sl* (*mitreißen*) ■ **etw fetzt** qc déménage *fam,* qc décoiffe *fam*
III. *vr fam* ■ **Menschen ~ sich** des personnes se chamaillent *fam*
Fetzen <-s, -> *m* 1. [*Papier, Stoff*] lambeau *m;* [*Haut*] morceau *m;* [*Gespräch, Musik*] bribe *f*
2. *sl* (*billiges Kleid*) fringue *f* de prisu *pop* [*o* à quatre sous *fam*]
3. AUS (*Putztuch*) serpillière *f*
▶ **dass die ~ fliegen** *fam arbeiten, loslegen* comme un(e) malade/des malades *fam; sich prügeln, sich streiten a.* comme un(e) dingue/des dingues *fam;* **jd reißt etw in** ~ qn déchire qc en morceaux; **in** ~ en lambeaux
fetzig *adj sl* qui déménage *fam,* qui décoiffe *fam; Frisur, Kleidung, Mensch* d'enfer *fam*
feucht *adj* humide; ■ **etw ist noch** ~ */Tinte, Farbe/* qc n'est pas encore sec(sèche)
Feuchtbiotop *nt o m* biotope *m* humide *spéc,* zone *f* de prairies humides
feuchteln *vi* CH ■ **etw feuchtelt** qc sent l'humidité
feuchtfröhlich I. *adj hum fam Abend* bien arrosé(e) *fam; Runde, Gesellschaft* joyeux(-euse)
II. *adv hum fam feiern* dans la joie et la bonne humeur; ***gestern Abend ging es ziemlich ~ zu*** la soirée d'hier a été drôlement arrosée
feuchtheiß *adj* chaud(e) et humide
Feuchtigkeit <-> *f* ∅ humidité *f*
Feuchtigkeitscreme [-kre:m] *f* crème *f* hydratante **Feuchtigkeitsgehalt** *m* humidité *f*
feuchtkalt *adj* froid(e) et humide **feuchtwarm** *adj* chaud(e) et humide
feudal *adj* 1. HIST féodal(e)
2. *fam Essen* royal(e) *fam; Restaurant* de luxe; *Gegend* de riches; *Wohnung* luxueux(-euse)
Feudal- féodal(e) **Feudalherrschaft** *f* régime *m* féodal
Feudalismus <-> *m* ∅ *s.* **Feudalherrschaft**
Feuer <-s, -> *nt* 1. feu *m*
2. (*Brand*) incendie *m*
3. MIL (*Beschuss*) feu *m,* tir *m*
4. (*Schwung*) [*Frau, Liebhaber*] passion *f;* [*Pferd, Jugend*] fougue *f;* ***sie hat ~*** c'est une passionnée
5. *geh* (*Glanz*) [*Blick*] flamme *f soutenu;* [*Diamant*] éclat *m*
▶ **jd ist ~ und Flamme** [**für jdn/etw**] *fam* qn est tout feu tout flamme [pour qn/qc]; **jd macht jdm ~ unter dem Hintern** *fam* [*o* **Arsch** *sl*] qn pousse qn aux fesses *fam* [*o* au cul *pop*]; **sie sind wie ~ und Wasser** ils/elles sont comme l'eau et le feu; **bengalisches** ~ feu *m* de Bengale; ~ **frei!** feu!; **jd kocht auf offenem** ~ qn fait cuire les aliments sur du feu; **das olympische** ~ la flamme olympique; **etw brennt wie** ~ qc agit comme une brûlure, qc brûle; **jd eröffnet das** ~ qn ouvre le feu; **etw fängt** ~ qc prend feu; **jd fängt** ~ [**bei jdm**] qn craque [pour qn] *fam;* **jd geht für jdn durchs** ~ qn se jette dans le feu pour qn; **jd gibt jdm** ~ qn donne du feu à qn; **jd gibt** ~ qn fait feu; **jd hat** ~ (*Feuerzeug, Streichholz*) qn a du feu; **jd legt** ~ [**an etw** (*akk*)] qn met le feu [à qc]; **jd macht** ~ qn fait du feu; **jd nimmt etw vom** ~ qn retire qc du feu; **etw speit** ~ qc crache du feu; ~ **speiend** *Drache* qui crache du feu [*o* des flammes]; *Vulkan* en éruption, qui vomit du feu; ***~ speiender Berg*** volcan *m;* **jd spielt mit dem** ~ qn joue avec le feu; **jd stellt etw aufs** ~ qn met qc sur le feu; **jd stellt das ~ ein** MIL qn cesse le feu; */Gangster/* qn arrête de tirer; **am** ~ près du feu; ~! (*es brennt!*) au feu!; MIL feu!
Feuer- 1. (*das Feuer betreffend*) *-fontäne* de flammes; *-bekämpfung* contre l'incendie; *-löschteich, -herd* d'incendie; *-säule* de feu; *-*[*schutz*]*tür, -mauer* coupe-feu; ~***glocke*** tocsin *m;* ~***löschboot*** bateau-pompe *m;* ~***schaden*** sinistre *m* [causé par l'incendie]; ~***sirene*** sirène *f* d'alerte au feu 2. (*das Schießen betreffend*) *-bereich, -linie* de tir; ***f~ bereit*** prêt(e) à tirer; ~***gefecht*** fusillade *f;* ~***kraft*** puissance *f* de tir **Feueralarm** *m* alerte *f* au feu ▶ **jd gibt** ~ qn donne l'alerte [incendie] **Feueranzünder** *m* allume-feu *m* **Feuerball** *m* boule *f* de feu **Feuerbefehl** *m* ordre *m* de tirer ▶ **jd gibt den** ~ qn donne l'ordre de tirer **feuerbeständig** *adj Stahltür, Tresor* résistant(e) au feu; *Kleidung* ignifugé(e); *Material* ininflammable; *Metall, Keramik* réfractaire **Feuerbestattung** *f* incinération *f* **Feuereifer** *m* ardeur *f* ▶ **mit** [**wahrem**] ~ *bei der Sache sein, dabei sein* avec ferveur; *diskutieren a.* avec feu; *spielen* avec enthousiasme **Feuereinstellung** *f* MIL cessez-le-feu *m* **feuerfest** *adj Form, Geschirr, Glas* résistant(e) aux températures élevées; *Porzellan* à feu **Feuergefahr** *f* danger *m* d'incendie **feuergefährlich** *adj* [facilement] inflammable **Feuerhaken** *m* tisonnier *m* **Feuerholz** *nt* ∅ bois *m* de chauffage **Feuerleiter** *f* [*Gebäude*] échelle *f* de secours [*o* d'incendie]; [*Feuerwehrauto*] grande échelle *f* [des pompiers] **Feuerlöscher** *m* extincteur *m* **Feuermelder** <-s, -> *m* avertisseur *m* d'incendie
feuern I. *vi* ■ **jd feuert** [**auf jdn/etw**] qn tire [*o* fait feu] [sur qn/qc]
II. *vt* 1. *fam* (*werfen*) ■ **jd feuert etw irgendwohin** qn balance qc quelque part *fam*
2. *fam* (*entlassen*) ■ **jd feuert jdn** qn vire qn *fam;* ■ **jd wird gefeuert** qn se fait virer *fam,* qn est viré(e) *fam*
3. (*verheizen*) ■ **jd feuert etw** *Holz, Kohlen, Briketts* qn brûle qc; ■ **jd feuert etw mit etw** *mit Holz, Kohlen, Briketts* qn alimente qc avec qc; ■ **jd feuert mit etw** qn chauffe avec qc
Feuerpause *f* MIL interruption *f* des tirs, trêve *f* **Feuerpolizei** *f* sécurité *f* incendie **feuerpolizeilich** *adj* de la sécurité incendie **Feuerprobe** *f* mise *f* à l'épreuve, épreuve *f* du feu ▶ **jd/etw/ein Tier besteht die** ~ qn/qc/un animal fait ses preuves **Feuerqualle** *f* méduse *f* **feuerrot** *adj Haare* rouge feu *inv; Kleidung, Auto* rouge vif *inv* ▶ **jd wird** ~ qn devient rouge écarlate **Feuersalamander** *m* salamandre *f*
Feuersbrunst *f geh* incendie *m*
Feuerschein *m* [*Lagerfeuer, Kaminfeuer*] lueur *f* des flammes; [*Brand*] lueur *f* de l'incendie **Feuerschiff** *nt* bateau-feu *m,* bateau-phare *m* **Feuerschlucker**(**in**) <-s, -> *m(f)* cracheur(-euse) *m(f)* de feu **Feuerschutz** *m* 1. (*Brandschutz*) protection *f* contre le feu 2. MIL (*Deckung*) couverture *f* ▶ **jd gibt jdm** ~ qn couvre qn **feuerspeiend** *s.* **Feuer** ▶. **Feuerspritze** *f* lance *f* à eau [*o* d'incendie] **Feuerstein** *m* 1. [*Feuerzeug*] pierre *f* à briquet 2. ARCHEOL silex *m* **Feuerstelle** *f* (*Ort*) endroit *m* pour faire un feu; (*Rückstände eines Lagerfeuers*) restes *mpl* d'un feu; (*einfacher Herd*) foyer *m,* âtre *m* **Feuertod** *m* 1. (*auf dem Scheiterhaufen*) mort *f* sur le bûcher 2. (*Flammentod*) mort *f* par le feu **Feuertreppe** *f* escalier *m* de secours
Feuerung <-, -en> *f* 1. ∅ (*Brennstoff*) combustible *m*
2. (*Heizkessel*) chaudière *f*
Feuerversicherung *f* assurance *f* incendie **feuerverzinkt** *adj* zingué(e) à chaud **Feuerwache** *f* caserne *f* de pompiers **Feuerwaffe** *f* arme *f* à feu **Feuerwasser** *nt fam* eau *f* de feu *fam*
Feuerwehr <-, -en> *f* 1. (*zur Feuerbekämpfung*) pompiers *mpl,* sapeurs-pompiers *mpl*
2. (*Nothelfer*): ***jd spielt/ist ~*** qn sauve la situation, qn vient à la recousse
▶ **die freiwillige** ~ les pompiers volontaires; **jd fährt wie die** ~ *fam* qn roule à fond la caisse [*o* à toute blinde] [*o* à toute berzingue] *fam*
Feuerwehrauto *nt* camion *m* de pompiers, véhicule *m* d'incendie **Feuerwehrfrau** *f* femme *f* pompier **Feuerwehrmann** <-leute *o* -männer> *m* [sapeur-]pompier *m* **Feuerwehrübung** *f* exercice *m* d'alerte au feu
Feuerwerk *nt* feu *m* d'artifice **Feuerwerker**(**in**) <-s, -> *m(f)* artificier *m;* ***sie ist ~in*** elle est artificier **Feuerwerkskörper** *m* pièce *f* d'artifice **Feuerzange** *f* pincettes *fpl* **Feuerzangenbowle** [-bo:lə] *f boisson chaude à base de rhum, de vin rouge et de jus de fruit qu'on fait flamber*
Feuerzeug <-[e]s, -e> *nt* briquet *m*
Feuerzeugbenzin *nt* essence *f* à briquet **Feuerzeuggas** *nt* gaz *m* à briquet
Feuilleton <-s, -s> [fœjəˈtõ:, ˈfœjətõ] *nt* pages *fpl* culturelles, encart *m* culturel
feurig *adj* 1. (*temperamentvoll*) *Blick, Brief* enflammé(e); *Liebhaber, Umarmung* ardent(e); *Pferd* fougueux(-euse)
2. *veraltend* (*glühend*) *Kohle, Holzscheit* embrasé(e)
-fex <-es, -e> *m fam* accro *mf* du/de la *fam*
Fez <-[es], -[e]> *m* fez *m*
ff. *loc abk von* **folgende Seiten** ss.
Fiaker <-s, -> *m* AUS 1. (*Kutsche*) fiacre *m*
2. (*Kutscher*) cocher *m*
Fiasko <-s, -s> *nt fam* fiasco *m*
▶ **jd erlebt** [**mit etw**] **ein** ~ qn fait fiasco [avec qc], qn échoue [dans qc]; **etw endet mit einem** ~ qc se termine sur un fiasco
Fibel[1] <-, -n> *f* 1. (*Lesebuch*) A B C *m,* abécédaire *m*
2. (*Leitfaden, Handbuch*) manuel *m*
Fibel[2] <-, -n> *f* ARCHEOL fibule *f*
-fibel *f* (*Leitfaden*) petit guide *m* du/de la
Fiber <-, -n> *f* fibre *f*

▶ **mit jeder ~ ihres/seines Herzens** *geh* de toutes les fibres de son cœur *soutenu*
Fibrin <-s> *nt* ∅ fibrine *f*
Fibrom <-s, -e> *nt* fibrome *m*
Fiche <-s, -s> [fiːʃ] *m o nt* **1.** (*Filmkarte*) microfiche *f*
2. CH (*Kartei, Datei*) fichier *m*
ficht *3. pers pres von* **fechten**
Fichte <-, -n> *f* épicéa *m;* (*Holz*) sapin *m*
fichten *adj* en [*o* de] sapin
Fichten- en [*o* de] sapin; *~wald, ~wäldchen* sapinière *f* **Fichtennadelextrakt** *m* extrait *m* d'aiguilles de sapin **Fichtenzapfen** *m* pomme *f* de pin, cône *m* d'épicéa
Fick <-s, -s> *m vulg* coup *m vulg; **jd hat Lust auf einen ~*** /*Mann*/ qn a envie de tirer un coup *vulg;* /*Frau*/ qn a envie de se faire sauter *vulg*
ficken I. *vi vulg* ■ **jd fickt [mit jdm]** qn baise [qn] *vulg;* ■ **das F~** la baise *vulg*
II. *vt vulg* ■ **jd fickt jdn** qn baise qn *vulg;* ■ **jd wird gefickt** qn se fait sauter *vulg*
fick[e]rig I. *adj* DIAL nerveux(-euse), agité(e)
II. *adv* DIAL: ***jd hampelt ~ herum*** qn s'agite; ***jd rutscht ~ hin und her*** qn se trémousse
fidel *adj fam* joyeux(-euse), gai(e); ***~es Völkchen*** joyeux drilles *mpl*
Fidibus <- *o* -ses, - *o* -se> *m* allume-feu *m*
Fieber <-s, -> *nt* fièvre *f;* ***~ erzeugende Krankheiten*** maladies *fpl* accompagnées de fièvre
▶ **jd hat ~** qn a de la fièvre; ***jd hat hohes/schwaches ~*** qn a beaucoup/un peu de fièvre; ***jd hat über 40° ~*** qn a plus de 40° de fièvre; **jd misst [bei jdm] das ~** qn prend la température [de qn]
Fieber- *-anfall, -blase, -schub* de fièvre; *-tote* de la fièvre; ***~flecken*** plaques *fpl* rouges; ***jd ist f~frei*** qn n'a pas/n'a plus de fièvre ***f~glänzende Augen*** yeux *mpl* brillants de fièvre; ***f~glühend*** rouge de fièvre; ***f~krank*** fiévreux(-euse); ***f~senkendes Mittel*** médicament *m* fébrifuge, fébrifuge *m;* ***~träume*** sommeil *m* agité [*o* fébrile]; ***~wahn*** délire *m;* ***~zäpfchen*** suppositoire *m* contre la fièvre
fieberhaft I. *adj* **1.** (*angestrengt*) *Aktivität, Suche* fébrile
2. MED accompagné(e) de fièvre
II. *adv arbeiten, suchen* fébrilement, avec fébrilité
fieb[e]rig *adj* **1.** MED fiévreux(-euse), fébrile
2. (*aufgeregt*) fébrile; ***jd wird immer ~er*** qn est de plus en plus impatient(e)
Fieberkurve [-və] *f* courbe *f* de température
fiebern *vi* **1.** (*Fieber haben*) ■ **jd fiebert** qn a de la fièvre, qn est fiévreux(-euse); ■ **~d** fiévreux(-euse)
2. (*aufgeregt sein*) ■ **jd fiebert vor etw** (*dat*) *vor Aufregung, Ungeduld* qn tremble de qc; ***jd fiebert vor Erregung*** qn est en proie à une agitation fébrile
3. *geh* ■ **jd fiebert nach etw** qn attend fébrilement qc
Fieberphantasien [-ziːən] *pl* hallucinations *fpl* [dues à la fièvre] **Fieberthermometer** *nt* thermomètre *m* médical
fiebrig *adj s.* **fieberig**
Fiedel <-, -n> *f* MUS *veraltet* violon *m*
fiedeln *vt, vi hum, pej* ■ **jd fiedelt [etw]** qn violone [qc] *fam*
fiel *imp von* **fallen**
fiepen *vi* ■ **ein Tier fiept** /*Hund*/ un animal gémit; /*Vogel*/ un animal piaille
Fierant(in) <-en, -en> *m(f)* AUS (*Markthändler*) marchand(e) *m(f)* ambulant(e)
fies I. *adj fam* **1.** (*abstoßend, ekelhaft*) *Kerl, Mensch* répugnant(e); *Geruch, Geschmack, Essen* dégoûtant(e), infect(e) *fam; Foto, Gesicht* repoussant(e); ***ein ~es Gesicht*** une sale gueule *fam*
2. (*gemein*) *Methoden, Verhalten* vache *fam,* dégueulasse *fam; Lachen* satanique; ***ein ~er Kerl*** un salaud *fam;* ***der Typ ist ~!*** ce type est un beau salaud! *fam;* ***jd hat einen ~en Charakter*** qn est une peau de vache *fam*
II. *adv* **1.** (*abstoßend, ekelhaft*) *sich benehmen* de manière répugnante [*o* dégoûtante]; ***etw schmeckt ~*** qc est infect(e) *fam;* ***etw riecht ~*** qc dégage une odeur répugnante
2. (*gemein*) *sich benehmen, handeln, reagieren* d'une manière dégueulasse *fam; lachen* d'une manière satanique
Fiesling <-s, -e> *m pej fam* ordure *f vulg,* fumier *m fam*
Fifa, FIFA <-> *f abk von* **Fédération Internationale de Football Association** F.I.F.A. *f*
fifty-fifty [ˈfɪftɪˈfɪftɪ] *adv fam* ▶ **jd macht ~ [mit jdm]** qn partage fifty-fifty [avec qn] *fam;* **etw steht ~** qc est fifty-fifty *fam*
Figaro <-s, -s> *m hum* figaro *m vieilli*
Figur <-, -en> *f* **1.** (*Skulptur*) statuette *f,* figure *f*
2. (*Spielfigur*) [*Schachspiel*] pièce *f;* [*Mensch ärgere dich nicht*] pion *m*
3. LITER personnage *m*
4. (*Gestalt, Körper*) taille *f;* ***sie hat eine gute ~*** elle est bien foutue *fam,* elle est bien bâtie [*o* bien faite]; ***jd hat eine sehr korpulente ~*** qn est de taille très corpulente; ***seine ~ ist aus der Form geraten*** il a épaissi; ***Frauen/Männer mit schlanker/schlankerer ~*** des femmes à la taille fine/plus fine/des hommes minces/plus minces; ***er hat eine gute ~*** il est bien bâti; ***ich muss etwas für meine ~ tun*** je dois faire quelque chose pour ma ligne
5. *pej sl* (*Mensch*) personnage *m,* individu *m péj*
6. (*Zeichnung aus Linien*) figure *f;* (*Männchen*) bonhomme *m*
7. SPORT figure *f*
▶ **jd achtet auf seine ~** qn fait attention à sa ligne; **jd gibt eine [sehr] gute/schlechte/jämmerliche ~ ab, jd macht eine [sehr] gute/schlechte/jämmerliche ~** qn fait une [très] bonne/mauvaise impression/une impression lamentable
figurativ I. *adj* **1.** LING figuré(e)
2. *geh* (*gegenständlich*) figuratif(-ive)
II. *adv* **1.** LING au sens figuré
2. *geh* (*gegenständlich*) de manière figurative
Figürchen <-s, -> *nt dim von* **Figur** **1.** (*Skulptur*) figurine *f*
2. (*Spielfigur*) petite pièce *f*
3. (*Körperbau*): ***sie hat ein hübsches ~*** elle est bien foutue *fam*
4. (*Zeichnung*) petit dessin *m*
figürlich I. *adj* **1.** *Probleme* de taille, de poids; ***~e Erscheinung*** aspect *m* extérieur
2. (*gegenständlich*) figuré(e)
II. *adv* **1.** (*in Bezug auf die Statur*) physiquement
2. (*gegenständlich*) de manière figurative
Fiktion <-, -en> *f geh* fiction *f*
fiktiv *adj geh* fictif(-ive)
File-Server [ˈfailsœːrvɐ] *m* serveur *m*
Filet <-s, -s> [fiˈleː] *nt* filet *m*
Filetsteak [fiˈleːsteːk, -ʃteːk] *nt* steak *m* dans le filet
Filiale <-, -n> *f* [*Geschäft*] succursale *f;* [*Bank, Versicherung*] agence *f*
Filialleiter(in) *m(f)* [*Geschäft*] gérant(e) *m(f)* de succursale; [*Bank, Versicherung*] responsable *mf* d'agence
filigran I. *adj* filigrane
II. *adv* finement
Filigranarbeit *f* ouvrage *m* de [*o* en] filigrane
Filius <-, -se> *m hum* fiston *m fam*
Film <-[e]s, -e> *m* **1.** CINE, TV film *m;* ***jd geht in einen ~*** qn va voir un film
2. PHOT pellicule *f,* film *m*
3. (*Branche*) cinéma *m*
4. (*dünne Schicht*) [*Öl, Ruß etc*] pellicule *f;* [*Creme, Lotion, Hautöl*] film *m*
▶ **jd arbeitet [*o* ist] beim ~** qn travaille [*o* est] dans le cinéma; **jd geht zum ~** *fam* qn veut se lancer dans le cinéma; **jdm/bei jdm reißt der ~** *fam* qn disjoncte *fam*
Film- **1.** (*für Filme, von Filmen*) *-amateur, -kopie, -spule* de film **2.** CINE *-archiv, -gesellschaft, -karriere, -material, preis, -rechte* cinématographique; *-festival, -festspiele, -kritiker, -premiere, -zeitschrift* de cinéma; *-industrie* du cinéma, cinématographique; *-mogul* du cinéma; *-freak, -fan* de ciné *fam;* *-handlung* du film; ***~archiv*** (*für Spielfilme*) cinémathèque *f;* (*für Dokumentarfilme*) filmothèque *f;* ***~amateur*** cinéaste *m* amateur; ***~atelier*** studio *m;* ***die ~branche*** le cinéma; ***~komiker*** comique *m* de cinéma; ***~komponist*** compositeur *m* de musiques de films; ***~kulisse*** décor *m* de cinéma; ***~musical*** comédie *f* musicale; ***~regie*** régie *f;* (*in einem Spielfilm*) mise en scène *f;* (*in einem Fernsehfilm*) régie *f* **3.** (*mit Filmen*) *-bericht, -reportage* filmé(e); ***~material*** pellicule *f* **4.** PHOT *-einfädeln, -transport* de la pellicule; ***~entwicklung[sdose]*** cuve *f* de développement; ***~kassette*** chargeur *m;* ***~scheibe*** film-disque *m* **Filmaufnahme** *f* CINE prise *f* de vue; ***die ~n wurden alle auf Korsika gemacht*** toutes les prises de vue ont été réalisées en Corse; ***die ~ beginnt morgen*** le tournage débute demain **Filmdiva** [-va] *f* diva *f* du cinéma
Filmemacher(in) *m(f)* cinéaste *mf*
filmen I. *vt* ■ **jd filmt jdn/etw** qn filme qn/qc
II. *vi* ■ **jd filmt** (*Aufnahmen machen*) qn filme; (*vor der Kamera stehen*) qn tourne; ■ **das F~:** ***das F~ ist seine große Leidenschaft*** filmer est sa grande passion; (*als Regisseur*) tourner est sa grande passion
Filmheld(in) *m(f)* héros/héroïne *m/f* de cinéma
filmisch I. *adj* cinématographique
II. *adv* sur le plan cinématographique
Filmkamera *f* caméra *f* **Filmproduzent(in)** *m(f)* producteur(-trice) *m(f)* de cinéma **Filmprojektor** *m* projecteur *m* de film **Filmregisseur(in)** [-reʒɪsøːɐ] *m(f)* metteur *m* en scène, réalisateur(-trice) *m(f);* ***sie ist ~in*** elle est metteur en scène **Filmriss**[RR] *m fam* ▶ **jd hat einen ~** qn a un trou *fam* [de mémoire] **Filmrolle** *f* **1.** [*Schauspieler*] rôle *m* [au cinéma] **2.** (*Spule*) bobine *f* de film **Filmsatz** *m* photocomposition *f* **Filmschaffende(r)** *f(m) decl wie adj:* ***jd ist ~(r)*** qn travaille dans l'industrie du cinéma; ***die ~n*** les gens du cinéma **Filmschauspieler(in)** *m(f)* acteur(-trice) *m(f)* de cinéma **Filmstar** [-ʃtaːɐ, -staːɐ] *m* star *f,* vedette *f* de cinéma; ***ein französischer ~*** une vedette française de cinéma **Filmstudio** *nt* studio *m* de cinéma **Filmtheater** *nt form* grand cinéma *m* **Filmverleih** *m* société *f* de distribution de films **Filmvorführer(in)** *m(f)* projectionniste *mf* **Filmvorführgerät** *nt form* projecteur *m* de films
Filter <-s, -> *nt o m* filtre *m*
Filterkaffee *m* café-filtre *m,* café *m* filtre **Filtermundstück** *nt* bout *m* filtre
filtern *vt* ■ **jd filtert etw** qn filtre qc
Filterpapier *nt* papier-filtre *m* **Filtertüte** *f* filtre *m* **Filterzigarette** *f* cigarette-filtre *f,* cigarette *f* à bout filtre
Filtrat <-[e]s, -e> *nt* filtrat *m*
filtrieren * *vt* ■ **jd filtriert etw** qn filtre qc
Filz <-es, -e> *m* **1.** TEXTIL feutre *m*
2. (*Geflecht*) (*aus Haaren*) tignasse *f fam;* (*aus Pflanzen*) tapis *m*
3. *fam* (*Bierdeckel*) rond *m* de bière, sous-bock *m*
4. POL *pej* embrouille *f péj fam,* magouille *f péj fam*
Filz- *-hut, -pantoffeln* de feutre; ***~hut*** feutre *m*
filzen I. *vi* ■ **etw filzt** qc feutre
II. *vt fam* ■ **jd filzt jdn/etw** qn fouille qn/qc
filzig *adj Wolle* feutré(e); *Haare* rêche; *Stoff, Blatt* velouté(e)
Filzlaus *f* ZOOL pou *m* du pubis, morpion *m fam* **Filzschreiber** *m* [stylo-]feutre *m* **Filzstift** *m* [crayon-]feutre *m*
Fimmel <-s, -> *m fam* (*Tick*) manie *f,* marotte *f fam;* ***das ist ein ~ von mir/ihr/ihm*** c'est une de mes/ses marottes
▶ **jd hat einen ~** qn a un grain *fam,* qn est toqué(e) *fam;* **jd hat den ~ etw**

zu tun qn a la manie de faire qc

final *adj* **1.** *geh Phase* final(e); ***das ~e Stadium der Krankheit*** le dernier stade [*o* la phase terminale] de la maladie

2. GRAM, PHILOS *Konjunktion, Aussage* de but, de finalité

Finale <-s, - *o* -s> *nt* **1.** SPORT finale *f*

2. MUS finale *m*

Finalsatz *m* proposition subordonnée de but *f*

Finanz- financier(-ière); *-abteilung, -direktor, -prüfer* des finances; *-akrobatik* en matière de finances; *-lage, -gebaren* financier(-ière); *-kontrolle, -krise, -lücke, -misere, -politik* budgétaire; *-wirksam* sur le plan budgétaire; *-aristokratie, -größe, -hai, -jongleur* de la finance; **~*buchhalter*** comptable *m;* **~*buchhaltung*** comptabilité *f* générale; **~*decke*** enveloppe *f* budgétaire; **~*jahr*** exercice *m;* **~*ministerium*** ministère *m* des Finances; **~*oase*** paradis *m* fiscal; **~*spritze*** (*im wirtschaftlichen Bereich*) injection *f* de capitaux; (*im privaten Bereich*) aide *f* financière; **~*polster*** réserves *fpl;* **~*verwaltung*** gestion *f* du budget; **~*volumen*** volume *m* budgétaire **Finanzamt** *nt* **1.** (*Einrichtung*) fisc *m,* administration *f* des finances **2.** (*Gebäude*) perception *f,* hôtel *m* des impôts **Finanzausgleich** *m* péréquation *f* financière **Finanzbeamte(r)** *m,* **-beamtin** *f* fonctionnaire *mf* aux finances **Finanzbehörde** *f* administration *f* des finances, Trésor *m* [public]; (*Behörde*) autorité *f* compétente en matière de finances

Finanzen *pl* finances *fpl*

Finanzgenie [-ʒeniː] *nt* virtuose *mf* de la finance **Finanzgericht** *nt* tribunal *m* statuant sur les délits fiscaux **Finanzhoheit** *f* souveraineté *f* fiscale

finanziell **I.** *adj Angelegenheit, Lage, Schwierigkeiten* financier(-ière); *Problem, Transaktion a.* d'argent; ■ **das F~e** le côté financier

II. *adv* sur le plan financier

Finanzier <-s, -s> [finanˈtsieː] *m geh* financier *m*

finanzieren * *vt* ■ **jd finanziert etw** qn finance qc

▶ **frei finanziert** *Wohnung, Wohnungsbau* financé(e) par le secteur privé

Finanzierung <-, -en> *f* financement *m;* [*Miete*] paiement *m*

Finanzierungs- *-defizit, -loch, -lücke* budgétaire; *-gesellschaft, -kosten, -plan* de financement; *-abteilung, -bedarf, -kontrolle, -trick, -quelle* financier(-ière)

finanzkräftig *adj Firma, Geldgeber* qui dispose de ressources solides, qui a les reins solides; *Verwandter* qui a les moyens *fam* **Finanzminister(in)** *m(f)* ministre *m* des Finances; ***sie ist ~in*** elle est ministre des Finances **Finanzplatz** *m* place *f* financière **finanzschwach** *adj Teil der Bevölkerung* économiquement faible; *Bundesland, Region* économiquement défavorisé(e); *Familie, Mieter* aux revenus faibles

Findelkind *nt alt* enfant *mf* trouvé(e)

finden <fand, gefunden> **I.** *vt* **1.** (*entdecken*) ■ **jd findet jdn/etw** qn trouve qn/qc; ***jd/etw ist nirgends zu ~*** qn/qc est introuvable; ***es lässt sich niemand ~, der …*** il n'y a personne pour …; ***jd findet etw wieder*** qn retrouve qc

2. (*heraus~*) ■ **jd findet etw** *Anlass, Grund, Vorwand* qn trouve qc

3. (*feststellen*) ■ **jd findet etw** *Grund, Ursache* qn trouve qc; ***jd kann keinen Grund für etw ~*** qn ne peut s'expliquer qc; ***ich finde nichts Außergewöhnliches/Merkwürdiges an ihr/ihm*** je ne lui trouve rien d'extraordinaire/de bizarre; ***wir konnten keine Anzeichen dafür an ihm finden*** on ne lui a trouvé aucun symptôme de cela

4. (*vor~*) ■ **jd findet jdn …** *bewusstlos, erschöpft, tot* qn trouve qn …; ■ **jd findet etw …** *durchwühlt, leer, verlassen* qn trouve qc …; ***du findest mich erstaunt/perplex*** tu me vois étonné(e)/perplexe

5. *bei subst, siehe auch dort* (*erhalten*) ■ **jd findet etw** [**bei jdm**] *Hilfe, Ruhe, Trost* qn trouve qc [auprès de qn]; ***etw findet Zuspruch/Zustimmung*** [***bei jdm***] qc est approuvé(e) [par qn]; ***jd/etw findet Anklang/Beifall*** [***bei jdm***] qn/qc est bien accueilli(e) [par qn]; ***jd/etw findet Beachtung/Berücksichtigung*** [***bei jdm***] qn/qc est pris(e) en considération [par qn]

6. (*aufbringen*): ***jd findet den Mut/die Kraft etw zu tun*** qn trouve le courage/la force de faire qc

7. (*ansehen, betrachten*) ■ **jd findet jdn …** *angenehm, dumm, nett* qn trouve qn …; ■ **jd findet etw …** *billig, gut, schlecht, teuer* qn trouve qc …; ***ich finde das auch*** je trouve aussi; ***ich finde das nicht*** je ne trouve pas; ■ **jd findet es … etw zu tun** *dumm, klug, unmöglich, wunderbar* qn trouve que c'est … de faire qc

▶ **jd findet nichts an etw** (*dat*) qn ne trouve rien d'extraordinaire à qc; **jd findet nichts dabei etw zu tun** qn ne voit rien de mal à faire qc

II. *vi* **1.** (*den Weg ~*) ■ **jd findet zu etw** qn trouve qc; ***jd findet zu sich selbst/zu Gott*** qn se retrouve/trouve le chemin qui mène à Dieu

2. (*meinen*) ■ **jd findet,** [**dass**] qn trouve que + *indic*

III. *vr* **1.** (*vorhanden sein*) ■ **jd/etw findet sich irgendwo** on trouve qn/qc quelque part

2. (*wieder auftauchen*) ■ **etw findet sich** [**wieder**] qc refait surface, qc réapparaît

3. (*in Ordnung kommen*) ■ **etw findet sich** qc s'arrange

▶ **das wird sich** [**alles**]/**es wird sich alles ~** ça va s'arranger

Finder(in) <-s, -> *m(f)* personne *f* ayant trouvé quelque chose; ***als ~in hat sie Anspruch auf 10%*** en tant que personne ayant retrouvé l'objet, elle a droit à 10%

▶ **der ehrliche ~** personne *f* qui rapporte ce qu'elle a trouvé, personne *f* honnête; ***der ehrliche ~ bekommt eine Belohnung*** la personne qui le/la retrouvera, recevra une récompense

Finderlohn *m* récompense *f*

Fin de Siècle[RR] <- - -> [fɛ̃dˈsjɛkl] *nt ∅* fin *f* de siècle

findig *adj* futé(e), malin(-igne)

Findigkeit <-> *f ∅* esprit *m* futé

Findling <-s, -e> *m* bloc *m* erratique

Finesse <-, -n> *f geh* **1.** *pl* (*Fertigkeiten*) finesses *fpl*

2. *pl* (*Ausstattungsdetail*) détails *mpl* sophistiqués; ***mit allen ~n*** avec tout l'équipement sophistiqué

3. *∅* (*Schlauheit*) ruse *f*

▶ **mit allen ~n** /*Auto, Computer, Fernseher*/ haut de gamme *inv;* **jd beherrscht alle ~n** [**des Fotografierens/des Tennisspiels**] qn connaît toutes les techniques [*o* toutes les ruses] [de la photographie/du tennis]; **jd kämpft mit allen ~n** qn lutte en déployant un trésor d'adresse

fing *imp von* **fangen**

Finger <-s, -> *m* [*Hand, Handschuh*] doigt *m;* ***jd schneidet sich*** (*dat o akk*) ***in den ~*** qn se coupe le doigt

▶ **jd hat den ~ am Abzug** qn a le doigt sur la gâchette; **jd steckt** [**sich** (*dat*)] **den ~ in den Hals** qn se fait vomir en se mettant un doigt dans la gorge; **wenn man ihm den kleinen ~ gibt,** [**dann**] **nimmt er** [**gleich**] **die ganze Hand** *prov* si on lui donne le petit doigt, il prend le bras; **der kleine ~** le petit doigt, l'auriculaire *m;* **jd macht keinen ~ krumm** *fam* (*kommt nicht zu Hilfe*) qn ne remue pas le petit doigt; (*ist faul*) qn ne fout rien de ses dix doigts *fam;* **jd macht lange ~** *hum fam* qn fauche *fam;* **jd macht sich** (*dat*) **nicht die ~ schmutzig** qn ne se salit pas les mains; **jd fasst etw mit spitzen ~n an** qn touche qc du bout des doigts; **jd schreibt sich** (*dat*) **die ~ wund** qn s'écorche les doigts à écrire; **jd kann sich** (*dat*) **etw an den fünf** [*o* **zehn**] **~n abzählen** *fam* qn peut [bien] se douter de qc; **jd bekommt** [*o* **kriegt** *fam*] **jdn in die ~** qn attrape qn *fam;* **jd bekommt** [*o* **kriegt** *fam*] **etw in die ~** qc tombe entre les mains de qn *fam;* **jd droht jdm mit dem ~** qn menace qn du doigt; **jd gibt jdm was** [*o* **eins**] **auf die ~** *fam* qn lui tape sur les doigts; **jd gerät** [*o* **fällt**] **jdm in** [*o* **zwischen**] **die ~** qn tombe entre les mains de qn; **jd hat überall seine ~ drin** *sl* [*o* **im Spiel**] *pej* qn trempe toujours dans qc *fam;* **jd hat eine(n)** [*o* **zehn**] **an jedem ~** *hum fam* qn en a un(e) à chaque bras *fam,* qn ne les compte plus *fam;* **jd hebt den ~** qn lève le doigt; **jdm juckt** [*o* **kribbelt**] **es in den ~n** [**etw zu tun**] *fam* ça le/la démange [de faire qc] *fam,* les doigts lui démangent [de faire qc] *fam;* **jd klopft jdm auf die ~** *fam* qn tape sur les doigts de qn *fam;* ***wenn ihr so weitermacht, werde ich euch auf die ~ klopfen!*** si vous continuez, vous allez vous faire taper sur les doigts! *fam;* **jd knipst** [*o* **schnippt**] [*o* **schnackelt**] **mit den ~n** *fam* qn fait claquer ses doigts; **jd lässt die ~ von jdm/etw** *fam* (*vergreift sich nicht*) qn ne touche pas à qn/qc; (*gibt sich nicht mit jdm/etw ab*) qn laisse tomber qn/qc *fam;* **jd leckt sich** (*dat*) **die** [*o* **alle**] **~ nach etw** *fam* qn fait/donne n'importe quoi pour avoir qc *fam;* **jd rührt für jdn keinen ~** qn ne remue pas le petit doigt pour qn; **jd saugt sich** (*dat*) **etw aus den ~n** *fam* qn invente qc [de toutes pièces]; **jd sieht jdm** [**scharf**] **auf die ~** *fam* qn a qn à l'œil *fam;* **jd verbrennt sich** (*dat*) **bei** [*o* **an**] **etw** (*dat*) **die ~** *fam* qn se brûle les ailes dans qc *fam;* **jd wickelt jdn um den** [**kleinen**] **~** *fam* qn mène qn par le bout du nez *fam,* qn fait marcher qn au doigt et à l'œil; **jd zeigt mit dem ~ auf jdn/etw** qn montre qn/qc du doigt; **jd zeigt mit** [**den**] **~n auf jdn** qn montre qn du doigt; ***man wird mit ~n auf dich zeigen!*** tu vas te faire montrer du doigt!; **etw zerrinnt jdm unter den ~n** qc file entre les doigts de qn; [**nimm/lass die**] **~ weg!** bas les pattes! *fam;* ***~ weg von etw*** ne touche pas/ne touchez pas à qc, pas touche à qc *fam;* ***~ weg von jdm*** touche pas à qn *fam*

Fingerabdruck <-abdrücke> *m* empreinte *f* digitale ▶ **genetischer ~** empreinte *f* génétique; **jd nimmt jds ~̈e, jd nimmt von jdm die ~̈e** qn prend les empreintes de qn **Fingerbreit** <-, -> *m* pouce *m vieilli;* ***etw ist*** [***um***] ***einen ~ zu lang/zu hoch*** qc est trop long/trop haut d'un doigt; ***schenken Sie mir bitte einen ~ ein*** juste un doigt, s'il vous plaît ▶ **keinen ~** *nachgeben, zurückstecken* pas d'un pouce **fingerdick** **I.** *adj Scheibe* gros(se) [*o* épais(se)] comme le doigt **II.** *adv:* ***jd trägt etw ~ auf/jd schmiert etw ~ auf etw*** qn met une épaisse couche de qc sur qc **Fingerfarbe** *f* peinture *f* à la main **fingerfertig** *adj* habile de ses doigts **Fingerfertigkeit** *f* dextérité *f* **Fingergelenk** *nt* articulation *f* interphalangienne **Fingerglied** *nt* phalange *f* **Fingerhakeln** <-s> *nt ∅* jeu *m* du doigt de fer **Fingerhandschuh** *m* gant *m* **Fingerhut** *m* **1.** (*Nähutensil*) dé *m* [à coudre] **2.** BOT digitale *f* [pourprée] ▶ **ein ~** [**voll**] un doigt **Fingerknöchel** *m* **1.** (*mittleres Fingergelenk*) articulation *f* entre la première et la deuxième phalange **2.** (*Gelenk zwischen Handrücken und Finger*) articulation *f* entre le métacarpe et la première phalange **Fingerknochen** *m* phalange *f* **Fingerkuppe** *f* bout *m* du doigt

Fingerling <-s, -e> *m* **1.** MED doigtier *m*

2. (*Finger eines Handschuhs*) doigt *m*

fingern **I.** *vi* ■ **jd fingert an/in etw** (*dat*) [**nach etw**] qn tripote qc [pour trouver qc] *fam*

II. *vt fam* (*bewerkstelligen*) ■ **jd fingert etw** qn goupille qc *fam*

Fingernagel *m* ongle *m*

▶ **jd kaut an den ~̈n** qn se ronge les ongles

Fingerspitze *f* bout *m* du doigt

▶ **das muss man in den ~n haben** c'est une question de feeling *fam;* **jdm juckt** [*o* **kribbelt**] **es in den ~n** [**etw zu tun**] *fam* ça démange qn [de faire qc] *fam*

Fingerspitzengefühl *nt ∅* tact *m,* doigté *m*

▶ **jd hat ~** qn a du tact [*o* doigté]; **jd hat kein ~** qn n'a pas de tact

Fingerzeig <-s, -e> *m* indication *f,* signe *m*

▶ **jd bekommt** [*o* **erhält**] **von jdm einen ~** qn reçoit un signe [*o* une indication] de qn; **jd empfindet etw als** [**einen**] **~** [**Gottes/des Schicksals**] qn interprète qc comme un signe [de Dieu/du destin]; **jd gibt jdm einen ~ etw zu machen** qn fait comprendre à qn de faire qc

fingieren * [fɪŋˈgiːrən] *vt* ■ **jd fingiert etw** qn simule qc; ■ **fingiert** simulé(e); ***fingierte Rechnung*** fausse facture

Finish <-s, -s> [ˈfɪnɪʃ] *nt* finish *m*

Fink <-en, -en> *m* pinson *m*

Finken <-s, -> *m* CH (*Hausschuh*) pantoufle *f*
►**jd klopft die** ~ qn prend ses jambes à son cou

Finne <-, -n> *f* **1.** (*Larve*) cysticerque *m*
2. (*Mitesser*) grain *m* de ladre
3. (*Rückenflosse*) aileron *m* dorsal; [*Wal*] nageoire *f* corsale

Finne <-n, -n> *m*, **Finnin** *f* Finlandais(e) *m(f)*

finnisch *adj* finlandais(e); *Kultur, Literatur, Sprache* finnois(e)

Finnisch *nt decl wie adj* ■ ~, **das** ~**e** le finnois; *s. a.* **Deutsch**

Finnland *nt* ■ ~ la Finlande

Finnwal *m* rorqual *m*

finster I. *adj* **1.** (*düster*) sombre; *Nacht* noir(e); *Vorhänge* foncé(e)
2. (*mürrisch*) *Mensch, Blick, Miene* sombre, lugubre
3. (*schrecklich*) sombre, obscur(e)
4. (*unheimlich*) *Gestalt* lugubre; *Gedanken* sinistre, noir(e)
►**im F~n** dans le noir, dans l'obscurité
II. *adv* **1.** *ansehen, blicken, antworten* d'un air sombre [*o* lugubre]
2. (*unheimlich*): ***jd sieht** ~ **aus*** qn a une mine patibulaire
►**jd ist** ~ **entschlossen** qn est fermement décidé(e); **etw sieht** ~ **aus** qc est mal partie(e)

Finsternis <-, -se> *f* **1.** ∅ (*Dunkelheit*) obscurité *f*
2. ASTRON éclipse *f*
►**partielle/totale** ~ éclipse *f* partielle/totale

Finte <-, -n> *f* feinte *f*

Firlefanz <-es> *m* ∅ *fam* **1.** (*wertlose Dinge*) fatras *m*, bric-à-brac *m*; (*überflüssige Dinge*) gadgets *mpl*
2. (*Gerede*) idiotie *f*, connerie *f fam*

firm *adj pred* ■ **jd ist in etw** (*dat*) ~ qn est fort(e) en qc

Firma <-, Firmen> *f* **1.** (*Unternehmen*) firme *f*, entreprise *f*; ***jd ist heute nicht in der** ~* qn n'est pas dans la maison aujourd'hui; ***sie erscheint jeden Tag um 7 Uhr in der** ~* elle arrive tous les matins à 7 heures à la boîte *fam*; ***sind Sie Privatmann oder** ~?* êtes-vous là en tant que personne privée ou pour le compte d'une entreprise?
2. (*Geschäfts-, Handelsname*) société *f*; ***jd eröffnet eine eigene** ~* qn se met à son compte, qn fonde sa propre entreprise; ***unter der** ~ **XY*** sous la raison sociale XY

Firmament <-s> *nt* ∅ *poet* firmament *m littér*

firmen *vt* ■ **jd firmt jdn** qn confirme qn

Firmen *pl von* **Firma**

Firmen- de l'entreprise, de la firme; *-gründung, -leiter, -schließung, -sterben, -übernahme* d'entreprise[s]; ~***angelegenheit*** affaire *f* concernant l'entreprise; ~***aufdruck*** mention *f* [imprimée] de la raison sociale; ***f~intern*** interne à l'entreprise; ~***register*** registre *m* du commerce; ~***sprecher*** porte-parole *m* d'une entreprise; ***f~übergreifend*** commun(e) à plusieurs entreprises **Firmenchef(in)** [-ʃɛf] *m(f)* chef *m* d'entreprise; ***sie ist** ~ **in*** elle est chef d'entreprise **firmeneigen** *adj* appartenant à l'entreprise; ■ **etw ist** ~ qc est la propriété de l'entreprise **Firmeninhaber(in)** *m(f)* propriétaire *mf* d'une entreprise **Firmenname** *m* raison *f* sociale **Firmenschild** *nt* enseigne *f* [portant la raison sociale] **Firmensitz** *m* siège *m* social **Firmenwagen** *m* voiture *f* de fonction; (*Lieferwagen o. ä.*) voiture *f* d'entreprise **Firmenzeichen** *nt* emblème *m* de l'entreprise

firmieren * *vi* ■ **jd firmiert als** [*o* **mit**] ... qn a pour raison sociale ...; ■ **etw firmiert als** [*o* **mit**] ... qc a comme raison sociale ...

Firmling <-s, -e> *m* confirmand(e) *m(f)*

Firmung <-, -en> *f* confirmation *f*

Firn <-[e]s, -e> *m* névé *m*, neiges *fpl* éternelles

Firnis <-ses, -se> *m* vernis *m*

firnissen *vt* ■ **jd firnisst etw** qn vernit qc

First <-[e]s, -e> *m* faîte *m*, faîtage *m*

Firstziegel *m* tuile *f* faîtière

Fis <-, -> *nt* fa *m* dièse

Fisch <-[e]s, -e> *m* **1.** poisson *m*
2. ASTROL (*Mensch*) Poissons *m*; ■ **die** ~**e** les Poissons *mpl*
►**jd ist weder** ~ **noch Fleisch** *fam* qn n'est ni chair ni poisson; **jd ist munter wie ein** ~ **im Wasser** *fam* qn est [heureux(-euse)] comme un poisson dans l'eau *fam*; **fliegender** ~ poisson *m* volant; **ein großer** [*o* **dicker**] ~ *fam* (*Verbrecher*) une belle prise *fam*; **ein kleiner** ~ *fam* (*Täter*) un petit numéro *fam*; ***kleine/die kleinen** ~**e*** le menu fretin; **das sind kleine** ~**e** *fam* (*unwichtige Dinge*) ce sont des bagatelles; **jd ist** [*o* **bleibt**] **stumm wie ein** ~ *fam* qn est [*o* reste] muet(te) comme une carpe; **jd ist** [**ein**] ~ qn est Poissons; ~ **verarbeitend** de la conservation du poisson

Fisch- **1.** de poisson; ~***schwarm*** banc *m* de poissons **2.** COM: ~***abteilung***, ~***theke*** rayon *m* poissonnerie; ~***geschäft***, ~***laden*** poissonnerie *f*; ~***fabrik*** conserverie *f* de poisson; ~***verkäufer(in)*** poissonnier(-ière) *m(f)* **3.** (*die Fischerei betreffend*) *-farm, -zuchtanlage* de pisciculture; ***f~reich*** poissonneux(-euse), riche en poissons; ~***trawler*** chalutier *m* à filet dérivant; ~***kutter***, ~***dampfer*** chalutier *m* **4.** GASTR *-besteck, -gabel, -kessel, -messer, -[koch]topf* à poisson; *-bulette, -frikadelle, -gericht, -konserve, -restaurant, -salat* de poisson; ~***stäbchen*** bâtonnet *m* de poisson pané **Fischadler** *m* aigle *m* pêcheur, balbuzard *m* **fischarm** *adj* peu poissonneux(-euse) **Fischauge** *nt* **1.** ZOOL œil *m* de poisson **2.** PHOT objectif *m* fish-eye [*o* à très grand angle] **Fischbein** *nt* ∅ baleine *f* **Fischbestand** *m* réserves *fpl* en poissons **Fischblase** *f* vessie *f* natatoire

fischen I. *vi* ■ **jd fischt** [**irgendwo**] qn pêche [quelque part]; ■ **das F~** la pêche
II. *vt* **1.** (*fangen*) ■ **jd fischt etw** qn pêche qc
2. *fam* ■ **jd fischt etw** [**aus/von etw**] qn pique qc [dans qc] *fam*

Fischenz <-, -en> *f* CH vivier *m*

Fischer(in) <-s, -> *m(f)* pêcheur(-euse) *m(f)*

Fischerboot *nt* bateau *m* de pêche **Fischerdorf** *nt* village *m* de pêcheurs

Fischerei <-> *f* ∅ pêche *f*

Fischereihafen *m* port *m* de pêche **Fischereiwesen** *nt* pêche *f*

Fischernetz *nt* filet *m* de pêche

Fischfang *m* ∅ pêche *f*
►**jd geht auf** ~ qn va à la pêche; **jd/etw läuft zum** ~ **aus** qn/qc part à la pêche; **jd lebt vom** ~ qn vit de la pêche

Fischfangflotte *f* flottille *f* de pêche **Fischfanggebiet** *nt* zone *f* de pêche

Fischfilet [-fileː] *nt* filet *m* de poisson **Fischfutter** *nt* nourriture *f* pour poissons **Fischgeruch** *m* odeur *f* de poisson **Fischgräte** *f* arête *f* de poisson **Fischgrät[en]muster** *nt* chevrons *mpl*; ***eine Jacke mit** ~* une veste à chevrons **Fischgründe** *pl* fonds *mpl* de pêche **Fischmarkt** *m* marché *m* aux poissons **Fischmehl** *nt* farine *f* de poisson **Fischotter** *m* loutre *f* **Fischreichtum** *m* ∅ richesse *f* [*o* abondance *f*] en poissons **Fischreiher** *m* héron *m* cendré **Fischreuse** *f* nasse *f* **Fischrogen** *m* œufs *mpl* de poisson **Fischsterben** *nt* hécatombe *f* de poissons, mort *f* massive de poissons **Fischteich** *m* bassin *m* de pisciculture **fischverarbeitend** *s.* **Fisch** ►. **Fischzucht** *f* (*Tätigkeit*) pisciculture *f*; (*Anlage*) élevage *m* de poissons **Fischzug** *m* coup *m* de filet, affaire *f fam* ►**jd macht einen** [**guten**] ~ qn réalise un beau coup de filet

Fisimatenten *pl fam* **1.** (*Umstände*) manières *fpl*, simagrées *fpl*
2. (*Albernheiten*) idioties *fpl*
►**jd macht** ~ qn fait des simagrées

Fiskus <-, -se *o* Fisken> *m* fisc *m*

Fisole <-, -n> *f* AUS (*Bohne*) haricot *m* vert

Fissur <-, -en> *f* MED gerçure *f*, fissure *f*; ***bei etw kommt es zu** ~**en*** qc peut provoquer des gerçures

Fistel <-, -n> *f* fistule *f*

Fistelstimme *f* voix *f* de fausset

fit *adj pred* en forme
►**jd hält sich** ~ qn entretient sa forme [*o* condition]

Fitness[RR], **Fitneß** <-> *f* ∅ forme *f*, [bonne] condition *f* physique

Fitnesscenter[RR] [-sɛntɐ] *nt* centre *m* de culturisme **Fitnessraum**[RR] *m* salle *f* de musculation **Fitnessstudio**[RR] *m s.* **Fitnesscenter. Fitnesstraining**[RR] [-treːnɪŋ, -trɛː-] *nt* culturisme *m*, musculation *f*

Fittich <-[e]s, -e> *m liter* aile *f*
►**jd nimmt jdn unter die** [*o* **seine**] ~**e** *hum* qn prend qn sous son aile

Fitzel <-s, -> *m o nt*, **Fitzelchen** <-s, -> *nt* DIAL petit bout *m*

fix I. *adj* **1.** (*feststehend*) fixe
2. *fam* (*flink*) rapide
►**jd macht jdn** ~ **und fertig** *fam* qn passe un savon à qn *fam*; **etw macht jdn** ~ **und fertig** *fam* qc crève qn *fam*, qc lessive qn *fam*; **jd ist** ~ **und fertig** *fam*, **jd ist** ~ **und foxi** *sl* qn est claqué(e) [*o* lessivé(e)] *fam*; **jd ist** ~ **und fertig mit etw** qn en a terminé avec qc; **etw ist** ~ **und fertig** qc est terminé(e); **etw geht** ~ *fam* qc est vite fait; **jd macht** ~ *fam* qn se magne *fam*
II. *adv fam arbeiten* vite; *erledigen* en deux temps, trois mouvements *fam*

Fixa *pl von* **Fixum**

fixen *vi sl* ■ **jd fixt** qn se shoote *arg*, qn se pique *fam*

Fixer(in) <-s, -> *m(f) sl* toxico *mf fam*, camé(e) *m(f) arg*

Fixerbesteck *nt* ustensiles *mpl* dont se sert un drogué

fixfertig *adj* CH tout(e) [*o* fin] prêt(e)

fixieren * *vt* **1.** (*anstarren*) ■ **jd fixiert jdn** qn fixe qn [du regard]
2. PSYCH ■ **jd ist auf jdn/etw fixiert** qn fait une fixation sur qn/qc
3. PHOT ■ **jd fixiert etw** qn fixe qc
4. *geh* (*festlegen*) ■ **jd fixiert etw** [**auf etw** (*akk*)] qn fixe qc [à qc]
5. CH (*befestigen*) ■ **jd fixiert etw** qn fixe qc

Fixierung <-, -en> *f* **1.** (*Festlegung*) fixation *f*
2. PSYCH ■ **jds** ~ **auf jdn/etw** la fixation de qn à qn/sur qc

Fixing <-s, -s> *nt* FIN fixage *m*, fixing *m*

Fixkosten *pl* coûts *mpl* fixes **Fixpunkt** *m* point *m* fixe **Fixstern** *m* étoile *f* fixe

Fixum <-s, Fixa> *nt* fixe *m*

Fjord <-[e]s, -e> *m* fjord *m*, fiord *m*

FKK <-> [ɛfka'kaː] *abk von* **Freikörperkultur** naturisme *m*, nudisme *m*

FKK- [ɛfka'kaː-] de naturistes, de nudistes; *-ferien, -urlaub* de naturisme **FKK-Anhänger(in)** *m(f)* adepte *mf* du naturisme ►**jd ist** ~ qn est un(e) adepte du nudisme **FKK-Strand** *m* plage *f* de nudistes

flach I. *adj* **1.** (*eben, niedrig*) plat(e); *Dach* en terrasse; *Erhebung, Gebäude, Hügel* peu élevé(e); *Abhang, Küste* peu escarpé(e); *Hang a.* en pente douce
2. (*nicht tief*) *Gewässer* peu profond(e); *Teller* plat(e)
3. (*oberflächlich*) *Gespräch, Unterhaltung* plat(e), superficiel(le)
►**etw fällt** ~ [**zu etw**] **ab** qc s'incline en pente douce [vers qc]; **jd legt sich** ~ **hin** qn s'allonge à plat; **jd liegt** [*o* **schläft**] **flach** qn dort à plat
II. *adv* légèrement
►**jd atmet** ~ qn respire légèrement [*o* superficiellement]

Flach- (*nicht gewölbt*) plat(e); (*nicht hoch*) bas(se); ~***bau*** construction *f* basse [*o* pavillonnaire]; ~***heizkörper*** radiateur *m* panneau; ~***kopfschraube*** vis *f* à tête plate **Flachbettscanner** [-skænɐ] *m* INFORM scanne[u]r *m* à plat **flachbrüstig** *adj Mann* sans pectoraux; *Frau* à la poitrine plate; ***jd ist** ~* qn est plat(e) comme une limande *fam* **Flachdach** *nt* toit *m* en terrasse, toiture-terrasse *f* **Flachdruck** <-drucke> *m* **1.** ∅ (*Verfahren*) [procédé *m*] offset *m* **2.** (*Produkt*) impression *f* à plat

Fläche <-, -n> *f* **1.** (*Außen~*) surface *f*; [*Quader, Würfel*] face *f*, côté *m*
2. (*Gebiet, Ebene*) surface *f*
3. (*messbare Oberfläche*) superficie *f*

Flacheisen *nt* **1.** CONSTR fer *m* plat
2. (*Werkzeug*) ciseau *m* plat

Flächenbrand *m* feu *m* de forêt gigantesque, feu *m* de brousse gigantesque

▸ etw **weitet** sich zu einem ~ **aus** /*Feuer*/ qc se transforme en incendie, qc se propage [comme un incendie]; /*Aufstand*/ qc a des effets incendiaires, qc se propage comme un feu de paille **flächendeckend** *adj* généralisé(e); *Maßnahmen* sur une grande échelle; *Netz* vaste **flächengleich** *adj Feld, Grundstück* de [la] même surface; GEOM de surface identique **Flächeninhalt** *m* GEOM superficie *f*, surface *f* **Flächenland** *nt* région *f* étendue à faible densité de population; (*Bundesland*) Land *m* étendu à faible densité de population **Flächenmaß** *nt* mesure *f* de superficie [*o* surface] **Flächennutzungsplan** *m* plan *m* d'occupation des sols, P.O.S. *m* **Flächenstaat** *m* pays *m* étendu à faible densité de population; [*USA u. ä.*] État *m* étendu à faible densité de population **Flächenstilllegung**^RR *f* AGR mise *f* en jachère

flach|fallen *vi irreg + sein fam* ▪ **etw fällt flach** qc tombe à l'eau *fam*

Flachglas *nt* verre *m* plat, verre *m* à vitres

Flachheit <-, -en> *f* **1.** ∅ (*ebene Beschaffenheit*) planéité *f*, caractère *m* plat
2. ∅ *pej* (*Banalität*) [*Äußerung, Bemerkung, Rede, Werk*] platitude *f*
3. *pej* (*banale Äußerung*) platitude *f*

flächig *adj Gesicht* plein(e); *Aufforstungen, Brände* de grande étendue

Flachland *nt* terrain *m* plat, pays *m* plat **flach|legen I.** *vt fam* ▪ **jd legt jdn flach** qn étend qn *fam*, qn met qn sur le carreau *fam* **II.** *vr fam* ▪ **jd legt sich flach** (*sich hinlegen*) qn s'étend, qn s'allonge; (*hinfallen*) qn s'étale [de tout son long] *fam* **flach|liegen** *vi irreg fam* ▪ **jd liegt flach** qn est sur le flanc *fam* **Flachmann** <-männer> *m fam* flacon *m* plat [pour poche revolver]

Flachs <-es> *m* ∅ **1.** BOT, TEXTIL lin *m*
2. *fam* (*Witzelei*) blague *f fam*
▸ **jd macht** ~ *fam* qn déconne *fam*; [**jetzt mal ganz**] **ohne** ~ *fam* sans déconner *fam*

flachsblond *adj Haar* blond filasse; *Mensch* aux cheveux filasses

flachsen [-ks-] *vi fam* ▪ **jd flachst** [**mit jdm**] qn déconne [avec qn] *fam*

flachsig *adj* AUS (*sehnig*) filandreux(-euse)

Flachsinn *m* ∅ platitude *f*, banalité *f* **Flachzange** *f* pince *f* plate

flackern *vi* ▪ **etw flackert** /*Feuer, Flamme*/ qc vacille; /*Leuchtröhre*/ qc clignote

Fladen <-s, -> *m* **1.** GASTR galette *f*
2. (*breiige Masse*) masse *f*
3. (*Kuh~*) bouse *f* [de vache]

Fladenbrot *nt pain plat en forme de galette*

fladern *vt* AUS *fam* (*stehlen*) ▪ **jd fladert etw** qn vole qc

Flagge <-, -n> *f* drapeau *m*; NAUT pavillon *m*
▸ **ein Schiff fährt unter ...** ~ *deutsche, englische etc* un navire bat pavillon ..., un navire navigue sous pavillon ...; **jd/etw zeigt** ~ qn/qc annonce la couleur

flaggen *vi* ▪ **jd/etw flaggt** qn/qc hisse le drapeau; ▪ **irgendwo ist geflaggt** quelque part, le drapeau est hissé

Flaggenalphabet *nt* alphabet *m* par pavillons **Flaggenmast** *m* mât *m* de drapeau **Flaggensignal** *nt* signal *m* optique par pavillon [*o* fanion *m*]
▸ **jd/etw gibt ein** ~ qn/qc donne un signal par pavillon [*o* fanion]

Flaggschiff *nt* **1.** NAUT vaisseau *m* amiral
2. (*Vorzeigeexemplar*) produit *m* de prestige

flagrant *adj geh* flagrant(e); *s. a.* **in flagranti**

Flair <-s> [flɛːɐ] *nt o rare m* ∅ *geh* **1.** (*Ausstrahlung*) aura *f*, fluide *m*
2. (*Atmosphäre*) [*Arbeitsplatz, Gebäude, Ort*] ambiance *f*

Flak <-, - *o* -s> *f abk von* **Flug**[**zeug**]**abwehrkanone** **1.** (*Kanone*) canon *m* antiaérien, batterie *f* antiaérienne
2. (*Einheit*) D.C.A. *f*, défense *f* antiaérienne

Flakhelfer(in) *m(f)* HIST auxiliaire *mf* de la D.C.A.

Flakon <-s, -s> [fla'kõː] *nt o m* flacon *m*

flambieren * *vt* ▪ **jd flambiert etw** qn flambe qc, qn fait flamber qc

Flame <-n, -n> *m*, **Flamin** *o* **Flämin** *f* Flamand(e) *m(f)*

Flamingo <-s, -s> [fla'mɪŋgo] *m* flamant *m* rose

flämisch *adj* flamand(e)

Flämisch *nt decl wie adj* ▪ ~, **das** ~**e** le flamand

Flamme <-, -n> *f* **1.** (*Feuer*) flamme *f*
2. *veraltend fam* (*Freundin*) bonne amie *f* vieilli *fam*
▸ **jd kocht etw auf großer/kleiner** ~ qn cuit qc à [*o* sur] feu vif/feu doux; **etw brennt mit ruhiger/flackernder** ~ qc brûle d'une belle flamme/d'une flamme vacillante; **etw geht in ~n auf** qc prend feu; **etw steht in** [**hellen**] **~n** qc est en flammes

flammend *adj* **1.** *Inferno, Hölle* de flammes; *ein ~es Inferno* un brasier
2. (*voller Leidenschaft*) *Ansprache, Rede* enflammé(e), ardent(e)

Flammenmeer *nt geh* mer *f* de feu ▸ **etw ist ein einziges/riesiges** ~ qc n'est qu'un immense brasier **Flammentod** *m geh* **1.** (*Hinrichtung*) supplice *m* du feu **2.** (*Unfall, Unglück*) mort *f* par le feu ▸ **jd erleidet den** ~ (*wird hingerichtet*) qn subit le supplice du feu; (*verunglückt*) qn est brûlé(e) vif(vive) **Flammenwerfer** <-s, -> *m* lance-flammes *m*

Flandern <-s> *nt* la Flandre, les Flandres

flandrisch *adj* flamand(e)

Flanell <-s, -e> *m* flanelle *f*

Flanell- de [*o* en] flanelle

flanieren * *vi + haben o sein* ▪ **jd flaniert** [**irgendwohin**] qn flâne [quelque part]

Flanke <-, -n> *f* **1.** (*Rumpfseite*) flanc *m*
2. [*Auto, Bus*] côté *m*, flanc *m*
3. FBALL tir *m* au centre, centre *m*; *jd spielt eine* ~ qn passe au centre
4. MIL flanc *m*
▸ **die offene** ~ MIL le flanc découvert

flanken *vi* FBALL ▪ **jd flankt** qn centre, qn passe au centre

Flankenschutz *m* MIL couverture *f* du flanc
▸ **jd gibt jdm** ~ qn couvre qn

Flankerl <-s, -n> *nt* AUS *fam* (*Flöckchen*) [petit] flocon *m*

flankieren * *vt* **1.** (*begleiten*) ▪ **mehrere Personen ~ jdn** plusieurs personne escortent qn, qn est flanqué(e) de plusieurs personnes
2. (*seitlich begrenzen*) ▪ **mehrere Dinge ~ etw** plusieurs choses flanquent qc
3. (*ergänzen*) ▪ **etw flankiert etw** /*Gesetz, Maßnahme*/ qc vient s'ajouter à qc, qc vient compléter qc; *~de Maßnahmen* des mesures complémentaires de soutien

Flansch <-[e]s, -e> *m* collet *m*, embout *m*

Flappe <-, -n> *f* DIAL moue *f*
▸ **jd zieht eine** ~ qn fait la moue

flapsig I. *adj fam* grossier(-ière); *ein ~er Kerl* un mufle
II. *adv fam* en mufle *fam*, grossièrement

Fläschchen <-s, -> *nt dim von* **Flasche** flacon *m*, petite bouteille *f*; [*Säugling*] biberon *m*

Fläschchenwärmer <-s, -> *m* chauffe-biberon *m*

Flasche <-, -n> *f* **1.** (*Behälter*) bouteille *f*; [*Säugling*] biberon *m*
2. *fam* (*Nichtskönner*) minable *mf fam*
▸ **ein Kind bekommt die** ~ (*wird flüssig ernährt*) un enfant est nourri au biberon; (*bekommt seine Mahlzeit*) un enfant prend son biberon; **jd füllt etw in ~n** qn met qc en bouteilles; **jd gibt einem Kind die** ~ qn donne le biberon à un enfant; **jd greift zur** ~ (*trinkt Alkohol*) qn se met à boire; **jd trinkt aus der** ~ qn boit à la bouteille; **jd zieht etw auf ~n** qn met qc en bouteilles; [**du**] ~! *fam* espèce d'imbécile [*o* de cloche]! *fam*

Flaschen- 1. (*in Flaschen abgefüllt*) en bouteilles; (*von Flaschen*) de bouteilles; *~pfand* consigne *f* [pour bouteilles]; *~verschluss* capsule *f*; *~wein* vin *m* bouché **2.** (*für Flaschen*): *~halter* porte-bouteilles *m*; *~kühler* rafraîchisseur *m* à vin; (*aus Ton*) pierre *f* à vin; *~gestell*, *~regal* casier *m* à bouteilles; *~reiniger* lave-bouteilles *m*; *~sauger* tétine *f* **Flaschenbürste** *f* goupillon *m* **Flaschengärung** *f* fermentation *f* en bouteilles; [*Sekt*] vieillissement *m* méthode champenoise **Flaschenhals** *m* **1.** goulot *m* [de bouteille] **2.** (*Engpass*) goulot *m* d'étranglement **Flaschenkind** *nt* enfant *mf* élevé(e) au biberon **Flaschennahrung** *f* nourriture *f* de bébé spéciale biberon **Flaschenöffner** *m* ouvre-bouteille[s] *m*, décapsuleur *m* **Flaschenpost** *f* bouteille *f* à la mer **Flaschentomate** *f* tomate *f* roma **flaschenweise** *adv trinken* par bouteilles entières; *kaufen, verkaufen* au détail **Flaschenzug** *m* palan *m*, poulie *f* double

Flaschner(in) <-s, -> *m(f)* SDEUTSCH, CH plombier *m*

flatterhaft *adj pej* changeant(e), inconstant(e), versatile

Flatterhaftigkeit <-> *f* ∅ *pej* humeur *f* changeante, inconstance *f*

Flattermann <-männer> *m hum fam* poulet *m*

flattern *vi* **1.** + *haben* (*mit den Flügeln schlagen*) ▪ **ein Tier flattert** un animal bat des ailes
2. + *sein* (*rasch fliegen*) ▪ **ein Tier flattert** /*Schmetterling*/ un animal papillonne; /*Vogel*/ un animal volette
3. + *haben*: *etw flattert* [*im Wind*] qc flotte [au vent]
4. + *sein* (*durch die Luft getragen werden*) ▪ **etw flattert irgendwohin** qc s'envole quelque part
5. + *sein fam* (*zugestellt werden*) ▪ **etw flattert jdm ...** *auf den Tisch, ins Haus* qc atterrit ... de qn
6. + *haben* AUT ▪ **etw flattert** /*Lenkung*/ qc flotte; /*Rad*/ qc vibre; *die Lenkung flattert* il y a un flottement dans la direction, la direction a du jeu
▸ **Tiere ~ auseinander** /*Hühner*/ des animaux s'envolent dans tous les sens

Flattersatz *m* composition *f* en drapeau

flau I. *adj* **1.** (*leicht unwohl*): *jd hat ein ~es Gefühl* qn ne se sent pas très bien, qn est morose
2. COM (*schlecht*) *Geschäft* stagnant(e), calme; *Börse* faible, morose; *an der Börse sieht es im Moment ~ aus* l'ambiance est morose en ce moment à la bourse
▸ **jdm ist** ~ [**im Magen**] qn a mal au cœur, qn se sent [*o* trouve] mal
II. *adv* ▸ **etw geht** ~ /*Geschäfte*/ qc stagne

Flaum <-[e]s> *m* ∅ **1.** (*Federn*) duvet *m*
2. (*Härchen*) [*Mensch, Frucht*] duvet *m*

flaumig *adj Gefieder* duveté(e), duveteux(-euse); *Pfirsich* velouté(e), duveté(e); *~e Haut* peau *f* de pêche

Flausch <-[e]s, -e> *m* molleton *m*

flauschig *adj* moelleux(-euse), doux(douce) au toucher

Flausen *pl fam* **1.** (*unsinnige Einfälle*) sottises *fpl*, conneries *fpl fam*
2. (*Ausflüchte*) balivernes *fpl*
▸ **jd hat nichts als/nur ~ im Kopf** qn ne pense qu'à faire des bêtises [*o* des conneries] *fam*; **jd treibt jdm die ~ aus** qn lui remet les idées en place

Flaute <-, -n> *f* **1.** METEO accalmie *f*, calme *m*
2. COM marasme *m*, période *f* creuse

fläzen *vr pej fam* ▪ **jd fläzt sich auf/in etw** (*akk*) qn se vautre sur/dans qc; ▪ **jd fläzt sich auf/in etw** (*dat*) qn est vautré(e) sur/dans qc

Flechte <-, -n> *f* **1.** BOT lichen *m*
2. MED dartre *m*

flechten <flịcht, flọcht, geflọchten> *vt* ▪ **jd flicht etw** [**aus etw**] qn tresse qc [avec qc]; *jd flicht jdm die Haare* qn fait des tresses [*o* des nattes] à qn; ▪ **jd flicht etw zu etw** qn tresse qc en qc, qn assemble qc en tresses; *jd flicht Blumen zu einem Kranz* qn fait une couronne de fleurs; ▪ **geflochten** tressé(e)

Flechtwerk *nt* treillis *m*

Fleck <-[e]s, -e *o* -en> *m* **1.** (*Schmutz~*) tache *f*
2. (*farbige Stelle*) tache *f*; (*infolge einer Prellung*) ecchymose *f*, bleu *m*; [*Obst*] meurtrissure *f*; *ein Apfel mit ~en* une pomme tavelée

3. (*Stelle*) endroit *m;* (*Stück Land*) bout *m* de terrain
▸**jd hat einen ~ auf der [weißen] Weste** qn [*o* la réputation de qn] n'est pas sans tache; **blauer** ~ bleu *m;* **der blinde** ~ ANAT la tache aveugle; ***jd hat einen blinden ~*** *fig* qn voit la paille dans l'œil du voisin et ne voit pas la poutre dans le sien; **jd kommt [mit etw] nicht vom** ~ qn n'avance pas [dans qc]; **jd rührt sich nicht vom** ~ qn ne bouge pas [d'un pouce]; **vom ~ weg** sur-le-champ

Fleckchen <-s, -> *nt* (*Gegend*) endroit *m*
▸**ein schönes/herrliches/wunderbares ~ [Erde]** un joli/magnifique/merveilleux petit coin [de terre]

Flecken <-s, -> *m* 1. (*Fleck*) tache *f*
2. *alt* (*Markt~*) bourg *m vieilli*

fleckenlos I. *adj* sans tache
II. *adv sauber, rein* parfaitement

Fleckentferner <-s, -> *m* détachant *m*

Fleckenwasser *nt* détachant *m* liquide

Fleckerlteppich *m* SDEUTSCH, AUS tapis *m* tissé multicolore

Fleckfieber *nt* typhus *m* [exanthématique]

fleckig *adj* 1. (*unsauber*) *Tuch, Kleidungsstück* taché(e)
2. *Gesicht, Hand, Haut* tacheté(e); *Frucht a.* tavelé(e)

fleddern *vt pej fam* ■**jd fleddert jdn** qn dévalise qn

Fledermaus *f* chauve-souris *f*

Fledermausärmel *m* manche *f* chauve-souris

Fleet <-[e]s, -e> *nt* NDEUTSCH canal *m*

Flegel <-s, -> *m pej* (*Kind*) malappris *m vieilli;* (*Mann*) mufle *m,* goujat *m*

Flegelalter *nt* âge *m* ingrat

Flegelei <-, -en> *f pej* sans-gêne *m,* grossièreté *f*

flegelhaft *adj pej Benehmen* sans-gêne; *Mensch a.* grossier(-ière)

flegeln *vr fam* ■**jd flegelt sich [auf/in etw** (*akk*)**]** qn se vautre [sur/dans qc] *fam*

flehen *vi geh* ■**jd fleht** qn supplie; ***Sie ~ umsonst*** vous suppliez en vain; ■**jd fleht bei jdm um etw** *um Gnade, Hilfe* qn implore qc auprès de qn

flehentlich I. *adj geh* implorant(e)
II. *adv geh* en suppliant, en implorant; ***jd bittet jdn ~*** qn supplie qn instamment

Fleisch <-[e]s> *nt* ∅ 1. (*Nahrungsmittel*) viande *f*
2. ANAT chair *f*
3. (*Frucht~*) chair *f,* pulpe *f*
▸**mein/sein/... eigen ~ und Blut** *geh* la chair de ma/sa/... chair *vieilli;* **etw geht jdm in ~ und Blut über** qc devient naturel(le) [*o* une habitude] pour qn; **jd schneidet sich** (*dat o akk*) **[mit etw] ins eigene ~** qn se nuit à lui-même, qn se cause du tort; **jd fällt vom ~[e]** qn fond; **~ fressend** *Pflanze, Vogel* carnivore; *Tier a.* carnassier(-ière)

Fleisch- *-abfälle, -berg, -brocken, -einlage, -gang, -gericht, -konserve* de viande; *-einwaage, f-verarbeitende Industrie* de la viande; *-verordnung* de la viande de boucherie; ***f~arm*** pauvre en viande; ***~fondue*** fondue *f* bourguignonne; ***~füllung*** farce *f;* ***~laibchen*** AUS boulette *f* de viande; ***~spieß*** brochette *f* de viande; ***~topf*** cocotte *f,* faitout *m* **Fleischbeschau** *f* 1. ADMIN inspection *f* sanitaire de la viande par les services vétérinaires 2. *hum fam* étalage *m* de viande *fam* **Fleischbeschauer(in)** <-s, -> *m(f)* inspecteur(-trice) *m(f)* des services vétérinaires **Fleischbrühe** *f* 1. (*Bouillon*) bouillon *m* de viande; (*Kraftbrühe*) consommé *m* 2. (*Extrakt*) cube *m* de bouillon

Fleischer(in) <-s, -> *m(f)* boucher *m*

Fleischerbeil *nt* hachette *f* de boucher

Fleischerei <-, -en> *f* boucherie *f*

Fleischermesser *nt* couteau *m* de boucherie

Fleischesser(in) *m(f)* carnassier(-ière) *m(f)* **Fleischextrakt** *m* extrait *m* de viande **fleischfarben** *adj* [de] couleur chair **fleischfressend** *s.* **Fleisch** ▸. **Fleischfresser** <-s, -> *m* ZOOL carnassier *m,* carnivore *m* **Fleischhauer(in)** *m(f)* AUS boucher(-ère) *m(f)* **Fleischhauerei** <-, -en> *f* AUS boucherie *f*

fleischig *adj* 1. *Geflügel* dodu(e)
2. *Blatt, Frucht, Hand, Lippen* charnu(e)

Fleischkäse *m pâté à base de viande hachée, d'œufs et d'épices* **Fleischklopfer** *m* attendrisseur *m* **Fleischkloß** *m* 1. GASTR boulette *f* de viande 2. *fam* (*Mensch*) tas *m* de graisse *fam* **Fleischklößchen** *nt* petite boulette *f* de viande

fleischlich *adj attr* 1. *Kost* à base de viande
2. *liter Genüsse* de la chair; *Begierden, Lüste* charnel(le)

fleischlos I. *adj Ernährung, Lebensweise* sans viande; *Kost a.* maigre
II. *adv kochen* sans viande; ***jd isst/ernährt sich ~*** qn ne mange pas de viande

Fleischpastete *f* pâté *m* **Fleischsalat** *m lanières de cervelas préparées avec des cornichons et de la mayonnaise* **Fleischstück[chen]** *nt* [petit] bout de viande **Fleischtomate** *f* tomate *f* charnue [à farcir] **Fleischtopf** *m* cocotte *f,* faitout *m* **Fleischvergiftung** *f* intoxication *f* alimentaire [causée par de la viande avariée] **Fleischvogel** *m* CH *s.* **Roulade. Fleischwaren** *pl* produits *mpl* de boucherie; (*aus Schweinefleisch*) charcuterie *f* **Fleischwolf** *m* hachoir *m* à viande, hache-viande *m* ▸**jd dreht etw durch den ~** qn passe qc au hachoir **Fleischwunde** *f* blessure *f* [*o* lésion *f*] profonde **Fleischwurst** *f* saucisse *f* [viande]

Fleiß <-[e]s> *m* ∅ zèle *m,* application *f*
▸**ohne ~ kein Preis** *prov* on n'a rien sans peine, nul bien sans peine; **mit ~** SDEUTSCH exprès

Fleißarbeit *f* travail *m* assidu [*o* minutieux]
▸**eine [reine] ~** *pej* un travail de gratte-papier

fleißig I. *adj* 1. *Mensch* courageux(-euse), travailleur(-euse)
2. *Arbeit, Leistung* assidu(e)
3. *fam* (*eifrig*) *Theaterbesucher* assidu(e); *Sammler* enragé(e) *fam*
II. *adv* 1. *arbeiten* avec assiduité, avec application; ***jd studiert ~*** qn est très studieux(-euse)
2. *fam* (*unverdrossen*) *essen, trinken, zugreifen* pas mal *iron*

flektieren * I. *vt* ■**jd flektiert etw** *Substantiv, Adjektiv* qn décline qc; *Verb* qn conjugue qc; ***etw wird schwach/stark flektiert*** qc suit la conjugaison faible/forte
II. *vi* ■**etw flektiert schwach/stark** qc suit la conjugaison faible/forte

flennen *vi pej fam* ■**jd flennt** qn pleurniche *fam,* qn chiale *fam*

fletschen *vt* ■**ein Tier fletscht etw** un animal montre qc

fleucht *alt 3. pers pres von* **fliegen**

Fleurop® <-> ['flɔɪrɔp, 'flø:rɔp, -'rɔp] *f* (*in Frankreich*) Interflora® *m;* ***durch/über ~*** par Interflora

flexibel *adj* flexible, souple; ***flexible Altersgrenze*** âge mobile de départ à la retraite; ■**jd ist ~** qn est flexible [*o* disponible]

Flexibilisierung <-, -en> *f* [*Arbeitszeit*] aménagement *m;* [*Ladenschlusszeiten*] assouplissement *m;* [*Altersgrenze*] modulation *f*

Flexibilität <-> *f* ∅ 1. (*Anpassungsfähigkeit*) flexibilité *f*
2. (*Elastizität*) souplesse *f;* ***etw besitzt eine große ~*** qc est très souple [*o* d'une grande souplesse]

Flexion <-, -en> *f* [*Adjektiv, Substantiv*] déclinaison *f;* [*Verb*] conjugaison *f*

Flexionsendung *f* terminaison *f,* désinence *f*

flicht *3. pers pres von* **flechten**

flicken *vt* 1. (*durch Nähen*) ■**jd flickt etw [mit etw]** qn rapièce qc [avec qc]
2. (*durch Vulkanisieren*) ■**jd flickt etw [mit etw]** qn répare qc [avec qc]
3. (*reparieren*) ■**jd flickt etw [mit etw]** qn répare qc [avec qc]
4. *fam* ■**jd flickt etw** qn rafistole qc *fam*

Flicken <-s, -> *m* (*für Kleider*) pièce *f;* (*für Fahrradschläuche*) rustine *f*

Flickschuster(in) *m(f) pej fam* (*Stümper*) rafistoleur(-euse) *m(f) fam,* bricoleur(-euse) *m(f) fam* **Flickwerk** *nt* ∅ *pej* rafistolage *m fam* **Flickzeug** <-[e]s, -e> *nt* nécessaire *m* pour réparer les chambres à air

Flieder <-s, -> *m* lilas *m*

Fliederbusch *m* buisson *m* de lilas **fliederfarben** *adj* [de couleur] lilas

Fliege <-, -n> *f* 1. ZOOL mouche *f*
2. COUT nœud *m* papillon
▸**jd schlägt zwei ~n mit einer Klappe** *fam* qn fait d'une pierre deux coups; **jdn stört die ~ an der Wand** un rien dérange qn; **sie fallen um wie die ~n** ils tombent comme des mouches; **jd macht die** [*o* **'ne** *sl*] **~** *fam* qn se casse *fam;* **sie sterben wie die ~n** ils meurent comme des mouches; **jd tut keiner ~ etwas zuleide** qn ne ferait pas de mal à une mouche *fam*

fliegen <flog, geflogen> I. *vi + sein* 1. (*mit Flügeln*) ■**ein Tier fliegt** un animal vole; ■**ein Tier fliegt auf etw** un animal se pose sur qc; ■**ein Tier fliegt gegen etw** un animal se cogne [*o* s'écrase] contre qc
2. AVIAT, RAUM ■**etw fliegt** qc vole; ■**etw fliegt [irgendwohin]**: ***wann fliegt die nächste Maschine [nach Paris]?*** quand décolle le prochain avion [pour Paris]?; ***die Lufthansa fliegt jeden Tag nach Paris*** la Lufthansa dessert Paris quotidiennement; ***die Raumsonde fliegt weiter zum Jupiter*** la sonde spatiale continue sa route [*o* son vol] vers Jupiter
3. (*per Flugzeug, per Fluggerät*) ■**jd fliegt [irgendwohin]** qn part [*o* va] en avion [quelque part]; ***jd fliegt gern/ungern*** qn aime/n'aime pas prendre l'avion; ***wann fliegst du morgen?*** quand est-ce que tu as ton avion demain?; ***wann fliegst du/fliegst du wieder mal nach Paris?*** quand est-ce que tu vas/retournes à Paris [en avion]?; ***fliegst du oder fährst du mit der Bahn?*** tu prends l'avion ou le train?, tu pars en avion ou en train?; ***jd ist schon mal mit einem Jet/Hubschrauber/Segelflugzeug geflogen*** qn est déjà monté(e) dans un jet/en hélicoptère/en planeur; ***bist du schon mal mit einem Drachen geflogen?*** est-ce que tu as déjà fait du deltaplane?; ***wie lange fliegt man nach Lyon?*** combien de temps dure le vol jusqu'à Lyon?
4. (*geworfen werden*) ■**etw fliegt [irgendwohin]** qc vole [quelque part]; ***etw fliegt jdm an den Kopf*** qn reçoit qc dans la figure
5. (*schnell fallen*) ■**etw fliegt jdm aus/von etw** *aus der Hand* qc lui échappe [de qc]; *vom Kopf* qc s'envole [de qc]
6. *fam* (*fallen*) ■**jd/etw fliegt ...** *von etw, zu Boden* qn/qc dégringole ... *fam*
7. *sl* (*hinausgeworfen werden*) ■**jd fliegt [aus etw]** *aus einer Firma* qn se fait virer [de qc] *fam*
8. (*flattern*) ■**etw fliegt** qc vole; ***etw fliegt im Wind*** qc vole au vent
9. (*eilen*) ■**jd fliegt** qn vole *fam;* ■**jd fliegt durch etw** qn traverse qc d'un bond; ■**jd fliegt jdm um etw** *um den Hals* qn saute à qc de qn
10. *fam* (*angezogen werden*) ■**jd fliegt auf jdn/etw** qn a un faible pour qn/qc
▸**jd fliegt blind** qn vole sans visibilité; **etw kommt geflogen** / *Vogel, Flugzeug/* qc se pose; / *Stein, Pfeil, Schneeball/* qc traverse les airs; **ich kann doch nicht ~!** *fam* je n'ai pas des ailes! *fam,* je ne peux pas aller plus vite que la musique! *fam*
II. *vt* 1. *+ haben o sein* (*steuern*) ■**jd fliegt etw** *Flugzeug, Hubschrauber* qn pilote qc
2. *+ haben* (*befördern*) ■**jd fliegt jdn/etw irgendwohin** *Passagiere, Güter* qn transporte qn/qc en avion quelque part
3. *+ haben o sein* (*zurücklegen*) ■**jd fliegt etw** *Route, Strecke* qn parcourt qc, qn fait qc

fliegend *adj attr* 1. (*durch die Luft*) volant(e)
2. (*nicht stationär*) *Händler, Würstchenbude* ambulant(e)

Fliegendreck *m* chiure *f* de mouche **Fliegenfänger** <-s, -> *m* papier *m* tue-mouche **Fliegenfenster** *nt* moustiquaire *f* **Fliegengewicht** *nt* 1. SPORT poids *m* mouche 2. *fam* (*leichter Mensch*) poids *m* plume **Fliegengewichtler(in)** <-s, -> *m(f)* poids *m* mouche **Fliegengitter**

nt moustiquaire *f* **Fliegenklatsche** <-, -n> *f* tapette *f* **Fliegenpilz** *m* amanite *f* tue-mouche
Flieger <-s, -> *m fam* avion *m*
Flieger(in) <-s, -> *m(f)* **1.** (*Pilot*) aviateur(-trice) *m(f)*, pilote *mf*
2. MIL (*Dienstgrad*) aviateur *m*
3. *pl* MIL *fam* (*Luftwaffe*) ■ **die** ~ l'armée de l'air, les chevaliers du ciel *fam*
Fliegeralarm *m* alerte *f* aérienne **Fliegerangriff** *m* attaque *f* aérienne
Fliegerei <-> *f* ∅ aviation *f*
Fliegerhorst *m* base *f* aérienne
fliegerisch *adj attr* en matière d'aviation
fliehen <floh, geflohen> **I.** *vi + sein* **1.** (*entkommen*) ■ **jd flieht [aus etw]** qn fuit [*o* s'enfuit] [de qc], qn se sauve [de qc]; *aus Gefängnis, Haft* qn s'évade [de qc]; ***jd flieht aus dem Gewahrsam der Polizei*** qn échappe à la surveillance de la police; ■ **jd flieht irgendwohin** *ins Ausland, nach Kanada* qn s'enfuit [*o* se réfugie] quelque part; ■ **jd flieht zu jdm** qn se réfugie chez qn; ***schnell, flieht!*** vite, sauvez-vous!
2. (*davoneilen*) ■ **jd flieht vor jdm/etw** qn fuit devant qn/qc
II. *vt + haben liter* (*meiden*) ■ **jd flieht etw** qn fuit qc
fliehend *adj Kinn, Stirn* fuyant(e)
Fliehkraft *f* force *f* centrifuge
Fliese <-, -n> *f* **1.** CONSTR carreau *m* [de céramique]; ~***n*** carrelage *m*
2. (*Teppich~*) dalle *f* de moquette
▸ **jd legt etw mit ~n aus** qn carrelle qc; **jd legt ~n** qn pose un [*o* du] carrelage
fliesen *vt* ■ **jd fliest etw** qn carrelle qc; ■ **gefliest** carrelé(e)
Fliesen[fuß]boden *m* sol *m* carrelé **Fliesenleger(in)** <-s, -> *m(f)* carreleur(-euse) *m(f)*
Fließband <-bänder> *nt* chaîne *f* [de montage]
▸ **jd arbeitet** [*o* **steht** *fam*] **am** ~ qn travaille [*o* est *fam*] à la chaîne
fließen <floss, geflossen> *vi + sein* **1.** (*strömen*) ■ **etw fließt** */Wasser, Wasserlauf, Blut, Tränen/* qc coule; */Schweiß/* qc dégouline; ■ **etw fließt durch etw/irgendwohin** */Fluss, Bach, Strom/* qc traverse qc/coule quelque part; ■ **etw fließt in etw** (*akk*) */Fluss, Bach, Strom/* qc se jette dans qc
2. (*sich dahinbewegen*) ■ **etw fließt** */Verkehr/* qc est fluide; ~***der Verkehr*** circulation *f* fluide; ■ **etw fließt** */Luft, Luftmassen/* qc afflue; ■ **etw fließt** */Strom/* qc circule, qc passe
3. (*hervorsprudeln*) ■ **etw fließt [jdm aus etw** (*dat*)**]** */Worte, Ideen, Redestrom, Verse/* qc jaillit [à qn de qc]
4. (*vergossen werden*) ■ **etw fließt** */Blut/* qc coule
5. ■ **etw fließt** */Kredite, Mittel, Informationen, Nachrichten/* qc afflue
▸ **alles fließt** PHILOS tout passe [et rien ne demeure]
fließend **I.** *adj* **1.** (*flüssig*) *Sprache* que l'on parle couramment; *Rede* que l'on prononce d'une traite [*o* avec aisance]; ***jd spricht ein ~es Französisch*** qn parle le français couramment
2. (*nicht genau definierbar*) *Grenze, Übergang* flou(e)
II. *adv sprechen* couramment, aisément; *aufsagen, Rede halten* avec aisance
Fließheck *nt* arrière *m* liftback
flimmerfrei *adj* INFORM, TV avec une stabilité parfaite de l'image, qui ne tremble pas **Flimmerkiste** *f fam* télé *f fam*
flimmern *vi* **1.** CINE, TV ■ **etw flimmert** qc saute, qc tremble; ***jd/etw flimmert über den Bildschirm/die Leinwand*** *fam* qn/qc passe à la télé/au cinéma *fam*
2. (*flirren*) ■ **etw flimmert** */Luft, Hitze/* qc vacille, qc est tremblotant(e)
flink **I.** *adj Bewegung* vif(vive), rapide; *Finger, Griff* agile; *Mensch* agile, rapide; ***jd hat ein ~es Mundwerk*** qn a du bagou[t] *fam*, qn n'a pas la langue dans sa poche
II. *adv arbeiten, sich bewegen, springen* avec agilité, avec adresse
▸ **ein bisschen ~/~er!** *fam* un peu plus vite que ça!, et que ça saute! *fam*
Flinserl <-s, -n> *nt* AUS (*Ohrring*) boucle *f* d'oreille
Flinte <-, -n> *f* **1.** (*Schrot~*) fusil *m* [de chasse]
2. *alt* (*Gewehr*) carabine *f*
▸ **jd wirft die ~ ins Korn** *fam* qn jette le manche après la cognée; **jd bekommt ein Tier vor die ~** *Jagdwild* un animal se présente à portée du fusil de qn, un animal lui passe à portée de fusil
Flintenweib *nt* **1.** (*Waffen tragende Frau*) femme *f* armée
2. *pej* pétroleuse *f*, dragon *m*
Flipchart[RR] <-, -s> ['flɪptʃa:(r)t] *f* paperboard *m*
Flipper <-s, -> *m* flipper *m*
flippern *vi* ■ **jd flippert** qn joue au flipper
flippig **I.** *adj fam* farfelu(e) *fam*, loufoque *fam*
II. *adv herumlaufen, sich kleiden* de manière farfelue [*o* loufoque] *fam*; ***jd sieht ~ aus*** qn a l'air farfelu [*o* loufoque] *fam*
flirren *vi* ■ **etw flirrt** qc tremblote, qc vacille
Flirt <-s, -s> [flœrt, flø:ɐt] *m* flirt *m*
flirten ['flœrtn, 'flø:ɐtn] *vi* ■ **jd flirtet [mit jdm]** qn flirte [avec qn]
Flitscherl <-s, -n> *nt* AUS *pej fam*, **Flittchen** <-s, -> *nt pej fam* traînée *f fam*
Flitter <-s, -> *m* **1.** (*Pailletten*) paillettes *fpl*
2. ∅ *pej* (*Tand*) clinquant *m*, camelote *f fam*
Flitterwochen *pl* lune *f* de miel
▸ **jd fährt in die ~** qn part en voyage de noces; **jd ist in den ~** qn est en voyage de noces
Flitz[e]bogen *m fam* arc *m*
▸ **jd ist gespannt wie ein ~** qn crève de curiosité *fam*
flitzen *vi + sein fam* ■ **jd/etw flitzt [irgendwohin]** qn/qc file [quelque part] *fam*
Flitzer <-s, -> *m fam* bolide *m*
floaten ['floʊtn] *vi* ■ **etw floatet** qc flotte
Floating <-s> ['floʊtɪŋ] *nt* ∅ flottement *m*

flocht *imp von* **flechten**
Flöckchen <-s, -> *nt* **1.** *dim von* **Flocke** petit flocon *m*
2. GASTR: ***ein ~ Butter*** une noix de beurre; ***ein ~ Eischnee*** un flocon de blancs en neige
Flocke <-, -n> *f* **1.** (*Schnee~*) flocon *m*
2. (*Staub~*) mouton *m*
3. GASTR (*Getreide~*) flocon *m*
flockig *adj Schaum* floconneux(-euse)
flog *imp von* **fliegen**
floh *imp von* **fliehen**
Floh <-[e]s, ¨-e> *m* **1.** ZOOL puce *f*
2. *pl sl* (*Geld*) fric *m fam*
▸ **jd setzt jdm einen ~ ins Ohr** *fam* qn fourre une idée dans le crâne de qn *fam*; **jd/ein Tier hat ¨-e** qn/un animal a des puces; **jd hört die ¨-e husten** *fam* qn fabule, qn a des visions *fam*; **jd knackt ¨-e** qn écrase des puces
Flohmarkt *m* marché *m* aux puces **Flohzirkus** *m représentation durant laquelle on montre des puces savantes*
Flokati <-s, -s> *m* flokatis *m*
Flom[en] <-s> *m* ∅ panne *f* de porc
Flop <-s, -s> *m fam* bide *m fam*, flop *m arg*
▸ **jd landet einen ~** qn fait un bide *fam*; ***jd landet mit etw einen ~*** qn fait un bide avec qc *fam*
Flor <-s, -e *o* ¨-e *rare*> *m* **1.** (*dünnes Gewebe*) voile *m*, crêpe *m*
2. [*Teppich, Plüsch, Samt*] poil *m*
Flora <-, Floren> *f* flore *f*
Florentiner <-s, -> *m* **1.** GASTR florentin *m*
2. (*Strohhut*) *chapeau de paille à larges bords*
Florentiner(in) <-s, -> *m(f)* Florentin(e) *m(f)*
Florenz <-'> *nt* Florence *f*
Florett <-[e]s, -e> *nt* **1.** (*Stoßwaffe*) fleuret *m*
2. (*Fechtdisziplin*) escrime *f* au fleuret
florieren * *vi* ■ **etw floriert** */Geschäft, Laden/* qc est prospère, qc marche bien, qc prospère; */Praxis, Wirtschaft, Wirtschaftszweig/* qc est florissant(e)
Florist(in) <-en, -en> *m(f)* fleuriste *mf*
Floskel <-, -n> *f* figure *f* de rhétorique; ***eine höfliche/abgedroschene ~*** une formule de politesse/toute faite
floss[RR], **floß** *imp von* **fließen**
Floß <-es, ¨-e> *nt* radeau *m*
Flosse <-, -n> *f* **1.** ZOOL nageoire *f*; [*Haifisch*] aileron *m*
2. (*Schwimm~*) palme *f*
3. *sl* (*Hand*) paluche *f fam*, patte *f fam*
flößen *vt* **1.** ■ **jd flößt etw** *Baumstämme* qn transporte qc par flottage, qn fait flotter qc
2. (*ein~*) ■ **jd flößt jdm etw in etw** (*akk*) *Brühe, Suppe, Tee, Medizin* qn fait avaler qc à qn [par qc]
Flößer(in) <-s, -> *m(f)* flotteur(-euse) *m(f)*
Flöte <-, -n> *f* **1.** (*Instrument*) flûte *f*
2. (*Kelchglas*) flûte *f* [à champagne]
3. (*Pfeife*) [*Wasserkessel*] sifflet *m*
▸ **jd spielt** [*o* **bläst**] **~** [*o* **auf der ~**] qn joue de la flûte
flöten **I.** *vi* **1.** MUS ■ **jd flötet** qn joue de la flûte
2. (*trillern*) ■ **ein Vogel flötet** un oiseau siffle [*o* trille] *littér*
3. *hum fam* (*süßlich sprechen*) ■ **jd flötet** qn susurre
▸ **etw geht [jdm] ~** *sl* */Zuschuss, Mittel, finanzielle Unterstützung/* on sucre qc [à qn] *fam*; */Einsatz, Gewinn/* qc s'envole en fumée [pour qn], qc est perdu(e) à jamais [pour qn]; */Zeit/* qc file [entre les doigts de qn] *fam*
II. *vt* ■ **jd flötet etw** **1.** (*auf der Flöte*) qn joue qc à la flûte
2. (*pfeifen*) qn siffle qc
flöten|gehen *s.* **flöten I.** ▸. **Flötenkessel** *m* bouilloire *f* à sifflet **Flötenspiel** *nt* petit concert *m* de flûte **Flötenspieler(in)** *m(f)* joueur(-euse) *m(f)* de flûte **Flötenton** <-töne> *m* son *m* de flûte ▸ **jd bringt jdm die ¨-e bei** *fam* qn apprend les bonnes manières à qn *fam*
Flötist(in) <-en, -en> *m(f)* flûtiste *mf*
flott **I.** *adj* **1.** *fam* (*zügig*) *Arbeiter* rapide; *Bedienung* dégourdi(e); ***bei ~er Fahrt*** en roulant bien; ***ein ~es Tempo*** une sacrée allure; ***du hast aber ein ~es Tempo drauf*** ben dis donc, qu'est-ce que tu fonces! *fam*; ***geht das nicht etwas ~er?*** ça ne peut pas aller un peu plus vite?
2. *fam* (*schwungvoll*) *Musik, Schlager, Titel* entraînant(e)
3. *fam* (*schick*) *Auto, Kleidung* fringant(e); *Kerl, Frau* smart(e) *fam*
4. *fam* (*verschwenderisch*) *Lebensstil* excessif(-ive), dépensier(-ière); ***jd führt ein [ganz] ~es Leben*** qn mène la belle vie [*o* grand train]
5. *pred* (*manövrierfähig*) ■ **etw ist [wieder] ~** */Schiff/* qc est [de nouveau] à flot, qc est remis(e) à flot; *fam* */Auto, Motorrad/* qc roule [de nouveau] impec *fam*
6. (*flüssig*) *Stil* aisé(e); ~***e Schreibe*** *fam* plume *f* facile
II. *adv fam* **1.** (*zügig*) vite, rapidement
2. (*schick*) *sich anziehen* chic; ***jd sieht ~ aus*** qn a l'air chic, qn est drôlement chic *fam*
▸ **aber ein bisschen ~!** *fam* plus vite que ça! *fam*
flott|bekommen * *vt irreg* ■ **jd bekommt etw [wieder] flott** *Schiff* qn [re]met qc à flot; *Auto, Motorrad* qn [re]met qc en état [de fonctionnement]
Flotte <-, -n> *f* **1.** (*Kriegsmarine*) flotte *f* de guerre; (*Handelsmarine*) marine *f* marchande; (*Verband von Kriegsschiffen*) flotte *f*; (*Verband von Handelsschiffen*) flottille *f*
2. (*Flugzeug~*) flotte *f* aérienne
Flottenstützpunkt *m* base *f* navale **Flottenverband** *m* flotte *f*
flott|kriegen *vt fam* ■ **jd kriegt etw flott** qn renfloue qc **flott|machen** *vt* ■ **jd macht etw [wieder] flott** *Schiff* qn [re]met qc à flot, qn renfloue qc; *Fahrzeug* qn [re]met qc en état **flottweg** *adv fam arbeiten, schaffen* bien

Flöz <-es, -e> *nt* filon *m,* couche *f* [sédimentaire]

Fluch <-[e]s, -̈e> *m* **1.** (*Schimpfwort*) juron *m,* gros mot *m*
2. (*Verwünschung*) malédiction *f;* ***ein ~ lastet auf etw*** (*dat*) une malédiction pèse sur qc
▶ **das [eben] ist der ~ der bösen Tat** *prov* c'est la fatalité qui le veut

fluchbeladen *adj geh* maudit(e)

fluchen *vi* **1.** (*schimpfen*) ■ **jd flucht [auf** [*o* **über**] **jdn/etw]** qn jure [contre [*o* après] qn/qc], qn peste [contre qn/qc]; ***wild ~d*** en jurant comme un fou/une folle
2. *geh* (*verwünschen*) ■ **jd flucht jdm/einer S.** qn maudit qn/qc, qn donne sa malédiction à qn/qc

Flucht¹ <-, -en> *f* fuite *f;* (*aus dem Gefängnis*) évasion *f;* ***durch die ~ aus dem Fenster*** en fuyant par la fenêtre; ***jdm glückt die ~*** qn réussit à prendre la fuite
▶ **die ~ nach Ägypten** la fuite en Égypte; **jd ergreift die ~** *geh* qn prend la fuite; **jd wird auf der ~ erschossen** qn est abattu(e) alors qu'il tentait de fuir; **jd ist** [*o* **befindet sich**] **auf der ~** qn est en fuite; **jd schlägt jdn in die ~** qn fait fuir qn; **jd verhilft jdm zur ~** qn aide qn à prendre la fuite, qn aide qn à fuir; (*aus dem Gefängnis*) qn aide qn à s'évader; **auf der ~ vor jdm** pour échapper à qn; **in ... ~** *heilloser, kopfloser* dans une fuite ...; ***in wilder ~*** dans une course folle; **die ~ in etw** (*akk*) *in die Arbeit, den Wahnsinn, die Anonymität* le refuge dans qc, en se réfugiant dans qc; ***jd tritt die ~ in die Krankheit an*** qn se réfugie dans la maladie; **die ~ nach vorn** la fuite en avant; **die ~ vor etw** (*dat*) *vor der Realität, der Verantwortung* la fuite face à qc

Flucht² <-, -en> *f* **1.** CONSTR alignement *m*
2. *geh* (*Zimmer~*) enfilade *f*

fluchtartig I. *adj* précipité(e)
II. *adv* précipitamment, avec précipitation

Fluchtauto *nt* voiture *f* utilisée par le[s] fugitif[s]

flüchten I. *vi + sein* ■ **jd/ein Tier flüchtet [irgendwohin]** qn/un animal [s'en]fuit [quelque part]; ■ **jd/ein Tier flüchtet aus etw** qn/un animal s'échappe de qc; (*aus Gefängnis, Haft*) qn/un animal s'évade de qc
II. *vr + haben* **1.** (*Schutz suchen*) ■ **jd/ein Tier flüchtet sich irgendwohin** qn/un animal se réfugie quelque part
2. (*sich ablenken*) ■ **jd flüchtet sich in etw** (*akk*) *in Arbeit, Alkohol, Ausreden* qn se réfugie dans qc

Fluchtfahrzeug *nt* véhicule *m* utilisé par le[s] fugitif[s] [*o* pour la fuite] **Fluchtgefahr** *f* risque *m* de fuite; (*Ausbruchsgefahr*) risque *m* d'évasion ▶ **es besteht [bei jdm]** ~ il y a risque de fuite/d'évasion [de la part de qn] **Fluchthelfer(in)** *m(f)* (*beim Grenzübertritt*) passeur(-euse) *m(f);* (*beim Ausbruch*) complice *mf* [de l'évasion] **Fluchthilfe** *f* complicité *f* de fuite; (*aus einem Gefängnis*) complicité *f* d'évasion

flüchtig I. *adj* **1.** *Täter, Verbrecher* en fuite, fugitif(-ive); ■ **jd ist ~** qn est en fuite
2. *Blick, Berührung, Gruß, Kuss* rapide, fugitif(-ive)
3. (*oberflächlich*) *Arbeit, Arbeitsweise, Erwähnung, Lektüre* superficiel(le); *Bekanntschaft* passager(-ère)
4. CHEM *Flüssigkeit, Substanz* volatil(e)
II. *adv* **1.** *aufsehen, berühren, grüßen, küssen* rapidement, fugitivement
2. (*oberflächlich*) *arbeiten, kennen, lesen* superficiellement; *erwähnen* brièvement

Flüchtige(r) *f(m) decl wie adj* fugitif(-ive) *m(f);* (*aus einem Gefängnis, Lager*) évadé(e) *m(f)*

Flüchtigkeit <-, en> *f* **1.** ∅ (*Kürze*) [*Berührung, Blick, Gruß*] rapidité *f,* caractère *m* éphémère
2. ∅ (*Oberflächlichkeit*) [*Arbeit, Bekanntschaft, Lektüre*] caractère *m* superficiel
3. ∅ CHEM [*Flüssigkeit, Substanz*] volatilité *f*
4. (*Fall von Unachtsamkeit*) inattention *f*

Flüchtigkeitsfehler *m* faute *f* d'inattention
▶ **jd macht ~/einen ~** qn fait des fautes/une faute d inattention

Flüchtling <-s, -e> *m* réfugié(e) *m(f)*

Flüchtlings- *-strom, -treck* de réfugiés; *-elend, -schicksal* des réfugiés; *-hilfe* aux réfugiés **Flüchtlingsausweis** *m attestation délivrée aux réfugiés* **Flüchtlingslager** *nt* camp *m* de réfugiés

Fluchtversuch *m* tentative *f* de fuite; (*aus einem Gefängnis, Lager, Land*) tentative *f* d'évasion **Fluchtweg** *m* **1.** [*Flüchtling*] chemin *m* emprunté pour la fuite; [*entkommener Häftling*] chemin *m* d'évasion **2.** (*Möglichkeit der Flucht*) possibilité *f* de prendre la fuite **3.** (*in Gebäuden*) issue *f* de secours

Flug <-[e]s, -̈e> *m* **1.** [*Vogel, Flugzeug*] vol *m;* [*Tennisball, Frisbee-Scheibe*] trajectoire *f*
2. AVIAT vol *m;* ***jd bucht einen ~*** [**nach ...**] qn réserve un billet sur un vol [pour ...]; ***jd storniert einen ~ / Passagier/*** qn se fait rembourser son billet; */ Fluggesellschaft/* qn annule un vol; ***ich hoffe, du hattest einen guten ~?*** j'espère que le vol s'est bien passé [*o* que tu as fait bon voyage]?
▶ **im ~** en plein vol; **wie im ~[e]** comme un éclair; **der ~ zu etw** *zum Mond, Mars* le voyage vers qc; ***etw ist auf dem ~ zu etw*** qc est en route vers qc

Flug- **1.** (*das Fliegen betreffend*) *-akrobatik* aérienne; *-höhe* de vol; *~**boot*** hydravion *m;* *~**funk*** radio *f* de bord; *~**haut*** membrane *f* alaire
2. AVIAT *-nummer, -route, -richtung, -stunde* de vol; *-ticket* d'avion; *-aufkommen, -leiter, -leitung* des opérations de vol; *-netz* aérien(-ne); *~**computer*** ordinateur *m* de bord; *~**erfahrung*** expérience *f* en matière d'aviation [*o* de vol]; *~**ingenieur*** ingénieur *m* des constructions aéronautiques; *~**preis*** prix *m* du billet; *~**preise*** tarifs *mpl* aériens; *~**schau*** meeting *m* aérien; *~**service*** desserte *f;* *~**weg*** couloir *m* aérien
3. (*fliegend*) *-insekt* volant(e); *~**echse**, ~**saurier*** ptérosaurien *m;* *~**hörnchen*** ptéromys *m;* *~**staub*** cendres *fpl* volantes

Flugabwehr *f* défense *f* antiaérienne, D.C.A. *f*

Flugabwehr- antiaérien(ne) **Flugabwehrkanone** *f* canon *m* antiaérien **Flugangst** *f* peur *f* de monter en avion **Flugasche** *f* escarbille *f* **Flugbahn** *f* trajectoire *f* **Flugbegleiter(in)** *m(f)* AVIAT steward/hôtesse de l'air *m/f* **Flugbenzin** *nt* kérosène *m* **Flugbetrieb** *m* ∅ trafic *m* aérien **Flugbewegung** *f* mouvement *m* de vol **Flugblatt** *nt* tract *m* **Flugdatenschreiber** *m s.* **Flugschreiber. Flugdauer** *f* durée *f* de vol

Flügel <-s, -> *m* **1.** [*Vogel, Insekt, Flugzeug*] aile *f*
2. TECH [*Windmühle*] aile *f;* [*Propeller, Ventilator*] pale *f*
3. CONSTR [*Fenster, Tür*] battant *m;* [*Altar*] volet *m*
4. ANAT (*Lungen~*) lobe *m* [du poumon]
5. ARCHIT aile *f*
6. MIL flanc *m;* SPORT aile *f*
7. POL aile *f,* tendance *f*
8. MUS piano *m* à queue
▶ **jd beschneidet** [*o* **stutzt**] **jdm die ~** qn lui rogne les ailes; **jd lässt die ~ hängen** *fam* qn baisse les bras; **ein Vogel schlägt mit den ~n** un oiseau bat des ailes; **jd spielt auf dem ~** qn joue sur un piano à queue; **etw verleiht jdm ~** *geh* qc donne des ailes à qn; **am ~**: ... au piano: ...

Flügelaltar *m* retable *m* à volets **Flügelfenster** *nt* fenêtre *f* à battants, croisée *f* à vantaux **Flügelhorn** *nt* bugle *m,* cornet *m* **Flügelkämpfe** *pl* luttes *fpl* intestines **flügellahm** *adj Vogel* qui bat de l'aile, blessé(e) à l'aile **Flügelmann** <-männer *o* -leute> *m* **1.** FBALL ailier *m* **2.** MIL chef *m* de file **3.** POL: ***der linke/ rechte ~ der Partei*** le chef de file de l'aile gauche/droite du parti **Flügelmutter** <-muttern> *f* papillon *m* **Flügeltür** *f* porte *f* à deux battants

Flugfeld *nt* champ *m* [*o* terrain *m*] d'aviation **Fluggast** *m* passager(-ère) *m(f)*

flügge *adj pred* ■ **ein Vogel ist ~/[noch] nicht ~** un oiseau vole/ne vole pas encore de ses propres ailes; ■ **jd ist ~** *fam* qn vole/ne vole pas encore de ses propres ailes

Fluggepäck *nt* bagages *mpl* **Fluggerät** *nt* **1.** (*Flugapparat*) appareil *m* volant, machine *f* volante **2.** ∅ MIL flotte *f* aérienne **Fluggesellschaft** *f* compagnie *f* [de navigation] aérienne **Flughafen** *m* aéroport *m* ▶ **auf dem ~** à l'aéroport

Flughafen- de l'aéroport; *-gebühr* d'aéroport **Flughafenzubringerdienst** *m* navette *f* aéroportuaire

Flughöhe *f* altitude *f* [de vol] **Flughund** *m* roussette *f* **Flugkapitän(in)** *m(f)* commandant(e) *m(f)* de bord **Flugkilometer** *m* kilomètre *m* de vol **Flugkörper** *m* engin *m* volant **Fluglärm** *m* bruit *m* [du trafic] aérien **Fluglehrer(in)** *m(f)* moniteur(-trice) *m(f)* d'aviation **Fluglinie** [-liːniə] *f* ligne *f* aérienne **Fluglotse** *m,* **-lotsin** *f* contrôleur(-euse) *m(f)* de la navigation aérienne, aiguilleur *m* du ciel **Flugnummer** *f* numéro *m* de vol **Flugobjekt** *nt* objet *m* volant ▶ **unbekanntes ~** objet *m* volant non identifié **Flugpersonal** *nt* personnel *m* volant [*o* navigant], navigants *mpl* **Flugplan** *m* horaire *m* des vols **Flugplatz** *m* aérodrome *m* **Flugraum** *m* espace *m* aérien

flugs *adv veraltend* sur-le-champ, promptement

Flugsand *m* sables *mpl* mouvants **Flugschein** *m* **1.** (*Pilotenschein*) brevet *m* de pilote **2.** (*Flugticket*) billet *m* d'avion **Flugschreiber** *m* boîte *f* noire **Flugschüler(in)** *m(f)* élève-pilote *mf* **Flugsicherung** *f* sécurité *f* aérienne **Flugsimulator** *m* simulateur *m* de vol **Flugsteig** <-s, -e> *m* porte *f* d'embarquement **Flugstunde** *f* heure *f* de vol ▶ **jd nimmt [bei jdm] ~n** qn apprend à piloter un avion [avec qn] **flugtauglich** *adj* apte à voler **Flugticket** *nt* billet *m* d'avion **Flugverbindung** *f* liaison *f* aérienne **Flugverbot** *nt* interdiction *f* de vol; (*über einem bestimmten Gebiet*) interdiction *f* de survol **Flugverkehr** *m* trafic *m* aérien **Flugwaffe** *f* CH armée *f* de l'air **Flugzeit** *f* durée *f* de vol; ***nach einer ~ von 7 Stunden*** après un vol de 7 heures **Flugzettel** *m* AUS *s.* **Flugblatt**

Flugzeug <-[e]s, -e> *nt* avion *m*
▶ **ein-/zwei-/drei-/viermotoriges ~** mono-/bi-/tri-/quadrimoteur *m;* **im ~, mit dem ~** en avion; **per ~** par avion

Flugzeug- AVIAT *-außenhaut, -emblem, -haut, -motor, -rumpf, -modell, -typ, -bild* d'avion; *-halle* d'avions; ***die ~besatzung*** l'équipage de l'avion; ***ein ~passagier*** le passager d'un avion; *-kanzel* de pilotage; *-konstrukteur* aéronautique, d'avions; *-pilot* de ligne; *~**ausrüster*** équipementier *m* [d'avions]; *~**verband*** formation *f* aérienne **Flugzeugabsturz** *m* accident *m* d'avion, crash *m;* ***die Ursache des ~es*** la raison pour laquelle l'avion s'est écrasé **Flugzeugbau** *m* ∅ construction *f* aéronautique [*o* d'avions] **Flugzeugentführer(in)** *m(f)* pirate *mf* de l'air **Flugzeugentführung** *f* détournement *m* d'avion **Flugzeugkatastrophe** *f* catastrophe *f* aérienne **Flugzeugträger** *m* porte-avions *m* **Flugzeugunglück** *nt* accident *m* d'avion **Flugzeugwrack** *nt* carcasse *f* d'avion

Flugziel *nt* destination *f*

Fluidum <-s, Fluida> *nt* fluide *m*

Fluktuation <-, -en> *f geh* fluctuation *f*

fluktuieren * *vi geh* ■ **etw fluktuiert** */Preise, Quoten, Zahlen/* qc fluctue

Flunder <-, -n> *f* flétan *m*
▶ **geräucherte ~** flétan *m* fumé; **jd ist platt wie eine ~** *fam* qn en est [*o* reste] comme deux ronds de flan *fam*

Flunkerei <-, -en> *f fam* **1.** (*Lüge*) bobard *m fam*
2. ∅ (*das Flunkern*) fanfaronnade *f*

flunkern *vi fam* ■ **jd flunkert** qn raconte des bobards *fam*

Fluor <-s> *nt* ∅ CHEM fluor *m*

Fluorchlorkohlenwasserstoff [-kloːe-] *m* chlorofluorocarbone *m*

fluoreszieren * *vi* ■ **etw fluoresziert** qc est fluorescent(e); ■ **das F~** la fluorescence

Fluorid <-[e]s, -e> *nt* fluorure *m*

Flur[1] <-[e]s, -e> *m* (*Diele*) entrée *f*
Flur[2] <-, -en> *f* **1.** ADMIN parcelle *f*
2. *geh* (*freies Land*) champs *mpl*, campagne *f*
▶ **jd ist** [*o* **steht**] **allein auf weiter** ~ (*ist allein*) qn doit se débrouiller seul(e); (*ist ohne Gleichgesinnte*) qn se sent un peu seul(e)
Flur- **1.** (*die Diele betreffend*) de l'entrée **2.** ADMIN: *~buch* cadastre *m*; *~hüter* garde *m* champêtre **Flurbereinigung** *f* remembrement *m* **Flurname** *m* toponyme *m* **Flurschaden** *m* **1.** AGR dégâts *mpl* causés aux cultures **2.** *fig* dégâts *mpl* ▶ **jd richtet** [**durch/mit etw**] **einigen** ~ **an** *fig* qn cause certains dégâts [par qc/en faisant qc]
Fluse <-, -n> *f* peluche *f*
Fluss[RR] <-es, ¨-sse>, **Fluß** <-sses, ¨-sse> *m* **1.** (*ins Meer mündend*) fleuve *m*; (*in einen anderen Fluss mündend*) rivière *f*
2. (*Verlauf*) [*Verkehr, Rede, Erzählung*] flot *m*, flux *m*
▶ **jd/etw fährt den** ~ **aufwärts/abwärts** qn/qc remonte/descend le fleuve/la rivière; **jd bringt etw** [**wieder**] **in** ~ (*akk*) qn [ré]amorce qc; **etw ist** [*o* **befindet sich**] **im** ~ qc est en cours; **etw kommt** [*o* **gerät**] **in** ~ qc s'engage; **jd/etw setzt jdn/etw über den** ~ qn/qc fait passer le fleuve/la rivière à qn/qc; **am** ~ au bord du fleuve/de la rivière
Fluss-[RR], **Fluß-** (*eines großen Flusses*) du fleuve; (*eines Nebenflusses*) de la rivière; *-aue, -dampfer, -deich, -ebene, -hafen, -insel, -niederung, -sand, -schiffahrt* fluvial(e); *-fisch* d'eau douce, de rivière; *~aal* anguille *f*; *~ufer* berge *f* **flussab[wärts]**[RR] *adv* en aval **Flussarm**[RR] *m* bras *m* [de rivière] **flussaufwärts**[RR] *adv* en amont **Flussbett**[RR] *nt* lit *m* du fleuve/de la rivière
Flüsschen[RR], **Flüßchen** <-s, -> *nt dim von* **Fluss** petite rivière *f*, cours *m* d'eau
Flussdiagramm[RR] *nt* INFORM ordinogramme *m*, organigramme *m*
flüssig **I.** *adj* **1.** (*opp: fest*) *Honig, Lack* liquide; *Glas, Metall, Wachs, Fett* fondu(e); ■ **etw wird** ~ /*Honig, Soße*/ qc devient liquide; /*Wachs, Fett, Metall, Stickstoff*/ qc se liquéfie
2. (*fließend*) *Spiel, Verkehr* fluide; *Stil a.* aisé(e), coulant(e)
3. FIN (*verfügbar*) *Geld, Mittel* disponible; ■ **jd ist/ist nicht** ~ *fam* qn est en fonds/à sec *fam*
▶ **jd macht etw** ~ *Honig, Wachs, Fett, Siegellack* qn fait fondre qc; *fam* (*stellt bereit*) qn réalise qc, qn convertit qc en argent; *jd macht Geld* ~ qn débloque des fonds
II. *adv lesen, sprechen* aisément; *schreiben, spielen* avec aisance
Flüssig- (*opp: Fest-*) liquide **Flüssigei** *nt* œuf *m* liquide (*employé dans la fabrication de pâtes alimentaires*) **Flüssiggas** *nt* gaz *m* liquide
Flüssigkeit <-, -en> *f* **1.** liquide *m*
2. ∅ [*Rede, Vortrag*] fluidité *f*; [*Stil a.*] aisance *f*
Flüssigkeits- *-bremse* hydraulique; *~verlust* [*Mensch*] déshydratation *f*; [*Maschine*] perte *f* de liquide; *~zufuhr* [*Mensch*] apport *m* en eau; [*Haut*] hydratation *f*; [*Maschine*] alimentation *f* en liquide **Flüssigkeitsmaß** *nt* mesure *f* de capacité **Flüssigkeitsmenge** *f* quantité *f* de liquide
Flüssigkristall *m* cristal *m* liquide **flüssig|machen** *s.* **flüssig I.**▶
Flusskrebs[RR] *m* écrevisse *f* **Flusslandschaft**[RR] *f* **1.** GEOG bassin *m* fluvial **2.** ART paysage *m* fluvial **Flusslauf**[RR] *m* cours *m* du fleuve/de la rivière **Flussmündung**[RR] *f* embouchure *f* du fleuve **Flusspferd**[RR] *nt* hippopotame *m* **Flussspat**[RR] *m* spath *m*
flüstern **I.** *vi* **1.** (*sprechen*) ■ **jd flüstert** qn chuchote; ■ **das F~** le chuchotement; *leises F~* des chuchotis *mpl*
2. (*rauschen*) ■ **etw flüstert** /*Wind*/ qc murmure
▶ **sie unterhalten sich** ~**d** ils s'entretiennent à voix basse; **sie** ~ [**geheimnisvoll**] **miteinander** ils font des messes basses *fam*
II. *vt* **1.** ■ **jd flüstert etw** qn chuchote qc; *er flüstert ihr etwas ins Ohr* il lui chuchote qc à l'oreille
2. (*sich erzählen*) ■ **man flüstert**, ■ **es wird geflüstert** on chuchote
▶ **das kann ich dir** ~! *fam* ça, fais-moi confiance!, ça, tu peux me croire!; **jd flüstert jdm** [**et**]**was** *fam* qn sonne les cloches à qn *fam*; *dem/der werde ich was* ~! il/elle va m'entendre!
Flüsterpropaganda *f* bouche à oreille *m* **Flüsterstimme** *f* voix *f* chuchotante ▶ **mit** [**leiser**] ~ à voix basse, en chuchotant **Flüsterton** <-töne> *m* chuchotement *m*; *du brauchst keinen* ~ *anzuschlagen!* tu n'as pas besoin de chuchoter comme ça! ▶ **im** ~ à voix basse, tout bas **Flüstertüte** *f hum fam* porte-voix *m*
Flut <-, -en> *f* **1.** (*angestiegener Wasserstand*) marée *f* haute; (*ansteigender Wasserstand*) marée *f* montante, flux *m*
2. *meist pl geh* (*Wassermasse*) flots *mpl*
3. (*große Menge*) ■ **eine** ~ **von etw** un flot [*o* déferlement] de qc
▶ **die** ~ **geht zurück** la marée descend [*o* se retire]; **es ist** ~ c'est la marée haute; **die** ~ **kommt** [*o* **steigt**] la marée monte; **jd stürzt sich in die** [**kühlen**] ~**en** *hum geh* qn se jette à l'eau; **bei** ~ (*wenn die* ~ *kommt*) à [la] marée montante; (*wenn* ~ *ist*) à marée haute; **mit der** ~ avec la marée montante
fluten **I.** *vi* + *sein geh* ■ **etw flutet irgendwohin** /*Wasser*/ qc coule à [grands] flots quelque part; /*Blechlawine, Verkehr, Menschenmenge*/ qc déferle quelque part; *helles Sonnenlicht flutet ins Zimmer* le soleil inonde la pièce
II. *vt* + *haben* ■ **jd flutet etw** *Tanks, Schleuse* qn remplit qc [d'eau]
Flutkatastrophe *f* inondation *f* catastrophique **Flutlicht** *nt* ∅ projecteurs *mpl*; *bei* ~ en nocturne **Flutlichtanlage** *f* projecteurs *mpl*
flutschen **I.** *vi* + *sein fam* ■ **etw/ein Tier flutscht** [**irgendwohin**] qc/un animal glisse [quelque part]; *die Seife ist mir aus der Hand geflutscht* le savon m'a glissé des mains; *jd flutscht ins Wasser* qn glisse dans l'eau
II. *vi impers* + *haben fam* ■ **etw flutscht** /*Arbeit, Zusammenarbeit*/ qc marche comme sur des roulettes; ■ **es flutscht** ça roule, ça marche comme sur des roulettes *fam*; *das flutscht nicht* ça accroche; *ich hoffe, dass es in Zukunft besser* ~ j'espère qu'à l'avenir, ça va mieux fonctionner

Flutwelle *f* raz *m* de marée
focht *imp von* **fechten**
Fock <-, -en> *f* [voile *f* de] misaine *f*
Föderalismus <-> *m* ∅ fédéralisme *m*
föderalistisch *adj* fédéraliste; (*Staat*) fédéral
Fohlen <-s, -> *nt* [*Pferd*] poulain *m*; [*Esel*] ânon *m*; [*Kamel*] chamelon *m*; [*Zebra*] petit *m* du zèbre
Föhn <-[e]s, -e> *m* **1.** fœhn *m*, föhn *m*; *bei* ~ quand le fœn souffle
2. (*Haartrockner*) séchoir *m* [à cheveux], sèche-cheveux *m*
föhnen[RR] *vt* ■ **jd föhnt etw** *Haare* qn sèche qc; *jd föhnt sich/ihm/ihr die Haare* qn se sèche les cheveux/lui sèche les cheveux; ■ **das F~** le séchage; (*beim Friseur*) le brushing
Föhnfestiger[RR] *m* lotion *f* coiffante pour brushing **Föhnfrisur**[RR] *f* brushing *m*
föhnig *adj Wetter* de fœhn; ■ **es ist** ~ il y a du fœhn
Föhre <-, -n> *f* DIAL pin *m* sylvestre
Fokus <-, -se> *m* foyer *m*
Folge <-, -n> *f* **1.** (*Auswirkung*) conséquence *f*; [*Affäre, Skandal*] suites *fpl*; [*Krankheit*] séquelles *fpl*; [*Tat*] conséquences *fpl*
2. (*Reihe*) [*Bilder, Eindrücke, Töne, Unfälle, Zahlen*] série *f*; INFORM [*Befehle*] séquence *f*
3. (*Teil einer TV- oder Radioserie*) épisode *m*
▶ **etw bleibt ohne** ~**n** qc reste sans suites, qc ne tire pas à conséquence; **etw bleibt nicht ohne** ~**n** qc a des suites, qc tire à conséquence; **etw hat etw zur** ~ qc a qc pour conséquence; **etw hat zur** ~**, dass** qc a pour conséquence que + *indic*; **das wird** [**für Sie**] ~**n haben** vous en subirez les conséquences; **jd kommt für die** ~**n auf** qn en supporte les conséquences; (*finanziell*) qn en supporte les frais; **jd leistet einer S.** (*dat*) ~ *form einer Anordnung, Aufforderung* qn obtempère à qc *form*; *einer Vorladung, Einladung* qn donne suite à qc; **jd stirbt an den** ~**n einer S.** (*gen*) qn meurt des suites de qc; **jd erliegt den** ~ **einer S.** (*gen*) *geh* qn succombe aux suites de qc *soutenu*; **etw zieht unangenehme/böse** ~**n nach sich** qc a des conséquences fâcheuses/graves; *etw zieht gewisse* ~*n nach sich* qc a certaines conséquences; *etw zieht weit reichende* ~*n nach sich* qc mène loin; **als** ~ **einer S.** (*gen*) suite à qc; **in alphabetischer/chronologischer/zwangloser** ~ dans un/l'ordre alphabétique, chronologique, quelconque; *in bunter* ~ pêle-mêle; *in dichter* [*o rascher*] ~ à la suite les uns des autres, l'un(e) après l'autre; **in der** [*o* **für die**] ~ (*künftig*) à l'avenir; *in der* ~ *wurde sie vorsichtiger* par la suite elle fut plus prudente
Folge- **1.** (*resultierend, später entstehend*) *-kosten, -last, -schaden* qui en résultent; *-kriminalität* qui en découle; *-chemikalie* secondaire; *~produkt* sous-produit; *die ~kosten einer S.* les frais consécutifs à une chose; *die ~schäden einer S.* les dégâts consécutifs à une chose; *die ~last einer S.* les charges consécutives à une chose *m* **2.** (*nachfolgend*) suivant(e) **Folgeerscheinung** *f* effet *m*, conséquence *f*
folgen *vi* **1.** + *sein* (*nachgehen*) ■ **jd/etw folgt jdm/einer S.** qn/qc suit qn/qc
2. + *sein* (*als Nächstes kommen*) ■ **jd/etw folgt auf jdn/etw** qn/qc succède à qn/qc; ■ **etw folgt** qc vient ensuite; *es folgt ...* voici maintenant ...
3. + *haben* (*gehorchen*) ■ **jd/ein Tier folgt** [**jdm**] qn/un animal obéit [à qn]; ■ **jd folgt einer S.** (*dat*) qn suit qc, qn obtempère à qc
4. + *sein* (*verstehen, zustimmen*) ■ **jd folgt jdm** qn suit qn
5. + *sein* (*sich richten nach*) ■ **jd folgt einer S.** (*dat*) *Mode, Rat, Politik* qn suit qc; *seinem Herzen, seinem Inneren* qn écoute qc
6. + *sein* (*hervorgehen*) ■ **etw folgt aus etw** qc résulte [*o* s'ensuit] de qc
▶ **sie** ~ **aufeinander** ils/elles se succèdent; ~ **Sie mir/uns unauffällig!** suivez-moi/suivez-nous discrètement! [*o* sans faire d'histoires!]; **jd kann jdm/einer S.** ~ qn arrive à suivre qn/qc; **wie folgt** comme suit
folgend *adj* **1.** (*auf etw* ~) suivant(e); *bitte beachten Sie die* ~*en Erklärungen* lisez attentivement les explications ci-après; *am* ~*en Tag/Abend* le lendemain/le lendemain soir
2. (*diese*) le/la suivant(e); ■ **F~es** ceci; *ich möchte noch auf F~es hinweisen* je voudrais encore vous faire remarquer une chose; *er schreibt F~es* il écrit ce qui suit; *es handelt sich um F~es* voici de quoi il s'agit
▶ **aufeinander** ~ *Ereignisse* successif(-ive); *Tage, Wochen* de suite, d'affilée; **im F~en** comme suit
folgendermaßen *adv* de la manière suivante
folgenlos *adj* ▶ **etw bleibt** ~ qc ne tire pas à conséquence; **etw bleibt nicht** ~ qc tire à conséquence
folgenschwer *adj* lourd(e) de conséquences
folgerichtig *adj* logique; *das einzig F~e in dieser Situation* la seule chose à faire dans ce cas-là
folgern **I.** *vt* ■ **jd folgert etw** [**aus etw**] qn conclut à qc [d'après qc]; ■ **jd folgert** [**aus etw**]**, dass** qn conclut [d'après qc] que + *indic*; ■ **jd folgert daraus, dass** qn en conclut que + *indic*
II. *vi* ■ **jd folgert** [**irgendwie**] qn tire des conclusions; *jd folgert richtig/logisch* les conclusions de qn sont justes/logiques
Folgerung <-, -en> *f* conclusion *f*
▶ **jd zieht eine** ~ **aus etw** qn tire une/la conclusion de qc; *wir sollten aus unseren Fehlern die* ~ *ziehen, dass* nous devrions tirer la leçon de nos erreurs et voir que + *indic*
Folgesatz *m* [proposition *f*] consécutive *f* **Folgezeit** *f* avenir *m*; (*darauf folgende Zeit*) suite *f* ▶ **für die** ~, **in der** ~ (*in der Zukunft*) à l'avenir; (*in der darauf folgenden Zeit*) par la suite
folglich *adv* par conséquent
folgsam *adj* docile
Folgsamkeit <-> *f* ∅ docilité *f*
Foliant <-en, -en> *m* in-folio *m*
Folie <-, -n> ['fo:liə] *f* **1.** (*aus Plastik*) film *m* plastique; (*für einen Projek-*

tor) transparent *m;* (*aus Aluminium*) feuille *f* d'alu[minium]; ***in ~n eingeschweißt*** conditionné(e) sous plastique; ***~n für Gartenteiche*** bâches *fpl* en plastique pour les étangs de jardin
2. *geh* (*Hintergrund*) arrière-fond *m*, toile *f* de fond
▶ **in der ~** GASTR en papillotes

Folienschweißgerät [-liən-] *nt* soude-sacs *m*

Folio <-s, -s *o* Folien> [-liən] *nt* format *m* in-folio

Folklore <-> *f* Ø folklore *m*

folkloristisch *adj* folklorique

Folksänger(in) ['foʊ:k-] *m(f)* MUS chanteur (-euse) *m(f)* [de] folk

Folksong [-sɔŋ] *m* folk[song] *m*

Follikel <-s, -> *m* follicule *m* [ovarien]

Follikelsprung *m* ovulation *f*

Folter <-, -n> *f* torture *f;* (*im Mittelalter a.*) question *f*
▶ **etw ist die reinste ~** qc est une vraie torture; ***spann uns nicht länger auf die ~!*** ne nous fais pas languir plus longtemps!; **jd spannt jdn auf die ~** qn met qn à la torture [*o* au supplice]; **jd wendet [bei jdm] die ~ an** qn a recours à la torture [à l'encontre de qn]

Folterbank <-bänke> *f* chevalet *m* de torture
▶ **jd spannt jdn auf die ~** qn inflige la question à qn

Folterer *m*, **Folterin** *f* tortionnaire *m*

Folterinstrument *nt* instrument *m* de torture **Folterkammer** *f* chambre *f* de torture **Folterkeller** *m* salle *f* des tortures **Folterknecht** *m* bourreau *m*

foltern I. *vt* ■ **jd foltert jdn** qn torture qn
II. *vi* ■ **jd foltert** qn emploie la torture

Folteropfer *nt* victime *f* de la torture

Folterung <-, -en> *f* torture *f*

Folterwerkzeug *nt* instrument *m* de torture

Fon[RR] *s.* **Phon**

Fön® <-[e]s, -e> *m* séchoir *m* [à cheveux], sèche-cheveux *m*

Fond <-s, -s> [fõ:] *m* 1. [*Gewebe, Stoff, Gemälde, Bühne*] fond *m*
2. (*Fleischsaft*) jus *m* de viande [*o* de cuisson]
3. *geh* (*Rücksitz*) arrière *m;* ***jd sitzt im ~*** qn est assis à l'arrière

Fonds <-, -> [fõ:] *m* (*Geldreserve*) fonds *m;* (*geheime Kasse*) caisse *f* noire

Fondue <-s, -s> [fõ'dy:] *nt*, <-, -s> *f* fondue *f;* ***Fleisch~*** fondue *f* bourguignonne; ***Käse~*** fondue *f* au fromage [*o* savoyarde]

Fondue- [fõ'dy:-] *-gabel, -teller* à fondue; ***~topf*** caquelon *m*

fönen *s.* **föhnen**

Fönfestiger *s.* **Föhnfestiger. Fönfrisur** *s.* **Föhnfrisur**

Fonotypist(in)[RR] *s.* **Phonotypist(in)**

Font <-s, -s> *m* TYP, INFORM police *f* de caractères

Fontäne <-, -n> *f* jet *m* [d'eau]

Fontanelle <-, -n> *f* fontanelle *f*

foppeln *vt* CH ■ **jd föppelt jdn** qn taquine qn, qn se moque de qn

foppen *vt fam* ■ **jd foppt jdn [mit etw]** qn fait marcher qn [avec qc] *fam*

Fora *pl von* **Forum**

forcieren * [-'si:-] *vt geh* ■ **jd forciert etw** *Arbeiten, Entwicklung, Produktion, Tempo* qn force qc, qn accélère qc; *Anstrengungen* qn redouble qc

forciert [-'si:-] *adj geh Lächeln* forcé(e); *Gebärden, Höflichkeit* contraint(e), affecté(e)

Förde <-, -n> *f baie typique du nord de l'Allemagne*

Förder- 1. (*den Abbau betreffend*) *-betrag, -leistung, -kapazität, -quote, -menge* de production; *-anlage* d'extraction; *-plattform* de forage; *-land* producteur; ***~pumpe*** station *f* de pompage; ***~betrieb*** exploitation *f;* ***~maschine*** extracteur *m;* ***~wagen*** (*klein*) wagonnet *m;* (*groß*) berline *f* 2. (*unterstützend*) d'encouragement; ***~mittel, ~gelder*** aide[s] *f* financière[s]
Förderband <-bänder> *nt* tapis *m* roulant; MIN convoyeur *m*

Förderer <-s, -> *m*, **Förderin** *f* protecteur(-trice) *m(f);* [*Künstler*] mécène *m*

Förderkorb *m* benne *f* d'extraction **Förderkurs** *m* cours *m* de soutien

förderlich *adj* utile; ■ **etw ist einer S.** (*dat*) **~** qc est utile [*o* profitable] à qc

fordern I. *vt* 1. (*verlangen*) ■ **jd fordert etw [von jdm]** *Lohnerhöhung, Erbschaft* qn revendique qc [auprès de qn]
2. (*erfordern*) ■ **etw fordert etw [von jdm]** qc exige qc [de qn]
3. (*kosten*) ■ **etw fordert ...:** ***etw fordert 10 Menschenleben*** qc coûte la vie à 10 personnes, qc cause la mort de 10 personnes; ***etw fordert Opfer*** qc fait des victimes
4. (*Leistung abverlangen*) ■ **jd fordert jdn** qn exige beaucoup de qn, qn est très exigeant(e) envers qn; ■ **etw fordert jdn** qc demande beaucoup de qn; ***jd wird sehr gefordert*** qn est mis à rude épreuve; ***er ist noch nie im Leben richtig gefordert worden*** il a toujours eu la vie facile; ***ich bin beruflich stark gefordert*** je suis très pris par mon travail; ■ **jd fordert ein Tier** qn pousse un animal
5. (*herausfordern*) ■ **jd fordert jdn [zu etw]:** ***jd fordert jdn [zum Duell]*** qn provoque qn [en duel]; ***jd fordert jdn zum Kampf*** qn défie qn dans un combat
II. *vi* ■ **jd fordert** qn exige; ■ **jd fordert [von jdm], dass** qn exige [de qn] que + *subj*

fördern *vt* 1. (*unterstützen*) ■ **jd fördert etw [durch etw]** *durch Zuspruch, Anleitung* qn encourage qc [par qc]; *durch Geld, Spenden* qn finance qc [grâce à qc]; ***jd fördert etw mit 15 Millionen DM*** qn finance qc à concurrence de 15 millions de DM; ■ **jd fördert jdn** *Nachwuchs, Künstler, Studenten* qn aide qn, qn favorise qn; ***jd fördert jds Talent/Neigung*** qn encourage qc de qn; ***jd fördert jds Fortkommen/Karriere*** qn favorise l'ascension/la carrière de qn
2. (*steigern*) ■ **etw fördert etw** qc favorise qc; MED qc active qc
3. MIN, TECH ■ **jd fördert etw** qn extrait qc

fordernd I. *adj Mensch, Geschrei, Auftreten, Verhalten* exigeant(e)
II. *adv* de manière exigeante; *schreien* sur un ton exigeant

Förderschacht *m* puits *m* d'extraction **Förderseil** *nt* câble *m* d'extraction **Förderstufe** *f classe transitoire au cours de laquelle l'élève peut préparer son orientation vers l'un ou l'autre type d'école* **Förderturm** *m* tour *f* d'extraction

Forderung <-, -en> *f* 1. (*Verlangen*) exigence *f;* [*nach Gehaltserhöhung, einer Sozialleistung*] revendication *f*
2. COM (*Anspruch*) créance *f*
3. (*Erfordernis*) nécessité *f;* ■ **eine ~ einer S.** (*gen*) une question de qc
4. (*Herausforderung*) défi *m*
▶ **jd erfüllt jds ~** [*o* **jdm eine ~**] qn satisfait aux exigences [*o* aux conditions] de qn; [*Gewerkschaft*] qn satisfait aux revendications de qn; **jd erhebt eine ~/~en [nach etw]** qn émet une exigence/des exigences [au sujet de qc]; **jd hat ~en [an/gegen jdn]** qn a des exigences [envers qn]; COM qn a une créance [auprès/chez qn]; **jd klagt** [*o* **treibt**] **eine ~ ein** qn recouvre une créance; **jd stellt ~en [an jdn]** qn pose des exigences [à qn]

Förderung <-, -en> *f* 1. (*Unterstützung*) [*Handel, Kunst, Wissenschaft*] encouragement *m;* (*durch Geld*) aide *f* financière; (*durch Steuergelder*) subvention *f;* [*Region*] promotion *f;* [*Talent, Neigung, Anlage*] encouragement *m;* [*Künstler, Musiker, Nachwuchs*] aide *f;* ***etw trägt zur ~ der Konjunktur bei*** qc contribue à favoriser la conjoncture
2. (*Be~*) ■ **etw trägt zur ~ einer S.** (*gen*) **bei** [*Bereitschaft, Frieden, Verständigung, etc*] qc contribue à encourager [*o* favoriser] une chose; ***jd wirft jdm die ~ der Bereitschaft zu Gewalttaten vor*** qn reproche à qn d'avoir encouragé une certaine prédisposition à la violence
3. MED [*Kreislauf, Stoffwechsel, Verdauung*] stimulation *f*
4. MIN, TECH extraction *f*

Forderungs- *-abtretung* de créance; ***~berechtigte(r)*** ayant droit *m;* (*Gläubiger*) détenteur (-trice) *m(f)* d'un titre de créance; ***~katalog*** cahier *m* des revendications; ***~papier*** cahier *m* de doléances

Förderungs- d'encouragement; ***f~würdig*** qui mérite d'être encouragé(e); (*finanziell*) qui mérite d'être subventionné(e)

Förderunterricht *m* cours *m* de rattrapage [*o* de soutien]

Forelle <-, -n> *f* truite *f*

Forellen- de truites; *-teich* à truites; ***die ~zucht*** la truiticulture; ***eine ~zucht*** un élevage de truites

Foren *pl von* **Forum**

forensisch *adj* judiciaire

Forke <-, -n> *f* NDEUTSCH fourche *f*

Form <-, -en> *f* 1. (*Gestalt*) [*Gegenstand, Beziehung, Kunstwerk*] forme *f*
2. *pl* (*Rundungen*) formes *fpl*
3. *pl* (*Manieren*) manières *fpl*
4. SPORT (*Kondition*) forme *f*
5. (*Back-, Guss~*) moule *m*
▶ **in aller ~** en bonne et due forme; **in mündlicher/schriftlicher ~** *form* oralement/par écrit; **jd bleibt/kommt in ~** */ Sportler/* qn garde sa forme/ acquiert une bonne forme; ***um wieder in ~ zu kommen*** pour retrouver sa forme; **jd bringt etw [wieder] in ~** qn [re]met qc en forme; **um der ~ zu genügen** pour la forme; **etw hat eine dreieckige/elegante ~** qc a une forme triangulaire/élégante; **jd ist [gut] in ~/ist nicht in ~** qn est en [pleine] forme/ n'est pas en forme; **etw nimmt ~ an** qc prend une forme; **etw nimmt feste/deutliche ~en an** qc prend une forme concrète/précise; **etw nimmt hässliche/unangenehme ~en an** qc prend une tournure [*o* un caractère] détestable/désagréable; **etw nimmt langsam/allmählich ~en an** qc prend forme lentement/peu à peu; **etw verliert seine ~, etw gerät aus der ~** */ Kleidungsstück/* qc se déforme; **jd wahrt die ~** *geh* qn garde les formes; **in ~ von etw/einer S.** (*gen*) sous [la] forme de qc; **der ~ wegen** [*o* **halber**] pour la forme

formal I. *adj* formel(le)
II. *adv* 1. (*der äußeren Gestaltung nach*) d'un point de vue formel
2. (*nach den Vorschriften*) du point de vue formel

Formaldehyd <-s> *m* Ø formaldéhyde *m*

Formalie <-, -n> [-liə] *f meist pl* formalité *f*

Formalität <-, -en> *f* formalité *f*
▶ **jd erledigt die/alle ~en** qn remplit les/toutes les formalités

Format <-[e]s, -e> *nt* 1. (*Größenverhältnis*) format *m*
2. (*Bedeutung*) [*Mensch*] classe *f*
3. (*Niveau*) [*Aufführung, Film, Buch*] [haut] niveau *m*
▶ **jd hat ~** qn a de l'envergure; ***ein Politiker, der auch schriftstellerisches/ literarisches ~ hat*** un homme politique qui possède également des talents d'écrivain; **jd hat kein ~** qn n'a aucune envergure; ***sie hat nicht das nötige ~*** elle n'a pas l'envergure nécessaire; **etw hat ~** qc a un certain niveau; ***dieser Film hat wirklich künstlerisches ~*** ce film a vraiment une certaine valeur artistique; **etw hat kein ~** qc n'a aucun niveau; **im ~ ...** dans le [*o* au] format ...; **von ~** *Mensch* qui a de la classe; *Werk, Theater* qui a un certain niveau

formatieren * *vt* INFORM ■ **jd formatiert etw** qn formate qc

Formation <-, -en> *f* formation *f*

formbar *adj* malléable

formbeständig *adj* indéformable **Formblatt** *nt* formulaire *m*
Formbrief *m* circulaire *f*, lettre *f* toute faite

Formel <-, -n> *f* formule *f*
▶ **jd bringt etw auf eine [einfache/überzeugende] ~** qn ramène [*o* résume] qc à une formule [simple/convaincante]

Formel-1-Pilot(in) [-ʼains-] *m(f)* pilote *mf* de formule 1 **Formel-1-Rennen** *nt* course [*o* épreuve] *f* de formule 1 **Formel-1-Wagen** *m* voiture *f* de formule 1

formelhaft I. *adj* protocolaire
II. *adv* de manière protocolaire

Formelkram *m pej fam* formules *fpl* abstraites
formell I. *adj* 1. (*offiziell*) *Stellungnahme, Verurteilung* officiel(le)
2. (*förmlich*) *Höflichkeit* protocolaire; *Mensch* formaliste
II. *adv* 1. (*offiziell*) officiellement
2. *s.* **formal II.**
formen I. *vt* 1. (*modellieren*) ■ **jd formt etw** [**aus etw**] qn forme [*o* modèle] qc [en qc]; ■ **... geformt**: ***sie hat eine hübsch geformte Nase/Büste*** elle a un nez bien fait/une poitrine bien faite; ***er hat schön geformte Hände/Ohren*** il a de jolies mains/des oreilles bien ourlées; ***wie von Künstlerhand geformt*** comme modelé(e) par la main d'un artiste
2. (*bilden*) ■ **jd formt etw** *Laut* qn articule [*o* prononce] qc; ■ **etw formt etw** */Lippen, Mund/ Laut, Wort* qc articule [*o* prononce] qc
3. (*prägen*) ■ **etw formt jdn/etw** *Charakter, Persönlichkeit* qc marque qn/forme qc
II. *vr* ■ **etw formt sich** qc se forme; ■ **etw formt sich zu etw** qc prend la forme de qc
Formen- *-sinn, -reichtum* des formes; *~**strenge*** formalisme *m* **Formenlehre** *f* 1. GRAM morphologie *f* 2. MUS théorie *f* des formes musicales
Former(in) <-s, -> *m(f)* mouleur *m*, fondeur-mouleur *m*
Formerei <-, -en> *f* atelier *m* de moulage
Formfehler *m* JUR vice *m* de forme; (*Verstoß gegen Etikette*) inconvenance *f* **Formgebung** <-, -en> *f* [*Gebrauchsgegenstand, Möbelstück, Skulptur*] façonnage *m*
formieren * I. *vr* 1. (*sich ordnen*) ■ **Menschen ~ sich** [**zu etw**] des personnes se forment [en qc]
2. (*sich bilden*) ■ **etw formiert sich** qc se forme
II. *vt* ■ **jd formiert etw** *Gruppe, Kommission, Mannschaft* qn forme qc
Formierung <-, -en> *f* formation *f*
förmlich I. *adj* 1. (*offiziell*) *Bitte, Entschuldigung, Ersuchen* dans les formes, en bonne et due forme
2. (*steif, unpersönlich*) *Mensch* formaliste; *Begrüßung* cérémonieux(-euse)
II. *adv* 1. (*steif, unpersönlich*) *begrüßen, sich verbeugen, sich entschuldigen* de manière protocolaire [*o* cérémonieuse]
2. (*geradezu*) vraiment, franchement
Förmlichkeit <-, -en> *f* 1. ∅ [*Begrüßung, Mensch*] formalisme *m*
2. *meist pl* formes *fpl*; ***ohne ~en*** sans cérémonie
formlos *adj* 1. (*gestaltlos*) informe
2. (*zwanglos*) sans façons, sans cérémonies
3. ADMIN *Gesuch* sans formalités; ***jd stellt einen ~en Antrag*** qn fait une demande sur papier libre
Formlosigkeit <-> *f* ∅ 1. (*Gestaltlosigkeit*) absence *f* de forme[s]
2. (*Zwanglosigkeit*) absence *f* de cérémonies
Formsache *f* formalité *f* ► **etw ist eine** [**reine**] ~ qc n'est qu'une simple formalité **formschön** *adj* ■ **etw ist** ~ qc a une belle forme [*o* ligne]; ***ein ~es Auto*** une voiture esthétique **Formschwäche** *f* baisse *f* de forme **Formtief** *nt* méforme *f* ► **jd befindet sich in einem ~, jd hat ein ~** qn n'a pas la forme
Formular <-s, -e> *nt* formulaire *m*
formulieren * I. *vt* ■ **jd formuliert etw** qn formule qc
► **wenn ich es mal so ~ darf** si je peux m'exprimer ainsi
II. *vi* ■ **jd formuliert** qn s'exprime; ***jd kann gut*** ~ qn sait bien s'exprimer
Formulierung <-, -en> *f* 1. ∅ (*das Formulieren*) formulation *f*
2. (*Begriff, Text, Ausdruck*) formule *f* consacrée; ***welche ~ ist angemessen?*** quelle est la formule appropriée?; ***eine anstößige/höfliche*** ~ une expression choquante/polie
Formung <-, -en> *f* [*Charakter, Persönlichkeit*] formation *f*
formvollendet I. *adj Gegenstand, Design* de [*o* à la] finition parfaite; *Gedicht, Musikstück* de forme parfaite; *Handkuss, Hofknicks* dans les règles de l'art
II. *adv sich verneigen* dans les règles de l'art
forsch I. *adj Mensch* résolu(e); *Tonfall* énergique; *Auftreten* fringant(e); *Vorgehen* dynamique
II. *adv vorgehen, etw angehen* avec dynamisme; *sich verhalten* avec assurance; ***das klingt ja*** ~! quelle assurance!
förscheln *vi* CH ■ **jd förschelt** qn tâte le terrain
forschen *vi* 1. (*suchen*) ■ **jd forscht nach jdm/etw** *nach Mensch, Schatz* qn cherche qn/qc; *nach Diebesgut, Ursachen, Täter* qn recherche qn/qc; ***jd forscht nach seinen Vorfahren*** qn effectue des recherches généalogiques; ***jd forscht nach dem Verbleib einer S.*** (*gen*) qn effectue des recherches afin de retrouver une chose
2. (*Forschung betreiben*) ■ **jd forscht** qn fait de la recherche [*o* des recherches]; ***jd forscht auf dem Gebiet der Mikroelektronik/auf einem bestimmten Gebiet*** qn conduit des recherches dans le domaine de la microélectronique/dans un certain domaine; ***jd forscht in alten Urkunden*** [***nach etw***] qn fouille des vieux documents [à la recherche de qc]
forschend I. *adj Blick* scrutateur(-trice) *littér*
II. *adv ansehen, betrachten* avec curiosité
Forscher(in) <-s, -> *m(f)* (*Wissenschaftler*) chercheur(-euse) *m(f)*; (*Wirtschafts~*) expert(e) *m(f)*; (*Forschungsreisender*) explorateur(-trice) *m(f)*
Forscherdrang *m* quête *f* de recherches **Forscherteam** [-ti:m] *nt* équipe *f* de chercheurs
Forschheit <-> *f* ∅ mordant *m*
Forschung <-, -en> *f* 1. ∅ (*Wissenschaft*) recherche *f* scientifique
2. (*Untersuchung*) *meist pl* recherches *fpl*
► ~ **und Entwicklung/Lehre** recherche et développement/enseignement; **jd betreibt** ~en qn fait de la recherche
Forschungs- *-abteilung, -bereich, -minister, -ministerium, -orientierung* de la recherche; *-arbeit, -expedition, -gegenstand, -gemeinschaft, -institut, -laboratorium, -methode, -potenzial, -programm, -stätte, -station, -stipendium, -tätigkeit, -vorhaben, -zweck* de recherche[s]; *-beitrag* à la recherche; *-rakete, -semester, -urlaub, -zusammenarbeit* pour la recherche; *-schiff* pour la recherche océanographique; *-verbot* de faire de la recherche **Forschungsauftrag** *m* mission *f* scientifique [*o* de recherche]; ECON, SOCIOL mission *f* d'études **Forschungsbericht** *m* bilan *m* des recherches scientifiques **Forschungsergebnis** *nt* résultat *m* de la recherche scientifique **Forschungsgebiet** *nt* domaine *m* de recherche, champ *m* d'investigation **Forschungsprojekt** *nt* projet *m* de recherche **Forschungsreise** *f* voyage *m* d'exploration, expédition *f* scientifique **Forschungsreisende(r)** *f(m) decl wie adj* explorateur(-trice) *m(f)* **Forschungssatellit** *m* satellite *m* d'observation **Forschungssemester** *nt* congé *m* sabbatique **Forschungszentrum** *nt* centre *m* de recherches **Forschungszweig** *m* branche *f* de la recherche
Forst <-[e]s, -e[n]> *m* forêt *f*
Forstamt *nt* Eaux et Forêts *fpl* **Forstbeamte(r)** *m*, **-beamtin** *f* agent *m* des Eaux et Forêts
Förster(in) <-s, -> *m(f)* garde *m* forestier
Försterei <-, -en> *f*, **Forsthaus** *nt* maison *f* forestière
Forstrecht *nt* code *m* forestier **Forstrevier** [-vi:ɐ] *nt* secteur *m* forestier **Forstschaden** *m* dégât *m* forestier **Forstschädling** *m* parasite *m* des forêts **Forstverwaltung** *f* [administration *f* des] Eaux et Forêts *fpl* **Forstwesen** *nt* ∅ Eaux et Forêts *fpl* **Forstwirt(in)** *m(f)* ingénieur *mf* des Eaux et Forêts **Forstwirtschaft** *f* (*Zweig der Landwirtschaft*) exploitation *f* forestière; (*Forstwissenschaft*) sylviculture *f* **Forstwissenschaft** *f* sylviculture *f*
Forsythie <-, -n> [fɔr'zy:tsiə] *f* forsythia *m*
fort *adv* 1. (*weg*) ■ **etw ist** ~ qc a disparu, qc n'est plus là; ***das ganze Geld ist*** ~ (*gestohlen*) tout l'argent a disparu; (*verspielt*) il n'y a plus d'argent; ■ **jd ist** ~ DIAL (*weggegangen*) qn est parti(e); (*nicht zu Hause*) qn n'est pas là; ***jd ist noch nicht*** ~ qn est encore là
2. (*weiter*): **mach nur so** ~! continue comme ça!
► **in einem** ~ sans arrêt, continuellement; ~ **mit ...!** (*politische Forderung*) à bas ...!; (*Aufforderung zum Wegwerfen*) à la poubelle ...!; ~ ***mit dir!*** dégage! *fam*; ~ ***mit ihr!*** qu'elle aille se faire voir ailleurs! *fam*; **nur ~ von hier!** allons-nous-en!; **und so** ~ et ainsi de suite
Fort <-s, -s> [fo:ɐ] *nt* fort *m*; ***kleines*** ~ fortin *m*
fort- *präf s.* **weg-**
fortan *adv geh* dorénavant, désormais
fort|begeben * *vr irreg geh* ■ **jd begibt sich** [**von irgendwo**] **fort** qn part [de quelque part]; ■ **jd begibt sich aus etw fort** qn quitte qc
Fortbestand *m* ∅ [*Staat, Institution*] maintien *m*, subsistance *f*; [*Tierart*] survie *f*, existence *f*
fort|bestehen * *vi irreg* ■ **etw besteht fort** */Staat, Institution/* qc se maintient; */Tradition/* qc persiste; */Zustand, Verhältnisse/* qc continue, qc dure
fort|bewegen * I. *vt* ■ **jd bewegt etw fort** qn déplace qc
II. *vr* ■ **jd bewegt sich** [**in etw** (*dat*)] **fort** qn se déplace [en qc]; ■ **etw/ein Tier bewegt sich fort** qc/un animal se déplace
Fortbewegung *f* ∅ locomotion *f*
Fortbewegungsmittel *nt* moyen *m* de locomotion
fort|bilden I. *vr* ■ **jd bildet sich fort** qn se perfectionne
II. *vt* ■ **jd bildet jdn fort** qn donne des cours de formation [permanente] à qn
Fortbildung *f* ∅ formation *f* permanente [*o* continue]
Fortbildungskurs(us) *m* cours *m* de formation continue [*o* de perfectionnement]
fort|bleiben *vi irreg + sein* ■ **jd/ein Tier bleibt fort** qn/un animal ne revient pas; ***jd bleibt nicht lange fort*** qn n'est pas parti(e) longtemps
Fortbleiben <-s> *nt* ∅ ■ **jds** ~ l'absence *f* de qn; (*Verspätung*) le retard de qn
Fortdauer *f* persistance *f*
fort|dauern *vi* ■ **etw dauert fort** qc persiste, qc continue
fortdauernd I. *adj* persistant(e)
II. *adv* continuellement, en permanence
forte *adv* MUS forte; PHARM suractivé(e)
fort|entwickeln * I. *vt* ■ **jd entwickelt etw fort** qn continue à développer qc, qn perfectionne qc
II. *vr* ■ **jd entwickelt sich fort** qn évolue, qn se développe; ■ **etw entwickelt sich fort** qc se développe
Fortentwicklung *f* ∅ développement *m* permanent; [*Mensch, Tier*] évolution *f*; ***geistige*** ~ développement *m* intellectuel
fort|fahren I. *vi* 1. + *sein* (*wegfahren*) ■ **jd fährt fort** qn part
2. + *sein o haben* (*weiterreden*) ■ **jd fährt fort** qn continue, qn poursuit; ***jd fährt in seiner Rede fort*** qn continue son discours; ■ **jd fährt fort etw zu tun** (*weitermachen*) qn continue à faire qc
II. *vt + haben* ■ **jd fährt jdn/etw fort** *Menschen, Gegenstand* qn emmène qn/emporte qc; *Müll* qn enlève qc
fort|fallen *vi irreg + sein* ■ **etw fällt** [**für jdn**] **fort** qc n'est plus alloué(e) [à qn], qc [lui] est supprimé(e)
fort|fliegen *vi + sein* ■ **ein Vogel/etw fliegt fort** un oiseau/qc s'envole; ***ihm ist der Hut fortgeflogen*** son chapeau s'est envolé
fort|führen *vt* 1. (*fortsetzen*) ■ **jd führt etw fort** qn continue qc
2. (*wegführen*) ■ **jd führt jdn fort** qn emmène qn
Fortführung *f* continuation *f*
Fortgang *m* ∅ 1. (*Weggang*) départ *m*
2. (*weiterer Verlauf*) [*Gespräche, Verhandlungen, Entwicklung*] poursuite *f*
► **etw nimmt seinen** ~ qc suit son cours
fort|geben *vt irreg s.* **weggeben**
fort|gehen *vi + sein* ■ **jd geht fort** qn part, qn s'en va; ***ich gehe aus Stuttgart fort*** je quitte Stuttgart; ***jd geht fort von jdm*** qn quitte qn

fortgeschritten *adj* avancé(e) **Fortgeschrittene(r)** *f(m) decl wie adj* avancé(e) *m(f)*

Fortgeschrittenenkurs[us] *m* cours *m* de niveau supérieur

fortgesetzt I. *adj* continuel(le), permanent(e)
II. *adv* continuellement

fort|jagen I. *vt + haben* ■ **jd jagt jdn fort** qn chasse qn; (*entlassen*) qn met qn à la porte, qn renvoie qn; ■ **jd jagt ein Tier fort** qn chasse un animal
II. *vi + sein* (*wegrennen*) ■ **jd jagt fort** qn prend ses jambes à son cou; (*wegfahren*) qn part sur les chapeaux de roues; (*wegreiten*) qn part au grand galop; ***jd jagt mit dem Auto/auf einem Motorrad fort*** qn part sur les chapeaux de roues/en trombe

fort|kommen *vi + sein* **1.** (*wegkommen*) ■ **jd kommt fort** qn réussit à partir; ■ **jd kommt aus/von etw fort** qn part de quelque part, qn quitte qc; ***jd kommt von jdm nicht fort*** (*kann sich nicht trennen*) qn n'arrive pas à se séparer de qn; (*kann nicht aufbrechen*) qn n'arrive pas à partir de chez qn
2. (*abhanden kommen*) ■ **etw kommt [jdm] fort** qc disparaît
3. (*Erfolg haben*) ■ **jd kommt fort** qn réussit
► **mach, dass du fortkommst!** *fam* dégage! *fam*, décampe! *fam*

Fortkommen *nt* (*beruflich*) avancement *m*
► **jd/etw hindert jdn an jds ~** (*dat*) qn/qc entrave la carrière de qn

fort|können *vi irreg* ■ **jd kann fort** (*weggehen können*) qn peut partir [*o* s'en aller]; (*abkömmlich sein*) qn peut s'absenter

fort|lassen *vt irreg* ■ **jd lässt jdn fort** qn laisse partir qn; ■ **jd lässt etw fort** (*versehentlich*) qn omet qc; (*bewusst*) qn laisse qc de côté [*o* tomber qc *fam*]

fort|laufen *vi irreg + sein* **1.** (*weglaufen*) ■ **jd läuft [aus etw] fort** qn s'échappe [de quelque part]; ***jd läuft von zu Hause fort*** qn fait une fugue; ■ **ein Tier läuft [jdm] fort** un animal se sauve
2. (*verlassen*) ■ **jd läuft jdm fort** qn quitte qn

fortlaufend I. *adj Erscheinungsweise, Zahlung* continu(e), suivi(e); *Paginierung, Nummerierung* continu(e); *Handlung* ininterrompu(e)
II. *adv erscheinen, herausgegeben werden* continuellement, régulièrement; *kennzeichnen, nummerieren* dans l'ordre; *Bücher, Zeitschriften* dans l'ordre de parution

fort|leben *vi liter* ■ **jd/etw lebt in jdm/etw fort** qn/qc se survit dans qn/qc

fort|loben *vt* ■ **jd lobt jdn fort** qn offre un poste intéressant à qn pour s'en débarrasser

fort|müssen *vi irreg fam* ■ **jd/etw muss fort** /*Brief, Sendung*/ il faut que qn/qc parte; /*Abfall*/ il faut se débarrasser de qc [*o* balancer qc]

fort|nehmen *vt irreg* ■ **jd nimmt [jdm] etw fort** qn [lui] prend qc; (*zur Strafe*) qn [lui] confisque qc

fort|pflanzen *vr* **1.** (*sich vermehren*) ■ **jd/ein Tier/etw pflanzt sich fort** qn/un animal/qc se reproduit
2. (*sich verbreiten*) ■ **etw pflanzt sich fort** qc se propage

Fortpflanzung *f* ∅ (*Vermehrung*) reproduction *f*

Fortpflanzungs- (*Vermehrungs-*) *-trieb* de reproduction; *f-fähig, f-unfähig* à la reproduction; (*Verbreitungs-*) *-geschwindigkeit* de propagation; ***jd/ein Tier kommt ins ~alter*** qn est en âge de procréer/un animal est en âge de se reproduire; *~**medizin*** biomédecine *f* reproductive; *~**technologie*** technologie *f* de procréation **Fortpflanzungsorgan** *nt form* organe *m* de reproduction [*o* reproducteur]

fort|räumen *vt* ■ **jd räumt etw fort** qn débarrasse [*o* range] qc

fort|reißen *vt irreg* ■ **etw reißt jdn/etw mit sich fort** /*Menge, Flut, Strom*/ qc emporte [*o* entraîne] qn/qc avec soi; ■ **jd lässt sich von etw ~** qn se laisse emporter par qc

fort|rennen *vi irreg + sein* ■ **jd rennt fort** qn s'enfuit à toutes jambes

Fortsatz *m* appendice *m*; [*Knochen*] apophyse *f*

fort|schaffen *vt* ■ **jd schafft jdn/etw fort** qn embarque qn *fam*/qn débarrasse qc; *Leiche* qn fait disparaître qc

fort|scheren *vr fam* ■ **jd schert sich [von irgendwo] fort** qn décampe [*o* déguerpit] [de quelque part] *fam*

fort|schicken *vt* ■ **jd schickt jdn fort** qn renvoie qn

fort|schreiben *vt irreg* ■ **jd schreibt etw fort** *Statistik, Wert, Zahlen* qn actualise qc, qn remet qc à jour; *Planung, Programm, Trend* qn reprend qc; *Politik* qn poursuit qc; ***eine Entwicklung wird fortgeschrieben*** une tendance se poursuit

Fortschreibung *f* [*Statistik, Wert*] mise *f* à jour, actualisation *f*; [*Zahlen*] inventaire *m* permanent; [*Zustand, Planung, Programm*] continuation *f*; [*Konflikt, Strategie, Produktion, Politik*] poursuite *f*

fort|schreiten *vi irreg + sein* ■ **etw schreitet fort** /*Ausbreitung, Umweltzerstörung, Krankheit*/ qc progresse; /*Entwicklung, Wissenschaft a.*/ qc fait des progrès; ■ **das F~ einer S.** (*gen*) la progression d'une chose

fortschreitend *adj* croissant(e)

Fortschritt *m* progrès *m*
► **jd erzielt ~e** qn progresse; ***in den Verhandlungen sind noch keine ~e erzielt worden*** les négociations n'ont pas encore progressé; **jd/etw macht [gute] ~e** qn/qc fait des progrès [sensibles], qn fait de grands progrès

fortschrittlich I. *adj Mensch, Ideen, Einstellung* progressiste; *Methode* avancé(e), révolutionnaire
II. *adv* de façon progressiste; ***jd ist ~ eingestellt*** qn a des idées avancées [*o* progressistes]

Fortschrittlichkeit <-> *f* ∅ [*Mensch, Ideen, Einstellung*] progressisme *m*; [*Methode*] caractère *m* révolutionnaire; ***die ~ seiner Denkweise*** sa façon de penser progressiste; ***ich kann in diesen Vorschlägen keine ~ erkennen*** dans ces propositions, je ne reconnais aucune tendance progressiste

fortschrittsfeindlich *adj* immobiliste; ■ **jd ist ~** qn est ennemi(e) du progrès **Fortschrittsglaube** *m* confiance *f* [*o* foi *f*] dans le progrès **fortschrittsgläubig** *adj* qui croit au progrès; ■ **jd ist ~** qn croit au progrès

fort|setzen I. *vt* ■ **jd setzt etw fort** qn continue [*o* poursuit] qc; ■ **etw wird fortgesetzt** qc continue; ***unser Spielfilm wird am nächsten Samstag fortgesetzt*** vous verrez la suite de notre film samedi prochain
► **„wird fortgesetzt"** à suivre
II. *vr* ■ **etw setzt sich fort** (*andauern*) qc continue, qc se poursuit; ■ **etw setzt sich [irgendwo] fort** (*sich erstrecken*) qc s'étend [sur qc]

Fortsetzung <-, -en> *f* **1.** ∅ (*das Fortsetzen*) poursuite *f*
2. (*folgender Teil*) [*Roman, Film, Hörspiel*] suite *f*; ***die 25./nächste ~*** le 25ème/prochain épisode
► **„~ folgt"** la suite au prochain épisode [*o* numéro], à suivre; **in drei/mehreren ~en** en trois/plusieurs épisodes

Fortsetzungs-: *~**reihe*** série *f* d'émissions; *~**serie*** feuilleton *m* **Fortsetzungsroman** *m* roman-feuilleton *m*

fort|treiben *irreg* I. *vt + haben* **1.** (*verjagen*) ■ **jd treibt jdn/ein Tier [von etw] fort** qn chasse qn/un animal [de qc]
2. (*mit sich tragen*) ■ **etw treibt jdn/etw fort** /*Sturm, Strömung, Wellen*/ qc emporte [*o* entraîne] qn/qc
II. *vi + sein* ■ **etw treibt fort** qc dérive, qc part à la dérive

Fortuna <-> *f* MYTH Fortune *f*
► **~ ist jdm hold** la fortune lui sourit

Fortüne <-> *f* ∅ *geh* chance *f*; ***ein Mann von ~/ohne ~*** un homme chanceux/malchanceux; ***er hat fünf Jahre lang ohne ~ als Künstler gearbeitet*** il a travaillé cinq ans sans succès comme artiste; ***ein Mann, dem so viel ~ beschieden schien*** un homme qui semblait avoir toutes les chances de son côté
► **jd hat ~** qn a de la chance; **jd hat keine ~** qn n'a pas de chance

fortwährend I. *adj attr* continuel(le), perpétuel(le)
II. *adv* continuellement, perpétuellement

fort|wirken *vi* ■ **etw wirkt fort** /*Fluch*/ qc continue d'agir; /*Gedanken, Ideen*/ qc est toujours vivant; /*Folgen einer Katastrophe, Vorfall*/ qc se fait [toujours] sentir

fort|wollen *vi* ■ **jd/ein Tier will [von irgendwo] fort** qn/un animal veut s'en aller [de quelque part] [*o* partir]; ***komm, wir wollen fort!*** viens, on s'en va!; ***jd will fort von zu Hause*** qn veut quitter la maison; ***der Affe will fort aus dem Käfig*** le singe veut sortir de la cage

fort|ziehen *irreg* I. *vt + haben* ■ **jd zieht jdn/ein Tier fort** qn entraîne qn/un animal; ***sie zieht ihn vom Schaufenster fort*** elle l'entraîne loin de la vitrine; ■ **jd zieht etw fort** qn retire qc
II. *vi + sein* ■ **jd zieht fort** qn déménage; ■ **jd zieht aus/von etw fort** qn quitte qc

Forum <-s, Foren *o* Fora> *nt* **1.** (*Personenkreis*) cercle *m*; ***ein ~ von Sachverständigen/Experten*** un cercle d'experts
2. <Foren> (*öffentliche Diskussion*) forum *m*
3. (*Ort, Möglichkeit für öffentliche Diskussion*) forum *m*
4. HIST (*Platz*) forum *m*
► **das ~ Romanum** le forum romain

Forumsdiskussion *f*, **Forumsgespräch** *nt* colloque *m*, débat *m*

fossil *adj* fossile

Fossil <-s, -ien> [-liən] *nt* fossile *m*

Föten *pl von* **Fötus**

Foto <-s, -s> *nt* photo[graphie] *f*
► **jd macht ein ~ [von jdm/etw]** qn fait [*o* prend] une photo [de qn/qc]

Foto- de photos; *-archiv* photographique; *-industrie* de la photo; *~**termin*** séance *f* [de] photos; ***f~mechanisch/f~chemisch*** photomécanique/photochimique; *~**roman*** roman-photo *m*; *~**safari*** safari-photo *m* **Fotoalbum** *nt* album *m* de photos **Fotoapparat** *m* appareil *m* photo[graphique] **Fotoatelier** [-lie:] *nt* atelier *m* [*o* studio *m*] de photographie **Fotoecke** *f* coin-photo *m* [auto-]adhésif **Fotofinish** [-fɪnɪʃ] *nt* photo-finish *m*

fotogen *adj* photogénique

Fotograf(in) <-en, -en> *m(f)* photographe *mf*

Fotografie <-, -n> [-'fi:ən] *f* **1.** ∅ (*Verfahren*) photo[graphie] *f*
2. (*Bild*) photo[graphie] *f*

fotografieren * I. *vt* ■ **jd fotografiert jdn/etw** qn photographie qn/qc; ■ **jd lässt sich [von jdm] ~** qn se fait photographier [par qn]; (*für Geld*) qn se laisse photographier [par qn]
II. *vi* ■ **jd fotografiert** qn prend des photos

fotografisch I. *adj* photographique
II. *adv abbilden, darstellen, herstellen* par un procédé photographique

Fotokopie *f* photocopie *f* **fotokopieren** * *vt form* ■ **jd fotokopiert [jdm] etw** qn [lui] photocopie qc **Fotokopierer** <-s, -> *m fam*, **Fotokopiergerät** *nt* photocopieur *m*, photocopieuse *f* **Fotolabor** *nt* laboratoire *m* photo **Fotomodell** *nt* modèle *m* **Fotomontage** [-ta:ʒə] *f* montage-photos *m*, photomontage *m* **Fotopapier** *nt* papier *m* photographique **Fotoreporter(in)** *m(f)* reporter *mf* photographe **Fotosatz** *m* photocomposition *f* **Fotosynthese**[RR] *f* photosynthèse *f*

Fotothek <-, -en> *f* photothèque *f*

Fotovoltaik[RR] <-> [-vɔl-] *f* ∅ conversion *f* photovoltaïque, photovoltaïque *m*

Fötus <-[ses], Föten *o* -se> *m* fœtus *m*

Fotze <-, -n> *f vulg* chatte *f vulg*

Fötzel <-s, -> *m* CH vaurien *m*

Foul <-s, -s> [faul] *nt* faute *f*
► **jd begeht ein ~** qn commet une faute

Foulelfmeter ['faul-] *m* penalty *m*

foulen ['faulən] I. *vt* ■ **jd foult jdn** qn commet une faute sur qn
II. *vi* ■ **jd foult** qn commet une faute

foutieren [fu'ti:rən] *vr* CH ■ **jd foutiert sich um etw** qn se fout de qc *fam*

Foxtrott <-s, -e *o* -s> *m* fox-trot *m*

Foyer <-s, -s> [foa'je:] *nt* foyer *m*

Fr. *abk von* **Frau** Mme

Fracht <-, -en> *f* **1.** (*Ladung*) [*Schiff*] cargaison *f;* [*Lastwagen*] chargement *m;* [*Flugzeuge*] fret *m* aérien
2. (*Beförderungspreis*) fret *m,* frais *mpl* de transport
3. ÖKO (*Belastung*) cargaison *f*

Fracht-: *~flugzeug* avion-cargo *m,* avion *m* de transport; *~luftfahrt* navigation *f* aérienne de commerce, fret *m* aérien; *~schifffahrt* navigation *f* [*o* marine *f*] marchande; *~verkehr* trafic *m* de marchandises; *~vertrag* contrat *m* de transport; NAUT [contrat *m* d'] affrètement *m* **Frachtbrief** *m* COM connaissement *m;* (*bei Straßentransport*) lettre *f* de voiture

Frachtenbahnhof *m* AUS *s.* **Güterbahnhof**

Frachter <-s, -> *m* cargo *m*

Frächter(in) <-s, -> *m(f)* AUS (*Spediteur*) transporteur(-euse) *m(f)*

Frachtgut *nt* marchandise *f* en petite vitesse [*o* en régime ordinaire] **Frachtkosten** *pl* frais *mpl* de transport, fret *m* **Frachtraum** *m* [*Schiff*] cale *f;* [*Flugzeug*] soute *f* **Frachtschiff** *nt s.* **Frachter**

Frack <-[e]s, ¨e *o fam* -s> *m* frac *m,* habit *m,* queue-de-pie *f fam*
► **im** ~ en frac

Fracksausen <-s> *nt* ► **jd hat/bekommt** ~ *fam* qn a/commence à avoir la frousse *fam* **Frackzwang** *m* habit *m* obligatoire, tenue *f* de soirée de rigueur; ***es herrscht hier*** ~ ici, la tenue de soirée est de rigueur

Frage <-, -n> *f* **1.** (*opp: Aussage*) question *f;* [**was für eine**] **dumme** ~! quelle question!; ■ **eine ~ zu etw** une question au sujet de qc
2. (*Problem*) question *f;* ***eine strittige*** ~ une question controversée, un point litigieux; ■ **eine ~ einer S.** (*gen*) une question de qc; ***die deutsche/europäische*** ~ la question allemande/européenne
► **auf eine dumme ~** [**bekommt man**] **eine dumme Antwort** *prov* à question idiote, réponse idiote; **eine gute** ~! là est la question!, c'est toute la question!; **jd hat** [**an jdn**] **eine** ~/~**n** qn a une question/des questions [à poser à qn]; **das ist die** ~ [*o* **noch sehr die** ~] [*o* **die große** ~] c'est là la question, il faut voir; **jd kommt** [**für jdn/etw**] **in** ~ qn entre en ligne de compte [pour qn/qc]; **in ~ kommend** *Mensch, Gegenstand* entrant en ligne de compte [*o* en considération]; **etw kommt** [**für jdn/etw**] **nicht in** ~ il n'est pas question de qc [pour qn/qc]; [**das**] **kommt nicht in** ~! [il n'en est] pas question!; **jd kommt mit einer** ~/**mit** ~**n** qn pose une question/des questions; (*jd belästigt jdn mit seinen Fragen*) qn casse les pieds à qn avec sa question/ses questions; ***ihr kommt mir hier mit ~n!*** vous en avez, des questions!; **jd legt jdm eine ~ vor** qn pose une question à qn; **etw steht** [*o* **ist**] [**für jdn**] **außer** ~ qc est évident(e) [pour qn], qc ne fait pas de doute [pour qn]; **es steht** [*o* **ist**] **außer** ~, **dass** il est évident que + *indic,* il ne fait aucun doute que + *indic;* **jd stellt jdm eine** ~, **jd stellt** [*o* **richtet**] **an jdn eine** ~ qn pose [*o* adresse] une question à qn; [**das ist**] **gar keine** ~ la question ne se pose même pas; **ohne** ~ sans aucun doute

-frage *f* **1.** (*-problem*): ***die Arbeitslosen-/Wohnungs~*** le problème du chômage/du logement
2. (*-angelegenheit*) question de …; ***etw ist eine Zeit-/Kosten~*** qc est une question de temps/de coût

Fragebogen *m* questionnaire *m* **Fragefürwort** <-wörter> *nt* pronom *m* interrogatif

frägeln *vi* CH ■ **jd frägelt** qn questionne mine de rien [*o* en douce]

fragen I. *vi* **1.** (*eine Frage stellen*) ■ **jd fragt, ob** qn demande si; ***ich bin es, der hier fragt*** c'est moi qui pose les questions; ***warum fragst du?*** pourquoi poses-tu cette question?
2. (*sich erkundigen*) ■ **jd fragt nach jdm** (*verlangen, sprechen wollen*) qn demande [à parler à] qn; (*das Befinden erfahren wollen*) qn demande comment qn va; ■ **jd fragt nach etw** qn demande qc; ***jd fragt jdn nach seinem Namen/Alter/Beruf*** qn demande à qn son nom/son âge/son métier; ***jd fragt jdn nach seinen Absichten/Zielen*** qn demande à qn quelles sont ses intentions/quels sont ses buts; ***in dem Fragebogen wurde nach etw gefragt*** dans le formulaire, il y avait des questions sur qc; ***wir müssen nach den Ursachen*** ~ nous devons rechercher les causes; ■ **jd fragt nicht nach etw** qn ne cherche pas à savoir qc, qn ne se pose pas la question de qc
► **frag nicht so dumm!** [*o* **blöd**] *fam* ne pose pas de questions idiotes!; **jd fragt** [**jdn**] **zu viel** qn pose trop de questions [à qn]; **da fragst du mich zu viel** tu m'en demandes trop; **wenn ich** [**mal**] ~ **darf?** si je peux me permettre cette question; **man wird ja wohl noch ~ dürfen** *fam* on a bien le droit de demander; **jd fragt nicht danach, …** qn ne se demande pas …; **aber frag mich nicht wie!** *fam* mais ne me demande pas comment!; **da fragst du noch?** et tu me poses encore la question?; **ohne** [**lange**] **zu** ~ sans demander, sans faire de façons; **ohne nach etw zu** ~ sans se soucier de qc
II. *vr* (*sich überlegen*) ■ **jd fragt sich, ob/wann/wie** qn se demande si/quand/comment; ***ich frage mich noch, ob*** je suis encore à me demander si; ***das frage ich mich*** c'est ce que je me demande; ■ **es fragt sich, ob** il est à se demander si, il s'agit de savoir si, reste à savoir si
► **das fragt man sich** [**wirklich**]! on se le demande!
III. *vt* ■ **jd fragt** [**jdn**] **etwas** qn demande quelque chose [à qn]; ***das dürfen Sie mich nicht*** ~ ce n'est pas à moi qu'il faut le demander; ***jd fragt jdn um Rat*** qn demande conseil à qn; *s. a.* **gefragt**

fragend *adj* interrogateur(-trice)

Fragesatz *m* phrase *f* interrogative **Fragesteller(in)** <-s, -> *m(f)* questionneur(-euse) *m(f);* (*bei einer Diskussion*) personne *f* qui a [*o* pose] une question **Fragestellung** *f* **1.** (*Formulierung*) façon *f* de formuler une question; ***bei etwas anderer ~ hätte ich Sie besser verstanden*** je vous aurais mieux compris si vous aviez posé la question d'une autre façon **2.** (*Problem*) problème *m* **Fragestunde** *f* questions *fpl* orales **Fragewort** <-wörter> *nt* [pronom *m*] interrogatif *m* **Fragezeichen** *nt* point *m* d'interrogation; ***jd macht*** [***hinter etw*** (*akk*)] ***ein*** ~ qn met un point d'interrogation [après qc] ► **jd macht** [*o* **setzt**] **ein** [**dickes/großes**] ~ **hinter etw** (*akk*) qn met qc en question; **etw ist mit einem** [**dicken/großen**] ~ **versehen** qc reste à voir

fragil *adj geh* fragile

Fragilität <-> *f* ∅ *geh* fragilité *f*

fraglich *adj* **1.** (*unsicher*) *Angelegenheit* douteux(-euse); ■ **es ist ~, ob** il est à se demander si
2. *attr* (*betreffend*) *Angelegenheit, Mensch, Zeit* en question

fraglos *adv* sans aucun doute, incontestablement

Fragment <-[e]s, -e> *nt* fragment *m*

fragmentarisch I. *adj* fragmentaire
II. *adv* de manière fragmentaire

fragwürdig *adj pej* douteux(-euse)

Fragwürdigkeit <-, -en> *f pej* caractère *m* louche

Fraktion <-, -en> *f* **1.** PARL groupe *m* parlementaire, fraction *f* CH
2. (*Sondergruppe*) formation *f,* fraction *f*

Fraktions- PARL du groupe parlementaire **Fraktionsführer(in)** *m(f) s.* **Fraktionsvorsitzende(r)**

fraktionslos *adj* non-inscrit(e); ***die ~en Abgeordneten*** les non-inscrits

Fraktionssitzung *f* séance *f* du groupe parlementaire **Fraktionsvorsitzende(r)** *f(m) decl wie adj* président(e) *m(f)* du groupe parlementaire **Fraktionszwang** *m* discipline *f* de vote

Fraktur <-, -en> *f* **1.** TYP caractères *mpl* gothiques, gothique *f*
2. MED *spec* fracture *f*
► **jd redet mit jdm** ~ *fam* qn lui dit ses quatre vérités

Franc <-, -s *o bei Zahlenangabe* -> [frɑ̃:] *m* franc *m*

Franchise <-, -n> ['fræntʃaɪs] *f* franchise *f*

Franchising <-s> ['fræntʃaɪzɪŋ] *nt* ∅ franchisage *m*

Francium <-s> ['frantsiʊm] *nt* ∅ CHEM francium *m*

frank *adv* ► ~ **und frei** en toute franchise, ouvertement, franchement

Franke <-n, -n> *m,* **Fränkin** *f* **1.** GEOG Franconien(ne) *m(f)*
2. HIST Franc/Franque *m/f*

Franken <-s, -> *m* franc *m* suisse

Frankfurt <-s> *nt* Francfort; ~ ***am Main*** Francfort-sur-le-Main; ~ ***an der Oder*** Francfort-sur-l'Oder

Frankfurter <-, -> *f* GASTR saucisse *f* de Francfort

frankieren * *vt* ■ **jd frankiert etw** qn affranchit qc; ***mit einer Mark frankiert*** affranchi(e) à un mark; ***nicht frankiert*** non affranchi(e), en port dû

Frankiermaschine *f* machine *f* à affranchir, affranchisseuse *f*

Frankierung <-, -en> *f* affranchissement *m*

franko *adv inv* franco, franc de port

Frankokanadier(in) [-diɐ] *m(f)* Franco-Canadien(ne) *m(f)* **frankokanadisch** *adj* franco-canadien(ne); ***der ~e Dialekt*** le franco-canadien

frankophil *adj geh* francophile

Frankophilie <-> *f* ∅ *geh* francophilie *f*

frankophon *adj geh* francophone

Frankreich <-s> *nt* France *f;* ***Paris ist die Hauptstadt ~s*** Paris est la capitale de la France; ***in*** ~ en France

Franse <-, -n> *f* frange *f*

fransen *vi* ■ **etw franst** qc s'effrange, qc s'effiloche

fransig *adj* effrangé(e)

Franzbranntwein *m* baume *m* camphré

Franziskaner(in) <-s, -> *m(f)* franciscain(e) *m(f)*

Franziskanerorden *m* ordre *m* des franciscains

Franzose <-n, -n> *m* TECH clé *f* anglaise

Franzose <-n, -n> *m,* **Französin** *f* Français(e) *m(f);* ■ **die ~n** les Français
► **jd ist** ~ qn est Français(e)

Franzosenkrankheit *f alt* syphilis *f,* vérole *f pop*

französisch *adj* **1.** français(e); ***ein ~es Bett*** un lit à deux places; ***die ~e Schweiz*** la Suisse romande; ***sprechen/können Sie*** ~? parlez-vous français/savez-vous le français?
2. *sl* (*mit Oralverkehr*) bucco-génital(e); ***sie mag es am liebsten*** ~ elle préfère le cunnilingus; ***er mag es am liebsten*** ~ il préfère la fellation
► **jd empfiehlt** [*o* **verabschiedet**] **sich auf** ~ qn file à l'anglaise; **jd kocht** ~ qn cuisine à la française; **jd macht es jdm** ~ *sl einem Mann* qn le suce *vulg,* qn lui taille une pipe *vulg; einer Frau* qn la lèche *vulg*

Französisch *nt decl wie adj* français *m;* ■ **das ~e** le français; ***jd übersetzt etw ins ~e*** qn traduit qc en français
► **auf** ~ en français

französischsprachig *adj Wörterbuch* de français; *Literatur* français(e), de langue française; *Bevölkerung* francophone

frappant *adj geh* surprenant(e), étonnant(e); *Ähnlichkeit, Übereinstimmung* frappant(e)

Frappé, Frappee[RR] <-s, -s> *nt* CH milk-shake *m*

frappieren * *vt geh* ■ **jd/etw frappiert jdn** qn/qc étonne [*o* surprend] qn

frappierend *adj geh* **1.** (*verblüffend*) ■ **es ist ~, …** il est frappant …; ***es ist ~, wie geschickt sie …*** il est frappant de constater avec quelle adresse elle …
2. *s.* **frappant**

Fräse <-, -n> *f* fraiseuse *f*

fräsen *vt* ■ **jd fräst etw** qn fraise qc

Fräser(in) <-s, -> *m(f)* fraiseur(-euse) *m(f)*

Fräsmaschine *f s.* **Fräse**

fraß *imp von* **fressen**

Fraß <-es, -e> *m* **1.** *pej fam* (*schlechtes Essen*) tambouille *f fam*
2. HORT ravages *mpl* (*causés par des ravageurs*)
► **jd wirft einem Tier jdn/etw zum ~ vor** qn jette qn/qc en pâture à un animal

fraternisieren * *vi geh* ■ **jd fraternisiert mit jdm** qn fraternise avec qn

Fraternisierung <-> *f geh* fraternisation *f;* ■ ~ **mit jdm** fraternisation *f*

avec qn

Fratz <-es, -e AUS *o* -en, -en> *m fam* joli petit bambin/jolie petite gamine *m/f*

Fratze <-, -n> *f* **1.** (*hässliches Gesicht*) face *f* hideuse, faciès *m* grimaçant
2. *pej sl* (*Gesicht*) gueule *f*
► **jd schneidet jdm eine ~** qn fait une grimace à qn

frau *pron* on (*formation féministe par opposition au "man" masculin*)

Frau <-, -en> *f* **1.** femme *f*
2. (*Ehe~*) femme *f*, épouse *f*
3. (*Anrede*): ***guten Tag, ~ Müller!*** bonjour, madame Müller!; ***~ Professor/Ministerin/Präsidentin, gestatten Sie mir eine Frage*** permettez, Madame, Madame le Ministre/Madame la présidente, que je vous pose une question; ***sehr geehrte ~ Müller,*** (*Anrede im Brief*) Madame Müller,; ***~ Dr. Müller*** Madame Müller
► **~ Doktor** Madame le docteur; **Ihre ~ Gemahlin** *geh* Madame votre épouse; **die ~ meines/seines/...** **Lebens** la femme de ma/sa/... vie; **Ihre ~ Mutter** *form* Madame votre mère *soutenu*; **~ Nachbarin** *veraltend* (*Anrede*) chère voisine; **eine ~ von Welt** une femme du monde; **jds geschiedene ~** l'ex-femme de qn; **gnädige ~** *veraltend* chère Madame; **die gnädige ~** *veraltend* Madame; **Unsere Liebe ~** Notre-Dame; **jds zukünftige ~** la future femme de qn; **jd hat jdn zur ~** qn a qn pour femme; **jd wird zur ~** qn devient [une] femme, qn se fait femme; **jd wird jds ~** qn devient la femme de qn; **selbst ist die ~!** *fam* on n'est jamais si bien servi que par soi-même

Frauchen <-s, -> *nt fam dim von* Frau **1.** (*Kosename*): ***mein süßes, kleines ~*** ma petite femme chérie
2. (*Haustierbesitzerin*) maîtresse *f*

Frauen- *-krankheit* de femme; *-chor, -gefängnis, -kloster* de femmes; *-förderung, -emanzipation* des femmes; *-ministerium* de la condition féminine; *-politik* de la femme; *-buch, -roman* (*von einer Frau geschrieben*) de femme; (*über Frauen*) sur les femmes; (*für Frauen geschrieben*) pour femmes; *-beratungsstelle, -parkplatz, -reisebüro, -funk, -therapiezentrum* pour les femmes, réservé(e) aux femmes; *-blatt, -zeitschrift, -sport, -verein, -orden* féminin(e); *-referat, -referentin, -forscher* sur la question féminine; *-frage, -gruppe, -front, -verband* féministe; **~*abteilung*** (*im Krankenhaus*) service *m* gynécologique [*o* de gynécologie]; **~*klinik*** clinique *f* gynécologique; (*für Entbindungen*) maternité *f*; ***f~verachtend*** misogyne; **~*feind***, **~*hasser*** misogyne *m* **Frauenarbeit** *f* **1.** (*Arbeit für Frauen*) travail *m* de femme; (*Arbeit von Frauen*) travail *m* des femmes [*o* féminin] **2.** (*Arbeit zugunsten der Frau*) travail *m* pour la femme **Frauenarzt** *m*, **-ärztin** *f* gynécologue *mf* **Frauenbeauftragte(r)** *f(m) decl wie adj* délégué(e) *m(f)* à la condition féminine **Frauenberuf** *m* métier *m* de femme **frauenbewegt** *adj* féministe **Frauenbewegung** *f* ∅ mouvement *m* féministe, féminisme *m* **frauenfeindlich** *adj* misogyne **Frauengeschichten** *pl* histoires *fpl* de femmes **Frauenhaar** *nt* **1.** cheveu *m* de femme **2.** BOT adiante *m*, cheveu-de-Vénus *m* **Frauenhand** *f geh* main *f* de femme [*o* féminine] ► **von [zarter] ~** d'une main de femme, d'une main délicate **Frauenhaus** *nt* foyer *m* d'accueil pour femmes battues **Frauenheilkunde** *f* gynécologie *f* **Frauenheld** *m* séducteur *m* **Frauenkenner** *m* connaisseur *m* de la gent féminine **Frauenmörder** *m* tueur *m* de femmes **Frauenrechtler(in)** <-s, -> *m(f)* combattant(e) *m(f)* pour les droits de la femme **Frauenschuh** *m* ∅ BOT sabot *m* de Vénus, cypridède *m spéc* **Frauenstimme** *f* **1.** voix *f* de femme **2.** PARL suffrage *m* féminin **Frauenüberschuss**[RR] *m* excédent *m* de femmes **Frauenwahlrecht** *nt* [droit *m* de] vote *m* des femmes **Frauenzimmer** *nt* **1.** *alt* (*Frau*) dame *f*; (*Fräulein*) demoiselle *f*; *pl* des dames **2.** *pej* bonne femme *f*

Fräulein <-s, - *o* -s> *nt* **1.** (*unverheiratete Frau*) demoiselle *f*
2. *veraltend* (*Anrede*): ***~ Doktor, ich habe starke Kopfschmerzen!*** Docteur, j'ai des maux de tête terribles!; ***guten Tag ~ Schmitt*** bonjour, mademoiselle Schmitt; ***sehr geehrtes ~ Schmitt,*** (*in einem Brief*) Mademoiselle,
► **das/Ihr ~ Tochter/Braut** Mademoiselle votre fille/fiancée; **ein altes** [*o* **älteres**] **~** une vieille fille; **~!** Mademoiselle!

fraulich *adj* féminin(e)

Fraulichkeit <-> *f* ∅ féminité *f*

Freak <-s, -s> [fri:k] *m fam* mordu(e) *m(f) fam*

-freak [-fri:k] *m fam* mordu(e) *m(f)* de; ***Computer~*** mordu(e) *m(f)* d'ordinateur

frech I. *adj* **1.** (*dreist*) *Mensch, Antwort* effronté(e); *Antwort a.* insolent(e); *Lüge* éhonté(e); ■ **jd ist ~** (*in den Äußerungen*) qn est insolent(e); (*im Benehmen*) qn est culotté(e) *fam*, qn ne manque pas de culot *fam*; ■ **jd wird ~** qn devient insolent(e)
2. (*herausfordernd*) *Kleidung, Frisur* audacieux(-ieuse), osé(e)
II. *adv lachen, sich benehmen* effrontément; *lügen* de manière éhontée
► **jd kommt jdm ~** *fam* qn est impertinent(e) à l'égard de qn

Frechdachs *m fam* polisson(ne) *m(f)*

Frechheit <-, -en> *f* effronterie *f*, insolence *f*, impertinence *f*
► **jd erlaubt** [*o* **leistet**] **sich** (*dat*) **~en** [**jdm gegenüber**] qn se permet des impertinences [à l'égard de qn]; **jd hat** [*o* **besitzt**] **die ~ etw zu tun** qn a l'audace [*o* le culot] de faire qc *fam*

Freesie <-, -n> [-ziə] *f* freesia *m*

Freeware <-, -s> ['fri:wæ:ə] *f* INFORM logiciel *m* libre [*o* gratuit], gratuitiel *m*, CAN

Fregatte <-, -n> *f* frégate *f*
► **eine aufgetakelte ~** *pej fam* une vieille rombière *péj*

frei I. *adj* **1.** (*nicht unterdrückt*) libre; (*nicht gebunden*) *Autor* indépendant(e); *Beruf* libéral(e); (*nicht institutionalisiert*) *Wohlfahrtsverband, Kirche* libre; ***~er Mitarbeiter*** collaborateur *m* indépendant, free-lance *m*; (*mit festgelegten Arbeitszeiten*) vacataire *mf*; MEDIA pigiste *mf*; ■ **jd ist ~ von etw** *von Bedenken, Skrupeln, Vorurteilen, Fehlern* qn est libre de tout qc; *von Lasten, Verpflichtungen* qn est libéré(e) de qc; *von Abgaben* qn est exempt(e) de qc; ***jd ist ~ von Schuld*** qn est innocent(e); ***etw ist ~ von Mängeln*** qc est impeccable
2. (*ohne Hilfsmittel*) *Rede, Vortrag* sans notes
3. (*verfügbar*) *Zeit, Stunde, Tag* [de] libre; *Tag* de congé; *Mittel, Geld* disponible; ■ **jd ist ~** [**für jdn**] qn est libre [*o* disponible] [pour qn]; ***morgen ist ~, da ist Feiertag*** on ne travaille pas demain, c'est férié
4. (*nicht besetzt*) *Hotelzimmer, Wohnung* [de] libre; *Bad, Toilette, Platz, Stuhl, Tisch* libre; *Stelle, Posten* vacant(e); ■ **jd/etw ist ~** / *Taxi, Taxifahrer/* qn/qc est libre
5. (*offen*) *Land, Steppe* dégagé(e), vaste
6. (*kostenlos*) libre, gratuit(e)
7. (*ungezwungen*) *Auffassung, Einstellung* libéral(e)
8. (*unbekleidet*) nu(e); ***das Kleid ließ ihre Schultern ~*** la robe laissait entrevoir ses épaules
► **jd ist ~ und ungebunden** qn est libre comme l'air; **ich bin so ~** *form* si je peux me permettre, si vous [me] permettez; **jd hat zehn Minuten/zwei Tage ~** qn a dix minutes de libre/deux jours de congé; ***wir haben morgen ~*** demain, nous avons congé; SCOL demain, nous n'avons pas cours; **jd lässt etw ~** *Heftrand* qn laisse qc; *Platz* qn garde qc, qn réserve qc; **jd macht etw ~** qn libère qc; **jd macht sich** [**für jdn/etw**] **~** qn se libère [pour qn/qc]; **jd macht sich von etw ~** qn s'affranchit de qc; **jd nimmt** [**sich** (*dat*)] **~** qn prend un congé; **jd nimmt** [**sich** (*dat*)] **ein paar Stunden/ein paar Tage/eine Woche ~** qn se réserve quelques heures de libre/prend quelques jours/une semaine de congé; **~ nach ...: *„..." zitierte sie ~ nach Goethe*** "..." dit-elle, en citant très librement Goethe; **„~"** (*an Toilettentür*) libre; *s. a.* **Freie**
II. *adv* **1.** (*unbeeinträchtigt*) *sich bewegen, herumlaufen* librement; *sprechen* librement; (*ohne Notizen*) sans notes; **~ *lebend*** en liberté; ***der Baum muss ~ gestellt werden*** il faut laisser suffisamment d'espace autour de cet arbre; ***das Haus steht ganz ~*** c'est une maison individuelle
2. (*ungezwungen*) librement; *sich verhalten* de manière décontractée
3. COM *Grenze etc* franco; ***~ Haus/Hafen*** franco domicile/de port
► **~ erfunden** inventé(e) de toutes pièces; **jd spricht ~** qn parle librement; (*ohne Konzept*) qn parle sans notes

-frei **1.** ADMIN, POL (*-unabhängig*) indépendant(e); ***die block~en Staaten*** les pays non alignés; ***eine kreis~e Stadt*** une ville ne faisant pas partie d'une communauté urbaine
2. FIN *lasten-, schulden-, schulgeld-* exempt(e) de; ***gebühren~/beitrags~*** gratuit(e)
3. (*nicht erfordernd*) sans; ***bügel~*** sans repassage; ***wartungs~*** sans entretien
4. (*nicht auftretend*) in-; ***knitter~*** infroissable; ***verschmutzungs~*** insalissable; ***unfall~es Fahren*** conduite *f* sans accident

Frei- **1.** (*kostenlos*) gratuit(e); **~*bier*** bière *f* gratuite [*o* à go go *fam*]; **~*exemplar*** exemplaire *m* gratuit, spécimen *m*; **~*schwinger*** fauteuil *m* à piètement d'acier; **~*spiel*** jeu *m* gratuit
2. (*gebührenfrei, zollfrei*) *-gut* exempt(e) de droits; *-hafen* franc(franche)
3. (*nicht überbaut*) *-anlage, -plastik, -gelände, -fläche* en plein air
4. (*nicht starr befestigt*) *-ballon* libre; *-beweglich* librement

Freibad *nt* piscine *f* découverte [*o* en plein air]

frei|bekommen * *vi, vt irreg* **1.** *fam* (*nicht anwesend sein oder arbeiten müssen*) ■ **jd bekommt frei** qn a un congé; SCOL qn n'a pas cours; ***jd bekommt den Nachmittag/nachmittags frei*** qn a son après-midi/ses après-midi de libre; SCOL qn n'a pas cours cet après-midi/l'après-midi; ■ **jd bekommt von ihm/ihr frei** il/elle accorde un congé à qn; ***ich habe den Nachmittag von ihr ~*** elle m'a accordé un après-midi de congé
2. (*befreien*) ■ **jd bekommt jdn frei** *Entführten, Geisel, Häftling* qn fait libérer qn

Freiberufler(in) <-s, -> *m(f)* travailleur indépendant/travailleuse indépendante *m/f*

freiberuflich I. *adj* (*selbständig*) indépendant(e)
II. *adv arbeiten* à son compte; ***sie ist ~ tätig*** elle est à son compte

Freibetrag *m* montant *m* exonéré

Freibrief *m* ► **jd betrachtet etw als einen ~ für etw, jd sieht etw als einen ~ für etw an** qn considère qc comme un passe-droit [*o* une lettre de franchise] pour qc; **jd stellt jdm einen ~** [**für etw**] **aus** qn donne carte blanche à qn [pour qc]; **etw ist ein/kein ~ für jdn** qc est un/n'est pas un passe-droit [*o* une lettre de franchise] pour qn

Freidenker(in) *m(f)* libre penseur(-euse) *m(f)*

Freie(r) *f(m) decl wie adj* HIST affranchi(e) *m(f)*

Freie(s) *nt decl wie adj* ► **jd befördert jdn ins ~** qn jette qn dehors; **im ~n** *stattfinden* en plein air; *übernachten* à la belle étoile; **ins ~** dehors

freien I. *vt alt* ■ **jd freit jdn** qn épouse qn
II. *vi alt* ■ **jd freit um jdn** qn demande qn en mariage

Freier <-s, -> *m* **1.** (*Kunde einer Hure*) client *m*
2. *veraltet* (*Bewerber*) prétendant *m*

Freiersfüße *pl* ► **jd wandelt auf ~n** *hum* qn cherche femme

freifinanziert *adj* financé(e) par des capitaux privés

Freifrau *f* baronne *f*

Freigabe *f* [*beschlagnahmter Gegenstand*] main *f* levée; [*Aktienkurs, Wechselkurs*] libération *f*

Freigang <-gänge> *m* [*Strafgefangener*] sortie *f*, permission *f*

Freigänger(in) <-s, -> *m(f)* détenu(e) *m(f)* en permission

frei|geben *irreg* I. *vt* ■ **jd gibt etw frei** *Mieten, Preise* qn débloque qc; *Aktienkurs, Wechselkurs* qn libère qc; *Streckenabschnitt* qn ouvre qc à la circulation; *Film* qn autorise la sortie de qc
II. *vi* ■ **jd gibt jdm** [**etw**] **frei** *Tage, Wochen etc* qn donne [qc de] congé à qn; *Stunden* qn donne [qc de] libre à qn

freigebig *adj* généreux(-euse); ***sie ist sehr/äußerst ~*** elle est très/extrêmement large

Freigebigkeit <-> *f* ∅ générosité *f;* (*Schenkfreudigkeit*) largesse *f*

Freigehege *nt* réserve *f* d'animaux

Freigeist *m s.* **Freidenker**

Freigepäck *nt* bagages *mpl* en franchise

Freigrenze *f* FISC plafond *m* d'exonération, seuil *m* d'imposition; (*für Zollwaren*) franchise *f* douanière; (*für Gepäck*) franchise *f* de bagages

frei|haben *vi irreg* ■ **jd hat frei** qn a congé; ***ich habe heute/zwei Tage frei*** j'ai congé aujourd'hui/j'ai deux jours de congé; SCOL je n'ai pas cours aujourd'hui/pendant deux jours; ***wir haben morgen die letzte Stunde frei*** demain la dernière heure est libre

frei|halten *vt irreg* **1.** (*nicht versperren*) ■ **jd hält etw frei** *Einfahrt, Zufahrt, Tor* qn ne stationne pas devant qc; ***„Einfahrt ~!"*** "sortie de voitures [*o* de garage]"
2. (*reservieren*) ■ **jd hält [jdm/für jdn] etw frei** *Platz, Stuhl, Sitz* qn [lui] garde qc, qn garde qc [pour qn]
3. (*jds Zeche begleichen*) ■ **jd hält jdn frei** qn paye pour qn; ***heute halt ich dich/euch frei*** aujourd'hui, c'est moi qui régale [*o* invite]; ■ **jd lässt sich [von jdm] ~** qn se fait entretenir [par qn]

Freihandel *m* libre-échange *m*

Freihandelszone *f* zone *f* de libre échange [*o* libre-échangiste]
► **die kleine ~** l'Association Européenne de Libre-Échange (A.E.L.E.)

freihändig I. *adj Radfahren* sans se tenir, sans tenir le guidon; *Reiten* sans tenir les rênes; *Zeichnen* à main levée; *Schießen* sans appui
II. *adv Rad fahren* sans se tenir, sans tenir le guidon, sans les mains; *reiten* sans tenir les rênes; *zeichnen* à main levée; *schießen* sans appui

Freiheit <-, -en> *f* **1.** ∅ ■ **die ~** la liberté; ***jd nimmt einem Menschen die ~*** qn prive une personne de liberté
2. (*Vorrecht*) privilège *m*
► **~, Gleichheit, Brüderlichkeit** liberté, égalité, fraternité; **dichterische ~** licence *f* poétique; **persönliche ~** liberté individuelle; **jd erlaubt sich** (*dat*) **~en** qn se permet des libertés [*o* des familiarités]; **jd hat alle ~en** qn a toutes les libertés; **jd hat** [*o* **genießt** *geh*] **die ~ etw zu tun** qn a le droit [*o* le privilège] de faire qc; **jd nimmt sich** (*dat*) **die ~ [heraus] etw zu tun** qn prend la liberté de faire qc; **jd schenkt jdm/einem Tier die ~** qn rend la liberté à qn/un animal; **[jd/ein Tier ist] in ~** (*dat*) [qn/un animal est] en liberté

freiheitlich I. *adj* libéral(e)
II. *adv eingestellt, gesinnt* de tendance libérale

Freiheits- *-drang, -raum* de liberté; *-liebe* de la liberté, d'indépendance; *-bewegung* de libération; ***~drang*** soif *f* de liberté **Freiheitsberaubung** *f* atteinte *f* à la liberté [individuelle], séquestration *f* **Freiheitsentzug** *m* privation *f* de liberté; ***er wurde zu sieben Jahren ~ verurteilt*** il a été condamné à sept ans de prison **Freiheitskampf** *m* lutte *f* pour la liberté **Freiheitskämpfer(in)** *m(f)* combattant(e) *m(f)* pour la liberté **Freiheitskrieg** *m* **1.** guerre *f* de libération **2.** *pl* HIST guerres *fpl* d'indépendance **freiheitsliebend** *adj* amoureux(-euse) de la liberté; ■ **jd ist ~** qn est un amoureux /une amoureuse de la liberté **Freiheitsstatue** *f* statue *f* de la Liberté ► **die [amerikanische] ~** la statue [américaine] de la Liberté **Freiheitsstrafe** *f* peine *f* de prison

freiheraus *adv* franchement

Freiherr *m* baron *m*

frei|kaufen I. *vt* ■ **jd kauft jdn frei** qn rachète qn
II. *vr* **1.** (*sich loskaufen*) ■ **jd kauft sich frei** /*Sklave*/ qn s'affranchit
2. (*sich entledigen*) ■ **jd kauft sich von etw frei** *von seiner Verpflichtung, Schuld* qn s'acquitte de qc

Freikirche *f* église *f* libre

Freiklettern *nt* escalade *f* libre

frei|kommen *vi irreg + sein* ■ **jd kommt [aus etw] frei** qn est remis(e) en liberté; *aus jds Gewalt* qn est délivré(e) de qn

Freikörperkultur *f* ∅ nudisme *m,* naturisme *m*

Freiland *nt* AGR, HORT pleine terre *f*
► **auf/im ~** en pleine terre

Freiland- de pleine terre; *-versuch* en pleine terre **Freilandkultur** *f* culture *f* de pleine terre

frei|lassen *vt irreg* ■ **jd lässt jdn/ein Tier frei** qn remet qn/un animal en liberté; *Geisel, Entführten* qn relâche qn; *Verhafteten* qn relaxe qn; *Sklaven* qn affranchit qn; ■ **jd lässt jdn/ein Tier [aus etw] frei** *Geisel, Entführten, Verhafteten, Sklaven* qn libère qn/un animal [de qc]

Freilassung <-, -en> *f* libération *f,* [re]mise *f* en liberté; [*Verhafteten a.*] relaxe *f;* [*Sklaven*] affranchissement *m*

Freilauf *m* roue *f* libre

freilaufend *adj* en liberté

freilebend *s.* **frei II.1.**

frei|legen *vt* ■ **jd legt etw frei** qn met qc au jour

Freilegung *f* mise *f* au jour

Freileitung *f* ligne *f* aérienne

freilich *adv* **1.** (*allerdings*) cependant, toutefois
2. *bes.* SDEUTSCH (*natürlich*) bien sûr

Freilicht- de plein air **Freilichtbühne** *f* théâtre *m* de plein air

Freilos *nt* billet *m* de loterie gratuit

frei|machen I. *vt* **1.** POST ■ **jd macht etw frei** qn affranchit qc
2. (*entkleiden*) ■ **jd macht etw frei** *Brust, Brustkorb etc* qn dénude qc; ***machen Sie bitte den Arm frei*** remontez votre manche, s'il vous plaît; ***machen Sie bitte den Oberkörper frei*** enlevez le haut, s'il vous plaît
II. *vi* ■ **jd macht frei** qn prend congé; ***ich habe eine Woche/gestern freigemacht*** j'ai pris une semaine [de congé]/une journée [de congé] hier
III. *vr* **1.** *fam* (*dienstfrei nehmen*) ■ **jd macht sich frei** qn se libère
2. (*entkleiden*) ■ **jd macht sich frei** qn se déshabille

Freimaurer *m* franc-maçon *m*

Freimaurerei *f* ∅ franc-maçonnerie *f*

Freimaurerloge *f* loge *f* maçonnique

Freimut *m* ∅ franchise *f*
► **mit allem ~** en toute franchise

freimütig I. *adj* franc(franche)
II. *adv* franchement

Freimütigkeit <-> *f* ∅ franchise *f*

Freiplatz *m* **1.** (*kostenloser Platz*) place *f* gratuite
2. SCOL bourse *f* d'études

frei|pressen *vt* ■ **jd presst jdn frei** qn fait relâcher qn grâce au chantage

Freiraum *m* liberté *f* d'action; ***eine Gesellschaft braucht Freiräume wie die Hochschulen*** la société a besoin de cadres privilégiés tels que les universités; ***ich brauche mehr [persönlichen] ~*** j'ai besoin de davantage de liberté d'action; ***ich brauche genügend ~ zur Ausübung meiner Hobbys*** j'ai besoin de suffisamment de temps libre pour me consacrer à mes hobbies

freireligiös *adj* non-conformiste

freischaffend *adj attr* indépendant(e) **Freischaffende(r)** *f(m) decl wie adj* free-lance *mf*

Freischärler(in) <-s, -> *m(f)* milicien(ne) *m(f)*

freischaufeln *vt* ■ **jd schaufelt etw frei** qn déblaie qc à la pelle

frei|schießen *vt irreg* ■ **jd schießt jdn frei** qn libère qn en déclenchant une fusillade; ***jd schießt sich*** (*dat*) ***den Weg frei*** qn réussit à se libérer en déclenchant une fusillade

frei|schwimmen *vr irreg* ■ **jd schwimmt sich frei** qn passe son brevet de natation premier degré

Freischwimmer *m fam* (*Bescheinigung*) brevet *f* de natation premier degré
► **jd hat den ~** *fam* qn est breveté(e) de natation premier degré; **jd macht den ~** *fam* qn passe le brevet de natation premier degré

Freischwimmer(in) *m(f)* (*Schwimmer*) breveté(e) *m(f)* de natation premier degré

Freischwimmerzeugnis *nt* brevet *m* de natation premier degré

frei|setzen *vt* **1.** (*entfesseln*) ■ **etw setzt [bei jdm] etw frei** qc libère qc [chez qn]
2. CHEM ■ **etw setzt etw frei** qc libère qc
3. *euph* (*entlassen*) ■ **jd setzt jdn frei** qn débauche qn, qn limoge qn

Freisetzung <-, -en> *f* **1.** (*Entfesselung*) libération *f*
2. CHEM émanation *f*
3. *euph* (*Entlassung*) débauchage *m,* limogeage *m*

freisinnig *adj* **1.** CH radical[-démocratique]
2. *veraltet* (*liberal*) libéral(e)

frei|sprechen *vt irreg* **1.** JUR ■ **jd spricht jdn [wegen etw] frei** qn déclare qn non coupable [*o* acquitte] [pour qc]
2. (*lossprechen*) ■ **jd spricht jdn von etw frei** qn absout qn de qc
3. ■ **jd spricht jdn frei** *Auszubildende* qn certifie [*o* reconnaît] l'aptitude professionnelle de qn

Freispruch *m* JUR verdict *m* de non-lieu [*o* d'acquittement]
► **jd beantragt [für jdn] ~, jd plädiert [für jdn] auf ~** qn plaide non-coupable [pour qn]

Freistaat *m veraltend* république *f*
► **der ~ Bayern/Sachsen** *la république de Bavière/de Saxe*

Freistatt *f,* **Freistätte** *f geh* lieu *m* d'asile

frei|stehen *vi irreg* **1.** (*überlassen sein*) ■ **es steht jdm frei etw zu tun** qn est libre de faire qc; ***es steht Ihnen frei das zu tun*** libre à vous de faire cela
2. (*leer stehen*) ■ **etw steht frei** qc est inhabité(e)

frei|stellen *vt* **1.** (*anheim stellen*) ■ **jd stellt jdm etw frei/es jdm frei etw zu tun** qn laisse à qn le choix de qc/de faire qc; ***das bleibt Ihnen [völlig] freigestellt*** libre à vous
2. *euph* (*entlassen*) ■ **jd stellt jdn frei** qn remercie qn
3. (*befreien*) ■ **jd stellt jdn von etw frei** *von einer Teilnahme, vom Unterricht, Wehrdienst* qn dispense qn de qc; ■ **jd stellt jdn frei** (*beurlauben*) qn suspend qn de ses fonctions

Freistempel *m* cachet *m* d'oblitération

Freistilringen *nt* lutte *f* libre **Freistilschwimmen** *nt* nage *f* libre

Freistoß *m* coup *m* franc
► **direkter ~** coup *m* franc direct; **indirekter ~** coup *m* franc indirect; **jd verhängt einen ~, jd entscheidet auf ~** qn ordonne un coup franc

Freistunde *f* heure *f* de libre
► **jd hat eine ~/~n** qn a une heure/des heures de libre(s)

Freitag *m* **1.** vendredi *m*
2. CH (*freier Tag*) jour *m* de congé
► **am ~** (*kommenden ~*) vendredi prochain; (*letzten ~*) vendredi dernier; (*freitags*) le vendredi; **an einem ~** un vendredi; **jeden ~** chaque vendredi, tous les vendredis; **nächsten ~** vendredi prochain; **vorigen** [*o* **letzten**] **~** vendredi dernier

freitags *adv* le vendredi

Freitod *m euph* suicide *m*
► **jd wählt den ~** qn se donne la mort

freitragend *adj Brücke* suspendu(e); *Konstruktion, Treppe* en porte-à-faux

Freitreppe *f* perron *m*

Freiübung *f* exercice *m* d'assouplissement
► **jd macht** [*o* **veranstaltet**] **~en** qn fait des exercices d'assouplissement

Freiumschlag *m* enveloppe *f* affranchie [*o* timbrée]

freiweg *adv* franchement, sans détour, sans ambages

Freiwild *nt* proie *f* facile, gibier *m*

freiwillig I. *adj* **1.** (*aus eigenem Antrieb erfolgend*) *Dienst, Helfer, Einsatz* bénévole **2.** (*freigestellt*) *Versicherung, Teilnahme* facultatif(-ive) **II.** *adv* bénévolement, volontairement, de son plein gré; *sich melden, sich verpflichten, sich höher versichern* volontairement; *mitkommen* de bon gré **Frei-**

willige(r) *f(m) decl wie adj* **1.** bénévole *mf,* volontaire *mf* **2.** MIL volontaire *mf* ▶ ~ **vor!** y a-t-il des volontaires?; MIL que les volontaires fassent un pas en avant!

Freiwilligkeit <-> *f Ø* volontariat *m*

Freiwurf *m* coup *m* franc

Freizeichen *nt* tonalité *f*

Freizeit *f* **1.** (*arbeitsfreie Zeit*) loisirs *mpl; die tägliche/wöchentliche ~* le repos quotidien/hebdomadaire; *in meiner ~* pendant mes loisirs
2. (*Ausflug, Reise*) excursion *f*

-freizeit *f Senioren-, Familien-* excursion *f; Wander-* randonnée *f*

Freizeit- **1.** (*in der Freizeit getragen*) *-hemd, -jacke, -hose, -schuhe* décontracté(e), sport; *-anzug* décontracté(e) **2.** (*die Freizeitgestaltung betreffend*) *-angebot, -beschäftigung, -einrichtung* de loisirs; *-forscher, -forschung, -berater, -wissenschaftler* en loisirs; *-stress* des loisirs; *-verhalten* pendant les loisirs **Freizeitausgleich** *m* compensation *f* du temps de travail **Freizeitgestaltung** *f* organisation *f* des loisirs **Freizeitindustrie** *f* industrie *f* des loisirs **Freizeitkleidung** *f* tenue *f* sport [*o* décontractée] **Freizeitpark** *m* parc *m* de loisirs [*o* d'attractions] **Freizeitwert** *m* valeur *f* ludique

freizügig *adj* **1.** (*moralisch*) *Mensch, Moral, Sitten, Umgang* libre, libéral(e); *Auffassung* libéral(e)
2. (*offenherzig*) audacieux(-euse), osé(e); *Ausschnitt a.* généreux(-euse)
3. (*reichlich*) *Gebrauch, Anwendung* abondant(e); *in der Anwendung von Gewürzen sind Orientalen sehr ~* les Orientaux ne lésinent pas sur [*o* utilisent généreusement] les épices

Freizügigkeit <-, -en> *f* **1.** [*Mensch*] largeur *f* de vues [*o* d'esprit]; [*Moral, Umgang, Sitten*] liberté *f;* (*Offenherzigkeit*) audace *f*
2. ADMIN libre circulation *f*

fremd *adj* **1.** (*fremdländisch*) étranger(-ère)
2. (*nicht zu Hause*) ■ **jd ist irgendwo ~** qn est étranger(-ère) quelque part; *ich bin in Hannover ~* je ne connais pas Hanovre; *der Fahrer muss hier wohl ~ sein* ce conducteur ne doit sûrement pas être d'ici
3. (*opp: eigen*) de quelqu'un d'autre; *Bank, Institut, Firma, Kinder, Leute* autre; *Bett, Wagen* inconnu(e); *Eigentum, Wohnung* d'autrui
4. (*unbekannt*) *Anblick, Gefühl, Gesicht, Mensch* étranger(-ère), inconnu(e); ■ **etw ist jdm ~** qc m'est/lui/... est étranger(-ère) [*o* inconnu(e)]
▶ **sie werden sich ~** ils/elles s'éloignent l'un(e) de l'autre; */Ehepartner a./* ils/elles se détachent l'un(e) de l'autre

-fremd **1.** (*nicht dazugehörig*) étranger(-ère) à
2. *politik-, wirklichkeits-* hors de; *praxis-* purement théorique
3. (*nicht vom Ort*) étranger(-ère) à

Fremd- **1.** (*von außen kommend*) venu(e) de l'extérieur
2. (*nicht intern*) étranger(-ère)
3. (*nicht eigen*) *-finanzierung* extérieur(e); *-kapital, -mittel a.* emprunté(e); *~verschulden* faute *f* incombant à un tiers; *~besitz* propriété *f* d'un tiers

fremdartig I. *adj Musik, Brauch* étrange; *Aussehen* bizarre; (*exotisch*) exotique
II. *adv* étrange

Fremdartigkeit <-> *f Ø* (*Ungewöhnlichkeit*) étrangeté *f;* [*Aussehen*] bizarrerie *f;* (*exotische Art*) caractère *m* exotique

fremdbestimmt *adj* téléguidé(e); (*aus dem Ausland a.*) sous l'influence de l'étranger

Fremde <-> *f Ø geh* ■ **die ~** l'étranger *m*
▶ **in die ~** à l'étranger; **in der ~** à l'étranger

Fremde(r) *f(m) decl wie adj* (*Ortsfremder*) étranger(-ère) *m(f),* inconnu(e) *m(f);* (*Ausländer*) étranger(-ère) *m(f);* (*Unbekannter*) inconnu(e) *m(f)*

fremde[l]n *vi* SDEUTSCH, CH ■ **ein Kind fremdelt** un enfant a peur des étrangers

fremdenfeindlich *adj* hostile aux étrangers; (*gegen Ausländer a.*) xénophobe **Fremdenfeindlichkeit** *f* hostilité *f* à l'encontre des étrangers; (*gegen Ausländer a.*) xénophobie *f* **Fremdenführer(in)** *m(f)* guide *mf* **Fremdenlegion** *f Ø* Légion *f* [étrangère] **Fremdenlegionär** *m* légionnaire *m* **Fremdenverkehr** *m* tourisme *m* **Fremdenzimmer** *nt* **1.** *s.* Gästezimmer **2.** TOURISMUS *veraltend* chambre *f* d'hôte; (*im Gasthof*) chambre *f* [d'auberge]

fremd|gehen *vi irreg + sein fam* ■ **jd geht fremd** qn trompe [*o* cocufie *fam*] son mari/sa femme; *meine Frau geht fremd* ma femme me fait cocu *fam*

Fremdheit <-> *f Ø* étrangeté *f;* [*Musik, Tanz a.*] exotisme *f*

Fremdherrschaft *f Ø* domination *f* étrangère **Fremdkörper** *m* **1.** MED corps *m* étranger **2.** *fig* (*Mensch*) étranger(-ère) *m(f);* (*Gebäude*) bâtiment *m* qui détonne; *jd/etw wirkt wie ein ~* qn/qc détonne

fremdländisch *adj* exotique

Fremdling <-s, -e> *m veraltend geh* étranger(-ère) *m(f)*

Fremdsprache *f* langue *f* étrangère

Fremdsprachenkorrespondent(in) *m(f)* correspondancier international/correspondancière internationale *m/f,* secrétaire *mf* bilingue/trilingue **Fremdsprachenunterricht** *m* enseignement *m* des langues [étrangères]; *jd gibt ~* qn enseigne les langues [étrangères] **fremdsprachig** *adj* en langue étrangère **fremdsprachlich** *adj Unterricht* des langues étrangères; *Wörterbuch* de langue étrangère **Fremdwort** <-wörter> *nt* mot *m* étranger [*o* d'origine étrangère] ▶ **... ist für jdn ein ~** qn n'a jamais entendu le mot ...; *Höflichkeit ist für dich wohl ein ~?* tu ne dois pas savoir [*o* personne ne t'a appris] ce que c'est que la politesse? **Fremdwörterbuch** *nt* dictionnaire *m* des mots étrangers

frenetisch I. *adj* frénétique
II. *adv* frénétiquement

frequentieren * *vt geh* ■ **jd frequentiert etw** qn fréquente qc

Frequenz <-, -en> *f* **1.** (*Häufigkeit*) fréquence *f*
2. PHYS fréquence *f*
3. [*Fahrzeuge, Verkehr*] densité *f*

Frequenz- de fréquence

Fresko <-s, Fresken> *nt* fresque *f*

Fressalien *pl fam* bouffe *f fam; ein paar ~* un peu de bouffe *fam*

Fresse <-, -n> *f* **1.** *vulg* (*Mund*) gueule *f fam*
2. *sl* (*Gesicht*) gueule *f fam,* tronche *f fam*
▶ **jd hat eine große ~** *sl* qn a une grande gueule *fam,* qn est fort(e) en gueule *fam;* **jd hält die ~** *sl* qn ferme sa gueule *fam;* **jd haut jdm eins** [*o* **was**] **in die ~** *vulg,* **jd poliert jdm die ~** *vulg* qn casse la gueule à qn *fam,* qn lui fout [*o* flanque] son poing sur la gueule *fam;* **ach du meine ~!** *sl* eh merde ! *fam*

fressen <frisst, fraß, gefressen> I. *vi* **1.** ■ **ein Tier frisst** [**aus/von etw**] un animal mange [dans qc]
2. *pej sl* ■ **jd frisst** qn bouffe *fam*
3. (*angreifen*) ■ **etw frisst an etw** (*dat*) qc ronge qc, qc attaque qc
4. *geh* (*wühlen*) ■ **etw frisst in jdm** qc ronge qn, qc dévore qn
II. *vt* **1.** ■ **ein Tier frisst etw** un animal mange qc
2. *pej sl* ■ **jd frisst etw** qn bouffe qc *fam*
3. (*verbrauchen*) ■ **etw frisst etw** qc bouffe qc *fam; Benzin, Öl, Strom a.* qc consomme qc
▶ **ein Tier bekommt** [*o* **kriegt** *fam*] **etw zu ~** on donne qc à manger à un animal; **jd hat jdn/ein Tier zum F~ gern** *fam* qn adore qn/un animal; **jd hat jdn/etw gefressen** *fam* qn ne peut pas sentir [*o* piffer *pop*] qn/qc *fam;* **jd hat etw** [**endlich**] **gefressen** *fam* qn a fini par piger qc *fam;* **ich könnte dich ~** *fam* je t'adore; **jd sieht jdn an, als ob er ihn ~ will** *fam* qn regarde qn comme s'il voulait le/la bouffer *fam;* **ich will dich doch nicht ~** *fam* je ne vais pas te manger [*o* bouffer *fam*]; **der/die wird dich schon nicht ~** *fam* il/elle ne va pas te manger [*o* bouffer *fam*]; **etwas zu ~** *sl* quelque chose à bouffer *fam*
III. *vr* **1.** (*sich vorarbeiten*) ■ **etw frisst sich in etw** (*akk*)**/durch etw** */Bohrer, Säge/* qc s'enfonce [*o* pénètre] dans/à travers qc
2. (*zerfressen*) ■ **etw frisst sich durch etw** */Rost, Säure, Lauge/* qc ronge qc
▶ **jd frisst sich satt** [*o* **voll**] *sl* qn s'en met plein la lampe [*o* la gueule] *fam,* qn s'en fout plein la lampe *fam; hast du dich satt gefressen?* tu as le ventre plein?; **ein Tier frisst sich voll** un animal mange à sa faim

Fressen <-s> *nt Ø* **1.** (*Futter*) bouffe *f fam*
2. *sl* (*Festessen*) bouffe *f fam,* gueuleton *m fam*
▶ **etw ist ein gefundenes ~ für jdn** *fam* qc est une bonne aubaine [*o* est pain bénit *fam*] pour qn

Fresser(in) <-s, -> *m(f) sl* morfal(e) *m(f) arg,* goinfre *mf*
▶ **ein unnützer ~** une bouche inutile

Fresserei <-, -en> *f pej sl* bouffe *f; es war die reinste ~* les gens se sont vraiment goinfrés *fam; bei deiner ständigen ~ ...* si tu te goinfres sans arrêt ...

Fressgier[RR], **Freßgier** *f pej* goinfrerie *f,* gloutonnerie *f* **Fresskorb**[RR], **Freßkorb** *m fam* (*Korb mit Proviant*) panier *m* de provisions [*o* de bouffe *fam*]; (*Geschenkkorb*) panier *m* garni **Fressnapf**[RR], **Freßnapf** *m* gamelle *f,* écuelle *f* **Fresspaket**[RR], **Freßpaket** *nt fam* colis *m* de nourriture [*o* de bouffe *fam*] **Fresswerkzeuge**[RR], **Freßwerkzeuge** *pl* mandibules *fpl* **Fresszelle**[RR], **Freßzelle** *f* phagocyte *m*

Frettchen <-s, -> *nt* furet *m*

fretten *vr* AUS, SDEUTSCH *fam* (*sich abmühen*) ■ **jd frettet sich ~** [**etw zu tun**] qn se crève à faire qc *fam*

Freude <-, -n> *f* **1.** *Ø* (*Gemütsverfassung*) joie *f;* ■ **jds ~ über etw** (*akk*) la joie que procure qc à qn; ■ **jds ~ an etw** (*dat*) la joie [*o* le plaisir] que procure qc à qn; *seine ~ an schöner Musik* la joie [*o* le plaisir] que lui procure la belle musique
2. *pl* (*Vergnügungen*) ■ **die ~n einer S.** (*gen*) *des Alltags, der Ehe, des Lebens, der Liebe* les joies *fpl* de qc
▶ **Freud und Leid** les joies et les peines; *in Freud und Leid* dans les bons comme dans les mauvais jours; **aus ~ an der Sache** *fam* pour le plaisir; **jds ganze ~** toute la joie de qn; **das ist nur die halbe ~** ça vous/te retire la moitié du plaisir; **jd hat an jdm/etw seine helle** [*o* **große**] **~** qn/qc donne [*o* procure] un grand [*o* beaucoup de] plaisir à qn; **jd lebt herrlich und in ~n** *geh* qn nage dans la félicité, qn mène la vie de château; **die kleinen ~n** [**des Lebens**] les petites joies [de l'existence]; **es ist keine reine ~ etw zu tun** ce n'est pas la joie de faire qc; **es ist eine wahre** [*o* **die reine**] **~, ...** c'est un [vrai] plaisir de ..., ça fait [vraiment] plaisir de ...; **jd hat an jdm/einem Tier/etw ~** qn/un animal/qc donne [*o* procure] du plaisir à qn; *jd hat an etw* (*dat*) *keine ~ mehr* qc ne procure plus de plaisir à qn, qc ne plaît plus à qn; *ich habe keine ~ mehr am Leben* je n'ai plus goût à la vie; **jd hat an jdm/einem Tier/etw seine ~** qn/un animal/qc réjouit qn; **etw ist eine ~** c'est un vrai plaisir; **es ist eine ~ etw zu tun** c'est un plaisir de faire qc; **es ist mir eine ~ ...** c'est une joie pour moi de ..., je me réjouis de ...; **da kommt ~ auf** ça fait [vraiment] plaisir; **jd macht** [*o* **bereitet**] **jdm eine ~** qn fait plaisir à qn; **etw macht jdm** [**...**] **~** qc fait plaisir à qn, qc réjouit qn; *die Gartenarbeit macht manchmal wenig ~* le jardinage n'est parfois pas très amusant; **jd/ein Tier macht jdm viel/nur ~** qn/un animal donne [*o* procure] à qn beaucoup de joies [*o* satisfactions], qn/un animal ne donne que des joies [*o* satisfactions] à qn; **es macht jdm ~ etw zu tun** cela fait plaisir à qn de faire qc, qn aime bien faire qc; **mit ~n** avec joie; **vor ~** de joie, de plaisir; **zu jds** [**...**] **~** pour la [...] joie de qn; *zu meiner ~* à ma grande joie; *zu unserer allergrößten ~* pour notre plus grande joie

Freudenbotschaft *f geh* heureuse nouvelle *f* **Freudenfest** *nt* joyeuse fête *f* **Freudenfeuer** *nt* feu *m* de joie **Freudengeschrei** *nt* cris *mpl* de joie ▶ **jd erhebt ein ~** *geh* qn pousse des cris de joie **Freudenschrei** *m* cri *m* de joie ▶ **jd bricht in ~e aus** qn laisse éclater sa joie **Freudensprung** *m* saut *m* de joie ▶ **jd macht einen ~/~e** qn saute de joie **Freu-**

dentag *m* jour *m* de joie **Freudentanz** *m* ▸ **jd führt einen [wahren/wilden] ~/~e auf, jd vollführt einen [wahren/wilden] ~/~e** qn danse de joie/se lance dans une danse frénétique pour exprimer sa joie **Freudentaumel** *m* joie *f* folle, allégresse *f* ▸ **jd verfällt in einen [wahren] ~** qn est ivre [*o* transporté(e)] de joie, qn ne se sent plus de joie **Freudentränen** *pl* larmes *fpl* de joie ▸ **jd weint** [*o* **vergießt**] ~ qn pleure [*o* verse des larmes] de joie

freudestrahlend I. *adj* rayonnant(e) [de joie]
II. *adv* le visage rayonnant de joie

freudig I. *adj* 1. (*voller Freude*) joyeux(-euse)
2. (*erfreulich*) heureux(-euse)
II. *adv* joyeusement; ~ ***erregt*** plein(e) d'une excitation joyeuse; ~ ***überrascht*** heureusement surpris(e); ***ich bin ~ überrascht*** c'est pour moi une heureuse surprise

-freudig 1. (*gerne tuend*) porté(e) à [*o* sur], avide de
2. (*-willig*): ***auskunfts~*** disposé(e) à renseigner; ***reform~*** désireux(-euse) de réformer; ***kompromiss~*** ouvert(e) aux compromis; ***jd ist entscheidungs~*** qn a l'esprit de décision
3. (*zu etw neigend*) qui a tendance à [faire qc]; ***ein sehr knitter~es Gewebe*** une étoffe qui se froisse très facilement; ***reiß~*** qui a tendance à se déchirer, qui se déchire facilement

freudlos *adj* sans joie, morne

freuen I. *vr* 1. (*voller Freude sein*) ▪ **jd freut sich [über jdn/etw]** qn est content(e) [de qn], qn se réjouit [*o* est ravi(e)] [de qc]; ***ich freue mich/die Katze freut sich dich zu sehen*** je suis content(e)/le chat est content de te voir; ▪ **jd freut sich für jdn/mit jdm** qn se réjouit pour qn/avec qn; ▪ **jd freut sich etw tun zu dürfen/können** qn se réjouit [*o* est ravi(e)] de pouvoir faire qc; ***wir ~ uns Ihnen mitteilen zu können, dass*** nous sommes heureux(-euses) de vous annoncer que + *indic*
2. (*freudig erwarten*) ▪ **jd freut sich auf jdn/etw** qn se réjouit [d'avance]/de la venue de qn/[d'avance] de qc; *auf Ostern, die Ferien* qn attend qc avec impatience
II. *vt* 1. (*erfreuen*) ▪ **etw freut jdn** qc réjouit qn
2. *impers* ▪ **es freut jdn, dass** qn se réjouit que + *subj*, qn est ravi(e) que + *subj*; ***es freut mich zu sehen, dass*** je me réjouis de voir que + *indic*; ***es freut mich, dass es mir möglich war …*** je me réjouis d'avoir pu …

Freund(in) <-[e]s, -e> *m(f)* 1. ami(e) *m(f)*; (*intimer Bekannter*) copain/copine *m/f*, [petit] ami/[petite] amie *m/f*, compagnon/compagne *m/f vieilli*
2. (*Anhänger*) amateur *m*
▸ ~ **und Feind** amis et ennemis; **grau, teurer ~, ist alle Theorie** *prov* tu prends tes désirs/vous prenez vos désirs pour des réalités; **jd ist kein ~ von vielen Worten** qn n'aime pas les longs discours; **jd ist mit jdm gut ~** qn est en bons termes avec qn; **mein lieber ~!** *iron* mon vieux!, mon petit ami!; **du bist mir ein schöner ~/eine schöne ~in** *iron fam* tu parles d'un ami/d'une amie! *fam*; **jd gewinnt jdn zum ~/zur ~in** qn se fait un ami/une amie de qn, qn gagne l'amitié de qn; **jd hat jdn zum ~/zur ~in** qn a qn pour ami(e); **jd ist ein/kein ~/eine/keine ~in einer S.** (*gen*) qn est/n'est pas amateur de qc; ***ich bin kein ~ von solchen Manipulationen*** je n'aime pas ce genre de manipulations; **unter ~en** *fam* parce que c'est toi, prix d'ami; **[unser] ~ …** *iron* notre ami …, ce bon …

-freund(in) *m(f)* *Garten-, Kinder-, Tier-* ami(e) *m(f)* des; *Fußball-, Kunst-, Opern-, Theater-* amateur *m* de/d'; ***Musik~*** mélomane *mf*

Freundchen <-s, -> *nt fam* (*Bürschchen*) mon petit bonhomme [*o* gars]! *fam*
▸ ~! ~! mon vieux!, mon petit ami!

Freundeskreis *m* cercle *m* d'amis [*o* d'intimes]
▸ **im engen/engeren/engsten ~** dans l'/une stricte/la plus stricte intimité

Freund-Feind-Denken *nt* conception *f* [*o* pensée *f*] manichéenne, manichéisme *m*

freundlich I. *adj* 1. (*liebenswürdig*) aimable; *Gesicht, Mensch a.* avenant(e); ▪ **jd ist ~ [zu jdm]** qn est aimable [envers qn], qn est gentil(le) [avec qn]; ▪ **etw ist ~ von jdm** qc est aimable [*o* gentil(le)] de la part de qn; ***es war sehr ~ von Ihnen*** c'était très aimable à vous; ▪ **jd ist so ~ und tut etw** qn a l'amabilité [*o* la gentillesse] de faire qc
2. *Himmel* serein(e); *Landschaft* riant(e); *Wetter* agréable; *Ambiente* sympathique; *Einrichtung, Zimmer* accueillant(e); *Farben* attrayant(e)
3. (*wohlwollend*) *Gesinnung, Haltung, Einstellung* bienveillant(e)
▸ **bitte recht ~!** souriez!
II. *adv* amicalement, de façon amicale

-freundlich 1. (*wohlgesinnt*) *familien-* favorable aux, en faveur des; ***ausländer~*** xénophile *rare*; ***benutzer~, bediener~*** convivial(e); ***jd ist kinder~/tier~*** qn aime les enfants/les animaux
2. (*geeignet*) *haut-, magen-* bon(ne) pour; ***etw ist reparatur~*** qc se répare facilement

freundlicherweise *adv* aimablement; ***könnten Sie mir ~ sagen, …?*** auriez-vous l'amabilité de me dire …?

Freundlichkeit <-, -en> *f* 1. ∅ (*Liebenswürdigkeit*) amabilité *f*
2. (*Handlung*) aimable attention *f*, geste *m* aimable
3. (*Bemerkung*) parole *f* aimable
▸ **jd hat die ~ etw zu tun** qn a l'amabilité de [*o* est assez aimable pour] faire qc

Freundschaft <-, -en> *f* ∅ amitié *f*
▸ **in aller ~** en toute amitié; **in alter ~**: ***sie sind in alter ~ verbunden*** ils/elles sont lié(e)s par une vieille amitié, ils/elles sont ami(e)s de longue date; ***wir werden das Problem in alter ~ regeln*** nous allons régler ce problème entre amis; ***in alter ~, dein Egon*** amitiés, Egon; **auf gute ~!** à notre amitié!; **jd bietet jdm die** [*o* **seine**] **~ an** qn offre son amitié à qn; **da hört die ~ auf** *fam* l'amitié a des limites; ***da hört die ~ auf!*** faut pas pousser! *fam*, il y a des limites! *fam*; **jd kündigt jdm die ~** qn se brouille avec qn, qn rompt avec qn; **jd schließt [mit jdm] ~** qn se lie d'amitié [avec qn]; ***schließen wir ~!*** devenons ami(e)s!

freundschaftlich I. *adj* amical(e)
II. *adv* amicalement; ***wir verkehren sehr ~ miteinander*** nous avons des relations très amicales; ***jd ist jdm ~ gesinnt*** qn n'a que de bonnes dispositions à l'égard de qn, qn nourrit des sentiments amicaux envers qn *littér*; ***jd ist mit jdm ~ verbunden*** qn est lié(e) d'amitié avec qn

Freundschaftsbande *pl geh* liens *mpl* d'amitié **Freundschaftsdienst** *m* service *m* d'ami [*o* à titre amical] ▸ **jd erweist jdm einen ~** qn rend un service d'ami à qn **Freundschaftspreis** *m* prix *m* d'ami ▸ **jd macht jdm einen ~** qn fait un prix d'ami à qn **Freundschaftsspiel** *nt* rencontre *f* amicale, match *m* amical

Frevel <-s, -> *m geh* ignominie *f littér*; (*gotteslästerlich*) sacrilège *m*

frevelhaft *adj geh* ignominieux(-euse) *littér*, criminel(le); *Tat a.* sacrilège

Frevelhaftigkeit <-> *f* ∅ *geh* ignominie *f littér*

freveln *vi geh* ▪ **jd frevelt** qn commet un outrage; ▪ **jd frevelt gegen jdn/etw** qn outrage qn/qc

Freveltat *f geh* ignominie *f littér*; (*gotteslästerlich*) sacrilège *m*
▸ **jd begeht eine ~** qn commet un forfait [*o* une ignominie] *littér*

Frevler(in) <-s, -> *m(f) geh* scélérat(e) *m(f) littér*, criminel(le) *m(f)*; REL sacrilège *mf*

frevlerisch *adj veraltend s.* **frevelhaft**

Friede <-ns, -n> *m veraltend* paix *f*; ~! la paix!
▸ ~ **seiner/ihrer Asche** paix à ses cendres!; ~, **Freude, Eierkuchen** *hum* tout baigne [dans l'huile] *fam*, tout le monde il est beau, tout le monde il est gentil *fam*; ~ **sei mit euch!** la paix soit avec vous!

Frieden <-s, -> *m* 1. POL paix *f*; ~ ***herrscht*** la paix règne
2. (*Harmonie, Ruhe*) paix *f*; [*Gewissen a.*] repos *m*; [*Garten a.*] calme *m*; [*Mensch a.*] tranquillité *f*; ***ich habe endlich wieder meinen ~!*** j'ai enfin la paix
▸ **sie leben in ~ und Freundschaft** [*o* **Eintracht**] ils vivent en bonne harmonie; **jd geht in den ewigen ~ ein** qn entre dans la paix éternelle; **der häusliche ~** la paix du ménage; **um des lieben ~s willen** *fam* pour qu'on ait [au moins] la paix; ***sie gab um des lieben ~s nach*** elle cédait pour avoir la paix; **sozialer ~** paix sociale; **der Westfälische ~** la paix de Westphalie; **jd lässt jdn [mit etw] in ~** qn laisse qn en paix [*o* tranquille] [avec qc]; **jd macht seinen ~ mit jdm** *geh* qn fait la paix [*o* se réconcilie] avec qn; ***macht euren ~ miteinander!*** faites la paix !, réconciliez-vous!; **[er/sie] ruhe in ~!** qu'il/qu'elle repose en paix!; **jd schließt [mit jdm] ~** POL qn conclut [*o* fait] la paix [avec qn]; **jd stiftet ~ [zwischen Menschen]** qn fait régner la paix [entre des personnes]; **jd traut dem ~ nicht** *fam* qn reste sur ses gardes; **im ~** en paix; ***im ~ kann sich die Wirtschaft wieder erholen*** en temps de paix, l'économie peut se redresser

Friedens- de paix; *-bruch, -fahne, -glocke, -liebe, -sehnsucht, -forscher* de la paix; *-erziehung* à la paix; *-arbeit, -gebet* pour la paix; *-bereitschaft* pacifique; *-aktivist, -demonstration* pacifiste; ***f~erzwingend*** qui impose la paix; ***f~fähig*** apte à la paix; ***f~gefährdend*** qui menace la paix; ***f~untauglich*** inapte à la paix **Friedensbedingungen** *pl* conditions *fpl* de paix **friedensbewegt** *adj* pacifiste **Friedensbewegung** *f* mouvement *m* pacifiste **Friedenskonferenz** *f* conférence *f* de paix **Friedensnobelpreis** *m* prix *m* Nobel de la paix **Friedensordnung** *f* règlement *m* pacifique **Friedenspfeife** *f* calumet *m* de la paix ▸ **jd raucht mit jdm die ~** *hum fam* qn fume le calumet de la paix avec qn **Friedenspflicht** *f* IND trêve *f* sociale (*stipulée dans une convention collective*); POL devoir *m* de paix ▸ **jd verletzt die ~** qn rompt [*o* ne respecte pas] la trêve sociale **Friedensplan** *m* plan *m* de paix **Friedenspolitik** *f* politique *f* de paix ▸ **jd verfolgt** [*o* **betreibt**] **eine … ~** *aktive, glaubwürdige* qn poursuit [*o* pratique] une politique de paix … **Friedensrichter(in)** *m(f)* 1. juge *m* de paix 2. CH (*Laienrichter*) arbitre *m*, conciliateur(-trice) *m(f)* **Friedensschluss**[RR] *m* conclusion *f* de la paix **Friedenssicherung** *f* maintien *m* de la paix **Friedensstärke** *f* effectif *m* en temps de paix **friedensstiftend** *adj* pacifique; ~***e Funktion*** rôle *m* pacifique **Friedenstaube** *f* colombe *f* de la paix **Friedenstruppe** *f* force *f* d'interposition **Friedensverhandlungen** *pl* négociations *fpl* de paix **Friedensvertrag** *m* traité *m* de paix ▸ **jd schließt [mit jdm] einen ~** qn conclut [*o* signe] un traité de paix [avec qn] **Friedenszeit** *f* période *f* de paix ▸ **in ~en** en temps de paix

friedfertig *adj* pacifique, conciliant(e)

Friedfertigkeit *f* caractère *m* conciliant; ***die ~ ihres Charakters*** son caractère conciliant; ***aus ~*** par esprit de conciliation; ***er ist die ~ in Person*** c'est l'homme conciliant par excellence

Friedhof *m* cimetière *m*
▸ **jd liegt auf dem ~** qn repose au cimetière; **auf dem/den ~** au cimetière

Friedhofskapelle *f* chapelle *f* du cimetière **Friedhofsruhe** *f* calme *m* de cimetière ▸ **irgendwo herrscht ~** un endroit est calme comme un cimetière

friedlich I. *adj* 1. (*gewaltlos*) pacifique; *Volk, Zeit a.* paisible; *Nutzung, Verwendung a.* à des fins pacifiques
2. *Mensch, Tier* pacifique, paisible; ***wirst du wohl ~ sein?*** vas-tu te tenir tranquille [*o* te calmer]?; ***gib ihr ein Bonbon, damit sie ~ ist!*** donne-lui un bonbon pour qu'elle se tienne tranquille!
3. *Anblick, Gegend* paisible, calme
▸ **nun sei doch endlich ~!** *fam* fiche-nous la paix!
II. *adv* 1. (*gewaltlos*) pacifiquement; *verlaufen* sans heurts
2. *sterben* en paix

friedliebend *adj* paisible, pacifique, épris(e) de paix

Friedrich <-s> *m* Frédéric *m*
▸ ~ **der Große** Frédéric le Grand; **jd setzt seinen ~ Wilhelm unter etw** (*akk*) *fam* qn appose sa griffe sous qc

frieren <fror, gefroren> I. *vi* 1. + *haben* (*sich kalt fühlen*) ▪ **jd friert [an**

etw (*dat*)] qn a froid [à qc]
2. + *sein* (*gefrieren*) ■ **etw friert** qc gèle
II. *vi* + *haben impers* ■ **es friert** il gèle
III. *vt impers* + *haben* ■ **es friert jdn [an etw** (*dat*)] qn a froid [à qc]
Fries <-es, -e> *m* frise *f*
Friese <-n, -n> *m*, **Friesin** *f* Frison(ne) *m(f)*
friesisch *adj* frison(ne)
frigid[e] *adj* frigide
Frigidität <-> *f* ∅ frigidité *f*
Frika[n]delle <-, -n> *f* boulette *f* [de viande], fricadelle *f*
Frikassee <-s, -s> *nt* fricassée *f*
Frikativ <-s, -e> *m*, **Frikativlaut** *m* fricative *f*
Friktion <-, -en> *f* friction *f*
Frisbee® <-, -s> ['frɪzbɪ] *nt* frisbee® *m*
Frisbee-Scheibe ['frɪzbɪ-] *f* [disque *m* de] frisbee® *m*
frisch I. *adj* 1. (*opp: alt*) frais(fraîche); ***abgestandenes Bier schmeckt nicht mehr*** ~ une bière éventée a perdu sa fraîcheur
2. (*neu*) propre; ***er zieht jeden Morgen ein ~es Hemd an*** il change de chemise tous les matins
3. (*feucht*) *Anstrich, Farbe, Fleck, Putz* frais(fraîche)
4. *Gesichtsfarbe* frais(fraîche); ***Leute mit betont ~em Aussehen*** des gens qui ont l'air frais et dispos
5. (*unverbraucht*) *Kräfte, Mut* nouveau(-velle); *Truppen* frais(fraîche)
6. (*kühl*) frais(fraîche)
▸ **jd ist ~ und munter** *fam* qn est frais(fraîche) et dispos(e); **jd macht sich ~** qn fait un brin de toilette
II. *adv* fraîchement; ~ ***gebacken*** *Brot* frais(fraîche); ***„~ gestrichen!"*** "peinture fraîche!"; ***hast du die Betten ~ bezogen?*** as-tu changé les draps?; ***ihr kommt mir nur ~ gewaschen an den Tisch!*** vous ne viendrez à table qu'une fois lavés!
▸ ~ **gebacken** *Ehemann, Ehefrau* [tout(e)] jeune; *Lehrer, Arzt, Rechtsanwalt* frais(fraîche) émoulu(e); ~ **gewagt ist halb gewonnen** *prov* la fortune sourit aux audacieux; ***immer ~ drauflos!*** il faut y aller!; ***es ist wichtig nur immer ~ draufloszureden*** l'important, c'est d'y aller et de parler; ~ **von** [*o* **aus**] **etw** tout droit de qc; ***das Bier ist ~ aus dem Fass*** la bière sort tout juste du tonneau
-frisch qui vient d'être ..., tout juste sorti(e) de ...; ***fang~e Fische*** des poissons qui viennent d'être pêchés; ***ernte~e/garten~e Früchte*** des fruits tout juste récoltés/qui sortent du jardin; ***ein röst~er Kaffee*** un café qui vient d'être torréfié; ***back~e Brötchen*** des petits pains tout juste sortis du four
Frisch- 1. GASTR frais(fraîche); ~***wurst*** saucisson *m* non fumé
2. (*nicht alt*): ~***öl*** huile *f* neuve; ~***blut*** sang *m* frais; ~***wasser*** eau *f* fraîche
Frische <-> *f* ∅ 1. GASTR fraîcheur *f*
2. (*Feuchtigkeit*): ***wegen der ~ der Farbe*** comme la peinture est fraîche; ***die ~ des Putzes*** le fait que l'enduit soit frais
3. (*Kühle*) fraîcheur *f*
4. (*Sauberkeit*) fraîcheur *f*
▸ **in alter ~** *fam* plus frais(fraîche) que jamais; **in geistiger/körperlicher ~** l'esprit vif/le corps alerte
frischgebacken *s.* **frisch II. Frischhaltebeutel** *m* sachet *m* plastique (*pour contact alimentaire*) **Frischhaltefolie** [-liə] *f* pellicule *f* transparente (*pour la conservation des aliments*) **Frischhaltepackung** *f* emballage *m* fraîcheur **Frischkäse** *m* fromage *m* frais
Frischling <-s, -e> *m* marcassin *m*
Frischluft *f* air *m* frais **frischweg** *adv* de bon cœur, sans retenue
Friseur(in) <-s, -e> [fri'zø:ɐ, -'zø:rɪn] *m(f)* 1. coiffeur(-euse) *m(f)*
2. (*Friseursalon*) coiffeur *m*
▸ **jd geht zum ~** qn va chez le coiffeur
Friseursalon [fri'zø:ezalõ:, -zalɔŋ] *m* salon *m* de coiffure
Friseuse <-, -n> [fri'zø:zə] *f s.* **Friseur**
frisieren * I. *vt* 1. (*kämmen*) ■ **jd frisiert jdn** qn coiffe qn; ■ **jd ist ... frisiert** qn est ... coiffé(e); ■ **das F~** le coiffage; ***jd frisiert jdm die Haare*** qn coiffe qn; ***ihr elegant frisierter Kopf*** sa coiffure élégante
2. *fam* (*fälschen*) ■ **jd frisiert etw** qn trafique qc *fam*, qn maquille qc
3. TECH ■ **jd frisiert etw** *Auto* qn trafique le moteur de qc *fam; Motor* qn trafique qc *fam*, qn gonfle qc
II. *vr* ■ **jd frisiert sich** qn se coiffe
Frisierkommode *f* coiffeuse *f* **Frisierspiegel** *m* glace *f* de coiffeuse
Frisör <-s, -e> *m*, **Frisöse** *f s.* **Friseur**
frisst[RR], **frißt** *3. pers pres von* **fressen**
Frist <-, -en> *f* 1. (*Zeitspanne*) délai *m*; ***innerhalb einer ~ von*** dans un délai de; ***gesetzlich festgelegte ~*** délai légal
2. (*Aufschub*) délai *m*
▸ **innerhalb kürzester ~** *form* dans les plus brefs délais; **innert nützlicher ~** CH (*innerhalb der vorgeschriebenen Frist*) dans les délais impartis, (*in absehbarer Zeit*) dans un délai raisonnable; **jd hält eine ~ ein** qn observe [*o* respecte] un délai; **jd lässt eine ~ verstreichen** qn laisse expirer un délai
fristen *vt* ■ **jd fristet etw** qn mène qc; ***jd fristet ein kümmerliches Dasein*** qn mène une existence misérable, qn vivote; ***wovon wollt ihr euer Leben ~?*** comment comptez-vous subsister?
Fristenlösung *f*, **Fristenregelung** *f* loi *f* sur l'interruption volontaire de grossesse [*o* l'I.V.G.]
fristgerecht *adj, adv* dans les délais [impartis], dans le délai fixé; *Kündigung, kündigen* en respectant le préavis; ***nicht ~*** en dehors des délais
fristlos *adj, adv* sans préavis
Fristverlängerung *f* sursis *m*, prorogation *f* [de délai]
Frisur <-, -en> *f* coiffure *f*
Friteuse *s.* **Fritteuse**
fritieren * *s.* **frittieren**
Fritten *pl fam* frites *fpl*
Frittenbude *f fam* friterie *f*, baraque *f* de frites *fam*
Fritteuse[RR] <-, -n> [fri'tø:zə] *f* friteuse *f*
frittieren[RR] *vt* ■ **jd frittiert etw** qn fait frire qc, qn fait qc à la friture
-fritze <-n, -n> *m fam* type *m* [*o* mec *m fam*] du/de la; ***ein Film~/Zeitungs~*** un type [*o* mec *fam*] du cinéma/de la presse; ***mein Vetter ist ein Computer~*** mon cousin bosse dans l'informatique *fam*
frivol [fri'vo:l] *adj* 1. (*anzüglich*) déplacé(e); *Witz, Lied a.* équivoque
2. (*bedenkenlos*) inconsidéré(e)
Frivolität <-, -en> [-vo-] *f* 1. (*Anzüglichkeit, Bemerkung*) incongruité *f*
2. ∅ (*Bedenkenlosigkeit*) légèreté *f*
Frl. *abk von* **Fräulein** Mlle
froh I. *adj* 1. *Blick, Gesicht, Mensch* joyeux(-euse); ■ **jd ist ~ [über etw** (*akk*)] [*o* [**um etw** SDEUTSCH, AUS, CH]] qn est content(e) de qc; ■ **jd ist ~ [darüber], dass** qn se réjouit que + *subj* [*o* de ce que + *subj*]; ***sei nur ~, dass du nicht so viel Ärger hast wie ich*** estime-toi heureux(-euse) [*o* sois content(e)] de ne pas avoir autant d'ennuis que moi!; ***wir können noch ~ sein, dass*** nous pouvons nous estimer heureux(-euses) que + *subj*
2. *Botschaft* heureux(-euse); *Kunde, Nachricht a.* bon(ne)
3. (*glücklich*) joyeux(-euse); ***ein paar ~e Tage verbringen*** passer quelques bonnes journées
II. *adv*: ~ ***gelaunt*** [*o* ***gestimmt***] de bonne humeur; ***ihr könntet ~er gelaunt sein*** vous pourriez être de meilleure humeur
frohgelaunt *s.* **froh II. frohgestimmt** *s.* **froh II.**
fröhlich I. *adj* joyeux(-euse); *Gesicht a.* réjoui(e)
II. *adv fam* (*unbekümmert*) sans m'/s'en faire *fam*, allègrement
Fröhlichkeit <-> *f* ∅ gaieté *f*
frohlocken * *vi geh* 1. (*triumphieren*) ■ **jd frohlockt [über etw** (*akk*)] qn exulte [de faire qc], qn jubile; ***jd frohlockt über jds Misserfolg*** qn exulte d'apprendre l'échec de qn 2. (*jubeln*) ■ **jd frohlockt** qn est rempli(e) d'allégresse *soutenu*; ■ **jd frohlockt über etw** (*akk*) qc remplit qn d'allégresse *soutenu* **Frohnatur** *f geh* 1. (*Wesen*) heureuse nature *f*, heureux caractère *m* 2. (*Mensch*) heureuse nature *f* **Frohsinn** *m* ∅ *s.* **Frohnatur 1.**
fromm <"er *o* -er, "ste *o* -ste> *adj* 1. *Mensch, Lieder, Spruch* pieux(-euse); *Christ a.* fervent(e); *Institution, Konvikt etc* religieux(-euse)
2. *iron Wunsch* pieux(-euse); *Lüge, Betrug* pieux(-euse) *antéposé*
Frömmelei <-, -en> *f pej* bigoterie *f*
frömmeln *vi pej* ■ **jd frömmelt** qn est confit(e) en dévotion
Frömmigkeit <-> *f* ∅ piété *f*, dévotion *f*
Fron <-, -en> *f geh* corvée *f*
Fronarbeit *f* 1. CH travail *m* d'intérêt général (*bénévole*)
2. *s.* **Frondienst**
Fronde <-, -n> ['frõ:ndə] *f* fronde *f*
Frondienst *m* corvée *f*
frönen *vi geh* ■ **jd frönt einer S.** (*dat*) qn s'adonne à qc
Fronleichnam ∅, *kein art* la Fête-Dieu
Fronleichnamsfest *nt* la Fête-Dieu **Fronleichnamsprozession** *f* procession *f* de la Fête-Dieu
Front <-, -en> *f* 1. [*Gebäude*] façade *f*; (*von Bäumen*) ligne *f*, rideau *m*; (*von Wagen*) rangée *f*
2. MIL front *m*
3. (*Fronde*) coalition *f*
4. METEO front *m*
▸ **auf breiter ~** MIL sur un large front; *fig* globalement; **jd schafft klare ~en** qn met les choses [clairement] au point; **jd/etw steht in vorderster ~** qn/qc est en première ligne; **jd/etw geht/liegt** [*o* **ist**] **in ~** qn/qc prend la tête/est en tête; **sie machen ~ gegen jdn/etw** ils/elles font bloc contre qn/qc
Frontabschnitt *m* secteur *m* du front
frontal I. *adj attr* frontal(e)
II. *adv* de front; *darstellen* de face
Frontalangriff *m* MIL attaque *f* frontale **Frontalunterricht** *m* cours *m* magistral (*dans un établissement scolaire*) **Frontalzusammenstoß** *m* collision *f* frontale
Frontantrieb *m* traction *f* avant ▸ **mit ~** avec [une] traction avant, avec [les] roues avant motrices; ***ein Wagen mit ~*** une [voiture à] traction avant **Frontbericht** *m* communiqué *m* des opérations **Frontmotor** *m* moteur *m* à l'avant ▸ **mit ~** avec moteur à l'avant **Frontsoldat(in)** *m(f)* soldat *m* du front **Frontspoiler** [-spɔɪlɐ, -ʃpɔɪlɐ] *m* spoiler *m* [*o* bouclier *m*] avant, jupe *f* avant **Fronturlaub** *m* permission *f* (*d'un soldat au front*) **Frontwand** *f* mur *m* de façade, façade *f* **Frontwechsel** [-vɛksl] *m* volte-face *f*, revirement *m*
fror *imp von* **frieren**
Frosch <-[e]s, "e> *m* 1. ZOOL grenouille *f*
2. (*Feuerwerkskörper*) ≈ pétard *m* mitraillette
▸ **jd hat einen ~ im Hals** [*o* **in der Kehle**] *fam* qn a un chat dans la gorge; **sei kein ~!** *fam* ne fais pas [tant] de manières!, n'essaie pas de te défiler! *fam*
Froschgoscherl <-s, -n> *nt* BOT AUS *fam* (*Löwenmäulchen*) geule-de-loup *f* **Froschlaich** *m* frai *m* de grenouille **Froschmann** <-männer> *m* homme-grenouille *m* **Froschperspektive** [-pɛrspɛkti:və] *f* contre-plongée *f* ▸ **aus der ~** en contre-plongée **Froschschenkel** *m* cuisse *f* de grenouille
Frost <-[e]s, "e> *m* gelée *f*, gel *m*; ***es herrscht strenger/klirrender ~*** il gèle à pierre fendre; ***bei eisigem ~*** par forte gelée, par grand froid
▸ **etw bekommt ~** [**ab**] qc gèle; **etw verträgt ~** qc résiste au gel; ***etw verträgt keinen ~*** qc craint le gel
Frostbeule *f* engelure *f*
fröst[e]lig *adj fam* frileux(-euse)
frösteln I. *vi* ■ **jd fröstelt [vor etw** (*dat*)] qn grelotte [de qc], qn frissonne [de qc]

II. *vt impers* ■ **es fröstelt jdn** qn a des frissons

frostfrei I. *adj* sans gelée II. *adv* CONSTR hors gel; HORT à l'abri du gel **Frostgefahr** *f* risque *m* de gelée ▶ **bei** ~ en cas de risque de gelée

frostig I. *adj a. fig* glacial(e)

II. *adv* avec froideur; *klingen* glacial(e)

Frostigkeit <-> *f Ø* 1. METEO: *die ~ des Wetters/Winds* le temps/vent glacial

2. *[Blick, Empfang, Mensch]* froideur *f*

frostklar *adj* glacial(e) *(par nuit claire)* **Frostschaden** *m* dégât *m* causé par le gel **Frostschutzmittel** *nt* antigel *m* **Frostwetter** *nt* temps *m* de gelée; ***die weitere Fortdauer des ~s*** la persistance des gelées

Frottee <-s, -s> *nt o m* tissu *m* éponge

Frottee- en éponge; *~**handtuch*** serviette *f* éponge

frottieren * I. *vt* ■ **jd frottiert jdn/etw [mit etw]** qn frictionne qn/qc [avec qc]

II. *vr* ■ **jd frottiert sich [mit etw]** qn se frictionne [avec qc]

Frotzelei <-, -en> *f fam* 1. *Ø* sarcasmes *mpl*, railleries *fpl*, moqueries *fpl*

2. *(frotzelnde Bemerkung)* sarcasme *m*; ***deine ~en kannst du dir sparen!*** garde tes sarcasmes pour toi!, arrête de me charrier [*o* chambrer]! *fam*

frotzeln *vi fam* ■ **jd frotzelt [über jdn/etw]** qn se moque [de qn/qc], qn charrie qn *fam*/qn fait des gorges chaudes de qc *fam*

Frucht <-, ¨-e> *f* 1. fruit *m*; SDEUTSCH, CH *(Getreide)* céréales *fpl*

2. *geh (Ergebnis)* fruit *m*

▶ **kandierte** ¨-e des fruits confits; **verbotene** ¨-e des fruits défendus; **etw trägt** ¨-e */Obstbaum/* qc donne des fruits; *fig* qc porte ses fruits

Frucht- 1. GASTR de fruits; *-sirup* de fruit; *-bonbon, -eis, -joghurt* aux fruits; *~**presse*** presse-agrumes *m*; *~**gummi*** bonbon *m* gélifié aux fruits

2. BOT: *~**schale*** pelure *f* [de fruits]; *~**kapsel*** capsule *f*; ***f~tragend*** fructifère; *~**behang*** rendement *m*; ***die Obstbäume haben einen guten ~ansatz*** les arbres fruitiers vont bien donner

fruchtbar *adj* 1. *(ertragreich)* fertile, fécond(e) *littér*

2. *(produktiv) Autor, Künstler, Musiker* fécond(e), prolifique

3. *(reproduktiv) Mensch, Tierart* fécond(e), prolifique

4. *(nutzbringend) Aussprache, Gespräch* fécond(e), fructueux(-euse)

▶ **jd macht etw für jdn/etw** ~ qn rend qc accessible à qn/qc; **seid** ~ **und mehret euch** croissez et multipliez-vous

Fruchtbarkeit <-> *f Ø* 1. *[Acker, Boden, Erde, Land]* fertilité *f*, fécondité *f littér*

2. *[Mensch, Tierart]* fécondité *f*

Fruchtblase *f* poche *f* des eaux, membranes *fpl* fœtales

Früchtchen <-s, -> *nt fam* chenapan *m*; ***ihr Sohn ist ein*** ~ leur fils est de la mauvaise graine

▶ **du bist mir ein sauberes** [*o* **nettes**] ~ *iron* tu es un sacré loustic [*o* un fameux lascar] *fam*

Früchte- *s.* **Frucht-**. **Früchtebrot** *nt* GASTR pain *m* aux fruits secs *(aux raisins secs, figues, noisettes, amandes et citron confit)*

fruchten *vi* ■ **etw fruchtet [bei jdm]** qc porte ses fruits, qc sert à qn; */Ermahnung/* qc a de l'effet [sur qn]; ***alles hat nichts/wenig gefruchtet*** tout cela n'a servi à rien/n'a pas servi à grand-chose

Früchtetee *m* thé *m* aux fruits

Fruchtfleisch *nt* pulpe *f* [de fruits] **Fruchtfliege** *f* mouche *f* du vinaigre, drosophile *f*

fruchtig I. *adj* fruité(e)

II. *adv*: ***etw schmeckt*** ~ qc a un goût fruité

Fruchtknoten *m* ovaire *m*

fruchtlos *adj Anstrengungen, Bemühungen* infructueux(-euse), stérile; *Ermahnungen* sans effet

Fruchtmark *nt* pulpe *f*, chair *f* **Fruchtsaft** *m* jus *m* de fruit **Fruchtstand** *m* infrutescence *f* **Fruchtwasser** *nt* liquide *m* amniotique **Fruchtwasseruntersuchung** *f* amniocentèse *f* **Fruchtzucker** *m* fructose *m*

frugal I. *adj geh* frugal(e)

II. *adv geh* frugalement, de façon frugale

früh I. *adj* 1. *(Tageszeit betreffend)* ■ **am ~en ...** tôt dans la/l'..., tôt le/l'...; ***am ~en Morgen*** de bon matin, le matin de bonne heure; ***am ~en Vormittag/Nachmittag/Abend*** au début de la matinée/l'après-midi/de soirée, tôt dans la matinée/l'après-midi/la soirée; ***am ~en Mittag*** autour de midi; ■ **der/die/das ~e ...** le début du/de la ...; ***in den ~en Morgenstunden*** le matin de bonne heure, dans les premières heures de la matinée; ■ **es ist ~**: ***es ist noch*** ~ il est encore tôt [*o* de bonne heure]; ***es ist [noch]*** ~ ***am ...*** il est [encore] tôt dans la/le/l' ...; ***es ist*** ~ ***[am Abend]*** il est tôt [dans la soirée]; ***es ist noch ~ am Tag*** il est encore de bonne heure; ***es ist noch so ~ am Abend!*** la soirée ne fait que commencer!

2. *(Zeitpunkt betreffend) Ereignis, Eintritt, Winter* précoce; *Tod* prématuré(e); ***das ist mir zu*** ~ c'est trop tôt pour moi; ***wann geht der ~este Zug/Flug nach Paris?*** quand part le [tout] premier train/vol pour Paris?; ***einen ~eren Bus nehmen*** prendre un bus qui part plus tôt; ***Ostern fällt in diesem Jahr auf einen ~en Termin*** Pâques tombe de bonne heure cette année

3. *(Zeitabschnitt betreffend) Kindheit* petit(e); ***seine ~e Kindheit/Jugend*** sa prime enfance/jeunesse *soutenu*; ***im/in der ~en ...*** au début du/de la/de l'...; ***aus dem/der ~en ...*** du début du/de la/de l'...

4. ART, LITER, MUS jeune; ***ein ~er Picasso*** une œuvre de jeunesse de Picasso

▶ **von** ~ **auf** dès l'enfance

II. *adv* 1. *(~zeitig) pensionieren, verrenten* anticipée; *verstorben* prématurément

2. *(~ am Tag)* tôt; *losgehen, aufbrechen, gehen a.* de bonne heure; ■ **Montag/Dienstag/...** ~ lundi/mardi/... matin; ***heute/morgen/gestern*** ~ ce matin/demain matin/hier matin; ***so*** ~? si tôt?, de si bonne heure?

3. *(~ zu einer bestimmten Tageszeit)* tôt; ~ ***am ...*** en début de ..., tôt le/l'/la ...; ***so ~ am Mittag*** de si bonne heure; ***~er als 6 Uhr kann ich nicht kommen*** je ne peux pas venir avant 6 heures

▶ **von ~ bis spät** du matin au soir; **~er oder später** tôt ou tard; **jd freut sich [*o* jubelt] zu** ~ qn se réjouit trop tôt; **jd ist ~ dran** qn arrive tôt, qn est en avance

Früh- 1. *(früh am Tag) -zug, -messe* du matin, premier(-ière); *-gymnastik, -konzert, -nachrichten, f-reif* matinal(e); *~**mette*** matines *fpl* 2. *(früh in der Saison) -gemüse, -kartoffeln* nouveau(-velle); *~**obst*** primeurs *fpl*; ***f~fruchtend*** précoce 3. *(vorzeitig) -ehe, -invalidität* précoce; *-rente, -verrentung* anticipé(e); *~**zündung*** avance *f* à l'allumage 4. *(opp: Spät-) -form, -gotik, -kapitalismus* primitif(-ive); ***f~christlich*** de l'Église primitive; ***die f~christliche Zeit*** les premiers temps du christianisme; *~**emanze*** féministe *f* de la première heure; *~**entwickler*** enfant *m* précoce; *~**werk*** œuvre *f* de jeunesse; *~**mittelalter*** haut Moyen Âge *m*; *~**renaissance*** première Renaissance *f*; *~**romantik*** préromantisme *m* 5. *(rechtzeitig)* précoce; *-behandlung, -diagnose* précoce; *~**warnflugzeug*** [avion *m*] Awacs *m* **frühauf** *s.* **früh I.▶**. **Frühaufsteher(in)** <-s,-> *m(f)* lève-tôt *mf fam*; ***du bist ~(in)*** tu es matinal(e) **Frühbeet** *nt* couche *f* **Frühdienst** *m* service *m* du matin ▶ **jd hat** ~ qn est du [service du] matin

Frühe <-> *f* ▶ **in aller** ~, **gleich in der** ~ de grand [*o* bon] matin; **in der** ~ tôt le matin

früher I. *adj* 1. *(vergangen)* passé(e)

2. *(ehemalig)* ancien(ne)

II. *adv (ehemals)* autrefois

▶ **von** ~ d'autrefois; ***ich kenne diese Stadt von*** ~ j'ai bien connu cette ville autrefois; ***ich kenne ihn/sie noch von*** ~ nous nous sommes connus autrefois

Früherkennung *f* dépistage *m* précoce

frühestens *adv* au plus tôt

frühestmöglich *adj attr*: ***der ~e Termin*** la date la plus proche possible; ***zum ~en Zeitpunkt*** le plus tôt possible; ***die ~e Lieferung wird in vier Wochen erfolgen*** la livraison aura lieu au plus tôt dans quatre semaines

Frühgeburt *f* naissance *f* prématurée [*o* avant terme]; *(Kind)* prématuré(e) *m(f)* ▶ **jd ist eine** ~ qn est prématuré(e); **jd hat eine** ~ qn accouche avant terme **Frühgeschichte** *f* 1. *Ø* protohistoire *f*; *[alte Kulturen]* histoire *f* primitive 2. *(frühe Phase) [Gewerkschaftsbewegung, Industrialisierung]* origines *fpl*, premiers temps *mpl* **Frühherbst** *m* début *m* de l'automne; ***wir haben doch erst*** ~! ce n'est pourtant que le début de l'automne ▶ **im** ~ au début de l'automne **frühherbstlich** *adj* de début d'automne

Frühjahr *nt* printemps *m*

▶ **im späten** ~ à la fin du printemps; **im zeitigen** ~ au début [*o* aux premiers jours] du printemps; **im** ~ au printemps

Frühjahrs- de printemps **Frühjahrsmüdigkeit** *f* fatigue *f* intervenant au printemps **Frühjahrsputz** *m* nettoyage *m* de printemps ▶ **jd macht [den]** ~ qn fait le [*o* son] grand nettoyage de printemps

frühkindlich *adj* infantile **Frühkultur** *f* culture *f* primitive

Frühling <-s, -e> *m* printemps *m*; ***es wird*** ~ le printemps arrive [*o* s'installe]; ***wir haben*** ~ c'est le printemps

▶ **jd erlebt seinen zweiten** ~ *hum* qn vit une nouvelle jeunesse, c'est le démon de midi; **im** ~ au printemps

Frühlings- printanier(-ière) **Frühlingsanfang** *m* début *m* du printemps; ***bald haben wir*** ~ nous sommes bientôt au début du printemps ▶ **bei/nach/vor** ~ au/après le/avant le début du printemps

frühlingshaft *adj* printanier(-ière)

Frühlingsrolle *f* pâté *m* impérial; *(kleinere)* nem *m* **Frühlingszeit** *f Ø geh* saison *f* printanière

frühmorgens *adv* de bon [*o* grand] matin **Frühnebel** *m* brouillard *m* matinal, brume *f* matinale **frühreif** I. *adj* précoce II. *adv*: ***wie der Kleine so ~ daherredet*** ce petit a un langage qui n'est pas de son âge! **Frührentner(in)** *m(f)* préretraité(e) *m(f)* **Frühschicht** *f* équipe *f* du matin ▶ **jd hat** ~ qn est [de l'équipe] du matin **Frühschoppen** *m réunion le dimanche matin dans le bistrot du coin* **Frühsommer** *m* début *m* de l'été; ***wir haben*** ~ c'est le début de l'été ▶ **im** ~ au début de l'été **frühsommerlich** *adj* presque estival(e) **Frühsport** *m* gymnastique *f* matinale ▶ **jd treibt** ~ qn fait sa gymnastique matinale **Frühstadium** *nt* stade *m* précoce [*o* peu avancé] ▶ **im** ~ au premier stade, à un stade précoce [*o* peu avancé] **Frühstart** *m* faux départ *m* **Frühstück** <-stücke> *nt* 1. petit-déjeuner *m*; ***um 8 Uhr ist*** ~ le petit-déjeuner est à 8 heures; ***was isst du immer zum*** ~? que prends-tu au petit-déjeuner?; ***sie saßen beim*** ~ ils étaient en train de prendre leur petit-déjeuner; ***möchten Sie Kaffee oder Tee zum*** ~? désirez-vous du café ou du thé pour votre petit-déjeuner? 2. *(Pausenmahlzeit)* petit-déjeuner *m*, casse-croûte *m fam* ▶ **exklusive/inklusive** ~ petit-déjeuner non compris/compris, sans/avec petit-déjeuner; **ein komplettes** ~ un petit-déjeuner complet; **zweites** ~ pause *f* de dix heures, pause-café *f fam*

frühstücken I. *vi* ■ **jd frühstückt** qn prend son petit-déjeuner; ***ich bin beim F~*** je suis en train de prendre mon petit-déjeuner; ***man freut sich aufs F~*** on se réjouit de prendre son petit-déjeuner

II. *vt* ■ **jd frühstückt etw** qn mange qc au petit-déjeuner

Frühstücks- de petit-déjeuner; *-brauch, -zeit* du petit-déjeuner; *~**büfett*** petit-déjeuner *m* buffet [*o* américain]; *~**gedeck*** petit-déjeuner *m* **Frühstücksbrett** *nt* planchette *f (permettant de tartiner)* **Frühstücksbrot** *nt* casse-croûte *m (pour la pause de dix heures)* **Frühstücksfernsehen** *nt* émissions *fpl* [de télé] matinales **Frühstückspause** *f* pause *f* petit-déjeuner *fam* ▶ **jd macht** ~ qn fait la pause petit-déjeuner *fam*

Frühwarnsystem *nt* [système *m*] Awacs *m*, système *m* de surveillance électronique **Frühzeit** *f* premiers temps *mpl*, débuts *mpl* **frühzeitig** I. *adj* précoce; *Tod* prématuré(e); ***eine ~e Operation*** une opération faite au tout début de la maladie II. *adv* 1. *(früh genug)* suffisamment tôt; ***mög-***

lichst ~ le plus tôt possible **2.** (*vorzeitig*) prématurément
Frust <-[e]s> *m* ∅ *fam* frustration *f*
frusten *vt fam* ■ **jd/etw frustet jdn** qn/qc frustre qn; *das frustet* c'est frustrant
Frustration <-, -en> *f* frustration *f*
frustrieren * *vt fam* ■ **jd/etw frustriert jdn** qn/qc frustre qn; ■ **~d** frustrant(e)
F-Schlüssel ['ɛf-] *m* clé *f* de fa
Fuchs <-es, ⁻e> *m* **1.** (*Tier, Pelz*) renard *m; s. a.* **Füchsin**
2. (*Pferd*) alezan *m*
3. *fam* (*Mensch*) [vrai] renard *m*, mariolle *mf fam*
▸ **wo sich ~ und Hase gute Nacht sagen** *hum* en pleine cambrousse *fam*, dans un trou [*o* bled] paumé *fam;* **ein alter** [*o* **schlauer**] ~ *fam* un vieux renard
Fuchsbau <-baue> *m* renardière *f*, tanière *f* [du renard]
fuchsen [-ks-] *vt fam* ■ **etw fuchst jdn** qc fout qn en rogne *fam*
Fuchsie <-, -n> ['fʊksiə] *f* fuchsia *m*
fuchsig [-ks-] **I.** *adj fam* ■ **jd ist/wird** ~ qn est/se fout en rogne *fam*, qn est furax [*o* en pétard]/se fout en pétard *fam*
II. *adv fam* avec colère
Füchsin <-, -nen> [-ks-] *f* ZOOL renarde *f*
Fuchsjagd *f* chasse *f* au renard **Fuchspelz** *m* fourrure *f* de renard
Fuchsschwanz *m* **1.** JAGD queue *f* de renard **2.** (*Säge*) [scie *f*] égoïne *f*
fuchsteufelswild *adj fam* fou(folle) de rage, furax *fam*, furibard(e) *fam;* ■ **jd wird** ~ qn se fâche tout rouge ▸ **jd macht jdn** ~ qn rend qn fou(folle) de rage [*o* furibard(e) *fam*] [*o* furax *fam*]
Fuchtel <-, -n> *f* AUS, SDEUTSCH *fam* mégère *f*, harpie *f*
▸ **unter jds** ~ (*dat*) sous la coupe de qn; *im Internat hat man ihn unter der* ~ à l'internat, on le mène à la baguette
fuchteln *vi fam* ■ **jd fuchtelt** qn gesticule; ■ **jd fuchtelt mit etw** qn agite qc; *mit einem Stock a.* qn brandit qc
fuchtig *adj fam s.* **fuchsig**
Fuder <-s, -> *nt* **1.** (*Wagenladung*) charretée *f*
2. (*Hohlmaß für Wein*) ≈ foudre *m* (*de 10 à 18 hl*)
▸ **jd überlädt das** ~ CH qn en fait trop [*o* des tonnes *fam*]
fuderweise *adv hum fam* en quantité; *sie vertilgten* ~ *belegte Brote* ils/elles ont englouti des tonnes de sandwichs *fam*
Fuffziger <-s, -> *m* DIAL pièce *f* de cinquante pfennigs
▸ **jd ist ein falscher** ~ *pej fam* qn est [un] faux jeton *fam*
Fug *m* ▸ **mit ~ und Recht** *geh* à bon droit, à juste titre, avec raison; *glauben, annehmen a.* légitimement
Fuge¹ <-, -n> *f* (*Ritze*) [*Holzfußboden*] rainure *f;* [*Fliesenboden, Klinkermauer*] joint *m*
▸ **etw geht** [*o* **gerät**] **aus den ~n** *geh* qc s'en va à vau-l'eau, qc se disloque; *etw ist aus den ~n geraten* qc est sens dessus dessous; **etw kracht in allen ~n** qc craque de partout
Fuge² <-, -n> *f* MUS fugue *f*
fügen **I.** *vr* **1.** (*sich unterordnen*) ■ **jd fügt sich** [**jdm/einer S.**] qn se soumet [à qn/qc]
2. *geh* (*sich dareinfinden*) ■ **jd fügt sich in etw** (*akk*) qn se résigne à qc
3. (*passen*) ■ **etw fügt sich in etw** (*akk*) *in Umgebung* qc s'intègre dans qc; *in eine Lücke* qc s'insère dans qc
4. *impers geh* (*geschehen*) ■ **es fügt sich irgendwie** les choses tournent d'une certaine façon; *es hat sich alles aufs Beste gefügt* tout s'est arrangé; *es wird sich schon alles* ~ tout va s'arranger; *es hat sich nun mal so gefügt* ainsi en a décidé le destin *littér*
II. *vt* **1.** *geh* (*ansetzen*) ■ **jd fügt etw an/auf etw** (*akk*) qn ajoute qc à/sur qc; *die Maurer fügen Stein an/auf Stein* les maçons assemblent [*o* empilent] les pierres; *sie fügte mühsam Wort an Wort/Satz an Satz* elle avait du mal à assembler les mots/à mettre les phrases bout à bout [*o* à enchaîner les phrases]; ■ **jd fügt etw in etw** (*akk*) qn insère qc dans qc
2. *geh* (*bewirken*) ■ **jd/etw fügt etw** qn/qc dispose de qc *littér; Gott hat es nun mal so gefügt* Dieu en a décidé ainsi; ■ **etw fügt es, dass** qc veut que + *subj*
fugenlos **I.** *adj Verlegung* bord à bord; *Fläche* uni(e)
II. *adv verlegen* bord à bord; *schließen* hermétiquement
fügsam *adj geh* docile
Fügung <-, -en> *f* **1.** (*Bestimmung*) effet *m* de la Providence; *dahinter darf man wohl eine* ~ *vermuten* sans doute peut-on voir là la main de la Providence
2. GRAM locution *f*
▸ **eine ~ Gottes/des Schicksals** un décret divin [*o* de la Providence] /un arrêt du destin; **eine glückliche** ~ un hasard providentiel; **göttliche** ~ intervention divine
fühlbar *adj* **1.** (*merklich*) sensible, net(te)
2. (*tastbar*) ■ **etw ist** ~ qc est palpable
fühlen **I.** *vt* **1.** (*spüren*) ■ **jd fühlt etw** qn ressent qc; *Wärme, Kälte a.* qn sent qc; *Gefühl, Schmerz a.* qn éprouve qc; *er fühlt nichts mehr in der linken Hand* il ne sent plus sa main gauche; ■ **jd spürt, dass** qn sent que + *indic*
2. (*empfinden*) ■ **jd fühlt etw** *Erbarmen, Mitleid, Verachtung* qn éprouve [*o* ressent] qc; *sie ließ ihn ihre ganze Verachtung* ~ elle lui faisait sentir tout son mépris; ■ **jd fühlt, dass** qn sent que + *indic*
3. (*ertasten*) ■ **jd fühlt etw** *jds Arm, Hand* qn touche qc; *jds Puls a.* qn prend [*o* tâte] qc
II. *vi* (*tasten*): *fühl mal!* touche [voir]!; *durch F~* par tâtonnement; ■ **jd fühlt nach etw** qn porte la main à qc
III. *vr* **1.** + *adj* (*das Empfinden haben*) ■ **jd fühlt sich ...** qn se sent ...; *beleidigt, betrogen, hintergangen, benachteiligt* qn se considère comme ...; *wie ~ Sie sich?* comment vous sentez-vous?; *wie fühlst du dich jetzt als Direktor?* comment te sens-tu maintenant que tu es directeur?
2. (*sich einschätzen*) ■ **jd fühlt sich als jd** qn se considère comme qn
3. *fam* ■ **jd fühlt sich** qn ne se sent plus; *man sieht, dass sie sich fühlt, seit ...* on voit qu'elle se sent quelqu'un depuis ...
Fühler <-s, -> *m* **1.** [*Insekt*] antenne *f;* [*Schnecke*] corne *f*
2. (*Temperatur~*) sonde *f;* (*Sensor*) capteur *m*, palpeur *m*
▸ **ein Tier streckt die ~ aus/zieht die ~ ein** un animal allonge/rentre ses antennes/cornes; **jd streckt seine** [*o* **die**] ~ [**nach etw**] **aus** *fam* qn tâte le terrain [en vue de qc]
Fühlung <-, -en> *f* ▸ **jd bleibt/steht mit jdm in** ~ qn reste/est en contact avec qn; **jd nimmt mit jdm ~ auf** qn prend contact avec qn
Fühlungnahme <-, -n> *f* prise *f* de contact
fuhr *imp von* **fahren**
Fuhre <-, -n> *f* **1.** (*Wagenladung*) chargement *m;* (*Karrenladung*) charretée *f*
2. (*Taxieinsatz*) course *f*
führen **I.** *vt* **1.** (*geleiten*) ■ **jd führt jdn** [**irgendwohin**] qn guide qn [quelque part]; (*an~*) qn conduit qn [quelque part]; *er führte uns auf die andere Seite der Grenze* il nous a fait passer [de l'autre côté de] la frontière; *folgen Sie mir, ich führe Sie* suivez-moi; je vais vous conduire; ■ **jd führt jdn durch etw** qn fait traverser qc à qn; ■ **jd führt jdn** [**über etw** (*akk*)] qn fait traverser [qc à] qn; ■ **jd führt jdn zu jdm** qn conduit qn à qn; ■ **jd lässt sich** [**von jdm**] ~ qn se laisse conduire [par qn]; (*bei der Hand nehmen*) qn se laisse prendre par la main [par qn]
2. (*herum~*) ■ **jd führt jdn** [**durch etw**] *durch eine Stadt, ein Schloss, ein Museum etc* qn guide qn [à travers qc], qn fait visiter qc à qn
3. (*leiten*) ■ **jd führt jdn/etw** *Betrieb, Abteilung, Geschäfte, Agenten* qn dirige qn/qc; MIL *a.* qn commande qc
4. (*bringen*) ■ **etw führt jdn auf etw** (*akk*): *etw führt jdn auf ein Thema* qc amène qn sur [*o* à] un sujet; *etw führt jdn auf jds Spur* qc met qn sur la trace de qn; *etw führt jdn auf Abwege* qc détourne qn du bon chemin
5. (*registriert haben*) ■ **jd führt jdn/etw in/auf etw** (*dat*) *Person, Namen* qn a qn/qc dans/sur qc
6. ■ **jd führt etw** [**über etw** (*akk*)] *Pinsel, Bogen* qn déplace qc [sur qc]
7. (*heranbringen*): *die Kamera wird näher an etw* (*akk*) *geführt* on rapproche la caméra de qc; ■ **jd führt etw zu etw** *zum Mund* qn porte qc à qc
8. (*entlang~*) ■ **jd führt etw durch/über etw** (*akk*)/**an etw** (*dat*) **entlang** *Drähte, Leitung, Rohr* qn fait passer qc à travers/au-dessus de/le long de qc
9. *form* (*steuern*) ■ **jd führt etw** *Kraftfahrzeug, Zug* qn conduit qc
10. *form* (*tragen*) ■ **jd führt etw** *Namen, Titel, Wappentier* qn porte qc; *die Familie führt ein Pferd im Wappen* la famille porte un cheval sur ses armoiries
11. *form* (*haben*) ■ **jd führt etw bei** [*o* **mit**] **sich** *Waren, Gepäck* qn a qc avec soi; *Papiere, Waffe a.* qn porte [*o* a] qc sur soi
12. COM ■ **jd/etw führt etw** *Artikel* qn/qc vend qc; ~ *Sie auch Lebensmittel? – Nein, wir ~ keine!* vendez-vous [*o* avez-vous] également des produits alimentaires? – Non, nous n'en faisons pas!
▸ **was führt Sie zu mir?** *form* qu'est-ce qui vous amène?
II. *vi* **1.** (*in Führung liegen*) ■ **jd führt** [**mit etw**] qn mène [de qc], qn mène de qc; *er führt mit einer halben Runde Vorsprung* il mène d'un demi-tour [*o* avec un demi-tour d'avance]
2. (*verlaufen*) ■ **etw führt irgendwohin** qc mène quelque part; ■ **etw führt nach etw** qc mène à qc; ■ **etw führt durch/über etw** (*akk*) qc traverse qc; ■ **etw führt an etw** (*dat*) **entlang** qc longe qc; ■ **etw führt um etw** qc contourne qc; ■ **etw führt zu etw** qc mène quelque part
3. (*als Ergebnis haben*) ■ **etw führt zu etw** qc mène à qc, qc conduit à qc; ■ **etw führt dazu, dass** qc conduit à ce que + *subj; seine Aktivitäten führten zu dem Ergebnis, dass er entlassen wurde* ses activités ont eu pour résultat qu'il a été licencié
▸ **das führt zu nichts** ça ne mène à rien
III. *vr form* ■ **jd führt sich irgendwie** qn se conduit [*o* se comporte] d'une certaine façon
führend *adj Rolle* de premier plan; *Persönlichkeit, Wissenschaftler a.* qui fait autorité; *dieses Land gehört zu den auf dem Automobilsektor ~en Staaten* ce pays est l'un des leaders dans le secteur de l'automobile; ■ **etw ist in etw** (*dat*) ~ qc est leader dans qc
Führer <-s, -> *m* (*Reise~*) guide *m*
Führer(in) <-s, -> *m(f)* **1.** (*Leiter*) chef *m*, dirigeant(e) *m(f)*
2. (*Fremden~, Berg~*) guide *mf*
3. *form* (*Lenker*) conducteur(-trice) *m(f)*
▸ **der** ~ NS le führer; **mein** ~! NS mon führer!
Führerausweis *m* CH *s.* **Führerschein. Führerflucht** *m* CH *s.* **Fahrerflucht. Führerhaus** *nt* cabine *f*
führerlos **I.** *adj* **1.** (*ohne Führung*) privé(e) de chef [*o* dirigeant(e)]
2. *form Kraftfahrzeug* privé(e) de conducteur(-trice); *Barkasse* privé(e) de pilote
II. *adv* privé(e) de son conducteur/pilote
Führerschein *m* permis *m* [de conduire]
▸ **internationaler** ~ permis *m* de conduire international; **jd macht den** [*o* **seinen**] ~ qn passe le [*o* son] permis [de conduire]
Führerscheinentzug *m* retrait *m* du permis de conduire [*o* de permis]
Führerstand *m* cabine *f* de conduite
Fuhrmann <-leute> *m* **1.** (*Lenker*) charretier *m* **2.** ASTRON ■ **der** ~ le Cocher **Fuhrpark** *m* parc *m* automobile [*o* de véhicules]
Führung <-, -en> *f* **1.** ∅ (*Leitung*) direction *f;* MIL commandement *m*
2. (*Besichtigung*) ■ ~ [**durch etw**] visite *f* guidée [de qc]
3. ∅ SPORT avance *f*, avantage *m*
4. ∅ (*Betragen*) conduite *f*

5. *Ø form* (*Lenkung*) conduite *f*
6. TECH (*Schiene*) glissière *f*
7. *Ø* (*Betreuung*) gestion *f*
8. *Ø* [*Auszeichnung, Orden, Titel*] port *m*
▶ **bei/wegen guter** ~ en cas de/pour bonne conduite; **jd/etw liegt in** ~ qn/qc est en tête; ***der FC liegt mit zwei Punkten vor dem SC in*** ~ le FC est en tête avec deux points d'avance sur le SC; **jd/etw geht in** ~, **jd/etw übernimmt die** ~ qn/qc prend la tête; **unter jds** ~ (*dat*) sous la direction de qn; MIL sous le commandement de qn

Führungs- (*leitend*) dirigeant(e), de direction; (*für Führungskräfte*) de management; (*der Leitenden*) de la direction; ~***nachwuchs*** nouveaux cadres dirigeants *mpl;* [*Partei*] relève *f* au plus haut niveau, nouvelles têtes dirigeantes; ~***mächte*** dirigeants *mpl;* ~***gruppe*** SPORT groupe *m* de tête; ~***tor,*** ~***treffer*** but *m* qui donne l'avantage; ~***vorsprung*** avantage *m* **Führungsanspruch** *m* leadership *m* **Führungsaufgabe** *f* poste *m* de direction **Führungskraft** *f* cadre *m* dirigeant [*o* supérieur] **Führungsrolle** *f* rôle *m* dirigeant ▶ **jd spielt** [**in etw** (*dat*)] **eine** ~ qn joue un rôle dirigeant [au sein de qc] **Führungsschicht** *f* classe *f* dirigeante **Führungsschwäche** *f* manque *m* de fermeté dans la conduite des affaires; ***die amerikanische*** ~/***die*** ~ ***in Moskau*** le manque de fermeté du [*o* la faiblesse affichée par le] gouvernement américain/soviétique **Führungsspitze** *f* [*Unternehmen*] direction *f,* cadres *mpl* dirigeants; [*Partei*] comité *m* directeur **Führungsstab** *m* état-major *m* **Führungsstärke** *f* autorité *f* dans la conduite des affaires **Führungsstil** *m* style *m* [*o* mode *m*] de direction **Führungszeugnis** *nt* certificat *m* de bonnes vie et mœurs ▶ **polizeiliches** ~ certificat *m* de bonne conduite

Fuhrunternehmen *nt* société *f* [*o* entreprise *f*] de transport[s] **Fuhrunternehmer(in)** *m(f)* transporteur(-euse) *m(f)* **Fuhrwerk** *nt* charrette *f*

fuhrwerken *vi fam* **1.** (*laut*) ■ **jd fuhrwerkt** qn fait du tintouin [*o* raffut] *fam;* ***was fuhrwerkst du da in der Küche?*** qu'est-ce que c'est que ce tintouin [*o* bazar] [*o* cirque] que tu nous fais dans la cuisine? *fam*
2. (*umständlich*) ■ **jd fuhrwerkt/fuhrwerkt mit etw** qn s'agite/agite qc dans tous les sens

Fülle <-> *f Ø* **1.** (*Körper*~) embonpoint *m*
2. [*Klang, Haar*] volume *m;* [*Stimme a.*] ampleur *f*
3. (*Menge*) ■ **eine** ~ **von etw** une foule de qc
▶ **in** ~ en quantité, en abondance, à profusion

füllen I. *vt* **1.** (*voll machen*) ■ **jd füllt etw** [**mit etw**] qn remplit qc [de qc]; ***füll mir die Tasse nicht ganz!*** ne remplis pas ma tasse complètement!
2. GASTR ■ **jd füllt etw** [**mit etw**] qn farcit qc [avec qc]; *s. a.* **gefüllt**
3. (*ein*~) ■ **jd füllt etw in etw** (*akk*) qn verse qc dans qc
4. ■ **etw füllt etw** *Bände, Regal, Schrank, Kiste* qc remplit [*o* occupe] qc
II. *vr* ■ **etw füllt sich** [**mit Menschen**] qc se remplit [de personnes]; ■ **etw füllt sich** [**mit etw**] qc se remplit [de qc]

Füllen <-s, -> *nt veraltend s.* **Fohlen**

Füller <-s, -> *m* stylo[-plume] *m*

Füllfederhalter *m* stylo-plume *m,* stylo *m* à encre **Füllgewicht** *nt* **1.** COM poids *m* net **2.** [*Waschmaschine*] capacité *f* **Füllhorn** *nt* corne *f* d'abondance

füllig *adj* **1.** *Hüften* rebondi(e); *Busen a., Frau* plantureux(-euse); *Figur, Mensch* corpulent(e), enveloppé(e)
2. *Frisur* gonflant(e), qui donne du volume; ***unser Shampoo sorgt für*** ~***es Haar*** notre shampooing donne du volume à vos cheveux

Füllsel <-s, -> *nt* rembourrage *m*

Füllung <-, -en> *f* **1.** GASTR farce *f*
2. [*Polster, Stofftier*] rembourrage *m*
3. (*Tür*~) panneau *m*
4. [*Zahn*] plombage *m*

Füllwort <-wörter> *nt* terme *m* explétif

fulminant I. *adj geh* grandiose, éblouissant(e); *Idee, Einfall a.* magnifique, merveilleux(-euse); *Vorschlag* excellent(e); *Aufstieg* fulgurant(e); *Sieg* éclatant(e); *Talent* extraordinaire
II. *adv geh* de façon éblouissante

Fummel <-s, -> *m sl* fringues *fpl fam;* ***zieh doch endlich diesen*** ~ ***aus!*** enlève-moi donc cette pelure! *fam*

Fummelei <-, -en> *f fam* **1.** (*Hantieren*) casse-tête *m* [chinois]; ***es ist eine furchtbare*** ~ ça prend la tête *fam;* ***ewig diese*** ~, ***bis*** il faut bricoler cent sept ans [*o* se prendre la tête pendant trois heures *fam*] avant de
2. (*Petting*) pelotage *m fam*

fummeln *vi fam* **1.** (*hantieren*) ■ **jd fummelt** [**an etw** (*dat*)] qn bricole [après qc], qn tripatouille qc *fam*
2. (*Petting betreiben*) ■ **jd fummelt** qn pelote qn *fam;* ■ **sie** ~ ils se pelotent *fam*

Fund <-[e]s, -e> *m* **1.** *Ø form* (*das Entdecken*) ■ **der** ~ **einer S.** (*gen*) la découverte de qc; ***erzählen Sie uns, wie es zum*** ~ ***des Schatzes kam!*** dites-nous comment vous avez découvert ce trésor!
2. (*etwas Gefundenes*) trouvaille *f*
▶ **jd macht einen** ~ *geh* qn fait une découverte

Fundament <-[e]s, -e> *nt* **1.** [*Gebäude*] fondations *fpl*
2. (*Grundlage*) ■ ~ [**für etw**] base *f* [*o* fondement *m*] [de qc]
▶ **jd legt das** ~ **zu etw, jd schafft das** ~ **für etw** qn jette les fondements [*o* bases] de qc

fundamental I. *adj* fondamental(e)
II. *adv* fondamentalement, de façon fondamentale

Fundamentalismus <-> *m Ø* fondamentalisme *m;* REL *a.* intégrisme *m*

Fundamentalist(in) <-en, -en> *m(f)* intégriste *mf,* fondamentaliste *mf;* POL *a.* pur et dur/pure et dure *m/f*

fundamentalistisch *adj* fondamentaliste; REL *a.* intégriste

fundamentieren * *vi* ■ **jd fundamentiert** qn jette les fondations

Fundamt *nt* AUS, **Fundbüro** *nt* bureau *m* des objets trouvés **Fundgrube** *f* mine *f*

Fundi <-s, -s> *m,* <-, -s> *f fam* pur et dur/pure et dure *m/f* (*s'oppose chez les Verts au "Realo", partisan du compromis*)

fundiert *adj* fondé(e), argumenté(e); *Untersuchung* approfondi(e); ■ **etw ist** [**durch etw**] ~ qc est fondé(e), qc est étayé(e) par qc

fündig *adj* ▶ **jd wird** ~ qn trouve quelque chose; ***jd wird nicht*** ~ qn ne trouve rien

Fundort *m* lieu *m* de la découverte [*o* trouvaille]; ■ **der** ~ **von etw** le lieu où a/avait été découvert(e) qc **Fundsache** *f* objet *m* trouvé **Fundstätte** *f geh s.* **Fundort**

Fundus <-, -> *m* **1.** fonds *m;* ■ **ein** ~ **an etw** (*dat*) une somme [*o* un fonds] de qc
2. CINE, THEAT magasin *m* des accessoires

fünf *num* **1.** (*Zahl*) cinq
2. (*Jahr*) cinq ans; ■ **jd ist/wird** ~ qn a/va avoir cinq ans
3. (*Uhr*) cinq heures; (*Minuten*) cinq; ***es ist*** ~ il est cinq heures; ***es ist*** ~ ***vor/nach drei*** il est trois heures moins cinq/trois heures cinq; ***es ist schon kurz nach*** ~ il est déjà cinq heures passées; ***es ist noch vor*** ~ il n'est pas encore cinq heures; ***kurz vor*** ~ peu avant cinq heures
4. SPORT ■ ~ **zu etw** cinq à qc; ■ **etw zu** ~ qc à cinq
▶ **es ist** ~ [**Minuten**] **vor zwölf** il est grand temps [d'agir]; **jd lässt** ~[**e**] **gerade sein** *fam* qn ferme un œil; **gegen** ~ vers cinq heures; **mit** ~ à cinq ans; **um** ~ à cinq heures; **zu** ~t, **zu** ~**en** à cinq; *sein* cinq

Fünf <-, -en> *f* **1.** (*Zahl*) cinq *m*
2. TRANSP ■ **die** ~ le cinq
3. KARTEN ■ **die/eine** ~ le/un cinq; ■ **die** -~ le cinq de
4. SCOL cinq *m* (*très mauvaise note située entre trois et six sur vingt*)

Fünf-, fünf-: ~***dollarnote*** billet *m* de cinq dollars; ~***meterabstand*** écart *m* de cinq mètres; ***f~reihig*** de cinq rangées; ***f~spaltig*** de cinq colonnes; ***f~bändig*** en cinq volumes; ***f~dimensional*** à cinq dimensions **Fünfeck** *nt* pentagone *m* **fünfeckig** *adj* pentagonal(e) **fünfeinhalb** *num* **1.** (*5,5*) cinq ... et demi(e) **2.** *fam* (*5500 DM*) cinq mille cinq cents marks

Fünfer <-s, -> *m fam* **1.** (*Fünfpfennigstück*) pièce *f* de cinq pfennigs
2. (*fünf Richtige*) cinq bons numéros *mpl*
3. SCOL cinq *m* (*très mauvaise note située entre trois et six sur vingt*)
▶ **jd will den** ~ **und das Weggeli** CH qn veut gagner sur tous les tableaux, qn veut le beurre et l'argent du beurre

fünferlei *adj inv* **1.** *attr* ■ ~ **etw** *Brot, Käse* cinq sortes de qc; ■ ~ **Dinge** *Möglichkeiten, Fälle, Farben, Größen* cinq choses [différentes]
2. *substantivisch* cinq sortes *fpl*

fünffach, 5fach I. *adj* **1.** (*fünfmal so groß*) quintuple *rare;* ■ **der/die/das** ~**e ...** *Betrag, Preis, Summe* un/une ... cinq fois plus élevé(e); ***es kam die*** ~***e Anzahl*** il en est venu cinq fois plus; ***etw ist von der*** ~***en Dicke*** qc est cinq fois plus épais(se); ***die*** ~***e Menge*** le quintuple de [*o* cinq fois] la quantité; ***er hat die*** ~***e Summe gewonnen*** il a gagné cinq fois plus [*o* le quintuple]
2. (*fünfmal erstellt*) *Ausfertigung, Kopie* cinq; ***in*** ~***er Ausfertigung*** en cinq exemplaires
II. *adv* en cinq exemplaires; *unterschreiben* cinq fois; *zusammenlegen, gruppieren* par cinq

Fünffache(s) *nt decl wie adj* quintuple *m rare;* ***jd verdient/bezahlt/verzehrt das*** ~ qn gagne/paie/consomme cinq fois plus; ***das*** ~ ***an Fläche*** une surface cinq fois plus grande; ***das*** ~ ***an Gehalt*** un salaire cinq fois plus élevé ▶ **um das** ~: ***etw ist um das*** ~ ***gestiegen/hat sich um das*** ~ ***vergrößert*** qc a été multiplié(e) par cinq; ***um das*** ~ ***höher*** cinq fois plus élevé(e)

fünffüßig *adj* POES *Jambus, Vers* de cinq pieds; ***ein*** ~***er Vers*** un pentamètre **Fünfganggetriebe** *nt* boîte *f* cinq vitesses

fünfhundert *num* cinq cents

fünfhundertjährig *adj* de cinq cents ans; ***das*** ~***e Bestehen des Dorfs*** les cinq cents ans d'existence du village; ***das*** ~***e Jubiläum*** le cinquième centenaire

fünfhundertste(r, s) *adj* cinq centième

fünfhunderttausend *num* cinq cent mille

Fünfjahresplan *m* plan *m* quinquennal **fünfjährig** *adj* **1.** (*fünf Jahre alt*) *Kind, Tier, Baum* de cinq ans **2.** (*fünf Jahre dauernd*) *Amtszeit, Frist* [d'une durée] de cinq ans **Fünfjährige(r)** *f(m) decl wie adj* enfant *mf* de cinq ans

Fünfkampf *m* pentathlon *m* **fünfköpfig** *adj* de cinq [personnes]

Fünfling <-s, -e> *m* quintuplé(e) *m(f)*

fünfmal *adv* cinq fois, à cinq reprises
▶ ~ **so viel/so viele** [...] cinq fois plus/plus [de ...]

fünfmalig *adj:* ***nach*** ~***em Anruf/Versuch*** après cinq appels/essais; ***auf*** ~***es Klingeln*** au cinquième coup de sonnette; ***unser geheimes Zeichen ist*** ~***es Klopfen an der Tür*** notre signal consiste à frapper cinq fois à la porte; ***trotz bisher*** ~***er Bitte*** malgré une demande réitérée cinq fois

Fünfmarkschein *m* billet *m* de cinq marks **Fünfmarkstück** *nt* pièce *f* de cinq marks **Fünfpfennigstück** *nt* pièce *f* de cinq pfennigs **Fünfprozenthürde** *f* barre *f* des cinq pour cent **Fünfprozentklausel** *f* ■ **die** ~ la clause des cinq pour cent **fünfseitig** *adj* **1.** (*fünf Seiten umfassend*) de cinq pages **2.** GEOM à cinq côtés **fünfstellig** *adj* à cinq chiffres; *Zahl* de cinq chiffres **fünfstöckig** *adj* de cinq étages; ■ **etw ist** ~ qc a cinq étages **fünfstündig** *adj attr* de cinq heures **fünfstündlich** *adj, adv* toutes les cinq heures

fünft *adv s.* **fünf**

Fünftagewoche *f* semaine *f* de cinq jours **fünftägig** *adj* de cinq jours

fünftausend *num* cinq mille **Fünftausender** *m* montagne *f* de cinq mille mètres

fünfte(r, s) *adj* **1.** cinquième

2. (*Datum*) cinq; ***am ~n Mai*** le cinq mai

Fünfte(r) *f(m) decl wie adj* 1. (*des Monats*) ■ **der ~** le cinq
2. (*Herrscher*) ■ **... der ~** *gesprochen*, ■ **... V.** *geschrieben* ... cinq *oral*, ... V *écrit*
▶ **jd/etw ist/wird ~** qn/qc est/finit cinquième; **als ~(r)** en cinquième position; ***Sie sind als ~(r) dran*** vous êtes le/la cinquième; **jeder ~ [...]** un(e) [...] sur cinq

fünfteilig *adj Film* en cinq parties; *Satz* de cinq; *Besteck* pour cinq personnes

Fünftel <-s, -> *nt* ■ **ein ~ einer S.** (*gen*) un cinquième de qc

fünftens *adv* cinquièmement

fünftletzte(r, s) *adj* ■ **der/die/das ~ ...** le/la cinquième ... avant la fin; ■ **der/die/das F~** le/la cinquième avant la fin

fünftürig *adj* à cinq portes; ***~es Auto*** une cinq portes **Fünfuhrtee** *m* thé *m* de cinq heures; ***zum ~ eingeladen*** invité(e) à prendre le thé

fünfund- -cinq; ***wie alt bist du? – F~zwanzig*** quel âge as-tu? – Vingt-cinq ans **Fünfunddreißigstundenwoche** *f* semaine *f* de trente-cinq heures

fünfwertig *adj* pentavalent(e) **fünfwöchentlich** *adj, adv* toutes les cinq semaines **fünfwöchig** *adj* de cinq semaines

fünfzehn *num* 1. (*Zahl*) quinze
2. (*Jahr*) quinze ans; ■ **jd ist/wird ~** qn a/va avoir quinze ans
▶ **mit ~ [Jahren]** à quinze ans

fünfzehnte(r, s) *adj* quinzième

Fünfzehntel *nt* quinzième *m*

Fünfzeiler <-s, -> *m* (*Gedicht*) poème *m* de cinq vers; (*Strophe*) strophe *f* de cinq vers **fünfzeilig** *adj* de cinq lignes; *Gedicht, Strophe* de cinq vers; ■ **etw ist ~** qc a cinq lignes/vers

fünfzig *num* 1. (*Zahl*) cinquante
2. (*Jahr*) cinquante ans; ■ **jd ist/wird ~** qn a/va avoir cinquante ans
3. (*Stundenkilometer*) cinquante
▶ **mit ~** (*Alter*) à cinquante ans; (*Geschwindigkeit*) à cinquante

Fünfzig <-, -en> *f* 1. (*Zahl*) cinquante *m*
2. (*Alter*) cinquantaine *f*; ***sie geht schon auf die ~ zu*** elle va déjà sur ses cinquante ans, elle approche déjà de la cinquantaine

fünfziger *adj*, **50er** *adj attr, inv* 1. ■ **die ~ Jahre** les années *fpl* cinquante
2. COM (*1950*) de 1950

Fünfziger[1] <-s, -> *m* 1. *fam* (*Fünfzigpfennigstück* pièce *f* de cinquante pfennigs
2. (*Weinjahrgang*) 1950 *m*
▶ **jd ist in den ~n** qn a la cinquantaine, qn est quinquagénaire

Fünfziger[2] <-, -> *f fam* (*Briefmarke*) timbre *m* à cinquante pfennigs

Fünfziger(in) <-s, -> *m(f) fam* (*Mensch*) quinquagénaire *mf*

Fünfziger *pl* (*eines Jahrhunderts*) ■ **die ~** les années *fpl* cinquante

Fünfzigerjahre *pl* ■ **die ~** les années *fpl* cinquante

fünfzigjährig I. *adj attr* 1. (*50 Jahre alt*) de cinquante ans; *Mensch a.* quinquagénaire 2. (*50 Jahre dauernd*) de cinquante ans II. *adv* à cinquante ans **Fünfzigjährige(r)** *f(m) decl wie adj* quinquagénaire *mf*, homme/femme *m/f* de cinquante ans **fünfzigmal** *adv* cinquante fois **Fünfzigmarkschein** *m* billet *m* de cinquante marks **Fünfzigpfennigstück** *nt* pièce *f* de cinquante pfennigs

fünfzigste(r, s) *adj* 1. (*an 50. Stelle*) cinquantième
2. ***der ~ Teil von etw*** le cinquantième de qc

Fünfzigstel <-s, -> *nt* ■ **ein ~ einer S.** (*gen*) un cinquantième de qc

Fünfzimmerwohnung *f* appartement *m* de cinq pièces

fungieren * [fʊŋ'giːrən] *vi* (*walten*) ■ **jd fungiert als etw** qn fait fonction de qc; ■ **etw fungiert als etw** qc tient lieu [*o* fait office] de qc

Fungizid <-s, -e> [fʊŋgi'tsiːt] *nt* fongicide *m*

Funk <-s> *m* ∅ radio *f*
▶ **über [*o* per] ~** par radio

Funk- ... radio; ***~ausstellung*** salon *m* de la radio ***~beeinträchtigung*** brouillage *m*; ***~mikrofon*** micro[phone] *m*; ***~navigation*** radionavigation *f*; ***~ortung*** radiolocalisation *f*, radiorepérage *m*; ***~peilgerät*** radiogoniomètre *m*; ***~uhr*** pendule *f* radio-pilotée; (*Armbanduhr*) montre *f* radio-pilotée **Funkamateur(in)** [-amatøːɐ] *m(f)* radioamateur *m*

Fünkchen <-s, -> *nt* 1. *dim von* **Funke** [petite] étincelle *f*
2. ■ **ein/kein ~ einer S.** (*gen*) une/pas une parcelle [*o* lueur] de qc; ***kein ~ Ehre*** pas le moindre sens de l'honneur

Funke <-ns, -n> *m* 1. étincelle *f*
2. (*Anstoß*) ■ **der ~ einer S.** (*gen*) *des Aufruhrs, der Rebellion* l'étincelle *f* qui déclenche qc; *der Begeisterung* ce qui déclenche qc; ***der ~ der Begeisterung sprang auf sie über*** l'enthousiasme s'empara d'eux
3. (*ein bisschen*) ■ **ein/kein ~ einer S.** (*gen*) une/pas une parcelle [*o* lueur] de qc; ***er hat keinen ~ Ehre*** il n'a pas le moindre sens de l'honneur
▶ **der zündende ~** le détonateur; **dass die ~n flogen** *fam* en y allant de bon cœur, et ça y va/allait à la manœuvre *fam*; **etw schlägt ~n** qc produit [*o* fait] des étincelles; **der ~ springt [zwischen ihnen] über** *fam* ils ont le coup de foudre [l'un pour l'autre]; **etw sprüht ~n** qc jette [*o* lance] des étincelles; **~n sprühend** projetant des étincelles

funkeln *vi* 1. (*glitzern*) ■ **etw funkelt** qc scintille, qc étincelle
2. (*blitzen*) ■ **etw funkelt** /*Augen*/ (*vor Freude*) qc pétille; (*vor Zorn*) qc étincelle

funkelnagelneu *adj fam* flambant neuf(neuve)

funken I. *vt* ■ **jd funkt etw** *Anweisung, Botschaft* qn transmet qc par radio; *Signal, SOS* qn lance qc par radio
II. *vi* 1. (*senden*) ■ **jd funkt** qn lance un message; ***jd funkt um Hilfe/Nachschub/Unterstützung*** qn lance un message de détresse/demande du renfort/du secours par radio; ***er durfte nicht mit dem Funkgerät ~*** il n'avait pas le droit de se servir de la radio
2. (*Funken sprühen*) ■ **etw funkt** qc fait [*o* produit] des étincelles
3. *fam* (*funktionieren*) ■ **etw funkt** qc marche
III. *vi impers fam* 1. (*Prügel geben*) ■ **es funkt** ça va faire des étincelles [*o* péter] *fam*
2. (*verstehen*) ■ **es funkt bei jdm** qn pige *fam*
3. (*sich verlieben*) ■ **es hat bei [*o* zwischen] ihnen gefunkt** ils ont eu le coup de foudre

Funken <-s, -> *m s.* **Funke**

Funkenflug *m* projection *f* d'étincelles

funkensprühend *s.* **Funke** ▶

funkentstört *adj* antiparasité(e), équipé(e) d'un dispositif antiparasite

Funker(in) <-s, -> *m(f)* [opérateur(-trice) *m(f)*] radio *m*

Funkfeuer *nt* radiophare *m*, balise *f* [radio] **Funkgerät** *nt* appareil *m* de radio; (*Sprech~*) talkie-walkie *m* **Funkhaus** *nt* studios *mpl* **Funkkolleg** *nt* cours *m* radiodiffusé **Funkpeilung** *f* radiogoniométrie *f*, repérage *m* goniométrique **Funksprechgerät** *nt* talkie-walkie *m* **Funksprechverkehr** *m* communications *fpl* radiotéléphoniques **Funkspruch** *m* message *m* radio, radio[télé]gramme *m* **Funkstille** *f* TELEC silence *m* radio
▶ **es herrscht [*o* ist] [bei jdm] ~** *fam* c'est le grand silence, qn reste muet(te) [*o* coi(te)] **Funkstreife** *f* ronde *f* de police [en voiture radio] **Funkstreifenwagen** *m veraltend* voiture *f* radio [de la police] **Funktaxi** *nt* radio-taxi *m* **Funktelefon** *nt* radiotéléphone *m*

Funktion <-, -en> *f* (*alle Bedeutungen*) fonction *f*
▶ **etw hat eine ... ~** qc a une fonction ...; **etw hat die ~ ...** qc a pour fonction de ...; **etw ist außer ~** qc n'est pas en service, qc est hors service; **etw ist in ~** qc est en service; **jd/etw setzt etw außer/in ~** qn/qc interrompt le fonctionnement de qc/met en marche qc; **jd tritt in ~** qn entre en fonction; **in jds ~ als jd** en ma/sa/... qualité de qn

funktional *adj s.* **funktionell**

Funktionär(in) <-s, -e> *m(f)* 1. permanent(e) *m(f)*; ***der leitende ~/die leitende ~in*** le/la dirigeant(e), le/la responsable
2. CH (*Beamter*) fonctionnaire *mf*

funktionell *adj* 1. MED fonctionnel(le)
2. (*funktionsgerecht*) fonctionnel(le), pratique

funktionieren * *vi* 1. ■ **etw funktioniert** qc fonctionne
2. (*klappen*) ■ **etw funktioniert** qc fonctionne
3. *fam* (*gehorchen*) ■ **jd funktioniert** qn fonctionne *fam*

Funktionsbild *nt* description *f* de fonction **funktionsfähig** *adj* en état de marche; *Schusswaffe a.* en état de fonctionner **Funktionsstörung** *f* MED trouble *m* fonctionnel **Funktionstaste** *nt* touche *f* de fonction **Funktionsträger(in)** *m(f)* chargé(e) *m(f)* de fonction, responsable *mf* **funktionstüchtig** *adj s.* **funktionsfähig. Funktionsverb** *nt* verbe-support *m*

Funkturm *m* tour *f* hertzienne **Funkverbindung** *f* liaison *f* radio ▶ **jd steht mit jdm/etw in ~** qn est en liaison [*o* en contact] radio avec qn/qc **Funkverkehr** *m* radiocommunication *f* **Funkwagen** *m* voiture *f* radio

Funzel <-, -n> *f pej fam* loupiote *f fam*, lumignon *m*

für *präp + akk* 1. (*alle Bedeutungen*) pour; (*als a.*) comme; ***dieses Trinkgeld hatte ich ~ Sie bestimmt*** je vous avais destiné ce pourboire; ***ich halte sie ~ intelligent*** je la juge intelligente; ***ich hätte Sie ~ klüger eingeschätzt*** je vous aurais cru plus malin [que ça]
2. (*wiederholend*): ***Tag ~ Tag*** jour après jour
▶ **~ sich** seul(e); ***jeder ~ sich*** chacun pour soi; **was ~ ...** quel(le)s ...; ***was ~ komische Ideen!*** quelles drôles d'idées!; **was ~ ein ...** quel(le) ...; ***was ~ ein Pilz ist das?*** quel [*o* quelle sorte de] champignon est-ce?; **~ was** DIAL (*wozu*) pourquoi; ***~ was ist etw/soll etw gut sein?*** à quoi sert qc/à quoi qc peut-il servir?; ***~ was brauchst du so viel Geld?*** qu'est-ce que tu veux faire de tout cet argent?

Für <-> *nt* ▶ **das ~ und Wider** le pour et le contre; ***jede Möglichkeit hat ihr ~ und Wider*** chaque possibilité a du pour et du contre [*o* ses avantages et ses inconvénients]

Furan <-s, -e> *nt* furan[n]e *m*

Fürbitte *f* prière *f* [d'intercession]
▶ **jd legt bei jdm für jdn ~ ein** qn intercède pour qn auprès de qn

Furche <-, -n> *f* 1. (*Acker~*) sillon *m*
2. (*Wagenspur*) ornière *f*
3. (*Gesichtsfalte*) ride *f*

furchen *vt geh* ■ **etw furcht etw** 1. *Gesicht, Stirn* qc ride qc
2. *Acker* qc trace des sillons dans qc; *Weg* qc creuse des ornières dans qc

Furcht <-> *f* ∅ peur *f*
▶ **jdm sitzt die ~ im Nacken** qn a la peur au ventre, qn est mort(e) de peur; **~ einflößend [*o* erregend]** effrayant(e), terrifiant(e); **jd hat [*o* empfindet** *geh*] **~ [vor jdm/etw]** qn a peur [de qn/qc]; **jd/etw versetzt jdn in ~, jd/etw flößt jdm ~ ein** qn/qc fait peur à qn; **aus ~ vor jdm/etw** par peur de qn/qc; **sei ohne ~** n'aie pas peur!; **jd tut etw vor ~** qn fait qc de peur

furchtbar I. *adj* terrible; ***das ist ja ~!*** mais c'est affreux [*o* terrible]!
II. *adv + adj* terriblement; *+ vb* affreusement; ***mit dieser Frisur siehst du ja ~ aus!*** tu es vraiment affreuse avec cette coiffure!

furchteinflößend *s.* **Furcht** ▶

fürchten I. *vt* 1. (*sich ängstigen*) ■ **jd fürchtet jdn/etw** qn craint [*o* redoute] qn/qc; ■ **jd/etw ist [von jdm] gefürchtet** qn/qc est redouté(e) [de qn]
2. (*be~*) ■ **jd fürchtet etw** qn craint qc, qn redoute qc; ***bei mir hast du nichts zu ~*** avec moi tu n'as rien à craindre; ■ **jd fürchtet, dass** qn craint [*o* redoute] que + *subj*
II. *vr* ■ **jd fürchtet sich [vor jdm/etw]** qn a peur [de qn/qc]
III. *vi* ■ **jd fürchtet um [*o* für** *geh*] **jdn/etw** qn craint pour qn/qc
▶ **jd lehrt jdn das F~**: ***Walter, du lehrst ja die Kinder das F~!*** Walter, tu fais peur aux enfants!; ***wir werden ihn schon das F~ lehren*** nous allons lui apprendre ce que c'est que d'avoir peur; **zum F~** à faire peur; ***er fährt zum F~*** il a une façon de conduire à faire peur

fürchterlich *adj s.* **furchtbar**
furchterregend *s.* **Furcht** ▶
furchtlos I. *adj Blick, Mensch, Miene* impavide *littér; Kommentar, Artikel* courageux(-euse); ***sie bleiben*** ~ ils n'ont pas peur
II. *adv* sans peur, courageusement
Furchtlosigkeit <-> *f Ø* audace *f,* courage *m*
furchtsam *adj geh* craintif(-ive), effarouché(e)
Furchtsamkeit <-, *rare* -en> *f geh* crainte *f;* ***ein Blick voller*** ~ un regard effarouché [*o* craintif]; ***da ist*** ~ ***in seiner Miene*** il a un air effarouché [*o* craintif]
fürderhin *adv alt* à l'avenir
füreinander *adv* l'un(e) pour l'autre/les un(e)s pour les autres
Furie <-, -n> ['fu:riə] *f* **1.** *pej* (*Frau*) furie *f*
2. MYTH Furie *f*
▶ **wie von ~n gejagt** [*o* **gehetzt**] comme s'il/si elle avait le diable à ses trousses; **wie ~n** comme des furies
Furnier <-s, -e> *nt* placage *m*
furnieren * *vt* ■ **jd furniert etw** qn plaque qc; ■ **etw ist furniert** qc est plaqué(e); ***mit Walnussholz furniert*** plaqué(e) [*o* placage en] noyer
Furore <-> *f,* <-s> *nt* ▶ **jd/etw macht** [**mit etw**] ~ *fam* qn/qc fait fureur [avec qc], qn/qc fait un malheur [avec qc] *fam;* **jd/etw sorgt** [**mit etw**] **für** ~ *fam* qn/qc fait sensation [avec qc]
Fürsorge *f Ø* **1.** (*Betreuung*) soins *mpl;* [*Kirche*] assistance *f*
2. *fam* (*Sozialamt*) assistance *f* publique
3. *fam* (*Sozialhilfe*) aide *f* sociale
▶ **jd lebt von der** ~ qn vit de l'aide sociale
Fürsorgeamt *nt* CH bureau *m* d'aide sociale, assistance *f* publique **Fürsorgepflicht** *f* devoir *m* d'assistance [sociale]
Fürsorger(in) <-s, -> *m(f) alt* assistant social/assistante sociale *m/f*
fürsorglich I. *adj* plein(e) [*o* rempli(e)] de sollicitude
II. *adv* avec sollicitude
Fürsorglichkeit <-> *f Ø* sollicitude *f*
Fürsprache *f* intercession *f littér*
▶ **jd legt** [**bei jdm**] **für jdn** ~ **ein** qn intercède [auprès de qn] en faveur de qn; **auf jds** ~ (*akk*) grâce à l'intervention de qn
Fürsprecher(in) *m(f)* **1.** avocat(e) *m(f),* défenseur *m,* intercesseur *m littér*
2. JUR CH (*Anwalt*) avocat(e) *m(f)*
Fürst(in) <-en, -en> *m(f)* **1.** (*Adliger*) prince(-esse) *m(f)*
2. (*Herrscher*) souverain(e) *m(f)*
▶ **der** ~ **der Finsternis** [*o* **dieser Welt**] *geh* le prince des ténèbres; **geistlicher** ~ prince *m* de l'Église; **qn lebt wie ein** ~ qn vit comme un prince
Fürstengeschlecht *nt,* **Fürstenhaus** *nt* maison *f* princière, dynastie *f*
Fürstentum <-[e]s, -tümer> *nt* principauté *f*
▶ **das** ~ **Liechtenstein/Monaco** la principauté du Liechtenstein/de Monaco
Fürstin *f s.* **Fürst**
fürstlich I. *adj* princier(-ière); *Trinkgeld* royal(e)
II. *adv* princièrement, de façon princière
Furt <-, -en> *f* gué *m*
Furunkel <-s, -> *nt o m* furoncle *m*
fürwahr *adv alt* en vérité, véritablement
Fürwort <-wörter> *nt* pronom *m*
Furz <-[e]s, ⸚e> *m sl* pet *m fam*
▶ **jd lässt einen** ~ qn lâche un pet *fam*
furzen *vi sl* ■ **jd furzt** qn pète *fam*
Fusel <-s, -> *m pej* tord-boyaux *m fam*
Fusion <-, -en> *f* COM, PHYS fusion *f*
fusionieren * *vi* ■ **sie** ~ [**zu etw**] ils/elles fusionnent [en qc [*o* pour devenir qc]]; ■ **etw fusioniert mit etw** qc fusionne avec qc
Fusionsreaktor *m* réacteur *m* nucléaire
Fuß <-es, ⸚e> *m* (*alle Bedeutungen*) pied *m;* SDEUTSCH, AUS (*Bein*) jambe *f*
▶ **jd steht mit einem** ~ **im Grabe** qn a déjà un pied dans la tombe; **jd setzt seinen** ~ **über jds Schwelle** (*akk*) qn met les pieds chez qn; ***er wird nie wieder den*** ~ ***über ihre Schwelle setzen*** il ne remettra plus les pied chez elle; **jd streckt die** ⸚**e unter jds Tisch** qn vit sous le toit [*o* aux crochets *fam*] de qn; **jd stellt den** ~ **in** [*o* **zwischen**] **die Tür** qn met le pied dans l'entrebâillement de la porte de qn; **qn steht auf eigenen** ⸚**en** qn vole de ses propres ailes; **etw schmeckt wie eingeschlafene** ⸚**e** *sl* qc est fadasse *fam;* **jd erwischt jdn auf dem falschen** ~ TENNIS qn prend qn à contre-pied; (*unvorbereitet*) qn prend qn au dépourvu; **jd befindet sich auf freiem** ~ qn est en liberté; **jd setzt jdn auf freien** ~ qn remet qn en liberté; **jd lebt auf großem** ~ qn vit sur un grand pied, qn mène grand train; **qn steht mit jdm auf gutem** ~ qn est en bons termes avec qn; **jd ist gut/schlecht zu** ~ qn a de bonnes/mauvaises jambes; **qn bekommt kalte** ⸚**e** *fam* qn se défile *fam;* **etw steht auf schwachen** [*o* **tönernen**] ⸚**en** qc manque de solidité, qc repose sur des bases fragiles; **stehenden ~es** *geh* sur-le-champ, séance tenante; **trockenen ~es** à pied sec; **jd läuft sich** (*dat*) **die** ⸚**e** [**nach etw**] **wund** *fam* qn fait des kilomètres [*o* use ses semelles] [pour trouver qc]; **jd fällt** [*o* **sinkt**] **jdm zu** ⸚**en** qn s'agenouille devant qn; **jd/etw fasst irgendwo** [**festen**] ~ qn prend pied/qc s'implante quelque part; **jd/etw folgt jdm/einer S. auf dem ~e** qn emboîte le pas à qn/qc succède [immédiatement] à qc; **jd liegt jdm zu** ⸚**en** qn est aux pieds de qn; **jd setzt den** ~ **auf etw** (*akk*) qn pose le pied sur qc; *einen anderen Planeten a.* qn marche sur qc; ***er war froh den*** ~ ***wieder auf die Erde setzen zu können*** il était heureux de pouvoir mettre de nouveau pied à terre; **jd stolpert über seine** [**eigenen**] ⸚**e** qn s'emmêle les pieds; **so schnell/weit ihn seine** ⸚**e trugen** de toute la vitesse de ses jambes/aussi loin que ses jambes pouvaient le porter; ***er lief, so schnell ihn seine*** ⸚***e trugen*** il prit ses jambes à son cou; **jd tritt jdn/etw mit** ⸚**en** qn traîne qn dans la boue, qn foule aux pieds qc; **jd vertritt sich** (*dat*) **die** ⸚**e** qn se dégourdit les jambes; **jd wirft sich jdm zu** ⸚**en** qn se jette aux pieds de qn; **jd wirft** [*o* **schmeißt** *fam*] **jdm etw vor die** ⸚**e** qn jette [*o* balance *fam*] qc à [la figure de] qn; **bei** ~! au pied!; **zu** ~ à pied
Fußabdruck <-abdrücke> *m* empreinte *f* de pied **Fußabstreifer** <-s, -> *m,* **Fußabtreter** <-s, -> *m* décrottoir *m* **Fußbad** *nt* bain *m* de pieds
▶ **qn nimmt ein** ~ qn prend un bain de pieds
Fußball *m* **1.** *Ø* (*Spiel*) football *m,* foot *m fam*
2. (*Ball*) ballon *m* [de football]
▶ **jd spielt** ~ qn joue au football [*o* foot *fam*]
Fußball- de football, de foot *fam;* ~***größe*** grand *m* du football; ~***nation*** pays *m* amateur de football; ~***profi*** footballeur *m* professionnel, pro *m fam;* ~***rowdy*** hooligan *m*
Fußballer(in) <-s, -> *m(f) fam* footballeur(-euse) *m(f)*
Fußballmannschaft *f* équipe *f* de football **Fußballmeisterschaft** *f* championnat *m* de football **Fußballplatz** *m* terrain *m* de football **Fußballspiel** *nt* match *m* de football **Fußballspieler(in)** *m(f)* joueur(-euse) *m(f)* de football **Fußballtoto** *m o nt* loto *m* sportif ▶ **jd spielt** ~ qn joue au loto sportif
Fußboden *m* plancher *m;* ***ein*** ~ ***aus Fliesen*** un sol carrelé
Fußbodenbelag *m* revêtement *m* de sol **Fußbodenheizung** *f* chauffage *m* par le sol ▶ **mit** ~ avec chauffage par le sol
Fußbreit <-> *m Ø* pied *m;* ***sie kämpften um jeden*** ~ ***Boden*** ils/elles combattirent pour chaque pouce de terrain ▶ **keinen** ~ pas d'un pouce, pas d'une semelle **Fußbremse** *f* pédale *f* de frein
Fussel <-, -n> *f,* <-s, -> *m* peluche *f;* (*Staubflocke*) mouton *m*
fusselig *adj* pelucheux(-euse), qui peluche [*o* bouloche]
fusseln *vi* ■ **etw fusselt** qc peluche, qc bouloche
fußen *vi* ■ **etw fußt auf etw** (*dat*) qc repose sur qc
Fußende *nt* pied *m* **Fußfesseln** *pl* liens *mpl* (*qui entravent les pieds*); (*Ketten*) fers *mpl;* ***mit Hand- und*** ~ ***gefesselt*** pieds et poings liés/enchaînés
Fußgänger(in) <-s, -> *m(f)* piéton(ne) *m(f)*
Fußgänger- pour piétons; ~***brücke*** passerelle *f* **Fußgängerstreifen** *m* CH, **Fußgängerüberweg** *m* passage *m* pour piétons **Fußgängerzone** *f* zone *f* piétonne [*o* piétonnière]
Fußgelenk *nt* cheville *f* **fußhoch** I. *adj:* ***der Schnee war kaum*** ~ la neige arrivait à peine aux chevilles; ***im Keller stand fußhohes Wasser*** dans la cave, on avait de l'eau jusqu'aux chevilles **II.** *adv:* ***das Wasser stand*** ~ l'eau arrivait aux chevilles **fußkalt** *adj* froid(e) au niveau des pieds **Fußleiste** *f* plinthe *f*
fusslig[RR], **fußlig** *adj s.* **fusselig**
Fußmarsch *m* marche *f* à pied **Fußmatte** *f* paillasson *m* **Fußnote** *f* note *f* [en bas de page] **Fußpfad** *m* sentier *m* **Fußpflege** *f* soins *mpl* des pieds **Fußpfleger(in)** *m(f)* pédicure *mf* **Fußpilz** *m* mycose *f* [du pied] **Fußpuder** *m* poudre *f* pour les pieds **Fußschalter** *m* [*Nähmaschine*] pédale *f;* [*Diktiergerät, Stehlampe*] interrupteur *m* à pied **Fußschweiß** *m* transpiration *f* des pieds; ***jd hat*** ~ qn transpire des pieds **Fußsohle** *f* plante *f* du pied; ***an den*** ~***n*** sur la plante des pieds **Fußspitze** *f* ANAT pointe *f* du pied **Fußspur** *f* trace *f* de pas **Fußstapfen** *m* empreinte *f* de pas ▶ **jd tritt in jds** ~ (*akk*) qn marche sur les traces de qn **Fußstütze** *f* **1.** AUT repose-pied *m* **2.** [*Schuh*] semelle *f* orthopédique **Fußtritt** *m* coup *m* de pied ▶ **qn bekommt** [*o* **kriegt** *fam*] **einen** ~ qn reçoit [*o* prend *fam*] un coup de pied; **jd gibt** [*o* **versetzt** *geh*] **jdm einen** ~ qn donne [*o* envoie] un coup de pied à qn **Fußvolk** *nt* **1.** MIL *alt* piétaille *f vieux* **2.** *pej* ■ **das** ~ le petit peuple, la piétaille **Fußweg** *m* **1.** (*Pfad*) sentier *m* **2.** (*Entfernung*) marche *f* **Fußzeile** *f* TYP, INFORM pied *m* de page
futsch *adj pred fam* ■ **etw ist** ~ qc est fichu(e) *fam*
Futter[1] <-s> *nt Ø* (*Nahrung*) nourriture *f;* [*Vieh, Wild a.*] fourrage *m;* [*Katze, Hund a.*] pâtée *f,* pitance *f*
▶ **ein Tier ist** [*o* **steht**] **gut im** ~ un animal est bien nourri; **jd ist gut im** ~ *fam* qn est bien en chair
Futter[2] <-s> *nt Ø* **1.** COUT doublure *f*
2. ***Briefumschlag mit*** ~ enveloppe *f* doublée
3. TECH mandrin *m*
Futteral <-s, -e> *nt* étui *m;* [*Schirm a.*] fourreau *m*
Futterkrippe *f* mangeoire *f*
▶ **qn sitzt an der** ~ *fam* qn a [trouvé] un bon fromage *fam*
futtern I. *vi hum fam* ■ **jd futtert** qn becte *fam,* qn bouffe *fam*
II. *vt hum fam* ■ **jd futtert etw** qn becte qc *fam,* qn bouffe qc *fam*
füttern[1] *vt* **1.** (*Futter geben*) ■ **jd füttert ein Tier** [**mit etw**] qn donne [qc] à manger à un animal, qn nourrit un animal [avec qc]
2. (*als Futter geben*) ■ **jd füttert** [**einem Tier**] **etw** qn donne qc à manger [à un animal]
▶ **„F~ verboten"** "défense de donner à manger aux animaux"
füttern[2] *vt* COUT ■ **jd füttert etw** [**mit etw**] qn double qc [de qc]; ***mit Seide gefüttert*** doublé(e) de soie
Futternapf *m* écuelle *f* **Futterneid** *m* **1.** convoitise *f* de la pâtée du voisin **2.** PSYCH jalousie *f* **Futterpflanze** *f* plante *f* fourragère **Futtersack** *m* musette *f* [mangeoire]
Futterstoff *m* doublure *f*
Futtertrog *m* auge *f*
Fütterung <-, -en> *f* alimentation *f;* ***zur*** ~ ***der Pferde*** pour nourrir les chevaux; ***die*** ~ ***der Nilpferde findet bald statt*** on va bientôt donner à manger aux hippopotames
Futur <-s, -e> *nt* futur *m*
futurisch *adj* au futur; ***verschiedene ~e Formen*** plusieurs formes de futur
futuristisch *adj* futuriste; *Roman* d'anticipation
Futurologe <-n, -n> *m,* **-login** *f* futurologue *mf*
Futurologie <-> *f Ø* futurologie *f*

G

G, g <-, -> [geː] *nt* **1.** G *m,* g *m*
2. MUS sol *m*
▶ **G wie Gustav** g comme Gaston

g *abk von* **Gramm** g

gab *imp von* **geben**

Gabardine <-s> ['gabardiːn, gabar'diːn(ə)] *m Ø,* <-> *f Ø* gabardine *f*

Gabe <-, -n> *f* **1.** *geh* (*Geschenk*) présent *m soutenu;* (*Schenkung*) don *m;* ***die Kinder wurden mit ~n beschenkt*** les enfants ont reçu des cadeaux
2. (*Begabung*) don *m;* ■ **die ~ einer S.** (*gen*) le don de [faire] qc, un don pour [faire] qc; ***die ~ der Überredungskunst*** le don de convaincre [les gens]
3. *Ø* MED administration *f;* ***bei täglich dreimaliger ~ des Medikamentes*** si on administre ce médicament trois fois par jour
4. CH (*Preis*) prix *m*
▶ **eine milde ~** une obole; ***der Bettler bat um eine milde ~*** le mendiant demandait l'obole; ***wie wäre es mit einer milden ~, Tante Amalie?*** tu ne pourrais pas faire un petit geste pour moi, tante Amalie?; **jd hat die ~ etw zu tun** qn a le don de faire qc

Gabel <-, -n> *f* **1.** (*Besteckteil*) fourchette *f;* ***mit Messer und ~*** avec un couteau et une fourchette
2. (*Heu~, Mist~*) fourche *f;* ***mit der ~*** à la fourche
3. (*Gabeldeichsel*) brancards *mpl,* limonière *f;* (*Rad~*) fourche *f*
4. TELEC support *m;* ***ich lege den Hörer auf die ~*** je repose le combiné
5. JAGD enfourchure *f*

Gabelbissen *m* rollmops *m* sauce piquante **Gabelfrühstück** *nt* brunch *m*

gabeln *vr* ■ **etw gabelt sich** */Straße, Weg/* qc bifurque; */Ast, Stamm/* qc se ramifie

Gabelstapler <-s, -> *m* chariot *m* élévateur [à fourche]

Gabelung <-, -en> *f* bifurcation *f*

Gabentisch *m table où sont disposés des cadeaux*

gackern *vi* ■ **ein Huhn gackert** une poule caquette

Gadolinium <-s> *nt Ø* CHEM gadolinium *m*

gaffen *vi* ■ **jd gafft** qn regarde avec curiosité; ■ **jd gafft nach jdm/etw** qn reluque qn/qc *fam*

Gaffer(in) <-s, -> *m(f) pej* badaud(e) *m(f)*

Gag <-s, -s> [gæ(ː)k] *m* **1.** (*Film~*) gag *m;* (*Werbe~ a.*) trouvaille *f*
2. *fam* (*Spaß*) gag *m,* canular *m fam*

Gage <-, -n> ['gaːʒə] *f* cachet *m*

gähnen *vi* **1.** ■ **jd gähnt** qn bâille; ■ **ein G~** un bâillement; ***halte dir beim G~ die Hand vor den Mund!*** mets la main devant ta bouche quand tu bâilles!
2. *geh* (*sich auftun*) ■ **etw gähnt** qc bée, qc est béant(e); ■ **~d** béant(e)
▶ **etw ist zum G~** [**langweilig**] qc fait bâiller [d'ennui]

GAL <-> [geːʔaːʔɛl] *f Ø abk von* **Grün-Alternative Liste** *liste écologiste alternative*

Gala <-> *f Ø* tenue *f* de gala
▶ **jd wirft sich in ~** *sl* qn se met sur son trente et un *fam*

Galaanzug *m* habit *m* de gala **Galadiner** [-dineː] *nt* dîner *m* de gala **Galaempfang** *m* soirée *f* de gala

galaktisch *adj Entfernung, Maßstab* astronomique; *Nebel* galactique

galant I. *adj* galant(e)
II. *adv veraltend* de manière galante, galamment

Galauniform *f* uniforme *m* de cérémonie; ***in ~*** en grand uniforme **Galavorstellung** *f* représentation *f* de gala

Galeere <-, -n> *f* galère *f;* ***er wurde auf die ~n geschickt*** il fut envoyé aux galères

Galeerensklave *m,* **-sklavin** *f* galérien(ne) *m(f)* **Galeerensträfling** *m* galérien *m*

Galeone <-, -n> *f* galion *m*

Galerie <-, -n> [-'riːən] *f* **1.** ARCHIT galerie *f*
2. ART galerie *f* [d'art]
3. (*Menge, Reihe*) collection *f*
4. CH, AUS (*Tunnel*) galerie *f,* tunnel *m*

Galerist(in) <-en, -en> *m(f)* galeriste *mf*

Galgen <-s, -> *m* **1.** (*zum Erhängen*) potence *f,* gibet *m*
2. CINE girafe *f*
▶ **jd/etw bringt jdn an den ~** qn envoie/qc mène qn à la potence [*o* au gibet]

Galgenfrist *f fam* ultime délai *m* ▶ **jd erhält eine ~** qn obtient un ultime délai; **jd gibt jdm eine ~, jd räumt jdm eine ~ ein** qn accorde à qn un ultime délai **Galgenhumor** *m* humour *m* noir **Galgenvogel** *m pej veraltend* gibier *m* de potence

Galionsfigur *f a. fig* figure *f* de proue

Gallapfel *m* noix *f* de galle

Galle <-, -n> *f* **1.** (*Gallenflüssigkeit*) bile *f*
2. (*Gallenblase*) vésicule *f* biliaire; ***ich habe es wohl an der ~*** je dois avoir quelque chose à la vésicule
▶ **bitter wie ~** amer(-ère) comme du fiel; **jdm kommt die ~ hoch, jdm läuft die ~ über** la moutarde lui monte au nez *fam*

Gallen- biliaire; *-operation* de la vésicule biliaire **galle[n]bitter** *adj* **1.** *Arznei, Geschmack* affreusement amer(-ère), amer(-ère) comme du fiel *vieilli*
2. *Humor, Sarkasmus* fielleux(-euse) **Gallenblase** *f* vésicule *f* biliaire **Gallengang** <-gänge> *m* canal *m* cholédoque **Gallengrieß** *m* lithiase *f* biliaire **Gallenkolik** *f* colique *f* hépatique **Gallenleiden** *nt* affection *f* de la vésicule [biliaire] **Gallenstein** *m* calcul *m* biliaire

Gallert <-[e]s, -e> ['galɐt, ga'lɛrt] *nt,* **Gallerte** <-, -n> *f* gelée *f*

gallertartig [ga'lɛrt-] *adj* gélatineux(-euse)

Gallien <-s> [-liən] *nt* la Gaule

Gallier(in) <-s, -> [-liɐ] *m(f)* Gaulois(e) *m(f)*

gallig *adj Mensch, Bemerkung* mordant(e); *Humor* grinçant(e)

gallisch *adj* gaulois(e)

Gallium <-s> *nt Ø* CHEM gallium *m*

Gallone <-, -n> *f* gallon *m*

Galopp <-s, -s *o* -e> *m* **1.** [*Pferd*] galop *m*
2. (*Tanz*) galop *m*
▶ **in gestrecktem ~** au grand galop, à bride abattue; **jd/ein Pferd fällt in ~** qn/un cheval se met au galop [*o* prend le galop]; **im ~** au galop

galoppieren * *vi + haben o sein* ■ **jd galoppiert** [**durch/über etw** (*akk*)] qn galope [à travers qc]; ***die Reiter galoppieren über das Feld*** les cavaliers traversent le champ au galop

galt *imp von* **gelten**

galvanisch [-'vaː-] *adj* galvanique

Galvaniseur(in) <-s, -e> [galvani'zøːɐ] *m(f)* galvaniseur(-euse) *m(f)*

galvanisieren * [-va-] *vt* ■ **jd galvanisiert etw** qn galvanise qc

Gamasche <-, -n> *f* guêtre *f*

Gambe <-, -n> *f* basse *f* de viole, viole *f* de gambe

Gameport ['geɪmpɔːt] *m* INFORM port *m* jeu **Gameshow** ['geɪmʃoʊ] *f* jeu *m* télévisé

Gammastrahlen *pl* rayons *mpl* gamma

gammelig *adj fam* **1.** (*halb verdorben*) pourri(e)
2. (*unordentlich*) débraillé(e)

gammeln *vi fam* ■ **jd gammelt** qn gland[ouill]e *fam;* (*in Bezug auf Lebensstil*) qn zone *fam*

Gammler(in) <-s, -> *m(f) veraltend fam* beatnik *mf,* glandeur [*o* -euse] *m fam*

Gams <-, -[en]> *f* AUS, SDEUTSCH *s.* **Gämse**

Gamsbart *m houppe de poils de chamois* **Gamsbock, Gämsbock**[RR] *m* chamois *m* mâle

Gämse[RR] <-, -n> *f* chamois *m*

Gamsleder *nt* peau *f* de chamois

gang *adj* ▶ **etw ist ~ und gäbe** qc est [tout à fait] courant(e)

Gang[1] <-[e]s, ¨e> *m* **1.** *Ø* (*Gangart*) démarche *f;* ***jd beschleunigt/verlangsamt seinen ~*** qn accélère/ralentit le pas [*o* l'allure]; ***ihr federnder ~*** sa foulée élastique
2. (*das Gehen*) *wird verbal übersetzt;* ***der ~ zur Bushaltestelle dauert fünf Minuten*** l'arrêt d'autobus est à cinq minutes à pied; ***sein erster ~ war der zum Briefkasten*** son premier geste était d'aller à la boîte aux lettres; ***jd plant einen ~ in die Stadt*** qn projette d'aller en ville; ***auf dem ~ zum Friseur*** en allant chez le coiffeur
3. (*Besorgung*) course *f;* (*zum Amt*) démarche *f;* (*Spazier~*) promenade *f*
4. *Ø* TECH [*Apparatur, Maschine*] marche *f,* fonctionnement *m;* [*Uhr*] mouvement *m*
5. [*Ereignisse, Geschäfte*] cours *m;* [*Romanhandlung*] déroulement *m*
6. GASTR plat *m*
7. AUT vitesse *f;* ***im ersten/zweiten/dritten/vierten/fünften ~*** en première/seconde/troisième/quatrième/cinquième; ***hast du etwa noch den zweiten ~ drin?*** tu ne serais pas par hasard encore en seconde?
8. (*Weg*) allée *f;* (*Korridor*) couloir *m*
▶ **~ an die Börse** introduction *f* en bourse; **der ~ nach Kanossa** le chemin de Canossa, une démarche humiliante; **jd tritt den ~ nach Kanossa an** qn va à Canossa, qn fait son mea-culpa; **aufrechter ~:** ***das Volk hat den aufrechten ~ geübt*** le peuple a appris à relever le front; **alles geht seinen gewohnten ~** les choses vont [*o* suivent] leur cours habituel; ***alles ging wieder seinen gewohnten ~*** les choses ont repris leur cours habituel; **alles geht seinen ruhigen ~** les choses vont leur petit train-train *fam;* **jd tut einen schweren ~** qn a une démarche difficile à faire; ***ich muss einen schweren ~ tun*** je dois faire une démarche difficile; **etw ist in vollem ~** */Vorbereitungen, Party/* qc bat son plein; ***die Arbeiten am Haus sind in vollem ~*** la maison est en pleins travaux; **jd bringt** [*o* **setzt**] **etw in ~** qn met qc en marche; **etw geht seinen [...] ~** qc suit son cours [...]; ***alles geht***

seinen ~ les choses suivent leur cours; **jd hat einen ...** ~ qn a une démarche ...; ***du hast einen zu schnellen*** ~ tu marches trop vite; **jd/etw hält etw in** ~ qn/qc maintient qc en marche; ***um den Motor in ~ zu halten*** pour que le moteur ne cale pas; **etw ist in** ~ qc est en cours; **gegen jdn ist etwas im** ~[e] qc se prépare contre qn; **etw kommt in** ~ */Arbeiten, Planungen, Vorbereitungen/* qc démarre; */Gespräche, Verhandlungen/* qc s'engage; **jd kommt in die** ~̈e *fam* qn démarre *fam;* ***ich komme nicht so schnell in die ~̈e*** je suis lent(e) au démarrage *fam;* **jd macht** [*o* **tut**] **einen** ~ qn fait une course; (*für jdn*) qn fait une commission; (*zum Amt*) qn fait une démarche; **jd nimmt den** ~ **heraus** qn met au point mort; **jd schaltet** [*o* **legt**] **den ...** ~ **ein** qn passe la ... [vitesse]; **jd schaltet in den ...** ~ qn passe en ... [vitesse]

Gang² <-, -s> [gæŋ] *f* (*Bande*) gang *m*

Gangart *f* **1.** [*Mensch*] *langsam, schnell* allure *f; besondere, schleppend* démarche *f,* façon *f* de marcher; [*Pferd*] allure *f*
2. SPORT enchaînement *m,* rythme *m*
3. (*Verhaltensweise*) façon *f* de procéder, manière *f* de faire
▸ **jd fällt in eine andere** ~ qn change d'allure, qn modifie son allure; **jd schlägt eine schnellere** ~ **an** qn accélère le rythme

gangbar *adj* **1.** *Weg, Brücke etc* praticable
2. *Lösung, Möglichkeit, Alternative* envisageable

Gängelband *nt* ▸ **jd führt jdn am** ~ *pej* qn tient qn en laisse

Gängelei <-, -en> *f pej* tutelle *f*

gängeln *vt pej* ■ **jd gängelt jdn** qn tient qn sous sa tutelle

gängig *adj* **1.** (*üblich*) courant(e); *Meinung a.* répandu(e)
2. COM demandé(e), de grande diffusion; *Größe* courant(e); ***die ~ste Version*** le modèle le plus demandé [*o* qui se vend le mieux]
3. *Münze* ayant cours

Ganglien ['gaŋ(g)liən] *pl* ganglions *mpl*

Gangschaltung *f* **1.** AUT changement *m* de vitesse
2. (*beim Fahrrad*) dérailleur *m*

Gangster <-s, -> ['gæŋstɐ] *m pej* gangster *m*

Gangster- ['gæŋstɐ-] de gangsters; *-chef a.* des gangsters **Gangstermethoden** *pl pej* méthodes *fpl* de gangster

Gangway <-, -s> ['gæŋveɪ] *f* passerelle *f* [d'embarquement]

Ganove <-n, -n> [-və] *m* **1.** *pej fam* (*Verbrecher*) truand *m*
2. *hum fam* (*Kerl*) crapule *f fam;* (*Kind*) canaille *f*

Ganoven- [-vən-] du milieu; *~bande* bande *f* de truands *fam*

Gans <-, ~̈e> *f* oie *f*
▸ **blöde** [*o* **dumme**] ~ *fam* oie *f,* petite dinde *f fam*

Gänschen <-s, -> ['gɛnsçən] *nt dim von* **Gans** oison *m*

Gänse- d'oie **Gänseblümchen** *nt* pâquerette *f* **Gänsebraten** *m* oie *f* rôtie **Gänsebrust** *f filet m d'oie fumé* **Gänsefüßchen** *pl fam* guillemets *mpl* **Gänsehaut** *f* chair *f* de poule ▸ **jd bekommt** [*o* **kriegt**] **eine** ~ *fam* ça [lui] donne la chair de poule **Gänsekiel** *m* plume *f* d'oie **Gänseklein** <-s> *nt* ∅ abattis *mpl* d'oie **Gänseleberpastete** *f* foie *m* gras [d'oie] **Gänsemarsch** *m* ▸ **im** ~ à la queue leu leu

Gänserich <-s, -e> *m* jars *m*

Gänseschmalz *nt* graisse *f* d'oie **Gänsewein** *m hum* flotte *f fam,* château-la-Pompe *m hum*

Ganter <-s, -> *m* NDEUTSCH *s.* **Gänserich**

ganz I. *adj* **1.** (*vollständig*) ■ **der/die/das ~e ...** tout le/toute la ...; (*vollzählig*) *Service, Sammlung, Satz* le/la ... complet(-ète); ***45 ~e Fässer Bier*** 45 pleins tonneaux de bière; ■ **die ~en ...** (*alle*) tous/toutes les ...; ***die ~en 500 Mark*** la totalité des 500 marks; ■ **jds ~e ...** tout le/toute la ... de qn; ***meine ~en Möbel*** tous [*o* la totalité de] mes meubles
2. *Drehung, Runde* complet(-ète); *Zahl* entier(-ière); ***eine ~e Note*** une ronde *f*
3. (*Zeitlich*) ■ **der/die/das ~e ...** [**über**] [pendant] tout le/toute la ...; ■ **die ~en ...** [**über**] [pendant] toutes les ...
4. *pej fam* (*all der ...*) ■ **der/die/das ~e ...** *Kram, Müll, Schrott* tout ce/toute cette ...
5. (*in seiner Gesamtheit*) ■ ~ ... *Berlin, Paris* tout ...; *Bayern, Frankreich etc* tout le/toute la ...
6. *fam* (*unbeschädigt*) entier(-ière), intact(e)
7. *fam* (*nicht mehr als*) ■ **~e ...** tout juste ..., en tout et pour tout ...
▸ **etw ist wieder** ~ *fam* qc est réparé(e) [*o* rafistolé(e) *fam*]; **jd macht etw wieder** ~ *fam* qn répare qc, qn rafistole qc *fam;* **für** ~ CH pour toujours; **im G~en** (*zusammen*) en tout, au total; (*alles in allem*) dans l'ensemble, globalement
II. *adv* **1.** (*sehr*) *kalt, heiß, hoch etc* très; *lieb, nett, dumm, voreilig a.* tout à fait; ■ **etwas** ~ ... *Dummes, Kluges, Nettes etc* quelque chose de tout à fait ... [*o* de très ...] + *adj*
2. (*wirklich*) *außerordentlich, fürchterlich, herzlich, schön, wundervoll* vraiment
3. (*ziemlich*) tout à fait
4. (*über und über*) entièrement; (*durch und durch*) totalement
5. (*absolut*) *allein* tout à fait; *egal, gleich, heiter, ruhig a.* parfaitement
6. (*unmittelbar*) *hinten, vorne, oben, unten, an der Seite, links, rechts* tout [à fait]; (*bis zum Ende*) complètement
▸ ~ **besonders** tout particulièrement; ~ **und gar** totalement; ~ **und gar nicht** pas du tout, absolument pas; ~ **gewiss**: ***ist er ~ gewiss der Täter?*** est-on absolument certain que c'est lui le coupable?; ***ich weiß ~ gewiss, dass*** je suis absolument certain(e) que + *indic;* ***Sie müssen sich ~ gewiss irren*** vous devez très certainement vous tromper; ~ **gleich ...** *was, wer, wie, wo, warum, wann, ob* peu importe; ~ ***gleich, wie spät es ist*** peu importe l'heure [tardive]; ~ ***gleich, was passiert*** quoi qu'il arrive; ~ ***gleich, was es kostet!*** quel que soit le prix; ~ **meinerseits/unsererseits** moi/nous de même; **jd hat** ~ **Recht** qn a totalement raison; ~ **recht!** très juste!; ~ **wie Sie ...** *denken, meinen, wollen, wünschen* c'est [vraiment] comme vous ...; ~ ***wie Sie wünschen*** c'est vraiment comme vous le souhaitez

Ganz- *-aufnahme, -figurspiegel, -foto* en pied; *-körperbemalung, -körperbestrahlung, -körperbräuner,* [*körper*]*massage* intégral(e); ***g~seitige Illustration*** illustration pleine page; ***~glastür*** porte entièrement vitrée; ***~leder/-leinen*** pleine peau/toile; ***~lederband*** reliure pleine

Ganze(s) *nt decl wie adj* **1.** (*alle Sachen zusammen*) ■ **das** ~e tout; ***wer das ~ wohl dahin gestellt haben mag?*** qui a bien pu mettre [*o* laisser] tout ça là?
2. (*die ganze Angelegenheit*) ■ **das** ~ tout cela [*o* ça *fam*]
▸ **jd geht aufs** ~ *fam* qn risque le paquet *fam;* **es geht** [**für jdn**] **ums** ~ qn risque le tout pour le tout; **das** ~ **halt!** section, halte!

Gänze <-> *f* ▸ **in seiner/ihrer** ~ *geh* dans toute son ampleur, dans son intégralité; **zur** ~ *form* totalement; ***zur ~ falsch*** intégralement [*o* totalement] faux(fausse)

Ganzheit <-> *f* ▸ **in seiner/ihrer** ~ dans toute son étendue, dans son intégralité

ganzheitlich I. *adj* d'ensemble, global(e)
II. *adv* globalement

Ganzheitsmedizin *f* médecine *f* globale **Ganzheitsmethode** *f* méthode *f* globale

ganzjährig *adj, adv* [durant] toute l'année

gänzlich I. *adv* totalement
II. *adj rare* total(e)

ganztägig I. *adj Arbeit, Stelle* à temps complet, à plein temps; ***ein ~er Ausflug*** une journée d'excursion, une excursion d'une journée **II.** *adv* toute la journée; *arbeiten, beschäftigt sein* à temps complet, à plein temps; ***etw ist ~ geöffnet*** qc fait la journée continue **Ganztagsschule** *f* école *f* toute la journée (*par opposition au système allemand courant de l'école à mi-journée*)

gar¹ *adv* **1.** *geh* (*etwa*) peut-être; ■ **nicht** ~ ... quand même pas ...
2. (*erst*) alors, que dire de; ***sie ist schon hässlich, aber ~ ihr Mann!*** elle est déjà très laide, mais son mari, n'en parlons pas
3. SDEUTSCH, AUS (*doch*) vraiment
4. *veraltend* (*sehr*) très
▸ ~ **keine(r, s)** (*Mensch*) absolument personne; (*Ding*) absolument rien; ***~ kein etw*** absolument pas [de] qc; ***~ kein etw mehr*** absolument plus [de] qc; ~ **mancher** plus d'un; ~ **nicht** absolument pas, pas ... du tout; ~ ***nicht lustig*** pas drôle du tout; ~ **nichts** absolument rien, rien du tout; ~ **nie** vraiment jamais; ~ **niemand** absolument personne

gar² I. *adj* GASTR [bien] cuit(e); *Braten, Steak* à point; ***etw darf nicht ganz ~ sein*** qc ne doit pas être trop cuit(e)
II. *adv* GASTR *kochen* à point

Garage <-, -n> [ga'ra:ʒə] *f* garage *m;* ***in die/der ~*** au garage

garagieren * [gara'ʒi:rən] *vt* AUS ■ **jd garagiert etw** qn met qc au garage

Garagist(in) <-en, -en> ['garaʒɪst] *m(f)* CH garagiste *mf*

Garant <-en, -en> *m* garant *m*

Garantie <-, -n> [-'ti:ən] *f* garantie *f;* ***eine ~ für eine glückliche Ehe*** une garantie de mariage heureux, la garantie d'un mariage heureux; ***eine Versicherung ist keinesfalls eine ~, dass*** une assurance n'est nullement la garantie que + *indic*
▸ **jd gibt jdm** ~ **auf etw** (*akk*) qn garantit qc à qn; ***wie viel ~ geben Sie mir auf den Fernseher?*** pendant combien de temps mon téléviseur sera-t-il sous garantie?; **jd gibt jdm eine** ~, **dass** qn garantit à qn que + *indic,* qn donne à qn la garantie que + *indic;* **etw hat** [**noch**] ~ qc est [encore] sous garantie; **etw hat** ... ~ *sechs Monate, ein Jahr* qc est garanti(e) ...; **die** ~ **läuft ab** la garantie expire; ***die ~ ist abgelaufen*** qc n'est plus sous garantie; **auf** ~ sous garantie; ***geht das noch auf ~?*** c'est toujours sous garantie?, c'est encore couvert par la garantie?; **mit** ~ avec garantie; **unter** ~ *fam* je te/vous le garantis! *fam;* ***das fällt unter ~ auf!*** je te garantis que ça se remarquera!, ça va se remarquer, je te le garantis! *fam*

garantieren * **I.** *vt* ■ **jd/etw garantiert** [**jdm**] **etw** qn/qc [lui] garantit qc; ■ **jd garantiert jdm, dass** qn lui garantit que + *indic*
II. *vi* ■ **jd garantiert für etw** qn garantit qc, qn est garant(e) de qc; ■ **etw garantiert für etw** qc est une garantie de qc

garantiert *adv fam* (*bestimmt*) [c'est] promis, [c'est] sûr *fam;* ***ich komme ~ zu deinem Geburtstag*** je viendrai pour ton anniversaire, garanti! *fam*

Garantieschein *m* bon *m* de garantie

Garaus *m* ▸ **jd macht jdm/einem Tier den** ~ *fam* qn occit qn/un animal

Garbe <-, -n> *f* **1.** AGR gerbe *f*
2. MIL rafale *f*

Garde <-, -n> *f* garde *f*
▸ **die alte** ~ la vieille garde; **bei der** ~ dans la garde

Garde- de la garde **Gardemaß** *nt* taille *f* requise pour faire partie de la garde ▸ **jd hat** ~ *fam* qn est taillé(e) comme un(e) basketteur(-euse) *hum*

Garderobe <-, -n> *f* **1.** (*Kleiderablage*) portemanteau *m;* (*Aufbewahrungsraum*) vestiaire *m;* ***jd gibt etw an der ~ ab*** qn dépose qc au vestiaire
2. *geh* (*Kleiderbestand*) garde-robe *f*
3. THEAT loge *f*

Garderobenfrau *f* dame *f* du vestiaire, préposée *f* au vestiaire **Garderobenhaken** *m* patère *f* **Garderobenmann** <-männer> *m* préposé *m* au vestiaire **Garderobenmarke** *f* numéro *m* de vestiaire **Garderobenschrank** *m* penderie *f* **Garderobenständer** *m* portemanteau *m*

Garderobier <-s, -s> [gardərо'bie:] *m* habilleur *m*

Garderobiere <-, -n> [gardəro'bie:rə] *f* **1.** habilleuse *f*
2. *geh s.* **Garderobenfrau**

Gardine <-, -n> *f* rideau *m* transparent, voilage *m*
▸ **hinter schwedischen ~n** *hum fam* à l'ombre *fam,* sous les verrous *fam*

Gardinenpredigt *f* ▸ **jd hält jdm eine** ~ *hum fam* qn fait la leçon à qn

Gardinenstange *f* tringle *f* [à rideau]; (*zum Aufziehen*) tirette *f*
garen I. *vt* ■ **jd gart etw** qn fait cuire qc, qn cuit qc
II. *vi* ■ **etw gart** qc mijote
gären <**gärte** *o* **gor, gegärt** *o* **gegoren**> *vi* **1.** + *haben o sein* (*in Gärung übergehen*) ■ **etw gärt** qc fermente
2. + *haben* (*brodeln*) ■ **etw gärt in jdm,** ■ **in jdm gärt es** / *Wut* qn bouillonne de qc; ***der Hass gärt in ihm*** la haine fermente dans son esprit; ***es gärt im Volk*** le peuple est en effervescence
Garette <-, -n> *f* CH brouette *f*
gar|kochen *s.* **gar**[2] **II.**
Garn <-[e]s, -e> *nt* **1.** TEXTIL fil *m*
2. (*Seemanns~*) histoires *fpl* de brigand[s] *fam*
► **jd geht jdm ins ~** qn tombe dans les filets de qn; **jd spinnt sein ~** qn fabule
Garnele <-, -n> *f* crevette *f* rose
garni *adj s.* **Hotel**
garnieren * *vt* **1.** GASTR ■ **jd garniert etw [mit etw]** qn garnit qc [de qc]; *Kuchen* qn décore qc [avec qc]
2. (*würzen*) ■ **jd garniert etw mit etw** *Reden etc* qn agrémente qc de qc
Garnierung <-, -en> *f* garniture *f*
Garnison <-, -en> *f* garnison *f*
Garnison[s]- de [la] garnison **Garnison[s]kirche** *f* église *f* de garnison **Garnison[s]stadt** *f* ville *f* de garnison
Garnitur <-, -en> *f* **1.** (*Satz*) [*Bettwäsche, Unterwäsche*] parure *f*; [*Knöpfe, Untersetzer, Servietten, Tischdecken*] assortiment *m*
2. (*Schreibtisch~*) garniture *f* de bureau
► **erste/zweite/dritte ~**: ***er gehört zur ersten ~*** c'est une personnalité de tout premier plan; ***ein Provinzfunktionär der zweiten/dritten ~*** un fonctionnaire de province de seconde/troisième zone
Garnknäuel *m o nt* pelote *f* de fil **Garnrolle** *f* bobine *f* de fil
Garotte <-, -n> *f* garrot *m*
garstig *adj veraltend* **1.** (*ungezogen*) vilain(e); ***das ist ~ von dir!*** c'est vilain de ta part!
2. (*abscheulich*) affreux(-euse); *Kröte a.* répugnant(e)
Garten <-s, Gärten> *m* jardin *m*
► **der ~ Eden** le jardin d'Éden; **botanischer ~** jardin *m* botanique; **zoologischer ~** *form* jardin *m* [*o* parc *m*] zoologique
Garten- de jardin; *-pflanzen* de jardin, jardinier(-ière); *-erdbeeren, -bohnen, -erbsen, -salat, -kräuter* du jardin; *-weg, -gestaltung, -tor* du/d'un jardin; *-fest, -grillfest* en plein air; *~**anlage*** jardin *m* d'agrément; *~**beet*** plate-bande *f*; *~**freund*** amateur *m* de jardinage; (*Liebhaber von Gärten*) amateur *m* de jardins; *~**grundstück*** terrain *m* avec un jardin; *~**kresse*** cresson *m*; *~**party*** garden-party *f*; *~**schaukel*** balancelle *f*; *~**terrasse*** terrasse *f* **Gartenarbeit** *f* jardinage *m* **Gartenarchitekt(in)** *m(f)* [architecte *mf*] paysagiste *mf* **Gartenbau** *m Ø* horticulture *f* ► **jd betreibt ~** qn fait de l'horticulture **Gartenblume** *f* fleur *f* de jardin [*o* ornementale] **Gartengerät** *nt* outil *m* de jardin **Gartenhag** <-[e]s, -häge> *m* CH **1.** (*Gartenhecke*) haie *f* [de jardin] **2.** INFORM (*Platzhalterzeichen*) dièse *m* **Gartenhaus** *nt* **1.** (*Geräteschuppen*) abri *m* de jardin **2.** (*Hinterhaus*) pavillon *m* **Gartenlaube** *f* **1.** (*Geräteschuppen*) resserre *f* **2.** (*Pergola*) tonnelle *f* **Gartenlokal** *nt* café-restaurant *m* avec terrasse **Gartenmöbel** *pl* mobilier *m* [*o* meubles *mpl*] de jardin **Gartenschere** *f* sécateur *m* **Gartenschlauch** *m* tuyau *m* d'arrosage **Gartensitzplatz** *m* CH terrasse *f* couverte **Gartenzwerg** *m* **1.** HORT nain *m* décoratif [*o* de jardin] **2.** *pej fam* nabot *m*, avorton *m*
Gärtner(in) <-s, -> *m(f)* jardinier(-ière) *m(f)*; (*in einer Gärtnerei beschäftigt*) horticulteur(-trice) *m(f)*
Gärtnerei <-, -en> *f* **1.** (*Unternehmen*) établissement *m* horticole (*Gemüse~*) entreprise *f* maraîchère; (*mit Baumschule*) pépinière *f*; ***sie beziehen ihr Gemüse direkt von der ~*** ils se fournissent en légumes directement chez l'horticulteur [*o* le maraîcher]
2. *Ø fam* (*Gartenarbeit*) jardinage *m*
gärtnerisch I. *adj attr Ausbildung, Kenntnisse, Können* horticole; *Geschick* de jardinier; *Betätigung* de jardinage; *Leidenschaft* du jardinage; *~**es Hobby*** hobby du jardinage, le jardinage comme hobby; ***die ~e Pflege des Parks*** l'entretien du parc par un horticulteur; ***die ~e Gestaltung des Gartens*** l'aménagement du jardin dans les règles de l'horticulture
II. *adv begabt, interessiert* par le jardinage; ***der Park wird ~ angelegt*** on aménage le parc en jardin d'agrément; ***er ist speziell ~ ausgebildet*** il a reçu une formation d'horticulteur
gärtnern *vi* ■ **jd gärtnert** qn jardine
Gärung <-, -en> *f* fermentation *f*
► **etw geht in ~ über** qc commence à fermenter
Gas <-es, -e> *nt* **1.** CHEM gaz *m*; (*im Darm*) gaz *mpl*; ***es riecht/stinkt nach ~*** ça sent/pue le gaz
2. AUT accélérateur *m*; ***gehe vorsichtig mit dem ~ um!*** va doucement avec l'accélérateur; ***er trat voll aufs ~*** il a appuyé à fond sur le champignon *fam*
► **jd gibt ~** qn accélère, qn met les gaz *fam*; **jd nimmt [das] ~ weg** qn lève le pied
Gas- **1.** (*Gas betreffend*) de gaz; (*mit Gas betrieben*) à gaz; *~**ableser*** releveur *m* de compteurs à gaz; *~**anschluss*** raccordement *m* [*o* branchement *m*] au gaz; *~**dichte*** densité *f* du gaz; *~**licht*** gaz *m* d'éclairage (*Flamme*) lumière *f* du gaz **2.** (*Giftgas betreffend*): *~**alarm*** alerte *f* aux gaz; *~**angriff*** attaque *f* par les gaz; *~**krieg*** guerre *f* des gaz [*o* chimique]; *~**tod*** mort *f* par les gaz; *~**tote(r)*** victime *f* des gaz, gazé(e) *m(f)*; *~**wolke*** nuage *m* toxique **Gasbehälter** *m* réservoir *m* de gaz **Gasfeuerzeug** *nt* briquet *m* à gaz **Gasflasche** *f* bouteille *f* de gaz **gasförmig** *adj* gazeux(-euse) **Gashahn** *m* robinet *m* du gaz ► **jd dreht den ~ auf** *euph* qn essaie de se suicider au gaz **Gashülle** *f* couche *f* gazeuse **Gaskammer** *f* NS chambre *f* à gaz
Gaskocher *m* réchaud *m* à gaz **Gaslaterne** *f* bec *m* de gaz **Gasleitung** *f* conduite *f* de gaz; (*Fernleitung*) gazoduc *m* **Gasmann** <-männer> *m fam* releveur *m* du gaz, gazier *m* **Gasmaske** *f* masque *m* à gaz [*o* antigaz] **Gasofen** *m* radiateur *m* à gaz
Gasolin <-s> *nt Ø* gazoline *f*
Gasometer *m veraltend* gazomètre *m*
Gaspedal *nt* pédale *f* d'accélérateur **Gaspistole** *f* pistolet *m* à gaz [lacrymogène]
Gässchen[RR], **Gäßchen** <-s, -> *nt dim von* Gasse [petite] ruelle *f*
Gasse <-, -n> *f* **1.** (*schmale Straße*) petite rue *f*, ruelle *f*
2. SDEUTSCH, AUS (*Straße, Bewohner*) rue *f*
► **jd bahnt sich** (*dat*) **eine ~** qn se fraie un chemin [*o* un passage]; **sie bilden eine ~** ils/elles font la haie; **auf der ~** SDEUTSCH, AUS dans la rue; **über die ~** AUS (*zum Mitnehmen*) à emporter
Gassenhauer *m alt fam* rengaine *f fam*
Gassi *loc* ► **jd geht [mit einem Hund] ~** *fam* qn sort le chien; ***komm, Hasso, ~ gehen!*** viens, Hasso, on va promener!
Gast <-es, Gäste> *m* **1.** (*eingeladene Person*) invité(e) *m(f)*; ***bei uns bist du immer ein gern gesehener/willkommener ~!*** chez nous tu seras toujours le/la bienvenu(e)
2. (*Besucher*) hôte *m*; ***er/sie ist ~ in einem fremden Land*** il/elle est l'hôte d'un pays étranger; ***ich bin hier nur ~*** je ne suis là qu'à titre d'hôte; ***der Gerichtsvollzieher war häufiger ~ in ihrer Wohnung*** l'huissier a eu souvent l'occasion de lui/leur rendre visite
3. [*Lokal, Hotel*] client(e) *m(f)*; (*bei großem Essen*) convive *mf*
► **geladener ~** invité(e) *m(f)*; **ein seltener ~** un(e) invité(e) qui se fait rare; (*Tier*) une espèce rare; **ungeladener ~** intrus(e) *m(f)*; **zahlender ~** hôte payant; **betrachten Sie sich als mein ~!** considérez-vous comme mon invité(e) [*o* hôte]!; **jd hat ihn/sie zu ~** *geh* il/elle est l'hôte de qn *soutenu*; **jd ist bei jdm zu ~** *geh* qn est l'hôte de qn *soutenu*; **jd ist in einem Lokal/in einem Land zu ~** qn est client(e) d'un établissement/visite un pays; **jd lädt [*o* bittet] jdn zu ~** *geh* qn convie qn *littér*; ***wir geben uns die Ehre Sie zu uns zu ~ zu bitten*** veuillez nous faire l'honneur d'être notre hôte *soutenu*
Gast- invité(e); *~**mannschaft*** équipe *f* visiteuse; *~**arzt*** médecin *m* stagiaire (*non rémunéré*) **Gastarbeiter(in)** *m(f)* travailleur immigré/travailleuse immigrée *m/f*
Gäste- réservé(e) aux invités **Gästebuch** *nt* livre *m* d'hôtes **Gästehaus** *nt* maison *f* d'hôtes, résidence *f* **Gästezimmer** *nt* chambre *f* d'amis
gastfreundlich I. *adj* hospitalier(-ière), accueillant(e); ***Sie sind ein sehr ~er Gastgeber!*** vous êtes un hôte prévenant!; (*beim Abschied*) vous avez été un hôte parfait! II. *adv*: ***ich wurde äußerst ~ aufgenommen*** on m'a réservé un excellent accueil; ***du könntest unsere Gäste ruhig etwas ~er behandeln*** tu pourrais traiter nos invités un peu mieux **Gastfreundschaft** *f* hospitalité *f* **Gastgeber(in)** *m(f)* hôte(-esse) *m(f)*; ***es ist üblich der ~ in Blumen zu schenken*** il est d'usage d'offrir des fleurs à la maîtresse de maison **Gastgeschenk** *nt* cadeau *m* **Gasthaus** *nt*, **Gasthof** *m* auberge *f* **Gasthörer(in)** *m(f)* auditeur(-trice) *m(f)* libre
gastieren * *vi* ■ **jd/etw gastiert irgendwo** qn/qc se produit en tournée quelque part
Gastland *nt* pays *m* d'accueil
gastlich I. *adj geh Haus* hospitalier(-ière); *Aufnahme* chaleureux(-euse); *Bewirtung* prévenant(e)
II. *adv geh* chaleureusement; ***wir wurden sehr ~ bewirtet*** nous avons été traités avec la plus grande prévenance
Gastrecht *nt Ø* hospitalité *f*; ***jd missbraucht das ~*** qn abuse des lois de l'hospitalité
Gastritis <-, Gastritiden> *f* gastrite *f*
Gastrolle *f* rôle *m* d'acteur(-trice) dans une autre troupe
► **jd gibt [*o* spielt] eine ~** qn joue un rôle dans une autre troupe
Gastronom(in) <-en, -en> *m(f)* restaurateur(-trice) *m(f)*
Gastronomie <-, -n> [-'miːən] *f* **1.** *form* (*Gaststättengewerbe*) restauration *f*; ***die gehobene ~*** la restauration gastronomique, la grande cuisine
2. *geh* (*Kochkunst*) gastronomie *f*; ***nur Erzeugnisse erstklassiger ~ kommen auf den Tisch*** on ne sert que de la grande cuisine
gastronomisch *adj* gastronomique
Gastspiel *nt* **1.** THEAT *représentation f donnée par un* (*des*) *artiste*(*s*) *d'une autre troupe*
2. SPORT match *m* à l'extérieur
► **jd gibt [irgendwo] ein ~** THEAT qn se produit [quelque part] au cours d'une tournée, qn donne une représentation; *fam* qn ne fait qu'un bref séjour quelque part *hum*
Gaststätte *f* (*Ess- und Trinklokal*) café-restaurant *m*
Gaststättengewerbe *nt* restauration *f*
Gaststube *f* salle *f* de restaurant
Gasturbine *f* turbine *f* à gaz
Gastvorlesung *f* conférence *f* d'un professeur étranger **Gastwirt(in)** *m(f)* cafetier-restaurateur/cafetière-restauratrice *m/f* **Gastwirtschaft** *f s.* **Gaststätte. Gastzimmer** *nt* chambre *f* d'hôtes
Gasuhr *f fam s.* **Gaszähler. Gasverbrauch** *m* consommation *f* de gaz **Gasvergiftung** *f* intoxication *f* par le gaz **Gasversorgung** *f* approvisionnement *m* en gaz **Gaszähler** *m* compteur *m* à gaz
Gatsch <-es> *m* AUS (*Schlamm*) boue *f*
Gatt <-> *nt Ø abk von* **General Agreement on Tariffs and Trade** GATT *m*
Gatte <-n, -n> *m*, **Gattin** *f form* époux/épouse *m/f soutenu*
► **die [beiden] ~n** les [deux] époux
Gatter <-s, -> *nt* (*Tor*) barrière *f*; (*Zaun a.*) clôture *f*
Gattung <-, -en> *f* **1.** BIO ordre *m*
2. ART, LITER, MUS genre *m*
Gattungsbegriff *m* **1.** (*übergeordneter Begriff*) hyperonyme *m* **2.** *s.* Gat-

tungsname **Gattungsname** *m* 1. BIO, ZOOL nom *m* générique 2. (*Appellativ*) terme *m* générique

Gau <-[e]s, -e> *m o nt* 1. (*Bezirk*) ≈ secteur *m;* HIST ≈ région *f*
2. NS ≈ province *f*

GAU <-s, -s> *m abk von* **größter anzunehmender Unfall** catastrophe *f* nucléaire, accident *m* maximal hypothétique

Gaudi <-> *f Ø* SDEUTSCH, AUS *fam* ***das war vielleicht eine ~!*** ce qu'on a pu se marrer! *fam,* c'était vraiment le pied! *fam*
► **jd macht sich** (*dat*) **eine ~ daraus etw zu tun** qn prend [un malin] plaisir à faire qc, qn se fait un [malin] plaisir de faire qc

Gaukler(in) <-s, -> *m(f) alt* bateleur(-euse) *m(f)* [de foire] *vieilli*

Gaul <-[e]s, Gäule> *m pej* rosse *f vieilli,* canasson *m pop*
► **einem geschenkten ~ sieht** [*o* **schaut**] **man nicht ins Maul** *prov* un cadeau est toujours bon à prendre

Gauleiter(in) *m(f)* NS gauleiter *m* (*chef m de district*)

Gaullismus <-> [goˈlɪsmʊs] *m Ø* gaullisme *m*

Gaullist(in) <-en, -en> [goˈlɪst] *m(f)* gaulliste *mf*

Gaumen <-s, -> *m* palais *m*
► **jd hat einen feinen ~** qn a le palais fin; **der harte/weiche ~** le palais dur/mou; **etw für den** [*o* **einen**] **verwöhnten ~** qc pour les palais fins

Gaumenkitzel *m fam* régal *m,* délice *m* **Gaumenlaut** *m* palatale *f* **Gaumensegel** *nt* voile *m* du palais **Gaumenzäpfchen** *nt* luette *f,* uvule *f*

Gauner(in) <-s, -> *m(f) pej* 1. (*Betrüger*) escroc *m*
2. *fam* (*gerissener Kerl*) filou *m fam*

Gaunerei <-, -en> *f pej* escroquerie *f*

Gaunersprache *f* argot *m*

Gazastreifen [ˈgaːza-] *m* bande *f* de Gaza

Gaze <-, -n> [ˈgaːzə] *f* gaze *f*

Gazelle <-, -n> *f* gazelle *f*

GB *abk von* **Gigabyte** INFORM Go *m*

Geächtete(r) *f(m) decl wie adj* proscrit(e) *m(f)*

geädert *adj Hand* veiné(e); *Blatt a.* nervuré(e)

geartet *adj* 1. (*veranlagt*): ***ein freundlich ~er Mensch*** une personne d'un naturel aimable; ***er ist ganz anders ~*** il est d'un caractère tout différent; ***manche Menschen sind so, manche so ~*** certains ont tel caractère, d'autres tel autre
2. (*beschaffen*) de nature; ***anders ~*** de nature différente

Geäst <-[e]s> *nt Ø* branches *fpl,* branchage *m*

geb. *loc abk von* **geborene(r)** né(e)

Gebäck <-[e]s, -e> *nt* 1. (*Plätzchen*) gâteau *m* sec; (*Teilchen*) pâtisseries *fpl*
2. AUS (*Brötchen*) petit pain *m*,

gebacken *pp von* **backen**

Gebälk <-[e]s, -e> *nt* charpente *f*
► **es knistert im ~** *fam* ça sent le roussi

geballt I. *adj Energie* concentré(e); ***er legte seine ~e Energie in diesen Faustschlag*** il avait concentré toute son énergie dans ce coup de poing; ***mit ~er Kraft*** de toute ma/sa force, de toutes mes/ses forces
II. *adv* et comment; ***wenn etwas schief geht, dann aber ~*** quand ça va mal, tout vous tombe dessus à la fois; ***tu bitte nicht so ~ Salz an das Essen!*** vas-y doucement avec le sel!

gebannt *adj* passionné(e)
► **wie ~** comme fasciné(e)

gebar *imp von* **gebären**

Gebärde <-, -n> *f* geste *m*
► **jd macht eine** [**...**] **~** qn fait un geste [...]

gebärden * *vr* ■ **jd/ein Tier gebärdet sich ...** qn/un animal se comporte ...; ***jd gebärdet sich so aufgeregt*** qn se comporte comme un excité/une excitée; ***jd gebärdet sich wie wild*** qn s'agite comme un forcené/une forcenée; ***jd gebärdet sich gekränkt*** qn joue à l'offensé(e); ***wie gebärdest du dich denn!*** en voilà un comportement!

Gebaren <-s> *nt Ø* comportement *m*
► **geschäftliches ~** pratique *f* [des affaires]

gebären <gebiert, gebar, geboren> I. *vt* ■ **eine Frau gebiert ein Kind** une femme met au monde un enfant; ■ **eine Frau gebiert jdm ein Kind** une femme donne un enfant à qn; ■ **jd ist/wird** [**von jdm**] **geboren** qn est né(e)/qn naît [de qn]; ■ **jd ist/wird in etw** (*dat*) **geboren** *in einer Stadt, einem Land* qn est né(e)/qn naît dans qc
2. (*eine natürliche Begabung haben*) ■ **jd ist zu etw geboren** qn est né(e) pour [faire] qc; ***er ist zum Dichter geboren*** il est né [pour être] poète; ***dazu muss man geboren sein*** il faut être né pour cela; *s. a.* **geboren**
II. *vi* ■ **eine Frau gebiert** une femme accouche; ***ich habe bisher noch nie geboren*** je n'ai encore jamais eu d'enfant; ***haben Sie schon einmal geboren?*** avez-vous déjà mis un enfant au monde?; ■ **die G~de** la parturiente *spéc,* la femme qui accouche

gebärfähig *adj* fécond(e), apte à procréer

Gebärmutter <-mütter> *f* utérus *m*

Gebärmutterhals *m* col *m* de l'utérus **Gebärmuttermund** *m* museau *m* de tanche

gebauchpinselt *adj* ► **jd fühlt sich ~** *hum fam* qn boit du petit lait; ***durch dieses Lob fühlte sie sich sehr ~*** ces éloges chatouillaient fort son amour-propre

Gebäude <-s, -> *nt* 1. (*großes Bauwerk*) bâtiment *m,* immeuble *m;* (*Haus a.*) construction *f*
2. (*Gefüge*) ■ **das ~ von Dingen** l'échafaudage *m* de choses

Gebäude- du/d'un bâtiment, du/d'un immeuble; ***~versicherung*** assurance-habitation **Gebäudekomplex** *m* [grand] ensemble *m* **Gebäudereinigung** *f* 1. (*das Reinigen*) (*innen*) nettoyage *m* d'immeubles; (*außen*) ravalement *m* 2. (*Betrieb*) entreprise *f* de nettoyage/ravalement **Gebäudeteil** *m* corps *m* de bâtiment

Gebäulichkeiten *pl* CH bâtiments *mpl*

gebaut *adj* ■ [**jd ist**] **... ~** [qn est] ... bâti(e) [*o* charpenté(e)]; [***er ist***] ***schwächlich/muskulös ~*** [il est] de faible constitution/tout en muscles; ***sie hat einen Körper, der sehr ebenmäßig ~ ist*** elle a un corps bien proportionné
► **so wie du ~ bist/er ~ ist** *fam* tel(le) que je te/le connais *fam*

gebefreudig *adj* généreux(-euse)

Gebein <-[e]s, -e> *nt pl* ossements *mpl*

Gebell[e] <-s> *nt Ø* aboiements *mpl* [continuels]

geben <gibt, gab, gegeben> I. *vt* 1. (*reichen, verkaufen, beim Kartenspiel*) ■ **jd gibt jdm etw** qn donne qc à qn; ***darf ich Ihnen sonst noch was ~?*** désirez-vous encore autre chose?, est-ce que je vous sers autre chose?; ■ **jd lässt sich** (*dat*) **etw ~** qn demande qu'on lui donne qc; ■ **jd lässt sich** (*dat*) **etw von jdm ~** qn demande à qn de lui donner qc
2. (*spenden*) ■ **etw gibt** [**jdm**] **etw** *Schatten, Kühle, Schutz* qc donne [*o* procure] qc [à qn]
3. (*verleihen*) ■ **etw gibt jdm** [**wieder**] **etw** *Kraft, Mut, Hoffnung, Vertrauen, Zuversicht* qc [re]donne qc à qn
4. TELEC ■ **jd gibt jdm jdn** qn passe qn à qn
5. (*stellen*) ■ **jd gibt jdm etw** *Thema, Aufgabe, Problem* qn donne qc à qn
6. (*abhalten*) ■ **jd gibt** [**jdm**] **etw** *Interview, Audienz, Pressekonferenz* qn donne qc [à qn]
7. COM ■ **jd gibt** [**jdm**] **etw** *Rabatt, Nachlass, Skonto* qn fait qc [à qn]
8. (*zulegen*) ■ **jd gibt jdm etw** *Namen, Titel* qn donne qc à qn
9. (*verhängen*) ■ **jd gibt etw** */Schiedsrichter/* qn donne qc
10. DIAL (*unterbringen*) ■ **jd gibt jdn in etw** (*akk*)**/zu jdm** qn met qn dans qc/chez qn; ■ **jd gibt ein Tier/eine Pflanze in etw** (*akk*)**/zu jdm** qn donne un animal/une plante à qc/qn
11. GASTR DIAL (*tun*) ■ **jd gibt etw in etw** (*akk*)**/an etw** (*akk*)**/zu etw** qn met [*o* ajoute] qc dans qc
12. (*ergeben*) ■ **etw gibt etw** qc fait qc; ***7 mal 7 gibt 49*** 7 fois 7 [font] 49
13. (*darbieten*) ■ **in etw** (*dat*) **wird etw gegeben,** ■ **man gibt etw in etw** (*dat*) *Film, Theaterstück, Konzert* on donne [*o* joue] qc quelque part
14. (*veranstalten*) ■ **jd gibt etw** *Fest, Party* qn fait [*o* organise] qc; *Empfang* qn donne qc
15. (*erteilen*) ■ **jd gibt etw** *Deutsch, Mathe, Biologie etc* qn enseigne qc; *Nachhilfestunden, Tanzstunden, Unterricht* qn donne qc
16. (*zur Verfügung stellen*) ■ **jd gibt jdm etw** *Befriedigung, alles Ersehnte* qn donne qc à qn
17. (*äußern*) ■ **jd/ein Tier gibt etw von sich** *Laut, Worte* qn/un animal émet qc; *Fluch* qn profère qc, qn lance qc
18. (*sich erbrechen*) ■ **jd gibt etw** [**wieder**] **von sich** qn rend qc
► **was es nicht alles gibt!** *fam* [qu'est-]ce qu'il faut pas voir! *fam,* on aura tout vu! *fam;* **jd gibt** [**jdm**] **etw bekannt** qn annonce qc [à qn]; *Tatbestand* qn révèle qc [à qn]; *Wahlergebnis a.* qn proclame qc; ***„ihre Verlobung ~ bekannt ..."*** "... font part de leurs fiançailles"; **jd gäbe einiges** [*o* **viel**] [*o* **etwas**] **darum etw zu tun** qn donnerait cher pour faire qc; **jd gibt viel/nicht viel/nichts auf etw** (*akk*) qn fait/ne fait pas grand/ne fait aucun cas de qc; **was darf ich Ihnen ~?** qu'est-ce que je vous sers?, qu'y a-t-il pour votre service?; **jd/etw gibt jdm zu denken** qn/qc donne à qn à penser; **jd/etw gibt jdm zu tun** qn/qc donne à qn de quoi faire; **jdm ist etw nicht gegeben** qc n'est pas donné(e) à qn; **es ist jdm nicht gegeben etw zu tun** il n'est pas donné à qn de faire qc; **gib's ihm** [**tüchtig**]**!** *fam* flanque-lui une bonne raclée! *fam*
II. *vi* 1. KARTEN ■ **jd gibt** qn donne; ***wer gibt jetzt?*** c'est à qui de donner?
2. SPORT ■ **jd gibt** qn sert
III. *vt impers* 1. GASTR ■ **es gibt etw** il y a qc
2. (*stattfinden*) ■ **es gibt etw** il y a qc; ***heute gibt's noch Regen*** aujourd'hui on va encore avoir de la pluie
3. (*verabreicht werden*) ■ **es gibt etw** *Prügel, Ohrfeige etc* il va y avoir qc; ***wenn du mich verrätst, dann gibt's was!*** *fam* si tu me dénonces, gare à toi!; ***wenn du noch mal so frech bist, gibt's was auf den Hintern!*** *fam* si tu recommences à être aussi insolent(e), gare à tes fesses! *fam*
► **was wird** [*o* **soll**] **das noch ~?** qu'est-ce que ça va [pouvoir] donner?; **das gibt's nicht!** *fam* pas question!; **das gibt's doch nicht!** *fam* pas possible! *fam,* c'est pas Dieu possible! *pop;* **so was gibt's bei uns nicht!** [il n'y a] pas de ça chez nous!; **da gibt's nichts** *fam* (*zweifellos*) y a pas à dire *fam;* **da gibt's nichts!** *fam* (*keine Widerrede*) y a pas à discuter! *fam;* **das hat es ja noch nie gegeben!** on n'a jamais vu ça!; **was gibt's?** qu'y a-t-il?, qu'est-ce qu'il y a?; **gibt's was?** il y a [*o* il se passe] quelque chose?; **dann/gleich gibt's was** *fam* (*Prügel etc*) ça va chauffer *fam*
IV. *vr* 1. (*nachlassen*) ■ **etw gibt sich** qc se calme; ***das wird sich in den nächsten Jahren schon ~*** ça s'arrangera dans les années qui viennent
2. (*sich erledigen*) ■ **etw gibt sich** */Angelegenheit/* qc s'arrange
3. (*sich benehmen*) ■ **jd gibt sich als etw** qn se montre qc

Gebenedeite <-n> *f Ø* ■ **die ~** la bienheureuse Vierge

Geber(in) <-s, -> *m(f)* KARTEN donneur(-euse) *m(f);* ***wer ist jetzt der ~?*** qui est le donneur?, c'est à qui de donner?

-geber(in) *m(f):* ***Franchise~*** franchiseur *m;* ***Lizenz~*** concédant *m;* ***Versicherungs~*** assureur *m;* ***Garantie~*** garant(e) *m(f)*

Geberlaune *f* ► [**jd ist**] **in ~** [qn est] en veine de générosité, qn est d'humeur généreuse

Gebet <-[e]s, -e> *nt* prière *f*
► **jd nimmt jdn ins ~** *fam* qn prend qn entre quat'z'yeux *fam;* **jd spricht ein ~** qn dit une prière; **jd spricht** [*o* **verrichtet**] **sein ~** qn dit [*o* fait] sa prière; **zum ~** pour prier, pour la prière

Gebetbuch *nt* livre *m* de prières [*o* de messe]

▸**jd hat das falsche** ~ *qn est d'une confession qui ne convient pas au poste à pourvoir*
gebeten *pp von* **bitten**
Gebetsmühle *f* moulin *m* à prières
gebetsmühlenhaft I. *adj Wiederholung* continue (le) et lassant(e); ***die ~en Beteuerungen der Politiker*** le rabâchage des hommes politiques
II. *adv beteuern, beschwören* comme une rengaine *fam;* ~ ***wiederholen*** rabâcher
Gebetsteppich *m* tapis *m* de prière
gebeugt I. *adj Haltung, Kopf* courbé(e); *Mensch, Schultern a.* voûté(e); ***von der Last der Jahre*** ~ courbé(e) sous le poids des ans
II. *adv* courbé(e), voûté(e); ***er steht nach vorne ~ da*** il est là, penché vers l'avant
gebiert *3. pers pres von* **gebären**
Gebiet <-[e]s, -e> *nt* **1.** (*Fläche*) territoire *m;* (*Region*) région *f*
2. (*Fach*) domaine *m*
gebieten * *irreg* I. *vt geh* **1.** (*befehlen*) ■ **jd gebietet [jdm] etw** on ordonne qc [à qn]; ***was ~ Sie?*** quels sont vos ordres?; ***ganz wie der Herr ~!*** aux ordres de Monsieur!
2. (*verlangen*) ■ **etw gebietet etw** *Verhalten* qc exige qc; ■ **etw gebietet es, dass** qc exige que + *subj; s. a.* **geboten**
II. *vi geh* **1.** (*herrschen*) ■ **jd gebietet über jdn/etw** qn règne sur [*o* commande à] qn/qc
2. (*verfügen*) ■ **jd gebietet über etw** (*akk*) qn dispose de qc
Gebieter(in) <-s, -> *m(f) alt geh* maître(-esse) *m(f)*
gebieterisch I. *adj geh* impérieux(-euse)
II. *adv geh* impérieusement, d'un air/ton impérieux
Gebietsanspruch *m* revendication *f* territoriale ▸**ein Staat hat einen/keinen ~ [gegen einen anderen]** un État a une/n'a aucune revendication territoriale [envers un autre État]; **ein Staat erhebt einen ~ [gegen einen anderen]** un État émet [*o* formule] une revendication territoriale [envers un autre État] **Gebietskrankenkasse** *f* AUS caisse *f* locale d'assurance maladie **Gebietsreform** *f* réforme *f* territoriale **gebietsweise** *adv* localement, par endroits
gebig *adj* CH (*praktisch*) pratique; (*prima*) super *fam;* ***das finde ich aber nicht ~*** je trouve que ce n'est pas sympa *fam;* ***es wäre doch ~er, wenn*** ça serait tout de même plus sympa si *fam*
Gebilde <-s, -> *nt* **1.** (*Ding*) chose *f;* (*Formation*) formation *f;* ***was soll denn dieses komische ~ darstellen?*** que peut bien représenter cette création bizarre?
2. (*Staats~*) formation *f*
gebildet *adj* cultivé(e); ***jd ist umfassend ~*** qn possède une vaste culture
Gebildete(r) *f(m) decl wie adj* personne *f* cultivée
Gebimmel <-s> *nt Ø pej fam* sonneries *fpl* [incessantes]
Gebinde <-s, -> *nt* **1.** *geh* (*Sträußchen*) bouquet *m*
2. COM pack *m,* lot *m*
Gebirge <-s, -> *nt* montagnes *fpl*
▸**im/ins** ~ à la montagne
gebirgig *adj* montagneux(-euse)
Gebirgs- de montagne; ~***kette*** chaîne *f* de montagnes; ~***bewohner*** montagnard *m;* ~***bach*** torrent *m* **Gebirgsbahn** *f* chemin *m* de fer de montagne **Gebirgsjäger(in)** *m(f)* **1.** chasseur *m* alpin **2.** *pl* chasseurs *mpl* alpins **Gebirgslandschaft** *f* **1.** (*Gegend*) paysage *m* montagneux [*o* de montagne] **2.** (*Gemälde*) paysage *m* de montagnes **Gebirgsmassiv** *nt* massif *m* montagneux **Gebirgsrücken** *m* crête *f* **Gebirgsstraße** *f* route *f* de montagne **Gebirgszug** *m* chaîne *f* de montagnes
Gebiss[RR], **Gebiß** <-sses, -sse> *nt* **1.** (*Zähne*) dentition *f;* ***er hat noch sein ganzes ~*** il a encore toutes ses dents
2. (*Zahnprothese*) dentier *m*
3. [*Zaumzeug*] mors *m*
▸**künstliches** [*o* **falsches**] ~ appareil *m* dentaire, dentier *m,* fausses dents *fpl*
Gebissabdruck[RR] <-abdrücke> *m* empreinte *f* dentaire
gebissen *pp von* **beißen**
Gebläse <-s, -> *nt* ventilateur *m*
geblasen *pp von* **blasen**
geblichen *alt pp von* **bleichen**
geblieben *pp von* **bleiben**
Geblödel <-s> *nt Ø fam* fadaises *fpl*
geblümt *adj Stoff, Kleidungsstück, Geschirr* à fleurs
Geblüt <-[e]s> *nt* ▸**von edlem** ~ *geh* de sang noble
gebogen I. *pp von* **biegen**
II. *adj Schnabel* recourbé(e); *Kinn a.* en galoche *fam; Nase a.* aquilin
geboren I. *pp von* **gebären**
II. *adj* **1.** (*vor der Ehe*) né(e); ***sie ist eine ~e Schlüter*** elle est née Schlüter
2. (*gebürtig*) de naissance
3. (*ideal*) ■ **jd ist der/die ~e ...** qn est le/la parfait(e) ...
geborgen I. *pp von* **bergen**
II. *adj* ▸ **jd fühlt sich ~** qn se sent en sécurité; **jd ist ~** qn est en sécurité
Geborgenheit <-> *f Ø* [sentiment *m* de] sécurité *f*
geborsten *pp von* **bersten**
Gebot <-[e]s, -e> *nt* **1.** ADMIN règle *f*
2. *geh* (*Erfordernis*) ■ **ein ~ einer S.** (*gen*) un devoir de qc; ***ein ~ der Menschlichkeit*** une exigence humanitaire
3. COM enchère *f*
4. BIBL commandement *m*
▸**das ~ der Stunde** la nécessité actuelle; **ein ~ der Vernunft** un impératif de la raison; ***es wäre ein ~ der Vernunft etw zu tun*** la raison imposerait de faire qc; **die zehn ~e** les dix commandements; **etw steht jdm zu ~e** qc est à la disposition de qn; **jd steht jdm zu ~e** qn est aux ordres de qn
geboten I. *pp von* **gebieten, bieten**
II. *adj geh* **1.** (*notwendig*) requis(e)
2. (*am Platze*) ■ **etw ist ~** */Rücksichtnahme, Vorsicht/* qc s'impose
Gebotsschild *nt* panneau *m* d'obligation
Gebr. *abk von* **Gebrüder** frères *mpl*
Gebrabbel <-s> *nt Ø pej fam* bredouillement *m;* [*Baby*] balbutiement *m*
gebracht *pp von* **bringen**
gebrannt *pp von* **brennen**
gebraten *pp von* **braten**
Gebratene(s) *nt decl wie adj:* ~***s*** qc frit(e) à la poêle; ***Leberkranke sollten alles ~ meiden*** les hépatiques devraient éviter tout ce qui est frit
Gebräu <-[e]s, -e> *nt pej* mixture *f,* breuvage *m;* ■ **ein ~ aus etw** une mixture de qc, un breuvage composé de qc
Gebrauch <-[e]s, Gebräuche> *m* **1.** (*Verwendung*) usage *m*
2. [*Wort*] emploi *m*
3. (*Brauch*) usage *m*
▸[**etw ist**] **allgemein in ~** (*dat*) */Ausdruck/* [qc est] d'usage courant; */Zutat/* [qc est] couramment utilisé(e); **zum äußerlichen/innerlichen ~** à usage externe/interne; **falscher ~** mauvaise utilisation; **jd hat etw in ~** (*dat*) qn utilise qc, qn se sert de qc; **etw ist irgendwo der/so ~** qc est l'usage quelque part; **etw ist in ~** qc est en service; **jd macht von etw ~** qn fait usage de qc; **jd nimmt etw in ~** *form* qn met qc en service; **nach ~** après usage; **vor ~** avant usage [*o* de s'en servir]
gebrauchen * *vt* **1.** (*verwenden*) ■ **jd gebraucht etw** qn utilise qc
2. (*äußern*) ■ **jd gebraucht etw** *Ausdruck, Wort* qn emploie qc
▸**jd kann etw ~** *fam* qn a besoin de qc; **jd lässt sich zu etw ~** qn se prête à qc; ***dazu lasse ich mich nicht ~*** je ne marche pas [dans cette combine] *fam;* **etw ist nicht mehr zu ~** qc n'est plus utilisable, qc est [devenu(e)] inutilisable; **jd/etw ist zu nichts zu ~** qn n'est bon(ne) à rien/qc ne sert à rien
gebräuchlich *adj* **1.** (*allgemein üblich*) courant(e), en usage
2. (*verwendet*) utilisé(e)
3. *Ausdruck, Begriff, Wort* usité(e), employé(e)
Gebrauchs- *-artikel, -möbel* d'usage courant, de consommation courante; *pej -kunst, -theater* commercial(e) *péj,* populaire; *-grafik* appliqué(e); *-musik* fonctionnel(le) **Gebrauchsanleitung** *f form,* **Gebrauchsanweisung** *f* [notice *f* de] mode *m* d'emploi **Gebrauchsgegenstand** *m* objet *m* d'usage courant **Gebrauchswert** *m* valeur *f* d'usage
gebraucht I. *adj* d'occasion; *Kleidung a.* de seconde main
II. *adv* d'occasion
Gebrauchtwagen *m* voiture *f* d'occasion
gebrechen * *vi irreg liter* (*mangeln*) ■ **jdm gebricht es an etw** (*dat*) qc de qn défaille *littér,* qc fait défaut à qn; ***es gebrach ihm an Mut*** son courage défaillait *littér,* le courage lui faisait défaut
Gebrechen <-s, -> *nt geh* déficience *f* [fonctionnelle]
gebrechlich *adj* sénile, sénescent(e)
Gebrechlichkeit <-> *f Ø* sénilité *f,* sénescence *f*
gebrochen I. *pp von* **brechen**
II. *adj* **1.** (*entmutigt*) anéanti(e), brisé(e)
2. (*fehlerhaft*): ***in ~em Deutsch*** en mauvais allemand
III. *adv:* ***sie sprach nur ~ Französisch*** elle parlait un mauvais français, son français était mauvais
Gebrüder *pl* frères *mpl;* ***„~ Lang"*** "Lang frères"
Gebrüll <-[e]s> *nt Ø* [*Rind*] mugissements *mpl,* beuglements *mpl;* [*Löwe*] rugissements *mpl;* [*Mensch*] hurlements *mpl;* ***unter grässlichem ~*** en poussant des hurlements affreux
▸**auf ihn mit ~!** *fam* (*bei Prügelei*) volez-lui dans les plumes! *fam,* foncez dessus! *fam;* (*zur Begrüßung*) prenons-le d'assaut!
Gebrumm(e) <-[e]s> *nt Ø fam* grondement *m*
gebückt I. *adj* voûté(e), courbé(e)
II. *adv* le dos courbé [*o* voûté]
Gebühr <-, -en> *f* (*für eine Dienstleistung*) taxe *f;* (*Telefon~*) tarif *m;* (*für die Kontoführung*) frais *mpl;* (*für die Teilnahme*) droits *mpl;* (*für Rundfunk, Fernsehen*) redevance *f*
▸~ [**be**]**zahlt Empfänger** port dû [par le destinataire]; **ermäßigte ~** tarif réduit; TV redevance réduite; **jd erhebt eine ~** qn prélève une taxe; **nach ~** dûment; **über ~** de façon excessive, plus que de raison
gebühren * I. *vi geh* ■ **jdm/einer S. gebührt etw** qc est dû(due) à qn, qn a droit à qc, qn/qc mérite qc
II. *vr geh* ■ **etw gebührt sich [für jdn]** qc sied *littér* [*o* convient] [à qn]; ***das gebührt sich auch so!*** c'est bien ce qu'il sied de faire! *fam;* ***das gebührt sich nicht*** ce n'est pas convenable; ■ **es gebührt sich [für jdn] etw zu tun** il sied [à qn] de faire qc *littér*
▸**wie es sich gebührt** comme il convient
Gebühren- *-erlass, -ermäßigung* de taxes; *-erhöhung* des taxes; *-rückerstattung* de la/d'une taxe; ~***ansage*** TELEC notification *f* de la taxe; ~***anzeiger*** afficheur *m* [à cristaux liquides]; ***g~begünstigt*** à tarif réduit; ~***inkasso*** encaissement *m* de la redevance; ~***politik*** politique *f* tarifaire [*o* de taxation]; ~***tabelle*** tarifs *mpl* affichés
gebührend I. *adj* **1.** (*zustehend*) *Honorar* dû(due); ***er wurde mit der ihm ~en Reverenz empfangen*** on le reçut avec le respect qui lui était dû
2. (*angemessen*) *Abstand* approprié(e), convenable; *Höflichkeit* requis(e)
II. *adv* comme il convient, comme il se doit; *schätzen, würdigen a.* à sa/leur valeur
Gebühreneinheit *f* unité *f* **gebührenfrei** I. *adj* gratuit(e); ~***e Beförderung*** expédition *f* en franchise II. *adv* gratuitement; *befördern a.* en franchise; *beglaubigen a.* sans frais **Gebührenmarke** *f* timbre *m* [fiscal] **Gebührenordnung** *f* tarifs *mpl;* [*Anwalt, Architekt, Arzt*] barème *m* d'honoraires **gebührenpflichtig** I. *adj* payant(e); *behördliche Dienst-*

leistung a. taxable; *Autobahnbenutzung, Brücke a.* à péage; ***eine ~e Verwarnung*** une contravention **II.** *adv:* ***ein Polizeibeamter verwarnt einen Autofahrer*** ~ un policier dresse une contravention [*o* un p.v.] à un automobiliste **Gebührenzähler** *m* compteur *m* d'impulsions

gebunden I. *pp von* **binden**

II. *adj Preise* imposé(e); ■ **jd ist [...]** ~: ***jd ist vertraglich*** ~ qn est lié(e) par contrat; ***jd ist familiär/anderweitig*** ~ qn a des engagements familiaux/d'autres engagements; ***ich bin zeitlich*** ~ je suis tenu(e) par le temps

Geburt <-, -en> *f* naissance *f;* (*Entbindung*) accouchement *m*

▸ **das war eine schwere** ~! *fam* c'était laborieux! *fam;* **späte** ~: ***er beruft sich auf die späte ~, um ...*** il prétexte que ça s'est passé avant sa naissance pour ...; ***die Gnade der späten*** ~ la chance d'être né(e) après les événements; **bei der** ~ à la naissance/lors de [*o* pendant] l'accouchement; **von** ~: ***er ist von ~ Wiener*** il est Viennois de naissance; **von** ~ **an** de naissance; ***ist er von ~ an blind?*** est-il aveugle de naissance?

Geburtenbeschränkung *f* limitation *f* des naissances **Geburtenkontrolle** *f ∅,* **Geburtenregelung** *f* contrôle *m* des naissances, régulation *f* des naissances **Geburtenrückgang** *m* baisse *f* de la natalité, dénatalité *f* **geburtenschwach** *adj* à faible natalité; ***ein ~er Jahrgang*** une classe [d'âge] creuse **geburtenstark** *adj* à forte natalité **Geburtenüberschuss**[RR] *m* excédent *m* des naissances **Geburtenzahl** *f* [taux *m* de] natalité *f*

gebürtig *adj* de naissance, d'origine; ***sie ist ~e Münchnerin*** elle est Munichoise de naissance; ■ **jd ist irgendwoher/aus einer Stadt** ~ qn est [originaire] de quelque part/d'une ville

Geburtsanzeige *f* (*Karte*) faire-part *m* de naissance; (*in der Zeitung*) annonce *f* [d'une/de la naissance] **Geburtsdatum** *nt* date *f* de naissance **Geburtsfehler** *m* malformation *f* congénitale **Geburtshaus** *nt* maison *f* natale **Geburtshelfer(in)** *m(f)* accoucheur(-euse) *m(f),* obstétricien(ne) *m(f)* **Geburtshilfe** *f ∅* obstétrique *f* ▸ **jd leistet** ~ qn aide à l'accouchement **Geburtsjahr** *nt* année *f* de naissance; ***sie kam in meinem ~ zur Welt*** elle est venue au monde la même année que moi **Geburtsland** *nt* pays *m* natal **Geburtsort** *m* lieu *m* de naissance **Geburtsstadt** *f* ville *f* natale

Geburtstag *m* anniversaire *m;* (*Angabe des ~es*) date *f* de naissance; ***an meinem ~ werde ich verreist sein*** le jour de mon anniversaire, je serai parti(e)

▸ **jd feiert [seinen]** ~ qn fête [*o* célèbre] son anniversaire; **jd gratuliert jdm zum** ~ [*o* **zu jds** ~] qn félicite qn pour [*o* à l'occasion de] son anniversaire; **jd hat** ~ c'est l'anniversaire de qn; **zum/zu jds** ~ pour l'anniversaire de qn

Geburtstags- d'anniversaire; ***die ~gäste*** les invités *mpl* à l'anniversaire **Geburtstagskind** *nt hum* héros /héroïne *m/f* du jour

Geburtsurkunde *f* [extrait *m* d']acte *m* de naissance

Gebüsch <-[e]s, -e> *nt* buissons *mpl*

Geck <-en, -en> *m pej* dandy *m*

Gecko <-s, -s> *m* gecko *m*

gedacht *pp von* **denken, gedenken**

Gedächtnis <-ses, -se> *nt* mémoire *f;* (*Andenken a.*) souvenir *m;* ***zum ehrenden*** ~ pour honorer sa/leur mémoire

▸ **jd hat ein** ~ **wie ein Sieb** *fam* la mémoire de qn est une [vraie] passoire; **jd hat ein gutes/schlechtes** ~ **[für etw]** qn a une bonne/mauvaise mémoire; *für Details, Fakten, Namen, Zahlen* qn a/n'a pas la mémoire de qc; **jd hat ein kurzes** ~ *fam* qn a la mémoire courte; **jd behält** [*o* **bewahrt**] **jdn/etw im** ~ qn garde qn/qc en mémoire; **etw ist jds** ~ (*dat*) **entfallen** qc lui est sorti(e) de la mémoire; **etw entfällt jds** ~ (*dat*) qc s'efface de la mémoire de qn; **jd ruft jdm/sich etw ins** ~ **zurück** qn remet à qn/se remet qc en mémoire, qn rappelle à qn/se rappelle qc; **jd strengt sein** ~ **an** qn fouille dans sa mémoire; **wenn mich mein** ~ **nicht trügt** [*o* **täuscht**] si ma mémoire ne me trompe pas; **jd verliert sein** ~ qn perd la mémoire; **jd verliert jdn/etw aus dem** ~ qn perd le souvenir de qn/qc; **aus dem** ~ *zitieren* de mémoire; *aufsagen, rezitieren a.* par cœur

Gedächtnishilfe *f* moyen *m* mnémotechnique ▸ **jd gibt jdm eine** ~ qn lui rafraîchit la mémoire; **als** ~: ***dieser Hinweis soll Ihnen als ~ dienen*** cette indication doit vous rafraîchir la mémoire **Gedächtnislücke** *f* trou *m* de mémoire ▸ **jd hat eine** ~ qn a un trou de mémoire **Gedächtnisprotokoll** *nt* mémorandum *m* **Gedächtnisschwund** *m* perte *f* de la mémoire ▸ **jd leidet an** ~ qn perd la mémoire; *iron fam* qn souffre [*o* est frappé(e)] d'amnésie

Gedanke <-ns, -n> *m* **1.** (*Überlegung*) pensée *f;* (*Einfall*) idée *f;* ***jd errät jds ~n*** qn devine les pensées de qn

2. (*Konzept*) idée *f,* concept *m;* ***der ~ der Menschenrechte*** la notion de droits de l'homme

▸ **jd setzt einen ~n in die Tat um** qn met une idée en pratique; **jd/etw bringt jdn auf andere ~** qn/qc lui change les idées; **der bloße ~ an jdn/etw** rien que de penser à qn/qc; **jd kommt auf dumme ~n** *fam* qn a de drôles d'idées; ***damit du auf keine dummen ~n kommst*** afin que tu ne fasses pas de bêtises *fam;* **der rettende ~** le trait de génie, l'idée *f* salvatrice; **tief in ~n** plongé(e) dans mes/ses/... pensées; **jd macht sich mit dem ~n vertraut, dass** qn s'habitue [*o* se fait] à l'idée que + *indic;* **jd bringt jdn auf einen ~n** qn donne une idée à qn; ***wer hat dich auf diesen ~n gebracht?*** qui t'a mis ça dans la tête?; **jd/etw bringt jdn auf den ~ etw zu tun** qn/qc donne à qn l'idée de faire qc; **jd fasst einen ... ~n** *bestimmten, klaren, vernünftigen* qn se fait une idée ...; ***bei diesem Lärm kann man ja keinen ~n fassen*** avec ce bruit, on n'arrive pas à se concentrer; **jd fasst den ~n etw zu tun** qn conçoit le projet de faire qc; **wo hast du nur deine ~n?** où donc as-tu la tête?; **jd ist in ~n bei jdm/etw:** ***ich bin in ~n stets bei dir*** je suis constamment près de toi en pensée; ***ich bin in ~n ganz bei meinem Projekt*** je ne pense qu'à mon projet; **jd ist ganz in ~n** qn est absorbé(e) dans ses pensées; **wie kommen Sie auf den [...] ~n?** comment cette idée [...] peut-elle vous venir à l'esprit?, comment pouvez-vous penser cela/une chose aussi ...?; **jdm kommt ein ~** qn a une idée, il lui vient une idée; **jd liest [jds] ~n** qn lit dans les pensées [de qn]; **mach dir keine ~n [darüber]!** ne t'occupe pas de ça!; **jd macht sich** (*dat*) **über etw** (*akk*) **~n** (*überlegt sich*) qn réfléchit à qc, qn médite sur qc; (*macht sich Sorgen*) qn s'inquiète de qc, qn est préoccupé(e) par qc; **jd macht sich** (*dat*) **so seine ~n** *fam* qn commence à réfléchir; **jd/etw reißt jdn aus seinen ~n** qn/qc arrache qn à ses pensées [*o* réflexions]; **jd trägt sich** [*o* **spielt**] **mit dem ~ etw zu tun** *geh* qn caresse l'idée de faire qc *soutenu;* **jd verfällt** [*o* **kommt**] **auf .../einen ... ~n** des idées ... lui passent/une idée ... lui passe par la tête, qn tombe sur une idée ...; **jd ist in ~n vertieft** [*o* **versunken**] [*o* **verloren** *geh*] qn est plongé(e) [*o* perdu(e)] [*o* abîmé(e) *soutenu*] dans ses pensées; **jd tut etw ganz in ~n** (*dat*) qn fait qc l'esprit ailleurs; **kein ~ [daran]!** (*keineswegs!*) absolument pas!; (*kommt nicht in Frage!*) [il n'en est] pas question !

Gedanken- d'idées; *-führung, -kette* des idées; ***~schritt*** phase *f* d'une réflexion; ***deine ~schritte*** le cheminement de ta pensée **Gedankenaustausch** *m* échange *m* de vues **Gedankenfreiheit** *f ∅* liberté *f* de pensée **Gedankengang** <-gänge> *m* raisonnement *m* **Gedankengebäude** *nt geh* système *m* de pensée, édifice *m* intellectuel **Gedankengut** *nt ∅* idéologie *f*

gedankenlos I. *adj Ausspruch, Satz* irréfléchi(e); *Handlung, Vorgehen a.* inconsidéré(e)

II. *adv* de façon irréfléchie; *tun a.* de façon inconsidérée

Gedankenlosigkeit <-, -en> *f* **1.** *∅* (*Unüberlegtheit*) irréflexion *f;* (*Zerstreutheit*) distraction *f*

2. (*Äußerung*) étourderie *f;* ***das war eine reine ~ von mir*** c'était vraiment une parole irréfléchie [*o* en l'air]

Gedankensprung *m* coq-à-l'âne *m* ▸ **jd macht einen ~/Gedankensprünge** qn passe du coq à l'âne **Gedankenstrich** *m* tiret *m* **Gedankenübertragung** *f* transmission *f* de pensée **gedankenverloren I.** *adj geh Blick* absent(e); *Mensch a.* perdu(e) dans ses pensées **II.** *adv geh* d'un air absent

gedanklich I. *adj* intellectuel(le)

II. *adv* intellectuellement

Gedärme *pl* intestins *mpl;* ***so dass die ~ heraustraten*** de telle façon que les boyaux sortaient *fam*

Gedeck <-[e]s, -e> *nt* **1.** (*Tisch~*) couvert *m*

2. (*Tagesmenü*) menu *m*

3. (*obligatorisches Getränk*) consommation *f* [obligatoire]

▸ **jd legt ein ~ auf** qn met un couvert

gedeckt *adj* **1.** *Farben* neutre; *Rot, Grün* atténué(e)

2. *Scheck, Wechsel* approvisionné(e)

3. *Tisch* mis(e)

Gedeih *loc* ▸ **auf ~ und Verderb** pieds et poings liés; *zusammenhalten* pour le meilleur et pour le pire

gedeihen <gedieh, gediehen> *vi + sein* **1.** (*sich gut entwickeln*) ■ **jd/etw gedeiht** qn/qc se développe [*o* pousse bien]

2. (*vorankommen*) ■ **etw gedeiht** */Gespräche, Verhandlungen/* qc progresse; */Pläne, Vorhaben a./* qc prend [une bonne] tournure

Gedeihen <-s> *nt ∅ geh* [*Plan*] réussite *f;* [*Wirtschaft*] prospérité *f*

▸ **jd wünscht jdm gutes ~** qn souhaite à qn beaucoup de succès

gedeihlich *adj geh* fructueux(-euse)

Gedenk- commémoratif(-ive)

gedenken * *vi irreg* **1.** *geh* (*ehren*) ■ **jd gedenkt jds/einer S.** qn évoque le souvenir [*o* la mémoire] de qn/qc; (*erwähnen*) qn évoque [*o* fait mention de] qn/qc

2. (*beabsichtigen*) ■ **jd gedenkt etw zu tun** qn a l'intention de faire qc

Gedenken <-s> *nt ∅* souvenir *m;* ***einige Worte des ~s an den teuren Verblichenen*** quelques mots à la mémoire du cher disparu

▸ **jd bewahrt jdn in gutem ~** qn garde un bon souvenir de qn; **in stillem ~ [an jdn/etw]** *geh* en hommage silencieux [à la mémoire de qn/au souvenir de qc]; **zum** [*o* **im**] **~ an jdn/etw** à la mémoire de qn/en souvenir de qc

Gedenkfeier *f* fête *f* commémorative **Gedenkmarke** *f* timbre *m* commémoratif **Gedenkminute** *f* minute *f* de silence **Gedenkmünze** *f* médaille *f* commémorative **Gedenkrede** *f* discours *m* commémoratif **Gedenkstätte** *f* mémorial *m;* (*Geburtshaus*) monument *m* **Gedenkstein** *m* monument *m* commémoratif **Gedenkstunde** *f* cérémonie *f* commémorative [*o* du souvenir] **Gedenktafel** *f* plaque *f* commémorative **Gedenktag** *m* journée *f* commémorative [*o* du souvenir]

gedeucht *alt pp von* **dünken**

Gedicht <-[e]s, -e> *nt* poème *m;* ***die ~e Verlaines*** les poèmes [*o* la poésie] de Verlaine

▸ **etw ist ein ~** *fam* qc est une merveille; **jd schreibt [jdm] ein ~** qn [lui] fait un poème, qn écrit [*o* compose] un poème [pour qn]; **jd schreibt ~e** qn écrit [*o* compose] des poèmes

Gedicht- *-band* de poésie, de poèmes; *-interpretation, -form, -zyklus* poétique; ***~sammlung*** anthologie *f,* recueil *m* de poèmes

gediegen *adj* **1.** (*rein*) pur(e); *Gold, Silber a.* massif(-ive)

2. (*solide*) *Gegenstand, Material, Verarbeitung* solide, robuste; *Ausbildung, Kenntnisse* solide

▸ **das ist ~!** *fam* c'est un peu fort! *fam*

Gediegenheit <-> *f ∅* **1.** (*Solidität*) solidité *f,* robustesse *f*

2. [*Ausbildung, Kenntnisse*] solidité *f*

gedieh *imp von* **gedeihen**

gediehen *pp von* **gedeihen**

gedient *adj:* ***Sie sind also ein ~er Feldwebel*** ainsi donc, vous avez été adjudant [d'active]; ***die Mitarbeiter sind alle frühere ~e Soldaten*** les employés sont tous d'anciens militaires

Gedöns <-es> *nt ∅ fam* (*Krempel*) bric-à-brac *m,* fatras *m*

▸ **jd macht viel** ~ **[um etw]** qn fait tout un cinéma [pour qc] *fam*

Gedränge <-s> *nt Ø* cohue *f*

▸ **irgendwo herrscht ein [...]** ~ quelque part c'est la cohue/il y a une cohue ...; ***vor den Toren des Stadions herrscht ein riesiges*** ~ devant les portes du stade, il y a une cohue monstre; **jd kommt** [*o* **gerät**] **[mit etw] ins** ~ qn a du mal à faire face [à qc]; ***jd kommt zeitlich ins*** ~ qn est coincé(e) par le temps

Gedrängel <-s> *nt Ø fam* bousculade *f*

gedrängt I. *adj* (*knapp*) concis(e), succinct(e)

II. *adv:* ***alle standen ganz*** ~ les gens étaient tassés les uns contre les autres; ***der Saal war*** ~ ***voll*** la salle était [absolument] bondée

Gedröhn[e] <-[e]s> *nt Ø* vacarme *m*

gedroschen *pp von* **dreschen**

gedruckt *adj* imprimé(e)

▸ **jd lügt wie** ~ qn ment comme il/elle respire; **wie** ~: ***etw sieht aus wie*** ~ on dirait que qc a été imprimé(e)

gedrückt *adj Mensch* abattu(e); *Stimmung* morose

Gedrücktheit <-> *f Ø* [*Mensch*] abattement *m;* ***die*** ~ ***eurer Stimmung*** votre humeur morose

gedrungen I. *pp von* **dringen**

II. *adj* (*untersetzt*) trapu(e)

Gedrungenheit <-> *f Ø* apparence *f* trapue; ***bei seiner*** ~ vu sa morphologie trapue

geduckt I. *adj* baissé(e); ***mit*** ~***em Kopf*** tête baissée; ***in*** ~***er Haltung*** penché(e) en avant

II. *adv sitzen, stehen* courbant l'échine, la tête dans les épaules

Gedudel <-s> *nt Ø pej fam* musique *f* de fond lassante; [*Dudelsack*] sonneries *fpl* [de cornemuse]; ■ **das** ~ **einer S.** (*gen*) la musique lassante de qc

Geduld <-> *f Ø* patience *f*

▸ **meine** ~ **ist erschöpft** [*o* **am Ende**] ma patience est à bout; ***meine*** ~ ***ist langsam erschöpft*** ma patience a des limites; **jd fasst** [*o* **übt** *geh*] **sich in** ~ qn prend patience; **hab'** ~! sois [un peu] patient(e); **jd hat mit jdm/etw** ~ qn est patient(e) [*o* qn a de la patience] avec qn/pour qc; **jd hat keine** ~ **zu etw** qn n'a aucune patience pour [faire] qc; **jdm reißt die** ~ *fam* qn est à bout de patience; **jd übt** ~ *geh* qn fait preuve de patience; **jd verliert die** ~ qn perd patience; **jd wappnet sich mit** ~ *geh* qn s'arme de patience; ~! [un peu de] patience!

gedulden * *vr* ■ **jd geduldet sich** qn patiente

geduldig I. *adj* patient(e)

II. *adv* patiemment

Geduldsfaden *m* ▸ **jdm reißt der** ~ *fam* la patience de qn est poussée à bout, qn est à bout de patience; ***mir reißt bald der*** ~! je ne vais pas tarder à perdre patience! **Geduldsprobe** *f:* ***etw ist für jdn eine harte*** ~ qc met la patience de qn à rude épreuve **Geduldsspiel** *nt* jeu *m* de patience

gedungen *pp von* **dingen**

gedunsen *adj* boursouflé(e); *Gesicht, Wangen a.* bouffi(e)

gedurft *pp von* **dürfen**

geehrt *adj* **1.** (*bei Anrede*): ***sehr*** ~***e Damen, sehr*** ~***e Herren!*** Mesdames, Messieurs!; ***sehr*** ~***e Damen und Herren!*** Mesdames et Messieurs!; ***sehr*** ~***er Herr Professor Duss!*** Monsieur le professeur!

2. (*in Briefen*): ***sehr*** ~***e Damen und Herren,*** Madame, Monsieur,; ***sehr*** ~***er Herr Dümmler,*** Monsieur,; ***sehr*** ~***er Herr Dr./Professor Duss,*** Monsieur,

▸ **hoch** ~ *geh* très honoré(e) *antéposé*

geeignet *adj Mensch* qui convient; *Maßnahme, Schritt* approprié(e), adéquat(e); ■ **jd ist für etw/zu etw** ~ qn convient pour qc/est apte à [faire] qc; ***zur Musikerin*** ~ apte à devenir musicienne

Geest <-, -en> *f,* **Geestland** *nt* lande *f* (*région plate et pauvre au bord de la mer du Nord*)

Gefahr <-, -en> *f* **1.** (*Bedrohung*) danger *m*

2. (*Risiko*) ■ **die** ~ **einer S.** (*gen*) [*o* **von etw**] le risque de qc; ***die*** ~ ***eines Krieges konnte gebannt werden*** on a pu conjurer le risque de guerre; ***die*** ~ ***übersehener Fehler steigt*** le risque d'oublier des fautes augmente

▸ **es ist** ~ **im Verzug** ça sent le roussi, qn/un animal faire un danger; **auf eigene** ~ à mes/ses/... risques et périls; **jd begibt sich in** ~ qn s'expose au danger, qn prend des risques; **wer sich in** ~ **begibt, kommt darin um** *prov* il ne faut pas jouer avec le feu; **es besteht die** ~ **einer S.** (*gen*) il y a un risque de qc; ***die*** ~ ***einer Explosion besteht*** il y a un risque d'explosion; **es besteht die** ~**, dass** il y a le risque que + *subj;* **jd bringt jdn in** ~ qn met qn en danger; **jdm/einer S. droht keine** ~ **[von jdm/etw]** qn/qc n'a rien à craindre [de qn/qc], aucun danger [venant de qn/qc] ne menace qn/qc; **jd ist außer** ~ qn est hors de danger; **jd ist** [*o* **schwebt** *geh*] **in** ~ qn est en danger; ***er schwebt in ständiger*** ~ un péril plane constamment au-dessus de sa tête *soutenu;* **jd läuft** ~ **etw zu tun** qn court le risque de faire qc; **jd setzt sich einer** ~ **aus** qn s'expose à un danger, qn court un risque; **auf die** ~ **hin, etw zu tun/dass jd etw tut** au risque de faire qc/quitte à ce que qn fasse qc; **bei** ~ en cas de danger

gefährden * **I.** *vt* **1.** (*einer Gefahr aussetzen*) ■ **jd/etw gefährdet jdn/Tiere/Pflanzen** qn/qc met en danger la vie de qn/d'animaux/de plantes; ■ **etw gefährdet etw** *Gesundheit* qc est mauvais(e) pour qc

2. (*in Frage stellen*) ■ **jd/etw gefährdet etw** qn/qc compromet qc

II. *vr* ■ **jd gefährdet sich** qn risque sa vie

gefährdet *adj* (*bedroht*) menacé(e); ■ **jd/etw ist** ~ qn/qc est en danger; ***stark*** ~ en grand danger

Gefährdung <-, -en> *f* ■ **jds** ~ **durch jdn/etw** le danger que fait courir qn/qc à qn, la menace que fait peser qn/qc sur qn; ■ **die** ~ **durch jdn/etw** le danger que représente qn/le risque de qc

gefahren *pp von* **fahren**

Gefahrenherd *m* foyer *m* de troubles **Gefahrenmoment** *nt* facteur *m* de risque [*o* danger] **Gefahrenquelle** *f* source *f* de dangers **Gefahrenstelle** *f* endroit *m* dangereux, point *m* noir **Gefahrenzone** *f* zone *f* dangereuse, secteur *m* dangereux **Gefahrenzulage** *f* prime *f* de risque

Gefahrgut *nt* matières *fpl* dangereuses

gefährlich I. *adj* dangereux(-euse); *Aussehen a.* menaçant(e); *Krankheit a.* grave

▸ **jd kann jdm** ~ **werden** *fam* (*kann schaden*) qn peut constituer un danger pour qn [*o* être dangereux(-euse) pour qn]; ***der könnte mir*** ~ ***werden*** (*ich könnte mich verlieben*) il pourrait me faire craquer *fam*

II. *adv* **1.** (*riskant*) dangereusement

2. (*bedrohlich*) *aussehen* menaçant(e); *erkranken* gravement; *schnell, nah* dangereusement

Gefährlichkeit <-> *f Ø* **1.** (*Riskantheit*) caractère *m* dangereux

2. (*Bedrohlichkeit*) dangerosité *f;* [*Krankheit a.*] gravité *f*

gefahrlos *adj* sans danger; ■ **etw ist nicht** ~ qc n'est pas sans risque [*o* dangereux]

Gefährt <-[e]s, -e> *nt hum* engin *m hum,* véhicule *m*

Gefährte <-n, -n> *m,* **Gefährtin** *f geh* compagnon/compagne *m/f*

gefahrvoll *adj geh* périlleux(-euse) *littér*

Gefälle <-s, -> *nt* **1.** (*Neigungsgrad*) pente *f;* ***Straßen mit starkem*** ~ routes à forte déclivité

2. (*Unterschied*) écart *m*

▸ **starkes** ~! descente dangereuse!

-gefälle *nt* écart *m* de

gefallen[1] <gefällt, gefiel, gefallen> **I.** *vi* ■ **jd/etw gefällt jdm** qn/qc plaît à qn; ***es hat mir schlecht*** ~ ça ne m'a pas plu; ■ **jd/etw gefällt durch etw** qn/qc plaît par qc [*o* à cause de qc]; ■ **jdm gefällt es etw zu tun** qn aime bien faire qc; (*sich einen Spaß daraus machen*) cela amuse qn de faire qc, qn s'amuse à faire qc

▸ **das gefällt mir schon besser** [*o* **eher**] *fam* j'aime [déjà] mieux ça! *fam;* **jd gefällt jdm [gar] nicht** *fam* qn a un air [*o* une mine] qui ne plaît pas [du tout] à qn *fam;* **etw könnte jdm** ~ qc plairait bien à qn

II. *vr* **1.** (*zufrieden sein*) ■ **jd gefällt sich** (*dat*) **[in etw** (*dat*)**]** qn se plaît [dans qc]

2. (*posieren als*) ■ **jd gefällt sich** (*dat*) **in etw** (*dat*) qn se complaît dans qc

▸ **jd lässt sich** (*dat*) **etw** ~ (*nimmt hin*) qn tolère qc, qn laisse passer qc; (*findet akzeptabel*) qn trouve qc à son goût, qc convient [tout à fait] à qn; ***du kannst dir doch nicht alles*** ~ ***lassen!*** tu ne peux tout de même pas te laisser faire comme ça!

gefallen[2] *pp von* **fallen**

Gefallen[1] <-s> *nt Ø geh* (*Freude*) plaisir *m*

▸ **jd findet an etw** (*dat*) ~ qn trouve du plaisir à qc; **ein Mensch findet an jdm** ~ qn plaît à une personne; **sie finden aneinander** ~ ils/elles se plaisent; **jdm zu** ~ pour faire plaisir à qn

Gefallen[2] <-s, -> *m* (*Gunst*) service *m;* ***ein kleiner*** ~ ***ist unter Freunden üblich*** entre amis, on se rend des petits services

▸ **jd bittet jdn um einen** ~ qn demande un service à qn, qn prie qn de lui rendre un service; **tun Sie mir einen** ~ **und ...** faites-moi le plaisir de ... + *infin;* **jd tut** [*o* **erweist** *geh*] **jdm einen** ~ qn rend un service à qn; **jd tut jdm den** ~ **und ...** qn rend à qn le service de ... + *infin;* ***ich will Ihnen also den*** ~ ***tun und ...*** je veux bien vous faire le plaisir de ... + *infin*

Gefallene(r) *f(m) decl wie adj* soldat *m* mort à la guerre [*o* au front]; ***die*** ~***n der Weltkriege*** les soldats tombés pendant les deux guerres mondiales

gefällig *adj* **1.** *Mensch* complaisant(e), serviable; ***das ist sehr*** ~ ***[von Ihnen]!*** c'est très aimable [de votre part [*o* à vous]]!; ■ **jd ist jdm** ~ qn est serviable à l'égard de qn; ***kann ich Ihnen*** ~ ***sein?*** puis-je vous être utile?

2. *Äußeres* plaisant(e); *Kleidung, Kleidungsstück a.* charmant(e)

▸ **jd zeigt** [*o* **erweist**] **sich jdm** ~ *geh* qn se montre serviable envers qn; **sonst noch was** ~? désirez-vous [encore] autre chose?; *iron* (*sonst nichts?*) et puis quoi encore? *iron;* **wenn's** ~ **ist** *iron* si tu n'y vois/vous n'y voyez pas d'inconvénient

Gefälligkeit <-, -en> *f* **1.** (*Gefallen*) service *m*

2. *Ø* (*Entgegenkommen*) complaisance *f*

▸ **jd erweist jdm eine** ~ qn rend [un] service à qn; **aus** ~ par complaisance; ***könntest du mich aus*** ~ ***vertreten?*** pourrais-tu avoir la complaisance de me remplacer?

Gefälligkeits- de complaisance

gefälligst *adv fam:* ***sei*** ~ ***still!*** fais-moi le plaisir de te taire!; ***lassen Sie mich*** ~ ***ausreden!*** je vous prie de ne pas m'interrompre!; ***das soll er*** ~ ***selbst machen!*** qu'il le fasse lui-même!

Gefällstrecke *f* section *f* en forte déclivité

gefangen *pp von* **fangen**

Gefangene(r) *f(m) decl wie adj* **1.** JUR détenu(e) *m(f)*

2. MIL prisonnier(-ière) *m(f)*

▸ **jd macht ...** ~ MIL qn fait ... prisonniers; **jd macht keine** ~ qn ne fait pas de prisonniers

Gefangenenaustausch *m* échange *m* de prisonniers **Gefangenenbefreiung** *f* libération *f* de prisonniers **Gefangenenlager** *nt* camp *m* de prisonniers

gefangen|halten *s.* **fangen I.▸**

Gefangennahme <-, -n> *f* **1.** MIL capture *f*

2. JUR arrestation *f*

▸ **bei der** ~ lors de l'arrestation

gefangen|nehmen *s.* **fangen I.▸**

Gefangenschaft <-, -en> *f* captivité *f*

▸ **die Babylonische** ~ la captivité de Babylone; **jd gerät** [*o* **kommt**] **in** ~ qn est fait(e) prisonnier(-ière), qn se retrouve en captivité; ***sein Vater kam in russische*** ~ son père a été fait prisonnier par les Russes; **in** ~ en captivité

Gefängnis <-ses, -se> *nt* prison *f;* ***sie wurde aus dem*** ~ ***entlassen*** elle a

été libérée de prison
▶ **jd bekommt** [...] ~ qn est condamné(e) à la prison/à [...] de prison; **jd ist** [*o* **sitzt** *fam*] **im** ~ qn est en prison [*o* en tôle *fam*]; **jd kommt ins** ~ qn va en prison; **auf etw** (*akk*) **steht** ~ qc est passible de prison; **jd verurteilt jdn zu** [...] ~ qn condamne qn à la prison/[à ... de prison]
Gefängnis- de [la] prison; *~revolte* révolte *f* des prisons **Gefängnisaufseher(in)** *m(f)* gardien(ne) *m(f)* de [la] prison, maton(ne) *m(f) fam* **Gefängnisdirektor(in)** *m(f)* directeur(-trice) *m(f)* de [la] prison **Gefängnisinsasse** *m*, **-insassin** *f* détenu(e) *m(f)* **Gefängnisstrafe** *f* peine *f* de prison ▶ **jd verurteilt jdn zu einer** ~ qn condamne qn à une peine de prison **Gefängniswärter(in)** *m(f) s.* **Gefängnisaufseher. Gefängniszelle** *f* cellule *f*
Gefasel <-s> *nt* ∅ *pej* radotage *m*
Gefäß <-es, -e> *nt* **1.** (*Behälter*) récipient *m*
2. ANAT vaisseau *m*
Gefäß- vasculaire **gefäßerweiternd I.** *adj* vasodilatateur(-trice) **II.** *adv:* ***Alkohol wirkt*** ~ l'alcool a un effet vasodilatateur **Gefäßkrankheit** *f* maladie *f* vasculaire
gefasst[RR], **gefaßt I.** *adj* **1.** (*beherrscht*) *Mensch* impassible; *Eindruck* de calme
2. (*eingestellt*) ■ **jd ist auf etw** (*akk*) ~ qn s'attend à qc
▶ **jd macht sich auf etw** (*akk*) ~ qn s'attend à qc; **jd macht sich darauf ~, dass** qn s'attend à ce que + *subj;* **jd kann sich auf etwas** (*akk*) ~ **machen** *fam* qn peut numéroter ses abattis *fam*
II. *adv* avec calme; ***sehr/erstaunlich*** ~ avec un grand calme/un calme étonnant; ***jd wirkt*** ~ qn donne une impression de calme; ***jd sieht*** ~ ***aus*** qn a l'air calme
Gefasstheit[RR], **Gefaßtheit** <-> *f* ∅ calme *m*
gefäßverengend I. *adj* vasoconstricteur *m;* ***eine ~e Substanz*** un vasoconstricteur, une substance aux effets vasoconstricteurs
II. *adv:* ***etw wirkt*** ~ qc a un effet vasoconstricteur
Gefecht <-[e]s, -e> *nt* combat *m*
▶ **jd führt etw ins** ~ *geh* qn met qc en avant; **jd liefert jdm ein** ~ MIL qn livre [un] combat à qn; **jd setzt jdn außer** ~ (*macht kampfunfähig*) qn met qn hors de combat; (*macht handlungsunfähig*) qn met qn sur la touche; *Verbrecher* qn met qn hors d'état de nuire; (*lässt verstummen*) qn rive son clou à qn
Gefechts- MIL *-beginn, -ende, -verlauf, -pause* du combat/des combats; *-zone, -abschnitt* de combat; *~bericht* rapport *m* sur le combat **Gefechtsausbildung** *f* entraînement *m* au combat **gefechtsbereit** *adj* prêt(e) à intervenir [*o* au combat] ▶ **etw wird** ~ **gemacht** qc est mis(e) en [état d']alerte [*o* en position de combat] **gefechtsklar** *adj Schiff* prêt(e) [*o* paré(e)] au combat ▶ **ein Schiff wird** ~ **gemacht** un bateau est mis en [état d']alerte **Gefechtskopf** *m* ogive *f* **Gefechtsstand** *m* poste *m* de commandement, P.C. *m*
gefeiert *adj* (*berühmt*) *Artist, Künstler, Sänger etc* très populaire
gefeit *adj* ■ **jd ist gegen etw** ~ qn est à l'abri de qc; *gegen Verliebtheit, Grippe a.* qn est immunisé(e) contre qc
gefestigt *adj* solide; *Charakter* bien trempé(e) *soutenu*
Gefiedel <-s> *nt* ∅ *pej fam* raclements *mpl* de violon, rengaines *fpl* au violon; ***lass doch das ständige ~ auf der Geige!*** arrête de martyriser ton violon!
Gefieder <-s, -> *nt* plumage *m*
gefiedert *adj* **1.** *Blatt* penné(e)
2. *geh* (*mit Federn*) *Freund, Sänger* à plumes
gefiel *imp von* **gefallen**
Gefilde <-s, -> *nt geh* contrée *f soutenu*
▶ **heimatliche** ~ *hum* pays *m* natal
gefinkelt *adj* AUS (*durchtrieben*) malin(e)
Geflecht <-[e]s, -e> *nt* **1.** (*Flechtwerk*) lacis *m;* [*Stuhl*] cannage *m*
2. (*Gewirr*) entrelacs *m*
gefleckt *adj Hund, Vogel, Gefieder* tacheté(e); *Haut* taché(e)
Geflimmer <-s> *nt* ∅ **1.** CINE, TV tremblement *m* des images
2. (*flimmernde Luft*) vibration *f* de la lumière; ***das ~ der Luft*** la vibration de l'air
geflissentlich *adv geh* délibérément, à dessein
geflochten *pp von* **flechten**
geflogen *pp von* **fliegen**
geflohen *pp von* **fliehen**
geflossen *pp von* **fließen**
Geflügel <-s> *nt* ∅ volaille *f*
Geflügel- 1. GASTR de volaille; *~topf* à volaille **2.** AGR, COM de volailles; *-hof, -haltung a.* avicole; *-krankheit* de la volaille, aviaire; *-käfig* à volailles **Geflügelfleisch** *nt* [viande *f* de] volaille *f* **Geflügelsalat** *m* salade *f* de volaille
geflügelt *adj* ailé(e)
Geflunker <-s> *nt* ∅ *pej fam* craques *fpl fam*
Geflüster <-s> *nt* ∅ chuchotements *mpl*
gefochten *pp von* **fechten**
Gefolge <-s, -> *nt* suite *f*
▶ **etw hat etw im** ~ qc a qc pour conséquence; **im** ~ **einer S.** (*gen*) *der Pest* par suite de qc; *der Untersuchungen* à la suite de qc
Gefolgschaft <-, -en> *f* **1.** (*Anhängerschaft*) partisans *mpl;* [*Sektenführer*] disciples *mpl,* adeptes *mpl*
2. HIST (*Gefolge*) suite *f*
▶ **jd verweigert jdm die** ~ qn refuse de suivre qn
Gefolgsmann <-leute> *m*, **-frau** *f* **1.** (*Anhänger*) partisan(e) *m(f);* [*Sektenführer*] disciple *mf,* adepte *mf*
2. HIST membre *m* de la suite; ***seine ~leute*** les gens *mpl* de sa suite

gefragt *adj* **1.** COM *Artikel* demandé(e)
2. (*begehrt*) en vogue
▶ **jd/etw ist** [**irgendwo**] **nicht** ~ on n'a que faire de qn/qc [quelque part]
gefräßig *adj* **1.** *Tier* vorace
2. *pej Mensch* glouton(ne); ***ein ~er Mensch*** un goinfre
Gefräßigkeit <-> *f* ∅ **1.** [*Tier*] voracité *f*
2. *pej* [*Mensch*] gloutonnerie *f*
Gefreite(r) *f(m) decl wie adj* (*in der Luftwaffe*) aviateur *m* première classe; (*in der Artillerie, Kavallerie*) brigadier *m*
gefressen *pp von* **fressen**
Gefrierbeutel *m* sachet *m* de congélation
gefrieren * *vi irreg + sein* ■ **etw gefriert** qc gèle; ■ **gefroren** gelé(e)
Gefrierfach *nt* freezer *m* **Gefrierfleisch** *nt* viande *f* surgelée **Gefriergemüse** *nt* légumes *mpl* surgelés **gefriergetrocknet** *adj* lyophilisé(e) **Gefrierpunkt** *m* point *m* de congélation ▶ **über dem/den** ~ au-dessus de 0°; **um den** ~ autour de 0°; **unter dem/den** ~ au-dessous de 0° **Gefrierschrank** *m* congélateur *m* armoire **Gefriertrocknung** *f* lyophilisation *f* **Gefriertruhe** *f* congélateur *m* bahut
gefroren *pp von* **frieren, gefrieren**
Gefuchtel <-s> *nt* ∅ *pej* ■ ~ [**mit etw**] (*dat*) moulinets *mpl* [avec qc]; ***wildes*** ~ de grands moulinets
Gefüge <-s, -> *nt geh* structure *f*
-gefüge *nt* structure *f* de; *Preis-, Kosten-* édifice *m* des; ***Sozial~*** tissu *m* social; ***Persönlichkeits~*** personnalité *f;* ***Gehalts~*** grille *f* des salaires
gefügig *adj* docile; *Untergebener, Sklave a.* soumis(e)
▶ **jd macht** [**sich** (*dat*)] **jdn** ~ qn oblige qn à se plier à ses volontés
Gefühl <-[e]s, -e> *nt* **1.** (*Sinneswahrnehmung*) sensation *f;* ***er hatte kein ~ mehr in den Fingern*** il ne sentait plus ses doigts; ***das ~ für warm und kalt*** la sensation du chaud et du froid
2. (*seelische Empfindung*) sentiment *m;* ***ein Mensch ohne jedes*** ~ un individu dénué de tout sentiment; ■ **ein** ~ **der/des ...** un sentiment de ...
3. (*Gespür*) intuition *f;* ■ **ein** ~ **für etw** le sens de qc; ***Tiere haben ein ~ dafür, wer sie mag und wer nicht*** les animaux sentent d'instinct qui les aime et qui ne les aime pas
▶ [**das ist**] **ein** ~ **wie Weihnachten** *hum fam* c'est vraiment super *fam;* **jd tut seinen ~en keinen Zwang an** *fam* qn se gêne pas *fam;* ***tu deinen ~en keinen Zwang an!*** [il] faut [surtout] pas te gêner! *fam;* **mit gemischten ~en** avec des sentiments mêlés; **das ist das höchste der ~e** *fam* (*das Äußerste*) c'est mon/notre dernier mot, j'irai/on ira pas au-delà *fam;* **mit widerstrebenden ~en** à contrecœur; **jd erwidert jds ~e** qn partage les sentiments de qn; **jd hat ein ~/ein ...** ~ *ein merkwürdiges, ungutes, dunkles* qn a un pressentiment/une impression ...; **jd hat etw im** ~ qn sent qc; **jd hat das** [**...**] **~, dass/als ob** qn a le sentiment [*o* l'impression] [...] que + *indic;* ***jd hat das bestimmte/unbestimmte ~, dass*** qn a nettement/confusément le sentiment [*o* l'impression] que + *indic;* **jd hat ein** ~ **für etw** qn a le sens de qc; **jd investiert ~e in jdn/etw** *fam* qn s'investit affectivement avec qn/dans qc; **mein** ~ **täuscht mich nie** mon intuition ne me trompe jamais; **jd verletzt jds ~e** (*verärgert*) qn froisse qn; (*tut weh*) qn peine qn; **jd wird das ~ nicht los, dass** qn n'arrive pas à se sortir de la tête que + *indic;* **mit** ~ (*mit Gespür*) avec doigté; *aufsagen, spielen* avec du sentiment
gefühllos I. *adj* **1.** *Finger, Hand, Arm, Zeh, Fuß, Bein* insensible; (*wegen der Kälte*) engourdi(e)
2. *Mensch* insensible
II. *adv behandeln, sich verhalten* durement
Gefühllosigkeit <-> *f* ∅ insensibilité *f*
Gefühlsanwandlung *f* élan *m* du cœur; (*Zärtlichkeit*) accès *m* de tendresse **Gefühlsausbruch** *m* réaction *f* passionnée; (*Zorn*) explosion *f* **Gefühlsduselei** <-, -en> *f pej fam* sensiblerie *f* **gefühlsecht** *adj Kondom* ultrasensitif(-ive); (*als Werbespruch*) sensations garanties **Gefühlshaushalt** *m* vie *f* affective **gefühlskalt** *adj* **1.** PSYCH (*frigide*) froid(e), frigide **2.** (*herzlos*) *Mensch* de glace **Gefühlskälte** *f* **1.** PSYCH (*Frigidität*) froideur *f*, frigidité *f* **2.** (*Gefühllosigkeit*) insensibilité *f* **gefühlsmäßig** *adv* intuitivement **Gefühlsmensch** *m* émotif(-ive) *m(f)* **Gefühlsregung** *f* émotion *f*
gefühlvoll I. *adj Mensch* sensible; *Geigenspiel, Vers* plein(e) de sensibilité
II. *adv* avec beaucoup de sentiment
gefüllt *adj* **1.** GASTR *Keks, Praline, Schokolade* fourré(e); *Paprikaschoten, Puter, Tomaten* farci(e)
2. (*voll*) *Brieftasche, Spendenbüchse* rempli(e)
Gefummel <-s> *nt* ∅ *fam* **1.** (*lästiges Hantieren*) *verbal übersetzt;* ***was ist das denn für ein ~ da unterm Tisch?*** qu'est-ce que tu es en train de tripatouiller sous la table? *fam;* ***das ist vielleicht immer ein ~, bis ich etw getan habe*** il faut toujours farfouiller 107 ans pour faire qc *fam*
2. (*sexuelle Berührung*) pelotage *m fam;* ***hör mit dem ~ auf!*** arrête de me peloter! *fam*
gefunden *pp von* **finden**
Gegacker <-s> *nt* ∅ caquetages *mpl*
gegangen *pp von* **gehen**
gegeben I. *pp von* **geben**
II. *adj* **1.** (*geeignet*) *Kandidatin* qu'il me/nous/... faut, qui convient
2. (*vorhanden*) *Bedingung, Lage, Tatsachen, Voraussetzung* présent(e)
3. (*das Nächstliegende*) ■ **etw ist das G~e** le mieux, c'est de faire qc
▶ **jd setzt etw als** ~ **voraus** *Kenntnisse, Wissen* qn considère qc comme acquis(e); (*natur~*) qn considère qc comme allant de soi
gegebenenfalls *adv* le cas échéant
Gegebenheit <-, -en> *f meist pl* réalité *f*
gegen I. *präp + akk* **1.** (*wider*) *Kälte, Krankheit, Verseuchung, Pläne, Ungerechtigkeit* contre; (*Mittel bezeichnend*) *Beschwerden, Erkrankung* contre, pour

2. SPORT ■ **X ~ Y** X contre Y
3. (*ablehnend*) ■ **jd ist ~ jdn/etw** qn est contre qn/qc
4. (*entgegen*) *jds Anordnung, Befehl, Wunsch, alle Vernunft, unsere Abmachung* en dépit de; ***das ist ~ etw*** c'est contraire à qc
5. JUR contre
6. (*an*) *Baum, Haus, Mauer, Wand, Zaun etc* contre; ***jd pocht ~ die Tür*** qn frappe à la porte
7. (*gegenüber*) envers
8. (*für*) *Nachnahme, Empfangsbestätigung, Quittung* contre; *Devisen, Dollar a.* en échange de; *Kaution, Vorkasse* moyennant; ~ ***bar*** [*o* ***Barzahlung***] [au] comptant
9. (*verglichen mit*) comparé(e) à, par rapport à
10. (*zum … zu*) *Morgen, Mittag, Abend, 19 Uhr* vers
II. *adv* (*ungefähr*) environ, à peu près

Gegen- 1. (*als Reaktion*): ~***aktion*** contre-offensive *f*; ~***antrag*** contre-proposition *f*; ~***argument*** objection *f*; ~***bemerkung*** observation *f* sur ce qui a été dit; ~***erklärung*** version *f* différente; ~***klage*** demande *f* reconventionnelle; ~***propaganda*** contre-propagande *f*; ~***rechnung*** décompte *m* 2. (*das Gegenteil darstellend*): ~***ansicht*** avis *m* opposé; ~***alltag*** vraie vie *f*; ~***grund*** argument *m* contre; ~***demonstration*** contre-manifestation *f*; ~***meinung*** opinion *f* inverse; ***g~polig*** de pôle opposé; ~***position***, ~***standpunkt*** point *m* de vue opposé 3. (*in Opposition*): ~***kirche zu Rom*** église *f* en opposition avec Rome; ~***kultur*** contre-culture *f*; ~***regierung*** gouvernement *m* autoproclamé, contre-gouvernement *m* 4. (*bekämpfend*): ~***feuer*** contre-feu *m*; ~***information*** information *f* contradictoire; ~***macht*** forces *fpl* adverses; ~***partei*** POL opposition *f*; SPORT adversaire *m*; ~***reaktion*** riposte *f* 5. (*in der entgegengesetzten Richtung, gegenüber*): ~***bewegung*** mouvement *m* contraire; ~***druck*** pression *f* en retour; ~***gleis*** voie *f* de sens contraire; ~***kurs*** direction *f* inverse; ***das Flugzeug geht auf ~kurs*** l'avion rebrousse chemin; ~***strömung*** contre-courant *m*; ~***wand*** mur *m* d'en face 6. (*Erwiderung ausdrückend*): ~***einladung*** invitation *f* pour rendre la politesse; ***es wäre Zeit für eine*** ~ il serait temps de les inviter à notre tour/qu'ils nous rendent notre invitation; ~***geschenk*** cadeau *m* en retour; ***der ~part zu jdm*** l'homologue *mf* de qn 7. (*der Kontrolle dienend*): ~***check*** vérification *f*; ~***buchung*** contre-passation *f*; ~***unterschrift***, ~***zeichnung*** contreseing *m* **Gegenangebot** *nt* contre-offre *f* ► **jd macht jdm ein ~** qn fait une contre-offre à qn **Gegenangriff** *m* contre-attaque *f* **Gegenanzeige** *f* MED contre-indication *f* **Gegenbehauptung** *f* affirmation *f* contraire ► **jd stellt eine ~ auf** qn prétend le contraire **Gegenbeispiel** *nt* contre-exemple *m* ► **jd bringt [jdm] ein ~** qn donne un contre-exemple [à qn] **Gegenbesuch** *m* ***ich kündige Ihnen für Mittwoch meinen ~ an*** je vous rendrai votre visite mercredi; ***jetzt bist du mit einem ~ [bei mir] dran*** maintenant c'est à toi de me rendre visite ► **jd macht [jdm] einen ~** qn [lui] rend sa visite **Gegenbeweis** *m* preuve *f* du contraire ► **jd erbringt [jdm] den ~/den ~ zu etw, jd tritt den ~ [zu etw] an** qn apporte [*o* fournit] la preuve du contraire [à qn]/réfute qc

Gegend <-, -en> *f* 1. (*Gebiet*) région *f*
2. (*Wohn~*) quartier *m*
3. *fam* (*Richtung*) direction *f*; ***sie sind ungefähr in die ~ abgehauen*** ils ont filé en gros par là *fam*
4. ANAT (*Bereich*) région *f*
► **jd/ein Tier macht die ~ unsicher** (*stellt eine Gefahr dar*) qn/un animal fait régner l'insécurité dans le quartier/la région; **jd macht die ~ unsicher** *fam* (*amüsiert sich*) qn fait la tournée des grands-ducs *fam*; **durch die ~** *fam brüllen, schreien, grölen* comme un putois; ***jd grölt durch die*** ~ qn pousse des beuglements *fam*; ***jd geht/fährt durch die*** ~ qn fait un tour à pied/en voiture; **in die ~** *fam* (*irgendwohin*) dans la nature *fam*; **in der** [*o* **dieser**] **~** (*etwa hier*) dans le coin; **in der ~ um etw** *sl* (*etwa*) aux alentours de qc; **in der ~ von** du côté de

Gegendarstellung *f* 1. MEDIA réponse *f* 2. (*gegensätzliche Darstellung*) version *f* contradictoire ► **jd macht ~en** qn défend sa propre vision des choses, qn émet des objections **Gegendienst** *m* service *m* en retour; ***ich erwarte einen ~ von dir*** j'attends que tu me rendes la pareille [*o* renvoies l'ascenseur *fam*] ► **jd erweist jdm einen ~** qn rend la pareille à qn, qn renvoie l'ascenseur à qn *fam*

gegeneinander *adv* l'un(e) contre l'autre/les un(e)s contre les autres; *abgrenzen, abschotten* l'un(e) par rapport à l'autre/les un(e)s par rapport aux autres; ***die Gefangenen wurden ~ ausgetauscht*** les prisonniers furent échangés [les uns contre les autres]
► **sie haben etwas ~** *fam* ils/elles peuvent pas se blairer *fam*

Gegeneinander <-s> *nt* ∅ confrontation *f*

gegeneinander|halten *s.* **halten I.►. gegeneinander|prallen** *s.* **prallen ►. gegeneinander|stehen** *s.* **stehen I.►. gegeneinander|stoßen** *s.* **stoßen III.►**

Gegenfahrbahn *f* [*Autobahn*] chaussée *f* opposée; [*Straße*] voie *f* opposée **Gegenforderung** *f* (*vom Schuldner*) créance *f* en compensation; (*von der Gegenseite*) prétention *f* à titre de réciprocité **Gegenfrage** *f* question *f* en réponse à une question; ***was soll diese ~?*** à quoi ça sert de répondre à une question par une autre? ► **jd antwortet mit einer ~** qn répond à une question par une autre **Gegengerade** *f* ligne *f* opposée **Gegengewalt** *f* riposte *f* violente, violence *f* répondant à la violence; ***die Spirale von Gewalt und ~*** l'escalade *f* de la violence **Gegengewicht** *nt* contrepoids *m* ► **mit etw wird ein ~ zu etw geschaffen** qc fait contrepoids à qc **Gegengift** *nt* contrepoison *m*; ■ **ein ~ gegen etw** un contrepoison à qc **gegen|halten** *vi irreg* (*kontern*) ■ **jd hält [mit etw] gegen** qn riposte [avec qc]; ***sie würde ~ mit der Behauptung, …*** elle riposterait en affirmant que + *indic* **Gegenkandidat(in)** *m(f)* challengeur *m* ► **jd stellt jdn als ~en/~in auf** qn présente son/sa propre candidat(e) en la personne de qn; **jd stellt jdn als ~en/~in zu jdm auf** qn lance la candidature de qn pour contrer qn; **jd stellt einen ~en/eine ~in auf** qn présente son/sa propre candidat(e); **jd stellt einen ~en/eine ~in zu jdm auf** qn oppose son/sa propre candidat(e) à qn

gegenläufig *adj* 1. TECH *Bewegung, Kolben* opposé(e)
2. *Entwicklung, Tendenz* contraire

Gegenleistung *f* contrepartie *f* ► **als ~ für etw** en contrepartie de qc **gegen|lenken** *vi* ■ **jd lenkt gegen** qn contrebraque **gegen|lesen** *vt irreg* ■ **jd liest etw gegen** qn fait une relecture de qc

Gegenlicht *nt* contre-jour *m*
► **bei ~** à contre-jour

Gegenliebe *f* ► **jd findet mit etw [bei jdm] keine/wenig ~** qn n'a aucun/pas beaucoup de succès avec qc [auprès de qn]; **etw findet [bei jdm] keine/wenig ~, etw stößt [bei jdm] auf keine/wenig ~** qc n'a aucun/pas beaucoup de succès [auprès de qn] **Gegenmaßnahme** *f* (*um zu verhindern*) mesure *f* préventive; (*um zu bekämpfen*) mesure *f* énergique; ■ **eine ~ gegen etw** une mesure pour prévenir qc/lutter contre qc **Gegenmehr** <-s> *nt* CH voix *fpl* contre, non *mpl* **Gegenmittel** *nt* antidote *m*; ■ **ein ~ gegen etw** un antidote contre [*o* de] [*o* à] qc **Gegenoffensive** [-və] *f s.* **Gegenangriff. Gegenpapst** *m* HIST antipape *m* **Gegenpol** *m* ■ **jds ~,** ■ **der ~ zu jdm** l'antithèse *f* de qn **Gegenprobe** *f* 1. (*Überprüfung*) contre-épreuve *f* 2. (*bei Abstimmung*) contre-épreuve *f*; MATH vérification *f* ► **jd macht die ~ zu etw** qn procède à la contre-épreuve de qc **Gegenrechnung** *f* ► **jd macht** [*o* **stellt**] **[jdm] die/eine ~ [für etw] auf** qn fait le décompte [de qc] [à qn] **Gegenreformation** *f* HIST contre-réforme *f* **Gegenrichtung** *f* autre sens *m*, direction *f* opposée; ***Ihnen kommt ein Geisterfahrer aus der ~ entgegen!*** une voiture roulant à contresens arrive sur vous!

Gegensatz *m* 1. (*Gegenteil*) contraire *m*, opposé *m*
2. *pl* (*Unterschiedlichkeiten*) différences *fpl*
► **unüberbrückbare ¨e** des différences insurmontables; **etw bildet einen … ~ zu etw, etw steht im … ~ zu etw** qc est en contradiction … avec qc; **jd ist der [genaue] ~ zu jdm** qn est [tout] le contraire de qn; **¨e ziehen sich an** *prov* les extrêmes se touchent; **im ~ zu jdm/etw** contrairement à qn/qc

gegensätzlich I. *adj* opposé(e)
II. *adv* d'une façon différente; ***sie sind sehr ~ veranlagt*** tout les oppose; ***jd beurteilt etw ~*** qn a un jugement opposé sur qc

Gegensätzlichkeit <-, -en> *f* incompatibilité *f*
► **bei aller ~** malgré toutes les divergences

Gegenschlag *m* riposte *f* ► **jd holt zum ~ aus** qn prépare la riposte **Gegenseite** *f* 1. [*Straße*] autre côté *m*; ***Fußgänger müssen hier auf die ~ wechseln*** les piétons doivent prendre le trottoir d'en face 2. JUR partie *f* adverse; POL camp *m* adverse

gegenseitig I. *adj* mutuel(le), réciproque
II. *adv* mutuellement, réciproquement; ***sie helfen sich ~*** ils/elles s'entraident; ***sie überbieten sich ~*** ils/elles renchérissent l'un/l'une sur l'autre

Gegenseitigkeit *f* ► **etw beruht auf ~** qc est [tout à fait] réciproque; **etw auf ~** *Abkommen, Abmachung* qc de réciprocité; *Vertrag a.* synallagmatique *spéc*

Gegensinn *m* ► **im ~** TECH dans le sens inverse de la normale, à l'envers **Gegenspieler(in)** *m(f)* adversaire *mf* **Gegenspionage** [-ʃpiona:ʒə] *f* contre-espionnage *m* **Gegensprechanlage** *f* interphone *m*

Gegenstand <-[e]s, ¨e> *m* 1. (*Ding*) objet *m*
2. (*Thema*) [*Abhandlung, Diskussion, Untersuchung*] sujet *m*
3. (*Objekt*) ■ **der ~ einer S.** (*gen*) *der Aufmerksamkeit, Bewunderung, Kritik, Liebe, Neugier, des Hasses etc* l'objet *m* de qc
► **¨e des täglichen Bedarfs** des objets d'usage courant; **jd macht sich zum ~ des Gespötts** *geh* qn se couvre de ridicule

gegenständlich I. *adj Darstellung, Kunst, Malerei* figuratif(-ive)
II. *adv darstellen* d'une manière figurative; ***jd malt ~*** qn fait de la peinture figurative

gegenstandslos *adj* sans objet

gegen|steuern *vi s.* **gegenlenken. Gegenstimme** *f* 1. PARL voix *f* contre, non *m inv* 2. (*kritische Äußerung*) critique *f*; ***kritische ~n*** des voix *fpl* discordantes **Gegenstoß** *m* (*Gegenangriff*) contre-offensive *f* ► **jd führt einen ~** qn mène une contre-offensive **Gegenstück** *nt* (*Pendant*) ■ **das ~ [zu etw]** le pendant [de qc]; ***das genaue ~*** exactement le/la même ► **jd ist jds ~** (*Gegenteil*) qn est le contraire de qn; ***sie ist das genaue ~ ihres Mannes*** elle est tout le contraire de son mari **Gegenteil** *nt* (*Umkehrung*) contraire *m*; ***ich möchte das genaue ~*** je voudrais exactement le contraire ► **jd bewirkt [mit etw] das [genaue] ~** [*o* **genau das ~**] [avec qc,] qn obtient [exactement] le résultat inverse; **etw schlägt ins ~ um, etw verkehrt sich in sein ~** /*Stimmung*/ qc change du tout au tout; ***das kann schnell in sein ~ umschlagen*** la tendance peut rapidement s'inverser; ***die Begeisterung verkehrt sich in ihr ~*** l'enthousiasme tourne [*o* fait place] au désenchantement; **[ganz] im ~!** [bien] au contraire!

gegenteilig I. *adj* contraire; ■ **etwas/nichts G~es** un démenti/aucun démenti; ***wenn nichts G~es ausgemacht wird*** en l'absence de disposition contraire
II. *adv sich entscheiden* autrement

Gegentreffer *m* SPORT (*Ausgleichstreffer*) but *m* de l'égalisation; ***es fiel kein ~*** l'équipe perdante n'a pas marqué de but; ***beim Stand 3:0 fiel ein ~*** à 3 à 0, l'équipe perdante est revenue au score [*o* a marqué un but]; ***8 Spiele ohne ~*** 8 matches sans encaisser de but
► **jd erzielt einen ~** qn réduit le score; ***jd erzielt den ~ zum Gleichstand*** qn marque le but de l'égalisation, qn égalise; **jd muss einen ~ hinnehmen** [*o* **einstecken** *fam*] qn encaisse un but

gegenüber I. *präp + dat* 1. *örtlich* ■ **jdm/einer S. ~** en face de qn/qc
2. (*in Bezug auf*) ■ **jdm/einer S. ~** à l'égard de qn/qc, vis-à-vis de qn/qc;

dir ~ à ton égard, envers toi
3. (*zu jdm*) ■ **jdm** ~ devant qn
4. (*im Vergleich zu*) ■ **jdm** ~ vis-à-vis de qn
II. *adv* (*auf der anderen Seite*) en face
► **von** ~ d'en face
Gegenüber <-s, -> *nt* vis-à-vis *m*; ***die Kirche ist unser*** ~ nous avons la cathédrale pour vis-à-vis
gegenüber|liegen *irreg* I. *vi* ■ **etw liegt jdm/einer S. gegenüber** qc se trouve en face de qn/qc; ***die Kirche liegt dem Friedhof schräg gegenüber*** l'église se trouve presque en face du [*o* est légèrement décalée par rapport au] cimetière II. *vr* ■ **sie liegen sich** (*dat*) **gegenüber** /*Soldaten, Truppen*/ ils/elles se trouvent face à face **gegenüberliegend** *adj attr* d'en face **gegenüber|sehen** *vr irreg* 1. (*vor sich sehen*) ■ **jd sieht sich jdm gegenüber** qn se retrouve face à qn 2. (*sich konfrontiert sehen*) ■ **jd sieht sich einer S.** (*dat*) **gegenüber** qn doit faire face à qc **gegenüber|sitzen** *vi irreg* ■ **jd sitzt jdm gegenüber** qn est assis(e) en face de qn; ***sie saßen sich gegenüber*** ils/elles étaient assis(es) face à face [*o* l'un/l'une en face de l'autre] **gegenüber|stehen** *irreg* I. *vi* 1. (*zugewandt stehen*) ■ **jd steht jdm gegenüber** qn est en face de qn 2. (*eingestellt sein*) ■ **jd steht jdm/einer S. ... gegenüber** *freundlich, misstrauisch, skeptisch* qn est ... à l'égard de qn/qc; ***jd steht jdm/einer S. feindlich/gleichgültig/wohlgesonnen/einer S. ablehnend gegenüber*** *einem Plan, Vorschlag, Kollegen* qn est hostile/indifférent(e)/favorable à qn/qc/défavorable à qc II. *vr* 1. (*sich zugewandt stehen*) ■ **sie stehen sich** (*dat*) **gegenüber** ils/elles sont [*o* se trouvent] face à face [*o* l'un/l'une en face de l'autre] 2. (*konfrontiert sein*) ■ **sie stehen sich** (*dat*) **als etw gegenüber** *als Feinde, als jds Vertreter* ils/elles s'affrontent en qc 3. (*widerstreiten*) ■ **Dinge stehen sich** (*dat*) **gegenüber** /*Ansichten, Standpunkte*/ des choses s'affrontent **gegenüber|stellen** *vt* 1. (*konfrontieren*) ■ **jd stellt jdm jdn gegenüber** qn confronte qn avec qn 2. (*vergleichen*) ■ **jd stellt einer S.** (*dat*) **etw gegenüber/Dinge gegenüber** qn confronte qc avec qc/des choses **Gegenüberstellung** *f* confrontation *f* **gegenüber|treten** *vi irreg + sein* ■ **jd tritt jdm gegenüber** qn se présente devant qn
Gegenverkehr *m* circulation *f* [*o* trafic *m*] en sens inverse **Gegenvorschlag** *m* contre-proposition *f* ► **jd hat/macht einen** ~ qn a/fait une contre-proposition
Gegenwart <-> *f* ∅ 1. (*jetziger Augenblick*) présent *m*
2. (*heutiges Zeitalter*) époque *f* actuelle; ***unsere*** ~ notre époque; ***noch bis in die*** ~ encore aujourd'hui; ■ **... der** ~ *Probleme* actuel(le); *Literatur, Kunst, Musik* contemporain(e)
3. GRAM (*Präsens*) présent *m*
4. (*Anwesenheit*) présence *f*
► **jd lebt [ganz] in der** ~ qn vit dans le présent; **in jds** ~ en présence de qn
gegenwärtig I. *adj* 1. *attr* (*derzeitig*) *Angebot, Lage* actuel(le); ***die ~en Baupreise liegen um ...*** actuellement, les prix de la construction se situent à ...
2. (*heutig*) *Anlass* présent(e); *Tag* d'aujourd'hui; ***zur ~en Stunde*** à cette heure, à l'heure qu'il est
3. *geh* (*erinnerlich*) ■ **jdm ist etw** ~ qn a qc présent(e) à l'esprit
4. (*lebendig*) ■ **etw ist irgendwo/in etw** (*dat*) ~ /*Ereignisse, Vergangenheit*/ qc est présent(e) quelque part/dans qc
II. *adv* (*derzeit*) à l'heure actuelle
gegenwartsbezogen *adj Erzählung, Roman, Sujet* très actuel(le), impliqué(e) dans le présent; *Mensch* tourné(e) vers le présent **Gegenwartsform** *f* présent *m* **gegenwartsnah** I. *adj geh* [très] actuel(le) II. *adv geh* en étant branché(e) sur l'actualité *fam* **Gegenwartssprache** *f* langue *f* d'aujourd'hui
Gegenwehr *f* résistance *f* ► **jd leistet ~/keine** ~ qn oppose une/n'oppose pas de résistance **Gegenwert** *m* contre-valeur *f* ► **etw im** ~ **von** qc d'une valeur de **Gegenwind** *m* vent *m* contraire ► **jd hat** ~ /*Autofahrer*/ qn roule contre le vent; /*Spaziergänger*/ qn marche contre le vent; /*Segler*/ qn navigue vent debout **gegen|zeichnen** *vt* ■ **jd zeichnet etw gegen** qn contresigne qc **Gegenzeuge** *m*, **-zeugin** *f* 1. JUR témoin *m* de la partie adverse; ***gegen diesen Zeugen können wir gleich drei ~n benennen*** nous pouvons citer trois témoins qui réfutent ce témoignage 2. (*für gegenteilige Meinung*) témoin *m* qui soutient le contraire **Gegenzug** *m* 1. (*Reaktion*) riposte *f*; (*beim Brettspiel*) réponse *f* 2. EISENBAHN (*entgegenkommender Zug*) train *m* venant en sens inverse; (*gleicher Zug in Gegenrichtung*) train *m* qui fait la ligne en sens inverse ► **im** ~ (*als Ausgleich*) en contrepartie; (*als Antwort*) en guise de riposte; **im** ~ **zu etw** pour répondre à qc
gegessen *pp von* **essen**
geglichen *pp von* **gleichen**
geglitten *pp von* **gleiten**
geglommen *pp von* **glimmen**
Gegner(in) <-s, -> *m(f)* 1. (*Feind*) ennemi(e) *m(f)*; ■ ~ **einer S.** (*gen*) (*ablehnend*) adversaire *mf* de qc
2. (*Gegenspieler*) adversaire *mf*
3. JUR partie *f* adverse
4. SPORT adversaire *mf*
-gegner(in) *m(f)* adversaire *mf* du/de la/des
gegnerisch *adj attr* 1. MIL ennemi(e)
2. JUR de la partie adverse
3. SPORT adverse
Gegnerschaft <-, -en> *f* 1. (*Einstellung*) opposition *f*; ■ **eine** ~ **zu etw** une opposition à qc
2. ∅ (*die Gegner*) adversaires *mpl*; ■ **die** ~ **einer S.** (*gen*) les adversaires de qc
gegolten *pp von* **gelten**
gegoren *pp von* **gären**
gegossen *pp von* **gießen**
gegraben *pp von* **graben**
gegriffen *pp von* **greifen**
Gegröle <-s> *nt* ∅ *pej fam* braillements *mpl*, beuglements *mpl fam*
Gehabe <-s> *nt* ∅ *pej fam* (*Getue*) chichis *mpl*, simagrées *fpl*; (*Gebaren*) manières *fpl*
gehabt *pp von* **haben**
Gehackte(s) *nt decl wie adj* viande *f* hachée
Gehalt[1] <-[e]s, ¨-er> *nt o* AUS *m* (*Monats~*) salaire *m*; [*Beamte, Führungskraft a.*] traitement *m*
Gehalt[2] <-[e]s, -e> *m* 1. (*Anteil*) ■ **der** ~ **an etw** (*dat*) la teneur en qc
2. (*gedanklicher Inhalt*) contenu *m*
-gehalt *m* (*-konzentration*) teneur *f* en
gehalten I. *pp von* **halten**
II. *adj form* ■ **jd ist** ~ **etw zu tun** qn est tenu(e) de faire qc
gehaltlos *adj* 1. (*nährstoffarm*) peu nutritif(-ive)
2. (*oberflächlich*) inconsistant(e), creux(-euse)
Gehalts- *-zusage, -angebot, -verbesserung, -entwicklung, -mitteilung* de salaire; *-gefüge, -struktur* des salaires; *-frage* du/de salaire; *-vereinbarung, -verhandlungen* salarial(e); ***meine ~entwicklung*** la manière dont évolue mon salaire **Gehaltsabrechnung** *f* bulletin *m* de paye [*o* de salaire] **Gehaltsanspruch** *m meist pl* (*Recht*) droit *m* au paiement d'un salaire; (*Forderung*) revendication *f* de salaire ► **jd hat Gehaltsansprüche in Höhe von ... DM** on doit à qn ... marks de salaire; **jd hat Gehaltsansprüche an ihn/sie** il/elle doit à qn ... marks de salaire; **jd macht Gehaltsansprüche geltend** qn formule des revendications de salaire; ***er/sie macht höhere Gehaltsansprüche geltend*** il/elle revendique une augmentation de salaire **Gehaltsbescheinigung** *f* attestation *f* de salaire **Gehaltsempfänger(in)** *m(f)* salarié(e) *m(f)* **Gehaltserhöhung** *f* augmentation *f* de salaire/traitement **Gehaltsforderung** *f* 1. prétentions *fpl* salariales 2. (*Gehaltsanspruch*) revendication *f* de salaire **Gehaltsfortzahlung** *f* (*im Krankheitsfall*) maintien *m* du salaire **Gehaltsgruppe** *f* échelon *m* **Gehaltskonto** *nt* compte *m* où est viré le salaire/traitement **Gehaltskürzung** *f* diminution *f* de salaire/traitement **Gehaltsvorrückung** *f* AUS *s.* **Gehaltserhöhung. Gehaltsvorstellung** *f meist pl* prétentions *fpl* en matière de salaire **Gehaltswunsch** *m meist pl* prétentions *fpl* salariales **Gehaltszahlung** *f* versement *m* [*o* paiement *m*] du salaire/traitement; ***ist die ~ schon auf meinem Konto [eingegangen]***? mon salaire a-t-il déjà été viré sur mon compte? **Gehaltszulage** *f* supplément *m* de salaire/traitement
gehaltvoll *adj* 1. (*nahrhaft*) nutritif(-ive), substantiel(le)
2. *Buch, Film, Roman* profond(e), riche de contenu
Gehämmer <-s> *nt* ∅ *pej* bruits *mpl* de marteau, martèlement *m*
gehandikapt [gəˈhændikæpt] *adj* handicapé(e); ■ **jd ist durch etw** ~ qn est handicapé(e) par qc
gehangen *pp von* **hängen**
Gehängte(r) *f(m) decl wie adj* pendu(e) *m(f)*
Gehänsel <-s> *nt* ∅ *fam* mises *fpl* en boîte *fam*
geharnischt *adj* 1. virulent(e)
2. HIST revêtu(e) d'une armure
gehässig I. *adj* venimeux(-euse)
II. *adv* avec malveillance
Gehässigkeit <-, -en> *f* 1. ∅ (*Boshaftigkeit*) animosité *f*, hargne *f*
2. (*Bemerkung*) méchanceté *f*
gehauen *pp von* **hauen**
gehäuft I. *adj* 1. *Löffel* bon(ne); ***ein ~er Löffel Mehl*** une bonne cuillerée de farine
2. (*wiederholt*) *Auftreten* répété(e); ***das ~e Vorkommen einer S.*** (*gen*) la présence d'un grand nombre de choses
II. *adv* fréquemment
Gehäuse <-s, -> *nt* 1. TECH boîtier *m*
2. (*Schnecken~*) coquille *f*
3. (*Kern~*) [*Apfel, Birne*] trognon *m*
gehbehindert *adj* qui marche [*o* se déplace] avec difficulté; *Fahrgast* à mobilité réduite; ■ **jd ist** ~ qn a du mal à se déplacer
Gehege <-s, -> *nt* 1. (*im Zoo*) enclos *m*
2. (*Wild~*) enclos *m*; (*der Öffentlichkeit zugänglich*) parc *m*
► **jd kommt jdm ins** ~ *fam* qn marche sur les plates-bandes de qn *fam*
geheiligt *adj Brauch, Tradition, Recht* sacré(e)
geheim I. *adj* secret(-ète)
► **streng** ~ strictement confidentiel(le); **im G~en** en secret
II. *adv abstimmen* à bulletins secrets; *sich verabreden* secrètement
► **jd hält etw ~/etw vor jdm** ~ qn garde le secret sur qc/cache qc à qn; **etw wird** ~ **gehalten** qc est tenu(e) secret(-ète); ***etw wird vor der Öffentlichkeit ~ gehalten*** qc n'est pas divulgué(e); **jd tut** ~ *fam* qn prend un air de conspirateur(-trice)
Geheim- secret(-ète); ***~tinte*** encre *f* sympathique; ***~sender*** émetteur *m* clandestin **Geheimbund** <-bünde> *m* société *f* secrète **Geheimdienst** *m* services *mpl* secrets **Geheimdienstler(in)** <-s, -> *m(f) fam* agent *m* secret; ■ **die** ~ les services *mpl* secrets **Geheimfach** *nt* compartiment *m* secret **geheim|halten** *s.* **geheim II.►. Geheimhaltung** *f* secret *m*; ***ich muss Sie um ~ bitten*** je vous prie de garder le secret; ***strikte*** ~ la plus grande discrétion; ***jd ist zur ~ verpflichtet*** qn est tenu(e) au secret; ■ **die** ~ **einer S.** (*gen*) le secret sur qc **Geheimhaltungspflicht** *f* obligation *f* de confidentialité **Geheimkonto** *nt* compte *m* secret
Geheimnis <-ses, -se> *nt* secret *m*; ■ **das** ~ **einer S.** (*gen*) le secret de qc
► **das ist das ganze** ~ *fam* c'est pas plus sorcier que ça *fam*; **ein offenes** ~ un secret de Polichinelle; **etw bleibt ein/jds** ~ qc est un secret/le secret de

qn; ***das muss ein ~ bleiben*** ça doit rester secret; **jd hat vor jdm keine ~se** qn n'a pas de secret[s] pour qn; **jd macht aus etw ein/kein ~** qn fait/ne fait pas mystère de qc; **jd weiht jdn in die ~se von etw ein** qn initie qn aux secrets [*o* mystères] de qc

Geheimniskrämer(in) *m(f) fam s.* **Geheimnistuer. Geheimnisträger(in)** *m(f)* détenteur(-trice) *m(f)* de secrets d'État

Geheimnistuer(in) <-s, -> [-tu:ɐ] *m(f) fam* cachottier(-ière) *m(f)*

Geheimnistuerei [-tu:ə'rai] *f fam* cachotteries *fpl*

geheimnisumwittert *adj geh* enveloppé(e) [*o* entouré(e)] de mystère **Geheimnisverrat** *m* divulgation *f* d'un secret d'État **geheimnisvoll** *adj* mystérieux(-euse) ▸ **jd tut** ~ qn fait des mystères

Geheimnummer *f* **1.** TELEC numéro *m* sur la liste rouge; ***ich habe eine ~*** mon numéro est [*o* je suis] sur la liste rouge **2.** [*Konto*] numéro *m* secret **3.** [*Safe*] combinaison *f* **Geheimpolizei** *f* police *f* secrète **Geheimpolizist(in)** *m(f)* agent *m* de la police secrète

Geheimratsecken *pl hum fam* tempes *fpl* dégarnies

Geheimrezept *nt* secret *m* **Geheimschrift** *f* caractères *mpl* secrets; ***in ~ geschrieben*** crypté(e) **Geheimtipp**[RR] *m* tuyau *m fam* ▸ **jd gibt jdm einen ~** qn donne un tuyau à qn *fam;* **jd ist ein ~** on chuchote le nom de qn **geheimtun** *s.* **geheim II.** ▸. **Geheimtür** *f* porte *f* dérobée, passage *m* secret **Geheimwaffe** *f* arme *f* secrète **Geheimzahl** *f* code *m* confidentiel

Geheiß <-es> *nt Ø geh* ordre *m*, ordres *mpl*
▸ **auf jds ~** (*akk*) sur [l']ordre de qn

geheißen *pp von* **heißen**

gehemmt I. *adj Mensch* complexé(e), inhibé(e)
II. *adv:* ***jd benimmt sich/spricht ~*** qn a des inhibitions/est inhibé(e) lorsqu'il s'exprime; ***benimm dich nicht so ~!*** débloque-toi un peu!

gehen <ging, gegangen> **I.** *vi + sein* **1.** (*sich fortbewegen*) ■ **jd geht** qn marche; ~ ***wir oder nehmen wir das Auto?*** on marche [*o* va à pied] ou on prend la voiture?; ■ **jd geht irgendwohin** qn va quelque part; ***jd geht ans Telefon/an die*** [*o* ***zur***] ***Tür*** qn va au téléphone/à la porte; ***jd geht auf den Speicher/die andere Seite/die Post*** qn va au grenier/de l'autre côté/à la poste; ***jd geht in die Stadt/den Wald/ins Haus/in ein Zimmer*** qn va en ville/dans la forêt/entre dans la maison/dans une pièce; ■ **jd geht über etw** (*akk*) *über die Straße, eine Brücke* qn traverse qc; ■ **jd geht zu jdm/etw** qn va chez qn/à qc; ***wie lange geht man bis zur Post?*** combien de temps il faut à pied pour aller à la poste?
2. (*besuchen*) ■ **jd geht in etw** (*akk*) *ins Theater, Kino, in die Oper, Schule, Kirche, in eine Ausstellung* qn va à qc; ■ **jd geht zu etw** *zu einem Vortrag, zur Schule, zu einem Lehrgang, zu einer Vernissage* qn va à qc; ■ **jd geht an etw** (*akk*) *an die Uni, ans Lehrerseminar, ans Priesterseminar* qn va à qc; ■ **jd geht auf etw** (*akk*) *aufs Gymnasium, auf einen Lehrgang, auf ein Fortbildungsseminar* qn va à qc; ■ **jd geht etw tun** *schwimmen, tanzen, einkaufen, schlafen* qn va faire qc
3. (*tätig werden*) ■ **jd geht in etw** (*akk*) *in die Industrie, Politik, in eine Organisation, Partei, Gewerkschaft, in die Computerbranche* qn entre dans qc; ■ **jd geht zu etw** *zum Theater, zum Radio* qn va faire qc; *zur Stadtverwaltung* qn va travailler dans qc; *zur Post* qn va travailler à qc; ***er wollte zur Oper/zum Film ~*** il voulait faire de l'opéra/du cinéma; ■ **jd geht an etw** (*akk*) *ans Gymnasium, an die Bühne* qn va travailler à qc; ***er wollte an die Uni ~*** il voulait travailler à la fac
4. (*weg~*) ■ **jd geht** qn part, qn s'en va
5. (*blicken*) ■ **etw geht auf etw** (*akk*) */Fenster, Terrasse/* qc donne sur qc; ***die Küche geht nach Norden*** la cuisine est orientée au nord
6. (*führen*) ■ **etw geht irgendwohin** */Weg, Straße/* qc va quelque part; ■ **etw geht über etw** (*akk*) */Brücke/ über einen Fluss* qc enjambe qc, qc franchit qc; ■ **etw geht auf etw** (*akk*) */Gang/* qc mène à qc; */Tür/* qc donne sur qc; ■ **etw geht irgendwohin/über etw** (*akk*) */Reise, Fahrt, Wanderung, Rundweg, Ausflug/* qc va quelque part/passe par qc
7. (*abfahren*) ■ **etw geht** [**nach etw**] */Bus, Zug, Schiff/* qc part [pour qc]
8. (*ausscheiden*) ■ **jd geht/geht zu jdm** qn s'en va/passe chez qn
9. (*funktionieren*) ■ **etw geht** */Uhr, Gerät, Maschine/* qc marche
10. (*sich bewegen*) ■ **etw geht** [...] */Schublade, Tür, Laden/ leicht, schwer* qc s'ouvre et se ferme [...]; */Schlüssel, Schloss/* qc fonctionne [...]
11. COM (*laufen*) ■ **etw geht** */Geschäft, Export/* qc marche; (*verkauft werden*) */Artikel/* qc se vend
12. (*hineinpassen*) ■ **jd/etw geht in etw** (*akk*) qn tient/qc rentre dans qc; ■ **jd/etw geht durch etw** qn/qc passe par qc
13. (*dauern*) ■ **etw geht eine bestimmte Zeit** */Film, Rede, Vortrag, Zeremonie, Vorgang/* qc dure [pendant] un certain temps; ***etw geht schon eine bestimmte Zeit*** qc dure depuis un certain temps
14. (*reichen*) ■ **etw geht** [**jdm**] **bis zu etw** */Fluss, Wasser/* qc [lui] arrive à qc; ■ **etw geht** [**jdm**] **bis zu etw/auf etw** (*akk*) */Rock, Hut/* qc [lui] arrive à/sur qc; ■ **etw geht** [**jdm**] **bis über etw** (*akk*) */Stiefel/* qc [lui] monte au-dessus de qc; ■ **jd/etw geht in etw** (*akk*) */Opfer, Schaden/ in die Hunderte, Tausende, Millionen etc* le nombre de qn/qc s'élève à qc
15. GASTR ■ **etw geht** */Teig/* qc lève
16. (*sich kleiden*) ■ **jd geht in etw** (*dat*) qn met qc; ■ **jd geht mit/ohne etw** *mit/ohne Hut, Brille, Schal, Pullover etc* qn met/ne met pas qc; *mit/ohne Schirm* qn prend/ne prend pas qc; ■ **jd geht als etw** (*verkleidet sein*) qn se déguise en qc
17. (*ertönen*) ■ **etw geht** */Klingel, Glocke, Telefon, Wecker/* qc sonne
18. (*möglich sein*) ■ **es/das geht** [**bei jdm**] */Termin/* ça marche [pour qn]; ***Sonntag geht, da habe ich den ganzen Tag frei*** dimanche, ça marche, j'ai toute la journée de libre
19. (*lauten*): ***etw geht*** [***in etwa***] ***so ...*** */Lied, Melodie, Text, Gedicht/* qc est [à peu près] ...; ***weißt du noch, wie das Lied/die Melodie ging?*** c'était comment déjà cette chanson/cet air?
20. (*dringen*) ■ **etw geht bis irgendwohin** */Pfeil, Geschoss/* qc pénètre jusque quelque part; ***der Messerstich ging bis in die Nähe der linken Niere*** le couteau a presque atteint le rein gauche
21. (*anfassen*) ■ **jd geht an etw** (*akk*) qn touche à qc; ■ **jd geht** [**jdm**] **an etw** (*akk*) qn [lui] touche qc; ■ **jd/ein Tier geht an etw** (*akk*) (*angreifen*) qn/un animal s'attaque à qc
22. (*zufallen*) ■ **etw geht an jdn** */Vorsitz, Erbe, Vermögen, Pluspunkt, Runde/* qc revient à qn
23. (*beeinträchtigen*) ■ **etw geht** [**jdm**] **an etw** *an die Nerven* qc [lui] porte sur qc; *an die Bronchien, Nieren, Kraft* qc [lui] prend qc, qc [lui] [re]tombe sur qc
24. *fam* (*körperlich angreifen*) ■ **etw geht auf etw** (*akk*) qc fait pas de bien à qc *fam*
25. (*gerichtet sein*) ■ **etw geht gegen jdn** */Maßnahme/* qc vise qn, qc est dirigé(e) contre qn; ■ **etw geht gegen etw** */Plan, Vorschlag/ gegen jds Prinzipien, Überzeugung* qc est contre qc
26. *fam* (*liiert sein*) ■ **jd geht mit jdm** qn sort avec qn
27. (*urteilen*) ■ **jd geht nach etw** *nach Einzelheiten, Angaben, Fakten, dem Äußeren* qn se fonde sur qc
28. (*nach jds Kopf*) ■ **etw geht nach jdm** qc dépend de qn; ***wenn es nach mir ginge, ...*** si ça ne dépendait que de moi, ..., si ça tenait à moi, ...; ***es kann nicht immer alles nach dir ~*** tu ne peux pas toujours tout régenter
29. *hum* (*werden zu*) ■ **jd geht unter jdn** *unter die Politiker, Schriftsteller, Künstler, Säufer etc* qn rejoint le club de qn
▸ **es geht mit jdm/etw abwärts** qn/qc est sur la mauvaise pente; ***mit jdm geht es noch weiter abwärts*** qn tombe encore plus bas; **es geht** [**mit jdm/etw**] **aufwärts** (*macht Fortschritte*) la situation [de qn/qc] s'améliore; **es geht** [**mit jdm**] **aufwärts** (*gesundheitlich*) la santé [de qn] va mieux [*o* se rétablit]; **sie ~ auseinander** (*lösen sich auf*) */Demonstranten, Menschenmenge/* ils/elles se dispersent; (*trennen sich*) ils/elles se séparent; (*weichen voneinander ab*) */Ansichten, Überzeugungen, Standpunkte/* ils/elles divergent; (*verzweigen sich*) */zwei Wege/* ils/elles se séparent; **etw geht auseinander** (*geht in die Brüche*) */Beziehung, Ehe, Freundschaft/* qc se brise; *fam* (*bricht auseinander*) */Möbelstück/* qc se déglingue *fam;* **jd geht auseinander** *fam* (*wird dick*) qn s'empâte, qn se fait du lard *fam;* **etw geht jdm nahe** */ein Unglück/* qc touche qn; */ein Verlust, jds Tod a./* qc éprouve qn; **es geht vorwärts** (*wird besser*) ça avance; **es geht mit etw vorwärts** qc avance; **jd kommt gegangen** qn arrive; **jd lässt sich ~** (*beherrscht sich nicht*) qn ne se contrôle pas; (*ist nachlässig*) qn se laisse aller; **jd lässt jdn ~** qn lâche qn; *Partner* qn laisse qn partir; **wo er/sie geht und steht, macht er/sie etw** *fam* (*ständig*) il/elle arrête pas de faire qc *fam;* **jd ist gegangen worden** *hum fam* qn s'est fait virer *fam;* **jd geht in sich** (*akk*) (*bereut*) qn fait son examen de conscience; ~ **Sie/geh mir mit etw** *fam* (*verschonen Sie mich*) épargnez-moi/épargne-moi qc; ~ **Sie** [**mir**] **mit etw** (*verschonen Sie mich*) épargnez-moi qc; **jd/etw geht jdm über alles** qn/qc est ce qu'il y a de plus important pour qn; **es geht nichts über jdn/etw** il n'y a rien de tel que qn/qc; **jd ist von uns gegangen** *euph* (*ist verstorben*) qn nous a quitté(e)s; **etw geht vor sich** (*geschieht*) qc se passe; ***wie geht diese Arbeit vor sich?*** comment procède-t-on pour ce travail?; **was geht hier vor sich?** *fam* qu'est-ce qui se passe ici?; **das geht doch nicht** ce n'est pas possible; **nichts geht mehr** (*Roulette*) rien ne va plus; *fig* il n'y a [plus] rien à faire; ~ **wir!** on y va!, allons-y!; [**ach**] **geh, ...!** *fam* (*ach was*) arrête, ... ! *fam;* **geh!** AUS (*nicht möglich!*) oh!
II. *vi impers + sein* **1.** *+ adv* (*sich befinden*) ■ **jdm geht es irgendwie** *gut, schlecht, nicht schlecht* qn va d'une certaine façon; ***mir ist es schon mal besser gegangen!*** je pourrais aller mieux!
2. *+ adv* (*verlaufen*) ■ **es geht irgendwie** *gut, einigermaßen, leidlich etc* ça va d'une certaine façon
3. (*ergehen*) ■ **jdm geht es ...** pour qn, c'est ...; ***jdm geht es genauso/anders*** pour qn, c'est la même chose/différent; ***mir ist es ähnlich/nicht anders gegangen*** pour moi, ça a été à peu près la même chose/ça n'a pas été différent
4. (*sich machen lassen*) ■ **es geht** c'est possible; ***geht es oder soll ich dir tragen helfen?*** ça va, ou il faut que je t'aide à porter?
5. (*sich handeln um*) ■ **es geht um etw** il s'agit de qc; *um viel Geld, jds Glück* qc est en jeu
6. (*wichtig sein*) ■ **jdm geht es** [**bei etw**] **um etw/darum etw zu tun** ce qui importe à qn [dans qc], c'est qc/de faire qc
7. (*führen*) ■ **es geht irgendwohin** on va quelque part; ***wohin geht es im Urlaub?*** où vas-tu/allez-vous en vacances?; ***es geht nach oben/unten*** ça monte/descend; ***es geht ins Wochenende*** on approche du week-end; ***es geht jetzt nach Hause*** maintenant, on rentre [à la maison]
▸ **lass es dir/lasst es euch gut ~!** amuse-toi/amusez-vous bien!; **aber sonst geht's dir gut?** mais à part ça, ça va?; *iron* et puis quoi encore?; **auf geht's!** (*los!*) allez! [on y va]; **es geht etw, dass** */das Gerücht, die Sage/* qc court que + *indic;* */die Legende, Sage/* qc dit que + *indic;* **geht's noch!?** CH *iron* ça va pas, la tête? *fam;* **wie geht's denn** [**so**]? *fam* ça boume? *fam*
III. *vt + sein* ■ **jd geht etw** *Weg* qn fait qc à pied; *Kilometer, Stunden* qn marche qc; ***ich gehe immer diesen Weg*** je prends toujours ce chemin
IV. *vr impers + haben* ■ **es geht sich irgendwo/in etw** (*dat*) **irgendwie** *auf einem Weg, Pflaster, in Schuhen* on marche d'une certaine manière quelque part/dans qc

Gehen <-s> *nt Ø* **1.** (*Zu-Fuß-~*) marche *f;* ***mit 95 fällt ihm das ~ schwer*** à 95 ans, il a de la peine à marcher; ***beim ~*** quand il/elle marche; ***bei schnellerem ~*** en marchant plus vite
2. (*das Weg~*) départ *m;* ***im ~*** en partant; ***er wollte sie vom ~ abhalten*** il voulait la dissuader de partir
3. SPORT marche *f*

Gehenkte(r) *f(m) decl wie adj s.* **Gehängte(r)**

gehen|lassen * *s.* **gehen I.▸**

Geher(in) <-s, -> *m(f)* SPORT marcheur(-euse) *m(f)*

gehetzt *adj* stressé(e)

geheuer *adj* ▸ **etw ist [jdm] nicht [ganz] ~** [pour qn,] il y a quelque chose de pas [très] net dans qc; ***bei der ganzen Sache scheint mir irgendwas nicht ~ zu sein*** il y a quelque chose qui m'a l'air pas net dans cette histoire; **jdm ist nicht ganz ~ [bei etw]** *bei einem Plan* qn n'est pas tranquille [quand il/elle pense à qc]; ***kann einem ~ sein bei dem Gedanken, was noch alles schief gehen kann?*** comment ne pas être inquiet en pensant à tout ce qui peut encore aller de travers?; **irgendwo ist es jdm nicht [ganz] ~** qn se sent angoissé(e) [*o* mal à l'aise] quelque part; **irgendwo ist es nicht ~** il y a des esprits quelque part

Geheul[e] <-[e]s> *nt* ∅ *pej* hurlements *mpl*

Gehilfe <-n, -n> *m*, **Gehilfin** *f* (*Helfer*) aide *mf*, commis *m* (*titulaire du C.A.P.*)
▸ **kaufmännischer ~** COM *form* assistant commercial/assistante commerciale *m/f*

Gehilfenbrief *m* [diplôme *m* de] C.A.P. *m* **Gehilfenprüfung** *f* COM, SCOL C.A.P. *m*

Gehilfenschaft <-> *f* ∅ CH (*Beihilfe*) complicité *f*

Gehirn <-[e]s, -e> *nt* cerveau *m*; (*~substanz*) cervelle *f*; ***man weiß nicht, was in ihrem ~ vorgeht*** on ne sait pas ce qui se passe dans sa tête
▸ **hast du denn kein ~ im Kopf?** *fam* t'as donc rien dans le crâne [*o* la cervelle]? *fam*; **jd strengt sein ~ an** *fam* qn se creuse les méninges *fam*

Gehirn- cérébral(e); *s. a.* Hirn- **Gehirnakrobatik** *f fam* haute voltige *f* intellectuelle **gehirnamputiert** *adj hum* ■ **jd ist ~** qn a le cerveau fêlé *fam* **Gehirnblutung** *f* hémorragie *f* cérébrale **Gehirnchirurgie** *f* chirurgie *f* du cerveau **Gehirnerschütterung** *f* commotion *f* cérébrale **Gehirnschlag** *m* attaque *f* [d'apoplexie] ▸ **jd bekommt [*o* erleidet *geh*] einen ~** qn a une attaque, qn est frappé(e) d'apoplexie **Gehirnsubstanz** *f* cervelle *f* **Gehirnwäsche** *f* lavage *m* de cerveau ▸ **jd macht eine ~ mit** qn subit un lavage de cerveau; **jd unterzieht jdn einer ~** qn fait subir un lavage de cerveau à qn

gehoben I. *pp von* **heben**
II. *adj* **1.** *Stilebene* soutenu(e); *Ausdrucksweise* distingué(e)
2. (*anspruchsvoll*) *Bedürfnisse* raffiné(e); *Geschmack a.* de luxe
3. (*höher*) *Stellung, Position* élevé(e), important(e)
4. (*froh*) *Stimmung* joyeux(-euse)
III. *adv sich ausdrücken* en termes choisis

Gehöft <-[e]s, -e> *nt* ferme *f*

geholfen *pp von* **helfen**

Gehölz <-es, -e> *nt geh* bosquet *m*

Gehör <-[e]s, *rare* -e> *nt* ouïe *f*
▸ **absolutes ~** MUS oreille *f* absolue; **jd bittet [jdn] um ~** qn demande son attention [à qn]; ***ich möchte Sie um ~ für das bitten, was ich zu sagen habe!*** votre attention, s'il vous plaît, j'ai quelque chose à vous dire; **jd findet [mit etw] [bei jdm] ~/kein ~** qn réussit/ne réussit pas à se faire entendre [par qn] [avec qc]; **jd hat ein ... ~** *gutes, empfindliches, feines* qn a l'ouïe [*o* l'oreille] ...; ***Opa hat kein gutes/ein schlechtes ~*** pépé est dur d'oreille; **etw kommt jdm zu ~** qc vient aux oreilles de qn; **jd schenkt jdm/einer S. ~/kein ~** qn prête attention/ne prête aucune attention à qn/qc; **jd verliert das ~** qn perd l'ouïe; **jd verschafft sich** (*dat*) **[bei jdm] [mit etw] ~** qn arrive à se faire écouter [par qn] [avec qc]; ***darf ich mir einen Moment ~ verschaffen?*** puis-je demander un instant d'attention?; **nach dem ~** MUS à l'oreille

gehorchen * *vi* **1.** (*parieren*) ■ **jd/ein Tier gehorcht [jdm/einer S.]** qn/un animal obéit [à qn/qc]
2. (*reagieren*) ■ **etw gehorcht jdm/auf etw** (*akk*) */Wagen, Maschine etc/* qc obéit à qn/à qc

gehören * I. *vi* **1.** (*jds Eigentum sein*) ■ **etw gehört jdm** qc appartient [*o* est] à qn
2. (*jdm zugewandt sein*) ■ **etw gehört jdm/einer S.** */Herz, Liebe/* qc appartient à qn/qc; */Sympathie/* qc va à qn/qc; ■ **etw gehört einer S.** */Zuneigung/ einer Beschäftigung, einem Beruf, einem Hobby* qc va à qc
3. (*seinen Platz haben*) ■ **jd/ein Tier gehört irgendwohin** qn/un animal devrait être quelque part; ■ **jd/ein Tier gehört nicht irgendwohin** qn/un animal n'a rien à faire quelque part; ■ **etw gehört irgendwohin** qc se range quelque part; ■ **etw gehört nicht irgendwohin** qc n'est pas à sa place quelque part
4. (*angebracht sein*): ***etw gehört nicht zur Sache/zum Thema/in diesen Zusammenhang/hierher*** */Vorschlag, Idee, Einwurf/* qc est hors sujet; ***ich frage mich, ob das wirklich hierher gehört?*** je me demande si cela est vraiment à sa place ici
5. (*Mitglied sein*) ■ **jd gehört zu einer S.** *zur Familie, Verwandtschaft, einer Organisation, Partei* qn fait partie de qc
6. (*Teil sein von*) ■ **etw gehört zu etw** *zu jds Arbeit, Aufgaben, Kompetenzen, Pflichten* qc relève de qc, qc fait partie de qc; *zu einem Service* qc fait partie de qc; ***gehört zu der Hose denn kein Gürtel?*** il n'y a pas une ceinture qui va avec le pantalon?; ***zu diesem grauen Mantel gehört ein schwarzer Hut*** ce qui va avec ce manteau gris, c'est un chapeau noir
7. (*nötig sein*) ■ **etw gehört zu etw** */Ausdauer, Geduld, Konzentration, Frechheit, Mut/* il faut qc pour qc
8. DIAL (*muss ... werden*) ■ **jd gehört ...** *verprügelt, verwarnt, bestraft* il faudrait ... + *infin*; ***der gehört eingesperrt*** il faudrait l'enfermer
▸ **dazu gehört nicht viel** ce n'est vraiment pas un exploit; **dazu gehört [schon] einiges [*o* etwas]** il faut déjà le faire; **dazu gehört [schon] etwas mehr** c'est nettement insuffisant
II. *vr* (*sich schicken*) ■ **etw gehört sich** qc se fait
▸ **wie es sich gehört** (*wie es sich schickt*) comme il faut; (*wie es sein müsste*) dans les règles de l'art, en faisant bien les choses; **etw gehört sich [einfach/eben] nicht** qc ne se fait pas

Gehörfehler *m* ■ **ein ~** des troubles *mpl* de l'audition ▸ **hast du einen ~?** *iron fam* tu es sourd(e) ou quoi? **Gehörgang** <-gänge> *m* conduit *m* auditif

gehörig I. *adj* **1.** *attr fam* (*beträchtlich*) *Abreibung, Schrecken, Tracht Prügel* bon(ne) *antéposé*; ***eine ~e Achtung*** un sacré respect *fam*
2. *attr* (*entsprechend*) *Abstand* requis(e), nécessaire; *Benehmen* convenable; ***er behandelt seinen Vater nicht mit dem ~en Respekt*** il ne traite pas son père avec le respect qui lui est dû
3. *geh* (*gehörend*) ■ **zu etw ~** afférent(e) à qc *soutenu*; ***nicht zur Sache/zum Thema ~*** hors sujet; ■ **in etw** (*akk*) **~** *Sachen, Kleidungsstücke* à ranger dans qc
II. *adv fam ausschimpfen, verprügeln, sich verspäten* salement *fam*; *zur Rechenschaft ziehen* pour de bon; *verwarnen, Bescheid stoßen* vertement; *sich täuschen* dans les grandes largeurs *fam*

gehörlos *adj form* (*taub*) sourd(e) **Gehörlose(r)** *f(m) decl wie adj form* malentendant(e) *m(f) form*

Gehörlosigkeit <-> *f* ∅ *form* surdité *f*

Gehörnerv *m* nerf *m* auditif

gehorsam I. *adj* obéissant(e); ■ **jd ist [jdm] ~** qn obéit [à qn]
II. *adv* docilement; ***melde ~st, Befehl ausgeführt*** ordre exécuté

Gehorsam <-s> *m* ∅ obéissance *f*
▸ **jd verschafft sich** (*dat*) **~** qn se fait obéir; **jd verweigert jdm den ~** qn refuse d'obéir à qn

Gehörsinn *m* ∅ ouïe *f*

Gehrung <-, -en> *f* onglet *m*

Gehsteig <-s, -e> *m s.* **Bürgersteig**

Gehtnichtmehr *nt* ▸ **bis zum ~** jusqu'à plus soif; *erklären* à n'en plus finir

gehupft *pp von* **hupfen**

Gehweg *m* **1.** *s.* Bürgersteig
2. (*Fußweg*) chemin *m* à pied

Geier <-s, -> *m* vautour *m*
▸ **weiß der ~!** *sl* mystère et boule de gomme! *fam*

Geifer <-s> *m* ∅ bave *f*

geifern *vi* **1.** (*sabbern*) ■ **ein Tier geifert** un animal bave
2. *pej* (*giftig sein*) ■ **jd geifert/geifert gegen jdn/etw** qn bavasse/bave sur qn/qc *fam*

Geige <-, -n> *f* violon *m*
▸ **jd spielt die erste ~** *fam* qn donne le la; **jd spielt die zweite ~** *fam* qn joue les deuxièmes [*o* seconds] couteaux; **jd spielt ~** qn joue du violon; **jd spielt etw auf der ~** qn joue qc au violon

geigen I. *vi* ■ **jd geigt** qn joue du violon; (*beruflich*) qn est violoniste
II. *vt* ■ **jd geigt etw** qn joue qc au violon

Geigenbauer(in) <-s, -> *m(f)* luthier(-ière) *m(f)* **Geigenbogen** *m* archet *m* **Geigenkasten** *m* étui *m* à violon

Geiger(in) <-s, -> *m(f)* violoniste *mf*; [*Orchester, Ensemble*] violon *m*
▸ **erster ~** premier violon

Geigerzähler *m* compteur *m* Geiger

geil I. *adj* **1.** (*lüstern*) *Mensch, Blick* vicieux(-euse), lubrique; ■ **jd ist ~ auf ihn/sie** il/elle excite qn
2. *sl* (*toll*) *Idee, Vorschlag* super *inv fam*, géant(e) *fam*; *CD, Gruppe, Musik, Hut, Auto etc* génial(e) *fam*, d'enfer *fam*
▸ **etw macht jdn ~** */anregendes Mittel, Pornofilm/* qc excite qn
II. *adv* **1.** (*lüstern*) de façon lubrique; *ansehen a.* avec des yeux lubriques
2. *sl* (*toll*) de façon super *fam*; ***jd sieht ~ aus*** qn a un look d'enfer *fam*

-geil *fam* avide de; ■ **jd ist ~** qn est un/une accro de *fam*; ***er ist karriere~*** il a les dents longues

Geilheit <-> *f* ∅ lubricité *f*; ***mit Blicken voller ~*** avec des regards lubriques; ***voller ~ wollte er ...*** tout excité, il voulait ...

Geisel <-, -n> *f* otage *mf*
▸ **jd nimmt jdn als ~** qn prend qn en otage; **jd stellt [jdm] ~n/jdn als ~** qn fournit des otages [à qn]/donne qn en otage

Geiseldrama *nt* prise *f* d'otage[s] **Geiselgangster** [-gæŋstɐ] *m* preneur(-euse) *m(f)* d'otage[s] **Geiselhaft** *f* détention *f* comme otage; ***jd holt jdn aus der ~*** qn arrache qn des griffes des preneurs d'otage[s] ▸ **jd ist in ~** qn est détenu(e) comme otage

Geiselnahme <-, -n> *f* prise *f* d'otage[s]

Geiselnehmer(in) *m(f)* preneur(-euse) *m(f)* d'otage[s]

Geisha <-, -s> ['ge:ʃa, 'gaiʃa] *f* geisha *f*

Geiß <-, -en> *f* **1.** SDEUTSCH, AUS, CH (*Ziege*) chèvre *f*
2. JAGD chèvre *f*; [*Reh*] chevrette *f*

Geißblatt *nt* chèvrefeuille *m* **Geißbock** *m* SDEUTSCH, AUS, CH *s.* **Ziegenbock**

Geißel <-, -n> *f* **1.** (*Peitsche*) fouet *m*
2. *geh* (*Plage*) fléau *m*
3. BIO flagelle *m*

geißeln I. *vt* **1.** (*schlagen*) ■ **jd geißelt jdn** qn flagelle qn
2. (*anprangern*) ■ **jd geißelt etw** qn stigmatise qc, qn fustige qc *soutenu*
II. *vr* ■ **jd geißelt sich** qn se flagelle

Geißeltierchen *nt* flagellé *m*

Geiß[e]lung <-, -en> *f* **1.** [*Mensch*] flagellation *f*
2. (*Anprangerung*) condamnation *f*

Geist <-[e]s, -er> *m* **1.** ∅ (*Vernunft*) intelligence *f*
2. ∅ (*Esprit*) esprit *m*
3. (*Denker*) esprit
4. ∅ (*Wesen, Sinn, Gesinnung*) esprit *m*
5. (*körperloses Wesen*) esprit *m*
▸ **der ~ der Finsternis** *geh* l'esprit des ténèbres; **der ~ ist willig, aber das**

Fleisch ist schwach l'esprit est prompt, la chair est faible; **der ~ Gottes** l'Esprit de Dieu; **der gute ~ des Hauses** *geh* le bon génie de la maison; **wes ~es Kind jd ist** le genre de personne que qn est; **der ~ der Zeit** l'air *m* du temps; **der böse ~** *geh* (*der Teufel*) l'esprit du mal; **dienstbarer ~** bon génie *m* domestique; ***dienstbare ~er*** (*im Restaurant*) des serveurs *mpl* aux petits soins [pour vous]; **gute/böse ~er** bons/mauvais génies *mpl*; **jd ist von allen guten ~ern verlassen** *fam* qn perd la tête, qn déménage *fam;* ***da muss ich von allen guten Geistern verlassen gewesen sein*** il faut vraiment que j'aie eu un moment d'aberration, j'ai vraiment dû disjoncter *fam;* **der Heilige ~** le Saint-Esprit; ***es war wohl der Heilige ~*** *hum* ca s'est fait par l'opération du Saint-Esprit; **kleine ~er** *pej* des esprits étroits; **jd ist ein unruhiger ~** *fam* qn a la bougeotte *fam;* **wir sind verwandte ~er!** les grands esprits se rencontrent *hum;* **jd/etw geht jdm auf den ~** *fam* qn/qc lui tape sur le système *fam;* **jd gibt seinen ~ auf, jd haucht seinen ~ aus** *geh* (*jd stirbt*) qn expire *soutenu;* **etw gibt seinen ~ auf** *fam* qc rend l'âme; **jd/etw hat ~** qn/qc est plein(e) d'esprit; **im ~[e]** *bei jdm sein* en esprit, par la pensée; ***ich sehe mich schon im ~e zum Chef gehen*** je m'imagine déjà en train d'aller voir le patron; **in jds ~** (*dat*) *handeln* conformément à la volonté de qn; ***es geschieht durchaus in meinem ~e*** ça va tout à fait dans mon sens

Geisterbahn *f* train *m* fantôme **Geisterbilder** *pl* TV échos *mpl* **Geisterfahrer(in)** *m(f) fam* automobiliste *mf* [*o* chauffard *m*] circulant à contresens [sur une autoroute] **Geisterglaube** *m* croyance *f* aux esprits **geisterhaft** I. *adj* fantomatique II. *adv aussehen, erscheinen* peuplé(e) de fantômes, fantomatique **Geisterhand** *f* ▶ **wie von** [*o* **durch**] **~** comme par magie

geistern *vi + sein* 1. (*herumgehen*) ■ **jd geistert durch etw** qn déambule à travers qc
2. (*spuken*) ■ **etw geistert durch etw** /*Gedanke, Idee, Vorstellung*/ qc hante qc

Geisterseher(in) *m(f)* voyant(e) *m(f)* **Geisterstadt** *f* ville *f* fantôme **Geisterstunde** *f* douze coups *mpl* de minuit

geistesabwesend I. *adj* absent(e) II. *adv* l'air absent **Geistesabwesenheit** *f* absence *f* **Geistesblitz** *m fam* trait *m* de génie **Geistesgegenwart** *f* présence *f* d'esprit **geistesgegenwärtig** I. *adj Mensch* qui a de la présence d'esprit; *Handlung, Tat* qui témoigne de présence d'esprit; ~***es Handeln ist gefragt*** il faut faire preuve de présence d'esprit; ■ **jd ist ~** qn a de la présence d'esprit II. *adv* ■ **jd tut etw ~** qn a la présence d'esprit de faire qc **Geistesgeschichte** *f Ø* histoire *f* des idées **geistesgestört** *adj* souffrant de troubles mentaux; ■ **jd ist ~** qn a des troubles mentaux; (*pervers*) qn a l'esprit malade ▶ **du bist wohl ~!** *fam* non mais, ça va pas la tête? *fam* **Geistesgestörte(r)** *f(m) decl wie adj* malade *mf* mental(e) **Geisteshaltung** *f* mentalité *f* **geisteskrank** *adj* malade mental(e); ■ **jd ist ~** qn souffre de maladie mentale ▶ **bist du ~?**, **du bist wohl ~!** *fam* t'es cinglé(e) [ou quoi]? **Geisteskranke(r)** *f(m) decl wie adj* malade *mf* mental(e) ▶ **wie ein ~r/eine ~** *fam* comme un/une malade *fam* **Geisteskrankheit** *f* maladie *f* mentale **geistesverwandt** *adj* proche dans la manière de penser; ***wir sind*** ~ nous avons des affinités de pensée **Geistesverwirrung** *f* trouble *m* mental **Geisteswissenschaften** *pl* sciences *fpl* humaines **Geisteswissenschaftler(in)** *m(f)* spécialiste *mf* des sciences humaines; (*opp: Naturwissenschaftler*) littéraire *mf;* (*Student*) étudiant(e) *m(f)* en sciences humaines **geisteswissenschaftlich** *adj* de sciences humaines, de lettres **Geisteszustand** *m* état *m* mental ▶ **du solltest dich [mal] auf deinen ~ untersuchen lassen!** *fam* [je crois que] tu devrais aller voir un psychiatre!; **jd untersucht jdn auf seinen ~** MED qn soumet qn à un examen psychiatrique

Geistheiler(in) *m(f)* guérisseur(-euse) *m(f)*

geistig I. *adj* 1. (*verstandesmäßig*) intellectuel(e)
2. (*spirituell*) spirituel(le)
II. *adv* 1. (*verstandesmäßig*) intellectuellement; ~ ***anspruchslos/anspruchsvoll*** sans aucune prétention intellectuelle/très intellectuel le)
2. MED mentalement; ~ ***behindert*** handicapé(e) mental(e)

geistig-moralisch *adj* spirituel(le) et moral(e); ***die ~en Werte*** les valeurs *fpl* spirituelles

geistlich I. *adj* religieux(-euse); *Amt a.* ecclésiastique; *Beistand* spirituel(le); ***der ~e Stand*** le clergé; ~***e Weihen*** ordination *f* II. *adv* sur le plan spirituel **Geistliche(r)** *f(m) decl wie adj* ecclésiastique *mf*

Geistlichkeit <-> *f Ø* clergé *m*

geistlos *adj* inintelligent(e), inepte

Geistlosigkeit <-, -en> *f* ineptie *f*

geistreich *adj* 1. *Beschäftigung, Gespräch, Unterhaltung* enrichissant(e); *Mensch* spirituel(le) 2. *iron* (*dumm*) intelligent(e); ***das ist*** [***sehr***] ~ c'est [très] malin; ***eine ausgesprochen ~e Bemerkung!*** c'est vraiment malin comme remarque! **geisttötend** *adj pej* abrutissant(e) **geistvoll** *adj Mensch, Äußerung, Bemerkung* plein(e) d'esprit, brillant(e); *Buch, Gespräch, Beschäftigung* enrichissant(e)

Geiz <-es> *m Ø* avarice *f*

geizen *vi* 1. (*knauserig sein*) ■ **jd geizt mit etw** *mit Geld etc* qn lésine sur qc
2. (*zurückhaltend sein*) ■ **jd geizt mit etw** *mit Lob, Zuspruch, Aufmunterung* qn est avare de qc

Geizhals *m pej* avare *mf,* grippe-sou *m*

geizig *adj* avare

Geizkragen *m fam s.* **Geizhals**

Gejammer <-s> *nt Ø pej fam* jérémiades *mpl fam*

Gejohle <-s> *nt Ø pej* clameurs *fpl*

gekannt *pp von* **kennen**

Gekeife <-s> *nt Ø pej* criailleries *fpl*

Gekicher <-s> *nt Ø pej fam* ricanements *mpl*

Geklapper <-s> *nt Ø pej fam* boucan *m fam*

gekleidet *adj geh* ■ **irgendwie ~** vêtu(e) [*o* habillé(e)] d'une certaine manière; ■ **jd ist ... ~** qn porte des vêtements ... + *adj*

Geklimper <-s> *nt Ø pej fam* [*Klavier*] pianotage *m;* [*Saiteninstrument*] vagues accords *mpl*

geklommen *pp von* **klimmen**

geklungen *pp von* **klingen**

Geknatter <-s> *nt Ø pej* [*Motorrad*] pétarades *fpl*

geknickt *adj fam* déprimé(e); ***jd macht einen ~en Eindruck, jd sieht ~ aus*** qn fait une gueule d'enterrement *fam*

gekniffen *pp von* **kneifen**

Geknister <-s> *nt Ø* [*Feuer*] crépitement *m;* ■ ~ [**mit etw**] *mit Papier* froissement *m* [de qc]

gekommen *pp von* **kommen**

gekonnt I. *pp von* **können**
II. *adj Griff, Hieb, Schlag, Schuss etc* techniquement parfait(e); *Gesprächsführung, Rhetorik* habile; *Replik* bien envoyé(e)

Gekrächz[e] <-es> *nt Ø* [*Raben, Krähen*] croassements *mpl;* ***entschuldige das ~, aber ich bin erkältet*** excuse ma voix éraillée, mais j'ai pris froid; ***es kam nur ein furchtbares ~ heraus*** il ne sortit que des sons affreusement éraillés

Gekrakel <-s> *nt Ø pej fam* 1. (*Schrift*) gribouillis *m*
2. (*Krakeln*) friture *f*

Gekreuzigte(r) *f(m) decl wie adj* crucifié(e) *m(f)*
▶ [**Jesus**] **der ~** [Jésus] le Crucifié

Gekritzel <-s> *nt Ø pej* 1. (*Gekritzeltes*) pattes *fpl* de mouche
2. (*Kritzeln*) *verbal übersetzt;* ***lass das*** ~! arrête de griffonner!

gekrochen *pp von* **kriechen**

Gekröse <-s, -> *nt* mésentère *m*

gekünstelt I. *adj pej Sprache, Benehmen* affecté(e), apprêté(e); *Freundlichkeit, Art, Heiterkeit a.* factice
II. *adv pej* avec affectation

Gel <-s, -e> *nt* gel *m*

Gelaber[e] <-s> *nt Ø pej fam* (*andauerndes Reden*) bavardages *mpl;* (*dummes Gerede*) balivernes *fpl*

Gelächter <-s, -> *nt* éclats *mpl* de rire
▶ **jd bricht in ~ aus** qn éclate de rire; **jd/etw gibt jdn dem/jds ~ preis** *geh* qn/qc expose qn à la risée de tout le monde/de qn

gelackmeiert *adj fam* ■ **jd ist ~** [*o* **der G~e**] qn s'est fait pigeonner *fam,* qn est le pigeon de l'affaire *fam*

geladen I. *pp von* **laden**
II. *adj fam* (*wütend*) ■ **jd ist ~** [**auf jdn**] qn est furax [contre qn] *fam*

Gelage <-s, -> *nt* beuverie *f*

gelagert *adj* ■ **etw ist irgendwie ~**: ***der Fall ist etwas anders ~*** le cas se présente un peu différemment; ***die einzelnen Zeugenaussagen ergaben, dass der Sachverhalt nicht so einfach ~ war*** les dépositions des témoins ont montré que le cas n'était pas aussi simple qu'on le pensait

gelähmt *adj* paralysé(e) ▶ **ganzseitig/halbseitig ~** tétraplégique/hémiplégique; **spastisch ~** souffrant de dyskinésie **Gelähmte(r)** *f(m) decl wie adj* paralysé(e) *m(f)*

Gelände <-s, -> *nt* terrain *m*
▶ **freies ~** terrain découvert; **jd erkundet das ~** qn reconnaît le terrain

Gelände- 1. (*das Terrain betreffend*) de terrain; ~***abschnitt*** parcelle *f* 2. (*geländegängig*) *-auto, -reifen, -fahrzeug* tout-terrain 3. (*Querfeldein-*): ~***rennen*** cross *m;* (*mit Motorrädern*) [moto]cross *m;* (*Ausritt*) randonnée *f* équestre; SPORT raid *m* d'endurance; (*mit Hindernissen*) épreuve *f* de fond **Geländefahrt** *f* randonnée *f* en 4x4 **geländegängig** *adj* AUT tout-terrain **Geländelauf** *m* cross[-country] *m*

Geländer <-s, -> *nt* balustrade *f;* (*Treppen~*) rampe *f*

Geländeübung *f* MIL manœuvre *f gén pl* **Geländewagen** *m* véhicule *m* tout terrain

gelang *imp von* **gelingen**

gelangen * *vi + sein* 1. (*hinkommen*) ■ **jd gelangt irgendwohin** qn arrive quelque part; ■ **etw gelangt irgendwohin** qc parvient quelque part; ***etw gelangt in jds Hände*** qc tombe entre les mains de qn
2. (*erwerben*) ■ **jd gelangt zu etw** *zu Ansehen, Ehren, Reichtum, Ruhm* qn accède à qc
3. *form* (*getan werden*): ***etw gelangt zum Abschluss/Einsatz/zur Aufführung/Ausführung/ Durchführung*** qc est terminé(e)/employé(e)/représenté(e)/exécuté(e)/ réalisé(e)
4. CH (*sich wenden*) ■ **jd gelangt an jdn/mit etw an jdn** qn s'adresse à qn/adresse qc à qn

gelangweilt I. *adj Mensch* qui s'ennuie; *Blick* d'ennui; ***mit ~er Miene*** avec l'air de s'ennuyer
II. *adv dasitzen, zuhören* avec l'air de s'ennuyer; *gähnen* d'ennui

gelassen I. *pp von* **lassen**
II. *adj* (*gefasst*) placide, flegmatique
III. *adv* placidement, sans me/... départir de mon/... flegme; ***du blickst so*** ~ tu as l'air si calme

Gelassenheit <-> *f Ø* flegme *m;* ***jd blickt mit ~ in die Zukunft*** qn envisage sereinement l'avenir

Gelatine <-> [ʒela'ti:nə] *f Ø* gélatine *f*

gelaufen *pp von* **laufen**

geläufig *adj* courant(e); ■ **etw ist jdm ~** qc est familier(-ière) à qn

gelaunt *adj pred:* ***übel*** ~ de mauvaise humeur, mal luné(e) *fam;* ■ **jd ist ... ~** *gut, besser, schlecht, schlechter* qn est de ... humeur; *froh, zuversichtlich, jovial* qn est d'humeur ...; ***ich möchte wissen, wie er/sie ~ ist*** j'aimerais savoir comment il/elle est disposé(e)

Geläut[e] <-[e]s> *nt Ø* sonneries *fpl* de cloches

gelb *adj* jaune

Gelb <-s, - *o* -s> *nt* **1.** (*Farbe*) jaune *m*
2. [*Verkehrsampel*] [feu *m*] orange *m*; ***die Ampel stand auf*** ~ le feu était à l'orange

Gelbe(s) *nt decl wie adj* ▶ **etw ist nicht das ~ vom Ei** *fam* qc est pas ce qu'on fait de mieux *fam*

Gelbfieber *nt* fièvre *f* jaune **Gelbfilter** *m* filtre *m* jaune **gelbgrün** *adj* verdâtre

gelblich *adj* jaune pâle; *Gesichtsfarbe* jaunâtre; ***etw ist leicht*** ~ qc tire [légèrement] sur le jaune

Gelbsucht *f* Ø jaunisse *f* **gelbsüchtig** *adj* atteint(e) de jaunisse; ■ **jd ist** ~ qn a la jaunisse **Gelbwurz[el]** <-> *f* Ø curcuma *m*, safran *m* des Indes

Geld <-[e]s, -er> *nt* **1.** Ø (*Zahlungsmittel*) argent *m*
2. *pl* (*Mittel*) fonds *mpl*
▶ **jd hat ~ wie Heu** *fam* qn est plein(e) aux as *fam*; **jd wirft das ~ zum Fenster hinaus** *fam* qn jette l'argent par les fenêtres; **jd zieht jdm das ~ aus der Tasche** *fam* qn lui pompe tout son argent; **~ regiert die Welt** *prov* l'argent est roi; **nicht für ~ und gute Worte** *fam* pas pour tout l'or du monde; **bares ~** des espèces *fpl*, du liquide; **das ist bares ~!** ça vaut de l'argent!; **~ allein macht nicht glücklich** *prov* l'argent ne fait pas le bonheur; **großes/kleines ~** gros billets *mpl*/petite monnaie *f*; **jd verdient das große ~** qn gagne beaucoup d'argent; **jd wirft gutes ~ dem schlechten nach** qn investit dans un panier percé [*o* à fonds perdu]; **jd kauft etw für teures ~** qn achète qc au prix fort; **jd/etw ist nicht mit ~ zu bezahlen** *fam* qn/qc, ça n'a pas de prix; **etw geht** [*o* **läuft**] **ins ~** *fam* qc finit par chiffrer; **etw ist nicht für ~ zu haben** *fam* qc ne s'achète pas; **jd ist hinterm ~/hinter jds ~ her** *fam* il n'y a que l'argent qui compte pour qn/qn en veut à l'argent de qn; **jd kann nicht mit ~ umgehen** qn ne sait pas gérer son argent; **jd macht** [**mit etw**] **~** *fam* qn fait du fric [avec qc] *fam*; **jd macht etw zu ~** *fam* qn vend qc; ***das kann man gut zu ~ machen*** on peut sans problème en tirer du fric *fam*; **jd nimmt ~ auf** qn emprunte [de l'argent]; **jd schwimmt in** [*o* **im**] **~** *fam* qn est plein(e) aux as *fam*; **jd spielt um ~** qn joue pour de l'argent; **~ stinkt nicht** *prov* l'argent n'a pas d'odeur; **jd wirft mit ~ um sich** *fam* qn fait étalage de son fric *fam*

Geld- **1.** (*Zahlungsmittel betreffend*) *-politik, -wirtschaft* monétaire; ~***abwertung*** dépréciation *f* de la monnaie; (*von den Zentralbanken entschieden*) dévaluation *f*; ~***aufwertung*** revalorisation *f* de la monnaie; (*von den Zentralbanken entschieden*) réévaluation *f*; ~***bote*** transporteur *m* de fonds; ~***einwurf*** fente [pour les pièces] *f*; ~***forderung*** créance *f* [d'argent]; ***g~geil*** *sl* avide de fric *fam*; ~***gürtel*** banane *f*; ~***kassette*** cassette *f*; ~***prämie*** prime *f* [en argent]; ~***preis*** prix *m* en argent; ~***rolle*** rouleau *m* de pièces de monnaie; ~***rückgabe*** monnaie *f* rendue; ~***schlitz*** fente *f* [pour les pièces]; ~***transporter*** voiture *f* blindée de transport de fonds; ~***umtausch*** change *m*; ~***verleiher*** prêteur *m* **2.** (*Kapital betreffend*) *-abfluss, -abschöpfung, -gründe, -vergabe, -schwierigkeiten* d'argent; ~***artist*** artiste *mf* de la finance; ***mit der ~beschaffung beschäftigt*** occupé(e) à trouver de l'argent; ***g~knappe Jahre*** des années *fpl* d'argent rare [*o* de vaches maigres]; ~***sammelstelle*** adresse *f* servant à ramasser de l'argent [*o* collecter des fonds]; ~***spritze*** injection *f* de capitaux; ***ich bin der einzige ~verdiener in der Familie*** je suis le seul à ramener de l'argent à la maison; ~***verschwendung*** argent *m* jeté par les fenêtres **3.** (*vermögend*): ~***adel***, ~***aristokratie*** haute finance *f*; ~***herrschaft*** ploutocratie *f* **Geldangelegenheit** *f* affaire *f* [*o* question *f*] d'argent; ***meine ~en*** les questions d'argent me concernant ▶ **in ~en** en matière d'argent **Geldanlage** *f* placement *m* financier **Geldautomat** *m* distributeur *m* de billets [de banque] **Geldbeutel** *m*, **Geldbörse** *f geh* porte-monnaie *m* **Geldbombe** *f* cartouche *f* blindée **Geldbriefträger(in)** *m(f)* facteur distributeur /factrice distributrice *m/f* de mandats **Geldbuße** *f* amende *f* **Geldentwertung** *f* dépréciation *f* de la monnaie, érosion *f* monétaire **Gelderwerb** *m* gagne-pain *m*; ***die Art des ~s*** la façon de gagner de l'argent; ***etw ist jds einziger ~*** qc est la seule source de revenus de qn ▶ **jd geht einem ~ nach** qn exerce une activité rémunérée **Geldgeber(in)** *m(f)* bailleur *m* de fonds **Geldgeschäft** *nt* opération *f* financière **Geldgeschenk** *nt* don *m* en argent; ***durch das ~ seines Onkels*** grâce à l'argent offert par son oncle **Geldgier** *f* cupidité *f* **geldgierig** *adj* âpre au gain, rapace **Geldhahn** *m* ▶ **jd dreht jdm/einer S. den ~ zu** qn coupe les vivres à qn/ferme le robinet de qc **Geldheirat** *f pej* mariage *m* d'argent **Geldinstitut** *nt* établissement *m* financier **Geldknappheit** *f* (*der Geldmenge*) pénurie *f* d'argent; [*Privatperson*] problèmes *mpl* [*o* manque *m*] d'argent **Geldkurs** *m* cours *m*

geldlich *adj* d'argent

Geldmangel *m* Ø manque *m* d'argent **Geldmarkt** *m* marché *m* monétaire **Geldmenge** *f* **1.** (*Geldsumme*) somme *f* d'argent **2.** (*Geldumlauf*) masse *f* monétaire **Geldmittel** *pl* capitaux *mpl* **Geldquelle** *f* source *f* de financement **Geldschein** *m* billet *m* de banque **Geldschrank** *m* coffre-fort *m* **Geldsorgen** *pl* soucis *mpl* d'argent ▶ **jd hat ~, jd ist in ~** qn a des soucis d'argent **Geldspende** *f* don *m* d'argent **Geldspielautomat** *m* machine *f* à sous **Geldstrafe** *f* amende *f* ▶ **jd verurteilt jdn zu einer ~, jd belegt jdn mit einer ~** qn condamne qn à une amende **Geldstück** *nt* pièce *f* de monnaie **Geldsumme** *f* somme *f* d'argent **Geldtasche** *f* portefeuille *m* **Geldumlauf** *m* masse *f* monétaire en circulation **Geldverkehr** *m* Ø transactions *fpl* financières **Geldverlegenheit** *f* embarras *m* ▶ **jd ist in ~** qn est à court d'argent [*o* dans l'embarras] **Geldwaschanlage** *f* officine *f* de blanchiment de l'argent **Geldwäsche** *f* blanchiment *m* de l'/d'argent **Geldwäscher(in)** *m(f)* entreprise *f*/individu *m* qui blanchit de l'argent; ***jd betätigt sich als ~*** qn blanchit de l'argent **Geldwechsel** [-vɛksl] *m* change *m* **Geldwechsler** <-s, -> [-vɛkslɐ] *m* changeur *m* de monnaie **geldwert** *adj*: ***ein ~er Vorteil*** un avantage en nature imposable **Geldwert** *m* pouvoir *m* d'achat de la monnaie **Geldzuwendungen** *pl* aide *f* financière

geleckt *adj* ▶ **jd sieht wie ~ aus** qn a l'air d'une gravure de mode; **etw sieht wie ~ aus** qc est briqué(e) du sol au plafond

Gelee <-s, -s> [ʒe'leː, ʒə'leː] *m o nt* gelée *f*

Gelege <-s, -> *nt* couvée *f*

gelegen **I.** *pp von* **liegen**
II. *adj* (*passend*) *Anlass* bon(ne) *antéposé*; *Stunde, Zeitpunkt* opportun(e)
▶ **du kommst mir gerade ~** *iron* tu as vraiment choisi le bon moment, tu tombes vraiment à pic; **etw kommt jdm ~/nicht** [**sehr**] **~** qc vient à propos/tombe mal

Gelegenheit <-, -en> *f* **1.** (*Moment*) occasion *f*
2. (*Anlass*) occasion *f*; ***bei*** [*o* ***zu***] ***allen ~en*** en toute occasion
3. COM (*Angebot*) occasion *f*
▶ **~ macht Diebe** *prov* l'occasion fait le larron; **jd ergreift** [*o* **packt**] [*o* **fasst**] **die ~ beim Schopf** qn saute sur l'occasion, qn saisit la balle au bond; **bei der ersten ~** à la première occasion; **bei der nächsten** [*o* **ersten** [**besten**]] **~** à la première occasion [venue]; **bei nächster ~** à la première occasion; **bei passender ~** le moment venu; **etw bietet jdm die ~ etw zu tun** qc donne à qn l'occasion de faire qc; **jd gibt jdm die ~ etw zu tun** qn donne à qn la possibilité de faire qc; **jd hat die ~ etw zu tun** qn a l'occasion de faire qc; **bei ~** à l'occasion; **bei dieser ~** à cette occasion

Gelegenheitsarbeit *f* petit boulot *m fam* **Gelegenheitskauf** *m* occasion *f*

gelegentlich **I.** *adj attr* quelque *antéposé*; ***ihre anfangs noch ~en Besuche*** les quelques visites qu'elle faisait encore au début
II. *adv* **1.** (*manchmal*) de temps en temps
2. (*bei Gelegenheit*) à l'occasion

gelehrig **I.** *adj* éveillé(e), vif(vive); *Tier* intelligent(e); ■ **jd ist ~** qn apprend vite
II. *adv*: ***jd stellt sich ~ an*** qn fait preuve de vivacité [d'esprit]

Gelehrigkeit <-> *f* Ø vivacité *f* d'esprit, facilités *fpl* pour assimiler; [*Tier*] intelligence *f*

gelehrsam *adj geh s.* **gelehrt**

Gelehrsamkeit <-> *f* Ø *geh s.* **Gelehrtheit**

gelehrt *adj* **1.** savant(e), érudit(e); ***jd macht einen ~en Eindruck*** qn donne l'impression de savoir beaucoup de choses **2.** (*wissenschaftlich*) scientifique **Gelehrte(r)** *f(m) decl wie adj* savant(e) *m(f)* ▶ **darüber sind sich die ~n noch nicht einig, darüber streiten sich die ~n noch** *hum* les spécialistes en discutent encore

Gelehrtheit <-> *f* Ø érudition *f*

Geleise <-s, -> *nt* AUS, CH *geh s.* **Gleis**

Geleit <-[e]s, -e> *nt* escorte *f*
▶ **freies** [*o* **sicheres**] **~** HIST sauf-conduit *m*; **jd gibt jdm das letzte ~** *geh* qn accompagne qn à sa dernière demeure *soutenu*; **jd gibt jdm das ~** *geh* qn escorte qn

geleiten * *vt geh* ■ **jd geleitet jdn** [**irgendwohin**] (*akk*) qn accompagne qn [quelque part]

Geleitschutz *m* escorte *f*
▶ **etw gibt einer S.** (*dat*) **~** qc escorte qc, qc convoie qc

Gelenk <-[e]s, -e> *nt* articulation *f*; TECH *a.* joint *m*

Gelenkbus *m* bus *m* articulé **Gelenkentzündung** *f* arthrite *f* **Gelenkfahrzeug** *nt* véhicule *m* articulé

gelenkig *adj* souple

Gelenkigkeit <-> *f* Ø souplesse *f*

Gelenkkopf *m*, **Gelenkkugel** *f* condyle *m* **Gelenkpfanne** *f* glène *f* **Gelenkrheumatismus** *m* rhumatisme *m* articulaire **Gelenkschmiere** *f* synovie *f*

gelernt *adj Arbeiter* qualifié(e)

gelesen *pp von* **lesen**

Gelichter <-s> *nt* Ø *pej geh* engeance *f*, racaille *f*

geliebt *adj* bien-aimé(e) **Geliebte(r)** *f(m) decl wie adj* amant/maîtresse *m/f*; ***jd schafft sich*** (*dat*) ***einen ~n/ eine ~ an*** qn prend un amant/une maîtresse

geliefert *adj fam* (*erledigt*) ■ **jd ist ~** qn est fichu(e) [*o* foutu(e)] *fam*

geliehen *pp von* **leihen**

gelieren * [ʒe'liːrən, ʒə'liːrən] *vi* ■ **etw geliert** qc se gélifie

gelind[e] *adj* **1.** *geh Klima* tempéré(e); *Frost, Regen* léger(-ère)
2. *fam Schauer, Wut* terrible, méchant(e) *antéposé fam*
▶ **~ gesagt** ..., c'est le moins que l'on puisse dire

gelingen <gelang, gelungen> *vi + sein* ■ **jdm gelingt es etw zu tun** qn réussit à faire qc; ***es will mir einfach nicht ~*** je n'y arrive pas; ■ **etw gelingt** qc est une réussite, qc est réussi(e); ***der Kuchen ist wieder nicht gelungen*** le gâteau est de nouveau raté; ■ **etw gelingt jdm** qn réussit qc; ***dein Plan wird dir nicht ~*** ton plan ne réussira pas; ***einigen der Gefangenen gelang die Flucht*** quelques prisonniers réussirent à prendre la fuite; *s. a.* gelungen

Gelingen <-s> *nt* Ø *geh* réussite *f*
▶ **auf gutes ~!** à notre réussite!

gelitten *pp von* **leiden**

gell *interj*, **gelle** *interj* SDEUTSCH, CH *s.* **gelt**

gellen *vi* ■ **etw gellt** [**irgendwo**] qc retentit [quelque part]

gellend **I.** *adj* strident(e), perçant(e)
II. *adv*: ***jd schreit ~*** qn pousse des cris stridents [*o* perçants]

geloben * *vt geh* ■ **jd gelobt** [**jdm**] **etw** qn promet solennellement qc [à qn]; ■ **jd gelobt** [**jdm**] **etw zu tun** qn promet solennellement [à qn] de faire qc

Gelöbnis <-ses, -se> *nt* **1.** *geh* (*Versprechen*) promesse *f* solennelle
2. MIL serment *m*
▶ **jd legt ein ~ ab** *geh* qn prête serment; **jd legt das ~ ab** MIL qn prête serment

gelockt *adj Haar* bouclé(e); *Mensch* aux cheveux bouclés; ***jd ist*** [***leicht/***

stark] ~ qn a les cheveux [légèrement/très] bouclés
gelogen *pp von* **lügen**
gelöst *adj Mensch, Atmosphäre, Stimmung* détendu(e)
Gelse <-, -n> *f* AUS moustique *m*
gelt *interj* SDEUTSCH, AUS, CH hein *fam*
Gelte <-, -n> *f* CH baquet *m;* (*Bütte*) hotte *f*
gelten <gilt, galt, gegolten> I. *vi* 1. (*gültig sein*) ■ **etw gilt** [**für jdn**] qc est valable [pour qn]; /*Gesetz, Vorschrift*/ qc est en vigueur; /*Geld, Banknote, Münze*/ qc a cours
2. (*bestimmt sein für*) ■ **etw gilt jdm/einer S.** /*Attentat, Schuss*/ qc est dirigé(e) contre qn/qc, qc vise qn/qc; /*Applaus, Buhrufe, Frage*/ qc s'adresse à qn, qc est à l'adresse de qn/qc; /*Frage*/ qc concerne qn/qc
3. *geh* (*betreffen*) ■ **etw gilt jdm/einer S.** /*Aufmerksamkeit, Interesse, Liebe, Gedanke*/ qc est consacré(e) à qn/qc
4. (*zutreffen*) ■ **etw gilt für jdn** qc vaut pour qn, qc s'applique à qn
5. (*gehalten werden*) ■ **jd/etw gilt als** [*o* **für** *rare*] **etw** qn passe pour [être] qc; /*Erkenntnisse, Theorie*/ qc est considéré(e) comme qc; ***es gilt als sicher, dass*** on dit [*o* affirme] que + *indic*
▸ **jd lässt etw ~** qn admet qc; **das gilt nicht!** ce n'est pas du jeu!
II. *vi impers geh* ■ **es gilt etw zu tun** il s'agit de faire qc
▸ **es gilt!** tope/topez-là!; **jetzt gilt's!** maintenant, c'est [*o* on y va] pour de bon!; **was gilt's?** qu'est-ce qu'on parie?, combien on parie?
geltend *adj attr Preise, Bestimmung, Gesetz* en vigueur; *Meinung, Überzeugung etc* répandu(e)
▸ **jd macht etw ~** *form* qn fait valoir qc; **etw macht sich ~** qc se fait jour
Geltendmachung <-> *f* ∅ *form* revendication *f;* ***eine gerichtliche ~*** une action en justice pour faire valoir ses droits
Geltung <-, -en> *f* 1. (*Gültigkeit*) validité *f;* ***dieses Gesetz wird am 1.9.2000 ~ erlangen*** cette loi entrera en vigueur le 1/9/2000
2. (*Ansehen*) prestige *m*, considération *f;* [*Autor, Künstler*] notoriété *f*
▸ **jd/etw bringt etw zur ~** qn/qc met qc en valeur; **jd hat** [*o* **besitzt**] **~** qn fait autorité; **etw hat ~** (*hat Gesetzeskraft*) qc est en vigueur; (*ist gültig*) qc est valable; ***etw hat ab sofort ~*** qc entre immédiatement en vigueur; **etw kommt zur ~** qc est mis(e) en valeur; **jd verschafft sich/einer S.** (*dat*) **~** qn s'impose/qn fait respecter qc
Geltungsbedürfnis *nt* ∅ besoin *m* de se faire valoir **geltungsbedürftig** *adj* qui a besoin de se faire valoir; ■ **jd ist ~** qn a besoin de se faire valoir **Geltungsbereich** *m* [*Fahrkarte*] secteur *m* de validité; [*Gesetz*] champ *m* d'application **Geltungsdauer** *f* durée *f* de validité **Geltungssucht** *f pej* besoin *m* de se mettre en avant **Geltungstrieb** *m s.* **Geltungsbedürfnis**
Gelübde <-s, -> *nt* vœu *m*
▸ **jd legt ein/sein ~ ab** qn fait un vœu/prononce ses vœux; ***jd legt das ~ der Keuschheit/Armut ab*** qn fait vœu de chasteté/pauvreté
gelungen I. *pp von* **gelingen**
II. *adj attr* 1. *Abend, Überraschung, Veranstaltung* [très] réussi(e); ***ein ~er Witz*** une bonne blague
2. GASTR [bien] réussi(e); ***sie freute sich über den ~en Kuchen*** elle était contente d'avoir réussi son gâteau
Gelüst[**e**] <-[e]s, -e> *nt geh* envie *f*
▸ **jd hat ein ~** qn a envie de quelque chose; **jd hat ein ~/~e auf etw** (*akk*)**/nach etw** qn a une envie/des envies de qc; ***hast du irgendwelche ~e?*** tu as envie de quelque chose?
gelüsten * *vt impers geh* ■ **jdn gelüstet es nach etw/etw zu tun** qn a [grande] envie de qc/de faire qc
Gema <-> *f* ∅ *abk von* **Gesellschaft für musikalische Aufführungs- und mechanische Vervielfältigungsrechte** (*für Aufführungsrechte*) ≈ S.A.C.E.M. *f;* (*für Vervielfältigungsrechte*) ≈ S.D.R.M. *f*
gemach *interj liter* doucement
Gemach <-[e]s, ¨er> *nt liter* (*Wohnraum*) chambre *f*, pièce *f;* ***jds ¨er*** les appartements de qn
▸ **jd zieht sich in seine ¨er zurück** *hum* qn se retire dans ses appartements
gemächlich I. *adj* tranquille, paisible
II. *adv* tranquillement, paisiblement
Gemahl(**in**) <-s, -e> *m(f) geh* époux(-ouse) *m(f) soutenu;* ***Ihr Herr ~*** monsieur votre époux *form;* ***Ihre werte Frau ~in*** madame votre épouse *form*
gemahnen * *vt geh* 1. (*denken lassen*) ■ **etw gemahnt jdn an etw** (*akk*) qc fait penser qn à qc, qc rappelle qc à qn
2. (*ernst erinnern*) ■ **etw gemahnt an jdn/jdn an jdn** /*Feier, Monument*/ qc commémore qn/rappelle le souvenir de qn à qn
Gemälde <-s, -> *nt* tableau *m*, peinture *f*
Gemälde- de tableaux, de peinture[s]
Gemarkung <-, -en> *f* territoire *m* communal
gemasert *adj Holz, Marmor* veiné(e)
gemäß I. *präp + dat* conformément à; ***~ Ihrem Wunsch, Ihrem Wunsch ~*** selon vos désirs
II. *adj* 1. (*entsprechend*) ■ **einer S. ~** (*dat*) conforme à qc
2. (*angemessen*) ■ **jdm/einer S. ~** *einem Anlass* adapté(e) à qn/qc
▸ **das einzig G~e** la seule chose à faire
-gemäß 1. (*entsprechend*) conforme au/à la/aux; *adverbial* conformément au/à la/aux
2. (*angemessen*) adapté(e) au/à la/aux; *adverbial* d'une manière adaptée au/à la/aux
gemäßigt *adj* 1. *Klima, Zone* tempéré(e)
2. (*moderat*) modéré(e)
Gemäuer <-s> *nt* ∅ *geh* murailles *fpl*
Gemecker <-s> *nt*, **Gemeck**[**e**]**re** <-s> *nt* ∅ *pej* 1. [*Ziege*] bêlement *m gén pl*
2. *fam* (*Nörgelei*) rouspétances *fpl fam;* ***immer dieses ~, nie bist du mit irgendwas zufrieden!*** [tu es] toujours en train de rouspéter, tu n'es jamais content(e)! *fam*
gemein I. *adj* 1. (*niederträchtig*) *Kerl, Verräter* infâme; *Lüge, Streich, Intrige* odieux(-euse); ***du ~er Kerl!*** espèce de salaud! *fam*
2. *fam* (*unfair*) vache *fam*
3. (*böse*) *Bemerkung* méchant(e); *Witz* de mauvais goût
4. *attr Pflanze, Tier* commun(e)
5. *pred geh* ■ **etw ist Menschen/Tieren/Dingen ~** qc est commun(e) à des personnes/animaux/choses
▸ **jd/etw hat etw mit jdm/etw ~** qn/qc a qc en commun avec qn/qc; ***jd hat etwas mit jdm ~*** qn a quelque chose de qn; **jd macht sich mit jdm ~** qn se commet avec qn *soutenu*
II. *adv fam kalt, schwer, wehtun* vachement *fam*
Gemeinbesitz *m* propriété *f* collective
▸ **jd überführt etw in ~** qn collectivise qc
Gemeinde <-, -n> *f* 1. (*Kommune*) commune *f*
2. *fam* (*~bewohner*) commune *f*
3. (*Pfarr~*) paroisse *f;* (*Gläubige bei der Messe*) assistance *f;* ***liebe ~!*** mes [bien chers] frères!
4. (*Anhängerschaft*) [*Autor, Künstlerin etc*] cercle *m;* ***die wissenschaftliche ~*** la communauté scientifique
Gemeindeabgaben *pl* impôts *mpl* communaux, impôts *mpl* locaux (*destinés à la commune*) **Gemeindeammann** *m* CH maire *m* **Gemeindeamt** *nt* municipalité *f* **Gemeindebann** *m* CH (*Gemeindegebiet*) territoire *m* communal **Gemeindebeamte**(**r**) *m*, **-beamtin** *f* fonctionnaire *mf* municipal(e), employé communal/employée communale *m/f* **Gemeindebezirk** *m* 1. ADMIN territoire *m* communal 2. AUS arrondissement *m* **gemeindeeigen** *adj* communal(e), municipal(e) **Gemeindehaus** *nt* maison *f* paroissiale **Gemeindehelfer**(**in**) *m(f)* diacre/diaconesse *m/f* **Gemeindemitglied** *nt* paroissien(ne) *m(f)* **Gemeindeordnung** *f* loi *f* sur les communes **Gemeindepräsident**(**in**) *m(f)* CH maire/-esse *rare m/f* **Gemeinderat** *m* conseil *m* municipal **Gemeinderat** *m*, **-rätin** *f* conseiller municipal/conseillère municipale *m/f* **Gemeindesaal** *m* ECCL salle *f* paroissiale **Gemeindeschwester** *f* infirmière *f* à domicile (*employée par la commune*) **Gemeindesteuer** *f* taxe *f* communale **Gemeindeversammlung** *f* CH assemblée *f* municipale **Gemeindevorstand** *m* 1. (*Verwaltungsgremium*) municipalité *f* 2. (*Bürgermeister*) maire *m* **Gemeindewahl** *f* élections *mpl* municipales **Gemeindewohnung** *f* AUS (*Sozialwohnung*) ≈ H.L.M. *m o f* **Gemeindezentrum** *nt* foyer *m* socioculturel
Gemeineigentum *nt* bien *m* public **gemeingefährlich** *adj pej* représentant un danger public; *Irrer, Krimineller* très dangereux(-euse); ■ **jd ist ~** qn est un danger public **Gemeingut** *nt* bien *m* commun; ***etw ist ~/geht ins ~ über*** qc fait partie du/tombe dans le domaine public; ***diese Lieder sind einfach ~*** ces chants font vraiment partie de notre patrimoine
Gemeinheit <-, -en> *f* 1. ∅ (*Niedertracht*) méchanceté *f*, rosserie *f*
2. (*Tat, Bemerkung*) méchanceté *f*, rosserie *f*
3. *fam* vacherie *f fam*, merde *f fam*
gemeinhin *adv* communément, d'ordinaire **Gemeinkosten** *pl* frais *mpl* généraux, coûts *mpl* indirects **Gemeinnutz** *m* intérêt *m* général ▸ **~ geht vor Eigennutz** *prov* l'intérêt général passe avant l'intérêt particulier **gemeinnützig** *adj Einrichtung, Institution, Organisation* d'utilité publique, d'intérêt général; *Verein* à but non lucratif **Gemeinplatz** *m* lieu *m* commun
gemeinsam I. *adj* 1. (*mehreren gehörend*) *Eigentum, Interessen, Bekannter, Freund* commun(e); *Haus, Wohnung, Grundstück* en commun; *Konto* joint(e)
2. (*von mehreren unternommen*) *Aktion, Aufgabe, Demonstration* commun(e); ***wir haben/ich habe mit ihm eine ~e Wanderung gemacht*** nous avons fait une randonnée ensemble; ■ **das G~e** le point commun; ***viel G~es*** de nombreux points communs
▸ **sie haben etw ~, ihnen ist etw ~** ils/elles ont qc en commun
II. *adv gehören* en commun; *besprechen, anpacken, lösen, bearbeiten a.* ensemble
Gemeinsamkeit <-, -en> *f* 1. (*Gemeinsames*) point *m* commun
2. ∅ (*Einvernehmen*) commun accord *m;* ***in ~ handeln*** agir d'un commun accord
Gemeinschaft <-, -en> *f* 1. [*Menschen, Staaten*] communauté *f*
2. ∅ (*Verbundenheit*) esprit *m* communautaire
▸ **~ Unabhängiger Staaten** Communauté *f* des États indépendants; **die ~ der Heiligen/der Gläubigen** la communion des saints/des fidèles; **eheliche ~** communauté *f* conjugale; **Europäische ~** Communauté *f* européenne; **in ~ mit jdm** conjointement avec qn; *leben* en communauté avec qn
gemeinschaftlich *adj, adv s.* **gemeinsam**
Gemeinschafts- (*mehreren gehörig*) collectif(-ive); (*von mehreren durchgeführt*) commun(e), collectif(-ive); ***~erziehung*** (*Schulfach*) éducation *f* civique; (*Koedukation*) éducation *f* mixte; ***~leben*** vie *f* en commun; ***~verpflegung*** nourriture *f* de cantine; ***~schule*** école *f* interconfessionnelle **Gemeinschaftsantenne** *f* TV antenne *f* collective **Gemeinschaftsarbeit** *f* travail *m* collectif ▸ **in ~** en travail d'équipe **Gemeinschaftsgefühl** *nt* ∅ esprit *m* d'équipe [*o* de corps] **Gemeinschaftsgeist** *m* ∅ solidarité *f* **Gemeinschaftskunde** *f* ∅ instruction *f* civique **Gemeinschaftspraxis** *f* cabinet *m* de groupe **Gemeinschaftsproduktion** *f* coproduction *f* **Gemeinschaftsraum** *m* salle *f* commune
Gemeinsinn *m* ∅ esprit *m* civique, civisme *m* **Gemeinsprache** *f* langue *f* commune **gemeinverständlich** I. *adj* à la portée de tous II. *adv sich ausdrücken* en me/se/… mettant à la portée de tous **Gemeinwerk** *nt* CH

travail *m* bénévole **Gemeinwesen** *nt* communauté *f* **Gemeinwohl** *nt* bien *m* public ▸**etw dient dem** ~ qc sert l'intérêt général
Gemenge <-s, -> *nt* 1. (*Mischung*) mélange *m;* ▪**ein** ~ **aus etw** un mélange de qc
2. (*Gewühl*) cohue *f*
3. (*Durcheinander*) fouillis *m*
▸**jd kommt mit jdm ins** ~ qn et qn en viennent aux mains, qn en vient aux mains avec qn
gemessen I. *pp von* **messen**
II. *adj geh Auftreten* grave; *Höflichkeit* réservé(e); (*würdig langsam*) *Schritt* plein(e) de componction *soutenu;* ***in ~em Abstand*** à bonne distance
Gemetzel <-s, -> *nt* carnage *m*
gemieden *pp von* **meiden**
Gemisch <-[e]s, -e> *nt* 1. (*Mischung*) mélange *m;* ▪**ein** ~ **aus etw** un mélange de qc
2. ∅ (*Durcheinander*) [*Menschen, Völker*] mélange *m,* brassage *m*
3. AUT mélange *m* [carburant]; (*bei Zweitaktmotoren*) mélange *m* [deux temps]
▸**mageres/fettes** ~ mélange *m* pauvre/riche
gemischt *adj* mélangé(e), mêlé(e); *Publikum a.* disparate; *Kost, Gemüse* varié(e); *Chor, Schule, Klasse* mixte; ***eine ~e dänisch-deutsche Besetzung*** un mélange de Danois et d'Allemands
gemischtsprachig *adj* plurilingue, multilingue **Gemischtwarenhandlung** *f veraltend* épicerie *f*
Gemme <-, -n> *f* pierre *f* [précieuse] gravée
gemocht *pp von* **mögen**
gemolken *pp von* **melken**
gemoppelt *adj* ▸**doppelt** ~ *fam* redondant(e); ***etw ist doppelt*** ~ qc est un pléonasme
Gemsbock *s.* **Gämsbock**
Gemse *s.* **Gämse**
Gemurmel <-s> *nt* ∅ murmures *mpl;* ***abfälliges*** ~ murmure *m* désapprobateur; ***lautes*** ~ un brouhaha
Gemüse <-s, *rare* -> *nt* légumes *mpl;* ▪**ein** ~ un légume
▸**junges** ~ *hum fam* jeunots *mpl fam*
Gemüse- 1. *-beet* de légumes; *~**anbau*** culture *f* maraîchère; *~**anbauer*** maraîcher *m* 2. GASTR de légumes; *-suppe a.* aux légumes 3. (*für Gemüse*) à légumes; *~**hacker*** coupe-légumes *m;* *~**seiher*** passoire *f* **Gemüsefach** *nt* bac *m* à légumes **Gemüsegarten** *m* [jardin *m*] potager *m* ▸**quer durch den** ~ *hum fam* pêle-mêle **Gemüsehändler(in)** *m(f)* marchand(e) *m(f)* de légumes **Gemüseladen** *m* magasin *m* de légumes **Gemüsezwiebel** *f* oignon *m* jaune
gemusst[RR], **gemußt** *pp von* **müssen**
gemustert *adj* imprimé(e); ***mit bunten Motiven*** ~ imprimé(e) à motifs variés
Gemüt <-[e]s, -er> *nt* 1. (*Seele*) ▪**ein** [**...**] ~ *zartes, empfindliches* une âme [...], un cœur [...]; *trauriges* une nature [...]; ▪**das** ~ le psychisme
2. (*Mensch*) nature *f;* ▪**die ~er** les esprits *mpl*
▸**du hast ein sonniges** ~! *iron fam* tu es vraiment [une] poire *fam;* **etw bewegt jds** ~ *geh* qc agite qn *soutenu;* **etw erregt** [*o* **erhitzt**] **die ~er** qc échauffe les esprits; **jd führt sich** (*dat*) **etw zu ~**[**e**] *Speise, Buch* qn savoure qc; *Glas Wein, Speise a.* qn déguste qc; (*beherzigt etw*) *Ermahnung, Warnung, Ratschlag* qn prend bonne note de qc; **jd hat** [*o* **besitzt**] [*o* **zeigt**] **viel** ~ qn est très sentimental(e), qn est une âme sensible; **etw schlägt jdm aufs** ~ qc démonte le moral de qc; **etwas fürs** ~ *hum* quelque chose de bien sentimental; ***dieser Film ist etwas fürs*** ~ ce film est très fleur bleue; ***dieses Buch ist etwas fürs*** ~ c'est un livre qui fait pleurer dans les chaumières
gemütlich I. *adj* 1. (*behaglich*) *Möbelstück* confortable; *Wohnung, Zuhause a.* douillet(te); *Kamin* agréable; ***hier ist es richtig*** ~ on se sent vraiment bien ici
2. (*gesellig*) agréable; *Beisammensein, Stimmung, Lokal* sympathique
▸**jd macht es sich/jdm** ~ qn se met à son aise/qn met qn à son aise
II. *adv* 1. (*gemächlich*) tranquillement
2. (*behaglich*) confortablement
Gemütlichkeit <-> *f* ∅ (*Bequemlichkeit*) [*Wohnung, Möbelstück*] confort *m* [douillet]; [*Lokal*] atmosphère *f* douillette; [*Kamin*] intimité *f*
▸**in aller** ~ bien tranquillement; **da hört doch die** ~ **auf!** *fam* ça dépasse les bornes!, ça commence à bien faire! *fam;* ***da hört bei mir die*** ~ ***auf*** là, je commence à voir rouge
Gemütsbewegung *f* émotion *f;* ***jd zeigt keine ~/lässt keinerlei ~ erkennen*** qn ne bronche pas **gemütskrank** *adj* asthénique, dépressif(-ive) **Gemütskranke(r)** *f(m) decl wie adj* asthénique *mf,* personne *f* dépressive **Gemütskrankheit** *f* asthénie *f* [psychique], dépression *f* **Gemütslage** *f* état *m* d'âme; ***meine ~ ist heute depressiv*** aujourd'hui, je n'ai pas le moral ▸**je nach** ~ selon mon/son /... humeur **Gemütsmensch** *m fam* bonne pâte *f* ▸**du bist vielleicht ein** ~! *iron* t'es marrant(e), toi! *fam* **Gemütsregung** *f* émotion *f* **Gemütsruhe** *f* calme *m,* quiétude *f* ▸**in aller** ~ *fam* peinardement *fam;* **deine** ~ **möchte ich haben!** *iron* j'aimerais avoir tes nerfs d'acier! **Gemütsverfassung** *f,* **Gemütszustand** *m s.* **Gemütslage**
gemütvoll *adj* sensible, émotif(-ive)
gen *präp + akk veraltend* (*in Richtung*) vers; ~ ***Himmel/Süden*** vers le ciel/le sud
Gen <-s, -e> *nt* gène *m*
Gen- génétique; *-bank* de gènes
genannt *pp von* **nennen**
genarbt *adj* grenu(e), grené(e)
genas *imp von* **genesen**
genau I. *adj* 1. (*exakt*) précis(e); ▪**G~es/G~eres** quelque chose de précis/de plus précis
2. (*gewissenhaft*) rigoureux(-euse); ▪**jd ist** [**in etw** (*dat*)] ~ qn est rigoureux(-euse) [dans qc]
II. *adv* 1. (*exakt*) exactement; *betrachten a.* de près; *kennen* très bien; *passen* juste; ***es stimmt*** ~ c'est tout à fait juste [*o* exact]
2. (*eben, gerade*) justement; ~ ***zur richtigen Zeit*** juste au bon moment
▸**aufs ~este, ~estens** *ausführen, befolgen* à la lettre; ~ **genommen** strictement parlant; **jd nimmt es mit etw** ~ qn prend qc au pied de la lettre; ***jd nimmt es nicht so*** ~ qn n'y regarde pas de si près; (*in Geldangelegenheiten*) qn n'est pas [très] regardant(e); **wenn man es** ~ **nimmt** à vrai dire, à proprement parler; **jd weiß etw ~/nicht** ~ qn sait parfaitement qc/ne sait pas exactement qc; ***wissen Sie das*** ~? êtes-vous absolument sûr(e) de cela?; **so** ~ **wollte ich es** [**nun auch wieder**] **nicht wissen!** *iron* je ne voulais pas en savoir tant!; **auf etw** (*akk*) ~ (*bei Zeit-, Maßangaben*) à qc près; ~! *fam* (*stimmt!*) absolument!
genaugenommen *s.* **genau II.**▸
Genauigkeit <-> *f* ∅ [*Angabe, Information, Vorstellung*] exactitude *f;* [*Schätzung, Uhrzeit, Bild, Kenntnis, Beschreibung, Messung a.*] précision *f*
genauso *adv* de même; ***es ist ~ gekommen, wie*** c'est arrivé exactement comme; ***mir geht es ganz*** ~ [pour] moi, c'est exactement la même chose; ***mich hat er ~ betrogen wie Sie*** il m'a tout autant trompé(e) que vous
▸~ ... **wie** tout aussi ... que
Gendarm <-en, -en> [ʒanˈdarm, ʒãˈdarm] *m* AUS gendarme *m*
Gendarmerie <-, -n> [ʒandarməˈriː, ʒãdarməˈriː, -ˈriːən] *f* AUS gendarmerie *f*
Genealoge <-n, -n> *m,* **-login** *f* généalogiste *mf*
Genealogie <-, -n> [-ˈgiːən] *f* généalogie *f*
genealogisch *adj* généalogique
genehm *adj geh Lösung, Vorschlag, Termin* qui me/lui convient, qui m'agrée/lui agrée *soutenu;* ▪**etw ist jdm** ~ qc agrée à qn *soutenu;* ▪**jd ist jdm** ~ qn plaît à qn
▸**wenn es** ~ **ist** si ça ne vous/te dérange pas, si vous le voulez/tu le veux bien
genehmigen * I. *vt* ▪**jd genehmigt jdm/etw etw** */Behörde/* qn autorise qc/donne l'autorisation de qc à qn; */Arbeitgeber/ Urlaub* qn accorde qc/lui accorde qc; *Antrag, Baupläne* qn accepte qc
▸**„genehmigt"** "approuvé"
II. *vr* ▪**jd genehmigt sich** (*dat*) **etw** qn s'offre qc
▸**jd genehmigt sich** (*dat*) **einen** *hum fam* qn s'en jette un *fam*
Genehmigung <-, -en> *f* 1. (*das Genehmigen*) autorisation *f;* [*Antrag*] acceptation *f;* [*Baupläne*] agrément *m*
2. (*Berechtigungsschein*) autorisation *f*
Genehmigungspflicht *f* autorisation *f* préalable **genehmigungspflichtig** *adj* soumis(e) à une autorisation préalable
geneigt *adj geh* ▪**jd ist jdm** ~ qn est favorable à qn; ***ich bin dir sehr*** ~ je n'ai que de bons sentiments à ton égard; ▪**jd ist** ~ **etw zu tun** qn est disposé(e) à faire qc
▸**jd zeigt sich jdm** ~ qn se montre bienveillant(e) envers qn
Geneigtheit <-> *f* ∅ *geh* 1. (*Wohlwollen*) ▪**jds** ~ **jdm gegenüber** la bienveillance de qn envers [*o* pour] qn
2. (*Bereitwilligkeit*) ▪**jds** ~ **etw zu tun** la disposition [*o* l'inclination *f*] de qn à faire qc
Genera *pl von* **Genus**
General(in) <-[e]s, -e *o* ⸚e> *m(f)* général *m;* ▪**~in** (*Frau eines ~s*) générale *f*
▸**Herr** ~ mon général; **der kommandierende** ~ le général en chef
General- général(e); *~**kommando*** état-major *m* de corps d'armée **Generalamnestie** *f* amnistie *f* générale **Generalbevollmächtigte(r)** *f(m) decl wie adj* fondé(e) *m(f)* de pouvoir [ayant procuration générale] **Generalbundesanwalt** *m,* **-anwältin** *f* procureur *m* [général] de la République **Generaldirektor(in)** *m(f)* directeur *m* général **Generalinspekteur(in)** [-ɪnspɛktøːɐ] *m(f)* inspecteur général /inspectrice générale [de l'armée] *m,* chef *m/f* d'état-major des armées **Generalintendant(in)** *m(f)* directeur général/directrice générale *m/f*
generalisieren * *vi geh* ▪**jd generalisiert** qn généralise
Generalist(in) <-en, -en> *m(f)* personne *f* polyvalente
Generalität <-, *rare* -en> *f* généraux *mpl*
Generalkonsul(in) *m(f)* consul *m* général **Generalkonsulat** *nt* consulat *m* général **Generalprobe** *f* [répétition *f*] générale *f* **generalrevidieren** [-vi-] *vt* CH *s.* **generalüberholen. Generalsekretär(in)** *m(f)* secrétaire *mf* général(e) **Generalstaatsanwalt** *m,* **-anwältin** *f* procureur *m* général
Generalstab *m* état-major *m*
Generalstabskarte *f* carte *f* d'état-major **generalstabsmäßig** *adv* en ne laissant rien au hasard
Generalstreik *m* grève *f* générale **generalüberholen** * *vt nur infin und pp* ▪**etw wird generalüberholt** qc est soumis(e) à une révision générale; ▪**jd lässt etw** ~ qn fait réviser qc; ▪**generalüberholt** révisé(e) **Generalversammlung** *f* assemblée *f* générale **Generalvertreter(in)** *m(f)* représentant exclusif/représentante exclusive *m/f* **Generalvertretung** *f* agence *f* [*o* représentation *f*] exclusive **Generalvollmacht** *f* procuration *f* générale; ***jd besitzt*** ~ qn a pleins pouvoirs
Generation <-, -en> *f* (*alle Bedeutungen*) génération *f*
▸**die ältere** ~ l'ancienne [*o* la vieille] génération; **die heranwachsende** ~ la nouvelle génération, la génération montante; **die junge/jüngere** ~ la jeune génération; **seit ~en** depuis des générations
Generationenvertrag *m* pacte *m* de solidarité entre générations
Generationskonflikt *m* conflit *m* de/des générations **Generationswechsel** [-ks-] *m* 1. (*bei Menschen*) renouvellement *m* des générations

2. BIO génération *f* alternante

Generator <-s, -toren> *m* génératrice *f;* (*mit Motor*) groupe *m* électrogène

generell I. *adj* général(e)
II. *adv* d'une manière générale

generieren * *vt* INFORM ■ **jd/etw generiert etw** qn/qc produit qc

Generikum <-s, -ka> *nt* [médicament *m*] générique *m*

generös *adj geh* généreux(-euse)

Genese <-, -n> *f* [*Krankheit*] formation *f*, développement *m*

genesen <genas, -> *vi + sein geh* ■ **jd genest [von etw]** *von einer Operation, von einem Anfall* qn guérit [*o* se remet] [de qc]; ■ **jd genest [nach etw]** qn se rétablit [après qc]

Genesende(r) *f(m) decl wie adj* convalescent(e) *m(f)*

Genesis <-> *f* ∅ ■ **die ~** la Genèse

Genesung <-, -en> *f geh* guérison *f;* (*nach Unfall*) rétablissement *m*
▸ **ich wünsche baldige ~** je vous/te souhaite un prompt rétablissement

Genetik <-> *f* ∅ génétique *f*

genetisch *adj* génétique

Genf <-s> *nt* Genève

Genforscher(in) *m(f)* généticien(ne) *m(f)* **Genforschung** *f* génétique *f*

genial *adj* génial(e); *Idee a.* de génie

Genialität <-> *f* ∅ génie *m;* ■ **die ~ einer S.** (*gen*) le caractère génial de qc

Genick <-[e]s, -e> *nt* nuque *f*
▸ **ein steifes ~** *fam* un torticolis; **jd/etw bricht jdm das ~** qn/qc lui brise les vertèbres cervicales; **jd bricht sich** (*dat*) **das ~** qn se brise les vertèbres cervicales; **etw bricht jdm das ~** *fig* qc lui brise les reins

GenickschussRR *m* balle *f* dans la nuque **Genickstarre** *f* (*Nackenstarre*) raideur *f* de la nuque ▸ **jd hat ~** *fam* qn a le torticolis

Genie <-s, -s> [ʒe'ni:] *nt* 1. (*Mensch*) génie *m*
2. ∅ (*Fähigkeit*) génie *m*
3. MIL CH génie *m*
▸ **ein verkanntes ~** un génie méconnu

Genien ['ge:niən] *pl von* **Genius**

genieren * [ʒe'ni:rən] *vr* ■ **jd geniert sich [vor jdm]** qn est gêné(e) [devant qn]; ***greifen Sie zu, ~ Sie sich nicht*** servez-vous, ne vous gênez pas; ■ **jd geniert sich für etw** qn est gêné(e) à cause de qc; ■ **jd geniert sich etw zu tun** qn est gêné(e) de faire qc; ■ **jd geniert sich nicht etw zu tun** qn ne se gêne pas pour faire qc

genießbar *adj* consommable; (*essbar a.*) mangeable; (*trinkbar a.*) buvable
▸ **jd ist nicht ~** *fam* qn est invivable *fam,* qn n'est pas à prendre avec des pincettes

genießen <genoss, genossen> *vt* 1. (*auskosten*) ■ **jd genießt etw** *Leben, schönes Wetter, Urlaub, Zeitspanne* qn jouit [*o* profite] de qc; *Speise, Getränk* qn savoure qc
2. (*zu sich nehmen*) ■ **jd genießt etw** qn consomme qc; *Lebensmittel, Speise a.* qn mange qc; *Getränk a.* qn boit qc
3. *geh* (*erfahren*) ■ **jd genießt etw** *Ausbildung, Erziehung* qn reçoit qc; *Ansehen, Achtung, Schutz, Vertrauen* qn jouit de qc
▸ **etw ist nicht zu ~** qc est inconsommable; /*Lebensmittel, Speise a.*/ qc est immangeable; /*Getränk a.*/ qc est imbuvable; **jd ist nicht zu ~** *fam* qn est invivable *fam,* qn n'est pas à prendre avec des pincettes

Genießer(in) <-s, -> *m(f)* (*Feinschmecker*) gourmet *m;* (*aller guten Dinge*) bon vivant *m,* jouisseur(-euse) *m(f)*
▸ **ein stiller ~/eine stille ~in** un épicurien/une épicurienne solitaire

genießerisch I. *adj Gesichtsausdruck, Laut* de plaisir; *Mensch* épicurien(ne); ***jd ist ein ~er Typ*** qn sait savourer
II. *adv* voluptueusement

Geniestreich [ʒe'ni:-] *m iron fam* idée *f* [*o* trait *m*] de génie **Genietruppe** *f* MIL CH génie *m*

genital I. *adj* des parties génitales
II. *adv berühren* aux parties génitales; ***der Kerl hat sie ~ berührt*** l'individu s'est livré sur elle à des attouchements

Genital- (*äußerlich*) des parties génitales; (*innerlich*) de l'appareil génital; *~**dusche*** douche *f* vaginale

Genitale <-s, Genitalien> [-liən] *nt* sexe *m;* ■ **die Genitalien** les parties génitales

Genitiv <-s, -e> *m* génitif *m*

Genius <-, Genien> ['ge:niən] *m* génie *m*

Genmanipulation *f* manipulation *f* génétique

Genom <-s, -e> *nt* génome *f*

genommen *pp von* **nehmen**

genossRR, **genoß** *imp von* **genießen**

Genosse <-n, -n> *m,* **Genossin** *f* POL camarade *mf*
▸ **... und ~n** *pej* ... et consorts

genossen *pp von* **genießen**

Genossenschaft <-, -en> *f* coopérative *f*
▸ **eingetragene ~** coopérative *f* inscrite au registre

Genossenschaft[l]er(in) <-s, -> *m(f)* coopérateur(-trice) *m(f)*

genossenschaftlich I. *adj* coopératif(-ive)
II. *adv* en coopérative

Genossenschaftsbank <-banken> *f* banque *f* mutualiste

Genossin *f s.* **Genosse**

genötigt *adj* ■ **jd ist ~ etw zu tun** qn est contraint(e) [*o* forcé(e)] de faire qc
▸ **jd sieht sich ~ etw zu tun** qn se voit contraint(e) de faire qc

Genozid <-[e]s, -e *o* -ien> [-diən] *m o nt geh* génocide *m;* ■ **~ an jdm** génocide de qn

Genre <-s, -s> ['ʒãrə] *nt* genre *m*
▸ **etw ist nicht jds ~** qc n'est pas le genre de qn

Genrebild ['ʒãrə-] *nt* tableau *m* de genre **Genremalerei** *f* peinture *f* de genre

Gent <-s> *nt* Gand

Gentechnik *f* génie *m* génétique **Gentechniker(in)** *m(f)* spécialiste *mf* du génie génétique **gentechnisch** I. *adj* génétique II. *adv* génétiquement

Gentechnologie *f* génie *m* [*o* ingénierie *f*] génétique

genug *adv* assez; ***das ist ~*** ça suffit; ■ **~ ...** *Essen, Trinken, zu essen, zu trinken* assez à ...; *Käse, Bier, Geld, Menschen, Zeit* assez de ...; ■ **... ~** *alt, groß, reich, dumm, schön etc* assez ...; ■ **~ einer S.!** (*gen*) cesse/cessons/cessez qc!; ~ ***der vielen Worte!*** assez causé!, trêve de discussions!
▸ **nicht ~, dass er/sie etw tut, er/sie ...** non content(e) de faire qc, il/elle ...; **jd kann nicht ~/von etw nicht ~ bekommen** [*o* **kriegen**] qn n'en a jamais assez/n'a jamais assez de qc; **jd hat ~** qn a son compte; (*zu essen*) qn a assez; **jd hat [von etw] ~** qn en a assez [de qc]; **jetzt ist['s] aber ~!** ça suffit maintenant!; **er/sie ist sich** (*dat*) **selbst ~** il/elle se suffit à lui-même/elle-même

Genüge <-> *f* ▸ **jd tut einer S.** (*dat*) **~** *geh* qn satisfait à qc; **zur ~** suffisamment, assez; (*zum Überdruss*) à satiété

genügen * *vi* 1. (*ausreichen*) ■ **etw genügt [jdm]** qc suffit [à qn]; ■ **etw genügt für jdn** qc suffit pour qn
2. (*gerecht werden*) ■ **jd/etw genügt einer S.** (*dat*) *den Pflichten, Anforderungen, Ansprüchen* qn/qc satisfait [*o* répond] à qc; *den Wünschen* qn/qc satisfait qc

genügend *adv + adj/vb* suffisamment; *+ subst* suffisamment de

genügsam I. *adj* peu exigeant(e); ■ **jd/ein Tier/etw ist ~** qn/un animal/qc se contente de peu
II. *adv leben, sich ernähren* frugalement

Genügsamkeit <-> *f* ∅ [*Mensch*] frugalité *f,* modération *f;* ***dank ihrer ~ brachten sie es fertig etw zu tun*** grâce à une vie frugale [*o* en modérant leur train de vie], ils ont réussi à faire qc

Genugtuung <-, *rare* -en> *f* 1. (*Befriedigung*) satisfaction *f*
2. *geh* (*Wiedergutmachung*) réparation *f*

Genus <-, Genera> *nt* genre *m*

GenussRR <-es, -̈sse>, **Genuß** <-sses, -̈sse> *m* 1. (*Köstlichkeit*) régal *m,* délice *m*
2. ∅ *form* (*Einnahme, Verzehr*) consommation *f*
▸ **es ist ein ~ etw zu tun** c'est un [vrai] plaisir de faire qc; **jd kommt in den ~ von etw** qn peut bénéficier de qc; *von Rente* qn peut profiter de qc; **mit ~** avec délectation

genüsslichRR, **genüßlich** I. *adj* de délectation
II. *adv* avec délectation, avec délice

GenussmenschRR *m* bon vivant *m,* épicurien *m* **GenussmittelRR** *nt* stimulant *m;* (*aus steuerlicher Sicht*) produit *m* [*o* denrée *f*] [de consommation] de luxe **GenussscheinRR** *m* certificat *m* de jouissance **GenusssuchtRR** *f pej* goût *m* immodéré du plaisir **genusssüchtigRR** *adj pej* avide de plaisir[s]; ■ **jd ist ~** qn ne recherche que le [*o* ne pense qu'au] plaisir

Geo- (*die Erde betreffend*) géo-

Geodreieck *nt fam* équerre-rapporteur *f*

Geograf(in)RR *s.* **Geograph(in)**

GeografieRR *s.* **Geographie**

geografischRR *s.* **geographisch**

Geograph(in) <-en, -en> *m(f)* géographe *mf*

Geographie <-> *f* ∅ géographie *f*

geographisch I. *adj* géographique; *Studium, Unterricht* de géographie
II. *adv* géographiquement

Geologe <-n, -n> *m,* **-login** *f* géologue *mf*

Geologie <-> *f* ∅ géologie *f*

geologisch I. *adj* géologique; *Studium* de géologie
II. *adv* géologiquement, du point de vue géologique

Geometrie <-> *f* ∅ géométrie *f*

geometrisch *adj* géométrique

Geophysik *f* géophysique *f* **Geopolitik** *f* géopolitique *f* **geopolitisch** *adj* géopolitique **geothermisch** *adj* géothermique

Gepäck <-[e]s> *nt* ∅ bagages *mpl*

Gepäck-, Gepäcks- AUS (*für Gepäck*) pour bagages; *-raum* à bagages; (*von Gepäck*) *-beförderung, -schalter* des bagages; *~**aufbewahrungsschein*** bulletin *m* de consigne; *~**schließfach*** consigne *f* automatique; *~**tasche*** sacoche *f;* *~**versicherung*** assurance *f* bagages **Gepäckabfertigung** *f* 1. ∅ (*Vorgang*) enregistrement *m* des bagages 2. (*Schalter*) guichet *m* d'enregistrement des bagages **Gepäckablage** *f* porte-bagages *m* **Gepäckannahme** *f* 1. ∅ (*Vorgang*) enregistrement *m* des bagages 2. (*Schalter*) guichet *m* d'enregistrement des bagages **Gepäckaufbewahrung** *f* 1. (*das Aufbewahren*) garde *f* des bagages 2. (*Schalter*) consigne *f* **Gepäckausgabe** *f* 1. ∅ (*Vorgang*) remise *f* [*o* retrait *m*] des bagages 2. (*Schalter*) guichet *m* de retrait des bagages **Gepäckkarren** *m* chariot *m* à bagages **Gepäckkontrolle** *f* contrôle *m* des bagages **Gepäcknetz** *nt* filet *m* à bagages **Gepäckschein** *m* bulletin *m* de bagages **Gepäckständer** *m* porte-bagages *m* **Gepäckstück** *nt* bagage *m* **Gepäckträger** *m* [*Fahrzeug*] porte-bagages *m* **Gepäckträger(in)** *m(f)* (*Mensch*) porteur(-euse) *m(f)* **Gepäckwagen** *m* fourgon *m*

Gepard <-s, -e> *m* guépard *m*

gepfeffert *adj fam* 1. (*überaus hoch*) salé(e) *fam*
2. (*schwierig*) chiadé(e) *fam*

gepfiffen *pp von* **pfeifen**

gepflegt I. *adj* 1. *Beet, Garten, Park, Eindruck* bien entretenu(e); *Aussehen, Mensch, Äußeres, Hand* soigné(e)
2. *fam* (*kultiviert*) *Atmosphäre, Ausdrucksweise, Gespräche* très classe *fam*
3. (*erstklassig*) *Restaurant* de qualité; *Speisen, Bier, Wein a.* de [premier] choix

II. *adv* 1. *sich ausdrücken* de façon correcte; (*gehoben*) de façon soutenue; *sich unterhalten* de façon cultivée
2. (*erstklassig*) *wohnen* luxueusement; ***jd geht ~ essen*** qn va manger dans un bon restaurant
Gepflogenheit <-, -en> *f geh* habitude *f*
Geplapper <-s> *nt Ø* [*Kind*] babillage *m; pej* bavardages *mpl*
Geplärr(e) <-[e]s> *nt Ø pej fam* piailleries *fpl fam*, braillements *mpl*
Geplätscher <-s> *nt Ø* glouglou *m fam*, clapotis *m*
Geplauder <-s> *nt Ø* causeries *fpl*, discussions *fpl*; ***der Abend verging bei angenehmem ~*** nous avons passé la soirée à bavarder agréablement
Gepolter <-s> *nt Ø* [*Menschen*] vacarme *m;* [*Gegenstände*] fracas *m*
gepriesen *pp von* **preisen**
gepunktet *adj* 1. *Linie* pointillé(e)
2. *Stoff, Kleid* à pois; ***blau ~*** à pois bleus
gequält I. *adj Grinsen, Lächeln* forcé(e)
II. *adv grinsen, lächeln* d'un air contraint; *seufzen* d'un air contrarié
Gequassel <-s> *nt Ø pej fam* bavardages *mpl*, jacassements *mpl*
Gequatsche <-s> *nt Ø pej sl* papotages *mpl*
gequollen *pp von* **quellen**
gerade I. *adj* 1. (*nicht krumm, aufrecht*) droit(e)
2. (*opp: ungerade*) *Nummer, Zahl* pair(e)
3. (*aufrichtig*) *Art, Charakter, Mensch* franc(franche), droit(e)
II. *adv* 1. (*im Augenblick, soeben*) justement; ~ ***vor zehn Minuten*** il y a juste dix minutes; ■ **jd tut etw ~** qn est en train de faire qc; ***über was unterhaltet ihr euch ~?*** de quoi êtes-vous en train de parler?; ■ **jd hat ~ etw getan** qn vient de faire qc; ***er hat das ~ erst erfahren*** il vient juste de l'apprendre
2. (*knapp*) juste; ***sie hat die Prüfung ~ so bestanden*** elle a réussi son examen de justesse
3. (*genau*) juste; ~ ***heute habe ich an dich gedacht*** j'ai justement pensé à toi aujourd'hui
4. (*ausgerechnet*) [c'est] justement [... que + *indic*]; ~ ***deswegen habe ich das gesagt*** c'est justement pour cette raison que j'ai dit ça; ***du kannst dich ~ beklagen*** c'est bien à toi de te plaindre; ■ **~ ich/er/...** c'est [justement] moi/lui/... qui; **nicht ~** ... pas spécialement ...; **~ nicht** justement pas; ~, **weil** justement parce que
Gerade <-n, -n> *f* 1. GEOM droite *f*
2. SPORT ligne *f* droite
3. BOXEN direct *m*; ***eine rechte ~*** un direct du droit
geradeaus *adv* tout droit **gerade|biegen** *s.* **biegen I.▸. gerade|halten** *s.* **halten I.3, III.8. geradeheraus** I. *adj fam* ■ **jd ist ~** qn est franc(franche) II. *adv fam sagen* franco *fam*
gerädert *adj* ▸ **jd ist wie ~** *fam*, **jd fühlt sich wie ~** *fam* qn est moulu(e)
gerade|sitzen *s.* **sitzen 1. geradeso** *adv* 1. *s. a.* **ebenso** 2. (*genauso*): ~ ***viel*** autant **geradesoviel** *s.* **geradeso 2. gerade|stehen** *vi irreg* (*einstehen*) ■ **jd steht für jdn/etw gerade** qn répond de qn/qc **Geradestehen** *nt:* ***das ~*** la station debout
geradewegs *adv fahren, führen, gehen* directement
geradezu *adv* (*gleichsam*) tout simplement; (*fast*) pour ainsi dire
geradlinig I. *adj* 1. (*in gerader Richtung*) rectiligne
2. (*aufrichtig*) droit(e)
II. *adv verlaufen* en ligne droite
gerammelt *adv* ▸ **~ voll** *fam* plein(e) à craquer
Gerangel <-s> *nt Ø* 1. (*Balgerei*) bousculade *f*
2. (*Auseinandersetzung*) bagarre *f* (*um* pour)
Geranie <-, -n> [-niə] *f* géranium *m*
gerann *imp von* **gerinnen**
gerannt *pp von* **rennen**
Gerant(in) <-en, -en> *m(f)* CH (*Gastwirt*) restaurateur(-trice) *m(f);* (*Kneipe*) cafetier(-ière) *m(f);* ***ich möchte mit dem ~en sprechen*** j'aimerais parler au patron
Gerassel <-s> *nt Ø fam* cliquetis *m*
Gerät <-[e]s, -e> *nt* 1. (*Vorrichtung*) ustensile *m;* (*Garten~*) outil *m* [de jardin]; ■ **die ~e** (*Garten~*) l'outillage *m* [de jardin]
2. ELEC appareil *m;* AUDIOV *a.* poste *m*
3. (*Turn~*) agrès *mpl*, appareil *m*
4. *Ø* (*Ausrüstung*) [*Handwerker*] outils *mpl*
-gerät *nt* (*technisch*) appareil *m* de + *subst*, appareil *m* à + *vb;* (*handwerklich*) ustensile *m* à + *vb;* ***Kopier~*** copieuse *f;* ***Sortier~*** trieuse *f;* ***Adressier~*** adressographe *m;* ***Garten~*** outil *m* de jardin; ***Küchen~*** appareil *m* ménager
geraten¹ <gerät, geriet, ~> *vi + sein* 1. (*zufällig gelangen*) ■ **jd gerät irgendwohin** qn se retrouve [*o* atterrit *fam*] quelque part
2. (*unbeabsichtigt kommen*) ■ **jd gerät [mit etw] an/in etw** (*akk*) qn touche qc [avec qc]; ***jd gerät unter einen Lastwagen/einen Zug*** qn passe sous un camion/un train; ***jd gerät mit der Hand in die Maschine*** qn se prend la main dans la machine; ***das Schiff ist in einen Sturm ~*** le bateau a été surpris par la tempête
3. (*sich konfrontiert sehen mit*) ■ **jd gerät in etw** (*akk*) *in eine ausweglose Situation, in Gefangenschaft* qn se retrouve dans qc; *in eine Falle* qn tombe dans qc; ***jd gerät in Not/Schwierigkeiten*** qn se retrouve dans une situation de détresse/en difficulté; ***jd gerät in Schulden*** qn s'endette
4. (*erfüllt werden von*) ■ **jd gerät in jdn** (*akk*) *in Panik, Furcht* qn est saisi(e) de qc; *in Wut a.* qn se met en qc; ***jd gerät in Verwirrung*** qn ne sait plus où il en est
5. *Funktionsverb* (*beginnen etw zu tun*) ■ **etw gerät in etw** (*akk*) *in Bewegung, Brand* qc commence à faire qc; ***etw gerät in Bewegung/Brand*** qc commence à se déplacer/brûler; ***etw gerät in Vergessenheit*** qc tombe dans l'oubli; ■ **jd/etw gerät ins ...** + *substantiviertes Verb* qn/qc se met à faire qc; ***der Verkehr gerät ins Stocken*** la circulation se ralentit; ***das Gespräch gerät ins Stocken*** la conversation commence à se traîner; ***jd gerät ins Schwärmen*** qn s'enthousiasme
6. (*ausfallen*) ■ **etw gerät .../jdm ...** *lang, kurz, groß, knapp* qc finit par être .../qn fait qc ...
7. (*gelingen*) ■ **etw gerät** qc réussit; ■ **etw gerät jdm/jdm nicht** qn réussit/ne réussit pas qc; ***jd/etw gerät jdm gut*** qn réussit qn/qc
8. *fam* ■ **jd gerät an jdn** qn tombe sur qn *fam*
9. (*arten*) ■ **jd gerät nach jdm**, ■ **jd ist nach jdm ~** qn ressemble à qn
▸ **jd gerät mit jdm/sie ~ [wegen jdm/etw] aneinander** (*prügelt/prügeln sich*) qn en vient aux mains avec qn/ils/elles en viennent aux mains [à cause de qn/qc]; **sie ~ [wegen jdm/etw] aneinander** (*streiten sich*) ils/elles s'empoignent [à cause de qn/qc]; **jd gerät mit jdm [wegen etw] aneinander** (*streitet sich*) qn s'empoigne avec qn [à cause de qc]; **jd gerät außer sich** qn se met en colère [*o* en rogne *fam*]; **jd gerät über jdn/etw außer sich** qn/qc met qn hors de soi
geraten² I. *pp von* **raten**
II. *adj geh* (*ratsam*) ■ **etw ist ~** qc est indiqué(e); ***es erscheint ~ etw zu tun*** il paraît opportun de faire qc
▸ **jd hält es für ~ etw zu tun** qn juge opportun de faire qc
Geräteraum *m* SPORT local *m* de rangement des agrès **Geräteschuppen** *m* remise *f* à outils **Geräteturnen** *nt* exercices *mpl* aux agrès [*o* aux appareils]
Geratewohl *nt* ▸ **aufs ~** *fam* au petit bonheur [la chance] *fam*
Gerätschaften *pl* outils *mpl*, outillage *m*
Geratter <-s> *nt Ø pej fam* [*Moped, Auspuff*] pétarade *f souvent pl;* [*Güterwaggon*] tamponnement *m gén pl*
Geräucherte(s) *nt decl wie adj* viande *f* fumée
geraum *adj attr geh Weile, Zeitspanne* long(longue); ***seit/vor ~er Zeit*** depuis/il y a longtemps
geräumig *adj* spacieux(-euse)
Geräumigkeit <-> *f Ø* [*Haus, Wohnung*] dimensions *fpl* spacieuses; [*Schrank, Kofferraum a.*] intérieur *m* spacieux; ***die geringe/fehlende ~ eines Zimmers*** l'exiguïté *f* d'une pièce
Geräusch <-[e]s, -e> *nt* bruit *m*
Geräusch- *-abdeckung, -ausmerzer* antibruit *inv; -belästigung, -belastung* sonore, acoustique; ***g~arm*** silencieux(-euse); ***~dämmung*** insonorisation *f*, isolation *f* acoustique; ***~messer*** sonomètre *m*, phonomètre *m;* ***~archiv*** archives *fpl* du bruitage **geräuschempfindlich** *adj* sensible au[x] bruit[s] **Geräuschkulisse** *f* 1. (*Hintergrundgeräusche*) bruit *m* de fond 2. MEDIA bruitage *m*, fond *m* sonore
geräuschlos I. *adj* silencieux(-euse)
II. *adv* sans bruit
Geräuschpegel *m* niveau *m* sonore **geräuschvoll** I. *adj* bruyant(e) II. *adv* bruyamment; ***geht das nicht weniger ~?*** il n'est pas possible de faire moins de bruit?
Geräusper <-s> *nt Ø* raclement *m* de gorge *gén pl*
gerben *vt* ■ **jd gerbt etw** qn tanne qc; ■ **G~** le tannage
Gerber(in) <-s, -> *m(f)* tanneur(-euse) *m(f)*
Gerberei <-, -en> *f* tannerie *f*
gerecht I. *adj* 1. *Strafe, Urteil, Richter, Benotung, Note* juste, équitable; *Anspruch, Forderung, Preis* justifié(e), légitime; ■ **jd ist ~ [gegen jdn]** qn est juste [envers qn]; ■ **die G~en** les justes *mpl*
2. (*verdient*) *Lohn, Gehalt, Verdienst* juste, mérité(e); ***es ist doch nur ~[, wenn]*** ce n'est que justice [si]
3. (*berechtigt*) *Anliegen, Zorn* justifié(e); *Sache* juste
4. (*angemessen beurteilen*) ■ **jd/etw wird jdm/einer S. ~** qn/qc rend justice à qn/qc, qn/qc apprécie qn/qc à sa juste valeur
5. (*gewachsen sein*) ■ **jd/etw wird einer S.** (*dat*) **~** (*jd/etw erfüllt eine Aufgabe*) qn satisfait/qc répond à qc
II. *adv* équitablement, avec équité
-gerecht *adjektivisch* adapté(e) à, conçu(e) pour; *adverbial* en fonction de
gerechterweise *adv* pour être juste [*o* équitable]
gerechtfertigt *adj* justifié(e)
Gerechtigkeit <-> *f Ø* justice *f;* ***jd lässt jdm ~ widerfahren*** qn rend justice à qn
▸ **die ~ nimmt ihren Lauf** la justice suit son cours; **ausgleichende ~** la justice distributive
Gerechtigkeitsgefühl *nt* sens *m* de la justice **Gerechtigkeitsliebe** *f* amour *m* de la justice **gerechtigkeitsliebend** *adj* épris(e) de justice **Gerechtigkeitssinn** *m* sens *m* de la justice
Gerede <-s> *nt Ø* (*Geschwätz*) histoires *fpl;* (*Klatsch*) racontars *mpl;* ***das ~ der Leute*** ce que les gens racontent
▸ **jd/etw bringt jdn ins ~** qn compromet qn/qc fait jaser [les gens] sur qn; **er/sie kommt** [*o* **gerät**] **ins ~** il/elle fait parler de lui/d'elle, il/elle fait jaser [les gens]
geregelt *adj* (*geordnet*) régulier(-ière); *Leben a.* réglé(e)
gereichen * *vi geh:* ***etw gereicht jdm/einer S. zu Ehre*** qc fait honneur à qn/qc; ***etw gereicht jdm/einer S. zum Nutzen/Vorteil*** qc tourne à l'avantage de qn/qc; ***etw gereicht jdm/einer S. zum Schaden/Nachteil*** qc porte préjudice à qn/qc
gereizt I. *adj Mensch* irrité(e), énervé(e); *Ton a.* agacé(e); *Atmosphäre, Stimmung* de grande nervosité; ■ **etw ist ~** qc est chargé(e) d'électricité; ***der Ton ihrer Stimme war ~*** il y avait de l'agacement dans sa voix
II. *adv* avec irritation, avec agacement
Gereiztheit <-> *f Ø* irritation *f*
Geriater(in) <-s, -> *m(f)* gériatre *mf*
Geriatrie <-> *f Ø* gériatrie *f*
geriatrisch *adj* gériatrique
Gericht¹ <-[e]s, -e> *nt* GASTR plat *m*

Gericht² <-[e]s, -e> *nt* 1. JUR (*Behörde*) tribunal *m*, (*Gebäude a.*) palais *m* de justice
2. (*die Richter*) cour *f*
▶ **Hohes** ~! monsieur le Président; **das Jüngste** ~ le Jugement dernier; **jd bringt jdn vor** ~ qn traduit [*o* poursuit] qn en justice; **jd bringt etw vor** ~ qn saisit le tribunal de qc, qn porte qc devant les tribunaux; **jd geht [mit etw] vor** ~ *fam* qn porte qc devant les tribunaux, qn va au tribunal *fam*; **jd geht mit jdm ins** ~ qn chapitre dûment qn, qn réprimande sévèrement qn; **jd hält über jdn** ~, **jd sitzt über jdn zu** ~ qn fait le procès de qn; / *Gott/* qn juge qn; **jd kommt vor** ~ qn passe devant les tribunaux; **etw kommt vor** ~ / *Fall/* qc passe [*o* est porté(e)] devant les tribunaux; **jd sagt vor** ~ **aus**/etw vor ~ **aus** qn dépose à la barre/témoigne qc en justice; **jd steht [wegen etw] vor** ~ qn passe en jugement [pour qc]; **jd vertritt jdn vor** ~ qn représente qn en justice
gerichtlich I. *adj attr* judiciaire
II. *adv* en justice; ***jd untersucht etw*** ~ qn fait une enquête judiciaire
Gerichts- *-parkplatz, -kasse, -kantine* du palais de justice; *-angestellte* ministériel(le); ~***assessor*** juge *m* assesseur; ~***bezirk*** juridiction *f*; ~***bote*** huissier *m* [de justice]; ~***diener*** huissier *m* appariteur; ~***gebäude*** palais *m* de justice; ~***referendar*** stagiaire *mf* de tribunal; (*in Frankreich*) auditeur *m* de justice **Gerichtsakte** *f* dossier *m* **Gerichtsbeschluss**[RR] *m* décision *f* de justice **Gerichtsferien** [-riən] *pl* vacances *fpl* judiciaires, vacations *fpl* **Gerichtshof** *m* cour *f* de justice ▶ **der Europäische** ~ la Cour de justice des Communautés européennes; **der Internationale** ~ la Cour internationale de justice; **der Oberste** ~ la Cour suprême **Gerichtskasse** *f* caisse *f* du trésor du palais de justice **Gerichtskosten** *pl* frais *m* de justice ▶ **jd erlegt jdm die** ~ **auf** *form* qn fixe les frais de justice à la charge de qn **Gerichtsmedizin** *f* médecine *f* légale **Gerichtsmediziner(in)** *m(f)* médecin *m* légiste **gerichtsmedizinisch** I. *adj* médicolégal(e) II. *adv*: ***jd wird*** ~ ***untersucht*** qn subit un examen médicolégal **Gerichtsort** *m* siège *m* du/d'un tribunal **Gerichtssaal** *m* salle *f* d'audience, prétoire *m* **Gerichtsschreiber(in)** *m(f)* greffier(-ière) *m(f)*; CH greffier(-ière) *m(f)* en chef **Gerichtsstand** *m* juridiction *f* **Gerichtstermin** *m* date *f* d'audience **Gerichtsverfahren** *nt* procédure *f* judiciaire; ***ohne ordentliches*** ~ sans autre forme de procès *f* ▶ **jd leitet ein** ~ **gegen jdn ein** qn engage une procédure contre qn **Gerichtsverhandlung** *f* audience *f* **Gerichtsvollzieher(in)** <-s, -> *m(f)* huissier *m*
gerieben I. *pp von* **reiben**
II. *adj fam* roublard(e) *fam*
geriet *imp von* **geraten¹**
gering I. *adj* 1. (*nicht sehr groß, niedrig*) faible; *Temperatur* bas(se); *Gehalt, Gebühr, Kosten, Lohn, Steuern* bas(se); *Betrag, Preis* modique, bas(se); *Durchmesser, Umfang, Entfernung, Größe, Höhe, Stärke* petit(e), faible; *Anzahl, Zahl, Menge, Vorrat* petit(e); ***sehr*** ~ insignifiant(e); ***ein*** ~***er Wert*** peu de valeur; ***eine*** ~***e Länge*** une petite taille; ***ein*** ~***es Gewicht*** un faible poids
2. (*unbedeutend*) *Bedeutung, Chance, Möglichkeiten* peu de …; ■ **etw ist** ~ qc est limité(e)
3. (*unzulänglich*) *Qualität, Kenntnisse* médiocre
▶ **das** G~**ste** la moindre des choses; **kein** G~**erer/keine** G~**ere als** nul/nulle autre que; **nicht das** G~**ste** rien du tout; **nicht im** G~**sten** pas le moins du monde
II. *adv denken, sprechen* avec mépris, sans considération; ~ ***gerechnet*** au minimum, au bas mot
▶ **jd schätzt [*o* achtet] jdn/etw** ~ qn méprise qn/qc; ***etw soll/darf man nicht*** ~ ***schätzen [o achten]*** *Gefahr, Folgen* il ne faut pas sous-estimer qc
gering|achten *s.* **gering II.**▶
geringelt *adj Socken* à rayures horizontales; *Schlange* à anneaux
geringfügig I. *adj Verbesserung, Verschlechterung, Veränderung* insignifiant(e), peu important(e); *Unterschied a.* minime; *Vergehen, Verletzung* léger(-ère); *Einkommen* bas(se); *Betrag* petit(e)
II. *adv* légèrement
Geringfügigkeit <-, -en> *f* [*Verbesserung, Verschlechterung, Veränderung, Vergehen*] insignifiance *f*; [*Unterschied*] caractère *m* minime; [*Verletzung*] légèreté *f*, non-gravité *f*
▶ **etw wird wegen** ~ **eingestellt** JUR qc se termine par un non-lieu en raison du caractère insignifiant des faits
gering|schätzen *s.* **gering II.**▶
geringschätzig I. *adj* méprisant(e), dédaigneux(-euse)
II. *adv denken, sprechen* avec mépris, avec dédain
Geringschätzung *f* ∅ mépris *m*, dédain *m*
geringwertig *adj* de peu de valeur; *Schmuck a.* de pacotille
gerinnen <gerann, geronnen> *vi* + *sein* ■ **etw gerinnt** / *Blut/* qc se coagule; / *Milch/* qc caille; ■ **geronnen** *Blut* caillé(e)
Gerinnsel <-s, -> *nt* MED caillot *m*
Gerinnung <-, *rare* -en> *f* coagulation *f*; [*Milch a.*] caillage *m*
Gerippe <-s, -> *nt* 1. (*Skelett*) squelette *m*; [*Tier*] carcasse a. *f*; ***jd ist bis zum*** ~ ***abgemagert*** qn n'a plus que la peau sur les os
2. (*innere Struktur*) [*Gebäude*] squelette *m*; [*Schiff, Flugzeug a.*] carcasse *f*
3. (*Grundplan*) [*Aufsatz, Artikel*] squelette *m*, charpente *f*
gerippt *adj Pullover, Strickweste* à côtes; *Hose, Stoff a.* côtelé(e)
gerissen I. *pp von* **reißen**
II. *adj fam Mensch* roublard(e) *fam*
III. *adv fam*: ***sie ist ganz*** ~ ***vorgegangen*** elle s'est montrée très roublarde *fam*
Gerissenheit <-> *f* ∅ *fam* roublardise *f fam*
geritten *pp von* **reiten**
Germ <-> *f* AUS (*Backhefe*) levure *f*
Germane <-n, -n> *m*, **Germanin** *f* Germain(e) *m(f)*
Germania <-> *f* MYTH Germania *f*
Germanien <-s> [-niən] *nt* la Germanie
Germanin *f s.* **Germane**
germanisch *adj* 1. HIST germain(e), germanique
2. LING germanique; ■ **G**~, ■ **das G**~**e** le germanique
Germanist(in) <-en, -en> *m(f)* germaniste *mf*
Germanistik <-> *f* ∅ études *fpl* supérieures d'allemand; ***er studiert*** ~ il fait des études d'allemand
germanistisch *adj* d'allemand; *Zeitschrift* pour germanistes
Germanium <-s> *nt* ∅ CHEM germanium *m*
gern[e] <lieber, am liebsten> *adv* 1. (*mit Freuden*) ■ **jd tut etw** ~ qn aime bien faire qc, qn fait qc volontiers; ***er macht seine Arbeit*** ~ il aime son travail; ***er sieht es nicht*** ~, ***wenn*** il n'aime pas que + *subj*/quand; ***ich bin*** ~ ***dazu bereit etw zu tun*** je suis tout à fait prêt(e) à faire qc; ~ ***gelesen/gesehen/gehört*** très apprécié(e)
2. (*ohne weiteres*) sans problème, si tu veux/vous voulez; ***das glaube ich*** ~! je veux bien le croire!, je le crois volontiers!
3. (*gewöhnlich, oft*) volontiers
▶ **jd tut etw rasend** ~/**würde etw rasend** ~ **tun** *fam* qn adore faire qc/aurait vachement envie de faire qc *fam*; ***kommst du mit? – Ja, rasend*** ~! tu viens avec moi/nous? – Oh oui, ça serait super! *fam*; ***magst du Austern? – Ja, rasend*** ~! tu aimes les huîtres? – Oh oui, vachement! *fam*; ***soll ich dir helfen? – Rasend*** ~! tu veux que je t'aide? – [Oh oui,] ça serait vachement sympa! *fam*; ~ **geschehen!** [il n'y a] pas de quoi!; **jd ist irgendwo ein** ~ **gesehener Gast** qn est le bienvenu quelque part; ***du bist hier immer ein*** ~ ***gesehener Gast*** tu es toujours le bienvenu chez moi/nous; **jd hat es** ~, **wenn** qn apprécie [*o* aime bien] que + *subj*; **jd hat jdn** ~ qn aime [bien] qn; **sie haben sich** ~ ils s'aiment [bien]; **jd hätte etw** ~ **getan** qn aimerait bien [*o* aurait bien aimé] faire qc; **wie hätten [*o* möchten] Sie es [denn]** ~? vous le/la/les voulez comment?; **jd kann jdn mal** ~ **haben** *iron fam* qn peut aller se faire voir *fam*; **jd möchte [*o* würde] etw** ~ **tun** je voudrais [*o* j'aimerais] bien faire qc; **aber** ~! mais je t'en/vous en prie!; **ja,** ~! volontiers!, oui, avec plaisir!
Gernegroß <-, -e> *m hum fam* crâneur(-euse) *m(f) fam*
gerngesehen *s.* **gern** ▶
Geröchel <-s> *nt* ∅ râles *mpl*
gerochen *pp von* **riechen**
Geröll <-[e]s, -e> *nt* éboulis *m*
geronnen *pp von* **rinnen, gerinnen**
Gerontologe <-n, -n> *m*, **-login** *f* gérontologue *mf*
Gerontologie <-> *f* ∅ gérontologie *f*
Gerste <-, -n> *f* orge *f*
Gersten- d'orge; *-suppe* à l'orge; ~***graupen*** orge *m* mondé [*o* perlé] **Gerstenkorn** *nt* 1. BOT grain *m* d'orge 2. MED orgelet *m* **Gerstensaft** *m* ∅ *hum* bière *f*
Gerte <-, -n> *f* verge *f*, baguette *f*
▶ **jd ist schlank wie eine** ~ qn est mince comme un fil
gertenschlank *adj* svelte
Geruch <-[e]s, ¨-e> *m* 1. (*Duft*) odeur *f*
2. ∅ (*Geruchssinn*) odorat *m*; ***jd hat einen sehr feinen*** ~ qn a le nez fin
▶ **jd steht in dem** ~ **etw zu tun** *geh* qn est suspecté(e) de faire qc
geruchlos *adj* inodore
Geruch[s]belästigung *f* mauvaises odeurs *fpl*; ***etw stellt für jdn eine*** ~ ***dar*** l'odeur de qc incommode qn **Geruch[s]empfindung** *f* odorat *m* **Geruch[s]nerv** *m s.* **Riechnerv. Geruch[s]organ** *nt s.* **Riechorgan. Geruch[s]sinn** *m* odorat *m*; [*Parfümtester*] nez *m*; [*Hund*] flair *m* **Geruch[s]verschluss**[RR] *m* siphon *m*
Gerücht <-[e]s, -e> *nt* bruit *m*, rumeur *f*
▶ **jd setzt ein** ~ **in die Welt** qn répand [*o* fait courir] un bruit; **es geht das** ~, **dass** le bruit court que + *indic*; **das halte ich für ein** ~ *fam* ça m'étonnerait; pour moi, c'est bien du pipeau *fam*
Gerüchteküche *f* foire *f* aux ragots *fam*
gerufen *pp von* **rufen**
geruhen * *vt form* ■ **jd geruht etw zu tun** qn daigne faire qc; ***wenn Sie freundlichst*** ~ ***würden hier zu unterschreiben*** seriez-vous assez aimable pour bien vouloir signer ici? *form*
geruhsam I. *adj* tranquille
II. *adv* tranquillement
Gerümpel <-s> *nt* ∅ *pej* bric-à-brac *m*, vieilleries *fpl*
Gerundium <-s, -dien> [-diən] *nt* gérondif *m*
Gerundiv <-s, -e> [-və] *nt*, **Gerundivum** <-s, -diva> [-vʊm, -va] *nt* gérondif *m*, adjectif *m* verbal
gerungen *pp von* **ringen**
Gerüst <-[e]s, -e> *nt* 1. CONSTR échafaudage *m*
2. (*Grundplan*) [*Artikel, Aufsatz*] charpente *f*, squelette *m*
Gerüstbau <-bauten> *m* 1. ∅ CONSTR montage *m* [*o* dressage *m*] d'un échafaudage/des échafaudages 2. (*Firma*) entreprise *f* en échafaudages **Gerüstbauer(in)** <-s, -> *m(f)* monteur(-euse) *m(f)* d'échafaudages
gerüttelt *adj* ▶ ~ **voll** plein(e) à craquer; ***jd macht etw*** ~ ***voll*** qn remplit qc à ras bord[s]
ges, Ges <-, -> *nt* MUS sol *m* bémol
gesalzen I. *pp von* **salzen**
II. *adj fam Miete, Preis* salé(e); ***das ist aber wirklich eine*** ~***e Rechnung*** c'est vraiment le coup de fusil *fam*
gesammelt *adj* 1. *Werke* complet(-ète)
2. (*konzentriert*) *Aufmerksamkeit* soutenu(e); *Mensch* concentré(e); ***unsere*** ~***e Kraft*** toutes nos forces
gesamt *adj attr* ■ **der/die/das** ~**e …** tout le/toute la …; *Familie, Sippe, Verwandtschaft, Bevölkerung, Belegschaft* tout le/toute la …; *Barschaft, Bau, Kosten, Auflage, Schaden* le/la … total(e); ***die*** ~***en Lehrkräfte*** l'en-

semble du corps enseignant

Gesamt- 1. (*zusammengerechnet*) global(e), total(e); *~gewinn* total *m* des bénéfices 2. (*nicht teilweise*) *-verzeichnis, -darstellung, -übersicht, -zusammenhang* d'ensemble; *g~wirtschaftlich* macroéconomique; *g~europäisch* paneuropéen(ne); *g~gesellschaftlich* propre à l'ensemble de la société; *~interesse* intérêt *m* général **Gesamtansicht** *f* [*Gebäude*] vue *f* générale [*o* d'ensemble] **Gesamtarbeitsvertrag** *m* CH convention *f* collective **Gesamtauflage** *f* tirage *m* global **Gesamtausgabe** *f* [édition *f* des] œuvres *fpl* complètes **Gesamtbetrag** *m* montant *m* global [*o* total] **Gesamtbild** *nt* vue *f* d'ensemble **gesamtdeutsch** *adj* panallemand(e) **Gesamteindruck** *m* impression *f* d'ensemble [*o* générale] **Gesamtergebnis** *nt* résultat *m* global **Gesamtgewicht** *nt* poids *m* total en charge ▸ **zulässiges** ~ poids *m* total autorisé en charge

gesamthaft *adv* CH (*insgesamt*) en tout, globalement; ***die Regierung führt ~ die laufenden Geschäfte weiter*** l'ensemble du gouvernement continue d'expédier les affaires courantes

Gesamtheit <-> *f* ∅ ■ **die ~ der ...** la totalité des ...; *der Menschen* l'ensemble *m* des ...
▸ **in seiner/ihrer ~** dans son/leur ensemble

Gesamthochschule *f* université *f* polyvalente, institut *m* [national] polytechnique **Gesamtkunstwerk** *nt* ART œuvre *f* [d'art] totale *m* **Gesamtschule** *f* SCOL établissement *m* d'enseignement secondaire (*regroupant les trois filières allemandes correspondant aux premier et deuxième cycle français*) ▸ **integrierte** ~ système *m* de modules (*qui remplace les filières et les classes traditionnelles*) **Gesamtsieger(in)** *m(f)* vainqueur *m* final **Gesamtwerk** *nt* œuvres *fpl* complètes **Gesamtwert** *m* valeur *f* totale [*o* globale] ▸ **im ~ von** d'un montant total de, d'une valeur globale de **Gesamtwertung** *f* classement *m* général ▸ **in der ~** au classement général

gesandt *pp von* **senden²**

Gesandte(r) *m decl wie adj,* **Gesandtin** *f* POL ministre *m* plénipotentiaire
▸ **päpstlicher ~** nonce *m* apostolique

Gesandtschaft <-, -en> *f* légation *f*

Gesang <-[e]s, ⸚e> *m* 1. ∅ (*das Singen*) [*Mensch, Vogel*] chant *m;* (*in Gesellschaft gesungene Lieder*) chants *mpl;* ***jd studiert ~*** qn étudie le chant
2. (*Lied*) chanson *f*, chant *m*
3. LITER chant *m*
▸ **geistliche ⸚e** chants *mpl* religieux, cantiques *mpl;* **gregorianischer ~** le [chant] grégorien

Gesang-, Gesangs- de chant; *-kunst* du chant **Gesangbuch** *nt* livre *m* de cantiques

gesanglich *adj* vocal(e)

Gesangstunde *f* leçon *f* [*o* cours *m*] de chant; ***jd gibt/nimmt ~n*** qn donne/prend des leçons [*o* cours] de chant **Gesangunterricht** *m* enseignement *m* du [*o* cours *mpl* de] chant **Gesangverein** *m* chorale *f*

Gesäß <-es, -e> *nt* postérieur *m*, derrière *m*

Gesäßbacke *f* fesse *f* **Gesäßmuskel** *m* fessier *m* **Gesäßtasche** *f* poche *f* revolver

gesättigt *adj* CHEM saturé(e)

Gesäusel <-s> *nt* ∅ 1. [*Blätter*] bruissement *m;* [*Wind*] murmure *m*
2. *iron* (*einschmeichelndes Reden*) paroles *fpl* enjôleuses; ***hör mit dem ~ auf!*** (*zu säuselndem Elternteil*) arrête de bêtifier!

Geschädigte(r) *f(m) decl wie adj* victime *f;* (*bei einem Betrug a.*) personne *f* lésée

geschaffen *pp von* **schaffen²**

Geschäft <-[e]s, -e> *nt* 1. (*Laden*) magasin *m;* ***im ~*** au magasin
2. (*Handel*) commerce *m;* (*Branche*) branche *f*, secteur *m;* (*wirtschaftliche Tätigkeit*) affaires *fpl;* ***die ~e*** les affaires *fpl;* ■ **das ~ mit etw** le commerce de qc
3. (*Geschäftsabschluss*) marché *m*
4. DIAL (*Firma*) travail *m*, boulot *m fam*
5. DIAL (*mühsame Arbeit*) travail *m*
6. (*Angelegenheit*) travail *m;* ***das ist kein leichtes ~*** ce n'est pas une mince affaire
7. CH (*Frage, Angelegenheit*) affaire *f*
▸ **das ~ mit der Angst** le marché de la peur, l'exploitation *f* de l'insécurité; **ein kleines/großes ~** *Kindersprache* la petite/grosse commission; **jd führt für jdn die ~e** qn gère les affaires de qn; **wie gehen die ~e?** comment vont les affaires?; **~ ist ~** les affaires sont les affaires; **jd ist im ~** (*beteiligt sich*) qn participe à l'affaire, qn entre dans l'affaire; ***wir sind noch nicht im ~*** nous n'avons pas encore conclu l'affaire [*o* le marché]; **etw ist für jdn ein/kein ~** (*lukrativ*) qc est/n'est pas une bonne affaire pour qn; **jd kommt mit jdm ins ~** qn fait affaire avec qn; **jd macht ein ~** qn fait une affaire; **jd macht [mit jdm/etw] ~e** qn fait des affaires [avec qn/qc]; ***ich lasse mit mir keine ~e machen*** je ne marchande pas; **jd schließt [mit jdm] ein ~ ab, jd tätigt [mit jdm] ein ~** qn conclut un marché [*o* une affaire] avec qn; **jd/ein Tier verrichtet sein ~** qn/un animal fait ses besoins; **jd versteht sein ~** qn connaît son métier [*o* son affaire]

-geschäft *nt* 1. (*-branche*) branche *f* du/de la/des
2. (*-handel*) commerce *m* du/de la/des; ***Auslands~*** commerce international
3. FIN *Geld-, Börsen-* opérations *fpl* + *adj; Termin-* opérations *fpl* à; *Anlagen-* opérations *fpl* de

Geschäftemacher(in) *m(f) pej* affairiste *mf*

Geschäftemacherei <-, -en> *f pej* affairisme *m*

geschäften * *vi* CH (*Handel treiben*) ■ **jd geschäftet** qn gère une affaire; ■ **jd geschäftet mit jdm** qn commerce avec qn

geschäftig I. *adj* affairé(e); ***es herrscht ein sehr ~es Treiben*** il règne une grande activité
II. *adv* de façon affairée

Geschäftigkeit <-> *f* ∅ affairement *m*

geschäftlich I. *adj* 1. (*das Geschäft betreffend*) *Gründe, Verabredung, Gespräch* d'affaires; *Beziehungen, Kontakte, Angebot* commercial(e); *Sorgen, Verpflichtungen* professionnel(le); ***eine Betriebsfeier ist ein ~er Anlass*** une fête d'entreprise est une manifestation qui se situe dans le cadre professionnel; ***~e Dinge/Angelegenheiten*** des affaires *fpl;* ***bitte sprechen Sie nicht über G~es*** veuillez ne pas parler d'affaires [*o* du travail]
2. *Stimme, Ton* impersonnel(le); ■ **jd/etw wird ~** qn/qc devient impersonnel(le)
II. *adv* pour affaires

Geschäfts- 1. (*einen Laden betreffend*) *-eröffnung, -inhaber* du/de magasin; *-straße* commerçant(e); ***~zentrum*** quartier *m* des affaires 2. (*eine Firma betreffend*) *-anteil, -kapital, -sitz* social(e); *-interesse, -politik, -übernahme, -geheimnis* de l'/d'entreprise *f* 3. (*einer Firma gehörend*) *-wagen* d'entreprise; *-räume a.* à usage professionnel et commercial 4. (*wirtschaftlich*) *-ablauf, -leben, -welt* des affaires; *-volumen* d'affaires; *-zweig* d'activité; ***g~fördernd*** propice aux affaires; ***~methoden*** méthodes *fpl* commerciales; ***~lage*** conjoncture *f;* ***unsere ~lage*** notre situation *f* financière; ***eine Boutique in günstiger/guter ~lage*** une boutique bien située **Geschäftsabschluss**^RR *m* COM conclusion *f* d'une affaire [*o* d'un marché]; ***dieser ~*** la conclusion de cette affaire; ***ich habe mehrere Geschäftsabschlüsse getätigt*** j'ai conclu plusieurs affaires **Geschäftsaufgabe** *f*, **Geschäftsauflösung** *f* COM cessation *f* d'activité **Geschäftsbedingungen** *pl* conditions *fpl* générales **Geschäftsbereich** *m* PARL ressort *m;* ***Minister ohne ~*** ministre sans portefeuille **Geschäftsbericht** *m* COM [*Gesellschaft*] rapport *m* d'activité [*o* financier] **Geschäftsbeziehungen** *pl* relations *fpl* commerciales **Geschäftsbrief** *m* lettre *f* d'affaires **Geschäftsbuch** *nt* COM livre *m* de commerce, [livre *m*] journal *m* **Geschäftsessen** *nt* repas *m* d'affaires **geschäftsfähig** *adj* capable de contracter; ■ **jd ist ~** qn a capacité pour contracter ▸ **beschränkt/unbeschränkt ~** capable de contracter de façon limitée/non-limitée; ***jd ist unbeschränkt ~*** qn a la pleine capacité de droit **Geschäftsfähigkeit** *f* JUR capacité *f* pour contracter [*o* d'exercice] **Geschäftsfrau** *f s.* **Geschäftsmann. Geschäftsfreund(in)** *m(f)* relation *f* d'affaires **geschäftsführend** *adj attr* 1. (*amtierend*) en fonction, en place 2. (*leitend*) *Direktor* général(e); *Position* de direction **Geschäftsführer(in)** *m(f)* 1. [*Firma*] gérant(e) *m(f)*, directeur(-trice) *m(f)*, chef *m* d'entreprise; [*Restaurant*] patron(ne) *m(f)* 2. [*Organisation, Verein, Partei*] secrétaire *mf* général(e) **Geschäftsführung** *f s.* **Geschäftsleitung. Geschäftsgebaren** *nt* ∅ pratiques *fpl* commerciales; ***das ist doch kein ~*** on ne se comporte pas comme ça en affaires **Geschäftshaus** *nt* 1. (*Gebäude*) immeuble *m* à usage professionnel et commercial 2. (*Firma*) établissement *m* **Geschäftsjahr** *nt* exercice *m* **Geschäftskosten** *pl* ▸ **auf ~** aux frais de la société [*o* de l'entreprise]; ***das geht auf ~*** ça va [*o* ça passe] dans les frais généraux **Geschäftsleitung** *f* direction *f* **Geschäftsliste** *f* CH (*Tagesordnung*) ordre *m* du jour **Geschäftsmann** <-leute> *m*, **-frau** *f* homme/femme *m/f* d'affaires **Geschäftsordnung** *f* règlement *m* intérieur **Geschäftspartner(in)** *m(f)* 1. (*Handelspartner*) partenaire *mf* commercial(e) 2. (*Beteiligter*) associé(e) *m(f)* **Geschäftsreise** *f* voyage *m* d'affaires ▸ **jd ist auf ~** qn est en voyage d'affaires [*o* en déplacement [professionnel]] **geschäftsschädigend** I. *adj* préjudiciable à l'entreprise II. *adv* de façon préjudiciable à l'entreprise **Geschäftsschädigung** *f* préjudice *m* causé à l'entreprise **Geschäftsschluss**^RR *m* 1. (*Ladenschluss*) fermeture *f* des magasins; ***die Läden haben früher ~*** les magasins ferment plus tôt 2. (*Büroschluss*) fermeture *f* des bureaux; ***wann habt ihr immer ~?*** quand sortez-vous du bureau? ▸ **nach ~** (*nach Ladenschluss*) après la fermeture; (*nach Büroschluss*) après le bureau **Geschäftssinn** *m* sens *m* des affaires **Geschäftsstelle** *f* 1. (*Büro*) agence *f* 2. [*Gericht*] greffe *m* **Geschäftsstunden** *pl* heures *fpl* de bureau [*o* d'ouverture] **Geschäftsträger(in)** *m(f)* POL chargé(e) *m(f)* d'affaires **geschäftstüchtig** *adj* doué(e) en [*o* pour les] affaires **Geschäftsverbindung** *f s.* **Geschäftsbeziehung. Geschäftsviertel** *nt* quartier *m* d'affaires/des affaires **Geschäftswert** *m* valeur *f* commerciale [*o* marchande] **Geschäftszeit** *f* heures *fpl* d'ouverture

geschah *imp von* **geschehen**

gescheckt *adj Hund* tacheté(e); *Pferd, Rind a.* pie

geschehen <geschieht, geschah, -> *vi + sein* 1. (*stattfinden*) ■ **etw geschieht** qc se passe; /*Unfall, Ereignis*/ qc arrive; ***es muss etwas ~*** il faut faire quelque chose
2. (*ausgeführt werden*) ■ **etw geschieht** /*Arbeit, Reparatur*/ qc est fait(e); /*Anordnung*/ qc est exécuté(e); /*Untat*/ qc se produit; /*Untersuchung*/ qc a lieu
3. (*widerfahren*) ■ **jdm geschieht etw** il arrive qc à qn; ***es wird Ihnen nichts ~*** il ne vous arrivera rien
4. (*verfahren werden*) ■ **etw geschieht mit jdm/etw** qc arrive à qn/qc; ***was soll damit ~?*** que faut-il en faire?
▸ **jd lässt etw ~** qn laisse qc se faire; ***ich kann das nicht ~ lassen*** je ne peux pas laisser faire ça; **es ist um jdn ~** c'en est fait de qn; **es ist um etw ~** c'en est fait de qc; **als ob nichts ~ wäre** comme si de rien n'était; **was auch geschieht** [*o* **~ mag**] quoi qu'il arrive; **jd weiß nicht, wie ihm geschieht** qn ne sait pas ce qui lui arrive

Geschehen <-s, -> *nt* événement *m;* ***das ~ des Tages*** (*in den Nachrichten*) les événements du jour

Geschehnis <-ses, -se> *nt geh* événement *m*

gescheit *adj Mensch* intelligent(e); *Antwort, Äußerung, Idee, Vorschlag* bon(ne); ***jetzt bin ich so ~ wie zuvor*** je ne suis pas plus avancé(e) [qu'avant]; ■ **etwas/nichts G~es** qc/rien de sensé
▸ **du bist wohl nicht [recht] ~!** *fam* ça tourne pas rond! *fam;* **sei ~!** sois rai-

sonnable!; **es wäre ~er …** *fam* il serait plus raisonnable de + *infin/*que + *subj;* **jd wird aus etw nicht ~** qn ne comprend rien à qc

Geschenk <-[e]s, -e> *nt* cadeau *m*
▶ **kleine ~e erhalten die Freundschaft** *prov* les petits cadeaux entretiennent l'amitié; **etw ist ein ~ des Himmels** qc est un don du ciel; **jd macht jdm ein ~** qn fait un cadeau à qn; **jd macht jdm etw zum ~** qn fait cadeau de qc à qn

Geschenk-, Geschenks- AUS -cadeau; *~band* faveur *f* **Geschenkartikel** *m* article-cadeau *m* **Geschenkgutschein** *m* chèque-cadeau *m* **Geschenkpackung** *f* emballage-cadeau *m*

Geschichte <-, -n> *f* (*alle Bedeutungen*) histoire *f*
▶ **Alte/Mittlere/Neue ~** histoire ancienne/du moyen-âge/des temps modernes; **das sind alte ~n** c'est de la vieille histoire; **jd wärmt alte ~n wieder auf** qn réveille [*o* ressort] de vieilles histoires; **die ganze ~** tout ça; **jd macht keine langen ~n** qn ne fait ni une ni deux; ***mach keine langen ~n!*** allez, pas d'histoires!; **schöne ~n!** *iron* de belles!; ***das sind schöne ~n!*** en voilà de belles!, c'est du beau!; ***von dir hört man ja schöne ~n!*** on en raconte de belles à ton sujet!; ***du machst ja schöne ~n*** tu en fais de belles!; **jd erzählt ~n** *fam* (*dummes Zeug*) qn raconte des histoires, qn sort des âneries *fam;* **etw geht in die ~ ein** qc entre dans l'histoire; **jd hat eine ~ mit jdm** qn a une aventure avec qn; **etw macht ~** qc change le cours de l'histoire; **mach keine ~n!** (*Dummheiten*) [ne fais] pas de bêtise!; ***was machst du nur [immer] für ~n!*** tu en fais des histoires!, qu'est-ce que tu peux faire comme histoires!

geschichtlich I. *adj* historique
II. *adv* 1. *bedeutsam, folgenreich* du point de vue historique
2. *belegen, nachweisen* historiquement; *~* ***bin ich nicht sehr bewandert*** je ne suis pas très ferré(e) en histoire!

Geschichts- *-auffassung, -bewusstsein* de l'histoire; *-buch, -lehrer* d'histoire; *-drama* historique; ***~forscher(in)*** historien(ne) *m(f)*; ***~wissenschaft*** histoire *f;* ***jd ist g~bewusst*** qn a le sens de l'histoire **Geschichtsatlas** *m* atlas *m* historique **Geschichtsepoche** *f* époque *f* historique **Geschichtsfälschung** *f* falsification *f* de l'histoire **Geschichtskenntnis** *f* connaissance *f* historique

geschichtslos *adj* sans histoire, sans passé

Geschichtsschreiber(in) *m(f)* historiographe *mf* **Geschichtsschreibung** *f* historiographie *f* **Geschichtszahl** *f* date *f* historique

Geschick[1] <-s> *nt* ∅ (*Versiertheit*) habileté *f;* ***mit Kindern hast du einfach kein ~*** tu ne sais pas y faire avec les enfants

Geschick[2] <-[e]s, -e> *nt* 1. *pl* (*Angelegenheiten*) destinées *fpl*
2. *geh* (*Schicksal*) destin *m,* sort *m*

Geschicklichkeit <-> *f* ∅ habileté *f,* adresse *f*

geschickt I. *adj* adroit(e), habile
II. *adv* adroitement, habilement

Geschicktheit <-> *f* ∅ *s.* **Geschick**[1]

geschieden I. *pp von* scheiden II. *adj* divorcé(e); ***mein ~er Mann/meine ~e Frau*** mon ex-mari *m*/mon ex-femme *f* **Geschiedene(r)** *f(m) decl wie adj* divorcé(e) *m(f)* ▶ **ihr ~r/seine ~** *fam* son ex *mf fam*

geschieht *3. pers pres von* **geschehen**

geschienen *pp von* **scheinen**

Geschirr <-[e]s, -e> *nt* 1. ∅ (*Haushaltsgefäße*) vaisselle *f*
2. (*Service*) service *m;* ***wir haben ~e nur für 6*** nous n'avons de vaisselle que pour 6
3. (*Zugtier*) harnais *m,* harnachement *m;* ***jd legt den Pferden das ~ an*** qn harnache les chevaux
▶ **das gute ~** le beau service

Geschirrablage *f* desserte **Geschirraufzug** *m* monte-plat *m* **Geschirrschrank** *m* buffet *m,* vaisselier *m vieilli* **Geschirrspülen** *nt* vaisselle *f;* ***jd erledigt das ~*** qn fait la vaisselle **Geschirrspüler** <-s, -> *m fam,* **Geschirrspülmaschine** *f* lave-vaisselle *m,* machine *f* à laver la vaisselle **Geschirrspülmittel** *nt* produit *m* [pour la] vaisselle **Geschirrtuch** <-tücher> *nt* torchon *m* **Geschirrwaschmaschine** *f* CH *s.* **Geschirrspülmaschine**

geschissen *pp von* **scheißen**

geschlafen *pp von* **schlafen**

geschlagen *pp von* **schlagen**

Geschlecht <-[e]s, -er> *nt* 1. ∅ BIO sexe *m*
2. (*Sippe*) famille *f*
3. (*Generation*) génération *f;* ***zukünftige/spätere/die kommenden ~er*** les générations à venir [*o* futures], la postérité
4. GRAM genre *m*
▶ **das andere ~** l'autre sexe *m;* **beiderlei ~s** des deux sexes; **männlichen/weiblichen ~s** *form* de sexe masculin/féminin; **das schwache [*o* schöne] [*o* zarte] ~** *hum* le sexe faible, le beau sexe; **das starke ~** *hum* le sexe fort

geschlechtlich I. *adj* sexuel(le); *Fortpflanzung* sexué(e)
II. *adv* 1. *verkehren:* ***jd verkehrt ~ mit jdm*** qn a des relations sexuelles [*o* rapports sexuels] avec qn
2. *sich fortpflanzen, vermehren* de manière sexuée

Geschlechtsakt *m* acte *m* sexuel ▶ **jd vollzieht [mit jdm] den ~** *form* qn accomplit l'acte sexuel [avec qn] *form* **Geschlechtsgenosse** *m,* **-genossin** *f hum* congénère *mf* **Geschlechtshormon** *nt* hormone *f* sexuelle **geschlechtskrank** *adj* atteint(e) d'une M.S.T. **Geschlechtskranke(r)** *f(m) decl wie adj* malade *mf* atteint(e) d'une M.S.T. **Geschlechtskrankheit** *f* M.S.T. *f,* maladie *f* sexuellement transmissible ▶ **jd hat eine ~** qn a une M.S.T. **Geschlechtsleben** *nt* ∅ ■ **jds ~** la vie sexuelle de qn **geschlechtslos** *adj* asexué(e) **Geschlechtsorgan** *nt* organe *m* génital ▶ **äußere/innere ~e** organes génitaux externes/internes **geschlechtsreif** *adj* formé(e); *Mädchen a.* nubile; *Tier* adulte; ***sobald ein Mädchen/Tier ~ ist*** dès qu'une fille est formée/qu'un animal est adulte **Geschlechtsreife** *f* BIO maturité *f* sexuelle; [*Mädchen a.*] nubilité *f* **Geschlechtsteil** *nt* sexe *m* **Geschlechtstrieb** *m* instinct *m* sexuel **Geschlechtsumwandlung** *f* changement *m* de sexe **Geschlechtsverkehr** *m* rapports *mpl* sexuels, relations *fpl* sexuelles ▶ **jd hat [mit jdm] ~** qn a des rapports sexuels [*o* des relations sexuelles] [avec qn]

geschlichen *pp von* **schleichen**

geschliffen I. *pp von* schleifen[2]
II. *adj Ausdrucksweise, Stil* raffiné(e); *Manieren* stylé(e), policé(e)

geschlossen I. *pp von* schließen
II. *adj* 1. (*gemeinsam*) *Front* uni(e); *Bild, Eindruck* d'unité; *Ablehnung, Widerstand* général(e)
2. *Bewölkung, Wolkendecke, Bewuchs, Schneedecke* homogène
3. (*opp: offen*) *System, Abteilung* fermé(e); *Konzept* global(e)
III. *adv* (*gemeinsam*) unanimement; ***ihre Kollegen stehen ~ hinter ihr*** [*o* ***unterstützen sie ~***] ses collègues font bloc derrière elle

Geschlossenheit <-> *f* ∅ (*Gemeinsamkeit*) unité *f*

geschlungen *pp von* **schlingen**

Geschmack <-[e]s, -̈e *o hum fam* -̈er> *m* (*alle Bedeutungen*) goût *m*
▶ **jd hat einen guten/keinen guten ~** qn a bon/mauvais goût; **die -̈er sind verschieden** tous les goûts sont dans la nature; **jd findet an etw** (*dat*) **~, jd gewinnt einer S.** (*dat*) **~ ab** qn prend goût à qc; **jd hat ~** qn a du goût; **etw hat einen … ~** *süß, sauer, scharf, würzig etc* qc a un goût …; ***etw hat einen guten/schlechten/komischen ~*** qc a bon/mauvais goût/un drôle de goût; **das ist nicht mein/nach meinem ~** ça ne me plaît pas/ce n'est pas à mon goût; ***das ist nicht jedermanns ~*** ce n'est pas du goût de tout le monde; **jd kommt auf den ~** qn y prend goût; **über ~ lässt sich [nicht] streiten** *prov* des goûts et des couleurs on ne discute pas; **für meinen ~ …** … à mon goût; **im ~** au goût; ***diese Frucht liegt im ~ zwischen einer Erdbeere und einer Birne*** le goût de ce fruit se situe entre celui de la fraise et celui de la poire; **je nach ~** à [*o* selon] son/votre goût

-geschmack *m* (*Aroma*) goût *m* de

geschmacklich I. *adj* de goût; *Verbesserung* du goût
II. *adv:* ***etw ist ~ …*** qc a un goût … + *adj;* ***etw verbessert etw ~*** qc améliore le goût de qc

geschmacklos *adj* 1. *Speise, Zutat, Ingredienz* fade; *Gift* insipide
2. (*taktlos*) *Bemerkung, Anspielung, Witz* de mauvais goût; ***du bist wirklich ~!*** tu manques vraiment de tact!
3. (*nicht ästhetisch*) sans goût, de mauvais goût; ***wie ~!*** quel manque de goût!

Geschmacklosigkeit <-, -en> *f* 1. ∅ (*Taktlosigkeit*) mauvais goût *m*
2. (*taktlose Bemerkung*) incongruité *f*

Geschmacksfrage *f* ▶ **etw ist eine ~** qc est une question de goût; **in ~n** pour les questions de goût **Geschmacksrichtung** *f* parfum *m,* arôme *m* ▶ **etw ist jds ~** *fam* qc est du goût de qn [*o* à son goût]; ***das ist nun ganz und gar nicht meine ~!*** c'est vraiment pas mon truc! *fam* **Geschmackssache** *f* ▶ **das ist ~** c'est [une] affaire de goût **Geschmackssinn** *m* sens *m* du goût **Geschmacksverirrung** *f pej* faute *f* de goût ▶ **jd leidet unter ~** *fam* qn a le goût perverti

geschmackvoll I. *adj* de bon goût; ■ **~er** de meilleur goût
II. *adv sich kleiden, sich einrichten* avec goût

Geschmeide <-s, -> *nt geh* (*Schmuck*) bijoux *mpl;* (*Schmuckstück*) bijou *m;* (*Kollier*) parure *f* [de bijoux]

geschmeidig I. *adj* 1. (*schmiegsam*) souple; *Haut a.* doux(douce); *Masse, Teig, Wachs* malléable
2. (*biegsam*) *Glieder, Körper, Bewegung* souple
3. (*anpassungsfähig*) souple
II. *adv* (*biegsam*) avec souplesse

Geschmeidigkeit <-> *f* ∅ 1. (*Schmiegsamkeit*) souplesse *f; Haut a.* douceur *f*
2. (*Biegsamkeit*) souplesse *f*

Geschmeiß <-es> *nt* ∅ *pej* 1. (*Ungeziefer*) vermine *f*
2. (*Menschen*) vermine *f,* racaille *f*

Geschmier[e] <-s> *nt* ∅ *pej fam* 1. (*Handschrift*) gribouillage *m*
2. (*Artikel*) torchon *m,* fam
3. (*Malerei*) barbouillage *m*

geschmissen *pp von* **schmeißen**

geschmolzen *pp von* **schmelzen**

Geschmus[e] <-[e]s> *nt* ∅ *fam* câlins *mpl*

Geschnatter <-s> *nt* ∅ *pej fam* [*Gänse*] cris *mpl;* [*Enten*] coin-coin *m;* [*Menschen*] caquetage *m*

Geschnetzelte(s) *nt decl wie adj* émincé *m*
▶ **Zürcher ~s** émincé *m* [de veau] zurichois

geschniegelt *adj* ▶ **~ [*o* gestriegelt] und gebügelt** *pej fam* tiré(e) à quatre épingles

geschnitten *pp von* **schneiden**

geschnoben *alt pp von* **schnauben**

geschoben *pp von* **schieben**

gescholten *pp von* **schelten**

Geschöpf <-[e]s, -e> *nt* 1. (*Lebewesen*) créature *f;* ***das arme ~*** (*Tier*) la pauvre bête
2. (*Person*) *dumm, bedauernswert* être *m;* (*Frau*) *schön, reizend* créature *f;* ***ein dummes ~*** (*Mann*) un pauvre type; (*Frau*) une idiote
3. (*Fantasiefigur*) personnage *m*
▶ **jd ist jds ~** (*von jdm erfunden*) qn est un personnage créé par qn; (*jdm völlig ergeben*) qn est la créature de qn

geschoren *pp von* **scheren**[1]

Geschoss[RR] <-es, -e>, **Geschoß**[1] <-sses, -sse> *nt* (*Stockwerk*) étage *m;* **im ersten ~** au premier étage; ***anderthalb Geschosse*** un étage avec

comble aménagé
Geschoss[RR] <-es, -e>, **Geschoß**[2] <-sses, -sse> *nt* projectile *m*
Geschossbahn[RR] *f* trajectoire *f*
geschossen *pp von* **schießen**
-geschossig *adjektivisch* de ... étages; ■ **etw ist ...~** qc a ... étages; *adverbial* à ... étages
geschraubt I. *adj pej* tarabiscoté
II. *adv pej* de manière tarabiscotée
Geschrei <-s> *nt* Ø 1. (*Schreien*) cris *mpl*
2. *fam* (*Lamentieren*) criailleries *fpl*, récriminations *fpl*
▸ **jd macht** [*o* **erhebt** *geh*] [**wegen etw**] **ein** [**großes/riesiges**] ~ qn pousse les hauts cris; **viel ~ um nichts** beaucoup de bruit pour rien
geschrieben *pp von* **schreiben**
geschrie[e]n *pp von* **schreien**
geschritten *pp von* **schreiten**
geschunden *pp von* **schinden**
Geschütz <-es, -e> *nt* pièce *f* d'artillerie; ■ **die ~e** l'artillerie *f*
▸ **ein schweres ~** une pièce d'artillerie lourde; *die schweren ~e* l'artillerie lourde, la grosse artillerie; **jd fährt schweres** [*o* **grobes**] **~ auf** *fam* qn sort la grosse artillerie *fam*; **jd fährt ein ~ auf** qn met un canon en batterie
Geschütz- *-feuer* d'artillerie; *-donner, -stand* de l'/d'artillerie; *-rohr, -bedienung* du/d'un canon; *~turm* tourelle *f*
geschützt I. *adj* protégé(e)
II. *adv* à l'abri
Geschwader <-s, -> *nt* [*Flugzeuge*] escadrille *f*; [*Schiffe*] escadre *f*
Geschwafel <-s> *nt* Ø *pej fam* balivernes *fpl*, fadaises *fpl*
Geschwätz <-es> *nt* Ø *pej fam* 1. (*dummes Gerede*) fadaises *fpl*; (*leeres Gerede*) verbiage *m*
2. (*Klatsch*) commérages *mpl*
▸ **dummes ~** fadaises *fpl*
geschwätzig *adj pej* bavard(e)
Geschwätzigkeit <-> *f* Ø *pej*: ***wenn nur seine ~ nicht wäre!*** si seulement il n'était pas aussi bavard!; ***aus reiner ~ hat sie ...*** elle est tellement bavarde qu'elle a ...
geschweige *conj* ■ ~ [**denn**] et encore [bien] moins; ■ ~ [**denn**], **dass** et encore [bien] moins que + *subj*
geschwiegen *pp von* **schweigen**
geschwind I. *adj* SDEUTSCH *alt* (*rasch*) rapide
II. *adv* SDEUTSCH *alt* rapidement
▸ **~!** vite!
Geschwindigkeit <-, -en> *f* vitesse *f*
▸ **mit affenartiger ~** *fam* à toute blinde *fam*; **überhöhte ~** excès *m* de vitesse; **etw nimmt an ~ zu** PHYS qc prend de la vitesse; **mit einer ~ von ...** à une/la vitesse de ...
Geschwindigkeitsbegrenzung *f*, **Geschwindigkeitsbeschränkung** *f* limitation *f* de vitesse **Geschwindigkeitskontrolle** *f* contrôle *m* de vitesse **Geschwindigkeitsüberschreitung** *f* excès *m* de vitesse
Geschwister *pl* frères et sœurs *mpl*; ***ich und meine beiden ~*** mon frère, ma sœur et moi; ***wir beiden sind ~*** nous sommes frère et sœur/frères/sœurs
geschwisterlich I. *adj* fraternel(le)
II. *adv* fraternellement
Geschwisterliebe *f* amour *m* fraternel **Geschwisterpaar** *nt* ■ **das/ein ~** le frère et la sœur/un frère et une sœur
geschwollen I. *pp von* **schwellen**
II. *adj pej Ausdrucksweise, Stil, Sprache* ampoulé(e), boursouflé(e)
III. *adv* avec grandiloquence; ***rede doch nicht so ~!*** ne sois pas si grandiloquent(e)!
geschwommen *pp von* **schwimmen**
geschworen I. *pp von* schwören
II. *adj attr Feind, Gegner* juré(e)
Geschworene(r) *f(m) decl wie adj*, **Geschworne(r)** *f(m) decl wie adj* AUS juré(e) *m(f)*
Geschworenenbank <-bänke> *f* banc *m* des jurés **Geschworenengericht** *nt* [cour *f* d']assises *fpl* **Geschworenenliste** *f* liste *f* des jurés
Geschwulst <-, -̈e> *f* tumeur *f*
geschwunden *pp von* **schwinden**
geschwungen I. *pp von* schwingen
II. *adj Augenbrauen* arqué(e); *Nase a.* busqué(e)
Geschwür <-s, -e> *nt* abcès *m*; (*Magen~*) ulcère *m*
gesegnet *adj geh* ■ **~e(s) ...!** *Pfingsten, Weihnachten* joyeux(-euse) ...!; ***~e Mahlzeit!*** bon appétit!; ***~e Ostern!*** joyeuses Pâques!; ***ein ~es neues Jahr!*** bonne année!
gesehen *pp von* **sehen**
Geselchte(s) *nt decl wie adj* SDEUTSCH, AUS viande *f* fumée
Geselle <-n, -n> *m*, **Gesellin** *f* 1. (*Handwerks~*) compagnon *m*, ouvrier qualifié/ouvrière qualifiée *m/f*
2. (*Kerl*) gaillard *m*; ***ein lustiger ~*** un gai luron, un joyeux drille
-geselle *m*, **-gesellin** *f* compagnon *m* ..., ouvrier ... qualifié/ouvrière ... qualifiée *m/f*
gesellen * *vr geh* 1. (*sich anschließen*) ■ **jd gesellt sich zu jdm** qn se joint à qn
2. (*hinzukommen*) ■ **etw gesellt sich zu etw** qc s'ajoute à qc
Gesellenbrief *m* brevet *m* d'apprentissage **Gesellenprüfung** *f* C.A.P. *m* **Gesellenstück** *nt* ouvrage *m* de compagnon
gesellig I. *adj* 1. *Abend, Beisammensein, Runde* entre amis; (*unterhaltsam*) convivial(e)
2. *Mensch, Typ* liant(e), sociable
II. *adv zusammensitzen* entre amis
Geselligkeit <-, -en> *f* 1. Ø (*geselliges Leben*) convivialité *f*
2. (*geselliger Anlass*) réunion *f* amicale; ***eine ~ mit Tanz*** une soirée dansante
3. [*Mensch*] affabilité *f*
Gesellschaft <-, -en> *f* 1. SOCIOL société *f*
2. (*Firma*) société *f*
3. (*Vereinigung*) société *f*
4. (*Fest*) réception *f*; ***eine abendliche ~*** une soirée
5. (*Kreis von Menschen*) assemblée *f*; ***in ... ~*** en compagnie ...
6. (*Umgang*) compagnie *f*; ***die ~ mit jdm*** la compagnie de qn
▸ **~ für musikalische Aufführungs- und mechanische Vervielfältigungsrechte** Société *f* des Auteurs, Compositeurs et Éditeurs de Musique; **~ mit beschränkter Haftung** société *f* à responsabilité limitée (S.A.R.L.); **~ des bürgerlichen Rechts** société *f* civile; **die ehrenwerte ~** l'Honorable Société *f*; **gemischte ~** *pej* (*Publikum*) public hétérogène [*o* très mêlé]; (*Bekanntenkreis*) compagnie *f* plus ou moins recommandable; ***die ~ ist mir dort zu gemischt*** je trouve qu'on y rencontre n'importe qui; **geschlossene ~** réunion *f* privée; (*Abend~*) soirée *f* privée; **jd befindet sich** [**mit etw**] **in guter ~** *hum* [avec qc,] qn est en bonne compagnie; **jd gerät in schlechte ~** qn se met à avoir de mauvaises fréquentations; **jd gibt eine ~** qn donne une réception, qn reçoit; **jd leistet jdm ~** qn tient compagnie à qn; **in ~ von jdm** en compagnie de qn
Gesellschafter(in) <-s, -> *m(f)* 1. (*Unterhalter*): ***jd ist ein guter ~*** qn est d'un commerce agréable; ***ein amüsanter ~*** un boute-en-train *inv*
2. (*Teilhaber*) associé(e) *m(f)*
▸ **stiller ~/stille ~in** bailleur/-eresse *m/f* de fonds, commanditaire *mf*
gesellschaftlich I. *adj* 1. SOCIOL social(e)
2. *Formen, Umgangsformen* de la bonne société
II. *adv* (*in besseren Kreisen*) dans le monde
Gesellschafts- 1. SOCIOL *-klasse, -struktur, -system* social(e); ***g~politisch*** en matière de politique sociale; ***g~feindlich*** antisocial(e); ***~veränderer*** réformateur *m*; ***g~verändernd*** réformateur(-trice) 2. (*Feste betreffend*): ***~abend*** soirée *f*; ***~anzug*** habit *m*; ***~kleidung*** tenue *f* de soirée; ***~raum*** salle *f* de réception; [*Hotel*] salons *mpl* 3. COM: ***~kapital*** capital *m* social; ***~bericht*** rapport *m* de société 4. (*die feine Gesellschaft betreffend*) mondain(e)
gesellschaftsfähig *adj Verhalten* convenable; *Aussehen* présentable; *Mensch* sortable **Gesellschaftsform** *f* 1. *s.* Gesellschaftsordnung 2. (*Betriebsform*) forme *f* juridique [de société] **Gesellschaftskritik** *f* critique *f* sociale **Gesellschaftsordnung** *f* ordre *m* social **Gesellschaftsschicht** *f* couche *f* sociale **Gesellschaftsspiel** *nt* jeu *m* de société **Gesellschaftstanz** *m* danse *f* de salon **Gesellschaftswissenschaften** *pl* sciences *fpl* sociales
gesessen *pp von* **sitzen**
Gesetz <-es, -e> *nt* 1. JUR loi *f*; ***ein ~ verabschieden*** voter une loi
2. PHYS loi *f*
3. *fam* (*Gesetzbuch*) textes *mpl*
▸ **das ~ des Dschungels** la loi de la jungle; **jd lässt sich das ~ des Handelns aufzwingen** [*o* **diktieren**] qn se laisse forcer la main; **jd gerät mit dem ~ in Konflikt** qn entre en conflit avec la loi; **das ~ der Schwerkraft** la loi de la pesanteur; **das ~ der Serie** la loi des séries; **vor dem ~ sind alle gleich** tous sont égaux devant la loi; **etw ist jdm oberstes ~** qn se fait une loi de qc/de faire qc; **ein ungeschriebenes ~** une loi non écrite; **kraft ~es** de par la loi; **nach dem ~** d'après la loi
-gesetz *nt* loi *f* sur
Gesetzblatt *nt* journal *m* officiel **Gesetzbuch** *nt* code *m* ▸ **Bürgerliches ~** code *m* civil **Gesetzentwurf** *m* projet *m* de loi
Gesetzesbrecher(in) <-s, -> *m(f)* contrevenant(e) *m(f)* **Gesetzeshüter(in)** *m(f) hum* gardien(ne) *m(f)* de la paix **Gesetzeskraft** *f* ▸ **etw erlangt/hat ~** qc acquiert/a force de loi **Gesetzessammlung** *f* recueil *m* de lois **Gesetzestext** *m* texte *m* de loi **Gesetzesvorlage** *f s.* **Gesetzentwurf**
gesetzgebend *adj attr* législatif(-ive)
Gesetzgeber(in) *m(f)* législateur(-trice) *m(f)*
Gesetzgebung <-, -en> *f* législatif *m*; ***bei der ~ wirken Regierung und Parlament zusammen*** le gouvernement et le parlement coopèrent pour légiférer
gesetzlich I. *adj* légal(e)
II. *adv* légalement, par la loi
▸ [**etw ist**] **~ anerkannt** [qc est] légalisé(e), [qc est] reconnu(e) par la loi; **~ geschützt** déposé(e)
Gesetzlichkeit <-> *f* Ø légalité *f*
gesetzlos *adj* anarchique; *Mensch* sans foi ni loi
gesetzmäßig I. *adj* (*gesetzlich*) légal(e); (*rechtmäßig*) légitime
II. *adv* 1. (*dem Gesetz entsprechend*) d'une manière légale
2. (*einem Naturgesetz entsprechend*) selon des lois; ***der schwere Körper fiel ~ nach unten*** le lourd corps est tombé, obéissant à la loi de la pesanteur
Gesetzmäßigkeit *f* légalité *f*
gesetzt I. *adj* posé(e)
II. *conj* ■ **~, ...** admettons [*o* supposons] que + *subj*
gesetzwidrig *adj* illégal(e) **Gesetzwidrigkeit** *f* illégalité *f*
ges. gesch. *loc abk von* gesetzlich geschützt *s.* **gesetzlich**
Gesicht[1] <-[e]s, -er> *nt* 1. (*Antlitz*) visage *m*, figure *f*; ***der Kerl hat mir ins ~ gespuckt!*** le type m'a craché au visage [*o* à la figure]; ***schau mir genau ins ~*** regarde-moi dans les yeux [*o* en face]; ***jd starrt jdm ins ~*** qn dévisage qn; ***ein hübsches ~*** un joli visage; ***wasch dir dein ~ ab!*** lave-toi la figure!
2. (*Erscheinungsbild*) [*Stadt, Landschaft etc*] physionomie *f*, aspect *m*
▸ **jd macht ein ~ wie drei** [*o* **acht**] **Tage Regenwetter** *fam* qn fait une tête

de six pieds de long [*o* une gueule d'enterrement *fam*]; **etw bekommt ein anderes** ~ qc change de physionomie [*o* d'aspect]; **etw gibt** [*o* **verleiht**] **einer S.** (*dat*) **ein anderes** ~ qc donne une autre physionomie [*o* un autre aspect] à qc; **jd macht ein anderes** ~ *fam* qn fait une autre tête; ***mach doch ein anderes*** ~! arrête de faire la gueule!; **jd ist jdm wie aus dem ~ geschnitten** [qn,] c'est qn tout craché; **jd wird grün im** ~ *fam* qn verdit; **ein langes** ~ un long nez, une tête d'enterrement; **jd macht** [*o* **zieht**] **ein langes** ~ la figure de qn s'allonge, qn fait triste mine [*o* une tête d'enterrement]; **jd zeigt** [*o* **enthüllt**] **sein wahres** ~ qn montre [*o* découvre] son vrai visage; **jd wird weiß im** ~ qn devient livide; **jd hat zwei ~er** qn a deux visages; **jd bekommt jdn/ein Tier/etw zu** ~ qn a l'occasion de voir qn/un animal/qc; ***diesen Brief habe ich nie zu ~ bekommen*** je n'ai jamais eu cette lettre sous les yeux; **jd lacht jdm [...] ins** ~ qn rit au nez de qn; **jd liest jdm etw vom ~ ab** qn lit qc sur le visage de qn; **jd lügt jdm ins** ~ qn ment à qn en face; **jd macht** [*o* **zieht**] **ein** ~ *fam* qn fait la tête [*o* la gueule *fam*]; **jd macht ein ...** ~ qn a un air ...; **jd sagt jdm etw ins** ~ qn dit qc à qn en face; **etw schlägt einer S.** (*dat*) **ins** ~ qc est une offense à qc; **jd schleudert/schreit jdm etw ins** ~ qn lui jette qc à la figure; **man sieht jdm etw am ~ an, etw steht jdm im ~ geschrieben** qc est écrit(e) sur le visage de qn; **jd strahlt über das ganze** ~ *fam* tout le visage de qn rayonne; **jd verliert das** [*o* **sein**] ~ (*jd verliert das Ansehen*) qn perd la face; **jd verzieht das** ~ qn fait la grimace; **jd wahrt das** [*o* **sein**] ~ qn sauve la face

Gesicht² <-[e]s, -e> *nt* ►**jd hat das zweite** ~ *veraltend* qn a le don de double vue

Gesichts- 1.(*des Gesichts*) du visage; *-massage, -muskel, -nerv* facial(e) 2.(*fürs Gesicht*) *-packung, -puder etc* pour le visage; *-sauna* facial(e) **Gesichtsausdruck** <-ausdrücke> *m* expression *f* [du visage], mine *f*; ***an jds*** ~ (*dat*) à son/... air **Gesichtscreme** [-kre:m] *f* crème *f* pour le visage [*o* de beauté] **Gesichtsfarbe** *f* teint *m* **Gesichtsfeld** *nt* 1.(*Blickfeld*) champ *m* visuel 2.OPT champ *m* **Gesichtskontrolle** *f* *fam* filtrage *m* [à l'entrée] **Gesichtskreis** *m* 1. *Umkreis*) ■**jds** ~ le champ visuel de qn 2.(*geistiger Horizont*) horizon *m*

gesichtslos *adj* sans cachet

Gesichtsmaske *f* (*Präparat*) masque *m* pour le visage [*o* de beauté]; (*Verkleidung*) masque *m*; [*Verbrecher, Randalierer*] cagoule *f* **Gesichtsmilch** *f* lait *m* pour le visage [*o* de beauté] **Gesichtspunkt** *m* point *m* de vue; ***sicherheitspolitische ~e*** des raisons politiques et de sécurité **Gesichtsverlust** *m verbal übersetzt; **ohne*** ~ sans perdre la face; ***jd fürchtet den*** ~ qn craint de perdre la face **Gesichtswasser** *nt* lotion *f* pour le visage, tonique *m* **Gesichtszüge** *pl* traits *mpl* [du/de visage]

Gesims <-es, -e> *nt* corniche *f*

Gesinde <-s, -> *nt alt* (*Knechte und Mägde*) valets et filles *mpl* de ferme *vieilli*

Gesindel <-s> *nt Ø pej* racaille *f*; ***verbrecherisches*** ~ des canailles *fpl*

gesinnt *adj meist pred* ■**[jd ist] ...** ~ qn est de tendance ...; ***wie sind Sie*** ~? vous êtes de quelle tendance?; ■**jd ist jdm ...** ~ qn a des sentiments ... à l'égard de qn; ***jd ist jdm gut*** [*o* ***günstig***]/***übel*** ~ qn est bien/mal disposé(e) [*o* intentionné(e)] à l'égard de qn

Gesinnung <-, -en> *f* opinions *fpl*, convictions *fpl*; *anständig, mies, verächtlich, edel a.* mentalité *f*
►**jd zeigt** [*o* **enthüllt**] **seine wahre** ~ qn dévoile [*o* révèle] ses vraies tendances

Gesinnungsgenosse *m*, **-genossin** *f* [*Partei*] sympathisant(e) *m(f)*; [*Mensch*] ami(e) *m(f)* politique

gesinnungslos I. *adj pej* sans scrupule; ***ein ~er Mensch*** un homme sans aveu
II. *adv pej sich verhalten* sans scrupule

Gesinnungstäter(in) *m(f)* personne *f* pour qui la fin justifie les moyens, coupable *mf* qui a agi par conviction **Gesinnungswandel** *m*, **Gesinnungswechsel** [-ks-] *m* revirement *m* [d'opinion], volte-face *f inv*

gesittet I. *adj* bien élevé(e); ***würdest du wohl ~er sein*** tu pourrais te tenir mieux?; ***das ist kein ~es Benehmen*** ce n'est pas comme ça qu'on se tient
II. *adv* comme il faut; ***führ dich ~er auf!*** tiens-toi mieux!

Gesöff <-[e]s, -e> *nt pej sl* [espèce *f* de] breuvage *m*; (*Bier a.*) bibine *f fam*; (*Kaffee a.*) jus *m* de chaussette *fam*; (*Wein a.*) piquette *f*

gesoffen *pp von* **saufen**

gesogen *pp von* **saugen**

gesondert I. *adj* séparé(e)
II. *adv* séparément, à part

gesonnen I. *pp von* **sinnen**
II. *adj* 1.(*eingestellt*) ■**jd ist jdm ...** ~ qn nourrit des sentiments ... à l'égard de qn; ***jd ist jdm gut/übel*** ~ qn est bien/mal disposé(e) à l'égard de qn
2.*geh* (*gewillt*) ■**jd ist ~ etw zu tun** qn est disposé(e) à faire qc

gesotten *pp von* **sieden**

gespalten *pp von* **spalten**

Gespan <-en, -en> *m* CH camarade *mf*

Gespann <-[e]s, -e> *nt* 1.(*Zugtiere*) attelage *m*
2.(*Wagen und Zugtier*) équipage *m*
3.*fam* (*Paar*) paire *f*; ***ein lustiges*** [*o* ***komisches***] ~ une sacrée paire *fam*; ***sie sind ein nettes*** ~ ils font une bonne paire; (*Liebespaar*) c'est un couple sympa *fam*

gespannt I. *adj* 1.(*erwartungsvoll*) *Aufmerksamkeit* soutenu(e); *Erwartung* curieux(-euse); *Zuhörer, Zuschauer* captivé(e); *Kind* impatient(e); ■**jd ist ~, ob/was/wie** qn est curieux(-euse) de savoir/de voir si/ce qui/comment; ■**jd ist ~/~ auf etw** (*akk*) qn est impatient(e)/curieux(-euse) de savoir/de voir/d'entendre qc; ***da bin ich aber*** ~ *iron* je suis curieux(-euse) de voir ça
2.(*konfliktträchtig*) tendu(e)
►**jd macht jdn ~/auf jdn/etw** ~ qn lui met l'eau à la bouche/donne envie à qn de connaître qn/qc
II. *adv* attentivement; ***sie hörten seinem Bericht ~ zu*** ils étaient tenus en haleine par son récit; ***er las so ~ in seinem Krimi, dass*** il était tellement tenu en haleine par son policier que + *indic*

Gespenst <-[e]s, -er> *nt* 1.(*Geist*) fantôme *m*
2.(*Gefahr*) spectre *m*
►**jd sieht ~er** *fam* qn se fait du cinéma inutilement *fam*; **jd sieht aus wie ein** ~ *fam* qn a une mine de déterré *fam*

Gespenstergeschichte *f* histoire *f* de fantômes [*o* de revenants]

gespensterhaft I. *adj* fantomatique; *Ort a.* sinistre
II. *adv*: ***etw sieht ~ aus*** qc a un aspect fantomatique; ~ ***ragten die kahlen Bäume in den Himmel*** tels des fantômes, les arbres dénudés se dressaient vers le ciel

gespenstisch I. *adj* 1.(*beunruhigend*) hallucinant(e)
2. *s.* **gespensterhaft**
II. *adv*: ~ ***ruhig*** d'un calme hallucinant

gespie[e]n *pp von* **speien**

Gespinst <-[e]s, -e> *nt* [*Raupe*] cocon *m*

gesponnen *pp von* **spinnen**

gespornt *adj s.* **gestiefelt**

Gespött <-[e]s> *nt* ►**jd macht jdn/sich zum ~ [der Leute]** qn rend qn/se rend ridicule, qn couvre qn/se couvre de ridicule; **jd wird zum ~ [der Leute]** qn s'expose à la risée des gens

Gespräch <-[e]s, -e> *nt* 1.(*lockere Unterhaltung*) conversation *f*; (*förmliche Unterredung*) entretien *m*
2. *pl* POL pourparlers *mpl*
3. TELEC communication *f* [téléphonique]; ***ein ~ für dich!*** un appel pour toi!; ***unser gestriges*** ~ notre conversation téléphonique d'hier; ***jd führt stundenlange ~e*** qn parle des heures au téléphone
►**ein ~ unter vier Augen** un entretien en tête-à-tête; **ein ~ unter Frauen/Männern** une discussion entre femmes/hommes; ***also Egon, ein ~ unter Männern, es ist nicht richtig, was du machst*** Egon, entre nous [soit dit] [*o* d'homme à homme], ce n'est pas juste ce que tu fais; **etw ist das ~ der Stadt** [*o* **des Tages**] toute la ville parle de qc; **jd bleibt [mit jdm] im** ~ qn reste en contact [avec qn]; **jd bringt das ~ auf etw** (*akk*) qn amène la conversation sur qc; **jd/etw ist im** ~ on discute du cas de qn/qc est en discussion; ***jd ist als etw im*** ~ on parle de qn comme qc; **jd kommt mit jdm ins** ~ qn entre en pourparlers avec qn; **jd mischt sich in das** ~ qn s'immisce dans la discussion

gesprächig *adj* (*mitteilsam*) bavard(e), loquace; (*indiskret*) bavard(e)
►**jd/etw macht jdn** ~ qn/qc rend qn bavard(e) [*o* loquace]

Gesprächigkeit <-> *f Ø* loquacité *f*; ***alkoholische Getränke fördern die*** ~ les boissons alcoolisées rendent les gens [plus] loquaces; ***muss ich deiner ~ erst nachhelfen?*** tu veux que je t'aide à parler?

Gesprächs- 1.(*eine Unterhaltung betreffend*) de la/de conversation [*o* discussion]; *~**pause*** silence *m* [dans la discussion] 2.(*Unterredungen betreffend*) *-angebot* de pourparlers; *-basis* de discussion; *-klima* des pourparlers; *~**kontakte*** contacts *mpl* verbaux 3.TELEC: *~**anmeldung*** demande *f* de communication; *~**einheit*** unité *f* téléphonique; *~**gebühr*** prix *m* de la communication; (*Tarife*) tarif *m* des communications **gesprächsbereit** *adj* ouvert(e) à la discussion **Gesprächsdauer** *f* 1.(*Dauer einer Unterredung*) temps *m* de discussion 2.TELEC durée *f* de la/de communication **Gesprächsfaden** *m* fil *m* de la conversation ►**jd lässt den ~ abreißen** qn rompt les pourparlers **Gesprächsnotiz** *f* note *f* prise pendant/après un entretien **Gesprächspartner(in)** *m(f)* interlocuteur(-trice) *m(f)*; (*bei einer Diskussion*) participant(e) *m(f)* **Gesprächsstoff** *m* sujet *m*/sujets *mpl* de conversation [*o* discussion]; ***etw liefert*** ~ qc fournit matière à discuter; ***ein neuer*** ~ un nouveau sujet de conversation; ***wir haben genügend*** ~ nous ne manquons pas de sujets de discussion **Gesprächsteilnehmer(in)** *m(f)* participant(e) *m(f)* **Gesprächstherapie** *f* entretiens *mpl* psychothérapeutiques

gespreizt *adj, adv s.* **affektiert**

gesprenkelt *adj* tacheté(e), moucheté(e)

Gespritzte(r) *m decl wie adj* SDEUTSCH, AUS *vin coupé d'eau gazeuse*

gesprochen *pp von* **sprechen**

gesprossen *pp von* **sprießen**

gesprungen *pp von* **springen**

Gespür <-s> *nt Ø* flair *m*; ■**das ~ für etw** l'intuition *f* de qc; ***jd hat ein ~ für etw*** qn sent qc

Gestade <-s, -> *nt liter* rivage *m*

Gestagen <-s, -e> *nt* progestérone *f*

Gestalt <-, -en> *f* 1.(*Mensch*) créature *f*; *bleich, undeutlich* forme *f*; *pej* individu *m*; ***der Ritter von der traurigen*** ~ le Chevalier à la Triste Figure
2.(*Wuchs*) silhouette *f*
3.(*Persönlichkeit*) personnage *m*
►**jd zeigt sich in seiner wahren** ~ qn se montre sous son vrai jour; **etw nimmt [feste] ~ an** qc prend corps [*o* forme] [*o* tournure]; **jd/etw gibt** [*o* **verleiht**] **einer S.** (*dat*) ~ qn/qc donne corps [*o* forme] à qc; **in ~ von jdm, in jds** ~ sous la forme [*o* l'apparence] de qn; **[jd ist] ... von ~, [jd ist] von einer ...** ~ [qn est] de taille ...; ***er ist groß von*** ~ il est de grande taille; ***sie ist etwas klein von*** ~ elle est un peu petite de taille; ***er war von einer etwas gedrungenen*** ~ il était un peu trapu

gestalten * I. *vt* 1.(*einrichten*) ■**jd gestaltet etw [irgendwie]** qn aménage qc [d'une certaine façon]; (*schmücken*) *Schaufenster, Zimmer, Balkon* qn décore qc [d'une certaine façon]
2.(*durchführen*) ■**jd gestaltet etw irgendwie** *Vortrag, Darbietung, Unterricht, Text* qn présente qc d'une certaine façon; *Programm, Abend* qn anime qc d'une certaine façon; (*planen*) qn prépare qc d'une certaine façon
3.(*organisieren*) ■**jd gestaltet etw [irgendwie]** *Freizeit, Leben, Wochen-*

ende, Urlaub qn organise qc [d'une certaine façon]
4. (*konzipieren*) ■ **jd gestaltet etw [irgendwie]** ARCHIT, ART qn conçoit qc [d'une certaine façon]; (*konstruieren*) qn agence qc [d'une certaine façon]
II. *vr form* ■ **etw gestaltet sich irgendwie** qc s'avère …; ■ **etw wird sich irgendwie gestalten** qc s'annonce …

Gestalter(in) <-s, -> *m(f)* créateur(-trice) *m(f)*

gestalterisch **I.** *adj* de design; *Begabung, Talent* de designer, de créateur
II. *adv*: ***etw ist ~ gelungen*** qc est bien dessiné(e); ***etw lässt ~ einiges zu wünschen übrig*** le dessin [*o* le design] de qc laisse à désirer

Gestaltung <-, -en> *f* **1.** (*das Einrichten*) aménagement *m;* (*Ausschmückung*) [*Zimmer, Schaufenster, Fensterbank*] décoration *f*
2. (*Durchführung*) [*Unterricht, Vortrag, Varieteenummer, Text*] présentation *f;* [*Programm, Abend*] animation *f;* (*Planung*) préparation *f*
3. (*das Organisieren*) [*Freizeit, Leben, Wochenende, Urlaub*] organisation *f*
4. ARCHIT conception *f*
5. (*Design*) conception *f*

-gestaltung *f* **1.** (*-einrichtung*) *Garten-, Arbeitsplatz-* aménagement *m* du/de la/des; ***Innen~ des Theaters*** décoration *f* intérieure du théâtre
2. (*-darbietungsweise*) présentation *f* du/de la/des; (*-animation*) animation *f* du/de la/des; ***Programm~*** programmation *f*
3. (*-organisation*) organisation *f* du/de la/des

Gestammel <-s> *nt Ø* bredouillement *m gén pl*

gestand *imp von* **gestehen**

gestanden **I.** *pp von* **stehen, gestehen**
II. *adj attr* (*erfahren*) chevronné(e); CH (*reif*) mûr(e)

geständig *adj* qui avoue; ■ **jd ist ~** qn avoue

Geständnis <-ses, -se> *nt* aveu *m;* JUR aveux *mpl;* ***durch ein ~ würden Sie Ihre Lage verbessern*** vous amélioreriez votre situation en avouant
▸ **jd legt [vor jdm] ein ~ ab** qn passe aux aveux [en présence de qn]; **jd macht jdm ein ~** qn fait un aveu à qn

Gestänge <-s, -> *nt* **1.** (*Gerüst*) [*Hopfen*] perches *fpl;* [*Spalier*] espalier *m;* [*Bett*] montants *mpl;* [*Zelt*] armature *f;* [*Faltboot*] caillebotis *m*
2. [*Dampflok, Dampfmaschine*] bielles *fpl;* [*Fahrrad*] cadre *m*
3. [*Ölbohrplattform*] tige *f*

Gestank <-[e]s> *m Ø* (*übler Geruch*) puanteur *f*

Gestapo <-> *f Ø abk von* **Geheime Staatspolizei** Gestapo *f*

gestatten * **I.** *vt form* ■ **jd/etw gestattet jdm etw** qn/qc permet qc à qn; ■ **jd/etw gestattet jdm etw zu tun** qn/qc permet à qn de faire qc; ■ **etw ist gestattet/jdm gestattet** qc est autorisé(e)/permis(e) à qn; ■ **jd gestattet, dass** qn permet que + *subj*
II. *vi form* ■ **jd gestattet** qn permet
III. *vr geh* **1.** (*sich erlauben*) ■ **jd gestattet sich** (*dat*) **etw** qn se permet qc; ■ **jd gestattet [es] sich** (*dat*) **etw zu tun** qn se permet de faire qc
2. (*zu sich nehmen*) ■ **jd gestattet sich** (*dat*) **etw** qn s'offre qc; (*sich gönnen*) qn s'accorde qc

Geste <-, -n> ['gɛstə, 'geːstə] *f* geste *m;* ***eine ~ der Höflichkeit*** un geste de politesse

Gesteck <-[e]s, -e> *nt* composition *f* florale

gestehen <gestand, gestanden> **I.** *vi* ■ **jd gesteht** qn avoue
II. *vt* **1.** (*zugeben*) ■ **jd gesteht [jdm] etw** *Tat, Verbrechen, Beteiligung, Komplizenschaft etc* qn avoue qc [à qn]; ■ **jd gesteht [jdm] etw getan zu haben** qn avoue [à qn] qu'il a fait qc
2. (*offenbaren*) ■ **jd gesteht [jdm] etw/, dass** qn avoue qc [à qn]/[à qn] que + *indic; Liebe* qn déclare qc [à qn]

Gestehungskosten [-kɔstən] *pl* prix *m* coûtant [*o* de revient]

Gestein <-[e]s, -e> *nt* roche *f*

Gesteinsprobe *f* échantillon *m* de roche **Gesteinsschicht** *f* couche *f* rocheuse

Gestell <-[e]s, -e> *nt* **1.** (*Regal*) étagère *f,* étagères *fpl*
2. (*Rahmen*) [*Bett*] bois *m,* cadre *m;* [*Brille*] monture *f;* [*Tisch*] piètement *m*
3. TECH [*Drehbank*] socle *m;* [*Maschinenkanone*] affût *m;* (*Stativ*) pied *m;* (*Sägebock*) chevalet *m;* (*Stütze*) support *m*
4. *hum fam* (*Beine*) cannes *fpl fam*

gestern *adv* hier; ~ ***vor einer Woche/acht Tagen*** il y a eu une semaine/huit jours hier
▸ ~ **Abend/Mittag/Morgen/Vormittag** hier soir/à midi/matin; **jd ist nicht von ~** *fam* qn est pas né(e) d'hier [*o* de la dernière pluie] *fam;* **von ~** (*vom Tage zuvor*) d'hier; (*von früher*) d'autrefois

Gestern <-> *nt Ø* passé *m*

gestiefelt *adj Mensch* botté(e); ■ **jd ist ~** qn est botté(e), qn a [*o* porte] des bottes
▸ ~ **und gespornt** *fam* fin prêt(e)

gestiegen *pp von* **steigen**

Gestik <-> ['gɛstɪk, 'geːstɪk] *f Ø* ■ **jds ~** les gestes *mpl* de qn; *eines Schauspielers* la gestuelle de qn

gestikulieren * *vi* ■ **jd gestikuliert [mit etw]** qn gesticule [avec qc]

gestimmt *adj* ■ **… ~** d'humeur …

Gestirn <-[e]s, -e> *nt geh* astre *m;* (*mehrere Himmelskörper*) constellation *f*

gestoben *pp von* **stieben**

gestochen *pp von* **stechen**

gestohlen *pp von* **stehlen**

Gestöhn[e] <-s> *nt Ø* gémissements *mpl*

gestorben *pp von* **sterben**

gestört *adj* **1.** *Ehe, Familie, Verhältnis* en crise; *Kind* caractériel(le)
2. *fam* (*verrückt*) *Frage, Forderung, Auffassung* délirant(e), absurde; *Mensch* dérangé(e), cinglé(e) *fam*
▸ **jd ist geistig ~** qn a l'esprit dérangé

gestoßen *pp von* **stoßen**

Gestotter <-s> *nt Ø* bégaiements *mpl*

Gesträuch <-[e]s, -e> *nt* buissons *mpl*

gestreift *adj* rayé(e); ***längs ~*** à rayures verticales; ***etw ist längs ~*** qc a des rayures verticales

gestreng *adj veraltend* sévère; ***Gnade, ~er Herr!*** grâce, ô maître implacable!

gestrichen **I.** *pp von* **streichen**
II. *adj Löffel* ras(e); *s. a.* **voll**

gestriegelt *adj s.* **geschniegelt**

gestrig *adj attr* d'hier; ***am ~en Abend*** hier soir; ***vom ~en Tage*** d'hier

gestritten *pp von* **streiten**

Gestrüpp <-[e]s, -e> *nt* **1.** (*Strauchwerk*) broussailles *fpl*
2. (*Wirrwarr*) maquis *m*

gestunken *pp von* **stinken**

Gestürm <-s> *nt Ø* CH **1.** (*Lärm*) vacarme *m*
2. (*Aufruhr*) effervescence *f*
3. (*Geschwätz*) idiotie *f,* bêtises *fpl*

Gestüt <-[e]s, -e> *nt* haras *m*

Gesuch <-[e]s, -e> *nt* (*Antrag*) requête *f*
▸ **jd reicht [bei jdm] ein ~ ein/ein ~ auf** (*akk*)**/um etw ein** qn présente une requête [à qn]/dépose une demande de qc [à qn]

gesucht *adj* (*gefragt*) recherché(e)

Gesülze <-s> *nt Ø sl* conneries *fpl fam*

Gesumm <-[e]s> *nt Ø* [*Insekten*] bourdonnement *m*

gesund <ʺer *o* -er, ʺeste *o* -este> *adj* **1.** (*nicht krank*) *Mensch* en bonne santé, bien portant(e); *Haare, Haut, Zähne, Organ* sain(e); *Herz* solide; *Gesicht* qui respire la santé; *Gesichtsfarbe* frais(fraîche); ***das hält ~*** ça conserve la santé **2.** (*opp: marode*) *Firma, Mittelstand* en bonne santé; *Wirtschaft* sain(e) **3.** *Lebensweise, Frucht, Vitamine, Ernährung* sain(e); *Luft, Wohnung* salubre; *Schlaf, Appetit* bon(ne) *antéposé* **4.** (*vernünftig*) *Egoismus, Misstrauen, Selbstverständnis* de bon aloi, sain(e) ▸ ~ **und munter** en pleine forme; ***Großmutter ist immer noch ~ und munter*** [la] grand-mère a toujours bon pied bon œil; **sonst bist du ~?** *iron fam* tu manques pas d'air! *fam,* [t'es sûr(e) que] ça va bien? *fam;* **bleib [schön] ~!** porte-toi bien!; **jd pflegt jdn ~** qn soigne qn durant sa convalescence; **jd schreibt jdn ~** qn fait un certificat médical de reprise du travail à qn; **jd wird wieder ~** qn se rétablit **Gesunde(r)** *f(m) decl wie adj* personne *f* bien portante; ***die ~n*** les bien portants

gesunden * *vi + sein* **1.** *geh* ■ **jd gesundet** qn recouvre la santé *soutenu*
2. (*sich erholen*) ■ **etw gesundet** /*Finanzen, Wirtschaft*/ qc se rétablit

Gesundheit <-> *f Ø* **1.** (*Wohlbefinden*) santé *f;* ***was macht die ~?*** comment va la santé?
2. (*Förderlichkeit*) [*Klima*] salubrité *f;* ***die ~ der Lebensweise*** l'hygiène *f* de vie; ***die ~ der Ernährung*** l'hygiène *f* alimentaire
▸ **bei bester/guter ~** en parfaite/bonne santé; **jd hat eine … ~** qn a une santé …; ***sie hat eine gute ~/eine eiserne ~*** elle a une bonne santé/une santé de fer; **auf deine/Ihre ~!** à ta/votre santé!; **~!** à tes/vos souhaits!

gesundheitlich **I.** *adj* de santé; ***was macht das ~e Befinden?*** comment va la santé?; ***aus ~en Gründen*** pour raison[s] de santé; ***in ~er Hinsicht*** au niveau de la santé
II. *adv* sur le plan de [*o* en ce qui concerne] la santé
▸ **wie geht es Ihnen ~?** comment va la santé?

Gesundheitsamt *nt* services *mpl* d'hygiène **Gesundheitsapostel** *m iron* maniaque *mf* de la santé **Gesundheitsminister(in)** *m(f)* ministre *m* de la Santé **Gesundheitsministerium** *nt* ministère *m* de la Santé [publique] **gesundheitsschädlich** *adj* dangereux(-euse) pour la santé **Gesundheitswesen** *nt* santé *f* [publique] **Gesundheitszeugnis** *nt* certificat *m* médical [*o* de santé] **Gesundheitszustand** *m Ø* état *m* de santé

gesund|schrumpfen **I.** *vt* ■ **jd schrumpft etw gesund** qn assainit qc **II.** *vr* ■ **etw schrumpft sich gesund** qc réduit sa taille pour être performant(e), qc dégraisse pour assainir sa situation *fam* **gesund|stoßen** *vr irreg sl* ■ **jd stößt sich gesund** qn se remplume *fam*

Gesundung <-> *f Ø* **1.** MED guérison *f,* rétablissement *m*
2. ECON assainissement *m*

gesungen *pp von* **singen**

gesunken *pp von* **sinken**

getan *pp von* **tun**

Getier <-s> *nt Ø* bêtes *fpl,* animaux *mpl;* (*Insekten*) bestioles *fpl*

getigert *adj* tigré(e)

Getöse <-s> *nt Ø* fracas *m;* [*Verkehr*] vacarme *m*
▸ **mit ~** avec fracas

getragen **I.** *pp von* **tragen**
II. *adj* (*verhalten*) *Rhythmus, Tempo etc* modéré(e); *Melodie* assez lent(e)

Getrampel <-s> *nt Ø fam* piétinement *m;* [*Fans*] trépignements *mpl;* ***mit lautem ~*** [*Fans*] en trépignant bruyamment

Getränk <-[e]s, -e> *nt* boisson *f*
▸ **alkoholische** [*o* **geistige** *geh*] **~e** des boissons *fpl* alcoolisées; (*stark*) des spiritueux *mpl;* **nichtalkoholische ~e** des boissons *fpl* non alcoolisées

Getränke- *-verpackung* des/de boissons; *-abteilung* [des] boissons; *-industrie* de la boisson; ***~dose*** boisson *f* en boîte; ***~kellner*** sommelier *m;* ***~markt*** commerce *m* de boissons [*o* de liquides], magasin *m* spécialisé dans la vente de boissons; ***~stand*** bar *m* **Getränkeautomat** *m* distributeur *m* de boissons **Getränkekarte** *f* carte *f* des consommations; (*Weinkarte*) carte *f* des vins **Getränkesteuer** *f* droits *mpl* sur les boissons

Getrappel <-s> *nt Ø* piétinement *m;* [*Pferde*] martèlement *m* de sabots

Getratsch[e] <-[e]s> *nt Ø pej* cancans *mpl*

getrauen * *vr* ■ **jd getraut sich etw zu tun** qn ose faire qc; ***getraust du dich*** [*o* ***dir*** *rare*] ***das?*** tu oses le faire?; ■ **jd getraut sich irgendwohin** qn se risque quelque part

Getreide <-s, -> *nt* céréales *fpl;* ■ **ein** ~ une céréale

Getreide- de céréales; *-handel* des céréales; *-erzeugnis, -pflanze, -wirtschaft* céréalier(-ière); *-ähre, -garbe, -halm* de blé; *-mühle* à grains; *-börse* aux grains; *~ernte* moisson *f* **Getreide[an]bau** *m* ∅ culture *f* céréalière [*o* des céréales] **Getreidekorn** <-körner> *nt* grain *m* [de blé/de céréales]; ***aus einem ~ entsteht eine Getreidepflanze*** la graine donne une nouvelle plante **Getreideland** *nt* **1.** (*Land*) pays *m* céréalier **2.** ∅ (*Boden*) terre *f* à céréales **Getreideprodukt** *nt* produit *m* céréalier **Getreidesilo** *nt o m,* **Getreidespeicher** *m* silo *m* à céréales

getrennt I. *adj Haushalt, Schlafzimmer, Wohnen* séparé(e)
II. *adv leben, wohnen* séparément; ***wir schlafen ~*** nous faisons chambre à part
▸ **~ marschieren, vereint schlagen** [même séparément, on mène le] même combat

Getrenntschreibung *f* écriture *f* en deux mots

getreten *pp von* **treten**

getreu I. *adj* **1.** *Befolgung, Wiedergabe* fidèle; ***bei ~er Befolgung einer S.*** (*gen*) en suivant fidèlement qc
2. *geh Diener, Freund, Helfer* fidèle
II. *präp + dat* ■ **~ einer S.** (*dat*) conformément à qc

-getreu *adjektivisch* fidèle au/à la/aux; *gesetzes-* respectueux(-euse) du/de la/des; *vertrags-* conforme au/à la/aux; ***detail~*** fidèle jusque dans le détail; ***eine klang~e Wiedergabe*** une reproduction fidèle du son; *adverbial* conformément au/à la/aux, en respectant le/la/les; ***text~*** à la lettre

Getreue(r) *f(m) decl wie adj geh* fidèle *mf*

Getriebe <-s, -> *nt* **1.** TECH boîte *f* de vitesses; ***die ~ werden von Hand geschaltet*** on passe les vitesses à la main
2. (*Treiben*) animation *f;* (*Hektik*) agitation *f*
▸ **automatisches** ~ boîte *f* de vitesses automatique

Getriebe-: ***~rad*** roue *f* d'engrenage; ***~gehäuse*** boîte *f* de vitesses; ***~bremse*** frein *m* moteur; ***~schaltung*** changement *m* de vitesse; ***~austausch*** échange *m* de la boîte de vitesses; ***~montage*** montage *m* de la boîte/des boîtes de vitesses

getrieben *pp von* **treiben**

Getriebeöl *nt* huile *f* de graissage **Getriebeschaden** *m* détérioration *f* de l'engrenage

getroffen *pp von* **treffen, triefen**

getrogen *pp von* **trügen**

Getrommel <-s> *nt* ∅ [*Trommelschlegel, Trommler*] tambourinement *m,* roulement *m* de tambour[s]; ***lass das ~ mit deinen Fingern!*** arrête de tambouriner avec tes doigts!

getrost I. *adj* ▸ **sei** ~, **du kannst** ~ **sein** tu peux être tranquille, ne t'en fais pas
II. *adv* en toute quiétude; *sterben* en paix; *der Zukunft entgegensehen* sereinement

getrunken *pp von* **trinken**

Getto <-s, -s> *nt* ghetto *m*

-getto *nt:* ***das Türken/Schwarzen/Armen~*** le ghetto turc/noir/des déshérités

Getue <-s> *nt* ∅ *pej* manières *fpl*
▸ **jd macht ein** ~ qn fait des manières; ***jd macht wer weiß was für ein ~*** qn fait tout un cinéma *fam*

Getümmel <-s> *nt* ∅ cohue *f,* bousculade *f*
▸ **jd stürzt sich ins** ~ *hum* qn se jette dans la mêlée

getüpfelt *adj* à pois; *Bild* pointillé(e)

Getuschel <-s> *nt* ∅ messes *fpl* basses *fam*

geübt *adj Auge, Ohr* exercé(e); *Griff, Fachmann, Fahrer* expert(e); ■ **jd ist in etw** (*dat*) ~ qn est expert(e) dans qc

Gew. *abk von* **Gewerkschaft** syndicat *m*

GEW <-> [ge:ʔe:ˈve:] *f abk von* **Gewerkschaft Erziehung und Wissenschaft** *syndicat d'enseignants*

Gewächs <-es, -e> *nt* **1.** (*Pflanze*) plante *f*
2. (*Weinsorte*) cru *m;* ***eigenes ~!*** de mes vignes!
3. MED excroissance *f*

gewachsen [-ks-] I. *pp von* **wachsen**[1]
II. *adj* ■ **jd ist jdm** ~ qn peut se mesurer à [*o* avec] qn; ■ **jd ist einer S.** (*dat*) ~ qn est à la hauteur de qc

Gewächshaus *nt* serre *f*

gewagt *adj* **1.** (*kühn*) osé(e); (*gefährlich*) risqué(e); ***jd spielt ein ~es Spiel*** qn joue gros
2. (*freizügig*) osé(e)

gewählt I. *adj Ausdrucksweise, Sprache* choisi(e)
II. *adv sich ausdrücken* en termes choisis

gewahr *adj geh* ■ **jd wird jdn** [*o* **jds**] ~ qn aperçoit qn; ■ **jd wird etw** [*o* **einer S.** (*gen*)] ~ qn s'aperçoit de qc; *Summen, Geruch, Radioaktivität* qn perçoit qc

Gewähr <-> *f* ∅ ▸ **jd/etw bietet** [*o* **gibt**] [**jdm**] **die** ~ [**dafür**], **dass** qn/qc donne [*o* offre] [à qn] la garantie que + *indic;* **die ~ ist gegeben, dass** (*es ist garantiert, dass*) on a la garantie que + *indic;* **jd hat die ~, dass** qn a la garantie que + *indic;* **jd leistet** ~ qn applique la garantie; **jd übernimmt keine ~ für etw** qn ne garantit pas qc; **„ohne ~"** sous toutes réserves; (*auf Fahrplan, Preisliste*) sous réserve de changement; (*bei Lottozahlen*) sous réserve d'erreur

gewahren * *vt liter* (*sehen*) ■ **jd gewahrt jdn/etw** qn aperçoit qn/qc; (*spüren*) qn remarque qn/qc

gewähren * *vt* **1.** (*einräumen*) ■ **jd gewährt** [**jdm**] **etw** qn accorde qc [à qn]
2. (*zuteil werden lassen*) ■ **jd/etw gewährt** [**jdm**] **etw** *Asyl, Schutz, Vorteil* qn accorde qc/qc offre qc [à qn]; *Privileg a.* qc fait bénéficier qn de qc; *Sicherheit* qn/qc offre qc [à qn]; *Trost* qn/qc apporte qc [à qn]
▸ **jd lässt jdn** ~ *geh* qn laisse faire qn

gewährleisten * *vt* ■ **jd/etw gewährleistet** [**jdm**] **etw** qn/qc garantit qc [à qn]

Gewährleistung *f* **1.** (*das Sicherstellen*) garantie *f;* ***zur ~ der Sicherheit*** pour garantir la sécurité
2. COM (*Mängelhaftung*) garantie *f*
3. CH (*Genehmigung*) ratification *f*

Gewahrsam <-s> *m* ∅ **1.** (*Verwahrung*) rangement *m;* ***ein sicherer ~*** un lieu sûr
2. (*Haft*) garde *f;* ***jd bleibt in ~*** qn reste en détention; ***jd befreit sich aus polizeilichem ~*** qn fausse compagnie aux policiers
▸ **jd gibt jdm** [*o* **bei jdm**] **etw in** ~ qn donne qc en garde à qn, qn confie qc à la garde de qn; **jd nimmt jdn in** ~ qn s'assure de qn; **jd nimmt/hat etw in** ~ qn prend/a qc en garde; **jd ist** [*o* **befindet sich**] **in** ~ qn est détenu(e); ***er befindet sich in ~ der Polizei*** il est entre les mains de la police

Gewährsmann <-männer *o* -leute> *m* informateur(-trice) *m(f)*

Gewährung <-, *rare* -en> *f* octroi *m*

Gewalt <-, -en> *f* **1.** (*Macht*) pouvoir *m*
2. ∅ (*gewaltsames Vorgehen*) violence *f;* ***~ verherrlichend/bejahend*** glorifiant/prônant la violence
3. ∅ (*Heftigkeit*) violence *f*
▸ ~ **über Leben und Tod** [**von jdm**] droit *m* de vie ou de mort [sur qn]; **mit aller** ~ *fam* à toute force, à tout prix; **die drei ~en** les trois pouvoirs *mpl;* **elterliche** ~ autorité *f* parentale; **höhere** ~ cas *m* de force majeure; ***im Falle von höherer ~, wenn höhere ~ im Spiel ist*** en cas de force majeure; **nackte** [*o* **rohe**] ~ de la violence pure; ***mit nackter ~*** avec sauvagerie; **mit sanfter** ~ doucement, mais fermement; avec une main de fer dans un gant de velours; **die vollziehende/gesetzgebende/richterliche** ~ JUR le pouvoir exécutif/législatif/judiciaire; **jd bringt jdn in seine** ~ qn s'empare [*o* se rend maître(-esse)] de qn; **jd hat jdn in seiner** ~ qn tient qn à sa merci; **jd hat** [*o* **besitzt**] ~ **über ihn/sie** il/elle subit l'ascendant de qn; **jd hat sich in der** ~ qn est maître(-esse) de soi; **jd ist in jds** ~ qn est entre les mains de qn; **jd tut einer S.** (*dat*) ~ **an** qn fait violence à qc, qn bafoue qc; **jd tut jdm** ~ **an** *geh* qn violente qn; **jd tut sich** (*dat*) ~ **an** qn se fait violence; **jd verliert die** ~ **über etw** (*akk*) qn perd le contrôle de qc; **jd wendet** ~ **an** */Polizei/* qn recourt à la force; */Demonstranten/* qn a recours à la violence; **mit** ~ (*heftig*) avec violence; (*gewaltsam*) par la force; *fam* (*unbedingt*) à toute force, à tout prix; ***jd öffnet ein Schloss/eine Tür mit ~*** qn force une serrure/enfonce une porte; ***mit blutiger ~*** dans le sang

Gewalt- **1.** (*gewalttätig*) *-aktion, -szene* de violence; ***~action*** CINE scènes *fpl* de violence; ***~kriminalität*** criminalité *f* violente; ***~täter*** (*Chaot*) casseur(-euse) *m(f);* ***g~pornografisch*** sadomasochiste **2.** (*von Gewalt*) *-ausübung* de la violence; *-potenzial, -androhung* de violence; ***~toter*** victime *f* de la violence; ***Tod durch ~einwirkung*** mort *f* [*o* consécutive à un acte de violence] par suite de violence[s]; ***die Tür ist unter ~einwirkung geöffnet worden*** la porte a été forcée [*o* enfoncée]; ***g~frei*** non-violent(e); ***~freiheit*** non-violence *f* **3.** (*Gewalt betreffend*) en matière de violence; ***~forscher*** spécialiste *mf* [*o* expert(e) *m(f)*] de la violence **4.** (*Macht betreffend*) *-monopol* des pouvoirs *m* **5.** (*radikal*): ***~kur*** régime *m* draconien; ***~tour*** marathon *m* **Gewaltakt** *m* acte *m* de violence **Gewaltanwendung** *f* [*Polizei*] recours *m* à la force; [*Demonstranten*] recours *m* à la violence **Gewaltbereitschaft** *f* propension *f* à la violence

Gewaltenteilung *f* séparation *f* des pouvoirs

Gewaltherrschaft *f* ∅ régime *m* totalitaire, tyrannie *f;* [*Diktator*] despotisme *m* **Gewaltherrscher(in)** *m(f)* despote *m,* tyran *m*

gewaltig I. *adj* **1.** (*heftig*) *Eruption, Explosion, Sturmflut, Orkan* violent(e); *Überschwemmung* grave *antéposé*
2. (*enorm*) *Bauwerk, Anlage, Summe, Menge, Last* énorme; *Anblick* impressionnant(e); *Eindruck* très fort(e); *Stimme* puissant(e)
3. *fam* (*sehr groß*) méga… *fam;* ***ein ~er Unterschied*** une mégadifférence *fam;* ***die Hitzewelle ist ~er als alles, was dieses Land je erlebt hat*** c'est vraiment la pire vague de chaleur qu'ait connue le pays
4. *geh* (*mächtig*) puissant(e)
II. *adv fam* (*sehr*) drôlement *fam; sich irren* dans les grandes largeurs *fam*

gewaltlos I. *adj* non-violent(e), pacifique; ***der ~e Widerstand*** la résistance passive
II. *adv* sans violence, pacifiquement

Gewaltlosigkeit <-> *f* ∅ non-violence *f*

Gewaltmarsch *m* marche *f* forcée **Gewaltmaßnahme** *f* mesure *f* violente

gewaltsam I. *adj* violent(e); ***nach ~em Aufbrechen der Tür*** après avoir forcé la porte; ***ein ~es Schließen kann den Schließmechanismus beschädigen*** en forçant, on peut détériorer le mécanisme de fermeture
II. *adv vertreiben, durchsetzen* par la force; ***etw ~ aufbrechen*** [*o* ***öffnen***] forcer qc; ***etw ~ schließen*** fermer qc de force

Gewalttat *f* acte *m* de violence, voie *f* de fait **gewalttätig** *adj* violent(e) **Gewalttätigkeit** *f* violence *f* **Gewaltverbrechen** *nt* crime *m;* (*Mord*) crime *m* de sang **Gewaltverbrecher(in)** *m(f)* criminel(le) *m(f)* **Gewaltverherrlichung** *f* apologie *f* de la violence **Gewaltverzicht** *m* non-belligérance *f;* ***ein gegenseitiger ~, ein Abkommen über ~*** un accord de non-belligérance

Gewand <-[e]s, -er> *nt* **1.** *geh* (*langer Überwurf*) robe *f*
2. CH (*Kleidung*) tenue *f*
▸ **liturgisches** ~ vêtement *m* liturgique; **in neuem** ~ *fig* sous un nouvel aspect; COM relooké(e) *fam*

gewandet *adj hum geh* vêtu(e); ***in Grün/in Seide ~*** vêtu(e) de vert/de soie

gewandt I. *pp von* **wenden**
II. *adj Auftreten, Ausdrucksweise* aisé(e); *Bewegung* souple; *Redner, Verhandlungsführer* habile
III. *adv* avec aisance; *sich aus der Affäre ziehen* habilement
Gewandtheit <-> *f* Ø [*Auftreten, Ausdrucksweise*] aisance *f; Bewegung* souplesse *f; Redner, Verhandlungsführer* habileté *f*
gewann *imp von* **gewinnen**
gewärtig *adj pred geh* ■ **jd ist** [**sich** (*dat*)] **einer S.** (*gen*) ~ qn s'attend à qc; *einer Gefahr* qn est conscient(e) de qc; ■ **jd ist ~, dass** qn s'attend à ce que + *subj*
gewärtigen * *vt geh* ■ **jd gewärtigt etw/nichts** [**von jdm**] qn attend qc/n'attend rien [de qn]
► **jd hat etw zu ~, jd muss etw ~** qn doit [*o* peut] s'attendre à qc; ***jd hat keine Strafe zu*** ~ qn n'a pas à craindre de peine
Gewäsch <-[e]s> *nt* Ø *pej fam* bavardages *mpl*, foutaises *fpl fam;* [*Redner*] verbiage *m*
gewaschen *pp von* **waschen**
Gewässer <-s, -> *nt* (*See, Teich*) plan *m* d'eau; (*Fluss*) cours *m* d'eau; *pl* eaux *fpl*
► **ein fließendes/stehendes** ~ une eau courante/stagnante [*o* dormante]; **geschlossenes** ~ plan *m* d'eau
Gewässer- des eaux; ~***kunde*** hydrographie *f*
Gewebe <-s, -> *nt* tissu *m*
Gewebe- de tissu[s]; ~***entnahme*** biopsie *f*
Gewebs-: ~***beschaffenheit*** structure *f* d'un/du tissu; ~***transplantation*** greffe *f* de tissu[s]; ~***flüssigkeit*** lymphe *f;* ~***massage*** massage *m* hypodermique
Gewehr <-[e]s, -e> *nt* fusil *m*
► **jd steht ~ bei Fuß** MIL qn est l'arme au pied; *fam* (*ist bereit*) qn est sur le pied de guerre; **präsentiert das ~!** présentez arme!; **~ ab!** reposez arme!; **an die ~e!** aux armes!; **das ~ über!** portez arme!
Gewehr- de fusil; *-griffe* du fusil; ~***schrank*** armoire *f* aux armes [*o* à fusils]
Geweih <-[e]s, -e> *nt* bois *mpl*
Gewerbe <-s, -> *nt* activité *f* artisanale/commerciale/industrielle; ***das ~ des Bäckers*** le métier de boulanger; ***in welchem ~ sind Sie tätig?*** vous travaillez dans quelle branche d'activité?; [***landwirtschaftliches***] ~ exploitation *f* agricole
► **das älteste ~ der Welt** *hum,* **das horizontale** ~ *hum* le plus vieux métier du monde; **jd** [**be**]**treibt ein ~, jd übt ein ~ aus** qn exerce une activité artisanale/commerciale/industrielle
Gewerbeaufsicht *f* inspection *f* du travail **Gewerbeaufsichtsamt** *nt* inspection *f* du Travail **Gewerbebetrieb** *m* (*Fabrik*) [petite ou moyenne] entreprise *f* [industrielle]; (*Werkstätte*) entreprise *f* artisanale; (*Geschäft*) entreprise *f* commerciale **Gewerbefläche** *f* surface *f* à usage industriel ou commercial **Gewerbegebiet** *nt* zone *f* industrielle **Gewerbelehrer(in)** *m(f)* professeur *m* de lycée professionnel, P.L.P.1 *m* **Gewerbeordnung** *f* réglementation *f* [*o* code *m* des professions] de l'artisanat/du commerce/de l'industrie **Gewerbeschein** *m* licence *f* **Gewerbeschule** *f* école *f* professionnelle **Gewerbesteuer** *f* taxe *f* professionnelle **Gewerbetreibende(r)** *f(m) decl wie adj* (*Kaufmann*) commerçant(e) *m(f);* (*Fabrikinhaber*) [petit] industriel/[petite] industrielle *m/f;* (*Handwerker*) artisan(e) *m(f)* **Gewerbezweig** *m* branche *f* d'activité
gewerblich I. *adj* industriel(le) ou commercial(e); *Nutzung, Bedarf* professionnel(le)
II. *adv nutzen* à usage professionnel; ***sie ist seit Jahren in dieser Branche ~ tätig*** elle est à son compte dans cette branche depuis des années
gewerbsmäßig I. *adj* professionnel(le)
II. *adv* à titre professionnel
Gewerkschaft <-, -en> *f* syndicat *m*
► **jd geht in die** ~ qn se syndique
Gewerkschaft[l]er(in) <-s, -> *m(f)* syndicaliste *mf*
gewerkschaftlich I. *adj* syndical(e)
II. *adv* au niveau [*o* plan] syndical
Gewerkschafts- *-bank, -zeitung, -blatt, -konzern, -sekretär, -mitgliedschaft, -führer, -funktionär* syndical(e); *-aufruf, -vorsitzende(r), -tag* du syndicat; ***g~eigen*** appartenant au syndicat **Gewerkschaftsbewegung** *f* mouvement *m* syndical **Gewerkschaftsboss**^RR *m pej* leader *m* syndical **Gewerkschaftsbund** *m* confédération *f* [*o* centrale *f*] syndicale **Gewerkschaftsmitglied** *nt* syndiqué(e) *m(f)* **Gewerkschaftswesen** *nt* syndicalisme *m*
gewesen I. *pp von* **sein**[1]
II. *adj attr* (*ehemalig*) ancien(ne) *antéposé*
gewichen *pp von* **weichen**
Gewicht <-[e]s, -e> *nt* 1. Ø [*Gegenstand, Fahrzeug*] poids *m; **ein geringes/großes*** ~ un faible/grand poids
2. (*Körper~*) poids *m;* ■ **jds** ~ le poids de qn; ***er hat 10 Kilo zu viel an*** ~ il pèse [*o* fait] 10 kilos de trop
3. (*Metallstück*) poids *m;* SPORT haltères *fpl; **jd übt*** [*o **trainiert***] ***mit ~en*** qn fait des haltères
► **jd wirft sein ganzes ~** [**für jdn/etw**] **in die Waagschale** qn jette [tout] son poids dans la balance [en faveur de qn/pour qc]; **spezifisches** ~ masse *f* spécifique [*o* volumique]; ***ein hohes*** ~ une masse spécifique élevée; **etw fällt ins** ~ qc est de poids, qc a de l'importance; **etw fällt nicht ins** ~ qc n'a aucun poids [*o* aucune importance]; **etw hat** ~ qc a du poids [*o* de l'importance]; ***etw hat großes/geringes/entscheidendes*** ~ qn a un grand poids/peu de poids/un poids décisif; **das hat ein ~!** *fam* ça pèse son poids! *fam;* **jd legt auf etw** (*akk*) **~, jd misst einer S.** (*dat*) **~ bei** qn attache du poids [*o* de l'importance] à qc; **jd verkauft etw nach** ~ qn vend qc au poids; **unter dem ~ einer S.** (*gen*) sous le poids de qc; **von** ~ de poids, d'importance; ***etw ist von einigem ~/nicht von ~/war nie von*** ~ qc a un certain poids/n'a pas/n'a jamais eu d'importance
gewichten * *vt* ■ **jd gewichtet etw** qn évalue qc; ■ **jd gewichtet Dinge** qn sérié des choses; ***etw wird anders/neu gewichtet*** on réévalue qc; ***etw wird höher gewichtet*** on attache plus d'importance à qc
Gewichtheben <-s> *nt* Ø SPORT haltérophilie *f*
► **im** ~ en haltérophilie
Gewichtheber(in) <-s, -> *m(f)* haltérophile *mf*
gewichtig *adj* 1. (*bedeutsam*) solide, de poids; ***haben Sie keine ~eren Gründe vorzubringen?*** n'avez-vous pas de meilleures raisons à présenter?
2. *veraltend* (*schwer*) pesant(e)
Gewichtsabnahme *f* perte *f* de poids **Gewichtsklasse** *f* catégorie *f; **die ~ Schwergewicht*** la catégorie des [poids] lourds **Gewichtskontrolle** *f* contrôle *m* du poids **Gewichtsverlust** *m* perte *f* de poids **Gewichtszunahme** *f* prise *f* de poids
Gewichtung <-, -en> *f* évaluation *f; **eine andere*** ~ une réévaluation, une nouvelle appréciation; ■ **die ~ von Dingen** la hiérarchisation *f* des choses
gewieft I. *adj fam* roublard(e) *fam*
II. *adv fam* avec roublardise; ***jd geht ~ er vor*** qn s'y prend avec plus de roublardise
gewiesen *pp von* **weisen**
gewillt *adj* ■ **jd ist ~ etw zu tun** qn est disposé(e) à faire qc
Gewimmel <-s> *nt* Ø fourmillement *m*, grouillement *m*
Gewimmer <-s> *nt* Ø gémissements *mpl*
Gewinde <-s, -> *nt* filetage *m*
Gewindebohrer *m* taraud *m* **Gewindegang** <-gänge> *m* pas *m* de vis **Gewindeschneider** *m* filière *f*
Gewinn <-[e]s, -e> *m* 1. COM bénéfice *m*, profit *m*
2. (*Preis*) gain *m;* (*Treffer*) numéro *m* gagnant; ***nicht jedes Los ist auch ein*** ~ on ne gagne pas à tous les coups, tous les numéros ne sont pas gagnants
3. Ø (*Vorteil*) enrichissement *m; **jd ist ein großer ~ für die Firma*** la firme a beaucoup gagné à s'attacher les services de qn
► **etw bringt ~, etw wirft ~ ab** qc rapporte; ***etw wirft einen ordentlichen/viel ~ ab*** qc rapporte pas mal/beaucoup; **~ bringend** (*profitabel*) *Geschäft* rentable; *Geldanlage, Spekulation* lucratif(-ive); *Verkauf* avantageux(-euse); *wirtschaften* de façon rentable; *anlegen* lucrativement; *verkaufen* avantageusement; **jd erzielt** [**mit etw**] **einen ~/~e** qn réalise un bénéfice/des bénéfices [avec qc]; **jd macht einen** ~ (*in Lotterie*) qn gagne [à la loterie]; ***sie muss einen großen ~ gemacht haben*** elle a dû gagner une grosse somme [à la loterie]; **jd macht** [**mit etw**] ~ (*Profit*) qn fait des bénéfices [avec qc] [*o* en faisant qc]; **mit** ~ avec bénéfices
Gewinnanteil *m* part *f* de bénéfice **Gewinnausschüttung** *f* répartition *f* des bénéfices **Gewinnbeteiligung** *f* participation *f* aux bénéfices **gewinnbringend** *s.* **Gewinn ►. Gewinnchance** [-ʃɑ̃:s(ə), -ʃaŋs(ə)] *f* chance *f* de gagner
gewinnen <gewann, gewonnen> I. *vt* 1. (*als Gewinn erhalten*) ■ **jd gewinnt etw** *Preis, Prämie, Geld, Medaille* qn gagne qc
2. (*für sich entscheiden*) ■ **jd gewinnt etw** *Krieg, Prozess, Schlacht, Auseinandersetzung* qn gagne qc; *Kampf, Wettbewerb, Meisterschaft, Spiel a.* qn remporte qc
3. (*überreden*) ■ **jd gewinnt jdn für etw** qn gagne [*o* rallie] qn à qc; ***jd gewinnt jdn für eine Mitarbeit*** qn s'attache la collaboration de qn; ■ **jd gewinnt jdn als etw** *als Kunden, Mitarbeiter* qn gagne [*o* acquiert] qn comme qc; ***jd gewinnt jdn als Freund*** qn gagne l'amitié de qn
4. (*erzeugen*) ■ **jd gewinnt etw** [**aus etw**] *Metall, Kohle, Erz etc* qn extrait qc [de qc]; *aus recycelten Stoffen* qn tire qc [de qc]
► **wie gewonnen, so zerronnen** *prov* argent vite gagné sera vite envolé; **was ist damit gewonnen?** qu'est-ce qu'on y gagne?, à quoi cela nous avance-t-il?
II. *vi* 1. (*Gewinner sein*) ■ **jd gewinnt** [**in etw** (*dat*)] qn gagne [à qc]; ■ **jd gewinnt bei etw** qn gagne [lors de] qc
2. (*Gewinn bringen*) ■ **etw gewinnt** /*Los, Zahlen*/ qc est gagnant(e)
3. (*profitieren*) ■ **jd gewinnt bei etw** qn gagne à qc; ***er hat dabei/dabei nicht gewonnen*** il y a/n'y a rien gagné
4. (*zunehmen*) ■ **jd gewinnt an etw** (*dat*) qn gagne en qc
5. (*besser wirken*) ■ **jd gewinnt** [**durch etw**]: ***seit er verheiratet ist, hat er sehr gewonnen*** depuis qu'il est marié, il s'est beaucoup amélioré; le mariage l'a beaucoup amélioré; ***sie gewinnt durch ihre neue Frisur*** sa nouvelle coiffure l'avantage, elle a gagné à changer de coiffure
gewinnend *adj Charme* séduisant(e); *Art, Lächeln a.* engageant(e)
Gewinner(in) <-s, -> *m(f)* gagnant(e) *m(f);* MIL vainqueur *m; **sie blieb schließlich die ~in*** elle a finalement été victorieuse
Gewinnerstraße *f* ► **jd ist auf der** ~ *sl* qn est bien parti(e) pour gagner, qn joue gagnant(e)
Gewinnklasse *f* rang *m* [de gagnant] **Gewinnmaximierung** *f* maximalisation *f* des bénéfices **Gewinnnummer**^RR *f* numéro *m* gagnant **Gewinnspanne** *f* marge *f* bénéficiaire **Gewinnsucht** *f pej* âpreté *f* au gain, avidité *f* ► **aus** ~ par âpreté au gain, par avidité **gewinnsüchtig** *adj* âpre au gain, avide; ***der Hersteller war zu*** ~ le fabricant s'est montré trop gourmand **gewinnträchtig** *adj* prometteur(-euse), qui devrait rapporter **Gewinnummer** *s.* **Gewinnnummer. Gewinn- und Verlustrechnung** *f* compte *m* de résultat, compte *m* de pertes et profits **Gewinnzahl** *f* numéro *m* gagnant **Gewinnzone** *f* seuil *m* de rentabilité; ***wir kommen langsam in die*** ~ nous atteignons peu à peu le seuil de rentabilité; ***jd bringt etw in die*** ~ qn fait sortir qc du rouge; ***droht der Firma der Abstieg aus der*** ~? l'entreprise va-t-elle se retrouver au-dessous du seuil de rentabilité? [*o* passer dans le rouge?]

Gewinsel <-s> *nt* Ø [*Tier*] gémissements *mpl*; [*Mensch a.*] geignements *mpl*
Gewirr <-[e]s> *nt* Ø enchevêtrement *m*; [*Bestimmungen, Paragraphen, Vorschriften etc a.*] imbroglio *m*; [*Stimmen*] brouhaha *m*
Gewisper <-s> *nt* Ø chuchotements *mpl*
gewiss[RR], **gewiß** I. *adj* 1. *attr* (*bestimmt*) certain(e) *antéposé*; ■ **etwas Gewisses** quelque chose de certain; ***etwas Gewisses weiß noch keiner*** personne ne sait encore rien de certain
2. (*sicher*) sûr(e); ■ **jd ist sich einer S.** (*gen*) ~ *geh* qn est sûr(e) de qc
II. *adv geh* (*sicher*) certainement, sûrement; ***ich weiß es ganz*** ~ je le sais en toute certitude [*o* de façon tout à fait certaine]
▸ **aber** ~!, ~ **doch**, [**ja**] ~ [mais] bien sûr!
Gewissen <-s> *nt* Ø conscience *f*
▸ **ein gutes ~ ist ein sanftes Ruhekissen** *prov* qu'il est doux de ne rien avoir à se reprocher!, on dort mieux la conscience en paix; **jd hat ein reines** ~ qn a la conscience tranquille [*o* en paix]; **jd tut etw ruhigen ~s** [*o* **mit gutem** ~] qn fait qc en toute bonne foi; **jd hat ein schlechtes** ~ qn a mauvaise conscience, qn n'a pas la conscience tranquille; **jd erforscht sein** ~ qn fait un examen de conscience; **jd erleichtert sein** ~, **jd erleichtert sich** (*dat*) **das** ~ qn soulage sa conscience; **jd hat jdn auf dem** ~ qn a la mort/le malheur de qn sur la conscience; **jd hat etw auf dem** ~ qn a qc sur la conscience; **jd hat kein** ~ qn n'a aucun sens moral; **jd macht sich** (*dat*) **aus etw kein** ~ qn ne se fait aucun scrupule de [faire] qc; **jd redet jdm ins** ~ qn fait appel à la conscience de qn
gewissenhaft I. *adj* consciencieux(-euse), scrupuleux(-euse)
II. *adv* consciencieusement, scrupuleusement
Gewissenhaftigkeit <-> *f* Ø minutie *f*; [*Mensch*] conscience *f* [professionnelle], soin *m*
gewissenlos I. *adj* sans [*o* dénué(e) de] scrupules; ■ **jd ist** ~ qn est dénué(e) de scrupules
II. *adv* sans aucun scrupule
Gewissenlosigkeit <-, -en> *f* 1. Ø (*Skrupellosigkeit*) manque *m* de scrupules
2. (*Handlung*) ignominie *f*
Gewissensbisse *pl* remords *mpl* [de conscience] ▸ **jd bekommt/hat** [**wegen etw**] ~ qn est pris(e) de/a des remords [à cause de qc]; ***er bekam ~, ob*** il fut pris de remords en se demandant si; **jd macht sich** (*dat*) [**wegen etw**] ~ qn se fait des reproches [à cause de qc]; **ohne** ~ la conscience tranquille, sans remords **Gewissensentscheidung** *f* cas *m* de conscience **Gewissenserforschung** *f* examen *m* de conscience **Gewissensfrage** *f s.* **Gewissensentscheidung. Gewissensfreiheit** *f* liberté *f* de conscience **Gewissensgründe** *pl* raisons *fpl* de conscience **Gewissenskonflikt** *m* débat *m* de conscience; ***jd gerät in einen*** ~ qn se trouve confronté(e) à un cas de conscience
gewissermaßen *adv* en quelque sorte, d'une certaine façon; ***es trat ~ über Nacht ein*** cela s'est passé pour ainsi dire du jour au lendemain
Gewissheit[RR], **Gewißheit** *f* certitude *f*; ***wenn ich doch nur ~ hätte, was mit ihr los ist!*** si seulement je savais avec certitude ce qui lui arrive!
▸ **jd erlangt/verschafft sich** (*dat*) ~ [**über etw** (*akk*)] qn fait toute la lumière [sur qc]; **etw gibt jdm die** ~, **dass** qc donne à qn la certitude [*o* l'assurance] que + *indic*; **jd hat** [**volle**] ~ **über etw** (*akk*) qn connaît avec certitude/une certitude absolue qc; **etw reift** [*o* **verdichtet sich**] **zur** ~ *geh* qc devient [une] [*o* se transforme en] certitude; **mit** ~ avec certitude
Gewitter <-s, -> *nt* orage *m*
▸ **es liegt ein ~ in der Luft** le temps est à l'orage; **ein reinigendes** ~ *fam* une bonne engueulade (*permettant d'aplanir les dissensions*) *fam*; ***reinigendes ~ vom Chef*** une gueulante [*o* un coup de gueule] du chef *fam*
Gewitterfront *f* METEO front *m* orageux **Gewitterhimmel** *m* ciel *m* d'orage [*o* orageux]
gewitt[e]rig I. *adj* orageux(-euse)
II. *adv*: ***es ist ~ schwül*** cette lourdeur est orageuse
gewittern * *vi impers* ■ **es gewittert** il fait de l'orage; ***in der Nacht begann es zu*** ~ l'orage a éclaté dans la nuit
Gewitterregen *m*, **Gewitterschauer** *m* averse *f* [*o* ondée *f*] orageuse **Gewitterwolke** *f* nuage *m* orageux
gewitzigt *adj* ■ **jd ist** [**durch etw**] ~ qn est échaudé(e) [par qc]
gewitzt *adj* roué(e)
Gewitztheit <-> *f* Ø rouerie *f*
gewoben *pp von* **weben**
gewogen[1] *pp von* **wägen, wiegen**[2]
gewogen[2] *adj geh* ■ [**jd ist**] **jdm** ~ /*Freund*/ [qn est] dévoué(e) à qn; /*Fürsprecher*/ [qn est] acquis(e) à qn; ■ **jd ist einer S.** ~ qn est acquis(e) à qc; ***jd ist jdm sehr*** ~ qn est tout(e) acquis(e) [*o* tout(e) dévoué(e)] à qn; ***jd macht sich jdm*** ~ qn s'attire les bonnes grâces de qn
Gewogenheit <-> *f* Ø *geh* ■ **jds** ~ [**jdm gegenüber**] les faveurs *fpl* [*o* les bonnes grâces *fpl*] de qn [envers qn]
gewöhnen * I. *vt* ■ **jd gewöhnt jdn/ein Tier an etw** (*akk*) qn habitue qn/un animal à qc; ■ **jd gewöhnt jdn/ein Tier an sich** qn familiarise qn/un animal avec soi; ■ **jd/ein Tier ist an jdn/etw gewöhnt**, ■ **jd ist jdn/etw gewöhnt** qn/un animal est habitué(e) [*o* accoutumé(e)] à qn/qc; ***das bin ich gewöhnt*** j'en ai l'habitude, j'y suis habitué(e)
II. *vr* ■ **jd/ein Tier gewöhnt sich an jdn/etw** qn/un animal s'habitue [*o* s'accoutume] à qn/qc, qn/un animal se familiarise avec qn/qc; ■ **jd/ein Tier gewöhnt sich daran etw zu tun** qn/un animal s'habitue à [*o* prend l'habitude de] faire qc
Gewohnheit <-, -en> *f* habitude *f*
▸ **jd hat die ~ etw zu tun** qn a l'habitude de faire qc; **jd macht sich** (*dat*) **etw zur** ~ qn prend l'habitude de [faire] qc; **etw wird jdm zur** ~ qc devient pour qn une habitude; **aus** [**lauter**] ~ [simplement] par habitude
gewohnheitsmäßig I. *adj* habituel(le); ***er ist ein ~er Lügner*** c'est un menteur invétéré II. *adv* par habitude, machinalement **Gewohnheitsmensch** *m* routinier(-ière) *m(f)* **Gewohnheitsrecht** *nt* 1. (*im Einzelfall*) droit *m* d'usage 2. (*als Rechtssystem*) droit *m* coutumier **Gewohnheitstier** *nt* ▸ **jd ist ein** ~ *hum fam* qn est esclave de ses habitudes [*o* un esclave de la routine] **Gewohnheitstrinker(in)** *m(f)* buveur invétéré/buveuse invétérée *m/f* **Gewohnheitsverbrecher(in)** *m(f)* récidiviste *mf*
gewöhnlich I. *adj* 1. (*üblich*) habituel(le)
2. *Arbeitstag, Wochentag* ordinaire; *Pflanze a.* commun(e)
3. (*gewohnt*) *Stunde, Zeit* habituel(le)
4. *pej* (*ordinär*) ordinaire, vulgaire
II. *adv* 1. (*üblicherweise*) habituellement, d'habitude
2. *pej* (*ordinär*) vulgairement
▸ **für** ~ d'habitude; **wie** ~ comme d'habitude
gewohnt *adj Stunde, Zeit* habituel(le); *Umgebung a.* familier(-ière); ■ **jd ist etw** ~ qn a l'habitude de qc, qn est habitué(e) à qc; ■ **jd ist es ~ etw zu tun/, dass** qn a l'habitude de faire qc/que + *subj*
gewohntermaßen *adv* habituellement, en temps normal
Gewöhnung <-> *f* Ø ■ **jds ~ an etw** (*akk*) l'accoutumance *f* de qn à qc
▸ **das ist** [**alles**] ~, **das ist eine Sache der** ~ [tout] cela est une question [*o* est affaire] d'habitude
Gewölbe <-s, -> *nt* 1. (*Decke*) voûte *f*
2. (*Raum*) cave *f* voûtée
gewollt I. *adj* voulu(e), intentionnel(le)
II. *adv* délibérément; ***jd klingt ~ fröhlich*** qn s'efforce d'être joyeux(-euse)
gewonnen *pp von* **gewinnen**
geworben *pp von* **werben**
geworden *pp von* **werden**
geworfen *pp von* **werfen**
gewrungen *pp von* **wringen**
Gewühl <-[e]s> *nt* Ø 1. (*Gedränge*) cohue *f*; ***es ist das reinste ~!*** c'est une vraie cohue!
2. *pej* (*Kramen*) *verbal übersetzt;* ***was soll das ~ in den Schubladen?*** qu'as-tu/qu'avez-vous à farfouiller *fam* [*o* fourrager] dans ces tiroirs?
gewunden I. *pp von* **winden**[1]
II. *adj* 1. *Fluss, Flusslauf etc* sinueux(-euse); *Weg a.* tortueux(-euse)
2. *Erklärung, Ausdrucksweise* tarabiscoté(e)
gewunken DIAL *pp von* **winken**
Gewürz <-es, -e> *nt* (*Würze*) assaisonnement *m*; (*Pfeffer, Curry etc*) épice *f*; (*Gewürzmischung, Speisezusatz*) condiment *m*; (*Kräuter*) aromate *m*
Gewürzgurke *f* cornichon *m* à la russe **Gewürzmischung** *f* mélange *m* d'aromates **Gewürznelke** *f* clou *m* de girofle **Gewürzpflanze** *f* plante *f* aromatique **Gewürzständer** *m* (*im Haushalt*) étagère *f* à épices; (*im Restaurant*) présentoir *m* à condiments
Gewusel <-s> *nt* Ø DIAL *s.* **Gewimmel**
gewusst[RR], **gewußt** *pp von* **wissen**
Geysir <-s, -e> ['gaizɪr] *m* geyser *m*
gez. *adj abk von* **gezeichnet** *s.* **zeichnen**
gezackt *adj Fels* déchiqueté(e); *Hahnenkamm* dentelé(e); *Blatt* crénelé(e)
gezahnt *adj*, **gezähnt** *adj* 1. *Blatt* dentelé(e)
2. TECH denté(e)
3. *Briefmarke* dentelé(e)
Gezänk <-s> *nt* Ø, **Gezanke** <-s> *nt* Ø *pej fam* chamailleries *fpl* [continuelles] *fam*
Gezeiten *pl* marées *fpl*
Gezeitenkraftwerk *nt* usine *f* marémotrice **Gezeitentafel** *f* horaire *m* des marées **Gezeitenwechsel** [-ks-] *m* changement *m* de marée
Gezerre <-s> *nt* Ø ■ ~ [**um etw**] tiraillements *mpl* [à propos de qc]
Gezeter <-s> *nt* Ø *fam* braillements *mpl*, cris *mpl* de putois *fam*
▸ **jd bricht in** ~ (*akk*) **aus** qn se met à crier comme un putois *fam*
gezielt I. *adj* 1. *Schuss, Bombenabwurf, Bombardierung* précis(e), ciblé(e)
2. *Forschung, Frage, Hilfe, Maßnahme, Planung* ciblé(e)
II. *adv* 1. *schießen:* ***als die Demonstranten näher rückten, schoss die Miliz*** ~ lorsque les manifestants s'approchèrent, ils essuyèrent les tirs précis de la milice
2. *fragen, helfen, forschen, planen, vorgehen* de façon ciblée
geziemen * *vr geh* ■ **etw geziemt sich**, ■ **es geziemt sich** [**für jdn**] **etw zu tun** il sied *littér* [*o* convient] [à qn] de faire qc; ***ein Wort des Dankes geziemt sich*** il sied *littér* [*o* convient] d'exprimer ses remerciements
▸ **wie es sich** [**für jdn**] **geziemt** comme il sied [à qn] *littér*, ainsi qu'il convient [à qn]
geziemend I. *adj geh* qui sied *littér*, qui convient; ***er begegnete ihm mit dem ~en Respekt*** il le reçut avec le respect qui lui était dû
II. *adv geh* comme il se doit
geziert I. *adj pej* affecté(e), maniéré(e)
II. *adv* avec affectation
gezogen *pp von* **ziehen**
Gezücht <-[e]s, -e> *nt pej* 1. *fam* (*Gesindel*) racaille *f*
2. *veraltend* grouillement *m* de reptiles
Gezwitscher <-s> *nt* Ø gazouillement *m*, gazouillis *m*
gezwungen I. *pp von* **zwingen**
II. *adj Atmosphäre, Benehmen* contraint(e); *Lachen a.* forcé(e)
III. *adv:* ***ihr Lachen wirkt*** ~ elle a un rire un peu contraint; ***die Gäste benehmen sich irgendwie*** ~ les invités ont l'air un peu contraint [*o* constipé *fam*]
gezwungenermaßen *adv* ■ **jd tut etw** ~ qn fait qc contraint(e) et forcé(e); ***ich muss ~ zu Fuß gehen*** il faut bon gré mal gré que j'aille à pied
ggf. *adv abk von* **gegebenenfalls**
Ghetto <-s, -s> *nt s.* **Getto**

Ghostwriter(in) <-s, -> ['goʊstraitɐ] *m(f) geh* nègre *m*
Gibbon <-s, -s> *m* gibbon *m*
gibt *3. pers pres von* **geben**
Gicht <-> *f* ∅ goutte *f*
▸ **jd hat [die] ~** qn a la goutte
Gichtknoten *m* tophus *m* **gichtkrank** *adj* goutteux(-euse) **Gichtkranke(r)** *f(m) decl wie adj* goutteux(-euse) *m(f)*
Giebel <-s, -> *m* pignon *m*
Giebeldach *nt* toit *m* à pignon **Giebelfenster** *nt* fenêtre *f* du pignon **Giebelhaus** *nt* maison *f* à pignon **Giebelseite** *f* façade *f* à pignon **Giebelwand** *f* mur *m* de pignon **Giebelzimmer** *nt* chambre *f* de pignon, mansarde *f*
Gier <-> *f* ∅ avidité *f;* (*Ess~*) voracité *f;* (*Geld~*) rapacité *f;* (*sexuell*) concupiscence *f;* ■ **die ~ nach etw** *nach Gold, Geld* l'envie *f* immodérée de qc; *nach Genuss, Reichtum* la soif [*o* l'appétit *m*] de qc; *nach einer Speise* l'envie *f* folle de qc
gieren[1] *vi* (*verlangen*) ■ **jd giert nach etw** *nach Essbarem, Süßigkeit* qn a une envie folle de qc; *nach Einfluss, Macht, Reichtum, Amt* qn est avide [*o* a soif] de qc
gieren[2] *vi* NAUT ■ **etw giert** qc fait des embardées
gieren[3] *vi* CH (*quietschen*) ■ **etw giert** qc grince; ***ein G~*** un grincement
gierig I. *adj Mensch* avide; *Augen, Blick a.* rempli(e) de convoitise; (*sexuell*) concupiscent(e); ■ **jd ist ~ nach etw** qn est avide de qc
II. *adv trinken* avec avidité; *essen, verschlingen a.* voracement
Gießbach *m geh* torrent *m*
gießen <goss, gegossen> I. *vt* 1. (*bewässern*) ■ **jd gießt etw** *Blumen, Pflanzen, Garten etc* qn arrose qc
2. (*schütten*): ***jd gießt etw voll/ halb voll/ randvoll/ drei viertel voll*** qn remplit qc complètement/à moitié/à ras bord/aux trois quarts; ■ **jd gießt etw in etw** (*akk*) qn verse qc dans qc; ■ **jd gießt etw auf/über etw** (*akk*) qn verse qc sur qc; ***du hast mir Tinte auf/ über mein Heft gegossen!*** tu as renversé de l'encre sur mon cahier!
3. METAL ■ **jd gießt etw** *Glocke, Skulptur, Metall* qn coule qc; ■ **jd gießt etw in etw** *in Bronze, Gips, Wachs* qn coule qc en qc
▸ **jd gießt [jdm] etw voll** qn [lui] remplit qc [à ras bord]
II. *vi impers* ■ **es gießt** il pleut à verse
Gießer(in) <-s, -> *m(f)* fondeur(-euse) *m(f)*
Gießerei <-, -en> *f* fonderie *f*
Gießereiarbeiter(in) *m(f)* ouvrier fondeur/ouvrière fondeuse *m/f* **Gießereibetrieb** *m* fonderie *f*
Gießkanne *f* arrosoir *m*
Gießkannenprinzip *nt* ▸ **nach dem ~** *fam* selon la technique du saupoudrage (*sans tenir compte des situations particulières*)
Gift <-[e]s, -e> *nt* 1. (*giftige Substanz*) poison *m;* [*Schlange*] venin *m*
2. *pej* (*Bosheit*) venin *m*
▸ **jd spuckt** [*o* **speit**] **~ und Galle** *fam* qn crache son venin, qn décharge sa bile; **etw ist [wie] ~ für jdn** *fam* qc est un véritable poison pour qn; **jd nimmt ~** qn s'empoisonne; **darauf kann jd ~ nehmen** *fam* qn peut en être sûr(e); ***jd kann darauf ~ nehmen, dass*** qn peut être sûr(e) que + *indic;* **jd verspritzt sein ~** qn répand [*o* crache] son venin
-gift *nt* 1. (*schädigende Substanz*): ***Genuss~*** stimulant *m* toxique; ***Nerven~*** neurotoxique *m;* ***Umwelt~*** produit *m* nocif pour l'environnement, polluant *m* nocif; ***Zell~*** substance *f* toxique pour les cellules; ***Pflanzen~*** herbicide *m*
2. *Bienen-, Schlangen-* venin *m* de; ***Pflanzen~*** poison *m* végétal
Gift- *-ampulle, g-tropfend* de poison; *-cocktail, -eintrag, -schleuder* polluant(e); *-kampfstoff, -wirkung* toxique; *-unfall* technologique; *-produktion* de venin; *-stachel* venimeux(-euse); *-mobil* de collecte de déchets [toxiques] **Giftbecher** *m* coupe *f* empoisonnée **Giftdrüse** *f* glande *f* à venin
giften *vi fam* ■ **jd giftet [gegen jdn/etw]** qn vitupère [*o* peste] [*o* déblatère] [contre qn/qc]
Giftfracht *f* (*vergiftetes Wasser*) eaux *fpl* polluées; (*Gift im Wasser*) pollutions *fpl* [toxiques] **Giftgas** *nt* gaz *m* toxique [*o* asphyxiant] **giftgrün** *adj* d'un vert criard
gifthaltig *adj,* **gifthältig** *adj* AUS vénéneux(-euse)
giftig I. *adj* 1. *Pflanze* vénéneux(-euse); *Chemikalie, Stoff* toxique; *Tier* venimeux(-euse)
2. *fam* (*boshaft*) *Mensch, Bemerkung* venimeux(-euse), fielleux(-euse)
3. (*grell*) *Farbe, Stoff* criard(e)
II. *adv pej antworten, reagieren* hargneusement
Giftküche *f hum fam* officine *f péj* **Giftmischer(in)** <-s, -> *m(f)* empoisonneur(-euse) *m(f)* **Giftmord** *m* meurtre *m* par empoisonnement **Giftmörder(in)** *m(f)* empoisonneur(-euse) *m(f)* **Giftmüll** *m* déchets *mpl* toxiques **Giftnudel** *f pej fam* vipère *f,* poison *f fam* **Giftpfeil** *m* flèche *f* empoisonnée **Giftpflanze** *f* plante *f* vénéneuse **Giftpilz** *m* champignon *m* vénéneux **Giftschlange** *f* serpent *m* venimeux **Giftschrank** *m* 1. MED armoire *f* aux stupéfiants 2. *hum fam* enfer *m* [d'une bibliothèque] **Giftspritze** *f fam* (*böse Frau*) langue *f* de vipère **Giftstoff** *m* substance *f* toxique **Giftzahn** *m* crochet *m* à venin **Giftzwerg(in)** *m(f) pej fam* nabot(e) *m(f)* malfaisant(e) *m*
Giga- giga- **Gigabyte** [-bait] *nt* INFORM giga-octet *m*
Gigant(in) <-en, -en> *m(f)* 1. (*Riese*) géant(e) *m(f)*
2. (*Mächtiger*) géant *m,* colosse *m*
-gigant *m Computer-, Chemie-, Industrie-* géant *m* de
gigantisch *adj* 1. (*ungeheuer*) gigantesque; ***etw wächst ins G~e*** qc prend des proportions gigantesques
2. *fam* (*äußerst gut*) géant(e) *fam,* génial(e) *fam*
Gigantomanie *f* ∅ *geh* mégalomanie *f*
Gigerl <-s, -[n]> *m o nt* AUS *fam s.* **Geck**
Gigolo <-s, -s> ['ʒiːgolo, 'ʒɪgolo] *m* gigolo *m fam*
gilben *vi + sein geh* ■ **etw gilbt** qc jaunit
Gilde <-, -n> *f* 1. amicale *f*
2. HIST guilde *f,* g[h]ilde *f*
gilt *3. pers pres von* **gelten**
Gimpel <-s, -> *m* 1. ORN bouvreuil *m*
2. (*Mensch*) serin *m fam*
Gin <-s, -s> [dʒɪn] *m* gin *m*
▸ **~ Tonic** gin *m* tonic
ging *imp von* **gehen**
Ginseng <-s, -s> *m* ginseng *m*
Ginster <-s, -> *m* genêt *m*
Gipfel <-s, -> *m* 1. (*Bergspitze*) sommet *m;* ***auf dem ~*** au sommet
2. ■ **der ~ einer S.** (*gen*) *des Ruhmes, der Karriere, Macht* le sommet de qc; *des Glücks, der Vollkommenheit, Zufriedenheit* le summum [*o* le comble] de qc
3. POL sommet *m*
4. DIAL *s.* **Wipfel**
▸ **das ist der ~!** *fam* c'est un comble!; **das ist der ~ der/des ...!** c'est le comble du/de la ...!
Gipfeli <-s, -> *m* CH croissant *m*
Gipfelkonferenz *f* conférence *f* au sommet **Gipfelkreuz** *nt* croix *f* du sommet
gipfeln *vi* ■ **etw gipfelt in etw** (*dat*) qc atteint son point culminant dans qc
Gipfelpunkt *m* 1. [*Mensch, Leistung, Schaffen*] point *m* culminant, apogée *m* 2. [*Flugbahn*] sommet *m* **Gipfeltreffen** *nt* rencontre *f* au sommet
Gips <-es, -e> *m* 1. ART, CONSTR, MED plâtre *m*
2. MINER gypse *m;* ***jd hat den Fuß in ~*** qn a le pied dans le plâtre
Gips-: *-büste, -figur* en plâtre **Gipsabdruck** <-abdrücke> *m* empreinte *f* **Gipsabguss**[RR] *m* ART moulage *m* **Gipsarm** *m fam* bras *m* plâtré [*o* dans le plâtre] **Gipsbein** *nt fam* jambe *f* plâtrée [*o* dans le plâtre]
gipsen *vt* ■ **jd gipst etw** 1. (*reparieren*) qn replâtre qc
2. MED *fam* qn plâtre qc, qn met qc dans le plâtre
Gipser(in) <-s, -> *m(f)* plâtrier(-ière) *m(f)*
gipsern *adj attr* en plâtre
Gipskorsett *nt* corset *m* de plâtre **Gipsverband** *m* plâtre *m*
Giraffe <-, -n> *f* girafe *f*
Girlande <-, -n> *f* guirlande *f*
Giro <-s, -s *o* AUS Giri> ['ʒiːro, 'ʒiːri] *nt* virement *m*
Girokonto ['ʒiːro-] *nt* compte *m* courant
girren *vi* ■ **ein Vogel/jd girrt** un oiseau/qn roucoule; ***das G~ der Tauben*** le roucoulement des pigeons
Gis <-, -> *nt* sol *m* dièse
Gischt <-[e]s, -e> *m,* <-, -en> *f* écume *f,* eau *f* écumeuse
Gitarre <-, -n> *f* guitare *f*
Gitarre[n]spiel *nt* (*das Spielen*) *wird verbal übersetzt;* ***durch sein ~*** en jouant de la guitare; ***mit ~*** à jouer de la guitare; ***mit allabendlichem ~*** en jouant de la guitare tous les soirs; (*die Spielweise*) façon *f* de jouer de la guitare, jeu *m;* (*die Kunst, Musik*) guitare *f* **Gitarre[n]spieler(in)** *m(f)* joueur (-euse) de guitare *m*
Gitarrist(in) <-en, -en> *m(f)* guitariste *mf*
Gitsch[e] <-, -n> *f* AUS (*Mädchen*) fille *f*
Gitter <-s, -> *nt* 1. (*mit Stäben*) grille *f;* (*aus Maschendraht*) grillage *m;* (*aus Holz*) treillage *m,* treillis *m;* (*transportable ~*) barrière *f* mobile; [*Bett, Laufstall*] barreaux *mpl;* [*Kamin*] grille *f* pare-étincelles, écran *m* de cheminée
2. GEOG, MATH réseau *m*
3. PHYS, CHEM structure *f,* réseau *m*
▸ **hinter ~/~n** *fam* derrière les barreaux
Gitterbett *nt* lit *m* à barreaux **Gitterfenster** *nt* (*aus Maschendraht*) fenêtre *f* grillagée; (*mit Stäben*) fenêtre *f* à barreaux **Gitterstab** *m* barreau *m* **Gitterzaun** *m* clôture *f* à claire-voie; (*mit Maschendraht*) clôture *f* grillagée
Glace <-, -n> ['glaseː] *f* CH (*Speiseeis*) glace *f*
Glaceehandschuh[RR], **Glacéhandschuh** [gla'seː-] *m* gant *m* en chevreau glacé
▸ **jd fasst jdn/etw mit ~en an** qn prend [*o* met] des gants avec qn/pour [faire] qc *fam*
glacieren * [gla'siːrən] *vt* ■ **jd glaciert etw** qn glace qc; ■ **jd glaciert etw mit etw** qn nappe [*o* [re]couvre] qc d'une couche de qc
Glacis <-, -> [gla'siː, *pl* gla'siːs] *nt* glacis *m*
Gladiator <-s, -toren> *m* gladiateur *m*
Gladiole <-, -n> *f* glaïeul *m*
Glamour <-s> ['glæmɐ] *m o nt* ∅ glamour *m,* séduction *f*
Glamourgirl ['glæmɐgøːɐl] *nt* pin up *f*
Glanz <-es> *m* ∅ 1. [*Oberfläche, Schuhe, Stiefel*] éclat *m;* [*Lack, Perlen, Augen, Haare a.*] brillant *m;* [*Stoff a.*] lustre *m;* (*Schein*) [*Mond, Sonne, Sterne*] éclat *m*
2. (*Pracht*) éclat *m,* splendeur *f*
▸ **mit ~ und Gloria** *fam* (*hervorragend*) avec éclat, brillamment; *iron fam* (*total*) royalement; **welch ~ in meiner Hütte!** *iron* quel honneur pour ma modeste personne!
Glanzabzug *m* tirage *m* sur papier glacé
glänzen I. *vi* 1. (*widerscheinen*) ■ **etw glänzt** qc brille; */Möbel, Schuhe, Stiefel a./* qc reluit; */Nase, Gesicht, Haut a./* qc luit; */Wasseroberfläche a./* qc miroite
2. (*scheinen*) ■ **etw glänzt** */Mond/* qc brille; */Sterne a./* qc scintille
3. (*sich hervortun*) ■ **jd glänzt [durch etw] [vor jdm]** qn brille [par qc] [devant [*o* en face de] qn]

II. *vt* CH ■ **jd glänzt etw** qn polit qc

glänzend I. *adj* 1. (*widerscheinend*) brillant(e); *Möbel, Schuhe, Stiefel a.* reluisant(e); *Nase, Gesicht, Haut a.* luisant(e); *Wasseroberfläche, Seide a.* miroitant(e)
2. (*blendend*) *Vorschlag* splendide; *Aussehen a.* superbe; *Einfall, Idee* lumineux(-euse) *fam*, brillant(e)
II. *adv* (*blendend*) superbement

Glanzleder *nt* cuir *m* verni **Glanzleistung** *f* 1. (*hervorragende Leistung*) brillante performance *f* 2. *iron* (*schlechte Leistung*) exploit *m* **Glanzlicht** *nt* ▸ **jd/etw setzt einer S.** (*dat*) [**durch etw**] **ein** ~/~**er auf** qn/qc rehausse l'éclat de qc [grâce à qc]

glanzlos *adj* 1. (*matt*) *Augen* éteint(e); *Haar* sans éclat, terne; *Stoff, Oberfläche* mat(e)
2. (*einfallslos*) terne

Glanznummer *f* clou *m* **Glanzpapier** *nt* papier *m* glacé **glanzvoll** *adj* (*prächtig*) *Auftritt, Darstellung, Vorführung* brillant(e); *Fest a.* splendide; *Atmosphäre a.* somptueux(-euse) **Glanzzeit** *f* ■ **jds** ~ l'époque *f* de la splendeur de qn

Glarus <-> *nt* Glaris

Glas <-es, ⸚er *o als Maßangabe* -> *nt* 1. (*Material*) verre *m*; **aus** ~ en verre
2. (*Trinkgefäß, Inhalt*) verre *m*; ~**er für Wasser/Wein** verres à eau/vin; **ein** ~ **Milch** un verre de lait
3. (*Konserven~*) [*Karotten, Erbsen etc*] bocal *m*; [*Honig, Marmelade*] pot *m*
4. (*Brillen~*) verre *m*; (*Fern~*) jumelles *fpl*, longue-vue *f*; (*Opern~*) jumelles *fpl* [de théâtre]
▸ **„Vorsicht** ~!" "attention, fragile!"; **jd hat ein** ~ **über den Durst getrunken, jd hat zu tief ins** ~ **geschaut** *fam* qn a bu un coup de trop, qn a un verre dans le nez *fam*; **unter** [*o* **hinter**] ~ sous verre

Glas- 1. (*aus Glas*) de [*o* en] verre; *-fenster, -dach, -tür* vitré(e); ~**waren** verrerie *f* 2. *-industrie, -herstellung* du verre; ~**hersteller** verrier *m*; ~**fabrik** verrerie *f* **Glasbaustein** *m* brique *f* de verre **Glasbläser** *m* souffleur *m* de verre **Glasbläserei** <-, -en> *f* atelier *m* de verrerie **Glasbruch** *m* ∅ bris *m* de glaces

Gläschen <-s, -> ['glɛːsçən] *nt dim von* **Glas** petit verre *m*; (*Behälter*) petit pot *m*; (*für Joghurt*) pot *m* de verre; ***ich mag Joghurt in ~ lieber*** je préfère le yaourt en pot de verre
▸ **darauf müssen wir ein** ~ **trinken** il faut boire un verre [*o* trinquer] pour célébrer cela, ça s'arrose *fam*

Glascontainer [-kɔnteɪnɐ] *m* container *m* [*o* conteneur *m*] à verre

Glasen *pl* NAUT demi-heure *f* [de quart]; ***es schlägt acht*** ~ on sonne la fin du quart (*durant un quart de quatre heures, on sonne toutes les demi-heures*)

Glaser(in) <-s, -> *m(f)* vitrier(-ière) *m(f)*

Glaserei <-, -en> *f* vitrerie *f*

gläsern *adj* 1. (*aus Glas*) de [*o* en] verre
2. (*transparent*) ■ **der/die/das** ~**e ...** *Mensch, Produktion, Abwasserentsorgung* la transparence de ...
3. *Blick* vitreux(-euse)

Glasfaser *f meist pl* fibre *f* de verre

Glasfaser- TELEC à fibres optiques

Glasfiberstab *m* perche *f* en fibre de verre **Glashaus** *nt* serre *f* ▸ **wer** [**selbst**] **im** ~ **sitzt, soll nicht mit Steinen werfen** *prov* avant d'en remontrer aux autres, il faut balayer devant sa porte; que celui qui n'a jamais péché [me/lui/...] jette la première pierre! **Glashütte** *f* verrerie *f*

glasieren * *vt* 1. ■ **jd glasiert etw** *Ziegel, Kacheln, Fliesen* qn émaille qc, qn vernisse qc
2. GASTR *s.* **glacieren**

glasig *adj* 1. *Augen, Blick* vitreux(-euse)
2. GASTR: ***die Zwiebeln dürfen nur ~ sein*** il faut seulement faire blondir les oignons; ***den Speck in der Pfanne anbraten, bis er ~ ist*** faire fondre le lard dans la poêle

glasklar I. *adj* limpide II. *adv* (*eindeutig*) [très] clairement **Glaskolben** *m* (*zum Erhitzen*) cornue *f*; (*Behälter*) dame-jeanne *f* **Glasmalerei** *f* peinture *f* sur verre

Glasnost <-> *f* ∅ glasnost *f*, transparence *f*

Glasnudeln *pl* vermicelle *m* chinois **Glasplatte** *f* plateau *m* de verre **Glasscheibe** *f* 1. (*Glasplatte*) verre *m* 2. (*Fensterscheibe*) vitre *f* **Glasscherbe** *f* morceau *m* de verre, débris *m* de verre **Glasschleifer(in)** *m(f)* graveur(-euse) *m(f)* sur verre; OPT tailleur(-euse) *m(f)* de verres d'optique **Glasschneider** *m* diamant *m* [de vitrier] **Glasschrank** *m* armoire *f* vitrée, vitrine *f* **Glassplitter** *m* éclat *m* de verre

Glasur <-, -en> *f* 1. TECH glaçure *f*
2. GASTR couche *f* de sucre

Glasversicherung *f* assurance *f* contre le bris de glaces **Glaswolle** *f* laine *f* de verre

glatt <-er *o* ⸚er, -este *o* ⸚este> I. *adj* 1. (*eben*) *Fläche, Oberfläche* plan(e), uni(e); *Wasserfläche a., Haut, Kleidungsstück, Stoff* lisse
2. (*nicht lockig*) *Fell* lisse; *Haar a.* raide
3. (*schlüpfrig*) *Fahrbahn, Straße, Fußboden, Gegenstand* glissant(e)
4. (*problemlos*) *Landung* en douceur; *Ablauf, Verlauf* sans accroc sans anicroche
5. *attr fam* (*eindeutig*) *Bruch, Verstoß, Zuwiderhandlung* caractérisé(e); *Betrug, Lüge, Übertreibung, Unsinn, Blödsinn a.* pur(e) *antéposé*; ***das kostet ~e 1000 Mark/die ~e Summe von 40000 Mark*** (*exakt*) ça coûte juste 1000 marks/la somme de 40000 marks; ***ein ~er Betrag*** un compte rond; ***sie hat eine ~e Eins bekommen*** on lui a donné sans hésitation la meilleure note
6. *pej Mensch* fuyant(e)
II. *adv* 1. (*problemlos*) sans anicroche, sans accroc; ***etw geht*** ~ qc marche bien [*o* comme sur des roulettes *fam*]; ***wenn alles ~ geht*** si tout va [*o* marche] bien; ***die Landung ging ~ vonstatten*** l'atterrissage a eu lieu en douceur
2. *fam* (*einfach*) carrément
3. (*ohne Unebenheiten*): ~ ***rasiert*** rasé(e) de près; ***jd bügelt etw*** ~ qn repasse qc [pour enlever les faux plis]; ***jd feilt etw*** ~ qn polit qc à la lime, qn lime qc; ***jd hämmert etw*** ~ qn aplanit qc à coups de marteau; ***jd hobelt etw*** ~ qn aplanit qc au rabot, qn rabote qc; ***jd kämmt etw*** ~ *Fell* qn lisse qc; *Haare* qn lisse qc avec le peigne; ***jd poliert etw*** ~ qn polit qc; ***jd rührt etw*** ~ qn remue qc pour obtenir une pâte/crème lisse; ***jd schleift etw*** ~ qn polit qc; ***etw schleift etw*** ~ /*Gletscher, Wasser*/ qc érode qc; *Kiesel a.* qc polit qc; ***jd streicht sich*** (*dat*) ***etw*** ~ *Haare* qn lisse son/sa qc; *Kleidung* qn défroisse son/sa qc; ***jd walzt etw*** ~ qn lamine qc; ***jd zieht etw*** ~ qn défroisse qc, qn lisse qc

glatt|bügeln *s.* **glatt II.3.**

Glätte <-> *f* ∅ 1. [*Fläche, Oberfläche*] poli *m*; [*Haut*] douceur *f*; ***das gibt Ihrer Haut die ~ zurück*** cela rend votre peau lisse
2. (*Glattheit*) [*Haar*] raideur *f*; ***ein Fell von seidiger*** ~ un pelage lisse comme de la soie
3. (*Straßen~*) glissance *f*; ***eine gefährliche ~ herrscht auf den Straßen*** les rues/routes sont dangereusement glissantes
4. *pej* (*aalglatte Art*): ***an der ~ dieser Formulierung*** à cette formulation léchée; ***die ~ seines Auftretens*** son attitude fuyante

Glatteis *nt* verglas *m*
▸ **„Vorsicht** ~!" risque de verglas; **jd begibt sich auf** ~ (*akk*), **jd gerät aufs** ~ qn s'aventure sur un terrain glissant; **jd führt jdn aufs** ~ (*akk*) qn entraîne qn sur un terrain glissant

glätten I. *vt* 1. (*glatt streichen*) ■ **jd glättet etw** *Haar* qn lisse qc; *Zettel, Banknote* qn défroisse qc
2. (*besänftigen*) ■ **jd glättet etw** *Erregung, Zorn, Wogen* qn apaise qc
3. *bes.* CH *s.* **bügeln**
II. *vr* ■ **etw glättet sich** /*Wellen, Meer*/ qc se calme

glatt|gehen *s.* **glatt II.1.** **glatt|kämmen** *s.* **glatt II.3.** **glattrasiert** *s.* **glatt II.3.** **glatt|schleifen** *s.* **glatt II.3.** **glatt|streichen** *s.* **glatt II.3.** **glattweg** *adv fam* purement et simplement

Glatze <-, -n> *f* calvitie *f*
▸ **jd bekommt/hat eine** ~ qn devient chauve [*o* se dégarnit]/a une calvitie [*o* est chauve] [*o* est dégarni(e)]; **jd lässt sich** (*dat*) **eine** ~ **schneiden** qn se fait tondre, qn se fait mettre la boule à zéro *fam*; **mit** ~ [avec] le crâne chauve; (*mit rasiertem Kopf*) [avec] le crâne rasé

Glatzkopf *m fam* 1. (*Kopf*) boule *f* de billard
2. (*Mann mit Glatze*) chauve *m*; (*mit rasiertem Kopf*) homme *m* à la tête rasée

glatzköpfig *adj* chauve, déplumé(e) *fam*; (*kahl geschoren*) à la tête rasée

Glaube <-ns> *m* ∅ 1. REL croyance *f*, foi *f*; ■ **der** ~ **an jdn/etw** la croyance en qn/qc
2. (*Überzeugung*) foi *f*; ***ich habe den festen ~n, dass*** je crois fermement que + *indic*; ■ **jds** ~ **an etw** (*akk*) la foi de qn en qc
▸ **der christliche** ~ la foi chrétienne; **in gutem ~n** de [*o* en toute] bonne foi; **jd belässt** [*o* **lässt**] **jdn in dem ~n, dass** qn laisse croire cela à qn/laisse croire à qn que + *indic*; **jd fällt vom ~n ab** qn perd la foi, qn apostasie *soutenu*; (*glaubt gar nichts mehr*) qn ne croit plus à rien; **etw findet** [**bei jdm**] **~n** qc trouve crédit [auprès de qn]; ***dieser Bericht findet bei mir keinen ~n*** je ne donne [*o* je n'accorde] aucun crédit à ce récit; **jd ist des ~ns** [*o* **in dem ~n**], **dass** qn a la conviction que + *indic*, qn est persuadé(e) que + *indic*; **jd ist ... ~ns** *evangelischen, jüdischen, katholischen etc* qn est de confession ...; **lass ihn/sie bei seinem/ihrem ~!** laisse-le/la croire cela!, ne le/la détrompe pas!; **jd schenkt jdm/einer S. ~/keinen ~n** qn accorde un crédit/n'accorde aucun crédit à qn/qc, qn ajoute foi/n'ajoute pas foi à qc; **jd verliert den ~n an jdn/etw** qn perd la foi en qn/qc, qn cesse de croire en qn/qc; **jd wiegt jdn/sich in dem ~, dass** qn berce qn/se berce de l'illusion que + *indic*

glauben I. *vt* ■ **jd glaubt etw** qn croit qc; ■ **jd glaubt jdm etw** (*für wahr halten*) qn croit qc de qn, qn croit qc que qn dit; (*für plausibel halten*) *den Pfarrer, Künstler etc* qn est persuadé(e) que qn est qc; ***ich glaube ihm jedes Wort*** je crois chacune de ses paroles [*o* chaque mot qu'il dit]; ***die 23 Jahre Erfahrung muss man ihr wohl glauben*** on ne peut que croire à son expérience de 23 années; ***diese plötzliche Einsicht glaube ich ihm nicht*** je ne le crois pas capable d'un [*o* je ne crois pas à son] discernement si soudain; ■ **jd glaubt, dass** qn croit que + *indic*, qn pense que + *indic*; ■ **jd glaubt etw zu tun** qn croit faire qc; ■ **jd glaubt etw von jdm** qn croit qc de qn; ■ **jd glaubt jdn irgendwo** qn croit qn quelque part
▸ **es ist nicht** [*o* **kaum**] **zu** ~ c'est à n'y pas croire, c'est à peine croyable; **jd will jdn etw ~ machen** qn veut faire [ac]croire qc à qn; **glaube es mir!** tu peux m'en croire!; **kaum zu** ~ à peine croyable; **kaum zu ~, dass** à peine croyable que + *subj*; **ob du es glaubst oder nicht, ...** que tu me croies ou non ..., crois-moi ou ne me crois pas ...; **das glaubst du doch selbst nicht!** *fam* tu n'en crois rien toi-même!
II. *vi* 1. (*vertrauen*) ■ **jd glaubt an jdn/etw** qn croit en qn/à qc
2. REL ■ **jd glaubt** [**an jdn/etw**] qn croit [en qn/à qc]
3. (*Glauben schenken*) ■ **jd glaubt jdm** qn croit qn
▸ **jd muss dran** ~ *fam* (*sterben*) qn doit y passer *fam*; (*tun müssen*) qn est obligé(e) d'y passer [*o* de s'y mettre] *fam*; **etw muss d[a]ran** ~ *hum fam* il va falloir que qc y passe *fam*; **ich glaube, ja** je crois [bien] que oui; **ich glaube, nein** je crois [bien] que non
III. *vr* 1. ■ **jd glaubt sich irgendwo** qn se croit quelque part
2. ***jd glaubt sich im Recht*** qn se croit dans son droit; ***sie glauben sich in der Mehrzahl*** ils/elles se croient supérieurs/supérieures en nombre; ■ **jd glaubt sich ...** *allein, überlegen, unbeobachtet, ertappt* qn se croit ..., qn croit être ...

Glauben <-s> *m ∅ s.* **Glaube**
Glaubensbekenntnis *nt* **1.** (*Konfession*) confession *f* **2.** ∅ (*Gebet*) credo *m* **Glaubensfrage** *f* question *f* de foi ▸ **in** ~**n** pour les questions d'ordre religieux **Glaubensfreiheit** *f* liberté *f* de religion **Glaubensgemeinschaft** *f* communauté *f* religieuse **Glaubenszweifel** *m meist pl* doute *m*
glaubhaft I. *adj* crédible, digne de foi
II. *adv* de façon convaincante [*o* crédible]
Glaubhaftigkeit <-> *f* ∅ crédibilité *f*
gläubig *adj* **1.** REL croyant(e) **2.** (*vertrauensvoll*) crédule **Gläubige(r)** *f(m) decl wie adj* croyant(e) *m(f)*; ■ **die** ~**n** les croyants; ***der Dom ist voll von ~n*** la cathédrale est pleine de fidèles
Gläubiger(in) <-s, -> *m(f)* créancier(-ière) *m(f)*
glaublich *adj* ▸ **etw ist** [*o* **klingt**] [*o* **scheint**] **kaum** [*o* **wenig**] ~ qc est [*o* semble] à peine croyable
glaubwürdig I. *adj Mensch* crédible
II. *adv aussagen* de façon crédible; ***jd tritt ~ auf*** qn a une conduite crédible; ***jd verhält sich ~*** qn se comporte de façon crédible, qn a un comportement crédible
Glaubwürdigkeit *f* ∅ crédibilité *f*
Glaukom <-s, -e> *nt* glaucome *m*
gleich I. *adj* **1.** (*identisch*) même *antéposé*, identique; ***der ~e Gegenstand*** le même objet, un objet identique; ***ihr Männer seid doch alle ~!*** vous, les hommes, vous êtes bien tous pareils [*o* les mêmes]; ■ **das G~e** la même chose; ■ **der/die G~e/die G~en** le/la même/les mêmes; ■ **der/die/das G~e/die G~en, der/die/das/die ...** le/la même/les mêmes que celui/celle/ceux/celles qui/que ...; ■ **der/die/das ~e/die ~en ... wie** le/la même/les mêmes ... que; ***die ~e Vase wie im Laden*** le même vase que celui qui est dans le magasin; ■ **jd ist jdm an etw** (*dat*) ~ qn égale [*o* vaut] qn en qc; ***ihm war keiner an Mut ~*** personne n'égalait son courage
2. (*übereinstimmend*) même *antéposé*; ***alle Arbeitnehmer haben ~e Rechte*** tous les travailleurs ont les mêmes droits [*o* des droits égaux]
3. MATH: ***zwei mal zwei*** [***ist***] ~ ***vier*** deux fois deux [égalent] quatre
4. (*gleichgültig*) ■ **jdm ist etw** ~ qc lui est égal(e); ***es ist uns völlig ~, was Sie ...*** ce que vous ... nous est parfaitement égal
▸ **jdm ist alles** ~ tout lui est égal; **das ist mir alles** ~ peu m'importe, ça m'est égal; **ganz** ~ **wer/was** peu importe qui/ce que/ce qui; ***ganz ~ was er sagt*** quoi qu'il dise; ***ganz ~ wer kommt*** qui que ce soit qui vienne; **G~ und G~ gesellt sich gern** *prov* qui se ressemble s'assemble; **das kommt** [*o* **läuft**] **aufs G~e hinaus** cela revient au même; **das sieht ihm/ihr** ~ ça lui ressemble tout à fait; **jd vergilt G~es mit G~em** qn rend la pareille [à qn]
II. *adv* **1.** *behandeln, bezahlen, gekleidet sein* de la même façon [*o* manière]; ~ ***lautend*** concordant(e); ~ ***gesinnt*** du même bord; ***wir sind ~ gesinnt*** nous sommes du même bord [*o* de la même opinion], nous avons les mêmes idées; ***„Ehepaar sucht ~ gesinntes“*** "couple marié cherche couple de même tendance"; ~ ***groß/schwer/teuer etc*** de même taille/poids/prix etc; ***diese Kinder sind alle ~ alt*** ces enfants ont tous le même âge [*o* sont du même âge]; ***die Juwelen sind nicht alle ~ wertvoll*** ces bijoux ne sont pas tous de même valeur; ***diese Kinder sind ~ stark*** ces enfants sont de force égale
2. (*direkt*) juste
3. (*in Kürze*) tout de suite, à l'instant; (*sofort*) tout de suite; ~ ***jetzt/heute/morgen*** dès maintenant/aujourd'hui/demain; ***es ist ~ 20 Uhr*** il va être vingt heures; ***du kriegst ~ eine Ohrfeige*** tu vas recevoir une gifle
4. (*sowieso*) aussi bien; ***man braucht ja nicht ~ Hunderte auszugeben*** on n'a pas besoin de dépenser tout de suite des mille et des cents
5. (*von Anfang an*) tout de suite; ***habe ich es nicht ~ gesagt!*** c'est bien ce que j'avais dit!, c'est ce que j'ai dit tout de suite!
6. *in Fragen* (*noch*) déjà, au fait
▸ ~ **gelagert** analogue; **Menschen sind ~ gelagert** des personnes sont [bien] pareilles; (*in politischer Hinsicht*) des personnes sont de même orientation; ~ **als** [*o* **nachdem**] **...** dès que + *indic*; **bis** ~! à tout de suite!, à tout à l'heure!; ~ **danach** [*o* **darauf**] aussitôt après; **warum nicht ~ so?** pourquoi ne pas faire les choses tout de suite?
III. *präp + dat geh* (*gleichend*) semblable à [*o* pareil(le) à], tel(le); ***er stand starr ~ einer Statue*** il se tenait figé telle une statue
gleichaltrig *adj* du même âge
gleichartig *adj* de même nature
gleichauf *adv* ▸ **jd ist** [*o* **liegt**] ~ **mit jdm** qn est à égalité avec qn; **sie sind** [*o* **liegen**] ~ (*wertungsgleich*) ils/elles sont à égalité; (*auf gleicher Höhe*) /*Läufer*/ ils/elles sont au coude à coude; /*Rennwagen, Rennpferd*/ ils/elles sont sur la même ligne
gleichbedeutend *adj* ■ **etw ist ~ mit etw** qc est synonyme de qc, qc équivaut à qc
Gleichbehandlung *f* égalité *f* de traitement; ***die Frauen bestehen auf ~ mit ihren männlichen Kollegen*** les femmes tiennent à être traitées comme leurs collègues masculins
gleichberechtigt *adj* égal(e) en droits; ■ **sie sind** ~ ils sont égaux/elles sont égales en droits, ils/elles ont les mêmes droits
Gleichberechtigung *f* ∅ égalité *f* des droits
gleich|bleiben *s.* **bleiben 2.**, ▸
gleichbleibend *s.* **bleibend** ▸
gleichen <glịch, geglịchen> I. *vi* ■ **jd/etw gleicht jdm/einer S.** qn/qc ressemble à qn/qc
▸ **das gleicht ihm/ihr** [**mal wieder**]! ça lui ressemble tout à fait!
II. *vr* ■ **sie ~ sich** (*dat*) ils/elles se ressemblent
gleichentags *adv* CH le même jour
gleichermaßen *adv*, **gleicherweise** *adv* de la même façon [*o* manière]; ***wie ihr sind wir ~ empört*** nous sommes indignés tout comme vous

gleichfalls *adv* également; ***ich bin ~ nicht informiert gewesen*** je n'ai pas [moi] non plus été informé(e)
▸ **danke** ~! merci pareillement!, merci, toi/vous aussi!; ***du bist schon superblöd! – Danke ~!*** tu en tiens vraiment une couche! – Merci, toi aussi! *fam*
gleichfarbig *adj* de [la] même couleur; *Gegenstand a.* de [la] même teinte
gleichförmig I. *adj Ausbreitung, Verlauf* uniforme; *Aufbau, Struktur* homogène
II. *adv sich ausbreiten, verlaufen* uniformément; *strukturiert sein, aufgebaut sein* de façon homogène
gleichgelagert *s.* **gleich II.**▸
gleichgeschlechtig *adj* de même sexe
gleichgeschlechtlich *adj* **1.** (*homosexuell*) homosexuel(le)
2. *s.* gleichgeschlechtig
gleichgesinnt *s.* **gleich II.1.**
Gleichgewicht *nt* ∅ équilibre *m*
▸ **das ~ der Kräfte** l'équilibre *m* [*o* la balance] des forces; **seelisches** ~ équilibre *m* psychique; **etw bringt jdn aus dem** ~ qc déséquilibre qn, qc désaxe qn, qc déstabilise qn; **jd/etw ist** [*o* **befindet sich**] **wieder im** ~ qn/qc a retrouvé son équilibre; **jd verliert das ~, jd kommt** [*o* **gerät**] **aus dem** ~ qn perd l'équilibre
gleichgewichtig *adj* **1.** (*ausgeglichen*) équilibré(e)
2. (*gleich wichtig*) d'égale importance
Gleichgewichtsorgan *nt* organe *m* de l'équilibre **Gleichgewichtssinn** *m* sens *m* de l'équilibre **Gleichgewichtsstörung** *f* trouble *m* de l'équilibre
gleichgültig I. *adj* **1.** (*uninteressiert*) *Mensch* indifférent(e); *Gesicht a.* impassible; *Stimme, Klang a.* détaché(e); ■ **G~e(r)** indifférent(e) *m(f)*, personne *f* indifférente; ***es darf keinen G~en mehr geben*** plus personne ne doit rester indifférent
2. (*belanglos*) sans intérêt, insignifiant(e)
3. (*egal*) ■ **etw ist jdm** ~ qc est indifférent(e) à qn, qc l'indiffère; ■ **jd ist jdm** ~ qn est indifférent(e) à qn; ■ **es ist jdm ~, ob/warum/was/wer/wie/wo ...** [savoir] si/pourquoi/ce qui/ce que/qui/comment/où ... est indifférent à qn [*o* l'indiffère] [*o* laisse qn indifférent(e)]; ***es ist mir ~, was er tut*** peu m'importe ce qu'il fait
▸ ~, **ob/was/wie** qu'importe si/ce que/ce qui/comment; ~, ***was geschieht, ...*** quoi qu'il arrive, ...
II. *adv* avec détachement; ***ihre Stimme klang ~*** son ton était détaché; ***er schaute ~ weg*** il détourna le regard d'un air détaché [*o* indifférent]
Gleichgültigkeit *f* indifférence *f*; ■ **jds ~ gegenüber jdm/einer S.** [*o* **gegen jdn/etw**] l'indifférence *f* de qn à l'égard de qn/à [*o* pour] qc
Gleichheit <-, -en> *f* **1.** (*Übereinstimmung*) similitude *f*; [*Werte*] égalité *f*
2. (*gleiche Stellung*) égalité *f*; ***die ~ von Mann und Frau*** l'égalité de l'homme et de la femme
Gleichheitszeichen *nt* signe *m* d'égalité [*o* égal]
gleich|kommen *vi irreg + sein* **1.** (*ebenso sein*) ■ **jd/etw kommt jdm/einer S.** [**an etw** (*dat*)] **gleich** qn/qc égale qn/qc [en qc]
2. (*gleichbedeutend sein mit*) ■ **etw kommt einer S.** (*dat*) **gleich** qc revient [*o* équivaut] à qc
gleichlautend *s.* **gleich II.1.**
gleich|machen *vt* ■ **jd macht etw gleich** qn nivelle qc
Gleichmacher(in) *m(f) pej* niveleur(-euse) *m(f)*, égalitariste *mf*
Gleichmacherei <-, -en> *f pej* (*Philosophie*) égalitarisme *m*; (*Behandlung*) nivellement *m*; ***die ~ der Regierung*** nivellement pratiqué par le gouvernement
Gleichmaß *nt* **1.** (*Ebenmaß*) harmonie *f* **2.** *geh s.* **Gleichmäßigkeit**
gleichmäßig I. *adj* régulier(-ière) II. *adv* **1.** *atmen, sich bewegen, schlagen* régulièrement **2.** *auftragen, sich verteilen* uniformément **Gleichmäßigkeit** *f* (*Regelmäßigkeit*) régularité *f*
Gleichmut *m* impassibilité *f* **gleichmütig** *adj* impassible; ■ **jd ist/bleibt** ~ qn est/reste impassible; ***bleibe ~er!*** fais preuve de plus de sérénité!
gleichnamig *adj Mensch* du même nom; *Literaturwerk, Buch, Film a.* du même titre; ***ihr seid ~*** vous avez le même nom
Gleichnis <-ses, -se> *nt* parabole *f*
gleichsam *adv geh* pour ainsi dire, en quelque sorte; ■ ~, **als ob** tout comme si
gleich|schalten *vt* POL *pej* ■ **jd schaltet sie gleich** qn les met au pas **Gleichschaltung** *f pej* mise *f* au pas
Gleichschritt *m* ∅ pas *m* cadencé
▸ **jd kommt** [*o* **gerät**] **aus dem** ~ qn perd la cadence; **jd marschiert im** ~ qn marche au pas cadencé; **im ~, marsch!** [au pas cadencé] en avant, marche!
gleich|sehen *vi irreg* **1.** (*ähnlich sehen*) ■ **jd sieht jdm gleich** qn ressemble à qn; ■ **etw sieht einer S.** (*dat*) **gleich** qc ressemble à qc
2. *fam* (*typisch sein für*) ■ **etw sieht jdm gleich** qc lui ressemble tout à fait, qc est bien de lui/d'elle
gleichseitig *adj Dreieck* équilatéral(e); *Gebilde, Grundstück, Quadrat, Würfel* dont les côtés sont égaux; ■ **etw ist** ~ qc a des côtés égaux
gleich|setzen *vt* ■ **jd setzt Dinge gleich/etw mit etw gleich** qn identifie [*o* assimile] des choses l'une à l'autre/qc à qc
Gleichstand *m* ∅ égalité *f* au score, score *m* de parité
▸ **jd erzielt den ~, jd stellt den ~ her** qn obtient l'égalisation
gleich|stehen *vi irreg* ■ **jd steht jdm gleich** qn est au même niveau que qn
gleich|stellen *vt* ■ **jd stellt jdn jdm gleich** qn met qn au même niveau que qn; *Frauen den Männern* qn met qn sur un pied d'égalité avec qn; *Angestellte* qn assimile qn à qn **Gleichstellung** *f* ∅ assimilation *f*; ***die ~ der Arbeiter mit den Angestellten*** l'assimilation des ouvriers aux employés;

die ~ der Frauen [mit den Männern] l'égalité des femmes [par rapport aux hommes]

gleich|tun *vt irreg, impers* **1.** *(imitieren)* ■ **jd tut es jdm gleich** qn imite qn, qn fait la même chose que qn
2. *(gleichkommen)* ■ **jd tut es jdm [in etw (*dat*)] gleich** qn rivalise avec qn [pour qc]

Gleichung <-, -en> *f* équation *f*
▶ **eine ~ n-ten Grades** une équation du énième degré; **eine ~ mit einer Unbekannten** une équation à une inconnue

gleichviel *adv geh* peu importe, qu'importe
▶ **~, ob/wie/wie sehr/wohin**: ~, *ob er will oder nicht* qu'il le veuille ou non, peu importe s'il est d'accord ou non [*o* qu'il soit d'accord ou non]; ~, *wohin du gehst* quel que soit l'endroit où tu vas; ~, *wie er sich auch anstrengt* il peut se donner tout le mal qu'il veut; ~, *wie sehr ich mich auch bemühe* quels que soient mes efforts; ~, *wie schön die Sonne scheint* peu importe qu'il fasse un beau soleil

gleichwertig *adj (gleich zu bewerten) Artikel, Gegenstand, Leistung, Qualität* équivalent(e); *Armee, Gegner* d'égale valeur, de force égale **Gleichwertigkeit** *f Ø [Artikel, Gegenstand, Leistung]* qualité *f* équivalente; ***trotz der ~ der Qualität*** malgré la qualité équivalente; ***an der ~ beider Armeen sind Zweifel angebracht*** on peut douter que les deux armées soient d'égale valeur [*o* de force égale]; ***bei ~ der Leistung von zwei Mitarbeitern*** dans le cas de performances équivalentes de deux collaborateurs

gleichwohl *adv geh* toutefois, néanmoins

gleichzeitig I. *adj Vorgang* simultané(e); *Ereignis a.* contemporain(e); ***zwei ~e Ereignisse*** deux événements concomitants; ***Arbeiten und ~es Radiohören fördert die Kreativität*** travailler et écouter en même temps la radio favorise la créativité **II.** *adv* **1.** *(zur gleichen Zeit)* en même temps, simultanément **2.** *(ebenso)* également **Gleichzeitigkeit** <-> *f Ø* simultanéité *f*, concomitance *f*

gleich|ziehen *vi irreg fam* ■ **jd zieht mit jdm [in etw (*dat*)] gleich** qn se hausse au niveau de qn [pour qc]

Gleis <-es, -e> *nt* voie *f*; ***Vorsicht am ~ 10*** attention, voie 10; ***der Zug läuft auf ~ 12 ein*** le train entre en gare sur la voie 12
▶ **totes ~** voie *f* désaffectée; **jd bringt etw ins [rechte] ~** qn remet qc sur les rails; **jd kommt aus dem ~** qn est perdu(e), qn commence à être déphasé(e); **etw springt aus dem ~** qc sort des rails, qc déraille

Gleisanlage *f* voies *fpl* **Gleisanschluss**[RR] *m* branchement *m* ferroviaire, embranchement *m* **Gleisarbeiten** *pl* travaux *mpl* sur la voie [*o* d'entretien des voies]

gleißend *adj geh* éblouissant(e)

Gleitboot *nt* hydroglisseur *m*

gleiten <glitt, geglitten> *vi* **1.** + *sein (schweben)* ■ **etw/ein Tier gleitet [durch/über etw (*akk*)]** */Vogel, Flugzeug/* qc/un animal plane [à travers/au-dessus de qc]; ***eine Wolke gleitet über den Himmel*** un nuage passe doucement dans le ciel
2. + *sein (sich bewegen)* ■ **jd/ein Tier/etw gleitet irgendwohin** */Boot, Skiläufer, Tänzer, Schlange/* qn/un animal/qc glisse quelque part
3. + *sein (huschen)* ■ **etw gleitet über etw (*akk*)** qc effleure qc; */Auge, Blick, Lächeln a./* qc glisse sur qc; *(streichen) /Finger, Hand a./* qc caresse qc; ■ **jd lässt etw über jdn/etw ~** *Auge, Blick* qn laisse errer qc sur qn/qc; *Finger, Hand* qn passe [*o* glisse] qc sur qn/qc
4. + *sein (rutschen)* ■ **jd gleitet irgendwohin** qn glisse quelque part; ■ **etw gleitet jdm aus etw** qc lui glisse [*o* échappe] de qc; ■ **etw gleitet jdm irgendwohin** qn laisse échapper [*o* tomber] qc quelque part; ***sie glitt zu Boden*** elle s'affaissa sur le sol
5. + *haben* IND *fam* ■ **jd gleitet** *(Gleitzeit haben)* qn a des horaires mobiles [*o* flexibles] [*o* à la carte]; *(Freizeitausgleich nehmen)* qn récupère des heures supplémentaires

Gleitflug *m* vol *m* plané ▶ **im ~** en vol plané **Gleitklausel** *f* clause *f* d'indexation [*o* de réajustement] **Gleitkufe** *f* patin *m* d'atterrissage **Gleitmittel** *nt* lubrifiant *m*

Gleitschirm *m* parapente *m*

Gleitschirmfliegen *nt* parapente *m* **Gleitschirmflieger(in)** *m(f)* parapentiste *mf*

Gleitzeit *f* **1.** *fam (gleitende Arbeitszeit)* horaire *m* mobile [*o* flexible] [*o* à la carte]
2. *(opp: Kernzeit)* heures *fpl* mobiles

Glencheck <-[s], -s> ['glɛntʃɛk] *m* prince *m* de galles

Gletscher <-s, -> *m* glacier *m*

Gletscherbrand *m* derm[at]ite *f* des neiges **Gletscherkunde** *f* glaciologie *f* **Gletscherspalte** *f* crevasse *f*

Glibber <-s> *m Ø* NDEUTSCH *fam* magma *m* [gélatineux]

glibberig *adj* NDEUTSCH *fam* gélatineux(-euse)

glich *imp von* **gleichen**

Glied <-[e]s, -er> *nt* **1.** *(Körperteil)* membre *m*; *(Finger~, Zehen~)* phalange *f*
2. *(Penis)* membre *m* [viril]
3. *(Ketten~)* maillon *m*, chaînon *m*
4. *(Teil)* maillon *m*
5. *(Mit~)* membre *m*
6. MIL rang *m*; ***im vierten ~*** au quatrième rang
7. *(Generation)* génération *f*; ***bis ins 14. ~*** jusqu'à la quatorzième génération
▶ **jd reckt seine ~er** qn s'étire; **jd kann kein ~ mehr rühren** qn ne peut plus bouger le petit doigt, qn est sur les genoux *fam*; **jd spürt etw in allen ~ern** qn sent qc dans tous ses membres; **jd zittert [*o* bebt] an allen ~ern** qn tremble de tous ses membres

gliedern I. *vt* ■ **jd gliedert etw [in etw (*akk*)]** qn divise qc [en qc]; ■ **etw ist [in etw (*akk*)] gegliedert** */Unternehmen, Hierarchie/* qc est structuré(e) [en qc]
II. *vr* ■ **etw gliedert sich in etw (*akk*)** qc se divise en qc

Gliederpuppe *f* poupée *f* articulée **Gliederschmerzen** *pl* douleurs *fpl* dans les membres

Gliederung <-, -en> *f* **1.** *Ø (das Gliedern)* ■ **~ [in etw (*akk*)]** *[Artikel, Entwurf]* division *f* [en qc]; *[Material a.]* classification *f* [en qc]; *[Firma a.]* organisation *f* [en qc]
2. *(Aufbau) [Firma, Organisation]* structure *f*; *[Aufsatz]* plan *m*

Gliedmaßen *pl* membres *mpl* **Gliedstaat** *m* état *m* membre

glimmen <glomm *o rare* glimmte, geglommen *o rare* geglimmt> *vi*
1. *(glühen)* ■ **etw glimmt** qc rougeoie; */Glühwürmchen/* qc luit
2. *geh (schwach vorhanden sein)* ■ **etw glimmt [in jdm]** */Hoffnung/* qc luit [en qn]; ***noch glimmt ein Funken Hoffnung*** il y a encore une lueur d'espoir, un faible espoir luit encore

Glimmer <-s, -> *m* **1.** MIN mica *m*
2. *rare (Schimmer)* lueur *f*

Glimmstängel[RR] *m hum fam* sèche *f fam*

glimpflich I. *adj* **1.** *Ausgang, Ablauf, Verlauf* bénin(-igne)
2. *Strafe* léger(-ère); *Urteil* clément(e)
II. *adv* **1.** *(ohne schlimmere Folgen)* de façon bénigne, sans dommage; ***du bist ~ davongekommen!*** tu t'en es tiré(e) à bon compte
2. *(mild)* avec ménagements; *bestrafen* avec indulgence; ***jd geht mit jdm nicht sehr ~ um*** qn traite qn sans grands ménagements; ***er wurde ~ bestraft*** il n'a eu qu'une peine légère

glitschen *vi* + *sein fam* ■ **etw glitscht jdm aus etw** qc lui glisse [*o* échappe] de qc; ■ **etw glitscht jdm irgendwohin** qn laisse échapper [*o* tomber] qc quelque part; ■ **etw glitscht von etw** */Hand/* qc glisse de qc

glitschig *adj fam* glissant(e); *Körperteil a.* gras(se), huileux(-euse)

glitt *imp von* **gleiten**

glitzern *vi* ■ **etw glitzert** qc scintille; ■ **das G~** le scintillement

global I. *adj* **1.** *(weltweit)* général(e)
2. *(ungefähr)* global(e)
II. *adv* **1.** *(weltweit)* universellement
2. *(ungefähr)* globalement

Globalisierung <-> *f Ø* mondialisation *f*

Globen *pl von* **Globus**

Globetrotter(in) <-s, -> *m(f)* globe-trotter *mf vieilli*

Globus <- *o* -ses, Globen *o* -se> *m* globe *m* [terrestre]

Glöckchen <-s, -> *nt dim von* **Glocke** clochette *f*

Glocke <-, -n> *f* **1.** *(Kirchen~)* cloche *f*
2. *(Läutwerk)* sonnerie *f*; ***die ~ läutet die letzte Runde ein*** la cloche annonce le dernier round; ***die ~ der Ladentür*** la sonnette de la porte du magasin
3. *(Deckel)* cloche *f* [à fromage]
▶ **jd hängt etw an die große ~** *fam* qn crie qc sur les toits, qn claironne qc; **jd hängt etw nicht an die große ~** *fam* qn ne crie pas qc sur les toits, qn ne claironne pas qc

Glockenbalken *m* hune *f* **Glockenblume** *f* campanule *f* [des murailles]; *(Blume mit glockenförmiger Blüte)* fleur *f* à clochettes **glockenförmig I.** *adj Hut, Deckel* en forme de cloche; *Blüte* en forme de clochette **II.** *adv* en forme de cloche; ***ihr Hut war ~ geformt*** son chapeau avait la forme d'une cloche **Glockengeläut[e]** *nt* sonnerie *f* de cloches, carillon *m* **Glockengießer(in)** *m(f)* fondeur(-euse) *m(f)* de cloches **Glockenklang** *m* son *m* [*o* tintement *m*] de cloches **Glockenläuten** *nt s.* **Glockengeläut[e]**. **Glockenrock** *m* jupe *f* cloche **Glockenschlag** *m* coup *m* de cloche; ***es ist mit dem ~ 6 Uhr*** au coup de cloche, il sera 6 heures ▶ **auf den [*o* mit dem] ~** à l'heure sonnante [*o* tapante *fam*]; ***auf den ~ um 7 Uhr morgens*** à 7 heures sonnantes [du matin] **Glockenspiel** *nt* **1.** *[Gebäude]* carillon *m* **2.** *(Instrument)* glockenspiel *m* **Glockenstuhl** *m* chaise *f* de clocher **Glockenturm** *m* clocher *m*

glockig *adj, adv s.* **glockenförmig**

Glöckner(in) <-s, -> *m(f)* sonneur(-euse) *m(f)* [de cloches]

glomm *imp von* **glimmen**

Glorie <-> ['glo:riə] *f Ø geh* gloire *f*

Glorienschein ['glo:riən-] *m s.* **Heiligenschein**

glorifizieren * *vt* ■ **jd glorifiziert jdn/etw [als jd/etw]** qn glorifie [*o* célèbre] qn/qc [comme étant/ayant été qn/qc]

Glorifizierung <-, -en> *f* glorification *f*

Gloriole <-, -n> *f geh s.* **Heiligenschein**

glorios *adj s.* **glorreich 1.**

glorreich I. *adj* **1.** *iron Idee, Handlung, Aktion* de génie
2. *(ruhmreich)* glorieux(-euse)
II. *adv* glorieusement

Glossar <-s, -e> *nt* glossaire *m*

Glosse <-, -n> *f* **1.** MEDIA commentaire *m* [succinct]
2. *pl fam (spöttische Bemerkungen)* gloses *fpl*, commentaires *mpl* [malveillants]

glossieren * *vt* ■ **jd glossiert etw** **1.** *(kommentieren)* qn commente qc [succinctement]
2. *(bespötteln)* qn glose sur qc, qn commente qc

Glotzaugen *pl fam* yeux *mpl* en boules de loto *fam*
▶ **jd macht ~** qn fait des yeux en boules de loto *fam*

Glotze <-, -n> *f sl (Fernsehgerät)* téloche *f arg*; *(Computer)* bécane *f fam*

glotzen *vi pej fam* ■ **jd glotzt** qn fait des yeux en boules de loto *fam*, qn écarquille les yeux; ■ **jd glotzt auf jdn/etw/in etw (*akk*)** qn louche sur qn/qc/zieute dans qc *fam*; ***lass dein dummes G~!*** t'as pas fini de faire ces yeux en boules de loto! *fam*

Glück <-[e]s> *nt Ø* **1.** *(opp. Pech)* chance *f*; ***es ist wirklich ein ~, dass*** c'est vraiment une chance que + *subj*

2. (*Freude und Zufriedenheit*) bonheur *m*
▶ ~ **und Glas, wie leicht bricht das!** *prov* le bonheur est fragile!; ~ **muss der Mensch haben!** *fam* il faut bien avoir du bol de temps en temps! *fam;* **jeder ist seines ~es Schmied** *prov* chacun est l'artisan de son propre bonheur; **jd hat ~ im Unglück** qn a de la chance dans son malheur; **jd hat mehr ~ als Verstand** *fam* aux innocents les mains pleines; **eheliches ~** bonheur *m* conjugal; **jd ist jds ganzes ~** qn fait tout le bonheur de qn; **auf gut ~** au petit bonheur [la chance] *fam,* au hasard; **jdm ist das ~ hold** *geh* la chance sourit à qn; **jd/etw bringt jdm ~** qn/qc porte chance [*o* bonheur] à qn; **das hat mir gerade noch zu meinem ~ gefehlt!** *iron* il ne manquait plus que ça!, c'est bien ma chance!; ~ **gehabt!** *fam* j'ai eu/tu as eu du pot! *fam;* **jd hat ~/kein ~** qn a de la/n'a pas de chance; **jd hat ~ bei jdm** qn a du succès auprès de qn; **jd hat bei jdm [mit etw] kein ~** qn n'a pas de succès auprès de qn [avec qc]; **jd hat das ~ gehabt etw zu tun** qn a eu la chance de faire qc; **das ist dein ~!** *fam* t'as de la chance! *fam;* **jdm lacht das ~** la chance sourit à qn; **jd macht sein ~** qn fait fortune; **jd probiert [*o* versucht] sein ~** qn tente sa chance; **jd kann von ~ reden [*o* sagen], dass** qn peut dire qu'il a eu de la chance que + *subj;* **jd weiß noch nichts von seinem ~** *iron* (*bei etw schon Geschehenen*) qn connaît pas encore son bonheur; (*bei etw Zukünftigem*) qn ne sait pas ce qui l'attend; **jd wünscht jdm ~ für etw** qn souhaite à qn bonne chance pour qc; **jd wünscht jdm ~ [zu etw]** qn félicite qn [pour qc]; **man kann niemanden zu seinem ~ zwingen** *prov* on ne peut pas faire le bonheur de quelqu'un malgré lui; ~ **auf!** salut! (*langage de la mine*); **viel ~ [bei/in ...]!** bonne chance [pour/dans ...]!; **zum ~** par chance, par bonheur; **zu jds ~** heureusement pour qn; **ein ~!** *fam* heureusement!; (*Schwein gehabt*) encore heureux!; **ein ~, dass** c'est une chance que + *subj*

Glucke <-, -n> *f* 1. (*Kükenmutter*) poule *f;* (*brütende Henne*) couveuse *f*
2. (*Mutter*) mère *f* poule

glücken *vi* + *sein* ■ **etw glückt** qc réussit; ■ **etw glückt jdm** qn réussit qc; ***einigen Häftlingen glückte die Flucht*** quelques détenus ont réussi à s'enfuir; ■ **jdm glückt es etw zu tun** qn réussit à faire qc; ***eine geglückte Überraschung*** une surprise réussie

gluckern *vi* 1. + *haben* (*Geräusch machen*) ■ **es gluckert in etw** (*dat*) *im Magen, in der Leitung* qc gargouille; ■ **etw gluckert** */Flüssigkeit/* qc glougloute *fam;* */Magen, Heizung/* qc gargouille
2. (*fließen*) ■ **etw gluckert in etw** (*akk*) qc coule dans qc en glougloutant *fam*

glücklich I. *adj* 1. (*vom Glück begünstigt*) *Gewinner, Mensch* heureux(-euse) *antéposé,* chanceux(-euse); ***der Sieg war eher ~ als verdient*** la victoire était plutôt due à la chance que méritée; ■ **der/die G~e** le/la veinard(e) *fam,* l'heureux mortel/l'heureuse mortelle; ***ihr G~en!*** bande de veinards! *fam;* ***du heiratest? Und wer ist der/die G~e?*** tu te maries? Et qui est l'heureux élu/l'heureuse élue?
2. (*erfreulich*) heureux(-euse) *antéposé*
3. (*froh*) *Mensch, Familie, Zeit* heureux(-euse); *Gesicht, Lächeln a.* ravi(e); ■ **jd ist/wird ~ mit jdm** qn est/sera heureux(-euse) avec qn; ■ **jd ist ~ mit jdm/etw** (*zufrieden*) qn est content(e) [*o* satisfait(e)] de qn/qc; ■ **jd ist ~ über jdn/etw** qn est satisfait(e) [*o* content(e)] de qn/qc; ***wir sind ~ über unser erstes Baby*** nous sommes heureux [*o* nous nous réjouissons] de la naissance de notre premier bébé; ***über die Idee, etw zu tun/dass ..., bin ich gar nicht ~*** je ne me réjouis pas du tout à l'idée de faire qc/que + *indic*
▶ **jd ist wunschlos ~** qn est comblé(e), qn est parfaitement heureux(-euse); **jd macht jdn ~** qn rend qn heureux(-euse); **jd kann sich ~ schätzen[, ...]** qn peut s'estimer heureux(-euse) [de + *infin*/que + *subj*]
II. *adv* 1. (*erfreulich*) *enden, anfangen, beginnen, gelingen* bien
2. (*froh und zufrieden*): ***jd ist ~ verheiratet*** qn est heureux(-euse) en ménage; ***sie leben ~*** ils/elles vivent heureux(-euses)
3. *fam* (*zu guter Letzt*) en fin de compte; ***jetzt haben wir ~ doch noch Erfolg gehabt*** maintenant nous avons fini par avoir [*o* remporter] du succès

glücklicherweise *adv* heureusement, par chance, par bonheur

glücklos *adj Mensch, Regierung* malheureux(-euse); *Bemühen, Versuch a.* infructueux(-euse)

Glücksbringer <-s, -> *m* porte-bonheur *m*

glückselig *adj Mensch* pleinement heureux(-euse); *Lächeln a.* radieux(-euse); ***so ~*** tellement heureux(-euse)

glucksen *vi s.* **gluckern**

Glücksfall *m* coup *m* de chance ▶ **durch einen ~** c'est un coup de chance que + *subj* **Glücksgefühl** *nt* sentiment *m* de bonheur **Glücksgöttin** *f* MYTH la Fortune **Glückskind** *nt fam* veinard(e) *m(f) fam* **Glücksklee** *m* trèfle *m* à quatre feuilles **Glückspfennig** *m pfennig porte-bonheur* **Glückspilz** *m fam* veinard(e) *m(f);* ***du ~!*** quel(le) veinard(e)! **Glücksrad** *nt* roue *f* de la fortune **Glücksritter** *m* aventurier *m* **Glückssache** *f* ▶ **etw ist [reine] ~** qc est une [pure] question de chance **Glücksschwein[chen]** *nt* [*petit*] *cochon m porte-bonheur* **Glücksspiel** *nt* jeu *m* de hasard **Glückssträhne** *f* ***deine ~ kann doch nicht immer anhalten*** ta chance ne peut pas durer éternellement; ***ihre ~ riss ab*** la chance l'a abandonnée ▶ **jd hat eine ~** qn a la baraka *fam* **Glückstag** *m* jour *m* de chance **Glückstreffer** *m* coup *m* gagnant; ***gratuliere, ein ~!*** félicitations! vous avez mis dans le mille! *fam;* ***die neue Mitarbeiterin war ein ~*** avec notre nouvelle collaboratrice, on a tiré le bon numéro *fam* **Glückszahl** *f* (*Glück bringende Zahl*) chiffre *m* porte-bonheur; (*Gewinnzahl*) numéro *m* gagnant

Glückwunsch *m* (*Gratulation*) ■ ~ **[zu etw]** félicitations *fpl* [pour qc]
▶ **herzlichen [*o* meinen] ~!** toutes mes félicitations!; **herzlichen ~ zu/zum/zur** cordiales [*o* toutes mes/nos] félicitations pour [*o* à l'occasion de]; ***herzlichen ~ zum Geburtstag/Namenstag!*** bon anniversaire/bonne fête!

Glückwunschkarte *f* carte *f* de félicitations **Glückwunschtelegramm** *nt* télégramme *m* de félicitations

Glucose <-> *f* Ø glucose *m*

Glühbirne *f* ampoule *f*

glühen *vi* 1. (*rot vor Hitze sein*) ■ **etw glüht** qc est incandescent(e); */Feuer/* qc est ardent(e); */Kerzendocht, Span, Zigarette/* qc rougeoie
2. (*sehr heiß sein*) ■ **jd/etw glüht** qn/qc est brûlant(e)
3. *geh* (*leidenschaftlich erregt sein*) ■ **jd glüht vor etw** (*dat*) *vor Begierde, Eifer, Erregung, Verlangen* qn brûle de qc *soutenu; vor Scham* qn est rouge de qc; *vor Wut, Zorn a., Hass* qn bout de qc

glühend I. *adj* 1. *Metall, Scheit* incandescent(e); *Kohle a.* ardent(e)
2. *Stirn, Wangen* brûlant(e); ***eine ~e Hitze*** une fournaise
3. (*leidenschaftlich*) *Liebhaber* ardent(e), enflammé(e); *Hass* virulent(e)
▶ **weiß ~** incandescent(e), chauffé(e) à blanc
II. *adv heiß* terriblement; *beneiden, lieben* ardemment; *hassen* farouchement

Glühlampe *f form* lampe *f* à incandescence, ampoule *f* électrique **Glühwein** *m* vin *m* chaud **Glühwürmchen** *nt fam* ver *m* luisant

Glukose <-, -n> *f s.* **Glucose**

Glut <-, -en> *f* 1. [*Feuer*] braise *f;* [*Zigarette*] cendre *f* incandescente; ***er drückt die ~ aus*** il éteint les braises; il écrase sa cigarette; ***man sah im Dunkel nur die ~ seiner Zigarette*** dans l'obscurité, on ne voyait que le rougeoiement de sa cigarette
2. *geh* [*Blick*] flamme *f;* [*Liebhaber, Umarmung*] ardeur *f*

Glutamat <-[e]s, -e> *nt* glutamate *m*

Glutamin <-s, -e> *nt* glutamine *f*

Glutaminsäure *f* acide *m* glutamique

glutäugig *adj geh* aux yeux de braise

Gluthitze *f* fournaise *f,* chaleur *f* torride

Glykol <-s, -e> *nt* glycol *m*

Glyzerin <-s> *nt* Ø glycérine *f*

GmbH <-, -s> [ge:ˀɛmbe:ˈha:] *f abk von* **Gesellschaft mit beschränkter Haftung** S.A.R.L. *f*

Gnade <-, -n> *f* 1. (*Gunst*) faveur *f gén pl;* ***sein Schicksal hing von der ~ der Wächter ab*** son destin dépendait du bon plaisir de ses gardiens
2. (*Milde, Nachsicht*) grâce *f;* ***jd gewährt jdm ~*** qn fait grâce à qn, qn accorde son indulgence à qn; ***jd darf nicht auf ~ hoffen*** qn ne doit pas espérer qu'on lui fasse grâce; ***jd hat keine ~ zu erwarten*** qn ne peut pas s'attendre à ce qu'on lui fasse grâce
▶ **jd/etw findet ~ vor jds Augen** (*dat*) qn/qc trouve grâce aux yeux de qn; **jd tut etw aus ~ und Barmherzigkeit** qn fait qc par pure bonté d'âme; **jd lässt ~ vor Recht ergehen** qn fait preuve d'indulgence [*o* de clémence]; **jd bittet um ~/bei jdm für jdn um ~** qn demande grâce/à qn la grâce de qn; **jd hat die ~ etw zu tun** *iron* qn a l'extrême bonté de faire qc; **ohne ~** sans pitié [*o* merci]; **von jds ~n** par la grâce de qn; ***ein Herrscher von eigenen ~n*** un monarque absolu; **Euer ~n!** Votre Grâce!; ~! grâce!, pitié!

Gnadenakt *m* grâce *f* **Gnadenbrot** *nt* ▶ **jd/ein Tier bekommt bei jdm das ~** qn/un animal vit de la charité de qn **Gnadenfrist** *f* délai *m* de grâce ▶ **jd gibt [*o* gewährt] jdm eine ~** qn accorde à qn un délai de grâce **Gnadengesuch** *nt* recours *m* en grâce ▶ **jd reicht ein ~ [bei jdm] ein** qn dépose un recours en grâce [auprès de qn]

gnadenlos I. *adj* sans pitié, impitoyable; ■ **jd ist ~ [gegen jdn]** qn est sans pitié [*o* impitoyable] [pour qn] [*o* envers qn]
II. *adv* impitoyablement

Gnadenschuss[RR] *m* coup *m* de grâce ▶ **jd gibt einem Tier den ~** qn donne le coup de grâce à [*o* qn achève] un animal **Gnadenstoß** *m* coup *m* de grâce ▶ **jd gibt einem Tier den ~** qn achève un animal **Gnadenweg** *m* voie *f* du recours en grâce ▶ **auf dem ~** par mesure de grâce; ***die restliche Strafe wurde ihm auf dem ~ erlassen*** il a été gracié du reste de sa peine

gnädig I. *adj* 1. (*herablassend*) *Gesicht, Lächeln, Miene* protecteur(-trice)
2. (*milde*) *Mensch, Verhalten* clément(e), indulgent(e); ***Gott ist ~*** Dieu est miséricordieux; ***danke, zu ~!*** merci, c'est trop de bonté!
3. *veraltend* (*wert*): ***ist wohl das ~e Fräulein anwesend?*** Mademoiselle est-elle présente?; ***ganz wie der ~e Herr wünschen!*** ce sera comme Monsieur voudra!; ***stets zu Diensten, ~e Frau!*** tout à votre service, Madame!
▶ **meine G~ste** *hum* ma chère [amie]
II. *adv* 1. (*herablassend*) d'un air protecteur
2. (*milde*) avec clémence, avec indulgence; ***damit bist du noch mal ~ davongekommen*** tu t'en es assez bien sorti(e) cette fois encore; ***jd macht es ~*** qn est sympa *fam;* ***wir machen's ~*** on ne va pas faire de zèle

Gneis <-es, -e> *m* gneiss *m*

Gnom <-en, -en> *m* (*Sagenfigur*) gnome *m; pej* (*kleiner Mensch*) nabot *m,* gnome *m;* (*Giftzwerg*) nabot(e) malfaisant(e) *m*

Gnostik <-> *f* Ø gnosticisme *m*

Gnostiker(in) <-s, -> *m(f)* gnostique *mf*

gnostisch *adj* gnostique

Gnu <-s, -s> *nt* gnou *m*

Goal <-s, -s> [goʊl] *nt* AUS, CH but *m*

Goal- [goʊl-] AUS, CH de but; ***~getter*** buteur *m*

Gobelin <-s, -s> [gobəˈlɛ̃:] *m* gobelin *m*

Gockel <-s, -> *m bes.* SDEUTSCH coq *m*

Göd <-en, -en> *m* AUS (*Pate*) parrain *m*

Godel <-, -n> *f* AUS (*Patin*) marraine *f*

Goder <-s, -> *m* AUS *fam* (*Doppelkinn*) double menton *m*

Godl <-, -n> *f* AUS *s.* **Godel**

Gokart[RR] <-[s], -s> *m* kart *m*

Gold <-[e]s> *nt* Ø 1. CHEM or *m*
2. SPORT *sl* ■ ~ de l'or *fam*
▶ **jd hat ~ in der Kehle** *fam* sa voix est une mine d'or; **nicht für alles ~ der Welt** *geh* pas pour tout l'or du monde; **schwarzes ~** or noir; **jd ist treu**

wie ~ qn est d'une fidélité à toute épreuve; **jd/etw ist nicht mit ~ zu bezahlen** [*o* **aufzuwiegen**] qn/qc vaut son pesant d'or, qn/qc est d'une valeur inestimable; **es ist nicht alles ~, was glänzt** *prov* tout ce qui brille n'est pas or; **jd holt ~** *sl* qn remporte de l'or *fam;* **aus ~** en or; ***eine Münze aus ~*** une pièce en or [*o* d'or]; **in ~** en or; ***75 Milliarden DM in ~*** 75 milliards de marks or

Gold- 1. (*aus Gold*) en or; *-folie* d'or **2.** (*das Metall betreffend*) *-markt, -termingeschäft* de l'or; *-aufbereitung, -gewicht, -gewinnung a., -fund, -mine, -staub* d'or; *-option, -spekulation* sur l'or **3.** BOT, ORN ZOOL doré(e) **Goldader** *f* filon *m* d'or **Goldammer** *f* bruant *m* **Goldbarren** *m* lingot *m* d'or **Goldbarsch** *m* rascasse *f* du Nord **goldbestickt** *adj* brodé(e) d'or **Golddeckung** *f* couverture-or *f,* garantie *f* or **Golddoublé** *nt,* **Golddublee** [-duble:] *nt* plaqué *m* or

golden I. *adj attr* **1.** (*aus Gold*) en or
2. *poet* (*goldfarben*) doré(e), d'or *littér*
II. *adv* d'un éclat doré

Golden Goal <- -s, - -s> ['gouldən 'go:l] *nt* FBALL but *m* en or

Goldesel *m* **1.** LITER âne *m* aux pièces d'or (*dans un conte de Grimm*) **2.** *fam* (*Dukatenscheißer*) poule *f* aux œufs d'or; ***denkst du, ich habe einen ~?*** tu me prends pour Crésus?, tu crois que je roule sur l'or?, tu t'imagines que j'ai inventé la planche à billets? *hum* **Goldfaden** *m* fil *m* doré **goldfarben** *adj,* **goldfarbig** *adj* doré(e) **Goldfisch** *m* poisson *m* rouge, cyprin *m* [*o* carassin *m*] doré **goldgelb I.** *adj* jaune d'or; GASTR doré(e) **II.** *adv* GASTR: ***die Butter ~ zergehen lassen*** faire dorer le beurre; ***etw ist ~ überbacken*** qc est doré(e) en surface **Goldgier** *f* soif *f* d'or **goldgierig** *adj* avide d'or **Goldgräber(in)** *m(f)* chercheur(-euse) *m(f)* d'or **Goldgrube** *f* **1.** *fam* (*Unternehmen*) mine *f* d'or **2.** *s.* **Goldmine**

goldhaltig *adj,* **goldhältig** *adj* AUS aurifère

Goldhamster *m* hamster *m* [doré]

goldig *adj* **1.** *fam* (*allerliebst*) adorable, chou(te) *fam*
2. *pred* DIAL *fam* (*nett*) chic *fam*
▶ **du bist aber ~!** DIAL *iron fam* je te trouve vraiment merveilleux(-euse) !

Goldjunge *m,* **-mädchen** *f fam* **1.** (*Kind*) petit trésor *m fam;* ***er ist ein ~, der Kleine*** c'est un amour, ce petit; ***kommt her, meine ~n!*** venez, mes petits chéris! **2.** SPORT médaillé(e) *m(f)* d'or **Goldklumpen** *m* pépite *f* d'or **Goldlack** *m* giroflée *f* jaune **Goldmädchen** *nt fam s.* **Goldjunge. Goldmark** *f* HIST mark *m* or **Goldmedaille** [-medaljə] *f* médaille *f* d'or **Goldmedaillengewinner(in)** [-medaljən-] *m(f)* gagnant(e) *m(f)* de la médaille d'or **Goldmine** *f* mine *f* d'or **Goldpapier** *nt* papier *m* doré **Goldrahmen** *m* cadre *m* doré **Goldrand** *m* [*Brille*] monture *f* dorée; [*Geschirrteil*] filet *m* doré **Goldrausch** *m* fièvre *f* de l'or; ***ein ~*** une fièvre d'or **Goldregen** *m* BOT cytise *m* **Goldreif** *m geh* bracelet *m* en or **Goldreserve** [-və] *f* réserve *f* d'or **goldrichtig I.** *adj fam* **1.** (*völlig richtig*) impeccable *fam* **2.** *pred:* ***jd ist ~*** qn est idéal(e) **II.** *adv fam* comme un crack *fam;* ***du hast ~ geraten*** tu as tapé dans le mille **Goldschatz** *m* **1.** (*Schatz*) trésor *m* **2.** *fam* (*Mensch*) [petit] trésor *m fam*

Goldschmied(in) *m(f)* orfèvre *mf*

Goldschmiedearbeit *f* [travail *m* d']orfèvrerie *f* **Goldschmiedekunst** *f* ∅ orfèvrerie *f*

Goldschnitt *m* ∅ [*Buch*] dorure *f* sur tranche; ***mit ~*** doré(e) sur tranche **Goldstück** *nt* **1.** *veraltet* (*Goldmünze*) pièce *f* d'or **2.** *s.* **Goldschatz 2. Goldvorkommen** *nt* gisement *m* aurifère **Goldwaage** *f* trébuchet *m*
▶ **jd legt [bei jdm] jedes Wort** [*o* **alles**] **auf die ~** qn pèse [avec qn] chacune de ses paroles; **jd darf [bei jdm] nicht jedes Wort** [*o* **alles**] **auf die ~ legen** qn ne doit pas prendre chaque mot [que prononce qn] au pied de la lettre **Goldwaren** *pl* [pièces *fpl* d']orfèvrerie *f* **Goldwäscher(in)** *m(f)* orpailleur(-euse) *m(f)*

Golf[1] <-[e]s, -e> *m* (*Meeresbucht*) golfe *m*
▶ **der ~ von Biskaya** le golfe de Gascogne; **der ~ von Genua** le golfe de Gênes; **der Persische ~** le golfe Persique; **der ~** *fam* le Golfe

Golf[2] <-s> *nt* ∅ SPORT golf *m*
▶ **jd spielt ~** qn joue au golf

Golf-[1] GEOG du Golfe; *-mission* dans le Golfe

Golf-[2] SPORT de golf; *~**rasen*** green *m;* *~**wagen*** kart *m*

Golfer(in) <-s, -> *m(f) fam* golfeur(-euse) *m(f)*

Golfkrieg *m* guerre *f* du Golfe

Golfplatz *m* terrain *m* de golf; ***~ mit 9 Löchern*** terrain de golf à 9 trous **Golfschläger** *m* club *m,* crosse *f* de golf **Golfspieler(in)** *m(f)* joueur(-euse) *m(f)* de golf ▶ **jd ist ~** qn joue au golf

Golfstrom *m* Gulf Stream *m*

Golftasche *f* sac *m* de golf

Golgatha <-s> *nt* Golgotha *m*

Goliath <-s, -s> *m* **1.** BIBL Goliath *m*
2. *fam* (*riesiger Mensch*) grand malabar *m fam,* colosse *m*

Gondel <-, -n> *f* **1.** (*Schiff*) gondole *f*
2. [*Seilbahn, Sessellift etc*] [télé]cabine *f*
3. [*Fesselballon*] nacelle *f*

Gondelbahn *f* CH télécabine *f,* télébenne *f*

gondeln *vi + sein fam* ■ **jd gondelt [mit etw] durch etw** qn se trimbale [en qc] dans qc *fam*

Gondoliere <-, Gondolieri> *m* gondolier *m*

Gong <-s, -s> *m* gong *m*

gongen I. *vi impers* ■ **es gongt** le gong retentit [*o* résonne]
II. *vi* ■ **jd gongt** qn frappe [sur] le gong, qn fait retentir le gong

Gongschlag *m* coup *m* de gong

gönnen I. *vt* **1.** (*gern zugestehen*) ■ **jd gönnt jdm etw** qn accorde qc à qn; (*schadenfroh*) qn est bien content(e) de qc; ***ich gönne ihm diesen Erfolg*** je me réjouis pour lui de son succès; ***greif zu, die paar Stücke Torte gönne ich dir!*** prends donc ces morceaux de tarte, ça me fait plaisir; ***diesen Misserfolg gönne ich ihm wirklich*** il a échoué, [c'est] bien fait [pour lui] [*o* il l'a bien mérité]; ■ **jd gönnt jdm etw nicht** qn ne permet pas qc à qn; ***du gönnst mir auch gar nichts!*** tu ne m'accordes aucun plaisir!
2. (*es gern sehen*) ■ **jd gönnt jdm, dass** qn se réjouit de ce que + *subj*
▶ **das sei jdm gegönnt** soit; ***ich zuerst, bitte! – Das sei dir gegönnt!*** moi d'abord, s'il te plaît! – Accordé!
II. *vr* ■ **jd gönnt sich** (*dat*) **etw** *Erholung, Ruhe, Urlaub* qn s'accorde qc; *Genuss, Kaviar, ein Glas Wein, Pralinen* qn s'offre [*o* se paie] qc; ***man gönnt sich ja sonst nichts!*** c'est mon seul luxe!

Gönner(in) <-s, -> *m(f)* bienfaiteur(-trice) *m(f),* protecteur(-trice) *m(f);* [*Künstler*] mécène *m*

gönnerhaft I. *adj pej* condescendant(e)
II. *adv pej* avec condescendance
▶ **jd gibt sich ~, jd tut ~** qn joue au généreux donateur/à la généreuse donatrice

Gönnerlaune *f* humeur *f* encline aux largesses; ***ich bin heute in ~*** c'est mon jour de bonté **Gönnermiene** *f pej* air *m* de généreux donateur/généreuse donatrice ▶ **jd setzt eine ~ auf** qn met son masque de généreux donateur/généreuse donatrice; **mit ~** en prenant un air de généreux donateur/généreuse donatrice

Gonokokkus <-, Gonokokken> *m meist pl* gonocoque *m*

Gonorrhö[e] <-, -en> [gɔno'rø:] *f* gonococcie *f,* blennorragie *f*

Goodwill <-s> ['gud'wil] *m* ∅ (*Wohlwollen*) bon vouloir *m*

Goodwillbesuch ['gud'wil-] *m* visite *f* de bons offices

gor *imp von* **gären**

Gör <-[e]s, -en> *nt fam* gosse *m fam*

gordisch *adj s.* **Knoten**

Göre <-, -n> *f fam* gamine *f fam,* gosse *f fam,* mouflette *f fam*

Gorilla <-s, -s> *m* **1.** ZOOL gorille *m*
2. *sl* (*Leibwächter*) gorille *m fam*

goschert *adj* AUS *fam* (*vorlaut*) insolent(e)

goss[RR], **goß** *imp von* **gießen**

Gosse <-, -n> *f veraltet* caniveau *m*
▶ **jd endet** [*o* **landet**] **in der ~** qn finit dans le ruisseau; **jd holt jdn aus der ~, jd liest jdn aus der ~ auf** qn sort [*o* tire] qn du ruisseau; **jd kommt** [*o* **stammt**] **aus der ~** qn sort [*o* vient] du ruisseau; **jd wächst in der ~ auf** qn grandit dans les rues; **jd zieht jdn/jds Namen durch die ~** qn traîne qn/le nom de qn dans la boue

Gote <-n, -n> *m,* **Gotin** *f* Goth(e) *m(f)*

Gotik <-> *f* ∅ gothique *m*

gotisch *adj* **1.** HIST *Herrscher, König, Reich* goth(e)
2. *Sprache* got[h]ique
3. ARCHIT, ART gothique

Gott <-es, Götter> *m,* **Göttin** *f* (*übernatürliches Wesen*) dieu/déesse *m/f;* (*im Monotheismus*) dieu *m;* (*christlicher ~*) Dieu *m*
▶ **~ der Allmächtige** Dieu Tout-Puissant; **~ sei Dank!** Dieu soit merci!; **~ der Herr** le Seigneur notre Dieu; **~ im Himmel!** *fam* nom de Dieu! *fam;* **jd lebt wie ~ in Frankreich** *fam* qn vit [*o* est] comme un coq en pâte; **jd lässt den lieben ~ einen guten Mann sein** *fam* qn ne s'en fait pas/plus; **was ~ zusammengefügt hat, soll der Mensch nicht scheiden** *prov* l'homme ne doit pas séparer ce que Dieu a uni; **~es Mühlen mahlen langsam** *hum* la justice est lente; **im Namen ~es** au nom de Dieu; **in ~es Namen** *fam* (*meinetwegen*) bon, bon; si tu veux/vous voulez; (*inständige Bitte*) je t'/vous adjure; **~ [der] Vater[, der Sohn und der Heilige Geist]** Dieu le père[, le Fils et le Saint-Esprit]; **jd redet** [*o* **unterhält sich**] [*o* **spricht**] **über ~ und die Welt** *fam* qn parle de tout et de rien [*o* de la pluie et du beau temps]; **~ ist mein Zeuge[, dass]** *geh* Dieu m'est témoin [que + *indic*]; **großer** [*o* **gütiger**] [*o* **gerechter**] **~!** grand [*o* juste] Dieu!; **der liebe ~** le bon Dieu; **ach du lieber ~!** *fam* [oh] mon Dieu!; **~ hab' ihn/sie selig!** *nachgestellt* que Dieu ait son âme!; **~ behüte** [*o* **bewahre**]**!** Dieu m'en garde!; **jd betet zu ~** qn prie Dieu; **bete zu ~, dass** *fam* tu peux prier le ciel que + *subj;* **gebe ~, dass** Dieu fasse que + *subj,* fasse le ciel que + *subj;* **[nackt,] wie ~ ihn/sie geschaffen hat** *hum fam* [nu(e)], comme le bon Dieu l'a fait(e); en tenue d'Adam/Ève; **jd glaubt an ~** qn croit en Dieu; **gnade dir ~, wenn …, … dann gnade dir ~!** tu peux faire ta prière, si …, …, alors fais ta prière!; **grüß ~!** *bes.* SDEUTSCH, AUS bonjour!; **jd ist jds ~** qn est le [bon] Dieu de qn; **jd schwört bei ~[, dass]** qn jure devant Dieu [que + *indic*]; **~ sei mit dir!** *veraltend* que Dieu te prête assistance! [*o* te protège!] *vieilli;* **da sei ~ vor!** Dieu m'/l'en préserve!; **~ steh' mir bei!** *fam* que Dieu me vienne en aide! [*o* me prête assistance!]; **vergelt's ~!** *veraltend* Dieu te/vous le rendra; **~ weiß, was/wie viel/wann** *fam* Dieu sait ce que/combien/quand; **weiß ~ nicht** *fam* certainement pas; ***der Wagen ist weiß ~ nicht zu teuer*** Dieu sait que la voiture n'est pas si chère que cela; **so ~ will** *geh* si Dieu le veut, s'il plaît à Dieu *littér;* **das wissen die Götter** *fam* Dieu seul le sait; **ach ~** mon Dieu!; **bei ~** *fam* [ah mais] vraiment; **leider ~es** hélas *littér;* **mein ~** *fam* (*ungehalten*) bon Dieu *fam;* (*oje*) zut *fam,* merde *fam;* **o ~** *fam* mon Dieu!; **um ~es willen!** (*oje!*) mon Dieu!; (*bitte*) pour l'amour de Dieu

Gotte <-, -n> *f* CH marraine *f*

Gotterbarmen *nt* ▶ **zum ~** *fam kreischen, schreien, weinen* à fendre l'âme; *frieren* horriblement; *pej singen, spielen* horriblement mal

Götterbild *nt* idole *f* **Götterbote** *m* messager *m* des dieux **Götterdämmerung** *f* crépuscule *m* des dieux **Göttergatte** *m hum* ■ **mein/dein ~** mon/ton cher et tendre *fam*

gottergeben I. *adj* résigné(e)
II. *adv* avec résignation

Götterspeise *f* GASTR (*Wackelpudding*) dessert *m* gélifié

Gottesacker *m veraltet* cimetière *m* **Gottesanbeterin** *f* mante *f* religieuse **Gottesdienst** *m* office *m,* service *m* religieux; ***jd geht zum ~*** qn va à l'office; (*katholische Kirche*) qn va à la messe; (*evangelische Kirche*) qn va au culte **gottesfürchtig** *adj veraltend* pieux(-euse) **Gotteshaus** *nt* maison *f* de Dieu; (*katholisch*) église *f;* (*evangelisch*) temple *m* **Gotteslästerer** *m,* **-lästerin** *f* blasphémateur(-trice) *m(f),* sacrilège *mf* **gotteslästerlich** I. *adj* blasphématoire, sacrilège II. *adv* de façon sacrilège [*o* blasphématoire]; ***jd redet ~*** qn blasphème **Gotteslästerung** <-, -en> *f* blasphème *m,* sacrilège *m* **Gottesmutter** *f* ■ **[Maria,] die ~** [Marie,] la mère de Dieu **Gottessohn** *m* ■ **[Jesus Christus,] der ~** [Jésus-Christ,] le fils de Dieu **Gottesurteil** *nt* jugement *m* de Dieu, ordalie *f*

Gottheit <-, -en> *f* divinité *f*

Götti <-s, -> *m* CH parrain *m*

Göttin *f s.* **Gott**

göttlich *adj* 1. divin(e)
2. *fam* (*köstlich*) divin(e)

gottlob *adv geh* Dieu merci

gottlos *adj Gesinnung, Redensart* irréligieux(-euse); *Mensch* athée; *Leben* païen(ne)

Gottseibeiuns *m veraltend:* ***der*** [***leibhaftige***] ~ le diable [*o* malin] [en personne]

gottserbärmlich I. *adj fam* sacré(e) *antéposé fam*
II. *adv fam* sacrément *fam*

Gottvater *m* ∅ Dieu le père **gottverdammt** *adj attr sl* foutu(e) *fam* **gottverlassen** *adj fam* perdu(e)

Götze <-n, -n> *m* idole *f*

Götzenbild *nt* idole *f* **Götzendiener(in)** *m(f)* idolâtre *mf*

Götzzitat *nt* ■ **das** ~ *injure vulgaire, correspondant à: va te faire foutre*

Gourmand <-s, -s> [gʊrˈmãː] *m* gourmand *m*

Gourmet <-s, -s> [gʊrˈmeː] *m* gourmet *m*

Gouvernante <-, -n> [guvɛrˈnantə] *f* gouvernante *f*

Gouvernement <-s, -s> [guvɛrnəˈmãː] *nt* gouvernement *m*

Gouverneur(in) <-s, -e> [guvɛrˈnøːɐ] *m(f)* gouverneur *m*

Grab <-[e]s, ⸚er> *nt* tombe *f*
▶ **jd findet ein ~ in fremder Erde** *geh* qn est enterré(e) en terre lointaine [*o* étrangère]; **jd findet sein ~ in den Wellen** *geh,* **jd findet ein feuchtes** [*o* **nasses**] ~ *geh* qn périt en mer; **das Heilige** ~ le Saint Sépulcre; **das bringt mich/dich noch ins ~!** *fam* ça va me/te faire mourir *fam,* ça me tue *fam;* ***nicht immer diese schreckliche Musik, die bringt mich noch ins ~!*** pas toujours cette horrible musique, tu veux ma mort [*o* me faire mourir][, ou quoi]! *fam;* **du bringst mich noch ins ~!** *fam* tu me tues *fam;* **jd gräbt sich** (*dat*) **selbst sein ~, jd schaufelt sich** (*dat*) **sein eigenes ~** qn donne [à qn] des bâtons pour se faire battre; **jd nimmt etw mit ins ~** qn emporte qc dans la tombe; **jd kann schweigen wie ein ~** qn est [muet(te) comme] une tombe; **jd trägt jdn zu ~e** *geh* qn porte qn en terre; **jd würde sich im ~e umdrehen, wenn** *fam* qn se retournerait dans sa tombe si

Grabbeigabe *f* offrande *f* [funéraire]

Grabbeltisch *m fam* table *f* à farfouille

graben <gräbt, grub, gegraben> I. *vi* 1. (*Erde ausheben*) ■ **jd gräbt** qn creuse, qn retourne la terre
2. (*durch Graben suchen*) ■ **jd gräbt nach etw** qn cherche qc [en creusant]
II. *vt* 1. ■ **jd/ein Tier gräbt etw** *Loch, Grube, Tunnel, Stollen, Grab* qn/un animal creuse qc
2. *geh* (*versenken*) ■ **jd/ein Tier gräbt etw in etw** (*akk*) *Fingernägel, Krallen, Zähne* qn/un animal plante [*o* enfonce] qc dans qc
III. *vr* ■ **etw gräbt sich in etw** (*akk*) qc se plante [*o* s'enfonce] dans qc

Graben <-s, ⸚> *m* 1. fossé *m;* [*Burg*] douve *f*
2. MIL tranchée *f*
3. GEOL fosse *f* [océanique]

Grabesrand *m* bordure *f* de [la] tombe **Grabesruhe** *f geh,* **Grabesstille** *f geh* silence *m* de mort; ***im Klassenzimmer war Grabesstille*** on aurait pu entendre voler une mouche dans la classe **Grabesstimme** *f* ▶ **mit** ~ *fam* avec une [*o* d'une] voix sépulcrale [*o* d'outre-tombe]

Grabgewölbe *nt* caveau *m* **Grabhügel** *m* ARCHEOL tumulus *m* **Grabinschrift** *f* inscription *f* tombale, épitaphe *f* **Grabkammer** *f* chambre *f* funéraire **Grabkreuz** *nt* croix *f* [funéraire] **Grabmal** <-mäler *o geh* -e> *nt* tombeau *m,* monument *m* funéraire; (*von größerem Ausmaß*) mausolée *m* ▶ **das ~ des Unbekannten Soldaten** la tombe du soldat inconnu **Grabplatte** *f* dalle *f* [funéraire] **Grabschändung** *f* violation *f* [*o* profanation *f*] de sépulture ▶ **jd begeht** ~ qn viole une/des sépulture[s]

grabschen *vt, vi s.* **grapschen**

Grabstätte *f geh* sépulture *f* **Grabstein** *m* pierre *f* tombale **Grabstelle** *f* concession *f* [funéraire]

gräbt *3. pers pres von* **graben**

Grabung <-, -en> *f* fouilles *fpl*

Gracht <-, -en> *f* canal *m* (*aux Pays-Bas*)

Grad <-[e]s, -e> *m* 1. degré *m*
2. GEOG parallèle *m;* ***unterm 32. ~ nördlicher/südlicher Breite*** par 32 degrés de latitude nord/sud
3. UNIV grade *m*
▶ **akademischer** ~ grade *m* universitaire; **der dritte** ~ *euph expression désignant la torture;* **ersten/zweiten/dritten** ~**es** au premier/deuxième/troisième degré; **bis zu einem gewissen** ~[**e**] jusqu'à un certain point; **im höchsten** ~[**e**] au plus haut point, extrêmement; **in hohem** ~[**e**] très; **um** [**ein**]**hundertachtzig** ~ *fam* à cent quatre vingts degrés; ***eine Wende um hundertachtzig*** ~ un virage à cent quatre vingts degrés; ***jd/etw wendet sich um hundertachtzig*** ~ qn/qc change du tout au tout

grad- *s.* **gerade-**

grad[**e**] *adj, adv fam s.* **gerade**

Gradeinteilung *f* graduation *f* **Gradmesser** <-s, -> *m* ■ **ein ~** [**für etw**] un indicateur [de qc] *m*

graduell I. *adj* 1. *Unterschied* minime; ***bis auf ~e Unterschiede*** à quelques exceptions [*o* peu de chose[s]] près
2. *Übergang, Veränderung* graduel(le), progressif(-ive)
II. *adv* 1. (*geringfügig*) très peu, de façon minime
2. (*allmählich*) graduellement

graduiert *adj* UNIV diplômé(e) d'un I.U.T.

Graf <-en, -en> *m,* **Gräfin** *f* comte/comtesse *m/f*
▶ ~ **Rotz** *fam* m'as-tu-vu *m*

Graffito <-[s], Graffiti> *m o nt* 1. ART graffiti *m*
2. *pl* ■ **Graffiti** des graffiti[s], des tags *fam*

Grafik <-, -en> *f* 1. ∅ ART arts *mpl* graphiques
2. (*Darstellung*) œuvre *f* graphique
3. (*Schaubild*) graphique *m*

Grafikchip [-tʃɪp] *m* INFORM puce *f* graphique

Grafiker(in) <-s, -> *m(f)* graphiste *mf;* (*in einer Werbeagentur*) dessinateur(-trice) *m(f)* publicitaire

Grafikkarte *f* INFORM carte *f* graphique **Grafikmodus** *m* mode *m* graphique **Grafikprogramm** *nt* grapheur *m*

Gräfin *f s.* **Graf**

grafisch I. *adj* graphique
II. *adv* par un [*o* au moyen d'un] graphique/des graphiques

Grafit[RR] *s.* **Graphit**

gräflich *adj* du comte

Grafschaft <-, -en> *f* comté *m*

Grahambrot *nt* pain *m* complet au froment

Gral <-s> *m* ∅ ▶ **der** [**Heilige**] ~ le [Saint-]Graal

Grals- du Graal **Gralshüter(in)** *m(f)* gardien(ne) *m(f)* du Graal; ■ ~ **von etw** gardien(ne) *m(f)* de qc

gram *adj pred geh* ■ **jd ist jdm** ~ qn en veut à qn

Gram <-[e]s> *m* ∅ *geh* affliction *f littér*

grämen I. *vr geh* ■ **jd grämt sich** [**über jdn/etw**] qn s'afflige [à cause [*o* à propos] de qn/de qc]
II. *vt geh* ■ **etw grämt jdn** qc chagrine [*o* afflige] qn

gramerfüllt *adj geh* affecté(e)

Gramm <-s, -e *o bei Zahlenangabe* -> *nt* gramme *m*

Grammatik <-, -en> *f* grammaire *f*

grammatikalisch *adj, adv s.* **grammatisch**

Grammatikregel *f* règle *f* de grammaire

grammatisch I. *adj* grammatical(e)
II. *adv* grammaticalement

Grammel <-, -n> *f* (*Griebe*) lardon *m* frit

Grammofon[RR], **Grammophon** <-s, -e> *nt* gramophone *m*

gramvoll *adj s.* **gramerfüllt**

Granat <-[e]s, -e *o* AUS -en> *m* grenat *m*

Granatapfel *m* grenade *f*

Granate <-, -n> *f* obus *m;* (*Hand~*) grenade *f*

Granatsplitter *m* éclat *m* d'obus **Granatwerfer** *m* mortier *m*

Grande <-n, -n> *m* grand *m* d'Espagne

Grandhotel [ˈgrãː-] *nt* grand hôtel *m,* hôtel *m* de luxe

grandios I. *adj Anblick* grandiose; *Idee, Vorschlag* génial(e); *Erfolg* triomphal(e)
II. *adv* remarquablement bien, d'une manière excellente; *sich amüsieren* énormément; *sich erholen* extraordinairement bien

Grand Prix <- -, - -> [grãˈpriː] *m* Grand prix *m*

Granit <-s, -e> *m* granit[e] *m*
▶ **jd beißt bei jdm** [**mit etw**] **auf** ~ *fam* qn se heurte à un mur [auprès de qn] [avec qc]

Granne <-, -n> *f* barbe *f*

grantig I. *adj fam* de mauvais poil *fam;* ***ein ~es Gesicht*** une mine hargneuse; ***dieser ~e Kerl!*** quel ours mal léché! *fam*
II. *adv fam Tür aufstampfen* hargneusement; *antworten a.* avec hargne; *aussehen* de mauvais poil *fam,* hargneux(-euse)

Granulat <-[e]s, -e> *nt* granulés *mpl;* (*zum Streuen*) granulat *m*

granulieren * *vt* ■ **jd granuliert etw** qn granule qc; ***in granulierter Form*** en [*o* sous forme de] granulés

Grapefruit <-, -s> [ˈgreːpfruːt] *f* pamplemousse *m*

Graph <-en, -en> *m* graphe *m*

Graphik <-, -en> *f s.* **Grafik**

Graphit <-s, -e> *m* graphite *m*

Graphologe <-n, -n> *m,* **-login** *f* graphologue *mf*

Graphologie <-, -n> [-ˈgiːən] *f* graphologie *f*

grapschen I. *vr fam* 1. ■ **jd grapscht sich** (*dat*) **etw** qn rafle qc *fam*
2. ■ **jd grapscht sich** (*dat*) **jdn** qn met la main [*o* le grappin] sur qn *fam,* qn chope qn *fam*
II. *vi fam* 1. ■ **jd grapscht nach etw** qn attrape qc, qn s'empare de qc
2. (*betatschen*) ■ **jd grapscht** qn pelote [qn] *fam;* ■ **jd grapscht jdm an etw** (*akk*) qn tripote qc de qn *fam*

Gras <-es, ⸚er> *nt* 1. ∅ herbe *f*
2. *meist pl* (*Graspflanze*) graminée *f*
▶ **jd beißt ins** ~ *sl* qn passe l'arme à gauche *fam;* ***jd hat schon vor Jahren ins ~ gebissen*** cela fait des années que qn mange les pissenlits par la racine *fam;* **jd hört das ~ wachsen** (*ahnt Zukünftiges*) qn fait des supputations hasardeuses; (*jd deutet zu viel hinein*) qn se fait des idées; **über etw** (*akk*) **wächst** ~ *fam* qc s'oublie, qc tombe dans l'oubli; ***lass über die Sache erst mal ~ wachsen*** laisse faire le temps; ***über etw*** (*akk*) ***ist ~ gewachsen*** depuis qc, beaucoup d'eau a coulé sous les ponts; [**wo der hinhaut,**] **da wächst kein ~ mehr** *fam* [quand il cogne,] il n'y va pas de main morte [*o* il a la main lourde]

grasbewachsen [-ks-] *adj* herbeux(-euse) **Grasbüschel** *nt* touffe *f* d'herbe
grasen *vi* ■ **ein Tier grast** un animal paît
Grasfrosch *m* grenouille *f* rousse **grasgrün** *adj* vert pomme *inv* **Grashalm** *m* brin *m* d'herbe **Grashüpfer** <-s, -> *m fam* sauterelle *f* **Grasland** *nt* ∅ herbage *m* **Grasnarbe** *f* petit gazon *m* **Grasnelke** *f* [statice *m*] armeria *f*, gazon *m* d'Olympe **Graspflanze** *f* herbe *f*, graminée *f*
Grass <-> *nt* ∅ *sl* herbe *f fam*
Grassamen *m* semence *f* d'herbe; (*einzelner a.*) graine *f* d'herbe
grassieren * *vi* ■ **etw grassiert** */Seuche/* qc se propage, qc sévit; */Unsitte/* qc sévit
grässlichRR, **gräßlich** I. *adj* horrible
II. *adv* horriblement
GrässlichkeitRR, **Gräßlichkeit** <-, -en> *f* horreur *f*, atrocité *f*
Grassteppe *f* steppe *f*
Grat <-[e]s, -e> *m* 1. [*Berg*] arête *f*
2. TECH (*beim Gießen, Stanzen*) bavure *f*, barbe *f*; (*beim Schleifen*) morfil *m*
3. ARCHIT arête *f*
▶ **jd bewegt sich auf einem schmalen** ~ qn est sur un terrain glissant
Gräte <-, -n> *f* arête *f*
▶ **jd bricht sich** (*dat*) **die** ~**n** *sl* qn se casse la gueule *fam*; **ich brech' dir alle** ~**n** [**im Leib**]! *sl* je te casse la gueule! *fam*
Gratifikation <-, -en> *f* gratification *f*
gratinieren * *vt* ■ **jd gratiniert etw** qn gratine [*o* fait gratiner] qc; ***gratinierte Zwiebelsuppe*** gratinée *f*
gratis I. *adv* gratuitement, gratis
II. *adj* ■ **etw ist** ~ qc est gratuit(e)
Gratis- gratuit(e) **Gratisaktie** [-aktsiə] *f* action *f* gratuite **Gratisanzeiger** *m* CH journal *m* gratuit de petites annonces **Gratisprobe** *f* échantillon *m* gratuit
Grätsche <-, -n> *f* saut *m* jambes écartées, saut *m* écart; (*im Stehen*) station *f* écartée
▶ **jd geht in die** ~ qn fait un [saut] écart
grätschen I. *vi* + *sein* ■ **jd grätscht** qn fait un saut écart; ■ **das G**~ les écarts; ■ **jd grätscht über etw** (*akk*) qn saute par-dessus qc jambes tendues écartées
II. *vt* ■ **jd grätscht etw** qn écarte qc
Grätschsprung *m* saut *m* écart
Gratulant(in) <-en, -en> *m(f)* celui/celle qui félicite, congratulateur(-trice) *m(f) iron*; ***schon ab 8 Uhr riefen die ersten ~en an um ihr zum Geburtstag zu gratulieren*** dès huit heures, les premières personnes ont appelé pour lui souhaiter un bon anniversaire
Gratulation <-, -en> *f* 1. (*das Gratulieren*) félicitations *fpl*
2. (*Glückwunsch*): ***es sind bisher fünf telefonische und sechs schriftliche ~en eingegangen*** jusqu'à présent, on a reçu cinq appels et six cartes de félicitations
▶ **meine** ~! [toutes mes] félicitations!
gratulieren * *vi* ■ **jd gratuliert** [**zu etw**] qn présente ses vœux [à l'occasion de qc]; ■ **jd gratuliert jdm** [**zu etw**] *zum Hochzeitstag, Jubiläum etc* qn félicite qn [à l'occasion de qc]; ***jd gratuliert jdm*** [***zum Geburtstag/Namenstag***] qn souhaite un bon anniversaire/une bonne fête à qn
▶ **jd kann sich** (*dat*) [**noch**] ~ qn peut s'estimer heureux(-euse); [**ich**] **gratuliere!** félicitations!
Gratwanderung *f* exercice *m* sur la corde raide
Grätz[e]l <-s, -n> *nt* AUS (*Viertel*) ■ **das** ~ mon/son... quartier *m*
grau *adj* 1. (*Farbe*) gris(e); *Gesicht* grisâtre, cendreux(-euse); ***du siehst so ~ im Gesicht aus*** tu as un teint cendreux; ■ **jd ist** ~ qn a les cheveux gris [*o* des cheveux blancs]; ■ **jd wird** ~ qn attrape les cheveux gris, qn grisonne, qn blanchit
2. (*trostlos*) morne, triste; ***der ~e Alltag*** la grisaille du quotidien
3. *Geschäft, Wirtschaft* parallèle; *Markt a.* gris(e)
▶ ~ **in** ~ (*pessimistisch*) en noir; **es/der Himmel ist** ~ **in** ~ le temps/le ciel est gris, il fait gris
Grau <-s, - *o fam* -s> *nt* gris *m*
grauäugig *adj* aux yeux gris; ***jd ist*** ~ qn a les yeux gris **Graubart** *m fam* homme *m* à la barbe grise **graubärtig** *adj* à la [*o* avec une] barbe grise; ***er ist*** ~ il a la barbe grise **graublau** *adj* gris ardoise [*o* bleu[âtre]] *inv*; *Augen* couleur du temps **Graubrot** *nt* DIAL *s.* **Mischbrot**
Graubünden <-s> *nt* Grisons *mpl*, canton *m* des Grisons
Graubündner(in) <-s, -> *m(f)* Grison(ne) *m(f)*
GräuelRR <-s, -> *m* atrocité *f*, horreur *f*
▶ **jd/etw ist jdm ein** ~ qn a horreur de qn/qc; **jdm ist es ein** ~ **etw zu tun** qn a horreur de faire qc
GräuelmärchenRR *nt* atrocité *f* inventée **Gräuelpropaganda**RR *f* propagande *f* mensongère, désinformation *f* **Gräueltat**RR *f* atrocité *f*
grauen1 *vi geh* 1. ■ **etw graut** */Morgen, Tag/* qc point; */Abend/* qc tombe
2. *impers* ■ **es graut** (*morgens*) l'aube [*o* le jour] point; (*abends*) le soir [*o* la nuit] tombe
grauen2 *vi impers* ■ **jdm graut vor jdm/etw** (*dat*), ■ **es graut jdm vor jdm/etw** (*dat*) qn/qc fait peur à qn
Grauen <-s> *nt* ∅ 1. (*Entsetzen*) épouvante *f*; ■ **jds** ~ **vor jdm/etw** l'épouvante de qn à la vue de qn/qc
2. (*Ereignis*) horreur *f*
▶ ~ **erregend** *Anblick, Ereignis* horrible, atroce
grauenerregend *s.* **Grauen** ▶
grauenhaft, grauenvoll I. *adj* 1. (*furchtbar*) horrible, atroce
2. *fam Durcheinander, Unordnung* infernal(e)
II. *adv* horriblement, atrocement
Graugans *f* oie *f* cendrée **graugestreift** *adj* à rayures grises; ***der Stoff ist*** ~ l'étoffe a des rayures grises **graugrün** *adj* vert-de-gris *inv*; *Augen* gris-vert *inv* **grauhaarig** *adj* aux cheveux gris; ~ ***wirkt man immer älter*** quand on a les cheveux gris, on fait toujours plus vieux que son âge; ■ **jd wird** ~ qn attrape [*o* commence à avoir] des cheveux gris, qn grisonne
graulen I. *vi fam impers* ■ **jdm grault vor jdm/etw** qn/qc lui fait froid dans le dos
II. *vr fam* ■ **jd grault sich vor jdm/etw** qn a peur de qn/qc
III. *vt fam* ■ **jd grault jdn aus etw** qn rebute qn pour qu'il/elle quitte qc
gräulich1 *adj* grisâtre; *Haare* grisonnant(e)
gräulich2RR *adj, adv s.* **grässlich**
graumeliert *s.* **meliert**
Graupe <-, -n> *f meist pl* [bouillie *f* à l'] orge *m* mondé [*o* perlé]
Graupel <-, -n> *f meist pl* grésil *m*
Graupelschauer *m* giboulée *f*
Graupensuppe *f* potage *m* à l'orge perlé [*o* mondé]
Graus <-es> *m* ▶ **es ist ein** ~ c'est pénible; **es ist ein** ~ **mit jdm/etw** qn/qc est pénible; **o** ~! *hum* misère!
grausam I. *adj* 1. (*brutal*) cruel(le), barbare; *Folter* atroce; *Mensch* cruel(le); *Barbarei* sans nom
2. (*furchtbar*) *Schmerz, Los* atroce, horrible; *Schicksal a.* cruel(le)
3. *fam* (*unangenehm*) *Hitze, Kälte* terrible
II. *adv* (*brutal*) *behandeln, foltern, misshandeln* avec cruauté; *sich rächen* atrocement
Grausamkeit <-, -en> *f* 1. ∅ (*Brutalität*) cruauté *f*, barbarie *f*; [*Folter*] atrocité *f*
2. (*Tat*) atrocité *f*, cruauté *f*
▶ **seelische** ~ cruauté mentale
Grauschimmel *m* cheval *m* pommelé **Grauschleier** *m* [*Wäsche*] grisaille *f*
grausen *vi impers s.* **grauen**2
Grausen <-s> *nt* ∅ épouvante *f*
▶ **da kann man das große** [*o* **kalte**] ~ **kriegen** *fam* c'est affolant *fam*; **jdm kommt das** ~ *fam* ça le/la renverse
grausig *adj, adv s.* **grauenhaft**
grauslich *adj, adv bes.* AUS *s.* **grässlich**
Grauspecht *m* grimpereau *m* **Grauzone** *f* flou *m*, zone *f* d'ombre; ***jd operiert in einer*** ~ qn opère à la limite de la légalité [*o* de l'illégalité]
Graveur(in) <-s, -e> [gra'vøːɐ] *m(f)* graveur(-euse) *m(f)*
Gravier- [gra'viːɐ-] *-nadel, -maschine* à graver; *-gerät* de gravure **Gravieranstalt** *f* atelier *m* de graveur [*o* gravure] **Gravierarbeit** *f* 1. (*das Gravieren*) gravure *f* 2. (*Gegenstand*) objet *m* gravé
gravieren * [-'viː-] *vt* ■ **jd graviert etw** *Besteck, Metallplatte* qn grave qc; ■ **jd graviert etw in etw** (*akk*) qn grave qc dans qc
gravierend [-'viː-] I. *adj Fehler, Irrtum* grave; *Verlust, Unterschied* grand(e); *Umstand* aggravant(e); *Anzeichen* inquiétant(e)
II. *adv sich irren, täuschen* grossièrement; *sich verschlechtern* de façon inquiétante
Gravierung <-, -en> [-'viː-] *f* gravure *f*
Gravis <-, -> ['graːvɪs] *m* accent *m* grave
Gravitation <-> [-vi-] *f* ∅ gravitation *f*
Gravitationsfeld [-vi-] *nt* champ *m* de gravitation **Gravitationsgesetz** *nt* loi *f* de la gravitation
gravitätisch [-vi-] I. *adj* solennel(le); *Erscheinung* majestueux(-euse)
II. *adv* majestueusement
Gravur <-, -en> [gra'vuːɐ] *f* gravure *f*
Grazie <-, -n> ['graːtsiə] *f* 1. ∅ *geh* [*Tänzerin, Bewegung*] grâce *f*
2. *hum* (*schöne Frau*) beauté *f*, tanagra *mf*
3. MYTH Grâce *f*
▶ **die drei** ~**n** les trois Grâces
grazil I. *adj* gracile *littér*
II. *adv*: ~ ***gebaut*** de [*o* avec une] constitution gracile *littér*
graziös I. *adj* gracieux(-euse)
II. *adv* gracieusement, avec grâce
Greenwicher Zeit ['grinidʒə] *f* ■ [**die**] ~ ~ le temps de Greenwich
Greif <-[e]s *o* -en, -e[n]> *m* ■ **ein/der** [**Vogel**] ~ MYTH un/le griffon
Greifarm *m* bras *m* manipulateur [*o* articulé] **Greifbagger** *m* excavateur *m* [*o* excavatrice *f*] à grappin
greifbar *adj* 1. *pred* (*verfügbar*) disponible
2. (*konkret*) *Ergebnis, Formen, Vorteil* concret(-ète), palpable
▶ **jd hat etw** ~ *Gegenstand, Materialien, Unterlagen* qn a qc à portée de main; **jd hält etw für jdn** ~ qn met qc à la disposition de qn
greifen <griff, gegriffen> I. *vt* ■ **jd greift etw** (*dat*) qn attrape qc; ■ **jd greift sich** (*dat*) **etw** qn s'empare de qc
▶ **den/die werde ich mir mal** ~ *fam* attends que je lui mette le grappin dessus *fam*
II. *vi* 1. (*fassen*) ■ **jd greift irgendwohin** qn tend le bras quelque part; ***sie griff*** [***in das Fach***] ***neben/über sich*** elle tendit/leva le bras [pour atteindre le casier]; ■ **jd greift** [**jdm**] **an/in etw** (*akk*): ***er griff in seine Geldbörse/Brieftasche*** il mit la main dans son porte-monnaie/portefeuille; ***jd greift jdm an den Busen/in die Bluse*** qn met la main dans le corsage de qn; ***jd greift jdm an den Po*** qn met la main aux fesses de qn; ■ **jd greift nach etw** qn saisit qc
2. (*er*~) ■ **jd greift zu etw** qn prend qc, qn se sert de qc
3. (*einsetzen*) ■ **jd greift zu etw** *zu Methoden, Mitteln* qn a recours à qc, qn emploie qc
4. (*festen Griff haben*) ■ **etw greift** */Rad/* qc adhère; */Zahnrad/* qc accroche, qc s'emboîte [dans qc]; ***die Zahnräder*** ~ [***ineinander***] les roues dentées s'engrènent
5. (*wirksam werden*) ■ **etw greift** */Maßnahme, Gesetz, Vorschrift/* qc est

opérant(e)
▶ **etw greift um sich** qc s'étend, qc se propage
Greifer <-s, -> *m* TECH grappin *m*
Greiftrupp *m [Polizei]* équipe *f* légère d'intervention **Greifvogel** *m* oiseau *m* de proie, rapace *m*
greinen *vi pej* ■ **jd greint** qn pleurniche; ■ **das G~** pleurnicheries *fpl*
greis *adj geh Mensch* vieux(vieille)
Greis(in) <-es, -e> *m(f)* vieillard/vieille *m/f*
Greisenalter *nt* quatrième âge *m*
greisenhaft *adj* de vieillard/vieille; ***jd sieht ~ aus*** qn a l'air d'un vieillard/d'une vieille
Greißler(in) <-s, -> *m(f)* AUS *(Krämer)* épicier(-ière) *m(f)*
grell I. *adj* 1. *(sehr hell)* éblouissant(e); *Licht* cru(e)
2. *(schrill)* perçant(e), strident(e), suraigu(ë)
3. *(sehr intensiv) Farbe, Grün etc* criard(e), cru(e)
4. *(Aufsehen erregend)* décapant(e), caustique
II. *adv* 1. *(sehr hell):* ***das Zimmer war ~ beleuchtet*** la pièce était éclairée crûment, l'éclairage de la pièce était cru; ***die Sonne schien ~ ins Zimmer*** un soleil éblouissant entrait dans la pièce; ***das Warnlicht strahlte ~ durch die Nacht*** le signal lumineux d'avertissement brillait avec éclat dans la nuit
2. *(schrill):* ***ein Schrei tönte ~ durch die Nacht*** un cri perçant retentit dans la nuit; ***die Sirene schrillte ~*** la sirène poussait un son strident; ***die Lautsprecher tönen/klingen zu ~*** les haut-parleurs émettent des sons suraigus
3. *(auffallend):* ***sie war ~ geschminkt*** elle était maquillée de façon trop voyante; ***die Farben leuchteten ~*** les couleurs étaient crues; ***du hast die Wand zu ~ gestrichen*** tu as peint le mur d'une couleur trop voyante
grell- *-gelb, -grün, -pink* cru(e), criard(e) **grellbeleuchtet** *s.* **grell II.1.**
Grellheit <-> *f* ∅ 1. *(Helligkeit)* éclat *m* [trop] vif; *[Licht a.]* crudité *f*
2. *(Schrillheit)* stridence *f littér;* ***er hatte eine Stimme von durchdringender/unangenehmer ~*** il avait une voix désagréablement perçante
3. *(große Intensität)* vivacité *f,* intensité *f; [Farbe a.]* crudité *f;* ***die ~ ihrer Schminke*** son maquillage trop voyant
grellrot I. *adj* rouge cru [*o* criard] *inv*
II. *adv* en rouge cru [*o* criard] *inv*
Gremium <-s, Gremien> [-miən] *nt* comité *m,* commission *f*
Grenz- 1. *(an der Grenze)* frontière *inv; (im Grenzbereich)* frontalier(-ière); *~**bewohner*** frontalier *m* 2. *(an der Grenze geschehend) -formalität* de douane; *-abfertigung* douanier(-ière), à la douane; *(an der Grenze eingesetzt) -beamte* des douanes, de la douane; *~**posten*** garde-frontière *m,* douanier *m;* *~**polizei*** police *f* des douanes et des frontières; *~**schutz*** *(Tätigkeit)* protection *f* des frontières; *(Truppe)* police *f* des frontières; *~**kontrolle*** *(Tätigkeit)* contrôle *m* douanier; *(Posten)* contrôleur *m* à la frontière; *~**truppen*** troupes *fpl* garde-frontières 3. *(die Grenze betreffend) -begradigung, -verletzung, -korrektur* de la frontière; *-streitigkeiten* de frontière 4. TECH limite
Grenzbereich *m* 1. ∅ *(Umkreis der Grenze)* secteur *m* frontalier, zone *f* frontalière [*o* frontière] 2. *(äußerste Grenze)* limites *fpl*
Grenze <-, -n> *f* 1. POL frontière *f;* ***die deutsche ~*** les frontières allemandes; ***die amerikanische ~ zu Mexiko*** la frontière américaine avec le Mexique
2. *[Flurstück, Grundstück, Gemeinde, Verwaltungsbezirk]* limite *f*
3. *(natürliche Abgrenzung)* frontière *f* [naturelle]
4. *(äußerstes Maß)* limite *f;* ***ungefähr 40 Seiten Umfang gelten intern als ~*** on considère qu'une quarantaine de pages, c'est un maximum; ***eine zeitliche ~*** un délai [dans le temps]; ■ **die ~ einer S.** *(gen)* la limite [*o* les limites] de qc
5. *(Abgrenzung) zwischen Bereichen, Begriffen* limite *f*
▶ **die grüne ~** la frontière non gardée; ***über die grüne ~ gehen*** passer la frontière en fraude *f;* **die nasse ~** le fleuve frontière; **die oberste/unterste ~** le maximum/minimum; **jd geht/fährt über die ~** qn passe [*o* franchit] la frontière [à pied/en voiture]; **einer S.** *(dat)* **sind ~n gesetzt** qc a des bornes; ***seiner Großzügigkeit sind keine ~n gesetzt*** sa générosité ne connaît pas de limites; **jdm sind ~n gesetzt** qn est limité(e); **etw hält sich in ~n** */Begeisterung, Freude/* qc est mesuré(e); */Kostensteigerungen/* qc est raisonnable; **alles hat seine ~n** il y a des limites [à tout]; **etw kennt keine ~n** qc ne connaît [*o* n'a] pas de limites; **jd kennt seine ~n** qn connaît ses limites; **jd stößt an ~n** qn bute sur des limites; **an der ~** [**zu etw**] POL à la frontière [de qc]; **an der ~** [**einer S.** *(gen)*] JUR à la limite [*o* aux limites] [de qc]
-grenze *f (oberster Wert)* limite *f* de/du/de la
grenzen *vi* 1. *(angrenzen)* ■ **etw grenzt an etw** *(akk) Land* qc confine à [*o* avec] qc; *an ein Meer* qc est limité(e) par qc; ***seine Felder ~ direkt an den Kanal/Feldweg*** ses champs s'arrêtent [*o* confinent] au canal/chemin rural, le canal/chemin rural constitue la limite de ses champs; ***der Weg grenzt an die Hecke des Nachbarn*** le chemin suit [*o* passe le long de] la haie du voisin
2. *(beinahe sein)* ■ **etw grenzt an etw** *(akk)* qc frise [*o* confine à] qc
grenzenlos I. *adj* 1. *(unbegrenzt)* illimité(e), sans limite[s]; ***die ~e Weite der Wüste*** l'immensité du désert; ***die ~e Wasserfläche des Ozeans*** l'immensité de l'océan
2. *(maßlos) Dummheit, Naivität* sans borne; *Vertrauen* illimité(e); *Verachtung* infini(e); *Ekel* immense
II. *adv (unglaublich)* infiniment
Grenzenlosigkeit <-> *f* ∅ 1. *(ungeheure Weite)* immensité *f*
2. *(Maßlosigkeit)* immensité *f;* ***die ~ seines Vertrauens in Gott*** sa confiance illimitée en Dieu; ***die ~ seiner Verachtung für sie*** son infini mépris pour elle
Grenzer(in) <-s, -> *m(f) fam* 1. *(Zöllner)* douanier(-ière) *m(f)*
2. *(Grenzsoldat)* garde-frontière *mf*
Grenzfall *m* cas *m* limite **Grenzgänger(in)** <-s, -> *m(f)* frontalier(-ière) *m(f)* ▶ **illegaler ~** immigré(e) *m(f)* clandestin(e) **Grenzgebiet** *nt* 1. POL région *f* [*o* zone *f*] frontalière 2. *(Sachgebiet)* domaine *m* tampon **Grenzkonflikt** *m* conflit *m* de frontière **Grenzland** *nt s.* **Grenzgebiet 1. Grenzlinie** [-liːniə] *f* SPORT ligne *f,* limite *f* **grenznah** *adj, adv* proche de la frontière **Grenzstein** *m* borne *f* **Grenzübergang** *m* 1. *(Stelle)* poste *m* frontière 2. *(Überschreiten einer Grenze)* passage *m* de la frontière **grenzüberschreitend** *adj attr Handel, Verkehr* transfrontalier(-ière) **Grenzverkehr** *m* trafic *m* transfrontalier ▶ **kleiner ~** circulation *f* frontalière **Grenzverlauf** *m* tracé *m* de la frontière **Grenzwert** *m* 1. *(äußerster Wert)* valeur *f* limite 2. MATH [valeur] limite *f* **Grenzzwischenfall** *m* incident *m* de frontière
Gretchenfrage *f (Gewissensfrage)* question *f* épineuse
▶ **jd stellt jdm die ~** qn pose à qn une question épineuse; **jd stellt jdm die ~, wo/wann/wie/ob** qn pose à qn la question épineuse de savoir où/quand/comment/si
Greuel *s.* **Gräuel**
Greuelmärchen *s.* **Gräuelmärchen. Greuelpropaganda** *s.* **Gräuelpropaganda. Greueltat** *s.* **Gräueltat**
greulich *s.* **gräulich²**
Greyerzer <-s, -> ['graiɐtsɐ] *m* GASTR ■ ~ [**Käse**] [fromage *m* de] gruyère *m*
Griebe <-, -n> *f meist pl* petit lardon *m* frit
Griebenschmalz *nt* rillons *mpl*
Grieche <-n, -n> *m,* **Griechin** *f* Grec/Grecque *m/f*
Griechenland *nt* Grèce *f*
griechisch *adj* grec(grecque)
Griechisch *nt decl wie adj* ■ **~/das ~e** le grec
▶ **auf ~** en grec
griechisch-orthodox I. *adj* orthodoxe grec(grecque); ■ **jd ist ~** qn est [de confession] orthodoxe grec(grecque) II. *adv* selon le rite orthodoxe grec
griechisch-römisch *adj* SPORT gréco-romain(e)
grienen *vi* NDEUTSCH *fam* ■ **jd grient** qn ricane
Griesgram <-[e]s, -e> *m pej* [vieux] bougon *m,* grincheux *m*
griesgrämig I. *adj (mürrisch)* renfrogné(e); *Mensch a.* bougon(ne), grincheux(-euse)
II. *adv* d'un air renfrogné, en bougonnant; ***jd sieht ~ aus/drein*** qn a l'air renfrogné
Grieß <-es, -e> *m* semoule *f*
Grießbrei *m* semoule *f,* bouillie *f* de semoule **Grießklößchen** <-s, -> *nt* boulette *f* de semoule **Grießpudding** *m* gâteau *m* de semoule
griff *imp von* **greifen**
Griff <-[e]s, -e> *m* 1. *(Zu~)* poigne *f;* ■ **~ irgendwohin:** ***ein ~ unter die Bank und der Lehrer …*** l'instituteur passe la main sous le banc et …; ***der ~ an die Brieftasche überzeugte ihn, dass*** il porta la main à son portefeuille pour s'assurer que + *indic;* ***ein rascher/flinker ~ [in die Geldbörse]*** un geste vif/prompt [de la main dans le porte-monnaie]; ■ **der ~ zu etw** le recours à qc
2. *(Hand~, im Sport)* prise *f;* ***das ist mit wenigen ~en erledigt*** c'est accompli en quelques gestes
3. *(zum Halten, Öffnen)* poignée *f; [Pistole, Revolver]* crosse *f; [Messer, Dolch]* manche *m; Degen, Säbel, Schwert* poignée *f*
▶ **jd tut einen ~ in die [Laden]kasse** *fam* qn pique dans la caisse *fam;* **der ~ nach der Macht** la prise du pouvoir; **mit festem ~** d'une poigne ferme; **jd tut mit jdm/etw einen guten** [*o* **glücklichen**] **~** qn fait [*o* réussit] un beau coup avec qn/qc, qn a la main heureuse avec qn/qc; avec qn, qn a tiré le bon numéro *fam;* **jd bekommt** [*o* **kriegt** *fam*] **jdn/etw in den ~** qn vient à bout de qn/qc; **jd hat jdn/etw im ~** qn a qn/qc bien en main; **jd setzt einen ~ an** qn tente une prise; **jd übt** [*o* **kloppt** *fam*] **~e** MIL qn s'exerce au maniement des armes, qn fait du maniement d'armes; **mit einem ~** en un tournemain
griffbereit *adj* à portée de [la] main
▶ **jd hat etw ~** qn a qc à portée de [la] main; **etw liegt ~** qc est à portée de [la] main
Griffel <-s, -> *m* 1. SCOL crayon *m* d'ardoise
2. BOT style *m*
3. *meist pl sl (Finger)* paluche *f pop;* ***~ weg!*** bas les pattes! *fam,* retire tes [sales] pattes de là! *fam*
Griffelkasten *m* plumier *m*
griffig I. *adj* 1. *Gebrauchsgegenstand, Griffstück* maniable, [qui est] [bien] en mains; *Textilien* qui a du toucher [*o* de la tenue]
2. *Boden, Fahrbahn, Untergrund, Schnee* qui accroche
3. *(eingängig)* [-]choc
II. *adv (eingängig)* de façon percutante
Griffloch *nt* trou *m*
Grill <-s, -s> *m* 1. *(Gerät)* barbecue *m,* gril *m*
2. *(Grillrost)* gril *m*
3. *(Kühler~)* calandre *f*
▶ **vom ~** grillé(e), au gril, au barbecue
Grill- 1. *(zum Grillen)* à faire griller, pour le barbecue; *(gegrillt)* grillé(e)
2. *(für den Grill):* *~**besteck*** couverts *mpl* pour le barbecue; *~**kohle*** charbon *m* de bois; *~**anzünder*** allume-barbecue *m;* *~**schürze*** tablier *m* spécial barbecue; *~**pinsel*** pinceau *m* à grillades
Grille <-, -n> *f* ZOOL grillon *m*
▶ **jd hat nichts als ~n im Kopf** *veraltend fam* qn se fait des idées
grillen I. *vi* ■ **jd grillt** qn fait du/un barbecue; ■ **das G~** *verbal übersetzt;* ***das G~ der Fleischstücke*** la cuisson au barbecue des morceaux de viande; ***haben wir noch was zum G~ im Haus?*** est-ce qu'on a encore ce qu'il faut à la maison pour faire un barbecue [*o* des grillades]?; ***wir sitzen alle schon beim G~*** on est tous en train de faire un barbecue

II. *vt* ■ **jd grillt etw** qn fait griller qc [au barbecue], qn fait cuire qc au barbecue; ■ **Gegrilltes** les grillades

Grillgericht *nt* [plat *m* à base de] grillades *fpl* **Grillrestaurant** [-rɛstorɑ̃:] *nt* [restaurant-]grill *m*

Grimasse <-, -n> *f* grimace *f*
▸ **jd schneidet** [*o* **zieht**] [*o* **macht**] **~n** qn fait des grimaces, qn grimace

Grimm <-[e]s> *m* ∅ *geh* courroux *m littér*
▸ **jd ist voller ~ [auf jdn]** qn est en fureur [contre qn]

grimmig I. *adj* **1.** (*zornig*) furibond(e)
2. *Frost, Kälte, Hunger* terrible
II. *adv* furieusement, de fureur; ***jd lächelt ~*** qn a un rictus de fureur

Grind <-[e]s, -e> *m* **1.** MED teigne *f*
2. SDEUTSCH, CH (*Kopf*) tête *f*

grinsen *vi* ■ **jd grinst** qn ricane; (*amüsiert*) qn a un sourire amusé

Grinsen <-s> *nt* ∅ ricanement *m*; (*amüsiert*) sourire *m* amusé

grippal *adj* grippal(e)

Grippe <-, -n> *f* **1.** (*Virus~*) grippe *f*
2. *fam* (*grippaler Infekt*) rhume *m*
▸ **jd hat [die/eine] ~** qn a la grippe/un rhume

Grippe- *-impfung, -impfstoff, -mittel* contre la grippe; *-virus, -behandlung* de la grippe; *-epidemie* de grippe **Grippewelle** *f* épidémie *f* de grippe

Grips <-es, -e> *m fam* jugeote *f fam*
▸ **jd hat ~** qn a de la jugeote *fam*; **jd strengt seinen ~ an** qn fait travailler sa matière grise [*o* ses méninges] *fam*

GrislibärRR, **Grizzlybär** ['grɪsli-] *m* grizzli *m*, grizzly *m*

grob <=er, =ste> I. *adj* **1.** (*nicht fein*) *Mehl, Sand, Kies* grossier(-ière); *Gesichtszüge a., Gesicht, Hände* mal dégrossi(e); *Streichwurst* avec des morceaux; ***den ~sten Schmutz*** le plus gros de la saleté
2. (*derb*) *Stoff, Papier, Kleidung* grossier(-ière)
3. (*ungefähr*) *Erklärung* sommaire; *Umrisse a., Züge* grand(e); ***eine Planung in ~en Umrissen verdeutlichen*** expliquer un projet à grands traits [*o* dans ses grandes lignes]
4. (*barsch*) *Benehmen, Reaktion, Mensch* grossier(-ière); *Antwort* impoli(e); ■ **jd wird ~** qn devient grossier(-ière)
5. (*unsanft*) *Mensch, Behandlung* brusque
6. (*schlimm*) *Fehler, Irrtum, Lüge* grossier(-ière)
▸ **jd ist aus dem G~sten heraus** qn a passé le plus dur; ***wenn die Kinder erst mal aus dem G~sten heraus sind, gehe ich wieder arbeiten*** quand j'aurai passé le plus dur avec les enfants, je retournerai travailler; **das G~e** (*die Schmutzarbeit*) le sale boulot *fam*
II. *adv* **1.** (*nicht fein*) *hacken, zerkleinern* grossièrement; *mahlen* gros; ***~ gemahlen*** de mouture grossière; ***jd schneidet die Scheiben ~*** qn coupe les tranches épaisses
2. (*in etwa*) *umreißen, wiedergeben, erklären, skizzieren* à grands traits, dans les/ses grandes lignes; ***~ geschätzt/gerechnet/gemessen*** grosso modo, à peu près, en gros
3. (*barsch*) *antworten* grossièrement; *reagieren* avec brusquerie
4. (*unsanft*) avec rudesse, avec brutalité; ***das tut weh, wenn du mich so ~ kämmst!*** ça fait mal, t'es brute quand tu me coiffes! *fam*

Grob- grossier(-ière); ***~skizze*** premier jet *m*; ***~strick*** point *m* rustique; ***die ~struktur des Artikels*** la structure sommaire de l'article **grobfas[e]rig** *adj* à grosses fibres **grobgemahlen** *s.* **grob II.1.**

Grobheit *f* **1.** ∅ (*gefühllose Art*) grossièreté *f*
2. (*Äußerung*) grossièreté *f*
3. (*unsanfte Art, Behandlung*) rudesse *f*, brusquerie *f*

Grobian <-[e]s, -e> *m* (*ungehobelt*) mufle *m*, goujat *m*; (*unsanft*) brute *f*

grobknochig *adj Mensch, Gestalt* ossu(e), [solidement] charpenté(e); *Gesicht* osseux(-euse), aux traits grossiers **grobkörnig** *adj* **1.** *Mehl, Sand* grossier(-ière) **2.** PHOT à gros grains, à grand grade

gröblich I. *adj form Verletzung, Verstoß* grave; *Missachtung* grand(e)
II. *adv form* de façon grossière

grobmaschig I. *adj* **1.** *Gitter, Netz, Zaun* à grosses [*o* larges] mailles
2. (*grob gestrickt*) à mailles lâches; ***das Strickkleid ist aber ziemlich ~*** cette robe en tricot a des mailles plutôt lâches
II. *adv stricken, häkeln* lâche

grobschlächtig *adj pej* mal dégrossi(e)

Grog <-s, -s> *m* grog *m*

groggy ['grɔgi] *adj pred fam* groggy *fam*

grölen I. *vi* ■ **jd grölt** qn braille *fam*, qn beugle *fam*; ■ **~d** en braillant *fam*, en beuglant *fam*; ***~de Reservisten*** des réservistes qui braillent [*o* qui beuglent] *fam*; ■ **das G~** le braillement *fam*, le beuglement *fam*
II. *vt pej* ■ **jd grölt etw** *Lied, Spruch* qn braille [*o* beugle] qc *fam*

Groll <-[e]s> *m* ∅ *geh* ressentiment *m*, rancœur *f*
▸ **jd hegt ~ gegen jdn** qn nourrit du ressentiment [*o* de la rancœur] contre qn

grollen *vi* **1.** *geh* (*zürnen*) ■ **jd grollt [jdm] [wegen etw]** qn est fâché(e) [contre qn] [à cause de qc]
2. (*hallen*) ■ **etw grollt** */ Donner/* qc gronde

Gros <-, -> [gro:] *nt* ■ **das ~ der Menschen/Dinge** le gros des personnes/choses

Groschen <-s, -> *m* **1.** AUS groschen *m*
2. *fam* (*Zehnpfennigstück*) pièce *f* de dix pfennigs
▸ **der ~ ist gefallen** *hum fam* ça a fait tilt *fam*; **jd hält seine paar ~ zusammen** qn garde ses quelques sous [pour lui/elle]; **jd verdient sich** (*dat*) **ein paar ~** qn gagne quelques sous, qn se fait un peu d'argent; **keinen ~** *fam* pas un sou

Groschenblatt *nt pej* feuille *f* de chou *fam* **Groschengrab** *nt veraltend* (*Spielautomat*) machine *f* à sous **Groschenheft** *nt veraltend* roman *m* de quatre sous

groß <=er, =te> I. *adj* **1.** (*in der Fläche ausgedehnt*) *Fläche, Raum, Haus, Wald, Feld, Fliese* grand(e) *antéposé*; ■ **etw ist ... ~** qc mesure ...
2. (*räumlich, dreidimensional ausgedehnt*) *Fels, Stein, Kuchen, Braten, Buch, Schrank, Gegenstand, Kopf, Auto, Vase* gros(se) *antéposé*; *Kuchenblech, Schuh, Fuß, Kanne, Auflaufform* grand(e) *antéposé*; *Gebirge, Berg* haut(e) *antéposé*
3. COM *Bier, Pils, Alt* grand(e) *antéposé*; *Tube, Glas, Kasten* gros(se) *antéposé*; *Flasche, Packung* grand(e) *antéposé*; ■ **ein G~es** *fam* (*Bier*) une grande [bière]
4. (*hoch beziffert*) *Höhe, Breite, Länge, Tiefe, Durchmesser, Umfang, Größe, Zahl, Format, Entfernung, Geschwindigkeit* grand(e) *antéposé*
5. (*hoch, lang*) *Stange, Pfahl, Vase, Baum, Mast, Stamm* grand(e) *antéposé*; *Turm, Kirchturm* haut(e) *antéposé*; ***ein fünf Meter ~er Baum*** un arbre de cinq mètres de haut
6. (*hoch gewachsen*) *Mensch* grand(e); ***wie ~ bist du?*** combien mesures-tu?; ***er ist 1,80 m ~*** il mesure 1,80 m; ***du bist ~ geworden*** tu as grandi
7. (*großgeschrieben*) *Buchstabe* majuscule; ***ein ~es V*** un V majuscule, un grand V; ***ein Wort beginnt mit einem ~en Buchstaben*** un mot commence avec une majuscule; ***jd schreibt etw mit ~en Buchstaben*** qn écrit qc en majuscules [*o* en capitales]
8. (*älter*) *Bruder, Schwester, Geschwister* grand(e) *antéposé*, plus âgé(e); ■ **die G~en** (*die Erwachsenen*) les grandes personnes; (*ältere Kinder*) les aînés/aînées, les grands *fam*; ■ **jds G~er/G~e** *fam* le fils aîné/la fille aînée de qn; ***das ist Anita, unsere G~e*** c'est Anita, notre aînée; ***komm mal her, mein G~er, lass dich umarmen!*** viens ici, mon grand, que je t'embrasse! *fam*
9. (*zeitlich ausgedehnt*) *Pause, Verzögerung, Intervall* long(longue) *antéposé*; *Verspätung* important(e)
10. (*bevölkerungsreich*) *Stadt* grand(e) *antéposé*; *Gemeinde, Dorf* gros(se) *antéposé*; *Land, Bezirk* peuplé(e); (*zahlreich*) *Menge, Masse* grand(e) *antéposé*; *Menschenmenge a.* nombreux(-euse)
11. (*erheblich*) *Erfolg, Misserfolg, Reinfall, Durchbruch* gros(se); *Aufstieg, Karriere* beau(belle)
12. (*auf Beträge bezogen*) *Betrag, Summe, Provision, Zahlung, Erhöhung, Zuschlag, Abzug, Verringerung* gros(se) *antéposé*, important(e)
13. (*auf Empfindungen bezogen*) *Freude, Vergnügen, Schmerzen, Leid, Beeinträchtigung, Ärger, Wut, Angst, Hoffnung, Enttäuschung, Interesse* grand(e) *antéposé*; *Kummer a.* gros(se) *antéposé*; *Dummheit, Unsinn* gros(se); ***du redest ~en Unsinn!*** tu dis des bêtises grosses comme toi!
14. (*bedeutend*) *Dichter, Werk, Erfindung, Schauspieler etc* grand(e) *antéposé*; *Firma, Handelshaus, Exporteur, Ladenkette, Supermarkt etc* grand(e) *antéposé*, important(e); ■ **G~es** (*Bedeutendes*): ***sie hat in ihrem Leben nichts G~es geleistet*** elle n'est pas parvenue à grand-chose [*o* elle n'a pas réalisé de grandes choses] au cours de sa vie; ***er hat etwas G~es geschaffen*** il a réussi quelque chose de grand; ***nichts G=eres als die ägyptischen Pyramiden*** rien de plus grand que les pyramides égyptiennes; ■ **der/die G~e** *fam* (*Beste*) le meilleur/la meilleure, le plus fort/la plus forte
15. (*von hohen Graden*) ■ **ein ~er/eine ~e ...** *Dummkopf, Trottel etc* le plus grand/la plus grande des ...
16. (*intensiv*) *Lärm, Krach, Lautstärke* grand(e) *antéposé*
17. (*in Eigennamen*) ■ **... der/die G~e ...** le Grand/la Grande; ***Karl der G~e*** Charlemagne
▸ **im G~en und Ganzen [gesehen]** en gros, dans l'ensemble; **G~ und Klein** petits et grands; **etw wird [bei jdm/etw] ~ geschrieben** *fam / Kooperation, Teamarbeit, Pünktlichkeit/* pour/chez qn, qc, c'est sacré *fam*; **jd ist mit etw/irgendwo ~ geworden** qn a grandi avec qc/quelque part; **jd kauft im G~en ein** (*en gros*) qn achète en gros; **das G=ste wäre[, wenn] ...** *fam* (*toll*) ça serait le pied [si] ... *fam*; **um ein G~es** (*um viel*) de beaucoup; **jd ist kein ~er/keine ~e ...** *Esser, Trinker, Biertrinker* qn n'est pas un gros/une grosse ...; *Redner* qn n'est pas un grand/une grande ...
II. *adv* **1.** *fam* (*besonders*) pas des masses *fam*; ***was soll man da schon ~ machen/sagen?*** qu'est-ce qu'on peut bien dire/faire de plus?
2. (*aufwändig*) *ausgehen, feiern* en grand pompe, comme il se doit; ***die neue Werbung wird ganz ~ aufgemacht*** la nouvelle publicité va être faite à grande échelle; ***~ angelegt*** de grande envergure; ***das Projekt ist ziemlich ~ angelegt*** le projet est plutôt ambitieux [*o* de grand envergure]
3. (*opp: klein*) *malen, zeichnen, gestalten* en grand; *schreiben* gros; *konstruieren* grand, gros; *bauen* grand; ***~ kariert*** à gros carreaux
▸ **~ und breit** *fam* (*ausführlich*) en long et en large; en long, en large et en travers; *sich entschuldigen* dans toutes les règles de l'art; **jd kauft ~ ein** (*macht Großeinkäufe*) qn fait ses grosses courses *fam*; **jd kommt [mit etw] ~ raus** *fam* (*hat [mit etw] ~en Erfolg*) qn fait un tabac [avec qc] *fam*; **jd macht ~** *Kindersprache* qn fait caca [*o* la grosse commission] *fam*; ***musst du ~ oder klein machen?*** c'est pour la grosse ou la petite commission?; **jd macht etw =er** *Kleidungsstück* qn élargit qc; **jd redet ~ daher** *fam* qn se paye de mots; **jd sieht jdn ~ an** qn regarde qn avec de grands yeux; **jd steht ~ da** *fam* qn fait sensation

Groß- **1.** (*vor Namen von Ballungsräumen*): ***~-Berlin/~-München/~-London*** l'agglomération berlinoise/munichoise/londonienne [*o* de Berlin/Munich/Londres], Berlin/Munich/Londres et sa banlieue **2.** COM, FIN *-abnehmer, -kunde* gros(se) *antéposé*; *-aktionär* grand(e) *antéposé*; ***~auftrag*** grosse commande; (*für Dienstleistung*) gros contrat *m* **3.** (*opp: klein*) *-bank, -baustelle, -flughafen, -kaufhaus, -konzern, -kraftwerk, -offensive, -razzia, -wörterbuch, -übung, -projekt* grand(e) *antéposé*; *-bauer, -kapitalist, -produzent, -apparat, -gerät, -verschmutzer* gros(se) *antéposé*; ***~behälter*** container *m*, conteneur *m*; ***~bildfernsehen*** téléviseur *m* grand écran; ***~bildschirm*** écran *m* géant; ***~katze*** félin *m*; ***~spender*** généreux donateur *m*, mécène *m*; ***g~dimensioniert*** de grandes dimensions, géant(e); ***g~lettrig*** en grosses lettres, en lettres d'imprimerie; ***g~volumig*** [d'un [*o* de]] gros volume, grande contenance **4.** (*bei Titel*) *-kophta, -mogul, -mufti, -wesir, -ajatollah* grand(e) *antéposé* **5.** (*bei Verwandtschaft*) *-vater, -mutter, -tante* grand-; *-enkel* arrière; *-nichte, -neffe* petit(e)- **Großalarm** *m* alarme *f* générale ▸**jd gibt** ~, **jd löst** ~ **aus** qn déclenche l'alarme générale **großangelegt** *s.* **groß II.2.**

großartig I. *adj* **1.** (*prächtig*) magnifique, grandiose
2. (*hervorragend*) *Angebot, Idee, Plan, Vorschlag* génial(e), sensationnel(le) *fam,* super *fam*
3. (*wundervoll*) *Mensch* sensationnel(le) *fam,* génial(e) *fam,* super *fam*
II. *adv* magnifiquement; ***na*** ~! ***Jetzt können wir alles noch einmal machen*** *iron* magnifique [*o* génial]! Ben, on n'a plus qu'à tout recommencer *fam;* ~, ***wie er das Stück interpretiert hat*** magnifique [*o* géniale *fam*], l'interprétation qu'il donne de la pièce!; ***der Film hat*** ~ ***aufgenommene Szenen*** dans ce film, il y a des scènes magnifiques [*o* géniales *fam*]
▸**jd tut** ~ *pej fam* qn joue au crack *fam*

Großartigkeit <-> *f* ∅ magnificence *f,* splendeur *f*

Großaufnahme *f* gros plan *m;* ***in*** ~ en gros plan **Großbetrieb** *m* IND grande entreprise *f;* AGR grosse [*o* grande] exploitation *f* [agricole] **Großbrand** *m* incendie *m* [d'une grande ampleur]

Großbritannien <-s> [-bri'taniən] *nt* la Grande-Bretagne

Großbuchstabe *m* (*Anfangsbuchstabe*) majuscule *f;* ***in*** ~***n geschrieben*** écrit(e) en majuscules [*o* en capitales] **Großcomputer** [-kɔmpjuːtɐ] *m* gros ordinateur *m*

Größe <-, -n> *f* **1.** (*Flächeninhalt*) [*Fläche, Raum, Haus, Grundstück, Wald, Feld, Fliese*] grandeur *f,* superficie *f,* dimensions *fpl*
2. (*räumliche Ausdehnung*) taille *f;* [*Fels, Braten, Schrank, Gegenstand, Kopf a.*] grosseur *f;* [*Schuh, Fuß a.*] grandeur *f;* [*Gebirge, Berg a.*] hauteur *f*
3. COM [*Flasche, Tube, Glas, Kasten, Packung etc*] taille *f*
4. COUT [*Kleid, Hose, Hemd, Mantel etc*] taille *f;* [*Schuhe, Stiefel, Sandalen etc*] pointure *f*
5. (*Format*) [*Buch, Papier*] format *m;* [*Schrift, Zeichen*] taille *f,* corps *m*
6. (*Höhe, Länge*) hauteur *f*
7. ∅ (*Körper~*) taille *f*
8. MATH, PHYS (*Wert*) grandeur *f*
9. ∅ (*Höhe*) [*Betrag, Summe, Erhöhung etc*] importance *f*
10. ∅ (*Bevölkerungs~*) taille *f*
11. ∅ [*Erfolg, Misserfolg, Aufstieg, Durchbruch*] ampleur *f,* importance *f*
12. ∅ (*Bedeutsamkeit*) [*Autor, Schauspieler, Feldherr etc*] grandeur *f*
13. (*bedeutender Mensch*) personnalité *f*
14. ∅ (*Ausmaß*) [*Freude, Schmerzen, Leid, Ärger, Furcht, Hoffnung*] *wird adjektivisch übersetzt;* ***die*** ~ ***dieses Kummers war zu viel für sie*** son chagrin était trop grand, elle ne put le supporter; ***sein ständiges Nachfragen zeigte die*** ~ ***seines Interesses*** il posait constamment des questions, ce qui montrait combien son intérêt était grand; ***wer kann die*** ~ ***ihrer Freude/ihres Leids ermessen?*** qui peut dire à quel point sa joie/sa souffrance est grande?
▸**erster/zweiter/dritter/...** ~ ASTRON de première/deuxième/troisième/... grandeur, de magnitude 1/2/3/...; **unbekannte** ~ MATH inconnue *f;* (*Mensch*) inconnu(e) *m(f);* **in voller** ~ dans toute sa grandeur; **jd/ein Tier richtet sich zu voller** ~ **auf** qn/un animal se dresse de toute sa hauteur [*o* se redresse de toute sa taille]

Großeinkauf *m* grosses courses *fpl fam,* grand ravitaillement *m fam* **Großeinsatz** *m* [*Feuerwehr, Polizei etc*] intervention *f* massive **großelterlich** *adj attr* des grands-parents **Großeltern** *pl* grands-parents *mpl* **Großenkel(in)** *m(f)* (*Urenkel*) arrière-petit-fils/arrière-petite-fille *m/f; pl* arrière-petits-enfants *mpl*

Größenordnung *f* ordre *m* de grandeur; ***ein Jahresgehalt in der*** ~ ***von ... DM*** un revenu annuel de l'ordre de ... DM

großenteils *adv* en grande partie

Größenunterschied *m* **1.** (*Unterschied in der Höhe*) différence *f* de hauteur; (*Unterschied in der Länge*) différence *f* de longueur; (*Unterschied im Umfang*) différence *f* de taille [*o* de grosseur] **2.** (*Unterschied im Wuchs*) différence *f* de taille **Größenverhältnis** *nt* **1.** (*Maßstab*) échelle *f* **2.** (*Proportion*) proportions *fpl,* rapport *m* des grandeurs **Größenwahn[sinn]** *m* mégalomanie *f,* folie *f* des grandeurs **größenwahnsinnig** *adj* mégalomane; ■ **jd ist** ~ qn est mégalomane, qn a la folie des grandeurs

größer *adj, adv comp von* **groß**

Großfahndung *f* vastes recherches *fpl* **Großfamilie** [-liə] *f* grande famille *f* **großflächig** *adj* **1.** *Brand, Verwüstung, Schäden* très étendu(e); ***der Wirbelsturm richtete*** ~***e Verwüstungen an*** la tornade a ravagé de vastes étendues **2.** *Fenster, Tür, Gartenteich* de grandes dimensions; ***mit 76m² ist der Gartenteich verhältnismäßig*** ~ avec 76m², le bassin du jardin est relativement grand [*o* a des dimensions relativement grandes] **Großformat** *nt* [*Buch, Foto*] grand format *m* ▸**etw hat** ~ qc est en grand format; **im** ~ [en] grand format **großformatig** *adj* en grand format; *attr* [en] grand format **Großgrundbesitz** *m* grande propriété *f* **Großgrundbesitzer(in)** *m(f)* grand propriétaire [terrien]/grande propriétaire [terrienne] *m/f*

Großhandel *m* commerce *m* de [*o* en] gros
▸**jd kauft etw im** ~ (*beim Großhändler*) qn achète qc chez un grossiste; (*en gros*) qn achète qc en gros; **jd kauft im** ~ **ein** qn se fournit chez un grossiste; qn achète en gros

Großhandels- *-einkauf* en gros; *-preis* de gros; *-verband* de grossistes; ~***kaufmann*** négociant *m*

Großhändler(in) *m(f)* grossiste *mf* **Großhandlung** *f* magasin *m* de gros

großherzig I. *adj geh* magnanime *littér*
II. *adv geh* magnanimement; *spenden* généreusement

Großherzigkeit <-> *f* ∅ *geh* magnanimité *f littér*

Großherzog(in) *m(f)* grand-duc/grande-duchesse *m/f* **Großherzogtum** *nt* grand-duché *m* **Großhirn** *nt* cerveau *m* **Großhirnrinde** *f* écorce *f* cérébrale, cortex *m* [cérébral] **Großindustrielle(r)** [-ʔɪndʊs-triɛlə] *f(m) decl wie adj* grand industriel/grande industrielle *m/f*

Grossist(in) <-en, -en> *m(f) s.* **Großhändler**

großkariert *s.* **groß II.3.**

Großkind *nt* CH *s.* **Enkelkind**

Großkopfe[r]te(r) *m decl wie adj* AUS, SDEUTSCH *pej* mandarin *m,* ponte *m fam*

großkotzig I. *adj pej sl* prétentiard(e) *fam*
II. *adv pej sl* prétentieusement, avec prétention

Großküche *f* cuisine *f* industrielle, entreprise *f* de restauration industrielle **Großkundgebung** *f* grande manifestation *f* **Großmacht** *f* grande puissance *f* **Großmama** *f fam s.* **Großmutter. Großmarkt** *m* marché *m* de gros; (*für Lebensmittel, Blumen*) marché-gare *m* **Großmast** *m* grand mât *m* **Großmaul** *nt pej fam* grande gueule *f fam* **großmäulig** I. *adj pej fam Mensch* frimeur(-euse) *fam,* fort(e) en gueule *fam; Versprechungen* en l'air; ***eine*** ~***e Ankündigung/Behauptung*** une vantardise; ***ein*** ~***er Angeber*** un frimeur *fam,* une grande gueule *fam* II. *adv pej fam:* ***er hat*** ~ ***behauptet, ...*** il a prétendu avec vantardise ...; ***sie hat ihm*** ~ ***versprochen, ...*** forte en gueule, elle lui a promis ...; ***der Verlag hat dieses Buch recht*** ~ ***angekündigt*** la maison d'édition a fait beaucoup de battage autour de ce livre **großmehrheitlich** *adj, adv* CH à une écrasante majorité

Großmut <-> *f geh s.* **Großherzigkeit**

Großmutter *f* grand-mère *f* ▸**jds** ~ **mütterlicherseits/väterlicherseits** sa grand-mère maternelle/paternelle; **das kannst du deiner** ~ **erzählen!** *fam* (*den Unsinn kaufe ich dir nicht ab!*) [va le raconter] à d'autres [, eh]! *fam,* je ne suis pas tombé(e) de la dernière pluie!; **jd wird** ~ qn va être grand-mère; ***sie wurde mit 57*** ~ elle fut [*o* a été] grand-mère à 57 ans **großmütterlich** *adj attr* **1.** (*der Großmutter gehörend*) de la/ma/sa grand-mère **2.** (*in der Art einer Großmutter*) *Fürsorge, Nachsicht, Liebe* [digne] d'une grand-mère **Großneffe** *m* petit-neveu *m* **Großnichte** *f* petite-nièce *f* **Großonkel** *m* grand-oncle *m* **Großpapa** *m fam s.* **Großvater. Großrat** *m,* **-rätin** *f* CH grand conseiller/grande conseillère *m/f,* conseiller cantonal/conseillère cantonale *m/f*

Großraum *m* (*Ballungsraum*) agglomération *f*

Großraumabteil *nt* compartiment *m* à grande capacité, voiture *f* sans compartiments **Großraumbüro** *nt* bureau-paysage *m,* bureau *m* en espace ouvert **Großraumflugzeug** *nt* gros-porteur *m*

großräumig I. *adj* **1.** *Haus, Wohnung, Limousine* spacieux(-euse)
2. *Brand, Bekämpfung, Düngung* à grande échelle
II. *adv absperren* dans un large rayon; *umfahren* largement; ~ ***angelegte Grünflächen*** de vastes espaces verts

Großraumwagen *m* **1.** EISENBAHN [wagon-]salle *m*
2. (*Straßenbahnwagen*) tramway *m* articulé [*o* à soufflet]

Großrechner *m* INFORM macroordinateur *m* **groß|schreiben**[RR] *vt irreg* ■ **jd schreibt etw groß** (*mit großem Anfangsbuchstaben*) qn écrit qc avec une majuscule; (*mit Großbuchstaben*) qn écrit qc en majuscules [*o* en capitales] **Großschreibung** *f* emploi *m* des majuscules **Großsegel** *nt* grand-voile *f*

großspurig I. *adj pej* vantard(e)
II. *adv pej* avec vantardise, en faisant l'important; ***jd tritt*** ~ ***auf*** qn se montre vantard(e)

Großstadt *f* grande ville *f* **Großstadtbevölkerung** *f* population *f* des grandes villes **Großstädter(in)** *m(f)* habitant(e) *m(f)* d'une grande ville **großstädtisch** *adj* de grande ville, [digne] d'une grande ville [*o* des grandes villes]; ***Berlin wirkt*** ~***er als Hannover*** Berlin fait plus grande ville que Hanovre **Großstadtmensch** *m* citadin(e) *m(f)* **Großtante** *f* grand-tante *f* **Großtat** *f* exploit *m,* prouesse *f*

größte(r, s) *adj superl von* **groß**

großtechnisch *adj* à l'échelle industrielle

Großteil *m* ■ **ein** ~ une grande partie; ■ **der** ~ la majeure partie, la majorité
▸**zu einem** ~ en grande partie

größtenteils *adv* (*auf Subjekt/Objekt im Singular bezogen*) en majeure partie; (*auf Subjekt/Objekt im Plural bezogen*) pour la plupart

größtmöglich *adj attr* le/la plus grand(e) possible; ***mit*** ~***er/mit der*** ~***en Diskretion*** avec la plus grande discrétion possible, avec la discrétion la plus grande possible; ***der Bericht soll von*** ~***er Vollständigkeit sein*** le rapport doit être le plus complet possible

Großunternehmen *nt s.* **Großbetrieb. Großvater** *m* grand-père *m* ▸**jds** ~ **mütterlicherseits/väterlicherseits** son grand-père maternel/paternel; **jd wird** ~ qn va être grand-père; ***er wurde mit 40*** ~ il fut [*o* a été] grand-père à 40 ans **großväterlich** *adj* **1.** (*dem Großvater gehörend*) du/de mon/son/leur grand-père **2.** (*in der Art eines Großvaters*) *Liebe, Fürsorge, Zuwendung, Nachsicht* [digne] d'un grand-père **Großveranstaltung** *f* grande manifestation *f* **Großverdiener(in)** *m(f)* gros salaire *m*

Großwild *nt* gros animaux *mpl* sauvages

Großwildjagd *f* chasse *f* aux gros animaux sauvages; ■ **eine** ~ une partie de chasse aux gros animaux sauvages
▸**jd geht auf** ~ qn va à la chasse aux gros animaux sauvages

groß|ziehen *vt irreg* ■ **jd zieht ein Kind/Tier groß** qn élève un enfant/animal

großzügig I. *adj* **1.** (*finanziell*) généreux(-euse)
2. (*nachsichtig*) tolérant(e), large d'esprit
3. (*in großem Stil*) *Plan, Planung* de grande envergure; ***der Park war eine*** ~***e Anlage*** le parc avait de vastes perspectives
II. *adv* **1.** (*finanziell*) généreusement
2. (*nachsichtig*) avec tolérance; ***kannst du ihm seinen Fehler nicht*** ~

vergeben? ne peux-tu pas faire montre de largeur d'esprit et lui pardonner sa faute?
3. (*weiträumig*) en grand; ***den Wintergarten hätte man ~er konstruieren können*** on aurait pu prévoir de construire le jardin d'hiver plus spacieux

Großzügigkeit <-> *f* ∅ 1. (*finanziell*) générosité *f*
2. (*Weiträumigkeit*) grandeur *f*, étendue *f*

grotesk I. *adj* grotesque
II. *adv* grotesquement; ***es wirkt*** ~ c'est grotesque, ça rend un effet grotesque; ***es sieht*** ~ ***aus*** ça a l'air grotesque

Grotte <-, -n> *f* grotte *f*

Groupie <-s, -s> ['gru:pi] *nt sl* groupie *mf*

grub *imp von* **graben**

Grübchen <-s, -> *nt* fossette *f*

Grube <-, -n> *f* 1. (*Erdloch*) trou *m*; (*groß*) fosse *f*; (*Bau~*) tranchée *f*
2. (*Bergwerk*) mine *f*
▸ **wer andern eine ~ gräbt, fällt selbst hinein** *prov* tel est pris qui croyait prendre

Grübelei <-, -en> *f* rumination *f*

grübeln *vi* ■ **jd grübelt [über etw** (*dat o akk*)**]** qn rumine [qc]; ■ **das G~** la rumination, les ruminations
▸ **jd gerät** [*o* **kommt**] **ins G~** qn rumine

Gruben- *-bau, -feld, -unglück* minier(-ière); *-ausbau* de la mine; *-brand, -holz* de mine; ~***licht*** lampe *f* de mineur; ~***lampe*** torche *f* [utilisée par le mineur]; ~***arbeiter*** mineur *m* **Grubengas** *nt* grisou *m*

Grübler(in) <-s, -> *m(f)* méditatif(-ive) *m(f)*

grüblerisch *adj* pensif(-ive)

grüezi ['gry:ɛtsi] *interj* CH bonjour

Gruft <-, ⸚e> *f* caveau *m*

Grufti <-s, -s> *m sl* ringard(e) *m(f) fam*

grummeln *vi fam* 1. (*brummeln*) ■ **jd grummelt** qn marmonne
2. (*leise rollen*) ■ **etw grummelt** /*Donner*/ qc gronde [sourdement]

grün *adj* 1. (*Farbe*) vert(e)
2. POL *Abgeordnete, Wählerpotenzial* vert(e); *Politik* écologiste
▸ **jd schlägt jdn ~ und blau** *fam* qn bat qn comme plâtre, qn roue qn de coups; **jd ist jdm nicht ~** *fam* qn ne peut pas voir qn en peinture *fam*; **sie sind sich** (*dat*) **nicht ~** *fam* ils/elles ne peuvent pas se voir en peinture *fam*

Grün <-s, - *o fam* -s> *nt* 1. (*grüne Farbe*) vert *m*
2. (*Grünflächen*) espace *m* vert; [*Golfplatz*] green *m*
3. (*grüne Pflanzen*) verdure *f*
▸ **jd hat ~** c'est [*o* le feu est] vert [pour qn]; **das ist dasselbe in ~** *fam* c'est du pareil au même *fam*, c'est kif-kif *fam*; **die Ampel zeigt** [*o* **steht auf**] **~** le feu est vert

grün- en vert **grün-alternativ** *adj* POL écologiste et alternatif(-ive) **Grünanlage** *f* espace *m* vert **grünäugig** *adj* aux yeux verts; ■ **jd ist ~** qn a les yeux verts

Grund <-[e]s, ⸚e> *m* 1. (*Ursache*) cause *f*; (*Veranlassung*) raison *f*, motif *m*; ***jd findet immer einen ~ zur Beanstandung*** qn trouve toujours une raison pour critiquer; ***es gibt ~ zur Beanstandung*** il y a des raisons pour réclamer; ■ **ein/kein ~ zu etw** une raison/pas de raison de faire qc; ***eigentlich besteht kein ~ zum Klagen/zur Klage*** en fait, il n'y a pas lieu [*o* de raison] de se plaindre; (*Beweg~, Motiv*) motif *m*, raison *f*
2. ∅ (*Erdboden*) sol *m*
3. DIAL (*Land, Acker*) terres *fpl*
4. ∅ (*Boden*) [*Gewässer, Becher, Gefäß, Becken etc*] fond *m*; ***ein Schwimmer hat ~/keinen ~*** un nageur a pied/n'a plus pied
5. ∅ (*Unter~*) fond *m*
▸ **jd hat ~ zu der Annahme, dass** qn a des raisons de penser [*o* croire] que + *indic*; ***jd hat keinen ~ anzunehmen, dass*** qn n'a aucune raison de penser que + *indic*; **~ und Boden** terre *f*; **in ~ und Boden** (*völlig*) complètement; ***jd schämt sich in ~ und Boden*** qn a vraiment honte; **jd redet jdn in ~ und Boden** qn coupe le sifflet à qn *fam*; **⸚e und Gegengründe** le pour et le contre; **im ~e meines/seines/ihres Herzens** au fond de moi/ce lui/d'elle, au fond de mon/son cœur; **jd hat berechtigten ~ etw zu tun** qn est fondé(e) à faire qc, qn a de bonnes raisons pour faire qc; **aus dem einfachen ~e, weil** pour la simple [*o* bonne] raison que + *indic*; **aus gesundheitlichen ⸚en** pour raisons de santé; **aus gutem ~** avec [juste] raison; ***jd hat etw aus gutem ~ getan*** qn avait de bonnes raisons de faire qc; **aus unerfindlichen ⸚en** pour une raison ou pour une autre, sans motif apparent; **jd geht einer S.** (*dat*) **auf den ~** qn va au fond [*o* à la racine] de qc; **jd gibt jdm ~ zu etw** (*einen Anlass*) qn fournit à qn l'occasion [*o* qn donne lieu à qn] de faire qc; **jd hat ~ zu etw**: ***jd hat ~ zur Beschwerde*** qn a des raisons de se plaindre; ***jd hat ~ zur Beanstandung*** qn a des raisons de réclamer; ***haben Sie denn ~ zur Unzufriedenheit?*** avez-vous des raisons d'être mécontent(e ?; **jd kommt einer S.** (*dat*) **auf den ~** qn tire qc au clair, qn éclaircit qc; **etw läuft [auf etw** (*dat*)**] auf ~** qc s'échoue [sur qc]; **jd legt den ~ zu etw** qn pose les fondements de qc; **jd setzt etw auf ~** qn échoue qc; **auf ~ von etw** [*o* **einer S.** (*gen*)] sur la foi de qc; **aus ⸚en einer S.** (*gen*) pour des raisons de qc; ***aus ⸚en der Staatssicherheit*** pour des raisons de sécurité de l'État; **aus … ⸚en** pour des raisons …, pour … raisons; **aus diesem ~** pour cette raison; **aus welchem ~** pour quelle raison, pourquoi; **bis auf den ~** complètement; *austrinken* cul sec *fam*; *abtragen, zerstören* jusqu'à la dernière pierre; ***eine Stadt bis auf den ~ zerstören*** raser une ville; **im ~e [genommen]** au fond[,] …; **von ~ auf** [*o* **aus**] de fond en comble; **kein ~** sans raison particulière; ***das ist aber kein ~!*** ce n'est pas une raison, tout de même!; **ohne ~** sans raison

grund- (*völlig*) *-hässlich, -solid etc* foncièrement

Grund- de base; *-wahrheit, -bedingung* fondamental(e); *-kapital* social(e); *-ausstattung* standard; ~***farbe*** couleur *f* fondamentale [*o* primaire]; (*des Untergrunds*) fond *m* **grundanständig** *adj* foncièrement correct(e)

Grundbegriffe *pl* 1. (*elementare Voraussetzung*) ■ **~ einer S.** (*gen*) règles *fpl* élémentaires de qc, B.A.-Ba *m* 2. SCOL rudiments *mpl*, notions *fpl* élémentaires **Grundbesitz** *m* propriété *f* foncière; [*Gemeinde*] terrains *mpl* de la commune, communaux *mpl* **Grundbesitzer(in)** *m(f)* propriétaire *mf* foncier(-ière) [*o* terrien(ne)] **Grundbuch** *nt* cadastre *m* **Grundbuchamt** *nt* cadastre *m*, bureau *m* des hypothèques **Grundbuchauszug** *m* extrait *m* du cadastre **grundehrlich** *adj* foncièrement honnête, intègre **Grundeigentümer(in)** *m(f) s.* **Grundbesitzer**

gründen I. *vt* 1. (*neu schaffen*) ■ **jd gründet etw** qn fonde [*o* crée] qc
2. (*fußen lassen*) ■ **jd gründet etw auf etw** (*akk*) *Annahme, Hoffnung, Verdacht, Vermutung* qn fonde qc sur qc
II. *vr* ■ **etw gründet sich auf etw** (*akk*) qc s'appuie [*o* se base] sur qc

Gründer(in) <-s, -> *m(f)* fondateur(-trice) *m(f)*

Gründerjahre *pl*, **Gründerzeit** *f* années *fpl* de fondation [du Reich [*o* de l'Empire]] (*période de l'expansion industrielle*)

Grunderwerb *m* JUR acquisition *f* de terrains [*o* de terres] **Grunderwerb[s]steuer** *f* droits *mpl* de mutation **grundfalsch** *adj* complètement [*o* absolument] faux(fausse) **Grundfesten** *pl* fondements *mpl*
▸ **etw erschüttert etw bis in die ~** (*akk*) [*o* **in seinen ~** (*dat*)] qc ébranle qc jusque dans ses fondements; **jd/etw rüttelt an den ~ von etw** qn/qc touche aux fondements [mêmes] de qc **Grundfläche** *f* superficie *f* **Grundform** *f* 1. (*elementare Form*) forme *f* primitive [*o* fondamentale] 2. GRAM forme *f* de base, base *f*; [*Verb*] infinitif *m* **Grundfreibetrag** *m* [*Steuerzahler*] abattement *m* à la base **Grundgebühr** *f* taxe *f* de base; [*Bank*] frais *mpl* fixes **Grundgedanke** *m* idée *f* fondamentale [*o* dominante] **Grundgesetz** *nt* 1. (*Grundprinzip*) principe *m* fondamental [*o* de base] 2. (*deutsche Verfassung*) loi *f* fondamentale, constitution *f* **grundgesetzwidrig** *adj* anticonstitutionnel(le) **Grundhaltung** *f* position *f*; ***jd überdenkt seine ~ gegenüber jdm*** qn revoit son attitude face à qn

grundieren * *vt* ■ **jd grundiert etw** qn passe [*o* applique] une sous-couche sur qc, qn prépare le fond de qc

Grundierung <-, -en> *f* 1. ∅ (*das Grundieren*) application *f* d'une sous-couche; ***ratsam ist eine ~ mit Rostschutzfarbe*** il est conseillé de passer une première couche de minium
2. (*erster Anstrich*) sous-couche *f*

Grundkurs *m* SCOL cours *m* de base; UNIV cours *m* d'initiation, initiation *f*

Grundlage *f* base *f*
▸ **eine gute ~** *fam nourriture suffisamment riche pour permettre d'absorber une grande quantité d'alcool*; **etw dient als ~ für etw** qc sert de base à qc; **etw entbehrt jeder ~** qc est sans fondement; **auf der ~ von etw** sur la base de qc

Grundlagenforschung *f* recherche *f* fondamentale

Grundlast *f* ELEC charge *f* de base

grundlegend I. *adj* 1. (*wesentlich*) essentiel(le); ■ **etw ist [für jdn] ~** qc est essentiel(le) [pour qn]
2. (*die Grundlage bildend*) de base; ■ **etw ist für etw ~** qc sert de base à qc
II. *adv* fondamentalement, du tout au tout

gründlich I. *adj* 1. (*gewissenhaft*) rigoureux(-euse)
2. (*umfassend*) approfondi(e)
II. *adv* 1. *fam* (*total*) *sich irren, täuschen* lourdement; *an der Nase herumführen, jdm die Tour vermasseln* totalement
2. (*gewissenhaft*) rigoureusement

Gründlichkeit <-> *f* ∅ rigueur *f*

Grundlinie [-li:niə] *f* 1. GEOM base *f* 2. SPORT ligne *f* de fond **Grundlinienspiel** [-li:niən-] *nt* jeu *m* en fond de court **Grundlohn** *m* salaire *m* de base

grundlos I. *adj* 1. (*unbegründet*) infondé(e), sans fondement; *Lachen* sans raison
2. (*ohne festen Boden*) sans fond, insondable
II. *adv* sans raison

Grundmauer *f* soubassement *m* ▸ **bis auf die ~n**: ***jd reißt etw bis auf die ~n nieder, jd/etw zerstört etw bis auf die ~n*** qn/qc rase qc; ***jd brennt etw bis auf die ~n nieder*** qn rase qc en y mettant le feu [*o* en l'incendiant] **Grundnahrungsmittel** *nt* denrée *f* alimentaire de base

Gründonnerstag *m* jeudi *m* saint

Grundordnung *f* ordre *m* **Grundpfeiler** *m* 1. CONSTR pilier *m* 2. (*wesentliches Element*) pilier *m* **Grundrechenart** *f* opération *f* [élémentaire] [*o* fondamentale] [*o* simple] **Grundrecht** *nt* droit *m* fondamental **Grundrente** *f* 1. (*Mindestrente*) pension *f* [de guerre] minimum; [*Angestellte*] [pension *f* de] retraite minimum *f* 2. FIN (*aus Eigentum*) rente *f* foncière **Grundriss**[RR] *m* 1. CONSTR plan *m* 2. (*Abriss*) [*Fachgebiet, Sachgebiet*] abrégé *m*, précis *m*

Grundsatz *m* principe *m*
▸ **jd macht es sich** (*dat*) **zum ~ etw zu tun** qn a pour principe de faire qc; **aus ~** par principe

Grundsatz- fondamental(e); *-debatte, -diskussion* de fond; *-entscheidung, -urteil* sur le fond; ~***linker*** gauchiste *m* radical; ~***programm*** grandes lignes *fpl* du programme; ~***referat*** déclaration *f* de principe; ~***papier*** prise *f* de position officielle [par écrit]

grundsätzlich I. *adj* 1. (*grundlegend*) *Frage, Problem, Unterschied* capital(e), fondamental(e); *Bedenken, Zweifel* sérieux(-euse)
2. *attr* (*prinzipiell*) de principe
II. *adv* 1. (*völlig*) fondamentalement
2. (*prinzipiell*) au fond[,] …
3. (*kategorisch*) *nicht erlauben, nicht gestatten, verbieten* formellement; *ablehnen a.* strictement; ***er hat ~ kein Interesse für so etwas*** il n'a pas le

moindre intérêt pour de telles choses
Grundschrift *f* caractère *m* de base [*o* principal] **Grundschuld** *f* dette *f* hypothécaire [*o* foncière] **Grundschule** *f* école *f* primaire **Grundschüler(in)** *m(f)* écolier(-ière) *m(f)* **Grundschullehrer(in)** *m(f)* instituteur(-trice) *m(f)*, maître(-esse) *m(f)* d'école, professeur *m* d'école **Grundstein** *m* première pierre *f* ▶ **jd legt [mit etw] den ~ zu etw** qn pose la première pierre de qc [grâce à qc]; **etw ist der ~ zu etw** qc est la première pierre de qc **Grundstellung** *f* **1.** SPORT station *f* [droite] [*o* dorsale] **2.** SCHACH disposition *f* des pièces au début de la partie **Grundsteuer** *f* impôt *m* foncier **Grundstock** *m* base *f* **Grundstoff** *m* **1.** (*Rohstoff*) matière *f* première **2.** CHEM corps *m* simple
Grundstück *nt* **1.** (*Bau~*) terrain *m*
2. (*Anwesen*) propriété *f*
Grundstücks-: *~**eigentümer*** propriétaire *mf* foncier(-ière); *~**hai*** requin *m* de l'immobilier; *~**streitigkeit*** différend *m* à propos des limites; *~**nachbar*** voisin(e) *m(f)*; *~**preis*** prix *m* du terrain **Grundstücksmakler(in)** *m(f)* agent *m* immobilier
Grundstudium *nt* premier cycle *m* **Grundstufe** *f* SCOL cours *m* moyen, cycle *m* d'approfondissement **Grundton** *m* **1.** MUS [*Akkord*] note *f* fondamentale; [*Tonleiter*] clé *f*, clef *f* **2.** (*Grundfarbe*) ton *m* dominant
Gründung <-, -en> *f* **1.** (*das Gründen*) fondation *f*; ***sie entschieden sich zur ~ einer Familie*** ils se décidèrent à fonder une famille; ***zur ~ einer Existenz*** pour fonder une existence
2. ∅ (*das Anlegen des Fundaments*) pose *f* des fondations
Gründungs- de la/sa fondation
grundverschieden *adj* fondamentalement [*o* totalement] différent(e)
Grundwasser *nt* nappe *f* phréatique ▶ **jd stößt auf ~** qn atteint la nappe phréatique **Grundwasserabsenkung** *f* abaissement *m* de la nappe phréatique **Grundwasserspiegel** *m* niveau *m* de la nappe phréatique **Grundwehrdienst** *m* MIL classes *fpl* ▶ **jd leistet den ~** qn fait ses classes **Grundwort** <-wörter> *nt* deuxième élément *m* d'un composé, déterminé *m* **Grundwortschatz** *m* vocabulaire *m* de base **Grundzahl** *f* s. **Kardinalzahl. Grundzug** *m* **1.** [*Charakter, Wesen*] trait *m* caractéristique **2.** *pl* (*Abriss*) abrégé *m*, précis *m* ▶ **jd stellt etw in seinen Grundzügen dar, jd erläutert etw in seinen Grundzügen** qn présente les grandes lignes de qc, qn présente qc dans ses grandes lignes
Grüne(r) *f(m) decl wie adj* vert *m*
Grüne(s) *nt decl wie adj* **1.** (*Schmuckreisig*) ■ **~s** de la verdure *f*
2. GASTR ■ **~s** de la verdure *fam*
▶ **jd fährt ins ~** *fam* qn se met au vert/va se mettre au vert; **im ~n** dans la nature
grünen *vi geh* ■ **etw grünt** qc verdit; ***die Bäume ~ wieder*** les arbres reverdissent; ***die ~den Auen*** les prairies verdoyantes
Grünfink *m* verdier *m* **Grünfläche** *f* espace *m* vert, îlot *m* de verdure **Grünfutter** *nt* fourrage *m* vert **Grüngürtel** *m* ceinture *f* verte **Grünkern** *m* grain *m* vert d'épeautre **Grünkohl** *m* chou *m* de Milan
grünlich *adj* verdâtre
Grünpflanze *f* plante *f* verte **Grünschnabel** *m fam* bleu *m fam*, néophyte *mf* **Grünspan** *m* ∅ vert-de-gris *m* ▶ **etw setzt ~ an** qc se couvre de vert-de-gris **Grünspecht** *m* pivert *m* **Grünstich** *m* dominante *f* verte; ***etw hat einen ~*** qc tire sur le vert **grünstichig** *adj* à dominante verte; ■ **etw ist ~** qc a une dominante verte **Grünstreifen** *m* (*Mittelstreifen*) terre-plein *m* central; (*Seitenstreifen*) accotement *m* (*planté*)
grunzen I *vi* **1.** ■ **ein Tier grunzt** un animal grogne; ■ **das G~** les grognements *mpl*
2. *fam* ■ **jd grunzt** qn grogne
II. *vt fam* ■ **jd grunzt etw** qn grogne [*o* grommelle] qc
Grünzeug <-s> *nt* **1.** *fam* (*Gemüse*) verdure *f*
2. AUS (*Suppengrün*) herbes *fpl* potagères
Grüppchen <-s, -> *nt dim von* **Gruppe** petit groupe *m*; *pej* clan *m*
Gruppe <-, -n> *f* (*alle Bedeutungen*) groupe *m*; ***die Terroristen operieren in kleinen ~n*** les terroristes opèrent par petits groupes; ***in ~n zu sechs*** en groupes de six; ***wir arbeiten in ~n*** nous travaillons en [*o* par] groupes
Gruppen- *-bewusstsein, -training, -versicherung* collectif(-ive); *-gymnastik, -therapie* de groupe; *~**abend*** soirée *f* en commun; *~**akkord*** travail *m* collectif aux pièces; *~**bildung*** formation *f* de groupes; *~**egoismus*** clanisme *m*; [*Berufsgruppe*] corporatisme *m*; *~**mitglied*** membre *m* du groupe **Gruppenarbeit** *f* ∅ SCOL travail *m* de [*o* en] groupe; IND travail *m* en équipe **Gruppenbild** *nt* PHOT photo *f* de groupe; ART scène *f* de mœurs **Gruppendynamik** *f* dynamique *f* de groupe **Gruppenführer(in)** *m(f)* **1.** responsable *mf* de groupe; IND chef *m* d'équipe **2.** [*Jugendgruppe*] chef *m* de groupe [*o* de file]; (*bei Pfadfindern*) chef scout/cheftaine *m/f* **3.** NS *grade correspondant à général d'armée dans les S.S.* **Gruppenleiter(in)** *m(f)* IND chef *m* d'équipe **Gruppenreise** *f* voyage *m* organisé **Gruppensex** *m* sexualité *f* de groupe **Gruppensieg** *m* victoire *f* dans le/son groupe; ***die italienische Elf hat den ~ errungen*** l'équipe d'Italie a terminé vainqueur de son groupe **Gruppenunterricht** *m* enseignement *m* en groupe, pédagogie *f* différenciée **gruppenweise** *adv* par groupes
gruppieren * I. *vt* ■ **jd gruppiert Dinge [um etw]** qn rassemble des choses [autour de qc]; ■ **jd gruppiert Menschen** qn groupe des personnes
II. *vr* ■ **sie ~ sich** ils/elles se groupent, ils/elles se rassemblent; ***die Marschierer gruppierten sich zu einzelnen Marschgruppen*** les marcheurs formèrent des groupes séparés
Gruppierung <-, -en> *f* **1.** POL groupuscule *m*; (*in der Regierung, in der Partei*) fraction *f*, tendance *f*
2. (*Aufstellung*) disposition *f*; [*Menschen*] combinaison *f*
Gruselfilm *m* film *m* d'épouvante **Gruselgeschichte** *f* récit *m* d'épouvante
grus[e]lig *adj* qui donne le frisson [*o* la chair de poule]; ***ich halte den Film für ~er als Dracula*** je trouve que ce film donne plus la chair de poule que Dracula; ***nachts auf dem Friedhof ist es ~*** se promener la nuit dans un cimetière, ça donne le frisson
▶ **jdm wird ~ zumute** qn a le frisson
gruseln I. *vt, vi impers* (*grausen*) ■ **jdn** [*o* **jdm**] **gruselt es** qn a le frisson; ■ **das G~** le frisson
II. *vr* ■ **jd gruselt sich** qn a le frisson; ■ **jd gruselt sich vor jdm/etw** qn/qc donne le frisson à qn
Gruß <-es, ¨-e> *m* (*Begrüßung*) salut *m*; (*übermittelt*) salutations *fpl*; ***einen [schönen] ~/liebe ¨-e an die Kinder*** toutes mes salutations aux enfants; ***ich soll dir von Egon einen ~ sagen*** Egon m'a chargé(e) de te donner le bonjour; ***zum Geburtstag schickte er ihr Blumen als ~*** à l'occasion de son anniversaire, il lui envoya des fleurs avec ses vœux
▶ **~ und Kuss** (*Grußformel in Briefen*) grosses bises *fam*; **mit bestem ~** [*o* **besten ¨-en**] veuillez agréer mes salutations distinguées; **der deutsche ~** NS le salut hitlérien; **der Englische ~** salutation *f* angélique; **mit freundlichen ¨-en** [*o* **freundlichem ~**] reçois/recevez mes sincères salutations; **mit herzlichen ¨-en** reçois/recevez mes cordiales salutations, [mes] amitiés; **mit kollegialen ¨-en** veuillez agréer mes confraternelles salutations; **viele ¨-e an jdn** toutes mes salutations à qn; **jd bestellt** [*o* **sagt**] **jdm einen ~/¨-e von jdm** qn salue qn [*o* qn donne le bonjour à qn] de la part de qn; **jd entbietet jdm einen ~** *geh* qn présente ses civilités à qn *vieilli*; **ohne ~** sans saluer; **zum ~** en guise de salut
Grußadresse *f*, **Grußbotschaft** *f* message *m* de sympathie
grüßen I. *vt* **1.** (*be~*) ■ **jd grüßt jdn** qn salue qn; ***sie grüßt mich nicht mehr*** elle ne me salue plus [*o* dit plus bonjour]
2. (*Grüße übermitteln*) ■ **jd grüßt jdn von jdm** qn salue qn de la part de qn
▶ **jd lässt jdn ~** qn salue qn, qn donne le bonjour à qn; **sei [mir] gegrüßt!** salut [à toi]!; **grüß dich!** *fam* salut! *fam*; **grüß mir …** salue … de ma part
II. *vi* **1.** (*einen Gruß sagen*) ■ **jd grüßt** qn fait un salut, qn dit bonjour; ■ **das G~** le salut; ***hast du das G~ verlernt/vergessen?*** tu ne sais plus saluer? *fam*
2. *geh* (*locken*) ■ **etw grüßt** qc s'offre aux regards
▶ **jd lässt ~** (*lässt [jdm] einen Gruß bestellen*) qn [te/vous] présente ses salutations, qn [te/vous] donne le bonjour
III. *vr* ■ **sie ~ sich** ils/elles se saluent
Grußformel *f* formule *f* de politesse
grußlos *adv* sans dire bonjour
Grußwort <-worte> *nt* discours *m* de bienvenue
▶ **jd richtet ein ~ an jdn** qn adresse des paroles de bienvenue à qn
Grütze <-, -n> *f* GASTR bouillie *f* de gruau
▶ **jd hat ~ im Kopf** *fam* qn en a dans la cervelle *fam*; ***jd hat nicht gerade viel ~ im Kopf*** qn n'a pas beaucoup de jugeote *fam*, qn n'a pas grand-chose dans la cervelle *fam*; **rote ~** *compote refroidie de fruits rouges, épaissie avec de la fécule*
Gschaftlhuber(in) <-s, -> *m(f)* AUS *fam* (*Wichtigtuer*) frimeur(-euse) *m(f)*
gschamig *adj* AUS *fam* pudique
Gschnas <-es, -e> *nt*, **Gschnasfest** *nt* AUS (*Maskenball*) bal *m* costumé
Guave <-, -n> [-və] *f* goyave *f*
gucken *vi fam* **1.** (*sehen*) ■ **jd guckt [irgendwohin]** qn regarde [quelque part]; ***er guckt aus dem Fenster*** il regarde par la fenêtre; ***lass mal ~*** fais voir
2. (*ragen*) ■ **etw guckt aus etw** qc dépasse de qc
3. (*dreinsehen*) ■ **jd guckt … + *adj*** qn a l'air … + *adj*; ***was guckst du so dumm?*** pourquoi prends-tu cet air bête?
Guckloch *nt* (*in einer Tür*) œil *m*, judas *m* optique; (*in einer Wand, einem Zaun*) trou *m* [pour observer]
Guerilla[1] <-, -s> [ge'rɪlja] *f* (*Guerillakrieg*) guérilla *f*
Guerilla[2] <-[s], -s> *m*, <-, -s> [ge'rɪlja] *f* (*Guerillakämpfer*) guérillero *m*, guérilléro *m*
Gugelhupf <-s, -e> *m* SDEUTSCH, AUS, **Gugelhopf** <-s, -e> *m* CH kouglof *m*
Guillotine <-, -n> [gɪljo'tiːnə, gijo'tiːnə] *f* HIST guillotine *f*
▶ **jd kommt auf die ~** qn est envoyé(e) à la guillotine
guillotinieren * [gɪljoti'niːrən, gijoti'niːrən] *vt* ■ **jd guillotiniert jdn** qn guillotine qn
Gulasch <-[e]s, -e *o* -s> *nt o m* goulache *m o f*, goulasch *m*
Gulaschkanone *f sl* roulante *f fam* **Gulaschsuppe** *f* soupe *f* de goulasch
Gulden <-s, -> *m* **1.** (*niederländische Währung*) florin *m*, gulden *m*
2. HIST florin *m*
gülden *adj poet* d'or
Gülle <-> *f* ∅ lisier *m*
Gülle- *-aufbereitung, -verwertung* du lisier; *-bank, -fass, -grube* à lisier; *-lagune, -see* de lisier
Gully <-s, -s> ['gʊli] *m o nt* bouche *f* d'égout
gültig *adj* **1.** *Fahrschein, Fahrkarte, Eintrittskarte* valable
2. ADMIN valable, valide; ***ein nicht mehr ~er Personalausweis*** une carte d'identité périmée
3. JUR en vigueur, valable; ■ **etw ist/wird ~** qc est/entre en vigueur
4. (*legal*) *Banknote, Münze, Zahlungsmittel* légal(e), valable; ■ **etw ist/bleibt ~** qc a/continue d'avoir cours
5. (*in Kraft*) ■ **etw ist ~** / *Kinoprogramm, Theaterprogramm, Fahrplan, Veranstaltungskalender*/ qc est valable; ***der Sommerfahrplan ist ab dem 1.4. ~*** les horaires d'été sont valables [*o* applicables] à compter du 1er avril
6. (*allgemein anerkannt*) standard, en vigueur; ***ein üblicherweise ~er Verhaltenskodex*** un code de conduite communément admis
Gültigkeit <-> *f* ∅ (*alle Bedeutungen*) validité *f*; ***die Monatskarte erhält erst durch die aufgeklebte Wertmarke ~*** la carte mensuelle n'est valable

qu'accompagnée de la vignette adhésive; ***ein Gesetz bekommt*** ~ une loi entre en vigueur

Gültigkeitsdauer *f* **1.** [*Fahrschein, Fahrkarte, Eintrittskarte*] durée *f* de validité
2. ADMIN [durée *f* de] validité *f*

Gummi <-s, -s> *nt o m* **1.** (*Material*) caoutchouc *m*
2. *fam* (*Radier~*) gomme *f* [à effacer]
3. *fam* (*Gummiband*) élastique *m*
4. (*Gummizug*) élastique *m*
5. *fam* (*Kondom*) capote *f* [anglaise] *fam*

Gummi- en caoutchouc; ***~penis*** godemichet *m* **Gummiband** <-bänder> *nt* élastique *m* **Gummibärchen** *nt* ourson *m* [gélifié] **Gummibaum** *m* caoutchouc *m*

gummieren * *vt* ■ **jd gummiert etw** qn gomme qc; ***die gummierten Aufkleber*** les autocollants gommés

Gummierung <-, -en> *f* **1.** ∅ (*das Gummieren*) gommage *m*
2. (*Klebstoffschicht*) [couche *f* de] gomme *f*

Gummiknüppel *m* matraque *f* [en caoutchouc] **Gummiparagraph** *m fam* clause *f* élastique **Gummistiefel** *m* (*Stiefel aus Gummi*) botte *f* en caoutchouc **Gummistrumpf** *m* bas *m* à varices [*o* élastique] **Gummizelle** *f* cellule *f* capitonnée **Gummizug** *m* [bande *f*] élastique *m*

Gunst <-> *f* ∅ **1.** (*Wohlwollen*) bienveillance *f*; ***sie suchte sich der ~ ihres Chefs zu versichern*** elle cherchait à s'assurer la bienveillance [*o* la faveur] [*o* les bonnes grâces] de son patron
2. (*Vergünstigung*) faveur *f*
3. (*günstige Konstellation*) ■ **die ~ einer S.** (*gen*) *des Schicksals, der Stunde, des Augenblicks etc* l'opportunité de qc; ***die ~ der Umstände/Verhältnisse*** un/cet heureux concours de circonstances, un/ce concours de circonstances favorables
► **jd besitzt** [*o* **genießt**] **jds ~** qn est en faveur auprès de qn, qn jouit de la faveur de qn; **jd erweist jdm eine ~** *geh* qn accorde une faveur à qn; **jd steht in jds ~** (*dat*) qn est dans les bonnes grâces de qn; **jd verscherzt sich** (*dat*) **jds ~** qn s'aliène la faveur de qn; **zu jds ~en** en ma/sa/... faveur

Gunstbeweis *m*, **Gunstbezeigung** *f geh* marque *f* de faveur

günstig I. *adj* **1.** (*zeitlich gut gelegen*) *Zeit, Termin* favorable; ***dieser Zeitpunkt wäre ~ für mich*** ce moment me conviendrait bien
2. (*zeitlich passend*) *Bus, Zug, Schiff, Flug* commode, pratique
3. (*begünstigend*) *Lage, Umstand, Wetter, Gelegenheit* favorable
4. (*preis~*) avantageux(-euse)
II. *adv* (*preis~*) à un prix avantageux; ***um 10% ~er*** avec une réduction de 10%
► **es trifft sich ~, dass** ça tombe bien que + *subj;* **das trifft sich ~** ça tombe bien

-günstig 1. (*preislich*) avantageux(-euse), intéressant(e); ***preis~*** à prix avantageux; ***steuer~*** fiscalement intéressant; ***zins~e Kredite*** des crédits à taux réduit; ***ein beitrags~es Angebot*** une offre de cotisation avantageuse; ***jd bezieht den Strom tarif~*** qn bénéficie d'un tarif avantageux pour l'électricité consommée
2. (*vorteilhaft*): ***etw ist figur~*** qc met la silhouette en valeur; ***die Stadt liegt verkehrs~*** la ville est bien desservie; ***Ulm hat eine ausgesprochen reise~e Lage*** la ville d'Ulm est au centre d'un réseau de voies de communications propice aux voyages

günstigstenfalls *adv* dans le meilleur des cas

Günstling <-s, -e> *m pej* petit protégé/petite protégée *m/f*, chouchou(te) *m(f) fam;* [*Fürst, König*] favori(te) *m(f)*

Günstlingswirtschaft *f* ∅ *pej* favoritisme *m;* (*in Betrieb, Verwaltung a.*) piston *m*

Gupf <-[e]s, -e> *m* SDEUTSCH, AUS, CH *fam* (*Kuppe*) dôme *m*

Guppy <-s, -s> ['gupi] *m* guppy *m*

Gurgel <-, -n> *f* gorge *f*
► **jd geht** [*o* **springt**] **jdm an die ~** *fam* qn lui tombe [*o* saute] dessus *fam*

Gurgelmittel *nt* gargarisme *m*

gurgeln *vi* **1.** (*den Rachen spülen*) ■ **jd gurgelt** [**mit etw**] qn se gargarise [avec qc], qn fait un gargarisme/des gargarismes [avec qc]; ■ **das G~** le gargarisme; ***zum G~*** pour se gargariser
2. (*gluckern*) ■ **etw gurgelt** qc gargouille, qc fait des gargouillis; ■ **~d** *adv* en gargouillant; ***~de Laute*** des sons rauques

Gürkchen <-s, -> *nt dim von* **Gurke** [petit] cornichon *m*

Gurke <-, -n> *f* **1.** (*Gemüsepflanze*) concombre *m*
2. *hum fam* (*Nase*) blair *m fam*
3. *sl* (*Penis*) braquemart *m fam*
► **eingelegte** [*o* **saure**] **~n** cornichons *mpl* à la russe

Gurkensalat *m* salade *f* de concombre

gurren *vi* **1.** ■ **eine Taube gurrt** un pigeon roucoule
2. (*sprechen*) ■ **jd gurrt** qn prend une voix enjôleuse; ***komm doch zu mir, gurrte sie sanft*** viens donc, roucoula-t-elle doucement

Gurt <-[e]s, -e> *m* **1.** (*Riemen*) sangle *f*
2. (*Sicherheits~*) ceinture *f* [de sécurité]
3. (*Gürtel*) ceinturon *m*

Gürtel <-s, -> *m* **1.** COUT ceinture *f*
2. (*Ring, Zone*) ceinture *f*
► **jd schnallt den ~ enger** *fam* qn se serre [*o* se met] la ceinture *fam*

Gürtellinie [-li:niə] *f* taille *f* ► **etw zielt unter die ~** qc vise en dessous de la ceinture **Gürtelreifen** *m* pneu *m* à carcasse radiale **Gürtelrose** *f* zona *m* **Gürtelschnalle** *f* boucle *f* de ceinture **Gürteltier** *nt* tatou *m*

Gurtpflicht *f* port *m* obligatoire de la ceinture [de sécurité] **Gurtstraffer** <-s, -> *m* rétracteur *m* de ceinture [de sécurité]

Guru <-s, -s> *m* **1.** REL gourou *m*, guru *m*
2. (*Experte*) gourou *m;* ***der*** [***große***] ***~ der Organverpflanzung*** le pape de la transplantation d'organes

-guru *m* gourou *m* du/de la/des

GUS <-> [gus, ge:ʔu:ˈʔɛs] *f abk von* **Gemeinschaft Unabhängiger Staaten**
■ **die ~** la C.E.I.

Guss[RR] <-es, Güsse>, **Guß** <Gusses, Güsse> *m* **1.** *fam* (*Regenschauer*) averse *f*, saucée *f fam*
2. (*Zucker~*) couche *f* de sucre; ***nach dem Backen wird die Torte mit einem ~ versehen*** on glace la tarte après cuisson
3. ∅ TECH (*das Gießen*) fonte *f*
► **kalte Güsse** affusions *fpl* froides; **aus ~** (*aus Gusseisen*) en fonte; [**wie**] **aus einem ~** comme formant une unité; ***etw ist*** [***wie***] ***aus einem ~*** qc forme une unité

Gusseisen[RR] *nt* fonte *f* **gusseisern**[RR] *adj* en fonte **Gussform**[RR] *f* moule *m*

Gusto <-s, -s> *m* ► **nach eigenem ~** à mon/son/... idée; [**ganz**] **nach ~** *geh* à ma/sa/... guise

gut I. <besser, beste> *adj* **1.** (*opp: schlecht*) bon(ne) *antéposé; Artikel, Auto, Kleidungsstück, Ware, Wörterbuch a.* de bonne qualité; *Küche, Stoff, Teppich, Tischdecke* beau(belle) *antéposé;* ***als Architektin ist sie wirklich ~*** c'est vraiment une bonne architecte; ***jd hat ~e Augen/Ohren*** qn a de bons yeux/l'oreille [*o* l'ouïe] fine
2. (*lieb*) *Mensch, Mann, Frau* bon(ne) *postposé; Mutter, Kind, Tochter, Sohn* bon(ne) *antéposé;* (*intim*) *Bekannter, Freund, Kamerad* bon(ne) *antéposé;* ***er ist ein ~er Mensch*** c'est un homme bon [*o* quelqu'un de bien]; ■ **jd ist ~ zu jdm** qn est bon(ne) pour qn
3. *meist attr* (*untadelig*) *Charakter, Charakterzug, Zug* positif(-ive); *Benehmen* correct(e); *Manieren* bon(ne) *antéposé*
4. (*nicht übel*) *Idee, Maßnahme, Plan* bon(ne) *antéposé; Angebot, Vorschlag* intéressant(e)
5. (*die Leistung betreffend*) *Schüler, Mitarbeiter, Arbeit, Leistung, Note, Bewertung, Zeugnis* bon(ne) *antéposé;* SCOL bien (*meilleure note après très bien*); ***eine ~e Promotion*** une soutenance de thèse avec mention bien; ■ **jd ist ~ in etw** (*dat*) qn est bon(ne) en qc
6. (*wirksam*) *Mittel, Methode* bon(ne) *antéposé*, efficace; ■ **etw ist ~ gegen** [*o* **für** *fam*] **etw** qn est bon(ne) contre [*o* pour] qc
7. (*reichlich*) *Minute, Stunde, Tag etc* bon(ne) *antéposé; Summe, Betrag* bien; ***du wirst ~e 8000 Mark zahlen müssen*** tu devras bien payer 8000 marks; ***sie verdient ihre ~en 15000 Mark im Monat*** elle gagne bien ses 15000 marks par mois
8. (*in Wünschen*) *Abend, Appetit, Erholung, Fahrt, Nacht, Reise, Tag* bon(ne) *antéposé;* ***ich wünsche dir eine ~e Zeit bei deinen Enkeln!*** je te souhaite de passer de bons moments auprès de tes petits-enfants!; ***auf ~e Zusammenarbeit!*** que notre collaboration soit agréable et fructueuse!; ***auf ~e Nachbarschaft!*** que notre voisinage soit agréable!
9. *fam* (*auf Lager haben*) ■ **jd/etw ist für etw ~** *für einen Einfall, eine Überraschung* qn/qc [nous] réserve qc; ***jd ist immer für einen Witz ~*** qn est toujours prêt(e) à plaisanter; ***er ist schon wieder für Geschäfte ~*** pour traiter des affaires, il répond de nouveau présent
► **G~ und Böse** le bien et le mal; **jenseits von G~ und Böse** *iron* (*weltfremd*) *leben* sur une autre planète; *sein* d'une autre planète; (*sexuell inaktiv*) détaché(e) des plaisirs de la chair; **jdm ist nichts ~ genug** qn n'est jamais satisfait(e) [*o* content(e)]; **~ und schön** *fam* (*nun ja*) bon, d'accord [je veux bien], c'est bien joli [tout ça] *fam;* **das ist ja alles ~ und schön, aber ...** *fam* c'est bien joli tout ça, mais ... *fam;* ***was Sie mir da erzählen, ist ja alles ~ und schön, aber ...*** c'est bien joli ce que vous me racontez là, mais ...; **du bist ~!** *iron fam* tu est bon(ne), toi! *fam*, elle est bonne, celle-là! *fam;* **jd findet jdn/etw ~** qn trouve qn/qc bien; **jd ist jdm wieder ~** (*nicht länger böse*) qn n'en veut plus à qn; **jdm ist nicht ~/wieder besser** (*gesundheitlich*) qn ne se sent pas bien/qn se sent mieux; **jd ist sich für etw zu ~** qn s'estime au-dessus de qc; ***jd ist sich dafür zu ~*** qn s'estime trop bien pour ça; **es ist ganz ~, dass** c'est une bonne chose que + *subj*, heureusement que + *indic;* **etw ist noch/nicht mehr ~** (*genießbar*) qc est encore/n'est plus bon(ne); **jd ist so ~ und tut etw** (*freundlich*) qn est gentil(le) de faire qc; ***sei so ~ und tue etw*** sois gentil(le) de faire qc; ***bist du wohl so ~ und hilfst mir tragen?*** est-ce que tu veux bien [*o* aurais-tu la gentillesse de] m'aider à porter les affaires?; **lass mal ~ sein!** *fam* c'est bon! *fam*, laisse tomber! *fam;* **jd lässt es** [**mit etw**] **~ sein** *fam* qn en reste là [avec qc]; **wer weiß, wozu es ~ ist** c'est peut-être mieux ainsi; **wer weiß, wozu etw noch ~ ist** (*zu gebrauchen*) qui sait à quoi qc peut servir un jour; **etw wird ~** (*gelingt*) qc est réussi(e); ***sind die Fotos ~ geworden?*** est-ce que les photos sont réussies?; **etw wird wieder ~** qc va s'arranger; **also** [*o* **nun**] [*o* **na**] **~!** (*meinetwegen!*) bon, d'accord!; **schon ~!** *fam* (*ja, ja!*) c'est bon[, c'est bon]! *fam;* **~ so!** c'est bien comme ça!; **das ist ~ so** ça vaut mieux ainsi; **und/aber das ist auch ~ so** et/mais c'est tant mieux; [**wie**] **~, dass** quelle chance que + *subj*, heureusement que + *indic;* **wozu ist das ~?** *fam* ça sert à quoi? *fam;* **~!** (*in Ordnung!*) bon!; **~, ~!** [c'est] bon, [c'est] bon!
II. <besser, am besten> *adv* **1.** (*opp: schlecht*) bien; **~ *bezahlt*** bien payé(e); *Position, Stellung a.* lucratif(-ive), bien rétribué(e); **~ *dotiert*** lucratif(-ive), rémunérateur(-trice); **~ *situiert*** aisé(e); **~ *unterrichtet*** bien informé(e); **~ *verdienend*** qui gagne bien sa vie; ***jd ist ~ gelaunt*** qn est de bonne humeur; ***etw lässt sich ~ lesen*** qc se lit bien; ***irgendwo lässt es sich gut leben/schlafen/arbeiten*** quelque part on vit/dort/travaille bien; ***Samt ist nicht ~ zu verarbeiten*** le velours n'est pas facile à travailler
2. (*reichlich*) bien, largement; ***das ist aber ~ eingeschenkt!*** voilà qui s'appelle être bien servi!
3. (*leicht, erfolgreich*) bien; *absetzen, verkaufen a.* facilement; *loswerden* facilement
4. (*angenehm*): ***dieser Stoff fasst sich wirklich ~ an*** ce tissu est vraiment agréable au toucher; ***dieser Vorschlag hört sich ~ an*** cette proposition a

l'air intéressante; ***der Wein duftet aber*** ~ ce vin a un excellent bouquet; ***wonach riecht das denn so ~ in der Küche?*** qu'est-ce qui sent si bon dans la cuisine?; ***das schmeckt*** ~ c'est bon; ***schmeckt es dir auch*** ~? toi aussi, tu aimes bien?

5. (*hübsch, attraktiv*): ~ ***aussehend*** beau(belle)

▶ **jd ist bei jdm ~ angeschrieben** *fam* qn a la cote auprès de qn; ~ **und gern** (*reichlich*) largement; ~ **gehend** prospère; **etw geht** ~ (*floriert*) qc marche bien; (*verkauft sich gut*) qc se vend bien; **so ~ es geht** aussi bien que possible; **jdm geht es ~/nicht** ~ (*ist wohlauf*) qn va bien/ne va pas bien; **mit jdm geht es** ~ *fam* (*klappt*) ça se passe bien avec qn; ***hoffentlich geht es mit den beiden*** ~! espérons que ça se passera bien pour eux!; **lass es dir ~ gehen!** *fam* bonne continuation! *fam;* [**aber**] **sonst geht's dir** ~? *iron fam* ça va bien la tête? *fam;* **etw geht ~/nicht** ~ qc se passe bien/ne se passe pas bien; ***das geht auf die Dauer nicht*** ~ à la longue, cela va mal se passer; ***hoffentlich geht alles*** ~ espérons que tout se passera bien; ***na, wenn das mal ~ geht!*** ça m'étonnerait que ça se passe bien!; **das kann/konnte ja nicht ~ gehen** ça finira mal/ça devait mal finir; [**das hast du**] ~ **gemacht!** bien joué!; ~ **gemeint** bien intentionné(e); **jd hat es** [**mit jdm/etw**] ~ **getroffen** qn a de la chance [avec qn/qc]; **jd hat es** ~ qn a de la chance; ***er hat es in seiner Jugend nicht ~ gehabt*** il n'a pas eu une jeunesse dorée; ***sie hatte es immer ~ bei ihren Eltern*** elle a toujours été bien chez ses parents; ***die Europäer haben es noch nie so ~ gehabt wie in diesem Jahrzehnt*** les Européens n'ont jamais été aussi prospères que lors de cette décennie; **jd ist ~ beieinander** SDEUTSCH (*dick*) qn se porte bien, qn est bien en chair; **jd ist ~ dran** *fam* qn est à envier, qn est dans une situation enviable; **jd ist ~ drauf** *fam* (*guter Laune*) qn est bien luné(e) *fam;* (*gut in Form*) qn a la pêche *fam;* ***Leute, ich bin ~ drauf*** les mecs, je suis de bon poil *fam;* **das kann ~ sein** ça se pourrait [bien]; **du kannst** [*o* **hast**] **~ reden/lachen!** *fam* tu as beau dire/rire!, tu peux parler/rire! *fam;* **jd kann etw nicht ~ tun** qn peut difficilement faire qc; **mach's** ~! *fam* salut! *fam;* **pass ~ auf!** fais bien attention!; **jd stellt sich ~ mit jdm** qn se met bien avec qn; **das trifft sich** ~ ça tombe bien; **etw tut** [**jdm**] ~ (*ist wohl tuend*) qc fait du bien [à qn]; **es tut jdm ~ etw zu tun** (*ist hilfreich*): ***es täte dir*** ~ ... tu ferais bien de ...; ***es würde dir ~ tun ...*** ça te ferait du bien de ...; **jd tut ~ daran etw zu tun** qn a intérêt à faire qc; **jd täte ~ daran etw zu tun** qn ferait bien de faire qc; **so ~ wie** *fam* (*fast*) pratiquement

Gut <-[e]s, ¨-er> *nt* **1.** COM (*Ware*) bien *m;* (*Lebensmittel*) denrée *f;* ■ ¨-**er** marchandises *fpl*

2. (*Land~*) domaine *m,* terre *f*

▶ **unbewegliche ¨-er** biens *mpl* immobiliers; **geistige ¨-er** valeurs *fpl* spirituelles; **irdische ¨-er** *geh* les biens *mpl* de ce monde

Gutachten <-s, -> *nt* expertise *f*

Gutachter(in) <-s, -> *m(f)* expert(e) *m(f)*

gutartig *adj* **1.** MED bénin(-igne) **2.** *Mensch* d'un bon naturel; *Tier* inoffensif(-ive) **gutaussehend** *s.* **gut II.5. gutbezahlt** *s.* **gut II.1. gutdotiert** *s.* **gut II.1. Gutdünken** <-s> *nt* ▶ **nach** [**eigenem**] ~ comme bon lui/vous semble/semblait

Gute(r) *f(m) decl wie adj* (*guter Mensch*) ■ **der/die** ~ l'excellent homme/l'excellente femme; ***ach, Sie ~, ich bin Ihnen so dankbar!*** comme vous êtes bonne, je ne sais comment vous remercier!

▶ **die ~n und die Bösen** les bons et les méchants; **mein ~r/meine** ~ mon très cher/ma très chère

Gute(s) *nt decl wie adj* ■ **~s** du bien; ■ **etwas ~s** quelque chose d'extra; ■ **etwas/nichts ~s** (*gute Tat*) quelque chose/ne ... rien de bon; ***von ihm darf man nicht viel ~s erwarten*** il ne faut pas attendre grand-chose de bon de sa part

▶ **das ~ im Menschen** la bonté humaine; **im ~n wie im Bösen** en utilisant aussi bien la douceur que la manière forte; ***ich habe es im ~n wie im Bösen versucht*** j'ai essayé aussi bien par la douceur que par la manière forte; **das ist des ~n zu viel** (*das ist überreichlich*) ça dépasse la mesure; (*das geht zu weit*) trop, c'est trop; **jd tut des ~n zu viel** qn en fait trop; **es hat alles sein ~s** *prov* toute chose a du bon; **jd tut ~s** qn fait le bien; **jd tut jdm ~s** qn fait du bien à qn; ***damit tust du mir nichts ~s*** ce n'est pas comme ça que tu me rends service; **etw verheißt** [*o* **verspricht**] **nichts ~s** qc ne dit rien qui vaille, qc ne présage rien de bon; **etw wendet sich zum ~n** qc prend un tour favorable; **alles** ~! bonne chance!; **das ~ daran** l'avantage [de la chose]; ***das ~ daran ist, dass*** l'avantage, c'est que + *indic;* **im ~n** *sich trennen* à l'amiable; ***ich sage es dir im ~n*** je te préviens [une dernière fois] amicalement, je te le dis encore une fois gentiment; ***lass dir's im ~n gesagt sein*** tiens-le toi pour dit; ***ich versuche es noch mal im ~n*** je veux bien encore essayer une dernière fois

Güte <-> *f* ∅ **1.** [*Gott, Mensch*] bonté *f*

2. (*Qualität*) [*Ware*] qualité *f*

▶ **... erster** ~ *fam* le comble de ...; ***ein Reinfall erster*** ~ un bide *fam;* ***ein Idiot erster*** ~ le roi des idiots *fam;* ***eine Dummheit erster*** ~ une sacrée connerie *fam;* **ach du liebe** [*o* **meine**] ~! *fam* c'est pas vrai! *fam;* **würden Sie die ~ haben zu ...** *form* voudriez-vous avoir l'obligeance de ... *form;* **in** ~ gentiment; *sich einigen* à l'amiable

Güteklasse *f* catégorie *f*

Gutenachtgeschichte *f* histoire *f* pour enfants; ***ich möchte eine*** ~! j'aimerais une histoire avant de m'endormir!; ***ich erzähle dir eine*** ~ je te raconte une histoire avant que tu t'endormes **Gutenachtkuss**[RR] *m* bisou *m fam;* ***ich will noch einen ~, Papi*** je veux encore un bisou avant de m'endormir, papa *fam;* ***Mami gibt dir noch einen*** ~ maman te donne encore un bisou avant que tu t'endormes *fam*

Güterabfertigung *f* **1.** ∅ (*das Abfertigen*) expédition *f* des marchandises **2.** (*Abfertigungsstelle*) [service *m* d']expédition *f* des marchandises **Güterbahnhof** *m* gare *f* de[s] marchandises **Güterfernverkehr** *m* transport *m* routier longue distance **Gütergemeinschaft** *f* communauté *f* de biens ▶ **sie leben in** ~ ils vivent sous le régime de la communauté [légale] **Güternahverkehr** *m* transport *m* routier courte distance **Gütertrennung** *f* séparation *f* des biens ▶ **sie leben in** ~ ils vivent sous le régime de la séparation des biens **Güterverkehr** *m* trafic *m* [de] marchandises **Güterwagen** *m* wagon *m* de marchandises **Güterzug** *m* train *m* de marchandises

Gütesiegel *nt* label *m* de qualité **Güteverhandlung** *f* tentative *f* de conciliation, médiation *f* **Gütezeichen** *nt* marque *f* de qualité

gut|gehen *s.* **gut II.▶. gutgehend** *s.* **gut II.▶. gutgelaunt** *s.* **gut II.1. gutgemeint** *s.* **gut II.▶. gutgläubig** *adj* crédule **Gutgläubigkeit** *f* crédulité *f* **gut|haben** *vt irreg* ■ **jd hat etw bei jdm gut** *Betrag, Gefallen* qn a qc à son crédit auprès de qn **Guthaben** <-s, -> *nt* avoir *m,* actif *m* **gut|heißen** *vt irreg* ■ **jd heißt etw gut** qn accepte [*o* admet] qc **gutherzig** *adj geh* généreux(-euse); ***jd ist so ~, dass*** qn a si bon cœur que + *indic*

gütig *adj* bienveillant(e); *Ehemann, Chef* complaisant(e)

▶ **würden Sie so ~ sein ...** *geh* voudriez-vous avoir l'obligeance de ... *soutenu;* [**danke,**] **zu** ~! *iron* [merci,] tu es/vous êtes [vraiment] trop bon(ne)!

gütlich I. *adj* à l'amiable

II. *adv* à l'amiable

▶ **jd tut sich an etw** (*dat*) ~ qn se régale de qc

gut|machen *vt* **1.** (*in Ordnung bringen*) ■ **jd macht etw gut** *Fehler, Schaden, Unrecht* qn répare qc

2. (*entgelten*) ■ **jd macht etw gut** qn revaut qc à qn; ***sehr freundlich von dir, ich mache das demnächst wieder gut*** très aimable de ta part, je te rendrai prochainement la pareille

3. (*wettmachen*) ■ **jd macht etw mit etw gut** qn compense qc grâce à qc [*o* par qc]; ■ **jd macht etw bei etw gut** (*als Gewinn erzielen*) qn gagne qc à l'occasion de qc

▶ **jd macht etw wieder gut** qn répare qc; **etw ist wieder gutzumachen** qc peut être réparé(e), qc est réparable; ***etw ist kaum/nicht wieder gutzumachen*** qc n'est guère réparable/est irréparable; **jd hat etwas/viel an jdm gutzumachen** qn a à se racheter auprès de qn

gutmütig *adj Mensch* d'un bon naturel; ***zu*** ~ [trop] complaisant(e); *Tier* gentil(le)

Gutmütigkeit <-> *f* ∅ gentillesse *f,* complaisance *f*

Gutsbesitzer(in) *m(f)* propriétaire *mf* d'un domaine

Gutschein *m* bon *m* **gut|schreiben** *vt irreg* ■ **jd schreibt jdm etw gut** qn inscrit [*o* porte] qc au crédit de qn **Gutschrift** *f* **1.** ∅ (*Vorgang*) imputation *f* [au crédit d'un compte] **2.** COM avoir *m;* (*Beleg*) avis *m* de crédit **3.** (*gebuchter Betrag*) crédit *m*

Gutshaus *nt* maison *f* de maître, demeure *f* **Gutsherr(in)** *m(f)* **1.** HIST seigneur *m* **2.** *s.* **Gutsbesitzer Gutshof** *m* ferme *f* domaniale

gutsituiert *s.* **gut II.1.**

Gutsverwalter(in) *m(f)* gérant(e) *m(f)* de propriété, régisseur *m* du domaine

gut|tun *s.* **gut II.▶**

guttural I. *adj* guttural(e)

II. *adv* d'une voix gutturale

gutunterrichtet *s.* **gut II.1. gutverdienend** *s.* **gut II.1. gutwillig I.** *adj* plein(e) de bonne volonté **II.** *adv* de plein gré

gymnasial *adj attr Bildung* en lycée; *Unterricht* au lycée; ***der ~e Abschluss*** le diplôme de fin d'études secondaires; ***die ~e Oberstufe*** le second cycle des lycées [allemands]

Gymnasiallehrer(in) *m(f),* **Gymnasialprofessor(in)** *m(f)* AUS professeur *m* de lycée

Gymnasiast(in) <-en, -en> *m(f)* lycéen(ne) *m(f)*

Gymnasium <-s, -ien> [-'na:ziən] *nt* lycée *m;* ***humanistisches/mathematisch-naturwissenschaftliches/musisches/neusprachliches*** ~ *lycée à dominante langues anciennes/mathématiques et sciences naturelles/matières artistiques/langues vivantes*

Gymnastik <-> *f* ∅ gymnastique *f*

gymnastisch *adj* de gymnastique

Gynäkologe <-n, -n> *m,* **-login** *f* gynécologue *mf*

Gynäkologie <-> *f* ∅ gynécologie *f*

gynäkologisch I. *adj* gynécologique; *Abteilung, Station* de gynécologie

II. *adv* au niveau gynécologique

H

H, h <-, -> [ha:] *nt* **1.** H *m*, h *m*
2. MUS si *m*
▸**H wie Heinrich** h comme Henri
h *abk von* **hora[e]** **1.** *gesprochen: Uhr* h *prononcé: heure*
2. *gesprochen: Kilometer pro Stunde:* ***130 km/h*** 130 km/h *prononcé: 130 kilomètres [à l'] heure*
ha[1] *abk von* **Hektar** ha *m*
ha[2] *interj* **1.** (*triumphierend*) ah
2. (*überrascht, erstaunt*) oh
hä *interj fam* hein
Haar <-[e]s, -e> *nt* **1.** [*Mensch*] (*Kopf~*) cheveu *m;* (*der Sekundärbehaarung*) poil *m;* [*Tier*] poil *m*
2. *sing und pl* (*gesamtes Kopf~*) cheveux *mpl;* ***sie hat blondes ~*** [*o* ***blonde ~e***] elle a les cheveux blonds; ***du hast aber schönes, dickes ~*** tu as de beaux cheveux épais [*o* une belle chevelure épaisse]; ***jd hat kaum ~e auf dem Kopf*** qn a le cheveu rare; ***sie trägt ihre ~e offen/kurz/lang*** elle a les cheveux au vent/courts/longs
▸**jdm stehen die ~e zu Berge** *fam* qn a les cheveux qui se dressent sur la tête; **jd frisst jdm die ~e vom Kopf** *fam* qn tond [*o* ratiboise *fam*] qn; **jd findet ein ~ in der Suppe** *fam* qn cherche la petite bête *fam*, qn trouve toujours à redire; **jd hat ~e auf den Zähnen** *fam* qn cherche noise [*o* des crosses *fam*]; **um kein ~ besser** du même acabit [*o* tonneau]; **jd bekommt graue ~e** qn attrape des cheveux blancs; (*altersbedingt a.*) qn grisonne; **jd lässt sich** (*dat*) **über etw** (*akk*) **keine grauen ~e wachsen** qn ne s'en fait pas pour qc, qn ne se fait pas de cheveux blancs pour qc; **jd lässt an jdm/etw kein** [*o* **nicht ein**] **gutes ~** qn démolit qn/qc, qn éreinte qn; **ich könnte mir die ~e ausraufen** *fam* je me flanquerais [bien] des baffes *fam;* **sie geraten** [*o* **kriegen** *fam*] **sich** (*dat*) [**über etw** (*akk*)] **in die ~e** ils/elles se prennent aux cheveux [à propos de qc] *fam,* ils/elles se tombent sur le poil [à propos de qc] *fam;* **jd krümmt jdm/einem Tier kein ~** *fam* qn ne touche pas [à] un [seul] cheveu de qn/qn ne fait pas le moindre mal à un animal; **jd muss ~e lassen** *fam* qn y laisse des plumes *fam;* **jd lässt sich** (*dat*) **die ~e legen** qn se fait faire une mise en plis; **sie liegen sich** (*dat*) [**wegen etw**] **in den ~en** *fam* ils/elles se chamaillent [à propos de qc]; **jd rauft sich** (*dat*) **die ~e** qn s'arrache les cheveux; **jd lässt sich** (*dat*) **die ~e** [*o* **das ~**] **schneiden** qn se fait couper les cheveux; **da sträuben sich einem ja die ~e!** *fam* qn en a les cheveux qui se dressent sur la tête; **jd zieht etw an den ~en herbei** *fam* qn tire qc par les cheveux; **aufs ~** très exactement, au poil près *fam;* ***sie gleichen sich aufs ~*** ils/elles se ressemblent comme deux gouttes d'eau; **um ein** [*o* **ums**] **~** un peu plus; ***das wäre um ein ~ ein Treffer geworden*** il s'en est fallu d'un cheveu que le but soit marqué; ***du hättest dich um ein ~ geschnitten*** un peu plus tu allais te couper [*o* tu as failli te couper]
Haar- (*der Haare*) des cheveux; (*für die Haare*) pour les cheveux; ***diese Dauerwelle ist h~schonend*** cette permanente respecte les cheveux **Haaransatz** *m* naissance *f* des cheveux **Haarausfall** *m* chute *f* des cheveux **Haarband** <-bänder> *nt* ruban *m* **Haarbreit** *nt* ▸**nicht** [**um**] **ein** [*o* **um kein**] **~** ne pas … d'un pouce **Haarbürste** *f* brosse *f* à cheveux **Haarbüschel** *nt* touffe *f* de cheveux
haaren *vi* ■**ein Tier/etw haart** un animal/qc perd ses poils
Haarentferner <-s, -> *m* dépilatoire *m*
Haaresbreite *f* ▸[**nur**] **um ~** d'un cheveu
Haarfarbe *f* couleur *f* de[s] cheveux **Haarfestiger** *m* fixateur *m* [pour les cheveux] **Haargefäß** *nt* [vaisseau *m*] capillaire *m* **haargenau** **I.** *adj* minutieux(-euse); *Übereinstimmung* parfait(e) **II.** *adv* par le menu; *übereinstimmen, zutreffen* parfaitement
haarig *adj* **1.** *Körperteil* poilu(e)
2. *fam Angelegenheit, Sache, Verhandlung, Gespräche* délicat(e); *Prüfung, Test* corsé(e) *fam;* *Preise* salé(e) *fam;* ***eine extrem ~e Klettertour*** une course ardue en montagne
Haarklammer *f* barrette *f* **haarklein** *adv* par le menu **Haarklemme** *f* pince *f* à cheveux
haarlos *adj Mensch* sans cheveux; *Körperteil, Tier* sans poils; *Gesicht* glabre, imberbe; ***ein Geier mit ~em Hals*** un vautour au cou pelé [*o* déplumé]
Haarnadel *f* épingle *f* à cheveux
Haarnadelkurve *f* [virage *m* en] épingle *f* à cheveux
Haarpflege *f* soins *mpl* capillaires [*o* du cheveu] ▸**zur ~** pour la santé de mes/ses/… cheveux **Haarpracht** *f* chevelure *f* magnifique **Haarreif** *m* serre-tête *m* **Haarriss**[RR] *m* (*in einem Rohr, einer Leitung*) [fine] fissure *f;* (*in einer lackierten Oberfläche, einer Glasur*) éraflure *f* **haarscharf** *adv* **1.** (*ganz knapp*) *daneben, vorbei* de très peu; *treffen* tout juste; ***die Kugel ging ~ daneben*** la balle le/la manqua de très peu [*o* d'extrême justesse]
2. (*sehr exakt*) avec une précision parfaite **Haarschleife** *f* nœud *m* [dans les cheveux] **Haarschnitt** *m* **1.** (*Frisur*) coupe *f* [de cheveux], coiffure *f*
2. (*das Haarschneiden*) coupe *f* de cheveux; ***bei dir ist wieder ein ~ fällig*** il faut que tu te fasses couper les cheveux **Haarschopf** *m* crinière *f fam* **Haarspalterei** <-, -en> *f pej* ergotage *m;* ***das ist ~!*** c'est couper les cheveux en quatre! **Haarspange** *f* grosse barrette *f* [ornementale] **Haarspitze** *f* pointe *f* d'un/du cheveu; ***meine ~n*** les pointes de mes cheveux **Haarspray** [-ʃpreː, -spreː] *nt o m* laque *f* **Haarsträhne** *f* mèche *f* [de cheveux] **haarsträubend** **I.** *adj* scandaleux(-euse) **II.** *adv schlecht, frech, obszön etc* monstrueusement; *sich benehmen* scandaleusement **Haarteil** *nt* postiche *m* **Haartracht** *f* coiffure *f* [traditionnelle] **Haartrockner** *m* sèche-cheveux *m* **Haarwäsche** *f* shampooing *m,* lavage *m* [de cheveux] **Haarwaschmittel** *nt* shampooing *m* **Haarwasser** *nt* lotion *f* capillaire
Haarwuchs *m* pousse *f* des cheveux/poils
▸**jd hat einen … ~** qn a une chevelure/des poils …
Haarwuchsmittel *nt* produit *m* favorisant la pousse des cheveux
Haarwurzel *f* racine *f* d'un/du cheveu
Hab *nt* ▸**jds ~ und Gut** *geh* les affaires de qn *fpl;* (*Eigentum*) les biens de qn *mpl*
Habachtstellung *f* garde-à-vous *m*
▸**jd geht in ~** qn se met au garde-à-vous
Habe <-> *f* ∅ *geh* ■**jds ~** les biens de qn *mpl*
▸**bewegliche ~** biens meubles [*o* mobiliers]
haben <hat, hatte, gehabt> **I.** *vt* **1.** (*aufweisen*) ■**jd hat jdn** qn a qn; ■**jd hat kein(e, n) …** qn n'a pas de …
2. (*besitzen, verfügen über*) ■**jd hat etw** qn a qc; ■**jd hat kein(e, n) …** qn n'a pas de …
3. (*ausgestattet sein mit*) ■**etw hat etw** qc a [*o* possède] qc; ■**etw hat kein(e, n) …** qc n'a pas de …
4. (*behaftet sein mit etw*) ■**jd/etw hat etw** qn/qc a qc; ■**jd/etw hat kein(e, n) …** qn/qc n'a pas de …
5. COM ■**jd hat etw** *Artikel, Ware* qn a [*o* fait *fam*] qc
6. (*in Maßangaben*) ■**etw hat etw** *Maßeinheit* qc fait qc; ***etw hat eine Größe/Fläche/einen Inhalt von …*** qc a une grandeur/surface/une contenance de …
7. SCOL ■**jd hat jdn/etw** *Lehrer, Fach, Note* qn a qn/qc; ***heute ~ wir Chemie/keine Chemie*** aujourd'hui nous avons chimie/pas de chimie
8. (*erfüllt sein*) ■**jd hat etw** *Bedenken, Zweifel, Hoffnung, Wunsch, Sorgen* qn a qc; ***jd hat Angst/Lust*** qn a peur/envie
9. MED ■**jd hat etw** qn a qc; ■**jd hat es an etw** (*dat*)/**in etw** (*dat*) *fam am Herzen, an der Leber, Lunge* qn est malade de qc; *im Rücken, an den Gelenken* qn a mal à qc
10. METEO ■**jd hat etw** qn a qc; ***in Australien ~ sie jetzt Winter*** en ce moment, c'est l'hiver en Australie; ***im Hochgebirge hat man jetzt noch Schnee*** en haute montagne, il y a encore de la neige en ce moment; ***wir hatten heute Nacht Vollmond*** cette nuit, c'était la pleine lune
11. (*geerbt haben*) ■**jd hat etw von jdm** *Augenfarbe, Haarfarbe, Krampfadern* qn a qc de qn; (*übernommen haben*) *Frechheit, schlechte Manieren, Schimpfwörter* qn a hérité qc de qn; ***von wem hast du das Muttermal?*** de qui as-tu hérité cette tache de naissance?
12. + *adj* ■**jd hat es …:** ***jd hat es irgendwo angenehm*** c'est agréable pour qn quelque part; ***ihr habt es sicher sehr angenehm in dieser schönen Wohngegend*** cela doit être agréable pour vous d'habiter dans ce beau quartier; ***bei den Gastgebern habe ich es wirklich schön gehabt*** j'ai passé de bons moments chez ces hôtes; ***…, damit du es bequem/bequemer hast*** … pour que cela soit confortable/plus confortable; ***ihr habt es aber nett in eurer Wohnung*** vous avez un gentil intérieur/un intérieur confortable; ***ich habe es etwas kalt im Haus*** il fait un peu froid chez moi; ***ihr habt's aber schön warm hier drin*** il fait agréablement chaud chez vous; ***im Schlafzimmer hat er es gern kalt*** il aime bien avoir une température basse dans sa chambre
13. + *infin* + *zu* (*tun müssen*) ■**jd hat etw zu tun** qn doit faire qc; ■**jd hat etw nicht zu tun** qn n'a pas à faire qc; ***Sie ~ hier keine Fragen zu stellen!*** ce n'est pas à vous de poser des questions ici!; ***hier ~ die Mitarbeiter nichts zu kritisieren*** ici, les collaborateurs n'ont le droit de rien critiquer
14. *in Infinitivkonstruktion mit Raumangabe* ■**jd hat jdn/etw irgendwo … hängen, liegen, stehen, sitzen etc** qn a qn/qc quelque part *das Verb wird oft nicht übersetzt;* ***ich habe noch Gäste im Wohnzimmer sitzen*** j'ai encore des invités [qui attendent] au salon; ***im Schlafzimmer hat er ein Bild hängen*** dans sa chambre, il a un tableau [accroché] au mur; ***ich habe über 4000 Bücher in den Regalen stehen*** j'ai plus de 4000 livres dans ma bibliothèque
15. DIAL (*geben*) ■**es hat etw** il y a qc; ■**jd hat jdm etw** qn a qc pour qn; ***hast du mir mal ne Zigarette?*** tu n'aurais pas une cigarette?
▸**jd hat Menschen/etw beieinander** *fam* qn a des personnes/qc au complet; **jd hat sie nicht** [**mehr**] **alle** [*o* **richtig**] **beieinander** *fam* qn débloque [légèrement] *fam;* **dich hat's wohl!** *fam* tu déconnes à pleins tubes! *fam,* tu

débloques! *fam;* **haste was, biste was** *prov fam* si t'as rien, t'es rien, mais si t'as quelque chose, … *fam;* [**was**] **haste was kannste** *fam* en quatrième vitesse *fam;* **etw ist** [**noch**]/**nicht mehr zu** ~ (*erhältlich*) qc est [encore]/n'est plus disponible; ***gegen Devisen ist auf dem Schwarzmarkt alles zu*** ~ on peut tout avoir contre des devises au marché noir; **jd ist noch/nicht mehr zu** ~ *fam* qn est libre/qn est pris(e); **ich kann das nicht** ~ *fam* je ne le supporte pas; ***ich kann das nicht*** ~, ***dass/wenn*** je ne supporte pas que + *subj;* **jd hat etw an sich** (*dat*) *bestimmte Eigenschaft* qn a qc; **das hat er/sie so an sich** (*dat*) (*das ist bei jdm/etw nun mal so*) c'est dans sa nature; **das hat es so an sich**[**, wenn …**] c'est dans l'ordre normal des choses [quand …]; **jd hat etwas/nichts an jdm** qn signifie quelque chose/ne signifie rien pour qn; ***an Mitarbeitern, die dauernd krank sind, habe ich doch nichts*** je n'ai rien à attendre de collaborateurs continuellement malades; **jd hat etw an einem Menschen** *Hilfe, Unterstützung, Freude* une personne apporte qc à qn; ***an den Kindern habe ich eine große Hilfe*** les enfants me sont d'un grand secours; **was hat es damit auf sich?** mets-moi/mettez-moi au courant; **was hat es mit ihm/ihr auf sich?** dis-moi/dites-moi tout sur lui/elle; ***ich weiß nicht, was es mit ihm auf sich hat*** je ne sais pas ce qu'il y a; **jd hat jdn/etw bei sich** qn a qn avec lui/qc sur lui; **etw hat etwas** [*o* **manches**] **für sich** qc a du bon, qc se défend *fam;* **jd ist für etw zu** ~/**nicht zu** ~ qn est/n'est pas partant(e) pour qc *fam;* **jd/etw hat etwas für sich** qn/qc, ça a du bon; qc se défend; **jd hat jdn/etw gegen sich** qn a qn/qc contre lui/elle; **jd hat etwas gegen jdn/etw** qn a une dent contre qn, qn n'aime pas qn/qc; **jd hat nichts gegen jdn/etw** qn n'a rien contre qn/qc; **jd hat jdn hinter sich** (*dat*) (*jds Unterstützung*) qn a qn derrière lui; **jd hat etw hinter sich** (*dat*) (*überstanden*) *Arbeit, Projekt, Prüfung* qn en a terminé avec qc; *Krankheit* qn sort de qc; *Operation* qn a subi qc; **etw hat es in sich** *fam* (*ist schwierig*) qc est plus compliqué(e) qu'il/elle en a l'air; (*ist gehaltvoll*) /*Essen*/ qc bourre *fam;* /*Wein*/ qc fait de l'effet; **jd hat etwas/nichts mit jdm** (*ein Verhältnis*) il y a quelque chose/il n'y a rien entre qn et qn; **jd hat jdn um sich** qn a qn auprès de lui/d'elle; *Menschen a.* qn a des personnes autour de lui/d'elle; **etw hat etwas von etw** *fam* (*weist Züge auf*) qc a une espèce de qc; ***die Villa hat etwas vom Barockstil*** cette villa a quelque chose de baroque; **das hat jd von etw** (*als Folge*): ***das hat sie nun von ihrem Leichtsinn*** voilà ce qui résulte de son insouciance, voilà tout ce que ça lui rapporte d'être si insouciante; **jd hat mehr/viel/wenig von jdm/etw** qn profite mieux/beaucoup/peu de qn/qc; **jd hat jdn vor sich** (*dat*) qn a affaire à qn; **da hast du/**~ **Sie …** voici …, voilà …; **da hast du's/**~ **wir's!** *fam* (*na bitte*) et voilà!; **jd hat nichts davon** (*hat von etw keinen Vorteil*) qc ne rapporte rien à qn; **das hast du jetzt davon**[**, dass …**] *fam* voilà ce que ça te rapporte [de faire qc], voilà ce que tu y as gagné [à faire qc]; **die/wir** ~**'s** [**ja**] *fam* (*sind reich*) ils/elles ont/nous avons les moyens [*o* de quoi payer] *fam; iron* on a les moyens, c'est bien connu! *fam;* **ich hab's!** *fam* [ça y est,] j'y suis!; **ich habe nichts** je n'ai rien, ce n'est rien; **hast du was?** ça ne va pas?; **was hat er/sie denn** [*o* **bloß**] [*o* **nur**]**?** qu'est-ce qu'il/elle a?; **was man hat, das hat man!** *fam* un tien vaut mieux que deux tu l'auras!; **wer hat, der hat** *fam* on a les moyens ou on ne les a pas *fam,* il faut ce qu'il faut *fam;* **wie hätten Sie es gern?** comment le/la/les désirez-vous?; **wie gehabt!** comme toujours [*o* d'habitude!]!

II. *vr fam* (*sich anstellen*) ■ **jd hat sich** [**mit/wegen etw**] qn fait des manières [à propos de qc]

III. *vr impers fam* (*wieder in Ordnung sein*) ■ **es hat sich** [**wieder**] tout est arrangé [*o* raccommodé *fam*]

▸ **und damit hat es sich!** *fam* et après basta! *fam;* **hat sich was!** *fam* (*von wegen!*) hé, minute [papillon]! *fam*

IV. *aux* ■ **jd hat/hatte etw getan** qn a/avait fait qc; ■ **jd hätte etw tun können/müssen/sollen** qn aurait pu/dû faire qc; ■ **jd will etw getan** ~ qn prétend avoir fait qc; ***behalten Sie diese Information für sich, ich will nichts gesagt*** ~ gardez cette information pour vous, faites comme si je ne vous avais rien dit

Haben <-s> *nt* ∅ avoir *m,* crédit *m,* solde *m* positif

▸ **jd ist mit … im** ~ qn a un crédit [*o* solde] de …; ***ich bin zum Glück noch mit 1000 Mark im*** ~ par chance, j'ai encore 1000 marks sur mon compte

Habenichts <-[es], -e> *m fam* sans-le-sou *m fam*

Habenseite *f* colonne *f* [de] crédit **Habenzinsen** *pl* intérêts *mpl* créditeurs

Haberer <-s, -> *m* AUS *fam* (*Kumpel*) pote *m fam*

Habgier *f* rapacité *f*

habgierig *adj* cupide

habhaft *adj geh* ■ **jd wird jds** ~ qn met la main sur qn, qn s'empare de qn; ■ **jd wird einer S.** (*gen*) ~ qn se saisit de qc; ***alle Waffen, derer man*** ~ ***werden konnte*** toutes les armes saisies

Habicht <-s, -e> *m* autour *m*

habil. *adj abk von* **habilitatus** habilité(e) (*qualifié(e) pour l'enseignement supérieur*)

Habilitation <-, -en> *f* habilitation *f,* doctorat *m* d'État

Habilitationsschrift *f* thèse *f* d'habilitation [*o* d'État]

habilitieren * I. *vr* ■ **jd habilitiert sich** qn s'habilite

II. *vt* ■ **jd habilitiert jdn** qn habilite qn

Habitat <-s, -e> *nt* habitat *m*

Habsburger(in) <-s, -> *m(f)* Habsbourg *m*

habsburgisch *adj* habsbourgeois(e)

Habseligkeiten *pl* affaires *fpl*

Habsucht *f s.* **Habgier. habsüchtig** *adj s.* **habgierig**

hach *interj* ah

Hachel <-, -n> *f* AUS râpe *f*

hacheln *vt* AUS ■ **jd hachelt etw** qn râpe qc; *Gurke* qn émince qc [avec la râpe]

Hachse <-, -n> ['haksə] *f* DIAL *s.* **Haxe**

Hackbeil *nt* hachette *f,* couperet *m* **Hackblock** *m* billot *m* **Hackbraten** *m* rôti *m* de viande hachée **Hackbrett** *nt* **1.** (*zum Schneiden*) hachoir *m* **2.** MUS tympanon *m,* cymbalum *m*

Hacke¹ <-, -n> *f* DIAL talon *m*

▸ **jd bleibt** [*o* **hängt**] [*o* **sitzt**] **jdm auf den** ~**n** *fam* qn ne quitte pas [*o* ne lâche pas] qn d'une semelle; **jd läuft sich** (*dat*) **die** ~**n** [**nach etw**] **ab** *fam* qn s'use les semelles de souliers [*o* court partout] [pour trouver qc]; **jd schlägt** [*o* **klappt**] **die** ~**n zusammen** qn claque les talons

Hacke² <-, -n> *f* **1.** (*Werkzeug*) serfouette *f,* houe *f*

2. AUS *s.* **Axt**

Hackebeil *nt s.* **Hackbeil**

hacken I. *vt* **1.** (*zerkleinern*) ■ **jd hackt etw** qn hache qc; *Holz* qn fend qc

2. HORT ■ **jd hackt etw** (*zum Lockern*) qn bine qc; (*zum Unkrautentfernen*) qn sarcle qc

3. (*durch Hacken herstellen*) ■ **jd hackt etw** [**in etw** (*akk*)] *Loch, Graben, Grube* qn creuse qc [en piochant dans qc]

▸ **jd hackt etw klein** *Petersilie, Zwiebel, Gemüse* qn hache qc [menu]; *Holz, Knochen* qn coupe qc petit

II. *vi* **1.** (*mit dem Schnabel*) ■ **ein Tier hackt** [**nach jdm/etw**] un animal donne un coup de/des coups de bec [à qn/dans qc]

2. HORT ■ **jd hackt** [**in/zwischen etw**] (*dat*) qn bine [*o* sarcle] [dans/entre qc]

3. INFORM *sl* ■ **jd hackt** qn pirate; ***er hackt auf seinem Computer*** il pirate sur ordinateur; ■ **das H**~ le piratage [informatique]

Hacken <-s, -> *m s.* **Hacke¹**

Hackepeter <-s, -> *m* NDEUTSCH *s.* **Hackfleisch**

Hacker(in) <-s, -> *m(f) sl* (*Computerpirat*) pirate *mf* [informatique]; (*Computerfan*) mordu(e) *m(f)* d'informatique *fam,* maniaque *mf* de la micro *fam*

Hackfleisch *nt* viande *f* hachée ▸ **jd macht** ~ **aus jdm** *sl,* **jd macht jdn zu** ~ *sl* qn réduit qn en bouillie *fam,* qn fait de la chair à pâté de qn *fam* **Hackklotz** *m* billot *m* **Hackordnung** *f* **1.** ORN ordre *m* hiérarchique (*la loi du plus fort chez les poules*) **2.** (*interne Hierarchie*) ordre *m* hiérarchique; ***dort herrscht eine ausgesprochene*** ~ chez eux, les mieux placés font sentir leur supériorité aux inférieurs

Häcksel <-s> *nt o m* ∅ fourrage *m* haché

Hacksteak [-steːk, -ʃteːk] *nt* steak *m* haché **Hackstock** *m* AUS *s.* **Hackklotz**

Hader <-s> *m* ∅ *geh* querelle *f,* discorde *f littér*

▸ **jd lebt mit jdm in** ~ qn vit dans la discorde [*o* dans la dissension] avec qn

Haderlump *m* AUS, SDEUTSCH *pej* vaurien *m*

hadern *vi geh* ■ **jd hadert** [**mit etw/mit Gott**] qn se révolte [contre qc/Dieu]; ■ **jd hadert mit jdm** qn en veut à qn

Hades <-> *m* ∅ ■ **der** ~ les enfers *mpl*

Hafen¹ <-s, ⸚> *m* **1.** NAUT port *m;* ***der Hamburger*** ~ le port de Hambourg; ***kleinerer*** ~ ***für Segelschiffe*** port de plaisance pour voiliers

2. *geh* (*Zufluchtsort*) port *m littér,* havre *m littér*

▸ **jd landet im** ~ **der Ehe** *hum,* **jd läuft in den** ~ **der Ehe ein** *hum* qn finit par se caser *fam;* **jd steuert den** ~ **der Ehe an** *hum* qn cherche à se caser *fam;* **ein Schiff läuft in den** ~ **ein/läuft aus dem** ~ **aus** un bateau entre au [*o* dans le] port/quitte le port [*o* sort du port]

Hafen² <-s, ⸚ *o* -> *m* DIAL **1.** (*Topf*) cocotte *f*

2. (*Nachttopf*) pot *m* [de chambre]

Häfen <-s, -> *m* AUS **1.** *s.* **Hafen²**

2. *sl* (*Gefängnis*) tôle *f pop*

Hafen- (*den Hafen betreffend*) du port; *-bereich, -verkehr a.* portuaire; ~***zufahrt*** accès *m* au [*o* du] port **Hafenamt** *nt* administration *f* [*o* bureaux *mpl*] du port **Hafenanlagen** *pl* installations *fpl* portuaires **Hafenarbeiter(in)** *m(f)* ouvrier(-ière) *m(f)* de chantier naval; (*Schauermann*) docker *m* **Hafenbehörde** *pl* autorités *fpl* portuaires **Hafeneinfahrt** *f* entrée *f* du port, chenal *m* **Hafengebühr** *f* droits *mpl* de port **Hafenkneipe** *f fam* bar *m* [du port] **Hafenmeister(in)** *m(f)* capitaine *m* de/du port **Hafenpolizei** *f* police *f* du port **Hafenrundfahrt** *f* visite *f* du port en bateau **Hafenstadt** *f* ville *f* portuaire, port *m* **Hafenverwaltung** *f* administration *f* portuaire, services *mpl* portuaires **Hafenviertel** *nt* quartier *m* du port

Hafer <-s, -> *m* avoine *f*

▸ **jdn sticht der** ~ *fam* (*wird zu übermütig*) qn est vraiment gonflé(e) *fam*

Haferbrei *m* bouillie *f* d'avoine **Haferflocken** *pl* flocons *mpl* d'avoine **Hafergrütze** *f* bouillie *f* de gruau d'avoine **Haferkorn** <-körner> *nt* grain *m* d'avoine

Häferl <-s, -n> *nt* AUS *fam* (*Tasse*) tasse *f*

Hafermehl *nt* farine *f* d'avoine **Hafersack** *m* musette *f* de picotin **Haferschleim** *m* crème *f* d'avoine

Haff <-[e]s, -s *o* -e> *nt* lagune *f*

Hafner(in) <-s, -> *m(f)* AUS (*Ofensetzer*) fumiste *m*

Hafnium <-s> *nt* ∅ CHEM hafnium *m*

Haft <-> *f* ∅ (*Haftstrafe*) emprisonnement *m,* prison *f;* (*Haftzeit*) détention *f;* ***jd wird aus der*** ~ ***entlassen*** qn est libéré(e) [*o* mis(e) en liberté]

▸ **jd ist** [*o* **befindet sich**] **in** ~ qn est en détention; **jd nimmt jdn in** ~ qn appréhende [*o* arrête] qn

-haft **1.** (*wie ein entsprechendes Wesen*) comme un/une; ***manche Säuglinge sehen richtig greisen***~ ***aus*** beaucoup de nouveau-nés ont de véritables têtes de petits vieux

2. (*wie etwas geartet*) sous forme de; ***bild***~ imagé(e)

3. (*wie in einem entsprechenden Zustand*): ***er ist bekannt als zwang***~ ***optimistisch*** il est connu pour être un optimiste à tous crins; ***in einem rausch***~***en Zustand*** comme en état d'ivresse; ***orgien***~ orgiaque *littér,* qui évoque l'orgie

4. (*intensivierend*): ***grauen~*** épouvantable, atroce; ***traum~*** de rêve; ***ein sagen~ tolles Buch*** un livre absolument extraordinaire

Haftanstalt *f* maison *f* d'arrêt, prison *f* **Haftaussetzung** *f* libération *f* conditionnelle

haftbar *adj* ■ **jd ist für etw ~** qn est responsable de qc; ***bei diesem Schaden ist die Versicherung nicht ~*** l'assurance ne couvre pas ce dégât
► **jd macht jdn für etw ~** qn rend qn responsable de qc

Haftbefehl *m* mandat *m* d'arrêt; ***jd sucht jdn mit ~*** qn recherche qn qui fait l'objet d'un mandat d'arrêt; ***jd ist mit ~ gesucht*** qn fait l'objet d'un mandat d'arrêt; ***ein mit ~ gesuchter Verbrecher*** un criminel qui fait l'objet d'un mandat d'arrêt ► **jd stellt einen ~ gegen jdn aus** qn lance un mandat d'arrêt contre qn **Haftdauer** *f* détention *f*

Haftel <-s, -n> *nt* AUS agrafe *f*

Haftelmacher *m* ► **jd passt auf wie ein ~** AUS qn a l'œil

haften¹ *vi* 1. COM ■ **jd/etw haftet [mit etw]** qn/qc est responsable [sur qc]
2. (*die Haftung übernehmen*) ■ **jd haftet für jdn/etw** qn est responsable de qn/qc; ***die Versicherung hat für den Schaden nicht gehaftet*** l'assurance a refusé de couvrir [*o* garantir] ce dommage; ***für Garderobe kann nicht gehaftet werden*** la maison décline toute responsabilité en cas de vol dans les vestiaires]
► **jd haftet jdm dafür, dass** qn garantit à qn que + *indic*

haften² *vi* 1. (*festkleben*) ■ **etw haftet [auf [*o* an] etw** (*dat*)] qc adhère [*o* colle] [sur qc]
2. (*haften bleiben*) ■ **etw haftet an etw** (*dat*) */Rauch, Schmutz, Geruch/* qc reste imprégné(e) [*o* adhère] à qc; ***der Duft dieses Eau de Toilette haftet lange*** le parfum de cette eau de toilette est tenace
3. (*hängen bleiben*) ■ **etw haftet an jdm** */Makel, Verleumdung/* qc reste attaché(e) à son nom; */Verdacht/* qc continue de peser sur qn
4. (*behalten werden*) ■ **etw haftet [bei jdm]** */Kenntnisse, Wissen, Unterrichtsstoff/* qc est assimilé(e) [par qn]; ***bei diesen Schülern haftet nichts*** ces élèves n'assimilent [*o* ne retiennent] rien
► **etw bleibt [an [*o* auf] etw** (*dat*)] ~ (*bleibt hängen*) qc reste collé(e) [à qc], qc adhère [*o* colle] [à qc]; **etw bleibt [auf etw** (*dat*)/**in etw** (*dat*)] ~ (*setzt sich fest*) */Rauch, Schmutz, Geruch, Duft, Parfüm/* qc reste imprégné(e) [à qc]; **etw bleibt [in jdm]** ~ (*bleibt im Gedächtnis*) qc reste gravé(e) [dans la mémoire de qn]

haften|bleiben *s.* **haften²** ►

Haftentlassung *f* [re]mise *f* en liberté **Haftentschädigung** *f* dommages-intérêts *mpl* pour détention abusive; ***eine ~ in Höhe von 4500 Mark*** une indemnité de 4500 [pour détention abusive]

haftfähig¹ *adj* (*klebend*) adhésif(-ive); ***diese Klebebänder sind auf jeder Fläche ~*** ces rubans adhésifs adhèrent sur toute surface

haftfähig² *adj* JUR *Mensch* apte à la détention

Haftfähigkeit¹ *f* [*Reifen*] adhérence *f*

Haftfähigkeit² *f* JUR aptitude *f* à la détention (*certifiée par un examen médical*)

Häftling <-s, -e> *m* détenu(e) *m(f)*, prisonnier(-ière) *m(f)*

Haftnotiz *f* papillon *m* [adhésif], post-it® *m*

Haftpflicht *f* 1. (*Schadenersatzpflicht*) responsabilité *f* civile; ***die ~ der Versicherung erstreckt sich nicht auf Glas*** la garantie d'assurance responsabilité civile ne s'étend pas aux bris de glace
2. *fam* (*Haftpflichtversicherung*) assurance *f* responsabilité civile

haftpflichtig *adj* civilement responsable

haftpflichtversichert *adj* ■ **jd ist ~** qn est assuré(e) en responsabilité civile **Haftpflichtversicherung** *f* assurance *f* responsabilité civile

Haftrichter(in) *m(f)* juge *m* d'instruction **Haftstrafe** *f veraltend s.* **Freiheitsstrafe. haftunfähig** *adj* inapte à la détention (*sur la foi d'un examen médical*)

Haftung¹ <-, -en> *f* JUR responsabilité *f*; [*Versicherung*] garantie *f*

Haftung² <-> *f* ∅ TECH, PHYS adhérence *f*

Hafturlaub *m* permission *f* de sortie **Haftverschonung** *f* JUR dispense *f* d'exécution de la peine **Haftzeit** *f* période *f* de détention

Hag <-s, ⸚e *o* -e> *m* CH (*Hecke*) haie *f*; (*Zaun*) clôture *f*
► **jd ist am ~** qn est perplexe; **jd frisst unter dem ~ durch** (*sich etw nehmen*) qn s'approprie le bien d'autrui; (*sich einmischen*) qn met [*o* fourre] son nez dans les affaires des autres

Hagebutte <-, -n> *f* cynor[r]hodon *m*, gratte-cul *m fam*

Hagebuttentee *m* tisane *f* de cynorhodon

Hagedorn *m* NDEUTSCH *s.* **Weißdorn**

Hagel <-s> *m* ∅ 1. METEO grêle *f*
2. *fig* ■ **ein ~ von etw** une grêle de qc

Hagelkorn <-körner> *nt* grêlon *m*

hageln I. *vi impers* ■ **es hagelt** il grêle
II. *vt impers fam* ■ **es hagelt etw** *Geschosse, Steine* il tombe une grêle de qc; *Vorhaltungen, Vorwürfe etc* qc tombe dru [comme grêle]

Hagelschaden *m* dégâts *mpl* dus à la grêle **Hagelschauer** *m* averse *f* de grêle **Hagelschlag** *m* [chute *f* de] grêle *f*

hager *adj* maigre; *Arme, Beine a.* grêle; *Hals a.* décharné(e); *Gestalt, Mensch a.* efflanqué(e)

Hagestolz <-es, -e> *m veraltet* vieux *m* garçon

Hagiographie <-, -n> [-'fiːən] *f form* hagiographie *f*

haha *interj* ah! ah!, ha! ha!, hi! hi!

Häher <-s, -> *m* geai *m*

Hahn¹ <-[e]s, ⸚e> *m* 1. ORN coq *m*
2. (*Wetter~*) coq *m* de clocher, girouette *f*
► **jd ist [bei ihnen] ~ im Korb** *fam* qn est [avec elles] comme le coq au milieu de la basse-cour; **der gallische ~** le coq gaulois; **ein guter ~ wird selten fett** coq actif reste mince; **nach etw kräht kein ~ mehr** *fam* tout le monde se soucie de qc comme d'une guigne *fam*

Hahn² <-[e]s, ⸚e *o* -en> *m* 1. (*Wasser~*) robinet *m*
2. <⸚e> (*Abzug*) chien *m*
► **jd dreht [jdm] den ~ zu** qn coupe les vivres à qn

Hähnchen *nt* poulet *m*

Hahnenfuß *m* renoncule *f*, bouton-d'or *m*

Hahnenfußgewächs *nt* renonculacée *f*

Hahnenkamm *m* 1. ORN crête *f* de coq 2. (*Frisur*) crête *f* [d'un punk], [coiffure *f* à l']iroquois *m*; [*Säugling*] houppe *f*, toupet *m* **Hahnenkampf** *m* combat *m* de coqs **Hahnenschrei** *m* ► **beim [*o* mit dem] ersten ~** au premier chant du coq **Hahnentrittmuster** *nt* pied-de-poule *m*

Hahnium <-s> *nt* ∅ CHEM hahnium *m*

Hahnrei <-s, -e> *m veraltet* cocu *m fam*
► **jd macht jdn zum ~** qn fait qn cocu *fam*, qn cocufie qn *fam*

Hai <-[e]s, -e> *m* requin *m*

-hai *m pej* requin du/de la *m*

Haifisch *m* requin *m*

Haifischflossensuppe *f* soupe *f* aux ailerons de requin

Hain <-[e]s, -e> *m poet* bosquet *m*, boqueteau *m*
► **ein heiliger ~** un bois sacré

Hainbuche *f* charme *m*

Häkchen *nt dim von* **Haken** 1. (*kleiner Haken*) crochet *m*
2. (*v-förmiges Zeichen*) coche *f*; ***hinter jedem Namen in der Liste machte er ein ~*** il cochait chaque nom sur la liste
► **was ein ~ werden will, krümmt sich beizeiten** *prov* certains mauvais penchants se manifestent de bonne heure

Häkelarbeit *f* 1. (*das Häkeln*) crochet *m* 2. (*Gegenstand*) ouvrage *m* au crochet **Häkelgarn** *nt* fil *m* à crocheter

häkeln I. *vi* ■ **jd häkelt** qn fait du crochet; ***~de Frauen*** des femmes qui font du crochet; ■ **das H~** le crochet; ***störe mich nicht beim H~*** ne me dérange pas quand je fais du crochet
II. *vt* ■ **jd häkelt etw** qn fait qc au crochet

Häkelnadel *f* crochet *m*

haken I. *vi* ■ **etw hakt [irgendwo]** qc est accroché(e) [quelque part]; ***der Schlüssel hakt im Schloss*** la clé se coince dans la serrure
II. *vi impers fam* ■ **es hakt [bei jdm]** il y a quelque chose qui cloche [chez qn]
III. *vt* ■ **jd hakt etw an etw** (*akk*)/**auf etw** (*akk*)/**in etw** (*akk*) qn accroche qc à/sur/dans qc

Haken <-s, -> *m* 1. (*Halterung*) [clou *m* à] crochet *m*, piton *m*; (*für Handtücher*) crochet *m*; (*Kleider~*) patère *f*; (*Angel~*) hameçon *m*
2. BOXEN crochet *m*; ***ein linker/rechter ~*** un crochet du gauche/droit
3. (*Zeichen*) coche *f*; ***hinter jedem Namen in der Liste machte er einen ~*** il cochait chaque nom sur la liste
4. *fam* (*Schwierigkeit*) hic *m fam*, os *m fam*
► **ohne ~ und Ösen** *fam* sans la moindre embrouille *fam*; **mit/ohne ~ und Ösen** *fam*: ***das ist eine vertrackte Angelegenheit mit einigen ~ und Ösen*** c'est une affaire embrouillée, un vrai sac de nœuds *fam*; **etw hat einen ~** *fam* il y a quelque chose qui cloche [dans qc] *fam*; ***manche Sachen haben einen verborgenen ~*** certaines choses ont un défaut caché; **ein Hase schlägt einen ~** un lièvre fait un crochet; **jd schlägt ~** qn effectue des volte-face

hakenförmig *adj Draht, Zeichen* en forme de crochet; *Dorn* recourbé(e); *Nase* crochu(e), en bec d'aigle **Hakenkreuz** *nt* NS croix *f* gammée **Hakennase** *f* nez *m* crochu [*o* en bec d'aigle]

Halali <-s, -[s]> *nt* hallali *m*; ***jd bläst das ~*** qn sonne l'hallali

halb I. *adj* 1. (*die Hälfte von etw*) la moitié de ...; *Käse, Wurst, Brot, Gehalt, Lehrauftrag, Stundenzahl* demi-; ■ **der/die/das ~e ...** *Glas, Flasche, Dose, Seite* la moitié du/de la ...; ■ **ein ~er/eine ~e/ein ~es ...** *Glas, Flasche, Dose, Seite* un demi/une demie ...; ***das ~e Buch*** la moitié du livre; ***mit ~er Geschwindigkeit kommen wir auch ans Ziel*** en roulant deux fois plus lentement, nous arriverons aussi à destination; ***seine Frau arbeitet ~e Tage*** sa femme travaille par demi-journées [*o* à mi-temps]; ■ **die ~en ...** la moitié des ...
2. *inv* (*halbe Stunde*) ■ **~ ...** ... et demie; ***~ sieben*** six heures et demie; ***gleich ist es ~*** il va être la demie; ■ **... nach/vor ~** après/avant la demie; ***es ist schon nach ~*** il est déjà la demie passé; ***es ist erst drei vor ~*** il est vingt-sept; ***um fünf nach ~*** à moins vingt-cinq
3. *inv, kein art* (*ein Großteil von*) ■ **~ ...** *Köln, Deutschland etc* ■ **der/die/das ~e ...** la moitié du/de la ...
4. *fam* (*fast schon ein*) ■ **ein ~er/eine ~e/ein ~es/~e ...** à moitié ... *fam*, quasiment un/une/des ... *fam*; ***ein ~er Arzt*** à moitié médecin
5. (*halbherzig*) *Maßnahmen, Reformen, Schritte* demi-; *Demokratie* semi-
► **nichts H~es und nichts Ganzes** *fam* ni fait ni à faire, rien que du bricolage *fam*
II. *adv* 1. + *vb* (*zur Hälfte*) à moitié; ***nur ~*** ne ... qu'à moitié
2. + *adj* (*halbwegs*) à moitié *antéposé*
3. (*nur teilweise*) ■ **nur ~** *verstehen, interessieren, berichten, informieren* ne ... qu'à moitié; *hinhören, zuhören a.* ne ... que d'une oreille
► **jd macht etw nur ~** qn ne fait qc qu'à moitié; **jd macht [mit jdm] ~ und ~** qn fait [*o* partage] moitié-moitié [*o* fifty-fifty *fam*] [avec qn]; **[jd/etw ist] ~ so ...** [qn/qc est] loin d'être ...; **[jd/etw ist] nicht ~ so ... wie** [qn/qc est] loin d'être aussi ... que; **[jd/etw ist] ~ so ... wie:** ***er ist ~ so intelligent wie sie*** il est deux fois moins intelligent qu'elle; **[*das ist nur*] ~ so schlimm** ce n'est pas grave; ~ **so viel** (*nur die Hälfte*) moitié moins; ~ **und ~** *fam* (*leidlich*) moitié-moitié *fam*, couci-couça *fam*; ~ ..., ~ ... moitié ..., moitié ...; + *vb* en partie ..., en partie ...; ~ ***lachend,*** ~ ***weinend*** moitié riant, moitié pleurant; mi-riant, mi-pleurant

Halbaffe *m* 1. ZOOL prosimiens *mpl* 2. *pej sl* (*Schimpfwort*) tête *f* de con *vulg* **halbamtlich** *adj* 1. (*offiziös*) semi-officiel(le) 2. CH (*halbzeitlich*) à

mi-temps **Halbbildung** *f pej* culture *f* superficielle [*o* au rabais *péj*]
halbbitter *adj Geschmacksrichtung* semi-amer(-ère); *Schokolade* fondant(e) **Halbblut** *nt ∅* **1.** (*Mischling*) métis(se) *m(f)* **2.** (*Pferd*) demi-sang *m* **Halbbruder** *m* demi-frère *m;* (*väterlicherseits a.*) frère *m* consanguin; (*mütterlicherseits a.*) frère *m* utérin **Halbdunkel** *nt* pénombre *f,* demi-obscurité *f* **Halbedelstein** *m* pierre *f* fine [*o* semi-précieuse]
halbe-halbe *adv* ▶ **jd macht mit jdm** ~ *fam* qn fait [*o* partage] moitié-moitié [*o* fifty-fifty *fam*] avec qn; **sie machen** ~ *fam* ils/elles font [*o* partagent] moitié-moitié [*o* fifty-fifty] *fam*
halber *präp + gen, nachgestellt geh* ■ **des/der** ... ~ *der Ordnung, Sicherheit* par souci de ... + *subst sans art; der Vorsicht a.* par mesure de ... + *subst sans art;* ***der Pflicht*** ~ par souci du devoir; ***der/meiner Gesundheit*** ~ pour raison de santé; ***des lieben Friedens*** ~ pour avoir la paix
halberwachsen [-ks-] *adj attr* adolescent(e) **Halbfabrikat** *nt* demi-produit *m,* semi-produit *m* **halbfertig** *s.* **fertig I.▶. halbfest** *s.* **fest I.▶. halbfett I.** *adj* **1.** *Schrift* [de]mi-gras(se) **2.** GASTR demi-gras(se), allégé(e) **II.** *adv* TYP en demi-gras **Halbfinale** *nt* demi-finale *f* **halbgebildet** *adj attr pej* avec une culture/formation au rabais **Halbgeschwister** *pl:* ***sie sind*** ~ ils/elles sont enfants de deux lits; ***das sind meine*** ~ ce sont mes demi-frère(s) et sœur(s) **Halbgott** *m,* **-göttin** *f* demi-dieu/demi-déesse *m/f*
Halbheiten *pl pej* demi-mesures *fpl péj*
halbherzig I. *adj Antwort, Zustimmung* du bout des lèvres; *Reform* timide **II.** *adv* sans conviction; *antworten, zustimmen a.* du bout des lèvres
Halbherzigkeit <-, -en> *f* timidité *f,* frilosité *f*
halbieren * **I.** *vt* **1.** (*in zwei Teile teilen*) ■ **jd/etw halbiert etw** qn/qc partage qc en deux; (*schneiden*) qn/qc coupe qc en deux
2. (*um die Hälfte vermindern*) ■ **jd/etw halbiert etw** qn/qc réduit qc de moitié
II. *vr* ■ **etw halbiert sich** qc diminue de moitié
Halbierung <-, -en> *f* diminution *f* de moitié; (*absichtlich herbeigeführt*) réduction *f* de moitié; ***eine*** ~ ***des industriellen Wachstums würde eine*** ~ ***der Umweltverschmutzung bedeuten*** une réduction de moitié de la croissance industrielle aurait pour résultat une diminution de moitié de la pollution
Halbinsel *f* presqu'île *f;* (*groß*) péninsule *f* **Halbjahr** *nt* semestre *m*
halbjährig *adj attr* **1.** (*ein halbes Jahr dauernd*) d'une durée de six mois
2. (*ein halbes Jahr alt*) âgé(e) de six mois
halbjährlich I. *adj* semestriel(le)
II. *adv* semestriellement, tous les six mois
Halbjude *m,* **-jüdin** *f* demi-juif(-ive) *m(f)* ▶ **jd ist** ~/~**jüdin** qn est demi-juif/demi-juive **Halbkanton** *m* CH demi-canton *m* **Halbkreis** *m* demi-cercle *m,* hémicycle *m* ▶ **im** ~ en demi-cercle **Halbkugel** *f* hémisphère *m,* demi-sphère *f* ▶ **nördliche/südliche** ~ hémisphère nord [*o* boréal]/sud [*o* austral] **halblang** *adj* mi-long(-longue) ▶ **[nun] mach mal** ~! *fam* tu pousses un peu! *fam* **halblaut I.** *adj* [prononcé(e)] à mi-voix; ***mit*** ~***er Stimme*** à mi-voix **II.** *adv* à mi-voix **Halblederband** *m* volume *m* [à] demi-reliure **Halbleinenband** *m* volume *m* à demi-reliure toile **Halbleiter** *m* semi-conducteur *m* **halblinks** *s.* **links ▶. halbmast** *adv* ▶ **auf** ~ en berne **Halbmesser** <-s, -> *m s.* **Radius. Halbmetall** *nt* nonmétal *m,* métalloïde *m*
Halbmond *m* **1.** (*Mond*) demi-lune *f*
2. (*Symbol*) croissant *m*
▶ **der Rote** ~ le Croissant-Rouge; **wir haben** ~ c'est la demi-lune
halbmondförmig *adj* en demi-lune
halbnackt *s.* **nackt I.▶, II.▶. halboffen** *s.* **offen I.▶**
halbpart *adv* ▶ **jd macht mit jdm** ~ *fam* qn fait fifty-fifty avec qn *fam;* **sie machen** ~ *fam* ils/elles font fifty-fifty *fam*
Halbpension [-pãzio:n, -paŋzio:n, -pɛnzio:n, -sio:n] *f* demi-pension *f*
halbrechts *s.* **rechts I.▶. Halbschatten** *m* pénombre *f,* clair-obscur *m;* ***ich setze mich lieber in den*** ~ ***unter die Birke*** je préfère m'asseoir sous l'ombrage du bouleau **Halbschlaf** *m* demi-sommeil *m,* somnolence *f* ▶ **[jd ist] im** ~ (*schläft schon/noch fast*) [qn est] à moitié endormi(e); ***im*** ~ ***hörte ich ein Telefon klingeln*** dans un demi-sommeil, j'entendis un téléphone sonner **Halbschuh** *m* chaussure *f* basse **Halbschwergewicht** *nt* **1.** *∅* (*Gewichtsklasse*) poids *m* mi-lourd; ***er boxt schon im*** ~ il boxe chez les mi-lourds [*o* en catégorie mi-lourd] **2.** (*Sportler*) mi-lourd *m* **Halbschwergewichtler(in)** *m(f)* mi-lourd(e) *m(f)* **Halbschwester** *f* demi-sœur *f;* (*väterlicherseits a.*) sœur *f* consanguine; (*mütterlicherseits a.*) sœur *f* utérine
halbseitig I. *adj* **1.** MEDIA d'une demi-page
2. MED: ~***e Lähmung*** hémiplégie *f*
II. *adv* **1.** MEDIA sur une demi-page
2. MED: ***links/rechts*** ~ ***gelähmt*** paralysé(e) du côté gauche/droit; ~ ***gelähmt*** hémiplégique
Halbstarke(r) *f(m) decl wie adj veraltend fam* loubard(e) *m(f) fam;* (*in den 60er Jahren*) blouson *m* noir *vieilli* **Halbstock** *m* AUS (*Zwischengeschoss*) mezzanine *f*
halbstündig *adj attr* d'une demi-heure
halbstündlich I. *adj* toutes les demi-heures; ***in*** ~***en Intervallen*** toutes les demi-heures **II.** *adv* toutes les demi-heures **Halbstürmer(in)** *m(f)* milieu *m* de terrain, demi-centre *m* **halbtags** *adv* à mi-temps **Halbtagsarbeit** *f* **1.** *∅* (*Arbeit an halben Tagen*) travail *m* à mi-temps **2.** (*Halbtagsbeschäftigung*) emploi *m* à mi-temps **Halbtagsbeschäftigung** *f* emploi *m* à mi-temps **Halbtagskraft** *f* salarié(e) *m(f)* à mi-temps **halbtot** *s.* **tot ▶. Halbvokal** [-vo-] *m* semi-voyelle *f,* semi-consonne *f* **halbvoll** *s.* **voll I.1. halbwach** *s.* **wach ▶. Halbwahrheit** *f* vérité *f* partielle, demi-vérité *f* **Halbwaise** *f* orphelin(e) *m(f)* [de père/mère] ▶ **jd ist** ~ qn est orphelin(e)
halbwegs *adv* **1.** (*einigermaßen*) à peu près
2. (*nahezu*) pratiquement
Halbwelt *f ∅* demi-monde *m* **Halbwert[s]zeit** *f* période *f* d'un élément radioactif, demi-vie *f* **Halbwissen** *nt pej* semblant *m* de savoir
halbwüchsig *adj* adolescent(e)
Halbzeit *f* mi-temps *f*
Halde <-, -n> *f* **1.** (*Müll~*) montagne *f* d'ordures
2. (*Kohle~*) dépôt *m* de charbon; (*Abraum~*) crassier *m,* terril *m*
3. (*unerwünschte Menge*) stock *m* d'invendus
4. SDEUTSCH (*Hang*) coteau *m,* versant *m*
▶ **jd fertigt** [*o* **produziert**] **etw auf** ~ qn réalise des surstocks de qc; **jd legt** [*o* **lagert**] **etw auf** ~ qn met qc en réserve, qn stocke qc
half *imp von* **helfen**
Hälfte <-, -n> *f* moitié *f;* ***er zerteilte die Frucht in zwei*** ~***n*** il coupa le fruit en deux; ***Kinder unter 14 Jahren zahlen die*** ~ les enfants de moins de 14 ans paient moitié prix [*o* demi-tarif]; ***die eine*** ~ l'une des moitiés
▶ **jds bessere** ~ *hum fam* (*Frau*) sa moitié *f fam;* (*Mann*) son cher mari *m;* **die erste/zweite** ~ **einer S.** (*gen*) *eines Jahrhunderts, Jahres* la première/deuxième [*o* seconde] moitié de qc; *eines Monats a.* la première/la deuxième quinzaine; **die kleinere/größere** ~ la plus petite/grosse moitié; **die vordere/hintere** ~ la première/la deuxième moitié; [*Schädel, Gebäude*] la partie antérieure/postérieure; **jd kann** [*o* **muss**] **[von etw] die** ~ **abstreichen** *fam* [dans qc] qn peut en oublier la moitié; **um die** ~ *kleiner* deux fois; *größer* une fois et demie; *anheben, steigen, vermindern* de moitié; ***das ist um die*** ~ ***zu viel*** c'est 50 % trop cher; ***um die*** ~ ***mehr/weniger*** 50 % de plus/50 % de moins [*o* deux fois moins]; **zur** ~ à moitié *antéposé;* ***die Beiträge werden je zur*** ~ ***vom Arbeitgeber und Arbeitnehmer bezahlt*** les cotisations sont payées pour moitié par l'employeur, pour moitié par le salarié
Halfter¹ <-s, -> *m o nt* (*Kopfgeschirr*) licol *m,* licou *m*
Halfter² <-, -n> *f,* <-s, -> *nt* (*Holster*) gaine *f* [de revolver]
Hall <-[e]s, -e> *m* **1.** (*Schall*) résonance *f;* ***der*** ~ ***von Geräuschen ist in unmöblierten Zimmern besonders groß*** la résonance est particulièrement grande dans les pièces non meublées, les pièces non meublées résonnent beaucoup; ***man hörte den*** ~ ***sich entfernender Schritte*** on entendit résonner des pas qui s'éloignaient
2. (*Wider~*) écho *m;* [*Echo*] son *m*
Halle <-, -n> *f* **1.** (*Ankunfts~*) hall *m*
2. (*Werks~*) atelier *m*
3. (*Ausstellungs~, Messe~*) hall *m,* pavillon *m*
4. (*Hangar*) hangar *m* [à avions]
5. (*Sport~*) salle *f* [de sport]; (*zum Turnen a.*) gymnase *m;* (*Tennis~*) tennis *m* couvert
6. (*großer Saal*) [grande] salle *f*
▶ **in diesen heiligen** ~**n** *iron* dans ces hauts lieux; **in der** ~ SPORT en salle
halleluja[h] *interj* **1.** REL alléluia
2. *fam* (*ein Glück*) hourra
hallen *vi* ■ **etw hallt [durch/über etw** (*akk*)**]** qc résonne [*o* retentit] [à travers/sur qc]
Hallen- SPORT en salle; ~***tennis*** tennis *m* en salle [*o* [sur court] couvert]
Hallenbad *nt* piscine *f* couverte
Hallig <-, -en> *f île plate du Schleswig-Holstein recouverte en partie ou en totalité par la mer lors des grosses marées*
Hallimasch <-[e]s, -e> *m* armillaire *m*
hallo *interj* **1.** (*zur Begrüßung*) salut
2. (*überrascht*) tiens
3. (*um Aufmerksamkeit zu erregen*) hé
4. TELEC allo, allô
Hallo <-s, -s> *nt* salut *m*
Hallodri <-[s], -[s]> *m* AUS, SDEUTSCH *fam* joyeux [*o* gai] luron *m fam*
Halluzination *f* hallucination *f*
▶ **jd hat** ~**en** qn a des hallucinations; **jd leidet [wohl] an** ~**en** *iron fam* qn a la berlue *fam*
halluzinogen *adj* hallucinogène
Halluzinogen <-s, -e> *nt* hallucinogène *m*
Halm <-[e]s, -e> *m* **1.** tige *f;* [*Getreide a.*] chaume *m;* [*Gras*] brin *m*
2. (*Trink~*) paille *f*
▶ **auf dem** ~ sur pied
Halo <-[s], -s *o* Halonen> *m* halo *m*
Halogen <-s, -e> *nt* halogène *m*
Halogenbirne *f* ampoule *f* halogène **Halogenlampe** *nt* lampe *f* [à] halogène, halogène *m* **Halogenscheinwerfer** *m* phare *m* halogène
Hals <-es, Hälse> *m* **1.** ANAT (*außen*) cou *m;* (*innen*) gorge *f;* ***mir steckt eine Gräte im*** ~ j'ai une arête coincée dans la gorge [*o* le gosier]
2. [*Flasche*] col *m,* goulot *m;* [*Geige*] manche *m;* [*Säule*] gorgerin *m*
3. [*Knochen, Gebärmutter*] col *m*
▶ ~ **über Kopf** précipitamment, en quatrième vitesse *fam;* **jd bekommt etw in den falschen** ~ *fam* (*verschluckt sich*) qn avale qc de travers; (*missversteht etw*) qn comprend qc de travers; **jd macht einen langen** ~ *fam* qn allonge le cou; **aus vollem** ~**[e]** *lachen* à gorge déployée; *schreien* à pleins poumons; **jd kann den** ~ **nicht voll [genug] kriegen** *fam* qn en veut toujours plus, qn est insatiable; **jd bleibt jdm mit etw vom** ~ *fam* qn ne casse pas les pieds à qn avec qc *fam,* qn fiche la paix à qn avec qc *fam;* **etw bleibt jdm im** ~ **stecken** qc lui reste coincé(e) dans la gorge; **jd bricht sich** (*dat*) **den** ~ *fam* qn se casse le cou; **jd dreht einem Tier den** ~ **um** qn tord le cou à un animal; **jd fällt jdm um den** ~ qn saute au cou de qn; **jd hängt etw zum** ~ **heraus** *fam* qn en a ras le bol [*o* a soupé] de qc *fam;* **jd hat jdn auf dem** [*o* **am**] ~ *fam* qn a qn sur le dos *fam;* **jd hat es im** ~ *fam* qn a la gorge prise, qn a quelque chose à la gorge; **etw kostet jdn** [*o* **jdm**] [*o* **bricht jdm**] **den** ~ *fam* qc perd qn; ***das bricht ihm den*** ~ c'est ça qui va le perdre,

ça va être sa perte; **jd lädt jdm/sich etw auf den** ~ *fam* qn colle à qn/se colle qc sur le dos *fam;* **jd reckt den** ~ qn allonge le cou; **jd schafft sich/jdm jdn vom** ~ *fam* qn se dépêtre de qn/qn débarrasse qn de qn; **jd schickt** [*o* **hetzt**] **jdm jdn auf den** ~ *fam* qn lui colle qn sur le dos *fam;* **jd verrenkt sich** (*dat*) **nach jdm/etw den** ~ *fam* qn se tord le cou pour [apercevoir qn/qc *fam;* **jd wirft** [*o* **schmeißt**] **sich jdm an den** ~ *pej fam* qn se jette à la tête de qn *fam;* **jd wünscht jdm etw an den** ~ *fam* qn souhaite à qn de se retrouver avec qc sur le dos *fam;* **bis über den** ~ *fam* jusqu'au cou

Halsabschneider(in) <-s, -> *m(f) pej fam* vautour *m* **Halsausschnitt** *m* col *m*, encolure *f* **Halsband** <-bänder> *nt* **1.** (*Band für Haustiere*) collier *m* **2.** (*Band mit Anhänger*) ruban *m* [de velours]

halsbrecherisch I. *adj Tempo* fou(folle); *Aktion, Fahrt, Kletterpartie* casse-cou, très périlleux(-euse); ***in ~em Tempo*** à une vitesse folle, à tombeau ouvert; ***ein ~es Unternehmen*** une opération casse-cou [*o* suicidaire]

II. *adv herumturnen, klettern* au risque de se casser le cou; ***er fuhr ~ schnell*** il roulait à une vitesse folle, il fonçait comme un fou; ***er fuhr ~ rasant die Piste runter*** il descendit la piste à une vitesse fulgurante [*o* à tombeau ouvert]; ~ ***wild*** à une vitesse effrénée [*o* vertigineuse]

Halsbund <-bunde> *m*, **Halsbündchen** *nt* bordure *f* d'encolure **Halsentzündung** *f* inflammation *f* de la gorge **Halskette** *f* chaîne *f* [de cou]; (*mit Steinen*) collier *m* **Halskrause** *f* **1.** COUT collerette *f*, fraise *f* **2.** MED minerve *f* **3.** ORN collerette *f* **Hals-Nasen-Ohren-Arzt** *m*, **-Ärztin** *f* oto-rhino[-laryngologiste] *mf* **Halsschlagader** *f* [artère *f*] carotide *f* **Halsschmerzen** *pl* mal *m* de gorge; ***ich habe*** ~ j'ai mal à la gorge; ***er hat oft*** ~ il a souvent des maux de gorge

halsstarrig I. *adj pej* entêté(e), buté(e)

II. *adv pej* avec entêtement

Halsstarrigkeit *f pej* entêtement *m*

Halstuch *nt* foulard *m* **Hals- und Beinbruch** *interj* bonne chance **Halsweh** *nt s.* **Halsschmerzen. Halsweite** *f* encolure *f*, tour *m* de cou **Halswirbel** *m* vertèbre *f* cervicale

halt¹ *interj* (*stop*) halte[-là], stop

halt² *adv* DIAL (*eben*) ma foi; ***ja dann gehe ich*** ~ bon, eh bien ma foi, je m'en vais

Halt <-[e]s, -e> *m* **1.** (*Stütze*) appui *m*, support *m;* (*am Boden*) assise *f;* (*beim Bergsteigen, Klettern*) prise *f;* ***das ist als ~ gedacht*** c'est fait pour se [re]tenir; ***sie griff nach irgendeinem*** ~ elle chercha à se cramponner [à quelque chose]

2. (*inneres Gleichgewicht*) équilibre *m* [moral/psychologique], repères *mpl*

3. (*Stopp*) arrêt *m*

▶ **etw gibt jdm/einer S.** ~ qc donne à qn son équilibre/qc soutient qc; ***dieser Haarspray gibt Ihrem Haar*** ~ cette laque donne du maintien [*o* de la tenue] à vos cheveux; **jd hat an jdm ~/keinen** ~ qn peut/ne peut pas s'appuyer sur qn; **etw hat keinen** ~ */Regal, Schrank/* qc n'est pas en équilibre; **jd macht** ~ qn s'arrête; **jd macht vor nichts** ~ qn ne recule devant rien; **jd/etw macht vor niemandem** ~ qn/qc n'épargne personne; **jd verliert den** ~ qn perd l'équilibre; **ohne** ~ sans s'arrêter

hält *3. pers pres von* **halten**

haltbar *adj* **1.** *Lebensmittel* de longue conservation, non périssable; *Konserve* conserve durable; ■ **etw ist** ~ */Konserve/* qc se garde; */Lebensmittel a./* qc se conserve

2. (*widerstandsfähig*) résistant(e), solide; ■ **etw ist** ~ qc fait de l'usage *fam;* */Leder/* qc résiste; ***etw ist lange*** ~ qc dure longtemps

3. (*aufrechtzuerhalten*) *Behauptung, Theorie, Vorwurf* qui tient; ***diese Theorie ist nicht länger*** [*o* ***mehr***] ~ cette théorie ne tient plus

▶ **nur begrenzt** ~ à durée de conservation limitée; **jd macht etw** ~ qn conserve qc

Haltbarkeit <-, *rare* -en> *f* **1.** [*Konserve, Lebensmittel*] durée *f* de conservation; ***Lebensmittel von kurzer*** ~ les denrées périssables

2. (*Widerstandsfähigkeit*) solidité *f*, résistance *f;* ***Gummisohlen haben eine längere ~ als Ledersohlen*** les semelles en caoutchouc durent plus longtemps que les semelles de cuir; ***Ziegeldächer haben eine durchschnittliche ~ von 40 Jahren*** les toits de tuiles durent 40 ans en moyenne

Haltbarkeitsdatum *nt* date *f* limite [de consommation/d'utilisation]

Haltegriff *m* poignée *f* [de maintien]; (*Wannengriff*) barre *f* d'appui

halten <hält, hielt, gehalten> **I.** *vt* **1.** (*fest~*) ■ **jd hält jdn/etw** qn tient qn/qc; ***halt sie, sie wird ohnmächtig*** soutiens-là, elle va s'évanouir; ***ich konnte ihn gerade noch ~, sonst wäre er losgegangen*** je l'ai retenu de justesse, sinon il serait parti

2. (*zum Bleiben veranlassen*) ■ **jd hält jdn** qn retient qn ■ **etw hält jdn irgendwo** qc retient qn quelque part

3. (*strecken*) ■ **jd hält etw irgendwohin/irgendwie** *Arm, Fuß, Bein* qn garde qc quelque part/d'une certaine façon; *Kopf, Rücken* qn tient qc quelque part/d'une certaine façon; ***er hält die Schultern gerade*** il redresse les épaules

4. (*tragen, stützen*) ■ **etw hält etw** */Haken, Mauerhaken/* qc maintient qc; *Brücke* qc soutient [*o* supporte] qc

5. ■ **jd hält etw** *Blähung, Darminhalt, Urin* qn retient qc; ***kannst du es noch fünf Minuten*** ~? est-ce que tu peux te retenir encore cinq minutes?

6. (*zurück~*) ■ **etw hält etw** *Wasser* qc retient qc; *Wärme* qc maintient qc; *Überdruck* qc contient qc

7. SPORT ■ **jd hält etw** qn arrête qc

8. (*unter~*) ■ **jd hält [sich** (*dat*)**] ein Tier** qn élève un animal; ■ **jd hält [sich** (*dat*)**] etw** *Fahrzeug, Flugzeug, Jacht* qn se permet d'avoir qc; ***jd kann sich etw nicht mehr*** ~ qn ne peut plus se permettre d'avoir qc [*o* de conserver qc]

9. (*angestellt haben*) ■ **jd hält [sich** (*dat*)**] jdn** qn attache [*o* prend] qn à son service

10. (*behandeln*) ■ **jd hält jdn irgendwie** qn traite qn d'une certaine façon; ***er hält seine Kinder sehr streng*** il traite ses enfants très sévèrement

11. (*weiter innehaben*) ■ **jd hält etw** *Tabellenplatz, Rekord* qn conserve qc; *Position a.* qn maintient qc

12. MIL ■ **jd hält etw [gegen jdn]** qn tient qc [contre qn]

13. (*aufrechterhalten*) ■ **jd hält etw** *Behauptung, Theorie, These, Vorwurf* qn maintient qc; ***lässt sich ein solcher Vorwurf noch*** ~? est-il possible de maintenir encore un tel reproche?

14. (*in einem Zustand erhalten*) ■ **jd hält etw ...** *sauber, ordentlich* qn tient qc ...

15. (*handhaben*) ■ **jd hält es [mit etw] irgendwie** qn procède d'une certaine façon [en ce qui concerne qc]

16. (*gestalten*) ■ **jd hält etw in etw** (*dat*) qn réalise qc en qc; *in einer Farbe* qn décore qc en qc; ■ **etw ist in etw** (*dat*) **gehalten** la couleur dominante/le matériau dominant de qc est qc

17. (*ab~*) ■ **jd hält etw** *Lichtbildervortrag, Vortrag* qn fait qc; *Ansprache, Rede a.* qn prononce qc

18. (*einhalten*) ■ **jd/etw hält etw** *Versprechen, Zusage* qn tient qc

19. (*meinen*) ■ **jd hält jdn/etw für jdn/etw** qn considère qn/qc comme qn/qc; (*irrtümlich*) qn prend qn/qc pour qn/qc; ***hältst du ihn für den Schuldigen?*** crois-tu qu'il soit coupable?; ***ich hätte Sie für ehrlicher gehalten*** je vous aurais cru plus honnête; ***du hältst mich wohl für blöd?*** tu me prends pour un idiot, ou quoi?; ■ **jd wird für jdn gehalten** qn passe pour qn; (*irrtümlich*) qn est pris(e) pour qn

20. (*denken*) ■ **jd hält etwas/viel/nichts von jdm/etw** qn fait cas/grand cas/aucun cas de qn/qc; ***was hältst du von der neuen Kollegin?*** que penses-tu de la nouvelle collègue?; ***ich halte das Beste von ihr*** je la tiens en haute estime, j'ai une très bonne opinion d'elle; ***von diesem Vorschlag halte ich viel*** je pense beaucoup de bien de cette proposition; ***vom Sparen hält er nicht viel*** [*o* ***nichts***] il se moque [*o* se fiche *fam*] [complètement] de faire des économies

▶ **jd hält Dinge aneinander** qn met des choses l'un(e) à côté de l'autre/les un(e)s à côté des autres, qn met des choses en regard; **jd hält sie auseinander** *Personen, Dinge, Aspekte* qn les distingue; **jd ist nicht zu** ~ on n'arrive pas à [re]tenir qn, qn ne se sent plus *fam;* **jd hält etw und etw gegeneinander** qn met qc et qc en regard; **jd hält Dinge gegeneinander** qn met des choses en regard; **das kannst du ~, wie du willst** tu fais comme tu veux; **jd hält auf sich** (*akk*) qn se surveille; **jd hält etwas/viel davon etw zu tun** qn trouve bien/très bien de faire qc; **jd hält nichts davon etw zu tun** qn n'est pas d'avis de faire qc [*o* qu'il faille faire qc]; ***was hieltest du davon, wenn wir ins Restaurant gehen würden?*** que dirais-tu d'aller au restaurant avec moi?; **jd hält es [mehr** [*o* **lieber**] [*o* **eher**]**] mit jdm/etw** qn a des sympathies pour qn/qn préfère qc; **wofür ~ Sie mich?** pour qui me prenez-vous?; *s. a.* **gehalten**

II. *vi* **1.** (*fest~*) ■ **jd hält** qn tient; ***kannst du mal 'n Moment*** ~? tu peux tenir ça une minute?

2. (*haltbar sein*) ■ **etw hält** */Konserve/* qc se garde; */Lebensmittel a./* qc se conserve

3. (*stehen bleiben*) ■ **jd/etw hält [irgendwo]** qn/qc s'arrête [quelque part]

4. SPORT ■ **jd hält** qn arrête la balle/le ballon/les balles

5. (*zielen*) ■ **jd hält irgendwohin/mit etw irgendwohin** qn vise quelque part/dirige qc quelque part; ***die Artillerie hielt auf die feindlichen Stellungen*** l'artillerie était dirigée contre [*o* était pointée sur] les positions ennemies

6. (*achten*) ■ **jd hält auf etw** (*akk*) qn tient à qc, qn est à cheval sur qc *fam*

7. (*stehen zu*) ■ **jd hält zu jdm** qn prend le parti de qn

▶ **jd bringt etw zum H~** qn arrête [*o* stoppe] qc; **jd hält an sich** (*akk*) (*beherrscht sich*) qn se contient, qn se retient; **halt mal, ...** attends [voir *fam*]

III. *vr* **1.** (*sich festhalten*) ■ **jd hält sich an etw** (*dat*) qn se tient à qc

2. (*nicht verderben*) ■ **etw hält sich** qc se garde, qc se conserve

3. METEO ■ **etw hält sich** qc se maintient; */Schnee/* qc tient

4. (*eine Richtung beibehalten*) ■ **jd hält sich irgendwo/nach ...** qn se maintient quelque part/qn maintient le cap vers ...

5. (*sich richten nach*) ■ **jd hält sich an jdn/etw** (*akk*) qn s'en tient à qn/qc; (*nachmachen*) qn suit qn/qc

6. (*haften*) ■ **etw hält sich** */Duft, Parfüm, Gestank/* qc persiste; */Gas, Giftstoff/* qc se maintient; ***der Duft hält sich nur kurze Zeit*** le parfum ne tient que peu de temps

7. (*sich behaupten*) ■ **jd hält sich [noch] [mit etw]** */Anwalt, Staatsanwalt, Politiker, Regierung/* qn tient [bon] [avec qc]; */Armee, Verteidiger, Truppen/* qn se maintient

8. (*eine bestimmte Haltung haben*) ■ **jd hält sich ...** *gerade, aufrecht* qn se tient ...

9. (*sich wenden an*) ■ **jd hält sich an jdn** qn s'adresse à qn

10. (*bleiben bei*) ■ **jd hält sich an etw** (*akk*) qn s'en tient à qc

11. (*meinen zu sein*) ■ **jd hält sich für jdn/etw** qn se considère comme qn/qc; */Irrer/* qn se prend pour qn; + *adj* qn se croit ... + *adj*

▶ **jd hat sich gut gehalten** *fam* qn est bien conservé(e) *fam;* **jd hält sich gut/besser** qn se comporte bien/mieux; **jd kann sich nicht** ~ qn ne peut pas se retenir

Haltepunkt *m* arrêt *m* facultatif

Halter <-s, -> *m* (*Halterung*) support *m;* (*für Toilettenpapier*) distributeur *m;* (*Kerzen~*) porte-bougie *m*

Halter(in) <-s, -> *m(f)* **1.** [*Fahrzeug*] utilisateur habituel/utilisatrice habituelle *m/f;* (*Versicherter*) assuré(e) *m(f)*

2. [*Haustier*] propriétaire *mf*

Halterung <-, -en> *f* support *m*

Haltestelle *f* arrêt *m;* [*S-Bahn, Straßenbahn, Metro a.*] station *f* **Halteverbot** *nt* ∅ interdiction *f* de s'arrêter; ***hier besteht grundsätzlich*** ~ il est formellement interdit de s'arrêter ici ▶ **absolutes** [*o* **uneingeschränktes**] ~ arrêt *m* interdit; **eingeschränktes** ~ stationnement *m* interdit; **hier ist** ~ il est interdit de s'arrêter à cet endroit; **jd parkt/steht/hält im** ~ qn se gare/est garé(e)/s'arrête en stationnement et arrêt interdit; ***ein im ~ parkendes Auto*** une voiture en stationnement et arrêt interdit **Halteverbot[s]schild** *nt* panneau *m* d'arrêt et de stationnement interdit

-haltig contenant …; ***etw ist …haltig*** qc contient …; ***Mineralwasser ist eisen~*** l'eau minérale contient du fer; ***blei~*** plombifère; ***säure~*** acide; ***vitamin~*** vitaminé(e)

haltlos *adj* **1.** *Mensch, Charakter* instable, faible
2. (*unbegründet*) injustifié(e), sans fondement

Haltlosigkeit <-> *f* Ø **1.** [*Mensch, Charakter*] instabilité *f*, inconsistance *f*
2. (*Unbegründetheit*) inconsistance *f*, manque *m* de fondement

halt|machen *s.* **Halt** ►

Haltung[1] <-, -en> *f* **1.** (*Körper~*) position *f*; *gerade, krumme* posture *f*; *drohende, lässige* attitude *f*; SPORT tenue *f*; ***stramme*** ~ garde-à-vous *m*; ***jd steht in geduckter*** ~ qn se tient courbé(e)
2. (*Einstellung*) position *f*; ***wie ist Ihre ~ zu diesem Punkt/dieser Frage?*** quel est votre avis sur ce point/cette question?
3. Ø (*Verhalten*) comportement *m*, attitude *f*
► **jd bewahrt** [**die**] ~ qn garde [*o* ne perd pas] contenance; **jd nimmt** ~ **an** qn se met au garde-à-vous

Haltung[2] <-> *f* Ø (*das Halten*) [*Tiere*] garde *f*; [*Vieh*] élevage *m*

Haltungsfehler *m* malformation *f* du squelette **Haltungsschaden** *m* déformation *f* du squelette, vice *m* d'attitude

Halunke <-n, -n> *m* **1.** *pej* (*Gauner*) voyou *m*, fripouille *f fam*
2. *hum* (*Schlingel*) coquin *m*, canaille *f*

Hämatom <-s, -e> *nt* hématome *m*

Hamburg <-s> *nt* Hambourg

Hamburger[1] <-s, -> *m* GASTR hamburger *m*

Hamburger[2] *adj attr* de Hambourg, hambourgeois(e)

Hamburger(in) <-s, -> *m(f)* Hambourgeois(e) *m(f)*, habitant(e) *m(f)* de Hambourg

hamburgisch *adj* de Hambourg

Häme <-> *f* Ø *geh* hargne *f*

hämisch **I.** *adj Bemerkung, Blick* hargneux(-euse); *Grinsen* sardonique
II. *adv bemerken* hargneusement; *grinsen, sich freuen* sardoniquement

Hammel <-s, - *o rare* ¨-> *m* **1.** ZOOL, GASTR mouton *m*
2. *pej* (*Dummkopf*) imbécile *m*

Hammelbeine *pl* ► **jd zieht einem Menschen die** ~ **lang** *fam* qn tire les oreilles à qn *fam*, qn lui secoue les puces *fam*; **jd kriegt** [*o* **nimmt**] **jdn bei den** ~**n** *fam* qn lui sonne les cloches *fam* **Hammelbraten** *m* rôti *m* de mouton **Hammelfleisch** *nt* [viande *f* de] mouton *m* **Hammelkeule** *f* gigot *m* de mouton **Hammelsprung** *m* vote *m* par portes séparées

Hammer <-s, ¨-> *m* **1.** TECH, SPORT, ANAT, MUS marteau *m*
2. *sl* (*schwerer Fehler*) bourde *f fam*, connerie *f pop*
► ~ **und Sichel** le marteau et la faucille; **du hast einen** ~! *sl* ça va pas, la tête! *fam*, t'es [complètement] marteau *fam*; **das ist ein** ~! *sl* (*großartig!*) [c'est] génial! *fam*, [c'est] géant! *fam*; **das ist der** ~ *sl* (*unerhört*) ça, c'est le comble [*o* la meilleure], c'est incroyable!; **etw ist ein** ~ *sl* (*unerhört*) qc est un coup vache [*o* une vacherie] *fam*; /*Brief*/ qc est vache *fam*; **etw kommt unter den** ~ *fam* qc est vendu(e) [*o* mis(e)] aux enchères

Hämmerchen <-s, -> *nt dim von* **Hammer** petit marteau *m*

hämmern **I.** *vi* **1.** (*mit dem Hammer*) ■ **jd hämmert** qn donne des coups de marteau, qn travaille avec le marteau; ■ **das H~** le martèlement
2. (*schlagen*) ■ **jd hämmert** [**auf/gegen etw** (*akk*)] qn martèle [*o* tape] [sur/contre qc]; ***jd hämmert gegen die Wand/Tür*** qn tambourine contre le mur/la porte
3. (*wie Hammerschläge ertönen*) ■ **es hämmert** qc résonne comme des coups de marteau
4. *fam* (*auf dem Klavier spielen*) ■ **jd hämmert auf etw** (*dat*) qn joue de qc
5. (*rasch pulsieren*) ■ **etw hämmert** /*Puls, Herz*/ qc bat très fort
II. *vt* ■ **jd hämmert etw** qn façonne qc au marteau, qn martèle qc

Hammerschlag *m* coup *m* de marteau **Hammerstiel** *m* manche *m* de/du marteau **Hammerwerfen** <-s> *nt* Ø marteau *m*, lancer *m* du marteau **Hammerwerfer(in)** <-s, -> *m(f)* lanceur(-euse) *m(f)* de marteau **Hammerzehe** *f* orteil *m* en marteau

Hammondorgel ['hɛmənd-] *f* orgue *m* [électronique] Hammond

Hämoglobin <-s> *nt* Ø hémoglobine *f*

Hämophilie <-, -n> [-'liːən] *f* hémophilie *f*

Hämorrhoiden, Hämorriden[RR] *pl* hémorroïdes *fpl*
► **jd hat** ~ qn a des hémorroïdes

Hampelmann <-männer> *m* **1.** (*Puppe*) pantin *m*
2. *pej fam* (*Mensch*) pantin *m*
► **jd macht jdn zu einem** ~ *fam*, **jd macht aus jdm einen** ~ *fam* qn fait de qn un pantin [*o* une marionnette]

hampeln *vi fam* ■ **jd hampelt** qn gigote *fam*

Hamster <-s, -> *m* hamster *m*

Hamsterbacken *pl fam* bajoues *fpl*

Hamsterer <-s, -> *m*, **Hamsterin** *f fam* personne *f* qui fait des stocks

Hamsterkäufe *pl* stocks *mpl*, réserves *fpl*
► **jd macht** ~ qn fait des réserves

hamstern *vt, vi* ■ **jd hamstert** [**etw**] qn fait des réserves [de qc], qn achète [qc] en stock, qn fait provision de qc

Hand <-, ¨-e> *f* **1.** ANAT main *f*
2. Ø SPORT main *f*
3. (*Besitz, Obhut*) mains *fpl*
► **mit seiner** ¨**e Arbeit** de ses propres mains; **man konnte die** ~ **nicht vor den Augen sehen** on n'y voyait goutte; **jd befleckt seine** ¨**e mit Blut** *geh* qn a les mains tachées de sang; **jd ballt die** ~ **zur Faust** qn montre le poing; **jd legt für etw seine** [*o* **die**] ~ **ins Feuer** *fam* qn mettrait sa main au feu pour qc; ***dafür würde ich meine ~ ins Feuer legen*** j'en mettrais ma main au feu; **jd legt für jdn seine** [*o* **die**] ~ **ins Feuer** qn se porte garant(e) de qn; **etw hat** ~ **und Fuß** qc tient debout, qc se tient; **etw hat weder** ~ **noch Fuß** qc ne tient pas debout, qc ne se tient pas; **mit** ¨**en und Füßen** *fam* de toutes ses/leurs forces; ~ **aufs Herz!** *fam* franchement!, sincèrement!; **jd schlägt die** ¨**e überm Kopf zusammen** qn lève les bras au ciel; **jd lebt von der** ~ **in den Mund** qn vit au jour le jour; **jd legt die** ¨**e in den Schoß** qn ne fait plus rien; **jd stemmt die** ¨**e in die Seiten** qn met les [*o* ses] poings sur les hanches; **jd hat** [**bei etw**] **die** [*o* **seine**] ¨**e im Spiel** qn trempe dans qc; **jd wäscht seine** ¨**e in Unschuld** qn s'en lave les mains; **jd/ein Tier/etw ist bei jdm in besten** ¨**en** qn/un animal/qc est chez qn en de bonnes mains; **mit der bloßen** ~ à mains nues; **eine** ~/**zwei** ¨**e breit** de la largeur d'une main/de deux mains; **aus erster/zweiter** ~ de première/seconde main; **jd hat etw fest in der** ~ qn a la haute main sur qc; **jd ist in festen** ¨**en** *fam* qn est dans [*o* en] de bonnes mains *fam*; **mit der flachen** ~ du plat de la main; **fleißige** ¨**e** (*Menschen*) des mains diligentes *littér*; **jd hat** [**bei etw**] **freie** ~/**jd lässt jdm** [**bei etw**] **freie** ~ qn a carte blanche [pour faire qc]/qn donne carte blanche à qn [pour faire qc]; **von fremder** ~ d'un inconnu; **etw geht in fremde** ¨**e über** qc passe en d'autres mains; **jd hat bei etw eine glückliche** ~ qn a la main heureuse en [*o* dans] qc; ¨**e hoch!** haut les mains!; **jd macht eine hohle** ~ qn met ses mains en creux, qn fait un creux avec ses mains; **von langer** ~ de longue main; **mit leeren** ¨**en** les mains vides; **eine leitende** [*o* **lenkende**] ~: ***Jugendliche brauchen eine leitende*** ~ les jeunes ont besoin d'être conduits d'une main assurée; **jd legt letzte** ~ **an etw** (*akk*) qn met la dernière main à qc; **linker/rechter** ~ à [main] gauche/droite; **zur linken/rechten** ~ à [main] gauche/droite; **jd macht etw mit der linken** ~ *fam* qn fait qc les doigts dans le nez *fam*; **jd hat eine lockere** ~ *fam* qn a la main leste [*o* la gifle facile *fam*]; **die öffentliche** ~ les pouvoirs *mpl* publics; **aus** [*o* **von**] **privater** ~ par [*o* chez] un particulier; **jd ist jds rechte** ~ qn est le bras droit de qn; **eine ruhige/sichere** ~ une main ferme/assurée [*o* qui ne tremble pas]; **mit sanfter** ~ doucement; **jd ist mit etw schnell** [*o* **flink**] [*o* **gleich**] [*o* **rasch**] **bei der** ~ *fam* qn riposte [*o* réplique] facilement par qc; **eine starke** [*o* **feste**] ~ une main de fer; **jd übergibt jdm etw zu treuen** ¨**en** qn remet qc entre les mains sûres de qn; **eine** ~ **voll** … une poignée de …, quelques …; **jd hat alle** ¨**e voll zu tun** qn a du travail par-dessus la tête; **mit vollen** ¨**en** à pleines mains, généreusement; **hinter vorgehaltener** ~ sous le couvert; **jd arbeitet jdm/einer S. in die** ~ qn fait le jeu de qn/qc; **jd drückt jdm die** ~ qn serre la main de qn; **jd drückt jdm etw in die** ~ qn met [*o* glisse] qc dans la main de qn; **jd fällt jdm in die** ¨**e** [*o* **in jds** ¨**e**] qn tombe aux mains de qn; **etw fällt jdm in die** ¨**e** qn trouve qc; **jd frisst jdm aus der** ~ *fam* qn mange dans la main de qn *fam*; **jdm sind die** ¨**e gebunden, jds** ¨**e sind gebunden** qn a les mains liées; **jd geht jdm zur** [*o* **an die**] ~ qn donne un coup de main à qn; **jd/etw geht durch jds** ¨**e** [*o* ~] qn/qc passe entre les mains de qn; **etw geht jdm … von der** ~ *leicht* qn fait qc …; ***etw geht jdm schnell von der*** ~ qn fait vite qc; **etw geht mit etw** ~ **in** ~ qc va de pair avec qc; **zwei/mehrere Dinge gehen** ~ **in** ~ deux/plusieurs choses vont de pair; **etw geht von** ~ **zu** ~ qc passe de mains en mains; **etw geht in jds** ¨**e** (*akk*) **über** qc passe aux mains de qn; ***das Vermögen geht in andere*** ¨***e über*** les biens passent en d'autres mains; **jd gibt** [*o* **reicht** *geh*] **jdm die** ~ qn donne [*o* tend] la main à qn; **jd gibt jdm darauf die** ~ qn le promet [*o* jure] à qn; **jd gibt etw aus der** ~ *Gegenstand* qn prête qc; *Leitung, Verantwortung* qn délègue qc; **das/etw ist mit** ¨**en zu greifen** ça/qc tombe sous le sens; **jd hält die** ~ **auf etw** (*akk*) *fam* qn a un œil sur qc *fam*; **jd hält um jds** ~ **an** *geh* qn demande la main de qn *vieilli*; **jd hält etw in** ¨**en** *geh* qn a qc dans [*o* entre] les mains; **jd hält die** [*o* **seine** [**schützende**]] ~ **über jdn** *geh* qn protège qn; **jd hält die** [*o* **seine**] ~ **hin** [*o* **auf**] *fam* qn tend la main; **jd hat jdn** [**für etw**] **an der** ~ *fam* qn connaît qn [pour qc]; **jd hat/nimmt** [*o* **fasst**] **jdn an der** [*o* **bei der**] ~ qn tient/prend qn par la main; **jd hat etw bei der** [*o* **zur**] ~ qn a toujours qc de prêt(e) [*o* en réserve]; **jd hat etw in der** ~ qn a la haute main sur qc; ***jd hat es in der*** ~, ***ob*** qn a le pouvoir de décider si; **jd hat etw gegen jdn in der** ~ qn a entre les mains qc contre qn, qn détient qc contre qn; **jd hat jdn** [**fest**] **in der** ~ qn a qn sous sa coupe; **jd isst etw aus der** ~ qn mange qc avec les doigts [*o* à la main]; **jd ist in jds** ¨**en** (*dat*) qn est aux mains de qn; **etw ist in jds** ¨**en** qc est entre les mains de qn; **jd/etw ist** [**bei jdm**] **in** … ¨**en** *guten, schlechten* qn est en [de] … mains [chez qn]; ***jd/etw ist in sicheren/zuverlässigen*** ¨***en*** qn/qc est en mains sûres; ***jd/etw ist in besten/richtigen*** ¨***en*** qn/qc est en très bonnes mains; **jd/etw ist zur** ~ qn/qc est à disposition, qc est à portée de main; **jd klatscht in die** ¨**e** qn frappe dans ses mains; **jd kriegt** [*o* **bekommt**] **jdn/etw in die** ~ [*o* ¨**e**] qn tombe sur qn/qc; **jd küsst jdm die** ~ qn baise la main de qn; **jd legt mit** ~ **an** qn met la main à la pâte, qn donne un coup de main; **jd legt bei etw mit** ~ **an** qn met la main à qc; **jd legt** ~ **an sich** (*akk*) *geh* qn attente à ses jours *soutenu*; **jd legt etw aus der** ~ qn pose qc; **jd legt jdm die** ~ **auf** qn lui impose les mains; **etw liegt** [**klar**] **auf der** ~ *fam* qc tombe sous le sens, qc est clair(e) comme de l'eau de roche; **etw liegt** [*o* **ist**] **in jds** ~ (*dat*) *geh* (*Macht*) qc dépend de qn; **jd liest jdm** [**etw**] **aus der** ~ qn lui lit [qc] [dans] les lignes de la main; ***sie hat ihm einen frühen Tod aus der ~ gelesen*** elle a vu sa mort précoce dans les lignes de la main; **jd nimmt etw in die** ~ qn prend qc dans ses [*o* les] mains; (*kümmert sich darum*) qn prend qc en main[s]; **jd nimmt etw** [**alleine/selber**] **in die** [**eigene**] ~ qn prend [seul(e)/lui-même/elle-même] qc en main[s]; **jd nimmt etw zur** ~ *geh* qn prend qc; **jd nimmt jdm etw aus der** ~ *Gegenstand* qn prend qc des mains de qn; *Fall* qn retire qc à qn; **jd reibt sich** (*dat*) **die** ¨**e** qn se frotte les mains; **jd reicht** [*o* **bietet** *geh*] **jdm die** ~ qn tend la main à qn; **sie können sich** [*o* **einander** *geh*] **die** ¨**e reichen** ils peuvent se donner la main; **da können wir uns die** ~ **reichen** on peut se donner la main; **jd ringt die** ¨**e** qn se tord les mains; **jd rührt keine** ~ qn ne remue pas le petit doigt; **jdm rutscht**

[leicht] die ~ aus *fam* qn a la main leste; **jd schlägt jdm etw aus der** ~ qn fait tomber qc des mains de qn; **jd schüttelt jdm die** ~ qn serre la main de qn; **jd spielt jdm etw in die** ~ [*o* ~e] qn fournit qc à qn; **jd spuckt in die** ~e qn crache dans ses mains; **jd stirbt jdm unter der** ~ [*o* **den** ~en] **weg** qn meurt malgré les soins de qn; **jd trägt jdn auf** ~en qn porte qn aux nues; **jd vereint Dinge in einer** ~ qn cumule des choses; **jd verspricht jdm etw in die** ~ qn jure à qn de faire qc; **eine** ~ **wäscht die andere** un service en vaut un autre; **etw lässt sich nicht von der** ~ **weisen, etw ist nicht von der** ~ **zu weisen** qc n'est pas à écarter d'un revers de main; **es ist nicht von der** ~ **zu weisen, dass** il ne faut pas perdre de vue que + *indic*, il faut avoir [*o* garder] présent à l'esprit que + *indic*; **etw zerrinnt** [*o* **schmilzt**] **jdm unter den** ~**en** qc lui file entre les doigts; **jdm zuckt es in der** ~ la main le/la démange; **an** ~ **einer S.** (*gen*) à l'aide de qc; [**bar**] **auf die** ~ *fam* cash *fam*, comptant; ~ **in** ~ (*angefasst*) main dans la main; (*zusammen*) étroitement; **unter der** ~ *anbieten, verkaufen* sous le manteau; **von** ~ (*manuell*) à la main; *von ~ geschrieben* manuscrit(e); **von jds** ~ *geh* (*durch jdn*) de la main [*o* des mains] de qn; ~**e weg!** bas les pattes! *fam*; **zu jds** ~**en, zu** ~**en von jdm, zu** ~**en von jdm** CH aux bons soins de qn

hand- à la main; ~*geschrieben* manuscrit(e); ~*signiert* signé(e) de ma/sa/... main

Hand- portable; ~*staubsauger* aspirateur *m* balai; ~*kamera* caméscope *m*
Handänderung *f* CH changement *m* de propriétaire **Handapparat** *m* ouvrages *mpl* de référence **Handarbeit** *f* 1. (*Gegenstand*) travail *m* [*o* produit *m*] artisanal 2. ∅ (*körperliche Arbeit*) exercice *m* physique 3. (*Nähen, Stricken etc*) travaux *mpl* manuels [*o* d'aiguille]; SCOL [cours *m* de] couture *f*; (*Gegenstand*) ouvrage *m* fait à la main ▶ **etw ist** ~ qc est fait(e) à la main; **in** ~ à la main **Handarbeiten** <-s> *nt* ∅ SCOL couture *f* **Handball** *m* 1. ∅ (*Spiel*) handball *m*, hand *m fam* 2. (*Ball*) balle *f*, ballon *m* ▶ **jd spielt** ~ qn fait du [*o* joue au] handball **Handballen** *m* protubérance *f* de la main, gras *m* de la main *fam*

Handballer(in) <-s, -> *m(f) fam* handballeur(-euse) *m(f)*, joueur(-euse) *m(f)* de handball

Handballspiel *nt* 1. (*Spiel*) match *m* de handball [*o* de hand *fam*] 2. ∅ (*Handball 1*) handball *m*, hand *m fam* **Handballspieler(in)** *m(f)* handballeur(-euse) *m(f)*, joueur(-euse) *m(f)* de handball [*o* de hand *fam*]
Handbedienung *f* commande *f* manuelle ▶ **mit** ~ à commande manuelle **Handbetrieb** *m* ∅ fonctionnement *m* manuel; *etw wird per ~ bedient* qc est actionné(e) manuellement **Handbewegung** *f* geste *m* de la main ▶ **jd macht eine** ~ qn fait un geste de la main **Handbibliothek** *f* ouvrages *mpl* en accès libre [*o* sur place] **Handbohrer** *m* vrille *f*, percerette *f* **handbreit** I. *adj* large comme la main, de la largeur de la main II. *adv* de la largeur de la main **Handbreit** <-, -> *f* largeur *f* de main **Handbremse** *f* AUT frein *m* à main; [*Fahrrad*] frein *m* **Handbuch** *nt* manuel *m*

Händchen <-s, -> *nt dim von* Hand menotte *f*
▶ **ein Kind gibt** ~ un enfant tend la main [pour saluer]; **sie halten** ~ *fam* ils se tiennent par la main, ils sont main dans la main; ~ **haltend** main dans la main; **jd hat für etw ein** ~ *fam* qn a le chic pour qc/faire qc

händchenhaltend *s.* **Händchen** ▶

Handcreme [-kreːm] *f* crème *f* pour les mains

Händedruck <-drücke> *m* poignée *f* de main ▶ **jd bekommt nur einen warmen** ~ *fam* qn ne reçoit [pour tout remerciement] qu'une poignée de main chaleureuse **Händeklatschen** *nt* applaudissements *mpl*

Handel[1] <-s> *m* ∅ 1. (*Wirtschaftszweig*) commerce *m*
2. (*Warenverkehr*) commerce *m*
3. *fam* (*Abmachung*) marché *m*
4. (*das Handeln*) ■ **der** ~ **mit etw** le commerce de qc
5. (*Laden*) boutique *f*
▶ **jd bringt etw in den** ~ qn met qc sur le marché; **etw ist im** ~ qc est sur le marché; **jd treibt** [*o* **betreibt**] [**mit jdm/etw**] ~ qn fait du commerce [avec qc/qn]; **jd zieht etw aus dem** ~ qn retire qc du marché

Handel[2] <-s, -> *m meist pl* (*Auseinandersetzung*) dispute *f*; *willst du ~ anfangen?, suchst du ~?* tu cherches la bagarre? *fam*

handeln I. *vi* 1. COM ■ **jd handelt mit/in etw** (*dat*) qn fait le commerce de qc; ■ **jd handelt mit jdm** (*Handel treiben*) qn fait du commerce avec qn; (*verkaufen*) *mit Sklaven, Frauen* qn fait le commerce [*o* le trafic] de qn; *jd handelt mit Frauen* qn fait le trafic [*o* la traite] des Blanches
2. (*feilschen*) ■ **jd handelt** [**um etw**] qn marchande [pour obtenir qc]
3. (*vorgehen*) ■ **jd handelt** qn agit
4. *geh* (*sich verhalten*) ■ **jd handelt ...** [**an jdm/gegen jdn**] *gut, schlecht, übel* qn se comporte ... [envers qn/vis-à-vis de qn]; *treulos* qn se montre ... [envers qn]
5. (*befasst sein*) ■ **etw handelt von etw** [*o* **über etw** (*akk*)] /*Artikel, Buch, Film etc*/ qc traite de qc
6. (*als Motiv haben*) ■ **jd handelt aus etw** qn agit par qc
▶ **jd lässt mit sich** ~ qn veut bien discuter; (*Entscheidung, Vorstellungen betreffend*) qn se laisse influencer; **jd lässt mit sich über etw** (*akk*) ~ *über den Preis, einen Rabatt* qn veut bien faire [*o* consentir] qc; *über eine Entscheidung, über Vorstellungen* qn change qc; *über einen Kompromiss* qn négocie qc
II. *vr impers* 1. (*sein*) ■ **es handelt sich um jdn/etw** il s'agit de qn/qc
2. (*betreffen*) ■ **es handelt sich um etw** il s'agit de qc; ■ **es handelt sich darum, dass jd etw tut** il s'agit de faire qc; *es handelt sich darum, dass er das tut* il faudrait que ce soit lui qui le fasse; *es handelt sich darum, dass Sie mir dieses Angebot gemacht haben* il s'agit de l'offre que vous m'avez faite
3. (*darauf ankommen*) ■ **es handelt sich darum etw zu tun** il s'agit de faire qc
III. *vt* 1. COM ■ **etw wird** [**für etw**] **gehandelt** qc se négocie [à qc]
2. (*im Gespräch sein*) ■ **jd wird als jd/für etw gehandelt** qn est pressenti(e) comme qn/pour être qn/pour [faire] qc

Handeln <-s> *nt* ∅ 1. (*Feilschen*) marchandage *m*; *jd versucht es mit ~* qn essaie de marchander
2. (*das Handeltreiben*) ■ **das** ~ **mit etw** le commerce de qc
3. (*Verhalten*) comportement *m*, attitude *f*
4. (*das Tätigwerden*) réaction *f*; *rasches ~ ist nötig* il faut agir vite

Handels- 1. ECON commercial(e); *-abkommen* de commerce; *-hemmnis* au commerce 2. (*im Handel tätig*) commercial(e); *-firma a., -haus, -vertreter* de commerce 3. NAUT *-flotte, -marine* marchand(e); *-hafen* de commerce; *-kapitän* de la marine marchande 4. *-gesetz* sur le commerce; *-recht* commercial(e); *-gesetzbuch, -gericht* de commerce 5. *-schüler, -schullehrer* d'une école commerciale [*o* de commerce] **Handelsakademie** *f* AUS *s.* **höhere Handelsschule. Handelsartikel** *m s.* **Handelsware. Handelsattaché** [-ataʃeː] *m* attaché *m* commercial **Handelsbeschränkung** *f* restriction *f* commerciale [*o* des échanges commerciaux] **Handelsbilanz** *f* bilan *m* commercial, balance *f* commerciale ▶ **aktive** ~ balance *f* commerciale excédentaire; **passive** ~ balance *f* commerciale déficitaire **handelseinig** *adj*, **handelseins** *adj* ■ **jd ist mit jdm** ~ qn est d'accord [en affaires] avec qn; ■ **sie sind** [**sich**] ~ ils sont d'accord [en affaires]; ■ **jd wird mit jdm** ~ qn tombe d'accord [en affaires] avec qn; ■ **sie werden** [**sich**] ~ ils/elles tombent d'accord **Handelsgesellschaft** *f* société *f* commerciale ▶ **offene** ~ société *f* en nom collectif **Handelsklasse** *f* catégorie *f* **Handelsmarke** *f* marque *f* de commerce **Handelsmission** *f* mission *f* commerciale **Handelsregister** *nt* registre *m* du commerce **Handelsschranken** *pl* barrières *fpl* commerciales, restrictions *fpl* au commerce **Handelsschule** *f* école *f* commerciale [*o* de commerce] ▶ **höhere** ~ école *f* supérieure de commerce **Handelsspanne** *f* marge *f* commerciale [*o* bénéficiaire] **handelsüblich** *adj Gepflogenheit, Preis* d'usage, conforme aux usages commerciaux; *Größe, Packung* courant(e) **Handelsware** *f* produit *m* [*o* article *m*] du commerce

Händeringen *nt*: *mit ~* en suppliant; *euer ~ ist vergebens* vos supplications sont inutiles **händeringend** I. *adj* désespéré(e) II. *adv* 1. *bitten, flehen* en suppliant 2. *fam benötigen, brauchen* absolument; *suchen* désespérément **Händeschütteln** <-s> *nt* ∅ poignée *f* [*o* serrement *m*] de main; *ich lehne* [*das*] *~ grundsätzlich ab* par principe, je refuse de serrer la main **Händetrockner** <-s, -> *m* sèche-mains *m* **Händewaschen** <-s> *nt* ∅ fait *m* de se laver les mains; *zum/für das ~* pour se laver les mains; *nach dem ~* après s'être lavé les mains

Handfeger *m* balayette *f* **Handfertigkeit** *f* dextérité *f*, tour *m* de main **handfest** *adj* 1. *Essen* consistant(e), qui tient au ventre *fam*; ■ **etwas H~es** quelque chose de consistant [*o* qui tient au ventre *fam*] 2. *Mensch* solide, robuste; ■ **etwas H~es** ce qui est bien en chair 3. (*ordentlich*) *Streit, Prügelei* violent(e); *ein ~er Skandal* un beau scandale 4. (*hieb- und stichfest*) solide, qui se tient **Handfeuerlöscher** *m* extincteur *m* portable **Handfeuerwaffe** *f* arme *f* de poing **Handfläche** *f* paume *f* **Handgeld** *nt* 1. SPORT prime *f* d'engagement 2. HIST prime *f* [d'engagement] **Handgelenk** *nt* poignet *m* ▶ **jd schüttelt etw aus dem** ~ *fam* qn fait qc comme rien *fam*; **aus dem** ~ *fam* (*ohne Mühe*) en un tour de main; (*aus dem Stegreif*) comme ça [simplement] **handgemacht** *adj* fait(e) à la main **handgemein** *adj* ■ **jd wird** [**mit jdm**] ~ qn en vient aux mains [avec qn]; ■ **sie werden miteinander** ~ ils/elles en viennent aux mains **Handgemenge** *nt* bagarre *f*, rixe *f* **Handgepäck** *nt* bagage *m* à main **handgestrickt** *adj* 1. (*von Hand gestrickt*) tricoté(e) à la main 2. (*amateurhaft gemacht*) bricolé(e) *fam* **Handgranate** *f* grenade *f* [à main]

handgreiflich *adj* 1. *Streit, Auseinandersetzung* musclé(e); ■ **jd wird** [**gegen jdn**] ~ qn en vient aux mains [avec qn]
2. (*offensichtlich*) *Beweis, Erfolg* palpable

Handgreiflichkeiten *pl* rixe *f*, empoignade *f*; JUR voie *f* de fait; *es kam zu ~* il y a eu une rixe; il y a eu voie de fait

Handgriff *m* 1. (*Aktion*) geste *m*, manipulation *f*
2. (*Griff*) [*Gerät, Werkzeug, Tasche, Koffer a.*] poignée *f*
▶ **mit einem** ~ d'un [seul] geste; **mit ein paar** ~**en** en cinq sec *fam*, en deux temps trois mouvements

Handhabe *f* charge *f*
▶ **jd hat** [**gegen jdn**] **eine/keine** ~ qn a une possibilité d'agir/n'a pas de possibilité d'agir [contre qn]

handhaben *vt* 1. (*verwenden*) ■ **jd handhabt etw** *Gerät, Apparat* qn manie [*o* manipule] qc; *Werkzeug* qn se sert de qc
2. (*bedienen*) ■ **jd handhabt etw** *Fernseher, Videorecorder* qn commande [*o* règle] qc; *Auto etc* qn pilote qc; *Maschine etc* qn fait marcher qc
3. (*anwenden*) ■ **jd handhabt etw** *Gesetz, Vorschrift* qn applique qc
4. (*verfahren*) ■ **jd handhabt es irgendwie** qn procède [*o* fait] d'une certaine manière

Handhabung <-> *f* ∅ 1. (*Bedienung*) [*Fernseher, Videorecorder*] commande *f*, réglage *m*; [*Auto*] pilotage *m*, conduite *f*; [*Maschine*] utilisation *m*
2. [*Bestimmung, Gesetz, Vorschrift*] application *f*

Handheld <-s, -s> ['hændhelt] *m* INFORM P.C. *m* de poche
Handicap <-s, -s> ['hɛndikɛp] *nt* handicap *m*
handicapen ['hɛndikɛpn] *vt* ■ **etw handicapt jdn** qc handicape qn
händisch *adj* AUS *s.* **manuell**
Handkante *f* tranchant *m* de la main
Handkantenschlag *m* coup *m* du tranchant de la main
Handkäse *m* DIAL *petit fromage moulé à la main et parfumé au cumin* ▶ **Handkäs' mit Musik** *petit fromage au cumin arrosé d'une marinade à base d'huile, de vinaigre, d'oignons et de poivre* **Handkoffer** *m* mallette *f* **Handkuss**[RR] *m* baisemain *m* ▶ **jd tut etw mit** ~ *fam* qn ne demande pas mieux que de faire qc, qn fait qc volontiers

Handlanger(in) <-s, -> *m(f)* 1. (*ungelernter Helfer*) manœuvre *m*
2. *pej* (*Erfüllungsgehilfe*) homme *m* de main, larbin *m péj*
Handlangerdienst *m* ▶ **jd leistet jdm ~e** qn est l'homme de main de qn
Handlauf *m* main *f* courante
Händler(in) <-s, -> *m(f)* 1. (*Fach~*) commerçant(e) *m(f)*, négociant(e) *m(f)*
2. (*Vertrags~*) concessionnaire *mf*
▶ **ambulanter** [*o* **fliegender**] **~/ambulante** [*o* **fliegende**] **~in** marchand(e) *m(f)* [*o* vendeur(-euse) *m(f)*] ambulant(e)
Handlesekunst *f* chiromancie *f*
handlich *adj* pratique, commode; *Auto* maniable
Handlichkeit <-> *f* ∅ commodité *f*, côté *m* pratique
Handlinie [-liːniə] *f* ligne *f* de la main
Handliniendeutung [-liːniən-] *f* chiromancie *f*
Handlung <-, -en> *f* 1. (*Tat, Akt*) acte *m*; *symbolische, unbedachte* geste *m*; *feierliche* événement *m*
2. (*Geschehen*) action *f*, intrigue *f*; ***wo spielt die ~?*** où se passe l'action?
▶ **kriegerische ~** opération *f* [*o* acte *m*] militaire [*o* de guerre]; **strafbare ~** délit *m*, acte *m* répréhensible; **unzüchtige ~en** attentat *m* à la pudeur
Handlungsablauf *m* déroulement *m* de l'action **Handlungsbedarf** *m* urgence *f* ▶ **es besteht ~** il y a urgence, il faut agir vite; **es besteht kein ~** il n'y a pas urgence, il n'y a pas le feu *fam* **Handlungsbevollmächtigte(r)** *f(m) decl wie adj* fondé(e) *m(f)* de pouvoir **handlungsfähig** *adj* 1. ADMIN, PARL ayant la capacité d'agir [*o* de gouverner] 2. JUR ayant la capacité d'exercer ses droits civils **Handlungsfähigkeit** *f* 1. ADMIN, PARL capacité *f* d'agir [*o* de gouverner] 2. JUR capacité *f* d'exercer ses droits civils **Handlungsfreiheit** *f* ∅ liberté *f* d'agir, autonomie *f* **Handlungsspielraum** *m* marge *f* de manœuvre **handlungsunfähig** *adj* 1. ADMIN, PARL *Behörde, Parlament, Regierung* dans l'incapacité d'agir [*o* de gouverner] 2. JUR dans l'incapacité d'exercer ses droits civils **Handlungsunfähigkeit** *f* 1. ADMIN, PARL incapacité *f* d'agir [*o* de gouverner] 2. JUR incapacité *f* d'exercer ses droits civils **Handlungsvollmacht** *f* procuration *f* commerciale **Handlungsweise** *f* manière *f* d'agir, façon *f* de faire
Handmehr <-s> *nt* ∅ CH vote *m* à main levée **Handorgel** *f* CH accordéon *m* **Handpflege** *f* manucure *f*
Handreichung <-, -en> *f* 1. (*Hilfeleistung*) coup *m* de main, service *m*
2. (*Richtlinien*) recommandations *fpl*; (*Handout*) documentation *f*
Handrücken *m* dos *m* [*o* revers *m*] de la main **Handscanner** [-skænɐ] *m* INFORM scanne[u]r *m* à main **Handschelle** *f meist pl* menottes *fpl* ▶ **jd legt jdm ~n an** qn passe les menottes à qn; **in ~n** menottes aux poignets **Handschlag** *m* poignée *f* de main ▶ **jd entlässt jdn mit einem goldenen ~** qn licencie qn avec une [grosse] prime de départ; **jd tut einen ~** *fam* qn met la main à la pâte *fam*; **jd tut keinen ~** *fam* qn ne bouge [*o* lève] pas le petit doigt; **mit** [*o* **durch**] [*o* **per**] **~** en serrant la main, d'une poignée de main **Handschreiben** *nt* lettre *f* manuscrite
Handschrift *f* 1. (*Schrift*) écriture *f*
2. (*Text*) manuscrit *m*
▶ **jd hat eine … ~** qn a une écriture …; **etw trägt** [*o* **verrät**] **jds ~** qc dénote [*o* trahit] la patte [*o* griffe] de qn
Handschriftendeutung *f* graphologie *f*
handschriftlich I. *adj* 1. (*von Hand geschrieben*) écrit(e) à la main, manuscrit(e)
2. (*als Handschrift überliefert*) manuscrit(e)
II. *adv* 1. en écrivant à la main; *sich bewerben* par lettre manuscrite; ***etw ist ~ eingefügt worden*** qc a été fait(e) au crayon/stylo [*o* à la main]
2. (*in Form von Handschriften*) dans les manuscrits; *überliefern* par les manuscrits
Handschuh *m* gant *m*
Handschuhfach *nt*, **Handschuhkasten** *m* boîte *f* à gants
Handspiel *nt* ∅ main *f*
Handstand *m* appui *m* tendu renversé, A.T.R. *m*
▶ **jd macht einen ~** qn fait un appui tendu renversé; ***kannst du einen ~ machen?*** tu sais faire l'A.T.R.?
Handstandüberschlag *m* flic[-]flac *m*, flip[-]flap *m*
▶ **jd macht einen ~** qn fait [*o* exécute] un flic[-]flac
Handstreich *m* ▶ **in einem** [*o* **durch einen**] **~** par un coup de main
handstreichartig I. *adj*: ***~es Vorgehen*** coup *m* de force
II. *adv* par un coup de force
Handtasche *f* sac *m* à main **Handteller** *m* paume *f* [de la main]
Handtuch <-tücher> *nt* serviette *f* [de toilette]; (*Frottee~*) serviette *f* éponge; ***ein großes ~*** un drap de bain
▶ **jd wirft** [*o* **schmeißt** *fam*] **das ~** qn jette l'éponge
Handtuch- d'une serviette éponge [*o* de toilette]; ***~stoff*** éponge *f* **Handtuchhalter** *m* porte-serviettes *m* **Handtuchspender** *m* distributeur *m* [d'essuie-mains]
Handumdrehen *nt* ▶ **im ~** en un tour de main **handverlesen** *adj* 1. COM récolté(e) à la main 2. (*sorgfältig ausgewählt*) trié(e) sur le volet **Handvoll** *s.* **Hand** ▶. **Handwagen** *m* charrette *f* à bras **handwarm** I. *adj* tiède II. *adv waschen* à l'eau tiède **Handwaschbecken** *nt* lavabo *m* **Handwäsche** *f* 1. (*Vorgang*) lavage *m* à la main 2. ∅ (*Wäschestücke*) linge *m* à laver à la main
Handwerk *nt* 1. (*Beruf*) métier *m* [manuel]
2. ∅ (*Berufsstand*) artisanat *m*, artisans *mpl*
3. (*Beschäftigung*) travail *m*
▶ **das ~ nährt seinen Mann** le métier d'artisan nourrit son homme; **jd legt jdm das ~** qn met fin aux agissements de qn; **jd pfuscht jdm ins ~** qn marche sur les plates-bandes de qn *fam*; **jd versteht** [*o* **beherrscht**] **sein ~** qn connaît son métier, qn s'y connaît
-handwerk *nt* 1. (*Beruf*) métier *m* de
2. (*Berufsstand*) corps *m* de métier de
Handwerker(in) <-s, -> *m(f)* artisan(e) *m(f)*
handwerklich I. *adj* artisanal(e)
II. *adv* pour ce qui est du travail artisanal, artisanalement; ***jd ist ~ begabt*** qn est habile de ses mains
Handwerksberuf *m* métier *m* d'artisan [*o* artisanal] **Handwerksbetrieb** *m* entreprise *f* artisanale **Handwerkskammer** *f* chambre *f* des métiers **Handwerkszeug** *nt* ∅ outillage *m*, outils *mpl*
Handwurzel *f* carpe *m*
Handwurzelknochen *m* carpe *m*
Handy <-s, -s> ['hɛndi] *nt* portable *m*
Handzeichen *nt* signe *m* de la main ▶ **durch ~** par un signe de la main **Handzettel** *m* tract *m*, affichette *f*
hanebüchen *adj* inouï(e), éhonté(e) *soutenu*
Hanf <-[e]s> *m* ∅ 1. BOT chanvre *m*
2. (*Faser*) chanvre *m*
3. (*Samen*) chènevis *m*
Hanf- 1. (*des Hanfs*) de chanvre
2. (*aus Hanf*) de [*o* en] chanvre
Hänfling <-s, -e> *m* 1. ORN linotte *f*
2. *fam* (*Mensch*) mauviette *f fam*
Hang <-[e]s, ¨-e> *m* 1. (*Abhang*) pente *f*; (*abfallende Bergseite*) versant *m*; (*Hügel mit Weinreben*) coteau *m*
2. ∅ (*Neigung*) penchant *m*, inclination *f*; ■ **jds ~ zu etw** le penchant de qn pour qc, l'inclination de qn à faire qc
▶ **jd fährt schräg zum ~** qn descend en biais; **jd hat den ~ zu jdm/etw** qn éprouve de l'attirance pour qn/qc, qn est attiré(e) par qn/qc *soutenu*, qn est enclin(e) à qc; **jd hat den ~ etw zu tun** qn a tendance [*o* est enclin(e) *soutenu*] à faire qc
Hangar <-s, -s> ['haŋgaːɐ, haŋ'gaːɐ] *m* hangar *m*
Hängegleiter <-s, -> *m* delta-plane *m*, deltaplane *m*
hangeln *vi, vr + vi: sein und haben* ■ **jd hangelt [sich] irgendwohin** qn avance [*o* progresse] quelque part à la force des/de ses bras
Hängemappe *f* dossier *m* suspendu **Hängematte** *f* hamac *m*
hangen *vi* CH *s.* **hängen**
Hangen <-s> *nt* ▶ **mit ~ und Bangen** *geh* avec grand-peur
hängen I. <hing, gehangen> *vi* 1. (*angebracht sein*) ■ **etw hängt** */Bild, Gardine, Vorhang/* qc est accroché(e) [*o* suspendu(e)]; ■ **jd/etw hängt an etw** (*dat*)**/über etw** (*dat*)**/von etw** qn/qc pend à/au-dessus de qc/à qc; ***die Wäsche hängt auf der Leine*** le linge est sur le fil; ***die Lampe hängt über dem Tisch*** la lampe est suspendue au-dessus de la table
2. (*herunter~*) ■ **etw hängt irgendwohin** qc pend quelque part; ***der Ärmel hängt in der Suppe*** la manche trempe dans la soupe; ■ **jd lässt etw ~** *Arme, Beine* qn laisse pendre qc; *Kopf* qn baisse qc
3. (*sich neigen*) ■ **jd/etw hängt in eine bestimmte Richtung** qn/qc penche dans une certaine direction
4. (*befestigt sein*) ■ **etw hängt an etw** (*dat*) qc est tracté(e) par qc
5. *fam* (*angeschlossen sein*) ■ **jd hängt an etw** (*dat*) qn est branché(e) à qc
6. (*emotional verbunden sein*) ■ **jd hängt an jdm/etw** qn tient à qn/qc
7. (*fest~*) ■ **jd hängt [mit etw] an etw** (*dat*) qn est accroché(e) à qc [par qc]
8. *fam* (*sich aufhalten*) ■ **jd hängt an/vor etw** (*dat*) *vor dem Fernseher* qn est fourré(e) devant qc *fam*; *am Telefon* qn est pendu(e) à qc *fam*
▶ **mit H~ und Würgen** *fam* tant bien que mal; **etw hängt voller …** */Wand, Kleidungsstück/* qc est plein(e) de …; */Obstbaum a./* qc craque sous qc, qc plie sous le poids de qc; **etw bleibt [an etw** (*dat*)**] ~** (*bleibt befestigt*) */Bild, Gegenstand/* qc tient [à qc], qc reste accroché(e) [à qc]; */klebrige Masse/ an der Decke* qc reste collé(e) [à qc]; *an der Wand, der Nase* qc pend à qc; **jd bleibt [mit etw] an etw** (*dat*) **~** (*hängt fest*) qn reste accroché(e) [par qc] à qc; **jd bleibt ~** SCOL *fam* qn redouble; **etw bleibt an jdm ~** *fam* (*ist zu erledigen*) */Arbeit, Aufgabe/* c'est qn qui doit faire qc; **etw bleibt [an jdm] ~** (*bleibt haften*) */Verdacht, Verleumdung etc/* qc pèse sur qn; ***nach dem Motto „etwas bleibt immer ~"*** il y a toujours un petit doute qui reste; **etw bleibt [bei jdm] ~** *fam* (*bleibt in der Erinnerung*) */Formeln, Vokabeln, Unterrichtsstoff/* qn retient qc, qc reste gravé(e) dans les esprits; **jd lässt etw [irgendwo] ~** (*nimmt nicht ab*) qn laisse qc [quelque part]; ***jd hat seinen Mantel [irgendwo] ~ lassen*** qn a oublié son manteau [quelque part]; **jd lässt jdn ~** *fam* (*lässt im Stich*) qn laisse tomber qn *fam*; **jd lässt sich ~** qn se laisse aller; **jd muss/soll ~** qn doit être pendu(e); ***er muss/soll ~!*** qu'on le pende!; **wo[ran] hängt es denn?** *fam* (*liegt*) mais à quoi est-ce que ça tient?, pourquoi?
II. <hängte *o* DIAL hing, gehängt *o* DIAL gehangen> *vt* 1. (*anbringen*) ■ **jd hängt etw an/auf etw** (*akk*) qn accroche [*o* met] qc à qc; ■ **jd hängt etw in etw** (*akk*) qn accroche [*o* met] qc dans qc
2. (*henken*) ■ **jd hängt jdn** qn pend qn
3. (*hängen lassen*) ■ **jd/ein Tier hängt etw in etw** (*akk*) qn/un animal laisse pendre qc dans qc
4. (*anschließen*) ■ **jd hängt etw an etw** (*akk*) *Anhänger, Wohnwagen etc* qn attache qc à qc
III. <hängte *o* DIAL hing, gehängt *o* DIAL gehangen> *vr* 1. (*sich festsetzen*) ■ **jd/ein Tier hängt sich an jdn/etw** (*akk*) qn/un animal s'accroche à qn/qc; */Blutegel/* un animal se colle à qn/qc [*o* se fixe sur qn/qc]
2. (*sich gefühlsmäßig binden*) ■ **jd hängt sich an jdn/etw** qn s'attache à qn/qc
3. (*verfolgen*) ■ **jd hängt sich an jdn/etw** qn suit [*o* file] qn/qc, qn prend qn/qc en filature
4. *sl* (*sich einmischen*) ■ **jd hängt sich in etw** (*akk*) qn met [*o* fourre] son nez dans qc
hängen|bleiben *s.* **hängen I.▶**
hängen|lassen *s.* **hängen I.▶**

Hängeohr *nt* oreille *f* pendante **Hängepartie** *f* 1. SCHACH partie *f* [d'un match] 2. affaire *f* à rebondissements
Hänger <-s, -> *m* 1. *fam* (*Anhänger*) remorque *f*
2. *sl* (*Formtief*) passage *m* à vide
Hangerl <-s, -n> *nt* AUS *fam* (*Wischtuch*) torchon *m*
Hängeschrank *m* élément *m* haut **Hängeschultern** *pl* épaules *fpl* tombantes
hängig *adj* CH 1. JUR *s.* **anhängig**
2. *form* (*unerledigt*) en souffrance
Hanglage *f* terrain *m* en pente [*o* pentu]
▶ **in** ~ sur un terrain en pente
Hannover <-s> *nt* Hanovre
Hannoveraner <-s, -> [-və-] *m* (*Pferd*) hanovrien *m*
Hannoveraner(in) <-s, -> [-və-] *m(f)* Hanovrien(ne) *m(f)*
hannoversch *adj attr* de Hanovre
Hans <-' *o* -ens> *m* Jean
▶ ~ **im Glück** *fam* veinard *m fam;* **der blanke** ~ *poet* (*die Nordsee*) la mer du Nord
Hansaplast® <-[e]s> *nt* ∅ pansement *m* adhésif
Hänschen <-s> ['hɛnsçən] *nt dim von* **Hans**
▶ **was** ~ **nicht lernt, lernt Hans nimmermehr** *prov* ce que l'on n'apprend pas [étant] jeune, on ne l'apprendra jamais
Hansdampf <-[e]s, -e> *m* ▶ **jd ist ein** ~ **in allen Gassen** *fam* qn est un touche-à-tout
Hanse <-> *f* ∅ Hanse *f*
Hanseat(in) <-en, -en> *m(f)* 1. *fam habitant(e) d'une ville hanséatique*
2. HIST hanséate *mf*
hanseatisch *adj* caractéristique des [*o* propre aux] habitants des villes hanséatiques
Hänsel <-s, -> *m* DIAL *pej fam* guignol *m fam*
▶ **die paar** ~ *fam* les quatre pelés et un tondu *fam;* **für die paar** ~ pour quatre pelés et un tondu *fam*
Hänsel <-s> *m dim von* **Hans**
▶ ~ **und Gretel** Hansel et Gretel
Hänselei <-, -en> *f* moqueries *fpl*
hänseln *vt* ■ **jd hänselt jdn [wegen etw]** qn se moque de qn [à cause [*o* au sujet] de qc]
Hansestadt *f* ville *f* hanséatique [*o* de la Hanse]
Hanswurst <-e *o* -würste> *m fam* polichinelle *m;* ***du machst dich zum*** ~ tu te rends ridicule, tu te ridiculises
Hantel <-, -n> *f* haltère *f*
hantieren * *vi* 1. (*sich beschäftigen*) ■ **jd hantiert [irgendwo]** qn s'affaire [*o* s'active] [quelque part]; ■ **jd hantiert mit etw** qn manipule qc
2. (*herum~*) ■ **jd hantiert [mit etw] an etw** (*dat*) qn bricole qc [avec qc]; ***hantiere nicht am Computer*** ne joue pas avec l'ordinateur; ***beim H~*** en manipulant [*o* bricolant]; ***nach stundenlangem H~*** après avoir bricolé pendant des heures
hantig *adj* AUS, SDEUTSCH *fam* (*herb*) cassant(e)
hapern *vi impers fam* 1. (*fehlen*) ■ **es hapert an etw** (*dat*) il manque qc
2. (*schlecht bestellt sein*) ■ **es hapert [bei jdm] mit etw** qc cafouille [chez qn] *fam;* ■ **es hapert [bei jdm] mit etw/in etw** (*dat*) *mit Kenntnissen, in einem Fach* qc/en qc, c'est pas folichon [chez qn] *fam,* ça marche [*o* va] pas fort [chez qn] *fam;* ***in Mathe hapert es bei dir*** en math, c'est pas folichon *fam,* les maths, ça ne marche pas très fort *fam,* tu cafouilles un peu en math *fam*
Häppchen <-s, -> *nt dim von* **Happen** (*Kleinigkeit*) petit quelque chose *m fam,* bricole *f fam;* (*belegtes Brötchen*) canapé *m,* amuse-gueule *m*
häppchenweise *adv fam* (*beim Essen*) à [*o* par] petites bouchées (*nach und nach*) au compte-gouttes *fam,* petit à petit
Happen <-s, -> *m fam* petit quelque chose *m fam,* casse-croûte *m;* ***ich habe heute noch keinen*** ~ ***gegessen*** je n'ai encore rien mangé de la journée
▶ **ein fetter** ~ *fam* quelque chose qui tient au ventre *fam*
Happening <-s, -s> ['hɛpənɪŋ] *nt* happening *m*
▶ **jd macht [*o* veranstaltet] ein** ~ qn fait [*o* organise] un happening
happig *adj fam Preis* salé(e) *fam;* ■ **etw ist [ganz schön]** ~ qc, c'est le coup vache *fam;* (*sehr teuer*) qc, c'est le coup de fusil *fam*
happy ['hɛpi] *adj fam* bien [*o* tout(e)] content(e)
Happyend[RR], **Happy End**[RR] <-s, -s> ['hɛpiˀɛnt] *nt* AUS happy end *m*
Harakiri <-[s], -s> *nt* hara-kiri *m*
▶ **jd begeht** ~ qn se fait hara-kiri
Harass[RR] <-es, -e>, **Haraß** <-sses, -sse> *m* CH 1. (*Lattenkiste*) cagette *f,* cageot *m;* (*für Geschirr*) harasse *f*
2. (*Getränkekiste*) caisse *f*
Härchen <-s, -> *nt dim von* **Haar** poil *m*
Hardcore <-s, -s> ['ha:(r)dkɔ:ɐ] *m,* **Hardcore-Porno** ['ha:(r)dkɔ:ɐpɔrno] *m* porno *m* hard
Hardcover[RR] <-s, -s>, **Hard Cover**[RR] <- -s, - -s> ['ha:(r)d'kavə(r)] *nt* livre *m* à couverture rigide
Hardliner(in) <-s, -> ['ha:(r)dlainə(r)] *m(f)* pur [et dur]/pure [et dure] *m/f*
Hardtop <-s, -s> ['ha:(r)dtɔp] *nt* 1. (*Dach*) hard-top *m*
2. (*Auto*) faux cabriolet *m*
Hardware <-, -s> ['ha:(r)tvɛ:ɐ, 'ha:dwæ:ə] *f* matériel *m,* hardware *m*
Harem <-s, -s> *m* harem *m*
Häretiker(in) <-s, -> *m(f)* hérétique *mf*
häretisch *adj* hérétique
Harfe <-, -n> *f* harpe *f*
▶ **jd spielt [auf der]** ~ qn joue de la harpe
Harfenist(in) <-en, -en> *m(f)* harpiste *mf*
Harfenspiel *nt* ∅ jeu *m* à la harpe
Harke <-, -n> *f bes.* NDEUTSCH râteau *m*
▶ **jd zeigt jdm, was eine** ~ **ist** *fam* qn lui dit ses quatre vérités *fam*
harken *vt bes.* NDEUTSCH 1. (*bearbeiten*) ■ **jd harkt etw** qn ratisse qc
2. (*zusammenrechen*) ■ **jd harkt etw** *Heu, Laub, Rasenschnitt* qn ratisse qc
Harlekin <-s, -e> *m* Arlequin *m*
harmlos I. *adj* 1. (*ungefährlich*) bénin(-igne); *Präparat, Droge* inoffensif(-ive); *Kurve, Rennstrecke* sans danger
2. (*arglos*) *Flirt, Frage* innocent(e); *Mensch* inoffensif(-ive)
II. *adv* 1. (*ungefährlich*) de manière bénigne; ***eine Krankheit verläuft*** ~ une maladie connaît une évolution bénigne; ***etw beginnt*** ~ qc est bénin(-igne) au début
2. (*arglos*) [comme ça,] sans penser à mal
Harmlosigkeit <-, -en> *f* 1. (*Ungefährlichkeit*) bénignité *f;* [*Präparat, Droge*] innocuité *f*
2. [*Flirt, Frage*] innocence *f;* [*Mensch*] caractère *m* inoffensif
▶ **in aller** ~ en toute innocence, sans penser à mal
Harmonie <-, -n> [-'ni:ən] *f* harmonie *f*
harmonieren * *vi* 1. MUS ■ **sie** ~ /*Akkorde, Töne*/ ils/elles s'accordent
2. (*zueinander passen*) ■ **etw harmoniert [mit etw]** qc s'harmonise [*o* va] avec qc
3. (*gut zusammenpassen*) ■ **sie** ~ **[miteinander]** /*Partner, Eheleute, Kollegen*/ ils/elles s'entendent bien
Harmonika <-, -s *o* Harmoniken> *f* (*Zieh~*) accordéon *m*
harmonisch I. *adj* harmonieux(-euse)
II. *adv* harmonieusement; *verlaufen, zusammenleben a.* dans l'harmonie
harmonisieren * *vt* ■ **jd harmonisiert Dinge** qn harmonise des choses
Harmonisierung <-, -en> *f* harmonisation *f*
Harmonium <-s, -nien> [-niən] *nt* harmonium *m*
Harn <-[e]s, -e> *m* urine *f*
▶ **jd lässt** ~ *form* qn urine
Harnblase *f* vessie *f* **Harndrang** *m form* envie *f* d'uriner
harnen *vi veraltend form* ■ **jd harnt** qn urine
Harnisch <-[e]s, -e> *m* HIST armure *f*
▶ **jd/etw bringt jdn in** ~ qn/qc met qn en rage, qn/qc fait sortir qn de ses gonds; **jd ist [wegen etw] in** ~ qn est en rage [à cause de qc]
Harnlassen <-s> *nt* ∅ *form* miction *f* **Harnleiter** *m* uretère *m* **Harnröhre** *f* urètre *m* **Harnsäure** *f* acide *m* urique **Harnstoff** *m* urée *f* **harntreibend** I. *adj form* diurétique II. *adv form:* ***etw wirkt*** ~ qc a un effet diurétique **Harnvergiftung** *f* urémie *f* **Harnwege** *pl* voies *fpl* urinaires
Harpune <-, -n> *f* harpon *m*
Harpunier(in) <-s, -e> *m(f)* harponneur(-euse) *m(f)*
harpunieren * *vt* ■ **jd harpuniert ein Tier** qn harponne un animal
harren *vi geh* 1. (*warten*) ■ **jd harrt jds/einer S. [*o* auf jdn/etw]** qn attend qn/qc
2. (*bevorstehen*) ■ **etw harrt jds [*o* auf jdn]** qc attend qn
Harsch <-[e]s> *m* ∅ neige *f* tôlée [*o* gelée]
harschig *adj* tôlé(e), gelé(e)
hart <¨er, ¨este> I. *adj* 1. (*opp: weich*) dur(e); *Matratze, Bett, Federung, Stoßdämpfer a.* ferme; *Kontaktlinsen a.* rigide; *Kartoffeln* ferme
2. (*heftig*) *Aufprall* brutal(e); *Ruck, Schlag a.* violent(e)
3. (*unmelodisch*) *Klang, Ton, Aussprache, Akzent* rauque
4. (*vehement*) *Auseinandersetzung, Kampf, Konflikt* rude
5. (*drastisch*) *Getränke* fort(e); *Droge* dur(e); *Pornografie* hard
6. (*brutal*) *Kriminalfilm, Western, Horrorfilm, Szene* dur(e), violent(e)
7. (*abgehärtet*) *Mensch* endurant(e), résistant(e); ■ **jd wird** ~ qn s'endurcit
8. (*stabil*) *Währung, Devisen* fort(e), stable
9. (*unerbittlich*) *Mensch, Worte* dur(e); *Herrschaft, Herrscher, Strafe, Urteil, Maßnahme, Gesetz a.* sévère; *Winter, Frost* rigoureux(-euse); ■ **jd ist** ~ **mit jdm** qn est dur(e) [*o* sévère] avec qn
10. (*schwer zu ertragen*) *Schicksal, Verlust, Tatsache* cruel(le); *Leben, Zeiten, Schlag, Realität, Wirklichkeit, Wahrheit* dur(e); ***das sind*** **~*e Tatsachen*** c'est dur; ■ **es ist** ~ **für jdn, dass** c'est dur pour qn de voir que + *indic*
11. (*mühevoll*) *Arbeit, Anstrengung, Entbehrungen* dur(e); *Auseinandersetzung, Verhandlung* difficile, musclé(e)
▶ **jd bleibt** ~ **[in etw** (*dat*)**]** qn reste intraitable [*o* de marbre] [dans qc]; **es geht [*o* kommt]** ~ **auf** ~ le torchon brûle; **jd ist** ~ **im Nehmen** qn encaisse [bien]
II. *adv* 1. (*nicht weich*) *schlafen* sur quelque chose de dur [*o* de ferme]; ~ ***gekocht*** *Ei* dur(e); ~ ***gefroren*** complètement gelé(e); ***die Erde ist*** ~ ***gefroren*** le sol est complètement gelé
2. (*heftig*) *fallen* brutalement; *aufprallen, zuschlagen a.* violemment
3. (*rau*) de manière rauque; ***etw klingt*** ~ qc sonne rauque
4. (*streng*) durement, sévèrement
5. *arbeiten* dur
6. (*unmittelbar*) ■ ~ **an etw** (*dat*) juste au bord de qc
▶ ~ **bedrängt** acculé(e), réduit(e) à la dernière extrémité; **jd fasst jdn** ~ **an** qn traite qn durement [*o* avec sévérité]; **sie geraten** ~ **aneinander** ils/elles se heurtent violemment; **jd greift** ~ **durch** qn sévit; **etw kommt jdn** ~ **an** qc pèse à qn; **jd setzt jdm** ~ **zu** qn met qn en mauvaise posture; **etw trifft jdn** ~ qc touche [*o* éprouve] durement qn
hartbedrängt *s.* **hart II.**▶
Härte <-, -n> *f* 1. (*Härtegrad*) dureté *f;* [*Metall*] trempe *f*
2. ∅ (*Wucht*) force *f*
3. ∅ (*Robustheit*) [*Baum, Pflanze*] robustesse *f,* rusticité *f*
4. ∅ [*Währung*] force *f,* stabilité *f*
5. ∅ [*Gesetz, Maßnahme*] sévérité *f,* dureté *f;* [*Auseinandersetzung, Streit, Verhandlung*] intransigeance *f;* ***mit großer*** ~ sans aucune pitié

6. [*Geschick, Schicksal, Leben, Zeiten*] dureté *f,* rigueur *f*
7. (*Kalkgehalt*) [*Wasser*] dureté *f*
▸ **soziale** ~**n** inégalités *fpl* sociales, préjudices *mpl* sociaux; **das ist die** ~ *sl* c'est le [*o* un] comble, c'est le bouquet, fam

Härtefall *m* 1. ADMIN cas *m* social grave (*cas spécial assimilable à celui prévu par la loi de péréquation des charges*) 2. *fam* (*Mensch*) cas *m* social **Härtefonds** [-fõː] *m* fonds *m* de solidarité **Härtegrad** *m* [*Wasser*] degré *m* de dureté **Härteklausel** *f* clause *f* d'atténuation des mesures susceptibles d'entraîner des injustices

härten I. *vt* ■ **jd härtet etw** qn trempe qc
II. *vi* ■ **etw härtet** qc durcit

Härter <-s, -> *m* durcisseur *m*

Härteskala *f* échelle *f* de dureté **Härtetest** *m* TECH test *m* [de résistance]; *fig* examen *m* de passage ▸ **jd unterzieht jdn einem** ~ qn soumet qn à un test; **jd unterzieht etw einem** ~ qn soumet qc à un test [de résistance]

Hartfaserplatte *f* panneau *m* de copeaux pressés **hartgefroren** *s.* **hart II.1. hartgekocht** *s.* **hart II.1. Hartgeld** *nt form* pièces *fpl,* espèces *fpl* sonnantes et trébuchantes **hartgesotten** *adj* 1. (*verstockt*) impénitent(e), invétéré(e); *ein* ~*er Bursche* un dur [à cuire] *fam* 2. (*gerissen*) retors(e), roué(e) **Hartgummi** *nt* ébonite *f*

hartherzig *adj* au cœur de pierre, dur(e)

Hartherzigkeit <-, -en> *f* 1. ∅ (*Gefühllosigkeit*) dureté *f* de cœur
2. (*Tat*) acte *m* impitoyable

Hartholz *nt* bois *m* dur

hartleibig *adj Mensch* intransigeant(e)

Hartleibigkeit <-> *f* ∅ intransigeance *f*

hartnäckig I. *adj* 1. (*beharrlich*) obstiné(e); *Widerstand* acharné(e); *Schweigen* têtu(e)
2. (*langwierig*) *Erkältung etc* tenace
II. *adv* avec obstination [*o* acharnement]; *schweigen* avec entêtement

Hartnäckigkeit <-> *f* ∅ 1. (*Beharrlichkeit*) acharnement *m,* obstination *f;* [*Schweigen*] entêtement *m*
2. [*Krankheit*] ténacité *f*

Hartplatz *m* terrain *m* en béton poreux ou en résine **Hartschalenkoffer** *m* valise *f* rigide

Härtung <-, -en> *f* durcissement *m,* durcissage *m*

Hartwurst *f* saucisson *m*

Harz[1] <-es, -e> *nt* [*Holz*] résine *f*

Harz[2] <-es> *m* GEOG ■ **der** ~ le Harz

harzen I. *vt* ■ **jd harzt etw** *Wein* qn ajoute de la résine à qc; ***geharzter Wein*** du [vin] résiné
II. *vi* ■ **etw harzt** qc est résineux(-euse), qc produit de la résine

Harzer <-s, -> *m* GASTR fromage *m* du Harz

harzig *adj* 1. *Holz* résineux(-euse)
2. CH (*mühsam*) difficile

Hasard <-s> *nt* ▸ **jd spielt** [**mit etw**] ~ *geh* qn joue gros jeu [avec qc]

Hasardeur(in) <-s, -e> [hazar'døːɐ] *m(f) pej geh* joueur(-euse) *m(f)* de hasard, risque-tout *mf*

Hasardspiel *nt geh* jeu *m* de hasard

Hasch <-[s]> *nt* ∅ *fam* hasch *m fam*

Haschee <-s, -s> *nt* hachis *m*

haschen *vi* 1. *fam* (*Haschisch rauchen*) ■ **jd hascht** qn fume du hasch[isch] *fam*
2. *veraltend geh* (*greifen*) ■ **jd hascht nach etw** qn essaie d'attraper [*o* de saisir] qc
3. *veraltend geh* (*streben*) ■ **jd hascht nach etw** qn est en quête de qc, qn recherche qc

Haschen <-s> *nt* ∅ DIAL (*Fangen*) chat *m* perché; ***sie spielen*** ~ il/elles jouent au [*o* à] chat perché

Häschen <-s, -> ['hɛːsçən] *nt* 1. *dim von* **Hase** levraut *m*
2. *fam* (*Kosename*) [mon] lapin *fam*

Häscher <-s, -> *m veraltend geh* sbire *m,* homme *m* de main

Hascherl <-s, -[n]> *nt* AUS *fam* pauvre diable *m*

Haschisch <-[s]> *nt o m* ∅ ha[s]chi[s]ch *m*

Hase <-n, -n> *m* 1. ZOOL, GASTR lièvre *m; s. a.* **Häsin**
2. DIAL (*Kaninchen*) lapin *m*
▸ **da liegt der** ~ **im Pfeffer** *fam* c'est là que gît le lièvre, c'est ça le fin mot de l'histoire; **jd ist ein alter** ~ *fam* qn est un vieux routier *fam;* **falscher** ~ hachis *m* (*rôti à base de viande hachée*); **jd sieht** [*o* **weiß**], **wie der** ~ **läuft** *fam* qn voit [*o* sait] ce qui va se passer

Hasel <-, -n> *f* noisetier *m,* coudrier *m*

Haselkätzchen *nt* chaton *m* de noisetier **Haselmaus** *f* muscardin *m* **Haselnuss**[RR] *f* 1. GASTR noisette *f* 2. *s.* **Hasel Haselstrauch** *m s.* **Hasel**

Hasenbraten *m* lièvre *m* rôti **Hasenfuß** *m fam* poule *f* mouillée *fam,* froussard *m fam* **Hasenpanier** *nt* ▸ **jd ergreift das** ~ *veraltend fam* qn prend la poudre d'escampette *fam* **Hasenpfeffer** *m* civet *m* de lièvre **Hasenscharte** *f* bec-de-lièvre *m*

Häsin *f* hase *f; s. a.* **Hase**

Haspel <-, -n> *f* treuil *m,* dévidoir *m;* (*für Fäden*) bobine *f*

haspeln I. *vt* ■ **jd/etw haspelt etw** *Flachs, Garn* qn/qc dévide qc
II. *vi fam* (*hastig sprechen*) ■ **jd haspelt** qn bafouille *fam*

Hass[RR] <-es>, **Haß** <-sses> *m* ∅ haine *f*
▸ **jd hat einen** ~ **auf jdn** *fam* qn en veut à mort à qn *fam,* qn est en rage contre qn *fam;* **jd kriegt einen** ~ **auf jdn** *fam* qn pique une [*o* sa] crise contre qn *fam;* **jd zieht sich** (*dat*) **jds** ~ **zu, jd zieht jds** ~ **auf sich** (*akk*) qn s'attire la haine de qn

hassen *vt* 1. ■ **jd hasst jdn** qn hait qn
2. (*nicht mögen*) ■ **jd hasst etw** qn déteste qc; ■ **jd hasst es etw zu tun** qn déteste [*o* a horreur de] faire qc

hasserfüllt[RR] I. *adj* haineux(-euse)
II. *adv* haineusement

hässig *adj* CH de mauvaise humeur; ***jd wird*** ~ qn se fâche, qn se met en colère

hässlich[RR], **häßlich** I. *adj* 1. (*unschön*) laid(e), affreux(-euse)
2. (*gemein*) *Ausdruck, Fluch, Schimpfwort* vilain(e); ■ **jd ist** ~ **zu jdm** qn est méchant(e) [*o* vilain(e)] avec qn; ■ **etw ist** ~ **von jdm** qc n'est pas très gentil(le) de la part de qn, qc est odieux(-euse) de la part de qn
3. (*unerfreulich*) *Vorfall* regrettable; *Streit* vilain(e)
II. *adv* 1. (*gemein*) mal, odieusement; ***jd lässt sich*** ~ ***über jdn aus*** qn dit de vilaines choses [*o* du mal] [à propos] de qn
2. (*nicht schön*) *zurechtgemacht, geschminkt, angezogen* mal, horriblement; ***jd hat jdn*** ~ ***zugerichtet*** qn a mis qn dans un piteux état; ***jd hat etw*** ~ ***gestrichen*** qn a peint qc avec une couleur horrible; ***etw ist*** ~ ***braun geworden*** qc a pris une horrible couleur brune; ***ein*** ~ ***gelbes Kleid*** une robe d'un jaune horrible

Hässlichkeit[RR], **Häßlichkeit** <-> *f* ∅ laideur *f*

Hassliebe[RR] *f* mélange *m* d'amour et de haine **Hasstirade**[RR] *f* invective *f,* diatribe *f* **hassverzerrt**[RR] *adj* déformé(e) par la haine

hast *2. pers pres von* **haben**

Hast <-> *f* ∅ hâte *f*
▸ **in fliegender** ~ en toute hâte; **nur keine** ~! pas de panique!; **ohne** ~ tranquillement; **voller** ~ en toute hâte, à la hâte

haste = *fam* **hast du** *s.* **haben**

hasten *vi* + *sein geh* ■ **jd hastet irgendwohin** qn se hâte quelque part

hastig I. *adj Bewegung* précipité(e); *Befehl, Erklärung* bref(-ève); *Essen* rapide; *Schritte* pressé(e)
▸ **nicht so** ~! pas si vite!, du calme!
II. *adv* vite, précipitamment

hat *3. pers pres von* **haben**

hätscheln *vt* 1. (*liebkosen*) ■ **jd hätschelt jdn** qn dorlote [*o* cajole] qn
2. (*gut behandeln*) ■ **jd hätschelt jdn** qn traite qn avec égards
3. (*pflegen*) ■ **jd hätschelt etw** *Ideologie, Vorstellung* qn cultive qc; *Idee, Plan* qn caresse qc

hatschen *vi* + *sein* AUS, SDEUTSCH *fam* (*hinken*) ■ **jd hatscht** qn boite

hatschi *interj* atchoum
▸ **jd macht** ~ *Kindersprache* qn fait atchoum *enfantin*

hatte *imp von* **haben**

Hattrick <-s, -s> ['hætrɪk] *m* coup *m* du chapeau; SPORT *a.* hat-trick *m*

Hatz <-, -en> *f* 1. SDEUTSCH, AUS (*Hetze*) précipitation *f*
2. (*Hetzjagd*) chasse *f* à courre (*auf* + *akk* à)
3. (*auf Menschen, Verdächtige, Opponenten*) chasse *f* (*auf* + *akk* à)

Haube <-, -n> *f* 1. (*Kopfbedeckung*) coiffe *f*
2. (*Trocken~*) casque *m*
3. (*Motor~*) capot *m*
4. AUS, SDEUTSCH (*Mütze*) casquette *f*
5. ORN huppe *f*
6. (*aus Sahne, Schnee*) couche *f*
▸ **jd bringt jdn unter die** ~ *fam* qn case qn *fam,* qn marie qn; **jd ist unter der** ~ *fam* qn est casé(e) *fam;* **jd kommt unter die** ~ *fam* qn se marie

Haubenlerche *f* cochevis *m* huppé **Haubenmeise** *f* mésange *f* huppée

Haubitze <-, -n> *f* obusier *m*

Hauch <-[e]s, -e> *m geh* 1. (*Atem~*) souffle *m*
2. (*Luftzug*) courant *m* d'air, souffle *m soutenu*
3. (*Duft*) ■ **ein** ~ **von etw** une odeur [légère] de qc
4. (*Flair*) ■ **der** ~ **einer S.** (*gen*) une aura de qc *littér*
5. (*Anflug*) ■ **der** ~ **von etw** [*o* **einer S.** (*gen*)] le soupçon de qc

hauchdünn I. *adj* 1. (*dünn*) mince, très fin(e); *Stoff* léger(-ère), vaporeux(-euse)
2. (*äußerst knapp*) *Mehrheit, Sieg* [très] juste
II. *adv auftragen* en couche[s] [très] fine[s]; *schneiden* en tranche[s] [très] fine[s]

hauchen I. *vi* ■ **jd haucht auf/gegen/in etw** (*akk*) qn souffle sur/contre/dans qc
II. *vt* 1. (*blasen*) ■ **jd haucht jdm etw in etw** (*akk*) qn lui souffle qc dans qc
2. (*flüstern*) ■ **jd haucht etw** qn dit qc dans un souffle; ■ **jd haucht jdm etw in etw** (*akk*) qn lui souffle [*o* chuchote] qc à qc

Hauchlaut *m* consonne *f* aspirée **hauchzart** *adj* 1. GASTR fondant(e)
2. *Stoff, Kleidungsstück* vaporeux(-euse)

Haudegen *m* sabreur *m*

Haue <-, -n> *f* 1. ∅ *fam* (*Prügel*) raclée *f fam,* bonne correction *f*
2. SDEUTSCH, CH, AUS (*Hacke*) houe *f*
▸ **jd kriegt** ~ *fam* qn va prendre [*o* avoir] une raclée *fam;* **es gibt** ~ *fam* ça va être ma/sa/… fête *fam,* ça va barder *fam*

hauen <haute *o* hieb, gehauen *o* DIAL gehaut> I. *vt* + *haben* 1. <*imp* hieb> *fam* (*schlagen*) ■ **jd/ein Tier haut etw auf etw** (*akk*)/**gegen etw** qn/un animal frappe de qc sur/contre qc, qn/un animal frappe qc de qc; *Schädel* qn fracasse qc contre/sur qc
2. *fam* (*verprügeln*) ■ **jd haut jdn** qn bat [*o* frappe] qn
3. (*meißeln*) ■ **jd haut etw in etw** (*akk*) *Statue, Figur* qn taille qc dans qc; *Loch, Stufe* qn fait qc dans qc
4. <*imp* hieb, haute> *geh* (*schlagen*) ■ **jd haut jdm etw auf etw** (*akk*) qn lui assène qc sur qc *soutenu*
5. *fam* (*stoßen*) ■ **jd haut etw an/auf etw** (*akk*) *Körperteil* qn se cogne qc à/contre qc
II. *vi* 1. <*imp* hieb, haute> + *haben fam* (*schlagen*) ■ **jd haut** [**mit etw**] **auf etw** (*akk*)/**gegen etw** qn frappe [avec qc] sur/contre qc; *auf die Klavier-*

tasten a. qn tape [de qc] sur/contre qc; ■ **jd haut jdn [mit etw] auf etw** (*akk*)**/in etw** (*akk*)**/gegen etw/vor etw** (*akk*) qn donne à qn un coup [de qc] sur/dans/contre/à qc; ***jd haut jdm mit der Hand ins Gesicht*** qn le/la frappe de la main en plein visage
2. + *haben fam* (*prügeln*) ■ **jd haut** qn frappe, qn cogne *fam*
3. + *sein fam* (*stoßen*) ■ **jd haut [mit etw] gegen etw** qn se cogne [qc] contre qc
III. *vr* + *haben fam* **1.** (*sich prügeln*) ■ **sie ~ sich** ils/elles se battent
2. (*sich setzen, legen*) ■ **jd haut sich auf/in etw** (*akk*) qn s'écroule sur/dans qc

Hauer[1] <-s, -> *m* **1.** (*Eckzahn*) défense *f*
2. *hum* (*großer Zahn*) croc *m fam*

Hauer[2] <-s, -> *m* MIN mineur *m* piqueur, haveur *m*

Häufchen <-s, -> *nt dim von* Haufen petit tas *m*
▶ **ein ~ Elend** *fam* un petit malheureux/une petite malheureuse; **ein Tier macht ein ~** un animal fait ses besoins

häufeln *vt* ■ **jd häufelt etw** *Kartoffeln, Spargel* qn butte qc; *Erde, Heu* qn met qc en petits tas, qn fait des petits tas de qc

Haufen <-s, -> *m* **1.** (*Anhäufung*) tas *m*
2. *fam* (*große Menge*) ■ **ein ~** un tas de choses, pas mal de choses; ■ **ein ~** + *subst* un tas de; ***wenn ich diesen ~ sehe*** quand je vois tout ça
3. *fam* (*Menschenschar*) groupe *m*; ***ein ~ Freunde*** un tas d'amis *fam*
4. (*Gruppe*) groupe *m*, bande *f*
▶ **jd fährt/reitet/rennt jdn/ein Tier über den ~** *fam* qn renverse qn/un animal; **jd/ein Tier macht einen ~** *fam* qn/un animal fait sa crotte *fam*; **jd schießt** [*o* **knallt**] **jdn/ein Tier über den ~** *fam* qn abat [*o* but[t]e *arg*] qn/un animal; **jd wirft** [*o* **schmeißt**] **etw über den ~** *fam* qn met qc au panier *fam*; **etw wirft** [*o* **schmeißt**] **[jdm] etw über den ~** *fam* qc chamboule qc [de qn] *fam*, qc fiche qc [de qn] en l'air *fam*; **auf einem ~** *fam* à la fois, d'un [seul] coup

häufen I. *vt* ■ **jd häuft [jdm] etw auf etw** (*akk*) qn entasse qc sur qc; *Brei, Essen* qn lui met qc dans/sur qc; *s. a.* **gehäuft**
II. *vr* **1.** (*zahlreicher werden*) ■ **etw häuft sich** qc se répète, qc se multiplie; *s. a.* **gehäuft**
2. (*sich türmen*) ■ **etw häuft sich [irgendwo]** */Abfall, Müll/* qc s'entasse [dans un endroit]
3. (*türmen*) ■ **jd häuft sich** (*dat*) **etw auf etw** (*akk*) *Salat, Fleisch, belegte Brote etc* qn entasse qc sur qc

Haufendorf *nt* village-tas *m* **haufenweise** *adv* **1.** (*in Haufen*) en tas
2. *fam* (*in großer Zahl*) à la pelle *fam*; */Menschen/* en masse, en grand nombre; */Brennholz etc/* en grande quantité ▶ **jd hat** [*o* **besitzt**] **etw ~** qn a [*o* possède] beaucoup de qc **Haufenwolke** *f* cumulus *m*

häufig I. *adj* fréquent(e)
II. *adv* fréquemment, souvent

Häufigkeit <-, -en> *f* (*Frequenz*) fréquence *f*
▶ **abnehmende/zunehmende ~** diminution *f*/augmentation *f*

Häufigkeits- de fréquence **Häufigkeitszahl** *f*, **Häufigkeitsziffer** *f* fréquence *f*

Häufung <-, -en> *f* grand nombre *m*, multitude *f*

Haupt <-[e]s, Häupter> *nt geh* **1.** (*Kopf*) tête *f*, chef *m vieilli littér*
2. (*zentrale Figur*) chef *m*, tête *f*, leader *m*
▶ **an ~ und Gliedern** de fond en comble, complètement; **entblößten ~es, mit bloßem ~** nu-tête, tête nue; **gesenkten/erhobenen ~es** [la] tête baissée/haute; **jd schlägt jdn aufs ~** (*bringt Niederlage*) qn fait mordre la poussière à qn; **zu jds Häupten** au chevet de qn

Haupt- **1.** (*wesentlich*) principal(e); *-anklagepunkt, -belastungszeuge, -entlastungszeuge, -verantwortliche* premier(-ière); *-sünde, -werk* capital(e); *-rechnungsart, -unterschied* fondamental(e); *-eigenschaft, -merkmal, -motiv* dominant(e); *~**akteur*** vedette *f*; *~**problem*** problème-clé *m*, *~**segel*** grande voile *f* **2.** (*bei Dienstgraden*) général(e); *~**gefreiter*** caporal-chef *m*, brigadier-chef *m*; *~**feldwebel*** sergent-major *m* **Hauptakzent** *m* LING accent *m* principal ▶ **jd legt den ~ auf etw** (*akk*) qn met l'accent sur qc, qn insiste particulièrement sur qc **Hauptaltar** *m* maître-autel *m* **hauptamtlich I.** *adj Mitarbeiter, Bürgermeister etc* qui exerce sa fonction à titre professionnel; *Tätigkeit* professionnel(le) **II.** *adv*: ***jd ist in etw*** (*dat*) **~** [***als etw***] ***tätig*** qn exerce son activité principale [comme qc] dans qc **Hauptangeklagte(r)** *f(m) decl wie adj* principal(e) accusé(e) *m(f)* **Hauptanschluss**[RR] *m* ligne *f* principal **Hauptausgang** *m* sortie *f* principale **Hauptbahnhof** *m* gare *f* centrale **Hauptberuf** *m* activité *f* [professionnelle] principale ▶ **im ~**: ***was machen Sie im ~***? que faites-vous comme métier?, quel est votre métier?; ***sie ist Friseuse im ~*** elle est coiffeuse de métier **hauptberuflich I.** *adj*: ***~e Tätigkeit*** principale activité professionnelle **II.** *adv s.* **hauptamtlich II. Hauptbuch** *nt* grand-livre *m* **Hauptdarsteller(in)** *m(f)* premier rôle *m* **Hauptdeck** *nt* pont *m* principal **Haupteingang** *m* entrée *f* principale

Häuptel <-s, -[n]> *nt* AUS tête *f*

Häuptelsalat *m* AUS laitue *f*

Haupteslänge *f* ▶ **jd überragt jdn um ~** *geh* qn dépasse qn d'une tête

Hauptfach *nt* **1.** UNIV matière *f* principale **2.** SCOL matière *f* principale [obligatoire] ▶ **jd studiert etw im ~** qn fait des études de qc, qn fait qc comme matière principale **Hauptfeldwebel** *m* adjudant-chef *m* **Hauptfilm** *m* grand film *m* **Hauptgang** <-gänge> *m* **1.** GASTR plat *m* principal [*o* de résistance] **2.** ARCHIT couloir *m* central **3.** (*Waschgang*) [cycle *m* de] lavage *m* ▶ **im ~** (*als Hauptgericht*) comme plat principal [*o* de résistance] **Hauptgebäude** *nt* bâtiment *m* central **Hauptgefreite(r)** *f(m) decl wie adj* caporal-chef *m* **Hauptgericht** *nt* plat *m* principal [*o* de résistance] **Hauptgeschäftszeit** *f* heures *fpl* d'affluence **Hauptgewicht** *nt* priorité *f* ▶ **jd legt das ~ auf etw** (*akk*) qn met la priorité sur qc, qn met qc en priorité **Hauptgewinn** *m* gros lot *m* **Haupthaar** *nt* ∅ *geh* chevelure *f*, cheveux *mpl* **Haupthahn** *m* robinet *m* principal **Hauptlast** *f* charge *f* principale **Hauptleute** *pl von* **Hauptmann**

Häuptling <-s, -e> *m* chef *m* de la tribu

Hauptmahlzeit *f* repas *m* principal **Hauptmann** <-leute> *m* **1.** MIL capitaine *m* **2.** CH (*Gemeindevorsteher*) maire *m* **Hauptmenü** *nt* INFORM menu *m* principal **Hauptmieter(in)** *m(f)* principal(e) locataire *mf* **Hauptnenner** *m* dénominateur *m* commun **Hauptperson** *f* **1.** LITER, THEAT personnage *m* principal **2.** (*tonangebende Person*) vedette *f*; (*wichtigste Person*) personnage *m* central **Hauptplatine** *f* carte *f* mère **Hauptportal** *nt* portail *m* principal **Hauptpost** *f fam*, **Hauptpostamt** *nt* poste *f* centrale, bureau *m* de poste central **Hauptquartier** *nt* grand quartier *m* général **Hauptreisezeit** *f* période *f* des grands départs **Hauptrolle** *f* premier rôle *m* ▶ **jd spielt [in etw** (*dat*)**] die ~** CINE, THEAT qn joue le rôle principal [dans qc]; **jd spielt [bei etw] die ~** qn occupe le devant de la scène [à l'occasion de qc] **Hauptsache** *f* ■ **die ~** le plus important, le principal ▶ **etw ist [die] ~** qc, c'est le principal [*o* le plus important]; **~ ist etw/ist etw zu tun** le principal [*o* le plus important], c'est qc/de faire qc; **in der ~** essentiellement, surtout; **~, ...** (*das Wichtigste ist*) le principal [*o* le plus important], c'est de/que ... + *subj*, ce qui importe, c'est de/que ... + *subj* **hauptsächlich I.** *adv* essentiellement, surtout **II.** *adj Anliegen, Frage, Punkt, Problem* capital(e), principal(e); *Autor* représentatif(-ive); *Vertreter* important(e) **Hauptsaison** [-zɛzõː, -zɛzɔŋ] *f* haute saison *f* ▶ **jd/etw hat ~** c'est la haute saison chez qn/quelque part; ***dieser Ort hat im Winter ~*** à cet endroit, la haute saison est en hiver **Hauptsatz** *m* (*allein*) proposition *f* indépendante; (*übergeordneter Satz*) proposition *f* principale **Hauptschalter** *m* commutateur *m* central **Hauptschiff** *nt* nef *f* centrale, vaisseau *m* central **Hauptschlagader** *f* aorte *f* **Hauptschlüssel** *m* passe-partout *m* **Hauptschuld** *f* ∅ ■ **jds ~ an etw** (*dat*) la responsabilité principale de qn dans qc **Hauptschuldige(r)** *f(m) decl wie adj* principal fautif/principale fautive *m/f* **Hauptschule** *f école f secondaire élémentaire* **Hauptschüler(in)** *m(f)* élève *mf* d'une école secondaire élémentaire **Hauptschullehrer(in)** *m(f)* professeur *m* d'une école secondaire élémentaire **Hauptseminar** *nt cours pour étudiants en dernier cycle* **Hauptsendezeit** *f* heures *fpl* de grande écoute **Hauptspeicher** *m* mémoire *f* centrale [*o* principale] **Hauptspeise** *f* AUS (*Hauptgericht*) plat *m* principal **Hauptstadt** *f* capitale *f* **Hauptstraße** *f* rue *f* principale **Hauptstrecke** *f* EISENBAHN [grand] axe *m* **Hauptteil** *m* majeure partie *f* **Haupttreffer** *m* gros lot *m* ▶ **jd erzielt den ~** qn décroche le gros lot **Hauptverhandlung** *f* audience *f* principale, débats *mpl* **Hauptverkehrsstraße** *f* grande artère *f*, route *f* à grande circulation **Hauptverkehrszeit** *f* heures *fpl* de pointe **Hauptversammlung** *f* assemblée *f* générale **Hauptwache** *f* commissariat *m* [de police] **Hauptwäsche** *f* lavage *m* **Hauptwaschgang** *m* [cycle *m* de] lavage *m* **Hauptwaschmittel** *nt* lessive *f* [courante], produit *m* de lavage [courant] **Hauptwohnsitz** *m* résidence *f* principale **Hauptwort** <-wörter> *nt* nom *m*, substantif *m* **Hauptzeuge** *m*, **-zeugin** *f* témoin *m* principal

hau ruck *interj* oh [*o* ho] hisse!

Hauruck <-s, -s> *nt* oh *m* [*o* ho *m*] hisse, ahan *m vieilli*

Hauruck- *-politik, -vereinigung, -leistung* mené(e) tambour battant; *~**lösung*** solution *f* coup de poing; ***im ~verfahren*** au pas de charge, tambour battant; ***nach der ~methode*** à la va-vite

Haus <-es, Häuser> *nt* **1.** (*Wohn~*) maison *f*; (*Mehrfamilien~*) immeuble *m*; ***das Internat bestand aus mehreren Häusern*** l'internat comprenait plusieurs bâtiments; ***„~ Sonnenschein"*** (*Privathaus*) "villa Sonnenschein"; (*Pension*) "pension Sonnenschein"
2. (*Familie*) maison *f*, famille *f*; ***die Dame/der Herr/die Tochter des ~es*** la maîtresse/le maître de maison/la fille de la maison
3. (*Dynastie*) maison *f*; ***das ~ Habsburg*** la maison des Habsbourg
4. *geh* (*Unternehmen*) maison *f*
5. *geh* (*Publikum*) salle *f*
6. PARL chambre *f*
7. ZOOL coquille *f*; ***die Schnecke zieht sich in ihr ~ zurück*** l'escargot rentre dans sa coquille
8. ASTROL maison *f*
▶ **das ~ Gottes** [*o* **des Herrn**] *geh* la maison de Dieu [*o* du Seigneur]; **jd verlässt ~ und Herd** *geh* qn quitte le domicile conjugal; ***er/sie verließ ~ und Herd*** il/elle a tout quitté, il/elle a laissé sa femme/son mari et ses enfants; **~ und Hof** *geh* tous mes/ses/... biens; **~ *und Hof kommen unter den Hammer*** la totalité des biens va être mise aux enchères; **das erste ~ am Platze** (*Hotel*) le meilleur hôtel de la ville/de l'endroit; (*Firma*) l'entreprise la plus renommée de la ville/de l'endroit; **[du] altes ~!** *fam* vieille branche! *fam*; **jd spielt vor ausverkauftem** [*o* **vollem**] **~** qn joue devant une [*o* fait] salle comble; **das europäische ~** la maison commune européenne, la construction européenne; **frei ~** franco à domicile; **ein gepflegtes** [*o* **gut geführtes**] **~** une bonne maison [*o* table]; **das große/kleine ~** THEAT la grande/petite salle; **jd führt ein großes ~** *geh* qn mène grand train; **Hohes ~!** *form* Haute Assemblée!; **jd spielt vor leerem ~e** qn joue devant une [*o* fait] salle vide; **jd hat für jdn ein offenes ~** la maison de qn est ouverte à qn; **das Weiße ~** la Maison-Blanche; **jd bestellt sein ~** qn règle ses affaires, qn met ses affaires en ordre; **jd bringt jdn nach ~e** qn raccompagne qn chez lui/elle, qn ramène qn à la maison; **jd/etw fesselt jdn ans ~** qn/qc cloue qn chez lui/elle; **fühl dich/fühlen Sie sich wie zu ~e!** fais comme chez toi/faites comme chez vous!; **jd fühlt sich [irgendwo/bei jdm] wie zu ~e** qn se sent [quelque part/chez qn] comme chez soi; **jd führt jdm das ~** qn tient la maison de qn; **jd geht aus dem ~** qn sort de chez lui; **wie geht's zu ~e?** comment ça va à la maison?; **jd muss das ~ hüten** il faut que qn garde la chambre; **jd isst außer ~** qn mange en ville [*o* au restaurant]; **jd ist aus dem ~** */Kind/* qn a quitté la maison; **jd ist außer ~[e]** */Chef, Mitarbeiter/*

qn est à l'extérieur, qn n'est pas dans l'établissement; **jd ist für jdn/niemanden zu ~e** qn est là pour qn/n'y est pour personne; **jd ist in etw** (*dat*) **zu ~e** (*bewandert*) qn s'y connaît en qc; dans qc, qn s'y connaît; **jd ist irgendwo zu ~** /*Mensch*/ qn est [originaire] de quelque part; **etw ist irgendwo zu ~e** /*Brauch*/ qc est en usage quelque part; **jd/ein Tier/etw kommt jdm nicht ins ~** qn ne veut pas de qn/d'un animal/de qc chez soi; **jd läuft** [*o* **rennt**] **jdm das ~ ein** *fam* qn assiège qn; **jd liefert** [**etw**] **ins ~** qn livre [qc] à domicile; **jd nimmt jdn ins ~** qn prend qn à domicile; **jd schickt jdn nach ~e** (*schickt heim*) qn renvoie qn à la maison; *fam* qn envoie qn se faire voir ailleurs *fam;* **jd/etw schneit jdm ins ~** *fam* qn/qc lui tombe dessus *fam;* **etw steht ins ~** qc se prépare; **etw steht jdm ins ~** /*Lottogewinn, Nachricht*/ qn peut s'attendre à qc; /*Streit, Ärger*/ qn doit s'attendre à qc; /*Steuernachzahlung*/ qc attend qn; **jd verbietet jdm das ~** qn interdit sa maison [*o* sa porte] à qn; **~ an ~** porte à porte; ***wir wohnen ~ an ~*** nous habitons porte à porte, nos maisons sont voisines; **aus ... ~e** *adligem, bürgerlichem, großbürgerlichem, kleinbürgerlichem* de famille ...; *angesehenem, alteingesessenem, begütertem* d'une famille ...; ***aus gutem ~e*** de bonne famille; ***aus bestem ~e*** d'une excellente famille; **im ~** (*innerhalb des ~es*) dans la maison, à l'intérieur; (*in der Firma*) dans l'établissement; ***ich bleibe heute lieber im ~*** aujourd'hui je préfère rester à la maison; **ins ~** *gehen, kommen, laufen, müssen etc* à la maison, chez moi/soi/nous/eux; ***lass uns ins ~ gehen*** rentrons [dans la maison]; **nach ~e** *kommen, gehen, müssen, wollen, dürfen etc* à la maison; ***ich komme gleich/ ich muss nach ~e*** je rentre tout de suite/je dois rentrer [à la maison]; ***wieder nach ~e finden*** retrouver le chemin de la maison; **von ~e aus** (*eigentlich*) à l'origine; (*von der Familie her*) de par ses/leurs origines; **jd/ein Tier geht/zieht/wandert von ~ zu ~** qn/un animal va/passe/voyage de maison en maison; **etw geht/wandert von ~ zu ~** qc passe/se transmet d'une maison à l'autre; **zu ~e** à la maison, chez moi/lui/...; *arbeiten* à domicile; ***zu ~e ist es doch immer noch am schönsten!*** c'est encore chez soi qu'on est le mieux!; ***seid vor Mitternacht wieder zu ~e!*** tâchez d'être rentré(e)s [à la maison] avant minuit!; **bei jdm zu ~e** chez qn

Haus- **1.** (*für das Haus*) *-bibliothek* privé(e); *-einrichtung* intérieur(e); *-lampe* pour la maison; *-möbel* d'intérieur **2.** (*eines Hauses*) *-abriss, -umzingelung, -überwachung* de la/d'une maison; (*eines Mehrfamilienhauses*) de l'/d'un immeuble **3.** ARCHIT *-dach, -einfahrt, -schornstein, -klingel, -flur, -keller* de la maison; de l'immeuble; *-anschluss* domestique; ***unser ~schornstein*** la cheminée de notre maison **4.** ZOOL domestique; *-maus, -ratte, -katze* commun(e) **5.** *-bank* habituel(le); *-anwalt* d'une/de l'entreprise; *-psychiater, -kosmetikerin* d'un/de l'établissement **6.** (*in Privathaus*) *-taufe, -trauung* à la maison **Hausaltar** *m* autel *m* domestique **Hausangestellte(r)** *f(m)* employé(e) *m(f)* de maison; ***die ~n des Hotels*** le personnel de service de l'hôtel **Hausantenne** *f* antenne *f* [de toit] **Hausanzug** *m* tenue *f* d'intérieur **Hausapotheke** *f* pharmacie *f* [familiale] **Hausarbeit** *f* **1.** (*Arbeit im Haushalt*) travaux *mpl* ménagers [*o* domestiques] **2.** SCOL travail *m* à [faire à] la maison **3.** UNIV ■ [**wissenschaftliche**] **~** mémoire *m* **Hausarrest** *m* **1.** (*für Kind*) privation *f* de sortie; ***du bekommst drei Tage ~!*** tu es privé(e) de sortie pendant trois jours! **2.** JUR résidence *f* surveillée ▸ **jd hat ~** qn est privé(e) de sortie, qn est consigné(e) à la maison **Hausarzt** *m,* **-ärztin** *f* médecin *m* de famille **Hausaufgabe** *f* devoir *m* à [faire à] la maison; ■ **~n** devoirs *mpl* [à [faire à] la maison] ▸ **jd macht seine ~n** *fig* qn apprend bien sa leçon *hum;* **jd hat seine ~n nicht gemacht** *fig* qn n'a pas bien appris sa leçon *hum* **Hausaufsatz** *m* rédaction *f* à [faire à] la maison

hausbacken *adj* vieillot(te), ringard(e) *fam*

Hausbar *f* **1.** (*Privatbar*) coin-bar *m* **2.** (*in Wohnzimmerschrank*) élément-bar *m* **3.** (*Inhalt einer ~*) bar *m* **Hausbau** <-bauten> *m* construction *f* de/de la maison/d'/de l'immeuble **Hausbesetzer(in)** *m(f)* squatte[u]r *m* **Hausbesetzung** *f* squat *m* **Hausbesitzer(in)** *m(f)* propriétaire *mf* [de/de la/d'une maison/d'/du/d'un immeuble] **Hausbesorger(in)** <-s, -> *m(f)* AUS *s.* **Hausmeister. Hausbesuch** *m* **1.** MED visite *f* à domicile **2.** ADMIN contrôle *m* à domicile **Hausbewohner(in)** *m(f)* occupant(e) *m(f)* [de l'immeuble], locataire *mf* **Hausboot** *nt* péniche *f* aménagée; TOURISMUS house-boat *m* **Hausbriefkasten** *m* boîte *f* aux lettres

Häuschen <-s, -> ['hɔɪsçən] *nt* **1.** *dim von* Haus maisonnette *f*
2. SDEUTSCH, CH *fam* (*Klosett*) petit coin *m fam*
3. CH (*Kästchen auf kariertem Papier*) [petit] carreau *m*
▸ **jd/etw bringt jdn** [**ganz**] **aus dem ~** *fam* qn/qc rend qn fou(folle) de joie; **jd gerät** [**über etw** (*akk*)] **ganz aus dem ~** *fam* qn devient tout fou/toute folle [à la nouvelle de qc] *fam;* **jd ist ganz aus dem ~** *fam* qn est [tout(e)] tourneboulé(e) [*o* retourné(e)] *fam*

Hausdame *f* (*Haushälterin*) gouvernante *f;* (*Gesellschafterin*) dame *f* de compagnie **Hausdetektiv(in)** *m(f)* détective *m* [d'un magasin] **Hausdrachen** *m pej fam* dragon *m,* mégère *f* **Hausdurchsuchung** *f* perquisition *f* **Hausdurchsuchungsbefehl** *m* mandat *m* de perquisition **hauseigen** *adj* privé(e); ***ein ~es Handtuch*** une serviette appartenant à l'établissement; ***ein ~er Rechner*** un calculateur propre à l'entreprise **Hauseigentümer(in)** *m(f) form s.* **Hausbesitzer. Hauseingang** *m* entrée *f* [de/de la/d'une maison/d'/de l'/d'un immeuble]

hausen *vi* **1.** *pej fam* ■ **jd haust irgendwo** qn crèche quelque part *fam*
2. (*wüten*) ■ **jd/etw haust irgendwo** qn/qc fait des ravages quelque part

Häuserblock <-blocks> *m* pâté *m* de maisons, bloc *m* d'habitations **Häuserfront** *f* alignement *m* de façades **Häusermeer** *nt geh* océan *m* de maisons *soutenu* **Häuserreihe** *f,* **Häuserzeile** *f* rangée *f* de maisons

Hausflur *m* vestibule *m* **Hausfrau** *f* **1.** femme *f* au foyer, ménagère *f* **2.** AUS, SDEUTSCH (*Zimmerwirtin*) logeuse *f* **Hausfrauenart** *f* ▸ **nach ~** à l'ancienne, bonne femme *vieilli* **hausfraulich** *adj* de [bonne] ménagère **Hausfreund(in)** *m(f)* **1.** (*Freund der Familie*) ami(e) *m(f)* de la famille **2.** *nur m fam* (*Liebhaber*) ami *m* intime *hum,* amant *m* **Hausfriede[n]** *m* (*der Hausbewohner untereinander*) bonnes relations *fpl* dans l'immeuble; (*der Familienmitglieder untereinander*) paix *f* domestique, bonne entente *f* familiale **Hausfriedensbruch** *m* violation *f* de domicile **Hausgebrauch** *m* ▸ **für den ~** (*für den privaten Verbrauch*) à usage domestique, pour mon/son/... usage personnel; *fam* (*für durchschnittliche Ansprüche*) pour ce que je veux/qu'il veut/... en faire *fam* **Hausgeburt** *f* accouchement *m* à domicile **Hausgehilfe** *m,* **-gehilfin** *f* aide *f* ménagère; (*Angestellte*) employé(e) *m(f)* de maison **hausgemacht** *adj* **1.** GASTR [fait(e)] maison **2.** (*intern begründet*) *Inflation, Rezession, Arbeitslosigkeit* d'origine interne **Hausgemeinschaft** *f* communauté *f* des occupants d'un/de l'immeuble **Hausgötter** *pl* dieux *mpl* protecteurs du foyer

Haushalt <-[e]s, -e> *m* **1.** (*Hausgemeinschaft*) foyer *m;* ***ein großer/ kleiner ~*** une petite/grande famille
2. (*Haushaltsführung*) tenue *f* de la/d'une maison
3. ÖKO [*Gewässer, Natur*] écosystème *m*
4. ECON budget *m*
▸ **jd führt** [**jdm**] **den ~** qn tient la maison [de qn]

Haushalt- *s.* **Haushalts-**

haus|halten *vi irreg* **1.** (*sparsam wirtschaften*) ■ **jd hält haus** qn gère le budget du ménage; ■ **jd hält mit etw haus** *mit Wirtschaftsgeld, Vorräten etc* qn économise qc
2. (*dosiert einsetzen*) ■ **jd hält mit etw haus** *mit Energie, Kräften, Reserven etc* qn ménage qc

Haushälter(in) <-s, -> *m(f)* intendant(e) *m(f);* (*bei Pfarrer*) gouvernante *f,* bonne *f;* ***sie braucht einen ~*** elle a besoin de quelqu'un pour [entre]tenir la maison

haushälterisch **I.** *adj* économe
II. *adv* de façon économe

Haushalts- **1.** (*für den Haushalt*) ménager(-ère), de ménage **2.** ECON, POL budgétaire **Haushaltsbuch** *nt* livre *m* de comptes, agenda *m* **Haushaltsführung** *f* tenue *f* d'une/de la maison ▸ **doppelte ~** frais *mpl* de double résidence **Haushaltsgeld** *nt* argent *m* du ménage **Haushaltshilfe** *f* aide *f* familiale **Haushaltsjahr** *nt* ECON année *f* [*o* exercice *m*] budgétaire **Haushaltskasse** *f* ∅ caisse *f* du ménage **Haushaltsloch** *nt* POL trou *m,* déficit *m* budgétaire **Haushaltspackung** *f* paquet *m* familial **Haushaltswaage** *f* balance *f* de ménage

Haushaltung *f* **1.** ∅ (*Haushaltsführung*) tenue *f* de la/d'une maison
2. ∅ (*sparsamer Einsatz*) ■ **die ~ mit etw** *mit Energie, Vorräten etc* l'utilisation mesurée de qc; ***die sehr zurückhaltende ~ mit etw*** l'utilisation extrêmement parcimonieuse de qc
3. *form* (*Haushalt*) foyer *m*

Hausherr(in) *m(f)* maître(-esse) *m(f)* de maison; ***die Bundesregierung ist der ~*** c'est le gouvernement fédéral qui reçoit **haushoch** **I.** *adj* **1.** (*sehr hoch*) *Mauer, Flammen* immense; *Kran, Lkw* énorme **2.** SPORT *Niederlage, Sieg* écrasant(e); *Favorit, Sieger* grandissime *fam* **II.** *adv* de façon écrasante; *gewinnen a.* haut la main

hausieren * *vi* COM ■ **jd hausiert** [**mit etw**] qn colporte [qc]
▸ **jd geht mit etw ~** *mit Gerüchten, Plänen, Informationen, Details etc* qn va colporter qc; **H~ verboten!** colportage interdit, entrée interdite aux colporteurs

Hausierer(in) <-s, -> *m(f)* colporteur(-euse) *m(f)*

Hausjacke *f* veste *f* d'intérieur **Hauskapelle** *f* chapelle *f,* oratoire *m* **Hauskauf** *m* achat *m* de/de la/d'une maison **Hauskleid** *nt* robe *f* d'intérieur [*o* d'hôtesse] **Hauslehrer(in)** *m(f)* précepteur(-trice) *m(f)*

häuslich **I.** *adj* **1.** *Frieden, Glück, Harmonie, Verhältnisse* familial(e); *Arbeiten, Pflichten* domestique, ménager(-ère); *Angelegenheiten* privé(e)
2. *Mensch* casanier(-ière)
II. *adv* ▸ **jd richtet sich irgendwo ~ ein, jd lässt sich irgendwo ~ nieder** qn s'incruste quelque part *fam*

Häuslichkeit <-> *f* ∅ goûts *mpl* casaniers, attachement *m* au chez-soi

Hausmacherart *f* ▸ **nach ~** à l'ancienne, bonne femme *vieilli* **Hausmacherkost** *f* cuisine *f* bourgeoise

Hausmacht *f* ∅ **1.** POL partisans *mpl*
2. HIST domaine *m* de la couronne/famille

Hausmann <-männer> *m* homme *m* au foyer

Hausmannskost *f* **1.** *s.* Hausmacherkost
2. *fam* (*durchschnittliche Leistung*) prestations *fpl* médiocres

Hausmantel *m* robe *f* de chambre **Hausmarke** *f* **1.** (*Sekt*) cuvée *f* du patron **2.** (*bevorzugte Marke*) marque *f* préférée [*o* de prédilection] **Hausmeister(in)** *m(f)* **1.** concierge *mf,* gardien(ne) *m(f)* [d'/d'un/de l'immeuble] **2.** CH (*Hausbesitzer*) propriétaire *mf* **Hausmitteilung** *f* **1.** IND mémo *m,* note *f* de service **2.** *pl* (*Informationsblatt*) bulletin *m* d'information (*destiné à la clientèle de l'entreprise*) **Hausmittel** *nt* remède *m* de bonne femme **Hausmüll** *m* ordures *fpl* ménagères **Hausmusik** *f* concert *m* familial **Hausmutter** *f* mère *f* aubergiste **Hausmütterchen** *nt pej* femme *f* popote [*o* qui ne sort pas de ses casseroles] *fam; hum* (*Mädchen*) petite ménagère *f* **Hausnummer** *f* numéro *m* **Hausordnung** *f* règlement *m* intérieur **Hausputz** *m* grand nettoyage *m,* ménage *m* à fond; ***sie ist beim ~*** elle est en train de faire le grand nettoyage

Hausrat <-[e]s> *m* ∅ biens *mpl* [*o* effets *mpl*] mobiliers

Hausratversicherung *f* assurance *f* multirisque habitation

Hausräuke <-, -n> *f* CH pendaison *f* de/de la crémaillère **Hausrecht** *nt* JUR droit *m* de jouissance légale ▸ **jd macht von seinem ~ Gebrauch** qn met un importun à la porte; ***ich werde von meinem ~ Gebrauch machen!*** je vais vous foutre à la porte! *fam* **Haussammlung** *f* quête *f* à domicile **Hausschlachtung** <-, -en> *f* abattage *m* familial **Hausschlüssel** *m* clé *f* de/de la maison/d'/de l'appartement **Hausschuh** *m* pantoufle *f,* chausson *m* **Hausschwamm** *m* champignon *m,* mérule *m*

Hausse <-, -n> ['ho:s(ə), o:s] *f* hausse *f*

▸**jd spekuliert auf** ~ qn spécule à la hausse

Haussegen *m* ▸**der** ~ **hängt** [**bei jdm**] **schief** *hum fam* il y a de l'eau dans le gaz [chez qn] [*o* du tirage [entre des gens]] *fam* **Hausstand** *m geh* ménage *m*, foyer *m* ▸**jd gründet einen** [**eigenen**] ~ qn fonde un foyer **Haussuchung** *f s.* **Hausdurchsuchung. Haustarif** *m* convention *f* d'entreprise (*non négociée avec les syndicats*) **Haustelefon** *nt* interphone *m*, téléphone *m* intérieur **Haustier** *nt* animal *m* domestique **Haustür** *f* porte *f* d'entrée ▸**direkt vor der** ~ *fam* juste à ma/sa/... porte, à deux pas de chez moi/lui/... **Haustürgeschäft** *nt* vente *f* à domicile **Haustyrann(in)** *m(f) pej fam* tyran *m* domestique/mégère *f* **Hausvater** *m* père *m* aubergiste **Hausverbot** *nt* interdiction *f* d'entrer ▸**jd erteilt jdm** ~ qn interdit l'entrée [*o* l'accès] à qn; **jd hat** [**irgendwo/bei jdm**] ~ qn est indésirable [quelque part/chez qn] **Hausverwalter(in)** *m(f)* gérant(e) *m(f)* [d'immeubles/d'un/de l'immeuble]; (*bei Eigentumswohnungen*) syndic *m* **Hausverwaltung** *f* **1.** (*Institution*) gérance *f* [d'immeubles/d'un/de l'immeuble] **2.** (*das Verwalten*) gérance *f* **Hauswart(in)** *m(f) s.* **Hausmeister. Hauswirt(in)** *m(f)* logeur(-euse) *m(f)* **Hauswirtschaft** *f* tenue *f* de la maison; ***für die ~ ist Frau S. zuständig*** c'est Madame S. qui est chargée de s'occuper du ménage **hauswirtschaftlich** *adj* d'enseignement ménager; ***~e Dinge*** problèmes *mpl* ménagers **Hauswirtschaftsschule** *f* école *f* ménagère [*o* d'enseignement ménager] **Hauszelt** *nt* tente *f* familiale

Haut <-, Häute> *f* **1.** [*Mensch, Tier*] peau *f*
2. [*Frucht, Gemüse*] peau *f*
3. [*Ballon, Schlauchboot*] enveloppe *f*; [*Flugzeug, Schiff*] revêtement *m*
4. (*gegerbtes Fell*) peau *f*, cuir *m*
5. [*Milch*] peau *f*; ***eine ölige*** ~ une pellicule huileuse, un film d'huile
▸**mit** ~ **und Haar**[**en**] *fam fressen, herunterwürgen* tout(e) cru(e) [*o* entier(-ière)]; *ergeben, verfallen* corps et âme; **jd ist nur** ~ **und Knochen** *fam*, **jd besteht nur noch aus** ~ **und Knochen** *fam* qn n'a [plus] que la peau et les os; **jd trägt** [**für jdn/etw**] **seine** ~ **zu Markte** qn risque sa peau [pour qn/qc] *fam*; **eine ehrliche** ~ *fam* un brave type/une brave femme *fam*; **jd liegt auf der faulen** ~ *fam*, **jd legt sich auf die faule** ~ *fam* qn se les roule *fam*, qn tire sa flemme *fam*; **jd kommt mit heiler** ~ **davon** *fam* (*unverletzt*) qn s'en tire sans une égratignure; (*ungeschoren*) qn s'en sort sans dommage; ***er ist nicht mit heiler ~ davongekommen*** il y a laissé des plumes *fam*; **nass bis auf die** ~ trempé(e) jusqu'aux os; **jd verkauft seine** ~ **so teuer wie möglich** *fam* qn vend chèrement sa peau *fam*; **jd fühlt sich nicht wohl in seiner** ~ *fam*, **jdm ist nicht wohl in seiner** ~ *fam* (*unwohl*) qn se sent patraque *fam*; (*unbehaglich*) qn ne se sent pas bien dans sa peau; **jd fährt aus der** ~ *fam* qn sort de ses gonds; **etw geht** [**jdm**] **unter die** ~ *fam* qc lui remue les [*o* saisit aux] tripes *fam*; **jd kann nicht aus seiner** ~ **heraus** *fam* qn ne peut pas aller contre sa nature [*o* forcer sa nature]; **jd rettet seine** [**eigene**] ~ *fam* qn sauve sa peau *fam*; **jd möchte nicht in jds** ~ **stecken** qn ne voudrait pas être dans la peau de qn; **jd wehrt sich seiner** ~ (*gen*) *fam* qn défend sa peau *fam*; **jd/etw zeigt viel** ~ *hum* qn/qc dévoile beaucoup de choses

Haut- **1.** (*der Haut*) *-ausschlag, -reizung* cutané(e); ***~abschürfung*** éraflure *f*; ***~wunde*** écorchure *f* **2.** (*für die Haut*) *-lotion, -gift* pour la peau; *-creme a.* de beauté **3.** MED *-verpflanzung* de peau; *-chirurgie, -krankheit, -krebs* de la peau; ***~krankheit*** dermatose *f* **Hautarzt** *m*, **-ärztin** *f* dermatologue *mf*, dermatologiste *mf* **Hautatmung** *f* respiration *f* cutanée, perspiration *f*

Häutchen <-s, -> *nt dim von* **Haut** **1.** MED squame *f*; [*Fingernagel*] cuticule *f*
2. ORN, ZOOL (*über Augen*) paupière *f*
3. (*erstarrte Schicht*) peau *f*

Haute Couture <- -> [(h)o:tku'ty:ɐ] *f Ø* haute couture *f*

häuten I. *vt* ▪**jd häutet etw** *Fisch* qn retire la peau de qc; *Hasen* qn dépouille [*o* écorche] qc
II. *vr* ▪**ein Tier häutet sich** un animal mue

hauteng I. *adj* collant(e), moulant(e)
II. *adv*: ~ ***anliegen*** coller à la peau

Hautevolee <-> [(h)o:tvo'le:] *f Ø* haute société *f*

Hautfarbe *f* couleur *f* de la peau; (*Gesichtsfarbe*) teint *m* **hautfarben** *adj* couleur chair *inv* **hautfreundlich** *adj* doux(douce) à la peau **Hautkontakt** *m* contact *m* corporel **hautnah** I. *adj* **1.** (*sehr eng*) *Kontakt* corps contre corps; *Tanzen a.* joue contre joue **2.** *fam* (*wirklichkeitsnah*) qui colle à la réalité; ***diese Schilderung war*** ~ cette description collait à la réalité II. *adv* **1.** *in Kontakt kommen* corps contre corps, collé(e)s l'un(e) à l'autre; *tanzen a.* joue contre joue **2.** *fam darstellen, schildern* en collant à la réalité; *miterleben* de tout près; *vermitteln* de façon palpable **Hautpflege** *f* soins *mpl* de la peau **Hautpilz** *m* mycose *f* **Hauttransplantation** *f* greffe *f* de/de la peau

Häutung <-, -en> *f* mue *f*

Havanna <-, -s> [-va-] *f*, **Havannazigarre** *f* havane *m*

Havarie <-, -n> [-va-, -'ri:ən] *f* **1.** NAUT accident *m* de navigation; (*Schaden*) avarie *f*
2. AUS (*Autounfall*) accident *m* de la circulation

havariert [-va-] *adj* **1.** NAUT naufragé(e)
2. AUS *Kraftfahrzeug* accidenté(e)

Hawaiigitarre [ha'vai-] *f* guitare *f* hawaïenne

Haxe <-, -n> *f* **1.** SDEUTSCH [*Kalb*] jarret *m*; [*Schwein*] jambonneau *m*
2. *fam* (*Bein*) guibo[l]le *f*

Hbf. *abk von* **Hauptbahnhof**

H-Bombe ['ha:-] *f* bombe *f* H

h.c. [ha:'tse:] *abk von* **honoris causa** honoris causa

HD-Diskette [ha:'de:-] *f* disquette *f* haute densité

HDTV <-s> [ha:de:te:'fau] *nt Ø abk von* **High definition Television** TVHD *f*

he *interj* (*ärgerlich*) hé!; (*erstaunt*) oh!; (*Aufmerksamkeit erregend*) hé!

Headhunter(in) <-s, -> ['hɛdhʌntɐ] *m(f)* chasseur(-euse) *m(f)* de têtes, conseil *m* en recrutement

Hearing <-[s], -s> ['hɪərɪŋ] *nt* audition *f* d'experts, hearing *m*

heavy ['hɛvi] *adj pred sl* dingue *fam*

Heavymetal[RR] <-> ['hɛvi'mɛtl] *nt Ø* heavy metal *m*

Hebamme <-, -n> *f* sage-femme *f*

Hebebühne *f* pont *m* [élévateur]

Hebel <-s, -> *m* **1.** (*Griff, Stange*) levier *m*
2. SPORT *s.* **Hebelgriff**
3. (*Druckmittel*) moyen *m* de pression; ***die ~ der Macht*** les leviers *mpl* de commande
▸**jd setzt alle** ~ **in Bewegung** *fam* qn met tout en œuvre, qn fait flèche de tout bois, qn remue ciel et terre; **jd sitzt am längeren** ~ *fam* qn est du côté du manche *fam*; ***dein Arbeitgeber sitzt immer am längeren*** ~ ton patron aura toujours le dernier mot; **jd setzt** [**irgendwo**] **den** ~ **an** *fam* qn fait porter l'effort [quelque part]; ***wo muss ich den ~ ansetzen?*** par où faut-il que j'attaque? *fam*; ***dort ist der ~ anzusetzen*** c'est là qu'il faut agir

Hebelgriff *m* SPORT clef *f*, clé *f* ▸**jd setzt** [**bei jdm**] **einen** ~ **an** qn fait une clef [*o* clé] [à qn] **Hebelkraft** *f* force *f* active [*o* puissance *f*] du levier

heben <hob, gehoben> I. *vt* **1.** (*nach oben bewegen*) ▪**jd/ein Tier hebt etw** qn/un animal lève qc; ***sie hob das Fernglas an die Augen*** elle porta les jumelles à ses yeux
2. (*hoch~*) ▪**jd hebt jdn/etw** [**aus/von etw/auf etw** (*akk*)/**in etw** (*akk*)] qn soulève qn/qc [de qc/pour le/la mettre sur/dans qc]; ▪**jd hebt etw** *Gewicht* qn soulève qc
3. (*ans Tageslicht befördern*) ▪**jd hebt etw** *Schatz* qn met au jour qc; *Wrack* qn remonte qc à la surface
4. (*verbessern*) ▪**jd/etw hebt etw** *Ansehen* qn/qc rehausse qc; *Stimmung, Selbstbewusstsein* qn/qc remonte qc; *Niveau* qn/qc relève qc
5. SDEUTSCH (*halten*) ▪**jd hebt etw** qn tient qc
▸**jd geht einen** ~ *fam* qn va boire un coup [*o* s'en jeter un] *fam*; **jd hebt einen/einen auf etw** (*akk*) *fam* qn boit un coup/arrose qc *fam*; ***darauf müssen wir aber einen*** ~! ça s'arrose! *fam*, il faut arroser ça! *fam*; **jd hebt gern einen** *fam* qn lève volontiers le coude *fam*
II. *vr* ▪**etw hebt sich** */Vorhang, Schranke/* qc se lève; */Brust, Deckel/* qc se soulève
III. *vi* **1.** (*Lasten hochhieven*) ▪**jd hebt** qn soulève de lourdes charges; ***es kommt vom vielen H~*** c'est à force de soulever des choses lourdes
2. SDEUTSCH (*haltbar sein*) ▪**etw hebt** qc se conserve

Heber <-s, -> *m* pipette *f*; (*Saug~*) siphon *m*

Heber(in) <-s, -> *m(f) fam s.* **Gewichtheber**

Hebesatz *m* taux *m* de/du prélèvement

Hebräer(in) <-s, -> *m(f)* Hébreu/Juive *m/f*

hebräisch *adj* hébraïque

Hebräisch *nt decl wie adj* hébreu *m*; ▪**das ~e** l'hébreu
▸**auf** ~ en hébreu

Hebung <-, -en> *f* **1.** [*Schatz*] mise *f* au jour; [*Wrack*] remontée *f* à la surface
2. GEOL soulèvement *m*
3. (*Verbesserung*) [*Stimmung, Selbstbewusstsein*] amélioration *f*; [*Kaufkraft, Lebensstandard, Niveau*] élévation *f*, relèvement *m*; ***seine Fröhlichkeit trug zur ~ der Stimmung bei*** sa gaieté contribua à réchauffer l'ambiance
4. POES accent *m*

hecheln *vi* (*schnell atmen*) ▪**jd/ein Tier hechelt** qn/un animal halète
2. *fam* (*herziehen*) ▪**jd hechelt über jdn/etw** qn bave sur qn/qc

Hecht <-[e]s, -e> *m* brochet *m*
▸**jd ist der** ~ **im Karpfenteich** *fam* qn joue la vedette; **jd ist ein toller** ~ *fam* qn est vraiment un superman *fam*

hechten *vi + sein* ▪**jd hechtet von etw/in etw** (*akk*) */Schwimmer/* qn fait un plongeon de qc/dans qc; ▪**jd hechtet über etw** (*akk*) */Turner/* qn fait un saut de brochet par-dessus qc; ▪**jd hechtet irgendwohin** */Torwart/* qn plonge quelque part

Hechtrolle *f* roulade *f* carpée **Hechtsprung** *m* saut *m* de brochet; (*ins Wasser*) plongeon *m* **Hechtsuppe** *f* ▸**es zieht wie** ~ *fam* on est en plein courant d'air

Heck <-[e]s, -e *o* -s> *nt* **1.** AUT arrière *m*
2. NAUT poupe *f*
3. AVIAT queue *f*

Heckantrieb *m* traction *f* [arrière]
▸**mit** ~ à traction arrière

Hecke <-, -n> *f* haie *f*

Heckenrose *f* (*Busch*) églantier *m*; (*Blüte*) églantine *f* **Heckenschere** *f* cisaille *f gén pl*; (*elektrisch*) taille-haie *m* **Heckenschütze** *m*, **-schützin** *f pej* franc-tireur *m*

Heckfenster *nt* AUT lunette *f* arrière **Heckflosse** *f* AUT aileron *m* **Heckklappe** *f* hayon *m* **hecklastig** *adj* trop chargé(e) à l'arrière

Heckmeck <-s> *m Ø fam* chichis *mpl fam*
▸**mach keinen** ~! ne fais pas de chichis! *fam*

Heckmotor *m* moteur *m* [à l']arrière **Heckscheibe** *f* vitre *f* arrière, lunette *f* arrière **Heckscheibenheizung** *f* dégivrage *m* [*o* désembuage *m*] de la vitre [*o* lunette] arrière **Heckscheibenwischer** *m* essuie-glace *m* arrière **Heckspoiler** *m* spoiler *m* arrière **Hecktür** *f* porte *f* arrière

heda *interj veraltend* holà

Hedonismus <-> *m Ø geh* hédonisme *m*

hedonistisch *adj geh* hédoniste

Heer <-[e]s, -e> *nt* **1.** MIL armée *f*; (*Bodenstreitkräfte*) armée *f* de terre
2. (*große Anzahl*) [*Menschen*] armée *f*; [*Heuschrecken a.*] nuée *f*
▸**stehendes** ~ armée *f* permanente; **beim** ~ dans l'armée de terre

Heeresbericht *m* communiqué *m* [de guerre] **Heer[es]zug** *m* **1.** (*Heer*) armée *f* en colonnes [*o* en marche] **2.** (*Feldzug*) campagne *f*
Heerführer(in) *m(f)* chef *m* d'/de l'armée [*o* militaire] **Heerlager** *nt* camp *m* [militaire] ►**etw gleicht einem ~** qc ressemble à un campement
Heerscharen *pl* régiment *m*, cohortes *fpl fam*; ***ganze ~*** de véritables cohortes *fam* ►**die himmlischen ~** les cohortes *fpl* des anges, les armées *fpl* célestes **Heerstraße** *f* voie *f* stratégique
Hefe <-, -n> *f* levure *f*; (*für Kuchen*) levure *f* [fraîche] de boulanger ►**die ~ des Volkes** *pej geh* la lie [du peuple] *littér*
Hefegebäck *nt* pâtisseries *fpl* [à la pâte levée] **Hefekuchen** *m* gâteau *m* à la pâte levée **Hefepilz** *m* levure *f*; (*für Joghurt*) ferment *m* [lactique] **Hefeteig** *m* pâte *f* levée **Hefeteilchen** *nt* petit gâteau *m* [à la pâte levée]
Heft¹ <-[e]s, -e> *nt* **1.** (*Schreib~*) cahier *m*
2. (*Zeitschrift*) revue *f*; (*Nummer*) numéro *m*
3. (*Broschüre*) brochure *f*, plaquette *f*
Heft² <-[e]s, -e> *nt* (*Griff*) manche *m*
►**jd hat/behält das ~ in der Hand** *geh* qn a/garde la situation bien en main, qn tient solidement la barre; **jd gibt das ~ aus der Hand** *geh* qn transmet le flambeau, qn passe la main; **jd nimmt jdm das ~ aus der Hand** *geh* qn retire les leviers de commande à qn
-heft *nt* SCOL cahier d'/de
Heftchen <-s, -> *nt dim von* **Heft¹ 1.** (*Schreibheft*) carnet *m*
2. *pej* journal *m* illustré; (*Comic~*) B.D. *f*; (*Porno~*) revue *f* [porno] [*o* cochonne] *fam*
heften **I.** *vt* **1.** (*befestigen*) ■**jd heftet etw an etw** (*akk*) *Aufkleber, Notiz, Zettel* qn fixe qc à [*o* sur] qc; ■**jd heftet jdm etw an etw** (*akk*) *Auszeichnung, Orden, Medaille* qn épingle à qn qc à qc
2. (*nähen*) ■**jd heftet etw** *Ärmel, Naht* qn faufile qc; (*mit Stecknadeln*) qn épingle qc; CH *Wunde* qn recoud qc
3. (*klammern*) ■**jd heftet etw** *Buch, Broschüre* qn broche qc
II. *vr* **1.** (*sich richten*) ■**etw heftet sich auf jdn/etw** / *Blick, Augen*/ qc se fixe sur qn/qc
2. (*verfolgen*) ■**jd heftet sich an jdn** qn s'attache aux pas de qn
Hefter <-s, -> *m* **1.** (*Mappe*) classeur *m*
2. (*Heftmaschine*) agrafeuse *f*
Heftfaden *m*, **Heftgarn** *nt* faufil *m*
heftig **I.** *adj* **1.** (*stark*) violent(e); *Erkältung, Fieber, Schneefall* fort(e); ***eine ~e Tracht Prügel*** une bonne raclée
2. (*intensiv*) *Ärger, Zorn, Auseinandersetzung, Streit, Kampf* violent(e); *Abneigung, Diskussion, Kontroverse a.* vif(-ive); *Leidenschaft, Liebe, Sehnsucht a.* ardent(e); *Opposition, Widerstand a.* fort(e)
3. (*unbeherrscht*) *Art, Reaktion* violent(e); *Mensch a.* emporté(e); (*scharf*) *Ton, Tonfall* vif(-ive); ■**jd wird ~** qn s'emporte
II. *adv* **1.** (*stark*) avec violence; *aufprallen, schlagen, verprügeln a.* violemment; *schneien* fortement
2. (*vehement*) *dementieren, schütteln, nicken* avec véhémence; *sich streiten, wettern* violemment; ***sie zitterte ~*** elle tremblait de tous ses membres
Heftigkeit <-> *f* ∅ **1.** (*Stärke*) violence *f*; [*Schneefall*] abondance *f*; [*Erdbeben, Vulkanausbruch, Kopfschmerzen, Schmerz, Krampf, Übelkeit, Erkältung, Fieber a.*] intensité *f*
2. (*Intensität*) [*Abneigung, Ärger, Zorn, Kampf, Streit*] violence *f*; [*Leidenschaft, Liebe, Sehnsucht a.*] ardeur *f*; [*Auseinandersetzung, Kontroverse, Diskussion a.*] vivacité *f*; [*Opposition, Widerstand a.*] force *f*
3. (*Unbeherrschtheit*) [*Mensch, Art*] véhémence *f*; [*Reaktion a.*] violence *f*; (*Schärfe*) [*Ton, Tonfall*] vivacité *f*
Heftklammer *f* **1.** agrafe *f* **2.** *s.* **Büroklammer** **Heftmaschine** *f* agrafeuse *f*; (*für Druckwerke*) brocheuse *f* **Heftpflaster** *nt* pansement *m* [adhésif], sparadrap *m* **Heftzwecke** <-, -n> *f* punaise *f*
Hegemonie <-, -n> [-'niːən] *f* hégémonie *f*
hegen *vt* **1.** JAGD ■**jd hegt Wild** qn gère un territoire de chasse
2. HORT ■**jd hegt etw** *Anpflanzung, Garten, Pflanzen* qn entoure qc de soins, qn prend soin de qc
3. (*sorgsam bewahren*) ■**jd hegt etw** *Antiquitäten, Kunstschätze, Wertgegenstände* qn conserve qc précieusement
4. *geh* (*empfinden*) ■**jd hegt etw gegen jdn** *Abneigung, Hass, Groll, Verdacht, Misstrauen* qn nourrit qc contre qn; ■**jd hegt etw** *Bedenken, Hoffnung, Wunsch, Verdacht, Zweifel* qn nourrit qc
►**jd hegt und pflegt jdn** *geh* qn prend soin de qn, qn choie et gâte qn
Hehl *nt o m* ►**jd macht kein[en] ~ aus etw** qn ne fait pas mystère de qc
Hehler(in) <-s, -> *m(f)* receleur(-euse) *m(f)*
►**der ~ ist schlimmer als der Stehler** *prov* le receleur est pire que le voleur
Hehlerei <-, -en> *f* recel *m*
hehr *adj geh* **1.** (*erhaben*) noble
2. (*erhebend*) [*Anblick, Moment*] sublime
hei *interj* ouah
Heide <-, -n> *f* **1.** GEOG lande *f*
2. BOT bruyère *f*
►**die Lüneburger ~** la lande [*o* les landes] de Lunebourg
Heide <-n, -n> *m*, **Heidin** *f* païen(ne) *m(f)*
Heidekraut *nt* bruyère *f* **Heideland** *nt* lande *f*
Heidelbeere *f* **1.** (*Strauch*) airelle *f* myrtille, buisson *m* de myrtilles
2. (*Frucht*) myrtille *f*
Heiden- **1.** *fam* (*beträchtlich*) *-geld, -aufwand* fou(folle); *-lärm, -spektakel* du diable; *-angst, -schreck* bleu(e); *-arbeit, -aufwand* monstre *fam*; ***~respekt*** respect *m* religieux; ***vor Hunden habe ich einen ~respekt*** je me méfie des chiens **2.** HIST *-gott, -führer, -bekehrung* des païens; *-kriege* contre les païens; *-mission* chez les païens **Heidenspaß** *m fam* ***das war ein ~!*** c'était le pied! *fam* ►**jd hat einen ~ [an etw** (*dat*)**]** qn prend son pied [à qc] *fam*; **etw macht jdm einen ~** qc fait vachement plaisir à qn *fam*
Heidentum <-s> *nt* ∅ ■**das ~** le paganisme; (*die Heiden*) les païens
Heidin *f s.* **Heide**
heidnisch **I.** *adj* païen(ne)
II. *adv* en païen(ne)
Heidschnucke <-, -n> *f* mouton *m* (*de la lande de Lunebourg*)
heikel *adj* **1.** (*schwierig*) délicat(e); *Frage, Thema a.* épineux(-euse)
2. DIAL ■**jd ist [in etw** (*dat*)**] ~** qn est pointilleux(-euse) sur qc; (*in Bezug aufs Essen*) qn est difficile
heil **I.** *adj* **1.** (*unverletzt*) en bon état, intact(e); ■**jd ist noch ~** qn est sain(e) et sauf(sauve) [*o* indemne]; ■**etw ist noch ~** qc n'a pas subi de dommage [*o* souffert]
2. (*unbeschädigt*) intact(e), en bon état; ■**etw ist noch/wieder ~** qc est encore/de nouveau en état [de marche]; ***hoffentlich bleiben die Gläser bei dem Umzug ~*** j'espère que les verres résisteront au déménagement
►**jd macht etw ~** *fam* qn rafistole qc *fam*
II. *adv* (*unverletzt*) sain(e) et sauf(sauve), indemne; (*unbeschädigt*) sans dommage; ***komm wieder ~ zurück!*** tâche de revenir entier(-ière)! *fam*
Heil **I.** <-s> *nt* ∅ (*Wohlergehen*) bien-être *m*; (*Glück*) bonheur *m*; (*seelisches ~*) salut *m*
►**jd sucht sein ~ in der Flucht** qn cherche son salut dans la fuite; **jds seelisches ~** le salut de l'âme de qn; **jd sucht sein ~ in etw** (*dat*) qn cherche un refuge [*o* son bonheur] dans qc; *im Alkohol a.* qn cherche l'oubli dans qc; **jd versucht sein ~ bei jdm** *fam* qn tente sa chance auprès de qn
II. *interj* salut; ***~ dem Sieger/ Kaiser!*** vive le vainqueur/l'empereur!
►**~ Hitler!** NS vive Hitler! (*mot de ralliement des nazis*); **~ dir!** salut à toi!
Heiland <-[e]s, -e> *m* ■**der/unser ~** le/notre Sauveur
Heilanstalt *f veraltend* **1.** (*Trinker~*) centre *m* de désintoxication **2.** (*Irrenanstalt*) asile *m vieilli* **Heilbad** *nt* station *f* thermale
heilbar *adj* curable
Heilbutt *m* flétan *m*
heilen **I.** *vi + sein* ■**etw heilt** qc guérit
II. *vt* **1.** (*gesund machen*) ■**jd heilt jdn [von etw]** qn guérit qn [de qc]; ■**geheilt** guéri(e); ■**jd/etw heilt etw** qn/qc guérit qc; ***ein ~des Mittel*** un remède curatif
2. (*kurieren*) ■**jd ist von jdm/etw geheilt** qn est guéri(e) de qn/qc
Heilerde *f* terre *f* médicamenteuse **Heilerfolg** *m* succès *m* thérapeutique; [*Medikament*] effets *mpl* thérapeutiques **Heilfasten** *nt* diète *f*, jeûne *m* thérapeutique **heilfroh** *adj pred fam* vachement content(e) *fam*; ***wir können ~ sein, dass*** nous pouvons nous estimer heureux(-euses) que + *subj*
Heilgymnastik *f s.* **Krankengymnastik.** **Heilhaut** *f* ►**jd hat eine gute/keine gute ~** qn a une peau qui se cicatrise vite/met longtemps à se cicatriser
heilig **I.** *adj* **1.** (*geweiht*) *Ort, Stätte, Hain* sacré(e); *Abendmahl, Kommunion, Sakrament, Taufe, Kirche, Messe, Märtyrer* saint(e); ■**jdm ist etw ~** qc est sacré(e) pour qn
2. (*bei Namen von Heiligen*): ***der ~e Benedikt*** saint Benoît; ***die H~e Jungfrau Maria*** la Sainte Vierge
3. (*aufrichtig*) *Pflicht, Schuldigkeit* sacré(e); *Eid* solennel(le); *Eifer* saint(e); ***das ist mein ~er Ernst*** je suis on ne peut plus sérieux(-euse)
4. (*ehrfürchtig*) *Stille, Schauer, Scheu* sacré(e)
5. *fam* (*groß*) *Zorn* saint(e) *antéposé*; *Respekt a.* sacro-saint(e) *antéposé*; *Not* sacré(e) *antéposé fam*
►**jdm ist nichts ~** rien n'est sacré pour qn, qn ne respecte rien; **bei allem, was jdm ~ ist** sur ce que qn a de plus sacré
II. *adv* ►**jd hält etw ~** *Feiertag, Sonntag* qn tient qc pour sacré(e); **jd spricht jdn ~** qn canonise qn
Heiligabend *m* (*Feier*) réveillon *m* de Noël; (*Abend des 24. Dezembers*) soir *m* de Noël
Heilige(r) *f(m) decl wie adj* saint(e) *m(f)*
►**ein sonderbarer [*o* wunderlicher] ~r** *fam* un drôle de paroissien *fam*; **jd ist nicht gerade ein ~r/eine ~** *fam* qn n'est pas un enfant de chœur [*o* un petit saint/une petite sainte] *fam*; **bei allen ~n!** *fam* par tous les saints du paradis!, juste ciel! *vieux*
heiligen *vt* **1.** (*weihen*) ■**jd heiligt etw** qn consacre qc; ■**geheiligt** sacré(e)
2. (*heilig halten*) ■**jd heiligt etw** *Feiertag, Sonntag* qn sanctifie qc; ***geheiligt werde dein Name*** que ton nom soit sanctifié; ■**geheiligt** consacré(e)
Heiligenbild *nt* portrait de/du/de la saint(e) *f* **Heiligenbildchen** *nt* image *f* pieuse **Heiligenschein** *m* auréole *f*, nimbe *m* ►**jd büßt seinen ~ ein** qn perd son auréole; **jd umgibt jdn/sich mit einem ~** qn pare qn/se pare d'une auréole **Heiligenverehrung** *f* culte *m* des saints
heilig|halten *s.* **heilig II.**
Heiligkeit <-> *f* ∅ sainteté *f*
►**Eure/Seine ~** Votre/Sa Sainteté
heilig|sprechen *s.* **heilig II.** **Heiligsprechung** *f* canonisation *f*
Heiligtum <-s, -tümer> *nt* sanctuaire *m*
►**etw ist jds ~** *fam* qc est le sanctuaire [*o* la tanière] de qn
Heilklima *nt* climat *m* bénéfique; ***ein Ort mit ~*** une station climatique **Heilkraft** *f* vertus *fpl* curatives **heilkräftig** *adj Kraut* médicinal(e); *Mineralwasser, Quelle* thermal(e), qui a des propriétés thérapeutiques **Heilkraut** *nt meist pl* simple *f*, plante *f* médicinale **Heilkunde** *f* ∅ *geh* sciences *fpl* médicales, médecine *f* **heilkundig** *adj geh* expert(e) dans l'art de guérir; ***ein ~er Mann/ eine ~e Frau*** un guérisseur/une guérisseuse *vieilli* **Heilkundige(r)** *f(m) decl wie adj* guérisseur(-euse) *m(f) vieilli*
heillos **I.** *adj* terrible
II. *adv* terriblement
Heilmittel *nt* médicament *m*, remède *m* **Heilpflanze** *f* plante *f* officinale [*o* médicinale] **Heilpraktiker(in)** *m(f)* guérisseur(-euse) *m(f)* (*recon-*

nu(e) par l'État) **Heilquelle** *f* source *f* thermale

heilsam *adj* salutaire

Heilsarmee *f ∅* Armée *f* du Salut

Heilstätte *f form* établissement *m* de cure

Heilung <-, -en> *f* guérison *f;* [*Wunde a.*] cicatrisation *f*

Heilungsprozess^RR *m* processus *m* de guérison; [*Wunde a.*] processus *m* de cicatrisation

Heilverfahren *nt* **1.** (*Behandlungsmethode*) thérapeutique *f*
2. (*Kur*) cure *f*

heim *adv* à la maison

Heim <-[e]s, -e> *nt* **1.** (*Zuhause*) domicile *m;* ***ein geschmackvoll eingerichtetes*** ~ un intérieur aménagé avec goût
2. (*Senioren~*) foyer *m* [*o* résidence *f*] de personnes âgées
3. (*Erziehungs~*) foyer *m* [éducatif], centre *m* [d'observation]
4. [*Club, Verein etc*] locaux *mpl*
5. (*Erholungs~*) maison *f* de repos; (*für Kinder*) centre *m*

Heim- **1.** (*eines Erziehungsheims*) du foyer, du centre; (*eines Seniorenheims*) du foyer de personnes âgées; (*eines Erholungsheims*) de la maison de repos; (*für Kinder*) du centre **2.** (*für den Hausgebrauch*) *-orgel, -sauna* d'appartement; *-werkstatt* de bricoleur **Heimabend** *m* soirée *f* **Heimarbeit** *f kein indef art* travail *m* à domicile ▶**in** ~ *arbeiten, herstellen* à domicile **Heimarbeiter(in)** *m(f)* travailleur(-euse) *m(f)* à domicile

Heimat <-, -en> *f* **1.** (*Heimatland*) pays *m* natal, patrie *f*
2. BOT, ZOOL pays *m* d'origine
3. (*Zugehörigkeit*) refuge *m*
▶**jds engere** ~ la petite patrie de qn *vieilli;* ***das gehört zu meiner engeren*** ~ c'est tout près de mon lieu d'origine, c'est mon pays; **fern der** ~ loin de ma/sa/... patrie; **etw ist/wird jdm zur zweiten** ~ qc est/devient la seconde patrie de qn

Heimat- **1.** (*der Heimat verbunden*) *-kunst, -dichter, -dichtung* régional(e)
2. (*der Heimat*) *-verteidigung* de la patrie; *-anschrift* d'origine **heimatberechtigt** *adj* CH qui a droit de cité; ***jd ist*** ~ ***irgendwo*** qn a le droit de cité quelque part **Heimaterde** *f ∅* terre *f* natale **Heimatfilm** *m* film *m* régionaliste (*sur les mœurs villageoises*) **Heimatflughafen** *m* aéroport *m* de rattachement **Heimathafen** *m* port *m* d'attache **Heimatkunde** *f ∅* étude *f* du patrimoine local [*o* régional] **Heimatland** *nt* pays *m* natal

heimatlich I. *adj* **1.** (*zur Heimat gehörend*) du [*o* de mon/son/...] pays [natal]
2. *Gerüche, Düfte, Klänge* du pays, familier(-ière)
II. *adv berühren* de façon familière; ***die Landschaft mutet mich*** ~ ***an*** ce paysage me rappelle mon pays natal [*o* le pays]

Heimatliebe *f* amour *m* du [*o* de mon/son/...] pays [natal]

heimatlos *adj* apatride **Heimatlose(r)** *f(m) decl wie adj* apatride *mf,* sans-patrie *mf*

Heimatmuseum *nt* musée *m* local [*o* régional] **Heimatort** *m* lieu *m* d'origine **Heimatrecht** *nt ∅* droit *m* de cité **Heimatschein** *m* CH reconnaissance *f* du droit de cité **heimatvertrieben** *adj* expulsé(e) **Heimatvertriebene(r)** *f(m) decl wie adj* expulsé(e) *m(f)*

heim|begeben* *vr irreg geh* ■**jd begibt sich heim** qn regagne son domicile *soutenu* **heim|bringen** *vt irreg* ■**jd bringt jdn heim** qn ramène [*o* reconduit] qn chez lui/elle

Heimchen <-s, -> *nt* ZOOL grillon *m* [du foyer]
▶~ **am Herd** *pej* ménagère *f* popote *fam*

Heimcomputer [-kɔmpjuːtɐ] *m* ordinateur *m* à domicile [*o* familial]

heimelig *adj* douillet(te); ■**irgendwo ist es** ~ on se sent bien quelque part; ***er fühlt sich bei uns schon ganz*** ~ il se sent déjà tout à fait à son aise chez nous

heim|fahren *irreg* I. *vi* + *sein* ■**jd fährt heim** qn rentre à la maison II. *vt* + *haben* ■**jd fährt jdn heim** qn reconduit qn à son domicile **Heimfahrt** *f* [trajet *m* du] retour *m* **heim|finden** *vi irreg* ■**jd findet heim** qn retrouve le chemin de la maison **heim|führen** *vt geh* **1.** (*nach Hause geleiten*) ■**jd führt jdn heim** qn accompagne qn à son domicile **2.** (*nach Hause ziehen*) ■**etw führt jdn heim** /*Drang, Sehnsucht, Sorge*/ qc fait rentrer qn [chez lui/elle [*o* à la maison]] **3.** *veraltend* (*heiraten*): ***jd führt jdn [als seine Frau] heim*** qn prend qn pour épouse, qn passe à qn la bague au doigt *vieilli* **heim|gehen** *vi irreg* + *sein* ■**jd geht heim** qn rentre chez lui/elle [*o* à la maison] ▶**es geht heim** on rentre [à la maison] **Heimindustrie** *f* industrie *f* à domicile

heimisch *adj* **1.** (*einheimisch*) local(e); *Tier, Pflanze a.* indigène
2. (*bewandert*) ■**jd ist in etw** (*dat*) ~ qn est versé(e) dans qc
▶**jd fühlt sich/ist irgendwo** ~ qn se sent/est chez lui quelque part; ***seid ihr an eurem neuen Wohnort schon*** ~ **[geworden]**? vous êtes-vous déjà acclimatés à votre nouvelle résidence?; **jd macht etw [irgendwo]** ~ *Tier, Pflanze* qn acclimate qc [quelque part]

Heimkehr <-> *f ∅* retour *m* [à la maison]; (*in sein Land*) retour *m* au pays; ***die Regierung versucht Gastarbeiter zur*** ~ ***zu bewegen*** le gouvernement essaie d'inciter les travailleurs immigrés à retourner dans leur pays [*o* à rentrer chez eux]

heim|kehren *vi* + *sein* ■**jd kehrt [aus/von etw] heim** qn rentre [de qc]; ***ihr seid schon heimgekehrt?*** vous êtes déjà de retour?; ***von einer Weltreise*** ~ revenir d'un voyage autour du monde

Heimkehrer(in) <-s, -> *m(f)* **1.** (*Zurückkommende*): ***da kommen die ersten*** ~ ***vom Fußballspiel*** voilà les premières personnes qui rentrent du match de football; ***da kommen ja unsere müden*** ~ ***endlich!*** voi à enfin nos voyageurs fatigués qui sont de retour!
2. (*Kriegs~*) [soldat *m*] rapatrié *m;* (*Gastarbeiter*) [travailleur] immigré rapatrié/travailleuse immigrée rapatriée *m/f*

Heimkind *nt* enfant *m* de l'Assistance **Heimkino** *nt* **1.** (*Filmvorführung zu Hause*) cinéma *m* à domicile **2.** (*Ausrüstung*) équipement *m* caméscope-vidéo **heim|kommen** *vi irreg* + *sein* ■**jd kommt heim** qn rentre [chez lui/elle [*o* à la maison]] **Heimleiter(in)** *m(f)* [*Erziehungsheim*] directeur(-trice) *m(f)* du foyer [*o* du centre]; [*Seniorenheim*] directeur(-trice) *m(f)* du foyer pour personnes âgées; [*Erholungsheim*] directeur(-trice) *m(f)* de la maison de repos; [*Erholungsheim für Kinder*] directeur(-trice) *m(f)* du centre **heim|leuchten** *vi fam* ■**jd leuchtet jdm heim** qn remet qn à sa place, qn remballe qn *fam*

heimlich I. *adj* **1.** (*geheim*) secret(-ète); *Anhänger, Liebhaber, Verehrer* caché(e); *Bedenken, Misstrauen* secret(-ète) *antéposé*
2. (*verstohlen*) *Blick, Zeichen* furtif(-ive)
3. (*inoffiziell*) occulte
II. *adv* **1.** (*unbemerkt*) en cachette, ni vu ni connu; *zusagen, abmachen* en secret, secrètement
2. (*verstohlen*) *ansehen, zuwinken, zuzwinkern* furtivement
▶~, **still und leise** *fam* en douce; *ausziehen a.* à la cloche de bois; ***jd verschwindet*** ~, ***still und leise*** qn file à l'anglaise; **jd tut [mit etw]** ~ *pej* qn fait des cachotteries [avec qc]

Heimlichkeit <-, -en> *f* **1.** *∅* (*heimliche Art*) caractère *m* secret; ***auf größte*** ~ ***bedacht sein*** garder le plus grand secret [*o* la plus grande discrétion]
2. (*Geheimnis*) secret *m;* ***bitte keine*** ~***en!*** s'il te/vous plaît, pas de mystères!
▶**jd hat** ~**en vor jdm** qn a quelque chose à cacher à qn; **in aller** ~ dans le plus grand secret; *weggehen, verschwinden a.* sans tambour ni trompette

Heimlichtuer(in) <-s, -> *m(f) pej* cachottier(-ière) *m(f)*

Heimlichtuerei <-, -en> *f pej* cachotterie *f souvent pl*

heimlich|tun *s.* **heimlich II.**▶

heim|müssen *vi irreg* ■**jd muss heim** il faut que qn rentre [*o* qn doit rentrer] [à la maison [*o* chez lui/elle]]; ***wir hätten schon längst heimgemusst!*** il y a déjà longtemps que nous devrions être rentrés **Heimreise** *f* [trajet *m* [*o* voyage *m*] de/du] retour *m;* ***sie machten sich auf die*** ~ ils/elles prirent la route du retour **heim|reisen** *vi* + *sein* ■**jd reist heim** qn prend la route du retour **heim|schicken** *vt* ■**jd schickt jdn heim** qn renvoie qn [chez lui/elle] **Heimspiel** *nt* **1.** SPORT match *m* à domicile **2.** *fig:* ***es ist für mich ein*** ~ j'ai l'avantage du terrain, je suis dans mon élément **Heimstatt** *f geh* refuge *m;* (*Menschen a.*) asile *m;* ***eine neue*** ~ une nouvelle patrie; ***Israel ist die historische*** ~ ***aller Juden*** Israël est le foyer national de tous les juifs

heim|suchen *vt* **1.** (*überfallen*) ■**jd/etw sucht jdn/etw heim** qn/qc s'abat sur qn/qc; /*Dürre, Überschwemmung a.*/ qc frappe qn/qc
2. *pej fam* (*besuchen*) ■**jd sucht jdn heim** qn lui tombe dessus *fam*
3. (*bedrängen*) ■**etw sucht jdn heim** qc hante qn

Heimsuchung <-, -en> *f* fléau *m,* plaie *f;* ***eine*** ~ ***Gottes*** un fléau de Dieu

Heimtrainer [-trɛːnɐ] *m* (*Sportgerät*) home-trainer *m,* banc *m* de musculation **heim|trauen** *vr* ■**jd traut sich/traut sich nicht heim** qn se risque à/n'ose pas rentrer chez lui/elle [*o* à la maison]

Heimtücke *f ∅* **1.** (*heimtückische Art*) perfidie *f*
2. [*Glatteis*] traîtrise *f;* [*Erreger, Krankheit*] caractère *m* insidieux

heimtückisch I. *adj* **1.** (*tückisch*) perfide; *Mensch a.* sournois(e)
2. (*gefährlich*) *Glatteis* traître(-esse); *Krankheit, Erreger* insidieux(-euse)
II. *adv* perfidement, traîtreusement

Heimvorteil *m ∅* **1.** SPORT avantage *m* du terrain/de la salle
2. *fig* (*Vorteil des eigenen Terrains*) avantage *m* du terrain

heimwärts *adv* à la maison; *sich begeben, ziehen* vers son domicile [*o* sa maison]

Heimweg *m* trajet *m* de/du retour; ***auf dem*** ~ sur le chemin [*o* trajet] du retour
▶**jd macht sich auf den** ~ qn prend le chemin du retour [*o* se met en route pour rentrer [à la maison]]

Heimweh <-[e]s> *nt ∅* mal *m* du pays
▶**jd hat/bekommt** ~ qn a/attrape le mal du pays [*o* le cafard *fam*]; **jd hat/bekommt** ~ **nach jdm/etw** qn se languit de qn/qc

heimwehkrank *adj* cafardeux(-euse) *fam;* ■**jd ist** ~ qn a le mal du pays

Heimwerker(in) <-s, -> *m(f)* bricoleur(-euse) *m(f)* **Heimwesen** *nt* CH exploitation *f* [agricole] **heim|wollen** *vi* ■**jd will heim** qn veut rentrer [chez lui/elle [*o* à la maison]] **heim|zahlen** *vt* ■**jd zahlt jdm etw heim** qn fait payer qc à qn; ***das werde ich Ihnen*** ~ je vous le ferai payer, vous me le paierez, je vous le revaudrai **heim|ziehen** *irreg* I. *vi* + *sein* ■**jd zieht heim** qn s'en retourne [chez lui/elle [*o* à la maison]] II. *vt* + *haben* ■**etw zieht jdn heim** qc incite qn à s'en retourner [chez lui/elle] [*o* [à la maison]]; ■**es zieht jdn heim** qn éprouve le besoin de rentrer **heimzünden** *vt* CH *s.* **heimleuchten**

Heini <-s, -s> *m fam* abruti *m fam*

Heinzelmännchen *nt* lutin *m* (*qui fait le travail pendant la nuit*); ***die*** ~ ***waren wohl da!*** apparemment, une bonne fée est passée par là!

Heirat <-, -en> *f* mariage *m;* ***eine standesgemäße*** ~ un mariage selon son rang; ***eine unstandesgemäße*** ~ une mésalliance; ~ ***aus Liebe/Vernunftgründen*** mariage d'amour/de raison

heiraten I. *vt* ■**jd heiratet jdn** qn se marie avec qn, qn épouse qn
II. *vi* ■**jd heiratet** qn se marie; ***reich*** ~ faire un riche mariage; ***unstandesgemäß*** ~ se mésallier; ***standesgemäß*** ~ épouser un garçon/une fille de son rang, se marier selon son rang; ■**jd heiratet irgendwohin** qn part se marier [*o* épouser un garçon/une fille de] quelque part
▶**„wir** ~**"** nous nous marions
III. *vr* ■**sie heiraten sich** ils se marient

Heiraten <-s> *nt ∅* mariage *m;* ***du bist noch viel zu jung zum*** ~! tu es encore beaucoup trop jeune pour te marier

Heiratsabsichten *pl* projets *mpl* de mariage ▶**jd hat** ~ qn a l'intention de se marier **Heiratsalter** *nt* JUR âge *m* moyen au premier mariage; (*hei-*

ratsfähiges Alter) âge m nubile ▸**jd ist im besten ~** fam qn a l'âge idéal pour se marier **Heiratsantrag** m demande f en mariage ▸**jd macht jdm einen ~** qn fait à qn une demande en mariage, qn demande qn en mariage **Heiratsanzeige** f 1.(Mitteilung) faire-part m de mariage 2.(Annonce zur Partnersuche) annonce f matrimoniale **heiratsfähig** adj en âge de se marier; JUR nubile; ***im ~en Alter*** en âge de se marier **Heiratskandidat(in)** m(f) prétendant(e) m(f) **Heiratsschwindler(in)** m(f) escroc m au mariage **Heiratsurkunde** f acte m de mariage **Heiratsvermittler(in)** m(f) conseiller(-ère) m(f) matrimonial(e) **Heiratsvermittlung** f 1.(Ehevermittlung) conseil m matrimonial 2.(Institut) agence f matrimoniale

heischen vt geh ■**etw heischt etw** qc commande qc

heiser I. adj 1.Mensch enroué(e); ***ich bin ganz ~ geworden*** je me suis complètement enroué(e)
2. Laut, Bellen rauque; Stimme a. enroué(e)
II. adv sprechen d'une voix rauque [o enrouée]; sich schreien, sich singen etc s'enrouer à force de; ***jd redet sich ~*** qn s'enroue à force de parler

Heiserkeit <-> f ∅ enrouement m

heiß I. adj 1.(sehr warm) très chaud(e), bien chaud(e); (zu warm) brûlant(e); Flüssigkeit a. bouillant(e); (extrem warm) Klima, Luft, Sonne, Tag torride; ***in der ~en Sonne*** en plein soleil; ■**jdm ist/wird ~** qn a/commence à avoir très chaud [o trop chaud]
2.(heftig) Debatte, Diskussion, Rededuell, Kampf ardent(e); Diskussion, Kampf a. chaud(e) antéposé
3.(innig) Begehren, Liebe, Wunsch ardent(e)
4. CD, Musik, Rhythmus qui chauffe fam; Bild, Film excitant(e)
5.fam (aus kriminellen Aktionen) Ware, Geld, Stoff qui brûle les doigts fam, de provenance suspecte; ***~es Geld wird gewaschen*** on blanchit de l'argent sale
6.(brisant) Punkt, Problem, Thema brûlant(e)
7.fam (konfliktreich) Herbst, Winter chaud(e)
8. attr fam (aussichtsreich) Anwärter, Favorit, Tipp tout(e) premier(-ière) antéposé, de première qualité; Spur, Fährte très sérieux(-euse)
9. sl (großartig) Mensch, Kleidungsstück, Anlage du tonnerre fam
10. sl (rasant) Maschine, Motor, Wagen, Schlitten qui décoiffe fam
11.fam (brünstig) weibliches Tier en chaleur
12.fam ■**jd ist ~ auf jdn** qn en pince pour qn fam; ■**jd ist ~ auf etw** qn est avide d'apprendre/de connaître qc; ***ich bin ganz ~ auf die neuesten Informationen*** je brûle de connaître les dernières informations
▸**brütend ~** fam caniculaire, torride; ***es ist brütend ~*** il fait une chaleur d'étuve; **kochend ~** brûlant(e), bouillant(e); **ist das ~!** qu'est-ce qu'il fait chaud!, quelle chaleur!, quelle canicule!; **jd macht jdn ~ [auf etw (akk)]** fam qn donne à qn [très] envie de [faire] qc; ***du hast mich [darauf] ~ gemacht*** tu m'as mis l'eau à la bouche fam; (neugierig gemacht) tu as piqué ma curiosité; **jd macht [jdm] etw ~** qn [lui] chauffe qc; (wärmt auf) qn [lui] réchauffe qc; **was ich nicht weiß, macht mich nicht ~** prov peu m'importe ce que j'ignore; **~!** fam tu brûles/vous brûlez!
II. adv 1.(sehr warm) waschen, essen, trinken, duschen très chaud
2.(innig) ersehnen, lieben, wünschen ardemment; ***~ ersehnt*** tant attendu(e) [o espéré(e)]; ***~ geliebt*** adoré(e), chéri(e)
3.(erbittert) âprement; ***~ umkämpft*** âprement disputé(e); ***~ umstritten*** très controversé(e)
▸**es geht ~ her** fam ça chauffe fam, ça fait des étincelles fam, ça barde fam; **jdn überläuft es ~ und kalt** qn [en] a des sueurs froides fam; **es wird nichts so ~ gegessen, wie es gekocht wird** prov le pire n'est pas toujours sûr

heißa interj veraltend s. **hei**

heißblütig adj 1.(impulsiv) Mensch, Temperament fougueux(-euse)
2.(leidenschaftlich) Spanier, Tänzerin passionné(e), au sang chaud; Temperament ardent(e)

heißen <hieß, geheißen> I. vi 1.(den Namen haben) ■**jd/etw heißt ...** qn/qc s'appelle ...; ***wie soll das Baby ~?*** quel sera le [pré]nom du bébé?, comment allez-vous/vont-ils appeler le bébé?; ■**jd/etw heißt ... nach jdm** qn/qc s'appelle ... d'après qn
2.(bedeuten) ■**etw heißt etw** /Schrift/ qc veut dire qc; ■**etw heißt irgendwie** qc se dit d'une certaine façon; ***„ja" heißt auf Japanisch „hai"*** "oui" se dit "hai" en japonais
3.(besagen) ■**das heißt etw/, dass** cela veut dire qc/que + indic
4.(lauten) ■**etw heißt irgendwie** /Sprichwort, Sinnspruch, Wappenspruch etc/ qc est formulé(e) d'une certaine façon; ***wie heißt der Wappenspruch?*** que dit la devise?; ***wie das Sprichwort heißt: ...*** comme dit le proverbe: ...
▸**was soll das ~?** qu'est-ce que ça signifie? [o veut dire?]; **soll ~:, will ~:** autrement dit; **dann will ich ... ~!** fam alors je veux [bien] être pendu(e) fam; **das will nichts/nicht viel ~** ça ne veut rien dire/ne veut pas dire grand-chose; **das heißt** (in anderen Worten) c'est-à-dire; (vorausgesetzt) je veux dire; (sich verbessernd) ou plutôt; **was es heißt, ...** ce que cela signifie [o veut dire] de ...
II. vi impers 1.(zu lesen sein) ■**irgendwo/in etw (dat)/bei jdm heißt es ...** il est dit quelque part/dans qc/chez qn ...; ***wie heißt es doch so schön, ...*** comme on dit si bien, ...; ***bisher hieß es doch immer, dass*** jusqu'à présent, il a toujours été dit que + indic
2.geh (nötig sein) ■**es heißt etw tun** il s'agit de faire qc
▸**es heißt, dass** on dit que + indic, il paraît que + indic; **es soll nicht ~, dass** il ne sera pas [o il ne faut pas qu'il soit] dit que + indic, je ne veux pas qu'on dise que + indic
III. vt geh 1.(nennen) ■**jd heißt jdn etw** qn traite qn de qc
2.(auffordern) ■**jd heißt jdn etw tun** qn invite qn à [o prie qn de] faire qc

heißersehnt s. **heiß II.2.** **heißgeliebt** s. **heiß II.2.** **Heißhunger** m ■**~ [auf etw (akk)]** fringale [de qc] f fam ▸**jd hat ~ [auf etw (akk)]** qn a la fringale/une fringale de qc fam; **mit ~** avec voracité **heißhungrig** I. adj affamé(e) II. adv voracement **heiß|laufen** vi irreg + sein 1.(sich erhitzen) ■**etw läuft heiß** /Achse, Lager, Kolben/ qc s'échauffe; /Motor/ qc chauffe 2.fig fam ■**sie laufen [in etw (dat)/bei jdm] heiß** /Fernschreiber/ ils/elles tournent [o marchent] [dans qc/chez qn] à plein régime; /Telefone/ ils/elles n'arrêtent pas de sonner [dans qc/chez qn]

Heißluft f air m chaud

Heißluftheizung f chauffage m par air pulsé **Heißluftherd** m four m à chaleur tournante [o à air pulsé] **Heißlufttrockner** m séchoir m à air chaud

Heißmangel f 1.(Gerät) machine f à repasser, repasseuse f 2.(Betrieb) pressing m **Heißsporn** <-sporne> m tête f brûlée, chien m fou **heißumkämpft** s. **heiß II.3.** **heißumstritten** s. **heiß II.3.** **Heißwasserbereiter** <-s, -> m chauffe-eau m inv **Heißwasserspeicher** m cumulus m [d'eau chaude]

heiter adj 1.(fröhlich) gai(e)
2. Erzählung, Geschichte gai(e), amusant(e)
3. METEO serein(e); ■**etw wird ~** /Wetter/ qc va se mettre au beau [o s'éclaircir]; ***es wird wieder ~*** le beau temps revient; (ab nächstem Tag) le beau temps va revenir
▸**das kann ja ~ werden!** iron ça promet! fam, on ne va pas s'amuser!

Heiterkeit <-> f ∅ 1.(heitere Stimmung) gaieté f, joie f; ***unbeschwerte ~*** joie sans mélange
2.(Belustigung) hilarité f

heizbar adj 1.(beheizbar) chauffant(e)
2.(zu heizen) Zimmer, Raum, Haus chauffable; ***etw ist ~*** qc peut être chauffé(e); ***etw ist schwer ~*** qc est difficile à chauffer

Heiz[bett]decke f couverture f chauffante

heizen I. vi ■**jd heizt [mit etw]** qn chauffe/qn se chauffe à qc; ■**etw heizt** qc chauffe
▸**etw ist ... geheizt** qc est chauffé(e) ..., on chauffe qc ...; **bei jdm/irgendwo ist ... geheizt, jd hat ... geheizt** gut, schlecht, selten, schwach c'est ... chauffé chez qn/quelque part
II. vt (be~) ■**jd heizt etw [mit etw]** Kamin, Ofen, Feuerung qn chauffe qc [à [o avec] qc]; ■**jd heizt etw** Haus, Wohnung, Zimmer qn chauffe qc

Heizer(in) <-s, -> m(f) chauffeur(-euse) m(f)

Heizkessel m chaudière f **Heizkissen** nt coussin m chauffant [o électrique] **Heizkörper** m radiateur m **Heizkosten** pl frais mpl de chauffage **Heizlüfter** <-s, -> m radiateur m soufflant **Heizofen** m radiateur m d'appoint **Heizöl** nt fioul m domestique, mazout m **Heizsonne** f radiateur m parabolique **Heizstrahler** m radiateur m infrarouge

Heizung <-, -en> f 1.(Zentral~) chauffage m
2.fam (Heizkörper) radiateur m

Heizungsanlage f installation f de chauffage **Heizungskeller** m chaufferie f **Heizungsmonteur(in)** [-mɔntøːɐ] m(f) installateur(-trice) m(f) de chauffage, chauffagiste m **Heizungsrohr** nt tuyau m de chauffage

Heizwert m pouvoir m calorifique

Hektar <-s, -e o bei Maßangaben -> nt o m, **Hektare** <-, -n> f CH hectare m

Hektik <-> f ∅ frénésie f, agitation f; [Leben] trépidation f; ***immer diese ~ im Büro!*** c'est toujours la bousculade au bureau!
▸**jd macht eine ~** fam qn s'agite; **mit einer [solchen] ~** avec une telle précipitation [o frénésie]; **nur keine ~** pas d'affolement

hektisch I. adj Mensch, Alltag, Tag, Zeit agité(e); Leben a. trépidant(e); Atmosphäre, Stimmung fébrile; Börse nerveux(-euse), fébrile; Geschäfte houleux(-euse); ***jd wird ~*** qn devient fébrile; ***jd/etw macht jdn ~*** qn/qc rend qn fébrile
▸**nur mal nicht so ~!** fam pas d'affolement!, pas de panique! fam
II. adv leben, essen, arbeiten avec précipitation; reagieren, eröffnen, schließen nerveusement, de façon fébrile; ***es geht sehr ~ zu*** il y a une grande agitation

Hekto- hecto-; ***~ster*** cent stères

Hektograph <-en, -en> m machine f à polycopier

Hektographie <-, -n> [-ˈfiːən] f 1.∅ (Verfahren) hectographie f
2.(Abzug) [texte m] polycopié m

hektographieren * vt ■**jd hektografiert etw** qn reproduit qc par hectographie

Hektoliter m o nt hectolitre m

helau interj hallo (au carnaval de Mayence)

Held(in) <-en, -en> m(f) héros/héroïne m/f
▸**jd ist der ~/die ~in des Tages** qn est le héros/l'héroïne du jour; **die ~en sind müde** hum les héros sont fatigués; **du bist mir ein [...] ~!** iron fam: ***du bist mir ja ein schöner ~*** y a pas de quoi pavoiser! hum fam; **jd ist in etw (dat) kein [o nicht gerade ein] ~** qn ne fait pas des étincelles [en qc] fam; **jd spielt den ~en** fam qn joue les héros fam

Heldendarsteller(in) m(f) acteur m qui joue le rôle du héros **Heldendichtung** f ∅ poésie f épique **Heldenepos** nt épopée f, chanson f de geste

heldenhaft I. adj héroïque
II. adv héroïquement

Heldenlied nt LITER poème m épique **Heldenmut** m héroïsme m **heldenmütig** adj s. **heldenhaft.** **Heldenrolle** f rôle m du héros **Heldensage** f légende f héroïque, épopée f **Heldentat** f exploit m, haut fait m, prouesse f **Heldentenor** m ténor [qui tient le premier rôle] m **Heldentod** m geh mort f héroïque ▸**jd stirbt den ~** qn meurt en héros [o au champ d'honneur]

Heldentum <-s> nt ∅ héroïsme m

Heldin *f s.* **Held**

helfen <hilft, half, geholfen> *vi* **1.** (*unterstützen*) ■ **jd hilft jdm** [**bei/in etw** (*dat*)] qn aide qn [dans/à qc]; ***er hilft seiner Frau beim Spülen*** il aide sa femme à faire la vaisselle; ***kann ich Ihnen ~?*** puis-je vous être utile?; ***jd lässt sich von jdm ~*** qn se fait aider par qn; ■ **jd hilft jdm aus etw/in etw** (*akk*) *aus der Badewanne, dem Auto* qn aide qn à sortir de qc/à entrer dans qc; ***jd hilft jdm aus dem Mantel/ in den Mantel*** qn aide qn à ôter/mettre son manteau; ***jd hilft jdm aus etw*** *aus einer schwierigen Lage, aus der Klemme, aus einer Geldverlegenheit* qn aide qn à se sortir de qc; ■ **jd hilft jdm über etw** (*akk*)**/auf etw** (*akk*)**/von etw** *über die Straße, auf den Hocker, von der Leiter* qn aide qn à traverser qc/à monter sur qc/à descendre de qc; ■ **jd hilft jdm mit etw** qn aide qn par qc [*o* en donnant qc]

2. (*nützen*) ■ **etw hilft jdm** qn rend service [*o* est utile] à qn; ***das hilft mir wenig*** ça ne me sert pas à grand-chose; ***das wird Ihnen nicht ~*** ça ne vous servira à rien

3. MED ■ **jd/etw hilft** [**jdm**] qn/qc soulage qn, qn vient en aide à qn; ■ **etw hilft** qc fait de l'effet, qc est efficace; ■ **etw hilft gegen/bei etw** qc agit contre/sur qc; ***bei solchen Schmerzen hilft nur eines*** contre de telles douleurs, il n'y a qu'un remède

4. CH (*mitmachen*) ■ **jd hilft** qn participe

▸ **jdm ist mit etw geholfen/nicht geholfen** qc rend service/n'est d'aucun secours à qn; **jdm ist nicht** [**mehr**] **zu ~** (*jd ist unheilbar krank*) il n'y a [plus] rien à [*o* on ne peut [plus] rien] faire pour qn; (*bei jdm hat alles keinen Zweck mehr*) le cas de qn est désespéré; **ich kann mir nicht ~, …** c'est plus fort que moi, …; **ich werde dir/euch ~ etw zu tun!** *fam* je vais t'apprendre/vous apprendre à faire qc! *fam;* **man muss sich** (*dat*) **nur zu ~ wissen** *prov* il faut savoir se débrouiller *fam;* **da hilft alles nichts** [*o* **es hilft nichts**], **…** il n'y a rien [d'autre] à faire; **was hilft's?** qu'est-ce qu'on y peut?, qu'y faire?

Helfer(in) <-s, -> *m(f)* **1.** (*Mensch*) aide *mf;* (*Komplize*) complice *mf;* ***die freiwilligen ~ vom Roten Kreuz*** les secouristes volontaires de la Croix rouge; ***du bist ein ~ in letzter Sekunde!*** tu arrives à mon secours in extremis; ***~in für den Haushalt*** aide ménagère

2. *fam* (*Gerät*) auxiliaire *m*

▸ **ein ~ in der Not** un bon Samaritain, un vrai saint-bernard

Helfershelfer(in) *m(f)* complice *mf* **Helferzelle** *f* MED lymphocyte *m* aide

Helgoland *nt* Helgoland *f*

Heli <-s, -s> *m* CH *fam abk von* **Helikopter** hélico *m fam*

Helikopter <-s, -> *m* hélicoptère *m*

Helium <-s> *nt* ∅ CHEM hélium *m*

hell I. *adj* **1.** (*nicht dunkel*) clair(e); ***ist es dir so ~ genug?*** est-ce que tu trouves qu'il fait assez clair?

2. (*leuchtend*) *Beleuchtung, Glanz* lumineux(-euse); *Licht* vif(vive)

3. (*in Bezug auf Farbe*) clair(e)

4. (*hoch*) *Vokal, Geläut* clair(e); *Laut, Ton, Stimme, Vibrationen a.* aigu(ë); *Lachen a.* éclatant(e)

5. *fam* (*aufgeweckt*) déluré(e), futé(e)

6. *attr* (*rein*) *Begeisterung, Freude, Neid, Entsetzen* un(e) … total(e), le/la … le/la plus grand(e); ***das ist ja der ~e Wahnsinn*** c'est de la folie pure; ***in ~em Entsetzen*** totalement épouvanté(e)

▸ **es bleibt ~** il continue à faire jour; ***es bleibt lange/ länger ~*** il fait clair longtemps/plus longtemps; **es wird ~** il commence à faire jour [*o* clair]

II. *adv* **1.** (*licht*) brillamment; ***~ leuchtend*** *Farbe* éclatant(e); ***ein ~ glänzendes Metall*** un métal d'un éclat brillant; ***die Lampe leuchtet ganz ~*** cette lampe donne beaucoup de lumière

2. (*hoch*): ***etw klingt ~*** qc a des sonorités aiguës; ***ihr Gesang tönte ~ und klar*** son chant résonnait haut et clair

hell- *-blau, -braun, etc* clair; ***~grün*** vert clair *inv* **hellauf** *adv* totalement, absolument **hellblond** I. *adj Haare* blond clair *inv; Mensch* aux cheveux blond clair; ■ **jd ist ~** qn est [*o* a les cheveux] blond clair II. *adv färben* en blond clair

Helle <-> *f* ∅ *geh s.* **Helligkeit**

Helle(s) *nt decl wie adj* [bière *f*] blonde *f*

Hellebarde <-, -n> *f* hallebarde *f*

Heller <-s, -> *m* HIST *ancienne pièce de monnaie allemande;* ≈ *denier ou liard*

▸ **auf ~ und Pfennig** *fam abrechnen* au centime près; *zurückgeben, zurückzahlen* jusqu'au dernier centime; ***er hat auf ~ und Pfennig bezahlt*** il a payé rubis sur l'ongle; **bis auf den letzten ~** *fam stimmen, korrekt sein* au centime près; *ausplündern, zurückgeben* jusqu'au dernier centime ***er hat mich bis auf den letzten ~ ausgeplündert*** il m'a tout ratiboisé *fam;* **etw ist keinen roten** [*o* **lumpigen**] [*o* **nicht einen**] **~ wert** *fam* qc ne vaut pas un clou *fam;* **jd besitzt** [*o* **hat**] **keinen roten** [*o* **lumpigen**] **~** *fam* qn n'a pas un radis [*o* un rond] *fam*

helleuchtend *s.* **hell II.1.**

hellhaarig *adj* aux cheveux clairs; ***jd ist ~*** qn a les cheveux clairs **hellhäutig** *adj* clair(e) de peau **hellhörig** *adj Haus, Wohnung* sonore ▸ **jd wird ~** qn dresse l'oreille; **jd/etw macht jdn ~** qn/qc fait dresser l'oreille à qn

Helligkeit <-, -en> *f* ∅ **1.** [*Raum, Wohnung*] clarté *f,* luminosité *f*

2. (*Lichtstärke*) intensité *f* lumineuse, clarté *f;* [*Stern*] éclat *m,* luminosité *f*

Helligkeitsregler *m* réglage *m* [*o* commande *f*] de luminosité; [*Lampe*] variateur *m* d'intensité

Hellraumprojektor *m* CH *s.* **Tageslichtprojektor**

hellsehen *vi nur infin* ▸ **jd kann ~** qn a le don de double vue; **du kannst wohl ~!** *fam* ma parole, tu as le don de double vue [*o* tu es devin]! *fam;* **ich kann doch nicht ~!** *iron fam* je ne suis pas devin! *fam,* je n'ai pas le don de double vue! **Hellseher(in)** *m(f)* voyant(e) *m(f)* **hellseherisch** I. *adj attr* de voyant(e) II. *adv:* ***jd ist ~ begabt*** qn a le don de double vue

hellwach *adj* ■ **jd ist ~** qn est bien réveillé(e) **Hellwerden** <-s> *nt* ∅ lever *m* du jour

Helm <-[e]s, -e> *m* casque *m;* [*Ritter*] heaume *m*

Helmbusch *m* HIST panache *m* **Helmpflicht** *f* port *m* du casque obligatoire **Helmschmuck** *m* HIST cimier *m*

Helsinki <-s> ['hɛlzɪŋki] *nt* Helsinki *f*

Hemd <-[e]s, -en> *nt* (*Ober~*) chemise *f,* liquette *f fam;* (*Unter~*) maillot *m* de corps *vieilli,* t[ee]-shirt *m,* chemise *f* américaine; (*Nacht~*) chemise *f* de nuit; ***mit offenem ~*** le col ouvert

▸ **das ~ ist jdm näher als der Rock** *prov* charité bien ordonnée commence par soi-même; **nass bis aufs ~** trempé(e) jusqu'aux os; **mach dir nicht** [**gleich**] **ins ~!** *sl* tu vas pas en faire un fromage! [*o* tout un plat!] *fam;* **jd wechselt jdn/etw wie das** [*o* **sein**] **~** qn change de qn/qc comme de chemise; **jd zieht einen Menschen bis aufs ~ aus, jd zieht einem Menschen das letzte ~ aus** *fam* qn prend tout à une personne jusqu'à sa dernière chemise, une personne se fait complètement plumer par qn *fam;* **jd zieht sich bis aufs** [**letzte**] **~ aus** *fam* qn donne tout ce qu'il a jusqu'à sa dernière chemise [*o* son dernier sou]

Hemdbluse *f* chemisier *m* **Hemdblusenkleid** *nt* robe *f* chemisier **Hemdbrust** *f* plastron *m* [de chemise]

Hemdenknopf *m* bouton *m* de chemise **Hemdenmatz** <-es, -e> *m hum fam* poupon *m* **Hemdenstoff** *m* tissu *m* pour chemise

Hemdhose *f* COUT *veraltend* grenouillère *f* [pour hommes] **Hemdkragen** *m* col *m* de chemise

Hemdsärmel *m* manche *f* de chemise ▸ **in ~n** *fam* en manches [*o* en bras] de chemise **hemdsärmelig** *adj fam* (*salopp*) familier(-ière)

Hemisphäre *f* GEOG, MED hémisphère *m*

▸ **die linke/rechte ~** l'hémisphère *m* gauche/droit; **die nördliche/südliche ~** l'hémisphère *m* nord/sud

hemmen *vt* **1.** (*ein Hemmnis sein*) ■ **etw hemmt etw** qc entrave qc

2. (*bremsen*) ■ **etw hemmt etw** *Maschine, Rad* qc freine qc

3. PSYCH ■ **jd/etw hemmt jdn** qn/qc inhibe [*o* bloque] qn; ***sie fühlt sich immer sehr gehemmt*** elle se sent toujours très complexée *fam*

Hemmnis <-ses, -se> *nt* obstacle *m,* entrave *f*

Hemmschuh *m* **1.** TECH sabot *m* d'arrêt [*o* d'enrayage] *f* **2.** *s.* **Hemmnis**

Hemmschwelle *f* blocage *m*

Hemmung <-, -en> *f* **1.** *pl* PSYCH inhibition *f,* complexe *m fam*

2. ∅ (*das Hemmen*) ralentissement *m,* freinage *m;* ***die ~ von Forschung und Wissenschaft durch die Kirche*** le frein mis par l'Église à la recherche et à la science

▸ **jd hat ~en** qn a des scrupules; **jd kennt keine ~en** qn n'a aucun scrupule, qn y va sans complexes *fam;* **nur keine ~en!** n'aie/n'ayez aucun scrupule!, ne te gêne/vous gênez pas!

hemmungslos I. *adj* **1.** (*zügellos*) dépourvu(e) de retenue; ***ein ~er Genießer*** un jouisseur effréné; ***Champagner macht mich immer so ~!*** quand je bois du champagne, je ne me contrôle plus!; ■ **jd ist ~** qn n'a aucune retenue

2. (*skrupellos*) sans scrupules; ■ **jd ist ~** rien n'arrête qn

II. *adv* **1.** (*zügellos*) sans aucune retenue

2. (*skrupellos*) sans scrupules

Hemmungslosigkeit <-> *f* ∅ **1.** (*Zügellosigkeit*) débridement *m;* [*Fans*] déchaînement *m;* ***die völlige ~*** la perte de toute retenue

2. (*Skrupellosigkeit*) absence *f* de scrupules

Hendl <-s, -[n]> *nt* AUS poulet *m* rôti

Hengst <-[e]s, -e> *m* (*Pferd*) étalon *m,* cheval *m* entier; (*Esel*) âne *m* mâle, baudet *m;* (*Kamel*) chameau *m* mâle

Henkel <-s, -> *m* anse *f*

Henkelglas *nt* chope *f* **Henkelkorb** *m* panier *m* à anse **Henkelkrug** *m* cruche *f* à anse **Henkelmann** <-männer> *m fam* gamelle *f*

henken *vt veraltet* ■ **jd henkt jdn** qn pend qn haut et court

Henker <-s, -> *m* bourreau *m*

▸ **scher dich** [*o* **geh**] **zum ~!** *fam* va te faire pendre ailleurs!, va-t-en au diable!; **hol's der ~!** *veraltend* malédiction! *vieilli;* **weiß der ~** *fam* Dieu seul le sait; **zum ~!** *fam* bon Dieu! *fam;* **was zum ~ …** *fam* que diable …

Henker[s]beil *nt* HIST hache *f* de/du bourreau **Henkersknecht** *m* HIST valet *m* [*o* aide *m*] de/du bourreau **Henkersmahlzeit** *f* **1.** dernier repas *m* du condamné (*offert avant l'exécution*) **2.** *hum fam* repas *m* du condamné

Henna <-> *f,* <-[s]> *nt* ∅ henné *m*

Henne <-, -n> *f* **1.** (*Haushuhn*) [poule *f*] pondeuse *f*

2. (*weibliches Tier*) poule *f;* ***Sie sehen einen Strauß nebst ~*** vous voyez une autruche mâle avec sa femelle

Hepatitis <-, -titiden> *f* hépatite *f*

her *adv* par ici!; ***Herr Wirt, Bier ~!*** patron, apportez de la bière!; ***mein Buch ~!*** rends-moi/rendez-moi mon livre!; ***~ mit dem Geld!*** file ton argent! *fam,* envoie la monnaie! *fam*

▸ **~ damit!** *fam* file/filez-moi ça! *fam;* (*gib's zurück*) rends-moi/rendez-moi ça!; (*Geld her*) par ici la bonne soupe! *fam;* **immer ~ damit!** *fam* refile/refilez toujours! *fam;* **um jdn ~** [tout] autour de qn; **von … ~** depuis …; ***ich kenne ihn von früher ~*** j'ai fait sa connaissance autrefois; **von etw ~** (*räumlich*) de qc; (*was betrifft*) pour ce qui est de qc; ***von der Technik ~*** d'un point de vue technique; **~ zu mir!** viens/venez ici!

herab *adv geh:* ***es geht herauf und ~*** ça monte et ça descend; ***noch ein Stück weiter ~!*** encore un peu plus bas!; ***die steile Wand sollen wir ~?*** nous devons descendre cette pente abrupte?; ***von etw ~*** du haut de qc; ■ **von irgendwoher bis irgendwohin ~** de quelque part jusque quelque part; *s. a.* **herunter**

herab-: ***jd kann/will/muss ~*** qn peut/veut/doit descendre; *s. a.* **herunter-**

herab|blicken *vi geh s.* **herabsehen**

herạb|flehen *vt geh* ■ **jd fleht etw auf jdn herab** *Gnade, Segen* qn implore qc pour qn

herạb|fließen *vi irreg + sein* ■ **etw fließt [von etw] herab** qc s'écoule [depuis qc]; ***der Bergbach floss den Hang herab*** le torrent dévalait la pente

herạb|hängen *vi irreg* ■ **etw hängt [von etw/auf etw** (*akk*)**] herab** qc pend [de qc/sur qc]; ***die Haare hingen ihr bis auf die Schultern herab*** ses cheveux pendaient jusque sur ses épaules, elle avait les cheveux qui lui pendaient jusque sur les épaules

herạb|lassen *irreg* I. *vt geh* ■ **jd lässt etw [von etw] herab** qn descend [*o* fait descendre] qc [depuis/de qc]
II. *vr* 1. (*sich entwürdigen*) ■ **jd lässt sich [zu etw] herab** qn s'abaisse [à qc]
2. (*gnädigerweise tun*) ■ **jd lässt sich [dazu] herab etw zu tun** qn condescend à faire qc

herạblassend I. *adj* condescendant(e); ■ **jd ist [zu jdm]** ~ qn est condescendant(e) [à l'égard de qn]
II. *adv* avec condescendance

Herạblassung <-> *f* ∅ condescendance *f*

herạb|mindern *vt* ■ **jd mindert etw herab** 1. (*schlecht machen*) qn déprécie qc
2. (*bagatellisieren*) *Gefahr, Problem* qn minimise qc

herạb|sehen *vi irreg* 1. (*abschätzig betrachten*) ■ **jd sieht auf jdn/etw herab** qn regarde qn/qc de haut
2. *geh* (*heruntersehen*) ■ **jd sieht auf jdn/etw herab** qn abaisse son regard sur qn/qc; *auf Landschaft a.* qn regarde qc à ses pieds

herạb|setzen *vt* 1. (*reduzieren*) ■ **jd setzt etw herab** *Preise, Artikel* qn baisse qc; *Kosten* qn réduit qc; *Geschwindigkeit, Druck* qn réduit [*o* diminue] qc; ***zu herabgesetzten Preisen*** à prix réduits
2. (*herabmindern*) ■ **jd setzt jdn/etw herab** qn déprécie qn/qc

Herạbsetzung *f* 1. (*Minderung*) [*Preis, Artikel*] baisse *f;* [*Rentenalter*] abaissement *m*
2. ∅ (*das Herabmindern*) dépréciation *f*
3. (*Kränkung*) humiliation *f*

herạb|steigen *vi irreg + sein geh* ■ **jd steigt [von etw] herab** qn descend [de qc]

herạb|würdigen I. *vt* ■ **jd würdigt jdn/etw herab** qn rabaisse qn/qc; ***jd lässt sich nicht von jdm*** ~ qn ne se laisse pas rabaisser par qn
II. *vr* ■ **jd würdigt sich herab** qn s'abaisse, qn s'avilit

Herạbwürdigung <-, -en> *f* [*Mensch*] dénigrement *m;* [*Leistung, Erzeugnis, Qualität*] dépréciation *f*

Herạldik <-> *f* ∅ héraldique *f*

herạldisch *adj* héraldique

herạn *adv:* ***wir müssen ganz dicht an die Mauer*** ~ nous devons nous approcher tout contre le mur; ***wir können nicht ganz*** ~ nous ne pouvons pas aller tout près; ***links*** ~! serre/serrez à gauche!; *s. a.* **ran**

herạn- (*herbei*): ***jd darf an etw*** (*akk*) ~ qn peut [*o* a le droit de] s'approcher de qc; ***jd darf nicht an etw*** (*akk*) ~ qn ne doit pas s'approcher de qc; ***jd lässt jdn/etw an jdn/etw*** ~ qn laisse qn/qc s'approcher de qn/qc; ***jd kann/will an etw*** (*akk*) ~ qn peut/veut s'approcher de qc; ***jd/ein Tier kriecht/robbt*** ~ ***/pirscht sich*** ~ qn/un animal s'approche en rampant/à plat ventre/en se faufilant; ***jd schleppt/karrt etw*** ~ qn ramène qc avec lui/en brouette; ***jd transportiert etw*** ~ qn transporte qc [jusqu'ici]

herạn|arbeiten *vr* ■ **jd arbeitet sich an jdn/etw heran** *an Opfer, Verletzte, an gegnerische Stellungen* qn se fraie un chemin jusqu'à qn/qc; ***man arbeitete sich langsam an den Kern des Problems heran*** on se rapprochait laborieusement du cœur du problème

herạn|fahren *vi irreg + sein* ■ **jd fährt [an etw** (*akk*)**] heran** qn s'approche [de qc]; ***rechts/links*** ~ serre/serrez à droite/à gauche; ***zum Ein- und Ausladen darf man bis an das Hotel*** ~ pour charger et décharger, on peut aller jusqu'à [la porte de] l'hôtel en voiture; ***wir können nicht näher*** ~ nous ne pouvons pas nous approcher plus près

herạn|führen I. *vt* 1. (*hinbringen*) ■ **jd führt jdn/etw [an jdn/etw] heran** qn amène qn/qc [à proximité de qn/qc]; ***jd wird herangeführt*** on fait venir qn
2. (*einweihen in*) ■ **jd führt jdn an etw** (*akk*) **heran** qn initie qn à qc
II. *vi* ■ **etw führt an etw** (*akk*) **heran** */Weg, Nachschublinie/* qc mène [*o* conduit] à qc

herạn|gehen *vi irreg + sein* 1. (*hingehen*) ■ **jd geht [an jdn/etw] heran** qn s'approche [de qn/qc]; ***lass uns lieber nicht zu nahe*** ~! il vaut mieux ne pas trop nous approcher!
2. (*in Angriff nehmen*) ■ **jd geht an etw** (*akk*) **heran** *an Problem, Aufgabe, Sache* qn s'attaque [*o* s'attelle] à qc

herạn|kommen *vi irreg + sein* 1. (*herbeikommen*) ■ **jd/ein Tier/etw kommt [an jdn/etw] heran** qn/un animal/qc [s']approche [de qn/qc]; ■ **jd kommt an etw heran** qn arrive à qc
2. (*herangelangen können*) ■ **jd kommt [an jdn/etw] heran** qn y arrive [*o* parvient]/qn atteint qn/qc
3. (*sich beschaffen können*) ■ **jd kommt an etw** (*akk*) **heran** *an angelegtes Geld* qn a accès à [*o* peut disposer de] [*o* peut toucher] qc; *Informationen* qn peut obtenir qc
4. (*in Kontakt kommen*) ■ **jd kommt an jdn heran** qn peut approcher qn; ***die Polizei kommt nicht an die Täter heran*** la police n'arrive pas à mettre la main sur les coupables
5. (*gleichwertig sein*) ■ **jd/etw kommt [in etw** (*dat*)**] an jdn/etw heran** qn/qc arrive [pour qc] au niveau de qn/qc
▸ **jd lässt alles an sich** (*akk*) ~ *fam* qn laisse venir; **jd lässt etw nicht an sich** (*akk*) ~ *fam* qn ne se laisse pas affecter par qc, qn ne laisse pas qc l'affecter; ***sie lässt nichts an sich*** ~ rien ne l'affecte, rien ne la touche

herạn|machen *vr fam* ■ **jd macht sich an jdn heran** qn accoste qn; ***sie hat sich gleich an ihren Chef herangemacht*** elle a tout de suite essayé de s'insinuer auprès de son chef

herạn|reichen *vi* 1. (*gleichkommen*) ■ **jd/etw reicht an jdn/etw heran** qn/qc peut rivaliser avec qn/qc
2. (*bis an etw reichen*) ■ **etw reicht [bis] an etw** (*akk*) **heran** */Weg, Gelände etc/* qc arrive [jusqu']à qc

herạn|reifen *vi + sein geh* 1. (*reifen*) ■ **etw reift heran** */Früchte/* qc vient [*o* arrive] à maturité *soutenu*
2. (*werden*) ■ **jd reift [zu jdm] heran** qn se développe [pour devenir qn]
3. (*sich konkretisieren*) ■ **etw reift [zu etw] heran** */Plan, Entschluss, Idee/* qc mûrit [pour devenir qc]

herạn|rücken I. *vi + sein* 1. (*sich nähern*) ■ **jd/etw rückt [an jdn/etw] heran** qn/qc s'approche [de qn/qc]
2. (*dicht aufrücken*) ■ **jd rückt [mit etw] [an jdn/etw] heran** qn se rapproche [avec qc] [de qn/qc]
II. *vt + haben* ■ **jd rückt etw [an jdn/etw] heran** qn approche qc [de qn/qc]

herạn|schaffen *vt* ■ **jd schafft jdn/etw heran** qn amène qn/qn apporte qc; (*kommen lassen*) qn fait venir qn/qc; *Geld, Nahrungsmittel etc* qn se procure qc

herạn|schleichen *vi, vr irreg + vi: sein* ■ **jd/ein Tier schleicht [sich] [an jdn/etw] heran** qn/un animal se glisse [jusqu'à qn/qc]; ***warum musstest du auch so leise [an mich]*** ~? pourquoi t'es-tu approché(e) si doucement [de moi]?

herạn|tasten *vr* 1. (*sich nähern*) ■ **jd tastet sich an jdn/etw heran** qn avance à tâtons jusqu'à qn/qc
2. (*angehen*) ■ **jd tastet sich an etw** (*akk*) **heran** *an eine Frage, ein Problem* qn aborde qc avec précaution

herạn|tragen *vt irreg* 1. (*herbeitragen*) ■ **jd trägt jdn/etw [nahe] an etw** (*akk*) **heran** qn [trans]porte qn/qc jusqu'à [proximité de] qc
2. (*vorbringen*) ■ **jd trägt etw an jdn heran** *Anliegen, Wunsch, Bedenken, Forderung* qn présente [*o* soumet] qc à qn

herạn|treten *vi irreg + sein* 1. (*herbeitreten*) ■ **jd tritt [an jdn/etw] heran** qn s'approche [de qn/qc]; ***tritt ein bisschen näher heran!*** approche[-toi] un peu plus près!
2. (*konfrontieren*) ■ **etw tritt an jdn heran** */Probleme, Zweifel, Versuchung/* qc se présente à qn; ***diese Fragen sind schon des Öfteren an mich herangetreten*** j'ai déjà été assez souvent confronté(e) à ces questions
3. (*sich wenden an*) ■ **jd tritt [mit etw] an jdn heran** qn s'adresse à qn [avec qc]

herạn|wachsen [-ks-] *vi irreg + sein geh* ■ **jd wächst [zu jdm] heran** qn grandit [pour devenir qn]

Herạnwachsende [-ks-] *pl* jeunes gens *mpl* (*personnes entre 18 et 21 ans*)

herạn|wagen *vr* 1. (*heranzukommen wagen*) ■ **jd wagt sich an jdn/ein Tier heran** qn ose s'approcher de qn/d'un animal
2. (*sich zu beschäftigen wagen*) ■ **jd wagt sich an etw** (*akk*) **heran** *an eine Aufgabe, ein Problem* qn ose s'attaquer à qc

herạn|ziehen *irreg* I. *vt + haben* 1. (*näher holen*) ■ **jd zieht jdn/etw [an etw/sich** (*akk*)**/zu sich] heran** qn attire qn [à lui]/rapproche qc [de lui/de qc]
2. (*einsetzen*) ■ **jd zieht jdn/etw [zu etw] heran** *Sachverständige, Kapital* qn fait appel [*o* a recours] à qn/qc [pour qc]; *Arbeitskräfte a.* qn met qn à contribution [pour qc]
3. (*anführen*) ■ **jd zieht etw [für/zu etw] heran** *Bestimmung, Paragraphen, Quelle, Zitat* qn allègue [*o* invoque] qc [pour qc]
4. (*aufziehen*) ■ **jd zieht jdn/ein Tier [zu etw] heran** qn élève qn/un animal [pour en faire qc]; ***das Rehkitz ist zu einem Jungtier herangezogen worden*** grâce aux soins reçus, le faon est devenu un jeune chevreuil; ■ **jd zieht etw [aus etw] heran** *Pflanze* qn fait pousser qc [à partir de qc]; ■ **jd zieht [sich** (*dat*)**] jdn heran** qn fait qn [d'un enfant/de son enfant]; ***du ziehst dir ein Muttersöhnchen heran*** tu vas faire de ton fils un enfant gâté
II. *vi + sein* (*näher ziehen*) ■ **jd/etw zieht heran** qn/qc approche; ■ **jd/etw zieht an etw** (*akk*) **heran/bis an etw** (*akk*) **heran** qn/qc de qc/pousse jusqu'à qc

herauf I. *adv* ■ **von ...** ~ 1. (*von ... Richtung oben*) depuis ...; ***von unten*** ~ depuis le bas
2. *fam* (*von ... Richtung Norden*) pour remonter de ... *fam*
II. *präp + akk* ■ **etw** ~ *den Berg, Hang, die Treppe, Stufen* en montant qc

herauf- *-dürfen, -können, -müssen, -sollen* monter; *-schleppen, -begleiten* jusqu'en haut; *-springen, -hüpfen* dessus; ***er quälte sich*** ~ il montait péniblement; ***jd blickt zu uns*** ~ qn lève son regard vers nous; ***er hat versucht auf den Berg ~zufahren*** il a essayé de monter sur la montagne; ***klettere auf den Baum*** ~ grimpe [vers moi/nous] sur l'arbre; ***sieh mal*** ~! regarde en haut [vers moi/nous]; ***er hat mir etw ~gereicht*** il m'a tendu qc

herauf|beschwören * *vt irreg* 1. (*wachrufen*) ■ **jd/etw beschwört [durch etw] etw [in jdm] herauf** *Erinnerung, Vergangenheit, Historie* [par qc] qn/qc évoque [en qn] qc
2. (*herbeiführen*) ■ **jd/etw beschwört etw herauf** *Verwicklungen, Unglück, Streit, Krise* qn/qc provoque [*o* suscite] qc

herauf|bringen *vt irreg* ■ **jd bringt etw [zu jdm] herauf** qn monte qc [à qn]; ***jd bringt etw mit herauf*** qn remonte qc; ■ **jd bringt jdn [zu jdm] herauf** qn fait monter qn [chez qn]

herauf|führen *vt* ■ **jd führt jdn [zu jdm] herauf** qn fait monter qn [jusqu'à qn]

herauf|kommen *vi irreg + sein* 1. (*von unten kommen*) ■ **jd kommt [zu jdm] herauf** qn monte [rejoindre qn] [*o* vers qn]
2. *geh* (*aufziehen*) ■ **etw kommt herauf** */Nebel/* qc se lève; */Gewitter,*

Unwetter/ qc se prépare, qc s'annonce; ■ **Dinge kommen herauf** */ Wolken/* des choses s'amoncellent

herauf|setzen *vt* ■ **jd setzt etw herauf** *Gebühren, Preis, Mindestalter* qn relève qc

herauf|steigen *irreg* **I.** *vi + sein geh* **1.** *(nach oben steigen)* ■ **jd steigt zu jdm herauf** qn monte rejoindre qn
2. ■ **etw steigt herauf** */ Nebel, Schwaden/* qc monte, qc s'élève
II. *vt + sein* ■ **jd steigt etw herauf** qn monte qc

herauf|ziehen *irreg* **I.** *vt + haben* ■ **jd zieht jdn/etw [zu sich] herauf** qn hisse qn/qc [jusqu'à lui]
II. *vi + sein* ■ **etw zieht herauf** */ Gewitter, Unwetter/* qc se lève ■ **Dinge ziehen herauf** */ Wolken/* des choses s'amoncellent; ***da ziehen schon düstere Wolken herauf*** des nuages obscurcissent déjà le ciel

heraus *adv* **1.** ~, ***ihr sollt da sofort*** ~! dehors, sortez et tout de suite!; ***hier*** ~! sors/sortez par ici!; *s. a.* **herauskommen**
2. ■ **aus etw** ~ *(räumlich)* hors de qc; *(aufgrund)* *aus einem Gefühl, Wunsch, Überzeugung* à cause [*o* en raison] de qc; ***dieser Wunsch entstand aus der Gewissheit*** ~, ... ce désir naquit de la certitude ...
► ~ **da!** *fam* dehors! *fam*, sors/sortez de là! *fam*; ~ **damit!** *fam* *(her damit)* envoie/envoyez! *fam*; *(rausgezogen)* il faut l'/les enlever!; *(mit der Sprache)* accouche/accouchez! *fam*; ~ **mit ihm!** *fam* fais-le/faites-le sortir!

heraus- *geh -dürfen, -mögen, -sollen, -können* sortir; *-kriechen, -watscheln, -rennen, -sausen* sortir [en ...]; ***er rennt*** ~ il sort en courant; ***etw schießt aus etw*** ~ qc jaillit de qc; ***er bemüht sich heraus*** il s'efforce de sortir; ***wo müssen wir*** ~? par où faut-il que nous sortions?; ***womit können wir den Hamster ~locken?*** avec quoi pouvons-nous attirer le hamster pour qu'il sorte?; ***eine kleine Maus blickte [aus dem Loch] heraus*** une petite souris guignait à l'extérieur [de son trou]; ***wenn du dich bitte mal zu uns in den Garten ~bemühen würdest?*** veux-tu bien te donner la peine de sortir pour nous rejoindre dans le jardin?; *s. a.* **raus-**

heraus|arbeiten **I.** *vt* **1.** *(hervorheben)* ■ **jd arbeitet etw heraus** *Kern, Punkt, Unterschiede* qn fait ressortir qc; ***jd arbeitet etw deutlicher/ besser heraus*** qn fait plus nettement/mieux ressortir qc, qn met davantage/mieux en relief qc
2. ART ■ **jd arbeitet etw [aus etw] [mit etw] heraus** *aus Marmor, Granit* qn façonne [*o* sculpte] qc [dans qc] [avec qc]; *Buchstaben, Schriftzug, Text* qn grave qc [dans qc] [avec qc]
II. *vr* ■ **jd/ein Tier arbeitet sich aus etw heraus** qn/un animal s'extrait de qc

heraus|bekommen * *vt irreg* **1.** *(entfernen)* ■ **jd bekommt etw [aus etw] [mit etw] heraus** *Fleck, Schmutz* qn enlève qc [de qc] [avec qc]
2. *(herausziehen)* ■ **jd bekommt etw [aus etw] [mit etw] heraus** *Splitter, Dorn, Nagel* qn extrait qc [de qc] [avec qc]
3. *(herausfinden)* ■ **jd bekommt jdn/etw heraus** qn réussit [*o* parvient] à trouver qn/qc; ***das bekommst du nie heraus*** tu ne devineras jamais
4. *(ausgezahlt bekommen)* ■ **jd bekommt etw heraus**: ***ein Mensch bekommt von jdm etw heraus*** qn rend qc à une personne; ***Sie bekommen noch 3,23 DM heraus*** je dois vous rendre 3,23 marks; il vous revient encore 3,23 marks; ***Ihre Anzahlung bekommen Sie nicht heraus*** vos arrhes ne vous seront pas remboursées [*o* rendues]; ***sie bekam sogar noch was vom Händler für ihr Altgerät heraus*** elle a même eu droit à une reprise du marchand pour son ancien appareil

heraus|bilden *vr* ■ **etw bildet sich [aus etw] heraus** qc prend forme [*o* corps] [*o* tournure] [à partir de qc]

heraus|brechen **I.** *vt + haben* ■ **jd bricht etw [aus etw] heraus** qn extrait qc [de qc]
II. *vi + sein* ■ **etw bricht aus jdm heraus** qn laisse éclater [*o* exploser] qc; ***es brach aus ihm heraus*** il explosa

heraus|bringen *vt irreg* **1.** *(nach draußen bringen)* ■ **jd bringt [jdm] etw heraus** qn sort qc [à qn], qn apporte qc dehors [à qn]
2. *(auf den Markt bringen)* ■ **jd bringt etw heraus** qn sort qc [sur le marché]; ***etw wird mit aufwändiger Werbung ganz groß herausgebracht*** on sort qc à grand renfort de publicité
3. *(der Öffentlichkeit vorstellen)* ■ **jd/etw bringt etw heraus** *Theaterstück* qn/qc sort qc; *Buch, Affäre a.* qn/qc publie qc; ***die Affäre wurde in allen Zeitungen groß herausgebracht*** cette affaire a été à la une de tous les journaux
4. *(hervorbringen)* ■ **jd bringt etw heraus** *Ton, Krächzen* qn émet qc; *Antwort, Wort* qn sort qc
5. *s.* **herausbekommen 1., 2., 3.**

heraus|drehen *vt* ■ **jd dreht etw [aus etw] heraus** *Birne, Schraube* qn dévisse qc [de qc]; ***eine Zecke muss man entgegen dem Uhrzeigersinn*** ~ on retire une tique en tournant dans le sens inverse des aiguilles d'une montre

heraus|drücken *vt* ■ **jd drückt etw heraus** qn extrait qc [en pressant]; ■ **jd drückt eine Sache aus etw heraus** qn presse qc pour en extraire [*o* faire sortir] une chose; ***der Schlingel hat die ganze Zahncreme herausgedrückt*** le polisson a vidé tout le tube de dentifrice; ■ **jd drückt etw heraus** *Brust, Brustkorb* qn bombe qc

heraus|fahren *irreg* **I.** *vi + sein* **1.** *(nach draußen fahren)* ■ **jd/etw fährt [aus etw] heraus** qn/qc sort [de qc]; ***beim H~ aus der Garage*** en sortant du garage
2. *(entschlüpfen)* ■ **etw fährt jdm heraus** */ Fluch, Namen, Wort etc/* qc échappe à qn, qn laisse échapper qc
II. *vt + haben* **1.** *(nach draußen fahren)* ■ **jd fährt etw [aus etw] heraus** qn sort qc [de qc]
2. SPORT ■ **jd fährt etw heraus** *einen Platz, Sieg, eine Zeit* qn obtient qc

heraus|filtern *vt* **1.** *(durch Filtern)* ■ **jd/etw filtert etw [aus etw] heraus** qn/qc élimine par filtrage [*o* filtre] qc [de qc]
2. *(aussondern)* ■ **jd filtert jdn/etw [aus etw] heraus** *Informationen, Meldungen, Kandidaten* qn sélectionne qn/qc [parmi [*o* dans] qc]

heraus|finden *irreg* **I.** *vt* **1.** *(hinter etw kommen)* ■ **jd findet jdn/etw heraus** qn découvre qn/qc; *Täter a.* qn identifie qn; ■ **jd findet heraus, ob/wann/warum/wie** qn réussit à établir si/quand/pourquoi/comment; ■ **jd findet heraus, dass/wo** qn réussit à établir que + *indic*/où
2. *(herauslesen)* ■ **jd findet etw [aus etw] heraus** *gesuchten Gegenstand* qn retrouve qc [parmi [*o* dans] qc]
II. *vi* ■ **jd findet [aus etw] heraus** qn trouve la sortie [de qc]

heraus|fischen **I.** *vt fam* ■ **jd fischt etw [aus etw] heraus** qn repêche qc [de qc]
II. *vr fam* ■ **jd fischt sich** *(dat)* **jdn/etw [aus etw] heraus** qn pêche qn/qc [dans qc] *fam*

heraus|fliegen *irreg* **I.** *vi + sein* **1.** ■ **ein Vogel fliegt [aus/durch etw] heraus** un oiseau s'envole [de/par qc]
2. SPORT *fam* ■ **jd fliegt [aus etw] heraus** qn se fait sortir [de qc] *fam*
II. *vt + haben* ■ **jd/etw fliegt jdn/etw [aus etw] heraus** qn/qc évacue qn/qc par avion [de qc]

Herausforderer <-s, -> *m*, **-ford[r]erin** *f* SPORT, POL challenger *m*, adversaire *mf*, challengeur *m*
► **jd stellt sich seinem** ~ qn affronte son challenger [*o* son adversaire]

heraus|fordern **I.** *vt* **1.** SPORT ■ **jd fordert jdn heraus** qn défie qn
2. ***jd fordert jdn zum Duell/ Zweikampf heraus*** qn provoque qn en duel/ qn défie qn en combat singulier
3. *(provozieren)* ■ **jd fordert jdn heraus** qn provoque qn; ■ **jd/etw fordert jdn zu etw heraus** qn/qc pousse qn à faire qc; ***etw fordert jdn zu einer scharfen Antwort/ Kritik heraus*** qc pousse qn à répondre de façon acerbe/à critiquer
4. ■ **jd fordert etw heraus** *Kritik, Protest* qn provoque qc; *Gefahr* qn défie qc
II. *vi* qc provoque qc

herausfordernd **I.** *adj* provocant(e)
II. *adv* de façon provocante

Herausforderung *f* **1.** *(beim Duell)* défi *m*; ***ich nehme die ~ an!*** j'accepte [*o* je relève] le défi!, je relève le gant! *soutenu*; ~ ***zum Duell*** provocation *f* en duel
2. ∅ SPORT challenge *m*; ***der Titelverteidiger nahm die ~ zum Kampf an*** le tenant du titre répondit au défi de son challenger
3. *(Provokation)* provocation *f*
4. *(Bewährungsprobe)* défi *m*
► **jd stellt sich einer** ~ *(dat)* qn relève le défi

heraus|führen **I.** *vt* ■ **jd führt jdn heraus** qn conduit [*o* mène] qn dehors; ■ **jd führt jdn aus etw heraus** qn conduit [*o* mène] qn hors de qc; ■ **jd führt jdn irgendwohin heraus** qn conduit [*o* mène] qn quelque part; ***der Bräutigam führt die Braut [aus der Kirche] heraus*** le marié donne le bras à la mariée pour sortir [de l'église]
II. *vi* ■ **etw führt heraus** qc mène dehors; ■ **etw führt aus etw heraus** qc fait sortir [*o* mène hors] de qc; *aus einem Labyrinth* qc mène à la sortie de qc; ■ **etw führt irgendwohin heraus** qc mène [*o* conduit] quelque part

Herausgabe *f* **1.** *[Gepäckstück, Mantel aus der Garderobe]* remise *f*; *[konfiszierte Gegenstände]* restitution *f*; ***jd wartet auf die ~ seiner Gepäckstücke/ des Wechselgeldes*** qn attend qu'on lui rende ses bagages/la monnaie
2. MEDIA publication *f*, édition *f*
3. *[Banknoten, Münzen, Briefmarken]* émission *f*

heraus|geben *irreg* **I.** *vt* **1.** ■ **jd gibt etw [an jdn] heraus** *konfiszierte Gegenstände* qn restitue qc [à qn]; *Gepäckstück, Mantel aus der Garderobe* qn remet [*o* rend] qc [à qn]; ■ **jd gibt jdm etw heraus** *Betrag, Wechselgeld, Geld* qn rend qc à qn; ■ **jd gibt jdn [an jdn] heraus** *Gefangenen* qn livre [*o* remet] qn [à qn]
2. *(veröffentlichen)* ■ **jd/etw gibt etw heraus** qn/qc publie qc, qn/qc sort qc; *(edieren)* qn/qc édite qc; ■ **etw wird herausgegeben** qc est publié(e), qc sort
3. *(herausreichen)* ■ **jd gibt jdm etw [durch [*o* aus] etw] heraus** qn passe qc à qn [par qc]
II. *vi* ■ **jd gibt [jdm] [auf etw** *(akk)***] heraus** qn rend la monnaie [à qn] [sur qc]
► **falsch** ~ se tromper en rendant la monnaie

Herausgeber(in) *m(f)* **1.** *(Verleger)* éditeur(-trice) *m(f)*
2. *(edierender Lektor)* directeur(-trice) *m(f)* de [la] publication

heraus|gehen *vi irreg + sein* **1.** ■ **jd geht [aus/von etw] heraus** *aus dem Haus, aus der Wohnung* qn sort [de qc]; ***jd geht aus dem Tor/ aus der Tür heraus*** qn sort
2. ■ **etw geht [aus etw] heraus** */ Fleck, Verunreinigung/* qc part [*o* s'en va] [de qc]
3. ■ **etw geht [aus etw] heraus** */ Korken, Nagel, Dorn/* qc s'enlève [*o* se retire] [de qc]
► **jd geht aus sich heraus** qn s'extériorise, qn sort de sa carapace

Herausgeld *nt* CH *s.* **Wechselgeld**

heraus|greifen *vt irreg* **1.** ■ **jd greift [sich** *(dat)***] jdn [aus etw] heraus** */ Polizei/* qn saisit qn [dans qc]; */ Lehrer/* qn choisit qn [dans qc]
2. ■ **jd greift [sich** *(dat)***] etw [aus etw] heraus** *Beispiel, Zitat* qn choisit qc [dans qc]; *Ware, Kleidungsstück* qn prend qc au hasard [dans qc]

heraus|haben *vt irreg fam* **1.** ■ **jd hat etw [aus etw] heraus** *Fleck, Verunreinigung* qn a fait partir qc [de qc]
2. ■ **jd hat etw [aus etw] heraus** *Korken, Nagel, Dorn* qn a fait sortir [*o* a retiré] qc [de qc]; ***endlich habe ich alle Nägel heraus*** j'ai enfin réussi à retirer tous les clous
3. ■ **jd hat jdn [aus etw] heraus** *Mieter, Mitarbeiter* qn a mis qn à la porte

[de qc], qn a viré qn [de qc] *fam; **den will ich schnellstmöglich** ~* je veux me débarrasser de lui au plus vite
4. ■ **jd hat etw heraus** qn a pigé qc *fam; **jd hat es/den Dreh/den Trick/die Masche heraus*** qn a trouvé le truc *fam*
5. ■ **jd hat etw heraus** *Lösung* qn a trouvé qc; *Namen* qn sait qc; *Ursache, Geheimnis* qn a découvert qc; ■ **jd hat heraus, wann/wer/wie/warum/wo/wohin ...** qn sait [*o* a trouvé] quand/qui/comment/pourquoi/où ...

heraus|halten *irreg* I. *vt* **1.** (*nach draußen halten*) ■ **jd hält etw heraus** qn passe qc dehors; ■ **jd hält etw aus etw heraus** qn passe qc par qc
2. ■ **jd/etw hält jdn/ein Tier [aus etw] heraus** *Eindringling, Unbefugte, Tier* qn/qc empêche qn/un animal d'entrer [dans qc]
3. ■ **jd hält jdn/etw [aus etw] heraus** *aus Auseinandersetzung, einem Prozess* qn laisse qn/qc en dehors [de qc], qn tient qn/qc à l'écart [de qc]
II. *vr* ■ **jd hält sich [aus etw] heraus** qn se tient à l'écart [de qc]

heraus|helfen *vi irreg* ■ **jd hilft jdm [aus etw] heraus 1.** *aus dem Auto, Bus, Zug* qn aide qn à sortir [*o* à descendre] [de qc]
2. (*auszuziehen helfen*) qn aide qn à se mettre à l'aise; *aus dem Mantel* qn aide qn à se débarrasser [*o* se défaire] de qc
3. (*zu überwinden helfen*) qn aide qn à s'en sortir; *aus schwieriger Lage, Klemme* qn aide qn à [se] sortir de qc

heraus|holen *vt* **1.** ■ **jd holt etw [aus etw] heraus** *Essen aus dem Kühlschrank, Gepäck aus dem Kofferraum* qn sort qc [de qc]; *Unrat aus verstopftem Abfluss, Kondome aus einer Toilette* qn retire qc [de qc]
2. ■ **jd holt jdn [aus etw] heraus** qn sort qn [de qc]; *aus einem Gefangenenlager a.* qn délivre qn [de qc]; *aus den Trümmern, einem demolierten Auto, einem Schacht a.* qn extrait qn de qc, qn dégage qn [de qc]; ***können Sie uns** ~?* vous pouvez nous sortir de là?
3. ■ **jd holt etw [aus jdm] heraus** *Geständnis, Namen* qn extorque qc [à qn]; ***wir holen schon alles aus dir heraus!*** on va bien réussir à te tirer les vers du nez!
4. (*durch Bemühungen erreichen*) ■ **er/sie holt [bei jdm] etw [für jdn/sich] heraus** il/elle parvient à obtenir qc [de qn] [pour qn/pour lui/elle]; ***jd kann etw ~/versucht etw herauszuholen*** qn peut obtenir/essaie d'obtenir qc
5. SPORT ■ **jd holt etw heraus** *gutes Ergebnis* qn obtient qc; *einen Sieg, einen guten Platz a.* qn arrache qc; *ein paar Sekunden* qn gagne qc; *gute Zeit* qn fait qc, qn réalise qc
6. *fam* ■ **jd holt [aus jdm/etw] etw heraus** *aus einem Motor, aus Sportlern, Rekruten* qn tire qc [de qn/qc]; *Leistung, Einsatz* qn obtient qc [de qn]; ***jd holt alle Reserven aus ihm/ihr heraus*** qn l'oblige à aller jusqu'au bout de lui-même/d'elle-même; ***er/sie holt das Letzte aus sich heraus*** il/elle donne tout ce qu'il/qu'elle a dans le ventre *fam*, il/elle met le paquet

heraus|hören *vt* **1.** ■ **jd hört jdn/etw [aus etw] heraus** *Stimme, Organ* qn distingue qc/la voix de qn [parmi qc]; ***ihn hört man immer heraus*** on n'entend que lui
2. ■ **jd hört etw [aus etw] heraus** *Ärger, Enttäuschung, Missbilligung* qn discerne [*o* perçoit] qc [dans qc]

heraus|kehren *vt* ■ **jd kehrt etw heraus** *Bildung, Wissen* qn étale qc, qn fait étalage de qc; ■ **jd kehrt jdn heraus** *den reichen Gönner, den Chef* qn joue à qn

heraus|kommen *vi irreg + sein* **1.** ■ **jd kommt [aus etw] heraus** qn sort [de qc]; */Schauspieler, Politiker/* qn apparaît; ***jd kommt noch einmal heraus*** qn réapparaît
2. ■ **etw kommt [aus etw] heraus** *aus einem Rohr, einem Schornstein, einer Wunde* qc sort [de qc]; */Flüssigkeit a./* qc s'écoule [de qc]; ***etw kommt irgendwo wieder heraus*** qc ressort quelque part; */Fluss/* qc réapparaît quelque part
3. ***jd kommt aus etw nicht/kaum heraus*** *aus dem Operationskittel, den Gummistiefeln* qn ne quitte pas/pratiquement pas qc
4. (*etw verlassen können*) ■ **jd kommt aus etw heraus** *aus der Wohnung, aus seiner Heimat, aus einem Land* qn sort de qc, qn quitte qc
5. ***jd kommt aus etw kaum/nicht heraus*** *aus dem Staunen, Grübeln, der Verwunderung* qn n'en finit pas de faire qc; ***jd kommt aus dem Lachen nicht heraus*** qn n'arrête pas de se marrer [*o* de rigoler] *fam*
6. *fam* ■ **jd kommt aus etw heraus** *aus den Sorgen, Schulden* qn se libère de qc; *aus den Problemen, Schwierigkeiten etc* qn vient à bout de qc
7. (*sich entfalten*) ■ **jd kommt aus sich heraus** *s.* **herausgehen 4.**
8. ■ **etw kommt heraus** */neues Gerät, Modell/* qc sort [sur le marché]; ***etw soll in Kürze** ~* qc va bientôt sortir
9. ■ **etw kommt heraus** */Buch, Zeitschrift/* qc est publié(e), qc sort
10. (*auf den Markt bringen*) ■ **jd kommt mit etw heraus** qn sort qc [sur le marché]
11. ■ **etw kommt heraus** */Gesetz, Verordnung/* qc est publié(e); */Börsenkurse, Notierungen a./* qc paraît
12. ■ **etw kommt heraus** */Schwindel, Betrug/* qc est découvert(e); ***nichts kommt heraus*** rien ne transpire; ***schließlich kam es doch heraus*** ça a fini par se savoir; ■ **es kommt heraus, dass/warum/wer/wo** on découvre que + *indic*/pourquoi/qui/où; ***durch die Untersuchung kam heraus, dass*** l'enquête a révélé que + *indic*
13. ■ **jd kommt mit etw heraus** *mit einem Anliegen, Vorschlag, Wunsch* qn révèle qc
14. (*sich als Resultat ergeben*) ■ **etw kommt bei einer S. heraus** une chose aboutit à qc; ***bei den Verhandlungen ist kein greifbares Ergebnis herausgekommen*** les pourparlers n'ont abouti à aucun résultat concret; ***was soll dabei** ~?* qu'est-ce que ça va donner?; ***es kommt nichts dabei heraus*** il n'en sortira rien, ça ne donnera rien, il n'y a rien à en tirer; ***das kommt dabei heraus, wenn*** c'est ce qui arrive quand; ***bei derartigen Gesprächen kommt doch nichts heraus*** ce genre de discussions ne sert à rien
15. *fam* (*aus der Übung kommen*) ■ **jd kommt heraus** qn perd la main; ***ich bin ganz herausgekommen*** je ne suis plus du tout dans le coup; ■ **jd kommt aus etw heraus** qn perd l'habitude [*o* la pratique] de qc
16. KARTEN ■ **jd kommt heraus** qn a la main; ***jd kommt mit einem Buben heraus*** qn joue un valet
17. (*zur Geltung kommen*) ■ **etw kommt irgendwie heraus** qc ressort d'une certaine façon
▸ **es kommt auf eins [*o* auf dasselbe] [*o* aufs Gleiche] heraus** c'est du pareil au même *fam*, ça revient au même; **jd kommt [mit etw] groß heraus** *fam* qn fait un malheur [avec qc] *fam*

heraus|kriegen *vt fam s.* **herausbekommen, rauskriegen**

heraus|kristallisieren * I. *vt* (*herausarbeiten*) ■ **jd kristallisiert etw [aus etw] heraus** qn fait ressortir [*o* met en relief] qc [de qc]; ***etw wird herauskristallisiert*** qc ressort
II. *vr* ■ **etw kristallisiert sich heraus** qc se précise, qc prend forme; ***etw kristallisiert sich als etw heraus*** qc se révèle être qc

heraus|lassen *vt irreg* **1.** ■ **jd lässt jdn/ein Tier [aus etw] heraus** qn laisse sortir qn/un animal [de qc]
2. *fam* ■ **jd lässt etw [aus etw] heraus** *Textstelle, Satz, Namen* qn laisse de côté qc, qn supprime qc [de qc]
3. *fam* ■ **jd lässt etw heraus** *Information, Nachricht* qn laisse filtrer qc

heraus|laufen *irreg* I. *vi + sein* **1.** (*aus etw nach draußen laufen*) ■ **jd/ein Tier läuft [aus/durch etw] heraus** qn/un animal sort [de/par qc]
2. ■ **etw läuft [aus etw] heraus** */Flüssigkeit, Eiter, Schleim/* qc s'écoule [de qc]; ***das Wasser läuft aus dem Hahn heraus*** l'eau coule du robinet; ■ **etw läuft jdm aus etw heraus** qc coule de qc de qn; ***das Blut läuft ihr aus dem Mund heraus*** elle a du sang qui lui coule de la bouche, du sang coule de sa bouche; ***jd lässt etw** ~* qn laisse s'écouler qc
II. *vt* ■ **jd läuft etw heraus** *Zeit* qn gagne qc; *Sieg* qn remporte qc; *Vorsprung* qn prend qc; ***er lief eine bessere Zeit heraus*** il a réalisé un meilleur temps

heraus|lesen *vt irreg* **1.** (*durch Lesen deuten*) ■ **jd liest etw aus etw heraus** qn discerne qc dans qc; ***aus seinem Brief habe ich herausgelesen, dass er große Sorgen hat*** d'après sa lettre, je déduis qu'il a de gros soucis
2. ■ **jd liest etw [aus etw] heraus** *schlechte Sachen* qn retire qc [de qc]; *gute Sachen* qn récupère qc [de qc]

heraus|locken *vt* **1.** (*nach draußen locken*) ■ **jd lockt jdn/ein Tier heraus** qn attire qn/un animal dehors; ■ **jd lockt jdn/ein Tier aus etw heraus** qn attire qn/un animal hors de qc
2. (*entlocken*) ■ **jd lockt etw [aus jdm] heraus** qn soutire qc [à qn]

heraus|machen I. *vt fam* ■ **jd macht etw [aus etw] heraus** *Fleck, Verunreinigung, Dreck* qn fait disparaître [*o* enlève] qc [de qc]
II. *vr fam:* ***jd hat sich gut/prächtig herausgemacht*** qn s'est bien/très bien développé; */Baby a./* qn a bien/très bien profité *fam; **Ihre Tochter hat sich aber herausgemacht!*** votre fille s'est vraiment épanouie!

heraus|müssen *vi irreg fam* **1.** ■ **etw muss heraus** */Blinddarm, Organ/* il faut enlever qc, qc doit être enlevé(e)
2. (*gesagt werden müssen*) ■ **etw muss heraus** il faut que qc sorte; */Wahrheit a./* il faut que qc éclate
3. ■ **jd muss [aus etw] heraus** *aus dem Haus* il faut que qn sorte [de qc]; *aus der Firma* il faut que qn s'en aille [de qc] [*o* quitte qc]

herausnehmbar *adj* amovible; ■ **etw ist aus etw** ~ qc peut être enlevé(e) de qc, on peut enlever qc de qc

heraus|nehmen *irreg* I. *vt* **1.** (*entnehmen*) ■ **jd nimmt etw [aus etw] heraus** qn retire qc [de qc]
2. *fam* (*operativ entfernen*) ■ **jd nimmt [jdm] etw heraus** qn enlève qc [à qn]; *Zahn a.* qn arrache qc [à qn]; ■ **jd lässt sich** (*dat*) **etw** ~ qn se fait enlever qc
3. ■ **jd nimmt jdn aus etw heraus** *aus der Schule, aus dem Internat* qn retire qn de qc
II. *vr fam* ■ **jd nimmt sich** (*dat*) **etw heraus** qn se permet qc; *Freiheiten a.* qn prend qc; ***jd nimmt sich einiges/viel/zu viel heraus*** qn en prend à son aise/vraiment à son aise/trop à son aise; ■ **jd nimmt sich** (*dat*) **heraus etw zu tun** qn se permet de faire qc

heraus|pauken *vt fam* ■ **jd paukt jdn heraus** qn tire [*o* sort] qn de là; ■ **jd paukt jdn aus etw heraus** qn tire [*o* sort] qn de qc

heraus|picken *vr* ■ **jd pickt sich** (*dat*) **etw [aus etw] heraus** qn choisit [*o* se réserve] qc [parmi qc]

heraus|platzen *vi + sein fam* **1.** (*lachen*) ■ **jd platzt heraus** qn éclate de rire, qn s'esclaffe
2. (*spontan sagen*) ■ **jd platzt mit etw heraus** qn laisse échapper qc

heraus|putzen I. *vt* ■ **jd putzt etw heraus** qn pare qc; *Stadt, Hausfassade a.* qn décore qc; ■ **jd putzt jdn heraus** qn veille à la toilette de qn
II. *vr* ■ **jd putzt sich heraus** qn se fait beau(belle), qn se met sur son trente et un *fam*

heraus|ragen *vi s.* **hervorragen**

heraus|reden *vr* **1.** ■ **jd redet sich heraus** qn cherche des excuses; ■ **jd redet sich mit etw heraus** qn invoque [*o* prend] qc pour excuse; ***jd versucht sich mit allen möglichen Entschuldigungen herauszureden*** qn cherche à s'en tirer en invoquant toutes les excuses possibles; ***da hat er sich wieder mit seiner Mutter herausgeredet*** sa mère a bon dos *fam; **jd redet sich damit heraus, dass*** qn prétexte que + *indic*, qn se tire d'affaire en prétendant que + *indic*
2. ■ **jd redet sich auf etw** (*akk*) **heraus** qn invoque qc

heraus|reißen *vt irreg* **1.** (*aus etw reißen*) ■ **jd reißt etw [aus etw] heraus** *Heftseite, Pflanze, Zahn, Wurzel* qn arrache qc [de qc]; ■ **jd/etw reißt jdn aus etw heraus** *aus Umgebung, Zuhause* qn/qc arrache qn à qc; *aus Arbeit, Meditation, Träumen* qn/qc arrache qn à qc; ***jd/etw reißt jdn aus seiner Konzentration heraus*** qn/qc déconcentre qn
2. *fam* ■ **jd/etw reißt jdn heraus** */Aussage, Eintreten/* qn/qc sauve la

mise à qn, qn/qc ôte une épine du pied à qn
3. *fam* (*wettmachen*) ■ **jd/etw reißt etw heraus** qn/qc rattrape qc, qn/qc relève le niveau de qc

heraus|rücken I. *vt fam* ■ **jd rückt [jdm] etw heraus** *Gegenstand, Geld, Beute* qn file qc [à qn] *fam; **nun rück schon das Geld heraus!*** allez, aboule le fric! *arg;* ■ **jd rückt etw wieder heraus** qn rend qc
II. *vi + sein fam* (*zögernd aussprechen*) ■ **jd rückt mit etw heraus** qn se décide à dire qc, qn accouche de qc *fam*

heraus|rutschen *vi + sein* **1.** ■ **etw rutscht [aus etw] heraus** *aus einer Tasche, Hosentasche* qc glisse [de qc]; ***etw rutscht jdm aus der Tasche heraus*** qc glisse de la poche de qn; ***etw rutscht jdm heraus*** qn perd qc
2. *fam* ■ **etw rutscht jdm heraus** */Bemerkung, Fluch/* qc échappe à qn

heraus|schauen *vi* DIAL **1.** (*nach draußen schauen*) ■ **jd schaut heraus** qn regarde dehors; ■ **jd schaut aus etw heraus** qn regarde par qc
2. (*zu sehen sein*) ■ **etw schaut [aus etw] heraus** qc dépasse [de qc]
3. *fam* (*als Gewinn zu erwarten sein*) ■ **bei einer S. schaut etw heraus** il y a qc à tirer d'une chose; ■ **bei einer S. schaut etw für jdn heraus** qn peut tirer qc d'une chose; ***bei diesem Geschäft schaut wenig/nichts heraus*** c'est une affaire où il n'y a pas grand-chose/rien à gratter *fam*

heraus|schlagen *irreg* **I.** *vt* **1.** ■ **jd schlägt etw [aus etw] heraus** *Stück, Brocken, Versteinerung* qn extrait qc [de qc]
2. ■ **jd schlägt etw heraus** *Wand, Zwischenwand* qn abat qc
3. *fam* ■ **jd schlägt [bei etw] etw [für sich] heraus** *Gewinn, Vorteil, mehr Geld, Zugeständnis* qn obtient [*o* arrache] qc [lors de qc] [pour son compte]; ***jd schlägt Zeit heraus*** qn gagne du temps; ***er versucht bei allem etwas für sich herauszuschlagen*** il essaie toujours de tirer son épingle du jeu [*o* de s'en tirer à son avantage]
II. *vi + sein* ■ **etw schlägt aus/zu etw heraus** */Flammen, Lohe/* qc s'échappe de qc, qc jaillit de qc

heraus|schleudern *vt* **1.** ■ **jd schleudert etw heraus** qn jette qc dehors; ***jd schleudert etw aus etw heraus*** *aus dem Fenster* qn jette qc par qc; *aus dem Auto* qn jette qc de qc
2. ■ **jd schleudert etw heraus** *wütende Worte* qn lance qc; ***jd schleudert Fragen heraus*** qn lance une pluie de questions; ***jd schleudert Vorwürfe heraus*** qn accumule les reproches
3. ■ **jd wird [aus etw] herausgeschleudert** *aus dem Auto, Flugzeug* qn est éjecté(e) [de qc]

heraus|schlüpfen *vi + sein* **1.** ■ **jd/ein Tier schlüpft heraus** qn/un animal se glisse [*o* se faufile] dehors; ■ **jd/ein Tier schlüpft aus etw heraus** *aus einem Loch, einer Öffnung* qn/un animal se glisse [*o* se faufile] hors de qc; ***die Küken schlüpfen aus den Eiern heraus*** les poussins sortent des œufs, les poussins éclosent *soutenu*
2. ■ **jdm schlüpft etw heraus** */Bemerkung, unbedachtes Wort/* qc échappe à qn

heraus|schmecken I. *vt* ■ **jd schmeckt etw [aus etw] heraus** *Gewürz, Zutat* qn distingue [*o* sent] le goût de qc [dans qc]
II. *vi* ■ **etw schmeckt [aus etw] heraus** */Gewürz, Zutat/* le goût de qc ressort [de qc]

heraus|schneiden *vt irreg* ■ **jd schneidet etw [aus etw] heraus** qn retire qc [de qc]

heraus|schreiben *vt irreg* ■ **jd schreibt etw [aus etw] heraus** qn relève qc [dans qc]

heraus|schreien *vt irreg* ■ **jd schreit etw heraus** qn donne libre cours à qc, qn laisse éclater qc

heraus|sein *s.* **sein¹ I.▸**

heraußen *adv* SDEUTSCH, AUS dehors

heraus|springen *vi + sein* **1.** (*aus etw springen*) ■ **jd/ein Tier springt heraus** qn/un animal saute dehors; ■ **jd/ein Tier springt aus etw heraus** *aus dem Fenster, einer Käfigtür* qn/un animal saute par qc; *aus dem Auto, Zug* qn/un animal saute de qc
2. (*abspringen*) ■ **etw springt [aus etw] heraus** qc se détache [de qc]; ***aus der Vase ist am Rand ein Stück herausgesprungen*** le bord du vase est ébréché
3. ■ **etw springt heraus** */Sicherung, Fehlerstromschutzschalter/* qc saute
4. *sl s.* **herausschauen 3.**

heraus|sprudeln I. *vi + sein* ■ **etw sprudelt [aus etw] heraus** */Quelle/* qc jaillit [de qc]; ***etw sprudelt wieder heraus*** qc rejaillit
II. *vt* ■ **jd sprudelt etw heraus** *Worte, Sätze* qn débite qc [à jet continu]; ***nicht alles so herausgesprudelt!*** pas de précipitation!

heraus|stehen *vi irreg* ■ **etw steht [aus etw] heraus** qc dépasse [de qc]; *aus einem Autofenster a.* qc dépasse par qc

heraus|stellen I. *vt* **1.** (*ins Freie stellen*) ■ **jd stellt etw [aus etw] heraus** qn sort qc [de qc]
2. (*hervorheben*) ■ **jd stellt etw [irgendwie] heraus** qn met en évidence [*o* fait ressortir] qc [d'une certaine façon]
II. *vr* ■ **etw stellt sich heraus** */der wahre Sachverhalt, die tatsächlichen Umstände/* qc apparaît; */jds Unschuld, die Wahrheit/* qc éclate; ■ **jd/etw stellt sich als jd/etw heraus** *als ein Trick, eine Finte* qn/qc se révèle être qn/qc; ■ **etw stellt sich als … heraus** *als wahr, falsch, begründet, übertrieben* qc se révèle … + *adj;* ■ **es stellt sich heraus, dass** il s'avère que + *indic;* ***es hat sich noch nicht herausgestellt, ob*** on n'a pas encore pu établir si; ***ob Sie im Recht sind, muss sich erst noch ~*** reste à voir si vous avez raison; ***es wird sich ~, wer Recht hat*** on verra bien qui a raison; ***hat sich schon herausgestellt, wer/wann/warum/wie …?*** sait-on déjà qui/quand/pourquoi/comment …?

heraus|strecken *vt* ■ **jd streckt etw heraus** *Zunge* qn tire qc; ■ **jd streckt etw aus/zu etw heraus** *Arm, Kopf* qn tend [*o* passe] qc par qc

heraus|streichen *vt irreg* **1.** (*aus etw tilgen*) ■ **jd streicht etw [aus etw] heraus** qn raye qc [de qc]
2. (*betonen*) ■ **jd streicht etw heraus** qn souligne qc

heraus|stürzen *vi + sein* ■ **jd stürzt [aus etw] heraus,** ■ **jd kommt [aus etw] herausgestürzt** qn sort précipitamment [de qc]; ***jd stürzt aus der Haustür heraus*** qn sort précipitamment de la maison

heraus|suchen *vt* ■ **jd sucht [jdm] etw [aus etw] heraus 1.** (*auswählen*) qn [lui] choisit qc [dans qc]
2. (*suchen*) *Seite, Textstelle* qn [lui] recherche qc [de qc]

heraus|treten *vi irreg + sein* **1.** ■ **jd tritt heraus** qn avance; [***Freiwillige***] ~! [les volontaires] un pas en avant! [*o* sortez du rang!]; ■ **jd tritt aus etw heraus** *aus dem Haus, einer Reihe* qn sort de qc
2. (*anschwellen*) ■ **etw tritt heraus** */Adern etc/* qc ressort, qc gonfle; */Augen/* qc sort des orbites, qc est exorbité(e)

heraus|wagen *vr* ■ **jd/ein Tier wagt sich heraus** qn/un animal se risque dehors; ■ **jd/ein Tier wagt sich aus etw heraus** qn/un animal se risque hors de qc

heraus|winden *vr irreg* ■ **jd windet sich [aus etw] heraus** *aus Loch, Kleidung* qn se dégage [de qc] [en se tortillant]; *aus einer misslichen Lage, einer Zwickmühle* qn se dépêtre [de qc]

heraus|wollen *vi* ■ **jd/ein Tier will [aus etw] heraus** qn/un animal veut sortir [de qc]; (*in die Freiheit*) qn/un animal veut s'échapper [de qc]

heraus|ziehen *vt irreg* **1.** (*durch Ziehen herausholen*) ■ **jd zieht jdn/etw [mit einer S.] [aus etw] heraus** qn retire qn/qc [de qc] [à l'aide d'une chose]
2. (*exzerpieren*) ■ **jd zieht etw [aus etw] heraus** qn extrait qc [de qc]

herb I. *adj* **1.** *Geschmack, Wein* âpre; *Parfüm, Duft* épicé(e)
2. *Enttäuschung, Erkenntnis* cruel(le), amer(-ère) *antéposé; Verlust a.* douloureux(-euse); ■ **etw ist ~ für jdn** qc est un coup dur pour qn
3. *Gesichtszüge* dur(e), accusé(e); *Gesicht* sévère; *Schönheit* austère
4. *Kritik, Worte* acerbe
II. *adv* **1.** *riechen, duften, schmecken:* ***etw riecht/duftet ~*** qc a une odeur épicée; ***etw schmeckt ~*** qc a un goût âpre
2. (*scharf, kritisch*) de façon acerbe

Herbarium <-s, -ien> [-riən] *nt* herbier *m*

herbei *adv geh* par ici; ~, ***Kinder!*** approchez [*o* par ici], les enfants!

herbei|bringen *vt irreg geh* ■ **jd bringt jdn/etw herbei** qn amène qn, qn apporte qc; *Zeugen, Unterlagen* qn produit qn/qc

herbei|eilen *vi + sein* ■ **jd eilt herbei** qn accourt, qn arrive en hâte; ***rasch herbeigeeilt!*** venez vite!

herbei|führen *vt* **1.** ■ **jd führt etw herbei** *Einigung, Entscheidung, Kompromiss* qn parvient à qc, qn aboutit à qc; *Konfrontation, Unfall* qn provoque qc; ■ **etw führt etw herbei** qc aboutit à qc; ***etw führt eine Entscheidung herbei*** qc est décisif(-ive); ***etw kann herbeigeführt werden*** on peut parvenir à qc
2. ■ **etw führt etw herbei** *Infektion, Ohnmacht, Tod* qc provoque qc, qc entraîne qc

herbei|holen *vt geh* ■ **jd holt jdn/etw herbei** qn va chercher qn/qc

herbei|lassen *vr irreg* ■ **jd lässt sich zu etw herbei** *zur Kooperation, einem Kompromiss* qn daigne [*o* consent à] faire qc; ***jd lässt sich zur Mithilfe herbei*** qn daigne [*o* consent à] apporter son aide; ■ **jd lässt sich dazu herbei etw zu tun** qn daigne [*o* condescend à *littér*] faire qc

herbei|reden *vt* ■ **jd redet etw herbei** qn provoque qc à force d'en parler; *Probleme* qn crée qc; ***der herbeigeredete Absturz*** la chute annoncée [*o* prophétisée]

herbei|rufen *vt irreg geh* ■ **jd ruft jdn/etw herbei** *Arzt, Polizei, Verstärkung, Nachbarn* qn appelle qn/qc; ***jd ruft Hilfe herbei*** qn appelle à l'aide

herbei|schaffen *vt geh* **1.** ■ **jd schafft jdn/etw herbei** *Gesuchten, Hilfe* qn amène qn/qc
2. ■ **jd schafft etw herbei** *Geld, Nahrungsmittel etc* qn se procure qc

herbei|sehnen *vt geh* ■ **jd sehnt jdn/etw herbei** qn souhaite voir venir qn/qc, qn appelle de ses vœux qn/qc *soutenu*

herbei|strömen *vi + sein* ■ **sie strömen herbei** ils/elles affluent

herbei|winken *vt* ■ **jd winkt jdn/etw herbei** qn fait signe à qn/qc [d'approcher/de s'arrêter]

her|bekommen * *vt irreg fam* ■ **jd bekommt etw her** qn dégote qc *fam*

her|bemühen * **I.** *vr geh* ■ **jd bemüht sich her** qn prend [*o* se donne] la peine de venir
II. *vt geh* ■ **jd bemüht jdn her** qn demande à qn de [bien vouloir] venir; ***es gelingt jdm jdn herzubemühen*** qn réussit à faire venir qn

Herberge <-, -n> *f* **1.** ∅ *veraltend* (*Unterkunft*) abri *m*, gîte *m*
2. *veraltet* (*einfaches Gasthaus*) auberge *f*
3. (*Jugend~*) auberge *f* de jeunesse

Herbergseltern *pl* gérants *mpl* de l'auberge [de jeunesse] **Herbergsmutter** *f* gérante *f* de l'auberge [de jeunesse] **Herbergsvater** *m* gérant *m* de l'auberge [de jeunesse]

her|bestellen * *vt* ■ **jd bestellt jdn her** qn convoque qn

her|beten *vt pej* ■ **jd betet etw her** qn psalmodie qc, qn débite qc

Herbheit <-> *f* ∅ [*Geschmack, Wein*] âpreté *f;* [*Duft, Parfüm*] caractère *m* épicé

her|bitten *vt irreg* ■ **jd bittet jdn her** qn prie qn de venir

Herbizid <-[e]s, -e> *nt* désherbant *m*, herbicide *m*

her|bringen *vt irreg* ■ **jd bringt jdn [zu jdm] her** qn amène qn [à qn]; ***jd lässt jdn ~*** qn fait venir qn; ■ **jd bringt [jdm] etw her** qn apporte qc [à qn]; ***lassen Sie den Wagen ~!*** faites venir [*o* avancer] la voiture!

Herbst <-[e]s, -e> *m* automne *m*
▸ **der ~ des Lebens** *liter* l'automne de la vie; **im ~** en automne

Herbst- *-beginn, -ende* de l'automne; *-stürme, -laub, -zeit, -blumen, -kollektion, -mode* d'automne; *-wetter a.* automnal(e) **Herbstaster** *f* aster *m*, vendangeuse *f* **Herbstfarben** *pl* COUT couleurs *fpl* d'automne **Herbstferien** [-riən] *pl* vacances *fpl* d'automne

herbstlich *adj, adv Tag, Sturm, Witterung* d'automne; *Farben* de l'automne, automnal(e); ■ **etw ist/wird** ~ qc est/devient automnal(e); ***das Wetter ist*** ~ c'est [*o* on a] un temps d'automne [*o* automnal]; ***jd kleidet sich*** ~ qn s'habille pour l'automne

Herbstmonat *m* mois *m* d'automne **Herbstzeitlose** <-n, -n> *f* colchique *m*

Herd <-[e]s, -e> *m* **1.** (*Küchen~*) cuisinière *f;* (*Backofen*) four *m;* ***der Küchenchef steht am*** ~ le chef est aux fourneaux; ***jd steht den ganzen Tag am*** ~ qn passe toute la journée dans la cuisine [*o* à ses fourneaux]; ***nimm die Milch vom*** ~! retire le lait du feu!
2. (*Krankheits~*) foyer *m*
3. [*Erdbeben*] épicentre *m*
▸ **eigener** ~ **ist Goldes wert** *prov* rien ne vaut son chez-soi; **am heimischen** [*o* **häuslichen**] ~ *geh* au foyer, dans mon chez-moi/son chez-soi

Herde <-, -n> *f* troupeau *m;* ***die Antilopen leben in*** ~***n*** les antilopes vivent en troupeau
▸ **jd läuft mit der** ~ *pej* qn a l'esprit grégaire [*o* moutonnier]

Herdentier *nt* **1.** bête *f* de troupeau **2.** *pej* mouton *m* de Panurge **Herdentrieb** *m* **1.** (*von Tieren*) instinct *m* grégaire **2.** *pej* (*von Menschen*) esprit *m* moutonnier, instinct *m* grégaire

Herdplatte *f* [*Elektroherd*] plaque *f* [de cuisson]; [*Kohleherd*] plaque *f*

herein *adv* ***es geht hier*** ~ on entre par ici [*o* par là]; ***dort*** ~? c'est par ici, l'entrée?; ***immer nur*** ~ ***und heraus*** ça n'arrête pas d'entrer et sortir, c'est un va-et-vient perpétuel
▸ **nur** [*o* **immer**] ~! entre/entrez!; ~! entrez!

herein-: ***jd kann/soll/will*** ~ qn peut/doit/veut entrer; ~***stürmen*** faire irruption, entrer en trombe; ~***poltern*** entrer avec fracas, faire une entrée fracassante; ~***laufen*** entrer en courant

herein|bekommen * *vt irreg* COM, AUDIOV ■ **jd bekommt etw herein** qn reçoit qc

herein|bitten *vt irreg* ■ **jd bittet jdn** [**zu sich**] **herein** qn prie qn d'entrer

herein|brechen *vi irreg + sein* **1.** ■ **etw bricht über jdn/etw herein** /*Flut, Wasser*/ qc inonde qn/qc, qc submerge qn/qc; ***etw bricht*** [***durch etw***] ***herein*** qc s'engouffre [par qc]
2. ■ **etw bricht** [**über jdn/etw**] **herein** /*Gewitter, Krieg*/ qc éclate, qc s'abat sur qn/qc; /*Katastrophe, Unheil*/ qc survient, qc s'abat sur qn/qc
3. *geh* ■ **etw bricht herein** /*Abend, Nacht*/ qc tombe; /*Winter*/ qc arrive

herein|bringen *vt irreg* **1.** (*nach drinnen bringen*) ■ **jd bringt jdn** [**irgendwohin**] **herein** qn fait entrer qn [quelque part]; ■ **jd bringt jdn zu jdm herein** qn introduit qn auprès de qn; ***jd wird hereingebracht*** qn est introduit(e); ■ **jd bringt etw** [**irgendwohin**] **herein** qn apporte qc [quelque part]
2. *fam* (*wettmachen*) ■ **jd/etw bringt etw wieder herein** *Verluste* qn éponge qc, qc compense qc; ***jd bringt die Kosten wieder herein*** qn rentre dans ses frais; ***etw muss über etw*** (*akk*) ***wieder hereingebracht werden*** qc doit être compensé(e) par qc

herein|dürfen *vi irreg fam* ■ **jd/etw darf** [**mit etw**] [**irgendwohin**] **herein** qn/qc peut entrer [avec qc] [quelque part]; ***jd/etw darf nicht herein*** qn/qc n'a pas le droit d'entrer

herein|fahren *irreg* **I.** *vi + sein* ■ **jd/etw fährt** [**in etw** (*akk*)] **herein** qn/qc entre [dans qc]
II. *vt* ■ **jd fährt etw herein** qn apporte qc à l'intérieur; *Fahrzeuge* qn conduit [*o* avance] qc à l'intérieur; ■ **jd fährt etw in etw** (*akk*) **herein** qn apporte/conduit [*o* avance] qc dans qc

herein|fallen *vi irreg + sein* **1.** ■ **jd/etw fällt herein** qn/qc tombe à l'intérieur; /*Schnee*/ qc entre; ■ **jd/etw fällt in etw** (*akk*) **herein** *in einen Raum* qn/qc tombe/qc entre dans qc
2. *fam* ■ **jd fällt** [**auf jdn/etw**] **herein** qn se fait rouler [*o* avoir] [par qn/qc] *fam;* ■ **jd fällt mit jdm/etw herein** qn se fait avoir avec qn/qc *fam*

herein|führen *vt* ■ **jd führt jdn** [**irgendwohin**] **herein** qn introduit qn [quelque part]

herein|holen *vt* ■ **jd holt jdn** [**irgendwohin**] **herein** qn fait entrer qn [quelque part]; ■ **jd holt etw** [**irgendwohin**] **herein** qn rentre qc [quelque part]

herein|kommen *vi irreg + sein* ■ **jd kommt** [**in etw** (*akk*)] **herein** qn entre [dans qc]

herein|kriegen *vt fam s.* **hereinbekommen**

herein|lassen *vt irreg* ■ **jd lässt jdn/ein Tier** [**irgendwohin**] **herein** qn laisse entrer qn/un animal [quelque part]; ***lassen Sie ihn bitte herein!*** faites-le entrer!

herein|legen *vt* **1.** *fam* (*betrügen*) ■ **jd legt jdn** [**mit etw**] **herein** qn roule [*o* arnaque] qn [avec qc] *fam;* ***lass dich bloß nicht von ihm*** ~! ne te laisse [*o* fais] pas avoir par lui! *fam*
2. (*nach drinnen legen*) ■ **jd legt** [**jdm**] **etw herein** qn [lui] dépose qc à l'intérieur

herein|nehmen *vt irreg* **1.** (*mit hereinbringen*) ■ **jd nimmt etw** [**irgendwohin**] [**mit**] **herein** qn rentre qc [quelque part]
2. COM ■ **jd nimmt etw** [**in etw** (*akk*)] [**mit**] **herein** qn incorpore [*o* ajoute] qc [dans qc]

herein|platzen *vi + sein fam* ■ **jd platzt** [**bei jdm/in etw** (*akk*)] **herein** qn se pointe [*o* débarque] [chez qn/à qc] *fam*

herein|regnen *vi impers* ■ **es regnet herein** il pleut à l'intérieur, la pluie rentre

herein|reiten *irreg* **I.** *vt + haben fam* ■ **jd reitet jdn herein** qn met qn dans de beaux [*o* sales *fam*] draps; ■ **jd reitet jdn in etw** (*akk*) **herein** qn fourre qn dans qc
II. *vr + haben fam* ■ **jd reitet sich herein** qn s'enfonce, qn se fourre dans de sales draps *fam;* ■ **jd reitet sich in etw** (*akk*) **herein** qn se fourre dans qc
III. *vi + sein* ■ **jd reitet herein** qn entre [à cheval]; ■ **jd reitet zu jdm herein** qn vient vers qn [à cheval]

herein|rufen *vt irreg* **1.** (*nach drinnen holen*) ■ **jd ruft jdn herein** qn appelle qn [pour qu'il/qu'elle entre]; ***rufen Sie ihn bitte*** [***zu mir***] ***herein!*** dites-lui d'entrer!
2. (*nach drinnen rufen*) ■ **jd ruft** [**jdm**] **etw herein** qn crie qc [à qn] du dehors

herein|schauen *vi* **1.** DIAL *s.* **hereinsehen**
2. *fam* (*besuchen*) ■ **jd schaut** [**bei jdm**] **herein** qn fait un saut [chez qn]

herein|schneien **I.** *vi + sein fam* **1.** (*zu Besuch kommen*) ■ **jd schneit herein** qn rapplique sans prévenir *fam*
2. (*angeliefert werden*) ■ **etw schneit jdm herein** qc lui tombe dessus *fam*
II. *vi impers + haben* ■ **es schneit herein** il neige à l'intérieur, la neige rentre

herein|sehen *vi irreg* **1.** (*in etw sehen*) ■ **jd sieht herein** qn regarde à l'intérieur; ■ **jd sieht in etw** (*akk*) **herein** qn regarde dans qc; ***man kann*** [***von draußen***] ~ on peut voir à l'intérieur [du dehors]
2. *s.* **hereinschauen 2.**

herein|spazieren * *vi + sein fam* ■ **jd spaziert** [**in etw** (*akk*)] **herein** *in eine Gesellschaft* qn entre comme ça [dans qc]; *in einen Laden* qn entre sans hésiter [dans qc]
▸ **hereinspaziert!** entrez donc!

herein|stecken *vt* ■ **jd steckt etw herein** qn passe qc à l'intérieur; ■ **jd steckt etw in etw** (*akk*)/**zu jdm herein** qn passe qc dans qc/vers qn; ***etw wird durch etw hereingesteckt*** qc passe par qc

herein|strömen *vi + sein* **1.** ■ **etw strömt** [**in etw** (*akk*)/**zu etw**] **herein** /*Wasser, Fluten*/ qc entre à flots [*o* s'engouffre] [dans qc/par qc]
2. ■ **sie strömen** [**in etw** (*akk*)/**zu etw**] **herein** /*Fans, Besucher*/ ils/elles entrent en masse [*o* affluent] [dans qc/par qc]

herein|stürzen *vi + sein* ■ **jd stürzt** [**in etw** (*akk*)] **herein** qn fait irruption [dans qc]

herein|wagen *vr* ■ **jd wagt sich herein** qn se risque à [*o* ose] entrer; ■ **jd wagt sich in etw** (*akk*)/**zu jdm herein** qn se risque [*o* ose pénétrer] dans qc/chez qn

herein|wollen *vi fam* ■ **jd will** [**irgendwohin/zu jdm**] **herein** qn veut entrer [quelque part/chez qn]

her|fahren *irreg* **I.** *vi + sein* **1.** (*gefahren kommen*) ■ **jd fährt her** qn vient [en voiture/en vélo/…]
2. (*verfolgen*) ■ **jd/etw fährt hinter jdm/etw her** qn/qc suit qn/qc
3. (*vorausfahren*) ■ **jd/etw fährt vor jdm/etw her** qn/qc roule devant qn/qc, qn/qc précède qn/qc
II. *vt + haben* ■ **jd fährt jdn her** qn amène qn [en voiture], qn conduit qn; ■ **jd fährt etw her** qn apporte qc [en voiture]; *Ware* qn livre qc; ***jd lässt jdn*** ~ qn fait venir qn en voiture

Herfahrt *f* trajet *m*
▸ **auf** [*o* **während**] **der** ~ en venant, en cours de route

her|fallen *vi irreg + sein* **1.** (*überfallen*) ■ **jd fällt über jdn her** qn assaille qn, qn attaque qn
2. (*bestürmen*) ■ **jd fällt** [**mit etw**] **über jdn her** qn assaille qn [de qc]
3. ■ **jd/etw fällt über jdn her** *über eine missliebige Person* qn/qc prend qn pour cible, qn/qc tombe sur qn; ■ **jd/etw fällt über etw her** *über eine Affäre etc* qn/qc se jette sur qc
4. ■ **jd fällt über etw** (*akk*) **her** *über Essen, Geschenke* qn se jette [*o* se rue] sur qc

her|finden *vi irreg* ■ **jd findet her** qn trouve le chemin; ***hast du gut hergefunden?*** tu n'as pas eu de mal à trouver?

Hergang *m* ∅ déroulement *m;* ***wie war der*** ~ ***des Unfalls?*** comment s'est déroulé l'accident?

her|geben *irreg* **I.** *vt* **1.** (*weggeben*) ■ **jd gibt etw her** qn donne qc
2. (*überreichen*) ■ **jd/ein Tier gibt** [**jdm**] **etw her** qn/un animal donne qc [à qn]; ***jd gibt etw wieder her*** qn redonne qc, qn rend qc
3. *fam* (*lohnend sein*) ■ **etw gibt etw her** /*Artikel, Werk*/ *Anreize, Informationen* qc est riche en qc; ***dieser Artikel gibt viel Informationen her*** cet article fournit de nombreuses informations; ***etw gibt nichts/kaum etwas her*** qc n'apporte rien/pas grand-chose
4. ■ **jd gibt etw zu** [*o* **für**] **etw her** *Namen, Ruf* qn engage qc pour qc
II. *vr* ■ **jd gibt sich zu** [*o* **für**] **etw her** qn se prête à qc

hergebracht *adj s.* **althergebracht**

her|gehen *irreg* **I.** *vi + sein* **1.** ■ **jd geht hinter jdm her** qn suit qn; ■ **jd geht neben jdm her** qn marche à côté de qn; ■ **jd geht vor jdm her** qn marche devant qn
2. (*sich erdreisten*) ■ **jd geht her und tut etw** qn a le front de faire qc
3. AUS, SDEUTSCH *s.* **herkommen**
II. *vi impers + sein fam* **1.** (*zugehen*) ■ **es geht … her**: ***auf dem Fest ist es laut hergegangen*** la fête a été bruyante; ***es ging heiß her bei der Diskussion*** la discussion a été passionnée; ***bei ihren Feten geht es immer hoch her*** dans ses fêtes, il y a toujours de l'ambiance
2. (*kritisiert werden*) ■ **es geht über jdn/etw her** on tape sur qn/qc *fam,* on casse du sucre sur le dos de qn *fam*

her|gehören * *vi* **1.** (*an diese Stelle müssen*) ■ **jd/etw gehört hierher** la place de qn/qc est ici; ***er gehört jetzt praktisch schon hierher*** maintenant il fait pratiquement partie de la maison [*o* des meubles *fam*]
2. (*zum Thema gehören*) ■ **etw gehört hierher** qc a sa place ici

hergelaufen *adj attr pej s.* **dahergelaufen**

her|haben *vt irreg fam* ■ **jd hat etw irgendwo her** qn a qc de quelque part; ■ **jd hat etw von jdm her** qn tient qc de qn; ***wo haben Sie das her?*** vous avez eu ça où? *fam;* ***das muss sie sonst wo*** ~ elle a dû pêcher ça je ne sais où *fam*

her|halten *irreg* **I.** *vt* ■ **jd hält** [**jdm**] **etw her** qn tend qc [à qn]
II. *vi* ▸ **jd muss als etw** ~ qn sert de qc; **etw muss als etw** [**für etw**] ~ qc sert de qc [pour qc]

her|holen *vt fam* ■ **jd holt jdn/etw her** qn va chercher qn/qc; ***wo soll ich***

das denn ~? où est-ce que je vais dégoter ça? *fam*
▶ **weit hergeholt** tiré(e) par les cheveux

her|hören *vi fam* ■ **jd hört [...] her** qn écoute [...]
▶ **alle** [*o* **alles**] **mal** ~! tout le monde [m']écoute!

Hering <-s, -e> *m* **1.** (*Fisch*) hareng *m*; ***eingelegter*** ~ hareng mariné; ***saurer*** ~ hareng salé [*o* saur]
2. (*Zeltpflock*) piquet *m* [de tente], sardine *f fam*
▶ **dünn wie ein** ~ *fam* sec(sèche) comme un coup de trique *fam*, maigre comme un clou *fam*; **zusammengedrängt wie die** ~**e** serré(e)s comme des harengs [*o* des sardines] *fam*

Heringssalat *m* salade *f* de hareng **Heringstopf** *m* terrine *f* de hareng

herinnen *adv* SDEUTSCH, AUS *s.* **drinnen, innen**

her|jagen I. *vt* ■ **jd jagt jdn/ein Tier [zu jdm] her** qn rabat qn/un animal [vers qn]; ■ **jd jagt jdn vor sich** (*dat*) **her** qn pourchasse qn
II. *vi + sein* ■ **jd/ein Tier jagt hinter jdm/einem Tier her** qn/un animal court après [*o* derrière] qn/un animal

her|kommen *vi irreg + sein* **1.** (*herbeikommen*) ■ **jd/ein Tier kommt her** qn/un animal vient; (*auf den Sprecher zu*) qn/un animal vient ici; ***von wo kommst du her?*** d'où viens-tu?; ***kommen Sie bitte mal her!*** venez [par] ici!, approchez!
2. (*herstammen*) ■ **jd kommt von irgendwo her** qn vient de quelque part
3. (*hergenommen werden können*) ■ **etw kommt irgendwo her** /*Geld, Ersatzteil*/ qc provient de quelque part; ***wo soll das Geld/das Ersatzteil*** ~? où prendre l'argent/où trouver la pièce de rechange?

herkömmlich *adj* traditionnel(le)

Herkules <-, -se> *m* Hercule *m*
▶ **ein** [**wahrer**] ~ un [véritable] hercule

Herkulesarbeit *f* travail *m* d'Hercule [*o* de Romain]

Herkunft <-> *f* ∅ origine *f*; [*Artikel, Gegenstand a.*] provenance *f*
▶ **jd ist ...** (*gen*)/**von ...** ~ qn est d'origine ...; ***jd ist von niederer*** ~ qn est d'origine modeste, qn est de basse extraction *littér*; **etw ist von ...** ~ *von ungesicherter, zweifelhafter* qc est d'origine ...

Herkunftsland *nt* pays *m* d'origine

her|laufen *vi irreg + sein* **1.** (*gelaufen kommen*) ■ **jd/ein Tier läuft [zu jdm] her** qn/un animal vient [*o* accourt] [vers qn]; ***jd/ein Tier läuft [zu mir/uns] her*** qn/un animal vient ici [*o* accourt [vers moi/nous]]; ***komm mal schnell hergelaufen!*** viens en vitesse!
2. (*im Lauf begleiten*) ■ **jd/ein Tier läuft hinter/neben/vor jdm her** qn/un animal court derrière/à côté/devant qn

her|leiten I. *vt* **1.** (*ableiten*) ■ **jd leitet etw aus etw her** qn fait dériver qc de qc; ■ **etw wird aus etw hergeleitet** qc dérive de qc
2. (*folgern*) ■ **jd leitet etw aus etw her** qn déduit qc de qc; ■ **ich leite daraus her, dass** j'en déduis que + *indic*
II. *vr* ■ **etw leitet sich von etw her** /*Brauch*/ qc tire son origine de qc; /*Familie a.*/ qc descend de qc

her|machen I. *vr fam* **1.** ■ **jd macht sich über etw** (*akk*) **her** *über Lektüre, Essen* qn se jette sur qc *fam*; *über Arbeit* qn s'attaque à qc
2. (*Besitz ergreifen*) ■ **jd macht sich über etw** (*akk*) **her** qn rafle qc *fam*, qn met la main sur qc
3. (*angreifen*) ■ **jd macht sich über jdn her** qn se jette sur qn
II. *vt* ▶ **jd/etw macht wenig** [*o* **nichts**] [*o* **nicht viel**] **her** *fam* qn/qc ne casse rien *fam*, qn/qc ne casse pas des briques *fam*; **jd/etw macht viel her** *fam* qn/qc en jette *fam*; **jd macht viel von sich** ~ *fam* qn se prend pour le nombril du monde *fam*, qn se croit sorti(e) de la cuisse de Jupiter *fam*; **jd macht wenig** [*o* **nichts**] **von sich her** *fam* qn ne se met pas en avant, qn ne se prend pas pour le nombril du monde *fam*

Hermaphrodit <-en, -en> *m* hermaphrodite *m*

Hermelin <-s, -e> *nt* hermine *f*

Hermeneutik <-> *f* ∅ herméneutique *f*

hermeneutisch *adj* herméneutique

hermetisch I. *adj geh* hermétique
II. *adv abriegeln, verschließen* hermétiquement, de façon hermétique

hernach *adv* DIAL après, ensuite

her|nehmen *irreg* **I.** *vt* **1.** (*beschaffen*) ■ **jd nimmt etw irgendwo her** qn prend qc quelque part
2. (*aufbringen*) ■ **jd nimmt etw irgendwo her** qn prend qc quelque part; ***jd nimmt die Kraft aus seinem Glauben her*** qn tire sa force de [*o* puise sa force dans] sa foi
3. DIAL *fam* (*stark fordern*) ■ **jd nimmt jdn her** qn fait trimer qn *fam*; ■ **jd wird hergenommen** qn est obligé(e) de trimer *fam*
4. DIAL *fam* (*schwächen*) ■ **etw nimmt jdn her** qc secoue qn; /*Arbeit*/ qc fatigue qn, qc crève qn *fam*
II. *vr* DIAL (*sich vornehmen*) ■ **jd nimmt sich** (*dat*) **jdn her** qn prend qn entre quat'z'yeux *fam*

hernieder *adv liter*: ***jd schlägt die Augen*** ~ qn baisse les yeux; ***der Mond scheint*** ~ ***auf etw*** (*akk*) le clair de lune tombe sur qc; ***Gott wird gnädig auf euch*** ~ ***blicken*** Dieu tournera son regard [*o* les yeux] vers vous

Heroin <-s> *nt* ∅ (*Rauschgift*) héroïne *f*

Heroine <-, -n> *f* héroïne *f*

heroisch I. *adj geh* héroïque; ***die*** ~***e Zeit*** les temps héroïques
II. *adv geh* héroïquement

Herold <-[e]s, -e> *m* **1.** (*Bote*) héraut *m*
2. (*Vorbote*) ■ **der** ~ **einer S.** (*gen*) le héraut de qc *littér*

Herpes <-> *m* ∅ herpès *m*

Herpesvirus [-viː-] *nt* virus *m* de l'herpès

her|plappern *vt fam* ■ **jd plappert etw her** qn dit qc sans réfléchir

Herr(in) <-n, -en> *m(f)* **1.** *nur m* (*vor Eigennamen, vor Titeln*) monsieur *m*; ~ ***Graf/Botschafter/Präsident*** Monsieur le Comte/l'Ambassadeur/le Président; ~ ***Kollege*** cher collègue; [***der***] ~ ***Doktor ist nicht da*** le docteur n'est pas là; ~ ***Doktor, kommen Sie bitte!*** docteur, venez s'il vous plaît!; ***unser guter*** ~ ***Professor*** notre cher professeur
2. *nur m form* (*in Anrede ohne Namen*) ■ **Ihr** ~ ... *Vater, Onkel* monsieur votre ... *form*
3. *nur m* (*Tanzpartner*) cavalier *m*
4. *nur m geh* (*Mann*) homme *m*; ***Mode für*** ~***en*** mode pour hommes; ***die*** ~***en erwarten Sie*** ces messieurs vous attendent
5. (*Herrscher*) seigneur *m*, souverain(e) *m(f)*; (*Gebieter*) maître(-esse) *m(f)*; [*Hund*] maître(-esse) *m(f)*; [***mein***] ~ ***und Gebieter*** [mon] seigneur et maître; ***der*** [***gnädige***] ~ ***und die gnädige Frau*** Madame et Monsieur
6. REL (*Gott*) Seigneur *m*; ■ **der** ~ le Seigneur
▶ **mein** ~ **und Gebieter** [*o* **Meister**] *hum* mon seigneur et maître; **wie der** ~, **so's Gescherr!** *prov* (*Eltern/Kinder betreffend*) tel père, tel fils; (*Vorgesetzte/Untergebene betreffend*) tel maître, tel valet; **der** ~ **des Hauses** le maître de maison; **er/sie ist** ~ **im eigenen Haus** il/elle est maître chez lui/elle; **der** ~ **der Heerscharen** le Dieu des armées célestes; ~ **des Himmels!** Dieu du ciel!, mon Dieu!, Seigneur!; **jd ist/bleibt** ~ **der Lage** [*o* **Situation**] qn est/reste maître de la situation; **aus aller** ~**en Länder[n]** de tous les pays [*o* des quatre coins] du monde; **jd ist** ~ **über** [**jds**] **Leben und Tod** qn a droit de vie et de mort sur qn; **die** ~**en der Schöpfung** *hum* ces messieurs du sexe fort; **er/sie ist nicht mehr** ~ **seiner/ihrer Sinne** il/elle ne se maîtrise plus, il n'est plus maître de lui/elle n'est plus maîtresse d'elle[-même]; **jds alter** ~ *hum fam* le paternel de qn *fam*; **jd ist sein eigener** ~ qn est son propre maître, qn n'a de compte à rendre à personne; **sehr geehrter** ~ .../**sehr geehrte** ~**en!** (*Anrede in Briefen*) Monsieur,/Messieurs,; **ein geistlicher** ~ *geh* un ecclésiastique, un homme d'église; **gnädiger** ~ *veraltend* (*Anrede*) Monsieur; ***gnädiger*** ~, ***es ist serviert*** Monsieur est servi; **der gnädige** ~ *veraltet* (*Hausherr*) Monsieur; **jd ist ein großer ... vor dem** ~**n** *hum* qn est un grand ... devant l'Éternel *fam*; **jd spielt** [*o* **markiert**] **den großen** ~ *fam* qn fait le grand seigneur; **der junge** ~ *form* le jeune maître; **man kann nicht** [*o* **niemand kann**] **zwei** ~**en dienen** *prov* nul ne peut servir deux maîtres [à la fois]; **jd ist** ~ **(in) über jdn/etw** qn est le/la souverain(e) de qn/qc; **jd macht jdn zum** ~**n über etw** qn met qn à la tête de qc; **jd wird nicht** ~ **über jdn** qn ne vient pas à bout de qn, qn n'a pas d'emprise sur qn; **der** ~ **wünscht?** Monsieur désire?; **der** ~ (*Anrede in Geschäft, Lokal, sarkastisch*) Monsieur; ***haben die*** ~***en schon gewählt?*** ces Messieurs ont choisi?; ***ja, wenn sich der*** ~ ***für so etwas zu fein ist ...*** Monsieur pense sans doute que c'est indigne de lui ...; **mein** ~ *form* Monsieur; **meine** ~**en** (*Anrede*) Messieurs; [**aber**] **meine** ~**en!** Messieurs!; [**mein**] ~! (*ich bitte Sie*) [voyons,] Monsieur!; **„~en“** (*Toilette*) "hommes"; ***ich geh mal gerade für „~en“*** je vais aux toilettes [pour hommes]

Herrchen <-s, -> *nt fam* maître *m*; ***gib*** ~ ***das Stöckchen!*** allez, donne le bâton!

Herren- (*allgemein*) d'homme; COM pour homme; *-magazin, -zeitschrift* masculin(e); *-abend, -partie, -runde* entre hommes; *-sauna, -schneider* pour hommes; ***wir führen nur*** ~***schuhe*** nous ne faisons que les chaussures pour hommes; ~***zimmer*** bureau *m*, bibliothèque *f* **Herrenausstatter** <-s, -> *m* boutique *f* de prêt à porter pour hommes **Herrenbegleitung** *f geh* cavalier *m*, partenaire *m* ▶ **in** ~ en compagnie d'un homme, en galante compagnie **Herrenbekanntschaft** *f* connaissance *f* [masculine] ▶ **jd macht eine** ~ qn fait une rencontre [masculine], qn rencontre un homme **Herrenbekleidung** *f* prêt-à-porter *m* [*o* confection *f*] pour hommes **Herrenbesuch** *m* **1.** (*Besucher*) visiteur *m* **2.** (*Besuch durch einen Herrn*) visite *f* masculine **Herrendoppel** *nt* double *m* messieurs **Herreneinzel** *nt* simple *m* messieurs **Herrenfriseur** [-frizøːɐ, -frizøːzə] *m*, **-friseuse** *f* coiffeur(-euse) *m(f)* pour hommes **Herrengesellschaft** *f* réunion *f* d'hommes, société *f* masculine ▶ **in** ~ en compagnie d'un homme, en galante compagnie **Herrenhaus** *nt* maison *f* du/des maître/s

herrenlos *adj Fahrrad, Hof* abandonné(e); *Hund, Katze a.* sans maître

Herrenmode *f* mode *f* masculine **Herrenpilz** *m* AUS cèpe *f* **Herrensitz** *m* domaine *m*, manoir *m* **Herrentoilette** [-toalɛtə] *f* toilettes *fpl* pour hommes

Herrgott *m fam* SDEUTSCH, AUS ■ **der/unser** ~ le/notre Seigneur
▶ ~ **Sakrament!** SDEUTSCH *fam*, ~ **noch mal!** *fam*, ~! *fam* (*verdammt noch mal*) [sacré] nom de Dieu! *fam*, sacredieu! *fam*, bon Dieu! *fam*

Herrgottsfrüh[e] *f* ▶ **in aller** ~ *fam* aux aurores, de grand matin **Herrgottsschnitzer(in)** *m(f)* SDEUTSCH, AUS statuaire *m* (*surtout spécialisé dans les sculptures religieuses*) **Herrgottswinkel** *m* SDEUTSCH, AUS autel *m* [domestique]

her|richten I. *vt* **1.** (*vorbereiten*) ■ **jd richtet [jdm/für jdn] etw her** *Bett, Zimmer* qn fait qc [pour qn]; *Tisch* qn met qc [pour qn]; *Essen* qn prépare qc [pour qn]
2. (*ausbessern*) ■ **jd richtet etw her** qn répare qc, qn remet qc en état
II. *vr* DIAL ■ **jd richtet sich her** qn se prépare, qn s'apprête

Herrin *f s.* **Herr**

herrisch I. *adj* autoritaire, impérieux(-euse); *Frau* autoritaire
II. *adv* impérieusement, de façon impérieuse

herrje[h] *interj*, **herrjemine** *interj* grand Dieu!, mon Dieu!

herrlich I. *adj* **1.** (*prächtig*) magnifique, superbe, splendide
2. *Essen, Witz* excellent(e); ***dieser Witz ist einfach*** ~! elle est bonne, celle-là!, ça, c'est la meilleure; ***es gibt nichts H~eres als ...*** il n'y a rien de mieux que ...
3. *iron* bon(ne) *antéposé*, réjouissant(e); ***das sind ja*** ~***e Geschichten/Neuigkeiten!*** en voilà des [bonnes] histoires/nouvelles!
▶ **das ist ja** ~ *iron* bravo!, ça, c'est réussi!
II. *adv* **1.** *feiern, sich amüsieren* drôlement [bien]
2. ***etw schmeckt/mundet*** ~ qc est délicieux(-euse) [*o* excellent(e)]

Herrlichkeit <-, -en> *f* **1.** ∅ (*Pracht*) splendeur *f*, magnificence *f*; ***etw ist von einer besonderen*** ~ qc est magnifique

2. *meist pl* (*prächtiger Gegenstand*) splendeur *f*
3. (*Köstlichkeit*) délice *m*
▶ **die ~ Gottes** la gloire de Dieu; **ist das die ganze ~?** *iron* c'est tout?; **die ~ wird nicht lange dauern** [*o* **anhalten**] *fam* ça ne va pas durer

Herrschaft <-, -en> *f* 1. ∅ (*Macht*) pouvoir *m*; ***eine totalitäre ~*** un régime totalitaire; ***die absolute ~*** les pleins pouvoirs
2. *pl* ■ **die ~en** ces Messieurs [et ces] Dames; ***meine ~en*** Mesdames et Messieurs; ***was wünschen die ~en?*** que souhaitent Monsieur et Madame?
▶ **jds alte ~en** *hum fam* (*jds Eltern*) les géniteurs de qn *fam*; **jd bemächtigt sich der ~** qn s'empare du pouvoir; **jd/etw gelangt** [*o* **kommt**] **zur ~** qn/qc arrive au pouvoir; **jd usurpiert die ~** qn usurpe le pouvoir; **er/sie verliert die ~ über sich** (*akk*) il/elle ne se domine plus, il n'est plus maître de lui/elle n'est plus maîtresse d'elle[-même]; **jd verliert die ~ über etw** (*akk*) *über ein Auto, Fahrzeug* qn perd le contrôle de qc; **unter jds ~** sous la domination de qn; ***unter der ~ dieses Regimes*** sous ce régime

herrschaftlich *adj, adv:* ***ein ~er Park*** un parc majestueux; ***eine ~e Villa*** une maison de maître; ***ein ~es Anwesen*** un domaine; ***jd lässt etw ~ herrichten*** qn fait construire qc de façon princière

Herrschaftsanspruch *m* prétention *f* au pouvoir **Herrschaftsbereich** *m* souveraineté *f*; ***im ~ der Sowjetunion*** sous [le] contrôle de l'Union soviétique

herrschen I. *vi* 1. ■ **jd herrscht** [**über jdn/etw**] */Despot, Fürst, Regime, Partei/* qn règne [sur qn/qc]
2. ■ **etw herrscht** */Ausnahmezustand/* qc règne; */Terror a./* qc sévit
3. (*vorhanden sein*) ■ **etw herrscht** qc règne; */Bedenken, Zweifel/* qc plane; */lebhafter Verkehr, Nebel, Glatteis/* il y a qc; */Hunger, Not/* qc sévit; */Meinung, Ansicht, Überzeugung/* il règne qc, il existe qc; ***darüber herrschen verschiedene Ansichten*** les avis sont partagés sur ce point
II. *vi impers* ■ **es herrscht etw** */Bedenken, Zweifel/* qc plane; */Ruhe, Stille, Schweigen/* qc règne; ***es herrscht Unklarheit/Uneinigkeit, wann/warum/wer/wie/ob …*** il subsiste une incertitude/un désaccord sur le point de savoir quand/pourquoi/qui/comment/si …

herrschend *adj* 1. (*regierend*) au pouvoir, dirigeant(e)
2. ■ **die H~en** les dirigeants; ***die wirklich H~en*** ceux/celles qui détiennent vraiment le pouvoir
3. *Ausnahmezustand, Ausgangssperre* en vigueur
4. *Meinungen* existant(e), régnant(e); *Bedingungen, Verhältnisse* présent(e); ***die derzeit ~en politischen Verhältnisse*** la situation politique qui règne actuellement

Herrscher(in) <-s, -> *m(f)* souverain(e) *m(f)*; *absolutistisch* monarque *m*; ■ **~ über jdn/etw** maître *m* de qn/qc

Herrschergeschlecht *nt*, **Herrscherhaus** *nt* dynastie *f* régnante

Herrschsucht *f* besoin *m* [*o* instinct *m*] de domination **herrschsüchtig** *adj* despotique, dominateur(-trice)

her|rufen *vt irreg* 1. ■ **jd ruft jdn/ein Tier** [**zu sich**] **her** qn appelle qn/un animal; ***jd ruft jdn wieder her*** qn rappelle qn
2. ■ **jd ruft hinter jdm her** qn appelle qn; ■ **jd ruft etw hinter jdm her** qn crie qc à qn, qn traite qn de qc; ***er rief alle möglichen Schimpfnamen hinter ihm her*** il l'a traité de tous les noms

her|rühren *vi geh* ■ **etw rührt von etw her** qc [pro]vient de qc

her|sagen *vt* ■ **jd sagt etw her** qn récite qc

her|schauen *vi* DIAL ■ **jd schaut** [**zu jdm**] **her** qn regarde [dans la [*o* en] direction de qn]; ***jd schaut*** [***zu mir/uns***] ***her*** qn regarde par ici [*o* dans ma/notre direction]
▶ **da schau her!** AUS *fam* tiens[, tiens]!

her|schicken *vt* 1. ■ **jd schickt jdn/etw** [**zu jdm**] **her** qn envoie qn/qc [à qn]; ***jd schickt jdn/etw*** [***zu mir/uns***] ***her*** qn envoie qn/qc par ici, qn m'envoie/nous envoie qn/qc
2. ■ **jd schickt jdn hinter jdm her** qn envoie qn à la suite de qn; ■ **jd schickt etw hinter jdm/etw her** qn fait suivre qc

her|sehen *vi irreg* 1. ■ **jd sieht** [**zu jdm**] **her** qn regarde [dans la [*o* en] direction de qn]; ***jd sieht*** [***zu mir/uns***] ***her*** qn regarde par ici [*o* dans ma/notre direction]; ***sieh doch mal gerade her!*** viens voir!, regarde voir! *fam*
2. ■ **jd sieht hinter jdm/etw her** qn suit qn/qc des yeux

her|sein *s.* **sein¹ I.**▶

her|stammen *vi* 1. (*gebürtig sein*) ■ **jd stammt irgendwo her** qn est originaire de quelque part
2. ■ **etw stammt von etw her** */blauer Fleck, Narbe etc/* qc provient de qc
3. ■ **etw stammt von jdm/etw her** */Gegenstand aus jds Besitz/* qc vient de qn/qc

her|stellen *vt* 1. (*erzeugen*) ■ **jd/etw stellt etw her** qn/qc fabrique qc
2. ■ **jd stellt etw her** *Beziehungen, Verbindung, Kontakt* qn établit qc
3. (*gesundheitlich*) ■ **jd/etw stellt jdn wieder her** qn/qc rétablit qn
4. (*zu jdm/etw stellen*) ■ **jd stellt etw** [**zu jdm/etw**] **her** qn met qc [près de qn/qc]; ***jd stellt etw*** [***zu mir/uns***] ***her*** qn met qc ici [*o* près de moi/nous]; ***wir müssen noch ein paar Stühle ~*** nous devons installer quelques chaises supplémentaires

Hersteller(in) <-s, -> *m(f)* 1. (*Produzent*) fabricant(e) *m(f)*
2. (*Mitarbeiter der Herstellung*) responsable *mf* de la fabrication

-hersteller(in) *m(f)* fabricant(e) *m(f)* de; *Auto-, Computer-* constructeur(-trice) *m(f)* de

Herstellerfirma *f* usine *f* [de fabrication], fabrique *f*; ***wo ist der Sitz der ~?*** où s'effectue la fabrication?

Herstellung *f* ∅ 1. IND fabrication *f*
2. [*Beziehungen, Kontakt, Verbindung*] établissement *m*, instauration *f*; ***jd sorgt für die ~ der Kontakte zu jdm*** qn se charge d'établir des contacts avec qn
3. (*Produktionsabteilung*) fabrication *f*

Herstellungskosten *pl* frais *mpl* de fabrication [*o* production] **Herstellungsland** *nt* pays *m* producteur

her|tragen *vt irreg* 1. (*herbeitragen*) ■ **jd trägt jdn/etw** [**zu jdm**] **her** qn porte qn/qc [vers qn]; ***jd trägt jdn/etw*** [***zu mir/uns***] ***her*** qn porte qn/qc par ici [*o* vers moi/nous]
2. (*entlangtragen*) ■ **jd trägt etw hinter/neben/vor jdm her** qn suit/accompagne/précède qn en portant qc

her|trauen *vr* ■ **jd/ein Tier traut sich** [**zu jdm**] **her** qn/un animal ose s'approcher [de qn]; *zu jdm nach Hause* qn ose venir [chez qn]

Hertz <-, -> *nt* hertz *m*

herüben *adv* SDEUTSCH, AUS de ce côté-ci

herüber *adv* de ce côté-ci; ***los, zu mir/uns ~!*** allez, viens/venez par ici [*o* vers moi/nous]!

herüber-: ***jd kann/will ~*** qn peut/veut traverser; ***er traute sich nicht ~*** il n'a pas osé traverser

herüber|bitten *vt irreg* ■ **er/sie bittet jdn** [**zu jdm/sich**] **herüber** il/elle prie qn de venir [vers qn/vers lui/elle]; ***ich bitte/wir bitten jdn*** [***zu mir/uns***] ***herüber*** je prie/nous prions qn de venir par ici [*o* de venir vers moi/nous]

herüber|bringen *vt irreg* ■ **jd bringt jdn/etw** [**zu jdm**] **herüber** qn amène qn/apporte qc [à qn]; ***jd bringt jdn/etw*** [***zu uns***] ***herüber*** qn amène qn/apporte qc par ici, qn nous amène/nous apporte qc

herüber|dürfen *vi irreg* ■ **jd darf** [**zu jdm**] **herüber** qn a le droit de venir [*o* de rejoindre qn]; ***jd darf*** [***zu mir/uns***] ***herüber*** qn a le droit de venir par ici [*o* de me/nous rejoindre]

herüber|fahren *irreg* I. *vi* + *sein* ■ **jd fährt** [**zu jdm**] **herüber** qn vient de l'autre côté, qn rejoint qn de l'autre côté; ***jd fährt*** [***zu mir/uns***] ***herüber*** qn vient par ici [*o* de mon/notre côté], qn me/nous rejoint de ce côté-ci
II. *vt* + *haben* ■ **jd fährt jdn/etw herüber** qn conduit qn/qc de l'autre côté; ***jd fährt jdn/etw*** [***zu mir/uns***] ***herüber*** qn conduit qn/qc par ici [*o* de mon/notre côté]

herüber|geben *vt irreg* ■ **jd gibt etw** [**zu jdm**] **herüber** qn passe qc [à qn]; ***jd gibt etw*** [***zu mir/uns***] ***herüber*** qn passe qc par ici, qn me/nous passe qc

herüber|holen *vt* ■ **jd holt jdn** [**zu sich**] **herüber** qn va chercher qn; ■ **jd holt etw** [**zu sich**] **herüber** qn attrape qc

herüber|kommen *vi irreg* + *sein* ■ **jd kommt** [**zu jdm**] **herüber** qn vient [vers qn]; (*in ein anderes Land*) qn passe la frontière; ***jd kommt*** [***zu mir/uns***] ***herüber*** qn vient par ici [*o* vers moi/nous]; ***Franz sah Frieda ~*** Franz voyait Frieda s'approcher [*o* venir vers lui]

herüber|lassen *vt irreg* ■ **jd lässt jdn/etw herüber** qn laisse venir qn/qc; ***jd lässt jdn über einen Zaun herüber*** qn laisse passer qn par-dessus une clôture; ***jd lässt jdn in ein Land herüber*** qn laisse entrer qn dans un pays

herüber|laufen *vi irreg* + *sein* ■ **jd/ein Tier läuft** [**zu jdm**] **herüber** qn/un animal vient [vers qn]; ***jd/ein Tier läuft*** [***zu mir/uns***] ***herüber*** qn/un animal vient par ici [*o* vers moi/nous]; ***wer zuerst herübergelaufen ist*** le premier arrivé

herüber|reichen I. *vt geh s.* **herübergeben**
II. *vi* ■ **etw reicht** [**zu jdm/irgendwohin**] **herüber** */Ast, Flussarm/* qc s'étend [chez qn/quelque part]; ***etw reicht*** [***zu mir/uns***] ***herüber*** qc s'étend par ici [*o* chez moi/nous]; ■ **etw reicht über etw** (*akk*) **herüber** qc passe par-dessus qc

herüber|retten *vt s.* **hinüberretten**

herüber|schicken *vt* ■ **jd schickt jdn/etw** [**zu jdm**] **herüber** qn envoie qn/qc [à qn]

herüber|schwimmen *vi irreg* + *sein* ■ **jd schwimmt herüber** qn nage de l'autre côté; ■ **jd schwimmt zu jdm herüber** qn rejoint qn à la nage; ***jd schwimmt*** [***zu mir/uns***] ***herüber*** qn nage par ici [*o* vers moi/nous]; ■ **jd schwimmt über etw** (*akk*) **herüber** qn traverse qc à la nage

herüber|sehen *vi irreg* ■ **jd sieht** [**zu jdm**] **herüber** qn regarde [dans la [*o* en] direction de qn]; ***jd sieht*** [***zu mir/uns***] ***herüber*** qn regarde par ici [*o* dans ma/notre direction]

herüber|werfen *vt irreg* ■ **jd wirft etw** [**zu jdm**] **herüber** *Ball* qn lance qc [à qn]; *kleinen Gegenstand a.* qn jette qc [à qn]; ***jd wirft etw*** [***zu mir/uns***] ***herüber*** qn lance/jette qc par ici [*o* vers moi/nous]; ■ **jd wirft etw über etw** (*akk*) [**zu jdm**] **herüber** qn lance/jette qc par-dessus qc [à qn]

herüber|wollen *vi* ■ **jd will** [**zu jdm**] **herüber** qn veut venir [vers qn]; ***jd will*** [***zu mir/uns***] ***herüber*** qn veut venir par ici [*o* vers moi/nous]; ***viele Flüchtlinge wollen zu uns herüber*** beaucoup de réfugiés veulent venir chez nous; ■ **jd will über etw** (*akk*) **herüber** *Fluss* qn veut traverser qc; ***ob die über den Fluss ~?*** veulent-ils/elles venir de ce côté-ci de la rivière?

herüber|ziehen *vt irreg* ■ **er/sie zieht jdn/etw** [**zu sich**] **herüber** il/elle tire qn/qc [vers lui/elle]; ***ich ziehe/wir ziehen jdn/etw*** [***zu mir/uns***] ***herüber*** je tire/nous tirons qn/qc par ici [*o* vers moi/nous]; ■ **jd zieht jdn/etw über etw** (*akk*) **herüber** qn tire qn/qc par-dessus qc

herum *adv* 1. (*um etw im Kreis*) ■ **um jdn/etw ~** autour de qn/qc
2. (*gegen*) ■ **um … ~** aux environs de …, autour de …

herum- *s.* **umher-**

herum|albern *vi fam* ■ **jd albert herum** qn fait le pitre [*o* le con] *fam*; ■ **das/jds H~** les pitreries/les pitreries de qn

herum|ärgern *vr fam* ■ **jd ärgert sich mit jdm/etw herum** qn s'embête avec qn/qc *fam*

herum|bekommen * *vt irreg fam* ■ **jd bekommt jdn** [**zu etw**] **herum** qn amadoue [*o* retourne *fam*] qn [pour qu'il fasse qc]; ***vielleicht bekommst du ihn herum*** tu arriveras peut-être à le faire changer d'avis

herum|blättern *vi* ■ **jd blättert in etw** (*dat*) **herum** qn feuillette qc

herum|brüllen *vi fam* ■ **jd brüllt** [**irgendwo**] **herum** qn gueule [*o* beugle] [quelque part] *fam*; ***wieso musst du so laut ~?*** qu'est-ce que tu as à gueuler comme ça? *fam*

herum|bummeln *vi fam* 1. + *haben* (*trödeln*) ■ **jd bummelt herum** qn se tourne les pouces, qn glande *fam*

2. + *sein* (*herumspazieren*) ■ **jd bummelt [irgendwo] herum** qn se balade [quelque part]

herum|doktern *vi fam* 1. (*zu kurieren versuchen*) ■ **jd doktert an jdm/etw herum** qn s'essaie à soigner qn/qc
2. (*zu reparieren versuchen*) ■ **jd doktert an etw** (*dat*) **herum** qn bricole après qc *fam*

herum|drehen I. *vt* 1. ■ **jd dreht etw herum** *Propeller, Schlüssel* qn tourne qc
2. ■ **jd dreht jdn/etw herum** *Braten, Decke* qn retourne qn/qc
II. *vr* ■ **jd dreht sich [zu jdm] herum** qn se retourne [vers qn]

herum|drücken I. *vr fam* 1. ■ **jd drückt sich irgendwo herum** *vor jds Haus* qn rôde quelque part; *in Lokalen, Kaschemmen* qn traîne quelque part
2. (*sich um etw drücken*) ■ **jd drückt sich um etw herum** qn se défile devant qc *fam*
II. *vi* ■ **jd drückt an etw** (*dat*) **herum** *an Mitesser, Pickel* qn tripote qc *fam,* qn presse qc

herum|drucksen *vi fam* ■ **jd druckst herum** qn tourne autour du pot *fam*

herum|erzählen * *vt fam* ■ **jd erzählt etw herum** qn raconte qc à droite et à gauche; ***jd erzählt etw überall herum*** qn raconte qc à droite et à gauche

herum|fahren *irreg* I. *vi* + *sein* 1. (*umherfahren*) ■ **jd fährt [irgendwo] herum** qn fait un tour [quelque part], qn roule [quelque part] au hasard
2. (*umkreisen*) ■ **jd fährt um jdn/etw herum** qn tourne autour de qn/qc
3. (*sich rasch umdrehen*) ■ **jd fährt herum** qn fait volte-face
4. + *haben o sein* (*wischen*) ■ **jd fährt mit etw irgendwo herum** qn passe qc quelque part
II. *vt* + *haben* ■ **jd fährt jdn herum** qn fait faire un tour [en voiture] à qn

herum|flegeln *vr fam* ■ **jd flegelt sich [irgendwo] herum** qn se vautre [quelque part]

herum|fragen *vi fam* ■ **er/sie fragt [bei Menschen] herum** il/elle demande [à des personnes] autour de lui/d'elle

herum|fuchteln *vi fam* ■ **jd fuchtelt herum** qn gesticule; ■ **jd fuchtelt mit etw herum** qn agite qc, qn brandit qc

herum|führen I. *vt* 1. (*durch die Gegend führen*) ■ **jd führt jdn herum** qn fait faire un tour à qn; ■ **jd führt jdn in etw** (*dat*) **herum** qn fait faire le tour de qc à qn; ***jd lässt sich in etw*** ~ qn se fait montrer qc; ***jd wird von jdm in etw herumgeführt*** qn est guidé(e) par qn dans qc; ***jd führt jdn überall herum*** qn emmène qn partout; ***er führte sie in seinem Haus herum*** il lui a fait faire le tour du propriétaire [*o* le tour de la maison]
2. *meist passiv* (*darum herum bauen*) ■ **jd führt etw um etw herum** qn fait passer qc autour de qc; ***die Straße soll um die Stadt herumgeführt werden*** la route va contourner la ville; ***die Straße wurde um die Stadt herumgeführt*** la route contourne la ville
II. *vi* ■ **etw führt um etw herum** qc contourne qc

herum|fuhrwerken *vi fam* ■ **jd fuhrwerkt herum** qn trafique *fam;* ■ **jd fuhrwerkt mit etw herum** qn manie qc [sans précaution]; ■ **jd fuhrwerkt an etw** (*dat*) **herum** qn trafique après qc *fam*

herum|fummeln *vi fam* 1. ■ **jd fummelt [an etw** (*dat*)**] herum** *an einem Gerät, Kabel, Motor* qn bricole [après qc *fam*], qn trifouille après qc *fam*
2. (*anfassen*) ■ **jd fummelt an jdm/etw herum** qn tripote qn/qc *fam;* (*in sexueller Absicht*) qn pelote qn/qc *fam*

herum|geben *vt irreg* ■ **jd gibt etw herum** qn fait passer [*o* circuler] qc

herum|gehen *vi irreg* + *sein fam* 1. (*umkreisen*) ■ **jd geht um jdn/etw herum** qn fait le tour [*o* tourne autour] de qn/qc
2. ■ **jd geht [in etw** (*dat*)**] herum** *in einem Garten, in einer Stadt* qn fait un tour [dans qc]; *in einem Raum* qn fait les cent pas [dans qc]
3. (*herumgereicht werden*) ■ **etw geht herum** qc circule, qc passe de main en main; ■ **jd lässt etw** ~ qn fait circuler qc
4. ■ **etw geht herum** qc circule; */Gerücht a./* qc court; */Nachricht/* qc se propage, qc se répand
5. (*vorübergehen*) ■ **etw geht herum** qc prend fin; ***etw geht und geht nicht herum*** qc n'en finit pas; ***etw geht bald herum*** qc tire à sa fin

herum|geistern *vi* + *sein fam* 1. (*ziellos umhergehen*) ■ **jd geistert [in etw** (*dat*)**] herum** *in einem Zimmer, im Haus* qn erre [dans qc]; ***was geisterst du denn mitten in der Nacht [noch] in der Küche herum?*** qu'est-ce que tu fabriques [encore] dans la cuisine en pleine nuit?
2. *s.* **herumspuken**

herum|hacken *vi fam* ■ **jd hackt auf jdm herum** qn s'acharne après qn *fam,* qn lui cherche des poux [dans la tête] *fam*

herum|hängen *vi irreg* + *sein sl* 1. ■ **jd hängt irgendwo herum** (*dat*) *in Kneipen, Lokalen, Diskos etc* qn traîne [*o* passe son temps] quelque part
2. (*untätig sein*) ■ **jd hängt herum** qn traîne, qn glande *fam;* ***jd hängt vor dem Fernseher herum*** qn reste pendu(e) devant la télé *fam*

herum|huren *vi sl* ■ **jd hurt herum** qn baise à droite à gauche/[avec qn] *fam;* ■ **jd hurt mit jdm herum** qn couche [*o* baise] avec qn *fam*

herum|irren *vi* + *sein* ■ **jd irrt [irgendwo] herum** qn tourne en rond [*o* erre] [quelque part]

herum|kommandieren * I. *vt fam* ■ **jd kommandiert jdn herum** qn mène qn à la baguette
II. *vi fam* ■ **jd kommandiert herum** qn joue au petit chef *fam,* qn mène tout le monde à la baguette

herum|kommen *vi irreg* + *sein fam* 1. ■ **jd kommt [mit etw] um etw herum** *ein Hindernis* qn contourne qc [avec qc]; ***jd kommt [mit dem Wagen] um die Ecke herum*** qn tourne le coin de la rue [en voiture]
2. (*vermeiden können*) ■ **jd kommt um etw herum** *um die Bezahlung von etw, um eine Zahlung* qn échappe à qc; *um Steuererhöhungen* qn peut éviter qc; *um eine Zustimmung* qn peut refuser qc; ***er kommt um die Zahlung dieser Summe nicht herum*** il n'échappera pas [*o* ne coupera pas *fam*] au paiement de la somme; ■ **jd kommt darum herum etw zu tun** qn peut éviter de faire qc
3. (*reisen*): ***jd kommt [irgendwo] [viel] herum*** qn voyage beaucoup [quelque part]; ***jd ist weit herumgekommen*** qn a vu du pays, qn a roulé sa bosse *fam*

herum|krebsen *vi fam* ■ **jd krebst herum** qn galère *fam;* ■ **etw krebst herum** */Geschäft/* qc végète

herum|kriegen *vt fam s.* **herumbekommen**

herum|kutschieren * *vt fam* ■ **jd kutschiert jdn [irgendwo] herum** qn trimbal[l]e qn en voiture [quelque part] *fam*

herum|laufen *vi irreg* + *sein* 1. ■ **etw läuft um etw herum** */Bahnlinie, Straße/* qc contourne qc; ***etw läuft ganz um etw herum*** qc fait tout le tour de qc
2. ■ **jd läuft um etw herum** *um einen Baum* qn court autour de qc; *um eine Statue a., einen Platz* qn fait le tour de qc
3. *fam* (*umherlaufen*) ■ **jd läuft herum** qn se trimbal[l]e *fam;* ***in was für alten Klamotten er immer herumläuft!*** il porte toujours de ces fringues! *fam;* ***wie läufst du denn herum?*** quelle dégaine! *fam,* tu as une de ces allures [*o* de ces dégaines]! *fam*
▶ **jd läuft [noch] frei herum** qn est [encore] en liberté, qn court toujours

herum|liegen *vi irreg fam* ■ **etw liegt herum** qc traîne; ***überall liegt Staub herum*** il y a de la poussière partout; ■ **jd lässt etw** ~ qn laisse traîner qc

herum|lungern *vi fam* ■ **jd lungert irgendwo herum** qn traîne [*o* glande *fam*] quelque part; ***lungere hier nicht herum, hilf mir lieber!*** ne reste pas les bras ballants, aide-moi plutôt!

herum|machen I. *vi fam* 1. (*herumtasten*) ■ **jd macht an etw** (*dat*) **herum** qn tripote qc *fam*
2. (*herumnörgeln*) ■ **jd macht an jdm/etw herum** qn critique qn/qc
II. *vt fam* ■ **jd macht etw um etw herum** qn met qc autour de qc

herum|nörgeln *vi pej fam* ■ **jd nörgelt [an jdm/etw] herum** qn récrimine [contre qn/qc], qn trouve à redire [au sujet de qn/à qc]

herum|pröbeln *vi* CH ■ **jd pröbelt an etw** (*dat*) **herum** qn s'essaie à qc

herum|quälen *vr fam* 1. (*leiden unter*) ■ **jd quält sich mit jdm/etw herum** qn s'embête avec qn/qc *fam,* qn sue sur qc *fam*
2. (*qualvoll leiden*) ■ **jd quält sich herum** qn souffre; ■ **jd quält sich mit etw herum** qn se torture avec qc

herum|rätseln *vi* ■ **jd rätselt [an etw** (*dat*)**] herum** qn fait des suppositions [au sujet de qc]; ***es wird viel herumgerätselt*** on se perd en conjectures; ■ **jd rätselt herum, was/wer/wie/wann/ob** qn se demande ce qui/ce que/qui/comment/quand/si

herum|reden *vi fam* 1. (*leichthin reden*) ■ **jd redet [nur] herum** qn dit n'importe quoi; ***es war ein Scherz, ich habe nur so herumgeredet!*** c'était une plaisanterie, j'ai dit ça comme ça! *fam*
2. (*ausweichen*): ***jd redet um die Sache [o drum] herum*** qn tourne autour du pot

herum|reichen *vt* 1. *geh s.* **herumgeben**
2. *fam* ■ **er/sie reicht jdn herum** il/elle présente qn autour de lui/d'elle; ■ **jd reicht jdn irgendwo herum** qn présente qn quelque part

herum|reisen *vi* + *sein* 1. (*ständig auf Reisen sein*) ■ **jd reist herum** qn voyage; ***jd reist in der Welt/überall herum*** qn court le monde/voyage un peu partout
2. (*bereisen*) ■ **jd reist irgendwo herum** qn parcourt qc [en tout sens]

herum|reißen *vt irreg:* ***jd reißt das Lenkrad [o Steuer] herum*** qn donne un coup de volant; ***jd reißt das Steuer/Ruder herum*** qn vire de bord

herum|reiten *vi irreg* + *sein* 1. (*umherreiten*) ■ **jd reitet [in etw** (*dat*)**] herum** qn fait un tour à cheval [dans qc]
2. ■ **jd reitet um etw herum** *um ein Hindernis, einen Baum* qn contourne qc [à cheval]
3. *fam* (*herumhacken*) ■ **jd reitet auf jdm herum** qn s'acharne sur qn, qn harcèle qn; ■ **jd reitet auf etw** (*dat*) **herum** qn remet qc sur le tapis

herum|rennen *vi irreg* + *sein* 1. *fam* ■ **jd rennt herum** qn court dans tous les sens; ■ **jd rennt irgendwo herum** *auf einem Platz, Hof* qn court partout quelque part; *in einem Zimmer, Saal* qn tourne comme un ours [*o* un lion] en cage [dans qc]
2. *s.* **herumlaufen 2.**

herum|scharwenzeln * *vi* + *sein pej fam* ■ **jd scharwenzelt um jdn herum** qn lèche les bottes à qn *fam*

herum|schlagen *irreg* I. *vt geh s.* **herumwickeln**
II. *vr fam* ■ **jd schlägt sich mit jdm/etw** ~ qn se débat avec qn/contre qc, qn se collette avec qn

herum|schleppen *vt fam* 1. (*umherschleppen*) ■ **jd schleppt etw [mit sich] herum** qn trimbal[l]e qc *fam*
2. ■ **jd schleppt etw mit sich herum** *Problem* qc tracasse qn, qc perturbe qn; *Krankheit, Virus* qn se trimbal[l]e qc *fam;* ***jd schleppt einen Kummer mit sich herum*** qn en a gros sur le cœur

herum|schnüffeln *vi* 1. ■ **jd/ein Tier schnüffelt [an etw** (*dat*)**] herum** qn/un animal renifle [qc]
2. *pej fam* ■ **jd schnüffelt [in etw** (*dat*)**] herum** qn fouine [dans qc] *fam,* qn fourre son nez dans qc *fam*

herum|schreien *vi irreg fam* ■ **jd schreit [irgendwo] herum** qn gueule [quelque part] *fam*

herum|sein *s.* **sein[1] I.**▶

herum|sitzen *vi irreg* + *sein* 1. *fam* (*untätig dasitzen*) ■ **jd sitzt [nur] herum** qn reste là à ne rien faire
2. ■ **sie sitzen um jdn/etw herum** ils/elles sont assis(es) autour de qn, ils/elles font cercle autour de qn

herum|sprechen *vr irreg* ■ **etw spricht sich [in etw** (*dat*)**] herum** qc se répand [dans qc]; ■ **etw spricht sich bei jdm herum** qc parvient aux oreilles de qn; ■ **es hat sich herumgesprochen, dass** la nouvelle s'est répandue que + *indic;* ■ **es hat sich herumgesprochen, was ...** la nouvelle de ce qui/ce que ... s'est répandue

herum|spuken *vi* ■ **etw spukt in etw** (*dat*) **herum** *in jds Hirn, Kopf* qc tourne dans qc

herum|stehen *vi irreg + sein* **1.** ■ **sie stehen um jdn/etw herum** ils/elles entourent qn/qc, ils/elles font cercle autour de qn/qc
2. *fam* ■ **jd steht [irgendwo] herum** */ Gaffer, Neugierige/* qn reste planté(e) [quelque part] *fam;* ■ **etw steht herum** */ Gegenstand/* qc reste là; ■ **etw steht irgendwo herum** qc reste quelque part; ***das Auto steht schon ewig da herum*** la voiture est là depuis une éternité

herum|stöbern *vi fam* **1.** ■ **jd stöbert [in etw** (*dat*)**] herum** qn farfouille [*o* fourrage] [dans qc] *fam*
2. *s.* **herumschnüffeln 2.**

herum|stochern *vi fam* ■ **jd stochert [in etw** (*dat*)**] herum** *in einem Abfallhaufen* qn fouille [*o* fourrage *fam*] [dans qc]; *in den Zähnen* qn se cure qc, qn fourrage dans qc *fam;* ***jd stochert im Essen herum*** qn picore dans son assiette

herum|stoßen *vt irreg fam* ■ **sie stoßen jdn herum** ils/elles rejettent qn; ***jd wird herumgestoßen*** qn est rejeté(e) [de l'un à l'autre]

herum|streiten *vr irreg fam* ■ **jd streitet sich [mit jdm] herum** qn se bagarre [avec qn]; */ Kind a./* qn se chamaille [avec qn]

herum|streunen *vi + sein pej* ■ **jd/ein Tier streunt [irgendwo] herum** qn/un animal traîne [quelque part]; ~***de Katzen*** chats errants; ***jd streunt ziellos [in der Stadt] herum*** qn bat le pavé

herum|tanzen *vi + sein* ■ **jd tanzt [irgendwo] herum** qn danse [quelque part]; ***die Kinder tanzten ausgelassen im Zimmer herum*** les enfants sautaient et dansaient dans la pièce; ■ **jd tanzt um jdn/etw herum** qn danse autour de qn/qc

herum|toben *vi fam* **1.** + *sein o haben* (*ausgelassen umherlaufen*) ■ **jd tobt [irgendwo] herum** qn chahute [quelque part]
2. + *haben* (*schimpfen*) ■ **jd tobt [irgendwo] herum** qn fait du raffut [*o* du barouf] [quelque part] *fam*

herum|tragen *vt irreg* **1.** ■ **er/sie trägt etw mit sich herum** il/elle traîne qc avec lui/elle; ***er trug auf Schritt und Tritt seine Aktenmappe mit sich herum*** il ne se séparait jamais de son porte-documents
2. (*weitererzählen*) ■ **jd trägt etw herum** qn colporte qc

herum|trampeln *vi + sein* **1.** *fam* (*umhertrampeln*) ■ **jd trampelt [irgendwo] herum** qn piétine [quelque part]; *auf dem Fußboden, Teppich* qn piétine qc
2. (*mit Füßen treten*) ■ **jd trampelt auf jdm/etw herum** *auf hehren Werten, der Ehre der Armee, dem Grundgesetz* qn piétine qc, qn bafoue qc; *unterlegenen Konkurrenten* qn s'acharne sur [*o* contre] qn

herum|treiben *vr irreg* **1.** ■ **jd treibt sich irgendwo herum** qn traîne quelque part
2. ■ **jd treibt sich mit jdm herum** qn traîne avec qn

Herumtreiber(in) <-s, -> *m(f) pej* **1.** (*Nichtsesshafter*) vagabond(e) *m(f)*
2. *fam* (*Streuner*) noceur(-euse) *m(f) fam*

herum|trödeln *vi fam* ■ **jd trödelt [irgendwo] herum** qn lambine [*o* glande] [quelque part] *fam*

herum|turnen *vi + sein fam* ■ **jd turnt irgendwo herum** qn fait des acrobaties quelque part

herum|werfen *irreg* **I.** *vt* **1.** (*umherstreuen*) ■ **jd wirft etw [irgendwo] herum** qn éparpille qc [quelque part]
2. (*herumreißen*) ■ **jd wirft etw herum** *Hebel* qn tourne qc; ***jd wirft das Lenkrad [o Steuer] herum*** qn donne un coup de volant; ***jd wirft das Steuer/Ruder herum*** qn vire de bord
II. *vr* ■ **jd wirft sich auf/in etw** (*dat*) **herum** qn se tourne et se retourne sur/dans qc

herum|wickeln *vt* ■ **jd wickelt etw [um jdn/etw] herum** *Papier, Binden, Kordel* qn enroule qc [autour de qn/qc]; ***wick[e]le Packpapier um den Karton herum!*** enveloppe le carton dans du papier d'emballage!

herum|wieseln *vi + sein fam* ■ **jd wieselt [irgendwo] herum** qn se démène [quelque part]; ■ **jd wieselt um jdn herum** qn s'affaire autour de qn

herum|wühlen *vi* **1.** (*umherwühlen*) ■ **jd/ein Tier wühlt [in etw** (*dat*)**] herum** qn/un animal fouille [dans qc]
2. *fam* (*herumstöbern*) ■ **jd wühlt [in etw** (*dat*)**] herum** qn farfouille [*o* fouille] [dans qc]

herum|zeigen *vt* ■ **jd zeigt etw herum** qn montre qc à la ronde, qn fait circuler qc

herum|ziehen *irreg* **I.** *vi + sein* **1.** ■ **jd/etw zieht [mit jdm/etw] herum** */ fahrendes Volk, Wanderzirkus/* qn/qc vagabonde [avec qn/qc]; ■ **jd/etw zieht in etw** (*dat*) **herum** qn/qc sillonne qc
2. (*um etw ziehen*) ■ **jd/etw zieht um etw herum** */ Prozession, Schützenzug/* qn/qc défile autour de qc
II. *vr + haben* ■ **etw zieht sich um etw herum** */ Graben, Hecke, Mauer/* qc entoure qc

herunten *adv* SDEUTSCH, AUS [ici] en bas

herunter **I.** *adv* ■ **von irgendwoher bis irgendwohin** ~ de quelque part jusque quelque part; ***vom Himmel ~ bis auf die Erde*** du ciel jusqu'au sol; ***von Hamburg bis München*** ~ de Hamburg à Munich; ***sie kommt heute noch von Flensburg*** ~ elle va descendre aujourd'hui de Flensburg
► ~ **mit etw!**: ~ ***mit den Waffen!*** bas les armes!, jetez vos armes!; ~ ***mit dem Hut!*** enlève ton/enlevez votre chapeau!; ~ **mit jdm!** à bas qn!
II. *präp nachgestellt* ■ **etw** (*akk*) ~ pour descendre de qc; ***den Berg/Turm ~ geht es leichter als hinauf*** pour descendre de la montagne/la tour, c'est plus facile que pour monter

herunter-: ***jd kann/will/muss*** ~ qn peut/veut/doit descendre; *s. a.* **runter-, herab-**

herunter|bekommen * *vt irreg fam* **1.** ■ **jd bekommt etw herunter** *sperriges Möbelstück* qn arrive à descendre qc
2. ■ **jd bekommt etw herunter** *Dreck, Klebeetikett* qn arrive à enlever [*o* retirer] qc
3. (*herunterschlucken können*) ■ **jd bekommt etw herunter** qn arrive à avaler qc; ***ich bekomme keinen Bissen mehr herunter*** je ne peux plus rien avaler

herunter|brennen *vi irreg* **1.** + *sein* ■ **etw brennt herunter** */ Haus/* qc brûle, qc est réduit(e) en cendres; *Feuer, Kerze* qc se consume
2. + *haben* (*scheinen*) ■ **etw brennt auf jdn/etw herunter** qc [brûlant(e)] s'abat sur qn/qc; ***die Sonne brennt auf die Wüste herunter*** un soleil brûlant s'abat sur le désert

herunter|bringen *vt irreg* **1.** ■ **jd bringt jdn/etw herunter** qn descend qn/qc
2. *fam s.* **herunterbekommen 2.**

herunter|drücken *vt* **1.** ■ **jd drückt etw herunter** *Hebel, Pedal* qn appuie sur qc; *Türklinke* qn abaisse qc
2. ■ **jd/etw drückt etw [auf etw** (*akk*)**] herunter** *Löhne, Preise* qn/qc fait baisser qc [à qc]; ***die Löhne müssen heruntergedrückt werden*** il faut réduire [*o* comprimer] les salaires

herunter|fahren *irreg* **I.** *vi + sein* ■ **jd/etw fährt [zu jdm] herunter** qn/qc descend [vers qn]; ■ **jd/etw kommt [etw] heruntergefahren** qn/qc descend [qc]; ■ **jd fährt etw herunter** *steilen Hang, Berg* qn descend qc; ***jd fährt die andere Seite herunter*** qn descend de l'autre côté
II. *vt + haben* **1.** (*transportieren*) ■ **jd/etw fährt jdn/etw herunter** qn/qc descend qn/qc
2. (*drosseln*) ■ **jd fährt etw herunter** qn réduit qc, qn restreint qc

herunter|fallen *vi irreg + sein* ■ **jd/etw fällt [von etw] herunter** qn/qc tombe [de qc]; ***mir ist der Hammer heruntergefallen*** le marteau m'est tombé des mains

herunter|geben *vt irreg* ■ **jd gibt [jdm] etw herunter** qn donne [*o* passe] qc [à qn]

herunter|gehen *vi irreg + sein* **1.** ■ **jd geht [etw] herunter** *eine Leiter, Treppe* qn descend [qc]
2. ■ **jd geht von etw herunter** *von einer Bank* qn se lève de qc; *von der Mauer etc* qn descend de qc
3. (*sinken*) ■ **etw geht [um etw] [auf etw** (*akk*)**] herunter** qc baisse [de qc] [à qc]; */ Währung a./* qc tombe à qc; */ Thermometer/* qc descend [de qc] [à qc]
4. ■ **jd/etw geht [auf etw** (*akk*)**] herunter** */ Pilot, Flugzeug/* qn/qc descend [à qc]
5. *fam* (*abrücken*) ■ **jd geht von etw herunter** qn rabat de qc; ■ **jd geht von etw nicht herunter** qn ne démord pas de qc
6. ■ **jd geht mit etw [auf etw** (*akk*)**] herunter** *mit einer Forderung, einem Preis, dem Tempo* qn réduit qc [à qc]

heruntergekommen *adj pej* **1.** *Fassade, Haus, Wohnung* délabré(e)
2. (*verwahrlost*) *Aussehen, Erscheinung, Mensch* négligé(e); ***jd ist ganz*** ~ qn est tombé(e) bien bas, qn est complètement à la dérive

herunter|handeln *vt fam* ■ **jd handelt jdn herunter** *Händler, Anbieter* qn marchande avec qn; ■ **jd handelt etw herunter** *Ware* qn marchande qc; *Preis a.* qn discute qc; ***ich lasse mich nicht weiter*** ~ je ne marchande [*o* discute] plus; ***jd handelt ihn/sie um zehn Prozent herunter*** qn lui fait baisser son prix de 10%, qn obtient de lui/d'elle un rabais de 10%; ***jd handelt ihn/sie auf 10000 DM herunter*** qn lui fait baisser son prix à 10000 DM, qn obtient qu'il/qu'elle descende à 10000 DM

herunter|hängen *vi irreg* ■ **etw hängt [von etw/auf etw** (*akk*)**] herunter** qc pend [de qc/sur qc]; ***die Haare hängen jdm herunter*** qn a les cheveux qui pendent

herunter|hauen *vt irreg fam* ■ **jd haut jdm eine herunter** qn flanque une gifle à qn *fam,* qn fout une baffe à qn *pop;* ***jd kriegt von jdm eine heruntergehauen*** qn se prend une gifle [*o* une baffe] de qn *fam*

herunter|holen **I.** *vt* **1.** ■ **jd holt etw [von irgendwo] herunter** qn descend qc [de quelque part]; ***jd holt die Fahne herunter*** qn amène [*o* baisse] les couleurs
2. *fam* ■ **jd holt etw/einen Vogel herunter** *Flugzeug, Flugwild* qn descend qc/un oiseau *fam*
II. *vr vulg* ■ **jd holt sich** (*dat*) **einen herunter** qn se branle *fam*

herunter|klappen *vt* ■ **jd klappt etw herunter** qn rabat qc; ***etw lässt sich*** ~ qc se rabat

herunter|klettern *vi + sein* ■ **jd klettert [von etw/irgendwohin] herunter** qn descend [de qc/quelque part]

herunter|kommen *vi irreg + sein* **1.** ■ **jd kommt [etw] [zu jdm] herunter** *die Treppe, einen Weg* qn descend [qc] [vers qn]; ***jd kommt zu jdm in den Keller herunter*** qn descend rejoindre qn à la cave
2. *fam* ■ **etw kommt herunter** */ Fassade, Haus, Wohnung/* qc se dégrade, qc se délabre
3. *fam* ■ **jd kommt herunter** */ Asoziale/* qn sombre dans la déchéance; ***jd kommt immer weiter herunter*** qn tombe de plus en plus bas; ***sie sieht völlig heruntergekomen aus*** elle a l'air au bout du rouleau
4. *fam* ■ **jd kommt von etw herunter** *vom Alkohol, von einer Droge* qn décroche de qc *fam; von einer schlechten Note* qn décolle de qc

herunter|können *vi irreg* ■ **jd kann [von etw/zu jdm] herunter** **1.** (*nach unten können*) qn peut [re]descendre [de qc/vers qn]; ***kannst du zu uns herunter?*** tu peux descendre nous rejoindre?
2. (*nach unten dürfen*) qn peut [*o* a le droit de] [re]descendre [de qc/rejoindre qn]

herunter|kriegen *vt fam s.* **herunterbekommen**

herunter|kurbeln *vt* ■ **jd kurbelt etw herunter** *Seitenfenster* qn descend [*o* abaisse] qc [à la manivelle] [*o* baisse]; ***mit heruntergekurbeltem Fenster*** avec la fenêtre ouverte, avec la vitre baissée

herunter|lassen *irreg* I. *vt* 1. (*abseilen*) ■ **jd lässt jdn/etw [an etw (*dat*)] herunter** qn fait [*o* laisse] descendre qn/qc [le long de qc]
2. ■ **jd lässt etw herunter** *Rollladen* qn baisse qc
II. *vr* ■ **jd/ein Tier lässt sich [an etw (*dat*)] herunter** */Spinne/* qn/un animal se laisse glisser [le long de qc]

herunter|leiern *vt pej fam* ■ **jd leiert etw herunter** qn débite qc

herunter|machen *vt fam* 1. (*schlecht machen*) ■ **jd macht jdn/etw herunter** qn dénigre [*o* débine *fam*] qn/qc
2. (*zurechtweisen*) ■ **jd macht jdn herunter** qn engueule qn *fam*

herunter|nehmen *vt irreg* 1. (*wegnehmen*) ■ **jd nimmt etw [von etw] herunter** qn enlève qc [de qc]
2. *fam* (*von Schule*) ■ **jd nimmt jdn von etw herunter** qn retire qn de qc

herunter|putzen *vt sl s.* **heruntermachen 2.**

herunter|rasseln *vt fam* ■ **jd rasselt etw herunter** 1. (*rasch aufsagen*) qn récite qc [d'un trait]
2. *s.* **herunterleiern**

herunter|reichen I. *vt geh s.* **heruntergeben**
II. *vi* ■ **etw reicht bis zu jdm/etw herunter** */Seil/* qc descend jusqu'à qn/qc; */Zweig/* qc penche jusqu'à qn/qc; ***das Seil reicht ganz herunter*** la corde descend jusqu'en bas

herunter|reißen *vt irreg* 1. (*abreißen*) ■ **jd reißt [jdm] etw [von etw] herunter** qn [lui] arrache qc [de qc]
2. *sl* ■ **jd reißt etw herunter** *Dienstzeit, Wehrdienst* qn tire qc *fam; Strafe* qn purge qc

herunter|schalten *vi* AUT ■ **jd schaltet [in etw (*akk*)] herunter** qn rétrograde [en qc]; ***jd schaltet in den zweiten Gang herunter*** qn rétrograde en seconde

herunter|schießen *vt irreg* ■ **jd schießt einen Vogel [von etw] herunter** qn tire un oiseau [sur qc], qn descend un oiseau *fam;* ■ **jd/etw schießt etw [mit etw] herunter** *Flugzeug, Hubschrauber* qn/qc abat [*o* descend *fam*] qc [avec qc]

herunter|schlucken *vt fam s.* **hinunterschlucken**

herunter|schrauben *vt* 1. *s.* **abschrauben**
2. ■ **jd schraubt etw herunter** *Ansprüche, Anforderungen* qn rabat de qc; *Leistungsniveau, Notendurchschnitt* qn rabaisse qc

herunter|sehen *vi irreg* 1. (*herabsehen*) ■ **jd sieht [zu jdm] herunter** qn regarde [qn [*o* vers qn]]
2. (*mustern*) ■ **jd sieht an jdm herunter** qn regarde qn de la tête aux pieds [*o* de haut en bas]
3. (*verachten*) *s.* **herabsehen**

herunter|sein *s.* **sein¹ I.►**

herunter|steigen *vi irreg + sein* ■ **jd steigt [von etw] herunter** qn descend [de qc]

herunter|stürzen I. *vi + sein* ■ **jd stürzt [von etw] herunter** qn tombe [de qc]
II. *vt + haben* 1. ■ **jd stürzt jdn [von etw] herunter** qn précipite qn [de qc]; ■ **jd stürzt etw [von etw] herunter** qn renverse qc [de qc]; ***das Standbild wurde vom Sockel heruntergestürzt*** la statue a été déboulonnée [de son socle]
2. *fam s.* **hinunterstürzen**
III. *vr + haben* ■ **jd stürzt sich herunter** qn saute [*o* se jette] dans le vide; ■ **jd stürzt sich von etw herunter** qn se jette de qc [dans le vide]

herunter|werfen *vt irreg* ■ **jd wirft etw [von etw] herunter** qn jette qc en bas [de qc]; ■ **jd wirft etw zu jdm herunter** qn lance qc à qn

herunter|wirtschaften *vt pej fam* ■ **jd wirtschaftet etw herunter** qn mène qc à son déclin; ***jd wirtschaftet etw zum Konkurs herunter*** qn coule qc; ***jd wirtschaftet eine Partei auf 40 % herunter*** qn fait régresser l'audience d'un parti à 40 % des voix

herunter|wollen *vi fam* ■ **jd/ein Tier will [von etw/zu jdm] herunter** qn/un animal veut descendre [de qc/vers qn]

hervor *interj* ► **~ mit dir/euch!** *geh* montre-toi/montrez-vous!; ***nur hervor aus deinem Versteck!*** sors de ta cachette!

hervor- *-können, -dürfen, -sollen, -wollen* apparaître; (*auf Menschen bezogen a.*) se montrer

hervor|bringen *vt irreg* ■ **etw bringt jdn/etw hervor** */Epoche/* qc produit qc; */Land, Stadt/* qc donne naissance à qn

hervor|gehen *vi irreg + sein* 1. *geh* ■ **jd geht aus etw hervor** *aus einer Ehe, Verbindung* qn est issu(e) [*o* né(e)] de qc
2. (*sich ergeben, zu folgern sein*) ■ **etw geht aus etw hervor** qc ressort de qc; ■ **aus etw geht hervor, dass** il ressort de qc que + *indic;* ■ **aus etw geht hervor, wann/wer/wie/ob** qc permet de savoir quand/qui/comment/si

hervor|gucken *vi fam* 1. ■ **jd guckt unter etw (*dat*) hervor** *unter einem Schrank, einer Decke* qn regarde par-dessous qc
2. ■ **etw guckt unter etw (*dat*) hervor** */Unterrock/* qc dépasse de qc

hervor|heben *vt irreg* 1. (*betonen*) ■ **jd hebt etw hervor** qn souligne qc; ■ **jd hebt hervor, wann/warum/wer/wie/dass** qn fait ressortir quand/pourquoi/qui/comment/que + *indic*
2. (*besonders kennzeichnen*) ■ **jd hebt etw [in etw (*dat*)] hervor** qn fait ressortir qc [de qc]; ■ **etw wird [in etw (*dat*)] hervorgehoben** qc est mis(e) en évidence [*o* signalé(e)] [dans qc]

hervor|holen *vt* ■ **jd holt etw [aus etw] hervor** qn sort [*o* tire] qc [de qc]

hervor|kehren *vt geh s.* **herauskehren**

hervor|kommen *vi irreg + sein* ■ **jd kommt hervor** qn apparaît; ■ **jd kommt aus/hinter etw (*dat*) hervor** qn sort de/de derrière qc

hervor|locken *vt* ■ **jd lockt ein Tier [irgendwoher] hervor** qn attire un animal [de quelque part]

hervor|ragen *vi* 1. ■ **etw ragt hervor** */Erker, Körperteil/* qc fait saillie; */Felsen a./* qc est en surplomb; */Findling/* qc pointe; ■ **etw ragt aus etw hervor** *aus einer Fassade* qc dépasse de qc; *aus dem Erdreich* qc sort de qc
2. (*sich auszeichnen*) ■ **jd ragt [unter ihnen] [durch etw] hervor** qn se distingue [d'eux] [par qc]

hervor|ragend I. *adj* excellent(e), éminent(e); *Kunstwerk* remarquable
II. *adv* à la perfection

hervor|rufen *vt irreg* ■ **jd/etw ruft [bei jdm] etw hervor** qn/qc suscite qc [de qn]

hervor|sehen *vi irreg* 1. ■ **jd sieht irgendwo hervor** qn regarde de quelque part; ***jd sieht hinter dem Vorhang hervor*** qn regarde de derrière ses rideaux
2. ■ **etw sieht [irgendwo] hervor** */Haare, Unterrock, Taschentuch/* qc dépasse [de quelque part]; */Knospen/* qc sort [de quelque part]; */Augen/* qc regarde par en dessous [de qc]; ***nur seine Nasenspitze sah hervor*** on ne voyait que le bout de son nez

hervor|springen *vi irreg + sein* 1. ■ **jd springt hervor** qn surgit; ■ **jd springt hinter etw (*dat*) hervor** qn saute [*o* bondit] de derrière qc
2. *s.* **hervorragen 1.**

hervor|stoßen *vt irreg* ■ **jd stößt etw hervor** qn profère qc, qn lance qc

hervor|treten *vi irreg + sein* 1. ■ **jd tritt [hinter etw (*dat*)] hervor** *hinter einer Tür, Mauer* qn s'avance [de derrière qc]
2. ■ **etw tritt hervor** */Wangenknochen, Schläfenadern/* qc saille, qc ressort
3. ■ **etw tritt hervor** */Ähnlichkeit, Unterschiede/* qc apparaît; ***etw tritt sehr [klar] hervor*** qc saute aux yeux
4. (*in Erscheinung treten*) ■ **jd tritt hervor** qn se distingue, qn s'illustre

hervor|tun *vr irreg fam* 1. (*sich auszeichnen*) ■ **jd tut sich [mit etw] hervor** qn se fait remarquer [*o* se distingue] [par qc]
2. (*sich wichtig tun*) ■ **jd tut sich hervor** qn se met en avant [*o* en vedette], qn se fait mousser *fam*

hervor|zaubern *vt* ■ **jd zaubert etw hervor** qn fait apparaître qc comme par enchantement; ■ **jd zaubert etw aus etw hervor** qn fait sortir qc de qc comme par magie

hervor|ziehen *vt irreg* ■ **jd zieht jdn/etw [aus/hinter/zwischen etw (*dat*)] hervor** qn [re]tire qn/qc [hors de/de derrière/d'entre qc]

her|wagen *vr* ■ **jd wagt sich her** qn ose se montrer

Herweg *m* trajet *m* [pour venir]
► **auf dem ~** en venant

Herz¹ <-ens, -en> *nt* (*alle Bedeutungen*) cœur *m;* ***das ~ steht still/hört zu schlagen auf*** le cœur ne bat plus/cesse de battre; ***sein ~ hat versagt*** son cœur a lâché [*o* flanché *fam*]; ***ihr ~ pocht/hämmert*** son cœur bat fort/à grands coups [*o* bat la chamade]; ***das ist jemand mit ~*** c'est quelqu'un qui a du cœur; ***mein ~*** mon [petit] cœur; ***etw ist als ~ gearbeitet*** qc est fait(e) en forme de cœur
► **jd hat das ~ auf dem [*o* am] rechten Fleck** qn a le cœur bien placé; **jd hat ein ~ aus Gold** qn a un cœur d'or; **jdm schlägt das ~ bis zum Hals** le cœur de qn bat la chamade; **jdm rutscht [*o* fällt] das ~ in die Hose** *fam* qn se dégonfle *fam,* qn se déballonne *fam;* **jdm lacht das ~ im Leibe** qn a le cœur en liesse; **jdm dreht sich das ~ im Leib um, jdm tut das ~ im Leibe weh** ça lui fend le cœur; **jd macht seinem ~en Luft** *fam* qn soulage son cœur, qn vide son sac *fam;* **er/sie macht aus seinem ~en keine Mördergrube** il/elle ne fait pas mystère de ce qu'il/qu'elle pense; **jd prüft jdn/etw auf ~ und Nieren** *fam* qn examine qn/qc sur [*o* sous] toutes les coutures; **sie sind ein ~ und eine Seele** ils/elles sont uni(e)s comme les [deux] doigts de la main; **jd hat ein ~ aus Stein** qn a un cœur de pierre; **jd gibt seinem ~en einen Stoß** qn se prend par la main; ***nun gib deinem ~en doch einen Stoß!*** allez, un bon mouvement!; **jd erobert alle ~en [*o* die ~en aller] im Sturm** qn conquiert [*o* gagne] [tous] les cœurs; **jd trägt das ~ auf der Zunge** qn parle à cœur ouvert; **jdm wird bang ums ~** qn a le cœur serré, le cœur manque à qn; **mit ganzem ~en** (*voll und ganz*) de tout cœur; **von ganzem ~en** (*aufrichtig*) de tout cœur; **an/mit gebrochenem ~en** le cœur brisé; **jd hat jdn von ~en gern** qn aime qn du fond du cœur [*o* de tout son cœur]; **jd tut etw von ~en gern** qn fait très volontiers qc, qn fait qc de bon cœur; **jd hat ein gutes ~** qn a bon cœur, qn a le cœur sur la main; **jd hat ein hartes ~** qn a le cœur dur, qn n'a pas de cœur; **etw lässt jds ~ höher schlagen** qc fait battre le cœur de qn; **jds ~ schlägt höher** le cœur de qn bat plus vite; **im innersten ~en** au fond de mon/son cœur, dans le secret de mon/son cœur; **leichten ~ens** le cœur léger, de gaieté de cœur; **jdm wird leicht ums ~** qn a le cœur léger; **am offenen ~** à cœur ouvert; **schweren [*o* blutenden] ~ens** le cœur gros, à contre-cœur; **jd macht jdm das ~ schwer** qn peine qn, qn chagrine qn; **jdm ist das ~ schwer** qn a le cœur gros; **tief im ~en** dans le fond de mon/son cœur; **aus tiefstem ~en** *geh bedauern, verabscheuen, verurteilen* du fond du cœur; *ablehnen a.* catégoriquement; **traurigen ~ens** le cœur gros; **jd hat ein weiches ~** qn a bon cœur; **alles, was das ~ begehrt** *geh* tout ce qu'on peut désirer; ***essen und trinken, was das ~ begehrt*** manger et boire à cœur joie; **jdm blutet das ~, jds ~ blutet** le cœur lui saigne *littér;* **jd/etw bricht jdm das ~** *geh* qn/qc lui brise le cœur; **jd bringt etw nicht übers ~** qn n'a pas le cœur de faire qc; **jd drückt jdn an sein ~** qn serre qn sur son cœur; **jd entdeckt sein ~ für jdn/etw** *geh* qn se découvre une inclination [*o* un goût] pour qn/qc; **jd erleichtert jdm/sich sein ~** qn ouvre son cœur [à qn], qn s'épanche [auprès de qn]; **jd/etw erweicht jds ~** qn/qc attendrit le cœur de qn; **jd fasst [*o* nimmt] sich (*dat*) ein ~** qn prend son courage à deux mains; **etw geht jdm bis ins ~, etw geht jdm zu ~en** qc lui fend [*o* brise] le cœur; **jds ~ gehört jdm** *geh* le cœur de qn appartient [*o* est] à qn; **jds ~ gehört einer S. (*dat*)** *geh* tout l'amour de qn va à qc, qn ne vit que pour qc; **jd gewinnt jds ~** *geh* qn conquiert [*o* gagne] le cœur de qn; **jd hat etw auf dem ~en** qn a qc sur le cœur; **jd hat nicht das ~ etw zu tun** qn n'a pas le cœur de faire qc; **jd hat ein ~ für jdn/Tiere** qn a un faible pour qn/les animaux; **haben Sie doch ein ~!** écoutez votre cœur!; ***haben Sie doch ein ~, spenden Sie!*** à votre bon cœur, messieurs dames! *fam;* **hast du denn kein ~?** tu n'as

donc pas de cœur?; **jd hängt sein ~ an jdn/etw** *geh* qn s'attache à qn, qn se consacre [*o* s'adonne] à qc; **jds ~ hängt an etw** (*dat*) qn est attaché(e) à qc; **jdm ist ... ums ~** qn est d'humeur ...; ***jdm ist wehmütig ums ~*** qn est d'humeur mélancolique; **etw kommt von ~en** qc vient du cœur; **jd legt jdm etw ans ~** qn confie expressément qc à qn; **jd legt jdm ans ~ etw zu tun** qn recommande instamment à qn de faire qc; **jdm liegt etw am ~en** qc tient à cœur à qn; **jd nimmt sich** (*dat*) **etw zu ~en** qn prend qc à cœur; **er/sie redet sich** (*dat*) **etw vom ~en** *geh* il/elle dit qc qu'il/qu'elle a sur le cœur; **jd schenkt jdm sein ~** *liter* qn donne son cœur à qn; **jd schließt jdn in sein ~** qn fait à qn une place dans son cœur; **etw schneidet jdm ins ~** qc lui fend le cœur; **jd schüttet jdm sein ~ aus** *geh* qn ouvre son cœur à qn; **jd spricht jdm aus dem ~en** qn dit tout haut ce que qn pense tout bas; **jd lässt sein ~ sprechen** qn laisse parler son cœur; **jd/etw/ein Tier wächst jdm ans ~** qn/qc/un animal gagne le cœur de qn; **es zerreißt jdm das ~** *geh* cela lui brise le cœur, qn a le cœur brisé; **ohne ~** sans sensibilité

Herz² <-, -> *nt* KARTEN cœur *m*; ~ ***ansagen*** annoncer du cœur; ~ ***ausspielen*** jouer cœur; ~ ***bedienen*** servir à cœur; ***mit ~ stechen*** couper à cœur

Herz- 1. ANAT, MED du cœur; ~***erweiterung*** hypertrophie *f*, dilatation *f* du cœur; ~***innenhaut*** endocarde *m*; ~***innenhautentzündung*** endocardite *f*; ~***kranzgefäßverkalkung*** sclérose *f* artérielle; ~***muskelschwäche*** cardite *f*; ~***verfettung*** dégénérescence *f* graisseuse du cœur 2. PHARM pour le cœur; ~***spritze*** injection *f* cardiaque 3. KARTEN de cœur **herzallerliebst** *adj geh Säugling* adorable; *Schatz* bien-aimé(e) *soutenu* **Herzallerliebste(r)** *f(m) decl wie adj geh* bien-aimé(e) *m(f)* **Herzanfall** *m* crise *f* cardiaque ▸**jd hat einen ~** qn a une crise cardiaque **Herzbeschwerden** *pl* troubles *mpl* cardiaques ▸**jd hat ~** qn a des troubles cardiaques **Herzbeutel** *m* péricarde *m* **herzbewegend** *adj s.* **herzerweichend.** **Herzblatt** *nt* 1. HORT feuille *f* du cœur 2. *fam* (*Schatz*) chou *m*; ■**jds ~** le petit chou de qn **Herzblut** *nt* ▸**jd gäbe sein ~ für jdn hin** *poet* qn donnerait son sang pour qn; **jd schreibt etw mit [seinem] ~** qn écrit qc avec tout son cœur

Herzchen <-s, -> *nt fam* petit cœur *m*

Herzchirurg(in) *m(f)* chirurgien(ne)-cardiologue *m(f)* **Herzchirurgie** *f* chirurgie *f* du cœur

her|zeigen *vt* ■**jd zeigt [jdm] etw her** qn montre qc [à qn]

herzen *vt geh* ■**jd herzt jdn** qn cajole qn

Herzensangelegenheit *f* 1. (*wichtiges Anliegen*) affaire *f* personnelle; ***mach doch nicht aus allem gleich eine ~!*** ne fais pas de tout une affaire d'État 2. (*Liebe betreffende Angelegenheit*) affaire *f* de cœur ▸**jdm ist etw eine ~** qc tient à cœur à qn **Herzensbedürfnis** *nt* ▸**jdm ist etw ein ~** qc tient à cœur à qn **Herzensbildung** *f* ∅ *geh* intelligence *f* du cœur **Herzensbrecher(in)** *m(f)* (*Mann*) bourreau *m* des cœurs; ***Mata Hari, die ~in*** Mata Hari, la [grande] séductrice **herzensgut** *adj* qui a un cœur d'or; ***jd ist ~/ein ~er Mensch*** qn a un cœur d'or **Herzenslust** *f* ▸**nach ~** à cœur joie **Herzenswunsch** *m* plus cher désir *m*; ***das ist ein ~ von ihm*** c'est son plus cher désir

herzerweichend I. *adj* émouvant(e), poignant(e) II. *adv* de façon émouvante **Herzfehler** *m* déficience *f* cardiaque, déformation *f* du cœur; ***ein angeborener ~*** une malformation cardiaque **Herzflimmern** <-s> *nt* ∅ palpitations *fpl* **herzförmig** *adj* en forme de cœur **Herzgeräusche** *pl* souffle *m* au cœur

herzhaft I. *adj* 1. *Essen, Eintopf, Geschmack* relevé(e), épicé(e); *Frühstück* copieux(-euse)
2. *Händedruck* vigoureux(-euse); *Schluck* bon(ne) *antéposé*; *Lachen* franc(franche); ***ein ~er Kuss*** une grosse bise
II. *adv* 1. ***etw schmeckt ~*** qc a un goût épicé [*o* relevé]
2. *küssen, lachen* de bon cœur; *gähnen* comme une carpe

her|ziehen *irreg* I. *vt* 1. (*heranziehen*) ■**er/sie zieht jdn [zu sich] her** il/elle attire qn à lui/elle; ■**er/sie zieht etw [zu sich] her** il/elle tire qc à lui/elle; ***er/sie zieht etw näher [zu sich] her*** il/elle rapproche qc [de lui/d'elle]
2. (*mitschleppen*) ■**er/sie/etw zieht jdn/etw hinter/neben sich** (*dat*) **her** il/elle/qc traîne qn/qc derrière lui/elle/à côté de lui/d'elle
II. *vi* 1. + *sein* (*herlaufen*) ■**sie ziehen hinter/neben/vor jdm her** ils/elles suivent/accompagnent/précèdent qn
2. + *sein* (*hierhin ziehen*) ■**jd zieht her** qn emménage, qn s'installe; ■**jd zieht zu jdm her** qn s'installe près de chez qn; ***ich ziehe/wir ziehen her*** je m'installe/nous nous installons [par] ici
3. + *haben fam* (*sich auslassen*) ■**jd zieht über jdn/etw her** qn débine qn/qc *fam*

herzig *adj* mignon(ne); ***wie ~!*** comme c'est mignon [*o* chou *fam*]!

Herzinfarkt *m* 1. (*Infarkt*) infarctus *m* [du myocarde] 2. *sl* (*Patient*) infarctus *m fam* ▸**jd bekommt/hat einen ~** qn a un infarctus **Herzinsuffizienz** *f* insuffisance *f* cardiaque **Herzjagen** *nt* tachycardie *f* **Herzkammer** *f* ventricule *m* [du cœur] ▸**linke/rechte ~** ventricule gauche/droit **Herzkirsche** *f* bigarreau *m* **Herzklappe** *f* valvule *f* du cœur ▸**künstliche ~** valvule artificielle **Herzklappenfehler** *m* lésion *f* valvulaire **Herzklopfen** <-s> *nt* ∅ palpitations *fpl* ▸**mit ~** le cœur battant **herzkrank** *adj* cardiaque **Herzkrankheit** *f* maladie *f* de cœur, affection *f* cardiaque **Herzkranzgefäß** *nt meist pl* artère *f* coronaire **Herzleiden** *nt geh* affection *f* cardiaque

herzlich I. *adj* 1. *Begrüßung, Lächeln, Worte* chaleureux(-euse); *Willkommen a.* cordial(e)
2. (*in Grußformeln: aufrichtig*) cordialement
II. *adv* 1. *empfangen, begrüßen, gratulieren* chaleureusement; *sich bedanken a.* vivement; ***„... verbleibe ich als Ihr ~/~st grüßender A. Lang"*** "... cordialement vôtre, A. Lang"
2. *langweilig, wenig, uninteressant* franchement

Herzlichkeit <-> *f* ∅ 1. (*herzliches Wesen*) cordialité *f*; ***mit der gewohnten ~*** avec la chaleur habituelle
2. (*Aufrichtigkeit*) cordialité *f*

herzlos *adj* sans cœur; ■**jd ist ~** qn n'a pas de cœur; ***jd ist noch ~er als jd*** qn a encore moins de cœur que qn

Herzlosigkeit <-> *f* ∅ manque *m* [*o* sécheresse *f*] de cœur

Herz-Lungen-Maschine *f* cœur-poumon *m* artificiel **Herzmassage** [-masa:ʒə] *f* massage *m* cardiaque **Herzmuskel** *m* myocarde *m*

Herzog(in) <-s, -̈e> *m(f)* duc/duchesse *m/f*

herzoglich *adj attr* ducal(e)

Herzogtum <-s, -tümer> *nt* duché *m*

Herzpatient(in) *m(f)* cardiaque *mf* **Herzrhythmus** *m* rythme *m* cardiaque **Herzrhythmusstörung** *f* arythmie *f*, dérèglement *m* du rythme cardiaque ▸**jd hat ~en** qn fait de l'arythmie, qn a des dérèglements du rythme cardiaque **Herzschlag** *m* 1. (*Herztätigkeit*) pulsations *fpl* 2. (*Kontraktion des Herzmuskels*) systole *f* 3. (*Herzstillstand*) syncope *f*, arrêt *m* cardiaque [*o* du cœur] ▸**einen ~ lang** *geh* le temps d'un soupir *littér* **Herzschrittmacher** *m* stimulateur *m* cardiaque, pacemaker *m* **Herzschwäche** *f s.* **Herzinsuffizienz. herzstärkend** I. *adj* tonicardiaque II. *adv*: ***etw wirkt ~*** qc a un effet tonicardiaque **Herzstich** *m meist pl* élancement *m* ▸**jd bekommt/hat ~e** qn a des élancements **Herzstillstand** *m* arrêt *m* cardiaque [*o* du cœur]; ***bei ~*** en cas d'arrêt cardiaque [*o* du cœur] **Herzstück** *nt* pièce *f* maîtresse **Herztätigkeit** *f* activité *f* cardiaque **Herztod** *m* mort *f* par arrêt cardiaque **Herzton** *m meist pl* pulsation *f* [cardiaque]

herzu- *s.* **herbei-**

herzzerreißend I. *adj* déchirant(e)
II. *adv* de façon déchirante

Hesse <-n, -n> *m*, **Hessin** *f* Hessois(e) *m(f)*

Hessen <-s> *nt* la Hesse

hessisch *adj* hessois(e)

heterogen *adj geh* hétérogène

heterosexuell *adj* hétérosexuel(le); ***ein ~er Mensch*** un hétérosexuel, un hétéro *fam*

Hethiter(in) <-s, -> *m(f)* Hittite *mf*

Hetze <-, -n> *f* 1. ∅ (*übertriebene Hast*) précipitation *f*; ***es herrscht ~*** c'est la bousculade
2. *pej* (*Aufhetzung*) campagne *f* de dénigrement

hetzen I. *vi* 1. + *haben* (*sich ab~*) ■**jd hetzt** qn se démène, qn s'agite
2. + *sein* (*eilen*) ■**jd hetzt [irgendwohin]** qn court [quelque part]; ***ich bin ganz schön gehetzt*** je me suis drôlement dépêché(e); ***du brauchst nicht so zu ~*** tu n'as pas besoin de te presser [*o* de courir] comme ça
3. + *haben pej* (*Hass schüren*) ■**jd hetzt** qn attise les haines; ***du sollst nicht immer ~!*** arrête de semer la zizanie!; ■**jd hetzt gegen jdn/etw** qn s'acharne sur [*o* contre] qn/qc
II. *vt* + *haben* 1. JAGD ■**jd/ein Tier hetzt ein Tier** qn/un animal pourchasse un animal
2. (*auf jdn losgehen lassen*) ■**jd hetzt jdn/einen Hund auf jdn** qn met qn/lâche un chien aux trousses de qn
3. *fam* (*antreiben*) ■**jd hetzt jdn** qn bouscule qn, qn harcèle qn
4. ■**jd lässt jdn von etw ~** *von einem Anwesen, Hof, Grundstück* qn fait chasser qn de qc
III. *vr* + *haben* ■**jd hetzt sich** qn se dépêche, qn se presse

Hetzer(in) <-s, -> *m(f) pej* provocateur(-trice) *m(f)*, fauteur(-euse) *m(f)* de troubles

Hetzerei <-, -en> *f* 1. ∅ (*Hast*) bousculade *f* [continuelle]
2. (*Gerede*) dénigrement *m* [continuel], acharnement *m*

hetzerisch *adj* incendiaire

Hetzjagd *f* 1. JAGD chasse *f* à courre 2. *pej* (*auf Menschen*) chasse *f* aux sorcières 3. (*übertriebene Hast*) course *f* ▸**jd bläst zur ~ auf jdn** qn crie haro sur qn, qn désigne qn à la vindicte publique *littér* **Hetzkampagne** [-kampanjə] *f pej* chasse *f* aux sorcières

Heu <-[e]s> *nt* ∅ foin *m*
▸**sie haben ihr ~ nicht auf derselben Bühne** CH ils/elles ne sont pas sur la même longueur d'onde; **jd geht ins ~** qn va aux foins [*o* faner]; **jd macht ~** qn fait les foins, qn fane

Heu- de foin **Heuboden** *m* grenier *m* à foin, fenil *m* **Heubühne** *f* CH *s.* **Heuboden**

Heuchelei <-, -en> *f* hypocrisie *f*; ***eine ~ ist das hier!*** vous êtes d'une hypocrisie!

heucheln I. *vi* ■**jd heuchelt** qn fait l'hypocrite
II. *vt* ■**jd heuchelt etw** qn feint qc, qn simule qc

Heuchler(in) <-s, -> *m(f)* hypocrite *mf*, faux cul *m fam*; ***du ~!*** hypocrite!

heuchlerisch I. *adj* hypocrite
II. *adv reden* hypocritement; *sich benehmen, verhalten a.* en hypocrite

Heudiele *f* CH *s.* **Heuboden**

heuen *vi* DIAL ■**jd heut** qn fane; ■**das H~** la fenaison, le fanage

heuer *adv* SDEUTSCH, AUS, CH cette année

Heuer <-, -n> *f* solde *f*

Heuernte *f* 1. (*das Einbringen*) fenaison *f* 2. (*Ertrag*) récolte *f* de foin **Heugabel** *f* fourche *f* à foin [*o* à faner]

Heulboje *f* 1. NAUT bouée *f* sonore
2. *fam s.* **Heulsuse**

heulen *vi* 1. *fam* (*weinen*) ■**jd heult** qn chiale *fam*; ***das Baby heult laut*** le bébé braille *fam*; ■**jd heult vor etw** (*dat*) qn chiale de qc *fam*
2. ■**ein Tier heult** /*Hund, Schakal, Wolf*/ un animal hurle
3. ■**etw heult** /*Flugzeug, Motor, Wind, Sturm*/ qc rugit; /*Sirene a.*/ qc mugit
▸**es ist zum H~** *fam* c'est à chialer *fam*

Heulen <-s> *nt* ∅ 1. *fam* [*Kind*] chialement *m fam*; ***lautes ~*** braillement *m*

fam; ***jd bricht in lautes ~ aus*** qn se met à brailler *fam*
2. [*Hund, Schakal, Wolf*] hurlement *m*
▶ ~ **und Zähneklappern** BIBL des pleurs et des grincements de dents
Heuler <-s, -> *m* ZOOL bébé *m* phoque
▶ **das ist ja der letzte** ~ *sl* on aura tout vu! *fam;* ***mein Chef, das ist der letzte*** ~! mon chef, il est au-dessous de tout! *fam*
Heulsuse <-, -n> *f pej fam* chialeur, -euse *m fam* **Heulton** <-töne> *m* hurlement *m*, mugissement *m*
Heurige(r) *m decl wie adj* AUS 1. (*Weinstube*) guinguette *f*
2. (*Wein*) vin *m* nouveau
Heuschnupfen *m* rhume *m* des foins ▶ **jd hat** ~ qn a le rhume des foins **Heuschober** *m* SDEUTSCH, AUS meule *f* de foin **Heuschrecke** <-, -n> *f* sauterelle *f* **Heustadel** *m* SDEUTSCH, AUS, CH fenil *m*
heut *adv fam s.* **heute**
heute *adv* 1. (*an diesem Tag*) aujourd'hui; ***gut, dass ~ Sonntag ist!*** une chance que ce soit dimanche aujourd'hui!
2. (*heutzutage*) aujourd'hui, de nos jours; ***die Zeiten sind ~ nicht leicht*** [aujourd'hui] les temps sont durs
▶ ~ **Abend/Mittag/Morgen** [*o* **Vormittag**]/**Nachmittag/Nacht** ce soir/ce [*o* à] midi/ce matin/cet après-midi/cette nuit; ~ **früh** ce matin [de bonne heure]; **lieber ~ als morgen** *fam* de préférence tout de suite; **was du ~ kannst besorgen, das verschiebe nicht auf morgen** *prov* il ne faut jamais remettre au lendemain ce que l'on peut faire le jour même; **von ~ auf morgen** du jour au lendemain; **bis** ~ jusqu'à aujourd'hui; **bis ~ nicht:** ***davon habe ich bis ~ noch nichts gewusst*** je n'en ai rien su jusqu'à aujourd'hui; ***hast du von ihm gehört? – Bis ~ nicht*** tu as de ses nouvelles? – Pas jusqu'à présent [*o* jusqu'à maintenant]; ***er hat die Rechnung leider bis ~ nicht bezahlt*** à ce jour, il n'a toujours pas payé la facture; **ab** ~ à partir d'aujourd'hui; ~ **in/vor ...** *einem Monat, Jahr, einer Woche* dans/il y a ... jour pour jour; **von ~ auf etw** (*akk*): ***jd verschiebt ein Gespräch von ~ auf morgen*** qn reporte une discussion au lendemain; ***ich verschiebe das Gespräch von ~ auf morgen*** je reporte la discussion à demain; ***jd vertröstet jdn von ~ auf später*** qn renvoie qn à plus tard; **von ~ ab** [*o* **an**] à dater d'aujourd'hui, dorénavant; **etw von ~** *Zeitung, Post* qc d'aujourd'hui; *Lebensmittel* qc du jour, qc frais(fraîche); (*der Gegenwart*) *Land, Stadt, Gesellschaft* d'aujourd'hui; *Menschen* moderne
Heute <-> *nt* Ø ■ **das** ~ le présent; ***jd genießt das*** ~ qn met à profit le jour présent; ***jd lebt im*** ~ qn vit dans l'instant présent [*o* au jour le jour]
heutig *adj attr* 1. (*von heute stammend*) d'aujourd'hui
2. (*gegenwärtig*) *Anlass, Abend, Tag, Geburtstag* présent(e) *antéposé;* ***für den ~en Abend*** pour ce soir; ***der ~e Tag*** la journée d'aujourd'hui; ***zu deinem/meinem ~en Geburtstag*** en ce jour anniversaire; ***ich will den ~en Anlass dazu nehmen etw zu tun*** je veux à cette occasion faire qc
heutzutage *adv* de nos jours
Heuwagen *m* char *m* à foin
Hexadezimalsystem *nt* système *m* hexadécimal **Hexaeder** <-s, -> *nt* hexaèdre *m* **hexagonal** *adj* hexagonal(e) **Hexameter** *m* hexamètre *m*
Hexe <-, -n> *f* 1. (*Zauberin*) sorcière *f*
2. *pej fam* (*bösartige Frau*) mégère *f*, teigne *f*
hexen I. *vi* ■ **jd hext** qn pratique la magie
▶ **ich kann doch nicht** ~! *fam* je ne suis pas le bon Dieu *fam*, je ne peux pas aller plus vite que la musique
II. *vt* ■ **jd hext jdn irgendwohin** qn transporte par magie qn quelque part; ■ **jd hext jdm etw irgendwohin** *Horn, Warze, eine Krankheit* qn inflige par magie qc à qn quelque part
Hexenhäuschen [-hɔɪsçən] *nt* maison *f* de sorcière en pain d'épice **Hexenjagd** *f* chasse *f* aux sorcières; ■ ~ **auf jdn** chasse aux sorcières contre qn **Hexenkessel** *m fig* enfer *m* **Hexenmeister** *m veraltend s.* **Zauberer. Hexenprozess**RR *m* procès *m* en sorcellerie **Hexenschuss**RR *m* Ø lumbago *m*, tour *m* de reins ▶ **jd bekommt/hat einen** ~ qn attrape/a un lumbago [*o* un tour de reins] **Hexenverbrennung** *f* exécution *f* par le feu pour sorcellerie **Hexenwahn** *m* psychose *f* des sorcières
Hexerei <-, -en> *f* sorcellerie *f*
hg. *abk von* **herausgegeben**
HG <-> [haːˈgeː] *f abk von* **Handelsgesellschaft**
Hibiskus <-, Hibisken> *m* hibiscus *m*
hick *interj* hic
▶ **jd macht** ~ qn fait hic
Hickhack <-s, -s> *m o nt fam* bisbilles *fpl fam*, chamailleries *fpl fam*
hie *adv* ▶ ~ **und da** (*stellenweise*) ici ou là, par endroits; (*ab und zu*) de temps à autre
hieb *geh imp von* **hauen**
Hieb <-[e]s, -e> *m* 1. (*Schlag*) coup *m;* ■ ~ **mit etw** coup de qc
2. *pl* (*Prügel*) coups *mpl*
▶ **jd bekommt** [**von jdm**] ~**e** qn reçoit une correction [de qn]; **der ~ saß** (*die Bemerkung*) le coup a fait mouche, qn a fait mouche; **jd versetzt jdm einen** ~ qn donne un coup à qn; **auf einen** ~ *fam* d'un seul coup
-hieb *m* coup *m* de
hieb- und stichfest *adj Alibi* inattaquable, en béton *Beweise, Argumente* irréfutable **Hiebwaffe** *f* arme *f* de taille
hielt *imp von* **halten**
hier *adv* 1. (*an dieser Stelle*) ici; ***was ist denn das*** ~? mais qu'est-ce que c'est que ça?; ***wen haben wir denn*** ~? qui voilà?; ***wo sind wir denn*** ~? où sommes-nous?; ***das Haus ~ ist die Villa eines Industriellen*** cette maison est la villa d'un industriel
2. (*in diesem Land, in dieser Stadt, Gegend*) ici
3. (*da*) voilà; ~, ***nimm das!*** tiens, prends ça!
4. (*in diesem Moment*) ici; ~ ***versagte ihr die Stimme*** à ce moment, la voix lui manqua
5. (*in diesem Zusammenhang*) à cette occasion; *sich handeln um, gehen um* ici
▶ ~ **und da** (*stellenweise*) ici ou là, par endroits; (*ab und zu*) de temps à autre; ~ **draußen/drinnen** dehors/dedans, à l'intérieur/à l'extérieur; ~ **entlang** dans cette direction, par ici; ~ **und heute** *geh* ici et maintenant, sur le champ; ~ **oben/unten** en haut/en bas; ~ ***oben auf dem Schrank*** sur l'armoire; ~ **vorn/hinten** devant/derrière; **jd ist ein bisschen ~** *sl* qn est [un peu] timbré(e) [*o* piqué(e)] [*o* toqué(e)] *fam;* **jd ist von ~/nicht von ~** qn est d'ici/qn n'est pas d'ici; ~ **ist** [*o* **spricht**] **...** TELEC ici ...; ~ ***ist*** [*o* ***spricht***] ***Frau X*** ici Madame X, Madame X à l'appareil; **jdm steht etw bis ~** [**oben**] *fam* qn en a jusque-là de qc *fam;* **nach** ~ jusqu'ici; **von ~ ab** à partir d'ici; **von ~ an** (*Zeitpunkt*) à partir de ce moment-là [*o* maintenant]; **von ~ aus ... bis** d'ici ... à, de là ... à; **Herr/Frau ... ~, Herr/Frau ... da** *iron* Monsieur/Madame ... par-ci, Monsieur/Madame ... par-là; ~! (*anwesend!*) présent(e)!
hieran *adv* 1. *festmachen, kleben, anlehnen, anschließen* ici; *vorbeikommen, vorübergehen* devant; ***hier, ein Pfahl, ~ können wir die Fahrräder festmachen*** tiens, un piquet, nous allons pouvoir y attacher les vélos
2. (*an diesem Sachverhalt*) à ceci, à cela
3. (*an dieses Ereignis*) *sich erinnern* en; *zurückdenken* y; ~ ***werde ich mich noch lange erinnern*** je m'en souviendrai encore longtemps; ***ein wundervolles Fest, ~ werde ich mich noch lange erinnern*** une fête merveilleuse, dont je me souviendrai encore longtemps
4. (*an dieser Arbeit*): ***dies ist das Wörterbuch, ~ haben wir sechs Jahre gearbeitet*** voici le dictionnaire auquel nous avons travaillé six ans; ***da liegt meine Doktorarbeit, ~ habe ich fünf Jahre geschrieben*** voici ma thèse, j'ai passé cinq ans à l'écrire; ***ein toller Artikel, aber ich habe ~ auch lange gefeilt, bis er endlich so war*** un article super, mais j'ai dû le fignoler longtemps *fam*
Hierarchie <-, -n> [hierarˈçiː, -ˈçiːən] *f* hiérarchie *f*
hierarchisch [hieˈrarçɪʃ] I. *adj* hiérarchique
II. *adv* hiérarchiquement
hierauf *adv* 1. *liegen, sitzen, legen, stellen* là-dessus; ***ein toller Stuhl, ~ sitzt es sich hervorragend*** une chaise super, on y est très bien assis
2. (*daraufhin*) *Einspruch einlegen, protestieren, einhaken, beginnen* à la suite de quoi *en début de proposition;* ***er hatte den Vorwurf kaum vernommen, als er ~ schon protestierte*** à peine avait-il entendu le reproche qu'il se mit aussitôt à protester
hieraus *adv* 1. (*aus diesem Gegenstand*) d'ici, de là, y
2. (*aus diesem Material*) *bestehen* de cette matière; *hergestellt sein* avec cette matière; ***..., ~ bestehen unsere Gartenmöbel***..., nos meubles de jardin en sont faits
3. (*aus dem Genannten*) *hervorgehen, folgen* de cela [*o* ça]; ~ ***folgt, dass*** il s'ensuit que + *indic*
4. (*aus diesem Werk*) *entnehmen, abschreiben* à partir de cela; ***das ist ein wichtiges Werk, ~ habe ich viele Hinweise entnehmen können*** c'est une œuvre importante, j'ai pu y puiser de nombreux renseignements
hier|behalten * *s.* **behalten** ▶
hierbei *adv* 1. (*bei diesem Anlass*) à cette occasion
2. (*währenddessen*) (*bei verschiedenen Personen*) pendant ce temps; (*bei einer Person*) en même temps
3. (*dabei*) *zu beachten sein, sich um etw handeln* ici, en l'occurrence
hier|bleiben *s.* **bleiben 1.**, ▶
hierdurch *adv* 1. (*hier hindurch*) par ici, par là, à travers
2. (*dadurch*) de cette façon, par ce moyen
hierein I. *adv* là-dedans; ***hier ist ein Eimer, ~ kannst du das Wasser gießen*** voici un seau, tu peux y verser l'eau
II. *interj* à l'intérieur; ***los, ~, ich fahre euch ...*** allez, montez, je vous emmène ...
hierfür *adv* 1. (*im Austausch*) *bekommen, geben* pour cela, en échange
2. *sich interessieren* à cela [*o* ça]; *Platz haben* pour cela [*o* ça]
3. *entstehen, erforderlich sein, Zeit haben* pour cela [*o* ça]; ***das Projekt wäre zu teuer, die ~ entstehenden Kosten ...*** le projet serait trop cher, les coûts qui en résulteraient ...
hiergegen *adv* 1. *fahren, prallen* là-contre, là-dedans
2. (*an diese Stelle*) *drücken, kommen* ici, là
3. *Beschwerde einlegen, vorgehen, Einwände haben* à l'encontre de cela
hierher *adv* [par] ici; ***er bringt das Kind/den Stuhl*** ~ il amène l'enfant/apporte la chaise ici; ***bringen Sie den Verdächtigen*** ~! amenez le suspect!; ***das Kind/der Stuhl gehört*** ~ la place de l'enfant/de la chaise est ici; ***er gehört jetzt praktisch schon*** ~ maintenant il fait pratiquement partie de la maison [*o* des meubles *fam*]; ***dieses Thema gehört*** ~ ce sujet a sa place ici; ***er holt seine Frau/den Koffer*** ~ il va chercher sa femme/la valise; ***ich habe Sie alle ~ holen lassen, um*** je vous ai tous/toutes fait venir pour; ***er schafft das Kind/den Koffer*** ~ il amène l'enfant/apporte la valise ici; ***sie schickt ihren Mann/den Koffer*** ~ elle envoie son mari/la valise ici; ***Herr X hat Sie also ~ geschickt*** c'est donc Monsieur X qui vous a envoyé(e) [à moi/nous]; ***sie setzt den Teddybär*** ~ elle met [*o* pose] le nounours ici [*o* là]; ***er setzt sich*** ~ il s'assied [*o* s'assoit] là [*o* ici]; ***setz dich mal ~ zu mir*** viens t'asseoir près de moi; ***er stellt den Koffer*** ~ qn met [*o* pose] qc ici [*o* là]; ***er stellt sich*** ~ il se met là [*o* ici]
▶ **bis ~ und nicht weiter** jusqu'ici, mais pas plus loin; **jdm steht es bis ~** *fam* qn en a jusque-là *fam;* **bis ~** *gelangen, kommen, reichen* jusque-là, jusqu'ici; *folgen, nachvollziehen, einsichtig sein* jusqu'ici, jusque là, jusqu'à présent
hierherauf *adv* en haut; ~ ***auf den Baum*** en haut de l'arbre; ***komm*** ~! monte!
▶ **bis** ~ jusqu'en haut

hierher|bringen *s.* **hierher**
hierher|gehören * *s.* **hierher**
hierher|holen *s.* **hierher**
hierher|schaffen *s.* **hierher**
hierher|schicken *s.* **hierher**
hierher|setzen *s.* **hierher**
hierher|stellen *s.* **hierher**
hierherum *adv* **1.** (*in diese Richtung*) de ce côté-ci
2. *fam* (*etwa an dieser Stelle*) par ici, par là, dans ce coin-là *fam*
hierhin *adv bringen* ici; *sich setzen* là; *folgen, laufen* jusqu'ici; ***die Katze lief ~ und dorthin*** le chat courait dans tous les sens [*o* ça et là]
► **bis** ~ (*so weit*) jusqu'ici, jusque-là
hierhinab *adv sehen* en bas; ***etw führt ~*** qc descend par ici [*o* par là]; ***es geht nur ~*** il faut descendre par ici [*o* par là]; ***jd muss ~ [gehen/klettern/steigen]*** qn doit descendre par ici [*o* par là]
hierhinauf *adv sehen* en haut; ***etw führt [o geht] ~*** qc monte par ici [*o* par là]; ***jd muss ~ [gehen/steigen/klettern]*** qn doit monter/grimper par ici [*o* par là]
hierhinaus *adv* par ici, par là; ***du musst ~ [gehen/fahren]*** tu dois sortir par ici [*o* par là]
hierhinein *adv* par ici, par là; ***wir müssen ~ [gehen]*** nous devons entrer par ici [*o* par là]
hierhinter *adv* là-derrière
hierhinunter *adv s.* **hierhinab**
hierin *adv* **1.** (*in diesem Behälter*) ici, là-dedans
2. (*was das angeht*) sur ce point
hier|lassen *s.* **lassen I.2.**
hiermit *adv* **1.** *form bescheinigen, erklären, versichern* (*schriftlich*) par la présente *form;* (*mündlich*) *wird nicht übersetzt;* ***~ protestiere/versichere ich*** je proteste/j'affirme; ***ich erkläre ~ meinen Rücktritt*** je donne ma démission
2. (*mit diesem Gegenstand*) avec cela [*o* ça]; ***was soll ich denn ~?*** qu'est-ce que tu veux/vous voulez que j'en fasse [*o* que je fasse avec ça] ?
3. *einverstanden sein, etw anfangen* avec cela [*o* ça]
4. (*somit*) *beenden, erledigt sein* ainsi; sur ce,
hiernach *adv* après cela [*o* ça]
Hieroglyphe <-, -n> [hiero'gly:fə] *f* **1.** (*Schriftzeichen*) hiéroglyphe *m*
2. *pl hum* (*schwer entzifferbare Schrift*) hiéroglyphes *mpl*
hier|sein *s.* **sein[1] I.2.**
Hiersein *nt form* ■ **jds** ~ la présence de qn
hierüber *adv* **1.** (*über diese Stelle*) par-dessus
2. *geh* (*über diese Angelegenheit*) là-dessus, à ce propos
hierum *adv* **1.** (*um diese Angelegenheit*) de cela
2. *s.* **hierherum 1.**
hierunter *adv* **1.** *sich verstecken, sitzen, rollen, schieben* là-dessous
2. *fallen, sich befinden* à l'intérieur de cela; ***10 Menschen, ~ 3 Frauen*** 10 personnes, parmi elles 3 femmes
hiervon *adv* **1.** (*von diesem Gegenstand*) de celui-là/celle-là/de ceux-là/de celles-là/de ça; ***hier sind Briefmarken, ~ kannst du eine haben*** voici des timbres, tu peux en prendre un; ***viele Marken habe ich doppelt, ~ habe ich sogar drei*** j'ai beaucoup de timbres en double, j'ai même celui-ci/ceux-ci en trois exemplaires
2. (*von Menschen*) parmi eux/elles
hiervor *adv* là-devant; *s. a.* **davor**
hierzu *adv* **1.** (*dazu*) *gehören, passen* avec cela [*o* ça]
2. (*zu dieser Kategorie*) *gehören, zählen* à/de/parmi cette catégorie; ***Tannen sind Koniferen, auch die Zypressen gehören ~*** les sapins sont des conifères, les cyprès en font aussi partie [*o* font aussi partie de cette catégorie]
3. (*zu diesem Punkt*) sur ce point
hierzulande *adv* (*in dieser Gegend*) ici, dans cette région; (*in diesem Land*) ici, dans ce pays
hiesig *adj attr* d'ici; *Bevölkerung, Bräuche, Verhältnisse* local(e); ***wir könnten meine ~en Verwandten/Freunde besuchen*** nous pourrions rendre visite aux parents/amis que j'ai ici **Hiesige(r)** *f(m) decl wie adj* personne *f* d'ici, autochtone *mf;* ***die ~n*** les gens d'ici; ***Sie sind doch kein ~r?*** vous n'êtes pas d'ici?
hieß *imp von* **heißen**
hieven *vt* **1.** NAUT ■ **jd hievt etw irgendwohin** qn hisse qc quelque part; ■ **jd hievt etw** *Anker* qn lève qc
2. *fam* ■ **jd hievt jdn irgendwohin** qn hisse qn quelque part
Hi-Fi- ['haifi-, hai'fi:-] hi-fi *inv;* ***~-Fan*** fan *mf* de hi-fi **Hi-Fi-Anlage** *f* chaîne *f* hi-fi
Hifthorn *nt* olifant *m*
high [hai] *adj pred sl* **1.** (*von Drogen berauscht*) défoncé(e) *fam;* ***um total ~ zu werden*** pour planer totalement *fam*
2. (*euphorisch*) euphorique, sur son petit nuage
Highlife <-s> ['hailaif] *nt* ► **irgendwo/bei jdm ist** [*o* **herrscht**] ~ *fam* on fait la bombe [*o* une bringue à tout casser] *fam;* **jd macht** ~ *fam* qn s'éclate *fam*
Highsociety[RR] <-> ['haisə'saiəti] *f* ∅ haute société *f,* la haute *fam*
Hightech[RR] <-[s]> ['hai'tɛk] *nt* ∅ technologie *f* de pointe, high-tech *m*
Hightech-[RR] ['hai'tɛk-] *-Ausrüstung, -Gerät, -Komponente, -Produkt, -Teil* [ultra]sophistiqué(e), d'une technologie de pointe; *-Firma, -Industrie, -Unternehmen* ultramoderne, de technologie de pointe; ***~-Markt*** marché *m* de la technologie de pointe
hihi *interj* hihi
hijacken ['haidʒɛkn] *vt fam* ■ **jd hijackt ein Flugzeug** qn détourne un avion
Hijacker(in) <-s, -> ['haidʒɛkɐ] *m(f)* pirate *mf* de l'air

Hilfe <-, -n> *f* **1.** ∅ (*Beistand*) aide *f;* ***hole ~!*** va chercher de l'aide [*o* du secours]!
2. FIN aide *f* [financière]
3. (*Anhaltspunkt*) aide *f;* ***eine ~ für das Gedächtnis*** un aide-mémoire
4. (*Haushalts~*) aide *mf,* auxiliaire *mf*
► **Erste** ~ les premiers soins *mpl;* ***ein Kurs in Erster ~*** un cours de secourisme; **jd leistet jdm Erste** ~ qn donne les premiers secours [*o* soins] à qn; **gegenseitige** ~ entraide *f;* **kontextsensitive** ~ INFORM aide *f* contextuelle; **du bist mir eine schöne** ~! *iron* heureusement que je peux compter sur toi!, tu parles d'une aide!; **jd bittet jdn um** ~ qn demande de l'aide à qn [*o* à qn de l'aider]; **jd ist jdm eine** ~ qn lui est d'un grand secours; ***du bist mir eine wertvolle ~ gewesen*** tu m'as été d'un précieux secours; **jd kommt jdm zu** ~ qn lui vient en aide, qn vient au secours de qn; **jd leistet jdm** ~ *geh* qn porte secours [*o* prête assistance] à qn; **jd nimmt etw zu** ~ *die Hände, Arme, Beine* qn s'aide de qc; *Drohungen, Einschüchterungen* qn a recours à qc; **jd ruft** [*o* **schreit**] **um** ~ qn appelle à l'aide [*o* au secours]; **jd ruft jdn zu** ~ qn appelle qn à l'aide; ~ **suchend** *Mensch* qui cherche de l'aide; *Blick* implorant(e); *anschauen* pour chercher de l'aide; **mit jds** ~ avec l'aide de qn; **mit** ~ **einer S.** (*gen*) à l'aide de qc; **ohne** ~/**jds** ~ sans aide/sans l'aide de qn; [**zu**] ~! au secours!, à l'aide!
-hilfe *f Existenzgründungs-, Renovierungs-, Rückkehr-* aide *f* au/à la; ***Katastrophen~*** aide *f* d'urgence; ***Pannen~*** dépannage *m;* ***Prozesskosten~*** aide *f* judiciaire
Hilfeleistung *f geh* aide *f,* assistance *f* ► **unterlassene** ~ non-assistance *f* [à personne en danger] **Hilferuf** *m* appel *m* à l'aide [*o* au secours] **Hilfeschrei** *m* appel *m* à l'aide [*o* au secours] **Hilfestellung** *f* **1.** SPORT parade *f* **2.** (*Mensch*) pareur(-euse) *m(f)* ► **jd gibt jdm** ~ SPORT qn assure la parade pour qn; (*gibt seine Unterstützung*) qn aide qn; **etw gibt jdm** ~ qc fait le jeu de qn **hilfesuchend** *s.* **Hilfe** ►. **Hilfesuchende(r)** *f(m) decl wie adj* personne *f* qui cherche de l'aide
hilflos I. *adj* **1.** *Mensch* sans défense, désarmé(e); ***ohne den Rollstuhl ist sie ~*** sans la chaise roulante, elle ne peut rien faire; ***sie empfindet es als entwürdigend so ~ zu sein*** elle trouve ça dégradant d'être aussi dépendante
2. (*ratlos*) *Benehmen* embarrassé(e); *Mensch* désemparé(e); ***er macht einen ~en Eindruck*** il donne l'impression d'être embarrassé; ***~ und verlassen*** laissé(e) sans secours
II. *adv* **1.** (*hilfsbedürftig*) *ausgeliefert* sans défense; ***sie lag nun ~ da*** elle était couchée par terre sans pouvoir rien faire [*o* se relever]; ***sie sitzt ~ im Rollstuhl*** elle est clouée dans sa chaise roulante, dépendante des autres
2. (*ratlos*) avec embarras; ***etwas/sehr ~*** un peu/vraiment désemparé(e)
Hilflosigkeit <-> *f* ∅ **1.** (*Hilfsbedürftigkeit*) détresse *f;* [*Kranke*] dépendance *f*
2. (*Ratlosigkeit*) impuissance *f*
hilfreich *adj* **1.** *Mensch* serviable, complaisant(e); ***Sie waren sehr ~*** vous avez été d'une grande aide
2. *Hinweis* utile; *Maßnahme a.* bénéfique; ■ **es wäre ~/~er, wenn** il serait utile/préférable que + *subj*
Hilfs- 1. (*zusätzlich*) auxiliaire **2.** (*für Hilfeleistung gedacht*) *-aktion, -güter, -fonds, -mannschaft* de secours; *-organisation* humanitaire; *-programm* d'aide **Hilfsarbeiter(in)** *m(f) veraltend* ouvrier(-ière) *m(f)* [non spécialisé(e)]; (*auf dem Bau*) manœuvre *m* **hilfsbedürftig** *adj* **1.** (*auf Hilfe angewiesen*) qui a besoin d'aide; ■ **jd ist** ~ qn a besoin d'aide **2.** (*bedürftig*) dans le besoin, démuni(e) **Hilfsbedürftigkeit** *f* **1.** (*Hilflosigkeit*) dépendance *f* **2.** (*Bedürftigkeit*) dénuement *m* **hilfsbereit** *adj* serviable, complaisant(e) ► **jd zeigt sich** ~ qn se montre serviable [*o* complaisant(e)] **Hilfsbereitschaft** *f* serviabilité *f* **Hilfskraft** *f* aide *mf* ► **wissenschaftliche** ~ ≈ assistant(e) *m(f)* **Hilfsmittel** *nt* **1.** MED adjuvant *m* **2.** *pl* FIN aides *fpl* financières **Hilfsquellen** *pl* ressources *fpl* **Hilfstrupp** *m* équipe *f* de secours **Hilfsverb** [-vɛrp] *nt* [verbe *m*] auxiliaire *m;* ***ein modales ~*** un verbe de modalité **hilfswillig** *adj* volontaire [pour aider], prêt(e) à aider; ■ **jd ist** ~ qn est prêt(e) à aider **Hilfswillige(r)** *f(m) decl wie adj* volontaire *mf,* bénévole *mf*
hilft *3. pers pres von* **helfen**
Himbeer- de framboise[s]; *-eis* à la framboise
Himbeere *f* **1.** (*Frucht*) framboise *f*
2. (*Strauch*) framboisier *m*
Himbeergeist *m* ∅ framboise *f* **Himbeerstrauch** *m* framboisier *m*
Himmel <-s, *poet* -> *m* **1.** (*Luftraum*) ciel *m*
2. REL ciel *m;* ***der ~ Gottes*** le royaume de Dieu
3. [*Himmelbett*] ciel *m* de lit, baldaquin *m*
4. AUT garnissage *m* de toit
► ~, **Arsch und Zwirn!** *sl* bordel de merde! *vulg;* **dem** ~ **sei Dank** *veraltend* le ciel soit loué *vieilli,* Dieu merci; ~ **und Erde** GASTR NDEUTSCH *plat constitué de compote de pommes et de purée de pommes de terre;* **zwischen** ~ **und Erde** entre ciel et terre; **jd hat den** ~ **auf Erden** *geh* qn nage dans la félicité *littér;* **jdm hängt der** ~ **voller Geigen** *geh* qn est aux anges; ~ **und Hölle** (*Kinderspiel*) la marelle; **jd setzt** ~ **und Hölle in Bewegung** *fam* qn remue ciel et terre; **der** ~ **ist** [*o* **sei**] **mein Zeuge** *veraltend* le ciel m'est témoin *vieilli;* **unter freiem** ~ à la belle étoile, en plein air; **gerechter** [*o* **gütiger**] ~! juste ciel!; **aus heiterem** ~ *fam* brutalement, tout d'un coup; [**ach**] **du lieber** ~! *fam* [sacré] nom d'un chien [*o* d'une pipe]! *fam;* **jd ist** [*o* **fühlt sich wie**] **im sieb[en]ten** ~ *fam* qn est au septième ciel [*o* aux anges]; **jd fährt zum** ~ **auf, jd fährt in den** ~ qn monte au ciel [*o* aux cieux]; **jd [er]hebt jdn/etw in den** ~ qn porte qn/qc aux nues; **jd/etw fällt nicht vom** ~ qn/qc ne tombe pas du ciel; **jd kommt in den** ~ qn va au ciel; **der** ~ **lacht** *geh* le soleil est radieux, la journée est radieuse; **etw schreit zum** ~ qc est un scandale [*o* révoltant(e)]; **es schreit zum** ~, **wie** c'est scandaleux [*o* révoltant] [de voir] de quelle façon; **etw steht am** ~ qc se trouve [*o* est] dans

le ciel; **etw stinkt zum** ~ *fam* qc est scandaleux(-euse) [*o* écœurant(e)]; **eher stürzt der** ~ **ein, als dass** il est exclu que + *subj; eher stürzt der ~ ein, als dass er das täte* il est exclu qu'il fasse ça; lui, faire ça, jamais de la vie!; **[das] weiß der** ~! *fam* Dieu seul le sait!, mystère et boule de gomme!; **am** ~ dans le ciel; **bei ...** ~ *bedecktem, trüben, strahlend blauem, wolkenverhangenem* lorsque le ciel est ...; *bei bedecktem* ~ lorsque le ciel est couvert, par ciel couvert; *bei diesem trüben* ~ avec ce ciel couvert; **im** ~ REL au ciel; **um[s]** ~**s willen** *fam* pour l'amour du ciel, bon sang; **unter ...** ~ *italienischem, südlichem* sous un soleil ...; *unter südlichem* ~ sous le soleil du midi; ~ **[noch mal]**! *fam* bon sang!, bon Dieu! *fam*

himmelangst *adj* ■ **jdm ist/wird** ~ qn a une peur bleue/qn prend [vraiment] peur **Himmelbett** *nt* lit *m* à baldaquin **himmelblau** *adj* bleu ciel *inv* **Himmeldonnerwetter** *interj* ▶ ~ **[noch [ein]mal]**! *fam* nom de Dieu! *pop*

Himmelfahrt *f* l'Ascension *f*

Himmelfahrtskommando *nt fam* **1.** (*Unternehmen*) mission *f* [*o* opération *f*] suicide **2.** (*Menschen*) commando *m* suicide **Himmelfahrtsnase** *f hum fam* nez *m* en trompette **Himmelfahrtstag** *m* ■ **der** ~ [le jeudi de] l'Ascension *f*

Himmelherrgott *interj* ▶ ~ **[noch [ein]mal]**! *fam* nom de Dieu! *pop*, bon Dieu de bon Dieu! *fam* **himmelhoch** **I.** *adj* immense, gigantesque **II.** *adv überlegen* très largement, très nettement; *jd zeigt sich ~ überlegen* qn se montre d'une supériorité écrasante ▶ ~ **jauchzend[, zu Tode betrübt]** euphorique[, ou alors complètement abattu(e)]; *ihre Stimmung schwankt zwischen ~ jauchzend und zu Tode betrübt* son humeur oscille entre l'euphorie et l'abattement **Himmelreich** *nt* ∅ royaume *m* des cieux ▶ **jd kommt ins** ~, **jd geht ins** ~ **ein** *geh* qn entre au royaume des cieux; **ein** ~ **für etw** *fam* [je donnerais] tout [*o* n'importe quoi] pour qc **himmelschreiend** *adj* **1.** *Quatsch, Undankbarkeit* inouï(e), ahurissant(e); *Unrecht a.* criant(e); *eine ~e Schande!* quelle honte!; ■ **es ist** ~, **wie** c'est inouï [*o* effarant] à quel point **2.** *Verhältnisse, Zustände* scandaleux(-euse)

Himmelskörper *m* corps *m* céleste **Himmelsrichtung** *f* direction *f* [géographique] ▶ **die vier** ~**en** les quatre points cardinaux; **aus allen** ~**en** de toutes parts; **in alle** ~**en** dans toutes les directions **Himmelsschlüssel** *m o nt s.* **Schlüsselblume**. **Himmelszelt** *nt poet* voûte *f* céleste

himmelweit **I.** *adj fam* énorme, total(e)
II. *adv* fondamentalement, totalement

himmlisch **I.** *adj* **1.** *attr Gnade, Vorsehung* céleste; *Zeichen a.* du ciel **2.** (*herrlich*) *Essen, Wein, Wetter* divin(e); *Sitz der Kleidung, Stoff, Kleidungsstück* superbe, excellent(e) **II.** *adv* merveilleusement; *schön, warm a.* divinement; *das schmeckt ganz einfach* ~ c'est tout simplement exquis [*o* divin] **Himmlische** *pl decl wie adj* ■ **die** ~**n** les dieux *mpl*

hin *adv* **1.** (*räumlich*): *die Geschäfte schließen gleich, jetzt aber noch schnell* ~! les magasins vont fermer, allons-y en vitesse!; *wie kommen wir nach X? – Am besten mit dem Fahrrad ~ und zurück mit dem Zug* comment nous rendre à X? – Le mieux, c'est d'y aller à bicyclette et de rentrer par le train; *wo der so plötzlich ~ ist?* où est-il parti [*o* a-t-il disparu] tout à coup?

2. EISENBAHN aller *m; eine Fahrkarte nach X, aber nur* ~ un billet pour X, un aller simple

3. (*zeitlich*) ■ **das** [*o* **es**] **ist etw** (*akk*) **hin** *lange, zwei Stunden* cela fait qc jusque là; *das ist ja noch lange* ~ ça va encore durer longtemps, ce n'est pas pour demain; *das sind ja noch fast zwei Stunden* ~ il y a encore presque deux heures d'ici là; *wie lange ist es noch ~ bis zu deiner Prüfung?* ça fait encore combien de temps jusqu'à ton examen?

▶ **das H~ und Her** (*Kommen und Gehen*) le va-et-vient, les allées et venues *fpl*; (*Wechsel*) les fluctuations *fpl; das H~ und Her der Meinungen* les fluctuations d'opinions; **nach ... H~ und Her** *einigem, ermüdendem, langem* après de ... tergiversations; *nach kurzem H~ und Her* après quelques tergiversations; ~ **oder her** *fam* (*mehr oder weniger*) en plus ou en moins; *auf einen Tag ~ oder her kommt es nicht mehr an* on n'en est plus à un jour près; **...** ~, **...** **her** (*egal, ob*) ... ou pas,; il n'y a pas de ... qui tienne; *Sonntag ~, Sonntag her, ich muss meine Termine einhalten* dimanche ou pas [*o* il n'y a pas de dimanche qui tienne], il faut que je respecte mes délais; **jd tut etw** ~ **und her** *diskutiert, erwägt* qn fait qc dans tous les sens; *er überlegte ~ und her* il tourna et retourna le problème; **ist es weit bis** ~ **nach ...?** *fam* ça fait loin jusqu'à ...? *fam;* ~ **und wieder** à l'occasion, de temps en temps; ~ **und zurück** aller et retour; **auf jds ...** (*akk*) ~ sur le/la ... de qn; *auf mein Bitten* ~ sur mes prières; **auf etw** (*akk*) ~ *anlegen, planen* en vue de qc; *prüfen, untersuchen* en vue de rechercher qc; *wir müssen auf längere Sicht ~ planen* nous devons faire des projets à plus long terme; *auf die Gefahr ~ etw zu tun* au risque de faire qc; **bis ...** ~ jusque/jusqu'à/jusqu'au; *bis zu euch* ~ jusque chez vous; *bis in den Herbst* ~ jusqu'à l'automne; **nach ...** ~ [aller] jusqu'à/jusqu'en; *bis nach Italien* ~ jusqu'en Italie; *nach rechts* ~ vers la droite; **über etw** (*akk*) ~ (*räumlich*) sur qc; (*zeitlich*) (*während*) pendant; (*nach Ablauf*) au bout de qc; **jd tut etw vor sich** (*akk*) ~: *jd redet vor sich* ~ qn parle tout seul; *jd singt/summt vor sich* ~ qn chantonne/fredonne [pour soi]; *jd schnarcht vor sich* ~ qn ronfle paisiblement; *jd stiert vor sich* ~ qn regarde fixement tout droit devant lui/elle; **zu jdm/etw** ~ (*räumlich*) pour aller chez qn/quelque part; (*zeitlich*) vers qc; *die Fenster [liegen] zur Straße* ~ les fenêtres [donnent] sur la rue

hin- **1.** (*dorthin*) y; *wir wollen morgen ~radeln* nous voulons y aller demain à vélo; *ein Krug mit Wasser, zu dem er mühsam ~kroch* une cruche d'eau vers laquelle il rampa avec peine; *wie er zur Theke ~torkelte* comme il se dirigea vers le zinc en titubant

2. (*dahin-*): *alle unsere alten Lehrer sind ~gestorben* tous nos vieux professeurs sont morts; *im letzten Stadium schwinden die Kranken regelrecht* ~ au dernier stade, les malades se consument littéralement

hinab *adv geh s.* **hinunter**

hin|arbeiten *vi* ■ **jd arbeitet auf etw** (*akk*) **hin** qn recherche qc; ■ **jd arbeitet darauf hin, dass** qn fait en sorte que + *subj*

hinauf **I.** *adv* **1.** (*nach oben*) vers le haut; *hier* ~? faut-il monter par là?; *wo* ~? où faut-il monter?; *immer weiter* ~ il faut continuer à monter/grimper; *noch ein paar Meter höher/weiter* ~ encore quelques mètres à monter; *schaffst du es allein aufs Pferd* ~? est-ce que tu arrives à monter tout(e) seul(e) sur le cheval?; [*die Treppe*] ~ *habe ich jetzt Probleme* maintenant, j'ai du mal pour monter [l'escalier]

2. *fam* (*in Richtung Norden*): *nach Hamburg* ~ pour monter à Hambourg; *ich fahre ~ zu meiner Familie, die in Bremen wohnt* je monte à Brême où ma famille habite, je vais dans ma famille qui vit à Brême

▶ **bis** ~ jusqu'en haut, jusque là-haut; *wollen* aller/monter jusqu'en haut [*o* jusque là-haut]; **bis** ~ **zu etw** (*im Rang nach oben*) jusqu'à qc

II. *präp* + *akk* ■ **etw** ~ pour monter; *ich renne schnell mal die Treppe* ~ je monte vite l'escalier en courant; *das Kind krabbelte die Stufen* ~ l'enfant montait les marches à quatre pattes

hinauf- *-dürfen, -können, -müssen, -sollen* monter; *magst du mit hinauf?* est-ce que tu as envie de monter avec moi?; *er muss hinaufgeschlichen sein* il a dû monter en se faufilant; *das Kind hüpfte gleich hinauf* l'enfant sauta tout de suite dessus; *er quälte sich auf den Berg hinauf* il gravit la montagne à grand peine; *er hat versucht auf den Berg hinaufzuradeln* il a essayé de monter à vélo en haut de la montagne

hinauf|begleiten * *vt* ■ **jd begleitet jdn hinauf** qn accompagne qn [jusqu']en haut

hinauf|blicken *vi geh* ■ **jd blickt [irgendwo] hinauf** qn regarde en haut [quelque part]; *blicken Sie da/dort hinauf* regardez là-haut; ■ **jd blickt zu jdm/etw hinauf** qn lève son regard vers qn/qc; *blick mal hinauf zum Himmel* regarde là-haut dans le ciel; ■ **jd blickt an jdm hinauf** qn regarde qn des pieds à la tête

hinauf|bringen *vt irreg* ■ **jd bringt jdn hinauf** qn conduit qn en haut; ■ **jd bringt [jdm] etw hinauf** qn monte qc [à qn]

hinauf|fahren *irreg* **I.** *vi* + *sein* ■ **jd fährt [in etw** (*dat*)**/mit etw] hinauf** qn monte [en/avec qc]; ■ **etw fährt hinauf** qc monte; *etw fährt wieder hinauf* qc remonte; ■ **jd/etw fährt irgendwo hinauf** qn/qc monte en haut de qc; *der Aufzug fährt in den 14. Stock hinauf* l'ascenseur monte au 14e étage; *beim H~* en montant

II. *vt* + *haben* ■ **jd fährt jdn [mit etw] hinauf** *mit dem Auto* qn emmène qn [en qc] jusqu'en haut; *mit dem Aufzug* qn emmène qn en haut [avec qc]; ■ **jd fährt etw hinauf** *Fluss* qn remonte qc

hinauf|führen **I.** *vi* ■ **etw führt [auf etw** (*akk*)**/irgendwo] hinauf** */Treppe, Stufen, Kabel, Versorgungsschacht/* qc monte jusqu'en haut/[jusqu'à qc]; */Weg/* qc conduit [*o* mène] jusqu'en haut [de qc]

II. *vt geh* ■ **jd führt jdn [irgendwo] hinauf** qn conduit qn en haut [quelque part]

hinauf|gehen *vi, vt irreg* + *sein* **1.** (*nach oben gehen*) ■ **jd geht [etw** (*akk*)**/irgendwo] hinauf** qn monte [qc/quelque part]; *ich gehe hinauf auf den Dachboden* je monte au grenier; *gehst du hinauf?* tu montes?, tu vas en haut?

2. (*steigen*) ■ **etw geht hinauf** */Miete, Preis, Gehalt, Fieber/* qc grimpe, qc augmente, qc monte

3. (*hochgehen*) ■ **jd geht mit etw hinauf** *mit einem Preis etc* qn augmente [*o* monte] qc; *die Handwerker gehen wieder mit den Preisen hinauf* les artisans augmentent de nouveau leurs tarifs

hinauf|klettern *vi, vt* + *sein* ■ **jd klettert [etw** (*akk*)**/auf etw** (*akk*)**/irgendwo] hinauf** qn grimpe [à qc/sur qc/quelque part]

hinauf|kommen *vi, vt irreg* + *sein* **1.** (*nach oben kommen*) ■ **jd kommt [etw** (*akk*)**/in etw** (*akk*)**/zu jdm] hinauf** qn monte [qc/dans qc/rejoindre [*o* vers] qn]

2. (*es nach oben schaffen*) ■ **jd kommt [etw** (*akk*)**] hinauf** *Treppe, Stufen* qn arrive à monter [qc]; *Leiter, Balkon* qn arrive à monter [sur qc]; *kommst du alleine die Leiter hinauf?* est-ce que tu arriveras à monter tout(e) seul(e) en haut de l'échelle?

hinauf|laufen *vi, vt irreg* + *sein* ■ **jd läuft [etw** (*akk*)**/zu jdm] hinauf** qn monte [qc/rejoindre [*o* vers] qn] en courant; *einen Berg a.* qn escalade qc en courant

hinauf|reichen **I.** *vi* **1.** (*nach oben reichen*) ■ **jd reicht [mit etw] hinauf** qn arrive jusqu'en haut [avec qc]; ■ **jd reicht [mit etw] bis zu etw hinauf** qn arrive jusqu'à qc [avec qc]

2. (*sich erstrecken*) ■ **etw reicht hinauf** qc arrive [*o* monte] jusqu'en haut; ■ **etw reicht bis zu etw hinauf** qc arrive jusqu'à qc

II. *vt geh* ■ **jd reicht jdm etw hinauf/auf etw hinauf** (*akk*) qn tend qc à qn/qn passe qc à qn sur qc

hinauf|schrauben *vt* ■ **jd schraubt etw hinauf** *Miete, Preis* qn fait monter qc; *Forderung a.* qn accroît qc

hinauf|sehen *vi irreg* ■ **jd sieht hinauf** qn regarde en haut, qn lève les yeux; ■ **jd sieht zu etw hinauf** qn regarde vers le haut de qc; ■ **jd sieht zu jdm hinauf** qn lève les yeux vers qn; *sieh hinauf zur Milchstraße* regarde là-haut la voie lactée

hinauf|setzen *vt s.* **heraufsetzen**

hinauf|steigen *vi, vt irreg* + *sein* ■ **jd steigt [etw** (*akk*)**/auf etw** (*akk*)**] hinauf** qn monte [qc/sur qc]; ■ **jd steigt zu jdm hinauf** qn monte rejoindre [*o* vers] qn

hinauf|tragen *vt irreg* ■ **jd trägt etw hinauf** qn monte qc, qn porte qc en haut; ■ **jd trägt jdm etw hinauf** qn monte qc à qn, qn apporte qc à qn en haut; ■ **jd trägt [jdm] etw irgendwohin hinauf** *eine Leiter, Treppe* qn monte qc [à qn] jusqu'en haut de qc

hinaus **I.** *interj* dehors

II. *adv* **1.** ■ **irgendwo** ~: *da/dort/hier* ~! par là/par là-bas/par ici [la sor-

tie]!; ***vorne steht die Polizei, also hinten*** ~! la police est devant, il faut sortir par-derrière!; ***es geht nur*** [***da***] ***vorne*** ~ on ne peut sortir que par-devant; ***zum Ausgang die zweite Tür links*** ~! pour sortir, [vous] prenez la deuxième porte à gauche!; ***wie/wo kommen wir*** ~? [par] où est la sortie?
2. ■ **aus** [*o* **zu**] **etw** ~ pour sortir de qc; ***in die Garage hinein geht es leichter als zur Garage*** ~ c'est plus facile d'entrer dans le garage que d'en sortir; ***ich komme nicht aus der Tür*** ~ je n'arrive pas à [*o* je ne peux pas] sortir par cette porte; ■ **durch etw** ~ [en passant/en sortant] par qc; ■ **nach irgendwo** ~ *nach hinten, vorne* par quelque part; ***nach vorne*** ~ ***kannst du nicht*** tu ne peux pas sortir par-devant; ***das Schlafzimmer geht/liegt nach hinten*** ~ la chambre donne sur l'arrière; ■ **über etw** (*akk*) ~ *über einen Wald, Wasserlauf etc* au-delà de qc; *über einen Termin, eine Zeitangabe, ein Alter, ein Datum, eine Frist* au-delà de qc; *über ein Gehalt, einen Betrag* plus que qc; ***weit über tausend Mark*** ~ largement plus de mille marks
► ~ **mit ihm!** *fam* qu'il sorte!; *s. a.* **darüber**

hinaus- *-mögen, -sollen, -können* sortir; *-kriechen, -watscheln, -sausen* sortir [en ...]; ***er soll*** ~! qu'il sorte!; ***kannst du dich bitte in den Garten*** ~***bemühen?*** peux-tu prendre la peine de sortir dans le jardin?; ***er sauste zur Stadt*** ~ il quitta la ville en fonçant

hinaus|befördern * *vt fam* ■ **jd befördert jdn [aus etw] hinaus** qn vide qn [de qc] *fam;* ■ **jd lässt jdn** ~ qn fait jeter qn dehors

hinaus|beugen *vr* ■ **jd beugt sich hinaus/zu etw hinaus** *zum Fenster* qn se penche [au-]dehors/par qc; ***sie beugte sich zur Kutsche hinaus*** elle se pencha à l'extérieur de la calèche

hinaus|blicken *vi geh s.* **hinaussehen**

hinaus|bringen *vt irreg* **1.** (*nach draußen begleiten*) ■ **jd bringt jdn [zu etw] hinaus** qn raccompagne [*o* reconduit] qn [jusqu'à qc]
2. (*nach draußen bringen*) ■ **jd bringt etw hinaus** *Abfall, Müll, Mülleimer* qn met qc dehors, qn sort qc

hinaus|drängen **I.** *vt + haben* ■ **jd drängt jdn hinaus/aus etw hinaus** qn pousse qn dehors/hors de qc, qn fait sortir qn/de qc
II. *vi + sein* ■ **jd/ein Tier drängt [aus etw] hinaus** qn/un animal insiste pour sortir [de qc]; ■ **sie drängen [aus etw] hinaus** ils/elles se bousculent pour sortir [de qc]

hinaus|dürfen *vi irreg* ■ **jd darf [irgendwohin/zu jdm] hinaus** qn a le droit de sortir [quelque part/pour rejoindre [*o* vers] qn]; ■ **etw darf [irgendwohin] hinaus** qc peut être sorti(e) [quelque part]

hinaus|fahren *irreg* **I.** *vi + sein* **1.** (*nach draußen fahren*) ■ **jd fährt [aus etw] hinaus** qn sort [de qc]; ***beim H~ aus der Garage*** en sortant du garage
2. (*irgendwohin fahren*) ■ **jd fährt hinaus/irgendwohin hinaus/zu jdm hinaus** qn part/qn va quelque part/chez qn; ***sie sind heute morgen aufs Meer hinausgefahren*** ils/elles sont parti(e)s ce matin en mer
3. (*überfahren*) ■ **jd fährt über etw** (*akk*) **hinaus** *über eine Markierung, einen Strich* qn dépasse qc
II. *vt + haben* ■ **jd fährt etw [aus etw] hinaus** qn sort qc [de qc]

hinaus|finden *vi irreg* ■ **jd findet [aus etw] hinaus** qn trouve la sortie [de qc]

hinaus|fliegen *vi irreg + sein* **1.** (*nach draußen fliegen*) ■ **ein Vogel fliegt [aus etw] hinaus** *aus Taubenschlag* un oiseau s'envole [de qc]; *aus Käfigtür, Luke* un oiseau s'envole par qc
2. *fam* (*hinausfallen*) ■ **jd fliegt hinaus** qn fait un vol plané *fam;* ■ **jd fliegt aus etw hinaus** *aus dem Wagen* qn est catapulté(e) hors de qc *fam; aus dem Fenster* qn valdingue par qc *fam*
3. *fam* (*hinausgeworfen werden*) ■ **jd fliegt hinaus** qn est viré(e) *fam,* qn est fichu(e) dehors *fam;* ***wenn du dich weiter so benimmst, fliegst du hinaus*** si tu continues à te conduire comme ça, je te fiche/on va te fiche[r] dehors *fam*

hinaus|führen **I.** *vi* **1.** (*nach draußen führen*) ■ **etw führt hinaus** qc conduit [*o* mène] dehors; ■ **etw führt aus etw hinaus** qc conduit [*o* mène] hors de qc; *aus einem Labyrinth* qc mène à la sortie de qc; ■ **etw führt irgendwohin heraus** qc conduit [*o* mène] quelque part
2. (*überschreiten*) ■ **etw führt über etw** (*akk*) **hinaus** */Plan, Vorgehen/* qc dépasse qc, qc va au-delà de qc
II. *vt* ■ **jd führt jdn hinaus** qn conduit qn dehors; ***mein Butler wird Sie dann*** ~ mon maître d'hôtel va vous raccompagner [*o* reconduire]; ■ **jd führt jdn aus etw hinaus** qn conduit qn hors de qc

hinaus|gehen *irreg* **I.** *vi + sein* **1.** (*nach draußen gehen*) ■ **jd geht hinaus** qn va dehors, qn sort; ■ **jd geht irgendwohin/aus etw hinaus** qn sort quelque part/de qc; ***jd geht zur Tür hinaus*** qn sort [par la porte]
2. ■ **etw geht zu etw hinaus** */Pfad, Weg/* qc conduit [*o* mène] à qc
3. (*abgeschickt werden*) ■ **etw geht [zu jdm] hinaus** */Brief, Sendung, Lieferung/* qc part/qc est envoyé(e) [chez qn]
4. (*gerichtet sein*) ■ **etw geht auf etw** (*akk*) [*o* **nach etw**] **hinaus** */Fenster, Tür, Zimmer/* qc donne [*o* s'ouvre] sur qc; *nach Osten etc a.* qc est exposé(e) [*o* orienté(e)] à qc
5. (*überschreiten*) ■ **jd geht [mit etw] über etw** (*akk*) **hinaus** qn va au-delà de qc [avec qc]
II. *vi impers + sein* ■ **es geht irgendwo hinaus** *da, dort, hier, wo* la sortie est par quelque part; ***wo geht es*** [***auf die Straße***] ***hinaus?*** par où est la sortie [sur la rue]?

hinaus|geleiten * *vt geh* ■ **jd geletet jdn hinaus/aus/zu etw hinaus** qn accompagne qn dehors/qn [r]accompagne qn hors de/[jusqu']à qc

hinaus|gucken *vi fam s.* **hinaussehen**

hinaus|halten *vt irreg* ■ **jd hält jdn/etw hinaus** qn tient qn/qc à l'extérieur; ■ **jd hält jdn/etw zu etw hinaus** qn passe qn/qc par qc

hinaus|hängen *vt* (*nach draußen hängen*) ■ **jd hängt etw hinaus** qn accroche qc dehors; ■ **jd hängt etw irgendwohin hinaus** qn accroche qc quelque part; ***ich hänge die Fahne zum Fenster hinaus*** j'accroche le drapeau par la fenêtre

hinaus|jagen **I.** *vt + haben* ■ **jd jagt jdn/ein Tier hinaus** qn met qn/un animal dehors; ■ **jd/ein Tier jagt jdn/ein Tier irgendwohin/aus etw hinaus** qn/un animal chasse qn/un animal quelque part/[hors] de qc; ***ich habe ihn zur Tür hinausgejagt*** je l'ai mis à la porte; ■ **jd lässt jdn** ~/**jdn aus etw** ~ qn fait jeter qn dehors/qn hors de qc
II. *vi + sein* ■ **jd jagt hinaus** qn se précipite dehors

hinaus|katapultieren * *vt sl* ■ **jd katapultiert jdn [aus etw] hinaus** *aus dem Bundestag, Vorstand* qn éjecte [*o* vire] qn [de qc] *fam*

hinaus|klettern *vi + sein* ■ **jd klettert hinaus** qn grimpe dehors; ■ **jd klettert aus etw hinaus** qn grimpe hors de qc

hinaus|kommen *vi irreg + sein* **1.** (*nach draußen kommen*) ■ **jd kommt hinaus** qn sort; ■ **jd kommt zu jdm hinaus** qn rejoint qn dehors; ***bei so viel Arbeit kommt man kaum hinaus*** avec autant de travail, on ne peut guère mettre le nez dehors
2. (*gelangen*) ■ **jd/etw kommt über etw** (*akk*) **hinaus** *über das Vorwort, das Anfangsstadium* qn/qc dépasse qc, qn/qc va au-delà de qc
3. (*gleichbedeutend mit etw sein*) ■ **etw kommt auf etw** (*akk*) **hinaus** qc équivaut à qc; ***das kommt auf dasselbe hinaus*** ça revient au même

hinaus|komplimentieren * *vt* ■ **jd komplimentiert jdn [aus etw] hinaus** qn éconduit qn [de qc]; ***jd lässt jdn*** ~ qn fait sortir [*o* expulser] qn

hinaus|lassen *vt irreg* **1.** (*nach draußen lassen*) ■ **jd lässt jdn/ein Tier [aus etw] hinaus** qn laisse sortir qn/un animal [de qc]; ***ich lasse dich nicht aus der Tür hinaus*** je ne te laisse pas sortir
2. (*hinausbegleiten*) ■ **jd lässt jdn hinaus** qn ouvre à qn

hinaus|laufen *vi irreg + sein* **1.** (*nach draußen laufen*) ■ **jd läuft [irgendwohin] hinaus** qn sort [quelque part] en courant; *durch die Tür* qn passe qc en courant
2. (*gleichbedeutend mit etw sein*) ■ **etw läuft auf etw** (*akk*) **hinaus** qc équivaut à qc; ***auf was*** [*o* ***worauf***] ***soll das*** ~? à quoi ça rime?; ***das läuft auf dasselbe*** [*o* ***aufs Gleiche***] ***hinaus*** ça revient au même; ■ **etw läuft darauf hinaus etw zu tun** qc a pour but de [*o* qc vise à] faire qc

hinaus|lehnen *vr* ■ **jd lehnt sich [aus etw] hinaus** *aus dem Fenster* qn se penche [au-]dehors [par qc]; ***bitte nicht*** ~ ne pas se pencher au-dehors; ***er lehnte sich aus der Kutsche hinaus*** il se pencha à l'extérieur de la calèche

hinaus|posaunen * *vt fam s.* **ausposaunen**

hinaus|ragen *vi + sein* **1.** (*nach oben*) ■ **etw ragt über etw** (*akk*) **hinaus** */Berg, Turm/* qc se dresse au-dessus de qc, qc domine qc
2. (*nach außen*) ■ **etw ragt [auf etw** (*akk*)**] hinaus** qc dépasse [sur qc]
3. (*überragen*) ■ **jd ragt über jdn/etw hinaus** qn domine qn/qc

hinaus|reichen **I.** *vt geh* ■ **jd reicht [jdm] etw [durch/zu etw] hinaus** qn tend qc [à qn] [par qc]
II. *vi* **1.** (*bis nach draußen reichen*) ■ **etw reicht bis zu etw hinaus** */Kabel, Leitung, Rohr/* qc va jusqu'à qc
2. (*weiterhin reichen*) ■ **etw reicht über etw** (*akk*) **hinaus** */Betrag, Haushaltsgeld, Vorräte/* qc dépasse qc; *über einen bestimmten Zeitraum* qc est suffisant(e) pour [dé]passer qc

hinaus|rennen *vi irreg + sein fam* ■ **jd/ein Tier rennt [irgendwohin/aus etw] hinaus** qn/un animal sort [quelque part/de qc] en courant; ***er rannte schnell hinaus*** il sortit en courant

hinaus|schaffen *vt* (*hinausbringen*) ■ **jd schafft jdn/etw hinaus** qn met qn dehors/qn sort qc; ■ **jd schafft jdn/etw aus etw hinaus** qn met qn hors de qc/qn sort qc de qc; ■ **jd schafft jdn/etw irgendwohin hinaus** qn met qn quelque part/qn sort qc quelque part

hinaus|schauen *vi geh s.* **hinaussehen**

hinaus|schicken *vt* ■ **jd schickt jdn hinaus** qn fait sortir qn; *Kinder* qn envoie qn dehors; ■ **jd schickt jdn irgendwohin hinaus** qn fait sortir qn quelque part, qn envoie qn quelque part; ■ **jd schickt jdn aus etw hinaus** qn fait sortir qn de qc

hinaus|schieben *vt irreg* **1.** (*zeitlich verschieben*) ■ **jd schiebt etw hinaus** qn remet qc à plus tard, qn repousse qc; ■ **jd schiebt etw um etw hinaus** qn remet [*o* repousse] qc de qc
2. (*nach draußen schieben*) ■ **jd schiebt etw hinaus** qn pousse qc dehors; ■ **jd schiebt etw irgendwohin/aus etw hinaus** qn pousse qc quelque part/hors de qc; ***ob wir den Schrank aus der Tür*** ~ ***können?*** est-ce que nous arriverons à passer l'armoire par la porte?
3. (*hinausdrängen*) ■ **jd schiebt jdn hinaus/jdn irgendwohin hinaus** qn pousse qn dehors/qn quelque part; ***er schob ihn zur Tür hinaus*** il le poussa dehors

hinaus|schießen *vi irreg + sein* **1.** (*nach draußen schießen*) ■ **jd schießt hinaus** qn tire dehors; ■ **jd schießt aus etw hinaus** qn tire par qc
2. *fam* (*hinausjagen*) ■ **jd schießt hinaus** qn fonce dehors *fam;* ■ **jd schießt irgendwohin aus etw hinaus** qn fonce quelque part/hors de qc *fam;* ***er schoss zur Tür hinaus*** il fonça dehors *fam*

hinaus|schmeißen *vt irreg fam* ■ **jd schmeißt jdn/etw hinaus** qn fout [*o* flanque] qn/qc dehors *fam;* ■ **jd schmeißt jdn/etw irgendwohin/aus etw hinaus** qn fout [*o* flanque] qn/qc quelque part/hors de qc *fam*

Hinausschmiss[RR] <-es, -e>, **Hinausschmiß** <-sses, -sse> *m s.* **Rausschmiss**

hinaus|schmuggeln *vt* ■ **jd schmuggelt jdn/etw [aus etw] hinaus** qn fait sortir qn/qc clandestinement [de qc]; ■ **hinausgeschmuggelt** sorti(e) clandestinement

hinaus|schreien *irreg* **I.** *vi* ■ **jd schreit hinaus** qn crie dehors; ■ **jd schreit zu etw hinaus** *Fenster* qn crie par qc
II. *vt* ■ **jd schreit etw hinaus** qn donne libre cours à qc, qn laisse éclater qc

hinaus|sehen *vi irreg* ■ **jd sieht hinaus** qn regarde dehors; ■ **jd sieht irgendwohin/zu etw hinaus** qn regarde quelque part/par qc

hinaus|sein *s.* **sein¹ I.**►

hinaus|setzen **I.** *vt* **1.** (*nach draußen setzen*) ■ **jd setzt jdn/etw [irgend-**

wohin] hinaus qn met qn/qc dehors [quelque part]
2. (*hinauswerfen*) ■ **jd setzt jdn hinaus** qn renvoie qn, qn met qn à la porte
II. *vr* ■ **jd setzt sich [irgendwohin] hinaus** qn s'assied [*o* s'assoit] dehors [quelque part]

hinaus|stehlen *vr irreg geh* ■ **jd stiehlt sich [irgendwohin] hinaus** qn s'éclipse [*o* s'esquive] [quelque part]

hinaus|steigen *vi irreg + sein* ■ **jd steigt hinaus** qn descend dehors; ■ **jd steigt durch/zu etw hinaus** qn sort par qc

hinaus|stellen *vt* ■ **jd stellt [jdm/einem Tier] etw hinaus** qn met qc dehors [pour qn/un animal]; ■ **jd stellt etw irgendwohin hinaus** qn met qc dehors quelque part; *Gartenmöbel a.* qn sort qc quelque part

hinaus|strecken *vt* ■ **jd streckt etw hinaus** *Arm, Hand, Bein* qn étend qc au-dehors; *Kopf* qn passe qc [au-]dehors; ■ **jd streckt etw aus etw/zu etw hinaus** *Arm, Hand, Bein* qn [é]tend qc par qc; *Kopf* qn passe qc par qc

hinaus|stürmen *vi + sein* ■ **jd stürmt hinaus** qn se précipite dehors; ■ **jd stürmt irgendwohin hinaus** qn se précipite quelque part; ***sie stürmte zur Tür hinaus*** elle se précipita dehors

hinaus|stürzen I. *vi + sein* 1. *geh* (*hinausfallen*) ■ **jd stürzt hinaus** qn tombe à l'extérieur
2. (*hinauseilen*) ■ **jd stürzt hinaus** qn sort précipitamment; ■ **jd stürzt irgendwohin hinaus** qn se précipite [*o* s'élance] quelque part; ***er stürzte zur Tür hinaus*** il s'élança dehors
II. *vr + haben* ■ **jd stürzt sich hinaus/aus/zu etw hinaus** *aus dem/zum Fenster* qn se jette dehors/par qc

hinaus|tragen *vt irreg* 1. (*nach draußen tragen*) ■ **jd trägt jdn [irgendwohin] hinaus** qn transporte qn dehors [quelque part]; ■ **jd trägt etw [irgendwohin] hinaus** qn porte qc dehors [quelque part]; ***die Patientin wurde zur Tür hinausgetragen*** la patiente fut transportée dehors
2. *geh* (*verbreiten*) ■ **jd trägt etw hinaus** *Geheimnis, Information* qn ébruite [*o* propage] qc

hinaus|treiben *vt irreg* ■ **jd treibt jdn/ein Tier hinaus/aus etw hinaus** qn met qn/un animal dehors/hors de qc; ***du hast ihn durch deine Vorhaltungen hinausgetrieben*** tu l'as fait fuir avec tes reproches; ***treib die Katze hinaus*** chasse le chat dehors; ***er treibt das Vieh zum Stahl hinaus*** il fait sortir le bétail de l'étable

hinaus|treten *vi irreg + sein* ■ **jd tritt [irgendwohin] hinaus** qn sort [quelque part]; ***sie sah, wie er zur Tür hinaustrat*** elle le vit franchir la porte

hinaus|wachsen [-ks-] *vi irreg + sein* 1. (*übertreffen*) ■ **jd wächst über jdn hinaus** qn surpasse [*o* dépasse] qn
2. (*überwinden*) ■ **jd wächst über etw** (*akk*) **hinaus** qn dépasse qc; ***darüber bin ich schon lange hinausgewachsen!*** ça fait longtemps que je suis au-dessus de ça [*o* que j'ai dépassé ce stade]!; ***sie vergab ihm, wodurch sie über sich selbst hinauswuchs*** elle s'est dépassée en lui pardonnant

hinaus|wagen *vr* ■ **jd wagt sich hinaus** qn s'aventure dehors; ■ **jd wagt sich irgendwohin/aus etw hinaus** qn s'aventure quelque part/hors de qc; ***der Flüchtige wagte sich nicht zur Tür hinaus*** le fugitif n'osait pas sortir; ***ohne Schirm wage ich mich nicht in dieses Wetter hinaus*** je ne m'aventure pas dehors par un temps pareil sans parapluie

hinaus|werfen *vt irreg* 1. (*nach draußen werfen*) ■ **jd wirft etw hinaus** qn jette qc dehors; ■ **jd wirft etw irgendwohin/aus etw hinaus** qn jette qc quelque part/par qc
2. *fam* (*gehen heißen*) ■ **jd wirft jdn hinaus/aus etw hinaus** *aus einer Firma, aus dem Haus* qn flanque qn dehors/à la porte de qc *fam*

hinaus|wollen *vi* 1. (*nach draußen wollen*) ■ **jd/ein Tier will hinaus [irgendwohin/zu jdm]** qn/un animal veut sortir [quelque part/rejoindre qn]; ***er wollte schon zur Tür hinaus*** il était déjà prêt à [*o* sur le point de] sortir
2. (*anstreben*) ■ **jd will [mit etw] auf etw** (*akk*) **hinaus** *mit einer Andeutung, Bemerkung, einem Vorschlag* qn recherche [*o* vise] qc [par qc]; *auf einen bestimmten Punkt* qn veut arriver à qc; ***worauf wollen Sie damit hinaus?*** où voulez-vous en venir?

hinaus|ziehen *irreg* I. *vt + haben* 1. (*nach draußen ziehen*) ■ **jd zieht jdn hinaus/aus etw hinaus** qn entraîne qn dehors/hors de qc; ■ **jd zieht ein Tier/etw hinaus/aus etw hinaus** qn tire [*o* traîne] un animal/qc dehors/hors de qc
2. (*mit sich fort ziehen*) ■ **etw zieht jdn hinaus [auf etw** (*akk*)**]** */Strömung, Ebbestrom/* qc entraîne qn [vers qc]; ***der Schwimmer ist aufs offene Meer hinausgezogen worden*** le nageur a été entraîné vers le large
3. (*woandershin ziehen*) ■ **etw zieht jdn [in etw** (*akk*)**] hinaus** */Fernweh, Sehnsucht/* qc pousse qn à partir [dans qc]; ***ihre Sehnsucht zog sie stets in andere Länder hinaus*** sa nostalgie la poussait toujours vers de nouveaux horizons
II. *vi + sein* 1. (*nach draußen abziehen*) ■ **etw zieht hinaus** */Rauch, Gestank, Bratendunst, Schwaden/* qc sort, qc s'échappe
2. ■ **jd zieht hinaus [in etw** (*akk*)**]** *in die Ferne, andere Länder, die weite Welt* qn part [dans qc]; ***wir werden aufs Land/in die Vorstadt ~*** nous allons nous installer à la campagne/en proche banlieue
III. *vr + haben* (*sich verzögern*) ■ **etw zieht sich hinaus** */Abfahrt, Abreise, Verhandlungen etc/* qc est retardé(e)
IV. *vt impers + haben* ■ **es zieht jdn hinaus** qn a envie de s'évader; ■ **es zieht jdn hinaus in etw** (*akk*) qn se sent attiré(e) vers qc

hinaus|zögern I. *vt* ■ **jd zögert etw hinaus** *Abreise, Entscheidung* qn retarde [*o* diffère] qc
II. *vr* ■ **etw zögert sich hinaus** */Abfahrt, Entscheidung/* qc est retardé(e)

Hinauszögerung <-, -en> *f* retard *m*; [*Entscheidung*] ajournement *m*

hin|bekommen * *vt irreg s.* **hinkriegen**

hin|bestellen * *vt* ■ **jd bestellt jdn [irgendwo] hin** qn convoque qn [quelque part]

hin|biegen *vt irreg fam* 1. (*bereinigen*) ■ **jd biegt etw hin** *Fehler* qn rattrape qc; *Problem, Schwierigkeit* qn solutionne qc; ***ich bezweifle, dass wir das wieder ~ können*** je doute que nous arrivions à rattraper ça
2. *pej* (*drehen*) ■ **jd biegt es hin, dass** qn goupille [*o* magouille] les choses de telle sorte que + *subj fam*
3. (*beeinflussen*) ■ **jd biegt jdn hin** *Kind* qn met qn dans sa poche *fam*; *Chef a.* qn retourne qn *fam*

hin|blättern *vt fam* ■ **jd blättert [jdm] etw hin** *Betrag, Banknoten, Geld* qn aligne *fam* [*o* allonge *pop*] qc [à qn]

Hinblick *m* ► **im** [*o* **in**] **~ auf etw** (*akk*) compte tenu de qc, eu égard à qc; *auf Dienstzeit, Leistungen, Verdienste a.* par considération pour, en considération de; **im ~ darauf, dass** compte tenu du fait que + *indic*

hin|breiten *vt geh* ■ **jd breitet [jdm] etw hin,** ■ **jd breitet etw [vor jdn] hin** qn présente qc [à qn], qn étale qc [devant qn]

hin|bringen *vt irreg* 1. (*bringen*) ■ **jd bringt [jdm] etw hin** qn apporte qc [à qn]; ■ **jd lässt etw zu jdm ~** qn fait parvenir qc à qn
2. (*begleiten*) ■ **jd bringt jdn hin** qn [y] emmène qn, qn accompagne qn

hin|denken *vi irreg* ► **wo denkst du/wo denken Sie hin!** que vas-tu/qu'allez-vous imaginer!, quelle idée!

hinderlich I. *adj geh* 1. (*behindernd*) gênant(e); ■ **etw ist [bei etw] ~** qc est gênant(e) [pour qc]; ***bei der Hitze ist der Mantel ~*** ce manteau est gênant par une telle chaleur
2. (*ein Hindernis darstellend*) ■ **etw ist jdm/für etw ~** */Tatsache, Umstand, Vergangenheit, Vorfall/* qc est un handicap [*o* un obstacle] pour qn/qc; ***dieser Fehltritt war äußerst ~ für seine Karriere*** ce faux pas fut un très lourd handicap pour sa carrière
II. *adv geh*: ***diese Tatsache hat sich bei ihrer Karriere nicht ~ ausgewirkt*** ce fait n'a pas constitué un handicap pour la suite de sa carrière [*o* ne s'est pas répercuté de façon négative sur sa carrière]

hindern *vt* 1. (*abhalten*) ■ **jd/etw hindert jdn** qn/qc retient qn; ■ **jd/etw hindert jdn an etw** (*dat*) qn/qc empêche qn de faire qc; ***niemand wird mich an meiner Rache/an der Ausführung dieses Planes ~*** personne ne m'empêchera de me venger/de réaliser ce projet; ■ **jd/etw hindert jdn etw zu tun** qn/qc empêche qn de faire qc
2. (*stören*) ■ **jd/etw hindert jdn [bei etw]** *beim Arbeiten, Putzen, Reiten etc* qn/qc gêne qn [pour faire qc]; ***das Kleid hindert mich bei der Arbeit*** la robe me gêne pour travailler

Hindernis <-ses, -se> *nt* 1. (*Hemmnis*) obstacle *m*; ***das Kind war ein ~ für ihre Karriere*** l'enfant était un obstacle [*o* une entrave] à sa carrière
2. (*behindernder Gegenstand*) obstacle *m*
3. SPORT obstacle *m*
► **jd legt jdm ~se in den Weg** qn met des obstacles sur la route de qn, qn lui met des bâtons dans les roues

Hindernislauf *m* course *f* d'obstacles, steeple *m* **Hindernisläufer(in)** *m(f)* coureur(-euse) *m(f)* de 3000 m steeple **Hindernisrennen** *nt* course *f* d'obstacles, steeple-chase *m*

Hinderungsgrund *m* empêchement *m*

hin|deuten *vi* ■ **etw deutet auf etw** (*akk*) **hin** qc laisse augurer [*o* présager] qc; ■ **etw deutet darauf hin, dass** qc indique que + *indic*

Hindi <-> *nt* *∅* hindi *m*
► **auf ~** en hindi

Hindin <-, -nen> *f liter* biche *f*

Hindu <-[s], -[s]> *m* hindou(e) *m(f)*

Hinduismus <-> *m* *∅* hindouisme *m*

hinduistisch I. *adj* hindou(e)
II. *adv erziehen* dans l'hindouisme; *prägen* par l'hindouisme

hindurch *adv* 1. *räumlich* ■ **irgendwo ~** *da, dort, drüben, hier, wo* par quelque part; ***da ist kein Weg ~*** il n'y a pas de passage par là; ***an dieser Stelle ~*** par ici, à cet endroit; ***wo ~ nun?*** par où passer maintenant?
2. *zeitlich* ■ **etw ~** pendant qc, durant qc
► **durch etw ~** à travers qc; ***wir müssten bald durch den Wald ~ sein*** nous devrions avoir bientôt traversé la forêt; ***ganz durch die Wüste ~ wird die Karawane zwei Wochen brauchen*** il faudra deux semaines à la caravane pour traverser tout le désert

hindurch- *-dürfen, -können, -wollen, -müssen, -sollen* passer par; ***Sie dürfen/können hier nicht hindurch*** vous ne pouvez pas passer par ici; ***er drängte sich durch die Menschenmenge hindurch*** il se fraya un passage à travers la foule; ***es wird Monate dauern, bis ich mich in diesem Wust von Akten hindurchgearbeitet habe*** il va me falloir des mois pour arriver au bout de cette montagne de dossiers; ***kein Lichtstrahl dringt hindurch*** pas un rayon de lumière ne passe à travers **hindurch|gehen** *vi irreg + sein* 1. (*durchschreiten*) ■ **jd geht irgendwo/durch etw/unter etw** (*dat*) **~** qn passe quelque part/par qc/sous qc; ***zwei Menschen können bequem nebeneinander hindurch*** deux personnes peuvent facilement passer de front 2. (*durchdringen*) ■ **etw geht durch jdn/etw hindurch** */Strahlen, Messer, Geschoss/* qc traverse qn/qc 3. (*bewegt werden können*) ■ **etw geht [durch etw] hindurch** */Bohrer/ durch eine Wand, Beton* qc passe au travers [de qc]; */Gegenstand, Möbelstück/* qc passe [par qc]

hin|dürfen *vi irreg* ■ **jd darf irgendwo/zu jdm hin** qn peut aller quelque part/chez qn; ***zu diesen Kindern darfst du nicht mehr hin*** je ne veux plus que tu ailles voir ces enfants; ***morgen ist Kirmes, dürfen wir hin?*** demain, c'est la kermesse; nous pouvons y aller?

hin|eilen *vi + sein geh* ■ **jd eilt hin/zu jdm hin** qn se hâte/qn se rend en hâte chez qn; ***wo eilst du so schnell hin?*** où te rends-tu si vite?

hinein *adv* ■ **irgendwo/in etw** (*akk*) **~** par quelque part/à l'intérieur de qc; ***die Einbrecher sind hier/da/durch das Fenster ~*** les cambrioleurs sont entrés par ici/par là/par la fenêtre; ***wo geht's weiter? – Da/dort/drüben/hier ~!*** où faut-il aller maintenant? – Il faut entrer là/là-bas/de l'autre côté/ici; ***ich weiß nicht, wo ~ mit diesen Schrauben*** je ne sais pas où ranger [*o* mettre] ces vis; ***die Handtücher kommen oben ~ in den Schrank*** les serviettes vont [*o* se rangent] en haut dans l'armoire

▶ ~ **mit** dir! *fam* entre!; **nur** ~! *fam* entrez donc!
hinein- *-dürfen, -können, -mögen, -sollen* entrer; *~**stürmen*** entrer en trombe; *s. a.* **ein-, herein-**
hinein|begeben * *vr irreg geh* ▪ **jd begibt sich hinein/in etw** (*akk*) **hinein** qn entre/qn se rend à l'intérieur de qc
hinein|bekommen * *vt irreg fam* ▪ **jd bekommt etw** [**in etw** (*akk*)] **hinein** qn fait entrer [*o* rentrer] qc [dans qc]
hinein|blicken *vi geh* ▪ **jd blickt** [**in etw** (*akk*)/**durch etw**] **hinein** qn regarde à l'intérieur [de qc/par qc]; *in ein Buch, eine Zeitschrift* qn jette un coup d'œil [sur qc]
hinein|bringen *vt irreg* **1.** (*hineintragen*) ▪ **jd bringt** [**jdm**] **etw** [**in etw** (*akk*)] **hinein** qn apporte [*o* amène] qc [à qn] [dans qc]; *Möbelstück* qn transporte qc [à qn] à l'intérieur [de qc]
2. (*hineinbegleiten*) ▪ **jd bringt jdn** [**irgendwohin/zu jdm**] **hinein** qn amène qn [quelque part/vers qn]
3. *s.* **hineinbekommen**
hinein|bugsieren * *vt fam* ▪ **jd bugsiert etw** [**in etw** (*akk*)] **hinein** qn transbahute qc à l'intérieur [de qc] *fam*
hinein|denken *vr irreg* ▪ **jd denkt sich in jdn hinein** qn se met à la place de qn; ▪ **jd denkt sich in etw** (*akk*) **hinein** *in jds Psyche* qn entre dans qc; *in ein Problem, eine Theorie* qn se pénètre de qc *soutenu*
hinein|deuten *vt* ▪ **jd deutet etw in etw** (*akk*) **hinein** qn tire qc de qc
hinein|drängen I. *vt + haben* ▪ **jd drängt jdn** [**in etw** (*akk*)] **hinein** qn pousse qn à l'intérieur [de qc]
II. *vi + sein* ▪ **sie drängen** [**in etw** (*akk*)] **hinein** ils/elles se pressent [*o* se bousculent] pour entrer [dans qc]
III. *vr + haben* ▪ **jd drängt sich** [**irgendwo**] **hinein** qn se fraie un passage pour entrer [quelque part]; ***er versuchte sich an uns vorbei hineinzudrängen*** il essaya d'entrer en nous passant devant; ***Sie können sich doch nicht einfach hier*** ~! vous ne pouvez tout de même pas entrer de force comme ça!
hinein|fallen *vi irreg + sein* ▪ **jd/etw fällt hinein/in etw** (*akk*) **hinein** qn/qc tombe dedans/dans qc
hinein|finden *irreg* I. *vi* ▪ **jd findet** [**in etw** (*akk*)] **hinein** qn trouve le chemin pour entrer [dans qc]
II. *vr* **1.** (*sich vertraut machen*) ▪ **jd findet sich** [**in etw** (*akk*)] **hinein** *in eine Hypothese, Theorie, einen Aufgabenbereich* qn se met au courant [de qc], qn se familiarise avec qc
2. (*sich abfinden*) ▪ **jd findet sich in etw** (*akk*) **hinein** *in eine neue Lage, veränderte Situation* qn se fait à qc
hinein|fressen *irreg* I. *vt* **1.** (*verschlingen*) ▪ **ein Tier frisst etw in sich** (*akk*) **hinein** un animal avale [*o* engloutit] qc
2. *sl* (*hinunterschlingen*) ▪ **jd frisst etw in sich** (*akk*) **hinein** qn engouffre [*o* s'enfile] qc *fam*
3. *fam* (*nicht abreagieren*) ▪ **jd frisst etw in sich** (*akk*) **hinein** *Ärger, Frust etc* qn ravale qc [en lui-même/elle-même]
II. *vr* ▪ **ein Tier frisst sich in etw** (*akk*) **hinein** */Motte, Holzwurm/* un animal ronge qc
hinein|gehen *vi irreg + sein* **1.** (*betreten*) ▪ **jd geht** [**in etw** (*akk*)] **hinein** qn entre [dans qc]
2. *fam* (*hineinpassen*) ▪ **jd/etw geht in etw** (*akk*) **hinein** qn/qc entre [*o* rentre] dans qc
hinein|geraten * *vi irreg + sein* ▪ **jd gerät in etw** (*akk*) **hinein** qn tombe [*o* se retrouve] dans qc, qn se trouve mêlé(e) à qc
hinein|gießen *vt irreg* **1.** (*gießen*) ▪ **jd gießt etw hinein/in etw** (*akk*) **hinein** qn verse qc dedans/dans qc
2. *sl* (*trinken*) ▪ **jd gießt etw in sich** (*akk*) **hinein** qn siffle *fam* [*o* écluse *pop*] qc
hinein|greifen *vi irreg* ▪ **jd greift hinein/in etw** (*akk*) **hinein** qn met la main dedans/dans qc; ***hier, greif mal hinein!*** (*bediene dich*) vas-y, sers-toi !
hinein|gucken *vi fam s.* **hineinsehen**
hinein|halten *irreg* I. *vt* ▪ **jd hält etw hinein/in etw** (*akk*) **hinein** qn met qc dedans/dans qc; ***sie hielten seinen Kopf ins Wasser hinein*** ils/elles lui maintenaient la tête dans l'eau
II. *vi fam* ▪ **jd/etw hält** [**mit etw**] **in Menschen/etw** (*akk*) **hinein** *mit einem Wasserstrahl* qn/qc sauce [*o* douche] des personnes/qc [avec qc] *fam; mit einem MG etc* qn/qc canarde des personnes/qc [avec qc] *fam*
hinein|interpretieren * *vt* ▪ **jd interpretiert etw in etw** (*akk*) **hinein** qn tire qc de qc; ***ich will ja nichts in seinen Brief*** *~**, aber*** je ne veux pas faire dire à sa lettre ce qu'elle ne dit pas, mais
hinein|klettern *vi + sein* ▪ **jd klettert** [**durch etw**] **hinein** qn grimpe à l'intérieur [par qc]; ▪ **jd klettert in etw** (*akk*) **hinein** qn grimpe dans qc; ▪ **jd klettert durch etw in etw** (*akk*) **hinein** qn grimpe par qc pour entrer dans qc
hinein|knien [-kniːn, -kniːən] *vr fam* ▪ **jd kniet sich** [**in etw** (*akk*)] **hinein** qn se donne [à fond] [dans qc], qn se défonce [pour qc] *fam*
hinein|kommen *vi irreg + sein* **1.** (*hineingelangen*) ▪ **jd kommt** [**in etw** (*akk*)/**auf etw** (*akk*)] **hinein** *in ein Haus, auf ein Gelände* qn entre [dans/sur qc], qn pénètre dans/sur qc
2. *fam* (*gehören*) ▪ **etw kommt irgendwo/in etw** (*akk*) **hinein** */Abfall, Briefe, Brot etc/* qc va quelque part/dans qc
hinein|komplimentieren * *vt* ▪ **jd komplimentiert jdn** [**in etw** (*akk*)] **hinein** qn invite qn à entrer [dans qc]
hinein|kriegen *vt fam s.* **hineinbekommen**
hinein|lachen *vi* ▪ **jd lacht in sich** (*akk*) **hinein** qn rit sous cape
hinein|lassen *vt irreg* ▪ **jd lässt jdn/ein Tier** [**in etw** (*akk*)] **hinein** qn laisse entrer qn/un animal [dans qc]
hinein|laufen *vi irreg + sein* ▪ **jd/ein Tier läuft hinein/in etw** (*akk*) **hinein** *in den Garten, ein Gebäude, einen Stall* qn/un animal entre en courant/dans qc; *in den Stacheldraht, Elektrozaun* qn/un animal rentre dedans/dans qc en courant; *in ein Tor* qn/un animal franchit qc en courant
▶ **jd lässt etw in sich** (*akk*) ~ *sl* qn siffle *fam* [*o* écluse *pop*] qc
hinein|legen I. *vt* **1.** (*legen*) ▪ **jd legt** [**jdm**] **etw hinein/in etw** (*akk*) **hinein** *Betrag, Geld, Gegenstand* qn [lui] met qc dedans/dans qc
2. (*investieren*) ▪ **jd legt etw in etw** (*akk*) **hinein** *Anteilnahme, Emotionen, Gefühl etc* qn met qc dans qc
3. (*hineindeuten*) ▪ **jd legt etw in etw** (*akk*) **hinein** qn met [*o* trouve] qc dans qc
II. *vr* ▪ **jd legt sich hinein/in etw** (*akk*) **hinein** qn se met [*o* se couche] dedans/dans qc
hinein|manövrieren * [-vr-] I. *vt* **1.** (*fahren*) ▪ **jd manövriert etw hinein** *Wagen, Schiff* qn fait entrer qc en manœuvrant; ▪ **jd manövriert etw in etw** (*akk*) **hinein** qn manœuvre qc dans qc
2. (*bringen*) ▪ **jd manövriert jdn in etw** (*akk*) **hinein** *in eine ausweglose Lage, schwierige Situation* qn embarque qn dans qc
II. *vr* ▪ **jd manövriert sich in etw** (*akk*) **hinein** qn s'embarque dans qc
hinein|passen *vi* **1.** (*passen*) ▪ **jd/etw passt hinein/in etw** (*akk*) **hinein** qn/qc entre dedans/dans qc
2. (*harmonieren*) ▪ **jd passt irgendwo/in etw** (*akk*) **hinein** qn est à sa place quelque part/dans qc; ***jd passt irgendwo/in etw*** (*akk*) ***nicht hinein*** qn est déplacé(e) quelque part/dans qc
hinein|pfuschen *vi fam* ▪ **jd pfuscht jdm** [**in etw** (*akk*)] **hinein** qn met son bazar [dans qc de qn] *fam*, qn s'immisce [dans qc]
hinein|platzen *vi + sein fam* ▪ **jd platzt** [**bei jdm/in etw** (*akk*)] **hinein** qn débarque [*o* se pointe] [chez qn/dans qc] *fam*
hinein|pressen *vt* ▪ **jd presst etw hinein/in etw** (*akk*) **hinein** qn fourre une chose dedans/dans qc; ▪ **jd presst Dinge in etw** (*akk*) **hinein** qn tasse des choses dedans/dans qc
hinein|pumpen *vt* ▪ **jd pumpt etw** [**in etw** (*akk*)] **hinein** *Wasser, Gülle* qn introduit qc par pompage [dans qc]; *Beton* qn injecte qc [dans qc]
hinein|ragen *vi + sein* ▪ **etw ragt in etw** (*akk*) **hinein** qc dépasse dans/sur qc
hinein|reden I. *vi* (*sich einmischen*) ▪ **jd redet jdm hinein** qn se mêle des affaires de qn; ▪ **jd redet jdm in etw** (*akk*) **hinein** qn se mêle de qc de qn, qn met son grain de sel dans qc de qn *fam*
II. *vr* ▪ **jd redet sich in etw** (*akk*) **hinein** *in Hysterie, Rage, Wut* qn se met dans un état de qc en parlant
hinein|regnen *vi impers* ▪ **es regnet** [**durch etw/in etw** (*akk*)] **hinein** il pleut [par qc] à l'intérieur [de qc]
hinein|reichen I. *vt* ▪ **jd reicht** [**jdm**] **etw** [**in etw** (*akk*)] **hinein** qn passe qc [à qn] à l'intérieur [de qc]; ▪ **jd reicht** [**jdm**] **etw zu etw/durch etw hinein** qn passe qc [à qn] à l'intérieur par qc
II. *vi* **1.** (*ausreichen*) ▪ **etw reicht** [**bis**] **in etw** (*akk*) **hinein** */Geld, Gehalt, Vorräte/* qc est suffisant(e) pour atteindre qc
2. (*sich erstrecken*) ▪ **etw reicht irgendwo/bis in etw** (*akk*) **hinein** */Hochwasser, Verseuchung/* qc s'étend quelque part/jusque dans qc
hinein|reißen *vt irreg fam* ▪ **jd reißt jdn hinein/in etw** (*akk*) **hinein** *in eine Situation* qn fourre qn dedans/dans qc *fam; in den Untergang* qn précipite qn dedans/dans qc
hinein|reiten *irreg* I. *vi + sein* ▪ **jd reitet hinein/in etw** (*akk*) **hinein** *in eine Stadt* qn entre à cheval dans qc; *in einen Sumpf, ins Moor* qn pénètre à cheval dedans/dans qc
II. *vt + haben fam* ▪ **jd reitet jdn hinein/in etw** (*akk*) **hinein** qn fourre qn dedans/dans qc *fam*
hinein|rennen *vi irreg + sein fam s.* **hineinlaufen**
hinein|schaffen *vt* ▪ **jd schafft jdn/etw hinein/in etw** (*akk*) **hinein** qn transporte qn/qc à l'intérieur/dans qc
hinein|schauen *vi* **1.** *fam* (*besuchen*) ▪ **jd schaut** [**bei jdm**] **hinein** qn passe [*o* fait un saut] [chez qn]
2. DIAL *s.* **hineinsehen**
hinein|schlagen *vt irreg* ▪ **jd schlägt etw hinein/in etw** (*akk*) **hinein** qn enfonce qc dedans/dans qc
hinein|schleichen *vi, vr irreg + vi: sein* ▪ **jd schleicht** [**sich**] [**in etw** (*akk*)] **hinein** qn se glisse à l'intérieur [de qc]
hinein|schlingen *vt irreg* ▪ **jd schlingt etw in sich** (*akk*) **hinein** qn engloutit qc
hinein|schlittern *vi + sein fam* **1.** (*hineingeraten*) ▪ **jd schlittert in etw** (*akk*) **hinein** *in eine Situation, in die Patsche* qn se fourre dans qc; *in die Arbeitslosigkeit* qn glisse vers qc
2. (*rutschen*) ▪ **jd schlittert hinein/in etw** (*akk*) **hinein** *in einen Sumpf, Weiher* qn glisse dedans/dans qc
hinein|schlüpfen *vi + sein* **1.** (*anziehen*) ▪ **jd schlüpft** [**in etw** (*akk*)] **hinein** qn passe [*o* enfile *fam*] qc; ***ein interessantes Kleid, ich schlüpf mal kurz hinein*** une robe intéressante, je vais la passer [*c* l'enfiler *fam*]
2. (*kriechen*) ▪ **jd/ein Tier schlüpft** [**in etw** (*akk*)] **hinein** qn/un animal se glisse à l'intérieur [de qc]; ▪ **jd/ein Tier schlüpft durch etw hinein** qn/un animal se glisse par qc à l'intérieur
hinein|schmuggeln I. *vt* ▪ **jd schmuggelt etw** [**in etw** (*akk*)] **hinein** qn introduit clandestinement qc [dans qc]
II. *vr* ▪ **jd schmuggelt sich** [**in etw** (*akk*)] **hinein** qn s'introduit clandestinement [dans qc]
hinein|schreiben *vt irreg* ▪ **jd schreibt** [**jdm**] **etw** [**in etw** (*akk*)] **hinein** qn inscrit qc [à qn] [dans qc]
hinein|schütten *vt* **1.** (*schütten*) ▪ **jd schüttet etw hinein/in etw** (*akk*) **hinein** qn verse qc dedans/dans qc
2. *fam* (*trinken*) ▪ **jd schüttet etw in sich** (*akk*) **hinein** qn siffle *fam* [*o* écluse *fam*] qc

hinein|sehen *vi irreg* ■ **jd sieht hinein/in etw** (*akk*) **hinein** qn regarde dedans/dans qc [*o* à l'intérieur/à l'intérieur de qc]

hinein|setzen I. *vt* ■ **jd setzt jdn hinein/in etw** (*akk*) **hinein** qn assied [*o* assoit] qn dedans/dans qc
II. *vr* ■ **jd setzt sich hinein/in etw** (*akk*) **hinein** qn s'assied [*o* s'assoit] dedans/dans qc

hinein|spazieren * *vi* + *sein fam* (*in etw spazieren*) ■ **jd spaziert hinein/in etw** (*akk*) **hinein** qn entre comme il/elle veut [*o* comme dans un moulin]/dans qc; *in einem Laden* qn entre sans hésiter dans qc
► **nur hineinspaziert!** entrez donc!

hinein|spielen *vi* ■ **etw spielt irgendwo/in etw** (*akk*) [**mit**] **hinein** qc entre en jeu [*o* en ligne de compte] quelque part/dans qc

hinein|stecken *vt* 1. (*stecken*) ■ **jd steckt etw** [**durch etw/in etw** (*akk*)] **hinein** qn met qc [par qc/dans qc]; *Injektionsnadel* qn introduit [*o* pique] qc [dans qc]; ***steck doch mal den Kopf zum Fenster hinein*** passe la tête par la fenêtre [pour voir à l'intérieur]
2. (*investieren*) ■ **jd steckt etw hinein** *Arbeit* qn met qc dedans; *Geld a.* qn engage qc; ■ **jd steckt etw in etw** (*akk*) **hinein** qn met/engage qc dans qc

hinein|steigern *vr* ■ **jd steigert sich in etw** (*akk*) **hinein** qn se laisse emporter par qc, qn laisse qc s'exacerber en lui/elle

hinein|stopfen *vt* 1. (*stopfen*) ■ **jd stopft etw hinein/in etw** (*akk*) **hinein** qn fourre qc dedans/dans qc [*o* à l'intérieur/à l'intérieur de qc]; ■ **jd stopft Dinge in etw** (*akk*) **hinein** qn tasse des choses dans qc
2. *fam* (*essen*) ■ **jd stopft etw in sich** (*akk*) **hinein** *Brocken* qn enfourne qc *fam*; *Pralinen, Süßigkeiten* qn se bourre de qc *fam*

hinein|stoßen *vt irreg* 1. (*stoßen*) ■ **jd stößt jdn hinein/in etw** (*akk*) **hinein** *in eine Grube, Schacht* qn pousse [*o* précipite] qn dedans/dans qc
2. (*rammen, schieben*) ■ **jd stößt etw** [**in etw** (*akk*)] **hinein** *Hellebarde, Schwert etc* qn enfonce qc [dans qc]

hinein|strömen *vi* + *sein* 1. ■ **etw strömt** [**durch etw**] [**in etw** (*akk*)] **hinein** /*Wasser, Öl, Kraftstoff*/ qc coule à flots [par qc] à l'intérieur [de qc]; *ins Schiffsinnere* qc s'engouffre à l'intérieur de qc; /*Gas*/ qc se répand [par qc] à l'intérieur [de qc]; ***das Öl strömt ins Meer hinein*** le pétrole coule à flots [*o* se répand] dans la mer
2. ■ **sie strömen** [**in etw** (*akk*)] **hinein** ils/elles entrent en masse [*o* affluent] [dans qc] [*o* s'engouffrent]

hinein|stürzen I. *vi* + *sein* (*hineinfallen*) ■ **jd/etw stürzt hinein/in etw** (*akk*) **hinein** qn tombe dedans/dans qc
II. *vt* + *haben geh* ■ **jd stürzt jdn hinein/in etw** (*akk*) **hinein** qn précipite qn dedans/dans qc
III. *vr* + *haben* ■ **jd stürzt sich hinein/in etw** (*akk*) **hinein** qn se jette [*o* se précipite] dedans/dans qc

hinein|tappen *vi* + *sein fam* ■ **jd tappt hinein/in etw** (*akk*) **hinein** *in Pfütze, Kuhfladen, Hundekot* qn marche dedans/dans qc

hinein|tragen *vt irreg fam* ■ **jd trägt jdn/etw hinein/in etw** (*akk*) **hinein** qn transporte qn/qc à l'intérieur/à l'intérieur de qc [*o* dedans/dans qc]

hinein|tun *vt irreg* ■ **jd tut etw hinein/in etw** (*akk*) **hinein** qn met qc dedans/dans qc; *in ein Regal* qn met qc dessus/sur qc

hinein|versetzen * *vr* ■ **jd versetzt sich in jdn hinein** qn se met à la place de qn; ■ **jd versetzt sich in etw** (*akk*) **hinein** qn se plonge dans qc; ***versuch dich mal in meine Lage hineinzuversetzen*** essaie de te mettre à ma place
► **jd fühlt sich in etw** (*akk*) **hineinversetzt** qn a l'impression d'être transporté(e) [*o* de se trouver] dans qc; *in eine Zeit, Epoche* qn a l'impression d'être transporté(e) [*o* de se trouver] à qc

hinein|wachsen [-ks-] *vi irreg* + *sein* 1. (*sich ausdehnen*) ■ **etw wächst in etw** (*akk*) **hinein** /*Tumor*/ qc se développe dans qc; /*Zehennagel*/ qc pousse dans qc
2. (*vertraut werden*) ■ **jd wächst in etw** (*akk*) **hinein** qn se fait [*o* s'accoutume] à qc

hinein|wagen *vr* ■ **jd wagt sich** [**zu jdm/in etw** (*akk*)] **hinein** qn ose entrer [chez qn/dans qc], qn s'aventure [*o* se risque] chez qn/dans qc

hinein|wollen *vi fam* ■ **jd will irgendwohin/zu jdm hinein** (*akk*) qn veut entrer [quelque part/chez [*o* vers] qn]; ***ich will lieber zu Mutti ins Bett hinein*** je préfère aller dans le lit de maman

hinein|ziehen *irreg* I. *vt* + *haben* ■ **jd zieht jdn mit hinein** qn mouille qn *fam*, qn compromet qn, qn implique qn là-dedans; ■ **jd zieht jdn mit in etw** (*akk*) **hinein** qn entraîne [*o* embarque] qn dans qc
II. *vi* + *sein* ■ **etw zieht** [**in etw** (*akk*)] **hinein** qc entre [dans qc], qc pénètre dans qc

hinein|zwängen I. *vt* ■ **jd zwängt etw hinein/in etw** (*akk*) **hinein** qn fait entrer qc [de force] dedans/dans qc; ***der Vertreter zwängte seinen Fuß in den Türspalt hinein*** le représentant a mis son pied dans l'entrebâillement de la porte
II. *vr* ■ **jd zwängt sich** [**in etw** (*akk*)] **hinein** qn entre de force [dans qc]

hinein|zwingen *vt irreg* ■ **jd zwingt jdn** [**in etw** (*akk*)] **hinein** qn fait entrer qn de force [dans qc], qn force qn à entrer [dans qc]

hin|fahren *irreg* I. *vi* + *sein* ■ **jd fährt hin** qn y va; ■ **jd fährt zu jdm/irgendwo hin** qn va chez qn/quelque part
II. *vt* + *haben* ■ **jd fährt jdn hin** qn y conduit qn; ■ **jd fährt etw hin** qn y apporte qc [en voiture]; *Ware* qn y livre qc; ■ **jd fährt jdn zu jdm/irgendwo hin** qn mène qn en voiture chez qn/quelque part

Hinfahrt *f* trajet *m* [pour y aller]
► **auf** [*o* **während**] **der** ~ à l'aller; ***wir haben auf der ~ nach X einen Unfall gesehen*** pendant le trajet pour aller à X, nous avons vu un accident

hin|fallen *vi irreg* + *sein* ■ **jd fällt hin** qn tombe; ■ **jdm fällt etw hin** qn laisse tomber qc

hinfällig *adj* 1. (*gebrechlich*) infirme, invalide; (*vom Alter*) décrépit(e)
2. (*ungültig*) *Forderung, Rechnung* caduc(-uque), sans objet; *Argument* sans valeur, dépassé(e)
► **etw macht etw** ~ qc rend qc caduc(-uque) [*o* sans objet]

hin|finden *vi irreg fam* ■ **jd findet** [**zu jdm/irgendwo**] **hin** qn trouve le chemin [pour aller chez qn/quelque part]

hin|fläzen *vr*, **hin|flegeln** *vr fam* ■ **jd fläzt** [*o* **flegelt**] **sich hin** qn se vautre, qn s'étale *fam*

hin|fliegen *vi irreg* + *sein* 1. AVIAT ■ **jd fliegt hin** qn y va en avion; ■ **jd fliegt zu jdm/irgendwo hin** qn va en avion chez qn/quelque part; ***ich weiß noch nicht, ob ich den Zug nehme oder hinfliege*** je ne sais pas encore si je prends le train ou l'avion [*o* si j'y vais en train ou en avion]
2. *fam* (*hinfallen*) ■ **jd fliegt hin** qn fait un vol plané *fam*, qn s'étale *fam*; ■ **jdm fliegt etw hin** qn envoie qc par terre *fam*

Hinflug *m* AVIAT (*Flug an ein Ziel*) vol *m* [pour y aller]
► **auf dem** ~ [**nach etw**] à l'aller, pendant le vol aller [pour qc]

hin|führen I. *vt* ■ **jd führt jdn hin** qn y conduit qn; ■ **jd führt jdn zu jdm/irgendwo hin** qn conduit qn jusqu'à qn/quelque part
II. *vi* ■ **etw führt hin** qc y conduit; ■ **etw führt zu etw hin** qc conduit [*o* mène] à qc
► **wo soll das ~?** où cela va-t-il nous mener?

hing *imp von* **hängen**

Hingabe *f* ∅ ardeur *f*, passion *f*
► **mit** ~ avec ardeur, en se donnant à fond; *jdn pflegen* avec dévouement

hin|geben *irreg* I. *vr* 1. (*sich überlassen*) ■ **jd gibt sich einer S.** (*dat*) **hin** *der Muße, Verzweiflung, dem Nichtstun* qn s'abandonne à qc; *dem Laster, Genuss, Ausschweifungen* qn s'adonne à qc
2. *euph geh* ■ **eine Frau gibt sich einem Mann**[**e**] **hin** une femme se donne à un homme
II. *vt geh* ■ **jd gibt etw hin** *Geld* qn donne qc; *guten Ruf* qn sacrifie qc

Hingebung <-> *f* ∅ *s.* **Hingabe**

hingebungsvoll I. *adj Blick, Klavierspiel* passionné(e); *Pflege* plein(e) de dévouement
II. *adv spielen* avec ferveur; *lauschen, sich widmen a.* passionnément; *pflegen* avec dévouement

hingegen *conj geh* en revanche

hingegossen *adj* ► **wie** ~ *fam* complètement détendu(e)

hin|gehen *vi irreg* + *sein* 1. (*dorthin gehen*) ■ **jd geht hin** qn y va; ***wo gehst du hin?*** où est-ce que tu vas?
2. *geh* (*vergehen*) ■ **etw geht hin** qc passe
3. (*angehen*) ■ **etw geht** [**noch**] **hin** qc passe [encore]; ***diesmal mag es noch*** ~ passe pour cette fois; ■ **es geht nicht hin, dass** il est inadmissible que + *subj*
► **jd lässt etw** ~ qn laisse passer qc; **jd lässt jdm etw** ~ qn passe qc à qn

hin|gehören * *vi fam* ■ **jd gehört irgendwo hin** qn est à sa place [*o* la place de qn est] quelque part; ■ **ein Tier gehört irgendwo hin** la place d'un animal est quelque part; ■ **etw gehört irgendwo hin** qc se range [*o* la place de qc est] quelque part; ***wo der Hund wohl ~ mag?*** à qui peut-il bien être, ce chien? *fam*; ***wo gehört die Schüssel hin?*** où il se range, ce plat? *fam*, il se range où, ce plat? *fam*

hin|geraten * *vi irreg* + *sein* ■ **jd gerät irgendwo hin** qn se retrouve [*o* atterrit *fam*] quelque part
► **wo bin ich denn hier ~?** *fam* où est-ce que je suis tombé(e)? *fam*

hingerissen I. *adj* ravi(e)
II. *adv* avec ravissement; ***ganz*** ~ avec un ravissement total

hin|halten *vt irreg* 1. (*entgegenhalten*) ■ **jd hält jdm etw hin** qn tend qc à qn; *Foto a.* qn présente qc à qn
2. (*warten lassen*) ■ **jd hält jdn hin** qn amuse qn; ■ **jd lässt sich von jdm ~/von jdm mit etw** ~ qn se laisse endormir par qn/par qc de qn

Hinhaltetaktik *f* manœuvre *f* dilatoire

hin|hauen *irreg* I. *vi fam* 1. (*gut gehen*) ■ **etw haut hin** /*Aufgabe, Durchführung, Gespräch*/ qc marche, qc colle *fam*
2. (*ausreichen*) ■ **etw haut hin** /*Geld, Anzahl, Gewicht*/ qc suffit
3. (*zuschlagen*) ■ **jd haut hin** qn tape, qn cogne
II. *vr sl* 1. (*schlafen*) ■ **jd haut sich** [**eine bestimmte Zeit**] **hin** *ein Stündchen etc* qn pionce [*o* roupille] [un certain temps]
2. (*sich hinflegeln*) ■ **jd haut sich hin** qn se vautre, qn s'étale *fam*
III. *vt fam* ■ **jd haut etw hin** *Arbeit, Hausaufgaben etc* qn bâcle qc *fam*; ■ **hingehauen** bâclé(e) *fam*

hin|hören *vi* ■ **jd hört hin** qn écoute; ***ich habe nicht so genau hingehört*** je n'y ai pas prêté l'oreille

hin|kauern *vr* ■ **jd kauert sich** [**irgendwo**] **hin** qn s'accroupit [quelque part]

Hinkebein *nt*, **Hinkefuß** *m fam* 1. (*hinkendes Bein*) patte *f* folle *fam*
2. (*Mensch*) boiteux(-euse) *m(f)*

Hinkelstein *m fam* menhir *m*

hinken *vi* 1. + *haben* (*das Bein nachziehen*) ■ **jd hinkt** [**auf** [*o* **mit**] **etw** (*dat*)] qn boite [de qc]; ■ **~d** (*adjektivisch*) boiteux(-euse); (*adverbial*) en boitant
2. + *sein* (*sich fortbewegen*) ■ **jd hinkt irgendwohin** qn va quelque part en boitant; ***er hinkte über die Straße*** il traversa la rue en boitant; ■ **jd kommt gehinkt** qn arrive en boitant
3. + *haben* ■ **etw hinkt** /*Beispiel, Vergleich*/ qc est boiteux(-euse)

hin|knallen I. *vi* + *sein fam* ■ **jd knallt hin** qn va dinguer *fam*
II. *vt* + *haben fam* ■ **jd knallt** [**jdm**] **etw hin** qn balance qc [à qn] *fam*

hin|knien [-kniːn, -kniːən] *vi*, *vr* + *vi*: *sein* ■ **jd kniet** [**sich**] [**auf etw** (*akk*)/**vor jdn**] **hin** qn s'agenouille [*o* se met à genoux] [sur qc/devant qn]

hin|kommen *vi irreg* + *sein* 1. (*gelangen*) ■ **jd kommt** [**da/dort**] **hin** qn y arrive; ■ **jd kommt irgendwo hin** qn arrive quelque part; ***ich weiß nicht, wie ich rechtzeitig zur Konferenz ~ soll*** je ne sais pas comment j'arriverai à temps à la conférence; ■ **etw ist irgendwo hingekommen** /*Buch,*

Gegenstand/ qc a été mis(e) quelque part; ***ich weiß nicht, wo meine Brille hingekommen ist*** je ne sais pas où sont passées mes lunettes
2. (*hingehören*) ■ **etw kommt irgendwo hin** / *Gerät, Geschirr, Besteck, Buch, Gegenstand/* qc se met quelque part
3. *fam* (*auskommen*) ■ **jd kommt [mit etw] hin** *mit Gehalt, Haushaltsgeld, Vorräten* qn y arrive [*o* se débrouille *fam*] [avec qc]
4. *fam* (*stimmen*) ■ **das kommt hin** c'est juste; ***das kann*** ~ ça se peut
► **wo kämen wir denn [da] hin[, wenn ...]!** *fam* où irions-nous [si ...]!, il [ne] manquerait plus que ça! *fam*

hin|kriegen *vt fam* 1. (*reparieren*) ■ **jd kriegt etw wieder hin** qn rafistole [*o* bricole] qc *fam*
2. (*fertig bringen*) ■ **jd kriegt es/etw hin** qn arrange ça/qc *fam*; ***was man so alles hinkriegt*** tout ce qu'on arrive à faire; ■ **jd kriegt es hin, dass** qn arrive à se débrouiller pour que + *subj fam*
3. (*kurieren*) ■ **jd kriegt jdn wieder hin** qn retape qn *fam*

Hinkunft *f* AUS ► **in** ~ à l'avenir

hin|langen *vi fam* 1. (*anfassen*) ■ **jd langt hin** qn y touche; (*zu etw greifen*) qn tend la main; ***der Kleine muss auch überall*** ~ il faut que le petit touche à tout; ***der Stoff ist ganz weich, lang mal hin!*** l'étoffe est toute douce, touche-la!
2. (*zuschlagen*) ■ **jd langt hin** qn cogne, qn lui rentre dedans *fam*
3. (*sich bedienen*) ■ **jd langt hin** qn pioche dedans *fam*
4. (*viel Geld verlangen*) ■ **jd langt hin** qn n'y va pas avec le dos de la cuillère *fam*
5. (*ausreichen*) ■ **etw langt hin** / *Geld, Vorräte/* qc suffit
6. (*auskommen*) ■ **jd langt mit etw hin [für etw]** *mit Geld, Gehalt, Verdienst* avec qc, qn se débrouille [pour faire qc] *fam*, avec qc, qn arrive à faire qc; ***mit 1800 Mark im Monat lange ich gerade mal für die Miete hin*** avec 1800 marks par mois, je me débrouille tout juste pour payer mon loyer [*o* j'arrive tout juste à payer mon loyer]; ***mit dem Geld komme ich bis zum Monatsende hin*** avec l'argent, je me débrouille pour arriver à la fin du mois

hinlänglich I. *adj* suffisant(e)
II. *adv* suffisamment

hin|lassen *vt irreg* ■ **jd lässt jdn hin** qn laisse qn y aller

hin|laufen *vi irreg + sein* 1. (*an eine bestimmte Stelle eilen*) ■ **jd läuft hin** qn y court; ■ **jd läuft irgendwo hin/zu jdm hin** qn court quelque part/chez qn; (*auf jdn zu*) qn court vers qn
2. DIAL *fam* (*zu Fuß gehen*) ■ **jd läuft hin** qn y va à pied [*o* à pinces *fam*]

hin|legen I. *vt* 1. (*niederlegen*) ■ **jd legt jdn/etw hin** qn dépose qn/qc
2. (*vorlegen*) ■ **jd legt jdm etw hin** *Brief* qn présente [*o* soumet] qc à qn; *Akte, Unterlage, Zettel etc* qn met qc à qn; ***die Ihnen hingelegten Akten*** les dossiers qui vous ont été donnés
3. (*flach lagern*) ■ **jd legt jdn hin** *Verletzten etc* qn étend qn, qn allonge qn
4. (*ins Bett bringen*) ■ **jd legt jdn hin** *Kind* qn couche qn
5. *fam* (*bezahlen müssen*) ■ **jd legt etw [für etw] hin** qn allonge qc [pour qc] *fam*
6. *fam* (*darbieten*) ■ **jd legt etw hin** *Vortrag, Darbietung, Solonummer etc* qn fait qc; *Rede a.* qn sort qc *fam*
II. *vr* 1. (*schlafen gehen*) ■ **jd legt sich [eine bestimmte Zeit] hin** *ein Stündchen etc* qn s'allonge [*o* se couche] [un certain temps]
2. *fam* (*hinfallen*) ■ **jd legt sich hin** qn s'étale *fam*
► **da legst du dich [lang] hin!** *fam* [il] y a de quoi en rester baba [*o* le derrière par terre]! *fam*; ~! à terre!, couchez-vous!

hin|lümmeln *vr fam s.* **hinflegeln**

hin|machen I. *vt fam* ■ **jd macht [jdm] etw [irgendwo] hin** qn met qc [à qn] quelque part *fam*
II. *vi fam* ■ **jd/ein Tier macht [da] hin** qn/un animal fait [là] *fam*

hin|morden *vt geh* (*brutal umbringen*) ■ **jd mordet jdn hin** qn massacre qn

hin|müssen *vi irreg* ■ **jd muss hin** qn doit y aller; ***es muss also keiner hin*** personne n'est obligé d'y aller

Hinnahme <-> *f* ∅ acceptation *f*

hin|nehmen *vt irreg* 1. (*ertragen*) ■ **jd nimmt etw [als etw] hin** qn accepte qc [comme étant qc]; *Affront, Beleidigung, Verstoß, Verbrechen a.* qn tolère qc, qn supporte qc
2. *fam* (*mitnehmen*) ■ **jd nimmt jdn/etw mit hin** qn embarque qn/qc avec lui/elle *fam*
► **jd muss etw** ~ *Niederlage, Verlust, Einbuße* qn essuie qc, qn enregistre qc

hin|neigen I. *vr* ■ **jd neigt sich [zu jdm] hin** qn se penche [vers qn]
II. *vt* ■ **jd neigt etw zu jdm hin** qn incline [*o* penche] qc vers qn

hinnen *adv* ► **jd scheidet von** ~ *veraltend geh* qn quitte ces lieux; **von** ~ d'ici; ***wir müssen von*** ~ nous devons partir d'ici

hin|passen *vi* 1. (*sich gut einfügen*) ■ **etw passt irgendwo hin** qc va bien quelque part; ***die Vase würde hier besser*** ~ le vase irait mieux ici; ■ **jd passt irgendwo hin** qn est à sa place quelque part
2. (*Platz haben*) ■ **etw passt [irgendwo] hin** qc entre [quelque part], il y a de la place [quelque part] pour qc

hin|pfeffern *vt fam* 1. (*hinschleudern*) ■ **jd pfeffert [jdm] etw hin** *Brief, Gegenstand, Kündigung* qn balance qc [à qn] *fam*
2. (*äußern*) ■ **jd pfeffert [jdm] etw hin** *Artikel, Kritik* qn assène qc [à qn], qn lui envoie qc dans les dents [*o* les gencives] *fam*

hin|plumpsen *vi + sein fam* ■ **jd plumpst hin** qn prend une gamelle *fam*, qn se ramasse *fam*; ■ **etw plumpst hin** qc tombe lourdement; ■ **jd lässt etw** ~ qn laisse qc dégringoler par terre *fam*; ■ **jd lässt sich** ~ qn s'affale

hin|raffen *vt s.* **dahinraffen**

hin|reichen I. *vt geh* ■ **jd reicht jdm etw hin** qn tend qc à qn; *Butter, Salz* qn passe qc à qn
II. *vi geh* ■ **etw reicht hin** / *Bestand, Vorrat/* qc suffit

hinreichend I. *adj* suffisant(e)
II. *adv* suffisamment; ***ich habe dich ja*** ~ ***oft/lange gewarnt*** je t'ai assez averti!

Hinreise *f* trajet *m* [pour y aller], trajet *m* [aller], voyage *m* [aller], voyage *m* pour y aller; ***die*** ~ ***nach X*** le trajet [*o* le voyage] pour aller à X
► **Hin- und Rückreise** aller *m* et retour; **auf der** ~ à l'aller; ***auf der*** ~ ***nach X*** au cours du voyage [pour] aller à X

hin|reißen *vt irreg* 1. (*begeistern*) ■ **jd reißt jdn hin** qn charme [*o* ravit] qn; ■ **etw reißt jdn hin** qc émerveille [*o* ravit] qn; ■ **jd ist [von jdm/etw] hingerissen** qn est émerveillé(e) [*o* enthousiasmé(e)] [par qn/qc]; *s. a.* **hingerissen**
2. (*verleiten*) ■ **etw reißt jdn zu etw hin** *zu einer Bemerkung, Reaktion* qc déclenche [*o* provoque] qc chez qn
► **jd lässt sich** ~ qn s'emporte, qn s'emballe *fam*; ***lassen Sie sich durch diese Provokationen nicht*** ~! ne vous laissez pas aller à répondre à ces provocations!; **jd lässt sich zu etw** ~ *zu einer Äußerung, Bemerkung, Beleidigung, Frechheit* qn se laisse aller à qc; *zu einer Bestellung, Unterschrift* qn se laisse entraîner à faire qc; **jd lässt sich dazu** ~ **etw zu tun/zu sein** qn se laisse aller au point de faire/d'être qc; ***lass dich durch diesen Affront nicht dazu*** ~ ***unbesonnen zu sein!*** que cet affront ne te pousse pas à agir de façon irréfléchie!

hinreißend I. *adj* charmant(e), ravissant(e)
II. *adv tanzen, spielen* merveilleusement [bien]; ***du siehst*** ~ ***aus in deinem neuen Kostüm*** tu es adorable [*o* ravissante] dans ton nouveau tailleur

hin|rennen *vi irreg + sein s.* **hinlaufen 1.**

hin|richten *vt* ■ **jd richtet jdn hin** qn exécute qn

Hinrichtung *f* exécution *f*
► **jd vollzieht die** ~ *form* qn procède à l'exécution

hin|rotzen *vt sl* ■ **jd rotzt [jdm] etw hin** qn bâcle [*o* torch[onn]e] qc [à qn] *fam*

hin|schaffen *vt* ■ **jd schafft etw [zu jdm] hin** *Bestellung, Lieferung* qn fait parvenir qc [à qn]; *Kiste* qn transporte qc [chez qn]

hin|schauen *vi* DIAL *s.* **hinsehen**

hin|schicken *vt* ■ **jd schickt jdn [zu jdm] hin** qn envoie qn [chez qn]

Hinschied <-s, -e> *m* CH *geh* disparition *f*, décès *m*

hin|schlagen *vi irreg* 1. + *sein* (*hinfallen*) ■ **jd schlägt hin** qn tombe comme une masse, qn s'effondre
2. + *haben* (*hinhauen*) ■ **jd schlägt hin** qn frappe

hin|schleichen *vi, vr irreg + vi: sein* ■ **jd schleicht [sich] [irgendwo] hin** qn se glisse là/quelque part; ***wir schleichen mal ganz leise hin*** nous allons nous y glisser tout doucement; ■ **jd schleicht sich zu jdm hin** qn se glisse chez qn; (*in jds Richtung*) qn se glisse vers qn

hin|schleppen I. *vr* 1. (*sich bewegen*) ■ **jd schleppt sich hin/irgendwo hin/zu etw** qn se traîne jusque-là/quelque part/jusqu'à qc; ***dort ist das Wasserloch, wir werden uns*** ~ là-bas se trouve le trou d'eau, nous allons nous y traîner
2. (*sich hinziehen*) ■ **etw schleppt sich hin** / *Verhandlungen, Untersuchungen, Tests/* qc se prolonge, qc traîne en longueur; ***hoffentlich schleppen sich diese Verhandlungen nicht noch länger/ewig hin*** espérons que ces négociations ne vont pas se poursuivre plus longtemps/indéfiniment
II. *vt* 1. (*tragen*) ■ **jd schleppt etw [zu jdm/etw] hin** qn y traîne qc, qn traîne qc jusque là/jusque chez qn
2. *fam* (*mitnehmen*) ■ **jd schleppt jdn mit hin** qn emmène qn avec *fam*, qn y emmène qn

hin|schludern *vt fam* ■ **jd schludert etw hin** qn bâcle qc *fam*, qn cochonne qc

hin|schmeißen *vt irreg fam s.* **hinwerfen**

hin|schmelzen *vi irreg + sein hum fam* ■ **jd schmilzt [vor etw (*dat*)] hin** qn se sent fondre [de qc], qn est tout émotionné(e) *fam*, qn est chaviré(e) de qc *fam*

hin|schmieren *vt fam* 1. (*an bestimmte Stelle*) ■ **jd schmiert etw [irgendwo] hin** *Dreck, Öl, Fett, Farbe etc* qn répand [*o* étale] qc [quelque part]; ■ **jd schmiert jdm etw [irgendwo] hin** qn lui colle qc quelque part *fam*
2. *pej* (*malen*) ■ **jd schmiert etw hin** *Parole* qn gribouille qc; *Bild a.* qn barbouille qc; (*schreiben*) qn torch[onn]e qc *fam*

hin|schreiben *irreg* I. *vt* ■ **jd schreibt [sich (*dat*)] etw [irgendwo] hin** qn note qc
II. *vi fam* ■ **jd schreibt hin** qn [leur] écrit

hin|sehen *vi irreg* ■ **jd sieht hin** qn regarde; ***jetzt sieh doch endlich mal hin!*** mais regarde donc enfin par ici/là!; ***ich habe ihm unser Angebot hingehalten, er sah aber gar nicht erst hin*** je lui ai montré notre offre, mais il ne l'a même pas regardée [*o* il n'y a même pas jeté un coup d'œil]
► **vom bloßen H**~ rien qu'à le/la regarder; **bei genauerem** [*o* **näherem**] **H**~ en y regardant de plus près

hin|sein *s.* **sein**[1] **I.**►

hin|setzen I. *vr* 1. (*sich niederlassen*) ■ **jd setzt sich [irgendwo] hin** qn s'assied [*o* s'assoit] [quelque part]; ■ **jd setzt sich ... hin** *anständig, gerade, gesittet, krumm* qn s'assied [*o* s'assoit] ...
2. *fam* (*sich bemühen*) ■ **jd setzt sich hin** qn en met un coup *fam*
II. *vt* 1. (*absetzen*) ■ **jd setzt etw hin** qn [dé]pose qc
2. (*niedersetzen*) ■ **jd setzt jdn hin** qn assied [*o* assoit] qn

Hinsicht *f* ∅ ► **in ...** ~ *beruflicher, finanzieller, körperlicher etc* d'un point de vue ..., sur un plan ...; ***in beruflicher*** ~ du point de vue [*o* sur le plan] professionnel; ***und wie geht es Ihnen in gesundheitlicher*** ~? comment ça va au point de vue santé? *fam*, comment va votre santé?; ***in jeder*** ~ à tous points de vue, à tous égards, en tout point; ***und wie geht es euch in sonstiger*** ~? et sinon [*o* par ailleurs], comment allez-vous?; ***in mancher*** ~ à maints égards; ***in dieser*** ~ à cet égard, de ce point de vue

hinsichtlich *präp form* ■ ~ **einer S.** (*gen*) en ce qui concerne qc, relative-

ment à qc *form*
hin|sinken *vi irreg + sein geh* ■ **jd sinkt hin** qn s'affaisse
hinsitzen *vi irreg + sein* SDEUTSCH, CH *s.* **hinsetzen I.**
Hinspiel *nt* match *m* aller
hin|stehen *vi irreg + sein* SDEUTSCH, CH *s.* **hinstellen II.**
hin|stellen I. *vt* **1.** (*an bestimmten Platz*) ■ **jd stellt [jdm] etw [irgendwo] hin** *Kiste, Sack, Möbelstück* qn [lui] met qc [quelque part]
2. *fam* (*bauen*) ■ **jd stellt [jdm] etw hin** *Gebäude* qn [lui] construit qc
3. (*abstellen*) ■ **jd stellt etw hin** *Fahrrad etc* qn dépose qc; *Auto etc* qn gare qc
4. (*charakterisieren*) ■ **jd stellt jdn als etw hin** qn fait passer qn pour qc; ***ich lasse mich doch von Ihnen nicht als Dummkopf*** ~! je n'accepte pas que vous me fassiez passer pour un idiot!
II. *vr* **1.** ■ **jd stellt sich hin** (*aufstehen*) qn se met debout; (*sich aufrichten*) qn se met droit(e)
2. (*an eine bestimmte Stelle*) ■ **jd stellt sich vor jdn hin** qn se plante [*o* se place] devant qn
hin|steuern *vi + sein* ■ **jd steuert [mit etw] auf etw** (*akk*) **hin** *auf eine Konfrontation, einen Streit* qn recherche qc [avec qc] *auf ein bestimmtes Ziel* qn poursuit qc [avec qc]
hin|strömen *vi + sein* ■ **sie strömen [zu etw] hin** ils/elles affluent [à qc]
hin|stürzen *vi + sein* **1.** (*eilen*) ■ **jd stürzt hin** qn s'y précipite
2. (*hinfallen*) ■ **jd stürzt hin** qn tombe, qn fait une chute
hintan|stellen *vt geh* ■ **jd stellt etw hintan** (*zurückstellen*) qn relègue qc au second plan; (*auf später verschieben*) qn reporte qc à plus tard
hinten *adv* **1.** (*am Schluss*) derrière; *bleiben* en arrière; ~ ***in der Schlange*** à l'arrière de la queue; ***während der Wanderung ist er immer ~ geblieben*** pendant la randonnée, il est toujours resté en arrière
2. (*am rückwärtigen Ende*) derrière; ***Ihr Rücklicht ~ rechts ist kaputt*** votre feu arrière droit est fichu; ■ ~ **in etw** (*dat*) au fond de qc
3. MEDIA (*am Ende*) à la fin
▶ ~ **und [*o* bis] vorn** *fam bedienen* pour tout et n'importe quoi *fam; betrügen, verwöhnen a.* tout ce qu'il/elle sait/savait *fam*, jusqu'à plus soif *fam;* ***es stimmt ~ und vorn nicht*** c'est absolument faux, rien de tout ça n'est vrai; ***das ist doch von ~ bis vorn gelogen*** ce ne sont que des mensonges, c'est inventé de toutes pièces; **weder ~ noch vorn, ~ und vorne nicht** *fam auskommen, reichen, stimmen* n'importe comment, ... ne ... pas *en début de phrase fam;* ***ich brauche mehr Geld, das reicht doch ~ und vorne nicht*** il me faut plus d'argent; n'importe comment, c'est pas assez; **jd weiß nicht mehr, wo ~ und vorn[e] ist** qn ne sait plus où il/elle en est; **Frau/Herr ... ~, Frau/Herr ... vorn** *fam* Madame/Monsieur ... par ci, Madame/Monsieur ... par-là; **jd geht nach ~ durch** qn va vers le fond; **jd kommt ~ nicht mehr hoch** *fam* qn n'en peut plus, qn est au bout du rouleau *fam;* **jd kriecht jdm ~ rein** *fam* qn se met à plat ventre [*o* s'aplatit *fam*] devant qn; **jd sieht jdn am liebsten von ~** *fam* moins qn voit qn, mieux il/elle se porte *fam;* **nach ~** *ziehen, gelegen sein, zeigen* vers l'arrière; *schauen a.* derrière; *fallen* en arrière, à la renverse; **von ~** de derrière; ***er kam von ~*** il vint par derrière; ***er kam von ~ nach vorn*** il vint de l'arrière vers l'avant; ***von ~ sieht der Wagen komisch aus*** vue de derrière, la voiture a l'air bizarre; ***von ~ sahen Sie ihm ähnlich*** vous lui ressembliez de dos; ***er fing von ~ an*** il commença par la fin
hintendran *adv fam* [par] derrière **hintendrauf** *adv fam* **1.** (*auf der Ladefläche*) à l'arrière, derrière; ~ ***auf dem Wagen*** à l'arrière de la voiture **2.** *s.* hintendran ▶ **jd gibt jdm eins ~** qn lui donne une tape sur les fesses; **jd kriegt eins [von jdm] ~** qn reçoit [de qn] une tape sur les fesses **hintenherum** *adv* **1.** *gehen, kommen* par derrière; ***kommen Sie mal ~*** passez par derrière! **2.** *fam* (*auf Umwegen*) par la bande **3.** *fam* (*illegal*) *bekommen, besorgen* sous le manteau **hintennach** *adv* AUS, SDEUTSCH *s.* **hinterdrein. hintenrum** *adv fam s.* **hintenherum**
hintenüber *adv* en arrière, à la renverse
hintenüber- *-kippen, -purzeln, -stoßen* en arrière; *-fallen, -stürzen a.* à la renverse
hinter *präp* **1.** (*an der Rückseite*) ■ ~ **etw/jdm** derrière qc/qn
2. (*auf die Rückseite*) ■ ~ **etw/jdn** derrière qc/qn
3. (*jenseits von etw*) ■ ~ **etw** (*dat*) *dem Bahnhof, der Post, Firma* derrière qc, après qc; *einem Berg, Hügel, Fluss, See, einer Stadt* derrière qc; ***zwei Kilometer ~ der Grenze*** deux kilomètres après la frontière; ***wir hatten 7 Kilometer/zehn Minuten ~ X eine Panne*** nous sommes tombés en panne sept kilomètres après X/dix minutes après être passés à X
4. (*am Schluss von etw*) ■ ~ **etw** (*dat*) au bout [*o* à la fin] de qc
5. (*zeitlich, räumlich nach*) ■ ~ **jdm/etw** après qn/qc; ***einer ~ dem anderen*** l'un après l'autre; ***die Tür ~ sich schließen*** fermer la porte sur soi
Hinterachse [-ks-] *f* essieu *m* arrière
Hinterausgang *m* sortie *f* de derrière
Hinterbacke *f meist pl fam* fesse *f*
▶ **jd setzt sich auf die ~n** qn se remue le train *pop*, qn se casse le cul *pop*
Hinterbänkler(in) <-s, -> *m(f) pej* député(e) *m(f)* de seconde zone *péj* [*o* de base]
Hinterbein *nt* ZOOL patte *f* de derrière [*o* postérieure]; ***das linke ~*** la patte postérieure gauche
▶ **jd stellt [*o* setzt] sich auf die ~e** *fam* qn rue dans les brancards
Hinterbliebene(r) *f(m) decl wie adj* parent(e) *m(f)* survivant(e); ■ **die/jds ~n** la famille/la famille de qn
Hinterbliebenenrente *f* rente *f* allouée aux survivants
hinter|bringen * *vt irreg* ■ **jd hinterbringt jdm etw** qn rapporte qc à qn
Hinterdeck *nt* pont *m* arrière
hinterdrein *adv* (*dahinter folgend*) à l'arrière, à la queue
hintere(r, s) *adj* (*hinten liegend*) *Haus, Tür, Zimmer* de derrière; *Bereich, Teil* arrière; ***ein ~r Innenhof*** une cour intérieure sur l'arrière; ***im ~n Ende des Zuges*** à l'arrière [*o* au bout] du train [*o* à la queue]; ***das ~ Stück*** le bout, l'extrémité *f;* ***die ~n Seiten*** les dernières pages; ***im ~n Teil des Saales*** au fond de la salle; ***die ~n Reihen*** les rangées du fond; ***in der hintersten Reihe*** au [tout] dernier rang; ***das hinterste Auto*** la [toute] dernière voiture; ***die Nachricht ist nie bis zum Hintersten in der Schlange durchgedrungen*** la nouvelle n'est jamais parvenue jusqu'au tout dernier de la queue; ***in den hintersten Winkel des Zimmers*** dans le coin le plus reculé de la chambre
hintereinander *adv* **1.** *räumlich* l'un(e) derrière l'autre; *hergehen* à la file; (*einer nach dem anderen*) un(e) à un(e), un(e) par un(e), l'un(e) après l'autre, successivement; ***sie fahren hintereinander*** ils/elles roulent l'un(e) derrière l'autre [*o* en file]; ***sie gehen hintereinander*** ils/elles marchent l'un(e) derrière l'autre [*o* à la queue leu leu] [*o* à la file]; ***sie stehen hintereinander*** /*Menschen*/ ils/elles sont debout l'un(e) derrière l'autre; /*parkende Fahrzeuge*/ ils/elles sont l'un(e) derrière l'autre; ***sie mussten stundenlang in der Schlange ~ stehen*** ils/elles ont dû rester des heures debout [les un(e)s derrière les autres] à faire la queue
2. *zeitlich* (*wiederholt*) de suite; (*an einem Stück*) d'affilée; ***drei Wochen ~*** trois semaines de suite [*o* d'affilée] [*o* consécutives]
hintereinander|fahren *s.* **hintereinander 1. hintereinander|gehen** *s.* **hintereinander 1. hintereinanderher** *adv* l'un(e) derrière l'autre, à la queue leu leu; ***alle in Dreierreihen ~*** tous/toutes sur trois rangs, les un(e)s derrière les autres **hintereinander|stehen** *s.* **hintereinander 1.**
Hintereingang *m* entrée *f* de derrière
hinterfotzig *adj, adv* DIAL *fam s.* **hinterhältig**
hinterfragen * *vt geh* ■ **jd hinterfragt etw** qn remet qc en question
Hinterfuß *m* pied *m* de derrière [*o* postérieur]; ***der rechte ~*** le pied postérieur droit
Hintergaumenlaut *m* vélaire *f*
Hintergebäude *nt* bâtiment *m* de derrière
Hintergedanke *m* arrière-pensée *f*
▶ **jd hat ~n** qn a quelque chose derrière la tête; **ohne ~n** sans [aucune] arrière-pensée
hintergehen * *vt irreg* **1.** (*betrügen*) ■ **jd hintergeht jdn** qn trompe qn, qn dupe qn
2. (*sexuell betrügen*) ■ **jd hintergeht jdn [mit jdm]** qn trompe qn [avec qn]
Hintergrund *m* **1.** [*Bühne, Raum, Saal*] fond *m;* [*Foto, Gemälde a.*] arrière-plan *m*
2. (*Bedingungen und Umstände*) ■ **der ~ einer S.** (*gen*) [*eines Geschehens, der Hexenverfolgungen*] le contexte [*o* la toile de fond] de qc; ***viele Legenden haben oft einen realen ~*** beaucoup de légendes reposent souvent sur un fait authentique
3. *pl* (*verborgene Zusammenhänge*) ■ **die ~e einer S.** (*gen*) *einer Affäre, eines Anschlags* les dessous de qc *mpl*
▶ **jd bleibt [*o* hält sich] im ~** qn reste dans l'ombre [*o* en retrait]; **jd drängt [*o* spielt] jdn in den ~** qn relègue qn au second plan, qn éclipse qn; **jd steht im ~** qn joue les seconds rôles; **etw steht im ~** qc se trouve relégué(e) au second plan [*o* à l'arrière-plan]; **etw tritt [*o* gerät] [*o* rückt] in den ~** qc est relégué(e) au second plan [*o* à l'arrière-plan]; ***die Privatinteressen müssen angesichts der Erfordernisse unseres Projektes in den ~ treten*** les intérêts privés doivent s'effacer devant les exigences de notre projet; **im ~** dans le [*o* au] fond; **vor dem ~ einer S.** (*gen*) au vu de qc
Hintergrund- **1.** *-arbeit, -bericht, -gespräche, -informationen* de fond; *-kenntnisse, -wissen a.* général(e)
2. *-geräusch, -lärm, -farbe* de fond; ~***musik*** musique *f* de fond, fond *m* musical
3. INFORM *-format, -datei* d'arrière-plan; *-speicher* à arrière-plan; *-programm, -verarbeitung* de fond
hintergründig I. *adj Affäre, Zusammenhänge* complexe; *Frage, Lächeln* énigmatique, sibyllin(e); *Humor* hermétique
II. *adv lächeln* de façon énigmatique; ***warum fragst du immer so ~?*** pourquoi poses-tu toujours des questions pleines de sous-entendus?
hinter|haken *vi fam* ■ **jd hakt hinter** qn approfondit
Hinterhalt *m pej* cachette *f* [pour une embuscade]; ***der ~ für den geplanten Überfall wurde rechtzeitig entdeckt*** la cachette prévue pour l'embuscade a été découverte à temps
▶ **jd gerät in einen ~** qn tombe dans une embuscade; **jd liegt [*o* lauert] im ~** qn se tient [*o* qn est] en embuscade; **jd lockt jdn in einen ~** qn attire qn dans une embuscade; **aus dem ~** par surprise
hinterhältig I. *adj* sournois(e), hypocrite; ***so ein ~er Betrüger!*** quel hypocrite!, quel faux jeton! *fam*
II. *adv* de façon sournoise [*o* hypocrite], perfidement *littér;* ***wie ~ er uns belogen hat!*** avec quelle perfidie il nous a menti! *littér*
Hinterhältigkeit <-, -en> *f* sournoiserie *f*
Hinterhand *f* ZOOL arrière-main *f*
▶ **jd hat etw in der ~** qn a qc en réserve [*o* dans sa manche]
Hinterhaus *nt* partie *f* arrière [du bâtiment]
hinterher *adv* **1.** *zeitlich* après; ***ja, ~ ist man immer schlauer!*** oui, après [coup], on est toujours plus malin!
2. *räumlich* derrière; ***er will mit deiner Brieftasche weg, bloß ~!*** il s'en va avec ton portefeuille, poursuivons-le!
hinterher- *-können, -mögen, -sollen, -dürfen, -wollen* suivre; ***die Leute gingen so schnell, dass wir kaum noch hinterherkonnten*** les gens marchaient si vite que nous pouvions à peine les suivre; ***warum schleichst du so hinterher?*** pourquoi marches-tu comme ça à la traîne?
hinterher|fahren *vi irreg + sein* ■ **jd/etw fährt [jdm/einer S.] hinterher** qn/qc roule derrière [qn/qc], qn/qc suit [qn/qc]
hinterher|hinken *vi + sein* **1.** (*gehen*) ■ **jd hinkt [jdm/einer S.] hinter-**

her qn suit derrière [qn/qc] en boitant
2. (*mit Verzögerung folgen*) ■ **etw hinkt einer S.** (*dat*) **hinterher** qc suit qc tant bien que mal; ***die Gesetzgebung hinkt den gesellschaftlichen Realitäten immer weit hinterher*** la législation est toujours largement à la traîne des réalités sociales

hinterher|kommen *vi irreg + sein* **1.** (*folgen*) ■ **jd kommt [jdm] hinterher** qn suit [qn]; ***ich komme nicht hinterher!*** je n'arrive pas à suivre!
2. (*danach kommen*) ■ **etw kommt hinterher** qc s'ensuit
3. (*als Letzter kommen*) ■ **jd kommt [noch] hinterher** qn arrive en dernier

hinterher|laufen *vi irreg + sein* **1.** (*folgen*) ■ **jd läuft [jdm] hinterher** qn court derrière [qn], qn court après qn
2. *fam* (*sich bemühen*) ■ **jd läuft jdm/einer S. hinterher** qn court après qn/qc *fam*, qn relance qn

hinterher|schicken *vt* ■ **jd schickt [jdm] jdn/etw hinterher** qn envoie qn/qc [à la suite de qn]

Hinterhof *m* arrière-cour *f*

Hinterkopf *m* arrière *m* de la tête, occiput *m*
▸ **jd hat/behält etw im ~** *fam* qn a/garde qc en tête

Hinterlader <-s, -> *m* arme *f* à chargement par la culasse

Hinterlage *f* CH *s.* **Kaution**

Hinterland *nt ∅* hinterland *m*, arrière-pays *m*

hinter|lassen * *vt irreg* **1.** (*vermachen*) ■ **jd hinterlässt jdm etw** qn lègue qc à qn
2. ■ **jd hinterlässt jdn** *Frau und Kinder, Waise, Witwe* qn laisse qn
3. (*als Erbschaft übrig lassen*) ■ **jd hinterlässt etw** *Schulden, Vermögen, Erbschaft, Haus* qn laisse qc
4. (*als literarisches Vermächtnis*) ■ **jd hinterlässt etw** qn laisse qc; ***~e Werke*** œuvres posthumes
5. (*hinterlegen*) ■ **jd hinterlässt [jdm] etw** *Nachricht, Notiz, Zettel* qn laisse qc [à qn]
6. (*zurücklassen*) ■ **jd hinterlässt etw irgendwie** *Schreibtisch, Zimmer, Sandkasten etc* qn laisse qc d'une certaine façon
7. (*übrig lassen*) ■ **jd/etw hinterlässt [bei jdm] etw** *Eindruck, Spuren* qn/qc laisse qc [chez qn]

Hinterlassenschaft <-, -en> *f* **1.** (*literarisches Vermächtnis*) héritage *m* [littéraire]; ***diese angefangenen Erzählungen gehören zu ihrer ~*** ces ébauches de récits font partie de son testament littéraire
2. *fam* (*übrig gelassene Dinge*) vestiges *mpl* du passage *hum;* ***seine ~*** les vestiges de son passage
▸ **jd tritt jds ~ an** (*als Erbe*) qn recueille la succession de qn; (*als Nachfolger*) qn doit régler l'héritage de qn

Hinterlassung <-> *f* ▸ **ohne ~ einer S.** (*gen*) *form* sans laisser qc; **unter ~ einer S.** (*gen*) *form* non sans laisser qc, en laissant qc

Hinterlauf *m* patte *f* de derrière, membre *m* postérieur; ***der rechte ~*** le membre postérieur droit

hinterlegen * *vt* ■ **jd hinterlegt etw [bei jdm]** qn dépose qc [chez qn]

Hinterlegung <-, -en> *f* dépôt *m*
▸ **gegen ~ einer S.** (*gen*) contre le dépôt de qc

Hinterlist *f ∅* **1.** (*Heimtücke*) ruse *f* **2.** (*Trick*) ruse *f*, subterfuge *m* **hinterlistig I.** *adj* rusé(e), sournois(e) **II.** *adv* de façon sournoise

hinterm = *fam* hinter dem *s.* **hinter**

Hintermann <-männer> *m* **1.** (*opp: Vordermann*) ■ **jds ~** le voisin de derrière de qn; (*Auto, Autofahrer*) le conducteur [qui est] derrière qn
2. *pl pej fam* (*Drahtzieher*) instigateurs *mpl*, tireurs *mpl* de ficelles

Hintermannschaft *f* défense *f*

hintern = *fam* hinter den *s.* **hinter**

Hintern <-s, -> *m fam* postérieur *m fam*, derrière *m*
▸ **jd könnte sich in den ~ beißen** *sl* qn se flanquerait des baffes *fam* [*o* des coups de pied au cul *pop*]; **jd bekommt ein paar auf den ~** *fam*, **jd bekommt [von jdm] den ~ voll** *fam* qn reçoit des coups sur les fesses; (*Schläge a.*) qn reçoit une fessée [de qn]; **jd kriecht jdm in den ~** *sl* qn lui lèche les bottes *fam;* **jd setzt sich auf den ~** *fam* (*fällt hin*) qn se retrouve sur les fesses *fam;* (*beginnt zu arbeiten*) qn en met un coup *fam;* **jd tritt jdn in den ~** qn lui donne un coup de pied dans les fesses *fam;* **jd versohlt jdm den ~** *fam* qn donne une fessée à qn

Hinterpfote *f* patte *f* de derrière [*o* postérieure]; ***die linke ~*** la patte postérieure gauche

Hinterrad *nt* roue *f* arrière

Hinterradantrieb *m* propulsion *f* arrière
▸ **mit ~** à propulsion arrière

hinterrücks *adv* par derrière

hinters = *fam* hinter das *s.* **hinter**

Hinterschinken *m* jambon *m*

Hinterseite *f* **1.** [*Gebäude*] arrière *m*
2. *s.* Hintern

Hintersinn *m* sens *m* caché, signification *f* **hintersinnen** * *vr irreg* CH **1.** (*grübeln*) ■ **jd hintersinnt sich, wo/wann/warum** qn réfléchit [*o* se creuse la tête pour savoir *fam*] où/quand/pourquoi **2.** (*sich Gedanken machen*) ■ **jd hintersinnt sich** qn broie du noir; ***es hat keinen Wert sich jetzt zu ~, was geschehen ist*** il est inutile de ruminer ce qui s'est passé **hintersinnig** *adj Bemerkung, Wort* lourd(e) de sens, plein(e) de sous-entendu[s]; *Mensch* mystérieux(-euse), énigmatique

hinterste(r, s) *adj superl von* **hintere(r, s)** GEOG fin fond *m* de, partie *f* la plus reculée de; ***im ~n Afrika*** dans la partie la plus reculée [*o* au fin fond] de l'Afrique
▸ **jd kehrt das H~ zuvorderst** *fam* qn met tout sens dessus dessous, qn chamboule tout *fam*

Hintersteven [-vən] *m* NDEUTSCH (*Gesäß*) derrière *m*

Hinterteil *nt fam* (*Gesäß*) postérieur *m fam*, fesses *fpl*, arrière-train *m fam*

Hintertreffen *nt ∅* ▸ **jd gerät [*o* kommt] [gegenüber jdm] ins ~** qn perd du terrain [*o* qn est en perte de vitesse] [par rapport à qn]; **jd ist [*o* befindet sich] [jdm gegenüber/im Vergleich mit jdm] im ~** qn se retrouve à la traîne [par rapport à qn] [*o* distancé(e)] [par qn]]

hintertreiben * *vt irreg* ■ **jd hintertreibt etw** qn fait échec à [*o* capoter *fam*] qc

Hintertreppe *f* escalier *m* de service

Hintertupfing[en] <-s> *nt ∅ fam* Petaouchnoque *fam;* ***das ist doch das reinste ~!*** mais c'est un vrai trou perdu! *fam;* ***die kommen aus ~!*** ils/elles sortent tout droit de leur trou! *fam*

Hintertür *f*, **Hintertürl** <-s, -[n]> *nt* AUS **1.** [*Gebäude*] porte *f* de derrière
2. *fam* (*Ausweg*) porte *f* de sortie, échappatoire *f*
▸ **jd hält [*o* lässt] sich** (*dat*) **[noch] eine Hintertür [*o* ein Hintertürchen] [*o* ein Hintertürl] offen** qn se ménage une porte de sortie; **durch die Hintertür** (*nicht ganz legal*) par des moyens détournés, par la bande

Hinterwäldler(in) <-s, -> *m(f) fam* plouc *mf fam* **hinterwäldlerisch** *adj fam Ansichten, Methoden* de plouc *fam;* ■ **jd ist ~** qn est un(e) plouc *fam*

hinterziehen * *vt irreg* ■ **jd hinterzieht etw** *Bezahlung* qn fraude sur qc; ***jd hinterzieht Steuern*** qn fraude le fisc

Hinterziehung *f* fraude *f;* **~ *amtlicher Gebühren/von drei Millionen DM*** fraude portant sur des taxes légales/sur trois millions de DM

Hinterzimmer *nt* chambre *f* donnant sur l'arrière; [*Gaststätte*] arrière-salle *f;* [*Laden*] arrière-boutique *f*

hin|tragen *vt irreg* ■ **jd trägt jdn/etw [zu jdm/etw] hin** qn porte qn/qn transporte qc [chez qn/dans qc]

hin|treten *vi irreg + sein* **1.** (*gegenübertreten*) ■ **jd tritt vor jdn hin** qn s'avance devant qn
2. (*sich nähern*) ■ **jd tritt zu jdm hin** qn s'avance vers qn
3. (*zutreten*) ■ **jd tritt hin** qn [lui] donne des coups de pied

hin|tun *vt irreg fam* ■ **jd tut [jdm] etw irgendwo hin** qn met qc [à qn] quelque part

hinüber *adv* de l'autre côté; ***los, zu ihnen ~*** allez, il faut aller vers eux/elles
▸ **~ und herüber** d'un côté et de l'autre, de part et d'autre

hinüber- *-dürfen, -können, -mögen, -müssen, -sollen, -wollen, sich -trauen* passer de l'autre côté; *-befördern, -schleichen* de l'autre côté

hinüber|blicken *vi* ■ **jd blickt hinüber/zu jdm/etw hinüber** qn regarde de l'autre côté/du côté de qn/qc

hinüber|bringen *vt irreg* ■ **etw bringt jdn/etw [über etw** (*akk*)**] hinüber** qc transporte [*o* amène] qn/qc de l'autre côté [de qc]; ■ **jd bringt jdn/etw irgendwohin/zu jdm hinüber** qn amène qn/apporte qc quelque part/jusqu'à qn; ***ich bringe Sie auf die andere Straßenseite hinüber*** je vais vous faire traverser [la rue]

hinüber|fahren *irreg* **I.** *vt + haben* ■ **jd fährt jdn/etw hinüber** *auf andere Seite, ans andere Ufer* qn conduit qn/qc de l'autre côté; *zu jdm, an bestimmten Ort* qn y amène qn/qc; *zu transportierenden Gegenstand* qn y apporte qc; ■ **jd fährt jdn/etw irgendwo hinüber** qn fait traverser qn/qc quelque part; *über Grenze* qn fait passer qn/qc quelque part; ■ **jd fährt jdn/etw zu jdm hinüber** qn amène [*o* conduit] qn/qc chez qn; *zu transportierenden Gegenstand* qn apporte qc chez qn
II. *vi + sein* ■ **jd fährt hinüber** qn passe de l'autre côté; ■ **jd fährt irgendwohin/über etw** (*akk*) **hinüber** qn passe quelque part/traverse qc; ■ **jd fährt [zu jdm] hinüber** qn y passe, qn passe chez qn

hinüber|führen I. *vt* ■ **jd führt jdn [in etw** (*akk*)**] hinüber** *in ein anderes Zimmer* qn conduit [*o* accompagne] qn de l'autre côté [jusqu'à qc]; ***ich führe Sie auf die andere Straßenseite/über die Straße hinüber*** je vais vous amener de l'autre côté de la rue/vous faire traverser la rue
II. *vi* ■ **etw führt hinüber** qc conduit de l'autre côté; ■ **etw führt auf etw** (*akk*) **hinüber** *auf die andere Seite, das andere Ufer* qc conduit sur qc; ■ **etw führt über etw** (*akk*) **hinüber** qc traverse qc

hinüber|gehen *vi irreg + sein* ■ **jd geht hinüber** (*auf andere Seite*) qn traverse; (*an bestimmten Ort, zu jdm*) qn y va; ■ **jd geht in etw** (*akk*) **hinüber** *in ein Nebenzimmer* qn va dans qc; ***man darf erst bei Grün auf die andere Straßenseite ~*** on n'a le droit de traverser la rue que si le feu est vert; ***wollen wir über die Brücke ~?*** est-ce que nous traversons par le pont?

hinüber|helfen *vi irreg* ■ **jd hilft jdm [über etw** (*akk*)**] hinüber** *über die Straße* qn aide qn à traverser [qc]; ***sie half ihm auf die andere Straßenseite/über den Zebrastreifen hinüber*** elle l'aida à traverser la rue/à traverser sur le passage pour piétons

hinüber|kommen *vi irreg + sein* ■ **jd kommt [über etw** (*akk*)**] hinüber** *über die Brücke* qn traverse [par qc]; ■ **jd kommt [in etw** (*akk*)**] hinüber** *ins Büro* qn passe de l'autre côté [dans qc]; ***ich komme hinüber zu dir*** je viens; ***wir kommen auf die andere Straßenseite hinüber*** nous allons de l'autre côté de la rue, nous traversons la rue

hinüber|lassen *vt irreg* ■ **jd/etw lässt jdn [über etw** (*akk*)**] hinüber** *über die Grenze* qn/qc laisse passer qn de l'autre côté [de qc]; ***die Autos ließen mich nicht auf die andere Straßenseite hinüber*** les voitures ne me laissaient pas traverser [la rue]; ■ **jd lässt jdn zu jdm hinüber** qn laisse aller qn chez qn

hinüber|reichen I. *vt geh* ■ **jd reicht [jdm] etw [über etw** (*akk*)**] hinüber** qn passe qc [à qn] [par-dessus qc]
II. *vi* ■ **etw reicht hinüber** qc dépasse de l'autre côté; ■ **etw reicht über etw** (*akk*) **hinüber** qc dépasse qc; *über die Grenze* qc s'étend au-delà de qc; ■ **etw reicht in etw** (*akk*) **hinüber** qc dépasse dans qc; *in ein anderes Land* qc s'étend jusque dans qc

hinüber|retten I. *vt* **1.** (*in Sicherheit bringen*) ■ **jd rettet etw [irgendwohin] hinüber** *Habe, Habseligkeiten* qn emporte qc en lieu sûr [quelque part]; ***vielleicht können wir einiges auf die andere Seite ~*** peut-être parvien-

drons-nous à mettre certaines choses en lieu sûr de l'autre côté
2. (*erhalten und übernehmen*) ■ **jd rettet etw [in etw** (*akk*)**] hinüber** *politische Macht, Privilegien* qn préserve [*o* sauvegarde] qc [jusque dans qc]
II. *vr* **1.** (*sich in Sicherheit bringen*) ■ **jd rettet sich [über etw** (*akk*)**] hinüber** qn se met en sécurité [de l'autre côté de qc]
2. (*sich erhalten*) ■ **etw rettet sich [in etw** (*akk*)**] hinüber** */Brauchtum, Kulturgut/* qc se perpétue [*o* se maintient] [jusque dans qc]

hinüber|schwimmen *vi irreg + sein* ■ **jd schwimmt hinüber** qn nage de l'autre côté; ■ **jd schwimmt zu etw hinüber** qn gagne qc à la nage

hinüber|sein *s.* **sein¹ I.▸**

hinüber|steigen *vi irreg + sein* ■ **jd steigt hinüber** qn passe par-dessus; ■ **jd steigt über etw** (*akk*) **hinüber** qn passe par-dessus qc; ***jd steigt auf die andere Seite hinüber*** qn passe de l'autre côté

hinüber|werfen *vt irreg* ■ **jd wirft etw hinüber** qn lance qc de l'autre côté; ■ **jd wirft etw über etw** (*akk*) **hinüber** qn lance qc par-dessus qc; ■ **jd wirft etw irgendwohin hinüber** qn lance qc quelque part

hin- und her|bewegen * **I.** *vt* ■ **jd bewegt etw hin und her** *vor und zurück*) qn manœuvre qc d'avant en arrière; (*nach rechts und links*) qn manœuvre qc de gauche à droite **II.** *vr* ■ **jd/ein Tier bewegt sich hin und her** qn/un animal se balance d'un pied sur l'autre [*o* de droite à gauche]; (*beim Tanzen a.*) qn se dandine, qn se déhanche; ■ **etw bewegt sich hin und her** qc oscille [*o* se balance] de droite à gauche **hin- und her|fahren** *irreg* **I.** *vi + sein* ■ **jd fährt hin und her** qn passe et repasse; ■ **jd fährt zwischen etw** (*dat*) **und etw hin und her** qn fait la navette entre qc et qc **II.** *vt* ■ **jd fährt jdn hin und her** qn conduit qn quelque part et le/la ramène

Hinundhergerede *nt fam* parlot[t]es *fpl*, papotages *mpl*

Hin- und Rückfahrt *f* aller [et] retour *m* **Hin- und Rückflug** *m* vol *m* aller [et] retour **Hin- und Rückweg** *m* trajet *m* aller et retour

hinunter *adv* ***da/dort/hier*** *~*! [c'est] par là/ici!; ***die Treppe/den Turm ~ ist es leichter als umgekehrt*** c'est plus facile de descendre l'escalier/de la tour que le contraire; ***sie fuhren mit dem Schlitten den Hang ~*** ils ont descendu la pente en luge
▸ **~ damit!** avale/avalez ça!; **~ *mit der Tablette!*** avale/avalez ce cachet!

hinunter- *-dürfen, -können, -wollen* descendre; ***sie schlich ganz leise die Treppe hinunter*** elle a descendu tout doucement l'escalier

hinunter|blicken *vi geh* ■ **jd blickt hinunter** qn regarde vers le bas; ■ **jd blickt hinunter in etw** (*akk*) *ins Tal* qn domine qc du regard; ■ **jd blickt von etw hinunter** qn regarde du haut de qc

hinunter|bringen *vt irreg* **1.** (*nach unten bringen*) ■ **jd bringt jdn/etw [irgendwohin] hinunter** *ins Erdgeschoss, in den Keller* qn descend qn/qc [quelque part]
2. *fam* (*herunterbekommen*) ■ **jd bringt etw hinunter** *Essen, Arznei* qn arrive à avaler qc

hinunter|fahren *irreg* **I.** *vi + sein* ■ **jd/etw fährt hinunter [irgendwohin]** *ins Tal, in den Ort* qn/qc descend [quelque part]
II. *vt* **1.** *+ haben* ■ **jd/etw fährt jdn/etw [irgendwohin] hinunter** qn/qc descend qn/qc [quelque part]; ***jd/etw fährt jdn/etw den Berg/die Piste hinunter*** qn/qc descend la montagne/la piste avec qn/qc
2. *+ sein* ■ **jd/etw fährt etw hinunter** qn/qc descend qc

hinunter|fallen *irreg* **I.** *vi + sein* ■ **jd/etw fällt hinunter** qn/qc tombe; ***mir ist der Blumentopf hinuntergefallen*** j'ai fait tomber le pot de fleurs
II. *vt + sein* ■ **jd/etw fällt etw hinunter** *Treppe, Stufen* qn/qc devale qc

hinunter|fließen *irreg* **I.** *vi + sein* ■ **etw fließt hinunter [in etw** (*akk*)**]** *ins Tal, Unterland* qc descend [dans qc]; ■ **etw fließt irgendwo hinunter** *in eine Rinne* qc coule quelque part
II. *vt + sein* ■ **etw fließt etw hinunter** *den Rhein, die Donau* qc est charrié(e) par qc; *den Berg* qc descend de qc

hinunter|gehen *irreg* **I.** *vi + sein* **1.** (*nach unten gehen*) ■ **jd geht [irgendwohin] hinunter** qn descend [quelque part]
2. AVIAT ■ **jd/etw geht [auf etw** (*akk*)**] hinunter** qn/qc descend [à qc]
II. *vt + sein* ■ **jd geht etw hinunter** *Treppe, Abhang* qn descend qc; *Leiter* qn descend de qc

hinunter|kippen *vt fam* ■ **jd kippt etw hinunter** *Getränk, Schnaps* qn avale qc cul sec *fam*

hinunter|klettern **I.** *vi + sein* ■ **jd/ein Tier klettert hinunter** qn/un animal descend
II. *vt + sein* ■ **jd/ein Tier klettert etw hinunter** *steile Wand, Fassade, Seil* qn/un animal descend le long de qc; *Baum* qn/un animal descend de qc

hinunter|lassen *vt irreg* **1.** (*hinablassen*) ■ **jd lässt jdn/etw [irgendwohin/zu jdm] hinunter** qn fait descendre qn/qc [quelque part/jusqu'à qn]
2. *fam* (*nach unten gehen lassen*) ■ **jd lässt jdn [irgendwohin] hinunter** *ins Tal, in den Ort* qn laisse qn descendre [quelque part]
3. *fam* (*auf den Boden lassen*) ■ **jd lässt jdn hinunter** qn met qn par terre; ■ **jd lässt jdn irgendwohin hinunter** qn met qn quelque part

hinunter|laufen *irreg* **I.** *vi + sein* ■ **jd läuft [zu jdm/irgendwohin] hinunter** qn descend [chez qn/quelque part] [en courant]
II. *vt + sein* ■ **jd läuft etw hinunter** *die Treppe, den Hügel* qn descend qc en courant; *den Berg* qn descend de qc en courant

hinunter|reichen **I.** *vt* ■ **jd reicht jdm etw hinunter** qn passe qc à qn, qn fait passer qc à qn
II. *vi* ■ **etw reicht bis zu etw hinunter** qc descend jusqu'à qc; ***das Kleid reicht ihr bis zu den Knöcheln hinunter*** cette robe lui descend jusqu'aux chevilles

hinunter|schalten *vi* AUT ■ **jd schaltet hinunter** qn rétrograde; ***jd schaltet in den zweiten Gang hinunter*** qn rétrograde en seconde

hinunter|schauen *vi* DIAL *s.* **hinuntersehen**

hinunter|schlingen *vt irreg fam* ■ **jd/ein Tier schlingt etw hinunter** qn/un animal engloutit qc

hinunter|schlucken *vt* **1.** (*schlucken*) ■ **jd schluckt etw hinunter** qn avale qc
2. *fam* (*sich verkneifen*) ■ **jd schluckt etw hinunter** *Ärger, Erwiderung* qn ravale qc

hinunter|schmeißen *vt irreg fam* ■ **jd schmeißt [jdm] etw hinunter** qn fiche qc [de qn] par terre *fam*

hinunter|schütten *vt fam* ■ **jd schüttet etw hinunter** *Schnaps etc* qn siffle qc *fam*, qn descend qc *fam*

hinunter|sehen *vi irreg* ■ **jd sieht hinunter** qn regarde en bas; ■ **jd sieht zu jdm/auf etw** (*akk*) **hinunter** qn regarde qn/qc; ***sieh mal auf die Straße hinunter*** regarde voir en bas, dans la rue; ***sieh doch mal hinunter, wer unten bei uns klingelt!*** regarde voir qui sonne en bas!

hinunter|spülen *vt* **1.** (*nach unten wegspülen*) ■ **jd spült etw [etw** (*akk*)**] hinunter** *den Ausguss, die Toilette* qn fait disparaître qc [dans qc]
2. (*schlucken*) ■ **jd spült etw [mit etw] hinunter** qn fait descendre qc [en buvant qc]
3. *fam* (*vergessen machen*) ■ **jd spült etw hinunter** qn essaie d'oublier qc; ■ **jd spült etw mit etw hinunter** *mit Schnaps, Wein* qn noie qc dans qc; ***wenn du meinst deine Verbitterung so ~ zu können, …*** si tu crois pouvoir oublier ton amertume de cette façon, …

hinunter|stürzen **I.** *vi + sein* **1.** (*hinunterfallen*) ■ **jd stürzt [von etw/auf etw** (*akk*)**] hinunter** qn tombe [de qc/sur qc]
2. (*die Treppe hinunterlaufen*) ■ **jd stürzt [zu jdm] hinunter** qn descend quatre à quatre [chez qn]
II. *vt* **1.** *+ sein* (*hinunterlaufen*) ■ **jd stürzt etw** (*akk*) **hinunter** *eine Treppe, die Stufen* qn descend qc quatre à quatre
2. *+ haben* (*nach unten stürzen*) ■ **jd stürzt jdn hinunter** qn précipite qn dans le vide; ■ **jd stürzt jdn etw** (*akk*) **hinunter** *den Abgrund, die Treppe* qn précipite qn quelque part
3. *+ haben fam* (*hastig schlucken*) ■ **jd stürzt etw hinunter** *Getränk, Glas* qn avale qc [d'un trait]
III. *vr + haben* ■ **jd stürzt sich hinunter** qn se précipite [*o* se jette] dans le vide; ■ **jd stürzt sich etw** (*akk*) **hinunter** *den Turm, die Brücke* qn se jette [du haut] de qc; ***jd stürzt sich in den Abgrund hinunter*** qn se précipite [*o* se jette] dans le vide

hinunter|werfen *vt irreg* ■ **jd wirft [jdm] etw [irgendwoher] hinunter** *vom Balkon* qn lance qc [à qn] [de qc]; ■ **jd wirft [jdm] etw [irgendwohin] hinunter** qn lance qc [à qn] [quelque part]

hinunter|würgen *vt* ■ **jd würgt etw hinunter** qn fait descendre [*o* passer] qc

hinunter|ziehen *irreg* **I.** *vt + haben* ■ **er/sie zieht jdn [zu sich] hinunter** il/elle attire qn [à lui/elle]; ■ **etw zieht jdn hinunter** qc tire qn vers le bas
II. *vi + sein* **1.** (*nach unten umziehen*) ■ **jd zieht hinunter** qn déménage à un étage inférieur; ■ **jd zieht hinunter in etw** (*akk*) *ins Parterre, in den zweiten Stock* qn déménage et descend quelque part
2. (*nach Süden ziehen*) ■ **jd zieht [irgendwohin] hinunter** qn descend [quelque part]
III. *vr + haben* ■ **etw zieht sich zu etw/bis zu etw hinunter** qc va jusqu'à qc; ***Einstiche zogen sich vom Oberarm hinunter*** il y avait des marques de piqûres tout le long du bras

hin|wagen *vr* ■ **jd wagt sich [zu jdm/einem Tier/etw] hin** qn ose s'approcher [de qn/d'un animal/de qc]; ***an deiner Stelle würde ich mich nicht [zu ihm]*** *~* à ta place, je ne m'approcherais pas [de lui]

hinweg *adv veraltend geh* (*weg*) disparais/disparaissons/disparaissez; *~* ***mit dir/euch!*** disparais/disparaissez!
▸ **über jdn/etw ~** par-dessus qn/qc; **über etw** (*akk*) *~* *über einen Zeitraum* pendant qc

Hinweg *m verbal übersetzt*, trajet *m*; ***der ~ kam mir viel länger vor als der Rückweg*** le trajet aller [*o* l'aller] m'a paru beaucoup plus long que le retour; ***der ~ irgendwohin*** le trajet pour aller quelque part
▸ **auf dem ~** à l'aller, en partant

hinweg- *geh s.* **weg-**

hinweg|bringen *vt irreg* ■ **jd/etw bringt jdn über etw** (*akk*) **hinweg** qn/qc permet à qn de surmonter qc

hinweg|gehen *vi irreg + sein* (*nicht beachten*) ■ **jd geht über etw** (*akk*) **hinweg** qn passe outre à qc, qn ne tient pas compte de qc

hinweg|helfen *vi irreg* ■ **jd/etw hilft jdm über etw** (*akk*) **hinweg** qn/qc aide qn à surmonter qc

hinweg|kommen *vi irreg + sein* ■ **jd kommt über etw** (*akk*) **hinweg** qn surmonte qc; ■ **jd kommt darüber hinweg, dass** qn finit par accepter le fait que + *subj*; ***jd kommt nicht darüber hinweg, dass*** qn n'arrive pas à accepter le fait que + *subj*

hinweg|raffen *vt geh* ■ **etw rafft jdn hinweg** */Seuche, Tod/* qc fauche qn *soutenu*, qc emporte qn

hinweg|sehen *vi irreg* **1.** (*darüber sehen*) ■ **jd sieht über jdn/etw hinweg** qn regarde par-dessus qn/qc
2. (*unbeachtet lassen*) ■ **jd sieht über etw** (*akk*) **hinweg** qn passe outre à qc, qn ne tient pas compte de qc; ■ **jd sieht darüber hinweg, dass** qn ne tient pas compte du fait que + *indic*
3. (*ignorieren*) ■ **jd sieht über jdn hinweg** qn ne fait aucun cas de qn, qn ignore qn

hinweg|setzen *vr* ■ **jd setzt sich über etw** (*akk*) **hinweg** qn passe outre à qc, qn ne tient pas compte de qc

hinweg|täuschen *vt* ■ **jd/etw täuscht jdn über etw** (*akk*) **hinweg** qn/qc masque qc à qn; ■ **jd/etw täuscht [jdn] darüber hinweg, dass** qn/qc masque [à qn] que + *indic*; ***du solltest dich nicht darüber ~ lassen, dass*** ne te laisse pas abuser par le fait que + *indic*

hinweg|trösten *vt* ■ **etw tröstet jdn über etw** (*akk*) **hinweg** qc console qn de qc

Hinweis <-es, -e> *m* **1.** (*Bemerkung*) remarque *f*, précision *f*; ***darf ich mir den ~ erlauben, dass ...?*** puis-je te/vous faire remarquer que + *indic* ...?
2. (*Anhaltspunkt*) indication *f*
► **sachdienliche ~e** des indices susceptibles de faire progresser l'enquête; **unter ~ auf etw** (*akk*) au motif de qc

hin|weisen *irreg* **I.** *vt* ■ **jd weist jdn auf etw** (*akk*) **hin** qn attire l'attention de qn sur qc; ■ **jd weist jdn darauf hin, dass** qn attire l'attention de qn sur le fait que + *indic*
II. *vi* **1.** (*aufmerksam machen*) ■ **jd weist darauf hin, dass** qn attire l'attention sur le fait que + *indic*, qn signale que + *indic*
2. (*schließen lassen*) ■ **etw weist auf jdn hin** qc fait porter les soupçons sur qn; ■ **etw weist auf etw hin** qc accrédite l'hypothèse de qc, qc est [*o* constitue] un indice de qc; ■ **etw weist darauf hin, dass** qc laisse penser que + *indic*

Hinweisschild <-schilder> *nt* panonceau *m* **Hinweistafel** *f* panneau *m* d'information

hin|wenden *irreg* **I.** *vt geh* ■ **jd wendet etw zu jdm hin** qn tourne qc vers qn
II. *vr geh* ■ **jd wendet sich zu jdm/etw hin** qn se tourne vers qn/qc

Hinwendung *f* ► **eine ~ zum Besseren** une tendance à l'amélioration

hin|werfen *irreg* **I.** *vt* **1.** (*zuwerfen*) ■ **jd wirft jdm/einem Tier etw hin** *Münze, Knochen* qn jette qc à qn/un animal; *Ball* qn lance qc à qn/un animal
2. (*irgendwohin werfen*) ■ **jd wirft etw hin** qn jette qc par terre; ***wirf [mir] bloß die Vase nicht hin!*** ne va pas [me] renverser le vase!; ***er warf seine Schulmappe hin*** il a envoyé valser son cartable *fam*
3. *fam* (*aufgeben*) ■ **jd wirft etw hin** qn envoie promener qc *fam*
4. ■ **jd wirft etw hin** qn lance qc en passant; ***ich habe das nur so hingeworfen*** j'ai dit ça comme ça [en passant]
5. (*zu Papier bringen*) ■ **jd wirft etw hin** qn jette qc sur le papier; *Skizze a.* qn croque qc, qn crayonne qc
II. *vr* ■ **jd wirft sich hin** qn se jette à terre; ■ **jd wirft sich vor jdn/etw hin** qn se jette aux pieds de qn/qc

hin|wirken *vi* ■ **jd wirkt [bei jdm] auf etw** (*akk*) **hin** qn fait en sorte d'obtenir qc [de qn]; ■ **jd wirkt [bei jdm] darauf hin, dass** qn fait en sorte d'obtenir [de qn] que + *subj*

hin|wollen *vi fam* ■ **jd will hin** qn veut y aller; ■ **jd will zu jdm/irgendwohin hin** qn veut aller chez qn/quelque part

Hinz *m* ► **~ und Kunz** *pej fam* n'importe qui, n'importe quel clampin *fam*; ***~ und Kunz weiß davon*** tout le monde est au courant; **von ~ zu Kunz** *pej fam* auprès des uns et des autres, dans tous les azimuts *fam*

hin|zählen *vt* ■ **jd zählt jdm etw hin** *Betrag, Geld* qn compte qc devant qn

hin|zaubern *vt* GASTR *fam* ■ **jd zaubert etw hin** qn prépare qc en deux coups de cuillère à pot *fam* [*o* en deux temps, trois mouvements]

hin|ziehen *irreg* **I.** *vt + haben* **1.** (*zu sich ziehen*) ■ **er/sie zieht jdn zu sich hin** il/elle attire qn à lui/elle; ■ **er/sie zieht etw zu sich hin** il/elle tire qc vers lui/elle
2. (*anziehen*) ■ **etw zieht jdn zu etw/nach etw hin** qc attire qn à/vers qc; ■ **es zieht jdn zu etw/nach etw hin** qn se sent attiré(e) par qc
3. (*ausdehnen*) ■ **jd zieht etw hin** qn fait traîner qc [en longueur]; ***jd zieht etw über Jahre hin*** qn fait traîner qc pendant des années
II. *vi + sein* **1.** (*sich hinbewegen*) ■ **jd/etw zieht hin** qn/qc passe
2. (*umziehen*) ■ **jd zieht zu jdm hin** qn vient habiter chez qn; ■ **jd zieht irgendwohin hin** qn déménage quelque part
III. *vr + haben* **1.** (*sich ausdehnen*) ■ **etw zieht sich hin** qc se prolonge
2. (*sich erstrecken*) ■ **etw zieht sich entlang einer S.** (*dat*) **hin** qc longe qc; ***der Radweg zieht sich auf einer Länge von 23 Kilometern hin*** la piste cyclable s'étend sur une distance de 23 kilomètres

hin|zielen *vi* **1.** (*zum Ziel haben*) ■ **etw zielt auf etw** (*akk*) **hin** /*Absicht, Plan etc*/ qc vise à qc
2. (*auf etw gerichtet sein*) ■ **etw zielt auf etw** (*akk*) **hin** /*Anspielung, Bemerkung*/ qc vise qc
3. (*entstehen lassen wollen*) ■ **jd zielt [mit etw] auf etw** (*akk*) **hin** *mit Bestrebungen, einer Politik* qn vise à qc [avec qc]

hinzu *adv* en plus; ***seine Schulden belaufen sich auf 45000 DM, die Zinsen noch ~*** ses dettes s'élèvent à 45000 DM, sans compter les intérêts

hinzu|fügen *vt* **1.** (*ergänzen*) ■ **jd fügt [einer S.** (*dat*)**] etw hinzu** qn ajoute qc [à qc]
2. (*bemerken*) ■ **jd fügt [einer S.** (*dat*)**] etw hinzu** qn ajoute qc [à qc]; ***dem habe ich nichts mehr hinzuzufügen*** je n'ai rien à ajouter
3. GASTR ■ **jd fügt etw hinzu** qn ajoute qc, qn remet qc

Hinzufügung *f* ► **unter ~ von etw** *form* en ajoutant qc; ***etw wird unter ~ von etw ausgeliefert*** qc est livré(e) accompagné(e) de qc

hinzu|geben *vt* **1.** COM ■ **jd gibt jdm etw hinzu** qn donne à qn qc en plus
2. GASTR ■ **jd gibt [einer S.** (*dat*)**] etw hinzu** qn ajoute qc [à qc]

hinzu|gewinnen * *vt irreg* ■ **jd/etw gewinnt jdn hinzu** *Interessenten, Kunden* qn/qc conquiert qn

hinzu|kommen *vi irreg + sein* **1.** (*eintreffen*) ■ **jd kommt hinzu** qn arrive; ***darf ich auch noch ~?*** je peux venir avec [*o* me joindre à] vous?; ***wer kommt außer uns noch hinzu?*** à part nous, qui sera là?
2. (*sich ereignen*) ■ **es kommt noch hinzu, dass,** ■ **hinzu kommt noch, dass** à cela, il faut ajouter que + *indic*; ■ **hinzu kommt noch etw** à cela, il faut ajouter qc
3. COM ■ **etw kommt noch hinzu** il faut ajouter qc; ***kommt sonst noch etwas hinzu?*** il vous faut autre chose?

hinzu|rechnen *vt* ■ **jd rechnet etw [mit] hinzu** qn inclut qc

hinzu|zählen *vt* **1.** (*als dazugehörig ansehen*) ■ **jd zählt jdn/etw [mit] hinzu** qn inclut qn/qc
2. *s.* **hinzurechnen**

hinzu|ziehen *vt irreg* ■ **jd zieht jdn [mit] hinzu** qn s'adjoint les services de qn

Hinzuziehung *f* ∅ ■ **die ~ einer Person** le recours à qn
► **unter ~ einer Person** (*gen*) en s'adjoignant les services de qn

Hiobsbotschaft *f* funeste nouvelle *f*

hipp, hipp, hurra *interj* hip, hip, hip, hourra [*o* hurrah]!

Hipphipphurra <-s, -s> *nt* hourra *m*, hurrah *m*
► **ein dreifaches ~ [auf jdn]** un ban [à qn]

Hippie <-s, -s> *m* hippie *m*, hippy *m*

Hirn <-[e]s, -e> *nt* **1.** (*Gehirn*) cerveau *m*
2. (*Hirnmasse*) cervelle *f*
3. GASTR cervelle *f*
► **etw entstammt** [*o* **entspringt**] **jds ~** qc est le fruit de l'imagination de qn; ***diese Idee kann nur einem kranken ~ entsprungen sein*** cette idée ne peut avoir germé que dans un cerveau malade

Hirn- *-gewebe, -hemisphäre* cérébral(e); *-schaden* au cerveau; ***~gefäß*** vaisseau *m* du cerveau **Hirnanhangdrüse** *f* hypophyse *f* **Hirnerschütterung** *f* CH *s.* **Gehirnerschütterung. Hirngespinst** *nt* chimère *f* **Hirnhaut** *f* méninge *f* **Hirnhautentzündung** *f* méningite *f*

hirnlos *adj fam* débile *fam*, sans queue ni tête *fam*; ■ **etw ist ~** qc est débile *fam*, qc n'a ni queue ni tête *fam*

Hirnrinde *f* cortex *m* cérébral, écorce *f* cérébrale **hirnrissig** *adj pej fam* *Idee, Vorschlag* débile *fam*; *Idiot, Kerl a.* taré(e) *fam* **Hirntod** *m* mort *f* cérébrale **hirntot** *adj* en état de mort cérébrale **Hirntote(r)** *f(m) decl wie adj* personne *f* en état de mort cérébrale **Hirntumor** *m* tumeur *f* au cerveau **hirnverbrannt** *adj fam s.* **hirnrissig. Hirnwindung** *f meist pl* circonvolution *f* cérébrale; ***was die in ihren verschlungenen ~en wieder ausgebrütet hat!*** *fam* qu'est-ce qu'elle est encore allée inventer dans son cerveau tordu! *fam*

Hirsch <-es, -e> *m* cerf *m*

Hirsch- **1.** JAGD, ZOOL: ***~jagd*** chasse *f* au cerf; ***~fütterung*** affourragement *m* des cerfs; ***~fell*** peau *f* de cerf **2.** GASTR *-braten, -rücken, -keule* de cerf **Hirschfänger** <-s, -> *m* couteau *m* de chasse **Hirschgeweih** *nt* bois *mpl* de cerf, ramure *f* **Hirschhorn** *nt* corne *f* de cerf **Hirschkäfer** *m* cerf-volant *m*, lucane *m* **Hirschkalb** *nt* faon *m* [de cerf] **Hirschkuh** *f* biche *f* **Hirschleder** *nt* peau *f* de cerf

Hirse <-, -n> *f* mil[let] *m*

Hirsebrei *m* bouillie *f* de millet **Hirsekorn** <-körner> *nt* grain *m* de mil[let]

Hirt(in) <-en, -en> *m(f)* gardien(ne) *m(f)* [de troupeau]; (*Kuh~*) vacher(-ère) *m(f)*; (*Schweine~*) porcher(-ère) *m(f)*; (*Schaf~*) berger(-ère) *m(f)*

Hirte <-n, -n> *m* **1.** *geh s.* **Hirt**
2. ECCL pasteur *m littér*
► **der Gute ~** le bon pasteur

Hirtenbrief *m* lettre *f* pastorale **Hirtenflöte** *f* chalumeau *m*, pipeau *m* **Hirtenhund** *m* chien *m* de berger **Hirtenstab** *m* **1.** *geh* (*Stab eines Hirten*) houlette *f*, bâton *m* de berger **2.** ECCL crosse *f* **Hirtentäschel** <-s, -> *nt*, **Hirtentäschelkraut** *nt* bourse-à-pasteur *f*, capselle *f*

Hirtin *f s.* **Hirt**

his, His <-, -> *nt* si *m* dièse

Hisbollah <-> *f* ∅ Hezbollah *m*

hissen *vt* ■ **jd hisst etw** qn hisse qc

Histamin <-s> *nt* ∅ histamine *f*

Histologie <-> *f* ∅ histologie *f*

histologisch *adj* histologique

Historiker(in) <-s, -> *m(f)* historien(ne) *m(f)*

Historiographie <-> *f* ∅ historiographie *f*

historisch **I.** *adj* (*alle Bedeutungen*) historique
II. *adv belegen, nachweisen, betrachten* historiquement, d'un point de vue historique

Hit <-s, -s> *m fam* **1.** MUS tube *m fam*
2. COM must *m fam*; ***etw ist der [große] ~*** qc est la grande mode

Hitler- **1.** (*NS-*) *-gruß, -jugend, -reich, -zeit* hitlérien(ne)
2. (*Hitler betreffend*) *-foto, -rede* de Hitler

Hitliste *f* hit-parade *m*, top 50 *m* **Hitparade** *f* hit-parade *m*

Hitze <-, -n> *f* **1.** (*große Wärme*) [*Herdplatte, Glühlampe*] chaleur *f*
2. METEO chaleur *f*
3. ZOOL [*Hündin, Katze*] chaleurs *fpl*
► **in der ~ des Gefecht[e]s** dans le feu de l'action; **brütende** [*o* **sengende**] **~** chaleur *f* accablante [*o* torride]; **jd gerät [leicht] in ~** qn s'échauffe [*o* s'emporte] [facilement]; **eine ~ ist das!** *fam* quelle chaleur!; **jd kommt vor ~ um** *fam* qn crève de chaud *fam*; **bei ...** ~ GASTR *bei mittlerer, schwacher, starker* à four ...; ***bei starker ~*** à four chaud

hitzebeständig *adj* résistant(e) à la chaleur, réfractaire; ■ **etw ist ~** qc résiste à la chaleur, qc est réfractaire **Hitzebeständigkeit** *f* résistance *f* à la chaleur **hitzefrei** *adj pred* SCOL ***um 11 ist ~*** les cours sont suspendus à partir de 11 heures en raison de la chaleur; ***juhuu! ~!*** super, on n'a plus classe, il fait trop chaud! ► **jd bekommt/hat ~** qn n'a pas classe en raison de la chaleur **Hitzeschild** <-schilde> *m* bouclier *m* thermique **Hitzewallung** *f meist pl* bouffée *f* de chaleur **Hitzewelle** *f* vague *f* de chaleur

hitzig **I.** *adj* **1.** (*leicht erregt*) *Mensch, Temperament* irascible, prompt(e) à s'emporter; *Antwort* sec(sèche), brusque; *Reaktion* d'emportement; ■ **jd ist/wird ~** qn s'emporte, qn s'emballe
2. (*leidenschaftlich*) *Debatte, Wortwechsel* enflammé(e)
► **nicht so ~!** du calme!
II. *adv debattieren* dans un climat passionné

Hitzkopf *m fam* soupe *f* au lait **hitzköpfig** *adj fam* soupe au lait *inv*; ■ **jd ist ~** qn est soupe au lait, qn a la tête près du bonnet **Hitzschlag** *m* insolation *f*, coup *m* de chaleur ► **jd bekommt** [*o* **kriegt** *fam*] [*o* **erleidet** *geh*] einen ~ qn a [*o* attrape] une insolation

HIV <-[s]> [haːʔiː'fau] *nt abk von* **Human Immunodeficiency Virus** HIV *m*, V.I.H. *m*

HIV- [haːʔiː'fau-] *-Fälle, -Ziffer* de malades du sida [*o* infectés par le virus HIV]; *~-Test* test *m* de dépistage du sida; *~-Verbreitung* propagation *f* du virus HIV [*o* du sida] **HIV-negativ** *adj* séronégatif(-ive) **HIV-positiv** *adj* séropositif(-ive)

Hiwi <-s, -s> *m sl* vacataire *mf*

hl. *adj abk von* **heilig** St(e)

Hl. *abk von* **Heilige(r)** St(e)

hm *interj* **1.** (*anerkennend*) mmmh; (*beim Essen a.*) miam-miam *fam*
2. (*fragend*) hein
3. (*bejahend*) mmmoui

H-Milch ['haː-] *f* lait *m* longue conservation [*o* stérilisé]

h-Moll ['haːmɔl, 'haː'mɔl] *nt* si *m* mineur

HNO [haːʔɛnʔoː] *abk von* **Hals, Nasen, Ohren** O.R.L.

HNO- [haːʔɛnʔoː-] *-Praxis, -Untersuchung* O.R.L.; *-Beschwerden, -Krankheit* des voies respiratoires **HNO-Arzt** *m*, **-ärztin** *f* O.R.L. *mf*, oto-rhino *mf fam*

hob *imp von* **heben**

Hobby <-s, -s> *nt* violon *m* d'Ingres, hobby *m*
▶ **jd betreibt etw als ~** qn fait qc pour son plaisir

Hobby- *-gärtner, -koch, -maler* amateur; *~ferien* vacances *fpl* actives
Hobbyraum *m* pièce *f* pour la pratique d'un hobby

Hobel <-s, -> *m* **1.** (*Werkzeug*) rabot *m*
2. (*Küchengerät*) mandoline *f*

Hobelbank <-bänke> *f* établi *m* de menuisier

hobeln I. *vt* **1.** TECH ■ **jd hobelt etw** qn rabote qc
2. GASTR ■ **jd hobelt etw** qn émince qc [avec une râpe]
II. *vi* ■ **jd hobelt** [**an etw** (*dat*)] qn rabote [qc]; ■ **das H~** le rabotage

Hobelspan *m meist pl* copeau *m*

hoch <*attr* hohe(r, s), höher, ¨ste> I. *adj* **1.** (*räumlich*) *Baum, Gebäude, Mast, Raum, Wasserstand, Zimmerdecke* haut(e) *antéposé; Schneedecke* épais(se); ***ein Mensch von hohem Wuchs*** une personne de haute stature; ■ **ein ... hohe(r, s)/eine ... hohe(r)** *Zentimeter, Meter* de ... de haut [*o* de hauteur]; ***ein 50 Meter hoher Turm*** une tour de 50 mètres de haut; ■ **etw ist etw** (*akk*) **~** *Meter etc* qc fait qc de haut [*o* de hauteur]; ***das Dach ist 7 Meter ~*** le toit est à 7 mètres [de hauteur]
2. FIN *Belastung, Betrag, Gewinn, Kosten, Verdienst* élevé(e)
3. (*stark gesteigert*) *Gewicht, Temperatur* élevé(e); *Druck, Fieber a.* fort(e) *antéposé*
4. (*erheblich*) *Sachschaden, Verlust* gros(se) *antéposé*, important(e); *Strafe* fort(e) *antéposé*, sévère
5. (*groß*) *Lebensstandard* élevé(e); *Ansprüche a.* haut(e) *antéposé; Genuss, Gut* grand(e) *antéposé*
6. (*bedeutend*) *Amt, Würde* haut(e) *antéposé; Position* élevé(e); *Ansehen* grand(e) *antéposé; Anlass, Feiertag* solennel(le); *Beamter, Würdenträger* haut(e) *antéposé; Besuch, Gast* important(e); ***hoher Offizier*** officier supérieur
▶ **etw ist jdm zu ~** *fam* qc dépasse qn
II. <höher, am ¨sten> *adv* **1.** (*nach oben*): ***der Berg ragt mindestens 500 Meter ~ empor*** la montagne fait au moins 500 mètres de haut [*o* de hauteur]; ***er zeigte ~ zum Himmel*** il pointa un doigt vers le ciel; ***den Blick ~ zum Firmament gerichtet*** le regard levé vers le firmament; ***sie ist ~ aufgeschossen*** c'est une grande perche; ***es geht sieben Treppen ~*** il faut monter sept étages; ***jd wirft etw ~*** qn lance [*o* jette] qc en l'air; ***wie ~ kannst du den Ball werfen?*** à quelle hauteur peux-tu lancer le ballon?; ***wirf den Ball ganz ~!*** lance le ballon très haut!; ***die Wand soll zwei Meter ~ gefliest werden*** il faut carreler le mur jusqu'à deux mètres de haut [*o* de hauteur]
2. (*in einiger Höhe*) *erkennen, sich befinden, stehen* en haut; *fliegen* haut; ***ganz ~*** très haut; ***~ auf dem Berg*** là-haut sur la montagne; ***die Sterne stehen ~ am Himmel*** les étoiles brillent [haut] dans le ciel; ***wir fliegen genau 13580 Meter ~*** nous volons à une altitude de 13580 mètres
3. (*sehr*) *verehren, schätzen* très; *qualifiziert a.* hautement; ***jd wird in der Fachwelt ganz ~ eingestuft*** on accorde à qn un rang très élevé dans sa spécialité
4. (*äußerst*) *favorisiert, erfreut, verschuldet* très; *begabt, zufrieden a.* fort; *angereichert, komprimiert* fortement
5. FIN: ***jd ist ~ versichert*** qn a une assurance chère; ***jd wird ~ besteuert*** qn est fortement [*o* lourdement] imposé(e); ***jd gewinnt ~*** qn gagne une forte somme [*o* une somme importante]; ***jd wettet ~*** qn parie gros
6. MATH ■ **etw ~ etw** (*akk*) qc [à la] puissance qc; ***2 ~ 3 ist 8*** 2 [à la] puissance 3 égale 8
▶ **~ und heilig** *fam versichern* solennellement; *versprechen, schwören a.* mes/ses grands dieux; ***er hat mir ~ und heilig versprochen zu kommen*** il m'a juré ses grands dieux qu'il viendrait; **~ oben** tout en haut; ***~ oben auf dem Berg*** [tout] en haut de la montagne; ***die Sterne stehen ~ oben am Himmel*** les étoiles brillent [tout] là-haut dans le ciel; **etw ist zu ~ gegriffen** /*Berechnung, Kosten, Zahl*/ qc est exagéré(e) [*o* excessif(-ive)]; **es geht ~ her** *fam* (*es herrscht Hochstimmung*) ça y va *fam*; (*es gibt Krach*) ça barde *fam*; **jd ist ~ in etw** (*dat*) *in den Fünzigern, Sechzigern, Siebzigern* qn a qc bien avancé(e); ***er ist ~ in den Fünfzigern*** il a la cinquantaine bien avancée; **wenn es ~ kommt** *fam* tout au plus; **jd pokert** [*o* **reizt**] [**bei etw**] **~** *fam* qn place la barre un peu haut [à l'occasion de qc]; ***da hast du aber ~ gepokert*** tu as placé la barre un peu haut; **jd rechnet jdm etw ~ an** qn sait gré à qn de qc, qn est très reconnaissant(e) à qn de qc; **jd schätzt jdn** [**zu**] **~ ein** qn voue une [trop] grande estime à qn; **jd schätzt etw** [**zu**] **~ ein** qn accorde un [trop] grand prix à qc; **jd singt** [**zu**] **~** qn chante [trop] haut; **jd steht** ~ qn occupe un poste important; **etw steht ... ~** *Meter, Zentimeter* qc est à une hauteur de ...; ***das Wasser steht drei Zentimeter ~*** il y a trois centimètres d'eau; ***wie ~ steht das Thermometer?*** à combien le thermomètre est-il monté?; **etw türmt sich ... ~** *Meter, Zentimeter* qc s'amoncelle sur ... [de haut [*o* de hauteur]]; **jd will ~ hinaus** *fam* qn en veut *fam*; ***er will einfach zu ~ hinaus*** il pète plus haut que son cul *fam*; **~ nach etw, nach etw ~** GEOG: ***ich muss heute noch nach Bremen ~*** je dois encore monter à [*o* sur] Brême aujourd'hui; **~!** debout!

Hoch[1] <-s, -s> *nt* (*Hochruf*) ovation *f*; ***jd wird mit ~s begrüßt*** qn est accueilli(e) sous les vivats
▶ **jd bringt ein ~ auf jdn aus** qn porte un toast à [la santé de] qn

Hoch[2] <-s, -s> *nt* METEO anticyclone *m*

hoch- **1.** (*in die Höhe*) *-können, -wollen, -müssen* monter; ***etw spritzt hoch*** qc jaillit; ***jd schleicht die Treppe hoch*** qn monte l'escalier sans faire de bruit; ***jd schleudert jdm etw hoch*** qn lance qc à qn
2. *attr* (*äußerst*) *-elegant, -giftig, -riskant, -sensibel, -technisiert* très; *-radioaktiv* fortement

hoch|achten *s.* **achten I.** ▶

Hochachtung *f* estime *f*, considération *f*
▶ **mit vorzüglicher ~** *veraltend form* avec l'expression de ma considération distinguée; **jd zollt jdm seine ~ für etw** qn témoigne sa considération à qn pour qc; **jd zollt einer S. ~** (*dat*) qn salue qc comme il se doit; **bei aller ~ vor jdm/etw** sauf le respect que qn doit à qn/que qc inspire à qn; **meine ~!** toutes mes félicitations!, chapeau bas!

hochachtungsvoll *adv form* avec l'expression de ma considération distinguée

Hochadel *m* haute noblesse *f*

hochaktuell [-aktuɛl] *adj* **1.** *Information, Nachricht* d'une actualité brûlante; ***wir versorgen Sie mit ~en Informationen*** nous vous livrons les toutes dernières informations
2. COUT très à la mode

Hochaltar *m* maître-autel *m*

Hochamt *nt* ECCL grand-messe *f*, messe *f* solennelle

hochangesehen *s.* **angesehen** ▶

hochanständig *adj* d'une grande loyauté; ■ **etw ist ~ von jdm** qn fait preuve d'une grande loyauté en faisant qc

hoch|arbeiten *vr* ■ **jd arbeitet sich** [**bis zu etw**] **hoch** qn s'élève dans la hiérarchie [et devient qc] à force de travail

hochauflösend *adj* INFORM, TV [à] haute définition [*o* résolution]

Hochbahn *f* métro *m* aérien

Hochbau *m* ∅ bâtiment *m*

hochbegabt *s.* **begabt** ▶

hoch|bekommen * *vt irreg* ■ **jd bekommt etw hoch** *Möbelstück, schwere Klappe* qn arrive [*o* parvient] à soulever qc; *Arm, Kopf* qn arrive [*o* parvient] à lever qc
▶ **jd bekommt einen/keinen** [*o* **ihn nicht**] **hoch** *sl* qn bande [*o* qn a la trique *arg*]/qn n'arrive pas à bander *fam*

hochbeladen *s.* **beladen**[2] ▶

hochberühmt *adj* illustre

hochbetagt *adj geh* chargé(e) d'ans *littér*
▶ **jd stirbt ~** qn meurt à un âge très avancé

Hochbetrieb *m* effervescence *f*, activité *f* intense
▶ **jd hat** [**einen**] **~** c'est l'effervescence chez qn

hoch|binden *vt irreg* ■ **jd bindet etw hoch** *Haare* qn relève qc, qn attache qc sur le sommet de sa tête; ***diese Pflanze muss am Stab hochgebunden werden*** cette plante doit être fixée à un tuteur [*o* tuteurée]

hoch|blicken *vi geh s.* **hochsehen**

Hochblüte *f* apogée *m*
▶ **etw hat** [*o* **erlebt**] **seine ~** qc est à [*o* connaît] son apogée

hoch|bocken *vt* ■ **jd bockt etw hoch** qn lève qc

hoch|bringen *vt irreg fam* **1.** (*nach oben bringen*) ■ **jd bringt** [**jdm**] **jdn/etw hoch** qn monte qn/qc [à qn]
2. *fam* (*hochheben können*) ■ **jd bringt etw hoch** *Hantel, Möbelstück* qn arrive [*o* parvient] à soulever qc
3. (*zuversichtlich machen*) ■ **jd/etw bringt jdn** [**wieder**] **hoch** qn/qc remonte le moral de qn; ***das hat mich wieder hochgebracht*** ça m'a remonté le moral
▶ **jd bringt einen/keinen hoch** *sl* qn bande [*o* qn a la trique *arg*]/n'arrive pas à bander *fam*

Hochburg *f* bastion *m*; [*Partei a.*] fief *m*

hochdeutsch *adj* haut allemand(e)

Hochdeutsch *nt decl wie adj* haut allemand *m*; ■ **das ~e** le haut allemand

hochdotiert *s.* **dotieren** ▶

Hochdruck[1] *m* ∅ MED hypertension *f*
▶ **jd arbeitet mit ~** [**an etw** (*dat*)] qn travaille d'arrache-pied [à qc]; **jd betreibt etw mit ~** qn mène qc tambour battant [*o* d'arrache-pied]

Hochdruck[2] *m* ∅ TYP impression *f* en relief

Hochdruckgebiet *nt* anticyclone *m*, zone *f* de haute pression

Hochebene *f* haut plateau *m*

hochempfindlich *s.* **empfindlich I.** ▶

hochentwickelt *s.* **entwickeln I.** ▶

hocherhoben *s.* **erheben I.** ▶

hochexplosiv *adj* à haut pouvoir détonant, très explosif(-ive); ■ **etw ist ~** qc a un haut pouvoir détonant, qc est très explosif(-ive)

hoch|fahren *irreg* I. *vi + sein* **1.** (*in ein höheres Stockwerk fahren*) ■ **jd/etw fährt hoch** qn/qc monte
2. (*nach oben fahren*) ■ **jd fährt** [**zu etw**] **hoch** qn monte [jusqu'à qc]; ■ **jd fährt mit etw** [**zu etw**] **hoch** *mit Bergbahn, Gondel* qn prend qc pour monter [[jusqu']à qc]; ***jd fährt mit dem Fahrrad/Auto*** [***zur Burg***] ***hoch*** qn

monte en vélo/voiture [[jusqu']au château]
3. (*sich plötzlich aufrichten*) ■ **jd fährt hoch** qn sursaute; (*wacht auf*) qn se réveille en sursaut; ■ **jd fährt aus etw hoch** *aus einem Sessel, Stuhl* qn se lève brusquement de qc; ***sie fuhr aus dem Schlaf hoch*** elle se réveilla en sursaut
4. (*aufbrausen*) ■ **jd fährt hoch** qn se fâche, qn s'emporte; ***er fuhr wütend hoch*** il s'est fâché tout rouge
II. *vt + sein* ■ **jd/etw fährt etw hoch** *Berg* qn/qc monte en haut de qc; ***jd fährt die Straße zum Pass hoch*** qn prend [*o* emprunte] la route qui monte au col
III. *vt + haben* **1.** (*mit dem Pkw nach oben bringen*) ■ **jd fährt jdn/etw [zu jdm/irgendwohin] hoch** qn monte qn/qc [à qn/quelque part]
2. (*mit dem Pkw nach Norden bringen*) ■ **jd fährt jdn hoch [irgendwohin]** qn monte qn [quelque part]
3. IND ■ **jd fährt etw hoch** *Kraftwerk, Turbinen* qn fait tourner qc à plein régime; *Produktion* qn fait grimper qc
hochfahrend *adj* **1.** *geh* (*überheblich*) hautain(e), arrogant(e)
2. *s.* **hochfliegend**
Hochfinanz *f* haute finance *f*
Hochfläche *f s.* **Hochebene**
hoch|fliegen *vi irreg + sein* **1.** ZOOL ■ **ein Tier fliegt hoch** un animal s'envole
2. (*in die Luft geschleudert werden*) ■ **jd fliegt hoch** qn est éjecté(e); ■ **etw fliegt hoch** qc est projeté(e) en l'air; ***Metallsplitter flogen Dutzende von Metern hoch*** des éclats métalliques ont été projetés à plusieurs dizaines de mètres de hauteur
hochfliegend *adj geh* ambitieux(-euse)
Hochform *f* ▸ **jd ist [*o* befindet sich] in ~** qn est en grande forme [*o* en superforme]; ***jd ist nicht in ~*** qn n'est pas au mieux de sa forme [*o* en grande forme]; **jd läuft zur ~ auf** *fam* qn atteint le top niveau
Hochformat *nt* format *m* en hauteur; INFORM *a.* format *m* portrait, orientation *f* à la française
▸ **im ~** en format en hauteur; INFORM *a.* en format portrait, à la française
Hochfrisur *f* chignon *m*
▸ **jd hat eine ~** qn a un chignon
Hochgarage [-gara:ʒə] *f s.* **Parkhaus**
Hochgebirge *nt* haute montagne *f*; ***im ~*** en haute montagne
Hochgebirgs- de haute montagne
hochgeehrt *s.* **geehrt** ▸
Hochgefühl *nt* euphorie *f*, exaltation *f*
▸ **im ~ einer S.** (*gen*) dans l'euphorie [*o* l'exaltation] de qc
hoch|gehen *irreg* **I.** *vi + sein* **1.** (*hinaufgehen*) ■ **jd geht [irgendwohin] hoch** qn monte [quelque part]
2. *fam* (*detonieren*) ■ **etw geht hoch** qc saute; ■ **jd lässt etw ~** qn fait sauter qc
3. *fam* (*in die Luft gehen*) ■ **jd geht hoch** qn prend la mouche
4. *fam* (*steigen*) ■ **etw geht hoch** */Löhne, Preise/* qc grimpe
5. *fam* (*enttarnt werden*) ■ **jd/etw geht hoch** */Dealer, Hintermänner/* qn se fait pincer [*o* coincer] *fam*; */Kartell/* qc est démantelé(e); ■ **jd lässt jdn/etw ~** *illegales Unternehmen, gesetzwidriges Vorhaben* qn démantèle qc; *Kriminellen* qn pince qn *fam*
II. *vt + sein* ■ **jd geht etw hoch** *Treppen, Stufen* qn monte qc; *Berg* qn monte en haut de qc
hochgeistig I. *adj attr Lektüre, Unterhaltung* qui vole haut, savant(e)
II. *adv*: ***sie unterhalten sich ~*** ils/elles ont une conversation savante; ***jd drückt sich ~ aus*** qn a une manière de s'exprimer savante; ***jd schreibt ~*** qn a un style savant
hochgelegen *s.* **legen I.** ▸
hochgelehrt *adj geh* docte *antéposé littér*, fort savant(e)
Hochgenuss[RR] *m* plaisir *m* divin
▸ **etw ist [jdm] ein ~** qc est un plaisir divin [pour qn], qc procure [à qn] un plaisir divin
hochgeschlossen *adj* COUT fermé(e) jusqu'au menton, montant(e)
Hochgeschwindigkeits- **1.** INFORM, TECH ultrarapide **2.** NAUT à grande vitesse **Hochgeschwindigkeitsstrasse** *f* voie *f* à grande vitesse **Hochgeschwindigkeitszug** *m* train *m* à grande vitesse; (*in Frankreich*) T.G.V. *m*
hochgestellt *adj attr* haut placé(e), de haut rang
hochgestochen I. *adj pej fam* **1.** (*geschraubt*) *Phrasen, Redeweise, Stil* tarabiscoté(e), alambiqué(e)
2. (*überheblich*) *Redeweise* prétentieux(-euse); *Gehabe* m'as-tu-vu *inv*
II. *adv pej fam*: ***jd drückt sich ~ aus*** qn a une façon de s'exprimer ampoulée [*o* alambiquée]; ***jd schreibt ~*** qn écrit dans un style ampoulé [*o* alambiqué]
hochgewachsen *s.* **wachsen**[1] ▸
Hochglanz *m* PHOT *Abzug, Foto* sur papier brillant; ***wollen Sie Ihre Abzüge matt oder ~?*** vous voulez vos tirages sur papier mat ou brillant?
▸ **jd bringt [*o* poliert] etw auf ~** *Schuh, lackierte Oberfläche* qn fait reluire [*o* briller] qc; ***in ihrer Wohnung war immer alles auf ~ gebracht*** dans son appartement, tout était nickel *fam*
Hochglanz- *-lack, -politur* brillant(e); *-karte, -foto* sur papier brillant; ***~papier*** papier *m* glacé
hochgradig I. *adj* extrême, intense
II. *adv* extrêmement
hoch|gucken *vi fam s.* **hochsehen**
hochhackig *adj* à hauts talons; ■ **etw ist ~** les talons de qc sont hauts
hoch|halten *vt irreg* **1.** (*in die Höhe halten*) ■ **jd hält etw hoch** *Fahne, Transparent* qn brandit qc; *Gegenstand, Hand* qn lève qc
2. (*ehren*) ■ **jd hält etw hoch** qn honore qc, qn respecte qc

Hochhaus *nt* tour *f*, building *m*
hoch|heben *vt irreg* **1.** (*in die Höhe heben*) ■ **jd hebt jdn/etw hoch** *Kind, Last, Möbelstück* qn soulève qn/qc
2. (*emporstrecken*) ■ **jd hebt etw hoch** *Hand, Arm* qn lève qc
hochherrschaftlich *adj Haushalt, Einrichtung* cossu(e); *Haus, Villa a.* de maître
hochherzig *adj geh Mensch, Geste* magnanime *littér*, généreux(-euse)
Hochherzigkeit <-> *f* ∅ *geh* [*Mensch, Geste*] magnanimité *f littér*, générosité *f*
hochindustrialisiert *s.* **industrialisieren** ▸
hochintelligent *adj* très intelligent(e)
hochinteressant *adj* d'un grand intérêt
▸ **etw klingt ~** qc a l'air très intéressant(e), qc semble d'un grand intérêt
hoch|jagen *vt* **1.** *fam* (*sprengen*) ■ **jd jagt etw hoch** qn fait sauter qc
2. AUT *fam* ■ **jd jagt etw hoch** *Maschine, Motor* qn pousse qc [à plein régime], qn emballe qc
3. (*aufscheuchen*) ■ **jd/etw jagt jdn hoch**: ***jd/etw jagt jdn [aus dem Bett/Sessel] hoch*** qn/qc tire qn du lit/de son fauteuil; ■ **jd/etw jagt ein Tier hoch** qn/qc fait lever un animal
hoch|jubeln *vt pej fam* ■ **jd jubelt jdn/etw hoch** qn fait mousser qn/qc *fam*
hochkant *adv* ▸ **etw steht ~** qc est posé(e) verticalement; **jd stellt etw ~** *Buch* qn met qc debout; *Bild* qn met qc dans le sens vertical [*o* à la verticale]
hochkantig *adv* ▸ **jd wird ~ hinausgeworfen** *fam* qn se fait virer *fam*; **jd wirft jdn ~ hinaus** *fam* qn vire qn *fam*
hochkarätig *adj* **1.** *Edelstein* d'un nombre élevé de carats
2. *Edelmetall, Schmuck* dont le titre est élevé
3. *fam* (*äußerst qualifiziert*) *Wissenschaftler, Politiker* très calé(e), qui touche *fam*
hochklappbar *adj* relevable; ■ **etw ist ~** qc se relève, qc est relevable
hoch|klappen I. *vt + haben* ■ **jd klappt etw hoch** *Klappe, Schrankbett* qn relève qc; *Kragen* qn relève qc, qn remonte qc
II. *vi + sein* ■ **etw klappt hoch** qc se relève
hoch|klettern I. *vi + sein* ■ **jd klettert [an etw** (*dat*)**] hoch** qn grimpe [à qc]
II. *vt + sein* ■ **jd klettert etw hoch** *einen Baum, Stamm* qn grimpe à qc; *eine Fassade, steile Wand* qn grimpe le long de qc, qn escalade qc
hoch|kommen *irreg* **I.** *vi + sein* **1.** *fam* (*heraufkommen*) ■ **jd kommt hoch** qn monte; ■ **jd kommt [zu jdm/irgendwohin] hoch** qn monte [voir qn/quelque part]
2. (*an die Oberfläche kommen*) ■ **jd kommt [wieder] hoch** qn [re]fait surface
3. *fam* (*aufstehen können*) ■ **jd kommt [aus etw/von etw] hoch** *aus dem Sessel, vom Sofa* qn arrive [*o* parvient] à se lever [de qc]
4. *fam* (*einen Brechreiz haben*) ■ **jdm kommt es hoch, wenn:** ***wenn ich nur daran denke, kommt es mir hoch!*** rien que d'y penser, ça me donne envie de vomir; ***es kommt mir jedesmal hoch, wenn ich sehe, …*** ça me dégoûte de voir …, ça me donne envie de vomir de voir …
5. (*in Erscheinung treten*) ■ **etw kommt [in jdm] hoch** */Wut, Frustration/* qc monte [en qn]; ■ **etw kommt hoch** */Betrug, Machenschaften/* qc apparaît au grand jour
▸ **jd lässt niemanden neben sich** (*dat*) **~** qn ne laisse personne lui faire de l'ombre
II. *vt + sein* ■ **jd kommt etw hoch** *Baum, Leiter, Mauer* qn grimpe à qc; ***jd kommt die Treppe hoch*** qn monte l'escalier; ***jd kommt den Berg hoch*** qn monte en haut de la montagne
Hochkonjunktur *f* conjoncture *f* très favorable, boom *m* économique
hoch|können *vi irreg fam* **1.** (*sich erheben können*) ■ **jd kann hoch** qn peut se lever
2. (*hochklettern können*) ■ **jd kann [auf etw** (*akk*)**] hoch** *auf einen Baum* qn peut monter [*o* grimper] à qc; *auf einen Berg* qn peut monter [*o* grimper] en haut de qc
hochkonzentriert *s.* **konzentriert I.** ▸
hoch|krempeln *vt* ■ **jd krempelt [sich** (*dat*)**] etw hoch** qn retrousse qc
hoch|kriegen *vt fam s.* **hochbekommen**
Hochkultur *f* civilisation *f* évoluée [*o* développée]
hoch|kurbeln *vt* ■ **jd kurbelt etw hoch** qn remonte qc [à l'aide d'une manivelle]
hoch|laden *vt irreg* INFORM ■ **jd lädt etw hoch** qn télécharge qc [vers l'amont]
Hochland *nt* haut plateau *m*
hoch|leben *vi* ▸ **jd/etw lebe hoch!, hoch lebe der/die …!** vive qn/qc!; **jd lässt jdn ~** qn porte un toast à qn
hoch|legen *vt* **1.** (*erhaben lagern*) ■ **jd legt etw hoch** *Beine, Kopf, Oberkörper* qn surélève qc [*o* qn rehausse qc]
2. *fam* (*nach oben legen*) ■ **jd legt etw hoch** *Gegenstand* qn met qc en hauteur; ***jd hat etw auf den Schrank hochgelegt*** qn a mis qc sur l'armoire
Hochleistung *f* performance *f* hors du commun
Hochleistungs- **1.** AUT très puissant(e), ultra[-]performant(e)
2. SPORT de haut niveau; *Sport a.* de haute compétition
Hochlohnland *nt* pays *m* à niveau de salaires élevé
hochmodern I. *adj* dernier cri; ■ **etw ist ~** qc est du dernier cri
II. *adv*: ***jd ist ~ angezogen/gekleidet*** qn est habillé(e) à la dernière mode; ***jd ist ~ eingerichtet*** qn a un intérieur [du] dernier cri
Hochmoor *nt* tourbière *f* de montagne; (*in den Ardennen*) fagne *f*
Hochmut *m* arrogance *f*, suffisance *f*
▸ **~ kommt vor dem Fall** *prov* l'orgueil précède la chute
hochmütig *adj* arrogant(e); *Mensch a.* présomptueux(-euse)
Hochmütigkeit <-> *f* ∅ *s.* **Hochmut**

hochnäsig I. *adj pej fam Art* hautain(e); *Mensch a.* méprisant(e)
II. *adv pej fam* avec dédain, dédaigneusement

Hochnäsigkeit <-> *f ∅ pej fam* mépris *m*, dédain *m*

Hochnebel *m* couche *f* [*o* couverture *f*] nuageuse

hoch|nehmen *vt irreg* 1. (*nach oben heben*) ■ **jd nimmt jdn/ein Tier hoch** qn porte qn/un animal
2. (*abheben*) ■ **jd nimmt etw hoch** qn soulève qc
3. *fam* (*veralken*) ■ **jd nimmt jdn hoch** qn fait marcher qn
4. *sl* (*auffliegen lassen*) ■ **jd nimmt jdn hoch** qn coince qn *fam*

Hochofen *m* haut fourneau *m*

hoch|päppeln *vt fam* ■ **jd päppelt jdn/ein Tier [wieder] hoch** qn requinque [*o* ravigote] qn/un animal *fam*

Hochparterre [-partɛr(ə)] *nt* rez-de-chaussée *m* surélevé

Hochplateau [-plato:] *nt s.* **Hochebene**

Hochpreis- *-auto, -magazin* haut de gamme, de luxe; *-appartement a.* de standing; *~markt* marché *m* des produits de luxe

hochprozentig *adj* 1. GASTR *Schnaps, Rum* à fort pourcentage d'alcool, fortement alcoolisé(e)
2. CHEM très concentré(e)

hoch|puschen *vt sl* ■ **jd puscht etw hoch** qn fait grimper qc

hochqualifiziert *s.* **qualifiziert** ▶

hoch|ragen *vi + sein o haben* ■ **etw ragt hoch**: ***etw ragt über 4500 Meter/in den Himmel hoch*** qc s'élève à plus de 4500 mètres/[haut] dans le ciel; ■ **~d** élancé(e)

hoch|rechnen *vt* ■ **jd rechnet etw [bis zu etw] hoch** *Daten, Zahlen* qn fait une estimation de qc [jusqu'à qc]; *Entwicklung* qn prévoit qc [jusqu'à qc]

Hochrechnung *f meist pl* estimation *f*

hoch|reißen *vt irreg* ■ **jd reißt etw hoch** qn lève qc; *Flugzeug* qn redresse qc

hochrot *adj Gesicht, Wangen* écarlate, cramoisi(e); ■ **etw ist ~**: ***ihre Wangen waren ~ vor Erregung*** elle avait les joues rouges d'excitation

Hochruf *m* vivat *m*, acclamation *f*

hoch|rutschen *vi + sein* ■ **etw rutscht hoch** /*Bluse, Hemd, Rock*/ qc remonte

Hochsaison [-zɛzõ:, -zɛzɔŋ] *f* 1. COM cohue *f*, affluence *f*; ***die Eisdielen haben ~*** c'est la cohue chez les glaciers
2. TOURISMUS haute saison *f*

hoch|schätzen *s.* **schätzen I.** ▶

hoch|schaukeln I. *vt* ■ **jd schaukelt etw hoch** *Problem, Punkt* qn monte qc en épingle
II. *vr* ■ **sie schaukeln sich hoch** ils/elles s'excitent mutuellement, ils/elles se montent la tête

hoch|schießen *irreg* I. *vi + sein* ■ **etw schießt hoch** qc jaillit
II. *vt + haben* ■ **jd schießt etw hoch** *Feuerwerkskörper* qn tire qc; *Leuchtkugel a.* qn lance qc

hoch|schlagen *irreg* I. *vt + haben* ■ **jd schlägt etw hoch** *Kragen* qn relève qc, qn remonte qc
II. *vi + sein* ■ **etw schlägt hoch** /*Brecher, Wellen*/ qc déferle; ■ **~d** déferlant(e)

hoch|schnellen *vi + sein* ■ **jd schnellt [von etw] hoch** *vom Stuhl, Sessel* qn saute [de qc] tel(le) un ressort; ■ **etw schnellt hoch** /*Sprungfeder*/ qc saute

hoch|schrauben *vt* 1. (*steigern*) ■ **jd schraubt etw hoch** *Preise* qn fait grimper [*o* monter] qc
2. (*größer werden lassen*) ■ **jd schraubt etw hoch** *Ansprüche, Erwartungen* qn monte la barre [*o* fait de la surenchère] en ce qui concerne qc; ***die Arbeitnehmer schrauben ihre Forderungen hoch*** les salariés font de la surenchère

hoch|schrecken I. *vt + haben* ■ **jd schreckt jdn hoch** qn fait sursauter qn; (*aus dem Schlaf*) qn réveille qn en sursaut
II. *vi + sein irreg* ■ **jd schreckt hoch** qn sursaute; (*aus dem Schlaf*) qn se réveille en sursaut

Hochschul- *-institut* universitaire; *-professor, -lehrer* d'université; *-gebäude, -gelände a.* de l'université; ***~reform*** réforme *f* des universités **Hochschulabschluss**[RR] *m* diplôme *m* universitaire ▶ **mit/ohne ~** avec un diplôme universitaire/des diplômes universitaires/sans diplôme universitaire **Hochschulbildung** *f* formation *f* universitaire [*o* supérieure] ▶ **mit/ohne ~** avec une/sans formation universitaire [*o* supérieure]; ***jd ist ohne ~*** qn n'a pas fait d'études supérieures

Hochschule *f* 1. (*Universität*) université *f*
2. (*Fach~*) institut *m* universitaire de technologie, I.U.T. *m*
▶ **pädagogische ~** institut *m* universitaire de formation des maîtres, I.U.F.M. *m*; **technische ~** institut *m* universitaire de technologie

Hochschüler(in) *m(f)* étudiant(e) *m(f)* en I.U.T.

Hochschullehrer(in) *m(f)* professeur *m* d'université **Hochschulreife** *f* baccalauréat *m* ▶ **mit/ohne ~** avec le/sans baccalauréat **Hochschulstudium** *nt* études *fpl* universitaires [*o* supérieures] ▶ **mit/ohne ~** avec une/sans formation universitaire [*o* supérieure]

hochschwanger *adj Frau* dans un état de grossesse avancée, enceinte jusqu'aux yeux *fam*; *Zustand* de grossesse avancée

Hochsee *f ∅* haute mer *f*

Hochsee- *-angeln, -fischer, -schifffahrt* en haute mer; *-flotte, -kutter* de haute mer; *-fischerei a.* hauturier(-ière) **hochseetüchtig** *adj* armé(e) pour la haute mer

hoch|sehen *vi irreg* ■ **jd sieht hoch** qn lève les yeux

Hochseil *nt* câble *m* suspendu

Hochseilakt *m* numéro *m* de funambule

Hochsicherheits- *-gefängnis, -trakt* de haute sécurité; *-labor, -deponie* sous haute surveillance

Hochsitz *m* mirador *m*

Hochsommer *m* plein été *m*
▶ **im ~** en plein été

hochsommerlich I. *adj* estival(e)
II. *adv* comme en plein été

Hochspannung *f* 1. ELEC haute tension *f*
2. *∅* (*Nervosität*) tension *f* maximale, surexcitation *f*
▶ **Vorsicht ~** Danger [de mort], haute tension; **mit ~** *entgegensehen etc* dans un état de grande tension

Hochspannungs- *-isolator, -transformator* [à] haute tension **Hochspannungsleitung** *f* ligne *f* [à] haute tension **Hochspannungsmast** *m* pylône *m* [pour lignes] à haute tension

hoch|spielen *vt* ■ **jd spielt etw hoch** qn monte qc en épingle

Hochsprache *f* langue *f* standard

hoch|springen *vi irreg + sein* 1. *fam* (*aufspringen*) ■ **jd springt [von etw] hoch** *vom Sessel, Stuhl* qn se lève d'un bond [de qc]
2. (*nach oben springen*) ■ **ein Tier springt an jdm/etw hoch** un animal saute sur qn/devant qc
3. *nur infin und pp* SPORT: ***in dieser Sportstunde soll hochgesprungen werden*** pendant cette heure de sport, les élèves feront du saut en hauteur

Hochspringer(in) *m(f)* sauteur(-euse) *m(f)* en hauteur

Hochsprung *m* saut *m* en hauteur

höchst I. *adj s.* **höchste(r, s)**
II. *adv* (*überaus*) extrêmement; ***etw ist ~ schmackhaft*** qc est excellent(e) [*o* succulent(e)]

höchst- *-erfreut, -elegant, -zufrieden* extrêmement

Höchst- *-beitrag, -parkdauer, -steuersatz* maximal(e), maximum; *-menge a.* à ne pas dépasser; ***großes Grundstück gegen ~gebot zu verkaufen*** grand terrain à vendre au plus offrant **Höchstalter** *nt* âge *m* limite, limite *f* d'âge

Hochstand *m s.* **Hochsitz**

Hochstapelei <-, -en> *f* 1. (*als Betrug*) imposture *f*
2. (*Angeberei*) frime *f fam*

hoch|stapeln *vi* 1. (*betrügen*) ■ **jd stapelt hoch** qn commet une imposture
2. (*angeben*) ■ **jd stapelt hoch** qn frime *fam*

Hochstapler(in) <-s, -> *m(f)* 1. (*Betrüger*) imposteur *m*
2. (*Angeber*) frimeur(-euse) *m(f) fam*

Höchstbetrag *m* (*bei Miete, Kredittilgung*) traite *f* maximale [*o* maximum]; (*beim Spiel*) mise *f* maximale [*o* maximum] **Höchstbietende(r)** *f(m) decl wie adj* ■ **der ~** le plus offrant

höchste(r, s) I. *adj superl von* **hoch** 1. (*räumlich*) *Baum, Berg, Gebäude* le/la plus haut(e)
2. (*dem Ausmaß nach*) *Betrag, Verdienst* le/la plus haut(e); *Belastung, Entschädigung* le/la plus fort(e); ***die ~n Profite*** les plus gros profits
3. (*gravierendste*) *Sachschaden, Verlust* le/la plus important(e); ***die ~en Strafen*** les peines les plus sévères
4. (*dem Rang nach*) *Amt, Ansehen, Würde* le/la plus haut(e); *Feiertag, Jubiläum* le/la plus important(e); *Offizier, Würdenträger* le/la plus haut placé(e)
5. *attr* (*der Qualität nach*): ***die ~n Ansprüche*** les exigences les plus hautes; ***von ~r Bedeutung*** de la plus haute importance; ***das ~ Gut*** le bien suprême [*o* le plus précieux]
▶ **aufs ~** extrêmement; **zu jds ~n/~r ...** *Bestürzung, Verwunderung* au grand/à la grande ... de qn; ***zu unserer ~n Freude dürfen wir Ihnen mitteilen, dass*** nous avons le grand plaisir de vous informer que + *indic*; **das H~, was** (*die äußerste Summe*) le maximum que + *subj*
II. <am -n> *adv* 1. (*in größter Höhe*) *stehen, wohnen* le plus haut; *fliegen a.* à la plus haute altitude
2. (*in größtem Ausmaß*): ***jd ist am ~n qualifiziert*** qn est le/la plus qualifié(e); ***jd wird am ~n verehrt*** qn est le/la plus vénéré(e)
3. (*die größte Summe umfassend*): ***jd hat am ~n gewonnen*** qn a gagné le plus; ***jd ist am ~n besteuert*** qn est soumis(e) à un taux d'imposition maximum

hoch|stecken *vt* ■ **jd steckt etw hoch** *Haar, Haare* qn relève qc

hochstehend *s.* **stehend** ▶

hoch|stellen *vt* ■ **jd stellt etw hoch** *Vase, Papierkorb* qn met qc en hauteur

höchstens *adv* au maximum

Höchstfall *m* ▶ **im ~** tout au plus, au maximum **Höchstform** *f* top niveau *m*, superforme *f*; ***jd befindet sich in ~*** qn est au mieux de sa forme [*o* au top niveau] **Höchstgeschwindigkeit** *f* 1. (*höchste mögliche Geschwindigkeit*) vitesse *f* maximale 2. (*höchste zulässige Geschwindigkeit*) vitesse *f* maximale [autorisée] **Höchstgrenze** *f* limite *f*

hoch|stilisieren * *vt* ■ **jd stilisiert etw hoch** qn enjolive qc; ■ **jd stilisiert etw zu etw hoch** qn fait passer qc pour qc

Hochstimmung *f ∅* bonne humeur *f*; ***unter den Gästen herrschte ~*** il y avait une super-ambiance parmi les invités
▶ **in ~**: ***jd befindet sich in ~*** qn est de bonne [*o* belle] humeur; ***etw versetzt jdn in ~*** qc met qn de bonne [*o* belle] humeur

Höchstleistung *f* performance *f* extrême [*o* maximum] ▶ **jd trimmt etw auf ~** AUT qn gonfle qc **Höchstmaß** *nt* ■ **ein ~ an etw** (*dat*) un haut degré de qc; ***jd legt ein ~ an Zurückhaltung an den Tag*** qn se montre extrêmement réservé(e) **höchstpersönlich** *adv* en personne **Höchstpreis** *m* 1. (*hoher Preis*) prix *m* fort 2. (*höchster erlaubter Preis*) prix *m* maximum [autorisé] **höchstrichterlich** *adj* JUR *Entscheidung, Urteil* de la Cour suprême; (*in Frankreich*) de la Cour de cassation **Höchststand** *m* niveau *m* maximum [*o* le plus haut] **Höchststrafe** *f* peine *f* maximale **höchstwahrscheinlich** *adv* selon toute vraisemblance **Höchstwert** *m* valeur *f* maximum [*o* maximale] **höchstzulässig** *adj attr* ■ **der/die/**

das ~e … le/la … maximal(e) [o maximum] autorisé(e)
Hochtechnologie *f* technologie *f* de pointe, haute technologie *f*
Hochtemperaturreaktor *m* réacteur *m* à haute température
Hochtouren [-tu:rən] *pl* ▸ **jd bringt jdn auf ~** *fam* qn met la pression à qn *fam;* **jd bringt etw auf ~** *fam* qn optimise qc, qn maxim[al]ise qc; **etw läuft auf ~** *fam /Motor, Produktion/* qc tourne à plein régime; */Kampagne, Vorbereitungen/* qc bat son plein
hochtourig [-tu:rɪç] **I.** *adj attr* AUT, TECH qui tourne à un régime élevé
II. *adv* AUT à plein régime
hochtrabend I. *adj pej Rede, Worte* ronflant(e), grandiloquent(e)
II. *adv pej reden* avec grandiloquence; *schreiben a.* dans un style grandiloquent [o ronflant]
hoch|treiben *vt irreg* ■ **jd/etw treibt etw hoch** qn/qc fait grimper [o monter] qc
Hoch- und Tiefbau *m* bâtiments *mpl* et travaux *mpl* publics
hochverehrt *adj attr* très honoré(e) *antéposé*
Hochverrat *m* haute trahison *f*
hochverschuldet *adj attr* surendetté(e)
hochverzinslich *adj attr* à haut rapport, produisant des intérêts élevés
Hochwald *m* [haute] futaie *f*
Hochwasser *nt* **1.** (*Überschwemmung*) inondation *f*
2. (*überhoher Wasserstand in Flüssen, Seen*) crue *f*
3. (*Höchststand von Flut*) marée *f* haute
▸ **etw führt** [o **hat**] **~** qc est en crue; **jd hat ~** *hum fam* qn a le feu au plancher
Hochwasser- 1. (*durch Hochwasser verursacht*): **~gefahr** danger *m* d'inondation; **~katastrophe** inondation *f* catastrophique; **~schäden** dégâts *mpl* des eaux
2. (*gegen Hochwasser*): **~damm** digue *f* de protection contre les crues; **~schutz** protection *f* contre les crues
hoch|werfen *vt irreg* ■ **jd wirft etw hoch** qn lance qc en l'air; ■ **jd wirft jdm etw hoch** qn lance qc à qn
hochwertig *adj* (*von hoher Qualität*) de grande qualité; (*von hohem Nährwert*) d'une grande valeur nutritive
Hochwild *nt* gros [o grand] gibier *m*
hochwillkommen *adj attr Anlass, Gelegenheit* rêvé(e), qui ne peut mieux tomber
Hochzahl *f* exposant *m*
Hochzeit¹ <-, -en> *f* (*Eheschließung*) mariage *m*
▸ **grüne ~** jour *m* du mariage; **die silberne/goldene/diamantene/eiserne ~** les noces *fpl* d'argent/d'or/de diamant/de fer; **man kann nicht auf zwei ~en tanzen** *prov* on ne peut pas être au four et au moulin; **jd feiert** [o **hält** *veraltend*] **~** qn célèbre des noces; ***früher wurde in großem Rahmen ~ gehalten*** autrefois, on se mariait en grande pompe
Hochzeit² <-, -en> *f geh* (*Blütezeit*) apogée *m littér*
Hochzeiter <-s, -> *m* AUS (*Bräutigam*) marié *m*
Hochzeits- *-kleid, -schuhe* de mariée; *-schmaus, -tafel* de noces; **~anzug** costume *m* de mariage [o de marié]; **~blumen** fleurs *fpl* pour le mariage **Hochzeitsnacht** *f* nuit *f* de noces **Hochzeitsreise** *f* voyage *m* de noces **Hochzeitstag** *m* **1.** (*Tag der Hochzeit*) jour *m* du mariage **2.** (*Jahrestag der Hochzeit*) anniversaire *m* de mariage
hoch|ziehen *irreg* **I.** *vt* **1.** (*nach oben ziehen*) ■ **jd zieht etw hoch** *Jalousie, Rollladen* qn ouvre qc
2. (*höher ziehen*) ■ **jd zieht etw hoch** *Hose, Socke* qn remonte qc
3. AVIAT ■ **jd zieht etw hoch** qn redresse qc
4. CONSTR *fam* ■ **jd zieht etw hoch** *Fertighaus, Siedlung* qn fait sortir qc de terre
II. *vr* **1.** (*sich nach oben ziehen*) ■ **jd zieht sich [an etw** (*dat*)**] hoch** qn se relève [en se tenant à qc]
2. *pej sl* (*sich aufgeilen*) ■ **jd zieht sich an etw** (*dat*) **hoch** qn se délecte de qc, qn fait des gorges chaudes de qc
Hochzins- de taux d'intérêts élevés
Hocke <-, -n> *f* **1.** (*Körperhaltung*) position *f* accroupie
2. SPORT (*Sprung*) saut *m* fléchi groupé
▸ **jd geht in die ~** qn s'accroupit; **jd sitzt in der ~** qn est accroupi(e)
hocken I. *vi* **1.** + *haben* (*kauern*) ■ **jd hockt [irgendwo]** (*dat*) qn est accroupi(e) [quelque part]
2. + *haben fam* (*sitzen*) ■ **jd hockt [irgendwo]** qn est assis(e) [quelque part]
3. + *sein* SPORT ■ **jd hockt über etw** (*akk*) qn saute genoux fléchis par-dessus qc
II. *vr* + *haben* DIAL *fam* ■ **jd hockt sich [irgendwohin/zu jdm]** qn s'assied [quelque part/avec qn]
Hocker <-s, -> *m* tabouret *m*
▸ **locker vom ~** *sl* parfaitement relax *fam* [o à l'aise]; **etw haut jdn vom ~** *fam* qc sidère qn *fam;* **etw haut jdn nicht vom ~** *fam* qc n'a pas de quoi faire grimper qn aux rideaux *fam;* ***das haut keinen vom ~*** il n'y a pas de quoi grimper aux rideaux *fam*, ça ne casse pas trois pattes à un canard *fam*
Höcker <-s, -> *m* (*alle Bedeutungen*) bosse *f*
Hockey <-s> ['hɔki, 'hɔke] *nt* ∅ hockey *m* [sur gazon]
Hockey- ['hɔki-, 'hɔke-] *-mannschaft, -schläger, -meisterschaft* de hockey; **~spieler** hockeyeur *m*, joueur *m* de hockey
Hoden <-s, -> *m* testicule *m*
Hoden- *-haut, -operation, -tumor* des testicules; *-arterie, -vene* testiculaire
Hof <-[e]s, Höfe> *m* **1.** cour *f;* ***auf dem/den ~*** dans la cour
2. (*Bauern~*) ferme *f*
3. (*Herrschersitz*) cour *f*
4. (*Hofstaat*) cour *f*
5. ASTRON halo *m*
▸ **jd macht jdm den ~** *veraltend* qn fait la cour à qn; **bei** [o **am**] **~e** à la cour
Hof- 1. (*des Hofes 1.*) de cour; **~fenster** fenêtre *f* qui donne sur la cour, fenêtre *f* sur cour
2. HIST de la cour; **~leben** vie *f* à la cour; **~knicks** révérence *f*
hoffen I. *vi* **1.** (*von Hoffnung erfüllt sein*) ■ **jd hofft** qn espère
2. (*er~*) ■ **jd hofft auf etw** (*akk*) *auf jds Rat, Zustimmung* qn compte sur qc
3. (*auf jdn bauen*) ■ **jd hofft auf jdn** qn compte sur qn; *auf Gott, den Herrn* qn met tous ses espoirs en qn
▸ **H~ und Harren macht manchen zum Narren** *prov* l'espoir fait vivre, le sot se berce d'illusions
II. *vt* **1.** (*er~*) ■ **jd hofft etw** qn espère qc
2. (*erwarten*) ■ **jd hofft, [dass]** qn espère que + *indic;* ***ich hoffe, er kommt*** j'espère qu'il viendra
▸ **es bleibt zu ~, dass** il reste à [o il faut] espérer que + *indic;* **jd hat nichts mehr zu ~** qn n'a plus d'espoir; **es gibt nichts mehr zu ~** il n'y a plus d'espoir [o aucun espoir]; **das will ich/wollen wir ~** j'espère bien/espérons!
hoffentlich *adv* espérons que + *indic;* ***~ haben wir bald Frühling*** espérons que le printemps sera bientôt de retour; ***du bist mir doch ~ nicht böse?*** j'espère que tu ne m'en veux pas?; ***es ist doch ~ nichts Ernstes?*** pourvu que ce ne soit rien de grave!
▸ **~ nicht** j'espère/espérons que non; **~ nicht …** pourvu que … ne … pas + *subj;* ***~ ist es nicht wieder dieser vermaledeite Vertreter!*** pourvu que ce ne soit pas encore ce maudit représentant!; **~!** j'espère/nous espérons bien!; **nur ~ …** pourvu que + *subj;* ***ich freue mich schon aufs Wochenende; nur ~ wird es schön*** je me réjouis par avance du week-end prochain; pourvu qu'il fasse beau
Hoffnung <-, -en> *f* espoir *m;* ■ **die ~ auf etw** (*akk*) l'espérance *f* de qc
▸ **jd ist jds einzige** [o **letzte**] **~** qn est le seul [o le dernier] espoir de qn; **jd ist guter ~** *euph veraltend* qn attend un heureux événement; **jd schöpft neue ~** qn reprend espoir, qn se remet à espérer; **jd wiegt sich in trügerischer ~** qn se berce d'illusions; **etw berechtigt zu bestimmten ~en** *zu einigen, den besten, den schönsten* qc permet de nourrir certains espoirs; **es besteht noch ~ [auf etw** (*akk*)**]** il y a encore un espoir [de qc]; **jd wird in seinen ~en getäuscht** [o **getrogen**] les espoirs de qn sont déçus; **jd gibt sich … ~en hin** *falschen, trügerischen, unbegründeten* qn nourrit des espoirs …; **jd gibt die ~ auf** qn abandonne tout espoir; **jd hat ~ auf etw** (*akk*) *auf eine Besserung, ein Gelingen* qn a l'espoir de qc; **jd macht sich** (*dat*) **~en** qn nourrit certains espoirs; **jd macht sich** (*dat*) **keine ~en** qn ne se fait pas d'illusions; **jd/etw macht jdm ~** qn/qc donne de l'espoir à qn; **jd/etw macht jdm ~, dass** qn/qc donne à qn l'espoir que + *indic;* **jd macht jdm ~ auf etw** (*akk*) qn/qc laisse espérer qc à qn, qn donne à qn l'espoir de qc; **jd setzt seine [letzte] ~ auf jdn/etw** qn met son dernier espoir dans qn/qc; **jd lässt die ~ sinken** *geh* qn perd espoir, qn abandonne tout espoir; **in der ~, …** *form* (*Schlussformel*) dans l'espoir de/que + *indic* o *subj*
Hoffnungsfunke[n] *m s.* **Hoffnungsschimmer**
hoffnungslos I. *adj Sache, Lage, Zustand* désespéré(e), sans espoir
II. *adv* **1.** (*ohne Hoffnung*) sans rien espérer; **völlig ~** sans le moindre espoir
2. (*völlig*) *veraltet, rückständig* désespérément
3. *fam* (*ausweglos*) *sich verlieben, verrennen* désespérément
Hoffnungslosigkeit <-> *f* ∅ désespoir *m*
Hoffnungsschimmer *m geh* lueur *f* d'espoir *fam* **Hoffnungsträger(in)** *m(f)* porteur(-euse) *m(f)* d'espoir; ■ **jd ist jds ~/der ~ einer S.** qn porte les espoirs de qn/qc **hoffnungsvoll I.** *adj* (*viel versprechend*) prometteur(-euse) **II.** *adv schauen, jdn ansehen* plein(e) d'espoir
Hofhund *m* chien *m* de garde [de ferme]
hofieren * *vt* ■ **jd hofiert jdn** qn courtise qn
höfisch *adj Fest, Lustbarkeit* de la cour; *Manieren, Zeremoniell* en usage à la cour; *Leben a.* à la cour
höflich I. *adj* poli(e), courtois(e)
II. *adv* poliment, avec courtoisie; ***wir teilen Ihnen ~[st] mit, dass*** nous avons l'honneur de porter à votre connaissance que + *indic*
Höflichkeit <-, -en> *f* **1.** ∅ (*höfliche Art*) politesse *f*, courtoisie *f*
2. (*höfliche Bemerkung*) politesse *f*
▸ **aus [reiner] ~** par [pure] politesse; **mit aller ~** *ablehnen, jdm etw bedeuten* très poliment, avec beaucoup de courtoisie
Höflichkeitsbesuch *m* visite *f* de courtoisie
▸ **jd stattet jdm einen ~ ab** qn fait une visite de courtoisie à qn
Hoflieferant(in) *m(f)* fournisseur(-euse) *m(f)* de la cour
Höfling <-s, -e> *m* courtisan *m*
Hofnarr *m* fou *m* [du roi] **Hofrat** *m*, **-rätin** *f* AUS conseiller(-ère) *m(f)* aulique **Hofstaat** *m* ∅ cour *f* **Hoftor** *nt* porte *f* cochère
hohe(r, s) *adj s.* **hoch**
Höhe <-, -n> *f* **1.** (*Ausdehnung nach oben*) [*Baum, Turm, Möbelstück*] hauteur *f;* [*Kachel, Platte*] épaisseur *f;* [*Berg*] altitude *f*
2. (*Tiefe*) [*Schnee, Schneeschicht*] épaisseur *f;* [*Wasser*] hauteur *f*
3. (*Flug~*) altitude *f*
4. GEOG [*Bergland, Gebirge*] sommet *m;* ***die ~n des Taunus*** les hauteurs du Taunus
5. (*Ausmaß*) [*Druck, Kosten, Temperatur*] niveau *m;* [*Schaden*] ampleur *f;* [*Strafe*] sévérité *f;* ***die ~ der Preise hat sich verdoppelt*** les prix ont doublé; ***man sollte die ~ seiner Geschwindigkeit den Verkehrsverhältnissen anpassen*** on devrait adapter sa vitesse aux conditions de circulation
6. (*Ansprüche*) niveau *m;* ***die ~ des Lebensstandards*** le niveau de vie
7. *meist pl* (*Ton~*) aigu *m*
8. (*Breitenlage*) latitude *f;* ***wir dürften die ~ von Kap Hoorn erreicht haben*** nous devrions être à la hauteur du cap Horn
▸ **die ~n und Tiefen des Lebens** les hauts *mpl* et les bas *mpl* de la vie; **auf der ~ der Zeit** à la pointe du progrès; ***mir scheint, du bist nicht auf der ~***

der Zeit j'ai l'impression que tu n'es pas dans le coup; **auf halber** ~ **einer S.** (*gen*) *der Treppe, Felswand* à mi-hauteur de qc; **in schwindelnder** ~ à une hauteur vertigineuse; **in unbegrenzter** ~ *Kredit* illimité(e); ***Entwicklungshilfe kann nicht in unbegrenzter ~ gewährt werden*** l'aide aux pays en voie de développement ne peut pas être illimitée [*o* accordée à l'infini]; **etw geht in die** ~ */Löhne, Kosten/* qc augmente; **etw gewinnt an** ~ AVIAT qc prend de l'altitude; **jd ist auf der** ~ qn est en pleine forme; **das ist doch die** ~! *fam* c'est le bouquet! *fam,* c'est un comble!; **jd schießt in die** ~ qn monte en graine; **etw schießt in die** ~ */Pflanze/* qc pousse comme du chiendent; **jd schraubt etw in die** ~ qn fait monter [*o* grimper] qc; **ein Vogel schwingt sich in die** ~ *geh* un oiseau prend son envol; **jd/etw treibt etw in die** ~ *Löhne, Preis* qn/qc provoque une flambée de qc; **etw wächst in die** ~ */Baum/* qc pousse en hauteur; **aus der** ~ d'en haut; **in der** ~ dans les airs, dans le ciel; **in die** ~ *sich erheben, sich schwingen* dans les airs; ***jd sieht in die*** ~ qn regarde en l'air; **in** ~ **von etw** FIN d'un montant de qc, à hauteur de qc; **in einer** ~ **von etw** *von … Metern* à une altitude de qc

Hoheit <-, -en> *f* **1.** (*Mitglied einer fürstlichen Familie*) altesse *f;* (*als Anrede*) Altesse
2. *Ø* (*oberste Staatsgewalt*) souveraineté *f*
▶ **Seine/Ihre Kaiserliche/Königliche** ~ Son/Votre Altesse Impériale/Royale

hoheitlich *adj* souverain(e)

Hoheitsadler *nt aigle emblème de la souveraineté allemande* **Hoheitsgebiet** *nt* territoire *m* national **Hoheitsgewalt** *f* droit *m* souverain **Hoheitsgewässer** *pl* eaux *fpl* territoriales **hoheitsvoll** *adj geh* majestueux(-euse), auguste *littér* **Hoheitszeichen** *nt* emblème *m* de la souveraineté

Höhenangabe *f* GEOG [*Berg, Punkt*] [indication *f* d']altitude *f* **Höhenangst** *f* acrophobie *f* **Höhenflug** *m* grandes envolées *fpl; **der** ~ **ihrer Gedanken*** ses grandes envolées spirituelles ▶ **jd setzt zu Höhenflügen an** qn se lance dans de grandes envolées **Höhenleitwerk** *nt* empennage *m* horizontal **Höhenlinie** [-liːniə] *f* GEOG courbe *f* de niveau **Höhenmesser** <-s, -> *m* altimètre *m* **Höhenruder** *nt* gouvernail *m* de profondeur **Höhensonne®** *f* lampe *f* à ultraviolets ▶ **jd bekommt** ~ qn reçoit un traitement aux ultraviolets **Höhenunterschied** *m* GEOG dénivellation *f,* dénivelé *m* **höhenverstellbar** *adj* réglable en hauteur **Höhenzug** *m* chaîne *f* de montagnes

Hohepriester <des Hohenpriesters, dem/den Hohenpriester, ein Hoherpriester, zwei ~> *m* grand prêtre *m*

Höhepunkt *m* **1.** (*bedeutendster Teil*) grand moment *m;* ■ **etw ist der** ~ **einer S.** qc est le clou de qc
2. (*Gipfel*) [*Auseinandersetzung, Krise*] comble *m,* paroxysme *m;* [*Karriere, Ruhm, Macht*] apogée *m soutenu; **etw ist auf seinem** ~* qc est à son comble [*o* son apogée]
3. (*Orgasmus*) orgasme *m*
▶ **jd bringt jdn zum** ~ (*Orgasmus*) qn fait jouir qn; **etw erreicht den/seinen/ihren** ~ */Fieber, Krankheit/* qc atteint son point culminant; **jd kommt zum** ~ (*erreicht den Orgasmus*) qn jouit, qn a un orgasme; **etw überschreitet den/ihren/seinen** ~ */Fieber, Krankheit/* le point culminant de qc est dépassé; */Imperium, Reich/* qc dépasse son apogée

höher I. *adj comp von* **hoch** **1.** (*räumlich*) plus haut(e)
2. (*dem Ausmaß nach*) *Betrag, Preis, Verdienst, Temperatur, Fieber* plus élevé(e); *Strafe* plus sévère; ***der Druck wird*** ~ la pression s'élève; ***etw hat ein ~es Gewicht als etw*** qc est plus lourd(e) que qc; ***der Schaden ist ~ als erwartet*** les dégâts sont plus importants que prévu
3. (*dem Rang nach*) *Amt, Ansehen, Position* plus élevé(e); *Beamter, Funktionär* haut placé(e); ***ein ~er Offizier*** un officier supérieur
4. (*der Qualität nach*): ***~e Ansprüche als früher*** des exigences plus grandes qu'avant; ***ein ~er Lebensstandard*** un niveau de vie très élevé; ***etw ist ein ~es Gut als etw*** qc est un bien plus précieux que qc; ***etw ist ~e Bedeutung beizumessen*** qc est très important(e)
▶ **jd fühlt sich zu H~em berufen** qn se sent appelé(e) à de hautes destinées
II. *adv comp von* **hoch** **1.** (*weiter nach oben*) *steigen, fliegen* plus haut; ***etw wächst ~ als etw*** qc est plus haut(e) que qc; ***der Vogel flog immer ~*** l'oiseau volait de plus en plus haut [*o* toujours plus haut] [dans le ciel]; (*weiter oben*) *liegen, lagern, fliegen* plus haut; ***jd lagert jds Kopf ~*** qn met la tête de qn en position surélevée
2. (*mit gesteigertem Wert*): ***jd bewertet etw ~*** qn apprécie mieux qc; ***jd versichert sich ~*** qn prend une assurance plus chère; ***jd stuft jdn [um etw] ~*** *um eine Dienstaltersstufe* qn promeut qn [de qc]; *um einen Betrag* qn augmente qn [de qc]

höher- (*weiter nach oben*): ***etw wird höhergelegt*** qc est surélevé(e); ***jd kriecht ~*** qn monte en rampant **höhergestellt** *s.* **stellen I.▶. höher|schrauben** *s.* **schrauben I.▶. höher|stufen** *s.* **höher II.2.**

hohl I. *adj* **1.** (*leer*) *Baum, Zahn, Nadel* creux(-euse); *Nuss a.* vide
2. *Wangen* creux(-euse); ***jd hat ein ~es Kreuz*** qn a le dos cambré; ***jd schöpft Wasser mit der ~en Hand*** qn puise de l'eau dans le creux de sa main
3. (*dumpf klingend*) *Klang, Stimme* caverneux(-euse)
4. *pej* (*nichts sagend*) vide [de sens], creux(-euse); ***~e Worte*** de belles paroles; ***eine ~e Drohung*** une menace en l'air; ***Politiker bedienen sich gern ~er Phrasen*** les hommes politiques manient volontiers la langue de bois
II. *adv: **etw klingt** ~* qc sonne creux

hohläugig *adj* aux yeux enfoncés dans les orbites, aux yeux caves *littér*

Höhle <-, -n> *f* **1.** (*Felsen*) grotte *f,* caverne *f*
2. [*Bär*] tanière *f;* [*Löwe*] antre *f;* [*Kaninchen, Fuchs, Dachs*] terrier *m*
3. (*Höhlung*) [*Baum*] creux *m*
4. (*Augen~*) orbite *f*
▶ **jd begibt [*o* wagt] sich in die** ~ **des Löwen** qn entre dans la cage aux lions

Höhlen- de la grotte; *~**gang*** galerie *f* souterraine **Höhlenbewohner(in)** *m(f)* **1.** (*Mensch*) troglodyte *m* **2.** ZOOL animal *m* fouisseur **Höhlenforscher(in)** *m(f)* spéléologue *mf* **Höhlenforschung** *f,* **Höhlenkunde** *f* spéléologie *f* **Höhlenmalerei** *f* peinture *f* rupestre **Höhlenmensch** *m* homme *m* des cavernes

Hohlheit <-> *f Ø* **1.** *pej* (*Geistlosigkeit*) vacuité *f*
2. *rare* [*Behälter*] *adjektivisch übersetzt; **die Säule klingt aufgrund ihrer ~ dumpf*** la colonne rend un son mat parce qu'elle est creuse

Hohlkopf *m pej fam* demeuré(e) *m(f) fam,* truffe *f fam* **Hohlkörper** *m* corps *m* creux **Hohlkreuz** *nt* lordose *f,* cambrure *f* des reins ▶ **jd hat ein** ~ qn a une lordose **Hohlmaß** *nt* **1.** (*Maßeinheit*) mesure *f* de capacité **2.** (*Messgefäß*) verre *m* mesureur **Hohlraum** *m* cavité *f* **Hohlspiegel** *m* miroir *m* concave **Hohlstunde** *f* SCOL [heure *f* de] trou *m*

Höhlung <-, -en> *f* cavité *f,* creux *m*

hohlwangig *adj* aux joues creuses; ■ **jd ist** ~ qn a les joues creuses **Hohlweg** *m* défilé *m* **Hohlziegel** *m* brique *f* creuse

Hohn <-[e]s> *m Ø* sarcasmes *mpl,* railleries *fpl*
▶ **jd überschüttet jdn mit** ~ **und Spott** qn couvre qn de sarcasmes; **jd erntet nur** ~ **und Spott** qn ne récolte que des sarcasmes; **das ist der reine** [*o* **der reinste**] [*o* **blanker**] ~! *fam* de qui se moque-t-on?

höhnen *vi* ■ **jd höhnt** qn ricane; ■ **das H~** les ricanements *mpl*

Hohngelächter *nt* ricanements *mpl,* quolibets *mpl*

höhnisch I. *adj* sarcastique, railleur(-euse)
II. *adv: **jd grinst** ~* qn ricane; ***jd verspottet jdn*** ~ qn couvre qn de sarcasmes, qn raille qn

hohn|lachen *vi* ■ **jd lacht hohn,** ■ **jd hohnlacht** qn ricane; ■ **~d** en ricanant, avec des ricanements **Hohnlachen** *nt* ricanements *mpl* ▶ **unter …** ~ *unter lautem etc* avec des ricanements … **hohn|sprechen** *vi irreg* ■ **etw spricht einer S.** (*dat*) **hohn** qc est une insulte [*o* un défi] à qc

hoho *interj* (*auftrumpfend*) eh là

hoi *interj* CH: ~ ***Verena, wie war die Fahrt?*** alors, Verena, le voyage s'est bien passé?; ~ ***Papi, stell dir vor, was unser Lehrer gesagt hat!*** dis, papa, tu sais ce que le maître a dit?; ~ ***Veronika, hier ist der Andreas*** (*am Telefon*) Veronika? Andreas à l'appareil; ~, ***hier ist die Mirjam*** [oui,] bonjour, Mirjam à l'appareil

Hokuspokus <-> *m Ø* **1.** (*als Zauberformel*) abracadabra
2. *fam* (*fauler Zauber*) charlatanerie *f*
3. *fam* (*Brimborium*) tralala *m fam*
▶ ~ **fidibus [dreimal schwarzer Kater]!** abracadabra

hold *adj* **1.** *hum* (*lieb*) *Gattin, Göttergatte* cher(chère) [et] tendre *iron*
2. *veraltend geh* (*anmutig*) *Antlitz, Lächeln, Mädchen* gracieux(-euse), charmant(e)
▶ **etw ist/bleibt jdm/einer S.** ~ *geh* */Fortuna, Glück, Schicksal/* qc est/continue d'être favorable à qn/qc; **meine H~e** *iron* ma chère, très chère

Holder <-s, -> *m* CH, SDEUTSCH *s.* **Holunder**

Holding <-, -s> *f,* **Holdinggesellschaft** *f* holding *m*

holen I. *vt* **1.** (*herbeibringen*) ■ **jd holt etw [aus etw/von etw]** *aus dem Schrank, der Schublade* qn va chercher qc [dans qc]; ***jd holt etw aus dem Keller*** qn va chercher qc à la cave; ■ **jd holt etw [bei jdm/irgendwo]** qn va chercher [*o* prend] qc [chez qn/quelque part]
2. (*herein~*) ■ **jd holt jdn** qn va chercher qn; ■ **jd holt jdn irgendwohin** *ins Büro, in den Gerichtssaal* qn fait venir qn quelque part; ■ **jd lässt jdn** ~ qn fait venir qn
3. (*herbeirufen*) ■ **jd holt jdn/etw** *Feuerwehr, Krankenwagen, Arzt* qn appelle qn/qc; ***jd holt Hilfe*** qn va chercher de l'aide
4. SPORT *sl* ■ **jd holt etw [für etw]** qn décroche qc [pour qc] *fam*
▶ **bei jdm ist etwas/nichts zu** ~ *fam* on peut tirer qc/ne peut rien tirer de qn/qc *fam*
II. *vr fam* **1.** (*sich nehmen*) ■ **jd holt sich** (*dat*) **etw [aus etw/von etw]** qn prend qc [dans qc]
2. (*sich zuziehen*) ■ **jd holt sich** (*dat*) **etw [bei jdm/etw** (*dat*)**]** *Erkältung, Grippe, Geschlechtskrankheit* qn attrape qc [avec qn/dans qc]; ***bei dir habe ich mir meinen Schnupfen geholt*** tu m'as filé ton rhume *fam;* ■ **jd holt sich** (*dat*) **etw [an etw** (*dat*)**/bei etw]** *blauen Fleck, Verätzung* qn se fait qc [en faisant qc/dans qc]; *elektrischen Schlag* qn reçoit [*o* prend] qc [avec qc]
3. (*sich einhandeln*) ■ **jd holt sich** (*dat*) **etw** *Anzeige, Strafzettel* qn se ramasse qc *fam*

holla *interj* hé là; ~, ***wen haben wir denn da?*** ça alors, qui est-ce que voilà?

Holland *nt* la Hollande; ***in*** ~ en Hollande

Holländer <-s> *m Ø* (*~ Käse*) fromage *m* de Hollande, hollande *m*

Holländer(in) <-s, -> *m(f)* GEOG Hollandais(e) *m(f)*
▶ **der Fliegende** ~ le Vaisseau fantôme

holländisch *adj* **1.** GEOG hollandais(e); *Regierung, Stadt a.* des Pays-Bas
2. LING néerlandais(e), hollandais(e)

Holländisch *nt decl wie adj* néerlandais *m,* hollandais *m;* ***jd lernt*** ~ qn apprend le néerlandais [*o* le hollandais]; ***jd spricht*** ~ qn parle [le] néerlandais [*o* [le] hollandais]; ■ **das ~e** le néerlandais, le hollandais; ***jd übersetzt etw aus dem ~en/ins ~e*** qn traduit qc du/en néerlandais [*o* hollandais]
▶ **auf** ~ en néerlandais, en hollandais

Hölle <-, *rare* -n> *f* REL enfer *m;* MYTH enfers *mpl*
▶ **die** ~ **auf Erden** l'enfer sur terre; **die grüne** ~ *geh* l'enfer vert; **jd macht jdm die** ~ **heiß** *fam* qn travaille qn au corps *fam;* **fahr zur** ~! *geh* tu peux aller au diable!, que le diable t'emporte!; **die** ~ **ist los** *fam* c'est la panique [*o* l'horreur] *fam;* ***in der Stadt ist die*** ~ **los** en ville, il y a une circulation d'enfer *fam;* **etw ist die [reinste]** ~ *fam* c'est l'enfer *fam;* **jd kommt in die** ~ qn va en enfer; **in der** ~ en enfer; **zur** ~ **mit jdm!** *fam* que qn aille au diable!; ***zur ~ mit dir!*** va au diable!

Höllen- 1. REL de l'enfer 2. *fam (furchtbar) -durst, -spektakel* du diable, de tous les diables; *-lärm a.* infernal(e); *-gestank* atroce **Höllenangst** *f fam* peur *f* bleue [*o* du diable] ▸**jd hat eine ~** qn a une peur bleue **Höllenfürst** *m geh* prince *m* des ténèbres **Höllenhund** *m* chien *m* des enfers **Höllenmaschine** *f fam* machine *f* infernale **Höllenqual** *f meist pl fam* supplice *m* infernal, tourments *mpl* de l'enfer **Höllenstein** *m* nitrate *m* d'argent [fondu]

höllisch I. *adj* 1. *attr (die Hölle betreffend) Feuer, Geist* de l'enfer; ***ein ~er Dämon*** un démon
2. *fam (infernalisch) Angst* du diable, de tous les diables; *Hitze, Krach a.* infernal(e); *Schmerzen, Gestank* atroce; ■ **etw ist ~** qc est infernal(e); qc, c'est l'enfer *fam*
II. *adv fam wehtun, brennen* atrocement; ***jd flucht ~*** qn jure comme un charretier; ***jd schreit ~*** qn crie comme un veau

Hollywoodschaukel ['hɔliwʊd-] *f* balancelle *f*

Holm <-[e]s, -e> *m* 1. *[Barren]* barre *f*
2. *[Leiter]* montant *m*
3. *(Handlauf)* rampe *f*, main *f* courante
4. AUT, AVIAT longeron *m*
5. *(Stiel) [Axt]* manche *m*; *[Ruder]* poignée *f*

Holmium <-s> *nt* ∅ CHEM holmium *m*

Holocaust <-s> ['ho:lokaust, holo'kaust, 'hɔlәkɔ:st] *m* ∅ holocauste *m*

Hologramm <-gramme> *nt* hologramme *m*

Holographie <-, -n> [-'fi:әn] *f* holographie *f*

holp[e]rig *adj* 1. *(sehr uneben) Straße* défoncé(e); *Weg a.* cahoteux(-euse); *Pflaster* irrégulier(-ière)
2. *(ungleichmäßig) Deutsch, Versmaß* hésitant(e)

holpern *vi* 1. + *haben (holperig sein)* ■ **etw holpert** */Kutsche, Zug/* qc cahote; ***eine ~de Fahrt*** un voyage sur une route cahoteuse; ***~de Kutschen*** des diligences cahotantes
2. + *sein (sich fortbewegen)* ■ **etw holpert durch etw/über etw** qc roule en cahotant à travers qc/sur qc

Holunder <-s, -> *m* sureau *m*

Holunder- de sureau **Holunderbeere** *f* baie *f* de sureau **Holunderbusch** *m*, **Holunderstrauch** *m* buisson *m* de sureau **Holunderwein** *m* vin *m* de sureau

Holz <-es, ¨er> *nt* 1. ∅ *(Substanz der Bäume)* bois *m*
2. *(Holzart)* bois *m*
3. *pl (Bau¨er)* pieu *m*, piquet *m*
▸**jd hat [ordentlich] ~ vor der Hütte[n]** *sl:* ***die hat ja vielleicht ~ vor der Hütten!*** chez elle, il y a du monde au balcon *fam*; **jd ist aus anderem/aus dem gleichen ~ geschnitzt** qn n'est pas/est de la même trempe [*o* du même tonneau] que qn; **jd ist aus hartem** [*o* **härterem**] [*o* **grobem**] **~ geschnitzt** qn est d'une bonne trempe; **jd fällt ~** qn coupe du bois; **jd sägt ~** qn scie du bois; **~ verarbeitend** *Betrieb* de transformation du bois; *Industrie a.* du bois; **aus ~** en bois

-holz *nt* 1. BOT bois *m* de; ***Ahorn~ ist sehr hell*** l'érable est un bois très clair
2. *(gewerblich genutztes Holz):* ***Bau~*** bois *m* de construction [*o* d'œuvre]; ***Schiffs~*** bois *m* pour bateaux; ***Tischler~/Möbel~*** bois *m* de menuiserie/d'ébénisterie

Holz- 1. *(aus Holz bestehend)* en [*o* de] bois; ***~splitter*** éclat *m* de bois 2. *(aus Holzstücken bestehend) -stoß, -ladung* de bois 3. *-schutzmittel, -behandlung* du bois; ***~anstrich*** peinture *f* pour protéger le bois **Holzart** *f* essence *f* **Holzauge** *nt* ▸**~, sei wachsam** *fam* ouvrons l'œil, et le bon; il faut faire gaffe *fam* **Holzbau** <-bauten> *m* construction *f* en bois **Holzbearbeitung** *f* travail *m* du bois **Holzbein** *nt* jambe *f* de bois, pilon *m* **Holzbläser(in)** *m(f)* joueur(-euse) *m(f)* d'instrument à vent en bois; ***die ~*** les bois **Holzblasinstrument** *nt* instrument *m* à vent en bois; ***die ~e*** les bois **Holzbock** *m* 1. *(Stützgestell)* chevalet *m* 2. *fam (Zecke)* tique *f* **Holzbohrer** *m* 1. *(Bohreinsatz)* foret *m* à bois 2. *(Werkzeug) (von Hand gehalten)* tarière *f*, vrille *f*; *(mit Kurbel)* chignole *f*

Hölzchen <-s, -> *nt dim von* Holz 3. [petit] morceau *m* de bois, bûchette *f* ▸**jd kommt vom ~ aufs Stöckchen** *fam* qn passe [*o* saute] du coq à l'âne

hölzeln *vi* AUS *fam (lispeln)* ■ **jd hölzelt** qn zézaie, qn a un cheveu sur la langue

holzen *vi* FBALL *pej* ■ **jd holzt** qn joue dur, qn castagne *fam*

hölzern I. *adj* 1. *(aus Holz)* en [*o* de] bois
2. *(steif)* guindé(e)
II. *adv (steif)* avec raideur

Holzfällen <-s> *nt* ∅ abattage *m* [du bois] **Holzfäller(in)** <-s, -> *m(f)* bûcheron(ne) *m(f)* **Holzfaser** *f* fibre *f* du bois **Holzfaserplatte** *f* panneau *m* [*o* plaque *f*] d'isorel® **holzfrei** *adj* sans bois, pur chiffon **Holzhacken** <-s> *nt* ∅ coupe *f* du bois; ***beim ~*** en coupant du bois **Holzhacker(in)** *m(f)* AUS *s.* **Holzfäller. holzhaltig** *adj* qui contient de la cellulose; ■ **etw ist ~** qc contient de la cellulose **Holzhammer** *m* maillet *m* ▸**jd bringt jdm etw mit dem ~ bei** *fam* qn lui enfonce qc dans le crâne **Holzhammermethode** *f fam (brutale Art)* manière *f* forte; *(ständiges Wiederholen)* matraquage *m* intensif, bourrage *m* de crâne **Holzhandel** *m* commerce *m* du bois

holzig *adj* GASTR filandreux(-euse)

Holzkitt *m* pâte *f* [*o* ciment *m*] à bois, futée *f* **Holzklotz** *m* 1. *(Klotz aus Holz)* billot *m* [de bois] 2. *(zum Spielen)* cube *m* [de bois] **Holzkohle** *f* charbon *m* de bois **Holzkopf** *m* 1. *pej fam (Schwachkopf)* tête *f* de bois 2. *[Handpuppe]* tête *f* en bois **Holzschnitt** *m* gravure *f* sur bois **holzschnittartig** I. *adj* à l'emporte-pièce, grossier(-ère) II. *adv:* ***jd schildert etw ~*** qn fait une description à l'emporte-pièce de qc; ***jd denkt ~*** qn a une façon de penser à l'emporte-pièce **Holzschnitzer(in)** *m(f)* sculpteur(-trice) *m(f)* sur bois **Holzschuh** *m* sabot *m* **Holzstich** *m s.* **Holzschnitt. holzverarbeitend** *s.* **Holz** ▸. **Holzwaren** *pl* articles *mpl* en bois **Holzweg** *m* ▸**jd ist auf dem ~** *fam* qn se fourre le doigt dans l'œil *fam* **Holzwolle** *f* copeaux *mpl* **Holzwurm** *m* ver *m* du bois

Homepage <-, -s> ['hoʊmpeɪdʒ] *f* INFORM page *f* d'accueil, page *f* personnelle

homerisch *adj* homérique

Homo <-s, -s> *m veraltend fam s.* **Homosexuelle(r)**

homogen *adj geh* homogène

homogenisieren * *vt* ■ **jd homogenisiert etw** qn homogénéise qc, qn homogénéifie qc

Homograf[RR], **Homograph** <-s, -e> *nt* homographe *m*

Homonym <-[e]s, -e> [homo'ny:m] *nt* homonyme *m*

Homöopath(in) <-en, -en> *m(f)* homéopathe *mf*

Homöopathie <-> *f* ∅ homéopathie *f*

homöopathisch *adj Dosis, Mittel* homéopathique; ***ein ~er Arzt*** un médecin homéopathe; ***ein ~es Buch*** un livre d'homéopathie

Homophon <-s, -e> *nt* homophone *m*

Homosexualität *f* homosexualité *f* **homosexuell** *adj* homosexuel(le) **Homosexuelle(r)** *f(m) decl wie adj* homosexuel(le) *m(f)*

Honig <-s, -e> *m* miel *m*
▸**jd schmiert jdm ~ ums Maul** [*o* **um den Bart**] [*o* **um den Mund**] *fam* qn passe de la pommade à qn; **türkischer ~** nougat *m*

Honigbiene *f form* abeille *f* **honigfarben** *adj*, **honiggelb** *adj* [de couleur] miel *inv*

Honigkuchen *m* pain *m* d'épice

Honigkuchenpferd *nt* ▸**jd grinst wie ein ~** *hum fam* qn sourit jusqu'aux oreilles

Honiglecken <-s> *nt* ▸**etw ist kein ~** *fam* qc, ce n'est pas de la tarte *fam*, qc, c'est coton *fam* **Honigmelone** *f* melon *m* **honigsüß** I. *adj pej Lächeln, Ton* mielleux(-euse); ***er lächelte ~*** il a été tout sucre tout miel II. *adv pej:* ***jd lächelt ~*** qn a un sourire mielleux **Honigtau** *m* miellée *f*; *(von Blattläusen)* miellat *m* **Honigwabe** *f* rayon *m* de miel **Honigwein** *m* hydromel *m*

Honorar <-s, -e> *nt* honoraires *mpl*
▸**gegen ~** moyennant finances

Honorarprofessor(in) *m(f)* chargé(e) *m(f)* de cours

Honoratioren *pl* notables *mpl*

honorieren * *vt* 1. *(würdigen)* ■ **jd honoriert [jdm] etw** *Einsatzbereitschaft, Posten, Kooperation, Ehrlichkeit, Offenheit, Leistung* qn apprécie qc [de qn] à sa juste valeur
2. *(bezahlen)* ■ **jd honoriert jdn/etw** qn rétribue qn/qc; ■ **jd honoriert jdn mit etw** qn donne qc à qn comme rétribution; ■ **jd honoriert etw mit einer S.** qn donne une chose comme rétribution de qc
3. COM ■ **jd honoriert etw** *Wechsel, Scheck* qn honore qc

honorig *adj geh* honorable, respectable

honoris causa *adv* ▸**Dr. ~ ~** docteur *m* honoris causa

Hooligan <-s, -s> ['hu:ligәn] *m* hooligan *m*, houligan *m*

Hopfen <-s, -> *m* houblon *m*
▸**bei** [*o* **an**] **jdm ist ~ und Malz verloren** *fam* avec lui, c'est peine perdue [*o* c'est comme si on pissait dans un violon *fam*]

Hopfen- 1. BOT de houblon 2. AGR *-anbau, -ernte* du houblon; ***~zusatz*** ajout *m* de houblon **Hopfenstange** *f* perche *f* à houblon ▸**jd ist eine [richtige] ~** *fam* qn est une grande perche [*o* une asperge] *fam*

hopp I. *interj fam (los)* allez, hop *fam*
II. *adv* ▸**bei jdm muss alles ~ ~ gehen** *fam* avec qn, [il] faut que ça saute *fam*; **mach mal ein bisschen ~!** *fam* [dé]grouille-toi! *fam*, magne-toi! *fam*; **~, ~!** *fam* pressons, pressons!, magne-toi/magnez-vous! *fam*

hoppeln *vi* + *sein* ■ **ein Tier hoppelt** un animal fait des bonds

hoppla *interj* 1. *(o je)* ouh, là [là]; ~, ***fast wäre ich gestolpert!*** ouh là, j'ai failli tomber!
2. *(Moment)* attends/attendez voir!

hops I. *interj (im Sprung)* [et] hop; ~, ***wer kommt denn da?*** eh bien[, eh bien], qui est-ce que voilà?
II. *adj fam (futsch)* ■ **etw ist ~** */Geld/* qc, y en a plus *fam*, qc est parti(e) en fumée

Hops <-es, -e> *m fam* [petit] bond *m*
▸**mit einem ~** d'un bond

hopsala *interj*, **hopsasa** *interj Kindersprache* et hop

hopsen *vi* + *sein fam* ■ **jd hopst** qn saute; ■ **jd hopst durch etw** qn traverse qc en sautant

Hopser <-s, -> *m fam* [petit] bond *m*, [petit] saut *m*

hops|gehen *vi irreg* + *sein sl* 1. *(umkommen)* ■ **jd geht hops** qn clamse *pop*, qn casse sa pipe *fam*
2. *(verloren gehen)* ■ **etw geht hops** qc se volatilise, qc disparaît

hörbar *adj* audible, perceptible

Hörbrille *f* lunettes *fpl* pour malentendant

horchen *vi* 1. *(lauschen)* ■ **jd horcht** qn écoute, qn tend l'oreille; ■ **jd horcht an etw** *(dat) an der Tür* qn écoute à qc; ■ **jd horcht, ob ...** qn écoute si ...
2. *(auf etw achten)* ■ **jd horcht auf etw** *(akk)* qn écoute qc; ***lass die Tür offen, ich muss auf das Telefon ~*** laisse la porte ouverte, il faut que j'entende le téléphone
▸**horch!** *geh* écoute!

Horcher(in) <-s, -> *m(f)* espion(ne) *m(f)*, écouteur(-euse) *m(f) rare*
▸**der ~ an der Wand hört seine eigne Schand'** *prov* celui qui écoute aux portes risque d'entendre ses quatre vérités

Horchposten *m* poste *m* d'écoute
▸**jd ist auf ~** *fam* qn est à son poste d'écoute

Horde <-, -n> *f* 1. *(wilde Schar)* horde *f*
2. *(wandernder Volksstamm)* horde *f*

3. (*Lattengestell*) claie *f*

hören I. *vt* **1.** (*mit dem Gehör vernehmen*) ■ **jd hört jdn/etw** qn entend qn/qc; ■ **jd hört jdn etw tun** qn entend qn faire qc; ■ **jd hat etw ... ~** *sagen, munkeln* qn a entendu ... qc; ***ich habe es sagen ~*** il paraît

2. (*anhören*) ■ **jd hört etw** *Vortrag, Konzert* qn écoute qc; ***das Lied habe ich noch nie gehört*** je n'ai encore jamais entendu cette chanson; ***hast du diesen Pianisten schon mal gehört?*** tu as déjà entendu ce pianiste?

3. RADIO ■ **jd hört etw** *Sender, Station* qn écoute qc; ***jd hört Kurzwelle*** qn reçoit [*o* capte] les ondes courtes

4. (*feststellen*) ■ **jd hört etw an etw** (*dat*) qn perçoit qc à qc

5. (*erfahren*) ■ **jd hört etw [über jdn/etw]** qn entend dire qc [de qn/qc]; ***man hat nie wieder etwas von ihr gehört*** on n'a plus jamais entendu parler d'elle

▶ **jd bekommt** [*o* **kriegt** *fam*] **etwas [von jdm] zu ~** qn se fait remonter les bretelles [par qn] *fam;* ***na, du wirst was von ihr zu ~ kriegen!*** elle va te sonner les cloches! *fam;* **wer nicht ~ will, muss fühlen** *prov* quand on n'écoute pas les conseils, on s'instruit à ses dépens; **ich kann das nicht mehr ~!** j'en ai les oreilles rebattues!; **lass von dir ~!** donne-moi/donne-nous de tes nouvelles!; **lassen Sie von sich ~!** donnez-moi/donnez-nous de vos nouvelles!; **ich lasse von mir ~** je te/vous donnerai de mes nouvelles; **jd lässt etwas/nichts von sich ~** qn donne/ne donne pas de ses nouvelles; **das lässt sich ~** *fam* voilà qui est intéressant, [c'est] pas mal *fam;* **jd muss etw ~, jd bekommt etw zu ~** qn s'entend dire qc; ***ich da zu ~?*** qu'est-ce que j'entends?; **jd hört sich gern reden** qn s'écoute parler; **man höre und staune!** (*als Einschub*) tiens-toi/tenez-vous bien!; (*als Antwort*) eh ben dis donc! *fam,* ça alors! *fam;* ***dieses Bild habe ich, man höre und staune, für nur 200 DM erstanden!*** tiens-toi/tenez-vous bien, ce tableau, j'ai réussi à l'avoir pour 200 marks!; **Sie werden [noch] von mir ~!** vous aurez de mes nouvelles!; **jd will gehört werden** qn veut dire quelque chose; **ich will nichts [davon] ~!** je ne veux pas le savoir! *fam;* **ich will mal nichts gehört haben** *fam* je n'ai rien entendu; **er/sie will nichts** [*o* **von nichts**] **gehört haben** il/elle dit qu'il/qu'elle n'a rien entendu; **das will ich nicht gehört haben!** veux-tu te/voulez-vous vous taire!; **nie gehört!** *fam* ça ne me dit rien!; **... wie ich höre, wie man hört, wie zu ~ ist, soviel man hört** à [*o* d'après] ce qu'on dit [*o* raconte]

II. *vi* **1.** (*zu~*) ■ **jd hört** qn écoute; ***reden Sie, ich höre*** parlez, je vous écoute

2. (*vernehmen*) ■ **jd hört, dass/was/wie** qn entend que + *indic*/ce qui/ce que/comment; ***haben Sie nicht gehört, wie das Opfer um Hilfe rief?*** vous n'avez pas entendu la victime appeler au secours?

3. (*erfahren*) ■ **jd hört, dass** qn entend dire que + *indic;* ■ **jd hört von jdm/etw** qn entend parler de qn/qc

4. (*gehorchen*) ■ **jd hört** qn écoute

5. (*sich nach jdm/etw richten*) ■ **jd hört auf jdn/etw** qn écoute qn/qc

6. (*heißen*) ■ **jd/ein Tier hört auf etw** (*akk*) *auf einen Namen* qn/un animal s'appelle + *nom; auf einen Spitznamen* on appelle qn + *nom;* ***der Hund hört nur auf Stani*** ce chien ne réagit que si on l'appelle Stani

▶ **jd hört gut/schlecht** qn entend bien/mal; **du hörst wohl schwer** [*o* **schlecht**]**!** *fam* t'es sourd(e)! *fam,* tu comprends [pas] le français? *fam;* **hör mal!/~ Sie mal!** (*hör mal zu*) dis/dites [donc]!; **na hör/~ Sie mal!** non mais alors!; **hört, hört!** (*bravo*) bravo!; (*unerhört*) hou! hou!

Hören <-s> *nt* ∅ **1.** (*mit dem Gehör*) ouïe *f;* ***das ~ fällt jdm schwer*** qn entend mal

2. RADIO [*Sender, Musik*] écoute *f;* ***sie gibt dem ~ klassischer Musik den Vorzug*** elle préfère écouter de la musique classique

▶ **ihm/ihr vergeht ~ und Sehen** il/elle ne sait plus où il/elle en est

Hörensagen *nt* ▶ **vom ~** par ouï-dire

Hörer <-s, -> *m* TELEC (*Telefon~*) combiné *m,* récepteur *m*

▶ **jd knallt** [*o* **schmeißt**] **den ~ auf die Gabel** *fam* qn raccroche brutalement

Hörer(in) <-s, -> *m(f)* RADIO, UNIV auditeur(-trice) *m(f)*

Hörerbrief *m* lettre *f* d'auditeur

Hörfehler *m* ▶ **das war ein ~** tu as/vous avez mal compris; ***war das eben ein ~ oder sagten Sie eben wirklich ...?*** j'ai mal entendu, ou est-ce que vous avez vraiment dit ...? **Hörfunk** *m form* radio *f* **Hörgerät** *nt* appareil *m* auditif

hörig *adj* **1.** (*sexuell abhängig*) ■ **jd ist jdm ~** qn est [entièrement] soumis(e) à qn, qn a qn dans la peau **2.** HIST *Bauer* asservi(e) ▶ **jd macht sich** (*dat*) **jdn ~** qn fait de qn son esclave **Hörige(r)** *f(m) decl wie adj* serf/serve *m/f*

Hörigkeit <-, *rare* -en> *f* **1.** (*sexuelle Abhängigkeit*) soumission *f,* sujétion *f*

2. ∅ HIST servage *m*

Horizont <-[e]s, -e> *m* horizon *m*

▶ **ein begrenzter** [*o* **beschränkter**] **~** une vue des choses étriquée, un esprit borné; **jd hat einen begrenzten** [*o* **beschränkten**] **~** qn a une vue des choses étriquée, qn a l'esprit borné; **künstlicher ~** horizon artificiel; **etw geht über jds ~** */Betriebsanleitung, Theorie/* qc dépasse qn; **am ~** à l'horizon

horizontal *adj* horizontal(e) **Horizontale** *f decl wie adj* droite *f* horizontale; ***in der ~n*** à l'horizontale, en position horizontale ▶ **jd begibt sich in die ~** *hum fam* qn va se mettre en position horizontale

Hormon <-s, -e> *nt* hormone *f*

-hormon *nt Geschlechts-, Nebennierenrinden-* hormone *f* + *adj*

Hormon- 1. PHYSIOL hormonal(e)

2. PHARM *-cocktail, -spritze* d'hormones; *~**creme*** crème *f* aux hormones

3. MED *-behandlung, -kur* hormonal(e); *-verbot* des hormones; *-verfahren* à base d'hormones

hormonal, hormonell I. *adj* hormonal(e)

II. *adv beeinflussen, steuern* par les hormones; ***jd wird ~ behandelt*** qn est traité(e) aux hormones

Hörmuschel *f* écouteur *m*

Horn <-[e]s, Hörner> *nt* **1.** ZOOL [*Rind, Stier, Nashorn*] corne *f*

2. (*Material*) corne *f*

3. MUS cor *m*

4. AUT *veraltend* corne *f,* trompe *f*

5. *fam* (*Beule*) bosse *f*

▶ **das ~ von Afrika** la corne de l'Afrique; **jd stößt ins gleiche ~** *fam* qn dit [*o* répète] la même chose; **das Goldene ~** la Corne d'or; **jd setzt jdm Hörner auf** *fam* qn fait qn cocu(e) *fam;* **jd stößt ins ~** qn sonne du cor; **jd stößt** [*o* **läuft**] **sich** (*dat*) **die Hörner ab** *fam:* ***er hat sich inzwischen die Hörner abgestoßen*** il s'est rangé [des voitures *fam*]

-horn *nt* ZOOL corne *f* de

Horn- en [*o* de] corne **Hornbläser(in)** *m(f)* corniste *mf;* ***die ~*** les cors *mpl* **Hornblende** *f* hornblende *f* **Hornbrille** *f* lunettes *fpl* de [*o* en] corne

Hörnchen <-s, -> *nt* **1.** (*Croissant*) croissant *m*

2. *dim von* **Horn 1.** petite corne *f*

Hörnerklang *m geh* son *m* du cor

Hörnerv *m* nerf *m* auditif

Hornhaut *f* **1.** (*des Auges*) cornée *f*

2. (*Hautschicht*) corne *f*

Hornhaut- *-trübung, -verletzung* de la cornée; *-infektion a.* cornéen(ne); *-spende, -transplantation* de cornée; *~**entzündung*** kératite *f;* *~**operation*** opération *f* de la cornée

Hornisse <-, -n> *f* frelon *m*

Hornissen- *-nest, -schwarm* de frelons; *~**stich*** piqûre *f* de frelon

Hornist(in) <-en, -en> *m(f)* corniste *mf;* ***die ~en*** les cors *mpl*

Hornochs[e] [-ks(ə)] *m fam* andouille *f fam,* bourrique *f fam*

Horoskop <-s, -e> *nt* horoscope *m*

▶ **jd stellt jdm das ~** qn fait [*o* dresse] l'horoscope de qn; **jd lässt sich** (*dat*) **das ~ stellen** qn se fait faire [*o* dresser] son horoscope

Horoskop- *-anfertigung, -berechnung* d'horoscope; *~**programm*** programme *m* pour établir des horoscopes

horrend *adj* exorbitant(e); ■ **es ist ~, was/wie viel** c'est exorbitant, ce que + *indic*

Hörrohr *nt* **1.** (*Hörgerät*) cornet *m* acoustique

2. *veraltend s.* **Stethoskop**

Horror <-s> *m* ∅ horreur *f*

▶ **jd hat einen ~ vor jdm** une personne fait horreur à qn; **jd hat einen ~ vor einem Tier/etw** qn a horreur d'un animal/de qc

Horror- *-erlebnis, -bild* horrible; *-szene, -roman* d'horreur; *-wert, -zahlen* horrifiant(e) **Horrorfilm** *m* film *m* d'horreur **Horrortrip** *m* **1.** (*grässliches Erlebnis*) galère *f fam;* ***das war der reinste ~*** ça a été l'horreur *fam* **2.** (*negativer Drogenrausch*) trip *m fam*

Hörsaal *m* amphithéâtre *m,* amphi *m fam*

Horsd'œuvre <-s, -s> [(h)ɔrˈdøːvrə] *nt geh* hors-d'œuvre *m*

Hörspiel *nt* **1.** ∅ (*Gattung*) théâtre *m* radiophonique

2. (*Stück*) pièce *f* radiophonique

Horst <-[e]s, -e> *m* **1.** (*Nest*) aire *f*

2. *fam* (*Flieger~*) base *f*

Hörsturz *m* surdité *f* brusque

Hort <-[e]s, -e> *m* **1.** (*Kinder~*) ≈ garderie *f*

2. *geh* (*Zufluchtsstätte*) ■ **ein ~ einer S.** (*gen*) *der Künste und Musen* un havre pour qc *soutenu; der Stille* un havre de qc *soutenu*

horten *vt* ■ **jd hortet etw** *Waren* qn fait tout un stock de qc *fam; Geld* qn entasse qc

Hortensie <-, -n> [-ziə] *f* hortensia *m*

Hörweite *f* ▶ **in/außer ~** à/hors de portée de voix; ***in ~ des Telefons*** à portée du téléphone

Höschen <-s, -> [ˈhøːsçən] *nt dim von* **Hose** (*Slip*) [petite] culotte *f;* (*Kinderhose*) (*kurz*) culotte *f* courte; (*lang*) pantalon *m;* (*Strampelhose*) grenouillère *f;* (*Kinderunterhose*) culotte *f*

▶ **heiße ~** *fam* mini-short *m*

Höschenwindel [ˈhøːsçən-] *f* couche *f,* change *m*

Hose <-, -n> *f* **1.** COUT pantalon *m;* ***ein Paar ~n*** un pantalon

2. (*Unter~*) caleçon *m*

▶ **kurze ~[n]** short *m;* (*für Jungen früher*) des culottes *fpl* courtes; **tote ~** *sl* chiant comme la pluie *fam;* ***der Typ ist tote ~*** ce mec est barbant *fam;* **jd hat die ~n voll** *fam /Kind/* qn a fait [caca] dans sa culotte *fam;* **jd hat die ~n [gestrichen] voll** *sl* (*hat Angst*) qn fait dans sa culotte *fam,* qn chie dans son froc *pop;* **etw geht in die ~** *sl* qc foire *fam;* **jd hat die ~n an** *fam* qn porte la culotte *fam;* **jd lässt [vor jdm] die ~n runter** *sl* qn annonce la couleur *fam,* qn accouche *fam;* **jd macht sich** (*dat*) **in die ~** [*o* **die ~n voll**] *fam* (*mit Kot*) qn fait [caca] dans sa culotte *fam;* (*pinkelt a.*) qn mouille sa culotte *fam; sl* (*hat Angst*) qn fait dans sa culotte *fam,* qn chie dans son froc *pop;* ***mach dir mal nicht in die ~*** y a pas de quoi avoir la trouille *pop;* **jd zieht jdm die ~n stramm** *fam* qn colle une fessée à qn *fam*

-hose *f Baumwoll-, Leinen-, Seiden-* pantalon *m* de; *Turn-, Renn-* short *m* de

Hosen- de pantalon; *-knopf* de culotte **Hosenanzug** *m* tailleur-pantalon *m* **Hosenband** <-bänder> *nt* bas *m* [de jambe] (*sur des knickers*) **Hosenbandorden** *m* ordre *m* de la Jarretière **Hosenbein** *nt* jambe *f* [de pantalon] **Hosenboden** *m* fond *m* de culotte ▶ **jd kriegt den ~ voll** *fam* qn prend une fessée; **jd setzt sich auf den ~** *fam* qn en met un coup *fam;* **jd zieht jdm den ~ stramm** *fam* qn colle une fessée à qn *fam* **Hosenbügel** *m* cintre *m* à pantalon **Hosenklammer** *f* pince *f* de cycliste **Hosenlatz** *m* **1.** [*Latzhose*] bavette *f* **2.** DIAL (*Hosenschlitz*) pont *m* **Hosenmatz** <-es, -mätze> *m hum fam* bout *m* de chou **Hosennaht** *f* couture *f* [de/du pantalon] **Hosenrock** *m* jupe-culotte *f* **Hosensack** *m* CH *s.* **Hosentasche. Hosenscheißer(in)** *m(f) sl* **1.** (*Kind*): ***du kleiner ~!*** espèce de petit(e) cochon(ne)! *fam;* (*als Kosename*) mon gros bébé!

2. (*Feigling*) péteux(-euse) *m(f) fam*, trouillard(e) *m(f) fam* **Hosenschlitz** *m* braguette *f* **Hosenspanner** *m s.* **Hosenbügel. Hosenstall** *m hum fam s.* **Hosenschlitz. Hosentasche** *f* poche *f* de pantalon **Hosenträger** *pl* bretelles *fpl* **Hosentürchen** *nt hum fam s.* **Hosenschlitz**

hosianna *interj* hosanna

Hospital <-s, -e *o* Hospitäler> *nt* DIAL hôpital *m*

Hospitalismus <-> *m ∅* hospitalisme *m*

Hospitant(in) <-en, -en> *m(f)* 1. (*Referendar*) stagiaire *mf* (*qui se contente d'assister aux cours de son conseiller pédagogique*)
2. (*Gasthörer*) auditeur(-trice) *m(f)* libre
3. PARL député(e) *m(f)* apparenté(e)

hospitieren * *vi* ■ **jd hospitiert [bei jdm]** qn est stagiaire [de qn], qn fait son stage [avec qn]; ***jd hospitiert erst*** qn n'est encore que stagiaire, qn ne fait encore qu'assister aux cours

Hospiz <-es, -e> *nt* 1. (*Hotel*) hospice *m*
2. (*Sterbeheim*) hospice *m*, centre *m* de soins palliatifs

Host <-s, -s> [hoʊst] *m* INFORM hôte *m*

Hostess[RR] <-, -en>, **Hosteß** <-, Hostessen> *f* 1. (*Betreuerin*) hôtesse *f*
2. *euph* (*Callgirl*) hôtesse *f*

Hostie <-, -n> ['hɔstiə] *f* hostie *f*

Hot Dog[RR] <- -s, - -s>, **Hotdog**[RR] <-s, -s> ['hɔt'dɔk] *m o nt* hot-dog *m*

Hotel <-s, -s> *nt* hôtel *m*
► ~ **garni** hôtel *m* (*sans restaurant*), garni *m vieilli*

-hotel *nt Altstadt-, Bahnhofs-, Flughafen-* hôtel *m* de la/du; *Einfach-, Billig-, Sport-* hôtel *m* + *adj*; ***Nobel~*** hôtel *m* de luxe

Hotel- de l'/d'hôtel; *-kette* d'hôtels **Hotelboy** [-bɔɪ] *m* groom *m* **Hotelfach** *nt ∅ s.* **Hotelgewerbe. Hotelfachschule** *f* école *f* hôtelière **Hotelführer** *m* guide *m* des hôtels **Hotelgewerbe** *nt* hôtellerie *f*

Hotelier <-s, -s> [hotɛ'lie:, hotə'lie:] *m* hôtelier(-ière) *m(f)*

Hotel- und Gaststättengewerbe *nt* industrie *f* hôtelière

Hotkey <-s, -s> ['hɔtki:] *m* INFORM raccourci *m* clavier

Hotline <-, -s> ['hɔtlain] *f* INFORM service *m* en ligne

hott *interj* hue

Hr. *abk von* **Herr** M.

Hrn. *abk von* **Herrn** M.

hrsg. *abk von* **herausgegeben** éd.

Hrsg. *abk von* **Herausgeber** édit.

hu *interj* brrr

hü *interj* (*vorwärts*) hue; (*nach links*) dia
► **mal sagt jd ~, mal wieder hott** *fam* qn dit tantôt blanc tantôt noir *fam*

Hub <-[e]s, ¨e> *m* course *f*

Hub[b]el <-s, -> *m* DIAL *fam* irrégularité *f*

hubb[e]lig *adj* DIAL *fam* bosselé(e); ■ **etw ist/wird** ~ qc ressemble/commence à ressembler à de la tôle ondulée *fam*

Hubble-Teleskop ['habl-] *nt* télescope *m* Hubble

Hubbrücke *f* pont *m* levant

hüben *adv* de ce côté-ci
► ~ **und** [*o* **wie**] **drüben** des deux côtés, d'un côté comme de l'autre

Hubertusmantel *m* AUS (*Lodenmantel*) loden *m*

Hubraum *m* cylindrée *f*

hübsch I. *adj* 1. (*schön*) *Frau, Mädchen, Knabe* joli(e) *antéposé*; ***ist er nicht ein ~er Knabe?*** n'est-il pas joli garçon?
2. (*nett*) joli(e) *antéposé*
3. *iron fam* (*unschön*) joli(e) *antéposé*; ***das ist ja eine ~e Bescherung!*** eh bien, nous voilà frais! *fam*; ***du machst [mir] ja ~e Geschichten [o Sachen]!*** tu [m']en fais de belles!; ***da hast du dir etwas H~es eingebrockt!*** tu t'es mis(e) dans de beaux draps!
4. *fam Betrag, Sümmchen* joli(e) *antéposé*, coquet(te) *fam*
► **na, ihr zwei** [*o* **beiden**] **H~en?** *fam* eh bien, mes cocottes? [*o* mes poulettes?] *fam*; **es wäre** ~, **wenn** ce serait bien si
II. *adv fam* 1. *iron fluchen, reinlegen* drôlement *fam*; *dazulernen* vachement *fam*
2. (*ganz*) *artig, leise, still* bien
► **das werde ich ~ bleiben lassen** je vais bien m'en garder; **das wirst du ~ bleiben lassen** tu ferais mieux de laisser tomber *fam*; **jd macht sich ~, jd zieht sich ~ an** *fam* qn se fait beau(belle), qn se pomponne; **jd macht etw [ganz] ~** qn fait qc [très] bien

Hubschrauber <-s, -> *m* hélicoptère *m*

Hubschrauber- *-rotor, -cockpit, -lärm* d'/de l'hélicoptère; *-transfer* en hélicoptère, héliporté(e); *-verkehr* d'hélicoptères; *-transport* par hélicoptère; *-dienst* d'hélicoptère **Hubschrauberlandeplatz** *m* héliport *m*

huch *interj* 1. (*Ausruf der Überraschung*) oh
2. (*Ausruf der Kälte*) brrr

Hucke <-, -n> *f* ► **jd haut jdm die ~ voll** *fam* qn tabasse qn *fam*; **jd kriegt die ~ voll** *fam* qn prend une dégelée *fam*; **jd lügt jdm die ~ voll** *fam* qn raconte des salades à qn *fam*; **jd säuft sich** (*dat*) **die ~ voll** *sl* qn se soûle la gueule *fam*

huckepack *adv mitfahren, transportieren* à bord; ***jd nimmt/trägt jdn*** ~ qn prend/porte qn sur son dos
► **jd macht bei jdm** ~ qn prend qn sur son dos

Huckepackverfahren *nt* ferroutage *m* **Huckepackverkehr** *m* trafic *m* combiné rail-route, ferroutage *m* ► **im** ~ par ferroutage

hudeln *vi bes.* SDEUTSCH, AUS *fam* ■ **jd hudelt** qn bâcle le boulot *fam*; ***das ist alles gehudelt!*** tout ça, c'est du boulot bâclé! *fam*
► **nur nicht** ~! pas d'affolement! *fam*

Hudler(in) <-s, -> *m(f) bes.* SDEUTSCH, AUS *fam* rigolo(te) *m(f) fam*, charlot *m*

hudlig I. *adj bes.* SDEUTSCH, AUS *fam Arbeit* bâclé(e) *fam*
II. *adv bes.* SDEUTSCH, AUS *fam* comme un cochon/des cochons *fam*

Huf <-[e]s, -e> *m* sabot *m*; ***das Pferd scharrt mit den ~en*** le cheval piaffe
► **jd beschlägt einem Pferd die ~e** [*o* **die ~e eines Pferdes**] qn ferre un cheval

Hufeisen *nt* fer *m* à cheval

hufeisenförmig I. *adj* en fer à cheval
II. *adv* en fer à cheval, en U

Hüferl <-s, -n> *nt* AUS rumsteck *m*

Huflattich <-s, -e> *m* tussilage *m*, pas-d'âne *m*

Hufnagel *m* clou *m* à cheval [*o* de ferrure] **Hufschlag** *m* 1. (*Getrappel*) bruit *m* [*o* martellement *m*] de sabots 2. (*Stoß mit dem Huf*) coup *m* de sabot **Hufschmied(in)** *m(f)* maréchal-ferrant *m* **Hufschmiede** *f* maréchalerie *f*

Hüftbein *nt* os *m* iliaque

Hüfte <-, -n> *f* 1. ANAT hanche *f*; ***breit in den ~n*** large de hanches; ***er fasste sie um die ~n*** il lui mit les mains sur les hanches
2. ∅ GASTR romsteck *m*
► **jd schießt aus der ~** qn tire [en tenant] l'arme à la hanche; **jd wackelt mit den ~n, jd wiegt die ~n** *geh* qn roule [*o* balance] les hanches; **bis an die** [*o* **zu den**] **~n** jusqu'à hauteur des hanches

Hüftgelenk *nt* [articulation *f* de la] hanche *f* **Hüftgürtel** *m* porte-jarretelles *m* **Hüfthalter** *m* gaine *f* **hüfthoch** I. *adj* qui arrive à hauteur des hanches; ■ **etw ist** ~ qc arrive à hauteur des hanches II. *adv* jusqu'à hauteur des hanches

Huftier *nt* ongulé *m*

Hüftknochen *m s.* **Hüftbein. Hüftleiden** *nt* coxalgie *f*; (*Arthrose*) coxarthrose *f*; ***jd hat ein*** ~ qn a des problèmes avec ses hanches

Hüftsteak [-ste:k, -ʃte:k] *nt* bifteck *m* dans le romsteck

Hügel <-s, -> *m* 1. (*Anhöhe*) colline *f*
2. (*Erdhaufen*) monticule *m*

hüg[e]lig *adj* vallonné(e)

Hügelland *nt* [région *f* [*o* pays *m*] de] collines *fpl*

Hugenotte <-n, -n> *m*, **-nottin** *f* huguenot(e) *m(f)*

huh *interj s.* **hu**

hüh *interj s.* **hü**

Huhn <-[e]s, ¨er> *nt* 1. (*Henne*) poule *f*
2. GASTR (*Hühnchen*) poulet *m*; (*Suppen~*) poule *f*
► **jd geht mit den ¨ern zu Bett** *fam* qn se couche avec [*o* comme] les poules *fam*; **ein blindes ~ findet auch ein Korn** *prov* ≈ aux innocents les mains pleines; **[du] dummes ~!** *pej fam* espèce de bécasse! *fam*; **frei laufende ¨er** poules *fpl* élevées en liberté; **mein krankes ~** *fam* mon pauvre [petit] poulet [*o* poulot]/ma pauvre [petite] poulette [*o* poulotte] *fam*; **ein verrücktes** [*o* **komisches**] [*o* **ulkiges**] ~ *fam* un foufou/une fofolle; **jd steht mit den ¨ern auf** *fam* qn se lève avec [*o* comme] les poules; **da lachen ja die ¨er!** *fam* laisse-moi rigoler! *fam*

Hühnchen <-s, -> *nt dim von* **Huhn** poulet *m*
► **jd hat mit jdm ein ~ zu rupfen** *fam* qn a un compte à régler avec qn

Hühner- 1. AGR *-futter* pour volaille; *-leiter, -zaun* de/du poulailler 2. GASTR *-bouillon, -suppe* de poule; *-frikassee, -pastete a.* de volaille; ***~braten*** poulet *m* rôti **Hühnerauge** *nt* cor *m* [au pied]; (*zwischen den Zehen*) œil-de-perdrix *m* ► **jd tritt jdm auf die ~n** *hum fam* (*trifft jdn*) qn touche le point sensible de qn; (*erinnert jdn*) qn met les points sur les i à qn **Hühneraugenpflaster** *nt* coricide *m* **Hühnerbrühe** *f* bouillon *m* de poule **Hühnerbrust** *f* 1. GASTR blanc *m* de poulet 2. *hum fam* (*schmaler Brustkorb*) torse *m* rachitique; MED thorax *m* en carène **Hühnerei** *nt* œuf *m* de poule **Hühnerfarm** *f* ferme *f* avicole **Hühnerhabicht** *m* autour *m* [des palombes] **Hühnerhof** *m* poulailler *m*, basse-cour *f* **Hühnerklein** <-s> *nt ∅* abattis *mpl* **Hühnerstall** *m* poulailler *m* **Hühnerzucht** *f* élevage *m* de volailles, aviculture *f*

hui *interj* oh là là; ***und*** ~, ... et hop, ...
► **im H~** *fam* en moins de deux *fam*

Huld <-> *f ∅ veraltend* faveur *f*, bienveillance *f*

huldigen *vi geh* 1. (*anhängen*) ■ **jd huldigt einer S.** (*dat*) *einer Ansicht, Ideologie, einem Grundsatz, Prinzip* qn est partisan de qc
2. (*frönen*) ■ **jd huldigt einer S.** (*dat*) *einem Laster, der Trunksucht etc* qn s'adonne à qc
3. *veraltend* (*seine Reverenz erweisen*) ■ **jd huldigt jdm** qn rend hommage à qn

Huldigung <-, -en> *f geh* (*Reverenz*) hommage *m*; ■ **die ~ einer S.** (*gen*) l'hommage rendu à qc
► **jd bringt jdm seine ~ dar** qn présente ses hommages à qn; **jd nimmt jds ~ entgegen** qn reçoit les hommages de qn

huldvoll I. *adj veraltend geh* bienveillant(e)
II. *adv geh* d'un air bienveillant; ~ ***lächelnd*** avec un sourire bienveillant
► **jd tut** ~ qn prend un air protecteur [*o* condescendant]

Hülle <-, -n> *f* 1. (*Schutz~*) [*Schulbuch*] couverture *f*; [*Ausweise, Führerschein*] étui *m*, pochette *f*
2. (*Schutzhaube*) housse *f*
3. (*Plattencover*) pochette *f*
► **in ~ und Fülle** *geh* à profusion, à foison; **jds sterbliche ~** *geh* la dépouille mortelle de qn *soutenu*; **jd lässt die [letzten] ~n fallen** *fam* qn fait un [numéro de] strip-tease *fam*; /*Frau*/ qn joue les effeuilleuses *fam*

hüllen I. *vt geh* ■ **jd hüllt jdn/etw in etw** (*akk*) qn enveloppe qn/qc dans qc; ■ **in etw** (*akk*) **gehüllt** *in Dunst, Flammen, Nebel, Qualm, Wolken* enveloppé(e) de qc
II. *vr geh* ■ **jd hüllt sich in etw** (*akk*) qn s'enveloppe dans qc

hüllenlos *adj, adv* nu(e), dans le plus simple appareil, en costume [*o* tenue] d'Adam/Ève; ***jd sonnt sich*** ~ qn fait du bronzage intégral

Hüllwort <-wörter> *nt* euphémisme *m*

Hülse <-, -n> *f* 1. BOT gousse *f*
2. (*Überzug*) fourreau *m*
3. (*Patronen~*) douille *f*

Hülsenfrucht *f meist pl* légume *m* sec

human I. *adj* (*alle Bedeutungen*) humain(e); *Chef, Lehrer etc* compréhensif(-ive)
II. *adv* avec humanité, humainement; (*verständnisvoll*) avec beaucoup de compréhension; ***jd zeigt sich** ~* qn fait preuve de compréhension; ***eine Stadt** ~ **gestalten*** humaniser une ville

Human- *-insulin, -protein* humain(e) **Humangenetik** *f* génétique *f* humaine

Humanisierung <-> *f* Ø ▪ **die ~ einer S.** (*gen*) l'humanisation *f* de qc

Humanismus <-> *m* Ø humanisme *m*

Humanist(in) <-en, -en> *m(f)* 1. humaniste *mf*
2. (*Altsprachler*) humaniste *mf; **jd ist** ~* qn a fait des études classiques [*o* appris les langues mortes]

humanistisch I. *adj* 1. humaniste
2. (*altsprachlich*) classique, gréco-latin(e)
II. *adv: **jd bildet jdn** ~* qn donne à qn une formation classique; ***jd wird** ~ **erzogen*** qn reçoit une formation classique, qn fait ses humanités *vieilli*

humanitär *adj* humanitaire

Humanität <-> *f* Ø *geh* humanité *f; **aus Gründen der** ~* pour des raisons [*o* motifs] humanitaires

Humanitätsduselei <-, -en> *f pej* humanitarisme *m*

Humanmedizin *f* Ø médecine *f* [humaine] **Humanmediziner(in)** *m(f)* médecin *m*

Humbug <-s> *m* Ø *pej fam* 1. (*Unfug*) connerie *f fam*
2. (*Schwindel*) fumisterie *f fam*

Hummel <-, -n> *f* bourdon *m*
▸ **jd hat ~n im** [*o* **unterm**] **Hintern** *fam* [*o* **Arsch** *sl*] qn a la bougeotte *fam,* qn est excité(e) comme une puce

Hummer <-s, -> *m* homard *m*

Hummer- 1. ZOOL de/du homard 2. GASTR de homard **Hummercocktail** [-kɔkte:l] *m* cocktail *m* de homard

Humor <-s, *rare* -e> *m* humour *m*
▸ **jd hat einen goldenen** ~ qn ne se départit [*o* départ] jamais de son humour; **grimmiger** ~ un humour grinçant; **schwarzer** ~ l'humour noir; **du hast/er/sie hat** [**vielleicht**] ~! *iron* tu en as/il/elle en a de bonnes! *fam;* **jd hat** [**Sinn für**] ~ qn a [le sens] de l'humour; **jd hat keinen** [**Sinn für**] ~ qn n'a pas le sens de l'humour, qn manque d'humour; ~ **ist, wenn man trotzdem lacht** *prov* il vaut mieux en rire qu'en pleurer; **jd nimmt** [*o* **trägt**] **etw mit** ~ qn prend qc avec humour [*o* le sourire]; **jd verliert den** ~ qn n'a plus envie de rire; ***ich verliere langsam den** ~!* je commence à ne plus trouver ça drôle!; ***sie verliert nie den** ~* elle ne perd jamais le sens de l'humour

Humoreske <-, -n> *f* 1. LITER récit *m* humoristique, histoire *f* drôle
2. MUS humoresque *f*

Humorist(in) <-en, -en> *m(f)* 1. (*Komiker*) fantaisiste *mf*
2. LITER [écrivain *m*] humoriste *mf*

humoristisch *adj* 1. LITER humoristique
2. (*witzig*) comique

humorlos I. *adj* dépourvu(e) d'humour; ▪ **jd ist** ~ qn manque d'humour
II. *adv reagieren* sans humour; ***jd verhält sich** ~* qn n'a aucun sens de l'humour

Humorlosigkeit <-> *f* Ø manque *m* [*o* absence *f*] d'humour

humorvoll I. *adj* plein(e) d'humour; ***sei** ~!* fais preuve d'humour!
II. *adv* avec humour

humpeln *vi* 1. + *haben o sein* (*hinken*) ▪ **jd/ein Tier humpelt** qn/un animal boitille; ▪ **das H~** le boitillement
2. + *sein* (*sich fortbewegen*) ▪ **jd/ein Tier humpelt irgendwohin** qn/un animal va quelque part en boitillant; ***jd humpelt über den Hof/über die Straße*** qn traverse la cour/la rue en clopinant *fam*

Humpen <-s, -> *m* chope *f* (*munie d'un couvercle*)

Humus <-> *m* Ø humus *m*

Humusboden *m,* **Humuserde** *f* terre *f* végétale, terreau *m*

Hund <-[e]s, -e> *m* 1. ZOOL chien *m; s. a.* **Hündin**
2. *fam* (*Schuft*) chien *m*
▸ **viele ~e sind des Hasen Tod** *prov* on finit [toujours] par succomber au nombre; **sie leben wie ~ und Katze** *fam* ils/elles vivent comme chien et chat; **mit etw kann jd keinen ~ hinterm Ofen hervorlocken** *fam* c'est pas avec qc que qn va attirer les gens *fam; **damit kann man keinen** ~ **hinterm Ofen hervorlocken*** ≈ on n'attrape pas les mouches avec du vinaigre; **da wird der ~ in der Pfanne verrückt** *fam* on est en plein délire *fam;* **jd ist ein armer** ~ *fam* qn est un pauvre bougre *fam;* **„[Vorsicht,] bissiger ~!"** "[attention,] chien méchant!"; **blöder** ~ *sl* con[n]ard *pop;* **jd ist bekannt wie ein bunter** ~ *fam* qn est connu(e) comme le loup blanc; **das ist ein dicker ~!** *sl* celle-là, elle est dure à avaler *fam;* **„~e müssen draußen bleiben"** "les chiens ne sont pas admis"; **falscher** ~ *fam* [espèce *f* de] faux cul *m! fam;* **fliegender** ~ roussette *f,* renard *m* volant; **gemeiner** ~ *fam* [espèce *f* de] salopard *m! fam;* **der Große/Kleine** ~ le Grand/Petit Chien; **das ist** [**ja**] **zum Junge-Hunde-Kriegen!** *fam* y a de quoi devenir dingue! *fam;* **krummer** ~ *sl* faux derche *m arg;* **jd ist müde wie ein** ~ *fam* qn est lessivé(e) *fam;* **wie ein räudiger/einen räudigen** ~ comme un chien galeux; **ein scharfer** ~ un chien méchant; **jd ist ein scharfer** ~ *fam* qn est une peau de vache *fam;* **schlafende ~e soll man nicht wecken** il ne faut pas réveiller le chat qui dort; **jd weckt schlafende ~e** *fam* qn remue la merde *pop;* **schlauer** [*o* **gerissener**] ~ *fam* [espèce *f* de] roublard *m fam;* **~e, die** [**viel**] **bellen, beißen nicht** *prov* chien qui aboie ne mord pas; **jd/etw bringt jdn auf den** ~ *fam* qn/qc cause la perte de qn, qn/qc achève qn; **jd geht vor die ~e** *sl* qn se retrouve dans le trente-sixième dessous *fam* [*o* vraiment dans la merde *pop*]; **jd kommt auf den** ~ *fam* qn tombe bien bas; **da liegt der ~ begraben** *fam* c'est là le hic *fam*

Hündchen <-s, -> *nt dim von* **Hund** (*kleiner Hund*) petit chien *m;* (*junger Hund*) chiot *m*

Hunde- (*eines Hundes*) de/du/d'un chien; *-floh, -virus, -bandwurm* du chien; (*für Hunde*) pour chien[s] **Hundebiss**[RR] *m* morsure *f* de chien **hundeelend** *adj* ▸ **jd fühlt sich ~, jdm ist** ~ *fam* qn est malade comme un chien **Hundefänger(in)** <-s, -> *m(f)* chasseur(-euse) *m(f)* de chiens **Hundegebell** *nt* aboiements *mpl* **Hundehalsband** *nt* collier *m* [de chien] **Hundehalter(in)** *m(f) form* propriétaire *mf* de chien **Hundehaltung** *f form* possession *f* d'un chien **Hundehütte** *f* niche *f* **Hundekälte** *f fam* froid *m* de canard *fam* **Hundekuchen** *m* biscuit *m* pour chien **Hundeleben** *nt pej fam* vie *f* de chien *fam* **Hundeleine** *f* laisse *f* [pour chien] **Hundelohn** *m pej fam* salaire *m* de famine [*o* de misère] **Hundemarke** *f* 1. ADMIN plaque *f* [de chien] (*attestant le paiement de la taxe sur les chiens*) 2. *sl* (*Erkennungsmarke*) plaque *f* d'identité **hundemüde** I. *adj pred fam* ▪ **jd ist** ~ qn est [complètement] crevé(e) [*o* lessivé(e)] *fam* ▸ **jd fühlt sich** ~ qn est sur les genoux [*o* sur les rotules] *fam* II. *adv fam* [complètement] crevé(e) *fam* **Hunderasse** *f* race *f* de chiens

hundert *num* 1. (*Zahl*) cent; ***jd wettet** ~ **zu etw*** qn parie à cent contre qc; ***einige** ~ **Menschen*** quelques centaines de personnes; ***einer/zwei unter** ~* un/deux sur cent
2. (*Jahre*) cent ans; ▪ **jd ist/wird** ~ qn a/va avoir cent ans
3. SPORT ▪ ~ **zu etw** cent à qc; ▪ **etw zu** ~ qc à cent
4. *fam* (*sehr viele*) cent, trente-six *fam*
▸ **jd bringt jdn auf** ~ *fam* qn met qn en rogne *fam;* **mit** ~ (*Jahren*) à cent ans; **mit** ~ [*Sachen*] *fam* à cent [à l'heure]

Hundert[1] <-, -en> *f* (*Zahl*) cent *m*

Hundert[2] <-s, -e> *nt* 1. (*Einheit von 100*) centaine *f; **kaum ein viertel** ~* une vingtaine
2. *pl* (*viele hundert*) des centaines *fpl*
▸ **~e und Aber~e** des centaines et des centaines *fpl;* **ein halbes** ~ une cinquantaine; **etw geht in die ~e** *fam* /*Verluste an Menschenleben*/ qc se chiffre par centaines; /*Schaden*/ qc se monte à plusieurs centaines de francs/marks; **jd macht das ~ voll** *fam* qn arrondit à cent; **jd unter ~en** *einer, zwei, drei etc* qn sur plusieurs centaines; **etw vom** ~ (*Prozent*) qc pour cent; **zu** ~ par cent; **zu ~en** par centaines

-hundert *zwei-, drei-, vier etc ...* cents; ***ein~*** cent

hunderteins *num* 1. (*Zahl*) cent un
2. (*Jahre*) cent un ans; ▪ **jd ist/wird** ~ qn a/va avoir cent un ans

Hunderter <-s, -> *m* 1. *fam* (*Banknote*) billet *m* de cent *fam*
2. MATH centaine *f*

hunderterlei *adj inv* 1. (*vielfältige*) quantité de ... [différent(e)s]
2. *fam* (*eine Unmenge*) trente-six *fam*
3. *substantivisch fam* trente-six choses *fam*

hundertfünfzigprozentig I. *adj fam* pur(e) et dur(e)
▸ **jd ist ein H~er/eine H~e** qn est un pur et dur/une pure et dure
II. *adv fam beweisen* plutôt deux fois qu'une; ***jd ist** ~ **gut*** qn est hyperbon(ne) *fam; **jd leistet wirklich** ~ **das, was andere tun*** qn en fait quasiment le double des autres *fam*

Hundertjahrfeier *f* centenaire *m*

hundertjährig *adj attr* 1. (*hundert Jahre alt*) centenaire; *Baum a.* séculaire
2. (*hundert Jahre dauernd*) *Entwicklung* de cent années; ***der ~e Gründungstag*** le centenaire de la création; ***das ~e Bestehen*** les cent ans *mpl* d'existence **Hundertjährige(r)** *f(m) decl wie adj* centenaire *mf; **ein über ~r*** une personne de plus de cent ans

hundertmal *adv* 1. (*hundert Male*) cent fois; *anfertigen, auflegen, herstellen, verkaufen* à cent exemplaires; (*um den Faktor hundert*) *größer, kleiner, teurer, näher etc* cent fois plus; ~ ***billiger*** cent fois meilleur marché [*o* moins cher(chère)]
2. *fam* (*sehr viel, oft*) *besser, mehr* cent fois
▸ ~ **so viel/so viele** cent fois plus/plus de

Hundertmeterlauf *m* cent mètres *m* [plat] **hundertprozentig** I. *adj* 1. *Alkohol, Säure, Seide* [à] cent pour cent 2. *fam* (*typisch*) à cent pour cent; ▪ **jd ist ~er jd** qn est cent pour cent qn 3. *fam* (*absolut*) absolu(e); ***mit ~er Sicherheit*** avec cent pour cent de certitude; ***es besteht jetzt ~e Klarheit darüber, dass*** il est maintenant clair à cent pour cent que + *indic* II. *adv fam* (*absolut*) à cent pour cent **Hundertsatz** *m form s.* **Prozentsatz**

Hundertschaft <-, -en> *f* unité *f* de cent hommes

hundertste(r, s) *adj* centième; ***jedes** ~ **Los*** un billet sur cent; ▪ **der/die/das H~, der/die/das** le/la centième qui
▸ **jd kommt vom H~n ins Tausendste** *fam* qn fait des coq-à-l'âne, qn saute d'une idée à l'autre; **als H~(r)** le/la centième, à la centième place; **jeder H~** une personne sur cent

Hundertstel <-s, -> *nt* centième *m; **auf ein** ~ **Millimeter genau*** au centième de millimètre près

hunderttausend *num* 1. (*Zahl*) cent mille
2. (*ungezählte Mengen*) ▪ **H~e von Menschen/Dingen** des centaines *fpl* de milliers de personnes/de choses; *von Insekten a.* des nuées *fpl* de choses
3. (*DM*) cent mille [marks]
▸ **zu H~en** par centaines de milliers

hundertundeins *num s.* **hunderteins**

Hundescheiße *f sl* merde *f* de chien *vulg* **Hundeschlitten** *m* traîneau *m* [tiré par des chiens] **Hundeschnauze** *f* museau *m* [de chien], truffe *f* ▸ **jd ist kalt wie eine** ~ *fam* qn a un cœur de marbre **Hundesohn** *m pej fam* fils *m* de chien *fam,* sagouin *m fam* **Hundesteuer** *f* taxe *f* sur les chiens **Hundewetter** *nt fam* temps *m* de chien **Hundezwinger** *m* chenil *m*

Hündin *f* chienne *f; s. a.* **Hund**

hündisch *adj pej* servile; *Speichellecker a.* rampant(e)
Hündlein <-s, -> *nt dim von* **Hund** petit chien *m*
hundsgemein I. *adj fam* 1. *Kerl, Lüge* sale *antéposé fam* 2. *(sehr groß) Kälte, Schmerz etc* à crever *fam* ▸ **jd kann ~ werden** qn peut se foutre en rogne *fam* II. *adv fam wehtun* salement *fam*, vachement *fam* **hundsmiserabel** I. *adj fam* 1. *(niederträchtig)* sale *antéposé fam* 2. *Qualität* dégueulasse *fam; Arbeit a.* de cochon *fam; finanzielle Lage* catastrophique II. *adv fam behandeln* comme un chien; *arbeiten* comme un cochon; *spielen, übersetzen* très mal; ***jd bezahlt jdn ~*** qn paye qn avec un salaire de misère ▸ **jdm geht es ~, jd fühlt sich ~, jdm ist ~** [**zumute**] qn est [vraiment] mal foutu(e) *fam* **Hundstage** *pl* canicule *f*
Hüne <-n, -n> *m* géant *m*
▸ **ein ~ von Mann** [*o* **Mensch**] *geh* un vrai géant
Hünengrab *nt* tumulus *m*
hünenhaft *adj geh* gigantesque
Hunger <-s> *m* ∅ 1. *(Essensdrang)* faim *f*
2. *(Hungersnot)* faim *f*
3. *geh (Verlangen)* ■ **jds ~ nach etw** la soif [*o* la faim] de qc de qn
▸ **~ ist der beste Koch** *prov* tout est bon pour qui a faim; **jd hat ~ wie ein Wolf** [*o* **Bär**] *fam* qn a une faim de loup *fam*, qn a la dent *fam*; **guten ~!** DIAL *fam* bon appétit!; **jd bekommt ~** qn commence à avoir faim; ***wenn ich euch essen sehe, bekomme ich ~*** de vous voir manger, ça me donne faim; **jd hat ~** qn a faim; ***ich habe solchen*** [*o* ***so einen***] ***~!*** j'ai une de ces faims! [*o* une de ces fringales!] *fam*; ***jd hat keinen ~*** qn n'a pas faim; ***wenn du so großen ~ hast, ...*** si tu as tellement faim, ...; **jd hat ~ auf etw** *(akk)* qn a faim [*o* envie] de qc; **jd leidet ~** *geh* qn souffre de la faim; **etw macht ~** qc donne faim; **jd stillt seinen ~** qn apaise sa faim; **jd stirbt** [*o* **kommt um**] **vor ~** *fam* qn meurt [*o* crève *fam*] de faim
Hungergefühl *nt* sensation *f* de faim, envie *f* de manger **Hungerjahr** *nt* année *f* de famine **Hungerleider(in)** <-s, -> *m(f) fam* crève-la-faim *mf fam* **Hungerlohn** *m pej* salaire *m* de famine
hungern I. *vi* 1. *(Hunger leiden)* ■ **jd hungert** qn a [*o* souffre de la] faim; ■ **~d** affamé(e)
2. *(fasten)* ■ **jd hungert** qn se prive de nourriture
3. *geh (dürsten)* ■ **jd hungert nach etw** qn a soif de qc
▸ **jd lässt jdn ~** qn laisse qn sur sa faim; *(als Strafe)* qn prive qn de nourriture
II. *vt impers geh* ■ **jdn hungert es nach etw** qn a soif de qc
III. *vr* ■ **jd hungert sich durch etw** qn souffre de la faim durant qc
Hungersnot *f* famine *f*, disette *f*
Hungerstreik *m* grève *f* de la faim ▸ **jd tritt in den ~** qn entame [*o* commence] une grève de la faim **Hungertod** *m* ***um dem ~ zu entrinnen*** pour éviter de périr d'inanition *soutenu* ▸ **jd stirbt den ~** *geh* qn périt d'inanition *soutenu* **Hungertuch** *nt* ▸ **jd nagt am ~** *hum fam* qn mange de la vache enragée
hungrig *adj* affamé(e); ■ **jd ist ~** qn a faim; ■ **jd ist ~ nach etw/auf etw** *(akk)* qn a faim de qc
▸ **etw macht ~** qc donne faim
-hungrig *(begierig)* avide de
Hunne <-n -n> *m*, **Hunnin** *f* Hun *m*
Hunsrück <-s> *m* ■ **der ~** le Hunsrück
Hupe <-, -n> *f* klaxon® *m*, avertisseur *m* [sonore]
▸ **jd betätigt die ~** *form* qn actionne son avertisseur sonore *form*; **jd drückt auf die ~** qn donne un coup de klaxon
hupen *vi* ■ **jd hupt** qn klaxonne; ■ **das H~** les coups de klaxon; ***unter ständigem H~*** en klaxonnant sans arrêt
hupfen *vi + sein* SDEUTSCH *s.* **hüpfen**
▸ **das ist gehupft wie gesprungen** *fam* c'est bonnet blanc et blanc bonnet [*o* kif-kif] *fam*
hüpfen *vi + sein* ■ **jd/ein Tier hüpft** [**irgendwohin**] qn/un animal saute [quelque part]; */ Vogel/* un animal sautille [quelque part]
Hupfer <-s, -> *m* SDEUTSCH, **Hüpfer** <-s, -> *m* petit saut *m*
▸ **jd macht einen ~** qn fait un petit saut
Hupkonzert *nt fam* concert *m* de klaxons ▸ **jd veranstaltet ein ~** qn donne un concert de klaxons **Hupsignal** *nt* coup *m* de klaxon **Hupton** <-töne> *m* coup *m* de klaxon **Hupzeichen** *nt form s.* **Hupsignal**
Hurde <-, -n> *f* CH, SDEUTSCH étagère *f* [à claire-voie]
Hürde <-, -n> *f* SPORT haie *f*; *(beim Reitsport a.)* obstacle *m*
▸ **jd nimmt eine ~** *fig* qn passe un obstacle
Hürdenlauf *m* course *f* de haies **Hürdenrennen** *nt* course *f* d'obstacles [*o* de haies]
Hure <-, -n> *f pej* 1. *(ausschweifende Frau)* roulure *f*
2. *veraltend (Prostituierte)* putain *f vulg*, catin *f vieilli fam*
huren *vi fam* ■ **jd hurt** qn fornique *hum*
Hurenbock *m sl* baiseur *m fam* **Hurensohn** *m sl* fils *m* de pute *vulg*
hurra *interj* hourra, hurrah
Hurra <-s, -s> *nt* hourra *m*, hurrah *m*
▸ **ein dreifaches ~** un triple hourra [*o* hurrah]
Hurraruf *m* hourra *m*, hurrah *m*
Hurrikan <-s, -e> *m* ouragan *m*
hurtig *adv* DIAL vite
Husar <-en, -en> *m* hussard *m*
husch *interj fam* 1. *(los, fort)* [allez,] oust[e] *fam*
2. *(ganz schnell)* et hop
▸ **etw geht ~ ~** qc se fait en deux coups de cuillère à pot *fam*
huschen *vi + sein* 1. *(sich bewegen)* ■ **jd/ein Tier huscht irgendwohin** *ins Haus* qn/un animal se glisse furtivement quelque part; *über den Hof, durch den Garten* qn/un animal traverse furtivement qc; *aus einem Loch* un animal sort en un clin d'œil de qc; ***jd huscht aus der Tür*** *(verstohlen)* qn sort furtivement; *(schnell)* qn sort vivement
2. *(gleiten)* ■ **etw huscht über etw** *(akk) über jds Gesicht* qc glisse furtivement sur qc; ■ **etw huscht durch etw** */ Lichtstrahl, Schein, Schimmer/* qc balaie [rapidement] qc
hüsteln *vi* ■ **jd hüstelt** qn toussote; ■ **das/ein H~** le/un toussotement
husten I. *vi* 1. MED ■ **jd hustet** qn tousse; ■ **das H~** la toux; ***durch starkes H~*** en toussant avec force
2. *fam (keinen Wert legen)* ■ **jd hustet auf etw** *(akk)* qn se/[s'en] bat l'œil de qc *fam*
II. *vt* ■ **jd hustet etw** qn crache [*o* expectore] qc
▸ **ich werde dir/ihm/ihr eins** [*o* **was**] **~** *sl* tu peux/il/elle peut [toujours] te/se gratter *fam*
Husten <-s> *m* ∅ toux *f*
▸ **jd bekommt** [**einen**] **~** qn se met à tousser; **jd hat ~** qn tousse
Hustenanfall *m* quinte *f* [*o* accès *m*] de toux **Hustenbonbon** [-bɔŋbɔŋ, -bõbõ:] *m o nt* bonbon *m* contre [*o* pour] la toux **Hustenmittel** *nt* remède *m* contre la toux, antitussif *m* **Hustenreiz** *m* envie *f* de tousser, irritation *f* des bronches **Hustensaft** *m* sirop *m* contre la toux **hustenstillend** *adj* antitussif(-ive); ■ **etw ist ~** qc calme la toux ▸ **etw wirkt ~** qc agit contre [*o* combat] la toux, qc est un antitussif **Hustentee** *m* tisane *f* pectorale **Hustentropfen** *pl* gouttes *fpl* contre la toux
Hut[1] <-[e]s, ¨-e> *m* 1. COUT chapeau *m*; ***nehmen Sie den/Ihren ~ ab!*** découvrez-vous!
2. *[Pilz]* chapeau *m*
▸ **mit dem ~[e] in der Hand kommt man durch das ganze Land** *prov* la politesse ouvre toutes les portes; **das ist ein alter ~!** *fam (ist schon ewig so)* ça ne date pas d'hier; *(ist nicht mehr aktuell)* c'est de la vieille histoire *fam*; **jd bringt** [*o* **kriegt**] **Dinge unter einen ~** *fam* qn concilie des choses; **jd hat mit jdm/etw nichts/nicht viel am ~** *fam* qn n'est pas du tout/pas très porté(e) sur qn/qc; qn/qc, ça ne branche pas du tout/pas vraiment qn *fam*; **jd kann sich** *(dat)* **etw an den ~ stecken** *fam* qn peut se mettre qc quelque part *fam*; **jd muss den** [*o* **seinen**] **~ nehmen** *fam* qn doit rendre son tablier *fam*; **jd nimmt vor jdm/etw den ~ ab, jd zieht vor jdm/etw den ~** qn tire son chapeau à qn/qc; **~ ab** [**vor jdm/etw**]! *fam* chapeau [à qn/qc]! *fam*
Hut[2] <-> *f* ▸ **jd ist irgendwo/bei jdm in bester** [*o* **sicherer**] **~** qn est quelque part/chez qn sous bonne garde [*o* en toute sécurité]; **jd ist auf der ~** qn se tient sur ses gardes; **jd ist auf der ~ vor jdm/etw** qn se méfie de qn/qc
Hut- 1. *(für Hüte) -schachtel* à chapeaux 2. *(von Hüten) -farbe* de chapeau; *-material* pour chapeau **Hutablage** *f* porte-chapeaux *m* **Hutband** <-bänder> *nt* ruban *m* de chapeau
Hütchen <-s, -> *nt dim von* **Hut** petit chapeau *m*
hüten I. *vt* 1. *(beaufsichtigen)* ■ **jd hütet jdn/Tiere** qn garde qn/des animaux
2. *geh (bewahren)* ■ **jd hütet etw** *Brief, Dokument, Erinnerungsstück* qn garde qc; *Geheimnis* qn garde qc [pour soi]
II. *vr* 1. *(sich in Acht nehmen)* ■ **jd hütet sich vor jdm/etw** qn se méfie de qn/qn se garde de qc
2. *(sich vorsehen)* ■ **jd hütet sich etw zu tun** qn se garde de faire qc
▸ **ich werde mich** [**schwer**] **~!** *fam* y a pas de risque! *fam*, je m'en garderai bien!; **du wirst dich** [**schwer**] **~!** *fam* t'as pas intérêt! *fam*
Hüter(in) <-s, -> *m(f) geh* ■ **der ~ einer S.** *(gen)* le/la gardien(ne) de qc
▸ **ein ~ des Gesetzes** *hum* un représentant [*o* un gardien] de l'ordre
Hutfeder *f* plumet *m* **Hutkrempe** *f* bord *m* [du chapeau] **Hutmacher(in)** *m(f)* chapelier(-ière) *m(f)*; *(für Frauenhüte)* modiste *mf* **Hutnadel** *f* épingle *f* [à chapeau]
Hutsche <-, -n> *f* AUS 1. *s.* **Schaukel**
2. *pej sl* rombière *f fam*
hutschen I. *vi* AUS *s.* **schaukeln**
II. *vr* AUS *fam* ■ **jd hutscht sich** qn se débine *fam*, qn se tire *pop*
Hutschnur *f* ▸ **etw geht jdm über die ~** *fam* qn commence à en avoir jusque là de qc *fam*, qn trouve que qc commence à bien faire *fam* **Hutständer** *m* porte-chapeaux *m*
Hütte <-, -n> *f* 1. *(Häuschen)* cabane *f*, cahute *f*
2. *(Jagd~)* pavillon *m* de chasse
3. *(Berg~)* refuge *m*
4. *(Hunde~)* niche *f*
5. *(Anlage zur Metallgewinnung)* fonderie *f*; *(Stahl~)* aciérie *f*
Hütten- *-arbeiter* métallurgiste; *-anlage, -gelände* des fonderies/aciéries; *-schornstein* d'/de l'usine [métallurgique] **Hüttenkäse** *m* cottage® *m* *(fromage blanc à gros caillots)* **Hüttenschuh** *m* chausson *m* [en laine]
hutz[e]lig *adj* 1. *Frucht* ratatiné(e)
2. *Mensch, Haut* ridé(e)
Hyäne <-, -n> *f* 1. ZOOL hyène *f*
2. *pej fam (skrupelloser Mensch)* vautour *m*
Hyazinthe <-, -n> *f* jacinthe *f*
Hybrid- TECH hybride **Hybridantrieb** *m* système *m* de propulsion hybride
Hybride <-, -n> *f* hybride *m*
Hybris <-> ['hy:brɪs] *f* ∅ *geh* outrecuidance *f littér*
Hydra <-, Hydren> ['hy:dra] *f (alle Bedeutungen)* hydre *f*
Hydrant <-en, -en> *m* bouche *f* [*o* borne *f*] d'incendie
Hydraulik <-> *f* ∅ 1. *(Vorrichtung)* système *m* hydraulique
2. *(Lehre)* hydraulique *f*
hydraulisch I. *adj* hydraulique
II. *adv:* ***etw funktioniert ~/wird ~ betrieben*** qc fonctionne avec un système hydraulique
Hydrokultur ['hy:dro-] *f* culture *f* hydroponique
Hydrolyse <-, -n> [hydro'ly:zə] *f* hydrolyse *f*
Hydrotechnik ['hy:dro-] *f* technique *f* hydraulique **hydrotechnisch**

adj hydrotechnique **hydrotherapeutisch** *adj* hydrothérapique **Hydrotherapie** *f* hydrothérapie *f*
Hygiene <-> *f ∅* hygiène *f*; ***das ist doch keine ~!*** ce n'est vraiment pas hygiénique!
hygienisch I. *adj Umstände, Zustand* bon(ne) ... d'hygiène; *~e* ***Verhältnisse*** conditions hygiéniques; ■ **es ist ~ etw zu tun** il est hygiénique de faire qc
II. *adv* 1. (*in ~er Hinsicht*) du point de vue [*o* sur le plan] de l'hygiène
2. *aufbewahren, verpacken* hygiéniquement
Hygrometer <-s, -> *nt* hygromètre *m*
Hymen <-s, -> ['hy:mən] *m o nt spec* hymen *m*
Hymne <-, -n> ['hʏmnə] *f* hymne *m*
hyper- ['hy:pɐ-] *-aktiv, -genau, -kritisch, -nervös, -sensibel* hyper...; *-exakt, -gewissenhaft, -korrekt, -reinlich a.* archi...
Hyperbel <-, -n> *f* MATH, LING hyperbole *f*
hyperbolisch *adj* MATH, LING hyperbolique
Hyperlink <-s, -s> ['haipɐ-] *m* INFORM hyperlien *m*
hypermodern I. *adj fam* ultramoderne, hypermoderne *fam*
II. *adv fam* de façon ultramoderne
Hypertext ['haipɐ-] *m* INFORM hypertexte *m*
Hypertonie <-, -n> [-'ni:ən] *f spec* hypertension *f*
hypertroph *adj spec* hypertrophié(e)
Hypertrophie <-, -n> [-'fi:ən] *f spec* hypertrophie *f*
Hypnose <-, -n> *f* hypnose *f*
▶ **jd fällt in ~** qn tombe en [état d']hypnose; **jd steht unter ~** qn est en [état d']hypnose; **jd versetzt jdn in ~** qn hypnotise qn; **in ~** en [état d']hypnose
hypnotisch I. *adj* hypnotique, d'hypnotiseur
II. *adv ansehen* à la façon d'un hypnotiseur, fixement
Hypnotiseur(in) <-s, -e> [hypnoti'zø:ɐ] *m(f)* hypnotiseur(-euse) *m(f)*
hypnotisierbar *adj* qu'on peut hypnotiser; ■ **jd ist [...] ~** qn se laisse [...] hypnotiser
hypnotisieren * *vt* ■ **jd hypnotisiert jdn** qn hypnotise qn
▶ **wie hypnotisiert** comme hypnotisé(e)
Hypochonder <-s, -> *m* hypocondriaque *mf*
Hypophyse <-, -n> [hypo'fy:zə] *f* hypophyse *f*
Hypotenuse <-, -n> *f* hypoténuse *f*
Hypothek <-, -en> *f* 1. (*Grundpfandrecht*) hypothèque *f*
2. *geh* (*Belastung*) hypothèque *f*; *Mensch* charge *f*
▶ **die erste/zweite/dritte ~** l'hypothèque *f* de premier/second/troisième rang; **jd nimmt eine ~ [auf etw** (*akk*)**] auf** qn constitue [*o* prend] une hypothèque [sur qc]; **jd trägt eine ~ ein** qn inscrit une hypothèque
Hypothekenbank <-banken> *f* banque *f* hypothécaire **Hypothekenbrief** *m* titre *m* hypothécaire ▶ **jd stellt jdm einen ~ aus** qn établit un titre hypothécaire au profit de qn **Hypothekengläubiger(in)** *m(f)* créancier(-ière) *m(f)* hypothécaire **Hypothekenschuldner(in)** *m(f)* débiteur(-trice) *m(f)* hypothécaire **Hypothekenzinsen** *pl* intérêts *mpl* hypothécaires
Hypothese <-, -n> *f* hypothèse *f*
▶ **jd stellt eine ~ auf** qn émet une hypothèse; **jd widerlegt eine ~** qn réfute une hypothèse
hypothetisch I. *adj* hypothétique
II. *adv* à titre d'hypothèse, de façon hypothétique
Hysterie <-, -n> *f* hystérie *f*
hysterisch I. *adj* hystérique; ***ein ~er Anfall*** une crise d'hystérie
II. *adv* de façon hystérique

I

I, i <-, -> *nt* I *m*, i *m*
▶ **I wie Ida** i comme Irma
i *interj fam* be[u]rk *fam*
▶ **~ wo!** penses-tu/pensez-vous! *fam*
i. A. *loc abk von* **im Auftrag** p.o.
iah *interj* hi-han
Iambus <-, Iamben> *m s.* **Jambus**
iberisch *adj* ibérique
IC <-s, -s> *m abk von* **Intercity** IC *m*, Intercité *m*
ICE <-s, -s> *f abk von* **Intercity Express** ≈ T.G.V. *m*
ich <(*gen*) meiner, (*dat*) mir, (*akk*) mich> *pron pers* je, j'; (*betont*) moi; ■ **~!** moi!; ***hier bin ~!*** me voici!; ■ **~ ...!** *Dummkopf, Esel, Idiot* le/la ... que je suis!; *~* ***Arme!*** pauvre de moi!; *~* ***Glückliche!*** quelle veinarde!
▶ **~ bin/war** es c'est/c'était moi; ***~ bin es nur!*** ce n'est que moi!; **~, der/die etw macht, ~, der/die ~ etw mache** moi qui fais qc; **~ nicht!** pas moi!; **~ selbst** moi-même[, je ...]; *~* ***selbst konnte das nicht machen*** je ne pouvais pas le faire moi-même; ***so dass nicht einmal ~ selbst es machen könnte*** de telle façon que pas même moi, je ne pourrais le faire
Ich <-[s], -s> *nt* 1. (*die eigene Individualität*) moi *m*; ***dein [eigenes] ~ hätte rebellieren müssen*** dans ton for intérieur, tu aurais dû te révolter
2. PSYCH moi *m*, ego *m*
▶ **jds anderes [*o* zweites] ~** l'autre moi-même *m* [*o* la seconde nature] de qn; **jds besseres ~** la meilleure part de qn
ichbezogen *adj* égocentrique **Icherzählung**[RR] *f* récit *m* à la première personne **Ichform** *f* première personne *f* ▶ **in der ~** à la première personne
Icon <-s, -s> ['aikən] *nt* INFORM icône *f*
IC-Zuschlag *m* supplément *m* IC [*o* Intercité]
ideal I. *adj* idéal(e); ***etw wäre ~er*** qc serait préférable; ***keine ~ere Zeit/Frau*** pas un meilleur temps/une meilleure femme
II. *adv* d'une façon idéale, idéalement
Ideal <-s, -e> *nt* 1. (*Idee*) idéal *m*; ■ **das ~ einer S.** (*gen*) l'idéal de qc; ***das wäre ein ~*** ce serait l'idéal
2. (*idealer Typ*) ■ **das ~ eines Menschen/einer S.** la personne/chose idéale; ■ **mein/sein/... ~** mon/son/... idéal
▶ **jd hat [noch] ~e** qn a [encore] des idéaux; **jd hat keine ~e mehr** qn a perdu tout idéal, qn n'a plus d'idéal
Ideal- idéal(e) **Idealbild** *nt s.* **Ideal**
idealerweise *adv* dans l'idéal
Idealfall *m* cas *m* idéal; (*ideale Bedingungen*) conditions *fpl* idéales ▶ **im ~** dans le meilleur des cas; ***im ~ würde ich 69 Kilo wiegen*** mon poids idéal serait de 69 kilos; pour bien faire, je devrais peser 69 kilos **Idealgewicht** *nt* poids *m* idéal
idealisieren * *vt* ■ **jd idealisiert jdn/etw** qn idéalise qn/qc; ■ **~d** idéalisé(e), idéalisateur(-trice)
Idealisierung <-, -en> *f* idéalisation *f*
Idealismus <-> *m ∅* idéalisme *m*
Idealist(in) <-en, -en> *m(f)* idéaliste *mf*
idealistisch *adj* idéaliste
Idealvorstellung *f* idéal *m*; ***meine ~ von einer Angestellten*** l'image que je me fais de l'employée idéale
Idee <-, -n> *f* idée *f*
▶ **keine ~ besser** *fam* du même tonneau; **eine blendende [*o* glänzende] ~** *iron fam* une trouvaille; **eine fixe ~** une idée fixe; **jd bringt jdn auf eine ~** qn donne une idée à qn; **jd bringt jdn auf die ~ etw zu tun** qn donne à qn l'idée de faire qc; **jd/etw bringt jdn auf andere ~en** qn/qc lui change les idées; **jd hat eine ~** qn a une idée; **jd hat eine ~, warum [*o* wieso]/was/wer/wie/wohin** qn a une idée de la raison pour laquelle/de ce qui(que)/de la personne qui/de la façon dont/du lieu où; **jd kommt auf eine ~, jdm kommt eine ~** une idée vient à qn, qn a une idée qui lui vient, il lui vient une idée; ***auf so eine ~ muss man erst mal kommen!*** il fallait avoir l'idée!; (*auf so eine verrückte ~*) en voilà une idée!; ***wie kommst du denn auf die ~?*** où vas-tu chercher cela?; **jd kommt auf die ~ etw zu tun** l'idée vient à qn de faire qc; ***wer kam auf die ~ das zu tun?*** qui a eu l'idée de faire ça?; **eine ~ ...** *lauter, leiser, zu kalt, zu warm* un soupçon ...; **eine ~ einer S.** (*gen*) GASTR un soupçon [*o* une pointe] de qc
ideell *adj Bedürfnisse, Ziel, Werte* spirituel(le); *Gesichtspunkte, Nutzen* intellectuel(le)
Ideen- d'idées **ideenarm** *adj* peu inventif(-ive); ■ **jd ist ~** qn manque d'idées
ideenlos *adj Mensch* dépourvu(e) d'idées; *Gestaltung, Design a.* sans imagination
Ideenlosigkeit <-> *f ∅* [*Mensch*] absence *f* d'idées, manque *m* d'imagination; [*Design, Konzeption a.*] platitude *f*
ideenreich *adj* inventif(-ive); *Mensch a.* créatif(-ive) **Ideenreichtum** *m ∅* [*Mensch*] esprit *m* inventif, créativité *f*; [*Design, Gestaltung*] inventivité *f*
Iden *pl* ides *fpl*
▶ **die ~ des März** les ides *fpl* de mars
Identifikation <-, -en> *f* 1. PSYCH ■ **jds ~ [mit jdm/etw]** l'identification *f* de qn [à qn/qc]
2. *s.* **Identifizierung**
Identifikationsfigur *f* modèle *m* identificatoire
identifizieren * I. *vt* 1. (*die Identität feststellen*) ■ **jd identifiziert jdn/etw [als etw]** qn identifie qn/qc [comme étant qc]
2. (*gleichsetzen*) ■ **jd identifiziert jdn mit etw** qn identifie qn à qc
II. *vr* ■ **jd identifiziert sich mit jdm/etw** qn s'identifie à qn/qc
Identifizierung <-, -en> *f* ■ **die ~ von jdm/etw** l'identification *f* de qn/qc
identisch *adj* identique; *~* ***mit jdm/etw*** identique à qn/qc; ■ **jd ist mit jdm ~/nicht ~** qn et qn sont une seule et même personne [*o* ne font qu'un]/sont deux personnes différentes
Identität <-> *f ∅* 1. [*Person*] identité *f*
2. (*Übereinstimmung*) [*Gegenstände, Fingerabdrücke, Menschen, Präparate*] identité *f*, similitude *f* parfaite; ■ **~ einer S.** (*gen*) **mit etw** identité d'une chose avec qc [*o* et de qc]; ***die ~ jds mit jdm wird festgestellt*** on établit que qn et qn ne font qu'un

Identitätskarte *f bes.* CH *s.* **Personalausweis**
Ideologe <-n, -n> *m,* **-login** *f* idéologue *mf*
Ideologie <-, -n> *f* idéologie *f*
ideologisch I. *adj* idéologique
II. *adv geschult* idéologiquement; *bedingt, verblendet* par une/l'idéologie
Idiom <-s, -e> *nt* 1. *geh* (*eigene Sprache*) idiome *m*
2. (*Wendung*) expression *f* idiomatique, idio[ma]tisme *m*
Idiomatik <-> *f* ∅ 1. (*Teil der Lexikologie*) lexicologie *f* idiomatique
2. (*Aufstellung der Redewendungen*) glossaire *m* d'idiotismes, dictionnaire *m* des locutions
idiomatisch I. *adj* idiomatique
II. *adv* d'un/du point de vue idiomatique
Idiot(in) <-en, -en> *m(f)* 1. *fam* (*Dummkopf*) idiot(e) *m(f)*, crétin(e) *m(f) fam;* ***ich/du*** ~! quel(le) idiot(e)!; ***der größte*** ~ le pire des imbéciles; ***dummer/blöder*** ~! triple idiot! *fam,* pauvre déb[ile]! *fam*
2. MED débile *mf* mental(e)
Idiotenhügel *m hum fam* piste *f* débutants **idiotensicher** I. *adj fam* simple comme bonjour; ***das ist*** ~! c'est bête comme chou! *fam* II. *adv fam konzipieren, gestatten* pour être à la portée du premier venu; ***etw ist ~ zu bedienen/lässt sich ~ handhaben*** qc est simple comme bonjour à manœuvrer/manipuler
Idiotie <-, -n> *f* 1. *pej fam* idiotie *f,* stupidité *f;* ■ **etw ist** ~ qc est débile *fam*
2. MED débilité *f* mentale
Idiotin *f s.* **Idiot**
idiotisch *adj fam* débile *fam*
Idol <-s, -e> *nt* 1. (*Vorbild*) idole *f*
2. (*Götzenbild*) idole *f*
-idol *nt* idole *f* du/de la/des
Idyll <-s, -e> [iˈdʏl] *nt* lieu *m* [*o* cadre *m*] idyllique
Idylle <-, -n> [iˈdʏlə] *f* idylle *f*
idyllisch [iˈdʏlɪʃ] I. *adj* idyllique; LITER *a.* bucolique
II. *adv* dans un cadre idyllique
IG <-, -s> *f abk von* **Industriegewerkschaft** syndicat *m* ouvrier
Igel <-s, -> *m* 1. ZOOL hérisson *m*
2. *fam* (*Haarschnitt*) brosse *f;* ***jd lässt sich*** (*dat*) ***einen ~ schneiden*** qn se fait couper les cheveux en brosse
igitt[igitt] *interj* quelle horreur!, be[u]rk! *fam*
Iglu <-s, -s> *m o nt* igloo *m,* iglou *m*
Ignorant(in) <-en, -en> *m(f) geh* ignorant(e) *m(f)*
Ignoranz <-> *f* ∅ *geh* ignorance *f,* inculture *f*
ignorieren * *vt* ■ **jd ignoriert jdn** qn ignore qn; ■ **jd ignoriert etw** qn ne prend pas qc en considération, qn ne tient pas compte de qc; ***etw kann nicht mehr länger von jdm ignoriert werden*** qn ne peut plus ne pas tenir compte plus longtemps de qc; ■ **jd ignoriert, dass** qn ne prend pas en considération le [*o* ne tient pas compte du] fait que + *indic;* ***wir dürfen nicht länger*** ~, ***dass*** nous ne pouvons pas ne pas tenir compte plus longtemps du fait que + *indic*
IHK <-, -s> *f abk von* **Industrie- und Handelskammer** C.C.I. *f*
ihm *pron pers dat von* **er, es**¹ lui; ***es geht ~ gut*** il va bien; ***ich danke*** ~ je le remercie; ■ ~! à lui!
ihn *pron pers akk von* **er** (*den Genannten*) le, l'; *nach Präpositionen* lui; ***es reut*** ~ il a des remords; ***ich rufe ~ an*** je lui téléphone; ■ ~! lui!
ihnen *pron pers dat von* **sie** leur; *nach Präpositionen* eux/elles; ***es geht ~ gut*** ils/elles vont bien; ***ich danke*** ~ je les remercie; ■ ~! à eux/à elles!
Ihnen *pron pers dat von* **Sie** *sing und pl* vous; ***geht es ~ gut?*** est-ce que vous allez bien?; ***ich danke*** ~ je vous remercie; ■ ~! à vous!
ihr¹ <(*gen*) euer, (*dat*) euch, (*akk*) euch> *pron pers* vous; ~ ***Glücklichen!*** espèces de veinard(e)s!; ~ ***Armen!*** mes pauvres!
▶ ~, **die** ~ **etw tut** vous qui faites qc; ~ **nicht!** pas vous!; ~ **selbst** vous-mêmes[, vous ...]; ~ ***selbst konntet das wohl nicht machen*** vous-mêmes, vous ne pouviez pas le faire; ***so dass nicht einmal ~ selbst es machen könntet*** de telle façon que pas même vous, vous ne pourriez le faire
ihr² *pron pers, sing dat von* **sie** lui; *nach Präpositionen, betont* elle; ***es geht ~ gut*** elle va bien; ***ich danke*** ~ je la remercie; ■ ~! à elle!
ihr³ *pron poss, adjektivisch* 1. *auf sing bezogen* son/sa/ses; ***ist das Egons Auto oder Friedas? – Ich glaube, es ist ~ Auto*** c'est la voiture d'Egon ou celle de Frieda? – Je crois que c'est sa voiture à elle
2. *auf pl bezogen* leur/leurs
Ihr *pron poss, adjektivisch sing und pl* votre/vos; (*Briefschluss*) *wird nicht übersetzt*
ihre(r, s) *pron poss, substantivisch* 1. *auf sing bezogen* le sien/la sienne/les siens/les siennes; ■ **der/die/das** ~**/die** ~**n** le sien/la sienne/les siens/les siennes; ***ich bin der*** ~ je suis son ami/mari
2. *auf pl bezogen* le/la leur/les leurs
Ihre(r, s)¹ *pron poss, substantivisch, auf Sie bezogen* 1. *auf sing bezogen* le/la vôtre/les vôtres; ■ **der/die/das** ~ le/la vôtre/les vôtres; ***ich bin ganz der*** ~ je suis à votre entière disposition [*o* tout(e) à vous]
2. *auf pl bezogen* le/la vôtre/les vôtres
3. *sing und pl* (*Angehörige*) ■ **die** ~**n** les vôtres *mpl*
4. *sing und pl* (*Eigentum*) ■ **das** ~ ce qui est à vous [*o* vous appartient]; ***nennen Sie dieses schöne Haus das ~, Frau Schmidt?*** êtes-vous l'heureuse propriétaire de cette belle maison, Madame Schmidt?
5. *sing und pl* (*was Ihnen zukommt*) ■ **das** ~ ce que vous avez à faire
Ihre(r, s)² *pron poss, substantivisch, auf sie sing bezogen* 1. (*Angehörige*) ■ **die** ~**n** les siens *mpl*
2. (*Eigentum*) ■ **das** ~ ce qui est à elle [*o* lui appartient]
3. (*was ihr zukommt*) ■ **das** ~ ce qu'elle a à faire
Ihre(r, s)³ *pron poss, substantivisch, auf sie pl bezogen* 1. (*Angehörige*) ■ **die** ~**n** les leurs *mpl*
2. (*Eigentum*) ■ **das** ~ ce qui est à eux/à elles [*o* leur appartient]
3. (*was ihnen zukommt*) ■ **das** ~ ce qu'ils/elles ont à faire
ihrer *pron pers gen von* **sie** 1. *sing* d'elle; ***wir werden ~ gedenken*** nous ne l'oublierons pas, nous nous souviendrons d'elle
2. *pl* (*dieser Personen*) d'eux/d'elles; ***wir werden ~ gedenken*** nous ne les oublierons pas, nous nous souviendrons d'eux/d'elles; ***es waren ~ sechs*** ils/elles étaient six
Ihrer *pron pers gen von* **Sie** *sing und pl* de vous; ***wir werden ~ gedenken*** nous ne vous oublierons pas, nous nous souviendrons de vous; ***wir werden ~ eingedenk sein*** nous penserons à vous
ihrerseits *adv* 1. *sing* de son côté, pour sa part
2. *pl* de leur côté, pour leur part
Ihrerseits *adv sing und pl* de votre côté
ihresgleichen *pron inv* 1. *sing* ses semblables *mfpl,* ses pareil(le)s *mpl(fpl)*
2. *pl* leurs semblables *mfpl,* leurs pareil(le)s *mpl(fpl);* ***unter*** ~ entre eux/elles
Ihresgleichen *pron inv sing und pl* ■ [**Leute**] ~ des gens *mpl* comme vous; *pej* des gens *mpl* de votre espèce
ihrethalben *adv veraltend,* **ihretwegen** *adv* 1. *sing* (*von ihr aus*) si cela ne tenait/n'avait tenu qu'à elle
2. *sing* (*um sie*) à son sujet, à cause d'elle
3. *sing* (*ihr zuliebe*) parce que c'est elle, pour elle
4. *pl* (*von ihnen aus*) si cela ne tenait/n'avait tenu qu'à eux/elles
5. *pl* (*um sie*) à leur sujet, à cause d'eux/d'elles
6. *pl* (*ihnen zuliebe*) parce que c'est eux/elles, pour eux/elles
Ihrethalben *adv veraltend,* **Ihretwegen** *adv sing und pl* 1. (*wegen Ihnen*) à votre sujet, à cause de vous
2. (*Ihnen zuliebe*) parce que c'est vous, pour vous
ihretwillen *adv* ▶ **um** ~ (*ihr zuliebe*) pour elle; (*ihnen zuliebe*) pour eux/elles
Ihretwillen *adv sing und pl* ▶ **um** ~ parce que c'est vous
ihrige(r, s) *pron poss veraltend geh s.* **ihre(r, s)**
Ihrige(r, s) *pron poss veraltend geh s.* **Ihre(r, s)**
i. J. *loc abk von* **im Jahre** en
Ikone <-, -n> *f* icône *f*
illegal I. *adj* illégal(e)
II. *adv* illégalement
Illegalität <-, -en> *f* illégalité *f;* ***aus der ~ heraus*** en toute illégalité
illegitim *adj* illégitime; *Vorgehensweise a.* illégal(e)
illiquid *adj* COM insolvable
illoyal I. *adj geh* déloyal(e)
II. *adv geh* d'une manière déloyale, déloyalement
Illoyalität <-> *f* ∅ *geh* déloyauté *f;* ***etw bewegt jdn zur*** ~ qc incite qn à faire acte de déloyauté
Illumination <-, -en> *f geh* illuminations *fpl*
illuminieren * *vt geh* ■ **jd/etw illuminiert etw** qn/qc illumine qc
Illusion <-, -en> *f* illusion *f*
▶ **jd gibt sich einer** ~ (*dat*) **hin** qn se fait des illusions, qn se berce d'illusions; **jd gibt sich der ~ hin, dass** qn se figure que + *indic;* **jd macht sich** (*dat*) [**über jdn/etw** (*akk*)] ~**en** qn se fait des illusions [*o* s'illusionne] [sur qn/qc]; **jd/etw nimmt** [*o* **raubt**] **jdm alle** ~**en** qn/qc enlève à qn toutes ses illusions
illusionär *adj geh* illusoire, chimérique
illusionslos *adj* sans illusions; ■ **jd wird** ~ qn perd [toutes] ses illusions
illusorisch *adj* 1. (*trügerisch*) illusoire, trompeur(-euse); ■ **es ist ~ etw zu tun** il est illusoire de faire qc
2. (*etw erübrigt sich*) ■ **etw ist/wird** ~ qc n'a plus de/perd sa raison d'être, qc est/devient superflu(e)
illuster *adj geh* illustre
Illustration <-, -en> *f* illustration *f*
▶ **zur ~ von etw** pour illustrer qc
illustrativ I. *adj geh* 1. (*als Illustration dienend*) destiné(e) à illustrer ..., à titre d'illustration
2. (*anschaulich*) *Material, Verdeutlichung* évocateur(-trice), parlant(e)
II. *adv geh* (*anschaulich*) de façon vivante
Illustrator <-s, -toren> *m,* **-torin** *f* illustrateur(-trice) *m(f)*
illustrieren * *vt* 1. (*bebildern*) ■ **jd illustriert etw** [**mit etw**] qn illustre qc [de qc]
2. *geh* (*veranschaulichen*) ■ **jd illustriert** [**jdm**] **etw mit etw** qn illustre qc à l'aide de qc; ■ **etw illustriert** [**jdm**], **dass/wie** qc illustre que/combien + *indic*
Illustrierte <-n, -n> *f* illustré *m*
Illustrierung <-, -en> *f* illustration *f*
Iltis <-ses, -se> *m* putois *m*
im = **in dem** *s.* **in**
IM <-s, -s> *m,* <-, -s> *f abk von* **inoffizielle(r) Mitarbeiter(in)** *informateur du service des renseignements de l'ancienne R.D.A.*
Image <-[s], -s> [ˈɪmɪtʃ] *nt* image *f* [de marque]
▶ **jd/etw poliert jds ~ auf** qn/qc redore le blason [*o* restaure l'image] de qn
Image- [ˈɪmɪtʃ-] *-schaden, -verfall, -verlust* de son/leur image [de marque]; ***jd betreibt ~pflege*** qn soigne son image [de marque]
imaginär *adj geh* imaginaire
Imagination <-, -en> *f geh* imagination *f*
Imam <-s, -e> *m* 1. (*Vorbeter*) imam *m*
2. ∅ (*Titel*) imam *m*
Imbiss^RR^ <-es, -e>, **Imbiß** <-sses, -sse> *m* 1. collation *f,* casse-croûte *m fam*
2. *fam s.* **Imbissstand**
Imbisshalle^RR^ *f* cafétéria *f* **Imbissstand**^RR^ *m* friterie *f* **Imbissstube**^RR^ *f* snack[-bar] *m*

Imitation <-, -en> *f* imitation *f*; ***das Gemälde ist nur eine ~*** ce tableau n'est qu'une copie; ***durch ~ der Erwachsenen*** en imitant les adultes
Imitator <-s, -toren> *m*, **-torin** *f* imitateur(-trice) *m(f)*
imitieren * *vt* ■ **jd imitiert jdn/etw** qn imite qn/qc; ■ **imitiert** *Schmuck, Holzfurnier* en imitation; ***diese Steine sind nur imitiert*** ces pierres ne sont que de l'imitation
Imker(in) <-s, -> *m(f)* apiculteur(-trice) *m(f)*
Imkerei <-, -en> *f* (*Betrieb*) exploitation *f* apicole; (*Bienenzucht*) apiculture *f*
immateriell *adj geh* autre que matériel(le)
Immatrikulation <-, -en> *f* inscription *f*
immatrikulieren * I. *vt* 1. UNIV (*einschreiben*) ■ **jd immatrikuliert jdn** qn inscrit qn; ■ **jd ist [an etw (*dat*)] immatrikuliert** qn est inscrit(e) [à/dans qc]; ***ab dem 2. April wird immatrikuliert*** on prend les inscriptions à partir du 2 avril
2. CH *s.* **zulassen**
II. *vr* ■ **jd immatrikuliert sich [in etw (*dat*)/an etw (*dat*)]** qn se fait inscrire [*o* qn s'inscrit] [à qc/dans qc]
immens *adj geh* énorme
immer *adv* 1. (*ständig*) toujours; ***muss es denn ~ regnen?*** la pluie ne s'arrêtera donc jamais?; ***ich weiß nicht, was du ~ hast!*** je ne sais pas ce que tu as tout le temps!; ***geht das denn ~ weiter?*** ça va continuer encore longtemps comme ça?
2. (*zunehmend*) *häufiger, lauter, schwerer etc* de plus en plus + *adj/adv*; ***~ häufiger*** de plus en plus fréquent(e)/fréquemment; ***~ schlechter*** de pire en pire/de plus en plus mal; ***~ besser*** qui ne cesse de s'améliorer/de mieux en mieux
3. *fam* (*jeweils*) chaque fois
► ~ **und ewig** sempiternellement; ~ **während** *geh Dunkelheit, Kälte* perpétuel(le); *Feuer, Qual* éternel(le); **für** ~ *lieben* [pour] toujours; *sich halten* indéfiniment; ~ **mehr** de plus en plus; ~ **mal** *fam* comme ça, à l'occasion *fam*; ~ **noch** toujours [et encore]; ~ **noch nicht** ne/n' … toujours pas; **wann/wie/wer/was/wo [auch]** ~ quel que soit le moment où/quelle que soit la manière dont/qui que ce soit qui + *indic*/quoi que/où que + *subj*; ~ **weiter**: ***jd/etw tut etw ~ weiter*** qn/qc ne cesse [*o* n'arrête] pas de faire qc; ***…, dass er ~ weiter darin las …*** qu'il ne pouvait s'arrêter de lire; ***ja, ~ weiter, bis ich halt sage*** oui, continue/z encore jusqu'à ce que je te/vous dise de t'/vous arrêter; ***sie redete weiter und ~ weiter*** elle n'arrêtait pas de parler; ***nur ~ weiter so!*** tu n'as qu'à continuer comme ça!; ~, **wenn** chaque fois que + *indic*, c'est toujours lorsque … que + *indic*; ~ **wieder** sans cesse; ***er tut es ~ wieder*** il recommence tout le temps
immerdar *adv geh* à jamais *soutenu*
immerfort *adv* continuellement **immergrün** *adj Pflanze* à feuilles persistantes; ■ **etw ist ~** qc a des feuilles persistantes **Immergrün** *nt* pervenche *f* ► **das große/kleine ~** la grande/petite pervenche **immerhin** *adv* tout de même ► ~! (*das ist doch schon was*) c'est toujours ça!, tout de même! **immerwährend** *s.* **immer** ►. **immerzu** *adv s.* **immerfort**
Immigrant(in) <-en, -en> *m(f)* immigrant(e) *m(f)*
Immigration <-, -en> *f* immigration *f*
immigrieren * *vi + sein* ■ **jd immigriert** qn immigre
Immission <-, -en> *f* nuisance *f*
immobil *adj geh* ■ **jd ist ~** qn est réduit(e) à l'immobilité, qn manque de mobilité
Immobilie <-, -n> *f* propriété *f* immobilière, immeuble *m*; ■ **~n** biens *mpl* immobiliers [*o* immeubles]
Immobilien- [-liən-] immobilier(-ière) **Immobilienfonds** [-fõ:] *m* fonds *m* de placement immobilier **Immobilienhändler(in)** *m(f)* agent *m* immobilier
Immortelle <-, -n> *f* immortelle *f*, xéranthème *m*
immun *adj* 1. MED ■ **jd ist/wird [gegen etw] ~** qn est immunisé(e)/s'immunise [contre qc]
2. (*nicht empfänglich*) ■ **jd ist [gegen etw] ~/nicht ~** qn est vacciné(e) [contre qc] *fam*/qn n'est pas insensible [à qc]
Immunabwehr *f* réactions *fpl* [*o* défenses *fpl*] immunitaires
immunisieren * *vt* ■ **jd/etw immunisiert jdn [gegen etw]** qn/qc immunise qn [contre qc]
Immunisierung <-, -en> *f* immunisation *f*
Immunität <-, *rare* -en> *f* 1. MED ■ **~ [gegen etw]** immunité *f* [à qc]
2. JUR immunité *f*
► **jd hebt jds ~ auf** qn lève l'immunité de qn
Immunologe <-n, -n> *m*, **-login** *f* immunologiste *mf*
Immunschwäche *f* déficience *f* des mécanismes immunitaires, immunodéficience *f* **Immunsystem** *nt* système *m* immunitaire
Imperativ <-s, -e> *m* 1. (*Befehlsform*) impératif *m*
2. (*Beispiel der Befehlsform*) injonction *f*
Imperfekt <-s, -e> *nt* imparfait *m*
Imperialismus <-, *rare* -lismen> *m pej* impérialisme *m*
Imperialist(in) <-en, -en> *m(f) pej* impérialiste *mf*
imperialistisch *adj pej* impérialiste
Imperium <-s, -rien> *nt* empire *m*
impertinent I. *adj geh* impertinent(e)
II. *adv geh* avec impertinence, de façon impertinente
Impertinenz <-, -en> *f geh* impertinence *f*
impfen *vt* 1. MED ■ **jd impft jdn [gegen etw]** qn vaccine qn [contre qc]; ■ **jd lässt jdn/sich [gegen etw] ~** qn fait vacciner qn/qn se fait vacciner [contre qc]
2. BIO, GASTR ■ **jd impft etw [mit etw]** qn ensemence qc [avec qc]
Impfling <-s, -e> *m form* sujet *m* qui doit être vacciné
Impfpass[RR] *m* carnet *m* de vaccination **Impfpistole** *f* pistolet *m* à inoculation **Impfschaden** *m* accident *m* provoqué par une vaccination
Impfstoff *m* vaccin *m*
Impfung <-, -en> *f* vaccination *f*
Implantat <-[e]s, -e> *nt* implant *m*
implantieren *vt* ■ **jd implantiert [jdm] etw** qn implante qc [à qn]; ■ **implantiert** implanté(e); ***eine implantierte Zahnwurzel*** un implant dentaire
implementieren *vt* INFORM ■ **jd implementiert etw** qn implémente qc
implizieren * *vt geh* ■ **etw impliziert etw** qc implique [*o* contient] qc
implodieren * *vi + sein spec* ■ **etw implodiert** qc implose
Implosion <-, -en> *f spec* implosion *f*
Imponderabilien *pl geh* impondérables *mpl*
imponieren * *vi* ■ **jd/etw imponiert [jdm]** qn/qc en impose [à qn]; ***es imponiert, …*** il est impressionnant de voir …; ***jd hat sehr imponiert*** qn a fait grosse impression
imponierend I. *adj* imposant(e), impressionnant(e); *Leistung* considérable; ■ **es ist ~, dass/wie/…** il est impressionnant de voir que/comme/… + *indic*
II. *adv intelligent* remarquablement; ~ ***groß*** de dimensions impressionnantes; ***jd tut etw ~ schnell*** qn fait qc avec une célérité remarquable
Imponiergehabe *nt pej* cinéma *m* [destiné à en imposer] *fam*
Import <-[e]s, -e> *m* 1. (*Einfuhr*) importation *f*
2. (*Importware*) article *m* [*o* produit *m*] d'importation
Import- 1. (*importiert*) *-apfel, -kohle, -ware* d'importation
2. (*den Import betreffend*) *-abgabe* à l'importation; *-beschränkung, -überschuss* des importations; *-handel, -artikel* d'importation; ***das ~geschäft*** les importations
Importeur(in) <-s, -e> [ɪmpɔrˈtøːɐ] *m(f)* importateur(-trice) *m(f)*
importieren * *vt* ■ **jd/etw importiert etw** qn/qc importe qc
imposant *adj* imposant(e), impressionnant(e); *Leistung* considérable; *Bass* puissant(e); ***etw wirkt ~*** qc est impressionnant(e), qc fait beaucoup d'effet
impotent *adj* impuissant(e)
► **etw macht [jdn] ~** qc rend [qn] impuissant(e)
Impotenz <-> *f* ∅ impuissance *f*
imprägnieren * *vt* ■ **jd imprägniert etw [mit etw]** *Kleidungsstück, Schuhe* qn imperméabilise qc [de qc]; *Holz, Stoff, Teppich* qn traite qc [avec qc]
Imprägnierung <-, -en> *f* 1. (*das Imprägnieren*) [*Kleidung, Schuhe*] imperméabilisation *f*; [*Holz*] traitement *m*
2. (*behandelter Zustand*) [*Stoff, Teppich etc*] protection *f*
Impression <-, -en> *f geh* impression *f*
Impressionismus <-> *m* ∅ impressionnisme *m*
Impressionist(in) <-en, -en> *m(f)* impressionniste *mf*
impressionistisch *adj* impressionniste
Impressum <-s, Impressen> *nt* adresse *f* bibliographique; [*Zeitschrift, Zeitung*] mentions *fpl* obligatoires
Improvisation <-, -en> *f* improvisation *f*
improvisieren * I. *vi* ■ **jd improvisiert** qn improvise
II. *vt* ■ **jd improvisiert etw** qn improvise qc
Impuls <-es, -e> *m* 1. (*Anstoß*) impulsion *f*; ***jd ist auf ~e von außen angewiesen*** qn a besoin d'être stimulé(e) du dehors
2. ELEC décharge *f*
► **aus einem ~ heraus** mû(mue) par une impulsion soudaine; ***ein Vorschlag aus einem ~ heraus*** une proposition faite sur le coup
impulsiv I. *adj* impulsif(-ive)
II. *adv* de façon impulsive, impulsivement
imstande *adj pred* ■ **jd ist zu etw ~** *zu Morden, Widerstand* qn est capable de qc; *zu etwas Sinnvollem, keinem klaren Gedanken, zum Zuhören* qn est en mesure [*o* en état] de faire qc; ***bist du noch zum Zuhören ~?*** es-tu encore en mesure d'écouter?; ■ **jd ist ~ etw zu tun** qn est capable [*o* en mesure] [*o* en état] de faire qc
► **jd fühlt sich ~ etw zu tun** qn se sent capable [*o* en mesure] [*o* en état] de faire qc; **jd ist zu allem ~** *fam* qn est capable de tout; **jd ist zu nichts mehr ~** *fam* qn n'est plus bon(ne) à rien; **jd ist ~ und tut etw** *fam* qn est bien capable de faire qc
in[1] *präp* 1. + *dat* (*darin befindlich*) dans; ***jd ist ~ seinem Bett*** qn est dans son lit; ***jd ist ~ diesem Büro*** qn est dans ce bureau; ***jd hat ~ einem großen Bett geschlafen*** qn a dormi dans un grand lit; ***jd ist im Bett/Büro/Garten/Keller/3. Stock/~ der Garage/der Stadt*** qn est au lit/bureau/jardin/à la cave/au 3e étage/garage/en ville; ***warst du schon mal ~ diesem Film?*** tu as déjà vu ce film?
2. + *akk* (*hinein*) dans; ***jd geht ~s Bett/~ den Garten/Wald/die Stadt/eine Diskothek*** qn va au lit/jardin/en forêt/ville/boîte; ***~s Regal*** sur l'étagère
3. (*geographische Lage bezeichnend*) (*bei Ländern und Regionen*) en; (*bei Himmelsrichtungen*) dans; ~ ***Deutschland/Österreich/Frankreich/der Schweiz*** en Allemagne/Autriche/France/Suisse; ~ ***Portugal/Peru*** au Portugal/Pérou; ***im Libanon/Iran/Irak*** au Liban/en Iran/en Irak; ***wir fahren ~ die Schweiz/den Libanon/Iran/Irak*** nous allons en Suisse/au Liban/en Iran/en Irak; ***sie wohnen im Norden Deutschlands*** ils/elles habitent dans le nord de l'Allemagne [*o* en Allemagne du nord]; ***wir fahren ~ den Süden Italiens*** nous allons au sud de l'Italie [*o* en Italie du sud]; ***Freiburg im Breisgau*** Fribourg en Brisgau; ~ ***Bayern/der Pfalz*** en Bavière/dans le Palatinat; ***jd lebt im Gebirge/~ den Alpen/im Riesengebirge*** qn vit en montagne/dans les Alpes/dans les monts des Géants; ***wir fahren ~s Gebirge/~ die Alpen/~s Riesengebirge*** nous allons en montagne/dans les Alpes/dans les monts des Géants; ***der Reichste ~ der Gegend*** l'homme le plus riche de la contrée
4. + *dat* (*bei einer Institution*) (*mit bestimmtem Artikel*) à; (*mit unbestimmtem Artikel, Demonstrativ-, Possessivpronomen*) dans; (*bei einer Veranstaltung*) à; ***im Gymnasium*** au lycée; ~ ***einem/diesem/seinem Gymna-***

sium dans un/ce/son lycée; ***jd ist im Gefängnis*** qn est en prison
5. + *akk* (*zu einer Institution*) (*mit bestimmtem Artikel*) à; (*mit unbestimmtem Artikel, Demonstrativ-, Possessivpronomen*) dans; (*zu einer Veranstaltung*) à; ***man hat jdn ~s Gefängnis eingeliefert*** on a conduit qn en prison
6. + *dat* (*im Inneren von etw*) *der Schublade, Manteltasche, Truhe, dem Abfluss* dans; ***die Truhe war leer, ~ ihr war nichts*** le coffre était vide, il n'y avait rien dedans [*o* à l'intérieur]
7. (*mit einem Kleidungsstück bekleidet*) *Schlafanzug, Hemd etc* en; (*mit unbestimmtem Artikel, Demonstrativ-, Possessivpronomen*) dans; ***im Badeanzug*** en maillot de bain; ***~ dieser/ deiner/ einer Seidenbluse*** dans ce/ton/un chemisier de soie
8. (*Stelle in einem Printmedium bezeichnend*) dans
9. + *dat* (*zeitlich*) *fünf Minuten, einer Stunde, einer Woche* (*nach Ablauf von*) dans; (*im Verlauf von*) en; ***ich bin ~ einer halben Stunde wieder da*** je reviens dans une demi-heure; ***ich habe das ~ einer halben Stunde erledigt*** j'ai fait ça en une demie-heure; ***~ diesen Tagen*** ces jours-ci; ***~ diesem Jahr/ dieser Woche*** dans l'année/la semaine, cette année/cette semaine
10. + *dat* (*zeitlich*) ■ **im …** *Mai, Januar, Februar, März etc* en; *Dreißigjährigen Krieg* pendant; *Frühling* au; *Sommer, Herbst, Winter* en; ***im Monat August*** au mois d'août; ***ich werde erst im Herbst Urlaub machen*** je ne partirai en vacances que l'automne prochain [*o* qu'à l'automne]; ***im letzten Augenblick*** au dernier moment; ***~ der letzten Woche*** la semaine dernière; ***~ der Nacht vom 15. auf den 16*** dans la nuit du 15 au 16; ***wenn ~ der Nacht das Telefon klingelt*** si le téléphone sonne pendant la nuit; ***~ der Woche habe ich keine Zeit für mein Hobby*** pendant la semaine [*o* en semaine] je n'ai pas de temps pour mon hobby
11. METEO: ***im Regen/ Schnee*** sous la pluie/la neige; ***~ der Sonne/ Kälte*** au soleil/dans le froid; ***im Wind/ Zug*** au vent/dans un courant d'air; ***~ einer kalten Nacht*** par une nuit froide
12. + *dat* (*was … angeht*) *Astrophysik, Latein* en; (*mit Demonstrativum*) *dieser Technologie, Sprache* dans
13. + *dat* (*bestimmte Farbe betreffend*) *Blau, Grün, Rot* en; ***ein Hemd ~ Grün wäre mir lieber*** je préférerais une chemise dans les tons verts
14. + *substantiviertes Verb*: ***jd tut etw im Liegen/ Stehen/ Sitzen*** qn fait qc couché(e)/debout/assis(e); ***im Liegen*** en position couchée

in² *adj fam* ■ **etw ist ~** qc est in [*o* dans le coup *fam*]
inakzeptabel *adj geh* inacceptable
Inanspruchnahme <-> *f* Ø *form* **1.** (*Nutzung*) [*Einrichtungen, Verkehrssystem etc*] utilisation *f*; [*Kredit, Versicherungsschutz, Unterstützung*] recours *m* (*einer S.* (*gen*) à qc); ***jd ist zur ~ einer Vergünstigung berechtigt*** qn a le droit de bénéficier d'un avantage; ***nach mehrjähriger ~ von Sozialhilfe*** après avoir bénéficié plusieurs années de l'aide sociale
2. (*Heranziehung*) [*Schädiger, Versicherter*] mise *f* à contribution
3. (*Belastung*) [*Gesundheit, Mitarbeiter*] mise *f* à contribution; ***die ~ meiner Kräfte ist immens*** mes forces sont mises à très rude épreuve
Inbegriff *m* Ø ■ **[jd/etw ist] der ~ einer S.** (*gen*) [qn est] l'incarnation de qc/[qc est] qc par excellence
inbegriffen *adj pred* inclus(e), compris(e); ■ **etw ist in etw** (*dat*) **~** qc est inclus(e) [*o* compris(e)] dans qc
Inbetriebnahme <-, -n> *f form* **1.** (*erstmalige Nutzung*) mise *f* en service
2. (*Einschaltung*) mise *f* en marche
Inbrunst <-> *f* Ø *geh* ferveur *f*
▶ **mit ~** ardemment; **voller ~** avec ferveur
inbrünstig I. *adj geh Gebet* fervent(e); *Blick* rempli(e) de ferveur
II. *adv geh beten* avec ferveur; *hoffen* ardemment
Inbusschlüssel® *m* clé *f* [mâle] [à] six pans **Inbusschraube** *f* vis *f* [tête] à six pans creux
indem *conj* **1.** (*dadurch, dass*) en + *pprés*
2. (*während*) [tout] en + *pprés*, tandis que + *indic*
Inder(in) <-s, -> *m(f)* Indien(ne) *m(f)* (*de l'Inde*)
indes *adv geh*, **indessen** *adv* **1.** (*inzwischen*) pendant ce temps[-là]
2. (*jedoch*) cependant
Index <-[es], -e *o* Indizes> *m* **1.** (*Verzeichnis*) index *m*
2. (*Messwert*) indice *m*
3. [*verbotene Bücher*] Index *m*
▶ **jd setzt etw auf den ~** qn met qc à l'index; **etw steht auf dem ~** qc est à l'index
Indianer(in) <-s, -> *m(f)* Indien(ne) *m(f)* (*d'Amérique*)
indianisch *adj* indien(ne)
▶ **auf I~** en langue indienne
Indien <-s> *nt* l'Inde *f*
indifferent I. *adj geh* indifférent(e); ■ **jd ist [einer S. gegenüber] ~** qn est indifférent(e) [à qc]
II. *adv* avec indifférence
Indigo <-s, -s> *nt o m* indigo *m*
indigoblau *adj* indigo *inv*
Indikation <-, -en> *f* **1.** MED indication *f*
2. JUR motif *m* [d'une indication] d'I.V.G.
▶ **ethische ~** autorisation *f* d'I.V.G. pour raisons éthiques; **eugenische/medizinische ~** indication *f* d'avortement thérapeutique; **soziale ~** autorisation *f* d'I.V.G. pour raisons sociales
Indikativ <-s, -e> *m* indicatif *m*
Indikator <-s, -toren> *m* **1.** *geh* (*Anzeichen*) ■ **ein ~ [für etw]** un indicateur [*o* signe révélateur] [de qc]
2. CHEM indicateur *m* [coloré]
Indio <-s, -s> *m*, **-frau** *f* Indien(ne) *m(f)* (*d'Amérique latine*)
indirekt I. *adj* indirect(e)
II. *adv* indirectement
indisch I. *adj* **1.** GEOG indien(ne)
2. LING indien(ne); ***die ~en Sprachen*** les langues *fpl* indo-aryennes
▶ **auf I~** en indo-aryen
II. *adv* dans le style indien, à l'indienne; *essen* indien
indiskret I. *adj* indiscret(-ète)
II. *adv* de façon indiscrète
Indiskretion <-, -en> *f* indiscrétion *f*
▶ **eine gezielte ~** une indiscrétion calculée [*o* préméditée]
indiskutabel *adj geh* inacceptable; ***diese Möglichkeit ist ~*** une telle éventualité est exclue; ***für dich ist ein lila Anzug völlig ~*** pour toi, un costume lilas est hors de question
Indium <-s> *nt* Ø CHEM indium *m*
Individualist(in) <-en, -en> *m(f) geh* individualiste *mf*
▶ **jd ist ~** qn est [un(e)] individualiste
individualistisch *adj geh* non-conformiste
Individualverkehr *m* trafic *m* des véhicules particuliers
individuell I. *adj* personnel(le)
II. *adv abändern, anlegen, gestalten* de façon personnalisée; *verschieden* en fonction de chacun
Individuum <-s, Individuen> [-vi-, -duən] *nt geh* individu *m*
Indiz <-es, -ien> [-tsiən] *nt* **1.** JUR indice *m*
2. (*Anzeichen*) ■ **ein ~ für etw** l'indice *m* [*o* le signe] de qc
Indizes *pl von* **Index**
Indizien- *-prozess, -urteil* qui se fonde sur des indices [*o* présomptions]; *-kette* d'indices **Indizienbeweis** *m* preuve *f* par présomption
indizieren * *vt* **1.** MED ■ **etw indiziert etw** qc nécessite qc; ■ **etw ist [bei etw] indiziert** qc est indiqué(e) [en cas de qc]
2. ECCL ■ **jd indiziert etw** qn met qc à l'Index
3. (*verbieten*) ■ **jd indiziert etw** *Publikation, Film* qn interdit qc; ■ **indiziert** interdit(e) [par la censure]
▶ **jd hält etw für indiziert** MED qc paraît indiqué(e) à qn
Indochina *nt* l'Indochine *f*
indogermanisch *adj* indo-européen(ne); *Grammatik, Wörterbuch* de l'indo-européen
Indoktrination <-, -en> *f pej* endoctrinement *m*
indoktrinieren * *vt pej* ■ **jd indoktriniert jdn** qn endoctrine qn
Indonesien <-s> *nt* l'Indonésie *f*
Induktion <-, -en> *f* induction *f*
industrialisieren * *vt* ■ **jd industrialisiert etw** qn industrialise qc
▶ **hoch industrialisiert** très industrialisé(e)
Industrialisierung <-, -en> *f* industrialisation *f*
Industrie <-, -n> *f* industrie *f*
▶ **die chemische/pharmazeutische ~** l'industrie *f* chimique/pharmaceutique; **jd ist/arbeitet in der ~** qn est/travaille dans l'industrie
-industrie *f* industrie *f* du/de la/des; ***die Metall~*** l'industrie *f* métallurgique
Industrie- industriel(le); *-kapitän* d'industrie; *-magnat* de l'industrie; *-besteuerung* pour les industries; ***i~freundlich*** favorable à l'industrie; ***i~arm*** pauvre en industries, peu industrialisé(e) **Industriebetrieb** *m* entreprise *f* industrielle **Industriegebiet** *nt* [*Land*] région *f* industrielle; [*Stadt*] zone *f* industrielle **Industriegewerkschaft** *f* syndicat *m* ouvrier; ■ **die ~ …** *Metall etc* le syndicat des ouvriers de la/du … **Industriekaufmann** *m*, **-kauffrau** *f* agent *m* technico-commercial **Industrielandschaft** *f* paysage *m* industriel
industriell I. *adj* industriel(le) **II.** *adv* industriellement **Industrielle(r)** *f(m) decl wie adj* industriel(le) *m(f)*
Industrienation *f* nation *f* industrielle **Industrienorm** *f* norme *f* industrielle **Industrieroboter** *m* robot *m* industriel **Industriestaat** *m* pays *m* industriel **Industriestadt** *f* ville *f* industrielle **Industrie- und Handelskammer** *f* chambre *f* de commerce et d'industrie **Industriezweig** *m* secteur *m* industriel [*o* de l'industrie]
ineinander *adv*: ***sie haben sich ~ verliebt*** ils sont tombés amoureux l'un de l'autre; ***sie waren ~ verkrallt*** ils/elles étaient agrippé(e)s les un(e)s aux autres/l'un(e) à l'autre; ***die Fäden haben sich ~ verwickelt*** les fils se sont emmêlés; ***am Horizont gehen Wüste und Himmel ~ über*** à l'horizon, le désert et le ciel se confondent [l'un avec l'autre]; ***die Farben fließen ~*** les couleurs se fondent [entre eux/elles]; ***die Flüsse fließen ~*** les fleuves confluent [*o* se rejoignent]; ***die Zahnräder greifen ~*** les roues dentées s'engrènent
ineinanderlfließen *s.* **ineinander. ineinanderlgreifen** *s.* **ineinander**
infam I. *adj geh* ignoble, abject(e)
II. *adv geh* ignoblement
Infamie <-, -n> *f geh* infamie *f littér*, ignominie *f*
Infanterie <-, -n> *f* infanterie *f*; ***jd hat bei der ~ gedient*** qn a servi dans l'infanterie
Infanterie- d'infanterie
Infanterist(in) <-en, -en> *m(f)* fantassin *m*, soldat *m* d'infanterie
infantil I. *adj pej* infantile, puéril(e)
II. *adv pej* de façon infantile [*o* puérile]
Infarkt <-[e]s, -e> *m* infarctus *m*; (*Herz~*) infarctus *m* [du myocarde]
-infarkt *m Müll-, Recycling-, Verkehrs-* engorgement *m* du/de la
Infekt <-[e]s, -e> *m* infection *f*
▶ **grippaler ~** affection *f* grippale
Infektion <-, -en> *f* infection *f*
-infektion *f* infection *f* du/de la
Infektions- *-rate, -risiko* d'infection; *-behandlung, -prophylaxe* de l'infection; *-erreger* infectieux(-euse); *-kette* de contamination **Infektionsgefahr** *f* danger *m* d'infection **Infektionsherd** *m* foyer *m* d'infection **Infektionskrankheit** *f* maladie *f* infectieuse

infektiös *adj Erkrankung, Erreger* infectieux(-euse); *Material* contaminé(e); ■ **etw ist** ~ qc est pathogène
infernalisch I. *adj geh* 1. *Geheul, Gelächter* infernal(e)
2. *Gestank* effroyable, pestilentiel(le)
II. *adv geh* 1. ***jd lacht*** ~ qn a un rire infernal [*o* satanique]; ***der Wolf heult*** ~ le loup pousse des hurlements infernaux
2. *stinken* effroyablement
Inferno <-s> *nt* ∅ *geh* enfer *m*
infiltrieren * *vt geh* ■ **jd infiltriert etw** qn infiltre qc
Infinitiv <-s, -e> *m* infinitif *m*; ***im*** ~ à l'infinitif
infizieren * I. *vt* ■ **jd/ein Tier infiziert jdn/jdn mit etw** qn/un animal contamine qn/transmet qc à qn; ■ **jd ist [mit etw] infiziert** qn est contaminé(e) [par qc]
II. *vr* ■ **jd infiziert sich [an etw** (*dat*)**/bei jdm]** qn est contaminé(e) [par qc/qn]; ■ **etw infiziert sich** qc s'infecte
in flagranti *adv* en flagrant délit
Inflation <-, -en> *f* inflation *f*
inflationär *adj* 1. ECON inflationniste
2. (*übertrieben häufig*): ***der ~e Gebrauch einer S.*** (*gen*) une inflation [dans l'utilisation] de qc
inflationistisch *adj pej s.* **inflationär**
inflexibel *adj geh* rigide; ■ **jd/etw ist** ~ qn/qc manque de souplesse
Info <-, -s> *f fam abk von* **Informationen** info *f fam*
Info- *fam* [d']infos *fam*; *-abend* infos *fam*
infolge *präp* ■ ~ **einer S.** (*gen*), ■ ~ **von etw** par suite de qc
infolgedessen *adv* en conséquence
Informatik <-> *f* ∅ informatique *f*
Informatiker(in) <-s, -> *m(f)* informaticien(ne) *m(f)*
Information <-, -en> *f* information *f*
▶ **zu jds** ~ pour l'information de qn
-information *f* information *f* concernant; *Geheim-, Agrar-, Steuer-* information *f* + *adj*
informationell *adj Gehalt, Wert* informatif(-ive); *Mitbestimmung, Selbstbestimmung, Zusammenarbeit* informationnel(le)
Informations- d'information[s]; *-freiheit* d[e l]'information; *-fluss* de l'information; *-gesellschaft, -zeitalter* de la communication **Informationsaustausch** *m* échange *m* d'informations **Informationsmaterial** *nt* documentation *f* **Informationsquelle** *f* source *f* d'information **Informationsstand** *m* 1. (*Kiosk*) stand *m* informations [*o* d'information] 2. ∅ (*Kenntnisstand*): ***wie ist der jetzige*** ~? de quelles informations dispose-t-on actuellement?; ***nach unserem derzeitigen*** ~ en l'état actuel de nos connaissances
informativ I. *adj geh* informatif(-ive); *Unterredung a.* instructif(-ive); *Broschüre, Vortrag a.* documenté(e)
II. *adv berichten, schreiben* de façon informative [*o* documentée]
informell I. *adj* informel(le)
II. *adv* de manière informelle
informieren * I. *vt* ■ **jd informiert jdn [über etw** (*akk*)**/von etw]** qn informe qn [sur/de qc]; ■ **jd ist [über etw** (*akk*)**/von etw] informiert** qn est informé(e) [sur/de qc]; ■ **informiert** *Bürger, Kreise* [bien] informé(e)
II. *vr* ■ **jd informiert sich [über etw** (*akk*)**]** qn s'informe [sur/de qc]; ■ **jd informiert sich darüber, dass** qn s'informe si + *indic*
Informierung <-, *rare* -en> *f* information *f*
infrage[RR] ▶ **jd kommt [für jdn/etw]** ~ qn entre en ligne de compte [pour qn/qc]; ~ **kommend** *Mensch, Gegenstand* entrant en ligne de compte [*o* en considération]; **etw kommt [für jdn/etw] nicht** ~ il n'est pas question de qc [pour qn/qc]; **[das] kommt nicht** ~! [il n'en est] pas question!
infrarot *adj* infrarouge
Infrarot- à infrarouge[s]
Infrastruktur *f* infrastructure *f gén pl*
Infusion <-, -en> *f* perfusion *f*
Ing. *abk von* **Ingenieur** ing.
Ingenieur(in) <-s, -e> [ɪnʒe'niøːɐ] *m(f)* ingénieur *m*
-ingenieur(in) [-ɪnʒe'niøːɐ] *m(f)* ingénieur *m* du/de la/des; *Agrar-* ingénieur *m* + *adj*
Ingenieurbüro [ɪnʒe'niøːɐ-] *nt* bureau *m* d'études **Ingenieurschule** *f* école *f* d'ingénieurs
Ingwer <-s> *m* ∅ gingembre *m*
Inh. *abk von* **Inhaber, Inhalt**
Inhaber(in) <-s, -> *m(f)* 1. [*Firma, Geschäft etc*] propriétaire *mf*
2. [*Wertpapier, Orden, Rekord*] détenteur(-trice) *m(f)*
inhaftieren * *vt* ■ **jd inhaftiert jdn** qn arrête [*o* emprisonne] qn; ■ **jd ist inhaftiert** qn est en prison [*o* en détention] [*o* emprisonné(e)]
Inhaftierung <-, -en> *f* 1. (*das Inhaftieren*) emprisonnement *m*
2. (*Haft*) détention *f*; ***nach 17jähriger*** ~, ***nach einer*** ~ ***von 17 Jahren*** après 17 ans de détention
inhalieren * I. *vt* ■ **jd inhaliert etw** qn inhale qc; *Rauch a.* qn avale qc; ■ **das I~** l'inhalation *f*; ***durch das I~ einer S.*** (*gen*) en inhalant qc
II. *vi* 1. MED ■ **jd inhaliert** qn fait des inhalations
2. (*auf Lunge rauchen*) ■ **jd inhaliert** qn avale la fumée
Inhalt <-[e]s, -e> *m* 1. (*enthaltene Gegenstände*) contenu *m*; ***sag mir, was der*** ~ ***des Paketes war*** dis-moi ce qu'il y avait dans le colis; ***etw hat 30 Liter*** ~ qc contient 30 litres
2. [*Buch, Brief*] contenu *m*; [*Artikel, Gespräch a.*] sujet *m*, teneur *f*; [*Film a.*] sujet *m*
3. (*Flächen~*) aire *f*
4. (*Volumen*) volume *m*
inhaltlich I. *adj* relatif(-ive) au contenu, en ce qui concerne le contenu; *Aufbau* du contenu
II. *adv* au niveau du contenu, en ce qui concerne le contenu; ***etw ist*** ~ ***gut*** le contenu de qc est bon
Inhaltsangabe *f* résumé *m*; [*Buch a.*] sommaire *m*
inhaltslos *adj geh Buch* sans substance; *Rede a.* creux(-euse)
inhaltsschwer *adj geh* substantiel(le), lourd(e) de sens **Inhaltsverzeichnis** *nt* table *f* des matières
inhuman I. *adj* inhumain(e); ■ **etw ist/wird** ~ qc est/est de plus en plus inhumain(e); ■ **es ist** ~ **etw zu tun** c'est [*o* il est] inhumain de faire qc
II. *adv behandeln* de façon inhumaine, avec barbarie
Initiale <-, -n> [ini'tsiaːlə] *f geh* initiale *f*
initiativ [initsia'tiːf] *adj Mensch* qui fait preuve d'initiative; ■ **jd ist** ~ qn fait preuve d'initiative; ■ **jd wird [in etw** (*dat*)**]** ~ qn prend des initiatives [dans qc], qn fait preuve d'initiative [dans qc]
Initiative <-, -n> [initsia'tiːvə] *f* 1. (*erster Anstoß*) initiative *f*
2. ∅ (*Unternehmungsgeist*) initiative *f*
3. (*Bürger~*) comité *m* d'action et de défense [des citoyens]
4. CH *s.* **Volksbegehren**
▶ **aus eigener** ~ de ma/sa/… propre initiative; **jd ergreift [in etw** (*dat*)**] die** ~ qn prend des initiatives [dans qc], qn fait preuve d'initiative [dans qc]; **auf jds** ~ (*akk*) **hin** sur [*o* à] l'initiative de qn
-initiative [-initsiatiːvə] *f Forschungs-, Gesetzes-, Steuer-* projet *m* de; *Eltern-* association *f* de; *Friedens-* association *f* pour la
Initiator <-s, -toren> [ini'tsiaːtoːɐ] *m*, **-torin** *f geh* ■ **der ~/die ~in einer S.** (*gen*) *einer Partei, Spendenaktion* l'initiateur(-trice) *m(f)* de qc; *eines Tumults* le fauteur(-trice) de qc; *einer Bewegung* l'instigateur(-trice) *m(f)* de qc
initiieren * [initsi'iːrən] *vt geh* ■ **jd initiiert etw** *Aktion, Widerstand* qn est à l'origine de qc; *Vereinigung, Zusammenschluss a.* qn crée qc
Injektion <-, -en> *f* injection *f*
▶ **jd gibt** [*o* **verabreicht** *form*] **jdm eine** ~ qn fait une piqûre à qn
-injektion *f* piqûre *f* de, injection *f* de
injizieren * *vt form* ■ **jd injiziert [jdm] etw** qn injecte qc à qn
Inka <-[s], -s> *m* Inca *m*
Inkarnation <-, -en> *f geh* ■ **die** ~ **einer S.** (*gen*) l'incarnation *f* de qc, le/la qc en personne
Inkasso <-s, -s *o* AUS Inkassi> *nt* recouvrement *m*, encaissement *m*
Inkaufnahme <-> *f* ▶ **bei/unter** ~ **einer S.** (*gen*) *form* en acceptant qc; **ohne** ~ **einer S.** (*gen*) **kann jd etw nicht tun** *form* qn ne peut pas faire qc s'il/si elle n'accepte pas qc
inkl. *präp abk von* **inklusive** inclus(e) *postposé*, compris(e) *postposé*
inklusive [ɪnklu'ziːvə] I. *präp* ■ ~ **einer S.** (*gen*) qc compris(e)
II. *adv* ▶ **bis** ~ … jusqu'à/au … inclus
inkognito *adv geh* incognito
Inkognito <-s, -s> *nt geh* incognito *m*
▶ **jd lüftet sein** ~, **jd gibt sein** ~ **preis** qn révèle [*o* dévoile] son identité
inkompetent *adj geh* incompétent(e); ■ **jd ist [in etw** (*dat*)**]** ~ qn est incompétent(e) [en qc]; ***jd ist in diesen Dingen*** ~ qn est incompétent(e) dans ce domaine; ***jd ist auf diesem Gebiet*** ~ qn est incompétent(e) en la matière
Inkompetenz *f geh* incompétence *f*
inkongruent ['ɪnkɔngruɛnt, ɪnkɔŋgru'ɛnt] *adj geh* non congruent(e) *soutenu*
inkonsequent I. *adj geh* inconséquent(e), illogique, incohérent(e)
II. *adv geh* avec inconséquence, sans logique, de façon incohérente
Inkonsequenz *f geh* inconséquence *f*, manque *m* de logique, illogisme *m*
inkorrekt I. *adj geh* incorrect(e)
II. *adv geh sich verhalten* de façon incorrecte, incorrectement; ***jd ist*** ~ ***angezogen*** [*o* ***gekleidet***] qn a une tenue incorrecte; ***jd verhält sich*** ~ ***jdm gegenüber*** qn est incorrect(e) envers qn
In-Kraft-Treten[RR] <-s> *nt* ∅ ■ **das** ~ **einer S.** (*gen*) l'entrée *f* en vigueur de qc
Inkubationszeit *f* période *f* d'incubation
Inland *nt* ∅ 1. (*das eigene Land*) territoire *m* national, pays *m*; ***im*** ~ dans le pays
2. (*Binnenland*) intérieur *m* des terres
Inlandflug *m* vol *m* intérieur
inländisch *adj* national(e)
Inlands- *-sender, -ware, -bedarf* national(e); *-gespräch* en métropole; *-markt* intérieur(e); *~preis* prix *m* pratiqué dans le pays
Inlaut *m* son *m* médial
Inlett <-[e]s, -e> *nt* enveloppe *f*
inmitten I. *präp geh* ■ ~ **einer S./der Menschen** au milieu de qc/des personnes, parmi des personnes
II. *adv geh* ■ ~ **von etw** au milieu de qc
in natura *adv* 1. *aussehen, sehen, kennen lernen* dans la réalité, en vrai
2. *geh* (*in Naturalien*) en nature
3. *hum* (*mit Liebe*) en nature
innehaben *vt irreg form* ■ **jd hat etw inne** qn occupe qc **innehalten** *vi irreg geh* ■ **jd hält inne** qn s'interrompt, qn s'arrête; ■ **jd hält in etw** (*dat*) **inne** qn interrompt qc; ***jd hält im Sprechen/Schreiben inne*** qn s'arrête de parler/d'écrire
innen *adv* 1. (*im Inneren*) à l'intérieur
2. (*auf der Innenseite*) sur la face interne, à l'intérieur; ***die Jacke hat*** ~ ***ein Pelzfutter*** la veste a une doublure intérieure en fourrure; ***die Kiste ist*** ~ ***mit Leder ausgekleidet*** l'intérieur de la caisse est recouvert de cuir
3. *bes.* AUS *s.* **drinnen**
▶ ~ **und außen** à l'intérieur et à l'extérieur; **nach** ~ *gehen, sehen* à l'intérieur; *aufgehen* vers l'intérieur; **von** ~ *sich öffnen lassen, schauen* de l'intérieur; (*im Inneren*) à l'intérieur, dedans
Innenarchitekt(in) *m(f)* architecte *mf* d'intérieur **Innenbahn** *f* couloir

m à la corde **Innenbeleuchtung** *f* éclairage *m* intérieur **Innendienst** *m* service *m* de bureau ▶**jd hat** ~ qn fait du travail de bureau; **jd ist im** ~ qn travaille au bureau; **im** ~ au bureau **Inneneinrichtung** *f* **1.** (*das Einrichten*) agencement *m* intérieur **2.** (*die Einrichtung*) aménagement *m* intérieur **3.** COM (*Abteilung*) ameublement *m* **Innenhof** *m* cour *f* intérieure **Innenkurve** *f* virage *m* intérieur **Innenleben** *nt* Ø **1.** (*Seelenleben*) vie *f* intérieure **2.** *fam* [*Gerät, Computer etc*] ventre *m* **Innenminister(in)** *m(f)* ministre *m* de l'Intérieur **Innenministerium** *nt* ministère *m* de l'Intérieur **Innenpolitik** *f* politique *f* intérieure **innenpolitisch** **I.** *adj Sektor, Belange, Problem* de politique intérieure; *Experte* en politique intérieure **II.** *adv bewandert sein, versagen* en politique intérieure; *bedenklich, unverantwortlich* d'un point de vue de politique intérieure **Innenraum** *m* **1.** [*Gebäude*] intérieur *m*; (*Zimmer*) pièce *f* **2.** [*Wagen*] habitacle *m* **Innenseite** *f* **1.** face *f* interne; [*Kleidungsstück*] envers *m* **2.** [*Armbeuge, Oberschenkel*] face *f* interne **Innenstadt** *f* centre[-ville] *m* **Innentasche** *f* poche *f* intérieure **Innentemperatur** *f* température *f* intérieure

inner- interne au/à la **innerbetrieblich** **I.** *adj* interne à l'entreprise **II.** *adv* au sein de l'entreprise **innerdeutsch** *adj* relatif(-ive) aux affaires intérieures de l'Allemagne

innere(r, s) *adj* **1.** (*räumlich*) *Graben, Mauer, Wand* intérieur(e); ***der ~e Bereich*** l'intérieur *m*
2. (*im Körper befindlich*) interne
3. (*innewohnend*) *Aufbau, Struktur, Gesetzmäßigkeit, Ordnung* interne
4. POL (*inländisch*) intérieur(e)
5. (*geistig, seelisch*) *Bedürfnis, Drang* au fond de moi/toi/lui-même; *Anteilnahme* profond(e); *Spannung* intérieur(e); ***es war mir ein ~es Bedürfnis etw zu tun*** je ressentais le désir au fond de moi de faire qc; ***ohne ~e Anteilnahme*** sans me/te/se sentir concerné(e)

Innere(s) *nt decl wie adj* **1.** (*innerer Teil*) intérieur *m*
2. (*Mitte*) [*Land, Sumpf*] intérieur *m*; [*Urwald a.*] cœur *m*
3. (*Innenleben*) moi *m* profond [*o* intime]; ***wer kann ins ~ eines Menschen blicken?*** qui peut voir au fond d'une personne?; ***mein ganzes ~s ...*** tout, au fond de moi ...; ***da kehrt sich ja mein ~s um!*** ça me donne des haut-le-cœur!
▶**in jds ~n** dans le for intérieur de qn; ***tief in seinem ~n*** en son for intérieur; ***in seinem tiefsten ~n*** au plus profond de son cœur [*o* de lui-même]

Innereien *pl* abats *mpl*

innerhalb **I.** *präp* **1.** (*im Bereich*) ■ ~ **einer S.** (*gen*) à l'intérieur de qc; ~ ***Münchens*** dans Munich; ~ ***Deutschlands*** en Allemagne
2. (*binnen*) ■ ~ **einer S.** (*gen*) *einer Sekunde, Minute, Stunde* en l'espace de qc; *einer Woche, eines Tages, Monats, Jahres* dans [un délai de] qc; ~ ***dieser Woche/nächsten Jahres*** dans le courant de cette semaine/de l'année prochaine
II. *adv* **1.** (*im Bereich*) ■ ~ **von etw**: ~ ***von Köln*** dans Cologne; ~ ***von Deutschland*** en Allemagne
2. (*binnen*) ■ ~ **von etw** en l'espace de qc; ~ ***von wenigen Stunden*** en quelques heures; ~ ***von drei Tagen*** dans les trois jours

innerlich **I.** *adj* **1.** MED interne
2. *Erregung* profond(e); *Anspannung, Gemütsverfassung etc* intérieur(e)
II. *adv* **1.** MED *wirken* à l'intérieur du corps; ***etw ist nur ~ anzuwenden*** qc est réservé(e) à l'usage interne
2. (*gemütsmäßig*) *aufgewühlt, jdm verbunden sein* profondément; *frohlocken, schäumen* intérieurement, à l'intérieur de lui-même/d'elle-même; ***jd ist ~ gefestigt*** qn est équilibré(e)

innerorts *adv* CH en agglomération, à l'intérieur d'une agglomération

innerste(r, s) *adj superl von* **innere(r, s)** **1.** *Mauer, Teil* central(e); ***im ~n Tempelbezirk*** au cœur du temple; ***die ~ der drei Stadtmauern*** le plus au centre des trois murs d'enceinte
2. *Überzeugung* intime; ***bis ins ~ Mark/Herz*** au vif; ***mein ~s Wesen ...*** tout, au fond de moi ..., tout, au plus profond de moi-même ...

Innerste(s) *nt decl wie adj* (*jds tiefstes Inneres*) cœur *m*; ***tief in ihrem ~n*** au plus profond d'elle-même

innert *präp* AUS, CH ■ ~ **einer S.** (*gen o dat*) dans un délai de qc; ~ ***kürzester Frist*** dans les plus brefs délais

inne|wohnen *vi* ■ **etw wohnt jdm/einer S. inne** qc est inhérent(e) à qn/qc

innig **I.** *adj* **1.** *Beileid, Dank, Glückwünsche, Anteilnahme, Zuneigung* sincère; *Freundschaft, Beziehung a.* profond(e); ***zum ~en Vergnügen der Eltern*** pour le plus grand plaisir des parents
2. (*sehr eng*) *Verbindung, Verflechtung* étroit(e)
▶**aufs I~ste** de tout cœur, du fond du cœur
II. *adv* profondément

Innigkeit <-> *f* Ø [*Freude, Zuneigung, Beziehung, Freundschaft*] profondeur *f*; [*Dank*] sincérité *f*; ***aus seinem Blick sprach die ~ des Wunsches*** on lisait dans ses yeux combien ce souhait lui tenait à cœur

inniglich *adv geh* sincèrement, profondément

Innovation <-, -en> [inova'tsio:n] *f* innovation *f*

innovativ [inova'ti:f] **I.** *adj* innovant(e), innovateur(-trice)
II. *adv*: ***jd betätigt sich ~*** qn a une action innovante [*o* innovatrice]; ***jd geht ~ vor*** qn est innovant(e) [*o* innovateur(-trice)]

Innung <-, -en> *f* corps *m* de métier, corporation *f*
▶**jd blamiert die ganze** ~ *hum fam* qn fait honte à la compagnie *fam*

inoffiziell [-tsiɛl] **I.** *adj* (*nicht offiziell*) *Treffen, Besprechung* non officiel(le); *Information* officieux(-euse)
II. *adv absprechen, besprechen* non officiellement; *informieren* officieusement

inoperabel *adj* inopérable

inopportun *adj geh* inopportun(e), malvenu(e)

▶**jd hält es für ~ etw zu tun** qn juge inopportun de faire qc

in petto *adv* ▶**jd hat etw [gegen jdn] ~ ~** *fam* qn a toujours qc en réserve [pour qn]; ***ich habe noch einiges ~ ~ gegen sie*** je lui garde un chien de ma chienne

in puncto *adv fam* ■ ~ ~ **einer S.** (*gen*) question qc *fam*

Input <-s, -s> *m* **1.** INFORM input *m*, entrée *f* [de données]
2. (*Anregung*) nouvelles idées *fpl*, contribution *f*

Inquisition <-> *f* Ø Inquisition *f*

Inquisitor <-s, -toren> *m* Inquisiteur *m*

inquisitorisch **I.** *adj geh* inquisitorial(e) *littér*
II. *adv geh* comme sous [*o* au temps de] l'Inquisition *soutenu*; ***jd verhört jdn ~*** qn fait subir à qn un interrogatoire inquisitorial *littér*

ins = in das *s.* in
▶**jd gerät [*o* kommt] ~ ...** qn commence à + *infin*; ***jd gerät ~ Schwärmen*** qn est de plus en plus [*o* très] emballé(e); ***jd gerät ~ Schwitzen*** qn se met à suer à grosses gouttes

Insasse <-n, -n> *m*, **-sassin** *f* **1.** [*Auto, Bus*] passager(-ère) *m(f)*, occupant(e) *m(f)*
2. [*Heim*] pensionnaire *mf*; [*Anstalt*] patient(e) *m(f)*; [*Gefängnis*] détenu(e) *m(f)*

Insassenversicherung *f* assurance *f* passagers [*o* personnes transportées]

insbesondere *adv* en particulier, surtout

Inschrift *f* inscription *f*; (*auf Gebäude*) épigraphe *f*; (*auf Grabstein*) épitaphe *f*

Insekt <-[e]s, -en> *nt* insecte *m*

Insekten- **1.** (*eines Insekts*) d'insecte **2.** (*gegen Insekten*) *-pulver, -spray* insecticide; ~***vertilgungsmittel*** insecticide *m* **3.** (*durch Insekten*) *-schaden* causé(e) par les insectes; *-befall* d'insectes; ***die Ernte ist dem ~fraß zum Opfer gefallen*** la récolte a été dévorée par les insectes **Insektenbekämpfung** *f* désinsectisation *f*; ***zur*** ~ pour lutter contre les insectes **Insektenfresser** <-s, -> *m* insectivore *m* ▶**ein Tier ist ein** ~ un animal est un insectivore **Insektengift** *nt* insecticide *m* **Insektenkunde** *f* entomologie *f* **Insektenplage** *f* invasion *f* d'insectes **Insektenstich** *m* piqûre *f* d'insecte

Insektizid <-s, -e> *nt form* insecticide *m*

Insel <-, -n> *f* île *f*
▶**langerhansche ~n** îlots *mpl* de Langerhans

Insel- insulaire **Inselbewohner(in)** *m(f)* insulaire *mf*, habitant(e) *m(f)* de l'île ▶**jd ist** ~ qn est insulaire

Inselchen <-s, -> *nt dim von* **Insel** îlot *m*

Inselgruppe *f* archipel *m*, groupe *m* d'îles **Inselwelt** *f* archipel *m*

Inserat <-[e]s, -e> *nt* [petite] annonce *f*

Inserent(in) <-en, -en> *m(f)* annonceur(-euse) *m(f)*

inserieren * **I.** *vi* ■ **jd inseriert [in etw** (*dat*)**]** qn passe une annonce [dans qc]
II. *vt* ■ **jd inseriert etw [in etw** (*dat*)**]** qn passe [*o* met] une annonce [dans qc] pour vendre qc

insgeheim *adv befürchten, wissen* secrètement; *reden* en cachette **insgesamt** *adv* **1.** (*alles zusammen*) en tout **2.** (*im Großen und Ganzen*) dans l'ensemble; ~ ***gesehen*** globalement

Insider(in) <-s, -> ['ɪnsaidə] *m(f)* **1.** (*Eingeweihter*) personne *f* bien informée, initié(e) *m(f)*
2. BÖRSE initié(e) *m(f)*

Insidergeschäft ['ɪnsaidə-] *nt* opérations *fpl* d'initiés

Insignien [ɪn'zɪgniən] *pl* insignes *mpl*

insistieren * *vi geh* ■ **jd insistiert [auf etw** (*dat*)**]** qn insiste [pour que qc soit fait(e)]; ***jd insistiert auf der Durchführung der Arbeiten*** qn insiste pour que les travaux soient réalisés; ■ **jd insistiert darauf, dass** qn insiste pour que + *subj*

Inskription <-, -en> *f* AUS *s.* **Belegung**

inskünftig *adv* CH *s.* **künftig**

insofern [ɪnzo'fɛrn, ɪn'zo:fɛrn] **I.** *adv* sur ce point, là-dessus
▶~ **... als** dans la mesure où
II. *conj* si

insolvent ['ɪnzɔlvɛnt, ɪnzɔl'vɛnt] *adj* insolvable; ■ **jd ist/wird** ~ qn est/sera insolvable

Insolvenz <-, -en> ['ɪnzɔlvɛnts, ɪnzɔl'vɛnts] *f* insolvabilité *f*

insoweit [ɪnzo'vait, ɪn'zo:vait] **I.** *adv* sur ce point, là-dessus
II. *conj* si

in spe *adj fam* ■ **der/die ... ~ ~** le/la futur(e) ...; ***mein Schwiegersohn ~ ~*** mon futur gendre

Inspekteur(in) <-s, -e> [ɪnspɛk'tø:ɐ] *m(f)* chef *m* d'état-major

Inspektion <-, -en> *f* **1.** AUT révision *f*
2. (*Überprüfung*) inspection *f*

Inspektor <-s, -toren> *m*, **-torin** *f* ADMIN inspecteur(-trice) *m(f)*

Inspiration <-, -en> *f geh* inspiration *f*

inspirieren * *vt* ■ **jd/etw inspiriert jdn** qn/qc inspire qn; ■ **jd/etw inspiriert jdn zu etw** qn/qc inspire qc à qn; ■ **jd lässt sich von etw [zu etw]** ~ qn s'inspire de qc [pour qc]

Inspizient(in) <-en, -en> *m(f)* chef *mf* de plateau

inspizieren * *vt geh* ■ **jd inspiziert etw** qn inspecte qc; *Verletzung* qn examine qc

instabil *adj geh* instable

Instabilität <-, *rare* -en> *f geh* instabilité *f*

Installateur(in) <-s, -e> [ɪnstala'tø:ɐ] *m(f)* **1.** (*Elektro~*) électricien(ne) *m(f)*
2. (*Klempner*) plombier *m*

Installation <-, -en> *f* **1.** Ø (*das Installieren*) mise *f* en place, installation *f*
2. (*Leitungen*) installation *f* électrique; (*Rohre, Gasleitungen*) plomberie *f*

installieren * *vt* **1.** (*einbauen*) ■ **jd installiert [jdm] etw** *Steckdose* qn [lui] monte qc; *Küche, Elektroleitungen, Fernsehantenne a., Heizung, Rohrleitung* qn [lui] installe qc; ■ **jd lässt sich** (*dat*) **etw** ~ qn fait installer/monter qc
2. INFORM ■ **jd installiert [jdm] etw [auf etw** (*dat*)] *Betriebssystem, Software* qn [lui] installe [*o* implémente] qc [sur qc]
instand *adj* ■ **etw ist** ~ qc est en état de marche
▸ **jd hält etw** ~ qn entretient qc; **jd setzt etw** ~ qn répare qc
Instandhaltung *f form* entretien *m*
Instandhaltungskosten *pl* frais *mpl* d'entretien
inständig I. *adj Bitte* pressant(e), instant(e) *soutenu; Flehen* implorant(e); *Hoffnung* ardent(e)
II. *adv anflehen* instamment; *hoffen* ardemment
Instandsetzung <-, -en> *f form* réparation *f*
Instanz <-, -en> *f* **1.** ADMIN instance *f*; ***zuständige*** ~ autorité *f* compétente
2. JUR instance *f*
▸ **in erster/zweiter/oberster** [*o* **letzter**] ~, **in der ersten/zweiten/obersten** [*o* **letzten**] ~ en première/deuxième/dernière instance
Instinkt <-[e]s, -e> *m* **1.** (*unbewusster Antrieb*) instinct *m*
2. (*Gefühl*) instinct *m*, intuition *f*; ***ein untrüglicher*** ~ un instinct infaillible
▸ **jd beweist [mit etw] [den richtigen]** ~ qn a du nez [*o* le nez creux] [en faisant qc]
instinktiv I. *adj* (*alle Bedeutungen*) instinctif(-ive)
II. *adv* **1.** (*unwillkürlich*) instinctivement
2. ZOOL instinctivement, par instinct
Institut <-[e]s, -e> *nt* **1.** ADMIN, UNIV institut *m*
2. *geh* (*Internat*) internat *m*
Institution <-, -en> *f* institution *f*
Instituts- d'/de l'institut
instruieren * *vt* **1.** (*in Kenntnis setzen*) ■ **jd instruiert jdn [über etw** (*akk*)] qn instruit [*o* informe] qn [de qc]; ■ **jd ist [über etw** (*akk*)] **instruiert** qn est informé(e) [*o* au courant] [de qc]
2. (*Anweisungen geben*) ■ **jd instruiert jdn** qn donne des instructions à qn; ***ich bin entsprechend instruiert worden*** j'ai mes instructions; ■ **jd instruiert jdn etw zu tun** qn donne à qn comme instruction de faire qc; (*beauftragen*) qn charge qn de faire qc
Instruktion <-, -en> *f* **1.** (*Anweisung*) instruction *f*
2. (*Anleitung*) instructions *fpl*, directives *fpl*
▸ **laut** ~ selon les instructions
Instrument <-[e]s, -e> *nt* **1.** (*Musik~*) instrument *m*
2. (*Gerät für wissenschaftliche Zwecke*) instrument *m*, appareil *m*
3. *geh* (*Werkzeug*) instrument *m*
▸ **jd macht sich zum** ~ **einer S.** (*gen*) *geh* qn devient l'instrument de qc
instrumental I. *adj* instrumental(e)
II. *adv*: ***jd begleitet jdn*** ~ qn accompagne qn en jouant d'un instrument de musique; ***sie musizieren*** ~ ils/elles jouent [*o* font] de la musique instrumentale
Instrumental- *-musik, -stück* instrumental(e) **Instrumentalbegleitung** *f* accompagnement *m* instrumental ▸ **mit/ohne** ~ avec un/sans accompagnement instrumental
instrumentalisieren * *vt geh* ■ **jd instrumentalisiert etw** qn se sert de qc
Instrumentarium <-, -rien> *nt geh* moyens *mpl*; ***ein ganzes*** ~ ***von Maßnahmen*** tout un train de mesures
Instrumentenflug *m* vol *m* aux instruments
Insuffizienz <-, -en> *f form* insuffisance *f*
Insulaner(in) <-s, -> *m(f)* insulaire *mf*, habitant(e) *m(f)* d'une/de l'île
Insulin <-s> *nt* Ø insuline *f*
Insulin- d'insuline; *-präparat, -tablette* à base d'insuline
inszenieren * *vt* **1.** (*dramaturgisch gestalten*) ■ **jd inszeniert etw** qn met en scène qc
2. *pej* (*ins Werk setzen*) ■ **jd inszeniert etw** qn manigance qc
Inszenierung <-, -en> *f* **1.** CINE, THEAT, TV mise *f* en scène
2. *pej* [*Komödie, Skandal etc*] mise *f* en scène
intakt *adj* **1.** (*unversehrt*) intact(e)
2. (*voll funktionsfähig*) *Organ, Augen, Bandscheiben* en parfait état; ■ **jd ist** ~ qn est en [bonne] forme
Intarsie <-, -n> [-ziə] *f meist pl* marqueterie *f*, incrustration *f*
integer I. *adj geh* intègre
II. *adv geh*: ***jd verhält sich*** ~ qn est intègre
integral *adj attr geh Bestandteil* intégrant(e)
Integral <-s, -e> *nt* intégrale *f*
Integralrechnung *f* Ø calcul *m* intégral
Integration <-, -en> *f* **1.** (*Eingliederung*) ■ **jds** ~ **[in etw** (*akk*)] *in den Arbeitsprozess, das Berufsleben, die Gesellschaft* l'intégration *f* [*o* insertion *f*] de qn [dans qc]
2. (*Verbindung zu einer Einheit*) ■ **die** ~ **von etw** l'intégration *f* de qc; ***die*** ~ ***zu einer Einheit*** l'unification *f*; ***die*** ~ ***Europas*** l'unification de l'Europe; ***die*** ~ ***der Mitgliedsländer in Europa*** l'intégration des pays membres dans l'Europe
Integrationsfigur *f geh* rassembleur(-euse) *m(f)*
integrieren * I. *vt* ■ **jd integriert jdn [in etw** (*akk*)] *in den Arbeitsprozess, das Berufsleben, die Gesellschaft* qn intègre [*o* insère] qn [dans qc]; ■ **jd/etw integriert etw [in etw** (*akk*)] *Ortsteil, Land* qn/qc intègre qc [dans qc]
II. *vr* ■ **jd integriert sich [in etw** (*akk*)] qn s'intègre [dans qc]
Integrierung <-, -en> *f s.* **Integration**
Integrität <-> *f* Ø *geh* intégrité *f*
Intellekt <-[e]s> *m* Ø esprit *m*, intellect *m*
intellektuell *adj* intellectuel(le) **Intellektuelle(r)** *f(m) decl wie adj* intellectuel(le) *m(f)*
intelligent I. *adj* (*alle Bedeutungen*) intelligent(e); ■ **etw ist** ~ **[von jdm]** qc est intelligent(e) [de la part de qn]
II. *adv* intelligemment, de façon intelligente
Intelligenz <-, -en> *f* **1.** Ø (*Verstand*) intelligence *f*
2. Ø (*die Intellektuellen*) intelligentsia *f*
3. (*intelligentes Lebewesen*) être *m* doué d'intelligence
▸ **künstliche** ~ intelligence *f* artificielle
Intelligenz- *-beweis, -grad* d'intelligence **Intelligenzbestie** *f fam* grosse tête *f fam*
Intelligenzija <-> *f* Ø intelligentsia *f*
Intelligenzquotient [-kvotsiɛnt] *m* quotient *m* intellectuel **Intelligenztest** *m* test *m* d'intelligence ▸ **jd macht einen** ~ qn passe un test d'intelligence; **jd unterzieht jdn einem** ~ qn fait passer à qn un test d'intelligence
Intendant(in) <-en, -en> *m(f)* RADIO, TV directeur(-trice) *m(f)*; THEAT *a.* administrateur(-trice) *m(f)*
Intendanz <-, -en> *f* **1.** (*Amt*) poste *m* de directeur; THEAT *a.* poste *m* d'administrateur
2. (*Büro*) bureau *m* du directeur; THEAT *a.* bureau *m* de l'administrateur
intendieren * *vt geh* ■ **jd intendiert etw** qn veut obtenir qc; ***das war aber nicht intendiert*** ce n'était pas volontaire [*o* voulu]; ***es war durchaus intendiert, …*** c'était bien mon/son/… intention de …
Intensität <-, *rare* -en> *f* (*alle Bedeutungen*) intensité *f*
intensiv I. *adj* **1.** (*angestrengt*) intensif(-ive), intense
2. *Duft, Gefühl, Empfindung* fort(e), intense
II. *adv* **1.** (*angestrengt*) *beobachten* de près; *fortsetzen* intensément; ***jd ist*** ~ ***bemüht/bestrebt, …*** qn fait de gros efforts pour …
2. (*eindringlich*): ***etw duftet/riecht*** ~ qc sent fort; ~ ***duftende Parfüme*** des parfums entêtants; ***die Suppe schmeckt*** ~ ***nach Curry*** la soupe a un goût prononcé de curry
-intensiv **1.** (*etwas intensiv erfordernd*): ***arbeits~*** laborieux(-euse); ***kosten~*** coûteux(-euse); ***etw ist personal~*** qc demande beaucoup de personnel; ***etw ist werbe~*** qc nécessite une campagne publicitaire très poussée
2. (*etwas intensiv ausstrahlend*): ***lärm~*** très bruyant(e); ***strahlungs~*** à forte radiation
Intensiv- MED intensif(-ive)
intensivieren * [-'viː-] *vt* ■ **jd intensiviert etw** qn intensifie qc
Intensivierung <-, *rare* -en> [-'viː-] *f* intensification *f*
Intensivkurs *m* cours *m* intensif **Intensivstation** *f* service *m* de réanimation [*o* de soins intensifs]
Intention <-, -en> *f geh* intention *f*; ***geheime*** [*o* ***verborgene***] ~***en*** des desseins secrets *littér*
inter- (*zwischen mehreren bestehend*) inter…
interaktiv *adj* interactif(-ive)
Intercity <-s, -s> [ɪntɐ'sɪti] *m* Intercité *m* ▸ ~ **Express** ≈ T.G.V. *m* **Intercity-Zuschlag** *m s.* **IC-Zuschlag**
interdisziplinär *adj* interdisciplinaire
interessant I. *adj* **1.** (*Interesse erweckend*) intéressant(e); ■ **etw ist [für jdn]** ~ qc est intéressant(e) [pour qn]; ■ **etwas I~es** quelque chose d'intéressant
2. COM intéressant(e)
▸ **jd macht sich** ~ qn fait l'intéressant(e), qn veut se rendre intéressant(e); **jd macht sich bei jdm** ~ qn éveille l'intérêt de qn; **wie** ~! intéressant!
II. *adv schreiben, erzählen, gestalten* d'une façon intéressante; ***etw hört sich*** ~ ***an, etw klingt*** ~ qc a l'air intéressant
interessanterweise *adv* curieusement
Interesse <-s, -n> *nt* **1.** Ø (*Aufmerksamkeit*) intérêt *m*
2. *pl* (*Neigungen*) centres *mpl* d'intérêts
3. *pl* (*Belange*) intérêts *mpl*
4. (*Nutzen*) *finanzielles, öffentliches, wirtschaftliches* intérêts *mpl*
▸ **jd hat** ~ **[an jdm/etw** [*o* **für jdn/etw**]] qn est intéressé(e) [par qn/qc], qn s'intéresse à qn/qc; ***jd hat kein*** ~ ***an jdm*** qn n'a que faire de qn; **jd hat** ~ **daran etw zu tun** cela intéresse qn de faire qc; **etw ist [für jdn] von** ~ qc est intéressant(e) [pour qn], qc présente de l'intérêt pour qn; ***etw ist weniger von*** ~ ***für jdn*** qc ne présente pas beaucoup d'intérêt pour qn; **etw liegt** [*o* **ist**] **in jds** ~ (*dat*) qc est dans l'intérêt de qn; ***es liegt in jds*** ~ ***etw zu tun*** il est dans l'intérêt de qn de faire qc; **aus** ~ par intérêt; **im** ~ **einer S.** (*gen*) dans l'intérêt de qc; **in jds** ~ (*dat*) dans l'intérêt de qn, pour le bien de qn; ***in eigenem*** ~ dans mon/son/… propre intérêt; **mit** ~ avec intérêt; **kein** ~! ça ne m'intéresse pas!
interesselos *adj* indifférent(e); ■ **jd ist** ~ qn ne s'intéresse à rien
Interessen- *-kollision, -identität* d'intérêts; *-lage* des intérêts **Interessengebiet** *nt* centre *m* d'intérêt **Interessengemeinschaft** *f* communauté *f* d'intérêts **Interessensphäre** *f* POL sphère *f* d'influence
Interessent(in) <-en, -en> *m(f)* **1.** (*Teilnahmewilliger*) personne *f* intéressée
2. COM intéressé(e) *m(f)*; ***jd ist*** ~ ***für etw*** qn est intéressé(e) par qc
Interessenverband *m* groupe *m* de pression, lobby *m* **Interessenvertretung** *f* **1.** (*Interessenverband*) représentant *m* des intérêts **2.** Ø (*das Wahrnehmen von jds Interessen*) défense *f* des intérêts; ***jd ist mit jds*** ~ ***beauftragt worden*** qn est chargé(e) de la défense des intérêts de qn, qn défend les intérêts de qn
interessieren * I. *vt* **1.** (*jds Interesse hervorrufen*) ■ **etw interessiert jdn** qc intéresse qn; ***das hat Sie nicht zu*** ~! cela ne vous regarde pas!
2. (*jds Interesse gewinnen*) ■ **jd interessiert jdn für etw** qn éveille l'intérêt de qn pour qc, qn arrive à intéresser qn à qc; ***Sie*** ~ ***mich langsam für Ihre Pläne!*** vous commencez à m'intéresser!; ***gute Lehrer verstehen es***

die Schüler für den Unterricht zu ~ les bons profs savent intéresser les élèves

II. *vr* ■ **jd interessiert sich für jdn/etw** qn s'intéresse à qn/qc

interessiert I. *adj* 1. *Schüler, Leser, Zuhörer, Miene* intéressé(e); ■ **jd ist** ~ qn manifeste de l'intérêt; ■ **jd ist ...** ~ *kulturell, politisch* qn s'intéresse à ... + *subst;* ***jd ist kulturell*** ~ qn s'intéresse à la culture; ***jd ist vielseitig*** ~ qn a beaucoup de centres d'intérêt, qn s'intéresse à beaucoup de choses

2. (*mit ernsthaften Absichten*) ■ **jd ist an jdm/etw** ~ *an einem Bewerber, Angebot, Vorschlag* qn s'intéresse à qn, qn est intéressé(e) par qc; ■ **jd ist daran ~ etw zu tun** ça intéresse qn de faire qc; (*Lust haben*) qn a envie de faire qc; ***jd ist nicht daran*** ~, ***dass etw geschieht*** qn n'a pas intérêt à ce que qc arrive

II. *adv zuhören, beobachten* avec [grand] intérêt; ***jd zeigt sich*** ~ qn manifeste de l'intérêt

Interface <-, -s> ['ɪntɐfeɪs] *nt* interface *f*

Interferenz <-, -en> *f* interférence *f*

Interferon <-s, -e> *nt* interféron *m*

Interieur <-s, -s *o* -e> [ɛ̃te'rjøːɐ] *nt geh* agencement *m* intérieur

Interim <-s, -s> *nt geh* disposition *f* transitoire

Interims- *geh* transitoire, provisoire **Interimsregierung** *f* gouvernement *m* provisoire

Interjektion <-, -en> *f* interjection *f*

Interkontinentalrakete *f* missile *m* intercontinental

Intermezzo <-s, -s *o* -mezzi> *nt* 1. *geh* (*Zwischenfall*) intermède *m*

2. MUS intermède *m*, intermezzo *m*

intern I. *adj* 1. *Anweisung, Angelegenheit, Vorgang, Regelung* interne

2. (*inhärent*) *Problem, Schwierigkeiten* intérieur(e)

II. *adv klären, regeln* entre nous/eux

-intern au sein de la/du/de l'/des

Interna *pl geh* informations *fpl* internes

Internat <-[e]s, -e> *nt* internat *m*

international I. *adj* international(e); *Schlagzeile, Aufsehen* dans le monde entier

II. *adv* au niveau international; ***jd kocht*** ~ qn fait de la cuisine internationale

Internationale <-, -n> *f* ■ **die** ~ l'Internationale *f*

▸ **die sozialistische** ~ l'Internationale *f* socialiste

internationalisieren * *vt* 1. *geh* ■ **jd internationalisiert etw** *Konflikt, Kampf* qn internationalise qc

2. JUR ■ **etw wird internationalisiert** /*Meerenge, Kanal*/ qc est internationalisé(e)

Internats- d'/de l'internat

Internet <-s> *nt* ∅ INFORM ■ **das** ~ le Net, l'ouèbe *m fam*

▸ **jd/etw kommt ins** ~ qn/qc accède à l'Internet; **jd surft im** ~ qn navigue [*o* surfe] sur Internet; **jd überträgt etw via** ~ qn transfère qc sur l'Internet

Internet- internetais(e) **Internet-Adresse** *f* INFORM adresse *f* Internet, identifiant *m* de connexion **Internet-Anschluss**[RR] *m* branchement *m* Internet **Internet-Browser** [-brauzɐ] *m* navigateur *m* Web, explorateur *m* Web [*o* de réseau] **Internet-Café** *nt* INFORM cyber-café *m* **Internet-Freak** [-friːk] *m* INFORM Webmane *mf* **Internet-Provider** [-proʊvaidɐ] *m* fournisseur *m* d'accès Internet **Internet-Surfer(in)** [-søːɐfɐ] *m(f)* INFORM internaute *mf*, webnaute *mf* **Internet-Zugang** *m* accès *m* à l'Internet

internieren * *vt* 1. POL ■ **jd interniert jdn** qn interne qn

2. MED ■ **jd interniert jdn** qn isole qn, qn met qn en quarantaine

Internierte(r) *f(m) decl wie adj* POL interné(e) *m(f)* politique

Internierung <-, -en> *f* 1. POL internement *m*

2. MED mise *f* en quarantaine

Internierungslager *nt* camp *m* d'internement

Internist(in) <-en, -en> *m(f)* ≈ spécialiste *mf* des maladies organiques [*o* internes]

interparlamentarisch *adj* interparlementaire

Interpol <-> *f* Interpol *m*

Interpret(in) <-en, -en> *m(f) geh* interprète *mf*

Interpretation <-, -en> *f* interprétation *f*

interpretieren * *vt* 1. LITER, MUS ■ **jd interpretiert [jdm] etw** qn [lui] interprète qc

2. *geh* ■ **jd interpretiert etw** *Äußerung, Verhalten* qn interprète qc

Interpunktion <-, -en> *f* ponctuation *f*

Interpunktionsregel *f* règle *f* de ponctuation **Interpunktionszeichen** *nt* signe *m* de ponctuation

Interrailkarte ['ɪntɐreɪl-] *f* carte *f* Inter-Rail

Interregio <-s, -s> *m* express *m* régional

Interregnum <-s, -regnen *o* -regna> *nt* interrègne *m*

Interrogativpronomen *nt* pronom *m* interrogatif **Interrogativsatz** *m* phrase *f* interrogative

interstellar *adj* interstellaire

Intervall <-s, -e> [-'val] *nt geh* intervalle *m*

Intervallschaltung [-'val-] *f* régime *m* alternatif

intervenieren * [-ve-] *vi* 1. *geh* ■ **jd interveniert [bei jdm] [für jdn]** qn intervient [auprès de qn] [en faveur de qn]

2. POL ■ **jd interveniert irgendwo** *in einem Krisengebiet, Land* qn intervient quelque part

Intervention <-, -en> [-vɛ-] *f* intervention *f*

Interview <-s, -s> ['ɪntɐvjuː, ɪntɐ'vjuː] *nt* interview *f*

▸ **jd gibt** [*o* **gewährt**] **[jdm] ein** ~/~**s** qn accorde une interview/des interviews [à qn]

interviewen * [ɪntɐ'vjuːən, 'ɪntɐvjuːən] *vt* 1. MEDIA ■ **jd interviewt jdn [zu etw]** qn interviewe qn [au sujet [*o* à propos] de qc]; ■ **jd lässt sich [von jdm]** ~ qn accorde une interview [à qn]

2. *hum fam* (*befragen*) ■ **jd interviewt jdn** qn pose des questions à qn; ■ **jd interviewt jdn, ob/wann/wo/...** qn demande à qn si/quand/où/...

Interviewer(in) <-s, -> [ɪntɐ'vjuːɐ, 'ɪntɐvjuːɐ] *m(f)* intervieweur(-euse) *m(f)*, interviewer *m*; (*bei Umfragen*) enquêteur(-euse) *m(f)*

Intifada <-> *f* ∅ ■ **die** ~ l'intifada *f*

intim *adj* 1. (*innig*) *Freund, Verhältnis* intime

2. (*persönlich*) *Dinge, Detail, Einzelheit, Frage* intime, personnel(le)

3. *geh* (*vertraut*): ***ein*** ~***er Kenner einer S.*** (*gen*) un spécialiste de qc; ***die*** ~***e Kenntnis einer S.*** (*gen*) la connaissance parfaite de qc

4. (*sexuell*) ■ **jd ist mit jdm** ~ qn a des relations intimes avec qn; ■ **jd wird [mit jdm]** ~ qn a des relations [intimes] [avec qn]

5. *geh* (*innerst*) *Gefühle, Sehnsüchte, Wünsche* intime, profond(e)

6. *geh* (*gemütlich*) *Lokal, Beleuchtung, Atmosphäre* intime

Intima <-, Intimae> ['ɪntimɛ] *f s.* **Intimus**

Intimbereich *m* 1. *euph* (*Bereich der Geschlechtsorgane*) parties *fpl* intimes 2. *s.* **Intimsphäre** **Intimfeind(in)** *m(f) geh* ennemi(e) *m(f)* juré(e) **Intimhygiene** [-gieː-] *f* hygiène *f* intime

Intimität <-, -en> *f geh* 1. ∅ (*Vertrautheit*) intimité *f*

2. *pl* (*private Angelegenheit*) vie *f* privée; ~***en aus seinem/ihrem Privatleben*** des détails de sa vie privée

3. *pl* (*sexuelle Handlung*) contacts *mpl* [*o* rapports *mpl*] intimes

4. ∅ (*gemütliche Atmosphäre*) [*Lokal, Beleuchtung*] intimité *f*

Intimkontakt *m* contacts *mpl* [*o* rapports *mpl*] intimes **Intimlotion** *f* lotion *f* pour l'hygiène intime **Intimsphäre** *f geh* intimité *f*, vie *f* privée **Intimspray** [-ʃpreː, -spreː] *nt* déodorant *m* intime

Intimus <-, Intimi> *m*, **Intima** *f hum geh* intime *mf*

Intimverkehr *m* rapports *mpl* intimes

▸ **jd hat [mit jdm]** ~ qn a des rapports intimes [avec qn]

intolerant I. *adj geh* intolérant(e); ~***e Haltung*** intolérance *f*

II. *adv:* ***jd äußert sich*** ~ qn tient des propos intolérants; ***jd verhält sich/zeigt sich*** ~ qn est intolérant(e), qn fait preuve d'intolérance

Intoleranz *f geh* intolérance *f*

Intonation <-, -en> *f* intonation *f*

intonieren * *vt* ■ **jd intoniert etw** qn entonne qc

intransitiv I. *adj* intransitif(-ive)

II. *adv* intransitivement

intravenös [-ve-] I. *adj* intraveineux(-euse); ■ **etw ist** ~ qc se fait par voie intraveineuse

II. *adv* par voie intraveineuse

intrigant *adj pej geh Mensch* intrigant(e); ~***es Ränkespiel*** intrigues *fpl*, machinations *fpl*

Intrigant(in) <-en, -en> *m(f) pej geh* intrigant(e) *m(f)*

Intrige <-, -n> *f pej geh* intrigue *f*

▸ **jd fädelt eine** ~ **ein, jd spinnt eine** ~ qn ourdit une intrigue *littér*

intrigieren * *vi pej geh* ■ **jd intrigiert [gegen jdn]** qn intrigue [*o* complote] [contre qn]

introvertiert [-vɛ-] *adj* introverti(e)

Intuition <-, -en> *f* intuition *f*

intuitiv I. *adj* intuitif(-ive)

II. *adv* intuitivement, par intuition

intus *adj* ▸ **jd hat etw** ~ *fam Essen* qn a avalé qc; *Alkohol* qn a descendu qc *fam; Lehrstoff, Wissensstoff* qn a pigé qc *fam;* **jd hat einen** [*o* **einiges**] ~ *fam* qn est soûl(e) comme une bourrique *fam*, qn est bourré(e) *fam*

Invalide <-n, -n> [-va-] *m*, **Invalidin** *f* invalide *mf*

Invalidität <-> [-va-] *f* ∅ invalidité *f*

invariabel [-va-] *adj* invariable

Invasion <-, -en> [-va-] *f* 1. MIL invasion *f*

2. *hum fam* [*Besucher, Fans, Touristen*] invasion *f*

Invasor <-s, -soren> [-va-] *m*, **Invasorin** *f meist pl* MIL *geh* envahisseur *m*

Inventar <-s, -e> [-vɛn-] *nt* inventaire *m*

▸ **lebendes** ~ cheptel *m* vif; **totes** ~ matériel *m* d'exploitation, cheptel *m* mort; **jd erstellt das** ~, **jd stellt das** ~ **auf** qn établit [*o* dresse] l'inventaire; **jd gehört [schon] zum** ~ *fam* qn fait partie des meubles *fam*

Inventur <-, -en> [-vɛn-] *f* inventaire *m*

▸ **jd macht** ~ qn fait l'inventaire

Inversionswetterlage [-vɛr-] *f* inversion *f* thermique [*o* des températures]

investieren * [-vɛs'tiː-] *vt* 1. (*anlegen*) ■ **jd/etw investiert etw [in etw** (*akk*)**]** qn/qc investit qc [dans qc]; *in Anlagewerte, Wertpapiere, Aktien a.* qn/qc place qc en qc

2. *fam* (*aufwenden*) ■ **jd investiert etw [in jdn/etw]** *Gefühle, Kraft, Mühe, Zeit* qn investit qc [en lui/elle/dans qn/qc]

Investition <-, -en> [-vɛst-] *f* investissement *m*

▸ **jd nimmt eine** ~/~**en vor, jd tätigt eine** ~/~**en** qn fait un investissement/des investissements

Investitions- [-vɛst-] *-bedarf* en investissements; *-bereitschaft* à investir; *-förderung* des investissements; *-hilfe* à l'investissement; *-kosten, -programm* d'investissement **Investitionsanleihe** *f* emprunt *m* d'investissement **Investitionsbank** *f* banque *f* d'investissement ▸ **Europäische** ~ Banque *f* europénne d'investissement **Investitionsgüter** *pl* biens *mpl* d'investissement [*o* d'équipement]

Investment <-s, -s> [-'vɛst-] *nt* 1. FIN investissement *m*, placement *m*

2. (*Geldanlage in Investmentfonds*) *capitaux placés dans des certificats d'investissement de type sicav*

Investment- [-'vɛst-] *-papier, -trust* d'investissement, de placement; ~***sparen*** investissement *m* épargnant **Investmentfonds** *m* fonds *mpl* d'investissements, sicav *f* **Investmentgesellschaft** *f* société *f* de placement [*o* d'investissement] **Investmentzertifikat** *nt* certificat *m*

d'investissement
in vitro [-ˈviː-] *adv* in vitro
In-vitro-Fertilisation <-, -en> [-ˈviː-] *f* fécondation *f* in vitro
inwendig I. *adv* (*im Inneren*) à l'intérieur
▸ **jd kennt jdn/etw in- und auswendig** *fam guten Freund, Verwandten* qn connaît qn comme s'il/si elle l'avait fait(e) *fam; Film, Vorschriften, Lehrstoff* qn connaît qc par cœur [*o* sur le bout des doigts *fam*]; *Ort* comme sa poche
II. *adj rare* intérieur(e)
inwiefern *adv* dans quelle mesure **inwieweit** *adv* jusqu'à quel point
Inzahlungnahme <-, -n> *f* ■ **die ~ einer S.** (*gen*) la reprise de qc
Inzest <-[e]s, -e> *m* inceste *m*
Inzucht *f* union *f* consanguine
▸ **verfluchte ~!** *sl* putain! *fam*
inzwischen *adv* 1. (*in der Zwischenzeit*) entre-temps, pendant ce temps
2. (*mittlerweile*) entre-temps
IOK <-s> [iːʔoːˈkaː] *nt* Ø *abk von* **Internationales Olympisches Komitee** C.I.O. *m*
Ion <-s, -en> *nt* ion *m*
Ionisation <-, -en> *f* ionisation *f*
ionisch *adj* 1. ARCHIT, ART ionique
2. MUS ionien(ne)
Ionosphäre *f* Ø ionosphère *f*
i-PunktRR *m* point *m* sur le i
▸ **bis auf den ~** à la virgule près
IQ <-[s], -[s]> [iːˈkuː] *m abk von* **Intelligenzquotient** Q.I. *m*
i.R. [iːˈʔɛr] *loc abk von* **im Ruhestand** en retraite
Irak <-s> *m* ■ **[der] ~** l'Irak *m*
Iran <-s> *m* ■ **[der] ~** l'Iran *m*
irden *adj veraltend Krug, Topf etc* en terre cuite
irdisch *adj* terrestre
Ire <-n, -n> *m*, **Irin** *f* Irlandais(e) *m(f)*; ■ **die ~n** les Irlandais *mpl*
irgend *adv* (*nur*) *wird nicht übersetzt;* ***wenn ~ möglich, wenn es ~ geht*** si c'est possible; ***wir sollten tun, was wir ~ können*** nous devrions faire tout ce qu'il nous est possible de faire [*o* tout notre possible]; ***wenn ich ~ kann, wenn es mir ~ möglich ist*** si cela m'est possible; ***so vorsichtig wie ~ möglich*** avec le plus de précautions possibles; ***solange er ~ konnte*** aussi longtemps qu'il le put; ***sooft es ~ geht*** aussi souvent que possible
▸ **~ so ein(e) …** *Anrufer, Spinner, Insekt* encore un(e) de ces …
irgendein, irgendeine(r, s), irgendeins *pron indef* 1. *adjektivisch* (*was auch immer für ein*) n'importe quel(le); ***er hat ~en Fluch ausgestoßen*** il a proféré un juron quelconque; ***~e andere*** quelqu'un d'autre; ***da ist wieder ~ Vertreter*** c'est encore un de ces représentants 2. *substantivisch* n'importe lequel/laquelle; ***er hat sich unter den Büchern ~es gewählt*** il a choisi un livre au hasard ▸ **nicht ~e(r, s)** *substantivisch* pas n'importe qui/quoi; ***sie ist Schulleiterin und nicht ~e*** c'est la directrice, ce n'est pas n'importe qui; ***kaufen Sie nicht blind ~en*** n'achetez pas n'importe lequel/laquelle à l'aveuglette; **nicht ~(e) …** pas n'importe quel(le) … **irgendeinmal** *adv* un jour; ***das erledigen wir ~, das hat jetzt Zeit*** on fera ça plus tard, ça ne presse pas; ***ich meine, ihn ~ irgendwo gesehen zu haben*** j'ai l'impression de l'avoir déjà vu quelque part; ***kommt doch ~ wieder vorbei!*** revenez nous voir un de ces jours! **irgendetwas**RR *pron indef* quelque chose; ***was ziehe ich an? – I~!*** qu'est-ce que je vais mettre? – N'importe quoi! ▸ **~ anderes** quelque chose d'autre; **nicht ~** pas n'importe quoi **irgendjemand**RR *pron indef* quelqu'un ▸ **~ anderer** quelqu'un d'autre; **nicht ~** pas n'importe qui **irgendwann** *adv* un jour ou l'autre **irgendwas** *pron indef fam* quelque chose; (*egal was*) n'importe quoi **irgendwelche(r, s)** *pron indef* 1. (*welche auch immer*) *Dinge* quelconque; *Kerle, Idioten* un(e) de ces …; ***~ Sachen*** quelque chose; ***wir werden in der Küche noch ~ Gewürze haben*** on doit bien encore avoir des épices à la cuisine 2. (*irgendein*) n'importe quel(le); *substantivisch* n'importe lequel/laquelle; ***es wird auf dem Markt doch ~r Fisch aufzutreiben sein*** on devrait quand même bien trouver du poisson [*o* un poisson quelconque] au marché; ***er hat sich unter den Büchern ~ ausgewählt*** il a choisi plusieurs livres au hasard **irgendwer** *pron indef fam* quelqu'un; (*egal wer*) n'importe qui; ***hört mich denn nicht ~?*** personne ne m'entend, donc? ▸ **nicht ~** pas n'importe qui **irgendwie** *adv* 1. (*wie auch immer*) d'une façon ou d'une autre 2. (*in gewisser Weise*) d'une certaine manière; ***Sie kommen mir ~ bekannt vor*** j'ai l'impression de vous connaître **irgendwo** *adv* 1. (*wo auch immer*) quelque part; ***hast du ~ meine Puderdose gesehen?*** tu n'aurais pas vu mon poudrier, par hasard? 2. (*in irgendeiner Weise*) quelque part *fam* **irgendwoher** *adv* (*woher auch immer*) n'importe où; ***ich kenne Sie doch ~*** j'ai l'impression de vous avoir déjà vu quelque part; on s'est déjà rencontrés, non? ▸ **von ~** de quelque part **irgendwohin** *adv* (*wohin auch immer*) quelque part; (*egal wo*) n'importe où; ***steck den Brief ~, damit er ihn nicht findet*** mets la lettre dans un endroit tel qu'il ne la trouve pas ▸ **jd muss ~** *euph fam* il faut que qn aille au petit coin *fam*
Iridium <-s> *nt* Ø CHEM iridium *m*
Irin *f s.* **Ire**
Iris¹ <-, -> *f* BOT iris *m*
Iris² <-, - *o* Iriden> *f* ANAT iris *m*
irisch *adj* irlandais(e)
▸ **auf I~** en irlandais
Irland *nt* l'Irlande *f*
Ironie <-, *rare* -n> [-iːən] *f* ironie *f*; ■ **die ~ einer S.** (*gen*) *des Lebens, Schicksals* l'ironie *f* de qc
ironisch I. *adj* ironique; ■ **das I~e** l'ironie *f*
II. *adv* ironiquement, avec ironie; ***etw ist ~ zu verstehen*** qc est ironique
irr *adj s.* **irre**
irrational I. *adj geh* irrationnel(le)
II. *adv geh* de façon irrationnelle
irr[e] I. *adj* 1. MED fou(folle), dément(e); *fig* (*verrückt*) fou(folle), dingue *fam*, cinglé(e) *fam*
2. (*wirr*) *Blick* égaré(e); ***~es Gelaber*** divagations *fpl*; ***du redest ~es Zeug*** tu racontes n'importe quoi, tu débloques complètement *fam*
3. *sl* (*toll*) super *fam*, génial(e) *fam*
▸ **jd erklärt jdn für ~[e]** *fam* qn prend qn pour un(e) dingue [*o* un(e) cinglé(e)] *fam*; **jd hält jdn für ~[e]** *fam* qn prend qn pour un(e) dingue [*o* un(e) cinglé(e)] *fam*; **jd/etw macht jdn [noch] ganz ~** *fam* qn/qc va rendre [*o* rend] qn fou(folle) [*o* dingue *fam*]; **jd wird an jdm/etw ~** *geh* qn ne sait plus que penser de qn/qc
II. *adv* 1. (*verrückt*) comme un fou/une folle, comme un forcené/une forcenée
2. *sl* (*toll*) super *fam*, du tonnerre *fam*; ***jd ist immer ganz ~e angezogen*** qn a toujours des super fringues [*o* un look d'enfer] *fam*
3. *sl* (*äußerst*) super *fam*
▸ **jd redet ~[e]** *geh* qn divague, qn déraisonne *soutenu*; **wie ~** *fam* (*wie verrückt*) comme un/une dingue [*o* un cinglé/une cinglée] *fam*
Irre <-> *f* ▸ **jd führt jdn in die ~** qn induit qn en erreur; **in die ~** (*in die falsche Richtung*) dans la mauvaise direction; ***halt, Sie gehen sonst in die ~!*** attention, vous allez vous égarer!
Irre(r) *f(m) decl wie adj* fou/folle *m/f*, aliéné(e) *m(f)*
▸ **armer ~r** *fam* pauvre con *fam*
irreal *adj geh* irréel(le)
irre|führen *vt* ■ **jd führt jdn irre** qn trompe qn, qn induit qn en erreur; ■ **jd lässt sich von jdm/etw ~** qn se fait duper par qn/qn est décontenancé(e) par qc **irreführend** *adj* trompeur(-euse), ambigu(ë) **Irreführung** *f* mystification *f*, duperie *f*; ***etw trägt zu jds ~ bei*** qc est de nature à induire qn en erreur **irre|gehen** *vi irreg + sein geh* 1. (*sich irren*) ■ **jd geht irre, wenn** qn se fourvoie si *soutenu*, qn se trompe si 2. *rare* (*in die Irre gehen*) ■ **jd geht irre** qn s'égare, qn fait fausse route
irregulär *adj geh* irrégulier(-ière)
irre|leiten *vt geh* 1. (*falsch leiten*) ■ **jd/etw leitet jdn irre** qn/qc induit qn en erreur, qn/qc fourvoie qn *soutenu*
2. (*schlecht beeinflussen*) ■ **jd/etw leitet jdn irre** qn/qc désoriente qn; / *Propaganda a., Sektenführer/* qn/qc vampirise qn; ■ **irregeleitet** désorienté(e); *Sektierer* vampirisé(e)
irrelevant [-va-] *adj geh Unterschied* insignifiant(e), sans importance; *Äußerung, Bemerkung a., Einwand, Feststellung* hors de propos; ■ **etw ist ~ [für etw]** qc n'est pas déterminant(e) [pour qc]
Irrelevanz [-va-] *f geh* insignifiance *f*
irre|machen *vt* (*unsicher machen*) ■ **jd/etw macht jdn irre** qn/qc déconcerte qn, qn/qc décontenance qn, qn/qc déroute qn; (*konfus machen*) qn embrouille qn; ■ **jd lässt sich [durch jdn/etw] nicht ~** qn ne se laisse pas déconcerter [*o* décontenancer] [*o* dérouter] [par qn/qc], qn ne fait pas attention [à qn/qc]
irren¹ *vi + sein* (*ziellos umhergehen*) ■ **jd irrt durch/über etw** (*akk*): ***jd irrt über den Rummelplatz/durch die Stadt*** qn erre sur le champ de foire/dans la ville
irren² I. *vr* (*sich täuschen*) ■ **jd irrt sich** qn se trompe; ■ **jd irrt sich in jdm/etw** qn se trompe sur [le compte de] qn/sur qc, qn se méprend sur qn
▸ **wenn ich mich nicht irre, …** si je ne me trompe, sauf erreur de ma part
II. *vi geh* (*sich täuschen*) ■ **jd irrt** qn est dans l'erreur *soutenu*, qn se trompe
▸ **I~ ist menschlich** *prov* l'erreur est humaine
Irrenanstalt *f veraltend* asile *m* [d'aliénés] *vieilli* **Irrenhaus** *nt veraltet* maison *f* de fous *vieux* ▸ **ich bin bald reif fürs ~** *fam* je suis bon(ne) pour l'asile *fam*; **wie im ~** *fam* dans une maison de fous *fam*; ***das ist ja hier wie im ~!*** on se croirait chez les fous ici! *fam*
irreparabel I. *adj geh* 1. *Schaden* irréversible
2. (*nicht zu reparieren*) ■ **etw ist ~** qc est irréparable
II. *adv geh beschädigen, schädigen* de façon irréversible
irre|reden *vi geh* ■ **jd redet irre** qn délire, qn divague **Irr[e]sein** *nt* folie *f*, aliénation *f* mentale, démence *f*
irreversibel [-vɛr-] *adj spec* irréversible
Irrfahrt *f* odyssée *f* **Irrgang** <-gänge> *m meist pl* itinéraire *m* [*o* parcours *m*] labyrinthique **Irrgarten** *m* labyrinthe *m* **Irrglaube[n]** *m* 1. (*irrige Ansicht*) opinion *f* [*o* croyance *f*] erronée 2. REL *veraltend* hérésie *f* **irrgläubig** *adj* REL hérétique; ■ **die I~en** les hérétiques *mpl*
irrig *adj geh* inexact(e), faux(fausse), erroné(e)
irritieren * *vt* 1. (*verwirren*) ■ **jd/etw irritiert jdn** qn/qc déconcerte qn, qn/qc rend qn perplexe
2. (*stören*) ■ **jd/etw irritiert jdn** qn/qc agace [*o* irrite] [*o* énerve] qn; ***lassen Sie sich von seinen Fragen nicht ~*** ne vous laissez pas impressionner par ses questions
Irrläufer *m* (*Sendung*) courrier *m* distribué par erreur **Irrlehre** *f* hérésie *f* **Irrlicht** <-lichter> *nt* feu *m* follet **Irrsinn** *m* Ø 1. *veraltend* folie *f*, démence *f* 2. *fam* (*Unsinn*) folie *f*; ***was für ein ~!*** c'est fou!, c'est complètement dingue! *fam* **irrsinnig** I. *adj* 1. MED *veraltend* dément(e), aliéné(e) 2. *fam Durcheinander, Vorschlag, Idee* aberrant(e), complètement dingue *fam*; ■ **jd ist/wird ~** qn est/va devenir fou(folle) [*o* dingue *fam*]; ***das kann einen ~ machen*** c'est à devenir fou(folle) [*o* dingue *fam*] 3. *fam* (*stark*) *Hitze, Kälte, Kopfschmerzen* terrible; *Verkehr a.* dingue *fam* ▸ **wie ~** *fam brennen, schmerzen* vachement *fam*, terriblement; *toben, brüllen* comme un fou/une folle, comme un/une dingue *fam*; **wie ein I~er/eine I~e** *fam* comme un fou/une folle, comme un/une dingue *fam* II. *adv fam* vachement *fam*
Irrsinns- *fam -hetze, -hitze, -kälte* dingue *fam*, terrible *fam*; *-tat* de fou

Irrtum <-[e]s, ¨er> *m* erreur *f; **durch einen** ~* par erreur
▸**jd ist** [*o* **befindet sich**] [**schwer**] **im** ~ qn est dans l'erreur, qn se trompe [complètement [*o* grossièrement]]; ~ **vorbehalten!** sauf erreur ou omission; ~! *fam* erreur!, mais non!
irrtümlich I. *adj attr* erroné(e), faux(fausse)
II. *adv annehmen, der Überzeugung sein* à tort; *für jdn halten* par erreur
irrtümlicherweise *adv form annehmen, glauben, hoffen, meinen* à tort; *für jdn halten* par erreur
Irrweg *m* (*falsche Vorgehensweise*) fausse piste *f; **etw ist ein** ~* qc n'est pas la bonne façon de faire ▸**jd ist** [*o* **befindet sich**] **auf einem** ~ qn fait fausse route, qn s'égare **Irrwisch** <-es, -e> *m fam* paquet *m* de nerfs *fam*
ISBN <-, -s> [iːˀɛsbeːˀɛn] *f abk von* **Internationale Standardbuchnummer** ISBN *m*
Ischias <-> *m o nt ∅* sciatique *f*
▸**jd hat** ~ qn a une sciatique
Ischiasnerv *m* nerf *m* sciatique
ISDN <-s> [iːˀɛsdeːˀɛn] *nt ∅ abk von* **Integrated Services Digital Network** Numéris *m*
ISDN-AnschlussRR [iːˀɛsdeːˀɛn-] *m* prise *f* Numéris **ISDN-Netz** *nt* réseau *m* Numéris
Islam <-s> *m ∅* ■ **der** ~ l'islam *m*
islamisch I. *adj* islamique
II. *adv* selon de rite islamique
Island *nt* l'Islande *f*
Isländer(in) <-s, -> *m(f)* Islandais(e) *m(f)*
isländisch *adj* islandais(e)
▸**auf** I~ en islandais
Isobare <-, -n> *f* isobare *f*
Isolation <-, -en> *f* 1. [*Fußboden, Außenwand, Heizungsrohr etc*] isolation *f*
2. JUR, MED isolement *m*
3. (*Abgeschlossenheit*) isolement *m*
Isolationismus <-> *m ∅* isolationnisme *m*
Isolationshaft *f* isolement *m* cellulaire
▸**jd hält jdn in** ~ qn détient qn en isolement cellulaire
Isolator <-s, -toren> *m* isolant *m*
Isolierband <-bänder> *nt* chatterton *m*, ruban *m* isolant
isolieren * I. *vt* 1. TECH ■ **jd isoliert etw** [**gegen etw**] qn isole qc [contre qc]
2. (*absondern*) ■ **jd isoliert jdn** [**von jdm/etw**] *Kranke, Häftlinge* qn isole qn [de qn/qc]
II. *vr* ■ **jd isoliert sich** [**von jdm/etw**] qn s'isole [de qn/qc]
Isolierkanne *f* thermos® *m* **Isoliermaterial** *nt* isolant *m*, matériau *m* isolant **Isolierschicht** *f* revêtement *m* isolant **Isolierstation** *f* salle *f* de quarantaine [*o* des contagieux]
isoliert I. *adj Betrachtungsweise, Sichtweise* isolé(e) de son/leur contexte
II. *adv* 1. (*abgeschlossen*) *leben* isolé(e); *wohnen* dans un endroit isolé
2. (*zusammenhanglos*) *betrachten, sehen* isolément
Isolierung <-, -en> *f s.* **Isolation**
Isomatte *f* tapis *m* de sol [double enduction]
Isotop <-s, -e> *nt* isotope *m*
Israel <-s> [ˈɪsraeːl] *nt* Israël *m*
Israeli <-[s], -[s]> *m*, <-, -s> *f* Israélien(ne) *m(f)*
israelisch *adj* israélien(ne)
isstRR, **ißt** *3. pers pres von* **essen**
ist *3. pers pres von* **sein**[1]
IstbestandRR *m* [*Vorräten, Waren*] inventaire *m* réel; [*Einnahmen*] montant *m* réel
Isthmus <-, Isthmen> *m* isthme *m*
IststärkeRR *f* effectif *m* réel
Italien <-s> [-iən] *nt* l'Italie *f*
Italiener(in) <-s, -> *m(f)* Italien(ne) *m(f)*
italienisch *adj* GEOG italien(ne)
Italienisch *nt decl wie adj* italien *m; **jd spricht** ~* qn parle italien; ■ **das** ~**e** l'italien *m*
▸**auf** ~ en italien
Italowestern *m* western *m* spaghetti
i-TüpfelchenRR <-s, -> *nt* summum *m*, fin *m* du fin
▸**bis aufs** ~ à la virgule près, au détail près; *vorbereiten, eingerichtet sein* dans les moindres détails
i.V. [iːˈfau] *loc abk von* **in Vertretung** par délégation, par procuration
IWF <-> [iːveːˀɛf] *m ∅ abk von* **Internationaler Währungsfonds** F.M.I. *m*

J

J *nt*, **j** <-, -> [jɔt] *nt* J *m*, j *m*
▸**J wie Johannes** j comme Joseph
ja *adv* 1. (*so ist es*) oui
2. (*so?*) ah oui?
3. (*bloß*) bien; ***pass ~ auf*** fais bien attention; ***geh ~ nicht dahin*** ne va surtout pas là-bas; ***sei ~ vorsichtig mit dem Messer*** fais bien attention avec le couteau
4. (*schließlich*) après tout; ***ich soll aufstehen? Aber es ist ~ noch so früh!*** il faut que je me lève? Mais il est encore si tôt!; ***es ist ~ nun mal wahr*** c'est la vérité, il faut s'y faire; ***du kannst es ~ mal versuchen*** tu peux toujours essayer; ***ich bin ~ auch nur ein Mensch*** je ne suis qu'un être humain, après tout; je ne suis pas un surhomme
5. (*und zwar*) et même; ***das ist gut, ~ sogar ausgezeichnet*** c'est bien, excellent même
6. (*doch*) bien; ***ich habe es ~ immer gesagt!*** c'est bien ce que j'ai toujours dit!; ***es musste ~ mal so kommen*** ça devait bien arriver; ***da ist er ~!***, ***da haben wir ihn ~!*** ah, le voilà!; ~, ***ich komm ~ schon!*** oui, j'arrive!; ***sie weiß das ~ auch*** bien sûr qu'elle le sait; ***das ist ~ unerhört!*** mais c'est un comble!
7. (*allerdings*) vraiment; ***ich verstehe das ~*** je comprends bien; ***das ist ~ etwas anderes!*** mais c'est différent!
8. (*na*) eh bien; ~, ***wenn das so ist*** ben, dans ce cas [*o* si c'est comme ça]; ~, ***was du nicht sagst!*** quelle histoire, vraiment!
9. (*nicht wahr?*) n'est-ce pas?
▸**jd sagt ~ und amen zu etw** *fam* qn donne sa bénédiction [*o* son consentement] à qc; ~, **bitte?** oui, qu'y a-t-il?; **das sag' ich ~!** *fam* je n'arrête pas de le dire!; **jd sagt zu etw** ~ qn donne son consentement à qc, qn dit oui à qc; **aber** ~ mais bien sûr, volontiers; **ach** ~! ah oui!; **ach** ~? ah oui?; ~ **doch** (*schon gut*) mais oui; oui, oui; **nun** ~ (*hm*) ben; **wenn** [*o* **falls**] ~ le cas échéant; ~! ~! (*los, los!*) allez, vas-y!; (*schon gut, schon gut!*) allez, allez!
Ja <-s, -[s]> *nt* oui *m*
▸**jd stimmt mit** ~ qn vote oui
Jacht <-, -en> *f* yacht *m*
Jachtklub *m* yacht-club *m*
Jäckchen <-s, -> *nt dim von* **Jacke**
Jacke <-, -n> *f* veste *f*; (*Herren~ a.*) veston *m*
▸**das ist ~ wie Hose** *fam* c'est kif-kif [bourricot] *fam*, c'est du pareil au même *fam*
Jackentasche *f* poche *f* de veste/veston; ***in seiner ~*** dans la poche de sa veste/son veston; ***in der*** [***inneren***] ~ dans la poche [intérieure] de la veste/du veston
Jacketkrone [ˈdʒækɪt-] *f* couronne *f*
Jackett <-s, -s> [ʒaˈkɛt] *nt* veste *f*, veston *m*
Jade <-> *m o f ∅* jade *m*
Jagd <-, -en> *f* 1. (*das Jagen*) chasse *f*; ■ **die ~ auf ein Tier** la chasse à un animal
2. (*Jagdrevier*) chasse *f*
3. (*Verfolgung*) ■ **die ~ auf jdn** la poursuite de qn, la chasse à qn
4. *pej* (*Streben*) ■ **die ~ nach etw** *nach Ansehen, Erfolg etc* la course à qc; *nach Gold* la ruée vers qc
▸**hohe/niedere** ~ chasse *f* au gros/petit gibier; **in wilder** ~ (*Hetze*) dans une course infernale; **jd bläst zur** ~ [**auf ein Tier**] qn sonne le début de la chasse [à un animal]; **jd geht auf die** ~ [**nach einem Tier**] qn va à la chasse [à un animal]; **jd ist auf der** ~ qn est à la chasse; **jd macht ~ auf jdn/etw** *pej* (*hetzt gegen*) qn fait la chasse à qn/qc, qn part en chasse contre qn/qc; (*verfolgt jdn*) qn pourchasse qn
-jagd *f* chasse *f* à la/à l'/au
Jagd- (*für die Jagd*) de chasse **Jagdaufseher(in)** *m(f)* garde-chasse *mf* **Jagdbomber** *m* chasseur-bombardier *m* **Jagdflieger(in)** *m(f)* pilote *mf* de chasse **Jagdflinte** *f* fusil *m* de chasse **Jagdflugzeug** *nt* avion *m* de chasse, chasseur *m* **Jagdgeschwader** *nt* escadrille *f* de chasse **Jagdgesellschaft** *f* chasse *f*, société *f* de chasse **Jagdgewehr** *nt* fusil *m* de chasse, carabine *f* **Jagdglück** *nt* bonne chasse *f*; ***ich hatte kein ~*** je n'ai pas fait bonne chasse **Jagdgründe** *pl* ▸**jd geht in die ewigen ~ ein** *geh* qn rejoint le pays de ses ancêtres **Jagdhaus** *nt* rendez-vous *m* [*o* pavillon *m*] de chasse **Jagdhorn** *nt* cor *m* [*o* trompe *f*] de chasse **Jagdhund** *m* chien *m* de chasse **Jagdmesser** *nt* couteau *m* de chasse **Jagdrevier** [-viːɐ] *nt* chasse *f* **Jagdschein** *m* permis *m* de chasse ▸**jd hat den** ~ (*Jagdausübungsrecht*) qn a un permis de chasse; **jd hat einen** ~ *hum sl* (*ist unzurechnungsfähig*) c'est écrit noir sur blanc que qn est irresponsable; **jd macht den** ~ qn passe le permis de chasse **Jagdschloss**RR *nt* château *m* de chasse **Jagdzeit** *f* période *f* d'ouverture de la chasse
jagen I. *vt* + *haben* 1. JAGD ■ **jd jagt ein Tier** qn chasse un animal; ***jd jagt*** *Hasen/Löwen* qn chasse le lièvre/le lion; ■ **das J~** la chasse
2. (*hetzen*) ■ **jd jagt jdn** *Sträfling, Überläufer* qn pourchasse qn
3. *fam* (*treiben*) ■ **jd jagt jdn aus etw/in etw** (*akk*) *aus dem Haus, Dienst, Land* qn chasse qn de qc; *ins Bad* qn envoie qn dans qc; ***jd jagt jdn aus***

dem Bett qn met qn en bas du lit, qn tire qn du lit
4. *fam (stoßen)* ■ **jd jagt jdm etw durch etw/in etw** *(akk) Messer, Hellebarde etc* qn lui enfonce qc dans qc; ***jd jagt jdm eine Spritze in den Hintern*** qn lui fait une piqûre dans les fesses
▶ **jd kann jdn mit etw** ~ *fam* qn fait fuir qn avec qc; **etw jagt das andere/nächste** */Misserfolg, Schreckensnachricht/* qc chasse l'autre
II. *vi* 1. + *haben (auf die Jagd gehen)* ■ **jd jagt** qn chasse
2. + *sein (rasen)* ■ **jd jagt aus etw** *aus dem Haus, der Tür* qn sort en trombe de qc; ■ **jd jagt durch/in etw** *(akk) durchs Haus, durch die Wohnung, in den Garten, ins Haus* qn file *fam* [*o* fonce] à travers/dans qc
III. *vr* + *haben sl* ■ **jd jagt sich** *(dat)* **etw in etw** *(akk Spritze)* qn s'enfonce qc dans qc
Jäger <-s, -> *m (Jagdflugzeug)* chasseur *m*
Jäger(in) <-s, -> *m(f)* chasseur(-euse) *m(f)*
Jägerlatein *nt fam* galéjades *fpl*
Jaguar <-s, -e> *m* jaguar *m*
jäh I. *adj geh* 1. *(abrupt)* soudain(e), subit(e)
2. *(steil) Abhang, Felshang* abrupt(e), à pic
II. *adv geh* 1. *(abrupt)* subitement
2. *(steil) abfallen* à pic; ***etw steigt ~ an*** qc est escarpé(e)
jählings *adv geh* 1. *(urplötzlich) auffahren, innehalten* subitement
2. *(steil) abfallen, hinabstürzen* à pic
Jahr <-[e]s, -e> *nt* 1. *(12 Monate)* an *m*; *(im Verlauf gesehen)* année *f*; ***ich habe ~e gewartet*** j'ai attendu des années; ***dieses ~*** cette année; ■ **die ... ~e** *vierziger etc* les années ...
2. *(Lebens~)* an *m*; ***ich bin 36 ~e*** j'ai 36 ans; ***man sieht ihm seine ~e nicht an*** il ne fait pas son âge
▶ **im ~e des Heils ...** *veraltet* en l'an de grâce ...; **nach/seit ~ und Tag** *geh (auf den Tag genau nach)* à la date prévue; *(seit einem ~)* depuis lors *soutenu*; **anderthalb ~e** un an et demi; [**jd ist**] **in den besten ~en** [qn est] dans la fleur de l'âge; **es ist noch früh im ~** l'année vient juste de commencer; ***früh im ~*** au début de l'année; **das ganze ~ über** toute l'année; **ein halbes ~** six mois; **jd ist ... ~e jung** *hum* qn a ... printemps *vieilli*; **letztes** [*o* **im letzten**] **~** l'année dernière, l'an dernier; **nächstes** [*o* **im nächsten**] **~** l'année prochaine, l'an prochain; **das neue ~** la nouvelle année; ***wir sehen uns im neuen ~ wieder*** nous nous reverrons l'année prochaine; **soziales ~** service *m* civil *(pour les femmes)*; **das verflixte siebte ~** *fam* le cap fatidique de la septième année; **ein viertel ~** trois mois; **jd kommt in die ~e** *fam* qn prend de l'âge, qn n'est plus tout(e) jeune; **auf ~e hinaus** pour de longues années; **~ für** [*o* **um**] **~** tous les ans, chaque année; **im ~e ...** en ...; **... im** [*o* **pro**] **~ ...** par an; **in diesem/nächsten ~** cette année/l'année prochaine; **in einem ~/in ... ~en** dans un an/dans ... ans; **mit den ~en** avec le temps; **mit ... ~en** à ... ans; **nach einem ~** un an après; **nach ~en** bien des années après; **vor einem ~** il y a un an; **vor 2/3/... ~en** il y a 2/3/... ans; ***es war vor ~en*** ça fait longtemps, ça remonte à loin *fam*; ***vor vielen*** [*o* ***langen***] ***~en*** il y a quelques années de cela; il y a longtemps; **alle ... ~e** tous les ... ans; **alle ~e wieder** tous les ans, chaque année; **... des ~es** *Buch, Frau, Mann, Filmschauspieler etc* ... de l'année
jahraus *adv* ▶ ~, **jahrein** *(dauernd)* tout au long de l'année [*o* des jours]; *(jedes Jahr)* chaque année, tous les ans **Jahrbuch** *nt* annales *fpl*
Jährchen <-s, -> *nt hum fam dim von* **Jahr** [petite] année *f*; ***jd hat ein paar/einige ~ auf dem Buckel*** qn n'est plus tout jeune, qn n'a plus vingt ans
jahrelang I. *adj attr* de longue haleine; ***~es Warten*** une très longue attente
II. *adv* pendant des années; *dauern* des années; ***jd hat jdm schon ~ etw versprochen*** voilà [*o* cela fait] des années que qn promet qc à qn
jähren *vr geh* ■ **etw jährt sich** c'est l'anniversaire de qc
Jahres- annuel(le); *-netzkarte a.* à l'année; *-zeitraum* d'une année **Jahresabschluss**RR *m (Bilanz)* bilan *m* annuel ▶ **jd macht** [**jdm**] [*o* **erstellt**] **den ~** qn [lui] établit le bilan annuel **Jahresanfang** *m*, **Jahresbeginn** *m* début *m* d'/de l'année ▶ **bei/nach/vor ~** en début d'année/après/avant le nouvel an **Jahresbeitrag** *m* cotisation *f* annuelle **Jahresbericht** *m (Geschäftsbericht)* rapport *m* annuel **Jahresbestzeit** *f* record *m* [*o* meilleur temps *m*] de l'année **Jahreseinkommen** *nt* revenu *m* annuel **Jahresende** *nt* fin *f* d'/de l'année ▶ **es ist/wir haben ~** c'est la fin de l'année/nous sommes en fin d'année; **bis zum/vor ~** d'ici la fin de l'année **Jahresfrist** *f* ▶ **binnen/nach/vor ~** *geh* d'ici un an/dans un délai d'un an/avant un an **Jahresgehalt** *nt* revenu *m* annuel **Jahreskarte** *f* 1. *(Eintrittskarte)* abonnement *m* annuel 2. *(Fahrkarte)* carte *f* d'abonnement annuel **Jahresring** *m [Baum]* cerne *m* **Jahrestag** *m* anniversaire *m* **Jahresurlaub** *m* congés *mpl* annuels ▶ **jd nimmt seinen ~** qn prend ses congés; **jd reicht seinen ~** [**bei jdm**] **ein** qn pose ses congés [auprès de qn] **Jahreswagen** *m voiture accordée aux employés d'un constructeur automobile à un tarif préférentiel* **Jahreswechsel** [-vɛksl] *m* nouvel an *m* ▶ **zum ~** pour le nouvel an **Jahreszahl** *f* année *f* **Jahreszeit** *f* saison *f*
Jahrgang <-gänge> *m* 1. MIL, SCOL classe *f*; UNIV promotion *f*; ***geburtenstarke Jahrgänge*** classes *fpl* issues d'un baby-boom
2. MEDIA année *f*
3. *[Wein, Auto]* année *f*
▶ **jd ist ~ ...** qn est de ..., qn est né(e) en ...; **jd ist jds ~** qn est de la même classe/promotion que qn; **sie sind ein ~** ils/elles sont de la même classe/promotion
Jahrhundert <-s, -e> *nt* siècle *m*; ■ **~e** pendant [*o* durant] des siècles; ***es dauert ~e, bis ...*** il faut des siècles pour que + *subj*
jahrhundertealt *adj* séculaire, vieux(vieille) de plusieurs siècles ■ **etw wird ~** */Baum/* qc peut devenir séculaire **jahrhundertelang** I. *adj Entwicklung, Leben* séculaire; ***nach ~er Dauer*** des siècles plus tard II. *adv* des siècles durant; *sich hinziehen* sur plusieurs siècles; *dauern* des siècles
Jahrhundertwende *f* changement *m* de/du siècle; ***die ~*** le tournant du siècle
jährlich I. *adj* annuel(le)
II. *adv* tous les ans; ***einmal/zweimal/... ~*** une fois/deux fois/... par an
Jahrmarkt *m* foire *f*
Jahrmarktsbude *f* baraque *f* foraine, stand *m* de foire
Jahrmillionen *pl* millions *mpl* d'années
▶ **in/vor ~** dans plusieurs/il y a des millions d'années
Jahrtausend <-s, -e> *nt* millénaire *m*; ■ **~e** pendant des millénaires; ***es wird ~e dauern, bis ...*** il faudra des millénaires pour que + *subj*; ***seit wenigen ~en*** depuis quelques millénaires seulement
jahrtausendelang I. *adj* millénaire
II. *adv* pendant des millénaires; *sich hinziehen* sur plusieurs millénaires; *dauern* des millénaires
Jahrtausendwende *f* changement *m* de/du millénaire; ***die ~*** le tournant du millénaire
Jahrzehnt <-[e]s, -e> *nt* décennie *f*; ■ **~e** pendant des décennies; ***es wird ~e dauern, bis ...*** il faudra des décennies pour que + *subj*
jahrzehntelang I. *adj* de plusieurs dizaines d'années
II. *adv* pendant des décennies; *dauern* des décennies; *sich hinziehen* sur plusieurs décennies
Jähzorn *m* tempérament *m* irascible, irascibilité *f littér*; ***in einem Anfall von ~*** dans un accès de colère; ***er neigt zum ~*** il s'emporte facilement ▶ **im ~** dans un accès de colère **jähzornig** *adj* irascible, colérique; ■ **jd ist/wird ~** qn est irascible/qn s'emporte, qn a un accès de colère
Jakob <-s> *m* 1. *(Personenname)* Jacques *m*
2. BIBL Jacob *m*
▶ **ein billiger ~** *fam* un camelot; **das ist [auch] nicht der wahre ~** *fam* ce n'est pas la panacée
Jakobiner(in) <-s, -> *m(f)* Jacobin(e) *m(f)*
Jakobinermütze *f* bonnet *m* phrygien
Jakobsleiter *f* NAUT échelle *f* de corde **Jakobsmuschel** *f* coquille *f* Saint-Jacques
Jalousie <-, -n> [ʒaluˈziː, -ˈziːən] *f* jalousie *f*, contrevent *m*
Jambus <-, Jamben> *m* iambe *m*
Jammer <-s> *m* Ø *(Kummer)* chagrin *m*; *(Elend)* détresse *f*
▶ [**es ist**] **ein ~, dass/wie** *fam (sehr schade)* c'est bien dommage que + *subj*, c'est malheureux que + *subj*; *(skandalös)* c'est honteux [*o* une honte] que + *subj*; ***es ist ein ~, wie er seine alte Mutter behandelt*** c'est honteux [*o* une honte] de le voir traiter sa mère ainsi
Jammerbild *nt geh* spectacle *m* de désolation **Jammergeschrei** *nt geh* lamentations *fpl*, plainte *f* **Jammergestalt** *f* pauvre hère *m*; ***die ~ des Bettlers*** le spectacle pitoyable du mendiant **Jammerlappen** *m pej sl (feiger Mensch)* chiffe *f* molle, lavette *f fam*
jämmerlich I. *adj attr* 1. *(beklagenswert)* lamentable, pitoyable
2. *(kummervoll) Klagen, Weinen* déchirant(e)
3. *fam (äußerst dürftig) Erklärung, Ausrede* lamentable; ***etw ist ~*** qc est à pleurer [*o* lamentable]
4. *pej fam Feigling, Schurke* pitoyable, minable *fam*
II. *adv* 1. *schluchzen, weinen* à fendre l'âme; ***jd kommt ~ um*** qn a une mort horrible
2. *fam frieren, sich langweilen, stinken* affreusement
jammern I. *vi* 1. *(lamentieren)* ■ **jd jammert** [**über etw** *(akk)*] qn se lamente [sur qc], qn se plaint [de qc]; ■ **das J~** les lamentations *fpl*, les plaintes *fpl*; ***lass das J~*** arrête de te lamenter [*o* de te plaindre] [*o* de gémir]
2. *(verlangen)* ■ **jd jammert nach jdm/etw** qn réclame qn/qc d'une voix plaintive
II. *vt geh* ■ **jd/etw jammert jdn** qn/qc fait pitié à qn; ***es jammert mich jedesmal, ...*** ça me fait mal [*o* pitié] de ...
jammerschade *adj fam* 1. *(schade)* ■ [**es ist**] **~, dass/wenn/wie** c'est trop dommage que + *subj*/si + *indic*/la manière dont + *indic*
2. *(zu bedauern)* ■ **um jdn ist es ~** c'est bien dommage pour qn
Janker <-s, -> *m* SDEUTSCH, AUS 1. *(Strickjacke)* veste *f* de laine
2. *(Trachtenjacke)* jaquette *f*
Jänner <-s, -> *m* AUS *s.* **Januar**
Januar <-[s], -e> *m* janvier *m*
▶ **Anfang/Ende/Mitte ~** début/fin janvier/mi-janvier; **es ist ~** c'est le mois de janvier, on est en janvier; **im ~** en janvier; **in den ~** en janvier, au mois de janvier; **in diesem ~** cette année, en janvier; **den ... ~** le ... janvier
Japan <-s> *nt* le Japon
Japaner(in) <-s, -> *m(f)* Japonais(e) *m(f)*; ■ **die ~** les Japonais
japanisch *adj* japonais(e); ***der Text ist ~*** le texte est en japonais
Japanisch *nt decl wie adj* japonais *m*; ■ **das ~e** le japonais
▶ **auf ~** en japonais
Japanologie <-> *f* Ø linguistique *f* [*o* philologie *f*] japonaise
japsen *vi fam* ■ **jd japst** qn halète, qn est à bout de souffle; ***jd japst nach Luft*** qn reprend haleine [*o* son souffle]
Jargon <-s, -s> [ʒarˈgõː, ʒarˈgɔŋ] *m* jargon *m*
-jargon [-ʒargõː, -ʒargɔŋ] *m* jargon *m* des
Jasager(in) <-s, -> *m(f) pej* béni-oui-oui *m inv vieilli fam*, suiviste *mf*
▶ **jd ist ein ~** qn dit amen à tout, qn est un béni-oui-oui *vieilli fam* [*o* un/une suiviste]
Jasmin <-s, -e> *m* jasmin *m*
▶ **Echter ~** jasmin *m* d'hiver; **Falscher ~** seringat *m* des jardins
Jaspis <-[ses], -se> *m* jaspe *m*
JassRR <-es>, **Jaß** <Jasses> *m* CH *jeu de cartes*
jassen *vi* CH ■ **jd jasst** qn joue aux cartes
Jastimme *f* oui *m*, voix *f* pour

jäten I. *vt* ■ **jd jätet etw** *Unkraut* qn arrache qc; *Beet* qn sarcle qc, qn désherbe qc
II. *vi* ■ **jd jätet** qn sarcle
Jauche <-, -n> *f* purin *m*
jauchen I. *vt* ■ **jd jaucht etw** qn répand du purin sur qc
II. *vi* ■ **jd jaucht** qn répand du purin
Jauche[n]grube *f* fosse *f* à purin
jauchzen *vi geh* ■ **jd jauchzt** qn jubile, qn exulte, qn pousse des cris de joie; ■ **~d** en jubilant, en exultant, en poussant des cris de joie
Jauchzer <-s, -> *m* cri *m* de joie
jaulen *vi* ■ **ein Hund jault** un chien glapit, un chien hurle à la mort; ■ **~d** *adj* glapissant(e), qui hurle à la mort; *adv* en glapissant, en hurlant à la mort
Jause <-, -n> *f* AUS casse-croûte *m*
jausen *vi* AUS ■ **jd jaust** qn casse la croûte *fam*
Java <-s> ['dʒɑ:və] *nt* INFORM Java *m*
jawohl *adv* oui[, bien sûr]
jawoll *interj* MIL à vos ordres
Jawort *nt* ▶ **jd gibt jdm das ~** qn dit oui à qn, qn donne son consentement à qn
Jazz <-> [dʒæs, jats] *m* ∅ jazz *m*
Jazz- ['dʒæs-, 'jats-] de jazz **Jazzkeller** *m* caveau *m*, cave *m* (*où l'on joue du jazz*)
je I. *adv* **1.** (*jemals*) jamais; ***es klappte besser als ~ gedacht*** ça a mieux marché que nous n'avions pensé
2. (*jeweils*) chacun(e); ***in den Kisten sind ~ sechs Flaschen*** dans chaque caisse, il y a six bouteilles; ***die Häuser haben ~ sechs Wohnungen*** les maisons ont chacune six appartements
II. *präp + akk* (*pro*) pour chaque; ***~ 500 verkaufte Exemplare*** pour 500 exemplaires vendus
III. *conj* ▶ **~ ..., desto ...** plus ..., plus ...; ***~ weniger die Menschen wissen, desto ...*** moins les gens en savent, plus ...; ***~ älter sie wird, desto ...*** plus elle vieillit, plus ...; ***~ öfter du übst, desto besser kannst du spielen*** plus tu t'entraînes, mieux tu sauras jouer; **~ nach ...** *Belieben, Größe, Länge* selon le/la/les ...; ***~ nach Wunsch*** à volonté; ***etw variiert ~ nach der Größe*** qc varie en fonction de la taille; **~ nachdem!** ça dépend!; **~ nachdem, wann/wie/ob** ça dépend quand/comment/si
Jeans <-, -> [dʒi:nz] *f meist pl* jean *m*
Jeans- [dʒi:nz-] en jean
Jeck <-en, -en> *m* DIAL *participant au carnaval de la région rhénane*
jede(r, s) *pron indef* **1.** *attr* (*alle einzelnen*) chaque; ***~ Schülerin muss an der Veranstaltung teilnehmen*** toutes les élèves doivent participer à la manifestation; ***nicht ~r Bürger ist über diese Vorschrift informiert*** les citoyens ne sont pas tous au courant de cette disposition
2. (*jegliche*) tout(e); ***fern von ~r Hilfe*** loin de toute aide; ***du raubst mir ~ Hoffnung/Illusion*** tu m'ôtes tout espoir/toute illusion; ***ohne ~ Anstrengung*** sans le moindre effort; ***wir müssen ~n Versuch unternehmen, um zu ...*** nous devons faire tout notre possible pour ...
3. (*in einem beliebigen*) *Zeitpunkt* tout(e), n'importe quel(le); ***~n Moment*** [*o* ***Augenblick***] d'un moment à l'autre, à tout moment; ***zu ~r Stunde*** à tout moment; ***~ Minute*** d'une minute à l'autre; ***zu ~r Zeit*** à n'importe quel moment, à tout moment
4. *substantivisch* ■ **~(r)** tout le monde; ***du kannst ~n fragen*** tu peux demander à n'importe qui [*o* à qui tu veux]; ■ **~ meiner/der** [*o* **~ von den**] chacun(e) de mes/des
5. *substantivisch* DIAL (*jeweils der/die Einzelne*) chacun/chacune; ***~r ist ganz nett*** chacun d'entre eux est très gentil
▶ **~r gegen ~n** tous contre tous; **ein ~r/eine ~** (*wirklich jeder*) tout le monde; **~e(r, s) zweite/dritte/...** un(e) sur deux/trois/...
jedenfalls *adv* **1.** (*immerhin*) en tout cas
2. (*auf jeden Fall*) en tout cas, quoi qu'il en soit
jedermann *pron indef* tout le monde **jederzeit** *adv* **1.** (*zu jeder beliebigen Zeit*) à tout moment; ***ihr seid ~ willkommen*** vous serez toujours les bienvenus; ***nicht ~*** pas toujours **2.** (*jeden Augenblick*) d'un moment à l'autre
jedesmal *s.* **Mal**[1] ▶
jedoch *conj/adv* cependant, pourtant
jedwede(r, s) *pron indef veraltend* **1.** *adjektivisch* chaque
2. *substantivisch* chacun(e); ***das sagt nicht ~m zu*** ça ne plaît pas à tout le monde
Jeep® <-s, -s> [dʒi:p] *m* **1.** (*Marke*) jeep® *f*
2. *fam* (*Geländewagen*) jeep® *f*, quatre-quatre *m o f*
jegliche(r, s) *pron indef* tout(e)
jeher *adv* ▶ **seit** [*o* **von**] **~** *geh* de tout temps, depuis toujours
jein *adv hum* oui et non
Jelängerjelieber <-s, -> *nt* chèvrefeuille *m* des jardins
jemals *adv* jamais; ***ist das schon ~ vorgekommen?*** est-ce que ça s'est déjà produit [par le passé]?
jemand *pron indef* quelqu'un
▶ **~ anderer** [*o* **anders** *fam*] quelqu'un d'autre
jene(r, s) *pron dem geh* **1.** (*der bewusste*) ce ...[-là]/cet ...[-là]/cette ...[-là]; ***~n Teppich, den ich kaufen wollte*** le tapis que je voulais acheter
2. (*der dort*) ce ...[-là]/cet ...[-là]/cette ...[-là]; *substantivisch* celui-là/celle-là; ***dieses Auto hier ist meines, ~s das ihrige*** cette voiture est la mienne, celle-là la sienne
jenseits I. *präp + gen* ■ **~ einer S.** (*gen*) de l'autre côté de qc
II. *adv* ■ **~ von etw** de l'autre côté de qc
Jenseits <-> *nt* ∅ ■ **das/ein ~** l'/un au-delà *m*
▶ **jd/etw befördert jdn/ein Tier ins ~** *fam* qn/qc expédie qn/un animal dans l'autre monde *fam*

Jeremias <-> *m* Jérémie *m*
Jersey <-[s], -s> ['dʒø:ezi, 'dʒœrzi] *m* jersey *m*
Jesses *interj fam* Jésus Marie!, mon Dieu!
Jesuit <-en, -en> *m* jésuite *m*
Jesuiten- *-orden, -internat* jésuite; *-schule a.* de jésuites
Jesus <(*gen o dat*) Jesu, (*akk*) Jesum> *m* Jésus *m*
▶ **~ Christus** Jésus Christ; **~ Maria** [**und Josef**]! DIAL *fam* Jésus Marie [Joseph]!; **bin ich ~?**, **ich bin doch nicht ~!** *fam* est-ce que j'sais, moi! *fam*, je suis pas le bon Dieu! *fam*
Jesuskind *nt* ■ **das ~** l'enfant *m* Jésus **Jesuslatschen** *pl fam* nu-pieds *mpl*, sandales *fpl*
Jet <-[s], -s> [dʒɛt] *m fam* jet *m*
Jetlag <-s, -s> ['dʒɛtlæg] *m* troubles *mpl* dus [*o* fatigue *f* due] au décalage horaire
Jeton <-s, -s> [ʒə'tõ] *m* jeton *m*
Jetset[RR] <-s, *rare* -s> ['dʒɛtsɛt] *m fam* jet-set *m o f*, jet-society *f*
jetten ['dʒɛtn] *vi + sein fam* ■ **jd jettet irgendwohin** qn s'envole pour quelque part
jetzig *adj attr Augenblick, Moment* présent(e); *Zeit, Situation, Erkenntnisstand, Ermittlungsstand* actuel(le)
jetzt *adv* **1.** (*zur Zeit*) maintenant; ***wer mag das ~ sein?*** qui cela peut-il être à cette heure-ci?
2. (*nun*) maintenant; ***habe ich ~ den Brief eingeworfen oder nicht?*** ai-je bien envoyé la lettre ou non?; ***hast du es ~ endlich kapiert?*** as-tu enfin compris maintenant?
3. (*heute*) maintenant, de nos jours
▶ **~ gleich** tout de suite, maintenant; **~ oder nie!** maintenant ou jamais!; **~ noch?** maintenant?; (*zu dieser Zeit?*) à cette heure-ci?; **~ schon?** déjà?; **bis ~** jusqu'à présent; **für ~** (*für dieses Mal*) pour cette fois
Jetzt <-> *nt* ∅ *geh* ■ **das ~** le présent
jeweilig *adj attr* du moment; *Mode a.* de l'époque; *Währung* correspondant(e)
jeweils *adv* **1.** (*jedesmal*) chaque fois; (*pro einzelnem*) pour chaque; ***die ~ Betroffenen*** les personnes concernées; ***die ~ gültigen Bestimmungen/Gesetze*** les réglementations/lois en vigueur à un moment donné [*o* une période donnée]; ***die Miete ist ~ monatlich im Voraus fällig*** le loyer se règle au début de chaque mois; ***das ~ richtige Porto*** l'affranchissement approprié à chaque envoi; ***Schuhe für die Kinder in der ~ passenden Größe*** des chaussures de la pointure de chacun des enfants
2. (*immer zusammengenommen*): ***die Schulklassen haben ~ einen Klassensprecher zu wählen*** les classes doivent élire chacune un représentant; ***zu ~ zwei Schlafräumen gehört ein Waschsaal*** il y a une salle de bains pour deux dortoirs; ***~ drei Pfadfinder gehen zusammen*** les scouts vont par groupes de trois
3. (*zur entsprechenden Zeit*) de l'époque
Jg. *abk von* **Jahrgang** année *f*
Jh. *abk von* **Jahrhundert** siècle *m*
JH *abk von* **Jugendherberge** auberge *f* de jeunesse
jiddisch *adj* judéo-allemand(e), yiddish *inv*
▶ **auf J~** en judéo-allemand(e), en yiddish
Jiu-Jitsu <-s> ['dʒi:u'dʒɪtsu] *nt* ∅ jiu-jitsu *m*
Job <-s, -s> [dʒɔp] *m fam* **1.** (*Anstellung*) job *m fam*, boulot *m fam*, emploi *m*
2. (*Beschäftigung*) boulot *m fam*
jobben ['dʒɔbn] *vi fam* ■ **jd jobbt** qn fait des petits boulots; ■ **jd jobbt irgendwo** qn bosse quelque part *fam*
Jobsharing[RR] <-s> ['dʒɔpʃæ:rɪŋ] *nt* ∅ partage *m* du travail
Joch <-[e]s, -e> *nt* **1.** AGR joug *m*
2. ARCHIT travée *f*
3. (*Sattel im Bergkamm*) col *m*
▶ **jd wirft** [*o* **schüttelt**] **jds ~/das ~ einer S.** (*gen*) **ab** *liter* qn se rebelle contre qn/qc; **jd beugt sich jds ~** (*dat*) *liter* qn se soumet à qn, qn subit le joug de qn *soutenu*
Jochbein *nt* os *m* de la pommette, os *m* malaire
Jockei <-s, -s> *m*, **Jockey** <-s, -s> ['dʒɔke, 'dʒɔki] *m* jockey *m*
Jockey- ['dʒɔke-, 'dʒɔki-] de jockey
Jod <-s> *nt* ∅ **1.** CHEM iode *m*
2. MED *fam* teinture *f* d'iode
jodeln *vi* ■ **jd jodelt** qn iodle, qn jodle, qn pousse la tyrolienne
Jodler <-s, -> *m* tyrolienne *f*
Jodler(in) <-s, -> *m(f)* chanteur(-euse) *m(f)* de tyrolienne
Jodtinktur *f* teinture *f* d'iode
Joga <-[s]> *m o nt* ∅ yoga *m*
joggen [dʒɔgn] *vi* **1.** + *haben* ■ **jd joggt** qn jogge, qn fait du jogging
2. + *sein* ■ **jd joggt irgendwohin** qn jogge [*o* fait du jogging] quelque part
Jogger(in) <-s, -> ['dʒɔgɐ] *m(f)* joggeur(-euse) *m(f)*
Jogging <-s> ['dʒɔgɪŋ] *nt* ∅ jogging *m*
Jogging- ['dʒɔgɪŋ-] *-hose, -schuh* de jogging; **~anzug** jogging *m*
Joghurt <-[s], -[s]> *m o nt* yaourt *m*, yogourt *m*
Jogi <-s, -s> *m* yogi *m*
Jogurt[RR] *s.* **Joghurt**
Johanna <-> *f* Jeanne *f*
▶ [**die heilige**] **~ von Orléans** Jeanne d'Arc, la pucelle d'Orléans
Johannes <-> *m* **1.** Jean *m*
2. BIBL l'apôtre *m* Jean, saint Jean *m*
▶ **~ der Täufer** Jean-Baptiste
Johannesevangelium *nt* Évangile *m* selon saint Jean
Johannisbeere *f* **1.** (*Frucht*) groseille *f* **2.** (*Strauch*) groseillier *m* ▶ **rote ~** (*Frucht*) groseille *f* rouge; (*Strauch*) groseillier *m* rouge; **schwarze ~**

(*Frucht*) cassis *m;* (*Strauch*) cassis *m*, cassissier *m* **Johanniskäfer** *m fam* ver *m* luisant
johlen *vi* ■ **jd johlt** qn hurle; ■ **~d** en hurlant; ***die ~de Menge*** la foule beuglante; ***die Fans zogen ~d durch die Stadt*** les supporters ont traversé la ville en beuglant
Joint <-s, -s> [dʒɔɪnt] *m sl* joint *m fam*
Jointventure^RR <-s, -s>, **Joint Venture**^RR <- -s, - -s> [dʒɔɪnt'vɛntʃə] *nt* coentreprise *f*, joint[-]venture *f*
Jo-Jo <-s, -s> *nt* yoyo *m*, yo-yo *m*
Joker <-s, -> ['jo:kɐ, 'dʒo:kɐ] *m* joker *m*
Jolle <-, -n> *f* **1.** (*Beiboot*) canot *m*
2. (*Segelboot*) yole *f*
Jongleur(in) <-s, -e> [ʒɔŋ'lø:ɐ] *m(f)* jongleur(-euse) *m(f)*
-jongleur(in) [-ʒɔŋlø:ɐ] *m(f) Finanz-, Steuer-* spécialiste *mf* [*o* pro *mf fam*] du/de l'/de la; *Geld-* spécialiste *mf* [*o* pro *mf fam*] du/de l'/de la
jonglieren * [ʒɔŋ'li:rən] *vi* **1.** (*mit Gegenständen*) ■ **jd jongliert [mit etw]** qn jongle [avec qc]
2. *geh* ■ **jd jongliert mit etw** *mit schwierigen Begriffen, Formeln etc* qn jongle avec qc
Joppe <-, -n> *f* DIAL *veste courte et ajustée*
Jordan <-s> *m* (*Fluss*) Jourdain *m*
▸ **jd geht über den ~** *fam* qn passe l'arme à gauche; **jd lässt jdn über den ~ gehen** *fam* qn envoie qn ad patres *fam*
Josef <-s> *m*, **Joseph** <-s> *m* Joseph *m*
Jot <-, -> *nt* J *m*, j *m*
Jota <-[s], -s> *nt* iota *m*
▸ **kein** [*o* **nicht ein**] **~** *geh* pas d'un iota, pas d'un pouce
Joule <-[s], -> [ʒu:l] *nt* PHYS joule *m*
Jour fixe <- -, -s -s> [ʒu:ɐ'fɪks] *m* séance *f* de rapport hebdomadaire
Journaille <-> [ʒʊr'naljə] *f* ∅ *pej geh* presse *f* à sensation
Journal <-s, -e> [ʒʊr'na:l] *nt* **1.** COM journal *m*
2. *geh* (*Zeitschrift*) revue *f*
Journalismus <-> [ʒʊrna'lɪsmʊs] *m* ∅ journalisme *m;* (*Presse*) presse *f;* ***in Diktaturen ist unbehinderter ~ nicht möglich*** dans les dictatures, il est impossible d'exercer librement le métier de journaliste
-journalismus [-ʒʊrnalɪsmʊs] *m pej Skandal-, Verkündungs-* presse *f* à; ***Enthüllungs~*** presse *f* spécialisée dans les révélations
Journalist(in) <-en, -en> [ʒʊrna'lɪst] *m(f)* journaliste *mf*
Journalistik <-> [ʒʊrna'lɪstɪk] *f* ∅ [études *fpl* de] journalisme *m*
journalistisch [ʒʊrna'lɪstɪʃ] **I.** *adj Ausbildung, Tätigkeit* de journaliste; *Volontariat* en tant que journaliste, de journalisme
II. *adv arbeiten, tätig sein* comme journaliste; ***jd ist ~ ausgebildet*** qn a une formation de journaliste
jovial [jo'via:l] **I.** *adj geh* protecteur(-trice); ■ **jd ist ~ [zu jdm]** qn adopte une attitude protectrice [avec qn]
II. *adv geh* avec condescendance
Jovialität <-> [joviali'tɛ:t] *f* ∅ *geh* attitude *f* protectrice
Joystick <-s, -s> ['dʒɔɪstɪk] *m* manette *f* de jeu, poignée *f*
jr. *adj abk von* **junior** junior
Jubel <-s> *m* ∅ cris *mpl* d'allégresse [*o* de joie]
▸ **~, Trubel, Heiterkeit** *fam* ambiance *f* du tonnerre *fam;* ***es herrscht ~, Trubel, Heiterkeit*** il y a une ambiance du tonnerre *fam*
Jubelgeschrei *nt* cris *mpl* d'allégresse [*o* de joie] **Jubelhochzeit** *f fam* anniversaire *m* de mariage **Jubeljahr** *nt* ▸ **nur alle ~e [einmal]** *fam* très rarement, aux grandes occasions seulement
jubeln *vi* ■ **jd jubelt [über etw** (*akk*)**]** qn jubile [à cause de qc]; ■ **~d** *adverbial* en jubilant; ***die ~de Menge*** la foule en liesse
Jubelruf *m* cri *m* de joie [*o* d'allégresse]
▸ **unter ~en** sous les acclamations
Jubilar(in) <-s, -e> *m(f)* personne *f* qui fête son anniversaire
Jubiläum <-s, Jubiläen> *nt* [fête *f*] anniversaire *m;* (*50-jähriges ~*) jubilé *m*
Jubiläums- *-kuchen, -essen* d'anniversaire; *-gäste* à un/l'anniversaire
jubilieren * *vi geh* ■ **jd jubiliert [über etw** (*akk*)**]** qn jubile [à l'annonce de qc], qn déborde de joie [à l'annonce de qc]
juchhe *interj*, **juchheißa** *interj*, **juchhu** *interj fam* youpi *fam* hourra *fam*
juchzen *vi fam* ■ **jd juchzt** qn pousse des cris de joie; ***..., juchzten die Kinder ...***, s'exclamèrent joyeusement les enfants; ■ **das J~** des exclamations *fpl* de joie
jucken I. *vi* ■ **etw juckt** qc démange [qn]; ***was kratzt du dich so, juckt etwas?*** pourquoi est-ce que tu te grattes, qu'est-ce qui te démange [*o* pique]?; ***mein Ausschlag/der Stich juckt*** mon eczéma/la piqûre me démange; ***meine Hand/mein Hintern juckt*** j'ai la main/le derrière qui me démange; ***au, das juckt!*** aïe, ça [me] démange [*o* pique]!; ***der Pulli juckt*** le pull gratte
II. *vi impers* ■ **es juckt [irgendwo]** ça démange [*o* gratte *fam*] [quelque part]
III. *vt impers* **1.** (*zum Kratzen reizen*) ■ **es juckt jdn [irgendwo]** ça le/la démange [*o* gratte *fam*] [quelque part]
2. *fam* (*reizen*) ■ **es juckt jdn etw zu tun** ça démange qn de faire qc *fam*
IV. *vt* **1.** (*kratzen*) ■ **etw juckt jdn** qc gratte qn *fam*
2. *fam* (*reuen*) ■ **jdn juckt etw** */jds Arglosigkeit, Leichtgläubigkeit, Vertrauensseligkeit etc/* qn regrette qc; ■ **jdn juckt es etw getan zu haben** qn regrette d'avoir fait qc
3. *fam* (*kümmern*) ■ **etw juckt jdn nicht** qn n'a rien à faire de qc; ***na und, das juckt mich doch nicht!*** et alors, qu'est-ce que tu veux que ça me fasse? *fam*, et alors, j'en ai rien à faire *fam*
V. *vr fam* ■ **jd juckt sich [an etw** (*dat*)**]** qn se gratte [qc]
Jucken <-s> *nt* ∅ démangeaison *f*
Juckpulver [-fɐ, -vɐ] *nt* poil *m* à gratter **Juckreiz** *m* démangeaison *f*
Judas <-, -se> *m* **1.** BIBL Judas *m*
2. *pej geh* (*Verräter*) Judas *m*
Judaslohn *m pej geh* salaire *m* de la honte
Jude <-n, -n> *m*, **Jüdin** *f* juif/juive *m/f;* ■ **die ~n** les juifs
▸ **der ewige ~** *geh* le Juif errant; **jd ist ~** qn est juif(juive)
Judenhass^RR *m* haine *f* antisémite **Judenstern** *m* étoile *f* jaune
Judentum <-s> *nt* ∅ **1.** (*Gesamtheit der Juden*) juifs *mpl*
2. (*Glaube*) judaïsme *m;* (*Wesen a.*) judaïté *f*
Judenverfolgung *f* persécution *f* des juifs
Jüdin *f s.* **Jude**
jüdisch I. *adj* juif(juive); (*ethnisch und religiös gesehen a.*) judaïque; *Witz* juif(juive)
II. *adv* selon le rite juif
Judo <-s> *nt* ∅ judo *m*
Judoka <-s, -s> *m* judoka *m*
Jugend <-> *f* ∅ **1.** (*Jugendzeit*) jeunesse *f*
2. (*Jugendlichkeit*) jeunesse *f*
3. (*junge Menschen*) ■ **die ~** la jeunesse, les jeunes *mpl*
▸ **frühe ~** première jeunesse *f;* **früheste ~** prime [*o* petite] enfance *f;* **die ~ von heute, die heutige ~** la jeunesse actuelle, les jeunes d'aujourd'hui; **die reifere ~** *hum* les moins jeunes; **die studentische ~** la jeunesse estudiantine; **die weibliche/männliche ~** *geh* les jeunes filles/jeunes garçons; **in jds ~** (*dat*) lorsque qn était jeune, du temps de qn; ***in meiner/seiner/... ~*** dans ma/sa/... jeunesse, de mon/son/... [jeune] temps; **von ~ an** [*o* **auf**] depuis l'/mon/son/... enfance
Jugend- *-alkoholismus, -arbeitslosigkeit, -vertretung, -sprache* des jeunes; *-forscher, -kult* de la jeunesse; *-kleidung, -heim, -sport, -vorstellung, -literatur, -zeitschrift, -pfarrer, j-gemäß* pour les jeunes, pour la jeunesse; *-begegnung* de jeunes gens; *-leiter(in)* pour adolescents; *-strafrecht* de la jeunesse; *-schriftsteller* d'ouvrages pour la jeunesse [*o* les jeunes]; *-psychiatrie, -psychiater* spécialisé(e) dans le traitement des jeunes; *-bande, -organisation* de jeunes; *-religion* des jeunes, de la jeunesse; *-gedicht, -erinnerung, -traum* de jeunesse; *-bekanntschaft* d'enfance; ***~arbeitsschutzgesetz*** loi *f* sur la protection des jeunes travailleurs; ***~verbot*** interdit aux moins de 18 ans; ***ein ~werk Picassos*** une œuvre du jeune Picasso **Jugendalter** *nt* jeune âge *m* ▸ **jd ist im ~** *form* qn est encore adolescent(e), qn n'est pas majeur(e) **Jugendamt** *nt* office *m* pour la protection des jeunes [*o* mineurs] **Jugendarbeit** *f* ∅ **1.** (*Erwerbstätigkeit Jugendlicher*) travail *m* des jeunes **2.** (*Förderung Jugendlicher*) encadrement *m* des jeunes [*o* de la jeunesse] **Jugendbewegung** *f* ■ **die ~** le mouvement *m* de la jeunesse **Jugendbild** *nt* photo *f* d'enfance; ***das ist ein ~ von meiner Mutter*** c'est une photo de ma mère lorsqu'elle était jeune **Jugendbildnis** *nt: ein ~ Dürers* un portrait du jeune Dürer **Jugendbuch** *nt* livre *m* pour la jeunesse [*o* les jeunes] **jugendfrei** *adj veraltend* pour tout public; ***der Film ist nicht ~*** le film est interdit aux moins de 18 ans **Jugendfreund(in)** *m(f)* ami(e) *m(f)* d'enfance **jugendgefährdend** *adj* dangereux(-euse) pour la jeunesse **Jugendgericht** *nt tribunal pour les mineurs* **Jugendgruppe** *f* groupe *m* de jeunes **Jugendhelfer(in)** *m(f)* **1.** (*in einem Ferienwohnheim*) moniteur(-trice) *m(f)* **2.** (*außerhalb der Schule*) travailleur social/travailleuse sociale *m/f* (*qui s'occupe des jeunes*) **Jugendherberge** *f* auberge *f* de jeunesse **Jugendhilfe** *f* protection *f* sociale des jeunes [*o* de l'enfance] **Jugendjahre** *pl* ■ **jds ~** la jeunesse de qn, les jeunes années de qn *soutenu* **Jugendkriminalität** *f* délinquance *f* [*o* criminalité *f*] juvénile
jugendlich I. *adj* **1.** *Besucher, Zuschauer, Täter* jeune **2.** *Ausgelassenheit, Leichtsinn, Schwung, Übermut* juvénile **3.** *Äußeres, Erscheinung, Frische* jeune ▸ **etw macht jdn ~** qc donne un air jeune à qn **II.** *adv* jeune **Jugendliche(r)** *f(m) decl wie adj* jeune *mf*, adolescent(e) *m(f)*
Jugendlichkeit <-> *f* ∅ **1.** (*Alter*) jeunesse *f*
2. (*Erscheinung*) air *m* jeune; ***hellere Kleidung würde die ~ deines Äußeren noch hervorheben*** avec des vêtements plus clairs, tu aurais l'air [*o* ferais] encore plus jeune
Jugendliebe *f* amour *m* de jeunesse **Jugendmannschaft** *f* équipe *f* junior **Jugendpflege** *f* encadrement *m* périscolaire des jeunes **Jugendrichter(in)** *m(f)* juge *mf* pour enfants **Jugendschutz** *m* protection *f* des jeunes **Jugendsekte** *f secte attirant plus spécialement les jeunes* **Jugendstil** *m* Art *m* nouveau, style *m* 1900; ***eine ~lampe*** une lampe art nouveau [*o* style 1900] **Jugendstrafanstalt** *f form* maison *f* de redressement **Jugendstrafe** *f* détention *f* en maison de redressement **Jugendsünde** *f* péché *m* [*o* écart *m*] de jeunesse **Jugendtorheit** *f* erreur *f* de jeunesse **Jugendwohnheim** *nt* foyer *m* des jeunes travailleurs **Jugendzeit** *f* jeunesse *f*, jeunes années *fpl* **Jugendzentrum** *nt* Maison *f* des jeunes et de la culture, M.J.C. *f*
Jugoslawe <-n, -n> *m*, **-slawin** *f* HIST Yougoslave *mf*
Jugoslawien <-s> [-viən] *nt* HIST la Yougoslavie
jugoslawisch *adj* HIST yougoslave
Julei <-s, -s> *m bes.* COM juillet *m*
Juli[1] <-[s], -s> *m* juillet *m;* ***der ~*** le mois de juillet
Juli[2] <-s, -s> *m*, <-, -s> *f abk von* **Jungliberale(r)** ■ **die ~s** mouvement *m* des jeunes libéraux, les jeunes libéraux *mpl*
Jumbo- *-packung, -container, -tube* maxi..., ... géant(e) **Jumbo[jet]**^RR <-s, -s> [-dʒɛt] *m* Boeing *m* [747], gros-porteur *m*
jun. *adj abk von* **junior**
jung <=er, =ste> **I.** *adj* **1.** (*noch nicht alt*) jeune; ■ **der ~e ...** *Schiller, Picasso etc* le jeune ...
2. (*jung wirkend*) jeune; ***das macht dich =er/lässt dich =er wirken*** ça te rajeunit
3. (*früher geboren*) ■ **der/die =ere ...** *Bruder, Schwester* le ... cadet/la ... cadette; ■ **der/die =ste** *Bruder, Schwester* le/la plus jeune; ***der J=ere*** le ca-

det; ***der/die J~ste*** le/la benjamin(e)
4. *Siedlung, Sportart, Aktie* nouveau(-velle); *Staat a.* jeune
▶**J~ und Alt** jeunes et vieux, les jeunes et les moins jeunes
II. *adv heiraten, sterben* jeune
▶**von ~ auf** depuis l'enfance, depuis ma/ta/... plus tendre enfance, depuis mon/ton/... plus jeune âge

Jung- *-akademiker, -bauer, -filmer, -lehrer, -star, -unternehmer, -liberale(r), -sozialist* jeune ... **Jungbrunnen** *m* fontaine *f* [*o* bain *m*] de jouvence

Junge <-n, -n> *m* **1.** (*männliches Kind*) garçon *m; **sie ist ein richtiger ~*** c'est un garçon manqué
2. (*Laufbursche*) garçon *m* de courses
3. *pl veraltend fam* (*Leute*) ■**Jungs,** ■**~ns** gars *mpl fam; **los, Jungs, kommt!*** allez, les gars, venez! *fam*
▶**alter ~** *fam* [mon] vieux *fam,* vieille branche *fam;* **dummer ~** gros bêta *m fam;* **wie einen dummen ~n** comme un débutant [*o* novice] [*o* bleu *fam*]; **ein schwerer ~** *fam* un grand criminel; **mein ~!** *fam* mon gaillard! *fam;* **~, ~!** *fam* eh ben, dis donc! *fam*

Junge(s) *nt decl wie adj* **1.** ZOOL petit *m*
2. ORN oisillon *m*

Jungen- *-klasse, -schule, -zeltlager* de garçons; *-buch, -fahrrad, -kleidung, -spielzeug* de garçon **Jungengesicht** *nt* visage *m* de gamin

jungenhaft *adj* (*in Bezug auf Männer*) jeune; (*in Bezug auf Frauen*) garçonnier(-ière); ***seine/ihre ~e Art*** ses manières jeunes/garçonnières

jünger *adj* **1.** *comp von* **jung**
2. *Kollege, Minister* encore jeune; (*im Vergleich zu Älteren*) plus jeune; ***er ist ein ~er Kollege von mir*** il fait partie de mes collègues plus jeunes
3. *Datum, Geschichte, Entwicklung* récent(e)

Jünger(in) <-s, -> *m(f)* disciple *mf*

Jüngere(r) *f(m) decl wie adj* **1.** (*jüngerer Mensch*) personne *f* plus jeune; ***die ~n unter Ihnen*** les plus jeunes d'entre vous
2. (*Junior*) junior *m; **Holbein der ~*** Holbein le jeune

Jungfer <-, -n> *f veraltet* vieille demoiselle *f*
▶**eine alte ~** *pej* une vieille fille

Jungfernfahrt *f* première traversée *f* [*o* sortie *f* en mer] **Jungfernflug** *m* premier vol *m* **Jungfernhäutchen** *nt* hymen *m* **Jungfernrede** *f* premier discours *m*

Jungfrau *f* **1.** [fille *f*] vierge *f,* pucelle *f fam*
2. ASTROL Vierge *f*
▶[**jd kommt zu etw**] **wie die ~ zum Kind**[**e**] *hum fam* [qn attrape/obtient qc] par l'opération du Saint-Esprit *fam;* **die ~ Maria** la Vierge Marie; **die ~ von Orléans** la Pucelle d'Orléans, Jeanne la Pucelle; **die Heilige ~** la Sainte Vierge; **jd ist** [**eine**] **~** ASTROL qn est Vierge

jungfräulich *adj geh* **1.** *Braut, Mädchen* vierge
2. (*unberührt*) *Schnee* vierge; *Erde, Landschaft, Erdteil a.* sauvage

Jungfräulichkeit <-> *f* ∅ *geh* **1.** virginité *f*
2. ***ich war begeistert von der ~ des schottischen Hochlandes*** les Highlands sauvages d'Écosse m'ont enthousiasmé(e); ***beim Gehen zerstörte sie die ~ des Schnees*** ses pas trouaient le manteau de neige immaculé

Junggeselle *m,* **-gesellin** *f* célibataire *mf*
▶**ein eingefleischter ~/eine eingefleischte Junggesellin** un(e) célibataire endurci(e)

Junggesellenbude *f fam* garçonnière *f* **Junggesellendasein** *nt,* **Junggesellenleben** *nt* vie *f* de célibataire [*o* de garçon] **Junggesellenwohnung** *f* garçonnière *f* **Junggesellenzeit** *f* vie *f* de garçon; ***in meiner ~*** quand j'étais célibataire

Junggesellin *f s.* **Junggeselle**

Jüngling <-s, -e> *m geh* jeune homme *m,* éphèbe *m littér*
▶**jd ist** [**auch**] **kein ~ mehr** qn n'est plus un jeune homme

jüngst *adv geh* dernièrement, tout récemment

jüngste(**r, s**) *adj* **1.** *superl von* **jung**
2. ***in ~r Zeit*** dernièrement, tout récemment; ***aus ~r Vergangenheit*** d'un passé très récent
3. *Werk, Schöpfung* le plus récent/la plus récente, tout(e) dernier(-ière)
▶**jd ist** [**auch**] **nicht mehr der/die J~** qn n'est plus tout(e) jeune [*o* de la première jeunesse]

Jungsteinzeit *f* néolithique *m*

jüngstens *adv veraltend geh s.* **jüngst**

Jungtier *nt* jeune *m; **eine Löwin und sechs ~e*** une lionne et six lionceaux; ***Ochsen werden meist als ~e geschlachtet*** le plus souvent, les bœufs sont abattus jeunes **Jungverheiratete(r)** *f(m) decl wie adj* jeune marié(e) *m(f);* ■**die ~n** les jeunes mariés **Jungvermählte(r)** *f(m) decl wie adj geh s.* **Jungverheiratete. Jungvieh** *nt* jeune bétail *m,* jeunes bêtes *fpl* **Jungwähler(in)** *m(f)* jeune électeur(-trice) *m(f)*

Juni <-[s], -s> *m* juin *m; **der ~*** le mois de juin

junior *adj geh* junior

Junior <-s, -en> *m,* **Juniorin** *f* **1.** (*Juniorchef*) fils *m* de/du patron
2. *fam* (*Sohn*) fiston *m fam*
3. *pl* (*Sportler*) juniors *mpl*

Juniorenausweis *m s.* **Juniorpass**

Juniorpartner(in) *m(f)* jeune associé(e) *m(f)* **Juniorpass**[RR] *m* carte *f* jeunes

Junk-Bond <-s, -s> ['dʒaŋkbɔnd] *m* obligation *f* à haut risque

Junkfood <-s> ['dʒaŋkfu:d] *nt* ∅ bouffe *f* industrielle *fam*

Junkie <-s, -s> ['dʒaŋki] *m sl* junkie *mf fam*

Junktim <-s, -s> *nt* groupement *m* de projets de loi; ***als ~*** comme un tout
▶**zwischen Dingen besteht ein ~** les choses sont liées [*o* interdépendantes]

Juno <-s, -s> *m bes.* COM juin *m*

Junta <-, Junten> ['xʊnta, 'jʊnta] *f* junte *f*

Jupe <-s, -s> [ʒy:p] *m* CH *s.* **Rock**

Jupiter <-s> *m* ∅ ■**der ~** [la planète] Jupiter *f*

jur. *adj abk von* **juristisch**

Jura[1] <-s> *m* ∅ GEOL jurassique *m*

Jura[2] <-s> *m* ∅ **1.** (*Gebirge*) le Jura
2. (*Kanton*) canton *m* du Jura

Jura[3] *kein art* (*Rechtswissenschaft*) droit *m*

Jurastudium *nt* [études *fpl* de] droit *m*

Jurisdiktion <-, *rare* -en> *f geh* juridiction *f*

Jurisprudenz <-> *f* ∅ *geh* droit *m*

Jurist(in) <-en, -en> *m(f)* **1.** JUR juriste *mf*
2. *fam* (*Jurastudent*) étudiant(e) *m(f)* en droit

Juristendeutsch *nt,* **Juristensprache** *f* ∅ langage *m* du Palais, jargon *m* des juristes

juristisch I. *adj* **1.** *Ausbildung, Klausur* en droit; *Fakultät, Studium* de droit
2. JUR juridique
II. *adv betrachten, bewerten, denken* d'un point de vue juridique; *argumentieren a.* en termes de droit

Juror <-s, Juroren> *m,* **Jurorin** *f meist pl* membre *m* du jury

Jury <-, -s> [ʒy'ri:, 'ʒy:ri, 'dʒu:ri] *f* jury *m*

Jus[1] *kein art* AUS *s.* **Jura**[3]

Jus[2] <-> [ʒy:] *f o m o nt* ∅ CH *s.* **Fruchtsaft**

Juso <-s, -s> *m,* <-, -s> *f abk von* **Jungsozialist(in)** jeune socialiste *mf*

just *adv* **1.** (*eben gerade*) juste[ment]; ***da fällt mir ~ ein, ...*** au fait, ...; ***he, warte mal ~!*** juste un petit instant[, j'ai oublié quelque chose]!
2. (*genau*) exactement; ***ich kam ~ im richtigen Augenblick*** je suis tombé(e) à pic

justieren * *vt* ■**jd justiert etw** *Waage* qn règle qc; *Teleskop, Mikroskop a.* qn met qc au point; ***jd justiert sein Gewehr*** qn ajuste le tir

Justierung <-, -en> *f* **1.** (*das Justieren*) [*Waage*] réglage *m;* [*Teleskop, Mikroskop a.*] mise *f* au point
2. (*Einstellmechanismus*) [dispositif *m* de] réglage *m*

Justitia <-s> [jʊs'ti:tsia] *f* ∅ la Justice

Justitiar(in) *s.* **Justiziar(in)**

Justiz <-> *f* ∅ **1.** (*Gerichtsbarkeit*) justice *f*
2. (*Behörden*) autorité *f* judiciaire

Justizbehörde *f* JUR autorité *f* judiciaire

Justiziar(in)[RR] <-s, -e> [jʊsti'tsia:ɐ] *m(f)* conseiller(-ère) *m(f)* juridique

Justizirrtum *m* erreur *f* judiciaire **Justizminister(in)** [-mɪnɪstɐ] *m(f)* ministre *mf* de la justice; (*in Frankreich*) Garde *m* des Sceaux **Justizministerium** [-mɪniste:riʊm] *nt* ministère *m* de la justice **Justizmord** *m* meurtre *m* judiciaire **Justizvollzugsanstalt** *f form* maison *f* d'arrêt

Jute <-> *f* ∅ jute *m*

Juwel[1] <-s, -en> *m o nt* **1.** (*Schmuckstein*) joyau *m*
2. *pl* (*Schmuck*) joyaux *mpl,* bijoux *mpl*

Juwel[2] <-s, -e> *nt* **1.** (*Mensch*) perle *f*
2. (*Ort*) paradis *m*
3. (*kostbares Beispiel*) joyau *m*

Juwelier(in) <-s, -e> *m(f)* joaillier(-ière) *m(f),* bijoutier(-ière) *m(f),* joaillerie *f,* bijouterie *f*

Juweliergeschäft *nt* joaillerie *f,* bijouterie *f*

Jux <-es, -e> *m fam* blague *f fam,* farce *f; **du bist auf einen ~ reingefallen*** tu t'es fait avoir *fam*
▶**aus** [**lauter**] **~ und Tollerei** *fam* pour la rigolade *fam,* pour rigoler *fam,* pour blaguer *fam;* **jd macht sich** (*dat*) **einen ~ aus etw** qn trouve rigolo de faire qc *fam;* **aus ~** pour rigoler *fam,* pour blaguer *fam*

juxen *vi fam* ■**jd juxt** qn blague *fam,* qn dit/fait ça pour rigoler *fam*

jwd [jɔtve:'de:] *adv hum fam abk von* **ganz weit draußen** dans la brousse *fam,* à perpète *fam*

K

K, k <-, -> [ka:] *nt* K *m*, k *m*
▶ **K wie Kaufmann** k comme Kléber
Kabarett <-s, -e *o* -s> *nt* **1.** ∅ (*Kleinkunst*) spectacle *m* [*o* revue *f*] satirique
2. (*Kleinkunstbühne*) café-théâtre *m*, cabaret *m*
3. (*Ensemble*) troupe *f* de chansonniers
Kabarettist(in) <-en, -en> *m(f)* chansonnier(-ière) *m(f)*
kabarettistisch *adj Auftritt, Darbietung, Einlage, Nummer* de chansonniers; ***eine ~e Szene*** une scène satirique
Kabäuschen <-s, -> [ka'bɔɪsçən] *nt* DIAL *fam* remise *f*, baraque *f*; [*Parkwächter*] loge *f*
kabbeln *vr fam* ■ **sie ~ sich** ils/elles se chamaillent *fam*
Kabel <-s, -> *nt* (*alle Bedeutungen*) câble *m*
Kabelanschluss^RR *m* raccordement *m* au réseau câblé; ***jd hat ~*** qn est câblé(e); ***hast du ~?*** as-tu le câble?, es-tu câblé(e)? **Kabelfernsehen** *nt* télévision *f* par câble; ■ **das ~** le câble
Kabeljau <-s, -e *o* -s> *m* cabillaud *m*
Kabelkanal *m* chaîne *f* câblée **Kabelnetz** *nt* réseau *m* câblé **Kabeltrommel** *f* enrouleur *m* de câble
Kabine <-, -n> *f* (*alle Bedeutungen*) cabine *f*
Kabinett¹ <-s, -e> *nt* **1.** POL ministère *m*, gouvernement *m*, cabinet *m vieux*
2. ART cabinet *m* [d'objets d'art]
Kabinett² <-s, -e> *m* (*Wein*) ≈ cru *m* classé
Kabinetts- *-bildung, -mitglied, -vorlage* du ministère, du gouvernement, du cabinet *vieux; -liste, -umbildung, -beschluss a.* ministériel(le), gouvernemental(e); ***~sitzung*** conseil *m* des ministres
Kabinettstück *nt* coup *m* de maître
Kabinettwein *m s.* **Kabinett**²
Kabis <-> *m* ∅ CH *s.* **Kohl**
Kabrio <-[s], -s> *nt* cabriolet *m*, décapotable *f*
Kabriolett <-s, -s> *nt* AUS, SDEUTSCH *form s.* **Kabrio**
Kabuff <-s, -e *o* -s> *nt fam* cagibi *m*
Kachel <-, -n> *f* carreau *m* de faïence
kacheln *vt* ■ **jd kachelt etw** qn carrelle qc
Kachelofen *m* poêle *m* [*o* fourneau *m*] en carreaux de faïence
Kacke <-> *f* ∅ **1.** *vulg* (*menschliche Exkremente*) merde *f vulg*, caca *m fam*
2. *sl* (*Hundekot*) crotte *f* [*o* merde *f vulg*] de chien
▶ **dann ist die ~ am Dampfen** *sl* ça va chier *fam*
kacken *vi* **1.** *vulg* ■ **jd kackt** qn chie *vulg*; ***ich muss mal ~ gehen*** faut que j'aille aux chiottes *fam*
2. *sl* ■ **ein Tier kackt** un animal fait sa crotte *fam*, un animal chie *vulg*; ***überall ~ die Hunde auf die Bürgersteige*** les chiens chient partout sur les trottoirs
Kacker(in) <-s, -> *m(f) pej sl* enfoiré(e) *m(f) vulg*, salaud/salope *m/f vulg*
Kadaver <-s, -> [-vɐ] *m* cadavre *m* d'animal
Kadavergehorsam [-vɐ-] *m pej* obéissance *f* aveugle, servilité *f*
Kadenz <-, -en> *f* cadence *f*
Kader <-s, -> *m* **1.** MIL cadre *m* militaire *souvent pl*
2. SPORT sélection *f*, équipe *f* sélectionnée
3. (*Spezialistentruppe*) encadrement *m*, cadres *mpl*
4. (*Angehöriger von 3.*) cadre *m*
Kadett <-en, -en> *m* élève *m* officier, cadet *m*
Kadi <-s, -s> *m* cadi *m*
▶ **jd bringt** [*o* **schleppt**] **jdn vor den ~** *fam* qn fout qn au tribunal *fam*; ***den werde ich vor den ~ bringen!*** je vais le foutre au tribunal, moi, celui-là! *fam*
Kadmium <-s> *nt* ∅ CHEM cadmium *m*
Käfer <-s, -> *m* **1.** insecte *m* [coléoptère], coléoptère *m*
2. *fam* (*Volkswagen*) coccinelle *f fam*, Cox *f fam*
▶ **ein flotter** [*o* **hübscher**] **~** *veraltend sl* une belle nénette *fam*
Kaff <-s, -s *o* -e> *nt pej fam* trou *m* [perdu], bled *m fam*, patelin *m fam*
Kaffee <-s, -s> ['kafe:, ka'fe:] *m* **1.** (*Getränk*) café *m*, (*Bohnen*) café *m* en grain; (*gemahlene Bohnen*) café *m* moulu; ***ein starker ~*** un café serré [*o* fort]
2. ∅ BOT caféier *m*, café *m*
3. (*Einladung*) café *m*; ***jd lädt jdn zum ~ ein*** qn invite qn à prendre le café; ***jd ist bei jdm zum ~ eingeladen*** qn est invité(e) à prendre le café chez qn; ***die Damen sitzen beim ~*** ces dames prennent le café
▶ **~ und Kuchen** *usage allemand de prendre le café accompagné de pâtisseries en milieu d'après-midi*; ***ab und zu lädt sie ihre Freundinnen zu ~ und Kuchen*** il lui arrive d'inviter ses amies à prendre le café; **~ mit Milch** (*im Café*) [café *m*] crème *m*; ***willst du den ~ mit Milch oder lieber schwarz?*** ton café, avec ou sans lait?; **das ist kalter ~** *pej fam* c'est du réchauffé *fam*; **koffeinfreier ~** café *m* décaféiné; **schwarzer ~** café *m* noir; (*im Café*) petit noir *m fam*; **jd trinkt den/seinen ~ schwarz** qn ne met pas de lait dans son café; **jd macht** [*o* **kocht**] [**jdm**] **einen ~** qn fait un café [à qn]; **jd macht** [*o* **kocht**] [**jdm**] **~** qn fait du café [à qn]; **jd trinkt ~** qn prend le café
Kaffeeautomat ['kafe:-, ka'fe:-] *m* distributeur *m* [automatique] de café, machine *f* à café **Kaffeebaum** *m* caféier *m* **Kaffeebohne** *f* grain *m* de café **kaffeebraun** *adj* couleur café **Kaffeeersatz**^RR *m* succédané *m* [*o* ersatz *m*] de café **Kaffeeextrakt**^RR *m* café *m* instantané **Kaffeefahrt** *f excursion proposée par une agence de voyages, au cours de laquelle sont organisées des ventes de divers produits* **Kaffeefilter** *m* **1.** (*Vorrichtung*) filtre *m* à café **2.** *fam* (*Filterpapier*) filtre *m* [à café] **Kaffeegeschirr** *nt s.* **Kaffeeservice. Kaffeehaus** *nt* AUS café *m* **Kaffeekanne** *f* cafetière *f* **Kaffeeklatsch** *m* ∅ *fam*: ***das können wir beim ~ besprechen*** on pourra en parler en prenant le café; ***die Freundinnen treffen sich jede Woche zum ~*** les amies se retrouvent chaque semaine et papotent devant une tasse de [*o* en prenant le] café **Kaffeelöffel** *m* cuillère *f* [*o* cuiller *f*] à café **Kaffeemaschine** *f* cafetière *f* [électrique] **Kaffeemühle** *f* moulin *m* à café **Kaffeepause** *f* pause *f* café ▶ **jd macht ~** qn fait une pause café, qn prend un café **Kaffeesatz** *m* marc *m* de café ▶ **jd sagt aus dem ~ wahr** qn lit l'avenir dans le marc de café **Kaffeeservice** [-zɛrvi:s] *nt* service *m* à café **Kaffeestrauch** *m* caféier *m* **Kaffeetasse** *f* tasse *f* à café **Kaffeewasser** *nt* eau *f* pour le café; ***machst du uns etwas ~?*** tu fais chauffer un peu d'eau pour le café?
Kaffer <-n, -n> *m pej* Cafre *m*
Käfig <-s, -e> *m* cage *f*
▶ **faradayscher ~** cage *f* de Faraday; **jd sitzt im goldenen ~** qn est dans une prison dorée
Käfighaltung *f* élevage *m* industriel [*o* en batterie]
Kaftan <-s, -e> *m* caf[e]tan *m*
kahl I. *adj* **1.** *Mensch* chauve; *Kopf, Schädel a.* dégarni(e); ■ **jd ist ~** qn est chauve; ■ **jd wird ~** qn devient chauve, qn se dégarnit
2. *Wand, Zimmer* nu(e)
3. *Pflanze, Baum* dénudé(e), nu(e)
4. *Landschaft, Berge* sans végétation, nu(e), désertique
II. *adv*: ***~ geschoren*** rasé(e), tondu(e); ***er ist völlig ~ geschoren*** il a la boule à zéro *fam*; ***jd schert jdn/ein Tier ~*** qn tond qn/un animal
kahlgeschoren *s.* **kahl II.**
Kahlheit <-> *f* ∅ **1.** (*naturbedingt*) calvitie *f*; (*durch Rasieren*) crâne *m* rasé
2. (*Blattlosigkeit*) nudité *f*; ***die ~ der Bäume wirkt deprimierend*** c'est déprimant, les arbres sans feuilles
3. (*kahle Beschaffenheit*) désertification *f*, absence *f* de végétation
Kahlkopf *m* **1.** (*Kopf*) crâne *m* chauve
2. *fam* (*Mensch*) homme *m* chauve
kahlköpfig *adj* chauve
Kahlköpfigkeit <-> *f* ∅ calvitie *f*
kahlscheren *s.* **kahl II. Kahlschlag** *m* **1.** (*abgeholzte Fläche*) surface *f* déboisée **2.** ∅ (*das Abholzen*) blanc-étoc *m*, blanc-estoc *m*, déboisement *m* **3.** *fam* (*völliger Abriss*) démolition *f*; (*radikaler Abbau*) suppression *f* radicale d'emplois
Kahn <-[e]s, ¨-e> *m* **1.** (*flaches Boot*) barque *f*, canot *m*; (*Schlepp~*) péniche *f*; *fam* (*alter Dampfer*) [vieux] rafiot *m fam*
2. *pl* (*große Schuhe*) godillots *mpl fam*, péniches *fpl fam*
Kahnfahrt *f* promenade *f* en barque [*o* canot]
Kai <-s, -e *o* -s> *m* quai *m*
Kaiman <-s, -e> *m* caïman *m*
Kainsmal *nt* stigmates *mpl*
Kairo <-s> *nt* le Caire; ***er wohnt in ~*** il habite au Caire
Kaiser(in) <-s, -> *m(f)* empereur/impératrice *m/f*
▶ **sie streiten sich um des ~s Bart** ils/elles discutent sur le sexe des anges; ***das ist ein Streit um des ~s Bart*** c'est une querelle d'Allemand; **... dann bin ich der ~ von China** ... alors moi, je suis le pape; **wo nichts ist, hat der ~ sein Recht verloren** *prov* là où il n'y a rien, le roi perd ses droits; **gebt dem ~, was des ~s ist** rendez à César ce qui est à César; **jd wird zum ~/zur ~in gekrönt** qn est sacré empereur/sacrée impératrice
kaiserlich I. *adj* impérial(e)
II. *adv*: ***~ gesinnt*** impérialiste
kaiserlich-königlich *adj* austro-hongrois(e)
Kaiserpfalz *f* palais *m* impérial **Kaiserreich** *nt* empire *m* **Kaiserschmarr[e]n** *m* AUS *crêpes déchirées en morceaux auxquels on ajoute des raisins secs et que l'on saupoudre de sucre* **Kaiserschnitt** *m* césarienne *f*
Kaisertum <-[e]s, -tümer> *nt* empire *m*
Kajak <-s, -s> *m o nt* kayak *m*
Kajalstift *m* crayon *m* khôl
Kajüte <-, -n> *f* cabine *f*

Kakadu <-s, -s> *m* cacatoès *m*

Kakao <-s, -s> [ka'kau, ka'ka:o] *m* **1.** (*Getränk*) cacao *m*, chocolat *m;* (*Pulver*) cacao *m*
2. BOT cacaotier *m*, cacaoyer *m*
► **jd zieht jdn/etw durch den** ~ *fam* qn se fiche [*o* fout] de la gueule de qn *fam*, qn se fiche [*o* fout] de qc *fam*

Kakaobohne [ka'kau-, ka'ka:o-] *f* fève *f* [de/du cacao], cacao *m* **Kakaopulver** [-fɐ, -vɐ] *nt* poudre *f* de cacao

Kakerlake <-, -n> *f* cafard *m*, blatte *f*

Kaki <-, -s> *f* kaki *m*

Kaktee <-, -n> *f*, **Kaktus** <-, Kakteen *o fam* -se> *m* cactus *m*

Kalamität <-, -en> *f meist pl geh* ennuis *mpl*
► **jd/etw bringt jdn in ~en** qn/qc attire des ennuis à qn; **jd kommt in ~en** qn s'attire de gros ennuis

Kalaschnikow <-, -s> *f* kalachnikov *f*

Kalauer <-s, -> *m* (*Witz*) vieille blague *f* usée; (*Wortspiel*) calembour *m*

Kalb <-[e]s, ¨-er> *nt* **1.** (*junges Rind*) veau *m*
2. (*Junges*) petit *m;* [*Rotwild*] faon *m;* [*Elefant*] éléphanteau *m;* [*Giraffe*] girafeau *m*, girafon *m*
3. (*Fleisch*) [viande *f* de] veau *m*
► **jd glotzt wie ein abgestochenes** ~ *sl* qn a l'air ahuri, qn en reste comme deux ronds de flan *fam;* ***was glotzt du wie ein abgestochenes*** ~? qu'est-ce que tu as à me regarder comme une vache qui regarde passer un train? *fam;* **das Goldene** ~ BIBL le veau d'or

kalben *vi* **1.** ■ **eine Kuh kalbt** une vache vêle
2. ■ **ein Eisberg kalbt** des pans de glace se détachent d'un iceberg

Kalbfleisch *nt* [viande *f* de] veau *m*

Kalbs- GASTR de veau **Kalbshachse** [-ks-] *f*, **Kalbshaxe** *f* jarret *m* de veau **Kalbsleder** *nt* veau *m*, vélin *m* **Kalbsschnitzel** *nt* escalope *f* de veau **Kalbsstelze** *f* AUS (*Kalbshachse*) jarret *m* de veau

Kaldaune <-, -n> *f meist pl* tripes *fpl*

Kaleidoskop <-s, -e> *nt* kaléidoscope *m*

Kalender <-s, -> *m* (*Wand~*) calendrier *m* [mural]; (*Abreiß~*) éphéméride *f;* (*Taschen~*) agenda *m*
► **elektronischer** ~ INFORM agenda *m* électronique; **der gregorianische** ~ le calendrier grégorien; **der julianische** ~ le calendrier julien

Kalenderjahr *nt* année *f* civile; ***in diesem/im laufenden*** ~ dans le courant de cette année

Kalesche <-, -n> *f* calèche *f*

Kali <-s, -s> *nt* potasse *f*

Kali- de potasse; ~***förderung*** extraction *f* de la potasse

Kaliber <-s, -> *nt* **1.** TECH calibre *m*
2. *pej fam* (*Sorte*): ***ihr seid alle vom gleichen*** ~! vous êtes tous/toutes du même acabit [*o* tonneau] ! *fam;* ***das ist alles ein*** ~! tous/toutes les mêmes!

Kalif <-en, -en> *m* calife *m*

Kalifat <-[e]s, -e> *nt* califat *m*

Kalium <-s> *nt* ∅ CHEM potassium *m*

Kalk <-[e]s, -e> *m* **1.** CONSTR chaux *f*
2. (*Kalziumkarbonat*) calcaire *m*
3. (*Kalzium*) calcium *m*
► **gebrannter/gelöschter** ~ chaux *f* vive/éteinte

Kalkboden *m* sol *m* calcaire

kalken *vt* ■ **jd kalkt etw** **1.** *Decke, Wand, Baumstamm* qn blanchit qc à la chaux, qn chaule qc
2. (*düngen*) qn chaule qc

kalkhaltig *adj* calcaire

Kalkmangel *m* **1.** MED manque *m* de calcium **2.** AGR, HORT manque *m* de calcaire **Kalkstein** *m* pierre *f* à chaux, calcaire *m*

Kalkül <-s, -e> *m o nt* calcul *m;* ***es war das*** ~ ***der Entführer, dass*** les ravisseurs pensaient que + *indic;* ***sein*** ~ ***ging nicht auf*** son plan n'a pas marché
► **jd zieht etw** [**mit**] **ins** ~ qn prend qc en compte, qn tient compte de qc; **jd zieht ins** ~, **dass** qn prend en compte le fait que + *indic*, qn tient compte du fait que + *indic*

Kalkulation <-, -en> *f* **1.** COM calcul *m* des coûts [*o* du prix de revient]
2. (*Schätzung*) calcul *m*, estimation *f*
► **nach** jds ~ d'après les calculs de qn

kalkulieren * **I.** *vi* **1.** COM ■ **jd kalkuliert ...** *genau, vorsichtig, großzügig* qn est ... dans ses calculs [*o* estimations]; ■ **jd kalkuliert mit etw** qn compte sur qc
2. *fam* (*schätzen*) ■ **jd kalkuliert, dass** qn calcule [que + *indic*]; ***wenn wir richtig kalkuliert haben*** si nos calculs sont exacts
II. *vt* ■ **jd kalkuliert etw** *Gewinnspanne, Kosten, Preis* qn calcule qc; *Projekt* qn estime [le coût de] qc

Kalligrafie^RR^, **Kalligraphie** <-> *f* ∅ calligraphie *f*

Kalme <-, -n> *f* accalmie *f*, calme *m*

Kalorie <-, -n> [-'ri:ən] *f* calorie *f*

kalorienarm **I.** *adj* peu calorique, pauvre en calories; ***Joghurt ist kalorienärmer als Sahne*** le yaourt est moins calorique que la crème **II.** *adv:* ***jd isst*** ~ qn a une alimentation peu calorique [*o* pauvre en calories], qn mange léger **Kalorienbombe** *f fam* gourmandise *f* hypercalorique **Kaloriengehalt** *m* valeur *f* [*o* apport *m*] calorique [*o* énergétique], apport *m* en calories **kalorienreduziert** *adj* hypocalorique, pauvre en calories, basses calories **kalorienreich** **I.** *adj* calorique, riche en calories **II.** *adv:* ***jd isst*** ~ qn a une alimentation très calorique [*o* riche en calories]

kalt <¨er, ¨este> **I.** *adj* **1.** *Luft, Wasser, Getränk, Wetter, Wind* froid(e); ■ **etwas K~es** (*Getränk*) une boisson froide, quelque chose de froid; ***jd hat ganz ~e Hände/Füße*** qn a les mains glacées/pieds glacés; ***du hast ja ~e Hände/Füße*** mais tu as froid aux mains/pieds
2. ■ **jdm ist/wird** ~ qn a/va avoir froid
3. *fam* (*ohne Nebenkosten*) sans les charges, charges non comprises
► **im K~en** (*ohne Heizung*) sans chauffage; (*an einem kühlen Ort*) au frais
II. *adv* **1.** *duschen, sich waschen* à l'eau froide
2. ***jd schläft*** ~ qn dort dans une pièce non chauffée [*o* sans chauffage]
3. (*ohne Mitgefühl*): ~ ***lächelnd*** *pej* avec cynisme
► **jd bleibt** ~ qn reste impassible [*o* de marbre]; **jd erwischt jdn** ~ *fam* qn cueille qn à froid, qn prend qn au dépourvu; **jd isst** ~ qn mange froid; **etw lässt jdn** ~ qc laisse qn froid; ***das lässt mich*** ~ ça me laisse froid(e) [*o* insensible] [*o* de marbre]; **jd stellt etw** ~ qn met qc au frais; **es überläuft** [*o* **überrieselt**] **jdn** ~ qn [en] a des frissons dans le dos, son sang se glace [dans ses veines]; ***mich überläuft es noch nachträglich*** ~ cela me fait [*o* j'en ai] encore froid dans le dos

kalt|bleiben *s.* **kalt II.►**. **Kaltblut** *nt* ∅ cheval *m* lourd

Kaltblüter <-s, -> *m* animaux *mpl* à sang froid

kaltblütig **I.** *adj* **1.** (*emotionslos*) qui garde son sang-froid; ***durch sein ~es Eingreifen konnte er Schlimmeres verhindern*** il a évité le pire en conservant son sang-froid au moment d'agir; ***durch diese ~e Tat konnte er ein Menschenleben retten*** son sang-froid dans l'action a permis de sauver une vie humaine; ***bei so etwas muss man einfach*** ~ ***sein*** il faut savoir garder son sang-froid dans de telles circonstances
2. (*skrupellos*) qui agit de sang-froid; *Mord, Tat, Verbrechen* commis(e) de sang-froid
II. *adv* **1.** (*ungerührt*) avec sang-froid
2. (*skrupellos*) de sang-froid, froidement

Kaltblütigkeit <-> *f* ∅ **1.** (*Emotionslosigkeit*) sang-froid *m*
2. (*Skrupellosigkeit*): ***diese Morde wurden mit besonderer*** ~ ***durchgeführt*** ces meurtres ont été commis de sang-froid

Kälte <-> *f* ∅ **1.** [*Luft, Wasser*] froideur *f;* [*Wetter, Witterung, Wind a.*] fraîcheur *m;* ***der absolute Nullpunkt ist die größtmögliche*** ~ le 0 absolu est la température la plus froide; ***das Wetter ist von einer solchen*** ~, ***dass*** il fait si froid que + *indic;* ***die*** ~ ***des Getränkes bekommt dir nicht*** tu ne supportes pas les boissons froides; ***der Wind ist von einer eisigen*** ~ le vent est glacial; ***die bittere*** ~ ***des russischen Winters*** le froid glacial de l'hiver russe; ***die*** ~ ***des Steinfußbodens war angenehm*** la fraîcheur des dalles de pierre faisait du bien; ***eine*** ~ ***von zehn Grad*** une température de dix degrés; ***hier ist/herrscht ja eine solche/derartige*** ~, ***dass*** il fait si/tellement froid ici que + *indic*
2. (*Kältewelle*) vague *f* de froid
► **arktische** [*o* **polare**] [*o* **sibirische**] ~ froid *m* arctique [*o* polaire] [*o* sibérien]; ***34 Grad minus! Das ist ja*** [***fast***] ***eine arktische*** [*o* ***polare***] ~ moins 34! Mais on se croirait au pôle Nord!; **vor** ~ de froid

Kältebrücke *f* pont *m* thermique **Kälteeinbruch** *m* coup *m* [*o* vague *f*] de froid **Kältegrad** *m* **1.** (*Grad der Kälte*) degré *m;* ***an Kühlschränken lassen sich die ~e genau einstellen*** on peut régler la température à l'intérieur des réfrigérateurs au degré près **2.** *fam* (*Minusgrad*) degré *m* en dessous de zéro; ***bei diesen ~en*** par ces températures en dessous de zéro **Kältetechnik** *f* technique *f* de réfrigération [*o* frigorifique] **Kältewelle** *f* vague *f* de froid

kaltgepresst^RR^, **kaltgepreßt** *adj* pressé(e) à froid, de première pression à froid **kaltherzig** *adj* sans cœur, insensible **kaltlächelnd** *s.* **kalt II.3.** **kalt|lassen** *s.* **kalt II.►**. **Kaltluft** *f* masse *f* d'air froid, air *m* froid **kalt|machen** *vt sl* ■ **jd macht jdn kalt** qn refroidit qn *fam*, qn zigouille qn *fam* **Kaltmiete** *f* loyer *m* sans les charges [*o* charges non comprises] **Kaltschale** *f* soupe *f* de fruits

kaltschnäuzig **I.** *adj fam Antwort, Art* de quelqu'un qui y va au culot *fam;* *Mensch* culotté(e); *fam* qui y va au culot *fam*
II. *adv fam* ■ **jd tut etw** ~ qn a le culot de faire qc *fam;* ***wie kann man nur so*** ~ ***lügen?*** mentir avec un tel culot, ça alors! *fam*

Kaltschnäuzigkeit *f fam* culot *m fam*

Kaltstart *m* démarrage *m* à froid **kalt|stellen** *vt fam* ■ **jd stellt jdn kalt** qn met qn au réfrigérateur [*o* placard] *fam*

Kalvinismus <-> [-vi-] *m* ∅ calvinisme *m*

Kalvinist(in) <-en, -en> [-vi-] *m(f)* calviniste *mf*

kalvinistisch [-vi'nɪstɪʃ] *adj* calviniste

Kalzium <-s> *nt* ∅ CHEM calcium *m*

kam *imp von* **kommen**

Kamcorder <-s, -> *m s.* **Camcorder**

Kamee <-, -n> *f* camée *m*

Kamel <-[e]s, -e> *nt* **1.** ZOOL chameau/chamelle *m/f*
2. *pej fam* imbécile *mf fam*, andouille *f fam;* ***ich*** ~! quel(le) imbécile [je suis] [*o* je fais]! *fam*, quelle andouille! *fam*

Kamelhaar *nt* ∅ poil *m* de chameau

Kamelhaar- en poil de chameau

Kamelie <-, -n> [-liə] *f* camélia *m*

Kamellen *pl* ► **das sind alte** [*o* **olle**] ~ *fam* c'est archiconnu *fam*

Kamera <-, -s> *f* **1.** (*Fotoapparat*) appareil *m* photo
2. (*Film~*) caméra *f*
► **jd bringt jdn vor die** ~ qn fait passer qn à l'antenne, qn présente qn à la télévision; **jd tritt vor die** ~ [*o* ~**s**] qn parle à la télé *fam;* **vor der** ~ devant la caméra

Kamerad(in) <-en, -en> *m(f)* camarade *mf*

-kamerad(in) *m(f)* camarade *mf* de

Kameradschaft <-, -en> *f* camaraderie *f*
► **aus** ~ par camaraderie

kameradschaftlich **I.** *adj Verhältnis, Beziehung* de bonne camaraderie; *Geist* de camaraderie; *Zusammenleben* en [bons] camarades [*o* copains *fam*]; ***es war nicht sehr*** ~ ***von ihm*** il ne s'était pas comporté en bon camarade [*o* copain *fam*]; ~ ***wie er war*** en bon camarade [*o* copain *fam*] qu'il était

II. *adv zusammenleben* en [bons] camarades [*o* copains *fam*]
Kameradschaftsgeist *m Ø* esprit *m* de camaraderie
Kamerafahrt *f* travelling *m* **Kameramann** <-männer> *m*, **-frau** *f* cameraman *m*, cadreur(-euse) *m(f)* **kamerascheu** *adj* qui fuit les caméras; ***Greta Garbo war eine ~e Filmschauspielerin*** l'actrice Greta Garbo fuyait les caméras
Kamikaze <-, -> *m* kamikaze *m*
Kamikaze- *-fahrer, -flieger ...* kamikaze; *-angriff, -fahrt, -lastwagen ...* suicide; *~**mentalität*** mentalité *f* de kamikaze; *~**fahrer***, *~**flieger*** kamikaze *m*; *~**flugzeug*** avion-suicide *m*
Kamille <-, -n> *f* camomille *f*
Kamillen- de camomille **Kamillentee** *m* [tisane *f* [*o* infusion *f*] de] camomille *f*
Kamin <-s, -e> *m o* DIAL *nt* (*alle Bedeutungen*) cheminée *f*
▸ **jd schreibt etw in den ~** qn fait une croix sur qc *fam*, qn fait son deuil de qc *fam*
Kaminbesteck *nt* serviteur *m* de cheminée **Kaminfeger(in)** <-s, -> *m(f)*, **Kaminkehrer(in)** <-s, -> *m(f)* DIAL ramoneur(-euse) *m(f)* **Kaminfeuer** *nt* feu *m* qui brûle dans la cheminée; ***es ist gemütlich vor dem*** [*o* ***am***] ***~ zu sitzen*** c'est agréable d'être assis au coin du feu ▸ **jd macht ein ~** qn fait du feu dans la cheminée **Kamingespräch** *nt* causerie *f* au coin du feu **Kaminsims** *m o nt* chambranle *m* de/de la cheminée
Kamm <-[e]s, ¨-e> *m* **1.** (*zur Haarpflege*) peigne *m*
2. [*Hahn, Huhn, Vogel*] crête *f*
3. [*Eidechse, Reptil, Saurier*] crête *f*
4. (*Pferdenacken*) crête *f*
5. [*Rind*] collier *m*; [*Kalb, Lamm*] collet *m*
6. (*Bergrücken*) crête *f*
7. (*Wellen~*) crête *f*
▸ **jd schert alle/alles über einen ~** qn les met tous(toutes)/met tout dans le même sac; **jdm schwillt der ~** *fam* (*wird übermütig*) qn se croit tout permis *fam*; (*gerät in Wut*) qn monte sur ses grands chevaux; ***mir schwillt der ~*** la moutarde me monte au nez
kämmen I. *vt* **1.** ■ **jd kämmt [jdm] etw** *Haar, Schopf* qn peigne [*o* coiffe] qc [de qn]
2. ■ **jd kämmt etw aus etw** *Fussel, Dreck, Staub* qn enlève qc de qc [avec un peigne]; ■ **jd kämmt jdm etw aus etw** *aus den Haaren* qn enlève [avec un peigne] qc que qn a dans les cheveux
II. *vr* ■ **jd kämmt sich** qn se peigne, qn se coiffe
Kammer <-, -n> *f* **1.** (*kleiner Raum*) petite pièce *f*; [*Magd*] chambrette *f*
2. PARL, JUR chambre *f*
3. (*Berufsvertretung*) chambre *f* des métiers
4. (*Herz~*) ventricule *m*
Kämmerer <-s, -> *m* trésorier *m* municipal
Kammerjäger(in) *m(f)* agent *m* préposé à la lutte antiparasitaire; ***da muss der ~ her*** il faut faire venir le service de lutte antiparasitaire **Kammerkonzert** *nt* concert *m* de musique de chambre
Kämmerlein <-s, -> *nt dim von* Kammer **1.** *poet* chambrette *f*
▸ **im stillen ~** au calme, tranquillement
Kammermusik *f* musique *f* de chambre **Kammerorchester** [-ɔrkɛstɐ, -ɔrçɛstɐ] *nt* orchestre *m* de [musique] de chambre **Kammersänger(in)** *m(f)* chanteur *m* d'opéra, cantatrice *f* **Kammerton** *m Ø* la *m* du diapason **Kammerzofe** *f* femme *f* de chambre
Kammgarn *nt* laine *f* peignée, peigné *m*
Kampagne <-, -n> [kamˈpanjə] *f* campagne *f*
▸ **jd führt eine ~ für/gegen jdn/etw** qn mène [une] campagne pour/contre qn, qn part en guerre contre qn/qc
-kampagne [-kampanjə] *f Werbe-, Wahl-* campagne *f* + *adj*; *Aufklärungs-, Verleumdungs-* campagne *f* de; ***Flugblatt~*** campagne *f* à l'aide de tracts
Kämpe <-n, -n> *m hum* ■ **ein ~ für etw** un ardent défenseur de qc
▸ **alter ~** vétéran *m*
Kampf <-[e]s, ¨-e> *m* **1.** MIL, SPORT combat *m*
2. (*Auseinandersetzung*) combat *m*, lutte *f*; (*innerer ~*) combat *m* [*o* lutte *f*] avec soi-même; ***es war ein furchtbarer ~, bis er/sie*** il/elle dut mener un âpre combat [*o* une âpre lutte] pour
3. (*das Ringen*) ■ **der ~ für** [*o* **um**] **etw** la lutte [*o* le combat] pour qc; ■ **der ~ gegen etw** la lutte [*o* le combat] contre qc; ***manche Lastkraftwagenfahrer greifen im ~ gegen die Müdigkeit zu Pillen*** il y a des chauffeurs de poids lourds qui prennent des médicaments pour combattre [*o* lutter contre] la fatigue
▸ **der ~ ums Dasein** la lutte pour la vie [*o* l'existence]; **der ~ der Geschlechter** le conflit pour l'égalité des sexes; **ein ~ auf Leben und Tod** un combat à mort [*o* sans merci]; **innere ¨-e** lutte *f* [*o* combat *m* intérieur] intérieure [*o* avec soi-même]; **jd bricht den ~ ab** SPORT qn interrompt [*o* fait cesser] le match [*o* le combat]; **jd fällt im ~** qn tombe au champ d'honneur, qn meurt sur le champ de bataille; **jd gibt den ~ auf** MIL qn abandonne le combat [*o* la lutte]; **jd kämpft einen ... ~**: ***du hast einen guten ~ gekämpft*** tu as fait un bon match, tu t'es bien défendu(e); ***die Partisanen kämpften einen aussichtslosen/hoffnungslosen ~*** les partisans ont mené [*o* livré] un combat sans issue/désespéré; **es kommt zum ~** il y a des combats; **jd nimmt den ~ auf** (*beginnt den ~*) qn se lance dans la bataille; (*nimmt eine Herausforderung an*) qn relève le défi; **jd sagt jdm/einer S. den ~ an** qn déclare la guerre à qn/fait la guerre à qc; **jd stellt den ~** [*o* **die ¨-e**] **ein** *form* qn cesse les combats; **jd stellt sich [jdm] zum ~** qn se prépare au combat [contre qn]; **jd zieht in den ~ [gegen jdn/etw]** qn part en guerre [contre qn/qc]; **auf in den ~!** *hum fam* en avant, marche! *fam*; **~ dem/der ...!** déclarons la guerre à/au/à la ...!
Kampfabstimmung *f* vote *m* au sein d'une coalition **Kampfansage** *f* provocation *f*; ■ **eine ~ an jdn/etw** une déclaration de guerre à qn/qc
Kampfbahn *f* arène *f*, stade *m* **kampfbereit** *adj* prêt(e) au combat
▸ **jd macht sich ~** qn se prépare au combat **Kampfbomber** *m* bombardier *m*
kämpfen I. *vi* **1.** MIL ■ **jd kämpft [für jdn/etw]** qn se bat [pour qn/qc]; ■ **jd kämpft [gegen jdn/etw]** qn se bat [contre qn/qc], qn combat [qn/qc]
2. SPORT ■ **jd kämpft** qn fait un combat; /*Mannschaft*/ qn joue; ■ **jd kämpft gegen jdn** *gegen einen anderen Boxer, Ringer* qn se bat contre qn, qn combat qn; *gegen eine andere Mannschaft* qn joue contre qn; ***jd hat hart zu ~*** qn doit mener un dur combat; ■ **jd kämpft um etw** qn se bat pour qc
3. (*sich einsetzen*) ■ **jd kämpft für/gegen etw** qn se bat pour/contre qc, qn lutte pour/contre qc
4. (*ringen*) ■ **jd kämpft mit sich** qn mène un combat intérieur, qn lutte avec soi-même
▸ **jd hat mit etw zu ~, jd muss mit etw ~** qn doit se battre avec qc, qn doit faire face à qc
II. *vr* ■ **jd kämpft sich durch etw** *durch Dickicht, den Urwald* qn se fraye un chemin [*o* passage] à travers qc; *durch Buch, Verordnungen, Paragraphendschungel* qn essaie de s'y retrouver dans qc
Kampfer <-s> *m Ø* camphre *m*
Kämpfer(in) <-s, -> *m(f)* **1.** (*Krieger*) guerrier(-ière) *m(f)*; [*Heer*] combattant(e) *m(f)*
2. SPORT concurrent *m*
3. (*engagierter Streiter*) ■ **ein ~ für etw** un défenseur de qc; ■ **ein ~ gegen etw** personne *f* engagée dans la lutte contre qc; ***er ist ein ~ gegen die Luftverschmutzung*** il est engagé dans la lutte contre la pollution atmosphérique
▸ **jd ist ein großer ~/eine große ~in** qn est très combatif(-ive); **jd ist kein großer ~/keine große ~in** qn n'a pas l'esprit combatif
kämpferisch I. *adj* **1.** SPORT, MIL *Spiel, Art, Mensch, Natur, Moral* combatif(-ive)
2. *Einsatz, Leistung, Qualitäten* au combat
II. *adv*: ***jd bewährt sich/setzt sich ~ ein*** qn se montre combatif(-ive), qn fait preuve de combativité
kampffähig *adj pred* SPORT en état de combattre **Kampfflugzeug** *nt* avion *m* de combat **Kampfgas** *nt* gaz *m* de combat **Kampfgeist** *m Ø* esprit *m* combatif **Kampfgewicht** *nt* poids *m* de combat **Kampfgruppe** *f* **1.** (*Einsatzgruppe*) unité *f* de combat [*o* d'assaut] **2.** HIST (*Brigade der Waffen-SS*) section *f* de combat **Kampfhandlungen** *pl form* **1.** (*vereinzelt*) accrochage *m* **2.** (*Kämpfe*) hostilités *fpl* **Kampfhubschrauber** *m* hélicoptère *m* de combat **Kampfhund** *m* chien *m* de combat **Kampfkraft** *f Ø* force *f* [*o* puissance *f*] militaire; (*Kampfgeist*) combativité *f*
kampflos I. *adj* sans résistance
II. *adv* sans résistance
kampflustig *adj* d'humeur batailleuse **Kampfmaßnahme** *f* grève *f*; ***jd droht mit ~n*** qn menace de faire grève **Kampfmittel** *pl* engins *mpl* de combat **Kampfplatz** *m* stade *m* **Kampfpreis** *m* prix *m* défiant la concurrence [*o* sacrifié] **Kampfrichter(in)** *m(f)* juge-arbitre *mf* **Kampfsatellit** *m* satellite *m* de combat **Kampfsportart** *f* art *m* martial *souvent pl* **Kampfstärke** *f* effectif *m* de combat **Kampfstoff** *m euph* gaz *m* de combat de destruction massive **kampfunfähig** *adj* **1.** SPORT mis(e) hors de combat, inapte au combat **2.** MIL mis(e) hors de combat ▸ **jd macht jdn/etw ~** qn met qn/qc hors de combat; **jd schießt jdn ~** qn met qn hors de combat en le/la blessant **Kampfwagen** *m form* char *m* d'assaut
kampieren * *vi* ■ **jd kampiert irgendwo** **1.** (*lagern*) qn campe quelque part; ***jd kampiert wild*** qn fait du camping sauvage
2. *fam* (*vorübergehend wohnen*) qn campe quelque part *fam*
Kanada <-s> *nt* le Canada
Kanadier <-s, -> [kaˈnaːdiɐ] *m* (*Boot*) canadienne *f*
Kanadier(in) <-s, -> [kaˈnaːdiɐ] *m(f)* GEOG Canadien(ne) *m(f)*
kanadisch *adj* canadien(ne)
Kanaille <-, -n> [kaˈnaljə] *f pej* crapule *f*, canaille *f*
Kanake <-n, -n> *m* **1.** GEOG (*Südseeinsulaner*) Canaque *m*, Kanak *m*
2. *pej fam* basané *m fam*
Kanal <-s, Kanäle> *m* **1.** NAUT, TRANSP canal *m*
2. (*Abwasser~*) égout *m*
3. *Ø* (*Ärmel~*) ■ **der ~** la Manche
4. (*Frequenzbereich*) canal *m*
5. *pl* (*Wege*) voie *f*; ***auf welchen Kanälen gelangten die Drogen ins Land?*** quelle voie la drogue a-t-elle empruntée [*o* quel itinéraire la drogue a-t-elle emprunté] pour arriver dans le pays?
▸ **über dunkle Kanäle** par des voies détournées; **jd hat den ~ voll** *sl* (*ist betrunken*) qn est rond(e) comme une queue de pelle *fam*, qn a un coup dans l'aile *fam*; (*hat es satt*) qn en a ras le bol *fam*, qn en a marre *fam*
Kanalarbeiter(in) *m(f)* **1.** (*Arbeiter*) égoutier *m*
2. POL *sl* agitateur(-trice) *m(f)* de l'ombre
Kanalisation <-, -en> *f* **1.** (*Abwassernetz*) égouts *mpl*, canalisations *fpl*; ***etw wird in die ~ geleitet*** qc est déversé(e) dans les égouts [*o* canalisations]
2. *Ø geh* [*Emotionen, Gefühle, Energie*] *verbal übersetzt*; ***die Kunst ermöglicht die ~ ungezügelter Emotionen*** l'art est un moyen [*o* permet] de canaliser les émotions débridées
kanalisieren * *vt* ■ **jd kanalisiert etw** **1.** *Fluss* qn canalise qc
2. *Ortschaft, Straße* ■ **etw ist/wird kanalisiert** qc est doté(e)/va être doté(e) d'un réseau de canalisations
3. *geh Emotionen, Gefühle, Energie* qn canalise qc
Kanaltunnel *m* ■ **der ~** le tunnel sous la Manche
Kanapee <-s, -s> *nt* **1.** *hum* (*Sofa*) canapé *m*
2. GASTR canapé *m*, toast *m*

Kanarienvogel [-riən-] *m* canari *m*
Kanarische Inseln *pl* ■ **die ~n** ~ les [îles] Canaries *fpl*
Kandare <-, -n> *f* mors *m*
▶ **jd hat jdn [fest] an der** ~ qn lui tient la bride haute; **jd nimmt jdn an die** ~ qn dresse qn *fam*, qn fait marcher qn à la baguette *fam*
Kandelaber <-s, -> *m* **1.** (*Kerzenständer*) candélabre *m*
2. (*Straßenlaterne*) candélabre *m vieilli*, lampadaire *m*
Kandidat(in) <-en, -en> *m(f)* candidat(e) *m(f)*; ■ **ein ~ für etw** un candidat à qc
▶ **jd stellt jdn als ~en [für etw] auf** PARL qn présente qn comme candidat [à qc]
-kandidat(in) *m(f) Minister-* candidat(e) *m(f)* au poste de; *Kanzler-, Präsidentschafts-, Examens-, Prüfungs-* candidat(e) *m(f)* à; ***Heirats~*** prétendant(e) *m(f)*; ***Todes~*** condamné(e) *m(f)* à mort
Kandidatur <-, -en> *f* candidature *f*
kandidieren * *vi* ■ **jd kandidiert [für etw]** qn se porte candidat(e) [à qc], qn pose sa candidature [à qc]
kandiert *adj* confit(e)
Kandis <-> *m* Ø, **Kandiszucker** *m* Ø sucre *m* candi
Känguru[RR], **Känguruh** <-s, -s> *nt* kangourou *m*
Kaninchen <-s, -> *nt* lapin *m*
Kaninchenbau <-baue> *m* terrier *m* [de lapin] **Kaninchenstall** *m* clapier *m*
Kanister <-s, -> *m* **1.** (*Behälter*) bidon *m*
2. AUT jerrican[e] *m*
Kannbestimmung[RR] *f* JUR disposition *f* facultative
Kännchen <-s, -> *nt* **1.** *dim von* **Kanne** petit pot *m*
2. (*Portion von zwei Tassen*) cafetière *f* /théière *f*; ***ich hätte gern ein ~ Kaffee/ Tee*** je voudrais un grand café/thé
Kanne <-, -n> *f* **1.** (*für Kaffee*) cafetière *f*; (*für Tee*) théière *f*; (*für Milch*) pot *m*
2. (*Gieß~*) arrosoir *m*
Kannibale <-n, -n> *m*, **-balin** *f* cannibale *mf*
Kannibalismus <-> *m* Ø cannibalisme *m*
kannte *imp von* **kennen**
Kanon <-s, -s> *m* **1.** MUS canon *m*
2. SCOL, UNIV bibliographie *f*
3. *geh* (*Richtschnur*) norme *f*, règle *f*
Kanonade <-, -n> *f* **1.** HIST canonnade *f*
2. (*Flut*) ■ **eine [wahre] ~ von etw** un feu roulant de qc
Kanone <-, -n> *f* **1.** (*Geschütz*) canon *m*
2. *sl* (*Pistole*) flingue *m fam*, pétard *m fam*
▶ **jd schießt mit ~n auf Spatzen** *fam* qn tire sa poudre aux moineaux *fam*; **jd fährt ~n auf** qn pointe les canons; **etw ist unter aller** ~ *fam* qc ne vaut pas un clou [*o* un pet de lapin] *fam*
Kanonenboot *nt* canonnière *f* **Kanonendonner** *m* grondement *m* des canons **Kanonenfutter** *nt sl* chair *f* à canon **Kanonenkugel** *f* boulet *m* de canon **Kanonenofen** *m* poêle *m* cylindrique en fonte **Kanonenrohr** *nt* canon *m* ▶ **[ach du] heiliges ~!** *veraltend fam* bonté divine! *vieilli*
Kanoniker <-s, -> *m*, **Kanonikus** <-, Kanoniker> *m* chanoine *f*
Kanonisation <-, -en> *f* canonisation *f*
kanonisch *adj* canonique; *Recht a.* canon
kanonisieren * *vt* ■ **jd kanonisiert jdn** qn canonise qn
Kanossa <-s> *nt geh* humiliation *f*; ***dieses ~ kann dir leider niemand ersparen*** on ne peut rien pour toi, il te faut aller à Canossa *soutenu* [*o* faire ton mea-culpa]
▶ **jd geht nach** ~ qn va à Canossa, qn fait son mea-culpa
Kanossagang <-gänge> *m* démarche *f* humiliante; ***das war für mich ein richtiger ~*** c'était comme si j'allais à Canossa *soutenu*
▶ **jd tritt einen ~ an** qn va à Canossa *soutenu*, qn fait son mea-culpa
Kantate <-, -n> *f* cantate *f*
Kante <-, -n> *f* **1.** [*Gegenstand, Fläche, Möbelstück, Stufe*] bord *m*; ***dieser Tisch hat scharfe ~n*** cette table a des arêtes vives
2. [*Kleidungsstück, Bettbezug, Tischdecke*] bord *m*
3. MATH [*Würfel, Quader*] arête *f*
▶ **jd hat etw auf der hohen** ~ *fam* qn a qc de côté; **jd legt etw [für etw] auf die hohe** ~ *fam* qn met qc de côté [pour qc]
Kanten <-s, -> *m* NDEUTSCH croûton *m*
Kanthaken *m* ▶ **jd nimmt** [*o* **kriegt**] **jdn beim** ~ *veraltend fam* qn chope qn *fam*, qn attrape qn par la peau du cou *fam*; ***ich kriege dich noch mal beim ~!*** tu ne perds rien pour attendre! **Kantholz** *nt* bois *m* équarri
kantig *adj* **1.** *Holz, Felsblock, Quader* équarri(e), carré(e)
2. (*markant*) *Züge, Kinn* anguleux(-euse); *Gesicht a.* aux arêtes vives
3. *Benehmen, Art* carré(e); *Töne, Klänge* qui dérange
Kantine <-, -n> *f* cantine *f*; (*in einem Betrieb a.*) restaurant *m* d'entreprise
Kanton <-s, -e> *m* canton *m*
kantonal *adj* cantonal(e), du canton; ***in diesem ~en Bezirk*** dans ce canton
Kantonist <-en, -en> *m* ▶ **jd ist ein unsicherer** ~ on ne peut pas compter sur qn [*o* faire confiance à qn]
Kantons- cantonal(e), du canton
Kantor <-s, -toren> *m*, **-torin** *f* **1.** (*Organist*) organiste *mf*
2. (*Vorsänger*) chantre *m*
Kantorei <-, -en> *f* chorale *f* paroissiale
Kanu <-s, -s> *nt* canoë *m*
Kanüle <-, -n> *f* **1.** (*Hohlnadel*) aiguille *f*
2. (*Röhrchen*) canule *f*, cathéter *m*, drain *m*
Kanute <-n, -n> *m*, **Kanutin** *f* canoéiste *mf*
Kanzel <-, -n> *f* **1.** ECCL chaire *f*
2. *veraltend* (*Cockpit*) cabine *f* de pilotage, cockpit *m*

kanzerogen *adj* cancérigène, cancérogène
Kanzlei <-, -en> *f* **1.** [*Anwalt*] cabinet *m*, bureau *m*; [*Notar*] étude *f*
2. (*Behörde*) chancellerie *f*
Kanzler(in) <-s, -> *m(f)* **1.** (*Regierungschef, Verwaltungschef*) chancelier(-ière) *m(f)*
2. UNIV recteur *m*, chancelier *m* des Universités; ***sie wurde zur ~in gewählt*** elle a été élue recteur
▶ **der Eiserne** ~ le Chancelier de fer
Kanzleramt *nt* chancellerie *f*
Kanzleramts- de la chancellerie
Kanzlerbonus *m avantage dont le chancelier fait profiter son parti lors des élections* **Kanzlerkandidat(in)** *m(f)* candidat(e) *m(f)* à la chancellerie
Kaolin <-s, -e> *m o nt* kaolin *m*
Kap <-s, -s> *nt* cap *m*
▶ ~ **der Guten Hoffnung** le cap de Bonne-Espérance; ~ **Hoorn** le cap Horn
Kapazität <-, -en> *f* **1.** Ø (*Fassungsvermögen*) capacité *f*
2. Ø COM capacité *f* de production
3. INFORM capacité *f*
4. Ø *geh* (*Begriffsvermögen*) capacités *fpl*, facultés *fpl*
5. (*Mensch*) autorité *f*; ***auf diesem Gebiet ist er eine ~*** il fait autorité dans ce domaine
Kapelle[1] <-, -n> *f* ECCL chapelle *f*
Kapelle[2] <-, -n> *f* MUS orchestre *m*
Kapellmeister(in) *m(f)* chef *m* d'orchestre; ***Herr ~, bitte spielen Sie!*** *hum* maestro, nous vous écoutons!
Kaper <-, -n> *f* câpre *f*
kapern *vt* **1.** *fam* ■ **jd kapert [sich** (*dat*)**] jdn** qn met le grappin sur qn *fam*
2. ■ **jd kapert etw** *Schiff* qn jette le grappin sur qc, qn aborde qc
Kaperschiff *nt* [bateau *m*] corsaire *m*
kapieren * **I.** *vi fam* ■ **jd kapiert** qn pige *fam*; ■ **jd kapiert, dass/was/wie/wo** qn pige que + *indic*/ce que/comment/où *fam*
▶ **kapiert?** pigé? *fam*, c'est clair?
II. *vt fam* ■ **jd kapiert etw** qn pige qc *fam*
Kapillargefäße *pl* [vaisseaux *mpl*] capillaires *mpl*
kapital *adj* **1.** *Hirsch, Bulle, Elch* majestueux(-euse), énorme
2. *fam Irrtum, Missverständnis, Schnitzer* énorme; ***eine ~e Falschmeldung*** une information complètement fausse
Kapital <-s, -e *o* -ien> [-liən] *nt* **1.** Ø FIN capital *m*
2. (*Gesellschafts~*) capital *m* social
▶ **totes** ~ *geh* capital *m* improductif; **jd nimmt ~ auf** qn recourt [*o* a recours] à un [*o* au] crédit, qn emprunte; **jd schlägt aus etw** ~ *pej* qn profite [*o* tire profit] de qc
Kapitalabfluss[RR] *m* fuite *f* de/des capitaux **Kapitalanlage** *f* placement *m* [*o* investissement *m*] [financier] **Kapitaldecke** *f* capital *m* disponible **Kapitalertragsteuer** *f* impôt *m* sur les revenus [*o* le produit] du capital **Kapitalflucht** *f* fuite *f* de/des capitaux **Kapitalgesellschaft** *f* société *f* à [*o* de] capitaux, entreprise *f* de capitalisation
kapitalisieren * *vt* ■ **jd kapitalisiert etw** qn capitalise qc
Kapitalismus <-> *m* Ø capitalisme *m*
Kapitalist(in) <-en, -en> *m(f)* **1.** *fam* (*reicher Mensch*) capitaliste *mf fam*
2. POL *veraltend* capitaliste *mf*
kapitalistisch *adj* capitaliste
kapitalkräftig *adj* disposant de capitaux importants, financièrement solide **Kapitalmarkt** *m* marché *m* financier [*o* des capitaux] **Kapitalverbrechen** *nt* crime *m* capital
Kapitän(in) <-s, -e> *m(f)* **1.** NAUT, SPORT capitaine *m*
2. AVIAT commandant(e) *m(f)* de bord
▶ ~ **zur See** capitaine *m* de vaisseau
Kapitänleutnant *m* lieutenant *m* de vaisseau
Kapitänspatent *nt* brevet *m* de capitaine
Kapitel <-s, -> *nt* **1.** [*Buch, Werk*] chapitre *m*
2. (*Angelegenheit*) période *f*, moment *m*; ***das ~ ist damit für mich erledigt*** voilà, n'en parlons plus; en ce qui me concerne, l'affaire est close
3. (*Dom~*) chapitre *m*
▶ **das ist ein anderes** ~ c'est une autre histoire; **das ist ein ~ für sich** c'est une affaire à part
Kapitell <-s, -e> *nt* chapiteau *m*
Kapitulation <-, -en> *f* **1.** MIL capitulation *f*
2. (*Resignation*) ■ **eine ~ vor jdm/etw**: ***eine ~ vor den Terroristen kommt nicht in Frage*** il est exclu que les terroristes nous fassent capituler; ***das ist eine ~ vor seinen Pflichten*** confronté à ses responsabilités, il capitule
▶ **bedingungslose** ~ capitulation *f* sans conditions
kapitulieren * *vi* **1.** MIL ■ **jd/etw kapituliert** qn/qc capitule; ■ **jd/etw kapituliert vor einer Person/einer S.** une personne/une chose fait capituler qn/qc
2. *fam* (*aufgeben*) ■ **jd kapituliert [vor etw** (*dat*)**]** [confronté(e) à qc,] qn capitule
Kaplan <-s, Kapläne> *m* vicaire *m*, chapelain *m*
Kapo <-s, -s> *m* surveillant *m*, kapo *m*, capo *m*
Kaposisarkom <-s, -e> *nt* sarcome *m* de Kaposi
Kappe <-, -n> *f* **1.** (*Mütze*) casquette *f*
2. [*Füllfederhalter*] capuchon *m*; [*Flasche*] capsule *f*
3. [*Schuh*] (*vorn*) bout *m*; (*hinten*) contrefort *m*
▶ **etw geht auf jds** ~ (*akk*) *fam* (*muss für etw geradestehen*) qn porte la responsabilité de qc; (*übernimmt die Bezahlung*) c'est qn qui paie qc; ***das geht auf Ihre ~*** c'est à vous de porter le chapeau *fam*; ***das Essen geht auf meine ~*** je vais régler, je t'/vous invite; **jd nimmt etw [jdm gegenüber] auf seine** ~ *fam* qn assume la responsabilité de qc [face à qn]; **jd wäscht jdm**

die ~ [*o* putzt] CH qn passe un savon à qn *fam*
kappen *vt* **1.** (*durchtrennen*) ■ **jd kappt etw** qn coupe qc
2. *fam* ■ **jd kappt etw** *Macht, Produktion, Privileg* qn réduit qc, qn diminue qc; ***jd kappt die Beziehung*** qn coupe les ponts; ■ **jd kappt [jdm] etw [um etw]** *Mittel, Zuschüsse, Belegschaft* qn [lui] réduit [*o* diminue] qc [de qc]
Kappes <-> *m* Ø DIAL *sl* conneries *fpl fam*
Käppi <-s, -s> *nt* **1.** COUT calot *m*
2. MIL DIAL képi *m*
Kapriole <-, -n> *f* **1.** (*Streich*) frasque *f*, farce *f*
2. (*Luftsprung*) cabriole *f*
kapriziös *adj geh* capricieux(-ieuse)
Kapsel <-, -n> *f* **1.** PHARM gélule *f*
2. (*Frucht~*) capsule *f*
3. (*Behälter*) (*für Gift*) capsule *f*; (*für Reliquie*) coffret *m*, écrin *m*
4. (*Raum~*) capsule *f* spatiale
kaputt *adj fam* **1.** (*defekt*) *Gerät, Anlage, Vorrichtung, Wagen* en panne; *Telefon, Motor, Rollladen, Uhr* fichu(e) *fam*; ***die Glühbirne ist*** ~ l'ampoule est grillée
2. (*zerbrochen*) cassé(e); *Fliese, Tür, Schuhe, Spielzeug, Dach a.* abîmé(e); (*beschädigt*) *Kleidungsstück* fichu(e) *fam*
3. (*erschöpft*) *Mensch* crevé(e) *fam*, H.S. *fam*; ***du machst einen ~en Eindruck*** tu as l'air crevé(e) [*o* H.S.] *fam*
4. *Ehe* raté(e), brisé(e); *Gesundheit* délabré(e); ***jd hat ~e Nerven*** qn n'en peut plus, qn est fichu(e) nerveusement *fam*, qn craque *fam*; ***eine ~e Beziehung*** un couple brisé
5. *Herz, Magen, Lunge* en mauvais état, malade; *Augen* esquinté(e) *fam*
6. (*verletzt*) esquinté(e) *fam*
kaputt|fahren *vt irreg fam* ■ **jd fährt [jdm] etw kaputt** qn [lui] demolit [*o* bousille *fam*] [*o* esquinte *fam*] qc **kaputt|gehen** *vi irreg + sein fam* **1.** (*defekt werden*) ■ **etw geht [von etw] kaputt** qc ne marche plus [*o* tombe en panne] [à cause de qc]; ***die Scheibe ist kaputtgegangen*** la vitre est cassée **2.** (*beschädigt werden*) ■ **etw geht kaputt** /*Zerbrechliches*/ qc se casse; *Schuhe, Kleidungsstück, Lack, Schrank, Schublade* qc s'abîme **3.** ■ **etw geht [an etw** (*dat*)**] kaputt** /*Ehe*/ qc se brise [à cause de qc]; /*Gesundheit*/ qc se délabre [à cause de qc]; ***seine Gesundheit ist daran kaputtgegangen*** il y a laissé sa santé; /*Nerven*/ qc craque **4.** ■ **etw geht [an etw** (*dat*)**] kaputt** /*Baum, Blume, Pflanze*/ qc dépérit [*o* crève *fam*] [à cause de qc] **5.** *sl* (*sich erschöpfen*) ■ **jd geht [bei etw] kaputt** qn se crève [à qc] *fam*; ***bei dieser Hitze geht man ja kaputt*** on crève par cette chaleur *fam* **kaputt|kriegen** *vt fam* ■ **jd kriegt etw kaputt** qn bousille qc *fam*; ***du kriegst alles kaputt*** tu es brise-tout *fam*, tu es un(e) vrai(e) brise-fer *fam*
▶ **etw ist nicht kaputtzukriegen** qc est quasiment incassable, qc est solide; qc, c'est du costaud *fam* **kaputt|lachen** *vr fam* ■ **jd lacht sich kaputt** qn se tord de rire; ***ich lach' mich kaputt!*** c'est à se tordre! *fam*, je suis plié(e)! *fam* ▶ **du lachst dich kaputt!** c'est incroyable!, c'est impensable! **kaputt|machen I.** *vt fam* **1.** ■ **jd macht [jdm] etw kaputt** *Geschirrteil, Möbelstück* qn [lui] bousille qc *fam*; *Gerät, Auto, Möbelstück a.* qn [lui] esquinte qc *fam* **2.** ■ **jd/etw macht etw kaputt** *Ehe* qn/qc détruit qc; *Gesundheit* qn/qc ruine qc; *Nerven* qn/qc bousille qc *fam*, qn/qc esquinte qc *fam* **3.** (*psychisch erschöpfen*) ■ **jd/etw macht jdn kaputt**: ***er macht mich noch kaputt mit seinem ständigen Gejammer*** il me tue, avec ses jérémiades *fam*; ***all diese Geschichten machen mich ganz kaputt*** moi, ces histoires, ça me tue *fam* **II.** *vr fam* ■ **jd macht sich [mit etw] kaputt** qn s'esquinte [à [faire] qc] *fam*, qn se ruine la santé [à [faire] qc] **kaputt|schlagen** *vt irreg fam* ■ **jd schlägt [jdm] etw kaputt** qn [lui] bousille qc *fam*
Kapuze <-, -n> *f* [*Anorak*] capuchon *m*; [*Kutte*] cagoule *f*
Kapuziner <-s, -> *m* **1.** ECCL capucin *m*
2. GASTR AUS [café *m*] crème *m*
Karabiner <-s, -> *m* **1.** (*Gewehr*) carabine *f*
2. AUS (*Haken*) [porte-]mousqueton *m*
Karacho <-s> *nt* ▶ **mit** [*o* **im**] ~ *fam* à toute blinde *fam*, à fond de train *fam*
Karaffe <-, -n> *f* carafe *f*
Karambolage <-, -n> [karambo'la:ʒə] *f* **1.** AUT *fam* carambolage *m*, collision *f*
2. (*beim Billard*) carambolage *m*
Karamell[RR], **Karamel** <-s> *m* Ø caramel *m*
Karamelle <-, -n> *f* [bonbon *m* au] caramel *m*
Karat <-[e]s, -e *o bei Zahlenangabe* -> *nt* carat *m*
Karate <-[s]> *nt* Ø karaté *m*
-karäter <-s, -> *m Ein-, Zwei-, Drei-* ... carat[s]
-karätig de ... carat[s]; ***ein zwei~er Brillant*** un diamant de deux carats; ***achtzehn~es Gold*** de l'or 18 carats
Karavelle <-, -n> [-'vɛ-] *f* caravelle *f*
Karawane <-, -n> *f* **1.** (*Handels~*) caravane *f*
2. *fam* longue file *f*
Karbid <-[e]s, -e> *nt* carbure *m*
Karbol <-s> *nt* Ø phénol *m*
Karbonat <-[e]s, -e> *nt* carbonate *f*
Karbunkel <-s, -> *m* furoncle *m*, anthrax *m*
Kardamom <-s> *m o nt* Ø cardamome *f*
Kardangelenk *nt* [joint *m* de] cardan *m* **Kardantunnel** *m* tunnel *m* de transmission **Kardanwelle** *f* [arbre *m* à] cardan *m*, arbre *m* de transmission
Kardinal <-s, Kardinäle> *m* **1.** ECCL cardinal *m*
2. ORN cardinal *m*
Kardinalfehler *m* faute *f* cardinale **Kardinalzahl** *f* nombre *m* cardinal
Kardiogramm <-gramme> *nt* électrocardiogramme *f*
Kardiologie <-> *f* Ø **1.** cardiologie *f*
2. *sl* (*Station*) [service *m* de] cardiologie *f*

Karenztag *m journée de maladie non prise en charge par la Sécurité sociale* **Karenzzeit** *f* délai *m* de carence, période *f* d'attente
Karfiol <-s> *m* Ø AUS chou-fleur *m*
Karfreitag *m* Vendredi *m* saint
Karfunkel <-s, -> *m* LITER, **Karfunkelstein** *m* LITER escarboucle *f*
karg <karger *o* kärger, kargste *o* kärgste> **I.** *adj* **1.** *Ackerboden, Erde, Sandboden* pauvre, aride, ingrat(e)
2. *Ausstattung, Möblierung* pauvre, austère; *Gehalt, Lohn, Trinkgeld* maigre, réduit(e) au minimum; *Essen, Mahl, Eintopf* frugal(e)
3. *geh* ■ **jd ist ~ mit etw** *mit Lob, Zuspruch* qn est avare [*o* chiche] de qc
II. *adv* **1.** ***etw ist ~ ausgestattet*** qc est équipé(e) du strict minimum; ***jd lebt*** ~ qn vit avec le strict minimum
2. ***etw ist ~ bemessen*** qc est calculé(e) [très] juste; ***die Gehaltserhöhung ist sehr ~ ausgefallen*** l'augmentation de salaire est maigre [*o* réduite au minimum]
Kargheit <-> *f* Ø **1.** [*Ackerboden, Erde, Sandboden*] aridité *f*, pauvreté *f*
2. [*Ausstattung, Möblierung*] austérité *f*; [*Essen, Mahl*] frugalité *f*
kärglich *adj* **1.** *Rest, Vorrat* pauvre, maigre; *Essen, Mahl* frugal(e), maigre
2. *Gehalt, Auskommen* maigre, bas(se); ***mit dem Gehalt hat man ein ~es Auskommen*** avec un tel revenu, on s'en tire chichement [*o* se contente du strict minimum]
Karibik <-> *f* ■ **die** ~ la Caraïbe, la mer des Caraïbes [*o* Antilles]
Karibische Inseln *pl* ■ **die ~n** ~ les Petites Antilles *fpl*
kariert I. *adj* **1.** COUT *Stoff, Kleidungsstück* à carreaux; ***ein ~es Muster*** des carreaux
2. *Papier, Heft* à carreaux, quadrillé(e)
II. *adv fam gucken* avec l'air ahuri; ***was guckst du so*** ~? qu'est-ce que tu as à me regarder l'air ahuri?; ***red nicht so ~ daher!*** arrête de dire des âneries [*o* conneries *fam*]!
Karies <-> ['ka:riɛs] *f* Ø carie *f*
Karikatur <-, -en> *f* **1.** ART caricature *f*
2. *pej* (*Zerrbild*) ■ **eine ~ einer S.** (*gen*) une caricature de qc
Karikaturist(in) <-en, -en> *m(f)* caricaturiste *mf*
karikieren * *vt* ■ **jd karikiert jdn/etw** qn caricature qn/qc, qn fait la caricature de qn/qc
kariös *adj* carié(e)
karitativ I. *adj Organisation, Einrichtung* caritatif(-ive), de charité, de bienfaisance; *Tätigkeit, Zweck* charitable
II. *adv*: ***jd betätigt sich ~/ist ~ tätig*** qn s'occupe d'œuvres caritatives [*o* de charité] [*o* de bienfaisance]
Karkasse <-, -n> *f* carcasse *f*
Karl <-s> *m* Charles *m*
▶ **~ der Große** Charlemagne
Karmeliter(in) <-s, -> *m(f)* carme/carmélite *m/f*
Karmeliter- *-kloster, -orden, -tracht* de/des carmes(carmélites); *-prior, -kirche* [de l'ordre] du Carmel
Karmesin <-s> *nt* Ø [rouge *m*] carmin *m*
karmesinrot *adj*, **karminrot** *adj* rouge carmin
Karneval <-s, -e *o* -s> [-val] *m* carnaval *m*
Karnevals- [-vals-] *-feier, -rede, -schlager, -zeit* de/du carnaval; *-kostüm, -lied* de carnaval; ***der ~prinz/die ~prinzessin*** le prince/la princesse Carnaval; ~***verein*** *association qui s'occupe de l'organisation du carnaval* **Karnevalszug** *m* [défilé *m* de/du] carnaval *m*
Karnickel <-s, -> *nt fam* lapin *m*
▶ **sie vermehren sich wie die** ~ *pej fam* ils se reproduisent comme des lapins *fam*
Karniese <-, -n> *f* AUS (*Gardinenstange*) tringle *f* à rideaux
Kärnten <-s> *nt* la Carinthie
Karo <-s, -s> *nt* (*alle Bedeutungen*) carreau *m*
Karo- KARTEN ... de carreau
Karolinger(in) <-s, -> *m(f)* Carolingien(ne) *m(f)*
karolingisch *adj* carolingien(ne), des Carolingiens
Karomuster *nt* carreaux *mpl*; ***mit*** ~ à carreaux; ***verschiedene*** ~ des carreaux différents
Karosse <-, -n> *f* **1.** (*Prunkkutsche*) carrosse *m*
2. *veraltend fam* (*Limousine*) carrosse *m fam*
3. *s.* Karosserie
Karosserie <-, -n> [-'ri:ən] *f* carrosserie *f*
Karosseriebauer(in) *m(f)* carrossier *m*
Karotin <-s, -e> *nt* carotène *m*
Karotte <-, -n> *f* carotte *f*
Karpaten *pl* ■ **die** ~ les Carpates *fpl*
Karpfen <-s, -> *m* carpe *f*
Karpfenteich *m* vivier *m* [*o* bassin *m*] à carpes
Karre <-, -n> *f* **1.** *s.* Karren
2. *fam* (*Auto*) bagnole *f fam*
Karree <-s, -s> *nt* **1.** (*Geviert*) carré *m*
2. (*Häuserblock*) pâté *m* de maisons [de forme carrée]
3. GASTR AUS carré *m*
▶ **im** ~ *antreten, sich aufstellen* en carré; **ums** ~ *fam*: ***jd geht/fährt/läuft ums*** ~ qn fait le tour du pâté de maisons [à pied/en voiture/en courant]
karren *vt* **1.** *fam* (*hinfahren*) ■ **jd karrt jdn irgendwohin** qn achemine [*o* transporte] qn quelque part [par camions/bus entiers]
2. ■ **jd karrt etw irgendwohin** *Müll, Sandsäcke, Steine* qn brouette qc quelque part
Karren <-s, -> *m* **1.** (*Pferdewagen*) charrette *f*
2. (*Schubkarre*) brouette *f*
▶ **jd fährt den ~ in den Dreck** *pej fam* qn sème la merde *pop*; **der ~ steckt im Dreck** *pej fam* l'affaire est au point mort, on est bloqué(e) *fam*; **jd**

zieht den ~ aus dem Dreck *fam* qn sauve la situation; **jd zieht den ~ für jdn aus dem Dreck** *fam* qn sort qn de l'ornière; **der ~ ist total verfahren** *fam* on s'est planté(e) *fam;* **jd fährt** *fam* [*o* **pinkelt** *fam*] [*o* **pisst** *sl*] **jdm an den ~** qn [lui] met des bâtons dans les roues *fam;* **jd lässt den ~ [einfach] laufen** *fam* qn laisse pisser *fam;* **jd spannt jdn vor seinen ~** qn se sert de qn, qn manipule qn; **jd lässt sich nicht vor jds ~ spannen** qn ne se laisse pas manipuler

Karrette <-, -n> *f* CH *s.* **Schubkarre**

Karriere <-, -n> *f* carrière *f*
▸**jd macht ~** qn fait carrière

Karrierefrau *f* carriériste *f; **es ist eine richtige ~*** elle a les dents longues **Karrieremacher(in)** *m(f),* **Karrierist(in)** <-en, -en> [karie'rɪst] *m(f) pej* carriériste *mf*

Karsamstag *m* samedi *m* de Pâques

Karst <-[e]s, -e> *m* karst *m*

karstig *adj* karstique

Karte <-, -n> *f* **1.** POST carte *f* [postale]
2. (*für U-Bahn, Straßenbahn, S-Bahn*) ticket *m;* (*für Zug*) billet *m*
3. (*Eintritts~*) billet *m,* carte *f* d'entrée; ***ich möchte gern ~n für die morgige Opernaufführung vorbestellen*** je voudrais louer [*o* réserver] des places pour la représentation de demain
4. (*Auto~*) carte *f* [routière [*o* touristique]]
5. (*See~*) carte *f* maritime
6. (*Land~*) carte *f* de géographie; (*Geschichts~*) carte *f* historique
7. (*Speise~*) carte *f,* menu *m*
8. (*Spiel~*) carte *f* [à jouer]
9. (*Kartei~*) fiche *f*
10. (*Visiten~*) carte *f* de visite
11. INFORM carte *f*
12. (*Telefon~*) télécarte *f*
▸**jd setzt auf die falsche ~** qn mise sur le mauvais numéro, qn ne mise pas sur le bon cheval; **die gelbe ~** le carton jaune; **jd hat [in etw** (*dat*)**] gute/schlechte ~n** qn a de bonnes chances/a peu de chances [en ce qui concerne qc]; **jd spielt mit offenen ~n** qn joue cartes sur table; **die rote ~** le carton rouge; **jd spielt mit verdeckten ~n** qn cache son jeu; **jd deckt seine ~n auf** qn découvre [*o* dévoile] son jeu; **jd legt jdm die ~n** qn tire les cartes à qn; **jd liest ~n** AUT qn regarde sur la carte [routière]; ***jd kann ~n lesen*** qn sait lire la carte; **jd lässt sich nicht in die ~n sehen** [*o* **schauen**] *fam* qn cache son jeu; **jd setzt alles auf eine ~** qn joue son va-tout; **jd sieht** [*o* **schaut**] **jdm in die ~n** *fam* qn regarde dans le jeu de qn; **jd spielt ~n** qn joue aux cartes; **auf ~** sur présentation d'un ticket de rationnement; ***Butter gibt es schon lange nur auf ~*** le beurre, ça fait longtemps qu'on ne peut en avoir qu'avec des tickets de rationnement; **nach der ~** AUT d'après la carte; **statt ~n** cet avis tient lieu de faire-part

Kartei <-, -en> *f* fichier *m*
▸**jd führt eine ~ [über jdn/etw]** qn tient un fichier [sur qn/qc]; **jd legt eine ~ [zu etw] an** qn constitue un fichier [sur qc]

Karteikarte *f* fiche *f* [bristol] **Karteikasten** *m* fichier *m* **Karteileiche** *f hum fiche non réactualisée qui traîne dans un fichier* **Karteischrank** *m* fichier *m*

Kartell <-s, -e> *nt* cartel *m*
▸**jd bildet ein ~** qn constitue un cartel

Kartellamt *nt* office *m* des cartels **Kartellgesetz** *nt* loi *f* sur les cartels

Kartenbesitzer(in) *m(f)* [*Scheckkarte*] détenteur(-trice) *m(f)* de/de la carte bancaire; [*Kreditkarte*] détenteur(-trice) *m(f)* de/de la carte de crédit; [*Telefonkarte*] utilisateur(-trice) *m(f)* de/de la télécarte **Kartenhaus** *nt* **1.** (*Spiel*) château *m* de cartes **2.** NAUT salle *f* des cartes ▸**etw stürzt zusammen wie ein ~, etw fällt in sich zusammen wie ein ~** qc s'effondre [*o* s'écroule] comme un château de cartes **Kartenkunststück** *nt* tour *m* de cartes **Kartenlegen** <-s> *nt* **1.** (*Wahrsagen*) cartomancie *f* **2.** (*Patience*) patience *f; **sie vertreiben sich die Zeit mit ~*** pour passer le temps, ils/elles font des patiences **Kartenleger(in)** <-s, -> *m(f)* cartomancien(ne) *m(f),* tireur(-euse) *m(f)* de cartes **Kartenorganisation** *f* organisme *m* de cartes de crédit **Kartenspiel** *nt* **1.** ∅ (*ein Spiel mit Karten*) partie *f* de cartes; ***beim ~*** aux cartes **2.** (*Satz Karten*) jeu *m* de cartes **Kartentelefon** *nt* téléphone *m* à cartes, publiphone® *m* **Kartenvorverkauf** *m* THEAT location *f* **Kartenwerk** *nt* atlas *m*

Kartoffel <-, -n> *f* BOT, GASTR pomme *f* de terre
▸**jd lässt jdn fallen wie eine heiße ~** *fam* qn laisse tomber qn comme une vieille chaussette *fam;* **neue ~n** des pommes de terre nouvelles

Kartoffel- **1.** *-blüte, -stärke, -knolle, -suppe* de pomme de terre **2.** *-acker, -feld, -sack* de pommes de terre **3.** *-messer, -topf* à pommes de terre; ***~ernte*** récolte *f* des pommes de terre; ***~stampfer*** presse-purée *m;* ***~schälmesser*** [couteau *m*] économe *m* **Kartoffelbrei** *m* purée *f* de pommes de terre **Kartoffelchips** [-tʃɪps] *pl* chips *mpl* **Kartoffelkäfer** *m* doryphore *m* **Kartoffelkloß** *m boule à base de purée de pomme de terre et de farine, cuite à l'eau* **Kartoffelkraut** *nt* fanes *fpl* de pommes de terre **Kartoffelpuffer** <-s, -> *m* galette *f* de pomme de terre [râpée] **Kartoffelpüree** *nt s.* **Kartoffelbrei. Kartoffelsalat** *m* salade *f* de pommes de terre **Kartoffelschale** *f* peau *f* de/de la pomme de terre; (*abgeschält*) pelure *f* de/de la pomme de terre **Kartoffelstock** *m* CH *s.* **Kartoffelbrei**

Kartograf(in)^RR^ *s.* **Kartograph(in)**

Kartografie^RR^ *s.* **Kartographie**

kartografisch^RR^ *s.* **kartographisch**

Kartograph(in) <-en, -en> *m(f)* cartographe *mf*

Kartographie <-> *f* ∅ cartographie *f*

kartographisch *adj* cartographique

Karton <-s, -s> [kar'tɔŋ, kar'tõ:, kar'to:n] *m* carton *m*

Kartonage <-, -n> [karto'na:ʒə] *f* cartonnage *m*

kartoniert *adj* cartonné(e)

Kartusche <-, -n> *f* (*alle Bedeutungen*) cartouche *f;* (*Tonerpatrone a.*) recharge *f*

Karussell <-s, -s *o* -e> *nt* manège *m* [de chevaux de bois]
▸**jd fährt [mit dem] ~** qn fait un tour/des tours de manège; ***mit dem ~ fahre ich nicht mehr*** je ne veux plus faire de manège

-karussell *nt* (*schneller Wechsel*) carrousel *m* ...; *Bewerbungs-* course *f* à la/au ...; ***Minister~*** carrousel *m* ministériel, valse *f* des ministres

Karwoche *f* semaine *f* sainte

Karyatide <-, -n> *f* cariatide *f*

Karzer <-s, -> *m* cachot *m*

karzinogen I. *adj* carcinogène, cancérigène
II. *adv* MED: ***etw wirkt ~*** qc est carcinogène, qc est cancérigène

Karzinom <-s, -e> *nt* carcinome *m,* cancer *m*

Kaschemme <-, -n> *f pej fam* bouge *m,* boui-boui *m fam*

kaschieren * *vt* **1.** (*überdecken*) ■ **jd/etw kaschiert etw** qn/qc cache qc, qn/qc dissimule qc, qn/qc masque qc
2. ■ **jd kaschiert etw [mit etw]** *Pappe* qn recouvre qc [avec [*o* de] qc]

Kaschmir <-s, -e> *m* cachemire *m,* cashmere *m*

Käse <-s, -> *m* **1.** GASTR fromage *m*
2. *pej fam* (*Quatsch*) bêtises *fpl,* conneries *fpl fam;* ***was redest du da für einen ~?*** qu'est-ce que tu nous chantes là?
▸**~ schließt den Magen** il faut toujours garder une petite place pour le fromage; **Harzer ~** fromage *m* du Harz; **Schweizer ~** (*Emmentaler, Greyerzer*) gruyère *m;* **weißer ~** DIAL fromage *m* blanc; **mit ~ überbacken** gratiné(e)

Käse- *-scheibe, -laib, -ecke, -aufschnitt* de fromage; *-geschäft, -angebot, -auswahl* de fromages; *-fondue, -auflauf* au fromage; *-papier, -messer, -hobel* à fromage; ***~rinde*** croûte *f* de/du fromage; ***~platte/~teller*** (*mit Käse*) plateau *m*/assiette *f* de fromages; (*für Käse*) plateau *m*/assiette *f* à fromage; ***~herstellung*** fabrication *f* du fromage; ***~theke*** rayon *m* fromages **Käseblatt** *nt pej fam* feuille *f* de chou *fam* **Käsebrot** *nt* sandwich *f* au fromage **Käsegebäck** *nt* biscuits *mpl* au fromage **Käseglocke** *f* cloche *f* à fromage

Kasein <-s, -e> *nt* caséine *f*

Käsekuchen *m* gâteau *m* au fromage blanc

Kasematte <-, -n> *f* casemate *f*

Käserei <-, -en> *f* fromagerie *f*

Kaserne <-, -n> *f* caserne *f*

Kasernenhof *m* cour *f* de/de la caserne

kasernieren * *vt* **1.** (*in Kasernen unterbringen*) ■ **jd kaserniert jdn** qn caserne qn
2. ■ **jd kaserniert Menschen** qn parque des personnes en un même lieu; ■ **jd kaserniert Personen in etw** (*dat*) qn parque des personnes quelque part

Käseschnitte *f s.* **Käsebrot. käseweiß** *adj fam,* **käsig** *adj fam* blanc(blanche) comme un linge; (*nicht sonnengebräunt*) blanc(blanche) comme un cachet d'aspirine *fam*

Kasino <-s, -s> *nt* **1.** (*Spiel~*) casino *m*
2. (*Offiziers~*) mess *m*
3. (*Cafeteria*) cafétéria *f*

Kaskade <-, -n> *f* **1.** (*Wasserfall*) cascade *f*
2. *geh* (*Flut*) déluge *m*

Kaskoversicherung *f* assurance *f* tous risques

Kasper <-s, -> *m,* **Kasperl** <-s, -[n]> *m o nt* AUS, SDEUTSCH, **Kasperle** <-s, -> *m o nt* SDEUTSCH **1.** (*Puppe*) guignol *m*
2. *hum fam* (*Kind*) guignol *m fam,* pitre *m fam*

Kasper[le]theater *nt* guignol *m; **morgen gehen wir ins ~*** demain, nous allons à [*o* au] guignol

Kassa <-, Kassen> *f bes.* AUS caisse *f*

Kassandraruf *m geh* mise *f* en garde; ***all die ~e halfen nichts*** on eut beau jouer les Cassandre, cela ne servit à rien

Kasse <-, -n> *f* **1.** (*Zahlstelle*) caisse *f*
2. (*Kartenverkauf*) caisse *f,* guichet *m*
3. (*Registrier~*) caisse *f*
4. *fam* (*Sparbank*) caisse *f* d'épargne
5. (*Kranken~*) caisse *f* d'assurance maladie; (*in Frankreich*) Sécurité *f* sociale
▸**gemeinsame ~:** ***sie machen gemeinsame ~*** ils/elles font caisse commune; **getrennte ~:** ***sie machen getrennte ~*** ils/elles font caisse à part; **netto ~:** ***zahlbar in acht Tagen netto ~*** montant à régler sous huitaine; **jd bittet jdn [für etw] zur ~** qn demande à qn de [*o* invite qn à] mettre la main au porte-monnaie; **die ~n klingeln** *fam* l'argent rentre, les affaires sont bonnes *fam;* **jd macht ~** (*rechnet ab*) qn fait sa [*o* la] caisse; *sl* (*verdient gut*) qn fait son beurre *fam,* qn se remplit les poches *fam;* **die ~ stimmt** *fam* c'est correctement payé *fam;* **jd ist ... bei ~** *fam:* ***jd ist* [*gut*] *bei ~*** qn est en fonds *fam;* ***jd ist nicht/knapp/schlecht bei ~*** qn est fauché(e) *fam,* qn n'est pas très riche; **gegen ~** au comptant

Kasseler <-s, -> *nt* côte *f* de porc façon Kassler [*o* salée et fumée]

Kassenarzt *m,* **-ärztin** *f* médecin *m* conventionné **Kassenbeleg** *m s.* **Kassenbon. Kassenbestand** *m* encaisse *f,* fonds *m* de caisse **Kassenbon** [-bɔŋ, -bõ:] *m* ticket *m* de caisse **Kassenbrille** *f fam* lunettes *fpl* Sécurité sociale **Kassenerfolg** *m s.* **Kassenschlager. Kassengestell** *nt s.* **Kassenbrille. Kassenpatient(in)** *m(f)* patient(e) *m(f)* affilié(e) à la caisse locale d'assurance maladie **Kassenschlager** *m fam* **1.** CINE film *m* à succès [*o* qui fait un tabac *fam*] [*o* qui a un succès bœuf *fam*]; THEAT pièce *f* [*o* spectacle *m*] à succès [*o* qui fait un tabac *fam*] [*o* qui a un succès bœuf *fam*] **2.** COM article *m* que l'on s'arrache [*o* qui se vend comme des petits pains] *fam* **Kassenstunden** *pl* heures *f* d'ouverture du guichet/des guichets **Kassensturz** *m* vérification *f* [*o* état *m*] de/de la caisse ▸**jd macht einen ~, jd nimmt einen ~ vor** qn fait l'état de la caisse, qn vérifie la caisse; **jd macht ~** *fam* qn compte ses sous *fam*, qn fait ses fonds de poche *fam* **Kassenwart(in)** <-s, -e> *m(f)* caissier(-ière) *m(f)* **Kassenzettel** *m s.* **Kassenbon**

Kasserolle <-, -n> *f* casserole *f*

Kassette <-, -n> *f* **1.** (*Video~*) cassette *f* vidéo; (*Musik~*) cassette *f*, K7 *f fam;* (*Film~*) chargeur *m*
2. (*Kästchen*) coffret *m*
3. (*für Bücher*) coffret *m*
4. ARCHIT caisson *m*
▸**jd hat etw auf ~** qn a [enregistré] qc sur cassette; **jd nimmt [jdn/sich] etw auf ~ auf** qn [lui/s'] enregistre qc

Kassettendeck *nt* magnétophone *m* à cassette[s] **Kassettendecke** *f* plafond *m* à caissons **Kassettenradio** *nt* autoradio *m* à cassette[s] **Kassettenrecorder** *m* magnétophone *m* à cassette[s]

Kassiber <-s, -> *m sl* message *m* clandestin

Kassier <-s, -e> *m* SDEUTSCH, AUS, CH *s.* **Kassierer**

kassieren * **I.** *vt* **1.** ■ **jd kassiert etw [bei jdm]** *Beitrag, Geld, Gebühr* qn encaisse qc [auprès de qn]
2. *fam* ■ **jd kassiert etw** *Abfindung, Finderlohn, Dividende, Lebensversicherung* qn empoche qc, qn touche qc *fam*
3. *fam* ■ **jd kassiert etw** *Führerschein, Spickzettel, Pornoheft* qn confisque qc, qn sucre qc *fam*
4. *fam* ■ **jd muss etw ~** *Prügel, Niederlage, Strafpunkte* qn encaisse qc *fam*
5. JUR ■ **jd kassiert etw** qn casse qc
II. *vi* **1.** GASTR ■ **jd kassiert [bei jdm]** qn encaisse l'addition [de qn]; ***darf ich schon [bei Ihnen] ~?*** puis-je [vous] encaisser? *fam*
2. *sl* (*verdienen*) ■ **jd kassiert** qn se remplit les poches *fam*, qn gagne gros

Kassierer(in) <-s, -> *m(f)* **1.** caissier(-ière) *m(f)*
2. *s.* Kassenwart

Kastagnette <-, -n> [kastan'jɛtə] *f meist pl* castagnette *f*

Kastanie <-, -n> [kas'ta:niə] *f* **1.** (*Baum*) (*Ross~*) marronnier *m* [d'Inde]; (*Ess~*) châtaignier *m*
2. (*Frucht*) (*Ross~*) marron *m* [d'Inde]; (*Ess~*) châtaigne *f*; ***heiße ~*** des marrons chauds; ***~n eignen sich als Füllung der Weihnachtsgans*** on peut farcir l'oie de Noël avec des marrons
▸**jd holt [für jdn] die ~n aus dem Feuer** *fam* qn [lui] tire les marrons du feu, qn tire qn de la mouise *fam*

Kastanien- [kas'ta:niən-] BOT **1.** (*der Ross~*) *-blatt, -frucht, -stamm, -holz* de/du marronnier; *-extrakt* de marronnier; ***~wald*** forêt *f* de marronniers
2. (*der Edel~*) *-blatt, -frucht* de/du châtaignier; *-verkäufer, -püree* de marrons
Kastanienbaum *m s.* **Kastanie. kastanienbraun** *adj* châtain *inv au sing;* ***~e Haare*** des cheveux châtains

Kästchen <-s, -> *nt* **1.** *dim von* **Kasten** coffret *m*
2. (*Karo*) carreau *m*

Kaste <-, -n> *f* caste *f*

kasteien * *vr* ■ **jd kasteit sich** qn se mortifie, qn s'inflige des macérations

Kasteiung <-, -en> *f* mortification *f*, macération *f*

Kastell <-s, -e> *nt* **1.** (*Römer~*) fortification *f*, oppidum *m*
2. (*Burg*) château *m* fort

Kastellan <-s, -e> *m* **1.** (*Aufsichtsbeamter*) intendant *m*
2. (*Burgwart*) intendant *m* [*o* régisseur *m*] de/du château

Kasten <-s, ¨> *m* **1.** (*kantiger Behälter*) caisse *f*; (*für Besteck, Schmuck*) coffret *m;* (*für Sicherungen, Kabel*) boîtier *m*
2. (*offene Kiste*) caisse *f*
3. AUS, CH (*Schrank*) armoire *f*
4. *fam* (*Brief~*) boîte *f* à lettres
5. (*Turngerät*) plinth *m*
6. *fam* (*Gebäude*) bloc *m*
7. (*Schau~*) tableau *m* d'affichage
▸**jd hat etwas/viel auf dem ~** *fam* qn en a dans le crâne *fam*, **jd hat nichts auf dem ~** *fam* qn a un pois chiche dans le crâne *fam*, qn n'a pas inventé l'eau chaude *fam*

Kastenform *f* **1.** (*die Form eines Kastens*) forme *f* de/du bloc; ***in ~*** en forme de bloc
2. (*Backform*) moule *m* à cake

Kastengeist *m* Ø *pej* esprit *m* de caste

Kastenwagen *m* camionnette *f*, fourgonnette *f*

Kastenwesen *nt* système *m* de caste

Kastrat <-en, -en> *m* eunuque *m*, castrat *m*

Kastration <-, -en> *f* castration *f*

kastrieren * *vt* ■ **jd kastriert ein Tier** qn châtre [*o* castre] un animal; ■ **jd/etw kastriert jdn** qn/qc châtre qn

Kasuistik <-> *f* Ø **1.** *geh* casuistique *f*
2. MED étude *f* de cas

kasuistisch *adj geh Frage, Argumentation* de casuiste; ***ein ~er Mensch*** un casuiste

Kasus <-, -> *m* cas *m*

Kat <-s, -s> *m abk von* **Katalysator** pot *m* catalytique

Katafalk <-s, -e> *m* catafalque *m*

Katakombe <-, -n> *f* catacombe *f*

Katalog <-[e]s, -e> *m* **1.** COM, MEDIA (*Versand~*) catalogue *m*
2. (*gedrucktes Verzeichnis*) (*in Kartenform*) fichier *m;* (*in Buchform*) catalogue *m;* (*Bibliotheks~*) catalogue *m*
3. (*Bündel*) ensemble *m;* ***ein ganzer ~ von Maßnahmen*** tout un train de mesures

katalogisieren * *vt* ■ **jd katalogisiert etw** qn catalogue qc

Katalogisierung <-, -en> *f* catalogage *m*

Katalysator <-s, -toren> *m* **1.** AUT pot *m* catalytique
2. CHEM catalyseur *m*
▸**geregelter ~** pot *m* catalytique à régulation électronique

Katalysatorauto *nt* voiture *f* équipée d'un pot catalytique

Katalyse <-, -n> [kata'ly:zə] *f* catalyse *f*

katalytisch [kata'ly:tɪʃ] *adj* catalytique

Katamaran <-s, -e> *m* catamaran *m*

Katapult <-[e]s, -e> *nt o m* catapulte *f*

katapultieren * **I.** *vt* **1.** (*schleudern*) ■ **jd/etw katapultiert jdn/etw irgendwohin** qn/qc catapulte qn/qc quelque part, qn/qc projette qn/qc quelque part
2. *fam* ■ **etw katapultiert jdn/etw irgendwohin** /*Erfolg, Sieg*/ qc catapulte qn/qc quelque part *fam*
II. *vr* ■ **jd katapultiert sich irgendwohin** **1.** (*sich schleudern*) /*Pilot*/ qn s'éjecte quelque part
2. *fam* (*sich rasch versetzen*) qn est catapulté(e) quelque part *fam*

Katarakt <-[e]s, -e> *m* **1.** (*Stromschnelle*) rapide *m*
2. (*Wasserfall*) chute *f*, cataracte *f*

Katarr[RR], **Katarrh** <-s, -e> *m* rhume *m*

Kataster <-s, -> *m o nt* cadastre *m*

Katasteramt *nt* [services *mpl* du] cadastre *m*

katastrophal **I.** *adj pej* **1.** *Ausmaß, Auswirkungen, Verwüstungen, Dürre, Erdbeben, Sturmflut, Überschwemmung* catastrophique, désastreux(-euse)
2. *fam Durcheinander, Unordnung, Aussehen:* ***auf seinem Schreibtisch herrscht eine ~e Unordnung*** sur son bureau, il y a un de ces cirques, c'est une catastrophe! *fam*
II. *adv pej* **1.** ***etw wirkt sich ~ aus*** qc a des conséquences catastrophiques; ***die Krankheit hat seine Gesundheit ~ beeinträchtigt*** la maladie a eu un effet catastrophique sur sa santé
2. *fam* (*furchtbar*) c'est une catastrophe! *fam;* ***du siehst ~ aus!*** tu t'es regardé(e) dans une glace? Mais c'est une catastrophe!

Katastrophe <-, -n> *f* catastrophe *f*, désastre *m*
▸**jd ist eine ~** *fam* qn est une plaie *fam;* **ein Mensch ist eine ~ für jdn** qn n'est pas gâté(e) avec une personne *fam*

-katastrophe *f* catastrophe *f* + *adj;* ***Hunger~*** famine *f;* ***Flut~*** déluge *m;* ***Schiffs~*** catastrophe *f* maritime; ***Zug~*** catastrophe *f* ferroviaire

Katastrophenabwehr *f* ≈ plan *m* ORSEC **Katastrophenalarm** *m* alerte *f* en cas de catastrophe **Katastropheneinsatz** *m* opération *f* de sauvetage ▸**für den ~** pour les opérations de sauvetage **Katastrophengebiet** *nt* zone *f* sinistrée **Katastrophenschutz** *m* **1.** (*Schutz*) mesures *fpl* de sécurité en cas de catastrophe; (*Vorsorgemaßnahmen*) mesures *fpl* de prévention contre les catastrophes **2.** (*Organisation*) services *mpl* de sauvetage **Katastrophenstimmung** *f* panique *f*

Kate <-, -n> *f* NDEUTSCH cabane *f*

Katechismus <-, Katechismen> *m* **1.** (*Lehrbuch*) catéchisme *m*, livre *m* de catéchisme [*o* caté *fam*]
2. (*Glaubensunterricht*) catéchisme *m*, caté *m fam*

Kategorie <-, -n> [-'ri:ən] *f* **1.** (*Gattung*) catégorie *f*
2. (*Gewichts-/Größenklasse*) calibre *m;* ***Eier der ~ 3*** des œufs de calibre 3

kategorisch **I.** *adj* catégorique
II. *adv* catégoriquement

Kater <-s, -> *m* **1.** ZOOL chat *m*, matou *m; s. a.* **Katze**
2. *fam* (*nach Alkoholgenuss*) gueule *f* de bois *fam*
▸**der Gestiefelte ~** le Chat botté; **wie ein verliebter ~** comme un chat en rut; **jd hat einen ~** *fam* qn a la gueule de bois *fam*, qn a mal aux cheveux *fam;* ***trink nicht zu viel, sonst bekommst du einen ~*** ne bois pas trop, sinon tu vas avoir la gueule de bois [*o* mal aux cheveux]

kath. *adj abk von* **katholisch**

Katheder <-s, -> *m o nt* **1.** *veraltet* (*Lehrerpult*) chaire *f*
2. *veraltend* (*Podium*) estrade *f*, podium *m*

Kathedrale <-, -n> *f* cathédrale *f*

Katheter <-s, -> *m* sonde *f*, cathéter *m*

Kathode <-, -n> *f* cathode *f*

Katholik(in) <-en, -en> *m(f)* catholique *mf*

katholisch **I.** *adj* catholique
II. *adv:* ***jd wächst ~ auf*** qn grandit dans un milieu catholique; ***jd wird ~ erzogen*** qn reçoit une éducation catholique

Katholizismus <-> *m* Ø catholicisme *m*

Katz <-> *f* Ø SDEUTSCH *s.* **Katze**
▸**jd spielt ~ und Maus mit jdm** *fam* qn joue au chat et à la souris avec qn *fam;* **[etw ist] für die ~** *fam* [qc, c'est] pour rien [*o* pour des prunes] *fam*

katzbuckeln *vi pej fam* ■ **jd katzbuckelt** qn fait des courbettes, qn fait des ronds de jambes, qn s'aplatit comme une carpette; ■ **jd katzbuckelt vor jdm** qn lui lèche les bottes *fam;* ■ **das K~** les courbettes *fpl*, les ronds de jambe *mpl*

Kätzchen <-s, -> *nt* **1.** *dim von* **Katze** chaton *m*
2. BOT chaton *m*

Katze <-, -n> *f* **1.** (*Haus~*) chat *m; s. a.* **Kater**
2. (*weibliche ~*) chatte *f*
3. (*Raub~*) chat *m* sauvage; ***die Familie der ~n*** les félidés *mpl*
▸**jd schleicht wie die ~ um den heißen Brei herum** qn tourne autour du pot *fam;* **wenn die ~ aus dem Haus ist, tanzen die Mäuse** *prov* quand le chat n'est pas là, les souris dansent; **die ~ lässt das Mausen nicht** *prov* chassez le naturel, il revient au galop; **jd lässt die ~ aus dem Sack** *fam* qn vide son sac *fam*, qn accouche *fam;* **jd will nicht die ~ im Sack kaufen** qn ne veut pas acheter les yeux fermés; **siamesische ~** chat *m* siamois

Katzenauge *nt* **1.** *veraltend fam* [*Fahrrad*] cataphote *m*, réflecteur *m* **2.** MIN œil-de-chat *m* **3.** (*Auge einer Katze*) œil *m* de/du chat **katzenfreundlich** *adj veraltend fam* mielleux(-euse), tout sucre tout miel

katzenhaft *adj* félin(e)
Katzenjammer *m fam (Stimmung)* cafard *m,* déprime *f fam* **Katzensprung** *m fam* ■ **[nur] ein ~** [juste] à deux pas, [juste] la porte à côté *fam; das ist nicht gerade ein ~* ce n'est pas la porte à côté *fam* **Katzenstreu** *f* litière *f* pour chats **Katzenwäsche** *f hum fam* toilette *f* de chat; *jd macht ~* qn fait une toilette de chat, qn se lave le bout du nez *fam* **Katzenzunge** *f* 1. GASTR *fine languette de chocolat, confiserie pour enfants* 2. ZOOL langue *f* de/du chat
Katz-und-Maus-Spiel *nt* jeu *m* du chat et de la souris; *ich bin dieses ~ leid* j'en ai assez de jouer au chat et à la souris
Kauderwelsch <-[s]> *nt* ∅ *pej* 1. *(Sprachgemisch)* charabia *m*
2. *(Fachsprache)* jargon *m*
kauen I. *vt Kaugummi* ■ **jd kaut etw** qn mâche qc; *Bonbon, Schokolade* qn croque qc
II. *vi* ■ **jd kaut [an etw** *(dat)*] *an einer Möhre, einem Apfel, Stück Brot etc* qn grignote [qc]; *an einem Stück Fleisch* qn mastique [qc]; *an den Lippen* qn mordille qc; *an den Nägeln* qn se ronge qc; *an einem Schreibwerkzeug* qn mâchonne qc, qn mordille qc; ■ **das K~** la mastication; *ich beobachte dich schon eine Weile beim K~* je te regarde manger depuis un moment
▶ **gut gekaut ist halb verdaut** *prov* ≈ une bonne mastication facilite la digestion; **jd hat an etw** *(dat)* **zu ~** qn va mettre longtemps à se remettre de qc
kauern I. *vi + sein* ■ **jd kauert irgendwo** qn est accroupi(e) quelque part
II. *vr + haben* ■ **jd kauert sich in etw** *(akk)*/**hinter etw** *(akk)* qn s'accroupit dans/derrière qc
Kauf <-[e]s, Käufe> *m* 1. *(das Kaufen)* achat *m; beim ~ einer S. (gen)* en achetant qc
2. *(Ware)* achat *m,* acquisition *f; ein günstiger ~* une bonne affaire
▶ **jd bietet etw zum ~ an** qn met qc en vente; **jd nimmt etw in ~** *Bearbeitungszeit, Wartezeit* qn est prêt(e) à accepter qc; *Risiko, Gefahr a.* qn est prêt(e) à courir qc; *jds Verärgerung, Stimmenverlust* qn est prêt(e) à risquer qc; **jd nimmt in ~, dass/etw zu tun** qn s'accommode du fait que + *subj/* est disposé(e) à faire qc; *ehe ich in ~ nehme mich lächerlich zu machen, ...* plutôt que de risquer de me rendre ridicule, ...; **etw steht zum ~** qc est à vendre [*o* en vente]; **jd tätigt einen ~** *form* qn effectue un achat
kaufen I. *vt* 1. *(ein~)* ■ **jd kauft [jdm/sich] etw** qn achète qc [à qn]/qn [s']achète qc; ■ **das K~ von etw** l'achat *m* de qc; *zum K~ einer S. (gen)* pour acheter qc, pour l'achat de qc
2. *pej (bestechen)* ■ **jd kauft jdn** qn achète qn; *ein gekaufter Killer* un tueur à gages; *die Politiker sind alle gekauft* les hommes politiques sont tous des vendus
▶ **gekauft ist gekauft!** ≈ ce qui est dit est dit *(on ne revient pas sur un achat)*; **dafür kann ich mir nichts ~** *iron* ça me fait une belle jambe *fam*
II. *vi* ■ **jd kauft** qn fait des achats; ■ **das K~** les achats *mpl*
III. *vr fam* ■ **jd kauft sich** *(dat)* **jdn** qn passe un savon à qn *fam; den werde ich mir ~!* il va m'entendre! *fam*
Käufer(in) <-s, -> *m(f)* acheteur(-euse) *m(f);* [*dauerhafter Güter a.*] acquéreur *m*
Kauffrau *f s.* **Kaufmann. Kaufhaus** *nt* grand magasin *m* **Kaufkraft** *f* pouvoir *m* d'achat; *Kunden mit ~* des clients au pouvoir d'achat élevé **kaufkräftig** *adj* aisé(e), qui a les moyens; ■ **jd ist ~/wenig ~** qn a un pouvoir d'achat élevé/faible **Kaufladen** *m* 1. *(Spielzeug)* [petite] épicerie *f (pour jouer à la marchande)* 2. COM *veraltend* épicerie [*o* de village] de quartier *f* **Kaufleute** *pl s.* **Kaufmann**
käuflich I. *adj* 1. *(zu kaufen)* à vendre, en vente; *wahre Freundschaft ist nicht ~* la véritable amitié ne s'achète pas
2. *pej (bestechlich)* vénal(e)
II. *adv form erwerben* à titre onéreux *form*
Käuflichkeit <-> *f* ∅ *pej* vénalité *f*
Kauflust *f* envie *f* d'acheter **kauflustig** *adj (kaufwillig)* qui veut faire des achats; *(gern Einkäufe machend)* porté(e) sur le shopping, [volontiers] dépensier(-ière); ■ **jd ist ~** qn a envie de faire du shopping; *jd ist zu ~* qn achète tout ce qu'il voit **Kauflustige(r)** *f(m) decl wie adj* acheteur(-euse) *m(f),* amateur *m* **Kaufmann** <-leute> *m,* **-frau** *f* COM 1. *(Geschäftsmann)* [gros] commerçant(e) *m(f)* 2. *veraltend (Einzelhandels~)* marchand(e) *m(f)* détaillant(e), petit commerçant/petite commerçante *m/f;* [*für Lebensmittel*] épicier(-ière) *m(f)* ▶ **gelernter ~/gelernte Kauffrau** employé(e) de commerce *m;* [*in leitender Stellung*] commercial(e) *m(f)*
-kaufmann *m,* **-kauffrau** *f Bank-, Büro-* employé(e) *m(f)* de; *Reise-, Hotel-, Speditions-* employé(e) *m(f)* dans un/une; *Elektro~* électricien *m; Diplom~* diplômé(e) *m(f)* d'une haute école commerciale
kaufmännisch I. *adj* commercial(e); *~er Angestellter* commercial(e) *m(f);* [*früher*] employé(e) *m(f)* de commerce; ■ **das K~e** le domaine commercial
II. *adv denken, handeln* en [*o* comme un] commerçant; *jd ist ~ tätig* qn a une activité commerciale; *das ist nicht sehr ~ gedacht!* c'est manquer de sens du commerce!
Kaufpreis *m* prix *m* d'achat **Kaufsumme** *f* montant *m* [de l'achat] **Kaufvertrag** *m* contrat *m* de vente **Kaufzwang** *m* ▶ **kein ~** pas d'obligation d'achat; *„kein ~" (auf Schild)* "entrée libre"; **ohne ~** sans obligation d'achat
Kaugummi *m* chewing-gum *m*
▶ **jd kaut ~** qn mâche du chewing-gum
Kaulquappe <-, -n> *f* têtard *m*
kaum I. *adv* 1. *(allenfalls)* à peine, tout au plus
2. *(gerade eben)* à peine; *~ war er aus der Tür, schlug sie auch schon zu* à peine avait-il franchi la porte qu'elle claqua
3. *(wahrscheinlich nicht)* ne ... guère, difficilement
4. *(fast nicht)* à peine, ne ... guère; *das kann ich ihm ~ verdenken* je ne peux guère lui en tenir rigueur; ■ **~ zu** + *infin: es ist ~ zu fassen, dass* on a peine à concevoir, que + *subj,* il est à peine concevable, que + *subj; es ist ~ zu glauben* on a peine à y croire, c'est à peine croyable; *für mich ist es ~ zu begreifen* j'ai peine à comprendre; pour moi, c'est à peine compréhensible; *die Kinder konnten es ~ erwarten* les enfants attendaient avec impatience
▶ **~ jemals** [*o* **je**] pratiquement jamais; *das wird ~ je der Fall sein* c'est pratiquement exclu; **~ noch** [*o* **mehr**] à peine; *~ noch* [*o mehr*] *Zeit/Geld* tout juste [*o* à peine] le temps/l'argent; **~ eine(r)** [*o* **jemand**] [*o* **wer**] pratiquement personne, presque personne, personne ou presque; ~! sûrement pas!, tu n'y penses pas!, ça m'étonnerait!
II. *conj* ■ **~ dass** à peine ... que + *indic; ~ dass sie sich kennen gelernt hatten, heirateten sie auch schon* à peine avaient-ils fait connaissance qu'ils se mariaient déjà
Kaumuskel *m* muscle *m* masticateur
▶ **jd strengt seine ~n an** *hum fam* qn fait travailler ses mandibules *fam,* qn mastique un bon coup *fam*
kausal I. *adj* 1. *geh Beziehung, Zusammenhang* de causalité, de cause à effet
2. GRAM *Konjunktion, Nebensatz* causal(e), de cause
II. *adv geh: ~ zusammenhängende Ereignisse* des événements *mpl* qui découlent les uns des autres
Kausalität <-, -en> *f geh* causalité *f*
Kausalzusammenhang *m geh* relation *f* de cause à effet, rapport *m* de causalité
Kautabak *m* tabac *m* à chiquer
Kaution <-, -en> *f* caution *f*
▶ **jd stellt [...] ~** qn verse une caution [de ...]; **gegen ~** sous caution
Kautschuk <-s, -e> *m* caoutchouc *m*
Kauz <-es, Käuze> *m* 1. ORN chouette *f*
2. *(Sonderling)* hurluberlu *m fam; alter* original *m; ein komischer ~* un drôle d'oiseau *fam*
kauzig *adj* excentrique, bizarre
Kavalier <-s, -e> *m* gentleman *m*
▶ **der ~ genießt und schweigt** l'homme galant reste discret sur ses bonnes fortunes
Kavaliersdelikt *nt* peccadille *f* **Kavalier[s]start** *m* démarrage *m* en trombe [*o* sur les chapeaux de roues] *fam*
Kavallerie <-, -n> [-'riːən] *f* cavalerie *f; er hat bei der ~ Dienst getan* il a servi dans la cavalerie
Kavallerie- de cavalerie; *~soldat* cavalier *m*
Kaviar <-s, -e> *m* caviar *m*
KB [kaː'beː] *nt abk von* **Kilobyte** INFORM Ko *m*
keck *adj* 1. *(vorlaut)* effronté(e); *Mensch a.* hardi(e); *Spruch a.* audacieux(-euse)
2. *(provokant) Bärtchen, Fliege, Hut, Nickelbrille* audacieux(-euse)
Keckheit <-, -en> *f* [*Mensch*] effronterie *f;* [*Antwort, Bemerkung, Spruch*] impertinence *f*
Keeper(in) <-s, -> ['kiːpɐ] *m(f)* CH gardien(ne) *m(f)* de but
Kefe <-, -n> *f* CH pois *m* mange-tout
Kefir <-s> *m* ∅ képhir *m,* kéfir *m*
Kegel <-s, -> *m* 1. *(Spielfigur)* quille *f*
2. GEOM cône *m*
3. GEOG [*Vulkan, Berg*] cône *m*
4. *(Strahl)* [*Licht, Scheinwerfer, Taschenlampe etc*] faisceau *m*
▶ **jd spielt ~** qn joue aux quilles sur piste
Kegelbahn *f* 1. *(Anlage) pièce réservée au jeu de quilles sur piste* 2. *(einzelne Bahn)* piste *f* de quilles **Kegelbruder** *m,* **-schwester** *f fam* partenaire *mf* de jeu de quilles **kegelförmig** *adj* conique **Kegelkugel** *f* boule *f*
kegeln *vi* ■ **jd kegelt** qn joue aux quilles sur piste [*o* au bowling]; ■ **das K~** le jeu de quilles sur piste, le bowling
Kegelschnitt *m* section *f* conique, conique *f* **Kegelschwester** *f s.* **Kegelbruder. Kegelstumpf** *m* tronc *m* de cône
Kegler(in) <-s, -> *m(f)* joueur(-euse) *m(f)* de quilles [*o* de bowling]
Kehle <-, -n> *f* gorge *f; jd packt jdn bei der ~* qn saisit qn à la gorge
▶ **jd schreit sich** *(dat)* **die ~ aus dem Hals** *fam* qn s'égosille; **jd bekommt etw in die falsche ~** *fam (in die Luftröhre)* qn avale qc de traviole *fam;* *(versteht etw falsch)* qc lui reste en travers [de la gorge] *fam;* **jd hat eine raue ~** qn est enroué(e), qn a un chat dans la gorge *fam;* **aus voller ~** à pleine gorge, à plein gosier; **etw bleibt jdm in der ~ stecken** qc lui reste en travers de la gorge; **jd drückt jdm die ~ zu** qn lui serre la gorge [*o* le cou]; **etw schnürt jdm die ~ zusammen** qc lui serre [*o* noue] la gorge; **ein Tier springt jdm/einem Tier an die ~** un animal saute à la gorge de qn/d'un animal; **jd hätte jdm an die ~ springen können** *fam* qn était prêt(e) à [*o* qn aurait voulu] lui voler dans les plumes *fam*
kehlig I. *adj* guttural(e); *eine erotisch wirkende, ~e Stimme* une voix rauque et sensuelle
II. *adv lachen* à gorge déployée; *eine ~ klingende Stimme* une voix gutturale
Kehlkopf *m* larynx *m*
Kehlkopfkatarr[h][RR] *m* laryngite *f* **Kehlkopfkrebs** *m* cancer *m* du larynx
Kehraus <-> *m* ∅ dernière danse *f; etw bildet den ~* qc clôt la fête/le bal
▶ **jd feiert den ~** qn célèbre la fin des festivités; *in vielen Lokalen wird der ~ gefeiert* dans de nombreux bistros, on arrose la fin du carnaval
Kehrbesen *m* SDEUTSCH *s.* **Besen. Kehrblech** *nt* SDEUTSCH pelle *f* [à poussière]
Kehre <-, -n> *f* virage *m* [en épingle à cheveux]
kehren[1] I. *vt* 1. *geh (wenden)* ■ **jd kehrt etw irgendwohin** *Gegenstand,*

Körperteil, Augen, Blick qn tourne qc quelque part; ***sie kehrte den Kopf zur Seite*** elle détourna la tête
2. *veraltend (kümmern)* ■ **etw kehrt jdn** qc importe à qn; ***was kehrt mich das?*** que m'importe cela?
▸ **in sich** *(akk)* **gekehrt** replié(e) sur lui(elle)-même; ***ein in sich gekehrter Mensch*** quelqu'un d'introverti
II. *vr* **1.** *(sich wenden)* ■ **etw kehrt sich gegen** [*o* **wider**] **jdn** qc se retourne contre qn
2. *(sich kümmern)* ■ **jd kehrt sich an etw** *(dat)* qn se soucie de qc
III. *vi* CH ■ **jd/etw kehrt** */Auto/* qn/qc fait demi-tour; */Trend/* qc s'inverse; */Wind/* qc tourne

kehren² *vt, vi* SDEUTSCH *(fegen)* ■ **jd kehrt** [**etw**] qn balaie [qc]

Kehricht <-s> *m o nt* ∅ **1.** *form* balayures *fpl*
2. CH *(Müll)* ordures *fpl* [ménagères]
▸ **etw geht jdn einen feuchten ~ an** *sl* qc, ce ne sont pas ses oignons *fam*

Kehrmaschine *f* **1.** *(Straßen~)* balayeuse *f* [municipale] **2.** *(Teppich~)* balai *m* mécanique **Kehrreim** *m* refrain *m* **Kehrseite** *f* **1.** *(Rückseite)* [*Bild, Foto*] dos *m*, verso *m*; [*Etikett*] envers *m* **2.** *(Schattenseite)* revers *m* de la médaille, mauvais côté *m*; ***jedes Ding hat seine ~*** chaque médaille a son revers **3.** *veraltend fam (Rücken)* dos *m*; ***mit seiner breiten ~*** avec ses épaules en portemanteau *fam* ▸ **die ~ der Medaille** le revers de la médaille; **jd wendet jdm die** [*o* **seine**] **~ zu** qn tourne le dos à qn

kehrt *interj* demi-tour droite

kehrt|machen *vi* **1.** *(den Rückweg antreten)* ■ **jd macht kehrt** qn fait demi-tour, qn revient sur ses pas **2.** MIL ■ **jd macht kehrt** qn fait un demi-tour **Kehrtwendung** *f* **1.** MIL demi-tour *m* **2.** *(Positionswechsel)* volte-face *f*, revirement *m*

Kehrwoche *f* SDEUTSCH *obligation faite à tous les locataires d'un immeuble d'assurer à tour de rôle le nettoyage des parties communes pendant une semaine*
▸ **jd macht die ~** qn fait sa semaine de nettoyage

keifen *vi pej (boshaft schimpfen)* ■ **jd keift** qn criaille, qn glapit; ■ **das K~** les criailleries *fpl*, les glapissements *mpl*; ■ **~d** criard(e), glapissant(e)

Keil <-[e]s, -e> *m* **1.** *(Unterleg~)* cale *f*
2. TECH coin *m*
3. *(Zwickel)* soufflet *m*
▸ **jd treibt einen ~ in etw** *(akk) in den Baum, ins Holz* qn enfonce un coin dans qc; **jd treibt einen ~ zwischen sie** qn sème la discorde entre eux/elles; *zwischen Mitglieder einer Gruppe, Partei* qn enfonce un coin dans [*o* entre] des personnes

Keile *pl* DIAL *fam* gnons *mpl fam*; ***hat es ~ gegeben?*** y a eu du [*o* de la] baston? *arg*
▸ **jd bekommt** [*o* **kriegt**] [*o* **bezieht**] **~** qn prend [*o* reçoit] des gnons *fam*

keilen *vr* DIAL *fam* ■ **sie ~ sich** ils/elles se bagarrent *fam*

Keiler <-s, -> *m* sanglier *m* [mâle]

Keilerei <-, -en> *f fam* bagarre *f fam*

keilförmig *adj Grundstück* en sifflet; *Holzstück, Stein, Werkzeug* taillé(e) en biseau, en forme de coin; *Schriftzeichen* cunéiforme **Keilhose** *f* [pantalon *m*] fuseau *m* **Keilkissen** *nt* traversin *m* pupitre **Keilriemen** *m* courroie *f* trapézoïdale **Keilschrift** *f* écriture *f* cunéiforme

Keim <-[e]s, -e> *m* **1.** *(Trieb)* germe *m*; ***etw treibt ~e*** qc germe; ***die ersten ~e der Schneeglöckchen*** les premières pousses de perce-neige[s]
2. *(befruchtete Eizelle)* germe *m*
3. MED germe *m*
4. [*Freundschaft, Liebe*] prémices *fpl soutenu*; [*Hass, Zwietracht*] germe *m*; ***der kleinste ~ der Hoffnung*** la moindre étincelle d'espoir
▸ **jd erstickt etw im ~[e]** qn étouffe [*o* tue] qc dans l'œuf; **jd/etw legt den ~ zu etw** qn/qc jette les bases de qc

Keimblatt *nt* cotylédon *m* **Keimdrüse** *f* glande *f* génitale

keimen *vi* **1.** BOT ■ **etw keimt** qc germe; ■ **das K~** la germination
2. *geh (auf~)* ■ **etw keimt** qc germe *soutenu*; *Hoffnung, Liebe a.* qc naît; *Verdacht, Zweifel a.* qc se fait jour

keimfrei *adj* stérilisé(e); *Umgebung* stérile
▸ **jd/etw macht etw ~** qn/qc stérilise qc

Keimling <-s, -e> *m* **1.** *(Embryo)* embryon *m*
2. *(keimende Pflanze)* germe *m*

keimtötend *adj* antiseptique, germicide

Keimung <-, -en> *f* germination *f*

Keimzelle *f* **1.** BIO gamète *m*, cellule *f* reproductrice sexuée
2. *geh (Ausgangspunkt)* ferment *m*, levain *m*; ***die ~ für etw*** un ferment de qc

kein, keine *pron indef, adjektivisch* **1.** *(nicht ein)* [ne …] pas de/un(e); ***ich habe ~ Auto*** je n'ai pas de voiture; ***das ist ~ schlechter Plan*** ce n'est pas un mauvais plan; ■ **~ … mehr** [ne …] plus de/un(e); ***~ Wort mehr*** pas un mot de plus
2. *(nichts an)* [ne …] pas de [*o* aucun(e)]/le(la); ***ich habe ~e Lust dazu*** je n'en ai pas [*o* aucune] envie; ***ich sehe ~e Veranlassung etw zu tun*** je ne vois pas de [*o* aucune] raison de faire qc; ***ich habe ~e Zeit*** je n'ai pas le temps; ***wir haben ~ schönes Wetter*** nous n'avons pas le beau temps; ■ **~ … mehr** [ne …] plus de [*o* aucun(e)]/le(la)
3. *(nicht einmal)* [ne …] même pas; ***er brauchte ~e drei Minuten zu warten*** il n'a même pas eu à attendre trois minutes; ***jedenfalls ~e vier Male*** en tout cas pas quatre fois
▸ **~ anderer/~e andere/~ anderes** [ne …] pas un(une) autre, [ne …] pas d'autre, aucun(e) autre; ***ich will nur sie zu Frau und*** [***sonst***] ***~e andere*** c'est elle que je veux comme femme et pas une [*o* aucune] autre [*o* et je n'en veux pas d'autre]; **~ anderer/~e andere als** nul(le) autre que, personne d'autre que

keine(r, s) *pron indef, substantivisch* ■ **~r** personne [ne …]; ***Sie haben zu ~m etwas gesagt*** vous n'avez rien dit à personne; ■ **~r mehr** [ne …] plus personne; ■ **~(r, s) von ihnen** aucun(e) d'entre eux/elles, personne d'entre eux/elles; ***bei ~m von diesen Stücken handelt es sich um das Original*** aucune de ces pièces n'est l'original; ■ **~(r, s)** *(nichts an etw)* n'en … pas; ■ **~(r, s) mehr** n'en … plus; *(Mensch)* plus personne; ***ist noch Wein da? – Nein, es ist ~r/~r mehr da*** y a-t-il encore du vin? – Non, il n'y en a pas/plus
▸ **~(r, s) von beiden** aucun(e) des deux; ni l'un(e), ni l'autre; ***~r von beiden heißt Peter*** ni l'un, ni l'autre ne s'appelle Peter; ***ich habe es ~m von beiden gegeben*** je ne l'ai donné ni à l'un, ni à l'autre

keinerlei *adj inv, attr* [ne …] vraiment aucun(e); ■ **~ mehr** [ne …] vraiment plus aucun(e)

keinerseits *adv* **1.** *(von niemandem)*: ***wenn ~ widersprochen wird*** si personne n'a d'objection; ***bisher ist ~ dazu Stellung genommen worden*** jusqu'à présent, personne n'a pris position là-dessus
2. *(bei niemandem)* [ne …] de la part de personne, [ne …] nulle part

keinesfalls *adv* [ne …] en aucun cas

keineswegs *adv* [ne …] pas du tout, [ne …] absolument pas

keinmal *adv* [ne …] pas une seule fois, [ne …] jamais; ■ **~ mehr** [ne …] plus jamais

keins *pron s.* **keine(r, s)**

Keks <-es, -e> *m* gâteau *m* sec, biscuit *m*
▸ **jd/etw geht jdm auf den ~** *sl* qn/qc lui tape sur le système [*o* sur les nerfs] *fam*

Kelch <-[e]s, -e> *m* **1.** *(Sekt~)* coupe *f*; *(Sektflöte)* flûte *f*
2. ECCL calice *m*
3. BOT calice *m*, corolle *f*
▸ **jd leert den** [**bitteren**] **~ bis zur Neige** *geh* qn boit le calice jusqu'à la lie *soutenu*; **der** [*o* **dieser**] **~ geht an jdm vorüber** cette épreuve est épargnée à qn; ***lass diesen ~ an mir vorübergehen!*** fais que ce calice s'éloigne de moi!

kelchförmig *adj Aufsatz* en forme de coupe; *Blüte* en corolle **Kelchglas** *nt s.* **Kelch 1.**

Kelle <-, -n> *f* **1.** *(Schöpflöffel)* louche *f*
2. *(Maurer~)* truelle *f*
3. *(Signalstab)* ≈ bâton *m* [blanc]

Keller <-s, -> *m* cave *f*

Keller- de la/de cave **Kellerassel** *f* cloporte *m*

Kellerei <-, -en> *f* cave *f* viticole

Kellerfenster *nt* soupirail *m* **Kellergeschoss**^RR^ *nt* sous-sol *m* **Kellergewölbe** *nt* cave *f* voûtée **Kellerkind** *nt fam* mal[-]aimé(e) *m(f)*, parent *m* pauvre **Kellerlokal** *nt* cave *f*, caveau *m* **Kellermeister(in)** *m(f)* caviste *mf*, maître *m* de chai **Kellerwohnung** *f* logement *m* en sous-sol

Kellner(in) <-s, -> *m(f)* serveur(-euse) *m(f)*, garçon *m*

kellnern *vi fam* ■ **jd kellnert** qn est serveur(-euse)

Kelte <-n, -n> *m*, **Keltin** *f* Celte *mf*

Kelter <-, -n> *f* pressoir *m*

keltern *vt* ■ **jd keltert etw** qn presse qc, qn pressure qc; ■ **das K~** le pressage, le pressurage

keltisch *adj* celt[iqu]e

Kemenate <-, -n> *f* **1.** HIST *(Frauengemächer)* appartement *m* des femmes
2. *hum geh (Damenzimmer)* boudoir *m*

Kenia <-s> *nt* Kenya *m*

kennen <kannte, gekannt> **I.** *vt* ■ **jd kennt jdn/etw** qn connaît qn/qc; ■ **jd kennt etwas/nichts von etw** qn connaît quelque chose/ne connaît rien à qc; ■ **jd kennt jdn als jdn** qn a de qn l'image de qn; ***alle kennen jdn als jdn*** qn est réputé(e) pour être qn
▸ **jd kennt jdn wieder** *fam* qn reconnaît qn; **jd lernt jdn ~** *(macht jds Bekanntschaft)* qn fait la connaissance de qn; **jd lernt jdn/etw ~** *(wird vertraut)* qn apprend à connaître qn/s'initie à qc; **jd lernt jdn als etw ~** qn découvre que qn est qc [*o* en qn qc]; **jd lernt jdn noch ~** *fam* qn va [bientôt] avoir des nouvelles de qn [*o* voir de quel bois qn se chauffe]; **jd kennt sich nicht mehr vor etw** *(dat)* qn ne se connaît plus sous l'effet de qc; **das ~ wir** [**schon**] *iron* on connaît [ça [*o* la chanson]] *fam*; **du kennst dich doch!** tu sais bien comment tu es!; **jd kennt kein(e) …** *Erbarmen, Mitleid, Rücksichtnahme* qn ignore le/la …; **jd kennt jdn nicht mehr, jd will jdn nicht mehr ~** qn ne connaît plus qn, qn fait semblant de ne plus connaître qn; **kennst du mich noch?** tu me reconnais?, tu te rappelles de moi?; **so kennt jd jdn** [**noch**] **gar nicht** qn ne connaissait pas qn comme ça [*o* sous un tel jour], qn n'avait jamais vu qn comme ça; **so was ~ wir hier nicht!** ce n'est pas le genre de la maison! [*o* dans nos habitudes!]; **wie ich ihn/sie kenne …** tel/telle que [*o* comme] je le/la connais …
II. *vr* ■ **sie ~ sich** ils/elles se connaissent
▸ **sie lernen sich ~** *(machen die gegenseitige Bekanntschaft)* ils/elles font connaissance; *(werden miteinander vertraut)* ils/elles apprennent à se connaître; ***sie haben sich dort ~ gelernt*** ils/elles se sont connu(e)s là-bas

kennen|lernen *s.* **kennen I.▸, II.▸**

Kenner(in) <-s, -> *m(f)* **1.** *(Vertrauter)* ■ **ein ~ einer S.** *(gen)* une personne qui connaît qc; ***als ~ einer S. könnte ich …*** moi qui connais qc, je pourrais …
2. *(Experte)* connaisseur(-euse) *m(f)*; ■ **ein ~ von etw** un(e) connaisseur(-euse) [*o* un(e) expert(e)] en qc
▸ **da zeigt sich der ~** c'est là qu'on voit le connaisseur [*o* reconnaît l'expert]

Kennerblick *m* regard *m* [*o* œil *m*] d'expert
▸ **mit ~** d'un œil d'expert, en connaisseur

kennerhaft, kennerisch I. *adj Blick, Griff* expert(e); *Miene a.* connaisseur(-euse), entendu(e); *Wortwahl* de spécialiste
II. *adv* en connaisseur, d'un air connaisseur [*o* entendu]

Kennermiene *f* air *m* connaisseur [*o* entendu]

► **mit** ~ d'un air connaisseur [*o* entendu]
kẹnntlich *adj* ■ **jd/etw ist [an etw** (*dat*)**]** ~ qn/qc est reconnaissable [à qc]
► **jd macht etw [durch/mit etw] [als etw]** ~ qn marque qc [de/à qc] [comme étant qc]
Kẹnntnis <-ses, -se> *f* **1.** *Ø* (*Vertrautheit*) connaissance *f*
2. *pl* (*Wissen*) connaissances *fpl*
► **etw entzieht sich jds** ~ (*dat*) *form* qn n'a pas connaissance de qc; **jd erhält ~ von etw** *form* qn prend connaissance de qc; **jd hat ~se in etw** (*dat*) qn a des connaissances en qc; **jd hat von etw** ~ *form* qn a connaissance de qc; **jd nimmt etw zur** ~ qn prend acte [*o* bonne note] de qc; **jd nimmt zur ~, dass** qn note que + *indic;* **jd setzt jdn von etw in** ~ *form* qn notifie qc à qn, qn porte qc à la connaissance de qn *form;* ***wir sind bisher von diesen Veränderungen nicht in ~ gesetzt worden*** jusqu'à présent, nous n'avons pas été informé(e)s au sujet de ces modifications; **jd setzt jdn davon in ~, dass** *form* qn notifie à qn que + *indic,* qn porte à la connaissance de qn [le fait] que + *indic form;* **jd verfügt über ~se [in etw** (*dat*)**]** *form* qn possède des connaissances [en qc]; **ohne ~ einer S.** (*gen*) dans l'ignorance de qc
Kẹnntnisnahme <-> *f* ► **nach** ~ *form* après [en] avoir pris connaissance; **zur** ~ *form* pour information
kẹnntnisreich I. *adj geh* érudit(e)
II. *adv geh* savamment, avec érudition
-kenntnisse *pl* connaissances *fpl* en; ***Sprach~*** connaissances *fpl* linguistiques
Kẹnnwort <-wörter> *nt* **1.** (*Codewort*) code *m* **2.** (*Losungswort*) mot *m* de passe **Kẹnnzahl** *f* **1.** TELEC indicatif *m* **2.** (*Zahlenwert*) indice *m* **Kẹnnzeichen** *nt* **1.** (*Auto~*) numéro *m* d'immatriculation [*o* minéralogique] **2.** (*Merkmal*) signe *m* distinctif; ***unveränderliches ~*** signe *m* particulier **3.** (*Markierung*) signe *m* de reconnaissance; [*Wanderweg*] repère *m* ► **amtliches** [*o* **polizeiliches**] ~ *form* numéro *m* minéralogique
kẹnnzeichnen I. *vt* **1.** (*markieren*) ■ **jd kennzeichnet etw/ein Tier [durch etw] [als etw]** qn signale [*o* indique] qc/qn marque un animal [par qc] [comme qc]; ***jd kennzeichnet Tiere durch Ringe*** qn bague des animaux **2.** (*charakterisieren*) ■ **etw kennzeichnet jdn/etw** qc caractérise qn/qc; ■ **jd/etw kennzeichnet jdn als jd/etw** qn/qc définit qn comme qn/qc; ■ **jd/etw ist durch etw gekennzeichnet** qn/qc se caractérise par qc II. *vr* ■ **etw kennzeichnet sich durch etw** qc se caractérise par qc
kẹnnzeichnend *adj* caractéristique; ***ein ~es Charakteristikum*** un trait caractéristique; ■ **etw ist ~ für jdn/etw** qc est caractéristique de qn/qc
Kẹnnziffer *f* référence *f,* numéro *m*
kẹntern *vi* + *sein* ■ **etw kentert** qc chavire
► **etw bringt etw zum K~** qc fait chavirer qc
Keramik <-, -en> *f* céramique *f;* (*Gegenstand a.*) poterie *f*
keramisch *adj* en céramique
Kẹrbe <-, -n> *f* encoche *f,* entaille *f*
► **jd haut** [*o* **schlägt**] **in die gleiche** [*o* **dieselbe**] ~ *fam* qn abonde dans le même sens
Kẹrbel <-s> *m* *Ø* cerfeuil *m*
kẹrben *vt* ■ **jd kerbt etw [mit etw] in etw** (*akk*) qn grave qc [avec qc] dans qc
Kẹrbholz *nt* ► **jd hat etw auf dem** ~ *fam* qn a qc sur la conscience
Kẹrbtier *nt* insecte *m*
Kẹrker <-s, -> *m* **1.** (*Verlies*) cachot *m,* geôle *f*
2. (*Strafe*) cachot *m*
3. AUS *s.* **Zuchthaus**
Kẹrkermeister(in) *m(f)* HIST geôlier(-ière) *m(f)*
Kẹrl <-s, -e *o* -s> *m fam* **1.** (*Bursche*) type *m fam;* (*in positiven Zusammenhängen*) gars *m fam;* (*in negativen Zusammenhängen*) mec *m fam;* ***du fieser ~!*** espèce de salopard! *fam;* ***sie hat einen ~ von zehn Pfund zur Welt gebracht*** elle a mis au monde un gaillard de dix livres
2. (*Mann*) type *m fam;* (*Frau*) nana *f fam*
3. (*Freund*) mec *m fam*
Kẹrn <-[e]s, -e> *m* **1.** [*Kernobst*] pépin *m;* [*Steinobst*] noyau *m*
2. (*Nuss~*) amande *f*
3. (*Atom~*) noyau *m*
4. (*Zell~*) noyau *m*
5. (*der zentrale Punkt*) [*Angelegenheit, Problem, Sache*] fond *m;* ***kommen Sie zum ~!*** entrez dans le vif du sujet!, arrivez-en au fait!
6. (*zentraler Teil*) [*Stadt*] cœur *m;* [*Belegschaft, Mannschaft*] noyau *m* dur; [*Unternehmen*] branche *f* d'activité principale
► **in jdm steckt ein guter** ~ qn a un bon fond; **der harte** ~ le noyau dur; **ein harter ~ [von Menschen]** *hum* un noyau d'irréductibles; *von Fans, Gästen, Säufern* quelques … irréductibles; **etw hat einen wahren** ~ qc a un fond de vérité
Kẹrn- (*Nuklear-*) nucléaire **Kẹrnarbeitszeit** *f* plage *f* horaire fixe (*dans le cadre des horaires à la carte*) **Kẹrnbrennstoff** *m* combustible *m* nucléaire **Kẹrnenergie** *f* énergie *f* nucléaire **Kẹrnexplosion** *f* explosion *f* nucléaire **Kẹrnfach** *nt* SCOL matière *f* principale **Kẹrnfamilie** [-liə] *f* famille *f* nucléaire **Kẹrnforschung** *f* recherche *f* nucléaire **Kẹrnfrage** *f* question *f* fondamentale [*o* essentielle] **Kẹrnfrucht** *f* fruit *m* à pépins **Kẹrnfusion** *f* fusion *f* nucléaire **Kẹrngedanke** *m* idée *f* fondamentale [*o* centrale] **Kẹrngehäuse** *nt* trognon *m* **kẹrngesund** *adj* en pleine santé **Kẹrnholz** *nt* cœur *m* du bois
kẹrnig *adj* **1.** (*markig*) *Mann* vigoureux(-euse), robuste; *Klang* puissant(e)
2. (*urwüchsig*) *Ausspruch, Witz, Worte* cru(e)
3. (*voller Obstkerne*) à pépins; ■ **etw ist ~/ganz** ~ qc a des pépins/est plein(e) de pépins
Kẹrnkraft *f* énergie *f* nucléaire
Kẹrnkraftbefürworter(in) *m(f)* partisan(e) *m(f)* du nucléaire, nucléariste *mf* **Kẹrnkraftgegner(in)** *m(f)* antinucléaire *mf* **Kẹrnkraftwerk** *nt* centrale *f* nucléaire
kẹrnlos *adj* sans pépins
Kẹrnobst *nt* fruits *mpl* à pépins **Kẹrnphysik** *f* physique *f* nucléaire **Kẹrnphysiker(in)** *m(f)* atomiste *mf* **Kẹrnproblem** *nt* problème *m* de fond **Kẹrnpunkt** *m s.* **Kern 5. Kẹrnreaktion** *f* réaction *f* nucléaire **Kẹrnreaktor** *m* réacteur *m* nucléaire **Kẹrnschmelze** *f* fusion *f* du cœur du réacteur **Kẹrnseife** *f* savon *m* de Marseille **Kẹrnspintomograph** *m* appareil *m* d'I.R.M. [*o* d'imagerie par résonance magnétique] [*o* de R.M.N.] [*o* de résonance magnétique nucléaire] **Kẹrnstück** *nt* pièce *f* maîtresse, élément *m* essentiel **Kẹrntechnik** *f* technique *f* nucléaire **Kẹrnteilung** *f* mitose *f* **Kẹrnverschmelzung** *f* **1.** PHYS *s.* Kernfusion **2.** BIO fusion *f* des gamètes
Kẹrnwaffe *f* arme *f* nucléaire
kẹrnwaffenfrei *adj* dénucléarisé(e) **Kẹrnwaffenversuch** *m* essai *m* nucléaire
Kẹrnzeit *f* IND plage *f* fixe [de travail] (*pour les horaires à la carte*); SCOL horaire *m* de base (*entre 7h30 et 13h*)
Kerosin <-s, -e> *nt* kérosène *m*
Kẹrze <-, -n> *f* **1.** (*Wachs~*) bougie *f;* REL cierge *m*
2. (*Zünd~*) bougie *f*
3. (*Bodenübung*) chandelle *f*
► **jd macht eine** ~ qn fait la chandelle
Kẹrzenbeleuchtung *f s.* **Kerzenlicht. Kẹrzendocht** *m* mèche *f* [de la/de bougie] **kẹrzengerade** *adv, adj* droit(e) comme un i **Kẹrzenhalter** *m* (*klein*) bougeoir *m;* (*groß*) chandelier *m;* (*am Tannenbaum, auf Geburtstagskuchen*) porte-bougie *m* **Kẹrzenleuchter** *m* candélabre *m* **Kẹrzenlicht** *nt* *Ø* lumière *f* des bougies [*o* des chandelles]; ***jd muss sich mit ~ behelfen*** qn doit s'éclairer à la bougie [*o* à la chandelle] ► **bei** ~ aux chandelles **Kẹrzenschlüssel** *m* clé *f* à bougie
Kẹscher <-s, -> *m* épuisette *f*
kẹss[RR], **keß** I. *adj* **1.** *Intelligenz* plein(e) de verve; *Spruch a.* effronté(e), audacieux(-ieuse); *Jugendlicher* déluré(e); *Vorschlag* hardi(e); ***jd ist ~*** qn n'a pas froid aux yeux
2. (*hübsch*) joli(e); ***ein ~es Mädchen*** un beau brin de fille; ***eine kesse Biene*** une fille canon *fam,* une supernana *fam*
3. (*flott*) *Hut, Brille, Rock* affriolant(e)
II. *adv* (*frech*) carrément, avec aplomb
Kẹssel <-s, -> *m* **1.** (*Wasser~*) bouilloire *f*
2. (*Kochtopf*) chaudron *m,* marmite *f*
3. (*Heiz~*) chaudière *f*
4. GEOG (*Mulde*) cuvette *f*
5. MIL encerclement *m*
6. CH (*Eimer*) seau *m*
Kẹsselflicker(in) <-s, -> *m(f)* rétameur(-euse) *m(f)* **Kẹsselhaus** *nt* chaufferie *f* **Kẹsselpauke** *f* timbale *f* **Kẹsselstein** *m* *Ø* tartre *m* **Kẹsseltreiben** *nt* campagne *f* de dénigrement, chasse *f* aux sorcières
Kẹssheit[RR], **Keßheit** <-, -en> *f* aplomb *m;* ■ **die ~en** les effronteries *fpl*
Ketchup *s.* **Ketschup**
Kẹtsch <-, -en> *f* ketch *m*
Ketschup[RR] <-[s], -s> ['kɛtʃap] *m o nt* ketchup *m*
Kẹtte <-, -n> *f* **1.** (*Glieder~*) chaîne *f*
2. (*Perlen~ etc*) collier *m;* (*Gold~, Silber~*) chaîne *f*
3. (*Fahrrad~*) chaîne *f*
4. (*Reihe*) [*Menschen*] chaîne *f;* [*Polizisten*] cordon *m;* ***Menschen rücken in einer ~ vor/bilden eine ~*** des personnes s'avancent en ligne/font la chaîne
5. (*Aneinanderreihung*) succession *f; Beweise, Erfolge, Indizien* série *f*
6. COM chaîne *f*
7. TEXTIL chaîne *f*
► **jd legt jdn an die** ~ qn tient la bride à qn; ***jd fühlt sich an die ~ gelegt*** qn se sent bridé(e); **jd legt einen Hund an die** ~ qn met un chien à la chaîne; **jd legt jdn in ~n** qn met qn aux fers; **jd liegt in ~n** *geh* qn est dans les fers; **jd zerreißt** [*o* **sprengt**] **seine ~n** *geh* qn brise [*o* rompt] ses chaînes
-kette *f* **1.** (*Menschenansammlung*): ***Lichter~, Menschen~*** chaîne *f; Polizei-* cordon *m* de
2. COM chaîne *f* de
3. (*Ansammlung*) *Skandal-, Unfall-* succession *f* de; *Indizien-* série *f* de
kẹtten *vt* **1.** (*befestigen*) ■ **jd kettet jdn/ein Tier an etw** (*akk*) qn enchaîne qn/un animal à qc
2. (*binden*) ■ **jd kettet jdn an sich** (*akk*) qn attache qn à lui/elle, qn retient qn auprès de lui/d'elle; ■ **etw kettet jdn an jdn** qc lie qn à qn; ***etw kettet mich an sie*** qc nous lie l'un à l'autre
Kẹttenbrief *m* chaîne *f* (*lettre boule de neige*) **Kẹttenfahrzeug** *nt* véhicule *m* chenillé [*o* à chenilles] **Kẹttenglied** *nt* chaînon *m,* maillon *m* **Kẹttenhemd** *nt* cotte *f* de mailles **Kẹttenhund** *m* chien *m* à l'attache **Kẹttenkarussell** *nt* chaises *fpl* volantes, manège *m* à sièges tournants **Kẹttenrauchen** *nt* tabagisme *m* **Kẹttenraucher(in)** *m(f)* grand fumeur/grande fumeuse *m/f* ► **jd ist** ~ qn est un(e) grand(e) fumeur(-euse), qn fume cigarette sur cigarette **Kẹttenreaktion** *f* réaction *f* en chaîne; ■ **eine ~ von etw** une cascade de qc **Kẹttenschaltung** *f* dérailleur *m* **Kẹttenschutz** *m* carter *m* [de chaîne], protège-chaîne *m*
Kẹtzer(in) <-s, -> *m(f)* hérétique *mf*
Ketzerei <-, -en> *f* hérésie *f*
kẹtzerisch *adj* **1.** ECCL hérétique
2. *geh* (*abweichlerisch*) hérétique *soutenu,* hétérodoxe *soutenu*
keuchen *vi* **1.** + *haben* (*schwer atmen*) ■ **jd keucht** qn halète
2. + *sein* (*sich fortbewegen*) ■ **jd/ein Tier keucht irgendwohin** qn/un animal haletant(e) fait qc, qn/un animal fait qc en haletant; ***jd keucht durchs Ziel*** qn franchit haletant(e) la ligne d'arrivée; ***Jogger keuchen mir***

entgegen des joggeurs haletants viennent à ma rencontre; ***ein Hund keucht hinter jdm her*** un chien haletant suit qn
Keuchhusten *m* coqueluche *f*
Keule <-, -n> *f* **1.** *(Waffe)* massue *f*
2. SPORT massue *f*
3. GASTR *[Geflügel]* cuisse *f; [Wild]* cuissot *m; [Lamm, Hammel]* gigot *m*
▶ **chemische** ~ *(Reizgas)* bombe *f* lacrymogène; ÖKO moyens *mpl* [*o* produits *mpl*] chimiques
-keule *f Reh-* cuissot *m* de; *Hammel-, Lamm-* gigot *m* de; *Hähnchen-* cuisse *f* de
Keulenschlag *m* coup *m* de massue
▶ **etw trifft jdn wie ein** ~ qc fait à qn l'effet d'un coup de massue
keusch **I.** *adj* chaste
II. *adv* chastement; *leben* dans la chasteté
Keusche <-, -n> *f* AUS *pej (Bruchbude)* taudis *m*
Keuschheit <-> *f* ∅ chasteté *f*
▶ **jd gelobt** ~ qn fait vœu de chasteté
Keuschheitsgelübde *nt* vœu *m* de chasteté ▶ **jd legt das** ~ **ab** qn fait vœu de chasteté **Keuschheitsgürtel** *m* ceinture *f* de chasteté
Keyboard <-s, -s> ['ki:bɔ:d] *nt* orgue *m* électronique
Kfz <-[s], -[s]> [ka:ˀɛfˈtsɛt] *nt abk von* **Kraftfahrzeug** automobile *f*
Kfz- [ka:ˀɛfˈtsɛt-] auto[mobile]; *~-Schein* ≈ carte *f* grise; *~-Brief* titre *m de propriété d'un véhicule automobile qu'on laisse à la maison; ~-Zulassung* immatriculation *f; ~-Zulassungsstelle* service *m* des immatriculations
kg *abk von* **Kilogramm** kg *m; **Orangen zu 2,99 DM pro*** ~ oranges à 2,99 marks le kilo
KG <-, -s> [ka:'ge:] *f abk von* **Kommanditgesellschaft** société *f* en commandite
kgl. *adj abk von* **königlich**
K-Gruppe ['ka:-] *f* HIST groupe *m* gauchiste
Khaki[1] <-s> *m* ∅ *(Stoff)* [toile *f*] kaki *m inv*
Khaki[2] <-s> *nt* ∅ *(Farbe)* kaki *m inv*
khakifarben *adj* kaki *inv*
kHz *abk von* **Kilohertz** kHz *m*
KI <-> [ka:ˀi:] *f abk von* **künstliche Intelligenz** I.A. *f*
Kibbuz <-, Kibbuzim *o* -e> *m* kibboutz *m*
Kiberer <-s, -> *m* AUS *pej fam (Polizist)* flic *m*
Kichererbse *f* pois *m* chiche
kichern *vi* ■ **jd kichert** qn pouffe [de rire]; ■ **das K~** les rires étouffés; ***immer ist jd am K~*** qn n'arrête pas de pouffer [de rire]; ***jd kann ein K~ nicht unterdrücken*** qn ne peut s'empêcher de pouffer [de rire]
kicken *vi fam* ■ **jd kickt** qn joue au foot *fam;* ■ **jd kickt für etw** qn joue dans qc; ***jd kickt für den 1. FC Köln*** qn joue au FC Cologne
Kick-off, Kickoff[RR] <-s, -s> *m* CH coup *m* d'envoi
Kickstarter *m* kick *m*
Kid <-s, -s> *nt sl* gamin(e) *m(f); (Jugendlicher a.)* ado *mf fam*
kidnappen ['kɪtnæpn] *vt* ■ **jd kidnappt jdn** qn kidnappe qn
Kidnapper(in) <-s, -> ['kɪtnæpɐ] *m(f)* kidnappeur(-euse) *m(f)*
Kidnapping <-s, -s> ['kɪtnæpɪŋ] *nt* kidnapping *m,* kidnappage *m*
kiebig *adj* DIAL **1.** *(frech) Bemerkung* impertinent(e), culotté(e) *fam; Kind a.* effronté(e)
2. *(aufgebracht)* ■ **jd ist/wird** ~ qn est/se met en rogne *fam*
Kiebitz <-es, -e> *m* ORN vanneau *m* huppé
kiefeln *vi* AUS **1.** *(kauen)* ■ **jd kiefelt an etw** *(dat)* qn mordille qc
2. *(grübeln)* ■ **jd kiefelt an etw** *(dat) an einem Problem* qn remâche qc
Kiefer[1] <-, -n> *f (Baum, Holz)* pin *m*
Kiefer[2] <-s, -> *m* ANAT mâchoire *f; **vor Wut mahlt jd mit dem*** ~ qn grince des dents de fureur
Kieferbruch *m* fracture *f* de la mâchoire **Kieferchirurg(in)** *m(f)* chirurgien(ne) *m(f)* maxillo-facial(e) **Kieferchirurgie** *f* chirurgie *f* maxillo-faciale
Kieferhöhle *f* sinus *m* maxillaire
Kieferhöhlenentzündung *f* sinusite *f* maxillaire
Kiefern- BOT de/du pin **Kiefernholz** *nt* [bois *m* de] pin *m* **Kiefernnadel** *f* aiguille *f* de pin **Kiefernwald** *m* forêt *f* de pins, pinède *f* **Kiefernzapfen** *m* pomme *f* de pin
kieken *vi* NDEUTSCH *s.* **gucken**
Kieker <-s, -> *m* ▶ **jd hat jdn auf dem** ~ *fam (schikaniert)* qn a qn dans le collimateur; *(hat Interesse)* qn reluque qn *fam*
Kiel <-[e]s, -e> *m* **1.** *(Schiffs~)* quille *f*
2. *(Feder~)* tuyau *m* [de plume]
▶ **jd legt ein Schiff auf** ~ qn met un navire en chantier
kielholen *vt* **1.** NAUT ■ **etw wird gekielholt** *Schiff* on met qc en carène
2. HIST ■ **jd wird gekielholt** qn subit la [grande] cale; ■ **das K~** [la peine de] la cale **kieloben** *adv* la quille en l'air **Kielraum** *m* cale *f; **im*** ~ à fond de cale, dans la cale **Kielwasser** *nt* sillage *m* ▶ **jd segelt** [*o* **schwimmt**] **in jds** ~ *(dat)* qn navigue [*o* est] dans les eaux de qn
Kieme <-, -n> *f* branchie *f*
Kien <-[e]s> *m* ∅, **Kienspan** *m* copeau *m* [de] résineux
Kiepe <-, -n> *f* NDEUTSCH hotte *f*
Kies <-es, -e> *m* **1.** *(kleines Geröll)* gravier *m*
2. ∅ *sl (Geld)* pognon *m fam; **jd hat viel*** ~ qn a un sacré pognon *fam*
Kiesel <-s, -> *m s.* **Kieselstein**
Kieselsäure *f* acide *m* silicique **Kieselstein** *m* caillou *m; (klein)* gravier *m; (in/an Wasser)* galet *m* **Kieselstrand** *m* plage *f* de galets
Kiesgrube *f* gravière *f* **Kiesweg** *m* allée *f* de gravier
Kie[t]z <-es, -e> *m sl* quartier *m* chaud
kiffen *vi sl* ■ **jd kifft** qn fume du hasch *fam; **hast du schon mal gekifft?*** t'as déjà essayé de fumer un joint? *arg*
Kiffer(in) <-s, -> *m(f) sl* fumeur(-euse) *m(f)* de hasch *fam*
kikeriki *interj* cocorico
killen *vt sl* ■ **jd killt jdn** qn bute qn *fam,* qn descend qn *fam*
Killer(in) <-s, -> *m(f) sl* tueur(-euse) *m(f)* [à gages]
-killer *m sl Branchen-, Job-, Laden- verbal übersetzt; Ozon-, Planeten-, Raketen-, Satelliten-* destructeur(-trice) *m(f)* de; ***Figur~*** ennemi(e) *m(f)* de la ligne; ***ist der Computer ein Job~?*** est-ce que l'ordinateur supprime des emplois? [*o* cause la disparition d'emplois?]; ***etw wird zum Branchen~*** qc signifie la mort d'une branche d'activité
Killer- *sl -alge, -biene, -hund, -tomate* tueur(-euse); *-programm, -rakete, -satellit a.* destructeur(-trice); *-krankheit, -parasit* dévastateur(-trice) **Killerinstinkt** *m sl* rage *f* de vaincre
Kilo <-s, -[s]> *nt fam abk von* **Kilogramm** kilo *m*
Kilo- *-tonne, -liter, -volt* kilo-; *~ohm* kiloohm *m* **Kilobyte** [-bait] *nt* INFORM kilo-octet *m* **Kilogramm** *nt* kilogramme *m* **Kilohertz** *nt* kilohertz *m* **Kilojoule** [ki:lo'dʒu:l, 'ki:lodʒu:l] *nt* kilojoule *m* **Kilokalorie** *f* kilocalorie *f*
Kilometer *m* **1.** kilomètre *m; **etw verbraucht 4,5 Liter auf 100*** ~ qc consomme 4,5 litres aux cent
2. *fam (Stunden~)* ■ **50** ~ 50 [à l'heure]; ***jd hat 100 ~ drauf*** qn fait du 100 [à l'heure] *fam; **sie fährt höchstens 50*** ~ elle roule à 50 maxi *fam*
▶ **bei** ~ ... au kilomètre ...
Kilometergeld *nt* indemnité *f* kilométrique **kilometerlang** **I.** *adj* [long(longue)] de plusieurs kilomètres **II.** *adv* sur des kilomètres **Kilometerpauschale** *f (Kilometergeld)* forfait *m* kilométrique remboursable pour frais de déplacement; FISC forfait *m* kilométrique déductible pour les trajets domicile - lieu de travail **Kilometerstand** *m* kilométrage *m* ▶ **bei** ~ ... à ... kilomètres **Kilometerstein** *m* borne *f* kilométrique **kilometerweit** **I.** *adj* de plusieurs kilomètres **II.** *adv* à des kilomètres; ***jd muss ~ wandern*** qn doit marcher plusieurs kilomètres **Kilometerzähler** *m* compteur *m* kilométrique
Kilowatt *nt* kilowatt *m*
Kilowattstunde *f* kilowattheure *m*
Kimme <-, -n> *f* cran *m* de mire
▶ **jd zielt über** ~ **und Korn** qn prend sa mire
Kind <-[e]s, -er> *nt* **1.** *(Nachkomme)* enfant *m*
2. *pl fam (Leute, als Anrede)* mes enfants *mpl fam*
▶ **jd schüttet das ~ mit dem Bade aus** qn jette le bébé avec l'eau du bain; **jd redet jdm ein ~ in den Bauch** *fam* qn bourre le crâne à qn *fam;* **~er Gottes** [des] enfants *mpl* de Dieu [*o* du bon Dieu]; **mit ~ und Kegel** *hum fam* avec toute la smala *fam,* avec armes et bagages *fam;* **aus ~ern werden Leute** *prov* [tous] les enfants grandissent; **das ~ im Manne** l'enfant qui sommeille en tout homme; **das ~ muss einen Namen haben** maintenant que l'enfant est né, il faut le baptiser; **jd nennt das ~ beim** [**rechten**] **Namen** qn appelle un chat un chat; **~er und Narren** [*o* **Betrunkene**] **sagen die Wahrheit** *prov* la vérité sort de la bouche des enfants; **kleine ~er kleine Sorgen, große ~er große Sorgen** *prov* petits enfants, petits soucis, grands enfants, grands soucis; **jd ist ein ~ des Todes** *veraltend geh* qn est un homme mort/une femme morte; **jd ist kein ~ von Traurigkeit** *hum* qn aime les plaisirs de la vie; **jd setzt ein ~ in die Welt** qn fait un gosse *fam;* **jd ist ein ~ seiner Zeit** qn vit avec son temps; **ein gebranntes** ~ une personne échaudée; ***jd ist ein gebranntes*** ~ qn a été échaudé(e), qn s'est fait échauder; **jd ist ein großes** ~ qn est un grand enfant; **jd ist noch ein halbes** ~ qn n'est pas encore sorti de l'enfance; **das ist nichts für kleine ~er** *fam* ce n'est pas pour les [petits] enfants; [**du bist aber ein**] **kluges** ~! *iron* tu es drôlement futé(e)!; **jds leibliches** ~ son propre enfant, son enfant à lui/elle; ***drei nicht leibliche ~er*** trois enfants qui ne sont pas de lui/d'elle; **er/sie ist bei jdm lieb** ~ *fam* il/elle est dans les petits papiers de qn *fam,* qn l'a à la bonne *fam;* **jd macht sich bei jdm lieb** ~ *fam* qn essaie de se placer auprès de qn; **ein uneheliches** [*o* **nichteheliches**] ~ enfant naturel [*o* illégitime]; **bei jdm ist ein ~ unterwegs** il y a un gosse en route chez qn *fam;* **jd bekommt** [*o* **erwartet** *geh*] [*o* **kriegt** *fam*] **ein** ~ [**von jdm**] qn attend [*o* va avoir *fam*] un enfant [*o* un gosse *fam*] [de qn]; ***sie hat gestern ihr ~/ein ~ bekommen*** son enfant est né hier/elle a eu un enfant hier; **jd freut sich wie ein** ~ qn se réjouit comme un gosse *fam;* **jd ist kein ~ mehr** qn n'est plus un enfant; **jd macht jdm ein** ~ *sl* qn fait un gosse à qn *fam; **sie hat sich ein ~ machen lassen*** elle s'est fait faire un gosse *fam;* **wie sag' ich's meinem ~e?** *hum* comment lui faire avaler la chose?; **wir werden das ~ schon schaukeln** *fam* on va goupiller ça *fam;* **jd lässt sich** *(dat)* **ein ~ wegmachen** *sl* qn se fait passer un gosse *fam;* **das weiß doch jedes ~!** *fam* un gosse sait ça! *fam;* **von ~ auf** [*o* **an**] dès l'enfance; **aber ~!** enfin tout de même!; **jd nimmt jdn an ~es statt an** qn adopte qn; **~er, ~er!** *fam* ah, mes enfants!
Kindchen <-s, -> *nt dim von* **Kind** **1.** *(Baby)* bébé *m*
2. *(mein liebes Kind)* ■ ~! mon petit/ma petite!
Kinder- **1.** *(für Kinder) -computer, -film, -gottesdienst, -boutique* pour [les] enfants; *-fahrrad, -haus, -roller, -kleider* d'enfant; *-abteilung* enfants; ***~abzählvers*** comptine *f;* ***~fahrkarte*** billet *m* à demi-tarif [pour enfant] **2.** *(von/mit Kindern) -prostitution* enfantin(e); *-pornografie* mettant en scène des enfants; *-strich, -handel* d'enfants; ***eine ~prostituierte*** une fillette prostituée; ***~sex*** ballets *mpl* roses/bleus **Kinderarbeit** *f* travail *m* des enfants [*o* des mineurs] **Kinderarzt** *m,* **-ärztin** *f* pédiatre *mf* **Kinderaugen** *pl* yeux *mpl* d'enfant ▶ **jd bekommt** [*o* **macht**] [**vor Erstaunen**] ~ qn ouvre de grands yeux **Kinderbekleidung** *f* vêtements *mpl* pour enfant[s] [*o* d'enfant] **Kinderbett** *nt* lit *m* d'enfant **Kinderbild** *nt* portrait *m* d'enfant; ***ein ~ meines Onkels*** une photo de mon oncle petit **Kinderbuch** *nt* livre *m* d'enfant **Kinderbüro** *nt* bureau *m* municipal à l'écoute des enfants
Kinderchen *pl dim von* **Kinder** petits *mpl;* ***kommt,*** ~! venez, mes petits!
Kinderchor [-ko:ɐ] *m* chorale *f* d'enfants **Kinderdorf** *nt* village *m* d'en-

fants **Kinderehe** *f* mariage *m* d'enfants
Kinderei <-, -en> *f* enfantillage *m*
Kindererziehung *f* éducation *f* des enfants **kinderfeindlich** I. *adj* inadapté(e) aux enfants; *Politik, Stadt a.* hostile aux enfants; *~e Steuerpolitik* politique fiscale défavorable aux familles II. *adv* sans se préoccuper des enfants **Kinderfeindlichkeit** *f* inadaptation *f* aux enfants; [*Gesellschaft, Politik a.*] hostilité *f* envers les enfants **Kinderfest** *nt* fête *f* enfantine **Kinderfreibetrag** *m* abattement *f* [fiscal] pour enfant[s] à charge **Kinderfreund(in)** *m(f)* ▸**jd ist ein** ~ qn aime les enfants **kinderfreundlich** I. *adj* adapté(e) aux enfants; *Gesellschaft a.* ouvert(e) aux enfants; *Politik a.* favorable aux enfants, familial(e) II. *adv* pour les enfants, en se souciant [des besoins] des enfants **Kindergarten** *m* jardin *m* d'enfants, ≈ école *f* maternelle **Kindergärtner(in)** *m(f)* jardinière *f* d'enfants, éducateur(-trice) *m(f)* **Kindergeburtstag** *m* anniversaire *m* d'enfant; ***jd ist zum ~ eingeladen*** qn est invité(e) à un goûter d'anniversaire; ***wir haben*** ~ nous donnons un goûter pour l'anniversaire de notre enfants **Kindergeld** *nt* ≈ allocations *fpl* familiales **Kindergesicht** *nt* **1.** (*Gesicht eines Kindes*) visage *m* d'enfant **2.** (*kindliches Gesicht*) visage *m* enfantin **Kinderheilkunde** *f* pédiatrie *f,* médecine *f* infantile **Kinderheim** *nt* (*Fürsorgeheim*) foyer *m* de la DDASS; (*Erholungsheim*) centre *m* d'accueil pour enfants **Kinderhort** *m* garderie *f* **Kinderklinik** *f* MED hôpital *m* d'enfants; (*kleiner*) clinique *f* pédiatrique **Kinderkrankenhaus** *nt s.* **Kinderklinik. Kinderkrankheit** *f* **1.** MED maladie *f* infantile **2.** *meist pl* (*Anfangsprobleme*) ratés *mpl* de départ **Kinderkriegen** <-s> *nt* ∅ *fam* accouchement *m* ▸**es ist zum** ~ [il] y a de quoi devenir dingue [*o* s'arracher les cheveux] *fam* **Kinderkrippe** *f* crèche *f* **Kinderladen** *m* jardin *m* d'enfants alternatif (*utilisant des méthodes non-directives*) **Kinderlähmung** *f* poliomyélite *f* **kinderleicht** I. *adj* enfantin(e), simple comme bonjour; ■**etw ist** ~ qc est un jeu d'enfant [*o* d'une simplicité enfantine] II. *adv* avec une simplicité enfantine; ***etw ist ~ zu machen*** qc est enfantin(e) à faire
Kinderlein *pl s.* **Kinderchen**
kinderlieb *adj* qui aime les enfants; ***unsere Nachbarin ist sehr*** ~ notre voisine aime beaucoup les enfants **Kinderliebe** *f* amour *m* des enfants **Kinderlied** *nt* chanson *f* enfantine
kinderlos *adj* sans enfant; ■**jd ist** ~ qn n'a pas d'enfant
Kinderlosigkeit <-> *f* ∅ absence *f* d'enfants; (*Sterilität*) stérilité *f*
Kindermädchen *nt* bonne *f* d'enfants **Kindermärchen** *nt fam* (*Hirngespinst*) conte *m* à dormir debout **Kindermode** *f* mode *f* pour enfants **Kindermord** *m* infanticide *m,* meurtre *m* d'enfant ▸**jd begeht einen** ~ qn commet un infanticide [*o* meurtre d'enfant] **Kindermörder(in)** *m(f)* infanticide *mf,* meurtrier(-ière) *m(f)* d'enfant **Kindermund** *m* bouche *f* enfantine ▸~ **tut Wahrheit kund** *prov* la vérité sort de la bouche des enfants **Kinderpsychologie** *f* psychologie *f* de l'enfant **kinderreich** *adj Ehepaar* qui a beaucoup d'enfants; *Familie* nombreux(-euse); ■**jd ist** ~ qn a beaucoup d'enfants **Kinderreichtum** *m* ∅ grand nombre *m* d'enfants **Kinderreim** *m* comptine *f* **Kinderschänder** <-s, -> *m* violeur *m* d'enfants **Kinderschar** *f* troupe *f* [*o* ribambelle *f fam*] d'enfants **Kinderschreck** *m* ∅ croque-mitaine *m* **Kinderschuh** *m* chaussure *f* d'enfant ▸**jd ist den ~en entwachsen** *geh* qn est sorti(e) de l'enfance; **etw ist den ~en entwachsen** qc n'en est plus aux [premiers] balbutiements; **etw steckt noch in den ~en** qc en est encore aux [premiers] balbutiements **Kindersicherung** *f* AUT sécurité *f* enfants **Kindersitz** *m* siège *m* pour enfant **Kinderspiel** *nt* jeu *m* pour enfants ▸**etw ist [für jdn] ein** ~ qc est un jeu d'enfant [pour qn] **Kinderspielplatz** *m* terrain *m* de jeux; (*an der Autobahn*) aire *f* de jeux **Kindersprache** *f* langage *m* enfantin **Kindersterblichkeit** *f* mortalité *f* infantile **Kinderstimme** *f* voix *f* d'enfant [*o* enfantine] **Kinderstube** *f* DIAL *s.* Kinderzimmer ▸**jd hat eine/keine gute** ~ **gehabt** qn est bien/mal élevé(e), qn a reçu une bonne/mauvaise éducation **Kindertagesstätte** *f s.* **Kinderhort. Kinderteller** *m* menu *m* enfant **Kindervers** *m s.* **Kinderreim. Kinderwagen** *m* voiture *f* d'enfant, landau *m;* (*Sportwagen*) poussette *f* **Kinderzahl** *f* nombre *m* d'enfants **Kinderzimmer** *nt* chambre *f* [d'enfant] **Kinderzuschlag** *m* supplément *m* familial (*dont bénéficient les fonctionnaires allemands*)
Kindes- d'enfant **Kindesalter** *nt* ▸**seit frühestem** ~ (*mit Präsens*) dès mon/son/... plus jeune âge; (*mit Vergangenheit*) depuis mon/son/... plus jeune âge; **jd ist** [*o* **befindet sich** *form*] **im** ~ qn est encore un enfant; ***unser Sohn befindet sich noch im*** ~ notre fils n'a pas encore quitté l'enfance **Kindesbeine** *pl* ▸**von ~n an** (*mit Präsens*) dès sa plus tendre enfance; (*mit Vergangenheit*) depuis sa plus tendre enfance **Kindesentführung** *f* enlèvement *m* [*o* rapt *m*] d'enfant, kidnapping *m* **Kindeskinder** *pl:* ***unsere*** ~ les enfants de nos enfants, les générations futures **Kindesmissbrauch**^RR *m* abus *m* sexuel sur des enfants **Kindesmisshandlung**^RR *f* coups et mauvais traitements *mpl* [à enfant], maltraitance *f* **Kindesmord** *m* infanticide *m,* meurtre *m* de son propre enfant **Kindesmörder(in)** *m(f)* infanticide *mf,* meurtrier(-ière) *m(f)* de son propre enfant
kindgemäß I. *adj* adapté(e) aux enfants; *Kinderzimmereinrichtung a.* conçu(e) pour les enfants
II. *adv* en fonction des enfants
kindhaft *adj* puéril(e)
Kindheit <-> *f* ∅ enfance *f*
▸**von** ~ **an** (*mit Präsens*) dès l'enfance; (*mit Vergangenheit*) depuis l'enfance
Kindheitserinnerung *f* souvenir *m* d'enfance **Kindheitstraum** *m* rêve *m* d'enfant; ***jd erfüllt sich*** (*dat*) ***einen*** ~ qn réalise un rêve d'enfant
kindisch *adj pej* puéril(e), infantile; ***einige alte Menschen werden wieder*** ~ certaines personnes âgées retombent dans l'enfance
kindlich I. *adj* enfantin(e), d'enfant; ■**jd ist** ~ qn est enfant
II. *adv sich verhalten* comme un enfant; ***seine Gesichtszüge wirken*** ~ les traits de son visage sont [*o* rappellent] ceux d'un enfant
Kinds- (*des Säuglings*) de l'enfant; ***plötzlicher ~tod*** mort *f* subite du nourrisson **Kindskopf** *m fam* guignol *m fam*
Kinemathek <-, -en> *f* cinémathèque *f*
Kinetik <-> *f* ∅ cinétique *f*
kinetisch *adj* cinétique
King <-s> *m* ▸**jd ist der** ~ *sl* qn est le caïd *fam*
Kinkerlitzchen *pl fam* fariboles *fpl*
Kinn <-[e]s, -e> *nt* menton *m*
Kinnbart *m* bouc *m* **Kinnhaken** *m* uppercut *m,* crochet *m* à la mâchoire **Kinnlade** *f* mâchoire *f* [inférieure] **Kinnriemen** *m* mentonnière *f*
Kino <-s, -s> *nt* cinéma *m;* ***jd geht ins*** ~ qn va au cinéma; ***etw kommt im*** ~ on joue qc au cinéma, qc passe sur les écrans [*o* sur le grand écran]
Kino- du/de cinéma; *-könig* du cinéma; *-center* cinématographique **Kinobesuch** *m* séance *f* de cinéma; ***jd hat Lust auf einen*** ~ qn a envie d'aller au cinéma **Kinobesucher(in)** *m(f)* spectateur(-trice) *m(f);* ***außer den ~n ist niemand unterwegs*** en dehors de la clientèle des cinémas, il n'y a personne dehors **Kinofilm** *m* film *m* [grand écran] **Kinogänger(in)** <-s, -> *m(f)* cinéphile *mf,* amateur de cinéma *m;* ***jd ist ein regelmäßiger*** ~ qn va régulièrement au cinéma **Kinokarte** *f* billet *m* [de cinéma] **Kinokasse** *f* caisse *f* [du/de cinéma] **Kinoprogramm** *nt* **1.** (*gezeigte Filme*) films *mpl* programmés; ***Ausschnitte aus dem ~ der kommenden Wochen*** extraits de films figurant au programme des semaines à venir **2.** (*gedrucktes Programm*) programme *m* des films **Kinowerbung** *f* publicité *f* cinématographique
Kiosk <-[e]s, -e> *m* kiosque *m*
Kipfe[r]l <-s, -[n]> *nt* AUS croissant *m*
Kippe <-, -n> *f* **1.** *fam* (*Deponie*) décharge *f*
2. *fam* (*Zigarettenstummel*) mégot *m fam; sl* (*Zigarette*) sèche *f fam,* clope *mf fam*
▸**etw steht auf der** ~ *fam* (*steht auf der Kante*) qc est prêt(e) à dégringoler *fam;* (*ist unentschieden*) qc est en suspens; **jd/etw steht auf der** ~ *fam* (*ist gefährdet*) qn/qc est sur la corde raide; ***in Mathe stehe ich genau auf der*** ~ en math, je suis vraiment ric-rac *fam;* **es steht auf der** ~, **ob** *fam* c[e n]'est pas encore sûr que + *subj*
kippen I. *vt* + *haben* **1.** (*schütten*) ■**jd kippt etw irgendwohin** qn verse qc quelque part; *Abwässer, Giftstoffe a.* qn déverse qc quelque part; *Abfall, Essensreste, Kehricht, Müll a.* qn vide qc quelque part
2. (*schräg stellen*) ■**jd kippt etw** qn bascule qc
3. (*scheitern lassen*) ■**jd kippt jdn** *Politiker* qn renverse qn; ■**jd kippt etw** qn fait sauter qc
▸**jd kippt einen/[gerne] ein paar** *fam* qn s'en jette un/lève volontiers le coude *fam;* **„bitte nicht ~"** ne pas retourner s.v.p.
II. *vi* + *sein* **1.** (*umfallen*) ■**etw kippt** /*Gegenstand, Kiste, Möbelstück*/ qc bascule; /*Behälter a.*/ qc se renverse; /*Fahrzeug a.*/ qc verse; ■**jd kippt [von etw/irgendwohin]** (*akk*) qn bascule [de qc/quelque part]
2. (*zurückgehen*) ■**etw kippt** /*Gewinne, Kurse, Statistik, Konjunktur*/ qc fléchit
3. (*nicht mehr funktionieren*) ■**etw kippt** *Ökosystem* qc est perturbé(e); *Fluss, Gewässer* qc périt; *System* qc s'effondre; ***etw lässt das Ökosystem*** ~ qc rompt l'équilibre écologique; ***die Elbe ist längst gekippt*** l'Elbe est asphyxiée [*o* stérilisée] depuis longtemps
Kippfenster *nt* fenêtre *f* basculante, vasistas *m* **Kipplore** *f* wagonnet *m* basculant **Kippschalter** *m* interrupteur *m* [basculant]
Kirche <-, -n> *f* **1.** (*Gebäude*) église *f;* ***jd geht in die*** [*o* ***zur***] ~ qn va à l'église
2. (*Glaubensgemeinschaft*) Église *f*
▸**jd lässt die ~ im Dorf** *fam* qn garde les pieds sur terre *fam;* **die bekennende** ~ l'Église *f* fidèle à son message (*mouvement protestant d'opposition au national-socialisme*); **evangelische** ~ Église *f* protestante; **katholische** ~ Église *f* catholique; **jd tritt aus der ~ aus** qn fait une déclaration de non-appartenance à l'Église; **die** ~ l'Église; ***er ist bei der ~ angestellt*** il est au service de l'Église
Kirchen- de l'/d'église **Kirchenaustritt** *m* déclaration *f* de non-appartenance à l'Église **Kirchenbank** <-bänke> *f* banc *m* [d'/de l'église] **Kirchenbuch** *nt* registre *m* paroissial **Kirchenchor** [-koːɐ] *m* chorale *f* paroissiale **Kirchengemeinde** *f* paroisse *f* **Kirchengeschichte** *f* histoire *f* de l'Église **Kirchenglocke** *f* cloche *f* [de l'/d'église] **Kirchenlicht** *nt* ▸**jd ist kein [großes]** ~, **jd ist nicht gerade ein** ~ *fam* qn, ce n'est pas une lumière *fam* **Kirchenlied** *nt* cantique *m* **Kirchenmaus** *f* ▸**jd ist arm wie eine** ~ *fam* qn est fauché(e) comme les blés *fam,* qn est sur la paille **Kirchenmusik** *f* musique *f* sacrée [*o* religieuse] **Kirchenrecht** *nt* droit *m* canon **Kirchenschiff** *nt* (*Längsschiff*) [grande] nef *f;* (*Querschiff*) nef *f* latérale **Kirchenstaat** *m* États *mpl* pontificaux [*o* de l'Église] **Kirchensteuer** *f* impôt *m* au bénéfice des Églises **Kirchenvater** *m* Père *m* de l'Église
Kirchgang <-gänge> *m* assistance *f* à la messe **Kirchgänger(in)** <-s, -> *m(f)* (*Mensch auf dem Weg zur Kirche*) fidèle *mf;* (*regelmäßiger Gottesdienstbesucher*) pratiquant(e) *m(f)* **Kirchhof** *m veraltend* (*Friedhof*) cimetière *m* [d'une Église]
kirchlich I. *adj* **1.** *Gebot, Verbot* de l'Église; *Dispens, Missbilligung, Zustimmung a.* des autorités ecclésiastiques; *Feiertag* religieux(-euse)
2. *Begräbnis, Heirat, Trauung, Zeremonie* religieux(-euse), à l'église
II. *adv* religieusement, à l'église
Kirchspiel *nt veraltend* paroisse *f,* secteur *m* paroissial
Kirchtag *m* AUS *s.* **Kirmes. Kirchturm** *m* clocher *m* **Kirchturmpolitik** *f pej* politique *f* de clocher **Kirchturmspitze** *f* flèche *f* [du/de clocher]

Kirchweih <-, -en> *f*, **Kirchweihe** *f* DIAL fête *f* patronale

Kirmes <-, -sen> *f* DIAL kermesse *f*; ***jd geht zur/auf die ~*** qn va à la kermesse

kirre *adj* ▶ **jd macht jdn ~** *fam* (*gefügig*) qn amadoue qn; **jd/etw macht jdn ~** *fam* (*verrückt*) qn/qc rend dingue qn *fam*; **jd wird ~** *fam* (*kommt durcheinander*) qn [ne] sait plus où il/elle en est *fam*

Kirsch <-[e]s, -> *m* DIAL *s.* **Kirschwasser**

Kirsch- 1. BOT de/du cerisier; ***zur*** [***Zeit der***] ***~blüte*** quand les cerisiers sont en fleurs 2. GASTR de/de la cerise; *-kuchen* aux cerises; *-likör, -marmelade, -saft* de cerises **Kirschbaum** *m* 1. (*Baum*) cerisier *m* 2. (*Holz*) cerisier *m*; [*Vogelkirsche*] merisier *m*

Kirsche <-, -n> *f* 1. (*Frucht*) cerise *f*
2. (*Baum, Holz*) cerisier *m*
3. Ø (*Kirschholz*) cerisier *m*; [*Vogelkirsche*] merisier *m*
▶ **mit jdm ist nicht gut ~n essen** *fam* qn est pas facile à prendre *fam*

Kirschentkerner <-s, -> *m* dénoyauteur *m* [de cerises] **kirschrot** *adj* rouge cerise *inv* **Kirschtorte** *f* tarte *f* aux cerises ▶ **Schwarzwälder ~** forêt-noire *f* **Kirschwasser** *nt* kirsch *m*

Kirtag *m* AUS *s.* **Kirmes**

Kissen <-s, -> *nt* (*Kopf~*) oreiller *m*; (*Zier~*) coussin *m*

Kissenbezug *m* (*Kopf~*) taie *f* [d'oreiller]; (*Zier~*) housse *f* [de coussin] **Kissenschlacht** *f fam* bataille *f* de polochons *fam*

Kiste <-, -n> *f* 1. (*Behälter*) (*groß*) caisse *f*; (*klein*) boîte *f*
2. *sl* (*Auto*) caisse *f fam*; (*Fernseher*) téloche *f pop*; (*Computer*) bécane *f fam*
▶ **fertig ist die ~!** *fam* et le tour est joué!; **jd springt** [*o* **hüpft**] **in die ~** *sl* qn passe l'arme à gauche *fam*, qn calanche *pop*, qn casse sa pipe *fam*; ***wenn ich in die ~ gehüpft bin*** quand je serai entre quatre planches *fam*

kistenweise *adv* 1. (*mehrere Kisten umfassend*) des caisses [entières]
2. (*in Kisten verpackt*) dans des caisses

Kitsch <-es> *m* Ø kit[s]ch *m*

kitschig I. *adj* kit[s]ch *inv*
II. *adv* de façon kit[s]ch

Kitt <-[e]s, -e> *m* mastic *m*; *fig* ciment *m littér*

Kittchen <-s, -> *nt fam* (*Gefängnis*) taule *f fam*

Kittel <-s, -> *m* 1. (*Arbeits~*) blouse *f*
2. SDEUTSCH (*Jacke*) veste *f*
3. CH (*Jackett*) veston *m*

Kittelschürze *f* blouse *f* tablier

kitten *vt* 1. (*ver~*) ■ **jd kittet etw** [**mit etw**] *Fenster, Riss* qn mastique qc [avec qc]
2. (*kleben*) ■ **jd kittet etw** *zerbrochene Tasse, Vase etc* qn recolle qc
3. *fig* ■ **jd/etw kittet etw** *Beziehung, Partnerschaft* qn/qc cimente qc; ■ **jd/etw kittet etw wieder** qn/qc reconsolide qc; *Ehe* qn/qc replâtre qc; ***da lässt sich nichts mehr ~*** impossible de recoller les morceaux

Kitz <-es, -e> *nt* [*Gämse, Reh*] faon *m*; [*Ziege*] chevreau *m*

Kitzel <-s, -> *m* 1. (*Juckreiz*) démangeaison *f*; (*im Hals a.*) chatouillement *m*
2. (*wohliger Schauder*) frisson *m* agréable [*o* délicieux]

kitz[e]lig *adj* 1. *Punkt, Stelle* sensible aux chatouille[men]ts; ■ **jd ist** [**irgendwo/an etw** (*dat*)] **~** qn est chatouilleux(-euse) [quelque part/de qc]
2. (*heikel*) *Situation, Sache* délicat(e)

kitzeln I. *vt* ■ **jd kitzelt jdn** [**irgendwo**]**/jdn an etw** (*dat*) qn chatouille qn [quelque part]/qn lui chatouille qc
II. *vi* ■ **etwas** [*o* **es**] **kitzelt** quelque chose [le/la] chatouille, ça chatouille; ■ **etw kitzelt irgendwo/an etw** (*dat*) qn a qc qui le/la chatouille quelque part; ***da kitzelt etwas an meinem Rücken*** j'ai quelque chose qui me chatouille dans le dos
III. *vt impers* ■ **es kitzelt jdn irgendwo** qn a quelque chose qui le/la chatouille quelque part

Kitzeln <-s> *nt* Ø chatouillement *m*; ***lass bitte das ~!*** arrête de me chatouiller!

Kitzler <-s, -> *m* clitoris *m*

kitzlig *adj s.* **kitzelig**

Kiwi <-, -s> *f* (*Frucht*) kiwi *m*

KKW <-s, -s> [ka:ka:'ve:] *nt abk von* **Kernkraftwerk** centrale *f* nucléaire

Klabautermann <-männer> *m* NAUT *mauvais génie m des bateaux*

klack *interj* clac
▶ **es macht ~** ça fait clac

klacken *vi fam* ■ **etw klackt** qc claque

klacks *interj* flac

Klacks <-es, -e> *m fam* 1. (*Geräusch*) flop *m*
2. (*kleines bisschen*) lichette *f fam*; ***jd hat einen ~ Farbe am Kittel*** qn a une éclaboussure de peinture sur sa blouse
▶ **etw ist** [**für jdn**] **ein ~** (*einfach*) qc est de la rigolade [pour qn] *fam*; (*wenig*) qc est une babiole [pour qn]

Kladde <-, -n> *f* cahier *m* de brouillon

klaffen *vi* ■ **etw klafft**: ***nach dem Erdbeben klaffte mitten auf der Straße ein breiter Spalt*** après le tremblement de terre, il y avait une large crevasse béante au milieu de la route; ***vor ihm klaffte ein gähnender Abgrund!*** un gouffre béant s'ouvrait devant lui!; ***die Wundränder klafften*** les lèvres de la plaie étaient écartées

kläffen *vi* ■ **ein Hund kläfft** un chien glapit; ■ **das K~** les glapissements *mpl*

klaffend *adj* béant(e)

Kläffer <-s, -> *m pej* roquet *m*

Klafter <-s, -> *m o nt*, <-, -n> *f rare* 1. (*Maß für Holz*) ≈ corde *f vieux*
2. (*altes Längenmaß*) brasse *f*

Klage <-, -n> *f* 1. (*Beschwerde*) plainte *f*; ***ein Grund zur ~*** une raison de se plaindre
2. JUR plainte *f*
▶ **jd bringt** [**über jdn/etw**] **~n vor** qn se plaint [de qn/qc]; **jd erhebt ~** [**gegen jdn**] qn porte plainte [contre qn]; **jd führt** [**bei jdm**] **über jdn/etw ~** qn se plaint [auprès de qn] de qn/qc; **dass mir keine ~n kommen!** *fam* qu'on ne vienne pas se plaindre de toi/vous!; **jd reicht eine ~** [**gegen jdn**] **ein** qn dépose une [*o* porte] plainte [contre qn]; **jd strengt eine ~** [**gegen jdn**] **an** qn intente un procès [*o* une action] [contre qn]; **jd weist eine ~ ab** qn déboute un(e) plaignant(e); **eine ~ auf etw** (*akk*) *auf Rückerstattung, Zahlung* une action pour obtenir qc; *auf Schadenersatz* une action en qc

Klagegeschrei *nt* lamentations *fpl* ▶ **jd stimmt ein** [**lautes/jämmerliches**] **~ an** qn se répand en lamentations [bruyantes/déchirantes] **Klagelaut** *m* plainte *f* ▶ **jd gibt … ~e von sich** qn laisse échapper des plaintes *fpl* … **Klagelied** *nt* ▶ **jd stimmt ein ~** [**über jdn/etw**] **an**, **jd singt ein ~** [**über jdn/etw**] qn se répand en lamentations [*o* en jérémiades *péj fam*] [au sujet de qn/qc]; ***ich könnte ein ~ anstimmen*** j'aurais de quoi me lamenter **Klagemauer** *f* ■ **die ~** le mur des lamentations

klagen I. *vi* 1. (*jammern*) ■ **jd klagt** [**über etw** (*akk*)] qn se lamente [sur qc]; ***was klagst du so?*** de quoi te plains-tu?
2. (*trauern*) ■ **jd klagt um jdn/etw** qn pleure qn/qc
3. (*sich beklagen*) ■ **jd klagt über etw** (*akk*) qn se plaint de qc
4. JUR ■ **jd klagt** [**gegen jdn**] qn porte plainte [contre qn]; ■ **jd klagt auf etw** (*akk*) qn requiert qc
▶ **ich kann nicht ~** *fam* je [ne] suis pas à plaindre, je n'ai pas à me plaindre; **ohne zu ~** sans se plaindre
II. *vt* 1. (*erzählen*) ■ **jd klagt jdm etw** qn se plaint de qc auprès de qn
2. AUS *s.* **verklagen**

klagend I. *adj* 1. (*jammernd*) *Laute, Stimme* plaintif(-ive)
2. JUR *Partei, Teil* plaignant(e)
II. *adv singen, klingen* d'un ton plaintif; *beweinen, trauen a.* en se plaignant

Kläger(in) <-s, -> *m(f)* JUR plaignant(e) *m(f)*, demandeur/-eresse *m/f*
▶ **wo kein ~ ist, ist auch kein Richter** *prov* sans plaignant, pas de procès

Klageschrift *f* plainte *f* **Klageweg** *m* ▶ **jd beschreitet den ~** *form* qn intente une action juridique *form*; **auf dem** [*o* **im**] **~[e]** *form* par voie de justice **Klageweib** *nt* pleureuse *f*

kläglich I. *adj* 1. *pej* (*miserabel*) lamentable, déplorable
2. (*dürftig*) *Rest, Überbleibsel, Verdienst* misérable
3. (*jammervoll*) *Laute, Stimme, Wimmern* lamentable, pitoyable
II. *adv pej durchfallen, scheitern, versagen* lamentablement, pitoyablement; *zu Tode kommen* de façon lamentable [*o* pitoyable]

Kläglichkeit <-, *rare* -en> *f pej* [*Ausrede, Einwand*] indigence *f*; ***bei der ~ dieses Gehalts*** avec ce salaire de misère

klaglos *adv* sans rechigner

Klamauk <-s> *m* Ø *fam* 1. (*Alberei*) ineptie *f*; [*Kind*] sottise *f*
2. (*Getöse*) cirque *m fam*, chambard *m fam*
▶ **jd macht ~** (*albert herum*) qn fait des bêtises; (*lärmt*) qn chahute, qn fait du chambard [*o* le cirque] *fam*

klamm *adj* 1. *Füße* engourdi(e); *Finger* gourd(e)
2. (*nass und kalt*) *Wäsche* humide et froid(e)
3. *sl* (*knapp bei Kasse*) ■ **jd ist ~** qn est raide [*o* fauché(e)] *fam*

Klamm <-, -en> *f* gorge *f*

Klammer <-, -n> *f* 1. (*Wäsche~*) pince *f* [à linge]
2. (*Heft~*) agrafe *f*; (*Büro~*) trombone *m*
3. (*Haar~*) barrette *f*
4. MED (*Wund~*) agrafe *f*
5. MED (*Zahn~*) appareil *m* [dentaire]
6. (*Textsymbol*) parenthèse *f*
▶ **eckige/runde/spitze ~** crochet *m*/parenthèse *f*/chevron *m*; **geschweifte ~n** accolade *f*; **~ auf/zu** ouvre/ouvrez/ferme/fermez la parenthèse; **in ~n** entre parenthèses

Klammeraffe *m* INFORM *fam* ar[r]obas *m*

klammern I. *vt* 1. (*zusammenheften*) ■ **jd klammert etw** [**an etw** (*akk*)] qn agrafe qc [à qc]
2. MED ■ **jd klammert etw** qn suture qc [au moyen d'agrafes]
II. *vr* 1. (*sich hängen*) ■ **jd klammert sich an jdn/etw** qn se cramponne [*o* s'accroche] à qn/qc
2. (*nicht aufgeben wollen*) ■ **jd klammert sich an jdn/etw** *an einen Partner* qn s'accroche [*o* se raccroche] à qn/qc; *an eine Hoffnung, Zusage a.* qn se cramponne à qc
III. *vi* 1. BOXEN ■ **jd klammert** qn s'accroche
2. *fam* (*besitzergreifend sein*) ■ **jd klammert** qn s'accroche *fam*

klammheimlich I. *adj fam* inavoué(e), secret(-ète)
II. *adv fam* en douce *fam*

Klamotten *pl fam* fringues *fpl fam*

Klamottenkiste *f* ▶ **aus der ~** *fam* de la guerre de quatorze *fam*, de l'an quarante *fam*

klang *imp von* **klingen**

Klang <-[e]s, =e> *m* 1. (*Ton*) son *m*; [*Stimme a.*] timbre *m*
2. *pl* (*harmonische Klangfolgen*) sons *mpl*; ***zu den =en einer S.*** (*gen*) au[x] son[s] de qc
▶ **etw hat einen guten ~** /*Instrument*/ qc sonne bien; /*Name*/ qc est réputé(e); **etw hat einen … ~** qc a un son …; /*Stimme a.*/ qc a un timbre …

Klangeffekt *m* effet *m* sonore **Klangfarbe** *f* timbre *m* **Klangfolge** *f* séquence *f* sonore

klanglich I. *adj Effekt, Qualität* sonore; *Unterschied* de sonorité
II. *adv* pour ce qui est de [*o* en ce qui concerne] la sonorité

klanglos *adj Stimme* blanc(blanche), sans timbre; ■ **etw ist ~** /*Stimme, Wiedergabe*/ qc est sourd(e)

Klangregler *m* régulateur *m* de [la] tonalité **klangvoll** *adj* 1. (*voll tönend*) sonore; *Name, Wort* qui sonne bien 2. (*bedeutend*) *Titel, Name* impressionnant(e)

Klappbett *nt* (*zum Zusammenklappen*) lit *m* pliant; (*zum Hochklappen*) lit *m* rabattable [*o* escamotable]

Klappe <-, -n> *f* **1.** (*Deckel*) [*Briefkasten, Mülleimer*] couvercle *m;* [*Kamin*] trappe *f;* [*Durchreiche*] volet *m*
2. (*Verschluss einer Tasche*) rabat *m*
3. *sl* (*Mund*) clapet *m fam*
4. MUS clé *f*
5. *sl* (*Schwulentreffpunkt*) rendez-vous *m* des gays [*o* des pédés *fam*]
▶ **jd hat eine große ~** *fam,* **jd schwingt die [ganz] große ~** *sl* qn est [*o* a] une grande gueule *fam;* **bei jdm geht eine [*o* die] ~ runter** *fam* qn se met aux abonnés absents *fam;* **jd hält die [*o* seine] ~** *sl* qn la ferme *fam,* qn ferme son clapet [*o* sa gueule] *fam;* **jd reißt die ~ auf** *sl* qn est fort(e) en gueule *fam;* **~!** *sl* la ferme! *fam*

klappen I. *vt + haben* ■ **jd klappt etw irgendwohin** qn rabat qc quelque part
II. *vi* **1.** *+ haben fam* (*funktionieren*) ■ **etw klappt [irgendwie]** qc marche [d'une certaine façon] *fam;* ***es klappt nicht*** ça ne marche pas
2. *+ sein* (*schnappen*) ■ **etw klappt irgendwohin:** ***der Sitz klappt nach oben/unten*** le siège se relève [*o* se rabat]/s'abaisse; ***das Klappbett klappt aus der Wand/in die Wand zurück*** le lit rabattable [*o* escamotable] s'ouvre/se rabat [contre le mur]
3. *+ sein* (*schlagen*) ■ **etw klappt [an etw** (*akk*)**/gegen etw]** */Laden, Fensterflügel/* qc claque [contre qc]; ■ **etw klappt jdm an etw** (*akk*)**/vor etw** *vor den Kopf, an den Schädel* qc lui heurte qc

Klappentext *m* texte *m* du rabat

Klapper <-, -n> *f* hochet *m*

klapperdürr *adj fam* maigre comme un clou *fam,* squelettique; ***jd ist ~*** qn n'a que la peau sur les os **Klappergestell** *nt hum fam* paquet *m* d'os, squelette *m* ambulant

klapp[e]rig *adj fam* **1.** (*gebrechlich*) décati(e) *fam;* ***jd ist ein bisschen ~ auf den Beinen*** qn a les jambes un peu flageolantes
2. (*instabil*) *Gestell, Möbelstück* branlant(e); *Klavier, Wagen* déglingué(e) *fam*

Klapperkiste *f pej fam* tacot *m fam,* tas *m* de ferraille *fam*

klappern *vi* **1.** (*schlagen*) ■ **etw klappert** */Laden, Fensterflügel/* qc claque; */Auspuff/* qc cliquette, qc fait un bruit de ferraille
2. (*Geräusch erzeugen*) ■ **jd/ein Tier klappert mit etw** *mit den Zähnen, dem Schnabel* qn/un animal claque de qc; */Klapperschlange/* un animal fait vibrer qc [avec un bruit de crécelle]; *mit den Stricknadeln* qn fait cliqueter qc

Klapperschlange *f* serpent *m* à sonnettes, crotale *m* **Klapperstorch** *m Kindersprache* [gentille] cigogne *f* (*qui apporte les bébés dans son bec*)
▶ **jd glaubt [immer noch] an den ~** qn croit [encore] que les enfants naissent dans les choux

Klappfahrrad *nt* vélo *m* pliant **Klappmesser** *nt* couteau *m* pliant

klapprig *adj s.* **klapperig**

Klappsitz *m* siège *m* rabattable **Klappstuhl** *m* chaise *f* pliante **Klapptisch** *m* table *f* pliante **Klappverdeck** *nt* capote *f*

Klaps <-es, -e> *m* tape *f*
▶ **jd hat einen ~** *sl* qn est frappé(e) *fam,* qn [ne] tourne pas rond

Klapsmühle *f pej fam* maison *f* de fous; ***der gehört doch in die ~!*** il est bon à enfermer!; ***der sitzt jetzt in der ~*** maintenant, il est chez les fous

klar I. *adj* **1.** (*durchsichtig*) clair(e); *Flüssigkeit, Teich, See, Wasser a.* limpide; *Glas a.* transparent(e); *Schnaps* blanc
2. (*ungetrübt*) *Himmel, Nacht, Sicht* clair(e)
3. (*fest umrissen*) *Antwort, Frage, Bild, Vorstellung* clair(e)
4. (*eindeutig*) évident(e); *Vorsprung* net(te)
5. (*deutlich*) *Aussprache, Stimme, Klang, Ton* clair(e)
6. (*bewusst*) ■ **jdm ist/wird etw ~** qn comprend/commence à comprendre qc; ■ **jd ist sich** (*dat*) **über etw** (*akk*) **im K~en** qn voit clair dans qc [*o* clairement qc]; ■ **jd ist sich** (*dat*) **darüber im K~en, was/dass** qn réalise [*o* se rend compte de] ce que/que + *indic*
▶ **alles ~?** *fam* [tu as/vous avez] pigé? *fam;* **na ~!** *fam* mais bien sûr!
II. *adv* (*deutlich*) nettement; *zutage treten, hervortreten a.* clairement; ***~ denkend*** clairvoyant(e)
▶ **~ und deutlich** de façon claire et nette; **jd sieht [in etw** (*dat*)**] ~** qn y voit clair [dans qc]; **jd/etw spült [etw] ~** qn/qc rince [qc]; **jd wird sich** (*dat*) **über etw** (*akk*) **~:** ***ich muss mir erst mal über meine Gefühle ~ werden*** il faut d'abord que j'analyse mes sentiments; ***ich bin mir über seine Motive noch nicht ganz ~ geworden*** je n'ai pas encore tout à fait saisi ses motivations; ***werde dir erst mal über deine Ziele im Leben ~*** définis d'abord [quels sont] tes buts dans la vie; **jd wird sich darüber ~, was/dass** qn commence à réaliser ce qui/que + *indic;* **jdm wird etw ~** qn se rend compte de qc; ***langsam wird mir ~ ...*** je commence à comprendre ...

Kläranlage *f* station *f* d'épuration

Klarapfel *m* transparente *f* blanche **klardenkend** *s.* **klar II.**

Klare(r) *m decl wie adj fam* gnôle *f fam*

klären I. *vt* **1.** (*auf~*) ■ **jd klärt etw** qn élucide qc; *Problem a.* qn éclaircit qc
2. (*reinigen*) ■ **etw wird geklärt** */Abwasser/* qc est épuré(e)
II. *vr* **1.** (*sich auf~*) ■ **etw klärt sich** qc se clarifie; */Problem a./* qc se résout; ***dieser Punkt hat sich noch immer nicht geklärt*** ce point n'est toujours pas éclairci; ***wer/wo ..., muss sich erst noch ~*** il faut d'abord élucider qui/où ...
2. (*sauber werden*) ■ **etw klärt sich [wieder]** */Wasser/* qc se décante

klar|gehen *vi irreg + sein fam* ■ **etw geht klar,** ■ **es geht mit etw klar** pour qc, ça marche [*o* colle] *fam*

Klarheit <-, -en> *f* **1.** (*Deutlichkeit, Gewissheit*) clarté *f;* [*Bild*] netteté *f*
2. (*Reinheit*) clarté *f,* limpidité *f*
▶ **über etw** (*akk*) **besteht ~** qc est clair(e) [pour tout le monde/entre nous]; **etw gewinnt an ~** (*dat*) *geh* qc se clarifie; **jd hat ~ [in etw** (*dat*)**/über etw** (*akk*)**]** *in einer Angelegenheit, Sache* qn y voit clair [dans qc]; **jd verschafft sich** (*dat*) **~ [über etw** (*akk*)**]** qn obtient des précisions [sur qc]; ***ich will mir ~ über seine Gefühle verschaffen*** je veux savoir quels sont ses sentiments à mon égard; **in aller ~** *sagen, zu verstehen geben* en toute clarté; *sich zeigen, herausstellen* à l'évidence

Klarinette <-, -n> *f* clarinette *f*

Klarinettist(in) <-en, -en> *m(f)* clarinettiste *mf*

klar|kommen *vi irreg + sein fam* ■ **jd kommt [mit etw] klar** [qc,] qn s'en sort *fam,* qn s'en sort [avec qc]; ■ **jd kommt mit jdm klar** qn s'en sort avec qn *fam* **Klarlack** *m* vernis *m* **klar|machen I.** *vt* ■ **jd macht jdm etw klar** qn fait comprendre qc à qn; ■ **jd macht jdm klar, dass/wie/wo** qn explique à qn que + *indic*/comment/où **II.** *vr* ■ **jd macht sich** (*dat*) **etw klar** qn se rend compte de qc; ***hast du dir die Folgen davon klargemacht?*** es-tu conscient(e) des suites que cela peut avoir?; ■ **jd macht sich** (*dat*) **klar, dass/wie/wo** qn réalise que + *indic*/à quel point/où **Klarname** *m* vrai nom *m,* nom *m* véritable

Klärschlamm *m* boues *fpl* résiduelles [*o* d'épuration]

klar|sehen *s.* **klar II.** ▶ **Klarsichtfolie** [-liə] *f* film *m* transparent [étirable], scelo-frais® *m* **Klarsichthülle** *f* chemise *f* transparente; (*zum Einheften*) pochette *f* perforée **klarsichtig** *adj Mensch* clairvoyant(e) **Klarsichtpackung** *f* emballage *m* de plastique transparent **klar|spülen** *s.* **klar II.** ▶ **klar|stellen** *vt* ■ **jd stellt etw klar** qn met au point qc; ■ **jd stellt klar, dass** qn met en évidence que + *indic* **Klarstellung** *f* mise *f* au point; ***ich verlange von Ihnen eine ~, dass*** je vous demande de spécifier que + *indic;* ***etw reicht zur ~ eines Verdachtes aus*** qc suffit pour dissiper un soupçon **Klartext** *m* texte *m* en clair ▶ **jd redet mit jdm ~** *fam* qn dit sa façon de penser à qn; **im ~** *fam* en clair

Klärung <-, -en> *f* **1.** (*Auf~*) élucidation *f*
2. ÖKO (*Reinigung*) [*Abwasser*] épuration *f*

klar|werden *s.* **klar II.** ▶

klasse *adj inv fam* super *fam,* extra *fam*

Klasse <-, -n> *f* **1.** SCOL classe *f*
2. SOCIOL classe *f* [sociale]
3. (*Wagen~, Schiffs~*) classe *f;* ***ein Wagen der ersten ~*** une voiture de première classe; ***jd fährt zweiter ~*** qn voyage en seconde [classe]
4. (*Pflege~*) catégorie *f;* ***meine Mutter liegt erster ~*** ma mère est dans une chambre particulière
5. BIO classe *f*
6. POL [*Diplomat, Orden*] classe *f*
7. (*Fahrzeuggruppe*) catégorie *f*
8. (*Ziehungsgruppe*) [*Klassenlotterie*] tirage *m;* (*Gewinnklasse*) rang *m*
▶ **erster ~** (*der Spitzenklasse*) de classe internationale; **[das ist] [ganz] große ~!** *fam* [c'est] [vraiment] super! *fam;* **jd/etw hat ~** *fam* qn/qc a de la classe [*o* est classe *fam*]

Klasse- *fam* (*toll*) super- *fam*

Klassement <-s, -s> [klasə'mɑ̃:] *nt* classement *m*

Klassen- 1. (*des Klassenraumes*) de la/d'une classe **2.** (*der Klasse*) *-stärke* de la classe; *-anzahl* des classes; *-ausflug, -fahrt, -wanderung* de classe, scolaire **3.** SOCIOL *-interesse, -feind, -hass* de classe; *-gesellschaft, -unterschied* de classes; ***k~bewusster Mensch*** une personne consciente des différences de classes **Klassenarbeit** *f* devoir *m* en classe [*o* sur table], interrogation *f* écrite **Klassenbeste(r)** *f(m) decl wie adj* premier(-ière) *m(f)* [de la classe] **Klassenbuch** *nt* (*über durchgenommenen Stoff*) cahier *m* de textes [de la classe]; (*über Schüler*) cahier *m* de présence **Klassenkamerad(in)** *m(f)* camarade *mf* de classe **Klassenkampf** *m* lutte *f* des classes **Klassenlehrer(in)** *m(f)* professeur *m* principal

klassenlos *adj* SOCIOL *Gesellschaft* sans classe; *Krankenhaus* à but non lucratif

Klassenlos *nt* billet *m* de loterie **Klassenlotterie** *f* loterie *f* [en plusieurs tirages] ▶ **jd spielt in der ~** qn joue à la loterie **Klassenraum** *m s.* **Klassenzimmer. Klassensprecher(in)** *m(f)* délégué(e) *m(f)* de classe **Klassentreffen** *nt* réunion *f* d'anciens [camarades de classe] **klassenweise** *adv* **1.** (*nach Schulklassen*) par classe **2.** (*Klassenraum um Klassenraum*) classe par classe **Klassenziel** *nt* objectif *m* pédagogique ▶ **jd erreicht das ~** *form* qn satisfait aux objectifs pédagogiques *form* **Klassenzimmer** *nt* salle *f* de classe

Klassifikation <-, -en> *f s.* **Klassifizierung**

klassifizierbar *adj Leistung* classable; *Geräusch* identifiable; ■ **etw ist nicht ~** qc est inclassable/qc n'est pas identifiable

klassifizieren * *vt* ■ **jd klassifiziert etw [nach etw]** *Gewächs, Baum, Pflanze etc* qn classe [*o* classifie] qc [par qc]; ■ **jd klassifiziert etw [als etw]** *Leistung* qn qualifie qc [de qc]; *Mikroorganismus, Virus* qn identifie qc [comme qc]

Klassifizierung <-, -en> *f* classification *f; Mensch* catalogage *m*

Klassik <-> *f* ∅ **1.** (*kulturelle Epoche*) classicisme *m*
2. ANTIK Antiquité *f*
3. *fam* (*klassische Musik*) classique *m*
4. *fam* (*klassische Literatur*) œuvres *fpl* classiques

Klassiker(in) <-s, -> *m(f)* **1.** (*Schriftsteller*) classique *m*
2. (*Komponist*) musicien(ne) *m(f)* classique
3. (*Autorität*) référence *f;* ***jd ist ein ~*** qn fait autorité
4. (*richtungweisendes Beispiel*) classique *m*

klassisch *adj* **1.** (*aus der Klassik stammend*) *Bauwerk, Fassade, Stil, Stilepoche* [néo]classique; *Dichter, Drama, Komponist, Musik* classique
2. (*die antike Klassik betreffend*) classique
3. (*zeitlos*) classique

Klassizismus <-, -smen> *m* classicisme *m*

klassizistisch *adj* classique

klatsch *interj* paf

▸ es macht ~ ça fait paf

Klatsch <-[e]s, -e> *m* 1. ∅ *pej fam* (*Gerede*) ragots *mpl fam*
2. (*Aufprall*) (*beim Fallen*) bruit *m* de chute; (*gegen etw*) bruit *m* de choc; (*von Schlag*) bruit *m* de coup; [*Peitsche*] claquement *m*

Klatschbase *f pej fam* commère *f fam*

Klatsche <-, -n> *f fam* tapette *f* [à mouches]

klatschen I. *vi* 1. + *haben* (*applaudieren*) ■ **jd klatscht** qn applaudit
2. + *haben* (*einen Klaps geben*) ■ **jd klatscht jdm irgendwohin** qn donne une tape [*o* claque] à qn quelque part; *auf die Fußsohlen* qn frappe qn quelque part
3. + *sein* (*auftreffen*) ■ **etw klatscht auf/gegen etw** (*akk*) qc s'écrase sur/contre qc
4. + *haben pej fam* (*tratschen*) ■ **jd klatscht [über jdn]** qn colporte des cancans [sur qn], qn tape sur qn *fam;* ■ **jd klatscht über etw** (*akk*) qn jase sur qc
II. *vi impers* + *haben* ■ **es klatscht** (*bei Peitschenhieb*) ça claque; (*bei auftreffendem weichen Gegenstand*) ça fait flop
III. *vt* + *haben* 1. ■ **jd klatscht etw** *Rhythmus, Takt* qn bat qc [des mains]
2. *sl* (*werfen*) ■ **jd klatscht etw irgendwohin** *Brei, Torte* qn flanque qc quelque part *fam; Mörtel, Putz* qn balance qc quelque part *fam*

Klatschen <-s> *nt* ∅ 1. (*Applaus*) applaudissements *mpl*
2. *fam* (*das Tratschen*) ragots *mpl fam,* commérages *mpl fam*

Klatscherei <-, -en> *f pej fam* 1. (*Getratsche*) commérages *mpl fam,* ragots *mpl fam*
2. (*Applaudieren*) continuels applaudissements *mpl,* applaudissements *mpl* à tout bout de champ

klatschhaft *adj pej* cancanier(-ière)

Klatschhaftigkeit <-> *f* ∅ *pej* [sale] habitude *f* de cancaner; ***er/sie ist ein Ausbund von*** ~ c'est une vraie commère

Klatschmaul *nt pej fam* 1. (*Mund*) caquet *m* 2. (*Mensch*) concierge *f fam* **Klatschmohn** *m* coquelicot *m* **klatschnass**[RR] *adj fam Kleidungsstück, Sachen, Haare* tout(e) [*o* complètement] trempé(e); ■ **jd ist** ~ qn est trempé(e) comme une soupe; ■ **jd wird** ~ qn se fait rincer [*o* saucer] *fam;* ■ **etw wird** ~ qc va être tout(e) [*o* complètement] mouillé(e) **Klatschspalte** *f pej fam* rubrique *f* des potins mondains, échos *mpl* **Klatschsucht** *f* ∅ *pej* goût *f* pour les commérages, manie *f* des cancans **klatschsüchtig** *adj pej* cancanier(-ière) **Klatschtante** *f,* **Klatschweib** *nt s.* **Klatschbase**

-klau <-s> *m* ∅ *Daten-, Ideen-* piratage *m* de; *Bücher-, Wertsachen-, Tannen-*vol *m* de, fauche *f* de *fam; Namens-* emprunt *m* illicite de

klauben *vt* SDEUTSCH, AUS, CH 1. (*pflücken*) ■ **jd klaubt etw [von etw]** qn cueille qc [sur qc]
2. (*sammeln*) ■ **jd klaubt etw [in etw** (*akk*)**]** qn ramasse qc [dans qc]
3. (*auslesen*) ■ **jd klaubt etw aus etw** *Schrauben, Nägel, Kleinteile, Erbsen* qn trie qc dans qc; *aus anderen Dingen* qn trie qc et qc

Klaue <-, -n> *f* 1. (*Kralle*) griffe *f;* [*Raubvogel*] serres *fpl*
2. (*Tatze*) [*Raubtier*] griffe *f*
3. [*Insekt*] griffe *f*
4. *pej sl* (*Hand*) patte *f fam,* paluche *f pop*
5. *pej sl* (*Handschrift*) pattes *fpl* de mouches, écriture *f* de chat [*o* de cochon *fam*]; ***der Brief ist in einer fürchterlichen ~ geschrieben*** celui/celle qui a écrit cette lettre a une écriture de cochon *fam*
▸ **die ~n des Todes** *geh* l'étreinte de la mort *littér;* **jd hat jdn in seinen ~n** qn tient qn entre ses griffes; **jd ist [*o* befindet sich] in jds ~n** (*dat*) qn est [*o* se trouve] entre les griffes de qn

klauen I. *vt fam* 1. (*entwenden*) ■ **jd klaut [jdm] etw** qn fauche [*o* pique] *fam* qc [à qn]; ■ **geklaut** volé(e)
2. (*unrechtmäßig übernehmen*) ■ **jd klaut [jdm] etw** *Buchtitel* qn pique qc [à qn] *fam; Idee, Melodie a.* qn pompe qc [à qn] *fam*
II. *vi fam* ■ **jd klaut** qn fauche *fam,* qn chaparde *fam;* ■ **es wird geklaut** il y a de la fauche *fam;* ■ **das K~** la fauche *fam;* ***sie wurde beim K~ erwischt*** elle a été surprise à faucher *fam*

Klause <-, -n> *f* 1. (*Einsiedelei*) ermitage *m vieux*
2. *hum* (*kleines Zimmer*) retraite *f,* thébaïde *f littér*

Klausel <-, -n> *f* clause *f*

Klausner(in) <-s, -> *m(f) veraltet s.* **Einsiedler**

Klaustrophobie <-, -n> [klaustrofo'bi:, -'bi:ən] *f* claustrophobie *f*

Klausur <-, -en> *f* 1. SCOL devoir *m* surveillé [*o* sur table], composition *f;* UNIV [examen *m*] partiel *m*
2. [*Kloster*] clôture *f*
▸ **jd schreibt etw in** ~ qn passe qc dans des conditions d'examen

Klaviatur <-, -en> [klavia'tu:ɐ] *f* 1. [*Klavier, Keyboard*] clavier *m*
2. *geh* (*Palette*) gamme *f,* panoplie *f*

Klavier <-s, -e> [kla'vi:ɐ] *nt* piano *m;* ***sie spielt*** ~ elle joue du piano

Klavier- [kla'vi:ɐ-] MUS (*des Klaviers*) *-deckel, -farbe, -lack, -preis* du/de piano; *-hersteller* de pianos **Klavierbauer(in)** *m(f)* facteur(-trice) *m(f)* de pianos **Klavierbegleitung** *f* accompagnement *m* de piano ▸ **mit/ohne** ~ avec/sans accompagnement au [*o* de] piano **Klavierhocker** *m* tabouret *m* de piano **Klavierkonzert** *nt* 1. (*Musikstück*) concerto *m* pour piano 2. (*Veranstaltung*) récital *m* de piano **Klaviersonate** *f* sonate *f* pour piano **Klavierspiel** *nt* [*Pianist*] jeu *m;* (*Musik*) piano *m* **Klavierspieler(in)** *m(f)* pianiste *mf* **Klavierstimmer(in)** <-s, -> *m(f)* accordeur(-euse) *m(f)* de pianos

Klebeband <-bänder> *nt* ruban *m* adhésif **Klebebindung** *f* reliure *f* sans couture ▸ **in** ~: ***in ~ hergestellt*** relié(e) sans couture

kleben I. *vi* 1. (*klebrig sein*) ■ **etw klebt** qc colle; /*Finger a.*/ qc est collant(e)
2. (*festhaften*) ■ **etw klebt [gut/schlecht]** qc colle [bien/mal]; ■ **etw klebt [an etw** (*dat*)**]** qc est collé(e) [à qc]; ■ **etw klebt an etw** (*dat*) *an jds Haar* qc est accroché(e) à qc; ***das Hemd klebt ihm am Körper*** sa chemise lui colle à la peau; ***diese Folie klebt von selbst*** c'est une feuille autocollante
3. (*festhalten*) ■ **jd klebt an etw** (*dat*) *am Text, an Überlieferung, Tradition* qn suit fidèlement qc
4. *veraltet fam* (*Beitragsmarken auf~*) ■ **jd klebt** qn cotise [pour la retraite]
▸ **etw/ein Insekt bleibt [an/in etw** (*dat*)**]** ~ (*bleibt haften*) /*Zettel, Kaugummi, Briefmarke*/ qc/un insecte reste collé(e) [à qc]; *in jds Haar, Kleidungsstück, an einem Spinnenfaden, in einem Spinnennetz* qc/un insecte reste accroché(e) [à qc]; ***diese Briefmarken bleiben nicht*** ~ ces timbres se décollent; **etw bleibt an jdm** ~ *fam* (*bleibt hängen*) /*Verantwortung*/ qc retombe sur le nez de qn *fam;* /*Hausarbeit*/ qn écope de [*o* se tape] qc *fam;* **jd bleibt [in etw** (*dat*)**]** ~ *fam* (*bleibt sitzen*) *in einer Klasse* qn redouble [qc]
II. *vt* 1. (*befestigen*) ■ **jd klebt etw irgendwohin** qn colle qc quelque part
2. (*zusammen~*) ■ **jd klebt etw** *Film, Tonband* qn colle qc
3. (*reparieren*) ■ **jd klebt etw** qn recolle qc; ■ **etw lässt sich nicht/schlecht** ~ qc ne peut pas se/est difficile à recoller
▸ **jd klebt jdm eine** *fam* qn en colle une à qn *fam*

kleben|bleiben *s.* **kleben I.▸**

Kleber <-s, -> *m* 1. *fam* (*Klebstoff*) colle *f*
2. CH (*Auf~*) autocollant *m*

Klebfläche *f* surface *f* gommée

klebrig *adj* collant(e); ■ **etw ist [von etw]** ~ qc est collant(e) [de qc]

Klebstoff *m* colle *f* **Klebstreifen** *m* [ruban *m*] adhésif *m*

Kleckerbetrag *m meist pl fam* somme *f* minable *fam*

Kleckerei <-, -en> *f pej fam* dégoulinades *fpl fam*

kleckern I. *vt* + *haben* ■ **jd kleckert etw auf etw** (*akk*) qn fait des taches de qc sur qc; (*bei großflächiger Verschmutzung*) qn répand qc sur qc, qn fait des dégoulinades de qc sur qc *fam*
II. *vi* 1. + *haben* (*tropfen lassen*) ■ **jd kleckert [mit etw]** qn fait des taches [avec/de qc]; (*in großen Mengen*) qn fait des dégoulinades [avec/de qc] *fam;* ***das soll das K~ verhindern*** ça doit empêcher les gouttes de faire des taches
2. + *haben* (*tropfen*) ■ **etw kleckert** /*volles Gefäß*/ qc goutte; /*Farbe a.*/ qc dégouline
3. + *sein* (*tropfen*) ■ **etw kleckert [jdm] auf etw** (*akk*) des gouttes de qc [lui] tombent sur qc
4. + *sein* (*eintreffen*) ■ **etw kleckert** /*finanzielle Unterstützung etc*/ qc arrive au compte-gouttes; *s. a.* **klotzen**
▸ **etw kommt aus etw gekleckert** *aus dem Rohr etc* qc sort goutte à goutte de qc

kleckerweise *adv* au compte-gouttes

Klecks <-es, -e> *m* 1. (*Fleck*) [grosse] tache *f;* [*Farbe, Vogelkot*] éclaboussure *f;* (*Tintenfleck*) pâté *m*
2. (*kleine Menge*) ■ **ein ~ etw** *Ketchup, Mayonnaise, Senf, Sahne* un peu [*o* un chouïa *fam*] de qc

klecksen I. *vi* 1. + *haben* (*Kleckse verursachen*) ■ **jd kleckst** qn fait du barbouillage; ■ **jd kleckst mit etw** qn tartine qc [partout] *fam*
2. + *haben* (*tropfen*) ■ **etw kleckst** /*Füllfederhalter*/ qc bave; /*Kugelschreiber a.*/ qc coule; /*Farbe*/ qc dégouline
3. + *sein* (*tropfen*) ■ **etw kleckst [jdm] auf etw** (*akk*) [un peu de] qc [lui] dégouline sur qc
II. *vt* + *haben* ■ **jd kleckst [jdm] etw irgendwohin** qn [lui] fait une tache de qc quelque part; (*absichtlich*) qn balance [à qn] qc quelque part

Klee <-s> *m* ∅ trèfle *m*
▸ **jd lobt jdn über den grünen** ~ *fam* qn couvre qn de fleurs; **jd lobt etw über den grünen** ~ *fam* qn porte qc aux nues

Kleeblatt *nt* 1. BOT [feuille *f* de] trèfle *m*
2. (*Autobahnkreuz*) échangeur *m* en trèfle
3. (*Trio*) trio *m*
▸ **vierblättriges** ~ trèfle *m* à quatre feuilles

Kleid <-[e]s, -er> *nt* 1. (*Damen~*) robe *f*
2. *pl* (*Bekleidungsstücke*) vêtements *mpl,* habits *mpl*
3. CH (*Herrenanzug*) costume *m*
▸ **jd reißt jdm die ~er vom Leibe** qn lui arrache ses vêtements; **jd reißt sich** (*dat*) **die ~er vom Leibe** qn se débarrasse de ses vêtements; **~er machen Leute** *prov* on juge des gens sur la mine; **jd kommt nicht aus den ~ern** qn ne dételle pas

Kleidchen <-s, -> *nt dim von* **Kleid** petit vêtement *m*

kleiden I. *vr* ■ **jd kleidet sich irgendwie** qn s'habille d'une certaine façon, qn porte des habits [*o* des vêtements] ...; ***jd kleidet sich elegant*** qn s'habille élégamment, qn s'habille de [*o* d'une] façon élégante; ■ **jd ist irgendwie gekleidet** qn est habillé(e) d'une certaine façon; ■ **jd ist in etw** (*akk*) **gekleidet** *in Grün, Seide etc* qn est habillé(e) [*o* vêtu(e)] de qc
II. *vt* 1. (*jdm stehen*) ■ **etw kleidet jdn** qc habille qn
2. *geh* (*ausdrücken*) ■ **jd kleidet etw in etw** (*akk*) *in Phrasen, Worte* qn habille qc de qc *soutenu*
3. *veraltend geh* (*Kleidung geben*) ■ **jd kleidet jdn** qn habille qn

Kleiderbügel *m* cintre *m* **Kleiderbürste** *f* brosse *f* à habits [*o* vêtements] **Kleiderhaken** *m* patère *f,* portemanteau *m* **Kleiderkammer** *f* MIL magasin *m* d'habillement **Kleiderkasten** *m* AUS, CH *s.* **Kleiderschrank 1. Kleiderschrank** *m* 1. (*Schrank*) armoire[-penderie] *f*
2. *fam* (*Mensch*) armoire *f* à glace *fam*

kleidsam *adj geh* seyant(e), élégant(e)

Kleidung <-, *rare* -en> *f* vêtements *mpl,* habits *mpl*

-kleidung *f* vêtements *mpl* de, habits *mpl* de

Kleidungsstück *nt* vêtement *m*

Kleie <-, -n> *f* son *m*

klein I. *adj* 1. (*von geringer Größe*) petit(e) *gén antéposé;* ***eine zu ~e Bluse*** un corsage trop juste; ***haben Sie das gleiche Modell ~er/in ~er?*** avez-

-vous le même modèle en plus petit?; ***die ~eren Größen*** les petites tailles *fpl;* ■ **etw ist jdm zu ~** qc est trop petit(e) pour qn
2. *Mensch* petit(e)
3. (*~geschrieben*) *Buchstabe, A, B* minuscule; (*in mathematischen Gleichungen*) petit(e) *antéposé*
4. (*kurz*) *Abstand, Schritt, Stück, Vorsprung* petit(e) *antéposé;* ***haltet einen ~en Abstand!*** restez groupé(e)s!
5. (*kurz dauernd*) *Pause, Weile* petit(e) *antéposé; Intervall a.* bref(brève)
6. (*gering*) petit(e) *antéposé; Rente, Gehalt a.* modeste
7. (*geringfügig*) *Fehler, Übelkeit, Verstoß* petit(e) *antéposé;* ***die ~ste Bewegung*** le moindre mouvement; ***ein nicht ~er Schreck*** une sacrée peur
8. *pej* (*unbedeutend*) *Beamter, Ganove, Leute, Stationsvorsteher* petit(e) *antéposé*
►**ein ~ bisschen** [*o* **wenig**] un [tout] petit peu; **~, aber fein** petit(e) par la taille, grand(e) par la qualité; c'est mini mais pas riquiqui *fam;* **die K~en** [*o* **~en Gauner**] **hängt man, die Großen lässt man laufen** *prov* c'est toujours le petit qui trinque; **im K~en wie im Großen** en gros et en détail; **~, aber oho** *fam* petit(e) peut-être, mais il faut pas s'y fier *fam;* **haben Sie es nicht ~/~er?** vous n'avez pas de monnaie [*o* plus petit]?; **jd macht ~** *Kindersprache* (*muss urinieren*) qn fait la petite commission; **jd macht etw ~er** *Kleidungsstück* qn rétrécit qc; **jd/ein Tier macht sich ~** qn/un animal se fait tout(e) petit(e); **bis ins K~ste** (*bis ins Detail*) jusque dans le moindre détail; **im K~en** (*in beschränktem Rahmen*) en petit comité; **von ~ auf** (*von Kindheit an*) dès ma/sa/... plus tendre enfance; **K~ ...** *Amsterdam, Venedig etc* petit(e) ...; (*der/die ~e ...*) *Anita, Ludwig etc* le/la petit(e) ...
II. *adv* (*auf ~e Stufe*) au minimum; ***jd dreht etw ~er*** qn baisse qc; ***~ gedruckt*** écrit(e) en petits caractères
►**jd fängt ~ an** *fam* (*bezüglich Karriere*) qn part de rien; (*beginnt mit ganz wenig*) qn part de quasiment zéro; **jd gibt ~ bei** qn capitule; **etw wird irgendwo ~ geschrieben** qc est [tout à fait] secondaire quelque part, on ne fait pas grand cas de qc quelque part; ***gute Sitten werden bei dir zu Hause wohl ~ geschrieben?*** je suppose que chez toi on ne s'embarrasse pas de bonnes manières

Klein- 1. BÖRSE, COM petit(e) *antéposé;* ***~händler*** revendeur(-euse) *m(f),* détaillant(e) *m(f);* (*Drogenhändler*) revendeur(-euse) *m(f)* de drogue 2. (*kleinformatig*) *-kamera* miniature; *-lebewesen* de petite taille; ***~rechner*** micro[-]ordinateur *m,* micro *m fam* **Kleinaktionär(in)** *m(f)* petit actionnaire/petite actionnaire *m/f;* ***die ~e*** les petits porteurs *mpl* **Kleinanzeige** *f* petite annonce *f* **Kleinarbeit** *f Ø* jeu *m* de patience, travail *m* de précision; ***eine langwierige/mühselige ~*** un travail de bénédictin/de fourmi ►**in** + *adj* ~ grâce à un véritable travail de fourmi, au prix d'un travail de bénédictin **Kleinbahn** *f* ligne *f* à voie étroite **Kleinbauer** *m,* **-bäuerin** *f* petit exploitant/petite exploitante *m/f* **klein|bekommen** * *vt irreg s.* **kleinkriegen. Kleinbetrieb** *m* petite entreprise *f* **Kleinbildkamera** *f* appareil *m* 24 x 36 **Kleinbuchstabe** *m* [lettre *f*] minuscule *f* **Kleinbürger(in)** *m(f)* 1. *pej* (*Spießbürger*) petit-bourgeois/petite-bourgeoise *m/f* 2. (*Angehöriger des unteren Mittelstandes*) ■ **die ~** la petite bourgeoisie; ***jd ist ~*** qn appartient à la petite bourgeoisie **kleinbürgerlich** *adj* 1. *pej* (*spießbürgerlich*) petit(e)-bourgeois(e) 2. (*den unteren Mittelstand betreffend*) de la petite bourgeoisie **Kleinbus** *m* minibus *m*

Kleine(r) *f(m) decl wie adj* 1. (*Kind*) petit(e) *m(f)*
2. (*Jüngste*) ■ **jds ~/~r** la petite/le petit de qn
►**eine hübsche** [*o* **nette**] **~** une belle petite; **die lieben ~n** *iron* les petits chéris; **na ~/~r!** (*zu einem Kind*) alors, ma petite/mon petit!; (*zu Erwachsenem*) alors, chérie/chéri!

Kleine(s) *nt decl wie adj* 1. (*Kind*) petit(e) *m(f)*
2. *fam* (*Frau*) ■ **~s** mignonne *f fam,* poupée *f fam*
►**jd bekommt etwas ~s** *fam* qn va avoir un petiot *fam*

Kleinfamilie [-liə] *f* famille *f* nucléaire **Kleinformat** *nt* petit format *m* ►**im ~** *geben* en petit format; *Negativ* petit format **Kleingarten** *m* jardin *m* familial [*o* ouvrier *vieilli*] **Kleingärtner(in)** *m(f)* locataire *mf* de jardin familial **Kleingebäck** *nt* gâteaux *mpl* secs, petits gâteaux *mpl* **kleingedruckt** *s.* **klein II. Kleingedruckte(s)** *nt decl wie adj* [fameuses] clauses *fpl* en tout petits caractères *péj;* [*Bestellformular*] conditions *fpl* de vente en petits caractères; ***etwas ~s*** quelque chose d'écrit en petits caractères **Kleingeist** *m pej* esprit *m* étroit [*o* borné] **kleingeistig** *adj pej* borné(e) **Kleingeld** *nt* monnaie *f;* ***können Sie mir den Zwanzigmarkschein in ~ wechseln?*** vous auriez de la monnaie de vingt marks? ►**das nötige ~** *fam* les sous [pour ça] *fam* **kleingewachsen** [-vaksn] *adj* de petite taille **Kleingruppe** *f* petit groupe *m* **klein|hacken** *s.* **hacken I.►**

Kleinheit <-> *f Ø* petitesse *f*

Kleinhirn *nt* cervelet *m* **Kleinholz** *nt Ø* petit bois *m* ►**jd macht ~** qn fait du petit bois; **jd macht ~ aus jdm** *fam,* **jd macht jdn zu ~** *fam* qn met qn en bouillie *fam;* **jd macht aus etw ~** *hum fam,* **jd macht etw zu ~** *hum fam* qn met en pièces qc

Kleinigkeit <-, -en> *f* 1. (*Einzelheit*) [petit] détail *m*
2. (*Bagatelle*) bricole *f*
3. (*ein wenig*) ■ **eine ~** un peu, un chouïa *fam*
4. (*kleiner Artikel*) bricole *f*
►**etw ist** [**für jdn**] **eine/keine ~** qc n'est pas un problème/n'est pas rien [*o* une petite affaire] [pour qn]; **jd isst eine ~** qn mange un petit quelque chose [*o* une bricole]; **etw kostet** [**jdn**] **eine ~** *iron* (*eine Menge*) qc coûte/va coûter [à qn] une jolie [petite] somme; **wegen** [*o* **bei**] **jeder** [*o* **der geringsten**] **~** pour des broutilles; **die ~ von etw** *iron* la bagatelle de qc, la modique somme de qc

Kleinigkeitskrämer(in) *m(f) pej* tatillon(ne) *m(f),* pinailleur(-euse) *m(f) fam*

Kleinkaliber *nt* petit calibre *m* **kleinkalibrig** *adj* de petit calibre

kleinkariert I. *adj* 1. COUT à petits carreaux; ***~ in Blau und Weiß*** à petits carreaux bleus et blancs 2. *fam* borné(e); ■ **jd ist ~** qn a des œillères II. *adv handeln* petitement; ***jd denkt ~*** qn a un esprit borné **Kleinkind** *nt* petit enfant *m,* enfant *m* en bas âge *form* **Kleinkleckersdorf** *nt Ø hum fam* Trifouillis-les-oies *m fam* **Kleinklima** *nt* microclimat *m* **Kleinkram** *m fam* 1. (*Trivialitäten*) broutilles *fpl* 2. (*kleinere Arbeiten*) [petites] bricoles *fpl* **Kleinkredit** *m* prêt *m* personnel **Kleinkrieg** *m* 1. MIL guérilla *m* 2. (*Streitereien*) guéguerre *f fam,* petite guerre *f;* ***der ~ der beiden Nachbarn*** la guéguerre entre les deux voisins *fam* ►**jd führt einen** [**regelrechten**] **~ mit jdm** qn n'arrête pas de se quereller [*o* se disputer] avec qn, qn et qn se livrent une guerre perpétuelle; **jd liefert jdm einen ~** MIL qn mène une guérilla contre qn **klein|kriegen** *vt* 1. *fam* (*zerkleinern*) ■ **jd kriegt etw klein** *Holz, zähes Stück Fleisch* qn arrive à couper qc 2. *fam* (*kaputtmachen*) ■ **jd kriegt etw klein** qn réussit à [*o* finit par] bousiller qc *fam* 3. *fam* (*gefügig machen*) ■ **jd kriegt jdn klein** qn fait marcher droit qn, qn oblige qn à filer doux *fam,* qn dresse qn *fam* ►[**jd ist**] **nicht kleinzukriegen** *fam* (*unterzukriegen*) [qn est] pas du genre à baisser les bras *fam;* [**etw ist**] **nicht kleinzukriegen** [qc, c' est] du costaud *fam; /Auto/* [qc est] increvable *fam*

Kleinkunst *f Ø* numéros *mpl,* petits spectacles *mpl*

Kleinkunstbühne *f* café-théâtre *m;* (*Kabarett*) cabaret *m*

kleinlaut I. *adj Antwort, Eingeständnis* embarrassé(e); *Ton a.* gêné(e); ■ **jd ist/wird ~** qn a baissé le ton/baisse le ton, qn ne la ramène plus/la ramène moins *fam*
II. *adv fragen* d'une [toute] petite voix; *zugeben* d'un ton gêné

kleinlich *adj pej* 1. (*knauserig*) pingre
2. (*engstirnig*) mesquin(e)

Kleinlichkeit <-, -en> *f pej* 1. *Ø* (*Knauserigkeit*) pingrerie *f,* mesquinerie *f*
2. (*Engstirnigkeit*) mesquinerie *f,* petitesse *f*

klein|machen *s.* **machen I.►. Kleinmöbel** *pl* petit mobilier *m* **Kleinmut** *m geh* pusillanimité *f littér* **kleinmütig** *adj geh* pusillanime *littér,* timoré(e) *soutenu*

Kleinod <-[e]s, -odien *o* -e> [-diən] *nt* 1. <-ode> *geh* (*Schmuckstück*) joyau *m,* bijou *m*
2. <-odien> *veraltend* (*Juwel*) joyau *m*

klein|schneiden *s.* **schneiden I.►. klein|schreiben** *vt irreg* ■ **jd schreibt etw klein** qn écrit qc en minuscules **Kleinschreibung** *f* absence *f* de [*o* écriture *f* sans] majuscules **Kleinstaat** *m* petit État *m* **Kleinstadt** *f* petite ville *f;* (*mit mehr als 20.000 Einwohnern*) ville *f* moyenne **Kleinstädter(in)** *m(f)* habitant(e) *m(f)* d'une petite ville **kleinstädtisch** *adj* 1. *Umgebung, Verkehr* d'une/de petite ville 2. *pej Beschränktheit, Enge* typique des petites villes; ■ **etw ist ~** qc relève de l'esprit régnant dans les petites villes

kleinstmöglich *adj* le/la plus petit(e) possible; ***jd beschränkt etw auf das K~e*** qn limite qc au maximum **Kleinstwohnung** *f* studio *m;* (*winzig*) studette *f*

Kleintier *nt* animal *m* de compagnie **Kleinvieh** *nt* [animaux *mpl* de la/de] basse-cour *f* ►**~ macht auch Mist** *prov* les petits ruisseaux font les grandes rivières **Kleinwagen** *m* petite voiture *f* **Kleinwohnung** *f* petit appartement *m* **kleinwüchsig** [-vy:ksɪç] *adj geh* de petite taille

Kleister <-s, -> *m* colle *f* [d'amidon]

kleistern *vt* ■ **jd kleistert etw an etw** (*akk*) qn colle qc sur qc

Klementine <-, -n> *f* clémentine *f*

Klemmappe *s.* **Klemmmappe**

Klemmbrett *nt* planchette *f* à pince

Klemme <-, -n> *f* 1. (*Haar~*) barrette *f,* pince *f*
2. ELEC serre-fils *m;* [*Starthilfekabel*] pince *f*
3. *fam* (*schwierige Lage*) pétrin *m fam;* (*finanziell*) dèche *f fam*
►**jd sitzt** [*o* **ist**] [*o* **steckt**] **in der ~** *fam* qn est dans le pétrin *fam*

klemmen I. *vt* 1. (*zwängen*) ■ **jd klemmt etw unter etw** (*akk*) qn glisse qc sous qc; ■ **jd klemmt etw in etw** (*akk*) qn introduit qc dans qc
2. *fam* (*klauen*) ■ **jd klemmt etw** qn fauche qc *fam,* qn pique qc *fam*
II. *vr* 1. (*sich quetschen*) ■ **jd klemmt sich** qn se pince; ■ **jd klemmt sich** (*dat*) **etw** [**in etw** (*dat*)/**zwischen etw** (*dat*)] qn se pince qc [dans qc/entre qc et qc]
2. *fam* (*bearbeiten*) ■ **jd klemmt sich hinter jdn** qn travaille qn au corps
3. *fam* (*sich kümmern um*) ■ **jd klemmt sich hinter etw** (*akk*) qn prend qc en main; ***er klemmt sich dahinter***[, ***dass***] il en met un coup [*o* se démène] [pour que + *subj*]; ***du hast dich nicht genügend dahinter geklemmt*** tu ne t'es pas assez remué [*o* démené]
III. *vi* 1. (*blockieren*) ■ **etw klemmt** qc se coince, qc coince *fam; /Schloss/* qc est bloqué(e); ***eine ~de Tür*** une porte qui coince *fam*
2. (*angeheftet sein*) ■ **etw klemmt unter etw** (*dat*) *unterm Scheibenwischer* qc a été glissé(e) sous qc; ■ **etw klemmt an/auf etw** (*dat*) qc est accroché(e) à qc
►**es klemmt** *fam* (*die Zeit fehlt*) ça coince *fam;* ***bei mir klemmt es furchtbar*** je m'en sors pas *fam;* (*das Geld fehlt*) c'est la dèche *fam;* ***am Monatsende klemmt's bei mir meistens*** en fin de mois, je suis en général un peu coincé(e)

Klemmmappe[RR] *f* classeur *m* à pince

Klempner(in) <-s, -> *m(f)* (*Installateur*) plombier *m*

Klempnerei <-, -en> *f* 1. (*Handwerk*) plomberie *f*
2. (*Werkstatt*) entreprise *f* de plomberie, atelier *m* de plombier

Klempnerladen *m hum fam* batterie *f* de cuisine *fam*

klempnern *vi* ■ **jd klempnert** qn fait des travaux de plomberie

Klempnerwerkstatt *f* atelier *m* de plombier

Klepper <-s, -> *m pej* haridelle *f*

Kleptomane <-n, -n> *m,* **-manin** *f* cleptomane *mf,* kleptomane *mf*

Kleptomanie <-> *f Ø* cleptomanie *f,* kleptomanie *f*

klerikal *adj pej geh* clérical(e)
Kleriker <-s, -> *m* ecclésiastique *m*
Klerus <-> *m* ∅ clergé *m*
▸ **der hohe/niedere** ~ le haut/bas clergé
Klettband <-bänder> *nt* bande *f* velcro® [*o* autoagrippante], strap *m*
Klette <-, -n> *f* **1.** BOT bardane *f*
2. *pej fam* (*Mensch*) pot *m* de colle *fam,* crampon *m fam*
▸ **sie halten zusammen wie** [**die**] **~n** *fam* ils/elles sont comme cul et chemise *fam;* **jd hängt an jdm wie eine** ~ *fam* qn est pendu(e) aux basques de qn *fam;* ***häng nicht immer so wie eine ~ an mir!*** lâche-moi un peu les baskets! *fam*
Kletterer <-s, -> *m,* **Kletterin** *f* grimpeur(-euse) *m(f);* (*beim Bergsteigen*) alpiniste *mf;* (*Freikletterer*) varappeur(-euse) *m(f)*
Klettergerüst *nt* jeu *m* d'extérieur (*pour aire de loisirs*)
klettern *vi* **1.** + *sein* ■ **jd klettert** qn fait de l'escalade; ■ **jd klettert auf etw** (*akk o dat*) *auf einen Berg, auf Felsen* qn escalade qc; *auf einen Baum* (*mit Händen und Füßen*) qn grimpe sur qc; (*mit Leiter*) qn monte à qc; *aufs Dach* qn monte sur qc; ***jd klettert auf der Leiter nach oben*** qn grimpe à l'échelle
2. + *sein o haben* SPORT ■ **jd klettert** qn fait de l'escalade; (*Freiklettern*) qn fait de la varappe; ■ **das K~** [**an etw** (*dat*)] l'escalade [de qc] *f;* la varappe [sur qc]
3. + *sein fam* (*steigen*) ■ **jd klettert aus etw** qn descend de qc; ■ **jd klettert in etw** (*akk*) qn grimpe dans qc *fam*
4. + *sein fam* (*steigen*) ■ **etw klettert** [**auf etw** (*akk*)] */Temperatur, Thermometer, Tachometer/* qc grimpe [jusqu'à qc]
Kletterpartie *f* tronçon *m* tout en escalade ▸ **etw ist die reinste** ~ *fam /Aufstieg, Wanderung/* qc est de la véritable escalade **Kletterpflanze** *f* plante *f* grimpante **Kletterstange** *f* mât *m*
Klettverschluss[RR] *m* fermeture *f* velcro®
Kletze <-, -n> *f* AUS, SDEUTSCH (*Dörrbirne*) poire *f* sèche
klicken *vi* **1.** (*metallisch klingen*) ■ **etw klickt** qc cliquette; ■ **~d** *einrasten* en cliquetant; ■ **das K~** le cliquetis; ■ **jd klickt mit etw** *mit Metallkugeln, einem Kugelschreiber* qn fait cliqueter qc
2. INFORM ■ **jd klickt** [**mit etw**] qn clique [avec qc]; ■ **jd klickt auf etw** (*akk*) qn clique sur qc
Klicker <-s, -> *m* DIAL bille *f*
klickern *vi* DIAL ■ **jd klickert** qn joue aux billes
Klient(in) <-en, -en> *m(f)* client(e) *m(f)*
Klientel <-, -en> [kliɛn'teːl] *f* clientèle *f*
Kliff <-[e]s, -e> *nt* falaise *f*
Klima <-s, -s *o* Klimate> *nt* **1.** METEO climat *m*
2. *geh* (*Atmosphäre*) ■ **ein …** ~ *angespanntes, entspanntes, gereiztes* un climat …; ■ **ein ~ einer S.** (*gen*) *des Argwohns, Misstrauens etc* un climat de qc
-klima *nt Arbeits-, Gesprächs-* ambiance *f* de; *Büro-* ambiance *f* au/à la; *Geschäfts-* climat *m* des; *Sozial-* climat *m*
Klima- METEO du/de climat, climatique **Klimaanlage** *f* climatiseur *m,* climatisation *f,* air *m* conditionné ▸ **mit** ~ [**versehen**] climatisé(e), à air conditionné
Klimakterium <-s> *nt* ∅ ménopause *f,* climatère *m spéc*
klimatisch I. *adj attr* climatique
II. *adv* du point de vue climatique; ~ ***günstige/ungünstige Verhältnisse*** des conditions climatiques favorables/défavorables; ***eine ~ angenehme Gegend*** une région au climat agréable; ***Alaska wäre für mich ~ unerträglich*** je ne supporterais pas le climat de l'Alaska
klimatisieren * *vt* ■ **etw wird klimatisiert** qc est climatisé(e); ■ **klimatisiert** climatisé(e)
Klimatologie <-> *f* ∅ climatologie *f*
Klimawechsel [-vɛksl] *m* changement *m* de climat [*o* d'air]; ***Ihnen ist zu einem ~ zu raten*** je vous conseille de changer de climat [*o* d'air]
Klimbim <-s> *m* ∅ *fam* **1.** (*Krempel*) bric-à-brac *m*
2. (*Umstände*) branle-bas *m*
▸ **jd macht einen** ~ [**um etw**] qn fait tout un cinéma [pour qc] *fam*
klimmen <klọmm *o* klịmmte, geklọmmen *o* geklịmmt> *vi* + *sein geh* ■ **jd klimmt an etw** (*akk*) *ans Ufer* qn se hisse jusqu'à qc; ■ **jd klimmt etw hinauf** *Felsen, Wand* qn grimpe le long de qc
Klimmzug *m* **1.** SPORT traction *f* [à la barre fixe]
2. *meist pl* (*Verrenkung*) acrobatie *f;* (*sprachlich*) circonlocution *f*
▸ **jd macht ~e** SPORT qn fait des tractions; *fig* qn fait des acrobaties; (*sprachlich*) qn use de circonlocutions
Klimperkasten *m fam* casserole *f fam;* (*in einem Lokal*) piano *m* bastringue *fam*
klimpern *vi* **1.** (*Töne erzeugen*) ■ **jd klimpert auf etw** (*dat*) *auf der Gitarre* qn gratte de qc; ***ich kann*** [***auf dem Klavier/auf den Tasten***] ***nur ein bisschen*** ~ je suis tout juste capable de pianoter
2. (*klirren*) ■ **etw klimpert** */Münzen, Schlüssel, Schlüsselbund/* qc tinte; ■ **das K~** le tintement
3. ■ **jd klimpert mit etw** *mit Münzen, Schlüsseln* qn fait tinter qc
kling *interj* ding
▸ **es macht** ~ ça fait ding; ***wie schön macht es ~!*** quel joli tintement!
Klinge <-, -n> *f* **1.** (*Schneide*) lame *f*
2. (*Rasier~*) lame *f* [de rasoir]
▸ **jd führt eine scharfe** ~ *geh* les traits de qn sont redoutables, qn sait être mordant(e); **jd kreuzt mit jdm die ~n** *geh* qn croise le fer avec qn *soutenu;* **sie kreuzen miteinander die ~n** *geh* ils/elles croisent le fer *soutenu;* **jd lässt jdn über die ~ springen** *veraltend* qn passe qn au fil de l'épée
Klingel <-, -n> *f* sonnette *f*
Klingelbeutel *m* panier *m* pour la quête **Klingelknopf** *m* [bouton *m* de] sonnette *f*
klingeln I. *vi* **1.** (*läuten*) ■ **jd klingelt** [**an etw** (*dat*)] qn sonne [à qc]; ***jd klingelt außen am Haus*** qn sonne à la porte d'entrée; ■ **das K~** [*Wecker*] la sonnerie; [*Türklingel*] le coup de sonnette
2. (*herbeirufen*) ■ **jd klingelt nach jdm** *nach der Bedienung, dem Butler, Ober* qn sonne qn; *nach dem Arzt, der Nachtschwester a.* qn appelle qn
II. *vi impers* ■ **es klingelt** (*an der Tür*) on sonne; (*Telefon*) le téléphone sonne; (*in der Schule*) ça sonne; ***wenn es zum zweiten Mal klingelt*** à la deuxième sonnerie
▸ **hat es jetzt endlich geklingelt?** *fam* ça y est, ça a fait tilt? *fam;* **jd lässt es** ~ *das Telefon, die Türklingel* qn laisse sonner
Klingelzeichen *nt* coup *m* de sonnette; ***war das eben Ihr ~?*** c'est vous qui avez sonné?
▸ **auf das/ein/jds** ~ (*akk*) **hin** au coup de sonnette [de qn]
klingen <klạng, geklụngen> *vi* **1.** (*er~*) ■ **etw klingt** */Glas/* qc tinte; */Glocke a./* qc sonne; ***etw klingt fein/dumpf*** qc a un tintement clair/étouffé
2. (*tönen*) ■ **etw klingt …** *dumpf, hohl* qc rend un son …
3. (*sich anhören*) ■ **etw klingt …** */Angebot, Vorschlag/ gut, interessant, viel versprechend* qc a l'air …
Klinik <-, -en> *f* hôpital *m;* (*Privat~*) clinique *f*
-klinik *f:* ***Entbindungs~*** maternité *f;* ***Sport~/Hals-Nasen-Ohren~*** clinique *f* du sport/oto-rhino-laryngologique; ***Reha~/Sterbe~*** centre *m* de rééducation/de soins palliatifs; ***Krebs~/Aids~*** centre *m* anticancéreux/contre le sida; ***Kinder~*** hôpital *m* d'enfants
Klinikum <-s, Klinika *o* Kliniken> *nt* MED centre *m* hospitalier universitaire, C.H.U. *m;* UNIV cliniques *fpl*
klinisch I. *adj Aufenthalt* en hôpital; *Fall* nécessitant une hospitalisation; *Test* clinique
II. *adv* MED (*in Krankenhäusern*) *behandeln, versorgen* en milieu hospitalier; ***etw wird ~ getestet*** on fait des essais cliniques de qc
Klinke <-, -n> *f* poignée *f* [de porte]
▸ **sie geben sich die ~ in die Hand** ils/elles défilent sans discontinuer; ***die Bewerber gaben sich die ~ in die Hand*** les candidats n'ont pas cessé de défiler; **jd putzt ~n** *fam* qn fait du porte-à-porte
Klinkenputzer(in) <-s, -> *m(f) fam* démarcheur(-euse) *m(f)*
Klinker <-s, -> *m* brique *f* hollandaise [*o* recuite]
klipp *adv* ▸ ~ **und klar** *sagen* clair et net; *zu verstehen geben* en mettant les points sur les i, haut et clair
Klippe <-, -n> *f* récif *m,* écueil *m*
▸ **jd umschifft die/alle ~n** qn évite les/tous les écueils
klirren *vi* **1.** (*vibrieren*) ■ **etw klirrt** */Fensterscheibe/* qc vibre; */Glas/* qc tinte; (*beim Zerbrechen*) qc fait un bruit de verre brisé; */Lautsprecher, Mikrofon/* qc vibre; ■ **das K~** les vibrations *fpl;* (*beim Zerbrechen*) le bruit de verre brisé
2. (*metallisch ertönen*) ■ **Dinge** ~ des choses s'entrechoquent; */Ketten, Waffen a./* des choses cliquettent; */Sporen a./* des choses sonnent; ***mit ~den Sporen*** en faisant sonner les éperons; ■ **das K~** le cliquetis
klirrend I. *adj Frost, Kälte* glacial(e); ***wir haben ~en Frost*** il gèle à pierre fendre
II. *adv kalt* terriblement
Klischee <-s, -s> *nt* **1.** TYP cliché *m*
2. *pej* (*Vorstellung*) stéréotype *m,* cliché *m*
3. *pej geh* (*Leerformel*) lieu *m* commun, poncif *m*
klischeehaft *adj pej geh Bild, Vorstellung* stéréotypé(e)
Klischeevorstellung *f s.* **Klischee**
Klistier <-s, -e> *nt* lavement *m*
Klistierspritze *f* seringue *f* à lavement [*o* pour lavage de cavités]
Klitoris <-, - *o* Klitorides> *f* clitoris *m*
Klitsche <-, -n> *f pej fam* petite boîte *f fam*
klitschnass[RR] *adj fam s.* **klatschnass**
klitzeklein *adj fam* minuscule, [tout(e)] riquiqui *fam*
Klivie <-, -n> [-viə] *f* clivia *m*
Klo <-s, -s> *nt fam* toilettes *fpl,* W.-C. *mpl,* chiottes *fpl fam*
Klo- *fam -becken, -deckel* des W.-C.; ~***bürste*** balayette *f,* balai *m* de chiottes *fam;* ~***spülung*** chasse *f* d'eau
Kloake <-, -n> *f pej* cloaque *m,* égout *m*
Kloben <-s, -> *m* bloc *m* de bois, grosse bûche *f,* bille *f*
klobig *adj Hände* épais(se); *Möbelstück* massif(-ive), mastoc *péj; Stiel* gros(se); ***diese Möbel sind ~ gezimmert*** ces meubles font massif [*o* mastoc *péj*]
Klomann <-männer> *m,* **-frau** *f fam* gardien de chiottes/dame pipi *m/f fam*
klomm *imp von* **klimmen**
Klon <-s, -e> *m* clone *m*
klonen *vt* ■ **jd klont jdn/etw** qn clone qn/qc; ■ **das K~** le clonage
klönen *vi fam* ■ **jd klönt** [**mit jdm**] qn papote [avec qn], qn taille une bavette [avec qn] *fam*
Klopapier *nt fam* papier-toilette *m,* P.Q. *m fam*
klopfen I. *vi* **1.** (*pochen*) ■ **jd klopft** qn frappe; ■ **jd klopft an etw** (*akk*) *an das Fenster* qn frappe à qc; *an die Tür a., an die Wand* qn tape contre qc; (*heftig*) qn cogne contre qc; ■ **jd klopft gegen etw** *an die Tür, die Wand, gegen das Tor* qn frappe contre qc; (*heftig*) qn cogne contre qc; ■ **jd klopft mit etw an etw** (*akk*)/**auf etw** (*akk*)/**gegen etw** *mit der Faust* qn frappe [*o* tape] de qc contre qc/sur qc/contre qc; *mit dem Schuh, Hämmerchen* qn frappe [*o* tape] avec qc contre qc/sur qc/contre qc
2. ■ **ein Vogel klopft gegen etw** un oiseau donne des coups de bec contre qc; ***hörst du, da klopft ein Specht*** tu entends ces coups de bec? c'est un pivert

3. (*schlagen*) ■ **jd klopft jdm auf etw** (*akk*) qn lui tape sur qc
II. *vi impers* ■ **es klopft** [**an etw** (*dat*)/**gegen etw**] *an der Tür, gegen das Fenster* on frappe [à qc]; ■ **das K~** [**gegen etw**] les coups [à qc]; ***ich habe ein K~ gehört*** j'ai entendu quelqu'un frapper
III. *vt* 1. (*durch Schlagen entfernen*) ■ **jd klopft etw aus einer S.** *Dreck, Schnee, Staub* qn bat une chose pour enlever [*o* faire partir] qc; ***klopf dir den Schnee von den Schuhen!*** tape tes chaussures pour enlever la neige!; ■ **etw wird aus einer S. geklopft** on bat une chose pour faire partir qc
2. GASTR ■ **jd klopft etw** *Roulade, Schnitzel* qn attendrit qc
3. (*schlagen*) ■ **jd klopft etw** *Teppich* qn bat qc
▶ **jd klopft jdn weich** *fam* qn fléchit qn; **jd lässt sich von jdm weich** ~ qn se laisse attendrir [*o* avoir *fam*] par qn
Klopfer <-s, -> *m* (*Teppich~*) tapette *f;* (*Tür~*) heurtoir *m*, marteau *m*
Klopfzeichen *nt* (*Klopfen als Signal*) code *m*, signal *m* (*en frappant sur qc*)
Kloppe *f* ▶ **jd kriegt** [**von jdm**] ~ NDEUTSCH *fam* qn prend une raclée [de qn] *fam*
Klöppel <-s, -> *m* 1. [*Glocke*] battant *m*
2. (*Schlegel*) baguette *f;* [*Xylophon*] mailloche *f*
3. (*Spitzen~*) fuseau *m*
klöppeln *vt* ■ **jd klöppelt etw** qn fait qc en dentelle au[x] fuseau[x]; ***jd klöppelt Spitze*** qn fait de la dentelle au[x] fuseau[x]; ■ **geklöppelt** de [*o* en] dentelle au[x] fuseau[x]; ***das ist echt geklöppelte Spitze*** c'est de la vraie dentelle au[x] fuseau[x]
Klöppelspitze *f* dentelle *f* au[x] fuseau[x]
kloppen I. *vt* NDEUTSCH *fam* ■ **jd kloppt etw** *Steine* qn casse qc; *Teppich* qn bat qc
II. *vr* NDEUTSCH *fam* ■ **jd kloppt sich** [**mit jdm**] qn se bagarre [avec qn] *fam;* ■ **sie kloppen sich** ils/elles se castagnent *fam*
Klopperei <-, -en> *f* NDEUTSCH *fam* bagarre *f fam*
Klöppler(in) <-s, -> *m(f)* dentellier(-ière) *m(f)* au[x] fuseau[x]
Klops <-es, -e> *m* 1. (*Fleischkloß*) boulette *f* [de viande]
2. *fam* (*grober Fehler*) gaffe *f fam*, boulette *f fam*, bourde *f fam*
▶ **Königsberger ~e** *boulettes de viande bouillies avec une sauce aux câpres*
Klosett <-s, -e *o* -s> *nt veraltend s.* **Toilette**
Klosett- *veraltend s.* **Klo-**
Kloß <-es, ¨e> *m* boulette *f*
▶ **jd hat einen ~ im Hals** *fam* qn a une boule dans la gorge *fam*
Kloßbrühe *f* ▶ **etw ist klar wie ~** *fam* (*ist verständlich*) qc est clair(e) comme de l'eau de roche; (*ist offensichtlich*) qc tombe sous le sens
Kloster <-s, ¨> *nt* cloître *m;* (*Nonnen~ a.*) couvent *m;* (*Mönchs~ a.*) monastère *m*
▶ **jd geht ins ~** qn entre en religion; (*um Nonne zu werden a.*) qn entre au couvent; (*um Mönch zu werden a.*) qn se fait moine
Kloster- du cloître/couvent/monastère; ***an unserer ~pforte*** à la porte de notre couvent; ***dieses Kloster hat eine berühmte ~bibliothek*** ce monastère possède une célèbre bibliothèque **Klosterbruder** *m veraltet s.* **Mönch. Klosterfrau** *f veraltet s.* **Nonne**
klösterlich *adj* 1. *Abgeschiedenheit, Beschaulichkeit, Stille* monastique
2. (*Klöstern gehörend*) des couvents, des monastères; (*eines bestimmten Klosters*) du cloître/couvent/monastère
Klosterschule *f* école *f* dirigée par des religieux/des religieuses; (*für Mädchen a.*) couvent *m;* ***er/sie war auf der ~*** il/elle a été à l'école chez les religieux/religieuses
Klöten *pl* NDEUTSCH *sl* roubignoles *fpl pop*
Klotz <-es, ¨e> *m* 1. (*Holz~*) bille *f*, bloc *m* de bois, grosse bûche *f;* (*zum Holzspalten*) billot *m*
2. *pej fam* (*Gebäude*) cube *m* hideux
▶ **jd bindet sich** (*dat*) [**mit jdm/etw**] **einen ~ ans Bein** *fam* [avec qn/qc,] qn se met un fil à la patte *fam;* **jd/etw ist** [**jdm** [*o* **für jdn**]] **ein ~ am Bein** *fam* qn/qc est un boulet à traîner [pour qn], qn/qc est [pour qn] un drôle de fil à la patte *fam;* **auf einen groben ~ gehört ein grober Keil** *prov* oignez vilain, il vous poindra; poignez vilain, il vous oindra; **jd schläft wie ein ~** *fam* qn dort comme une souche [*o* une bûche]
Klötzchen <-s, -> *nt* 1. *dim von* **Klotz** bout *m* de bois
2. (*Bauklotz*) cube *m*
klotzen I. *vi sl* 1. (*hart arbeiten*) ■ **jd klotzt** qn bosse *fam;* ***wir müssen ganz schön ~*** il faut qu'on mette le pacson *arg*
2. (*Mittel massiv einsetzen*) ■ **jd klotzt** [**bei etw**] qn met le pacson [pour qc] *arg*, qn sort la grosse artillerie [pour qc] *fam*
▶ **~, nicht kleckern** il faut [*o* on va] mettre le pacson *arg*
II. *vt sl* ■ **jd klotzt** [**jdm**] **etw irgendwohin** qn [lui] fout qc quelque part *fam*
klotzig I. *adj sl* 1. (*ungefüge*) *Gebäude, Möbelstück* mastoc *fam*
2. (*aufwändig*) *Aktion* tapageur(-euse); ***~e Werbung*** du matraquage publicitaire
II. *adv sl* 1. (*überreichlich*) un max *fam*
2. (*aufwändig*) *auftreten* en en fichant plein la vue *fam;* ***es wird ~ für etw geworben*** il y a un battage monstre pour qc *fam*
Klub <-s, -s> *m* club *m*
-klub *m* club *m* de
Klub- du/d'un club; ***~mitglied*** membre *m;* ***~beitrag*** cotisation *f* **Klubhaus** *nt* club-house *m*, maison *m* de club **Klubjacke** *f* blazer *m* **Klubobmann** *m*, **-obfrau** *f* AUS (*Fraktionsvorsitzender*) président(e) *m(f)* du groupe parlementaire **Klubsessel** *m* fauteuil *m* club
Kluft¹ <-, ¨e> *f* 1. GEOL faille *f*
2. (*scharfer Gegensatz*) fossé *m*
Kluft² <-, -en> *f* DIAL (*uniformartige Kleidung*) habit *m;* [*Pfadfinder*] uniforme *m*
klug <¨er, ¨ste> I. *adj* 1. (*vernünftig*) *Mensch, Handlungsweise, Vorgehen* avisé(e); *Antwort a.* habile; *Entscheidung, Rat a.* sage, judicieux(-euse); ***¨ere Menschen als du einer bist*** des gens bien plus intelligents que toi; ■ **jd ist ~** qn a du jugement, qn fait preuve de bon sens; ***wenn Sie ~ sind, mischen Sie sich da nicht ein*** vous seriez bien avisé(e) de ne pas vous en mêler; ■ **jd wird ~** qn devient raisonnable; ■ **es ist ~ etw zu tun** il vaut mieux faire qc; ■ **es ist ¨er etw zu tun** il vaudrait mieux faire qc; ■ **es wäre ~ etw zu tun** il serait sage de faire qc; ***es ist nicht gerade sehr ~ von dir etw zu tun*** ce n'est pas très intelligent de ta part de faire qc; ***es wird am ¨sten sein, wenn*** le plus sage serait de + *infin*
2. *iron* (*dumm*) *Idee, Ratschlag* intelligent(e)
▶ **ein ganz K~er/eine ganz K~e** *iron* un gros malin/une grosse maligne; **jd ist genauso ~ wie zuvor** [*o* **vorher**] qn n'en est pas plus avancé(e), qn est bien avancé(e) *iron;* **hinterher** [*o* **im Nachhinein**] **ist man immer ¨er** après, c'est facile à dire; **der K¨ere gibt nach** *prov* le plus malin des deux finit toujours par céder; **jd war** [**wieder**] **so ~** *iron:* ***warst du etwa so ~ und hast ...?*** c'est toi, le gros malin qui a ...?; ***wer war denn wieder so ~, ...?*** quel est le gros malin qui ...?; **da soll einer draus ~ werden** comprenne qui pourra; **jd wird aus jdm/etw nicht ~** qn n'arrive pas à comprendre qn/qc
II. *adv* 1. (*vernünftig*) *durchdenken* finement; *handeln* habilement; *vorgehen, sich verhalten* de manière intelligente, avec discernement
2. *iron* (*dumm*): ***das hast du dir wirklich sehr ~ ausgedacht*** alors là, tu as vraiment eu une idée astucieuse
klugerweise *adv:* ***jd tut etw ~*** qn a la sagesse de faire qc; ***jd sollte ~ etw tun*** la sagesse voudrait que qn fasse qc
Klugheit <-, -en> *f* 1. ∅ (*Vernunft*) intelligence *f*, bon sens *m*
2. *iron* (*dummer Spruch*) fadaise *f;* ***das war mal wieder eine wunderbare ~!*** voilà encore une réflexion particulièrement intelligente [*o* astucieuse]!
klug|reden *vi* ■ **jd redet klug** qn pontifie **Klugredner(in)** *m(f) fam* Monsieur *m*/Madame *f* Je-sais-tout *fam* **klug|scheißen** *vi irreg sl* ■ **jd scheißt klug** qn ramène sa science *fam* **Klugscheißer(in)** <-s, -> *m(f) sl* petit con prétentieux/petite conne prétentieuse *m/f fam*
Klump ▶ **jd fährt etw zu** [*o* **in**] **~** *fam* qn bousille qc *fam*
Klumpatsch <-s> *m* ∅ *fam* camelote *f fam*
Klümpchen <-s, -> *nt* 1. *dim von* **Klumpen** grumeau *m*
2. NDEUTSCH (*Bonbon*) bonbon *m*
klumpen *vi* ■ **etw klumpt** / *Soße, Salz/* qc fait des grumeaux, qc se grumelle
Klumpen <-s, -> *m* motte *f;* [*Ton*] boule *f*
Klumpfuß *m* pied *m* bot **klumpfüßig** *adj* pied bot; ***ein ~er Mensch*** un/une pied[-]bot; ■ **jd ist ~** qn a un pied bot
klumpig *adj* grumeleux(-euse); ■ **etw wird ~** qc fait des grumeaux
Klüngel <-s, -> *m* NDEUTSCH *pej fam* clique *f fam;* ***dieser ganze ~ von jdm und jdm*** toute cette clique où on retrouve qn et qn *fam*
Klunker <-s, -> *m sl* caillou *m fam*
Kluppe <-, -n> *f* AUS *fam* (*Wäscheklammer*) pince *f* à linge
km *m abk von* **Kilometer** km
km/h *m abk von* **Kilometer pro Stunde** km/h
knabbern I. *vi* ■ **ein Tier knabbert an etw** (*dat*) un animal grignote [*o* ronge] qc; ■ **jd knabbert an etw** (*dat*) qn grignote qc
▶ **jd hat** [**noch**] **an etw** (*dat*) **zu ~** *fam* (*hat zu überlegen*) *an einer Aufgabe, einem strategischen Schachzug* qn a pas fini de s'amuser avec qc *fam;* (*findet sich schwer damit ab*) *an einer Steuernachzahlung* qn a pas encore digéré qc *fam*, qn ne s'est pas remis(e) de qc
II. *vt* ■ **jd knabbert etw** qn grignote qc; ***etwas zum K~*** quelque chose à grignoter
▶ **jd hat nichts zu ~** *fam* qn n'a rien à se mettre sous la dent
Knabe <-n, -n> *m veraltend geh* garçon *m*
▶ **na, alter ~!** *fam* alors, mon vieux! *fam*
Knaben- *veraltend geh* de garçons
knabenhaft *adj* de garçon; ***trotz seines ~en Aussehens ist er 20*** malgré son air juvénile, il a 20 ans
Knabenkraut *nt* orchis *m* **Knabenstimme** *f* voix *f* de garçon [qui n'a pas mué]
knack *interj* crac
▶ **es macht ~** ça fait crac; (*in der Telefonleitung*) il y a un craquement
Knack <-[e]s, -e> *m* craquement *m*
Knäckebrot *nt* pain *m* suédois
knacken I. *vt* 1. (*aufbrechen*) ■ **jd knackt etw** [**mit etw**] *Nuss, Schale* qn casse qc [avec qc]
2. *fam* (*dechiffrieren*) ■ **jd knackt etw** *Nachricht, Kode* qn déchiffre qc, qn décrypte qc; *Daten* qn pénètre dans qc; *Software* qn déplombe qc
3. *fam* (*aufbrechen*) ■ **jd knackt etw** *Auto, Safe* qn force qc
4. MIL *sl* (*zerstören*) ■ **jd knackt etw** *Bunker, Panzer* qn détruit qc, qn nettoie qc *fam*
II. *vi* 1. ■ **etw knackt** / *Holz, Diele, Gebälk/* qc craque
2. ■ **jd knackt mit etw** *mit den Fingern, Gelenken* qn fait craquer qc
3. *fam* (*schlafen*) ■ **jd knackt** qn pionce *fam*, qn roupille *fam*
▶ **jd hat** [**noch**] **an etw** (*dat*) **zu ~** *fam* (*hat zu überlegen*) qn a pas fini de s'amuser avec qc *fam;* (*findet sich schwer damit ab*) qn a pas encore digéré qc *fam*
III. *vi impers* ■ **es knackt** il y a des craquements
Knacker <-s, -> *m* 1. *pej fam* (*Kerl*) mec *m fam;* ***ein alter ~*** un vieux chnoque; ***blöder ~!*** espèce de ringard! *fam*
2. *fam* (*Knackwurst*) saucisse *f*
Knacki <-s, -s> *m sl* ex-taulard(e) *m(f) pop*
knackig I. *adj* 1. *Apfel, Rettich etc* croquant(e)
2. *fam* (*drall*) *Hintern, Po, Brüste* bien ferme, joli(e) petit(e) *antéposé; Mensch* craquant(e) *fam*
3. *fam* (*zünftig*) *Typ* craquant(e) *fam; Actionfilm, Fete, Skiabfahrten, Ur-*

laubsbetrieb, Gewinn, Geschwindigkeit super- *antéposé fam,* méga- *antéposé fam; Zitate* -choc
II. *adv fam* 1. (*zünftig*) *rangehen, loslegen* illico *fam,* dare-dare *fam*
2. (*ordentlich*) *braun, erholt* super- *fam,* vachement *fam*

Knacklaut *m* 1. (*Geräusch*) craquement *m* 2. PHON coup *m* de glotte **Knackpunkt** *m fam* (*entscheidender Punkt*) point *m* chaud; ***damit sprechen Sie genau den ~ an*** vous êtes exactement au cœur du problème
▸ **etw ist der ~** qc est le point crucial [*o* le cœur du problème]; ***ich habe keine Zeit, das ist der ~*** j'ai pas le temps, voilà le hic *fam*

knacks *interj s.* **knack**

Knacks <-es, -e> *m* 1. (*Laut*) craquement *m*
2. (*Sprung*) fêlure *f*
3. *fam* (*seelischer Schaden*) petit grain *m; **Leute mit einem ~*** des gens un peu fêlés *fam*
▸ **jd bekommt [durch etw] einen ~** *fam* [à la suite de qc,] qn accuse vraiment le coup *fam;* **etw hat einen ~** *fam / Gerät etc/* qc déconne légèrement *fam; / Beziehung, Ehe/* qc bat de l'aile; **jd hat einen ~** *fam* qn est un peu fêlé(e) *fam,* qn tourne pas tout à fait rond *fam*

Knackwurst *f* petite saucisse *f*

Knall <-[e]s, -e> *m* [*Korken, Schuss*] détonation *f;* [*Tür*] claquement *m*
▸ **~ auf Fall** *fam* sur-le-champ, aussi sec *fam; **dann ging plötzlich alles ~ auf Fall*** et puis tout s'est brusquement précipité; **jd hat einen ~** *fam* qn déjante [*o* débloque] [complètement] *fam*

knall- *-lila etc* vif(-ive), éclatant(e); *~**bunt*** bariolé(e) **Knallbonbon** [-bɔŋbɔŋ, -bõbõ:] *nt* diablotin *m* **Knalleffekt** *m fam* coup *m* de théâtre, truc *m* qui fait sensation *fam; **der überraschende ~*** l'effet *m* ce surprise

knallen I. *vi* 1. + *haben* ■ **etw knallt** */Auspuff/* qc pétarade; */Feuerwerkskörper/* qc éclate, qc pète; */Korken/* qc saute; */Schuss/* qc retentit; (*laut zuschlagen*) */Fenster, Tür/* qc claque; ***hat keiner der Nachbarn den Schuss ~ gehört?*** pas un voisin n'a entendu la détonation?; ■ **etw knallt aus etw** */Korken/* qc part avec un bruit sec de qc
2. + *haben* ■ **jd knallt mit etw** *mit der Peitsche* qn fait claquer qc *mit der Tür* qn claque qc; ■ **jd lässt etw ~** *Korken* qn fait sauter qc; *Tür* qn claque qc; ***heute lassen wir die Sektflaschen ~!*** aujourd'hui le champagne va couler à flots!
3. + *sein fam* (*auftreffen*) ■ **jd/etw knallt gegen etw** *gegen die Scheibe, Wand, Tür, Latte* qn/qc heurte [*o* percute] qc; ■ **jd knallt mit etw gegen etw** qc de qn heurte [*o* va heurter] qc; ■ **etw knallt an jds etw** (*akk*)/**gegen jds etw** */Faust/* qc atteint qn à qc; ■ **etw knallt auf etw** (*akk*) qc va s'écraser sur qc
II. *vi impers* + *haben* (*Geräusch*) ■ **es knallt** (*Tür*) il y a quelque chose qui claque; (*Schuss*) il y a une détonation; (*Feuerwerkskörper*) ça éclate; (*Korken*) ça fait plop
▸ **..., sonst knallt's!** *fam,* **..., oder** [*o* **und**] **es knallt!** ... ou tu vas l'avoir, ta baffe! *fam;* (*oder ich schieße*) ... ou je tire!, ... ou ça va canarder! *pop*
III. *vt* + *haben* 1. (*zuschlagen*) ■ **jd knallt etw** *Fenster, Tür* qn claque qc
2. (*schlagen*) ■ **jd knallt [jdm] etw gegen etw/an etw** (*akk*) *Faust* qn [lui] balance qc sur qc *fam;* ■ **jd knallt etw an etw** (*akk*) *Gegenstand* qn catapulte qc contre qc
▸ **jd knallt jdm eine** *fam* qn balance une baffe à qn *fam*

knalleng *adj fam* hyper-moulant(e) *fam*

Knaller <-s, -> *m fam* 1. (*Knallkörper*) pétard *m*
2. (*Sensation*) bombe *fam*

Knallerbse *f* bombe *f* algérienne, pet *m* de Lucifer

Knallerei <-, -en> *f fam* [*Feuerwerkskörper*] pétarade *f; **da war so eine ~*** (*Schüsse*) ça pétait de partout *fam*

Knallfrosch *m* pétard *m* à répétition **Knallgas** *nt* mélange *m* détonant **knallhart** I. *adj fam* 1. (*rücksichtslos*) *Geschäftsmann* dur(e) en affaires; *Methode, Vorgehen, Kritik* brutal(e); ***es ist ein ~er Typ/Bursche*** c'est le genre de type/mec qui fait pas de cadeaux *fam* 2. (*sehr kraftvoll*) *Schlag* terrible; ***ein ~er Schuss*** un boulet de canon *fam* II. *adv fam sagen* sans prendre de gants *fam,* tout de go; *verhandeln* serré; *auf etw bestehen* mordicus *fam* **knallheiß** *adj fam Wetter* [chaud(e)] à crever *fam;* ■ **es ist ~** il fait une chaleur à crever *fam*

knallig *adj fam Farbe* criard(e), éclatant(e), voyant(e), qui flashe *fam; Schlagzeilen, Parolen* accrocheur(-euse); *Werbung* tape-à-l'œil

Knallkopf *m fam,* **Knallkopp** <-s, -köppe> *m* NDEUTSCH *fam* abruti(e) *m(f) fam* **Knallkörper** *m* pétard *m* **knallrot** *adj fam* rouge vif; *Gesicht* écarlate, rubicond(e); *Sportwagen* d'un rouge flamboyant; ■ **jd wird ~** qn devient écarlate

knapp I. *adj* 1. (*gering*) *Gehalt, Einkommen, Vorräte* maigre *antéposé; Stellen* rare *antéposé;* ■ **etw ist ~** */Einkommen/* qc suffit à peine; */Vorräte a./* il n'y a plus beaucoup de qc; ■ **etw wird ~** */Stellen/* qc se raréfie; */Haushaltsgeld, Vorräte/* qc commence à manquer; ■ **jd ist ~ mit etw** qn manque de qc
2. *Kleidungsstück* étroit(e); *Bluse* moulant(e); *Rock, Hosen* serré(e) ■ **etw ist jdm zu ~** qc serre trop qn
3. *Ergebnis* serré(e); *Mehrheit* faible *antéposé,* petit(e) *antéposé; Sieg* étroit(e)
4. (*nicht ganz*) ■ **ein/eine ~er/es/e ...** *Kilogramm, Pfund, Meter, Alter* un/une petit(e) ...; ■ **~e 20/30/...** pas tout à fait 20/30/...; ■ **etw ist [jdm] zu ~** (*zeitlich*) il faut plus de qc [à qn]
5. *Antwort, Worte* concis(e)
▸ **nicht zu ~** *fam* (*ausgiebig*) et pas qu'un peu
II. *adv* 1. (*mäßig*): ***etw ist eher/sehr ~ bemessen*** qc est plutôt/très juste; ***etw ist zu ~ bemessen*** qc n'est pas suffisant(e)
2. (*nicht ganz*) un peu moins de, pas tout à fait
3. (*haarscharf*) *gewinnen, verlieren* de justesse; ***die Wahl ist ~ ausgefallen*** le vote a été très serré; ***der Laster hat mich so ~ überholt, dass*** le camion m'a serré(e) de si près en me doublant que + *indic*
▸ **jd hält jdn ~** qn oblige qn à se serrer la ceinture, qn rationne qn; **jd hält jdn mit etw ~** *mit Haushaltsgeld, Taschengeld* qn lésine sur qc de qn

knapp|halten *s.* **knapp II.▸**

Knappheit <-> *f* ∅ 1. (*Versorgungsengpass*) pénurie *f;* ■ **~ an etw** (*dat*) pénurie *f* de qc
2. (*Beschränktheit*) [*Gelder*] insuffisance *f;* [*Mittel a., Zeit*] manque *m; **die ~ der zur Verfügung stehenden Zeit*** le peu de temps disponible

Knappschaft <-> *f* ∅ sécurité *f* minière

knapsen *vi* ▸ **jd hat an etw** (*dat*) **zu ~** *fam* (*wird schwer damit fertig*) qn est dans qc jusqu'au cou *fam; **an meiner Scheidung hatte ich noch lange zu ~*** j'ai mis longtemps à digérer mon divorce *fam;* **jd muss ~** *fam* (*sparen*) qn doit se serrer la ceinture, qn doit rogner sur les dépenses, qn doit lésiner sur tout; **jd muss mit etw ~** *fam* (*sparen*) qn est obligé(e) d'y aller mollo avec qc *fam*

Knarre <-, -n> *f sl* flingue *m fam*

knarren *vi* ■ **etw knarrt** */Bettgestell, Holztreppe, Pferdewagen/* qc grince; */Dielenbrett/* qc craque; ■ **das K~** grincements *mpl;* [*Dielenbrett*] craquements *mpl; **unter Quietschen und K~*** en grinçant et en gémissant

Knast <-[e]s, -e> *m sl* taule *f arg*
▸ **jd sitzt im ~** qn est en taule *arg*

Knatsch <-es> *m* ∅ *fam* bisbilles *fpl fam*
▸ **es** [*o* **das**] **gibt ~** il y a des bisbilles *fam; **das könnte ~ geben*** ça pourrait faire des histoires *fam;* **jd hat ~ [mit jdm]** qn est en bisbille [avec qn] *fam*

knatschig *adj fam* ■ **jd ist ~** qn est de mauvais poil *fam*

knattern *vi* ■ **etw knattert** */Auspuff, Motorrad, Moped/* qc pétarade; ***von ferne knatterten Schüsse*** au loin, [on entendit] une rafale; ■ **~d** pétaradant(e); ■ **das K~** [*von Mopeds*] les pétarades *fpl;* [*von MG-Feuer*] le crépitement; ***das K~ von Schüssen*** des tirs *mpl* en rafales

Knäuel <-s, -> *m o nt* pelote *f*

Knauf <-[e]s, Knäufe> *m* [*Messer, Schwert, Spazierstock*] pommeau *m;* (*Tür~*) bouton *m*

Knauser(in) <-s, -> *m(f) pej fam* radin(e) *m(f) fam*

knauserig *adj pej fam* radin(e) *fam; **mein ~er Onkel*** mon radin d'oncle *fam*

knausern *vi pej fam* ■ **jd knausert** qn les lâche avec un élastique *fam;* ■ **jd knausert mit etw** qn ne lâche pas facilement qc *fam*

Knaus-Ogino-Methode *f* méthode *f* [d']Ogino[-Knaus]

knautschen I. *vi* ■ **etw knautscht** *Kleidungsstück, Stoff* qc se froisse, qc se fripe, qc se chiffonne
II. *vt* ■ **jd knautscht etw** qn froisse qc, qn fripe qc, qn chiffonne qc

knautschig *adj fam Kleidungsstück* froissé(e), fripé(e), chiffonné(e)

Knautschzone *f* zone *f* de déformation

Knebel <-s, -> *m* bâillon *m*

knebeln *vt* 1. ■ **jd knebelt jdn** qn bâillonne qn
2. *geh* (*mundtot machen*) ■ **jd knebelt jdn/etw** *Journalisten, die Presse* qn bâillonne qn/qc; (*unfrei machen*) qn ligote qn/qc

Kneb[e]lung <-, -en> *f* 1. ∅ (*das Knebeln*) bâillonnement *m*
2. (*Knebel*) bâillon *m*
3. *geh* (*Unterdrückung*) [*Journalismus*] bâillonnement *m,* musellement *m*

Knebelvertrag *m pej* contrat *m* léonin

Knecht <-[e]s, -e> *m* 1. *veraltend* (*auf Bauernhof*) valet *m* de ferme
2. *pej* (*Befehlsempfänger*) valet *m*
▸ **~ Ruprecht** père *m* Fouettard

knechten *vt pej geh* ■ **jd knechtet jdn** *ein Volk* qn asservit qn; *Angestellte* qn tient qn dans l'esclavage

knechtisch *adj pej geh Gesinnung* servile; *Gehorsam a.* aveugle; *Servilität* rampant(e)

Knechtschaft <-, *rare* -en> *f pej* esclavage *m*

Knechtung <-, -en> *f pej geh* réduction *f* en esclavage, asservissement *m*

kneifen <kniff, gekniffen> I. *vt* ■ **jd kneift jdn** qn pince qn; ■ **jd kneift jdn** [*o* **jdm**] **in etw** (*akk*) qn lui pince qc
II. *vi* 1. (*zwicken*) ■ **etw kneift [irgendwo]** qc serre [quelque part]
2. *fam* (*zurückscheuen*) ■ **jd kneift [vor jdm]** qn se dégonfle [devant qn] *fam;* ■ **jd kneift [vor etw** (*dat*)**]** *vor einer Aufgabe* qn se défile [face à qc] *fam*
III. *vi, vt impers* ■ **es kneift [jdn] [irgendwo]** *im Bauch etc* ça [é]lance/qn a des élancements [quelque part]

Kneifer <-s, -> *m* pince-nez *m*

Kneifzange *f* tenailles *fpl*
▸ **jd würde etw nicht mit der ~ anfassen** *fam* qn n'oserait pas prendre qc avec des pincettes

Kneipe <-, -n> *f fam* bistro[t] *m fam,* troquet *m fam*

Kneipen- *fam* du/de bistro[t] *fam,* du/de troquet *fam* **Kneipenbummel** *m fam* tournée *f* des bistro[t]s *fam* **Kneipenwirt(in)** *m(f) fam* patron(ne) *m(f)* [du/de bistro[t] *fam*]

Kneipier <-s, -s> [knaiˈpie:] *m hum fam* bistrotier(-ière) *m(f) fam*

kneippen *vi fam* ■ **jd kneippt** qn fait une hydrothérapie par affusion

Kneippkur *f* MED affusion *f* de Kneipp

knetbar *adj* malléable; ■ **etw ist ~** qc se pétrit [facilement]

Knete <-> *f* ∅ 1. *sl* (*Geld*) fric *m fam,* pognon *m fam*
2. *fam* (*Knetgummi*) pâte *f* à modeler

kneten I. *vt* 1. (*durchwalken*) ■ **jd knetet etw** *Knetgummi, Teig, Plastiksprengstoff* qn pétrit qc, qn malaxe qc
2. (*formen*) ■ **jd knetet [sich** (*dat*)**] etw** *Figur, Form* qn modèle qc; ■ **das K~** le modelage
3. (*massieren*) ■ **jd knetet [jdm] etw** qn masse qc [à qn]
II. *vi* (*Knetgummi bearbeiten*) ■ **jd knetet** qn fait du modelage

Knetgummi *m o nt,* **Knetmasse** *f* pâte *f* à modeler

Knick <-[e]s, -e *o* -s> *m* **1.** [*Rohr, Straße*] coude *m*
2. (*Kniff*) pli *m;* [*Buchseite*] corne *f*
▸ **jd hat einen ~ in der Optik** *sl* qn est bigleux(-euse) *fam;* **etw macht einen ~** / *Straße, Weg/* qc fait un coude

knicken I. *vt + haben* **1.** (*falzen*) ■ **jd knickt etw** *Blatt Papier* qn plie qc; *Buchseite* qn corne qc, qn fait une corne à qc
2. (*ein~*) ■ **jd knickt etw** *Streichhölzer* qn casse qc; ■ **etw knickt etw** *Bäume* qc brise [net] qc
▸ **„nicht ~!"** ne pas plier, S.V.P.
II. *vi + sein* (*um~*) ■ **etw knickt** / *Papier/* qc se plie; / *Telegraphenmast/* qc se brise [net]

Knicker <-s, -> *m* DIAL *s.* **Knauser**

Knickerbocker *pl* knickers *mpl*

knick[e]rig *adj* DIAL *s.* **knauserig**

Knick[e]rigkeit <-> *f* ∅ DIAL *s.* **Knauserigkeit**

Knicks <-es, -e> *m* révérence *f*
▸ **jd macht [vor jdm] einen ~** qn fait la révérence [à qn]; ***mach einen ganz tiefen ~!*** fais ta plus belle révérence!

knicksen *vi* ■ **jd knickst [vor jdm]** qn fait la révérence [à qn]

Knie <-s, -> *nt* **1.** ANAT genou *m*
2. COUT genou *m*
3. [*Wasserlauf*] coude *m*
4. [*Rohr*] coude *m*
▸ **jd bekommt weiche ~** *fam* qn a les genoux qui flageolent; **jd beugt die ~ [vor jdm/etw]** *geh* (*geht in die ~*) qn se met à genoux [devant qn]/fait une génuflexion [devant qc]; **jd bricht etw übers ~** *fam Entschluss* qn prend qc à la va-vite; *Kauf* qn décide de qc à la va-vite; ***man sollte nichts übers ~ brechen*** il faut jamais se décider à la va-vite *fam;* **jd fällt [vor jdm] auf die ~** *geh* qn tombe à genoux [devant qn]; **er/sie geht in die ~** ses genoux se dérobent sous lui/elle; *fig* (*gibt auf*) qn plie, qn met un genou à terre; **jd legt jdn übers ~** *fam* qn fiche une fessée à qn *fam;* **jd liegt vor jdm auf den ~n** *geh* qn est à genoux devant qn; **er/sie sackt in die ~** ses genoux se dérobent sous lui/elle; **jd wirft sich vor jdm auf die ~** *geh* qn se jette aux genoux de qn; **jdm zittern die ~** qn [en] a les jambes qui flageolent; **jd zwingt jdn in die ~** *geh* qn fait plier qn, qn met qn à genoux; **auf ~n** à genoux

Kniebeuge *f* flexion *f* des genoux ▸ **jd macht ~n** qn fait des flexions de genoux **Kniebundhose** *f* knickers *mpl* **Kniefall** *m geh* génuflexion *f* ▸ **jd tut [*o* macht] einen ~ vor jdm** qn se prosterne aux pieds de qn **kniefällig** *adv veraltend* à genoux **kniefrei** *adj* au-dessus du genou; ■ **etw ist ~** qc s'arrête au-dessus du genou **Kniegelenk** *nt* articulation *f* du genou **kniehoch I.** *adj Mauer* à hauteur de genou[x]; *Schlamm, Schnee, Unkraut, Wasser* qui arrive jusqu'au[x] genou[x]; ■ **etw ist ~** / *Schnee, Unkraut, Wasser/* qc arrive jusqu'au[x] genou[x]; / *Zaun, Mauer/* qc arrive au[x] genou[x] **II.** *adv wachsen* jusqu'à hauteur du genou; ***das Wasser steht schon ~!*** l'eau arrive déjà jusqu'au[x] genou[x] **Kniehose** *f* culotte *f,* knickers *mpl;* HIST haut-de-chausses *m* **Kniekehle** *f* jarret *m,* creux *m* poplité *spéc* **knielang** *adj Rock, Kleid, Bermudashorts* s'arrêtant au[x] genou[x]; ***~e Unterhosen*** des caleçons courts; ■ **etw ist ~** qc s'arrête au[x] genou[x]; ***etw ist kaum ~*** qc couvre à peine le genou

knien [kniːn, ˈkniːən] **I.** *vi* ■ **jd kniet [auf etw** (*dat*)**/vor jdm/etw]** qn est agenouillé(e) [*o* à genoux] [sur qc/devant qn/qc]
▸ **im K~** *wischen* à genoux; *rutschen* sur les genoux
II. *vr* **1.** ■ **jd kniet sich auf etw** (*akk*) qn s'agenouille sur qc; ■ **jd kniet sich hinter/neben/vor jdn/etw** qn s'agenouille derrière/à côté de/devant qn/qc
2. *fam* (*sich intensiv beschäftigen*) ■ **jd kniet sich in etw** (*akk*) qn s'attelle à qc
3. *fam* (*sich kümmern um*) ■ **jd kniet sich hinter etw** (*akk*) qn prend qc en main; ***er kniet sich dahinter [,dass]*** il en met un coup [*o* se démène] [pour que + *subj*]; ***du hast dich nicht genügend dahinter gekniet*** tu ne t'es pas assez remué [*o* démené]

Knies <-> *m* ∅ DIAL *s.* **Knatsch**

Kniescheibe *f* rotule *f* **Kniestrumpf** *m* mi-bas *m,* chaussette *f* montante **knietief** *adj* qui arrive jusqu'au[x] genou[x]; ■ **etw ist ~** qc arrive jusqu'au[x] genou[x]

kniff *imp von* **kneifen**

Kniff <-[e]s, -e> *m* **1.** (*Kunstgriff*) truc *m;* ***ein juristischer ~*** un artifice juridique
2. (*Knick*) corne *f,* pliure *f;* ***es war ein leichter ~ in der Karte*** la carte était légèrement écornée
3. (*das Kneifen*) pinçon *m;* ***autsch! Was sollte dieser ~?*** aïe! Pourquoi tu m'as pincé(e)?

kniff[e]lig *adj fam* coton *fam;* ***das ist mir zu ~*** c'est trop calé [*o* trapu] pour moi *fam*

Knigge <-[s], -> *m* manuel *m* de savoir-vivre

Knilch <-s, -e> *m pej fam* péquenot *m fam,* plouc *m fam*

knipsen I. *vt* **1.** *fam* (*fotografieren*) ■ **jd/etw knipst jdn** qn/qc photographie qn, qn/qc prend qn en photo; ■ **jd/etw knipst etw** qn/qc photographie qc, qn/qc prend une photo de qc
2. (*lochen*) ■ **jd knipst etw** *Fahrkarte, Eintrittskarte* qn poinçonne qc
II. *vi fam* ■ **jd knipst** qn prend des photos; (*viel*) qn mitraille *fam*

Knirps <-es, -e> *m* **1.** *fam* (*Baby*) petit bout *m* de chou; (*Kind*) petit bonhomme *m;* (*kleiner Mensch*) demi-portion *m fam,* avorton *m fam;* ***du frecher ~!*** sale morpion! *fam*
2. (® *Faltschirm*) parapluie *m* pliant

knirschen *vi* ■ **etw knirscht** / *Sand, Schnee/* qc crisse; / *Getriebe, Zahnräder/* qc grince

knistern I. *vi* ■ **etw knistert** / *Feuer/* qc crépite; / *Papier, Verpackungsmaterial/* qc fait du bruit en se froissant; ■ **das K~** crépitement *m;* [*Papier*] froissement *m;* ■ **jd knistert mit etw** *mit Papier etc* qn froisse qc
II. *vi impers* **1.** (*Geräusch verursachen*) ■ **es knistert irgendwo** ça grésille quelque part; *in der Leitung* il y a de la friture quelque part *fam;* ***man hört es ~*** on entend des grésillements
2. (*kriseln*) ■ **es knistert** il y a de l'électricité dans l'air
3. (*Spannung aufweisen*) ■ **es knistert [zwischen Menschen]** le courant passe [entre des personnes] *fam*

knitterarm *adj* [pratiquement] infroissable; ■ **etw ist ~** qc ne se froisse [pratiquement] pas; ***etw ist garantiert ~*** qc est absolument infroissable **knitterfrei** *adj* infroissable; ■ **etw ist ~** qc ne se froisse pas; ***etw ist leider nicht ~*** qc se froisse malheureusement [assez] facilement

knittern *vi* ■ **etw knittert** qc se froisse

Knobelbecher *m* **1.** (*Würfelbecher*) cornet *m* à dés, gobelet *m*
2. *sl* (*Soldatenstiefel*) godillot *m fam*

knobeln *vi* **1.** (*würfeln*) ■ **jd knobelt [um jdn/etw]** qn joue [qn/qc] aux dés; ***sie haben darum geknobelt, wer*** ils ont joué aux dés pour savoir qui
2. (*tüfteln*) ■ **jd knobelt** qn cogite; ***jd knobelt an einer Verbesserung/Vereinfachung/Lösung von etw*** qn cogite [*o* se creuse *fam*] pour améliorer qc/simplifier qc/trouver une solution à qc

Knoblauch <-[e]s> *m* ∅ ail *m*

Knoblauchpresse *f* presse-ail *m* **Knoblauchzehe** *f* gousse *f* d'ail

Knöchel <-s, -> *m* cheville *f;* (*Finger~*) jointure *f* [*o* articulation *f*] [du doigt/des doigts]

Knöchelbruch *m* (*Bruch des Fußknöchels*) fracture *f* de la cheville, cheville *f* fracturée; (*Bruch des Fingerknöchels*) jointure *f* [*o* articulation *f*] [du doigt/des doigts] fracturée **knöchellang** *adj* qui arrive à la cheville; ■ **etw ist ~** qc arrive à la cheville **knöcheltief I.** *adj Morast* où [l']on [s']enfonce jusqu'aux chevilles; *Wasser* qui atteint les chevilles; ■ **etw ist ~** / *Wasser/* qc atteint les chevilles; / *Morast/* on [s']enfonce dans qc jusqu'aux chevilles **II.** *adv* jusqu'à la cheville [*o* aux chevilles]

Knochen <-s, -> *m* **1.** ANAT os *m*
2. GASTR os *m*
3. *pl* (*Gliedmaßen*) corps *m,* membres *mpl,* carcasse *f fam;* ***mir tun alle ~ im Leibe weh*** j'ai mal partout
▸ **jd bricht jdm alle ~** *sl* qn casse la gueule à qn *fam;* **jd bricht sich** (*dat*) **[bei etw] den ~** qn se fait une fracture; **brich dir nicht die ~!** *fam* te casse pas la figure! *fam;* **jdm steckt [*o* sitzt] etw in den ~** *fam* / *Erkältung/* qn a chopé qc *fam;* / *Angst, Schock/* qn est sous le coup de qc; **bis auf die ~** *fam* jusqu'aux os; ***sie waren bis auf die ~ abgemagert*** ils n'avaient plus que la peau sur les os

Knochenarbeit *f fam* travail *m* de forçat, galère *f fam* **Knochenbau** *m* ∅ ossature *f* **Knochenbruch** *m* fracture *f* **Knochengerüst** *nt* squelette *m* **knochenhart** *adj fam* **1.** (*sehr hart*) dur(e) comme du béton [*o* du bois] **2.** (*anstrengend*) *Arbeit* vachement pénible *fam; Training, Tour* hyper-dur(e) *fam* **3.** (*unnachgiebig*) *Forderungen* draconien(ne); *Vorgesetzter* intraitable **Knochenhaut** *f* périoste *m* **Knochenmann** *m* ∅ *liter* ■ **der ~** la camarde *littér,* la Faucheuse *littér* **Knochenmark** *nt* moelle *f* [osseuse] **Knochenmehl** *nt* poudre *f* d'os **Knochenschinken** *m* jambon *m* à l'os **knochentrocken** *adj fam* **1.** *Brot, Gebäck* archisec(-sèche), dur(e) comme du béton **2.** *Bemerkung* très sec(sèche); *Humor* à froid; *Lernstoff, Vortrag* très aride

knöchern *adj* **1.** (*beinern*) *Griff, Figur* en os
2. (*knochig*) osseux(-euse)

knochig *adj* osseux(-euse)

Knock-out[RR], **Knockout** <-[s], -s> [nɔkˀaut] *m* knock-out *m;* ***mit einem ~*** par knock-out

Knödel <-s, -> *m* boulette *f*

Knöllchen <-s, -> *nt fam* (*Strafzettel*) p.-v. *m fam,* contredanse *f fam;* ***du hast ein ~ an der Windschutzscheibe*** tu as un papillon sur ton pare-brise

Knolle <-, -n> *f* **1.** [*Kartoffel, Dahlie*] tubercule *m*
2. *fam* (*Verdickung*) [*Baumstamm*] excroissance *f;* (*Nase*) pif *m fam*

Knollen <-s, -> *m* DIAL *s.* **Knolle**

Knollenblätterpilz *m* amanite *f* phalloïde ▸ **grüner/weißer ~** amanite phalloïde/printanière **Knollennase** *f fam* [gros] pif *m fam*

knollig *adj Nase* bourgeonnant(e); ***ein ~er Auswuchs*** une excroissance

Knopf <-[e]s, Knöpfe> *m* **1.** COUT bouton *m*
2. ELEC [*Klingel, Sprechanlage, Elektrogerät etc*] bouton *m*
3. [*Akkordeon*] bouton *m*
4. CH, SDEUTSCH *s.* **Knoten**
▸ **jd kann sich** (*dat*) **an den Knöpfen abzählen, dass** *fam* qn a pas besoin d'être polytechnicien pour se rendre compte que + *indic fam*

Knopfdruck *m* ∅ pression *f* [sur un/le bouton]; ***mit einem ~*** rien qu'en appuyant sur un bouton
▸ **auf ~** *reagieren* sur-le-champ, au quart de tour; *erzeugen, produzieren, schreiben* en deux coups de cuillère à pot; ***das geht nicht auf ~*** ce n'est pas aussi simple

knöpfen *vt* ■ **jd knöpft etw auf etw** (*akk*)**/in etw** (*akk*) *auf die Schultern, den Kragen, in den Mantel* qn boutonne qc sur qc/à l'intérieur de qc; ■ **jd knöpft etw aus etw** *aus dem Mantel* qn déboutonne qc de qc; ■ **etw ist [*o* wird] irgendwo geknöpft** qc se boutonne quelque part
▸ **zum K~** à [*o* avec des] boutons; ***etw ist zum K~*** qc se boutonne

Knopfloch *nt* boutonnière *f* ▸ **jd platzt aus allen Knopflöchern** *fam* qn éclate dans ses vêtements; **jd stinkt aus allen Knopflöchern [nach etw]** *fam* qn pue [qc] *fam* **Knopfzelle** *f* pile *f* bouton

Knorpel <-s, -> *m* cartilage *m;* GASTR cartilage *m*

knorpelig *adj* cartilagineux(-euse)

Knorren <-s, -> *m* loupe *f*

knorrig *adj* **1.** *Baum, Ast* noueux(-euse)
2. (*eigenwillig*) bourru(e); ■ **jd ist ~** qn est un peu ours

Knospe <-, -n> *f* bourgeon *m;* (*Blüten~, Rosen~*) bouton *m*
▸ **etw treibt ~n, etw setzt ~n an** qc bourgeonne
knospen *vi* ▪ **etw knospt** qc bourgeonne
Knötchen <-s, -> *nt dim von* **Knoten 1.** GASTR grumeau *m*
2. MED nodule *m*
knoten *vt* ▪ **jd knotet etw** qn noue qc; (*anstatt Schleife*) qn fait un nœud à qc; ***kannst du mir die Krawatte ~?*** tu me fais mon nœud de cravate?
Knoten <-s, -> *m* **1.** (*Verschlingung*) nœud *m;* ***mach dir einen ~ ins Taschentuch!*** fais un nœud à ton mouchoir!
2. MED [*Gelenk*] nodosité *f;* (*in Brust*) nodule *f*
3. (*Haar~*) chignon *m*
4. (*Ast~*) nœud *m*
5. NAUT nœud *m*
▸ **der gordische ~** le nœud gordien; ***jd durchschlägt*** [*o* ***zerschlägt***] ***den gordischen ~*** qn tranche le nœud gordien; **der ~ ist** [**bei jdm**] **geplatzt** *fam* qn a fini par piger *fam;* **der ~ schürzt sich** l'intrigue se noue
Knotenpunkt *m* (*Verkehrs~*) nœud *m* de communication; (*von Autobahnen*) nœud *m* autoroutier; (*von Bahnlinien*) nœud *m* ferroviaire
Knöterich <-s, -e> *m* renouée *f*
knotig *adj* **1.** *Äste, Finger* noueux(-euse)
2. MED noduleux(-euse)
Know-how <-s> ['noʊhau] *nt Ø* savoir-faire *m,* know-how *m*
Knubbel <-s, -> *m* DIAL renflement *m*
Knuff <-[e]s, ¨-e> *m fam* [légère] bourrade *f*
knuffen *vt fam* ▪ **jd knufft jdn** [**irgendwohin**] qn donne une [légère] bourrade à qn [quelque part]
knülle *adj* NDEUTSCH *fam* ▪ **jd ist ~** qn est bourré(e) *fam*
knüllen I. *vt* ▪ **jd knüllt etw** qn chiffonne qc; ***ein geknülltes Blatt Papier*** une feuille de papier froissée
II. *vi* ▪ **etw knüllt** */Stoff/* qc se chiffonne, qc se froisse
Knüller <-s, -> *m fam* **1.** (*Ware*) truc *m* qui fait fureur *fam;* ***etw ist/wird ein ~*** qc fait/va faire un malheur *fam*
2. (*Nachricht*) scoop *m*
knüpfen I. *vt* **1.** (*verknoten*) ▪ **jd knüpft etw** *Knoten, Schleife* qn fait qc; *Krawatte* qn noue qc; ▪ **etw wird** [**von Hand**] **geknüpft** qc est noué(e) [[à la] main]; ***beim K~ von Teppichen*** quand on noue des tapis
2. (*hineinschlingen*) ▪ **jd knüpft etw in etw** (*akk*) *Muster, Ornament etc* qn noue qc dans qc
3. (*verbinden*) ▪ **jd knüpft etw an eine S.** *Bedingung* qn assortit une chose de qc; *Erwartung, Hoffnung* pour qn, une chose est liée à qc
II. *vr* ▪ **etw knüpft sich an etw** (*akk*) qc vient se rajouter à qc
Knüppel <-s, -> *m* (*Stock*) gourdin *m;* (*Polizei~*) matraque *f*
▸ **jd wirft jdm einen ~ zwischen die Beine** *fam* qn met des bâtons dans les roues à qn
Knüppeldamm *m* chemin *m* de rondins **knüppeldick** *adv fam:* ***jd trägt ~ auf*** qn en rajoute *fam;* ***dann kommt es ~*** alors on en prend plein la gueule *fam* **knüppelhart** *adj fam s.* **knochenhart**
knüppeln *vt* ▪ **jd knüppelt jdn** qn matraque qn
Knüppelschaltung *f* levier *m* de vitesse au plancher
knurren I. *vi* **1.** ▪ **ein Tier knurrt** un animal gronde [*o* grogne]
2. (*brummen*) ▪ **jd knurrt** qn grogne, qn ronchonne
II. *vt* ▪ **jd knurrt etw** qn grommelle qc
Knurren <-s> *nt Ø* [*Hund*] grondements *mpl,* grognements *mpl*
Knurrhahn *m* grondin *m*
knurrig *adj* grognon(ne), bougon(ne)
Knusperhäuschen [-hɔɪsçən] *nt* maison *m* en pain d'épice
knuspern *vi* ▪ **jd knuspert an etw** (*dat*) qn grignote qc
▸ **etwas zum K~** quelque chose à grignoter
knusprig *adj* **1.** *Braten, Auflauf* [bien] croustillant(e)
2. (*kross*) *Brötchen* croustillant(e); *Gebäck, Plätzchen* a. croquant(e)
Knust <-[e]s, -e *o* ¨-e> *m* NDEUTSCH croûton *m* [de pain]
Knute <-, -n> *f* fouet *m* [à lanières de cuir], knout *m*
▸ **jd steht unter jds ~** (*dat*) qn est sous le joug de qn
knutschen I. *vt fam* ▪ **jd knutscht jdn** qn bécote qn *fam*
II. *vi fam* ▪ **ein Paar knutscht** un couple se bécote *fam;* ▪ **jd knutscht mit jdm** qn et qn se bécotent *fam;* ▪ **~d** qui se bécote *fam*
III. *vr fam* ▪ **sie ~ sich** ils/elles se bécotent *fam*
Knutscherei <-, -en> *f fam verbal übersetzt;* ***muss denn diese ~ vor aller Augen wirklich sein?*** il faut vraiment que vous vous bécotiez/qu'ils se bécotent en public? *fam*
Knutschfleck *m fam* suçon *m*
Knüttel <-s, -> *m veraltend s.* **Knüppel**
k. o. [kaːˈʔoː] *adj abk von* **knock-out 1.** SPORT ▪ **jd ist ~** qn est K.-O.
2. *fam* (*erschöpft*) ▪ **jd ist ~** qn est K.-O., qn est lessive(e) [*o* vanné(e)] *fam*
▸ **jd fühlt sich ~** *fam* qn se sent flagada *fam;* **jd geht ~** qn est mis(e) K.-O.; **jd schlägt jdn ~** qn met qn K.-O.
K. o. <-[s], -s> [kaːˈʔoː] *m abk von* **Knock-out** K.-O. *m*
▸ **technischer ~ ~** K.-O. technique; **durch ~ ~** par K.-O.
Koala <-s, -s> *m,* **Koalabär** *m* koala *m*
koalieren * *vi* ▪ **jd koaliert** [**mit jdm**] qn forme une coalition [avec qn]
Koalition <-, -en> *f* coalition *f*
▸ **große ~** grande coalition, gouvernement *m* d'union nationale
Koalitions- *-krach, -krise, -zwist* au sein de la majorité gouvernementale; ***~absprache*** accords *mpl* intervenus entre les partis de la coalition; ***~aussage zugunsten einer Partei*** engagement *m* de gouverner avec un parti; ***~bildung*** constitution *f* d'une coalition; ***~entscheidung*** décision *f* de constituer une coalition; ***k~fähig*** prêt(e) à participer à un gouvernement de coalition; ***~fähigkeit*** capacité *f* à être un partenaire fiable dans une coalition; ***~gespräche*** discussions *fpl* pour la constitution d'une coalition [*o* d'une liste unique]; ***~klima*** relations *fpl* entre les partis au gouvernement; ***~vereinbarung*** plateforme *f* commune **Koalitionsparteien** *pl* partis *mpl* de la coalition **Koalitionspartner(in)** *m(f)* partenaire *mf* de la/de coalition **Koalitionsregierung** *f* gouvernement *m* de coalition
koaxial *adj* coaxial(e)
Kobalt <-s> *nt Ø* CHEM cobalt *m*
kobaltblau *adj* bleu cobalt
Koben <-s, -> *m* AGR loge *f* à cochons
Koblenz <-> *nt* Coblence
Kobold <-[e]s, -e> *m* lutin *m*
Kobra <-, -s> *f* cobra *m*
Koch <-s, ¨-e> *m,* **Köchin** *f* cuisinier(-ière) *m(f)*
▸ **viele ¨-e verderben den Brei** *prov* trop de cuisiniers gâtent la sauce; **jd ist ein … ~/eine … Köchin** qn est un cuisinier/une cuisinière …; ***ich bin begeisterter ~*** j'aime énormément faire la cuisine; ***ich bin leidenschaftlicher ~*** faire la cuisine, c'est ma passion; ***ich bin keine gute Köchin*** je ne suis pas bonne cuisinière
Kochbuch *nt* livre *m* de cuisine **Kochecke** *f* coin *m* cuisine, kitchenette *f,* cuisinette *f*
Köchelverzeichnis *nt Ø* [catalogue *m*] Köchel *m*
kochen I. *vi* **1.** (*brodeln*) ▪ **etw kocht** qc bout; ▪ **~d** bouillant(e)
2. (*Speisen zubereiten*) ▪ **jd kocht** qn fait la cuisine; ***jd kocht gut*** qn cuisine bien, qn fait de la bonne cuisine; ***jd kocht nicht gut/schlecht*** la cuisine de qn n'est pas bonne/est mauvaise; ***jd kocht pikant/scharf*** qn fait une cuisine épicée/relevée; ***jd kocht abwechslungsreich*** qn fait une cuisine variée; ▪ **jd kocht …** *französisch, russisch, italienisch etc* qn fait des plats …
3. (*sich in Aufruhr befinden*) ▪ **jd kocht** qn bout [de colère]
▸ **jd bringt etw zum K~** qn fait bouillir qc
II. *vt* **1.** (*zubereiten*) ▪ **jd kocht etw** qn fait qc à manger; ***jd kocht das Essen*** qn prépare le repas; ▪ **jd kocht jdm/sich etw** qn lui/se fait qc
2. (*als Kochwäsche waschen*) ▪ **jd kocht etw** qn fait bouillir qc
▸ **weich gekocht** *Ei* à la coque; *Fleisch, Gemüse, Nudeln* bien cuit(e)
kochendheiß *s.* **heiß I.▸**
Kocher <-s, -> *m* réchaud *m*
Köcher <-s, -> *m* **1.** (*Pfeil~*) carquois *m*
2. (*längliches Behältnis*) étui *m*
Kochfeld *nt* [*Herd*] table *f* de cuisson **kochfest** *adj Wäsche* lavable à 95°, qui bout; ▪ **etw ist ~** qc peut bouillir, qc est lavable à 95° **Kochgelegenheit** *f* kitchenette *f,* cuisinette *f* ▸ **mit/ohne ~** avec/sans coin cuisine **Kochgeschirr** *nt* gamelle *f* **Kochherd** *m veraltend s.* **Herd**
Köchin *f s.* **Koch**
Kochkäse *m* fromage *m* fondu au cumin **Kochkunst** *f* **1.** *Ø* (*Gastronomie*) art *m* culinaire, gastronomie *f* **2.** *pl* (*Fähigkeit, gut zu kochen*) dons *mpl* culinaires **Kochkurs[us]** *m* cours *m* de cuisine **Kochlöffel** *m* cuillère *f* en bois **Kochmulde** *f* plaque *f* [*o* table *f*] de cuisson **Kochnische** *f* coin *m* cuisine séparé **Kochplatte** *f* [*Elektroherd*] plaque *f* électrique; (*transportable Herdplatte*) réchaud *m* [électrique] **Kochrezept** *nt* recette *f* [de cuisine] **Kochsalz** *nt Ø* sel *m* de cuisine **Kochtopf** *m* faitout *m,* marmite *f;* (*aus Gusseisen*) cocotte *f* **Kochwäsche** *f* linge *m* à bouillir **Kochzone** *f* foyer *m*
kodd[e]rig *adj* NDEUTSCH *fam* **1.** (*unverschämt*) *Bursche etc* effronté(e); ▪ **jd ist ~** qn manque pas de culot *fam;* ▪ **jd wird ~** qn commence à être culotté(e) *fam;* ***werde nicht noch ~!*** pousse pas! *fam*
2. (*unwohl*) ▪ **jdm ist/wird ~** [**zumute**] qn a envie de rendre *fam*
Kode <-s, -s> [koːt] *m* code *m*
Kodein <-s> *nt Ø* codéine *f*
Köder <-s, -> *m* appât *m*
ködern *vt* **1.** (*verlocken*) ▪ **jd ködert jdn** [**mit etw**] qn appâte qn [avec qc]
2. (*anlocken*) ▪ **jd ködert Fische** qn appâte des poissons
Kodex <- *o* -es, -e *o* Kodizes> *m* **1.** *Ø* (*Verhaltens~*) code *m*
2. HIST (*Handschrift*) manuscrit *m*
kodieren * *vt* ▪ **jd kodiert etw** qn code qc
Koedukation <-, -en> ['koːʔedukatsioːn, koʔeduka'tsioːn] *f* principe *m* de l'école mixte, éducation *f* mixte
Koexistenz *f Ø* coexistence *f*
Koffein <-s> *nt Ø* caféine *f*
koffeinfrei *adj Kaffee* décaféiné(e); *Cola-Limonade* sans caféine; ***ein ~er Kaffee*** un déca *fam*
Koffer <-s, -> *m* **1.** (*Reise~*) valise *f;* (*Übersee~*) malle *f*
2. (*für Reiseschreibmaschine, Laptops, Kosmetiksachen*) mallette *f*
▸ **jd lebt aus dem ~** qn vit [perpétuellement] dans les valises, qn n'a [même] pas le temps de défaire ses valises; **jd packt den/die ~** qn fait sa valise/ses valises; **jd packt die ~** (*reist wieder ab*) qn fait sa valise [*o* ses valises]; **jd darf** [*o* **kann**] [*o* **muss**] **die ~/die ~ bei jdm packen** *fam* (*muss seine Stellung räumen*) qn peut faire ses valises [*o* prendre ses cliques et ses claques *fam*]/prendre la porte de chez qn
Koffer- de la/de valise **Kofferanhänger** *m* étiquette *f* à bagages
Köfferchen <-s, -> *nt dim von* **Koffer** mallette *f*
Kofferkuli *m* chariot *m* à bagages **Kofferradio** *nt* transistor *m* **Kofferraum** *m* coffre *m* [à bagages] **Kofferschreibmaschine** *f* machine *f* à écrire portative
Kognak <-s, -s *o* -e> ['kɔnjak] *m* cognac *m*
Kognakschwenker <-s, -> ['kɔnjak-] *m* verre *m* à cognac
kognitiv [kɔgni'tiːf] *adj* cognitif(-ive)
Kohäsion <-> *f Ø* cohésion *f*
Kohl <-[e]s, -e> *m* **1.** chou *m*
2. *fam* (*Quatsch*) conneries *fpl fam*
▸ **das macht den ~ auch nicht fett** *fam* c'est pas ça qui va changer grand-

-chose *fam*
Kohldampf *m* ▸**jd hat ~** [*o* **schiebt**] *fam* qn a la dalle *fam;* ***ihr werdet bis morgen ~ schieben müssen*** il faudra que vous fassiez ceinture jusqu'à demain *fam*
Kohle <-, -n> *f* **1.** (*Brennstoff*) charbon *m;* (*Stein~*) houille *f;* (*Braun~*) lignite *f*
2. (*Aktiv~*) charbon *m*
3. (*Zeichen~*) charbon *m,* fusain *m*
4. *sl* (*Geld*) fric *m fam,* pognon *m fam*
▸**jd sitzt wie auf [glühenden] ~n** qn est sur des charbons ardents, qn est sur le gril *fam;* **die ~ stimmt** *sl:* ***Hauptsache, die ~ stimmt*** du moment que c'est bien payé
Kohlehydrat *nt* glucide *m,* hydrate *m* de carbone *vieilli* **Kohlekraftwerk** *nt* centrale *f* thermique au charbon
kohlen *vi fam* ■**jd kohlt** qn raconte des bobards *fam;* ***ist das wirklich wahr oder nur gekohlt?*** c'est vrai, ce que tu racontes, ou c'est des bobards? *fam*
Kohlen- **1.** (*von Kohle*) *-lieferung, -förderung* du/de charbon; *-händler* de charbon **2.** (*für Kohle*) *-eimer, -zange, -kasten* à charbon **Kohlenbergbau** *m* charbonnages *mpl* **Kohlenbergwerk** *nt* mine *f* de charbon **Kohlendioxid** *nt Ø* dioxyde *m* de carbone **Kohlenhalde** *f* terril *m* **Kohlenmonoxid** *nt Ø* [mon]oxyde *m* de carbone **Kohlenofen** *m* poêle *m* à charbon **Kohlenpott** *m fam* Ruhr *f* **kohlensauer** *adj:* ***kohlensaures Kalzium/Natron*** carbonate *m* de calcium/de soude **Kohlensäure** *f* acide *m* carbonique; (*Kohlendioxid*) gaz *m* carbonique; ***Mineralwasser mit ~*** eau *f* [minérale] gazeuse; ***Mineralwasser ohne ~*** eau *f* [minérale] non gazeuse, eau *f* plate; ***künstlich mit ~ angereichert*** gazéifié(e) par adjonction de gaz carbonique **kohlensäurehaltig** *adj* gazeux(-euse) **Kohlenstaub** *m* poussière *f* de charbon; (*als Brennmaterial*) poussier *m* **Kohlenstoff** *m* CHEM carbone *m* **Kohlenwasserstoff** *m* hydrocarbure *m* ▸**chlorierte ~e** hydrocarbure *m* chloré
Kohlepapier *nt* [papier *m*] carbone *m*
Köhler(in) <-s, -> *m(f)* charbonnier(-ière) *m(f)*
Kohlestift *m* fusain *m* **Kohlezeichnung** *f* fusain *m,* dessin *m* au charbon
Kohlkopf *m* chou *m* **Kohlmeise** *f* mésange *f* charbonnière
kohl[pech]rabenschwarz *adj Haar* de jais, couleur aile de corbeau; *Mann* d'ébène, noir(e) comme l'ébène; (*geschminkt*) *Gesicht, Hände* noir(e) comme du cirage **Kohlrabi** <-[s], -[s]> *m* chou-rave *m* **Kohlroulade** [-ruːdə] *f* chou *m* farci **Kohlrübe** *f s.* **Steckrübe. kohlschwarz** *adj s.* **kohlpechrabenschwarz. Kohlsprosse** *f* AUS (*Rosenkohl*) chou *m* de Bruxelles **Kohlweißling** <-s, -e> *m* piéride *f* du chou
koitieren * [koiˈtiːrən] *vi form* ■**jd koitiert [mit jdm]** qn a des relations sexuelles [avec qn] *form;* ■**~d** *Paar* en train de coïter
Koitus <-, - *o* -se> *m form* acte *m* sexuel *form,* coït *m*
Koje <-, -n> *f* **1.** NAUT couchette *f*
2. *fam* (*Bett*) pieu *m fam*
3. (*Messestand*) stand *m*
▸**jd haut sich in die ~** *fam* qn se met au pieu *fam*
Kojote <-n, -n> *m* coyote *m*
Kokain <-s> *nt Ø* cocaïne *f*
kokainsüchtig *adj* qui se drogue à la cocaïne; ***~e Person*** cocaïnomane *mf;* ■**jd ist ~** qn est cocaïnomane **Kokainsüchtige(r)** *f(m) decl wie adj* cocaïnomane *mf*
Kokarde <-, -n> *f* cocarde *f*
kokeln *vi fam* ■**jd kokelt [mit etw]** qn s'amuse à faire du feu [avec qc]
Kokerei <-, -en> *f* cokerie *f*
kokett *adj* coquet(te); *Augenaufschlag, Plauderei* aguicheur(-euse)
Koketterie <-, -n> [-riːən] *f* coquetterie *f*
kokettieren * *vi* **1.** (*flirten*) ■**jd kokettiert [mit jdm]** qn marivaude [avec qn], qn fait du charme [à qn]
2. (*als Entschuldigung anführen*) ■**jd kokettiert mit etw** *mit einer Schwäche, Eigenart, einem Tick* qn fait des chichis [*o* l'intéressant(e)] avec qc
Kokolores <-> *m Ø fam* **1.** (*Quatsch*) couillonnade *f fam*
2. (*Umstände*) salamalecs *mpl fam*
Kokon <-s, -s> [koˈkõː] *m* cocon *m*
Kokos- *-öl, -faser* de coco; *-teppich* en [fibre de] coco **Kokosfett** *nt* beurre *m* de coco **Kokosflocken** *pl* flocons *mpl* de noix de coco **Kokosmilch** *f* lait *m* de coco **Kokosnuss**[RR] *f* noix *f* de coco **Kokospalme** *f* cocotier *m* **Kokosraspeln** *pl* noix *f* de coco râpée
Koks[1] <-es, -e> *m* **1.** (*Brennstoff*) coke *m*
2. *Ø sl* (*Geld*) flouze *m pop,* blé *m fam*
Koks[2] <-es> *m o nt Ø sl* (*Kokain*) coke *f fam*
koksen *vi sl* ■**jd kokst** qn sni[f]fe de la coke *pop*
Kokser(in) <-s, -> *m(f) sl* accro *mf* à la coke *fam*
Kola <-, -> *f fam* (*Limonade*) coca® *m fam*
Kolben <-s, -> *m* **1.** [*Motor*] piston *m*
2. (*Gewehr~*) crosse *f*
3. [*Füller, Spritze*] piston *m*
4. (*Destilliergefäß*) ballon *m*
5. (*Mais~*) épi *m*
Kolben- AUT *-metall, -kopf, -stellung, -weg* du/de piston; ***~ring*** segment *m* **Kolbenfresser** <-s, -> *m fam* bielle *f* coulée ▸**jd hat den/einen ~** qn coule une bielle
Kolchose <-, -n> [-ço-] *f* HIST kolkhoze *m*
Kolibakterie [-riə] *f* colibacille *m*
Kolibri <-s, -s> *m* colibri *m,* oiseau-mouche *m*
Kolik <-, -en> *f* colique *f*
▸**jd hat eine ~/~en** qn a des coliques
Kolkrabe *m* [grand] corbeau *m*
kollabieren * *vi + sein* **1.** MED ■**jd kollabiert** qn est victime d'un collapsus
2. ASTRON ■**etw kollabiert** qc subit un processus d'effondrement [*o* d'écroulement] gravitationnel; ***in Nichts kollabierte Sterne*** des étoiles disparues à jamais
3. *geh* (*zusammenbrechen*) ■**etw kollabiert** */System/* qc s'effondre, qc s'écroule; */Markt/* qc est au bord de l'asphyxie; */Firma/* qc disparaît
Kollaborateur(in) <-s, -e> [kɔlaboraˈtøːɐ] *m(f) pej* collaborateur(-trice) *m(f),* collabo *mf péj fam*
Kollaboration <-, -en> *f pej* collaboration *f;* ■**jds ~ mit jdm** la collaboration de qn avec qn
kollaborieren * *vi pej* ■**jd kollaboriert [mit jdm]** qn collabore [avec qn]
Kollaps <-es, -e> *m* **1.** (*Kreislauf~*) collapsus *m* [cardiovasculaire]
2. ASTRON effondrement *m* [*o* écroulement *m*] gravitationnel
3. *geh* (*Zusammenbruch*) effondrement *m;* ***etw steht vor dem ~*** qc est au bord de l'asphyxie
▸**jd erleidet einen ~** *form* qn est victime d'un collapsus
Kolleg <-s, -s *o* -ien> *nt* **1.** SCOL *école permettant à des adultes non-bacheliers de passer le baccalauréat*
2. ECCL [grand] séminaire *m*
3. UNIV *veraltend* (*Vorlesung*) cours *m*
Kollege <-n, -n> *m,* **Kollegin** *f* collègue *mf*
▸**~ kommt gleich!** (*in Gaststätte*) j'appelle [*o* je vous envoie] mon collègue!
Kollegenrabatt *m* remise *f* éditeur
kollegial I. *adj* respectueux(-euse) de mes/ses/… collègues; ***jd hat ein ~es Verhalten/eine ~e Einstellung gegenüber jdm*** qn se montre bon(ne) collègue à l'égard de qn; ■**etw ist ~ von jdm** qn se montre bon(ne) collègue en faisant qc; ■**jd ist ~** qn a le respect de ses collègues
II. *adv:* ***jd ist ~ eingestellt*** qn a le respect de ses collègues; ***jd verhält sich ~*** qn agit en bon(ne) collègue
Kollegialität <-> *f Ø* (*kollegiale Einstellung*) respect *m* des collègues
Kollegin *f s.* **Kollege**
Kollegium <-s, -gien> [-giən] *nt* **1.** (*Lehrer~*) corps *m* enseignant
2. (*Gremium*) commission *f;* (*Kardinals~, Bischofs~*) collège *m*
Kollegmappe *f* porte-documents *m*
Kollekte <-, -n> *f* quête *f*
Kollektion <-, -en> *f* (*Sortiment*) collection *f*
kollektiv *adj geh* collectif(-ive)
Kollektivarbeit *f geh* travail *m* collectif **Kollektivbillett** [-bɪljɛt] *nt* CH *s.* **Sammelfahrschein**
kollektivieren * [-ˈviː-] *vt* HIST ■**jd kollektiviert etw** qn collectivise qc
Kollektivschuld *f Ø* ■**~ [an etw** (*dat*)**]** responsabilité *f* collective [de qc]
Kollektivvertrag *m* AUS (*Tarifvertrag*) convention *f* collective de travail
Koller <-s, -> *m fam* (*Wutanfall*) crise *f* de colère [*o* de rage]
▸**jd bekommt/hat einen [*o* seinen] ~** qn pique une [*o* sa] crise *fam*
kollern I. *vi* ■**ein Tier kollert** */Puter, Truthahn/* un animal glougloute; ■**das K~** le glouglou
II. *vi impers* (*rumpeln*) ■**es kollert in etw** (*dat*) *in jds Bauch, Darm, Magen* qc gargouille; ***es kollert in meinem Bauch*** j'ai le ventre qui gargouille
III. *vi + sein* DIAL (*rollen*) ■**etw kollert irgendwohin** qc roule quelque part; ***die Steine kollerten auf den Abhang zu*** les pierres se mirent à dévaler la pente
kollidieren * *vi geh* **1.** *+ sein* (*zusammenstoßen*) ■**jd/etw kollidiert mit etw** qn/qc heurte qc, qn/qc percute [contre] qc; *mit einem fahrenden Fahrzeug* qn/qc entre en collision avec qc
2. *+ sein o haben* (*unvereinbar sein*) ■**etw kollidiert mit etw** */Termin, Treffen, Verabredung/* qc tombe en même temps que qc
3. *+ sein o haben* (*nicht im Einklang stehen*) ■**sie ~ [miteinander]** */Interessen, Verpflichtungen/* des choses sont inconciliables; ■**etw kollidiert mit etw** qc est en [totale] contradiction avec qc
Kollier <-s, -s> [kɔˈlieː] *nt* collier *m*
Kollision <-, -en> *f geh* (*mit einem fahrenden Fahrzeug*) collision *f;* (*mit einem Baum, Ampelmast*) choc *m;* ***so kam es zur ~ mit dem anderen Fahrzeug/dem Ampelmast*** c'est ainsi que la voiture entra en collision avec [*o* percuta] l'autre voiture/heurta [*o* percuta contre] le poteau du feu rouge
Kollisionskurs *m* ***jd/etw ist*** [*o* ***befindet sich***] ***auf ~*** [***mit etw***] qn/qc s'apprête à entrer en collision [avec qc]; ***jd/etw bleibt auf ~*** [***mit etw***] qn/qc court à la collision [avec qc]
▸**jd geht mit jdm/etw auf ~, jd geht auf ~ zu jdm/etw** qn déclare la guerre à qn/qc, qn provoque un clash avec qn/qc; **jd steuert auf ~** qn va au-devant d'un conflit [*o* clash]
Kolloid <-s, -e> *nt* colloïde *m*
Kolloquium <-s, -ien> [-kviən] *nt* **1.** UNIV séminaire *m*
2. AUS (*kleinere Prüfung*) contrôle *m* de connaissances; (*bei Diplomprüfung*) soutenance *f* de thèse
3. (*Symposium*) colloque *m*
Köln <-s> *nt* Cologne
Kölnischwasser *nt* eau *f* de Cologne
Kolofonium[RR] *s.* **Kolophonium**
Koloniakübel *m* AUS poubelle *f*
kolonial *adj* colonial(e)
Kolonial- colonial(e) **Kolonialbesitz** *m* colonie *f;* ***etw befindet sich in französischem ~*** qc est une colonie française
Kolonialismus <-> *m Ø* colonialisme *m*
Kolonialstil *m Ø* style *m* colonial **Kolonialzeit** *f* temps *m* des colonies, époque *f* coloniale; ***aus meiner ~*** de l'époque où j'étais aux colonies
Kolonie <-, -n> [-ˈniːən] *f* colonie *f*

-kolonie *f* colonie *f* de
Kolonisation <-, -en> *f* colonisation *f*
kolonisieren * *vt* ■ **jd kolonisiert etw** qn colonise qc
Kolonnade <-, -n> *f* colonnade *f*
Kolonne <-, -n> *f* **1.** (*Autoschlange*) file *f* [de voitures]
2. (*lange Reihe von Menschen*) colonne *f*
3. (*Arbeitsgruppe*) équipe *f*
4. (*senkrechte Reihe*) colonne *f*
▶ **die fünfte** ~ POL la cinquième colonne; **jd fährt in** ~ qn roule les uns derrière les autres [*o* à la queue leu leu]; **„Achtung** ~!" "attention convoi"
Kolonnenspringer(in) *m(f) fam* resquilleur(-euse) *m(f)* **Kolonnenverkehr** *m* AUT trafic *m* pare-chocs contre pare-chocs
Kolophonium <-s> *nt* ∅ colophane *f*
Koloratur <-, -en> *f* vocalise *f*, colorature *f*; *jd singt* ~ qn vocalise
kolorieren * *vt* ■ **jd koloriert etw** qn colorie qc; *Film* qn colorise qc; ■ **koloriert** colorié(e)
Kolorit <-[e]s, -e> *nt* **1.** (*Farbgebung*) coloris *m*
2. (*Klangfarbe*) timbre *m*, sonorité *f*
3. *geh* (*Atmosphäre*) cachet *m*
Koloss[RR] <-es, -e>, **Koloß** <-sses, -sse> *m* **1.** *fam* (*Mensch*) colosse *m*
2. (*Gebilde*) construction *f* énorme, édifice *m* gigantesque
▶ **der** ~ **von Rhodos** HIST le colosse de Rhodes
kolossal I. *adj* **1.** (*riesig*) colossal(e), gigantesque, monumental(e)
2. *fam* (*gewaltig*) *Dummheit, Fehler, Irrtum* monumental(e) *fam*
II. *adv fam sich irren, sich verschätzen* dans les grandes largeurs *fam*
Kolossalfilm *m* film *m* à grand spectacle; (*über die Antike*) péplum *m* **Kolossalgemälde** *nt* peinture *f* monumentale
Kolportage <-, -n> [kɔlpɔr'taːʒə] *f pej* reportage *m* colportant des ragots, tissu *m* de ragots
kolportieren * *vt geh* ■ **jd kolportiert etw** qn colporte qc
Kölsch <-, -> *nt bière blonde de la région de Cologne*
Kolumbien <-s> [-biən] *nt* la Colombie
Kolumbus <-> *m* Christophe Colomb *m*
Kolumne <-, -n> *f* **1.** TYP colonne *f*
2. PRESSE (*regelmäßiger Beitrag*) chronique *f*
Kolumnentitel *m* mot *m* annonce [*o* repère]
Kolumnist(in) <-en, -en> *m(f)* chroniqueur(-euse) *m(f)*
Koma <-s, -s *o* -ta> *nt* coma *m*
▶ **jd liegt im** ~ qn est dans le coma
Kombattant(in) <-en, -en> *m(f)* combattant(e) *m(f)*
Kombi <-s, -s> *m fam* (*Kombiwagen*) break *m*
Kombinat <-[e]s, -e> *nt* HIST combinat *m*
Kombination <-, -en> *f* **1.** (*Zusammenstellung*) combinaison *f*; ***ihr seid eine gute*** ~ vous allez bien ensemble
2. (*Zahlen~*) combinaison *f*
3. (*Schlussfolgerung*) déduction *f*, conclusion *f*
4. COUT ensemble *m*; (*Overall*) combinaison *f*
▶ **nordische** ~ combiné *m* nordique
Kombinationsgabe *f* ∅ esprit *m* de déduction, sens *m* de la déduction **Kombinationsschloss**[RR] *nt* serrure *f* à combinaison
kombinatorisch *adj*: ***eine große*** **~*e Begabung*** un sens inné de la déduction; ~***e Fähigkeiten*** esprit *m* de déduction
kombinieren * I. *vt* COUT ■ **jd kombiniert etw und etw** qn assortit qc et qc; ***etw kann man*** [*o* ***lässt sich***] ***gut*** ~ qc est facile à mettre avec autre chose; ***etw und etw kann man schlecht*** ~ qc et qc ne vont pas ensemble; ■ **jd kombiniert etw mit etw** qn met qc avec qc
II. *vi* (*folgern*) ■ **jd kombiniert** qn fait une déduction/des déductions; ***jd kombiniert gut/scharfsinnig*** qn a un bon esprit de déduction/est perspicace; ***du hast richtig kombiniert!*** bonne déduction!; ***ich kombiniere, er muss also davon gewusst haben?*** j'en déduis qu'il était au courant [de cela]
Kombiwagen *m* break *m* **Kombizange** *f* pince *f* universelle
Kombüse <-, -n> *f* cuisine *f*, coquerie *f*
Komet <-en, -en> *m* comète *f*
▶ **wie ein** ~ comme un météore
kometenhaft *adj Aufstieg, Karriere* fulgurant(e)
Komfort <-s> [kɔm'foːɐ] *m* ∅ confort *m*
-komfort [-kɔmfoːɐ] *m Bedienungs-, Schreib-, Schlaf-* confort *m* de; ***der Sitz~*** le confort
Komfort- [kɔm'foːɐ-] *-möbel* [grand] confort; *-bad* de [grand] standing; *-bett* [ultra]confortable; *-limousine* haut de gamme
komfortabel I. *adj* confortable
II. *adv* confortablement; ***etw ist äußerst*** ~ ***ausgestattet*** qc offre tout le confort, qc est très confortable
Komfortwohnung [kɔm'foːɐ-] *f* logement *m* confortable, appartement *m* [de] grand standing
Komik <-> *f* ∅ comique *m*
Komiker(in) <-s, -> *m(f)* comique *mf*
▶ **Sie/du** ~ petit plaisantin
komisch I. *adj* **1.** (*zum Lachen*) comique
2. (*sonderbar*) bizarre; ***jd ist ein*** **~*er Kerl*** qn est un drôle de type; ***du hast vielleicht*** **~*e Ansichten!*** tu as de ces idées!; ■ **jd ist/wird** [**so**] ~ qn est/devient bizarre
▶ **jdm ist/wird** [**so**] ~ [**zumute**] *fam* qn se sent tout drôle [*o* tout chose] *fam;* **das K~e daran ist, dass** (*das Sonderbare*) ce qu'il y a de bizarre [là-dedans], c'est que + *indic;* ***was soll denn das K~e daran sein?*** (*zum Lachen*) qu'est-ce qu'il y a de drôle à ça?; [**schon**] ~, **dass** c'est [tout de même] bizarre que + *subj*
II. *adv* ■ [**so**] ~ *sich verhalten, herumreden* de façon étrange; ***etw riecht/schmeckt*** ~ qc a une drôle d'odeur/un drôle de goût; ***es ist*** ~ ***still*** c'est étrangement silencieux
▶ **jd fühlt sich** ~ (*körperlich*) qn se sent tout drôle *fam;* (*eigenartig*) ça lui fait tout drôle *fam;* **jd/etw kommt jdm** ~ **vor** qn trouve qn/qc bizarre
komischerweise *adv fam* curieusement, bizarrement
Komitee <-s, -s> *nt* comité *m*
▶ **Internationales/Nationales Olympisches** ~ comité *m* international/national olympique
-komitee *nt Abrüstungs-, Untersuchungs-* commission *f* de; ***Vergabe~*** comité *m* chargé d'attribuer le prix
Komma <-s, -s *o* -ta> *nt* GRAM, MATH virgule *f*; ***hinter dem*** ~ après la virgule
Kommandant(in) <-en, -en> *m(f)* commandant(e) *m(f)*
Kommandeur(in) <-s, -e> [kɔman'døːɐ] *m(f)* commandant(e) *m(f)* en chef
kommandieren * I. *vt* ■ **jd kommandiert etw** qn commande qc; ■ **jd kommandiert jdn irgendwohin** qn affecte qn quelque part
II. *vi* **1.** MIL ■ **jd kommandiert** qn commande
2. *fam* (*Anweisungen erteilen*) ■ **jd kommandiert/kommandiert gern** qn fait le gendarme *fam*, qn aime bien donner des ordres
Kommanditgesellschaft *f* [société *f* en] commandite *f*
Kommanditist(in) <-en, -en> *m(f)* commanditaire *mf*
Kommando <-s, -s> *nt* **1.** (*Befehl*) ordre *m*; ***das*** ~ ***zum Angriff*** l'ordre d'attaquer; ~ ***zurück!*** contrordre!
2. ∅ (*Befehlsgewalt*) commandement *m*
3. (*abkommandierte Gruppe*) détachement *m*
4. (*Militärdienststelle*) état-major *m*
▶ **jd hat** [*o* **führt**] **das** ~ [**über jdn/etw**] qn a [*o* exerce] le commandement [de qn/qc]; **auf** ~ *handeln, gehorchen* sur ordre; *grinsen, lachen* sur commande
Kommandobrücke *f* passerelle *f* de commandement **Kommandokapsel** *f* module *m* de commande
kommen <kam, gekommen> I. *vi* + *sein* **1.** (*an einen bestimmten Ort*) ■ **jd/etw kommt** [**irgendwohin**] qn/qc arrive [quelque part]; ***der kommt mir nicht ins Auto/Haus/über die Schwelle!*** il ne montera pas dans ma voiture/n'entrera pas chez moi/ne franchira pas mon seuil; ***ich sehe ihn*** ~ je le vois venir, je le vois qui arrive; ***da kommt der Bus*** voilà le bus; ***ist Post für mich gekommen?*** est-ce qu'il y a du courrier pour moi?; ***der Kollege kommt sofort*** [***zu Ihnen***] mon collègue va s'occuper de vous; ***ich bin gekommen, um …*** je suis venu pour …; ***jd kommt nach Paris*** qn vient à Paris; ■ **jd kommt zu jdm** [**irgendwohin**] qn vient avec qn [quelque part]; ***jd kommt nach unten/oben*** qn descend/monte; ~ ***Sie hierher!*** venez par ici!; ***ich komme ja schon!*** j'arrive; ■ **jd/etw kommt irgendwoher** qn/qc vient de quelque part, qn/qc arrive de quelque part; ***jd kommt soeben aus irgendwoher*** qn vient d'arriver de quelque part; ***sie kommt aus dem Urlaub*** elle rentre de vacances; ***er kommt von weit weg*** il vient de loin; ■ **jd lässt jdn/etw** ~ qn fait venir qn/qc
2. (*stammen*) ■ **jd/etw kommt irgendwoher** qn/qc vient de quelque part; ***er kommt aus ärmlichen Verhältnissen*** il est issu d'un milieu modeste
3. (*folgen*) ■ **etw kommt/kommt gleich** / *das Schlimmste, Unangenehmste, die Pointe, Rechnung, mehr Ärger/* qc arrive/va arriver; / *weitere Probleme/* qc se présente/va se présenter; ***das Schlimmste kommt erst noch*** le pire est encore à venir
4. (*gelangen*) ■ **jd kommt irgendwohin** *in einen bestimmten Ort, an eine Stelle, zu einem Gebäude* qn va quelque part; ***bitte, wie komme ich zur Post?*** pour aller à la poste, s'il vous plaît?; ***komme ich auf dieser Straße nach Freiburg?*** est-ce que cette route me conduira à Fribourg?; ■ **jd kommt aus etw** qn sort de qc
5. TRANSP ■ **etw kommt** / *Auto, Bus, Zug/* qc arrive
6. (*in Sicht gelangen*) ■ **etw kommt** / *Autobahnabfahrt, Tankstelle, Werkstatt/* il y a qc; / *Ort, Bahnhof/* on arrive dans/à qc
7. (*herannahen*) ■ **etw kommt** / *Gewitter, Regen, Sturm, Tageszeit, Jahreszeit/* qc arrive
8. (*austreten*) ■ **etw kommt** / *Blut, Sperma, Urin, Wasser/* qc sort
9. TV (*präsentiert werden*) ■ **jd/etw kommt** / *Interpret, Musikgruppe, Schlager/* qn/qc passe; ***und nun kommt …*** et voici maintenant …
10. CINE, RADIO, THEAT, TV (*gegeben werden*) ■ **etw kommt** [**in etw** (*dat*)] / *Film, Sendung, etwas Interessantes/ im Kino, Fernsehen* qc passe [à qc]; *in einem bestimmten Programm* qc passe [sur qc]
11. (*geschehen*) ■ **etw kommt** [**für jdn**] **irgendwie** / *Ereignis, Entschluss, Wendung/ überraschend* qc arrive [*o* se produit] [pour qn] d'une certaine façon; ***es ist besser, dass es so gekommen ist*** mieux vaut que les choses se soient passées ainsi [*o* aient tourné de cette façon]
12. FIN (*sich belaufen*) ■ **etw kommt auf etw** (*akk*) / *Einkauf, Bestellung/* qc se monte à qc; / *Artikel/* qc coûte qc; ***auf eine höhere Summe dürfen die Einkäufe nicht*** ~ les achats ne doivent pas dépasser cette somme
13. (*als Summe erreichen*) ■ **jd kommt auf etw** (*akk*) *auf ein bestimmtes Gehalt, eine bestimmte Summe* qn arrive à [*o* atteint] qc; *auf eine bestimmte Zahl* qn trouve qc
14. (*reichen*) ■ **jd kommt** [**mit etw**] [**bis**] **an etw** (*akk*) *mit einem Gegenstand, der Hand, den Fingerspitzen* qn arrive [avec qc] [jusqu']à qc, qn atteint qc [avec qc]
15. (*geschafft werden*) ■ **jd kommt irgendwohin** *ins Gefängnis, hinter Gitter* qn se retrouve quelque part; *in eine Klinik, ins Krankenhaus* qn est transporté(e) quelque part; *in ein Pflegeheim* qn est placé(e) quelque part; ***sie kam gestern ins Krankenhaus*** elle a été hospitalisée hier
16. (*hingehören*) ■ **etw kommt irgendwohin** / *Gerät, Geschirr, Möbelstück, Werkzeug/* qc va quelque part
17. (*angelegt werden*) ■ **etw kommt irgendwohin** / *Gebäude, Garten-*

teich, Anlage/ on va mettre qc quelque part
18. HORT ■ **etw kommt** */Gewächs, Anpflanzung/* qc vient, qc pousse; */Saat a./* qc lève
19. (*sich verhalten*) ■ **jd kommt jdm irgendwie** *dumm, frech, komisch* qn se comporte d'une certaine façon avec qn; ***wie ~ Sie mir denn?*** comme vous me traitez!; ***komm mir nur nicht so!*** pas de ces manières avec moi!
20. ■ **jd/ein Tier/etw kommt [zu jdm]** ... + *pp geflogen, angekrochen, angereist* qn/un animal/qc s'approche [de qn] ... *en + pprés;* ***gestern ist meine Mutter zu uns angereist gekommen*** hier, ma mère est arrivée chez nous; ***eine Schlange kommt angekrochen*** un serpent rampe dans notre direction; ***ein Reiter kommt zu uns geritten*** un cavalier se dirige vers nous
21. (*sich verschaffen können*) ■ **jd kommt an jdn/etw** *an Handwerker, Mitarbeiter, Artikel* qn trouve qn/qc; ***jd kommt billig an Bücher*** qn sait où trouver des livres bon marché
22. (*sich erinnern*) ■ **jd kommt auf etw** (*akk*) *auf jds Namen, auf einen bestimmten Ort* qn retrouve qc, qc revient à qn; ***ich komme nicht mehr auf seinen Namen*** son nom ne me revient pas
23. (*als Einfall haben*) ■ **jd kommt auf etw** (*akk*) *auf eine Idee, auf Dinge, Sachen* il vient qc à qn; ***ich wäre nie auf die Idee gekommen*** ça ne me serait jamais venu à l'idée
24. (*ansprechen*) ■ **jd kommt auf etw** (*akk*) *auf einen Punkt, eine Angelegenheit, einen Umstand* qn en vient à qc; ***ich werde gleich darauf ~*** je vais y venir tout de suite
25. (*entfallen*) ■ **etw kommt auf jdn/etw** */bestimmte Menge/* qn/qc a droit à qc; ***auf jeden von uns ~ 47,60 DM*** ça fait 47,60 marks pour chacun d'entre nous
26. (*herausfinden*) ■ **jd kommt hinter etw** (*akk*): ***er kommt dahinter[, was/wie/warum]*** il arrive à comprendre [*o* piger *fam*] [ce qui/ce que/comment/pourquoi]; ***wenn die Mama erst dahinter kommt, dann gibt's Ärger!*** quand maman s'en apercevra, ça va barder! *fam;* ***zum Glück ist keiner dahinter gekommen*** heureusement que personne n'a découvert le pot aux roses, qn perce à jour qc
27. *fam* (*anführen*) ■ **jd kommt jdm mit jdm/etw** *mit einer Angelegenheit, alten Geschichte, Vorwürfen, Versäumnissen, einem Anwalt, anwaltlichen Schreiben etc* qn ramène qn/qc à qn *fam*
28. (*verlieren*) ■ **jd kommt um etw** *um Besitz, Erbteil, Haus* qn perd qc; *um Ruhe, das Frühstück* qn est privé(e) de qc, qn doit faire don deuil de qc
29. (*herrühren*) ■ **etw kommt von etw** */Husten, Krankheit, Störung/* qc [pro]vient de qc; ***der Husten kommt vom Rauchen*** la toux provient du tabac
30. (*Zeit finden*) ■ **jd kommt zu etw** *zu einer Pause, einem Schläfchen, einer Arbeit* qn trouve le moyen de [*o* arrive à] faire qc
31. (*erlangen*) ■ **jd kommt zu etw** *zu Ehre* qn obtient qc; *zu Reichtum* qn acquiert qc; ***wie komme ich zu der Ehre?*** qu'est-ce qui me vaut cet honneur?
32. (*Bewusstsein erlangen*) ■ **jd kommt [wieder] zu sich** qn revient à lui/elle, qn reprend connaissance; (*sich sammeln*) qn se remet, qn retrouve ses esprits; ***ich komme überhaupt nicht mehr zu mir*** je n'arrive plus à toucher terre
33. *fam* (*ähneln*) ■ **jd kommt nach jdm** qn tient de qn
34. *fam* (*Orgasmus haben*) ■ **jd kommt** qn jouit
► **jd/etw kommt einer S.** (*dat*) **nahe** */Schätzung, Voraussage/* qn/qc [s']approche de qc; **sie ~ sich nahe** (*nähern sich innerlich*) ils/elles deviennent très proches; **jd kommt jdm näher** qn se rapproche de qn; **sie ~ sich näher** ils/elles se rapprochent [*o* deviennent plus intimes]; **jd kommt [in etw** (*dat*)**] vorwärts** qn progresse [dans qc]; **da kann [*o* könnte] ja jeder ~** *fam* et puis quoi, encore? *fam;* **jd kann jdm mit etw nicht ~** *fam mit einer Ausrede, Entschuldigung, einem Vorwand etc* qn peut remballer qc *fam;* **jd lässt auf jdn/etw nichts ~** *fam* qn ne veut pas qu'on touche à qn/qc; **das [*o* es] musste ja so ~** il fallait bien que ça arrive; **der/die soll nur ~** il/elle n'a qu'à y venir; **komme, was da wolle** quoi qu'il advienne; **eins kommt zum anderen** les catastrophes s'accumulent; **ach komm!** *fam* allez, arrête! *fam;* **jd kommt dahinter, dass/was/wer/wie** *fam* qn découvre que + *indic*/ce qui/ce que/qui/comment; **komm mir nicht wieder damit!** *fam* lâche-moi avec ça! *fam;* **wie kommst du/wie ~ Sie denn darauf?** qu'est-ce qui te/vous fait croire ça?; **das kommt davon!** *fam* tu vois ce que je te disais/vous voyez ce que je vous disais! *fam;* **das kommt davon, dass/weil/wenn** voilà ce que c'est de + *infin fam;* **komm, komm!** *fam* holà, holà! *fam;* **komm, ...!** *fam* allez, ...! *fam*
II. *vi impers + sein* 1. (*sich einfinden*) ■ **es kommt jd** il arrive qn, qn arrive; ***es kommt jetzt der berühmte X*** et voici maintenant le célèbre X
2. (*beginnen*) ■ **es kommt etw:** ***pass auf, es ~ jetzt die Lottozahlen!*** fais attention, ils vont donner les chiffres du loto!; ***es kommt wieder schöneres Wetter*** le beau temps revient; ***es kommt jetzt der Spielfilm!*** et voici maintenant le film!
3. (*eintreten*) ■ **es kommt etw** qc arrive; ***ich bin sicher, es kommt der Tag ...*** je suis sûr(e) qu'un jour viendra ...; ***es kam eines Tages, dass sie nicht mehr wollte*** le jour est venu où elle n'a plus voulu
4. (*sich ergeben*) ■ **es kommt zu etw** *zu einer Auseinandersetzung, einem Prozess, zum Eklat, zur Verwirklichung von etw* on en vient à qc, on débouche sur qc; ***dazu kam es gar nicht*** on n'y est pas parvenu [*o* arrivé]; ***hoffentlich kommt es nicht zu einem Prozess*** espérons que cela n'aboutira pas à un procès
5. *fam* (*einfallen*) ■ **es kommt jdm** ça lui revient
6. *sl* (*ejakulieren*) ■ **es kommt jdm** qn décharge *arg,* qn éjacule
► **es kommt immer anders, als man denkt** *prov* les choses ne tournent jamais comme on voudrait; **es mag ~, wie es ~ will** quoi qu'il advienne; **es kam, wie es ~ musste** il est arrivé ce qui devait arriver; **daher kommt es, dass** c'est pour cette raison que + *indic;* **es kommt noch einmal so dahin, dass** c'est encore bien parti pour que + *subj fam;* **es kommt über jdn** ça lui prend tout d'un coup; **und so kam es, dass** et c'est ainsi que + *indic;* **wie kommt es, dass ...?** comment se fait-il que ... + *indic*?
III. *vt + sein fam* ■ **etw kommt jdn etw** */Artikel, Kauf/* qc me/lui/... revient à qc

Kommen <-s> *nt* Ø venue *f,* arrivée *f*
► **ein einziges ~ und Gehen** des allées et venues *fpl* continuelles; **jd ist [groß] im ~** c'est qn qui monte; **etw ist [groß] im ~** qc connaît une vogue croissante

kommend *adj* 1. (*nächste*) prochain(e)
2. (*künftig*) *Auseinandersetzung, Ereignisse* à venir; *Mode* de demain
3. ■ **der/die ~e ...** *Mann, Führerpersönlichkeit etc* le/la ... qui monte

Kommentar <-s, -e> *m* 1. (*Stellungnahme*) commentaire *m;* ■ **der ~ [zu etw]** les commentaires *mpl* [sur qc]; ***ich habe dich nicht um deinen ~ gefragt!*** je ne t'ai pas demandé ton avis! [*o* la messe!], on se passe de tes commentaires!
2. (*Werk*) commentaire *m*
► **~ überflüssig!** sans [*o* ça se passe de] commentaires!; **jd gibt einen ~ [zu etw] [ab]** qn apporte un commentaire [à qc]; **jd lehnt jeden [weiteren] ~ ab** qn se refuse à tout commentaire; **kein ~!** aucun commentaire!

Kommentarzeile *f* INFORM ligne *f* commentaire

Kommentator <-s, -toren> *m,* **-torin** *f* commentateur(-trice) *m(f)*

kommentieren * *vt* ■ **jd kommentiert etw** qn commente qc; ■ **kommentiert** *Ausgabe, Fassung* commenté(e)

Kommers <-es, -e> *m* réunion *f* de corporation d'étudiants

Kommerzfernsehen *nt* télévision *f* commerciale

Kommerzialrat *m,* **-rätin** *f* AUS *s.* **Kommerzienrat**

kommerziell I. *adj* commercial(e); *Denken* mercantile *péj*
II. *adv:* ***jd denkt ~*** qn a l'esprit mercantile *péj*

Kommerzienrat [-tsiən-] *m,* **-rätin** *f* conseiller commercial/conseillère commerciale *m/f*

Kommilitone <-n, -n> *m,* **-tonin** *f* camarade *mf* d'études [*o* de fac] *fam*

Kommiss[RR] <-es>, **Kommiß** <-sses> *m* Ø *fam* service *m,* caserne *f fam*
► **jd ist beim ~** qn fait son service, qn est troufion *fam,* qn est bidasse *fam*

Kommissar(in) <-s, -e> *m(f)* commissaire *m*

Kommissär(in) <-s, -e> *m(f)* AUS, CH *s.* **Kommissar**

Kommissariat <-[e]s, -e> *nt* commissariat *m*

kommissarisch I. *adj* intérimaire
II. *adv* par intérim

Kommissbrot[RR] *nt* pain *m* de munition

Kommission <-, -en> *f* commission *f*
► **Europäische ~** Commission *f* européenne; **jd gibt [jdm] etw in ~** qn laisse qc en dépôt-vente [à qn]; **jd hat etw in ~** qn a qc en dépôt-vente; **jd nimmt etw [für jdn] in ~** qn prend qc [à qn] en dépôt-vente

Kommissionär(in) <-s, -e> *m(f)* diffuseur(-euse) *m(f)*

kommissionieren * *vt* AUS ■ **jd kommissioniert etw** qn réceptionne qc

Kommissionsbasis *f* ► **auf ~** en commission **Kommissionsgeschäft** *nt* commission *f*

Kommode <-, -n> *f* commode *f*

kommunal *adj* communal(e), municipal(e); *Abgaben* local(e)

Kommunal- communal(e); *-behörde, -verwaltung a.* municipal(e) **Kommunalabgaben** *pl* impôts *mpl* locaux **Kommunalpolitik** *f* politique *f* municipale **Kommunalwahlen** *pl* élections *fpl* municipales

Kommunarde <-n, -n> *m,* **-nardin** *f* communard(e) *m(f)*

Kommune <-, -n> *f* commune *f*
► **die Pariser ~** la Commune de Paris

Kommunikation <-, -en> *f* communication *f;* ***ein Mittel der ~*** un moyen de communiquer

Kommunikations- *-möglichkeit* de communication; *-gesellschaft* de la communication; *-installation, -satellit* de [télé]communication **Kommunikationsmittel** *nt* moyen *m* de communication **Kommunikationswissenschaften** *pl* sciences *fpl* de la communication

Kommunion <-, -en> *f* ECCL (*Sakrament*) ■ **die [heilige] ~** la [sainte] communion; (*Erst~*) première communion *f,* communion *f* solennelle
► **jd geht zur ~** qn va communier

Kommunionbank <-bänke> *f* table *f* de communion **Kommunionkind** *nt* communiant(e) *m(f)*

Kommuniqué, Kommunikee[RR] <-s, -s> [kɔmyni'ke:] *nt* communiqué *m*

Kommunismus <-> *m* Ø communisme *m*

Kommunist(in) <-en, -en> *m(f)* communiste *mf*

kommunistisch *adj* communiste

kommunizieren * *vi* 1. *geh* (*sich verständigen*) ■ **jd kommuniziert mit jdm** qn communique avec qn
2. *form* (*zur Kommunion gehen*) ■ **jd kommuniziert** qn communie

Komödiant(in) <-en, -en> *m(f)* 1. *pej* comédien(ne) *m(f)*
2. *veraltend* (*Schauspieler*) comédien(ne) *m(f)*

Komödie <-, -n> [-diə] *f* comédie *f;* ***das ist doch alles nur eine ~!*** tout ça, c'est de la comédie!
► **jd spielt ~** qn joue la comédie; **jd spielt jdm eine ~ vor** qn joue la comédie à qn

Kompagnon <-s, -s> [kɔmpan'jõ:, 'kɔmpanjõ] *m* associé(e) *m(f)*

kompakt I. *adj* compact(e)
II. *adv:* ***etw ist ~ aufgebaut/konstruiert*** qc est de forme compacte

Kompakt- compact(e); *-kurs* intensif(-ive)

Kompanie <-, -n> [-'ni:ən] *f* compagnie *f*

Kompaniechef(in) [-ʃɛf] *m(f)* commandant(e) *m(f)* de compagnie

Komparativ <-s, -e> *m* comparatif *m*

Komparse <-n, -n> *m*, **-parsin** *f* figurant(e) *m(f)*
Kompass[RR] <-es, -e>, **Kompaß** <-sses, -sse> *m* boussole *f*; NAUT compas *m*
► **nach** dem ~ à la boussole; NAUT au compas
Kompassnadel[RR] *f* aiguille *f* de la boussole/du compas
kompatibel *adj* compatible; ■ **etw ist [mit etw]** ~ qc est compatible [avec qc]
Kompatibilität <-, -en> *f* compatibilité *f*
Kompendium <-s, -dien> [-diən] *nt* abrégé *m*
Kompensation <-, -en> *f* compensation *f*
kompensieren * *vt* 1. *(entschädigen)* ■ **jd kompensiert etw [durch etw]** qn compense qc [par qc]
2. *(ausgleichen)* ■ **jd/etw kompensiert etw** qn/qc compense qc
kompetent I. *adj* compétent(e); ■ **für etw** ~ *für ein Fachgebiet* compétent(e) dans qc; *für bestimmte Fragen* compétent(e) en qc
II. *adv* avec compétence, de manière compétente
Kompetenz <-, -en> *f* 1. *(Befähigung)* compétence *f*
2. *(Befugnis)* compétence *f*; ***etw fällt in jds*** ~ qc est du ressort de qn; ***jd überschreitet seine*** ~***en*** qn dépasse le cadre de ses attributions
3. *(Verantwortungsbereich)* ressort *m*, domaine *m* de compétence; ***etw fällt in jds*** ~ *(akk)* qc est du ressort de qn
Kompetenz- de compétence **Kompetenzstreitigkeiten** *pl* conflit *m* de compétence
kompilieren * *vt geh* ■ **jd kompiliert etw [aus etw]** qn compile qc [à partir de qc]
Komplementär <-s, -e> *m* commandité(e) *m(f)*
Komplementärfarbe *f* couleur *f* complémentaire
komplett I. *adj* 1. *(vollständig)* complet(-ète)
2. *fam (völlig)* complet(-ète), total(e); ***das ist doch*** ~***er Schwachsinn*** c'est complètement débile; ***er hat den*** ~***en Blödsinn von sich gegeben*** il n'a raconté que des idioties
II. *adv* 1. *(vollständig) ausrüsten, ausstatten, möblieren* complètement
2. *(insgesamt) überholen, wiederherstellen* complètement, totalement
3. *fam (völlig) überschnappen, wahnsinnig werden* complètement, totalement
komplettieren * *vt geh* ■ **jd komplettiert etw** qn complète qc
komplex I. *adj* complexe
II. *adv* de façon complexe [*o* compliquée]; ***etw stellt sich*** ~ ***dar*** qc s'avère complexe
Komplex <-es, -e> *m* 1. ARCHIT complexe *m*
2. PSYCH complexe *m*
3. *(Gesamtheit)* ensemble *m*
► **jd hat** ~**e [wegen etw]** qn a des complexes [*o* est complexé(e)] [à cause de qc]
-komplex *m* 1. *Fragen-, Problem-* ensemble *m* de
2. *Gebäude-* complexe *m* de; *Nuklear-* complexe *m* + *adj*
Komplikation <-, -en> *f* 1. *(Schwierigkeit)* complication *f*
2. *meist pl* MED complication *f*
► **ohne** ~**en** sans complication, sans problème
Kompliment <-[e]s, -e> *nt* compliment *m*
► **jd macht jdm ein** ~ [*o* ~**e**] **[wegen etw]** qn fait des compliments à qn [pour qc]; **jd wirft mit** ~**en um sich** qn n'est pas avare de compliments; **[mein]** ~! mes compliments!
Komplize <-n, -n> *m*, **-plizin** *f* complice *mf*
komplizieren * I. *vt* ■ **jd kompliziert etw** qn complique qc
II. *vr* ■ **etw kompliziert sich** qc se complique
kompliziert I. *adj* compliqué(e)
II. *adv* de façon compliquée
Kompliziertheit <-> *f* ∅ complexité *f*
Komplizin *f s.* **Komplize**
Komplott <-[e]s, -e> *nt* complot *m*
► **jd schmiedet ein** ~ qn trame [*o* ourdit *soutenu*] un complot
Komponente <-, -n> *f* 1. *(Bestandteil)* composant *m*
2. *(Gesichtspunkt)* composante *f*
komponieren * I. *vt* 1. MUS ■ **jd komponiert etw** qn compose qc
2. GASTR *geh* ■ **jd komponiert etw [aus etw]** *Gericht* qn confectionne qc [avec qc]; *Soße* qn prépare qc [avec qc]; *Menü* qn compose qc [avec qc]
II. *vi* ■ **jd komponiert** qn compose; ■ **das K**~ la composition
Komponist(in) <-en, -en> *m(f)* compositeur(-trice) *m(f)*
Komposita *pl von* **Kompositum**
Komposition <-, -en> *f* 1. MUS composition *f*
2. GASTR *geh* préparation *f*; ***das Diner ist meine persönliche*** ~ c'est un repas de ma composition
3. COUT ensemble *m*
Kompositum <-s, Komposita> *nt* [mot *m*] composé *m*
Kompost <-[e]s, -e> *m* compost *m*
Komposthaufen *m* tas *m* de compost
kompostieren * *vt* ■ **jd kompostiert etw** qn transforme qc en compost, qn prépare un compost de qc
Kompostierung <-, -en> *f* compostage *m*
Kompott <-[e]s, -e> *nt* compote *f*
Kompresse <-, -n> *f* compresse *f*
Kompression <-, -en> *f* compression *f*
Kompressor <-s, -pressoren> *m* compresseur *m*
komprimieren * *vt* ■ **jd komprimiert etw** qn comprime qc
Kompromiss[RR] <-es, -e>, **Kompromiß** <-sses, -sse> *m* compromis *m*
► **ein faule**r ~ un compromis boiteux; **jd schließt [mit jdm] einen** ~ qn passe un compromis [avec qn]; ***ein*** ~ ***wird geschlossen*** on trouve un compromis
kompromissbereit[RR] *adj* conciliant(e); ■ **jd ist [in etw** *(dat)***]** ~ qn est conciliant(e) [*o* a une attitude conciliante] [dans/sur qc] **Kompromissbereitschaft**[RR] *f* attitude *f* conciliante
kompromisslos[RR] *adj* 1. *Haltung, Mensch* intransigeant(e)
2. *Ablehnung* catégorique
Kompromisslösung[RR] *f* solution *f* de compromis
kompromittieren * I. *vt* ■ **jd kompromittiert jdn** qn compromet qn
II. *vr* ■ **jd kompromittiert sich** qn se discrédite
Kondensat <-[e]s, -e> *nt* produit *m* de condensation
Kondensation <-, -en> *f* condensation *f*
Kondensator <-s, -toren> *m* condensateur *m*
kondensieren * I. *vi + haben o sein* ■ **etw kondensiert [an etw** *(dat)***]** qc se condense [sur [*o* le long de] qc]
II. *vt + haben* ■ **jd kondensiert etw** *Saft* qn concentre qc; *Milch a.* qn condense qc
Kondensmilch *f* lait *m* condensé [*o* concentré] **Kondensstreifen** *m* traînée *f* blanche **Kondenswasser** *nt* ∅ [eau *f* de] condensation *f*
Kondition <-, -en> *f* 1. *(Leistungsfähigkeit)* condition *f*
2. *pl (Bedingungen)* conditions *fpl*
► **jd hat/hat keine** ~ qn est en [bonne] condition/manque de condition
Konditionalsatz *m* proposition *f* conditionnelle
Konditionsschwäche *f* manque *m* de condition **Konditionstraining** [-trɛːnɪŋ, -trɛː-] *nt* mise *f* en condition
Konditor <-s, -toren> *m*, **-torin** *f* pâtissier [confiseur]/pâtissière [confiseuse] *m/f*
Konditorei <-, -en> *f* pâtisserie *f* [confiserie]
Kondolenz- *geh* de condoléances **Kondolenzbesuch** *m geh* visite *f* de condoléances ► **jd macht [bei jdm] einen** ~ qn va présenter ses condoléances [à qn] **Kondolenzkarte** *f geh* carte *f* de condoléances
kondolieren * *vi geh* ■ **jd kondoliert [jdm]** qn présente ses condoléances [à qn]
Kondom <-s, -e> *m o nt* préservatif *m*
Kondor <-s, -e> *m* condor *m*
Kondukteur(in) <-s, -e> ['kɔndʊktøːɐ] *m(f)* CH *s.* **Schaffner**
Konen *pl von* **Konus**
Konfekt <-[e]s, -e> *nt* 1. *(Pralinen)* friandises *fpl*, sucreries *fpl*
2. AUS, CH *(Gebäck)* petits-fours *mpl*
Konfektion <-, *rare* -en> *f* confection *f*; ~ ***trage ich nicht*** je ne porte pas de vêtements de confection
Konferenz <-, -en> *f* 1. *(Besprechung)* conférence *f*, réunion *f*; ***jd ist in einer*** ~ qn est en conférence [*o* réunion]
2. *(Komitee)* conférence *f*
3. *(Lehrer~)* conseil *m* de classe
Konferenz- *-termin, -ort* de la conférence; *-raum, -zimmer* de conférence[s] **Konferenzschaltung** *f* multiplex *m* **Konferenzteilnehmer(in)** *m(f)* participant(e) *m(f)* à la/une conférence
konferieren * *vi geh* ■ **jd konferiert mit jdm [in etw** *(dat)***/über etw** *(akk)***]** qn confère avec qn [de qc] *soutenu*
Konfession <-, -en> *f* confession *f*
konfessionell I. *adj* confessionnel(le), religieux(-euse)
II. *adv gebunden* sur le plan confessionnel; ~ ***verschieden*** de confessions différentes
konfessionslos *adj* sans confession
Konfetti <-s> *nt* ∅ confetti *mpl*
Konfiguration <-, -en> *f* INFORM configuration *f*
konfigurieren * *vt* ■ **jd konfiguriert etw** qn configure qc
Konfirmand(in) <-en, -en> *m(f)* confirmand(e) *m(f)*
Konfirmandenunterricht *m* préparation *f* à la confirmation
Konfirmation <-, -en> *f* confirmation *f*
konfirmieren * *vt* ■ **jd konfirmiert jdn** qn confirme qn, qn donne la confirmation à qn
Konfiserie <-, -n> [-riːən] *f* CH confiserie *f*
konfiszieren * *vt* ■ **jd konfisziert etw** qn confisque qc; *(offiziell)* qn saisit qc
Konfitüre <-, -n> *f* confiture *f*
Konflikt <-s, -e> *m* conflit *m*
► **ein bewaffneter** [*o* **militärischer**] ~ un conflit armé; **jd befindet sich in einem** ~ qn a un cas de conscience; **jd gerät mit etw in** ~ qn se met en infraction avec qc
-konflikt *m Loyalitäts-* conflit *m* de; *Sozial-, Tarif-, Militär-* conflit *m* + *adj*
Konfliktherd *m* poudrière *f*, foyer *m* de tensions **Konfliktstoff** *m* source *f* de conflits
Konföderation <-, -en> *f* confédération *f*
konform I. *adj* concordant(e); ■ **sie sind** ~ ils/elles sont concordant(e)s, ils/elles concordent
II. *adv* ► **jd geht mit jdm [in etw** *(dat)***]** ~ qn est d'accord avec qn [sur qc]
Konformismus <-> *m* ∅ *pej geh* conformisme *m*
Konformist(in) <-en, -en> *m(f) pej geh* conformiste *mf*
konformistisch *adj pej geh* conformiste
Konfrontation <-, -en> *f* 1. *(Gegenüberstellung)* confrontation *f*
2. *(Auseinandersetzung)* affrontement *m*
Konfrontationskurs *m* attitude *f* belliqueuse
► **jd geht auf** ~ **[mit jdm]** qn cherche l'affrontement [avec qn]
konfrontieren * *vt* ■ **jd konfrontiert jdn mit jdm** qn confronte qn avec qn; ■ **jd ist mit etw konfrontiert** qn est confronté(e) à qc
konfus I. *adj* confus(e)
► **jd/etw macht jdn [ganz]** ~ qn/qc embrouille [complètement] qn
II. *adv* de façon confuse, de manière embrouillée

▶ **etw klingt** ~ qc paraît confus(e) [*o* embrouillé(e)]
Konglomerat <-[e]s, -e> *nt* ■ **ein** ~ **aus** [*o* **von**] **etw** *aus Material, Plastik etc* un agglomérat de qc; *von Hütten, Bretterbuden etc* un entassement de qc; *aus Binsenweisheiten und Zitaten* une accumulation de qc
Kongress[RR] <-es, -e>, **Kongreß** <-sses, -sse> *m* **1.** (*Fachtagung*) congrès *m*
2. (*Parlament der USA*) ■ **der** ~ le Congrès
▶ **der Wiener** ~ le Congrès de Vienne
-kongress[RR] *m* congrès *m* de
Kongress-[RR] **1.** (*der Fachtagung*) du congrès; *-büro, -gebäude* des congrès; *~teilnehmer* congressiste *mf* **2.** POL *-mitglied, -ausschuss* du Congrès; *-wahlen* au Congrès **Kongresszentrum**[RR] *nt* centre *m* de congrès, palais *m* des congrès
kongruent *adj* coïncident(e); ■ **sie sind** ~ ils/elles coïncident
K.-o.-Niederlage [ka:ˈʔo:-] *f* défaite *f* par K.-O.; ***jd verliert durch*** ~ qn perd par K.-O.
Konifere <-, -n> *f* conifère *m*
König <-s, -e> *m* roi *m*
▶ **des ~s Rock** l'uniforme des armées du Roi; **der** ~ **der Tiere/Lüfte** le roi des animaux/des airs; **die Heiligen Drei ~e** les Rois mages
-könig(in) *m(f) fig* roi/reine *m/f* du/de la/des
Königin <-, -nen> *f* **1.** (*Herrscherin*) reine *f*
2. (*Bienen~*) reine *f*
▶ **die** ~ **der Nacht** BOT le cierge à grandes fleurs
Königinmutter *f* reine *f* mère
königlich I. *adj* **1.** (*dem König gehörend*) royal(e)
2. (*fürstlich*) royal(e), princier(-ière)
II. *adv* **1.** *fam sich amüsieren, freuen* comme un petit fou/une petite folle/des petits fous *fam*
2. *belohnen, bewirten* royalement, princièrement
Königreich *nt* royaume *m*
▶ **das Vereinigte** ~ le Royaume-Uni
Königskrone *f* couronne *f* royale **Königspaar** *nt* couple *m* royal **Königssohn** *m liter* fils *m* du roi **Königstiger** *m* tigre *m* royal **Königstochter** *f liter* fille *f* du roi **königstreu** *adj* fidèle au roi, royaliste **Königsweg** *m* solution *f* idéale; ■ **der** ~ **von etw** la clé de qc; ***es gibt keinen*** ~ il n'y a pas de solution miracle
Königtum <-s, -tümer> *nt* **1.** *∅* royauté *f*
2. *veraltend s.* **Königreich**
konisch I. *adj* conique
II. *adv:* ~ ***geformt*** de forme conique, en forme de cône
Konjugation <-, -en> *f* conjugaison *f*
konjugieren * *vt* ■ **jd konjugiert etw** qn conjugue qc; ***etw wird schwach/stark konjugiert*** qc a une conjugaison faible/forte
Konjunktion <-, -en> *f* GRAM, ASTROL conjonction *f*
Konjunktionalsatz *m* [proposition *f*] conjonctive *f*
Konjunktiv <-s, -e> *m* subjonctif *m;* ***im*** ~ au subjonctif
Konjunktur <-, -en> *f* conjoncture *f*
▶ **steigende/rückläufige** ~ conjoncture *f* favorable/récession *f;* **etw hat** ~ qc est très demandé(e), qc est un gros succès commercial
Konjunktur- conjoncturel(le)
konjunkturell *adj* conjoncturel(le)
konkav I. *adj* concave
II. *adv schleifen* en creux
Konklave <-s, -n> [-və] *nt* conclave *m*
Konkordanz <-, -en> *f* concordance *f*
Konkordat <-[e]s, -e> *nt* **1.** ECCL concordat *m*
2. CH (*Staatsvertrag*) *traité intercantonal*
konkret I. *adj* **1.** *Vorstellung* concret(-ète); *Idee, Meinung a.* précis(e); ■ **etwas/nichts K~es** quelque chose/rien de précis, quelque chose/rien de concret
2. *Malerei, Kunst, Künstler* figuratif(-ive)
II. *adv sagen* concrètement; *sich ausdrücken* clairement; ***ganz*** ~ ***bedeutet das, dass*** en [langage] clair, cela veut dire que + *indic*
konkretisieren * *vt geh* ■ **jd konkretisiert etw** qn explicite qc
Konkubinat <-[e]s, -e> *nt* concubinage *m*
▶ **jd lebt** [**mit jdm**] **im** ~ qn vit en concubinage [avec qn]
Konkubine <-, -n> *f geh* maîtresse *f*
Konkurrent(in) <-en, -en> *m(f)* **1.** COM concurrent(e) *m(f)*
2. (*Rivale*) rival(e) *m(f)*
Konkurrenz <-, -en> *f* concurrence *f;* ***unsere*** ~ nos concurrents *mpl*
▶ **jd geht zur** ~ qn passe à la concurrence; **jd ist** [**für jdn**] **keine** ~ qn ne fait pas le poids [contre qn]; **jd macht jdm** ~ qn fait concurrence à qn; **die** ~ **schläft nicht** *fam* les places sont chères *fam,* la concurrence devient dure *fam;* **jd steht** [*o* **liegt**] **mit jdm in** ~ qn est en concurrence avec qn; **außer** ~ SPORT hors compétition
Konkurrenz- *-denken, -verbot* de concurrence; *-unternehmen* concurrent(e); *-druck* de la concurrence; *-klausel* de non-concurrence; *-neid* professionnel(le) **konkurrenzfähig** *adj* COM compétitif(-ive), concurrentiel(le)
konkurrenzieren * **I.** *vt, vi* AUS, CH ■ **jd/etw konkurrenziert jdn/etw** [*o* **jdm/einer S.**] qn/qc concurrence qn/qc
II. *vr* AUS, CH ■ **sie** ~ **sich** ils/elles se font de la concurrence
Konkurrenzkampf *m* concurrence *f,* lutte *f* pour la compétitivité
konkurrenzlos I. *adj* sans concurrence; *Produkt* défiant toute concurrence; ■ **jd/etw ist** ~ qn/qc n'est pas soumis(e) à la concurrence
II. *adv billig, günstig* exceptionnellement
konkurrieren * *vi* **1.** COM ■ **jd/etw konkurriert mit jdm/etw** qn/qc est en concurrence avec qn/qc; ***jd/etw kann mit jdm/etw nicht*** ~ qn/qc ne peut pas lutter contre qn/qc
2. *geh* (*sich gleichzeitig bewerben*) ■ **jd konkurriert** [**mit jdm**] **um etw** qn entre en lice [avec qn] pour qc
Konkurs <-es, -e> *m* **1.** (*Zahlungsunfähigkeit*) faillite *f*
2. (*Verfahren*) procédure *f* de faillite [*o* de liquidation]
▶ **jd eröffnet** [**über etw** (*akk*)] **den** ~ qn ouvre la [procédure de] faillite [pour détermine qc]; **jd macht** ~ *fam* qn fait faillite; **jd meldet** ~ **an** qn dépose son bilan, qn fait une déclaration de faillite
Konkursmasse *f* actif *m* de la faillite **Konkursverfahren** *nt* redressement *m* judiciaire **Konkursverwalter(in)** *m(f)* administrateur(-trice) *m(f)* judiciaire, mandataire-liquidateur(-trice) *m(f)*
können I. <konnte, gekonnt> *vt* (*beherrschen*) ■ **jd kann etw** *Gedicht, Lied, Text* qn sait qc; *Sprache* qn parle qc, qc sait qc; *Chemie, Mathematik etc* qn est bon(ne) en qc; *Schach, Skat* qn sait jouer à qc; ***was*** ~ ***Sie?*** qu'est-ce que vous savez faire?; ***was die alles kann!*** elle en sait des choses!
▶ **jd kann** [**et**]**was/nichts** *fam* (*hat Kenntnisse*) qn s'y connaît/n'y connaît rien *fam;* (*hat Fähigkeiten*) qn, c'est quelqu'un de fort/un(e) bon(ne) à rien; **jd kann** [**et**]**was/nichts für etw** qn est responsable/n'est pas responsable de qc; ***er kann etwas/nichts*** ~[***, dass/wenn***] il y peut qc/n'y peut rien [si], il y est pour qc/n'y est pour rien [si]; ***für meine Schwächen kann ich doch nichts*** je n'y peux rien si j'ai des faiblesses; ***kann ich vielleicht etwas dafür?*** crois-tu/croyez-vous que j'y puisse quelque chose?; ***kann ich vielleicht etwas dafür, dass*** qu'est-ce que j'y peux si; ***was kann ich dafür?*** que veux-tu/voulez-vous que j'y fasse?; **jd kann jdn** [**mal**] *sl* qn peut aller se faire foutre *pop;* **man kann etw nie/nicht tun** *ahnen, wissen, sagen* on ne peut jamais/pas faire qc; **... was jd kann:** ***jd läuft/schreit, was er kann*** qn court le plus vite possible [*o* aussi vite qu'il peut]/crie le plus fort possible [*o* aussi fort qu'il peut]
II. <konnte, gekonnt> *vi* ■ **jd kann** qn peut
▶ ~ **vor Lachen** il faudrait pouvoir; je ne demanderais pas mieux, mais; **jd kann nicht mehr** (*ist erschöpft, überfordert*) qn n'en peut plus; (*ist satt*) qn ne peut plus rien avaler; **jd kann noch** (*kann weitermachen*) qn peut encore; (*kann weiteressen*) qn a encore de la place; **jd kann** [**es**] **mit jdm** [**gut**] qn s'entend bien avec qn; **jdm kann keiner** personne ne peut rien contre qn; **wie konntest du nur!** comment as-tu pu faire ça!
III. <konnte, ~> *aux modal* **1.** (*vermögen*) ■ **jd kann etw tun** qn peut faire qc
2. (*als Fertigkeit haben*) ■ **jd kann etw tun** *lesen, laufen, rechnen, zeichnen, malen, etw spielen* qn sait faire qc
3. (*dürfen*) ■ **jd kann etw tun** qn peut faire qc
4. (*möglicherweise sein*) ■ **jd kann etw tun** *hier sein, gewesen sein, Recht haben* qn peut faire qc; ***sie kann Recht haben*** il se peut qu'elle ait raison; ■ **etw kann etw tun** *passieren, vorkommen, sein, zutreffen* qc peut faire qc; ***das kann einfach nicht sein*** c'est tout simplement impossible
▶ **es kann sein, dass** il se peut [*o* il est possible] que + *subj;* **kann** [**schon**] **sein** *fam* (*möglich*) ça se peut [bien] *fam;* **das kann nicht sein** ce n'est pas possible
Können <-s> *nt* *∅* (*geistig*) compétence *f;* (*manuell*) savoir-faire *m*
▶ **spielerisches/schauspielerisches** ~ talent *m* de joueur/d'acteur
Könner(in) <-s, -> *m(f)* expert(e) *m(f)*
▶ **jd ist ein** ~ qn est [un(e)] expert(e)
konnte *imp von* **können**
Konrektor(in) *m(f)* directeur adjoint/directrice adjointe *m/f*
Konsekutivsatz *m* [proposition *f* subordonnée] consécutive *f,* proposition *f* de conséquence
Konsens <-es, -e> *m geh* **1.** (*Übereinstimmung*) consensus *m*
2. (*Einwilligung*) assentiment *m*
▶ **jd erreicht** [*o* **erzielt**] **einen** ~ [**in etw** (*dat*)] qn parvient à un consensus [sur qc]; **jd gibt seinen** ~ [**zu etw**] qn donne son assentiment [à qc]; **mit/ohne jds** ~ avec/sans l'assentiment de qn
konsequent I. *adj* **1.** (*folgerichtig*) cohérent(e); ■ **jd ist** [**bei/in etw** (*dat*)] ~ qn est cohérent(e) [*o* conséquent(e)] [dans qc]
2. (*unbeirrbar*) *Bekämpfer, Gegner, Verfechter* résolu(e)
II. *adv* **1.** (*folgerichtig*) de façon cohérente
2. (*entschlossen*) résolument
Konsequenz <-, -en> *f* **1.** (*Folge*) conséquence *f*
2. *∅* (*Folgerichtigkeit*) cohérence *f*
3. *∅* (*Unbeirrbarkeit*) détermination *f*
▶ **in letzter** ~ en fin de compte; **etw hat ~en** [**für jdn**] qc a des conséquences [pour qn]; **jd trägt die ~en** qn supporte les conséquences; **jd zieht** [**aus etw**] **die ~en** qn tire les conséquences [de qc]
konservativ [kɔnzɛrva'ti:f, 'kɔn-] **I.** *adj* **1.** POL conservateur(-trice) **2.** *geh Annahme, Schätzung* prudent(e) **II.** *adv wählen* conservateur, à droite; ***jd ist*** ~ ***eingestellt*** qn a des opinions conservatrices **Konservative(r)** *f(m) decl wie adj* conservateur(-trice) *m(f)*
Konservator <-s, -toren> [-'va:-] *m,* **-torin** *f* (*in einem Museum, einer Bibliothek*) conservateur(-trice) *m(f);* (*von Denkmälern*) architecte *mf* des bâtiments de France
Konservatorium <-s, -rien> [-va-, -riən] *nt* conservatoire *m*
Konserve <-, -n> [-və] *f* **1.** GASTR conserve *f*
2. (*Blut~*) poche *f* de sang (*destinée à la transfusion*)
Konservenbüchse [kɔn'zɛrvənbʏksə] *f,* **Konservendose** *f* boîte *f* de conserve
konservieren * [-'vi:-] *vt* **1.** (*haltbar machen*) ■ **jd konserviert etw** [**in etw** (*dat*)] *Milch, Nahrungsmittel* qn conserve qc [dans qc]; *Auto* qn protège qc, qn protexe® *qc*
2. *geh* (*erhalten*) ■ **jd konserviert etw** *Gebäude, Gemälde, Kunstwerk* qn conserve qc
Konservierung <-, -en> [-'vi:-] *f* **1.** [*Lebensmittel*] conservation *f*
2. *geh* (*die Erhaltung*) entretien *m,* préservation *f*

Konsistenz <-> *f* ∅ *geh* consistance *f*
Konsole <-, -n> *f* **1.** (*Bord*) console *f*
2. (*Vorsprung*) console *f*
3. (*Bediener~*) pupitre *m* de commande, console *f*; [*Motorrad*] tableau *m* de bord
konsolidieren * **I.** *vt geh* ■ **jd konsolidiert etw** qn consolide qc
II. *vr geh* ■ **etw konsolidiert sich** qc se consolide
Konsolidierung <-, -en> *f geh* consolidation *f*
Konsonant <-en, -en> *m* consonne *f*
Konsorten *pl* ▸ **... und** ~ *pej fam* ... et consorts
Konsortium <-s, -tien> [kɔn'zɔrtsiʊm, -tsiən] *nt* consortium *m*
Konspiration <-, -en> *f geh* conspiration *f*
konspirativ *adj geh Absicht, Tätigkeit* séditieux(-euse); *Treffen, Wohnung* des conspirateurs
konspirieren * *vi geh* ■ **jd konspiriert [mit jdm] [gegen jdn]** qn conspire [avec qn] [contre qn]
konstant [-'st-] **I.** *adj* constant(e)
▸ **etw bleibt** ~ qc reste constant(e)
II. *adv gut, schlecht, niedrig, hoch* constamment; *sich weigern, behaupten* opiniâtrement
Konstante <-[n], -n> [-'st-] *f* constante *f*
Konstanz <-> *nt* Constance
konstatieren * *vt geh* ■ **jd konstatiert etw** qn constate qc
Konstellation <-, -en> *f* **1.** *geh* (*Kombination*) configuration *f*; ***eine ~ verschiedener Dinge*** une conjonction de plusieurs choses; ***eine vorteilhafte ~*** une constellation favorable
2. [*Gestirne*] constellation *f*
konsternieren * *vt geh* ■ **jd/etw konsterniert jdn** qn/qc consterne qn; ■ **konsterniert** consterné(e)
konstituieren * **I.** *vt geh* ■ **jd konstituiert etw** qn constitue qc; ■ **~d** constituant(e)
II. *vr geh* ■ **sie ~ sich [als etw]** ils/elles se constituent [en qc]
Konstitution <-, -en> *f* **1.** (*körperliche Verfassung*) condition *f*; (*Körperbau*) constitution *f*
2. POL *geh* constitution *f*
konstruieren * *vt* **1.** (*zeichnen, bauen*) ■ **jd konstruiert etw** qn construit qc
2. GRAM ■ **jd konstruiert etw** qn construit qc
3. *pej geh* (*rein theoretisch erstellen*) ■ **jd konstruiert etw** *Anklage, Behauptung* qn fabrique qc; ■ **konstruiert** fabriqué(e) de toutes pièces
Konstrukteur(in) <-s, -e> [kɔnstrʊk'tøːɐ] *m(f)* constructeur(-trice) *m(f)*
Konstruktion <-, -en> *f* construction *f*
Konstruktionsbüro *nt* bureau *m* d'études **Konstruktionsfehler** *m* **1.** (*Fehler im Entwurf*) vice *m* de conception **2.** (*herstellungsbedingter Fehler*) défaut *m* de fabrication
konstruktiv **I.** *adj* **1.** *geh* (*förderlich*) constructif(-ive)
2. TECH de construction, de fabrication
II. *adv geh* de façon constructive
Konsul <-s, -n> *m*, **Konsulin** *f* consul *m*
konsularisch *adj* consulaire
Konsulat <-[e]s, -e> *nt* consulat *m*
Konsultation <-, -en> *f form* consultation *f*
konsultieren * *vt form* ■ **jd konsultiert jdn [wegen etw/in etw** (*dat*)**]** qn consulte qn [pour/sur qc]; ■ **jd konsultiert etw** *Lexikon, Wörterbuch etc* qn consulte qc
Konsum <-s> *m* ∅ consommation *f*
Konsumartikel *m* produit *m* de consommation
Konsument(in) <-en, -en> *m(f)* consommateur(-trice) *m(f)*
Konsumgesellschaft *f* société *f* de consommation **Konsumgut** *nt meist pl* bien *m* de consommation
konsumieren * *vt geh* **1.** (*verbrauchen*) ■ **jd konsumiert etw** qn consomme qc
2. (*in sich aufnehmen*) ■ **jd konsumiert etw** *Kultur, Kunst, etc* qn fait consommation [*o* est consommateur(-trice)] de qc
Konsumterror *m pej* terrorisme *m* publicitaire **Konsumzwang** *m* consommation *f* forcée
Kontakt <-[e]s, -e> *m* (*alle Bedeutungen*) contact *m*; ■ **der ~ zu jdm** le contact avec qn; ***private/berufliche*** [*o* ***geschäftliche***] ***~e*** des relations *fpl* personnelles/d'affaires
▸ **sexuelle** [*o* **intime**] **~e** des rapports *mpl* sexuels, des relations *fpl* sexuelles; **jd bekommt mit jdm ~,** **jd findet ~ zu jdm** qn entre en contact avec qn; **jd bleibt [mit jdm] in ~,** **jd hält [mit jdm] ~** qn reste en [*o* garde le] contact [avec qn]; **jd hat ~ zu jdm** qn a des contacts [*o* est en contact] avec qn; **jd hat keinen ~ mehr [zu jdm]** qn n'a plus aucun contact [avec qn]; **jd kommt mit jdm in ~** qn entre en contact avec qn; **jd nimmt mit jdm ~ auf** qn prend contact avec qn; **jd stellt den ~ [zu jdm] her** qn établit des contacts [*o* le contact] [avec qn]; **jd steht [mit jdm] in ~** qn est en contact [avec qn]; **jd sucht den ~ mit jdm** qn cherche le contact avec qn
Kontaktadresse *f* lieu *m* de rencontres; ***die ~ für Drogensüchtige*** l'adresse *f* où peuvent s'adresser les toxicomanes **Kontaktanzeige** *f* annonce *f* relations [*o* rencontres] **kontaktarm** *adj* solitaire; ■ **jd ist ~** qn a peu de relations **Kontaktbildschirm** *m* écran *m* tactile **kontaktfreudig** *adj* sociable **Kontaktlinse** *f* verre *m* de contact, lentille *f* de contact **Kontaktmann** <-männer> *m* agent *m* de liaison **Kontaktperson** *f* MED personne *f* ayant été en contact avec le/la malade
Kontamination <-, -en> *f* contamination *f*
kontaminieren * *vt* ■ **jd/etw kontaminiert etw** qn/qc contamine qc; ■ **kontaminiert** contaminé(e)
Konten *pl von* **Konto**
Kontenbewegung *f s.* **Kontobewegung**
Konteradmiral(in) *m(f)* NAUT **1.** ∅ (*Dienstgrad*) grade *m* de vice-amiral
2. (*Offizier*) vice-amiral(e) *m(f)*
Konterfei <-s, -s *o* -e> *nt hum* portrait *m*
konterkarieren * *vt geh* ■ **jd konterkariert etw** qn contrecarre qc
kontern **I.** *vt* ■ **jd kontert etw** qn contre qc
II. *vi* ■ **jd kontert** qn riposte
Konterrevolution [-vo-] *f* contre-révolution *f*
Kontext <-[e]s, -e> *m* contexte *m*
Kontextmenü *nt* INFORM menu *m* contextuel
Kontinent <-[e]s, -e> ['kɔntinɛnt, kɔnti'nɛnt] *m* continent *m*
kontinental *adj* continental(e)
Kontinentaleuropa *nt* l'Europe *f* continentale **Kontinentalklima** *nt* climat *m* continental **Kontinentalsockel** *m* socle *m* continental **Kontinentalsperre** *f* ∅ ■ **die ~** le Blocus continental
Kontingent <-[e]s, -e> *nt* MIL, COM contingent *m*
kontingentieren * *vt* ■ **jd kontingentiert etw** qn contingente qc
kontinuierlich **I.** *adj geh* continu(e); *Bewegung a.* perpétuel(le)
II. *adv geh* de façon continue
Konto <-s, Konten *o* Konti> *nt* compte *m*
▸ **etw geht auf jds ~** (*akk*) *fam* (*jd hat etw zu verantworten*) qc est à mettre sur le compte de qn; (*jd kommt für etw auf*) qn prend qc à son compte; **jd kann etw auf sein ~ verbuchen** qn peut mettre qc à son actif; **auf jds ~** (*dat o akk*) au [*o* sur le] compte de qn
Konto- de/du compte; *-eröffnung* d'un compte; ***ein k~führendes Institut*** un établissement bancaire **Kontoauszug** *m* extrait *m* [*o* relevé *m*] de compte **Kontobewegung** *f* opération *f* [sur compte] **Kontoinhaber(in)** *m(f)* titulaire *mf* du/d'un compte **Kontonummer** *f* numéro *m* de/du compte; ***die ~ 2356*** le numéro du compte 2356 **Kontostand** *m* solde *m* [de/du compte], situation *f* de/du compte
kontra *adv* ■ **jd ist ~** qn est contre
Kontra <-s, -s> *nt* KARTEN contre *m*
▸ **jd gibt jdm ~** *fam* qn contredit qn
Kontrabass[RR] *m* contrebasse *f*
Kontrahent(in) <-en, -en> *m(f) geh* adversaire *mf*
kontrahieren * *vi, vr* ■ **etw kontrahiert [sich]** qc se contracte
Kontraindikation *f* contre-indication *f*
Kontrakt <-[e]s, -e> *m* contrat *m*
Kontraktion <-, -en> *f* contraction *f*
kontraproduktiv *adj geh* contre-productif(-ive); ■ **etw ist ~** qc est contre-productif(-ive) **Kontrapunkt** *m* **1.** MUS contrepoint *m* **2.** *geh* (*Gegenpol*) ■ **der ~ [zu etw]** l'opposé *m* [*o* le contre-pied] [de qc]
konträr *adj geh* contraire; *Ziel* opposé(e)
Kontrast <-[e]s, -e> *m* **1.** (*Gegensatz*) ■ **der ~ [zu etw]** le contraste [avec qc]
2. CINE, PHOT, TV contraste *m*
▸ **etw steht im** [*o* **in**] **~ zu etw** qc est en opposition avec qc
Kontrastbrei *m* substance *f* de contraste **Kontrastfarbe** *f* couleur *f* contrastée
kontrastieren * *vi geh* ■ **etw kontrastiert [mit/zu etw]** qc contraste [avec qc]
Kontrastmittel *nt* produit *m* de contraste
Kontrazeption <-> *f* ∅ *form* contraception *f*
Kontrollabschnitt *m* partie *f* détachable [du billet]
Kontrollampe *s.* **Kontrolllampe**
Kontrolle <-, -n> *f* (*alle Bedeutungen*) contrôle *m*
▸ **jd bringt etw unter ~** (*akk*) qn se rend maître(-esse) de qc, qn parvient à maîtriser qc; **jd führt eine ~/~n durch** qn effectue un contrôle/des contrôles; **jd hat** [*o* **hält**] **jdn/etw unter ~** (*dat*) *Häftlinge, Brand, Fahrzeug* qn maîtrise qn/qc; *Bürger, Mitarbeiter* qn a qn/qc sous son contrôle; *Büro, Firmengelände* qn surveille qn/qc; **jd verliert die ~ über etw** (*akk*) qn perd le contrôle de qc; **jd verliert die ~ über sich** (*akk*) qn perd son self-control
Kontrolleur(in) <-s, -e> [kɔntrɔ'løːɐ] *m(f)* contrôleur(-euse) *m(f)*
Kontrollfunktion *f* mission *f* de contrôle **Kontrollgang** <-gänge> *m* ronde *f*
kontrollierbar *adj* ■ **etw ist ... ~** qc est ... contrôlable; ***leicht/schwer ~*** facile/difficile à contrôler, facilement/difficilement contrôlable
kontrollieren * *vt* **1.** (*überprüfen*) ■ **jd kontrolliert jdn/etw** qn contrôle qn/qc; ■ **jd kontrolliert eine S. auf etw** (*akk*) qn vérifie qc d'une chose; ***jd kontrolliert die Aussagen auf ihre Richtigkeit*** qn contrôle [*o* vérifie] l'exactitude des déclarations
2. (*überwachen*) ■ **jd kontrolliert jdn/etw** qn exerce un contrôle sur qn/qc; ■ **jd kontrolliert eine S. auf etw** (*akk*) *auf korrekte Durchführung, vollständige Ausführung etc* qn contrôle qc d'une chose
3. COM ■ **jd kontrolliert etw** *Firma, Konzern, Markt* qn contrôle qc
Kontrolliste *s.* **Kontrollliste**
Kontrolllampe[RR] *f* lampe-témoin *f*, voyant *m* lumineux **Kontrollliste**[RR] *f* liste *f* de contrôle **Kontrollpunkt** *m* poste *m* de contrôle **Kontrollstelle** *f* ADMIN point *m* de contrôle **Kontrollturm** *m* tour *f* de contrôle **Kontrollzentrum** *nt* centre *m* de contrôle
kontrovers [-'vɛrs] **I.** *adj geh* **1.** (*gegensätzlich*) contradictoire
2. (*umstritten*) *Buch, Kunstwerk* controversé(e)
II. *adv geh* de façon contradictoire
Kontroverse <-, -n> [-'vɛrzə] *f geh* controverse *f*
▸ **jd trägt eine ~ aus** qn règle un différend
Kontur <-, -en> *f meist pl* contour *m*
▸ **etw gewinnt an ~** *geh* qc prend corps [*o* forme]; **etw verliert an ~** (*dat*) *geh* qc se dilue, qc devient flou(e)
Konus <-, -se *o* Konen> *m* cône *m*

Konvent <-[e]s, -e> [-'vɛnt] *m* **1.** UNIV assemblée *f; Menschen halten* ~ des personnes se réunissent
2. REL assemblée *f* conventuelle

Konvention <-, -en> [-vɛn-] *f* **1.** *meist pl* (*Verhaltensnorm*) convention *f,* convenance *f*
2. JUR convention *f*
▸ **die Genfer** ~ la Convention de Genève; **jd setzt sich über alle/gängige ~en hinweg** qn fait fi de toutes les conventions

Konventionalstrafe [-vɛn-] *f* clause *f* pénale; (*Geldsumme*) amende *f* pénale

konventionell [-vɛn-] **I.** *adj* conventionnel(le)
II. *adv* de manière conventionnelle

Konvergenz <-, -en> [-vɛr-] *f* FIN convergence *f*
▸ **dauerhafte** ~ convergence *f* durable

Konvergenzkriterium [-vɛr-] *nt* FIN critère *m* de convergence

Konversation <-, -en> [-vɛr-] *f geh* conversation *f*
▸ **jd macht** ~ qn fait la conversation

Konversationslexikon [-vɛr-] *nt veraltend* encyclopédie *f,* dictionnaire *m* encyclopédique

konvertibel *adj,* **konvertierbar** [-vɛr-] *adj* FIN convertible

Konvertierbarkeit <-> [-vɛr-] *f ∅* FIN [*Währung*] convertibilité *f*

konvertieren * [-vɛr-] *vi + haben o sein* ■ **jd konvertiert [zu etw]** qn se convertit [à qc]

Konvertit(in) <-en, -en> [-vɛr-] *m(f)* converti(e) *m(f)*

konvex [-'vɛks] **I.** *adj* convexe
II. *adv* selon une courbe convexe

Konvoi <-s, -s> ['kɔnvɔɪ, kɔn'vɔɪ] *m* convoi *m*
▸ **jd/etw fährt im** ~ qn/qc roule en convoi; */Schiffe/* qn/qc navigue en convoi

Konvolut <-[e]s, -e> [-vo-] *nt geh* liasse *f*

Konvulsion <-, -en> [-vʊl-] *f meist pl* convulsion *f*

konzedieren * *vt geh* **1.** (*zugeben*) ■ **jd konzediert etw** qn admet qc; ■ **jd konzediert [jdm], dass** qn concède [à qn] que + *indic*
2. (*zugestehen*) ■ **jd konzediert jdm etw** qn consent qc à qn; ***wir können keinesfalls*** ~, ***dass*** nous ne pouvons en aucun cas admettre que + *subj*

Konzentrat <-[e]s, -e> *nt* concentré *m*

Konzentration <-, -en> *f* (*alle Bedeutungen*) concentration *f;* ■ **die** ~ **von etw auf etw** (*akk*) la concentration de qc sur qc; ***bei*** ~ ***aller Kräfte auf das Problem können wir …*** en concentrant toutes nos énergies sur ce problème, nous pouvons …

Konzentrationsfähigkeit *f ∅* pouvoir *m* de concentration **Konzentrationslager** *nt* camp *m* de concentration **Konzentrationsmangel** *m ∅* manque *m* de concentration **Konzentrationsschwäche** *f* difficultés *fpl* [*o* problèmes *mpl*] de concentration

konzentrieren * **I.** *vr* ■ **jd konzentriert sich [auf etw** (*akk*)**]** qn se concentre [sur qc]
II. *vt* ■ **jd konzentriert etw [auf etw** (*akk*)**]** qn concentre qc [sur qc]

konzentriert I. *adj Mensch, Saft, Säure, Form* concentré(e); *Nachdenken* approfondi(e); *Aufmerksamkeit* soutenu(e); *Beschäftigung, Tätigkeit* intensif(-ive)
▸ **hoch** ~ *Lauge, Säure* très concentré(e)
II. *adv nachdenken, spielen, rechnen* en se concentrant

konzentrisch I. *adj* concentrique
II. *adv* de manière concentrique

Konzept <-[e]s, -e> *nt* **1.** (*Entwurf*) brouillon *m*
2. (*Plan*) projet *m*
▸ **jd/etw bringt jdn aus dem** ~ (*bringt jdn durcheinander*) qn/qc décontenance qn, qn/qc déconcerte qn; (*lässt den Faden verlieren*) qn/qc fait perdre le fil à qn; ***jd lässt sich nicht aus dem*** ~ ***bringen*** qn ne se laisse pas démonter; **jd gerät** [*o* **kommt**] **aus dem** ~ (*kommt durcheinander*) qn perd [sa] contenance; (*verliert den Faden*) qn perd le fil; **etw passt jdm nicht ins** ~ qc contrarie qn; **jd/etw verdirbt jdm das** ~ *fam* qn/qc fiche les projets de qn par terre *fam;* **als** [*o* **im**] ~ au niveau de la conception

-konzept *nt Datenbank-, Entsorgungs-, Müll-, Recycling-* programme *m* de; *Politik-, Werbe-* projet *m + adj*

Konzeption <-, -en> *f geh* concept *m*

konzeptionslos I. *adj geh* dépourvu(e) d'idée directrice
II. *adv geh* sans idée directrice

Konzeptpapier *nt* papier *m* brouillon

Konzern <-s, -e> *m* groupe *m* [industriel], consortium *m*

Konzert <-[e]s, -e> *nt* **1.** (*Komposition*) concerto *m*
2. (*Aufführung*) concert *m; **jd geht ins*** ~ qn va au concert

-konzert *nt* (*Darbietung*) récital *m* de; (*Komposition*) concerto *m* pour

Konzert- *-halle, -saal* de concert; ~***pavillon*** kiosque *m* à musique **Konzertabend** *m* soirée *f* musicale **Konzertagentur** *f* agence *f* de spectacles **Konzertbesucher(in)** *m(f)* spectateur(-trice) *m(f)* **Konzertflügel** *m* piano *m* de concert

konzertiert *adj geh* concerté(e)

Konzertina <-, -s> *f* concertina *m*

Konzertmeister(in) *m(f)* premier violon *m* **Konzertpianist(in)** *m(f)* pianiste *mf* de concert

Konzession <-, -en> *f* **1.** *geh* (*Zugeständnis*) concession *f;* ■ **eine** ~ **an etw** (*akk*) une concession à qc
2. (*Gewerbeerlaubnis*) licence *f*
▸ **jd macht [jdm] [in etw** (*dat*)**] ~en** qn fait des concessions [à qn] [dans qc]

Konzessionär(in) <-s, -e> *m(f)* titulaire *mf* d'une licence

konzessionsbereit *adj geh Mensch* prêt(e) à [faire] des concessions; *Haltung* conciliant(e) **Konzessionsbereitschaft** *f ∅ geh* esprit *m* de conciliation

Konzessivsatz *m* [proposition *f*] concessive *f*

Konzil <-s, -e *o* -ien> *nt* **1.** ECCL concile *m*
2. UNIV conseil *m* [de l'université]

konziliant I. *adj geh Mensch* conciliant(e); *Art, Wesen a.* accommodant(e)
II. *adv geh:* ***jd ist*** ~ ***gestimmt*** qn est d'humeur conciliante; ***jd gibt sich*** ~ qn a une attitude conciliante

Konzipient(in) <-en, -en> *m(f)* AUS JUR avocat(e) *m(f)* stagiaire

konzipieren * *vt* ■ **jd konzipiert etw [als etw]** qn conçoit qc [comme qc]

Koog <-es, Köge> *m* NDEUTSCH *s.* **Polder**

Kooperation <-, -en> [koʔopera'tsio:n] *f* coopération *f; **durch eine*** ~ ***mit bestimmten europäischen Firmen*** en collaborant avec certaines entreprises européennes

kooperieren * [koʔope'ri:rən] *vi* ■ **jd kooperiert** qn coopère; ■ **jd kooperiert mit jdm** qn et qn coopèrent, qn et qn collaborent

Koordinate <-, -en> [koʔɔrdi'na:tə] *f* **1.** MATH coordonnée *f*
2. *meist pl* GEOG coordonnées *fpl* [géographiques]

Koordinatenachse [koʔɔrdi'na:tənʔaksə] *f* axe *m* des coordonnées **Koordinatensystem** *nt* système *m* de coordonnées

Koordination <-, -en> [koʔɔrdina'tsio:n] *f geh* coordination *f*

Koordinator <-s, -toren> [koʔɔrdi'na:to:ɐ] *m,* **-torin** *f geh* coordinateur(-trice) *m(f),* coordonnateur(-trice) *m(f)*

koordinieren * [koʔɔrdi'ni:rən] *vt geh* ■ **jd koordiniert etw** qn coordonne qc; ■ **jd koordiniert Menschen** qn coordonne des personnes

Kopenhagen <-s> *nt* Copenhague

Kopf <-[e]s, ¨-e> *m* **1.** ANAT tête *f*
2. (*Denker*) cerveau *m*
3. (*Person*) personne *f*
4. (*Oberhaupt*) ■ **der** ~ **einer S.** (*gen*) la tête [pensante] de qc
5. (*Brief~*) en-tête *m*
6. MEDIA tête *f; **am*** ~ ***der Seite*** en tête de page
7. (*oberer Teil*) [*Blume, Schraube, Hammer, Gemüsepflanze*] tête *f;* [*Streichholz*] bout *m;* [*Pfeife*] fourneau *m;* [*Gießkanne*] pomme *f*
▸ **von** ~ **bis Fuß** (*von oben bis unten*) de la tête aux pieds, des pieds à la tête; (*völlig*) *sich einkleiden, neu ausstatten* de pied en cap; **jd stützt den** ~ **in die Hände** qn se tient la tête à deux mains; **jd riskiert [bei etw]** ~ **und Kragen** *fam* (*riskiert seine Gesundheit*) qn risque sa peau *fam;* (*setzt alles aufs Spiel*) qn joue à quitte ou double; **jd steckt den** ~ **in den Sand** qn pratique la politique de l'autruche; **jd zieht den** ~ **aus der Schlinge** qn se tire d'affaire; **jd will mit dem** ~ **durch die Wand [rennen]** *fam* qn fait du forcing *fam;* ~ **oder Zahl?** pile ou face?; **mit besoffenem** ~ *sl* plein(e) comme une barrique *pop,* complètement pinté(e) *pop;* **mit bloßem** ~ tête nue, nu-tête; **ein dicker** ~ *fam* la gueule de bois *fam;* **jd hat einen dicken** ~ qn a mal aux cheveux *fam;* **jd hat seinen eigenen** ~ *fam* qn a son petit caractère *fam;* **jd ist einen [halben]** ~ **größer als jd** qn a [*o* fait] une [demi-]tête de plus que qn, qn dépasse qn d'une [demi-]tête; **jd hat einen heißen** ~ qn a le front brûlant; **sie reden sich** (*dat*) **die** ¨-**e heiß** *fam* ils/elles s'échauffent; **jd ist ein heller** [*o* **kluger**] [*o* **schlauer**] ~ *fam* qn est un [petit] malin/une [petite] maligne; ~ **hoch!** [allez,] un peu de courage!; **jd ist einen [halben]** ~ **kleiner als jd** qn a une [demi-]tête de moins que qn; **jd bewahrt** [*o* **behält**] **einen kühlen** [*o* **klaren**] ~ qn garde la tête froide; **jd macht jdn einen** ~ **kürzer** *sl* qn raccourcit qn *fam;* **jd behält den** ~ **oben** qn garde la tête sur les épaules; **jd ist nicht ganz richtig** [*o* **klar**] **im** ~ *fam* qn ne tourne pas rond *fam;* **jd bekommt einen roten** ~ qn s'empourpre, qn rougit; **jd hat einen schweren** ~ *fam* qn a la tête comme une citrouille *fam;* **jd hat den** ~ **voll [mit etw]** *fam* qn a la tête farcie [de qc] *fam;* **jd wird jdm nicht [gleich] den** ~ **abreißen** *fam* qn ne va pas bouffer qn *fam;* **jdm brummt der** ~ *fam* qn a la tête comme une citrouille *fam;* **jd fasst** [*o* **schlägt**] **sich** (*dat*) **an den** ~ *fam* qn se prend la tête *fam;* **jd fordert jds** ~ (*jds Enthauptung*) qn demande [*o* réclame] la tête de qn; (*jds Rücktritt*) qn exige la tête de qn; **jd ist nicht auf den** ~ **gefallen** *fam* qn n'est pas tombé(e) sur la tête *fam;* **etw geht** [*o* **will**] **jdm nicht in den** ~ qn n'arrive pas à se mettre qc dans la tête; **etw geht nach jds** ~ qc va à l'idée de qn; **jd ist wie vor den** ~ **geschlagen** *fam* qn est abasourdi(e), qn est tout(e) retourné(e); **jd hält etw im** ~ **nicht aus** *sl* ça lui prend la tête *arg;* **jd hält den** ~ **[für jdn/etw] hin** *fam* qn va au casse-pipe [pour qn/qc] *fam;* **du hast wohl was am** ~! *sl* ça va pas, la tête! *pop;* **jd hat** [*o* **behält**] **etw im** ~ *Details, Auftrag* qn a qc en tête; **jd hat etw im** ~ *fam Blödsinn, Unsinn* qn a qc dans le crâne *fam;* **jd hat anderes** [*o* **andere Dinge**] **im** ~ qn a autre chose en tête; **jd haut etw auf den** ~ *fam Geld, Gehalt* qn dilapide qc; **jdm kommt in den** ~, **dass** il lui vient à l'esprit que + *indic;* **etw kostet jdn den** ~ (*sein Leben*) qn paie qc de sa tête; (*seine Stellung*) qc est fatal(e) à qn, qc lui coûte son poste; **sie lassen die** ¨-**e hängen** */Blumen/* ils/elles piquent du nez; **jd lässt sich** (*dat*) **etw durch den** ~ **gehen** qn prend le temps de réfléchir à qc; **jd lässt den** ~ **hängen** qn baisse les bras; **jd lässt den** ~ **sinken** qn pique du nez; **jd nickt mit dem** ~ qn opine de la tête [*o* du chef]; **jdm raucht der** ~ *fam* qn a le cerveau en ébullition; **jd rechnet etw im** ~ qn calcule qc de tête; **jd redet sich um seinen** ~ à trop parler, qn risque sa tête; **es rollen** ¨-**e** des têtes tombent; **jd sagt jdm etw auf den** ~ **zu** qn dit qc à qn en face; **jd schlägt jdm den** ~ **ab** qn coupe [*o* tranche] la tête de qn; **jd schlägt sich** (*dat*) **etw aus dem** ~ qn s'ôte qc de la tête [*o* de l'esprit]; **jd schüttelt den** ~ qc secoue la tête; **jdm schwindelt der** ~, **jds** ~ **schwindelt** (*jdm ist schwindlig zumute*) qn a la tête qui lui tourne; (*jd ist fassungslos*) qn a le vertige; **jdm schwirrt der** ~ *fam* qn a la tête qui bourdonne; **etw schwirrt jdm durch den** ~ *fam* qn a qc qui lui trotte dans la tête *fam;* **jd setzt etw auf jds** ~ (*akk*) **aus** *Belohnung* qn offre [une prime de] qc pour la tête de qn; **jd setzt sich** (*dat*) **in den** ~ **etw zu tun** qn se met en tête de faire qc; **jd setzt seinen** ~ **durch** qn a son petit caractère; **jd setzt** [*o* **rückt**] **jdm den** ~ **zurecht** *fam* qn lui remonte les bretelles *fam;* **jd kann jdm auf den** ~ **spucken** *sl* qn lui mange la soupe sur la tête *fam;* **etw spukt in den** ¨-**en** qc hante les esprits; **sie stecken**

die ~e **zusammen** *fam* ils/elles font des messes basses *fam;* **jd steht auf dem** ~ qn fait le poirier; **etw steht auf dem** ~ (*verkehrt herum*) qc est à l'envers; **jd weiß kaum, wo ihm der** ~ **steht** *fam* qn ne sait plus où donner de la tête *fam;* **jd steht** ~ SPORT qn fait le poirier; **jd steht** ~ *fam* (*ist durcheinander*) qn est dans tous ses états *fam;* **etw steht** ~ *fam* (*ist betriebsam*) qc est en effervescence; **etw steigt jdm in den** ~ */alkoholisches Getränk/* qc lui monte à la tête; **etw steigt jdm zu** ~[**e**] */Erfolg, Ruhm etc/* qc monte à la tête de qn; **und wenn du dich auf den** ~ **stellst, ...** *fam,* **du kannst dich auf den** ~ **stellen, ...** *fam* tu auras beau faire, ..., tu peux toujours te démener, ... *fam;* **jd stellt etw auf den** ~ (*durchsucht*) qn met qc sens dessus dessous, qn retourne qc; (*verdreht*) *Tatsachen, Sachverhalt* qn dénature qc; **jd stößt jdn vor den** ~ qn froisse qn; **jd tanzt jdm auf dem** ~ **herum** *fam* qn mène qn par le bout du nez *fam;* **jd verdreht jdm den** ~ *fam* qn tourne la tête à qn; **jd vergisst noch mal seinen** ~ *fam* qn est une tête de linotte *fam;* **jd verliert den** ~ *fam* qn perd la tête [*o* les pédales] *fam;* **etw wächst jdm über den** ~ qn a qc par-dessus la tête; **jd wächst jdm über den** ~ */Kind/* qn dépasse qn; **jd wäscht jdm den** ~ (*die Haare*) qn lave la tête à qn; *fam* (*macht jdm Vorhaltungen*) qn passe un savon à qn *fam;* **jd wäscht sich** (*dat*) **den** ~ qn se lave la tête; **jd wettet seinen** ~ **darauf, dass** *fam* qn donne [*o* met] sa tête à couper que + *indic fam;* **etw will jdm nicht aus dem** ~ qn n'arrive pas à se sortir qc de la tête; **es will jdm nicht in den** ~, **wie/warum/dass** *fam* qn n'arrive pas à piger [*o* à se mettre dans le crâne] comment/pourquoi/que + *indic fam;* **jd wirft** [*o* **schmeißt** *fam*] **jdm etw an den** ~ qn jette [*o* balance *fam*] qc à la figure de qn; **jd zerbricht sich** (*dat*) [**über etw** (*akk*)] **den** ~ *fam* qn se creuse la cervelle [*o* se torture les méninges] [au sujet de qc] *fam;* **jd zieht den** ~ **ein** qn rentre la tête dans les épaules; ~ **an** ~ *Läufer* au coude à coude; *Pferde* côte à côte; ~ **bei** ~ serré(e)s les un(e)s contre les autres, en rangs serrés; **bis über den** ~ (*noch höher als der* ~) jusqu'au-dessus de la tête; (*ganz tief*) jusque par-dessus la tête; **pro** ~ par tête, par personne; **über jds** ~ (*akk*) **hinweg** *entscheiden, zusagen* derrière le dos de qn, sans consulter qn; ~ **runter!** baisse/baissez la tête!; [**mit dem**] ~ **voraus** [*o* **voran**] la tête la première

Kopf-an-Kopf-Rennen *nt* **1.** SPORT course *f* au coude à coude, coude-à-coude *m;* [*Pferde*] course *f* très serrée **2.** *fig* coude-à-coude *m* **Kopfbahnhof** *m* gare *f* en impasse [*o* en cul-de-sac] **Kopfball** *m* tête *f* **Kopfbedeckung** *f* couvre-chef *m hum,* chapeau *m* ▸ **ohne** ~ nu-tête, tête nue

Köpfchen <-s, -> *nt dim von* **Kopf** [petite] tête *f*
▸ **jd hat** ~ *fam* qn est futé(e) *fam;* ~, ~! *fam* il y en a là-dedans! *fam*

köpfen I. *vt* **1.** ■ **jd köpft jdn** qn décapite qn
2. (*den oberen Teil abmachen*) ■ **jd köpft etw** *Baum* qn étête qc
3. FBALL ■ **jd köpft etw** [**irgendwohin**] qn met [*o* expédie] qc de la tête [quelque part]
II. *vi* ■ **jd köpft** qn fait une tête; ***das war meisterhaft geköpft*** c'était une tête splendide

Kopfende *nt* [*Bett*] chevet *m,* tête *f;* [*Tisch*] bout *m* **Kopffüßer** <-s, -> *m* céphalopode *m* **Kopfgeld** *nt* prime *f* de capture **Kopfgeldjäger** *m* chasseur *m* de prime **Kopfhaar** *nt* **1.** ∅ (*Haupthaar*) chevelure *f* **2.** (*einzelnes Haar*) cheveu *m* **Kopfhaut** *f* cuir *m* chevelu **Kopfhörer** *m* casque *m*

-köpfig (*... Personen umfassend*) de ... membres [*o* personnes]; (*mit ... Köpfen*) à ... têtes

Kopfjäger(in) *m(f)* chasseur(-euse) *m(f)* de têtes **Kopfkissen** *nt* oreiller *m* **Kopfkissenbezug** *m* taie *f* d'oreiller **kopflastig** *adj* **1.** *Schiff* lourd(e) de l'avant; *Flugzeug* lourd(e) du nez; ■ **etw wird** ~ qc s'alourdit à l'avant **2.** (*mit zu viel Leitungspersonal*) *Firma* possédant trop de cadres; *Management* hypertrophié(e); ■ **etw ist** ~ qc a une direction hypertrophiée **3.** (*zu intellektuell*) hyperintello *péj fam* **Kopflaus** *f* pou *m* [de la tête]

Köpfler <-s, -> *m* AUS **1.** (*Kopfsprung*) plongeon *m*
2. (*Kopfball*) tête *f*

kopflos I. *adj* **1.** (*ganz verwirrt*) affolé(e); ■ **jd wird** ~ qn s'affole, qn perd la tête
2. (*enthauptet*) décapité(e)
▸ **jd macht jdn** ~ qn donne le tournis à qn
II. *adv* en proie à l'affolement, sous le coup de la panique

Kopflosigkeit <-> *f* ∅ affolement *m;* ***in völliger*** ~ complètement affolé(e)

Kopfnicken <-s> *nt* ∅ signe *m* [*o* hochement *m*] de tête ▸ **unter** [**bestimmtem**] ~ en hochant la tête [d'une certaine façon]; ***unter nachdenklichem*** ~ en hochant la tête pensivement **Kopfrechnen** *nt* calcul *m* mental **Kopfsalat** *m* laitue *f* **kopfscheu** *adj* ▸ **jd macht jdn** ~ *fam* qn tourneboule qn, qn fait perdre la boule à qn *fam;* **jd wird** ~ *fam* qn perd la boule [*o* les pédales] *fam* **Kopfschmerz** *m meist pl* mal *m* de tête ▸ **etw bereitet** [*o* **macht**] **jdm** ~**en** *fam* qc fiche [*o* file] des maux de tête à qn *fam;* **jd hat** ~**en** qn a mal à la tête; **jd macht sich** (*dat*) **wegen etw** [*o* **über etw** (*akk*)] **keine** ~**en** qn ne se casse pas la tête pour qc **Kopfschmerztablette** *f* cachet *m* [*o* comprimé *m*] contre le mal de tête **Kopfschuss**[RR] *m* balle *f* [tirée] dans la tête **Kopfschütteln** <-s> *nt* ∅ ***ein*** ~ ***gilt als ...*** quand on secoue la tête, c'est considéré comme ...; ***ein ratloses/verlegenes*** ~ ***war die Antwort*** il/elle répondit en secouant la tête avec perplexité/embarras ▸ **mit einem** ~ en secouant la tête **kopfschüttelnd I.** *adj* secouant la tête; ~***e Zuschauer*** des spectateurs qui secouent la tête **II.** *adv* en secouant la tête **Kopfsprung** *m* plongeon *m* ▸ **jd macht einen** ~ qn fait un plongeon **Kopfstand** *m* poirier *m* ▸ **jd macht einen** ~ qn fait le poirier **kopfstehen** *s.* **Kopf** ▸. **Kopfsteinpflaster** [-pflaste] *nt* pavé *m* **Kopfstütze** *f* appuie-tête *m* **Kopftuch** <-tücher> *nt* foulard *m,* fichu *m* **kopfüber** *adv* la tête la première **Kopfverband** *m* pansement *m* à la tête **Kopfverletzung** *f* blessure *f* à la tête **Kopfweh** *nt s.* **Kopfschmerz. Kopfwunde** *f s.* **Kopfverletzung. Kopfzerbrechen** *nt* ▸ **jd/etw bereitet** [*o* **macht**] **jdm** ~ qn/qc cause du tracas à qn; **jd macht sich** (*dat*) **über jdn/etw** ~ qn se met martel en tête pour qn/qc

Kopie <-, -n> [-'piːən] *f* copie *f;* PHOT (*Abzug*) épreuve *f*
▸ **jd macht** [**jdm**] **eine** ~/~**n** [**von etw**] qn fait une copie/des copies [de qc] [à qn]

kopieren * *vt* **1.** (*foto~*) ■ **jd kopiert** [**jdm**] **etw** qn [photo]copie qc [à qn]; ■ **jd kopiert sich** (*dat*) **etw** qn se fait une copie de qc; ***jd kopiert etw 45mal*** qn copie qc en 45 exemplaires; ***das kopierte Original*** une copie de l'original
2. (*Abzüge machen*) ■ **jd kopiert etw** qn tire [une épreuve de] qc
3. CINE ■ **jd kopiert etw** *Film* qn fait une copie de qc
4. (*nachbilden*) ■ **jd kopiert etw** qn copie [*o* fait une copie de] qc
5. (*nachahmen*) ■ **jd kopiert jdn/etw** qn copie [*o* imite] qn/qc

Kopierer <-s, -> *m fam s.* **Kopiergerät**

Kopiergerät *nt* photocopieuse *f,* photocopieur *m* **Kopierpapier** *nt* papier *m* pour [photo]copie[s] **Kopierschutz** *m* INFORM verrouillage *m,* protection *f* (*pour éviter que le logiciel puisse être copié*) **Kopierstift** *m* crayon *m* à copier

Kopilot(in) *m(f)* copilote *mf*

Koppel[1] <-s, -> *nt,* <-, -n> *f* AUS MIL ceinturon *m*

Koppel[2] <-, -n> *f* AGR enclos *m,* pâturage *m*

koppeln *vt* **1.** AUDIOV, TELEC ■ **jd koppelt etw an etw** (*akk*) *Anrufbeantworter, Monitor, Zusatzboxen* qn branche qc sur qc, qn connecte qc à qc
2. AUT, EISENBAHN ■ **jd koppelt etw** [**an etw** (*akk*)] qn accroche [*o* [ac]couple] qc [à qc]; ■ **jd koppelt etw an etw** RAUM qn amarre qc à qc
3. (*verknüpfen*) ■ **jd koppelt etw an etw** (*akk*) qn [re]lie [*o* associe] qc à qc; *an eine besondere Bedingung* qn assortit qc de qc; ■ **jd koppelt etw mit etw** qn combine qc avec qc

Kopp[e]lung <-, -en> *f* **1.** AUDIOV, TELEC branchement *m,* connexion *f*
2. AUT, EISENBAHN accrochage *m;* RAUM amarrage *m*

Kopp[e]lungsmanöver [-vɐ] *nt* manœuvres *fpl* d'amarrage
▸ **jd führt ein** ~ **durch** qn exécute des manœuvres d'amarrage

Köpper <-s, -> *m* DIAL *fam* plongeon *m*
▸ **jd macht einen** ~ qn pique une tête *fam*

Kopplung <-, -en> *f s.* **Koppelung**

Kopra <-> *f* ∅ copra[h] *m*

Koproduktion *f* coproduction *f* ▸ **in** ~ **mit etw** en coproduction avec qc

Koproduzent(in) *m(f)* coproducteur(-trice) *m(f)*

Kopulation <-, -en> *f* accouplement *m*

kopulieren * *vi* ■ **Tiere** ~ des animaux s'accouplent; ■ ~**d** en train de s'accoupler

kor *imp von* **küren**

Koralle <-, -n> *f* corail *m*

Korallenbank <-bänke> *f* barrière *f* de corail **Koralleninsel** *f* île *f* corallienne [*o* de corail] **Korallenkette** *f* collier *m* de corail **Korallenriff** *nt* récif *m* corallien [*o* de corail]

Koran <-s> *m* ∅ Coran *m*

Koranschule *f* école *f* coranique

Korb <-[e]s, ¨-e> *m* **1.** (*Behälter mit Henkeln*) panier *m;* (*ohne Henkel*) corbeille *f;* ***ein*** ~ ***Getreide*** un panier/une corbeille de céréales
2. (*Papier~*) corbeille *f* à papier
3. SPORT (*Ring mit Netz*) panier *m*
4. ∅ (*Weidengeflecht*) osier *m*
5. *fam* (*Abfuhr*) rebuffade *f;* ***das ist schon der dritte*** ~ ça fait déjà trois fois qu'on m'envoie sur les roses *fam;* ***ich habe schon mehrere*** ~***e verteilt*** j'en ai déjà envoyé plusieurs sur les roses *fam*
▸ **jd bekommt** [**bei** [*o* **von**] **jdm**] **einen** ~ *fam* qn se fait envoyer sur les roses *fam;* **jd erzielt** [*o* **schießt**] **einen** ~ qn réussit [*o* marque] un panier; **jd gibt jdm einen** ~ *fam* qn envoie promener qn *fam,* qn envoie qn sur les roses *fam*

Korb- en rotin **Korbball** *m* ∅ *sorte de basket-ball* **Korbblüt[l]er** <-s, -> *m* composée *f*

Körbchen <-s, -> *nt* **1.** *dim von* **Korb** corbeille *f*
2. [*Büstenhalter*] bonnet *m*

Korbflasche *f* bouteille *f* clissée **Korbmacher(in)** *m(f)* vannier(-ière) *m(f)*

Kord <-[e]s, -e> *m s.* **Cord**

Kordel <-, -n> *f* cordon *m*

Kordon <-s, -s *o* AUS -e> [kɔr'dõː] *m* cordon *m*

Koreferent(in) *m(f) s.* **Korreferent**

Koriander <-s, -> *m* coriandre *f*

Korinthe <-, -n> *f* raisin *m* de Corinthe

Korinthenkacker(in) <-s, -> *m(f) pej sl* coupeur(-euse) *m(f)* de cheveux en quatre, enculeur(-euse) *m(f)* de mouches *pop*

Kork <-[e]s, -e> *m* **1.** BOT liège *m*
2. DIAL *s.* **Korken**
▸ **aus** ~ de [*o* en] liège

Kork- de [*o* en] liège **Korkeiche** *f* chêne-liège *m*

Korken <-s, -> *m* bouchon *m*
▸ **etw hat** ~ */Wein/* qc a un goût de bouchon, qc est bouchonné(e)

Korkenzieher <-s, -> *m* tire-bouchon *m* **Korkenzieherlocken** *pl* anglaises *fpl*

korkig I. *adj* de bouchon
II. *adv:* ***etw schmeckt*** ~ qc a un goût de bouchon, qc est bouchonné(e)

Kormoran <-s, -e> *m* cormoran *m*

Korn[1] <-[e]s, ¨-er> *nt* **1.** (*Samen~*) graine *f*
2. ∅ (*Getreide*) grain *m,* céréales *fpl; poet* blés *mpl*
3. (*Staub~*) [grain *m* de] poussière *f;* (*Gold~*) paillette *f;* (*Hagel~*) grêlon *m*
4. ∅ PHOT grain *m*

Korn² <-[e]s, -> *m* GASTR alcool *m* de grains
Korn³ <-[e]s, -e> *nt* (*Visierteil*) guidon *m*
►**jd nimmt jdn/etw aufs** ~ *fam* (*kritisiert*) qn prend qn/qc pour cible; **jd nimmt jdn aufs** ~ *fam* (*hat es abgesehen*) qn choisit qn comme bouc émissaire; ***sei auf der Hut, ich glaube, er hat dich aufs* ~ *genommen*** fais attention, je crois qu'il t'a dans le collimateur *fam*
Korn- 1. *-halm, -ähre* de céréales
2. *-sack* de grains; *-silo* à céréales, à grains
Kornblume *f* bl[e]uet *m*
kornblumenblau *adj* bleu barbeau
Kornbranntwein *m* alcool *m* de grains
Körnchen <-s, -> *nt dim von* **Korn¹**
►**ein** ~ **Wahrheit** une parcelle de vérité
Körnerfutter *nt* (*für Ziervögel*) graines *fpl*; (*für Geflügel*) grain *m*
Kornett <-s, -e *o* -s> *nt* cornet *m* à pistons
Kornfeld *nt* champ *m* de céréales; (*in der Poesie, Malerei*) champ *m* de blé
körnig *adj* 1. *Material, Struktur* granuleux(-euse)
2. *Reis* ferme; ***der Reis bleibt*** ~ le riz reste en grains
3. *Oberfläche, Schmirgelpapier* rugueux(-euse); ■**etw ist ...** ~ *feiner, gröber* qc a un grain ...
Kornkammer *f geh* grenier *m* à blé
Körnung <-, -en> *f* TECH, PHOT grain *m*
Korona <-, Koronen> *f* 1. [*Kopierer, Laserdrucker*] fil *m* corona
2. (*Strahlenkranz der Sonne*) couronne *f* solaire
3. *geh* (*Schar*) clique *f*
Koronar- *-gefäß* coronaire; *-sklerose, -insuffizienz* coronarien(ne)
Körper <-s, -> *m* (*alle Bedeutungen*) corps *m*
►~ **und Geist** le corps et l'esprit; **am ganzen** ~ *beben, zittern* de tout son corps; **den ganzen** ~ *eincremen, waschen* des pieds à la tête
Körperbau *m* ∅ conformation *f* anatomique; ***jd hat einen kräftigen/athletischen/schmächtigen*** ~ qn a une forte carrure/une carrure athlétique/est chétif **Körperbeherrschung** *f* ∅ maîtrise *f* du corps [*o* corporelle] **körperbehindert** *adj form* handicapé(e) physique **Körperbehinderte(r)** *f(m) decl wie adj form* handicapé(e) *m(f)* physique **Körperertüchtigung** *f form* éducation *f* physique **Körpergeruch** *m* odeurs *fpl* corporelles ►**jd hat** ~ qn sent la transpiration **Körpergewicht** *nt* poids *m* **Körpergröße** *f* taille *f* **Körperhaltung** *f* attitude *f*, port *m*, maintien *m*; ***jd hat eine aufrechte*** ~ qn se tient droit(e) **Körperkontakt** *m* contacts *mpl* physiques; ***jd sitzt auf* ~ *mit jdm*** qn est assis(e) au coude à coude avec qn **Körperkraft** *f* force *f* physique
körperlich I. *adj* 1. *Anstrengung, Arbeit, Verfassung* physique; *Gebrechen, Schaden a.* corporel(le)
2. *geh* (*stofflich*) de chair et d'os *soutenu*
II. *adv* physiquement; ***jd ist* ~ *tätig*** qn a une activité physique
körperlos *adj* incorporel(le), immatériel(le)
Körperlotion *f* lotion *f* corporelle **Körperpflege** *f* hygiène *f* corporelle, soins *mpl* corporels
Körperschaft <-, -en> *f* personne *f* morale
►~ **des öffentlichen Rechts** personne *f* morale de droit public
Körperschaftsteuer *f* impôt *m* sur les [bénéfices des] sociétés [et autres personnes morales]
Körpersprache *f* langage *m* gestuel [*o* du corps] **Körperteil** *m* partie *f* du corps; *pl* [*Leiche*] restes humains *mpl* **Körpertemperatur** *f* température *f* [du corps] **Körperverletzung** *f* blessure *f* corporelle; ***wegen*** ~ pour coups et blessures ►**fahrlässige** ~ blessure *f* par imprudence; **schwere** ~ blessure *f* grave **Körperwärme** *f* chaleur *f* corporelle
Korpora *pl von* **Korpus²**
Korporation <-, -en> *f* 1. UNIV association *f* d'étudiants
2. *geh s.* **Körperschaft**
korporiert *adj Student* membre d'une association d'étudiants; ■**jd ist** ~ qn fait partie d'une association d'étudiants
Korps <-, -> [koːɐ] *nt* 1. MIL corps *m* [d'armée]
2. UNIV association *f* d'étudiants
►**diplomatisches** ~ corps *m* diplomatique
Korpsgeist ['koːɐ-] *m* ∅ *geh* esprit *m* de corps **Korpsstudent** *m* membre *m* d'une association d'étudiants
korpulent *adj geh* corpulent(e); ■**jd ist/wird** ~ qn a/prend de l'embonpoint, qn est/devient corpulent(e)
Korpulenz <-> *f* ∅ *geh* corpulence *f*, embonpoint *m*
Korpus¹ <-, -se> *m* 1. ∅ [*Möbelstück*] corps *m*, structure *f*
2. *hum fam* (*Körper*): ***du hast aber einen* ~ *bekommen!*** tu as pris un sacré bide! *fam*; ***nimm mal deinen* ~ *da weg!*** pousse ton tas de viande! *fam*
3. ∅ *geh* (*der Gekreuzigte*) Christ *m* en croix, crucifix *m*
Korpus² <-, Korpora> *nt* 1. LING, MEDIA corpus *m*
2. ∅ (*Klangkörper*) corps *m*
Korreferent(in) *m(f)* 1. (*weiterer Redner*) autre intervenant(e) *m(f)*
2. (*zweiter Gutachter*) second correcteur/seconde correctrice *m/f*
korrekt I. *adj* 1. (*richtig*) correct(e); *Darstellung, Wiedergabe a.* exact(e)
2. *Beamter, Vorgesetzter, Kollege* scrupuleux(-euse); ■**jd ist [in etw** (*dat*)**]** ~ qn est scrupuleux(-euse) [en qc]; ***darin bin ich*** ~ je suis scrupuleux(-euse) dans ce domaine
3. (*vorschriftsmäßig*) *Behandlung, Verhalten* correct(e)
II. *adv* 1. (*richtig*) correctement; *darstellen a.* exactement
2. (*vorschriftsmäßig*) *behandeln, sich verhalten* correctement
korrekterweise *adv* (*genauer gesagt*) à proprement parler; (*genau genommen*) normalement
Korrektheit <-> *f* ∅ 1. (*Richtigkeit*) correction *f*; [*Darstellung a.*] exactitude *f*
2. [*Mitarbeiter etc*] conscience *f* [scrupuleuse]
3. (*vorschriftsmäßige Art*) [*Auftreten etc*] correction *f*
Korrektor <-s, -toren> *m*, **-torin** *f* correcteur(-trice) *m(f)*; (*von Druckwerk a.*) réviseur(-euse) *m(f)*
Korrektur <-, -en> *f* 1. (*das Korrigieren, korrigierte Stelle*) correction *f*
2. *geh* (*Veränderung*) rectification *f*, amendement *m*
3. (*Korrekturfahne*) épreuve *f*
►**jd liest [bei etw]** ~ MEDIA qn corrige les épreuves [de qc]
Korrekturband <-bänder> *nt* ruban *m* correcteur **Korrekturfahne** *f* épreuve *f*; (*nicht umbrochen*) placard *m* **Korrekturflüssigkeit** *f* liquide *m* correcteur, Tipp-Ex® *m* **Korrekturtaste** *f* touche *f* de correction **Korrekturzeichen** *nt* signe *m* de correction
Korrespondent(in) <-en, -en> *m(f)* 1. MEDIA correspondant(e) *m(f)*
2. (*Handels~*) correspondancier(-ière) *m(f)*
Korrespondenz <-, -en> *f* correspondance *f*
korrespondieren * *vi* 1. (*in Briefwechsel stehen*) ■**jd korrespondiert [mit jdm]** qn correspond [avec qn]
2. *geh* (*entsprechen*) ■**etw korrespondiert mit etw** [*o* **einer S.** (*dat*)] qc correspond à qc
Korridor <-s, -e> *m* corridor *m*
korrigierbar *adj* (*zu korrigieren*): ***ein Fehler ist*** ~ une faute peut être corrigée
korrigieren * *vt* (*alle Bedeutungen*) ■**jd korrigiert jdn/etw** qn corrige qn/qc
►**jd korrigiert etw nach oben/unten** *Zahlen* qn révise qc à la hausse/à la baisse
korrodieren * *vi* + *sein* ■**etw korrodiert** qc se corrode *soutenu*, qc rouille; ■**korrodiert** corrodé(e) *soutenu*, rouillé(e)
Korrosion <-, -en> *f* 1. (*das Korrodieren*) corrosion *f*
2. [*Fels, Gestein*] érosion *f*
korrosionsbeständig *adj* inoxydable; ■**jd macht etw** ~ qn traite qc anticorrosion **Korrosionsschutz** *m* protection *f* anticorrosion
korrumpieren * *vt pej geh* ■**jd/etw korrumpiert jdn** qn/qc corrompt qn; ■**korrumpiert** corrompu(e)
korrupt *adj pej* corrompu(e)
Korruption <-, -en> *f pej* corruption *f*
Korse <-n, -n> *m*, **Korsin** *f* Corse *mf*
Korsett <-s, -s *o* -e> *nt* corset *m*
Korsika <-s> *nt* la Corse; ***auf*** ~ en Corse
korsisch *adj* corse; ***die* ~*e Sprache*** le corse
Korso <-s, -s> *m* cortège *m*
Kortison <-s, -e> *nt* cortisone *f*
Koryphäe <-, -n> *f geh* sommité *f*
Kosak(in) <-en, -en> *m(f)* cosaque *mf*
Kosakenmütze *f* chapka *f*
koscher I. *adj* 1. REL kascher, cachère
2. *fam* (*einwandfrei*) réglo *fam*
►**jd/etw ist nicht [ganz]** ~ *fam* qn/qc n'est pas très catholique [*o* réglo] *fam*
II. *adv* 1. REL *essen, kochen* kasher, cachère; *schlachten, zubereiten* selon le rite kasher [*o* cachère]
2. *fam* (*einwandfrei*) à la régulière *fam*
K.-o.-Schlag [kaːˈʔoː-] *m* coup *m* décisif (*provoquant un K.-O.*)
Koseform *f* diminutif *m*
kosen I. *vi geh* ■**jd kost mit jdm** qn câline qn, qn fait des câlins à qn; ■**sie** ~ **[miteinander]** ils/elles se font des câlins
II. *vt veraltend geh* ■**jd kost jdn** qn câline [*o* cajole] qn
Kosename *m* petit nom *m* **Kosewort** *nt* 1. <-wörter> (*Kosename*) petit nom *m* 2. <-worte> (*zärtliches Wort*) mot *m* tendre [*o* doux]
K.-o.-Sieg [kaːˈʔoː-] *m* victoire *f* par K.-O.
Kosinus <-, - *o* -se> *m* cosinus *m*
Kosmetik <-> *f* ∅ 1. (*Schönheitspflege*) soins *mpl* de beauté
2. *pej geh* (*oberflächliche Retusche*) poudre *f* aux yeux; ■**etw ist** ~ qc n'est que de la poudre aux yeux
Kosmetiker(in) <-s, -> *m(f)* esthéticien(ne) *m(f)*
Kosmetikkoffer *m* vanity-case *m*
Kosmetikum <-s, -metika> *nt* produit *m* de beauté
kosmetisch I. *adj* 1. *Methode, Mittel* cosmétique
2. *pej geh* (*oberflächlich*) de pure forme
II. *adv behandeln* superficiellement, en surface
kosmisch *adj* 1. (*des Kosmos*) cosmique
2. *geh Ausmaß, Dimension* planétaire
Kosmonaut(in) <-en, -en> *m(f)* cosmonaute *mf*
Kosmopolit(in) <-en, -en> *m(f) geh* personne *f* cosmopolite
kosmopolitisch *adj geh* cosmopolite
Kosmos <-> *m* ∅ ■**der** ~ le cosmos
Kost <-> *f* ∅ nourriture *f*
►**[freie]** ~ **und Logis** le vivre et le couvert, logé(e) et nourri(e); ***bei freier* ~ *und Logis*** logé(e) et nourri(e); **geistige** ~ des nourritures *fpl* spirituelles; **schmale** ~ une nourriture frugale; ***bei schmaler*** ~ en mangeant frugalement
kostbar *adj* précieux(-euse); ■**etw ist [jdm] zu** ~ qc [lui] est trop précieux(-euse)
Kostbarkeit <-, -en> *f* objet *m* précieux
kosten¹ I. *vt* 1. (*als Preis haben*) ■**etw kostet [jdn] etw** qc coûte qc [à qn]; ***was* [*o wie viel*] *kostet das?*** ça coûte combien?, c'est combien?; ***etw kostet viel/nicht viel*** qc coûte cher/qc ne coûte pas cher
2. (*erfordern*) ■**etw kostet jdn etw** *Anstrengung* qc coûte qc à qn; ***etw kostet jdn Nerven*** qc est nerveusement éprouvant(e) pour qn; *Zeit* qc fait perdre qc à qn
3. (*rauben*) ■**etw kostet jdn etw** /*Krieg, Schlacht, Verkehrsunfall*/ qc coû-

te qc à qn
▶ **jd lässt sich** (*dat*) **etw etwas** ~ *fam* pour qc, qn est prêt(e) à [y] mettre le prix; ***ich würde es mir etwas/einiges ~ lassen, wenn ich … bekäme*** je donnerais cher pour obtenir …; ***wie viel lassen Sie sich das ~?*** combien êtes-vous prêt(e) à [y] mettre?; **koste es, was es wolle, aber wir müssen …** nous devons coûte que coûte …
II. *vi* ■ **etw kostet** qc coûte cher; ***das kostet und kostet*** ça coûte très très cher

kosten² I. *vt geh* 1. (*probieren*) ■ **jd kostet etw** qn goûte qc
2. (*aus~*) *Freuden, Genüsse etc* qn goûte qc, qn savoure qc
II. *vi geh* ■ **jd kostet** [**von etw**] qn goûte [de qc]

Kosten *pl* coût *m;* (*Auslagen*) frais *mpl*
▶ **jd kommt auf seine** ~ qn en a pour son argent; ~ **sparend** *Verfahren* économique; *produzieren* à faible coût; **jd trägt** [*o* **übernimmt**] **die** ~ [**für etw**] qn prend les frais [de qc] à sa charge; **auf** ~ **von jdm/etw** [*o* **einer S.** (*gen*)] (*zum Nachteil*) au détriment de qn/qc; (*auf jds Rechnung*) aux frais de qn

-kosten *pl* frais *mpl* de

Kosten- des frais, des coûts; *-übernahme* des frais; *-faktor, -treiber* de frais, de coûts; *-gründe* de coûts; *-Nutzen-Analyse, -Nutzen-Kalkulation, -Nutzen-Rechnung* des coûts et; *-selbstbeteiligung* aux frais; ***der ~träger*** celui qui assume les frais; ***die ~stelle*** le poste **Kostenaufwand** *m* effort *m* financier, dépenses *fpl* ▶ **mit** [**einem**] … ~ moyennant une dépense …; ***mit großem ~*** moyennant une grosse dépense; **mit einem** ~ **von etw** moyennant une dépense de qc **kostenbewusst**^RR I. *adj* économe; ■ **jd ist** ~ qn regarde à la dépense II. *adv* en regardant à la dépense **kostendeckend** I. *adj* qui couvre les frais, qui équilibre les dépenses ■ **etw ist** ~ qc couvre les frais, qc équilibre les dépenses II. *adv* en couvrant les frais, en équilibrant les dépenses **Kostenerstattung** *f* remboursement *m* des frais **Kostenexplosion** *f fam* explosion *f* des coûts **kostenfrei** *adj* gratuit(e) **kostengünstig** I. *adj* avantageux(-euse) II. *adv* à un prix avantageux **kostenintensiv** *adj* onéreux(-euse)

kostenlos I. *adj* gratuit(e)
II. *adv* gratuitement

kostenneutral I. *adj Ausführungsvariante* ■ **etw ist** ~ qc n'augmente pas les frais [*o* coûts] II. *adv* sans augmentation des frais, sans majoration de coût **kostenpflichtig** I. *adj* payant(e) II. *adv* moyennant contravention; ***jd wird ~ abgeschleppt*** le véhicule de qn sera remorqué à ses frais **Kostenpunkt** *m* facteur *m* de coût[s] ▶ ~? *fam* (*wie teuer?*) montant de la facture? *fam* **kostensparend** *s.* **Kosten** ▶. **kostentreibend** I. *adj* coûteux(-euse), générateur(-trice) de frais II. *adv*: ***etw wirkt*** ~ qc est coûteux(-euse), qc est générateur(-trice) de frais **Kostenvoranschlag** *m* devis *m* [estimatif] ▶ **jd lässt sich** (*dat*) **einen** ~ [**von jdm**] **machen, jd holt** [**von jdm**] **einen** ~ **ein** qn fait faire un devis [à qn]; **jd macht jdm einen** ~ [**für etw**] qn fait un devis [de qc] à qn

Kostgeld *nt* pension *f*

köstlich I. *adj* 1. (*lecker*) délicieux(-euse); ■ **etwas K~es** un délice
2. *fam* (*amüsant*) succulent(e), marrant(e) *fam;* ■ **jd ist** ~ qn est impayable *fam*
II. *adv* 1. ***etw schmeckt*** ~ qc est délicieux(-euse) [*o* un régal]
2. *fam sich unterhalten* de façon géniale; ***wir haben uns ~ amüsiert*** on s'est amusé(e)s comme des petits fous/des petites folles

Köstlichkeit <-, -en> *f* 1. ∅ *geh* [*Essen, Speise, Getränk*] saveur *f;* ***etw ist von einer …*** ~ qc est un délice …
2. (*Delikatesse*) délice *m*

Kostprobe *f* 1. GASTR dégustation *f;* ***kann ich eine ~ von der Wurst haben?*** est-ce que je peux goûter un morceau de saucisson?
2. (*Vorgeschmack*) échantillon *m,* aperçu *m*

kostspielig *adj* onéreux(-euse), coûteux(-euse); ■ **etw ist/wird** ~ qc coûte/revient cher

Kostüm <-s, -e> *nt* 1. COUT tailleur *m*
2. (*Tracht*) costume *m*
3. THEAT costume *m*

Kostümball *m* bal *m* costumé **Kostümbildner(in)** <-s, -> *m(f)* costumier(-ière) *m(f)*

kostümieren * [-st-] *vr* 1. (*sich verkleiden*) ■ **jd kostümiert sich** [**als etw**] qn se déguise [en qc]
2. *pej geh* (*sich anziehen*) ■ **jd kostümiert sich irgendwie** qn s'accoutre d'une certaine façon

Kostümprobe *f* répétition *f* en costume **Kostümverleih** *m* costumier(-ière) *m(f);* ***in einem ~*** chez un costumier

Kostverächter(in) <-s, -> *m(f)* ▶ **jd ist kein ~/keine ~in** *hum* (*ist ein Genießer*) qn ne crache pas sur la nourriture *fam;* (*in Bezug auf Sex*) il ne faut pas lui en promettre *fam*

Kot <-[e]s> *m* ∅ *form* excréments *mpl*

-kot *m Hunde-, Katzen- etc* crotte *f* de; *Hühner-, Vogel-* fiente *f* de

Kotangens *m* cotangente *f*

Kotau <-s, -s> *m* ▶ **jd macht einen** ~ [**vor jdm**] *geh* qn se met à plat ventre [devant qn]

Kotelett <-[e]s, -s *o rare* -e> [kotəˈlɛt, kɔtˈlɛt] *nt* côtelette *f*

Kotelette <-, -n> *f meist pl* favoris *mpl*

Köter <-s, -> *m pej* [sale] roquet *m,* cabot *m fam*

Kotflügel *m* garde-boue *m*

Kotter <-s, -> *m* AUS (*Arrestzelle*) cellule *f* disciplinaire

Kotzbrocken *m pej sl* crevure *f arg*

Kotze <-> *f* ∅ *vulg* dégueulis *m vulg*

kotzen *vi vulg* ■ **jd kotzt** qn dégueule *vulg*
▶ **da kann man das** [**kalte**] **K~ kriegen** *sl* c'est à gerber *arg;* **zum K~** *sl* dégueulasse *fam;* ***etw ist zum K~*** qc fait chier *vulg;* ***es ist zum K~*** c'est dégueulasse *fam*

kotzübel *adj sl* ■ **jdm ist/wird** ~ qn a envie de gerber *arg*

KP <-, -s> [kaːˈpeː] *f abk von* **Kommunistische Partei** P.C. *m*

KPD <-> [kaːpeːˈdeː] *f* ∅ *abk von* **Kommunistische Partei Deutschlands** P.C. *m* allemand

KPdSU <-> [kaːpeːdeːʔɛsˈʔuː] *f* ∅ *abk von* **Kommunistische Partei der Sowjetunion** P.C. *m* d'U.R.S.S.

Krabbe <-, -n> *f* 1. (*krebsähnliches Tier*) crabe *m*
2. (*Garnele*) crevette *f*
3. *fam* (*kleines Mädchen*) gamine *f fam;* ***meine kleine ~!*** ma petite cocotte! *fam*

krabbeln *vi + sein* ■ **ein Tier krabbelt** [**irgendwohin**] un animal court [*o* se promène] [quelque part]; ■ **ein Kind krabbelt** un enfant marche à quatre pattes

Krach <-[e]s, -̈e> *m* 1. ∅ (*Lärm*) vacarme *m,* bruit *m*
2. (*lauter Schlag*) fracas *m*
3. *fam* (*Streit*) engueulade *f fam*
▶ **jd hat** ~ **mit jdm** *fam* qn est en bisbille [*o* s'est engueulé(e)] avec qn *fam;* **sie haben** ~ [**miteinander**] *fam* ils/elles sont en bisbille [*o* se sont engueulé(e)s] *fam;* **jd kriegt mit jdm** ~ *fam* qn va avoir affaire à qn, qn va se faire engueuler par qn *fam;* **jd/etw macht** ~ qn/qc fait du vacarme; **jd schlägt** ~ *fam* qn fait du foin *fam*

krachen I. *vi* 1. + *haben* (*laut hallen*) ■ **etw kracht** */morscher Ast/* qc craque; */Tür/* qc claque; */Donner/* qc gronde; */Donnerschlag/* qc éclate; */Schuss/* qc claque
2. + *sein fam* (*prallen*) ■ **jd/etw kracht irgendwohin** qn/qc s'écrase quelque part
II. *vi impers + haben* 1. (*ein Krachen verursachen*) ■ **es kracht** il y a un [grand] fracas
2. *fam* (*Unfall verursachen*) ■ **es kracht** [**irgendwo**] ça cartonne quelque part *fam*
3. *fam* (*Börsenkrach geben*) ■ **es kracht** [**irgendwo**] il y a un krach [quelque part]
▶ **dass es nur so kracht** *fam* (*mit viel Lärm*) dans un fracas épouvantable; ***du bekommst eine Ohrfeige, dass es nur so kracht*** tu vas prendre une gifle dont tu te souviendras *fam;* **sonst kracht's!** *fam* sinon ça va péter! *fam;* **und es kracht!** *fam* et ça pète! *fam*
III. *vr fam* ■ **sie** ~ **sich** ils/elles s'engueulent *fam;* ■ **jd kracht sich mit jdm** qn s'engueule avec qn *fam*

krachend *adv* avec fracas

Kracher <-s, -> *m* pétard *m*

Kracherl <-s, -n> *nt* AUS, SDEUTSCH *fam* (*Limonade*) soda *m*

Krachmacher(in) *m(f) pej fam* tapageur(-euse) *m(f);* ***sie sind furchtbare ~*** ils font toujours du boucan *fam*

krächzen I. *vi* 1. ■ **ein Tier krächzt** */Krähe/* un animal croasse; */Elster/* un animal jacasse
2. *fam* (*heiser sprechen*) ■ **jd krächzt** qn parle d'une voix enrouée, qn coasse *fam*
II. *vt fam* ■ **jd krächzt etw** qn coasse qc *fam*

Krächzen <-s> *nt* ∅ 1. [*Krähe, Rabe etc*] croassement *m;* [*Elster*] jacassement *m*
2. *fam* (*heiseres Sprechen*) coassement *m fam*

Kräcker <-s, -> *m* cracker *m*

kraft *präp form* ■ ~ **einer S.** (*gen*) en vertu de qc; ~ ***Gesetzes*** au nom de la loi

Kraft <-, -̈e> *f* 1. (*körperliche Stärke*) force *f;* ***jd nimmt seine ganze ~ zusammen*** qn rassemble ses forces
2. (*starke Wirkung*) pouvoir *m;* [*Kraut a.*] vertus *fpl*
3. (*Potenzial*) puissance *f*
4. PHYS énergie *f*
5. IND (*Beschäftigte*) employé(e) *m(f);* ***erfahrene ~̈e*** du personnel expérimenté
6. *meist pl* (*einflussreiche Gruppe*) force *f*
▶ **jd muss mit seinen ~̈en Haus halten** qn doit ménager ses forces; **mit aller** ~ *versuchen, ziehen etc* de toutes mes/ses/… forces; **aus eigener** ~ par mes/ses/… propres moyens; **mit frischer** ~ avec une énergie nouvelle; **volle** ~ **voraus!** en avant, toutes!; **mit letzter** ~ dans un suprême effort, en rassemblant mes/ses/… dernières forces; **die treibende** ~ [**hinter etw** (*dat*)] l'instigateur(-trice) *m(f)* [de qc]; **mit vereinten ~̈en** en nous y/s'y mettant à tous(toutes), tous(toutes) ensemble; **jd bringt die** ~ **auf etw zu tun** qn trouve la force de faire qc; **etw geht über jds ~̈e** (*akk*) qc est au-dessus des forces de qn; **etw ist außer** ~ qc n'est plus en vigueur; **jd ist wieder bei ~̈en** qn est de nouveau en forme; **etw ist in** ~ qc est en vigueur; **jd kann vor** ~ **nicht mehr laufen** *hum fam* qn a tellement de muscles qu'il/elle a du mal à se traîner *fam;* **jd kommt wieder zu ~̈en** qn récupère; **jd misst seine ~̈e** [**mit jdm**] qn se mesure [avec [*o* à] qn]; **jd sammelt seine ~̈e** (*Energiereserven*) qn rassemble ses forces; (*Truppen*) qn regroupe ses forces; **jd setzt etw außer** ~ *Befehl* qn rapporte qc; *Ausgangssperre* qn lève qc; **etw steht in jds ~̈en** (*dat*) qc est en son pouvoir; **etw tritt in** ~ qc entre en vigueur; **jd weiß nicht wohin mit seiner** ~ *fam* qn a de l'énergie à revendre *fam;* **nach** [**besten**] **~̈en** de mon/son/… mieux

-kraft *f Ausdrucks-, Ausstrahlungs-, Gestaltungs-, Zerstörungs-* pouvoir *m* de; *Wasch-, Zauber-* pouvoir *m + adj;* ***Zauber~*** pouvoir *m* magique

Kraftakt *m* tour *m* de force **Kraftanstrengung** *f* effort *m gén pl* **Kraftausdruck** <-ausdrücke> *m* gros mot *m* ▶ **jd wirft mit Kraftausdrücken um sich** qn se répand en invectives *soutenu* **Kraftbrühe** *f* bouillon *m* de bœuf

Kräfteverhältnis *nt* rapport *m* de forces **Kräfteverschleiß** *m* épuisement *m;* ***es kommt zu vorzeitigem ~*** les forces s'épuisent prématurément

Kraftfahrer(in) *m(f) form* automobiliste *mf,* conducteur(-trice) *m(f);* (*Lkw-*

Fahrer) chauffeur *m* [de camion], camionneur(-euse) *m(f)*
Kraftfahrzeug *nt form* véhicule *m* automobile *form*
Kraftfahrzeug- *form -versicherung* sur les véhicules à moteur *form; -papiere* du véhicule **Kraftfahrzeugbrief** *m s.* **Fahrzeugbrief. Kraftfahrzeugmechaniker(in)** *m(f)* mécanicien(ne) *m(f)* [automobile] **Kraftfahrzeugschein** *m s.* **Fahrzeugschein. Kraftfahrzeugsteuer** *f* taxe *f* sur les véhicules à moteur, ≈ vignette *f*
Kraftfeld *nt* champ *m* de force
kräftig I. *adj* 1. *(stark) Mensch* fort(e); *Muskel, Muskulatur, Kinn, Hieb a.* puissant(e); *Händedruck* vigoureux(-euse); ■ **etw wird** ~ qc gagne en puissance
2. *(intensiv) Farbton* soutenu(e); *Duft, Geschmack* fort(e)
3. *(nahrhaft)* bon(ne) *antéposé;* ■ **etw wird** ~ qc est consistant(e) [*o* nourrissant(e)]
4. *(ausgeprägt) Tiefdruckgebiet, Wuchs* fort(e); *Hochdruckgebiet, Luftströmung a.* puissant(e); ***jd hat einen ~en Haarwuchs*** qn a les cheveux qui poussent dru; ■ **etw wird** ~ qc prend de la vigueur
5. *(drastisch) Ausdruck, Ausdrucksweise, Fluch, Sprache* cru(e)
6. *(groß) Anstieg, Preiserhöhung, Gehaltserhöhung, Zunahme* fort(e)
II. *adv* 1. *drücken, zustoßen* vigoureusement; *pusten* fort; *rühren* énergiquement; *applaudieren* vigoureusement; *niesen* violemment; *einatmen* profondément
2. *(stark) schneien* fort; ***es hat gestern ~ gewittert/gestürmt*** il y a eu hier un violent orage/une violente tempête
3. *(deutlich) steigen, zunehmen* fortement
4. *(sehr) sich irren, sich täuschen* fortement; *sich wehren* énergiquement
-kräftig: ***finanz~*** solide financièrement; ***zahlungs~*** qui a les moyens; ***zauber~*** magique; ***zug~*** attractif(-ive)
kräftigen *vt geh* 1. *(die Gesundheit festigen)* ■ **etw kräftigt jdn/etw** */Bad, Kur/* qc revigore qn/qc
2. *(stärken)* ■ **etw kräftigt etw** */Sport, Training, Mittel/* qc fortifie qc
Kräftigung <-, -en> *f geh* 1. *(gesundheitliche Festigung)* rétablissement *m;* ***eine fühlbare ~*** une nette amélioration
2. *[Muskel, Muskulatur]* raffermissement *m;* ***etw trägt zur ~ von jdm/etw bei*** qc contribue à fortifier qn/qc
Kräftigungsmittel *nt* fortifiant *m*
Kraftlinien [-liːniən] *pl* lignes *fpl* de force
kraftlos I. *adj Mensch* sans force; *Arm, Bein* en coton; *Händedruck* mou(molle); ■ **jd wird** ~ qn perd ses forces, qn s'affaiblit
II. *adv* sans force
Kraftlosigkeit <-> *f ∅* affaiblissement *m*
Kraftprobe *f* épreuve *f* de force **Kraftprotz** <-es, -e> *m fam* [gros] tas *m* de muscles *fam,* [gros] malabar *m fam* **Kraftrad** *nt form* motocycle *m form* **Kraftsport** *m* sport *m* de force **Kraftstoff** *m form* carburant *m* **kraftstrotzend** *adj geh Mensch* plein(e) de vigueur, hyperbaraqué(e) *fam; Muskulatur* très puissant(e) **kraftvoll** I. *adj geh* 1. *Mensch* vigoureux(-euse); *Muskel, Oberarm, Schenkel a.* puissant(e); *Gebiss a.* solide 2. *Bass, Stimme* puissant(e) II. *adv zuschlagen* violemment; *zubeißen* vigoureusement **Kraftwagen** *m form* véhicule *m* automobile *form*
Kraftwerk *nt* centrale *f* [électrique]
-kraftwerk *nt Erdgas-, Gezeiten-, Siedewasser-* centrale *f* à; *Dampfturbinen-, Heiz-, Wind-, Fluss-, Gezeiten-* centrale *f + adj;* ***Fluss~*** centrale *f* hydraulique; ***Speicher~*** usine *f* d'accumulation
Kragen <-s, - *o* SDEUTSCH, CH ⸚> *m* col *m*
▸ **jd schlägt** [*o* **stülpt**] **den ~ nach oben** qn relève son col; **jdm geht es an den** ~ *fam* qn est pris(e) à la gorge, qn a des comptes à rendre; **jd packt jdn am** [*o* **beim**] ~ *fam* qn prend qn au collet [*o* par la peau du dos] *fam;* **jdm platzt der** ~ *fam* qn explose *fam;* **jetzt platzt mir aber der** ~ *fam* maintenant, y en a [vraiment] marre *fam*
Kragenknopf *m* bouton *m* de col **Kragenspiegel** *m* parement *m* **Kragenweite** *f* encolure *f* ▸ **jd ist jds** ~ *fam* qn est le type de qn
Krähe <-, -n> *f* corneille *f*
▸ **eine ~ hackt der anderen kein Auge aus** *prov* les loups ne se mangent pas entre eux
krähen *vi* 1. ■ **ein Hahn kräht** un coq chante
2. *fam (schreien)* ■ **jd kräht** */Kind/* qn piaille *fam*
Krähenfüße *pl* pattes-d'oie *fpl*
Krakauer <-, -> *f* saucisse *f* de Cracovie *(fumée et très épicée)*
Krake <-n, -n> *m* pieuvre *f*
krakeelen * *vi fam* ■ **jd krakeelt** qn pousse des beuglements *fam;* ■ **~d** braillard(e) *fam;* ■ **das K~** les hurlements *mpl*
Krakeeler(in) <-s, -> *m(f) fam* braillard(e) *m(f) fam*
krakelig I. *adj* tremblé(e)
II. *adv schreiben* d'une écriture tremblée; *malen* maladroitement
Kral <-s, -e> *m* kraal *m*
Kralle <-, -n> *f* 1. *[Katze, Raubkatze]* griffe *f; [Raubvogel]* serre *f*
2. *fam (Park~)* sabot *m* de Denver
▸ **bar auf die** ~ *sl* en liquide; ***ich will den Zaster bar auf die ~*** je veux palper le fric [*o* le cash] vite fait *pop;* **jd bekommt** [*o* **kriegt**] **jdn in seine ~n** *fam* qn met le grappin sur qn *fam;* **jd hat jdn in seinen ~n** *fam* qn tient qn entre ses pattes *fam;* **jd lässt jdn/etw nicht aus den ~n** *fam* qn ne lâche pas qn/qc *fam,* qn ne laisse pas filer qn/qc *fam;* **jd zeigt** [**jdm**] **die ~n** *fam* qn montre les griffes [à qn]
krallen I. *vr* 1. *(sich fest~)* ■ **ein Tier krallt sich an jdn/etw/ein Tier** un animal s'agrippe à qn/qc/un animal
2. *(zupacken)* ■ **etw krallt sich in etw** *(akk)***/um etw** qc agrippe qc
3. *sl (sich vornehmen)* ■ **jd krallt sich** *(dat)* **jdn** qn se paie qn *arg*
II. *vt* 1. *(bohren)* ■ **jd krallt etw in etw** *(akk) Finger, Hand, Zehen* qn enfonce qc dans qc
2. *sl (klauen)* ■ **jd krallt** [**sich** *(dat)*] **etw** qn pique qc *pop*
Kram <-[e]s> *m ∅ fam* 1. *(Krempel)* bazar *m fam,* fourbi *m fam*
2. *(Angelegenheit)* fourbi *m fam;* ***kümmere dich um deinen eigenen ~!*** mêle-toi de tes oignons! *fam*
▸ **jd hat den ~ satt** qn en a ras le bol *fam;* **mach doch deinen ~ allein!** démerde-toi [tout(e) seul(e)]! *fam;* **etw passt jdm in den ~/nicht in den ~** qc tombe à pic *fam*/mal [pour qn]
kramen I. *vi* ■ **jd kramt** [**in etw** *(dat)*] [**nach etw**] qn fouille [*o* farfouille *fam*] [dans qc] [à la recherche de qc]; ***jd findet etw beim K~*** qn trouve qc à force de [far]fouiller [*o* en [far]fouillant] *fam*
II. *vt* ■ **jd kramt etw aus etw** qn tire [*o* extirpe *fam*] qc de qc
Krämer(in) <-s, -> *m(f)* DIAL *veraltend* épicier(-ière) *m(f)*
Krämerseele *f pej* esprit *m* mercantile
▸ **jd ist eine** ~ qn a un esprit mercantile
Kramladen *m pej fam* bazar *m*
Krampe <-, -n> *f* crampillon *m,* cavalier *m*
Krampen <-s, -> *m* AUS *s.* **Spitzhacke**
Krampf <-[e]s, ⸚e> *m* 1. *(Muskel~)* crampe *f*
2. *(Kolik)* spasme *m*
3. CH *fam (harte Arbeit)* galère *f fam*
▸ **jd bekommt einen** ~ qn attrape une crampe; **jd hat einen** ~ [**in etw** *(dat)*] qn a une crampe [à qc]; **jd hat ⸚e** qn a des spasmes; **etw ist** [**ein**] ~ *fam* qc est de la foutaise *fam;* **jd windet sich in ⸚en** qn est agité(e) [*o* secoué(e)] de convulsions
Krampfader *f* varice *f*
krampfen I. *vt geh* ■ **jd krampft etw um eine S.** *Finger, Hand* qn crispe qc autour d'une chose, qn serre convulsivement une chose dans qc
II. *vr geh* ■ **etw krampft sich um etw** qc se crispe autour de qc, qc serre convulsivement qc
III. *vi* CH *fam* ■ **jd krampft** qn en met un coup *fam*
krampfhaft I. *adj* 1. *Versuch* désespéré(e); *Nachdenken* obstiné(e)
2. *Handbewegung, Lachen* convulsif(-ive)
II. *adv (angestrengt)* désespérément
krampflindernd *adj,* **krampflösend** *adj* antispasmodique
Kran <-[e]s, ⸚e *o* -e> *m* 1. TECH grue *f*
2. DIAL *(Wasserhahn)* robinet *m*
Kranführer(in) *m(f)* grutier(-ière) *m(f)*
krängen *vi* ■ **etw krängt** */Schiff/* qc gîte, qc donne de la bande
Kranich <-s, -e> *m* grue *f*
krank <⸚er, ⸚ste> *adj* 1. MED *Mensch* malade; *Arm, Gelenk* en mauvais état; *Herz* malade; ■ **jd ist/wird** ~ qn est/tombe malade; ***jd wird ⸚er*** qn est de plus en plus malade
2. *(leidend)* ■ **jd ist ~ vor etw** *(dat) vor Stress, Aufregung* qn est malade à cause de qc; ***jd ist ~ vor Sehnsucht*** qn se languit; ***jd ist ~ vor Eifersucht*** qn est malade de jalousie
3. HORT *Baum, Pflanze* malade
4. COM *Firma, Währung* malade
▸ **schwer** ~ gravement malade; **du bist wohl ~!, bist du ~?** *iron fam* non, mais t'es malade! *fam,* t'es pas malade? *fam;* **etw macht jdn** ~ qn rend qn malade; **jd macht jdn** ~ [**mit etw**] *fam* qn soûle qn [avec qc] *fam*
-krank atteint(e) de; ■ **jd ist ... ~** qn a ..., qn est atteint(e) de ...; ***sucht~*** drogué(e); ***alkohol~*** alcoolique; ***strahlen~*** irradié(e)
Kranke(r) *f(m) decl wie adj* malade *mf*
▸ **ein eingebildeter ~r/eine eingebildete** ~ un/une malade imaginaire; **ein unheilbar ~r/eine unheilbar** ~ un/une malade incurable
-kranke(r) *f(m)* malade *mf* atteint(e) du/de la
kränkeln *vi* 1. *(nicht gesund sein)* ■ **jd kränkelt** *(längere Zeit)* qn est souffreteux(-euse) [*o* maladif(-ive)]; *(einige Zeit)* qn ne se sent pas bien, qn est patraque [*o* mal fichu(e)] *fam*
2. IND ■ **etw kränkelt** */Branche, Firma/* qc est malade; ■ **~d** malade
kranken *vi* ■ **etw krankt an etw** *(dat)* qc souffre de qc, qc pèche par qc
kränken *vt* ■ **jd/etw kränkt jdn** qn/qc blesse [*o* froisse] qn; ■ **jd ist gekränkt** qn est blessé(e) [*o* froissé(e)]; ■ **es kränkt jdn, dass** ça blesse [*o* froisse] qn que + *subj;* ■ **~d** *Äußerung, Vorwurf etc* offensant(e), blessant(e)
Krankenanstalten *pl veraltend form* centre *m* hospitalier **Krankenbericht** *m* rapport *m* médical **Krankenbesuch** *m* visite *f* [à domicile] ▸ **jd macht einen ~/~e** [**bei jdm**] qn fait une visite/des visites [chez qn] **Krankenbett** *nt* 1. *(Krankenhausbett)* lit *m* d'hôpital 2. *(Krankenlager)* chevet *m* du/de la malade; ***sie blieb an seinem ~*** elle resta à son chevet **Krankengeld** *nt* prestations *fpl* maladie **Krankengeschichte** *f* 1. MED antécédents *mpl* [du/de la malade] 2. *fam* récit *m* [*o* énumération *f*] de ses maux *hum* **Krankengymnast(in)** <-en, -en> *m(f)* kinésithérapeute *mf,* kiné[si] *mf fam* **Krankengymnastik** *f* rééducation *f,* kinésithérapie *f,* kiné *f fam;* ***sie muss dreimal in der Woche zur ~*** elle a trois séances de kiné par semaine
Krankenhaus *nt* hôpital *m;* ***ein privates ~*** une clinique privée
▸ **jd kommt/muss ins ~** qn est/doit être hospitalisé(e); **jd liegt** [**mit etw**] **im ~** qn est hospitalisé(e) [*o* est à l'hôpital] [pour qc]
Krankenhaus- de l'hôpital **Krankenhausaufenthalt** *m* hospitalisation *f* **Krankenhauskosten** *pl* frais *mpl* d'hospitalisation **krankenhausreif** *adj* bon(ne) pour l'hôpital [*o* pour l'hosto *fam*] ▸ **jd schlägt jdn ~** qn envoie qn à l'hôpital [*o* à l'hosto *fam*]
Krankenkasse *f* caisse *f* d'assurance-maladie, ≈ Sécurité *f* sociale ▸ **jd ist in einer ~** qn est affilié(e) à une caisse d'assurance-maladie, ≈ qn est assuré(e) social(e) **Krankenlager** *nt geh* lit *m* de douleur *littér* ▸ **jd ist ans ~ gefesselt** qn est cloué(e) au lit **Krankenpflege** *f* soins *mpl* [donnés aux malades] **Krankenpfleger** *m* infirmier *m* **Krankensalbung** *f* sacrement *m* des malades **Krankenschein** *m* feuille *f* de prise en charge ▸ **auf ~** au tiers payant **Krankenschwester** *f* infirmière *f* **Kranken-**

stand *m* ∅ (*Anzahl der Kranken*) taux *m* de maladie **Krankentransport** *m* transport *m* en ambulance **Krankenversichertenkarte** *f* carte *f* d'assuré social **Krankenversicherung** *f* assurance-maladie *f* ▶ **gesetzliche** ~ ≈ Sécurité *f* sociale *f*; **private** ~ mutuelle *f* **Krankenwagen** *m* ambulance *f* **Krankenzimmer** *nt* 1. (*im Krankenhaus*) chambre *f* d'hôpital 2. (*in Heim, Internat etc*) infirmerie *f* 3. (*privat*) chambre *f* de malade

krank|feiern *vi fam* ■ **jd feiert krank** qn se fait porter pâle *fam* (*sans être malade*); ■ **das K~** les maladies diplomatiques *fpl fam*

krankhaft I. *adj* 1. MED pathologique
2. (*unnormal*) *Eifersucht, Geiz, Misstrauen* maladif(-ive)
II. *adv:* ~ ***ehrgeizig/eifersüchtig*** d'une ambition/jalousie maladive

Krankheit <-, -en> *f* maladie *f*
▶ **eine akute/chronische** ~ une maladie aiguë/chronique; **Alzheimer** ~ maladie *f* d'Alzheimer; **englische** ~ *veraltend* rachitisme *m*; **parkinsonsche** ~ maladie *f* de Parkinson; **etw ist eine** ~ *fam* qc est une [vraie] plaie! *fam*; **es ist eine** ~ **mit jdm** *fam* quelle plaie, qn! *fam*; **wegen** ~ pour cause de maladie

-krankheit *f Blut-, Blatt-, Ulmen-* maladie *f* du/de la/des; *Erkältungs-, Strahlen-* maladie *f* due à; ***Knochen~*** maladie *f* osseuse; ***Lungen~*** affection *f* pulmonaire; ***Pilz~*** mycose *f*; ***Virus~*** maladie *f* virale

Krankheitsbild *nt* signes *mpl* cliniques **Krankheitserreger** *m* agent *m* pathogène

krank|lachen *vr fam* ■ **jd lacht sich krank** qn est écroulé(e) *fam*; ■ **jd lacht sich über jdn/etw krank** qn/qc fait marrer qn *fam*

kränklich *adj* maladif(-ive), souffreteux(-euse)

krank|machen *vi fam s.* **krankfeiern. krank|melden**[RR] *vr* ■ **jd meldet sich krank** qn se met en arrêt de travail; ■ **jd meldet sich jdm krank** qn se fait porter malade, qn envoie à qn un avis d'arrêt de travail **Krankmeldung** *f* déclaration *f* de maladie **krank|schreiben**[RR] *vt* ■ **jd schreibt jdn krank** qn prescrit un arrêt de travail à qn

Kränkung <-, -en> *f* offense *f*

Kranz <-es, Kränze> *m* 1. (*aus Pflanzen*) couronne *f*
2. *geh* (*Ring*) ceinture *f*
3. DIAL (*Hefe~*) brioche *f* en couronne

Kränzchen <-s, -> *nt* 1. *dim von* **Kranz** petite couronne *f*
2. (*Runde*) petit cercle *m* d'amies; ***sie ist bei ihrem*** ~ elle est à sa réunion d'amies

Kranzgefäß *nt s.* **Herzkranzgefäß. Kranzniederlegung** *f form* dépôt *m* de gerbe

Krapfen <-s, -> *m* DIAL beignet *m*

krass[RR], **kraß** I. *adj* 1. *Fall, Gegensatz, Unterschied* flagrant(e), manifeste; ***etw ist das ~e Gegenteil von etw*** qc est absolument à l'opposé de qc
2. *Lüge, Ungerechtigkeit* flagrant(e)
3. *Außenseiter* [très] gros(se) *antéposé; Materialist* invétéré(e)
II. *adv schildern, sich ausdrücken* crûment

Krater <-s, -> *m* cratère *m*

Kraterlandschaft *f* paysage *m* lunaire **Kratersee** *m* lac *m* de cratère

Kratten <-s, -> *m* CH panier *m*

Kratzbürste *f pej fam* mauvais coucheur/mauvaise coucheuse *m/f fam*

kratzbürstig *adj pej fam* revêche, aimable comme une porte de prison *fam*; ***jd ist*** ~ (*momentan*) qn est d'une humeur de chien, qn est d'humeur revêche

Krätze <-> *f* ∅ gale *f*

kratzen I. *vt* 1. ■ **jd/ein Tier kratzt jdn** qn/un animal griffe qn
2. (*gegen Jucken*) ■ **jd kratzt jdn irgendwo** qn gratte qn quelque part
3. (*ab~*) ■ **jd kratzt etw von etw** *Farbe* qn gratte qc de qc; *Haut* qn arrache qc de qc
4. *fam* (*kümmern*) ■ **etw kratzt jdn nicht** qc ne regarde pas qn; ***was kratzt mich das?*** qu'est-ce que ça peut me fiche? *fam*; ***das kratzt mich überhaupt nicht*** je m'en fiche complètement *fam*, ça ne m'intéresse pas du tout
II. *vr* ■ **jd kratzt sich** qn se gratte; ■ **jd kratzt sich an etw** (*dat*) qn se gratte qc; ***jd kratzt sich auf dem Kopf/hinterm Ohr*** qn se gratte la tête/derrière l'oreille
III. *vi* 1. (*jucken*) ■ **etw kratzt** qc gratte; ***etw kratzt auf der Haut*** qc gratte; ***die Strümpfe ~ an den Beinen*** ces chaussettes grattent
2. (*scharren*) ■ **etw kratzt** /*Feder, Gänsekiel, Nagel*/ qc gratte, qc racle; ■ **jd kratzt mit etw über eine S.** (*akk*) qn racle une chose avec qc
3. (*mit den Nägeln*) ■ **jd/ein Tier kratzt** qn/un animal griffe
4. (*beeinträchtigen*) ■ **jd kratzt an etw** (*dat*) *an Ruf, Mythos, Renommee* qn égratigne qc
IV. *vt impers* ■ **es kratzt jdn irgendwo** qn a qc qui le gratte, ça le/la gratte quelque part; ***ich habe ein K~ im Hals*** j'ai la gorge qui me gratte

Kratzer <-s, -> *m* éraflure *f*

Kratzwunde *f* griffure *f*

Kraul <-[s]> *nt* ∅ crawl *m*

kraulen[1] I. *vi + haben o sein* SPORT ■ **jd krault** qn nage le crawl, qn crawle; ■ **das K~** le crawl; ***im K~*** en crawl
II. *vt + haben o sein* ■ **jd krault etw** qn fait qc en crawl

kraulen[2] *vt* (*streicheln*) ■ **jd krault jdn/ein Tier** [**irgendwo**] qn caresse qn/un animal [quelque part]

kraus *adj* 1. *Haar, Kopf* tout(e) frisé(e), crépu(e); ***jd lässt sich*** (*dat*) ***die Haare ~ machen*** qn se fait crêper les cheveux
2. (*zerknittert*) froissé(e); ■ **etw wird** ~ qc se froisse
3. *pej* (*verworren*) embrouillé(e)

Krause <-, -n> *f* 1. (*Saum*) [poignet *m* à] volant *m* plissé; (*Kragen*) collerette *f*, fraise *f*
2. *fam* (*Haar*) (*künstlich*) frisettes *fpl fam*; (*natürlich*) chevelure *f* frisée; [*Schwarze*] chevelure *f* crépue

kräuseln I. *vt* 1. ■ **jd kräuselt etw** *Haare* qn fris[ott]e qc
2. COUT ■ **jd kräuselt etw** qn fronce qc
3. (*leicht wellig machen*) ■ **etw kräuselt etw** /*leichte Brise etc*/ *Wasseroberfläche* qc ride qc
II. *vr* 1. (*kraus werden*) ■ **etw kräuselt sich** /*Haare*/ qc frisotte
2. (*leichte Wellen schlagen*) ■ **etw kräuselt sich** /*Wasser, Wasseroberfläche*/ qc se ride

kraushaarig *adj* crépu(e) **Krauskopf** *m fam* 1. (*Frisur*) coiffure *f* afro
2. (*Mensch*) tête *f* crépue

Kraut <-[e]s, Kräuter> *nt* 1. (*Pflanze*) herbe *f souvent pl*
2. ∅ (*grüne Teile*) [*Gemüse, Rüben, Kartoffeln etc*] fanes *fpl*
3. ∅ DIAL (*Kohl*) chou *m*; (*Sauer~*) choucroute *f*
4. *pej fam* (*Tabak*) gros tabac *m*
▶ **sie liegen wie** ~ **und Rüben durcheinander** *fam* ils/elles sont sens dessus dessous; **gegen etw ist kein** ~ **gewachsen** *fam* y a vraiment rien à faire contre qc *fam*, il n'y a pas de remède contre [*o* à] qc; **etw schießt ins** ~ *fig fam* qc a tendance à proliférer

Kräuterbutter *f* beurre *m* persillé **Kräuterkäse** *m* fromage *m* aux fines herbes **Kräuterlikör** *m* liqueur *f* à base de plantes **Kräutertee** *m* infusion *f*, tisane *f*

Krautkopf *m* SDEUTSCH, AUS *s.* **Kohlkopf. Krautsalat** *m* salade *f* de chou

Krawall <-s, -e> *m* 1. (*Tumult*) bagarre *f*, échauffourée *f*; ***jd hat es auf ~ abgesehen*** qn cherche la bagarre
2. ∅ *fam* (*Lärm*) boucan *m fam*
▶ **jd macht** [**einen**] ~ *fam* qn fait du raffut *fam*

Krawallmacher(in) *m(f) fam* fauteur(-trice) *m(f)* de troubles

Krawatte <-, -n> *f* cravate *f*

Krawatten- de cravate **Krawattenknoten** *m* nœud *m* de cravate **Krawattennadel** *f* épingle *f* de cravate **Krawattenträger(in)** *m(f)* porteur(-euse) *m(f)* de cravate; ***jd kann sich jdn als ~ nicht vorstellen*** qn n'imagine pas qn avec une cravate ▶ **jd ist** ~ qn porte la cravate

kraxeln *vi + sein* SDEUTSCH ■ **jd kraxelt** [**auf etw** (*akk*)] qn grimpe [sur qc]

Kreation <-, -en> *f* création *f*

kreativ I. *adj* créatif(-ive)
II. *adv: **jd ist ~ begabt/veranlagt*** qn a un génie créatif

Kreativität <-> [kreativiˈtɛːt] *f* ∅ créativité *f*

Kreatur <-, -en> *f* 1. (*Geschöpf*) créature *f*
2. *pej* (*willenloses Werkzeug*) créature *f*
▶ **alle** ~ *geh* la création tout entière; **die stumme** ~ *geh* nos amies *fpl* les bêtes

Krebs[1] <-es, -e> *m* 1. ZOOL crustacé *m*
2. ∅ GASTR crabe *m*
3. ∅ ASTROL Cancer *m*
▶ **rot wie ein** ~ rouge comme une écrevisse; **jd ist** [**ein**] ~ qn est Cancer

Krebs[2] <-es, -e> *m* 1. MED cancer *m*
2. HORT galle *f*
▶ ~ **erregend** cancérigène; ***etw wirkt ~ erregend*** qc a des effets cancérigènes; **jd hat** ~, **jd leidet an** ~ (*dat*) qn a un [*o* souffre d'un] cancer

-krebs *m* cancer *m* du/de la/de l'

krebsen *vi fam* 1. (*nicht gut abschneiden*) ■ **jd/etw krebst irgendwo** qn/qc vivote quelque part; ■ **jd/etw krebst vor sich hin** qn/qc végète; ***in Mathe krebst er zwischen 4 und 5*** en maths, il se maintient péniblement entre satisfaisant et médiocre
2. (*mühsam leben*) ■ **jd krebst** [**irgendwo**] qn vivote [quelque part]

krebserregend *s.* **Krebs**[2] ▶

Krebsgang *m* ▶ **etw geht den** ~ *geh* qc marche à reculons

Krebsgeschwulst *f* tumeur *f* cancéreuse **krebskrank** *adj* cancéreux(-euse) **Krebskranke(r)** *f(m) decl wie adj* cancéreux(-euse) *m(f)*

krebsrot *adj* rouge comme une écrevisse

Krebsvorsorge *f* dépistage *m* du cancer **Krebsvorsorgeuntersuchung** *f* examen *m* de dépistage du cancer **Krebszelle** *f* cellule *f* cancéreuse

Kredenz <-, -en> *f veraltend* crédence *f*

kredenzen * *vt geh* ■ **jd kredenzt jdm etw** qn sert qc à qn

Kredit[1] <-[e]s, -e> *m* (*Darlehen*) crédit *m*; ***ein ~ über 7000 DM*** un crédit de 7000 marks
▶ **jd gibt** [*o* **gewährt**] **jdm** ~ qn accorde un crédit à qn; **er/sie hat** ~**/bei jdm** ~ on/qn lui fait crédit; **jd nimmt** [**für etw**] **einen** ~ [**bei jdm**] **auf** qn prend un crédit [auprès de qn] [pour qc]; **auf** ~ à crédit

Kredit[2] <-s, -s> *nt* (*Habenseite*) crédit *m*

Kreditgeber(in) *m(f)* prêteur(-euse) *m(f)* **Kredithai** *m fam* usurier(-ière) *m(f)* **Kreditinstitut** *nt* établissement *m* de crédit **Kreditkarte** *f* carte *f* de crédit ▶ **etw geht auf** ~ qn paie qc par carte; ***geht das alles auf ~?*** vous payez tout par carte? **Kreditlinie** [-liːniə] *f s.* **Kreditrahmen. Kreditnehmer(in)** <-s, -> *m(f)* emprunteur(-euse) *m(f)* **Kreditrahmen** *m* montant *m* du découvert autorisé **Kreditvergabe** *f* octroi *m* de crédits **kreditwürdig** *adj* solvable

Kredo <-s, -s> *nt geh* credo *m*

Kreide <-, -n> *f* 1. (*Kalkstein*) craie *f*
2. (*zum Schreiben und Malen*) craie *f*
3. (*Kreidezeit*) crétacé *m*; ***in der*** ~ au crétacé
▶ **jd steht** [**bei jdm**] [**mit etw**] **in der** ~ *fam* qn a une ardoise [de qc] [chez qn] *fam*

kreidebleich *adj* blanc(blanche) comme un linge **Kreidefelsen** *m* falaise *f* crayeuse **Kreideformation** *f* formation *f* crétacée **kreideweiß** *adj s.* **kreidebleich. Kreidezeichnung** *f* dessin *m* à la craie

kreieren * *vt* ■ **jd kreiert etw** qn crée qc

Kreis <-es, -e> *m* 1. GEOM cercle *m*; (*Kreisfläche*) surface *f* du cercle

2. (*Gruppe*) cercle *m*
3. *pl* (*gesellschaftliche Gruppierung*) milieux *mpl*
4. ADMIN (*Land~*) canton *m* (*en France*); (*Stadt~*) arrondissement *m*
▶ **aus den besten ~en** de la haute société; **etw kommt in den besten ~en vor** qc arrive dans les meilleures familles *fam;* **im engen** [*o* **kleinen**]/ **engeren/engsten** ~ en petit/très petit/tout petit comité; **ein magischer** ~ un cercle magique; **weite ~e**: ***weite ~e der Bevölkerung*** de larges couches *fpl* de population; **jd beschreibt** [*o* **schlägt**] [*o* **zieht**] **einen** ~ qn trace un cercle; **sie bilden einen ~ um jdn** ils/elles forment un [*o* se mettent en] cercle autour de qn; **jd/ein Tier dreht** [*o* **bewegt**] **sich im** ~ (*um sich selbst*) qn/un animal tourne sur lui/elle-même; (*jds Gedanken kommen nicht von der Stelle*) qn tourne en rond; **jdm dreht sich alles im** ~ qn a la tête qui [lui] tourne; **jd geht im** ~ qn tourne en rond; **jd schließt den ~ um etw** qn referme le cercle autour de qc; **etw schließt den** ~ /*Aussage, Indiz*/ qc fournit le chaînon manquant; **der ~ schließt sich** la boucle est bouclée; **störe meine ~e nicht!** *hum* laisse-moi méditer en paix!; **etw zieht ~e** qc fait des remous; **ein Vogel zieht seine ~e** *geh* un oiseau tournoie; **im** ~ en cercle, en rond; **im ~e von Menschen** au milieu de personnes

Kreisabschnitt *m* segment *m* circulaire **Kreisausschnitt** *m* secteur *m* circulaire **Kreisbahn** *f* orbite *m* **Kreisbogen** *m* arc *m* de cercle

kreischen *vi* 1. (*krächzen*) ■ **ein Tier kreischt** /*Vogel*/ un animal piaille; /*Affe*/ un animal pousse des cris stridents; ■ **~d** en poussant des cris stridents
2. (*schreien*) ■ **jd kreischt** qn pousse des cris stridents
3. (*quietschen*) ■ **etw kreischt** /*Bremsen*/ qc crie; /*Reifen*/ qc crisse; ***mit ~den Bremsen/Reifen*** en faisant crier les freins/dans un crissement de pneus

Kreisel <-s, -> *m* 1. (*Spielzeug*) toupie *f*
2. *fam* (*Kreisverkehr*) sens *m* giratoire
▶ **jd schlägt den** ~ qn fouette la toupie

KreiselkompassRR *m* gyrocompas *m*

kreisen *vi* + *sein o haben* 1. ASTRON, RAUM ■ **etw kreist um etw** qc tourne autour de qc
2. AVIAT, ORN ■ **etw/ein Vogel kreist** [**über etw** (*dat*)] qc/un oiseau tournoie [au-dessus de qc]
3. (*in einem Kreislauf befindlich sein*) ■ **etw kreist** [**in etw** (*dat*)] qc circule [dans qc]
4. (*sich ständig drehen*) ■ **etw kreist um jdn/etw** /*Gedanken, Gespräch, Wünsche*/ qc tourne autour de qn/qc
5. (*rotieren*) ■ **jd lässt etw** ~ *Arm, Bein, Fuß* qn fait une rotation/des rotations de qc; ***linkes Bein heben und ~ lassen*** levez la jambe gauche et effectuez des petits cercles

Kreisfläche *f* aire *f* [*o* surface *f*] du cercle **kreisförmig** I. *adj* circulaire II. *adv* en cercle, en rond **kreisfrei** *adj* ADMIN *Stadt* autonome **Kreisinhalt** *m s.* **Kreisfläche. Kreiskolbenmotor** *m* moteur *m* à pistons rotatifs **Kreiskrankenhaus** *nt* ≈ centre *m* hospitalier régional

Kreislauf *m* 1. (*Blut~*) circulation *f*
2. [*Leben, Natur, Wasser*] cycle *m;* [*Geld*] circulation *f*

Kreislaufkollaps *m* collapsus *m* cardio-vasculaire ▶ **jd bekommt** [*o* **erleidet** *geh*] **einen** ~ qn est victime d'un collapsus cardio-vasculaire **Kreislaufmittel** *nt* veinotonique *m* **Kreislaufstörungen** *pl* troubles *mpl* circulatoires

kreisrund *adj* tout(e) rond(e) **Kreissäge** *f* scie *f* circulaire **Kreisschreiben** *nt* CH circulaire *f*

kreißen *vi veraltend* ■ **jd kreißt** qn est en couches *vieilli*

Kreißsaal *m* salle *f* de travail

Kreisstadt *f* ≈ chef-lieu *m* de canton (*en France*) **Kreistag** *m conseil m cantonal* **Kreisumfang** *m* circonférence *f* [du cercle] **Kreisverkehr** *m* sens *m* giratoire **Kreiswehrersatzamt** *nt* bureau *m* de recrutement [*o* du Service national]

Krematorium <-s, -rien> [-'toːriən] *nt* crématorium *m*

kremig I. *adj* onctueux(-euse)
II. *adv* pour obtenir une consistance onctueuse

Kreml <-s> *m* ■ **der** ~ le Kremlin

Krempe <-, -n> *f* bord *m*

Krempel <-s> *m Ø pej fam* 1. (*ungeordnete Sachen*) fourbi *m fam*
2. (*Ramsch*) camelote *f fam*
▶ **jd kann seinen ~ allein machen** que qn se démerde tout(e) seul(e) *fam;* **jd wirft den ganzen ~ hin** qn envoie tout promener *fam*

Kren <-s> *m Ø* AUS raifort *m*

krepieren * *vi* + *sein* 1. *sl* (*zugrunde gehen*) ■ **jd/ein Tier krepiert** [**an etw** (*dat*)] qn un animal crève [de qc] *pop;* ■ **jd/ein Tier krepiert jdm** qn a qn qui crève/un animal qui crève *pop*
2. (*zerplatzen*) ■ **etw krepiert** qc éclate

Krepp <-s, -e *o* -s> *m* crêpe *m*

KrepppapierRR *nt* papier *m* crépon

Kreppsohle *f* semelle *f* [de] crêpe

Kresse <-, -en> *f* GASTR, BOT cresson *m*

Kreta <-s> *nt* la Crète *f;* ***auf*** ~ en Crète

Krethi und Plethi *pl* + *vb sing o pl* tout le monde et n'importe qui

Kretin <-s, -s> [kre'tɛ̃ː] *m* 1. *geh* (*Dummkopf*) sot(te) *m(f) soutenu*
2. MED débile *mf*

Kretinismus <-> *m Ø* débilité *f* mentale

kreuchen *vi* ▶ **alles, was da kreucht und fleucht** *hum* toutes sortes de bestioles

kreuz *loc* ▶ **~ und quer** dans tous les sens

Kreuz <-es, -e> *nt* 1. (*Symbol, Zeichen*) croix *f;* ***ein Christus/die Hinrichtung am*** ~ un Christ/la mise en croix
2. (*Teil des Rückens*) reins *mpl;* ***mach kein krummes*** ~ ne te tiens pas courbé(e)
3. *fam* (*Autobahn~*) carrefour *m,* croisement *m*
4. <-> KARTEN trèfle *m*
5. MUS dièse *m*
▶ **das ~ des Südens** la Croix du Sud; **jd macht drei ~e** *fam* qn pousse un ouf de soulagement *fam;* **das Eiserne** ~ la Croix de fer; **das Rote** ~ la Croix-Rouge; **jd hat es im** ~ *fam* qn a mal aux reins; **es ist ein ~ mit jdm/etw** *fam* avec qn/qc, c'est la galère *fam;* **jd kriecht** [**bei jdm**] **zu ~e** qn s'aplatit [*o* s'écrase *fam*] [devant qn]; **jd legt jdn aufs** ~ *fam Gegner* qn envoie qn au tapis *fam; sl Mädchen, Frau* qn se fait qn *pop;* **jd liegt mit jdm über** ~ qn est en bisbille avec qn *fam;* **jd macht ein** ~ qn fait une croix; **jd nimmt sein ~ auf sich** (*akk*) *geh* qn porte sa croix; **jd schlägt jdn ans** ~ qn met qn en croix, qn crucifie qn; **jd schlägt** [*o* **macht**] **ein** ~ qn fait un signe de croix; **jd trägt sein** ~ *geh* qn porte sa croix; **über**[**s**] ~ *legen, zusammenlegen* en croix

Kreuz- KARTEN de trèfle **Kreuzband** <-bänder> *nt* ligament *m* croisé **Kreuzbein** *nt* sacrum *m* **Kreuzblütler** <-s, -> *m* crucifère *f*

kreuzen I. *vt* + *haben* 1. BIO ■ **jd kreuzt etw/ein Tier** [**mit etw/einem Tier**] qn croise qc/un animal [avec qc/un animal]
2. TRANSP ■ **etw kreuzt etw** *Straße, Bahnlinie* qc croise qc; /*Brücke*/ qc franchit qc; *Fluss, Platz* qc traverse qc
3. (*verschränken*) ■ **jd kreuzt etw** *Arme, Beine* qn croise qc
II. *vr* + *haben* 1. (*sich entgegenstehen*) ■ **sie ~ sich** /*Ansichten, Interessen*/ ils/elles s'opposent
2. (*sich begegnen*) ■ **sie ~ sich** /*Briefe*/ ils/elles se croisent
III. *vi* + *haben o sein* ■ **etw kreuzt** /*Segelschiff*/ qc louvoie; /*Flugzeug, Schiff*/ qc croise

Kreuzfahrer(in) *m(f)* HIST croisé(e) *m(f)* **Kreuzfahrt** *f* NAUT croisière *f* ▶ **jd macht eine** ~ qn fait une croisière **Kreuzfeuer** *nt* ▶ **jd gerät** [**von allen Seiten**] **ins** ~ [**der Kritik**] qn est attaqué(e) de toutes parts; **jd steht im** ~ [**der Kritik**] qn essuie le feu de la critique **kreuzfidel** *adj fam* ■ **jd ist** ~ qn est tout(e) content(e) *fam* **kreuzförmig** I. *adj* cruciforme, en forme de croix II. *adv* en croix **Kreuzgang** <-gänge> *m* cloître *m* **Kreuzgewölbe** *nt* (*Kreuzgratgewölbe*) voûte *f* d'arête; (*Kreuzrippengewölbe*) voûte *f* en ogives

kreuzigen *vt* ■ **jd kreuzigt jdn** qn crucifie qn

Kreuzigung <-, -en> *f* crucifixion *f*

Kreuzotter *f* vipère *f* péliade **Kreuzritter** *m* 1. (*Kreuzfahrer*) croisé *m*
2. (*Deutschordensritter*) chevalier *m* teutonique **Kreuzschlitzschraube** *f* vis *f* [à tête] cruciforme **Kreuzschlitzschraubendreher** *m* tournevis *m* cruciforme **Kreuzschlüssel** *m* vilebrequin *m,* clé *f* en croix **Kreuzschmerzen** *pl* maux *mpl* de reins ▶ **jd hat/bekommt** [*o* **kriegt** *fam*] ~ qn a/attrape mal aux reins [*o* chope un mal de reins *fam*] **Kreuzspinne** *f* épeire *f* diadème **Kreuzstich** *m* point *m* de croix

Kreuzung <-, -en> *f* 1. (*Straßen~*) croisement *m,* carrefour *m;* ***auf der*** ~ au croisement, au carrefour
2. BIO [*Tier*] croisement *m*
3. ZOOL (*Bastard*) bâtard(e) *m(f)*

kreuzungsfrei *adv, adj* sans intersection

Kreuzverhör *nt* interrogation *f* [*o* audition *f*] contradictoire ▶ **jd nimmt jdn ins ~, jd unterzieht jdn einem** ~ JUR qn interroge qn contradictoirement; (*befragt jdn*) qn soumet qn à un interrogatoire serré **Kreuzweg** *m* 1. (*Wegkreuzung*) croisement *m* [de chemins] 2. ART, REL chemin *m* de croix ▶ **jd betet den** ~ qn fait un chemin de croix; **jd steht am** ~ qn est à la croisée des chemins **kreuzweise** *adv legen, übereinander legen* en croix ▶ **jd kann jdn** ~ *sl* qn peut aller se faire foutre *pop* **Kreuzworträtsel** *nt* mots *m* croisés ▶ **jd löst** [*o* **macht**] [**ein**] ~ qn fait des mots croisés **Kreuzzeichen** *nt* signe *m* de [la] croix ▶ **jd macht das** [*o* **ein**] ~ qn fait le signe de croix, qn se signe; **jd macht über jdm** [*o* **jdn**] **das** [*o* **ein**] ~ qn fait le signe de croix sur qn, qn bénit qn d'un signe de croix **Kreuzzug** *m* 1. HIST croisade *f* 2. *geh* (*Kampagne*) ■ ~ [**gegen etw**] croisade *f* [contre qc], campagne *f* [contre qc] ▶ **jd macht** [*o* **unternimmt**] **einen** ~ HIST qn part en croisade

Krevette <-, -n> [-'vɛ-] *f* crevette *f*

kribb[e]lig *adj fam* 1. (*unruhig*) ■ **jd ist/wird** ~ qn est fébrile/devient fébrile; ***ich bin ganz*** ~ (*nervös*) j'ai les nerfs en pelote *fam;* (*ungeduldig*) je n'y tiens plus
2. (*prickelnd*): ***ein ~es Gefühl*** une sensation de picotement; ***jd hat ein ~es Gefühl im Bein*** qn a des fourmis dans les jambes *fam*
▶ **jd macht jdn** [**ganz**] ~ qn met les nerfs en pelote à qn *fam*

kribbeln I. *vi* 1. + *haben* (*jucken*) ■ **etw kribbelt** qc picote; ■ **etw kribbelt jdm** [*o* **jdn**] qc le/la démange
2. + *haben* (*prickeln*) ■ **etw kribbelt** [**jdm** [*o* **jdn**]] **irgendwo** /*Gefühl, Schaum*/ qc picote [qn] quelque part; ***ein ~des Gefühl*** une sensation de picotement
3. + *sein* (*krabbeln*) ■ **etw kribbelt irgendwohin** qc court quelque part, qc se promène quelque part
▶ **sie ~ und krabbeln** ils/elles grouillent dans tous les sens
II. *vi, vt impers* ■ **es kribbelt jdm** [*o* **jdn**] **irgendwo** qn a des picotements quelque part
III. *vi impers* + *haben* ■ **es kribbelt** [**von etw**] ça grouille [de qc]
IV. *vt* + *haben* ■ **jd/etw kribbelt jdn** qn/qc gratte qn

Krickerl <-s, -n> *nt* AUS (*Geweih*) bois *mpl*

kriechen <kroch, gekrochen> *vi* 1. + *sein* (*sich vorwärts bewegen*) ■ **jd/ein Tier kriecht** [**irgendwohin**] qn/un animal rampe [quelque part]; ■ **~d** en rampant
2. + *sein* (*langsam vergehen*) ■ **etw kriecht** /*Minuten, Stunden, Tage, Zeit*/ qc n'en finit pas; /*Uhrzeiger*/ qc n'avance pas
3. + *sein* (*langsam fahren*) ■ **jd/etw kriecht** qn/qc n'avance pas

4. + *sein o haben pej* (*unterwürfig sein*) ■ **jd kriecht [vor jdm]** qn rampe [devant qn]

Kriecher(in) <-s, -> *m(f) pej fam* lèche-bottes *mf fam,* lèche-cul *mf fam*

kriecherisch *adj pej fam* rampant(e), servile; ■ **etw ist ~** qc est servile

Kriechspur *f* voie *f* réservée aux véhicules lents **Kriechtier** *nt* reptile *m*

Krieg <-[e]s, -e> *m* guerre *f*

▶ **der Dreißigjährige ~** la guerre de Trente Ans; **ein heiliger ~** une guerre sainte; **der Hundertjährige ~** la guerre de Cent Ans; **der kalte ~** la guerre froide; **der Siebenjährige ~** la guerre de Sept Ans; **jd befindet sich** [*o* **ist**] **im ~ [mit jdm]** qn est en guerre [avec qn]; **jd erklärt jdm den ~** qn déclare la guerre à qn; **~ führend** belligérant(e); **jd führt [einen] ~ [gegen jdn** [*o* **mit jdm**]] qn fait la guerre [à qn]; **es ist ~** c'est la guerre; **wir haben ~** nous sommes en guerre; **jd sagt jdm/einer S. den ~ an** qn déclare la guerre à [*o* part en guerre contre] qn/qc; **jd zieht in den ~** qn part à [*o* pour] la guerre

-krieg *m* **1.** (*bestimmte Art von Krieg*) guerre *f* de; ***Nuklear~*** guerre *f* nucléaire; ***Öko~*** guerre *f* écologique; ***Verteidigungs~*** guerre *f* défensive
2. (*irgendwo stattfindender Krieg*) *Afghanistan-, Vietnam-* guerre *f* de/du
3. *Preis-, Konkurrenz-, Nerven-, System-* guerre *f* du/de la/des; ***Handels~*** guerre *f* économique; ***Psycho~*** guerre *f* psychologique

kriegen I. *vt fam* **1.** (*bekommen*) ■ **jd kriegt etw [von jdm]** qn reçoit qc [de qn]; *Belohnung, Geld, Gehalt, Geschenk, Trinkgeld, Taschengeld* a qn touche qc [de qn]; *Prügel, Schläge* qn prend [*o* ramasse] qc *fam; Schimpfe, Undank* qn récolte qc; ***was hast du zum Geburtstag gekriegt?*** qu'est-ce que tu as eu pour ton anniversaire?; ***was ~ Sie dafür von mir?*** je vous dois combien?; ***ich kriege noch Wechselgeld von Ihnen*** vous ne m'avez pas rendu la monnaie; ■ **jd kriegt etw getan** on lui fait qc; ***hast du die Arbeit bezahlt gekriegt?*** on t'a payé pour ton travail?; ***er hat das Auto geliehen gekriegt*** on lui a prêté la voiture
2. (*in Restaurant*) ■ **jd kriegt etw** qn prend qc; ***ich kriege einen Salat*** pour moi, ce sera une salade; ***in diesem Restaurant kriegt man griechische Spezialitäten*** dans ce restaurant, on peut manger des spécialités grecques
3. (*im Geschäft*): ***~ Sie sonst noch was?*** et avec ça?; ***an der Kasse kriegt man noch kleine Artikel*** à la caisse, on trouve encore des bricoles; ***ich kriege drei Paar Socken*** je voudrais trois paires de chaussettes
4. (*noch erreichen*) ■ **jd kriegt etw** *Bus, S-Bahn, Zug* qn attrape qc; *Taxi* qn déniche qc
5. JUR ■ **jd kriegt etw** *Strafe, Strafzettel* qn a [*o* récolte *fam*] qc; *Gefängnis* qn prend qc *fam,* qn écope [de] qc *fam;* ***er hat fünf Jahre gekriegt*** il en a pris pour cinq ans *fam*
6. (*verletzt werden*) ■ **jd kriegt etw an/in/vor etw** (*akk*) qn attrape qc dans/en/sur qc *fam;* ***ich habe was ins Auge gekriegt*** j'ai quelque chose qui m'est rentré dans l'œil
7. METEO ■ **jd kriegt etw** *Regen, Schnee etc* qn va avoir qc; ***wir ~ anderes Wetter*** le temps va changer
8. (*gelegt bekommen*) ■ **jd kriegt etw** *Anschluss, Telefon* qn va avoir qc
9. (*entwickeln*) ■ **jd/etw kriegt etw** *Falten, graue Haare, Risse, Flecken* qn/qc commence à avoir qc
10. (*erwischen*) ■ **jd kriegt jdn** qn met la main sur qn *fam;* (*am Telefon*) qn arrive à avoir qn
11. MED ■ **jd kriegt etw** *eine bestimmte Krankheit* qn chope qc *fam*
12. MED (*verabreicht bekommen*) ■ **jd kriegt etw** *Präparat* qn doit prendre qc; *Spritze, Massagen, Bestrahlungen etc* on fait qc à qn; *Katheter* on met qc à qn
13. (*zur Welt bringen*) ■ **jd/ein Tier kriegt jdn/ein Tier** qn/un animal va avoir qn/un animal; ***sie hat schon vier Kinder gekriegt*** elle a déjà eu quatre enfants; ***sie hat gestern ein Mädchen gekriegt*** elle a eu une fille hier
14. (*dazu veranlassen*) ■ **jd kriegt jdn dazu etw zu tun** qn arrive à faire faire qc à qn; ***sie haben ihn zum Sprechen gekriegt*** ils l'ont fait parler; ***wie hast du sie dazu gekriegt von ihrer Meinung abzurücken?*** comment es-tu arrivé(e) à la faire changer d'idée?; ■ **jd kriegt jdn/etw irgendwohin:** ***ich kriege die Kinder nicht ins Bett*** je n'arrive pas à faire aller les enfants au lit; ***du kriegst mich nicht an einen Computer*** tu n'arriveras pas à me faire utiliser un ordinateur; ***wie kriege ich den bloß wieder aus dem Haus?*** comment faire pour le faire partir?; ***wie ~ wir das Klavier in den ersten Stock?*** comment faire pour monter le piano au premier étage?; ***hast du den Fleck aus der Tischdecke gekriegt?*** as-tu réussi à faire partir la tache de la nappe?
15. (*es schaffen*) ■ **jd kriegt etw gemacht** *geregelt, geordnet, gestoppt* qn arrive à faire qc
16. + *adj/pp* ■ **jd kriegt etw ...:** ***jd kriegt etw geschenkt/geliehen*** qn a qc en cadeau/on prête qc à qn; ***ich habe meinen Wunsch erfüllt gekriegt*** j'ai eu ce que j'ai souhaité; ***das ~ Sie von mir in zwei Tagen gemacht*** je vous fais ça en deux jours
17. *mit Infinitivkonstruktion* ■ **jd kriegt etw zu ...** *essen, trinken, hören, tun* qn peut ... qc; ***jd kriegt was zu lachen*** qn va rire
▶ **jd kriegt jdn weich** *fam* qn fléchit qn; **jd lässt sich von jdm weich ~** qn se laisse attendrir [*o* avoir *fam*] par qn; **jd kriegt es mit jdm zu tun** qn a affaire à qn; **jd kriegt es nicht über sich etw zu tun** qn n'arrive pas à faire qc; *s. a.* **bekommen**
II. *vr fam* ■ **sie ~ sich** ils sont enfin réunis

Krieger(in) <-s, -> *m(f)* guerrier(-ière) *m(f)*
▶ **[jd ist ein] müder ~** *hum fam* [qn est un] héros fatigué; ***na, du müder ~!*** alors, le héros fatigué!

Kriegerdenkmal *nt* monument *m* aux morts

kriegerisch I. *adj* **1.** (*kämpferisch*) *Volk* guerrier(-ière); *Einstellung, Haltung a.* belliqueux(-euse)
2. (*militärisch*) militaire
II. *adv:* ***jd tritt ~ auf*** qn a une attitude belliqueuse; ***jd ist ~ eingestellt*** qn a des positions belliqueuses

Kriegerwitwe *f* veuve *f* de guerre

kriegführend *s.* **Krieg** ▶. **Kriegführung** *f s.* **Kriegsführung**

Kriegs- 1. (*durch den Krieg bedingt*) *-folge, -schäden, k-verletzt, -zerstörung, -verletzung, -schulden* de guerre; *k-zerstört* par la guerre **2.** (*des Krieges*) *-anfang, -ende, -dauer* de la guerre; *-jahr* de guerre **3.** (*wo Krieg herrscht*) *-gebiet, -region* en guerre **Kriegsanleihe** *f* emprunt *m* de guerre **Kriegsausbruch** *m* déclenchement *m* des hostilités **Kriegsbeil** *nt* hache *f* de guerre ▶ **jd begräbt das ~** qn enterre la hache de guerre; **jd gräbt das ~ aus** qn déterre la hache de guerre **Kriegsbemalung** *f* peintures *fpl* de guerre ▶ **in [voller] ~** *hum fam* (*geschminkt*) tout(e) peinturluré(e) *fam; Indianer* avec ses/leurs peintures de guerre **Kriegsberichterstatter(in)** *m(f)* correspondant(e) *m(f)* de guerre **kriegsbeschädigt** *adj* mutilé(e) de [la] guerre **Kriegsbeschädigte(r)** *f(m) decl wie adj* mutilé(e) *m(f)* de guerre **Kriegsdienst** *m veraltend* service *m* militaire ▶ **jd verweigert den ~** qn fait de l'objection de conscience **Kriegsdienstverweigerer** <-s, -> *m* objecteur *m* de conscience ▶ **jd ist ~** qn est objecteur de conscience **Kriegsdienstverweigerung** *f* objection *f* de conscience **Kriegserklärung** *f* déclaration *f* de guerre **Kriegsfilm** *m* film *m* de guerre **Kriegsführung** *f* façon *f* de conduire la guerre ▶ **psychologische ~** guerre *f* psychologique **Kriegsfuß** *m* ▶ **jd steht mit jdm auf ~** *fam* qn est en mauvais termes avec qn; **jd steht mit etw auf ~** *fam* qn est brouillé(e) avec qc *hum* **Kriegsgefangene(r)** *f(m) decl wie adj* prisonnier(-ière) *m(f)* de guerre **Kriegsgefangenschaft** *f* captivité *f;* ***nach dreijähriger ~*** après trois années de captivité ▶ **jd gerät in ~** qn se retrouve en captivité; **jd ist** [*o* **befindet sich** *geh*] **in ~** qn est en captivité, qn est prisonnier(-ière) de guerre; ***jd ist in russischer ~*** qn est prisonnier(-ière) des Russes **Kriegsgegner(in)** *m(f)* **1.** (*Pazifist*) pacifiste *mf* **2.** (*Feind*) adversaire *mf,* ennemi(e) *m(f)* **Kriegsgerät** *nt* matériel *m* de guerre **Kriegsgericht** *nt* conseil *m* de guerre, cour *f* martiale ▶ **jd stellt jdn vor ein** [*o* **vors**] **~** qn traduit qn en conseil de guerre [*o* en cour martiale] **Kriegsgewinnler(in)** <-s, -> *m(f) pej* profiteur(-euse) *m(f)* de guerre **Kriegsgott** *m,* **-göttin** *f* dieu/déesse *m/f* de la guerre **Kriegsgräberfürsorge** *f fondation pour l'entretien des cimetières militaires* **Kriegskamerad** *m veraltend* compagnon *m* d'armes **Kriegslist** *f* ruse *f* de guerre, stratagème *m* **kriegslüstern** *adj pej* belliciste **Kriegsopfer** *nt* victime *f* de guerre **Kriegspfad** *m* ▶ **jd ist auf dem ~** qn est sur le sentier de la guerre **Kriegsrat** *m* ▶ **sie halten ~** *hum* ils/elles tiennent un conseil de guerre **Kriegsrecht** *nt Ø* droit *m* de la guerre ▶ **jd verhängt das ~ über etw** (*akk*) qn proclame la loi martiale dans qc **Kriegsschauplatz** *m* théâtre *m* des opérations, zone *f* de combats **Kriegsschiff** *nt* navire *m* de guerre **Kriegsspiel** *nt* **1.** wargame *m* **2.** MIL simulation *f* de guerre **Kriegsspielzeug** *nt* jouet *m* guerrier **Kriegsstärke** *f* effectifs *mpl* de guerre **Kriegsteilnehmer(in)** *m(f)* ancien combattant/ancienne combattante *m/f* **Kriegsverbrechen** *nt* crime *m* de guerre **Kriegsverbrecher(in)** *m(f)* criminel(le) *m(f)* de guerre **kriegsversehrt** *adj s.* **kriegsbeschädigt. Kriegszeit** *f* période *f* de guerre; ***während der ganzen ~*** pendant toute la durée de la guerre ▶ **in ~en** en temps de guerre **Kriegszustand** *m* ▶ **etw befindet sich im ~ [mit etw]** qc est en guerre [avec qc]

Krill <-[e]s, -e> *m* krill *m*

Krimi <-s, -s> *m fam* polar *m fam*

Kriminal- *-geschichte, -hörspiel* policier(-ière); *-statistik* de la criminalité; *-museum* du crime **Kriminalbeamte(r)** *m,* **-beamtin** *f form* fonctionnaire *mf* de la police judiciaire **Kriminalfilm** *m* film *m* policier

kriminalisieren * *vt* **1.** (*als kriminell hinstellen*) ■ **jd kriminalisiert etw** qn criminalise qc
2. (*zum Kriminellen machen*) ■ **etw kriminalisiert jdn** qc pousse qn à la délinquance

Kriminalist(in) <-en, -en> *m(f)* **1.** (*Kriminalpolizist*) agent *m* de la P.J.
2. (*Experte für Verbrechen*) spécialiste *mf* des affaires criminelles

Kriminalistik <-> *f Ø* criminalistique *f*

kriminalistisch I. *adj* de détective
II. *adv:* ***jd ist ~ begabt*** qn a des talents de détective

Kriminalität <-> *f Ø* **1.** (*Straffälligkeit*) criminalité *f,* délinquance *f*
2. (*Rate der Straffälligkeit*) criminalité *f*
▶ **organisierte ~** crime *m* organisé

-kriminalität *f* criminalité *f* + *adj; Drogen-, Beschaffungs-, Rauschgift-* criminalité *f* liée au/à la; ***Kinder-/Jugend~*** criminalité *f* infantile/juvénile; ***Banden~*** criminalité *f* des gangs

Kriminalkommissar(in) *m(f)* commissaire *mf* de police judiciaire **Kriminalpolizei** *f* police *f* judiciaire **Kriminalpolizist(in)** *m(f)* agent *m* de la P.J. **Kriminalroman** *m* roman *m* policier

kriminell I. *adj* **1.** (*verbrecherisch*) criminel(le); ■ **jd ist/wird ~** qn est délinquant(e)/sombre dans la délinquance **2.** *fam* (*gefährlich*) ■ **etw ist/wird ~** qc est/devient casse-gueule *fam* **II.** *adv fam glatt, schlüpfrig* méchamment *fam* **Kriminelle(r)** *f(m) decl wie adj* criminel(le) *m(f);* ***jugendliche ~*** de jeunes délinquants

Kriminologie <-> *f Ø* criminologie *f*

Krimskrams <-es> *m Ø fam* fourbi *m fam*

Kringel <-s, -> *m* **1.** (*Schnörkel*) petit rond *m*
2. GASTR *gâteau rond en forme d'anneau*

kringeln *vr* **1.** (*sich umbiegen*) ■ **etw kringelt sich** */Haarsträhne/* qc frisotte; */Schwanz/* qc tire-bouchonne; */Hobelspäne/* qc frise
2. *fam* (*vor Lachen*) ■ **jd kringelt sich [vor Lachen]** qn se tord [de rire]

Krinoline <-, -n> *f* crinoline *f*

Kripo <-, -s> *f fam abk von* **Kriminalpolizei** ■ **die ~** la P.J.

Krippe <-, -n> *f* **1.** (*Futter~*) mangeoire *f*
2. (*Weihnachts~*) crèche *f*

Krippenspiel *nt* spectacle *m* de la nativité **Krippentod** *m* mort *f* subite du nourrisson
Krise <-, -n> *f* crise *f;* MED *a.* phase *f* aiguë
-krise *f* 1. *Energie-, Öl-, Schulden-, Umwelt-* crise *f* du/de la/de l'; *Struktur-* crise *f* de; **Öko~** catastrophe *f* écologique
2. (*in einem bestimmten Gebiet*) *Golf-, Kaukasus-, Baltikum-* crise *f* du/de la
3. *Beziehungs-, Ehe-, Sinn-, Orientierungs-* problèmes *mpl* de; *Vertrauens-* crise *f* de
kriseln *vi impers fam* ■ **es kriselt** ça va mal *fam;* ***zwischen ihnen kriselt es schon lange*** ça fait longtemps qu'entre eux y a de l'eau dans le gaz *fam*
krisenfest *adj* sans risque, sûr(e) **Krisengebiet** *nt* région *f* instable **Krisenherd** *m* poudrière *f* **Krisenmanagement** [-mænɪdʒmənt] *nt* gestion *f* de la crise; ***jd wird mit dem ~ beauftragt*** qn a pour mission de gérer la crise **Krisenstab** *m* cellule *f* de crise
Kristall¹ <-s, -e> *m* MINER cristal *m*
▸ **etw bildet ~e** qc forme des cristaux
Kristall² <-s> *nt* Ø 1. (*Kristallglas*) cristal *m*
2. (*Gegenstände*) cristaux *mpl*
Kristall- en cristal
kristallen *adj* en cristal
Kristallgitter *nt* réseau *m* cristallin **Kristallglas** *nt* 1. Ø (*Glas*) cristal *m* 2. (*Trinkglas*) verre *m* en cristal
kristallin *adj* cristallin(e)
Kristallisation <-, -en> *f* cristallisation *f*
kristallisieren * I. *vi* ■ **etw kristallisiert [zu etw]** qc [se] cristallise [en qc]
II. *vr geh* ■ **etw kristallisiert sich [zu etw]** /*Idee, Gedanke*/ qc prend corps [et devient qc]
kristallklar *adj* cristallin(e) **Kristallnacht** *f* Ø ■ **die ~** la nuit de cristal **Kristallzucker** *m* sucre *m* cristallisé
Kriterium <-s, -rien> [-'teːriən] *nt* critère *m*
▸ **jd legt [bei etw] bestimmte Kriterien an** [pour qc,] qn se réfère à certains critères
Kritik <-, -en> *f* 1. Ø (*Tadel*) critique *f;* ■ **jds ~ an jdm/etw** la critique [*o* les critiques] de qn à l'égard de qn/qc
2. (*Beurteilung*) critique *f,* jugement *m*
3. (*Rezension*) critique *f*
▸ **jd/etw bekommt** [*o* **hat**] **eine ... ~/... ~en** *gute, schlechte, vernichtende etc* qn/qc a de ... critiques; ***dieser Film bekommt*** [*o* ***hat***] ***überall die besten ~en*** ce film n'a que d'excellentes critiques [*o* est très bien accueilli par la critique]; **etw ist unter aller ~** *fam* qc est au-dessous de tout; **jd stellt sich der ~** qn s'expose à la critique; **jd übt an jdm/etw ~** *geh* qn critique qn/qc, qn émet des critiques à l'égard de qn/au sujet de qc; **ohne jede ~** sans la moindre critique
Kritiker(in) <-s, -> *m(f)* 1. (*kritisierender Mensch*) détracteur(-trice) *m(f);* ***jd gehört zu den ~n einer S.*** (*gen*) qn fait partie de ceux qui critiquent qc
2. (*Rezensent*) critique *mf*
Kritikfähigkeit *f* Ø esprit *m* critique
kritiklos I. *adj Haltung* dépourvu(e) d'esprit critique; *Hinnehmen, Übernahme* inconditionnel(le)
II. *adv* sans le moindre esprit critique, les yeux fermés
kritisch I. *adj* critique
II. *adv* de façon critique
kritisieren * I. *vt* ■ **jd kritisiert jdn/etw** qn critique qn/qc
▸ **jd hat** [*o* **findet**] **an jdm/etw etwas zu ~** qn a [*o* trouve] quelque chose à reprocher à qn/à redire à qc
II. *vi* ■ **jd kritisiert** qn critique
Kritzelei <-, -en> *f fam* 1. Ø (*das Kritzeln*) griffonnage *m;* ***was soll die ständige ~?*** qu'est-ce que tu as à griffonner sans arrêt?; ***lass diese ~!*** arrête de griffonner!
2. (*Gekritzel*) gribouillage *m fam,* gribouillis *m fam*
kritzeln I. *vi* ■ **jd kritzelt** qn griffonne
II. *vt* ■ **jd kritzelt [jdm] etw [auf etw** (*akk*)**/an etw** (*akk*)**]** qn [lui] griffonne qc [sur qc]
Kroate <-n, -n> *m,* **Kroatin** *f* Croate *mf*
Kroatien <-s> [kro'ʔaːtsiən] *nt* la Croatie
kroatisch *adj* croate
kroch *imp von* **kriechen**
Krokant <-s> *m* Ø 1. (*Masse*) nougatine *f*
2. (*Praline*) ≈ praline *f*
Krokette <-, -n> *f* croquette *f*
Kroko <-s> *nt* Ø *fam* croco *m fam*
Krokodil <-s, -e> *nt* crocodile *m*
Krokodilleder *nt* crocodile *m*
Krokodilstränen *pl fam* larmes *fpl* de crocodile
▸ **jd weint** [*o* **vergießt**] **~** qn verse des larmes de crocodile
Krokus <-, - *o* -se> *m* crocus *m*
Krone <-, -n> *f* 1. (*Kopfschmuck*) couronne *f*
2. (*das Herrscherhaus*) ■ **die [...] ~** *britische, spanische etc* la couronne [...]
3. (*Baum~*) couronne *f*
4. (*Zahn~*) couronne *f*
5. (*Währungseinheit*) couronne *f*
6. [*Uhr*] couronne *f*
▸ **die ~ des Ganzen** le comble; ***etw ist die ~ des Ganzen*** qc vient couronner le reste, il ne manquait plus que qc; **die ~ der Schöpfung** *hum* le roi [*o* le couronnement] de la création; **jd hat einen in der ~** *fam* qn a un verre dans le nez *fam,* qn a un coup dans l'aile *fam;* **etw ist die ~** *fam* qc, c'est le bouquet *fam;* **etw setzt einer S.** (*dat*) **die ~ auf** *fam* qc vient [véritablement] couronner qc
krönen *vt* 1. (*inthronisieren*) ■ **jd krönt jdn [zu etw]** qn couronne [*o* sacre] qn [qc]
2. (*überspannen*) ■ **etw krönt etw** /*Dach, Kuppel*/ qc couronne qc
3. *geh* (*Höhepunkt sein*) ■ **etw krönt etw** qc est le couronnement de qc
Kron[en]korken *m* capsule *f*
Kronleuchter *m* lustre *m* **Kronprinz** *m,* **-prinzessin** *f* prince héritier/princesse héritière *m/f*
Kronsbeere *f* NDEUTSCH *s.* **Preiselbeere**
Krönung <-, -en> *f* 1. (*Höhepunkt*) couronnement *m*
2. [*Herrscher*] couronnement *m*
Kronzeuge *m,* **-zeugin** *f* témoin *m* principal [*o* numéro un] ▸ **jd ist ~, jd tritt [in etw** (*dat*)**] als ~ auf** qn est [*o* dépose en qualité de] témoin principal [lors de qc] **Kronzeugenregelung** *f réglementation sur les criminels repentis*
Kropf <-[e]s, ¨-e> *m* 1. MED goitre *m*
2. [*Vogel*] jabot *m*
▸ **etw ist so unnötig** [*o* **überflüssig**] **wie ein ~** *fam* qc sert strictement à rien *fam*
Kroppzeug *nt* Ø NDEUTSCH *pej sl* racaille *f*
kross^RR^, **kroß** I. *adj* croustillant(e)
II. *adv:* ***~ gebraten*** bien rissolé(e); ***jd brät etw ~*** qn rissole [*o* fait rissoler] qc; ***~ gebacken*** croustillant(e)
Krösus <-, -se> *m* crésus *m;* ***jd ist ein wahrer ~*** qn est riche comme Crésus
▸ **ich bin doch kein ~** *fam* je ne suis pas Crésus
Kröte <-, -n> *f* 1. ZOOL crapaud *m*
2. *pl sl* (*Geld*) fric *m fam*
3. *fam* (*ungezogenes Kind*) garnement *m;* (*Miststück*) canaille *f,* fripouille *f*
▸ **jd muss eine ~/manche ~n schlucken** qn avale la pilule/des couleuvres
Krücke <-, -n> *f* 1. (*Stock*) béquille *f*
2. *sl* (*Nichtskönner*) branleur(-euse) *m(f) pop*
3. *fam* (*Gerät*) [vieux] rossignol *m fam;* (*Fahrzeug*) [vieux] clou *m fam*
▸ **jd geht an ~n** (*dat*) qn marche avec des béquilles
Krückstock *m* canne *f*
Krug <-[e]s, ¨-e> *m* 1. (*Gefäß*) cruche *f;* (*Trinkgefäß*) chope *f*
2. NDEUTSCH (*Wirtschaft*) auberge *f*
▸ **der ~ geht so lange zum Brunnen, bis er bricht** *prov* tant va la cruche à l'eau qu'à la fin elle se casse
Krume <-, -n> *f* 1. *geh* (*Krümel*) miette *f*
2. (*Acker~*) terre *f* arable
Krümel <-s, -> *m* 1. (*Brösel*) miette *f*
2. DIAL *fam* (*kleines Kind*) [petit] bout *m* de chou *fam*
▸ **jd macht ~ [auf etw** (*akk*)**]** *auf den Tisch* qn fait des miettes [sur qc]; ***jd macht ~ auf den Boden*** qn fait des miettes par terre
krümelig *adj* friable, qui s'émiette; ■ **etw ist ~** qc s'émiette, qc est friable
krümeln *vi* 1. (*Krümel machen*) ■ **jd krümelt** qn fait des miettes
2. (*zerbröseln*) ■ **etw krümelt** /*Brot, Kuchen*/ qc s'émiette; ■ **~d** qui s'émiette
krumm I. *adj* 1. (*verbogen*) *Ast, Baum, Draht, Nagel* tordu(e)
2. (*gebogen*) *Finger* tordu(e); *Beine a.* tors(e); *Nase* crochu; *Rücken, Schultern* voûté(e)
3. *pej fam* (*unaufrichtig*) malhonnête; ***dieser ~e Hund*** cet escroc, cette fripouille *fam*
4. *Zahl, Betrag, Summe* compliqué(e), tordu(e) *fam*
▸ **~ und schief** *Baum* tout(e) tordu(e); *Hausfassade* complètement bancal(e)
II. *adv biegen, schlagen* en le/la tordant; *gehen, sitzen, stehen* le dos voûté; *wachsen* de travers; ***jd biegt/schlägt etw ~*** qn tord qc/qn tord qc en tapant dessus
▸ **jd lacht sich ~ und schief** *fam* qn est écroulé(e) de rire *fam;* **jd legt sich ~** *fam* qn se défonce *fam;* **jd macht etw ~** *Bein, Rücken* qn plie qc; **jd nimmt [jdm] etw ~** *fam* qn prend qc [de qn] de travers; ***dein Fernbleiben könnte man dir ~ nehmen*** on pourrait t'en vouloir de ne pas être là; **jd nimmt es jdm ~, dass** qn en veut à qn de faire qc/de ce que + *subj*
krummbeinig *adj Mensch* aux jambes torses; *Tier* aux pattes torses; ■ **jd/ein Tier ist ~** qn a les jambes/un animal a les pattes torses
krümmen I. *vt* 1. (*biegen*) ■ **jd/ein Tier krümmt etw** *Rücken* qn/un animal courbe qc; *Finger, Schultern* qn plie qc; *Hand* qn replie qc; *Schwanz* un animal courbe qc; ***der Kater krümmt den Buckel*** le chat fait le gros dos
2. GEOM, PHYS ■ **gekrümmt** *Fläche, Oberfläche* incurvé(e)
II. *vr* 1. (*eine Biegung machen*) ■ **etw krümmt sich** qc s'incurve; /*Straße a.*/ qc fait une courbe [*o* un virage]; /*Fluss a.*/ qc fait un coude
2. (*sich beugen*) ■ **etw krümmt sich irgendwohin** /*Ast, Baumstamm*/ qc se tord [*o* se courbe] quelque part; /*Blatt*/ qc se replie; ***etw krümmt sich unter der Last*** qc plie sous le poids
3. (*sich winden*) ■ **jd/ein Tier krümmt sich** qn/un animal se tord [*o* se tortille]
4. *fam* (*lachen*) ■ **jd krümmt sich [vor Lachen]** qn se tord [de rire] *fam*
krumm|lachen *vr fam* ■ **jd lacht sich krumm** qn se tord [de rire] *fam;* ■ **jd lacht sich krumm über jdn/etw** qn/qc fait tordre de rire qn *fam*
krumm|legen *s.* **krumm II.▸. krummnasig** *adj* au nez crochu; ■ **jd ist ~** qn a le nez crochu **krumm|nehmen** *s.* **krumm II.▸. Krummsäbel** *m* cimeterre *m* **Krummstab** *m* crosse *f*
Krümmung <-, -en> *f* 1. (*Biegung*) courbe *f;* [*Weg a.*] virage *m;* [*Fluss a.*] coude *m*
2. ANAT, MED [*Finger*] rétraction *f;* [*Wirbelsäule*] courbure *f*
3. GEOM, PHYS courbure *f*
Kruppe <-, -n> *f* croupe *f*
Krüppel <-s, -> *m* estropié(e) *m(f)*
▸ **jd schlägt/schießt jdn zum ~** qn estropie qn en le tabassant/en lui

tirant dessus

krüpp[e]lig *adj* rabougri(e)

Kruste <-, -n> *f* croûte *f*

krustig *adj* **1.** *Schiffsrumpf, Topf* incrusté(e)
2. MED croûteux(-euse)

Kruzifix <-es, -e> *nt* crucifix *m*
▸ **~!** *veraltet fam* morbleu! *vieilli*

Kruzitürken *interj fam* bon sang [de bon sang] *fam*

Krypta <-, Krypten> ['kryрta] *f* crypte *f*

Krypton <-s> ['krʏptɔn] *nt* ∅ CHEM krypton *m*

KSZE <-> [ka:ʔɛstsɛtʔe:] *f* ∅ *abk von* **Konferenz über Sicherheit und Zusammenarbeit in Europa** C.S.C.E. *f*

Kuba <-s> *nt* Cuba *f*; ***auf*** ~ à Cuba

Kübel <-s, -> *m* **1.** (*Eimer*) seau *m*
2. CH (*Mülleimer*) poubelle *f*
3. (*Pflanz~*) jardinière *f*
▸ **es regnet** [*o* **gießt**] **wie aus** [*o* **mit**] **~n** *fam* il pleut à seaux, il pleut [*o* tombe] des cordes

Kuben *pl von* **Kubus**

Kubikmeter *m o nt* mètre *m* cube **Kubikwurzel** *f* racine *f* cubique **Kubikzahl** *f* cube *m*

kubisch *adj* cubique

Kubismus <-> *m* ∅ cubisme *m*

Kubist(in) <-en, -en> *m(f)* cubiste *mf*

kubistisch *adj* cubiste

Kubus <-, Kuben *o* -> *m geh* cube *m*

Küche <-, -n> *f* (*alle Bedeutungen*) cuisine *f*
▸ **gutbürgerliche** ~ cuisine *f* bourgeoise; **warme/kalte** ~ repas *m* chaud/froid; ***es gibt nur kalte*** ~ on ne sert que des repas froids

Kuchen <-s, -> *m* gâteau *m*
▸ **backe, backe** ~ allez, au four le gâteau (*début d'une comptine*)

Küchen- de cuisine; ~***handtuch*** essuie-mains *m* **Küchenabfälle** *pl* épluchures *fpl*

Kuchenblech *nt* plaque *f* [à pâtisserie]

Küchenbulle *m* MIL *sl* cuistot *m fam* **Küchenchef(in)** [-ʃɛf] *m(f)* chef [cuisinier]/cuisinière *m/f*

Kuchenform *f* moule *m* à gâteau[x] **Kuchengabel** *f* fourchette *f* à gâteaux

Küchengerät *nt* ustensile *m* de cuisine **Küchenmaschine** *f* robot *m* **Küchenpapier** *nt* essuie-tout *m inv* **Küchenpersonal** *nt* personnel *m* de cuisine **Küchenrolle** *f* rouleau *m* essuie-tout **Küchenschabe** *f* cafard *m*

Kuchenteig *m* pâte *f* à gâteau

Küchenwecker *m* minuteur *m*

Küchlein¹ <-s, -> *nt* DIAL *veraltend* (*Küken*) poussin *m*

Küchlein² <-s, -> *nt* GASTR DIAL petit gâteau *m*

Kücken <-s, -> *nt* AUS *s.* **Küken**

kucken *vi* NDEUTSCH *fam s.* **gucken**

kuckuck *interj* **1.** coucou
2. *fam* (*hallo*) coucou

Kuckuck <-s, -e> *m* **1.** ORN coucou *m*
2. *fam* (*Pfandsiegel*) scellés *mpl*
▸ **geh** [*o* **scher dich**] **zum ~!** *fam* va te faire voir *fam* [*o* foutre [*o* pop]]!; **hol's der ~!** *fam* et zut! *fam*; **weiß der ~[, ...]!** *fam* [...] mystère et boule de gomme! *fam*; **zum ~** [**noch mal**]! *fam* nom d'un chien! *fam*

Kuckucksei *nt* **1.** ORN œuf *m* de coucou **2.** *fam* (*unangenehme Überraschung*) cadeau *m* empoisonné, fausse bonne affaire *f* **Kuckucksuhr** *f* coucou *m*

Kuddelmuddel <-s> *m o nt* ∅ *fam* foutoir *m fam*

Kufe <-, -n> *f* [*Schlitten, Flugzeug*] patin *m*; [*Schlittschuh*] lame *f*

Küfer(in) <-s, -> *m(f)* SDEUTSCH *s.* **Böttcher**

Kugel <-, -n> *f* **1.** (*runder Gegenstand*) boule *f*; GEOM sphère *f*
2. SPORT poids *m*; (*Kegel~*) boule *f*
3. (*Geschoss*) balle *f*; (*Kanonen~*) boulet *m*
▸ **jd jagt** [*o* **schießt**] **sich** (*dat*) **eine ~ durch den Kopf** qn se tire une balle dans la tête; **jd schiebt eine ruhige ~** *fam* qn se la coule douce *fam*

Kugelblitz *m* éclair *m* en boule

Kügelchen <-s, -> *nt dim von* **Kugel** (*aus Papier*) boulette *f*; (*aus Ton*) bille *f*; ***kleine*** ~ [***aus Blei***] de la grenaille [de plomb]

Kugelfang *m* **1.** (*Vorrichtung*) pare-balles *m* **2.** (*Mensch*) bouclier *m* **kugelförmig** *adj* sphérique **Kugelgelenk** *nt* **1.** ANAT énarthrose *f* **2.** TECH rotule *f* **Kugelhagel** *m* grêle *f* de balles

kugelig *adj s.* **kugelförmig**

Kugelkopf *m* boule *f*

Kugelkopfschreibmaschine *f* machine *f* [à écrire] à boule

Kugellager *nt* roulement *m* à billes

kugeln *vi* + *sein* ■ **etw/ein Tier kugelt irgendwohin** qc/un animal roule quelque part
▸ **jd/etw ist zum K~** *fam* qn/qc est tordant(e) *fam*

kugelrund *adj* **1.** (*kugelförmig*) sphérique, en forme de boule
2. *fam Mensch* rondouillard(e) *fam*, grassouillet(te) *fam*

Kugelschreiber *m* stylo *m* [à] bille

Kugelschreiber- de stylo [à] bille

kugelsicher *adj* pare-balles; ■ **etw ist ~** qc est à l'épreuve des balles **Kugelstoßen** <-s> *nt* ∅ lancer *m* du poids **Kugelstoßer(in)** <-s, -> *m(f)* lanceur(-euse) *m(f)* de poids

Kuh <-, Kühe> *f* vache *f*; [*Elefant, Nashorn etc*] femelle *f*
▸ **die ~ ist vom Eis** *fam* tout est réglé; ***die ~ ist noch lange nicht vom Eis*** on est pas sortis de l'auberge *fam*; **jd steht da wie die ~ vorm Scheunentor** *fam* qn a l'air d'une vache qui regarde passer un train; **blöde** [*o* **dumme**] ~ *fam* connasse *pop*; **heilige** ~ (*REL*) vache sacrée; (*etwas Unantastbares*) chose *f* taboue

Kuh- de vache **Kuhdorf** *nt pej fam* trou *m* [*o* bled *m*] paumé *fam* **Kuhfladen** *m* bouse *f* de vache **Kuhglocke** *f* sonnaille *f*, clarine *f* **Kuhhandel** *m pej fam* marchandage *m* **Kuhhaut** *f* cuir *m* de vache ▸ **das geht auf keine ~** *fam* c'est pas croyable *fam* **Kuhherde** *f* troupeau *m* de vaches **Kuhhirt[e]** *m*, **-hirtin** *f* vacher(-ère) *m(f)*

kühl I. *adj* **1.** (*kalt*) frais(fraîche); ***bei ~er Aufbewahrung/Lagerung*** au frais; ■ **jdm ist/wird** [**es**] ~ qn a froid/qn commence à avoir froid; ■ **es ist/wird ~** il fait frais/ça se rafraîchit
2. (*reserviert*) froid(e); ***mit ~er Stimme*** d'un ton froid; ■ **jd ist ~ zu jdm** qn se montre froid(e) envers [*o* avec] qn
II. *adv* **1.** (*kalt*) *lagern* au frais; *servieren* frais(fraîche)
2. (*reserviert*) avec froideur; *empfangen* fraîchement

Kühlbox *f* (*Kühltasche*) glacière *f*; (*kleinerer Behälter*) boîte *f* isotherme

Kuhle <-, -n> *f* cuvette *f*

Kühle <-> *f* ∅ *geh* **1.** (*Kälte*) fraîcheur *f*
2. (*Reserviertheit*) froideur *f*

kühlen I. *vt* ■ **jd kühlt etw** *Blutkonserve, Fisch* qn réfrigère qc; *Getränk* qn rafraîchit qc; ***gekühlte Getränke*** des boissons *fpl* fraîches
II. *vi* ■ **etw kühlt** qc rafraîchit; ■ **~d** rafraîchissant(e)

Kühler <-s, -> *m* **1.** AUT radiateur *m*
2. (*Sekt~*) seau *m* isotherme
▸ **jd rennt** [*o* **läuft**] **jdm vor den ~** *fam* qn lui débouche au ras du capot

Kühlerfigur *f* bouchon *m* de radiateur **Kühlerhaube** *f s.* **Motorhaube**

Kühlhaus *nt* [*Großhandel*] entrepôt *m* frigorifique; [*Metzgerei*] chambre *f* froide **Kühlkreislauf** *m* [*Kernkraftwerk*] circuit *m* de refroidissement **Kühlmittel** *nt* [*Reaktor*] [fluide *m*] caloporteur *m*; [*Motor*] liquide *m* de refroidissement **Kühlraum** *m* chambre *f* froide **Kühlrippe** *f* ailette *f* **Kühlschiff** *nt* bateau *m* frigorifique **Kühlschrank** *m* réfrigérateur *m*, frigidaire® *m* **Kühltasche** *f* glacière *f* **Kühltruhe** *f* congélateur *m* coffre [*o* bahut] **Kühlturm** *m* tour *f* de réfrigération

Kühlung <-, -en> *f* **1.** [*Motor*] refroidissement *m*; [*Lebensmittel*] réfrigération *f*; ***auch bei ~ nur begrenzt haltbar*** date limite de conservation même au réfrigérateur
2. *geh* (*Erfrischung*) rafraîchissement *m*; ***etw dient jdm zur*** ~ qc permet à qn de se rafraîchir

Kühlwagen *m* **1.** EISENBAHN wagon *m* frigorifique **2.** AUT camion *m* frigorifique **Kühlwasser** *nt* ∅ eau *f* de refroidissement

Kuhmilch *f* lait *m* de vache **Kuhmist** *m* fumier *m* de vache

kühn I. *adj* **1.** (*gewagt*) audacieux(-euse)
2. (*wagemutig*) *Held, Ritter* hardi(e), téméraire; *Tat* audacieux(-euse); ■ **jd ist ~** qn est téméraire, qn a de l'audace
II. *adv* **1.** (*frech*): ***jd behauptet*** ~, ***dass*** qn a l'audace de prétendre que + *indic*; ***jd wagt sich ~ an etw*** (*akk*) qn a l'audace d'entreprendre qc; ***etw ist ~ formuliert*** qc est osé(e)
2. *geschwungen, nach vorn gereckt* hardiment

Kühnheit <-, -en> *f* **1.** ∅ (*Gewagtheit*) audace *f*, témérité *f*
2. ∅ (*Wagemut*) hardiesse *f*, audace *f*
3. (*Dreistigkeit*) audace *f*

Kuhstall *m* étable *f*

kujonieren * *vt geh* ■ **jd kujoniert jdn** qn fait des tracasseries à qn

k.u.k. ['ka:ʔʊnt'ka:] *loc abk von* **kaiserlich und königlich**

Küken <-s, -> *nt* **1.** (*junges Huhn*) poussin *m*
2. *fam* (*Mädchen*) poulette *f fam*
3. *fam* (*Nesthäkchen*) petit dernier/petite dernière *m/f fam*
4. *fam* (*unerfahrener Mensch*) bleu/petite nouvelle *m/f fam*

Ku-Klux-Klan <-s> *m* ∅ Ku Klux Klan *m*

Kukuruz <-[es]> *m* ∅ AUS *s.* **Mais**

kulant *adj* *Geschäftsmann* arrangeant(e); *Verhalten* accommodant(e); ***~e Zahlungsbedingungen*** des facilités *fpl* de paiement; ■ **etw ist ~ von jdm** qc est prévenant(e) de la part de qn

Kulanz <-> *f* ∅ obligeance *f*
▸ **auf** [*o* **aus**] ~ gracieusement

Kuli¹ <-s, -s> *m fam* (*Schreiber*) bic® *m fam*, stylo-bille *m*

Kuli² <-s, -s> *m* **1.** (*Lohnarbeiter*) coolie *m*
2. *fam* (*Knecht*) larbin *m fam*

kulinarisch *adj* culinaire

Kulisse <-, -n> *f* **1.** THEAT décor *m*
2. (*Hintergrund*) décor *m*
▸ **jd blickt** [*o* **schaut**] **hinter die ~n** qn pénètre dans les coulisses; **etw ist nur ~** *pej fam* qc est juste pour la galerie *fam*; **hinter den ~n** dans les coulisses

Kulleraugen *pl fam* grands yeux *mpl* tout ronds

kullern *vi* + *sein fam* ■ **etw kullert irgendwohin** qc roule quelque part; ■ **jd lässt etw irgendwohin ~** qn fait rouler qc quelque part

kulminieren * *vi geh* ■ **etw kulminiert in etw** (*dat*) qc atteint son paroxysme dans qc; ***jds Begeisterung kulminiert in einem Freudenschrei*** au paroxysme de l'enthousiasme, qn pousse un cri de joie *soutenu*; ***jds Vorhaltungen kulminieren in dem Vorwurf, ...*** les remontrances de qn ont atteint leur point culminant lorsqu'il/elle lui reprocha ... *soutenu*

Kult <-[e]s, -e> *m* culte *m*
▸ **jd treibt einen ~ mit jdm/etw** qn voue un culte à qn/qc

-kult *m Brillen-, Prominenten-, Wein-* culte *m* du/de la/des

Kult- (*zum Kultobjekt geworden*) -culte **Kultbild** *nt* image *f* sacrée **Kulthandlung** *f* rite *m*

kultisch *adj* cultuel(le), rituel(le); *Gerät* de culte

kultivieren * [-'viː-] *vt* 1. *geh* (*pflegen*) ■ **jd kultiviert etw** qn cultive qc
2. AGR (*urbar machen*) ■ **jd kultiviert etw** qn met qc en culture
3. *geh* (*anbauen*) ■ **jd kultiviert etw** *Kartoffel, Getreide etc* qn cultive qc
kultiviert [-'viːɐt] I. *adj* raffiné(e)
II. *adv* 1. *eingerichtet sein* avec raffinement; *speisen a.* de façon raffinée
2. *sich benehmen* avec distinction; *etw erledigen* en gentleman
Kultivierung <-, -en> [-'viː-] *f* 1. (*Urbarmachung*) mise *f* en culture
2. *geh* (*Anbau*) [*Kartoffeln, Getreide etc*] culture *f*
Kultstätte *f* lieu *m* de culte
Kultur <-, -en> *f* 1. (*Zivilisation*) civilisation *f*
2. ∅ (*Zivilisationsniveau*) degré *m* de civilisation
3. HORT plantation *f*
4. BIO culture *f*
▸ **die politische** ~ les mœurs *fpl* politiques; **jd hat** ~/**keine** ~ qn a de la distinction/manque de distinction
-kultur *f Diskussions-, Gesprächs-, Streit-* qualité *f* du/de la/des; *Auto-, Ess-, Genuss-* … de qualité; *Unternehmens-* culture *f* de; ***die Spiel~*** la dimension ludique
Kultur- culturel(le) **Kulturabkommen** *nt* accord *m* culturel **Kulturattaché** [-ataʃeː] *m* attaché(e) *m(f)* culturel(le) **Kulturaustausch** *m* échange *m* culturel **Kulturbanause** *m*, **-banausin** *f pej fam* béotien(ne) *m(f)* **Kulturbeutel** *m* trousse *f* de toilette **Kulturdenkmal** *nt* monument *m* historique
kulturell I. *adj* culturel(le)
II. *adv* 1. (*was das kulturelle Angebot angeht*) d'un point de vue culturel
2. (*was das kulturelle Niveau betrifft*) *hochstehend, unterentwickelt* culturellement; ***ein*** ~ ***gebildeter Mensch*** un homme/une femme d'un haut niveau culturel
Kulturfilm *m* [film *m*] documentaire *m* **Kulturgeschichte** *f* ∅ histoire *f* de la civilisation **kulturgeschichtlich** I. *adj* historico-culturel(le) II. *adv* d'un point de vue historico-culturel **Kulturgut** *nt* élément *m* du patrimoine [historique] **kulturhistorisch** *adj s.* **kulturgeschichtlich. Kulturhoheit** *f* ∅ souveraineté *f* dans le domaine culturel **Kulturkampf** *m* ∅ ■ **der** ~ le Kulturkampf (*combat pour la civilisation*) **Kulturkreis** *m* milieu *m* culturel **Kulturlandschaft** *f* campagne *f* cultivée **Kulturleben** *nt* ∅ vie *f* culturelle
kulturlos *adj* inculte
Kulturpflanze *f* plante *f* cultivée **Kulturpolitik** *f* ∅ politique *f* culturelle **kulturpolitisch** I. *adj Ausschuss* des affaires culturelles; *Gesichtspunkt, Kriterien* politique et culturel(le) II. *adv bedeutsam, interessant* du point de vue de la politique [en matière] culturelle **Kulturschaffende(r)** *f(m) decl wie adj:* ***die ~n*** les milieux *mpl* artistiques et intellectuels **Kulturschale** *f* BIO boîte *f* de Petri **Kulturschande** *f fam* honte *f* pour une société civilisée, insulte *f* à la civilisation; ***etw ist eine*** ~ qc est indigne d'une société civilisée **Kulturschock** *m* choc *m* culturel **Kulturstufe** *f* niveau *m* culturel **Kulturvolk** *nt* peuple *m* civilisé
Kultusgemeinde *f* communauté *f* [de culte] **Kultusminister(in)** *m(f)* ministre *m* de l'Éducation et de la Culture (*à l'échelle du Land*) **Kultusministerium** *nt* ministère *m* de l'Éducation et de la Culture (*à l'échelle du Land*)
Kumarin <-s> *nt* ∅ coumarine *f*
Kümmel <-s, -> *m* 1. BOT, GASTR cumin *m*
2. (*Schnaps*) kummel *m*
Kummer <-s> *m* ∅ 1. (*Betrübtheit*) chagrin *m*
2. (*Unannehmlichkeiten*) soucis *mpl*; ***gibt es vielleicht irgendwelchen*** ~? tu as/vous avez des problèmes?
▸ **wenn das dein einziger** ~ **ist** *fam* si c'est tout ce que t'as comme problème *fam*; **jd ist [an]** ~ **gewöhnt** *fam* qn a l'habitude des embêtements *fam*; **jd hat** ~ qn a des soucis; **jd/etw macht** [*o* **bereitet**] **jdm** ~ qn/qc cause du souci à qn
Kummerkastenonkel *m*, **-tante** *f fam* préposé(e) *m(f)* au courrier du cœur
kümmerlich I. *adj* 1. *pej Ausbeute, Ergebnis, Reste, Mahlzeit* maigre *antéposé*; (*dürftig*) *Gehalt, Rente* misérable
2. *Aufsatz, Leistung* minable *fam*
3. *Baum, Pflanze* chétif(-ive), rabougri(e)
II. *adv leben, sich ernähren* chichement
Kümmerling <-s, -e> *m pej fam* gringalet *m*, avorton *m*
kümmern I. *vt* ■ **etw kümmert jdn** qc regarde qn; ***was kümmert mich das?*** en quoi ça me regarde?; ***das hat ihn nicht zu*** ~ ça ne le regarde pas; ***es hat ihn nie gekümmert, was andere von ihm dachten*** il ne s'est jamais soucié de ce que les autres pensent de lui
II. *vi* ■ **etw kümmert** /*Baum, Pflanze*/ qc végète
III. *vr* 1. (*sich jds annehmen*) ■ **jd kümmert sich um jdn** qn s'occupe de qn
2. (*etw besorgen*) ■ **jd kümmert sich um etw** qn s'occupe de qc
3. (*auf etw achten*) ■ **jd kümmert sich darum, dass/wie/was** qn veille à ce que + *subj*/se préoccupe de savoir comment/ce qui
Kummerspeck *m hum fam* kilos *mpl* dûs au stress ▸ **jd setzt** ~ **an** qn engraisse [par contrariété], les soucis font grossir qn **kummervoll** *adj geh* chagrin(e)
Kumpan(in) <-s, -e> *m(f) pej fam* acolyte *m péj*
Kumpel <-s, -> *m* 1. MIN mineur *m*
2. *fam* (*Kamerad*) pote *mf fam*
Kumulation <-, -en> *f* accumulation *f*
kumulieren * I. *vr* ■ **etw kumuliert sich** qc s'accumule
II. *vt* ■ **jd kumuliert etw [auf jdn]** *Stimmen* qn cumule [*o* groupe] qc [sur qn]
Kumulierung <-, -en> *f* accumulation *f*
Kumuluswolke *f* cumulus *m*
kündbar *adj* 1. *Beamte* révocable; *Arbeitsverhältnis, Vertrag a.* résiliable; *Angestellte, Mitarbeiter* congédiable; ■ **jd/etw ist [irgendwie]** ~ qn est révocable/peut être congédié(e)/qc peut être dénoncé(e) [*o* résilié(e)] [d'une certaine façon]
2. *Abonnement, Versicherung, Vertrag, Mietwohnung* résiliable; *Mieter* congédiable; ■ **jd ist** ~ qn peut être congédié(e)
Kunde <-> *f* ∅ *veraltend geh* (*Nachricht*) nouvelle *f*
▸ **jd erhält von etw** ~ qn est informé(e) de qc; **etw gibt von etw** ~, **etw legt von etw** ~ **ab** qc témoigne de qc
Kunde <-n, -n> *m*, **Kundin** *f* 1. COM client(e) *m(f)*
2. *pej fam* coco *m fam*; ***ein gerissener*** ~ un [sacré] roublard *fam*
-kunde *m*, **-kundin** *f* COM *Boutiquen-, Versandhaus-* client(e) *m(f)* des; ***Telefon~*** abonné(e) *m(f)*; (*per Telefon*) client(e) *m(f)* par téléphone
künden I. *vt* 1. *geh* ■ **etw kündet etw** *Schlimmes, nichts Gutes* qc présage qc *soutenu*
2. CH *s.* **kündigen**
II. *vi geh* ■ **etw kündet von etw** qc témoigne de qc
Kunden- *-berater, -kartei* clientèle; *-besuch, -schwund* de/de la clientèle; *-karte, -nummer* [de] client; *-zeitschrift* pour la clientèle; ***~stamm*** habitués *mpl*, clientèle *f* fidèle; ***k~freundliche Verträge*** des contrats *mpl* favorables aux clients; ***k~orientiert*** soucieux(-euse) des intérêts de la clientèle **Kundenberatung** *f* conseil-client *m*, conseil *m* à la clientèle
Kundendienst *m* service *m* après-vente
Kundendienst- *-monteur, -mitarbeiter, -leiter* du/de service après-vente; *-netz* de services après-vente; ***~abteilung*** service *m* après-vente
Kundenfang *m* ∅ *pej* retape *f fam* ▸ **jd geht auf** ~ qn fait de la retape *fam*
Kundenkreis *m* clientèle *f* **Kundenstock** *m* AUS *s.* **Kundenkreis**
kund|geben *vt irreg geh* ■ **jd gibt [jdm] etw kund** *Absicht, Plan* qn révèle qc [à qn]; *Meinung, Ansicht* qn fait connaître qc [à qn]; *geplante Veranstaltung* qn signale qc [à qn]
Kundgebung <-, -en> *f* manifestation *f*
kundig *adj* 1. *geh* (*sach~*) compétent(e); ■ **jd ist** ~ qn s'y connaît
2. *veraltend geh* (*etw beherrschen*) ■ **jd ist einer S.** (*gen*) ~ qn est versé(e) dans qc *soutenu*; *des Französischen* qn est versé(e) en qc *soutenu*
▸ **jd macht sich** ~ **[in etw** (*dat*)/**auf etw** (*dat*)] qn se documente [en qc/dans qc]
-kundig expert(e) en; *sprach- a.* versé(e) en *soutenu*; ***sach~*** compétent(e); ***ein sach~es Buch*** un livre documenté
kündigen I. *vt* 1. (*aufgeben*) ■ **jd kündigt etw** *Stellung, Job* qn démissionne de qc
2. (*das Mietverhältnis beenden*) ■ **jd kündigt etw**: ***ich habe meine Wohnung gekündigt*** j'ai résilié mon bail; ■ **jd kündigt jdm etw**: ***man hat ihr das Haus gekündigt*** on lui a donné congé
3. (*beenden*) ■ **jd kündigt etw** *Abonnement, Mitgliedschaft, Versicherung, Vertrag* qn résilie qc; ■ **jd kündigt [jdm] etw** *Geldanlage* qn donne un avis de retrait de qc [à qn]; ***die Bank kündigte den Kredit*** la banque a suspendu le crédit
4. AUS (*entlassen*) ■ **jd kündigt jdn** /*Arbeitgeber, Firma*/ qn licencie qn
II. *vi* 1. (*den Arbeitsplatz aufgeben*) ■ **jd kündigt** /*Arbeitnehmer*/ qn démissionne; ■ **jd kündigt bei jdm** qn donne sa démission à qn
2. (*entlassen*) ■ **jd kündigt jdm** /*Arbeitgeber, Firma*/ qn licencie qn
3. (*das Mietverhältnis beenden*) ■ **jd kündigt jdm** /*Vermieter*/ qn donne congé à qn
Kündigung <-, -en> *f* 1. JUR résiliation *f*; ***die*** ~ ***einer Wohnung/eines Hauses*** la résiliation d'un bail; ***sie entschloss sich endlich zur*** ~ elle s'est enfin décidée à résilier son bail
2. [*Betrag*] avis *m* de retrait; [*Kredit*] suspension *f*
3. (*durch den Arbeitnehmer*) démission *f*; (*durch den Arbeitgeber*) licenciement *m*
4. *s.* **Kündigungsschreiben**
Kündigungsfrist *f* [*Arbeitsverhältnis, Mietwohnung*] délai *m* de préavis, délai-congé *m*; [*Abonnement*] délai *m* de résiliation; [*Sparbuch*] délai *m* de retrait **Kündigungsgrund** *m* motif *m* de licenciement **Kündigungsklausel** *f* clause *f* de rupture du contrat *m* **Kündigungsschreiben** *nt* lettre *f* de licenciement **Kündigungsschutz** *m* protection *f* contre les licenciements abusifs
Kundin *f s.* **Kunde**
Kundmachung <-, -en> *f* AUS (*Verlautbarung*) communiqué *m*
Kundschaft <-, -en> *f* clientèle *f*
▸ ~! il y a des clients!
Kundschafter(in) <-s, -> *m(f) veraltend* éclaireur(-euse) *m(f)*
kund|tun *vt irreg veraltend geh* ■ **jd tut [jdm] etw kund** *Ankunft* qn signale qc [à qn]; *Begehr, Tat* qn révèle qc [à qn]
künftig I. *adj* 1. *Frau, Firmenchef, Minister* futur(e) *antéposé*
2. *Jahre, Generationen* futur(e)
II. *adv* à l'avenir
Kungelei <-, -en> *f pej fam* magouillage *m fam*, magouilles *fpl fam*
kungeln *vi pej fam* ■ **jd kungelt mit jdm [um etw]** qn magouille avec qn [au sujet de qc] *fam*
Kunst <-, ¨-e> *f* 1. ART art *m*; ***sie sammelt*** ~ elle collectionne des œuvres d'art; ***sie pflegen die*** ~ ***der Vorfahren*** ils/elles cultivent les arts des ancêtres
2. ∅ SCOL arts *mpl* plastiques
3. (*Fertigkeit*) art *m*
▸ **jd ist mit seiner** ~ **am Ende** qn a atteint son niveau d'incompétence; **die bildende** ~ les arts *mpl* plastiques; **etw ist eine brotlose** ~ *fam* qc ne nourrit pas son homme; **das ist [*o* darin besteht] die ganze** ~ ce n'est pas plus sorcier que ça; **die schönen** ¨-**e** les beaux-arts; **die schwarze** ~ la magie

noire; **etw ist** ~ *fam* (*künstlich*) qc est artificiel(le) [*o* du toc *fam*] **das ist keine** ~! *fam* c'est pas [bien] sorcier! *fam;* **was macht die** ~? *fam* comment va le boulot? *fam;* **jd versucht seine** ~ **an etw** (*dat*) qn s'essaie à qc; ***versuche du mal deine*** ~ ***daran*** montre-nous tes talents

Kunst- 1. *-ausstellung* artistique; *-galerie* d'art 2. *-darm, -honig, -seide, -leder* artificiel(le); *-faser, -harz* synthétique; *-stein* faux(fausse *antéposé* **Kunstakademie** *f* école *f* des beaux-arts **Kunstbanause** *m,* **-banausin** *f pej* béotien(ne) *m(f)* **Kunstdruck** <-drucke> *m* reproduction *f* **Kunstdünger** *m* engrais *m* chimique **Kunsterzieher(in)** *m(f) form* professeur *m* d'arts plastiques [*o* de dessin] **Kunsterziehung** *f form* enseignement *m* artistique **Kunstfehler** *m* bavure *f* médicale **kunstfertig** I. *adj geh* adroit(e); ■ **jd ist** ~ qn a une grande dextérité [*o* habileté] II. *adv* avec habileté **Kunstfertigkeit** *f geh* habileté *f,* dextérité *f* **Kunstflug** *m* voltige *f,* acrobatie *f* aérienne **Kunstfreund(in)** *m(f)* amateur *m* d'art; ***sie ist*** ~ ***in*** elle est amateur d'art **Kunstgegenstand** *m* objet *m* d'art **kunstgerecht** I. *adj Verband* bien fait(e); *Ausführung a.* consciencieux(-euse); *Versorgung* approprié(e) II. *adv ausführen, erfolgen, zerlegen* dans les règles de l'art **Kunstgeschichte** *f* histoire *f* de l'art *f* **Kunstgewerbe** *nt* ∅ 1. ART arts *mpl* décoratifs 2. (*Gegenstände*) produits *mpl* d'artisanat [*o* artisanaux] **kunstgewerblich** *adj* d'artisanat **Kunstgriff** *m* astuce *f; pej* artifice *m* **Kunsthandel** *m* commerce *m* d'objets d'art **Kunsthändler(in)** *m(f)* marchand(e) *m(f)* d'objets d'art **Kunstherz** *nt* cœur *m* artificiel **kunsthistorisch** I. *adj* ART *Bedeutung, Interesse* historique et culturel(le); *Werk* d'histoire de l'art II. *adv* ART du point de vue de l'histoire de l'art; ***sie ist*** ~ ***interessiert*** elle est intéressée par l'histoire de l'art **Kunstkenner(in)** *m(f)* amateur *m* d'art **Kunstkritiker(in)** *m(f)* critique *mf* d'art **Kunstlehrer(in)** *m(f)* professeur *mf* d'arts plastiques [*o* de dessin]

Künstler(in) <-s, -> *m(f)* 1. ART artiste *mf*
2. (*Könner*) expert(e) *m(f);* ***man muss kein*** ~ ***sein, um ...*** il n'est pas besoin d'être grand clerc pour ...
▸ **bildender** ~ artiste *mf;* **freischaffender** ~ artiste *mf* indépendant(e)

künstlerisch I. *adj* 1. *Arbeit* d'artiste; *Erzeugnis, Gegenstand* d'art
2. (*einem Künstler gemäß*) *Ader, Begabung, Aussage, Reichtum* artistique
II. *adv* du point de vue artistique

Künstlerkolonie *f* colonie *f* d'artistes **Künstlername** *m* nom *m* d'artiste **Künstlerpech** *nt* ∅ *hum fam* manque de pot [*o* bol] *fam*

künstlich I. *adj* 1. (*industriell hergestellt*) faux(fausse) *antéposé*
2. *Beleuchtung, Hügel, See* artificiel(le)
3. MED artificiel(le)
4. *fam Erregung, Heiterkeit* factice
II. *adv* 1. *fam* (*grundlos*) à vide
2. *fertigen, herstellen* industriellement
3. *befruchten, ernähren, am Leben erhalten* artificiellement

Kunstlicht *nt* lumière *f* artificielle **Kunstlied** *nt* lied *m* **Kunstmaler(in)** *m(f) form* artiste *mf* peintre **Kunstpause** *f* pause *f* calculée **Kunstsammlung** *f* collection *f* d'objets d'art **Kunstschätze** *pl* trésors *mpl* artistiques **Kunstschnee** *m* neige *f* artificielle **kunstsinnig** *adj geh* qui a le goût de l'art; ■ **jd ist** ~ qn est amateur d'art **Kunstsprache** *f* langue *f* conventionnelle

Kunststoff *m* plastique *m*

Kunststoff- en plastique; ~***rasen*** gazon *m* synthétique

Kunststück *nt* 1. (*artistische Leistung*) tour *m* d'adresse 2. (*schwierige Leistung*) tour *m* de force ▸ **das ist kein** ~ ce n'est [vraiment] pas un exploit; ~! *iron* tu parles d'un exploit! **Kunsttischler(in)** *m(f)* ébéniste *mf* **Kunstunterricht** *m* cours *m* d'arts plastiques [*o* de dessin] **Kunstverstand** *m* sens *m* artistique **kunstverständig** *adj* au sens artistique développé; ■ **jd ist** ~ qn a un sens artistique **kunstvoll** I. *adj* fait(e) avec art II. *adv* artistiquement, avec art **Kunstwerk** *nt* 1. ART œuvre *f* d'art 2. (*handwerkliche Meisterleistung*) chef-d'œuvre *m* **Kunstwissenschaft** *f* arts *mpl* **Kunstwort** <-wörter> *nt* mot *m* créé [de toutes pièces]

kunterbunt I. *adj* 1. *Angebot, Programm* hétéroclite
2. *Bild, Kleid* bariolé(e), bigarré(e)
II. *adv* pêle-mêle

Kupfer <-s, -> *nt* 1. ∅ CHEM cuivre *m*
2. (*Kupferstich*) estampe *f*
▸ **jd sticht etw in** ~ qn grave qc sur cuivre

Kupfer- de cuivre **Kupferkabel** *nt* câble *m* en cuivre

kupfern *adj Blech, Draht* de cuivre; *Topf* en cuivre

Kupferschmied(in) *m(f)* chaudronnier(-ière) *m(f)* **Kupferstecher(in)** <-s, -> *m(f)* graveur(-euse) *m(f)* sur cuivre **Kupferstich** *m* gravure *f* sur cuivre, taille-douce *f*

Kupon <-s, -s> [ku'põ:] *m s.* **Coupon**

Kuppe <-, -n> *f* 1. (*Berg~*) mamelon *m;* ***die*** ~ ***des Bergs*** le sommet arrondi de la montagne
2. (*Straßen~*) dos *m* d'âne
3. (*Finger~*) bout *m* [du doigt/des doigts]

Kuppel <-, -n> *f* coupole *f*

Kuppeldach *nt* [toit *m* en] dôme *m*

Kuppelei <-, -en> *f* (*Förderung der Prostitution*) proxénétisme *m;* (*von Minderjährigen*) incitation *f* de mineurs à la débauche

kuppeln¹ *vi* AUT ■ **jd kuppelt** qn débraie

kuppeln² *vt* (*ankoppeln*) ■ **jd kuppelt etw an etw** (*akk*) qn accroche [*o* attelle] qc à qc

Kupplung <-, -en> *f* 1. AUT embrayage *m*
2. (*Anhängevorrichtung*) attelage *m*
▸ **jd lässt die** ~ **kommen** qn embraie; **jd lässt die** ~ **schleifen** qn fait patiner l'embrayage; **jd tritt die** ~ **[durch]** qn débraie

Kupplungs- d'embrayage

Kur <-, -en> *f* 1. (*Heilverfahren*) cure *f*
2. (*Haar~*) soin *m* [revitalisant] pour les cheveux
▸ **jd fährt zur [*o* in]** ~ qn va en cure; **jd ist zur** ~ qn est en cure; **jd macht eine** ~, **jd unterzieht sich einer** ~ (*dat*) qn fait [*o* suit] une cure; **jd schickt jdn zur** ~ qn envoie qn en cure

Kür <-, -en> *f* figures *fpl* libres
▸ **jd läuft/tanzt/turnt eine** ~ qn fait [*o* exécute] des figures libres

Kur- 1. *-arzt, -haus, -antrag* de cure; *-dauer, -kosten* de la/de cure; ~***mittel*** procédé *m* thérapeutique; ~***stadt*** ville *f* d'eaux, station *f* thermale
2. *-konzert, -verwaltung, -direktor* de la station [thermale]; *-einrichtung* thermal(e); *-karte* de curiste

Kurator <-s, -toren> *m,* **-torin** *f* 1. (*Treuhänder*) curateur(-trice) *m(f)*
2. UNIV conseiller(-ère) *m(f)* de l'université

Kuratorium <-s, -rien> [-riən] *nt* conseil *m* d'administration, bureau *m*

Kuraufenthalt *m* [séjour *m* en] cure *f*

Kurbel <-, -n> *f* manivelle *f*

kurbeln I. *vi* ■ **jd kurbelt** qn tourne la manivelle
II. *vt* ■ **jd kurbelt etw irgendwohin:** ***jd kurbelt die Jalousie nach unten/nach oben*** qn baisse/relève la jalousie; ***jd kurbelt die Markise nach unten/nach oben*** qn déroule/enroule le store

Kurbelwelle *f* vilebrequin *m*

Kürbis <-ses, -se> *m* 1. BOT potiron *m,* citrouille *f*
2. *sl* (*Kopf*) citrouille *f fam*

kuren *vi fam* ■ **jd kurt** qn fait une cure

küren <kürte *o rare* kor, gekürt> *vt geh* ■ **jd kürt jdn [zu etw]** /*Gremium, Jury/ Sportler, Filmstar etc* qn élit [*o* couronne] qn [qc]

Kurfürst *m* HIST prince *m* électeur, électeur *m* du Saint Empire **Kurfürstentum** *nt* électorat *m;* ***Liechtenstein ist ein*** ~ le Liechtenstein est une principauté

Kurgast *m* curiste *mf*

Kurie <-, -n> ['ku:riə] *f* curie *f* [romaine]

Kurienkardinal ['ku:riən-] *m* cardinal *m* de la curie

Kurier <-s, -e> *m* coursier *m*

Kurierdienst *m* (*Service*) service *m* de messageries; (*Firma*) service *m* de courses

kurieren * *vt* 1. MED ■ **jd kuriert jdn [von etw]** qn guérit qn [de qc]
2. *fam* (*befreien*) ■ **jd/etw kuriert jdn von jdm/etw** qn/qc guérit qn de qn/qc; ■ **jd ist [von jdm/etw] kuriert** qn est vacciné(e) [contre qn/qc]

kurios I. *adj geh* curieux(-euse), singulier(-ière) *soutenu*
II. *adv geh* singulièrement *soutenu*

Kuriosität <-, -en> *f* 1. (*merkwürdiger Gegenstand*) curiosité *f;* (*merkwürdige Geschichte*) histoire *f* curieuse
2. (*Merkwürdigkeit*) singularité *f*

Kuriosum <-s, Kuriosa> *nt:* ***es ist ein*** ~, ***dass*** il est curieux que + *subj*

Kurort *m* station *f* thermale **Kurpark** *m* parc *m* [de la station [thermale]] **Kurpfuscher(in)** *m(f) pej fam* charlatan *m* **Kurpfuscherei** *f* ∅ *pej fam* charlatanisme *m*

Kurs <-es, -e> *m* 1. NAUT, AVIAT cap *m,* route *f;* ~ ***Nordnordwest*** cap nord-nord-ouest
2. POL ligne *f* [politique]
3. (*Wechsel~*) cours *m* [de change]
4. (~*wert*) [*Aktie, Edelmetall*] cours *m*
5. (*Lehrgang*) cours *m;* ***ein*** ~ ***in Aquarellmalerei*** un cours d'aquarelle
▸ **harter/weicher** ~ ligne *f* dure/souple; **etw steht hoch im** ~ **[bei jdm]** qc est très prisé(e) [par qn]; **jd/etw behält den [*o* seinen]** ~ **bei** qn/qc tient le [*o* son] cap; **jd besucht einen** ~ **[in etw** (*dat*)**]** qn suit un cours [de qc]; **etw bringt jdn/etw vom** ~ **ab** *Besatzung, Schiff, Flugzeug* qc fait dévier qn/qc [de sa route]; **jd/etw bringt jdn vom** ~ **ab** *Politiker, Regierung* qn/qc fait changer qn de ligne [politique]; **jd bringt jdn auf** ~ qn met qn au pas; **etw fällt im** ~ le cours de qc fléchit; ***etw fällt gewaltig im*** ~ le cours de qc chute [brutalement]; **jd/etw geht auf [...]** ~ (*akk*) NAUT, AVIAT qn/qc prend le cap [...]; ***wir gehen auf*** ~ ***Richtung Paris*** nous mettons le cap sur Paris; **etw hat** ~ **auf etw** (*akk*) qc fait route vers qc; **jd/etw hält den** ~ qn/qc tient le cap; **etw kommt vom** ~ **ab** qc dérive; **jd/etw nimmt** ~ **auf etw** (*akk*) qc met le cap sur qc; **jd setzt etw außer** ~ qn retire qc de la circulation; **jd/etw steuert einen [...]** ~ qn/qc suit une [...] direction; ***jd steuert*** ~ ***Balearen*** qn fait route vers les Baléares; **zu einem ...** ~ *tauschen, umtauschen* à un cours [*o* taux] ...

-kurs *m* 1. SCOL cours *m* de
2. COM, POL politique *f* de; ***Zickzack***~ politique de louvoiement; ***der Vorstand war auf Konfrontations***~ le comité directeur était prêt à l'affrontement; ***er geht auf Konflikt***~ il cherche le conflit
3. BÖRSE cours *m* de; *Dollar-* cours *m* du

Kurs- 1. AVIAT, NAUT *-abweichung, -beibehaltung* de cap; *-korrektur* de dérive; ~***änderung*** déroutement *m* 2. BÖRSE *-anstieg, -index, -aufschlag, -verfall, -sturz, -verlust* des cours; ~***blatt*** cote *f* officielle; ~***durchschnitt*** cours *m* moyen; ~***risiko*** risque *m* de change; ~***sicherung*** couverture *f* du risque de change 3. SCOL *-leiter* de cours; *-teilnehmer* au cours; *-gegenstand, -beginn, -ende, -dauer* du/des cours **Kursbuch** *nt* indicateur *m* des chemins de fer

Kurschatten *m hum fam* flirt *m* de cure

Kürschner(in) <-s, -> *m(f)* pelletier(-ière) *m(f)*

Kurse *pl von* **Kursus**

kursieren * *vi* 1. ■ **etw kursiert [unter ihnen]** /*Gerücht, Parole*/ qc circule [*o* court] [parmi eux/elles]
2. ■ **etw kursiert [irgendwo]** /*Falschgeld*/ qc circule [quelque part]

kursiv I. *adj* italique; ■ **etw ist** ~ qc est en italique
II. *adv* en italique

Kursive <-, -n> [-və] *f,* **Kursivschrift** *f* italique *m*

kursorisch I. *adj geh* cursif(-ive)
II. *adv geh:* ***jd liest/überfliegt etw*** ~ qn survole qc
Kursus <-, Kurse> *m geh s.* **Kurs 5.**
Kurswagen *m* ■ ~ **nach ...** voiture *f* [directe] pour ...
Kurtaxe *f* taxe *f* de séjour
Kurtisane <-, -n> *f* courtisane *f*
Kurve <-, -n> [-və] *f* **1.** TRANSP virage *m*
2. GEOM courbe *f*
3. *pl fam* (*Körperrundung*) formes *fpl*, rondeurs *fpl;* ***hat die ~n!*** [qu'est-ce qu']elle est bien roulée! *fam*
► **jd fliegt aus der** ~ *fam* qn loupe le [*o* son] virage *fam;* **jd kratzt die** ~ *fam* qn met les bouts *fam;* **jd kriegt die** ~ *fam* qn se rattrape aux branches, qn réussit à s'en tirer; **jd legt sich in die** ~ qn se couche dans le virage; **etw macht eine** ~ */Bahnlinie, Straße/* qc fait une courbe [*o* un virage]
kurven [-vən] *vi + sein fam* **1.** ■ **jd/etw kurvt** */Fahrer, Flugzeug/* qn/qc vire
2. (*ziellos fahren*) ■ **jd kurvt durch etw** qn sillonne qc; *pej* qn tournicote dans qc *fam*
Kurvenlineal [-vən-] *nt* pistolet *m* **kurvenreich** *adj* **1.** *Bahnlinie, Straße* sinueux(-euse) **2.** *hum fam Frau* bien roulé(e) *fam*
kurvig [-vɪç] *adj s.* **kurvenreich**
kurz <=er, =este> I. *adj* **1.** (*räumlich von geringer Länge*) *Faden, Bein, Hals, Strecke, Schraube, Haare, Ärmel, Mantel* court(e)
2. (*zeitlich von geringer Länge*) *Aufenthalt, Besuch, Leben* court(e); *Blick, Frist, Unterbrechung* bref(brève) *antéposé; Pause* petit(e) *antéposé;* ***in ~er Zeit*** en peu de temps; ***seine Freude war nur*** ~ sa joie a été de courte durée
3. (*knapp*) *Artikel, Bericht* court(e); *Antwort, Frage* bref(brève); ***bitte etwas =er*** soyez bref
4. *Silbe, Vokal* bref(brève)
► **jd zieht [in etw** (*dat*)**] den K=eren** *fam* qn a le dessous [dans qc]
II. *adv* **1.** (*knapp, in geringer Länge*) court; ~ ***geschnitten*** *Haare* coupé(e) court, court(e); ***du hast zu ~/=er als ich geworfen*** tu n'as pas lancé assez loin/moins loin que moi
2. *sich aufhalten, bleiben, dauern, wegbleiben* peu de temps; *sprechen* brièvement; ***sie blieb =er, als erwartet*** elle est restée moins longtemps que prévu
3. *hintereinander, nacheinander* à brefs intervalles; *nach, vor, vorher* peu de temps; ***es ist ~ vor acht*** il n'est pas loin de huit heures
► **jd ist** ~ **angebunden** qn est bourru(e); ~ **und bündig** sans détour; ~ **entschlossen** sans réfléchir cent sept ans; ***sie ist immer ~ entschlossen*** elle est toujours prompte à se décider; ~ **und gut** pour tout dire; **jd haut** [*o* **schlägt**] **etw** ~ **und klein** *fam* qn réduit qc en miettes, qn bousille qc *fam;* **über** ~ **oder lang** tôt ou tard; ~ **und schmerzlos** *fam* en y allant carrément *fam;* **jd fasst sich** ~ qn est bref(brève); ***fassen Sie sich kürzer!*** abrégez!; ~ **gesagt** bref; **jd hält jdn** ~ qn restreint qn financièrement, qn oblige qn à se serrer la ceinture *fam;* **jd kommt [bei etw] zu** ~ qn est lésé(e) [dans [*o* lors de] qc]; **jd macht es** ~ qn est bref(brève); ***ich will es ~ machen*** je ne tournerai pas autour du pot; **jd macht [jdm] etw =er** COUT qn [lui] raccourcit qc; **jd tritt** ~ *fam* qn se serre la ceinture *fam;* **bis vor ~em** il y a encore peu de temps; **seit ~em** depuis peu; **vor ~em** il y a peu de temps, récemment; ~ **bevor** peu [de temps] avant que + *subj;* ~ **nachdem** peu de temps après que + *indic*
Kurzarbeit *f ∅* chômage *m* partiel **kurz|arbeiten** *vi* ■ **jd arbeitet kurz** qn travaille à temps réduit **Kurzarbeiter(in)** *m(f)* chômeur partiel/chômeuse partielle *m/f* **kurzärm[e]lig** *adj* à manches courtes **kurzatmig** *adj* poussif(-ive); MED dyspnéique *spéc;* ■ **jd ist/wird** ~ qn a le souffle court/s'essouffle **Kurzbrief** *m* mot *m*, billet *m*
Kurze(r) *m decl wie adj fam* **1.** (*Schnaps*) petit verre *m* de gnôle, goutte *f fam*
2. (*Kurzschluss*) court-jus *m fam*
Kürze <-, *rare* -n> *f* **1.** *∅* (*kurze räumliche Länge*): ***wegen der relativen ~ seiner Beine*** à cause de ses jambes relativement courtes; ***angesichts der ~ der Strecke*** vu le court trajet
2. *∅* (*kurze Dauer*) brièveté *f*
3. *∅* (*Knappheit*) [*Antwort*] brièveté *f; Artikel* concision *f*
4. (*kurze Silbe*) brève *f*
► **in der** ~ **liegt die Würze** *prov* un bref exposé vaut mieux qu'un long discours; **in aller** ~ aussi brièvement que possible; **in** ~ sous peu
Kürzel <-s, -> *nt* **1.** (*stenografisches* ~) signe *m* sténographique
2. (*Kurzwort*) sigle *m*
kürzen *vt* **1.** COUT ■ **jd kürzt etw [um etw]** qn raccourcit qc [de qc]
2. ■ **jd kürzt etw [um etw]/etw auf etw** (*akk*) *Artikel, Bericht, Manuskript* qn raccourcit [*o* abrège] qc [de qc]/ramène qc à qc
3. ■ **jd kürzt [jdm] etw [um etw]/etw auf etw** (*akk*) *Etat, Sozialhilfe, Taschengeld* qn [lui] diminue qc [de qc]/ramène qc à qc
kurzerhand *adv abhauen, packen* sans plus attendre; *entlassen* sans autre forme de procès
Kurzfassung *f* version *f* abrégée, abrégé *m* ► **in** ~ en abrégé, en version abrégée; *berichten* brièvement **Kurzfilm** *m* court métrage *m* **Kurzform** *f* abréviation *f* **kurzfristig** I. *adj* **1.** *Bestellung, Zusage* rapide; *Anreise, Programmänderung* impromptu(e); ***eine ~ere Abreise ist nicht möglich*** le départ ne peut pas avoir lieu plus tôt; ***Ihre Zusage war zu*** ~ votre accord est intervenu trop tard **2.** *Wettervorhersage, Vertrag* à court terme; *Urlaub* court(e); *Unterbrechung* bref(brève) *antéposé* II. *adv* **1.** (*innerhalb kurzer Zeit*) *ändern, informieren, wissen lassen* rapidement, sans perdre de temps; *umstoßen* subitement **2.** (*für kurze Zeit*) *unterbrechen* momentanément; *gelten* temporairement ► ~ **gesehen** à court terme **Kurzgeschichte** *f* nouvelle *f* **kurzgeschnitten** *s.* **kurz II.1. kurzhaarig** *adj* **1.** *Mensch* aux cheveux courts; *Frisur* court(e) **2.** *Hund, Katze* à poil court; ■ **ein Tier ist** ~ un animal a le poil court **kurz|halten** *s.* **kurz II.►. kurzlebig** *adj* **1.** *Pflanze, Tier* éphémère, qui vit peu de temps; *Baum* à courte durée de vie; ■ **etw/ein Tier ist** ~ qc/un animal est éphémère [*o* vit peu de temps]; ***ein Baum ist*** ~ un arbre a une courte durée de vie **2.** *Mode, Modeerscheinung* éphémère **3.** *Artikel, Konsumgut, Zeitung* peu durable; ***immer ~er*** de moins en moins durable; ■ **etw ist** ~ qc a une durée de vie limitée **4.** PHYS instable
kürzlich *adv* récemment
Kurzmeldung *f* RADIO flash *m* [d'information] **Kurznachrichten** *pl* RADIO, TV nouvelles *fpl* brèves **Kurzparker(in)** <-s, -> *m(f)* ***Parkplätze für*** ~ places *fpl* pour stationnement limité [*o* de courte durée] ► **nur für** ~ stationnement à durée limitée [*o* de courte durée] **kurz|schließen** *irreg* I. *vt* ELEC ■ **jd schließt etw kurz** qn court-circuite qc II. *vr* ■ **jd schließt sich mit jdm kurz** qn se met en rapport avec qn **Kurzschluss**[RR] *m* **1.** ELEC court-circuit *m* **2.** PSYCH impulsion *f* irréfléchie, acte *m* impulsif ► **etw hat einen** ~ qc est grillé(e) **Kurzschlussreaktion**[RR] *f* impulsion *f* irréfléchie, réaction *f* impulsive **Kurzschrift** *f* sténo[graphie] *f* **kurzsichtig** I. *adj* **1.** MED myope **2.** *Mensch, Haltung, Politik* à courte vue; ■ **etw ist** ~ [**von jdm**] qc est imprévoyant(e) [de la part de qn] II. *adv handeln* au jour le jour, à la petite semaine; ***du denkst zu*** ~ tu ne vois pas plus loin que le bout de ton nez **Kurzsichtigkeit** <-, -en> *f* **1.** MED myopie *f* **2.** [*Mensch, Denken, Politik*] absence *f* de hauteur de vues, imprévoyance *f* **Kurzstreckenflug** *m* vol *m* sur courte distance **Kurzstreckenläufer(in)** *m(f)* sprinteur(-euse) *m(f)* **Kurzstreckenrakete** *f* missile *m* [à] courte portée **kurz|treten** *s.* **kurz II.►. kurzum** *adv* bref
Kürzung <-, -en> *f* **1.** FIN diminution *f*
2. MEDIA raccourcissement *m*, abrégement *m*
Kurzurlaub *m* brèves vacances *fpl* **Kurzwaren** *pl* mercerie *f* **Kurzwelle** *f* onde *f* courte; ***auf*** ~ sur ondes courtes **Kurzwellensender** *m* émetteur *m* d'ondes [*o* à ondes] courtes **Kurzwort** <-wörter> *nt* abréviation *f* **Kurzzeitgedächtnis** *m* PSYCH mémoire *f* à court terme
kusch *interj* **1.** (*an Hund*) couché!
2. AUS (*an Menschen*) silence!
kuschelig *adj fam Bett, Sessel, Sofa, Decke* mœlleux(-euse)
kuscheln I. *vr fam* ■ **jd kuschelt sich an jdn/in etw** (*akk*) qn se pelotonne [*o* se blottit] contre qn/dans qc
II. *vi* ■ **jd kuschelt [mit jdm]** qn fait un câlin [*o* des câlins] [à qn]
kuschen *vi* ■ **jd kuscht [bei jdm]** qn file doux [*o* marche droit] [avec qn]; ■ **ein Tier kuscht** un animal obéit [au doigt et à l'œil]
Kusine <-, -n> *f* cousine *f*
Kuss[RR] <-es, Küsse>, **Kuß** <-sses, Küsse> *m* **1.** (*Berührung*) baiser *m;* (*auf die Wange*) bise *f*
2. (*Abdruck eines Kusses*) marque *f* de lèvres
► **jd gibt jdm einen ~/Küsse** qn donne un baiser/des baisers à qn
Küsschen[RR], **Küßchen** <-s, -> *nt* bise *f fam*
► **gib** ~ fais un câlin
küssen I. *vt* ■ **jd küsst jdn/etw [auf etw** (*akk*)**]** *auf den Mund, die Wange* qn embrasse qn/qc [sur qc]; ■ **jd küsst jdm etw** *den Hals, die Schulter* qn lui embrasse qc; *die Hand* qn lui baise qc; ***das [richtige] K~ ist eine Kunst*** [bien] embrasser est un art; ***beim K~/während des K~s schließt er die Augen*** il ferme les yeux en embrassant/quand il embrasse
II. *vr* ■ **sie** ~ **sich** ils/elles s'embrassent
III. *vi* ■ **jd küsst [...]** qn embrasse [...]
Kusshand[RR] *f* ► **jd wirft jdm eine ~/Kusshände zu** qn envoie un baiser/des baisers à qn; **mit** ~ *fam:* ***jd würde mit ~ etw tun*** qn donnerait cher pour faire qc
Küste <-, -n> *f* **1.** (*Meeresufer*) côte *f*
2. (*Gegend*) littoral *m*
Küsten- *-hafen, -bereich, -befestigung* côtier(-ière); *-riff* de la côte; *-ort, -bewohner* du littoral **Küstenfischerei** *f* pêche *f* côtière **Küstengebiet** *nt* région *f* côtière **Küstengewässer** *pl* eaux *fpl* territoriales **Küstenwacht** *f* service *m* de surveillance côtière
Küster(in) <-s, -> *m(f)* sacristain/e [*o* -ine] *m/f*
Kustode <-n, -n> *m*, **-todin** *f*, **Kustos** <-, Kustoden> *m* conservateur(-trice) *m(f)* [de musée]
Kutschbock *m* siège *m* du cocher
Kutsche <-, -n> *f* carrosse *m;* ***eine offene*** ~ une calèche
Kutscher(in) <-s, -> *m(f)* cocher *m*
kutschieren * I. *vi + sein fam* ■ **jd kutschiert irgendwohin**: ***sie kutschierte mit ihrer Ente durch die Normandie*** elle s'est baladée en Normandie avec sa 2 CV *fam*
II. *vt + haben fam* ■ **jd kutschiert jdn irgendwohin** qn voiture qn quelque part *fam*
Kutte <-, -n> *f* ECCL [robe *f* de] bure *f*
Kuttel <-, -n> *f meist pl* tripes *fpl*
Kutter <-s, -> *m* cotre *m*
Kuvert <-s, -s *o* -[e]s, -e> [ku'veːɐ, ku'vɛːɐ, ku'vɛrt] *nt* enveloppe *f*
Kuvertüre <-, -n> [-vɛr-] *f* chocolat *m* à napper
Kuwait <-s> [ku'vait, 'kuːvait] *nt* **1.** (*Emirat*) le Koweït
2. (*Hauptstadt*) Koweït
kW <-, -> *nt abk von* **Kilowatt** kW *m*
kWh <-, -> *f abk von* **Kilowattstunde** kWh *m*
Kybernetik <-> *f ∅* cybernétique *f*
kybernetisch *adj* cybernétique
kyrillisch I. *adj* cyrillique
II. *adv* en caractères cyrilliques
KZ <-s, -s> [kaː'tsɛt] *nt abk von* **Konzentrationslager** camp *m* de concentration
KZ-Häftling [kaː'tsɛt-] *m* détenu(e) *m(f)* [du/de/d'un camp de concentration]

L

L, l <-, -> [ɛl] *nt* L *m*, l *m*
▶ **L wie Ludwig** l comme Louis
l *abk von* **Liter** l
Lab <-[e]s, -e> *nt* présure *f*
labb[e]rig *adj* DIAL *fam* **1.** *Getränk, Suppe* fadasse *fam*
2. *Kleidungsstück* flottant(e); *pej* pendouillant(e) *fam*
Label <-s, -> ['leɪbl] *nt* **1.** COM étiquette *f* [de prix]
2. [*Schallplatte*] étiquette *f*
laben **I.** *vt geh* ■ **etw labt jdn** qc rafraîchit qn
II. *vr geh* ■ **jd labt sich [an etw** (*dat*)**]** qn se délecte [de qc] *littér*
labern **I.** *vi fam* ■ **jd labert [über etw** (*akk*)**]** qn dégoise [au sujet de qc] *fam*
II. *vt fam* ■ **jd labert etw** qn dégoise qc *fam*
labial *adj* labial(e)
Labial <-s, -e> *m*, **Labiallaut** *m* labiale *f*
labil *adj* instable; *Charakter a.* labile *spéc*
Labilität <-, *rare* -en> *f* instabilité *f*; [*Charakter*] labilité *f spéc*
Labor <-s, -s *o* -e> *nt* laboratoire *m*
-labor *nt* laboratoire *m* de; ***Gen~*** laboratoire *m* génétique; ***Geheim~*** laboratoire *m* secret
Laborant(in) <-en, -en> *m(f)* laborantin(e) *m(f)*; PHARM *a.* préparateur(-trice) *m(f)*
Laboratorium <-s, -rien> [-riən] *nt form s.* **Labor**
laborieren * *vi geh* ■ **jd laboriert an etw** (*dat*) qn traîne qc
Labyrinth <-[e]s, -e> *nt* labyrinthe *m*
Lache¹ <-, -n> *f* (*Pfütze*) flaque *f*; ***eine riesige ~ von Blut*** une mare de sang
Lache² <-, -n> *f pej fam* (*Art zu lachen*) rire *m*; ***ich kann seine ~ nicht ausstehen*** je peux pas supporter sa façon de rigoler *fam*
lächeln *vi* **1.** (*freundlich grinsen*) ■ **jd lächelt** qn sourit; ***sie lächelte gequält*** elle riait [un peu] jaune
2. (*sich lustig machen*) ■ **jd lächelt [über jdn/etw]** qn sourit [de qn/qc]
Lächeln <-s> *nt* ∅ sourire *m*
▶ **ein müdes ~**: ***mit einem müden ~*** en faisant la moue; ***für so einen Unsinn habe ich nur ein müdes ~ übrig*** ce genre d'absurdité ne me fait même pas sourire; ***es kostet mich ein müdes ~ das zu machen*** je fais ça les doigts dans le nez *fam*
lachen *vi* **1.** ■ **jd lacht** qn rit; ■ **jd lacht über etw** (*akk*) *über einen Witz etc* qn rit de qc
2. (*aus~*) ■ **jd lacht über jdn/etw** qn rit de qn/qc
▶ **jd lacht breit** qn rit comme une baleine *fam*; **jd hat gut ~** qn en parle à son aise; ***spotte nicht, du hast gut ~*** tu as beau jeu de te moquer [de moi]; **wer zuletzt lacht, lacht am besten** *prov* rira bien qui rira le dernier; **jd bringt jdn zum L~, jd macht jdn ~** *geh* qn fait rire qn; **da gibt es gar nichts zu ~** il n'y a pas de quoi rire; **was gibt es denn da zu ~?** qu'est-ce qu'il y a de [si] drôle?; **jd hat [bei jdm] nichts zu ~** *fam* qn rigole pas tous les jours [chez qn] *fam*; **jdm ist nicht zum L~ [zumute]** qn n'est pas d'humeur à rire; **das ist zum L~** *fam* (*lachhaft*) y a vraiment de quoi rigoler *fam*; **da kann ich doch nur ~!** *fam* je rigole doucement! *fam*, **das wäre doch gelacht** *fam* ça fait pas un pli [*o* fam]; **dass ich nicht lache!** *fam* laisse-moi rigoler! *fam*; **lach du nur!** *fam* tu peux toujours rigoler! *fam*
Lachen <-s> *nt* ∅ **1.** rire *m*; ***er brach in lautes ~ aus*** il a éclaté de rire
2. (*Art zu lachen*) [façon *f* de] rire *m*
▶ **ein breites ~**: ***sein Gesicht verzog sich zu einem breiten ~*** tout riait dans son visage; **jd kriegt sich nicht mehr vor ~** *fam* qn rigole à en faire pipi [dans sa culotte] *fam*, qn est écroulé(e) [de rire] *fam*; **jd kugelt/kringelt sich vor ~** *fam* qn est plié(e) [en deux [*o* de rire]] *fam*, qn se tord de rire; **jdm wird das ~ [schon] noch vergehen** *fam* qn va perdre l'envie de rire, l'envie de rire va lui passer; **jd verkneift sich** (*dat*) **das ~** qn se retient de rire; **vor ~** de rire
Lacher(in) <-s, -> *m(f)* rieur(-euse) *m(f)*
▶ **jd hat die ~ auf seiner Seite** qn a les rieurs de son côté
lächerlich **I.** *adj* ridicule; ***eine ~e Kleinigkeit*** une bagatelle
▶ **jd macht jdn/sich [vor jdm] ~** qn ridiculise qn/se ridiculise [*o* se rend ridicule] [devant qn]; **jd zieht etw ins L~e** qn tourne qc en ridicule
II. *adv* ridiculement
Lächerlichkeit <-, -en> *f* **1.** ∅ (*Albernheit*) ridicule *m*
2. (*Geringfügigkeit*) caractère *m* ridicule
▶ **jd/etw gibt jdn/etw der ~ preis** *geh* qn/qc tourne qn/qc en ridicule
Lachgas *nt* gaz *m* hilarant
lachhaft *adj* ridicule
Lachmöwe *f* [mouette *f*] rieuse *f*
Lachs <-es, -e> *m* saumon *m*
lachsfarben *adj*, **lachsfarbig** *adj* saumon *inv* **Lachsforelle** *f* truite *f* saumonée **Lachsschinken** *m* filet *m* de porc fumé
Lack <-[e]s, -e> *m* laque *f*
▶ **der ~ ist ab** *sl* c'est le commencement de la fin *fam*; **und fertig ist der ~** *sl* le tour est joué, et voilà le travail
Lack- *-gürtel, -leder, -schuhe* verni(e) **Lackaffe** *m pej fam* godelureau *m*
Lackel <-s, -> *m* SDEUTSCH, AUS *fam s.* **Tölpel**
lacken *vt s.* **lackieren**
Lackfarbe *f* peinture *f* laquée, laque *f*
lackieren * *vt* **1.** (*mit Lack versehen*) ■ **jd lackiert etw** qn laque qc; ***frisch lackiert!*** peinture fraîche!
2. (*mit Nagellack*) ■ **jd lackiert jdm/sich etw** qn lui/se vernit qc
▶ **jd ist der/die Lackierte** *fam* qn est le pigeon [dans l'affaire] *fam*
Lackierer(in) <-s, -> *m(f)* peintre *mf* [en carrosserie]
Lackiererei <-, -en> *f* [atelier *m* de] tôlerie-peinture *f*
Lackierung <-, -en> *f* **1.** (*das Lackieren*) laquage *m*
2. (*aufgetragener Lack*) laque *f*
Lackmus <-> *nt o m* ∅ tournesol *m*
Lackmuspapier *nt* papier *m* de tournesol
Lackschaden *m* (*Kratzer*) éraflure *f*; ***das ist nur [ein] ~*** il n'y a que la peinture qui ait souffert; ***ein kleiner ~*** un peu de peinture abîmée
Lade <-, -n> *f fam* tiroir *m*
Ladebaum *m* mât *m* de charge **Ladefläche** *f* surface *f* de chargement **Ladegewicht** *nt* poids *m* de chargement; ***das zulässige ~*** la charge admise **Ladegut** *nt form* charge *f* **Ladehemmung** *f* enrayage *m* ▶ **etw hat ~** qc s'enraie; **jd hat ~** *fam* qn se met à patauger *fam* **Ladeklappe** *f* porte *f* de la soute **Ladeluke** *f* écoutille *f* de chargement
laden¹ <lädt, lud, geladen> **I.** *vt* **1.** (*packen*) ■ **jd lädt etw auf etw** (*akk*)**/in etw** (*akk*) qn charge qc sur/dans qc; ■ **jd lädt etw aus etw [auf etw** (*akk*)**]** qn décharge qc de qc [et le/la recharge sur qc]; ■ **jd lädt [jdm] jdn/etw auf etw** (*akk*) qn charge qn/qc sur qc [de qn]; ***jd lädt sich jdn auf die Schultern*** qn charge qn sur ses épaules; ■ **etw hat etw geladen** qc transporte qc
2. ■ **jd lädt etw auf sich** (*akk*) qn se met qc sur le dos; *Schulden a.* qn endosse qc; *Verantwortung a.* qn assume qc
3. (*mit Munition versehen*) ■ **jd lädt etw [mit etw]** qn charge qc [de [*o* avec] qc]; ***etw wird selbsttätig geladen*** qc se recharge tout(e) seul(e); ■ **etw ist [mit etw] geladen** qc est chargé(e) [de qc]
4. ELEC ■ **jd lädt etw [mit etw]** qn charge qc [de qc]; ***die Batterie ist wieder geladen*** la batterie est rechargée; ***die Elektrozäune werden mit Starkstrom geladen*** les clôtures électriques sont mises sous haute tension
5. INFORM ■ **jd lädt etw** qn appelle qc, qn charge qc
▶ **jd lädt etw voll** qn charge qc à plein; **voll geladen** en pleine charge; ***es geht los, der Wagen ist jetzt voll geladen*** on y va, j'ai fini de charger la voiture; **jd hat geladen** DIAL *sl* qn est bourré(e) *fam*; **jd ist ~** *fam* qn est furax [*o* en pétard] *fam*
II. *vi* **1.** (*mit Munition versehen*) ■ **jd/etw lädt** qn [re]charge une arme/qc se recharge
2. ELEC ■ **etw lädt [wieder]** qc se recharge
laden² <lädt, lud, geladen> *vt* **1.** *geh* (*ein~*) ■ **jd lädt jdn [zu etw]** qn invite qn [à qc]; ■ **geladen** invité(e); ***geladene Gäste*** des invités *mpl*
2. JUR *form* ■ **jd lädt jdn [als etw]** qn cite qn [comme qn]; ***jd lädt jdn vor Gericht/zur Verhandlung*** qn cite qn en justice/à comparaître
Laden¹ <-s, ⸚> *m* **1.** (*Geschäft*) magasin *m*
2. *fam* (*Betrieb*) boîte *f fam*
▶ **der ~ läuft** *fam* la boîte tourne *fam*; **jd macht den ~ zu [*o* dicht]** *fam* qn ferme la boîte *fam*, qn met la clé sous la porte; ***ihnen wurde der ~ zugemacht*** on leur a fermé leur boîte *fam*; **jd schmeißt den ~** *sl* qn fait tourner la boîte [*o* la boutique] *fam*; **jd schmeißt den [ganzen] ~ hin** *fam* qn envoie tout chier *fam*
Laden² <-s, ⸚ *o* -> *m* (*Fenster~*) volet *m*
Laden- COM du/de magasin **Ladenbesitzer(in)** *m(f)* propriétaire *mf* du/de magasin **Ladendieb(in)** *m(f)* voleur(-euse) *m(f)* à l'étalage **Ladendiebstahl** *m* vol *m* à l'étalage **Ladenhüter** *m pej* [vieux] rossignol *m fam* **Ladenkasse** *f* caisse *f* du/de magasin **Ladenkette** *f* chaîne *f* de magasins; ***eine ~ von Lebensmittelgeschäften*** une chaîne de magasins d'alimentation **Ladenpreis** *m* prix *m* marqué
Ladenschluss^RR *m* ∅ fermeture *f* des magasins/du magasin
▶ **bei/nach/vor ~** à/après/avant la fermeture des magasins/du magasin
Ladenschlussgesetz^RR *nt* loi *f* sur la fermeture des magasins **Ladenschlusszeit**^RR *f* heure *f* [légale] de fermeture des magasins
Ladentisch *m* comptoir *m* [du/de magasin] ▶ **unter dem ~** *fam verkaufen* sous le manteau **Ladentochter** *f* CH *s.* **Verkäuferin**
Laderampe *f* rampe *f* de chargement **Laderaum** *m* AVIAT soute *f*; NAUT *a.* cale *f*
lädieren * *vt* ■ **jd lädiert [jdm] etw** qn [lui] abîme qc
▶ **jd ist lädiert** *hum* qn est abîmé(e) [*o* amoché(e) *fam*]
lädt *3. pers pres von* **laden**

Ladung¹ <-, -en> *f* 1. (*Fracht*) chargement *m;* NAUT *a.* cargaison *f;* ■ **eine ~ …** *fam* un paquet de …
2. [*Sprengstoff*] charge *f*
3. ELEC, PHYS charge *f*

Ladung² <-, -en> *f* JUR citation *f;* ***eine*** [***schriftliche***] ***~ zum Termin*** une citation à comparaître

Lafette <-, -n> *f* affût *m*

Laffe <-n, -n> *m veraltend s.* **Lackaffe**

lag *imp von* **liegen**

Lage <-, -n> *f* 1. [*Ortschaft*] site *m;* [*Immobilie, Grundstück, Haus*] situation *f,* emplacement *m;* ***sonnige ~*** bonne exposition
2. (*Liegeposition*) position *f*
3. (*Situation*) situation *f;* ***die derzeitige ~ der Dinge*** la situation actuelle
4. (*Schicht*) couche *f*
5. (*Wein~*) terroir *m*
6. *fam* (*Runde*) tournée *f fam*
▶ **jd ist zu etw in der ~** (*fähig*) qn est en mesure de faire qc; ***zu dieser Geldausgabe bin ich finanziell nicht in der ~*** je ne suis pas en mesure de faire cette dépense; **jd ist in der ~ etw zu tun** qn est en mesure de faire qc; (*gesundheitlich a.*) qn est en état de faire qc; **jd peilt** [*o* **sondiert**] **die ~** *fam* qn tâte le terrain; **jd schmeißt eine ~** *sl* qn paie une tournée *fam;* **jd sieht sich in der ~ etw zu tun** qn pense être en mesure de faire qc; ***ich sehe mich nicht in der ~ etw zu tun*** je me vois dans l'impossibilité de faire qc; **jd versetzt sich in jds ~** (*akk*) qn se met à la place de qn; **jd/etw versetzt jdn in die ~ etw zu tun** / *Erbschaft, Gewinn/* qn/qc fournit à qn les moyens de faire qc; / *Beweisstücke/* qn/qc permet à qn de faire qc; **jd/etw versetzt jdn in eine … ~** *schwierige* qn/qc met qn dans une situation …; **jd versetzt sich in die ~ etw zu tun** qn se met en situation [*o* s'ouvre la possibilité] de faire qc; ***jd weiß nicht, wie er/sie sich in die ~ versetzen soll etw zu tun*** qn ne sait pas comment trouver le moyen de faire qc; **in bestimmter ~:** ***in bester/ruhiger ~*** très bien situé(e)/situé(e) dans un environnement calme; ***in sonniger ~*** bien exposé(e); ***in bevorzugter*** [***klimatischer***] ***~*** jouissant [*o* bénéficiant] d'un climat privilégié

-lage *f* 1. *Geschäfts-* situation *f* des; *Erkenntnis-* état *m* des; ***Wirtschafts~*** situation *f* économique; ***je nach Interessen~*** suivant les intérêts du moment; ***die Ertrags~ einer Firma*** le rendement d'une entreprise
2. *Gemüts-* état *m* de; ***Stimmungs~*** humeur *f*
3. ***in Südhang~*** sur un coteau orienté au sud; ***durch die Gipfel~*** grâce à son/leur emplacement au sommet

Lagebericht *m* compte rendu *m* de la situation **Lagebesprechung** *f* analyse *f* de la situation **Lageplan** *m* 1. (*Skizze*) plan *m* 2. (*Katasterplan*) plan *m* parcellaire [*o* cadastral]

Lager <-s, - *o* ⸚> *nt* 1. COM dépôt *m,* magasin *m*
2. (*Unterkunft*) camp *m*
3. (*ideologische Gruppierung*) camp *m*
4. [*Kurbelwelle, Nockenwelle*] roulement *m,* coussinet *m*
5. *geh* (*Bett*) couche *f littér;* ***die schwere Erkrankung hatte sie für mehrere Wochen an ihr ~ gefesselt*** cette grave maladie l'avait clouée au lit pour plusieurs semaines; ***seine Getreuen wachten bis zuletzt an seinem ~*** ses fidèles veillèrent à son chevet jusqu'à la fin
▶ **jd hat etw am ~** COM qn a qc en stock [*o* en magasin]; **jd hat etw auf ~** *fam* qn a qc en réserve; ***du hast vielleicht immer einen Blödsinn auf ~!*** tu n'es jamais à court de bêtises!; **etw ist am ~** COM qc est en stock [*o* en magasin]

-lager *nt* 1. *Ölschiefer-, Rohstoff-, Kohle-* gisement *m* de; ***Erz~*** gisement *m* métallifère
2. *Rebellen-* camp *m* des/de; ***das Gewerkschafts~/Arbeitgeber~*** le camp syndical/patronal

Lagerfeuer *nt* feu *m* de camp **Lagergebühr** *f* frais *mpl* d'entreposage [*o* de magasinage] **Lagerhalle** *f* hangar *m* **Lagerhaus** *nt* entrepôt *m;* (*im Hafengebiet*) dock *m*

Lagerist(in) <-en, -en> *m(f) form s.* **Lagerverwalter**

lagern I. *vt* 1. (*aufbewahren*) ■ **jd lagert etw irgendwo/irgendwie** qn stocke qc quelque part/d'une certaine façon
2. ■ **jd lagert jdn/etw irgendwie** *Patienten, Körperteil* qn installe qn/qc d'une certaine façon; ***Verletzte müssen seitlich liegend gelagert werden*** les blessés doivent être allongés sur le côté
II. *vi* 1. (*aufbewahrt werden*) ■ **etw lagert irgendwo/irgendwie** qc se conserve quelque part/d'une certaine façon
2. (*liegen*) ■ **etw lagert auf etw** (*dat*) / *Staubschicht/* qc [re]couvre qc
3. (*sich niederlassen*) ■ **jd lagert irgendwo** qn campe quelque part; *s. a.* **gelagert**
III. *vr geh* ■ **sie/Tiere ~ sich irgendwo** ils/elles/des animaux font halte quelque part

Lagerraum *m* 1. (*Raum*) dépôt *m,* réserve *f* 2. (*Fläche*) surface *f* d'entreposage **Lagerstatt** *f veraltend geh* couche *f littér*

Lagerung <-, -en> *f* 1. [*Vorräte, Wein etc*] stockage *m*
2. [*Kurbelwelle, Nockenwelle*] roulement *m,* coussinet *m*

Lagerverwalter(in) *m(f)* magasinier(-ière) *m(f)*

-lagig: ***zwei~*** double épaisseur, doublé(e); ***die neuen Höschenwindeln sind mehr~*** les nouvelles couches-culottes ont plusieurs épaisseurs

Lagune <-, -n> *f* lagune *f*

lahm *adj* 1. (*gelähmt*) paralysé(e); ■ **jd ist** [**auf etw** (*dat*)] **~** ***auf einem Bein*** qn est paralysé(e) [de qc]
2. *fam Körperteil, Rücken* courbaturé(e); ■ **jdm ist/wird etw ~** qc a/attrape des courbatures à qc
3. *fam* (*ohne Schwung arbeitend*) mollasson(ne) *fam,* gnangnan *inv fam*
4. *fam Ausrede, Erklärung* vaseux(-euse) *fam*
▶ **jd/etw legt etw ~** qn/qc paralyse qc

Lahmarsch *m sl* mollasson(ne) *m(f) fam,* moule *f fam*

lahmarschig *adj sl Kerl etc* mollasson(ne) *fam,* gnangnan *inv fam*

Lahme(r) *f(m) decl wie adj veraltend* boiteux(-euse) *m(f);* ***Jesus machte die ~n gehend*** Jésus fit marcher les paralytiques

lahmen *vi* ■ **ein Tier lahmt** [**auf etw** (*dat*)] un animal boite [de qc]

lähmen *vt* 1. ■ **etw lähmt jdn/etw** / *Sturz, Unfall, Schlaganfall/* qc paralyse qn/qc; ■ **etw hat jdn/etw gelähmt** qn/qc est paralysé(e) depuis [*o* à la suite de] qc; *s. a.* **gelähmt**
2. ■ **etw lähmt etw** / *Gift, Streik/ Wirtschaftsleben* qc paralyse qc
▶ **jd ist wie gelähmt** qn est [comme] paralysé(e)

lahm|legen *s.* **lahm** ▶

Lahmlegung <-, -en> *f* ECON paralysie *f*

Lähmung <-, -en> *f* MED paralysie *f;* ***eine halbseitige ~*** une hémiplégie; ***eine ~ beider Beine*** une paraplégie

Laib <-[e]s, -e> *m bes.* SDEUTSCH [*Brot*] miche *f;* [*Käse*] meule *f*

Laich <-[e]s, -e> *m* frai *m*

laichen *vi* ■ **ein Tier laicht** un animal fraie; ■ **das L~** le frai

Laie <-n, -n> *m,* **Laiin** *f* 1. (*Nichtfachmann*) profane *mf;* ***wir sind mathematische/medizinische ~n*** nous sommes profanes en mathématiques/médecine
2. ECCL laïc *m,* laïque *mf*
▶ **da staunt der ~ und der Fachmann wundert sich** *hum fam* y a vraiment de quoi être scié *fam*

laienhaft *adj* de profane; ■ **etw ist ~** qc manque de professionnalisme

Laienprediger(in) *m(f)* prédicateur(-trice) *m(f)*

Laisser-faire <-> [lɛse'fɛːr] *nt Ø geh* (*das Gewährenlassen*) laisser-faire *m; pej* laxisme *m*

Lakai <-en, -en> *m* 1. *pej geh* (*willfährige Kreatur*) valet *m*
2. HIST laquais *m*

Lake <-, -n> *f* saumure *f*

Laken <-s, -> *nt* drap *m* [de lit]

lakonisch I. *adj* laconique
II. *adv* laconiquement

Lakritz <-es, -e> *m* DIAL, **Lakritze** <-, -n> *f* réglisse *m o f*

Laktose <-> *f Ø* lactose *m*

lallen I. *vi* ■ **jd lallt** qn balbutie; / *Betrunkener a./* qn bredouille
II. *vt* ■ **jd lallt etw** qn balbutie qc; / *Betrunkener a./* qn bredouille qc

Lama¹ <-s, -s> *nt* ZOOL lama *m*

Lama² <-[s], -s> *m* REL lama *m*

Lamäng *f* ▶ **aus der ~** *hum fam* (*unvorbereitet*) [comme ça,] de but en blanc; au pied levé; (*aus der Hand*) *essen* sur le pouce

Lambada <-s> *m Ø* lambada *f*

Lambdasonde *f* sonde *f* lambda

Lamé, Lamee[RR] <-s, -s> *m* lamé *m*

Lamelle <-, -n> *f* 1. [*Jalousie*] lame[lle] *f*
2. [*Heizkörper*] ailette *f*
3. [*Pilzhut*] lamelle *f*

lamentieren * *vi geh* ■ **jd lamentiert** [**wegen etw/über etw** (*akk*)] qn se lamente [à cause de qc/sur qc]; ■ **~d** se lamentant; ■ **das L~** les lamentations *fpl*

Lamento <-s, -s> *nt geh* lamentations *fpl*
▶ **jd stimmt** [**wegen etw**] **ein ~ an, jd erhebt ein ~** [**wegen etw**] qn pousse des lamentations [à cause de qc]

Lametta <-s> *nt Ø* 1. (*Weihnachtsbaumschmuck*) lamelles *fpl* argentées/dorées
2. *hum fam* (*Ordensschmuck*) batterie *f* de cuisine *fam*

laminieren * *vt* ■ **jd laminiert etw** *Bucheinband, Pappe* qn plastifie qc

Lamm <-[e]s, ⸚er> *nt* ZOOL agneau *m*
▶ **das ~ Gottes** l'Agneau *m* de Dieu; **jd lässt sich wie ein ~ zur Schlachtbank führen** *geh* qn se laisse mener à l'abattoir comme un agneau; **jd ist geduldig wie ein ~** qn a une patience d'ange; *pej* qn se laisserait vraiment tondre la laine sur le dos; **sanft wie ein ~** doux(douce) comme un agneau; **jd ist ein unschuldiges ~** qn est innocent(e) comme l'agneau qui vient de naître

Lammbraten *m* rôti *m* d'agneau **Lammfell** *nt* fourrure *f* d'agneau **Lammfleisch** *nt* viande *f* d'agneau **lammfromm** *adj Gesicht* candide, ingénu(e); *Miene a.* angélique; ■ **jd ist ~** qn est doux(douce) comme un agneau **Lammwolle** *f* laine *f* d'agneau

Lampe <-, -n> *f* lampe *f*

Lampen- 1. (*zur Lampe gehörig*) de/de la lampe; ***~fassung*** douille *f;* ***~schirme*** des abat-jour *mpl* 2. *-geschäft, -händler, -hersteller, -fabrik* de lampes **Lampenfieber** *nt* trac *m* ▶ **jd hat ~** qn a le trac

Lampion <-s, -s> [lam'pi̯õː, lam'pi̯ɔŋ, 'lampi̯ɔŋ] *m* lampion *m*

lancieren * [lɑ̃'siːrən] *vt geh* ■ **jd lanciert jdn/etw** qn lance qn/qc; ■ **jd lanciert jdn in etw** (*akk*) qn catapulte qn à qc

Land <-[e]s, ⸚er> *nt* 1. (*Staat*) pays *m*
2. (*Bundes~*) Land *m;* ***die 16 ⸚er*** les 16 Länder
3. (*opp: Wasser*) terre *f;* ***auf festem ~*** sur la terre ferme
4. *Ø* (*Boden*) terrain *m*
5. *Ø* (*ländliches Gegend*) campagne *f;* ***hier haben wir ~*** ici, c'est la campagne
▶ **~ und Leute** le pays et ses habitants; **das ~, wo Milch und Honig fließt** le pays où coulent le lait et le miel; **das ~ der unbegrenzten Möglichkeiten** le pays où tout est possible; **das ~ der tausend Seen** le pays des mille lacs; **~ in Sicht!** terre!; **andere ⸚er, andere Sitten** autres pays, autres mœurs; **das ~ der aufgehenden Sonne** le pays du soleil levant; **das ~ der Verheißung, das Gelobte ~** la Terre promise; **auf dem flachen** [*o* **platten**] **~**[**e**] au [*o* dans le] plat pays; **das Heilige ~** la Terre sainte; **bleibe im ~e und nähre dich redlich** *prov* ≈ pierre qui roule n'amasse pas mousse; **jd**

bestellt [*o* **bebaut**] **das** ~ qn cultive la terre; **jd geht an** ~ qn descend à terre; **jd setzt jdn an** ~ qn débarque qn; **jd sieht** ~ qn aperçoit la côte; **jd sieht** [**wieder**] ~ *fam* qn voit le bout du tunnel; **etw spült jdn/etw an** ~ qc rejette qn/qc sur le rivage; **jd zieht durch die ~e** *geh* qn sillonne le pays; **jd zieht jdn/etw an** ~ qn tire qn/qc à terre; **jd zieht etw an** ~ *fam* qn décroche qc *fam;* **sie ziehen** [*o* **gehen**] **ins** ~ *geh /Monate, Jahre/* ils/elles défilent; **an** ~ (*akk*) *schwimmen, waten, treiben* vers la côte; **auf dem** ~[e] à la campagne; **aufs** ~ à la campagne; **außer ~es** hors du pays; ***sie mussten außer ~es*** [***gehen***] ils/elles ont dû s'expatrier; ~ **unter** NDEUTSCH terres immergées; **bei jdm zu ~e** dans la région de qn; ***bei uns zu ~e*** chez nous au pays

Landadel *m* noblesse *f* campagnarde **Landammann** *m* CH président(e) *m(f)* du/de gouvernement cantonal **Landarbeit** *f ∅* travaux *mpl* des champs **Landarbeiter(in)** *m(f)* ouvrier(-ière) *m(f)* agricole **Landarzt** *m,* **-ärztin** *f* médecin *m* de campagne; ***sie ist Landärztin*** elle est médecin de campagne **Landbesitz** *m* terre *f,* domaine *m* [rural] ▶**jd hat** ~ qn a des terres **Landbevölkerung** *f* population *f* rurale

Landeanflug *m* début *m* d'atterrissage, amorce *f* de l'atterrissage **Landebahn** *f* piste *f* d'atterrissage **Landeerlaubnis** *f* autorisation *f* d'atterrir ▶**jd/etw hat** ~ qn/qc a l'autorisation d'atterrir **Landefähre** *f* module *m* d'atterrissage

landeinwärts *adv ziehen* à l'intérieur des terres; *wehen* vers la terre

Landeklappe *f* volet *m* de freinage

landen I. *vi + sein* 1. ■ **jd/etw landet** [**auf etw** (*dat*)/**in etw** (*dat*)] qn/qc atterrit [sur qc/à qc]
2. ■ **ein Vogel landet irgendwo** un oiseau se pose quelque part
3. ■ **jd/etw landet irgendwo** */Schiff/* qn/qc aborde quelque part; *auf einer Sandbank* qn/qc échoue quelque part
4. *fam* ■ **etw landet irgendwo** */Schlag, Wurfgeschoss, Hut/* qc atterrit quelque part *fam*
5. *fam* ■ **etw landet irgendwo/bei jdm** */Antrag, Beschwerde/* qc atterrit quelque part/chez qn *fam*
6. TELEC *fam* ■ **jd landet bei jdm** qn atterrit chez qn *fam*
7. *fam* ■ **jd landet irgendwo** *auf dem Operationstisch* qn atterrit *fam* [*o* se retrouve] quelque part; *auf dem Friedhof, im Krematorium* qn finit [*o* se retrouve] quelque part
8. *fam* (*Eindruck machen*) ■ **jd landet** [**mit etw**] **bei jdm**: ***mit deinen Schmeicheleien kannst du bei mir nicht*** ~ tes flatteries ne prennent pas avec moi!; ***er kann bei mir nicht*** ~ il n'a aucune chance avec moi; ***jd tut etw um bei jdm zu*** ~ qn cherche à se placer [auprès de qn] en faisant qc
II. *vt + haben* 1. ■ **jd landet etw** *Flugzeug, Raumfähre* qn fait atterrir qc; *Hubschrauber a.* qn pose qc
2. ■ **jd landet jdn** *Soldaten, Truppen, Verstärkung* qn largue qn

Landenge *f* isthme *m*

Landepiste *f* piste *f* d'atterrissage **Landeplatz** *m* 1. AVIAT terrain *m* d'atterrissage, aérodrome *m* 2. (*Landungsplatz*) mouillage *m;* ***hier ist der ~ für die Fähre*** c'est ici que le bac accoste

Ländereien *pl* terres *fpl*

Länderfinanzausgleich *m* péréquation *f* des ressources entre [les] Länder

Landes- 1. GEOG, POL *-gebiet, -verteidigung, -wehr* national(e); *-bewohner, -karte* du pays; ~***bewohner*** autochtone *m* 2. (*des Bundeslandes*) *-behörde, -aufgaben, -ministerium* d'un/du Land/des Länder **Landesbank** <-banken> *f* banque *f* régionale **Landesebene** *f* ▶**auf** ~ au niveau des Länder/du Land **landeseigen** *adj* propre au/à un Land **Landesfarben** *pl* 1. [*Staat*] couleurs *fpl* nationales 2. [*Bundesland*] couleurs *fpl* du/d'un Land; ***die bayrischen*** ~ les couleurs de la Bavière **Landesgrenze** *f* 1. (*Staatsgrenze*) frontière *f* 2. [*Bundesland*] limite *f* du/d'un Land; ***die sächsische*** ~ la limite de la Saxe **Landeshauptmann** *m,* **-frau** *f* AUS ≈ chef *mf* de gouvernement (*d'un Etat fédéré*) **Landeshauptstadt** *f* capitale *f* [du/de Land]; ***Wiesbaden ist die hessische*** ~ Wiesbaden est la capitale de la Hesse **Landesinnere(s)** *nt decl wie adj* intérieur *m* du pays; (*hinter der Küste*) arrière-pays *m,* hinterland *m spéc* **Landeskirche** *f* Église *f* régionale; ***die brandenburgische*** ~ l'Église *f* du Brandebourg **Landeskunde** *f ∅* civilisation *f* **landeskundig** *adj* connaissant le pays; ■ **jd ist** ~ qn connaît le pays **landeskundlich** *adj* de civilisation **Landesliste** *f* liste *f* régionale **Landesmeister(in)** *m(f)* champion national/championne nationale *m/f* **Landesrat** *m,* **-rätin** *f* AUS membre *m* du/d'un gouvernement provincial **Landesrecht** *nt* législation *f* du Land **Landesregierung** *f* gouvernement *m* du/de Land **Landessprache** *f* langue *f* nationale **Landesteil** *m* région *f* **Landestracht** *f* costume *m* national [*o* du pays] **landesüblich** *adj* d'usage [dans le pays]; ***die ~en Bräuche*** les coutumes *fpl* du pays; ■ **etw ist** ~ qc est en usage [dans le pays] **Landesverrat** *m* haute trahison *f* **Landeswährung** *f* monnaie *f* nationale ▶**Ablösung** *f* **der ~en** (*in den Euro-Ländern*) remplacement *m* des monnaies nationales

Landeverbot *nt* interdiction *f* d'atterrir
▶**jd/etw hat** ~ qn/qc n'a pas l'autorisation d'atterrir

Landfahrer(in) *m(f) form* nomade *mf;* ***die*** ~ les gens *mpl* du voyage *form* **Landflucht** *f* exode *m* rural **Landfrau** *f s.* **Landmann. Landfriedensbruch** *m* crime *m* contre la paix publique, atteinte *f* à l'ordre public **Landfunk** *m* émission *f* [radiophonique] agricole **Landgang** <-gänge> *m* escale *f* à terre; ***die Matrosen haben Gelegenheit zum*** ~ les matelots ont l'occasion de descendre à terre **Landgericht** *nt* JUR tribunal *m* du/de Land (*in Frankreich: tribunal de grande instance*) **landgestützt** *adj Rakete* basé(e) au sol **Landgewinnung** *f* poldérisation *f* **Landgut** *nt* domaine *m* [rural] **Landhaus** *nt* maison *f* de campagne **Landjäger** *m* GASTR gendarme *m* **Landkarte** *f* carte *f* géographique **Landkreis** *m* canton *f* (*en France*) **Landkrieg** *m* guerre *f* terrestre **landläufig** *adj* répandu(e); *Sinn* communément admis(e) **Landleben** *nt* vie *f* à la campagne

ländlich *adj* 1. *Brauch, Tracht* paysan(ne); *Veranstaltung* villageois(e)
2. *Idylle* campagnard(e); *Abgeschiedenheit, Ruhe a.* de la campagne

Landluft *f* 1. (*reine Luft*) air *m* de la campagne 2. *iron* (*nach Jauche stinkende Luft*) air *m* pur de la campagne **Landmann** <-männer> *m,* **-frau** *f* campagnard(e) *m(f),* rural(e) *m(f)* **Landmaschine** *f* machine *f* agricole **Landplage** *f* fléau *m* **Landpraxis** *f* cabinet *m* médical (*d'un médecin de campagne*) **Landrat** *m* CH Parlement *m* cantonal, Grand-Conseil *m* **Landrat** *m,* **-rätin** *f* chef *m* administratif de/de la circonscription; (*in Frankreich*) sous-préfet *m;* CH parlementaire *mf* cantonal(e) **Landratte** *f hum fam* terrien(ne) *m(f),* éléphant *m arg* **Landregen** *m* crachin *m*

Landschaft <-, -en> *f* paysage *m;* GEOG région *f*

-landschaft *f Forschungs-* domaine *m* du/de la; *Hochschul-, Parteien-* sphère *f* des; *Verlags-, Zeitungs-* milieu *m* des; *Tarif-* contexte *m* des; ***die Steuer~*** le domaine fiscal; ***die Industrie-/Kultur-/Wörterbuch~*** le paysage industriel/culturel/dictionnairique; ***die französische Rundfunk- und Fernseh~*** le Paysage audiovisuel français, le PAF; ***die deutsche Kino~*** la production cinématographique allemande

landschaftlich I. *adj* 1. GEOG: ***diese Gegend ist von großer ~er Schönheit*** cette région offre des paysages d'une grande beauté
2. LING régional(e)
II. *adv* 1. GEOG: ***etw ist*** ~ … qc offre un paysage …
2. LING selon les régions

Landschaftsgärtner(in) *m(f)* [jardinier(-ière) *m(f)*] paysagiste *mf* **Landschaftsmaler(in)** *m(f)* paysagiste *mf* **Landschaftsschutzgebiet** *nt* site *m* protégé

Landsitz *m* domaine *m,* propriété *f* à la campagne

Landsknecht *m* lansquenet *m* **Landsmann** <-leute> *m,* **-männin** *f* compatriote *mf* ▶**jd ist ein ~/ein ~ von jdm** qn est un compatriote/le compatriote de qn; ***dann sind Sie ja ein*** ~ [***von mir***]! alors nous sommes compatriotes!; ***was für ein ~ sind Sie?*** vous venez de quel pays?, vous avez quelle nationalité?

Landstraße *f* 1. (*untergeordnete Straße*) route *f* secondaire 2. (*einem Bundesland zugeordnete Straße*) [route *f*] départementale *f* **Landstreicher(in)** <-s, -> *m(f)* vagabond(e) *m(f)* **Landstreicherei** <-> *f ∅* vagabondage *m* **Landstreitkräfte** *pl* forces *fpl* terrestres **Landstrich** *m* contrée *f* **Landtag** *m* 1. (*Gremium*) landtag *m* 2. (*Gebäude*) bâtiment *m* du landtag

Landung <-, -en> *f* 1. [*Flugzeug, Hubschrauber, Raumfähre*] atterrissage *m* 2. AVIAT, MIL largage *m;* NAUT débarquement *m;* ***die ~ der Alliierten in der Normandie*** le débarquement allié en Normandie

Landungsboot *nt* MIL, NAUT péniche *f* de débarquement **Landungsbrücke** *f* débarcadère *m* **Landungssteg** *m* ponton *m* [d'accostage], appontement *m* **Landungstruppen** *pl* troupes *fpl* de débarquement

Landurlaub *m* congé *m* [*o* permission *f*] à terre **Landweg** *m* 1. (*der Weg über das Festland*) voie *f* terrestre 2. (*Weg auf dem Land*) chemin *m* rural; ***ein unbefestigter*** ~ un chemin de terre ▶**auf dem** ~ par voie terrestre **Landwehr** *f* 1. MIL *veraltend* landwehr *f,* armée *f* territoriale 2. (*Grenzbefestigung*) retranchement *m* **Landwein** *m* vin *m* de pays **Landwind** *m* vent *m* de terre **Landwirt(in)** *m(f)* agriculteur(-trice) *m(f),* exploitant(e) *m(f)* agricole **Landwirtschaft** *f* AGR 1. *∅* (*Tätigkeit*) agriculture *f* 2. (*Betrieb*) exploitation *f* agricole ▶**jd betreibt** ~ qn dirige une exploitation agricole; ***in diesem Gebiet wird fast ausschließlich ~ betrieben*** dans cette région, on pratique presque exclusivement l'agriculture **landwirtschaftlich** I. *adj Betrieb, Produkt, Maschine* agricole; ***die ~e Anbaufläche*** la surface cultivée II. *adv tätig sein* dans l'agriculture; *geprägt sein* par l'agriculture

Landwirtschafts- *-verband, -ausstellung, -messe, -kammer, -berater* agricole; *-ministerium* de l'Agriculture; ***die ~wissenschaft*** l'agronomie *f*

Landzunge *f* langue *f* de terre

lang <¨er, ¨ste> I. *adj* 1. (*räumlich ausgedehnt*) *Arm, Hals, Schraube, Seil, Haare* long(longue); *Bart, Wurst, Leiter, Stamm a.* grand(e) *antéposé; Schritt* grand(e) *antéposé;* ■ **etw ist** … (*akk*) ~ *3 cm, 2 m* qc a … de long
2. (*wegmäßig ausgedehnt*) *Entfernung, Straße, Strecke, Weg* long(longue) *antéposé;* ***bis Erlenbach ist es noch eine ¨ere Strecke*** le trajet est plutôt long jusqu'à Erlenbach
3. (*zeitlich ausgedehnt*) *Reise, Unterbrechung, Rede, Film, Warten, Stunden* long(longue) *antéposé; Buch* gros(se) *antéposé;* ***er plante einen ¨eren Aufenthalt in Bad Boll*** il prévoyait un séjour prolongé à Bad Boll; ***es hat eine ~e Zeit gebraucht*** ça a demandé un bon moment [*o* longtemps]; ***die Tage werden ¨er*** les jours s'allongent
4. *fam* (*groß*) grand(e); ***ist der Kerl*** ~! quelle grande perche! *fam*
▶**des L~en und Breiten** en long et en large; **jd macht** [**jdm**] **etw ¨er** COUT qn [lui] rallonge qc; **seit ~em/¨erem** depuis longtemps/un certain temps
II. *adv* 1. (*nicht kurz dauernd*) longtemps; ***bis Weihnachten ist es noch ~e hin*** nous sommes encore loin de Noël; ***wenn du mich noch ¨er triezt, …*** si tu continues à m'asticoter, … *fam;* ***ich bin gestern*** [***zu***] ~ ***aufgeblieben*** hier, j'ai veillé [trop] tard; ***das Brot reicht*** [***uns***] ***noch*** ~ on a encore du pain pour un [bon] moment
2. (*bereits eine Weile*) depuis longtemps; ~ ***ersehnt*** tant espéré(e); ***die ~ ersehnte Antwort*** la réponse tant attendue; ~ ***gehegt*** caressé(e) de longue date
3. (*für die Dauer von etw*): ***einen Augenblick/Moment*** ~ pendant un instant; ***viele Jahre*** ~ pendant de nombreuses années
4. (*der Länge nach*) de tout son long
▶ ~ **und breit** en long et en large; **was ~e währt, wird endlich gut** *prov* tout vient à point à qui sait attendre; **je ¨er, je lieber** le plus tard sera le mieux; ~ **gestreckt** *Gebäude* allongé(e); ***eine ~ gestreckte Ortschaft*** une

agglomération [toute] en longueur; ~ **gezogen** *Geheul, Sirenenton* prolongé(e); **jd/etw lässt ~ auf sich warten** qn/qc se fait attendre; **etw lässt nicht ~[e] auf sich warten** qc ne se fait guère attendre; **jd macht es nicht mehr ~[e]** *sl* qn en a plus pour longtemps *fam;* **da** [*o* **darauf** (*akk*)] **kannst du ~[e] warten!** *iron* tu peux toujours attendre!; **~[e] nicht so [...]:** ***das ist ~[e] nicht so schlimm wie ...*** c'est loin d'être aussi grave que + *indic;* ***er läuft ~e nicht so schnell wie ich*** il est loin de courir aussi vite que moi; **noch ~[e]** encore longtemps; **noch ~[e] nicht** (*nicht so bald*): ***wir sind noch ~e nicht fertig*** nous sommes loin d'avoir fini; ***ich werde noch ~ nicht heiraten*** je ne suis pas près de me marier; ***wenn er dir rote Rosen gebracht hat, bedeutet das noch ~ nicht, dass er dich heiraten will*** (*bei weitem nicht*) ce n'est pas parce qu'il t'a apporté des roses rouges qu'il veut t'épouser; **schon ~[e]** depuis longtemps; ***es ist schon ~ her, dass*** il y a [déjà] bien longtemps que + *indic;* ***das ist schon ~ her!*** ça ne date pas d'hier!; **wie ~[e]** combien de temps

-lang *adjektivisch* de plusieurs; *adverbial* pendant des; ***minuten~*** pendant plusieurs minutes

langärm[e]lig *adj* à manches longues

langarmig *adj* aux longs bras; ■ **jd ist ~** qn a de longs bras

langatmig *adj pej* qui traîne en longueur; ***allzu ~e Erklärungen*** des explications à n'en plus finir; ■ **etw ist ~** qc traîne en longueur

Langatmigkeit <-> *f Ø pej* [*Ausführung, Darstellung, Erklärung*] prolixité *f;* ***der Film ist von einer unglaublichen ~*** ce film traîne affreusement en longueur

langbeinig *adj Mensch* aux longues jambes; *Tier* aux longues pattes; ■ **jd ist ~** qn a de longues jambes

lange *adv s.* **lang**

Länge <-, -n> *f* **1.** (*räumliche Ausdehnung*) longueur *f;* ***die ~ der Distanz beträgt 5000 Meter*** la distance est de 5000 mètres
2. (*zeitliche Ausdehnung*) durée *f; Fahrt, Vortrag, Film a.* longueur *f*
3. *fam* [*Mensch*] taille *f*
4. SPORT longueur *f*
5. (*langatmige Stelle*) [*Film, Roman*] longueur *f*
6. GEOG longitude *f*
7. (*lange Silbe*) longue *f*
►**in voller ~** *zeigen* en version intégrale; *erscheinen* en édition intégrale; **westlicher/östlicher ~** longitude ouest/est; **etw wächst in die ~** */Baum/* qc pousse en hauteur; **jd zieht etw in die ~** qn fait traîner qc en longueur; **etw zieht sich in die ~** qc traîne en longueur; **auf einer ~ von etw** sur une distance de qc; **der ~ nach** *falten, durchsägen* en long; *hinfallen* de tout son long; **von ... ~** *3 cm, 2 m* d'une longueur de ..., de ... de longueur; ***ich benötige Pfähle von drei Metern ~*** j'ai besoin de pieux de trois mètres de longueur [*o* d'une longueur de trois mètres]

langen I. *vi fam* **1.** (*ausreichen*) ■ **etw langt [jdm]** qc suffit [à qn]; ***danke, das langt [mir]*** merci, c'est suffisant
2. DIAL (*auskommen*) ■ **jd langt mit etw** qc suffit à qn; ***mit dem bisschen Geld langst du nicht weit*** avec une somme pareille, tu vas pas aller loin *fam*
3. ■ **etw langt bis zu etw/über etw** (*akk*) */Tischdecke, Vorhang, Hosenbein/* qc arrive [jusqu']à qc/recouvre qc
4. (*fassen*) ■ **jd langt [mit etw] an etw** (*akk*) qn touche [à] qc [de [*o* avec] qc]
5. (*reichen*) ■ **jd langt [mit etw] irgendwohin** qn arrive quelque part [*o* à atteindre qc] [avec qc]
II. *vi impers fam* ■ **jdm langt es,** ■ **es langt [jdm]** (*genügend haben*) ça [lui] suffit; (*wütend werden*) qn en a marre *fam*
III. *vt fam* ■ **jd langt jdm etw** qn passe qc à qn; ■ **jd lässt sich [von jdm] etw ~** qn se fait passer qc [par qn]
►**jd langt jdm eine** qn lui en allonge une *fam*

Längengrad *m* degré *m* de longitude **Längenmaß** *nt* mesure *f* de longueur

länger *adv, adj s.* **lang, lange**

längerfristig I. *adj* **1.** (*auf längere Sicht*) *Planung, Vorbereitungen* de longue haleine
2. (*für einen längeren Zeitraum*) à long terme
II. *adv* à long terme

langersehnt *s.* **lang II.2.**

Langeweile <- *o* Langenweile, *dat* - *o* Langerweile> *f Ø* ennui *m*
►**jd hat ~** qn s'ennuie; **aus [lauter] ~** par ennui; **vor [lauter] ~** d'ennui

langfädig *adj* CH *s.* **langatmig**

Langfinger *m hum fam* pickpocket *mf,* voleur(-euse) *m(f)* à la tire

Langformat *nt* [*Briefumschlag*] format *m* américain [*o* oblong]
►**im ~** en format américain [*o* oblong]

langfristig I. *adj* à long terme; ■ **etw wird ~ sein** qc va durer; ***wie ~ soll denn diese Regelung/der Vertrag sein?*** combien de temps cette réglementation/ce contrat doit être valable?
II. *adv* à long terme; ***der Umsturz muss ~ geplant/vorbereitet worden sein*** la subversion a dû être prévue/préparée depuis longtemps

langgehegt *s.* **lang II.2.**

lang|gehen *vi irreg + sein fam* ■ **jd geht irgendwo lang** qn passe quelque part; ***ich gehe am Fluss lang*** je longe la rivière
►**..., wo's langgeht** ... de quoi il retourne; ***er bestimmt/weiß nicht mehr, wo's langgeht*** il décide de/ne sait plus ce qu'il faut faire

langgestreckt *s.* **lang II.►**

langgezogen *s.* **lang II.►**

langhaarig *adj* **1.** *Mensch* aux longs cheveux; ■ **jd ist/wird ~** qn a/commence à avoir les cheveux longs **2.** *Hund, Katze, Lama* à poil long; ■ **ein Tier ist ~** un animal a le poil long **Langhaarige(r)** *f(m) decl wie adj* chevelu *m;* ***eine ~*** une femme aux cheveux longs

langjährig *adj* **1.** *Mitarbeiter, Vertrauter* de longue date
2. *Freundschaft* de longue date; *Erfahrungen* long(longue) *antéposé*
3. *Planungen, Verhandlungen* de plusieurs années

Langkornreis *m* riz *m* long **Langlauf** *m Ø* ski *m* de fond **Langläufer(in)** *m(f)* skieur(-euse) *m(f)* de fond **Langlaufski** *m* ski *m* de fond

langlebig *adj* **1.** *Mensch, Tier, Baum* vivant [*o* qui vit] longtemps, d'une grande longévité; *Pflanze* vivace; ■ **jd/etw ist ~** qn/qc a une grande longévité [*o* la vie dure *hum*]
2. *Konsumgut, Material* durable; *Substanz* persistant(e)
3. *Gerücht* persistant(e); ***dieses Gerücht ist überaus ~*** cette rumeur a vraiment la vie dure

Langlebigkeit <-> *f Ø* **1.** [*Mensch*] longévité *f*
2. [*Konsumgut*] solidité *f,* durabilité *f rare; Substanz* persistance *f*
3. [*Gerücht*] persistance *f*

lang|legen *vr fam* **1.** (*hinfallen*) ■ **jd legt sich [irgendwo] lang** qn s'étale [quelque part] *fam*
2. (*sich hinlegen*) ■ **jd legt sich [auf etw** (*dat*)**] lang** qn s'allonge [sur qc]

länglich *adj* allongé(e), oblong(longue)

lang|liegen *vi irreg fam* ■ **jd liegt lang** qn est allongé(e); ***ich muss erst mal etwas ~*** il faut d'abord que je m'allonge un peu

langmähnig *adj fam Mensch* chevelu(e); ***so ~ kannst du aber nicht zum Vorstellungsgespräch gehen!*** tu vas tout de même pas te présenter à ton entretien avec des tifs pareils! *fam;* ■ **jd ist ~** qn a de longs tifs *fam*

Langmut <-> *f Ø geh* longanimité *f littér*

langmütig *adj geh* indulgent(e)

längs I. *präp* ■ **~ einer S.** (*gen*) le long de qc; ***beidseits ~ des Kanals*** des deux côtés du canal
II. *adv* dans le sens de la longueur, longitudinalement

Längsachse [-aksə] *f* axe *m* longitudinal

langsam I. *adj* **1.** *Bewegung, Fahrzeug, Nachlassen, Umdenken* lent(e)
2. (*bedächtig*) *Mensch* lent(e); ■ **jd ist ~** qn a l'esprit lent
II. *adv* **1.** (*nicht schnell*) lentement; ***der Wagen fuhr ganz ~ an*** la voiture a démarré tout doucement
2. *fam* (*allmählich*) petit à petit; ***es ist ~ an der Zeit, dass*** il serait [bientôt] temps de + *infin*/que + *subj;* ***~ wird mir das aber zu bunt!*** ça commence à bien faire! *fam;* ***~ sollte dir doch klar werden, dass*** tu devrais finir par comprendre que + *indic*
►**~, aber sicher** lentement mais sûrement; ***sie werden ~, aber sicher einsehen, dass*** ils/elles vont bien finir par admettre que + *indic;* **immer [schön] ~!, ~, ~!** *fam* cool, Raoul! *fam,* pas d'affolement!

Langsamkeit <-> *f Ø* lenteur *f;* ***das Schild „Radarkontrolle" bringt viele Fahrer zu größerer ~*** le panneau "contrôle-radar" amène bien des conducteurs à ralentir; ***bei dieser ~ kommen wir ja nie ans Ziel!*** à cette vitesse, nous n'arriverons jamais au but!

Langschläfer(in) *m(f)* lève-tard *mf fam*
►**jd ist [ein] ~** qn est un(e) lève-tard *fam*

längsgestreift *s.* **gestreift**

Langspielplatte *f* trente-trois tours *m*

Längsrichtung *f* ►**in ~** dans le sens de la longueur **Längsschnitt** *m* coupe *f* longitudinale **Längsseite** *f* **1.** [*Kasten, Kiste*] longueur *f;* ***an jeder der ~n des Tisches finden zwei Gäste Platz*** deux invités peuvent prendre place à chacun des deux grands côtés de la table **2.** [*Schiff*] flanc *m*

längsseits I. *präp* ■ **~ [einer S.** (*gen*)**]** le long [du bord] [de qc]
II. *adv* ■ **~ an etw** (*dat*) le long de qc

Längsstreifen *pl* rayures *fpl* verticales

längst *adv* depuis longtemps, ça fait longtemps que + *indic*
►**~ nicht:** ***das ist ~ nicht alles*** c'est loin d'être tout; ***er ist ~ nicht so dumm, wie wir ihn eingeschätzt hatten*** il est loin d'être aussi bête que nous le pensions; ***diese Informationen reichen uns ~ nicht*** ces informations sont loin de nous suffire

längste(r, s) *adv, adj superl von* **lang**

längstens *adv* **1.** (*höchstens*) tout au plus
2. (*spätestens*) au plus tard

langstielig *adj Blume, Staude* à longue tige; *Glas* à long pied; ■ **etw ist ~** qc est à longue tige/à long pied

Langstreckenflug *m* vol *m* long-courrier **Langstreckenflugzeug** *nt* long-courrier *m* **Langstreckenlauf** *m* course *f* de fond **Langstreckenläufer(in)** *m(f)* coureur(-euse) *m(f)* de fond **Langstreckenrakete** *f* missile *f* longue portée

Languste <-, -n> *f* langouste *f*

langweilen I. *vt* ■ **jd/etw langweilt jdn** qn/qc ennuie qn
II. *vi* ■ **jd langweilt** qn est ennuyeux(-euse)
III. *vr* ■ **jd langweilt sich [bei/in etw** (*dat*)**]** qn s'ennuie [pendant qc]; ***ich habe mich bei ihnen schrecklich gelangweilt*** je me suis ennuyé(e) chez eux/elles comme un rat mort *fam; s. a.* **gelangweilt**

Langweiler(in) <-s, -> *m(f) pej fam* **1.** (*jd, der langweilt*) raseur(-euse) *m(f) fam*
2. (*langsamer Mensch*) lambin(e) *m(f) fam*

langweilig I. *adj* ennuyeux(-euse)
II. *adv* de façon ennuyeuse

Langwelle *f* grandes ondes *fpl;* ***auf ~*** sur grandes ondes

langwierig *adj* de longue haleine

Langzeit- *-programm, -maßnahme, -therapie, -gast, -urlaub* de longue durée; *-schaden, -risiko, -studie, -versuch* à long terme; ***~kranke*** malades *mpl* chroniques; (*im Krankenhaus*) longs séjours *mpl;* ***~agent*** sous-marin *m;* ***~student*** étudiant *m* prolongé **Langzeitarbeitslose(r)** *f(m) decl wie adj* chômeur(-euse) *m(f)* de longue durée **Langzeitgedächtnis** *nt* mémoire *f* longue [*o* à long terme]

Lanolin <-s> *nt Ø* lanoline *f*

Lanthan <-s> *nt Ø* CHEM lanthane *m*
Lanze <-, -n> *f* lance *f*
► **jd bricht für jdn/etw eine ~** *geh* qn prend fait et cause pour qn/qc
Lanzette <-, -n> *f* lancette *f*
lapidar I. *adj geh* lapidaire
II. *adv geh* de façon lapidaire
Lapislazuli <-, -> *m* lapis[-lazuli] *m*
Lappalie <-, -n> [la'pa:liə] *f* broutille *f*
Lappen <-s, -> *m* 1. (*Stück Stoff*) chiffon *m*
2. *sl* (*Banknote*) biffeton *m fam; pl* (*Moneten*) ronds *mpl fam;* ***behalten Sie Ihre lausigen ~!*** gardez votre sale fric! *fam*
► **jd geht jdm durch die ~** *fam* qn lui file entre les pattes *fam;* **etw geht jdm durch die ~** *fam* qc lui passe sous le nez *fam*
läppern *vr impers fam* ■ **das/es läppert sich** ça finit par faire [pas mal] *fam,* les petits ruisseaux font les grandes rivières
läppisch I. *adj pej* 1. *Idee, Spielchen* puéril(e), stupide
2. *fam Betrag* ridicule
II. *adv pej* de façon puérile, stupidement; ***das kam ihr ~ vor*** elle trouvait ça puéril [*o* stupide]
Lapsus <-, -> *m geh* (*Ungeschicklichkeit*) lapsus *m*
► **~ Linguae** lapsus *m* [linguæ]; **jdm unterläuft ein ~** qn fait un lapsus
Laptop <-s, -s> ['læptɔp] *m* INFORM [ordinateur *m*] portable *m*
Lärche <-, -n> *f* mélèze *m*
large ['larʒ] *adj* CH *s.* **generös**
Largo <-s, -s *o* Larghi> *nt* largo *m*
Larifari <-s> *nt Ø pej fam* âneries *fpl,* blabla[bla] *m fam*
Lärm <-[e]s> *m Ø* bruit *m*
► **jd/etw macht ~** qn/qc fait du bruit; **[jd macht] viel ~ um nichts** [qn fait] beaucoup de bruit pour rien
-lärm *m* bruit de/du/de la/des
Lärm- 1. (*des Lärms*) du bruit; **~arten** types *mpl* de bruit; **~verhinderung** mesures *fpl* antibruit; **l~dämpfend** qui assourdit le bruit 2. (*durch Lärm entstehend*) dû(due) au bruit, causé(e) par le bruit 3. *-beeinträchtigt, -geplagt* par le bruit; **l~geschädigt** victime du bruit **Lärmbekämpfung** *f* lutte *f* antibruit **Lärmbelästigung** *f* nuisances *fpl* sonores; ***die ~ durch grölende Betrunkene*** la gêne causée par les beuglements des ivrognes **Lärmbelastung** *f* nuisances *fpl* sonores **lärmempfindlich** *adj* sensible au bruit
lärmen *vi* ■ **jd lärmt** qn fait du bruit; ■ **~d** *Kinder* bruyant(e); *toben, spielen* bruyamment
Lärmpegel *m* niveau *m* sonore **Lärmquelle** *f* source *f* de/du bruit **Lärmschutz** *m* protection *f* antibruit **Lärmschutzwall** *m,* **Lärmschutzwand** *f* TRANSP mur *m* antibruit
Larve <-, -n> *f* 1. ZOOL larve *f*
2. (*Halbmaske*) loup *m*
las *imp von* **lesen**
Lasagne <-, -> [la'zanjə] *f* GASTR lasagne[s] *fpl*
lasch I. *adj fam* 1. *Händedruck, Verbeugung* mou(molle), mollasse
2. *Erziehung, Durchgreifen* relâché(e), laxiste; ■ **jd ist [zu] ~** / *Polizei, Regime/* qn est [trop] coulant(e) *fam*
3. *Essen, Suppe* fadasse *fam*
II. *adv fam grüßen, jdm die Hand drücken, reagieren* mollement
Lasche <-, -n> *f* [*Umschlag, Tasche*] rabat *m;* [*Kleid*] patte *f*
Laschheit <-, -en> *f* [*Aufsicht, Erziehung, Maßnahmen*] laxisme *m;* [*Händedruck*] mollesse *f*
Laser <-s, -> ['leɪzɐ] *m* laser *m*
-laser [-leɪzɐ] *m Jod-, Rubin-* laser *m* à
Laser- ['leɪzɐ-] TECH 1. *-skalpell, -entfernungsmessgerät, -orgel, -plattenspieler* laser; *-chirurgie, -kosmetik, -medizin, -technik* au laser 2. *-impuls, -intensität* du/de laser **Laserdrucker** *m* imprimante *f* [à] laser **Laserstrahl** *m* rayon *m* laser
lasieren * *vt* ■ **jd lasiert etw** qn enduit qc d'une lasure
lassen I. <lässt, ließ, gelassen> *vt* 1. (*unter~*) ■ **jd lässt etw** qn arrête qc; ***lass das!*** arrête!; ***lass endlich das ewige Klagen*** arrête de te plaindre sans arrêt; ***ich wollte zuerst die Stelle wechseln, habe es aber dann doch gelassen*** je voulais d'abord changer d'emploi, mais j'y ai renoncé; ***lass das lieber!*** il vaut mieux pas!; ***wenn du keine Lust hast, dann lass es doch!*** si tu n'as pas envie, ne le fais pas [*o* laisse tomber]!
2. (*zurück~*) ■ **jd lässt jdn/etw irgendwo** qn laisse qn/qc quelque part; ***er lässt das Kind/den Hund/den Koffer hier*** il laisse l'enfant/le chien/la valise ici [*o* là]
3. (*über~*) ■ **jd lässt jdm etw** qn laisse qc à qn
4. (*gehen ~*) ■ **jd lässt jdn/ein Tier irgendwohin** qn laisse qn/un animal aller/sortir/entrer/passer quelque part
5. (*in einem Zustand ~*) ■ **jd lässt jdn/etw irgendwie** qn laisse qn/qc ... + *adj;* ***er wollte es nicht ungesagt ~, dass*** il ne voulait pas passer sous silence que + *indic;* ***ich werde nichts ungetan ~ um Ihnen zu helfen*** je vais tout faire pour vous aider; ***wir sollten nichts unversucht ~*** nous devrions tout essayer
6. *fam* (*los~*) ■ **jd/ein Tier lässt jdn/etw** qn/un animal lâche qn/qc
7. (*in Ruhe ~*) ■ **jd lässt jdn** qn laisse qn [tranquille]
8. (*gewähren ~*) ■ **jd lässt jdn** qn laisse faire qn; ■ **jd lässt jdn nicht** qn ne le lui permet pas
9. (*gelangen ~*) ■ **jd lässt etw irgendwohin** *Flüssigkeit, Öl, Wasser:* ***lass das Öl beim Ölwechsel in den Altöltank!*** quand tu changes l'huile, verse-la dans le réservoir de récupération!; ***die Bremsflüssigkeit wurde aus dem Bremsflüssigkeitsbehälter gelassen*** on a vidé le réservoir de liquide de frein; ***kannst du mir das Wasser schon mal in die Wanne ~?*** tu peux me faire couler un [*o* l'eau du] bain?; ***man hat mir die Luft aus den Reifen gelassen*** on m'a dégonflé mes pneus
► **jd kann es/etw nicht ~** (*sein ~*) qn ne peut s'en empêcher/s'empêcher de faire qc; ***ich kann es einfach nicht ~*** [*etw zu tun*] c'est plus fort que moi[, il faut que je fasse qc]; **das/eines muss man jdm ~** il faut lui rendre cette justice; ***eines muss man ihm ~, er versteht sein Handwerk*** il faut reconnaître qu'il connaît son métier; **jd lässt es dabei** qn en reste là; **jd lässt alles unter sich** (*dat*) *euph* qn fait sous lui/elle; **jd lässt einen** *fam* qn en lâche un *fam;* **jd lässt etw, wie es ist** qn laisse qc en l'état; ***~ wir es, wie es ist*** laissons les choses comme elles sont; ***ich lasse alles so, wie es ist*** je laisse tout tel quel
II. <lässt, ließ, ~> *aux modal* 1. (*veran~*) ■ **jd lässt jdn tun/etw tun** qn fait faire qn/qc à qn; ■ **jd lässt etw machen** *reparieren, anfertigen, bauen* qn fait faire qc; ***die beiden werden sich wohl scheiden ~*** ils vont probablement divorcer; ■ **jd lässt jdm/sich etw geschehen** qn lui/se fait faire qc; ***können Sie ihm ausrichten/sagen ~, dass*** pouvez-vous lui faire savoir/dire que + *indic*
2. (*zu~*) ■ **jd lässt jdn tun/jdn etw tun** qn laisse faire qn/qn faire qc; ***lass sie das bloß nicht sehen!*** ne lui [*o* la] laisse pas voir ça!; ■ **jd lässt sich** (*akk*) **...** *behandeln, belügen, betrügen, zwingen* qn se laisse + *infin;* ***ehe ich mich bitten/zwingen lasse, ...*** plutôt que de me faire prier/que d'attendre qu'on me force, ...; ***meinst du, sie lässt sich dazu zwingen?*** tu crois qu'on va pouvoir l'y contraindre?
3. (*be~*) ■ **jd lässt etw etw tun** qn laisse qc faire qc; ***den Tee 3 Minuten ziehen ~*** laisser le thé infuser 3 minutes; ■ **jd lässt sich** (*dat*) **etw geschehen** qn se laisse faire qc; ***jd lässt sich die Haare wachsen*** qn se laisse pousser les cheveux
4. (*kann ... werden*) ■ **etw lässt sich tun** on peut faire qc; ***das lässt sich machen*** c'est faisable; ***das lässt sich essen/trinken*** c'est mangeable/buvable, ça se laisse manger/boire; ***es wird sich kaum vermeiden ~, dass*** il est pratiquement inévitable que + *subj;* ***der Text lässt sich nur schwer übersetzen*** le texte est difficile à traduire; ***es wird sich nicht leicht beweisen ~*** il ne sera pas facile de le prouver; ***aus den Aussagen lässt sich folgern, dass*** on peut conclure des dépositions que + *indic*
5. *als Imperativ* ■ **lass uns/lasst uns etw tun** faisons qc; ***lasset uns beten*** prions!; ***lass dich hier nie wieder blicken!*** et ne te montre plus jamais ici!; ***~ Sie sich das gesagt sein!*** tenez vous-le pour dit!; ***lass dich bloß nicht von ihm ärgern*** ne te laisse pas contrarier par lui; ***lass dir darüber keine grauen Haare wachsen*** ne te fais pas de mauvais sang pour ça; ***~ Sie sich doch nicht solche Lügen auftischen*** ne croyez pas à de tels mensonges
► **jd/ein Tier lässt etw mit sich machen** qn/un animal accepte [*o* laisse faire] qc; ***und das lässt du so einfach mit dir machen?*** et tu te laisses faire?; ***das lasse ich nicht mit mir machen*** je ne marche pas; **jd lässt etw sein** qn arrête de faire qc; ***lass die Kritik sein!*** arrête de critiquer!; ***ich lasse es besser sein*** il vaut mieux que je renonce
III. <lässt, ließ, gelassen> *vi* (*ab~*) ■ **jd/ein Tier lässt von jdm/etw** qn renonce à qn/qc/un animal lâche qn/qc
► **lass/lasst/~ Sie mal!** laisse/laissez donc!
lässig I. *adj* décontracté(e)
II. *adv* 1. (*ungezwungen*) nonchalamment, en toute décontraction
2. *fam* (*mit Leichtigkeit*) les doigts dans le nez *fam,* dans un fauteuil *fam*
Lässigkeit <-> *f Ø* décontraction *f*
Lasso <-s, -s> *nt o m* lasso *m*
lässtRR, **läßt** *3. pers pres von* **lassen**
Last <-, -en> *f* 1. (*zu tragender Gegenstand*) charge *f*
2. ■ **die ~ einer S.** (*gen*) la charge de qc, le poids de qc
3. (*Bürde*) charge *f,* fardeau *m;* ***das nimmt mir eine ~ von der Seele*** ça m'ôte un poids de la conscience, ça me soulage d'un grand poids [*o* d'un grand fardeau]
4. *pl* FISC, FIN charges *fpl*
► **jd fällt jdm zur ~** qn devient une charge [*o* un fardeau] pour qn; **etw geht zu jds ~en** qc est à la charge de qn; **jd hat seine ~ mit jdm/etw** qn a vraiment de quoi faire avec qn/qc; **jd legt jdm etw zur ~** qn impute qc à qn *soutenu,* qn met qc sur le dos de qn; **jd legt jdm zur ~ etw getan zu haben** qn accuse [*o* fait grief à] qn d'avoir fait qc; **jd nimmt jdm eine ~ ab** qn soulage qn d'un fardeau, qn ôte un grand poids à qn
lasten *vi* 1. *geh* ■ **etw lastet auf jdm** /*Sorge/* qc pèse sur qn; /*Verantwortung/* qc repose sur [les épaules de] qn; ***die ganze Arbeit lastet auf mir*** tout le travail est à ma charge
2. FIN ■ **etw lastet auf etw** (*dat*) qc grève qc; ***auf dem Haus lastet noch eine Hypothek*** la maison est encore grevée d'une hypothèque
Lastenaufzug *m* monte-charge *m*
lastend *adj geh* pesant(e)
Laster[1] <-s, -> *m* AUT *fam* camion *m,* gros-cul *m fam*
Laster[2] <-s, -> *nt* (*schlechte Gewohnheit*) vice *m;* ***mein ~ sind die Süßigkeiten*** les sucreries, c'est mon péché mignon
Lästerei <-, -en> *f fam* dénigrement *m;* ***lass doch bitte die ~ über die Kollegen*** arrête donc de débiner les collègues *fam*
Lästerer <-s, -> *m,* **Lästerin** *f* mauvaise langue *f;* ***du bist ein unverbesserlicher ~!*** il faut toujours que tu critiques tout!
lasterhaft *adj geh* dévergondé(e); *Leben a.* dissolu(e) *soutenu*
Lasterhaftigkeit <-> *f Ø geh* dévergondage *m,* dépravation *f soutenu*
Lästermaul *nt fam s.* **Lästerer**
lästern *vi* ■ **jd lästert [über jdn/etw]** qn dénigre [qn/qc]
Lastesel *m* 1. mulet *m*
2. *fam* baudet *m fam,* mulet *m fam*
-lastig: *gefühls~* [trop] sentimental(e); ***technologie~*** trop technique; ***kopf~*** trop intellectuel(le), polar[d(e)] *fam*
lästig *adj* 1. *Fliegen, Mücken, Insekten* agaçant(e); ■ **ein Tier ist/wird jdm ~** un animal agace/commence à agacer qn

2. *Erkrankung, Schmerzen* pénible; *Schuppen, Verband* désagréable
3. *Mensch* importun(e) *littér,* indésirable; ■ **jd ist/wird jdm** ~ qn importune/commence à importuner qn *soutenu*
▶ **jd fällt jdm** ~ *geh* qn importune qn *soutenu;* **wie** ~! c'est vraiment agaçant!

Lästigkeit <-> *f* ∅ **1.** ■ **die** ~ **eines Insekts** la gêne occasionnée par [*o* la calamité qu'est] un insecte; ***diese Wespen sind wirklich von einer besonderen*** ~ ces guêpes sont vraiment une plaie
2. MED désagrément *m;* ***etw ist von einer großen*** ~ qc est très pénible
3. [*Bettler, Hausierer etc*] importunité *f littér;* ***die*** ~ ***der Bettler nimmt zu*** la présence des mendiants est de plus en plus importune *soutenu*

Lastkahn *m* péniche *f,* chaland *m* **Lastkraftwagen** *m form s.* **Lastwagen**

Last-Minute- [la:stˈmɪnɪt] *-Änderung, -Korrektur, -Tarif, -Urlaub* de dernière minute; *-Meldung a.* de dernière heure

Lastschrift *f* avis *m* de débit **Lasttier** *nt* bête *f* de somme

Lastwagen *m* camion *m,* poids *m* lourd

Lastwagen- de/du camion, de/du poids lourd **Lastwagenfahrer(in)** *m(f)* conducteur(-trice) *m(f)* de camions, chauffeur *m* de poids lourds, camionneur(-euse) *m(f);* (*auf längeren Strecken*) routier *m*

Lastzug *m* poids *m* lourd avec remorque

Lasur <-, -en> *f* lasure *f*

lasziv I. *adj geh* lascif(-ive)
II. *adv geh lächeln, posieren* lascivement

Laszivität <-> [-vi-] *f* ∅ *geh* lascivité *f littér*

Latein <-s> *nt* ∅ latin *m*
▶ **jd ist mit seinem** ~ **am Ende** qn ne sait vraiment plus quoi essayer, qn y perd son latin

Latein- de latin; *-grammatik* latin(e) **Lateinamerika** *nt* l'Amérique *f* latine **lateinamerikanisch** *adj* latino-américain(e), d'Amérique latine

lateinisch *adj Sprache, Grammatik, Deklination, Wort* latin(e); *Vokabeln a.* de latin; *Inschrift a.* en latin

Lateinisch *nt decl wie adj* latin *m;* ■ **das** ~**e** le latin
▶ **auf** ~ en latin

latent I. *adj geh* latent(e)
II. *adv geh* à l'état latent

Latenzzeit *f s.* **Inkubationszeit**

Laterne <-, -n> *f* **1.** (*Straßen~*) lampadaire *m,* réverbère *m;* (*früher*) bec *m* de gaz
2. (*Außenleuchte*) lanterne *f*
3. (*Lampion*) lampion *m*

Laternen- *-größe, -höhe, -helligkeit* du lampadaire/des lampadaires, du réverbère/des réverbères **Laternenpfahl** *m* pylône *m* de lampadaire, colonne *f* de réverbère

Latex <-, Latizes> *m* latex *m*

Latinum <-s> *nt* ∅ ■ **das** ~ *diplôme d'étude du latin*
▶ **kleines/großes** ~ *diplôme sanctionnant l'étude du latin élémentaire/approfondi*

Latrine <-, -n> *f* latrines *fpl*

Latrinenparole *f pej fam* racontars *mpl* de bonne femme

Latsche <-, -n> *f s.* **Latschenkiefer**

latschen *vi + sein fam* **1.** (*gehen*) ■ **jd latscht** [**irgendwohin**] qn se traîne [quelque part]; ***er latschte in Pantoffeln durchs Zimmer*** il se trimballait dans la pièce en traînant ses savates *fam;* ***ich bin völlig erledigt, ich kann kaum noch*** ~ je suis crevé(e), je peux plus mettre un pied devant l'autre; ***ich musste zu Fuß nach Hause/zwei Stunden lang*** ~ j'ai dû de rentrer à pied/me taper deux heures à pinces *fam;* ***sie latschte ganz langsam über die Straße*** elle a traversé la rue en lambinant [*o* traînant]
2. (*darübertrampeln*) ■ **jd latscht** [**jdm**] **über etw** (*akk*) *über ein Beet* qn piétine qc [de qn]

Latschen <-s, -> *m fam* **1.** (*Hausschuh*) savate *f*
2. *pej* (*Schuh*) grolle *f fam*
▶ **jd kippt aus den** ~ *fam* qn tombe dans les pommes *fam*

Latschenkiefer *f* pin *m* de montagne

Latte <-, -n> *f* **1.** (*Leiste*) latte *f*
2. SPORT barre *f*
3. FBALL barre *f* [transversale]
4. *sl* (*Penis*) trique *f arg;* ***er hat eine*** ~ il a la trique *arg*
▶ **eine ganze** ~ **von etw** *fam* tout un paquet de qc *fam;* **eine lange** ~ *fam* une grande perche [*o* bringue] *fam*

Lattenrost *m* sommier *m* à lattes **Lattenzaun** *m* clôture *f* en lattis, palissade *f*

Lattich <-s, -e> *m* laitue *f* [sauvage]

Latz <-es, ⸚e *o* AUS -e> *m* **1.** (*Hosen~*) bavette *f*
2. (*für Kinder*) bavette *f*
▶ **jd knallt** [*o* **ballert**] **jdm eins vor den** ~ *sl* qn met un pain à qn *pop*

Lätzchen <-s, -> *nt dim von* Latz bavette *f*

Latzhose *f* salopette *f*

lau *adj* (*alle Bedeutungen*) tiède
▶ **für** ~ *fam* à l'œil *fam*

Laub <-[e]s> *nt* ∅ (*Belaubung*) feuillage *m,* feuilles *fpl;* (*abgefallene Blätter*) feuilles *fpl* mortes
▶ ~ **tragend** à feuilles caduques, feuillu(e)

Laubbaum *m* arbre *m* à feuilles caduques **Laubblatt** *nt* feuille *f* d'arbre

Laube <-, -n> *f* tonnelle *f*
▶ **und fertig ist die** ~! *fam* et le tour est joué!, et voilà le travail!

Laubenkolonie *f veraltend* jardins *mpl* ouvriers

Laubfrosch *m* rainette *f* [verte] **Laubhölzer** *pl* feuillus *mpl* **Laubhüttenfest** *nt* fête *f* des tabernacles **Laubsäge** *f* scie *f* à chantourner **laubtragend** *s.* **Laub** ▶. **Laubwald** *m* forêt *f* de feuillus

Lauch <-[e]s, -e> *m* poireau *m*

Laudatio <-, Laudationes> *f geh* panégyrique *m*
▶ **jd hält die** ~ [**auf jdn**] qn prononce le panégyrique [de qn]

Lauer <-> *f* ▶ **jd legt sich auf die** ~ qn se met à l'affût; MIL qn se met en embuscade; **jd liegt** [*o* **sitzt**] **auf der** ~ qn est à l'affût [*o* aux aguets]

lauern *vi* **1.** ■ **ein Tier lauert auf etw** (*akk*) un animal guette qc; ■ **ein Tier lauert darauf, dass** un animal guette le moment où; ■ ~**d** à l'affût, aux aguets
2. ■ **jd lauert auf jdn** qn guette qn; ■ **jd lauert auf etw** (*akk*) qn guette qc, qn est à l'affût de qc; ■ **jd lauert darauf, dass** qn guette le moment où

Lauf <-[e]s, Läufe> *m* **1.** ∅ (*das Laufen*) course *f;* ***du bist vom*** ~ ***erhitzt*** tu es en nage d'avoir couru; ***ein täglicher*** ~ ***von fünf Kilometern*** un footing quotidien de cinq kilomètres
2. SPORT (*Durchgang*) essai *m*
3. ∅ [*Kurbelwelle, Kolben*] course *f;* [*Motor*] régime *m*
4. ∅ [*Fluss, Kanal*] cours *m*
5. (*Gewehr~*) canon *m*
6. [*Reh, Hirsch, Hase*] patte *f*
▶ **das ist der** ~ **der Dinge** [*o* **Welt**] ainsi va le monde, c'est le cours des choses; **jd lässt einer S.** (*dat*) **freien** [*o* **ihren**] ~ qn laisse libre cours à qc; ***sie lässt dem Treiben der Schüler freien*** ~ elle laisse les élèves donner libre cours à leur tempérament; ***er ließ seinen Tränen freien*** ~ il laissait couler ses larmes; **der obere/untere** ~ **eines Flusses** le cours supérieur/inférieur d'une rivière; **jd bekommt ein Tier vor den** ~ qn a un animal dans sa ligne de mire; **etw nimmt seinen** ~ qc suit son cours; **im** ~**e einer S.** (*gen*) au cours de qc; ***im*** ~***e der Jahre*** au fil des ans

Laufbahn *f* carrière *f* **Laufbursche** *m* **1.** *veraltend* (*Bote*) garçon *m* de courses, saute-ruisseau *m vieilli* **2.** *pej* (*Lakai*) domestique *m;* ***ich bin nicht dein*** ~! je ne suis pas ton larbin! *fam*

laufen <läuft, lief, gelaufen> **I.** *vi + sein* **1.** (*rennen*) ■ **jd läuft** [**irgendwohin**] qn court [quelque part]; ***lauf schneller!*** accélère!
2. *fam* (*gehen*) ■ **jd läuft irgendwohin** qn court [*o* file *fam*] quelque part; ***er läuft ständig in die Kneipe*** il est tout le temps fourré au bistro *fam*
3. (*zu Fuß gehen*) ■ **jd läuft** qn marche; ***die Lähmung ist zurückgegangen, er läuft jetzt wieder*** la paralysie a régressé et maintenant il remarche; ***wie lange läuft man von hier bis zum Bahnhof?*** il faut combien de temps à pied d'ici à la gare?; ■ **das L**~ la marche; ***beim*** ~ ***tut mir die Hüfte weh*** quand je marche la hanche me fait mal
4. (*fließen*) ■ **etw läuft aus etw** [**irgendwohin**] */Blut, Bier etc/* qc coule de qc [quelque part]; *Flüssigkeit, Urin* qc s'écoule de qc [quelque part]; ■ **jd lässt etw** [**irgendwohin**] ~ qn fait couler qc [quelque part]
5. (*funktionieren*) ■ **etw läuft** */Getriebe, Motor, Programm, Computer/* qc tourne; *Uhr, Maschine* qc marche, qc fonctionne; */Kühlschrank, Herd, Tonband, Fernseher, Radio, Videorecorder/* qc marche; (*eingeschaltet sein*) qc est en marche
6. CINE, THEAT ■ **etw läuft** qc passe, on passe qc; */Stück/* on joue qc; ***das Stück läuft schon die dreizehnte Woche*** la pièce est à l'affiche depuis treize semaines
7. (*gültig sein*) ■ **etw läuft** qc est en cours de validité; ***der Vertrag läuft drei Jahre*** le contrat est valable trois ans
8. (*ver~*) ■ **etw läuft irgendwie/irgendwohin** qc court d'une certaine manière/quelque part; ***der Fluss läuft schnurgerade*** le cours de la rivière est rectiligne; ***wohin läuft diese Bahnlinie?*** où cette ligne de chemin de fer mène-t-elle?; ***das Kabel läuft unterirdisch*** le câble passe sous terre
9. (*geführt werden*) ■ **jd läuft unter etw** (*dat*) *unter einem Decknamen* qn est dénommé(e) qc; ■ **etw läuft unter etw** (*dat*) */Verfahren, Einnahmen/* qc est intitulé(e) qc
10. (*seinen Gang gehen*) ■ **etw läuft irgendwie** qc se déroule [*o* se passe] d'une certaine manière; ***der Prozess läuft schon zwei Jahre*** le procès dure depuis déjà deux ans
▶ **sie** ~ **auseinander** *fam* (*lösen sich auf*) */Demonstranten/* ils/elles s'égaillent; (*weichen voneinander ab*) */Ansichten, Meinungen/* ils/elles divergent; **etw läuft auseinander** *fam* (*löst sich auf*) */Menge/* qc s'égaille; (*zerläuft*) */Farbe/* qc se disperse; **etw läuft voll** qc se remplit; **etw ist gelaufen** *sl* qc est fini(e), qc est terminé(e); **jd lässt jdn** ~ *fam* qn laisse filer qn *fam*
II. *vt + haben o sein* **1.** SPORT ■ **jd läuft etw** *Rekord* qn établit qc
2. SPORT ■ **jd läuft etw in etw** (*dat*) *100 Meter, Runde* qn court qc en qc
3. (*fahren*) ■ **jd läuft etw** qn fait qc; ***er läuft Schlittschuh/Ski*** il fait du patin à glace/du ski
▶ **jd lässt** [**jdm**] **etw voll** ~ qn [lui] remplit qc
III. *vr impers + haben* ■ **es läuft sich** [**für jdn**] **irgendwie** [pour qn] il est … de marcher; ***es läuft sich hier schlecht*** on a du mal à marcher ici
▶ **jd lässt sich voll** ~ *sl* qn se bourre la gueule *pop*

laufend I. *adj attr* **1.** *form Woche, Monat, Jahr, Semester* en cours
2. *Arbeiten* en cours; *Ausgaben* courant(e)
▶ **jd hält jdn** [**über etw** (*akk*)] **auf dem L**~**en** qn tient qn au courant [de qc]; **jd ist mit etw auf dem L**~**en** qn est à jour dans qc; **jd ist/bleibt auf dem L**~**en** qn est/se tient au courant
II. *adv* **1.** *fam* (*fortwährend*) sans arrêt, en permanence
2. (*fort~*) régulièrement; ***der Pfad wurde*** ~ ***steiler*** le sentier devenait graduellement plus pentu

laufen|lassen *s.* **laufen I.**▶

Läufer <-s, -> *m* **1.** SCHACH fou *m*
2. (*Teppich*) tapis *m* de couloir; (*auf der Treppe*) chemin *m* d'escalier

Läufer(in) <-s, -> *m(f)* SPORT coureur(-euse) *m(f)*

Lauferei <-, -en> *f pej fam* déplacements *mpl* incessants, cavalcades *fpl fam;* ***er nimmt mir die*** ~ ***ab*** il m'évite de cavaler partout *fam;* ***ich habe***

die ganze ~ ***satt*** j'en ai assez de cavaler partout *fam*

Lauffeuer *nt* ▸**etw verbreitet sich wie ein** ~ *fam* qc se répand comme une traînée de poudre **Laufgitter** *nt s.* **Laufstall**

läufig *adj Hündin, Katze* en chaleur

Laufkundschaft *f* clientèle *f* de passage **Laufmasche** *f* maille *f* filée; ***ich habe eine*** ~ mes collants/bas sont filés **Laufpass**[RR] *m* ▸**jd gibt jdm den** ~ *fam* qn plaque qn *fam,* qn largue qn *fam* **Laufplanke** *f* planche *f,* passerelle *f;* ***eine einfache*** ~ une planche en guise de passerelle **Laufschritt** *m* ▸**im** ~ au pas de gymnastique [*o* de course]; **im** ~ **marsch!** au pas de gymnastique, en avant, marche! **Laufstall** *m* parc *m* **Laufsteg** *m* podium *m*

läuft *3. pers pres von* **laufen**

Laufwerk *nt* lecteur *m* de disquettes **Laufzeit** *f* **1.** [*Darlehen, Kredit*] durée *f;* [*Wechsel*] échéance *f* **2.** JUR [*Tarif, Vertrag*] durée *f* de validité **Laufzettel** *m* IND fiche *f* de contrôle

Lauge <-, -n> *f* **1.** (*Seifen~*) lessive *f*
2. (*Salz~*) saumure *f*
3. CHEM solution *f* alcaline

Laugen- salé(e); ~***brezel*** bretzel *m;* ~***stange*** mauricette *f*

Lauheit <-> *f Ø geh* tiédeur *f*

Laune <-, -n> *f* **1.** (*Stimmung*) humeur *f;* ***meine*** ~ ***ist im Keller*** mon moral est au plus bas
2. (*abwegige Idee*) lubie *f*
▸**jd hat blendende/gute** ~**, jd ist blendender/guter** ~ qn est d'excellente/de bonne humeur; **jd hat miese/schlechte** ~**, jd ist mieser/schlechter** ~ qn est d'une humeur massacrante/de mauvaise humeur; **jd hält jdn bei** [**guter**] ~ *fam* qn entretient qn dans de bonnes dispositions; **jd lässt seine** ~**n an jdm aus** qn passe sa mauvaise humeur sur qn; **aus einer** ~ **heraus** sur un coup de tête; [**je**] **nach** [**Lust und**] ~ selon mon/son/… humeur

launenhaft *adj* **1.** *Mensch* lunatique
2. *Wetter, Witterung* instable, variable

Launenhaftigkeit <-> *f Ø* **1.** (*kapriziöse Art*) humeur *f* changeante [*o* capricieuse], caractère *m* lunatique
2. (*Wechselhaftigkeit*) instabilité *f*

launisch *adj s.* **launenhaft**

Laus <-, Läuse> *f* **1.** (*Kopf~*) pou *m*
2. (*Blatt~*) puceron *m*
▸**jdm ist eine** ~ **über die Leber gelaufen** [*o* **gekrochen**] *fam* qn s'est levé(e) du pied gauche; **jd setzt jdm eine** ~ **in den Pelz** *fam* qn monte la tête à qn; **jd setzt sich** (*dat*) **eine** ~ **in den Pelz** *fam* qn laisse entrer le loup dans la bergerie; **jd hat** ~**e** qn a des poux

Lausbub *m veraltend* galopin *m fam,* petit chenapan *m vieilli*

Lauschangriff *m* écoute *f* sauvage

lauschen *vi* **1.** (*heimlich zuhören*) ■**jd lauscht** qn écoute [en cachette]; ***wir lauschten oft an der Tür*** nous espionnions souvent derrière la porte; ***wie oft habe ich dir das L~ schon verboten!*** combien de fois t'ai-je déjà défendu d'écouter aux portes!; ***wenn ich dich noch mal beim L~ erwische*** si je te surprends encore à écouter aux portes
2. *geh* (*zuhören*) ■**jd lauscht einer S.** (*dat*) qn écoute qc

Lauscher <-s, -> *m* JAGD oreille *f*
▸**sperr deine** ~ **auf!** *sl* ouvre bien tes esgourdes! *fam*

Lauscher(in) <-s, -> *m(f)* espion(ne) *m(f);* ***ich kann*** ~ ***nicht leiden*** je ne supporte pas les gens qui écoutent aux portes
▸**der** ~ **an der Wand hört seine eigene Schand** *prov* si tu ne veux pas entendre médire de toi, n'écoute pas aux portes

lauschig *adj* cosy; ***am Kamin ist es schön*** ~ devant la cheminée, on se sent [vraiment] bien

Lausebengel *m fam s.* **Lausbub. Lausejunge** *m fam* galopin *m fam*

lausen I. *vt* ■**jd/ein Tier laust jdn/ein Tier** qn/un animal épouille qn/un animal
II. *vr* ■**jd/ein Tier laust sich** qn/un animal s'épouille

lausig I. *adj pej fam* **1.** *Kälte* de canard *fam; Wetter* de chien *fam,* dégueulasse *fam; Arbeit, Leistung* minable *fam*
2. *Gehalt* de misère, minable *fam;* ~***e 500 Mark*** 500 misérables marks
II. *adv pej fam* **1.** (*entsetzlich*) *heiß* affreusement; ***es ist*** ~ ***kalt*** il fait un froid de canard *fam*
2. (*lumpig*): ***er verdient*** ~**/*wird*** ~ ***bezahlt*** il gagne un salaire minable *fam;* ***ich habe*** ~ ***wenig bekommen*** j'ai touché une misère

laut[1] I. *adj* **1.** (*weithin hörbar*) *Krachen* [très] bruyant(e); *Musik, Tonfall* fort(e); *Stimme* fort(e), haut(e); ***ein*** ~***er Lärm*** un grand bruit; ***ein*** ~***es Lachen*** un rire sonore; ***mit einem*** ~***en Plumps*** avec un grand boum; ***ein*** ~***es Weinen*** des sanglots *mpl;* ■**etw ist/wird** ~ */Lärm/* qc est fort(e)/enfle; */Stöhnen/* qc se fait entendre/enfle; *Tonfall* qc est fort(e)/s'accentue
2. (*opp: ruhig*) *Gegend, Straße* [très] bruyant(e); ***in der Stadt ist es mir zu*** ~ je trouve la ville trop bruyante [*o* qu'il y a trop de bruit en ville]
▸**jd lässt etw** ~ **werden** *Vermutung* qn exprime tout haut qc; *Verdacht* qn laisse qc transpirer; **jd stellt etw** ~**er** qn met qc plus fort, qn monte le son de qc; ***stell deine Stereoanlage nicht so laut*** ne mets pas ta chaîne si fort; **jd wird immer gleich** ~ qn monte tout de suite sur ses grands chevaux; **etw wird** ~ */Vermutung/* qc s'ébruite; */Verdacht/* qc transpire
II. *adv sprechen, stöhnen* fort; *brüllen, schreien* très fort; *quietschen, lachen, grunzen* bruyamment
▸**jd denkt** ~ **nach** qn réfléchit à haute voix [*o* tout haut]; **jd hat** ~ **gedacht** *fam* qn a pensé tout haut [*o* à haute voix]

laut[2] *präp + gen o dat* (*gemäß*) ■ ~ **einer S.** (*gen o dat*) selon

Laut <-[e]s, -e> *m* **1.** (*Ton*) son *m*
2. *pl* (*Sprachfetzen*) sons *mpl*
▸**ein Tier gibt** ~ un animal donne de la voix; **jd gibt keinen** ~ **von sich** qn reste totalement silencieux(-euse), qn ne fait pas le moindre bruit

Laute <-, -n> *f* luth *m*

lauten *vi* **1.** (*zum Inhalt haben*): ***wie lautet die Anklage?*** quel est le chef d'accusation?; ***der Slogan lautet so:*** le slogan est le suivant:; ***wie lautet der Vorwurf, den man mir macht?*** quelle est la nature du reproche qu'on me fait?; ***der Titel lautet …*** le titre est …; ■**etw lautet auf etw** (*akk*) le motif de qc est qc; ***die Anklage lautet auf Erpressung*** le chef d'accusation est le chantage
2. (*ausgestellt sein*) ■**etw lautet auf jds Namen** (*akk*) qc est établi(e) au nom de qn; ***diese Aktie lautet auf den Inhaber*** cette action est [libellée] au porteur

läuten I. *vi* **1.** (*ertönen*) ■**etw läutet** qc sonne, qc retentit; ■**das L~** la sonnerie
2. (*klingeln*) ■**jd läutet** qn sonne
3. (*herbeirufen*) ■**jd läutet nach jdm** qn sonne qn
▸**jd hat etwas** ~ **hören/von etw etwas** ~ **hören** *fam* qn a eu de vagues échos/a vaguement entendu parler de qc
II. *vi impers* ■**es läutet 1.** (*Glocken ertönen*) les clochent sonnent
2. (*Türklingel*) on sonne; (*Schulglocke*) ça sonne

Lautenist(in) <-en, -en> *m(f) form,* **Lautenspieler(in)** *m(f)* joueur(-euse) *m(f)* de luth, luthiste *mf*

lauter[1] *adj inv* (*nichts als*) rien [d'autre] que du/de la/des; ***das sind*** ~ ***Lügen*** c'est un tissu de mensonges
▸**vor** ~ … à cause du/de la/des; ***vor*** ~ ***Arbeit komme ich nicht mehr zum Lesen*** j'ai tellement de travail que je n'ai plus le temps de lire; ***vor*** ~ ***Dampf sieht man nichts mehr*** il y a tellement de vapeur qu'on n'y voit plus rien

lauter[2] *adj* **1.** *geh* (*aufrichtig*) *Absichten* pur(e), honnête; *Charakter, Mensch* droit(e), probe *littér;* ***es ist meine*** ~***e Überzeugung, dass*** je suis sincèrement convaincu que + *indic*
2. *veraltend liter* (*rein*) *Gold, Silber* pur(e), massif(-ive)

Lauterkeit <-> *f Ø geh* droiture *f;* [*Mensch*] probité *f soutenu*

läutern *vt geh* ■**etw läutert jdn/etw** qc rend qn/qc meilleur(e), qc amende qn/qc; ***es ist, als sei sie geläutert worden*** elle a fait sa rédemption

Läuterung <-, -en> *f geh verbal übersetzt;* ***das diente der*** ~ ***ihres Charakters*** cela a permis d'amender son caractère [*o* à son caractère de s'amender]

Läutewerk *nt* sonnerie *f*

lauthals *adv* haut et fort; *jubilieren* bruyamment; ***das hat sie überall*** ~ ***verkündet*** elle l'a claironné partout

Lautlehre *f Ø* phonétique *f*

lautlich I. *adj* phonétique
II. *adv* phonétiquement

lautlos I. *adj* silencieux(-euse)
II. *adv* sans [le moindre] bruit, silencieusement

Lautlosigkeit <-> *f Ø* silence *m* [absolu]; ***mit völliger*** ~ sans le moindre bruit

Lautmalerei *f* harmonie *f* imitative **Lautschrift** *f* écriture *f* phonétique; ***die internationale*** ~ l'A.P.I. *m,* l'alphabet *m* de l'association phonétique internationale

Lautsprecher *m* haut-parleur *m*
▸**über** ~ par haut-parleur

Lautsprecherbox *f* enceinte *f* [acoustique], baffle *m* **Lautsprecherdurchsage** *f* annonce *f* par haut-parleur **Lautsprecherwagen** *m* voiture *f* [à] haut-parleur

lautstark I. *adj* bruyant(e); ***unter*** ~***em Schimpfen*** en protestant bruyamment; ~***er Protest*** un concert de protestations
II. *adv* bruyamment

Lautstärke *f* **1.** AUDIOV son *m,* volume *m* [sonore]
2. (*laute Stimme*): ***du sprichst vielleicht mit einer*** ~! ce que tu peux parler fort!; ***mäßige*** [***bitte***] ***deine*** ~! baisse un peu le ton!; ***er brüllt mit einer*** ~***, dass einem fast die Trommelfelle platzen*** il braille à vous crever les tympans *fam*
▸**bei voller** ~ à fond; **jd stellt etw auf volle** ~ qn met qc à fond, qn met le volume de qc au maximum

Lautstärkeregler *m* [curseur *m* [*o* bouton *m*] de] réglage *m* du volume

Lautverschiebung *f* mutation *f* consonantique

lauwarm *adj* tiède

Lava <-, Laven> ['la:va, 'la:vən] *f* lave *f*

Lavabo <-[s], -s> ['lavabo] *nt* CH *s.* **Waschbecken**

Lavendel <-s, -> [-'vɛn-] *m* lavande *f*

Lavendelöl [-'vɛn-] *nt* essence *f* de lavande

lavieren * [-'vi:-] *vi geh* ■**jd laviert** [**zwischen ihnen**] (*dat*) qn louvoie [entre eux/elles]

Lawine <-, -n> *f* avalanche *f*
▸**jd bringt eine** ~ **ins Rollen** qn déclenche un séisme; **jd/etw tritt eine** ~ [**von etw**] **los** qn/qc déclenche une avalanche [de qc]

-lawine *f* avalanche *f* de; ***Kosten***~ croissance *f* démesurée des coûts

lawinenartig I. *adj* inexorable; ***ein*** ~***es Anwachsen der Kosten/der Löhne*** une escalade sans fin des coûts/salaires
II. *adv* inexorablement, sans discontinuer; ***etw schwillt/steigt*** ~ ***an*** qc fait boule de neige

Lawinengefahr *f* danger *m* d'avalanche[s]

Lawrencium <-s> [lo'rɛntsiʊm] *nt Ø* CHEM lawrencium *m*

lax *adj* laxiste

Laxheit <-> *f Ø* laxisme *m*

Lay-out[RR]**, Layout** <-s, -s> ['leɪ̯ʔaut] *nt* mise *f* en page

Layouter(in) <-s, -> ['leɪ̯ʔautɐ, leɪ̯ʔautə] *m(f)* metteur(-euse) *m(f)* en page

Lazarett <-[e]s, -e> *nt* hôpital *m* militaire

LCD- [ɛltse:'de:-] *abk von* **Liquid Crystal Display** à cristaux liquides, LCD

leasen ['li:zn] *vt* ■ **jd least etw** qn achète qc en leasing [*o* en crédit-bail]

Leasing <-s, -s> ['li:zɪŋ] *nt* leasing *m*, crédit-bail *m*

Leasing- ['li:zɪŋ-] **1.** *-vertrag, -bedingungen, -firma, -gesellschaft* de leasing, de crédit-bail; *-berater* leasing, en crédit-bail; ***eine monatliche ~rate*** une mensualité; ***~nehmer/~kunde*** souscripteur *m;* ***~geber*** bailleur *m*
2. (*geleast*) acheté(e) en leasing [*o* en crédit-bail]

Lebehoch <-[s], -[s]> *nt* vivat *m;* ***er brachte ein ~ auf sie aus*** il lui a porté un toast; ***und nun ein dreifaches ~ auf unseren Chef!*** et maintenant un triple hourra pour notre patron!

leben **I.** *vi* **1.** (*lebendig sein*) ■ **jd lebt** qn vit; ***ich lebe wieder*** je revis; ***Gott sei Dank, er lebt*** Dieu soit loué, il est encore en vie; ***lebt Arletty eigentlich noch?*** [au fait,] Arletty est-elle toujours en vie?
2. (*ein bestimmtes Leben führen*) ■ **jd lebt ...** qn vit ...; ***er lebt vegetarisch*** il est végétarien; ***er lebt spartanisch/bescheiden*** il mène une vie [*o* existence] spartiate/modeste
3. (*seinen Lebensunterhalt bestreiten*) ■ **jd lebt von etw** qn vit de qc
4. (*wohnen*) ■ **jd lebt .../irgendwo** qn vit .../quelque part; ***er lebt luxuriös*** il vit dans le luxe
5. (*da sein*) ■ **jd lebt für jdn/etw** qn vit pour qn/qc
▶ **lang** [*o* **es**] **lebe der/die ...!** longue vie au/à la ...!; **leb[e] wohl!** adieu!; **jd kann mit etw ~** qn s'accommode de qc; **~ und ~ lassen** vivre et laisser vivre; **davon kann man nicht ~ und nicht sterben** ça permet juste de ne pas mourir de faim; **man lebt** [**so**] *fam* on fait aller *fam,* ça va comme ça peut *fam*
II. *vi impers* ■ **irgendwo/als etw lebt es sich ...** on vit ... quelque part/comme qc; ***hier lebt es sich nicht besonders angenehm*** la vie ici n'est pas particulièrement agréable
III. *vr* ▶ **sie ~ sich auseinander** ils/elles deviennent [des] étrangers(-ères) l'un(e) pour l'autre/les un(e)s pour les autres, ils/elles se détachent l'un(e) de l'autre/les un(e)s des autres; **jd lebt sich mit jdm auseinander** qn se détache de qn

Leben <-s, -> *nt* **1.** (*Lebendigsein*) vie *f;* (*Zeit des Lebens, Lebensbedingungen a.*) existence *f*
2. (*Aktivität*) vie *f*
▶ **jds ~ hängt an einem dünnen** [*o* **seidenen**] **Faden** la vie de qn ne tient qu'à un fil; **jd macht jdm das ~ zur Hölle** qn rend la vie infernale à qn; **jd setzt** [**bei etw**] **sein ~ aufs Spiel** qn risque sa vie [*o* met sa vie en jeu] [en faisant qc]; **jds ~ steht auf dem Spiel** la vie de qn est en jeu; **jd befördert jdn vom ~ zum Tode** *geh* qn fait passer qn de vie à trépas *soutenu,* qn envoie [*o* expédie] qn dans l'autre monde; **das/ein ~ nach dem Tod[e]** la/une vie après la mort; **es geht um ~ und Tod** c'est une question de vie ou de mort; **jd sieht aus wie das blühende ~** qn respire la santé; **das ewige ~** la vie éternelle; **jd wird seines ~s nicht mehr froh** qn connaît bien des désagréments; **jd tut etw für sein/ihr ~ gern** qn adore faire qc; ***das esse ich für mein Leben gern*** je raffole de ça, j'adore ça; **jd erhält jdn künstlich am ~** qn maintient qn artificiellement en vie; **ein ~ lang** toute ma/sa/... vie; **wenn jdm sein ~ lieb ist** si qn tient à la vie; **das nackte ~:** ***sie sind mit dem nackten ~ davongekommen*** ils ont juste réussi à sauver leur vie; ***sie konnten nur ihr nacktes ~ retten*** ils s'en sortis, mais n'ont rien pu sauver; **jd erweckt etw zu neuem ~** qn fait revivre [*o* ressuscite] qc; **das öffentliche ~** la vie publique; **jd ist seines ~s nicht mehr sicher** *fam* qn craint [*o* a peur] pour sa vie; **das süße ~** la belle vie; **das tägliche ~** la vie quotidienne [*o* de tous les jours]; **das ~ zu zweit** la vie à deux [*o* en couple]; **jd bezahlt etw mit dem** [*o* **seinem**] **~** *geh* qn paie qc de sa vie; **jd bringt jdn ums ~** *geh* qn fait passer qn de vie à trépas *soutenu;* **jd erhält jdn am ~** qn maintient qn en vie; **jd freut sich seines ~s** qn est heureux(-euse) de vivre, qn profite de la vie; **jd führt ein ... ~** qn mène une vie [*o* existence] ...; **jd hängt am ~** qn tient à la vie; **jd hat das/sein ~ hinter/vor sich** la vie de qn est derrière lui/elle/qn a toute la vie devant lui/elle; **jd haucht sein ~ aus** *geh* qn rend l'âme [*o* le dernier soupir] *soutenu;* **so ist das ~** [**eben**] c'est la vie, ainsi va la vie; **jd ist/bleibt am ~** qn est/reste en vie; **jd kommt mit dem ~ davon** qn s'en tire; **jd kommt** [**bei etw/während einer S.**] **ums ~** qn trouve la mort [lors de/pendant qc]; **etw kostet jdn das ~** *geh* qc coûte la vie à qn; **jd lässt sein ~** [**für jdn/etw**] *geh* qn donne sa vie [pour qn/qc]; **jd lässt jdn am ~** qn laisse la vie sauve à qn; **jd/ein Tier läuft** [*o* **rennt**] **um sein ~** qn/un animal court avec la mort à ses trousses; **jd macht jdm/sich das ~ schwer** qn mène la vie dure à qn/se complique la vie; **jd nimmt sich** (*dat*) **das ~** qn met fin à ses jours, qn se donne la mort; **jd rettet jdm das ~** qn sauve la vie à qn; **jd ruft etw ins ~** qn donne naissance à qc; **jd scheidet** [**freiwillig**] **aus dem ~** *geh* qn quitte [volontairement] ce monde *soutenu;* **jd schenkt jdm das ~** *geh* (*gebärt jdn*) qn donne le jour [*o* la vie] à qn; (*lässt jdn am Leben*) qn fait grâce [de la vie] à qn; **jd schlägt sich** [**mit etw**] **durchs ~** qn survit tant bien que mal [en faisant qc]; ***er musste sich früher kümmerlich durchs ~ schlagen*** autrefois, il a dû manger de la vache enragée; **jd spielt mit jds ~** qn joue avec la vie de qn; **wie das ~ so spielt** *fam* la vie est ainsi faite; **jd trachtet jdm nach dem ~** qn en veut à la vie de qn; **jd verliert** [**bei/während etw**] **das** [*o* **sein**] **~** qn perd la vie [lors de/pendant qc]; **ein ~ in etw** (*dat*) *in Armut, Zufriedenheit* une vie de qc; **zeit meines/seines/... ~s** toute ma/sa/... vie; **nie im ~, im ~ nicht** jamais de la vie

lebend **I.** *adj* **1.** (*nicht tot*) vivant(e), en vie; ■ **die L~en** les vivants
2. BIO *Organismus, Tier* vivant(e); *Virus* actif(-ive); *Blume* naturel(le)
▶ **jd weilt nicht mehr unter den L~en** *geh* qn n'est plus de ce monde *form,* qn nous a quittés *form*
II. *adv* vif(vive)
▶ **jd übersteht etw ~** qn survit à qc, qn sort vivant(e) de qc

Lebendgewicht *nt* ∅ poids *m* vif

lebendig **I.** *adj* **1.** (*lebend*) vivant(e)
2. (*anschaulich*) vivant(e)
3. (*noch praktiziert*) vivace
▶ **jd nimmt's von den L~en** *hum fam* qn matraque le client *fam;* **etw wird wieder ~** qc resurgit du passé
II. *adv begraben, kreuzigen* vivant(e); *verbrennen* vif(vive)

Lebendigkeit <-> *f* ∅ (*Anschaulichkeit*) vie *f;* ***die ~ des Berichts*** le caractère vivant du récit

Lebensabend *m geh* soir *m* de la vie *littér;* ■ **mein/sein/... ~** mes/ses/... vieux jours *mpl* **Lebensabschnitt** *m* période *f* de la vie **Lebensalter** *nt* âge *m* **Lebensart** *f* **1.** ∅ (*Manieren*) art *m* de vivre; ***das ist wirklich eine feine ~*** c'est vraiment tout un art de vivre **2.** *s.* Lebensweise ▶ **jd hat ~/keine ~** qn a du/n'a aucun savoir-vivre **Lebensaufgabe** *f* tâche *f* de toute une vie [*o* qui remplit l'existence] ▶ **jd macht sich** (*dat*) **etw zur ~** qn consacre [toute] sa vie à qc **Lebensbaum** *m* thuya *m* **Lebensbedingungen** *pl* conditions *fpl* de vie [*o* d'existence] **Lebensdauer** *f* durée *f* de vie, longévité *f;* [*Gerät, Motor*] durée *f* de vie **Lebensende** *nt* ∅ fin *f* ▶ **bis ans/an mein/sein/... ~** jusqu'à ma/sa/... mort **Lebenserfahrung** *f* expérience *f* de la vie **Lebenserinnerungen** *pl* mémoires *fpl* **Lebenserwartung** *f* espérance *f* de vie **lebensfähig** *adj* **1.** *Neugeborenes, Frühgeburt* viable **2.** *Mikroben* réactivable; ■ **etw ist ~** qc peut être réactivé(e) **Lebensfähigkeit** *f* ∅ viabilité *f* **Lebensform** *f* **1.** (*Lebensweise*) mode *m* de vie [*o* d'existence] **2.** BIO forme *f* de vie **Lebensfreude** *f* ∅ joie *f* de vivre **lebensfroh** *adj Mensch* heureux(-euse) de vivre; ***sie ist ~*** elle respire la joie de vivre **Lebensgefahr** *f* ▶ **es besteht ~** il y a danger de mort; ***er muss sofort operiert werden, es besteht ~*** il faut qu'il soit opéré d'urgence, sa vie est en danger; ***für den Kranken besteht keine ~ mehr*** la vie du malade n'est plus en danger; **jd ist** [*o* **schwebt**] [*o* **befindet sich**] **in ~** qn est en danger de mort; **jd ist** [*o* **befindet sich**] **außer ~** qn est hors de danger; ***der Kranke ist außer ~*** le malade est tiré d'affaire; **etw ist mit ~ verbunden** qc présente des risques [*o* n'est pas sans risques] pour la vie du/de la ...; **unter ~** (*dat*) au péril de ma/sa/... vie; **~!** danger de mort! **lebensgefährlich** **I.** *adj Infektion, Erkrankung* pouvant être mortel(le) [*o* entraîner la mort]; *Verletzung* présentant des risques vitaux; ■ **etw ist ~** qc peut être mortel(e) [*o* entraîner la mort] **II.** *adv* **1.** ***er ist ~ erkrankt/verletzt*** sa maladie/sa blessure peut/ses blessures peuvent entraîner la mort **2.** *fam glatt, schlüpfrig* affreusement; ***es ist ~ glatt*** il y a un verglas mortel **Lebensgefährte** *m,* **-gefährtin** *f* compagnon/compagne *m/f;* ***wir sind ~n, aber nicht verheiratet*** nous vivons ensemble, mais sans être mariés **Lebensgefühl** *nt* ∅ façon *f* d'aborder l'existence; ***das hat ihm ein neues ~ geschenkt*** ça lui a donné le sentiment de revivre, ça lui a redonné la joie de vivre **Lebensgeister** *pl* ▶ **jds ~ erwachen** *hum fam* qn est tout(e) requinqué(e) *fam;* **jd/etw erweckt** [*o* **weckt**] **jds ~** *hum fam* qn/qc requinque qn *fam* **Lebensgemeinschaft** *f* **1.** (*Zusammenleben*) communauté *f* de vie **2.** BIO, ZOOL biocénose *f* **Lebensgenuss**[RR] *m* plaisirs *mpl* de l'existence **Lebensgeschichte** *f* ∅ ■ **meine/seine/... ~** [l'histoire *f* de] ma/sa/... vie; ***sie brauchen mir nicht Ihre ganze ~ zu erzählen*** inutile de me raconter toute votre vie **Lebensgewohnheiten** *pl* habitudes *fpl* de vie, mode *m* d'existence **lebensgroß** *adj* grandeur nature *inv* **Lebensgröße** *f* grandeur *f* [*o* taille *f*] réelle; ***den Abzug können wir auf ~ vergrößern*** nous pouvons vous faire un tirage grandeur nature ▶ **in voller ~** *hum fam* en chair et en os; **in ~** grandeur nature

Lebenshaltung *f* ∅: ***er gibt monatlich 1200 Mark nur für ~ aus*** il consacre 1200 marks par mois aux dépenses courantes; ***er hat eine recht aufwändige ~*** il a un train de vie dispendieux; ***die ~ wird immer teurer*** la vie est de plus en plus chère

Lebenshaltungskosten *pl* coût *m* de la vie; (*ausgegebene Summe*) dépenses *fpl* courantes

lebenshungrig *adj* qui a soif de vivre; ■ **jd ist ~** qn a soif de vivre **Lebensinhalt** *m* but *m* dans la vie [*o* l'existence]; ***ist denn das Kartenspiel dein einziger ~?*** jouer aux cartes suffit à remplir ton existence? ▶ **jd macht etw zu seinem ~** qn fait de qc le but de sa vie [*o* son existence] **Lebensjahr** *nt* année *f* de vie; ***nach Vollendung des 18. ~s*** à 18 ans révolus; ***ich wünsche dir noch viele glückliche ~e*** je te souhaite encore de longues années de bonheur ▶ **nach/vor vollendetem ... ~** *form* à [partir de] ... ans révolus/avant d'avoir ... ans; **im** [*o* **in jds**] **... ~** dans la ... année de qn **Lebenskampf** *m* ∅ lutte *f* pour la vie **Lebenskraft** *f* ∅ vitalité *f,* force *f* vitale; ***in voller ~*** plein(e) de vie **Lebenskünstler(in)** *m(f)* personne *f* qui sait vivre; ***jd ist ein ~*** qn sait vivre [*o* mener sa barque] **Lebenslage** *f* circonstance *f* [de la vie]; ***in allen ~n*** en toutes circonstances **lebenslang** **I.** *adj* **1.** *Anstellung, Behinderung* à vie **2.** JUR *Haft* à vie, à perpétuité; *Sicherungsverwahrung* à vie **II.** *adv* toute ma/sa/... vie **lebenslänglich** **I.** *adj* JUR *Freiheitsstrafe* à perpétuité, à vie; *Aberkennung* à vie ▶ **jd bekommt „~"** *fam* qn prend perpète *fam;* **jd fordert** [*o* **verlangt**] **„~"** [**für jdn**] qn requiert la perpétuité [contre qn] **II.** *adv im Gefängnis sitzen* à perpétuité, à vie; *in Sicherungsverwahrung nehmen* à vie **Lebenslängliche(r)** *f(m) decl wie adj* condamné(e) *m(f)* à perpétuité **Lebenslauf** *m* **1.** (*Curriculum vitae*) curriculum *m* [vitæ], C.V. *m;* ***ein ~ in tabellarischer Form*** un C.V. [sous forme] synoptique **2.** (*Lebensgeschichte*) vie *f;* ***er erzählte mir seinen ~*** il m'a raconté l'histoire de sa vie **Lebenslinie** [-li:niə] *f* ligne *f* de vie **Lebenslüge** *f* mensonge *m* [de toute une vie]; ***das ist alles nur eine große ~*** tu t'es menti toute ta vie **Lebenslust** *f s.* **Lebensfreude.** **lebenslustig** *adj s.* **lebensfroh.** **Lebensmitte** *f* ∅ milieu *m* [*o* midi *m littér*] de la vie

Lebensmittel *nt meist pl* denrées *fpl* alimentaires, vivres *mpl,* aliments *mpl;* ***der Kühlschrank ist leer, wir brauchen wieder ~*** le réfrigérateur est vide, il va falloir aller au ravitaillement *fam*

Lebensmittel- *-bestrahlung* des aliments; *-farbe, -zusatz, -kette* alimentaire; *-aufbewahrung, -kennzeichnung* des aliments, des denrées alimentaires; *-vorräte* de denrées alimentaires; *-versorgung* en vivres, en denrées alimentaires;

-abteilung [de l']alimentation **Lebensmittelchemie** *f* chimie *f* alimentaire **Lebensmittelgeschäft** *nt* épicerie *f*, magasin *m* d'alimentation **Lebensmittelkarte** *f* carte *f* de rationnement [*o* de ravitaillement] **Lebensmittelvergiftung** *f* intoxication *f* alimentaire

lebensmüde *adj* las(se) de vivre, dégoûté(e) de la vie; ■ **jd ist** ~ qn est fatigué(e) de vivre ▶ **bist du** ~?, **du bist wohl** ~! *fam* t'en as marre de la vie ou quoi? *fam* **Lebensmüde(r)** *f(m) decl wie adj* désespéré(e) *m(f)* **Lebensmut** *m* volonté *f* de vivre, énergie vitale *f*; ***ich habe keinen ~ mehr*** je n'ai plus le goût de vivre **Lebensnerv** *m* centre *m* vital **lebensnotwendig** *adj s.* **lebenswichtig. Lebenspartner(in)** *m(f) s.* **Lebensgefährte. Lebensqualität** *f* Ø qualité *f* de/de la vie **Lebensraum** *m* **1.** Ø (*Entfaltungsmöglichkeiten*) espace *m* vital **2.** ÖKO biotope *m* **Lebensretter(in)** *m(f)* sauveteur(-euse) *m(f)* **Lebensstandard** *m* Ø niveau *m* de vie **Lebensstellung** *f* emploi *m* à vie, situation *f* stable **Lebensstil** *m* style *m* [*o* mode *m*] de vie; ***er hat einen aufwändigen*** ~ il a un train de vie élevé **lebenstüchtig** *adj* bien armé(e) dans la vie [*o* l'existence], apte à affronter la vie **Lebensunterhalt** *m* Ø subsistance *f*; ***für meinen/seinen/...*** ~ pour vivre ▶ **jd kommt für jds** ~ **auf, jd sorgt für jds** ~ qn subvient aux besoins de qn; **jd verdient seinen** ~ qn subvient à ses besoins, qn gagne sa vie **Lebensversicherung** *f* **1.** (*Police*) assurance *f* [sur la] vie **2.** (*Gesellschaft*) compagnie *f* d'assurance [sur la] vie **Lebenswandel** *m* Ø mode *m* de vie, manière *f* de vivre ▶ **jd führt einen ...** ~ qn a un mode de vie ...; ***jd führt einen zweifelhaften*** ~ qn mène une vie douteuse **Lebensweg** *m geh:* ***sie haben beschlossen den künftigen ~ gemeinsam zu gehen*** ils décidèrent d'unir leurs destinées *littér;* ***alles Gute für Ihren weiteren*** ~! bonne chance pour l'avenir! **Lebensweise** *f* mode *m* de vie ▶ **sitzende** ~ vie *f* sédentaire **Lebensweisheit** *f* **1.** Ø sagesse *f* [que confère la vie] *f* **2.** (*Maxime*) adage *m* **Lebenswerk** *nt* œuvre *f* d'une [*o* de toute une] vie; ■ **mein/sein/...** ~ l'œuvre *f* de ma/sa/... vie **lebenswert** *adj* qui vaut d'être vécu(e); ***nach dem Tod seiner Frau erschien ihm das Leben nicht mehr*** ~ après la mort de sa femme, il perdit le goût de vivre **lebenswichtig** *adj Organ* vital(e), d'importance vitale; *Spurenelement, Vitamin* vital(e) pour l'organisme; *Nahrungsmittel* de première nécessité **Lebenswille** *m* Ø volonté *f* de vivre **Lebenszeichen** *nt* signe *m* de vie ▶ **jd gibt kein** ~ **mehr von sich** qn ne donne plus signe de vie **Lebenszeit** *f* Ø durée *f* de la/de vie; ***sie fühlt, dass ihre ~ abgelaufen ist*** elle sent que sa vie touche à sa fin ▶ **auf** ~ *verbeamten, zahlen* à vie; *im Gefängnis sitzen* à vie, à perpétuité **Lebensziel** *nt* but *m* dans l'existence, objectif *m* dans la vie; ***er hat sein ~ erreicht*** il a atteint le but de sa vie **Lebenszweck** *m* Ø ■ **jds** ~ la raison de vivre de qn

Leber <-, -n> *f* foie *m*
▶ **frei** [*o* **frisch**] **von der** ~ **weg** *fam* sans ambages, sans détours; ***nun mal frisch von der ~ weg!*** bon, allez, dis ce que tu as sur le cœur!, allez, vide ton sac! *fam;* **jd hat es an** [*o* **mit**] **der** ~ *fam* qn a des problèmes de foie; **jd redet sich** (*dat*) **etw von der** ~ *fam* qn dit ce qu'il a sur le cœur, qn vide son sac *fam*

Leber- **1.** ANAT *-gefäß, -zelle, -wert* hépatique; *-lappen* du foie *m* **2.** MED du foie **Leberblümchen** *nt* hépatique *f* **Leberfleck** *m* tache *f* de vin, nævus *m* **Leberkäs(e)** *m* Ø terrine *f* de viande **Leberknödel** *m* boulette *f* de foie **leberkrank** *adj* malade du foie, hépatique **Leberkranke(r)** *f(m) decl wie adj* hépatique *mf* **Leberleiden** *nt* maladie *f* [*o* affection *f*] du foie **Leberpastete** *f* pâté *m* de foie **Lebertran** *m* huile *f* de foie de morue **Leberwurst** *f* pâté *m* de foie (*sous forme de saucisson*) ▶ **jd spielt die beleidigte** ~ *fam* qn joue les offensé(e)s; **feine/grobe** ~ pâté *m* de foie haché fin/avec morceaux

Lebewesen *nt* être *m* vivant, organisme *m* ▶ **menschliches** ~ être *m* humain **Lebewohl** <-[e]s, -s *o geh* -e> *nt geh* adieu *m* ▶ **jd sagt jdm** ~ qn dit adieu [*o* fait ses adieux] à qn

lebhaft I. *adj* **1.** (*temperamentvoll*) *Art, Gemüt* vif(vive); *Mensch* a. plein(e) de vie
2. (*angeregt*) *Diskussion, Unterhaltung* vif(vive), animé(e); ~***er Beifall*** de vifs applaudissements
3. (*belebt*) *Gegend* animé(e); *Verkehr, Treiben* intense; ■ **etw wird** ~ */Badeort/* qc s'anime; */Verkehr/* qc devient dense [*o* s'intensifie]
4. (*plastisch*) *Fantasie* vif(vive); *Vorstellungsvermögen* aigu(ë); *Erinnerung* vivace
5. (*kräftig*) *Farbe, Muster* vif(vive)
II. *adv* **1.** (*intensiv*) *bedauern* vivement; ***eine ~ geführte Debatte*** un débat rondement mené
2. (*anschaulich*) *sich vorstellen* très clairement, avec acuité; ***er erinnert sich noch ~ daran*** il en a encore un vif souvenir

Lebhaftigkeit <-> *f* Ø vivacité *f*

Lebkuchen *m* pain *m* d'épice

leblos *adj geh* sans vie; *Augen, Gesicht* dépourvu(e) d'expression

Lebtag *m* ▶ **mein/sein/...** ~ [**lang**] *fam* toute ma/sa/... vie, jusqu'à la fin de mes/ses/... jours; **mein/sein/...** ~ **nicht** *fam* jamais [au grand jamais]; ***gib's auf, das kapierst du dein ~ nicht mehr!*** laisse tomber, jamais tu pigeras ça! *fam* **Lebzeiten** *pl* ▶ **bei** [*o* **zu**] **jds** ~ du vivant de qn

lechzen *vi geh* **1.** ■ **jd lechzt nach etw** *nach Abkühlung* qn a une grande envie de qc; ***jd lechzt nach einer Erfrischung*** qn brûle de prendre un rafraîchissement *soutenu*
2. ■ **jd lechzt nach etw** *nach Anerkennung, Lob, Vergeltung* qn est assoiffé(e) [*o* a soif] de qc

Lecithin <-s> *nt* Ø lécithine *f*

leck *adj Boot* qui fait eau, qui a une voie d'eau; *Öltank, Rohrleitung, Wasserbehälter* qui fuit, qui a une fuite; ■ **etw ist/wird** ~ qc fuit [*o* a une fuite]/se met à fuir

Leck <-[e]s, -s> *nt* [*Schiff*] voie *f* d'eau; [*Behälter*] fuite *f*

lecken¹ *vi* ■ **etw leckt** */Schiff/* qc fait eau, qc a une voie d'eau; */Behälter, Rohr, Tank, Ventil/* qc fuit, qc a une fuite

lecken² I. *vi* (*mit der Zunge*) ■ **jd/ein Tier leckt an jdm/etw** qn/un animal lèche qn/qc; ***willst du mal an meinem Eis ~?*** tu veux sucer ma glace?
II. *vt* ■ **jd/ein Tier leckt etw** [**aus/von etw**] qn/un animal lèche qc [dans/sur qc]; ***er leckt ein Eis*** il suce une glace
III. *vr* ■ **ein Tier leckt sich** un animal se lèche; ■ **jd/ein Tier leckt sich** (*dat*) **etw** qn/un animal [se] lèche qc

lecker I. *adj* délicieux(-euse), succulent(e)
II. *adv zubereiten* délicieusement; ***dieses Eis schmeckt*** ~ cette glace est délicieuse [*o* un vrai régal]; ***dieser Kuchen sieht ja wirklich ~ aus*** ce gâteau a l'air vraiment délicieux

Leckerbissen *m* plat *m* [*o* mets *m*] délicieux; (*süß*) friandise *f*; ***dieses Menü war ein*** ~ ce menu était un délice [*o* un régal]

Leckerei <-, -en> *f* **1.** Ø: ***was soll diese ständige ~ am Marmeladelöffel!*** c'est quoi ces façons de lécher tout le temps la cuillère à confiture!
2. GASTR *s.* **Leckerbissen**

Leckermaul *nt fam* bouffeur(-euse) *m(f)* de sucreries *fam;* ***ich bin nun mal ein*** ~ je suis très sucreries *fam*

leck|schlagen *vi irreg + sein* ■ **etw schlägt leck** */Schiff/* qc fait eau

Leder <-s, -> *nt* **1.** (*Tierhaut*) cuir *m*
2. (*Ledertuch*) peau *f*
3. *fam* (*Fußball*) balle *f fam*, ballon *m*
▶ **zäh wie** ~ dur(e) comme de la semelle *fam;* ***dieses Steak ist zäh wie ~!*** ce bifteck, c'est de la semelle! *fam;* **jd bindet etw in** ~ qn relie qc en cuir; **jd will jdm ans** ~ *fam* qn veut lui tomber dessus *fam;* **jd zieht/zieht gegen jdn/etw vom** ~ *fam* qn pique sa crise/gueule contre qn/qc *fam*

-leder *nt Kalbs-, Rinds-* cuir *m* de; *Schweins-, Schlangen-, Ziegen-* peau *f* de; ***Krokodil~*** du crocodile; ***Hirsch~*** du daim

Leder- **1.** (*aus Leder gefertigt*) de [*o* en] cuir; ~***tuch*** peau *f* de chamois **2.** (*mit Leder befasst*) de peaux, de cuir; ***ein ~geschäft*** une maroquinerie **Lederband** *m* **1.** <-bänder> [*Armbanduhr*] bracelet *m* en cuir **2.** <-bände> (*Buch*) volume *m* relié [en] cuir **Lederfett** *nt* graisse *f* pour cuirs **Lederhose** *f* **1.** (*Trachtenhose*) culotte *f* de peau **2.** (*lange Hose*) pantalon *m* de cuir **Lederjacke** *f* veste *f* en [*o* de] cuir

ledern¹ *adj* **1.** (*aus Leder*) de [*o* en] cuir
2. *Fleisch* coriace, dur(e) comme de la semelle *fam; Haut* tanné(e)

ledern² *vt* (*ab~*) ■ **jd ledert etw** qn frotte qc avec une [*o* passe qc à la] peau de chamois

Ledernacken *pl fam* G.I.[s] *mpl*, marines *mpl* **Lederwaren** *pl* articles *mpl* de maroquinerie

ledig *adj* **1.** (*unverheiratet*) célibataire **2.** (*frei*) ■ **jd ist einer S.** (*gen*) ~ *einer Pflicht, Verantwortung* qn est libéré(e) de qc; *Sorgen* qn est débarrassé(e) de qc **Ledige(r)** *f(m) decl wie adj* célibataire *mf*

lediglich *adv geh* juste

Lee <-> *f* Ø côté *m* sous le vent
▶ **nach** ~ sous le vent

leer I. *adj* **1.** *Flasche, Krug, Geldbörse, Tasche, Wohnung, Zimmer* vide
2. *Blatt, Seite* blanc(blanche)
3. (*ausdruckslos*) *Augen, Blick* vide
▶ **ein Tier frisst etw** ~ *Napf, Teller, Gefäß* un animal vide qc; **jd lässt etw** ~ *Zeile* qn saute qc; *Spalte* qn laisse qc en blanc; **jd macht etw** ~ qn vide qc; **etw steht** ~ qc est vide, qc est inoccupé(e); **ins** L~e *treten, schlagen* dans le vide; ***etw läuft/geht/zielt ins L~e*** qc tombe à plat
II. *adv* ***jd räumt etw*** ~ qn débarrasse qc; ***er pumpt die Jauchegrube*** ~ il vidange la fosse à purin; ***trink dein Glas/iss deinen Teller ~!*** vide ton verre/ton assiette!
▶ **etw ist wie** ~ **gefegt** il n'y a plus âme qui vive dans qc; **jd geht** [**bei etw**] ~ **aus** qn repart les mains vides [lors de qc]; **jd kauft etw** ~ qn dévalise qc; **etw läuft** ~ qc se vide; AUT qc tourne à vide; **jd lässt etw** ~ **laufen** FBALL, MIL qn fait échec à qc, qn met qc en échec; ***lass den Motor ~ laufen!*** laisse le moteur tourner un moment [au ralenti]!; ~ **stehend** vide, inoccupé(e), inhabité(e)

Leere <-> *f* Ø *geh* vide *m*
▶ **gähnende** ~ un vide total; ***es herrscht gähnende ~ im Saal*** la salle est totalement vide, il n'y a pas un chat dans la salle

leeren *vt* **1.** (*leer trinken*) ■ **jd leert etw** qn vide qc
2. ■ **jd leert etw** *Briefkasten* qn fait la levée de qc
3. (*aus~*) ■ **jd leert etw in etw** (*akk*) qn vide qc dans qc

Leerformel *f pej* phrase *f* creuse; ***das sind doch ~n!*** tout ça, c'est du blabla[bla]! *fam* **leergefegt** *s.* **leer II.▶. Leergewicht** *nt* AUT poids *m* à vide **Leergut** *nt* Ø bouteilles *fpl* consignées **Leerlauf** *m* **1.** AUT point *m* mort; ***der ~ ist zu niedrig eingestellt*** le ralenti est réglé trop bas [*o* lent] **2.** (*unproduktive Phase*) temps *mpl* morts ▶ **im** ~ au point mort; ***im ~ sinkt die Umdrehungszahl des Motors auf 600 Umdrehungen*** au ralenti, le régime du moteur descend à 600 tours **leer|laufen** *s.* **leer II.▶. Leerschlag** *m*, **Leerschritt** *m* TYP, INFORM blanc *m*, espace *f o m* **leerstehend** *s.* **leer II.▶. Leertaste** *f* barre *f* d'espacement

Leerung <-, -en> *f* **1.** (*das Entleeren*) verbal übersetzt; ***als Kellnerin obliegt ihr die ~ der Aschenbecher*** comme serveuse, il lui incombe de vider les cendriers; ***die ~ der Mülltonnen erfolgt am Dienstag*** les poubelles sont vidées tous les mardis
2. [*Briefkasten*] levée *f*

Leerzeichen *nt* blanc *m*, espace *f o m* **Leerzeile** *f* interligne *m*

Lefze <-, -n> *f meist pl* babine *f*

legal I. *adj* légal(e); ***nicht*** ~ illégal
II. *adv* légalement; ***streng*** ~ dans la stricte légalité

legalisieren * *vt* ■ **jd legalisiert etw** qn légalise qc, qn dépénalise qc

Legalität <-> *f* Ø légalité *f*
▶ **außerhalb der** ~ *euph* en dehors de toute légalité

Legasthenie <-, -n> *f* dyslexie *f*

Legastheniker(in) <-s, -> *m(f)* dyslexique *mf*
▶ **jd ist ~** qn est dyslexique, qn est atteint(e) de dyslexie

legasthenisch *adj* dyslexique, atteint(e) de dyslexie

Legat¹ <-[e]s, -e> *nt* JUR legs *m*

Legat² <-en, -en> *m* ECCL légat *m*

Legebatterie *f* élevage *m* en batterie

legen I. *vt* 1. (*hin~*) ■ **jd legt etw irgendwohin** qn [dé]pose [*o* met] qc quelque part; ■ **jd legt jdn irgendwohin** qn allonge qn quelque part; ~ ***Sie den Kranken in Zimmer 34*** mettez le malade dans la chambre 34
2. (*lagern*) ■ **jd legt etw ...** qn conserve [*o* garde] qc ...; ***jd legt etw kühl/dunkel/trocken*** qn conserve qc au frais/à l'abri de la lumière/de l'humidité
3. (*zusammenfalten*) ■ **jd legt etw** qn plie qc
4. (*ein~*) ■ **jd legt etw in etw** (*akk*) *in Marinade, Öl* qn met qc à tremper [*o* mariner] dans qc
5. (*ver~*) ■ **jd legt etw** *Fliesen, Teppichboden, Kabel, Rohr* qn pose qc; ***Stromleitungen sollten unter Putz gelegt werden*** il faudrait encastrer les fils électriques
▶ **jd legt sie aufeinander** qn les empile, qn les met l'un(e) sur l'autre/les un(e)s sur les autres; **hoch gelegen** GEOG situé(e) en hauteur; ***der höchst gelegene Ort*** l'endroit le plus haut [*o* le plus élevé]; **jd legt jdm etw nahe** (*empfiehlt*) *die Kündigung, den Rücktritt* qn suggère à qn de présenter qc; *die Scheidung, den Verkauf* qn suggère à qn de + *infin;* **jd legt jdm nahe etw zu tun** qn suggère à qn de faire qc; **etw legt etw nahe** (*lässt vermuten*) *Verdacht* qc fait naître qc; ***das legt die Vermutung nahe, dass*** ça laisse supposer que + *indic*
II. *vr* 1. (*hin~*) ■ **jd/ein Tier legt sich irgendwohin** qn/un animal s'allonge [*o* se couche] quelque part; ***ich fühle mich nicht wohl, ich lege mich ins Bett*** je ne me sens pas bien, je vais me mettre au lit
2. (*sich niederlassen*) ■ **etw legt sich auf etw** (*akk*) */Asche/* qc se dépose sur qc; *Nebel* qc descend [*o* tombe] sur qc
3. (*nachlassen*) ■ **etw legt sich** */Sturm/* qc s'apaise, qc se calme; ***der Wind hat sich gelegt*** le vent est tombé
4. (*verschwinden*) ■ **etw legt sich** */Begeisterung, Nervosität, Wut/* qc retombe

legendär *adj* 1. (*märchenhaft*) fabuleux(-euse)
2. (*zur Legende geworden*) légendaire

Legende <-, -n> *f* 1. REL légende *f*
2. (*Lügenmärchen*) mythe *m*, fable *f*
3. [*Landkarte*] légende *f*
4. [*Agent*] nom *m* de code

leger [le'ʒeːɐ, le'ʒɛːɐ] I. *adj* 1. COUT décontracté(e) *fam*
2. (*ungezwungen*) décontracté(e) *fam*
II. *adv* 1. COUT: ***der Anzug sitzt ~*** on est à l'aise dans ce costume; ***ein ~ fallendes Kleid*** une robe déstructurée
2. (*ungezwungen*) de façon décontractée *fam*, avec décontraction

Leggings ['lɛgɪŋs] *pl* caleçon *m;* SPORT collant *m*

legieren * *vt* 1. METAL ■ **jd legiert etw mit etw** qn allie qc [avec [*o* et] qc]; ***Stahl für Essbestecke ist immer legiert*** l'acier dont on fait les couverts est toujours un alliage
2. GASTR ■ **jd legiert etw [mit etw]** qn lie qc [avec qc]

Legierung <-, -en> *f* alliage *m*

Legion <-, -en> *f* 1. ANTIK légion *f*
2. (*riesige Menge*) ■ **~en von etw** *von Touristen* des légions *fpl* de qc; *von Insekten* des myriades *fpl* de qc

Legionär <-s, -e> *m* légionnaire *m*

Legionärskrankheit *f* maladie *f* du légionnaire

Legislative <-n, -n> [-'tiːvə] *f* 1. (*gesetzgebende Gewalt*) [pouvoir *m*] législatif *m*
2. (*Gesetzgeber*) législateur *m*

Legislaturperiode *f* législature *f*

legitim *adj geh* 1. (*rechtmäßig*) *Anspruch, Regierung* légitime; *Mittel* légal(e); *Vertreter* accrédité(e)
2. (*nachvollziehbar*) *Interesse, Verlangen* légitime

Legitimation <-, -en> *f geh* autorisation *f*

legitimieren * I. *vt geh* 1. (*berechtigen*) ■ **jd/etw legitimiert jdn [zu etw]** qn/qc habilite qn [à faire qc], qn/qc fonde qn en droit [à faire qc]; ■ **jd ist [dazu] legitimiert etw zu tun** qn est habilité(e) à [*o* a qualité pour] faire qc
2. (*für gesetzmäßig erklären*) ■ **etw wird [durch jdn/etw] legitimiert** qc est légitimé(e) [par qn/qc]
3. (*gesetzmäßig machen*) ■ **jd/etw legitimiert etw** *Beziehung, Partnerschaft* qn/qc officialise qc; ■ **jd legitimiert jdn** *uneheliches Kind* qn légitime qn, qn reconnaît qn
II. *vr geh* ■ **jd legitimiert sich** (*sich ausweisen*) qn justifie de son identité; (*als befugt*) qn justifie de sa qualité

Legitimität <-> *f* ∅ *geh* légalité *f*

Lego® <-s, -s> *nt* lego® *m*

Lego®- *-baukasten* de lego®*; -männchen, -haus, -auto* en lego®*;* ***ein ~stein*** un lego®

Leguan <-s, -e> *m* iguane *m*

Lehen <-s, -> *nt* fief *m*
▶ **jd gibt jdm etw zu ~** qn donne qc en fief à qn

Lehm <-[e]s, -e> *m* [terre *f*] glaise *f*

Lehmboden *m* sol *m* glaiseux **Lehmhütte** *f* cabane *f* en torchis [*o* en pisé]

lehmig *adj* glaiseux(-euse)

Lehmziegel *m* brique *f* en pisé

Lehne <-, -n> *f* (*Arm~*) accoudoir *m*, bras *m;* (*Rücken~*) dossier *m*

lehnen I. *vt* ■ **jd lehnt etw an etw** (*akk*)**/gegen etw** qn appuie [*o* pose] qc contre qc; ***er lehnte seine Schultern gegen die Hauswand*** il s'est adossé au mur de la maison
II. *vi* ■ **jd/etw lehnt an etw** (*dat*) qn/qc est appuyé(e) contre [*o* à] qc
III. *vr* ■ **jd lehnt sich an jdn/etw/gegen etw/über etw** (*akk*)**/aus etw** qn s'appuie contre qn/qc/à qc/se penche par-dessus qc/par qc

Lehnsherr(in) *m(f)* suzerain(e) *m(f)* **Lehnsmann** <-männer *o* -leute> *m* vassal *m*

Lehnstuhl *m* fauteuil *m* **Lehnübersetzung** *f* calque *m* **Lehnwort** <-wörter> *nt* [mot *m* d']emprunt *m*

Lehramt *nt form* ■ **das ~** la fonction d'enseignant, l'enseignement *m*
▶ **das höhere ~** le professorat

Lehramtskandidat(in) *m(f) form* candidat(e) *m(f)* au professorat

Lehrauftrag *m* ***er hat einen ~ an der Universität*** il est chargé de cours à l'université ▶ **jd hat einen ~ für etw** qn est chargé(e) du cours de qc **Lehrbeauftragte(r)** *f(m) decl wie adj* chargé(e) *m(f)* de cours **Lehrbefähigung** *f* certificat *m* d'aptitude à l'enseignement **Lehrbehelf** *m* AUS *s.* **Lehrmittel. Lehrberuf** *m* métier *m* d'enseignant **Lehrbuch** *nt* 1. SCOL manuel *m* scolaire 2. UNIV traité *m*

Lehre¹ <-, -n> *f* 1. (*Ideologie*) *kommunistisch, marxistisch-leninistisch* idéologie *f; christlich, buddhistisch* doctrine *f*
2. (*Theorie*) théorie *f*
3. (*Ratschlag*) conseil *m*, précepte *m;* ***dieser Vorfall soll mir eine ~ sein*** cet incident me servira de leçon
4. (*Ausbildung*) apprentissage *m*
▶ **jd geht bei jdm in die ~** qn est en apprentissage chez qn; ***dieser Maler soll bei Dürer in die ~ gegangen sein*** ce peintre aurait été l'élève de Dürer; **etw ist jdm eine ~** qc sert de leçon à qn; **er/sie kann bei jdm [noch] in die ~ gehen** il/elle a encore des leçons à recevoir de qn, qn peut encore lui en remontrer [*o* lui donner des leçons]; **jd lässt sich** (*dat*) **etw eine ~ sein** qn tire la leçon de qc; **jd macht eine ~ als etw** qn fait [*o* effectue] un apprentissage de qc; **jd zieht seine ~ aus etw** qn tire une leçon de qc [*o* un enseignement]

Lehre² <-, -n> *f* (*Messgerät*) calibre *m*, gabarit *m;* (*Hohlmaß*) jauge *f*

-lehre *f* apprentissage *m* de

lehren *vt* 1. (*unterrichten*) ■ **jd lehrt etw** *Fach* qn enseigne qc
2. (*beispielhaft zeigen*) ■ **etw lehrt jdn etw/jdn, etw zu tun/dass** qc apprend [*o* enseigne] qc à qn/à qn à faire qc/que + *indic*
3. (*unterweisen*) ■ **jd lehrt jdn etw tun** qn apprend à qn à faire qc
▶ **ich werde dich ~, ...** je vais t'apprendre à ... + *infin*

Lehrer(in) <-s, -> *m(f)* 1. SCOL professeur *m;* (*an der Grundschule*) instituteur(-trice) *m(f)*, professeur *m* des écoles *form;* ***sie ist ~in für Mathematik*** elle est professeur de mathématiques; ***meine ~in*** (*Grundschullehrerin*) ma maîtresse
2. (*Lehrmeister*) maître *m;* SPORT moniteur(-trice) *m(f);* ***in diesem Handwerk hat er die beste ~in, nämlich seine Mutter*** dans ce métier, il a le meilleur maître qui soit, à savoir sa mère
▶ **~ am Gymnasium/an Grund- und Hauptschulen** professeur *m* de lycée/instituteur(-trice) *m(f)*, professeur *m* des écoles *form*

-lehrer(in) *m(f) Arabisch-, Mathematik-, Kunst-, Musik-, Tanz-* professeur *m* de; *Ski-, Schwimm-* moniteur(-trice) *m(f)* de

Lehrer- SCOL *-ausbildung* des professeurs, des enseignants; *-ausflug, -treffen* entre [*o* de] professeurs; *-kartei* des enseignants; *-konferenz* des professeurs, des maîtres; *-mangel, -überschuss* de professeurs, d'enseignants **Lehrerkollegium** *nt* corps *m* enseignant

Lehrerschaft <-, *rare* -en> *f form* [corps *m* des] enseignants *mpl*

Lehrerzimmer *nt* salle *f* des professeurs

Lehrfach *nt* matière *f;* ***er hat die Befähigung für das ~ Geschichte erworben*** il a obtenu le certificat d'aptitude à l'enseignement de l'histoire **Lehrfilm** *m* film *m* éducatif **Lehrgang** <-gänge> *m* stage *m* [de formation] ▶ **jd ist** [*o* **befindet sich**] **auf einem ~** qn est en stage [de formation] **Lehrgeld** *nt* frais *mpl* d'apprentissage ▶ **jd kann sich** (*dat*) **sein ~ zurückgeben lassen** *fam* qn peut retourner à l'école; **jd muss ~/für etw ~ zahlen** qn apprend à ses dépens/paie cher qc **Lehrherr** *m veraltend* patron *m*, maître *m* [d'apprentissage], tuteur(-trice) *m(f)* **Lehrjahr** *nt* année *f* d'apprentissage ▶ **~e sind keine Herrenjahre** *prov* se former est un rude métier, ce n'est pas drôle tous les jours d'être apprenti **Lehrjunge** *m veraltet s.* **Auszubildender. Lehrkörper** *m* 1. SCOL *form* personnel *m* [*o* corps *m*] enseignant 2. UNIV *form* enseignants *mpl* du supérieur **Lehrkraft** *f form* enseignant(e) *m(f)*

Lehrling <-s, -e> *m* AUS, *veraltend* apprenti(e) *m(f)*

-lehrling *m veraltend* apprenti(e) *m(f);* ***Schlosser~*** apprenti serrurier

Lehrmädchen *nt veraltet s.* **Auszubildende. Lehrmeinung** *f* doctrine *f* **Lehrmeister(in)** *m(f)* tuteur(-trice) *m(f)*, maître(-esse) *m(f)* d'apprentissage **Lehrmittel** *nt* matériel *m* pédagogique **Lehrplan** *m* programme *m* scolaire **Lehrprobe** *f* épreuve *f* pratique [du C.A.P.E.S.] ▶ **jd hält [in etw** (*dat*)**] eine ~** qn passe une épreuve pratique [de qc] **lehrreich** *adj* instructif(-ive) **Lehrsatz** *m* théorème *m* **Lehrstelle** *f* place *f* en apprentissage [*o* d'apprenti[e]] **Lehrstoff** *m* contenus *mpl* d'enseignement **Lehrstuhl** *m* chaire *f;* ***er ist Inhaber des ~s für Geschichte*** il est titulaire de la chaire d'histoire **Lehrtochter** *f* CH *s.* **Auszubildende. Lehrwerk** *nt form* manuel *m* scolaire **Lehrwerkstatt** *nt* centre *m* de formation des apprentis, atelier *m* d'apprentissage **Lehrzeit** *f veraltend* apprentissage *m*

Leib <-[e]s, -er> *m* 1. (*Körper*) corps *m*
2. (*Bauch*) ventre *m*
▶ **der ~ des Herrn** le corps du Christ; **mit ~ und Seele** *wünschen* de tout cœur; *dabei sein* corps et âme; **jd erfährt** [*o* **[ver]spürt**] **etw am eigenen**

~e qn fait la dure expérience de qc, qn ressent qc dans sa chair; jd bebt am ganzen ~e *geh* qn tremble de tous ses membres; bei lebendigem ~e *verbrannt werden* vif(vive); *aufgefressen werden* vivant(e); bleib mir damit vom ~e *fam* lâche-moi avec ça! *fam;* etw ist jdm wie auf den ~ geschnitten COUT qc va à qn comme un gant; etw ist jdm wie auf den ~ geschrieben */Rolle/* qc est fait(e) [sur mesure] pour qn; jd hält jdm/sich jdn vom ~e qn épargne à qn la vue de qn/qn évite qn; jd hält jdm/sich etw vom ~e qn évite [*o* épargne] qc à qn/qn reste à l'écart de qc; jd rückt einer S. (*dat*) zu ~e *fam* qn s'attaque à qc; jd schafft sich (*dat*) jdn vom ~e qn se débarrasse de qn; jd trägt etw auf dem ~e *geh* qn porte qc sur so

Leibarzt *m*, **-ärztin** *f* médecin *m* personnel

Leibchen <-s, -> *nt* AUS (*Herrenunterhemd*) maillot *m* de corps

leibeigen *adj* en servage; *die ~en Bauern* les serfs *mpl;* ■ jd ist/wird ~ qn est asservi(e)/est réduit(e) au servage **Leibeigene(r)** *f(m) decl wie adj* serf/serve *m/f* **Leibeigenschaft** <-> *f* Ø ■ die ~ le servage

leiben *vi* ▸ das ist, wie er/sie leibt und lebt c'est ... tout craché

Leibesfrucht *f form* fœtus *m* **Leibeskraft** *f* ▸ aus ~en à tue-tête; *er schreit aus ~en* il crie de toutes ses forces **Leibesübungen** *pl form* éducation *f* physique et sportive **Leibesvisitation** [-vi-] *f form* fouille *f* corporelle ▸ jd muss sich einer ~ (*gen*) unterziehen *form* qn doit se soumettre à une fouille corporelle; jd unterzieht jdn einer ~, jd nimmt eine ~ bei jdm vor *form* qn soumet qn à une fouille corporelle

Leibgarde *f* garde *f* **Leibgardist** <-en, -en> *m* garde *m*, soldat *m* de la garde **Leibgericht** *nt* plat *m* préféré, mets *m* favori

leibhaftig I. *adj* 1. (*echt*) ■ ein ~er/eine ~e ... un/une ... en chair et en os; *ein ~er Satan/Teufel* Satan/le diable en personne
2. (*verkörpert*) ■ der/die ~e ... le/la ... incarné(e) [*o* personnifié(e)]; *du bist bleich wie der ~e Tod* tu es pâle comme la mort
▸ der L~e *euph* le malin
II. *adv* en personne, en chair et en os

Leibkoch *m*, **-köchin** *f* cuisinier attitré/cuisinière attitrée *m/f*

leiblich *adj* 1. (*körperlich*) corporel(le), physique
2. (*blutsverwandt*) *Verwandter* du même sang; *Erben* du sang; *mein ~es Kind* mon propre enfant, la chair de ma chair *soutenu*

Leibrente *f* rente *f* viagère, viager *m* **Leibspeise** *f s.* **Leibgericht. Leibwache** *f* garde *f* personnelle **Leibwächter(in)** *m(f)* garde *mf* du corps **Leibwäsche** *f veraltend s.* **Unterwäsche**

Leiche <-, -n> *f* cadavre *m*, corps *m euph*
▸ jd hat eine ~ im Keller *fam* qn a un cadavre [*o* squelette] dans le placard *fam;* jd sieht aus wie eine wandelnde ~ *fam* qn est un [*o* a l'air d'un] cadavre ambulant, fam; jd geht über ~n *fam* qn vous passerait sur le corps [*o* tuerait père et mère] [pour parvenir à ses fins]; nur über meine ~! *fam* il faudra me passer sur le corps!

Leichenbeschauer(in) <-s, -> *m(f)* [médecin *m*] légiste *m* **Leichenbittermiene** *f* Ø *fam* gueule *f* d'enterrement *fam* ▸ mit ~ en faisant une gueule d'enterrement [*o* une tête à caler des roues de corbillard] *fam* **leichenblass**[RR] *adj* pâle comme la mort, d'une pâleur cadavérique **Leichenblässe** *f* pâleur *f* cadavérique **Leichenfledderei** <-, -en> *f* détroussement *m* de cadavres **Leichenfledderer** <-s, -> *m*, **-fledderin** *f* détrousseur(-euse) *m(f)* de cadavres **Leichenhalle** *f* salle *f* mortuaire [*o* funéraire] **Leichenschändung** *f* 1. (*grober Unfug*) violation *f* de sépulture 2. (*sexuelle Handlungen*) nécrophilie *f* **Leichenschauhaus** *nt* institut *m* médico-légal, morgue *f* **Leichenschmaus** *m hum* repas *m* d'enterrement **Leichenstarre** *f* rigidité *f* cadavérique **Leichenwagen** *m* 1. AUT fourgon *m* funéraire, corbillard *m* 2. (*fahrbares Gestell*) corbillard *m* **Leichenzug** *m geh* cortège *m* funèbre, convoi *m*

Leichnam <-s, -e> *m geh* dépouille *f* [mortelle] *littér,* corps *m euph*

leicht I. *adj* 1. (*von geringem Gewicht*) léger(-ère); ■ jd/etw ist ... ~er [als jd/etw] *500 g, 10 kg* qn/qc est plus léger(-ère) de ... [que qn/qc], qn/qc pèse ... de moins [que qn/qc]
2. COUT léger(-ère)
3. (*schwach*) *Bodenfrost, Regen, Strömung, Windhauch* léger(-ère)
4. (*sacht*) léger(-ère); *ich habe dir nur einen ~en Schlag versetzt* je t'ai juste donné un [tout] petit coup de rien du tout
5. MED *Brennen, Krampf, Schmerz, Husten* léger(-ère); *Eingriff* petit(e)
6. GASTR *Kost, Wein, Zigarette* léger(-ère)
7. (*einfach verständlich*) *Krimi* facile à lire; *Unterhaltung* à la portée de tous; *Musik* léger(-ère)
8. (*einfach*) *Aufgabe, Frage, Prüfung* facile
9. (*unbeschwert*) ■ jdm ist ~/~er qn est [*o* se sent] soulagé(e)
▸ jdm ist ~ zumute, jd fühlt sich ~ qn a [*o* se sent] le cœur léger; etw ist jdm ein L~es *geh* pour qn qc est un jeu d'enfant [*o* l'enfance de l'art]; es ist jdm ein L~es etw zu tun c'est un jeu d'enfant [*o* l'enfance de l'art] pour qn de faire qc; nichts ~er als das! rien de plus facile!
II. *adv* 1. [*bekleidet*] légèrement; *dieser Stoff ist sehr ~ gewebt* ce tissu est d'une texture très légère; *das ist ein sehr ~ gebautes Haus* c est une maison de construction très légère
2. (*einfach*) *transportieren, verdienen* facilement; *~ verdaulich* facile à digérer, digeste; *~ verständlich* facile à comprendre
3. METEO légèrement; *es regnet ~* il pleuv[i]ote
4. GASTR *salzen, würzen* légèrement
5. (*schnell*) *aufbrausen, beleidigt sein, passieren, entzündlich, entflammbar* facilement; *das sagst du so ~, dabei ist es schwer das zu tun* c'est facile à dire, mais c'est plus dur à faire; *er braust sehr ~ auf* c'est une vraie [*o* il est très] soupe au lait; *~ verderblich* périssable; *~ zerbrechlich* très fragile
6. (*problemlos*) *beantworten, bedienen, begreifen* facilement; ■ etw ist ~ zu ..., ■ etw lässt sich ~ ... qc est facile à ... + *infin*
7. (*unerheblich*) *verletzt, verwundet* légèrement
▸ etw fällt jdm ~ qc m'est/lui/... est facile, qc est facile pour qn, qc ne présente pas de difficulté pour qn; *das Lügen fällt ihr ~* elle ment facilement; *Mathe fällt mir ~* je n'ai pas de difficulté[s] en maths; *Chemie ist mir nie ~ gefallen* j'ai toujours eu du mal en chimie; es fällt jdm ~ etw zu tun il est facile pour qn [*o* il m'est/lui/... est facile] de faire qc; *es fällt mir nicht ~ dir das sagen zu müssen* ça me coûte de [devoir] te dire ça; etw geht [ganz] ~ (*einfach*) qc est très facile, qc va tout seul; das ist ~er gesagt als getan c'est plus facile à dire qu'à faire; jd hat ~ etw tun *lachen* qn a beau jeu de [*o* peut bien] faire qc; *du hast ~ reden* tu en parles à ton aise; jd hat es ~/nicht ~ qn a la vie/n'a pas la vie facile; *sie hat es immer ~ gehabt im Leben* elle a toujours eu la vie facile; jd hat es nicht ~ mit ihm/ihr il/elle donne du fil à retordre à qn, qn a bien du mal avec lui/elle; jd macht jdm etw ~ qn facilite qc à qn; *du machst es mir nicht ~ zu gehen/Abschied zu nehmen* tu ne me facilites pas le départ/la séparation; jd macht es jdm ~ qn facilite les choses à qn; *du machst es deinen Kindern zu ~* tu fais la part trop belle à tes enfants; jd macht es sich (*dat*) ~/bei etw ~ qn ne se casse pas la tête/en prend à son aise avec qc; *er macht es sich bei seiner Arbeit zu ~* il prend son travail vraiment à la légère; *ich habe es mir im Leben immer ~ gemacht* je ne me suis jamais compliqué la vie; jd macht sich (*dat*) etw ~ qn se simplifie qc; *jd macht sich seinen Job ~* qn ne se crève pas au travail; jd nimmt etw ~ (*nimmt unbekümmert hin*) qn prend qc à la légère; *er hat diesen Rückschlag erstaunlich ~ genommen* il a étonnamment bien pris ce revers; jd nimmt etw [zu] ~ (*nimmt nicht ernst*) qn prend qc [trop] à la légère

Leichtathlet(in) *m(f)* athlète *mf* **Leichtathletik** *f* athlétisme *m* **leichtathletisch** I. *adj Disziplin, Sportart* de l'athlétisme; *Wettbewerb* d'athlétisme II. *adv: er betätigt sich ausschließlich ~* il ne pratique que l'athlétisme **Leichtbauweise** *f* construction *f* légère ▸ in ~ en matériau léger **leichtentzündlich** *s.* **leicht II.5. leicht|fallen** *s.* **leicht II.**▸. **leichtfertig** I. *adj* irréfléchi(e), inconsidéré(e); ■ jd ist ~ qn est irréfléchi(e), qn agit à la légère II. *adv* inconsidérément; *versprechen, zusagen* sans [vraiment] réfléchir **Leichtfertigkeit** *f* Ø légèreté *f; die ~ seines Handelns* son comportement irréfléchi **Leichtgewicht** *nt* 1. SPORT poids *m* léger 2. (*bedeutungsloser Mensch*) deuxième [*o* second] couteau *m; er ist wirklich ein ~* il ne fait vraiment pas le poids *m* **Leichtgewichtler(in)** <-s, -> *m(f) s.* **Leichtgewicht 1. leichtgläubig** *adj* crédule **Leichtgläubigkeit** *f* crédulité *f*

Leichtheit <-> *f* Ø 1. (*geringes Gewicht*) légèreté *f*
2. *rare s.* Leichtigkeit 1.

leichthin *adv* comme ça; *das war nur so ~ gesagt* j'ai juste dit ça comme ça; *so etwas macht man nicht nur mal ~* c'est quelque chose qui ne se fait pas comme ça

Leichtigkeit <-> *f* Ø facilité *f*
▸ mit spielerischer ~ très aisément; *gehen* comme sur des roulettes; *dieses Gerät lässt sich mit spielerischer ~ bedienen* l'utilisation de cet appareil est d'une simplicité enfantine; mit ~ sans aucun problème

Leichtlohngruppe *f* catégorie *f* des bas salaires **leicht|machen** *s.* **leicht II.**▸. **Leichtmatrose** *m*, **-matrosin** *f* matelot *m* léger, novice *mf* **Leichtmetall** *nt* métal *m* léger **leicht|nehmen** *s.* **leicht II.**▸. **Leichtöl** *nt* huile *f* légère **Leichtsinn** *m* Ø inconscience *f* ▸ das sagst du so in deinem jugendlichen ~ tu dis ça parce que tu es trop jeune pour savoir ce que c'est *fam;* aus [purem] ~ simplement par négligence; so [*o* was für] ein ~! quelle inconscience! **leichtsinnig** I. *adj Handlung* inconsidéré(e); *Mensch* inconscient(e); *ein ~er Mensch* un inconscient; *das ~e Handeln* l'inconscience *f,* la légèreté; ■ jd ist so ~ etw zu tun qn est assez inconscient(e) [*o* tête en l'air] pour faire qc; ■ es ist ~ etw zu tun c'est de l'inconscience de faire qc, il faut être inconscient pour faire qc II. *adv* étourdiment, inconsidérément **Leichtsinnigkeit** <-> *f* Ø *s.* **Leichtsinn. leichtverdaulich** *s.* **leicht II.2. leichtverderblich** *s.* **leicht II.5. leichtverletzt** *s.* **leicht II.7. Leichtverletzte(r)** *f(m) decl wie adj* blessé léger/blessée légère *m/f* **leichtverständlich** *s.* **leicht II.2. leichtverwundet** *s.* **leicht II.7. Leichtverwundete(r)** *f(m) decl wie adj* blessé léger/blessée légère *m/f* **Leichtwasserreaktor** *m* réacteur *m* à eau légère

leid *adj pred* (*überdrüssig sein*) ■ jd ist jdn/etw ~ qn est las(se) de qc, qn en a assez de qc; ■ jd ist es ~ etw tun zu müssen qn est las(se) [*o* qn en a assez] de faire qc

Leid <-[e]s> *nt* Ø souffrance *f*
▸ er/sie kann jdm ~ tun *iron* pour un peu, il/elle ferait pleurer qn [*o* qn le/la plaindrait]; jd klagt jdm sein ~ qn conte ses peines à qn, qn confie ses chagrins à qn; etw tut jdm ~ (*bedauert*) qn regrette qc; *es tut jdm ~, etw getan zu haben/dass* qn regrette [*o* est désolé(e)] d'avoir fait qc/que + *subj; es tut mir/uns ~, aber* je regrette/nous regrettons, mais; je suis désolé(e) [*o* navré(e)]/nous sommes désolé(e)s [*o* navré(e)s], mais; jd/ein Tier tut jdm ~ (*dauert jdn*) qn/un animal fait pitié à qn; es tut jdm ~ für jdn (*dauert jdn*) qn regrette [*o* est désolé(e)] pour qn; tut mir ~! désolé(e)!, navré(e)!; etw wird jdm noch ~ tun qn regrettera qc; *das wird dir noch ~ tun!* tu t'en mordras les doigts!

Leideform *f* passif *m*, forme *f* passive

leiden <litt, gelitten> I. *vi* 1. (*Schmerzen ertragen*) ■ jd/ein Tier leidet qn/un animal souffre
2. MED ■ jd leidet an etw (*dat*) *an einer Krankheit, Verkalkung, an den Folgen von etw* qn souffre de qc; *an Anfällen* qn est sujet(te) à qc; *an Symptomen* qn présente qc; *er leidet an einer unheilbaren Krankheit* il est atteint d'un mal [*o* d'une maladie] incurable
3. (*Trauer empfinden*) ■ jd leidet qn souffre; ■ jd leidet unter etw *unter der Einsamkeit, seiner Figur* qn souffre de qc; *unter einer großen Nase* qn souffre d'avoir qc; ■ jd leidet unter ihm/ihr il/elle en fait subir à qn
4. (*als Zurücksetzung empfinden*) ■ jd leidet unter etw (*dat*) *Misstrauen, Schikanen, Spott* qn souffre de qc

5. ■ **etw leidet** */ Farbe, Stoff, Möbelstück, Pflanze/* qc souffre
II. *vt* 1. (*erdulden*) ■ **jd leidet etw** *Kränkung, Kummer* qn souffre de qc; *Entbehrung, Not* qn endure qc
2. *geh* (*nicht dulden*) ■ **jd leidet etw nicht** qn ne supporte pas qc; ■ **jd wird es nicht ~, dass** qn n'admettra pas que + *subj*
▶ **jd kann** [*o* **mag**] **jdn/etw** [**gut**] ~ qn aime [bien] qn/qc; **jd kann** [*o* **mag**] **jdn/etw nicht** [**gut**] ~ qn ne peut pas souffrir [*o* sentir] qn/qc

Leiden[1] <-s, -> *nt* 1. MED mal *m,* affection *f; **au, mein Rücken, das ist wieder mein altes** ~*! aïe, mon dos, c'est mon mal qui se réveille!
2. *pl* (*leidvolle Erlebnisse*) souffrances *fpl*
▶ **jd sieht aus wie das ~ Christi** *fam* qn a une gueule de déterré

Leiden[2] <-s> *nt* GEOG Leyde

-leiden *nt* affection *f* + *adj*

leidend *adj* 1. *Aussehen, Miene, Blick* douloureux(-euse); ***er sieht ~ aus*** il a l'air de souffrir
2. *geh* (*chronisch krank*) ■ **jd ist** ~ qn est gravement atteint(e) [*o* malade]

Leidenschaft <-, -en> *f* passion *f;* ■ **eine/jds ~ für jdn/etw** une passion pour qn/qc/la passion de qn pour qn/de qc; ***sie hat eine ~ für klassische Musik*** elle est passionnée de musique classique
▶ **... aus ~ ...** passionné(e); ***ich bin Gärtner aus ~*** je suis passionné de [*o* j'ai la passion du] jardinage; **mit** [**großer/wahrer**] ~ *sammeln* avec [une véritable] passion; ***er isst Sahnetorte immer mit großer ~*** il raffole [littéralement] des tartes à la crème

leidenschaftlich I. *adj* passionné(e); *Kuss a.* ardent(e), brûlant(e); ***er ist ein ~er Gärtner*** il est passionné de jardinage
II. *adv* 1. (*feurig*) passionnément; *umarmen a.* avec fougue
2. (*sehr intensiv*) *verteidigen, verfechten, befürworten* avec ferveur, avec acharnement; *ablehnen* énergiquement
3. (*besonders gern*) ■ **jd tut etw** ~ qn adore faire qc; ***ich esse ~ gern Himbeereis*** je raffole de la glace à la framboise

Leidenschaftlichkeit <-> *f* Ø 1. (*Feurigkeit*) [*Liebhaber*] fougue *f* amoureuse; [*Umarmung*] ferveur *f,* ardeur *f*
2. (*innere Anteilnahme*) véhémence *f littér,* passion *f*

leidenschaftslos I. *adj Betrachter* détaché(e) de toute passion; *Beurteilung, Betrachtungsweise* sans passion, serein(e)
II. *adv betrachten, beurteilen* sans passion, sereinement

Leidensdruck *m* Ø souffrance *f* accumulée **Leidensgefährte** *m,* **-gefährtin** *f,* **Leidensgenosse** *m,* **-genossin** *f* compagnon /compagne *m/f* d'infortune **Leidensgeschichte** *f* ■ **jds** ~ le calvaire de qn, le chemin de croix de qn ▶ **die ~ Christi** la Passion **Leidensmiene** *f hum fam* airs *mpl* de martyr ▶ **mit** ~ en prenant des airs de martyr **Leidensweg** *m geh* chemin *m* de croix, calvaire *m*

leider *adv* hélas, malheureusement
▶ ~ **ja!** hélas oui!; ~ **nein** [*o* **nicht**]! hélas non!

leidig *adj attr* 1. (*ärgerlich*) déplaisant(e), désagréable
2. (*problematisch*) maudit(e) *antéposé,* satané(e) *antéposé*

leidlich I. *adj attr* acceptable
II. *adv* pas trop mal

Leidtragende(r) *f(m) decl wie adj* 1. (*Hinterbliebener*) proche *mf* du défunt/de la défunte; ■ **die ~n** les proches *mpl* du défunt/de la défunte
2. (*Betroffener*) ■ **der/die** ~ celui/celle sur qui ça retombe [*o* qui fait les frais de l'opération] **leidvoll** *adj geh* douloureux(-euse) **Leidwesen** *nt* Ø
▶ **zu jds** ~ au grand regret de qn

Leier <-, -n> *f* 1. (*Dreh~*) vielle *f*
2. (*Kithara*) lyre *f*
3. ASTRON ■ **die** ~ la Lyre
▶ **es ist** [**immer**] **dieselbe** [*o* **die alte**] [*o* **die gleiche**] ~ *fam* c'est toujours la même musique [*o* chanson] *fam*

Leierkasten *m fam s.* **Drehorgel**

Leierkastenmann <-männer> *m,* **-frau** *f fam s.* **Drehorgelspieler**

Leiharbeit *f* travail *m* intérimaire **Leiharbeiter(in)** *m(f)* intérimaire *mf*

Leihbücherei *f* bibliothèque *f* de prêt

leihen <lieh, geliehen> I. *vt* ■ **jd leiht jdm etw** qn prête qc à qn; ■ [**etw ist**] **geliehen** [qc est] prêté(e)
II. *vr* ■ **jd leiht sich** (*dat*) **etw** [**von jdm**] qn emprunte qc [à qn]

Leihgabe *f* prêt *m* **Leihgebühr** *f* frais *mpl* de location **Leihhaus** *nt* mont-de-piété *m,* crédit *m* municipal **Leihmutter** *f* mère *f* porteuse **Leihschein** *m* 1. (*für Buch*) bulletin *m* de prêt 2. COM certificat *m* de prêt **Leihstimme** *f fam* voix *f* d'emprunt; ***kleine Parteien hoffen auf ~n*** les petits partis espèrent que des voix se reporteront sur eux **Leihwagen** *m* voiture *f* de location **leihweise** *adv* en [*o* à titre de] prêt

Leim <-[e]s, -e> *m* colle *f* forte, glu *f*
▶ **jd geht jdm auf den** ~ *fam* qn se fait entuber par qn *fam;* **etw geht aus dem** ~ *fam* qc se déglingue *fam*

leimen *vt* 1. (*kleben*) ■ **jd leimt etw** qn colle qc; ***jd leimt etw wieder*** qn recolle qc
2. *sl* (*hereinlegen*) ■ **jd leimt jdn** qn baise qn *fam,* qn nique qn *arg;* ■ **der/die Geleimte** le couillon/la couillonne *pop*

Lein <-[e]s, -e> *m* lin *m*

Leine <-, -n> *f* 1. (*Seil*) corde *f*
2. (*Hunde~*) laisse *f*
▶ **jd legt jdn an die** ~ qn tient qn en bride [*o* la bride haute à qn]; (*für Geld*) qn tient la dragée haute à qn; **jd zieht** ~ *sl* qn met les bouts *fam,* qn fout le camp *fam,* qn se casse *fam*

leinen *adj* (*aus Leinen*) en [*o* de] lin

Leinen <-s, -> *nt* lin *m*
▶ **aus** ~ en [*o* de] lin; **in** ~ *Buch, Werk* relié(e) toile, toilé(e)

Leinen- de [*o* en] toile **Leinenband** <-bände> *m* reliure *f* [en] toile

Leineweber(in) *m(f)* tisserand(e) *m(f),* toileur(-euse) *m(f)*

Leinöl *nt* huile *f* de lin **Leinsamen** *m* graine *f* de lin, linette *f* **Leintuch** <-tücher> *nt* SDEUTSCH, AUS, CH *s.* **Laken. leinwand** *adj* AUS *fam* super *fam* **Leinwand** *f* 1. CINE, PHOT écran *m* 2. Ø TEXTIL toile *f* 3. ART toile *f*

leise I. *adj* 1. (*nicht laut*) *Geräusch, Scharren, Gesang, Klopfen* léger(-ère); *Weinen* étouffé(e); *Stimme* bas(se); *Musik, Gesang* doux(douce); ■ **etw ist** [**zu**] ~ */ Klopfen/* qc n'est pas [assez] fort(e); */ Musik, Stimme/* qc est trop bas(se)
2. AUDIOV ■ **etw ist** ~ le son de qc n'est pas fort; ***das Radio muss ~r sein*** il faut baisser le son de la radio
3. (*gelinde*) *Ahnung, Verdacht* vague; *Zweifel, Befürchtung* léger(-ère); ***ich habe die ~ Befürchtung, dass er nicht kommt*** je redoute vaguement qu'il ne vienne pas; ***es kommen ihm doch ~ Zweifel*** il commence un peu à douter
4. (*gering*) *Hauch, Streicheln* léger(-ère); ***er wacht bei der ~sten Berührung auf*** il se réveille au moindre contact
▶ **jd stellt etw ~/~r** *Fernseher, Radio, Musik, Stereoanlage* qn règle le son de qc doucement/baisse le son de qc; ***stell das Radio ~r!*** baisse la radio!; **nicht im L~sten** pas le moins du monde
II. *adv* doucement

Leiste <-, -n> *f* 1. [*Gemälde, Tapete*] baguette *f;* [*Fußboden a.*] plinthe *f*
2. ANAT aine *f*

leisten I. *vt* 1. (*an Arbeitsleistung erbringen*) ■ **jd leistet etw** qn fait qc; ***er leistet viel/nicht genug*** il a du/n'a pas assez de rendement, il est très/n'est pas assez productif
2. (*an Energie erbringen*) ■ **etw leistet etw** */ Batterie, Generator, Turbine, Solarzelle/* qc produit qc; */ Motor/* qc développe qc
II. *vr* 1. (*sich gönnen*) ■ **jd leistet sich** (*dat*) **etw** qn s'accorde qc; *eine Anschaffung* qn s'offre qc
2. (*sich herausnehmen*) ■ **jd leistet sich** (*dat*) **etw** qn se permet qc
▶ **da hast du dir ja was geleistet!** *iron fam* t'as vraiment fait très fort! *fam;* **jd kann sich** (*dat*) **jdn/etw** ~ qn a les moyens de s'offrir qn/qc, qn peut se payer qn/qc *fam;* **jd kann es sich** (*dat*) ~ **etw zu tun** qn peut se permettre de faire qc

Leisten <-s, -> *m* forme *f*
▶ **jd schlägt alles über einen** ~ *fam* qn met tout dans le même sac [*o* panier]

Leistenbruch *m* hernie *f* inguinale **Leistengegend** *f* région *f* de l'aine

Leistung <-, -en> *f* 1. (*Resultat einer Arbeit*) IND travail *m* [fourni], rendement *m;* SPORT, THEAT prestation *f,* performance *f;* TECH réalisation *f;* SCOL résultat *m*
2. Ø (*Einsatz*) travail *m,* rendement *m*
3. [*Batterie*] capacité *f;* [*Generator*] rendement *m,* débit *m;* [*Lichtmaschine, Solarzellen*] puissance *f;* [*Motor*] puissance *f* mécanique; [*Computer*] capacité *f,* puissance *f*
4. *form* [*Arbeitsamt, Krankenkasse*] prestation *f,* versement *m*
5. Ø (*Entrichtung*) règlement *m*
6. Ø (*das Erbringen*) exécution *f;* ***sie lehnt die ~ der gewünschten Arbeit ab*** elle refuse d'effectuer le travail demandé; ***er ist zur ~ der Anforderungen nicht in der Lage*** il n'est pas à même de satisfaire aux exigences
7. (*Dienst~*) prestation *f* [de service]
▶ **nach** ~ *erfolgen, honorieren* au rendement

Leistungs- 1. (*Leistung nachweisend*) *-bilanz* des paiements; *-daten, -prüfung, -test* de performances; *-zertifikat* de connaissances 2. (*Leistungsfähigkeit betreffend*) *-angst* de la performance; *-bereitschaft* à la productivité; *-steigerung, -abfall* du/de rendement, de la/de productivité; *-zwang, -wille* de rendement, de productivité **Leistungsdruck** *m* Ø pression *f* du rendement [à tout prix], obligation *f* de productivité; ***der schulische ~*** la pression des notes **leistungsfähig** *adj* performant(e); ***wie ~ ist dieses Aggregat?*** quel est le rendement de ce groupe? **Leistungsfähigkeit** *f* Ø 1. [*Arbeitnehmer*] efficacité *f,* rendement *m* 2. [*Hersteller, Firma*] productivité *f,* rendement *m* 3. [*Motor, Solarzelle, Batterie*] performances *fpl* **Leistungsgesellschaft** *f* société *f* fondée sur le rendement individuel, méritocratie *f* **Leistungskontrolle** *f* IND contrôle *m* de rendement [*o* de la productivité]; SCOL contrôle *m* d'évaluation ▶ **zur** ~ afin de contrôler le travail **Leistungskraft** *f* Ø [capacité *f* de] rendement *m* **Leistungskurs** *m* enseignement *m* de spécialité, option *f* renforcée **leistungsorientiert** [-oriɛntiːɐt] *adj* axé(e) sur le [*o* soucieux(-euse) de] rendement [individuel] **Leistungsprinzip** *nt* Ø principe *m* du rendement [*o* de la productivité]; ***alle werden nach dem ~ bezahlt*** tout le monde est payé en fonction de son rendement **Leistungsprüfung** *f* 1. SCOL [exercice *m* de] contrôle *m* 2. SPORT test *m* de performance 3. AGR test *m* de rendement **Leistungssport** *m* sport *m* de compétition **leistungsstark** *adj* COM, TECH performant(e); ***wie ~ ist etw?*** quel degré de performance atteint qc? **Leistungsvermögen** *nt* Ø potentiel *m*

Leitartikel *m* éditorial *m*

Leitartikler(in) <-s, -> *m(f)* éditorialiste *mf*

Leitbild *nt* modèle *m*

leiten I. *vt* 1. (*verantwortlich sein*) ■ **jd leitet etw** *Firma, Abteilung, Schule etc* qn dirige qc
2. (*den Vorsitz führen*) ■ **jd leitet etw** *Arbeitsgruppe, Sitzung* qn dirige [*o* préside] qc
3. (*laufen lassen*) ■ **jd/etw leitet etw irgendwohin** qn/qc conduit qc quelque part; *Abwasser, flüssige Rückstände, Regenwasser a.* qn/qc envoie qc quelque part; *Gas, Öl a.* qn/qc achemine qc quelque part
4. TRANSP ■ **jd/etw leitet etw irgendwohin** *Autos, Verkehr* qn/qc fait passer [*o* dirige] qc quelque part; ■ **etw leitet eine S. an etw** (*dat*) **vorbei** qc permet à une chose d'éviter qc
5. (*führen*) ■ **jd/etw leitet jdn** [**irgendwohin**] *in einen bestimmten Trakt* qn/qc guide [*o* conduit] qn [quelque part]; ■ **jd lässt sich durch etw** ~ qn se

laisse guider par qc
6. PHYS ■ **etw leitet etw** *Elektrizität, Strom, Wärme* qc conduit qc
▶ **jd lässt sich von etw** ~ qn se laisse guider par qc
II. *vi* PHYS ■ **etw leitet** qc est conducteur(-trice); ***etw leitet gut/schlecht*** qc est bon(ne)/mauvais(e) conducteur(-trice)
leitend I. *adj* 1. *Stellung, Position* dirigeant(e); ***ein ~er Angestellter*** un cadre [supérieur [*o* de direction]]
2. (*leitfähig*) conducteur(-trice); ***nicht*** ~ non conducteur(-trice)
II. *adv:* ***jd ist ~ tätig*** qn a une fonction dirigeante
Leiter¹ <-, -n> *f* (*Sprossen~*) échelle *f;* (*Steh~*) escabeau *m*
Leiter² <-s, -> *m* PHYS conducteur *m*
Leiter(in) <-s, -> *m(f)* 1. [*Firma, Schule*] directeur(-trice) *m(f);* [*Abteilung a.*] chef *m;* [*Geschäft a.*] gérant(e) *m(f);* [*Gymnasium*] proviseur *m*
2. [*Arbeitsgruppe, Delegation*] chef *m;* ***der ~ der Diskussion*** la personne qui mène [*o* dirige] les débats
▶ **kaufmännischer/künstlerischer/technischer** ~ directeur(-trice) *m(f)* commercial(e)/artistique/technique
-leiter(in) *m(f) Abteilungs-, Gruppen-, Bereichs-, Geschäftsstellen-* chef *m* de; *Filial-, Organisations-, Redaktions-, Verlags-* directeur(-trice) *m(f)* de
Leiterplatte *f* plaquette *f* [d'un circuit intégré]
Leitersprosse *f* échelon *m* **Leiterwagen** *m* chariot *m* à ridelles
Leitfaden *m* mémento *m* **leitfähig** *adj* conducteur(-trice) **Leitfähigkeit** *f* conductibilité *f* **Leithammel** *m fam* meneur(-euse) *m(f)* **Leitmotiv** *nt* (*alle Bedeutungen*) leitmotiv *m* **Leitplanke** *f* glissière *f* de sécurité **Leitsatz** *m* précepte *m* **Leittier** *nt* animal *m* de tête
Leitung <-, -en> *f* 1. [*Abteilung, Firma, Schule etc*] direction *f*
2. ∅ [*Arbeitsgruppe*] direction *f;* [*Diskussion*] conduite *f*
3. (*Rohr*) conduite *f*
4. ELEC, TELEC ligne *f*
▶ **die ~ ist gestört** la ligne est en dérangement; **jd hat eine lange** ~ *hum fam* qn comprend vite, mais il faut lui expliquer longtemps; **gehen Sie aus der ~!** *fam* quittez la ligne!; **jd hat die ~ einer S.** (*gen*) qn a la direction de qc; **jd/etw ist in der** ~ *fam* il y a qn/qc sur la ligne; **unter der ~ von jdm** MUS sous la conduite [*o* la direction] de qn
Leitungsdraht *m* câble *m* électrique **Leitungsmast** *m* poteau *m* électrique; (*Hochspannungsmast*) pylône *m* de ligne électrique **Leitungsnetz** *nt* 1. ELEC réseau *m* [électrique] 2. TELEC réseau *m* [téléphonique] 3. (*System von Rohrleitungen*) réseau *m* [de tuyaux] **Leitungsrohr** *nt* tuyau *m,* conduite *f* **Leitungswasser** *nt* eau *f* du robinet
Leitwährung *f* monnaie *f* de réserve **Leitwerk** *nt* empennage *m* **Leitzins** *m* taux *m* directeur
leiwand *adj* AUS *fam s.* **leinwand**
Lektion <-, -en> *f* 1. SCOL leçon *f*
2. *geh* (*Lehre*) leçon *f;* ***lassen Sie sich das eine ~ sein!*** que cela vous serve de leçon!
▶ **jd erteilt jdm eine** ~ qn donne une leçon à qn
Lektor <-s, -toren> *m,* **-torin** *f* lecteur(-trice) *m(f);* ~ ***für Deutsch*** lecteur d'allemand
Lektorat <-[e]s, -e> *nt* 1. (*Verlagsabteilung*) comité *m* de lecture
2. UNIV lectorat *m,* poste *m* de lecteur(-trice)
Lektüre <-, -n> *f* lecture *f*
Lemma <-s, -ta> *nt* lemme *m*
Lemming <-s, -e> *m* lemming *m*
▶ **wie die ~e** comme des moutons [de Panurge]
Lende <-, -n> *f* 1. ANAT reins *mpl,* lombes *mpl;* ***Schmerzen in der*** ~ douleurs *fpl* lombaires, mal *m* de reins
2. GASTR aloyau *m*
Lendenbraten *m* rôti *m* d'aloyau **Lendenschurz** *m* pagne *m* **Lendenstück** *nt* morceau *m* d'aloyau [*o* dans l'aloyau] **Lendenwirbel** *m* vertèbre *f* lombaire
lenkbar *adj Pkw, Lkw, Sprengkörper* manœuvrable; *Achse* directeur(-trice); *Räder* dirigeable; ***ein Auto ist gut/leicht*** ~ une voiture est maniable
lenken I. *vt* 1. (*steuern*) ■ **jd lenkt etw/etw irgendwohin** *Fahrzeug* qn conduit qc/qn dirige qc quelque part
2. (*dirigieren*) ■ **jd lenkt jdn** qn manipule [*o* manœuvre] qn; ■ **jd wird von jdm gelenkt** qn se laisse mener [*o* manœuvrer] par qc
3. (*beeinflussen*) ■ **jd lenkt etw** *Medien, Berichterstattung* qn oriente qc; ■ **gelenkt** dirigé(e), orienté(e); *Wirtschaft* dirigé(e)
4. *geh* (*wenden*) ■ **jd lenkt etw irgendwohin** *Blick, Schritte* qn dirige qc quelque part
5. (*richten*) ■ **jd/etw lenkt etw auf etw** (*akk*) *jds Aufmerksamkeit* qn/qc attire qc sur qc; *ein Gespräch, eine Unterhaltung* qn/qc oriente [*o* amène] qc vers qc
II. *vi* ■ **jd lenkt** qn conduit; ■ **jd lenkt irgendwohin** *nach links, rechts* qn prend quelque part; ~ ***Sie in den Feldweg*** prenez [*o* engagez-vous dans] le chemin rural
Lenker <-s, -> *m* guidon *m*
Lenker(in) <-s, -> *m(f) form* [*Kraftfahrzeug*] conducteur(-trice) *m(f)*
Lenkrad *nt* volant *m*
▶ **jd fällt jdm ins** ~ qn prend le volant à qn
Lenkradschaltung *f* changement *m* de vitesse au volant **Lenkradschloss**[RR] *nt* [contacteur *m*] antivol *m* **Lenkradsperre** *f* blocage *m* de la direction
Lenkstange *f form* guidon *m*
Lenkung <-, -en> *f* 1. AUT direction *f*
2. ∅ (*Beeinflussung*) ■ **die ~ einer S.** (*gen*) *der Medien, Berichterstattung* la pression exercée sur qc
Lenz <-es, -e> *m* 1. *liter* (*Frühling*) printemps *m,* saison *f* printanière *soutenu*
2. *pl hum* (*Lebensjahre*) printemps *mpl*
▶ **jd macht sich** (*dat*) **einen faulen** [*o* **lauen**] [*o* **schönen**] ~ *fam* qn se la coule douce *fam*
lenzen *vt* ■ **jd lenzt etw** qn pompe qc
Lenzpumpe *f* pompe *f* [de vidange]
Leopard <-en, -en> *m* léopard *m*
Lepra <-> *f* ∅ lèpre *f*
lepros *adj,* **leprös** *adj Mensch* lépreux(-euse); *Gesicht, Körperteil* rongé(e) par la lèpre; ■ **L~e(r)** lépreux(-euse) *m(f)*
Lerche <-, -n> *f* alouette *f*
lernbar *adj* assimilable; ■ **etw ist** ~ qc peut s'apprendre; ***leicht/schwer*** ~ facile/difficile à apprendre
lernbehindert *adj* déficient(e), inadapté(e) **Lerneifer** *m* désir *m* d'apprendre **lerneifrig** *adj* avide d'apprendre
lernen I. *vt* 1. (*sich aneignen*) ■ **jd lernt etw** *Fertigkeit, Metier, Schulfach, Trick, Spiel* qn apprend qc; *Kochen, Autofahren* qn apprend à faire qc; ■ **jd lernt etw tun** *gehen, lesen, schreiben, schwimmen* qn apprend à faire qc; ■ **jd lernt etw bei/von einem Menschen** une personne apprend qc à qn
2. (*im Gedächtnis speichern*) ■ **jd lernt etw** *Gedicht* qn apprend qc; *Vokabeln, Formeln, Namen a.* qn retient qc
3. (*sich angewöhnen*) ■ **jd lernt etw zu tun** *sich zu bescheiden, zu beherrschen, zurückzustecken* qn apprend à faire qc
4. *fam* (*eine Ausbildung zu etw machen*) ■ **jd lernt etw** *Industriekaufmann, Kfz-Mechaniker, Friseuse etc* qn fait une formation de qc; ***was haben Sie gelernt?*** quelle formation avez-vous faite?, quelle est votre qualification professionnelle?; *s. a.* **gelernt**
▶ **gelernt ist** [**eben**] **gelernt** *prov* l'expérience, il n'y a que ça de vrai; **etw will gelernt sein** qc ne s'improvise pas; ***alles will gelernt sein*** les choses ne s'apprennent pas toutes seules; **jd lernt's nie, jd wird es nie** ~ qn ne le saura jamais
II. *vi* 1. (*Kenntnisse erwerben*) ■ **jd lernt** qn apprend, qn étudie; ■ **jd lernt für etw** *für die Schule, eine Prüfung* qn travaille pour qc; ■ **das L~** le travail [scolaire]; ***das L~ fällt jdm schwer*** qn a du mal à apprendre; ***störe mich nicht beim L~!*** ne me dérange pas quand j'étudie!
2. (*beim Lernen unterstützen*) ■ **jd lernt mit jdm** qn fait travailler qn pour l'école; (*Nachhilfestunden*) qn aide qn sur le plan scolaire, qn apporte un soutien scolaire à qn
3. (*eine Ausbildung machen*) ■ **jd lernt** [**bei jdm**] qn est en formation [*o* en apprentissage] [chez qn]
▶ **exemplarisches** L~ apprentissage *m* par l'exemple; **jd kann von einem Menschen noch** [**etwas**] ~ une personne a encore des choses à apprendre à qn
Lerner(in) <-s, -> *m(f)* élève *mf;* [*Sprache*] apprenant(e) *m(f)*
lernfähig *adj* ■ **jd ist ~/nicht** ~ qn est capable d'assimiler/qn n'assimile [*o* ne retient] rien; ***du scheinst nicht ~ zu sein*** apparemment, l'expérience ne te sert à rien [*o* tu n'as pas retenu la leçon] **Lernfahrausweis** *m* CH permis *m* provisoire de circulation
Lernmittel *pl* fournitures *fpl* scolaires
Lernmittelfreiheit *f* ∅ gratuité *f* des fournitures scolaires
Lernprogramm *nt* didacticiel *m* **Lernprozess**[RR] *m* apprentissage *m;* ***alles ist ein*** ~ tout est une question d'apprentissage **Lernschwester** *f* élève *f* infirmière **Lernziel** *nt* objectif *m* éducatif
Lesart *f* version *f*
Lesbe <-, -n> *f fam,* **Lesbierin** <-, -nen> ['lɛsbiərɪn] *f* lesbienne *f,* gouine *f fam*
lesbisch I. *adj* lesbien(ne)
II. *adv:* ***jd ist ~ veranlagt*** qn a des tendances lesbiennes
Lese <-, -n> *f* vendange *f gén pl*
Lesebrille *f* lunettes *fpl* pour lire **Lesebuch** *nt* livre *m* de lecture **Leseecke** *f* coin *m* lecture **Lesegerät** *nt* INFORM lecteur *m* **Lesekopf** *m* INFORM tête *f* de lecture **Leselampe** *f* 1. (*Schreibtischlampe*) lampe *f* de bureau 2. (*Klemmleuchte*) lampe *f* liseuse
lesen¹ <liest, las, gelesen> I. *vt* 1. (*durch~*) ■ **jd liest etw** qn lit qc
2. (*korrigieren*) ■ **jd liest etw** *Druckfahnen, Doktorarbeit, Manuskript* qn relit qc
3. (*leserlich sein*) ■ **etw ist … zu** ~ qc est … à lire; ***etw ist kaum/schwer/nicht zu*** ~ qc est pratiquement impossible/difficile/impossible à lire
4. INFORM ■ **jd/etw liest etw** qn/qc lit qc; ■ **jd/etw liest etw in etw** (*akk*) *Daten, Datei, Informationen, Code* qn/qc met qc en qc par lecture optique
5. (*entnehmen*) ■ **jd liest etw aus etw** [*o* **in etw** (*dat*)] *aus/in jds Augen* qn lit qc dans qc; *aus/in jds Gesicht, Miene* qn lit qc sur qc
II. *vi* 1. (*als Lektüre*) ■ **jd liest** qn lit; ■ **jd liest an etw** (*dat*) *an einem Buch* qn est en train de lire qc; ***jd liest immer mal wieder an etw*** qn relit très souvent des extraits de qc; ■ **das L~** la lecture; ***störe mich nicht beim L~!*** ne me dérange pas quand je lis!; ***jd kommt nur selten zum L~*** qn n'a que rarement le temps de lire
2. UNIV ■ **jd liest über jdn/etw** qn fait un cours sur qn/qc
III. *vr* ■ **etw liest sich …** *einfach, leicht, klar* qc est … à lire; *flüssig, auf richtig, wenig überzeugend* qc paraît … à la lecture
lesen² <liest, las, gelesen> *vt* 1. (*sammeln*) ■ **jd liest etw** *Beeren, Weintrauben* qn cueille [*o* récolte] qc; *Ähren* qn ramasse [*o* glane] qc
2. (*auf~*) ■ **jd liest etw von etw** qn ramasse qc [qui est] sur qc
lesenswert *adj* intéressant(e) à lire; ■ **etw ist** ~ qc mérite [*o* vaut] d'être lu(e)
Leser(in) <-s, -> *m(f)* lecteur(-trice) *m(f)*
Leseratte *f hum fam* dévoreur(-euse) *m(f)* de bouquins *fam,* liseur(-euse) *m(f)* acharné(e)
Leserbrief *m* lettre *f* de lecteur

▶ **„~e“** “courrier des lecteurs”

leserlich I. *adj* lisible; ***etw ist kaum/ nicht gerade/ schwer*** ~ qc est à peine/n'est pas très lisible/est peu lisible
II. *adv schreiben* lisiblement

Leserlichkeit <-> *f ∅* lisibilité *f*

Leserschaft <-, *rare* -en> *f* lectorat *m*

Lesesaal *m* salle *f* de lecture **Lese-Schreib-Kopf** *m* INFORM tête *f* de lecture-écriture **Lesespeicher** *m* INFORM mémoire *f* morte **Lesestift** *m* crayon *m* optique, photostyle *m* **Lesestoff** *m* lecture *f* **Lesezeichen** *nt* marque-page *m*, signet *m* **Lesezirkel** *m* cercle *m* de lecture

Lesung <-, -en> *f* **1.** (*Dichter~*) lecture *f*
2. PARL lecture *f*

Lethargie <-> *f ∅* léthargie *f*, torpeur *f*

lethargisch I. *adj* léthargique
II. *adv* en [complète] léthargie

letschert *adj* AUS (*schlapp*) mou(molle)

Lette <-n, -n> *m*, **Lettin** *f* Letton(e) *m(f)*

Letter <-, -n> *f* **1.** (*Druckbuchstabe*) lettre *f*, caractère *m*
2. (*Drucktype*) caractère *m*

lettisch *adj* letton(e)
▶ **auf** **L~** en letton

Lettland *nt* la Lettonie

Letzt *loc* ▶ **zu guter** ~ en fin de compte, en définitive

letzte(r, s) *adj* **1.** (*alle Bedeutungen*) dernier(-ière) *antéposé; Chance, Gelegenheit, Möglichkeit, Versuch a.* ultime *antéposé;* (*vorige*) *Woche, Monat, Jahr, Ostern, Silvester* dernier(-ière) *postposé;* ***die ~n beiden Bäume*** les deux derniers arbres; ***am ~n Mittwoch*** mercredi dernier; ***unser ~s bisschen Brot*** le peu de pain qui nous reste; ***der ~ Käse*** la fin du fromage; ***mein ~s Geld*** l'argent qui me reste, mes derniers sous; ■ **jd wird L~(r)** qn termine dernier(-ière)
2. *fam* (*schlechteste*) ■ **der/die ~ …** *Halunke, Schuft, Schurke* le/la dernier(-ière) des … *fam;* ***die ~ Schlampe*** la dernière des salopes *pop*
▶ **die L~n werden die Ersten [und die Ersten werden die L~n] sein** (*es gibt ausgleichende Gerechtigkeit*) les derniers seront les premiers [et les premiers seront les derniers]; (*der Letzte kommt zuerst ans Ziel*) rien ne sert de courir, il faut partir à point [*o* à temps]; **der L~ des Monats** le dernier du mois; **jd ist der L~, der/die L~, die …** qn est le dernier/la dernière qui …; **als L~(r)** le/la dernier(-ière)

Letzte(s) *nt decl wie adj* ■ **ein ~s** une dernière chose
▶ **jd gibt sein ~s [her]** qn se donne à fond; **etw ist das ~, was** qc est la dernière chose que; **das ist ja wohl das ~!** *fam* ça, c'est le bouquet! *fam;* **bis ins ~** de A à Z

letztemal *s.* **Mal[1]** ▶

letztendlich *adv* en fin de compte, en définitive

letztens *adv* dernièrement
▶ ~ **erst** dernièrement, l'autre jour; **… und ~ …** et pour finir

letztere(r, s) *adj form* le/la dernier(-ière); (*als Subjekt*) ce/cette dernier(-ière); ***das L~*** ce/le dernier point

letztgenannt *adj* le/la dernier(-ière); (*als Subjekt*) ce/cette dernier(-ière) **letztjährig** *adj attr* de l'année dernière

letztlich *adv* en fin de compte

letztmöglich *adj attr Termin, Tag* dernier(-ière) … possible; *Flug, Zug* tout(e) dernier(-ière) *antéposé;* ***der ~e Tag*** le dernier jour possible

Leuchtboje *f* balise *f* [*o* bouée *f*] lumineuse **Leuchtdiode** *f* diode *f* électroluminescente

Leuchte <-, -n> *f* (*Stehlampe*) lampadaire *m*
▶ **jd ist [auf etw** (*dat*)**/in etw** (*dat*)**] eine ~** *fam* qn est un crack [dans/en qc] *fam;* **jd ist nicht gerade eine ~, jd ist wirklich keine ~** *fam* qn, ce n'est vraiment pas une lumière *fam*

leuchten *vi* **1.** (*Licht ausstrahlen*) ■ **etw/ein Tier leuchtet** */Lampe, Glühbirne/* qc éclaire; */Licht, Feuerschein, Abendsonne, Stern/* qc brille; */Leuchtzifferblatt/* qc est lumineux(-euse); */Leuchtkäfer, Tentakel von Tiefseefisch/* qc est luisant(e); ■ **~d** brillant(e); ■ **das L~** [*Mond*] l'éclat *m;* [*Leuchtzifferblatt*] la luminosité
2. (*Licht reflektieren*) ■ **etw leuchtet** */Himmel, Meer, Blume, Farbe/* qc resplendit
3. (*auf~*) ■ **etw leuchtet vor etw** (*dat*) */Augen, Gesicht/* qc rayonne de qc
4. (*strahlen*) ■ **jd/etw leuchtet [jdm] [mit etw] in etw** (*akk*) *mit einer Lampe, Leuchte* qn/qc [lui] éclaire qc [avec qc]; ***jd leuchtet jdm im Dunkeln*** qn éclaire qn dans l'obscurité

leuchtend *adj* **1.** *Farbe* vif(vive)
2. (*herrlich*) *Farbe, Vorbild* éclatant(e)

Leuchter <-s, -> *m* candélabre *m*

Leuchtfarbe *f* peinture *f* fluorescente **Leuchtfeuer** *nt* feu *m*, balise *f* [lumineuse] **Leuchtkäfer** *m* luciole *f*, lampyre *m* **Leuchtkraft** *f ∅* **1.** ELEC pouvoir *m* éclairant, qualité *f* de lumière **2.** ASTRON luminosité *f* **Leuchtkugel** *f* fusée *f* éclairante **Leuchtpistole** *f* pistolet *m* lance-fusées [*o* signaleur] **Leuchtrakete** *f* fusée *f* éclairante **Leuchtreklame** *f* publicité *f* lumineuse **Leuchtschrift** *f* lettres *fpl* lumineuses **Leuchtspurmunition** *f* balles *fpl* traçantes **Leuchtstift** *m* surligneur *m* **Leuchtturm** *m* phare *m* **Leuchtzifferblatt** *nt* cadran *m* lumineux

leugnen I. *vt* ■ **jd leugnet etw** qn nie qc; ■ **jd leugnet etw getan zu haben** qn nie avoir fait qc
▶ **es ist nicht zu ~, dass** on ne peut [pas] nier que + *indic;* **etw lässt sich nicht ~** qc ne peut être nié(e)
II. *vi* ■ **jd leugnet** qn nie; ***das L~ hat keinen Zweck*** il est inutile de nier; ***jd bleibt bei seinem L~*** qn persiste à nier

Leugnung <-, -en> *f* ■ **die ~ einer S.** (*gen*) *verbal übersetzt;* ***trotz der ~ der Tat*** bien qu'il/elle nie cet acte, malgré ses dénégations; ***die ~ Ihrer Schuld wird Ihnen nicht weiterhelfen*** ça ne vous servira à rien de nier votre culpabilité

Leukämie <-, -n> [-'miːən] *f* leucémie *f*

leukämisch *adj* leucémique

Leukoplast® <-[e]s, -e> *nt* sparadrap *m*

Leukozyt <-en, -en> [lɔɪko'tsyːt] *m meist pl* leucocyte *m*

Leumund *m ∅* réputation *f*
▶ **jd hat einen … ~** *guten, schlechten* qn a [une] … réputation; ***jd hat einen entsprechenden ~*** qn a une réputation à l'avenant

Leumundszeugnis *nt* certificat *m* de bonne[s] vie et mœurs *form* [*o* de bonne conduite]

Leutchen *pl pej fam:* ***für die paar/ wenigen ~*** pour les quatre pelés et un tondu *fam;* ***mit den 30 ~*** avec tout juste [*o* avec pas plus de] 30 personnes; ***es kamen bloß 200 ~*** il est venu tout juste [*o* il n'est pas venu plus de] 200 personnes

Leute *pl* **1.** (*Menschen*) gens *mpl;* ***diese netten ~ sind sehr gastfreundlich*** ces gens sont gentils et très hospitaliers; ***300 ~*** 300 personnes *fpl;* ***keine/ kaum ~*** personne/à peu près personne
2. *fam* (*Kameraden, Kollegen*) ■ **~!** les mecs *mpl fam*, les nanas *fpl fam*
3. (*Mitarbeiter*) collaborateur(-trice) *m(f);* (*Angestellte*) employé(e) *m(f);* ***hoch qualifizierte ~ sind nie lange arbeitslos*** les gens très qualifiés ne restent jamais longtemps au chômage; ***sie beschäftigt nur wenige/ zwei ~*** elle n'a que peu d'employés/deux employés; ■ **die ~ von etw** *von der Feuerwehr, Müllabfuhr* les gens *mpl* [*o* hommes *mpl*] de qc
4. MIL, NAUT hommes *mpl*
5. *fam* (*Eltern*) ■ **jds ~** les parents *mpl* de qn
▶ **etw ist in aller ~ Mund** qc est sur toutes les lèvres; **die kleinen ~, kleine ~** (*einfache Menschen*) les petites gens *fpl; hum fam* (*die Kinder*) les gamins *mpl fam;* **jd bringt etw unter die ~** *fam Gerücht, Information* qn fait courir qc; *Falschgeld* qn met qc en circulation; *Prospekte* qn diffuse qc; ***wer hat alles unter die ~ gebracht?*** qui a ébruité tout ça?; **so fragt man die ~ aus** *fam* c'est comme ça qu'on tire les vers du nez aux gens *fam*, tu veux/il veut/… me/lui/… tirer les vers du nez, ou bien? *fam;* **jd geht unter ~** qn voit du monde; **alle ~** tout le monde

Leuteschinder(in) <-s, -> *m(f) pej fam* négrier(-ière) *m(f)*

Leutnant <-s, -s *o* -e> *m* sous-lieutenant *m;* ***zu Befehl, Herr ~!*** à vos ordres, mon lieutenant!
▶ **~ zur See** enseigne *m* de vaisseau [de 2e classe]

leutselig *adj* affable

Leutseligkeit *f ∅* affabilité *f*

Level <-s, -s> ['lɛvl] *m geh* niveau *m*

Leviten [-'viː-] *pl* ▶ **jd liest jdm die ~** *fam* qn remonte les bretelles [*o* passe un savon] à qn *fam*

Lex <-, Leges> *f* ■ **die ~ …** la loi …

Lexem <-s, -e> *nt* lexème *m*

lexikalisch *adj* lexical(e)

Lexikograf(in)[RR] *s.* **Lexikograph(in)**

Lexikografie[RR] *s.* **Lexikographie**

lexikografisch[RR] *s.* **lexikographisch**

Lexikograph(in) <-en, -en> *m(f)* lexicographe *mf*

Lexikographie <-> *f ∅* lexicographie *f*

lexikographisch I. *adj* lexicographique
II. *adv* en lexicographie, dans le domaine lexicographique

Lexikologe <-n, -n> *m*, **-login** *f* lexicologue *mf*

Lexikologie <-> *f ∅* lexicologie *f*

Lexikon <-s, Lexika> *nt* encyclopédie *f*, dictionnaire *m* encyclopédique; (*falsch für Wörterbuch*) dictionnaire *m*

-lexikon *nt* encyclopédie *f* de, dictionnaire *m* encyclopédique de; ***ein kurzgefasstes Chemie~*** un lexique de chimie

Liaison <-, -s> [liɛ'zõː] *f geh* liaison *f;* ***er/ sie ist meine ~*** c'est mon petit ami/ma petite amie
▶ **jd hat eine ~ [mit jdm]** qn a une liaison [avec qn]

Liane <-, -n> *f* liane *f*

Libanon <-[s]> *m* **1.** (*Land*) ■ **der ~** le Liban
2. (*Gebirge*) mont *m* Liban; ***die Zedern des ~*** les cèdres *mpl* du Liban

Libelle <-, -n> *f* libellule *f*

liberal I. *adj* libéral(e) II. *adv gestalten* de façon libérale; ***jd ist ~ eingestellt/ gibt sich ~*** qn a/affiche des idées libérales **Liberale(r)** *f(m) decl wie adj* libéral(e) *m(f)*

liberalisieren * *vt* ■ **jd liberalisiert etw** qn libéralise qc

Liberalisierung <-, -en> *f* libéralisation *f*

Liberalismus <-> *m ∅* libéralisme *m*

Libero <-s, -s> *m* libéro *m*

Libido <-> *f ∅* libido *f*

Librettist(in) <-en, -en> *m(f)* librettiste *mf*

Libretto <-s, -s *o* Libretti> *nt* livret *m*

Libyen <-s> *nt* la Libye

lic. CH *abk von* **Lizenziat(in)** licencié(e)

licht *adj* **1.** (*hell*) *Haus, Wohnung, Wald* lumineux(-euse)
2. (*spärlich*) *Bewuchs, Stelle, Haar* clairsemé(e)
3. CONSTR *Weite* intérieur(e); ***die ~e Höhe des Erdgeschosses*** la hauteur sous plafond du rez-de-chaussée

Licht <-[e]s, -er> *nt* **1.** *∅* (*Helligkeit*) lumière *f;* ***ein schwaches ~*** une lueur
2. *veraltend* (*Kerze*) bougie *f*
3. (*elektrisches ~*) lumière *f*
▶ **~ am Ende des Tunnels** le bout du tunnel; **das ~ der Erkenntnis** *geh* les lumières *fpl* de la connaissance; **jd scheut das ~ der Öffentlichkeit** qn fuit les projecteurs [de l'actualité]; **wo ~ ist, ist auch Schatten** *prov* toute

médaille a son revers; **jd stellt sein ~ unter den Scheffel** qn fait mystère de ses talents; **jd erblickt das ~ der Welt** *geh* qn voit le jour *soutenu;* **etw erscheint in einem anderen ~** qc apparaît [*o* se présente] sous un jour nouveau; **etw lässt etw in einem anderen ~ erscheinen** qc montre qc sous un jour nouveau, qc jette une lumière nouvelle sur qc; **elektrisches ~** lumière *f* électrique; **das ewige ~** la lampe d'autel; **jd rückt etw ins falsche ~** qn présente qc sous un faux jour; **jd ist kein großes ~** *fam* qn, ce n'est pas une lumière *fam;* **jd gibt [jdm] grünes ~ [für etw]** qn donne [à qn] le feu vert [pour qc]; **im günstigen ~/in einem günstigeren ~** sous un jour favorable/plus favorable; **jd/etw rückt etw ins rechte ~** qn/qc présente qc sous son véritable jour; **jd sieht etw in rosigem ~** qn voit qc en rose; **bei ~e besehen** [*o* **betrachtet**] en y regardant de [plus] près; **das ~ brennt** il y a de la lumière; **jd lässt das ~ brennen** qn laisse la lumière allumée [*o* brûler l'électricité]; **jd/etw bringt ~ in etw** (*akk*) qn fait/qc permet de faire la lumière sur qc; **jd/etw bringt etw ans ~** qn/qc étale au grand jour qc, qn/qc met qc en lumière; **jd führt jdn hinters ~** qn dupe qn; **jd geht [jdm] aus dem ~** qn s'ôte de la lumière; **jdm geht ein ~ auf** *fam* qn commence à y voir clair; ça y est, qn comprend [*o* pige] *fam;* **jd hält etw gegen das ~** qn tient qc à contre-jour; **etw kommt ans ~** qc éclate au grand jour; **jd macht [jdm] ~** qn allume la lumière/fait [*o* donne] de la lumière à qn; **jd steht jdm im ~** qn bouche le jour [*o* cache la lumière] à qn; **es werde ~! Und es ward ~** que la lumière soit! Et la lumière fut; **etw wirft ein ... ~ auf jdn** *schiefes, ungünstiges, bedenkliches* qc fait apparaître qn sous un jour ...

lịchtbeständig *adj s.* **lichtecht. Lịchtbild** *nt veraltend* **1.** *form* (*Passbild*) photo *f* d'identité **2.** (*Dia*) diapositive *f* **Lịchtblick** *m* rayon *m* de soleil **Lịchtbrechung** *f* réfraction *f* **lịchtdurchlässig** *adj* translucide, diaphane; ***der Vorhang ist ~*** le rideau laisse passer la lumière [*o* est translucide] **lịchtecht** *adj Farbe* résistant(e) aux U.V.; *Stoff* bon [*o* grand] teint; ***diese Farbe ist ~*** cette peinture a une bonne résistance aux U.V. **Lịchteffekt** *m* effet *m* de lumière **lịchtempfindlich** *adj* **1.** *Film* sensible **2.** *Haut* sensible aux coups de soleil

lịchten I. *vt* ■ **jd lichtet etw** *Baumbestand, Gestrüpp, Wald* qn éclaircit qc
II. *vr* **1.** (*dünner werden*) ■ **etw lichtet sich** */Haar/* qc s'éclaircit
2. (*spärlicher werden*) ■ **etw lichtet sich** */Vorräte/* qc se raréfie; */Bestände/* qc diminue
3. (*klarer werden*) ■ **etw lichtet sich** qc s'éclaircit, qc se clarifie

Lịchterbaum *m geh* arbre *m* de Noël **Lịchterglanz** *m geh* éclat *m* des illuminations **Lịchterkette** *f* [*Demonstranten*] chaîne *f* lumineuse; [*Fest*] guirlande *f* lumineuse [*o* électrique], girandole *f* **lịchterloh** *adv* ▸ **etw brennt ~** qc flambe **Lịchtermeer** *nt geh* océan *m* de lumière *littér*

Lịchtgeschwindigkeit *f* ∅ ■ **die ~** la vitesse de la lumière ▸ **mit ~** à la vitesse de la lumière **Lịchtgriffel** *m* crayon *m* optique **Lịchthof** *m* **1.** ARCHIT cour *f* intérieure **2.** ASTRON halo *m* **Lịchthupe** *f* avertisseur *m* lumineux; ***mit der ~*** en faisant des appels lumineux [*o* de phares]; ***jd betätigt die ~*** qn fait des appels lumineux [*o* de phares] **Lịchtjahr** *nt* **1.** ASTRON année-lumière *f* **2.** *pl fam:* ***jd/etw ist ~e entfernt*** qn/qc est à des années-lumière; ***es ist ~e her, das liegt ~e zurück*** ça fait des siècles *fam,* [il] y a des siècles de ça *fam* **Lịchtkegel** *m* faisceau *m* lumineux **Lịchtmangel** *m* ∅ manque *m* de lumière ▸ **aus ~** par manque de lumière **Lịchtmaschine** *f* dynamo *f* **Lịchtmast** *m* lampadaire *m,* réverbère *m* **Lịchtquelle** *f* éclairage *m,* source *f* lumineuse [*o* de lumière] **Lịchtreklame** *f s.* **Leuchtreklame. Lịchtschacht** *m* puits *m* de lumière [*o* de jour] **Lịchtschalter** *m* interrupteur *m* **Lịchtschein** *m* lueur *f* **lịchtscheu** *adj* qui préfère rester dans l'ombre; ■ **jd ist ~** qn vit dans l'ombre **Lịchtschranke** *f* barrage *m* optique **Lịchtschutzfaktor** *m* indice *m* de protection **lịchtstark** *adj Objektiv, Fernglas* [à] grande ouverture; *Scheinwerfer, Lampe* lumineux(-euse) **Lịchtstärke** *f* intensité *f* lumineuse **Lịchtstrahl** *m* rayon *m* lumineux **lịchtundurchlässig** *adj* opaque; ***der Vorhang ist ~*** le rideau ne laisse pas filtrer la lumière, le rideau est opaque

Lịchtung <-, -en> *f* clairière *f*

Lịchtverhältnisse *pl* luminosité *f,* éclairage *m*

Lid <-[e]s, -er> *nt* paupière *f*

Lịdschatten *m* fard *m* [*o* ombre *f*] à paupières **Lịdstift** *m* crayon *m* à paupières, eye-liner *m,* khôl *m* **Lịdstrich** *m* trait *m* d'eye-liner

lieb I. *adj* **1.** (*liebenswürdig*) gentil(le) *antéposé,* aimable; ■ **etw ist ~ von jdm** qc est gentil(le) [*o* aimable] de la part de qn; ■ **jd ist ~ zu jdm** qn est gentil(le) [*o* aimable] avec qn
2. (*artig*) *Haustier* gentil(le) *antéposé; Kind a.* sage
3. (*niedlich*) mignon(ne); ***du ~e Katze!*** mon minou! *fam*
4. (*geschätzt*) cher(chère) *antéposé;* (*als Anrede in Briefen*) Cher(Chère); ***~ste Freundin!*** très chère amie!; ■ **etw ist jdm ~** qc est cher(chère) à qn
5. (*angenehm*) *Besuch, Gast* agréable; ■ **jd/etw ist jdm ~** qn apprécie qn/qc; *s. a.* **lieber**
▸ **~ geworden** [devenu(e)] cher(chère); **... als jdm ~ ist** *länger, schneller, teurer* plus ... que qn n'aimerait; **sei/seien Sie so ~ und tu etw/tun Sie etw** aurais-tu/auriez-vous la gentillesse de faire qc?; **[ach] du ~e(r, s) ...!** *fam:* ***ach du ~er Gott*** [*o* ***~e Güte***] [*o* ***~er Himmel***]***!*** nom de nom! *fam;* ***ach du ~e Zeit*** [*o* ***~es bisschen***]***!*** bonté divine!; **[aber] meine L~e/mein L~er!** *iron* [enfin] mon amie/ami!; **meine L~e/mein L~er** ma chère/mon cher; **[mein] L~es** [mon] chéri/[ma] chérie
II. *adv* **1.** (*liebenswürdig*) *schreiben, bedanken, helfen* gentiment; *grüßen* bien; ***mein Mann beschenkt mich immer sehr ~*** mon mari me fait toujours de gentils cadeaux
2. (*artig*) gentiment, sagement
▸ **jd gewinnt jdn/etw ~** qn s'attache à qn/qc; **jd hat jdn/ein Tier ~** qn aime qn/un animal; **jd hat jdn ~er als jdn** qn aime mieux qn que qn; **am ~sten:** ***jd mag jdn/etw am ~sten*** c'est qn/qc que qn préfère; ***am ~sten würde jd etw tun/hätte jd etw getan*** qn voudrait bien/qn aurait bien voulu faire qc

liebäugeln *vi* ■ **jd liebäugelt mit etw** qn lorgne [*o* louche sur] qc; ***jd liebäugelt mit dem Kauf einer S./mit dem Gedanken etw zu tun*** (*gen*) qn caresse le rêve d'acheter qc/le projet de faire qc; ■ **jd liebäugelt damit etw zu tun** qn caresse le rêve de faire qc

Liebe <-, -n> *f* **1.** ∅ (*Gefühl*) amour *m;* ■ **jds ~ zu jdm** l'amour de qn pour qn; ■ **die/jds ~ zu etw** l'amour de qc/l'amour de qn pour qc
2. (*Mensch*) *erste* amour *m;* ***die Bilder meiner vielen ~n*** les photos de mes nombreuses conquêtes; ***eine meiner früheren ~n*** une de mes ex *fam* [*o* anciennes amours *littér*]
▸ **~ auf den ersten Blick** le coup de foudre; **die ~ meines/seines/... Lebens** l'amour de ma/sa/... vie; **~ geht durch den Magen** *prov* c'est par la cuisine qu'on retient les maris, les petits plats entretiennent l'amour; **alte ~ rostet nicht** *prov* on revient toujours à ses premières amours; **~ macht blind** *prov* l'amour est aveugle; **meine/seine/... große ~** mon/son/... grand amour, ma/sa/... grande passion, la femme/l'homme de ma/sa/... vie; **jd ist gut in der ~** *fam* au lit, qn, c'est une affaire *fam;* **käufliche ~** amour *m* vénal *soutenu;* **platonische ~** amour *m* platonique; **voller ~** amoureusement; **jd macht ~ [mit jdm]** *fam* qn fait l'amour [avec qn]; **aus ~ zu jdm/etw** par amour pour qn/de qc; **in ~, dein(e) ...** (*Briefende*) avec tout mon amour, ..., ton(ta) [petit(e)] ... qui t'aime; **mit [viel] ~** avec amour; **vor ~** d'amour; ***ich kann vor ~ nicht mehr schlafen*** d'être amoureux(-euse), ça me fait perdre le sommeil

liebebedürftig *adj* qui a besoin d'amour [*o* d'affection]; ■ **jd ist ~** qn a besoin d'amour [*o* d'affection]

Liebelei <-, -en> *f fam* amourette *f,* passade *f*

lieben I. *vt* **1.** (*Liebe entgegenbringen*) ■ **jd liebt jdn** qn aime qn; *s. a.* **geliebt**
2. (*gerne mögen*) ■ **jd liebt etw** qn aime qc; ***was liebst du mehr?*** qu'est-ce que tu préfères?
3. *euph* (*beschlafen*) ■ **jd liebt jdn** qn aime qn *soutenu,* qn fait l'amour à qn
▸ **jd lernt jdn ~** qn apprend à aimer qn; **jd lernt etw ~** qn finit par aimer qc; **jd liebt es nicht, etw zu tun/wenn jd etw tut/wenn etw geschieht** qn n'aime pas faire qc/que qn fasse qc/que qc arrive
II. *vr* **1.** (*sich lieb haben*) ■ **sie ~ sich** ils/elles s'aiment
2. *euph* (*miteinander verkehren*) ■ **sie ~ sich** ils/elles font l'amour, ils/elles s'aiment *soutenu*
▸ **sie lernen sich ~** ils/elles apprennent à s'aimer; **was sich liebt, das neckt sich** *prov* les amoureux aiment se taquiner
III. *vi* **jd liebt** qn aime

liebend I. *adj Partner* aimant(e) **II.** *adv* ▸ **~ gern** très volontiers; ***jd würde ~ gern etw tun*** qn aimerait vraiment faire qc **Liebende(r)** *f(m) decl wie adj:* ***zwei ~*** deux amants *mpl;* ***ein wirklich ~r/eine wirklich ~*** quelqu'un qui aime vraiment

liebenlernen *s.* **lieben I.**▸, **II.**▸

liebenswert *adj Wesen* sympathique; *Mensch a.* charmant(e) **liebenswürdig** *adj Mensch, Wesen* aimable; ■ **etw ist ~ von jdm** qc est aimable de la part de qn; ***das ist sehr ~ von Ihnen*** c'est très aimable à vous ▸ **wären Sie wohl so ~ und würden etw tun?** auriez-vous l'amabilité de [*o* seriez-vous assez aimable pour] faire qc?

liebenswürdigerweise *adv* aimablement; ***ob Sie mich wohl ~ vorlassen würden?*** auriez-vous l'amabilité [*o* l'obligeance *soutenu*] de me laisser passer avant vous?

Liebenswürdigkeit <-, -en> *f* **1.** (*Freundlichkeit*) amabilité *f,* obligeance *f soutenu*
2. *iron* (*hässliche Art*) amabilité *f*
▸ **die ~ in Person** l'amabilité personnifiée; **würden Sie die ~ haben [etw zu tun** [*o* **und das tun**]]**?** *form* auriez-vous l'extrême obligeance [de faire qc]? *form*

lieber I. *adj comp von* **lieb** ■ **jd/etw ist jdm ~ [als jd/etw]** qn préfère qn/qc [à qn/qc], qn aime mieux qn/qc [que qn/qc]; ■ **jdm wäre es ~, wenn** qn préférerait [*o* aimerait mieux] que + *subj*
II. *adv* **1.** *comp von* **gern** ■ **~ etw als etw** plutôt qc que qc; ■ **jd tut etw ~ [als etw]** qn préfère [*o* aime mieux] faire qc [que de faire qc]
2. (*besser*) *gehen, nichts sagen* il vaut mieux que + *subj;* ***ich schweige ~*** il vaut mieux que je me taise
▸ **jd mag etw ~ [als etw]** qn préfère qc [à qc], qn aime mieux qc [que qc]; **ich wüsste nicht, was ich ~ täte!** je ne demande pas mieux!; **nichts ~ als das!** je ne demande que ça!

Liebes- **1.** LITER, MUS d'amour **2.** *-pille* aphrodisiaque; *-trank, -zauber* d'amour **Liebesabenteuer** *nt,* **Liebesaffäre** *f* aventure *f* **Liebesakt** *m geh* acte *m* sexuel [*o* d'amour *form*] ▸ **jd vollzieht den ~** qn accomplit l'union charnelle *vieilli* **Liebesbande** *pl* ▸ **jd knüpft [zarte] ~** *geh* qn noue des relations amoureuses [*o* de tendres liens] *soutenu* **Liebesbeziehung** *f* relation *f* amoureuse, liaison *f* **Liebesbrief** *m* lettre *f* d'amour **Liebesdienst** *m geh* faveur *f* ▸ **jd erweist jdm einen ~** qn fait [*o* accorde] une faveur à qn **Liebeserklärung** *f* déclaration *f* d'amour ▸ **jd macht jdm eine ~** qn fait une déclaration [d'amour] à qn, qn se déclare à qn **Liebesgeschichte** *f* **1.** LITER histoire *f* d'amour **2.** *fam* (*Liebesaffäre*) affaire *f* de cœur, aventure *f* **Liebesgott** *m,* **-göttin** *f* dieu/déesse *m/f* de l'amour **Liebesheirat** *f* mariage *m* d'amour **Liebeskummer** *m* chagrin *m* d'amour ▸ **jd hat ~** qn a un chagrin d'amour; **aus ~** à cause d'un chagrin d'amour **Liebesleben** *nt* vie *f* amoureuse **Liebesmüh[e]** *f* ▸ **etw ist vergebliche** [*o* **verlorene**] **~** qc est peine perdue **Liebesnest** *nt fam* [vrai] nid *m* d'amoureux **Liebespaar** *nt* couple *m* d'amoureux **Liebesspiel** *nt* ébats *mpl* [amoureux], préliminaires *mpl* amoureux **Liebesszene** *f* scène *f* d'amour **liebestoll** *adj* fou(folle) d'amour, follement amoureux(-euse); ■ **jd wird ~** qn tombe follement amoureux(-euse) **Liebesverhältnis** *nt s.* **Liebesbeziehung**

liebevoll I. *adj Mensch* aimant(e); *Aufmerksamkeit, Kuss, Zuwendung* tendre
II. *adv* 1. (*zärtlich*) tendrement
2. (*mit besonderer Sorgfalt*) avec amour, amoureusement
lieb|gewinnen * *s.* **lieb II.►**. **liebgeworden** *s.* **lieb I.►**. **lieb|haben** *s.* **lieb II.►**
Liebhaber(in) <-s, -> *m(f)* 1. (*Geliebte*) amant/maîtresse *m/f*
2. (*Sexualpartner*) amant *m*; ***ist sie eine gute ~in?*** fait-elle bien l'amour?
3. (*Freund*) amateur(-trice) *m(f)*; ■ **ein ~ einer S.** (*gen*) un amateur de qc
-liebhaber(in) *m(f)* amateur(-trice) *m(f)* de
Liebhaberei <-, -en> *f* violon *m* d'Ingres; ***aus reiner ~*** en simple amateur
Liebhaberpreis *m* prix *m* d'amateur **Liebhaberstück** *nt* pièce *f* réservée aux connaisseurs **Liebhaberwert** *m ∅* valeur *f* d'amateur
liebkosen * *vt geh* ■ **jd liebkost jdn** qn cajole [*o* câline] qn
Liebkosung <-, -en> *f geh* cajolerie *f*, câlinerie *f*; (*erotisch*) étreinte *f pas de pl*
lieblich I. *adj* 1. *Duft* suave; *Geschmack, Wein a.* moelleux(-euse)
2. *Anblick, Landschaft* charmant(e); *Töne* suave
II. *adv*: ***etw duftet ~*** qc a un parfum suave; ***etw schmeckt ~*** qc a une saveur moelleuse
Lieblichkeit <-> *f ∅* [*Geschmack, Getränk etc*] moelleux *m*; [*Duft*] suavité *f*
Liebling <-s, -e> *m* 1. (*geliebter Mensch*) chéri(e) *m(f)*; ***mein einziger ~!*** mon unique amour!; (*zu Kind*) mon chéri/ma chérie
2. (*Favorit*) préféré(e) *m(f)*, favori(te) *m(f)*; ***der Lehrer hat einen ~*** le prof[esseur] a un chouchou/une chouchoute *fam*
Lieblings- préféré(e), favori(te)
lieblos I. *adj* 1. *Mensch* dépourvu(e) de tendresse
2. *Behandlung, Bemerkung* dénué(e) de sollicitude; *Verpackung, Zubereitung* négligé(e)
II. *adv* sans soin, avec négligence
Lieblosigkeit <-, -en> *f* 1. *∅* (*Mangel an Zuwendung*) manque *m* de tendresse, insensibilité *f*
2. (*Verhalten*) marque *f* de froideur
Liebreiz *m ∅ geh* [*Frau*] séduction *f*; [*Landschaft*] attrait *m*
Liebschaft <-, -en> *f veraltend s.* **Liebesaffäre**
Liebste(r) *f(m) decl wie adj* ■ **jds ~(r)** le bien-aimé/la bien-aimée de qn; ***du bist mein ~r*** c'est toi que j'aime
Liebstöckel <-s, -> *m o nt* livèche *f*
Liechtenstein <-s> *nt* le Liechtenstein
Liechtensteiner(in) <-s, -> *m(f)* habitant(e) *m(f)* du Liechtenstein; ***jd ist ~*** qn est originaire du Liechtenstein
liechtensteinisch *adj* du Liechtenstein
Lied <-[e]s, -er> *nt* MUS chanson *f*; (*Kirchen~*) chant *m*; (*Kunst~*) lied *m*
► **es ist immer das alte [*o* gleiche] ~ [mit jdm]** *fam* [avec qn,] c'est toujours la même chanson [*o* le même refrain] [*o* la même rengaine] *fam*; **jd kann ein ~ von etw singen, jd weiß ein ~ von etw zu singen** qn est payé(e) *fam* [*o* bien placé(e)] pour savoir qc
-lied *nt Abend-, Frühlings-* chanson *f* du/de la; *Seemanns-* chanson *f* de; *Trink-* chanson *f* à; *Weihnachts-* chant *m* de; ***Kunst~*** lied *m*
Liederabend *m* (*mehrerer Sänger*) concert *m* vocal; (*eines Sängers*) récital *m* de chant; (*zum Mitsingen*) soirée *f* de chant **Liederbuch** *nt* recueil *m* de chansons; (*mit Kirchenliedern*) recueil *m* de chants
liederlich *adj pej veraltend* 1. (*schlampig*) négligent(e), désordonné(e); ***jd ist in seiner Kleidung ~*** qn est débraillé(e)
2. (*unmoralisch*) *Weib* débauché(e) *littér*; *Lebenswandel* dissolu(e) *littér*
Liedermacher(in) *m(f)* auteur-compositeur[-interprète] *mf*
lief *imp von* **laufen**
Liefer- COM de livraison
Lieferant(in) <-en, -en> *m(f)* fournisseur(-euse) *m(f)*
Lieferanteneingang *m* entrée *f* réservée aux fournisseurs
lieferbar *adj* 1. (*erhältlich*) disponible
2. (*zustellbar*) ■ **etw ist ~** qc est livrable
Lieferbedingungen *pl* conditions *fpl* de livraison **Lieferfirma** *f* 1. (*Lieferant*) fournisseur *m* 2. (*Auslieferer*) messagerie *f* **Lieferfrist** *f* délai *m* de livraison
liefern I. *vt* 1. (*aus~*) ■ **jd liefert [jdm] etw,** ■ **jd liefert etw an jdn/etw** qn livre qc [à qn/qc]
2. (*erbringen*) ■ **jd/etw liefert [jdm] etw** *Beweis, Nachweis* qn/qc fournit qc [à qn]; ***jd/etw liefert Stoff für etw*** qn/qc donne matière à qc
3. ■ **etw liefert etw** *Rohstoff, Produkt* qc fournit qc; *Ertrag* qc a qc
4. SPORT ■ **jd liefert jdm etw** *Kampf, Spiel, Rennen* qn fournit qc à qn
II. *vi* ■ **jd liefert [irgendwohin/an jdn]** qn livre [quelque part/à qn]; *s. a.* **geliefert**
Lieferschein *m* bon *m* [*o* bordereau *m*] de livraison
Lieferung <-, -en> *f* (*alle Bedeutungen*) livraison *f*
► **bei/nach/vor ~** à la/après/avant livraison
Lieferungswagen *m* CH *s.* **Lieferwagen**
Liefervertrag *m* contrat *m* de livraison **Lieferwagen** *m* voiture *f* [*o* camionnette *f*] de livraison **Lieferzeit** *f s.* **Lieferfrist**
Liege <-, -n> *f* 1. (*Bett*) divan *m*
2. (*Liegestuhl*) chaise *f* longue
liegen <lag, gelegen> *vi* + *haben o* SDEUTSCH *sein* 1. (*sich in horizontaler Lage befinden*) ■ **jd liegt irgendwo** qn est [couché(e)] quelque part; */Toter, Verletzter/* qn est étendu(e) [*o* gît *soutenu*] quelque part; ***jd liegt noch im Bett*** qn est encore au lit; ***jd liegt auf der Terrasse*** qn est/reste allongé(e) sur la terrasse; ***man findet jdn irgendwo tot ~*** on [re]trouve qn mort(e), étendu(e) [*o* gisant *soutenu*] quelque part; ■ **jd liegt ...** *angenehm, ausgestreckt, bequem, unbequem, hart, weich, flach, hoch* qn est couché(e) ...; ***jd liegt bequem/flach*** qn est confortablement couché(e)/couché(e) à plat; ***der Tote liegt ausgestreckt*** le mort est étendu de tout son long; ■ **das L~** la position couchée; ***im L~*** en position couchée; ***vom langen L~*** à force de rester couché(e); ***habt ihr nichts Besseres zum L~?*** vous n'avez rien de mieux pour s'allonger?
2. (*sich befinden*) ■ **etw liegt irgendwo** qc est [posé(e)] quelque part; ***hast du irgendwo meinen Schlüsselbund ~ gesehen?*** tu as vu mon trousseau de clés [posé] quelque part?; ***er hat viel Geld auf der Bank ~*** il a beaucoup d'argent à la [*o* en] banque; ■ **irgendwo liegt etw** quelque part, il y a qc; ■ **etw liegt [irgendwo]** (*horizontal*) qc est couché(e) [quelque part]
3. (*sich abgesetzt haben*) ■ **etw liegt irgendwo** */Schnee, Tau, Reif, Staub, Asche, ölige Schicht, Fettschicht/* il y a qc quelque part
4. (*hängen*) ■ **etw liegt irgendwo** */Dunstglocke, Nebel/* il y a qc [*o* qc s'étend] quelque part; ***Nebel liegt darüber*** le brouillard le/la/les recouvre
5. (*geographisch gelegen sein*) ■ **etw liegt irgendwo** qc se trouve [*o* est situé(e)] quelque part; ***Ulm liegt an der Donau*** la ville d'Ulm est située sur le Danube; ***Heraklion liegt auf Kreta*** la ville d'Héraklion est située en Crète; ***diese Stadt liegt in Frankreich/Bayern*** cette ville est située [*o* se trouve] en France/en Bavière; ***das Haus liegt in einer Seitenstraße/vornehmen Gegend*** la maison se trouve dans une rue latérale/dans un quartier élégant; ***Hamburg liegt im Norden [Deutschland]*** la ville de Hambourg est située dans le nord [de l'Allemagne]; ***Kreta liegt im Mittelmeer*** la Crète est située en Méditerranée; ***Madagaskar liegt vor der Ostküste Afrikas*** l'île de Madagascar est située en face de la côte est de l'Afrique; ***das liegt 500 m nördlich von hier*** c'est situé [*o* cela se trouve] à 500 m au nord d'ici
6. (*eine bestimmte Lage haben*) ■ **etw liegt ...** *idyllisch, einmalig, ruhig, verkehrsgünstig* qc a une situation ...; ***etw liegt herrlich*** qc a une situation splendide [*o* est splendidement situé(e)]; ■ **gelegen** situé(e); ■ **etw liegt nach ...** */Wohnung, Zimmer/* qc donne sur ...; ■ **etw liegt zu etw hin** *zur Straße, zum Garten* qc donne sur qc
7. (*begraben sein*) ■ **jd liegt irgendwo** qn repose quelque part
8. NAUT ■ **etw liegt irgendwo** il y a qc quelque part; *am Kai, im Trockendock* qc reste quelque part; *im Hafen, auf der Reede, weit draußen* qc mouille quelque part; *auf einer Sandbank* qc est échoué(e) quelque part; *auf dem Meeresgrund* qc repose quelque part
9. SPORT ■ **jd/etw liegt irgendwo** *auf einem Platz, an einer Stelle* qn/qc se situe quelque part; ***jd/etw liegt gut/ganz hinten*** qn/qc est bien placé(e)/placé(e) loin derrière; ***jd/etw liegt gut im Rennen*** qn/qc est en bonne position
10. (*zu handhaben sein*) ■ **etw liegt irgendwie irgendwo**: ***der Griff dieses Gerätes liegt gut in der Hand*** on a la poignée de cet outil bien en main; ***das Auto liegt schlecht auf der Straße/in der Kurve*** la voiture tient mal la route/dans les virages
11. (*angeordnet sein*) ■ **etw liegt ...** */Haare/* qc est ... coiffé(e); ***etw liegt gut/nicht richtig*** qc est bien/mal coiffé(e); ***deine Haare ~ zu flach*** tu as les cheveux trop plats
12. (*angesiedelt sein*) ■ **etw liegt bei [*o* um] etw/zwischen etw und etw** */Preis, Ware/* qc se situe autour de qc/entre qc et qc, qc va chercher dans les qc/dans les qc à qc *fam*; ■ **jd liegt bei einer bestimmten Summe/um eine bestimmte Summe höher** qn se retrouve à une certaine somme/avec un surcoût d'un certain montant; ■ **jd/etw liegt darüber** qn/qc se situe au-dessus; ■ **jd liegt mit etw darüber** *mit Preis* qc de qn se situe au-dessus; ***er lag mit seinem Angebot noch darüber*** son offre se situait encore au-dessus
13. (*zeitlich angesiedelt sein*) ■ **etw liegt in etw** (*dat*) *in der Zukunft, weiter Ferne*: ***das Ende des Projekts liegt noch in weiter Ferne*** l'aboutissement du projet n'est pas encore pour demain; ***wer will schon wissen, was in der Zukunft liegt*** qui veut vraiment savoir ce que le futur lui réserve; ■ **zwischen etw und etw liegt etw** */Zeitspanne/* entre qc et qc, il y a qc; qc sépare qc et qc; */Ereignis/* entre qc et qc, qc a lieu
14. (*eine bestimmte Breite haben*) ■ **etw liegt ...** */Bahn, Stoff etc/* qc est ...; ***wie breit liegt etw?*** en quelle largeur est qc?; ***etw liegt in Bahnen zu 1,25 Meter*** qc est en lés de 1,25 m
15. (*verursacht sein*) ■ **etw liegt an jdm/etw** qc tient à [*o* vient de] qn/qc; ***etw liegt daran, dass*** qc tient au [*o* vient du] fait que + *indic*; ***es liegt an jdm/etw*** (*jds Schuld*) cela tient à [*o* vient de] qn/qc; ***es liegt [nur] an dir das zu ändern*** (*in jds Hand*) il ne tient qu'à toi de le/la changer [*o* d'y changer quelque chose]; ***woran liegt das?*** d'où cela vient-il?, à quoi cela tient-il?, à quoi cela est-il dû?; ***woran mag es nur ~, dass*** comment se fait-il que + *subj*; ***das liegt an Ihnen*** cela dépend de vous; ***die Schuld liegt an dir*** c'est ta faute
16. (*wichtig sein*) ■ **jdm liegt ... an jdm/etw** *wenig, einiges, sehr* qn/qc importe ... à qn; ***jdm liegt etwas/nicht viel/viel an jdm/etw*** qn/qc importe/n'importe guère/importe beaucoup [*o* tient beaucoup à cœur] à qn; ***jdm liegt nichts an jdm/etw*** qn n'attache aucune importance à qn/qc; ***du weißt doch, wie sehr mir daran liegt, dass*** tu sais pourtant bien combien il m'importe que + *subj*; ■ **jdm ist etwas/nichts an einem Menschen gelegen** une personne n'est pas complètement indifférent(e)/est complètement indifférent(e) à qn; ***wenn dir viel an mir gelegen ist, ...*** si tu tiens beaucoup à moi ...; ■ **jdm ist etwas/viel/nichts an etw gelegen** qc présente un quelconque intérêt/un grand intérêt/n'a aucun intérêt pour qn; ***es liegt mir [viel] daran etw zu tun*** je tiens [beaucoup] à faire qc
17. (*zusagen*) ■ **jd/etw liegt jdm** */Sprachen, Umgang mit Kindern, muskulöse Typen/* qn est porté(e) sur [*o* a du goût pour] qn/qc; */forsche Art, Vorgehensweise/* qc plaît à qn; ■ **etw liegt jdm** (*jds Begabung entsprechen*) qn est porté(e) sur qc; *s. a.* **gelegen**
18. (*lasten*) ■ **etw liegt auf jdm** */Last, Verantwortung/* qc repose sur qn; */Schuld/* qc pèse sur qn
19. PHON ■ **etw liegt auf etw** (*dat*) */Ton, Betonung/* qc porte sur qc
20. (*abhängig sein*) ■ **etw liegt bei jdm** qc tient à [*o* dépend de] qn; ■ **es**

liegt bei jdm, etw zu tun/ob c'est à qn de faire qc/de savoir si; ■ **etw liegt in jds etw** (*dat*): ***es liegt allein in Ihrem Belieben*** c'est comme il vous plaira; ***es liegt in jds Ermessen, ob*** c'est à qn de juger si; ***es liegt nicht in meiner Hand*** [*o* ***Macht***] ***etw zu tun*** il n'est pas en mon pouvoir de faire qc
21. (*begründet sein*) ■ **etw liegt irgendwo** */Grund, Ursache/* qc se situe [*o* qc réside] quelque part
▶ **sie** ~ **aufeinander** */Bücher, Hemden/* ils/elles sont empilé(e)s; **etw liegt nahe** qc se conçoit aisément; **es liegt nahe etw zu tun** il paraît naturel de faire qc; **es liegt nahe, dass** on conçoit aisément que + *subj*; ***die Vermutung liegt nahe, dass*** de là à supposer que + *indic*, il n'y a qu'un pas; **nahe ~d** facile à comprendre, tout(e) naturel(le); **etw ist nahe ~d** qc tombe sous le sens; **etw liegt näher** */Verdacht, Vermutung/* qc paraît s'imposer; */Entscheidung, Handlung a./* qc vaut mieux; **es liegt näher etw zu tun, als ...** il paraît [plus] naturel de faire qc que ...; **jd bleibt** ~ (*steht noch nicht auf*) qn reste couché(e); (*steht nicht mehr auf*) qn reste étendu(e); **etw bleibt ~/irgendwo** ~ (*wird nicht weggenommen*) */Gegenstand, Müll, Gerümpel/* qc reste là/quelque part; **etw bleibt** ~ (*schmilzt nicht*) */Schnee/* qc reste; **etw bleibt irgendwo** ~ (*wird vergessen*) */Gegenstand, Kleidungsstück/* qc reste quelque part; ***mein Hut ist im Zug ~ geblieben*** j'ai laissé [*o* oublié] mon chapeau dans le train; **etw bleibt** ~ (*wird nicht ausgeführt*) */Auftrag, Bestellung, Brief, Post/* qc reste en attente; **etw bleibt [bei jdm]** ~ (*wird nicht verkauft*) */Artikel, Ware/* qc reste en rayon [chez qn]; ***etw bleibt nicht lange*** ~ qc part vite; ***der Artikel ist bei uns ~ geblieben*** cet article nous est resté sur les bras; ***die im Sommer ~ gebliebene Ware*** les invendus *mpl* de l'été; **jd/etw bleibt irgendwo** ~ AUT */Kraftfahrzeug, Fahrer/* qn/qc reste immobilisé(e); ***ein ~ gebliebener Laster*** un camion immobilisé; ***wir sind mit einer Panne ~ geblieben*** nous sommes resté(e)s en panne; **jd lässt etw [irgendwo]** ~ (*fasst nicht an*) qn ne touche pas à qc [qui est quelque part], qn laisse qc où il/elle est; ***lass das ~!*** laisse ça où c'est!; ***lass alles ~, ich räume später auf*** laisse les choses comme elles sont, je rangerai plus tard; ***wenn ihr eure Spielsachen einfach ~ lasst*** quand/si vous laissez traîner vos affaires; ***man soll alles ~ lassen, wie man es nach einem Einbruch vorgefunden hat*** il faut tout laisser dans l'état où on a trouvé les choses après un cambriolage; **jd lässt etw rechts/links** ~ (*fährt vorbei*) qn laisse qc à sa droite/sa gauche; **jd lässt etw ~/irgendwo** ~ (*vergisst*) qn laisse qc là/quelque part; **jd lässt etw** ~ (*lässt unerledigt*) */Arbeit, Brief, Post/* qn laisse qc en attente; **an mir/uns soll es nicht ~!** (*von mir aus!*) ce n'est pas moi qui t'en/vous en empêcherai/nous qui t'en/vous en empêcherons!

liegen|bleiben *s.* **liegen** ▶
liegend I. *adj Akt, Position* couché(e)
II. *adv* **1.** *aufbewahren, lagern* couché(e)
2. (*im Liegen*) couché(e)
liegen|lassen *s.* **liegen** ▶
Liegenschaft <-, -en> *f meist pl* bien-fonds *m*
Liegeplatz *m* mouillage *m* **Liegesitz** *m* siège *m* couchette **Liegestuhl** *m* chaise *f* longue **Liegestütz** <-es, -e> *m* traction *f*, pompe *f fam* ▶ **jd macht ~e** qn fait des tractions [*o* pompes *fam*] **Liegewagen** *m* (*Wagen*) voiture-couchettes *f*; (*Platz*) couchette *f* **Liegewiese** *f* pelouse *f* **Liegezeit** *f* [e]starie *f*
lieh *imp von* **leihen**
Lieschen <-s, -> ['li:sçən] *nt dim von* **Elisabeth**
▶ ~ **Müller** *fam* Madame Tartempion; **Fleißiges** ~ impatiens *f*
ließ *imp von* **lassen**
liest *3. pers pres von* **lesen**
Lift <-[e]s, -e *o* -s> *m* **1.** (*Aufzug*) ascenseur *m*
2. (*Ski~*) téléski *m*, remonte-pente *m*
Liftboy <-s, -s> [-bɔɪ] *m* garçon *m* d'ascenseur
liften *vt* ■ **jd liftet jdm etw** qn fait un lifting de qc à qn; ■ **jd lässt sich** (*dat*) **etw** ~ qn se fait lifter [*o* faire un lifting de] qc
Liga <-, Ligen> *f* **1.** (*Vereinigung*) ligue *f*
2. SPORT division *f*; ***jd steigt in die erste ~ auf*** qn monte en première division
Ligatur <-, -en> *f* **1.** MUS liaison *f*
2. MED ligature *f*
3. TYP ligature *f*; ***die ~ Œ*** l'e dans l'o
light [lait] *adj Getränk* light; *Zigarette* léger(-ère); (*fettreduziert*) allégé(e)
Liguster <-s, -> *m* troène *m*
liieren * *vr* **1.** *geh* ■ **sie ~ sich** ils/elles nouent une liaison *soutenu*; ■ **jd ist [mit jdm] liiert** qn a une liaison [avec qn]; ***ich bin liiert*** je ne suis pas/plus libre, je sors avec quelqu'un; ■ **sie sind liiert** ils/elles sortent ensemble
2. COM ■ **sie ~ sich [zu etw]** ils/elles s'associent [pour former qc]
Likör <-s, -e> *m* liqueur *f*
-likör *m Kirsch-, Kräuter- etc* liqueur *f* de
lila *adj inv* lilas *inv*, mauve
Lila <-s, - *o fam* -s> *nt* mauve *m*
Lilie <-, -n> ['li:liə] *f* lis *m*
Liliputaner(in) <-s, -> *m(f)* (*zwergwüchsiger Mensch*) nain(e) *m(f)*; LITER Lilliputien(ne) *m(f)*
Limes <-, -> *m* **1.** MATH limite *f*
2. ∅ HIST ■ **der** ~ le limes
Limit <-s, -s *o* -e> *nt* **1.** FIN plafond *m*
2. (*höchster Einsatz*) plafond *m*
3. (*Beschränkung*) limite *f*
▶ **jd setzt jdm ein** ~ qn fixe un plafond à qn
-limit *nt Ausgaben-, Kosten-* plafond *m* de, maximum *m* de; *Zeit~* délai *m*
limitieren * *vt* ■ **jd limitiert etw [auf etw** (*akk*)**]** qn limite le tirage de qc [à qc]; ■ **limitiert**: ***in limitierter Auflage*** à tirage limité
Limo <-, -s> *f fam abk von* **Limonade** soda *m*
Limonade <-, -n> *f* limonade *f*, soda *m*
Limone <-, -n> *f* citron *m* vert
Limousine <-, -n> [limu'zi:nə] *f* limousine *f*
lind *adj geh* doux(douce)
Linde <-, -n> *f* tilleul *m*
▶ **aus** ~ en tilleul
Lindenblütentee *m* [infusion *f* de] tilleul *m*
lindern *vt* ■ **etw lindert etw** qc soulage [*o* atténue] qc
Linderung <-> *f* ∅ soulagement *m*; ■ **zur ~ einer S.** (*gen*) pour soulager qc
▶ **etw verschafft jdm** ~ qc procure un soulagement à qn, qc soulage qn
lindgrün I. *adj* [vert] tilleul *inv* **II.** *adv* en vert tilleul **Lindwurm** *m* MYTH dragon *m*
Lineal <-s, -e> *nt* règle *f*
linear *adj* linéaire
Linguist(in) <-en, -en> *m(f)* linguiste *mf*
Linguistik <-> *f* ∅ linguistique *f*
linguistisch I. *adj* linguistique
II. *adv* du point de vue [de la] linguistique; ***jd ist ~ tätig/vorgebildet*** qn a une activité/formation linguistique; ***er ist ~ nicht sehr interessiert*** il n'est pas très intéressé par la linguistique
Linie <-, -n> ['li:niə] *f* (*alle Bedeutungen*) ligne *f*; ***Blätter mit ~n*** du papier ligné [*o* réglé]
▶ **in erster/zweiter** ~ en premier/second lieu; **auf der ganzen** ~ sur toute la ligne; **eine gemeinsame** ~ une ligne commune; **eine geschlängelte** ~ une ligne ondulée, un trait ondulé; **eine gestrichelte** ~ une ligne de tirets; (*mit Pünktchen*) un pointillé; **sie liegen auf der gleichen** ~ ils/elles ont la même orientation [*o* sont en phase]; **klare** ~ ligne *f* claire, orientation *f* nette; **die schlanke** ~ *fam* la ligne; **jd steht in vorderster** ~ qn est en première ligne; **jd zieht eine** ~ qn trace une ligne; **auf** ~ POL *sl bringen* au pas; ***jd ist auf ~*** qn marche droit, qn est dans la ligne du parti; ***beide Länder wollen auf ~ bleiben*** les deux pays veulent garder le [même] cap; **in ...** ~ *absteigender, aufsteigender, gerader* en ligne ...; ***in männlicher/weiblicher*** ~ par les hommes/femmes
Linien- ['li:niən-] TRANSP de ligne, régulier(-ière) **Linienblatt** *nt* feuille *f* lignée **Linienflug** *m* vol *m* régulier [*o* de ligne] **Linienmaschine** *f* avion *m* de ligne **Linienrichter(in)** *m(f)* juge *mf* de ligne, arbitre *mf* de touche **Linienverkehr** *m* trafic *m* de ligne [*o* régulier]
linieren * *vt*, **liniieren** * *vt* ■ **jd lin[i]iert etw** qn ligne [*o* règle] qc; ■ **lin[i]iert** *Papier, Schulheft* ligné(e), réglé(e)
Linierung <-, -en> *f*, **Liniierung** <-, -en> *f* lignes *fpl*; ***mit/ohne*** ~ ligné(e)/non ligné(e)
link *adj sl*: ***eine ~e Masche*** [*o* ***Tour***] un attrape-couillon *pop*; ***ein ~er Trick*** un coup tordu *fam*; ***so ein ~er Hund!*** ah, l'enfoiré! *m vulg*; ***der Typ ist wirklich*** ~ ce mec, c'est vraiment un sale combinard *fam*
Link <-s, -s> *m* INFORM lien *m*
Linke <-n, -n> *f* **1.** (*linke Hand*) main *f* gauche
2. BOXEN (*Hand*) gauche *f*; (*Schlag*) gauche *m*
3. POL ■ **die** ~ la gauche
▶ **zu jds ~n, zur ~n von jdm** *geh* à la gauche de qn
linke(r, s) *adj attr* **1.** (*opp: rechte*) gauche; *Fahrbahn, Spur, Straßenseite, Tür, Haus, Bild* de gauche
2. COUT: ***die ~ Seite*** l'envers *m*; ***auf der ~n Seite*** à l'envers
3. POL de gauche; *Flügel* gauche; ***das ~ Lager*** la gauche
Linke(r) *f(m) decl wie adj* homme/femme *m/f* de gauche; ***eine ganz ~*** une gauchiste; ***die äußerste ~*** l'extrême gauche
linken *vt sl* ■ **jd linkt jdn** qn entube qn *fam*
linkisch I. *adj* gauche
II. *adv* gauchement
links I. *adv* **1.** (*auf der linken Seite*) à gauche; ~ ***oben/unten*** en haut/en bas à gauche; ■ ~ **hinter/neben/von/vor ...** à gauche derrière/près de/de/devant; ~ ***hinter dem Ohr*** derrière l'oreille gauche; ***direkt ~ neben dir*** tout près de toi à gauche; ~ ***von uns*** à notre gauche
2. (*verkehrt herum*) à l'envers
3. TRANSP *bleiben, fahren, sich halten* à gauche, sur la voie de gauche; *abbiegen* à gauche, vers la gauche; ***jd ordnet sich ~ ein*** qn se met sur la voie de gauche
▶ **jd ist ~ eingestellt** qn est [*o* a des idées] de gauche, qn est gauchisant(e); **halb** ~ légèrement à gauche; ***das Auto kam von halb ~*** la voiture arrivait légèrement de la gauche; **von ~ nach rechts** de gauche à droite; ***du musst den Pulli von ~ nach rechts drehen*** il faut que tu remettes le pull à l'endroit; ***er taumelte von ~ nach rechts*** il titubait; **jd schaut weder ~ noch rechts** qn va droit devant lui/elle; **eine [Masche] ~, drei [Maschen] rechts** une maille à l'envers, trois mailles à l'endroit; **jd lässt jdn ~ liegen** *fam* qn ne lui prête pas attention; **jd steht [*o* ist] ~** qn est [*o* se situe] à gauche; **jd steht [*o* ist] ~ von jdm/etw** qn est [*o* se situe] à gauche de qn/qc [*o* plus à gauche que qn/qc]; **jd strickt [etw]** ~ *Masche, Reihe* qn tricote [qc] à l'envers; **jd strickt etw glatt** ~ *Pulli etc* qn tricote qc en jersey envers; **auf** ~ *drehen, wenden* à l'envers; **mit** ~ *fam* (*mit Leichtigkeit*) les doigts dans le nez *fam*; **nach** ~ à gauche, vers la gauche; ***wir können den Tisch nach ~ an die Wand schieben*** on peut pousser la table sur la gauche contre le mur; ~ **um!** à gauche, gauche!; **von** ~ de la gauche
II. *präp* ■ ~ **einer S.** (*gen*) à gauche de qc
Linksabbieger(in) <-s, -> *m(f)* véhicule *m* qui tourne à gauche; ***diese Spur ist nur für ~*** cette voie est réservée à ceux qui tournent à gauche **Linksabbiegerspur** *f* TRANSP voie *f* réservée aux véhicules qui tournent à gauche **Linksaußen** <-, -> *m* **1.** FBALL ailier *m* gauche **2.** POL *fam*: ***er gilt als der ~ seiner Partei*** dans son parti, il est considéré comme très à gauche [*o* il fait figure de gauchiste *hum*] **linksbündig I.** *adj* aligné(e) à gauche **II.** *adv ausdrucken* aligné(e) à gauche; ***jd ordnet etw ~ an*** qn aligne qc à gauche **Linksdrall** *m* **1.** [*Lauf*] rayure *f* à gauche; [*Billardkugel*] effet

m à gauche **2.** POL glissement *m* à gauche ► **jd hat einen** ~ POL *fam* qn glisse à gauche; */Autofahrer/* qn tend trop à gauche **Linksextremist(in)** *m(f)* extrémiste *mf* de gauche **linksextremistisch I.** *adj* d'extrême gauche **II.** *adv*: ***jd ist* ~ *angehaucht*** qn a des idées teintées d'extrémisme de gauche; ***jd ist* ~ *beeinflusst*** qn subit l'influence de l'extrême gauche **linksgerichtet** *adj* orienté(e) à gauche **Linksgewinde** *nt* filetage *m* à gauche **Linkshänder(in)** <-s, -> *m(f)* gaucher(-ère) *m(f)* ► **jd ist** ~ qn est gaucher(-ère) **linkshändig I.** *adj* gaucher(-ère) **II.** *adv* de la main gauche **linksherum** *adv* **1.** *fahren, verlaufen* à gauche **2.** *hineinschrauben, sich drehen etc* de droite à gauche, dans le sens inverse des aiguilles d'une montre; (*beim Walzer*) à l'envers **Linksintellektuelle(r)** *f(m) decl wie adj* intellectuel(le) *m(f)* de gauche **Linkskurve** [-və] *f* virage *m* à gauche ► **etw macht eine** ~ qc fait un virage à gauche **linkslastig** *adj* **1.** (*links zu stark belastet*) trop chargé(e) à gauche **2.** POL *pej* marqué(e) à gauche **linksradikal I.** *adj* d'extrême gauche **II.** *adv*: ***jd ist* ~ *eingestellt*** qn a des idées d'extrême gauche **Linksradikale(r)** *f(m) decl wie adj* extrémiste *mf* de gauche **linksrheinisch I.** *adj* [situé(e)] à l'ouest [*o* sur la rive gauche] du Rhin **II.** *adv* à l'ouest [*o* sur la rive gauche] du Rhin **Linksruck** <-es, -e> *m* ∅ poussée *f* [*o* coup *m* de barre] à gauche **linksrum** *adv fam s.* **linksherum. linksseitig I.** *adj* du côté gauche; ~***e Armamputation*** amputation *f* du bras gauche **II.** *adv* du côté gauche; ~ ***erblindet*** aveugle de l'œil gauche **linksum** *adv* ► ~ **kehrt**! demi-tour à gauche, gauche!; **sie machen** ~ *fam* ils/elles prennent à gauche **Linksverkehr** *m* conduite *f* à gauche; ***in England ist*** ~ en Angleterre, on roule à gauche

Linnen <-s, -> *nt veraltend geh* lin *m*

Linoleum <-s> *nt* ∅ linoléum *m*, lino *m fam*

Linolschnitt *m* linogravure *f*

Linse <-, -n> *f* **1.** BOT, GASTR lentille *f*
2. ANAT cristallin *m*
3. OPT lentille *f*

linsen *vi, vt fam* ■ **jd linst** [**etw**] qn reluque [qc] *fam*; ***jd linst in das Heft des Nachbarn*** qn louche sur le cahier du voisin *fam*

LipglossRR <- -, - -> *nt* brillant *m* à lèvres

Lippe <-, -n> *f* lèvre *f*
► **jd riskiert eine dicke** [*o* **große**] ~ *sl* qn la ramène [un peu trop] *fam*; ***ich würde keine so große*** ~ ***riskieren*** moi, je la ramènerais un peu moins *fam*; **jd bringt etw nicht über die** ~**n** *Nachricht* qn ne peut se résoudre à dire [*o* annoncer] qc; *Name, Wort* qn ne peut se résoudre à prononcer qc; *Protest* qn ne se résout pas à exprimer qc; **jd hängt an jds** ~**n** (*dat*) qn est suspendu(e) aux lèvres de qn; **etw kommt nicht über jds** ~**n** (*akk*) qn ne prononce pas qc; **jd liest jdm etw von den** ~**n ab** qn lit qc sur les lèvres de qn

Lippenbekenntnis *nt* simples déclarations *fpl* d'intention, déclaration *f* faite du bout des lèvres; REL profession *f* de foi de pure forme ► **jd legt ein** ~ **ab** qn prononce un engagement du bout des lèvres **Lippenblütler** <-s, -> *m* labi[ac]ée *f* **Lippenlaut** *m* labiale *f* **Lippenpflegestift** *m* baume *m* pour lèvres [en stick] **Lippenstift** *m* **1.** (*Gegenstand*) [bâton *m* de] rouge *m* à lèvres **2.** (*Masse*) rouge *m* à lèvres ► **kussechter** ~ rouge *m* baiser

-lippig aux lèvres ...; ■ **jd ist ...**~ qn a les lèvres ...

liquid *adj s.* **liquide**

Liquida <-, Liquidä *o* Liquiden> *f* liquide *f*

Liquidation <-, -en> *f* **1.** *form* (*Honorarrechnung*) note *f* d'honoraires
2. COM [*Firma*] liquidation *f*

liquid[e] *adj* **1.** *geh* (*solvent*) disposant de fonds; ■ **jd ist** ~ qn est en fonds
2. (*verfügbar*) disponible [en liquide]; ~***e Barreserven*** [*o* ***Gelder***] [*o* ***Mittel***] des liquidités *fpl*

liquidieren * *vt* **1.** *euph* (*umbringen*) ■ **jd liquidiert jdn** qn liquide qn *fam*, qn élimine qn
2. (*auflösen*) ■ **jd liquidiert etw** *Betrieb, Firma* qn liquide qc
3. *form* (*in Rechnung stellen*) ■ **jd liquidiert etw** *Betrag* qn fixe le montant de ses honoraires à qc

Liquidierung <-, -en> *f* **1.** *euph* (*das Umbringen*) élimination *f*
2. COM [*Firma*] liquidation *f*

Liquidität <-> *f* ∅ solvabilité *f*

Lira <-, Lire> *f* (*italienische Währung*) lire *f*; (*maltesische Währung*) livre *f* maltaise; (*türkische Währung*) livre *f* turque

lismen *vt, vi* CH *s.* **stricken**

lispeln I. *vi* ■ **jd lispelt** qn zézaie; ■ **das L**~ le zézaiement
II. *vt* ■ **jd lispelt etw** qn chuchote qc

Lissabon <-s> *nt* Lisbonne

List <-, -en> *f* ruse *f*
► **mit** ~ **und Tücke** *fam* en utilisant tous les trucs [*o* combines] possibles *fam*; **jd greift zu einer** ~, **jd wendet eine** ~ **an** qn recourt à [*o* emploie] une ruse

Liste <-, -n> *f* **1.** (*Aufstellung*) liste *f*
2. (*Aneinanderreihung*) liste *f*, série *f*
3. POL liste *f*
► **Alternative** ~ POL liste *f* alternative; **Grün-Alternative** ~ POL liste *f* écologiste alternative; **die schwarze** ~ la liste noire; **jd steht auf der schwarzen** ~ qn est sur la liste noire; **jd kommt auf die schwarze** ~ qn se retrouve sur la liste noire

Listenplatz *m* place *f* sur la liste **Listenpreis** *m* prix *m* catalogue

listig I. *adj Mensch* rusé(e); *Plan, Manöver* astucieux(-euse)
II. *adv* avec astuce

listigerweise *adv* ■ **jd tut etw** ~ qn a l'habileté de faire qc

Litanei <-, -en> *f* **1.** *pej fam* (*Aufzählung*) litanie *f fam*
2. ECCL litanies *fpl*

Litauen <-s> *nt* la Lituanie

Litauer(in) <-s, -> *m(f)* Lituanien(ne) *m(f)*

litauisch *adj* lituanien(ne)
► **auf L**~ en lituanien

Liter <-s, -> *m o nt* litre *m*

literarisch I. *adj* littéraire
II. *adv* **1.** *gebildet, informiert* dans le domaine littéraire; ~ ***Interessierte*** les gens *mpl* qui s'intéressent à la littérature
2. *verwenden* en littérature; ***etw wird*** ~ ***adaptiert*** on fait une adaptation littéraire de qc; ***jd arbeitet etw*** ~ ***um*** qn transpose qc en littérature

Literat(in) <-en, -en> *m(f) geh* homme/femme *m/f* de lettres *soutenu*;
■ **die** ~**en** les gens *mpl* de lettres *soutenu*

Literatur <-, -en> *f* littérature *f*; (*Veröffentlichungen a.*) ouvrages *mpl*
► **die schöne** [*o* **schöngeistige**] ~ les belles-lettres *fpl soutenu*

-literatur *f SF-, Horror-* livres *mpl* [*o* littérature *f*] de; *Erotik-, Frauen-* littérature *f* + *adj*; ***Unterhaltungs***~ littérature *f* facile

Literatur- 1. *-erzeugnis, -zeitschrift, -beilage* littéraire **2.** MEDIA *-hinweis* bibliographique; *-benutzung* à des fins d'édition **Literaturangabe** *f* note *f* bibliographique; ■ ~**n** une notice bibliographique **Literaturdenkmal** *nt* monument *m soutenu* [*o* œuvre *f* majeure] de la littérature **Literaturgattung** *f* genre *m* littéraire **Literaturgeschichte** *f* histoire *f* de la littérature **literaturgeschichtlich I.** *adj* d'histoire de la littérature [*o* littéraire] **II.** *adv* d'un point de vue historico-littéraire **Literaturkritik** *f* critique *f* littéraire **Literaturkritiker(in)** *m(f)* critique *mf* littéraire **Literaturpreis** *m* prix *m* littéraire **Literaturverzeichnis** *nt* bibliographie *f* **Literaturwissenschaft** *f* lettres *fpl*; ***die deutsche*** ~ les germanistes *mpl*, les spécialistes *mpl* de littérature allemande ► **vergleichende** ~ littérature *f* comparée

Literflasche *f* [bouteille *f* d'un] litre *m* **Litermaß** *nt* litre *m* [en bois] **literweise** *adv gelangen, trinken* par litres [entiers]; *abgeben, verkaufen* au litre

Litfaßsäule *f* colonne *f* Morris

Lithium <-s> *nt* ∅ CHEM lithium *m*

LithografieRR *s.* **Lithographie**

lithografischRR *s.* **lithographisch**

Lithographie <-, -n> [-'fiːən] *f* lithographie *f*

lithographisch *adj* lithographique

litt *imp von* **leiden**

Liturgie <-, -n> [-'giːən] *f* liturgie *f*

liturgisch *adj* liturgique

Litze <-, -n> *f* **1.** COUT galon *m*, tresse *f*
2. ELEC tresse *f*

live [laif] **I.** *adj* ■ **etw ist** ~ qc est en direct
II. *adv* en direct; ***wir senden heute*** ~ c'est une émission live [*o* en direct]; ***das Konzert wurde*** ~ ***aufgezeichnet*** c'est un enregistrement live [*o* en direct] du concert

Live- ['laif-] en direct, live; *-aufzeichnung a.* en public

Livree <-, -n> [li'vreː, -eːən] *f* livrée *f*
► **in** ~ en livrée

livriert [li'vriːɐt] *adj* en livrée

Lizentiat *s.* **Lizenziat**

Lizentiat(in) *s.* **Lizenziat(in)**

Lizenz <-, -en> *f* **1.** JUR licence *f*
2. SPORT licence *f*
► **in** ~ sous licence

Lizenzausgabe *f* édition *f* sous licence **Lizenzgeber(in)** <-s, -> *m(f)* concédant(e) *m(f)* **Lizenzgebühr** *f* royalties *fpl*

LizenziatRR <-[e]s, -e> *nt* **1.** (*theologischer Universitätsgrad*) ≈ licence *f* de théologie
2. CH ≈ licence *f* de lettres et sciences humaines

Lizenziat(in)RR <-en, -en> *m(f)* **1.** (*Theologe*) ≈ licencié(e) *m(f)* en théologie
2. CH ≈ licencié(e) *m(f)* ès lettres

Lizenznehmer(in) <-s, -> *m(f)* concessionnaire *mf* **Lizenzspieler(in)** *m(f)* licencié(e) *m(f)* **Lizenzvergabe** *f* concession *f* de licence

Lkw, LKW <-[s], -[s]> [ɛlkaːˈveː] *m abk von* **Lastkraftwagen** camion *m*, poids *m* lourd

Lkw-, LKW- [ɛlkaːˈveː-] de camion, de poids lourd; *-Führerschein* poids lourd

Lob <-[e]s, *rare* -e> *nt* félicitations *fpl*; ***jd geizt sehr mit*** [***seinem***] ~ qn est vraiment avare de compliments; ***jd überhäuft jdn mit*** ~ qn couvre qn de compliments
► **jd ist des** ~**es voll** [**über jdn/etw**] qn ne tarit pas d'éloges [sur qn/à propos de qc]; ***ich bin wirklich des*** ~***es voll*** je ne peux qu'en faire l'éloge; **jd spendet** [*o* **zollt** *geh*] **jdm** ~ qn adresse des félicitations à qn, qn prodigue des louanges à qn *soutenu*; **jd/etw verdient** ~ qn/qc mérite des félicitations [*o* éloges]; **zu jds** ~ au crédit de qn; ***zum*** ~ ***Gottes*** à la louange de Dieu

Lobby <-, -s *o* Lobbies> ['lɔbi] *f* lobby *m*

-lobby [-'lɔbi] *f Auto-, Tabak-* lobby *m* de ...; *Atom-, Agrar-* lobby *m* + *adj*

loben I. *vt* **1.** (*anerkennend beurteilen*) ■ **jd lobt jdn** qn félicite qn; ■ **jd lobt jds etw** qn loue qn pour [*o* de] son/sa qc, qn complimente qn pour son/sa qc; ***etw wird von jedem gelobt*** qc s'attire les compliments de tout le monde; ***etw muss gelobt werden*** qc mérite des félicitations, on ne peut que louer qc
2. (*lobenswert sein*) ■ **etw ist zu** ~ */Verhalten/* qc est digne d'éloges; */Kochkünste/* qc est remarquable
3. REL ■ **jd lobt jdn/etw** qn loue qn/qc; *sein Schicksal* qn se loue de qc
II. *vr* **1.** (*schätzen*) ■ **jd lobt sich** (*dat*) **etw** *bestimmtes Essen, alte Zeiten* [c'est là que] qn regrette [de ne pas avoir] qc
2. (*sehr gefallen*) ■ **jd lobt sich** (*dat*) **jdn/etw** *Mitarbeiter, Engagement* qn

apprécie qn/qc; ***so einen Mitarbeiter lobe ich mir!*** voilà le type de collaborateur que j'apprécie!

III. *vi* ■ **jd lobt** qn fait des compliments; ***„Gut gemacht!" lobt sie*** "Bien joué!" complimente-t-elle

lobend I. *adj* élogieux(-euse)

II. *adv* en termes élogieux

lobenswert *adj* 1. (*anerkennenswert*) digne d'éloges

2. GASTR remarquable

Lobeshymne *f* louanges *fpl*; ***etw ist eine einzige ~*** qc est un concert de louanges

▶ **jd singt eine ~ [*o* ~n] auf jdn/etw** qn chante les louanges de qn/qc

Lobgesang *m* hymne *m* de louange **Lobhudelei** <-, -en> *f pej* [basse] flatterie *f*, flagornerie *f soutenu* **lobhudeln** *vi pej* ■ **jd lobhudelt** qn use de flatterie[s]; ■ **jd lobhudelt jdn** qn encense qn; ■ **~d** flatteur(-euse), flagorneur(-euse) *soutenu*

löblich *adj geh* louable

Loblied *nt* ▶ **jd singt ein ~ auf jdn/etw** qn chante les louanges de qn/qc; **jd stimmt ein ~ auf jdn/etw an** qn entonne les louanges de qn/qc *vieilli*

lobpreisen <lobpreiste *o* lobpries, gelobpreist *o* lobgepriesen> *pp vt liter* ■ **jd lobpreist jdn** qn loue qn **Lobrede** *f* panégyrique *m* ▶ **jd hält eine ~ auf jdn** qn fait le panégyrique de qn

Loch <-[e]s, Löcher> *nt* 1. (*Öffnung, Vertiefung*) trou *m*

2. SPORT trou *m*

3. *fam* (*elende Wohnung*) taudis *m*

▶ **jd fragt jdm ein ~ [*o* Löcher] in den Bauch** *fam* qn crible qn de questions; **jd redet einem ein ~ [*o* Löcher] in den Bauch** *fam* qn soûle qn de paroles; **jd starrt Löcher in die Luft** *fam* qn baye aux corneilles; **ein gähnendes ~** *geh* un trou béant; **jd pfeift auf dem letzten ~** *sl* (*finanziell*) qn est flambé(e) *fam*; (*erschöpft*) qn est lessivé(e) *fam*; **schwarzes ~** trou *m* noir; **ein Tier frisst ein ~ in etw** (*akk*) un animal troue qc [*o* fait un trou dans qc]; **etw reißt [*o* frisst] ein ~ in etw** (*akk*) *fam* qc fait un trou dans qc; **jd säuft wie ein ~** *fam* qn boit comme un trou; **jd stopft ein ~** qn bouche un trou

lochen *vt* ■ **jd locht etw** *Beleg, Unterlage* qn perfore qc; *veraltend Fahrkarte* qn poinçonne qc

Locher <-s, -> *m* perforeuse *f*, perforateur *m*

löcherig *adj* troué(e)

löchern *vt fam* ■ **jd löchert jdn** qn tanne qn *fam*, qn harcèle qn [de questions/de demandes]; ***du sollst mich nicht so ~!*** lâche-moi un peu [les baskets]! *fam*, arrête de me casser les pieds! *fam*; ***er löchert mich seit Tagen, ob ich ihm nicht 100 Mark leihen könnte*** il me tanne depuis des jours pour que je lui prête 100 marks *fam*

Lochung <-, -en> *f* 1. ∅ (*das Lochen*) perforation *f*; ***etw dient zur ~ von etw*** qc sert à perforer qc

2. (*gelochte Stelle*) perforation *f*; [*Fahrkarte*] poinçonnage *m*

Lochzange *f* (*für Fahrkarten etc*) [pince *f*] perforatrice *f*, poinçonneuse *f*; (*Werkzeug*) emporte-pièce *m*

Locke <-, -n> *f* boucle *f* [de cheveux]

▶ **jd hat ~n** qn est bouclé(e)

locken[1] I. *vt* (*mit Locken versehen*) ■ **jd lockt etw** qn boucle [*o* fait boucler] qc; ■ **jd lässt sich etw ~** qn se fait boucler qc; *s. a.* **gelockt**

II. *vr* ■ **etw lockt sich** qc boucle

locken[2] *vt* 1. (*ver~*) ■ **etw lockt jdn** /*Angebot, Vorschlag, Möglichkeit*/ qc attire [*o* séduit] qn

2. (*ziehen*) ■ **es lockt jdn irgendwohin** qn est attiré(e) par qc

3. (*an~*) ■ **ein Tier lockt ein anderes** un animal appelle un autre animal

lockend *adj* tentant(e), alléchant(e), séduisant(e)

Lockenkopf *m* 1. (*Haar*) cheveux *mpl* bouclés 2. (*Mensch*) enfant *m* [*o* personne] aux cheveux bouclés *f*; ***sie ist ein blonder ~*** c'est une blonde bouclée **Lockenpracht** *f* beaux cheveux *mpl* bouclés **Lockenstab** *m* fer *m* à friser **Lockenwickler** <-s, -> *m* bigoudi *m*

locker I. *adj* 1. (*nicht festsitzend*) *Halterung, Verschraubung, Schraube* desserré(e); *Ziegel, Zahn* branlant(e)

2. (*nicht fest*) *Boden, Erdreich* meuble; *Schnee* poudreux(-euse)

3. GASTR léger(-ère)

4. (*nicht gespannt*) *Kette, Seil* détendu(e), lâche; *Masche* lâche; *Muskel* relâché(e), décontracté(e)

5. (*leger*) *Haltung, Sitzweise* détendu(e)

6. (*unverkrampft*) *Auffassung* relâché(e); *Einstellung* large; *Mensch* libéral(e), tolérant(e); ***eine ziemlich ~e Moralvorstellung*** une conception de la morale plutôt relâchée

7. (*oberflächlich*) *Bekanntschaft, Verhältnis* épisodique, vague *antéposé*

8. (*leichtfertig*) léger(-ère)

II. *adv* 1. (*nicht stramm*) *binden, hineindrehen, stricken, häkeln* sans serrer; ***jd dreht etw ~*** qn desserre qc

2. (*nicht verkrampft*) *sitzen, laufen, spielen* de façon détendue; *handhaben, zugehen* de façon décontractée

3. (*oberflächlich*) *bekannt sein, kennen* vaguement

4. *sl* (*ohne Schwierigkeiten*) à l'aise *fam*

▶ **etw sitzt ~** /*Lampe, Platte, Schraube*/ qc est desserré(e); /*Ziegel, Zahn*/ qc est branlant(e); /*Kleidung*/ qc est ample, qc ne serre pas; **[bei] jdm sitzt etw ~** *sl* /*Messer*/ qn joue volontiers de qc; ***[bei] jdm sitzt der Revolver/das Geld ~*** qn a la gâchette/l'argent facile *fam*

locker-flockig I. *adj sl* décontract(e) *fam*, cool *fam*

II. *adv sl* de façon très décontracte *fam*; *schaffen* à l'aise *fam*, tranquillos *arg*

Lockerheit <-> *f* ∅ 1. [*Kette, Seil etc*] absence *f* de tension; ***die plötzliche ~ des Seils*** le fait que la corde soit soudain détendue

2. GASTR légèreté *f*

locker|lassen *vi irreg fam* ■ **jd lässt nicht locker** qn ne lâche pas prise **locker|machen** *vt fam* ■ **jd macht etw [für jdn/etw] locker** *Betrag, Geld, Kredit etc* qn décroche qc [à qn/pour qc] *fam*; ■ **jd macht etw bei jdm ~** qn soutire qc à qn *hum*

lockern I. *vt* 1. (*locker machen*) ■ **jd lockert etw** *Griff, Fassung, Krawatte* qn desserre qc; *Zügel* qn laisse flotter qc, qn relâche qc

2. (*entspannen*) ■ **jd/etw lockert etw** *Arme, Beine, Muskeln* (*zum Aufwärmen*) qn/qc assouplit qc; (*zum Entspannen*) qn/qc décontracte qc

3. (*weniger streng gestalten*) ■ **jd lockert etw** *Ausgangssperre, Embargo, Beschränkung* qn assouplit qc

II. *vr* 1. SPORT ■ **jd lockert sich** (*zum Aufwärmen*) qn s'assouplit; (*zum Entspannen*) qn se décontracte, qn décontracte ses muscles

2. (*sich entkrampfen*) ■ **etw lockert sich** /*Atmosphäre, Verkrampfung*/ qc se détend

Lockerung <-, -en> *f* 1. SPORT (*zum Aufwärmen*) assouplissement *m*; (*zum Entspannen*) relaxation *f*; ***zur ~ der Arme*** pour assouplir les bras

2. (*Entkrampfung*) [*Atmosphäre, Verkrampfung*] détente *f*; [*Embargo, Vorschriften, Kontrollen*] assouplissement *m*; ***zur ~ der Atmosphäre*** pour détendre l'atmosphère

Lockerungsübung *f* (*zum Aufwärmen*) [exercice *m* d']assouplissement *m*; (*zum Entspannen*) [exercice *m* de] relaxation *f*

▶ **jd macht ~en** qn fait des assouplissements/de la relaxation

lockig *adj* bouclé(e)

Lockmittel *nt* appât *m*; ***sexuelles ~*** phéromone *f* **Lockruf** *m* cri *m* d'appel **Lockvogel** *m* 1. JAGD appeau *m* 2. *pej* (*Köder*) appât *m*

Loddel <-s, -> *m sl* mac *m arg*, marlou *m pop*

Loden <-s, -> *m* loden *m*

Lodenmantel *m* loden *m*

lodern *vi* 1. + *haben* ■ **etw lodert** /*Feuer, Feuersbrunst*/ qc flamboie; ■ **~d** flamboyant(e)

2. + *sein* ■ **etw lodert irgendwohin** qc monte vers qc

Löffel <-s, -> *m* 1. (*als Besteck*) cuillère *f*, cuiller *f*

2. GASTR cuillère *f*, cuillerée *f*

3. JAGD (*Ohr*) oreille *f*

▶ **großer/kleiner ~** grande/petite cuillère *f*; **ein/einen ~ voll** une cuillerée; **jd balbiert jdn über den ~** *fam* qn roule qn dans la farine *fam*; **jd bekommt [*o* kriegt] ein paar hinter die ~** *fam* qn prend une paire de baffes *fam*; **jd gibt den ~ ab** *sl* qn casse sa pipe *pop*; **jd gibt jdm ein paar hinter die ~** *fam* qn fiche une paire de baffes à qn *fam*; **jd sperrt seine ~ auf** *sl* qn ouvre [toutes grandes] ses esgourdes *arg*

-löffel *m Eier-, Soßen-, Suppen-, Tee-, Kaffee-* cuillère *f* à; *Kinder-* cuillère *f* pour

löffeln *vt* 1. (*essen*) ■ **jd löffelt etw** qn mange qc [à la cuillère]

2. (*schöpfen*) ■ **jd löffelt [jdm] etw [in etw** (*akk*)**]** qn sert [*o* verse] une louche de qc [à qn] [dans qc]

Löffelstiel *m* manche *m* de cuillère **löffelweise** *adv füttern* à la cuillère; *zugeben* par cuillerées

log[1] *m abk von* **Logarithmus**

log[2] *imp von* **lügen**

Log <-s, -e> *nt* NAUT loch *m*

Logarithmentafel *f* table *f* de logarithmes

Logarithmus <-, -rithmen> *m* logarithme *m*

Logbuch *nt* livre *m* [*o* journal *m*] de bord

Loge <-, -n> ['lo:ʒə] *f* (*alle Bedeutungen*) loge *f*

Logen- ['lo:ʒən-] (*einer Freimaurerloge*) de loge **Logenplatz** *m* [place *f* de] loge *f*

logieren * [lo'ʒi:rən] *vi* ■ **jd logiert irgendwo/bei jdm** qn loge quelque part/chez qn

Logik <-> *f* ∅ logique *f*

▶ **das ist vielleicht eine ~!** *iron* c'est une drôle de logique!

Login <-s, -s> [lɔk'ʔɪn] *nt* INFORM ouverture *f* d'une/de la session

Logis <-> [lo'ʒi:] *nt* ∅ (*Unterkunft*) logement *m*

▶ **jd wohnt bei jdm in ~** qn loge [*o* est en pension] chez qn

logisch I. *adj* 1. (*folgerichtig*) logique

2. *fam* (*selbstverständlich*) logique *fam*, normal(e); ***na ~!*** bien sûr!, évidemment!

II. *adv erklären, folgern, sich verhalten* logiquement

logischerweise *adv* ■ **jd tut etw ~** il est logique [*o* normal] que qn fasse qc

Logistik <-> *f* ∅ logistique *f*

logo *interj sl* logique *fam*, normal *fam*; ***kommst du auch mit? – Na ~!*** toi aussi, tu viens? – Je veux[, mon neveu]! *fam*

Logo <-s, -s> *nt* logo *m*

Logoff <-s, -s> [lɔk'ʔɔf] *nt* INFORM clôture *f* d'une/de la session

Logopäde <-n, -n> *m*, **-pädin** *f* orthophoniste *mf*

Logopädie <-> *f* ∅ orthophonie *f*

Lohe <-, -n> *f* 1. *geh* (*Flamme*) flammes *fpl*

2. (*Gerber~*) tanin *m*

Lohn <-[e]s, Löhne> *m* 1. (*Arbeitsentgelt*) salaire *m*

2. ∅ (*Belohnung*) salaire *m*, récompense *f*

▶ **der gerechte [*o* verdiente] ~ für etw** la juste récompense [*o* le juste salaire] de qc; **als [*o* zum] ~ für etw** en récompense de qc

Lohn- *-abbau, -anhebung, -steigerung, -tarif, -skala, -zahlung* des salaires; *-kosten* salarial(e); *-abrechnung, -streifen* de salaire, de paie; *-verzicht* de salaire; *-pfändung* sur le salaire; *-zurückhaltung* en matière de salaires; **~tüte** [enveloppe *f* de] paie *f* **Lohnausgleich** *m* indemnité *f* salariale ▶ **bei vollem ~** sans perte [*o* diminution] de salaire; ***eine Reduzierung der Wochenstunden bei vollem ~*** une réduction des heures hebdomadaires de travail à salaire égal **Lohnbuchhalter(in)** *m(f)* agent *m* payeur **Lohnbuchhaltung** *f* 1. ∅ comptabilité *f* des salaires 2. (*Lohnbüro*) comptabilité *f* [salaires] **Lohnbüro** *nt* bureau *m* de paie [*o* des salaires] **Lohnempfänger(in)** *m(f) form* salarié(e) *m(f)*

lohnen I. *vr* 1. (*sich bezahlt machen*) ■ **etw lohnt sich [für jdn]** /*Auftrag, Aufwand, Mühe etc*/ qc vaut la peine [pour qn]
2. (*es wert sein*) ■ **etw lohnt sich** /*Film, Theaterstück, Konzert, Ausstellung etc*/ qc vaut le coup; ■ **es lohnt sich** ça en vaut la peine, ça vaut le coup; ■ **es lohnt sich etw zu tun** ça vaut le coup de faire qc
II. *vt* 1. (*wert sein*) ■ **etw lohnt etw** /*Ergebnis/ Anstrengung* qc justifie qc; /*Aufwand, Einsatz/ Ergebnis* qc est justifié(e) par qc; /*Ausstellung, Museum, Kunstwerk/ Besuch, Blick* qc mérite qc
2. (*be~*) ■ **jd lohnt jdm etw** qn récompense qn de [*o* pour] qc; ***Gott wird's Ihnen*** ~ Dieu vous le rendra
III. *vi* ■ **es lohnt** ça vaut le coup, ça [en] vaut la peine; ■ **es lohnt etw zu tun** ça vaut le coup [*o* la peine] de faire qc

löhnen I. *vi fam* ■ **jd löhnt** qn casque *fam*
II. *vt fam* ■ **jd löhnt etw [für etw]** qn aligne qc [pour qc] *fam*

lohnend *adj* profitable; ■ **[für jdn] ist es ~ etw zu tun** c'est profitable [*o* avantageux] [pour qn] de faire qc

lohnenswert *adj* 1. (*bereichernd*) *Film, Stück, Ausstellung* qui en vaut la peine; ■ **etw ist ~** qc en vaut la peine; (*befriedigend, Gewinn bringend*) satisfaisant(e), intéressant(e); (*profitabel*) profitable
2. *geh* (*löblich*) louable, méritoire

Lohnerhöhung *f* (*tariflich*) hausse *f* des salaires; (*eines Einzelnen*) augmentation *f* [de salaire] **Lohnforderung** *f* revendication *f* salariale **Lohnfortzahlung** *f* maintien *m* du salaire **Lohngruppe** *f* catégorie *f* salariale **Lohnliste** *f* liste *f* du personnel appointé ▶ **jd steht auf jds ~** (*dat*) IND qn fait partie des personnes appointées par qn; (*wird von jdm bezahlt*) qn est appointé(e) par qn **Lohnnebenkosten** *pl* charges *fpl* annexes [au salaire] **Lohn-Preis-Spirale** *f* spirale *f* inflationniste [salaires-prix]

Lohnsteuer *f* impôt *m* sur les traitements et salaires

Lohnsteuerjahresausgleich *m* (*Rückzahlung*) remboursement *m* du trop-perçu d'impôt; (*Antrag*) demande *f* de régularisation annuelle du trop-perçu d'impôt **Lohnsteuerkarte** *f* fiche *f* fiscale (*sur laquelle figure la catégorie d'imposition d'un employé*)

Lohnstückkosten *pl* part *f* des charges salariales dans les coûts de production

Loipe <-, -n> *f* piste *f* de ski de fond

Lok <-, -s> *f fam abk von* **Lokomotive** loco *f fam*

lokal *adj* (*alle Bedeutungen*) local(e)

Lokal <-s, -e> *nt* établissement *m*; (*Speise~ a.*) restaurant *m*; (*Kneipe a.*) café *m*, bistro[t] *m*; (*Vereins~*) cafétéria *f* [du club]

Lokal- local(e) **Lokalanästhesie** *f* anesthésie *f* locale ▶ **in ~** sous anesthésie locale **Lokalaugenschein** *m* AUS *s.* **Lokaltermin**

Lokale(s) *nt decl wie adj* PRESSE nouvelles *fpl* [*o* informations *fpl*] locales

Lokalisation <-, -en> *f geh* localisation *f*

lokalisieren * *vt* 1. (*örtlich bestimmen*) ■ **jd lokalisiert etw** qn localise qc; ■ **etw lässt sich ~** qc peut être localisé(e), on peut localiser qc
2. (*eingrenzen*) ■ **jd lokalisiert etw [auf etw** (*akk*)**]** *Brand, Konflikt* qn circonscrit qc [à qc]

Lokalität <-, -en> *f* 1. (*Örtlichkeit*) lieux *mpl*
2. *hum fam* (*Speiselokal*) resto *m fam*; (*Kneipe*) bistro *m fam*

Lokalkolorit *nt* couleur *f* locale **Lokalmatador** *m hum* héros *m* local **Lokalnachrichten** *pl* nouvelles *fpl* [*o* informations *fpl*] locales **Lokalpatriotismus** *m* esprit *m* de clocher **Lokalteil** *m* pages *fpl* locales **Lokaltermin** *m* descente *f* sur les lieux **Lokalverbot** *nt* ▶ **jd bekommt ~** qn se fait interdire l'entrée [quelque part]; **jd erteilt jdm ~** qn interdit son établissement à qn; **jd hat [irgendwo/bei jdm] ~** qn est interdit(e) [quelque part/chez qn] **Lokalzeitung** *f* journal *m* local

Lokführer(in) *m(f) fam* mécano *mf fam*

Lokomotive <-, -n> [-və] *f* locomotive *f*

Lokomotivführer(in) *m(f)* conducteur(-trice) *m(f)* de locomotive, mécanicien(ne) *m(f)*

Lolita <-, -s> *f* lolita *f fam*

Lombardsatz *m* taux *m* lombard

London <-> *nt* Londres

Londoner *adj attr* londonien(ne)

Londoner(in) <-s, -> *m(f)* Londonien(ne) *m(f)*

Longdrink ['lɔŋdrɪŋk] *m* long drink *m*

Look <-s, -s> [lʊk] *m* look *m*

-look [-lʊk] *m* look *m* …

Looping <-s, -s> ['lu:pɪŋ] *m o nt* looping *m*
▶ **jd/etw macht einen ~** qn/qc fait un looping

Lorbeer <-s, -en> *m* 1. BOT, GASTR laurier[-sauce] *m*
2. *geh* (*Kranz*) couronne *f* de laurier
▶ **jd kann mit etw keine ~en ernten** ce n'est pas qc qui va attirer des félicitations à qn; **jd ruht sich auf seinen ~en aus** *fam* qn se repose [*o* s'endort] sur ses lauriers

Lorbeerbaum *m* laurier *m* **Lorbeerblatt** *nt* feuille *f* de laurier **Lorbeerkranz** *m* couronne *f* de laurier

Lore <-, -n> *f* wagonnet *m*

los I. *adj* 1. (*von etwas getrennt*) ■ **etw ist ~** qc est défait(e); /*Etikett a.*/ qc est détaché(e) [*o* parti(e)]; /*Knopf a.*/ qc est décousu(e) [*o* parti(e)]
2. *fam* (*losgeworden*) ■ **jd ist jdn ~** qn est débarrassé(e) de qn; ■ **jd ist etw ~** *Müll, Schrottauto* qn est débarrassé(e) de qc; (*verlustig*) *Einsatz, Geld* qn a paumé qc *fam*
▶ **mit jdm ist etwas ~** *fam* qn a quelque chose; ***was ist denn mit ihr ~?*** qu'est-ce qu'elle a donc?; **mit jdm ist nichts ~** *fam* (*körperlich*) qn n'est pas dans son assiette; (*ist langweilig*) [il] y a rien à tirer de qn *fam*; **was ist mit jdm ~?** qu'est-ce que qn a?; ***was ist denn mit dir ~?*** (*warum benimmst du dich so?*) mais qu'est-ce qu'il te prend?; **etwas/nichts ist ~** il se passe quelque chose/il ne se passe rien; ***was ist ~?*** qu'est-ce qui se passe?; **irgendwo ist etwas/viel ~** *fam* [il] y a de l'ambiance/la grosse ambiance quelque part *fam*; … **[dann] ist etwas ~!** *fam* … ça va chauffer [*o* barder]! *fam*; ***[immer] wenn …, dann ist etwas ~!*** quand …, ça chauffe! [*o* ça barde!]; **es ist nichts ~** (*ich habe nichts*) je n'ai rien; ***als ob nichts ~ wäre*** comme si de rien n'était; **irgendwo ist nichts [mehr] ~** *fam* quelque part, c'est [vraiment] mort [*o* c'est la zone *fam*]; **was ist ~?** *fam* qu'est-ce qu'[il] y a? *fam*; **was ist denn hier/da ~?** *fam* qu'est-ce qui se passe ici?
II. *adv fam* (*fortgegangen*) ■ **jd ist ~** qn est parti(e)
▶ **~!** (*mach!*) allez!; (*voran!*) allez [hop]!; SPORT partez!

Los <-es, -e> *nt* 1. (*Lotterie~*) billet *m* [de loterie]; (*Kirmes~ a.*) billet *m* [de tombola]
2. *Ø geh* (*Schicksal*) sort *m*
▶ **das große ~** le gros lot; **jd hat mit jdm/etw das große ~ gewonnen** [*o* **gezogen**] avec qn/qc, qn a tiré le gros lot; **das ~ entscheidet** [*o* **wird gezogen**] c'est le sort qui décide, on tire au sort; **das ~ fällt auf jdn** le sort tombe sur qn; **jd teilt jds ~, jd erfährt das gleiche ~ wie jd** *geh* qn partage le sort de qn, qn connaît le même sort que qn; **durch das ~** au sort

-los 1. *zukunfts-, zuversichts-, richtungs- adverbial* sans; *adjektivisch a.* dépourvu(e) de
2. TECH *knopf-, tasten- adverbial* sans; *adjektivisch a.* dépourvu(e) de
3. *adjektivisch vater-, mutter-* privé(e) de; *geschwister-* sans; *adverbial* sans
4. *berührungs-, verschleiß-* sans

los- *präf + vb* 1. (*etwas zu tun beginnen*) *-kichern, -rollen, -ballern, -schimpfen* se mettre à + *infin*; ***jd hustet los*** qn se met à tousser
2. (*von etw ab-*): ***jd kratzt etw los*** qn gratte pour enlever qc; ***jd schneidet jdn los*** qn délivre qn en coupant ses liens; ***er hat den Hund losgekettet*** il a détaché le chien

los|bellen *vi* ■ **ein Tier bellt los** un animal se met à aboyer

los|binden *vt irreg* ■ **jd bindet jdn/ein Tier [von etw] los** qn détache qn/un animal [de qc]

los|brechen *irreg* I. *vt + haben* ■ **jd bricht etw [von etw] los** *Ast, Zweig* qn arrache qc [à qc]; *Stalaktiten, Eiszapfen* qn détache qc [de qc]
II. *vi + sein* 1. (*abbrechen*) ■ **etw bricht [von etw] los** /*Ast, Eiszapfen*/ qc se détache [de qc]
2. (*beginnen*) ■ **etw bricht los** /*Gelächter, Jubel, Gewitter*/ qc éclate

Löscharbeit *f meist pl* efforts *mpl* pour éteindre le feu; **~en** lutte *f* contre l'incendie

löschbar *adj* 1. ■ **nicht ~** *Brand* impossible à éteindre; ***der Brand war nur unter Einsatz … ~*** l'incendie n'a pu être éteint qu'en utilisant …
2. (*zu tilgen*) ■ **etw ist ~** qc peut être effacé(e)

Löschblatt *nt* buvard *m*

löschen I. *vt* 1. (*auslöschen*) ■ **jd löscht etw [mit etw]** qn éteint qc [avec qc]; ■ **das L~** l'extinction *f*
2. (*tilgen*) ■ **jd löscht etw** *Eintrag, Abmahnung, Grundschuld* qn efface qc; *Bankkonto* qn supprime qc; *Firma* qn radie qc
3. AUDIOV ■ **jd löscht etw** *Tonband, Videokassette* qn efface qc; ■ **das L~** l'effacement *m*
4. INFORM ■ **jd/etw löscht etw** *Daten, Datenträger* qn/qc efface qc
5. (*aufsaugen*) ■ **jd löscht etw [mit etw]** *Klecks, frische Schrift* qn sèche qc [avec qc]
6. NAUT ■ **jd/etw löscht etw** qn/qc décharge qc
II. *vi* 1. (*Feuer~*) ■ **jd/etw löscht** qn/qc combat le feu
2. NAUT ■ **etw löscht** qc décharge

Löschfahrzeug *nt* véhicule *m* de lutte contre l'incendie, voiture *f* de pompiers **Löschflugzeug** *nt* canadair® *m* **Löschmannschaft** *f* équipe *f* de pompiers [*o* de lutte contre l'incendie] **Löschpapier** *nt* [papier *m*] buvard *m*

Löschung <-, -en> *f* 1. (*das Tilgen*) [*Eintragung*] suppression *f*, radiation *f*; [*Grundschuld*] extinction *f*; [*Bankkonto*] liquidation *f*
2. NAUT déchargement *m*, débarquement *m*

Löschzug *m* véhicules *mpl* de lutte contre l'incendie

lose I. *adj* 1. (*locker*) *Schraube* desserré(e); *Knopf* qui bouge; *Knoten* lâche; *Halterung* instable, branlant(e); ***ein Knopf an meiner Jacke ist ~*** j'ai un bouton de ma veste qui s'en va [*o* se découd]
2. (*nicht fest zusammen*) *Blätter* volant(e)
3. *hum* (*frech*) *Reden* cavalier(-ière), désinvolte; ***jd hat ein ~es Mundwerk*** qn ne manque pas d'aplomb, qn n'a pas la langue dans sa poche
▶ **jd verkauft etw ~** qn vend qc en vrac
II. *adv herabhängen, hin- und herpendeln* sans être fixé(e); ***die Steckdose sitzt ~*** la prise de courant n'est pas bien fixée [*o* ne tient pas bien]

Loseblattausgabe *f*, **Loseblattsammlung** *f* ouvrage *m* publié par fascicules; (*zur Aktualisierung*) remise *f* à jour (*en feuillets mobiles*)

Lösegeld *nt* rançon *f*

Lösegeldforderung *f* demande *f* de rançon

los|eisen I. *vt fam* 1. (*mit Mühe frei machen*) ■ **jd eist jdn los** qn débauche qn; ■ **jd eist jdn von etw los** *von einer Arbeit* qn arrache qn à qc
2. (*locker machen*) ■ **jd eist [bei jdm] etw los** *Betrag, Geld* qn fait lâcher qc [à qn] *fam*, qn soutire qc [à qn] *fam*
II. *vr fam* ■ **jd eist sich los** qn se libère; ■ **jd eist sich von etw los** qn s'arrache à qc

Lösemittel *nt* solvant *m*

losen *vi* 1. (*aus~*) ■ **jd lost [um etw]** qn tire au sort [qc]
2. (*durch das Los entscheiden*) ■ **jd lost, wer etw tut/tun soll/ist** qn tire au sort qui fait/doit faire/est qc

lösen I. *vt* 1. (*zergehen lassen*) ■ **jd löst etw in etw** (*dat*) qn dissout qc dans qc; ■ **etw wird in etw** (*dat*) **gelöst** qc se dissout dans qc; ■ **[in etw** (*dat*)**] gelöst** dissous(-te) [dans qc]; ***Tablette in gelöster Form*** comprimé *m* sous forme soluble

2. (*klären*) ■ **jd löst etw** *Aufgabe, Fall, Problem, Rätsel* qn résout qc
3. (*ab~*) ■ **jd löst etw [von etw]** *oberste Schicht* qn enlève [*o* ôte] qc [de qc]; *Preisetikett a.* qn décolle [*o* détache] qc [de qc]; ■ **etw lässt sich [von etw]** ~ qc s'enlève [de qc]
4. (*aufbinden*) ■ **jd löst etw** *Haare, Knoten* qn défait qc
5. TECH ■ **jd löst etw** *Handbremse* qn desserre qc; *Verriegelung* qn débloque qc
6. MED ■ **etw löst etw** *Husten, Krampf, Verspannung* qc calme qc, qc soulage qc
7. (*aufheben*) ■ **jd löst etw** *Verlobung* qn annule qc; *Beziehung* qn casse qc; *Vertrag a.* qn résilie qc
8. (*kaufen*) ■ **jd löst etw [an etw** (*dat*)**]** *Fahrschein, Eintrittskarte* qn prend [*o* achète] qc [à qc]
II. *vr* 1. (*sich ab~*) ■ **etw löst sich [von etw]** */Aufkleber, oberste Schicht, Schmutz/* qc s'enlève [de qc]; */Stein, Felsbrocken/ von einem Felshang* qc se détache [de qc]
2. (*sich auf~*) ■ **etw löst sich [in etw** (*dat*)**]** qc se dissout [dans qc]
3. (*sich aufklären*) ■ **etw löst sich** */Fall, Rätsel/* qc se résout
4. (*sich frei machen*) ■ **jd löst sich von jdm** qn se détache de qn
5. (*sich befreien*) ■ **jd löst sich aus etw** *aus jds Griff, Umarmung* qn se dégage de qc; *s. a.* **gelöst**

los|fahren *vi irreg + sein* 1. (*abfahren*) ■ **jd/etw fährt [von etw] los** qn/qc part [de qc]
2. (*zufahren*) ■ **jd/etw fährt auf jdn/etw los** qn/qc fonce sur qn/qc
3. *fam* (*wütend zugehen*) ■ **jd fährt auf jdn los** qn tombe sur qn *fam*, qn lui tombe dessus *fam*

los|gehen *irreg* I. *vi + sein* 1. (*weggehen*) ■ **jd geht los** qn part, qn s'en va
2. *fam* (*beginnen*) ■ **etw geht los** qc commence
3. *fam* (*sich lösen*) ■ **etw geht [jdm] los** */Knopf/* qc [de qn] se défait [*o* part]; */Schraube/* qc se desserre; ***ein Knopf ist [mir] losgegangen*** j'ai un bouton qui est parti [*o* qui a fichu le camp *fam*]
4. (*angreifen*) ■ **jd geht [mit etw] auf jdn los** qn s'élance sur qn [avec [*o* en brandissant] qc]
5. (*krachen*) ■ **etw geht los** */Flinte, Schuss/* qc part
II. *vi impers + sein* 1. *fam* (*beginnen*) ■ **es geht los** ça commence; ■ **es geht mit etw los** *mit einer Sendung* qc commence; *mit einem Rennen* qc part
2. *pej fam* (*wieder anfangen*) ■ **es geht wieder los** c'est reparti *fam*; ■ **es geht wieder los mit etw** qc recommence

los|haben *vt irreg fam* ■ **jd hat [auf/in etw** (*dat*)**] etwas/einiges/viel los** qn en connaît un rayon [dans qc] *fam*; ***in Wirklichkeit hat er gar nichts los*** en réalité, il y connaît que dal[le] *fam*

los|heulen *vi fam* ■ **jd heult los** qn se met à chialer *fam*; */Kind, Baby/* qn se met à brailler *fam*

-losigkeit <-> *f* ∅ absence *f* de

los|kaufen *vt* ■ **jd kauft jdn los** qn rachète qn

los|kommen *vi irreg + sein fam* 1. (*gehen können*) ■ **jd kommt [irgendwo/aus etw] los** qn peut partir [de qc]; ***vor 18 Uhr komme ich aus der Firma nicht los*** je [ne] peux pas quitter la boîte avant 18 heures *fam*
2. (*sich befreien*) ■ **jd kommt von jdm los** qn se sort des pattes de qn *fam*
3. (*freikommen*) ■ **jd kommt von etw los** *vom Alkohol, Rauchen, Heroin* qn décroche [de qc] *fam*
4. (*sich lösen*) ■ **jd kommt von etw los** *von einem Gedanken, einer Vorstellung* qn se défait de qc

los|kriegen *vt fam* 1. (*abbekommen*) ■ **jd kriegt etw [von etw] los** qn arrive à retirer qc [de qc]
2. (*verkaufen können*) ■ **jd kriegt etw los** qn réussit à fourguer qc *fam*

los|lachen *vi* ■ **jd lacht los** qn éclate de rire

los|lassen *vt irreg* 1. (*nicht mehr festhalten*) ■ **jd/ein Tier lässt jdn/etw los** qn/un animal lâche qn/qc
2. (*beschäftigt halten*) ■ **etw lässt jdn nicht los** */Vorstellung/* qc ne quitte pas qn, qc obsède qn
3. *fam* (*auf den Hals hetzen*) ■ **jd lässt jdn auf jdn/etw los** *Polizei, Spitzel* qn envoie qn contre qn/dans qc; ■ **jd lässt ein Tier auf jdn los** *Hund* qn lâche un animal sur qn
4. *pej fam* (*sich betätigen lassen*) ■ **jd lässt jdn auf jdn los** *Quacksalber, Stümper, Dilettanten* qn inflige qn à qn, qn fait cadeau de qn à qn *iron*
5. (*von sich geben*) ■ **jd lässt etw los** *Fluch, Schimpfkanonade* qn lâche qc, qn lance qc

los|laufen *vi irreg + sein* ■ **jd läuft los** qn part [en courant]

los|legen *vi fam* ■ **jd legt los** qn en met un coup *fam*; ■ **jd legt mit etw los** *mit einer Tätigkeit* qn s'attaque à qc; *mit Erzählen* qn embraie sur qc *fam*; ***jd legt los mit Schimpfen*** qn se met à vociférer

löslich *adj* soluble; ■ **etw ist [in etw** (*dat*)**]** ~ qc est soluble [dans qc]

los|lösen I. *vt* ■ **jd löst etw [von etw] los** qn enlève [*o* décolle] qc [de qc]; ■ **etw lässt sich [von etw]** ~ qc s'enlève [*o* se décolle] [de qc]
II. *vr* 1. (*sich ablösen*) ■ **etw löst sich [von etw] los** qc se décolle [de qc]
2. (*sich frei machen*) ■ **jd löst sich von jdm los** qn se débarrasse [*o* se défait] de qn

los|machen I. *vt* ■ **jd bindet jdn/ein Tier [von etw] los** qn détache qn/un animal [de qc]
II. *vi* 1. NAUT ■ **jd/etw macht los** qn/qc part, qn/qc démarre; ■ **jd/etw macht von etw los** qn/qc quitte qc
2. *fam* (*sich beeilen*) ■ **jd macht los** qn se grouille *fam*, qn se magne *fam*

los|müssen *vi irreg fam* ■ **jd muss los [nach/zu etw]** qn doit partir [pour qc]; ***ich muss los*** il faut que j'y aille *fam*

Losnummer *f* numéro *m*

los|platzen *vi + sein fam* 1. (*loslachen*) ■ **jd platzt los** qn pique un fou rire *fam*
2. (*spontan äußern*) ■ **jd platzt [mit etw] los** qn lâche qc; ***schließlich konnte er nicht mehr an sich halten und platzte damit los*** à la fin, il a pas pu se retenir et il a craché [*o* lâché] le morceau *fam*

los|rasen *vi + sein fam* 1. (*schnell loslaufen*) ■ **jd rast los** qn file *fam*
2. AUT ■ **jd/etw rast los** qn/qc démarre sur les chapeaux de roue *fam*

los|reißen *irreg* I. *vt* ■ **jd/etw reißt etw [von etw] los** qn/qc arrache qc [de qc]
II. *vr* 1. (*sich entwinden*) ■ **jd reißt sich [von jdm/aus etw] los** qn se dégage [de qn/qc]; ***sie riss sich aus seiner Umarmung los*** elle s'est arrachée à [*o* s'est dégagée de] son étreinte
2. (*sich mit Gewalt lösen*) ■ **ein Tier reißt sich [von etw] los** *von der Kette, Leine* un animal se détache [de qc]
3. *fam* (*aufhören*) ■ **jd reißt sich los** qn s'arrête; ■ **jd reißt sich von etw los** qn s'arrache à qc

los|rennen *vi irreg + sein fam s.* **loslaufen**

Löss[RR] <-es, -e>, **Löß** <Lösses *o* -es, Lösse *o* -e> *m* lœss *m*

los|sagen *vr geh* ■ **jd sagt sich von jdm los** qn coupe les ponts avec qn, qn se détache de qn; ■ **jd sagt sich von etw los** qn renie qc

los|schicken *vt* ■ **jd schickt jdn [zu jdm] los** qn envoie qn [chez qn]; ■ **jd schickt etw los** *Brief, Paket* qn envoie qc, qn expédie qc

los|schießen *vi irreg* 1. + *sein* (*hinspringen*) ■ **jd/ein Tier schießt auf jdn/etw los** qn/un animal se précipite [*o* s'élance] sur qn/qc
2. + *haben fam* (*erzählen*) ■ **jd schießt los** qn attaque; ***schieß endlich los!*** [allez,] accouche! *fam*

los|schlagen *irreg* I. MIL ■ **jd schlägt los** qn attaque, qn frappe
2. (*einschlagen*) ■ **jd schlägt auf jdn los** qn tape sur qn; ■ **sie schlagen aufeinander los** ils/elles se tapent dessus
II. *vt* 1. (*abschlagen*) ■ **jd schlägt etw [von etw] los** qn détache qc [de qc]
2. *fam* (*billig verkaufen*) ■ **jd schlägt etw los** qn fourgue qc *fam*

los|schrauben *vt* ■ **jd schraubt etw [von etw] los** qn dévisse qc [de qc]

los|steuern *vi + sein* ■ **jd steuert auf jdn/etw los** qn se dirige droit sur qn/qc

los|stürzen *vi + sein fam* 1. (*losrennen*) ■ **jd stürzt los** qn part comme une flèche
2. (*sich stürzen*) ■ **jd stürzt auf jdn/etw los** qn se jette sur qn/qc; ***sie stürzten auf ihn los*** ils/elles lui sont tombé(e)s dessus *fam*

los|treten *vt irreg* 1. (*durch Treten lösen*) ■ **jd tritt etw los** qn détache qc
2. *fam* (*auslösen*) ■ **jd tritt etw los** *Debatte, Prozesslawine* qn déclenche qc

Lostrommel *f* sphère *f* de tirage

Losung <-, -en> *f* 1. (*Wahlspruch*) mot *m* d'ordre
2. MIL mot *m* de passe
3. JAGD fumées *fpl*

Lösung <-, -en> *f* 1. (*das Lösen*) [*Aufgabe, Fall, Konflikt, Rätsel*] résolution *f*; (*Ergebnis*) solution *f*
2. (*Aufhebung*) [*Verlobung*] annulation *f*; [*Beziehung*] rupture *f*; [*Vertrag a.*] résiliation *f*
3. CHEM solution *f*

Lösungsmittel *nt* solvant *m*

Losungswort <-wörter> *nt s.* **Losung 2.**

Losverkäufer(in) *m(f)* vendeur(-euse) *m(f)* de billets de loterie

los|werden *vt irreg + sein* 1. (*sich entledigen*) ■ **jd wird jdn los** qn se débarrasse [*o* se défait] de qn
2. *fam* (*verlieren*) ■ **jd wird etw los** *Geld, Haus, Vermögen* qn paume qc *fam*
3. *fam* (*verkaufen*) ■ **jd wird etw los** qn fourgue qc *fam*
4. (*nicht von etw loskommen*) ■ **jd wird etw nicht los** *Gefühl, Verdacht* qn n'arrive pas à se défaire de qc [*o* à s'ôter qc de la tête]; ***jd wird die Idee nicht los, dass*** qn n'arrive pas à s'ôter de l'idée que + *indic*

los|wollen *vi irreg fam* ■ **jd will los** qn veut partir [*o* y aller *fam*]; ***ich will jetzt los*** je vais y aller *fam*

los|ziehen *vi irreg + sein fam* ■ **jd zieht los** qn lève [*o* fiche *fam*] le camp; ***wir ziehen schon mal los*** [allez,] on y va *fam*

Lot <-[e]s, -e> *nt* 1. (*Senkblei*) fil *m* à plomb
2. NAUT sonde *f*
▶ **jd bringt etw wieder ins [rechte]** ~ qn apaise qc; ***das lässt sich wieder ins [rechte] ~ bringen*** ça s'arrangera, il y a moyen d'arranger ça; **jd fällt das ~ [von etw auf etw** (*akk*)**]** qn abaisse la perpendiculaire [de qc à qc]; **etw ist aus dem** ~ CONSTR qc n'est pas d'aplomb; **etw ist/ist nicht im** ~ CONSTR qc est/n'est pas d'aplomb; (*in Ordnung*) */Beziehung, Gesundheit/* qc va bien/va de travers; */Atmosphäre/* qc est bon(ne)/mauvais(e); **etw kommt wieder ins** ~ qc s'arrange

loten *vt* ■ **jd lotet etw** qn sonde qc

löten *vt* ■ **jd lötet etw an etw** (*akk*) qn soude [*o* brase] qc [à qc]

Lothringen <-s> *nt* la Lorraine

Lotion <-, -en> *f* lotion *f*

Lötkolben *m* fer *m* à souder **Lötlampe** *f* lampe *f* à souder **Lötmetall** *nt* brasure *f*

Lotos <-, -> *m* lotus *m*

Lotossitz *m* ∅ position *f* du lotus

lotrecht I. *adj* 1. CONSTR ■ **etw ist** ~ qc est vertical(e) [*o* d'aplomb] 2. *geh* *Felswand, Steilwand* vertical(e) II. *adv abfallen, aufragen* à la verticale **Lotrechte** *f s.* **Senkrechte**

Lotse <-n, -n> *m*, **Lotsin** *f* 1. NAUT pilote *m*
2. AVIAT aiguilleur(-euse) *m(f)* du ciel

lotsen *vt* 1. (*als Lotse dirigieren*) ■ **jd lotst jdn/etw** qn pilote qn/qc
2. *fam* (*locken*) ■ **jd lotst jdn irgendwohin** qn entraîne qn quelque part

Lotsenboot *nt* bateau-pilote *m* **Lotsendienst** *m* service *m* d'aide à la circulation (*chargé notamment d'assurer la sécurité des écoliers*)

Lotsin *f s.* **Lotse**

Lötstelle *f* **1.** (*gelötete Stelle*) [point *m* de] soudure *f*
2. (*zu lötende Stelle*) endroit *m* à souder
Lotterbett *nt hum veraltend* lit *m* [d'amour]
Lotterie <-, -n> [-'ri:ən] *f* loterie *f*
▶ **jd spielt in der ~** qn joue à la loterie
Lotterie- *-gewinn, -ziehung, -los* de la loterie; *-gesellschaft* de loterie **Lotteriespiel** *nt* **1.** (*Lotterie*) [jeu *m* de] loterie *f* **2.** (*Vabanquespiel*) loterie *f*
Lotterleben *nt* ∅ *fam* vie *f* de patachon *fam*
▶ **jd führt ein ~** qn mène une vie de patachon *fam*
Lotto <-s, -s> *nt* loto *m*
▶ **du hast wohl im ~ gewonnen!** *fam* t'as gagné au loto? *fam*, t'as touché le gros lot? *fam*; **jd spielt ~** qn joue au loto; **im ~** au loto
Lottoannahmestelle *f* point *m* de vente de bulletins de loto **Lottogewinn** *m* gain *m* au loto **Lottoschein** *m* bulletin *m* de loto **Lottozahl** *f* **1.** (*angekreuzte Zahl*) numéro *m* [du loto] **2.** *pl* (*Gewinnzahlen*) numéros *mpl* gagnants [du loto]
Lotus <-, -> *m s.* **Lotos**
Lötzinn *m* soudure *f* à l'étain
Löwe <-n, -n> *m* **1.** ZOOL lion *m*; *s. a.* Löwin
2. ASTROL Lion *m*
▶ **jd ist [ein] ~** qn est Lion
-löwe *m Gesellschafts-, Party-, Salon-* vedette *f* du/de la/des
Löwenanteil *m fam* part *f* du lion **Löwenbändiger(in)** <-s, -> *m(f)* dompteur(-euse) *m(f)* de lions **Löwenmähne** *f* crinière *f* **Löwenmaul** *nt* ∅, **Löwenmäulchen** <-s, -> *nt* gueule-de-loup *f*, muflier *m* **Löwenzahn** *m* ∅ pissenlit *m*, dent-de-lion *f*
Löwin *f* lionne *f*; *s. a.* Löwe
loyal [loa'ja:l] **I.** *adj geh* loyal(e) (*jdm gegenüber* envers qn)
II. *adv geh* loyalement
Loyalität <-, *rare* -en> [loajali'tɛ:t] *f* ■ **jds ~ [jdm gegenüber]** la loyauté de qn [envers qn]
LP <-, -s> [ɛl'pe:, ɛl'pi:] *f abk von* **Langspielplatte** 33 tours *m*, 30 centimètres *m*
LSD <-[s]> [ɛl'ɛs'de:] *nt abk von* **Lysergsäurediäthylamid** L.S.D. *m*
lt. *präp form abk von* **laut²** d'après
Luchs <-es, -e> *m* lynx *m*
▶ **wie ein ~** *fam aufpassen* d'un regard d'aigle; ***jd sieht wie ein ~*** qn a des yeux de lynx
Luchsaugen *pl fam* yeux *mpl* de lynx
Lücke <-, -n> *f* **1.** (*Zwischenraum*) trou *m*; (*im Zaun a.*) brèche *f*
2. (*Unvollständigkeit*) lacune *f*
▶ **irgendwo klafft eine ~** *im Zaun* une brèche s'ouvre quelque part; *im Gebiss* un trou apparaît quelque part; *im Wissen* qc présente une lacune; **etw reißt eine ~ [in etw** (*akk*)**]** / *jds Tod, Weggang/* qc laisse un vide [dans qc]; **jd/etw schließt eine ~** qn comble un vide/qc comble une lacune; **jd stößt [mit etw] in eine [vorhandene] ~** COM qn se positionne [avec qc] dans un créneau [existant]
-lücke *f* **1.** (*im Umfang lückenhaft*) *Datenschutz-, Steuergesetz-* lacune *f* dans le/la
2. (*im Aufwand unzureichend*): ***Energie~*** carence *f* énergétique; ***Investitions~*** insuffisance *f* des investissements
Lückenbüßer(in) <-s, -> *m(f)* ▶ **jd spielt den ~, jd ist der ~** *fam* qn joue les bouche-trous *fam*
lückenhaft **I.** *adj* **1.** (*unvollständig*) *Sammlung, Bericht* incomplet(-ète); *Wissen a.* lacunaire; *Beweis* insuffisant(e); *Erinnerung* défaillant(e); *Alibi* fragile; ■ **etw ist ~** qc présente des lacunes
2. (*leere Stellen aufweisend*) *Anpflanzung, Bepflanzung* clairsemé(e); *Gebiss* parsemé(e) de trous; ***ihr Gebiss wird immer ~er*** sa dentition présente de plus en plus de trous
II. *adv berichten, darstellen* avec des lacunes, de façon incomplète; *sich erinnern* vaguement
lückenlos **I.** *adj Sammlung, Überlieferung* complet(-ète); *Bericht, Kenntnisse, Lebenslauf a.* exhaustif(-ive); *Alibi* sans faille; *Beweis* irréfutable; ***der Stammbaum ist nicht ~*** l'arbre généalogique présente des lacunes
II. *adv aneinander reihen* systématiquement; *beweisen, nachweisen* à cent pour cent; *darstellen, wiedergeben* de façon exhaustive; *sich erinnern* intégralement
Lückentest *m* exercice *m* à trous
lud *imp von* **laden**
Lude <-n, -n> *m sl* mac *m arg*
Luder <-s, -> *nt fam* **1.** (*durchtriebene Frau*) bougresse *f fam*; ***du gemeines ~!*** espèce de salope! *fam*
2. (*kokette Frau*) garce *f fam*; ***sie ist ein kleines ~*** c'est une sacrée louloute *fam*
▶ **sie/er ist ein armes ~** c'est une pauvre fille/un pauvre gars *fam*
Lues <-> *f* ∅ syphilis *f*
Luft <-, *liter* ¨-e> *f* **1.** (*Atem-*) air *m*
2. METEO air *m*
3. ∅ (*Raum über dem Erdboden*) air *m*; ***Splitter flogen durch die ~*** des débris ont volé en l'air; ***der Ballon stieg immer höher in die ~*** le ballon s'élevait toujours plus haut dans les airs
4. (*Platz*) espace *m*; ***es sind etwa drei Zentimeter ~*** il y a un espace d'environ trois centimètres
5. (*Spielraum*) marge *f* de manœuvre
▶ **jd lebt von ~ und Liebe** *hum fam* qn vit d'amour et d'eau fraîche; **es ist [o herrscht] dicke ~** *fam* il y a de l'orage [o de l'électricité] dans l'air *fam*; **frische ~** de l'air *m* frais; **linde [o laue] ¨-e** *geh* zéphyr *m littér*; **die ~ ist rein** *fam* pas de danger à l'horizon *fam*; ***sobald die ~ rein ist, ...*** dès que la voie est libre, ...; **verbrauchte ~** de l'air *m* vicié; **jd behandelt jdn wie ~** qn fait comme si qn n'existait pas; **jd bekommt [o kriegt** *fam*] **keine ~ mehr** qn n'arrive plus à respirer, qn étouffe; **jd bekommt [o kriegt** *fam*] **wieder ~** (*kann wieder durchatmen*) qn arrive de nouveau à respirer; (*kann wieder atmen*) qn retrouve sa respiration; **jdm bleibt die ~ weg** qn en a le souffle coupé; **jdm bleibt vor etw** (*dat*) **die ~ weg** qc coupe le souffle à qn; **jd drückt jdm die ~ ab** *fam* qn étrangle qn, qn lui serre le kiki *fam*; **etw fliegt in die ~** *fam* qc saute; **etw ist aus der ~ gegriffen** qc est dénué(e) de tout fondement, qc est de l'invention pure; **jd geht in die ~** *fam* qn se met dans tous ses états, qn explose; **jd geht gleich [o schnell] in die ~** *fam* qn monte comme une soupe au lait, qn est soupe au lait; **jd geht an die [frische] ~** *fam* qn va prendre l'air; **nun halt mal die ~ an!** *fam* arrête ton char! *fam*; **jd hält die ~ an** qn retient son souffle [o sa respiration]; **jd hängt [völlig] in der ~** qn est [complètement] dans le brouillard; **es hängt [noch] in der ~[, ob/wann/wie]** [si/quand/comment ...,] c'est encore en suspens; **jd holt [tief] ~** (*beim Arzt*) qn inspire [profondément]; (*nach dem Tauchen*) qn reprend son souffle; (*vor dem Tauchen*) qn prend sa respiration; ***nach dieser Überraschung musste sie erst mal tief ~ holen*** après cette [bonne] surprise, il a fallu qu'elle reprenne son souffle; ***beruhige dich, hol erst mal tief ~*** allez, calme-toi, respire un peu; **jd ist ~ für jdn** *fam* qn n'existe pas pour qn; ***er ist ganz einfach ~ für mich*** je fais comme s'il n'existait pas; **jd lässt ~ an etw** (*akk*) **kommen** qn met qc à l'air; **jd lebt nicht von ~ [allein]** qn ne vit pas de l'air du temps; **es liegt etwas in der ~** il y a quelque chose qui se prépare; **jd/etw löst sich in ~ auf** qn/qc se volatilise; **jd macht sich** (*dat*) **~** qn se défoule; **jd macht einer S.** (*dat*) **~** qn donne libre cours à qc; **jd ringt nach ~** qn cherche à reprendre son souffle; **jd schnappt [o schöpft] [frische] ~** *fam* qn prend l'air [o un bol d'air *fam*], qn s'aère; **jd/ein Tier schnappt nach ~** qn/un animal cherche son souffle; ***die Fische schnappten nach Luft*** les poissons cherchaient de l'air; **die ~ ist zum Schneiden** *fam* l'atmosphère est épaisse, il y a une atmosphère à couper au couteau; **jd schnürt jdm die ~ ab** qn asphyxie qn; **ein Vogel schwingt sich in die ¨-e** un oiseau prend son essor [o son envol]; **jd setzt [o befördert] jdn an die [frische] ~** *fam* (*wirft jdn hinaus*) qn fiche [o flanque] qn dehors [o à la porte] *fam*; (*entlässt jdn fristlos*) qn fiche qn à la porte *fam*; **jd sprengt [o jagt] etw in die ~** *fam* qn fait sauter qc; **jd springt in die ~** qn fait des bonds; **jd springt vor etw** (*dat*) **in die ~** *vor Entzücken, Freude* qn saute [o bondit] de qc; **jd starrt [o guckt] in die ~** qn a le regard ailleurs, qn baye aux corneilles; **jd zerreißt jdn/etw in der ~** *fam* qn descend en flammes qn/qc *fam*
Luftabwehr *f* défense *f* antiaérienne **Luftangriff** *m* attaque *f* aérienne, raid *m* aérien; ■ **~ auf etw** (*akk*) *auf eine Stadt* attaque aérienne sur qc; *auf gegnerische Stellungen* attaque aérienne contre qc **Luftaufklärung** *f* ∅ reconnaissance *f* aérienne **Luftaufnahme** *f* photo *f* aérienne **Luftballon** [-balõ:, -balɔŋ, -balo:n] *m* ballon *m* [de baudruche] **Luftbelastung** *f* pollution *f* de l'air [o atmosphérique] **Luftblase** *f* bulle *f* [d'air]
▶ **etw zerplatzt wie eine ~** / *Illusion/* qc s'en va en fumée **Luftbrücke** *f* pont *m* aérien
Lüftchen <-s, -> *nt dim von* Luft brise *f*
▶ **es regt [o rührt] sich kein ~** (*kein Lufthauch*) il n'y a pas un souffle d'air
luftdicht **I.** *adj Verpackung* étanche; *Verschluss, Versiegelung* hermétique
II. *adv verschließen, versiegeln* hermétiquement **Luftdruck** *m* ∅ **1.** AUT pression *f* **2.** METEO pression *f* atmosphérique **luftdurchlässig** *adj* perméable à l'air; ■ **etw ist ~** qc laisse passer l'air
lüften **I.** *vt* **1.** ■ **jd lüftet etw** *Raum, Wohnung, Haus* qn aère qc
2. (*preisgeben*) ■ **jd lüftet etw** *Geheimnis* qn dévoile qc; *Rätsel* qn résout qc; ***jd lüftet sein Inkognito/seine Anonymität*** qn sort de l'incognito/de l'anonymat
3. *geh* (*hochheben*) ■ **jd lüftet etw** qn soulève qc
II. *vi* **1.** (*Luft hereinlassen*) ■ **jd lüftet** qn aère
2. (*aus-*) ■ **etw lüftet** / *Betten, Kleider/* qc s'aère; ■ **das L~** la ventilation, l'aération *f*; ***einen Mantel zum L~ an die frische Luft hängen*** accrocher un manteau à l'air frais pour l'aérer
Luftfahrt *f* ∅ *form* aviation *f*, aéronautique *f*
Luftfahrt- *form* aéronautique; *-gesellschaft* d'aviation, aérien(ne)
Luftfahrzeug *nt form* aéronef *m form* **Luftfeuchtigkeit** *f* humidité *f* de l'air **Luftfilter** *nt o m* filtre *m* à air **Luftfracht** *f* **1.** (*Frachtgut*) fret *m* aérien **2.** (*Frachtgebühr*) fret *m* [aérien] **luftgekühlt** *adj* refroidi(e) par air **luftgetrocknet** *adj* GASTR séché(e) [à l'air] **Luftgewehr** *nt* carabine *f* à air comprimé **Lufthauch** *m geh* souffle *m* d'air **Lufthoheit** *f* ∅ souveraineté *f* aérienne
luftig *adj* **1.** *Balkon, Freisitz, Ecke* bien aéré(e); ■ **irgendwo ist es ~** qc est aéré(e); ***im Zimmer ist es schön ~*** la pièce est bien aérée
2. *Kleidung, Kleidungsstück* léger(-ère)
Luftikus <-[ses], -se> *m veraltend fam* girouette *f*, pantin *m fam*
Luftkampf *m* combat *m* [o duel *m*] aérien
Luftkissen *nt* **1.** TECH coussin *m* d'air
2. (*mit Luft gefülltes Kissen*) coussin *m* [o oreiller *m*] gonflable
Luftkissenboot *nt* hydroglisseur *m* **Luftkissenfahrzeug** *nt* aéroglisseur *m*
Luftkorridor *m* couloir *m* aérien **Luftkrieg** *m* guerre *f* aérienne **Luftkühlung** *f* refroidissement *m* par air **Luftkurort** *m* station *f* climatique **Luftlandetruppe** *f* troupe *f* aéroportée **luftleer** *adj Behälter, Raum* vide d'air **Luftlinie** [-li:niə] *f* ligne *f* droite; ***bis zum Meer sind es nur 7 km ~*** jusqu'à la mer, il y a 7 km à vol d'oiseau **Luftloch** *nt* trou *m* d'air **Luftmasche** *f* maille *m* chaînette [o en l'air] **Luftmassen** *pl* masses *fpl* d'air **Luftmatratze** *f* matelas *m* pneumatique **Luftpirat(in)** *m(f)* pirate *mf* de l'air **Luftpiraterie** *f* piraterie *f* aérienne
Luftpost *f* POST poste *f* aérienne
▶ **per [o mit] ~** par avion
Luftpostleichtbrief *m* aérogramme *m* **Luftpostpapier** *nt* papier *m* à

lettres par avion

Luftpumpe *f* (*für Fahrrad*) pompe *f* [à vélo]; AUT pompe *f* [à air]; (*für Luftmatratze, Schlauchboot*) gonfleur *m*; ***eine fußbetriebene*** ~ une pompe à pied **Luftraum** *m* espace *m* aérien **Luftreinhaltung** *f* maintien *m* de la pureté de l'air **Luftröhre** *f* trachée *f* **Luftröhrenschnitt** *m* trachéotomie *f* **Luftsack** *m s.* **Airbag. Luftschacht** *m* cheminée *f* [*o* conduit *m*] d'aération **Luftschicht** *f* couche *f* d'air **Luftschiff** *nt* dirigeable *m* **Luftschlacht** *f* bataille *f* aérienne **Luftschlange** *f* serpentin *m* **Luftschlitz** *m meist pl:* ~***e*** une grille d'aération **Luftschloss**[RR] *nt meist pl* château *m* en Espagne ▶**jd baut Luftschlösser** qn construit des châteaux en Espagne

Luftschutz *m* défense *f* [anti]aérienne

Luftschutz- *-ausbildung, -übung* de défense [anti]aérienne; ***ein ~bunker*** un bunker; ***ein ~keller/~raum*** un abri antiaérien

Luftsieg *m* victoire *f* [en combat aérien] **Luftspiegelung** *f* mirage *m* **Luftsprung** *m* bond *m* en l'air; ***diese Nachricht quittierte sie mit einem freudigen*** ~ elle a bondi de joie en entendant cette nouvelle ▶**jd macht** [*o* **vollführt**] **einen ~/Luftsprünge** qn fait un bond/des bonds; **jd macht** [*o* **vollführt**] **vor etw** (*dat*) **einen ~/Luftsprünge** qn bondit de qc **Luftstreitkräfte** *pl form* forces *fpl* aériennes **Luftstrom** *m* courant *m* d'air **Luftströmung** *f* courant *m* atmosphérique **Luftstützpunkt** *m* base *f* aérienne **Luftüberwachung** *f* surveillance *f* aérienne

Lüftung <-, -en> *f* **1.** (*das Lüften*) aération *f*, ventilation *f*
2. TECH [système *m* de] ventilation *f*

Lüftungs- TECH d'aération

Luftveränderung *f* changement *m* d'air; ***ich brauche*** ~ j'ai besoin de changer d'air **Luftverkehr** *m* trafic *m* aérien **Luftverschmutzung** *f* pollution *f* atmosphérique [*o* de l'air] **Luftwaffe** *f* armée *f* de l'air **Luftweg** *m* **1.** Ø AVIAT voie *f* aérienne [*o* des airs] **2.** *pl* (*Atemwege*) voies *fpl* respiratoires ▶**auf dem** ~ par la voie des airs, par avion **Luftwiderstand** *m* Ø résistance *f* de l'air **Luftzufuhr** *f* Ø arrivée *f* [*o* apport *m*] d'air **Luftzug** *m* courant *m* d'air; ***es herrschte plötzlich starker*** ~ il y a eu soudain un gros courant d'air

Lug *loc* ▶~ **und Trug** *geh* tromperie et mensonge, mensonge et imposture *soutenu*

Lüge <-, -n> *f* mensonge *m*
▶~**n haben kurze Beine** *prov* les mensonges ne mènent pas loin; **das ist alles** ~ ce [*o* tout ça] n'est que mensonge; **jd straft jdn ~n** *geh* qn convainc qn de mensonge; **jd/etw straft etw ~n** *geh* qn/qc dément [*o* infirme] qc; **jd tischt jdm ~n auf** *fam* qn raconte des bobards à qn *fam*

-lüge *f Renten-, Schulden-* mensonge *m* à propos du/de la/des

lugen *vi* DIAL **1.** (*spähen*) ■ **jd lugt irgendwoher/irgendwohin** qn guette depuis qc/quelque part; ***er lugte um die Ecke*** il guettait depuis le coin
2. (*hervorsehen*) ■ **etw lugt durch/aus etw** qc dépasse par/de qc

lügen <log, gelogen> **I.** *vi* ■ **jd lügt** qn ment; ■ **das L~** les mensonges *mpl*; ***sie kann das L~ nicht lassen*** elle ne peut s'empêcher de mentir
▶**ich müsste ~[, wenn ...]** je mentirais [si ...]
II. *vt* ■ **jd lügt etw** qn invente qc
▶**etw ist gelogen** qc est faux(fausse) [*o* un mensonge]

Lügenbold <-[e]s, -e> *m hum fam* blagueur(-euse) *m(f) fam* **Lügendetektor** <-s, -toren> *m* détecteur *m* de mensonges **Lügengeschichte** *f* histoire *f* [de brigands]

lügenhaft *adj pej* **1.** (*erlogen*) mensonger(-ère)
2. *rare s.* **lügnerisch**

Lügenmärchen *nt s.* **Lügengeschichte**

Lügner(in) <-s, -> *m(f) pej* menteur(-euse) *m(f)*

lügnerisch *adj pej* menteur(-euse); ***was bist du doch für ein ~es Subjekt!*** quel menteur/quelle menteuse tu fais!; ***du ~e Intrigantin!*** espèce de sale intrigante!

Lukasevangelium [-va-] *nt* ■ **das** ~ l'Évangile selon saint Luc

Luke <-, -n> *f* **1.** (*Dach~*) lucarne *f*
2. (*Einstieg*) [*Panzer, U-Boot*] écoutille *f*

lukrativ *adj geh Geschäft, Job* lucratif(-ive); *Angebot a.* intéressant(e)

lukullisch I. *adj geh* digne de Lucullus
II. *adv geh schlemmen, speisen* comme Lucullus, comme un roi/des rois

Lulatsch <-[es], -e> *m* ▶**langer** ~ *hum fam* grande perche *f fam*

Lumme <-, -n> *f* guillemot *m*

Lümmel <-s, -> *m* **1.** *pej* (*Flegel*) malotru *m*, mufle *m*
2. *fam* (*Bürschchen*) bonhomme *m fam*, coco *m fam*; ***komm mal her, du ~!*** viens, mon bonhomme [*o* coco]! *fam*

Lümmelei <-, -en> *f pej fam* sans-gêne *m*, muflerie *f*; ***was sollen diese ~en?*** qu'est-ce que c'est que ces incongruités?

lümmelhaft *adj pej* sans-gêne

lümmeln *vr fam* ■ **jd lümmelt sich irgendwohin** qn se vautre quelque part

Lump <-en, -en> *m pej* canaille *f*, crapule *f*

lumpen *vt* ▶**jd lässt sich nicht** ~ *fam* qn [ne] mégote pas *fam*

Lumpen <-s, -> *m* **1.** (*Kleidung*) haillon *m*, guenille *f*
2. DIAL (*Schmutzlappen*) chiffon *m*

Lumpenpack *nt pej veraltend* racaille *f*, canaille *f vieilli* **Lumpensammler(in)** *m(f)* chiffonnier(-ière) *m(f)*

lumpig *adj pej* **1.** *attr fam* (*kümmerlich*) *Gehalt* minable *fam*; ***sie muss mit ~en 2000 Mark auskommen*** elle doit se débrouiller avec ses malheureux 2000 marks par mois
2. (*gemein*) *Gesinnung, Tat* sordide, honteux(-euse)

Lunch <-[e]s *o* -, -[e]s *o* -e> [lanʃ] *m* lunch *m*

Lunge <-, -n> *f* **1.** poumons *mpl*; ***man kann auch mit einer halben ~ noch weiterleben*** on peut encore vivre avec un seul poumon
2. (*Lungenflügel*) poumon *m*
▶**jd schreit sich** (*dat*) **die ~ aus dem Leib** [*o* **Hals**] *fam* qn s'époumone, qn crie à pleins poumons; **eiserne** ~ poumon *m* d'acier; **die grüne** ~ [**einer Stadt**] le poumon vert [d'une ville]; **jd hat es auf der** ~ *fam* qn a quelque chose aux poumons; **was die ~ hergibt** *brüllen, schreien* à pleins poumons; **jd raucht** [**etw**] **auf** ~ qn fume [qc] en avalant la fumée

Lungen- **1.** ANAT *-lappen, -spitze* du poumon; *-schlagader, -gewebe* pulmonaire **2.** MED *-ödem, -tuberkulose* pulmonaire; *-operation a.* au [*o* du] poumon **Lungenbläschen** [-blɛːsçən] *nt* alvéole *f* pulmonaire **Lungenbraten** *m* AUS (*Filet*) filet *m* **Lungenembolie** *f* embolie *f* pulmonaire **Lungenentzündung** *f* pneumonie *f* ▶**jd hat** [**eine**] ~ qn a une pneumonie **Lungenflügel** *m* poumon *m* **Lungenheilstätte** *f* sanatorium *m* **lungenkrank** *adj* malade des poumons, atteint(e) d'une affection pulmonaire **Lungenkranke(r)** *f(m) decl wie adj* personne *f* atteinte d'une affection pulmonaire **Lungenkrankheit** *f* maladie *f* [*o* affection *f*] pulmonaire **Lungenkrebs** *m* Ø cancer *m* du poumon **Lungenzug** *m* inhalation *f* par les poumons ▶**jd macht einen ~/Lungenzüge** qn tire une bouffée/des bouffées en avalant la fumée

lungern *vi fam* ■ **jd lungert irgendwo** qn traînaille [*o* glandouille] quelque part *fam*

Lunte <-, -n> *f* **1.** (*Zündschnur*) mèche *f*
2. JAGD queue *f*
▶**jd legt die ~ ans Pulverfass** qn met le feu aux poudres; **jd riecht** ~ qn flaire quelque chose

Lupe <-, -n> *f* loupe *f*
▶**jd nimmt jdn/etw unter die** ~ *fam* qn examine qn/qc sur [*o* sous] toutes les coutures; **so jdn/etw kann jd mit der ~ suchen** *fam* qn/qc comme ça, ça ne se trouve pas sous les pieds [*o* pas] [*o* sabots] d'un cheval *hum fam*, il faut se lever tôt pour trouver qn/qc comme ça *fam*

lupenrein *adj* **1.** *Brillant* pur(e) à la loupe [10 fois]
2. (*mustergültig*) exemplaire

lupfen *vt* SDEUTSCH, AUS, CH, **lüpfen** *vt* ■ **jd lupft** [*o* **lüpft**] **etw** qn soulève qc

Lupine <-, -n> *f* lupin *m*

Lurch <-[e]s, -e> *m* batracien *m*, amphibien *m*

Lusche <-, -n> *f sl* nullard(e) *m(f) fam*

Lust <-, ¨-e> *f* **1.** Ø (*Freude*) plaisir *m*
2. Ø (*Drang*) ■ **jds ~ auf etw** (*akk*) *auf Torte, Bier* mon/son/... envie *f* de qc; ***ich habe große ~ auf eine Radtour*** j'ai très envie de faire une randonnée à vélo
3. (*sexuelle Begierde*) désir *m*; ***er suchte seine erkaltete ~ neu anzufachen*** il cherchait à réveiller sa libido défaillante; ■ **jds ~ auf jdn/etw** (*akk*) *auf eine Frau, einen Mann, auf Sex* mon/son/... désir de qn/qc; ***die ~ eines Menschen auf den Partner*** le désir que quelqu'un ressent pour son partenaire
▶**ganz** [*o* **je**] **nach ~ und Laune** *fam* comme ça me/lui/... chante *fam*; ***du kannst das ganz nach ~ und Laune machen*** vas-y comme tu le sens *fam*; **mit ~ und Liebe** en y mettant tout mon/son/... cœur; **da vergeht einem die ganze** [*o* **alle**] [*o* **jede**] [*o* **jegliche**] ~ il y a de quoi être dégoûté(e); **ich habe nicht übel** [*o* **nicht geringe**] [*o* **große**] ~ **etw zu tun** je ne sais pas ce qui me retient de faire qc; **jd hat ~ auf etw** (*akk*)/**zu etw** qn a envie de qc; **jd hat** [**noch**] ~ [**etw zu tun**] *fam* ça dirait à qn [de faire qc] *fam*; **jd hat keine ~/keine ~ mehr** [**zu etw**] qn n'a pas/plus envie [de qc]; **jd hat keine ~ etw zu tun** qn n'a pas envie de faire qc; **es ist eine ~ etw zu tun** c'est un plaisir de faire qc; **mach, wie du ~ hast!** *fam* tu fais comme tu as envie! *fam*; **jd/etw nimmt jdm die** [*o* **jede**] ~ **an etw** (*dat*) qn/qc ôte à qn l'envie de faire qc; ***nimm ihm doch nicht die ~ am Motorradfahren!*** ne lui ôte pas l'envie de faire de la moto!; **keine ~!** *fam* ça me dit rien! *fam*

-lust *f: Reise~* envie *f* de voyager; ***Prozess~*** goût *m* de la procédure; ***Sensations~*** goût *m* du sensationnel

Lustbarkeit <-, -en> *f veraltend* divertissement *m*, réjouissance *f*

Luster <-s, -> *m* AUS, **Lüster** <-s, -> *m* lustre *m*

Lüsterklemme *f* domino *m*

lüstern I. *adj* **1.** (*geil*) *Mensch, Begierde, Gedanke* lubrique; *Blick a.* concupiscent(e)
2. (*begierig*) ■ **jd ist ~ auf etw** (*akk*) *auf eine bestimmte Speise* qn a des envies de qc
II. *adv* (*geil*) avec concupiscence [*o* convoitise]

Lüsternheit <-> *f* Ø lubricité *f*, concupiscence *f*

Lustgefühl *nt* plaisir *m pas de pl*; ***jd erlebt höchste ~e*** qn éprouve les voluptés les plus intenses *soutenu* **Lustgewinn** *m* Ø satisfaction *f* [*o* assouvissement *m*] des désirs **Lustgreis** *m hum*: ***ein*** [***alter***] ~ un vieillard libidineux

lustig I. *adj* **1.** (*fröhlich*) *Mensch, Abend, Gesicht* gai(e), joyeux(-euse); ***jd ist wieder*** ~ qn retrouve sa gaieté
2. (*spaßig*) *Anblick, Einfall, Späße* drôle, amusant(e)
▶**du bist/Sie sind** [**vielleicht**] ~! *iron* tu en as/vous en avez de bonnes!; **das ist ja ~!** *iron* bravo!, elle est bonne, celle-là!; ***das wird ja immer ~er!*** de mieux en mieux!; **jd macht sich über jdn/etw** ~ qn se moque de qn/qc; **solange jd ~ ist** *fam* tant que qn veut [*o* en a envie]; **wann jd ~ ist** *fam* quand ça me/lui/... chante *fam*
II. *adv* **1.** (*fröhlich*) *sich unterhalten* gaiement, joyeusement; ***jd schaut wieder ~er*** qn se déride, qn retrouve sa gaieté
2. *fam* (*unbekümmert*) *sich unterhalten, weiterplappern* comme si de rien n'était

-lustig *trink-, tanz-, prozess-* qui aime le/la/les; ■ **jd ist** ~ qn aime le/la/les; ***streit~/kampf~*** belliqueux(-euse)

Lustigkeit <-> *f* Ø gaieté *f*

Lustknabe *m veraltend* jeune garçon *m* (*utilisé comme partenaire sexuel*)

Lüstling <-, -e> *m pej* vicieux *m*, satyre *m fam*

lustlos I. *adj* **1.** (*antriebslos*) *Miene* morose; *Blick a.* morne; ■ **jd ist** ~ qn est

sans entrain
2. BÖRSE morose
II. *adv* (*antriebslos*) sans entrain
Lustmolch *m hum fam s.* **Lüstling. Lustmord** *m* crime *m* sexuel ►**jd begeht einen** ~ qn commet un crime sexuel **Lustmörder(in)** *m(f)* auteur *m* de crime sexuel, sadique *mf* **Lustobjekt** *nt* objet *m* de plaisir **Lustprinzip** *nt* ►**nach dem** ~ en fonction du principe de plaisir, en recherchant uniquement le plaisir **Lustschloss**RR *nt* château *m* de plaisance **Lustspiel** *nt* comédie *f* **lustvoll** I. *adj geh* 1. (*Lust zeigend*) *Gähnen, Stöhnen* de volupté *soutenu* 2. (*voll Erotik*) *Kuss, Umarmung* voluptueux(-euse) *soutenu* II. *adv geh gähnen, sich rekeln, stöhnen* voluptueusement *soutenu* **lustwandeln** * *vi* + *sein o haben geh* ■**jd lustwandelt [irgendwo]** qn déambule [quelque part]
Lutetium <-s> *nt ∅* CHEM lutécium *m*
Lutheraner(in) <-s, -> *m(f)* luthérien(ne) *m(f)*
Lutherbibel *f* bible *f* de Luther
lutherisch *adj veraltend* luthérien(ne)
lutschen I. *vt* ■**jd lutscht etw** *Bonbon, Pfefferminz* qn suce qc; *Eis a.* qn mange qc
II. *vi* ■**jd lutscht [an etw** (*dat*)**]** qn suce [qc]; ***hier, willst du auch mal am Eis*** ~? tiens, tu veux sucer un peu de ma glace?
Lutscher <-s, -> *m* sucette *f*
Lutschtablette *f* pastille *f*
lütt *adj* NDEUTSCH petit(e)
Lüttich <-s> *nt* Liège
Luv <-> *f ∅* ►**in/nach/von** ~ au lof, du côté du vent
Luxation <-, -en> *f* luxation *f*
Luxemburg <-s> *nt* (*Stadt*) Luxembourg; (*Land*) le Luxembourg
Luxemburger(in) <-s, -> *m(f)* Luxembourgeois(e) *m(f)*
►**jd ist** ~ qn est luxembourgeois(e)
luxemburgisch *adj* luxembourgeois(e)
luxuriös I. *adj Einrichtung, Lebensstil, Wohnung* luxueux(-euse); *Ausgabe, Ausstattung a.* de luxe
II. *adv ausstatten, einrichten* de façon luxueuse, luxueusement; ***ihr wohnt hier aber sehr*** ~! vous êtes vraiment luxueusement installés!
Luxus <-> *m ∅* luxe *m*
►**etw ist purer [o reiner]** ~ qc est [vraiment] du luxe; **jd lebt im** ~ qn vit dans le luxe; **jd leistet sich** (*dat*) **den** ~ **und tut etw** qn s'offre le luxe de faire qc
Luxus- 1. (*luxuriös*) de luxe 2. (*mit gehobenen Ansprüchen*) *-geschöpf, -weib* habitué(e) au luxe; ~***nutte*** poule *f* de luxe *fam* **Luxusausführung** *f* modèle *m* de luxe **Luxusausgabe** *f* édition *f* de luxe **Luxusdampfer** *m* paquebot *m* de luxe **Luxuslimousine** [-limuzi:nə] *f* limousine *f* de luxe
Luzern <-s> *nt* Lucerne
Luzerne <-, -n> *f* luzerne *f*
Luzifer <-s> *m* Lucifer *m*
Lymphdrainage ['lʏmfdrɛ'na:ʒə] *f* drainage *m* lymphatique **Lymphdrüse** *f* ganglion *m* lymphatique
Lymphe <-, -n> ['lʏmfə] *f* lymphe *f*
Lymphknoten ['lʏmf-] *m* ganglion *m* lymphatique
Lymphozyt <-en, -en> [lʏmfo'tsy:t] *m* lymphocyte *m*
lynchen ['lʏnçən] *vt* ■**jd lyncht jdn** qn lynche qn; ■**jd wird [von jdm] gelyncht** qn est lynché(e) [*o* se fait lyncher] [par qn]
Lynchjustiz ['lʏnç-, -st-] *f* lynchage *m*, justice *f* expéditive **Lynchmord** *m* lynchage *m*
Lyoner <-, -> ['lio:nɐ] *f* GASTR *sorte de mortadelle*
Lyrik <-> ['ly:rɪk] *f ∅* poésie *f* lyrique
Lyriker(in) <-s, -> ['ly:rɪkɐ] *m(f)* poète/poétesse *m/f* lyrique
lyrisch ['ly:rɪʃ] *adj* lyrique

M

M, m <-, -> [ɛm] *nt* M *m*, m *m*
►**M wie Martha** m comme Marcel
m *abk von* Meter m
MA. *abk von* **Mittelalter**
M.A. [ɛmˀa:] *m abk von* **Magister Artium** (*Abschluss*) ≈ maîtrise *f*
Mäander <-s, -> *m* méandre *m*
Mach <-[s], -> *nt* Mach; ***mit*** ~ ***2,5 fliegen*** voler à Mach 2,5
Machart *f* façon *f*
machbar *adj* ■**etw ist** ~ /*Lösung, Gehaltserhöhung*/ qc est possible [*o* envisageable]; /*Plan, Projekt a.*/ qc est réalisable [*o* faisable]; /*Forderung*/ raisonnable; ***diese Forderung ist nicht*** ~ cette revendication ne peut être satisfaite
Machbarkeitsstudie [-ʃtu:diə] *f* étude *f* de faisabilité
Mache <-, -n> *f sl* bluff *m*, frime *f fam*
►**jd hat etw in der** ~ qn est sur qc, qn a qc en route; **jd hat jdn in der** ~ qn cuisine qn *fam;* **etw ist in der** ~ qc est en route; **jd nimmt jdn in die** ~ (*nimmt sich jdn vor*) qn s'occupe de qn; (*verprügelt jdn*) qn fait sa fête à qn *fam*
machen I. *vt* 1. *mit unbestimmtem Objekt* (*tun*) ■**jd macht etw** qn fait qc; ***ich weiß nicht, wie ich das*** ~ ***soll, dass*** je ne sais pas comment faire pour que + *subj;* ***ich mache es am besten so, dass ich …*** le mieux, c'est que je … + *subj;* ***geben Sie mal her, ich mache das schon!*** donnez-moi ça, je vais le faire [*o* je m'en occupe]!; ■**jd/ein Tier macht etw irgendwie** qn/un animal fait qc d'une certaine façon; ***jeder macht mal etwas falsch*** tout le monde peut se tromper; ■**jd/etw macht etw irgendwo** qn/qc fait qc quelque part
2. *Funktionsverb* (*erzeugen, verursachen*) ■**jd/etw macht etw** *Unordnung, Radau, Löcher, Flecken* qn/qc fait qc; ***wer macht denn so ein Geschrei?*** qui est-ce qui crie comme ça [*o* pousse des cris pareils]?; ■**jd/etw macht [jdm] etw** *Schwierigkeiten, Angst* qn/qc fait qc [à qn]; *Arbeit, Sorgen, Mut, Durst* qn/qc donne qc [à qn]; *Ärger* qn/qc cause qc [à qn]; *Probleme* qn/qc pose qc [à qn]; ***das macht mir Kopfschmerzen*** ça me donne mal à la tête; ***mein krankes Bein macht mir [ziemlich] Schmerzen*** ma jambe malade me fait [pas mal] souffrir; ***dein Besuch hat mir [eine] große Freude gemacht*** ta visite m'a fait très plaisir; ***sein Anruf hat mir neue Hoffnung gemacht*** son coup de téléphone m'a redonné espoir; ***das hat mir Appetit gemacht*** ça m'a mis en appétit
3. (*erledigen*) ■**jd macht [jdm] etw** *den Haushalt, die Buchführung, den Garten* qn fait qc [à qn]
4. SPORT ■**jd macht etw** *Salto, Handstand, Bodybuilding* qn fait qc
5. (*herstellen*) ■**jd macht [jdm] etw** /*Töpfer, Künstler, Schneider*/ qn fait qc [à qn]; ■**jd macht etw aus etw** *Vase, Gebrauchsartikel* qn fait qc en qc; *Schnaps* qn fait qc avec qc; ■**etw ist aus etw gemacht** qc est [fait(e)] en/avec qc; ■**jd lässt jdm/sich etw** ~ qn fait faire qc à qn/qn se fait faire qc
6. (*bilden*) ■**jd/etw macht etw** *Kreuzzeichen, Kreis, Kurve* qn/qc fait qc; ***er machte ihr ein Zeichen, sie solle still sein*** il lui fit signe de se taire
7. *fam* (*instand setzen*) ■**jd macht jdm etw [wieder]** *kaputtes Spielzeug* qn [re]fait qc à qn; ***können Sie mir den Auspuff bis morgen*** ~? vous pouvez me faire le [*o* vous occuper de mon] pot d'échappement d'ici demain?; ■**etw wird gemacht** on s'occupe de qc; ■**jd lässt etw** ~ qn fait refaire [*o* voir *fam*] qc
8. GASTR ■**jd macht [jdm] etw** *Frühstück, Schnitzel* qn fait qc [à qn]
9. GASTR (*geben*) ■**jd macht [jdm] etw auf etw** (*akk*)**/in etw** (*akk*) qn met qc [à qn] sur/dans qc; ***mach dir die Butter nicht so dick aufs Brot!*** ne mets pas tant de beurre sur ton pain!
10. *fam* (*säubern*) ■**jd macht [jdm] etw** *das Bad, die Küche, den Fußboden* qn fait qc [à qn]
11. *fam* (*in Ordnung bringen*) ■**jd macht [jdm] etw** *die Fingernägel, Fußnägel* qn fait qc [à qn]; *die Zähne, die Nase* qn refait qc [à qn]; *Haare* qn coiffe qc [à qn]; ■**jd lässt sich [bei/von jdm] etw** ~ qn se fait faire/refaire/coiffer qc [chez/par qn]
12. (*erlangen*) ■**jd macht etw** *Führerschein, Diplom, den Doktor* qn passe qc; *Punkte, Tor* qn marque qc; *Preis* qn obtient qc, qn gagne qc; *Gewinn, Verlust* qn fait qc; ■**jd hat etw gemacht** *Prüfung, Diplom, Doktor* qn a qc, qn a obtenu qc; ***wann hast du das Abitur gemacht?*** quand est-ce que tu as eu [*o* passé] ton bac?
13. SCOL ■**jd macht etw** *Kurs, Seminar* qn suit qc; *Prüfung* qn passe qc
14. SCOL, UNIV (*lernen*) ■**jd macht etw** *ein bestimmtes Fach* qn fait qc
15. (*veranstalten*) ■**jd macht etw** *Party, Reise, Musik* qn fait qc
16. (*teilnehmen, unternehmen*) ■**jd macht etw [mit jdm]** *Reise, Ausflug, Bergtour* qn fait qc [avec qn]; *Sehenswürdigkeit, Land* qn fait qc *fam;* ***wann macht ihr Urlaub?*** quand prenez-vous vos vacances?; ■**jd macht etw bei jdm** *Besuch* qn fait qc à qn; ***wir machen einen Besuch bei Oma*** nous rendons [*o* nous faisons une] visite à grand-mère
17. MATH *fam* (*ergeben*) ■**etw macht etw** (*akk*) qc fait qc; ***wie viel macht drei mal sieben?*** combien font trois fois sept?
18. (*kosten*) ■**etw macht etw** (*akk*) qc fait qc; ***was macht das?*** combien ça fait?
19. *fam* (*verdienen*) ■**jd macht etw** *ein bestimmtes Gehalt* qn se fait qc *fam; einen bestimmten Umsatz* qn fait qc, qn réalise qc
20. (*bestimmte Leistung erbringen*) ■**etw macht etw** qc fait qc; ***das Auto macht 180 km/h*** cette voiture fait du 180 à l'heure
21. + *adj* (*werden lassen*) ■**jd/etw macht jdn …** *glücklich, arm, bekannt, wütend* qn/qc rend qn …; ***etw macht jdn traurig*** qc rend qn triste, qc attriste qn; ***etw macht jdn zornig*** qc met qn en colère; ***das macht sie ganz deprimiert*** ça la déprime complètement; ***etw macht jdn schlank/jung/alt/dick*** (*wirken lassen*) qc amincit/rajeunit/vieillit/grossit qn; ■**jd macht jdm etw …** *angenehm, unerträglich* qn rend qc … à qn
22. (*zu etw werden lassen*) ■**jd macht jdn zu etw** *zu jds Frau, Geliebten, Mitwisser* qn fait de qn qc

23. (*etw Gutes entstehen lassen*) ■ **jd macht [et]was aus jdm/etw** qn fait quelque chose de qn/qc; ***warum läufst du immer so schlampig rum? Mach was aus dir!*** pourquoi as-tu toujours l'air d'une souillon? Arrange-toi un peu! *fam*
24. *fam* (*einen Laut produzieren*) ■ **jd/ein Tier macht etw** qn/un animal fait qc; ***die Kuh macht muh*** la vache fait meuh
25. (*ein Geräusch verursachen*) ■ **etw macht etw** *Gluckern, Knacken, Knarren* qc fait qc
26. (*imitieren*) ■ **jd macht etw** qn fait qc; ***jd macht einen Hahn*** qn fait le coq
27. (*ziehen*) ■ **jd macht etw** *Fratze, Grimasse* qn fait qc; ***was machst du denn für ein Gesicht?*** tu en fais une tête!
28. *Kindersprache* (*tun*) ■ **jd macht etw** *Pipi, winke winke* qn fait qc; ***musst du groß oder klein ~?*** c'est la petite ou la grosse commission?
29. (*bewirken*) ■ **das macht etw** c'est à cause de qc; ***das macht die Hitze*** c'est à cause de la chaleur; ■ **jd/etw macht jdn etw tun** *geh lachen, weinen, vergessen* qn/qc fait faire qc à qn; ***der Witz machte uns lachen*** cette plaisanterie nous a fait rire
30. (*bewirken*) ■ **jd macht, dass etw geschieht** qn s'arrange pour que qc arrive; ***wie hast du es gemacht, dass …?*** comment t'es-tu arrangé(e) [*o* t'y es-tu pris(e)] pour que … + *subj*?; ■ **etw macht, dass etw geschieht** qc a pour effet que qc arrive *subj*, qc aboutit à ce que qc arrive *subj*; ***der Kaffee machte, dass sie wieder auf die Beine kam*** le café a eu pour effet de la remettre sur pied
31. *fam* (*zusehen*) ■ **jd macht, dass er/sie etw tut** *verschwindet, nach Hause kommt, weiterkommt* qn s'arrange pour faire qc, qn fait en sorte de faire qc; ~ ***Sie, dass ich nie wieder von Ihnen hören muss!*** arrangez-vous pour que [*o* faites en sorte que] je n'entende plus jamais parler de vous!
32. (*ausmachen*) ■ **etw macht jdm/einer S. etwas/nichts** qc fait quelque chose/ne fait rien à qn/qc; ***es macht mir nichts, wenn er wütend ist*** ça ne me fait rien qu'il soit furieux
33. *fam* (*als etw tätig sein*) ■ **jd macht etw** *den Anstandswauwau, Dolmetscher, Narren* qn fait qc; ■ **jd macht etw für jdn** qn sert de qc à qn
▸ **jd macht etw auseinander** *fam* (*macht auf*) *Verpackung, Papier* qn défait qc; *Seiten* qn détache qc; (*faltet auseinander*) *Karte, Zeitung* qn ouvre qc; **jd macht sie auseinander** *fam* (*spreizt*) *Beine* qn les écarte; *Arme* qn les ouvre; **jd/etw macht etw bekannt** *Aufruf* qn/qc publie qc; *Nachricht* qn/qc révèle qc; **jd macht jdm etw bekannt** qn révèle qc à qn; **jd/etw macht jdn/etw bekannt** *Gesicht, Terroristen, Verbrecher* qn/qc fait connaître qn/qc [au public]; **gut gemacht!** très bien!, bien joué!; **jd macht etw klein** *fam* (*zerkleinert*) *Gemüse, Küchenkräuter etc* qn coupe qc en petits morceaux; ***jd macht Kaminholz klein*** qn fait du petit bois; **jd macht [jdm] etw klein** *fam* (*wechselt*) *Banknote* qn fait de la monnaie sur qc [à qn]; **jd macht jdm/sich etw schwer/es jdm schwer** qn rend qc difficile à qn/qn se complique qc/qn complique la vie [*o* tâche] à qn; **jd/etw macht es jdm schwer etw zu tun:** ***jd/etw macht es jdm schwer die Wahrheit zu sagen*** qn rend à qn la vérité difficile à dire; ***jd/etw macht es jdm schwer sich zu entscheiden/sich zu trennen*** qn/qc rend le choix/la séparation difficile à qn; ***jd macht es jdm schwer einem Vorschlag zuzustimmen*** qn lui rend difficile l'accord à une proposition; ***etw macht es jdm schwer einem Vorschlag zuzustimmen*** étant donné qc, il est difficile à qn de donner son accord à une proposition; ***es wird einem schwer gemacht etw zu tun*** on a du mal à faire qc; **wie man's macht, ist's verkehrt** [*o* **falsch**] quoi qu'on fasse, ce n'est jamais bien; **jd macht etw voll** *fam* (*füllt*) qn remplit qc; (*mit Kot*) *Hosen, Windeln* qn fait dans qc; (*rundet auf*) *die Hundert* qn arrondit à qc; *Betrag* qn arrondit qc; **jd macht jdm etw voll** qn remplit lui remplit son/sa qc; **das ist/ist nicht zu ~** ça peut se faire [*o* c'est faisable]/c'est impossible; **da ist nichts zu ~** (*zu erreichen*) il n'y a rien à faire; (*geht nicht*) il n'y a pas moyen; **jd ist für etw wie gemacht** qn est fait(e) pour qc; **jd kann [da] nichts ~** qn n'y peut rien; **jd kann etwas/nichts für jdn ~** qn peut faire quelque chose/ne peut rien faire pour qn; **mit jdm kann man es [ja] ~** *fam* avec qn, on peut y aller [comme ça] *fam;* **das lässt sich ~** ça peut se faire; **jd lässt es/das mit sich ~** qn se laisse faire; ***du lässt ja alles mit dir ~!*** tu te laisses complètement faire!; **was soll jd bloß** [*o* **nur**] **~?** qu'est-ce que qn doit faire?; **jd macht, was er/sie will** qn fait ce qu'il/elle veut, qn agit comme il/elle l'entend; **wird gemacht!** ce sera fait!; ***wird gemacht, Chef!*** on s'en occupe, chef!, à vos ordres, patron!; **jd macht es nicht unter etw** (*dat*) *fam* qn ne marche pas à moins de qc *fam*, qn ne descend pas en dessous de qc; **jd macht es [mit jdm]** *euph fam* qn couche [avec qn] *fam;* ***wann hast du es zum ersten Mal gemacht?*** c'était quand la première fois?; **jd macht es jdm** *sl* qn fait jouir qn, qn fait prendre son pied à qn *fam;* **so etwas macht man nicht** ça ne se fait pas; **das macht jdm nichts** ça ne lui fait rien; **macht nichts!** ce n'est pas grave!, ça ne fait rien!; **nichts zu ~!** rien à faire!, pas question!; **jd macht das schon** (*erledigt*) qn va le faire, qn s'en charge[ra]; (*bringt in Ordnung*) qn va arranger ça, qn s'en occupe; **selbst gemacht** de ma/sa/… fabrication; *Saft, Kuchen* fait(e) maison; **was machst du/~ Sie da?** qu'est-ce que tu fais/vous faites là?; **was macht jd/etw?** *fam* (*wie steht es mit*) qu'est-ce que devient qn/qu'est-ce que donne qc? *fam;* (*beruflich*) que fait qn?; **macht das was?** qu'est-ce que ça peut [bien] faire?, et alors?; **was macht das schon?** quelle importance?, qu'est-ce que ça peut bien faire?; **wie machst du/~ Sie das nur?** comment fais-tu/faites-vous?
II. *vt impers* **1.** + *adj* (*werden lassen*) ■ **es macht jdn …** *traurig, wütend* ça rend qn …; ***es macht mich glücklich zu hören, dass*** je suis heureux(-euse) d'entendre que + *indic;* ***es macht mich ganz deprimiert*** ça me déprime complètement
2. (*aus~*) ■ **es macht etwas/nichts …** c'est embêtant/ça ne fait rien …; ■ **es macht jdm etwas/nichts …** ça embête qn/ça ne fait rien à qn …; ■ **es macht einer S.** (*dat*) **etwas/nichts, …** ça fait du mal/ça ne fait pas de mal à qc …
3. *fam* (*Geräusch ~*) ■ **es macht etw** *bum, knacks, zisch* ça fait qc
III. *vi* **1.** (*werden lassen*) ■ **etw macht …** *alt, dumm, schlank* qc rend …; ***übermäßiger Alkoholgenuss macht vorzeitig alt*** l'excès de boisson fait vieillir prématurément; ***etw macht müde/verbraucht*** qc fatigue/use
2. *fam* (*Notdurft verrichten*) ■ **jd/ein Tier macht [irgendwohin]** qn/un animal fait [ses besoins] [quelque part]
3. (*aussehen lassen*) ■ **etw macht …** *alt, dick, verwegen* qc fait paraître …
4. *fam* (*sich beeilen*): ***jd macht schnell/schneller*** qn se grouille *fam;* ***ich mach ja schon*** c'est bon, je me grouille *fam;* ***mach endlich!*** alors, ça vient? *fam*
5. *sl* (*sich stellen*) ■ **jd macht auf etw** (*akk*) *beleidigt, verständnisvoll* qn fait celui/celle qui est qc; ***sie machte auf verständnislos*** elle faisait celle qui ne comprend pas; ***mach nicht auf dumm!*** ne fais pas la bête [*o* l'andouille *fam*]; ***machst du heute mal auf elegant?*** tu joues la carte de l'élégance aujourd'hui? *fam; auf Experte, Künstler* qn joue les qc; *auf große Dame a.* qn se donne des airs de qc
6. COM *fam* (*mit etw handeln*) ■ **jd macht in etw** (*dat*) *in Computern, Teppichen* qn est dans qc; ***er macht in Schuhen*** il est dans la chaussure
7. *fam* (*sich interessiert zeigen*) ■ **jd macht in etw** (*dat*) *in Politik, Kunst* qn fait dans le/la qc *fam;* ***sie macht jetzt in Malerei*** maintenant, elle fait dans la peinture *fam*
▸ **lass jdn [mal/nur] ~** laisse [donc] faire qn; **was macht etw irgendwo?** *fam* (*hat verloren*) qu'est-ce que fait [*o* fiche *fam*] qc quelque part?; **mach/~ Sie [schon]!** *fam* grouille-toi/grouillez-vous! *fam*
IV. *vr* **1.** (*sich entwickeln*) ■ **jd/etw macht sich […]** *gut, so langsam, nicht recht* qn/qc pousse […]; */ein Neubau/* qc avance […]
2. *fam* (*sich gut entwickeln*) ■ **jd macht sich** qn a le vent en poupe
3. COUT (*passen*) ■ **etw macht sich zu etw** qc va avec qc
4. (*sich begeben*) ■ **jd macht sich an etw** (*akk*) *an die Arbeit, an die Reparatur* qn se met à qc
5. GASTR ■ **jd macht sich** (*dat*) **etw** *Essen, Imbiss* qn se fait qc
6. (*sich gestalten*) ■ **jd macht sich** (*dat*) **etw** *einen gemütlichen Abend* qn se fait qc; *ein paar nette Stunden* qn s'offre qc
7. (*sich bereiten*): ***jd macht sich Mühe/Sorgen*** qn se donne du mal/se fait du souci; ~ ***Sie sich wegen mir keine Umstände*** ne vous dérangez pas pour moi
8. (*gewinnen*) ■ **jd macht sich** (*dat*) **etw** *Feinde, Freunde* qn se fait qc
9. (*in jds Rolle schlüpfen*) ■ **jd macht sich zu etw** *zu jds Anwalt, Fürsprecher* qn se fait qc
10. + *adj* (*werden*): ***jd macht sich [bei jdm] beliebt/verhasst*** qn s'attire les sympathies/l'hostilité [de qn]; ***jd macht sich verständlich*** qn se fait comprendre; ***jd macht sich wichtig/dumm*** qn fait l'important/la bête
▸ **jd macht sich** (*dat*) **etwas/viel/wenig aus jdm/etw** (*jdm ist an jdm/etw gelegen*) qn s'intéresse/s'intéresse beaucoup/peu à qn/qc; **jd macht sich** (*dat*) **nichts aus etw** (*ärgert sich nicht über etw*) *aus einer Beschimpfung, Zurücksetzung* qn ne se formalise pas [*o* ne fait pas un drame] de qc; (*jdm ist nichts an etw gelegen*) *aus Fernsehen, lauten Festen* qc n'intéresse pas qn; ***ich mache mir nichts aus Sauerkraut*** la choucroute, je ne cours pas après *fam;* **mach dir/~ Sie sich nichts d[a]raus!** (*nimm es nicht tragisch*) ne t'en fais pas/ne vous en faites pas!

Machenschaften *pl pej* manœuvres *fpl*, machinations *fpl*
Macher(in) <-s, -> *m(f) fam* fonceur(-euse) *m(f) fam*, battant(e) *m(f)*; ***die ~ aus Politik und Wirtschaft*** les acteurs *mpl* de la politique et de l'économie
-macher(in) *m(f)* **1.** (*-hersteller*) *Kleider-, Möbel-* fabricant(e) *m(f)* de; ***Hut~*** (*für Frauen*) modiste *mf;* (*für Männer*) chapelier(-ière) *m(f)*
2. *fam Quatsch-, Krawall-* faiseur(-euse) *m(f)* de
Machete <-, -n> *f* machette *f*
Macho <-s, -s> ['matʃo] *m fam* macho *m fam*
Macht <-, ⸚e> *f* **1.** ∅ (*Befugnis*) pouvoir *m*
2. ∅ (*Herrschaft*) domination *f;* ***die Niederlage des Varus gebot der ~ Roms Einhalt*** la défaite de Varus a donné un coup d'arrêt à la domination de Rome
3. ∅ (*Einfluss*) ■ **die ~ einer S.** (*gen*) *der Gewohnheit* la force de qc; *des Schicksals, der Triebe a.* la [toute-]puissance de qc
4. POL puissance *f*
5. (*mächtige Kraft*) force *f*, puissance *f;* ***geheime ⸚e*** des forces *fpl* [*o* des puissances *fpl*] occultes; ***die ~ des Bösen*** les forces *fpl* [*o* les puissances *fpl*] du mal
▸ **die ⸚e der Finsternis** *liter* les puissances *fpl* [*o* l'Empire *m*] des ténèbres *littér;* **~ geht vor Recht** *prov* la force prime le droit, la raison du plus fort est toujours la meilleure; **mit aller ~** *ziehen, sich dagegen werfen* de toutes mes/ses/… forces; ***der Ansturm der Angreifer erfolgte mit aller ~*** l'offensive des assaillants a été d'une extrême violence; **jd behauptet seine ~** qn affirme son pouvoir; **jd bleibt an der ~** qn reste [*o* se maintient] au pouvoir; **jd ergreift die ~** qn prend le pouvoir; **jd reißt die ~ an sich** (*akk*) qn s'empare du pouvoir; **jd greift nach der ~** qn tente de s'emparer du pouvoir; **jd hat die ~ etw zu tun** qn a le pouvoir [*o* il est dans le pouvoir de qn] de faire qc; **jd ist an der ~** qn est au pouvoir; **jd kommt** [*o* **gelangt**] **an die ~** qn arrive [*o* accède] au pouvoir; **etw liegt in jds ~** (*dat*) qc est dans le pouvoir de qn, qc est en mon/son/… pouvoir; **was in jds ~** (*dat*) **steht** [*o* **liegt**] ce qui est dans le pouvoir de qn, ce qui est en mon/son/… pouvoir; **jd putscht sich an die ~** qn s'empare du pouvoir grâce à un putsch [*o* un coup de force]; **jd übernimmt die ~** qn arrive au pouvoir; **jd/etw übt eine ~ auf jdn aus** qn/qc exerce un pouvoir sur qn; **mit ~** vigoureusement, avec force; ***etw kommt mit ~*** qc arrive en force
Machtbefugnis *f* pouvoirs *mpl*, compétences *fpl;* ***das überschreitet meine ~*** ceci dépasse mes compétences [*o* mes attributions] **Machtbereich** *m* sphère *f* d'influence **Machtblock** <-blöcke> *m* bloc *m* **Machtergreifung** *f* prise *f* du pouvoir (*durch jdn* par qn); ***nach Hitlers ~*** après la

prise du pouvoir par Hitler **Machterhalt** *m* maintien *m* au pouvoir
Machthaber(in) <-s, -> *m(f) pej* dirigeant(e) *m(f)*, potentat *m péj*
Machthunger *m pej geh* soif *f* de pouvoir **machthungrig** *adj pej geh* assoiffé(e) de pouvoir
mächtig I. *adj* **1.** (*einflussreich*) *Herrscher, Staat* puissant(e); *Mann, Organisation a.* influent(e); ■ **die M~en** les puissants *mpl*
2. (*gewaltig*) *Schlag, Gewitter* violent(e); *Stimme* puissant(e), fort(e)
3. *fam* (*enorm*) *Hitze, Durst, Glück* sacré(e) *antéposé fam*
4. *geh* (*kundig*) ■ **jd ist einer S.** (*gen*) ~ *einer Kunst, Sprache, des Deutschen* qn maîtrise qc, qn possède qc; ***er war der Kunst der Verstellung*** ~ il était maître dans l'art de la dissimulation
▶ **jd ist seiner selbst nicht mehr** ~ *geh* qn ne se maîtrise plus
II. *adv fam* (*sehr*) drôlement *fam*, vachement *fam*
Mächtigkeit <-> *f* ∅ **1.** (*großer Einfluss*) [*Herrscher, Land, Organisation*] puissance *f*
2. (*Gewalt*) [*Vulkanausbruch, Regen*] violence *f*
Machtkampf *m* lutte *f* pour le pouvoir
machtlos I. *adj* **1.** (*hilflos*) ■ **jd ist** ~ **gegen etw** *gegen dieses Argument, so viel Dummheit* qn est désarmé(e) [*o* démuni(e)] devant qc
2. POL *Staat, Führung, Politiker* impuissant(e); ***der Kaiser Japans ist praktisch*** ~ l'empereur du Japon est pratiquement sans pouvoirs
II. *adv gegenüberstehen* avec un sentiment d'impuissance
Machtlosigkeit <-> *f* ∅ POL impuissance *f*
MachtmissbrauchRR *m* abus *m* de pouvoir **Machtmittel** *nt* moyen *m* de pression **Machtpolitik** *f* politique *f* d'hégémonie [*o* de force] **Machtprobe** *f* épreuve *f* de force **Machtstellung** *f* position *f* de force **Machtstreben** *nt* volonté *f* de puissance, soif *f* de pouvoir **Machtübernahme** *f s.* **Machtergreifung. machtvoll** *adj* **1.** (*mächtig*) *Staat, Regierung, Institution* puissant(e) **2.** (*Stärke zeigend*) *Bewegung* puissant(e); *Demonstration a.* imposant(e); *Erneuerung* radical(e) **Machtvollkommenheit** *f* ▶ **aus eigener** ~ de mon/son/... propre chef; **in eigener** ~ de ma/sa/... propre autorité **Machtwechsel** [-ks-] *m* changement *m* de majorité [*o* de gouvernement] **Machtwort** <-worte> *nt* mise *f* au point énergique ▶ **jd spricht ein** ~ qn fait acte d'autorité
Machwerk *nt pej* œuvre *f* sans valeur, sous-produit *m*; ***dieses Gemälde ist ein billiges*** ~ ce tableau est une croûte sans valeur *fam*; ***es handelt sich um ein*** ~ c'est l'œuvre d'un tâcheron
MachzahlRR *f* nombre *m* de Mach
Macke <-, -n> *f fam* **1.** (*Schadstelle*) défaut *m*
2. (*Tick*) tic *m*
▶ **jd hat eine** ~ *sl* qn a le cerveau fêlé *fam*
Macker <-s, -> *m sl* mec *m fam*
Madame <-, Mesdames> [ma'dam, me:'dam] *f geh* madame *f*
Mädchen <-s, -> *nt* **1.** fille *f*
2. (*jugendliche Frau*) [jeune] fille *f*
▶ **ein leichtes** ~ *veraltend* une fille de mœurs légères, une femme de petite vertu *vieilli*; **ein spätes** ~ *veraltend* une vieille fille; ~ **für alles** *fam* bonne *f* à tout faire *fam*
Mädchen- *-schuhe, -kleid, -kleidung, -socken, -buch* de fille[s]; *-pensionat, -gymnasium* de [jeunes] filles
mädchenhaft I. *adj* **1.** (*wie ein junges Mädchen*) *Äußeres, Gestalt* de [très] jeune fille; ***seine Frau ist eine ~e Erscheinung*** sa femme a une allure très juvénile; ***sie hat ein sehr ~es Äußeres*** on la prendrait pour une jeune fille, elle fait vraiment jeune; ■ **etw ist** ~ qc fait jeune fille
2. (*zu sehr nach Mädchen aussehend*) *Frisur, Kleidungsstück* de fillette; ■ **etw ist** ~ qc fait fillette
II. *adv aussehen, sich kleiden* comme une jeune fille
Mädchenhandel *m* ∅ traite *f* des blanches **Mädchenhändler(in)** *m(f)* proxénète *mf* (*spécialisé dans la traite des blanches*) **Mädchenname** *m* **1.** (*Vorname*) prénom *m* féminin **2.** (*Geburtsname*) nom *m* de jeune fille
Made <-, -n> *f* asticot *m*
▶ **jd lebt wie die** ~ **im Speck** *fam* qn vit comme un coq en pâte
Madeira <-s, -s> [ma'de:ra] *m*, **Madeirawein** *m* madère *m*
Mädel <-s, -[s]> *nt*, **Mad[e]l** <-s, -n> *nt* SDEUTSCH, AUS [jeune] fille *f*
madig *adj Fleisch* plein(e) d'asticots *fam*; *Frucht* véreux(-euse); *Käse* plein(e) de vers
▶ **jd macht jdn/etw** ~ *fam* qn débine qn/qc *fam*; **jd macht jdm etw** ~ *fam* qn dégoûte qn de qc; *Genuss, Freude* qn lui gâche qc
Madonna <-, Madonnen> *f* **1.** ∅ REL ■ **die** ~ la Madone, la [sainte] Vierge
2. ART madone *f*
Madrid <-s> *nt* Madrid
Madrigal <-s, -e> *nt* madrigal *m*
Maestro <-s, -s *o* Maestri> [ma'ɛstro] *m* **1.** MUS maestro *m*
2. *fam* (*Chef*) grand chef *m fam*, boss *m fam*
Mafia <-> *f* ∅ **1.** ■ **die** ~ la ma[f]fia
2. *pej* (*verschworene Gruppe*) maf[f]ia *f*
-mafia *f pej* maf[f]ia *f* du/de la/des
mafios *adj pej* maf[f]ieux(-euse)
Magazin <-s, -e> *nt* **1.** (*Lager*) magasin *m*, dépôt *m*
2. (*Schusswaffe*) chargeur *m*, magasin *m*
3. TECH [*Werkzeugmaschine*] magasin *m*
4. (*Zeitschrift*) magazine *m*
5. TV, RADIO magazine *m*
-magazin *nt* **1.** (*-zeitschrift*) *Garten-, Computer-* magazine *m* de; ***Fach~*** revue *f* spécialisée, magazine *m* spécialisé; ***Monats~*** mensuel *m*
2. TV, RADIO *Koch-, Küchen-* magazine *m* de; ***Europa~*** magazine *m* européen; ***Kultur~*** magazine *m* culturel
Magaziner(in) <-s, -> *m(f)* CH, **Magazineur(in)** <-s, -e> [magatsi'nø:ɐ] *m(f)* AUS *s.* **Lagerverwalter**
Magd <-, ¨-e> *f veraltend* servante *f vieilli*, fille *f* de ferme *vieilli*
Magen <-s, ¨ *o* -> *m* estomac *m*; ***man musste ihr den ~ auspumpen*** on a dû lui faire un lavage d'estomac
▶ **mit leerem** ~ l'estomac vide; **mit nüchternem** ~ à jeun; **auf nüchternen** ~ à jeun; **etw liegt jdm schwer im** ~ *fam* /*Essen*/ qc lui pèse sur l'estomac; /*Unannehmlichkeit*/ qc lui reste en travers de la gorge; **jd hat einen verstimmten** ~ qn a l'estomac barbouillé; **jdm dreht** *fam* **sich der** ~ **um** qn a l'estomac tout retourné *fam*; **jd hat etwas/nichts im** ~ qn a quelque chose/n'a rien dans l'estomac [*o* le ventre]; **jdm kehrt sich der** ~ **um** *geh* ça lui soulève le cœur; **jdm knurrt der** ~ *fam* qn a l'estomac qui gargouille, qn a des grenouilles dans le ventre; **etw schlägt jdm auf den** ~ *fam* qc lui retourne l'estomac *fam*; **jd überlädt sich** (*dat*) [**mit etw**] **den** ~ qn se bourre [l'estomac] [de qc]; **jd verdirbt** [*o* **verkorkst** *fam*] **sich** (*dat*) [**mit etw**] **den** ~ qn attrape une indigestion, qn se détraque l'estomac [avec qc] *fam*
Magen- **1.** ANAT *-eingang, -ausgang* de l'estomac; *-muskel, -nerv* stomacal(e) **2.** PHYSIOL *-saft, -säure* gastrique **3.** MED *-krankheit, -krebs* de l'estomac; ***~geschwür*** ulcère *m* à [*o* de] l'estomac [*o* gastrique] **Magenbeschwerden** *pl* troubles *mpl* [*o* embarras *mpl*] gastriques **Magenbitter** <-s, -> *m* [digestif *m*] amer *m* **Magenblutung** *f* hémorragie *f* stomacale ▶ **jd hat ~en** qn a des hémorragies stomacales **Magen-Darm-Katarr[h]**RR *m* gastroentérite *f* **Magen-Darm-Trakt** *m* tube *m* gastro-intestinal **Magendrücken** <-s, -> *nt* lourdeurs *fpl* d'estomac ▶ **jd bekommt/hat** ~ qn attrape/a des lourdeurs d'estomac **Magengegend** *f* région *f* de l'estomac **Magengrube** *f* creux *m* de l'estomac **Magenknurren** *nt* gargouillement *m* **Magenkrampf** *m meist pl* crampe *f* d'estomac ▶ **jd bekommt/hat Magenkrämpfe** qn attrape/a des crampes d'estomac **magenkrank** *adj* malade de l'estomac **Magenkranke(r)** *f(m) decl wie adj* malade *mf* de l'estomac **Magenkrankheit** *f* maladie *f* de l'/d'estomac **Magenleiden** *nt s.* **Magenkrankheit. magenleidend** *adj s.* **magenkrank. Magenschleimhaut** *f* muqueuse *f* de l'estomac **Magenschleimhautentzündung** *f* gastrite *f* **Magenschmerzen** *pl* maux *mpl* d'estomac, douleurs *fpl* gastriques ▶ **jd bekommt/hat** ~ qn attrape mal à l'estomac/a mal à l'estomac [*o* a des maux d'estomac] **Magenspiegelung** *f* gastroscopie *f* **Magenspülung** *f* lavage *m* gastrique [*o* d'estomac] **Magenverstimmung** *f* indigestion *f*
mager I. *adj* **1.** (*dünn*) *Mensch, Körperteil* maigre; *Tier a.* efflanqué(e); ***wenn du ~ bleiben willst, ...*** si tu veux rester mince, ...; ■ **jd/ein Tier wird** ~ qn/un animal maigrit
2. GASTR maigre
3. AGR *Boden, Erde* ingrat(e), maigre; *Acker, Wiese* maigre *antéposé*
4. (*dürftig*) *Ergebnis, Ernte, Trinkgeld* médiocre, maigre *antéposé*
5. TYP *Buchstabe* maigre; ***der Text ist*** ~ [***gesetzt/gedruckt***] le texte est [imprimé] en maigre [*o* en caractères maigres]
II. *adv* **1.** GASTR *essen* maigre; *kochen, zubereiten* sans graisse; ***sie kocht jetzt ~er*** maintenant, elle utilise moins de graisse pour faire la cuisine
2. (*dürftig*): ***etw fällt ~ aus*** qc se révèle médiocre [*o* maigre]
3. TYP *drucken, setzen* en maigre, en caractères maigres
Mager- GASTR maigre, pauvre en graisse; ***~milch*** lait *m* écrémé
Magerkeit <-> *f* ∅ **1.** [*Mensch, Körperteil*] maigreur *f*
2. GASTR pauvreté *f* en graisse; ***dieses Fleisch ist von besonderer*** ~ cette viande est particulièrement maigre
Magersucht *f* ∅ anorexie *f* [mentale]
Magie <-> *f* ∅ **1.** (*Zauberei*) magie *f*; ***wie durch*** ~ comme par magie
2. (*Anziehungskraft*) ■ **die** ~ **einer S.** (*gen*) la magie [*o* la fascination] de qc
▶ **schwarze** ~ magie *f* noire
Magier(in) <-s, -> ['ma:giɐ] *m(f)* **1.** (*Zauberkünstler*) prestidigitateur(-trice) *m(f)*, illusionniste *mf*
2. (*Zauberer*) magicien(ne) *m(f)*
magisch I. *adj* magique
II. *adv* comme par magie
Magister <-s, -> *m* **1.** ∅ (*Universitätsgrad*) ≈ maîtrise *f*
2. (*Inhaber des Universitätsgrades*) ≈ titulaire *mf* d'une maîtrise
3. ∅ AUS (*Apotheker*) pharmacien(ne) *m(f)*
▶ ~ **Artium** ≈ maîtrise *f* de sciences humaines; ~ [**pharmaciae**] AUS ≈ docteur *m* en pharmacie; **jd hat den** ~ ≈ qn a la [*o* une] maîtrise
Magistrat1 <-[e]s, -e> *m* (*Stadtverwaltung*) municipalité *f*
Magistrat2 <-en, -en> *m* CH (*Verwaltungsbeamter*) magistrat *m*
Magma <-s, Magmen> *nt* magma *m*
magna cum laude *adv* avec les félicitations du jury
Magnat <-en, -en> *m* magnat *m*
-magnat *m Wirtschafts-, Zeitungs-* magnat *m* du/de la/des
Magnesia <-> *f* ∅ magnésie *f*
Magnesium <-s> *nt* ∅ CHEM magnésium *m*
Magnet <-[e]s *o* -en, -e[n]> *m* aimant *m*
Magnet- magnétique **Magnetbahn** *f s.* **Magnetschwebebahn**
magnetisch I. *adj* **1.** TECH magnétique
2. (*magisch*) magnétique, magique
II. *adv* (*wie magisch*) comme par magie
magnetisieren * *vt* **1.** PHYS ■ **jd magnetisiert etw** qn aimante qc
2. (*mesmerisieren*) ■ **jd magnetisiert jdn** qn magnétise qn
Magnetismus <-> *m* ∅ magnétisme *m*
Magnetkarte *f* carte *f* magnétique **Magnetnadel** *f* aiguille *f* aimantée **Magnetpol** *m* PHYS pôle *m* magnétique **Magnetschalter** *m* commutateur *m* magnétique **Magnetschwebebahn** *f* train *m* à sustentation magnétique **Magnetstreifen** *m* piste *f* magnétique
Magnolie <-, -n> [-liə] *f* magnolia *m*
mäh *interj* bê
Mahagoni <-s> *nt* ∅ acajou *m*
Mahagoni- en acajou, d'acajou

Mähbinder <-s, -> *m* moissonneuse[-lieuse] *f*
Mahd[1] <-, -en> *f* DIAL *(gemähtes Gras)* herbe *f* fauchée
Mahd[2] <-[e]s, ¨er> *nt* CH, AUS *(das Mähen)* fenaison *f*, fauchaison *f*; ***früher erfolgte die ~ noch mit Sensen*** autrefois, on fauchait encore à la faux
Mähdrescher <-s, -> *m* moissonneuse-batteuse *f*
mähen[1] I. *vt* ■ **jd mäht etw** *Gras, Wiese* qn fauche qc; *Getreide* qn moissonne qc; *Rasen* qn tond qc
II. *vi* ■ **jd mäht** qn tond; ■ **das M~** la tonte; ***ich finde nur am Wochenende Zeit zum M~*** je ne trouve le temps pour tondre que le week-end
mähen[2] *vi fam (blöken)* ■ **ein Tier mäht** un animal bêle; ■ **~d** bêlant(e)
Mahl <-[e]s, -e *o* ¨er> *nt geh* repas *m* ▸ **jd sitzt beim ~[e]** qn est à table
mahlen <mahlte, gemahlen> I. *vt* ■ **jd mahlt [jdm] etw** qn [lui] moud qc; ***etw wird zu Mehl gemahlen*** on moud qc pour en faire de la farine; ■ **gemahlen** moulu(e)
II. *vi* 1. *(durchdrehen)* ■ **etw mahlt** */Autoreifen, Rad/* qc patine
2. *(knirschen)* ■ **etw mahlt** */Getriebe, Zahnrad/* qc grince
Mahlgut *nt* ∅ *form* grains *mpl* à moudre
mählich *adj poet s.* **allmählich**
Mahlstein *m s.* **Mühlstein. Mahlstrom** *m s.* **Malstrom. Mahlzahn** *m* molaire *f*
Mahlzeit *f* repas *m*
▸ **gesegnete ~!** *geh* bon appétit!; **prost ~!, na denn ~!** *iron fam* il manquait plus que ça! *fam*, ça va être ma/sa fête! *fam*; **~!** *fam (guten Appetit)* bon appétit!, bon app! *fam*; DIAL *fam (schönen Mittag)* salut! *(se dit à l'heure du déjeuner)*; *iron fam (auch das noch)* il manquait plus que ça! *fam*, eh ben, bravo! *fam*
Mähmaschine *f (für Gras)* faucheuse *f*; *(für Getreide)* moissonneuse *f*
Mahnbescheid *m*, **Mahnbrief** *m* lettre *f* de rappel [*o* d'avertissement]
Mähne <-, -n> *f* 1. *[Pferd, Löwe]* crinière *f*
2. *fam (Haarschopf)* tignasse *f péj fam*, crinière *f fam*
mahnen I. *vt* 1. *(er~)* ■ **jd mahnt jdn** qn rappelle qn à l'ordre; ■ **das M~** le rappel à l'ordre
2. *(auffordern)* ■ **jd mahnt jdn zu etw** *zur Mäßigung, Sparsamkeit, Vorsicht* qn invite [*o* exhorte] [*o* engage] qn à qc; ■ **jd mahnt jdn etw zu tun** qn invite [*o* engage] qn à faire qc; ***ich mahne dich nicht noch einmal von deinem Treiben abzulassen!*** c'est la dernière fois que je te somme de cesser ces agissements!
3. *(zur Zahlung auffordern)* ■ **jd mahnt jdn** qn envoie un rappel à qn
II. *vi* 1. *(zur Zahlung auffordern)* ■ **jd mahnt** qn envoie un rappel
2. *(an~)* ■ **jd mahnt zu etw** *zur Ruhe, zu mehr Gelassenheit* qn invite [*o* exhorte] à qc
3. *geh (ge~)* ■ **etw mahnt zu etw** *zum Gebet, zur Eile, Umkehr* qc invite [*o* convie *littér*] à qc
mahnend I. *adj Blick, Zeigefinger* impérieux(-euse); *Stimme a.* pressant(e)
II. *adv* impérieusement, d'une manière impérieuse; ***jd erhebt ~ seine Stimme*** qn fait une mise en garde
Mahnmal <-[e]s, -e> *nt* mémorial *m*, monument *m* commémoratif
Mahnschreiben *nt form s.* **Mahnbrief**
Mahnung <-, -en> *f* 1. *(Er~)* rappel *m* à l'ordre, avertissement *m*
2. *geh (Erinnerung)* mise *f* en garde; ***lassen Sie sich das eine ~ sein*** que ceci vous serve de leçon
3. *(Mahnbrief)* lettre *f* de rappel, mise *f* en demeure
Mahnwache *f* manifestation *f* silencieuse
Mähre <-, -n> *f pej veraltet* haridelle *f*, rosse *f vieilli*
Mai <-[e]s *o* - *o poet* -en, -e> *m* mai *m*; ***der ~*** le mois de mai; ***in drei ~en hintereinander*** au cours de trois mois de mai successifs
▸ **Anfang/Ende ~/Mitte ~** début/fin mai/à la mi-mai; ***wir haben erst Mitte ~*** nous sommes seulement à la mi-mai; ***es ist bald Ende ~*** on est bientôt à la fin [du mois de] mai; **wie einst im ~** *hum* comme au bon vieux temps; **der Erste ~** le Premier Mai; **es ist ~** c'est le mois de mai, on est en mai; **im ~** en mai, au mois de mai; **in den ~** au mois de mai; ***Pfingsten fällt diesmal in den ~*** cette année, la Pentecôte tombe en mai [*o* au mois de mai]; **in diesem ~** pendant [*o* au cours de] ce mois de mai; **den ... ~** *(Datum im Briefkopf)* le ... mai
Maibaum *m* arbre *m* de mai **Maiblume** *f* fleur *f* de mai **Maibowle** [-bo:lə] *f* vin *m* aromatisé *(à l'aspérule odorante)*
Maid <-, -en> *f iron veraltet* demoiselle *f*
Maifeiertag *m form* fête *f* du Premier Mai [*o* du Travail] **Maiglöckchen** *nt* muguet *m* **Maikäfer** *m* hanneton *m* **Maikönigin** *f* reine *f* de mai *(élue conformément à un usage qui subsiste dans certaines régions)* **Maikundgebung** *f* manifestations *fpl* [*o* défilé *m*] du Premier Mai
Mailbox <-, -en> ['meɪlbɔks] *f* boîte *f* aux lettres électronique
Mailing <-s, -s> ['meɪlɪŋ] *m* mailing *m*, publipostage *m*
Mail-Passwort[RR] ['meɪl-] *nt* INFORM mot *m* de passe de messagerie **Mailprogramm** *nt* INFORM logiciel *m* de courrier électronique **Mailserver** [-sø:ɐvɐ] *m* INFORM serveur *m* de courrier **Mailsystem** *nt* INFORM messagerie *f*
Main <-s> *m* ■ **der ~** le Main
Mainz <-> *nt* Mayence
Mais <-es, -e> *m* maïs *m*
Mais- 1. BOT *-blatt, -staude, -wurzel* de maïs
2. AGR *-anbau, -ernte* du maïs; *-feld* de maïs
3. GASTR *-fladen, -flocken, -mehl, -stärke* de maïs; *-produkt* à base de maïs
Maische <-, -n> *f* 1. *(gekelterte Trauben)* moût *m*
2. *(verrührtes Malz)* moût *m*
3. *(Rohstoff zur Destillation)* marc *m*
maisgelb *adj* jaune maïs **Maiskolben** *m* épi *m* de maïs **Maiskorn** <-körner> *nt* grain *m* de maïs
Majestät <-, -en> *f* 1. ∅ *(Titel)* Majesté *f*
2. *(Träger des Titels)* souverain(e) *m(f)*
3. ∅ *geh (Erhabenheit)* majesté *f*
▸ **Kaiserliche/Königliche ~** Sa Majesté Impériale/Son Altesse Royale; **Seine/Ihre/Eure** [*o* **Euer**] **~** Sa/Votre Majesté
majestätisch I. *adj Aussehen, Gang, Tier* majestueux(-euse); *Anblick a.* grandiose
II. *adv* majestueusement
Majo <-, -s> *f abk von* **Mayonnaise** *sl* mayo *f fam*
Majonäse <-, -n> *f s.* **Mayonnaise**
Major(in) <-s, -e> *m(f)* 1. ∅ *(Dienstgrad)* commandant *m*
2. *(Offizier)* chef *m* de bataillon [*o* d'escadron]
Majoran <-s, -e> *m* 1. BOT marjolaine *f*
2. GASTR origan *m*
majorisieren * *vt geh* ■ **jd majorisiert jdn** qn met qn en minorité
Majorität <-, -en> *f geh* majorité *f*
▸ **jd hat die ~** qn a la majorité
Majoritäts- majoritaire
Majorz <-es> *m* ∅ CH *s.* **Mehrheitswahlrecht**
makaber *adj* macabre
Makel <-s, -> *m* 1. *(Schandfleck)* tare *f*, tache *f*
2. *(Fehler)* défaut *m*; *(auf Früchten)* tache *f*, tavelure *f*
▸ **ein ~ auf jds [blütenreiner] Weste** une ombre [*o* une bavure] dans le parcours [sans faute] de qn; **jdm haftet ein ~ an** *geh* qn demeure marqué(e) d'une tache indélébile [*o* d'une flétrissure *littér*]; **ohne ~** sans défaut, impeccable
Mäkelei <-, -en> *f pej* dénigrement *m* [systématique] *pas de pl*
makellos I. *adj* 1. *(untadelig) Charakter, Vergangenheit* irréprochable; *Ruf a.* sans tache
2. *(fehlerlos) Haut* impeccable; *Figur a.* sans défaut
II. *adv rein, sauber* impeccablement
Makellosigkeit <-> *f* ∅ 1. *(Untadeligkeit)* *[Ruf]* caractère *m* irréprochable; *[Charakter a.]* pureté *f*; *[Vergangenheit a.]* transparence *f*
2. *(Fehlerlosigkeit)* *[Figur, Haut]* perfection *f*
makeln I. *vi* ■ **jd makelt** qn fait du courtage; *(mit Wohnungen)* qn est agent immobilier
II. *vt* ■ **jd makelt etw** qn fait le courtage de qc
mäkeln *vi pej* ■ **jd mäkelt [an etw** *(dat)***]** qn dénigre [qc], qn trouve à redire [à qc]; ***sie findet an allem was zu ~*** elle trouve à redire à tout
Make-up <-s, -s> [me:kˀap] *nt* maquillage *m*
Make-up-Entferner <-s, -> [me:kˀap-] *m* démaquillant *m*
Makkaroni *m meist pl* macaroni *m*
Makler(in) <-s, -> *m(f)* agent *m* d'affaires, courtier(-ière) *m(f)*; *(bei Immobilien)* agent *m* immobilier
Mäkler(in) <-s, -> *m(f) pej:* ***solche ~*** ces gens qui trouvent toujours à redire; ***sie ist eine ~in*** elle dénigre [*o* débine *fam*] tout
Maklergebühr *f* courtage *m*; *(bei Immobilien)* commission *f*
Makrele <-, -n> *f* maquereau *m*
Makro <-s,-s> *nt* INFORM macro *m*
makro- macro…
Makro- macro… **makrobiotisch** I. *adj* macrobiotique II. *adv:* ***jd ernährt sich ~*** qn mange de la nourriture macrobiotique **Makrokosmos** *m* macrocosme *m*
Makulatur <-, -en> *f* 1. TYP maculature *f*, [papier *m* de] rebut *m*
2. *(Überholtes)* chose *f* caduque; ■ **etw ist ~** qc est caduc(-uque)
▸ **jd redet ~** *fam* qn dégoise des insanités *fam*, qn raconte des conneries *fam*
makulieren * *vt* ■ **jd makuliert etw** qn met qc au pilon [*o* au rebut]
mal[1] *adv* MATH fois; ***fünf ~ fünf ist fünfundzwanzig*** cinq fois cinq [font] vingt-cinq
mal[2] *adv fam* 1. *(doch)* bien; **~ *wieder*** une fois de plus; ***komm ~ her!*** viens voir ici! *fam*; ***zeig ~ her!*** montre voir! *fam*; ***wirst du ~ gehorchen!*** tu vas obéir, oui! *fam*
2. *(einmal)* *gén non traduisible;* ***das ist nun ~ so*** c'est comme ça; ***warst du schon ~ in Kanada?*** tu as déjà été au Canada? *fam*; ***darf ich dich ~ was fragen?*** je peux te demander quelque chose?
Mal[1] <-[e]s, -e> *nt* fois *f*; ***beide ~[e]*** les deux fois; ***etliche ~[e]*** à plusieurs reprises, plus d'une fois; ***drei ganze ~e*** trois fois en tout [et pour tout]; ***das erste ~, dass*** la première fois que + *indic*; ***das ist jetzt schon das dritte ~, dass*** c'est [*o* ça fait] déjà la troisième fois que + *indic*
▸ **ein für alle ~[e]** une fois pour toutes; **ein anderes ~** une autre fois; **ein/kein einziges ~** une/pas une seule fois; ***wenn du bloß ein einziges ~ auf mich hören würdest*** si tu m'écoutais ne serait-ce qu'une fois; **das erste/letzte ~** la première/dernière fois; **beim ersten/zweiten/letzten/... ~** la première/deuxième/dernière ... fois; ***beim ersten ~ will ich ja noch ein Auge zudrücken*** pour une [*o* cette] fois, je veux bien fermer les yeux; **zum ersten/letzten ~** pour la première/dernière fois; ***ich bin zum ersten ~ verliebt*** c'est la première fois que je suis amoureux; ***ich höre davon zum ersten ~*** c'est la première fois que j'en entends parler; ***ich bin zum letzten ~ hier gewesen!*** c'est la dernière fois que je mets les pieds ici!; ***als ich ihn zum letzten ~ gesehen habe*** la dernière fois que je l'ai vu; **jedes ~** chaque fois; **jedes ~, wenn** chaque fois que + *indic*; **es ist das letzte ~, dass** c'est la dernière fois que + *indic*; **ein letztes ~** *geh* une ultime fois *soutenu*; **das nächste ~, nächstes ~** la prochaine fois; **bis zum nächsten ~!** à une autre fois!, à la prochaine! *fam*; **ein paar ~** plusieurs fois; ***er ist ein paar ~ zu spät gekommen*** il est arrivé en retard une ou deux fois [*o* deux ou trois fois]; ***in dem Lokal haben wir ein paar ~ gespeist*** il nous est arrivé de manger dans ce restaurant; **die/diese paar ~** les/ces [malheureuses] deux ou trois fois; **das soundso vielte** [*o* **x-te**] **~** *fam* la je ne sais combientième *pop* fois, la énième fois; **voriges ~, das vorige ~** la dernière fois; ***das vorige ~, als wir uns trafen*** la dernière fois que nous nous sommes rencontrés; **zu**

wiederholten ~en à plusieurs reprises; **zum wiederholten** ~[e] une nouvelle fois; **das wievielte** ~ combien de fois; **das x-te** ~ *fam* la ixième [*o* énième] fois; **beim x-ten** ~ *fam* à la ixième [*o* énième] fois; **zum x-ten** ~ *fam* pour la ixième [*o* énième] fois; **für dieses** ~, **dieses** ~ pour cette fois; **mit einem** ~[e] tout à coup, tout d'un coup; **von** ~ **zu** ~ [à] chaque fois; [**nur**] **das eine** ~!, [**nur**] **dieses eine** ~! juste pour cette fois!, pour une fois!; **das eine oder andere** ~ de temps en temps, de temps à autre

Mal² <-[e]s, -e *o poet* ¨er> *nt* **1.** (*Mutter~*) envie *f fam*, tache *f* de vin; (*Hautverfärbung*) marque *f*
2. *geh* (*Denk~*) monument *m* commémoratif

-mal fois

malad[e] *adj fam* mal fichu(e) *fam*

Malaria <-> *f* Ø ■ [**die**] ~ le paludisme, la malaria *vieilli*
▶ **jd bekommt/hat** ~ qn attrape/a le paludisme [*o* la malaria *vieilli*]

Malbuch *nt* album *m* à colorier [*o* de coloriage]

malen I. *vt* **1.** ART ■ **jd malt [jdm] etw** *ein Bild, Gemälde* qn peint qc [à qn]; ■ **jd malt jdn [als etw]** qn peint qn [en qc]; ■ **jd lässt sich** ~ qn se fait peindre; ■ **jd lässt sich** (*dat*) **jdn/ein Tier/etw** ~ qn se fait peindre qn/un animal/qc
2. (*zeichnen*) ■ **jd malt [jdm] etw** *Bild, Baum* qn dessine qc [à qn]
3. DIAL (*anstreichen*) ■ **jd malt etw ...** qn peint qc en ...; ***er hat die Tür grün gemalt*** il a peint la porte en vert
4. (*schildern*) ■ **jd malt etw ...** *rosig, schwarz, düster* qn [dé]peint qc en ...; ***er malte das gemeinsame Leben in den leuchtendsten Farben*** il a fait un tableau idyllique de la vie à deux; ***Sie ~ die Zukunft etwas zu rosig*** vous voyez l'avenir un peu trop en rose
II. *vi* ■ **jd malt [mit etw/auf etw** (*akk o dat*)**]** qn peint [*o* fait de la peinture] [avec qc/sur qc]; ■ **das M~** la peinture; ***ich bin beim M~*** je suis en train de peindre
III. *vr geh* ■ **etw malt sich in etw** (*dat*) *in jds Gesicht, Zügen* qc se peint sur qc

Maler(in) <-s, -> *m(f)* **1.** (*Kunst~*) [artiste *mf*] peintre *m*
2. (*Anstreicher*) peintre *m* [en bâtiment[s]]

Malerei <-, -en> *f* **1.** Ø (*das Malen*) peinture *f*
2. (*Kunst~*) peinture *f*
3. (*Wand~*) peinture *f* [murale]

Malerfarbe *f* peinture *f*

malerisch I. *adj* **1.** (*pittoresk*) pittoresque
2. ART *Talent, Werk* pictural(e)
II. *adv* (*pittoresk*) de façon pittoresque

Malheur <-s, -s *o* -e> [ma'løːɐ] *nt fam* [petit] accident *m*, [petit] malheur *m*
▶ **das ist doch kein** ~! pas la peine d'en faire une histoire! *fam*; **jdm passiert ein [kleines]** ~ il arrive un petit accident à qn

maligne *adj* malin(-igne)

maliziös I. *adj geh Lächeln* fielleux(-euse), mauvais(e); *Bemerkung a.* acerbe
II. *adv geh grinsen, lächeln* d'un air mauvais

Malkasten *m* boîte *f* de peinture

mal|nehmen *vt irreg* MATH ■ **jd nimmt etw mit etw mal** qn multiplie qc par qc; ■ **das M~** la multiplication

Maloche <-> *f* Ø *sl* turbin *m pop*, boulot *m fam*; ***ich muss zur ~*** faut que j'aille au turf *fam*

malochen * *vi sl* ■ **jd malocht** qn trime *fam*, qn bosse dur *fam*; ■ **jd malocht irgendwo/bei jdm/als etw** qn bosse quelque part/chez qn/comme qc *fam*

Malstift *m* crayon *m* de couleur

Malstrom *m liter* maelström *m*, malstrom *m*

Malta <-s> *nt* Malte *f*

Maltechnik *f* technique *f* picturale

Malteser(in) <-s, -> *m(f)* GEOG Maltais(e) *m(f)*

Malteserorden *m* ■ **der** ~ l'ordre *m* de Malte

maltesisch *adj* maltais(e)

malträtieren * *vt geh* ■ **jd malträtiert jdn** qn maltraite qn, qn rudoie qn

Malus <-ses, - *o* -se> *m* **1.** (*Zuschlag zur Prämie*) malus *m*
2. UNIV minoration *f*

Malve <-, -n> [-və] *f* mauve *f*

malvenfarben *adj*, **malvenfarbig** [-vən-] *adj* mauve

Malz <-es> *nt* Ø malt *m*

Malzbier *nt* bière *f* de malt **Malzbonbon** [-bɔŋbɔŋ, -bõbõː] *nt o m* bonbon *m* à l'extrait de malt **Malzkaffee** *m* café *m* de malt

Mama <-, -s> *f* **1.** *fam* (*Mutter*) maman *f*
2. *veraltend* ■ **die** ~ [ma/sa/...] maman; ***bist du hier denn ganz alleine? Ach, da kommt ja schon die ~!*** tu es tout(e) seul(e) ici? Ah, voilà ta maman qui arrive!

Mami <-, -s> *f fam s.* **Mama**

Mammographie <-, -n> [-'fiːən] *f* mammographie *f*

Mammon <-s> *m* Ø *pej* argent *m*
▶ **der schnöde** ~ le vil [*o* ce maudit] argent

Mammut <-s, -s *o* -e> *nt* mammouth *m*

Mammut- *-tournee* énorme; *-prozess, -sitzung, -verfahren* interminable; *-veranstaltung a.* monstre *fam* **Mammutbaum** *m* séquoia *m*

mampfen I. *vi fam* ■ **jd mampft** qn se goinfre *fam*
II. *vt fam* ■ **jd mampft etw** qn bouffe qc *fam*, qn bâfre qc *fam*

man¹ <(*dat*) einem, (*akk*) einen> *pron indef* **1.** (*wer auch immer*) on; ■ ~ **tut etw** on fait qc
2. (*die Leute*) on; ***er grüßt einen nie*** il ne vous dit jamais bonjour
3. (*ich*) on; ***das ist doch mein Fahrrad! du hättest einen auch fragen können!*** mais c'est mon vélo! tu aurais pu [me] demander!

man² *adv* NDEUTSCH *fam* (*mal*) *gén non traduisible;* ***lass ~ gut sein!*** laisse [donc] tomber! *fam*

Management <-s, -s> ['mænɪdʒmənt] *nt* management *m*
▶ **das mittlere** ~ les cadres *mpl* moyens

-management [-'mænɪdʒmənt] *nt* gestion *f* du/de la/des

managen ['mænɪdʒn] *vt* **1.** IND ■ **jd managt etw** *Firma, Projekt* qn gère qc, qn manage qc
2. *fam* (*hinkriegen*) ■ **jd managt etw** *Finanzierung, Problem* qn gère qc; ***Beruf und Haushalt, wie managst du das eigentlich?*** comment arrives-tu à concilier ton métier et ta vie de famille?
3. (*betreuen*) ■ **jd managt jdn** *Artisten, Musiker* qn gère les intérêts de qn, qn sert d'imprésario à qn; *Sportler* qn manage qn

Manager(in) <-s, -> ['mænɪdʒɐ] *m(f)* **1.** IND manager *mf*
2. (*Betreuer*) [*Artist, Musiker*] imprésario *m*, agent *m*; [*Sportler*] manager *mf*

Managerkrankheit ['mænɪdʒɐ-] *f fam* stress *m* du manager, surmenage *m* des cadres

manch *pron indef, inv geh* **1.** ■ ~ **ein(e)** ... plus d'un(e) ...
2. + *substantiviertes Adjektiv* (*viel*) ■ ~ ... *Schönes, Schreckliches, Aufschlussreiches* beaucoup [*o* un certain nombre] de choses *fpl* ..., plus d'une chose ...; ~ ***Interessantes*** beaucoup de choses intéressantes, plus d'une chose intéressante
3. + *adj/subst sing* (*viele*) ■ ~ ... plus d'un(e) ...
▶ ~ **anderer** un certain nombre d'autres personnes *fpl*; ~ **eine(r)** certains/certaines, certaines personnes *fpl*

manche(r, s) *pron indef* **1.** *adjektivisch, mit Plural* (*einige*) ■ **manche ...** bien des ...; ***es hat uns ~ tausend Mark gekostet*** ça nous a coûté plusieurs milliers de marks
2. *adjektivisch, mit Singular* ■ ~ ... bien des ...; ***sie hat in ihrem Leben schon ~s Leid gesehen*** elle a déjà vu bien des misères dans son existence
3. *adjektivisch, mit substantiviertem Adjektiv* ■ **manches ...** *Gute, Dumme, Unangenehme* beaucoup de choses *fpl* ..., plus d'une chose ...; ***~s Interessante*** beaucoup de choses intéressantes, plus d'une chose intéressante
4. *substantivisch* ■ **manche(r)** un certain nombre, pas mal *fam*; ~ ***von uns*** un certain nombre [*o* pas mal *fam*] d'entre nous; ■ **manche** *auf Menschen bezogen* un certain nombre [*o* pas mal *fam*] de gens; *auf Dinge bezogen* un certain nombre *sing o pl*, pas mal *fam*; ***viele Wörterbücher sind schlecht, ~ aber auch gut*** beaucoup de dictionnaires sont mauvais, mais [il y en a] pas mal [qui] sont bons *fam*
5. *substantivisch* (*viele Dinge*) ■ **manches** bien des choses *fpl*; ***~s von dem, was er gesagt hat, war interessant*** dans ce qu'il a dit, il y avait beaucoup de choses intéressantes
6. *substantivisch* (*nicht wenige*) ■ **mancher, der/manche, die** beaucoup de [*o* bien des] personnes *fpl* qui; ~ ***von denen, die*** beaucoup de ceux/celles qui; ■ **manches, was** beaucoup de ce qui/ce que
▶ **in** ~**m** (*was dies oder jenes betrifft*) sur bien des points; (*in einigem*) sur certains points; ***in ~m, was du sagst*** dans certaines des choses que tu dis

mancherlei *adj* **1.** *inv, adjektivisch* (*dieses und jenes*) toutes sortes de
2. *substantivisch* (*Verschiedenes*) toutes sortes de choses

mancherorts *adv geh* en maint endroit

manchmal *adv* **1.** (*gelegentlich*) quelquefois, parfois
2. CH (*oft*) plus d'une fois

Mandant(in) <-en, -en> *m(f)* mandant(e) *m(f)*, client(e) *m(f)*

Mandarin <-s, -e> *m* mandarin *m*

Mandarine <-, -n> *f* mandarine *f*

Mandat <-[e]s, -e> *nt* PARL, JUR mandat *m*
▶ **jd legt sein** ~ **nieder** qn renonce à son mandat

Mandatar(in) <-s, -e> *m(f)* AUS (*Abgeordnete*) député(e) *m(f)*

Mandel <-, -n> *f* **1.** GASTR amande *f*
2. ANAT amygdale *f*
▶ **gebrannte** ~**n** amandes *fpl* grillées [*o* pralinées]

Mandelaugen *pl geh* yeux *mpl* en amande **mandeläugig** *adj geh* aux yeux en amande; ■ **jd ist** ~ qn a les yeux en amande **Mandelbaum** *m* amandier *m*

Mandelentzündung *f* amygdalite *f*
▶ **jd hat eine** ~ qn a une amygdalite

mandelförmig *adj* en amande **Mandelkern** *m* amande *f* **Mandelkleie** *f* poudre *f* d'amande

Mandoline <-, -n> *f* mandoline *f*

Mandrill <-s, -e> *m* mandrill *m*

Manege <-, -n> [ma'neːʒə] *f* piste *f*
▶ ~ **frei für ...!** place à ...!

Mangan <-s> *nt* Ø CHEM manganèse *m*

Mangel¹ <-s, ¨> *m* **1.** (*Fehler*) [*Ware*] défaut *m*; [*Bauwerk, Mietwohnung a.*] malfaçon *f*, vice *m*; ***ein entscheidender ~*** un vice rédhibitoire
2. Ø (*Knappheit*) ■ ~ **an etw** (*dat*) manque *m* de qc; *an Kalzium, Vitaminen, roten Blutkörperchen a.* insuffisance *f* [*o* carence *f*] en qc; *an Lebensmitteln a.* pénurie *f* de qc; ~ ***an Hormonen*** carence *f* [*o* insuffisance *f*] hormonale
3. Ø (*Defizit*) ■ **ein** ~ **an etw** (*dat*) *an Charakterstärke, Zuwendung* un manque de qc
▶ **wegen** ~**s an Beweisen** (*dat*) faute de preuves; **es besteht** [*o* **herrscht**] ~ **an etw** (*dat*) il y a pénurie de qc; **jd hat** ~ **an etw** (*dat*) qn manque de qc; **jd leidet keinen** ~ qn ne manque de rien; **aus** ~ **an etw** (*dat*) *an Beweisen, Medikamenten* par manque de qc, faute de qc

Mangel² <-, -n> *f* TECH repasseuse *f*
▶ **jd dreht jdn durch die** ~, **jd nimmt jdn in die** ~ *fam* qn cuisine qn *fam*

-mangel *m* **1.** (*-knappheit*) *Lehrer-, Ärzte-* pénurie *f* de
2. MED *Kalzium-, Nährstoff-, Vitamin-* carence *f* en

Mangelberuf *m* profession *f* déficitaire **Mangelerscheinung** *f* trouble *m* carentiel

mängelfrei *adj* impeccable, exempt(e) de défauts; ■ **etw ist** ~ qc est sans défaut [*o* impeccable]

mangelhaft I. *adj* 1. (*unzureichend*) *Ausrüstung, Beleuchtung, Bremsbeläge* défectueux(-euse); *Vorbereitung* insuffisant(e)
2. (*Mängel aufweisend*) *Arbeit, Leistung, Kenntnisse* médiocre; *Ware* défectueux(-euse)
3. SCOL, UNIV (*Note*) médiocre
II. *adv sich auskennen, vorbereitet sein* insuffisamment

Mangelkrankheit *f* maladie *f* carentielle

mangeln¹ I. *vi impers* 1. (*ungenügend vorhanden sein*) ■ **es mangelt an etw** (*dat*) on manque de qc, qc fait défaut
2. (*fehlen*) ■ **es mangelt jdm an etw** (*dat*) *an allem Lebensnotwendigen, Charakterstärke, Erfahrung, Stehvermögen* qn manque de qc
▶ **jd lässt es jdm an nichts** (*dat*) ~ qn ne laisse qn manquer de rien
II. *vi* ■ **etw mangelt jdm** */Erfahrung, Menschenkenntnis/* il manque qc à qn

mangeln² *vt* (*bügeln*) ■ **jd mangelt etw** qn repasse qc à la machine, qn calandre qc

mangelnd *adj Informationen, Interesse, Selbstvertrauen* insuffisant(e); *Aufmerksamkeit a.* déficient(e); **~*es Interesse der Schüler*** manque *m* d'intérêt des élèves; ***ein Mitarbeiter mit ~er Erfahrung*** un collaborateur manquant d'expérience

mangels *präp form* ■ ~ **einer S.** (*gen*) en l'absence de qc, à défaut de qc, faute de qc

Mangelware *f* marchandise *f* rare
▶ **sie sind** ~ ils/elles sont une denrée rare

Mango <-, -s> ['maŋgo] *f* mangue *f*

Mangobaum ['maŋgo-] *m* manguier *m*

Mangold <-[e]s, -e> ['maŋgɔlt] *m* 1. BOT b[l]ette *f*, poirée *f*
2. GASTR côtes *fpl* de bette, cardes *fpl*

Mangrove <-, -n> [maŋ'gro:və] *f* mangrove *f*

Manie <-, -n> [-'ni:ən] *f* manie *f*

-manie *f* manie *f* du/de la/des; ***sie hat eine regelrechte Computer~*** elle a vraiment le virus de l'informatique

Manier <-, -en> *f* 1. ∅ *geh* (*Art und Weise*) ■ **in ...** ~ *in höfischer, überzeugender* d'une manière *f* ...; ***in der damals üblichen*** ~ comme il était d'usage à l'époque; ***in flämischer*** ~ à la [mode [*o* manière]] flamande
2. *pl* (*Umgangsformen*) manières *fpl*; ***was sind das für ~en!*** en voilà des manières [*o* des façons]!
▶ **jd bringt jdm ~en bei** qn apprend les bonnes manières à qn; **das sind doch keine ~en!** *fam* c'est pas des manières! *fam*

manieriert *adj geh* maniéré(e); *Aussprache, Stil a.* précieux(-euse)

Manierismus <-> *m* ∅ ■ **der** ~ ART le maniérisme; LITER la préciosité

manierlich I. *adj geh Aussehen, Frisur, Kleidung* présentable, convenable; *Benehmen* convenable, civil(e) *littér*; ***dem werde ich schon ~es Benehmen beibringen!*** je vais lui apprendre les bonnes manières [*o* à vivre]!
II. *adv geh sich benehmen, essen* convenablement; ***so siehst du aber nicht sehr ~ aus*** comme cela, tu n'es pas très présentable

Manifest <-[e]s, -e> *nt* manifeste *m*
▶ **das Kommunistische** ~ le Manifeste du parti communiste

Manifestant(in) <-en, -en> *m(f)* CH, AUS *s.* **Demonstrant**

Manifestation <-, -en> *f geh* manifestation *f*

manifestieren * I. *vr geh* 1. (*zutage treten*) ■ **etw manifestiert sich in etw** (*dat*) qc se manifeste dans qc
2. MED ■ **etw manifestiert sich in jdm** */Krankheit/* qc se déclare [*o* se manifeste] chez qn
II. *vi* CH ■ **jd manifestiert** qn manifeste

Maniküre <-, -n> *f* (*Pflege, Mensch*) manucure *f*

maniküren * *vt* ■ **jd manikürt jdn/etw** qn manucure qn/qc

Manipulation <-, -en> *f geh* manipulation *f*

manipulierbar *adj geh* manipulable; ■ **jd/etw ist** [...] ~ qn/qc se laisse [...] manipuler, qn/qc est [...] manipulable

Manipulierbarkeit <-> *f* ∅ malléabilité *f*

manipulieren * I. *vt* ■ **jd manipuliert jdn/etw** qn manipule qn/qc
II. *vi* ■ **jd manipuliert an etw** (*dat*) qn bricole qc

Manipulierung <-, -en> *f s.* **Manipulation**

manisch *adj* maniaque

manisch-depressiv *adj* maniacodépressif(-ive)

Manko <-s, -s> *nt* 1. (*Nachteil*) défaut *m*
2. COM (*Fehlbetrag*) trou *m*
▶ **jd macht** ~ *fam* qn perd de l'argent [*o* du fric *fam*]

Mann <-[e]s, Männer *o* Leute> *m* 1. (*männliche Person*) homme *m*; ■ **ein** ~ **einer S.** (*gen*) *schneller Entschlüsse, weniger Worte etc* un homme de qc; ***ein ~ der Tat*** un homme d'action; ■ **ein** ~ **mit etw** *mit Grundsätzen, Ideen, Überzeugungen etc* un homme qui a qc; ■ **ein** ~ **von etw** *von Ehre, Format etc* un homme de qc
2. (*Ehe~*) ■ **jds** ~ le mari de qn
3. <Leute, *bei Zahlenangabe* Mann> (*Mitarbeiter*) homme *m*; ***ein ~ von dem Gesundheitsamt*** quelqu'un du service de santé; ***die Leute von der Post*** le personnel de la poste; ***unsere Leute*** nos gens *mpl*
▶ ~ **über Bord!** un homme à la mer!; **ein** ~ **vom Fach** un homme de l'art; **sie werden** ~ **und Frau** *geh* ils deviennent mari et femme; ~ **Gottes!** *fam* nom de Dieu! *fam*; **der** ~ **meines/ihres/... Lebens** l'homme de ma/sa/... vie; **etw geht mit** ~ **und Maus unter** *fam* qc périt corps et biens; **der** ~ **im Mond** le Sélénite; **jd hat einen kleinen** ~ **im Ohr** *veraltend fam* qn a une araignée au plafond *fam*; **der richtige** ~ **am richtigen Ort** l'homme *m* de la situation; **ein** ~ **der Praxis** un homme d'expérience [*o* expérimenté]; **der** ~ **auf der Straße** l'homme de la rue; **jd ist ein** ~ **des Todes** *fam* qn est un homme mort; **ein** ~ **aus dem Volk[e]** un homme du peuple; **ein** ~ **von Welt** un homme du monde; **ein** ~, **ein Wort** l'homme d'honneur n'a qu'une parole; **ein** ~ **von Wort** *geh* un homme de parole; **alle** ~ **irgendwohin!** NAUT tout le monde quelque part!; **der böse** ~ le croque-mitaine; **ein ganzer** ~ un homme, un vrai; **etw erfordert den ganzen** ~ qc réclame un engagement total; **jd ist ein gemachter** ~ qn est un homme arrivé; **jd ist ~s genug etw zu tun** qn a le courage de faire qc; **jds geschiedener** ~ l'ex-mari de qn; **junger** ~! jeune homme!; **der kleine** [*o* **gemeine**] ~ le simple citoyen; **der kluge** ~ **baut vor** *prov* les gens malins sont prévoyants; **[mein] lieber** ~! *fam* (*herrje*) eh ben, mon vieux! *fam*; (*pass bloß auf*) mon petit ami!; **der schwarze** ~ (*Buhmann*) le croque-mitaine; (*Kaminfeger*) le ramoneur; **jd markiert** [*o* **spielt**] **den starken** ~ *sl* qn joue les caïds *fam*; **jd macht den toten** ~ qn fait la planche; **jd spielt den wilden** ~ *fam* qn pique une crise *fam*; **jds zukünftiger** ~ le futur mari de qn; **jd bringt jdn an den** ~ *fam* qn case qn *fam*; **jd bringt etw [bei jdm] an den** ~ *fam Gegenstand* qn fourgue qc [à qn] *fam*; *Geschichte, Schauermärchen etc* qn sert qc [à qn] *fam*; **auf den** ~ **dressiert** dressé(e) à l'attaque; **jd hat jdn zum** ~ qn a qn pour mari; **jd ist mein/sein/...** ~ (*ideal*) qn est mon/son/... homme; **jd steht seinen/ihren** ~ qn se montre à la hauteur; **jd wird zum** ~ qn est un homme; ***jd ist zum ~ geworden*** qn est devenu un homme; **jd wird jds** ~ qn devient le mari de qn; ~ **für** ~ *niedermachen* tous jusqu'au dernier; *protestieren* tous du premier au dernier; ~ **gegen** ~ d'homme à homme; ***im Kampf ~ gegen ~*** en combat singulier; **pro** ~ par personne; **o** ~ *fam* purée! *fam*; ~, **o** ~! *fam* eh ben, mon vieux! *fam*; **selbst ist der** ~! on n'est jamais si bien servi que par soi-même; **wie ein** ~ *zusammenstehen, zusammenhalten* comme un seul homme, comme les doigts de la main; ~! *fam* eh ben dis/dites donc! *fam*; *s. a.* **Mannen**

-mann <-leute> *m* (*-spezialist*) spécialiste *m* du/de la/des

Männchen <-s, -> *nt* 1. *dim von* **Mann** petit homme *m*, gringalet *m péj*
2. (*Strich~*) bonhomme *m*
3. (*männliches Tier*) mâle *m*
▶ **ein Tier macht** ~ */Hase/* un animal se dresse sur ses pattes de derrière; */Hund/* un animal fait le beau

Mannen *pl* 1. HIST (*Gefolgsleute*) gens *mpl*
2. (*Mitarbeiter*) équipe *f*

Mannequin <-s, -s> ['manəkɛ̃, manə'kɛ̃:] *nt* mannequin *m*

Männer *pl von* **Mann**

Männer- *-bewegung, -besuch, -domäne, -gesellschaft, -rolle, -orden, -krankheit* masculin(e); *-gefängnis, -kloster, -magazin, -station, -toilette* pour hommes; *-kleidung, -sport* d'homme; *-buch* (*für Männer*) pour hommes; (*von einem Mann geschrieben*) d'homme; *-beratungsstelle, -therapiezentrum, -selbsthilfegruppe* pour les hommes, réservé(e) aux hommes; *-verein* d'hommes; *-abteilung* des hommes; *-klinik* spécialisé(e) dans les maladies masculines; *m-verachtend* ... les hommes; *-feindin* des hommes; ***sie ist zur ~hasserin geworden*** elle hait les hommes, elle est misandre *spéc* **Männerarbeit** *f* travail *m* d'homme **Männerbekanntschaft** *f meist pl* relation *f* masculine **Männerberuf** *m* profession *f* masculine, métier *m* d'homme **Männerchor** *m* chœur *m* d'hommes **Männerfang** *m* ▶ **jd ist auf** ~, **jd geht auf** ~ **[aus]** *fam* qn drague [les mecs] *fam* **Männergeschichten** *pl* aventures *fpl*, histoires *fpl* de cœur **Männerhand** *f* main *f* d'homme **Männerhass**[RR] *m* haine *f* des hommes, misandrie *f spéc* **Männerleiden** *nt* maladie *f* masculine **männermordend** *adj hum fam* à faire damner un saint *fam* **Männersache** *f* affaire *f* d'hommes **Männerstimme** *f* voix *f* d'homme **Männertreu** <-, -> *f* BOT véronique *f* **Männerüberschuss**[RR] *m* excédent *m* d'hommes

Mannesalter *nt* ▶ **jd ist im besten** ~ qn est dans la force de l'âge

mannhaft I. *adj* courageux(-euse)
II. *adv* courageusement

Mannhaftigkeit <-> *f* ∅ courage *m*

mannigfach *adj attr geh* différent(e), divers(e); ***~e Möglichkeiten*** différentes [*o* diverses] possibilités *fpl*

mannigfaltig *adj geh s.* **vielfältig**

Mannigfaltigkeit <-> *f* ∅ *geh s.* **Vielfalt**

Mannjahr *nt* homme-année *m*

Männlein <-s, -> *nt dim von* **Mann** petit homme *m*
▶ ~ **und Weiblein** *hum fam* hommes et femmes

männlich *adj* 1. *Bartwuchs, Geschlechtsteil* de l'homme; *Keimdrüse, Hormon* mâle; *Geschlecht* masculin
2. *Erbe, Kind, Linie, Nachfahr, Vorfahr* mâle, du sexe masculin
3. (*für den Mann typisch, für Männer üblich*) masculin(e); ***jd hält es für ~, wenn er etw tut*** qn croit faire preuve de virilité en faisant qc
4. (*mannhaft*) *Auftreten, Stärke* résolu(e); *Entschluss* courageux(-euse)
5. (*maskulin*) *Frau, Wesen* masculin(e)
6. GRAM masculin(e)
7. *Pflanze* mâle; ***das ~e Tier*** le mâle

Männlichkeit <-> *f* ∅ virilité *f*

Mannsbild *nt* AUS, SDEUTSCH *fam* mec *m fam*

Mannschaft <-, -en> *f* 1. SPORT équipe *f*
2. AVIAT, NAUT équipage *m*
3. (*Mitarbeiter*) équipe *f*
4. *pl* MIL hommes *mpl* du rang
▶ **vor versammelter** ~ MIL devant les troupes; (*vor aller Augen*) devant tout le monde

Mannschafts- SPORT *-kampf, -wettbewerb, -wertung* par équipe[s]; *-sport* d'équipe, collectif(-ive) **Mannschaftsgeist** *m* ∅ esprit *m* d'équipe **Mannschaftsraum** *m* NAUT poste *m* d'équipage **Mannschaftswagen** *m* [*Bereitschaftspolizei, Miliz*] ≈ car *m* de C.R.S.; [*Soldaten*] [véhicule *m* de] transport *m* de troupes

mannshoch *adj* à hauteur d'homme; ■ **etw ist/wird** ~ qc arrive à hauteur d'homme **mannstoll** *adj pej* nymphomane

Manntag *m* journée *f* de travail **Mannweib** *nt pej* virago *f*

Manometer¹ <-s, -> *nt* TECH manomètre *m*

Manometer² *interj fam* [ah,] nom d'un chien *fam*
Manöver <-s, -> [-vɐ] *nt* **1.** MIL manœuvre *f gén pl*
2. (*das Manövrieren*) manœuvre *f*
3. *pej* (*Winkelzug*) manœuvre *f*
▸ **jd geht** [*o* **zieht**] **ins ~** qn part en manœuvres
Manöverkritik [-vɐ-] *f* **1.** MIL débriefing *m* **2.** (*Besprechung*) bilan *m* [final] **Manöverschaden** *m* dégâts *mpl* consécutifs aux manœuvres
manövrieren * [-'vri:-] **I.** *vi* **1.** (*lenken*) ■ **jd manövriert** [**mit etw**] [**irgendwie**] qn manœuvre [qc] [d'une certaine façon]
2. (*lavieren*) ■ **jd manövriert** [**irgendwie**] qn manœuvre [d'une certaine façon]
II. *vt* ■ **jd manövriert etw** [**irgendwohin**] *sperrigen Gegenstand, Möbelstück* qn fait passer qc [quelque part]; *Fahrzeug* qn manœuvre qc [pour le/la faire entrer quelque part/sortir de qc]
manövrierfähig [-'vri:r-] *adj* (*grundsätzlich*) maniable; (*zu einem bestimmten Zeitpunkt*) manœuvrable **manövrierunfähig** *adj* ingouvernable; *Schiff a.* désemparé(e); ■ **etw ist ~** qc échappe à tout contrôle
Mansarde <-, -n> *f* mansarde *f*
Manschette <-, -n> *f* **1.** COUT poignet *f;* (*umgeschlagen*) manchette *f*
2. MED (*Halskrause*) manchon *m;* (*für den Arm*) brassard *m*
3. TECH bague *f*, manchon *m*
▸ **jd hat** [**vor jdm/etw**] **~n** *fam* qn a la trouille [de qn/qc] *fam*
Manschettenknopf *m* bouton *m* de manchette
Mantel <-s, ¨-> *m* **1.** COUT manteau *m*
2. TECH [*Geschoss*] chemise *f;* [*Kabel*] gaine *f*
3. AUT [*Reifen*] chape *f*
▸ **jd breitet den ~ des Schweigens über etw** (*akk*) *geh* qn jette un voile pudique sur qc *soutenu*
Mantel- de manteau
Mäntelchen <-s, -> *nt dim von* **Mantel** petit manteau *m*
▸ **jd dreht** [*o* **hängt**] [*o* **kehrt**] **das ~ nach dem Wind**[**e**] qn retourne sa veste dans le bon sens, qn sait nager *fam;* **jd hängt einer S.** (*dat*) **ein ~ um** qn jette un voile sur qc
Manteltarifvertrag *m* convention *f* collective
Manual <-s, -e> *nt* clavier *m*
manuell I. *adj* manuel(le)
II. *adv* manuellement
Manufaktur <-, -en> *f geh* manufacture *f*
Manuskript <-[e]s, -e> *nt* manuscrit *m;* ***jd liest vom ~ ab*** qn lit ses notes
Maoismus <-> *m* ∅ maoïsme *m*
Mappe <-, -n> *f* **1.** (*Schnellhefter*) classeur *m*
2. (*Akten~*) serviette *f*
3. (*Feder~*) trousse *f*
Mär <-, -en> *f hum* histoire *f;* ***etw ist eine ~*** qc est un conte à dormir debout; ***eine fromme ~*** une pieuse légende
Marabu <-s, -s> *m* ORN marabout *m*
Marathon¹ <-s, -s> *m* SPORT marathon *m*
Marathon² <-s, -s> *nt* marathon *m*
Marathon- -marathon
-marathon *m* -marathon
Marathonlauf *m* marathon *m* **Marathonläufer(in)** *m(f)* marathonien(ne) *m(f)*, coureur(-euse) *m(f)* de marathon
Märchen <-s, -> *nt* **1.** LITER conte *m*
2. *fam* (*erfundene Geschichte*) histoire *f* à dormir debout
▸ **~ aus Tausendundeiner Nacht** conte *m* des Mille et Une Nuits
Märchen- 1. (*von Märchen handelnd*) *-film, -oper* fantastique; *-buch, -kassette* de contes **2.** (*im Märchen vorkommend*) *-figur, -gestalt, -motiv* de conte[s] **Märchenerzähler(in)** *m(f)* conteur(-euse) *m(f)*
märchenhaft I. *adj Reichtum* fabuleux(-euse); *Pracht, Schönheit a.* merveilleux(-euse)
II. *adv reich* fabuleusement; *schön a.* merveilleusement
Märchenland *nt* ∅ ■ **das ~** le pays des merveilles; ***das ~ der Märchenbücher*** le monde merveilleux des contes de fées **Märchenprinz** *m*, **-prinzessin** *f* prince *m* charmant; ■ **meine/seine/... Märchenprinzessin** la femme de mes/ses/... rêves
Marder <-s, -> *m* martre *f;* (*Stein~*) fouine *f*
Marende <-, -n> *f* AUS (*Jause*) casse-croûte *m*
Margarine <-, -en> *f* margarine *f*
Marge <-, -n> ['marʒə] *f* COM marge *f*
Margerite <-, -n> *f* marguerite *f*
marginal I. *adj geh* marginal(e)
II. *adv geh* accessoirement
Marginalie <-, -n> [-'na:liə] *f meist pl* note *f* marginale
Maria <-[s] *o* Mariä, -s> *f* **1.** (*Mutter Gottes*) Marie *f*
2. (*Bildnis, Statue*) Vierge *f*
▸ **Mariä Empfängnis** l'Immaculée Conception *f;* **Mariä Geburt** la Naissance de la Vierge; **Mariä Heimsuchung** la Visitation; **Mariä Himmelfahrt** l'Assomption *f;* **Mariä Verkündigung** l'Annonciation *f;* **die heilige ~** la Sainte Vierge; ***heilige ~, Mutter Gottes*** Sainte Marie, mère de Dieu
Marien- *-kult, -verehrung* marial(e); *-kapelle, -bild, -statue* de la Vierge
Marienkäfer *m* coccinelle *f*
Marihuana <-s> [marihu'a:na, marixu'a:na] *nt* ∅ marijuana *f*
Marille <-, -n> *f* AUS *s.* **Aprikose**
Marinade <-, -n> *f* marinade *f*
Marine <-, -n> *f* marine *f*
Marine- *-stützpunkt, -attaché* naval(e); *-uniform* de marin; *-offizier* de marine; ***jd ist bei den ~fliegern*** qn est dans l'aéronavale **marineblau** *adj* bleu marine *inv*
marinieren * *vt* ■ **jd mariniert etw** qn marine [*o* fait mariner] qc; ■ **mariniert** mariné(e)
Marionette <-, -n> *f* **1.** (*Puppe*) marionnette *f*
2. *pej* (*Mensch*) marionnette *f*
Marionetten- des marionnettes **Marionettenbühne** *f* théâtre *m* de marionnettes **Marionettenspieler(in)** *m(f)* marionnettiste *mf*, montreur(-euse) *m(f)* de marionnettes
maritim *adj* maritime
Mark¹ <-, - *o hum* ¨-er> *f* (*deutsche Währung*) mark *m*
▸ **Deutsche ~** mark *m* [allemand]; **keine** [*o* **nicht eine**] **müde ~** *fam* pas un rond *fam;* **jd muss jede ~ umdrehen** *fam*, **jd muss mit jeder ~ rechnen** *fam* qn est obligé(e) de compter chaque centime
Mark² <-[e]s> *nt* ∅ **1.** (*Knochen~*) moelle *f*
2. (*Fruchtfleisch*) pulpe *f;* (*Tomaten~*) concentré *m*
▸ **etw geht jdm durch ~ und Bein** *hum fam* qc lui pénètre jusqu'à la moelle des os; **jd saugt jdn bis aufs ~ aus** qn suce qn jusqu'au dernier sou *fam;* **bis ins ~** (*durch und durch*) jusqu'à la moelle; *gehen, dringen* très profondément
Mark³ <-, -en> *f* (*Grenzland*) marche *f*
▸ **die ~ Brandenburg** la Marche de Brandebourg
markant *adj* **1.** *Gesichtszüge, Kinn, Nase* accusé(e), prononcé(e); *Stirn* large, haut(e); *Baum, Stein, Punkt* qui se remarque
2. *Schrift, Unterschrift* ferme
3. *Erscheinung, Persönlichkeit* affirmé(e)
markdurchdringend *adj geh Schrei* déchirant(e); *Ton* perçant(e)
Marke <-, -n> *f* **1.** COM marque *f*
2. *fam* (*Brief~*) timbre *m*
3. (*Dienst~, Erkennungs~*) plaque *f*
4. (*Essens~, Lebensmittel~*) ticket *m*
5. (*Garderoben~*) ticket *m*
6. (*Beitrags~*) timbre *m*
7. (*Messstand*) (*von Pegelstand*) marque *f*, repère *m;* (*beim Hochsprung*) barre *f*
▸ **~ Eigenbau** *hum:* ***etw/das ist ~ Eigenbau*** qc est fait(e)/c'est fait maison *hum;* **eine komische ~** *fam* un drôle de citoyen *fam;* **du bist mir** [**vielleicht**] **eine ~!** *fam* tu es vraiment un drôle de numéro! *fam*
Marken- COM de marque **Markenartikel** *m* article *m* [*o* produit *m*] de marque **Markenbutter** *f* beurre *m* de qualité **Markenname** *m* [nom *m* de] marque *f* **Markenzeichen** *nt* **1.** (*Warenzeichen*) marque *f* de fabrique, emblème *m;* [*Kleidung*] griffe *f* **2.** (*Merkmal*) image *f* de marque; ■ **etw ist jds ~** ce qui caractérise qn, c'est qc
markerschütternd *adj s.* **markdurchdringend**
Marketenderin <-, -nen> *f* HIST cantinière *f*, vivandière *f*
Marketing <-s> *nt* ∅ marketing *m*
Marketing- *-firma, -strategie, -kampagne* de marketing; *-fachmann, -leiter* [du] marketing
-marketing *nt* marketing *m* du/de la/des
Markgraf *m*, **-gräfin** *f* HIST margrave *mf*
markieren * **I.** *vt* **1.** (*kennzeichnen*) ■ **jd markiert etw** [**als etw**] *als falsch, unzutreffend* qn signale qc [comme étant qc]; ■ **jd/etw markiert etw** *Fahrbahnrand, Fahrrinne, Untiefe, Umrisse* qn marque/qc signalise qc; ■ **jd markiert ein Tier** qn marque un animal
2. INFORM ■ **jd markiert etw** qn surligne qc
3. *fam* (*heucheln*) ■ **jd markiert etw** *den Ahnungslosen, Dummen, Uninformierten* qn joue les qc
II. *vi fam* ■ **jd markiert** [**nur**] qn fait du chiqué *fam*
Markierung <-, -en> *f* **1.** ∅ (*das Kennzeichnen*) [*Fehler*] indication *f;* [*Grenzverlauf*] jalonnement *m;* [*Untiefe, Fahrrinne*] signalisation *f;* [*Tiere*] marquage *m*
2. (*Kennzeichnung*) [*Fahrbahn, Grenze*] marquage *m;* [*Tier*] marque *f*
-markierung *f Fahrbahn-, Rand-, Grenz-* marquage *m* du/de la/des; *Fahrrinnen-* signalisation *f* du/de la/des
Markierungs- *-linie* de marquage; *-pfeil, -farbe, -zeichen* de signalisation
markig I. *adj Stimme* puissant(e); *Tonfall* vigoureux(-euse); *Spruch* énergique
II. *adv sagen, tönen, rufen* d'une voix tonitruante; ***die Kommandos schallen ~*** les ordres claquent
märkisch *adj* brandebourgeois(e), de [la Marche de] Brandebourg
Markise <-, -n> *f* store *m*
Markknochen *m* os *m* à moelle
Markstein *m* étape *f* décisive
Markstück *nt* pièce *f* d'un mark
Markt <-[e]s, ¨-e> *m* **1.** (*Wochen~*) marché *m;* ***jd geht zum*** [*o* ***auf den***] ***~*** qn va au marché
2. (*Marktplatz*) [place *f* du] marché *m*
3. COM (*Absatz~*) marché *m*
▸ **der Gemeinsame ~** [**der EG**] le Marché commun; **der ~ ist gesättigt** le marché est saturé; **der graue ~** le marché gris *fpl;* **der schwarze ~** le marché noir; **es wird ~ abgehalten** c'est jour de marché; **jd bringt etw auf den ~** qn lance qc sur le marché; **jd wirft etw auf den ~** qn inonde le marché de qc, qn déverse qc sur le marché; **am ~** [sur la] place du marché; **auf dem ~** au marché; **auf dem** [*o* **am**] **~** COM sur le marché
-markt *m* **1.** COM (*Absatz~*) marché *m* du/de la/des
2. *Geflügel-, Fisch-, Pferde-* marché *m* aux; ***Töpfe~*** marché *m* de la vaisselle
3. (*Geschäft*) *Getränke-, Pflanzen-* commerce *m* de; ***Bau~*** magasin *m* de [bricolage et] matériaux de construction
Markt- 1. *-korb, -tasche* à provisions **2.** (*des Marktplatzes*) *-brunnen, -pflaster, -bank* [de la place] du marché **3.** COM (*den Markt betreffend*) du marché; *-analyse, -untersuchung* de marché; ***~bericht*** mercuriale *f* **Marktanteil** *m* part *f* de marché **marktbeherrschend** *adj* qui contrôle le marché; ***eine ~e Stellung*** une position dominante sur le marché; ■ **jd/etw ist ~**

qn/qc domine [*o* contrôle] le marché **Marktbude** *f* échoppe *f*, éventaire *m* **Marktforschung** *f Ø* étude *f* de marché **Marktfrau** *f* marchande *f* ambulante **Marktführer** *m* leader *m* [sur le marché] **Markthalle** *f* marché *m* couvert **Marktlücke** *f* créneau *m* ▶ **jd stößt [mit etw] in eine ~** [avec qc,] qn trouve un créneau porteur **Marktnische** *f* créneau *m* [commercial] **Marktplatz** *m* place *f* du marché **Marktschreier(in)** <-s, -> *m(f)* HIST camelot *m* **Marktstand** *m* étal *m*, éventaire *m* **Marktstudie** [-ʃtu:diə] *f* étude *f* de marché **Marktweib** *nt pej s.* **Marktfrau. Marktwert** *m* valeur *f* marchande **Marktwirtschaft** *f Ø* économie *f* de marché ▶ **freie ~** économie *f* libérale; **soziale ~** économie *f* sociale de marché **marktwirtschaftlich** I. *adj attr* libéral(e), fondé(e) sur l'économie de marché II. *adv* vers l'économie de marché [*o* le libéralisme]

Markusevangelium [-evaŋge:-] *nt* ■ **das ~** l'Évangile *m* selon saint Marc

Marmelade <-, -n> *f* confiture *f*

-marmelade *f* confiture *f* de

Marmeladen- 1. *-glas, -brot* de confiture; *-füllung* à la confiture
2. *-fabrik, -herstellung* de confiture[s]

Marmor <-s, -e> *m* marbre *m*

Marmor- de marbre

marmoriert *adj* marbré(e)

Marmorkuchen *m* gâteau *m* marbré

marmorn *adj* en [*o* de] marbre; ■ **etw ist ~** qc est en marbre

marode *adj fam* malade, en difficulté; ■ **etw ist ~** qc est en piteux état

Marodeur <-s, -e> [maro'dø:ɐ] *m geh* pillard(e) *m(f)*

marodieren * *vi geh* ■ **jd marodiert** qn pille; ■ **~d** pillard(e)

Marokkaner(in) <-s, -> *m(f)* Marocain(e) *m(f)*

marokkanisch *adj* marocain(e)

Marokko <-s> *nt* le Maroc

Marone¹ <-, -n *o* Maroni> *f* GASTR marron *m*

Marone² <-, -n> *f*, **Maronenpilz** *m* cèpe *m* [*o* bolet *m*] bai

Marotte <-, -n> *f* marotte *f*

Mars <-> *m Ø* ■ **der ~** [la planète] Mars *f*

Mars- de Mars

marsch *interj fam* [allez,] oust[e]! *fam*

Marsch¹ <-[e]s, Märsche> *m* (*Fuß~, Marschmusik*) marche *f*
▶ **jd bläst jdm den ~** *fam* qn sonne les cloches à qn *fam;* **jd setzt jdn [zu jdm/irgendwohin] in ~** qn envoie qn [à qn/quelque part]; **jd/etw setzt sich in ~** qn/qc se met en marche [*o* en route]

Marsch² <-, -en> *f* GEOG bas-champs *mpl*

Marschall(in) <-s, Marschälle> *m(f)* maréchal(e) *m(f)*

Marschallstab *m* bâton *m* de maréchal

Marschbefehl *m* ordre *m* de marche **Marschflugkörper** *m* missile *m* de croisière **Marschgepäck** *nt* paquetage *m* de campagne

marschieren * *vi + sein* 1. MIL ■ **jd marschiert durch etw** qn défile dans qc; ■ **jd marschiert nach etw** qn marche sur qc; ***jd marschiert aus der Kaserne*** qn sort de la caserne; ***die in die Stadt ~den Soldaten*** l'entrée *f* des soldats dans la ville
2. (*zu Fuß gehen*) ■ **jd marschiert** qn marche; ***wir müssen tüchtig ~*** il faut que nous marchions d'un bon pas

Marschland *nt* bas-champs *mpl*

Marschlied *nt* chanson *f* de marche **Marschmusik** *f* musique *f* militaire **Marschrichtung** *f* direction *f* de marche **Marschroute** *f* 1. itinéraire *m* 2. (*Vorgehensweise*) marche *f* à suivre **Marschverpflegung** *f* vivres *mpl*

Marshallplan ['marʃal-] *m Ø* ■ **der ~** le Plan Marshall

Marsmensch *m* Martien(ne) *m(f)* **Marssegel** *nt* hunier *m*

Marter <-, -n> *f* 1. *geh* (*Folter*) supplice *m*
2. (*Qual*) supplice *m*, calvaire *m*
▶ **unter der ~** *geh* sous la torture

Marterl <-s, -n> *nt* SDEUTSCH, AUS calvaire *m*

martern I. *vt geh* ■ **jd martert jdn** qn martyrise [*o* supplicie] qn
II. *vr geh* ■ **jd martert sich/sich mit etw** qn se torture [*o* se tourmente]/est torturé(e) [*o* tourmenté(e)] par qc

Marterpfahl *m* poteau *m* de torture

martialisch [mar'tsia:lɪʃ] *adj geh* féroce

Martinshorn® *nt* sirène *f*
▶ **mit ~** en actionnant la sirène

Märtyrer(in) <-s, -> *m(f)* 1. REL martyr(e) *m(f)*
2. *fig geh* victime *f;* ***jd spielt den ~*** qn se sacrifie; ***jd tut so, als sei er ein ~/sie eine ~in*** qn joue les martyr(e)s
▶ **jd macht jdn zum ~/zur ~in** *geh* qn fait de qn un(e) martyr(e)

Märtyrertod *m* martyre *m*
▶ **jd stirbt den ~** qn meurt martyr(e)

Martyrium <-, -rien> [mar'ty:riʊm, -riən] *nt* martyre *m*

Marxismus <-> *m Ø* ■ **der ~** le marxisme

Marxismus-Leninismus <-> *m Ø* ■ **der ~** le marxisme-léninisme

Marxist(in) <-en, -en> *m(f)* marxiste *mf*

marxistisch *adj* marxiste

März <-[es] *o liter* -en, -e> *m* mars *m;* ■ **der ~** le mois de mars
▶ **Anfang/Ende/Mitte ~** début/fin mars/à la mi-mars; **es ist ~** c'est le mois de mars, on est en mars; **im ~** en mars; **in den ~** en mars, au mois de mars; **in diesem ~** cette année, en mars; **den ... ~** le ... mars; ***den dritten ~*** le trois mars

Märzen <-[s], -> *nt*, **März[en]bier** *nt* bière *f* de mars

März[en]becher *m* nivéole *f* de printemps

Marzipan <-s, -e> *nt o m* pâte *f* d'amandes

Marzipan- à la pâte d'amandes; *~gebäck* massepain *m*

Masche <-, -n> *f* 1. (*Schlaufe*) maille *f*
2. AUS, CH, SDEUTSCH (*Schleife*) nœud *m*
3. *fam* (*Trick*) combine *f fam*
▶ **linke/rechte ~** maille *f* à l'envers/à l'endroit; **jd hat die ~ raus** *fam* qn a trouvé l'astuce [*o* le truc] *fam;* **jd lässt eine ~ fallen** qn lâche une maille; **das ist die [große] ~** *fam* c'est [vraiment] le truc génial *fam;* **jd nimmt eine ~ auf** qn augmente d'une maille; **jd schlüpft jdm durch die ~n** qn passe à travers les mailles du filet tendu par qn; **jd schlüpft durch die ~n einer S.** (*gen*) *eines Gesetzes etc* qn contourne qc

Maschendraht *m* grillage *m* **Maschendrahtzaun** *m* grillage *m*

Mascherl <-s, -n> *nt* AUS (*Fliege*) papillon *m*

Maschin- AUS *s.* **Maschinen-**

Maschine <-, -n> *f* 1. TECH machine *f*
2. (*Flugzeug*) appareil *m*
3. *fam* (*Schreib~*) machine *f;* ***jd schreibt etw mit der ~*** qn tape qc à la machine
4. *fam* (*Wasch~*) machine *f*
5. *fam* (*Motor*) moulin *m fam*
6. *fam* (*Motorrad*) bécane *f fam*
7. (*menschlicher Roboter*) machine *f*
▶ **jd schreibt ~** qn tape à la machine

-maschine *f* 1. TECH *Präzisions-* machine *f* de; *Schleif-, Näh-, Schreib-, Wasch-* machine *f* à; ***Werkzeug~/Bearbeitungs~*** machine-outil *f;* ***Fräs~*** fraiseuse *f;* ***Rotations~*** [presse *f*] rotative *f;* ***Stanz~*** découpeuse *f*, poinçonneuse *f*
2. AVIAT *Einuhr-, Zweiuhr-, Dreiuhr- etc* vol *m* de

maschinell I. *adj* mécanique; ***die ~e Bearbeitung*** l'usinage *m*
II. *adv* mécaniquement

Maschinen- de machine **Maschinenbau** *m Ø* 1. IND construction *f* mécanique 2. (*Lehrfach*) mécanique *f* **maschinengeschrieben** *adj* dactylographié(e), tapé(e) à la machine **Maschinengewehr** *nt* mitrailleuse *f;* ***leichtes ~*** fusil-mitrailleur *m* **Maschinengewehrfeuer** *nt* tirs *mpl* de mitrailleuse **maschinenlesbar** *adj* magnétique **Maschinenöl** *nt* huile *f* de graissage **Maschinenpistole** *f* pistolet-mitrailleur *m*, mitraillette *f* **Maschinenraum** *m* salle *f* [*o* chambre *f*] des machines **Maschinenschaden** *m* NAUT avarie *f* de machine **Maschinenschlosser(in)** *m(f)* ajusteur-mécanicien/ajusteuse-mécanicienne *m/f* **maschine[n]schreiben** *s.* **Maschine ▶. Maschinenschrift** *f* dactylographie *f* ▶ **in ~** dactylographié(e), tapé(e) à la machine

Maschinerie <-, -n> [-'ri:ən] *f* 1. (*Mechanismus*) machinerie *f*
2. *pej geh* (*Räderwerk*) rouages *mpl*

Maschinist(in) <-en, -en> *m(f)* 1. NAUT officier *m* mécanicien
2. IND conducteur(-trice) *m(f)*

Maser <-, -n> *f meist pl* [*Furnier, Marmor*] veine *f*

Masern *pl* MED rougeole *f*
▶ **jd hat die ~** qn a la rougeole

Maserung <-, -en> *f* veinure *f*

Maske <-, -n> *f* 1. (*Gesichts~*) masque *m*
2. (*Reinigungs~*) masque *m*
3. (*Schutz~*) masque *m*
4. THEAT grimage *m*
▶ **jd lässt die ~ fallen** qn jette le masque; **jd reißt jdm die ~ herunter** [*o* **vom Gesicht**] qn démasque qn, qn arrache son masque à qn; **hinter der ~ von etw** sous le masque de qc

Maskenball *m* bal *m* masqué

Maskenbildner(in) <-s, -> *m(f)* maquilleur(-euse) *m(f)*

maskenhaft *adj* figé(e)

Maskenverleih *m* costumier *m*

Maskerade <-, -n> *f* 1. (*Verkleidung*) mascarade *f;* ***nicht in dieser ~!*** pas dans cet accoutrement!
2. *pej geh* (*Verstellung*) mascarade *f*, simulacre *m*

maskieren * I. *vt* 1. (*unkenntlich machen*) ■ **jd maskiert etw** *Gesicht* qn se masque qc, qn se met un masque sur qc
2. (*verkleiden*) ■ **jd maskiert jdn [als etw/ein Tier]** qn déguise qn [en qc/en un animal]
3. (*verdecken*) ■ **jd maskiert etw [mit etw]** *Aufgeregtheit, Unsicherheit* qn masque qc [sous qc]
II. *vr* 1. (*sich unkenntlich machen*) ■ **jd maskiert sich [mit etw]** qn se masque le visage [avec qc]
2. (*sich verkleiden*) ■ **jd maskiert sich [als etw/ein Tier]** qn se déguise [en qc/en un animal]

maskiert *adj* masqué(e) **Maskierte(r)** *f(m) decl wie adj* individu *m* masqué

Maskierung <-, -en> *f* déguisement *m;* ***wie lange hast du für die ~ gebraucht?*** tu as mis combien de temps pour te déguiser?; ***jd reißt jdm die ~ vom Gesicht*** qn arrache son masque à qn

Maskottchen <-s, -> *nt* mascotte *f*

maskulin *adj* masculin(e)

Maskulinum <-s, Maskulina> *nt* masculin *m*

Masochismus <-> *m Ø* masochisme *m*

Masochist(in) <-en, -en> *m(f)* masochiste *mf*

masochistisch *adj* masochiste

maß *imp von* **messen**

Maß¹ <-es, -e> *nt* 1. (*Maßeinheit, Hohl~*) mesure *f*
2. (*Band~*) mètre *m*
3. *pl* (*gemessene Größe*) [*Gegenstand, Raum, Mensch*] mesures *fpl*
4. (*Aus~*) proportions *fpl;* ***etw übersteigt jedes ~*** qc dépasse toute mesure; ■ **ein bestimmtes ~ an etw** (*dat*) un certain degré de qc
▶ **das ~ aller Dinge** la mesure de toutes choses; **jd kennt weder ~ noch Ziel** qn n'a pas le sens de la mesure; **etw ist ohne ~ und Ziel** qc n'a pas le

sens commun; **ein gerüttelt ~ an etw** (*dat*) [*o* **von etw**] *geh* une dose considérable de qc; **in reichem ~[e]** en abondance; **das ~ ist voll** la mesure est comble; **in vollem ~e** totalement; **in zunehmendem ~e** de plus en plus; ***in zunehmendem ~e teurer*** de plus en plus cher(chère); **jd misst mit zweierlei** [*o* **verschiedenem**] **~** qn a deux poids, deux mesures; **jd hält ~** qn ne fait pas d'excès; **jd hält in etw** (*dat*)/**bei etw ~** qn fait qc avec modération; ***jd hält beim Rauchen ~*** qn fume avec modération; ***jd hält im Essen ~*** qn mange avec modération; **das ~ läuft über** la coupe est pleine; **jd nimmt ~** qn évalue la distance; **jd nimmt bei jdm ~, jd nimmt jds ~e** qn prend les mesures de qn; **um das ~ vollzumachen** pour couronner le tout, pour que la mesure soit comble; **in dem ~[e], wie** dans la mesure où; **in einem bestimmten ~[e]** dans une certaine mesure; ***in besonderem ~e*** tout spécialement; ***in gleichem ~e*** dans les mêmes proportions; ***in solchem/welchem ~e*** à ce/quel point; ***in höchstem ~e*** au plus haut degré; ***in überreichlichem/verschwenderischem ~e*** en abondance/à profusion; **in** [*o* **mit**] **~en** avec mesure, modérément; **nach ~** sur mesure; **über alle** [*o* **die**] **~en** *geh* extrêmement

Maß² <-, -> *f* SDEUTSCH, AUS chope *f* (*d'un litre*)

Massage <-, -n> [ma'sa:ʒə] *f* massage *m*

▸ **jd nimmt ~n** qn se fait masser

Massagesalon [ma'sa:ʒəzalõ:, -zalɔŋ] *m euph* salon *m* de massage **Massagestab** [ma'sa:ʒə-] *m euph* vibromasseur *m*

Massaker <-s, -> *nt* massacre *m*

massakrieren * *vt* ■ **jd massakriert jdn** qn massacre qn

Maßanzug *m* costume *m* sur mesure **Maßarbeit** *f* **1.** (*Fertigung nach Maß*) travail *m* sur mesure **2.** (*Kleidungsstück*) sur[-]mesure *m* ▸ **etw ist ~** *fam* qc est du travail d'horloger [*o* fignolé *fam*]

Masse <-, -n> *f* **1.** (*breiiges Material*) masse *f*

2. GASTR mélange *m*

3. (*große Menge*) foule *f*

4. PHYS masse *f*

▸ **die breite** [*o* **große**] [*o* **überwiegende**] **~** la [grande] masse; **in ~n** en masse; **mangels ~** COM par manque d'actif [*o* de capitaux]; **eine** [**ganze**] **~** *fam* des masses *fam*; ***jd verdient eine*** [***ganze***] ***~*** qn gagne un paquet *fam*

Maßeinheit *f* unité *f* de mesure

Massen- **1.** (*von vielen Menschen*) *-hinrichtung, -verhaftung, -entlassung, -sterben* massif(-ive), de masse; *-ansammlung, -auflauf, -demonstration, -versammlung a.* de foule; *-arbeitslosigkeit, -kriminalität* généralisé(e); *-hysterie, -wahn, -psychose* collectif(-ive) **2.** COM *-artikel, -ware* de grande série **3.** (*für viele Menschen*) *-behausung, -unterkunft, -siedlung* surpeuplé(e), où les gens s'entassent **Massenandrang** *m* affluence *f*, ruée *f* **Massenbeförderungsmittel** *nt* moyen *m* de transport collectif; ■ **die ~** les transports *mpl* en commun **Massenfabrikation** *f*, **Massenfertigung** *f s.* **Massenproduktion. Massengrab** *nt* fosse *f* commune

massenhaft I. *adj* massif(-ive)

II. *adv* massivement

Massenkarambolage [-karambo'la:ʒə] *f* carambolage *m* monstre, collisions *fpl* en chaîne **Massenmedien** [-me:diən] *pl* mass media *mpl*, médias *mpl* **Massenmord** *m* massacre *m* collectif, génocide *m* **Massenmörder(in)** *m(f)* tueur(-euse) *m(f)* **Massenproduktion** *f* production *f* en grande série, fabrication *f* en série **Massentierhaltung** *f* élevage *m* en batterie

massenweise *adj s.* **massenhaft**

Masseur(in) <-s, -e> [ma'søːɐ] *m(f)* masseur(-euse)[-kinésithérapeute] *m*

Masseuse <-, -n> [ma'sø:zə] *f* **1.** *euph* (*im Massagesalon*) masseuse *f*

2. *veraltend s.* Masseurin

Maßgabe *f* ▸ **mit der ~, dass** *form* sous réserve que + *subj*; **nach ~ einer S.** (*gen*) *form* conformément à qc

maßgebend *adj*, **maßgeblich** *adj* **1.** *Hintermann* jouant/ayant joué un rôle décisif; *Persönlichkeit* de premier plan, qui compte; *Kreise* autorisé(e)

2. *Einfluss, Bedeutung, Urteil* déterminant(e); ■ **etw ist** [**für jdn**] **nicht ~** qc n'est pas déterminant(e) [pour qn]

maßgeschneidert *adj* **1.** COUT *Kleidungsstück* sur mesure **2.** *fam Alibi, Ausrede* cousu(e) main *fam*; ■ **etw ist zu ~** qc est trop beau(belle) [pour être honnête] *fam* **maß|halten** *s.* **Maß¹** ▸

massieren*¹ I. *vt* MED ■ **jd massiert jdn** qn masse qn; ■ **jd massiert jdm etw** *Körperteil, Muskulatur* qn lui masse qc; ■ **das M~** le massage; ***jd bittet jdn um das M~ einer S.*** (*gen*) qn demande à qn de lui masser qc; ■ **jd lässt sich** [**von jdm**] **~** qn se fait masser [par qn]; ■ **jd lässt sich** (*dat*) **etw** [**von jdm**] **~** qn se fait masser qc [par qn]

II. *vi* ■ **jd massiert** qn fait des massages; ***jd massiert gut*** qn masse bien

III. *vr* ■ **jd massiert sich** (*dat*) **etw** qn se masse qc

massieren*² *vt* MIL ■ **jd massiert etw** [**irgendwo**] *Streitkräfte, Truppen* qn masse qc [quelque part]

massig I. *adj* massif(-ive)

II. *adv fam* (*sehr viel*) des masses *fam*; **~ *Arbeit*** des masses de travail *fam*

mäßig I. *adj* **1.** (*maßvoll*) *Preis, Steigerung, Anhebung* modéré(e), modique; ■ **jd ist ~** qn est modéré(e) [*o* raisonnable]

2. (*leidlich*) *Befinden, Qualität, Leistung* médiocre; *Applaus* maigre, timide

3. (*gering*) *Einkommen, Gehalt, Verdienst* modeste

II. *adv* **1.** *essen, trinken, rauchen* modérément

2. (*gering*): ***etw fällt ~ aus*** qc atteint des chiffres modestes

3. (*leidlich*) *warm* moyennement; **~ *groß*** de taille modeste

▸ **~, aber regelmäßig** à petite dose, mais régulièrement

-mäßig *fam* **1.** (*wie ein typischer …*) *amateur-, beamten- adjektivisch* de …; *adverbial* par un(e) …; ***amateur~e Arbeit*** du travail d'amateur; ***jd ist lehrer~*** qn est professoral(e); ***jd redet lehrer~*** qn parle d'un ton professoral

2. (*in einer bestimmten Art*) *geschäfts-, schulaufsatz- adjektivisch* propre à; *adverbial* à la manière de; ***ein geschäfts~es Verhalten*** un comportement d'homme d'affaires; ***bordell~/rallye~*** comme dans un bordel/dans un rallye

3. (*bezüglich einer S.*) *wetter-, arbeits-, job-, sport-, geld-* pour ce qui est [*o* au niveau] de, en ce qui concerne; *ausbildungs-, bildungs-, intelligenz-, qualifikations- a.* relativement à

4. (*konform einer S.*) *verfassungs- adjektivisch* conforme à; *adverbial* conformément à; ***der recht~e Besitzer*** le propriétaire légitime

5. (*einer S. entsprechend*) *routine-, serien- adjektivisch* de; *routine- adverbial* par; ***etw ist serien~ mit etw ausgestattet*** qc est équipé(e) de qc en série; ***gewohnheits~*** par habitude; ***turnus~e Kontrolle*** contrôle *m* périodique; ***etw wird turnus~ kontrolliert*** qc est contrôlé(e) périodiquement

mäßigen I. *vt Stimme* qn modère qc; *Überschwang a.* qn tempère; *Ungeduld, Zorn a.* qn contient qc

II. *vr* ■ **jd mäßigt sich** [**in etw** (*dat*)] qn se modère [dans qc]

Massigkeit <-> *f* ∅ corpulence *f*

Mäßigkeit <-> *f* ∅ modération *f*

Mäßigung <-> *f* ∅ modération *f*

massiv *adj* **1.** (*solide, wuchtig*) massif(-ive); ■ **etw ist ~ …** *Eiche, Buche, Gold* qc est en … massif(-ive)

2. (*drastisch*) *Angriff, Kritik, Vorwurf* acerbe; *Drohung* pressant(e)

▸ **jd wird ~/~er** qn met les points sur les i

Massiv <-s, -e> *nt* massif *m*

Maßkrug *m* chope *f* (*d'un litre*)

maßlos I. *adj* immodéré(e), démesuré(e); *Wut* sans borne[s]; ■ **jd ist ~** [**in etw** (*dat*)] *im Essen, Trinken* qn ne sait pas se limiter [quand il fait qc], qn fait des excès [de qc]

II. *adv* **1.** (*äußerst*) *bedauerlich, eifersüchtig, traurig* excessivement

2. (*unerhört*) *sich aufregen, sich ärgern, übertreiben* de façon incroyable; ***etw macht jdn ~ wütend*** qc met qn dans une rage incroyable [*o* folle]

Maßlosigkeit <-> *f* ∅ [*Gier, Wut*] démesure *f*; ■ [**jds**] **~ in etw** (*dat*) les excès *mpl* de qc [de qn]; ***jds ~ im Essen/Trinken/Rauchen*** les excès de table/boisson/tabac de qn

Maßnahme <-, -n> *f* mesure *f*

▸ **jd ergreift** [*o* **trifft**] [**…**] **~n um etw zu tun** qn prend des mesures […] pour faire qc; **jd ergreift ~n gegen etw** qn prend des mesures contre qc

-maßnahme *f* mesure *f* de; ***eine Drogenbekämpfungs~*** une mesure pour combattre la drogue

Maßregel *f meist pl* disposition *f* ▸ **jd trifft ~n** qn prend des dispositions **maßregeln** *vt* ■ **jd maßregelt jdn** qn sanctionne qn, qn prend des mesures disciplinaires contre qn **Maßschneider(in)** *m(f)* tailleur/couturière *m/f* **Maßstab** *m* **1.** [*Karte*] échelle *f* **2.** (*Kriterium*) critère *m* ▸ **etw dient für jdn als ~** qc sert de référence à qn; **etw ist für jdn ein/kein ~** qc est/n'est pas pour qn une référence [*o* un modèle]; **jd legt einen … ~/… Maßstäbe** [**an etw** (*akk*)] **an** qn applique un critère …/des critères … [à qc], qn juge [qc] selon un critère …/des critères …; **jd nimmt sich** (*dat*) **jdn/etw zum ~** qn prend qn/qc pour modèle [*o* comme référence]; **jd setzt Maßstäbe** qn sert de référence; ***jd setzt neue Maßstäbe*** qn établit de nouveaux critères [de qualité]; **etw stellt etw in bestimmtem ~ dar** /*Karte*/ qn représente qc à une certaine échelle

maßstäblich *adv, adj s.* **maßstab[s]gerecht**

maßstab[s]gerecht *adv, adj*, **maßstab[s]getreu** *adv, adj* à l'échelle

maßvoll I. *adj* modéré(e), mesuré(e); ■ **jd ist** [**in etw** (*dat*)] **~** qn est modéré(e) [dans qc] II. *adv* avec mesure, avec modération

Mast¹ <-[e]s, -en *o* -e> *m* **1.** NAUT mât *m*

2. [*Flagge, Fernsehantenne*] mât *m*; [*Straßenbeleuchtung*] poteau *m*

3. [*Hochspannungsleitung*] pylône *m*; [*Telefonleitung*] poteau *m*

Mast² <-, -en> *f* **1.** ∅ AGR engraissement *m*

2. (*Ertrag*) [*Eicheln*] glandée *f*; [*Bucheckern*] fainée *f*

Mast- *-kalb, -schwein, -vieh* à l'engrais; *-gans* gras(se) **Mastdarm** *m* rectum *m*

mästen I. *vt* ■ **jd mästet jdn/ein Tier** [**mit etw**] qn engraisse qn/un animal [avec qc]

II. *vr fam* ■ **jd mästet sich** qn engraisse, qn fait du lard *fam*

Mästerei <-, -en> *f* ferme *f* d'élevage

Mastkorb *m* hune *f*

Masturbation <-, -en> *f* masturbation *f*, onanisme *m soutenu*

masturbieren * I. *vi* ■ **jd masturbiert** qn se masturbe; ■ **das M~** la masturbation; ***jd erwischt jdn beim M~*** qn surprend qn en train de se masturber

II. *vt* ■ **jd masturbiert jdn** qn masturbe qn

Matador <-s, -e> *m* matador *m*

Match <-[e]s, -e[s]> [mætʃ] *nt o* CH *m* SPORT match *m*

Matchball ['mætʃ-] *m* balle *f* de match **Matchbeutel** *m*, **Matchsack** *m* sac *m* [de] marin

Mate <-> *m* ∅ maté *m*

Material <-s, -ien> *nt* **1.** (*Rohstoff*) matériau *m*

2. (*Ausrüstungsgegenstände*) matériel *m pas de pl*

3. (*Belege*) matériau *m*

-material *nt* **1.** *Holz-, Papier-, Plastik-* matériau *m* en

2. *fam* (*Menschen*) *Bewerber-, Spieler-* stock *m* de; ***Schüler~*** population *f* scolaire; ***Menschen~*** matériel *m* humain

3. (*Unterlagen*) *Beweis-, Indizien-* ensemble *m* de; ***Werbe-/Informations~*** matériel *m* publicitaire/informatif, matériel *m* de publicité/d'information; ***Belastungs~*** pièces *fpl* à conviction

Material- de matériel **Materialermüdung** *f* fatigue *f* du matériau **Materialfehler** *m* défaut *m* du matériau

Materialisation <-, -en> *f* matérialisation *f*

materialisieren * *vr* ■ **etw materialisiert sich** /*Geist*/ qc se matérialise

Materialismus <-> *m* ∅ matérialisme *m*

Materialist(in) <-en, -en> *m(f)* matérialiste *mf*
materialistisch I. *adj* matérialiste
II. *adv handeln, sich verhalten* en matérialiste; ***jd denkt*** ~ qn a l'esprit matérialiste
Materialsammlung *f* documentation *f*
Materie <-, -n> [ma'te:riə] *f* 1. *∅* PHYS matière *f*
2. *∅ geh* (*Substanz*) matière *f*
3. *geh* (*Thema*) sujet *m*
▶ **jd beherrscht die** ~ qn maîtrise son sujet
materiell I. *adj* 1. (*wirtschaftlich orientiert*) matériel(le)
2. *pej* (*materialistisch*) *Einstellung, Mensch* matérialiste
3. *geh* (*stofflich*) *All* matériel(le); *Eigenschaft* physique
II. *adv pej sich verhalten* de façon matérialiste; ***jd ist*** ~ ***eingestellt*** qn a des idées matérialistes, qn a l'esprit matérialiste
Mathe <-> *f ∅ fam* math[s] *fpl fam*
Mathe- *fam* de maths *fam*
Mathematik <-> *f ∅* mathématiques *fpl*; ***jd unterrichtet*** ~ qn enseigne les mathématiques; ***er ist Professor für*** ~ il est professeur de mathématiques
▶ **höhere** ~ mathématiques transcendantes [*o* supérieures]; **etw ist für jdn höhere** ~ qc est pour qn de l'hébreu [*o* du chinois]
Mathematik- de mathématiques
Mathematiker(in) <-s, -> *m(f)* mathématicien(ne) *m(f)*
▶ **jd ist ein** … ~**/kein** ~ *fam* qn est un … matheux(-euse)/n'est pas matheux(-euse)
mathematisch I. *adj* mathématique
II. *adv* mathématiquement
Matinee <-, -n> *f* séance *f* matinale [*o* du matin]
Matjes <-, -> *m*, **Matjeshering** *m jeune hareng mariné dans du sel*
Matratze <-, -n> *f* matelas *m*
Mätresse <-, -n> *f* maîtresse *f*; [*König*] favorite *f*
matriarchalisch *adj* matriarcal(e)
Matriarchat <-[e]s, -e> *nt* matriarcat *m*
Matrikel <-, -n> *f* 1. UNIV [registre *m*] matricule *f*
2. AUS (*Personenstandsregister*) registre *m* d'état civil
Matrikelnummer *f* UNIV numéro *m* d'immatriculation [*o* d'inscription]
Matrix <-, Matrizen *o* Matrizes> *f* MATH matrice *f*
Matrixdrucker *m* imprimante *f* matricielle
Matrize <-, -n> *f* stencil *m*
Matrone <-, -n> *f* matrone *f*
matronenhaft *adj* de matrone; ***ihr Äußeres ist*** ~ elle a une allure de matrone
Matrose <-n, -n> *m*, **Matrosin** *f* 1. (*in der Handelsmarine*) marin *m*, matelot *m*
2. *∅* MIL matelot *m*
Matsch <-[e]s> *m ∅* 1. (*Schnee~*) soupe *f*
2. (*Erde*) gadoue *f*
3. (*breiige Masse*) bouillie *f*
matschig *adj fam* 1. (*schlammig*) recouvert(e) de gadouille *fam*; ***die ~e Erde*** la gadouille *fam*; ■ **etw ist/wird** ~ qc est/devient boueux(-euse); ***auf dem Weg ist es*** ~ il y a de la gadouille sur le chemin *fam*
2. *Frucht* en bouillie, écrabouillé(e) *fam*; ***eine ~e Masse*** une bouillie; ***~er Schnee*** de la soupe, de la neige boueuse; ■ **etw ist** ~ qc est de la bouillie; ***der Schnee wird*** ~ la neige devient de la soupe
matschkern *vi* AUS *fam* (*maulen*) ■ **jd matschkert** qn râle
Matschwetter *nt fam* temps *m* pourri (*où on patauge*); ***Tauwetter ist auch immer*** ~ quand ça dégèle, on patauge toujours dans la gadouille] *fam*
matt I. *adj* 1. (*kraftlos*) *Mensch* las(se); *Arme, Beine, Glieder* fatigué(e); ■ **etw wird** ~ qc se fatigue; ***meine Arme sind ganz*** ~ [***geworden***] je n'ai plus rien dans les bras
2. (*gering*) *Grinsen, Lächeln* pâle; *Händedruck* mou(molle); *Stimme* éteint(e); *Winken* las(se)
3. (*glanzlos*) *Abzug, Metall, Oberfläche, Politur* mat(e); *Augen* terne, sans éclat; ■ **etw wird** ~ qc se ternit
4. (*trübe*) *Funzel, Licht* pâle, faible; ■ **etw wird** ~ qc faiblit
5. (*durchscheinend*) *Glas* dépoli(e); *Glühbirne* translucide
6. (*schwach*) *Farbe, Blau etc* pâle
7. (*lahm*) *Entschuldigung, Entgegnung, Widerspruch* mou(molle)
8. (*schach~*) ■ **jd ist** ~ qn est mat *inv*
▶ **jd setzt jdn** ~ SCHACH qn mate [*o* fait mat] qn; (*schaltet jdn aus*) qn donne le coup de grâce à qn; ***wir sind völlig*** ~ ***gesetzt*** nous sommes au fond du gouffre; ~! [échec et] mat!
II. *adv* 1. (*schwach*) *erhellen, erleuchten* faiblement
2. *bestreiten, widersprechen* mollement
Matt <-s, -s> *nt* mat *m*
matt- *-blau, -grau, -rot etc* … pâle
Matte <-, -n> *f* 1. (*zum Liegen*) natte *f*; (*Iso~*) tapis *m* de sol; SPORT tapis *m*
2. (*Fuß~*) paillasson *m*; (*im Auto*) tapis *m* de sol
3. CH, AUS alpage *m*
▶ **jd legt jdn auf die** ~ SPORT *fam* qn envoie qn au tapis; **jd steht** [**bei jdm**] **auf der** ~ *fam* qn est à pied d'œuvre [chez qn]
Matterhorn *nt* ■ **das** ~ le [mont] Cervin
Mattglas *nt* verre *m* dépoli
Matthäi *m gen von* **Matthäus** Saint-Matthieu *f*; ***am Sonntag ist*** ~ dimanche, c'est la Saint-Matthieu
▶ **bei jdm ist** ~ **am Letzten** *fam* qn est dans la mouise *fam*
Matthäusevangelium [-evaŋge:-] *nt* ■ **das** ~ l'Évangile *m* selon saint Matthieu
Mattheit <-> *f ∅ geh* 1. (*Glanzlosigkeit*) matité *f*, aspect *m* mat
2. *s.* **Mattigkeit**
Mattigkeit <-> *f ∅* (*Müdigkeit*) lassitude *f*, fatigue *f*
Mattscheibe *f fam* (*Bildschirm*) télé *f fam*, petit écran *m*
▶ **jd hat** ~ *sl* qn a une absence/des absences
Matura <-> *f ∅* AUS, CH *s.* **Abitur**
Maturand(in) <-en, -en> *m(f)* CH, **Maturant(in)** <-en, -en> *m(f)* AUS *s.* **Abiturient**
maturieren * *vi* AUS ■ **jd maturiert** qn passe le bac[calauréat]
Maturität <-> *f ∅* CH ≈ baccalauréat *m*
Mätzchen <-s, -> *nt meist pl fam* 1. (*Gehabe*) chichi *m fam*; ***das ist so ein neues*** ~ ***von ihm*** c'est sa dernière lubie
2. (*Albernheiten*) singerie *f fam*
▶ **mach keine** ~! fais pas le con/la conne! *pop*, pas de salades! *fam*; **jd macht** ~ qn joue au con *fam*
Matze <-, -n> *f*, **Matzen** <-s, -> *m* pain *m* azyme
Mauer <-, -n> *f* 1. (*Wand*) mur *m*
2. *geh* ■ **eine** ~ **einer S.** (*gen*) *der Ablehnung, des Schweigens* un mur de qc
▶ **die Chinesische** [*o* **Große**] ~ la Grande Muraille, la Muraille de Chine; **jd redet gegen eine** ~ qn parle à un mur, qn prêche dans le désert; **innerhalb der** ~**n** HIST intra-muros, dans l'enceinte de la ville
Mauerblümchen *nt fam* (*unscheinbar*) fille *f* [*o* nana *fam*] quelconque; ***sie ist ein*** ~ (*sitzen geblieben*) elle fait tapisserie *fam*
mauern I. *vi* 1. ■ **jd mauert** [**an etw** (*dat*)] qn maçonne [qc]
2. *fam* (*zurückhalten*) ■ **jd mauert** qn fait de l'obstruction
3. KARTEN *sl* ■ **jd mauert** qn bétonne *fam*
II. *vt* ■ **jd mauert etw/etw aus etw** qn maçonne qc/bâtit qc en qc; ■ **das M~** le maçonnage; ***ich bin beim M~ des Brunnens*** je suis en train de maçonner le puits
Mauerschütze *m* tireur *m* du Mur (*soldat poursuivi pour avoir abattu un réfugié est-allemand*) **Mauersegler** *m* martinet *m* [noir] **Mauerstein** *m* brique *f* **Mauerwerk** *nt ∅* 1. (*die Mauern*) murs *mpl* 2. (*Steinmauer*) maçonnerie *f*
Maul <-[e]s, Mäuler> *nt* 1. ZOOL gueule *f*
2. *sl* (*Mund*) gueule *f fam*
3. *sl* (*Mundwerk*) langue *f*; ***jd hat ein schändliches*** ~ qn est une mauvaise langue; ***jd hat ein freches*** ~ qn a la langue bien pendue
▶ **jd hat ein großes** ~ *sl* qn a une grande gueule *pop*; **jd reißt das** ~ [**zu**] **weit auf** *sl*, **jd nimmt das** ~ [**zu**] **voll** *sl* qn ramène [un peu trop] sa gueule *pop*; **jd fährt jdm übers** ~ *sl* qn coupe le sifflet à qn *fam*; **jd geht jdm ums** ~ *sl* qn [lui] lèche les bottes [*o* le cul *pop*] *fam*; **jd hält das/sein** ~ *sl* qn ferme sa gueule *pop*; **halt's** ~! *sl*, ~ **halten!** *sl* [ferme] ta gueule/[fermez] vos gueules! *pop*, la ferme! *fam*; **jd stopft jdm das** ~ *sl* qn cloue le bec à qn *fam*; **jd stopft** … **Mäuler** *fam* qn nourrit … bouches; ***ich weiß nicht, wie ich eure Mäuler stopfen kann*** je ne sais pas comment je vais vous remplir le ventre *fam*; **jd verbrennt sich** (*dat*) **das** ~ *fam* ça lui retombe sur le nez *fam*; **jd zerreißt sich** (*dat*) **das** ~ *fam* qn bavasse *fam*; **jd zerreißt sich** (*dat*) **das** ~ **über jdn/etw** *fam* qn casse du sucre sur le dos de qn/qn fait des gorges chaudes de qc *fam*
Maulaffen *pl* ▶ **jd hält** ~ **feil** *veraltend fam* qn baye aux corneilles *fam* **Maulbeerbaum** *m* mûrier *m* **Maulbeere** *f* mûre *f*
maulen *vi fam* ■ **jd mault** [**über etw** (*akk*)] qn râle [à cause de qc] *fam*
Maulesel *m* mulet *m* **maulfaul** *adj fam* pas très causant(e) *fam* ▶ **sei nicht so** ~! alors, raconte! **Maulheld(in)** *m(f) pej* grande gueule *f pop* **Maulkorb** *m* 1. [*Hund*] muselière *f* 2. (*Redeverbot*) bâillon[nement] *m*
▶ **jd legt jdm einen** ~ **an** *fam* qn met un bâillon à qn, qn bâillonne qn **Maulsperre** *f* ▶ **jd kriegt die** ~ *fam* ça lui coupe la chique *fam*; ***da kriegste die*** ~, ***ne?*** ça t'la coupe, pas vrai? *pop* **Maultasche** *f* ≈ raviole *f* **Maultier** *nt s.* **Maulesel. Maul- und Klauenseuche** *f* fièvre *f* aphteuse
Maulwurf <-[e]s, -würfe> *m* 1. ZOOL taupe *f*
2. *fam* (*Spitzel*) taupe *f fam*, sous-marin *m fam*
Maulwurfs- de taupe **Maulwurfshaufen** *m*, **Maulwurfshügel** *m* taupinière *f*
maunzen *vi* SDEUTSCH ■ **eine Katze maunzt** un chat miaule
Maure <-n, -n> *m*, **Maurin** *f* Maure/Mauresque *m/f*
Maurer(in) <-s, -> *m(f)* maçon(ne) *m(f)*
▶ **pünktlich wie die** ~ *hum* réglé(e) comme une horloge
Maurerarbeit *f* maçonnerie *f* **Maurerhandwerk** *nt* métier *m* de maçon **Maurerkelle** *f* truelle *f*
Maurin *f s.* **Maure**
maurisch *adj* mauresque
Maus <-, Mäuse> *f* 1. ZOOL souris *f*
2. INFORM souris *f*
3. *fam* (*Mädchen*) fille *f*, nénette *f fam*
4. *pl sl* (*Geld*) fric *m pop*, pèze *m arg*
▶ **da beißt die** ~ **keinen Faden ab** *fam* y a pas à tortiller *fam*; **graue** ~ *fam* nana *f* quelconque *fam*; **jd sieht weiße Mäuse** *fam* qn voit des éléphants roses *fam*
Mauschelei <-, -en> *f fam* magouille *f fam*, tripatouillage *m fam*
mauscheln *vi fam* ■ **jd mauschelt** qn magouille *fam*
Mäuschen <-s, -> ['mɔɪsçən] *nt dim von* **Maus** souriceau *m*
▶ **jd möchte** [**bei etw**] ~ **sein** [*o* **spielen**] *fam* qn voudrait bien être une petite souris *fam*
mäuschenstill ['mɔɪsçən-] *adj* ■ **es ist irgendwo** ~ on entendrait une mouche voler quelque part; ■ **jd ist** ~ qn ne fait pas le moindre bruit
Mäusebussard *m* buse *f* [variable]
Mausefalle *f* souricière *f* **Mauseloch** *nt* trou *m* de souris ▶ **jd möchte sich in ein** ~ **verkriechen** *fam* qn voudrait se cacher dans un trou de souris *fam*

Mauser <-> *f* ∅ mue *f*
▸ **ein Vogel ist in der** ~ un oiseau est en train de muer
Mäuserich <-s, -e> *m fam* souris *f* mâle
mausern *vr* 1. ▪ **ein Vogel mausert sich** un oiseau mue
2. *fam* (*sich vorteilhaft verändern*) ▪ **jd/etw mausert sich** [**zu etw**] qn/qc se métamorphose [en qc]
mausetot *adj fam* ▪ **jd/ein Tier ist** ~ qn/un animal est [bel et] bien mort(e); ***jd ist ~ und begraben*** qn est mort(e) et enterré(e) *hum*
mausgrau *adj* gris souris *inv*
mausig *adj* ▸ **jd macht sich** ~ *fam* qn ramène sa fraise *fam*
Mausoleum <-s, Mausoleen> *nt* mausolée *m*
Maussteuerung *f* souris *f*; ***mit*** ~ en utilisant la souris; ***etw hat eine*** ~ qc est interfacé(e) pour la souris **Mauszeiger** *m* INFORM pointeur *m* de la souris
Maut <-, -en> *f* SDEUTSCH, AUS péage *m*
Mautgebühr *f s.* **Maut. Mautstelle** *f* péage *m* **Mautstraße** *f* route *f* à péage
Maxi <-s, -s> *nt* ▸ **jd trägt** ~ *fam* qn s'habille maxi *fam*
Maxi- COM (*sehr groß*) *-flasche, -packung, -tube, -tafel* maxi-; COUT maxi
Maxima *pl von* **Maximum**
maximal I. *adj Forderung, Preis* maximal(e); *Vorstellungen a.* optimal(e); *Breite, Höhe, Länge, Gewicht, Geschwindigkeit, Verbrauch a.* maximum
II. *adv* au maximum; ***das ~ zulässige Gewicht*** le poids maximal autorisé
Maximal- *-forderung, -preis, -strafe, -vorstellungen* maximal(e); *-alter, -breite, -höhe, -gewicht, -preis, -tiefe, -verbrauch a.* maximum
Maxime <-, -n> *f geh* maxime *f*
maximieren * *vt* ▪ **jd maximiert etw** qn maxim[al]ise [*o* optimise] qc
Maximierung <-, -en> *f* maxim[al]isation *f*, optimisation *f*
Maximum <-s, Maxima> *nt* maximum *m*; ▪ **ein ~ an etw** (*dat*) un maximum de qc
Maxisingle [-sɪŋgl] *f* maxi-quarante-cinq tours *m*
Mayonnaise <-, -n> [majɔ'nɛːzə] *f* mayonnaise *f*
Mäzen <-s, -e> *m* mécène *m*
MB, **Mbyte, MByte** *nt abk von* **Megabyte** INFORM Mo *m*, méga *m fam*
MdB <-s, -s> [ɛmdeː'beː] *m abk von* **Mitglied des Bundestages** député(e) *m(f)* au Bundestag
MdL <-s, -s> [ɛmdeː'ʔɛl] *m abk von* **Mitglied des Landtages** député(e) *m(f)* au Landtag, ≈ conseiller(-ère) *m(f)* régional(e)
m. E. *loc abk von* **meines Erachtens** à mon avis, selon moi
Mechanik <-, -en> *f* 1. ∅ PHYS ▪ **die** ~ la mécanique
2. ∅ (*Gerätebau*) ▪ **die** ~ le mécanisme, la mécanique
3. *rare* (*Mechanismus*) mécanique *f*
Mechaniker(in) <-s, -> *m(f)* mécanicien(ne) *m(f)*
mechanisch I. *adj* (*alle Bedeutungen*) mécanique
II. *adv* mécaniquement
Mechanismus <-, -nismen> *m* 1. TECH mécanisme *m*
2. *geh* (*systematischer Ablauf*) mécanisme *m*, processus *m*
meck *interj* bêêê
Meckerei <-, -en> *f fam* rouspétances *fpl fam*
Meckerfritze <-n, -n> *m fam* râleur *m fam*, rouspéteur *m fam* **Meckerliese** <-, -n> *f fam* râleuse *f fam*, rouspéteuse *f fam*
meckern *vi* 1. ▪ **eine Ziege meckert** une chèvre chevrote [*o* bêle]; ▪ **das M~** le chevrotement, le bêlement
2. *fam* ▪ **jd meckert** [**über jdn/etw**] qn râle [*o* rouspète] [contre qn/qc] *fam*; ▪ **das M~** les rouspétances *fpl fam*
Mecklenburg-Vorpommern <-s> *nt* le Mecklembourg-Poméranie-Occidentale
med. *adj abk von* **medizinisch**: *Dr.* ~ Dr
Medaille <-, -n> [me'daljə] *f* (*alle Bedeutungen*) médaille *f*
Medaillen- [me'daljən-] *-spiegel, -vergabe* des médailles; *-gewinn, -regen* de médailles; ***ein ~gewinner*** un médaillé
Medaillon <-s, -s> [medal'jõː] *nt* (*alle Bedeutungen*) médaillon *m*
-medaillon [-medaljõː] *nt* GASTR médaillon *m* de; *Lachs- a.* darne *f* de
Medien ['meːdiən] *pl* 1. *pl von* **Medium**
2. (*Informationsmittel*) médias *mpl*
▸ **akustische/gedruckte/optische** ~ médias *mpl* sonores/écrits/visuels
Medien- ['meːdiən-] des médias; *-landschaft, -berater, -beratung, -zentrum* médiatique; *-schaffender* dans les médias **Medienrummel** *m fam* tapage *m* médiatique **Medienverbund** *m* 1. SCOL système *m* multimédia
2. IND multimédia *m* ▸ **im** ~ *erfolgen, lernen* en multimédia **medienwirksam** *adj* médiatique
Medikament <-[e]s, -e> *nt* médicament *m*
Medikamentenabhängigkeit *f* pharmacodépendance *f* **Medikamentenmissbrauch**^RR^ *m* consommation *f* abusive de médicaments
medikamentös I. *adj* médicamenteux(-euse), à base de médicaments
II. *adv* avec des médicaments
Medikus <-, Medizi *o* -se> *m hum fam* toubib *m fam*
Meditation <-, -en> *f* méditation *f*
meditieren * *vi* ▪ **jd meditiert** qn médite; ▪ **das M~** la méditation; ***jd ist beim M~*** qn est en train de méditer; ▪ **jd meditiert über etw** (*akk*) *geh* qn médite sur qc
Medium <-s, -dien> [-diən] *nt* 1. (*Mensch*) médium *m*
2. *geh* (*vermittelndes Element*) intermédiaire *m*; ***mit Hilfe der Medien Schrift und Sprache*** par le truchement de l'écriture et de la parole
3. PHYS milieu *m*
Medizin <-, -en> *f* 1. ∅ (*Heilkunde*) médecine *f*
2. *fam* (*Medikament*) médicament *m*
▸ **etw ist für jdn eine heilsame** ~ *geh* qc sert de leçon à qn; **innere** ~ médecine *f* interne
-medizin *f Reproduktions-, Transfusions-* médecine *f* du/de la/des; *Laser-* médecine *f* au; *Katastrophen-* médecine *f* de; *Nuklear-, Präventiv-, Rechts-* médecine *f* + *adj*
Mediziner(in) <-s, -> *m(f)* 1. (*Arzt*) médecin *m*
2. *fam* (*Medizinstudent*) carabin *m fam*
medizinisch I. *adj* 1. (*ärztlich*) médical(e)
2. UNIV *Ausbildung, Gebiet* médical(e); *Fakultät, Prüfung, Studium* de médecine
3. (*heilend*) *Anwendung, Bestrahlung* curatif(-ive); *Bad, Shampoo, Spülung, Zahnpasta* traitant(e); *Tee* médicinal(e)
II. *adv* 1. (*ärztlich*) médicalement
2. *ausbilden* en médecine; *sich auskennen, vorgebildet* dans le domaine médical
Medizinmann <-männer> *m* 1. [*primitive Stämme*] guérisseur *m*
2. *fam* (*Arzt*) toubib *m fam*
Meer <-[e]s, -e> *nt* 1. (*Ozean*) mer *f*
2. *geh* (*Menge*) mer *f*
▸ **das Rote/Schwarze/Tote** ~ la mer Rouge/Noire/Morte; **jd fährt ans** ~ qn va à la mer; **am** ~ au bord de la mer, sur la côte
Meerbusen *m veraltend* golfe *m* ▸ **Bottnischer/Finnischer** ~ golfe *m* de Botnie/Finlande **Meerenge** *f* détroit *m*
Meeres- *-algen, -schildkröte, -säuger* marin(e); *-fisch* de mer; ***~biologie*** océanographie *f* biologique; ***~biologe*** océanologue *m* **Meeresarm** *m* bras *m* de mer **Meeresboden** *m s.* **Meeresgrund. Meeresfauna** *f* faune *f* marine **Meeresflora** *f* flore *f* marine **Meeresforschung** *f* océanographie *f* **Meeresgrund** *m* ∅ fond *m* de la mer [*o* de l'océan] **Meereshöhe** *f s.* **Meeresspiegel. Meereskunde** *f* ∅ *s.* **Meeresforschung. meereskundlich** *adj* océanographique **Meeresspiegel** *m* niveau *m* de la mer ▸ **über/unter dem** ~ au-dessus/au-dessous du niveau de la mer **Meeresströmung** *f* courant *m* marin **Meerestiefe** *f* profondeur *f* [marine], fond *m* marin **Meerestier** *nt* animal *m* marin
Meergott *m* dieu *m* de la Mer **Meerjungfrau** *f* sirène *f* ▸ **die kleine** ~ la petite sirène **Meerkatze** *f* macaque *m*, cercopithèque *m spéc* **Meerrettich** *m* raifort *m* **Meersalz** *nt* sel *m* marin **Meerschaumpfeife** *f* pipe *f* en écume [de mer] **Meerschweinchen** *nt* cobaye *m*, cochon *m* d'Inde **Meerungeheuer** *nt* monstre *m* marin
Meerwasser *nt* eau *f* de mer
Meerwasserentsalzung *f* dessalement *m* de l'eau de mer **Meerwasserentsalzungsanlage** *f* unité *f* de dessalement [de l'eau de mer]
Meeting <-s, -s> ['miːtɪŋ] *nt* réunion *f*
Mega- 1. (*eine Million*) méga... 2. *sl -projekt, -flughafen, -markt, -star, -hit, -trend* méga... *fam*; ***~stadt*** mégalopole *f* **Megabit** [-bɪt] *nt* INFORM mégabit *m* **Megabyte** [-bait] *nt* INFORM méga-octet *m*, méga *m fam*
Megafon^RR^ *s.* **Megaphon**
Megalith <-en, -en> *m* mégalithe *m*
megaloman *adj geh* mégalomane
Megalomanie <-, -n> [-'niːən] *f geh* mégalomanie *f*
Megaphon <-s, -e> *nt* mégaphone *m*
Mehl <-[e]s, -e> *nt* 1. (*gemahlenes Korn*) farine *f*
2. (*pulverisierte Substanz*) poudre *f*
mehlig *adj* 1. *Apfel, Birne, Kartoffel* farineux(-euse)
2. (*mit Mehl bestäubt*) enfariné(e), couvert(e) de farine
3. (*fein zerrieben*) *Mark, Gesteinsstaub* pulvérulent(e)
Mehlsack *m* sac *m* de farine ▸ **jd schläft wie ein** ~ *fam* qn dort comme une souche *fam*, qn en écrase *fam* **Mehlschwitze** *f* roux *m* **Mehlspeise** *f* 1. (*mit Mehl bereitetes Gericht*) *entremets à base de farine* 2. AUS (*Süßspeise, Kuchen*) pâtisserie *f* **Mehltau** *m* ∅ blanc *m*, oïdium *m*
mehr I. *pron indef, inv comp von* **viel** plus; ▪ ~ **etw** *Kaffee, Kuchen, Wein, Sorgfalt, Vorsicht* plus [*o* davantage] de qc
▸ **immer** ~ *substantivisch* toujours plus; ***jd will immer*** ~ qn en veut toujours plus; (*immer ~ etw*) *adjektivisch* toujours plus de qn/qc, de plus en plus de qn/qc; ~ **und** ~ *sich herausstellen, sich zeigen* de plus en plus
II. *adv* 1. (*eher*) plutôt, davantage
2. (*in höherem Maße*) ▪ **jd tut etw** ~ *aufpassen, trinken, verdienen, schwimmen* qn fait plus [*o* davantage] qc; ***jd treibt ~ Sport*** qn fait plus de sport
▸ **immer** ~ de plus en plus; ~ **oder weniger** [*o* **minder** *geh*] plus ou moins, à peu près; **mit ~ oder weniger ...** *Energie, Erfolg, Zuversicht* avec plus ou moins de ...; ***mit ~ oder weniger Erfolg*** avec un succès mitigé, avec plus ou moins de succès; **jd ist nicht** ~ *euph* qn n'est plus; ~ **... als ...** plus [*o* plutôt] ... que ...; ~ **als das** (*positiv*) mieux que cela; (*negativ*) pire que cela; **kein(e) ...** ~ [ne ...] plus de ...; ***jd hat keine Zeit*** ~ qn n'a plus le temps; **keiner** ~ [ne ...] plus personne; **nicht** ~ ne ... plus; **nichts** ~ [ne ...] plus rien; **nichts ~ als das** je ne demande que ça *fam*; **nie** ~ [ne ...] plus jamais; **niemand** ~ [ne] ... plus personne; **nur** ~ *geh* (*lediglich*) à peine, ne ... que; (*nur noch*) ne plus que; ***jetzt ist es nur ~ ein Jahr, dass*** cela fait déjà un an que + *indic*
Mehr <-[s]> *nt* ∅ 1. (*zusätzlicher Aufwand*) ▪ **ein ~/~ an etw** (*dat*) un surcroît de qc; ***ein kleines ~ an etw*** (*dat*) un peu plus de qc
2. CH (*Stimmenmehrheit*) majorité *f*
Mehr- 1. (*zusätzlich*) supplémentaire, en plus
2. (*mehr als einer*) *m-dimensional, m-lagig, m-seitig, m-kanalig* multi...; ***m~ebenig*** à plusieurs niveaux; ***~fahrkarte*** billet *m* [valable] pour plusieurs voyages; ***~frontenkrieg*** guerre *f* sur plusieurs fronts; ***~fruchtmarmelade*** confiture *f* de plusieurs fruits; ***~funktionsgerät*** appareil *m* multifonctionnel; ***~rumpfboot*** multicoque *m*; ***~stufenrakete*** fusée *f* à plusieurs étages; ***~völkerstaat*** État *m* multiethnique [*o* pluriracial]
mehrbändig *adj* en plusieurs volumes
Mehrbereichsöl *nt* huile *f* multigrade

mehrdeutig I. *adj* ambigu(ë)
II. *adv* de façon ambiguë
Mehrdeutigkeit <-> *f* ∅ ambiguïté *f*
mehren I. *vt geh* ■ **jd/etw mehrt etw** qn/qc accroît qc
II. *vr geh* ■ **etw mehrt sich** qc se multiplie
mehrere *pron indef* 1. *adjektivisch* plusieurs
2. *substantivisch* (*einige*) plusieurs; ~ ***davon*** plusieurs d'entre eux/elles; ***darüber haben sich schon ~ beschwert*** un certain nombre de personnes s'en est plaint
3. *adjektivisch* (*mehr als eine*) *Ausreden, Möglichkeiten* plusieurs
▶ **zu** ~**n** à plusieurs; ***die Zuhörer haben sich zu ~n beschwert*** les auditeurs ont été plusieurs à se plaindre
mehreres *pron substantivisch* plusieurs choses *fpl*, un certain nombre de choses
mehrerlei *pron indef, inv* 1. *substantivisch* diverses choses *fpl*
2. *adjektivisch* divers(es) *antéposé*
mehrfach I. *adj* 1. (*vielfach*) multiple; ***jd ist ~er Millionär*** il est multimillionnaire 2. (*wiederholt*) *Anrufe, Beschwerden* multiple; *Insistieren* réitéré(e) II. *adv* (*wiederholt*) à plusieurs reprises **Mehrfache(s)** *nt decl wie adj* ■ **das ~/ein ~s [davon]/von etw** plusieurs fois cela/qc; ■ **das ~/ein ~s an etw** (*dat*) beaucoup plus de qc ▶ **um das ~** [*o* **ein ~s**] **so ...** *groß, schnell, teuer etc* beaucoup plus ...
Mehrfachsteckdose *f* prise *f* multiple
Mehrfamilienhaus [-liən-] *nt* immeuble *m* **mehrfarbig** I. *adj Druck, Radierung* polychrome; *Kleidungsstück, Muster* multicolore II. *adv* de plusieurs couleurs
Mehrheit <-, -en> *f* majorité *f*
▶ **die absolute** [*o* **qualifizierte**] ~ la majorité absolue/qualifiée; **die einfache** [*o* **relative**] ~ la majorité relative [*o* simple]; **die schweigende** ~ la majorité silencieuse; **jd gewinnt/verliert die** ~ qn obtient/perd la majorité; **jd hat** [*o* **besitzt**] **die** ~ qn a la majorité; **jd ist in der** ~ qn est majoritaire; ***der Feind ist in der*** ~ l'ennemi est supérieur en nombre; **in der** ~ en majorité
mehrheitlich *adv* majoritairement
Mehrheits- *-aktionär, -fraktion, -partei, -vertreter, -gesellschafter* majoritaire
Mehrheitswahlrecht *nt* ∅ scrutin *m* majoritaire
mehrjährig *adj attr* de plusieurs années; *Pflanze* pluriannuel(le)
mehrmalig *adj attr* répété(e), réitéré(e)
mehrmals *adv* plusieurs fois, à plusieurs reprises
Mehrparteiensystem *nt* système *m* multipartite [*o* pluripartite]
mehrplatzfähig *adj* multiutilisateur
mehrsilbig *adj* polysyllab[iqu]e *spéc*, de plusieurs syllabes; ■ **etw ist** ~ qc a plusieurs syllabes
mehrsprachig I. *adj* 1. *Text, Wörterbuch, Übersetzung* plurilingue
2. *Mensch* polyglotte
II. *adv führen* en plusieurs langues; *aufwachsen* dans le plurilinguisme; ***jd wird ~ ausgebildet/erzogen*** qn reçoit une formation/éducation plurilingue
Mehrsprachigkeit <-> *f* ∅ plurilinguisme *m*
mehrstimmig I. *adj* à plusieurs voix
II. *adv singen* à plusieurs voix; *spielen* à plusieurs parties
mehrstöckig I. *adj* de [*o* à] plusieurs étages; ■ **etw ist/wird** ~ qc a/aura plusieurs étages
II. *adv* sur plusieurs étages [*o* niveaux]
mehrstündig *adj* de plusieurs heures; ■ **etw ist** ~ qc dure plusieurs heures
mehrtägig *adj* de plusieurs jours; ■ **etw ist/wird** ~ qc dure/durera plusieurs jours
Mehrweg- réutilisable; ***das ~system*** les emballages *mpl* réutilisables
Mehrwertsteuer *f* T.V.A. *f*, taxe *f* à la valeur ajoutée
mehrwöchig *adj* de plusieurs semaines; ■ **etw ist/wird** ~ qc dure/durera plusieurs semaines; ***die Dauer ist*** ~ la durée est de plusieurs semaines
Mehrzahl <-> *f* ∅ 1. ■ **die ~ von Menschen/Dingen** la plupart [*o* la majorité] des personnes/choses
2. GRAM pluriel *m*; ***in der*** ~ au pluriel
▶ **sie sind in der** ~ ils/elles sont les plus nombreux(-euses)
mehrzeilig *adj Spruch, Strophe* de plusieurs vers; *Nachricht, Notiz, Brief* de plusieurs lignes; ■ **etw ist** ~ /*Spruch, Strophe*/ qc fait plusieurs vers; /*Nachricht, Notiz, Brief*/ qc fait plusieurs lignes
Mehrzweck- *-fahrrad, -gerät, -raum, -tisch* multiusage; *-halle, -kampfflugzeug* polyvalent(e)
meiden <mied, gemieden> *vt geh* ■ **jd meidet jdn/etw** qn évite qn/qc
Meile <-, -n> *f* 1. (*1,609 km*) mil[l]e *m*
2. HIST (*4,8 km*) lieue *f*
▶ **etw riecht man drei ~n gegen den Wind** *fam* on sent qc à des kilomètres *fam*; **die sündige** ~ *hum* la rue chaude
Meilenstein *m* 1. borne *f*; (*römisch*) borne *f* milliaire 2. *geh* (*wichtiger Einschnitt*) date[-]clé *f*; ***etw ist ein*** ~ qc est à marquer d'une pierre blanche **meilenweit** *adv laufen, wandern* pendant des kilomètres; *sich erstrecken* sur des kilomètres; ***jd ist von etw ~ entfernt*** qn est à cent lieues de qc
Meiler <-s, -> *m* 1. (*Kohlen~*) meule *f*
2. (*Atomreaktor*) réacteur *m* atomique
mein I. *pron poss* 1. *adjektivisch, bei Singular* mon/ma; *bei Plural* mes; ***~e Damen und Herren*** mesdames, messieurs; ***das sind ~e 100 Mark!*** ces 100 marks sont à moi!; ***~e liebe Wiltrud*** ma chère Wiltrud; ***ich rauche am Tag ~e 20 Zigaretten*** je fume bien 20 cigarettes par jour
2. *substantivisch veraltend* ■ **etw ist** ~ qc est à moi
▶ **was ~ ist, ist auch dein** *geh* ce qui est à moi est à toi; **jd verwechselt M~ und Dein, jd kann M~ und Dein nicht unterscheiden** qn a tendance à confondre sa poche avec celle des autres
II. *pron pers gen von* **ich** *alt poet:* ***sie werden ~ immer gedenken*** ils/elles garderont toujours mon souvenir, ils/elles se souviendront toujours de moi
meine(r, s) *pron poss, substantivisch* 1. (*Besitz*) le mien/la mienne; ■ **der/die/das** ~ *geh* le mien/la mienne
2. *geh* (*Angehörige*) ■ **die M~n** les miens *mpl soutenu*
3. *geh* (*Anteil*) ■ **das M~** mon rôle; ***ich will das M~ gerne dazu beitragen, dass*** je veux bien y mettre du mien pour que + *subj*; ***Sie haben mir nicht zu sagen, was das M~ ist*** vous n'avez pas à me dire ce que j'ai à faire
4. (*das mir Gehörige*) ■ **das M~** ce que je possède, ce qui m'appartient; ***es ist alles das M~*** tout cela est à moi, tout cela m'appartient
Meineid *m* parjure *m*, faux serment *m*
▶ **jd leistet einen ~, jd legt einen ~ ab, jd schwört einen** ~ qn se parjure, qn fait un faux serment
meineidig *adj* parjure; ■ **jd wird** ~ qn se parjure
meinen *vt, vi* 1. (*denken*) ■ **jd meint etw** qn pense qc; ■ **jd meint, [dass]** qn pense que + *indic*; ■ **jd meint etw zu tun** qn pense faire qc; ***meinst du etwa, ...?*** est-ce que tu t'imagines que ... + *indic*?
2. (*urteilen*) ■ **jd meint etw zu etw** *zu einer Angelegenheit, einem Fall* qn pense qc de qc
3. (*sagen*) ■ **jd meint zu jdm, [dass]** qn dit à qn que + *indic*; ***..., meinte sie*** ..., dit-elle; ..., déclara-t-elle
4. (*sagen wollen*) ■ **jd meint etw [mit etw]** *mit einer Andeutung, Bemerkung* qn veut dire qc [avec qc]; ***was meinst du damit?*** qu'est-ce que tu entends par là?
5. (*ansprechen*) ■ **jd meint jdn** qn veut parler de qn; ■ **jd meint jdn mit etw** qc vise qn, qc s'adresse à qn; ***mit dieser Bemerkung hat er dich gemeint*** sa remarque te visait [*o* s'adressait à toi]; ■ **jd ist gemeint** c'est de qn qu'il est question; ■ **jd ist mit etw gemeint** c'est qn que qc vise
6. (*intendieren*) ■ **jd meint etw irgendwie** qn pense qc d'une certaine façon; ***das war nicht böse gemeint*** je ne pensais pas à mal; ***er meint es ernst, wenn er das sagt*** il parle sérieusement, quand il dit ça
7. (*mit jdm im Sinn haben*) ■ **jd meint es ... mit jdm** *gut, ehrlich, nicht böse* qn a des intentions ... à l'égard de qn; ***jd meint es nicht böse mit jdm*** qn n'a aucune mauvaise intention à l'égard de qn
8. (*sich für jdn darstellen*): ***etw meint es gut/nicht gut mit jdm*** / *das Wetter, die Sonne, der Sommer, Winter etc*/ qc gâte/ne gâte pas qn; ***die Sonne hat es gut mit uns gemeint*** le soleil nous a gâtés
▶ **wohl gemeint** *geh* qui part d'une bonne intention; ***danke für deinen wohl gemeinten Rat*** merci de ce conseil d'ami; **etw ist wohl gemeint** *geh* qc part d'une bonne intention; **man möchte** ~, ... on dirait que ... + *indic*; **man sollte** ~, ... on pourrait croire que ... + *indic*; **das sollte man** ~! on serait en droit de le penser!, on peut le supposer!; **das will ich [auch/doch]** ~! [mais] j'espère bien!; **ich würde** ~, ... je serais d'avis que ... + *subj*; **ich meine nur so** *fam* je dis ça comme ça *fam*; **so war es nicht gemeint** ce n'est pas ce que j'ai voulu dire, il ne faut pas prendre ça comme ça; ~ **Sie?** vous croyez?; **wenn Sie ~!** si vous voulez!; **wie ~ Sie?** comment vous dites?; **[ganz] wie Sie ~!** comme vous voudrez!
meiner *pron pers gen von* **ich** *geh* de moi
meinerseits *adv* de ma part, de mon côté
▶ **ganz** ~ de même pour moi; **ich ~ ...** pour ma part, je ...
meines *pron s.* **meine(r, s)**
meinesgleichen *pron inv* 1. (*Leute meines Standes*) mes semblables *mpl*, mes pairs *mpl soutenu*
2. (*jemand wie ich*) les gens comme moi, nous autres; (*so jemand wie ich*) quelqu'un comme moi
meinethalben *adv veraltend*, **meinetwegen** *adv* 1. (*wegen mir*) pour moi, à cause de moi; (*mir zuliebe*) pour moi, pour me faire plaisir
2. (*von mir aus*) si tu veux/vous voulez
3. (*beispielsweise*) par exemple
meinetwillen *adv* ▶ **um** ~ pour [l'amour de] moi
meinige *pron poss veraltend geh s.* **meine(r, s)**
meins *pron poss* le mien/la mienne; ■ **etw ist** ~ qc est à moi
Meinung <-, -en> *f* avis *m*, opinion *f*; ***was ist Ihre ~ dazu?*** quelle est votre opinion [*o* quel est votre avis] là-dessus?
▶ **die ~en sind geteilt** les avis sont partagés; **darüber kann man geteilter ~ sein** on peut avoir là-dessus des avis divergents; **die öffentliche** ~ l'opinion publique; **jd ändert seine** ~ qn change d'avis; **jd behält seine ~ bei, jd bleibt bei seiner** ~ qn reste sur ses positions; **jd ist einer bestimmten** ~ qn est d'un certain avis; ***jd ist anderer/der gleichen*** ~ qn est d'un avis différent/du même avis; **jd ist der ~, dass** qn est d'avis que + *indic*; **etw ist jds** ~ qc est l'avis [*o* l'opinion] de qn; ***das ist auch meine*** ~ c'est aussi mon avis [*o* mon opinion]; **jd sagt jdm die** ~ qn dit à qn sa façon de penser [*o* ses quatre vérités *fam*]; **jds ~ nach, nach jds** ~ d'après qn, à mon/son/... avis; **sie sind einer** ~ ils/elles sont du même avis; **welcher ~ bist du/sind Sie?** quel est ton/votre avis?
Meinungsäußerung *f* 1. (*das Äußern einer Ansicht*) *verbal übersetzt*; ***darf ich Sie um Ihre ~ dazu bitten?*** puis-je vous demander de prendre position [*o* d'exprimer votre point de vue] à ce sujet? 2. (*vorgebrachte Ansicht*) prise *f* de position ▶ **freie** ~ liberté *f* d'expression **Meinungsaustausch** *m* échange *m* de vues ▶ **sie stehen miteinander in einem** ~ ils/elles procèdent à des échanges de vues **Meinungsbildung** *f verbal übersetzt*; ***die ~ der Bevölkerung erfolgt durch die Massenmedien*** ce sont les médias qui font l'opinion publique; ***etw trägt zur ~ bei*** qc aide [les gens] à se faire une opinion **Meinungsforscher(in)** *m(f)* enquêteur(-euse) *m(f)*, sondeur(-euse) *m(f)* **Meinungsforschung** *f* ∅ sondages *mpl* d'opinion **Meinungsforschungsinstitut** *nt* institut *m* de sondage **Meinungsfreiheit** *f* ∅ liberté *f* d'opinion [*o* d'expression] **Meinungsführer(in)** *m(f)* maître *m* à penser **Meinungsumfrage** *f* sondage *m*

[d'opinion] ▶ **jd hält eine ~ ab, jd macht eine ~** qn fait un sondage [d'opinion] **Meinungsverschiedenheit** *f* **1.** (*Unterschiedlichkeit von Ansichten*) divergence *f* d'opinions [*o* de vues] **2.** (*Auseinandersetzung*) différend *m* ▶ **sie haben eine ~** ils/elles ont un différend

Meise <-, -n> *f* mésange *f*
▶ **jd hat eine ~** *sl* qn a une araignée au plafond *fam*, qn travaille du chapeau *fam*

Meißel <-s, -> *m* ciseau *m*

meißeln I. *vi* ■ **jd meißelt/an etw** (*dat*) *an einem Stein, einer Skulptur* qn fait du ciselage/travaille qc au ciseau [*o* au burin]
II. *vt* **1.** (*herstellen*) ■ **jd meißelt etw** *Inschrift, Ornament* qn cisèle qc; *Skulptur a.* qn sculpte qc
2. (*einschlagen*) ■ **jd meißelt etw in etw** (*akk*) *in einen Grabstein, Felsblock* qn grave qc dans qc; ■ **jd lässt sich** (*dat*) **etw in etw** (*akk*) **~** qn se fait graver qc dans qc

meist *adv s.* **meistens**

meist- *attr -gefragt, -gelesen, -genannt, -gehört, -gesucht, -verkauft, -verlangt, -beschäftigt* le/la/les plus ...

meiste(r, s) *pron indef superl von* **viel** **1.** *adjektivisch, mit subst im Singular* ■ **der/die/das ~ ...** (*der größte Teil einer bestimmten Sache*) la majeure partie du/de la ...; (*im Vergleich zu anderen*) le plus de ...; ***den ~n Stress hat jd, wenn er ...*** c'est quand qn ... qu'il est le plus stressé(e); ***das ~ Geld ist dafür draufgegangen*** la majeure partie de l'argent est passée là-dedans; ***jd bringt die ~ Zeit mit Nichtstun zu*** qn passe la plupart du [*o* la majeure partie de son] temps à ne rien faire
2. *adjektivisch, mit subst im Plural* ■ **die ~n ...** (*der größte Teil einer bestimmten Sache*) la plupart des ...; (*im Vergleich zu anderen Dingen*) le plus de ...; ***die ~n Probleme machen mir diese Fragen*** ce sont ces questions qui me posent le plus de problèmes; ***ich habe die ~n dieser Bücher gelesen*** j'ai lu la plupart de ces livres
3. *substantivisch* (*Menschen*) ■ **die ~n** la plupart [des gens]; (*Dinge*) la plupart + *vb au pl;* ***die ~n von uns*** la plupart d'entre nous
4. *substantivisch* ■ **das ~** (*im Vergleich zu anderem*) le plus; (*der größte Teil*) la plus grande partie, l'essentiel; ***von uns dreien verdient er das ~*** de nous trois, c'est lui qui gagne le plus; ***das ~ haben wir jetzt geschafft*** maintenant nous avons fait l'essentiel; ■ **das ~ von dem, was** l'essentiel [*o* la plus grande partie] de ce qui/que
▶ **jd hat nicht das ~ an etw** (*dat*) qc n'est pas le point fort de qn, qn ne brille pas par qc; **am ~n** le plus; ***jd/etw macht jdm am ~n Sorge/Freude*** c'est qn/qc qui cause le plus de soucis/fait le plus plaisir à qn

meistens *adv* le plus souvent, la plupart du temps, en général

meistenteils *adv geh s.* **meistens**

Meister(in) <-s, -> *m(f)* **1.** (*Handwerks~*) maître *m vieilli*, contremaître(-esse) *m(f)*; (*als Chef*) patron(ne) *m(f)*; ■ **~ ...** Maître ... *vieux*
2. SPORT champion(ne) *m(f)*; (*Mannschaft*) champion *m*
3. ART, MUS maître *m*
4. REL, PHILOS (*Lehrer*) maître *m*
▶ **es ist noch kein ~ vom Himmel gefallen** *prov* Paris ne s'est pas fait en un jour; **~ Lampe** Jeannot Lapin *m*; **alter ~** ART ancien maître *m*; **jd findet seinen ~** qn trouve son maître; **jd ist in etw** (*dat*) **~** qn est [passé(e)] maître dans l'art de [faire] qc; ***jd ist ~ im Lügen*** qn est passé(e) maître dans l'art de mentir; **jd macht seinen ~ [in etw** (*dat*)**]** qn passe sa maîtrise [en qc]

-meister(in) *m(f) Fleischer-, Friseur-, Schreiner- etc* maître *m* ...; ***Bäcker~ X*** Monsieur X, maître boulanger; ***sie strebt ihre Friseur~in an*** elle veut devenir maître coiffeur

Meister- *-spieler, -springer* champion(ne) *m(f)* de; *-schütze* d'élite **Meisterbrief** *m* brevet *m* de maîtrise

meisterhaft I. *adj* magistral(e); *Spiel* remarquable
II. *adv* **1.** (*ausgezeichnet*) *darstellen* magistralement; *es verstehen* à merveille; *sich verstellen* admirablement
2. *iron sich blamieren, danebenbenehmen* de façon magistrale

Meisterhand *f* main *f* du maître [*o* de l'artiste]
▶ **von ~** de main de maître

Meisterin *f s.* **Meister**

Meisterleistung *f* **1.** prestation *f* magistrale; (*besonders auf künstlerischem Gebiet*) chef-d'œuvre *m*; ■ **eine ... ~** *architektonische, künstlerische, musikalische, filmische, gärtnerische, dramaturgische, darstellerische* un chef-d'œuvre ...
2. *iron* (*miserable Leistung*) exploit *m*
▶ **[etw ist] nicht gerade [*o* eben] eine ~** ça n'a rien d'un chef-d'œuvre

meisterlich *adv, adj geh s.* **meisterhaft**

meistern *vt* ■ **jd meistert etw** qn vient à bout de qc

Meisterprüfung *f* brevet *m* professionnel

Meisterschaft <-, -en> *f* **1.** SPORT championnat *m*; ■ **die ~ in etw** (*dat*) le championnat de qc
2. (*Können*) maîtrise *f*, maestria *f*
▶ **jd bringt es in etw** (*dat*) **zu einer bestimmten ~** qn acquiert une certaine maîtrise de qc; **jd bringt es als jd/in etw** (*dat*) **zu einer ~** *iron / als Dieb, im Lügen, Stehlen, Intrigieren/* qn passe maître dans l'art de faire qc; ***als Dieb hat er es zu einer wahren ~ gebracht*** il est vraiment passé maître dans l'art de voler

Meisterstück *nt* **1.** [*Geselle*] chef-d'œuvre *m* **2.** ART (*Meisterwerk*) chef-d'œuvre *m*, œuvre *f* géniale **3.** *iron* (*Meisterleistung*) exploit *m*; ***jd hat ein ~ geleistet*** qn s'est surpassé(e) **Meistertitel** *m* **1.** (*eines Handwerksmeisters*) titre *m* de maître **2.** SPORT titre *m* de champion

Meisterung <-> *f* ∅ [*Problem, Schwierigkeit*] résolution *f*; [*Aufgabe, Situation*] *verbal übersetzt;* ***ich gratuliere zur ~ dieser Aufgabe*** je vous félicite d'être venu(e) à bout de cette tâche

Meisterwerk *nt* chef-d'œuvre *m*; ***eines der ~e des Künstlers*** une des œuvres maîtresses [*o* des chef-d'œuvres] de l'artiste

Mekka <-s> *nt* **1.** GEOG la Mecque *f*
2. (*Eldorado*) paradis *m*

Melancholie <-, -n> [melaŋkoli:, -'li:ən] *f* mélancolie *f*

Melancholiker(in) <-s, -> [melaŋ'ko:likɐ] *m(f)* mélancolique *mf*

melancholisch [melaŋ'ko:lɪʃ] *adj* mélancolique; ***~e Traurigkeit befällt jdn*** qn sombre dans la mélancolie et la tristesse
▶ **etw macht jdn ~** qc rend qn mélancolique, qc incite qn à la mélancolie

Melange <-, -n *o bei Zahlenangabe* -> [me'lã:ʒə] *f* AUS café *m* crème [*o* au lait]

Melanom <-[e]s, -e> *nt* mélanome *m*

Melanzani <-> [-ts-] *pl* AUS aubergines *fpl*

Meldeamt *nt fam* service *m* population **Meldebehörde** *f form s.* **Einwohnermeldeamt. Meldefrist** *f* délai *m* de déclaration de changement de domicile

melden I. *vt* **1.** (*anzeigen*) ■ **jd meldet [jdm/irgendwo] etw** *Vorfall, Unregelmäßigkeit* qn avertit [*o* avise] [qn/quelque part] de qc; *Unfall, Todesfall* qn déclare [*o* fait la déclaration de] qc [à qn/quelque part]; *Verlust* qn signale qc [à qn/quelque part]; ***etw muss [jdm] gemeldet werden*** qc doit être signalé(e) [à qn]
2. MEDIA ■ **jd/etw meldet etw** qn/qc rapporte qc; *Neuigkeit* qn/qc donne qc; ■ **jd/etw meldet etw über etw** (*akk*) qn/qc dit qc de qc; ***der Wetterbericht hat Regen gemeldet*** la météo a annoncé de la pluie
3. (*denunzieren*) ■ **jd meldet jdn [bei jdm]** qn dénonce qn [à qn]
4. (*an~*) ■ **jd meldet jdn [bei jdm]** qn annonce qn [à qn]; ***wen darf ich ~?*** qui dois-je annoncer?
▶ **jd hat [bei jdm/irgendwo] nichts zu ~** *fam* qn n'a pas voix au chapitre [*o* qn n'a pas à la ramener *fam*] [avec qn/quelque part]; **wie [soeben [*o* gerade]] gemeldet wird** selon les [dernières] informations
II. *vr* **1.** SCOL ■ **jd meldet sich** qn lève le doigt; ***sie meldet sich kaum im Unterricht*** elle participe très peu en cours
2. (*sich zur Verfügung stellen*) ■ **jd meldet sich zu etw** *zu einer Tätigkeit* qn est candidat(e) à qc, qn se porte volontaire pour qc
3. TELEC ■ **jd meldet sich [unter etw** (*dat*)**]** *unter einer Nummer* qn répond [à qc]; *unter einem Namen* qn répond sous qc; ***es meldet sich keiner*** ça ne répond pas
4. (*sich bemerkbar machen*) ■ **jd meldet sich [bei jdm]** qn se manifeste; ***wenn du noch etwas benötigst, kannst du dich ja [bei uns] ~*** si tu as encore besoin de quelque chose, manifeste-toi; ***schön, dass Onkel Theodor sich wieder meldet*** c'est bien que l'oncle Théodore donne à nouveau signe de vie

Meldepflicht *f* **1.** (*Anzeigepflicht*) déclaration *f* obligatoire **2.** (*Pflicht zur An- und Abmeldung*) obligation *f* de déclarer son lieu de résidence **meldepflichtig** *adj* soumis(e) à une déclaration [officielle], dont la déclaration est obligatoire; ■ **etw ist ~** qc doit obligatoirement être déclaré(e) **Meldeschein** *m* [formulaire *m* de] déclaration *f* de changement de domicile **Meldezettel** *m* **1.** ADMIN fiche *f* de renseignements **2.** AUS *s.* **Meldeschein**

Meldung <-, -en> *f* **1.** MEDIA information *f*
2. (*offizielle Mitteilung*) déclaration *f* [officielle]; ***eine amtliche/ behördliche ~*** une notification administrative/des autorités, une note officielle *f*
3. SPORT inscription *f*; ***er zog seine ~ zurück*** il a déclaré forfait
4. ∅ [*Verdächtiger*] dénonciation *f*; [*Vorkommnis*] signalement *m*
▶ **~en vom Sport** nouvelles sportives *fpl*; **jd macht ~** qn fait son rapport; **jd macht [*o* erstattet] [jdm] [eine] ~** qn fait un rapport [à qn]

meliert *adj* **1.** TEXTIL (*verschiedenfarbig*) jacquard; (*aus verschiedenen Fasern*) mélangé(e); ***grau ~ Kleidungsstück, Stoff*** gris moucheté [de blanc] *inv*
2. *Haar* poivre et sel, grisonnant(e); ***grau ~*** poivre et sel, grisonnant(e)

Melisse <-, -n> *f* mélisse *f*

Melissengeist *m* eau *f* de mélisse

melken <melkte *o veraltend* molk, gemolken *o rare* gemelkt> **I.** *vt*
1. ■ **jd melkt ein Tier** *Kuh, Ziege* qn trait un animal
2. ■ **jd melkt etw** *Milch* qn trait qc, qn tire qc; ***frisch gemolkene Milch*** du lait bourru
3. *fam* ■ **jd melkt jdn** qn pressure qn, qn soutire du fric à qn *fam*
II. *vi* ■ **jd melkt** qn fait la traite; ***auf unserem Hof wird noch von Hand gemolken*** dans notre ferme, la traite se fait encore à la main; ■ **das M~** la traite

Melker(in) <-s, -> *m(f)* trayeur(-euse) *m(f)*

Melkmaschine *f* trayeuse *f*

Melodie <-, -n> [-'di:ən] *f* mélodie *f*, air *m*

Melodien- [-'di:ən-] de mélodies; *~**reigen*** pot-pourri *m*

Melodik <-> *f* ∅ **1.** (*musikalische Eigenart*) ligne *f* mélodique
2. (*Lehre von der Melodie*) art *m* de la mélodie

melodiös *adj geh s.* **melodisch**

melodisch I. *adj geh* mélodieux(-euse)
II. *adv* mélodieusement

Melodram <-s, -en> *nt*, **Melodrama** *nt* mélodrame *m*, mélo *m fam*

melodramatisch I. *adj* mélodramatique
II. *adv:* ***was klingt das ~!*** c'est un vrai mélodrame [*o* mélo *fam*]!; ***etw hört sich ~ an*** qc ressemble à un mélodrame [*o* un mélo *fam*]

Melone <-, -n> *f* **1.** melon *m*; (*Wasser~*) pastèque *f*
2. *fam* (*Hut*) [chapeau *m*] melon *m*

Membran <-, -e *o* -en> *f*, **Membrane** <-, - *o* -n> *f* membrane *f*

Memo <-s, -s> *nt fam* mémo *m fam*

Memoiren [me'moa:rən] *pl* mémoires *mpl*

Memorandum <-s, Memoranden *o* Memoranda> *nt* mémorandum *m*

Menage <-, -n> [me'na:ʒə] *f* **1.** (*Essig- und Ölständer*) huilier *m*

2. MIL AUS ravitaillement *m*, subsistances *fpl*

Mendelevium <-s> [-viʊm] *nt* ∅ CHEM mendélévium *m*

Menetekel <-s, -> *nt geh* funeste présage *m*, mauvais augure *m*; ***das ~ einer S.*** (*gen*) le spectre de qc

Menge <-, -n> *f* **1.** (*bestimmtes Maß*): ***eine … ~*** [***Wasser***] une … quantité [d'eau]; ***eine … ~*** [***Fleisch***] une … portion [*o* part] [de viande]
2. *fam* (*viel*): ***eine ~*** plein [*o* des tas] de choses *fam*; ***es gab es eine ~ zu sehen*** il y avait plein [*o* des tas] de choses à voir *fam*; ***eine ~ Ärger*** beaucoup d'ennuis; ***eine ~ Einkäufe*** une foule [*o* un tas] de courses; ***das ist eine ~ Geld!*** ça fait une sacrée somme! *fam*
3. *fam* (*viele*): ***eine ~ Leute*** un tas [*o* une flopée] de gens *fam*
4. (*Menschen~*) foule *f*
5. MATH ensemble *m*
▶ **in ausreichender** [*o* **genügender**] **~** en quantité suffisante; **eine ganze ~** [**einer S.** (*gen*)] pas mal [de qc]; **in rauen** [*o* **großen**] **~n** à la pelle, en quantité astronomique [*o* industrielle *fam*]; **in ~n** en abondance, en veux-tu en voilà; **jede ~ …** *Kuchen, Stoffe* un grand choix de …, toutes sortes de …; *Leute* un tas de …, une foule de …; ***jede ~ Arbeit*** un tas de travail

-menge *f Waren-, Müll-* [grosse] quantité *f* de; *Daten-* masse *f* de; ***die Geld~*** la masse monétaire

mengen I. *vt geh* ■ **jd mengt etw in etw** (*akk*)/**unter etw** (*akk*) qn mélange qc à qc
II. *vr geh* ■ **jd mengt sich unter sie** qn se mêle à eux/elles

Mengenlehre *f* théorie *f* des ensembles **mengenmäßig** *adv* quantitativement, au niveau de la quantité **Mengenrabatt** *m* remise *f* sur achat de grande quantité

Menhir <-s, -e> *m* menhir *m*

Meniskus <-, Menisken> *m* ménisque *m*

Mennige <-> *f* ∅ minium *m*

Menopause *f* ménopause *f*

Mensa <-, Mensen> *f* restaurant *m* universitaire, resto *m* U *fam*, RU *m fam*

Mensch[1] <-en, -en> *m* **1.** (*Lebewesen*) ■ **der ~** l'homme *m*, l'être *m* humain; ■ **die ~en** les être humains
2. <Leute *o* -en> personne *f*; *pl* gens *mpl*; ***ein guter ~*** quelqu'un de bien; ***das kann ein ~ allein gar nicht schaffen*** une personne seule ne peut pas y arriver
3. (*die Menschheit*) ■ **die ~en** les hommes *mpl*, l'humanité *f*
4. *pej fam* (*Kerl*) mec *m péj fam*, type *m*
▶ **~ Meier!** *sl* putain! *fam*, nom de Dieu! *fam*; **~ und Tier** l'homme comme l'animal; **hat der ~ Töne!** *fam* c'est pas vrai! *fam*; **des ~en Wille ist sein Himmelreich** *iron* on n'en fait jamais qu'à sa guise, chacun agit selon son bon plaisir; **alle ~en** tout le monde; ***alle ~en, die*** tous ceux qui; **jd wird ein anderer ~** qn devient un autre homme, qn devient qn d'autre; ***sie wird ein anderer ~*** elle devient une autre femme; **wie der erste** [*o* **letzte**] **~** *fam*: ***mit dieser Frisur siehst du ja wirklich aus wie der letzte ~!*** avec cette coiffure, on te croirait sorti de je ne sais où; ***ihr benehmt euch ja wirklich wie die ersten*** [*o* ***letzten***] ***~en*** vous vous conduisez vraiment comme des moins que rien *fam*; **er/sie ist nur ein halber ~** *fam* il/elle n'est que l'ombre de lui-même/d'elle-même; ***ohne sie ist er nur ein halber ~*** un seul être vous manque … [et tout est dépeuplé]; **jd wird ein neuer ~** qn devient un autre homme; ***sie wird ein neuer ~*** elle devient une autre femme; **das konnte kein ~ ahnen!** qui aurait pu le prévoir!, on ne pouvait pas le deviner!; **jd bleibt ~** *fam* qn reste humain(e); **jd ist auch nur ein ~** qn n'est pas parfait(e), qn n'est qu'un homme; (*in sexuellem Bereich*) la chair est faible; ***sie ist auch nur ein ~*** elle n'est qu'une femme; **jd ist kein ~ mehr** (*ist unmenschlich*) qn est inhumain(e); (*ist völlig erschöpft*) qn est vidé(e) *fam*; **jd kommt viel unter ~en** qn voit du monde; **so sind die ~en** ainsi sont les hommes; **von ~ zu ~** en toute confidence; ***ich sage dir das von ~ zu ~*** je te dis ça de toi à moi; **als ~** en tant qu'homme, en tant qu'être humain; **kein ~** personne; **~!** *fam* putain! *fam*, bordel! *pop*, nom d'un chien! *fam*; (*Kerl*) eh! mec! *fam*

Mensch[2] <-[e]s, -er> *nt* SDEUTSCH *pej sl* salope *f fam*

Mensch ärgere dich nicht <- - - -> *nt* ∅ petits chevaux *mpl*

Menschenaffe *m* singe *m* anthropoïde, anthropomorphe *m* **menschenähnlich I.** *adj* anthropoïde, anthropomorphe ▶ **nichts M~es** ne … rien d'humain **II.** *adv*: ***die Außerirdischen sehen ~ aus*** les extra-terrestres ressemblent à l'homme **Menschenalter** *nt* durée *f* d'une vie humaine; ***mehrere ~ werden vergehen müssen*** il faudra plusieurs vies d'homme; ***zwei ~*** la durée de deux vies humaines **Menschenansammlung** *f* attroupement *m* **menschenarm** *adj* peu peuplé(e) **Menschenauflauf** *m* attroupement *m* **Menschenfeind(in)** *m(f)* misanthrope *m* **menschenfeindlich** *adj* **1.** (*misanthropisch*) misanthrope; ***ein ~er Mensch*** un misanthrope **2.** *Klima, Landschaft* hostile **Menschenfleisch** *nt* chair *f* humaine **Menschenfresser(in)** <-s, -> *m(f) fam* **1.** (*Kannibale*) anthropophage *mf*, cannibale *mf* **2.** (*Raubtier*): ***dieser Tiger ist ein ~*** ce tigre est mangeur d'hommes **Menschenfreund(in)** *m(f)* philanthrope *mf* **menschenfreundlich** *adj* philanthrope; ***ein ~er Mensch*** un philanthrope **Menschenfreundlichkeit** *f* philanthropie *f*; **aus reiner ~** par pure philanthropie **Menschenführung** *f* capacité *f* à mener des hommes **Menschengedenken** *nt* ▶ **seit ~** de mémoire d'homme **Menschengestalt** *f* forme *f* humaine ▶ **jd/etw in ~** qn/qc en personne, qn/qc incarné(e) **Menschenhand** *f* main *f* de l'homme ▶ **von ~** par/de la main de l'homme **Menschenhandel** *m* traite *f* des esclaves **Menschenhass**[RR] *m* haine *f* des hommes **Menschenkenner(in)** *m(f)* [fin] connaisseur/[fine] connaisseuse *m/f* de l'âme humaine [*o* du genre humain] ▶ **jd ist ein** […] **~** qn est un […] connaisseur de l'âme humaine **Menschenkenntnis** *f* ∅ connaissance *f* du genre humain [*o* de l'âme humaine] ▶ **jd hat** […] **~** qn a une […] connaissance des hommes [*o* de l'âme humaine] **Menschenkette** *f* chaîne *f* humaine **Menschenleben** *nt* **1.** (*Todesopfer*) vie *f* humaine **2.** (*das Leben eines Menschen*) vie *f* d'un homme; ***ein ~*** une vie d'homme ▶ **~ sind zu beklagen** des victimes sont à déplorer **menschenleer** *adj* désert(e) **Menschenliebe** *f* ▶ **aus reiner ~** par pure philanthropie **Menschenmasse** *f pej* foule *f*, marée *f* humaine **Menschenmenge** *f* foule *f*; ***eine große ~*** une foule importante **menschenmöglich** *adj* humainement possible ▶ **das ist doch nicht ~!** *fam* c'est pas possible! *fam*; **jd tut das M~e** qn fait tout ce qui est [humainement] possible **Menschenopfer** *nt* **1.** REL sacrifice *m* humain **2.** *geh s.* Menschenleben **Menschenraub** *m* enlèvement *m*, rapt *m* **Menschenrecht** *nt meist pl* droit *m* de l'homme **Menschenrechtsverletzung** *f* violation *f* des droits de l'homme **menschenscheu** *adj* sauvage, insociable **Menschenscheu** *f* insociabilité *f*, peur *f* des autres **Menschenschlag** *m fam* race *f* de gens **Menschenseele** *f* âme *f* ▶ **keine ~** personne, pas un chat *fam*; ***ich habe keine ~ getroffen*** je n'ai pas rencontré âme qui vive

Menschenskind *interj fam* **1.** (*Herr des Himmels*) mon Dieu! *fam*
2. (*Mensch Meier*) cré nom de Dieu! *pop*, vingt dieux! *fam*

menschenunmöglich *adj* au-dessus des forces humaines; ■ **das M~e** l'impossible **menschenunwürdig I.** *adj* contraire à la dignité humaine, indigne d'un être humain; *Zustände a.* dégradant(e) **II.** *adv* de façon inhumaine; *hausen, unterbringen a.* dans des conditions contraires à la dignité humaine **menschenverachtend** *adj* méprisant(e) pour le genre humain **Menschenverächter(in)** *m(f)* contempteur(-trice) *m(f)* du genre humain *littér* **Menschenverachtung** *f* mépris *m* des hommes **Menschenverstand** *m* entendement *m* [humain], intelligence *f* ▶ **gesunder ~** bon sens *m* **Menschenwürde** *f* dignité *f* humaine **menschenwürdig I.** *adj* conforme à la dignité humaine, digne d'un être humain **II.** *adv* humainement; *leben, unterbringen, wohnen* dans des conditions conformes à la dignité humaine

Menschheit <-> *f* ∅ ■ **die ~** l'humanité *f*

Menschheitsgeschichte *f* ∅ histoire *f* de l'humanité

menschlich I. *adj* **1.** (*in Bezug auf Menschen*) humain(e)
2. *fam* (*zivilisiert*) *Aussehen, Kleidung* présentable
II. *adv* **1.** (*human*) humainement
2. *fam* (*zivilisiert*): ***jd sieht wieder ~ aus*** qn est de nouveau présentable; ***zieh dich ~ an*** habille-toi de façon à être présentable

Menschlichkeit <-> *f* ∅ humanité *f*
▶ **aus reiner ~** par pure humanité, pour des raisons purement humaines

Mensen *pl von* **Mensa**

Menstruation <-, -en> *f* règles *fpl*, menstruation *f*

menstruieren * *vi* ■ **jd menstruiert** qn a ses règles

mental I. *adj* mental(e)
II. *adv* mentalement

Mentalität <-, -en> *f* mentalité *f*

-mentalität *f* mentalité *f* de

Menthol <-s, -e> *nt* menthol *m*

Mentholzigarette *f* cigarette *f* mentholée

Mentor <-s, -toren> *m*, **-torin** *f* **1.** SCOL conseiller(-ère) *m(f)* pédagogique, tuteur(-trice) *m(f)*
2. *geh* mentor *m littér*

Menu <-s, -s> [me'ny:] *nt geh*, **Menü** <-s, -s> *nt* menu *m*

Menuett <-s, -e> *nt* menuet *m*

menügesteuert *adj* commandé(e) par menu **Menüleiste** *f* barre *f* de menu

Merchandising <-s> ['mœ:tʃəndaizɪŋ] *nt* ∅ marchandisage *m*, merchandising *m*

Mergel <-s, -> *m* marne *f*

Meridian <-s, -e> *m* méridien *m*

Merinowolle *f* laine *f* mérinos

Merkantilismus <-> *m* ∅ ■ **der ~** le mercantilisme

merkbar I. *adj* **1.** (*wahrnehmbar*) perceptible
2. *Formel, Motto, Name* qui se retient; ■ **etw ist … ~** qc est … à retenir; ***etw ist ohne weiteres ~*** qc se retient sans problème
II. *adv* (*merklich*) sensiblement

Merkblatt *nt* notice *f*

merken I. *vt* **1.** (*spüren*) ■ **jd merkt etw** *Brennen, Jucken, Kratzen, Stechen etc* qn [res]sent qc; ***etw ist kaum zu ~*** qc se sent à peine; */Luftzug a./* qc est à peine perceptible
2. (*hören*) ■ **jd merkt etw** qn entend qc, qn perçoit qc; ***sie hat nichts von der Musik gemerkt*** elle n'a pas entendu la musique
3. (*behalten*) ■ **etw ist … zu ~** qc est … à retenir; ***etw ist leicht zu ~*** qc est facile à retenir
▶ **das ist zu ~** ça se voit, ça saute aux yeux; **jd lässt jdn ~, dass** qn fait sentir à qn que + *indic*; **bis das einer merkt!** *fam* d'ici [à ce] que quelqu'un s'en aperçoive!; **du merkst auch alles!** *iron* [il] y en a là-dedans! *fam*, tu comprends vite, ça fait plaisir!; **das merkt jeder/keiner!** ça se verra/ça ne se verra pas; **merke: …** attention: …
II. *vi* **1.** (*spüren*) ■ **jd merkt, dass/wie** qn s'aperçoit que + *indic*/comme
2. (*hören*) ■ **jd merkt, dass** *summt, vibriert* qn remarque [*o* s'aperçoit] que + *indic*
III. *vr* **1.** (*im Gedächtnis behalten*) ■ **jd merkt sich** (*dat*) **etw** qn se souvient de qc; ***jd kann sich etw nicht ~*** qn n'arrive pas à retenir [*o* se souvenir de] qc
2. (*im Auge behalten*) ■ **jd merkt sich** (*dat*) **jdn/etw** qn se souvient de qn/qc
▶ **das werde ich mir ~!** *fam* j'en prends bonne note!, je saurai m'en souvenir!; **merk dir das!/merken Sie sich das!** mets-toi/mettez-vous bien ça dans la tête!, tiens-toi/tenez-vous le pour dit!

merklich I. *adj Abkühlung, Fortschritt, Unterschied* sensible, perceptible;

Besserung, Veränderung visible
II. *adv sich abkühlen, sich bessern, sich erwärmen* nettement, sensiblement; *sich unterscheiden, sich verändern* notablement; ***jd hat sich ~ verändert*** qn a beaucoup changé
Merkmal <-s, -e> *nt* caractéristique *f*, signe *m* distinctif; [*Ware*] caractéristique *f*, spécificité *f*; ***ein charakteristisches ~*** une caractéristique, un signe caractéristique; ***ein unterscheidendes ~*** un critère; ***die ihm eigenen ~e*** les traits de sa personnalité
▸ **besondere ~e: ...** (*Eintrag im Pass*) signes *mpl* particuliers: ...; (*Kennzeichen*) caractéristiques: ... *fpl*
Merkur <-s> *m* ∅ ■ **der ~** [la planète] Mercure *f*
Merkvers *m* vers *m* mnémotechnique
merkwürdig I. *adj* étrange, singulier(-ière)
▸ **zu ~!** vraiment curieux!, bizarre!
II. *adv* étrangement; ***etw riecht ~*** qc a une drôle d'odeur
merkwürdigerweise *adv* curieusement; ***~ habe ich nichts gehört*** curieusement [*o* c'est bizarre], je n'ai rien entendu
Merkwürdigkeit <-, -en> *f* **1.** ∅ (*Seltsamkeit*) bizarrerie *f*, singularité *f*
2. *meist pl* (*Kuriosität*) curiosités *fpl*
meschugge *adj fam* ■ **jd ist/wird ~** qn est/devient cinglé(e) [*o* maboul(e)] *fam*
Meskalin <-s> *nt* ∅ mescaline *f*
Mesner(in) <-s, -> *m(f)* DIAL *s.* **Küster**
messbar[RR], **meßbar** *adj* mesurable
Messbecher[RR], **Meßbecher** *m* verre *m* mesureur
Messbuch[RR], **Meßbuch** *nt* livre *m* de messe, missel **Messdiener(in)**[RR], **Meßdiener(in)** *m(f)* enfant *mf* de chœur, servant *m* d'autel *vieilli*
Messe[1] <-, -n> *f* **1.** ECCL messe *f*
2. MUS messe *f*
▸ **schwarze ~** messe *f* noire; **jd lässt für jdn eine ~ lesen** qn fait dire une messe pour qn; **jd liest** [*o* **hält**] **die ~** qn célèbre [*o* dit] la messe
Messe[2] <-, -n> *f* COM salon *m*, foire[-exposition] *f*
▸ **auf der ~** à la foire[-exposition]
Messe[3] <-, -n> *f* NAUT carré *m* [des officiers]
-messe *f Bekleidungs-, Buch-* salon *m* du/de la/des, foire *f* du/de la/des; *Frühjahrs-, Herbst-* salon *m* de, foire *f* de; ***Lederwaren~*** salon du cuir
Messe- *-besucher, -information, -restaurant, -katalog* de la foire; *-gebäude* des expositions; *-stand* d'exposition **Messegelände** *nt* parc *m* des expositions **Messehalle** *f* hall *m* des expositions
messen <misst, maß, gemessen> I. *vt* **1.** (*im Ausmaß ermitteln*) ■ **jd misst etw** *Distanz, Durchmesser, Entfernung, Umfang* qn mesure qc, qn calcule qc; *Breite, Länge* qn mesure qc; *Gewicht* qn détermine qc
2. (*in der Größe bestimmen*) ■ **jd misst etw** *Fenster, Gegenstand* qn mesure qc; *Kopf, jds Körperteils* qn prend la mesure/les mesures de qc
3. (*als Größe haben*) ■ **jd/etw misst etw** (*akk*) qn/qc mesure qc
4. (*beurteilen*) ■ **jd misst etw an etw** (*dat*) qn mesure [*o* jauge] qc d'après qc; ■ **gemessen an etw** (*dat*) jaugé(e) d'après qc, mesuré(e) à l'aune de qc
II. *vr geh* ■ **jd misst sich** [**in etw** (*dat*)] **mit jdm** qn se mesure à [*o* avec] qn [dans qc]
▸ **jd kann sich mit jdm/etw ~** qn est de taille à rivaliser avec qn/qc, qn peut se mesurer avec qn/qc; *s. a.* **gemessen**
Messer <-s, -> *nt* couteau *m*
▸ **etw steht auf ~s Schneide** qc peut basculer d'un côté ou de l'autre; **es steht auf ~s Schneide, ob** le grand point d'interrogation, c'est de savoir si; **jd kommt unters ~** *fam* qn passe sur le billard *fam*; **jd läuft ins** [**offene**] **~** qn se jette dans la gueule du loup; **jd liefert jdn** [**jdm**] **ans ~** qn donne [*o* livre] qn [à qn]; **bis aufs ~** sans merci
-messer[1] *nt Käse-, Steak-, Brot-, Fisch-* couteau *m* à; ***Taschen~*** couteau *m* de poche, canif *m*; ***Steak~*** couteau-scie *m*, couteau *m* à bifteck; ***Schnapp~*** couteau *m* pliant; ***Spring~*** [couteau *m* à] cran *m* d'arrêt
-messer[2] <-s, -> *m* TECH compteur *m* [*o* indicateur *m*] de; ***Geschwindigkeits~*** compteur *m* de vitesse; ***Druck~*** indicateur *m* de pression, manomètre *m*; ***Feuchtigkeits~*** hygromètre *m*; ***Höhen~*** altimètre *m*; ***Tiefen~*** bathymètre *m*, manomètre *m* de profondeur
Messer- *-griff, -schneide, -klinge* de couteau; *-schliff* de couteaux; ***~schleifer*** rémouleur *m*; ***~fabrik*** coutellerie *f* **Messerrücken** *m* dos *m* du couteau **messerscharf** I. *adj* **1.** *Papierrand, Scherbe* coupant(e), tranchant(e) [comme un couteau] **2.** *Verstand* aigu(ë), perspicace II. *adv aus etw schließen* avec une grande perspicacité; *argumentieren* avec une grande subtilité, très subtilement; ***er denkt sehr ~*** il a une pensée très subtile **Messerschmied(in)** *m(f)* coutelier(-ière) *m(f)* **Messerspitze** *f* pointe *f* du couteau ▸ **eine ~/zwei/... ~n** [**voll**] [**einer S.** (*gen*)] une pointe/deux/... pointes [de qc] **Messerstecher(in)** <-s, -> *m(f) pej* malfrat *m* jouant du couteau *fam* **Messerstecherei** <-, -en> *f* rixe *f* [*o* bagarre *f*] au couteau **Messerstich** *m* coup *m* de couteau; ***ein stark blutender ~*** une blessure au couteau saignant beaucoup **Messerwerfer(in)** <-s, -> *m(f)* lanceur(-euse) *m(f)* de couteaux
Messestadt *f* ville *f* de foires
Messgerät[RR], **Meßgerät** *nt* appareil *m* de mesure
Messgewand[RR], **Meßgewand** *nt* chasuble *f*
Messias <-> *m* ∅ ■ **der ~** le Messie
Messing <-s> *nt* ∅ laiton *m*, cuivre *m* jaune
Messing- *-griff, -armaturen, -gehäuse* en laiton; *-leuchter* en cuivre jaune
Messinstrument[RR], **Meßinstrument** *nt* instrument *m* de mesure **Messstab**[RR], **Meßstab** *m* jalon *m* **Messtischblatt**[RR], **Meßtischblatt** *nt* carte *f* topographique [*o* d'état major]
Messung <-, -en> *f* **1.** (*das Messen*) mesure *f*
2. (*Messwert*) valeur *f* mesurée, mesure *f*

Messwein[RR], **Meßwein** *m* vin *m* de messe
Messwert[RR], **Meßwert** *m* valeur *f* mesurée, mesure *f*
Mestize <-n, -n> *m*, **Mestizin** *f* métis(se) *m(f)*
Met <-[e]s> *m* ∅ hydromel *m*
Metall <-s, -e> *nt* métal *m*
▸ **~ verarbeitend** métallurgique
Metall- **1.** (*aus Metall*) *-rahmen, -gerüst, -griff* en [*o* de] métal; *-feder* métallique; *-dose* en fer; ***~baukasten*** [jeu *m* de] meccano® *m*; ***die Tür hat ~beschläge*** la porte est garnie de ferrures
2. METAL *-atom* de métal; *-härte, -eigenschaften* du métal
3. IND *-bearbeitung, -verarbeitung* des métaux; *-betrieb, -werk, -arbeitgeber* de la métallurgie; ***die ~arbeiter*** les métallurgistes *mpl*, les métallos *mpl fam*; ***die ~industrie*** la métallurgie, l'industrie *f* métallurgique
Metallegierung *s.* **Metalllegierung**
metallen *adj* en [*o* de] métal; ***die ~en Beschläge einer Truhe*** les ferrures d'un coffre
Metaller(in) <-s, -> *m(f) fam* métallo *mf* syndiqué(e) *fam*
metallic *adj inv* métallisé(e)
-metallic ... métallisé(e); ***blau~*** bleu métallisé
Metallic- *-lack, -lackierung* métallisé(e); *-wagen* à peinture métallisée
metallisch I. *adj* **1.** (*aus Metall*) *Beschichtung, Legierung* métallique; *Gegenstand* en métal, métallique
2. (*metallartig*) *Glanz, Klang* métallique
II. *adv*: ***das klingt ~*** ça rend un son métallique; ***was schimmert da so ~ im Gras?*** qu'est-ce qui brille d'un reflet métallique là dans l'herbe?
Metalllegierung[RR] *f* alliage *m* [métallique] **Metallsäge** *f* scie *f* à métaux
Metallurgie <-> *f* ∅ métallurgie *f*
metallurgisch I. *adj Analyse, Untersuchung* métallographique; *Betrieb* de la métallurgie, métallurgique
II. *adv bestimmen, analysieren* par le biais de la métallographie
Metallwaren *pl* [articles *mpl* de] quincaillerie *f*, articles *mpl* en métal
Metamorphose <-, -n> *f geh* métamorphose *f*, transformation *f*
Metapher <-, -n> *f* métaphore *f*
Metaphorik <-> *f* ∅ procédés *mpl* métaphoriques
metaphorisch *adj* métaphorique
Metaphysik *f* métaphysique *f*
metaphysisch [meta'fy:zɪʃ] *adj* métaphysique
Metasprache *f* métalangage *m*, métalangue *f*
Metastase <-, -n> *f* métastase *f*
Meteor <-s, -e> *m* météore *m*
Meteorit <-en, -en> *m* météorite *m*, pierre *f* météorique
Meteorologe <-n, -n> *m*, **-login** *f* météorologiste *mf*, météorologue *mf*
Meteorologie <-> *f* ∅ météorologie *f*
meteorologisch *adj* météorologique
Meter <-s, -> *m o nt* mètre *m*
▸ **der laufende ~** le mètre courant; **in ~** *umrechnen* en mètres; **in ~n** *rechnen* en mètres; *verkaufen* au mètre; **nach ~n** *messen* en mètres
meterdick *adj* **1.** (*einen Meter dick*) d'une épaisseur d'un mètre, épais(se) d'un mètre; ■ **etw ist ~** qc a [*o* fait] un mètre d'épaisseur, qc a une épaisseur d'un mètre **2.** (*mehrere Meter dick*) épais(se) de plusieurs mètres, de plusieurs mètres d'épaisseur; ■ **etw ist ~** qc a [*o* fait] plusieurs mètres d'épaisseur, qc a une épaisseur de plusieurs mètres **meterhoch** *adj* **1.** (*einen Meter hoch*) haut(e) d'un mètre, d'un mètre de haut[eur]; ■ **etw ist ~** qc a [*o* fait] un mètre de haut[eur] **2.** (*mehrere Meter hoch*) haut(e) de plusieurs mètres, d'une hauteur de plusieurs mètres, de plusieurs mètres de hauteur; ■ **etw ist/wird ~** qc a [*o* fait]/atteint plusieurs mètres de hauteur **meterlang** *adj* **1.** (*einen Meter lang*) long(longue) d'un mètre, d'un mètre de longueur; ■ **etw/ein Tier ist/wird ~** qc/un animal fait/atteint un mètre de long **2.** (*mehrere Meter lang*) long(longue) de plusieurs mètres, de plusieurs mètres de longueur; ■ **etw ist/wird ~** qc a [*o* fait]/atteint une longueur de plusieurs mètres **Metermaß** *nt* **1.** (*Bandmaß*) mètre *m* [à] ruban **2.** (*Zollstock*) mètre *m* pliant **Meterware** *f* tissu *m* [vendu] au mètre **meterweise** *adv verkaufen* au mètre; *abgeben, berechnen* en mètres **meterweit** I. *adj* **1.** (*einen Meter breit*) d'un mètre de large, d'une largeur d'un mètre; ■ **etw ist ~** qc a [*o* fait] un mètre de large **2.** (*viele Meter weit*) de plusieurs mètres; ■ **etw ist ~** qc fait plusieurs mètres II. *adv daneben schießen* complètement; *leuchten, strahlen* à une grande distance
Methadon <-s> *nt* ∅ méthadone *f*
Methan <-s> *nt* ∅, **Methangas** *nt* ∅ méthane *m*
Methode <-, -n> *f* **1.** (*Verfahren*) méthode *f*
2. *pl* (*Vorgehensweise*) méthodes *fpl*
▸ **etw hat ~** *fam* qc est calculé(e); **was sind denn das für ~n?** en voilà des façons!; **mit ~** avec méthode, méthodiquement
Methodik <-, -en> *f* [*Verfahrensweise*] caractère *m* méthodique; [*Wissenschaft*] méthodologie *f*; ***er zeigt in seiner Arbeit ~*** dans son travail, il fait preuve de beaucoup de méthode
methodisch I. *adj* **1.** *Verfahrensweise, Vorgehensweise* méthodique
2. *Problem, Unterschied* méthodologique, de méthodologie
II. *adv vorbereiten, vorgehen* avec méthode, méthodiquement
Methodist(in) <-en, -en> *m(f)* méthodiste *mf*
methodistisch *adj* méthodiste
Methusalem <-s> *m* ∅ fossile *m* vivant, spécimen *m* datant de Mathusalem
▸ **alt wie ~** vieux(vieille) comme Mathusalem
Methylalkohol [me'ty:l-] *m* alcool *m* méthylique, méthanol *m*
Metier <-s, -s> [me'tie:] *nt* métier *m*, profession *f*; ***was ist ihr ~?*** que faites-vous dans la vie?
▸ **jd beherrscht sein ~, jd versteht sich auf sein ~** qn connaît son métier
Metrik <-, -en> *f* **1.** ∅ POES, MUS métrique *f*

2. (*Buch*) méthode *f* [*o* ouvrage *m*] de métrique
metrisch *adj* métrique
Metro <-, -s> *f* métro *m*
Metronom <-s, -e> *nt* métronome *m*
Metropole <-, -n> *f* 1. (*Hauptstadt*) grande ville *f*
2. (*städtisches Zentrum*) métropole *f*
Mett <-[e]s> *nt* Ø DIAL chair *f* à saucisse
Mette <-, -n> *f* 1. (*Mitternachtsmesse*) messe *f* de minuit
2. (*Frühmesse*) matines *fpl*
Mettwurst *f sorte de pâte à tartiner conservée sous forme de saucisse*
Metzelei <-, -en> *f* boucherie *f*, hécatombe *f*
Metzger(in) <-s, -> *m(f)* DIAL boucher(-ère) *m(f)*; (*für Wurstwaren*) charcutier(-ière) *m(f)*
Metzger- *s.* **Fleischer-**
Metzgerei <-, -en> *f* DIAL boucherie *f*; (*für Wurstwaren*) charcuterie *f*
Meuchelmord *m* meurtre *m*, assassinat *m* **Meuchelmörder(in)** *m(f)* tueur(-euse) *m(f)*, assassin *m*
Meute <-, -n> *f* 1. *pej* (*Gruppe*) meute *f*
2. JAGD meute *f*
Meuterei <-, -en> *f* mutinerie *f*
Meuterer <-s, -> *m* mutin *m*
meutern *vi* 1. (*sich auflehnen*) ■ **jd meutert [gegen jdn/etw]** qn se mutine [contre qn/qc]; ■ **~d** mutin(e), mutiné(e)
2. *fam* (*meckern*) ■ **jd meutert** qn rouscaille *fam*, qn rouspète *fam*
Mexiko <-s> *nt* le Mexique
MEZ [ɛmʔeːˈtsɛt] *abk von* **mitteleuropäische Zeit** heure *f* de l'Europe centrale
Mezzosopran *m* 1. (*Stimme*) mezzo-soprano *m*
2. (*Sängerin*) mezzo-soprano *f*
MG <-[s], -[s]> [ɛmˈgeː] *nt abk von* **Maschinengewehr** mitrailleuse *f*
MHz *abk von* **Megahertz** MHz
miau *interj* miaou
miauen * *vi* ■ **eine Katze miaut** un chat miaule; ■ **das M~** le[s] miaulement[s] *m(pl)*
mich I. *pron pers akk von* **ich** me, m'; (*betont, nach Präpositionen*) moi; ***er sah ~ an*** il m'a regardé(e); ***sieh ~ an!*** regarde-moi!; ***du warst nicht angesprochen, er hat ~ gemeint*** ce n'était pas à toi qu'il adressait la parole, c'était à moi
II. *pron refl* me, m'
Michel <-s> *m* DIAL Michel
▸ **der deutsche ~** *figure emblématique de l'Allemand moyen*
mick[e]rig *adj pej fam* 1. (*sehr gering*) *Stundenlohn, Trinkgeld* minable *fam*; ***sehr ~*** vraiment minable *fam*
2. (*schwächlich*) *Kerl* chétif(-ive), malingre
3. (*zurückgeblieben*) *Baum, Busch* rabougri(e), rachitique
Mickymaus [ˈmɪki-] *f* Mickey *m*; ■ **eine/die ~** Mickey
Mickymausheft [ˈmɪki-] *nt* Mickey *m*
midi *adj pred* COUT mi-long(-longue)
Midlifecrisis[RR], **Midlife-Crisis**[RR] <-> [ˈmidlaifkraisis] *f* Ø crise *f* de la quarantaine
mied *imp von* **meiden**
Mieder <-s, -> *nt* 1. (*Trachtenkleid*) corselet *m*, corset *m*
2. (*Korsage*) gaine *f*, corset *m*
Miederhöschen [-høːsçən] *nt* gaine-culotte *f* **Miederwaren** *pl* articles *mpl* corsetiers
Mief <-s> *m* Ø *fam* odeur *f* de renfermé
miefen *vi fam* ■ **etw mieft** qc fouette *fam*, qc [s]chlingue *fam*; ■ **es mieft [irgendwo]** ça [s]chlingue [quelque part] *fam*
Miene <-, -n> *f* mine *f*
▸ **jd macht gute ~ zum bösen Spiel** qn fait contre mauvaise fortune bon cœur; **jd macht eine ... ~** qn prend un air ...; ***als er diese Nachricht vernahm, machte er eine finstere ~*** lorsqu'il apprit cette nouvelle, sa mine s'assombrit; il prit un air [*o* une mine] sombre en apprenant cette nouvelle; **jd macht ~ etw zu tun** qn fait mine de faire qc; **jd verzieht keine ~** qn ne laisse rien paraître; **mit ... ~** d'un air ...
Mienenspiel *nt* mimique *f*, jeux *mpl* de physionomie
mies *adj fam Essen, Verpflegung* dégueulasse *fam*; *Unterkunft* minable *fam*; *Wetter* pourri(e)
▸ **jd macht [jdm] etw ~** *Freude* qn gâte qc [à qn]; *Vorhaben* qn fout qc en l'air [à qn] *fam*
Miese *pl* ▸ **jd ist [mit etw] in den ~n** *fam* qn est dans le rouge [de qc]; **jd kommt in die ~n** *fam* qn va être dans le rouge; **jd macht ~** *fam* qn boit le bouillon *fam*
Miesepeter <-s, -> *m pej fam* grincheux *m*, rouspéteur *m fam*
miesepet[e]rig *adj pej fam Gesicht* de grincheux(-euse), renfrogné(e); *Mensch* grincheux(-euse), ronchon
Miesmacher(in) *m(f) pej fam* rabat-joie *m*
Miesmacherei <-, -en> *f pej fam* dénigrement *m*
Miesmuschel *f* moule *f*
Miet- *-bedingungen* de location, du bail; *-dauer, -gebühr* de location; *-senkung, -steigerung* du loyer, des loyers; *-gesetz* sur la location; *-zahlung* du loyer; *-quittung* de loyer; *-rückstände* de loyer[s]; *-überweisung* du montant du loyer
Miete[1] <-, -n> *f* (*Wohnungs~*) loyer *m*
▸ **die halbe ~** *fam* la moitié de fait(e); **überhöhte ~** loyer *m* abusif; **jd wohnt zur ~** qn est locataire
Miete[2] <-, -n> *f* AGR silo *m* souterrain
mieten *vt* ■ **jd mietet etw** qn loue qc
Mieter(in) <-s, -> *m(f)* locataire *mf*
Mieterschutz *m* défense *f* des locataires **Mieterschutzgesetz** *nt* législation *f* sur la défense des locataires **Mieterverein** *m* association *f* de locataires
mietfrei I. *adj Wohnen* exempt(e) de loyer, gratuit(e); ***das ~e Wohnen*** la gratuité du logement II. *adv wohnen* sans payer de loyer, gratuitement; ***sie durfte ~ bei ihm wohnen*** elle avait le droit de loger gratuitement chez lui
Mietpartei *f form* locataire *mf* **Mietrecht** *nt* droit *m* locatif
Mietshaus *nt* maison *f* de rapport, immeuble *m* locatif **Mietskaserne** *f pej* cage *f* à lapins, caserne *f fam*
Mietspiegel *m* fourchette *f* de loyers moyens (*établie notamment suivant la situation géographique, l'année de construction et le standing de l'appartement*) **Mietvertrag** *m* contrat *m* de location; [*Wohnung a.*] bail *m* **Mietwagen** *m* voiture *f* de location **Mietwohnung** *f* [logement *m* en] location *f* **Mietwucher** *m* niveau *m* abusif de loyer **Mietzins** *m* SDEUTSCH, AUS, CH *form* loyer *m*
miez *interj* ▸ ~, ~! minou, minou!
Mieze <-, -n> *f* 1. *fam* (*Katze*) minou *m fam*
2. *sl* (*Mädchen*) minette *f fam*
Miezekatze *f Kindersprache* minou *m fam*
Migräne <-, -n> *f* migraine *f*
▸ **jd bekommt/hat ~** qn attrape une/a la migraine
Mikado <-s, -s> *nt* mikado *m*
Mikro <-s, -s> *nt fam abk von* **Mikrofon** micro *m*
Mikro- 1. (*extrem klein*) micro[-]; ***~computer*** micro[-]ordinateur *m*, micro *m fam*; ***~pille*** minipilule *f*, micropilule *f*; ***~motor*** micromoteur *m*
2. (*ein Millionstel*) micro...; ***~gramm*** microgramme *m*
Mikrobe <-, -n> *f* microbe *m*
Mikrochip <-s, -s> [-tʃɪp] *m* microcircuit *m* intégré, puce *f*, chip *m* **Mikroelektronik** *f* microélectronique *f*
Mikrofiche <-s, -s> [-fiʃ] *m o nt* microfiche *f*
Mikrofon <-s, -e> *nt* microphone *m*
Mikrokosmos *m* 1. BIO monde *m* microbien 2. PHYS monde *m* de l'atome
Mikrometer <-s, -> *nt* micromètre *m*, micron *m vieilli*
Mikron <-s, -> *nt veraltend s.* **Mikrometer**
Mikroorganismus *m* micro[-]organisme *m*
Mikrophon <-s, -e> *nt s.* **Mikrofon**
Mikroprozessor *m* INFORM microprocesseur *m*
Mikroskop <-s, -e> *nt* microscope *m*
mikroskopisch I. *adj geh* microscopique
II. *adv* 1. *geh* (*äußerst*): ***~ klein*** microscopique
2. (*mit dem Mikroskop*) au microscope
Mikrowelle *f* 1. PHYS micro-onde *f*
2. *fam* (*Herd*) micro-ondes *m*
Mikrowellenherd *m* four *m* à micro-ondes
Milan <-s, -e> [ˈmiːlan, miˈlaːn] *m* milan *m*
▸ **Roter/Schwarzer ~** milan rouge/noir
Milbe <-, -n> *f* acarien *m*
Milch <-> *f* Ø 1. (*Tier~*) lait *m*
2. (*Mutter~*) lait *m*
3. (*Pflanze*) lait *m*
4. (*Pflegelotion*) lait *m*
5. (*Fisch*) laitance *f*, laite *f*
▸ **dicke ~** lait *m* caillé; **ein Tier gibt ~** un animal donne du lait
Milch- 1. (*von Milch*) *-menge, -produktion* de lait; *-verarbeitung* du lait
2. (*für Milch bestimmt*) à lait 3. CHEM *-säure, -fett, -eiweiß* lactique; *-bestandteil* du lait; ***~zucker*** lactose *m* **Milchbar** *f* milk-bar *m* **Milchdrüse** *f* glande *f* mammaire **Milchflasche** *f* 1. COM bouteille *f* à lait 2. (*für Babykost*) biberon *m* **Milchfrau** *f s.* **Milchmann. Milchglas** *nt* verre *m* dépoli [*o* opale]
milchig *adj* 1. *Glas, Glasscheibe* dépoli(e), opale
2. *Lotion, Flüssigkeit* laiteux(-euse); ***etw verfärbt sich ~*** qc prend une teinte laiteuse
Milchkaffee *m* café *m* au lait **Milchkanne** *f* bidon *m* à lait **Milchkuh** *f* 1. AGR [vache *f*] laitière *f*, vache *f* à lait 2. *fam* (*Mensch*) vache *f* à lait *fam*
Milchmädchenrechnung *f fam* mauvais calcul *m*, miroir *m* aux alouettes; ■ **etw ist eine ~** qc revient à tirer des plans sur la comète
Milchmann <-männer> *m*, **-frau** *f fam* laitier(-ière) *m(f)* **Milchmixgetränk** *nt form s.* **Milchshake**
Milchner <-s, -> *m* poisson *m* laité
Milchpulver [-fɐ, -vɐ] *nt* lait *m* en poudre **Milchreis** *m* riz *m* au lait
Milchshake <-s, -s> [-ʃeɪk] *m* milk-shake *m* **Milchstraße** *f* ■ **die ~** la Voie lactée **Milchtüte** *f* brique *f* de lait **Milchzahn** *m* dent *f* de lait
mild I. *adj* 1. METEO doux(douce), clément(e); ■ **es ist ~** il fait doux
2. (*nachsichtig*) *Beurteilung, Prüfer, Richter* indulgent(e); *Urteil* clément(e); ***eine ~e Behandlung*** un traitement de faveur
3. GASTR *Käse, Tabak* doux(douce); *Soße* peu épicé(e); *Geschmack* léger(-ère); ***~ im Geschmack*** doux(douce) au goût
4. (*hautneutral*) doux(douce)
II. *adv* 1. (*nachsichtig*): ***das Urteil fiel ~e*** le verdict fut clément; ***gib ruhig nach, du stimmst ihn dadurch ~e/~er*** cède, ça le mettra d'humeur clémente/plus clémente
2. (*nicht würzig*): ***etw schmeckt ~*** qc est doux(douce) au goût; ***etw riecht ~*** qc a une odeur douce
▸ **~e ausgedrückt** [*o* **gesagt**] [*o* **gesprochen**] pour ne pas dire plus
Milde <-> *f* Ø 1. (*Nachsichtigkeit*) clémence *f*, indulgence *f*; ***du bist von zu großer ~*** tu es bien trop indulgent
2. GASTR [*Käse, Tabak*] douceur *f*
3. METEO douceur *f*, clémence *f*
▸ **jd lässt ~ walten** *geh* qn se montre clément(e)

mildern I. *vt* 1. JUR ■ **jd mildert etw** *Strafmaß* qn commue qc, qn allège qc; *Urteil* qn atténue qc, qn adoucit qc
2. (*weniger schlimm machen*) ■ **jd/etw mildert etw** *Not, Leid, Armut* qn adoucit qc, qn atténue qc; ***er hat sein Urteil gemildert*** il a modéré [*o* tempéré] son jugement
3. GASTR ■ **jd/etw mildert etw** qn/qc adoucit qc
II. *vr* METEO ■ **etw mildert sich** qc se radoucit
Milderung <-> *f* ∅ 1. METEO radoucissement *m*
2. (*das Mildern*) [*Strafmaß, Urteil*] atténuation *f*, adoucissement *m*; [*Not, Armut*] soulagement *m*; ***zur ~ des Leids dieser Kinder*** pour soulager les souffrances de ces enfants; ***zur ~ der Schärfe*** pour atténuer le piquant
mildtätig *adj geh Mensch* charitable; *Organisation* caritatif(-ive), de bienfaisance; ■ **jd ist ~** qn est charitable, qn fait preuve de charité
Milieu <-s, -s> [mi'liø:] *nt* 1. SOCIOL milieu *m* [social]; ***das häusliche ~ eines Schülers*** le contexte familial d'un élève
2. BIO milieu *m* [naturel]
3. PHYSIOL milieu *m*
4. *sl* (*die Prostitutionsszene*) ■ **das ~** le milieu de la prostitution
-milieu [-miliø:] *nt* milieu *m* du/de la/des
militant *adj Anhänger, Demonstrant* belliqueux(-euse); *Gesinnung* combatif(-ive); *Gruppe, Organisation* activiste, d'activistes
Militanz <-> *f* ∅ *geh* activisme *m*
Militär[1] <-s> *nt* ∅ 1. (*Armeeangehörige*) militaires *mpl*, soldats *mpl*; ***er ließ das ~ einsetzen*** il a fait intervenir l'armée [*o* la troupe]
2. (*Armee*) armée *f*
► **jd geht zum ~** qn s'engage dans l'armée; **da geht es zu wie beim ~** c'est comme à l'armée; **jd ist beim ~** qn fait son service, qn est à l'armée; **jd muss zum ~** qn doit faire son service [*o* partir à l'armée]
Militär[2] <-s, -s> *m veraltend geh* officier *m* de carrière
Militär- militaire; ***~geistlicher*** aumônier *m* [militaire]; ***~machthaber*** militaire *m* au pouvoir **Militärdienst** *m* service *m* militaire **Militärgericht** *nt* tribunal *m* militaire ► **jd wird vor ein ~ gestellt** qn est traduit(e) devant un tribunal militaire
militärisch I. *adj* militaire
II. *adv* 1. (*soldatisch*) militairement; ***jd grüßt ~*** qn fait le salut militaire; ***es geht ~ zu*** il règne une discipline militaire
2. (*mit der Armee*) militairement
militarisieren * *vt* ■ **jd militarisiert etw** qn militarise qc
Militarismus <-> *m* ∅ militarisme *m*
Militarist(in) <-en, -en> *m(f)* militariste *mf*
militaristisch *adj* militariste
Militärzeit *f* temps *m* de service militaire
Mill. *abk von* **Million[en]** M
Mille <-, -> *f sl* (*tausend Mark*) mille marks; ***zehn ~*** trois briques *fam*, trois bâtons *fam*
Millennium <-s, -ien> [-niən] *nt geh* millénaire *m*
Milli- milli...; ***~volt*** millivolt *m*
Milliardär(in) <-s, -e> *m(f)* milliardaire *mf*
Milliarde <-, -n> *f* milliard *m*
Milliardenbetrag *m* montant *m* de plusieurs milliards
milliardste(r, s) *adj* milliardième
milliardstel *adj*: ***ein ~ Kilogramm*** un milliardième de kilogramme; ***eine ~ Sekunde*** un milliardième de seconde
Milliardstel <-s, -> *nt* milliardième *m*
Milligramm *nt* milligramme *m*
Millimeter <-s, -> *m o nt* millimètre *m*
Millimeterpapier *nt* papier *m* millimétré [*o* millimétrique]
Million <-, -en> *f* million *m*
► **~en und Abermillionen** des millions et des millions; **~en Mal** des millions de fois
Millionär(in) <-s, -e> *m(f)* millionnaire *mf*
Millionen- de plusieurs millions **Millionenauflage** *f* tirage *m* d'un million d'exemplaires **Millionenerbe** *m*, **-erbin** *f* héritier(-ière) *m(f)* en millions **millionenfach** I. *adj* répété(e) des millions de fois; ***eine ~e Vergrößerung*** un grossissement de plusieurs millions de fois II. *adv* des millions de fois **Millionengewinn** *m* 1. COM profit *m* [*o* bénéfice *m*] de plusieurs millions 2. (*Lottogewinn*) gain *m* de plusieurs millions **millionenmal** *s.* **Million** ►. **Millionenschaden** *m* dégâts *mpl* se chiffrant à plusieurs millions **millionenschwer** *adj fam* 1. *Erbin, Industrieller* riche à millions 2. (*sehr teuer*) qui se chiffre en millions **Millionenstadt** *f* ville *f* de plus d'un million d'habitants
millionste(r, s) *adj* millionième
millionstel *adj* millionième; ***ein ~ Kilogramm*** un millionième de kilogramme; ***eine ~ Sekunde*** un millionième de seconde
Millionstel <-s, -> *nt* millionième *m*
Milz <-, -en> *f* rate *f*
Milzbrand *m* charbon *m*
mimen I. *vt fam* 1. (*vorgeben*) ■ **jd mimt etw** qn simule qc; ***jd mimt Interesse*** qn fait semblant d'être intéressé(e); ■ **etw ist gemimt** qc est feint(e) [*o* simulé(e)]
2. (*nachahmen*) ■ **jd mimt jdn** qn fait qn; ***mime hier nicht den Ahnungslosen*** ne fais donc pas celui qui ne sait rien
II. *vi* (*so tun, als ob*) ■ **jd mimt** qn fait semblant
Mimik <-> *f* ∅ mimique *f*, gestuelle *f*
Mimikry <-> [-kri:] *f* ∅ mimétisme *m*
mimisch I. *adj* mimique
II. *adv darstellen, sich verständigen* par gestes, par le mime; *zum Ausdruck bringen a.* par la mimique
Mimose <-, -n> *f* mimosa *m*
► **jd ist empfindlich wie eine ~** qn est hypersusceptible
mimosenhaft *adj* extrêmement sensible, hypersensible
min., Min. *abk von* **Minute[n]** mn
Minarett <-s, -e *o* -s> *nt* minaret *m*
minder *adv* moins
► **kaum/nicht ~** à peine/ne ... pas moins
Minder- inférieur(e); ***ein ~wert von 5800 DM*** une moins-value de 5800 marks; ***eine ~einnahme in Höhe von 13,5 Milliarden DM*** un moins-perçu [*o* un manque à gagner] d'une valeur de 13,5 milliards de marks; ***eine ~ausgabe*** une moindre dépense **minderbemittelt** *adj geh* peu fortuné(e), sans grands moyens; ■ **jd ist ~** qn a peu de moyens ► **geistig ~** intellectuellement limité(e) **Minderbemittelte** *pl decl wie adj* économiquement faible *mf*, personne *f* qui a peu de moyens ► **geistig ~** attardé mental/attardée mentale *m/f*
mindere(r, s) *adj attr* moindre; ***diese Artikel sind von ~r Qualität*** ces articles sont de qualité inférieure [*o* de moindre qualité]
Minderheit <-, -en> *f* minorité *f*
► **jd ist in der ~** qn est minoritaire
Minderheitenschutz *m* protection *f* des minorités
Minderheitsregierung *f* gouvernement *m* minoritaire
minderjährig *adj* mineur(e) **Minderjährige(r)** *f(m) decl wie adj* mineur(e) *m(f)* **Minderjährigkeit** <-> *f* ∅ minorité *f*
mindern *vt geh* ■ **jd mindert etw [um etw]** qn diminue [*o* réduit] qc [de qc]
Minderung <-, -en> *f geh* diminution *f*, réduction *f*
minderwertig *adj Qualität* médiocre; *Material, Produkt* de qualité inférieure; ■ **etw ist ~** /*Qualität*/ qc est médiocre, qc est inférieur(e); /*Material, Produkt*/ qc est de qualité inférieure, qc est de moindre qualité
Minderwertigkeit <-> *f* ∅ qualité *f* inférieure, mauvaise qualité *f*
Minderwertigkeitsgefühl *nt* sentiment *m* d'infériorité ► **jd hat ~e** qn a le sentiment d'être inférieur(e) **Minderwertigkeitskomplex** *m* complexe *m* d'infériorité ► **jd hat einen ~/~e** qn fait un complexe d'infériorité
Minderzahl *f* ∅ minorité *f*
► **sie sind in der ~** ils/elles sont en minorité
Mindest- minimum, minimal(e); ***500 Mark ist mein absoluter ~preis*** 500 marks, c'est mon prix plancher; ***der gesetzliche ~urlaub*** le minimum légal de journées de congé **Mindestabstand** *m* distance *f* minimum [*o* minimale] **Mindestalter** *nt* âge *m* minimum [*o* minimal]
mindeste(r, s) *adj attr* ■ **der/die/das ~** le/la moindre; ■ **das M~** la moindre chose
► **das wäre das M~ gewesen** c'était bien la moindre des choses; **zum M~n** au moins, au minimum; **nicht der/die/das ~ ...** *Geduld, Ahnung* ne ... pas le/la moindre ...; **nicht im M~n** pas le moins du monde, nullement; ***Ihr Vorwurf trifft nicht im M~n zu*** votre reproche n'est absolument pas fondé
mindestens *adv* au moins, au minimum
Mindestgebot *nt* enchère *f* minimum [*o* minimale] **Mindestgeschwindigkeit** *f* vitesse *f* minimum [*o* minimale] **Mindesthaltbarkeitsdatum** *nt* date *f* limite de conservation **Mindestmaß** *nt* strict minimum *m*; ■ **ein ~ an etw** (*dat*) un minimum de qc **Mindeststrafe** *f* peine *f* minimum [*o* minimale]
Mine <-, -n> *f* (*alle Bedeutungen*) mine *f*
-mine *f* MIN mine *f* de
Minenfeld *nt* champ *m* de mines, terrain *m* miné **Minenleger** <-s, -> *m* mouilleur *m* de mines **Minensuchboot** *nt* dragueur *m* de mines
Mineral <-s, -e *o* -ien> [-liən] *nt* minéral *m*
Mineralbad *nt* (*Kurort*) ville *f* d'eaux, station *f* thermale; (*Anstalt*) établissement *m* thermal, piscine *f* thermale
mineralisch *adj* minéral(e)
Mineraloge <-n, -n> *m*, **-login** *f* minéralogiste *mf*
Mineralogie <-> *f* ∅ minéralogie *f*
mineralogisch *adj* minéralogique
Mineralöl *nt* huile *f* minérale
Mineralölgesellschaft *f* compagnie *f* pétrolière **Mineralölsteuer** *f* taxe *f* sur les produits pétroliers
Mineralquelle *f* source *f* d'eau minérale **Mineralsalz** *nt* sel *m* minéral **Mineralstoffe** *pl* sels *mpl* minéraux **Mineralwasser** *nt* eau *f* minérale
mini *adj inv* mini
► **jd trägt ~** qn s'habille mini *fam*
Mini <-s, -s> *m fam* minijupe *f*
Mini- mini[-]; ***~partei*** groupuscule *m*
Miniatur <-, -en> *f* miniature *f*
Miniatur- [en] miniature; ***~malerei, ~gemälde*** miniature *f* **Miniaturausgabe** *f* reproduction *f* miniature; MEDIA édition *f* miniature **Miniaturformat** *nt* ► **etw hat ~** qc est une reproduction [en] miniature; **im ~** [en] miniature
Minibar *f* minibar *m* **Minigolf** *nt* minigolf *m*, golf *m* miniature
Minima *pl von* **Minimum**
minimal I. *adj* minime; ***sehr ~*** infime, très minime
II. *adv* dans des proportions minimes, très faiblement; ***Original und Fälschung unterscheiden sich nur ~*** l'original et la copie ne diffèrent que de façon minime
Minimal- minimal(e), minimum; ***die Inflation sank auf einen ~wert*** l'inflation est descendue à un niveau plancher
minimieren * *vt geh* ■ **jd minimiert etw** qn réduit qc au strict minimum
Minimierung <-, -en> *f geh* réduction *f* au strict minimum
Minimum <-s, Minima> *nt* 1. *geh* (*Mindestmaß*) [strict] minimum *m*; ■ **ein ~ an etw** (*dat*) un minimum de qc

2. METEO valeur *f* minima, minimum *m*
Minirock *m* minijupe *f*
Minister(in) <-s, -> *m(f)* ministre *m*; ***die Frau ~ in persönlich wird auch anwesend sein*** Madame le ministre en personne sera présente; ■ **der ~/die ~in für etw** le ministre de qc; ***die ~ in für Landwirtschaft*** le ministre de l'Agriculture
▶ **der ~/die ~in des <u>Äußeren</u>/<u>Inneren</u>** *geh* le ministre des Affaires étrangères/de l'Intérieur; ~ **ohne <u>Geschäftsbereich</u>** ministre *m* sans portefeuille
-minister(in) *m(f)* ministre *m* du/de la/des; ***Finanz~*** ministre *m* des Finances
Ministerialbeamte(r) *m*, **-beamtin** *f* fonctionnaire *mf* au ministère **Ministerialdirektor(in)** *m(f)* chef *mf* de division au ministère
ministeriell *adj attr* ministériel(le)
Ministerium <-s, -rien> *nt* ministère *m*
-ministerium *nt* ministère *m* du/de la/des; ***Finanz~*** ministère *m* des Finances
Ministerpräsident(in) *m(f)* ministre-président *m* **Ministerrat** *m Ø* ■ **der ~** le Conseil des ministres
Ministrant(in) <-en, -en> *m(f) form* enfant *mf* de chœur, servant *m* d'autel *vieilli*
ministrieren * *vi form* ■ **jd ministriert** qn sert la messe
Minna <-> *f* ▶ **die <u>grüne</u>** ~ *veraltend fam* le panier à salade *fam*; **jd <u>macht</u> jdn zur** ~ *fam* qn remonte les bretelles à qn *fam*
Minne <-> *f Ø* amour *m* courtois
Minnelied *nt* chanson *f* d'amour courtois **Minnesang** <-[e]s> *m Ø* poésie *f* courtoise, chant *m* d'amour courtois **Minnesänger** *m* minnesinger *m*, trouvère *m*, troubadour *m*
Minorität <-, -en> *f geh s.* **Minderheit**
Minuend <-en, -en> *m* premier terme *m* de la différence
minus I. *präp* ■ ~ **einer S.** (*gen*) moins qc
II. *conj* MATH moins
III. *adv* 1. METEO moins; ***einige Grad*** ~ quelques degrés en dessous de 0
2. ELEC moins
▶ **jd <u>macht</u>** ~ *fam* qn en est de sa poche *fam*
Minus <-, -> *nt* 1. FIN déficit *m*
2. (*Manko*) moins *m*, point *m* négatif
3. MATH [signe *m*] moins *m*
▶ **jd <u>steht</u> [mit etw] im** ~ qn est à découvert [de qc], qn est dans le rouge [de qc]
Minuspol *m* 1. ELEC pôle *m* négatif 2. PHYS pôle *m* magnétique négatif **Minuspunkt** *m* 1. (*Strafpunkt*) pénalité *f* 2. (*Manko*) point *m* négatif, moins *m* **Minustemperatur** *f* température *f* négative **Minuszeichen** *nt* signe *m* moins
Minute <-, -n> *f* 1. (*60 Sekunden*) minute *f*
2. (*Augenblick*) minute *f*, moment *f*
▶ **es ist <u>fünf</u> ~n vor zwölf** il est moins une; **in <u>letzter</u>** ~ au tout dernier moment, à la dernière minute; **<u>auf</u> die** ~ pile
minutenlang I. *adj attr* de plusieurs minutes II. *adv* [pendant] plusieurs minutes **Minutenzeiger** *m* aiguille *f* des minutes, grande aiguille *f*
minutiös, minuziös I. *adj geh* minutieux(-euse)
II. *adv geh* minutieusement, avec minutie
Minze <-, -n> *f* menthe *f*
mir *pron pers dat von* **ich** me, m'; (*betont*) [à] moi; (*nach Präpositionen*) moi; ***kannst du ~ hundert Mark leihen?*** peux-tu me prêter cent marks?; ***das ist ~ egal*** ça m'est égal; ***gib ~ sofort meinen Autoschlüssel zurück!*** rends-moi immédiatement ma clé de voiture!; ***Paul ist ein Freund von mir*** Paul est un de mes amis; ***hinter/vor ~*** derrière/devant moi
▶ **<u>von</u> ~ aus!** *fam* si tu veux!, j'ai rien contre! *fam*; **und <u>das</u>** ~! pourquoi a-t-il fallu que ça m'arrive [à moi *fam*]?; **<u>dass</u> du/ihr ~ …!** *fam* (*dass ihr mir bloß*) et tâche/tâchez de + *infin*!; ~ **<u>nichts</u>, dir nichts** *fam* comme ça, sans plus de façon
Mirabelle <-, -n> *f* 1. (*Frucht*) mirabelle *f*
2. (*Baum*) mirabellier *m*
Misanthrop(in) <-en, -en> *m(f) geh* misanthrope *mf*
Mischarbeitsplatz *m* poste *m* de travail multifonctionnel **Mischbatterie** *f* mitigeur *m* **Mischbrot** *nt* pain *m* bis
mischen I. *vt* 1. (*durch~*) ■ **jd mischt etw [mit etw]** qn mélange qc [à qc]
2. (*hinein~*) ■ **jd mischt [jdm/einem Tier] etw unter etw** (*akk*)/**in etw** (*akk*) qn mélange qc à [*o* dans] qc [de qn/d'un animal]
3. GASTR ■ **jd mischt etw [aus etw]** *Cocktail, Saft, Soße* qn compose [*o* prépare] qc [à partir de qc]
4. KARTEN ■ **jd mischt etw** qn bat qc, qn mélange qc
II. *vr* 1. (*sich mengen*) ■ **jd mischt sich unter sie** qn se mêle à [*o* parmi] eux/elles
2. (*sich ein~*) ■ **jd mischt sich in etw** (*akk*) qn se mêle de qc
III. *vi* KARTEN ■ **jd mischt** qn bat; *s. a.* **gemischt**
Mischkonzern *m* ensemble *m* industriel mixte, conglomérat *m*
Mischling <-s, -e> *m* 1. (*Mensch*) métis(se) *m(f)*
2. ZOOL bâtard *m*, produit *m* d'un croisement
Mischmasch <-[e]s, -e> *m fam* mixture *f*, mélange *m*
Mischmaschine *f* bétonnière *f*, malaxeur *m* à béton **Mischpult** *nt* pupitre *m* de mixage **Mischtrommel** *f* tambour *m* mélangeur
Mischung <-, -en> *f* mélange *m*
Mischungsverhältnis *nt* dosage *m*
Mischwald *m* forêt *f* d'essences mixtes
miserabel I. *adj pej* 1. (*beklagenswert*) *Film, Rede, Leistung* lamentable; *Benehmen, Zustand, Service a.* déplorable
2. (*sehr schlecht*) exécrable; *Wein, Geschmack a.* infect(e)
3. (*gemein*) misérable *antéposé*, infâme *antéposé*
II. *adv pej* 1. (*beklagenswert*) lamentablement, de façon déplorable; ***die Klassenarbeit ist ~ ausgefallen*** ce devoir en classe a donné des résultats lamentables
2. (*sehr schlecht*) *essen* très mal; ***etw schmeckt*** ~ qc est infect(e), qc a un goût infect; ***etw riecht*** ~ qc a une odeur infecte
Misere <-, -n> *f geh* situation *f* désastreuse; ***eine finanzielle*** ~ une situation financière désastreuse
▶ **mit jdm/etw <u>ist</u> es eine** ~ qn/qc est une plaie; **jd <u>steckt</u> [tief] in der** ~ qn est dans une fâcheuse situation [*o* dans le pétrin *fam*]
Mispel <-, -n> *f* nèfle *f*
Miss[RR], **Miß** <-> *f Ø* ■ ~ + *Ländername* miss *f*
missachten*[RR], **mißachten*** *vt* 1. (*ignorieren*) ■ **jd missachtet etw** *Rat, Vorzeichen, Warnung* qn ne tient pas compte de qc, qn néglige qc
2. (*nicht befolgen*) ■ **jd missachtet etw** *Bestimmung, Vorschrift* qn enfreint qc, qn passe outre à qc
3. (*gering schätzen*) ■ **jd missachtet jdn** qn mésestime qn; ■ **jd missachtet etw** qn dédaigne qc
Missachtung[RR], **Mißachtung** *f* 1. (*Ignorierung*) [*Ratschlag, Warnung, Vorzeichen*] non prise *f* en compte [*o* en considération]; ***eine ~ dieser Warnung kann schlimme Konsequenzen nach sich ziehen*** ne pas prendre en compte cette mise en garde peut avoir de graves conséquences
2. (*Nichtbeachtung*) [*Bestimmung, Vorschrift*] infraction *f*, non-respect *m*; ~ ***dieser Bestimmungen*** le manquement à [*o* le non-respect de] ces règlements
3. (*Geringschätzung*) mépris *m*, mésestime *f littér*; ***die ~ anderer Menschen*** le mépris des autres; [*Angebot, Vorschlag*] mépris *m*, dédain *m*
missbehagen*[RR], **mißbehagen** * *vi geh* ■ **etw missbehagt jdm [an etw** (*dat*)**]** qc déplaît à qn [dans qc]; ■ **es missbehagt jdm etw zu tun** ça déplaît à qn de faire qc
Missbehagen[RR], **Mißbehagen** <-s> *nt Ø geh* 1. (*Unbehagen*) malaise *m*, déplaisir *m*
2. (*Missfallen*) mécontentement *m*
▶ **<u>zu</u> jds** ~ au déplaisir de qn
Missbildung[RR], **Mißbildung** <-, -en> *f* malformation *f*
missbilligen*[RR], **mißbilligen** * *vt* ■ **jd missbilligt etw** qn désapprouve qc, qn réprouve qc
missbilligend[RR], **mißbilligend** I. *adj Blick* désapprobateur(-trice), réprobateur(-trice); *Worte* de désapprobation, de réprobation
II. *adv* d'un air réprobateur, avec réprobation
Missbilligung[RR], **Mißbilligung** <-, *rare* -en> *f* réprobation *f*, désapprobation *f*
Missbrauch[RR], **Mißbrauch** *m* [*Droge, Medikament*] abus *m*; [*Feuermelder, Notbremse*] emploi *m* abusif
▶ **jd <u>treibt</u> ~ mit etw** *form* qn fait un mauvais usage [*o* un usage détourné] de qc
-missbrauch[RR], **-mißbrauch** *m Alkohol-, Drogen-, Nikotin-* usage *m* abusif de, abus *m* de; *Daten-, Subventions-* usage *m* détourné [*o* abusif] de
missbrauchen*[RR], **mißbrauchen** * *vt* 1. (*missbräuchlich anwenden*) ■ **jd missbraucht etw** *Medikament* qn fait un usage abusif de qc; *Feuermelder, Notbremse* qn utilise abusivement qc
2. (*für üble Zwecke ausnutzen*) ■ **jd missbraucht etw** *jds Vertrauen, Leichtgläubigkeit* qn abuse de qc
3. (*für üble Zwecke benutzen*) ■ **jd missbraucht jdn** qn utilise qn
4. *geh* (*vergewaltigen*) ■ **jd missbraucht jdn** qn abuse de qn
missbräuchlich[RR], **mißbräuchlich** *adj form* abusif(-ive)
missdeuten*[RR], **mißdeuten** * *vt* ■ **jd missdeutet etw** *jds Schweigen, Worte, eine Geste, Bewegung* qn interprète mal qc, qn se méprend sur qc; ■ **jd missdeutet etw als etw** *als Kaufentscheidung, Zustimmung* qn interprète [à tort] qc comme qc
Missdeutung[RR], **Mißdeutung** *f* mauvaise interprétation *f*, interprétation *f* erronée
missen *vt* ▶ **jd <u>möchte</u>/<u>will</u> jdn/etw nicht** ~ *geh* qn ne voudrait/veut pas se priver [*o* se passer] de qn/qc; **jd <u>muss</u> etw** ~ *geh* qn est obligé(e) de se priver [*o* se passer] de qc
Misserfolg[RR], **Mißerfolg** *m* échec *m*; [*Stück, Tournee*] four *m*, fiasco *m*
Missernte[RR], **Mißernte** *f* mauvaise récolte *f*
Missetat *f* 1. *hum* (*Streich*) méfait *m*, sale tour *m*
2. *veraltend geh* (*Freveltat*) forfait *m*, faute *f*
Missetäter(in) *m(f)* 1. *hum* responsable *mf*, auteur *m* du méfait; ***wer von euch ist die ~ in?*** qui est la responsable [*o* la fautive]?
2. *veraltend geh* (*Übeltäter*) scélérat(e) *m(f) littér*
missfallen*[RR], **mißfallen** * *vi irreg* ■ **jdm missfällt etw [an jdm]** qc [de/chez qn] déplaît à qn; ■ **es missfällt jdm, dass** ça déplaît à qn que + *subj*; ■ **es missfällt jdm, wie** la façon dont … déplaît à qn
Missfallen[RR], **Mißfallen** <-s> *nt Ø* mécontentement *m*
▶ **jd/etw <u>erregt</u> jds** ~ qn/qc provoque le mécontentement de qn
Missfallenskundgebung[RR], **Mißfallenskundgebung** *f* manifestation *f* de mécontentement
missgebildet[RR], **mißgebildet** I. *adj* mal formé(e); ■ **jd ist** ~ qn est atteint(e) d'une malformation
II. *adv* mal formé(e), avec une malformation/des malformations
Missgeburt[RR], **Mißgeburt** *f* enfant *m* difforme [*o* mal formé(e)]
missgelaunt[RR], **mißgelaunt** *adj geh* de mauvaise humeur, mal disposé(e)
Missgeschick[RR], **Mißgeschick** *nt* 1. (*misslicher Vorfall*) [petite] mésaventure *f*, petit malheur *m*
2. (*Pech*) malchance *f*, guigne *f fam*
missglücken*[RR], **mißglücken** * *vi* + *sein* ■ **etw missglückt [jdm]** qc [de qn] échoue, qc [de qn] fait long feu

missgönnen*RR, **mißgönnen** * *vt* ■ **jd missgönnt jdm jdn/etw** qn envie qn/qc à qn; ***missgönnt er uns etwa unser schönes Haus?*** est-ce qu'il est jaloux de notre belle maison?; ■ **jd missgönnt jdm, dass** qn envie à qn le fait que + *subj*
MissgriffRR, **Mißgriff** *m* mauvais choix *m; **sie hat sich einen ~ geleistet*** elle a fait un mauvais choix
MissgunstRR, **Mißgunst** *f* ∅ jalousie *f*
missgünstigRR, **mißgünstig** I. *adj* jaloux(-ouse), envieux(-euse)
II. *adv* jalousement, avec jalousie
misshandeln*RR, **mißhandeln** * *vt* **1.** ■ **jd misshandelt jdn/ein Tier** qn maltraite qn/un animal
2. *hum* ■ **jd misshandelt etw** *Instrument, Möbelstück* qn maltraite qc
MisshandlungRR, **Mißhandlung** *f* mauvais traitements *mpl*, sévices *mpl*
Mission <-, -en> *f* (*alle Bedeutungen*) mission *f*
▸ **innere** ~ missions *fpl* intérieures; **in** ... ~ *in allerhöchster, geheimer* en mission ...
Missionar(in) <-s, -e> *m(f)*, **Missionär(in)** <-s, -e> *m(f)* AUS missionnaire *mf*
missionarisch I. *adj geh* missionnaire, de missionnaire
II. *adv*: ***jd ist ~ tätig*** qn est missionnaire
Missionsschule *f* école *f* de la mission
MissklangRR, **Mißklang** *m* **1.** MUS dissonance *f*
2. (*Unstimmigkeit*) dissonance *f*, désaccord *m*
MisskreditRR, **Mißkredit** *m* ∅ ▸ **jd bringt jdn/etw [bei jdm] in** ~ qn jette le discrédit sur qn/qc [auprès de qn], qn discrédite qn [auprès de qn]; **jd gerät in** ~ qn tombe dans le discrédit, qn se discrédite
misslangRR, **mißlang** *imp von* **misslingen**
misslaunigRR, **mißlaunig** *adj s.* **missgelaunt**
misslichRR, **mißlich** *adj geh Lage, Vorfall, Umstand* fâcheux(-euse); *Stimmung* morose, désagréable
missliebigRR, **mißliebig** *adj* peu apprécié(e), mal vu(e); ■ **jd ist bei jdm** ~ qn est peu apprécié(e) de qn
▸ **jd macht sich [bei jdm]** ~ qn se fait mal voir [de qn]
misslingenRR, **mißlingen** <misslang, misslungen> *vi + sein*
1. (*scheitern*) ■ **etw misslingt** */Versuch, Vorhaben/* qc échoue, qc rate
2. (*nicht gelingen*) ■ **etw misslingt jdm** */Auftrag, Versuch/* qn échoue dans qc; */Kuchen/* qn rate qc; ■ **[etw ist] misslungen** [qc est] raté(e); ■ **es misslingt jdm etw zu tun** qn ne réussit pas à faire qc
MisslingenRR, **Mißlingen** <-s> *nt* ∅ échec *m*, insuccès *m*
misslungenRR, **mißlungen** *pp von* **misslingen**
MissmanagementRR, **Mißmanagement** [-mænɪdʒmənt] *nt* erreurs *fpl* de management, mauvaise *f* gestion
MissmutRR, **Mißmut** *m* mauvaise humeur *f*, contrariété *f*
missmutigRR, **mißmutig** *adj Mensch, Gesicht* de mauvaise humeur, chagrin(e); *Stimmung* chagrin(e)
missraten*RR, **mißraten** * *vi irreg + sein* **1.** *geh* (*unerzogen sein*) ■ **jd missrät** qn tourne mal, l'éducation de qn est un échec; ***du ~es Kind!*** espèce de gamin mal élevé!
2. GASTR ■ **etw missrät** qc rate; ■ **etw missrät jdm** qn rate qc
MissstandRR, **Mißstand** *m* anomalie *f*; ***es muss schnellstens mit diesen ~en aufgeräumt werden*** il faut mettre fin le plus vite possible à ces dysfonctionnements
MissstimmungRR, **Mißstimmung** *f* mauvaise humeur *f*, contrariété *f*
misstRR, **mißt** *3. pers pres von* **messen**
MisstonRR, **Mißton** *m* **1.** MUS fausse note *f*, couac *m*
2. *s.* **Missklang 2.**
misstrauen*RR, **mißtrauen** * *vi* ■ **jd misstraut jdm/einer S.** qn se méfie de qn/qc; ***in Gelddingen solltest du ihr ~*** en matière d'argent, tu devrais te méfier d'elle
MisstrauenRR, **Mißtrauen** <-s> *nt* ∅ méfiance *f*
▸ **jd bringt jdm ~ entgegen, jd hegt ~ gegen jdn** *geh* qn se méfie de qn; **jd spricht jdm das ~ aus** qn émet un vote de défiance à l'égard de qn, qn censure qn
MisstrauensantragRR *m* dépôt *m* d'une motion de censure ▸ **jd bringt einen ~ ein** qn dépose une motion de censure **MisstrauensvotumRR** [-vo:tʊm] *nt* **1.** PARL motion *f* de censure, vote *m* de défiance **2.** *geh* (*Ausdruck des Misstrauens*) marque *f* de défiance
misstrauischRR, **mißtrauisch** I. *adj* méfiant(e); ■ **jd ist [jdm/einer S. gegenüber]** ~ qn est méfiant(e) [à l'égard de qn/qc], qn se méfie [de qn/qc]
II. *adv* avec méfiance
MissvergnügenRR, **Mißvergnügen** *nt geh s.* **Missfallen**
MissverhältnisRR, **Mißverhältnis** *nt* disproportion *f*
▸ **etw steht im ~ zu etw** qc est disproportionné(e) par rapport à qc
missverständlichRR, **mißverständlich** I. *adj* qui prête à équivoque, qui est source de malentendus; ■ **etw ist [zu]** ~ qc prête à [trop d']équivoque, qc est source [de trop] de malentendus
II. *adv sich ausdrücken, etw darstellen* d'une façon qui prête à équivoque
MissverständnisRR, **Mißverständnis** <-ses, -se> *nt* **1.** (*irrige Annahme*) méprise *f*, malentendu *m*
2. *meist pl* (*Meinungsverschiedenheit*) désaccords *mpl*
missverstehen*RR, **mißverstehen** * *vt irreg* ■ **jd missversteht jdn/etw** qn comprend qn/qc de travers, qn se méprend sur le sens de qc
MisswahlRR *f* élection *f* de la miss
MisswirtschaftRR, **Mißwirtschaft** *f* mauvaise gestion *f*
Mist <-es> *m* ∅ **1.** AGR fumier *m*
2. *fam* (*Quatsch*) conneries *fpl fam*
3. *fam* (*Schund*) conneries *fpl fam*
▸ **jd baut** [*o* **macht**] ~ *fam* qn fait des conneries *fam;* **etw ist auf jds ~ gewachsen** *fam* qc est du cru [*o* du fait] de qn, qc est de son invention; **mach keinen ~!** *fam* arrête tes conneries! *fam;* **so ein ~!**, **~!** *fam* merde! *fam;* **~!** *fam* merde! *fam*
Mistel <-, -n> *f* gui *m*
Mistgabel *f* fourche *f* à fumier **Misthaufen** *m* tas *m* de fumier **Mistkäfer** *m* bousier *m*, scarabée *m* **Mistkübel** <-s, -n> *m* AUS (*Mülleimer*) poubelle *f* **Mistschaufel** *f* AUS (*Kehrschaufel*) pelle *f* **Miststück** *nt fam s.* **Mistvieh 1. Mistvieh** *nt pej sl* **1.** (*Dreckskerl*) salaud *m fam*, ordure *f vulg;* (*gemeine Frau*) salope *f fam* **2.** (*böses Tier*) saloperie *f fam* **Mistwetter** *nt pej fam* temps *m* de cochon [*o* de merde] *fam*
mit I. *präp + dat* **1.** (*mittels*) avec, au moyen de; *Gabel, Löffel, Messer* avec; *Mistgabel, Heugabel* à
2. (*per*) *Fahrrad* à, en; *Bus, Wagen* en; ***~ dem Lkw*** par camion; ***~ der Post/Bahn*** par la poste/le train
3. (*in Begleitung von*) avec
4. (*unter Beigabe von*) *Rum, Zucker* avec; ***Tee ~ Rum*** du thé au rhum
5. (*unter Aufwendung von*) *Liebe, Mühe, Verständnis* avec
6. *zeitlich ... Jahren* à; ***~ 18 [Jahren] wird man volljährig*** on devient majeur à 18 ans; ***~ dem Durchfahren des Ziels*** en franchissant la ligne d'arrivée; ***~ dem Ton des Zeitzeichens ist es genau 19 Uhr*** au top sonore, il sera exactement 19 heures
7. *bei Maß-/Mengenangaben 1:1* sur le score de; *einem bestimmten Vorsprung, zehn Minuten Verspätung, einer bestimmten Summe* avec; ***~ einem Kilometerstand von 24567 km*** avec 24567 km au compteur
8. (*einschließlich*) ■ **~ jdm [zusammen]** avec qn, qn compris(e)
9. *fam* (*und dazu*) ■ **jd ~ jds ...** *Visage, Besserwisserei* qn et son/sa ...
10. (*was jdn/etw angeht*) avec; ***~ meiner Gesundheit steht es nicht zum Besten*** ma santé n'est pas des meilleures; ***~ mir dürft ihr nicht rechnen*** ne comptez pas sur moi
II. *adv* (*zusammen ~ anderen*) *oft nicht übersetzt;* ***sie gehört ~ zu den führenden Experten auf diesem Gebiet*** elle fait partie des experts les plus au fait dans ce domaine; ***bist du eigentlich ~ dabei gewesen?*** est-ce que tu y étais aussi?
Mit- co[-]; ***auf dem Zimmer lag außer mir noch eine ~patientin*** à part moi, il y avait une autre patiente dans la chambre
Mitangeklagte(r) *f(m) decl wie adj* coaccusé(e) *m(f)*
Mitarbeit *f* **1.** (*Arbeit an etw*) collaboration *f;* ■ **jds ~ an etw** (*dat*)**/bei etw** la collaboration de qn à qc
2. SCOL, UNIV (*Beteiligung*) participation *f*
3. (*Unterstützung*) ■ **jds ~ [bei etw]** la collaboration de qn [à qc], le concours de qn [lors de qc]
▸ **unter ~ von jdm** en collaboration avec qn
mit|arbeiten *vi* **1.** (*als Mitarbeiter tätig sein*) ■ **jd arbeitet an etw** (*dat*)**/in etw** (*dat*)**/bei jdm mit** qn collabore à/au sein de qc/avec qn
2. SCOL, UNIV ■ **jd arbeitet [in etw** (*dat*)**] mit** qn participe [à qc]
3. *fam* (*ebenfalls arbeiten*) ■ **jd arbeitet mit** qn met la main à la pâte, qn travaille aussi; ***meine Frau braucht nicht mitzuarbeiten*** ma femme n'a pas besoin de travailler
Mitarbeiter(in) *m(f)* **1.** IND membre *m* du personnel, collaborateur(-trice) *m(f);* ***der Betrieb wird ein Drittel aller ~ entlassen*** l'entreprise va licencier un tiers du personnel
2. (*Kollege*) collaborateur(-trice) *m(f)*
3. MEDIA coauteur *m*
▸ **freier ~** collaborateur indépendant/collaboratrice indépendante *m/f*, free-lance *mf;* **inoffizieller ~** *informateur du service des renseignements de l'ancienne R.D.A.*
Mitautor(in) *m(f)* coauteur *m*
Mitbegründer(in) *m(f)* cofondateur(-trice) *m(f)*
mit|bekommen * *vt irreg* **1.** (*mitgegeben bekommen*) ■ **jd bekommt etw [von jdm] mit** qn reçoit qc [de qn]
2. (*vermittelt bekommen*) ■ **jd bekommt [irgendwo] etw mit** *Ausbildung, Erziehung* qn reçoit qc [quelque part]
3. (*wahrnehmen*) ■ **jd bekommt etw mit** *Lärm* qn entend qc; *Nachrichten* qn apprend qc; *Unterricht* qn comprend qc
4. (*verstehen*) ■ **jd bekommt etw [von etw] mit** qn comprend qc [de qc]
5. *fam* (*vererbt bekommen*) ■ **jd bekommt etw von jdm mit** *Locken, Starrsinn* qn tient qc de qn
mit|benutzen * *vt*, **mit|benützen** * *vt* SDEUTSCH ■ **jd benutzt** [*o* **benützt**] **etw mit** qn utilise aussi qc
Mitbenutzung *f* jouissance *f* commune, utilisation *f* en commun
mit|bestimmen * I. *vi* **1.** (*maßgeblich mitwirken*) ■ **jd bestimmt mit** qn a voix au chapitre; ■ **jd bestimmt bei etw mit** qn prend part à qc
2. (*mit ausschlaggebend sein*) ■ **etw bestimmt [bei etw] mit** */Sympathie, Faktor, Gesichtspunkt/* qc entre en ligne de compte [dans qc], qc intervient [dans qc]; ■ **~d** déterminant(e)
II. *vt* ■ **jd bestimmt etw mit** *Verfahrensweise, Schicksal* qn influe sur qc, qn a son mot à dire en ce qui concerne qc
Mitbestimmung *f* participation *f;* (*im Betrieb*) cogestion *f;* ■ **jds ~ bei etw** la participation de qn à qc
▸ **betriebliche/paritätische ~** cogestion *f* d'entreprise/paritaire
Mitbestimmungsrecht *nt* droit *m* de cogestion
Mitbewerber(in) *m(f)* **1.** (*ein weiterer Bewerber*) candidat(e) *m(f)*, postulant(e) *m(f)*
2. COM concurrent(e) *m(f)*
Mitbewohner(in) *m(f)* colocataire *mf*
mit|bringen *vt irreg* **1.** ■ **jd bringt [jdm] etw mit** *Einkauf, Geschenk, Gegenstand* qn apporte qc [à qn]; ***ich gehe einkaufen, was soll ich dir aus der Stadt ~?*** je vais faire des courses en ville, qu'est-ce que je dois te ramener?

2. ■ **jd bringt jdn mit** *Freund, Begleiter* qn amène qn
3. ■ **jd bringt etw [für etw] mit** *Ausdauer, Begeisterung, Fleiß* qn fait preuve [*o* fait montre] de qc [pour qc]

Mitbringsel <-s, -> *nt* [petit] cadeau [*o* présent] *m*

Mitbürger(in) *m(f)* concitoyen(ne) *m(f)*
▸ **älter** ~ personnes *fpl* âgées, anciens *mpl*

mit|denken *vi irreg* ■ **jd denkt mit** qn réfléchit, qn fait fonctionner ses cellules grises; ■ **jd denkt bei etw/in etw** (*dat*) **mit** *bei einer Argumentation, Entscheidung, in der Politik* qn suit qc; ***ich war gerade einen Moment abwesend und habe nicht mitgedacht*** j'ai décroché un moment et n'ai pas suivi ton/votre/... raisonnement

mit|dürfen *vi irreg* ■ **jd/ein Tier darf [mit jdm] mit** qn/un animal a le droit de venir [avec qn], qn/un animal peut venir [avec qn]

Miteigentum *nt* copropriété *f*

Miteigentümer(in) *m(f)* copropriétaire *mf*

miteinander *adv* 1. (*jeder mit dem anderen*) ensemble; ***die beiden Familien sind ~ verfeindet*** les deux familles sont en guerre [l'une avec l'autre]; ***sie rangen erbittert ~*** ils se sont combattus avec acharnement; ***wir sind ~ verschwägert/verwandt*** nous sommes parents par alliance/nous avons un lien de parenté
2. (*zusammen*) ensemble; ***die ganze Klasse hat ~ gefeiert*** toute la classe a fait la fête

Miteinander <-s> *nt ∅* coopération *f*, entente *f*

mit|empfinden * *irreg* I. *vt geh* ■ **jd empfindet etw mit** qn partage qc
II. *vi geh* ■ **jd empfindet [mit jdm] mit** qn compatit [à la peine de qn]

Miterbe *m*, **-erbin** *f* cohéritier(-ière) *m(f)*

mit|essen *irreg* I. *vt* ■ **jd isst etw [mit jdm] mit** qn mange qc [avec qn]
II. *vi irreg* ■ **jd isst [bei jdm] mit** qn prend son repas [avec qn]

Mitesser <-s, -> *m* point *m* noir, comédon *m*

mit|fahren *vi irreg + sein* ■ **jd fährt [mit jdm] mit** qn fait le voyage [avec qn], qn accompagne qn; ■ **er/sie lässt jdn ~** il/elle fait monter [*o* prend] qn avec lui/elle

Mitfahrer(in) *m(f)* passager(-ère) *m(f)*

Mitfahrgelegenheit *f* possibilité *f* de transport **Mitfahrzentrale** *f* *agence mettant en rapport des automobilistes et des autostoppeurs en vue d'un accord payant de transport*

mit|fühlen I. *vt* ■ **jd fühlt [jdm] etw mit** *jds Gefühle, Empfindungen* qn ressent qc [comme qn]
II. *vi* ■ **jd fühlt [mit jdm] mit** qn a de la compassion [pour qn], qn compatit à la douleur [de qn]

mitfühlend *adj Händedruck* compatissant(e); *Blick, Worte a.* compatissant(e), de compassion

mit|führen *vt* 1. *form* (*bei sich haben*) ■ **er/sie führt etw [mit sich] mit** il/elle a qc [sur/avec lui/elle]; ***führen Sie zu verzollende Artikel mit?*** vous avez des marchandises à déclarer?
2. (*transportieren*) ■ **etw führt etw [mit sich] mit** */Fluss, Gletscher/* qc charrie qc

mit|geben *vt irreg* 1. (*auf den Weg geben*) ■ **jd gibt jdm etw [für jdn] mit** qn donne qc à qn [pour qn]
2. (*als Begleitung geben*) ■ **jd gibt jdm jdn mit** qn fait escorter [*o* accompagner] qn par qn
3. (*mit etw versehen*) ■ **jd gibt jdm etw mit** *Ausbildung, Erziehung* qn donne qc à qn

Mitgefangene(r) *f(m) decl wie adj* codétenu(e) *m(f)*

Mitgefühl *nt ∅* sympathie *f*, compassion *f*
▸ **jd empfindet [mit jdm] ~** qn éprouve de la compassion [pour qn]

mit|gehen *vi irreg + sein* 1. (*begleiten*) ■ **jd geht [mit jdm] mit** qn accompagne qn; ***ich gehe noch ein Stückchen mit*** je fais un bout de chemin avec toi/vous/...
2. (*sich mitreißen lassen*) ■ **jd geht [mit jdm] mit** qn se laisse emporter [*o* emballer] [par qn]
▸ **jd lässt etw ~** *sl* qn pique qc *fam*, qn fauche qc *fam*

Mitgift <-, -en> *f* dot *f*

Mitglied *nt* membre *m*; ■ **~ in etw** (*dat*) membre de qc
▸ **ordentliches** ~ membre *m* actif; **passives** ~ membre *m* honoraire; **jd ist ~ einer S.** (*gen*) qn est membre de qc

-mitglied *nt* membre *m* du/de la/des

Mitgliederversammlung *f* assemblée *f* générale [des membres]

Mitgliedsausweis *m* carte *f* de membre **Mitgliedsbeitrag** *m* cotisation *f* [de membre]

Mitgliedschaft <-, -en> *f* appartenance *f*, affiliation *f*; ■ **jds ~ in etw** (*dat*) l'appartenance [*o* l'affiliation] de qn à qc

Mitgliedsstaat *m* État *m* membre

mit|haben *vt irreg fam* ■ **er/sie hat etw mit** il/elle a qc sur/avec lui/elle, il/elle a pris qc

mit|halten *vi irreg fam* ■ **jd hält [bei etw] mit** qn suit [lors de qc]; *bei einem Konkurrenzkampf* qn tient tête dans qc; *bei einem Gedankengang* qn suit qc

mit|helfen *vi irreg* 1. (*sich beteiligen*) ■ **jd hilft [jdm] [bei etw/in etw** (*dat*)**] mit** qn aide qn [à qc]; ***jd hilft [jdm] beim Putzen mit*** qn aide [qn] à faire le ménage
2. (*beitragen*) ■ **jd hilft mit, dass etw geschieht** qn contribue à ce que qc se fasse

Mitherausgeber(in) *m(f)* coéditeur(-trice) *m(f)*

Mithilfe *f* aide *f*, concours *m*
▸ **unter jds ~, unter ~ von jdm** avec le concours [*o* l'aide] de qn, avec la complicité de qn *péj*

mithin *adv geh* par conséquent

mit|hören I. *vt* ■ **jd hört etw mit** qn écoute qc
II. *vi* ■ **jd hört mit** qn écoute; ***du Lauscherin! Hast du wieder mitgehört?*** espèce d'espionne! Tu as encore écouté aux portes?

Mitinhaber(in) *m(f)* associé(e) *m(f)*, codétenteur(-trice) *m(f)*

mit|kämpfen *vi* ■ **jd kämpft mit** qn prend part au[x] combat[s]; ■ **jd kämpft bei etw/in etw** (*dat*) **mit** qn combat lors de qc

mit|klingen *vi irreg* ■ **etw klingt [in etw** (*dat*)**] mit** qc est perceptible [dans qc], qc résonne [dans qc]

mit|kommen *vi irreg + sein* 1. (*begleiten*) ■ **jd/ein Tier kommt [mit jdm] mit** qn/un animal vient [avec qn]
2. (*Schritt halten können*) ■ **jd kommt mit** qn suit; ■ **jd kommt mit jdm mit** qn arrive à suivre qn
3. (*mitgeschickt werden*) ■ **etw kommt [mit etw] mit** qc arrive [avec qc]
4. SCOL *fam* ■ **jd kommt [in etw** (*dat*)**] mit** qn suit [dans qc]; ***wie kommt mein Sohn in Latein mit?*** est-ce que mon fils suit en latin?
▸ **da komme ich nicht mit** *fam* ça me dépasse, je suis largué(e) *fam*

mit|können *vi irreg fam* 1. (*begleiten dürfen*) ■ **jd kann mit jdm [irgendwohin] mit** qn peut accompagner qn [quelque part]; ■ **jd kann [irgendwohin] mit** qn peut [aussi] venir [quelque part]; ***kann ich auch [mit euch] in die Stadt mit?*** je peux venir [avec vous] [*o* vous accompagner] en ville?
2. *fam* (*verstehen*) ■ **jd kann [bei etw] noch/nicht mehr mit** qn arrive/n'arrive plus à suivre [qc]

mit|kriegen *vt fam s.* **mitbekommen**

mit|laufen *vi irreg + sein* 1. (*zusammen mit anderen laufen*) ■ **jd läuft mit** qn court [aussi]; ■ **jd läuft bei etw mit** qn participe [*o* prend part] à qc; ***lauf doch mit!*** viens courir avec moi/nous/...!; ***beim Marathonlauf sind über 500 Leute mitgelaufen*** plus de 500 personnes ont participé [*o* ont pris part] au marathon
2. (*sich gleichzeitig bewegen*) ■ **etw läuft mit** */Tonband/* qc tourne; */Propeller, Kolben/* qc fonctionne

Mitläufer(in) *m(f) pej* suiveur(-euse) *m(f)*, suiviste *mf*

Mitlaut *m* consonne *f*

Mitleid *nt* pitié *f*; ■ **jds ~ [mit jdm]** la pitié de qn [pour [*o* à l'égard de] qn]
▸ **jd hat** [*o* **empfindet** *geh*] **~ [mit jdm/einem Tier]** qn a pitié de qn/d'un animal, qn éprouve de la pitié [pour qn/un animal]; ***habt ~!*** [ayez] pitié!; **jd schindet ~** *fam* qn fait vibrer la corde sensible; **aus ~** par pitié

Mitleidenschaft *f ∅* ▸ **etw zieht jdn in ~** *geh* qc laisse des traces [sur qn]; */Anstrengungen a./* qc fait sentir son effet [sur qn]; */Arbeit a./* qc affecte qn; **etw zieht etw in ~** *geh* qc a des répercussions [*o* se répercute] sur qc

mitleidig I. *adj* 1. (*mitfühlend*) *Mensch* compatissant, charitable; *Blick* de pitié, compatissant(e)
2. *iron* (*verächtlich*) dédaigneux(-euse), de dédain
II. *adv* 1. (*voller Mitgefühl*) avec compassion
2. *iron* (*verächtlich*) dédaigneusement, avec dédain

mitleid[s]los I. *adj Mensch* sans pitié, impitoyable; *Blick* impitoyable; ■ **jd ist ~** qn n'éprouve pas de pitié
II. *adv* impitoyablement, sans éprouver la moindre pitié

Mitleid[s]losigkeit <-> *f ∅* insensibilité *f*, absence *f* de pitié

mitleid[s]voll *adj geh s.* **mitleidig**

mit|lesen I. *vt irreg* 1. (*ebenfalls lesen*) ■ **jd liest etw mit** qn lit qc
2. (*etw zusammen mit jdm lesen*) ■ **jd liest etw mit** qn lit qc; ***sie blickte ihm über die Schulter um den Brief mitzulesen*** elle regarda par-dessus son épaule pour lire la lettre avec [*o* en même temps que] lui
II. *vi* ■ **jd liest mit** qn lit en même temps

mit|machen I. *vi* 1. (*teilnehmen*) ■ **jd macht bei etw mit** qn participe [*o* prend part] à qc; ***machst du mit?*** tu es partant(e)?; ***hast du mitgemacht?*** est-ce que tu y étais?; (*bei einer Unternehmung a.*) est-ce que tu étais de la partie?; (*im Dritten Reich*) est-ce que tu as collaboré?; ***bei so was mache ich nicht mit*** je ne mange pas de ce pain-là
2. *fam* (*gut funktionieren*) ■ **etw macht mit** qc tient le coup, qc ne lâche pas; */Wetter/* qc est de la partie
▸ **etw macht nicht [mehr] mit** *fam* qc ne tient pas[/plus] le coup; ***meine Beine machen nicht mehr so mit wie früher*** je n'ai plus mes jambes de 20 ans; ***meine Augen machen nicht mehr mit*** mes yeux déclarent forfait *fam*
II. *vt* 1. *fam* (*etw hinnehmen*) ■ **jd macht etw mit** qn accepte qc; ***ich muss das ~*** je dois faire avec *fam*; ***ich mache das nicht mehr mit*** je ne marche plus *fam*
2. (*sich beteiligen*) ■ **jd macht etw mit** qn prend part [*o* participe] à qc
3. (*erleiden*) ■ **jd macht viel/einiges/etwas mit** qn en voit des vertes et des pas mûres, qn en bave *fam*

Mitmensch *m* prochain *m*, semblable *mf*; ***als Firmenchef ist er hoch angesehen, als ~ allerdings weniger beliebt*** comme chef d'entreprise il jouit d'une grande estime, on l'apprécie moins en tant qu'homme

mit|mischen *vi sl* ■ **jd mischt bei etw/in etw** (*dat*) **mit** qn est présent(e) [*o* joue un rôle] dans qc, qn trempe dans qc *péj*

mit|müssen *vi irreg* ■ **jd muss mit** qn est obligé(e) de venir; ***Sie müssen mit, hier ist der Haftbefehl*** suivez-nous, voici le mandat d'arrêt

Mitnahme <-> *f ∅ form verbal übersetzt;* ***etw liegt zur kostenlosen ~ aus*** qc est offert(e) gratuitement; ***etw ist nicht zur ~ bestimmt*** qc n'est pas destiné(e) à être emporté(e); ***bei ~ von mindestens 12 Flaschen*** pour l'achat d'au moins douze bouteilles
▸ **unter ~ einer S.** (*gen*) en emportant qc

mit|nehmen *vt irreg* 1. (*zur Begleitung nehmen*) ■ **jd nimmt jdn/ein Tier [irgendwohin] mit** qn emmène qn/un animal [quelque part]
2. (*mit sich nehmen*) ■ **jd nimmt etw [irgendwohin] mit** qn prend qc [quelque part]; ***kannst du die Briefe zur Post ~?*** est-ce que tu peux poster ces lettres?
3. (*transportieren*) ■ **jd nimmt jdn [in etw** (*dat*)**] mit** *in einem Auto* qn prend qn [dans qc]; *in einem Flugzeug* qn embarque qn [dans qc]
4. (*erschöpfen*) ■ **etw nimmt jdn mit** qc épuise qn, qc exténue qn

5. (*in Mitleidenschaft ziehen*) ■ **etw nimmt etw mit** qc cause des dégâts à qc, qc soumet qc à rude épreuve
6. *fam* (*erleben*) ■ **jd nimmt etw mit** qn fait qc
► **etw ist zum M~** qc est à disposition; ***sind diese Proben zum M~***? peut-on prendre ces échantillons?; **zum M~** GASTR à emporter
mitnichten *adv geh* ne … aucunement, ne … en aucune façon; *absolut gebraucht* aucunement, en aucune façon
Mitra <-, Mitren> *f* mitre *f*
mit|rechnen I. *vt* ■ **jd rechnet etw mit** qn inclut qc
II. *vi* ■ **jd rechnet mit** qn compte en même temps
mit|reden *vi* ■ **jd redet [bei etw/in etw** (*dat*)**] mit** qn a son mot à dire [dans qc], qn a voix au chapitre [dans qc]
mit|reisen *vi + sein* ■ **jd reist [mit jdm] [irgendwohin] mit** qn fait le voyage [*o* qn voyage] [avec qn] [quelque part]
Mitreisende(r) *f(m) decl wie adj* voyageur(-euse) *m(f)*; ***ich habe mich mit meiner ~n unterhalten*** j'ai discuté avec la femme qui voyageait avec moi
mit|reißen *vt irreg* 1. (*mit sich reißen*) ■ **etw reißt jdn/etw mit** */Lawine, Strömung/* qc emporte qn/qc
2. (*begeistern*) ■ **jd/etw reißt jdn mit** qn/qc enthousiasme qn, qn/qc emballe qn
mitreißend *adj* enthousiasmant(e), emballant(e) *fam; Spiel a.* passionnant(e)
mitsamt *präp + gen* ■ **~ einer S.** (*gen*) avec qc
mit|schleifen *vt* 1. (*mit sich schleifen*) ■ **etw schleift jdn/etw mit** qc traîne qn/qc
2. *fam* (*mit sich zerren*) ■ **jd schleift jdn [mit sich] mit** qn traîne qn
mit|schleppen *vt* ■ **er/sie schleppt jdn/etw [mit sich] mit** il/elle traîne qn/qc [avec lui/elle]
mit|schneiden *vt irreg* ■ **jd schneidet etw [auf etw** (*dat*)**] mit** qn enregistre qc [sur qc]
Mitschnitt *m* enregistrement *m*
► **jd macht einen ~ von etw** qn fait un enregistrement de qc
mit|schreiben *irreg* I. *vt* ■ **jd schreibt etw mit** qn prend qc en note
II. *vi* ■ **jd schreibt mit** qn prend note, qn note [à mesure]; ***jd schreibt bei einer Vorlesung mit*** qn prend des notes pendant un cours; ***ich komme mit dem M~ nicht nach!*** je n'arrive pas à tout noter
Mitschuld *f* ■ **jds ~ [an etw** (*dat*)**]** *an Mord* la complicité de qn [dans qc]; *an Scheitern, Unfall* la part de responsabilité de qn [dans qc]
► **jdn trifft eine ~, jd trägt eine ~ [an etw** (*dat*)**]** *an einer Tat* qn est complice [de qc]; *an einem Vorfall, Missgeschick* qn a [*o* porte] une part de responsabilité [dans qc]
mitschuldig *adj* ■ **der/die [an etw** (*dat*)**] ~e …** *Täter, Hintermann* le/la … complice [de qc]; *Unfallbeteiligte* le/la … impliqué(e) [*o* ayant une part de responsabilité] [dans qc], le/la … coresponsable [de qc]; ***der ~e Komplize*** le complice; ■ **jd ist/wird ~ [an etw** (*dat*)**]** *an einem Missgeschick, Unglück, einer Misere* qn a [*o* porte]/assume une part de responsabilité [dans qc]; *an Straftat* qn est/se rend complice [de qc] ► **jd macht sich ~ [an etw** (*dat*)**]** *an Straftat* qn se rend complice [de qc]; *an Scheitern, Unfall* qn assume une part de responsabilité [dans qc] **Mitschuldige(r)** *f(m) decl wie adj* (*an Scheitern, Unfall*) coresponsable *mf*; (*an Straftat*) complice *mf*; ***jd ist der/die ~ [an etw*** (*dat*)**]** *an Scheitern, Unfall* qn porte une part de responsabilité [dans qc]; *an Straftat* qn est coupable [de qc]
Mitschüler(in) *m(f)* (*Klassenkamerad*) camarade *mf* de classe; (*Schulkamerad*) condisciple *mf*
mit|schwingen *vi irreg* 1. MUS ■ **etw schwingt mit** */Saite/* qc vibre aussi
2. *geh* (*anklingen*) ■ **etw schwingt [in etw** (*dat*)**] mit** */Unterton, Arroganz, Überheblichkeit etc/* il y a [dans qc] une pointe de qc; */Befriedigung, Freude, Stolz/* il y a [dans qc] une nuance de qc
mit|singen *irreg* I. *vi* ■ **jd singt mit** qn chante aussi, qn se met aussi à chanter; ***ihr singt jetzt alle mit*** maintenant vous chantez tous avec moi; ■ **jd singt in etw** (*dat*)**/bei etw mit** *in einem Chor, einer Oper, Operette etc* qn chante dans qc/au cours de qc [*o* lors de qc]
II. *vt* ■ **jd singt etw mit** qn chante qc [avec moi/lui/…]
mit|spielen *vi* 1. SPORT ■ **jd spielt mit** qn joue; ***er spielt bei dem Match/in der Mannschaft mit*** il participe au match/fait partie de l'équipe
2. CINE, THEAT ■ **jd spielt [bei/in etw** (*dat*)**] mit** qn fait partie de la distribution [de qc]; ***sie spielt als Ophelia im „Hamlet" mit*** elle tient dans "Hamlet" le rôle d'Ophélie
3. SPIEL ■ **jd spielt [mit jdm] [bei etw] mit** qn joue [avec qn] [à qc]; ***spielst du mit?*** tu joues [avec nous]?
4. *fam* (*mitmachen*) ■ **jd spielt [bei etw] mit** qn marche [dans qc] *fam*; ***dabei spiele ich nicht mit*** je ne marche pas là-dedans *fam*
5. (*beteiligt sein*) ■ **etw spielt [bei etw] mit** */Beweggrund, Grund, Motiv, Sympathie, persönliche Vorliebe etc/* qc joue un rôle [dans qc], qc entre en ligne de compte [dans qc]
6. (*mit jdm umgehen*) ■ **jd spielt jdm irgendwie mit** *gemein, schlimm, so, übel* qn joue un + *adj* tour à qn; ***dass du ihm aber auch derartig ~ musstest!*** tu lui as vraiment joué un drôle de tour!; ***sein früherer Arbeitgeber hat ihm gemein mitgespielt*** son ancien employeur lui a joué un sale tour
Mitspieler(in) *m(f)* 1. SPORT (*aus der Sicht des Zuschauers*) joueur(-euse) *m(f)*; (*aus der Sicht der Spieler*) coéquipier *m*
2. THEAT (*aus der Sicht des Zuschauers*) acteur(-trice) *m(f)*; (*aus der Sicht des Schauspielers*) partenaire *mf*
3. (*beim Spielen*) joueur(-euse) *m(f)*; (*aus der Sicht des Spielers*) partenaire *mf*; ***ein Team von ~n*** des coéquipiers
Mitsprache *f* participation *f* aux décisions; ***jd hat ~*** qn a voix au chapitre
Mitspracherecht *nt Ø* voix *f* consultative; ***jd hat ein ~*** qn a voix consultative
► **jd/etw räumt jdm ein ~ [bei etw] ein, jd/etw gewährt jdm ein ~ [bei etw]** qn/qc donne à qn voix consultative [dans qc]
mit|sprechen *irreg* I. *vt* ■ **jd spricht etw [mit jdm] mit** qn dit qc avec qn [*o* en même temps que qn]; ***warum hast du das Gebet nicht mitgesprochen?*** pourquoi n'as-tu pas dit [*o* récité] la prière avec nous/eux?
II. *vi* ■ **jd spricht [bei/in etw** (*dat*)**] mit** qn a son mot à dire [*o* a voix au chapitre] [à propos de qc/dans qc]
Mitstreiter(in) <-s, -> *m(f) geh* camarade *mf* de combat; ***alle meine ~ bei diesem Projekt*** tous ceux qui sont engagés avec moi dans ce projet
Mittag[1] <-[e]s, -e> *m* midi *m*; ***wir haben gleich ~*** il va être midi; ***es geht schon auf ~ zu*** il/c'est bientôt midi
► **jd isst zu ~** qn déjeune; ***ich kann nur kurz zu ~ essen*** à midi, je suis obligé de manger en vitesse [*o* sur le pouce]; **jd isst etw zu ~** qn mange [*o* prend] qc à son [*o* au] déjeuner, qn déjeune de qc; ***was habt ihr gestern zu ~ gegessen?*** qu'est-ce que vous avez mangé hier à midi?; **jd hat/macht ~** qn fait la pause de midi; **gegen ~** aux environs de midi; ***er kommt gegen ~*** il arrive vers midi; **über ~** pendant la pause de midi, entre midi et deux; **des ~s** *geh* à l'heure de midi; **eines ~s** *geh* un beau jour à midi; **jeden ~** tous les jours à midi, tous les midis
Mittag[2] <-s> *nt Ø* DIAL *fam* (*Mittagessen*) déjeuner *m*; ***wann gibt es endlich ~***? quand est-ce qu'on va enfin déjeuner?; ***was gibt es heute zum ~***? qu'est-ce qu'on mange à midi?
Mittagessen *nt* déjeuner *m*, dîner *m* BELG, CH; ***es gibt immer pünktlich um zwölf Uhr ~*** on déjeune toujours à midi pile; ***was gibt es heute zum ~***? qu'est-ce qu'on mange à midi?
mittäglich *adj attr* de midi; ***ein ~es Schläfchen*** une sieste
mittags *adv* à midi
Mittagshitze *f* chaleur *f* de midi **Mittagsmahl** *nt veraltend geh*, **Mittagsmahlzeit** *f geh* déjeuner *m*, repas *m* de midi **Mittagspause** *f* pause *f* de midi, heure *f* du déjeuner ► **jd hat/macht ~** qn fait la pause de midi **Mittagsruhe** *f Ø* repos *m* de midi, heure *f* de la sieste ► **jd hält ~** qn fait la sieste, qn se repose entre les midis **Mittagsschlaf** *m* sieste *f* ► **jd hält [einen/seinen] ~** qn fait une/sa sieste; **jd macht einen ~** qn fait une sieste **Mittagssonne** *f* soleil *m* de midi **Mittagsstunde** *f geh* heure *f* de midi ► **in der ~** à l'heure de midi; **um die [*o* zur] ~** vers [l'heure de] midi **Mittagstisch** *m* 1. (*gedeckter Tisch*) table *f* du/de déjeuner
2. (*im Restaurant*) menu *m* du/de déjeuner; ***die Speisekarte für den ~*** la carte de midi **Mittagszeit** *f Ø* (*Mittagspause*) pause *f* de midi, heure *f* du déjeuner ► **in [*o* während] der ~** pendant la pause de midi, entre midi et deux; **um die ~** entre midi et deux, autour de midi
Mittäter(in) *m(f)* complice *mf*
Mittäterschaft <-> *f Ø* complicité *f*; ■ **~ an etw** (*dat*) complicité dans qc; ***wegen ~ angeklagt*** accusé(e) de complicité
Mittdreißiger(in) <-s, -> *m(f)* personne *f* d'environ trente-cinq ans; ***sie dürfte eine ~in sein*** elle doit avoir à peu près trente-cinq ans
Mitte <-, -n> *f* 1. (*Punkt in der Hälfte von etwas*) milieu *m*
2. (*Mittelpunkt*) centre *m*
3. POL ■ **die ~** le centre; ***politisch steht er links/rechts von der ~*** politiquement, il se situe au centre gauche/droit
4. (*zeitlich*) ■ **~ einer S.** (*gen*) *des Monats, Jahres, der Woche* au milieu de qc; ***er wird ~/bis ~ der Woche zurück sein*** il sera de retour en milieu de semaine; ■ **~ Januar/Februar/…** à la mi-janvier/mi-février/…
5. (*bei Altersangaben*) ■ **~ [der] … [der]** *Zwanzig, Dreißig, der Zwanziger, Dreißiger*: ***für ~ Dreißig siehst du aber noch sehr jugendlich aus*** pour quelqu'un qui va vers la quarantaine, tu fais encore très jeune; ***ich hätte ihn auf ~ der Vierziger geschätzt*** je lui aurais donné dans les quarante-cinq ans [*o* entre quarante et cinquante ans]
► **die goldene ~** le juste milieu; **die linke/rechte ~** POL le centre gauche/droit; **jd ist ~ [der] …** (*altersmäßig*) qn a entre … et …; **sie nehmen jdn in die ~** ils se mettent de chaque côté de qn [*o* chacun(e) d'un côté de qn]; **jd steht in der ~** POL qn se situe au centre; **ab durch die ~!** *fam* on met les bouts! *fam*; **aus unserer/Ihrer ~** dans nos/vos rangs, parmi nous/vous; **in der ~** *durchschlagen, durchschneiden etc* en deux, au milieu; **in der ~ einer S.** (*gen*) au milieu [*o* centre] de qc; **in unserer/Ihrer ~** parmi nous/vous; **in der ~ zwischen …** à mi-chemin [*o* à mi-distance] entre …
mit|teilen I. *vt* ■ **jd teilt jdm etw mit** qn informe qn de qc, qn annonce qc à qn; ■ **jd teilt jdm mit, dass** qn informe [*o* annonce à] qn que + *indic*
II. *vr* 1. (*sich erklären*) ■ **jd teilt sich [jdm] mit** qn se confie [à qn]; ***jd teilt sich durch Gebärden mit*** qn communique par gestes
2. *geh* (*sich übertragen*) ■ **etw teilt sich jdm mit** */Aufregung, Freude, Kummer, Sorge, Stimmung etc/* qc se communique à qn; ***ihre Zuversicht teilte sich den anderen mit*** sa confiance était communicative
mitteilsam *adj* communicatif(-ive)
Mitteilung *f* 1. (*Benachrichtigung*) communication *f*; ***wir bitten um rechtzeitige/vorherige ~*** veuillez nous informer en temps utile/préalablement; ***wir bitten um ~ der Hinderungsgründe*** nous vous prions de nous communiquer les raisons de votre empêchement
2. (*Bekanntgabe*) [*Gewinner, Lottozahlen*] publication *f*
► **jd bekommt eine/die ~, dass** qn est informé(e) que + *indic*, on annonce à qn que + *indic*; ***soeben bekomme ich eine ~, dass*** on vient tout juste de m'informer que + *indic*; **jd bekommt [*o* erhält] [über etw** (*akk*)**] ~** qn est informé(e) [de qc]; ***über den Prüfungstermin erhalten Sie rechtzeitig ~*** la date de l'examen vous sera communiquée en temps utile; ***Sie erhalten dann weitere ~*** vous recevrez d'autres informations; **jd macht jdm [eine] ~ [von etw]** *form* qn informe qn [de qc], qn signale qc à qn; **nach ~ der/des …** selon des informations émanant [*o* un communiqué] de la/du …
Mitteilungsbedürfnis *nt Ø* besoin *m* de s'exprimer
Mittel <-s, -> *nt* 1. PHARM remède *m*, médicament *m*; (*Putz~, Flecken~, kosmetisches ~*) produit *m*
2. (*Methode*) moyen *m*; ***wir haben unsere ~, um …*** nous avons nos méthodes à nous pour …; ***das beste ~, um …*** le meilleur moyen de …

3. *pl* (*Geld~*) moyens *mpl; jds ~ reichen nicht aus etw zu tun* qn n'a pas les moyens de faire qc
4. (*Mittelwert*) moyenne *f*
▶ **jd findet ~ und Wege [um] etw zu tun** qn trouve le moyen de [*o* un moyen pour] faire qc; ~ **zum Zweck** tremplin *m*, moyen *m* de parvenir à ses fins; **arithmetisches/geometrisches** ~ moyenne *f* arithmétique/géométrique; **als letztes** [*o* **äußerstes**] ~ comme ultime recours, en dernier ressort; **jdm ist jedes ~ recht** pour qn, tous les moyens sont bons; qn fait feu [*o* flèche] de tout bois; **jd lässt kein ~ unversucht** qn essaie tous les moyens; **im** ~ en moyenne; *im ~ aller Monate* en moyenne mensuelle; **mit allen ~n** par tous les moyens

mittel-, Mittel- 1. GEOG le centre de la/du; *der M~westen* le Midwest; *Städte in M~frankreich* les villes du centre de la France
2. (*einem Mittelwert entsprechend*) moyen(ne); *m~alt, m~fein* moyennement; *m~radioaktiv* de radioactivité moyenne
3. (*in der Mitte gelegen*) *M~management* moyen(ne); *M~gang* central(e); *M~deck* intermédiaire; *im M~grund des Bildes* au second plan du tableau
4. LING *M~englisch, M~latein, M~niederdeutsch* moyen(ne); *M~steinzeit* mésolithique *m*

-mittel *nt* 1. PHARM remède *m* pour [*o* contre]; *Beruhigungs~* tranquillisant *m*, sédatif *m*; *Abführ~* laxatif *m*; *Haarwasch~* shampooing *m*, *Schönheits~* produit *m* de beauté; *Schlaf~* somnifère *m*; *Schuppen~* lotion *f* antipelliculaire
2. (*Produkt*) *Bleich~, Imprägnier~, Putz~, Reinigungs~* produit *m* de, produit *m* + *adj*; *Flecken~* détachant *m*; *Scheuer~* abrasif *m*, poudre *f* à récurer; *Wasch~* lessive *f*
3. *Zahlungs~* moyen *m* de; *die Geld~* les moyens *mpl* financiers; *Tausch~* monnaie *f* d'échange
4. (*Einrichtung*) *Transport~, Verkehrs~* moyen *m* de
5. (*Medium*) *Betriebs~, Zerstörungs~, Kommunikations~* moyen *m* de; *Werbe~* moyen *m* [*o* instrument *m*] publicitaire

Mittelachse [-aksə] *f* [*Fläche, Körper*] axe *m* de symétrie; [*Maschine*] axe *m* central **Mittelalter** *nt* Ø ■ **das** ~ le Moyen Âge; *im frühen/ausgehenden ~* au début/à la fin du Moyen Âge ▶ **das finstere** [*o* **finsterste**] ~ l'obscurantisme *m* médiéval, les ténèbres *fpl* du Moyen Âge **mittelalterlich** *adj* médiéval(e) **Mittelamerika** *nt* l'Amérique *f* centrale **mittelamerikanisch** *adj* centraméricain(e), de l'/d'Amérique centrale

mittelbar I. *adj* indirect(e)
II. *adv* indirectement

Mittelbau <-bauten> *m* 1. ARCHIT bâtiment *m* central 2. Ø UNIV maîtres *mpl* de conférence **mitteldeutsch** *adj* de l'Allemagne centrale **Mitteldeutschland** *nt veraltend* l'Allemagne *f* centrale **Mittelding** *nt fam* ■ **ein ~ zwischen etw und etw** un mélange de qc et de qc *fam*; *etw ist ein ~* qc est un mélange de deux choses *fam* **Mitteleuropa** *nt* l'Europe *f* centrale **Mitteleuropäer(in)** *m(f)* habitant(e) *m(f)* de l'/d'Europe centrale **mitteleuropäisch** *adj* de l'/d'Europe centrale **Mittelfeld** *nt* Ø [*Spielfeld*] centre *m* du terrain; [*Teilnehmer*] [gros *m* du] peloton *m* **Mittelfinger** *m* majeur *m*

mittelfristig *adv, adj* à moyen terme

Mittelgebirge *nt* [région *f* de] moyenne montagne *f* **Mittelgewicht** *nt* poids *m* moyen; *die Europameisterschaft im ~* le championnat d'Europe des poids moyens **Mittelgewichtler(in)** <-s, -> *m(f)* poids *m* moyen **mittelgroß** *adj Mensch* de taille moyenne; ■ **jd ist** ~ qn est de taille moyenne **Mittelhochdeutsch** *nt* moyen haut allemand *m*; ■ **das ~e** le moyen haut allemand

Mittelklasse *f* 1. COM milieu *m* de gamme
2. SOCIOL classe *f* moyenne

Mittelklasse- 1. COM de/du milieu de gamme 2. SOCIOL de moyen standing; *-einkommen* moyen(ne) **Mittelklassewagen** *m* voiture *f* [de/du] milieu de gamme

Mittellinie [-liːniə] *f* 1. TRANSP ligne *f* médiane
2. SPORT ligne *f* médiane
▶ **durchgezogene/unterbrochene** ~ TRANSP ligne *f* continue/discontinue

mittellos *adj* sans ressources

Mittelmaß *nt* Ø [petite] moyenne *f*; *etw ist ~* qc est très moyen(ne) ▶ **ein gesundes ~**: *jd hält ein gesundes ~ ein* qn garde la/une juste mesure; [**jd ist**] **gutes** ~ [qn est dans une] bonne moyenne **mittelmäßig** I. *adj* assez moyen(ne), médiocre II. *adv* médiocrement **Mittelmäßigkeit** <-> *f* Ø médiocrité *f*

Mittelmeer *nt* ■ **das** ~ la [mer] Méditerranée

Mittelmeer- méditerranéen(ne); *~bewohner* Méditerranéen *m*; *~anrainer* [pays *m*] riverain *m* de la Méditerranée **Mittelmeerraum** *m* ■ **der** ~ l'espace *m* méditerranéen

Mittelohrentzündung *f* otite *f* [moyenne]

mittelprächtig I. *adj iron fam* pas très brillant(e)
II. *adv fam* comme ci, comme ça *fam*, couci-couça *fam*

Mittelpunkt *m* 1. (*Punkt in der Mitte*) centre *m*; [*Gerade, Strecke*] milieu *m*; [*Kreis*] centre *m*; *im ~* au centre
2. (*zentrale Figur*) personnage *m* central
3. (*Zentrum*) centre *m*
▶ **jd steht im ~ [des Interesses]** qn est le point de mire de tout le monde

Mittelpunktschule *f* regroupement *m* primaire intercommunal R.P.I. *m*

mittels *präp + gen o dat geh* au moyen de, à l'aide de; *~ seiner guten Beziehungen/der Hilfe einiger Freunde* grâce à ses bonnes relations/à l'aide de quelques amis

Mittelscheitel *m* raie *f* au milieu **Mittelschicht** *f s.* **Mittelklasse 2. Mittelschiff** *nt* nef *f* centrale **Mittelschule** *f* 1. (*Schultyp*) collège *m* [d'enseignement secondaire] (*premier cycle: scolarité courte s'arrêtant au niveau du brevet des collèges*) 2. CH (*höhere Schule*) établissement *m* d'enseignement du second degré ▶ **neue** ~ AUS lycée *m* polyvalent (*regroupant les différentes filières, scolarité courte ou longue*)

Mittelsmann <-männer *o* -leute> *m* intermédiaire *m*

Mittelstadt *f* ville *f* moyenne [*o* de moyenne importance] **Mittelstand** *m* ■ **der** ~ la classe moyenne **mittelständisch** *adj* moyen(ne)

Mittelstrecken- *-flieger* moyen-courrier; *-flugkörper*, *-waffe* [à] moyenne portée **Mittelstreckenflugzeug** *nt* moyen-courrier *m* **Mittelstreckenrakete** *f* missile *m* [de] moyenne portée

Mittelstreifen *m s.* **Mittellinie 1. Mittelstück** *nt* morceau *m* du milieu, partie *f* centrale; *die ~e des Bratens* les morceaux [situés] au centre du rôti **Mittelstufe** *f correspond approximativement aux classes de quatrième, troisième et seconde: fin du premier cycle, début du second cycle* **Mittelstürmer(in)** *m(f)* avant-centre *mf* **Mittelweg** *m* moyen terme *m*, solution *f* intermédiaire; *jd schlägt einen ~ ein* qn adopte une solution intermédiaire ▶ **der goldene** ~ le meilleur compromis

Mittelwelle *f* onde *f* moyenne

Mittelwellen- *-empfänger, -sender* [à] petites ondes, [à] ondes moyennes; *im ~bereich* sur [les] ondes moyennes [*o* petites ondes]

Mittelwert *m* valeur *f* moyenne

mitten *adv* 1. (*direkt*) ■ ~ **aus etw** au beau [*o* en plein] milieu de
2. *fam* (*gerade*) ■ ~ **bei etw** *beim Schreiben, Rechnen, Überprüfen etc* en train de faire qc; *ich bin ~ beim Schreiben* je suis justement en train d'écrire; ■ ~ **in etw** (*dat*) *in einer Konferenz, Unterredung etc* au beau milieu de qc, en plein(e) qc; ~ *in einer Konferenz* en pleine conférence
3. (*genau*) ■ ~ **in/vor etw** (*akk*): ~ *ins Auge* en plein dans l'œil; ~ *ins Herz* en plein cœur; ~ *vor den Kopf* en plein sur la tête [*o* en pleine tête]
4. (*in der Mitte*) *durchbrechen, durchschneiden, durchschlagen* au milieu
5. (*geradewegs*): *jd/etw geht ~ durch etw* qn/qc passe à travers qc [*o* au travers de qc]; *durch die Schalterhalle* qn/qc traverse qc; *er hat ihm ~ durchs Herz geschossen* il lui a tiré en plein cœur
6. (*inmitten von*) ■ ~ **unter Menschen** (*dat*) au milieu de gens; ■ ~ **unter Dingen** (*dat*) au milieu de choses; ~ *unter den Toten* parmi les morts
▶ **etw bricht ~ entzwei** qc se casse au milieu; ~ **hindurch** au [*o* à] travers

mittendrin *adv fam* ■ ~ [**in etw** (*dat*)] en plein milieu [de qc]; ~ *im Schlamm* en plein dans la gadoue **mittendrunter** *adv fam* au beau milieu **mittendurch** *adv* au travers

Mitternacht *f* Ø minuit *f*; *um ~* à minuit

mitternächtlich *adj attr* de minuit

Mitternachtssonne *f* ■ **die** ~ le soleil de minuit

Mittfünfziger(in) <-s, -> *m(f)* personne *f* d'environ cinquante-cinq ans; *er dürfte ein ~ sein* il doit avoir à peu près cinquante-cinq ans

mittlere(r, s) *adj attr* 1. (*in der Mitte von zweien*) ■ **der/die/das** ~ celui/celle du milieu, le/la … du milieu; *der ~ von den Kerlen* le type du milieu; *das ~ der drei Fotos* celle des trois photos qui est au milieu; ■ **der/die/das ~ …** le/la … du milieu; *mein ~r Bruder* mon deuxième frère
2. (*durchschnittlich*) *Güte, Qualität, Preis* moyen(ne); *zu ~n Preisen* pour un prix raisonnable
3. (*mittlerer Größe*) *Betrieb* moyen(ne); *Katastrophe, Unfall* aux conséquences limitées
4. (*den Mittelwert bildend*) *Druck, Temperatur, Verbrauch etc* moyen(ne)
5. *Schicht, Klasse, Management* moyen(ne); *Position* intermédiaire

Mittlerrolle *f* rôle *m* de médiateur

mittlerweile *adv* entre-temps; (*im Gegensatz zu früher*) maintenant

Mittsechziger(in) <-s, -> *m(f)* personne *f* d'environ soixante-cinq ans; *ich hätte sie für eine ~in gehalten* je lui aurais donné à peu près soixante-cinq ans **Mittsiebziger(in)** <-s, -> *m(f)* personne *f* d'environ soixante-quinze ans; *sie dürfte eine ~in sein* elle doit avoir à peu près soixante-quinze ans

Mittsommer *m* solstice *m* d'été; *wir haben ~* c'est le solstice d'été

Mittsommernacht *f* nuit *f* de la Saint-Jean

Mittvierziger(in) <-s, -> *m(f)* personne *f* d'environ quarante-cinq ans; *sie dürfte eine ~in sein* elle doit avoir à peu près quarante-cinq ans

Mittwoch <-s, -e> *m* mercredi *m*
▶ ~ **in/vor acht Tagen**, ~ **in/vor einer Woche** mercredi en huit [*o* dans une semaine]/mercredi il y a huit jours; **letzten** [*o* **vorigen**] ~ mercredi dernier; **seit letzten** [*o* **letztem**] ~ depuis mercredi dernier; **nächsten** [*o* **am nächsten**] ~ mercredi prochain; **ab nächsten** [*o* **nächstem**] ~ à partir de mercredi prochain; **es ist** ~ c'est mercredi; **am** ~ (*kommenden ~*) mercredi prochain; (*letzten ~*) mercredi dernier; (*mittwochs*) le mercredi; **am** ~, **dem …** le mercredi …; **an einem** ~ un mercredi; ~, **der …** le mercredi …; **diesen** [*o* **an diesem**] ~ ce mercredi[-ci]; **eines ~s** un mercredi; **jeden** ~ chaque mercredi, tous les mercredis

Mittwochabend *m* mercredi *m* soir ▶ **am** ~ le mercredi soir **mittwochabends**[RR] *adv* le mercredi soir **Mittwochmorgen** *m* mercredi *m* matin ▶ **am** ~ le mercredi matin **Mittwochnachmittag** *m* mercredi *m* après-midi ▶ **am** ~ le mercredi après-midi **mittwochnachts**[RR] *adv* le mercredi dans la nuit

mittwochs *adv* le mercredi

Mittwochs- du mercredi

mittwochvormittags[RR] *adv* le mercredi matin

mitunter *adv* parfois, de temps en temps

mitverantwortlich *adj* autre … responsable; *die ~en Kollegen* les autres collègues responsables; ■ **jd ist [für etw]** ~ qn est coresponsable [de qc]

Mitverantwortung *f* part *f* de responsabilité
▶ **jd hat** [*o* **trägt**] ~ [**für etw**] qn a [*o* porte] une part de responsabilité [dans qc]

mit|verdienen * *vi* ■ **jd verdient mit** qn travaille aussi, qn contribue aux ressources [du ménage] *soutenu*

Mitverfasser(in) *m(f) s.* **Mitautor**

Mitvergangenheit *f* AUS (*Imperfekt*) imparfait *m*
Mitverschulden *nt* part *f* de responsabilité; ***im Falle eines ~s des Geschädigten*** au cas où la victime du dommage porterait une part de responsabilité
▸**jdn trifft ein** ~ [**an etw** (*dat*)] qn a [*o* porte] une part de responsabilité [dans qc]
mit|versichern * *vt* ■**jd versichert jdn/etw mit** qn inclut qn/qc dans son [contrat d'|assurance; ■**jd/etw ist durch etw mitversichert** qn/qc est également couvert(e) par qc
mit|wirken *vi* **1.** (*beteiligt sein*) ■**jd wirkt** [**bei/an etw** (*dat*)] **mit** qn participe [à qc], qn apporte son concours [à qc]; ■**jds M~** la participation de qn
2. CINE, THEAT *form* ■**jd wirkt** [**in etw** (*dat*)] **mit** qn fait partie de la distribution [de qc]
3. (*eine Rolle spielen*) ■**etw wirkt** [**bei etw**] **mit** *Erwägung, Faktor, Gesichtspunkt, Dinge* qc joue [un rôle] [dans qc]
Mitwirkende(r) *f(m) decl wie adj* **1.** (*mitwirkender Mensch*) participant(e) *m(f)*; ***die politisch ~n*** les acteurs de la vie politique
2. CINE, THEAT *form* acteur(-trice) *m(f)*; ***ich bin ~r in einer Laienschauspielgruppe*** je fais partie d'une troupe de théâtre amateur
Mitwirkung *f* ∅ participation *f*, concours *m*
▸**ohne** jds ~ sans le concours de qn; **unter** ~ **von jdm** avec la participation de qn
Mitwisser(in) <-s, -> *m(f)* personne *f* au courant
▸**jd ist** ~ [**einer S.** (*gen*)] qn est au courant [de qc]; **jd macht jdn zum** ~ [**einer S.** (*gen*)] qn met qn au courant [de qc]
Mitwohnzentrale *f* centrale *f* immobilière (*qui met en rapport chercheurs d'un logement et personnes désireuses de sous-louer provisoirement leur logement*)
mit|wollen *vi* ■**jd will** [**irgendwohin**] **mit** qn veut venir [avec moi/lui/...] [quelque part]
mit|zählen I. *vi* **1.** (*addieren*) ■**jd zählt** [**bei etw**] **mit** qn compte [pendant qc]
2. (*berücksichtigt werden*) ■**etw zählt** [**bei etw**] **mit** qc [entre en ligne de] compte [dans qc]
II. *vt* ■**jd zählt jdn/etw mit** qn compte qn/qc
mit|ziehen *vi irreg* **1.** + *sein* (*mitgehen*) ■**jd zieht** [**in** [*o* **bei**] **etw** (*dat*)] **mit** *in einem Festzug etc* qn se joint à qc
2. + *haben fam* (*mitmachen*) ■**jd zieht** [**bei etw**] **mit** qn marche [dans qc] *fam*
Mix <-, -e> *m* cocktail *m*
Mixbecher *m* shaker *m*
mixen *vt* (*mischen*) ■**jd mixt** [**jdm/sich**] **etw** [**mit etw**] *Cocktail, Getränk* qn [lui/se] mixe qc [avec qc]; ~ ***Sie mir eine Pina Colada*** préparez-moi un Pina Colada
Mixer <-s, -> *m* mixe[u]r *m*
Mixer(in) <-s, -> *m(f)* barman/-maid *m/f*
Mixgetränk *nt* cocktail *m*; (*Milch~*) lait *m* parfumé
Mixtur <-, -en> *f* mixture *f*
mm *abk von* **Millimeter** mm
Mob <-s> *m* ∅ *pej* populace *f*
Möbel <-s, -> *nt* meuble *m*
Möbel- de meubles; *-geschäft a.* d'ameublement **Möbelpacker(in)** *m(f)* déménageur(-euse) *m(f)* **Möbelschreiner(in)** *m(f) s.* **Möbeltischler. Möbelspedition** *f* entreprise *f* de déménagement **Möbelstoff** *m* tissu *m* d'ameublement **Möbelstück** *nt* meuble *m* **Möbeltischler(in)** *m(f)* menuisier(-ière) *m(f)*; (*Kunsttischler*) ébéniste *mf* **Möbelwagen** *m* camion *m* de déménagement
mobil *adj* **1.** (*opp: ortsgebunden*) itinérant(e); (*beweglich*) *Besitz, Habe, Vermögen* mobilier(-ière); ■**jd ist** ~ qn est mobile; ***der Rollstuhl machte sie wieder*** ~ le fauteuil roulant lui a rendu sa mobilité
2. *fam* (*munter*) en train
▸**jd macht** ~ MIL qn mobilise; **jd macht jdn/etw** ~ qn mobilise qn/qc
-mobil <-s, -e> *nt* (*Fahrzeug*) *Info-* véhicule *m* de; *Gift-, Schadstoff-* véhicule *m* de collecte de/des; *Umwelt-, Aids-, Aufklärungs-* véhicule *m* d'information sur; (*bewegliches Gerät*) *Geschirr-* en location; ***Solar~*** véhicule *m* solaire; ***Telefon~*** bus *m* Telecom
Mobile <-s, -s> *nt* mobile *m*
Mobilfunk *m* radiotéléphonie *f*, téléphonie *f* numérique mobile **Mobilfunkanbieter** *m* TELEC opérateur *m* de téléphonie numérique mobile
Mobiliar <-s> *nt* ∅ mobilier *m*
mobilisieren * *vt* ■**jd mobilisiert jdn/etw** qn mobilise qn/qc
Mobilität <-> *f* ∅ mobilité *f*
Mobilmachung <-, -en> *f* mobilisation *f*
▸**jd ruft die** [**allgemeine**] ~ **aus, jd beschließt die** [**allgemeine**] ~ qn décrète [*o* décide] la mobilisation [générale]
Mobiltelefon *nt* radiotéléphone *m*
möblieren * *vt* ■**jd möbliert etw** qn meuble qc; ■**möbliert** meublé(e)
▸**jd wohnt möbliert** qn habite en meublé
mochte *imp von* **mögen**
Möchtegern- *iron* quelqu'un qui se prend pour un(e); ~***lexikographen*** des gens qui se prennent pour des lexicographes
Mocken <-s, -> *m* CH *s.* **Brocken**
modal *adj* de manière
Modalitäten *pl geh* modalités *fpl*
Modalsatz *m* subordonnée *f* de manière **Modalverb** [-vɛrp] *nt* verbe *m* de modalité
Mode <-, -n> *f* **1.** COUT mode *f*
2. *pl* (*Kleidungsstücke*) modèles *mpl*
3. *pl* (*Sitten*) manières *fpl*
▸**etw ist große** ~, **etw ist groß in** ~ qc est la grande mode [*o* très à la mode]; **jd geht mit der** ~ qn suit la mode; **etw ist/wird** [**große**] ~ qc est/devient [très] à la mode; (*Sitte*) qc est entré(e)/entre dans les mœurs; **etw kommt** [**wieder**] **in** ~ qc [re]devient à la mode; **etw kommt aus der** ~ qc passe de mode; **nach der** ~ *kleiden* à [*o* selon] la mode; ***jd richtet sich nach der*** ~ qn se règle sur la mode; ***jd geht nach der*** ~ qn suit la mode
Mode- **1.** *-heft, -aufnahme, -fotograf* de mode
2. (*Mode verkaufend*) *-geschäft* de mode; *-abteilung, -verkäufer* d'articles de mode; *-haus, -salon* de [haute] couture; ~***hersteller*** créateur *m*
3. (*modisch*) à la mode
-mode *f* COUT *Kleider-, Hemden-, Hut-, Mantel-, Schuh-* collection *f* de; *Damen-, Herren-, Kinder-* mode *f* + *adj*; ***Damen~*** mode *f* féminine
Modearzt *m*, **-ärztin** *f* médecin *m* à la mode **modebewusst**[RR] *adj* au courant de la dernière mode **Modekrankheit** *f* maladie *f* à la mode
Model <-s, -s> *nt* modèle *m*
Modell <-s, -e> *nt* **1.** (*verkleinerte Ausgabe*) modèle *m* réduit, maquette *f*
2. (*Ausführung*) modèle *m*
3. (*Mannequin*) mannequin *m*
4. ART (*Akt~*) modèle *m*
5. COUT création *f*
6. *geh* (*Vorbild*) modèle *m*
▸**jd sitzt/steht** [**jdm**] ~ qn pose [pour qn]
Modell- **1.** *-auto, -eisenbahn, -flugzeug* modèle *m* réduit de, miniature
2. (*vorbildlich*) exemplaire
-modell *nt* **1.** COM *Diesel-, Energiespar-, Spar-* modèle *m* de; *Luxus-* modèle *m* de; *Katalysator-* modèle *m* à
2. (*Plan*) *Organisations-, Ablauf-, Zeiteinteilungs-* schéma *m* de
3. (*System*) *Heils-, Denk-, Regierungs-* modèle *m* de, système *m* de
modellieren * *vt* ■**jd modelliert etw** qn modèle qc; ■**jd modelliert jdn/etw** [**in etw** (*dat*)] *in Gips, Ton, Wachs* qn modèle qn/qc [en qc]
Modelliermasse *f* pâte *f* à modeler
Modellkleid *nt* modèle *m* exclusif, robe *f* de couturier; ***ein ~ von X*** une robe de chez X **Modellversuch** *m* **1.** TECH essai *m* [*o* test *m*] sur [un] prototype **2.** *geh* expérimentation *f*
Modem <-s, -s> *nt o m abk von* **MOdulator DEModulator** TELEC, INFORM modem *m*
Modemacher(in) *m(f)* créateur(-trice) *m(f)* de mode
Modenschau *f* défilé *m* [*o* présentation *f*] de mode
Modepüppchen *nt*, **Modepuppe** *f pej fam* vrai mannequin *m* ambulant
Moder <-s> *m* ∅ *geh* pourriture *f*
Moderation <-, -en> *f* présentation *f*
Moderator <-s, -toren> *m*, **-torin** *f* RADIO, TV présentateur(-trice) *m(f)*; [*Spielshow etc*] animateur(-trice) *m(f)*
moderieren * *vt* ■**jd moderiert etw** qn présente qc; ■**das M~** la présentation
mod[e]rig *adj* moisi(e); (*bei Holz a.*) pourri(e); ***es riecht*** ~ il y a une odeur de moisi, ça sent le moisi
modern[1] *vi* + *sein o haben* (*vermodern*) ■**etw modert** qc moisit; /*Holz a.*/ qc pourrit
modern[2] **I.** *adj* **1.** (*zeitgemäß*) moderne
2. (*opp: altmodisch*) moderne; *Ansichten, Denken, Denkweise a.* avancé(e); *Einstellung, Sichtweise, Mensch a.* de son/mon temps
3. (*modisch*) *Kleidung, Schnitt* [à la] mode; ■**etw ist/wird** ~ qc est/devient [à la] mode; ■**etwas M~es** quelque chose à la mode
4. (*zur Neuzeit gehörend*) moderne; *Völkerrecht, Staaten, Diktatur, Politik* actuel(le)
II. *adv* **1.** (*zeitgemäß*) de façon moderne; ***jd wohnt sehr*** ~ le logement de qn est très moderne
2. (*modisch*) *sich kleiden* mode
3. (*fortschrittlich*) moderne; ~ ***eingestellte Eltern*** des parents [aux idées] modernes; ***jd denkt*** ~ qn a des idées modernes
Moderne <-> *f* ∅ ■**die** ~ l'école *f* moderne
modernisieren * *vt* ■**jd modernisiert etw** qn modernise qc
Modeschmuck *m* bijou *m* fantaisie **Modeschöpfer(in)** *m(f)* [grand] couturier/[grande] couturière *m/f*, créateur(-trice) *m(f)* [de mode] **Modezeichner(in)** *m(f)* dessinateur(-trice) *m(f)* de mode
Modi *pl von* **Modus**
Modifikation <-, -en> *f geh* **1.** (*Abänderung*) retouche *f*, modification *f*
2. (*das Modifizieren*) modification *f*; ***durch*** ~ en le/la/les modifiant
modifizieren * *vt geh* ■**jd modifiziert etw** qn modifie qc
modisch I. *adj* à la mode; ***etwas zu*** ~ un peu trop moderne
II. *adv* [à la] mode
Modist(in) <-en, -en> *m(f)* modiste *mf*
modrig *adj s.* **moderig**
Modul <-s, -e> *nt* module *m*; (*Bauelement a.*) élément *m*
Modulation <-, -en> *f* modulation *f*; ***durch ~ der Stimme*** en modulant la voix
modulieren * *vt* ■**jd/etw moduliert etw** qn/qc module qc
Modus <-, Modi> *m* **1.** *geh* (*Art und Weise*) terrain *m* d'entente; ***der ~ der Durchsetzung*** les modalités *fpl* d'application; ***der ~ der Verteilung*** le mode de répartition; ***der ~ des Vorgehens*** la façon de procéder
2. GRAM mode *m*
Modus Vivendi[RR] <- -, Modi -> *m geh* modus vivendi *m soutenu*
Mofa <-s, -s> *nt* cyclomoteur *m*, mobylette® *f*, mob *f fam*
Mogelei <-, -en> *f fam* triche *f fam*
mogeln *vi fam* ■**jd mogelt** [**bei etw**] qn triche [à qc]
Mogelpackung *f* **1.** COM emballage *m* trompeur (*marchandise dont le conditionnement induit le client en erreur sur la qualité ou la quantité du produit*)

2. (*Augenwischerei*) miroir *m* aux alouettes, attrape-nigaud *m*
mögen I. <mag, mochte, gemocht> *vt* 1. (*gern haben*) ■ **jd mag jdn/etw** qn aime qn/qc; ***wen von diesen Dichtern magst du am liebsten?*** lequel de ces poètes préfères-tu?; ***am liebsten mag ich …*** ce que j'aime le mieux, [*o* je préfère,] c'est …; ***das mag ich so!*** j'aime bien ça!
2. (*haben wollen*) ■ **jd möchte etw** qn voudrait [*o* désirerait] qc; ***möchten Sie …*** désirez-vous …; ***ich möchte im Augenblick nichts mehr*** je ne désire plus rien pour le moment
3. (*befehlen*) ■ **jd möchte, dass jd etw tut** qn veut que qn fasse qc; ***jd möchte gern, dass*** qn voudrait que + *subj*
▸ **was möchten Sie, bitte?** COM vous désirez?, que désirez-vous?
II. <mochte, gemocht> *vi* 1. (*wollen*) ■ **jd mag** qn veut [bien]; ***jd mag nicht*** qn n'a pas envie; ■ **jd möchte [gern]** qn voudrait bien; ***wenn du möchtest*** si tu [le] veux
2. *fam* (*gehen/fahren wollen*) ■ **jd mag/möchte irgendwohin** qn veut/voudrait aller quelque part; ***jd möchte nicht ins Kino*** qn n'a pas envie d'aller au cinéma
▸ **jd mag nicht mehr** qn n'en peut plus *fam*
III. <mochte, –> *aux modal, + infin* 1. (*wollen*) ■ **jd möchte [*o* mag] etw tun** qn a envie de [*o* aimerait] faire qc; ***ich mag dich nicht mehr sehen!*** je ne veux plus te voir!; ***ich möchte lieber …*** j'aimerais mieux …; ***am liebsten möchte ich verreisen*** si je [le] pouvais, je voyagerais; ***ich mag jetzt nur noch ausruhen*** je n'ai qu'une envie, c'est de me reposer
2. (*vielleicht können*) ■ **jd/etw mag etw sein/haben** qn/qc peut [*o* pourrait] être/avoir qc; ***das mag schon stimmen*** c'est peut-être exact; ***er mag das zwar behaupten*** il a beau l'affirmer; ***es ist die Wahrheit, mag er auch das Gegenteil behaupten*** c'est la vérité, même s'il prétend le contraire
3. (*sollen*) ■ **jd möchte etw tun** qn est prié(e) de faire qc; ***Sie möchten gleich mal zur Chefin kommen*** vous êtes prié de venir tout de suite voir la patronne; ***sagen Sie ihm, er möchte mal zu mir kommen!*** dites-lui de bien vouloir venir me voir!
4. *geh* (*wollen*) ■ **jd/etw möge etw tun** qn/qc puisse faire qc *soutenu;* ***möge Gott das verhüten!*** [que] Dieu m'/l'/… en préserve; ***wir hoffen, dass das nie eintreten möge*** puisse cela ne jamais arriver!
5. *einräumend geh* (*ruhig dürfen*) ■ **jd mag etw tun** qn peut bien faire qc
6. CH (*können*) ■ **jd mag etw tun** *sich erinnern, sich besinnen, ertragen* qn peut faire qc; ■ **jd mag etw nicht/kaum tun** *erwarten* qn est incapable/a bien du mal à faire qc; ***ich mag's kaum erwarten, bis*** j'ai du mal à attendre que + *subj*
▸ **mag kommen, was da will** quoi qu'il arrive; **man möchte meinen, dass** on pourrait croire [*o* penser] que + *indic;* **mag sein, dass** peut-être que + *indic,* il est possible que + *subj;* **was/wie … [auch [*o* immer]] … mag** quoi/quel(le) que + *subj;* ***wie er auch heißen mag*** quel que soit son nom; ***wie dem auch sein mag*** quoi qu'il en soit; ***was er auch sagen mag*** quoi qu'il dise [*o* puisse dire]
Mogler(in) <-s, -> *m(f) fam* tricheur(-euse) *m(f)*
möglich *adj* 1. *attr* (*denkbar*) possible
2. *attr* (*potenziell*) éventuel(le), potentiel(le)
3. *pred* (*durchführbar*) ■ **etw ist ~** qc est possible; ■ **es ist ~, dass** il est possible que + *subj,* il se peut que + *subj;* ■ **jdm ist es ~ etw zu tun** il est possible à qn de faire qc
▸ **alle ~e[n]** … tous/toutes les … possibles [et imaginables]; **alles M~e** toutes sortes de choses, tout ce qu'on peut imaginer; **das einzig M~e** la seule possibilité, la seule chose possible; **jd hält etw für ~** qn tient qc pour [*o* juge qc] possible, qn considère qc comme possible; **jd hält es für ~, dass** qn tient pour [*o* juge] possible que + *subj;* **ist denn so was ~?** *fam* mais c'est [vraiment] pas possible! *fam;* **jd macht [jdm] etw ~** qn [lui] rend qc possible; ***mit Geld kann man vieles ~ machen*** l'argent permet beaucoup de choses; **jd macht es ~ etw zu tun** qn s'arrange pour [*o* fait en sorte de] faire qc; **sollte es ~ sein, dass …?** serait-il possible que … + *subj*?; **jd tut sein M~stes [etw zu tun]** qn fait [tout] son possible [*o* tout ce qu'il peut] [pour faire qc]; **falls [*o* wenn] [irgend] ~** si possible; **[das ist doch] nicht ~!** ce n'est [*o* c'est *fam*] pas possible!; **schon ~** *fam* c'est bien possible, peut-être bien *fam;* **so … wie [*o* als] ~** aussi … que possible, le plus … possible; ***so bald/gut wie ~*** le plus vite/le mieux possible; **wo ~** autant que possible, dans la mesure du possible; **wohl ~ …, aber …** c'est bien possible, mais …
möglicherweise *adv* peut-être; ***kann es ~ sein, dass …?*** se pourrait-il que … + *subj*?
Möglichkeit <-, -en> *f* 1. (*Gelegenheit*) occasion *f,* possibilité *f*
2. (*mögliches Verfahren*) possibilité *f*
3. ∅ (*Realisierbarkeit*) possibilité *f;* ***ich sehe keine ~ unseres Eingreifens*** je ne vois pas de possibilité pour nous d'intervenir
4. *pl* (*Mittel*) ■ **jds ~en** les possibilités *fpl* de qn
▸ **es besteht die ~, etw zu tun/dass** il est possible de faire qc/que + *subj;* **jd/etw gibt jdm die ~ etw zu tun** qn/qc donne à qn la possibilité de faire qc; **jd hat die ~ etw zu tun** qn a la possibilité de faire qc; **ist denn das die ~?, ist es die ~!** *fam* [c'est] pas possible! *fam;* **nach ~** dans la mesure du possible
möglichst *adv* 1. (*so … wie möglich*) le/la plus … possible; ***~ bald/gleich*** le plus tôt possible
2. (*wenn irgend möglich*) autant que possible
Mohair <-s, -e> [mo'hɛːɐ] *m* [laine *f*] mohair *m*
Mohair- [mo'hɛːɐ-] en mohair
Mohammedaner(in) <-s, -> *m(f) veraltend* mahométan(e) *m(f) vieilli*
mohammedanisch *adj veraltend* mahométan(e) *vieilli*
Mohn <-[e]s, -e> *m* pavot *m;* (*Klatsch~*) coquelicot *m;* (*Mohnsamen*) graine *f* de pavot
Mohn- 1. BOT, AGR de/du pavot
2. GASTR au pavot
Mohr(in) <-en, -en> *m(f) veraltet* nègre *m*
▸ **der ~ hat seine Schuldigkeit getan, der ~ kann gehen** *prov* on presse l'orange et on jette l'écorce
Möhre <-, -n> *f* carotte *f*
Möhren- de carottes
Mohrrübe *f* NDEUTSCH carotte *f*
Moiré <-s, -s> [moa'reː] *m o nt* moire *f*
Mokassin <-s, -s> *m* mocassin *m*
Mokick <-s, -s> *nt* cyclomoteur *m,* mobylette® *f,* mob *f fam*
mokieren * *vr geh* ■ **jd mokiert sich über jdn/etw** qn se moque de qn/qc
Mokka <-s, -s> *m* moka *m*
Mokkabohne *f* grain *m* de moka **Mokkalöffel** *m* cuillère *f* à moka **Mokkatasse** *f* tasse *f* à moka
Molch <-[e]s, -e> *m* triton *m*
Mole <-, -n> *f* môle *m*
Molekül <-s, -e> *nt* molécule *f*
molekular *adj* moléculaire
Molekularbiologie *f* biologie *f* moléculaire
molk *imp von* **melken**
Molke <-> *f* ∅ petit-lait *m*
Molkerei <-, -en> *f* laiterie *f*
Molkereibutter *f* beurre *m* [extra-]fin [*o* gastronomique] **Molkereiprodukt** *nt* produit *m* laitier
Moll <-, -> *nt* mineur *m;* ***in ~*** en mineur
mollig *adj fam* 1. (*rundlich*) rondelet(te) *fam; Arme, Beine a.* potelé(e); *Gesicht a.* empâté(e); *Mensch a.* rondouillard(e) *fam,* bien en chair *fam*
2. (*behaglich*) *Wärme* doux(douce); *Zimmer, Wohnung* douillet(te)
3. (*angenehm warm*) bien chaud(e), agréable; ***bei ihm ist es schön ~*** chez lui, c'est bien douillet
Moloch <-s, -e> *m* hydre *f soutenu,* monstre *m*
Molotowcocktail ['mɔːlotɔfkɔkteːl] *m* cocktail *m* Molotov
Molybdän <-s> *nt* ∅ CHEM molybdène *m*
Moment[1] <-[e]s, -e> *m* 1. *geh* (*Augenblick*) moment *m*
2. (*kurze Zeitspanne*) ■ **einen/keinen ~** un instant/pas un [seul] instant [*o* pas une seconde]
▸ **im ersten ~** sur le coup; **in einem unbeobachteten ~** ni vu(e) ni connu(e) *fam,* subrepticement *soutenu;* **im ~** pour le moment, pour l'instant; **im … ~** *passenden, richtigen, letzten, falschen etc* au … moment; ***im nächsten ~*** dans l'instant qui suit; **in dem ~, wo** au moment [*o* à l'instant] où; **in diesem [*o* im gleichen] [*o* im selben] ~** au même moment [*o* instant]; **einen [kleinen] ~!** un [petit] instant!, un moment!; **jeden ~** à tout moment [*o* instant]; **~ mal!** eh, minute! *fam,* attends/attendez voir! *fam*
Moment[2] <-[e]s, -e> *nt* 1. *geh* (*Umstand*) facteur *m,* élément *m*
2. PHYS moment *m*
momentan I. *adj* 1. (*derzeitig*) actuel(le); *Lage, Situation, Zustand a.* présent(e)
2. (*vorübergehend*) momentané(e)
II. *adv* 1. (*derzeit*) actuellement, en ce moment
2. (*vorübergehend*) momentanément
Monaco, Monako <-s> ['moːnako, mo'nako] *nt* [la Principauté de] Monaco
Monarch(in) <-en, -en> *m(f)* monarque/souveraine *m/f*
Monarchie <-, -n> [-'çiːən] *f* monarchie *f*
Monarchist(in) <-en, -en> *m(f)* monarchiste *mf*
monarchistisch *adj* monarchiste
Monat <-[e]s, -e> *m* mois *m;* ***in diesem ~*** ce mois-ci; **[im] *nächsten ~, im kommenden ~*** le mois prochain; ***der ~ Oktober*** le mois d'octobre
▸ **jd ist im dritten/vierten/… ~** qn est enceinte de trois/quatre/… mois [*o* au troisième/quatrième/… mois]; ***in welchem/im wievielten ~ bist du jetzt?*** de combien de mois es-tu enceinte?; **auf ~e hinaus** pour plusieurs mois; **im ~** par mois; **im … ~** au … mois; ***eine Frühgeburt im 7. ~*** une naissance prématurée au 7e mois; **von ~ zu ~** de mois en mois
monatelang I. *adj attr* de plusieurs mois
II. *adv* pendant [*o* durant] des mois; ***etw kann ~ dauern*** qc peut durer plusieurs mois
-monatig: *ein-/zwei-/drei-/mehr~* d'un/de deux/trois/plusieurs mois
monatlich I. *adj* mensuel(le)
II. *adv* mensuellement, tous les mois; *zahlen a.* par mensualités
-monatlich: ***zwei-/drei~*** *adjektivisch* bimestriel(le)/trimestriel(le); *adverbial* tous les deux/trois mois
Monatsanfang *m* début *m* du/de mois; ***am/zum ~*** au début du/en début de mois; ***vor ~*** avant le début du mois **Monatsblutung** *f s.* **Menstruation. Monatseinkommen** *nt* revenu *m* mensuel **Monatsende** *nt* fin *f* du/de mois; ***bis [zum] ~*** avant la fin du mois; ***am/zum ~*** à la fin du/en fin de mois **Monatserste(r)** *m decl wie adj* premier *m* du mois **Monatsfrist** *f* ▸ **innerhalb [*o* binnen *form*] ~** dans un délai d'un mois **Monatsgehalt** *nt* [*Beamte*] traitement *m* mensuel; [*Angestellte*] salaire *m* mensuel **Monatshälfte** *f* quinzaine *f* **Monatskarte** *f* 1. TRANSP abonnement *m* mensuel, carte *f* mensuelle [d'abonnement] 2. (*Berechtigungskarte*) carte *f* d'abonnement (*valable un mois*) **Monatsmitte** *f* milieu *m* [*o* quinze *m*] du mois **Monatsname** *m* nom *m* de mois **Monatsrate** *f* mensualité *f* **Monatsschrift** *f* revue *f* [*o* publication *f*] mensuelle
monat[s]weise I. *adv* mensuellement, chaque mois
II. *adj* mensuel(le)
Mönch <-[e]s, -e> *m* moine *m,* religieux *m*
▸ **jd lebt wie ein ~** qn mène une vie monacale
Mönchs- monacal(e)

Mond <-[e]s, -e> *m* **1.** ∅ ■ **der ~** la Lune
2. (*Satellit*) satellite *m*, lune *f*
► **jd lebt auf** [*o* **hinter**] **dem ~** *fam* qn vit sur une autre planète *fam*; **der ~ nimmt ab/zu** la lune décroît/croît; **jd möchte** [*o* **würde**] **jdn** [**gerne**] **auf den ~ schießen** *fam* qn enverrait volontiers qn au diable *fam*
mondän *adj geh* [très] chic
Mondaufgang *m* lever *m* de/de la lune
Mondenschein *m* ► **im ~** *geh* au clair de lune, à la clarté de la lune
Mondfähre *f s.* **Mondlandefähre**. **Mondfinsternis** *f* éclipse *f* de Lune **Mondgesicht** *nt fam* face *f* de pleine lune *fam* **Mondgestein** *nt* roche *f* lunaire **Mondgöttin** *f* déesse *f* de la Lune **Mondjahr** *nt* année *f* lunaire **Mondkrater** *m* cratère *m* lunaire **Mond[lande]fähre** *f* module *m* lunaire **Mondlandschaft** *f* **1.** (*Kraterlandschaft*) paysage *m* lunaire **2.** (*Landschaft im Mondlicht*) [paysage *m* au] clair *m* de lune **Mondlandung** *f* atterrissage *m* sur la Lune, alunissage *m* **Mondlicht** *nt* clair *m* de lune, clarté *f* de la lune
mondlos *adj geh* sans lune
Mondmobil <-s, -e> *nt* véhicule *m* lunaire **Mondoberfläche** *f* sol *m* lunaire **Mondphase** *f* phase *f* de la lune **Mondpreis** *m meist pl* prix *m* astronomique **Mondschein** *m* clair *m* de lune; ***wir haben ~*** il y a un clair de lune; ***im ~*** au clair de lune ► **jd kann jdm mal im ~ begegnen!** *sl* qn peut aller se faire foutre *pop* **Mondsichel** *f geh* croissant *m* [de lune] **Mondsonde** *f* sonde *f* lunaire **Mondstein** *m* MINER pierre *f* de lune **mondsüchtig** *adj* somnambule **Mondumlaufbahn** *f* orbite *f* lunaire; ***in einer ~*** en orbite lunaire **Monduntergang** *m* coucher *m* de/de la lune
Monegasse <-n, -n> *m*, **-gassin** *f* Monégasque *mf*
monegassisch *adj* monégasque
monetär *adj* monétaire; ***die ~e Situation des Betriebs*** la situation financière de l'entreprise
Moneten *pl sl* fric *m fam*, pognon *m pop*
Mongole <-n, -n> [mɔŋ'goːlə] *m*, **-golin** *f* **1.** GEOG Mongol(e) *m(f)*
2. *pl* HIST ■ **die ~n** les Mongols *mpl*
Mongolei <-> [mɔŋgo'lai] *f* ■ **die ~** la Mongolie
► **die Innere/Äußere ~** la Mongolie-Intérieure/Extérieure
mongolid [mɔŋgo'liːt] *adj Rasse* mongolique, mongoloïde
mongolisch [mɔŋ'goːlɪʃ] *adj* mongol(e)
Mongolismus <-> [mɔŋgo'lɪsmʊs] *m* ∅ mongolisme *m*
mongoloid [mɔŋgolo'iːt] *adj Kind* mongolien(ne); *Aussehen, Gesicht, Gesichtszüge* mongoloïde
monieren * *vt* ■ **jd moniert etw** qn critique qc; ***es gibt noch einiges zu ~*** certaines choses sont encore critiquables; ***ich weiß gar nicht, was es da zu ~ gibt*** je ne vois pas ce qu'on peut y trouver à redire; ■ **jd moniert, dass** qn critique le fait que + *subj*
Monitor <-s, -toren *o* -e> *m* **1.** INFORM, TV écran *m*
2. (*optisches Kontrollgerät*) moniteur *m*
monochrom [mono'kroːm] *adj* monochrome
monogam *adj* monogame
Monogamie <-> *f* ∅ monogamie *f*
Monografie[RR] *s.* **Monographie**
Monogramm <-s, -e> *nt* monogramme *m*
Monographie <-, -n> [-'fiːən] *f* monographie *f*
monokausal **I.** *adj* qui n'a qu'une seule cause; ***~e Ursachen*** des causes *fpl* uniques; ***eine ~e Erklärung*** une explication unique [*o* unilatérale]
II. *adv* de façon unilatérale
Monokel <-s, -> *nt* monocle *m*
monoklonal *adj* monoclonal(e)
Monokultur *f* monoculture *f*
Monolith <-en, -e[n]> *m* monolithe *m*
Monolog <-[e]s, -e> *m* monologue *m*; ***jd neigt zu ~en*** qn a tendance à monologuer [*o* à parler tout(e) seul(e)]
► **innerer ~** monologue *m* intérieur; **jd führt** [*o* **hält**] **einen ~** qn monologue; **jd spricht einen ~** /*Schauspieler*/ qn récite un monologue
Monopol <-s, -e> *nt* monopole *m*; ■ **jds ~ auf etw** (*akk*) le monopole de qn de qc
► **jd/etw hat ein ~ auf etw** (*akk*) qn/qc a le monopole de qc; **jd hat das/ein ~ auf etw** (*akk*) *fam* qn a le monopole de qc
Monopolkommission *f* commission *f* des monopoles **Monopolstellung** *f* situation *f* de monopole
Monopoly® <-s> [-poli] *nt* ∅ **1.** (*Spiel*) monopoly® *m*
2. (*Poker um viel Geld*) jeu *m* de monopoly
monoton **I.** *adj* monotone
II. *adv* de façon monotone [*o* monocorde]
Monotonie <-, -n> [-'niːən] *f geh* monotonie *f*
Monoxid <-[e]s, -e> *nt* monoxyde *m*
Monster <-s, -> *nt fam* monstre *m*
Monster- *pej* (*ungeheuer groß*) monstrueux(-euse), énorme **Monsterfilm** *m* film *m* d'horreur
Monstranz <-, -en> *f* ostensoir *m*
Monstren *pl von* **Monstrum**
monströs *adj geh* monstrueux(-euse); (*riesig groß a.*) énorme
Monstrosität <-, -en> *f* **1.** ∅ *geh* (*Ungeheuerlichkeit*) monstruosité *f*
2. (*Gebilde*) monstruosité *f*, horreur *f*
3. (*missgebildeter Fetus*) monstre *m*
Monstrum <-s, Monstren> *nt* monstre *m*
Monsun <-s, -e> *m* mousson *f*
Monsunregen *m* pluies *fpl* de/de la mousson
Montag <-s, -e> *m* lundi *m*
► **~ in/vor acht Tagen**, **~ in/vor einer Woche** lundi en huit [*o* dans une semaine]/lundi il y a huit jours; **blauer ~** *fam* petit lundi *m* de congé [*o* supplémentaire] *fam* (*pour prolonger le week-end*); **jd macht ~ blau** *fam* qn se fait porter pâle le lundi *fam*; **letzten** [*o* **vorigen**] **~** lundi dernier; **seit letzten** [*o* **letztem**] **~** depuis lundi dernier; **nächsten** [*o* **am nächsten**] **~** lundi prochain; **ab nächsten** [*o* **nächstem**] **~** à partir de lundi prochain; **es ist ~** c'est lundi; **am ~** (*kommenden ~*) lundi prochain; (*letzten ~*) lundi dernier; (*montags*) le lundi; **am ~, dem …** le lundi …; **an einem ~** un lundi; **~, der …** le lundi …; **diesen** [*o* **an diesem**] **~** ce lundi[-ci]; **eines ~s** un lundi; **jeden ~** chaque lundi, tous les lundis
Montagabend *m* lundi *m* soir
► **am ~** le lundi soir
montagabends[RR] *adv* le lundi soir
Montage <-, -n> [mɔn'taːʒə] *f* **1.** TECH montage *m*
2. (*Foto~*) montage *m*
► **jd ist auf ~** (*dat*) IND qn est en déplacement (*faisant partie d'une équipe de montage*)
Montageband <-bänder> [mɔn'taːʒə-] *nt* chaîne *f* de montage **Montagehalle** *f* atelier *m* de montage **Montagewerk** *nt* usine *f* de montage
Montagmorgen *m* lundi *m* matin
► **am ~** le lundi matin **Montagnachmittag** *m* lundi *m* après-midi
► **am ~** le lundi après-midi
montagnachts[RR] *adv* le lundi dans la nuit
montags *adv* le lundi
Montags- du lundi
montagvormittags[RR] *adv* le lundi matin
Montanindustrie *f* industrie *f* du charbon et de l'acier **Montanunion** *f* ■ **die ~** la Communauté Européenne du Charbon et de l'Acier, la C.E.C.A., le pool charbon-acier
Monteur(in) <-s, -e> [mɔn'tøːɐ] *m(f)* installateur(-trice) *m(f)*
Monteuranzug [mɔn'tøːɐ-] *m* combinaison *f*, bleu *m*
montieren * *vt* **1.** (*zusammenbauen*) ■ **jd montiert etw** [**aus etw**] qn monte qc [avec qc]
2. (*anbringen*) ■ **jd montiert etw** [**an/auf etw** (*akk*)] qn installe [*o* monte] qc [à/sur qc]
Montur <-, -en> *f* **1.** (*Overall*) combinaison *f*
2. *fam* (*Aufzug*) accoutrement *m*
Monument <-[e]s, -e> *nt* monument *m*
monumental *adj* monumental(e), colossal(e)
Monumental- monumental(e), colossal(e); ***~film*** superproduction *f*
Moonboots ['muːnbuːts] *pl* après-skis *mpl*
Moor <-[e]s, -e> *nt* marais *m*; (*Torf~*) tourbière *f*
Moorbad *nt* **1.** MED bain *m* de boue **2.** (*Kurort*) station *f* thermale (*spécialisée dans les bains de boue*) **Moorerde** *f* ∅ terre *f* marécageuse **Moorhuhn** *nt* grouse *f*, lagopède *m* d'Écosse
moorig *adj* marécageux(-euse)
Moorleiche *f* corps *m* fossilisé (*retrouvé dans une tourbière*)
Moos[1] <-es, -e> *nt* **1.** BOT mousse *f*
2. ∅ *sl* (*Geld*) oseille *f fam*, pognon *m pop*
Moos[2] <-es, Möser> *nt* CH, AUS *s.* **Moor**
moosig *adj* moussu(e)
Moosrose *f*, **Moosröschen** [-røːsçən] *nt* rose *f* mousseuse [*o* cent-feuilles]; (*Rosenstock*) rosier *m* mousseux [*o* cent-feuilles]
Mop *s.* **Mopp**
Moped <-s, -s> *nt* vélomoteur *m*
Mopedfahrer(in) *m(f)* cyclomotoriste *mf*
Mopp[RR] <-s, -s> *m* balai *m* à franges
Mops <-es, Möpse> *m* **1.** ZOOL carlin *m*
2. *fam* (*Dickerchen*) petit gros/petite grosse *m/f fam*, gros pépère/grosse mémère *m/f fam*
3. *pl sl* (*Brüste*) nichons *mpl fam*, lolos *mpl*
mopsen *vt* DIAL *fam* ■ **jd mopst** [**jdm**] **etw** qn [lui] fauche [*o* barbote] [*o* pique] qc *fam*
Moral <-> *f* ∅ **1.** (*ethische Grundsätze*) morale *f*; ***was hast du für eine ~!*** tu as une drôle de moralité!
2. (*Lehre*) morale *f*, moralité *f*
3. (*Durchhaltewille*) moral *m*
► **und die ~ von der Geschichte** [et la] morale de l'histoire; **es ist eine doppelte ~** c'est avoir deux poids deux mesures; **jd hat keine ~** qn n'a aucune moralité; **jd predigt** [**jdm**] **~** qn fait la morale [à qn]; **die ~ sinkt/steigt** le moral baisse/est en hausse
Moral- moral(e) **Moralapostel** *m s.* **Moralprediger**
moralinsauer *adj pej* moralisant(e), moralisateur(-trice)
moralisch **I.** *adj* **1.** (*sittlich*) moral(e)
2. (*tugendhaft*) *Leben, Mensch* vertueux(-euse), moral(e)
► **jd hat einen/seinen M~en** *fam* qn a le cafard *fam*; **jd kriegt den M~en** *fam* qn commence à avoir le cafard *fam*
II. *adv* moralement
moralisieren * *vi* ■ **jd moralisiert** qn moralise, qn fait la morale
Moralist(in) <-en, -en> *m(f)* moraliste *mf*
moralistisch *adj* moraliste; ***aus ~er Sicht*** du point de vue de la morale
Moralprediger(in) *m(f) pej* sermonneur(-euse) *m(f)* **Moralpredigt** *f* sermon *m* ► **jd hält ~en** qn donne des leçons de morale, qn fait des sermons; **jd hält jdm eine ~** qn fait un sermon à qn **Moraltheologie** *f* théologie *f* morale
Moräne <-, -n> *f* moraine *f*
Morast <-[e]s, -e *o* Moräste> *m* **1.** (*sumpfiges Gelände*) marécage *m*
2. ∅ (*Schlamm*) boue *f*
morastig *adj Grund, Ufer* marécageux(-euse); *Boden, Weg a.* boueux(-euse)

Moratorium <-s, -torien> ['to:riən] *nt* moratoire *m*
morbid *adj geh* morbide; *Gesellschaft a.* dépravé(e)
Morchel <-, -n> *f* morille *f*
Mord <-[e]s, -e> *m* meurtre *m*; ■ **[jds] ~ an jdm** le meurtre de qn [commis par qn]
▶ **dann gibt es ~ und Totschlag** *fam* le sang va couler *fam*, ça va être sanglant; **der perfekte ~** le crime parfait; **versuchter ~** tentative *f* de meurtre; **jd begeht einen ~ [an jdm]** qn commet un meurtre [sur la personne de qn]; **das ist ja ~!** *fam* ça va me/le/... tuer! *fam*; **wegen ~es** pour meurtre; *Anklage, anklagen* de meurtre
Mordanklage *f* inculpation *f* de meurtre ▶ **jd erhebt ~** qn prononce une inculpation de meurtre; **jd steht unter ~** qn est inculpé(e) de meurtre **Mordanschlag** *m* tentative *f* de meurtre, attentat *m* ▶ **jd verübt einen ~ [auf jdn]** qn commet une tentative de meurtre [*o* un attentat] [contre qn] **Morddrohung** *f* menace *f* de mort
morden I. *vi* ■ **jd mordet** qn assassine; *(Massenmord begehen)* qn massacre; ■ **das M~** les massacres *mpl*
II. *vt geh* ■ **jd mordet jdn** qn assassine qn; ***jd lässt jdn ~*** qn fait massacrer qn
Mörder(in) <-s, -> *m(f)* meurtrier(-ière) *m(f)*
▶ **jd wird zum ~** qn devient meurtrier(-ière)
mörderisch I. *adj* **1.** *fam (schrecklich)* atroce *fam*
2. *fam (gewaltig) Hunger, Schmerz* terrible; *Tempo* infernal(e)
3. *(Morde begehend)* meurtrier(-ière)
II. *adv fam* **1.** *heiß, kalt* terriblement
2. *(furchtbar) bluten, fluchen* affreusement; *stinken, wehtun a.* atrocement *fam*
Mordfall *m* affaire *f* de meurtre **Mordinstrument** *nt* **1.** *fam (großes Gerät)* gros machin *m fam* **2.** *s.* **Mordwaffe** **Mordkommission** *f* police *f* judiciaire, P.J. *f*
Mords- *fam* **1.** *(gewaltig)* méga- *fam* **2.** *(Heiden-)* dingue *fam*, pas possible *fam* **Mordskerl** *m fam* **1.** *(toller Kerl)* type *m* terrible [*o* du tonnerre] *fam* **2.** *(starker Mann)* [sacré] balèze *m pop* **mordsmäßig I.** *adj fam* terrible
II. *adv fam + vb* vachement *fam*; *+ adj/pp* terriblement; ***das tut ~ weh*** c'est dingue ce que ça fait mal *fam*; ***es ist ~ heiß*** il fait une chaleur à crever [*o* mourir] *fam* **Mordswut** *f fam* rage *f* pas possible *fam*, rogne *f fam* ▶ **jd hat eine ~ im Bauch** qn est dans une rogne terrible [*o* pas possible] *fam*; **jd bekommt eine ~** qn se fout en rogne *fam*
Mordtat *f geh* meurtre *m*, crime *m* **Mordverdacht** *m* présomption *f* de meurtre ▶ **jd gerät in ~, jd steht unter ~** *(dat)* qn est soupçonné(e) de meurtre; **unter ~** sur présomption de meurtre **Mordwaffe** *f* arme *f* du crime
morgen *adv* demain
▶ **~, ~, nur nicht heute[, sagen alle faulen Leute]** *prov* demain, toujours demain[, c'est la devise des paresseux], toujours remettre au lendemain[, tel est le propre des paresseux]; **~ ist auch [noch] ein Tag** demain il fera jour, à chaque jour suffit sa peine; **~ früh/Mittag/Nachmittag/Abend** demain matin/à midi/après-midi/soir; **bis ~ [früh/Mittag/Nachmittag/Abend]!** à demain [matin/midi/après-midi/soir]!
Morgen <-s, -> *m* **1.** *(Tagesanfang)* matin *m*; *(in seinem Verlauf)* matinée *f*; ***jeden ~*** tous les matins, chaque matin
2. *liter (lichte Zukunft)* aube *f* nouvelle *littér*; ***wird es für uns einen ~ geben?*** connaîtrons-nous des jours meilleurs?
3. *(2500 m²)* ≈ arpent *m*
▶ **den ganzen ~ [über]** [durant] toute la matinée; **guten ~!** bonjour!; **jd sagt [jdm] guten ~** qn dit bonjour [à qn]; **jd schläft bis in den hellen ~** qn fait la grasse matinée; **am nächsten ~** le lendemain matin; *[von heute aus gesehen]* demain matin; **der ~ dämmert [*o* bricht an] [*o* graut]** *geh* l'aube se lève [*o* paraît]; **jd isst zu ~** CH qn prend son petit-déjeuner, qn petit déjeune *fam*; **es ist/wird ~** c'est le matin/le jour se lève; **am ~, des ~s** *geh* le matin; *(im Verlauf des Morgens)* dans la matinée; **bis in den [frühen] ~ hinein]** jusqu'au petit matin [*o* jour]; **~ für ~** tous les matins, matin après matin; **gegen ~** vers le matin; **eines ~s** un [beau] matin; **~!** *fam* bonjour!
Morgendämmerung *f s.* **Morgengrauen**
morgendlich *adj* **1.** *Frische, Kühle, Stille* matinal(e)
2. *Berufsverkehr, Hektik, Hetze* du matin
Morgenessen *nt* CH *s.* **Frühstück.** **Morgengabe** *f* HIST cadeau *m* de mariage *(offert à l'épouse après la nuit de noces)* **Morgengrauen** <-s, -> *nt* aube *f*, aurore *f* ▶ **im [*o* beim] ~** au petit jour, à l'aurore **Morgenland** *nt ∅ veraltet* ■ **das ~** le Levant *vieilli* **Morgenluft** *f* air *m* du matin ▶ **jd wittert ~** *fam* qn renifle la [*o* une] bonne affaire *fam* **Morgenmantel** *m veraltend s.* **Morgenrock.** **Morgenmuffel** <-s, -> *m fam* grincheux(-euse) *m(f)* *(le matin, au réveil)*; ***mein Mann ist ein typischer ~*** le matin, mon mari n'est pas à prendre avec des pincettes [*o* est toujours de mauvais poil] *fam* **Morgenrock** *m* robe *f* de chambre **Morgenrot** <-s> *nt ∅* aurore *f* **Morgenröte** <-, -n> *f poet s.* **Morgenrot**
morgens *adv* le matin
▶ **~ und abends** matin et soir; **von ~ bis abends** du matin au soir
Morgensonne *f* soleil *m* matinal [*o* du matin] ▶ **jd/etw hat ~** qn/qc a le soleil le matin **Morgenstunde** *f meist pl* heure *f* matinale; ***während der ersten ~n*** tôt le matin ▶ **Morgenstund hat Gold im Mund** *prov* le monde appartient à ceux qui se lèvent tôt
morgig *adj attr* de demain
Moritat <-, -en> *f* goualante *f fam*
Morlock <-s, Morlocken> *m* MYTH morluche *m*
Mormone <-n, -n> *m*, **-monin** *f* mormon(e) *m(f)*
Morphem <-s, -e> *nt* morphème *m*
Morphin <-s> *nt ∅* morphine *f*
Morphinist(in) <-en, -en> *m(f) form* morphinomane *mf*
Morphium <-s> *nt ∅* morphine *f*
morphiumsüchtig *adj* morphinomane **Morphiumsüchtige(r)** *f(m) decl wie adj* morphinomane *mf*
Morphologie <-> *f ∅* morphologie *f*
morphologisch *adj* morphologique
morsch *adj Balken, Gebälk, Holz* pourri(e); *Knochen* rongé(e), décomposé(e)
Morschheit <-> *f ∅* pourriture *f*; ***das Holz war von so großer ~, dass*** le bois était tellement pourri que + *indic*
Morsealphabet *nt* alphabet *m* Morse **Morseapparat** *m* manipulateur *m*
morsen I. *vi* ■ **jd morst** qn télégraphie en morse; ■ **das M~** l'émission *f* en morse
II. *vt* ■ **jd morst etw** qn télégraphie [*o* câble] qc en morse
Mörser <-s, -> *m* mortier *m*
Morsezeichen *nt* signal *m* en morse
Mortadella <-> *f ∅* GASTR *(Wurst)* mortadelle *f*
Mortalität <-> *f ∅ form* mortalité *f*; ***die ~ bei Kindern*** la mortalité infantile
Mörtel <-s, -> *m* mortier *m*
Mosaik <-s, -e[n]> *nt* **1.** ART, CONSTR mosaïque *f*
2. *(Puzzle)* assemblage *m*
Mosaik- en mosaïque **Mosaikstein** *m* cube *m* de mosaïque; ***wie ~e*** comme les pièces d'un puzzle, comme les éléments d'une mosaïque
Moschee <-, -n> *f* mosquée *f*
Moschus <-> *m ∅* musc *m*
Moschusochse ['ʔɔksə] *m* bœuf *m* musqué, ovibos *m*
Möse <-, -n> *f vulg* con *m vulg*
Mosel[1] <-> *f* ■ **die ~** la Moselle
Mosel[2] <-s, -> *m fam*, **Moselwein** *m* vin *m* de Moselle
mosern *vi fam* ■ **jd mosert [über etw** *(akk)***]** qn rouspète [à propos de qc] *fam*; ***du hast auch immer was zu ~*** il faut toujours que tu rouspètes, tu rouspètes toujours *fam*; ■ **das M~** les rouspétances *fpl fam*; ***hör mit dem ewigen M~ auf!*** arrête de rouspéter tout le temps! *fam*
Moses <- *o liter* Mosis> *m* Moïse *m*
▶ **bin ich ~?** *hum fam* [est-]ce que je sais, moi? *fam*
Moskau <-s> *nt* Moscou
Moskito <-s, -s> *m* *(tropische Stechmücke)* moustique *m*, anophèle *m*
Moskitonetz *nt* moustiquaire *f*
Moslem <-s, -s> *m*, **Moslime** *f* musulman(e) *m(f)*
moslemisch *adj attr* musulman(e)
Most <-[e]s> *m ∅* **1.** *(Fruchtsaft)* moût *m*
2. SDEUTSCH, CH *(Apfel~)* cidre *m*; *(Birnen~)* poiré *m*
Mostrich <-s> *m ∅* DIAL moutarde *f*
Motel <-s, -s> *nt* motel *m*
Motette <-, -n> *f* motet *m*
Motion <-, -en> *f* CH motion *m*
Motiv <-s, -e> *nt* **1.** *(Beweggrund)* motif *m*, mobile *m*; ***als ~ für ihre Tat*** comme mobile de son acte
2. LITER motif *m*, thème *m*
3. MUS thème *m*
Motivation <-, -en> [-va-] *f* motivation *f*
motivieren * [-'vi-] *vt* **1.** *(beflügeln)* ■ **jd/etw motiviert jdn [zu etw]** qn/qc motive qn [à qc/à faire qc]
2. *(begründen)* ■ **jd motiviert [jdm gegenüber] etw** qn motive [*o* justifie] qc [vis à vis de qn]
Motivierung <-, -en> [-'vi:-] *f* motivation *f*
Motocross[RR], **Moto-Cross** <-, -e> *nt* motocross *m*
Motor <-s, -toren> *m* **1.** TECH moteur *m*
2. *∅ geh (treibende Kraft)* ■ **der ~ einer S.** *(gen)* le moteur de qc
-motor *m* AUT moteur *m* à; *Diesel-* moteur *m*
Motorantrieb *m* moteur *m* ▶ **mit ~** à moteur **Motorblock** <-blöcke> *m* bloc-moteur *m* **Motorboot** *nt* canot *m* à moteur
Motorengeräusch *nt* bruit *m* de moteur **Motorenlärm** *m* bruit *m* de[s] moteur[s]
Motorfahrzeugsteuer *f* CH *s.* **Kraftfahrzeugsteuer.** **Motorhaube** *f* capot *m*
-motorig: *ein-/zwei-/drei-/vier~* mono-/bi-/tri-/quadrimoteur
Motorik <-> *f ∅* motricité *f*
motorisch *adj* moteur(-trice)
motorisieren * **I.** *vt* ■ **jd motorisiert etw** *Kraftfahrzeug* qn équipe qc d'un moteur
II. *vr fam* ■ **jd motorisiert sich** qn se motorise *fam*
motorisiert *adj* motorisé(e) *fam*; ***bist du ~?*** tu es motorisé(e)?
Motorisierung <-, -en> *f* motorisation *f*
Motorjacht *f* yacht *m* à moteur **Motorleistung** *f* puissance *f* du/de moteur
Motorrad ['motorat, mo'to:rat] *nt* moto *f*
▶ **jd fährt ~** qn fait de la moto, qn roule à moto
Motorrad- ['motorat-, mo'to:rat-] **1.** *(eines Motorrads)* de/de la moto **2.** *(für Motorradfahrer)* de moto[cycliste] **Motorradfahrer(in)** *m(f)* motocycliste *mf*, motard(e) *m(f) fam* **Motorradrennen** *nt* course *f* motocycliste ▶ **jd fährt ~** qn participe à des courses motocyclistes, qn fait du motocyclisme
Motorraum *m* compartiment *m* moteur **Motorroller** *m* scooter *m* **Motorsäge** *f* scie *f* à moteur **Motorschaden** *m* panne *f* de moteur **Motorsport** *m* course *f* auto/moto, sports *mpl* mécaniques
Motte <-, -n> *f* mite *f*
▶ **du kriegst die ~n!** *sl* y a de quoi être scié! *fam*
mottenfest *adj* traité(e) antimite **Mottengift** *nt* antimite *m* **Mottenkiste** *f* ▶ **jd holt etw aus der ~ [hervor]** *fam* qn ressort qc de ses fonds de

placard *fam* **Mottenkugel** *f* boule *f* antimite
Motto <-s, -s> *nt* devise *f*
▸ **etw steht unter dem ~ …** qc a pour devise …
motzen *vi sl* ▪ **jd motzt** qn râle *fam*
Mountainbike <-s, -s> ['mauntənbaik] *nt* vélo *m* tout-terrain, V.T.T. *m*
Mousepad <-s, -s> [mauspæt] *nt* INFORM tapis *m* pour souris, sourisodrome *m fam*
moussieren * [mʊ'si:rən] *vi* ▪ **etw moussiert** qc pétille, qc est pétillant(e)
Möwe <-, -n> *f* mouette *f*
MP <-, -s> [ɛm'pi:] *f abk von* **Maschinenpistole** P.M. *m*
MS [ɛm'ˀɛs] *abk von* **multiple Sklerose** sclérose *f* en plaques
MS-krank [ɛm'ˀɛs-] *adj* atteint(e) de sclérose en plaques
MTA <-s, -s> *m*, <-, -s> [ɛmte:'ˀa:] *f abk von* **medizinisch-technische(r) Assistent(in)** assistant(e) *m(f)* de laboratoire
Mücke <-, -n> *f* moustique *m*
▸ **jd macht aus einer ~ einen Elefanten** *fam* qn fait une montagne d'une taupinière, qn fait tout un plat d'une bricole *fam*
Muckefuck <-s> *m* ∅ *fam* ersatz *m* de café, café *m* de malt
mucken I. *vi fam* ▪ **jd muckt** qn la ramène *fam*
▸ **ohne zu ~** sans mouf[e]ter *fam*
II. *vr* DIAL ▪ **jd muckt sich** qn bronche
Mucken *pl fam* caprices *mpl; **ein Auto/ein Computer ohne ~*** une auto/un ordinateur qui ne déconne pas *fam*
▸ **jd hat [seine] ~** qn a ses/des lubies *fam;* **etw hat [seine] ~** qc déconne *pop;* **jd treibt jdm die ~ aus** qn lui fait passer ses lubies [*o* fantaisies]
Mückenstich *m* piqûre *f* de/du moustique
Mucks <-es, -e> *m fam* mot *m*, commentaire *m; **noch einen ~, und es gibt eine Ohrfeige!*** si tu la ramènes encore une fois, tu prends une gifle! *fam; **keinen ~ mehr!*** ça suffit! *fam*
▸ **jd sagt einen ~** qn bronche; ***wenn du einen ~ gesagt hättest …*** si tu avais dit quelque chose …; **jd sagt keinen ~** qn ne moufte pas *fam;* **ohne einen ~** sans mouf[e]ter *fam*
mucksen *vr fam* ▪ **jd muckst sich** qn bronche
mucksmäuschenstill [-mɔɪsçən-] I. *adj fam* silencieux(-euse); ***~e Kinder*** des enfants sages comme des images; ***es blieb ~ im ganzen Haus*** on aurait entendu voler une mouche dans la maison; ***sei/seid ~!*** pas de bruit!
II. *adv* sans faire de bruit, en silence; ***verhaltet euch ~!*** ne faites [surtout] pas de bruit!
müde I. *adj* 1. *Mensch* fatigué(e), las(se) *soutenu; Arme, Augen, Beine, Rücken, Haupt* fatigué(e); ▪ **jd ist [von etw] ~** qn est fatigué(e) [de qc]; ▪ **jd wird ~** qn [se] fatigue; ▪ **jd wird von etw ~** qc fatigue qn; ***davon wird man ~!*** ça fatigue!
2. (*gelangweilt*) *Blick, Handbewegung, Lächeln* las(se) *soutenu*
3. (*überdrüssig*) ▪ **jd ist/wird einer S.** (*gen*) **~** qn est las(se) *soutenu*/se lasse de qc, qn est fatigué(e)/se fatigue de qc; ▪ **jd wird nicht ~ etw zu tun** qn ne se lasse [*o* fatigue] pas de faire qc
II. *adv* 1. (*erschöpft*): ***ich habe mich ~ geredet!*** je suis épuisé(e) d'avoir tant parlé!; ***wir haben uns ~ gelaufen*** la marche nous a épuisés
2. (*gelangweilt*) *abwinken* d'un air las *soutenu;* ***da kann ich nur ganz ~ lächeln*** c'est pas très original *fam*, je ne trouve pas cela très original
-müde (*überdrüssig*) las(se) de la/du *soutenu*, dégoûté(e) de la/du; *ehe-, heirats-* anti…; ***jd wird fernseh~*** qn en a assez de la télé
Müdigkeit <-> *f* ∅ fatigue *f*
▸ **nur keine ~ vorschützen!** *fam* fais/faites pas semblant d'être fatigué(e)/fatigué(e)s *fam;* **vor ~** (*dat*) de fatigue
Mudschaheddin <-s, -> *m* moudjahid *m*
Müesli <-s, -s> *nt* mu[e]sli *m*
Muff[1] <-s> *m* ∅ (*modriger Geruch*) odeur *f* de renfermé
Muff[2] <-[e]s, -e> *m* COUT manchon *m*
Muffe <-, -n> *f* manchon *m*
▸ **jdm geht die ~** *sl* qn commence à avoir la trouille *fam* [*o* les jetons *pop*]; **jd hat ~** *sl* qn a la trouille *fam* [*o* les jetons *pop*]
Muffel <-s, -> *m fam* ronchon(ne) *m(f) fam*, mauvais coucheur/mauvaise coucheuse *m/f fam*
-muffel *m fam* allergique *mf* à la/au
muff[e]lig I. *adj fam* (*griesgrämig*) grincheux(-euse), grognon(ne)
II. *adv fam antworten* avec mauvaise humeur; *dasitzen* l'air bougon; *aussehen* de mauvaise humeur
Muffensausen <-s> *nt* ▸ **jd hat/kriegt ~** *fam* qn a/se met à avoir la frousse [*o* la trouille] *fam*
muffig I. *adj* 1. *Geruch* de renfermé
2. *fam* (*schlecht gelaunt*) bougon(ne), grognon(ne)
II. *adv* 1. *riechen* le renfermé
2. *fam* (*lustlos*) *antworten* d'un ton grincheux; *dasitzen* l'air bougon
mufflig *adj s.* **muffelig**
muh *interj* meuh
Mühe <-, -n> *f* effort *m*, peine *f; **mit großen ~n/mit viel ~*** avec de gros efforts/avec beaucoup de mal; ***ein Leben voller ~*** une vie de peine [*o* d'efforts]; ***das Treppensteigen bereitet ihr ziemliche ~*** elle a bien du mal à monter l'escalier; ***jd hat nicht wenig ~ mit etw*** qn a beaucoup de mal avec qc
▸ **mit Müh und Not** *fam* avec peine, tant bien que mal, avec bien du mal; **jd gibt sich** (*dat*) **alle erdenkliche ~** qn fait tout son possible; **etw ist verlorene ~** qc est peine perdue; **etw ist der ~** (*gen*) **wert** qc [en] vaut la peine; **jd gibt sich** (*dat*) **[große] ~ [etw zu tun]** qn se donne du mal [*o* de la peine]/beaucoup de mal [*o* peine] [pour faire qc]; **jd gibt [*o* macht] sich** (*dat*) **keine ~/keine ~ etw zu tun** qn ne se donne aucun mal/pas le mal [*o* la peine] de faire qc; ***geben Sie sich keine ~!*** ne vous donnez pas cette peine!; **jd hat ~ etw zu tun** qn a de la peine [*o* du mal] à faire qc; **jd hat mit jdm seine ~** qn a bien du mal avec qn; **etw kostet jdn ~/einige/viel ~** qc demande à qn des efforts/pas mal d'efforts/beaucoup d'efforts; **etw lohnt die ~** qc [en] vaut la peine; **die ~ lohnt sich** ça [en] vaut la peine; ***die große ~ hat sich nicht gelohnt*** ça ne valait pas la peine de se donner tant de mal; **etw macht jdm ~** qn a du mal à faire qc; ***das Atmen macht noch einige ~*** j'ai encore un peu de mal à respirer; **jd macht sich** (*dat*) **die ~ etw zu tun** qn se donne la peine [*o* le mal] de faire qc; **jd macht sich** (*dat*) **nicht die ~ etw zu tun** qn ne se donne pas la peine [*o* le mal] de faire qc; **machen Sie sich** (*dat*) **keine ~!** ne vous dérangez pas!; **ich möchte Ihnen keine ~ machen** je ne veux pas vous causer du dérangement; **jd schenkt [*o* spart] sich** (*dat*) **die ~** qn épargne sa peine; **jd verwendet viel/einige/ziemliche ~ auf etw** (*akk*) qn consacre de nombreux/quelques/certains efforts à qc; **nur mit ~** non sans mal [*o* peine]; **ohne ~** sans difficulté, sans peine
mühelos I. *adj* facile
II. *adv* sans peine
Mühelosigkeit <-> *f* ∅ facilité *f*
muhen *vi* ▪ **eine Kuh muht** une vache meugle [*o* beugle]; ▪ **das M~** le meuglement, le beuglement
mühen *vr geh* 1. (*sich be~*) ▪ **jd müht sich etw zu tun** qn s'efforce de faire qc
2. (*sich ab~*) ▪ **jd müht sich mit jdm/etw** qn se donne du mal avec qn/qc; ***er müht sich mit der Übersetzung dieses Artikels*** il a du mal à traduire cet article
mühevoll *adv, adj geh s.* **mühsam**
Mühl- *-rad* de/du moulin; *~**bach*** bief *m* [de/du moulin]; *~**teich*** chenal *m;* *~**wehr*** barrage *m* de/du moulin; *~**werk*** engrenage *m*
Mühle <-, -n> *f* 1. (*Wasser~, Wind~*) moulin *m*
2. *fam* (*Kaffee~, Getreide~*) moulin *m*
3. (*Mühlespiel*) marelle *f* [assise]; (*Figur aus drei Spielsteinen*) marelle *f*
4. *veraltend sl* (*Flugzeug*) zinc *m vieilli arg*
5. *pej* (*Räderwerk*) [*Justiz, Verwaltung etc*] rouages *mpl*, engrenage *m*
▸ **die ~n einer S.** (*gen*) **mahlen langsam** la machine de qc est lente à se mettre en branle
Mühlen- de/du moulin
Mühlstein *m* meule *f*
Mühsal <-, -e> *f geh* peine *f souvent pl; **es war eine ziemliche ~*** ce fut un dur labeur
mühsam I. *adj Arbeit* pénible; *Angelegenheit, Leben a.* difficile; *Klettertour, Wanderung a.* fatigant(e); ▪ **es ist [für jdn] ~ etw zu tun** il est pénible [pour qn] de faire qc
II. *adv* péniblement
mühselig *adv, adj geh s.* **mühsam**
Mukoviszidose <-> [mukovɪstsi'do:zə] *f* ∅ mucoviscidose *f*
Mulatte <-n, -n> *m*, **-lattin** *f* mulâtre/-tresse *m/f*
Mulde <-, -n> *f* 1. GEOG cuvette *f*
2. NDEUTSCH (*Trog*) [conteneur *m*] benne *f*; (*Back~*) pétrin *m*
Muli <-s, -[s]> *nt o m* AUS, SDEUTSCH mulet *m*
Mull <-[e]s, -e> *m* gaze *f*
Müll <-[e]s> *m* ∅ (*Abfall*) déchets *mpl;* (*Haus~*) ordures *fpl* ménagères; ***„~ abladen verboten"*** défense de déposer des ordures
▸ **etw kommt in den ~** qc va à la poubelle [*o* aux ordures]; **jd wirft etw in den ~** qn met [*o* jette] qc à la poubelle [*o* aux ordures]
Müll- des déchets; (*von Hausmüll*) des ordures; *-container, -sack* à ordures; *~**eimerbeutel*** sac-poubelle *m*
-müll *m* déchets *mpl* de/de la/du
Müllabfuhr <-, -en> *f* 1. (*das Abfahren des Mülls*) ramassage *m* [*o* enlèvement *m*] des ordures ménagères
2. (*Behörde*) service *m* d'enlèvement des ordures
3. *fam* (*Müllwagen*) ▪ **die ~** le camion des éboueurs, les éboueurs *mpl fam*
Mullah <-s, -s> *m* mollah *m*
Mullbinde *f* bande *f* de gaze
Mülldeponie *f* décharge *f*, dépôt *m* d'ordures **Mülleimer** *m* poubelle *f*
Müller(in) <-s, -> *m(f)* meunier(-ière) *m(f)*
Müllfahrer(in) *m(f)* chauffeur(-euse) *m(f)* (*d'un camion de ramassage des ordures*) **Müllhaufen** *m* tas *m* d'ordures **Müllkippe** *f* décharge *f* **Müllmann** <-männer *o* Mülleute> *m fam* boueux *m fam*, éboueur *m* **Müllschlucker** <-s, -> *m* vide-ordures *m* **Mülltonne** *f* poubelle *f* **Mülltourismus** [-turɪsmʊs] *m* exportation *f* des déchets **Mülltrennung** *f* triage *m* des déchets **Müllverbrennung** *f* incinération *f* des ordures [ménagères] **Müllverbrennungsanlage** *f* usine *f* d'incinération des ordures ménagères **Müllwagen** *m* camion *m* d'enlèvement [*o* de ramassage] des ordures ménagères
Mullwindel *f* couche *f* en coton
mulmig *adj fam* 1. (*unbehaglich*) bizarre; ***ich habe da ein ganz ~es Gefühl*** j'ai un mauvais pressentiment
2. (*brenzlig*) *Lage, Situation* scabreux(-euse), peu brillant(e)
▸ **jdm ist ~ zumute** qn n'est pas dans son assiette *fam;* **es wird ~** ça tourne/va tourner mal, ça sent/va sentir le roussi *fam*
Multi <-s, -s> *m fam* multinationale *f*
multi- *-dimensional, -kausal, -lingual* pluri-; *-faktoriell* poly-; *-kulturell* multi-
Multi- *-konzern* multinational(e); *-bügel, -organtransplantation, -talent* multiple; *~**megabitchip*** puce *f* de plusieurs mégabits
-multi *m* multinationale *f* de/du/de la
multifunktional *adj* multifonctions **multilateral** *adj* multilatéral(e), plurilatéral(e)
Multimedia INFORM multimédia *m*
Multimedia- multimédia
multimedial *adj* multimédia **Multimillionär(in)** *m(f)* multimillionnaire *mf* **multinational** *adj* multinational(e)

Multiplikand <-en, -en> *m* multiplicande *m*
Multiplikation <-, -en> *f* multiplication *f*
Multiplikationszeichen *nt* signe *m* de/de la multiplication
Multiplikator <-s, -toren> *m* MATH multiplicateur *m*
Multiplikator <-s, -toren> *m*, **-torin** *f geh* propagateur(-trice) *m(f)*
multiplizieren * I. *vt* ■ **jd multipliziert etw [mit etw]** qn multiplie qc [par qc]; ■ **das M~** la multiplication
II. *vr geh* ■ **etw multipliziert sich** qc se multiplie
Multitasking <-s> ['mʌltitɑːskɪŋ] *nt* Ø INFORM [traitement *m*] multitâche *m*, multiprogrammation *f*
Mumie <-, -n> ['muːmiə] *f* momie *f*
mumifizieren * *vt* ■ **etw mumifiziert etw** qc momifie qc
Mumifizierung <-, -en> *f* momification *f*
Mumm <-s> *m* Ø *fam* 1.(*Kraft*) pêche *f fam*, punch *m fam*; ***hast du denn keinen ~ in den Knochen?*** mais t'as rien dans les muscles? *fam*
2.(*Mut*) cran *m fam*; ***ihm fehlt einfach der ~*** il a rien dans le ventre *fam*; ***er hat keinen ~ mehr zu kämpfen*** il a plus le courage de se battre
mummeln[1] *vt* NDEUTSCH *fam* (*murmeln*) ■ **jd mummelt etw [vor sich hin]** qn marmonne qc [dans sa barbe]
mummeln[2] I. *vt* NDEUTSCH *fam* (*einhüllen*) ■ **jd mummelt jdn in etw** (*akk*) qn emmitoufle qn dans qc
II. *vr* NDEUTSCH *fam* ■ **jd mummelt sich in etw** (*akk*) qn s'emmitoufle dans qc
mümmeln *vi* ■ **ein Tier/jd mümmelt [an etw** (*dat*)**]** un animal/qn grignote [qc]
Mumpitz <-es> *m* Ø *veraltend fam* fariboles *fpl fam*
Mumps <-> *m* Ø oreillons *mpl*
München <-s> *nt* Munich
Münchhausen <-s, -[s]> *m veraltend geh* hâbleur *m littér*, Gascon *m vieilli littér*
Mund <-[e]s, Münder> *m* bouche *f*; ***er verzog den ~*** il fit une/la grimace
▶ **jd sperrt ~ und Nase auf** *fam* qn en bave des ronds de chapeau *fam*, qn reste bouche bée; **aus berufenem ~e** de bonne source, de source sûre; **jd redet sich** (*dat*) **den ~ fusselig** qn dépense sa salive [pour rien] *fam*; **jd hat [nur] einen großen ~** qn est fort en gueule *fam*; **~ voll** bouchée *f*; ***ein ~ voll Wasser*** une gorgée d'eau; **mit vollem ~e** *kauen, sprechen* la bouche pleine; **jd nimmt den ~ [zu] voll** *fam* qn voit trop grand *fam*, qn pousse un peu *fam*; **jd macht jdm den ~ wässrig** qn lui fait venir l'eau à la bouche; (*macht jdm Lust*) qn lui en donne envie; **jd wird von ~ zu ~ beatmet** on fait du bouche-à-bouche à qn; **jd fährt jdm über den ~** *fam* qn coupe le sifflet [*o* cloue le bec] à qn *fam*; **[jd ist] nicht auf den ~ gefallen** qn n'a pas la langue dans sa poche *fam*; **etw geht von ~ zu ~** qc passe [*o* se propage] de bouche en bouche; **halt den ~!** *fam* ferme ton bec! *fam*, ferme-la! *pop*; **jd kann den/seinen ~ nicht halten** *fam* qn ne peut pas tenir sa langue [*o* la boucler *fam*]; **etw ist in aller ~e** qc est dans toutes les bouches [*o* sur toutes les lèvres]; **etw kommt aus jds ~e** qc sort de la bouche de qn; **jd legt jdm etw in den ~** qn souffle qc à qn, qn fait dire qc à qn; **jd macht [*o* tut] den ~ auf** qn ouvre la bouche; **jd nimmt etw nicht in den ~** qn ne dit pas qc; **jd redet jdm nach dem ~[e]** qn caresse qn dans le sens du poil, qn dit à qn ce qu'il a envie d'entendre; **jd reißt den ~ auf** *sl* qn ouvre trop grand sa gueule *pop*; **jd stopft jdm den ~** *fam* qn cloue le bec à qn *fam*; **jd verbietet jdm den ~** qn ordonne à qn de se taire; **jd verbrennt sich** (*dat*) **den ~** qn se fait attraper *fam*; ***jd hat sich den ~ verbrannt*** qn aurait mieux fait de se taire; **wie aus einem ~e** en chœur
Mundart *f* dialecte *m*, patois *m*
Mundart- *-dichtung, -gedicht* en dialecte, en patois; *-wörterbuch* de dialecte; *-dichter* dialectisant(e); ***~sprecher(in)*** dialectophone *mf*
mundartlich I. *adj* dialectal(e)
II. *adv anwenden, gebrauchen* en dialecte, en patois
Munddusche *f* hydropropulseur *m*
Mündel <-s, -> *nt o* JUR *m* pupille *mf*
mündelsicher I. *adj Anlage* pupillaire; *Geldanlage* sûr(e); *Wertpapier* de tout repos
II. *adv anlegen*: ***jd legt sein Geld ~ an*** qn fait un placement sûr
munden *vi geh* ■ **etw mundet [jdm]** qc est au goût de qn *soutenu*, qn aime qc; ***ich hoffe, es mundet*** j'espère que c'est à ton/votre goût; ***wie mundet Ihnen dieser Wein?*** comment trouvez-vous ce vin?; ■ **jd lässt sich** (*dat*) **etw ~** qn savoure qc, qn déguste qc; ***lasst es euch ~!*** je vous souhaite bon appétit!
münden *vi + sein o haben* 1.(*hineinfließen*) ■ **etw mündet in etw** (*akk*) /*Bach, Fluss*/ qc se jette dans qc
2.(*führen zu*) ■ **etw mündet auf/in etw** (*akk*) /*Gang, Straße*/ qc débouche dans/sur qc
3.(*hinauslaufen auf*) ■ **etw mündet in etw** (*akk*) /*Bemerkung, Diskussion, Frage*/ qc débouche sur [*o* aboutit à] qc
mundfaul *adj fam* pas très parlant(e) *fam*, pas très causant(e), peu loquace; ■ **jd ist ~** qn n'ouvre pas le bec *fam*, qn n'est pas très causant(e) ▶ **sei doch nicht so ~!** tu pourrais un peu ouvrir le bec! *fam* **mundgerecht** I. *adj*: ***ein ~er Bissen/~es Stück*** une bouchée/un morceau de la taille d'une bouchée II. *adv* en petits morceaux, en morceaux de la taille d'une bouchée **Mundgeruch** *m* mauvaise haleine *f* ▶ **jd hat ~** qn a [une] mauvaise haleine **Mundharmonika** *f* harmonica *m* **Mundhöhle** *f* cavité *f* buccale
mündig *adj* 1.(*urteilsfähig*) *Bürger, Staatsbürger* majeur(e), responsable
2.(*volljährig*) ■ **jd ist/wird ~** qn est/devient majeur(e), qn atteint la majorité
▶ **jd erklärt jdn für ~** qn émancipe qn
mündlich I. *adj* 1. *Befragung, Prüfung, Test, Überlieferung* oral(e); *Abmachung, Besprechung, Übereinkunft, Vereinbarung* verbal(e)
2. JUR: ***die ~e Verhandlung*** le débat contradictoire
3. SCOL, UNIV *fam* ■ **das M~e** l'oral *m*; ***im M~en*** à l'oral
II. *adv* 1. *prüfen, testen, überliefern* oralement; *abmachen, besprechen, informieren, vereinbaren* verbalement, de vive voix
2. JUR *verhandeln* contradictoirement
Mundpropaganda *f* bouche *m* à oreille; ***es war reine ~, dass*** c'est uniquement par le bouche à oreille que + *indic*
▶ **durch ~** par le bouche à oreille
Mundschenk <-en, -en> *m* HIST échanson *m*
Mundschutz *m* masque *m* **Mundstück** *nt* 1. MUS embouchure *f* 2. [*Tabakspfeife, Zigarillo*] bout *m*; [*Atemschlauch*] embout *m* **mundtot** *adj* ▶ **jd macht jdn [mit etw] ~** *fam* qn réduit qn au silence [*o* muselle qn] [par qc]
Mündung <-, -en> *f* 1. [*Bach, Fluss*] embouchure *f*
2. [*Kanone*] bouche *f*, gueule *f*; [*Gewehr, Pistole*] canon *m*, extrémité *f*
Mundvoll *s.* **Mund** ▶. **Mundwasser** *nt* bain *m* de bouche, eau *f* [*o* solution *f*] avant/après brossage **Mundwerk** *nt* ▶ **jd hat ein freches/loses/lockeres/unverschämtes ~** *fam* qn a la langue bien pendue *fam* **Mundwinkel** *m* commissure *f* des lèvres, coin *m* de la bouche; ***im ~*** au coin de la bouche **Mund-zu-Mund-Beatmung** *f* bouche-à-bouche *m*
Munition <-> *f* Ø munitions *fpl*
munkeln *vt* ■ **jd munkelt etw** qn murmure qc; ■ **man munkelt [*o* es wird gemunkelt], dass** on murmure que + *indic*
Münster <-s, -> *nt* cathédrale *f*
munter *adj* 1.(*aufgeweckt*) *Mensch* éveillé(e), vif(vive)
2.(*heiter*) *Gesang, Lied, Spiel* plein(e) d'entrain
3.(*wach*) ■ **jd ist/wird ~** qn est [r]éveillé(e)/s'éveille [*o* se réveille]; ***davon wirst du wieder ~*** ça va te réveiller
▶ **etw macht jdn wieder ~** qc réveille qn, qc donne un coup de fouet à qn
Munterkeit <-> *f* Ø vivacité *f*; ***jd ist von großer ~*** qn a l'esprit très éveillé, qn est plein(e) de vivacité
Muntermacher *m* stimulant *m*, excitant *m*
Münzautomat *m* distributeur *m* automatique
Münze <-, -n> *f* 1.(*Geldstück*) pièce *f* de monnaie
2.(*Prägeanstalt*) hôtel *m* des monnaies
▶ **jd nimmt etw für bare ~** qn prend qc pour argent comptant; **jd zahlt es jdm mit gleicher ~ heim** qn lui rend la monnaie de sa pièce; ***ich werde ihr diese Gemeinheit mit gleicher ~ heimzahlen*** elle va me le payer, elle va me payer sa méchanceté, je vais lui faire faire payer sa méchanceté; **in klingender ~** *geh* en espèces sonnantes et trébuchantes; **jd setzt etw in klingende ~ um** qn convertit qc en espèces sonnantes et trébuchantes
münzen *vt* ■ **etw ist auf jdn/etw gemünzt** qc vise qn/qc
Münzfernsprecher *m form* téléphone *m* à pièces **Münzsammlung** *f* collection *f* de pièces [de monnaie] **Münzschlitz** *m* fente *f* (*où on introduit la pièce*) **Münztankstelle** *f* station *f* service automatique (*ouverte 24/24 h acceptant cartes et billets*)
Muräne <-, -n> *f* murène *f*
mürb[e] *adj* 1. *Braten, Filet, Fleisch* tendre; ***~es Gebäck*** sablé *m*
2.(*brüchig*) *Seil* usé(e); *Gewebe a.* élimé(e)
▶ **jd/etw macht jdn ~** qn/qc pousse qn à bout
Mürbeteig *m* pâte *f* brisée
Murks <-es> *m* Ø *fam* travail *m* bâclé [*o* salopé] *fam*
▶ **jd macht ~** qn fait du travail bâclé *fam*, qn bâcle [*o* salope] son travail *fam*
murksen *vi fam* ■ **jd murkst** qn salope [*o* bâcle] son travail *fam*
Murmel <-, -n> *f* bille *f*
murmeln I. *vi* ■ **jd murmelt** qn marmonne; ■ **das M~** le[s] murmure[s]
II. *vt* ■ **jd murmelt etw** qn murmure [*o* chuchote] qc
Murmeltier *nt* marmotte *f*
▶ **jd schläft wie ein ~** qn dort comme une marmotte [*o* un loir]
murren *vi* ■ **jd murrt [über etw** (*akk*)**]** qn maugrée [au sujet de qc], qn grogne [contre qc]; ***das Volk murrt*** le peuple gronde; ■ **das M~** les murmures *mpl*; ***lass das M~!*** cesse de grogner!
▶ **ohne zu ~, ohne M~** sans maugréer; **[nur] unter M~** [seulement] en maugréant
mürrisch I. *adj Mensch, Art, Wesen* grincheux(-euse); *Gesicht* renfrogné(e)
II. *adv* d'une façon grincheuse; *antworten, brummen* d'un [*o* sur un] ton grincheux
Mus <-es, -e> *nt o m* [*Obst*] compote *f*; [*Karotten, Erbsen*] purée *f*
▶ **jd schlägt jdn zu ~** *sl* qn met qn en bouillie *fam*, qn réduit qn en compote
Muschel <-, -n> *f* 1. ZOOL (*Molluske*) coquillage *m*
2.(*Muschelschale*) coquillage *m*
3. GASTR coquillage *m*; (*Mies~*) moule *f*
4. TELEC (*Hör~*) écouteur *m*; (*Sprech~*) microphone *m*
Muschel- de coquillage[s]
Muschi <-, -s> *f sl* zézette *f enfantin*
Muse <-, -n> *f* muse *f*
▶ **die leichte ~** la musique légère; **jd wird von der ~ geküsst, die ~ küsst jdn** la muse inspire qn
Museum <-s, Museen> *nt* musée *m*
museumsreif *adj hum* antédiluvien(ne) [*o* bon(ne) à mettre au rancart] *fam*
Musical <-s, -s> ['mjuːzikl] *nt* comédie *f* musicale
Musik <-, -en> *f* musique *f*; ***sie studiert ~*** elle fait des études musicales
▶ **etw ist ~ in jds Ohren** qn est ravi(e) d'entendre qc; ***das ist natürlich ~ in meinen Ohren*** voilà qui fait bien sûr plaisir à entendre; **geistliche ~** musique *f* sacrée [*o* spirituelle]; **klassische ~** musique *f* classique, grande musique *f fam*; **moderne ~** musique *f* moderne [*o* contemporaine]; **jd macht ~** qn fait [*o* joue] de la musique
Musik- 1. SCOL, UNIV *-lehrer, -schule, -studium* de musique; ***~wissenschaftler(in)*** musicologue *mf*; ***~wissenschaft*** musicologie *f* 2.(*Musik zum Objekt habend*) *-begeisterung, -liebe, -interesse* pour la musique; *-freund, -liebhaber, -lexikon* de musique 3.(*zum Musizieren*) *-halle, -saal* de concert;

-zimmer de musique **4.** (*musizierend*) *-gruppe* de musiciens; *~**kapelle**, ~**orchester*** orchestre *m; ~**schaffende(r)*** musicien(ne) *m(f)*, compositeur(-trice) *m(f)* **5.** COM *-industrie* du disque/de disques; *-film* musical(e); *-verleger* de musique; *~**video*** clip *m* **Musikakademie** *f* conservatoire *m* [de musique]

Musikalienhandlung [-liən-] *f* marchand *m* [*o* magasin *m*] de musique

musikalisch I. *adj* **1.** (*musikbegabt*) musicien(ne)
2. (*Musik betreffend*) musical(e); *~**e Begleitung*** accompagnement *m*
II. *adv arbeiten, sich betätigen* dans le domaine musical; *begabt* musicalement, pour la musique

Musikant(in) <-en, -en> *m(f)* musicien(ne) *m(f)*

Musikantenknochen *m fam* petit juif *m fam; **jd stößt sich** (dat) **den** ~* qn se cogne le petit juif *fam*

Musikbox *f* juke-box *m inv*

Musiker(in) <-s, -> *m(f)* (*Orchestermitglied*) musicien(ne) *m(f)*; (*Komponist a.*) compositeur(-trice) *m(f)*

Musikgeschichte *f* histoire *f* de la musique **Musikhochschule** *f* conservatoire *m* [de musique] **Musikinstrument** *nt* instrument *m* de musique **Musikkapelle** *f* (*Orchester*) orchestre *m* [de danse [*o* de bal]]; (*in einem Bierzelt*) orchestre *m* bavarois **Musikkassette** *f* cassette *f* [audio], K7 *f* **Musikstück** *nt* morceau *m* de musique

Musikus <-, Musizi> *m hum* musicien(ne) *m(f)*

musisch I. *adj* **1.** *Mensch* doué(e) pour les arts, profondément artiste; *Begabung, Talent, Veranlagung* d'artiste; ■ **jd ist** ~ qn est né(e) artiste, qn a un sens artistique développé
2. *Erziehung, Fach* artistique
II. *adv begabt, talentiert, veranlagt* pour les arts; ***sie ist** ~ **veranlagt/ begabt*** elle a un tempérament d'artiste/elle est une artiste-née; ***er ist** ~ **talentiert*** il a des talents artistiques certains

Musizi *pl von* **Musikus**

musizieren * *vi* ■ **jd musiziert** qn fait de la musique, qn joue [de la musique]; ***beim M~ vergesse ich alles*** quand je joue [*o* fais de la musique], j'oublie tout; ***sie** ~ **auf ihren Instrumenten*** ils/elles jouent de leurs instruments

Muskat <-[e]s, -e> *m* muscade *f*

Muskateller <-s, -> *m* (*Traubensorte*) [raisin *m*] muscat *m;* (*Weinsorte*) [vin *m*] muscat *m*

Muskatnuss[RR] *f* [noix *f*] muscade *f*

Muskel <-s, -n> *m* muscle *m*
▶ **jd hat ~n** qn a des muscles [*o* du muscle *fam*]; **jd lässt seine ~n spielen** qn fait jouer ses muscles

Muskelfaser *f* fibre *f* musculaire **Muskelkater** *m Ø* courbatures *fpl*
▶ **jd bekommt/hat** ~ qn attrape/a des courbatures **Muskelkraft** *f* force *f* musculaire **Muskelkrampf** *m* crampe *f* **Muskelmann** <-männer> *m fam* monsieur *m* muscles, adepte *m* de la gonflette *fam* **Muskelpaket** *nt fam* tas *m* de muscles **Muskelprotz** <-es, -e> *m fam* paquet *m* de muscles, rouleur *m* de mécaniques *fam* **Muskelriss**[RR] *m* déchirure *f* musculaire **Muskelschwund** *m Ø* myopathie *f*

Musketier <-s, -e> *m* mousquetaire *m*
▶ **„Die drei ~e"** "Les Trois Mousquetaires"

Muskulatur <-, -en> *f* musculature *f*

muskulös I. *adj* musclé(e), musculeux(-euse)
II. *adv: ~ **gebaut*** musclé(e), tout(e) en muscles

Müsli <-[s], -s> *nt* mu[e]sli *m*

Muslim <-, -e> *m*, **Muslime** *f* musulman(e) *m(f)*

Muss[RR], **Muß** <-> *nt* ▶ **etw ist ein** ~ qc est indispensable [*o* une obligation]; ***eine Ruhepause ist einfach ein*** ~ il est [absolument] impératif de faire une pause; **etw ist kein** ~ qc n'est pas une obligation

Mussbestimmung[RR] *f* disposition *f* impérative

Muße <-> *f Ø* loisirs *mpl; **das ist der rechte Ort für beschauliche** ~* c'est l'endroit idéal pour se détendre et réfléchir
▶ **jd findet die ~ für etw/um etw zu tun** qn trouve le loisir de faire qc; **mit** ~ en prenant tout son temps

Mussehe[RR] *f* mariage *m* [un peu] précipité; ***es war eine** ~* ils ont dû [*o* ont été obligés de] se marier [un peu] précipitamment

müssen I. <muss, musste, müssen> *aux modal* **1.** (*gezwungen sein*) ■ **jd muss etw tun** qn doit faire qc, il faut que qn fasse qc; ***wir mussten lachen*** nous n'avons pas pu nous empêcher de rire
2. *verneinend* (*brauchen*) ■ **jd muss etw nicht tun** qn n'a pas besoin [*o* n'est pas obligé(e)] de faire qc
3. (*notwendigerweise haben/sein*) ■ **etw muss etw sein:** ***muss denn immer alles wahr sein, was er sagt?*** pourquoi tout ce qu'il dit serait[-il] forcément toujours vrai?; ***warum muss es ausgerechnet heute wieder regnen?*** pourquoi faut-il qu'il pleuve justement aujourd'hui?; ■ **etw muss nicht ...** qc ne doit pas obligatoirement ...; ***das muss nicht unbedingt stimmen*** ce n'est pas nécessairement exact; ***uns muss das ja nicht stören*** je ne vois pas pourquoi il faudrait [forcément] que ça nous dérange
4. (*eigentlich sollen*) ■ **jd müsste etw tun** qn devrait faire qc
5. (*wahrscheinlich*) ■ **es/das muss ...** ça doit ...; ■ **jd/etw muss/müsste etw tun** qn/qc doit/devrait faire qc
▶ **muss das [denn] sein?** c'est [vraiment] nécessaire [*o* indispensable]?; **das muss sein** c'est absolument nécessaire [*o* indispensable]; **wenn es [denn/ unbedingt] sein muss** si vraiment c'est indispensable [*o* il faut]; **wenn es [unbedingt] sein muss, ...** s'il le faut [vraiment], ...; **man muss nur ...** il n'y a qu'à ... + *infin;* **man müsste ...** il faudrait ... + *infin;* **man müsste ...** (*wenn man doch ...*) si seulement on ...; ***man müsste reich sein*** si seulement on était riche
II. <mußte, gemußt> *vi* **1.** (*gezwungen sein, sich zu begeben*) ■ **jd muss irgendwohin/zu jdm** qn doit aller [*o* se rendre] quelque part/chez qn, il faut que qn aille [*o* se rende] quelque part/chez qn
2. ■ **etw muss irgendwohin/zu jdm** */Brief, Lieferung, Paket/* qc doit arriver [*o* être acheminé(e)] quelque part/parvenir à qn, il faut que qc arrive [*o* soit acheminé(e)] quelque part/parvienne à qn; */Koffer/* qc doit être déposé(e) quelque part/chez qn; ***Briefe, die zur Post** ~* des lettres qui doivent être postées [*o* qu'il faut poster]
3. (*nicht umhinkönnen*) ■ **jd muss** qn doit, il faut
▶ **jd muss [mal]** *euph fam* qn a besoin d'aller au petit coin *fam*

Mußestunde *f* moment *m* de loisir [*o* de détente]; ***in seinen ~n*** à ses heures perdues

Mussheirat[RR] *f fam* mariage *m* [un peu] précipité; ***man sagt, dass es eine ~ war*** on dit qu'ils ont dû précipiter [un peu] le mariage

müßig I. *adj* oiseux(-euse); ■ **es ist ~ etw zu tun** il est vain [*o* oiseux] de faire qc
II. *adv* à ne rien faire; ***sie lagen ~ in der Sonne*** ils/elles fainéantaient au soleil

Müßiggang *m Ø geh* oisiveté *f*, désœuvrement *m*
▶ **~ ist aller Laster Anfang** *prov* l'oisiveté est [la] mère de tous les vices

musste[RR], **mußte** *imp von* **müssen**

Muster <-s, -> *nt* **1.** COM échantillon *m*
2. COUT motif *m*
3. (*Vorlage*) modèle *m;* (*Schnittmuster*) patron *m*
4. ■ **jd/etw ist ein ~ an etw** (*dat*) qn/qc est un modèle de qc
▶ **etw dient [jdm] als** ~ qc sert de modèle [à qn]; **nach ...** ~ sur le modèle ...

Muster- (*vorbildlich*) modèle **Musterbeispiel** *nt* ■ **ein ~ für etw** l'exemple *m* type de qc **Musterexemplar** *nt* **1.** (*vorbildlicher Mensch*) ■ **[jd ist] ein ~ von etw** [qn est] un/une ... modèle **2.** (*Warenmuster*) échantillon *m;* (*Buch, Zeitschrift*) spécimen *m* **mustergültig** *adj geh s.* **musterhaft**

musterhaft I. *adj Gattin, Mitarbeiter, Schüler, Vorgesetzter* modèle; *Verhalten* exemplaire; *Beispiel* parfait(e); *Ordnung* impeccable
II. *adv* de façon exemplaire

Musterknabe *m* enfant *m* modèle **Musterkoffer** *m* mallette *f* à échantillons, marmotte *f* **Musterkollektion** *f* collection *m* d'échantillons

mustern *vt* **1.** (*betrachten*) ■ **jd mustert jdn** qn examine qn, qn inspecte qn; ***sie musterte ihn abschätzig*** elle le toisait; ***sie musterten sich feindselig*** ils/elles se regardaient en chiens de faïence
2. MIL ■ **jd wird gemustert** qn fait les trois jours *fam*, qn passe les tests de sélection

Musterprozess[RR] *m* procès *m* exemplaire **Musterschüler(in)** *m(f)* élève *mf* modèle **Mustersendung** *f* envoi *m* d'échantillons

Musterung <-, -en> *f* **1.** MIL (*das Mustern*) tests *mpl* [*o* passage *m* au centre] de sélection, trois jours *mpl fam*
2. [*Gegenstand, Stoff*] examen *m;* [*Person*] inspection *f*

Musterwohnung *f* appartement-témoin *m*

Mut <-[e]s> *m Ø* courage *m*
▶ **mit dem ~ der Verzweiflung** avec l'énergie du désespoir; **mit frischem** ~ ragaillardi(e); **jd ist frohen [*o* guten] ~es** qn est confiant(e); **jd bekommt [*o* fasst] [*o* schöpft** *geh*] **[wieder]** ~ qn reprend courage; **jd hat ~/keinen** ~ qn a du/manque de courage; ***du hast wirklich ~, dass du dir zutraust, ...*** tu as vraiment du courage pour oser ...; **jd hat den ~ etw zu tun** qn a le courage de faire qc; **jd lässt den ~ sinken, jd verliert den** ~ qn perd courage; **jd/etw macht jdm [wieder]** ~ qn/qc [re]donne du courage à qn; **jd/ etw nimmt jdm den** ~ qn/qc décourage qn; **nur** ~! [allez,] courage!

Mutation <-, -en> *f* mutation *f*

Mütchen <-s> *nt* ▶ **jd kühlt sein** ~ *fam* qn se défoule; **jd kühlt sein ~ an jdm** *fam* qn passe ses nerfs sur qn

mutieren * *vi* ■ **jd/ein Tier/etw mutiert** qn/un animal/qc mute [*o* subit une mutation]

mutig I. *adj* courageux(-euse)
▶ **dem M~en gehört die Welt** *prov* la fortune sourit aux audacieux, à cœur vaillant rien d'impossible
II. *adv* courageusement

mutlos *adj* ■ **jd ist** ~ qn est découragé(e); ■ **jd wird** ~ qn se décourage, qn perd courage
▶ **etw macht jdn** ~ qc décourage qn

Mutlosigkeit <-> *f Ø* découragement *m*

mutmaßen I. *vt* ■ **jd mutmaßt etw** qn soupçonne qc, qn flaire qc; ■ **jd mutmaßt, dass** qn soupçonne [*o* suppose] que + *indic;* ■ **jd mutmaßt, ob** qn se demande si; ■ **jd mutmaßt, wann/wer/wie/was** qn croit savoir quand/qui/comment/ce qui/ce que + *indic; **wir sind darauf angewiesen zu ~, wie das geschehen konnte*** nous en sommes réduit(e)s à des suppositions sur la façon dont ça a pu se produire
II. *vi* ■ **jd mutmaßt** qn émet une hypothèse, qn fait une supposition/des suppositions

mutmaßlich I. *adj attr Schuldige, Täter* présumé(e); *Grund, Ursache* supposé(e)
II. *adv* probablement, vraisemblablement; ***das Verbrechen wurde ~ von ihm verübt*** on suppose [*o* présume] qu'il a commis ce crime

Mutmaßung <-, -en> *f* hypothèse *f*, supposition *f*, conjecture *f;* (*bei einem Verbrechen*) présomption *f*

Mutprobe *f* épreuve *f* de courage
▶ **jd besteht eine** ~ qn passe avec succès une épreuve de courage; **jd legt eine ~ ab** qn doit subir une épreuve de courage

Mutschli <-s, -> *nt* CH petit pain *m*

Mutter[1] <-, ⸗> *f* mère *f; **wie geht es deiner/Ihrer** ~?* comment va ta maman/votre mère?
▶ **jd ist** ~ qn est mère de famille; **eine werdende** ~ une future mère; **jd**

wird ~ qn est enceinte; ***sie ist ~ geworden*** elle a eu un bébé

Mutter² <-, -n> *f* TECH écrou *m*

Mutterbindung *f* attachement *m* à la mère; ***er hat eine sehr starke*** ~ il a un fort œdipe **Mutterboden** *m* terre *m* végétale

Mütterchen <-s, -> *nt* petite vieille *f fam,* grand-mère *f fam*

Mutterfreuden *pl* ▶ **jd sieht ~ entgegen** *geh* qn attend un enfant, qn va donner le jour à un enfant *soutenu*

Müttergenesungsheim *nt* centre *m* de repos pour mères de famille

Muttergesellschaft *f* société *f* [*o* maison *f*] mère **Muttergottes** <-> *f* ∅ [Sainte] Vierge *f,* Vierge *f* Marie; ***Heilige Maria, ~, bitte für uns!*** Sainte Marie, Mère de Dieu, priez pour nous!; ***eine ~ mit dem Jesuskind*** une Vierge à l'Enfant **Mutterkomplex** *m* PSYCH complexe *m* d'Œdipe; ***er muss einen ~ haben*** il doit avoir un œdipe mal résolu **Mutterkorn** <-korne> *nt* ergot *m* [du seigle] **Mutterkuchen** *m* placenta *m* **Mutterland** *nt* (*Herkunftsland*) ■ **das ~ des/der ...** le pays où est né(e) le/la ...; (*Herstellungsland*) pays *m* d'origine **Mutterleib** *m* ▶ **im ~** dans le ventre maternel [*o* de la mère]

Mütterlein <-s, -> *nt poet s.* **Mütterchen**

mütterlich I. *adj* maternel(le)

II. *adv* maternellement; ***jd wird ~ umsorgt*** qn est entouré(e) de soins maternels

mütterlicherseits *adv* du côté maternel; ***meine Großmutter ~*** ma grand-mère maternelle

Mütterlichkeit <-> *f* ∅ amour *m* maternel; ***sie war von großer ~*** elle était très maternelle avec ses enfants

Mutterliebe *f* amour *m* maternel; ***mit aufopfernder ~*** avec le dévouement et l'amour d'une mère

mutterlos I. *adj* orphelin(e) [de mère]; ***~e Waise*** orphelin(e) *m(f)* de mère

II. *adv aufwachsen* sans mère [pour s'occuper de lui/elle/...]

Muttermal *nt* (*dunkel*) grain *m* de beauté; (*rot*) tache *f* de vin **Muttermilch** *f* lait *m* maternel ▶ **jd hat etw [schon] mit der ~ eingesaugt** qn a appris qc dès le berceau **Muttermund** *m* col *m* de l'utérus

Mutternschlüssel *m* clé *f* plate

Mutterschaft <-> *f* ∅ *geh* maternité *f*

Mutterschaftsgeld *nt* indemnités *fpl* journalières [de] maternité **Mutterschaftshilfe** *f* prestations *fpl* de maternité **Mutterschaftsurlaub** *m* congé *m* de maternité

Mutterschutz *m* protection *f* sociale de la femme enceinte

Mutterschutzgesetz *nt* législation *f* sociale concernant la femme enceinte

mutterseelenallein I. *adj pred* ■ **jd ist ~** qn est complètement seul(e); ***ich fühle mich ~*** je me sens désespérément seul(e) II. *adv leben* sans personne à qui parler; *sich durchschlagen* sans personne sur qui compter **Muttersöhnchen** <-s, -> *nt pej fam* petit garçon *m* à sa maman *fam* **Muttersprache** *f* langue *f* maternelle **Muttersprachler(in)** <-s, -> *m(f)* locuteur natif/locutrice native *m/f* **muttersprachlich** *adj Unterricht* en langue maternelle; *Kompetenz* dans la langue maternelle; *Sicht* du locuteur natif; ***für unser Französischlehrwerk suchen wir ~e Mitarbeiter*** pour notre manuel [de français], nous recherchons des collaborateurs de langue maternelle française **Mutterstelle** *f* ▶ **jd vertritt bei [*o* an] jdm ~** qn tient lieu de mère à qn, qn s'occupe de qn comme une mère **Muttertag** *m* fête *f* des Mères **Muttertier** *nt* mère *f*

Mutti <-, -s> *f fam* maman *f*

Mutwille <-ns> *m* ∅ caprices *mpl;* ***es war reiner ~*** c'était un pur caprice ▶ **aus [bloßem [*o* lauter] [*o* reinem]] ~n** *beschmieren, zerschlagen* par vandalisme; *quälen* par pure méchanceté

mutwillig I. *adj Beschädigung, Brandstiftung* volontaire; *Übergriff* délibéré(e)

II. *adv* par vandalisme

Mütze <-, -n> *f* (*Schirm~*) casquette *f;* (*Pudel~*) bonnet *m;* (*Basken~*) béret *m;* (*Pelz~*) toque *f*

▶ **jd kriegt [von jdm] was auf die ~** *fam* qn se fait sonner les cloches par qn *fam*

MwSt. *abk von* **Mehrwertsteuer** T.V.A.

Myom <-s, -e> *nt* myome *m,* fibrome *m abusif*

Myriade <-, -n> *f meist pl* myriade *f*

Myrr[h]e^RR <-, -n> ['mʏrə] *f* myrrhe *f*

Myrte <-, -n> ['mʏrtə] *f* myrte *m*

mysteriös [mʏste'riø:s] *adj* mystérieux(-euse)

Mysterium <-s, -ien> [mʏs'te:riʊm, -riən] *nt geh* mystère *m*

Mystik <-> ['mʏstɪk] *f* ∅ mysticisme *m,* mystique *f*

Mystiker(in) <-s, -> ['mʏstikɐ] *m(f)* mystique *mf*

mystisch ['mʏstɪʃ] *adj* **1.** *geh* (*mysteriös*) mystérieux(-euse)

2. REL mystique

mythisch ['my:tɪʃ] *adj geh* mythique

Mythologie <-> *f* ∅ mythologie *f*

mythologisch *adj* de [*o* sur la] mythologie

Mythos <-, Mythen> ['my:tɔs] *m,* **Mythus** <-, Mythen> ['my:tʊs] *m* mythe *m*

N

N, n <-, -> [ɛn] *nt* N *m,* n *m*

▶ **N wie Nordpol** n comme Nicolas

N *abk von* **Norden** N

'n *art indef fam* **1.** (*ein*) un(e)

2. (*einen*) un(e); ***Mensch, hab' ich 'n Hunger*** ben dis donc, j'ai une de ces faims *fam*

na *interj fam* **1.** (*zweifelnder Ausruf*) ben *fam*

2. (*Ausruf der Entrüstung*) hé, eh oh

3. (*Ausruf der Anerkennung*) eh bien [*o* eh ben *fam*], dis/dites donc!

▶ **~ gut [*o* schön] [*o* meinetwegen]** bon, allez; **~ also!** [*o* **bitte**] tu vois/vous voyez!; ~, **du?** alors[, petit/petite]?; **~ ja** mouais *fam;* ***~ ja, ich weiß nicht so recht*** bof, je sais pas vraiment *fam;* ***~ ja, weil du es bist*** bon, c'est bien parce que c'est toi; **~ und ob!** et comment! *fam,* je veux! *fam,* un peu, mon neveu! *fam;* **~ und?** et [puis] alors?, et puis après?; **~ so was!** ça, par exemple! *fam*

Nabe <-, -n> *f* moyeu *m*

Nabel <-s, -> *m* nombril *m,* ombilic *m spéc*

▶ **der ~ der Welt** *geh* le centre du monde; ***du bist nicht der ~ der Welt*** ne te prends pas pour le nombril du monde! *fam*

Nabelschau *f* nombrilisme *m fam* ▶ **jd betreibt ~** qn se regarde le nombril *fam,* qn fait du nombrilisme *fam* **Nabelschnur** *f* cordon *m* ombilical

nach I. *präp + dat* **1.** (*räumlich: bis hin zu*) *Nizza, Stuttgart* à; *Dänemark, Peru* au; *Frankreich, Deutschland* en; *Norden* vers le; ***einmal ~ Straßburg hin und zurück*** un aller-retour pour Strasbourg; ***der Weg ~ Marseille*** la route de Marseille; ***gehst du ~ Hause?*** tu vas à la maison?; ***der Zug ~ Bordeaux*** le train pour [*o* [à destination] de] Bordeaux; ***sie reist ~ München ab*** elle part pour Munich

2. (*räumlich: hinter*) après; ***die Kirche kommt ~ der Post*** l'église vient après la poste

3. (*zeitlich: im Anschluss an*) après; ***fünf [Minuten] ~ drei*** trois heures [et] cinq [minutes]; ***~ Empfang der Ware*** à [*o* dès] réception de la marchandise; ***~ drei Tagen/zwei Wochen*** au bout de trois jours/deux semaines

4. (*entsprechend*) ■ **~ etw** selon qc, d'après qc, suivant qc; ***dieser Katalog ist ~ Autoren geordnet*** ce catalogue est classé par auteurs; ***dem Sinn ~*** en substance; ***ich habe ~ den Vorschriften gehandelt*** j'ai agi conformément au règlement; ***das sind 340 F ~ französischem Geld*** cela fait 340 F [en argent] français; ***ich muss die Uhr ~ dem Radio stellen*** il faut que je règle ma montre sur l'heure de la radio; ■ **jds ... ~** *jds Akzent, Ausdrucksweise* d'après ... de qn; *jds Aussehen, Frechheit* à en juger par ... de qn; ***ihrem Wesen ~ ist sie eher ruhig*** elle est plutôt calme de nature; ***seiner Veranlagung ~ hätte er Musiker werden sollen*** avec les dispositions qu'il a, il aurait dû devenir musicien; ***~ meiner Meinung*** [*o* ***Ansicht***]/***meiner Meinung*** [*o* ***Ansicht***] ~ à mon avis; ***das ist nicht ~ meinem Geschmack*** ce n'est pas à mon goût

5. (*in Anlehnung an*) d'après; ***~ einem antiken Vorbild*** sur un modèle antique; ***er wurde ~ seinem Großvater genannt*** il porte [*o* on lui a donné] le prénom de son grand-père

▶ **~ dem, was ...** si on tient compte de ce qui/que ...; ***~ dem, was ich weiß*** d'après ce que je sais; [**bitte**] **~ Ihnen!** après vous[, je vous en prie]!

II. *adv* (*hinterdrein*) ■ **jdm ~:** ***mir ~!*** suivez-moi!; ***haltet den Dieb, schnell, ihm ~!*** au voleur, vite, à sa poursuite [*o* poursuivez-le]!

▶ **~ und ~** peu à peu, petit à petit; **~ wie vor** toujours; ***unsere Abmachung gilt ~ wie vor*** notre accord reste [*o* continue d'être] valable

nach- *präf* **1.** (*einem Zeitabschnitt folgend*) post...; ***N~kriegs-*** d'après-guerre; ***die ersten ~christlichen Jahrhunderte*** les premiers siècles de l'ère chrétienne

2. + *vb* (*hinterher*) derrière lui/elle/...; ***er radelt/schleicht/reitet ihr ~*** il la suit à vélo/discrètement/à cheval

3. + *vb* (*zusätzlich*) re...; ***jd bestellt etw ~*** qn commande qc en plus

4. + *vb* (*imitierend*): ***~sagen/~sprechen/~singen*** répéter; ***~plappern*** répéter bêtement; ***diese Kirche ist dem Petersdom ~gebaut*** cette église est une copie de Saint-Pierre de Rome

5. + *vb* (*zu einem späteren Zeitpunkt*): ***~beobachten/~betreuen*** suivre; ***~verhandeln*** renégocier

Nachachtung *f* ▶ **jd verschafft einer S.** (*dat*) **~** CH *form* qn fait en sorte que qc soit appliqué(e) [*o* respecté(e)]; **einer S. wird ~ verschafft** qc est traduit(e) dans les faits *form*

nach|äffen *vt pej* **1.** (*imitieren*) ■ **jd äfft jdn/etw nach** qn singe qn/qc

2. (*sklavisch befolgen*) ■ **jd äfft etw nach** *Modeströmung* qn suit bêtement qc; *Stilrichtung* qn plagie qc

nach|ahmen *vt* ■ **jd ahmt jdn/etw nach** qn imite qn/qc; *Gemälde a.* qn copie qc
nachahmenswert *adj Beispiel, Vorbild* à suivre; *Verhalten* modèle; ■ **etw ist** ~ qc est un exemple à suivre
Nachahmer(in) <-s, -> *m(f)* imitateur(-trice) *m(f)*; [*Markenprodukt*] contrefacteur(-trice) *m(f)*; ***ein spektakulärer Banküberfall, der sicher ~ finden wird*** un hold-up spectaculaire qui va certainement faire des émules
Nachahmung <-, -en> *f* imitation *f*; [*Markenprodukt, Geldschein a.*] contrefaçon *f*
nach|arbeiten *vt* **1.** (*aufholen*) ■ **jd arbeitet etw nach** qn rattrape qc
2. (*nachträglich bearbeiten*) ■ **jd arbeitet etw nach** qn finit qc; ***nur hier und da ist noch eine Kleinigkeit nachzuarbeiten*** il reste ici ou là quelques légères finitions à effectuer [*o* quelques détails à fignoler *fam*]
Nachbar(in) <-n *o* -s, -n> *m(f)* **1.** (*aus dem Nachbarhaus*) voisin(e) *m(f)*; (*aus der Nachbarwohnung*) voisin(e) *m(f)* [de palier]
2. (*vom Nebentisch*) voisin(e) *m(f)* [de table]; (*im Zugabteil*) voisin(e) *m(f)* [de compartiment]
3. (*benachbartes Land*) voisin *m*
▸ **er/sie ist scharf** [*o* **geil**] **wie ~s Lumpi** *sl* c'est un chaud lapin/elle est nympho *fam*; **die lieben ~n** *iron* nos chers voisins
Nachbar- (*benachbart*) voisin(e), d'à côté; (*dem Nachbar gehörend*) du voisin/de la voisine; ***das ~haus rechts neben uns*** la maison à droite de chez nous; ***ich wohne im ~haus*** j'habite dans la maison [d']à côté; ***wir wohnen links neben Ihnen, in Ihrem ~haus*** nous habitons dans la maison à gauche de chez vous; ***aus einem der ~häuser*** de l'une des maisons voisines [*o* du voisinage]; ***Frankreich ist unser/ein ~land*** la France est notre voisin/un pays voisin
nachbarlich *adj* **1.** (*benachbart*) voisin(e), d'à côté; (*dem Nachbar gehörend*) du voisin/de la voisine
2. (*unter Nachbarn üblich*) entre voisins; ***im ~en Einvernehmen*** en accord avec les voisins; ***gute/freundliche ~e Beziehungen*** des relations *fpl* de bon voisinage
Nachbarschaft <-, -en> *f* **1.** (*nähere Umgebung*) ■ **in der** ~ dans le voisinage; ■ **in jds** ~ près [*o* pas loin] de chez qn
2. (*die Nachbarn*) voisins *mpl*
▸ **jd hält** [*o* **pflegt**] [**eine**] **gute** ~ qn entretient des relations de bon voisinage
Nachbarschaftshilfe *f* services *mpl* qu'on se rend entre voisins
▸ **in** ~ avec l'aide de voisins
Nachbarsfrau *f* voisine *f* **Nachbarskind** *nt* enfant *mf* d'à côté [*o* des voisins], petit voisin/petite voisine *m/f* **Nachbarsleute** *pl* voisins *mpl*
nach|behandeln * *vt* **1.** (*im Anschluss behandeln*) ■ **jd behandelt etw** [**mit etw**] **nach** qn retraite qc [avec qc]
2. MED ■ **jd behandelt jdn/etw nach** qn poursuit le traitement de qn/qc; ■ **jd wird nachbehandelt** /*Patient*/ qn poursuit un traitement; ■ **etw wird nachbehandelt** /*Wunde, Narbe*/ qc continue à faire l'objet de soins
Nachbehandlung *f* traitement *m* complémentaire
nach|bereiten * *vt* ■ **jd bereitet etw nach** *Rede* qn remanie qc; *Unterrichtsstunde* qn reprend qc
nach|bessern *vt* ■ **jd bessert etw nach** qn retouche qc; *Produkt a.* qn reprend qc
nach|bestellen * *vt* ■ **jd bestellt etw nach** (*zusätzlich bestellen*) qn passe une commande supplémentaire, qn commande qc en plus; (*als Ersatz bestellen*) qn commande qc par la suite
Nachbestellung *f* (*zusätzliche Bestellung*) commande *f* supplémentaire; (*zu einem späteren Zeitpunkt*) commande *f* ultérieure
nach|beten *vt pej fam* ■ **jd betet** [**jdm**] **etw nach** qn recrache qc [à qn] *fam*
nach|bilden *vt* ■ **jd bildet etw nach** qn reproduit qc; ■ **etw ist einer S.** (*dat*) **nachgebildet** qc est la reproduction de qc
Nachbildung *f* copie *f*, reproduction *f*
nach|blicken *vi geh* ■ **jd blickt jdm/einer S. nach** qn suit qn/qc du regard [*o* des yeux]
Nachblutung *f* hémorragie *f* secondaire; (*nach einer Operation*) hémorragie *f* postopératoire
nach|bohren *vi fam* ■ **jd bohrt nach** qn revient à la charge; ■ **jd bohrt bei jdm nach** qn essaie de tirer les vers du nez à qn *fam*
nachdem *conj* **1.** *zeitlich* après que + *indic*; *bei gleichem Subjekt* après + *infin passé*; [**kurz**] ~ ***ich abgereist war*** [peu] après mon départ; ~ ***ich umgezogen war, wurde ich krank*** après avoir déménagé, je suis tombé(e) malade
2. *kausal bei Präsens* puisque, comme; *bei Vergangenheitsform* comme
nach|denken *vi irreg* ■ **jd denkt nach** qn réfléchit; ***sie dachte angestrengt nach*** elle s'est concentrée; ■ **jd denkt über jdn/etw nach** qn réfléchit sur qn/qc; ■ **jd denkt über etw nach** (*um eine Entscheidung zu treffen*) qn réfléchit à qc
▸ **jd denkt laut nach** qn pense tout haut; ***es wird immer lauter darüber nachgedacht, ob*** on se demande avec de plus en plus d'insistance si; [**jetzt**] **denk doch mal nach!** [allons,] réfléchis un peu!
Nachdenken *nt* réflexion *f*; ***störe mich jetzt nicht beim ~!*** ne me déconcentre pas, je réfléchis!; ***gib mir ein bisschen Zeit zum ~*** donne-moi un peu de temps pour réfléchir; ***sie war in tiefes ~ gesunken*** elle était plongée dans ses réflexions; ***nach langem ~*** après mûre réflexion
▸ **jd kommt kaum zum ~** qn n'a pas le temps de se retourner [*o* d'aligner deux idées]
nachdenklich I. *adj* **1.** *Gesicht, Miene* pensif(-ive)
2. (*zum Nachdenken neigend*) *Stimmung, Verfassung* préoccupé(e)
3. *Mensch* méditatif(-ive); ■ **jd ist/wird** ~ qn est/devient pensif(-ive)
▸ **etw macht** [*o* **stimmt** *geh*] **jdn** ~ qc laisse qn songeur(-euse); /*Argument, Kritik*/ qc fait réfléchir qn; ***sie ist heute ~ gestimmt*** elle est d'humeur songeuse aujourd'hui
II. *adv schauen* pensivement; *sprechen* en pesant mes/ses/… mots; *grübelnd* d'un air pensif
Nachdenklichkeit <-> *f* ∅ humeur *f* songeuse; ***was soll diese plötzliche ~?*** qu'est-ce que c'est que ces états d'âme subits?
nach|dichten *vt* ■ **jd dichtet etw nach** qn récrit qc, qn fait une adaptation de qc; ■ **etw ist einer S.** (*dat*) **nachgedichtet** qc est inspiré(e) de qc
Nachdichtung *f* adaptation *f*, transposition *f*
nach|drängen *vi + sein* ■ **jd drängt nach** qn pousse [par derrière]; ■ **jd drängt jdm nach** qn bouscule qn
Nachdruck[1] *m* ∅ (*Eindringlichkeit*) insistance *f*; ***um seinen Worten besonderen ~ zu verleihen*** pour donner plus de poids à ses paroles
▸ **jd legt** [**besonderen**] ~ **auf etw** (*akk*) qn tient [particulièrement] à qc; **jd legt** [**besonderen**] ~ **darauf, dass** (*Wert*) qn tient [absolument] à ce que + *subj*; **mit** [**allem**] ~ *anregen, verlangen* expressément; *ablehnen* catégoriquement; *insistieren, hinweisen, sich dagegen wenden* [très] vigoureusement; *sagen* avec force; *zu verstehen geben* [très] fermement; ***wir müssen diese Angelegenheit mit ~ betreiben*** nous devons mettre le paquet sur cette affaire *fam*
Nachdruck[2] <-[e]s, -e> *m* MEDIA **1.** (*Werk*) réimpression *f*, retirage *m*
2. ∅ (*das Nachdrucken*) reproduction *f*
nach|drucken *vt* **1.** (*abdrucken*) ■ **jd druckt etw nach** qn reproduit qc
2. (*abermals drucken*) ■ **jd druckt etw** [**unverändert**] **nach** qn retire qc, qn réimprime qc
nachdrücklich I. *adj* ferme; ***sie hat mir den ~en Rat gegeben etw zu tun*** elle m'a expressément conseillé de faire qc
II. *adv bitten, ersuchen, fordern, ermahnen, warnen* fermement; *ablehnen* catégoriquement; *verlangen, raten* expressément; *verbieten* formellement; *hinweisen, bestehen* tout particulièrement
Nachdrücklichkeit <-> *f* ∅ [*Forderung*] fermeté *f*
▸ **in aller** ~ *bitten, ermahnen, warnen* très fermement
nach|dunkeln *vi + sein* ■ **etw dunkelt nach/ist nachgedunkelt** qc fonce/a foncé
Nachdurst *m* bouche *f* pâteuse
nach|eifern *vi geh* ■ **jd eifert jdm** [**in etw** (*dat*)] **nach** qn prend modèle sur qn [en qc]
nacheinander *adv* **1.** *zeitlich* l'un(e) après l'autre/les un(e)s après les autres, successivement; ***kurz*** ~ presque coup sur coup; ***zweimal*** ~ deux fois de suite
2. (*hintereinander*) l'un(e) après l'autre
nach|empfinden * *vt irreg* **1.** (*mitfühlen*) ■ **jd kann jdm etw** ~ qn partage qc de qn; ■ **jd kann jdm ~, dass** qn comprend fort bien que + *subj*; ***vielleicht kannst du mir ~, wie ich fühle/mir zumute ist*** peut-être arrives-tu à comprendre ce que je ressens
2. ART, LITER ■ **jd empfindet jdm/einer S. etw nach** qn s'inspire de qn/qc; ■ **etw ist jdm/einer S. nachempfunden** qc est inspiré(e) de qn/qc
Nachen <-s, -> *m liter* esquif *m littér*
nach|erzählen * *vt* ■ **jd erzählt etw nach** qn fait un nouveau récit de qc; SCOL *Buch* qn fait un compte rendu de qc; *Text* qn restitue qc; ***ich will versuchen nachzuerzählen, was man mir berichtet hat*** je vais essayer de faire le récit de ce qu'on m'a raconté
Nacherzählung *f* [*Buch*] compte *m* rendu de lecture; [*Text*] [exercice *m* de] restitution *f*
Nachf. *abk von* **Nachfolger**
Nachfahr(in) <-en *o* -s, -en> *m(f) geh s.* **Nachkomme**
nach|fahren *vi irreg + sein* **1.** (*räumlich*) ■ **jd/etw fährt jdm nach** qn/qc suit qn
2. (*zeitlich*) ■ **jd fährt jdm nach** qn rejoint qn
Nachfass-[RR], **Nachfaß-**: ~***aktion*** [action *f* de] relance *f*; ~***werbung*** relance *f* publicitaire; ~***spot***/~***anzeige*** nouveau passage *m* d'un spot/d'une annonce
nach|fassen I. *vi* **1.** *fam* (*nachfragen*) ■ **jd fasst bei jdm nach** qn essaie de tirer les vers du nez à qn *fam*; ■ **jd fasst** [**in etw** (*dat*)] **nach** *in einer Angelegenheit* qn cherche à en savoir plus [à propos de qc], qn poursuit ses investigations [dans qc]
2. SPORT ■ **jd fasst nach** qn assure sa prise
3. (*Nachschlag holen*) ■ **jd fasst nach** qn se ressert; ***jeder kann noch einmal*** ~ il y a du rab pour tout le monde *fam*
II. *vt* ■ **jd fasst etw nach** *Essen, Verpflegung* qn reprend de qc
nach|feiern *vt* ■ **jd feiert etw nach** qn fête qc après coup; ***wir werden das im Januar*** ~ on va rattraper ça en janvier
Nachfolge *f* ∅ ■ **die/jds** ~ [**in etw** (*dat*)] la succession/la succession de qn [à qc]
▸ **jd tritt jds ~ an** qn prend la succession de qn
Nachfolge- **1.** (*nachfolgend*): ***die Partei sucht nach einem ~kandidaten*** le parti cherche un autre candidat; ***die ~partei der SED*** le parti qui a succédé au SED; ***der ~chef von Herrn Blum*** le patron appelé à succéder à M. Blum
2. (*Anschluss-*): ***das ~modell*** le modèle qui prend la succession; ***die Madrider ~konferenz*** la conférence de Madrid qui succède à Helsinki
nach|folgen *vi + sein geh* **1.** (*Nachfolger werden*) ■ **jd folgt jdm** [**in etw** (*dat*)] **nach** qn succède à qn [à qc]
2. (*folgen*) ■ **jd folgt jdm/einer S. nach** qn suit qn/qc
nachfolgend *adj geh* suivant(e); ■ **N~es**, ■ **das N~e** la chose suivante, ce qui suit
▸ **im N~en** ci-après, dans ce qui suit
Nachfolgeorganisation *f*: [*etw ist*] ***die ~ einer S.*** (*gen*) [qc est] l'émanation de qc; ***die ~ der früheren SED*** l'organisation *f* qui a succédé à l'ex-SED
Nachfolger(in) <-s, -> *m(f)* successeur *m*

nach|fordern *vt* ■ **jd fordert etw nach** (*nachträglich*) qn demande qc après coup; (*zusätzlich*) qn demande qc en plus; *20 DM, 100 F a.* qn demande un supplément de qc

Nachforderung *f* (*nachträgliche Forderung*) nouvelle demande *f;* (*seitens der Gewerkschaft a.*) nouvelle revendication *f;* (*zusätzliche Zahlung*) supplément *m*
▶ **jd erhebt ~en, jd macht ~en geltend** qn demande le paiement d'un supplément [*o* d'un surcoût [de travaux]]

nach|forschen *vi* ■ **jd forscht [in etw** (*dat*)**] nach** qn fait [*o* effectue] des recherches [concernant qc]; ■ **jd forscht nach, ob/wann/wie/wo/...** qn cherche à savoir si/quand/comment/où/...

Nachforschung *f* recherches *fpl;* ■ **~en** enquête *f,* investigations *fpl*
▶ **jd stellt [in etw** (*dat*)**] ~en an, jd betreibt ~en** qn fait des recherches [*o* une enquête] [concernant qc]

Nachfrage *f* **1.** COM demande *f;* ■ **die/eine ~ nach etw** la/une demande de qc; ***es besteht [eine] große ~ nach diesem Artikel*** cet article est très demandé
2. (*Erkundigung*) demande *f* [d'informations [*o* de renseignements]]
▶ **danke der ~!** je vous remercie!

nach|fragen *vi* **1.** (*sich erkundigen*) ■ **jd fragt [bei jdm] nach** qn se renseigne [auprès de qn]; ■ **jd fragt nach, ob** qn se renseigne pour savoir si; ■ **jd fragt bei jdm nach etw nach** qn demande qc à qn
2. CH ■ **jd fragt jdm/einer S. nach** qn est curieux(-euse) de connaître qn/qc; ■ **jd fragt jdm/einer S. nichts nach** qn ne fait aucun cas de qn/qc

Nachfrist *f* délai *m* supplémentaire [*o* de grâce]
▶ **jd räumt jdm eine ~ ein** qn accorde un dernier délai à qn; **jd setzt jdm eine ~** qn donne un dernier délai à qn

nach|fühlen *vt* ■ **jd fühlt jdm etw nach** qn partage qc; ■ **jd kann jdm ~, dass** qn comprend fort bien que + *subj*

nach|füllen **I.** *vt* **1.** (*noch einmal füllen*) ■ **jd füllt [jdm] etw nach** qn [lui] remplit de nouveau qc
2. *s.* **nachgießen**
II. *vi* ■ **jd füllt nach/jdm nach** qn remplit le verre/les verres/lui remplit son verre à nouveau

Nachfüllpack <-s, -s> *m,* **Nachfüllpackung** *f* [éco]recharge *f*

nach|geben *irreg* **I.** *vi* **1.** (*einlenken*) ■ **jd gibt [jdm/einer S.] nach** qn cède [à qn/qc]
2. (*zurückweichen*) ■ **etw gibt nach** /*Tür*/ qc cède; /*Boden, Erde a.*/ qc s'enfonce; /*Wand*/ qc se dérobe
3. BÖRSE ■ **etw gibt nach** qc fléchit, qc recule
II. *vt* GASTR ■ **jd gibt jdm etw nach** qn ressert qc à qn [*o* qn de qc]

Nachgebühr *f* surtaxe *f*

Nachgeburt *f* **1.** (*Plazenta*) placenta *m*
2. Ø (*Vorgang*) délivrance *f*

nach|gehen *vi irreg* + *sein* **1.** (*hinterhergehen*) ■ **jd geht jdm nach** qn suit qn
2. TECH ■ **etw geht nach** /*Messgerät, Uhr, Wecker*/ qc retarde; ***meine Armbanduhr geht [2 Minuten] nach*** je [*o* ma montre] retarde [de 2 minutes]
3. (*klären*) ■ **jd geht einer S.** (*dat*) **nach** *einem Hinweis* qn vérifie qc; *einer Frage* qn creuse qc; *einer Spur* qn explore qc
4. *form* (*ausüben*) ■ **jd geht einer S.** (*dat*) **nach** *einer Beschäftigung* qn se livre à qc; *einer Tätigkeit, einem Beruf* qn exerce qc; *Vergnügungen* qn s'adonne à qc; *seinen Geschäften* qn vaque à qc

nachgelassen *adj* posthume; ***seine ~en Briefe*** les lettres retrouvées après sa mort

nachgemacht *adj* une contrefaçon de; *Geldschein, Münze, Kreditkarte a.* faux(fausse) *antéposé;* ■ **etw ist ~** qc est une contrefaçon

nachgeordnet *adj form* subalterne; ■ **ihm/ihr ~** *Dienststelle* relevant de son autorité *form*

nachgerade *adv geh* franchement

Nachgeschmack *m* arrière-goût *m*
▶ **etw hat einen [...] ~** /*Getränk, Essen*/ qc a un arrière-goût [...]; **etw hinterlässt [bei jdm] einen bestimmten ~** qc laisse [à qn] un goût ...; ***das hinterlässt einen üblen/unguten/bitteren/schalen ~*** ça laisse un goût désagréable/de malaise/amer/d'inutile

nachgiebig *adj* **1.** *Mensch, Natur, Wesen* [trop] conciliant(e), [trop] accommodant(e); ■ **jd ist ~/jdm gegenüber [zu] ~** qn cède facilement/est [trop] indulgent(e) avec [*o* envers] qn, qn est [trop] coulant(e) avec qn *fam*
2. *Material* souple; *Polsterung, Boden* mou(molle)

Nachgiebigkeit <-> *f* Ø **1.** (*Wesensart*) caractère *m* accommodant [*o* conciliant]
2. (*Beschaffenheit*) mollesse *f,* souplesse *f*

nach|gießen *irreg* **I.** *vt* ■ **jd gießt [jdm] etw nach** qn ressert [*o* reverse] qc [à qn]
II. *vi* ■ **jd gießt [jdm] nach** qn ressert à boire [à qn]

nach|grübeln *vi* ■ **jd grübelt [über etw** (*akk*)**] nach** qn se creuse la tête [au sujet de qc], qn cogite [sur qc]; ■ **das N~** les cogitations *fpl*

nach|gucken *vi fam* ■ **jd guckt irgendwo nach** qn jette un œil quelque part; ***ich habe überall im Haus nachgeguckt*** j'ai fouillé toute la maison; ■ **jd guckt [irgendwo] nach, ob** qn regarde [quelque part] si

nach|haken *vi fam* ■ **jd hakt [mit etw] nach** qn revient à la charge [avec qc]; ■ **jd hakt bei jdm nach** qn essaie de tirer les vers du nez à qn *fam;* /*Reporter*/ qn harcèle qn de questions

Nachhall *m* écho *m*

nachhaltig **I.** *adj* durable
II. *adv* durablement

nach|hängen *vi irreg* **1.** (*sich überlassen*) ■ **jd hängt einer S.** (*dat*) **nach** *Vorstellungen, Utopien, einer Zeit* qn continue de s'accrocher à qc; *Erinnerungen, Gedanken, Träumen a.* qn reste plongé(e) [*o* absorbé(e)] dans qc
2. (*anhaften*) ■ **ihm/ihr hängt etw nach** qc lui/lui est resté(e); ■ **jdm hängt etw nach** qn n'a pas réussi à se débarrasser de qc

Nachhauseweg *m* ***ich habe einen langen ~*** j'ai beaucoup de chemin [à faire] pour rentrer [chez moi]; ***mein ~ führt durch ein Wäldchen*** pour rentrer chez moi, je traverse un petit bois
▶ **auf dem ~** sur le chemin de la maison; ***auf meinem ~ traf ich jdn/überfiel mich jd*** en rentrant chez moi, j'ai rencontré qn/alors que je rentrais chez moi, qn m'a agressé(e)

nach|helfen *vi irreg* **1.** ■ **jd hilft nach** qn donne un coup de pouce; ***muss ich erst ~?*** il faut que je m'en mêle?; ***ihr habt doch sicher mit Druck/Drohungen/Geld nachgeholfen*** vous avez certainement fait pression/des menaces/donné de l'argent pour arriver à ce résultat
2. (*auf die Sprünge helfen*) ■ **jd hilft jdm nach** qn aide qn à se souvenir; ***darf ich Ihrem Gedächtnis [etwas] ~?*** est-ce que je peux vous rafraîchir [un peu] la mémoire?

nachher *adv* **1.** (*danach*) après, ensuite; ***wenn er gut gegessen hat, trinkt er ~ gern noch einen Cognac*** quand il a bien mangé, il aime boire ensuite un cognac
2. (*irgendwann später*) tout à l'heure; ***kannst du mir ~ mal helfen?*** tu pourras m'aider tout à l'heure?
3. *fam* (*womöglich*) après; ***lass dir aber eine Quittung geben, ~ heißt es noch, du hättest nicht bezahlt*** demande une facture, sinon après, on va dire que tu n'as pas payé
▶ **bis ~** à tout à l'heure

Nachhilfe *f* cours *m* particulier; ***du brauchst wohl ~ in Benimm?*** *iron* on ne t'a jamais appris la politesse?
▶ **jd bekommt [von jdm] ~ [in etw** (*dat*)**]** qn suit des cours particuliers [de qc] [donnés par qn]; **jd gibt [jdm] ~ [in etw** (*dat*)**]** qn donne des cours particuliers [de qc] [à qn]

Nachhilfelehrer(in) *m(f)* professeur *mf* qui donne des cours particuliers; ***mein ~*** le professeur qui me donne des cours particuliers **Nachhilfestunde** *f* cours *m* particulier ▶ **jd bekommt [von jdm] ~n [in etw** (*dat*)**]** qn suit des cours particuliers [de qc] [donnés par qn]; **jd gibt [jdm] ~n [in etw** (*dat*)**]** qn donne des cours particuliers [de qc] [à qn] **Nachhilfeunterricht** *m* cours *m* particulier

NachhineinRR, **nachhinein** *adv* ▶ **im ~** après coup

nach|hinken *vi* + *sein fam* ■ **jd hinkt nach/hinter jdm nach** qn est à la traîne/à la remorque de qn

Nachholbedarf *m* ■ **der/jds ~ [an etw** (*dat*)**]** le retard à combler [de qn] [en qc]
▶ **jds ~ [an etw** (*dat*)**] ist gedeckt** qn a [eu] sa dose [de qc]; **jd hat einen [großen] ~ [an etw** (*dat*)**]** qn a un [gros] retard [de qc] à combler [*o* rattraper]; ***ich habe einen ~ an Schlaf*** j'ai du sommeil à rattraper

nach|holen *vt* **1.** (*später tun*) ■ **jd holt etw nach** *Versäumtes* qn rattrape qc; *Arbeitszeit a.* qn récupère qc
2. (*nachkommen lassen*) ■ **jd holt jdn nach** qn fait venir qn

Nachhut <-, -en> *f* arrière-garde *f*

nach|jagen *vi* + *sein* ■ **jd jagt jdm/einer S. nach** qn poursuit qn/qc, qn court après qn/qc *fam*

nach|kaufen *vt* ■ **jd kauft etw nach** qn rachète qc [par la suite]

Nachklang *m* écho *m;* ***der Pianist wartete den ~ ab, bevor er sich erhob und verbeugte*** le pianiste a attendu que les dernières notes aient fini de résonner avant de se lever et de saluer

nach|klingen *vi irreg* + *sein* **1.** (*weiterklingen*) ■ **etw klingt nach** qc résonne
2. (*als Eindruck zurückbleiben*) ■ **etw klingt in jdm nach** qc reste présent(e) à la mémoire de qn; ***ein wunderschöner Abend, der noch lange in mir ~ wird*** une merveilleuse soirée que je n'oublierai pas de si tôt

Nachkomme <-n, -n> *m* descendant(e) *m(f);* ■ **die ~n** la descendance, les descendants

nach|kommen *vi irreg* + *sein* **1.** (*danach folgen*) ■ **jd kommt nach:** ***ihr könnt ~*** vous pouvez me/nous rejoindre; ***geht ihr schon mal voraus, ich komme später nach!*** partez devant, je vous rejoins plus tard!; ■ **jd lässt jdn ~** qn fait venir qn
2. (*Schritt halten*) ■ **jd kommt nach** qn suit
3. (*mithalten*) ■ **jd kommt nach** qn suit [le rythme]; ***jd kommt mit der Arbeit/dem Tippen nach/nicht nach*** qn arrive/n'arrive pas à suivre le rythme de travail/à taper assez vite
4. (*erfüllen*) ■ **jd kommt einer S.** (*dat*) **nach** *einem Befehl* qn obéit à qc, qn se conforme à qc; *einer Anordnung, einer Weisung* qn observe qc, qn suit qc; *einer Forderung, einem Wunsch* qn satisfait [à] qc; *seinen Verpflichtungen* qn fait face à qc
5. CH ■ **jd kommt nach** qn arrive à suivre
▶ **hoffentlich kommt da nichts nach!** espérons que les choses s'arrêteront là!; **da kann noch etwas ~!** il pourrait y avoir des suites!

Nachkommenschaft <-, -en> *f geh* descendance *f,* postérité *f littér*

Nachkömmling <-s, -e> *m* tardillon(ne) *m(f) vieilli fam,* enfant *m* venu sur le tard

nach|kontrollieren * *vt* ■ **jd kontrolliert etw nach** qn [re]vérifie qc; ■ **jd kontrolliert eine S. auf etw** (*akk*) **nach** qn vérifie qc d'une chose; ■ **jd kontrolliert nach, ob/wann/wie/...** qn vérifie si/quand/comment/...

Nachkriegs- d'après-guerre; **~zeit** après-guerre *m*

Nachkur *f* postcure *f*

nach|laden *irreg* **I.** *vt* ■ **jd lädt etw nach** *Schusswaffe, Geschütz* qn recharge qc; ■ **das N~** rechargement *m;* ***sie hatten keine Zeit zum N~ mehr*** ils/elles n'avaient plus le temps de recharger [leurs armes]
II. *vi* ■ **jd lädt nach** qn recharge [son arme]

NachlassRR <-es, -e *o* -lässe>, **Nachlaß** <-lasses, -lasse *o* -lässe> *m* 1. (*hinterlassene Werke*) ■ **jds** ~ les œuvres *fpl* posthumes [*o* laissées par qn [après sa mort]]; (*wenn veröffentlicht*) œuvres *fpl* posthumes
2. (*hinterlassener Besitz*) succession *f*
3. (*Preis~*) ■ **ein** ~ **[von etw] [auf etw** (*akk*)**]** une réduction [*o* remise] [de qc] [sur qc]

nach|lassen *irreg* I. *vi* 1. (*geringer werden*) ■ **etw lässt nach** /*Kälte*/ qc diminue; /*Sturm, Regen*/ qc se calme; /*Interesse, Nachfrage*/ qc faiblit; /*Druck, Pressionen*/ qc s'apaise; /*Schmerz*/ qc s'atténue; /*Spannung*/ qc se relâche; /*Sehkraft, Gehör, Libido*/ qc baisse, qc faiblit
2. (*in der Leistung*) ■ **jd lässt nach** qn se relâche
3. (*aufhören*) ■ **jd lässt nach etw zu tun** qn cesse de faire qc
► **nicht** ~! tiens/tenez bon!
II. *vt* COM ■ **jd lässt [jdm] etw [von etw] nach** qn fait [à qn] une réduction [*o* une remise] de qc [sur qc]

nachlässig I. *adj* 1. *Mensch* négligent(e); *Arbeit* négligé(e); *Kontrolle, Überprüfung* peu strict(e), sommaire; *Kontrolleur, Mitarbeiter, Personal* peu consciencieux(-euse); ■ **etw ist/wird** ~ qc n'est pas strict(e)/devient moins strict(e); ■ **jd ist/wird** ~ qn fait preuve de négligence/se relâche
2. (*schlampig*) *Äußeres, Kleidung* négligé(e)
II. *adv* 1. *arbeiten, kontrollieren, überprüfen* avec négligence
2. (*schlampig*) *gekleidet sein* de façon négligée, sans soin; *sich rasieren, schminken, kämmen* à peu près

Nachlässigkeit <-, -en> *f* négligence *f*

nach|laufen *vi irreg + sein* 1. (*hinterherlaufen*) ■ **jd/ein Tier läuft jdm nach** qn/un animal poursuit qn [*o* court après qn] [*o* lui court après]
2. (*hinterher sein*) ■ **jd läuft jdm nach** qn court après qn [*o* lui court après] *fam*; ***er läuft jeder Schürze nach*** c'est un coureur de jupons
3. (*zu erreichen trachten*) ■ **jd läuft einer S.** (*dat*) **nach** qn poursuit qc

nach|legen *vt* 1. ■ **jd legt etw nach** *Holz, Scheit, Kohle* qn [r]ajoute qc
2. GASTR ■ **jd legt etw nach/jdm etw nach** qn ressert qn/qc de qc; ■ **jd legt sich etw nach** qn se ressert de qc

Nachlese *f* 1. AGR glanage *m*; (*bei Traubenlese*) grappillage *m*
2. MEDIA, TV ■ **eine** ~ **aus etw** une sélection [*o* un best-of] de qc

nach|lesen *vt irreg* ■ **jd liest etw [irgendwo] nach** qn vérifie qc [quelque part]

nach|liefern *vt* 1. COM ■ **jd liefert [jdm] etw nach** *Rest einer Lieferung* qn livre [le reste de] qc [à qn]; (*nachträglich liefern*) qn livre qc [à qn] ultérieurement; (*erneut liefern*) qn effectue une nouvelle livraison de qc
2. *fam* (*später abgeben*) ■ **jd liefert [jdm] etw nach** qn fait parvenir qc [à qn] plus tard; ***das liefere ich in wenigen Tagen nach*** je vous fais parvenir ça dans quelques jours

Nachlieferung *f* 1. (*späteres Liefern*) livraison *f* différée; (*erneutes Liefern*) nouvelle livraison *f*
2. (*nachträglich gelieferter Artikel*) article *m* différé

nach|lösen I. *vt* ■ **jd löst etw [bei jdm] nach** qn acquitte qc [auprès de qn] en cours de voyage
II. *vi* ■ **jd löst nach** qn acquitte un supplément; ***Sie müssen bei mir*** ~ vous devez me régler un supplément

nach|machen *vt* 1. (*nachahmen*) ■ **jd macht jdn/etw nach** qn imite qn/qc
2. (*gleichtun*) ■ **jd macht jdm etw nach** qn imite qc de qn; ***kannst du mir das/diesen Zaubertrick*** ~? tu peux en faire autant/[me] refaire ce tour de magie?
3. (*fälschen*) ■ **jd macht etw nach** *Banknote, Unterschrift* qn contrefait qc; *Antiquität* qn fait un faux de qc
4. *fam* (*nachträglich anfertigen*) ■ **jd macht etw nach** *Hausaufgabe, Klassenarbeit* qn rattrape qc
► **das soll mir erst mal einer** ~ je mets quiconque au défi d'en faire autant

nach|messen *irreg* I. *vt* ■ **jd misst etw [mit etw] nach** qn vérifie qc [avec qc]
II. *vi* ■ **jd misst [mit etw] nach** qn vérifie les mesures [avec qc]; ■ **das N~** la vérification des mesures

Nachmieter(in) *m(f)* nouveau(-velle) locataire *mf*; ***meine*** ~ les locataires *mpl* qui vont me succéder

Nachmittag *m* après-midi *m o f inv*; ***heute/gestern*** ~ cet/hier après-midi
► **am frühen/späten** ~ en début/en fin d'après-midi, tôt/tard dans l'après-midi; **bis zum frühen/späten** ~ jusqu'au début/à la fin de l'après-midi; **es ist** ~ nous sommes l'après-midi; **am** ~ l'après-midi

nachmittäglich *adj attr* de l'après-midi; *Tee* de cinq heures; ***ich mag die ~e Stille*** j'aime les après-midi silencieux

nachmittags *adv* l'après-midi

Nachmittags- de l'après-midi; ***~schlaf/~schläfchen*** sieste *f*; ***~veranstaltung, ~vorstellung*** matinée *f*; ***es gibt ~unterricht*** il y a des cours l'après-midi

Nachnahme <-, -n> *f fam* (*Sendung*) envoi *m* contre remboursement
► **als** [*o* **per**] ~ contre remboursement

Nachnahmegebühr *f* droit *m* [*o* frais *mpl*] d'envoi contre remboursement **Nachnahmesendung** *f form* envoi *m* [*o* expédition *f*] contre remboursement

Nachname *m* nom *m* [de famille]
► **mit** ~n: ***sie redete ihn mit [seinem] ~n an*** elle l'a appelé par son nom [de famille] [quand elle s'est adressée à lui]; ***wie hießen Sie noch gleich mit ~n?*** rappelez-moi votre nom [de famille]

nach|plappern *vt fam* ■ **jd plappert etw nach** qn répète qc comme un perroquet *fam*; ***jd plappert jdm alles nach*** qn répète comme un perroquet tout ce que dit qn *fam*

Nachporto *nt s.* **Nachgebühr**

nachprüfbar *adj* vérifiable; ***nicht*** ~ invérifiable; ■ **etw ist** ~ qc peut être vérifié(e), qc est vérifiable

Nachprüfbarkeit <-> *f* ∅ ■ ~ **[einer S.** (*gen*)**]** possibilité *f* de vérifier [qc]; ***ohne*** ~ sans vérification possible

nach|prüfen I. *vt* 1. (*überprüfen*) ■ **jd prüft etw nach** *Alibi, Aussage, Sachverhalt, Zitat* qn vérifie qc; *Richtigkeit a.* qn contrôle qc
2. SCOL ■ **jd prüft jdn nach** qn fait repasser un examen/l'examen à qn; ■ **jd wird nachgeprüft** qn passe un examen [*o* [à] une session] de rattrapage
II. *vi* ■ **jd prüft nach, ob/wann/wie/...** qn vérifie pour savoir si/quand/comment/...; /*Wirtschaftsprüfer*/ qn fait un contrôle pour savoir si/quand/comment/...

Nachprüfung *f* 1. (*das Nachprüfen*) vérification *f*; [*Richtigkeit a.*] contrôle *m*
2. SCOL, UNIV examen *m* [*o* session *f*] de rattrapage

nach|rechnen I. *vi* ■ **jd rechnet nach** qn recalcule, qn refait les calculs [*o* vérifie]; ■ **jd rechnet nach, ob** qn vérifie si
II. *vt* ■ **jd rechnet etw nach** qn [re]vérifie qc

Nachrede *f* ► **üble** ~ diffamation *f*; ***er verbreitete üble ~n über mich*** il répandait des calomnies sur mon compte

nach|reichen *vt* ■ **jd reicht [jdm] etw nach/irgendwann nach** qn fait parvenir qc [à qn] plus tard/à un moment donné

nach|reisen *vi + sein* ■ **jd reist jdm [irgendwohin] nach** qn rejoint qn [quelque part]

Nachricht <-, -en> *f* 1. (*Meldung*) nouvelle *f*; ■ **~en** (*Sendung*) informations *fpl*, nouvelles *fpl*
2. (*Mitteilung*) nouvelle *f*; ***gibt es von ihr eine ~? – Nein, keine*** est-ce qu'il y a [*o* qu'on a] des nouvelles d'elle? – Non, aucune
► **jd gibt jdm** ~ qn tient qn au courant

Nachrichtenagentur *f* agence *m* de presse **Nachrichtendienst** *m* 1. (*Geheimdienst*) service *m* de renseignements; (*in Frankreich*) Renseignements *mpl* généraux 2. MEDIA *s.* **Nachrichtenagentur** **Nachrichtenkanal** *m* chaîne *f* d'informations **Nachrichtenmagazin** *nt* magazine *m* d'actualités **Nachrichtensperre** *f* black-out *m* sur l'information ► **jd verhängt eine** ~ **[über etw** (*akk*)**]** qn impose le black-out [sur qc] **Nachrichtensprecher(in)** *m(f)* présentateur(-trice) *m(f)* [du journal] **Nachrichtentechnik** *f* télécommunications *fpl*, télécoms *fpl fam*

nach|rücken *vi + sein* 1. (*jds Posten übernehmen*) ■ **jd rückt nach** qn prend la place
2. MIL ■ **jd rückt [jdm] nach** qn suit [qn]

Nachrücker(in) <-s, -> *m(f)* suppléant(e) *m(f)*, remplaçant(e) *m(f)*; (*bei den Grünen*) suivant(e) *m(f)* sur la liste

Nachruf *m* nécrologie *f*

nach|rufen *vt irreg* ■ **jd ruft jdm etw nach** qn crie qc à qn; ***er rief ihr noch etwas nach*** il lui a encore crié quelque chose tandis qu'elle s'éloignait; ***sie rief ihm nach, er solle nicht so spät nach Hause kommen*** alors qu'il s'éloignait, elle lui a crié de ne pas rentrer trop tard

Nachruhm *m* gloire *f* posthume

nach|rüsten I. *vt* ■ **jd rüstet etw nach,** ■ **jd rüstet etw [mit etw] nach** qn équipe qc [de qc] [après coup]; ■ **jd rüstet etw [auf etw] nach** *Platte, Computer* qn augmente la capacité de qc [à qc]
II. *vi* MIL ■ **jd rüstet nach** qn augmente son potentiel militaire

Nachrüstung *f* ∅ 1. [*Computer*] extension *f*; [*Produktionsanlage*] modernisation *f*; ■ **die** ~ **einer S.** (*gen*) **mit etw** installation *f* de qc sur une chose, équipement *m* d'une chose de qc
2. MIL augmentation *f* du potentiel militaire

nach|sagen *vt* 1. (*von jdm behaupten*) ■ **jd sagt jdm etw nach** *Gutes, Übles* qn dit qc de qn; *Fähigkeiten, Wissen, Gräueltaten, ein zügelloses Leben* qn attribue [*o* prête] qc à qn; ■ **jd sagt jdm nach, dass** qn dit de qn que + *indic*
2. (*nachsprechen*) ■ **jd sagt jdm etw nach** qn répète qc après qn

Nachsaison [-zɛzõ:, -zɛzɔŋ] *f* basse saison *f*

nach|salzen <*pp* nachgesalzen> I. *vt* ■ **jd salzt etw nach** qn resale qc
II. *vi* ■ **jd salzt nach** qn resale

Nachsatz *m* (*in einem Brief*) post-scriptum *m*; (*in einem Text*) note *f*; ***ich möchte noch einen ~ machen*** je voudrais ajouter quelque chose; ***sie sagte in einem ~, dass*** elle ajouta que + *indic*; ***sie ließ diesen Namen in einem ~ fallen*** elle a fini par laisser tomber ce nom

nach|schauen I. *vt* ■ **jd schaut etw nach** qn vérifie qc
II. *vi* 1. (*nachschlagen*) ■ **jd schaut nach** qn vérifie; ■ **jd schaut in etw** (*dat*) **nach** qn consulte qc, qn regarde dans qc; ■ **jd schaut nach, ob/wie** qn vérifie si/comment
2. (*nachsehen*) ■ **jd schaut nach, ob** qn va voir si

nach|schenken I. *vt geh* ■ **jd schenkt [jdm] etw nach** qn ressert qc [à qn]; ***darf ich Ihnen noch einen Schluck Kaffee/Wein ~?*** vous reprendrez bien une goutte de café/de vin?
II. *vi geh* ■ **jd schenkt [jdm] nach** qn ressert à boire [à qn]; ***darf ich ~?*** vous reprendrez quelque chose?

nach|schicken *vt* 1. (*nachsenden*) ■ **jd schickt [jdm] etw nach** qn réexpédie qc [à qn]; ■ **jd lässt sich etw [irgendwohin]** ~ qn fait suivre qc [quelque part]
2. (*hinterherschicken*) ■ **jd schickt jdm jdn nach** qn envoie qn à la poursuite de qn

nach|schieben *vt irreg sl* ■ **jd schiebt etw nach** *Veröffentlichung, Sendung* qn fourgue qc [dans la foulée] *fam*; *Bemerkung, Frage* qn balance qc [dans la foulée] *fam*; ***nachgeschobene Forderungen*** des exigences *fpl* en prime

Nachschlag *m* portion *f* supplémentaire, supplément *m*; ***wollt ihr noch [etwas] ~?*** vous en reprenez encore?; ***ich hole mir noch*** ~ je vais me resservir

nach|schlagen *irreg* I. *vt + haben* ■ **jd schlägt etw nach** qn fait des re-

cherches sur qc; ■ **jd schlägt etw in etw** (*dat*) **nach** *Namen, Wort* qn cherche qc dans qc; *Textstelle a.* qn retrouve qc dans qc; *zur Überprüfung*) qn vérifie qc dans qc
II. *vi* 1. + *haben* (*nachlesen*) ■ **jd schlägt nach** qn fait des recherches; ■ **jd schlägt in etw** (*dat*) **nach** qn consulte qc, qn regarde dans qc
2. + *sein geh* (*ähneln*) ■ **jd schlägt jdm nach** qn tient de qn
Nachschlagewerk *nt* ouvrage *m* de référence
nach|schleichen *vi irreg* + *sein* ■ **jd schleicht jdm nach** (*verfolgen*) qn suit [*o* file] discrètement qn; (*bespitzeln*) qn espionne qn
nach|schleudern *vt* ■ **jd schleudert jdm etw nach** qn lance [*o* jette] qc à qn
Nachschlüssel *m* (*bei einem Einbruch*) fausse clé *f*; (*später angefertigte Schlüssel*) double *m* de la/de clé; (*nach Verlust*) nouvelle clé *f*; ***wir müssen einen ~ machen lassen*** il va falloir que nous fassions refaire une clé
nach|schmeißen *vt irreg fam* ■ **jd schmeißt jdm etw nach** qn balance qc à qn *fam*
▸ **etw ist nachgeschmissen** qc est donné(e)
nach|schnüffeln *vi fam* ■ **jd schnüffelt jdm nach** qn espionne qn
Nachschrift *f* post-scriptum *m*
Nachschub <-[e]s, -schübe> *m* 1. MIL ravitaillement *m*, réserves *fpl*; ■ **der/jds ~ an etw** (*dat*) le stock/le stock de qc de qn, les réserves *fpl* de qc/de qn en qc
2. GASTR *fam* ravitaillement *m fam*
▸ **jd ist beim ~** qn est au ravitaillement
Nachschub- MIL de ravitaillement
nach|schwatzen *vt*, **nach|schwätzen** *vt* SDEUTSCH, AUS *fam s.* **nachplappern**
nach|sehen *irreg* I. *vi* 1. (*hinterhersehen*) ■ **jd sieht jdm/einer S. nach** qn suit qn/qc des yeux
2. (*nachschlagen*) ■ **jd sieht nach** qn fait des recherches; ■ **jd sieht in etw** (*dat*) **nach** qn consulte qc, qn regarde dans qc
3. (*nach dem Rechten sehen*) ■ **jd sieht nach** qn va voir; ■ **jd sieht irgendwo nach** qn regarde [*o* vérifie] quelque part; ■ **jd sieht nach, ob/wo/…** qn va voir si/où/…; ***sieh mal nach, ob du genügend Geld hast*** vérifie que tu as assez d'argent
II. *vt* 1. (*nachschlagen*) ■ **jd sieht etw nach** qn fait des recherches sur qc; ■ **jd sieht etw in etw** (*dat*) **nach** *Namen, Wort* qn cherche qc dans qc; (*zur Überprüfung*) qn vérifie qc dans qc
2. (*kontrollieren*) ■ **jd sieht etw nach** qn vérifie qc
3. *geh* (*verzeihen*) ■ **jd sieht jdm etw nach** qn pardonne qc à qn
Nachsehen <-s> *nt* ▸ **jd hat das ~** qn en est pour ses frais, qn est de la revue *fam*, qn se retrouve le bec dans l'eau *fam*; ***ich hatte bei der Vergabe des Postens das ~*** ce poste m'est passé sous le nez
nach|senden *vt irreg* ■ **jd sendet jdm etw nach** qn réexpédie qc à qn; ■ **jd lässt sich** (*dat*) **etw ~** qn fait suivre qc
nach|setzen *vi geh* ■ **jd setzt jdm nach** qn se lance à la poursuite de qn
Nachsicht <-> *f* ∅ indulgence *f*
▸ **jd übt ~ [gegenüber jdm]** *geh* qn fait preuve d'indulgence [envers qn]; **mit [mehr] ~** avec [plus d']indulgence; **ohne ~** sans aucune indulgence
nachsichtig I. *adj* indulgent(e); ■ **jd ist ~ [mit jdm] [*o* jdm gegenüber]** qn est indulgent(e) [avec [*o* envers] qn]
II. *adv* avec indulgence
Nachsilbe *f* suffixe *m*
nach|sinnen *vi irreg* ■ **jd sinnt [über etw** (*akk*)**] nach** qn réfléchit [sur qc]; *über eine Lösung* qn réfléchit à qc
nach|sitzen *vi irreg* ■ **jd muss ~** qn est en retenue, qn est consigné(e), qn est collé(e) *fam*; ■ **jd lässt jdn ~** qn inflige une retenue à qn, qn consigne qn, qn colle qn *fam*
Nachsommer *m* été *m* de la Saint-Martin, été *m* indien
Nachsorge *f* suivi *m* [médical]
Nachsorgeklinik *f* clinique *f* spécialisée dans le suivi médical [des cancéreux], centre *m* de convalescence
Nachspann <-s, -e> *m* CINE, TV générique *m* de fin; [*Buch*] appendice *f*; ***im ~ dieses Buchs finden Sie ein Namensregister*** en appendice, vous trouverez dans ce livre un index onomastique
Nachspeise *f* dessert *m*
Nachspiel *nt* (*Zärtlichkeiten*) postludes *mpl hum*
▸ **etw hat ein […] ~** qc a des suites [*o* conséquences] […]; ***das wird noch ein ~ haben!*** les choses ne s'arrêteront pas là!; ***das wird noch ein polizeiliches ~ haben*** ça va se terminer au commissariat [de police]
nach|spielen *vt* 1. MUS ■ **jd spielt etw nach** qn rejoue qc; ***sie lässt ihn Töne ~*** elle lui fait répéter des notes après elle
2. FBALL ■ **jd lässt etw ~** qn fait jouer qc; ***jd lässt ~*** qn fait jouer les arrêts de jeu
nach|spionieren * *vi fam* ■ **jd spioniert jdm nach** qn espionne qn
nach|sprechen *irreg* I. *vt* ■ **jd spricht [jdm] etw nach** qn répète qc [après qn]
II. *vi* ■ **jd spricht jdm nach** qn répète après qn
nach|spülen *vi fam* ■ **jd spült nach** qn boit un coup pour faire descendre *fam*; ■ **jd spült mit etw nach** qn boit qc pour faire descendre *fam*
▸ **zum N~** pour faire descendre *fam*
nach|spüren *vi* 1. (*nachgehen*) ■ **jd spürt einer S.** (*dat*) **nach** qn cherche à élucider qc
2. JAGD *veraltend geh* ■ **jd spürt einem Tier nach** qn piste un animal
nächst *präp geh* ■ **~ jdm** après qn
nächstbeste(r, s) *adj attr* (*erstbeste*) ■ **der/die/das ~ …** le/la premier(-ière) … qui se présente, n'importe quel(le) …; ***kauf nicht den ~n Käse!*** n'achète pas n'importe quel fromage!; ■ **der ~ Mann/der N~** le premier venu; ■ **die ~ Frau/die N~** la première venue
nächste(r, s) *adj superl von* **nah[e]** 1. (*räumlich*) prochain(e) *antéposé*; (*aus einer Reihe*) suivant(e); ***Sie müssen die ~e Straße links abbiegen*** vous devez prendre la première rue à gauche; ***willst du dieses Buch? – Nein, das ~, weiter rechts*** tu veux ce livre? – Non, je voudrais le suivant à droite
2. *zeitlich Woche, Jahr, Dienstag* prochain(e), qui vient; *Aufenthalt, Halt, Rast, Mal* prochain(e) *antéposé*; ***in den ~en Tagen*** dans les prochains jours; ***in ~r Zeit*** dans les semaines/mois qui viennent; ***am ~n Tag/Morgen*** le lendemain/le lendemain matin; ***~s Ostern*** pour Pâques; ***bei ~r [sich bietender] Gelegenheit*** à la première occasion [qui se présente]; ***im ~n Augenblick*** l'instant d'après, juste après
3. (*nahe stehendste*) *Angehöriger, Verwandter* proche *antéposé*; *Freund* meilleur(e) *antéposé*, intime; *Mitarbeiter* le/la plus proche; ***die ~n Verwandten/Angehörigen*** les proches *mpl*
▸ **am ~n** le plus près; ***welcher Grenzübergang liegt am ~n?*** quel est le poste-frontière le plus proche?
Nächste(r) *f(m) decl wie adj* (*Mitmensch*) ■ **mein/sein/… ~r**, ■ **meine/seine/… ~** mon/son/… prochain
▸ **jeder ist sich selbst der ~** *prov* charité bien ordonnée commence par soi-même; **der ~, bitte!** *Soldat* au suivant!; *Kunde, Wartender* c'est à qui le tour?; *Patient* la personne suivante, s'il vous plaît!
Nächste(s) *nt decl wie adj* ■ **das ~, was …** la première chose qui/que …
▸ **als ~s** (*jetzt gleich*) maintenant; (*darauf*) ensuite; ***was kommt als ~s?*** quelle est la suite du programme? *fam*; ***als ~s nach dem Essen*** tout de suite après le repas
nach|stehen *vi irreg* ■ **jd steht jdm an etw** (*dat*) **nicht nach** qn vaut bien [*o* n'a rien à envier à] qn pour ce qui est de qc; ***jd steht jdm in nichts nach*** qn n'a rien à envier à qn; ***sie stehen sich in nichts nach*** ils/elles se valent; (*niederträchtige Personen a.*) ils/elles ne valent pas mieux l'un/l'une que l'autre
nachstehend I. *adj attr Anmerkung, Erläuterung, Hinweis* qui suit; (*in einem Text*) ci-après, ci-dessous; ■ **das N~e**, ■ **N~es** ce qui suit
▸ **im N~en** dans ce qui suit
II. *adv anmerken, erläutern* dans ce qui suit; (*in einem Text*) ci-après, ci-dessous
nach|steigen *vi irreg* + *sein* 1. (*hinterhersteigen*) ■ **jd steigt jdm nach** *einem Bergsteiger, Kletterer* qn monte derrière qn, qn suit qn
2. *fam* (*umwerben*) ■ **jd steigt jdm nach** *Mädchen, Weibern* qn court après qn *fam*; ■ **jd steigt einer S.** (*dat*) **nach** *Rock, Weiberrock* qn court qc; ***der steigt doch jedem Rock nach*** c'est un coureur de jupons
nach|stellen I. *vt* 1. GRAM ■ **etw wird [einer S.** (*dat*)**] nachgestellt** qc est postposé(e) [à qc]
2. TECH ■ **jd stellt etw nach** *Bremsen, Kupplung, Ventile* qn règle qc; *Schraube* qn resserre qc
3. ■ **jd stellt etw [um etw] nach** *Uhr, Wecker* qn retarde qc [de qc]
4. (*nachspielen*) ■ **jd stellt etw nach** *Szene* qn joue qc; *Tathergang* qn reconstitue qc
II. *vi* 1. *geh* (*verfolgen*) ■ **jd stellt jdm nach** qn persécute qn
2. (*umwerben*) ■ **jd stellt jdm nach** qn poursuit qn de ses assiduités *vieilli*, qn fait des avances à qn
Nachstellungen *pl* 1. (*Zudringlichkeiten*) avances *fpl*
2. (*Verfolgungen*) persécutions *fpl*
Nächstenliebe *f* amour *m* du prochain
▸ **jd übt ~** *geh* qn aime son prochain; **übt ~!** ayez l'amour du prochain!
nächstens *adv* 1. (*demnächst*) prochainement, très bientôt
2. (*in Zukunft*) à l'avenir
3. *fam* (*womöglich*) si ça se trouve *fam*
nächste(r, s) *adj s.* **nächste**
nächstgelegen *adj attr* le/la plus proche **nächsthöher** *adj attr Besoldungsgruppe, Dienstgrad, Rang, Stelle, Summe, Zahl* juste au-dessus, juste supérieur(e); ***der ~e Dienstgrad nach Oberst ist Brigadegeneral*** le grade au-dessus de colonel est général de brigade **nächstliegend** *adj attr Lösung, Ursache* le/la plus évident(e); ■ **das N~e** l'évidence *f*, le plus simple; ***er tat das N~e*** il a choisi la solution la plus simple **nächstmöglich** *adj attr* 1. *Gelegenheit* premier(-ière) *antéposé*; ***zum ~en Termin*** le plus tôt possible 2. *Ausfahrt, Stelle* premier(-ière) *antéposé*
nach|suchen *vi* 1. (*suchen*) ■ **jd sucht nach** qn cherche bien; ■ **jd sucht in etw** (*dat*) **nach** qn fouille [dans] qc
2. *form* (*beantragen*) ■ **jd sucht [bei jdm] um etw nach** qn sollicite qc [de qn] *soutenu*
Nacht <-, ¨-e> *f* nuit *f*; ***in mondhellen ¨-en*** les nuits de pleine lune; ***in der folgenden ~*** la nuit suivante; ***heute ~*** cette nuit
▸ **bei ~ sind alle Katzen grau** *prov* la nuit tous les chats sont gris; **bei ~ und Nebel** *fam* sans tambour ni trompette; *sich davonmachen* en douce *fam*; *umziehen* à la cloche de bois; **jd schlägt sich** (*dat*) **die ~ um die Ohren** *fam* qn passe une nuit blanche; **jd macht die ~ zum Tage** qn reste debout toute la nuit; **eine durchwachte ~** une nuit blanche; **ganze ¨-e** des nuits entières; **gute ~!** bonne nuit!; **jd sagt jdm gute ~** qn dit bonne nuit à qn; **dann gute ~!** *iron fam* [eh bien,] bonjour les dégâts! *fam*; **na, dann gute ~!** *iron fam* eh bien, bravo!; **jd ist hässlich wie die ~** *fam* qn est moche comme un pou *fam*; **letzte [*o* vorige] ~** la nuit dernière [*o* passée]; **Tausendundeine ~** les mille et une nuits; **in tiefer ~** au milieu de la nuit; **bis weit in die ~** jusqu'à une heure avancée de la nuit; **die ~ bricht an** *geh* la nuit tombe; **es ist ~** il fait nuit; **jd isst zur ~** SDEUTSCH, AUS qn dîne; ***was möchtet ihr zur ~ essen?*** qu'est-ce que vous voudriez manger ce soir?; **jd macht/feiert/arbeitet die ~ durch** qn passe une nuit blanche/fait la fête/travaille toute la nuit; **es wird ~** il commence à faire nuit; **bei ~** de nuit; **in der ~** pendant [*o* durant] la nuit; ***spät in der ~*** tard dans la nuit; **über ~** (*die ganze ~*) [pendant [*o* durant]] la nuit; (*plötzlich*) du jour au lendemain; ***über ~ darf ich nicht von zu Hause wegbleiben*** je n'ai pas la permission de dé-

coucher; ***warum bleibst du nicht über*** ~? pourquoi ne dormirais-tu pas ici?; **des** ~**s** *geh* [pendant [*o* durant]] la nuit; **eines** ~**s** une nuit
Nacht- de nuit; ~***backverbot*** interdiction *f* aux boulangers de faire du pain la nuit; ***ich bin*** ~***arbeiterin*** je travaille [très] tard le soir; ***er ist ein typischer*** ~***arbeiter*** il est plutôt du soir *fam*
nachtblind *adj* qui voit mal la nuit, héméralope *spéc;* ■ **jd ist** ~ qn voit mal la nuit **Nachtcreme** [-kre:m] *f* crème *f* de nuit
Nachteil <-[e]s, -e> *m* inconvénient *m,* désavantage *m;* ***finanzielle/ materielle*** ~***e*** des préjudices matériels/financiers; ***zum*** ~ ***von jdm*** au détriment de qn
► **etw bringt jdm** ~**e** qc fait du tort à qn, qc nuit à qn; ***das brächte mir nur*** ~***e*** ça n'aurait que des inconvénients pour moi; **etw gereicht jdm zum** ~ *geh* qc porte [*o* cause un] préjudice à qn; **jd hat durch etw** ~**e** qc entraîne des désagréments pour qn, qn pâtit de qc; **jd ist** [*o* **befindet sich** *geh*] [**jdm gegenüber**] **im** ~ qn est désavantagé(e) [par rapport à qn]; **es soll nicht Ihr** ~ **sein** vous n'aurez pas à le regretter, vous vous y retrouverez; **jd verändert sich zu seinem** ~ qn change, mais pas à son avantage
nachteilig I. *adj Auswirkungen, Folgen* préjudiciable, fâcheux(-euse); ■ **etw ist** ~ qc entraîne des désagréments; ***Rauchen ist der Gesundheit*** ~ fumer nuit à la santé; ■ **etw ist für jdn** ~ qc nuit à qn; */Auskunft/* qc est défavorable à qn; ■ **etwas N~es** quelque chose de désagréable; ***steht in dem Brief etwas N~es?*** les nouvelles sont mauvaises?
II. *adv sich äußern* défavorablement; ***das könnte sich*** ~ ***auswirken*** ça pourrait avoir de fâcheux effets
nächtelang *adv* [pendant [*o* durant]] des nuits entières
nachten *vi impers* CH *poet* ■ **es nachtet** il commence à faire nuit, la nuit tombe
Nachtessen *nt* SDEUTSCH, AUS, CH *s.* **Abendessen. Nachteule** *f fam s.* **Nachtmensch. Nachtfahrverbot** *nt* interdiction *f* de circuler la nuit **Nachtfalter** *m* papillon *m* de nuit **Nachtflug** *m* vol *m* de nuit **Nachtflugverbot** *nt* interdiction *f* de voler la nuit **Nachtfrost** *m* gelées *fpl* nocturnes **Nachthemd** *nt* chemise *f* de nuit **Nachthimmel** *m* ciel *m* [nocturne]
Nachtigall <-, -en> *f* rossignol *m*
► ~, **ick hör' dir trapsen** DIAL *sl* je te/vous vois venir avec tes/vos gros sabots
nächtigen *vi geh* ■ **jd nächtigt irgendwo/bei jdm** qn passe la nuit quelque part/chez qn
Nächtigung <-, -en> *f* AUS (*Übernachtung*) nuitée *f*
Nachtisch *m* dessert *m*
► **als** [*o* **zum**] ~ comme dessert
Nachtklub *m s.* **Nachtlokal. Nachtlager** *nt geh* gîte *m* [pour la nuit]
► **jd schlägt irgendwo sein** ~ **auf** qn s'installe quelque part pour la nuit **Nachtleben** *nt* vie *f* nocturne
nächtlich *adj attr Anruf, Lärm, Ruhestörung* nocturne; *Gast, Zecher* noctambule; ***wer mag der*** ~***e Besucher sein?*** qui peut bien me/nous rendre visite en pleine nuit?
Nachtlokal *nt* boîte *f* [de nuit] **Nachtmahl** *nt* AUS *s.* **Abendessen. Nachtmensch** *m* couche-tard *mf inv fam* **Nachtprogramm** *nt* programme *m* de nuit **Nachtquartier** *nt s.* **Nachtlager**
Nachtrag <-[e]s, -träge> *m* 1. ■ **ein** ~ [**zu etw**] *zu einem Brief* un post-scriptum [à qc]; *zu einem Testament* un codicille [à qc]; *zu einem Versicherungsvertrag* un avenant [à qc]
2. *pl* MEDIA ■ **die** ¨~**e** [**zu etw**] le supplément [de qc]
nach|tragen *vt irreg* 1. (*ergänzen*) ■ **jd trägt etw** [**zu etw**] **nach** qn ajoute qc [à qc]; ■ **jd trägt** [**noch**] **nach, dass** qn ajoute que + *indic*
2. (*nicht verzeihen können*) ■ **jd trägt jdm etw nach** qn garde rancune à qn de qc, qn en veut à qn de qc; ***sie trägt niemandem etwas nach*** elle n'est pas rancunière; ■ **jd trägt jdm etw nicht nach** qn ne tient pas rigueur à qn de qc; ■ **jd trägt ihm/ihr nach, dass er/sie** qn en veut [*o* garde rancune] à qn de + *infin*
3. (*hinterhertragen*) ■ **jd trägt jdm etw nach** qn [suit qn et] lui porte qc
nachtragend *adj* rancunier(-ière)
nachträglich I. *adj* (*später nachfolgend*) *Hinweis, Überarbeitung* ultérieur(e); *Zustimmung, Genehmigung* donné(e) ultérieurement [*o* par la suite]; (*verspätet*) après coup; (*zusätzlich*) *Forderung* supplémentaire; *Angabe, Hinweis a.* complémentaire; ***eine*** ~***e Ergänzung*** un complément apporté par la suite; ~***e Einschübe*** des rajouts
II. *adv* après coup
Nachtragsband <-bände> *m* supplément *m* **Nachtragshaushalt** *m* collectif *m* budgétaire *vieilli,* loi *f* de finances rectificative
nach|trauern *vi* ■ **jd trauert jdm/einer S. nach** qn regrette qn/qc
Nachtruhe *f* sommeil *m,* nuits *fpl*
nachts *adv* (*in der Nacht*) la nuit; ***spät*** ~ au milieu de la nuit
Nachtschattengewächs *nt* solanacée *f* **Nachtschicht** *f* (*Schichtarbeit*) poste *m* de nuit; (*nachts arbeitende Schicht*) équipe *f* de nuit ► **jd hat** ~ qn est de nuit *fam* **Nachtschwärmer** *m* ZOOL *s.* **Nachtfalter. Nachtschwärmer(in)** *m(f) veraltend* noctambule *mf,* couche-tard *mf fam* **Nachtsichtgerät** *nt* appareil *m* infrarouge; [*Kampfwagen*] épiscope *m* infrarouge **Nachtspeicherofen** *m* chauffe-eau *m* à accumulation **Nachtstrom** *m* électricité *f* au tarif heures creuses
nachtsüber *adv* [pendant [*o* durant]] la nuit
Nachttarif *m* tarif *m* heures creuses [*o* de nuit] **Nachttier** *nt* animal *m* nocturne
Nachttisch *m* table *f* de nuit [*o* de chevet]
Nachttischlampe *f* lampe *f* de chevet
Nachttopf *m* pot *m* de chambre, vase *m* de nuit
nach|tun *vt irreg* ■ **jd tut es jdm nach** qn fait comme qn
Nacht-und-Nebel-Aktion *f* opération *f* commando; (*Polizeiaktion*) opération *f* coup de poing
► **in einer** ~ au cours d'une opération commando
Nachtvogel *m* nocturne *m,* oiseau *m* de nuit **Nachtwache** *f* veillée *f*
► **„Die** ~**" von Rembrandt** "La Ronde de nuit" de Rembrandt; **jd hält bei jdm** ~ qn veille [au chevet de] qn **Nachtwächter(in)** *m(f)* 1. (*Kontrollgänger*) veilleur *m* de nuit 2. HIST veilleur *m* **Nachtzeit** *f* ► **zur** ~ *geh* en pleine nuit **Nachtzuschlag** *m* prime *f* [pour travail] de nuit
Nachuntersuchung *f* visite *f* de contrôle, examen *m* de suivi
nach|versichern * I. *vt* ■ **jd versichert jdn nach** qn fait régulariser la situation de qn au regard des cotisations de retraite
II. *vr* ■ **jd versichert sich nach** qn verse des cotisations complémentaires [pour avoir le nombre d'années nécessaires au versement d'une pension]
nachvollziehbar *adj* compréhensible, saisissable *littér;* ***kaum/ leicht*** ~ difficile/facile à comprendre [*o* suivre]; ***nicht*** ~ incompréhensible; ***etw ist leicht/ schwer*** ~ qc est facile/difficile à comprendre; ■ **etw ist für jdn** ~ qc peut être compris(e) par qn, qc est à la portée de qn; ■ **es ist für jdn** ~, **dass/warum/wie/...** qn arrive à comprendre que + *indic*/pourquoi/comment/...
nach|vollziehen * *vt irreg* ■ **jd vollzieht etw nach** qn suit qc, qn saisit qc; ***jd kann etw nicht*** ~ qn n'arrive pas à comprendre qc
nach|wachsen [-ks-] *vi irreg + sein* 1. (*erneut wachsen*) ■ **etw wächst nach** */Unkraut, Haar, Nägel/* qc repousse; ■ ~**d** *Rohstoff* d'origine végétale
2. (*neu aufwachsen*) ■ **jd wächst nach** */neue Generation, junge Menschen/* qn prend la place
Nachwahl *f* élection *f* partielle
Nachwehen *pl* 1. MED tranchées *fpl* [utérines] *spéc*
2. *geh* (*Folgen*) séquelles *fpl,* suites *fpl* douloureuses *soutenu*
nach|weinen *vi* ■ **jd weint jdm/einer S. nach** qn regrette qn/qc
Nachweis <-es, -e> *m* 1. (*Beweis*) preuve *f;* [*Berechtigung, Identität, Mitgliedschaft a.*] justification *f*
2. [*Radioaktivität, Gift, Gas*] mise *f* en évidence
► **jd/etw erbringt** [*o* **führt**] [*o* **liefert**] [**jdm**] **den** ~ **einer S.** (*gen*) qn/qc apporte [*o* fournit] [à qn] la preuve de qc; **als** [*o* **zum**] ~ **einer S.** (*gen*) *schenken, reichen* pour prouver qc; *angesehen werden* comme une preuve de qc
nachweisbar I. *adj* 1. (*beweisbar*) qui peut être prouvé(e), dont la preuve peut être fournie; ***er trägt keine*** ~***e Schuld*** rien ne prouve que c'est de sa faute; ■ **etw ist** ~ la preuve de qc peut être fournie; ***etw ist leicht/ schwer*** ~ il est facile/difficile de prouver qc [*o* d'apporter la preuve de qc]; ■ **etw ist nicht** ~ il n'est pas possible de prouver qc [*o* d'apporter la preuve de qc]; ■ **es ist** ~, **dass** il existe des preuves que + *indic;* ***es ist leicht/ schwer*** ~, ***dass*** il est facile/difficile de prouver que + *indic;* ■ **es ist** ~, **warum/wie ...** on peut dire, preuves à l'appui, pourquoi/comment ...
2. ÖKO *Radioaktivität, Gift, Gas, Spuren* qui peut être décelé(e) [*o* détecté(e)]; ***bei*** ~***er Radioaktivität*** si on peut déceler [*o* détecter] de la radioactivité; ■ **etw ist** [**irgendwo**] ~ on décèle [*o* détecte] la présence de qc [quelque part]; ■ **etw ist** [**irgendwo**] **nicht** ~ on ne trouve pas trace de qc [quelque part]
II. *adv* comme la preuve peut en être fournie; ***Sie irren sich*** ~ on peut démontrer [*o* prouver] que vous vous trompez
nach|weisen *vt irreg* 1. (*den Nachweis erbringen*) ■ **jd weist** [**jdm**] **etw nach** qn prouve qc à qn; ■ **jd weist jdm nach, dass** qn prouve à qn que + *indic*
2. (*beweisen*) ■ **jd weist jdm etw nach** qn convainc qn de qc, qn prouve qc de qn; ■ **jd weist nach/jdm nach, dass** qn prouve que/que qn + *indic*
3. ÖKO ■ **jd weist etw** [**in etw** (*dat*)] **nach** *Strahlung, Gift, Gas* qn décèle [*o* détecte] la présence de qc [dans qc]; ■ **etw weist etw nach** qc révèle la présence de qc
4. (*angeben*) ■ **jd weist jdm etw nach** *Arbeitsstelle, Zimmer* qn indique qc à qn
nachweislich I. *adj* prouvé(e), avéré(e); ***bei*** ~***er Beteiligung an dem Komplott*** s'il s'avère qu'il y a eu participation au complot
II. *adv:* ***das ist*** ~ ***falsch*** il est avéré que c'est faux; ***davon habe ich*** ~ ***nichts gewusst*** il peut être prouvé que je n'étais pas au courant
Nachwelt *f Ø* ■ **die** ~ la postérité; ***der*** ~ ***erhalten/ überliefern*** conserver pour la postérité/transmettre aux générations futures
nach|werfen *vt irreg* 1. (*hinterherwerfen*) ■ **jd wirft jdm etw nach** *Gegenstand, Stein* qn jette [*o* lance] qc à qn
2. (*zusätzlich einwerfen*) ■ **jd wirft etw nach** *Münze, Geld* qn remet qc
► **etw ist nachgeworfen** *fam* qc est donné(e), qc coûte trois fois rien *fam*
nach|wiegen *irreg* I. *vt* ■ **jd wiegt etw nach** qn repèse qc, qn vérifie le poids de qc
II. *vi* ■ **jd wiegt nach** qn vérifie le poids
nach|winken *vi* ■ **jd winkt jdm nach** qn fait des signes d'adieu à qn
nach|wirken *vi* 1. PHARM ■ **etw wirkt nach** qc continue d'agir
2. (*als Eindruck anhalten*) ■ **etw wirkt nach** */Eindruck, Erlebnis/* qc est difficile à oublier; */Konzert, Rede/* qc a fait grosse impression; ***der Schock wirkt noch nach*** il/elle est encore sous le coup du choc; ■ **etw wirkt in jdm nach** qn reste sous le coup de qc; ***das wirkt immer noch in ihm nach*** ça a laissé des traces dans son esprit
Nachwirkung *f* ■ ~**en einer S.** *einer Droge* les effets *mpl* de qc; *der Wirtschaftskrise* les répercussions *fpl* de qc
Nachwort <-worte> *nt* postface *f*
Nachwuchs *m Ø* 1. *fam* (*Kinder*) rejetons *mpl fam,* gosses *mpl fam*
2. (*junge Fachkräfte*) jeunes *mpl*
► **jd erwartet** ~ qn attend une naissance
Nachwuchs- de la jeune [*o* nouvelle] génération
nach|zahlen I. *vt* 1. (*nachträglich entrichten*) ■ **jd zahlt** [**bei jdm**] **etw nach** *erhöhtes Beförderungsentgelt, Gebühr* qn paie qc en plus [à qn]; *Steuer* qn paie un rappel de qc [à qn]

2. (*nachträglich bezahlen*) ■ **jd zahlt jdm etw nach** *Lohn, Abzug von einer Rechnung* qn paie qc à qn après coup; ■ **jd bekommt etw nachbezahlt** qn touche un rappel de qc
II. *vi* (*zusätzlich zahlen*) ■ **jd zahlt nach** qn paie un supplément
nach|zählen I. *vt* ■ **jd zählt etw nach** qn recompte qc
II. *vi* ■ **jd zählt nach** qn recompte; ■ **jd zählt nach, ob** qn vérifie [*o* recompte] [pour voir] si; ■ **jd zählt nach, wie viel** qn fait le compte pour savoir combien
Nachzahlung *f* 1. (*nachträglich zu zahlender Betrag* [*Gehalt*] rappel *m*
2. (*obendrein zu entrichtender Betrag*) supplément *m*
nach|zeichnen *vt* ■ **jd zeichnet etw nach** *Vorlage* qn dessine qc; *Bild, Porträt* qn copie qc; *Konturen* qn repasse sur qc
nach|ziehen *irreg* I. *vt + haben* 1. TECH ■ **jd zieht etw nach** *Befestigungsschraube, Mutter* qn resserre qc; *gespanntes Stahlseil* qn retend qc
2. (*hinter sich herziehen*) ■ **jd zieht etw nach** qn traîne qc
3. (*darüber fahren*) ■ **jd zieht etw nach** *Linie, Umriss* qn repasse sur qc; ■ **jd zieht [sich (*dat*)] etw [mit etw] nach** *Augenbrauen, Lippen* qn se redonne [*o* repasse] un coup [de qc] sur qc
II. *vi* (*ebenso verfahren*) ■ **jd zieht [mit etw] nach** qn emboîte le pas [en faisant qc], qn suit le mouvement [en faisant qc]
Nachzug *m*: ***der ~ der Familienmitglieder von ausländischen Arbeitnehmern*** le regroupement familial pour les travailleurs étrangers; ***sie konnte sich zu einem ~ nicht entschließen*** elle n'arrivait pas à se décider à le suivre
Nachzügler(in) <-s, -> *m(f)* retardataire *mf;* (*bei Wanderung a.*) traînard(e) *m(f)*
Nackedei <-[e]s, -e *o* -s> *m hum fam* (*nacktes Kind*) gosse *m* à poil *fam;* ***na, du kleiner ~!*** alors, cul nu! *fam;* ***das Foto zeigt mich als zweijährigen ~*** sur la photo, c'est moi tout nu/toute nue à deux ans
Nacken <-s, -> *m* 1. ANAT nuque *f*
2. (*Schweine~*) échine *f*
▶ **jd hat jdn im ~** *fam* qn a qn aux fesses *fam;* **jd sitzt jdm im ~** *fam* qn lui colle aux fesses *fam;* (*jd bedrängt jdn*) qn lâche pas qn *fam;* ***sitz mir nicht immer im ~!*** lâche moi les baskets! *fam*
nackend *adj fam s.* **nackt**
Nackenhaar *nt meist pl* cheveux *mpl* sur la nuque ▶ **ihm/ihr sträuben sich die ~e** *fam* il/elle saute au plafond *fam* **Nackenrolle** *f* traversin *m* **Nackenschlag** *m* revers *m* [de fortune]; ***das versetzte ihm einen ~*** ça a été un coup dur pour lui; ***er musste viele Nackenschläge einstecken*** il a eu bien des déboires; ***der Misserfolg war für sie ein ziemlicher ~*** elle a eu du mal à encaisser cet échec
nackert *adj* AUS *fam s.* **nackt**
nackig *adj fam s.* **nackt**
nackt I. *adj* 1. *Mensch* nu(e)
2. (*bloß*) *Arm, Brust, Haut* nu(e); ***mit ~en Füßen*** les pieds nus, nu-pieds
3. (*kahl*) *Fels, Wand* nu(e); ***auf der ~en Erde/dem ~en Boden*** à même la terre/le sol
4. (*unverblümt*) *Tatsache* brut(e), nu(e); *Wahrheit* tout(e) nu(e); *Terror* à l'état pur; ***die ~e Wirklichkeit*** la réalité telle qu'elle est
▶ **halb** ~ à demi-nu(e), à moitié nu(e)
II. *adv* tout(e) nu(e)
▶ **halb** ~ à moitié nu(e)
Nacktbaden <-s> *nt* ∅ baignade *f* à poil; ***er beobachtet die Leute beim ~*** il observe les nudistes sur la plage **Nacktbadestrand** *m* plage *f* pour nudistes [*o* naturistes]
Nackte(r) *f(m) decl wie adj* homme nu/femme nue *m/f;* (*am Nacktbadestrand*) nudiste *mf,* naturiste *mf*
Nacktheit <-> *f* ∅ nudité *f*
Nacktmodell *nt* modèle *m* qui pose nu
Nadel <-, -n> *f* 1. (*Näh~*) aiguille *f;* (*Steck~*) épingle *f*
2. BOT aiguille *f*
3. [*Messinstrument*] aiguille *f*
▶ **jd hängt an der ~** *sl* qn est accro [*o* se shoote] à l'héroïne *fam;* **jd kommt von der ~ weg** *sl* qn décroche *fam*
Nadelbaum *m* conifère *m,* résineux *m* **Nadelbrief** *m* pochette *f* d'aiguilles [assorties] **Nadeldrucker** *m* imprimante *f* matricielle [*o* à aiguilles] **Nadelgehölz** *nt* résineux *m,* conifère *m* **Nadelholz** <-hölzer> *nt* 1. ∅ (*Holz eines Nadelbaums*) bois *m* de résineux [*o* de conifère] 2. *s.* **Nadelgehölz** **Nadelkissen** *nt* pelote *f* d'aiguilles/d'épingles
nadeln *vi* ■ **etw nadelt** qc perd ses aiguilles
Nadelöhr *nt* 1. [*Nähnadel*] trou *m* [de l'/d'aiguille], chas *m* 2. TRANSP goulet *m* [*o* goulot *m*] d'étranglement; (*im Straßenverkehr*) point *m* noir **Nadelspitze** *f* pointe *f* de l'/d'aiguille **Nadelstich** *m* 1. point *m;* ***mit ein paar ~en*** avec un peu de fil et une aiguille; ***den Knopf nähe ich dir mit ein paar ~en wieder an*** je vais te recoudre ton bouton en vitesse 2. (*kleiner Angriff*) pique *f*
Nadelstreifen *pl* fines rayures *fpl*
Nadelstreifenanzug *m* costume *m* à fines rayures
Nadelwald *m* forêt *f* de conifères [*o* de résineux]
Naderer <-s, -> *m* AUS *fam veraltend* (*Denunziant*) dénonciateur(-trice) *m(f)*
Nadir <-s> *m* ∅ nadir *m*
Nagel <-s, -> *m* 1. (*Metallstift*) clou *m*
2. ANAT ongle *m*
▶ **jd trifft [mit etw] den ~ auf den Kopf** *fam* qn met le doigt dessus [en faisant qc]; **jd macht ~ mit Köpfen** *fam* qn fait pas les choses à moitié *fam;* **jd ist ein ~ zu jds Sarg** *fam* qn veut la mort de qn; **etw brennt jdm unter den ~n** *fam* qc urge pour qn *fam;* **jd hängt etw an den ~** *fam* qn laisse tomber qc; ***er hängte die Boxhandschuhe an den ~*** il a raccroché les gants; **jd reißt sich (*dat*) etw unter den ~** *sl* qn fait main basse sur qc
Nagelbett *nt* lit *m* de l'ongle **Nagelbrett** *nt* planche *f* à clous **Nagelfeile** *f* lime *f* à ongles **Nagelhaut** *f* peaux *fpl,* envies *fpl fam*
Nagellack *m* vernis *m* à ongles
Nagellackentferner <-s, -> *m* dissolvant *m*
nageln I. *vt* 1. (*durch Nägel befestigen*) ■ **jd nagelt etw [irgendwohin]** *Brett, Latte* qn cloue qc [quelque part]; ***sie nagelten Jesus ans Kreuz*** ils ont cloué Jésus sur la croix
2. MED ■ **jd nagelt etw** qn consolide qc avec des clous
II. *vi* ■ **jd nagelt** qn enfonce [*o* plante] des clous
nagelneu *adj fam* tout(e) [*o* flambant] neuf(neuve) **Nagelprobe** *f* épreuve *f* de vérité **Nagelreiniger** <-s, -> *m* cure-ongles *m* **Nagelschere** *f* ciseaux *mpl* à ongles **Nagelschuh** *m* chaussure *f* cloutée
nagen I. *vi* 1. (*beißen*) ■ **ein Tier nagt [an etw (*dat*)]** un animal ronge [qc]; *an einer Möhre* un animal grignote [qc]; ■ **jd nagt an etw** qn mâchonne qc; *an einem Butterbrot, Stück Käse a.* qn grignote qc
2. (*schmerzlich wühlen*) ■ **etw nagt in jdm** qc ronge qn
II. *vt* 1. (*abnagen*) ■ **ein Tier nagt etw von etw** un animal ronge qc de qc
2. (*durch Nagen herstellen*) ■ **ein Tier nagt etw durch/in etw (*akk*)** un animal creuse qc dans qc [en rongeant]
nagend *adj* lancinant
Nager <-s, -> *m,* **Nagetier** *nt* rongeur *m*
nah *adj* ▶ **von [*o* aus] ~ und fern** de tous côtés, de partout
-nah 1. *adjektivisch* (*in der Nähe gelegen*) proche du/de la; *adverbial* près du/de la
2. (*verständnisvoll für*) *bürger-, schüler-* à l'écoute des; ***benutzer~*** convivial(e)
Nahaufnahme *f* photo[graphie] *f* rapprochée
▶ **jd macht eine ~ [von jdm/etw]** qn prend une photo de près [de qn/qc]
nah[e] <näher, nächste> I. *adj* 1. (*in geringer Entfernung*) *Gasthof, See etc* [tout(e)] proche, voisin(e); ■ **jd/etw ist ~** qn/qc est proche, qn/qc est tout près; ***das Ziel unserer Reise ist ~*** nous sommes presque arrivé(e)s à destination
2. (*unmittelbar bevorstehend*) *Zukunft, Tod* proche *soutenu; Abreise, Krieg a.* imminent(e); *Ende a.* prochain(e); *Winter, Frühling a.* tout(e) proche; ■ **etw ist ~ /** *Tag, Weihnachten, Zeitpunkt/* qc approche, qc est proche
3. (*eng*) *Angehöriger, Verwandter* proche *antéposé; Freund* intime; ■ **jd ist jdm ~** qn est avec qn
▶ **von ~m** de près
II. *adv* 1. (*in geringer Entfernung*) *liegen, gelegen sein, stehen, sitzen, herangehen* [tout] près; ***~ am Kamin*** [tout] près de la cheminée; ***jd tritt ~ an etw (akk) heran*** qn s'approche de qc; ■ **~e bei etw** (*in der Nähe von etw*) près de qc
2. (*unmittelbar*): ***etw steht ~ bevor*** qc est imminent(e)
3. (*fast*) ■ **~e an etw** (*dat*) *an die sechzig* pas loin de qc; ***er muss ~ an die sechzig sein*** il ne doit pas être loin de la soixantaine
4. (*eng*): ***wir sind ~ befreundet*** nous sommes bons amis; ***ich bin ~ mit ihm verwandt*** nous sommes proches parents
▶ **jd ist ~ daran etw zu tun** qn est sur le point de faire qc; **jd kommt jdm/einer S. zu ~** qn s'approche trop de qn/qc; **jd tritt jdm zu ~** qn froisse qn; **~ beieinander** serré(e)s l'un(e) contre l'autre/les un(e)s contre les autres
III. *präp* ■ **~ einer S.** (*dat*) près de qc
Nähe <-> *f* ∅ 1. (*geringe Entfernung*) proximité *f;* ***in der ~/ in erreichbarer ~*** à proximité
2. (*Anwesenheit*) ■ **jds ~** la présence de qn
3. [*Termin, Fest*] proximité *f*
▶ **jd ist/bleibt in der ~** qn est/reste à proximité [*o* dans les parages]; **aus der ~** de près; ***aus der ~ betrachtet*** vu(e) de près; **in jds ~** avec qn, près de qn
nahebei *adv* à proximité
nahe|bringen *s.* **bringen** ▶
nahe|gehen *s.* **gehen I.** ▶
nahe|kommen *s.* **kommen I.** ▶
nahe|legen *s.* **legen I.** ▶
nahe|liegen *s.* **liegen** ▶
naheliegend *s.* **liegen** ▶
nahen I. *vi + sein geh* ■ **jd/etw naht** qn/qc approche
II. *vr + haben veraltend geh* 1. (*näher kommen*) ■ **etw naht sich** qc s'approche
2. (*herantreten*) ■ **jd naht sich jdm** qn approche qn; ■ **jd naht sich jdm mit etw** qn présente qc à qn
nähen I. *vt* 1. (*zusammen~*) ■ **jd näht etw** *Kleidungsstück* qn coud qc
2. (*befestigen*) ■ **jd näht etw auf etw** (*akk*) *Etikett, Borte* qn coud qc sur qc; ■ **jd näht etw an etw** (*akk*) *Knopf* qn coud qc à qc
3. MED ■ **jd näht jdn/etw** *Wunde* qn recoud qn/qc
II. *vi* (*mit Nadel und Faden arbeiten*) ■ **jd näht [für jdn]** qn fait de la couture [pour qn], qn coud [pour qn]; ■ **jd näht an etw** (*dat*) qn travaille à qc; ■ **das N~** la couture
näher I. *adj comp von* **nahe** 1. (*in geringerer Entfernung*) plus proche; ***wegen der ~en Lage zur Autobahn*** à cause de la plus [*o* l'assez] grande proximité de l'autoroute; ***in der ~en Umgebung des Bauernhofs*** à proximité de la ferme; ***es gibt keinen ~en Arzt*** il n'y a pas de médecin plus près [*o* proche]; ***das Ihnen ~e Werk*** l'usine la plus proche de chez vous; ■ **jd/etw ist ~** qn/qc est plus près [*o* proche]
2. (*kürzer bevorstehend*) *Termin, Zukunft* plus rapproché(e); ***in der ~en Zukunft*** dans un proche avenir
3. (*detaillierter*) *Einzelheiten* plus précis(e); *Auskünfte, Umstände a.* plus détaillé(e)
4. *Bekannter, Verwandter* (*ziemlich gut*) assez proche; (*sehr gut*) vraiment

proche; (*Komparativ von nahe*) plus proche; *Freund, Vertrauter* (*ziemlich gut*) assez intime; (*sehr gut*) vraiment intime; (*Komparativ von nahe*) plus intime; *Beziehungen, Zusammenarbeit* (*ziemlich eng*) assez étroit(e); (*sehr eng*) vraiment étroit(e); (*Komparativ von nahe*) plus étroit(e)
II. *adv* **1.** (*in einen geringeren Abstand*) ■ ~ [**an etw** (*akk o dat*)] plus près [de qc]; ~ ***am Kamin*** plus près de la cheminée; ***jd tritt ~ an etw heran*** qn se rapproche [plus] de qc; ■ ~ **bei etw** plus près de qc; ***unser Haus liegt ~ beim Bahnhof als eures*** notre maison est plus proche de la gare que la vôtre
2. (*eingehender*) plus en détail, de façon plus précise; *ansehen, betrachten* de plus près
3. *kennen, vertraut sein* (*ziemlich gut*) assez intimement; (*sehr gut*) vraiment intimement; (*Komparativ von nahe*) plus intimement; *kennen lernen a.* assez profondément; vraiment profondément; plus profondément
▸ **etw kommt** ~ /*Tag, Termin/* qc approche; **jd kommt einer S.** (*dat*) [**schon**] ~ qn approche [*o* se rapproche] de qc; **etw rückt** ~ qc approche; ***etw rückt mit jedem Tag*** ~ qc approche de jour en jour; **treten Sie** [**bitte**] ~ approchez-vous[, je vous prie]!, veuillez vous approcher!
Näher(in) <-s, -> *m(f)* couseur(-euse) *m(f)*
näher|bringen *s.* **bringen** ▸
Nähere(s) *nt decl wie adj* des précisions *fpl;* ***ich weiß nichts ~s*** je ne sais rien de plus, je n'ai aucune précision
näher|kommen *s.* **kommen I.**▸
näher|liegen *s.* **liegen** ▸
nähern *vr* **1.** (*näher herankommen*) ■ **jd/etw nähert sich** [**jdm/einer S.**] qn/qc [s']approche [de qn/qc]
2. *geh* (*zeitlich*) ■ **jd/etw nähert sich einer S.** (*dat*) qn/qc approche de qc; ***ich nähere mich langsam einem Punkt, wo ...*** j'en arrive lentement à un point où ...
näher|stehen *s.* **stehen I.**▸, **II.**▸
näher|treten *s.* **treten II.**▸
Näherungswert *m* valeur *f* approchée
nahe|stehen *s.* **stehen I.**▸, **II.**▸
nahezu *adv* à peu [de chose] près, presque
Nähfaden *m* [bout *m* de] fil *m* **Nähgarn** *nt* fil *m* à coudre
Nahkampf *m* corps *m* à corps, combat *m* rapproché
Nähkästchen <-s, -> *nt* boîte *f* à ouvrage ▸ **jd plaudert aus dem** ~ *fam* qn déballe ses petites histoires *fam* **Nähkorb** *m* corbeille *f* à ouvrage
nahm *imp von* **nehmen**
Nähmaschine *f* machine *f* à coudre **Nähnadel** *f* aiguille *f* à coudre
Nahost *m* le Proche-Orient ▸ **aus/in** ~ du/au Proche-Orient **nahöstlich** *adj attr* du Proche-Orient
Nährboden *m* **1.** BIO milieu *m* de culture
2. *fig* ■ ~ [**für etw**] terrain *m* favorable [à qc]
nähren I. *vi* ■ **etw nährt** qc est nourrissant(e) [*o* nutritif(-ive)]
II. *vt* **1.** (*füttern*) ■ **jd nährt jdn** qn nourrit qn
2. (*aufrechterhalten*) ■ **jd/etw nährt etw** qn/qc nourrit [*o* alimente] qc
nahrhaft *adj* nourrissant(e), nutritif(-ive)
Nährlösung *f* **1.** BIO bouillon *m* de culture **2.** MED soluté *m* **Nährmittel** *pl* [aliments *mpl* à base de] céréales *fpl* **Nährstoff** *m* substance *f* nutritive
Nahrung <-> *f* ∅ nourriture *f*
▸ **flüssige/feste** ~ aliments *mpl* liquides/solides; **etw erhält** [*o* **bekommt**] [**durch etw**] [**neue**] ~ qc est alimenté(e) [de nouveau] [par qc]; **etw gibt einer S.** (*dat*) [**neue**] ~ qc alimente [de nouveau] qc
Nahrungsaufnahme *f* ∅ *form* absorption *f* de nourriture; ***Tiere bei der ~*** des animaux en train de se nourrir **Nahrungskette** *f* chaîne *f* alimentaire **Nahrungsmangel** *m* manque *m* de nourriture ▸ **aus** ~ par manque de nourriture
Nahrungsmittel *nt* produits *mpl* alimentaires
Nahrungsmittelindustrie *f* industrie *f* alimentaire **Nahrungsmittelvergiftung** *f s.* **Lebensmittelvergiftung**
Nahrungssuche *f* recherche *f* de nourriture; ***auf ~/bei der ~*** en quête de nourriture
Nährwert *m* valeur *f* nutritive; ***etw mit hohem ~*** qc de haute valeur nutritive
▸ **das hat doch keinen** [**geistigen** [*o* **sittlichen**]] ~ *sl* ça rime à rien
Naht <-, ⸚e> *f* **1.** COUT couture *f*
2. MED [points *mpl* de] suture *f*
▸ **jd platzt aus allen** [*o* **den**] ⸚**en** *fam* qn éclate dans ses vêtements *fam;* **etw platzt aus allen** [*o* **den**] ⸚**en** *fam* qc explose littéralement *fam*
Nähtisch *m* table *f* à ouvrage
nahtlos I. *adj* **1.** (*lückenlos*) sans temps mort, immédiat(e)
2. *Strumpf* sans couture
II. *adv* sans pause
Nahtstelle *f* **1.** (*Schweißnaht*) soudure *f*
2. (*Verbindung*) [point *m* de] jonction *f*
Nahverkehr *m* trafic *m* urbain et suburbain, circulation *f* urbaine
▸ **der öffentliche** ~ les transports *mpl* publics urbains et suburbains, le réseau de transports en commun de l'agglomération; **der private** ~ (*opp: öffentlich*) la circulation privée; (*opp: Fernverkehr*) la circulation des voitures en ville et en banlieue; **im** ~ dans/pour le trafic urbain et suburbain
Nahverkehrsabgabe *f* taxe *f* de circulation (*pour limiter le trafic urbain*) **Nahverkehrsmittel** *pl* moyens *mpl* de transport urbains et suburbains **Nahverkehrszug** *m* train *m* de banlieue
Nähzeug <-zeuge> *nt* nécessaire *m* de couture
Nahziel *nt* objectif *m* immédiat [*o* à court terme]
naiv I. *adj Mensch* naïf(-ïve); *Einstellung, Haltung a.* simpliste
II. *adv* naïvement
Naive(r) [-və] *f(m) decl wie adj* ▸ **jd spielt den ~n/die** ~ qn joue les naïfs/les naïves, qn se fait plus bête qu'il/qu'elle n'est
Naivität <-> [naivi'tɛːt] *f* ∅ naïveté *f*
Naivling <-s, -e> *m fam* naïf(-ïve) *m(f)*, poire *f fam*
Name <-ns, -n> *m*, **Namen** <-s, -> *m* nom *m;* (*Ruf a.*) réputation *f;* ***der gute*** ~ la réputation
▸ **im ~n des Gesetzes** au nom de la loi; **mein ~ ist Hase**[**, ich weiß von nichts**] moi, j'ai rien vu, rien entendu[, c'est pas mes oignons] *fam;* ~ **ist Schall und Rauch** le nom ne fait rien à la chose; un nom, ça n'est jamais qu'un nom; **im ~n des Volkes** au nom du peuple; **jd gibt seinen ~n zu etw her** qn prête son nom à qc; **jd macht sich** (*dat*) [**mit etw**] **einen ~n** qn se fait un nom [grâce à qc]; **jd macht sich** (*dat*) **einen ~n als etw** qn se fait un nom comme qc; **jd nennt etw beim** [**rechten**] ~ *fam* qn appelle qc par son nom; ***er nennt die Dinge gleich beim ~n*** il appelle les choses par leur nom [*o* un chat un chat]; ***nennen Sie doch die Dinge gleich beim ~n!*** ne tournez donc pas autour du pot!; **wie war doch** [**gleich/noch**] **der/sein/Ihr** ~? quel est le/son/votre nom, déjà?; **auf jds ~n** (*akk*) au nom de qn; **in jds ~n** (*dat*) au nom de qn; **mit ~n** (*nicht persönlich*) de nom; ***Friedhelm mit ~n*** *geh* du nom de Friedhelm; **dem/jds ~n nach** d'après le nom/le nom de qn; [**nur**] **dem ~n nach** [seulement] de nom; **unter dem ~n ...** sous le nom de ...; ***unter seinem richtigen ~n*** sous son vrai nom; **Ihr** ~? votre nom?
Namengebung <-, -en> *f s.* **Namen[s]gebung**
Namengedächtnis *nt* mémoire *f* des noms
▸ **jd hat ein gutes/schlechtes** ~ qn a une bonne/mauvaise mémoire des noms
namenlos I. *adj* **1.** (*anonym*) anonyme
2. COM *Produkt* sans marque, générique
3. *geh* (*unbeschreiblich*) indicible *littér,* sans nom
II. *adv geh* (*entsetzlich*) de façon inouïe, indiciblement *littér*
namens I. *adv* du nom de, dénommé(e)
II. *präp + gen form* au nom de
Namensaktie *f* action *f* nominative **Namen[s]änderung** *f* changement *m* de nom, changement *m* patronymique **Namen[s]gebung** <-, -en> *f* dénomination *f* **Namen[s]liste** *f* liste *f* nominative [*o* de/des noms] **Namensnennung** *f* mention *f* du nom de l'auteur/des noms des auteurs; ***ohne*** ~ sans mention de nom **Namensrecht** *nt* droit *m* patronymique **Namen[s]schild** *nt* (*an der Tür*) plaque *f* [de sonnette [*o* porte]]; (*an der Brust*) badge *m;* (*auf Tisch*) écriteau *m* **Namenstag** *m* fête *f* ▸ **jd hat** ~ c'est la fête de qn **Namen[s]verzeichnis** *nt s.* **Namen[s]liste. Namensvetter** *m* homonyme *m;* ***er ist ~ von mir*** c'est mon homonyme **Namen[s]zeichen** *nt* parafe *m*, paraphe *m* **Namen[s]zug** *m geh* signature *f*
namentlich I. *adj* nominal(e)
II. *adv* **1.** (*mit Namen*) nommément; ***sie möchte nicht ~ genannt werden*** elle n'aimerait pas être désignée nommément
2. (*insbesondere*) particulièrement
namhaft *adj* **1.** (*berühmt*) de renom, renommé(e)
2. (*beträchtlich*) *Betrag, Geldsumme, Gehalt* important(e), considérable
▸ **jd macht jdn** ~ *form* qn désigne qn
Namibia <-s> *nt* la Namibie
nämlich *adv* **1.** (*und zwar*) et ce; (*genauer gesagt*) à savoir
2. (*denn*) en effet
nannte *imp von* **nennen**
Nanogramm *nt* nanogramme *m* **Nanometer** *nt o m* nanomètre *m*
nanu *interj* ça alors
Napalm <-s> *nt* ∅ napalm *m*
Napalmbombe *f* bombe *f* au napalm
Napf <-[e]s, ⸚e> *m* écuelle *f*
Napfkuchen *m* kouglof *m*
napoleonisch *adj* napoléonien(ne)
Nappa <-[s], -s> *nt*, **Nappaleder** *nt* [cuir *m*] Nappa *m*
Narbe <-, -n> *f* **1.** (*vernarbte Wunde*) cicatrice *f*
2. BOT stigmate *m*
narbig *adj* couvert(e) de cicatrices
Narkose <-, -n> *f* anesthésie *f* générale, narcose *f*
▸ **jd gibt jdm eine** ~ qn fait à qn une anesthésie générale; **jd liegt in der** ~ qn est sous anesthésie [générale]; **ohne** ~ sans anesthésie [générale]
Narkose- *-gemisch, -gas, -injektion, -mittel* anesthésique, anesthésiant(e); *-dauer, -beginn, -ende, -tiefe* de l'anesthésie [générale]; ***der ~arzt*** le médecin anesthésiste, l'anesthésiste; ***~apparat*** appareil *m* d'anesthésie
Narkotikum <-s, -kotika> *nt* (*Betäubungsmittel*) anesthésique *m*, anesthésiant *m;* (*suchterzeugendes Mittel*) narcotique *m*
narkotisch *adj* anesthésique, anesthésiant(e); (*in Bezug auf Rauschgift*) narcotique
narkotisieren * *vt* ■ **jd/etw narkotisiert jdn/ein Tier** qn/qc anesthésie qn/un animal; ***von der Droge narkotisiert*** sous l'effet d'un/du stupéfiant
Narr <-en, -en> *m*, **Närrin** *f* **1.** (*Dummkopf*) imbécile *mf*
2. HIST (*Hof~*) fou *m*
▸ **jd hat einen ~en an jdm gefressen** *fam* qn est dingue de qn *fam;* **jd hält jdn zum ~en** qn se moque de qn; **jd macht sich zum ~en** qn se rend ridicule
-narr *m*, **-närrin** *f* (*-liebhaber*) passionné(e) *m(f)* de; ***ich bin nun mal die reinste Katzennärrin*** j'ai vraiment une passion pour les chats
narren *vt veraltend geh* **1.** (*zum Narren halten*) ■ **jd narrt jdn** qn se moque de qn
2. (*täuschen*) ■ **etw narrt jdn** qc abuse qn
Narrenfreiheit *f* ▸ **jd hat** [*o* **genießt**] ~ qn peut faire [tout] ce qu'il veut (*allusion à la liberté dont bénéficient les fous lors du Carnaval*) **Narrenhaus** *nt* ▸ **hier geht es** [**ja**] **zu wie im** ~ on se croirait [vraiment] dans une

maison de fous [*o* chez les fous] **Narrenkappe** *f* **1.** [*Karnevalist*] bonnet *m* de fou **2.** HIST (*Schellenkappe*) marotte *f* **narrensicher I.** *adj* enfantin(e), simple comme bonjour *fam* **II.** *adv konstruieren, gestalten* pour être à la portée du premier venu; ***etw ist ~ zu bedienen/lässt sich ~ handhaben*** qc est simple comme bonjour à utiliser/à faire fonctionner

Närrin *f s.* **Narr**

närrisch *adj* **1.** (*karnevalistisch*) du/de Carnaval
2. *veraltend* (*verrückt*) *Alte, Sonderling, Idee* fou(folle)
3. *fam* (*versessen*) ■ **jd ist [ganz] ~ auf jdn/etw** qn est dingue de qn/qc *fam*
▶ **wie ~** *geh* comme un fou/une folle; ***du gebärdest dich ja wie ~!*** tu te comportes comme si tu avais perdu l'esprit *soutenu*

Narzisse <-, -n> *f* narcisse *m*

Narzissmus[RR], **Narzißmus** <-> *m* Ø narcissisme *m*

narzisstisch[RR], **narzißtisch** *adj* narcissique

NASA <-> *f* Ø *abk von* **National Aeronautics and Space Administration** NASA *f*

nasal *adj* **1.** *Stimme* nasal(e), nasillard(e)
2. PHON *Vokal* nasal(e)

Nasal <-s, -e> *m*, **Nasallaut** *m* nasale *f*

naschen I. *vi* **1.** (*Süßigkeiten essen*) ■ **jd nascht** qn grignote des friandises; ■ **jd nascht an etw** (*dat*) qn vient picorer dans qc *fam*
2. (*heimlich kosten*) ■ **jd nascht [von etw]** qn goûte en cachette [à qc]; (*verbotenerweise nehmen*) qn chipe qc *fam*
▶ **etwas zum N~** quelque chose à grignoter
II. *vt* ■ **jd nascht etw** qn grignote qc

Näschen <-s, -> ['nɛːsçən] *nt dim von* **Nase** petit nez *m*

Nascherei <-, -en> *f* **1.** Ø grignotage *m*; ***die ständige ~ hat dich so dick gemacht*** c'est à force de grignoter tout le temps que tu es devenu(e) si gros(se); ***lass die ~ am Teig!*** arrête de chiper la pâte! *fam*
2. (*Süßigkeit*) friandise *f*

naschhaft *adj* gourmand(e)

Naschkatze *f fam* gourmand(e) *m(f)*

Nase <-, -n> *f* **1.** (*Riechorgan*) nez *m*; ***bei einer Erkältung ist oft die ~ verstopft*** quand on a pris froid, on a souvent le nez bouché; ***seine ~ blutete, er blutete aus der ~*** il saignait du nez; ***meine ~ juckt*** j'ai le nez qui me picote
2. [*Flugzeug*] nez *m*, avant *m*; [*Zug*] avant *m*; ***in der ~ des Flugzeugs*** à l'avant de l'avion
▶ **jd fasst sich an seine eigene ~** *fam* qn balaie devant sa porte; ***fass dich an die eigene ~!*** tu ne t'es pas regardé(e)!; **jd verdient sich** (*dat*) **eine goldene ~** qn fait des affaires d'or; **jd hat die richtige ~ für etw** *fam* qn a du flair [*o* nez] pour qc; **jd hat die ~ [gestrichen] voll** *fam* qn en plein le dos [*o* ras le bol] *fam*; **jd hat die ~ von jdm/etw voll** *fam* qn en a marre [*o* ras le bol] de qn/qc *fam*; **jd hat die ~ vorn** qn a une longueur d'avance; **jd bindet jdm etw auf die ~** *fam* qn déballe qc à qn *fam*; **jd bindet jdm auf die ~, dass** *fam* qn sort [*o* déballe] à qn que + *indic fam*; **jd wird gerade jdm etw auf die ~ binden** *iron*: ***das werde ich dir gerade auf die ~ binden!*** tu peux toujours compter sur moi pour tout te raconter!, tu ne t'imagines tout de même pas que je vais te dévoiler mes batteries!; **jd drückt sich** (*dat*) **die ~ an etw** (*dat*) **platt** qn colle son visage sur qc, qn écarquille les yeux devant qc; **jd fliegt auf die ~** *fam* qn prend une gamelle *fam*, qn se casse le nez *fam*; **jd führt jdn [mit etw] an der ~ herum** *fam* qn mène qn en bateau [*o* fait marcher qn] [avec qc] *fam*; **jds ~ gefällt jdm nicht** *fam* la tronche de qn ne revient pas à qn *fam*; **jd gibt jdm eins auf die ~** *fam* qn flanque à qn son poing sur le nez *fam*; ***ich geb' dir gleich eins auf die ~*** tu vas t'en prendre un/une sur le nez [*o* la figure] *fam*; **jd hält jdm etw unter die ~** *fam* qn met qc sous le nez de qn *fam*; **jds ~ läuft** qn a le nez qui coule; **jd putzt sich** (*dat*) **die ~** qn se mouche; **jd redet durch die ~** qn parle du nez; **jd reibt jdm etw unter die ~** *fam* qn jette qc à la figure de qn *fam*; **jd reibt jdm unter die ~, dass** qn jette [sans cesse] à la figure de qn que + *indic fam*; **jd schnappt jdm etw vor der ~ weg** *fam* qn pique qc sous le nez de qn *fam*; **jd setzt jdm jdn vor die ~** *fam* qn colle qn au-dessus de qn *fam*; **jd steckt seine ~ in alles [hinein]** *fam* qn fourre son nez partout *fam*; **jd stößt jdn mit der ~ drauf** *fam* qn met à qn le nez sur qc *fam*; **jd tanzt jdm auf der ~ herum** *fam* qn mène qn par le bout du nez, qn fait tourner qn en bourrique *fam*; **jd zieht jdm etw aus der ~** *fam* qn soutire qc à qn; **[immer] der ~ nach** *fam* [toujours] tout droit; **vor jds ~** (*dat*) *fam sein, liegen, sich befinden* sous [*o* devant] le nez de qn; *wegfahren* sous le nez de qn; ***der Bus ist mir vor der ~ weggefahren*** le bus m'a filé sous le nez; **pro ~** *hum fam* par tête de pipe *fam*

naselang *loc* ▶ **alle ~** *fam* à tout bout de champ *fam*

näseln *vi* ■ **jd näselt** qn nasille, qn parle du nez

näselnd I. *adj Stimme* nasillard(e); *Butler, Lakai a.* qui parle du nez
II. *adv* d'une voix nasillarde

Nasen- *-beschwerden, -leiden* nasal(e), de nez; *-operation* du nez **Nasenbein** *nt* os *m* du nez **Nasenbluten** <-s> *nt* Ø saignement *m* de nez ▶ **jd bekommt ~** qn se met à saigner du nez; **jd hat ~** qn a des saignements de nez, qn saigne du nez **Nasenflügel** *m* aile *f* du nez **Nasenhöhle** *f* fosse *f* nasale **Nasenlänge** *f* ▶ **jd ist jdm eine ~ voraus** qn a une tête d'avance sur qn, qn dépasse qn d'un cheveu; **mit einer ~** d'un souffle, d'un cheveu **Nasenloch** *nt* narine *f*, trou *m* de nez *fam* **Nasenrücken** *m* arête *f* du nez **Nasenscheidewand** *f* cloison *f* nasale **Nasenschleimhaut** *f* muqueuse *f* nasale **Nasenspitze** *f* bout *m* du nez ▶ **jd sieht jdm etw an der ~ an** qn voit qc à la tête de [*o* que fait] qn; **jd sieht jdm an der ~ an, dass** qn voit à la tête de [*o* que fait] qn que + *indic* **Nasenspray** [-ʃpreː, -spreː] *m o nt* nébuliseur *m* [*o* vaporisateur *m*] nasal **Nasentropfen** *pl* gouttes *fpl* pour le nez **Nasenwasser** *nt fam* ■ **ein ~** une bricole *fam*; ***dort verdient man ein ~*** on y gagne trois fois rien

Naserümpfen <-s> *nt* Ø moue *f* ▶ **mit ~** en fronçant les sourcils, en faisant la moue **naserümpfend** *adv* en fronçant les sourcils, en faisant la moue **naseweis** *adj veraltend* (*neugierig*) curieux(-euse)

nasführen * *vt veraltend* ■ **jd nasführt jdn** qn fait marcher qn, qn mène qn en bateau *fam*; ***ich fühle mich genasführt!*** j'ai le sentiment d'avoir été mené(e) en bateau *fam*; ■ **jd ist der Genasführte** qn est le dindon de la farce *fam*

Nashorn *nt* rhinocéros *m*

nass[RR], **naß** <nasser *o* nässer, nasseste *o* nässeste> *adj* **1.** (*voller Wasser*) mouillé(e); ***ganz ~*** trempé(e); ■ **jd ist/wird ~** qn est/va être mouillé(e); ■ **es ist/wird ~** c'est mouillé/ça commence à mouiller
2. (*noch feucht*) *Farbe, Tinte* frais(fraîche)
3. *Tag, Monat, Wetter, Witterung* humide, pluvieux(-euse)
▶ **jd macht sich ~** *fam* qn se fait tremper [*o* arroser]; **nun mach dich bloß nicht ~!** *sl* cool, Raoul! *fam*, relax, Max! *fam*, t'affole pas, coco! *pop*; **jd schwitzt sich ~** qn est trempé(e) de sueur [*o* en nage]; **jd schwitzt etw ~** qn mouille qc de sueur

Nass[RR], **Naß** <Nasses> *nt* Ø *liter* liquide *m*

Nassauer(in) <-s, -> *m(f) fam* pique-assiette *mf fam*, parasite *m*

nassauern *vi fam* ■ **jd nassauert [bei jdm]** qn joue les pique-assiette[s] [chez qn] *fam*

Nässe <-> *f* Ø **1.** (*starke Feuchtigkeit*) humidité *f*; ***bei der ~ auf den Straßen sollte man vorsichtiger fahren*** avec ces chaussées mouillées, on devrait rouler plus prudemment
2. (*nasses Wetter*) pluie *f*
▶ **vor ~** *triefen, tropfen* d'humidité; ***ihr trieft vor ~*** vous êtes dégoulinant(e)s de pluie, vous dégoulinez

nässen *vi* ■ **etw nässt** qc suinte

nassforsch[RR] **I.** *adj fam Bursche* gonflé(e) *fam*, pas gêné(e) *fam*; *Art, Auftreten, Benehmen* un peu culotté(e) *fam* **II.** *adv fam* avec désinvolture, avec sans-gêne; ***jd tritt ~ auf*** qn se montre sans-gêne **nasskalt**[RR] *adj* froid(e) et humide; ■ **es ist ~** il fait froid et humide **Nassrasur**[RR] *f* rasage *m* à la main [*o* manuel] **Nasszelle**[RR] *f* cabinet *m* de toilette

Nastuch *nt* SDEUTSCH, CH *s.* **Taschentuch**

Natel <-s, -s> *nt* CH (*Mobiltelefon*) portable *m*

Nation <-, -en> *f* **1.** POL nation *f*
2. (*Volk*) nation *f*, population *f*; ***jd ist eine Schande der ~*** qn fait honte à [*o* est une honte pour] la nation
▶ **die Vereinten ~en** les Nations Unies

national I. *adj* national(e)
II. *adv* **1.** (*auf ~er Ebene*) à l'échelon national, au niveau national
2. (*patriotisch*) dans une perspective nationale; ***jd ist ~ eingestellt*** qn est nationaliste

National- national(e) **nationalbewusst**[RR] *adj* attaché(e) à la nation; ■ **jd ist ~** qn est attaché(e) à sa nation, qn a une conscience nationale **Nationalbewusstsein**[RR] *nt* conscience *f* nationale **Nationalheld(in)** *m(f)* héros national/héroïne nationale *m/f* **Nationalhymne** *f* hymne *m* national

nationalisieren * *vt* ■ **jd nationalisiert etw** qn nationalise qc

Nationalisierung <-, -en> *f* nationalisation *f*

Nationalismus <-> *m* Ø nationalisme *m*

Nationalist(in) <-en, -en> *m(f)* nationaliste *mf*

nationalistisch I. *adj* nationaliste
II. *adv* en nationaliste; ***jd ist ~ eingestellt*** qn est nationaliste

Nationalität <-, -en> *f* nationalité *f*; (*Staatsangehörigkeit a.*) citoyenneté *f*

Nationalitätenkonflikt *m* conflit *m* ethnique **Nationalitätenstaat** *m* État *m* multinational

Nationalmannschaft *f* équipe *f* nationale **Nationalrat** *m* Ø CH, AUS Conseil *m* national **Nationalrat** <-räte> *m*, **-rätin** *f* CH, AUS membre *m* du Conseil national **Nationalsozialismus** *m* national-socialisme *m* **Nationalsozialist(in)** *m(f)* national-socialiste *mf* **nationalsozialistisch** *adj* national-socialiste **Nationalspieler(in)** *m(f)* international(e) *m(f)* **Nationalstolz** *m* fierté *f* nationale **Nationalversammlung** *f* (*in Frankreich*) Assemblée *f* nationale ▶ **die Frankfurter ~** le Parlement de Francfort

NATO, Nato <-> *f* Ø *abk von* **North Atlantic Treaty Organization** ■ **die ~** l'O.T.A.N. *f*

Nato- de l'O.T.A.N.

Natrium <-s> *nt* Ø CHEM sodium *m*

Natron <-s> *nt* Ø natron *m*, natrum *m*

Natronlauge *f* lessive *f* de soude

Natter <-, -n> *f* couleuvre *f*

natur *adj pred* GASTR nature

Natur <-, -en> *f* **1.** Ø (*Schöpfung*) nature *f*
2. Ø (*Landschaft*) nature *f*
3. (*Mensch*) nature *f*; ***was ist er als Mensch für eine ~?*** quel genre d'homme est-ce?
4. (*Wesensart*) nature *f*, tempérament *m*; ***seiner ~ nach*** de nature, de tempérament
5. *geh* (*Art*) nature *f*
▶ **die freie ~** la pleine nature, la pleine campagne; **etw wird jdm zur zweiten ~** qc devient pour qn une seconde nature; **etw geht gegen jds ~** qc est contraire à la nature de qn; **etw ist ~** (*naturbelassen*) qc est naturel(le); **etw liegt in der ~ von etw** qc est dans la nature de qc; ***etw liegt in der ~ der Sache*** qc est dans la nature des choses; **von ~ aus** par nature; **... ~** (*naturbelassen*) naturel(le); *Holz, Eiche a.* rustique

Natur- (*unbehandelt*) naturel(le)

Naturalien [-liən] *pl* produits *mpl* de la terre
▶ **in ~** en nature

Naturalismus <-> *m* ∅ naturalisme *m*
Naturalist(in) <-en, -en> *m(f)* naturaliste *mf*
naturalistisch *adj* **1.** *geh* (*wirklichkeitsgetreu*) naturaliste, réaliste
2. ART naturaliste
Naturapostel *m* adepte *mf* de la vie naturelle **Naturbursche** *m* garçon *m* proche de la nature; ***er ist ein*** ~ il aime la vie en plein air [*o* en pleine nature] **Naturdenkmal** *nt* curiosité *f* naturelle
Naturell <-s, -e> *nt geh* naturel *m*
Naturereignis *nt* phénomène *m* naturel **Naturerscheinung** *f* phénomène *m* naturel **Naturfarbe** *f* **1.** (*natürlicher Farbstoff*) colorant *m* naturel **2.** (*ursprüngliche Farbe*) couleur *f* naturelle **naturfarben** *adj* de couleur naturelle; *Stoff a.* écru(e) **Naturforscher(in)** *m(f)* naturaliste *mf* **Naturforschung** *f* étude *f* de la nature **Naturfreund(in)** *m(f)* ami(e) *m(f)* de la nature **naturgemäß** I. *adj* naturel(le) II. *adv* **1.** (*natürlich*) naturellement, évidemment **2.** (*der Natur entsprechend*) *leben* de façon naturelle, comme un(e) naturiste **Naturgeschichte** *f s.* **Naturkunde. Naturgesetz** *nt* loi *f* naturelle [*o* de la nature] **naturgetreu** I. *adj* fidèle [à la réalité] II. *adv* fidèlement **Naturheilkunde** *f* médecine *f* naturelle **Naturheilverfahren** *nt* thérapie *f* naturelle **Naturkatastrophe** *f* catastrophe *f* naturelle
Naturkunde *f veraltet* histoire *f* naturelle *vieilli*
Naturkundemuseum *nt* muséum *m* d'histoire naturelle
naturkundlich *adj veraltet* d'histoire naturelle
Naturlandschaft *f* paysage *m* naturel **Naturlehrpfad** *m* sentier *m* pour l'étude de la nature
natürlich I. *adj* **1.** (*von der Natur geschaffen*) naturel(le)
2. (*angeboren*) *Haarfarbe* naturel(le); *Gebiss, Zähne* vrai(e), véritable
3. (*original*) *Ausmaße, Gestalt, Größe, Länge, Proportionen* réel(le), véritable; ***ein Porträt in ~er Größe*** un portrait grandeur nature
4. (*ungekünstelt*) naturel(le), spontané(e); ■ **jd ist** ~ qn est naturel(le)
5. (*menschlich*) *Bedürfnis, Gefühl, Regung* naturel(le); ■ **es ist** [**nur**] ~, **dass/wenn** il est tout naturel que + *subj*
6. (*opp: künstlich*) *Sprache* tel(le) qu'il/elle est parlé(e), usuel(le)
II. *adv* **1.** (*selbstverständlich*) naturellement
2. (*in der Natur*): ***Rubine kommen*** ~ ***vor*** les rubis se trouvent dans la nature; ***diese Pflanzen wachsen*** ~ ces plantes poussent à l'état sauvage
► ~! évidemment!, bien sûr!
natürlicherweise *adv* naturellement
Natürlichkeit <-> *f* ∅ naturel *m*, spontanéité *f*
Naturpark *m* parc *m* naturel [régional] **Naturprodukt** *nt* produit *m* naturel **naturrein** *adj* entièrement naturel(le); ***„Apfelsaft – garantiert ~"*** "garanti pur jus de pommes" **Naturschauspiel** *nt* spectacle *m* naturel
Naturschutz *m* protection *f* de la nature
► **etw steht unter** ~ qc est protégé(e); **jd stellt etw unter** ~ *Wiese, Gebiet* qn déclare qc site protégé; *Tier, Pflanze* qn prend des mesures de protection à l'égard de qc
Naturschutzgebiet *nt* réserve *f* naturelle
Naturstein *m* pierre *f* naturelle
Naturstein- en pierre naturelle
Naturtalent *nt*: ***er ist ein*** ~ il a un don; ***du musst ein wirkliches ~ sein*** il faut vraiment que tu aies un don **naturverbunden** *adj* proche de la nature **Naturvolk** *nt* peuple *m* primitif **Naturwissenschaft** *f* **1.** sciences *fpl* naturelles et expérimentales **2.** (*Fach*): ***die ~en*** les différentes sciences *fpl* de la nature **Naturwissenschaftler(in)** *m(f)* scientifique *mf* (*dans le domaine des sciences naturelles et expérimentales*) **naturwissenschaftlich** *adj* scientifique (*dans le domaine des/d'une des sciences naturelles et expérimentales*) **Naturwunder** *nt* prodige *m* [naturel] **Naturzustand** *m* ∅ état *m* de nature [*o* primitif]
Nautik <-> *f* ∅ navigation *f*
nautisch *adj* nautique, de/de la navigation
Navigation <-> [-vi-] *f* ∅ navigation *f*; ***die ~ eines Schiffes*** le pilotage d'un bateau
Navigations- [-vi-] de navigation; *-karte a.* nautique **Navigationsfehler** *m* erreur *f* de navigation **Navigationsoffizier(in)** *m(f)* officier *m* de route **Navigationsprogramm** *nt* INFORM navigateur *m* Web
Navigator <-s, -toren> [-vi-] *m*, **-torin** *f* navigateur(-trice) *m(f)*
navigieren * [-vi-] I. *vi* ■ **jd navigiert** [**nach etw**] *nach dem Kompass, Sextanten* qn navigue [à qc]; *nach der Sonne* qn navigue [d'après qc]
II. *vt* ■ **jd navigiert etw** [**durch/in etw** (*akk*)] qn pilote qc [à travers/pour entrer dans]
Nazi <-s, -s> *m*, <-, -s> *f* nazi(e) *m(f)*
Nazi- nazi(e)
Nazismus <-> *m* ∅ nazisme *m*
nazistisch *adj* nazi(e)
Nazizeit *f* époque *f* nazie
NB *loc abk von* **nota bene** N.B. *m*
n. Br. *loc abk von* **nördlicher Breite** lat. N.
NC <-> *m abk von* **Numerus clausus** numerus *m* clausus
n. Chr. *loc abk von* **nach Christus** apr. J.-C.
ne *adv fam* (*nein*) non
'ne *art indef fam abk von* **eine** une
Neandertaler <-s, -> *m* homme *m* de Neandertal, néandertalien *m*
Nebel <-s, -> *m* **1.** METEO brouillard *m*
2. ASTRON nébuleuse *f*
► **bei** ~ par temps de brouillard
Nebelauflösung *f* dissipation *f* du brouillard **Nebelbank** <-bänke> *f* banc *m* de brouillard
nebelhaft *adj* **1.** *Wetter* brumeux(-euse)
2. (*verschwommen*) *Ferne, Vorstellung* nébuleux(-euse)
Nebelhorn *nt* corne *f* de brume
neb[e]lig *adj* brumeux(-euse)
Nebelkrähe *f* corneille *f* mantelée **Nebelscheinwerfer** *m* phare *m* [*o* projecteur *m*] antibrouillard **Nebelschlussleuchte**[RR] *f* feu *m* arrière de brouillard **Nebelschwaden** *m meist pl* nappe *f* de brouillard **Nebelwand** *f* écran *m* de brouillard
neben *präp* **1.** (*an der Seite*) ■ ~ **jdm/einer S.** près [*o* à côté] de qn/qc; ***links und rechts ~ dem Eingang*** à gauche et à droite de l'entrée; ■ ~ **jdn/etw** près [*o* à côté] de qn/qc; ***stellen Sie sich links/rechts ~ ihn*** mettez-vous à sa gauche/droite
2. (*außer*) ■ ~ **einer S.** (*dat*) à côté [*o* en dehors] de qc
3. (*verglichen mit*) ■ ~ **jdm/einer S.** à côté de qn/qc
nebenamtlich I. *adj* extra-professionnel(le)
II. *adv* en plus de mon/son/... activité professionnelle
nebenan *adv* à côté; ***die Küche ist gleich*** ~ la cuisine est juste à côté [*o* tout près]
► ... **von** ~ d'à côté; ***ich bin von*** ~ j'habite à côté
Nebenanschluss[RR] *m s.* **Nebenstelle**
Nebenarbeit *f* **1.** (*nebenher ausgeführte Arbeit*) tâche *f* complémentaire
2. *s.* Nebenbeschäftigung
Nebenarm *m* bras *m* secondaire
Nebenausgaben *pl* frais *mpl* supplémentaires, faux frais *mpl*
Nebenausgang *m* sortie *f* latérale
Nebenbedeutung *f* autre sens *m*
nebenbei *adv* **1.** (*neben der Arbeit*) en plus [du reste]
2. (*beiläufig*) en passant, accessoirement
► ~ [**bemerkt** [*o* **gesagt**]] soit dit en passant
Nebenberuf *m* activité *f* annexe
► **im** ~ à titre d'activité annexe
nebenberuflich I. *adj* extra-professionnel(le), annexe
II. *adv* à titre d'activité annexe
Nebenbeschäftigung *f* activité *f* annexe
Nebenbuhler(in) <-s, -> *m(f)* rival(e) *m(f)*
Nebeneffekt *m* effet *m* secondaire
nebeneinander *adv* **1.** (*Seite an Seite*) l'un(e) à côté de l'autre, côte à côte
2. (*zugleich*) conjointement
Nebeneinander <-s> *nt* ∅ coexistence *f*
nebeneinanderher *adv* l'un(e) à côté de l'autre/les un(e)s à côté des autres, côte à côte; ***zwei Flugzeuge flogen zu dicht*** ~ deux avions volaient trop près l'un de l'autre
Nebeneingang *m* entrée *f* latérale
Nebeneinkünfte *pl*, **Nebeneinnahmen** *pl* revenus *mpl* annexes
Nebenerscheinung *f s.* **Nebeneffekt**
Nebenerwerb *m form s.* **Nebenberuf**
Nebenfach *nt* matière *f* [*o* discipline *f*] secondaire
Nebenfluss[RR] *m* affluent *m*; ***ein linker/rechter*** ~ un affluent de la rive gauche/droite
Nebengebäude *nt* **1.** (*untergeordneter Bau*) dépendance *f*
2. (*benachbartes Gebäude*) annexe *f*
Nebengeräusch *nt* bruit *m* de fond
Nebengleis *nt* voie *f* secondaire
nebenher *adv* (*zusätzlich*) en plus, par-dessus le marché
nebenher- *-fahren, -gehen, -laufen* à côté de moi/lui/...
nebenhin *adv* en passant
Nebenhöhle *f* sinus *m*; ***ich habe Last mit den ~n*** j'ai des problèmes avec mes sinus
Nebenjob [-dʒɔp] *m fam* boulot *m* d'appoint *fam*
Nebenkläger(in) *m(f)* partie *f* civile
► **jd tritt als** ~ **auf** qn se constitue [*o* se porte] partie civile
Nebenkosten *pl* **1.** (*zusätzliche Kosten*) frais *mpl* supplémentaires, faux frais *mpl*
2. (*für Wohnung*) charges *fpl*
Nebenniere *f* glande *f* [*o* capsule *f*] surrénale
Nebennieren- *-zelle, -tumor* des glandes surrénales; *-hormon* corticoïde; *~rinde* corticosurrénale *f*
Nebenprodukt *nt* sous-produit *m*
Nebenraum *m* **1.** (*untergeordneter Raum*) [pièce *f*] annexe *f*
2. (*Raum nebenan*) pièce *f* contiguë [*o* voisine]
Nebenrolle *f* rôle *m* secondaire
► **etw spielt** [**für jdn**] **nur eine** ~ qc ne joue [pour qn] qu'un rôle secondaire
Nebensache *f* chose *f* accessoire, détail *m*; ***die schönste ~ der Welt*** le passe-temps le plus agréable du monde
► **etw ist** ~ qc est accessoire [*o* secondaire]
nebensächlich *adj* accessoire, secondaire; ■ **etw ist** ~ qc est accessoire [*o* secondaire] [*o* sans importance]; ■ **N~es**, ■ **das N~e** les/des détails *mpl*
Nebensächlichkeit <-, -en> *f* détail *m*, chose *f* accessoire [*o* secondaire]
Nebensaison [-zɛzõ:, -zɛzɔŋ] *f* basse saison *f*
Nebensatz *m* [proposition *f*] subordonnée *f*
► **im** ~ (*beiläufig*) accessoirement, en passant
nebenstehend *adj* (*von einem Sprecher gesagt*) ci-contre; (*im Text stehend*) en regard
Nebenstelle *f* **1.** TELEC poste *m* secondaire
2. (*Zweigstelle*) succursale *f*
Nebenstraße *f* route *f* secondaire; (*Seitenstraße*) rue *f* latérale; ***eine ruhige ~*** une petite rue tranquille
Nebenstrecke *f* ligne *f* secondaire
Nebentisch *m* table *f* voisine [*o* d'à côté]; ***ich saß an eurem*** ~ j'étais assis à la table voisine de la vôtre
Nebenverdienst *m* revenu *m* supplémentaire, gain *m* d'appoint

Nebenwirkung *f* effet *m* secondaire
Nebenzimmer *nt* chambre *f* voisine [*o* contiguë]
Nebenzweck *m* objectif *m* secondaire
neblig *adj s.* **nebelig**
nebst *präp + dat veraltend* avec, ainsi que; ***Direktor Braun ~ Gemahlin*** M. le Directeur Braun en compagnie de son épouse
nebulös I. *adj geh* nébuleux(-euse), brumeux(-euse)
II. *adv geh* de façon nébuleuse [*o* confuse]
Necessaire <-s, -s> [nesɛˈsɛːɐ] *nt* 1. (*Reise~*) nécessaire *m* [*o* trousse *f*] de voyage
2. (*Nagel~*) nécessaire *m* [*o* trousse *f*] à ongles
3. (*Nähzeug*) nécessaire *m* [*o* trousse *f*] de couture
necken I. *vt* ■ **jd neckt jdn** qn taquine qn
II. *vr* ■ **sie ~ sich** ils/elles se taquinent
neckisch *adj* 1. (*schelmisch*) malicieux(-euse); *Grinsen, Lächeln a.* espiègle; ***~e Spielchen*** des espiègleries *fpl*
2. *fam* (*kess*) *Bikini, Bluse* olé olé *fam; Hut, Feder* rigolo(te) *fam*
nee *adv fam* non; ~, ~, ~! non, non, et non!
Neffe <-n, -n> *m* neveu *m*
Negation <-, -en> *f* 1. LING négation *f; **die ~ einer Frage*** la réponse négative à une question
2. *geh* (*Leugnung*) négation *f*, réfutation *f*
negativ I. *adj* 1. (*ablehnend*) négatif(-ive); ***seine ~e Einstellung zu unseren Plänen*** sa position hostile à nos projets
2. (*ungünstig*) négatif(-ive); *Entwicklung, Folgen, Konsequenzen, Verlauf a.* fâcheux(-euse), défavorable
3. MED négatif(-ive)
II. *adv* 1. (*ablehnend*) négativement, de façon négative
2. (*ungünstig*) de façon négative; ***die Antwort ist leider ~ er ausgefallen als befürchtet*** la réponse obtenue a été malheureusement plus négative qu'on ne craignait
Negativ <-s, -e> *nt* négatif *m*
Negativ- 1. (*opp: positiv*) négatif(-ive); *-beispiel* de ce qu'il ne faut pas faire, a contrario; *-liste* noir(e)
2. PHOT, TYP *-bild* négatif(-ive); *-kopie, -kopierverfahren* du négatif/des négatifs
Negativfilm *m* pellicule *f* négative
Neger(in) <-s, -> *m(f) pej* nègre/négresse *m/f*
▸ **schwarz wie ein ~** *hum:* ***er ist schwarz wie ein ~*** il est tout noir; **jd gibt an wie zehn nackte ~** *sl* qn plastronne pour la galerie *fam*
Neger- noir(e), nègre; *~kind* négrillon *m* **Negerkuss**[RR] *m* GASTR tête *f* de nègre **Negersklave** [-və] *m*, **-sklavin** *f* esclave *mf* noir(e) [*o* nègre]
negieren * *vt* 1. *geh* (*leugnen*) ■ **jd negiert etw** qn nie qc; ■ **jd negiert, etw getan zu haben/dass** qn nie avoir fait qc/que + *subj*
2. LING ■ **jd negiert etw** *Frage* qn répond à qc par la négative; *Satz* qn met qc à la forme négative
Negligé, Negligee[RR] <-s, -s> [negliˈʒeː] *nt* CH déshabillé *m; **ich bin noch im ~*** je suis encore en déshabillé
negrid *adj* noir(e)
negroid *adj* négroïde
nehmen <nimmt, nahm, genommen> I. *vt* 1. (*ergreifen*) ■ **jd nimmt etw** qn prend qc
2. (*wegnehmen*) ■ **jd nimmt [jdm] etw** qn prend qc [à qn]; ■ **etw nimmt jdm jdn/etw** */Schicksal, Krieg, Umstände/* qc prend qn/qc à qn
3. (*verwenden*) ■ **jd nimmt etw [für etw/um etw zu tun]** qn prend qc [pour qc/pour faire qc]; ■ **jd nimmt etw [in etw** (*akk*)**]** qn prend [*o* met] qc [dans qc]; ■ **jd nimmt etw von etw** *von einer Farbe, einem Deo, Parfüm, einem Mittel, Zusatz* qn met qc de qc; ■ **jd nimmt etw als etw** *Tuch, Gerät, Werkzeug* qn prend qc comme qc
4. (*annehmen*) ■ **jd nimmt etw** *Belohnung, Geld, Trinkgeld* qn prend [*o* accepte] qc
5. (*verlangen*) ■ **jd nimmt etw [für etw]** qn prend [*o* demande] qc [pour qc]; ~ ***Sie sonst noch was?*** prendrez-vous encore autre chose?; ***du verkaufst deinen Wagen? Was nimmst du dafür?*** tu vends ta voiture? Combien en demandes-tu?
6. (*sich geben lassen*) ■ **jd nimmt etw** *Unterricht, Stunden* qn prend qc
7. (*wählen*) ■ **jd nimmt jdn [als jdn]** *Mitarbeiter, Frau, Partner* qn prend qn [comme qn]; ■ **jd nimmt etw** qn prend qc
8. TRANSP (*benutzen*) ■ **jd nimmt etw** qn prend qc
9. (*versperren*) ■ **etw nimmt jdm etw** *Blick, Sicht* qc bouche qc à qn
10. (*einnehmen*) ■ **jd nimmt etw** *Medikament, Gift, Pauschgift* qn prend qc; CH *Mittagessen, Kaffee, Wein, Stück Torte* qn prend qc
11. (*beseitigen*) ■ **etw nimmt etw** *Beschwerden, Schmerz* qc supprime [*o* fait disparaître] qc
12. (*vergehen lassen*) ■ **jd/etw nimmt jdm etw** *Angst, Furcht, Bedenken* qn/qc dissipe [*o* enlève] son/sa qc; *Freude, Glück, Lust, Spaß* qn/qc gâche qc à qn; *Glauben, Hoffnung, Illusion* qn/qc ôte qc à qn; ***er nahm ihr ihre Angst*** il dissipa son angoisse
13. (*überwinden*) ■ **jd nimmt etw** *Hindernis, Hürde, Schikane* qn franchit qc, qn passe qc
14. MIL (*erobern*) ■ **jd nimmt etw** qn prend qc
15. SPORT ■ **jd nimmt etw** *Ball* qn prend qc, qn réceptionne qc
16. (*auffassen*) ■ **jd nimmt etw als etw** *Zeichen, Omen, Warnung* qn prend qc comme qc; ■ **jd nimmt etw ...** *ernst, leicht, schwer, persönlich, wörtlich* qn prend qc ... + *adv; **er nimmt das Leben leicht/schwer*** il prend la vie du bon côté/il se rend la vie difficile
17. (*als gegeben annehmen*) ■ **jd nimmt jdn/etw** qn prend qn/qc
▸ **jd nimmt etw auseinander** (*demontiert*) *Aggregat, Getriebe, Motor, Maschine etc* qn démonte qc; *fam* (*kritisiert, widerlegt*) *Entwurf, Aussage, Argumentation* qn démonte qc, qn démolit qc; **jd nimmt [jdm] etw auseinander** *sl* (*zerstört*) *Einrichtung, Laden* qn [lui] bousille qc *fam*, qn [lui] explose qc *arg;* **jd nimmt jdn auseinander** *sl* (*verprügelt*) qn tabasse qn *fam;* **jd nimmt jdm etw übel** qn en veut à qn de qc; **jd nimmt jdm übel, dass er etw getan hat** qn en veut à qn d'avoir fait qc; **jd nimmt jdn, wie er ist** qn prend qn comme il/elle est [*o* tel/telle qu'il/elle est]; **jd nimmt etw, wie es kommt** qn prend qc comme il/elle vient; ***ich nehme alles, wie es kommt*** je prends tout comme ça vient; ***nimm es, wie es kommt!*** prends les choses comme elles viennent!; **jd lässt sich** (*dat*) **etw nicht ~** *Freude, Ulk, Rache* qn ne veut pas se priver de qc; **jd lässt es sich** (*dat*) **nicht ~ etw zu tun** qn tient à [*o* ne veut pas se priver de] faire qc; **woher ~ und nicht stehlen?** *fam* ça ne se trouve pas sous le sabot d'un cheval; **jd weiß jdn zu ~, jd weiß, wie er jdn ~ muss** qn sait [comment] prendre qn; **jd nimmt etw an sich** (*akk*) qn empoche qc; (*konfiszieren*) qn confisque qc; **jd nimmt etw auf sich** (*akk*) qn prend qc sur soi; *Beschwernis, Last a.* qn endosse qc; *Los, Schicksal a.* qn assume qc; *unangenehme Verpflichtung a.* qn se charge de qc; **jd nimmt jdn zu sich** qn recueille qn, qn prend qn en charge; **jd nimmt etw zu sich** *geh* qn prend [*o* consomme] qc; **man nehme ...** GASTR prendre ...; **sie ~ sich** (*dat*) **nichts** *fam* ils/elles se valent, c'est du pareil au même *fam;* **etw nimmt überhand** */Unarten, anonyme Anrufe/* qc est de plus en plus fréquent(e), qc se multiplie; */freches Benehmen, Verstöße/* qc prend des proportions inacceptables [*o* exagérées]; ***ihre Unpünktlichkeit nimmt in der letzten Zeit wirklich überhand*** ces derniers temps, elle est de plus en plus souvent en retard; **wie man's nimmt** *fam* si on veut
II. *vr* 1. ■ **jd nimmt sich** (*dat*) **etw** qn prend qc; (*für sich ergreifen a.*) qn s'approprie [*o* s'attribue] qc; (*sich genehmigen a.*) qn se sert de qc; (*in Besitz nehmen a.*) qn s'empare de qc
2. (*mieten*) ■ **jd nimmt sich** (*dat*) **etw** *Haus, Wohnung, Zimmer* qn prend qc
3. (*engagieren*) ■ **jd nimmt sich** (*dat*) **jdn** qn prend qn
III. *vi* ▸ **jd nimmt mit jdm vorlieb** qn se contente de qn; **jd nimmt mit etw vorlieb** qn se contente [*o* se satisfait] de qc
-nehmer(in) <-s, -> *m(f): **Lizenz~*** concessionnaire *mf;* ***Franchise~*** franchisé(e) *m(f);* ***Versicherungs~*** assuré(e) *m(f)*, souscripteur *m;* ***Kredit~*** emprunteur(-euse) *m(f)*
Neid <-[e]s> *m ∅* envie *f*, jalousie *f; **es ist ja nur der blanke ~, dass*** c'est par pure jalousie que + *indic;* ***aus lauter ~*** uniquement par jalousie
▸ **das ist der ~ der Besitzlosen** *fam* on est jaloux [*o* on a toujours envie] de ce qu'on n'a pas; **jd ist/wird blass [*o* gelb] [*o* grün] vor ~** qn crève de jalousie [*o* d'envie]; **etw erregt [jds] ~** qc provoque la jalousie [*o* suscite l'envie] [de qn]; **das muss ihm/ihr der ~ lassen** *fam* il faut lui rendre cette justice; **vor ~** de jalousie, d'envie
neiden *vt* ■ **jd neidet jdm etw** qn envie [*o* jalouse] qc de qn, qn est jaloux(-ouse) de qc de qn; ***ich neide dir deinen Erfolg nicht*** je ne suis pas jaloux(-ouse) de ton succès
Neider(in) <-s, -> *m(f)* envieux(-euse) *m(f)*, jaloux(-ouse) *m(f)*
neiderfüllt I. *adj geh Mensch* rongé(e) d'envie, dévoré(e) de jalousie *soutenu; Augen, Blick* envieux(-euse) *soutenu* II. *adv geh* avec envie [*o* convoitise]
Neidhammel *m fam* gros jaloux/grosse jalouse *m/f fam*
neidisch I. *adj* envieux(-euse); *Blick a.* de convoitise; *Mensch a.* jaloux(-ouse); ■ **jd ist/wird ~** qn est/devient jaloux(-ouse) [*o* envieux(-euse)]; ■ **jd ist auf jdn ~** qn est jaloux(-ouse) de qn, qn envie qn, qn jalouse qn; ■ **jd wird auf jdn ~** qn se met à jalouser qn, qn devient jaloux(-ouse) de qn
II. *adv kommentieren* avec envie; *betrachten a.* d'un œil jaloux, avec convoitise
neidlos I. *adj* sincère, sans réserve
II. *adv* sans arrière-pensée
Neige <-, -n> *f geh* fond *m; **die ~ der Gläser wird weggekippt*** on vide les fonds de verre
▸ **bis zur bitteren ~** jusqu'au bout; ***ich habe Spott und Hohn bis zur bitteren ~ auskosten müssen*** aucune raillerie ne m'a été épargnée; ***du musst bis zur bitteren ~ dabeibleiben/aushalten*** tu dois boire le calice jusqu'à la lie *soutenu;* **etw geht zur ~** qc s'épuise *soutenu;* **bis zur ~** *austrinken, leeren* jusqu'à la dernière goutte; *auskosten, genießen, kosten* pleinement
neigen I. *vi* 1. (*anfällig für etw sein*) ■ **jd neigt zu etw** *zur Melancholie, Schwermut, zum Alkoholismus, Trübsinn, Sinnieren* qn est enclin(e) à qc; *zur Dickleibigkeit a.* qn a une tendance à qc; *zum Trinken a.* qn est porté(e) sur qc; *zu Infektionen, Erkältungen a.* qn est réceptif(-ive) à qc
2. (*tendieren*) ■ **jd neigt zu etw** *zu Kompromissen, Übertreibungen, voreiligen Schlüssen, zu Vorurteilen* qn est enclin(e) [*o* incline] [*o* a tendance] à qc; ■ **jd neigt dazu etw zu tun** qn incline [*o* est enclin(e)] à faire qc
II. *vr* 1. (*sich beugen*) ■ **jd neigt sich zu jdm** qn se penche [*o* s'incline] vers qn; ■ **jd neigt sich irgendwohin** qn se penche quelque part
2. (*schräg abfallen*) ■ **etw neigt sich** qc est en pente, qc s'incline; ***die Terrasse muss sich etwas vom Hause weg ~*** la terrasse doit s'incliner légèrement du côté opposé à la maison
3. (*schräg stehen*) ■ **etw neigt sich [irgendwohin]** qc penche [quelque part]
4. *geh* (*sich niederbeugen*) ■ **etw neigt sich irgendwohin** */Baum, Wipfel, Zweig/* qc ploie quelque part *littér*
III. *vt* 1. (*beugen*) ■ **jd neigt etw [irgendwohin]** *Kopf, Oberkörper* qn penche [*o* incline] qc [quelque part]
2. *geh* (*kippen*) ■ **jd neigt etw [irgendwohin]** qn incline [*o* penche] qc [quelque part]
Neigung <-, -en> *f* 1. (*Vorliebe*) penchant *m*, goût *m*
2. (*Zuneigung*) penchant *m littér*, inclination *f littér;* ***väterliche ~*** affection *f* paternelle
3. (*Tendenz*) ■ **~ zu etw/etw zu tun** tendance *f* à qc/à faire qc

4. (*Schräge*) inclinaison *f;* (*Gefälle a.*) pente *f*
▸ **jd verspürt eine ~ etw zu tun** qn se sent enclin(e) à faire qc; ***sie verspürte nicht die geringste ~ sich hierauf zu äußern*** elle ne se sentait pas le moins du monde encline à [*o* elle n'avait aucune envie de] s'exprimer sur ce point; **aus ~** par inclination *littér*
Neigungswinkel *m* [angle *m* d']inclinaison *f*
nein *adv* **1.** (*Negation*) non; ~ ***und abermals*** [*o* ***nochmals***] ~ non, non et non!; ***leider*** ~ malheureusement pas
2. (*sogar*) que dis-je?, et même
3. *fragend* (*nicht wahr*) n'est-ce pas?, hein? *fam*
4. (*ach*) non
▸ **jd sagt** [**zu etw**] **N~** qn dit non [à qc]; **jd sagt nicht N~** qn ne dit pas non *fam;* ~, **so was!** non, c'est pas possible! *fam,* ça, par exemple! *fam;* **o** ~! (*ablehnend*) ah! non!; (*entsetzt a.*) ah! zut! *fam*
Nein <-s> *nt* Ø non *m*
Neinsager(in) <-s, -> *m(f)* opposant(e) systématique *m* **Neinstimme** *f* voix *f* contre
Nekrolog <-[e]s, -e> *m geh* nécrologie *f*
▸ **jd hält einen ~ auf jdn** qn prononce l'éloge funèbre de qn
Nektar <-s, -e> *m* (*alle Bedeutungen*) nectar *m*
Nektarine <-, -n> *f* nectarine *f*
Nelke <-, -n> *f* **1.** BOT œillet *m*
2. GASTR clou *m* de girofle
'nem *art indef fam abk von* **einem** [à] un(e)
'nen *art indef fam abk von* **einen** un(e)
nennen <nannte, genannt> **I.** *vt* **1.** (*benennen*) ▪ **jd nennt jdn/ein Tier ...** qn appelle qn/un animal ...; ***wir wollen das Kind Theobald*** ~ nous voulons appeler [*o* [pré]nommer] l'enfant Theobald; ▪ **genannt** dit(e), surnommé(e)
2. (*anreden*) ▪ **jd nennt jdn/ein Tier ...** qn appelle qn/un animal ...; ***er nennt ihn bei seinem Vornamen*** il l'appelle par son prénom
3. (*bezeichnen*) ▪ **jd nennt etw ...** qn appelle qc ...; ***so eine Gemeinheit kann man nur niederträchtig*** ~ on ne peut qualifier que d'abjecte une telle bassesse
4. (*angeben*) ▪ **jd nennt** [**jdm**] **jdn/etw** qn indique [*o* cite] qn/qc [à qn]; ▪ **genannt** en question
▸ **das nenne ich ...** voilà ce que j'appelle ... + *subst;* ***das nenne ich aber reichlich dreist!*** voilà ce que j'appelle de l'effronterie!; **so genannt** soi-disant *inv,* prétendu(e); **wie nennt man das?** comment appelle-t-on ça?, comment on appelle ça? *fam*
II. *vr* ▪ **jd nennt sich ...** qn se nomme [*o* s'appelle] ...
▸ **und so was nennt sich ...!** *fam* et on appelle ça ...! *fam*
nennenswert *adj* notable; ***eine nicht ~e Summe*** une somme négligeable; ▪ **etwas/nichts N~es** quelque chose/rien de notable
Nenner <-s, -> *m* MATH dénominateur *m*
▸ **jd bringt etw auf einen** [**gemeinsamen**] ~ *Vorstellungen, Linie, Politik* qn fait concorder qc; *Gegensätze* qn réduit qc; **sie finden einen** [**gemeinsamen**] ~ ils/elles trouvent un terrain d'entente [*o* parviennent à un consensus]
Nennung <-, -en> *f* mention *f;* ***bitte keinerlei ~en von Einzelheiten*** prière de ne mentionner aucun détail
Nennwert *m* valeur *f* nominale
▸ **über/unter dem** ~ au-dessus/au-dessous de la valeur nominale; **zum** ~ à sa/leur valeur nominale
neo- néo...
Neo- néo...
Neodym <-s> [neo'dy:m] *nt* Ø CHEM néodyme *m*
Neologismus <-, -gismen> *m* néologisme *m*
Neon <-s> *nt* Ø CHEM néon *m*
Neon- *-licht, -reklame, -werbung* au néon
Neonazi *m* néonazi(e) *m(f)*
Neonröhre *f* [tube *m* au] néon *m*
Neoprenanzug *m* combinaison *f* en néoprène
Neopterin <-s, -e> *nt* néoptérine *f*
Nepotismus <-> *m* Ø *geh* népotisme *m littér*
Nepp <-s> *m* Ø *fam* arnaque *f fam*
neppen *vt fam* ▪ **jd neppt jdn** qn arnaque qn *fam;* ***du bist geneppt worden*** tu t'es fait arnaquer *fam*
Nepplokal *nt fam:* ***dieses Restaurant ist ein*** ~ dans ce restaurant, c'est le coup de fusil [*o* l'addition est salée] *fam*
Neptun <-s> *m* Ø ▪ **der** ~ [la planète] Neptune *f*
Neptunium <-s> *nt* Ø CHEM neptunium *m*
'ner *art indef fam abk von* **einer** un(e)
Nerv <-s *o* -en, -en> *m* **1.** ANAT nerf *m*
2. BOT (*Blattader*) nervure *f*
▸ **jd hat ~en wie Drahtseile** *fam* qn a des nerfs d'acier [*o* à toute épreuve]; [**jd hat**] **gute/schlechte** [*o* **schwache**] **~en** qn a les nerfs solides/fragiles; ***Leute mit schwachen ~en*** les gens qui ont les nerfs fragiles; **jd behält die ~en** qn est/reste maître(-esse) de ses nerfs; **jds ~en gehen** [**mit**] **jdm durch** qn perd le contrôle de lui-même/d'elle-même; **jd/etw geht** [*o* **fällt**] **jdm auf die ~en** *fam* qn/qc lui tape sur les nerfs *fam;* **etw geht auf die ~en** *fam* qc porte sur les nerfs *fam;* **jd hat den ~ etw zu tun** *fam* qn a le culot de faire qc *fam;* ***keiner hat den ~ ihm die Meinung zu sagen*** personne n'a assez de culot pour lui dire ce qu'il pense *fam;* **jd hat** [**vielleicht**] **~en!** *fam* qn se sent pas bien!, qn déménage! *fam;* **jd ist mit den ~en** [**völlig**] **herunter** *fam* qn est à bout de nerfs; **jd raubt** [*o* **tötet**] **jdm den** [**letzten**] ~ *fam* qn pousse qn à bout; ***du raubst mir noch den letzten*** ~! tu commences à me courir sur le système! *fam;* **jd verliert die ~en** qn perd le contrôle de lui-même; ***ich verliere die ~en, wenn ...*** je ne réponds plus de moi si ...; **jd zeigt** ~ qn commence à s'énerver

nerven **I.** *vt fam* ▪ **jd nervt jdn** qn casse les pieds à qn *fam;* ▪ **jd nervt jdn mit etw** qn tanne qn avec qc *fam;* ▪ **genervt** énervé(e); ▪ **etw nervt jdn** qc tape sur les nerfs de qn *fam,* qc énerve qn, qc horripile qn; ***diese ~de Musik*** cette musique énervante [*o* horripilante]
II. *vi fam* ▪ **jd nervt** qn est [un(e)] casse-pieds *fam,* qn est suant(e) *fam;* ▪ **etw nervt** qc est horripilant(e) [*o* énervant(e)]
Nerven- nerveux(-euse); ~***schwäche*** neurasthénie *f;* ~***schmerz*** névralgie *f*
Nervenanspannung *f* tension *f* nerveuse **Nervenarzt** *m,* **-ärztin** *f* neurologue *mf* **nervenaufreibend** *adj* éprouvant(e) pour les nerfs, nerveusement éprouvant(e) **Nervenbelastung** *f* fatigue *f* nerveuse **nervenberuhigend** **I.** *adj* calmant(e), tranquillisant(e) **II.** *adv:* ***dieser Tee wirkt*** ~ cette tisane a un effet tranquillisant **Nervenbündel** *nt fam* paquet *m* [*o* boule *f*] de nerfs *fam* **Nervengas** *nt* gaz *m* neurotoxique **Nervengift** *nt* neurotoxine *f* **Nervenheilkunde** *f* neurologie *f* **Nervenkitzel** <-s, -> *m fam* petit frisson *m;* ***das ist für sie ein*** ~ ça lui procure un petit frisson **Nervenklinik** *f fam* maison *f* de fous ▸ **jd ist** [**bald**] **reif für die** ~ qn est/[sera bientôt] bon(ne) à mettre chez les fous [*o* à enfermer] **Nervenkostüm** *nt fam* nerfs *mpl* ▸ **ein starkes/schwaches** ~ des nerfs solides/fragiles; ***jd hat ein starkes/schwaches*** ~ qn a les nerfs solides/fragiles **Nervenkraft** *f* résistance *f* nerveuse; ***meine ~ ist am Ende*** je suis à bout de nerfs **nervenkrank** *adj* malade des nerfs; ▪ **jd ist** ~ qn a les nerfs malades, qn est malade des nerfs **Nervenkrieg** *m* guerre *f* des nerfs **Nervennahrung** *f* stimulant *m* psychique [*o* du psychisme]; ***iss Schokolade, das ist*** ~ mange du chocolat, c'est bon pour les nerfs **Nervenprobe** *f* épreuve *f* pour les nerfs **Nervensache** *f* ▸ **etw ist** [**eine/reine**] ~ *fam* qc est [uniquement] une question de nerfs **Nervensäge** *f fam* casse-pieds *mf fam,* scie *f vieilli fam* **Nervensystem** *nt* système *m* nerveux ▸ **das vegetative** ~ le système neurovégétatif **Nervenzentrum** *nt* centre *m* nerveux **Nervenzusammenbruch** *m* dépression *f* nerveuse ▸ **jd hat** [*o* **erleidet** *geh*] **einen** ~ qn craque [*o* s'écroule] nerveusement, ses nerfs craquent
nervig ['nɛrfɪç] *adj* **1.** *fam* (*nervenaufreibend*) tuant(e) *fam; Mensch* assommant(e) *fam*
2. *veraltend geh* (*kraftvoll*) vigoureux(-euse)
nervlich **I.** *adj* nerveux(-euse)
II. *adv* nerveusement; ~ ***bedingt*** d'origine nerveuse
nervös [nɛr'vø:s] **I.** *adj* nerveux(-euse); *Stimmung* agité(e), fébrile; ***in überaus ~er Verfassung*** dans un état de très grande nervosité
▸ **jd/etw macht jdn** ~ qn/qc rend qn nerveux(-euse), qn/qc énerve qn
II. *adv* **1.** (*in nervöser Weise*) nerveusement
2. (*nervlich*): ~ ***bedingt*** d'origine nerveuse
Nervosität <-> [-vo-] *f* Ø nervosité *f*
nervtötend *adj fam* horripilant(e), énervant(e)
Nerz <-es, -e> *m* vison *m*
Nessel[1] <-, -n> *f* (*Brennnessel*) ortie *f*
▸ **jd setzt sich** [**mit etw**] **in die ~n** *fam* (*blamiert sich*) qn fait une gaffe [avec qc] *fam,* qn met les pieds dans le plat [avec qc]; (*schafft sich Ärger*) qn se met dans de sales draps [avec qc] *fam*
Nessel[2] <-s, -> *m* TEXTIL toile *f* [lourde] de coton
Nesselfieber *nt* urticaire *m*
Nessessär[RR] *s.* **Necessaire**
Nest <-[e]s, -er> *nt* **1.** [*Vogel, Ameisen, Läuse, Spinnen*] nid *m*
2. *fam* (*Kaff*) patelin *m fam,* trou *m fam,* bled *m fam*
▸ **jd beschmutzt das eigene** [*o* **sein eigenes**] ~ qn dit du mal de sa famille/son pays/son entreprise/son parti; **jd setzt sich ins gemachte** ~ *fam* qn tire le gros lot par son mariage, qn fait un riche mariage
-nest *nt* nid *m* de
nesteln *vi* ▪ **jd nestelt an etw** (*dat*) qn tripote qc; (*zurechtrücken*) qn arrange qc
Nesthäkchen <-s, -> *nt fam* petit dernier/petite dernière *m/f fam*
Nestor <-s, -toren> *m,* **-torin** *f geh* phénix *m*
Nestwärme *f* douceur *f* du foyer
Netiquette <-> [netɪ'kɛt] *f* INFORM étiquette *f* de réseau, netiquette *f*
nett *adj* **1.** (*liebenswert*) gentil(le), sympathique, sympa *fam;* ▪ **jd ist ~ zu jdm** qn est gentil(le) avec qn; ▪ **etwas/nichts N~es** quelque chose de/rien de gentil; ***das war nichts N~es!*** ça n'avait rien de gentil!
2. (*angenehm*) *Abend, Anlass, Fest, Tag* agréable, sympa *fam*
3. (*beträchtlich*) *Stück, Sümmchen* bon(ne) petit(e) *fam;* ***ein ~es Stück Weges*** un bon petit bout de chemin
4. *iron fam* (*unerfreulich*) charmant(e) *antéposé;* ~***e Sachen machst du!*** tu en fais de belles! *fam;* ▪ **etwas N~es** du beau, du propre
▸ **sei so ~ und ...** sois assez gentil(le) pour ... + *infin,* aie la gentillesse de ... + *infin;* ***o ja, wenn Sie so ~ sind/sein würden*** oh oui, si vous voulez bien avoir la gentillesse; **jd war so ~ und ...** qn a été assez gentil(le) pour ... + *infin,* qn a eu la gentillesse de ... + *infin*
netterweise *adv* ▪ **jd tut ~ etw** qn a l'amabilité [*o* la gentillesse] de faire qc
Nettigkeit <-, -en> *f* **1.** Ø (*Liebenswürdigkeit*) gentillesse *f*
2. (*liebenswürdige Bemerkung*) gentillesse *f,* amabilité *f*
3. *iron fam* (*boshafte Bemerkung*) amabilité *f*
netto *adv* net
Netto- net(te) **Nettokreditaufnahme** *f* endettement *m* net
Netz <-es, -e> *nt* **1.** (*Geflecht*) filet *m*
2. (*Spinnen~*) toile *f*
3. (*Leitungssystem*) réseau *m;* ELEC *a.* secteur *m*
4. TRANSP, INFORM réseau *m;* ***lokales*** ~ INFORM réseau local
5. (*Ring*) [*Agenten, Informanten, Spione*] réseau *m*
▸ **das soziale** ~ la protection sociale; **etw geht ans** ~ qc est couplé(e) au réseau; **jd geht jdm ins** ~ qn se fait piéger par qn; **etw geht ins** ~ /*Fußball, Handball*/ qc rentre dans le but; /*Tennisball*/ qc va dans le filet; **jd nimmt**

etw vom ~ qn découple qc du réseau; ~! SPORT net!

-netz *nt* **1.** (*System*) réseau *m* + *adj*; ***Eisenbahn-/Telefon~*** réseau ferroviaire/téléphonique; ***Rohr~*** réseau de tuyaux
2. (*Ring*) *Terroristen-, Informanten-* réseau *m* de; ***Händler~*** réseau commercial

Netz- ELEC secteur **Netzball** *m* balle *f* let **Netzgerät** *nt* appareil *m* secteur

Netzhaut *f* rétine *f*

Netzhaut- de la rétine

Netzhemd *nt* tee-shirt *m* filet [*o* maille aérée] **Netzkarte** *f* carte *f* d'abonnement **Netzstrumpf** *m* bas *m* résille **Netzteil** *nt* transformateur *m* **Netzwerk** *nt* **1.** (*System*) réseau *m* **2.** INFORM réseau *m* [informatique]

neu I. *adj* **1.** (*gerade produziert, gekauft, gekommen*) nouveau(-velle) *antéposé;* (*noch nicht gebraucht*) neuf(neuve); ***die ~esten Videokassetten*** les toutes dernières vidéocassettes; ***die ~este Mode*** la toute dernière mode; ***die ~esten Tänze*** les danses les plus récentes; ■ **jd ist irgendwo ~** qn est nouveau(-velle) quelque part; ■ **der/die N~e** le nouveau/la nouvelle
2. (*frisch*) *Kleidungsstück, Tischtuch, Laken* propre
3. (*abermalig*) *Anfang, Anlauf, Versuch* nouveau(-velle) *antéposé*
4. MEDIA *Artikel, Bericht, Information, Meldung, Nachricht* récent(e); ***ein ~er Artikel*** un article qui vient de paraître; ***die ~esten Nachrichten*** les [toutes] dernières nouvelles
5. (*noch nicht da gewesen*) *Errungenschaft, Methode, System, Technik* nouveau(-velle)
6. (*unbekannt*) ■ **etw ist jdm ~:** ***dass ..., ist mir ~*** je ne savais pas que + *indic;* ***das war mir ~*** je n'en savais rien, je ne le savais pas
▶ **seit ~[e]stem** depuis peu [*o* tout récemment]; **von ~em** de nouveau; *s. a.* **Neue(s), Neueste(s)**
II. *adv* **1.** (*von vorn*) *anfangen, beginnen, anfertigen* re-; *sich einrichten, einkleiden* de neuf *soutenu;* ***sie mussten wieder ganz ~ anfangen*** ils/elles ont dû repartir à zéro; ***ich muss mich ~ einkleiden*** il faut que je renouvelle ma garde-robe; ***wir richten uns ganz ~ ein*** nous nous réinstallons complètement; ***ich werde mir vieles ~ anschaffen müssen*** je vais être obligé(e) de racheter beaucoup de choses
2. (*zusätzlich*): ***die Leitung stellt 30 Mitarbeiter ~ ein*** la direction embauche 30 nouveaux employés; ***drei Schüler sind ~ hinzugekommen*** trois nouveaux élèves sont arrivés
3. (*erneut*) re..., ré...; ~ ***auflegen*** rééditer; ~ ***bearbeiten*** remanier; ~ ***bearbeitet*** remanié(e); ~ ***besetzen*** réoccuper; ~ ***drucken*** réimprimer; ~ ***entwickelt*** nouveau(-velle), de conception nouvelle; ~ ***eröffnet*** récemment rouvert(e); ***das wieder ~ eröffnete Restaurant*** le restaurant qui vient de rouvrir; ~ ***gestalten*** remodeler; ~ ***ordnen*** réorganiser; ***sich ~ verschulden*** se réendetter; ~ ***kaufen*** racheter; *bearbeitet, gedruckt, geordnet, verschuldet* re..., ré...
4. (*seit kurzer Zeit*) nouvellement, récemment; *besetzt, eingestellt, entdeckt* nouvellement; ~ ***eröffnet*** récemment [*o* nouvellement] ouvert(e); ***das ~ eröffnete griechische Restaurant*** le restaurant grec qui vient d'ouvrir; ~ ***vermählt*** *geh* marié(e) de fraîche date *soutenu*

neu- 1. *-gotisch, -klassisch, -barock* néo...
2. LING moderne; ***~griechische Texte*** des textes en grec moderne

Neu- 1. (*neu*) nouveau(-velle) *antéposé; -fahrzeug, -wagen* neuf(neuve)
2. (*vor kurzem erfolgt*) *-besetzung, -einstellung, -entdeckung, -erwerbung, -eintritt, -kauf* nouveau(-velle) *antéposé;* ***die ~besetzung des Postens*** la reprise du poste **3.** (*erneut*) *-ausgabe, -belebung, -druck, -verschuldung* nouveau(-velle) *antéposé* **4.** ARCHIT, ART néo... **5.** (*verändert*) *-besinnung, -bewertung, -strukturierung* re..., ré... **Neuankömmling** <-s, -e> *m* nouvel arrivant/nouvelle arrivante *m/f*, nouveau venu/nouvelle venue *m/f* **neuapostolisch** *adj* néoapostolique

neuartig *adj* **1.** (*eine neue Art aufweisend*) *Aufbau, Methode, Struktur, Technik, Technologie, Verfahren* inédit(e), nouveau(-velle)
2. (*nach einer neuen Methode aufgebaut*) *Enzyklopädie, Lehrwerk, Schulbuch, Wörterbuch* nouveau(-velle), de conception nouvelle

Neuartigkeit <-> *f* ∅ nouveauté *f;* (*neue Konzeption a.*) conception *f* nouvelle

Neuauflage *f* **1.** ∅ (*neue Auflage*) réimpression *f*, nouveau tirage *m* **2.** (*Publikation*) réédition *f* **3.** *s.* **Reprint Neuausgabe** *f* réédition *f*

Neubau <-bauten> *m* **1.** ∅ (*die neue Errichtung*) nouvelle construction *f*
2. (*Gebäude*): ***wir beziehen unseren ~*** nous emménageons dans notre nouvelle maison; ***im dritten Stock eines ~s*** au troisième étage d'un immeuble neuf [*o* nouvel immeuble]

Neubau- nouveau(-velle), nouvellement construit(e)

neubearbeitet *s.* **neu II.3. Neubearbeitung** *f* **1.** (*das Bearbeiten*) refonte *f*, remaniement *m* **2.** (*revidierte Fassung*) nouvelle édition *f*, édition *f* revue et corrigée **3.** MUS, THEAT nouvelle adaptation *f* **Neubeginn** *m* nouveau départ *m* **Neubildung** *f* **1.** (*Umbildung*) [*Regierung, Vorstand*] remaniement *m* **2.** LING (*Wort*) néologisme *m* **3.** MED néoformation *f*, néoplasme *m* **Neubürger(in)** *m(f)* nouvel habitant/nouvelle habitante *m/f*

Neue(s) *nt decl wie adj* **1.** (*opp: Altes*) nouveauté *f;* ***etwas ~s*** quelque chose de nouveau; ***Altes und ~s*** le vieux et le neuf; ■ **das ~ [an etw** (*dat*)**]** ce qu'il y a de nouveau [*o* la nouveauté] [dans qc]
2. (*neuer Gegenstand, neue Ware*) ■ **etwas ~s** quelque chose de nouveau [*o* de neuf]; ***viel/nichts ~s*** beaucoup de choses nouvelles/rien de nouveau; ***nicht viel ~s*** pas grand-chose de nouveau
3. (*Neuigkeit*) ■ **etwas/nichts ~s** quelque chose de nouveau/rien de nouveau
▶ **öfter mal was ~s** *fam* il faut bien changer parfois, vive le changement; **was gibt's ~s?** *fam* quoi de neuf? *fam;* **auf ein ~es!** à nos succès!, à notre réussite!; **aufs ~e** *geh* à [*o* de] nouveau, une nouvelle fois

Neuenburg <-s> *nt* Neuchâtel

Neuentdeckung *f* **1.** (*erneute Entdeckung*) redécouverte *f* **2.** (*Talent*) révélation *f;* ***eine ~ für die Bühne*** une révélation de la scène **neuentwickelt** *s.* **neu II.3. Neuentwicklung** *f* innovation *f;* (*Entwickeltes a.*) nouveauté *f;* ***die ~ eines Computers*** la conception d'un nouvel ordinateur

neuerdings *adv* depuis peu [de temps]

Neuerer <-s, -> *m*, **Neuerin** *f* novateur(-trice) *m(f)*

neuerlich I. *adj* nouveau(-velle)
II. *adv* de nouveau, une nouvelle fois

neueröffnet *s.* **neu II.3., II.4. Neueröffnung** *f* **1.** (*neue Eröffnung*) ouverture *f;* ***wir laden Sie zur ~ ein*** nous vous invitons à l'inauguration **2.** (*Wiedereröffnung*) réouverture *f* **Neuerscheinung** *f* nouveauté *f*, nouvelle [*o* dernière] parution *f*

Neuerung <-, -en> *f* innovation *f*

Neu[e]ste(s) *nt decl wie adj* **1.** (*neueste Nachricht*) ■ **das ~** la dernière nouvelle, la nouvelle, la dernière; MEDIA les dernières nouvelles
2. (*Neuartigstes*) ■ **das ~** ce qu'on fait de plus nouveau, ce qui vient de sortir
▶ **das ~ vom Tage** les nouvelles du jour; **das ~ vom Neuen** ce qui vient [juste] de sortir, ce qu'on fait [vraiment] de plus nouveau; **weißt du schon das ~?** tu connais la nouvelle?, tu ne connais pas la dernière? *fam*

neu[e]stens *adv rare s.* **neuerdings**

neugeboren *adj* nouveau-né(e) ▶ **wie ~** tout(e) revigoré(e) **Neugeborene(s)** *nt decl wie adj* nouveau-né(e) *m(f)* **neu|gestalten** * *s.* **neu II.3.**

Neugier[de] <-> *f* ∅ curiosité *f;* ***sei doch nicht von einer solchen ~!*** ne sois donc pas si curieux(-euse)!
▶ **aus ~** par [simple] curiosité; **mit** [*o* **voller**] **~** plein(e) de curiosité

neugierig I. *adj* **1.** *Mensch* curieux(-euse); *Blick* plein(e) de curiosité, inquisiteur(-trice); *Frage* indiscret(-ète); ■ **jd ist/wird ~** qn est/se montre curieux(-euse) **2.** (*gespannt*) ■ **jd ist ~, ob/wie** qn est curieux(-euse) de savoir si/comment ▶ **da bin ich aber ~!** je suis curieux(-euse) de voir ça!; **jd/etw macht jdn ~** qn/qc excite [*o* pique] la curiosité de qn; ***erzähl doch mehr, du hast mich ~ gemacht!*** continue ton récit, tu m'as mis l'eau à la bouche! **II.** *adv* avec curiosité, plein(e) de curiosité **Neugierige(r)** *f(m) decl wie adj* curieux(-euse) *m(f)*

Neugliederung *f* restructuration *f* **Neugründung** *f* **1.** (*Gründung*) fondation *f* d'un(e) nouveau(-velle) ...; [*Institut, Universität*] création *f* de/du/de la **2.** (*Institution*) institution *f* nouvelle, création *f* récente; ***die Stadt ist eine ~ des 18.Jahrhunderts*** la ville a été fondée au XVIIIe siècle

Neuheit <-, -en> *f* nouveauté *f*

neuhochdeutsch *adj* haut allemand(e) moderne; ■ **das N~e** le haut allemand moderne

Neuigkeit <-, -en> *f* **1.** (*neue Information*) nouvelle *f*
2. *pl* (*Nachrichten*) nouvelles *fpl;* ***die ~en vom Tage*** les nouvelles du jour

Neuinszenierung *f* nouvelle mise *f* en scène

Neujahr *nt* ∅ nouvel an *m;* ***habt ihr ~ [o zu ~] schon etwas vor?*** avez-vous déjà des projets pour le nouvel an?
▶ **prost ~!** bonne année!

Neujahrs- *-abend* de/du nouvel an; *-glückwunsch, -karte* de nouvel an; *-tag* de l'an **Neujahrsfest** *nt* fête *f* de/du nouvel an

Neuland *nt* ∅ (*neue Anbaufläche*) terres *fpl* nouvelles
▶ **jd betritt [mit etw] ~** qn s'aventure [avec qc] en terre inconnue; **jd betritt [mit etw] ... ~** qn pénètre [avec qc] dans un domaine encore inexploré de ...; ***ich betrete physikalisches ~*** je pénètre dans un domaine encore inexploré de la physique; **etw ist [für jdn] [...] ~:** ***es ist noch chemisches ~*** c'est un domaine encore inexploré de la chimie; ***das ist für mich [absolutes/völliges] ~*** c'est un domaine qui m'est [parfaitement] inconnu

neulich *adv* récemment, il y a peu [de temps]; ***denkst du noch an ~?*** tu te souviens de l'autre jour?; ~ ***abends/morgens/sonntags*** l'autre soir/matin/dimanche
▶ **... von ~** ... de l'autre jour

Neuling <-s, -e> *m* novice *mf;* ***berufliche ~e*** des novices dans le métier; ***ich bin noch ein ~*** je suis encore novice

neumodisch I. *adj* **1.** (*sehr modern*) [à la] mode; ***ein ganz ~er Hut*** un chapeau à la dernière mode [*o* très mode]
2. *pej* (*unverständlich neu*) de maintenant
II. *adv* (*sehr modern*) à la dernière mode, très mode

Neumond *m* ∅ nouvelle lune *f;* ***es ist ~, wir haben ~*** c'est la nouvelle lune
▶ **bei ~** à la nouvelle lune

neun *num* **1.** (*Zahl*) neuf
2. (*Jahr*) neuf ans; ■ **jd ist/wird ~** qn a/va avoir neuf ans
3. (*Uhr*) neuf heures; (*Minuten*) neuf; ***es ist ~*** il est neuf heures; ***es ist ~ vor/nach drei*** il est trois heures moins neuf/trois heures neuf; ***es ist noch vor ~*** il n'est pas encore neuf heures; ***kurz vor ~*** peu avant neuf heures; ***es ist schon kurz nach ~*** il est déjà neuf heures passées
4. SPORT ■ **~ zu etw** neuf à qc; ■ **etw zu ~** qc à neuf
▶ **alle ~[e]!** strike!; **jd wirft alle ~e** qn fait un strike; **gegen ~** vers neuf heures; **mit ~** à neuf ans; **um ~** à neuf heures; **zu ~t, zu ~en** à neuf; *sein* neuf

Neun <-, -en> *f* **1.** (*Zahl*) neuf *m*
2. TRANSP ■ **die ~** le neuf
3. KARTEN ■ **die/eine ~** le/un neuf; ■ **die ~** le neuf de
▶ **ach du grüne ~e!** *fam* allons bon! *fam*, bon sang de bonsoir! *fam*

Neun-, neun-: ***~meterabstand*** écart *m* de neuf mètres; ***n~köpfig*** de neuf [personnes]; ***n~reihig*** de neuf rangées; ***n~spaltig*** de neuf colonnes; ***n~bändig*** en neuf volumes; ***n~dimensional*** à neuf dimensions **Neunauge** *nt* lamproie *f* **neuneinhalb** *num* **1.** (*9,5*) neuf ... et demi(e) **2.** *fam* (*9500 DM*) neuf mille cinq cents marks

neunerlei *adj inv* **1.** *attr* ■ **~ etw** *Brot, Käse* neuf sortes de qc; ■ **~ Dinge** *Möglichkeiten, Fälle, Farben, Größen* neuf choses [différentes]
2. *substantivisch* neuf sortes *fpl*

neunfach, 9fach I. *adj* **1.** (*neunmal so groß*) ■ **der/die/das ~e ...** *Be-*

trag, Preis, Summe un/une … neuf fois plus élevé(e); ***es kam die ~e Anzahl*** il en est venu neuf fois plus; ***etw ist von der ~en Dicke*** qc est neuf fois plus épais(se); ***die ~e Menge*** neuf fois la quantité; ***er hat die ~e Summe gewonnen*** il a gagné neuf fois plus
2. (*neunmal erstellt*) *Ausfertigung, Kopie* neuf; ***in ~er Ausfertigung*** en neuf exemplaires
II. *adv* en neuf exemplaires; *unterschreiben, wiederholen, ermahnen* neuf fois; *zusammenlegen, gruppieren* par neuf

Neunfache(s) *nt decl wie adj* ***jd verdient/ bezahlt/ verzehrt das ~*** qn gagne/paie/consomme neuf fois plus; ■ **das ~ an etw** (*dat*) neuf fois plus de qc; ***das ~ an Fläche*** une surface neuf fois plus grande; ***das ~ an Gehalt*** un salaire neuf fois plus élevé
► **um** das ~: ***etw ist um das ~ gestiegen/ hat sich um das ~ vergrößert*** qc a été multiplié(e) par neuf; ***um das ~ höher*** neuf fois plus élevé(e)

neunhundert *num* neuf cents
neunhundertjährig *adj* de neuf cent ans; ***das ~e Bestehen des Dorfs*** les neuf cents ans d'existence du village; ***das ~e Jubiläum*** le neuvième centenaire
neunhundertste(r, s) *adj* neuf centième
neunhunderttausend *num* neuf cent mille
neunjährig *adj* 1. (*neun Jahre alt*) *Kind, Tier, Baum* de neuf ans 2. (*neun Jahre dauernd*) *Amtszeit, Frist* [d'une durée] de neuf ans **Neunjährige(r)** *f(m) decl wie adj* enfant *mf* de neuf ans
neunmal *adv* neuf fois; (*wiederholte Male a.*) à neuf reprises
► ~ **so viel/so viele** [...] neuf fois plus/plus [de ...]
neunmalig *adj:* ***nach ~em Anruf/ Versuch*** après neuf appels/essais; ***auf ~es Klingeln*** au neuvième coup de sonnette; ***unser geheimes Zeichen ist ~es Klopfen an der Tür*** notre signal consiste à frapper neuf fois à la porte; ***trotz bisher ~er Bitte*** malgré une demande réitérée neuf fois
neunmalklug *adj iron fam* plus malin(-igne) que tout le monde; *Gerede, Gequatsche* qui se veut malin(-igne); ***mein ~er Herr Sohn!*** toi qui es plus malin que tout le monde! [*o* sais tout mieux que les autres!] **Neunmalkluge(r)** *f(m) decl wie adj iron fam* Monsieur *m*/Madame *f* Je-sais-tout *fam*, gros malin/grosse maligne *m/f fam*
neunseitig *adj* 1. (*neun Seiten umfassend*) de neuf pages 2. GEOM à neuf côtés **neunstellig** *adj* à neuf chiffres; *Zahl* de neuf chiffres **neunstöckig** *adj* de neuf étages; ■ **etw ist** ~ qc a neuf étages **neunstündig** *adj attr* de neuf heures
neunt *adv s.* **neun**
neuntägig *adj* de neuf jours
neuntausend *num* neuf mille
neunte(r, s) *adj* 1. neuvième
2. (*Datum*) neuf; ***am ~n Mai*** le neuf mai
► **als** N~s en neuvième position; **jeder** ~ … un(e) … sur neuf
Neunte(r) *f(m) decl wie adj* 1. (*des Monats*) ■ **der** ~ le neuf
2. (*Herrscher*) ■ **…** **der** ~ *gesprochen*, ■ **… IX.** *geschrieben* … neuf *oral*, … IX *écrit*
► **jd/etw ist/wird** ~ qn/qc est/finit neuvième; **als** ~(**r**) en neuvième position; ***Sie sind als ~(r) dran*** vous êtes le/la neuvième; **jeder** ~ une personne sur neuf
neunteilig *adj Film* en neuf parties; *Satz* de neuf; *Besteck* pour neuf personnes
Neuntel <-s, -> *nt* ■ **ein ~ einer S.** (*gen*) un neuvième de qc
neuntens *adv* neuvièmement
neuntletzte(r, s) *adj* ■ **der/die/das ~ …** le/la neuvième … avant la fin; ■ **der/die/das N~** le/la neuvième avant la fin
neunzehn *num* 1. (*Zahl*) dix-neuf
2. (*Jahr*) dix-neuf ans; ■ **jd ist/wird** ~ qn a/va avoir dix-neuf ans
► **mit** ~ [**Jahren**] à dix-neuf ans
neunzehnte(r, s) *adj* dix-neuvième
Neunzehntel *nt* dix-neuvième *m*
neunzig *num* 1. (*Zahl*) quatre-vingt-dix, nonante BELG, CH
2. (*Jahr*) quatre-vingt-dix ans; ■ **jd ist/wird** ~ qn a/va avoir quatre-vingt-dix ans
3. (*Stundenkilometer*) quatre-vingt-dix [km/h]
► **mit** ~ (*Alter*) à quatre-vingt-dix ans; (*Geschwindigkeit*) à quatre-vingt-dix [km/h]
Neunzig <-, -en> *f* 1. (*Zahl*) quatre-vingt-dix *m*
2. (*Alter*): ***sie geht schon auf die ~ zu*** elle va déjà sur ses [*o* elle approche déjà des] quatre-vingt-dix ans
neunziger *adj*, **90er** *adj attr, inv* 1. ■ **die ~ Jahre** les années *fpl* quatre-vingt-dix
2. COM (*1990*) de 1990
Neunziger(in) <-s, -> *m(f) fam* (*Mensch*) nonagénaire *mf*
Neunziger *pl* (*eines Jahrhunderts*) ■ **die** ~ les années *fpl* quatre-vingt-dix
Neunzigerjahre *pl* ■ **die** ~ les années *fpl* quatre-vingt-dix
neunzigjährig I. *adj attr* 1. (*90 Jahre alt*) de quatre-vingt-dix ans, de nonante ans CH, BELG; *Mensch a.* nonagénaire 2. (*90 Jahre dauernd*) de quatre-vingt-dix ans II. *adv* à quatre-vingt-dix ans **Neunzigjährige(r)** *f(m) decl wie adj* nonagénaire *mf*, homme/femme *m/f* de quatre-vingt-dix ans **neunzigmal** *adv* quatre-vingt-dix fois
neunzigste(r, s) *adj* 1. (*an 90. Stelle*) quatre-vingt-dixième, nonantième BELG, CH
2. ***der ~ Teil von etw*** le quatre-vingt-dixième de qc
Neunzigstel <-s, -> *nt* ■ **ein ~ einer S.** (*gen*) un quatre-vingt-dixième de qc
Neuordnung *f* réorganisation *f* **Neuorientierung** [-riɛn-] *f geh* changement *m* d'orientation **Neuphilologe** *m*, **-philologin** *f s.* **Neusprachler.** **Neuphilologie** *f* étude *f* des langues vivantes **Neuprägung** *f* 1. (*Münze*) nouvelle frappe *f* 2. (*Wort*) mot *m* nouveau, néologisme *m*
Neuralgie <-, -n> [-'gi:ən] *f* névralgie *f*
neuralgisch *adj* 1. MED névralgique
2. *geh Punkt* névralgique
Neurasthenie <-, -n> [-'ni:ən] *f* neurasthénie *f*
Neurastheniker(in) <-s, -> *m(f)* neurasthénique *mf*
neurasthenisch *adj* neurasthénique
Neureg[e]lung *f* nouvelle réglementation *f*; ***die ~ des Verfahrens*** la mise en place d'une nouvelle procédure; ***man hat eine ~ der Ampelphasen/ des Verkehrs vorgenommen*** on a changé le réglage des feux/la régulation de la circulation **neureich** *adj* parvenu(e) **Neureiche(r)** *f(m) decl wie adj* nouveau riche *m*, parvenu(e) *m(f)*
Neuritis <-, Neuritiden> *f* névrite *f*
Neuro- neuro…; *-tomie a.* névro…; *-dermitis* névro… **Neurochirurg(in)** *m(f)* neurochirurgien(ne) *m(f)* **Neurochirurgie** *f* neurochirurgie *f* **Neuroleptikum** <-s, -tika> *nt* neuroleptique *m*
Neurologe <-en, -en> *m*, **-login** *f* neurologue *mf*
Neurologie <-, -n> [-'gi:ən] *f* neurologie *f*; ***er liegt auf der ~*** *fam* il est en neurologie
neurologisch *adj* neurologique; *Abteilung, Klinik, Station a.* de neurologie
Neuron <-s, -ronen> *nt* neurone *m*
Neurose <-, -n> *f* névrose *f*
Neurotiker(in) <-s, -> *m(f)* névrosé(e) *m(f)*
neurotisch *adj* PSYCH 1. *Mensch* névrosé(e)
2. *Angst, Erkrankung, Störung, Symptome, Verhalten* névrotique
Neurotransmitter <-s, -> *m* neurotransmetteur *m*, neuromédiateur *m*
Neuschnee *m* neige *f* fraîche
Neuseeland *nt* la Nouvelle-Zélande
Neuseeländer(in) <-s, -> *m(f)* Néo-Zélandais(e) *m(f)*
neuseeländisch *adj* néo-zélandais(e)
Neusilber *nt* maillechort *m*
Neusprachler(in) <-s, -> *m(f)* linguiste *mf*
neusprachlich I. *adj Unterricht* de langues vivantes; ***die ~en Fächer*** les langues *fpl* vivantes
II. *adv:* ~ ***ausgerichtet/ orientiert*** moderne
Neuste(s) *nt decl wie adj s.* **Neueste(s)**
neustens *adv s.* **neuerdings**
Neutöner(in) <-s, -> *m(f)* musicien(ne) *m(f)* d'avant-garde
neutral I. *adj* (*alle Bedeutungen*) neutre; ■ **jd ist/bleibt** ~ qn est/reste neutre
II. *adv* 1. *sich verhalten* de façon impartiale [*o* neutre], avec impartialité
2. CHEM: ***diese Lösung reagiert*** [***chemisch***] ~ cette solution a un comportement [chimique] neutre
-neutral 1. (*nicht aufweisend*) dépourvu(e) de; ***geruchs~*** inodore, sans odeur; ***geschlechts~*** asexué(e), neutre; ***geschmacks~*** neutre au goût
2. (*ohne Auswirkungen auf*) *kosten-, produkt-* sans incidence sur
Neutralisation <-, -en> *f s.* **Neutralisierung**
neutralisieren * *vt* (*alle Bedeutungen*) ■ **jd/etw neutralisiert etw** qn/qc neutralise qc
Neutralisierung <-, -en> *f* (*alle Bedeutungen*) neutralisation *f*
Neutralismus <-> *m* ∅ neutralisme *m*
Neutralität <-> *f* ∅ 1. POL neutralité *f*
2. *geh* (*Unparteilichkeit*) neutralité *f*, impartialité *f*
Neutralitäts- de neutralité
Neutrino <-s, -s> *nt* neutrino *m*
Neutron <-s, -tronen> *nt* neutron *m*
Neutronen- *-detektor, -erzeugung* de neutrons; *-sprengkopf, -stern* à neutrons; *-strahlung* neutronique **Neutronenbombe** *f*, **Neutronenwaffe** *f* bombe *f* à neutrons
Neutrum <-s, Neutra *o* Neutren> *nt* 1. GRAM neutre *m*
2. *geh* (*geschlechtsloses Wesen*) ■ **ein** ~ un être asexué
neuvermählt *s.* **neu II.4.** **Neuvermählte(r)** *f(m) decl wie adj geh* jeune marié(e) *m(f)* **Neuwahl** *f* nouvelle élection *f* **Neuwert** *m* prix *m* [*o* valeur *f*] [à l'état] neuf ► **zum** ~ au prix du neuf **neuwertig** *adj* comme neuf(neuve); ***in ~em Zustand*** à l'état pratiquement neuf **Neuzeit** *f* ∅ ■ **die** ~ les temps *mpl* modernes **neuzeitlich** I. *adj* 1. (*der Neuzeit zugehörig*) des temps modernes 2. (*modern*) moderne II. *adv sich einrichten* en moderne; ***ich wohne ~*** j'ai un intérieur moderne, je suis meublé(e) en moderne **Neuzugang** *m* (*Kranker*) entrée *f*; (*Schüler*) arrivée *f* **Neuzulassung** *f form* nouvelle immatriculation *f*
New Age <- ->, **Newage**[RR] <-> ['nju:'eɪdʒ] *nt* ∅ new age *m*
Newbie <-s, -s> ['nju:bi] *m fam* INFORM internaute *mf* novice
Newcomer <-s, -> ['nju:kamɐ] *m* nouveau venu/nouvelle venue *m/f*
Newsgroup <-, -s> ['nju:zgru:p] *f* INFORM infogroupe *m*
nicht *adv* 1. (*Verneinung*) ne … pas, pas *fam*; (*vor Infinitiv*) ne pas; ~ ***schlecht/ möglich/ dumm/ sehr*** pas mauvais/possible/bête/très; ~ ***beschönigend*** sans complaisance; ~ ***viel/ ein*** pas beaucoup/un(e); ***warum*** ~ pourquoi pas; ■ **jd/etw ist ~ …** qn/qc n'est pas …; ~ ***er/ das!*** pas lui/ça
2. + *infin* (*verneinende Aufforderung*): ~ ***schießen!*** ne tire pas/ne tirez pas!; ~ ***schimpfen!*** ne me gronde pas/ne me grondez pas!; ~! arrête/arrêtez!
3. (*stimmt's?*) ■ ~? non?, n'est-ce pas?
4. *in Fragen* (*wohl*) ne … pas; ***kannst du mir ~ das Geld leihen?*** tu ne peux pas me prêter de l'argent?
► **bitte** ~! non, s'il te/vous plaît!, non, je t'en/vous en prie!; ***nicht schießen, bitte*** ~! ne tirez pas, je vous en prie!; ~, **dass** ce n'est pas que + *indic o subj*; ~ **doch!** mais non!; ~ **eine(r)** [ne …] pas un(e) [seul(e)]; ~ [**ein**]**mal** ne … même […] pas; ~ ***einmal du hättest …*** même toi, tu n'aurais pas …; ~

mehr [*o* **länger**] ne … plus [*o* plus longtemps]; ~ **mehr als** *anständig, gerecht, zutreffend* tout ce qu'il y a de plus; ~ **mehr und** ~ **weniger als** ne … ni plus ni moins [*o* pas autre chose] que; ~ **sehr** [ne …] pas beaucoup + *vb*, [ne …] pas très + *adj*; ***er scheint sich ~ sehr gefreut zu haben*** il ne semble pas s'être beaucoup réjoui; **was** … ~: ***was man sich ~ für einen Unsinn erzählt!*** ce qu'il [ne] faut pas entendre comme bêtises! *fam;* ***was es ~ alles gibt!*** ce qu'il [ne] faut pas voir! *fam;* ***also, was der ~ alles so weiß!*** eh bien, il en sait des choses!; ***was der ~ alles so kann*** il sait en faire des choses!; ~, **wenn** ne … pas … si; (*am Satzanfang*) pas si

nicht- non-

Nicht- non-; ***ich bin ~tänzer*** je ne danse pas; ***ich bin ~trinkerin*** je ne bois pas **Nichtachtung** *f* (*Geringschätzung*) manque *m* de considération [*o* d'égard]; ~ ***ihrer Person*** manque *m* d'égard pour elle [*o* de considération à son égard] ▸**jd straft jdn mit** ~ (*ignoriert jdn*) qn traite qn avec indifférence, qn ignore qn **nichtamtlich** *adj* non officiel(le) **Nichtangriffspakt** *m* pacte *m* de non-agression **Nichtbeachtung** *f*, **Nichtbefolgung** *f form* non-respect *m*

▸**bei** ~ **einer S.** (*gen*) en cas de non-respect de qc

Nichte <-, -n> *f* nièce *f*

Nichteinmischung *f* non-ingérence *f* **Nichtgefallen** *nt* ▸**bei** ~ en cas de non-satisfaction, si vous n'êtes pas satisfait(e); ***bei ~ des einen oder anderen Artikels*** au cas où l'un ou l'autre de ces articles ne vous conviendrait pas

nichtig *adj* **1.** JUR nul(le), non valable

2. *geh Grund, Vorwand* futile

▸**jd erklärt etw für** ~ qn déclare qc nul(le), qn prononce la nullité de qc

Nichtigkeit <-, -en> *f* **1.** ∅ JUR nullité *f*

2. *meist pl geh* (*Belanglosigkeit*) futilité *f*; ***dieser Vorwand ist wirklich nur eine ~*** ce prétexte n'a vraiment aucune valeur

Nichtigkeitsklage *f* action *f* [*o* demande *f*] en nullité

nichtleitend *s.* **leitend I.2. Nichtleiter** *m* non-conducteur *m*, isolant *m* **Nichtmetall** *nt* non-métal *m* **nichtöffentlich** *adj attr* non public(-ique), à huis clos

Nichtraucher(in) *m(f)* **1.** (*Mensch*) non-fumeur(-euse) *m(f)*

2. *fam* (*Nichtraucherabteil*) compartiment *m* non-fumeurs

▸**jd ist** ~ qn est non-fumeur(-euse), qn ne fume pas; „~" [réservé aux] non-fumeurs

Nichtraucherabteil *nt* compartiment *m* [réservé aux] non-fumeurs **Nichtraucherzone** *f* (*in Restaurants*) espace *m* [*o* coin *m*] [réservé aux] non-fumeurs; (*in öffentlichen Gebäuden*) lieu *m* interdit aux fumeurs

nichts *pron indef* **1.** (*nicht etwas*) ne … rien, rien *fam;* (*vor Infinitiv*) ne rien; ***gar ~*** rien du tout; ***das geht Sie ~ an!*** ça ne vous regarde en rien [*o* pas du tout]!; ~ ***davon stimmt!*** rien de tout cela n'est vrai!, il n'en est rien!

2. + *substantiviertes Adjektiv* rien de …

▸**es ist** ~ ce n'est rien; **das war wohl** ~ *sl* c'est loupé *fam,* un coup pour rien *fam;* **für** [*o* **um**] ~ (*gratis*) pour rien; **für** ~ **und wieder** ~ *fam* (*umsonst*) pour des clopinettes *fam;* ~ **als** … (*nur*) *Ärger, Unannehmlichkeiten* ne … [rien d'autre] que; ~ **anderes** [**als** …] ne … rien d'autre [que …]; ***ich habe damit doch ~ anderes [als das] zum Ausdruck bringen wollen*** c'est ni plus ni moins ce que j'ai voulu dire; ~ **da!** *fam* pas de ça!, pas question! *fam,* rien à faire!; ~ **mehr** [ne …] plus rien; ~ **wie** … *fam:* ~ ***wie hin!*** il faut y foncer! *fam;* ~ ***wie raus!*** sortons de là en vitesse! *fam;* ~ ***wie weg!*** tirons-nous! *fam;* **wie** ~ *fam* (*im Handumdrehen*) en un rien de temps, en moins de rien

Nichts <-, -e> *nt* **1.** ∅ (*leerer Raum*) ▪**das/ein** ~ le/un néant

2. (*Mensch*) ▪**ein** ~ un(e) moins que rien

▸**jd steht vor dem** ~ qn a tout perdu; **aus dem** ~ (*aus nicht Vorhandenem*) à partir de rien, ex nihilo; (*von irgendwoher*) comme tombé(e) du ciel; **für ein** ~ pour rien, pour une bouchée de pain *fam*

nichtsahnend *s.* **ahnen I.**▸

Nichtschwimmer(in) *m(f)* **1.** non-nageur(-euse) *m(f)*

2. *s.* Nichtschwimmerbecken

▸**jd ist** ~ qn ne sait pas nager

Nichtschwimmerbecken *nt* petit bassin *m*

nichtsdestotrotz *adv*, **nichtsdestoweniger** *adv* malgré tout, néanmoins

▸**aber** ~, … mais malgré tout, …

Nichtsesshafte(r)[RR] *f(m) decl wie adj form* sans domicile fixe *mf*

Nichtskönner(in) *m(f) pej* bon(ne) *m(f)* à rien, incapable *mf*

Nichtsnutz <-es, -e> *m pej* vaurien(ne) *m(f)*

nichtsnutzig *adj pej:* ***ein ~er Kerl/Typ/Mensch*** un vaurien; ***ihr ~er Sohn*** son vaurien de fils; ***diese ~e Gören*** ces jeunes voyous

nichtssagend *s.* **sagen I.**▸

Nichtstuer(in) <-s, -> [-tuːɐ] *m(f) pej* fainéant(e) *m(f)*

Nichtstun *nt* **1.** (*das Faulenzen*) oisiveté *f*, désœuvrement *m*; ***er verbringt seine Tage mit ~*** il passe ses journées à fainéanter

2. (*Untätigkeit*) inaction *f*

▸**das süße** ~ le farniente

Nichtveranlagungsbescheinigung *f* avis *m* de non-imposition **Nichtweiterverbreitung** *f* non-prolifération *f*, non-dissémination *f* **Nichtwissen** *nt* ignorance *f* **Nichtzustandekommen** *nt form* ▪**das** ~ **einer S.** (*gen*) *einer Regelung, Vereinbarung, eines Vertrags* l'impossibilité *f* d'aboutir à qc; *einer Vorgehensweise* l'échec *m* de qc; ***im Falle des ~s der Vereinbarung*** au cas où aucun accord ne serait conclu ▸**bei** ~ **einer S.** (*gen*) si qc ne peut être conclu(e) **Nichtzutreffende(s)** *nt decl wie adj* ▪**etwas** ~s quelque chose d'inexact ▸~**s** [**bitte**] **streichen!** rayer les mentions inutiles

Nickel <-s> *nt* ∅ CHEM nickel *m*

Nickel- de nickel; *-abbau, -förderung, -verbrauch* de/du nickel; *-preis* du nickel **Nickelbrille** *f* lunettes *fpl* de grand-mère

nicken *vi* **1.** (*mit dem Kopf*) ▪**jd nickt** qn fait un signe de tête; ▪**jd nickt** … *befriedigt, ungeduldig, zufrieden* qn fait un signe de tête …; ***jd nickt befriedigt*** qn opine; ▪**das N~** le signe de tête; ***mit einem N~*** d'un signe de tête

2. *fam* (*schlummern*) ▪**jd nickt** qn pique un roupillon *fam*

Nickerchen <-s> *nt* ∅ *fam* [petit] somme *m*, roupillon *m fam*

▸**jd macht** [*o* **hält**] **ein** ~ qn fait un petit somme, qn pique un [petit] roupillon *fam*

nie *adv* **1.** (*zu keinem Zeitpunkt*) ne … jamais, jamais *fam; absolut gebraucht* jamais; ***warst du schon mal in Indien? – Nein, noch ~!*** tu es déjà allé en Inde? – Non, jamais!

2. (*bestimmt nicht*) ne … sûrement pas, sûrement pas *fam;* ~ ***wird sie das schaffen*** elle n'y arrivera jamais

▸~ **mehr** [*o* **wieder**] ne … plus jamais, ne … jamais plus; *absolut gebraucht* plus jamais; ~ **und nimmer** ne … en aucun cas; jamais, au grand jamais … ne; ***ich werde dazu ~ und nimmer meine Zustimmung geben*** jamais au grand jamais je n'approuverai une chose pareille; ***wirst du ihn heiraten? – N~ und nimmer!*** tu vas l'épouser? – Jamais de la vie!

nieder *adv* ▸~ **mit** …! à bas …!; *s. a.* **niedere(r, s)**

nieder- **1.** (*mit transitivem Verb*) *wird mit einem eigenen Verb übersetzt;* ~***hauen*** frapper; ~***knüppeln*** matraquer; ~***prügeln*** battre; ~***treten*** piétiner; ~***fahren*** écraser; ~***machen***, ~***mähen*** massacrer, exterminer; ~***schmettern*** terrasser

2. (*mit intransitivem Verb*) *wird mit einem eigenen Verb übersetzt;* ~***fallen***, ~***krachen*** s'écraser; ~***regnen***, ~***prasseln*** s'abattre

3. (*mit reflexivem Verb*) *wird mit einem eigenen Verb übersetzt;* ***sich ~kauern, sich ~hocken*** s'accroupir; ***sich ~knien*** s'agenouiller; ***sich vor jdm ~werfen*** se jeter aux pieds de qn

4. (*mit Adjektiv*) *-frequent, -molekular* bas(se)

Nieder- GEOG Bas(se)-

nieder|beugen *vr* ▪**jd beugt sich** [**zu jdm/etw**] **nieder** qn se penche [vers qn/qc]; (*zum Boden*) qn se baisse [jusqu'à qc]

nieder|brennen *irreg* **I.** *vi* + *sein* ▪**etw brennt nieder** qc brûle entièrement

II. *vt* + *haben* ▪**jd brennt etw nieder** qn incendie qc

nieder|bringen *vt irreg* MIN ▪**jd bringt etw nieder** qn creuse qc

nieder|brüllen *vt fam* ▪**jd brüllt jdn nieder** qn hue qn; ▪**jd wird niedergebrüllt** qn se fait huer

nieder|bügeln *vt sl* ▪**jd bügelt jdn/etw nieder** *Gegner, Einwand* qn descend qn/qc *fam; Widerstand* qn réprime qc; (*das Wort abschneiden*) qn cloue le bec à qn *fam;* (*ablehnen*) qn refuse qn/qc

niederdeutsch *adj* **1.** GEOG d'Allemagne du Nord

2. LING bas allemand *inv;* ▪**N~/das N~e** le bas allemand

nieder|drücken *vt geh* **1.** (*herunterdrücken*) ▪**jd drückt etw nieder** qn [a]baisse qc; ▪**jd drückt jdn nieder** qn maintient qn au sol

2. (*deprimieren*) ▪**etw drückt jdn nieder** qc déprime qn; ▪**~d** déprimant(e)

niedere(r, s) *adj attr* **1.** (*primitiv*) *Instinkt, Triebe* bas(se) *antéposé,* primitif(-ive)

2. *Geburt, Herkunft, Stand, Volk* bas(se) *antéposé; Adel a.* petit(e) *antéposé*

3. *bes.* SDEUTSCH (*niedrig*) bas(se)

4. BIO inférieur(e), primaire

Niederfrequenz *f* basse fréquence *f*

Niedergang <-gänge> *m* **1.** ∅ (*Verfall*) décadence *f*, déclin *m*

2. NAUT escalier *m* étroit

niedergedrückt *adj s.* **niedergeschlagen**

nieder|gehen *vi irreg* + *sein* **1.** (*fallen*) ▪**etw geht nieder** /*Regen, Hagel etc*/ qc s'abat

2. (*treffen*) ▪**etw geht auf jdn nieder** /*Flüche, Verwünschungen*/ qc s'abat sur qn

niedergelassen *adj* CH *Schweizer* installé(e); *Ausländer* établi(e)

niedergeschlagen *adj* abattu(e), déprimé(e); ***etw macht jdn ~*** qc déprime qn

Niedergeschlagenheit <-> *f* ∅ (*Deprimiertheit*) abattement *m*, déprime *f fam;* (*Entmutigung*) découragement *m*; ***nie habe ich Erfolg, sagte sie voller ~*** je ne réussis jamais, dit-elle complètement abattue [*o* découragée]

nieder|halten *vt irreg* ▪**jd hält jdn/etw** [**mit etw**] **nieder** qn contient [*o* réprime] qn/qc [par qc]

nieder|knien [-kniːn, -kniːən] **I.** *vi* + *sein* ▪**jd kniet nieder** qn s'agenouille, qn se met à genoux

II. *vr* + *haben* ▪**jd kniet sich** [**irgendwo**] **nieder** qn s'agenouille [quelque part]

Niederkunft <-, -e> *f veraltet* accouchement *m*, délivrance *f vieux*

Niederlage *f* **1.** MIL, SPORT, POL défaite *f*

2. (*Misserfolg*) échec *m*

▸**jd bringt jdm eine** ~ **bei, jd bereitet jdm eine** ~ qn inflige une défaite à qn; **jd erleidet** [**bei etw**] **eine** ~, **jd muss** [**bei etw**] **eine** ~ **hinnehmen** [*o* **einstecken** *fam*] qn subit une défaite [au cours de [*o* lors de] qc]

Niederlande *pl* ▪**die** ~ les Pays-Bas *mpl*

Niederländer(in) <-s, -> *m(f)* Néerlandais(e) *m(f)*

niederländisch *adj* néerlandais(e); ▪**etw ist** ~ qc est néerlandais(e); ▪**N~/das N~e** le néerlandais

nieder|lassen *vr irreg* **1.** (*sich ansiedeln*) ▪**jd lässt sich irgendwo nieder** qn s'installe quelque part

2. (*beruflich*) ▪**jd lässt sich irgendwo** [**als etw**] **nieder** *als Arzt, Apotheker, Rechtsanwalt* qn s'installe [*o* s'établit] quelque part [comme qc]; ▪**niedergelassen** établi(e)

3. *geh* (*sich hinsetzen*) ▪**jd/ein Vogel lässt sich irgendwo nieder** qn

prend place *soutenu* [*o* s'installe]/un oiseau se pose quelque part
4. (*sich niederschlagen*) ■ **etw lässt sich auf etw** (*dat*) **nieder** qc se dépose sur qc

Niederlassung <-, -en> *f* **1.** *Ø* (*berufliche Etablierung*) installation *f*; ***die Genehmigung zur*** ~ l'autorisation de s'installer
2. COM succursale *f*

Niederlassungsbewilligung *f* CH autorisation *f* d'établissement

nieder|legen I. *vt* **1.** (*aufgeben*) ■ **jd legt etw nieder** *Mandat, Vorsitz, Kommando* qn démissionne de qc; *Amt* qn se démet de qc; *Arbeit* qn cesse qc
2. (*schriftlich fixieren*) ■ **jd legt etw irgendwo nieder** qn met qc par écrit quelque part; ***jd legt etw schriftlich nieder*** qn met qc par écrit; ■ **jd legt nieder, dass/was/wie** qn met par écrit que/ce qui/ce que/comment
3. (*hinlegen*) ■ **jd legt jdn nieder** qn allonge qn; ■ **jd legt etw nieder** qn dépose qc
II. *vr* ■ **jd/ein Tier legt sich nieder** qn/un animal se couche [*o* s'allonge]
▸ **da legst' di' nieder!** SDEUTSCH *fam* j'en suis baba! *fam*, ça me scie! *fam*

Niederlegung <-, -en> *f* **1.** [*Amt, Mandat, Vorsitz, Kommando*] démission *f*; [*Arbeit*] cessation *f*; ***ich habe mich zur ~ meines Mandats entschlossen*** j'ai décidé de démissionner de mon mandat
2. (*schriftliche Fixierung*) mise *f* par écrit
3. [*Kranz, Schriftstück*] dépôt *m*; ***jd wird die ~ des Kranzes übernehmen*** qn va déposer la gerbe [*o* couronne]

nieder|metzeln *vt* ■ **jd metzelt jdn nieder** qn massacre qn

Niederösterreich *nt* la Basse-Autriche

nieder|reißen *vt irreg* ■ **jd reißt etw nieder** *Gebäude* qn démolit qc; *Mauer, Wand a.* qn abat qc

Niedersachsen [-ks-] *nt* la Basse-Saxe

nieder|schießen *irreg* **I.** *vt + haben* ■ **jd schießt jdn nieder** qn abat qn
II. *vi + sein* ■ **ein Vogel schießt** [**auf ein Tier**] **nieder** un oiseau fonce [*o* s'abat] [sur un animal], un oiseau fond sur un animal

Niederschlag *m* **1.** METEO précipitations *fpl*
2. CHEM précipité *m*
▸ **radioaktiver** ~ retombées *fpl* radioactives; **etw findet seinen ~ in etw** (*dat*) *geh* /*Ermahnungen, Ratschläge*/ qc a des retombées sur qc; /*Erinnerungen, Lebenserfahrungen*/ qc laisse des traces dans qc, qc se sent dans qc

nieder|schlagen *irreg* **I.** *vt* **1.** (*zu Boden schlagen*) ■ **jd schlägt jdn nieder** qn assomme qn, qn étend qn sur le carreau
2. (*unterdrücken*) ■ **jd schlägt etw nieder** qn réprime qc; *Revolte a.* qn mate qc
3. *geh* (*senken*) ■ **jd schlägt etw nieder** *Augen, Blick* qn baisse qc
4. ADMIN ■ **jd schlägt etw nieder** *Prozess, Verfahren* qn suspend qc
II. *vr* **1.** (*kondensieren*) ■ **etw schlägt sich** [**an etw** (*dat*)] **nieder** /*Dampf, Feuchtigkeit*/ qc se condense [*o* se dépose] [sur qc]
2. CHEM ■ **etw schlägt sich nieder** qc précipite, qc se dépose
3. (*zum Ausdruck kommen*) ■ **etw schlägt sich in etw** (*dat*) **nieder** qc s'exprime [*o* se retrouve] dans qc

niederschlagsarm *adj Gebiet, Gegend* peu arrosé(e); *Klima, Jahreszeit* pauvre en précipitations; ***der Winter ist manchmal sehr ~*** l'hiver est parfois très sec **Niederschlagsmenge** *f* niveau *m* des précipitations; ***die Messung der ~n*** la pluviométrie **niederschlagsreich** *adj* humide; *Gebiet, Gegend a.* arrosé(e); *Jahreszeit a.* pluvieux(-euse)

Niederschlagung <-, -en> *f* **1.** [*Verfahren*] suspension *f*, arrêt *m*; ***die ~ des Prozesses*** le non-lieu, l'ordonnance *f* de non-lieu
2. [*Aufstand etc*] répression *f*

niederschmetternd *adj Nachricht, Ereignis* bouleversant(e); *Bericht* accablant(e); *Resultat* catastrophique; ■ **etw ist** [**für jdn**] ~ qc est accablant(e) [pour qn]

nieder|schreiben *vt irreg* ■ **jd schreibt etw nieder** qn met qc par écrit

nieder|schreien *vt irreg s.* **niederbrüllen**

Niederschrift *f* **1.** (*Protokoll*) procès-verbal *m*
2. *Ø* (*das Niederschreiben*) [*Testament*] consignation *f* par écrit; [*Gedanken*] mise *f* par écrit

nieder|setzen I. *vt geh* ■ **jd setzt etw** [**irgendwo**] **nieder** qn [dé]pose qc [quelque part]
II. *vr geh* ■ **jd setzt sich nieder** qn s'assoit, qn prend place *soutenu*

nieder|sinken *vi irreg + sein geh* ■ **jd sinkt nieder** qn s'affaisse

nieder|stechen *vt irreg* ■ **jd sticht jdn nieder** qn poignarde qn

nieder|stimmen *vt* ■ **jd stimmt jdn/etw nieder** qn met qn en minorité; *Antrag* qn rejette qc

nieder|stoßen *irreg* **I.** *vt + haben* **1.** (*zu Boden stoßen*) ■ **jd/ein Tier stößt jdn nieder** qn/un animal renverse qn
2. (*niederstechen*) ■ **jd stößt jdn** [**mit etw**] **nieder** qn étend qn [d'un coup de qc]
II. *vi + sein* ■ **ein Vogel stößt nieder** un oiseau descend en flèche; ■ **ein Vogel stößt auf ein Tier nieder** un oiseau fond sur un animal

nieder|stürzen *vi + sein geh* ■ **jd stürzt nieder** qn s'écroule, qn s'effondre

Niedertracht <-> *f Ø* infamie *f*, perfidie *f*

niederträchtig I. *adj* infâme, ignoble
II. *adv* de façon ignoble

Niederträchtigkeit <-, -en> *f* **1.** (*Tat*) infamie *f*, bassesse *f*
2. *Ø s.* Niedertracht

Niederung <-, -en> *f* **1.** GEOG terrain *m* bas, dépression *f*
2. (*Banalität*) ■ **die ~en einer S.** (*gen*) les bas-fonds *mpl* de qc

nieder|werfen *irreg* **I.** *vt* ■ **jd wirft etw nieder** *Aufstand etc* qn réprime qc
II. *vr* ■ **jd wirft sich** [**vor jdm**] **nieder** qn se prosterne [devant qn]

Niederwild *nt* petit gibier *m*

niedlich I. *adj Baby, Kind, Gesicht, Figürchen* mignon(ne); *Zeichnung, Glückwunschkarte, Kleidchen* adorable; ***ein ~es Kätzchen*** un mignon petit chat
II. *adv* de façon adorable

niedrig I. *adj* **1.** (*nicht hoch*) bas(se)
2. (*gering*) peu élevé(e); *Trinkgeld* petit(e) *antéposé; Druck, Blutdruck, Temperatur* bas(se); *Geschwindigkeit* faible, réduit(e); ***~ere Kosten*** des frais moindres, des frais moins élevés; ***relativ/sehr*** ~ relativement/très bas(se); ***bei so einem ~en Einkommen*** avec des revenus aussi bas; ***eine ~e Summe*** une petite somme, une somme modique; ■ **etw ist** [**zu**]/**wird** [**zu**] ~ qc est [trop] bas(se)/qc baisse [de plus en plus]; ***3000 DM/Monat - das ist mir zu*** ~ 3000 marks par mois, ce n'est pas assez
3. (*gemein*) *Instinkt, Triebe* bas(se) *antéposé; Absicht, Beweggrund a.* méprisable, vil(e)
4. *Geburt, Herkunft, Niveau* bas(se) *antéposé*
II. *adv* **1.** *fliegen* bas
2. *berechnen, veranschlagen* bas; ~ ***stehend*** inférieur(e); ***jd schätzt jdn/etw zu ~ ein*** qn sous-estime qn/qc; ***jd stuft jdn zu ~ ein*** qn met qn dans une classe trop basse; ***eine ~ prozentige Lösung*** une solution faiblement dosée; ***ein ~ prozentiges alkoholisches Getränk*** une boisson avec un faible degré d'alcool

Niedrig- bas(se); *-strahlung* minimal(e); ***die ~löhne*** les bas salaires; ***die ~preise*** les prix bas

Niedrigkeit <-> *f Ø* [*Decke, Zaun*] faible hauteur *f*; ***die ~ des Wasserstandes*** le bas niveau de l'eau; ***angesichts der ~ Ihres Blutdruckes*** compte tenu de votre tension trop basse; ***etw ist von ganz ungewöhnlicher*** ~ qc est inhabituellement bas(se)

Niedriglohnland *nt* pays *m* à bas salaires **Niedrigwasser** *nt Ø* **1.** (*Ebbe*) marée *f* basse **2.** [*Fluss*] étiage *m*

niemals *adv* ne ... jamais [de la vie]; *absolut gebraucht* jamais [de la vie]; ***das werde ich ~ zulassen*** jamais [de la vie] je n'accepterai cela

niemand *pron indef Subjekt* personne ne ...; *Objekt* ne ... personne, personne *fam; absolut gebraucht* personne; ***hallo, ist denn da*** ~? il y a quelqu'un?; ~ ***ist da/zu Hause*** il n'y a personne; ■ **~es** ne ... de personne; ■ [**an/für/gegen/über**] **~en** ne ... [à/pour/contre/sur] personne; ***an ~en von uns*** à aucun de nous; ***ich habe gegen ~en etwas*** je n'ai rien contre personne; ***das geht ~en etwas an*** ça ne regarde personne; ■ [**mit/zu**] **~em** ne ... [avec/à] personne

Niemand <-s, -e> *m pej* (*unbekannt*) inconnu(e) *m(f)*; (*ohne Macht*) numéro *m*; ***sie ist ein*** ~ elle n'est qu'un numéro; ***du*** ~ espèce de minus *fam*

Niemandsland *nt Ø* no man's land *m*, zone *f* neutre

Niere <-, -n> *f* **1.** ANAT rein *m*
2. *meist pl* GASTR rognon *m*
▸ **künstliche** ~ rein *m* artificiel; **saure ~n** rognons *mpl* sauce piquante; **etw geht jdm an die ~n** *fam* qc prend [*o* saisit] qn aux tripes *fam*

Nieren- 1. ANAT rénal(e); **~becken** bassinet *m* **2.** MED rénal(e); *-leiden, -beschwerden a.* des reins; **~beckenentzündung** pyélite *f*; **~entzündung** néphrite *f* **nierenförmig** *adj* en forme de haricot; ■ **etw ist** ~ qc a la forme d'un haricot **Nierengurt** *m* ceinture *f* lombaire **Nierenkolik** *f* colique *f* néphrétique ▸ **jd hat eine ~/~en** qn a des coliques néphrétiques **nierenkrank** *adj* néphrétique; ***ein ~er Patient*** un néphrétique **Nierenkranke(r)** *f(m) decl wie adj* néphrétique *mf* **Nierenschale** *f* haricot *m*

Nierenstein *m* calcul *m* rénal

Nierensteinzertrümmerer <-s, -> *m* lithotri[p]teur *m*

Nierentasche *f* [sac *m*] banane *f* **Nierentisch** *m* table *f* haricot **Nierenwärmer** <-s, -> *m* ceinture *f* de maintien

nieseln *vi impers* ■ **es nieselt** il bruine

Nieselregen *m* bruine *f*, crachin *m*

niesen *vi* ■ **jd niest** [**irgendwohin**] qn éternue [quelque part]; ***jd niest jdm ins Gesicht*** qn lui éternue à la figure

Niesen <-s> *nt Ø* éternuement *m*; ***etw bringt jdn zum*** ~ qc fait éternuer qn

Niespulver [-fɐ, -vɐ] *nt* poudre *f* à éternuer

Nießbrauch <-[e]s> *m Ø* usufruit *m*

Niete <-, -n> *f* **1.** (*Nichttreffer*) billet *m* perdant
2. *fam* (*Versager*) minus *m fam*, minable *mf fam*; ***du jämmerliche*** ~! pauvre minable! *fam*, espèce de nul! *fam*
3. TECH, COUT rivet *m*
▸ **jd zieht eine** ~ qn tire un numéro perdant

nieten *vt* ■ **jd nietet etw** qn rive qc, qn rivette qc

niet- und nagelfest *adj* ▸ **alles, was nicht ~ ist** *fam* tout ce qui n'est pas solidement fixé

Nigeria <-s> *nt* le Nigeria

Nihilismus <-> *m Ø* nihilisme *m*

Nihilist(in) <-en, -en> *m(f)* nihiliste *mf*

nihilistisch *adj* nihiliste

Nikolaus <-, -e *o* -läuse> *m* **1.** (*verkleidete Gestalt*) Saint Nicolas *m*
2. (*Schokoladenfigur*) Saint Nicolas *m* [en chocolat]
3. *Ø* (*Nikolaustag*) la Saint-Nicolas; ***ich habe an ~ Geburtstag*** mon anniversaire tombe le jour de la Saint-Nicolas
▸ **der heilige** ~ saint Nicolas *m*

Nikotin <-s> *nt Ø* nicotine *f*

nikotinarm *adj* à faible teneur en nicotine; ■ **etw ist** ~ qc a une faible teneur en nicotine, qc contient peu de nicotine **Nikotingehalt** *m* teneur *f* en nicotine **nikotinhaltig** *adj* contenant de la nicotine; ***stark*** ~ à forte teneur en nicotine; ■ **etw ist** ~ qc contient de la nicotine **Nikotinvergiftung** *f* intoxication *f* tabagique, tabagisme *m*

Nil <-s> *m* ■ **der** ~ le Nil
▸ **der Blaue** ~ le Nil Bleu; **der Weiße** ~ le Nil Blanc

Nilpferd *nt* hippopotame *m*

Nimbus <-, -se> *m* **1.** *Ø geh* (*Aura*) aura *f littér*, prestige *m*

2. (*Heiligenschein*) nimbe *m,* auréole *f*

nimmer *adv* **1.** *veraltend geh* (*niemals*) ne … jamais; jamais, au grand jamais … ne *soutenu;* ***das darf ~ geschehen*** jamais, au grand jamais ceci ne doit arriver; ceci ne doit jamais arriver
2. SDEUTSCH, AUS (*nicht mehr*) ne … plus, plus *fam*

nimmermehr *adv veraltend geh* ne … plus jamais; *absolut gebraucht* plus jamais **nimmermüde** *adj attr* infatigable; *Arbeit, Einsatz a.* inlassable **Nimmersatt** <-[e]s, -e> *m fam* goinfre *mf,* glouton(ne) *m(f)* ▸**jd ist ein ~** qn est glouton(ne) [*o* goinfre *fam*] **Nimmerwiedersehen** *nt* ▸**auf ~** *fam* pour toujours; **auf ~!** *fam* adieu pour toujours!

nimmt *3. pers pres von* **nehmen**

Niobium <-s> *nt ∅* CHEM niobium *m*

Nippel <-s, -> *m* TECH raccord *m* de graissage, graisseur *m*

nippen *vi* ■ **jd nippt [an etw** (*dat*)**]** qn goûte [qc] du bout des lèvres; (*mehrmals*) qn sirote [qc] *fam;* ■ **jd nippt von etw** qn goûte [à] qc

Nippes *pl* babioles *fpl,* bibelots *mpl*

nirgends *adv* ne … nulle part, nulle part *fam; absolut gebraucht* nulle part

nirgendwo *adv s.* **nirgends. nirgendwohin** *adv* ne … nulle part, nulle part *fam; absolut gebraucht* nulle part

Nirwana <-[s]> *nt ∅* nirvana *m*

Nische <-, -n> *f* **1.** ARCHIT niche *f*
2. *fig* lieu *m* privilégié; COM créneau *m*

Nisse <-, -n> *f* lente *f*

nisten *vi* ■ **ein Vogel nistet irgendwo** un oiseau niche [*o* fait son nid] quelque part

Nistkasten *m* nichoir *m*

Nitrat <-[e]s, -e> *nt* nitrate *m*

Nitrat- *-konzentration, -gehalt* en nitrate[s]; *-menge* de nitrate[s]; *n-verschmutzt* par les nitrates

Nitro- nitrique; ***~zellulose*** nitrocellulose *f* **Nitroglyzerin** *nt ∅* nitroglycérine *f* **Nitrolack** *m* peinture *f* à la nitrocellulose

Niveau <-s, -s> [ni'vo:] *nt* (*alle Bedeutungen*) niveau *m*
▸ **etw hat ~/kein ~** qc est de haut niveau/qc est d'un niveau médiocre; **jd hat ~/kein ~** qn est/n'est pas cultivé(e); **etw ist unter jds ~** (*dat*) qc n'est pas du niveau de qn; **mit ~** d'un haut niveau; *Mensch* cultivé(e)

niveaulos [ni'vo:-] *adj* médiocre

niveauvoll [ni'vo:-] *adj* d'un bon [*o* haut] niveau

nivellieren * [-ve-] *vt* ■ **jd/etw nivelliert etw** qn/qc nivelle qc

Nivellierung <-, -en> [-ve-] *f geh* nivellement *m*

nix *pron indef fam s.* **nichts**

Nixe <-, -n> *f* ondine *f,* nixe *f littér*

Nizza <-s> *nt* Nice

NN *abk von* **Normalnull**

NO *abk von* **Nordosten** N.-E.

nobel I. *adj* **1.** (*edel*) noble
2. (*luxuriös*) chic, de luxe
3. (*großzügig*) *Geschenk, Spende, Trinkgeld* généreux(-euse)
II. *adv* **1.** (*edel*) noblement, avec noblesse
2. (*großzügig*) généreusement

Nobelherberge *f fam* hôtel *m* classe *fam*

Nobelium <-s> *nt ∅* CHEM nobélium *m*

Nobelpreis *m* prix *m* Nobel

Nobelpreisträger(in) *m(f)* [lauréat(e) *m(f)* du] prix *m* Nobel

Nobody <-s, -s> ['noʊbədɪ] *m* inconnu(e) *m(f)*

noch *adv* **1.** (*weiterhin*) encore; ***jd ist ~ da*** qn est encore là
2. (*irgendwann*) un jour; ***jdm wird es ~ leid tun*** qn le regrettera un jour
3. (*nicht später als*) encore; ***~ heute*** aujourd'hui même; ***~ in diesen Tagen*** dans les jours qui viennent; ***~ in diesem Jahr/dieser Woche*** dans le courant de cette année/semaine; ***~ gestern*** hier encore
4. *in Fragen* (*eigentlich*) encore
5. *einschränkend* (*so eben*) tout juste; ***das geht gerade ~*** ça peut encore aller
6. (*obendrein*) encore; ***möchtest du ~ etwas?*** tu voudras encore quelque chose?, tu désires quelque chose d'autre?
7. + *comp* (*mehr als*) encore; ***~ besser*** encore mieux, encore meilleur(e); ***das ist ja ~ schöner!*** *iron* [c'est] de mieux en mieux!
▸ **~ eine(r, s)** encore un(e); ***bringen Sie mir ~ ein Bier!*** apportez-moi une autre bière!; ***sie hätte gern ~ ein Kind*** elle voudrait bien un autre enfant [*o* avoir encore un enfant]; **~ immer** toujours, encore; ***bleiben Sie ~ immer dabei zu leugnen?*** vous continuez de nier?; **~ immer nicht** ne … toujours pas; *absolut gebraucht* toujours pas; **~ jetzt** encore maintenant; **~ nicht** ne … pas encore; *absolut gebraucht* pas encore; **~ nichts** ne … encore rien; *absolut gebraucht* encore rien; **~ nie** [*o* **niemals**] ne … encore jamais; *absolut gebraucht* encore jamais; **~ niemand** [*o* **keiner**] personne ne … encore; *absolut gebraucht* encore personne; ***~ keiner ist auf diese Idee gekommen*** personne n'a encore eu cette idée; **~ und ~** [*o* **nöcher** *fam*] en quantité, en veux-tu en voilà *fam;* ***er hat Geld ~ und ~er*** il a de l'argent en veux-tu en voilà *fam;* **wenn jd/etw auch so + *adj* ist** qn/qc a beau être + *adj,* même si qn/qc est + *adj;* **wenn jd/etw etw ~ so tut** qn/qc a beau faire qc; **… wie ~ nie …** comme jamais; **wie war das ~?** comment c'était déjà?

nochmalig *adj attr* répété(e); *Versuch, Überprüfung a.* nouveau(-velle)

nochmals *adv* encore une fois

Nockenwelle *f* arbre *m* à cames

Nockerl <-s, -n> *nt* AUS (*Klößchen*) quenelle *f*

NOK <-s, -s> [ɛnʔoːˈkaː] *nt abk von* **Nationales Olympisches Komitee** Comité *m* national olympique; (*in Frankreich*) C.N.O.S.E *m*

nölen *vi* NDEUTSCH *fam* ■ **jd nölt** qn rouspète *fam;* (*quengeln*) qn pleurniche

nolens volens ['no:lɛns'vo:lɛns] *adv geh* bon gré mal gré

Nomade <-n, -n> *m,* **Nomadin** *f* nomade *mf*

Nomaden- nomade

Nomen <-s, Nomina> *nt* nom *m*
▸ **~ est omen** *geh* qn porte bien son nom

Nomenklatur <-, -en> *f* nomenclature *f,* terminologie *f*

Nomenklatura <-> *f ∅* nomenklatura *f*

Nomina *pl von* **Nomen**

nominal I. *adj* nominal(e)
II. *adv* nominalement

Nominal- FIN, GRAM nominal(e)

Nominativ <-[e]s, -e> *m* nominatif *m*

nominell I. *adj* nominal(e)
II. *adv* nominalement

nominieren * *vt* ■ **jd nominiert jdn [für etw]** qn désigne qn [pour qc]; ***er wurde als Kandidat für den Wahlkreis nominiert*** il a été désigné comme candidat dans la circonscription [électorale]

Nonchalance <-> [nõʃa'lã:s] *f ∅ geh* élégance *f*

nonchalant [nõʃa'lã:] I. *adj geh* élégant(e)
II. *adv geh* avec élégance

Nonkonformist(in) <-en, -en> *m(f) geh* non-conformiste *mf*

nonkonformistisch *adj geh* non-conformiste

Nonne <-, -n> *f* religieuse *f,* nonne *f*

Nonnenkloster *nt* couvent *m*

Nonplusultra <-s> *nt ∅ geh* ■ **das ~** le nec plus ultra *soutenu*

Nonsens <-[es]> *m ∅* non-sens *m,* absurdité *f*

nonstop [-ʃt-, -st-] *adv* sans interruption, en non-stop

Nonstop-, Non-Stop-[RR] [-ʃt-, -st-] non-stop

Noppe <-, -n> *f* nop[p]e *f*

nord- (*die Himmelsrichtung betreffend*) du nord de la/du …; (*den Landesteil betreffend*) de la/du … du Nord; ***~italienisch*** de l'Italie [*o* d'Italie] du Nord; ***~kanadisch*** du Nord canadien

Nord- (*die Himmelsrichtung betreffend*) du nord de la/du …; *-hang, -seite, -wand* [exposé(e) au] nord; (*den Landesteil betreffend*) de la/du … du Nord; ***~israel*** le nord d'Israël; ***~kanada*** le Nord canadien **Nordafrika** *nt* l'Afrique *f* du Nord **Nordamerika** *nt* l'Amérique *f* du Nord **Nordatlantikpakt** *m form* ■ **der ~** le Traité de l'Atlantique Nord **norddeutsch** *adj* de l'Allemagne [*o* d'Allemagne] du Nord **Norddeutschland** *nt* l'Allemagne *f* du Nord

Norden <-s> *m ∅* **1.** (*Himmelsrichtung*) nord *m*
2. (*nördliche Gegend*) Nord *m*
▸ **im hohen ~** dans le Grand Nord, tout au nord; **aus [dem] ~** [venant] du nord; **nach** [*o* **gen** *geh*] **~** vers le nord; ***etw liegt nach ~*** qc est orienté(e) au nord; ***jd zeigt nach ~*** qn montre le nord; **nach ~ hin** plus au nord; **von ~** [en provenance] du nord; ***etw kommt von ~*** qc arrive du nord

Nordfrankreich *nt* le nord de la France; ***in ~*** dans le nord de la France **Nordhalbkugel** *f* hémisphère *m* nord **Nordirland** *nt* l'Irlande *f* du Nord

nordisch *adj* nordique

Norditalien [-liən] *nt* l'Italie *f* du Nord **Nordkap** *nt* ■ **das ~** le cap Nord **Nordkorea** <-s> *nt* la Corée du Nord **Nordkoreaner(in)** <-s, -> *m(f)* Nord-Coréen(ne) *m(f)* **nordkoreanisch** *adj* nord-coréen(ne) **Nordküste** *f* côte *f* septentrionale [*o* du nord] **Nordlage** *f* exposition *f* au nord; ***Häuser in ~*** des maisons exposées au nord

nördlich I. *adj* **1.** GEOG *Land, Stadt, Lage, Klima* septentrional(e), du nord; *Landesteil, Gebiet a.* nord *inv*
2. METEO [en provenance] du nord
3. (*nach Norden*): ***in ~er Richtung*** en direction du nord; ***der ~e Kurs des Schiffes*** le cap nord du bateau; ***eine ~ere Richtung*** une direction plus au nord
II. *adv* au nord; ***~ von etw*** au nord de qc
III. *präp* ■ **~ einer S.** (*gen*) au nord de qc

Nordlicht *nt* **1.** METEO aurore *f* boréale
2. *hum* (*Norddeutscher*) Allemand(e) *m(f)* du Nord

Nordost- (*die Himmelsrichtung betreffend*) le nord-est de la/du …; (*den Landesteil betreffend*) de la/du … du Nord-Est

Nordosten *m* (*die Himmelsrichtung betreffend*) nord-est *m;* (*den Landesteil betreffend*) Nord-Est *m* **nordöstlich** I. *adj* **1.** GEOG situé(e) au nord-est; *Landesteil, Gebiet* [situé(e) au] nord-est **2.** (*nach Nordosten*): ***in ~er Richtung*** en direction du nord-est; ***wir fliegen mit ~em Kurs*** nous mettons le cap sur le nord-est **3.** (*aus Nordosten*) [en provenance] du nord-est
II. *adv* au nord-est; ■ **~ von etw** au nord-est de qc III. *präp* ■ **~ einer S.** (*gen*) au nord-est de qc

Nord-Ostsee-Kanal *m* ■ **der ~** le canal de Kiel [*o* de la mer du Nord à la Baltique]

Nordpol *m ∅* ■ **der ~** le pôle Nord

Nordpolargebiet *nt* ■ **das ~** l'Arctique *m,* les terres *fpl* arctiques **Nordpolarmeer** *nt* ■ **das ~** l'océan *m* Arctique

Nordrhein-Westfalen *nt* la Rhénanie-du-Nord-Westphalie

Nordsee *f* ■ **die ~** la mer du Nord
▸ **an der/die ~** au bord de la mer du Nord

Nordsee- de la mer du Nord

Nordseite *f* face *f* [*o* côté *m*] nord

Nord-Süd- **1.** (*in Deutschland*) nord-sud **2.** (*in der Welt*) Nord-Sud **Nord-Süd-Gefälle** *nt* disparité *f* [*o* clivage *m*] Nord-Sud

Nordwand *f* [*Gebäude*] face *f* [*o* paroi *f*] nord; [*Berg a.*] versant *m* nord

nordwärts *adv* vers le nord; ***der Wind dreht ~*** le vent tourne au nord; ***jd hält sich ~*** qn maintient le cap vers le nord

Nordwest- (*die Himmelsrichtung betreffend*) le nord-ouest de la/du …; (*den Landesteil betreffend*) de la/du … du Nord-Ouest

Nordwesten *m* (*die Himmelsrichtung betreffend*) nord-ouest *m;* (*den Lan-

desteil betreffend) Nord-Ouest *m* **nordwestlich** I. *adj* 1. GEOG situé(e) au nord-ouest; *Landesteil, Gebiet* [situé(e) au] nord-ouest 2. (*nach Nordwesten*): ***in ~er Richtung*** en direction du nord-ouest; ***wir fliegen mit ~em Kurs*** nous mettons le cap sur le nord-ouest 3. (*aus Nordwesten*) [en provenance] du nord-ouest II. *adv* au nord-ouest; ■ **~ von etw** au nord-ouest de qc III. *präp* ■ **~ einer S.** (*gen*) au nord-ouest de qc **Nordwind** *m* vent *m* du nord

Nörgelei <-, -en> *f* rouspétances *fpl fam*

nörgeln *vi* ■ **jd nörgelt [über etw** (*akk*)**]** qn rouspète [au sujet de qc] *fam*, qn râle [à cause de qc]; ■ **jds N~** les rouspétances *fpl* de qn *fam*

Nörgler(in) <-s, -> *m(f)* râleur(-euse) *m(f) fam*, rouspéteur(-euse) *m(f) fam*

Norm <-, -en> *f* 1. (*Festgelegtes*) norme *f*
2. (*Durchschnitt*) ■ **die ~** la norme, la normale; ***sein Verhalten ist nicht gerade die ~*** son comportement n'est pas vraiment dans la norme
▸ **etw ist [irgendwo] die ~** (*üblich*) qc est la norme [quelque part]

normal I. *adj* 1. (*üblich*) normal(e); ■ **es ist [ganz] ~, dass** il est [*o* c'est] [tout à fait] normal que + *subj*
2. (*geistig gesund*) normal(e)
3. *meist verneint fam* (*zurechnungsfähig*): ***jd ist nicht mehr ~*** qn n'a plus toute sa tête; ***he, bist du noch ~?*** hé, t'es pas un peu malade? *fam*
II. *adv* 1. (*üblich*) normalement; ***etw ist ~ breit*** qc est de largeur normale; ***jd/etw ist ~ groß*** qn/qc est de taille normale; ***etw ist ~ lang*** qc est de longueur normale; ***etw schmeckt ~*** qc a un goût normal; ***etw riecht ~*** qc a une odeur normale
2. *fam* (*normalerweise*) normalement

Normal- normal(e) **Normalbenzin** *nt* [essence *f*] ordinaire *m*

normalerweise *adv* normalement

Normalfall *m* cas *m* normal
▸ **etw ist der ~** qc est normal(e); **im ~** normalement

normalisieren * I. *vt* ■ **jd normalisiert etw** qn normalise qc
II. *vr* ■ **etw normalisiert sich** qc se normalise; MED *a.* qc revient à la normale

Normalisierung <-, -en> *f* normalisation *f*; MED *a.* retour *m* à la normale

Normalität <-> *f* ∅ normalité *f*

Normalmaß *nt* ∅ 1. (*übliches Ausmaß*) normale *f* 2. (*übliche Größe*) taille *f* normale **Normalnull** <-s> *nt* ∅ niveau *m* [moyen] de la mer, zéro *m* normal ▸ **über/unter ~** au-dessus/en dessous du niveau de la mer **Normalverbraucher(in)** *m(f)* consommateur moyen/consommatrice moyenne *m/f* ▸ **Otto ~** *fam* le consommateur/la consommatrice lambda *fam*, Monsieur Tout-le-monde **Normalzustand** *m* ∅ état *m* normal

Normandie <-> *f* ■ **die ~** la Normandie

Normanne <-n, -n> *m*, **-mannin** *f* HIST Normand(e) *m(f)*

normannisch *adj* HIST normand(e)

Normblatt *nt* tableau *m* [*o* index *m*] des normes (*établi par l'office allemand de normalisation*)

normen *vt* ■ **jd normt etw** qn standardise qc, qn normalise qc; ■ **genormt** standard *inv*, normalisé(e)

normieren * *vt geh* ■ **jd/etw normiert etw** *Maße, Verhalten* qn/qc standardise qc; *Aussehen* qn/qc uniformise qc

Normung <-, -en> *f* standardisation *f*, normalisation *f*

Norwegen <-s> *nt* la Norvège

Norweger(in) <-s, -> *m(f)* Norvégien(ne) *m(f)*

norwegisch *adj* norvégien(ne); ■ **N~/das N~e** le norvégien

Nostalgie <-> *f* ∅ *geh* nostalgie *f*

nostalgisch *adj geh* nostalgique

not *s.* **Not** ▸

Not <-, ¨e> *f* 1. ∅ (*Armut*) misère *f*, besoin *m*
2. (*Bedrängnis*) détresse *f*
3. ∅ *veraltend* (*Notwendigkeit*) nécessité *f*; ***durch die ~ der Umstände*** sous la pression des circonstances
▸ **in der ~ schmeckt jedes Brot** *prov* faute de grives, on mange des merles; **~ kennt kein Gebot** *prov* nécessité fait loi; **wenn ~ am Mann ist** s'il/quand il y a urgence; **in der ~ frisst der Teufel Fliegen** *prov fam* faute de grives, on mange des merles; **jd macht aus der ~ eine Tugend** qn fait de nécessité vertu; **~ macht erfinderisch** *prov* nécessité est mère d'invention; **mit knapper ~** de justesse; **jd hat seine liebe ~ mit jdm/etw** qn a bien du mal avec qn/qc, qn en bave avec qn/qc *fam*; **jd hat seine liebe ~ etw zu tun** qn a bien du mal à faire qc; **der ~ gehorchend** sous la pression des circonstances; **jd/etw bringt jdn/etw in ~** qn/qc met qn/qc en grande difficulté; NAUT qc met qc en difficulté; **jd gerät in ~** qn se retrouve dans le besoin; **etw gerät in ~** */ Schiff/* qc est en détresse; **jd ist in ~** [*o* **in ¨en**] qn est dans le besoin [*o* dans la gêne]; **jd leidet ~** *veraltend* qn vit [*o* est] dans l'indigence *vieilli*; ***in meiner Jugend musste ich viel ~ leiden*** j'ai vécu ma jeunesse dans un grand dénuement; **~ leidend** *Mensch* dans le besoin; *Kredit, Wertpapier, Anlage* en souffrance, impayé(e); *Wirtschaft, Gesellschaft* en détresse; **etw tut [jdm] ~** *geh* qc est nécessaire [à qn]; ***es täte [eher] ~ etw zu tun*** il serait [plus] utile de faire qc; **aus ~** par nécessité; **in seiner/ihrer ~** dans sa détresse; **ohne ~** sans nécessité; **zur ~** à la rigueur; (*wenn Not am Mann ist a.*) au besoin

Not- de secours

Notar(in) <-s, -e> *m(f)* notaire *m*

Notariat <-[e]s, -e> *nt* 1. (*Kanzlei*) cabinet *m* [*o* étude *f*] [de notaire]
2. ∅ (*Amt*) notariat *m*

notariell I. *adj* notarié(e)
II. *adv* devant notaire; ***etw wird ~ beglaubigt*** qc est notarié(e); ***etw wird ~ beurkundet*** qc est dressé(e) par-devant notaire

Notarzt *m*, **-ärztin** *f* 1. (*Arzt für Notfälle*) médecin *m* du SAMU [*o* du secours d'urgence]
2. (*Arzt im Notdienst*) médecin *m* de garde

Notarztwagen *m* voiture *f* du SAMU

Notaufnahmelager *nt* centre *m* d'accueil d'urgence **Notausgang** *m* sortie *f* [*o* issue *f*] de secours **Notbehelf** *m* pis-aller *m*, expédient *m* **Notbremse** *f* signal *m* d'alarme ▸ **jd zieht [*o* betätigt] die ~** qn tire [*o* actionne] le signal d'alarme; *fig* (*ergreift Maßnahmen*) qn tire la sonnette d'alarme; (*bricht etwas ab*) qn arrête tout **Notbremsung** *f* freinage *m* en catastrophe **Notdienst** *m* service *m* de garde ▸ **jd/etw hat ~** qn/qc est de garde

Notdurft *f* ▸ **jd verrichtet seine ~** *geh* qn fait ses besoins

notdürftig I. *adj Instandsetzung, Reparatur, Wiederherstellung* provisoire, de fortune; *Schutz* fragile; *Verständigung* approximatif(-ive)
II. *adv instand setzen, reparieren, wiederherstellen* provisoirement; *sich schützen, sich verständigen* comme il/elle peut, avec peine

Note <-, -n> *f* 1. MUS note *f*; *pl* (*Notentext*) partition *f*
2. SCOL, UNIV, SPORT note *f*
3. POL (*Mitteilung*) note *f*
4. (*Bank~*) billet *m*
5. ∅ (*Duft~*) note *f*
6. ∅ (*Eigenart*) cachet *m*, marque *f*; ***das ist ihre ganz persönliche ~*** c'est ce qui lui donne cette touche si personnelle; ***seine Kleidung hat eine ganz persönliche ~*** sa façon de s'habiller lui donne une touche très personnelle
▸ **ganze/halbe ~** ronde *f*/blanche *f*; **jd liest ~n** qn lit les notes, qn déchiffre; **nach ~n** avec la partition

Notebook <-s, -s> ['noʊtbʊk] *m* [ordinateur *m*] portable *m*

Notenaustausch *m* POL échange *m* de notes diplomatiques **Notenbank** <-banken> *f* banque *f* d'émission **Notenblatt** *nt* (*mit Noten*) partition *f*; (*leer*) feuille *f* de papier à musique **Notenheft** *nt* cahier *m* de musique **Notenlinie** [-li:niə] *f* ligne *f* de portée **Notenpapier** *nt* papier *m* à musique **Notenschlüssel** *m* clé *f* **Notenständer** *m* pupitre *m* **Notensystem** *nt* portée *f*

Notepad-Computer ['noʊtpædkɔm'pju:tɐ] *m* bloc-notes *m* électronique, assistant *m* personnel numérique

Notfall *m* 1. (*Zwangslage*) situation *f* d'urgence; ***für den ~*** en cas de besoin; (*für alle Fälle*) pour le cas où
2. MED [cas *m* d']urgence *f*; ***bei [o in] einem ~*** en cas d'urgence
▸ **im ~** au besoin, en cas de besoin

notfalls *adv* au besoin, si besoin est

Notfallstation *f* CH [service *m* des] urgences *fpl*

notgedrungen *adv* bon gré mal gré; ***jd macht etw ~*** qn fait qc contraint(e) et forcé(e)

Notgemeinschaft *f* communauté *f* de survie **Notgroschen** *m* bas *m* de laine, réserves *fpl* en cas de coup dur ▸ **jd legt sich** (*dat*) **einen ~ zurück** qn garde une poire pour la soif, qn se constitue un bas de laine

notieren * I. *vt* 1. (*aufschreiben*) ■ **jd notiert [sich** (*dat*)**] etw** qn note qc
2. (*vormerken*) ■ **jd notiert etw** qn note qc
3. BÖRSE ■ **etw wird [mit etw] notiert** qc est coté(e) [à qc]
II. *vi* 1. (*schreiben*) ■ **jd notiert** qn note, qn prend en note
2. BÖRSE ■ **etw notiert irgendwie** qc est coté(e) [*o* cote] d'une certaine manière; ***der Dollar notiert schwächer/fester*** le cours du dollar [*o* le dollar] est en baisse/en hausse

Notierung <-, -en> *f* 1. BÖRSE cotation *f*
2. (*das Notieren*) *verbal übersetzt*; ***nach der ~ der Bestellung/des Auftrages*** après avoir noté la commande

nötig I. *adj* 1. (*erforderlich*) nécessaire; ■ **etw wird ~** qc se révèle nécessaire; ■ **es ist ~ etw zu tun** il est nécessaire de faire qc; ■ **das/alles N~e** le nécessaire; ■ **das N~ste** le strict nécessaire
2. (*geboten*) ■ **mit dem/der ~en ...** avec le/la ... nécessaire, avec le/la ... qui s'impose/s'imposait
▸ **jd/etw hat etw ~/bitter ~** qn/qc a besoin/a bien besoin de qc; ***jd hat Geld bitter ~*** qn a cruellement besoin d'argent; **jd hat etw nicht ~** qn peut se passer de qc; ***das habe ich doch nicht ~!*** je n'ai vraiment pas besoin de ça!; **jd hat es ~ etw zu tun** (*muss etw tun*) qn a besoin de faire qc; **jd hat es nicht ~ etw zu tun** qn n'est pas obligé(e) de faire qc; (*sarkastisch*) qn n'est vraiment pas obligé(e) de faire qc, rien n'oblige qn à faire qc; **gerade jd hat es ~ etw zu tun** (*hat es besonders ~*) qn plus que quiconque aurait besoin de faire qc; **jd hat es gerade ~ etw zu tun** *iron* (*hat keinen Anlass*) c'est bien à qn de faire qc; **etw macht etw ~** qc rend qc nécessaire, qc exige qc; **falls [*o* wenn] ~** si nécessaire, si besoin est
II. *adv* ***jd braucht etw ~*** qn a un besoin urgent de qc; ***etw wird ~ gebraucht*** on a un besoin urgent de qc; ***was ich am ~sten brauche, ist Schlaf*** j'aurais grand besoin de dormir, c'est de sommeil que j'ai le plus besoin; ***ich muss ganz ~ zum Chef*** il faut absolument que je voie le chef
▸ **jd muss ganz/mal ~** *fam* qn a un besoin urgent

nötigen *vt* ■ **jd nötigt jdn [zu etw]** qn oblige [*o* force] qn [à faire qc]; ■ **jd nötigt jdn dazu etw zu tun** qn oblige [*o* force] qn à faire qc

nötigenfalls *adv form* si besoin est, si le besoin s'en fait sentir

Nötigung <-, -en> *f* coercition *f*, pression *f* abusive; ***~ zum Diebstahl*** contrainte *f* au vol

Notiz <-, -en> *f* note *f*; PRESSE *a.* entrefilet *m*
▸ **jd macht sich** (*dat*) **eine ~/~en** qn prend des notes; ***jd macht sich eine kurze ~*** qn prend quelques notes; **jd macht sich** (*dat*) **eine ~/~en von etw** qn note qc; (*bei Vortrag*) qn prend des notes sur qc; **jd nimmt ~ von jdm/etw** qn remarque qn/qc; **jd nimmt keine ~ von jdm/etw** qn ne fait pas attention à qn/qc

Notizblock <-blöcke> *m* bloc-notes *m* **Notizbuch** *nt* carnet *m*, calepin *m* **Notizzettel** *m* bout *m* de papier; (*von Block*) feuille *f* de bloc-notes

Notlage *f* situation *f* critique [*o* précaire]
▸ **jd befindet sich in einer ~** qn est dans une mauvaise passe; **jd/etw bringt jdn in eine ~** qn/qc met qn dans une situation critique; **jd gerät in**

eine ~ qn se retrouve dans une situation critique; jd nützt jds ~ aus qn profite de la détresse de qn

notlanden <notlandete, notgelandet> *vi + sein* ■ **jd/etw notlandet** qn/qc fait un atterrissage forcé **Notlandung** *f* atterrissage *m* forcé [*o* en catastrophe] **notleidend** *s.* **Not** ►. **Notlösung** *f* solution *f* provisoire [*o* de fortune] **Notlüge** *f* pieux mensonge *m*

notorisch I. *adj geh* notoire
II. *adv geh* notoirement; ***er sieht ~ schwarz*** il voit tout en noir, c'est bien connu

Notruf *m* 1. (*Anruf*) appel *m* d'urgence
2. *s.* **Notrufnummer**

Notrufnummer *f* numéro *m* d'appel d'urgence **Notrufsäule** *f* borne *f* d'appel d'urgence

Notrutsche *f* toboggan *m* de secours [*o* d'évacuation] **notschlachten** <notschlachtete, notgeschlachtet> *vt* ■ **jd notschlachtet ein Tier** qn abat un animal par mesure d'urgence **Notsignal** *nt* signal *m* de détresse **Notsituation** *f* situation *f* de détresse **Notsitz** *m* strapontin *m*, siège *m* d'appoint

Notstand *m* 1. (*Notlage*) situation *f* critique
2. JUR état *m* d'urgence
► **jd ruft den ~ aus** qn décrète l'état d'urgence

Notstands- d'urgence **Notstandsgebiet** *nt* zone *f* [*o* région *f*] sinistrée **Notstandsgesetze** *pl* lois *fpl* d'urgence [*o* d'exception]

Notstromaggregat *nt* groupe *m* électrogène de secours **Notunterkunft** *f* logement *m* provisoire [*o* de fortune] **Notwehr** <-> *f* ∅ légitime *f* défense ► **aus** [*o* **in**] ~ en état de légitime défense

notwendig I. *adj* nécessaire; ■ **etw ist/wird** ~ qc est/se révèle nécessaire [*o* indispensable]; ■ **das/alles N~e** le nécessaire; ■ **das N~ste** le strict nécessaire
II. *adv* nécessairement

notwendigerweise *adv* (*zwangsläufig*) nécessairement; (*laut Vorschrift*) obligatoirement; (*notgedrungenerweise*) inévitablement

Notwendigkeit <-, -en> *f* nécessité *f*

Notzucht <-> *f* ∅ viol *m* **notzüchtigen** <notzüchtigte, genotzüchtigt> *vt* ■ **jd notzüchtigt jdn** qn viole qn

Nougat <-s, -s> ['nu:gat] *m o nt* praliné *m*

Nougat- ['nu:gat-] praliné(e)

Nova¹ <-, Novä> ['no:va, -vɛ] *f* ASTRON nova *f*

Nova² ['no:va] *pl von* **Novum**

Novelle <-, -n> [-'vɛ-] *f* 1. LITER nouvelle *f*
2. POL amendement *m*, loi *f* dérogatoire

novellieren * [-vɛ-] *vt* ■ **jd novelliert etw** *Gesetz* qn amende qc, qn apporte un amendement à qc

November <-s, -> [-'vɛ-] *m* novembre *m*
► **Anfang/Ende/Mitte** ~ début/fin novembre/à la mi-novembre; **es ist** ~ on est en novembre; **im** ~ en novembre; [**bis**] **in den** ~ jusqu'en novembre; **in diesem** ~ en novembre; **den ...** ~ le ... novembre

Novität <-, -en> [-vi-] *f* nouveauté *f*

Novize <-n, -n> [-'vi:-] *m*, **Novizin** *f* novice *mf*

Noviziat <-[e]s, -e> [-vi-] *nt* noviciat *m*

Novum <-s, Nova> [-vʊm-, -va] *nt geh* nouveauté *f*; ■ **ein** ~ une nouveauté, du jamais vu

Nr. *abk von* **Nummer** n°

NS [ɛn'ˀɛs] *abk von* **Nachschrift** P.-S.

NS- [ɛn'ˀɛs-] *abk von* **nationalsozialistisch** nazi(e)

N.T. [ɛn'te:] *abk von* **Neues Testament** N.T.

Nu *m* ► **im** ~ en un clin d'œil, en moins de deux *fam*

Nuance <-, -n> [ny'ã:sə] *f* nuance *f*

nüchtern *adj* 1. (*mit leerem Magen*) ■ **jd ist/bleibt** ~ qn est/reste à jeun
2. (*nicht betrunken*) *Mensch* à jeun *fam*; ***jd macht einen ~en Eindruck*** qn donne l'impression d'être à jeun *fam*; ***er ist selten in ~em Zustand*** il est rarement à jeun *fam*; ■ **jd ist/bleibt** ~ qn est/reste à jeun *fam*; ■ **jd wird** [**wieder**] ~ qn est dégrisé(e)
3. (*realitätsbewusst*) *Mensch* lucide; *Betrachtungsweise, Sichtweise a.* objectif(-ive); ■ **jd ist** [**zu**] ~ qn est [trop] raisonnable
4. (*bloß*) *Fakten, Tatsachen* dépouillé(e) [de tout artifice]; *Zahlen* concret(-ète), brut(e)

Nüchternheit <-> *f* ∅ 1. (*Realitätsbewusstsein*) lucidité *f*
2. (*nicht alkoholisierter Zustand*) sobriété *f*

Nuckel <-s, -> *m fam* tétine *f*, sucette *f*

nuckeln *vi fam* ■ **jd nuckelt** [**an etw** (*dat*)] qn mordille [qc], qn suce qc; ***ein Tier nuckelt an der Mutter*** un animal mordille les tétines de sa mère

Nudel <-, -n> *f* 1. *meist pl* GASTR nouille *f*, pâte *f*; (*in Bouillon*) vermicelle *m sing*
2. *fam* (*dicke Frau*) dondon *f fam*, boudin *m fam*
3. (*ulkiger Mensch*) rigolo(te) *m(f) fam*, drôle *m* de numéro *fam*

Nudelbrett *nt* planche *f* à pâtisserie **Nudelholz** *nt* rouleau *m* à pâtisserie **Nudelsuppe** *f* soupe *f* [*o* potage *m*] au vermicelle **Nudelteig** *m* pâte *f* à nouilles **Nudelwalker** <-s, -> *m* AUS (*Nudelholz*) rouleau *m* à pâtisserie

Nudismus <-> *m* ∅ *geh* naturisme *m*, nudisme *m*

Nudist(in) <-en, -en> *m(f) geh* naturiste *mf*, nudiste *mf*

Nugat <-s, -s> *m o nt s.* **Nougat**

nuklear I. *adj attr* nucléaire
II. *adv*: ***jd ist ~ ausgerüstet/bewaffnet*** qn est équipé(e) de/possède l'arme nucléaire

Nuklear- nucléaire **Nuklearmacht** *f* puissance *f* nucléaire

Nukleinsäure *f* acide *m* nucléique

null *num* zéro
► **in ~ Komma nichts** *fam* en moins de deux *fam*; **etw ist ~ und nichtig** qc est nul(le) et non avenu(e); **jd erklärt etw für ~ und nichtig** qn annule qc, qn déclare qc nul(le) et non avenu(e); **etw ist gleich** ~ qc est quasiment nul(le); ~ **zu** ~ zéro à zéro

Null <-, -en> *f* 1. zéro *m*
2. *fam* (*Versager*) minus *m fam*, minable *mf fam*

nullachtfünfzehn *adv fam* sans originalité, de façon quelconque; ***sie kann nur ~ kochen*** elle ne sait faire qu'une tambouille tout à fait ordinaire *fam*; ***etw schmeckt*** ~ qc a un goût quelconque

Nullachtfünfzehn- *fam* tout à fait ordinaire, quelconque; ~-***Essen*** tambouille *f fam*

Null-Bock- *sl* -*Einstellung* de blasé(e); -*Typ*, -*Gefühl* blasé(e); ***die ~-Generation*** la bof génération *fam*, la génération bof *fam*

Nulldiät *f* régime *m* zéro calorie, diète *f* **Nulllösung**[RR] *f* option *f* zéro **Nullpunkt** *m* ∅ (*Gefrierpunkt*) zéro *m* ► **etw sinkt auf den ~ ab** /*Temperatur, Thermometer, Quecksilber*/ qc descend jusqu'à zéro; **etw sinkt auf den ~, etw kommt auf dem ~ an** /*Laune, Stimmung*/ qc est à zéro, qc est au plus bas **Nullrunde** *f* gel *m* des salaires **Nullserie** [-riə] *f* présérie *f* **Nullstellung** *f* ∅ position *f* zéro **Nulltarif** *m* ∅ TRANSP gratuité *f* [des transports en commun] ► **zum** ~ gratuitement, gratis *fam* **Nullwachstum** *nt* croissance *f* zéro

Numeri *pl von* **Numerus**

numerieren * *s.* **nummerieren**

Numerierung *s.* **Nummerierung**

numerisch *adj* numérique

Numerus <-, Numeri> *m* GRAM nombre *m*
► ~ **clausus** UNIV numerus clausus *m*

Numismatik <-> *f* ∅ numismatique *f*

Nummer <-, -n> *f* 1. (*Zahl*) numéro *m*; ***wir wohnen in der Schubertstraße ~ 28*** nous habitons au [numéro] 28 de la rue Schubert
2. TELEC numéro *m*
3. [*Zeitschrift*] numéro *m*
4. [*Schuh*] pointure *f*; [*Kleidung*] taille *f*
5. (*Auto~*) numéro *m* [d'immatriculation]
6. *fam* (*Type*) [drôle *m* de] numéro *m fam*; ***du bist vielleicht eine ~!*** t'es un drôle de numéro [*o* un sacré numéro], toi! *fam*
7. *sl* (*Verkehr*) coup *m arg*; ***eine heiße ~*** un bon coup *arg*
► **die ~ eins** *fam* le/la numéro un; **laufende** ~ numéro *m* de série; **jd geht auf ~ Sicher** *fam* qn ne veut pas courir de risques, qn joue [la carte de] la sécurité; **jd ist auf ~ Sicher** *sl* qn est en taule [*o* en cabane] *fam*; **jd ist** [**nur**] **eine** ~ qn est [seulement] un numéro [*o* un pion]; **jd macht eine ~** [**mit jdm**] *sl* qn s'envoie en l'air [avec qn] *fam*; ***sie machen eine ~*** ils font une partie de jambes en l'air *fam*

nummerieren *RR *vt* ■ **jd nummeriert etw** qn numérote qc

Nummerierung[RR] <-, -en> *f* 1. ∅ (*das Nummerieren*) numérotage *m*
2. (*die Seitenzahlen*) numérotation *f*

Nummernkonto *nt* compte *m* anonyme [*o* numéroté] **Nummernschild** *nt* plaque *f* d'immatriculation, plaque *f* minéralogique

nun *adv* 1. (*jetzt*) maintenant; ~ ***komm endlich!*** allez, viens maintenant!; ***wer ist das ~ schon wieder?*** qui est-ce que c'est encore?
2. (*na ja*) bon; ~, ***wenn es unbedingt sein muss*** bon [*o* ma foi], si c'est vraiment indispensable
3. (*allerdings*) à vrai dire; ~ ***muss man dazusagen, dass*** il faut tout de même dire que
4. (*na*) alors; ~, ***wird's bald?*** alors, ça vient?
5. *in Fragen* (*denn*) donc; ***war es ~ wirklich so schlimm?*** c'était [donc] vraiment si terrible?
► ~ **gut** bon, soit; eh bien, soit; **von ~ an** désormais, à partir de maintenant; ~ **denn** [*o* **wohl** *geh*] eh bien; ~ **ja** ma foi; ~ **ja** [*o* **gut**], **aber ...** certes, [je veux bien] mais ...; ~ [**ein**]**mal** après tout; ***das wurde ~ mal so geregelt*** ça avait été décidé comme ça, après tout; ***das ist ~ einmal so*** c'est comme ça; **was** ~? et maintenant?; ~, ~! [allons,]allons!

nunmehr *adv geh* (*jetzt*) à présent; (*von jetzt an*) désormais

'nunter *adv* DIAL *s.* **hinunter**

nur *adv* 1. (*lediglich*) seulement; ***ich habe leider ~ wenig Zeit*** je n'ai malheureusement pas beaucoup de temps; ***ich will ~ dich*** je ne veux que toi; ~ [***immer***] ***Regen*** rien que de la pluie
2. (*bloß*) *meist nicht übersetzt*; ***was er ~ immer hat*** qu'est-ce qu'il peut bien avoir; ***wie kannst du ~ wagen!*** comment peux-tu oser!; ***wie konnte ich das ~ vergessen!*** comment ai-je pu oublier!; ***dass du das ~ niemandem sagst!*** surtout ne le dis à personne!; ***tu, was du willst, ~ beklage dich nachher nicht*** fais ce que tu veux, seulement ne te plains pas après
3. (*ja*) surtout; ***lass das ~ niemanden wissen!*** ne le dis surtout à personne!
4. (*ruhig*): ***jd soll etw ~ tun*** qn n'a qu'à faire qc; ***drohe*** ~ tu peux toujours me menacer
► ~ **her damit!** *fam* aboule/aboulez la marchandise! *fam*; ~ **noch** [*o* **mehr** *geh*] ne ... plus que; ***sie konnte ~ noch stammeln*** elle n'arrivait plus qu'à bredouiller; **dass es ~ so + vb** (*in Zukunft*) à tel point que ça va + *infin*; ***dass es ~ so eine Pracht war*** à tel point que c'en était une splendeur; **nicht ~ ..., sondern auch ...** non seulement ..., mais encore [*o* aussi] ...; ~ **zu!** vas-y!/allez-y!; **warum/wie ... ~?** mais pourquoi/comment ...?; **was/wer ... ~?** mais qu'est-ce que/qui est-ce qui ...?; **wenn jd/etw ~ etw tun würde** si seulement qn/qc faisait qc, pourvu que qn/qc fasse qc

Nürnberg <-s> *nt* Nuremberg

nuscheln I. *vi fam* ■ **jd nuschelt** qn bredouille
II. *vt fam* ■ **jd nuschelt etw** qn marmonne qc, qn bredouille qc

Nuss[RR], **Nuß** <-, Nüsse> *f* 1. (*Hasel~*) noisette *f*; (*Wal~*) noix *f*
2. (*Nusseis*) praliné *m*
3. (*Fleischstück*) noix *f*

4. *fam* (*Kopf*) caboche *f fam,* cafetière *f fam*
▸ **dumme** ~ *fam* pauvre cloche *f fam;* **jd ist eine harte** ~ *fam* qn est un(e) dur(e) à cuire *fam;* **jd gibt jdm eine harte** ~ **zu knacken** *fam* qn pose un casse-tête à qn; **jd hat eine harte** ~ **zu knacken** qn a un casse-tête à résoudre; **eine taube** ~ BOT une noix creuse
Nussbaum[RR] *m* (*Baum, Holz*) noyer *m* **Nussgipfel**[RR] <-s, -> *m* CH croissant *m* fourré aux noisettes **Nussknacker**[RR] *m* casse-noisettes *m;* (*für Walnüsse*) casse-noix *m*
Nüsslisalat[RR], **Nüßlisalat** *m* CH *s.* **Feldsalat**
Nussschale[RR] *f* 1. BOT coque *f* de noix/noisette
2. (*Boot*) coquille *f* de noix
Nüster <-, -n> *f* 1. *meist pl* [*Pferd, Drache*] naseau *m*
2. *pl geh* (*Nasenlöcher*) narines *fpl*
Nut <-, -en> *f spec,* **Nute** <-, -n> *f* rainure *f*
▸ ~ **und Feder** emboîtement *m* mâle et femelle, rainure *f* et languette *f*
Nutria[1] <-, -s> *f* ZOOL ragondin *m*
Nutria[2] <-s, -s> *m* (*Pelz, Mantel*) ragondin *m*
Nutte <-, -n> *f sl* putain *f vulg,* pute *f vulg*
nutzbar *adj Energie, Anteil* utilisable, exploitable; *Volumen* utile; ■ **etw ist** [**für/zu etw**] ~ qc peut être utilisé(e) [pour qc]
▸ **jd/etw macht etw** ~ qn/qc exploite qc
nutzbringend I. *adj* profitable, productif(-ive)
II. *adv* avec profit
nütze *adj pred,* **nutz** *adj pred* SDEUTSCH, AUS ■ **jd/etw ist zu etw** ~ qn/qc est bon(ne) à qc, qc sert à qc; ***wozu soll ein dritter Versuch ~ sein?*** à quoi servirait un troisième essai?; ■ **jd/etw ist zu nichts** ~ qn/qc n'est bon(ne) à rien, qc ne sert à rien
Nutzeffekt *m* (*Wirksamkeit*) efficacité *f;* (*Endeffekt*) résultat *m*
nutzen, nützen I. *vi* ■ **etw nutzt** [*o* **nützt**] [**jdm**] qc sert [à qn]; ■ **etw nutzt** [*o* **nützt**] **jdm etwas** qc sert à qn; ***etw nutzt*** [*o* ***nützt***] ***jdm kaum etwas*** [*o* ***nicht viel***] qc ne sert pas à grand-chose à qn; ■ **etw nutzt** [*o* **nützt**] [**jdm**] **nichts** qc ne sert à rien [à qn]
II. *vt* 1. (*in Gebrauch nehmen*) ■ **jd nutzt** [*o* **nützt**] **etw** *Gegenstand, Gerät, Möbelstück* qn utilise qc, qn se sert de qc; *Wohnungsteil, Haus* qn habite qc
2. (*ausnutzen*) ■ **jd nutzt** [*o* **nützt**] **etw** qn profite de qc
Nutzen <-s> *m* ∅ avantage *m*
▸ **etw bringt** [**jdm**] ~ qc est utile [à qn]; ***mir ist nicht klar, welchen ~ das bringen soll*** je ne vois pas ce que cela peut nous apporter; **etw gereicht jdm zum** ~ *geh* qc est profitable à qn; **jd hat von etw irgendeinen** ~ qn tire un certain avantage de qc; ***jd hat einen geringen/ beträchtlichen/ keinen ~ von etw*** qn tire un mince avantage/un avantage considérable/ne tire aucun avantage de qc; **etw ist von** ~ qc est utile; ***etw ist von geringem/ einigem/ zweifelhaftem ~*** qc est d'une maigre utilité/de quelque utilité/d'une utilité douteuse; **jd zieht aus etw** [**seinen**] ~ qn tire [son] profit de qc; **zum** ~ **der/des ...** pour le bien du/de la ...
Nutzfahrzeug *nt* [véhicule *m*] utilitaire *m* **Nutzfläche** *f* surface *f* cultivable **Nutzgarten** *m* jardin *m* potager **Nutzholz** *nt* bois *m* de construction **Nutzlast** *f* charge *f* utile
nützlich *adj* utile; ■ **etw/ein Tier ist** [**jdm**] ~ qc/un animal est utile [à qn]; ■ **etwas N~es** quelque chose d'utile; ***nichts/ nicht viel N~es*** ne ... rien d'utile/ne ... rien de bien utile; ***jd leistet viel N~es*** qn fait beaucoup de choses utiles; ■ **jd ist** [**jdm**] ~ qn est utile [à qn]
▸ **jd macht sich** [**irgendwo**] ~ qn se rend utile [quelque part]
Nützlichkeit <-> *f* ∅ utilité *f*
nutzlos I. *adj* inutile; *Versuch a., Trachten* vain(e); ■ **es ist** ~ **etw zu tun** il est inutile de faire qc
II. *adv* inutilement
Nutzlosigkeit <-> *f* ∅ inutilité *f*
Nutznießer(in) <-s, -> *m(f)* bénéficiaire *mf;* JUR usufruitier(-ière) *m(f)*
Nutznießung <-, -en> *f* usufruit *m*
Nutzung <-, -en> *f* utilisation *f,* usage *m;* JUR jouissance *f*
Nutzungsdauer *f* durée *f* d'utilisation **Nutzungsrecht** *nt* droit *m* de jouissance
n.u.Z. *loc abk von* **nach unserer Zeitrechnung** apr. J.-C.
NW *abk von* **Nordwesten** N.-O.
Nylon® <-[s]> ['nailɔn] *nt* ∅ nylon® *m*
Nylon- ['nailɔn-] en nylon; ~***strümpfe*** bas *mpl* [de] nylon
Nymphe <-, -n> ['nʏmfə] *f* 1. MYTH nymphe *f*
2. ZOOL nymphe *f,* chrysalide *f*
nymphoman *adj* nymphomane
Nymphomanie <-> *f* ∅ nymphomanie *f*
Nymphomanin <-, -nen> *f* nymphomane *f*

O

O, o <-, -> [o:] *nt* O *m,* o *m*
▸ **O wie Otto** o comme Oscar
o *interj* oh; ~ ***ja/ nein*** oh oui/non
O *abk von* **Osten** E
Oase <-, -n> *f a. fig* oasis *f*
ob I. *conj* 1. (*inwiefern, in indirekter Frage*) si + *indic;* ~ ***er morgen kommt?*** est-ce qu'il vient demain?; ~ ***wir jetzt Pause machen?*** et si on faisait une pause?; ***kommst du mit? – Was? – O~ du mitkommen willst?*** tu viens? – Hein? – Je demande si tu veux venir!
2. (*sei es, dass*) que ou non + *subj;* ~ ***ich zustimme oder nicht, was tut das schon?*** que je dise oui ou non, qu'est-ce que ça change?; ~ ***reich,*** ~ ***arm*** [qu'on soit] riche ou pauvre
▸ ~ ... **gleich** *veraltend* (*wenn*) même si + *indic,* quand bien même; **und** ~! et comment!; (*aber doch*) mais si!
II. *präp + gen* (*in Ortsnamen*) sur
o.B. [o:'be:] *loc abk von* **ohne Befund** rien à signaler, R.A.S.
OB <-s, -s> [o:'be:] *m abk von* **Oberbürgermeister** maire *m*
Obacht *f* ▸ **jd gibt** ~ *bes.* SDEUTSCH qn fait attention; **jd gibt auf jdn/etw** ~ *bes.* SDEUTSCH qn fait attention à qn/qc; ***du musst ~ geben, dass du keine Fehler machst*** tu dois faire attention à ne pas faire de fautes; ~! *bes.* SDEUTSCH attention!
Obdach *nt* ∅ *geh* (*Unterkunft*) abri *m,* gîte *m*
▸ **jd gibt** [*o* **gewährt**] **jdm** ~ qn donne [*o* offre un] asile à qn; **jd hat kein** ~ qn est sans abri, qn est sans domicile; (*momentan*) qn n'a pas de domicile; **ohne** ~ sans abri
obdachlos *adj* sans abri; ■ **jd ist/wird** ~ qn est sans abri/perd son domicile
Obdachlose(r) *f(m) decl wie adj* sans-abri *mf inv,* S.D.F. *m f;* ■ **die** ~**n** les sans-abri *mpl,* les S.D.F. *mpl*
Obdachlosenasyl *nt,* **Obdachlosenheim** *nt* asile *m* de nuit, foyer *m* d'hébergement
Obdachlosigkeit <-> *f* ∅ absence *f* de domicile *m;* ***die Zahl der von ~ Betroffenen steigt*** le nombre des sans-abri augmente; ***hier gibt es keine ~*** il n'y a pas de problème de sans-abri ici
Obduktion <-, -en> *f* autopsie *f*
obduzieren * I. *vt* ■ **jd obduziert jdn** qn autopsie qn, qn fait l'autopsie de qn; ■ **jd lässt jdn** ~ qn fait faire [*o* pratiquer] l'autopsie de qn, qn fait autopsier qn; ■ **jd lässt jdn von jdm** [*o* **durch jdn**] ~ qn fait faire [*o* pratiquer] l'autopsie de qn par qn, qn fait autopsier qn par qn; ■ **jd wird obduziert** qn est autopsié(e), on autopsie qn; ■ **jd wird von jdm** [*o* **durch jdn**] **obduziert** qn est autopsié(e) par qn; ■ **das O~** l'autopsie *f*
II. *vi* ■ **jd obduziert** qn autopsie
O-Beine *pl* jambes *fpl* arquées
o-beinig[RR], **O-beinig** *adj* aux jambes arquées; ■ **jd ist** ~ qn a les jambes arquées
Obelisk <-en, -en> *m* obélisque *m*
oben *adv* 1. (*in der Höhe*) en haut; (*an der Oberseite*) le haut; ~ ***links/ rechts*** en haut à gauche/à droite; ■ ~ **auf etw** (*dat*) en haut de qc; ~ ***auf der Schulter*** sur le haut de l'épaule; ~ ***auf dem Dachboden*** en haut au grenier; ~ ***auf dem Baum*** [là-haut] dans l'arbre; ■ ~ **auf etw** (*akk*) en haut de qc; (*ganz oben darauf a.*) [en haut] sur qc; ~ ***auf das Dach/ den Berg*** sur le toit/la montagne
2. (*im oberen Stockwerk*) en haut
3. *fam* (*auf höherer Ebene*) en haut *fam,* à l'étage supérieur
4. (*vorher*) plus haut; ~ ***erwähnt*** mentionné(e) ci-dessus, susmentionné(e)
▸ **dort** ~ là-haut; **ganz** ~ (*räumlich, rangmäßig*) tout en haut; **hier** ~ ici, en haut; **hoch** ~ tout en haut; ***hoch ~ auf dem Dach*** tout en haut du toit; **jd rundet etw nach** ~ **auf** qn arrondit qc au chiffre supérieur; **siehe** ~ voir ci-dessus; **etw steht jdm bis** [**hier**] ~ qn en a jusque-là de qc *fam;* **bis** ~ [**hin**] jusqu'en haut; *voll sein* à ras bord; **nach** ~ (*in einen höheren Stock*) en haut; (*an die vorgesetzte Stelle*) à l'instance supérieure; ***ich fahre ganz nach ~*** je vais tout en haut; **nach** ~ **zu** [*o* **hin**] (*weiter zum Gipfel*) vers le haut [*o* sommet]; (*nach* ~) en haut; ~ **ohne** *fam* seins nus; **von** ~ (*alle Bedeutungen*) d'en haut; **von** ~ **bis unten** *ansehen* de haut en bas; *schmutzig* de la tête au pied; **von** ~ **herab** (*geringschätzig*) de haut; [**hier**] ~! (*hier Oberseite!*) haut!
obenan *adv* en première position, à la première place; ~ ***auf der Liste*** en tête de liste **obenauf** *adv* 1. DIAL (*obendrauf*) au-dessus, en haut 2. (*guter Laune*) ■ **jd ist** ~ qn est en [pleine] forme; (*im Vorteil*) qn a le dessus **obendrauf** *adv fam* dessus ▸ **jd kriegt eins** ~ qn en prend une *fam;* ***dann kriegst du eins ~*** tu vas en prendre une **obendrein** *adv* par-dessus le marché, en plus **obenerwähnt** *s.* **oben 4. obenherum** *adv fam* en haut **obenhin** *adv* comme ça *fam* **Oben-ohne-Bedienung** *f* service *m* seins nus **obenrum** *adv fam* en haut
Ober <-s, -> *m* garçon *m;* ***Herr*** ~! s'il vous plaît!, garçon[, s'il vous plaît]!
ober- *fam* (*besonders*) *-geil, -schlau* hyper- *fam,* super- *fam;* ~***doof/ ~dumm/ ~blöd*** complètement débile *fam*

Ober- 1. GEOG situé(e) dans la partie supérieure; *-italien* du Nord; *-deutschland* du Sud 2. (*rangmäßig höher*) en chef; *-arzt, -feldwebel, -aufseher* ...-chef *m; -inspektor, -kommissar* principal(e); *~leutnant* lieutenant-colonel *m* 3. (*Inbegriff des/der*) super- *fam* **Oberarm** *m* [haut *m* du] bras *m* **Oberaufsicht** *f* supervision *f*, haute surveillance *f*; ■ **die ~ über jdn/etw** la supervision [*o* la haute surveillance] de qn/qc ▶ **jd hat die ~** qn supervise tout **Oberbefehl** *m* ∅ commandement *m* en chef, haut commandement *m* ▶ **jd hat den ~ [über etw** (*akk*)] qn a le commandement en chef [*o* le haut commandement] [de qc] **Oberbefehlshaber(in)** *m(f)* commandant(e) *m(f)* en chef **Oberbegriff** *m* terme *m* générique **Oberbekleidung** *f* vêtements *mpl* [de dessus] **Oberbürgermeister(in)** *m(f)* maire *m* (*d'une grande ville*) **Oberdeck** *nt* pont *m* supérieur

obere(r, s) *adj attr* 1. (*oben befindlich*) supérieur(e)
2. (*rangmäßig höher*) supérieur(e)
3. (*vorhergehend*) *Abschnitt, Kapitel* précédent(e)
4. GEOG *Bereich, Teil, Flusslauf* supérieur(e)

Obere *pl fam* (*Vorgesetzte*) ■ **die ~n** les supérieurs

oberfaul *adj fam Mensch* flemmard(e) *fam*, feignant(e) *fam* **Oberfeldwebel(in)** *m(f)* adjudant(e) *m(f)* **Oberfläche** *f* 1. TECH, MATH surface *f*, superficie *f* 2. [*Teich, Meer, Wasser*] surface *f* ▶ **jd kommt an die ~** qn [re]fait surface, qn remonte à la surface; **etw kommt [wieder] an die ~** qc refait surface, qc réapparaît

oberflächlich I. *adj* 1. (*äußerlich*) superficiel(le), léger(-ère)
2. (*flüchtig*) superficiel(le); ■ **jd ist/wird ~** qn est/est de plus en plus superficiel(le)
3. (*seicht*) superficiel(le)
II. *adv* 1. (*an der Oberfläche*) superficiellement, en surface
2. (*flüchtig*) *arbeiten, erledigen* superficiellement, sommairement
3. *kennen, vertraut sein, sich beschäftigen* superficiellement

Oberflächlichkeit <-> *f* ∅ caractère *m* superficiel, superficialité *f soutenu*

obergärig *adj* à haute fermentation

Obergefreite(r) *f(m)* caporal *m* **Obergeschoss**^RR *nt* étage *m* supérieur; ***das Haus hat ein Erdgeschoss und ein ~*** la maison a un rez-de-chaussée et un étage; ***im ersten ~*** au premier étage; ***die Schlafzimmer sind im ~*** les chambres sont à l'étage **Obergrenze** *f* plafond *m*

oberhalb I. *präp* ■ **~ einer S.** (*gen*) au-dessus de qc
II. *adv* ■ **~ von etw** au-dessus de qc

Oberhand *f* ▶ **er/sie behält die ~** il/elle reste le plus fort/la plus forte, il/elle conserve sa supériorité; **jd gewinnt** [*o* **bekommt**] **die ~ [über jdn]** qn l'emporte [*o* prend le dessus] [sur qn]; **jd hat die ~** qn a le dessus **Oberhaupt** *nt* chef *m* **Oberhemd** *nt* chemise *f* **Oberherrschaft** *f* ∅ (*Herrschaft*) souveraineté *f*; (*Überlegenheit*) suprématie *f*; ■ **die ~ über jdn/etw** la souveraineté sur qn/qc **Oberhirte** *m* berger *m*, chef *m* spirituel **Oberhoheit** *f* ∅ souveraineté *f*

Oberin *f* 1. MED infirmière *f* en chef
2. ECCL supérieure *f*

oberirdisch I. *adj* à la surface [du sol], en surface II. *adv* en [*o* à la] surface **Oberkellner(in)** *m(f)* maître *m* d'hôtel **Oberkiefer** *m* mâchoire *f* supérieure **Oberklasse** *f* 1. *pl* SCOL classes *fpl* supérieures 2. ∅ SOCIOL classe *f* supérieure **Oberkleidung** *f* vêtements *mpl* de dessus **Oberkommandierende(r)** *f(m) decl wie adj* commandant(e) *m(f)* en chef **Oberkommando** *nt* 1. (*Oberbefehl*) ■ **das ~ [über jdn/etw]** le haut commandement [sur qn/de qc] 2. (*Befehlsstab*) haut commandement *m* **Oberkörper** *m* (*Brustkorb*) torse *m*; [*Frau*] buste *m* ▶ **mit bloßem** [*o* **freiem**] [*o* **nacktem**] ~ *Mann* torse nu; *Frau* seins nus; **jd macht den ~ frei** qn se met torse nu, qn se déshabille jusqu'à la ceinture **Oberland** *nt* CH ▶ **das Berner/Bündner/Zürcher ~** l'Oberland *m* bernois/grison/zurichois **Oberlandesgericht** *nt* ≈ cour *f* d'appel (*tribunal supérieur d'un Land*) **Oberlauf** *m* cours *m* supérieur **Oberleder** *nt* empeigne *f*, claque *f* **Oberleitung** *f* 1. (*Führung*) direction *f* générale 2. TRANSP caténaire *f* **Oberleutnant** *m* lieutenant *m* **Oberlicht** *nt* 1. (*oberer Fensterteil*) imposte *f*, vasistas *m* 2. (*Fenster über einer Tür*) imposte *f* **Oberliga** *f* (*beim Fußball*) deuxième division *f*, D 2 *f*; (*beim Basketball*) Pro B *f* **Oberlippe** *f* lèvre *f* supérieure **Oberösterreich** *nt* la Haute-Autriche **Oberpostdirektion** *f* direction *f* générale de la Poste **oberrheinisch** *adj* sur le cours supérieur du Rhin

Obers <-> *nt* ∅ AUS *s.* **Schlagsahne**

Oberschenkel *m* cuisse *f*

Oberschenkel- du fémur; *-muskel, -muskulatur* de la cuisse **Oberschenkelknochen** *m* fémur *m*

Oberschicht *f* classe *f* supérieure **Oberschulrat** *m*, **-rätin** *f* ≈ inspecteur(-trice) *m(f)* pédagogique régional(e), ≈ I.P.R. *mf* **Oberschwester** *f* infirmière *f* [en] chef **Oberseite** *f* partie *f* supérieure

Oberst <-en, -e[n]> *m* colonel *m*

Oberstaatsanwalt *m*, **-anwältin** *f* procureur *m* de la République **Oberstabsfeldwebel** *m* major *m*

oberste(r, s) *adj* 1. (*ganz oben befindlich*) supérieur(e); *Stockwerk* plus haut(e), dernier(-ière); *Gegenstand* du haut; ***das ~ Blatt Papier*** la première feuille de papier
2. (*rangmäßig*) plus élevé(e)
▶ **jd kehrt das O~ zuunterst** qn met tout sens dessus dessous

Oberstimme *f* partie *f* supérieure, voix *f* du haut

Oberstleutnant *m* lieutenant-colonel *m*

Oberstübchen *nt* ▶ **jd ist nicht ganz richtig im ~** *veraltend fam* qn a une araignée au plafond *fam*, qn est marteau *vieilli fam* **Oberstudiendirektor(in)** [-diən-] *m(f)* proviseur *m*, chef *m* d'établissement **Oberstudienrat** [-diən-] *m*, **-rätin** *f* professeur *m* de lycée **Oberstufe** *f* second cycle *m* **Oberteil** *nt o m* 1. [*Möbel*] partie *f* supérieure, haut *m* 2. [*Kleidungsstück*] haut *m* **Oberwasser** *nt* ▶ **jd hat/bekommt** [*o* **kriegt**] ~ *fam* qn reprend du poil de la bête **Oberweite** *f* tour *m* de poitrine

Obfrau *f s.* **Obmann**

obgleich *conj* bien que + *subj*

Obhut <-> *f* ∅ *geh* garde *f*
▶ **jd befindet sich** [*o* **steht**] **unter jds ~** (*dat*) qn est sous la garde [*o* la protection] de qn; **unter jds ~** (*dat*) sous la protection de qn

obige(r, s) *adj attr* ci-dessus

Objekt <-[e]s, -e> *nt* 1. (*Gegenstand*) objet *m*
2. (*Immobilie*) bien-fonds *m*
3. (*Kunstgegenstand*) objet *m* d'art
4. GRAM complément *m* d'objet

objektiv I. *adj* (*sachlich*) objectif(-ive); (*unvoreingenommen*) impartial(e); ■ **etwas/nichts O~es** quelque chose/ne ... rien d'objectif
II. *adv* objectivement, de façon objective

Objektiv <-s, -e> *nt* objectif *m*

Objektivität <-> [-vi-] *f* ∅ objectivité *f*

Objektschutz *m* protection *f* des biens et des locaux **Objektträger** *m* [*Mikroskop*] porte-objet *m*

Oblate <-, -n> *f* feuille *f* en pâte d'hostie

obliegen * [ˈɔpliːgn, ɔpˈliːgn] *vi irreg, impers + haben o sein form* ■ **jdm obliegt etw** qc incombe à qn; ■ **es obliegt jdm etw zu tun** il incombe à qn de faire qc

Obliegenheit <-, -en> *f form* obligation *f*, devoir *m*

obligat *adj iron Kleidungsstück, Accessoire* éternel(le), de rigueur; *Applaus, Verbeugung* obligé(e), obligatoire

Obligation <-, -en> *f* obligation *f*

obligatorisch *adj geh* obligatoire; ■ **etw ist [für etw] ~** qc est obligatoire [pour qc]

Obmann <-männer *o* -leute> *m*, **-männin** *o* **-frau** *f* président(e) *m(f)*

Oboe <-, -n> *f* hautbois *m*

Oboist(in) <-en, -en> *m(f)* hautboïste *mf*

Obolus <-, -se> *m geh* obole *f*

Obrigkeit <-, -en> *f* ■ **die ~** les autorités *fpl*, les pouvoirs publics *mpl*

obrigkeitlich *adj veraltend* autoritaire

Obrigkeitsstaat *m* État *m* autoritaire

obschon *conj geh s.* **obgleich**

Observatorium <-, -torien> [-va-, -ˈtoːriən] *nt* observatoire *m*

observieren * [-ˈviː-] *vt form* ■ **jd observiert jdn** qn surveille qn; ■ **jd lässt jdn ~** qn fait surveiller qn; ■ **jd wird observiert** qn est sous [*o* fait l'objet d'une] surveillance; ■ **jd wird durch jdn** [*o* **von jdm**] **observiert** qn est surveillé(e) par qn

obsiegen * *vi* 1. JUR ■ **jd obsiegt** qn gagne, qn triomphe
2. *geh* ■ **etw obsiegt** qc triomphe

obskur *adj geh* 1. (*verdächtig*) suspect(e)
2. (*unbekannt*) obscur(e)

obsolet *adj geh* obsolète; *Ausdruck, Wort a.* désuet(-uète)

Obsorge *f* AUS (*Fürsorge*) soins *mpl*

Obst <-[e]s> *nt* ∅ fruits *mpl*

Obst- *-kuchen, -torte, -speise* aux fruits; *-brei, -saft, -essig, -schnaps* de fruit **Obstbau** *m* ∅ culture *f* des arbres fruitiers, arboriculture *f* **Obstbaum** *m* arbre *m* fruitier **Obstgarten** *m* verger *m*

Obstler <-s, -> *m* eau-de-vie *f* de fruit, alcool *m* de fruit

Obstmesser *nt* couteau *m* à fruits

Obstruktion <-, -en> *f geh* obstruction *f*
▶ **jd betreibt ~** qn fait de l'obstruction

Obsttag *m* jour *m* fruits (*dans un régime alimentaire*) **Obstwasser** *nt* eau-de-vie *f* de fruit, alcool *m* de fruit

obszön I. *adj* obscène; ■ **etwas O~es** (*Ausdruck, Bemerkung*) une obscénité; (*obszöner Charakter*) quelque chose d'obscène
II. *adv* de façon obscène

Obszönität <-, -en> *f* obscénité *f*

Obus *m* trolleybus *m*, trolley *m fam*

obwalten * [ˈɔpvaltn, ɔpˈvaltn] *vi form* ■ **etw obwaltet** qc règne

obwohl *conj*, **obzwar** *conj rare* bien que + *subj*, quoique + *subj*

Occasion <-, -en> [ɔkaˈzioːn] *f* CH occasion *f*

Ochse <-n, -n> [ˈɔksə] *m* 1. ZOOL bœuf *m*
2. *fam* (*Dummkopf*) âne *m*, idiot(e) *m(f)*
▶ **jd steht da wie der ~ vorm Scheunentor** [*o* **am Berg**] *fam* qn est complètement perdu(e), qn est comme une poule qui a trouvé un couteau

Ochsen- [ˈɔksn-] 1. *-gespann, -karren* de bœufs 2. GASTR de bœuf **Ochsenmaulsalat** *m* museau *m* à la lyonnaise **Ochsenschlepp** <-s, -e> *m* AUS (*Ochsenschwanz*) queue *f* de boeuf **Ochsenschwanzsuppe** *f* potage *m* queue de bœuf **Ochsentour** [-tuːɐ] *f fam* (*mühsame Arbeit*) corvée *f*, travail *m* de Romain; (*Laufbahn*) parcours *m* du combattant

Ocker <-s, -> *m o nt* ocre *f*; (*Farbton*) ocre *m*

ockerbraun *adj*, **ockergelb** *adj* ocre *inv*

Ode <-, -n> *f* ode *f*

öde *adj* 1. (*verlassen*) désert(e); (*unbewohnt a.*) inhabité(e)
2. (*fade*) ennuyeux(-euse)
3. *fam* (*unerfreulich*) galère *fam*, chiant(e) *fam*

Öde <-, -n> *f geh* désert *m*

Odem <-s> *m* ∅ *poet* souffle *m*

Ödem <-s, -e> *nt* œdème *m*

oder *conj* 1. (*alternativ*) ou, ou bien; ***früher ~ später*** tôt ou tard; ***eins ~ das andere*** l'un ou l'autre
2. (*stimmt's?*) n'est-ce pas, pas vrai *fam*; ***der Film hat dir doch auch gut gefallen,*** ~? le film t'a plus aussi [à toi], non [*o* hein[, dis]] [*o* n'est-ce pas]?
▶ **~ aber** ou alors; **~ auch** ou bien; **~ auch nicht** ou non; ***ob du willst ~ auch nicht*** que tu le veuilles ou non; ***vielleicht ist das dort drüben***

Egon, **~ *auch nicht*** c'est peut-être bien Egon là-bas, ou est-ce que je me trompe?; ***es könnte so sein, wie du sagst,*** **~ *auch nicht*** il se pourrait que ce soit comme tu le dis, il se pourrait aussi que non; ~ [**etwa**] **nicht?** (*stimmt's?*) n'est-ce pas?, non?; ***du traust mir doch,*** ~ [***etwa***] ***nicht?*** tu me fais confiance, j'espère [*o* non?]

Oder <-> *f* ■ **die** ~ l'Oder *m*

Oder-Neiße-Linie [-li:niə] *f* ■ **die** ~ la ligne Oder-Neisse

Ödipuskomplex *m* complexe *m* d'Œdipe

Ödland *nt Ø* friche *f*, terres *fpl* incultes

Odyssee <-, -n> *f geh* odyssée *f soutenu*

Œuvre <-, -s> ['ø:vrə] *nt geh* œuvre *f*, œuvre *m littér*

OF *abk von* **Originalfassung** en allemand/anglais/...

Öfchen <-s, -> *nt dim von* **Ofen** chauffage *m* d'appoint

Ofen <-s, Öfen> *m* **1.** (*Heiz~*) poêle *m*, fourneau *m*; (*elektrisch*) radiateur *m*; (*zum Kochen*) réchaud *m*
2. (*Back~*) four *m*
3. TECH four *m*; (*Verbrennungs~*) incinérateur *m*
▶ **heißer** ~ *fam* gros cube *m fam*; **jd hockt hinter dem** ~ qn passe sa vie dans ses pantoufles; **jetzt ist der** ~ **aus** *sl* maintenant, y en a marre *fam*

Ofenbank <-bänke> *f* banquette *f* du poêle **ofenfrisch** *adj* qui sort du four; ■ **etw ist** ~ qc sort du four **Ofenheizung** *f* chauffage *m* par poêle[s] **Ofensetzer(in)** <-s, -> *m(f)* fumiste *mf* **Ofentür** *f* porte *f* du poêle

Off <-s> [ɔf] *nt Ø* ▶ **aus dem** ~ en voix off; ***eine Stimme aus dem*** ~ une voix off

offen I. *adj* **1.** (*nicht zu*) ouvert(e); *Bluse, Hemd, Kragen a.* déboutonné(e); *Motorhaube, Deckel a.* levé(e); *Verdeck a.* baissé(e)
2. (*unerledigt*) en suspens; *Rechnung* en souffrance, non encore réglé(e)
3. (*unentschieden*) *Ausgang* incertain(e); *Rennen a.* ouvert(e); ■ **etw ist** [**noch**] ~ l'issue de qc est [encore] incertaine; ***bisher ist noch alles*** ~ jusqu'à présent, tout est encore possible
4. (*freimütig*) ouvert(e), franc(franche); ■ **jd ist** ~ [**zu jdm**] qn est ouvert(e) [*o* franc(franche)] [avec qn]
5. (*aufgeschlossen*) ■ **jd ist jdm gegenüber** ~ qn est ouvert(e) [*o* fait preuve d'ouverture d'esprit] envers qn; ■ **jd ist für etw** [*o* **etw gegenüber**] ~ qn est ouvert(e) à qc
6. (*deutlich auftretend*) *Protest, Meuterei, Boykott, Kampfansage, Widerstand* ouvert(e), déclaré(e)
7. (*frei*) ■ **etw ist** ~ */Besuch, Teilnahme/* qc est libre; ■ **etw ist für jdn** ~ qc est ouvert(e) à qn
8. (*frei zugänglich*) *Ausblick, Fahrrinne, Gelände* dégagé(e); *Meer, Hafen* accessible; *Pass, Gelände* ouvert(e)
9. (*nicht beschränkt*) *Vollzug, Anstalt, Station* en milieu ouvert; *Grenzen* ouvert(e); *Himmel* dégagé(e); *System, Software* ouvert(e); *Gesellschaft* ouvert(e), libre; *Jagd* ouvert(e)
10. (*nicht abgepackt*) *Wein* ouvert(e); (*im Restaurant*) en pichet; DIAL *Ware* en vrac; ***jd verkauft etw*** ~ qn vend qc en vrac
11. LING ouvert(e)
▶ **halb** ~ entrouvert(e); **etw bleibt** ~ (*wird nicht geschlossen*) */Klappe, Fenster, Tür, Verdeck/* qc reste ouvert(e); */Deckel a./* qc reste levé(e); */Verdeck a./* qc reste baissé(e); */geknöpftes Kleidungsstück a./* qc reste déboutonné(e); **etw bleibt** ~ (*ist noch nicht gelöst*) qc reste en suspens; **etw hat** ~ (*geöffnet*) qc est ouvert(e); **jd hat bei einem Menschen noch etw** ~ *Dienst, Gefälligkeit* une personne doit encore rendre qc à qn
II. *adv* (*freimütig*) ouvertement, franchement
▶ ~ **gestanden** [*o* **gesagt**] franchement, à vrai dire; **jd hält** [**jdm**] **etw** ~ qn tient qc [à qn]; **jd hält etw** ~ *Augen* qn garde qc ouvert(e); ***wir sollten die Augen*** ~ ***halten*** nous devrions ouvrir l'œil; **jd hält sich** (*dat*) **etw** ~ *Alternative, Möglichkeit, Vorgehensweise* qn se ménage qc; **jd lässt etw** ~ (*schließt nicht*) qn laisse qc ouvert(e); (*schließt nicht ab*) qn laisse qc en suspens; (*besetzt nicht*) *Stelle* qn laisse qc vacant(e); **etw steht** ~ (*ist geöffnet*) */Tür, Fenster/* qc est ouvert(e); */Knopf/* qc est défait(e); **etw steht** ~ COM */Betrag, Schuld, Rechnung/* qc est en souffrance, qc n'est pas réglé(e); **etw steht jdm** ~ (*ist zugänglich*) */Alternative, Möglichkeit/* qc est offert(e) à qn; **es steht jdm** ~ **etw zu tun** qn est libre de faire qc

offenbar I. *adj* évident(e), manifeste; ■ **es wird** ~, **dass** il est de plus en plus évident [*o* manifeste] que + *indic*
II. *adv* manifestement

offenbaren * <*pp* offenbart *o* geoffenbart> I. *vt* **1.** *geh* (*enthüllen*) ■ **jd offenbart jdm etw** qn dévoile qc à qn *soutenu*, qn révèle qc à qn
2. (*mitteilen*) ■ **jd offenbart jdm, dass** qn annonce à qn que + *indic*
II. *vr* **1.** (*sich anvertrauen*) ■ **jd offenbart sich jdm** qn se confie à qn, qn ouvre son cœur à qn
2. (*erweisen*) ■ **jd offenbart sich als etw** qn se révèle [*o* s'avère] [être] qc
3. (*Liebe erklären*) ■ **jd offenbart sich jdm** qn se déclare à qn

Offenbarung <-, -en> *f* révélation *f*

Offenbarungseid *m* **1.** JUR serment *m* déclaratoire
2. (*Geständnis, nichts zu wissen*) aveu *m* d'impuissance
▶ **jd leistet den** ~ JUR qn fait le serment déclaratoire; (*gesteht seine Inkompetenz*) qn fait un aveu d'impuissance

offen|bleiben *s.* **offen I.▶**

offen|halten *s.* **offen II.▶**

Offenheit <-> *f Ø* (*freimütige Art*) franchise *f*, sincérité *f*
▶ **in** [*o* **mit**] **aller** ~ franchement, en toute franchise

offenherzig *adj* **1.** (*freimütig*) franc(franche), sincère; ■ **jd wird** ~ qn se met à être franc(franche) [*o* sincère]; ***etw lässt jdn*** ~***er werden*** qc incite qn à la franchise
2. *hum fam* (*tief ausgeschnitten*) décolleté(e)

Offenherzigkeit <-> *f Ø* franchise *f*, sincérité *f*

offenkundig *adj* évident(e), manifeste; ■ **etw wird** ~ qc est de plus en plus évident(e) [*o* manifeste]; ■ **es ist** ~, **dass** il est évident [*o* manifeste] que + *indic*

offen|lassen *s.* **offen II.▶**

Offenmarktpolitik *f* politique *f* de marché libre [*o* ouvert]

offensichtlich I. *adj* évident(e), manifeste; ■ **etw wird** ~ qc est de plus en plus évident(e) [*o* manifeste]; ■ **etw ist** ~ qc saute aux yeux
II. *adv* manifestement, de toute évidence

offensiv I. *adj* offensif(-ive); *Werbung, Verkaufsstrategie a.* agressif(-ive); ■ **jd ist** ~ qn est offensif(-ive), qn attaque
II. *adv vorgehen, handeln* de façon offensive; *verkaufen, werben* en utilisant des techniques offensives [*o* agressives]

Offensive <-, -en> [-və] *f* offensive *f*
▶ **jd geht in die** ~ qn passe à l'offensive [*o* à l'attaque]

offen|stehen *s.* **offen II.▶**

öffentlich I. *adj* public(-ique)
II. *adv* publiquement; *hinrichten a.* en public

Öffentlichkeit <-> *f Ø* **1.** (*Allgemeinheit*) public *m*
2. JUR publicité *f*, caractère *m* public; ***jd besteht auf der*** ~ ***einer S.*** (*gen*) qn exige que qc soit public(-ique)
▶ **jd bringt etw an die** ~ qn rend public(-ique) qc; **jd tritt mit etw an** [*o* **vor**] **die** ~ qn rend public(-ique) qc; **jd übergibt etw der** ~ *form* (*eröffnet etw*) qn inaugure qc; (*veröffentlicht etw*) qn présente qc [au public]; **in** [*o* **vor**] **aller** ~ en public, devant tout le monde

Öffentlichkeitsarbeit *f* relations *fpl* publiques **öffentlichkeitswirksam** *adj* d'un grand effet [*o* impact] sur le public, médiatique

öffentlich-rechtlich *adj attr Anstalt, Kreditanstalt* de droit public; *Sender* public(-ique)

offerieren * *vt* ■ **jd offeriert** [**jdm**] **etw** *form Angebot, Artikel, Ware* qn propose qc [à qn]; ■ **jd offeriert jdm etw** *geh Getränk, Kuchen etc* qn propose [*o* offre] qc à qn

Offerte <-, -n> *f* offre *f*

Office <-, -s> ['ɔfɪs] *nt* CH (*Anrichteraum*) office *m*

Office-Paket ['ɔfɪs-] *nt* INFORM suite *f* bureautique

offiziell I. *adj* **1.** (*amtlich*) officiel(le)
2. (*förmlich*) *Anlass, Feier, Empfang* solennel(le); ■ **jd ist/wird** ~ qn est/est de plus en plus formaliste [*o* protocolaire]; ***sei doch nicht so*** ~! ne fais pas tant de manières!
II. *adv* (*amtlich*) officiellement

Offizier(in) <-s, -e> *m(f)* officier *m*

Offiziers- *-laufbahn, -rang, -dienstgrad, -prüfung* d'officier; *-prüfung a.* pour être officier; *-messe, -korps* des officiers **Offiziersanwärter(in)** *m(f)* aspirant *m* **Offizierskasino** *nt* mess *m* des officiers

offiziös *adj geh* officieux(-euse)

offline[RR] ['ɔflain] *adv, adj* INFORM hors ligne; (*im Internet*) autonome

Offlinebetrieb[RR] ['ɔflain-] *m* INFORM mode *m* autonome

öffnen I. *vt* ■ **jd öffnet** [**jdm**] **etw** qn ouvre qc [à qn]; ■ **das Ö~ von etw** l'ouverture *f* de qc; ***etw quietscht beim Ö~*** qc grince quand on l'ouvre
▶ **„hier ~"** côté à ouvrir
II. *vi* ■ **jd öffnet** [**jdm**] qn ouvre [à qn]
III. *vr* **1.** ■ **etw öffnet sich** qc s'ouvre; */Landschaft/* qc est plus dégagé(e)
2. (*aufgeschlossen werden für*) ■ **jd öffnet sich** [**jdm/einer S.**] qn s'ouvre [à qn/qc]

Öffner <-s, -> *m* **1.** (*Dosen~*) ouvre-boîtes *m*; (*Flaschen~*) ouvre-bouteilles *m*, décapsuleur *m*
2. (*Tür~*) touche *f* d'ouverture automatique (*de la porte d'entrée d'un immeuble*)

Öffnung <-, -en> *f* **1.** (*Stelle*) orifice *m*
2. *Ø* (*das Öffnen*) ouverture *f*
3. *Ø* POL ouverture *f*; ■ ~ **zu/nach etw** ouverture vers [*o* en direction de] qc

Öffnungskurs *m* POL [politique *f* d']ouverture *f* **Öffnungspolitik** *f* politique *f* d'ouverture **Öffnungszeiten** *pl* heures *fpl* [*o* horaires *mpl*] d'ouverture; ***etw hat durchgehende*** ~ qc est ouvert(e) sans interruption

Offsetdruck <-drucke> *m* offset *m*, impression *f* [en] offset

oft <öfter> *adv* souvent
▶ **des Öfteren** à diverses [*o* maintes] reprises, maintes fois; ~ **genug** suffisamment souvent [*o* de fois]

öfter[s] *adv* assez souvent

oftmals *adv geh s.* **oft**

oh *interj* oh

Oheim <-s, -e> *m veraltet s.* **Onkel**

OHG [o:ha:'ge:] *f abk von* **Offene Handelsgesellschaft** société *f* en nom collectif

ohne I. *präp + akk* sans; ***wir sind*** ~ ***weitere Informationen*** nous n'avons pas d'autre information
▶ **jd ist nicht** ~ *fam* qn a de la ressource; **etw ist** [**gar**] **nicht** ~ *fam* (*ist nicht leicht*) qc est [vraiment] pas de la tarte [*o* du gâteau] *fam*; (*ist nicht schlecht*) qc est [vraiment] pas dégueu *fam*; ~ **mich!** sans moi!
II. *conj* ■ ~ **etw zu tun** sans faire qc; ■ ~ **dass etw geschieht** sans que qc se passe

ohnedies *adv s.* **ohnehin**

ohnegleichen *adj inv* **1.** (*unnachahmlich*) ■ **jd/etw** ~ qn/qc sans égal(e) *pas de pl* [*o* pareil(le)]
2. (*außergewöhnlich*) ■ **etw ist** ~ qc est extraordinaire [*o* unique]

ohnehin *adv* de toute façon [*o* manière]

Ohnmacht <-, -en> *f* **1.** MED syncope *f*, évanouissement *m*
2. *geh* (*Machtlosigkeit*) impuissance *f*
▶ **jd fällt in** ~ qn s'évanouit, qn tombe en syncope

ohnmächtig I. *adj* **1.** (*bewusstlos*) évanoui(e), sans connaissance; ■ **jd wird** ~ qn s'évanouit, qn perd connaissance **2.** *geh* (*machtlos*) impuissant(e)

3. *attr geh Wut, Zorn* impuissant(e) **II.** *adv* (*hilflos*) dans un état d'impuissance; ***jd steht einer S.*** (*dat*) *~* ***gegenüber*** qn est impuissant(e) en face de qc; ***jd muss ~ zusehen*** qn assiste impuissant(e) à la scène **Ohnmächtige(r)** *f(m) decl wie adj* **1.** (*ohnmächtiger Mensch*) personne *f* évanouie [*o* sans connaissance] **2.** *geh* (*machtloser Mensch*) faible *mf*

Ohnmachtsanfall *m* syncope *f*
▶ **jd bekommt einen ~** qn s'évanouit, qn tombe en syncope

oho *interj* (*bewundernd*) eh bien, eh ben *fam;* (*warnend*) eh oh

Ohr <-[e]s, -en> *nt* oreille *f*
▶ **jd hat das ~ am Puls der Zeit** qn est à l'écoute de son temps; **jd hat es faustdick hinter den ~en** qn n'est pas tombé(e) de la dernière pluie; **jd ist noch feucht** [*o* **nicht trocken**] **hinter den ~en** si on lui pressait le nez, il en sortirait du lait; **etw ist nicht für fremde ~en** [**bestimmt**] personne ne doit entendre qc; **jd ist ganz ~** *hum fam* qn est tout ouïe *hum;* **mit halbem ~** ne ... que d'une oreille, d'une oreille distraite; ***jd ist nur mit halbem ~ dabei*** qn n'écoute que d'une oreille; **jd macht lange ~en** *fam* qn tend l'oreille, qn ouvre toutes grandes les oreilles; **jd hat für jdn/etw ein offenes ~** qn prête une oreille attentive à qn/qc; **jd bekommt rote ~en** qn rougit jusqu'aux oreilles; **jd hat ein scharfes** [*o* **feines**] **~** qn a l'oreille [*o* l'ouïe] fine; **jd ist auf einem ~ taub** qn est sourd(e) d'une oreille; **auf dem ~ bin ich taub** *fam* je suis trop dur(e) d'oreille pour entendre; **jd predigt tauben ~en** qn prêche dans le désert; **jd ist bis über die** [*o* **beide**] **~en verliebt** qn est amoureux(-euse) fou(folle); **das ist nichts für zarte ~en** ce n'est pas pour les oreilles sensibles [*o* pour toutes les oreilles]; **jd findet ein** [...] *~ aufmerksames, geneigtes, offenes* qn trouve une oreille ...; **etw geht ins ~** qc reste dans l'oreille; **etw geht zum einen ~ hinein und zum anderen hinaus** qc entre par une oreille et ressort par l'autre; **jd gibt jdm eins hinter die ~en** *fam* qn lui en met [*o* colle] une *fam;* **halt/haltet die ~en steif** *fam* tiens/tenez le coup *fam;* **jd hat etw noch im ~** qn a qc encore à l'oreille, qn entend encore qc; **jd hat etw um die ~en** *fam:* ***jd hat einiges/viel/jede Menge um die ~en*** qn a du pain sur la planche, qn croule sous le boulot; **jd haut jdn übers ~** qn arnaque [*o* truande] qn *fam;* **jd haut** [*o* **schlägt**] **jdm etw um die ~en** *fam* qn lui jette qc à la figure *fam;* **jd jammert jdm die ~en voll** *fam* qn lui casse les oreilles [*o* qn bassine qn] avec ses jérémiades *fam;* **jdm klingen die ~en** les oreilles lui tintent [*o* sifflent]; **etw kommt jdm zu ~en** qc arrive [*o* parvient] aux oreilles de qn; **jd lässt die ~en hängen** *fam* qn baisse les bras, qn a l'oreille basse; **jd legt** *fam* [*o* **haut** *sl*] **sich aufs ~** qn [se] met la viande dans le torchon *arg;* **ein Tier legt die ~en an** un animal abaisse les oreilles; **jd legt die ~en an** *fam* qn prend son courage à deux mains, qn se reprend; **jd leiht jdm sein ~** *geh* qn prête attention à qn; **jd liegt jdm** [**mit etw**] **in den ~en** qn casse [*o* rebat] les oreilles à qn [avec qc] *fam;* **mach** [*o* **sperr**] **die ~en auf!** *fam* ouvre [grand] tes [*o* les] oreilles; **jd schlackert mit den ~en** qn en reste baba [*o* comme deux ronds de flan] *fam;* **jd schreibt sich** (*dat*) **etw hinter die ~en** *fam* qn se met [bien] qc dans sa petite tête [*o* dans le crâne] *fam;* **jd sitzt auf seinen ~en** *fam* qn fait la sourde oreille; **ein Tier spitzt die ~en** un animal dresse l'oreille [*o* les oreilles]; **jd spitzt die ~en** *fam* qn dresse l'oreille; **jd strahlt von einem ~ zum anderen** [*o* **über beide ~en**] *fam* le visage de qn rayonne de joie; **jd traut seinen ~en nicht** qn n'en croit pas ses oreilles; **jd zieht jdm die ~en lang** *fam* qn tire les oreilles à qn, qn remonte les bretelles à qn *fam;* **bis über die** [*o* **beide**] **~en** *fam verschuldet* jusqu'au cou; *überlastet, beschäftigt* jusqu'à n'en plus pouvoir; **für ... ~en:** ***etw ist für ausländische/heutige ~en unverständlich*** qc est incompréhensible pour l'oreille d'un étranger/de quelqu'un d'aujourd'hui; ***für englische ~en klingt das komisch*** ça sonne bizarre à l'oreille d'un Anglais; **ins ~** *flüstern, sagen, säuseln* à l'oreille

Öhr <-[e]s, -e> *nt* chas *m*

ohrenbetäubend I. *adj* assourdissant(e) **II.** *adv:* ***in einer Disko ist es ~ laut*** dans une discothèque, le bruit est assourdissant **Ohrenklappe** *f* oreillette *f* **Ohrensausen** <-s> *nt ∅* bourdonnements *mpl* d'oreille[s] **Ohrenschmalz** *nt ∅* cérumen *m* **Ohrenschmaus** <-[e]s> *m ∅ fam* plaisir *m* pour les oreilles **Ohrenschmerzen** *pl* maux *mpl* d'oreille[s]
▶ **jd hat ~** qn a mal aux oreilles **Ohrenschützer** <-s, -> *m meist pl* cache-oreilles *m* **Ohrensessel** *m* fauteuil *m* à oreilles **Ohrenzeuge** *m*, **-zeugin** *f* témoin *m* auriculaire

Ohrfeige <-, -n> *f* gifle *f,* claque *f*
▶ **jd bekommt** [*o* **kriegt** *fam*] **eine ~** qn reçoit une gifle [*o* une claque]; **jd gibt jdm eine ~** qn donne une gifle [*o* une claque] à qn

ohrfeigen *vt* ■ **jd ohrfeigt jdn** qn gifle qn
▶ **jd könnte sich ~, dass er etw getan hat** *fam* qn se mettrait des gifles *fam* [*o* qn se battrait] d'avoir fait qc

Ohrfeigengesicht *nt fam* tête *f* à claques *fam*

Ohrläppchen <-s, -> *nt* lobe *m* **Ohrmuschel** *f* pavillon *m* [de l'oreille] **Ohrring** *m* boucle *f* d'oreille **Ohrstecker** *m* clou *m* [d'oreille] **Ohrwurm** *m fam* rengaine *f*

oje *interj,* **ojemine** *interj veraltend* bon sang, bonté divine

Okkasion <-, -en> *f* AUS *fam* (*Gelegenheitskauf*) occasion *m*

okkult *adj* occulte; ■ **das O~e** les phénomènes *mpl* occultes

Okkultismus <-> *m ∅* occultisme *m*

Okkupation <-, -en> *f* MIL occupation *f*

okkupieren * *vt* **1.** MIL ■ **jd okkupiert etw** qn occupe qc
2. *geh* (*belegen*) ■ **jd okkupiert etw** qn occupe qc

Öko- écologique, écolo *fam;* *-partei* écologiste, écolo *fam;* *-Bauer* biologique, bio *fam* **Ökobank** <-banken> *f* banque *f* écologique **Ökoladen** *m* magasin *m* écologique [*o* biologique] [*o* bio *fam*]

Ökologe <-n, -n> *m*, **-login** *f* écologiste *mf*

Ökologie <-> *f ∅* écologie *f*

ökologisch I. *adj* écologique
II. *adv* du point de vue [*o* sur le plan] écologique; *~* ***orientiert*** orienté(e) vers l'écologie

Ökonom(in) <-en, -en> *m(f) geh* économiste *mf*

Ökonomie <-, -en> [-'miːən] *f* économie *f*

ökonomisch I. *adj* **1.** (*die Wirtschaft betreffend*) économique
2. (*sparsam*) économe
II. *adv* (*sparsam*) d'une façon économe, dans un souci d'économie

Ökopax <-en, -e> *m sl* écolo *mf fam* **Ökosystem** *nt* écosystème *m*

Oktaeder <-s, -> *nt* octaèdre *m*

Oktanzahl *f* indice *m* d'octane

Oktave <-, -n> [-və] *f* octave *f*

Oktett <-s, -e> *nt* octuor *m*

Oktober <-s, -> *m* octobre *m;* ■ **der ~** le mois d'octobre
▶ **Anfang/Ende/Mitte ~** début/fin octobre/à la mi-octobre; **es ist ~** on est en octobre; **im ~** en octobre; **in den ~** *fallen, legen* en octobre, au mois d'octobre; [***bis***] ***in den ~*** jusqu'en octobre; **in diesem ~** en octobre [prochain]; **Ulm, den ... ~** (*Datum*) Ulm, le ... octobre

Oktoberfest *nt* ■ **das ~** fête *f* de la bière à Munich **Oktoberrevolution** [-vo-] *f* ■ **die ~** la révolution d'Octobre

oktroyieren * [ɔktroa'jiːrən] *vt geh* ■ **jd oktroyiert jdm etw** qn impose qc à qn; ■ **jdm wird von jdm etw oktroyiert** qc est imposé(e) à qn par qn

Okular <-s, -e> *nt* oculaire *m*

Ökumene <-> *f ∅* œcuménisme *m*

ökumenisch *adj* œcuménique

Okzident <-s> *m ∅ geh* Occident *m*

Öl <-[e]s, -e> *nt* **1.** GASTR huile *f*
2. (*Erd~*) pétrole *m*
3. (*Motoren~*) huile *f*
▶ **jd gießt ~ ins Feuer** qn met de l'huile sur le feu; **jd gießt ~ auf die Wogen** qn calme le jeu [*o* les esprits]; **ätherische ~e** huiles *fpl* essentielles; **jd malt in ~** qn peint à l'huile, qn fait de la peinture à l'huile

Öl- 1. (*aus Mineralöl*) d'huile; (*Erdöl-*) de pétrole; *-konzern, -boom, -bohrung* pétrolier(-ière); ***~film*** film *m* gras; ***~aktie*** action *f* dans le pétrole; ***~förderturm*** derrick *m*, tour *f* de forage; ***~kraftwerk*** centrale *f* au fuel [*o* fioul]; ***~minister*** ministre *m* de l'énergie [de l'O.P.E.P.]; ***~staat*** État *m* producteur de pétrole **2.** AUT d'huile; ***~kühlung*** réfrigération *f* à l'huile; ***~wechselintervall*** intervalle *m* entre deux vidanges **3.** (*Pflanzenöl enthaltend*) *-pflanze, -samen* oléagineux(-euse); ***~flasche*** bouteille *f* d'huile **Ölbaum** *m* olivier *m* **Ölberg** *m* ■ **der ~** le mont des Oliviers **Ölbild** *nt s.* **Ölgemälde**

Oldtimer <-s, -> ['oʊldtaimɐ] *m* **1.** (*Auto*) voiture *f* ancienne; (*Flugzeug*) coucou *m*
2. SPORT (*Veteran*) vétéran *m*

Oleander <-s, -> *m* laurier-rose *m*, laurier *m* rose

ölen *vt* ■ **jd ölt etw** qn graisse qc, qn huile qc
▶ **wie geölt** *fam* (*wunderbar*) comme sur des roulettes, impeccable *fam*

Ölexportland *nt* pays *m* exportateur de pétrole **Ölfarbe** *f* peinture *f* à l'huile **Ölfeld** *nt* champ *m* pétrolifère [*o* de pétrole] **Ölförderland** *nt* pays *m* producteur de pétrole **Ölgemälde** *nt* peinture *f* à l'huile, huile *f* **Ölgötze** *m* ▶ **wie ein ~** *fam* l'air ahuri **Ölheizung** *f* chauffage *m* au fuel [*o* au fioul] [*o* au mazout]

ölig *adj* **1.** *Essen, Speise, Salat* huileux(-euse)
2. (*verschmutzt*) graisseux(-euse); *Kleidungsstück a.* maculé(e) de graisse
3. *pej Kerl, Grinsen* mielleux(-euse)

oliv *adj inv* olive *inv*
▶ **in O~** en vert olive; MIL en kaki

Olive <-, -n> [-və] *f* olive *f*

Olivenbaum [-vən-] *m* olivier *m* **Olivenhain** *m* oliveraie *f* **Olivenöl** *nt* huile *f* d'olive

olivgrün *adj* vert olive *inv*

Ölkrise *f* crise *f* du pétrole

oll *adj* NDEUTSCH (*alt*) vieux(vieille)
▶ **je ~er, je doller** *fam* plus c'est vieux, plus ça pète de vie *fam*

Olle(r) *f(m) decl wie adj* ▶ **mein/dein/ihr ~r** NDEUTSCH *fam* mon/ton/son jules [*o* vieux] *fam;* **meine/deine/seine ~** ma/ta/sa bourgeoise *fam*

Ölmalerei *f* peinture *f* à l'huile; (*Ölgemälde a.*) huile *f* **Ölmessstab**[RR] *m* jauge *f* [d'huile] **Ölmühle** *f* huilerie *f* **Ölmulti** *m* multinationale *f* pétrolière **Ölofen** *m* poêle *m* à fuel [*o* à fioul] [*o* à mazout] **Ölpapier** *nt* papier *m* huilé **Ölpest** *f* marée *f* noire **Ölplattform** *f* plate[-]forme *f* pétrolière, plate[-]forme *f* de forage [pétrolier] **Ölquelle** *f* puits *m* de pétrole **ölreich** *adj* riche en pétrole **Ölsardine** *f* sardine *f* à l'huile ▶ **wie die ~n** *fam* comme des sardines *fam;* ***die Leute stehen wie die ~n*** les gens sont serrés comme des sardines *fam* **Ölscheich** *m pej* émir *m* du pétrole **Ölsperre** *f* barrage *m* flottant

Ölstand *m ∅* niveau *m* d'huile

Ölstandsanzeiger *m* indicateur *m* de niveau d'huile

Ölteppich *m* nappe *f* de pétrole, marée *f* noire

Ölung <-, -en> *f* graissage *m*, huilage *m*
▶ **die Letzte ~** *veraltet* l'extrême-onction *f*

Ölvorkommen *nt* gisement *m* pétrolifère [*o* de pétrole] **Ölwanne** *f* carter *m* [à huile] **Ölwechsel** [-ks-] *m* vidange *f* [d'huile] ▶ **jd macht den ~** qn fait la vidange **Ölwehr** <-, -en> *f* unité *f* d'intervention contre les pollutions par hydrocarbures

Olympiade <-, -n> *f* Jeux *mpl* olympiques, olympiades *fpl*

Olympiasieger(in) [o'lʏmpia-] *m(f)* champion(ne) *m(f)* olympique **Olympiastadion** *nt* stade *m* olympique

olympisch [o'lʏmpɪʃ] *adj* olympique

Ölzeug *nt* ciré *m* **Ölzweig** *m* rameau *m* d'olivier ▶ **jd streckt jdm den ~ entgegen** qn tend la main à qn

Oma <-, -s> *f* **1.** *fam* (*Großmutter*) mamie *f fam*

2. *pej sl* (*alte Frau*) mémère *f fam*
Ombudsmann <-männer> *m*, **-frau** *f* médiateur(-trice) *m(f)*, ombudsman *m*
Omelett <-[e]s, -e *o* -s> *nt*, **Omelette** <-, -n> *f* CH, AUS omelette *f*
Omen <-s, - *o* Omina> *nt geh* augure *m littér*
ominös *adj geh* suspect(e)
Omnibus *m* bus *m*
Omnibus- de bus; *-verkehr* des bus; *-fahrt* en bus
OmU *abk von* **Originalfassung mit Untertiteln** v.o.
Onanie <-> *f ∅* masturbation *f*, onanisme *m*
onanieren * *vi* ■ **jd onaniert [mit etw]** qn se masturbe [avec qc]; ■ **das O~** la masturbation, l'onanisme *m*
One-Man-Show ['wanmɛnʃoʊ] *f* THEAT one man show *m*, spectacle *m* solo; *fig* réalisation *f* exclusive
Onkel <-s, -> *m* **1.** oncle *m*
2. *Kindersprache* (*Mann*) monsieur *m*
► **der große [*o* dicke] ~** *fam* (*großer Zeh*) le gros orteil
Onkologe <-n, -n> *m*, **-login** *f* cancérologue *mf*, oncologue *mf*
Onkologie <-> *f ∅* cancérologie *f*, oncologie *f*
onkologisch *adj Erkrankung* cancéreux(-euse); *Abteilung, Zentrum* anticancéreux(-euse); *Therapie* du cancer; **~*e Forschung*** recherche *f* sur le cancer
onlineRR ['ɔnlain] *adv, adj* INFORM en ligne
Online-RR ['ɔnlain-] INFORM en ligne **Onlinebetrieb**RR *m* opération *f* en ligne, mode *m* connecté **Online-Service-Provider** ['ɔnlain 'sø:ɐvɪs proʊ'vaidɐ] *m* INFORM fournisseur *m* de services en ligne
Onyx <-[es], -e> *m* onyx *m*
OP <-s, -s> [o:'pe:] *m abk von* **Operationssaal** salle *f* d'opération; (*OP-Komplex*) bloc *m* opératoire
Opa <-s, -s> *m* **1.** *fam* (*Großvater*) papi *m fam*, papy *m fam*
2. *pej sl* (*alter Mann*) pépère *m fam*
Opal <-s, -e> *m* opale *f*
OPEC <-> ['o:pɛk] *f ∅ abk von* **Organization of the Petroleum Exporting Countries** ■ **die ~** l'O.P.E.P. *f*
OPEC-Länder ['o:pɛk-] *pl* ■ **die ~** les pays *mpl* de l'O.P.E.P.
Oper <-, -n> *f* (*alle Bedeutungen*) opéra *m*
► **die komische ~** l'opéra-comique *m;* **jd geht an die [*o* zur] ~** qn devient chanteur(-euse) *m(f)* d'opéra
Operateur(in) <-s, -e> [opəra'tø:ɐ] *m(f)* chirurgien(ne) *m(f)*
Operation <-, -en> *f* (*alle Bedeutungen*) opération *f*
Operationssaal *m* salle *f* d'opération **Operationsschwester** *f* infirmière *f* du bloc opératoire
operativ I. *adj* **1.** MED chirurgical(e), opératoire
2. MIL opérationnel(le)
II. *adv* **1.** MED chirurgicalement, par la chirurgie
2. MIL en stratège/stratèges
Operator(in) <-s, -> ['ɔpəreɪtɐ] *m(f)* INFORM opérateur(-trice) [du système] *m*
Operette <-, -en> *f* opérette *f*
operieren * I. *vt* ■ **jd operiert jdn/etw** qn opère qn/qc; ■ **jd operiert jdn an etw** (*dat*) qn opère qn de qc; ■ **jd/etw wird operiert** qn/qc est opéré(e); ■ **jd lässt sich** (*dat*) **etw ~** qn se fait opérer de qc; ■ **jd lässt sich [an etw** (*dat*)**] ~** qn se fait opérer [de qc]
II. *vi* **1.** MED ■ **jd operiert** qn opère; ■ **jd operiert an jdm** qn opère qn
2. MIL ■ **jd operiert** qn mène une opération/des opérations
3. *geh* (*vorgehen*) ■ **jd operiert irgendwie** qn opère d'une certaine façon
Opern- d'opéra; *-ball* à l'opéra **Opernglas** *nt* jumelles *fpl* de théâtre **Opernhaus** *nt* opéra *m* **Opernsänger(in)** *m(f)* chanteur(-euse) *m(f)* d'opéra
Opfer <-s, -> *nt* **1.** (*Verzicht*) sacrifice *m*
2. REL sacrifice *m;* (*Opfergabe*) offrande *f*
3. (*Mensch*) victime *f*
► **jd bringt ~** qn fait des sacrifices; **jd bringt jdm jdn/etw zum ~** *geh* qn offre qn/qc en sacrifice à qn; **jd/etw fällt jdm/einer S. zum ~** qn/qc est victime de qn/qc; **als ~ [für jdn]** en guise d'offrande [à qn]
opferbereit *adj* prêt(e) au sacrifice, plein(e) d'abnégation **Opferbereitschaft** *f ∅* abnégation *f*, renoncement *m* **opferfreudig** *adj* **1.** *Gemeinde, Spender* généreux(-euse) **2.** (*opferwillig*) *Ketzer, Märtyrer* prêt(e) à se sacrifier, plein(e) d'abnégation **Opfergabe** *f* offrande *f* **Opferlamm** *nt* **1.** REL agneau *m* du sacrifice **2.** *geh* (*wehrloses Opfer*) victime *f* expiatoire ► **wie ein ~/die Opferlämmer** *geh* comme une victime expiatoire/des victimes expiatoires **Opfermut** *m geh* esprit *m* de sacrifice, abnégation *f*
opfern I. *vt* **1.** (*als Opfer darbringen*) ■ **jd opfert [jdm] jdn/ein Tier** qn sacrifie qn/un animal [à qn], qn offre qn/un animal en sacrifice [à qn]; ■ **jd opfert [jdm] etw** qn donne qc en offrande [à qn]; *Geld* qn donne qc [à qn]; ■ **Geopferte(r)** victime *f* offerte en sacrifice
2. (*aufgeben*) ■ **jd opfert jdn** qn sacrifie qn
II. *vi* **1.** REL ■ **jd opfert** qn célèbre le sacrifice; ■ **jd opfert jdm** qn sacrifie à qn; ■ **das O~** le sacrifice
2. *geh* (*spenden*) ■ **jd opfert** qn donne, qn fait un don/des dons; ■ **jd opfert für jdn/etw** qn donne [*o* fait un don/des dons] pour qn/qc
III. *vr* ■ **jd opfert sich** **1.** (*sein Leben hingeben*) qn se sacrifie
2. *hum fam* (*sich bereit erklären*) qn se sacrifie
Opferstätte *f* lieu *m* de sacrifice **Opferstock** *m* tronc *m* **Opfertier** *nt* animal *m* offert en sacrifice **Opfertod** *m geh* sacrifice *m;* ***durch seinen ~*** grâce au sacrifice de sa vie
Opferung <-, -en> *f* [*Menschen, Tier*] sacrifice *m*, immolation *f;* [*Myrrhe, Wein, Weihrauch*] offrande *f*
Opferwille *m* abnégation *f*, renoncement *m* **opferwillig** *adj* disposé(e) à se sacrifier, plein(e) d'abnégation **Opferwillige(r)** *f(m) decl wie adj* celui/celle qui est disposé(e) au sacrifice; ***die ~sten*** les plus prêts/prêtes à se sacrifier
Opiat <-[e]s, -e> *nt* opiacé *m*
Opium <-s> *nt ∅* opium *m*
Opiumhöhle *f* fumerie *f* d'opium **Opiumraucher(in)** *m(f)* fumeur(-euse) *m(f)* d'opium, opiomane *mf*
Opponent(in) <-en, -en> *m(f) geh* opposant(e) *m(f);* ■ **ein ~ einer S.** (*gen*) un opposant à qc
opponieren * *vi geh* ■ **jd opponiert** qn fait de l'obstruction [systématique]; ■ **jd opponiert gegen jdn/etw** qn s'oppose à qn/qc; ■ **das O~** l'opposition *f*
opportun *adj geh* **1.** (*angepasst*) *Gesinnung, Verhalten* opportuniste
2. (*vorteilhaft*) ■ **etw ist ~** qc est opportun(e)
Opportunismus <-> *m ∅* opportunisme *m*
Opportunist(in) <-en, -en> *m(f)* opportuniste *mf*
opportunistisch I. *adj* opportuniste
II. *adv* en opportuniste
Opposition <-, -en> *f* **1.** POL opposition *f*
2. *geh* (*Widersetzlichkeit*) opposition *f*, obstruction *f*
► **außerparlamentarische ~** opposition *f* extraparlementaire; **jd macht ~ gegen jdn** qn s'oppose à qn; **jd steht in ~ zu jdm/etw** qn s'oppose à qn/qc, qn est opposé(e) à qn/qc; **aus ~** par esprit de contradiction, pour faire de l'opposition [systématique]
oppositionell *adj* **1.** *geh* (*gegnerisch*) *Kräfte* d'opposition; *Gruppen a.* dans l'opposition; *Einstellung* contestataire **2.** POL d'opposition, de l'opposition **Oppositionelle(r)** *f(m) decl wie adj* POL opposant(e) *m(f)*
Oppositionsführer(in) *m(f)* chef *m* [*o* leader *m*] de l'opposition
optieren * *vi* ■ **jd optiert für etw** qn opte pour qc
Optik <-, -en> *f* **1.** PHYS ■ **die ~** l'optique *f*
2. PHOT optique *f*
3. *∅* (*Eindruck*) (*das Aussehen betreffend*) look *m*, aspect *m;* (*den Ruf betreffend*) image *f* [de marque]; ***die Skulptur ist nur hier wegen der [besseren] ~*** on a mis cette sculpture à cet endroit juste pour faire bien/mieux
4. *∅* COM (*Aussehen*) look *m*
Optiker(in) <-s, -> *m(f)* opticien(ne) *m(f)*
optimal I. *adj geh* optimal(e); *Partner* idéal(e); ***sie erwartet von ihm eine ~e Beratung*** elle attend de lui qu'il la conseille le mieux possible; ■ **das O~e/etwas O~es** ce qui est optimal/quelque chose d'optimal
II. *adv geh* de la meilleure façon possible [*o* qui soit]
optimieren * *vt geh* ■ **jd optimiert etw** qn optimise qc, qn optimalise qc
Optimismus <-> *m ∅* optimisme *m*
Optimist(in) <-en, -en> *m(f)* optimiste *mf*
optimistisch I. *adj* optimiste
II. *adv* de façon optimiste; ***etw stimmt mich wieder ~*** qc me rend de nouveau optimiste; ***du scheinst ~er eingestellt zu sein als ich*** tu sembles plus optimiste que moi
Optimum <-s, Optima> *nt geh* solution *f* optimale; ***das ist noch nicht das [o noch kein] ~*** ce n'est pas encore ce qu'il y a de mieux; ***das erreichbare/angestrebte ~*** ce qu'on peut obtenir/espérer de mieux
Option <-, -en> *f* **1.** BÖRSE, COM option *f;* ■ **eine ~ auf etw** (*akk*) une option sur qc
2. (*das Optieren*) choix *m*
3. *geh* (*Möglichkeit*) option *f*
► **jd erwirbt eine ~ auf etw** (*akk*) BÖRSE, COM qn acquiert une option sur qc
Optionsanleihe *f* emprunt *m* à option
optisch I. *adj* **1.** *Gläser, Linsen* optique; *Gesetze a.* de l'optique; *Instrumente* d'optique
2. *geh* (*äußerlich*) extérieur(e), visuel(le); ■ **das O~e** l'aspect extérieur
II. *adv geh* extérieurement, visuellement
Optoelektronik *f* optoélectronique *f*
opulent I. *adj geh Mahl* copieux(-euse), plantureux(-euse); *Kostüm, Maske, Bühnengestaltung* somptueux(-euse)
II. *adv geh essen* copieusement, plantureusement; *gestalten, inszenieren* somptueusement
Opus <-, Opera> *nt* **1.** (*Gesamtwerk*) œuvre *f*
2. MUS opus *m;* ■ **[das] ~ 18** l'opus 18
3. *hum* (*Erzeugnis*) œuvre *f* d'art
Orakel <-s, -> *nt* oracle *m*
► **das ~ von Delphi** l'oracle de Delphes; **jd befragt das ~** qn interroge l'oracle; **jd spricht [*o* ergeht sich *geh*] in ~n** qn parle par énigmes, qn vaticine *littér*
orakeln * *vi geh* **1.** (*in Rätseln sprechen*) ■ **jd orakelt** qn parle par énigmes, qn vaticine *littér*
2. (*mutmaßen*) ■ **jd orakelt von etw** qn prophétise qc
oral I. *adj* **1.** MED oral(e); *Einnahme, Verabreichung a.* par voie orale [*o* buccale]
2. (*den Mund betreffend*) buccal(e)
3. *geh* (*mit dem Mund erfolgend*) buccogénital(e)
II. *adv* **1.** MED par voie orale [*o* buccale]
2. *geh* (*mit dem Mund*): ***jd befriedigt jdn ~*** qn assouvit le désir de qn par des caresses buccales *soutenu;* ***jd verkehrt ~*** qn a des rapports buccogénitaux *form*
orange [o'rã:ʒə, o'raŋʒə] *adj inv* orange *inv*
Orange[1] <-, -n> [o'rã:ʒə, o'raŋʒə] *f* (*Frucht*) orange *f*
Orange[2] <-, - *o fam* -s> [o'rã:ʒə, o'raŋʒə] *nt* (*Farbe*) orange *m*
Orangeade <-, -n> [orã'ʒa:də, oraŋ'ʒa:də] *f* orangeade *f*
Orangeat <-[e]s, -e> [orã'ʒa:t, oraŋ'ʒa:t] *nt* orangeat *m*
orangefarben *adj*, **orangefarbig** [o'rã:ʒə(n)-, o'raŋʒə(n)-] *adj* oran-

ge *inv,* [de] couleur orange
Orangen- [o'rã:ʒən-, o'raŋʒən-] *-eis, -pudding, -speise* à l'orange; *-saft, -gelee, -marmelade, -schale* d'orange **Orangenbaum** *m* oranger *m*
orangenfarben *adj,* **orangenfarbig** [o'rã:ʒə(n)-, o'raŋʒə(n)-] *adj s.* **orangefarben**
Orang-Utan <-s, -s> *m* orang-outan[g] *m*
Oratorium <-s, -torien> [-riən] *nt* oratorio *m*
Orbit <-s, -s> *m* orbite *f*
Orchester <-s, -> [ɔr'kɛstɐ, ɔr'çɛstɐ] *nt* **1.** (*Ensemble*) orchestre *m*
2. (*Orchestergraben*) fosse *f* d'orchestre
Orchidee <-, -n> *f* orchidée *f*
Orden <-s, -> *m* **1.** MIL décoration *f*
2. ECCL ordre *m*
▶ **jd verleiht jdm einen ~ [für etw]** qn confère une médaille à qn [pour qc]
Ordensbruder *m* religieux *m* **Ordensregel** *f* règle *f* de l'ordre **Ordensschwester** *f* religieuse *f,* sœur *f* **Ordenstracht** *f* habit *m*
ordentlich I. *adj* **1.** (*aufgeräumt*) rangé(e), en ordre; ***in ~em Zustand*** en ordre
2. (*Ordnung liebend*) *Mensch* ordonné(e)
3. (*anständig*) *Mensch* convenable, comme il faut; *Benehmen a.* correct(e)
4. *fam* (*tüchtig*) *Frühstück, Portion, Tracht Prügel* bon(ne) *antéposé*
5. (*annehmbar*) *Angebot, Preis, Leistung* correct(e), honnête; ***jd lernt etw O~es*** qn apprend un métier sérieux
6. (*ordnungsgemäß*) *Gericht* régulier(-ière); *Mitglied* à part entière; *Professor* titulaire; *Vertrag* en bonne et due forme
II. *adv* **1.** (*gesittet*) correctement, convenablement; ***hier geht es sehr ~ zu*** ici, ça marche vraiment comme il faut
2. *fam* (*tüchtig*) bien; *zulangen, zugreifen* copieusement; *arbeiten, regnen, schimpfen a.* drôlement *fam,* sacrément *fam; sich täuschen, sich vertun a.* dans les grandes largeurs *fam; verprügeln* comme plâtre; (*gehaltvoll*) *essen* correctement; (*viel*) copieusement; ***bei dem Geschäft haben wir ~ Geld verdient*** on s'est fait un sacré pognon sur ce coup-là *fam*
3. (*diszipliniert*) *arbeiten, studieren* correctement, sérieusement
4. (*annehmbar*) *speisen, bezahlen, verdienen* correctement
5. (*ordnungsgemäß*) en bonne et due forme
Order <-, -s *o* -n> *f* **1.** COM (*Auftrag*) commande *f*
2. *geh* (*Anweisung*) directive *f,* ordre *m*
▶ **jd erteilt jdm** ~ MIL qn donne des ordres à qn
ordern I. *vt* ■ **jd ordert etw [bei jdm]** qn commande [*o* passe commande de] qc [chez [*o* auprès de] qn]
II. *vi* ■ **jd ordert [bei jdm]** qn commande [*o* passe commande] [chez [*o* auprès de] qn]
Ordinalzahl *f* nombre *m* ordinal, ordinal *m*
ordinär I. *adj* **1.** (*gemein*) vulgaire
2. (*alltäglich*) ordinaire, simple
II. *adv* (*gemein*) vulgairement
Ordinariat <-[e]s, -e> *nt* UNIV chaire *f* [de professeur]
▶ **bischöfliches** ~ évêché *m*
Ordinarius <-, Ordinarien> [-riən] *m* professeur *m* [titulaire]
Ordinate <-, -n> *f* ordonnée *f*
Ordinatenachse [-aksə] *f* axe *m* des ordonnées
ordnen I. *vt* **1.** (*sortieren*) ■ **jd ordnet etw** qn range qc; ■ **das O~** le rangement
2. (*in Ordnung bringen*) ■ **jd ordnet etw** qn met de l'ordre dans qc ***jd ordnet seine Verhältnisse*** qn se range
▶ **jd ordnet etw neu** (*regelt*) qn remanie qc, qn réorganise qc
II. *vr* ■ **etw ordnet sich** /*Verwirrung*/ qc s'organise; /*Bild*/ qc se clarifie
Ordner <-s, -> *m* (*Akten~*) classeur *m*
Ordner(in) <-s, -> *m(f)* membre *m* du service d'ordre
Ordnung <-, -en> *f* **1.** ∅ (*das Sortieren*) rangement *m*
2. (*Aufgeräumtheit*) ordre *m*
3. ∅ (*ordentliches Verhalten*) ordre *m*
4. (*Gesetzmäßigkeit*) ordre *m*
5. (*Vorschrift*) règlement *m*
6. BIO ordre *m;* ASTRON grandeur *f,* magnitude *f*
▶ **~ ist das halbe Leben** *prov* l'ordre simplifie la vie; **es ist alles in bester** [*o* **schönster**] ~ tout est pour le mieux [dans le meilleur des mondes]; **der** [**guten**] ~ **halber** pour la forme; **die öffentliche** ~ l'ordre public; **jd bringt etw in** ~ *Fleck* qn remédie à qc; *Kratzer, Beschädigung a., kaputten Gegenstand* qn répare qc; *Haus, Wohnung, Kleiderschrank, Schreibtisch, Schublade* qn range qc, qn fait du rangement dans qc; *Differenzen, Streitigkeit* qn met bon ordre à qc, qn règle qc; **jd findet es [ganz] in ~, dass** qn trouve [tout à fait] normal que + *subj;* **jd findet es nicht in ~, dass** qn ne trouve pas normal que + *subj;* **geht in** ~ *fam* pas de problème *fam;* **alles muss [bei jdm] seine ~ haben** [pour [*o* avec] qn,] chaque chose doit être à sa place; **jd hält** ~ qn est ordonné(e); ***jd hält ~ in seinen Sachen*** qn range ses affaires; **jd hält [jdm] etw in** ~ qn s'occupe de qc [pour qn]; **jd ist in ~** *fam* y a rien à dire de qn *fam;* ***jd ist schwer in ~*** qn est au poil *fam;* **etw ist in ~** (*funktioniert*) qc marche [bien]; **etw ist nicht in ~** (*funktioniert nicht*) qc est défectueux(-euse), qc déconne *fam;* (*gehört sich nicht*) ce ne va pas, qc n'est pas normal(e); **etwas ist nicht in ~** (*stimmt nicht*) il y a quelque chose d'anormal [*o* de pas normal *fam*]; **mit jdm/etw ist etwas nicht in ~** qn/qc a quelque chose qui ne va pas; **~ muss sein!** [il faut] de l'ordre avant tout; **jd ruft jdn zur ~** qn rappelle qn à l'ordre; **[das ist] in ~** *fam* d'accord; ***in ~, Chef!*** d'accord [*o* à vos ordres], chef!; ***behalten Sie den Rest, ist schon in ~ so*** gardez le reste, c'est bien comme ça
Ordnungsamt *nt* [service *m* d']état civil *m* **Ordnungsgeld** *nt* amende *f* **ordnungsgemäß** I. *adj* réglementaire II. *adv* en bonne et due forme, réglementairement
ordnungshalber *adv* pour la forme
Ordnungshüter(in) *m(f)* (*Polizist*) gardien(ne) *m(f)* de l'ordre **Ordnungsliebe** *f* ∅ amour *m* de l'ordre; ***übertriebene*** ~ maniaquerie *f* **ordnungsliebend** *adj* qui aime l'ordre; ***er ist ein ~er Mensch*** c'est un homme d'ordre; ■ **jd ist** ~ qn aime l'ordre, qn est ordonné(e) **Ordnungsruf** *m* rappel *m* à l'ordre ▶ **jd bekommt** [*o* **erhält**] **[von jdm] einen ~** qn se fait rappeler à l'ordre [par qn] **Ordnungssinn** *m* ∅ sens *m* de l'ordre **Ordnungsstrafe** *f* amende *f,* contravention *f* ▶ **jd belegt jdn mit einer ~** qn inflige une amende à qn, qn dresse une contravention à qn **ordnungswidrig** I. *adj Parken* illégal(e); *Verhalten* répréhensible II. *adv* illégalement; *handeln a.* de façon répréhensible **Ordnungswidrigkeit** *f* infraction *f* **Ordnungszahl** *f s.* **Ordinalzahl**
Oregano <-> *m* origan *m*
Organ <-s, -e> *nt* (*alle Bedeutungen*) organe *m*
▶ **ausführendes** ~ organisme *m* d'exécution; ***sie sind nur ausführendes ~ gewesen*** ils n'ont été que des exécutants; **beratendes** ~ organe *m* consultatif; **jd hat kein ~ für etw** *fam* qn n'a pas le sens de qc
Organ- d'organe[s]; *~anwärter* patient *m* en attente d'une transplantation; *~diagnostik* diagnostic *m* sur des organes
Organigramm <-gramme> *nt* organigramme *m*
Organisation <-, -en> *f* organisation *f*
Organisationsplan *m* organigramme *m* **Organisationstalent** *nt* **1.** ∅ (*Eigenschaft*) sens *m* de l'organisation, esprit *m* d'organisation
2. (*Mensch*) champion(ne) *m(f)* de l'organisation
Organisator <-s, -toren> *m,* **-torin** *f* organisateur(-trice) *m(f)*
organisatorisch I. *adj Angelegenheit, Frage* relatif(-ive) à l'organisation; *Leistung* organisationnel(le); ***jd ist ein ~es Talent*** qn a le sens de l'organisation [*o* des talents d'organisateur(-trice)]; ■ **das O~e** ce qui concerne l'organisation; ***jd erledigt das O~e*** qn s'occupe de l'organisation
II. *adv* sur le plan de l'organisation; ***qn betätigt sich lieber ~*** qn préfère s'occuper de l'organisation; ***~ betrachtet*** du point de vue de l'organisation
organisch I. *adj* (*alle Bedeutungen*) organique
II. *adv* **1.** MED organiquement; ***Sie sind ~ gesund*** vous avez des organes sains
2. *geh sich einfügen, verbinden* pour former une unité
organisieren * I. *vt* **1.** (*vorbereiten*) ■ **jd organisiert etw** qn organise qc
2. *sl* (*klauen*) ■ **jd organisiert etw** qn se débrouille pour dégoter qc *fam;* ■ **das O~ einer S.** (*gen*) l'art *m* de dégoter qc *fam;* ***ein Meister im O~*** un champion de la débrouille [*o* du système D] *fam*
II. *vi* ■ **jd organisiert** qn s'occupe de l'organisation
III. *vr* ■ **jd organisiert sich** qn s'organise
organisiert *adj* **1.** IND organisé(e) (*in* + *dat* en)
2. *Kriminalität, Verbrechen, Hehlerei* organisé(e)
3. *Opposition, Widerstand* organisé(e); *Maßnahmen* concerté(e)
Organismus <-, -nismen> *m* organisme *m*
Organist(in) <-en, -en> *m(f)* organiste *mf*
Organizer <-s, -> ['ɔ:gənaizɐ] *m* INFORM assistant *m* personnel, organisateur *m*
Organklage *f* plainte *f* contre un organe de l'État **Organspender(in)** *m(f)* donneur(-euse) *m(f)* [d'organes] **Organverpflanzung** *f* transplantation *f* [d'organes]
Orgasmus <-, Orgasmen> *m* orgasme *m*
▶ **jd bringt jdn zum ~** qn fait jouir qn; **jd hat/bekommt einen ~** qn a un orgasme [*o* jouit]/atteint l'orgasme
Orgel <-, -n> *f* orgue *m,* orgues *fpl;* ***jd spielt ~*** qn joue de l'orgue
Orgelpfeife *f* tuyau *m* d'orgue
▶ **sie stehen da wie die ~n** *hum fam* ils/elles sont en rang d'oignons
orgiastisch *adj geh* orgiaque
Orgie <-, -n> ['ɔrgiə] *f* orgie *f*
▶ **jd feiert ~n** qn célèbre des orgies; **etw feiert ~n** qc est débridé(e)
Orient ['o:riɛnt, o'riɛnt] <-s> *m* ∅ ■ **der ~** l'Orient *m*
▶ **vom ~ zum Okzident** *geh* de l'Orient à l'Occident; **der Vordere ~** le Proche-Orient
Orientale <-n, -n> [oriɛn'ta:lə] *m,* **-talin** *f* Oriental(e) *m(f)*
orientalisch [oriɛn'ta:lɪʃ] *adj* oriental(e)
Orientalist(in) <-en, -en> [oriɛnta'lɪst] *m(f)* orientaliste *mf*
Orientalistik <-> [oriɛnta'lɪstɪk] *f* ∅ langues *fpl* orientales
orientieren * [oriɛn'ti:rən] I. *vr* **1.** (*sich unterrichten*) ■ **jd orientiert sich [über jdn/etw]** qn se renseigne [sur qn/qc], qn s'informe [de qn/qc]
2. (*sich zurechtfinden*) ■ **jd orientiert sich [an etw** (*dat*)**]** qn s'oriente [*o* se dirige] [grâce à qc]
3. (*sich ausrichten nach*) ■ **jd orientiert sich an etw** (*dat*) qn se conforme à qc, qn agit en fonction de qc
II. *vt geh* **1.** (*unterrichten*) ■ **jd orientiert jdn über etw** (*akk*) qn informe qn de qc; ■ **etw orientiert jdn [über etw** (*akk*)**]** qc informe qn [de qc]; ■ **jd ist über jdn/etw orientiert** qn est informé(e) [*o* au courant] au sujet de qn/de qc
2. (*ausgerichtet sein*) ■ **jd ist ... orientiert** *links, rechts* qn est orienté(e) ...; ***jd ist liberal orientiert*** qn a des orientations libérales; ***wie ist sie politisch orientiert?*** quelles sont ses orientations politiques?
-orientiert [-oriɛnti:ɐt] *leistungs-, produktions-, gewinn-, kapazitäts-* orienté(e) vers, axé(e) sur; *freizeit-, erfolgs-* axé(e) sur; ***zukunfts~*** orienté(e) vers l'avenir
Orientierung <-, -en> [oriɛn'ti:rʊŋ] *f* **1.** (*das Zurechtfinden*) orientation *f;* ***ein Stadtführer dient der ~ [von Touristen]*** un guide de la ville permet [aux touristes] de s'orienter
2. *geh* (*Unterrichtung*) information *f;* ***jd bittet um jederzeitige ~ über etw*** (*akk*) qn demande à être informé(e) en permanence de qc
3. *geh* (*Ausrichtung*) ■ **die/jds ~ an etw** (*dat*) le fait/le fait pour qn de se

conformer à qc; *an Geländepunkten, Begrenzungspfählen, am Sonnenstand* l'orientation/l'orientation de qn par rapport à qc; ***jd behält seine ~ an etw bei*** qn continue de se conformer à qc
▸ **jd verliert die ~** qn n'arrive plus à s'orienter; **zur ~/zu jds ~** *geh* pour information; ***zu Ihrer ~*** pour votre information [*o* votre gouverne]
Orientierungspunkt [oriɛn'tiːrʊŋs-] *m* point *m* de repère **Orientierungssinn** *m ∅* sens *m* de l'orientation
Origano <-> *m s.* **Oregano**
original I. *adj* 1. (*echt*) original(e)
2. (*ursprünglich*) *Verpackung, Erhaltungszustand* d'origine
II. *adv: **etw ist nicht mehr ~ erhalten*** qc n'existe plus dans son état original, l'original de qc ne subsiste plus; ***etw muss ~ verpackt sein*** qc doit être dans son emballage d'origine
Original <-s, -e> *nt* 1. (*Gegenstand*) original *m*
2. (*Mensch*) original(e) *m(f)*
▸ **im ~** dans sa/la version originale
Originalausgabe *f* édition *f* originale **Originalfassung** *f* version *f* originale **originalgetreu** I. *adj* fidèle [à l'original] II. *adv imitieren* parfaitement; ***jd übersetzt einen Text ~*** qn traduit un texte en restant fidèle à l'original
Originalität <-> *f ∅* 1. (*Echtheit*) authenticité *f*
2. (*Ursprünglichkeit*) [*Bergwelt, Landschaft*] caractère *m* originel
3. (*Einfallsreichtum*) [*Mensch, Stil*] originalité *f*
Originalton *m* mots *mpl* [*o* termes *mpl*] même[s]; ***..., ~ Schnorr*** ..., dixit Schnorr
originär *adj* original(e)
originell *adj* original(e)
Orkan <-[e]s, -e> *m* ouragan *m*
▸ **wie ein ~** *geh* comme un ouragan
orkanartig *adj* semblable à un ouragan
Orkanstärke *f* force *f* d'un ouragan
Ornament <-[e]s, -e> *nt* ornement *m*
ornamental I. *adj Dekoration, Verzierung* ornemental(e); *Portal, Kirche* ornementé(e), décoré(e)
II. *adv* avec des ornements; *verzieren a.* d'ornements; ***etw ist ~ gestaltet*** qc est ornementé(e)
Ornat <-[e]s, -e> *m* habit *m*
▸ **in vollem ~** (*in Amtstracht*) en habit de cérémonie; *veraltend fam* (*aufgemotzt*) sur son trente[-]et[-]un
Ornithologe <-n, -n> *m*, **-login** *f* ornithologue *mf*, ornithologiste *mf*
Oropax® <-> *nt ∅* boules *fpl* Quies®
Ort[1] <-[e]s, -e> *m* 1. (*Stelle*) endroit *m*, lieu *m*
2. (*Ortschaft*) localité *f*
▸ **~ der Handlung** lieu *m* de l'action; **ohne ~ und Jahr** sans indication [*o* mention] du lieu ni de la date; **an ~ und Stelle** sur place; **am angegebenen ~** à l'endroit cité; **höheren ~es** *form* en haut lieu; **am ~** sur place; ***das teuerste Hotel am ~*** l'hôtel le plus cher de la localité; **von ~ zu ~** (*je nach Ortschaft*) d'un lieu à l'autre; (*von einer Ortschaft zur anderen*) de ville en ville
Ort[2] *nt* ▸ **vor ~** sur place; MIN au front de taille
Örtchen <-s, -> *nt* ▸ **das [stille] ~** *fam* le petit coin *fam*
orten *vt* 1. (*ausfindig machen*) ▪ **jd/etw ortet etw** *U-Boot, Flugzeug, Signal, Schwarzfunker* qn/qc localise qc
2. (*ausmachen*) ▪ **jd ortet etw** *Heringsschwarm, Haie, Riff, Sandbank* qn repère qc, qn localise qc
3. *fam* (*sehen*) ▪ **jd ortet jdn** qn repère qn *fam*
orthodox I. *adj* orthodoxe
▸ **[etw ist] nicht gerade ~** [qn n'est] pas très orthodoxe
II. *adv* (*nach orthodoxem Ritus*) selon le rite orthodoxe
Orthografie[RR] *s.* **Orthographie**
orthografisch[RR] *s.* **orthographisch**
Orthographie <-, -en> [-'fiːən] *f* orthographe *f*
orthographisch I. *adj Fehler, Frage* d'orthographe; *Regel a.* orthographique; *Schwäche* en orthographe; *Schreibung* conforme aux règles d'orthographe; *Verstoß* aux règles d'orthographe
II. *adv: **etw ist ~ falsch/richtig*** qc est mal/bien [*o* correctement] orthographié(e); ***jd schreibt nicht immer ~ richtig*** qn n'orthographie pas toujours correctement, qn fait des fautes d'orthographe
Orthopäde <-n, -n> *m*, **-pädin** *f* orthopédiste *mf*
orthopädisch *adj* orthopédique; *Ausbildung, Erfahrung* en orthopédie
örtlich I. *adj* 1. (*lokal*) local(e)
2. METEO localisé(e)
3. MED local(e)
II. *adv* 1. (*von Ort zu Ort*) suivant les endroits, d'un endroit à un autre
2. (*in der Ortschaft*): ***jd findet sich ohne Stadtplan ~ zurecht*** qn s'y retrouve sans plan; ***in der Dunkelheit ist jd ~ desorientiert*** qn ne sait pas s'orienter dans l'obscurité
3. (*lokal*) *begrenzen, beschränken* localement
4. MED *betäuben* localement
Örtlichkeit <-, -en> *f* 1. (*Ortschaft*) localité *f*
2. *pl* (*lokale Besonderheiten*) lieux *mpl*; ***jd ist mit den ~en gut vertraut*** qn connaît bien les lieux [*o* l'endroit]
3. (*Gegend*) endroit *m*, lieu *m*
4. *fam* (*das WC*) ▪ **die ~** [*o* **~en**] les toilettes *fpl*
▸ **jd macht sich mit der ~** [*o* **den ~en**] **vertraut** (*der Ortschaft*) qn se familiarise avec l'endroit [*o* les lieux]; (*den Gegebenheiten*) qn se familiarise avec les habitudes de la maison
Ortsangabe *f* POST indication *f* du lieu ▸ **ohne ~** MEDIA sans indication du lieu [d'édition] **ortsansässig** *adj Arzt* de l'endroit; *Firma* local(e); ***die ~en Bewohner*** les autochtones; ***gehen Sie doch zu einem ~en Arzt*** allez voir un médecin d'ici; ▪ **jd ist irgendwo ~** qn habite quelque part; ***eine Firma ist irgendwo ~*** une entreprise est implantée [*o* installée] quelque part; ***ich bin hier ~*** je suis d'ici **Ortsansässige(r)** *f(m) decl wie adj* autochtone *mf*; ***sind Sie eine ~?*** vous êtes d'ici?
Ortschaft <-, -en> *f* bourgade *f*
▸ **geschlossene ~** localité *f*
ortsfremd *adj* étranger(-ère); ▪ **jd ist irgendwo ~** qn n'est pas de quelque part; ***sind Sie ~?*** vous n'êtes pas d'ici? **Ortsfremde(r)** *f(m) decl wie adj* étranger(-ère) *m(f)*; ***ein ~r in New York*** quelqu'un qui n'habite pas [à] New York **Ortsgespräch** *nt* communication *f* locale **Ortsgruppe** *f* section *f* locale; SPORT équipe *f* locale **Ortskenntnis** *f* connaissance *f* des lieux *pas de pl* ▸ **jd hat [gute] ~se** qn connaît [bien] l'endroit **Ortskrankenkasse** *f* section *f* locale de la caisse d'assurance maladie ▸ **Allgemeine ~** caisse *f* primaire d'assurance maladie **ortskundig** *adj* qui s'y connaît; ▪ **jd ist ~** qn connaît l'endroit [*o* les lieux] ▸ **jd macht sich ~** qn repère l'endroit [*o* les lieux] **Ortskundige(r)** *f(m) decl wie adj: **ich bin ein ~r*** je connais l'endroit [*o* les lieux]; ***da müssen Sie einen ~n fragen*** il faut que vous demandiez à quelqu'un d'ici [*o* qui connaît l'endroit] **Ortsname** *m* nom *m* de lieu; ***wie war doch der ~?*** comment s'appelait l'endroit?; ***ein Wörterbuch deutscher ~n*** un dictionnaire des toponymes allemands
Ortsnetz *nt* réseau *m* local
Ortsnetzkennzahl *f form* indicatif *m*
Ortsschild <-schilder> *nt* panneau *m* d'entrée en agglomération/de fin d'agglomération **Ortssinn** *m ∅* sens *m* de l'orientation **Ortstarif** *m* tarif *f* de la communication locale **ortsüblich** *adj* 1. *Brauch, Gepflogenheit* conforme aux usages locaux; ▪ **etw ist [irgendwo] ~** qc est la coutume [quelque part] 2. *Bezahlung, Entgelt, Gehalt, Tarif* pratiqué(e) localement **Ortsverkehr** *m* trafic *m* local ▸ **im ~** EISENBAHN, TRANSP sur le trafic local; TELEC (*bei Ortsgesprächen*) sur les communications locales **Ortszeit** *f* heure *f* locale; ***um 17 Uhr ~*** à 17 heures heure locale
Ortung <-, -en> *f* 1. *∅* (*das Orten*) détection *f*
2. (*geortetes Objekt*) objet *m* détecté
Öse <-, -n> *f* [*Schuh, Tracht*] œillet *m*; [*Angelrute*] anneau *m*
Oslo <-s> *nt* Oslo
Osmane <-n, -n> *m*, **-manin** *f* Ottoman(e) *m(f)*
osmanisch *adj* ottoman(e)
Osmium <-s> *nt ∅* CHEM osmium *m*
Osmose <-, -n> *f* osmose *f*
Ossi <-s, -s> *m*, <-, -s> *f fam surnom des habitants de l'ex-R.D.A.*
Ost <-[e]s> *m* ▸ **~ und West** (*Osteuropa und Westeuropa*) l'Est *m* et l'Ouest *m*; (*Europa und Asien*) l'Orient *m* et l'Occident *m*; **aus ~ und West** de l'Est *m* et de l'Ouest *m*
ost- (*die Himmelsrichtung betreffend*) de l'est de la/du ...; (*den Landesteil betreffend*) de la/du ... de l'Est; ***~französisch*** de l'Est de la France; ***~kanadisch*** de l'Est canadien; ***~afrikanisch*** d'Afrique orientale
Ost- (*die Himmelsrichtung betreffend*) de l'est de la/du ...; *-hang, -seite, -wand* [exposé(e) à l']est; (*den Landesteil betreffend*) de la/du ... de l'Est; ***~frankreich*** l'Est *m* de la France; ***~kanada*** l'Est *m* canadien; ***~afrika*** l'Afrique *f* orientale **Ostasien** *nt* l'Asie *f* orientale **Ostberlin** *nt* Berlin-Est **Ostblock** *m* bloc *m* de l'Est **Ostblockland** *nt*, **Ostblockstaat** *m* pays *m* [*o* État] du bloc de l'Est **ostdeutsch** *adj* d'Allemagne de l'Est, est-allemand(e) **Ostdeutschland** *nt* l'Allemagne *f* de l'Est
Osten <-s> *m ∅* 1. (*Himmelsrichtung*) est *m*
2. (*östliche Gegend*) Est *m*
3. (*Osteuropa*) ▪ **der ~** l'Est *m*
▸ **der Ferne ~** l'Extrême-Orient *m*; **der Mittlere ~** le Moyen-Orient; **der Nahe ~** le Proche-Orient; **aus [dem] ~** [venant] de l'est; POL de l'Est; **im ~/in den ~** à l'est; **nach** [*o* **gen** *geh*] **~** vers l'est; ***etw liegt nach ~*** qc est orienté(e) à l'est; ***jd zeigt nach ~*** qn montre l'est; **nach ~ hin** plus à l'est; **von ~** [en provenance] de l'est; ***etw kommt von ~*** qc arrive de l'est
ostentativ I. *adj geh* ostensible
II. *adv geh* ostensiblement
Osteoporose <-, -n> *f* ostéoporose *f*
Osterei *nt* œuf *m* de Pâques **Osterfest** *nt* ▪ **das ~** la fête de Pâques, les Pâques *fpl* **Osterfeuer** *nt* feux *mpl* de Pâques **Osterglocke** *f* 1. BOT jonquille *f* 2. *pl* (*Kirchenglocken*) cloche *f* de Pâques **Osterhase** *m* lapin *m* de Pâques **Osterlamm** *nt* agneau *m* pascal
österlich I. *adj* de Pâques
II. *adv: **einem ist nicht gerade ~ zumute*** on ne se croirait pas à Pâques; ***jd fühlt sich richtig ~*** qn se croit vraiment à Pâques; ***etw ist ~ geschmückt*** qc est décoré(e) pour Pâques
Ostermontag *m* lundi *m* de Pâques **Ostermorgen** *m* matin *m* de Pâques
Ostern <-, -> *nt* Pâques *m*
▸ **frohe** [*o* **fröhliche**] **~!** joyeuses Pâques; **an ~, zu** [*o* **über**] **~** à Pâques; **zu ~** (*anlässlich des Osterfestes*) pour Pâques
Österreich <-s> *nt* l'Autriche *f*
Österreicher(in) <-s, -> *m(f)* Autrichien(ne) *m(f)*
österreichisch *adj* autrichien(ne)
Ostersonntag *m* dimanche *m* de Pâques **Osterwoche** *f* semaine *f* sainte
Osteuropa *nt* Europe *f* de l'Est **osteuropäisch** *adj* de l'Europe de l'Est; ***etw wirkt ~*** qc fait penser à l'Europe de l'Est **Ostgote** *m*, **-gotin** *f* Ostrogoth(e) *m(f)* **Ostkirche** *f* ▪ **die ~** l'Église *f* d'Orient **Ostküste** *f* côte *f* orientale [*o* de l'est]
östlich I. *adj* 1. GEOG *Land, Stadt* de l'est; *Landesteil, Gebiet a.* est *inv*, oriental(e); *Klima* continental(e); ***in ~er Lage*** à l'est
2. METEO en provenance de l'est; *Wind a.* d'est
3. (*nach Osten*): ***in ~er Richtung*** en direction de l'est; ***der ~e Kurs des***

Schiffes le cap est du bateau; ***eine ~ere Richtung*** une direction plus à l'est
II. *adv* à l'est; ~ ***von etw*** à l'est de qc
III. *präp* ■ ~ **einer S.** (*gen*) à l'est de qc
Ostpolitik *f* ■ **die** ~ l'Ostpolitik *f* **Ostpreußen** *nt* la Prusse-Orientale
ostpreußisch *adj* de la Prusse-Orientale
Östrogen <-s, -e> *nt* œstrogène *m*
Ostrom *nt* empire *m* romain d'Orient
Ostsee *f* ■ **die** ~ la [mer] Baltique
► **an der/die** ~ au bord de la [mer] Baltique
Ostsee- de la [mer] Baltique; ***die ~-Anrainerstaaten*** les pays *mpl* riverains de la [mer] Baltique; ~***konferenz*** conférence *f* des États riverains de la [mer] Baltique; ***die ~fischerei*** la pêche dans la Baltique
Ostseite *f* face *f* [*o* côté *m*] est **Ostverträge** *pl* POL ■ **die** ~ le traité germano-polonais **Ostwand** *f* [*Gebäude*] face *f* [*o* parci *f*] est; [*Berg a.*] versant *m* est
ostwärts *adv* (*nach Osten*) *ausgerichtet sein, deuten, ziehen* vers l'est
Ost-West- 1. (*in Deutschland*) est-ouest
2. (*in der Welt*) Est-Ouest
Ostwind *m* vent *m* d'est
Oszillograph <-en, -en> *m* oscillographe *m*
O-Ton ['o:-] *m* (*fam*) *s.* **Originalton**
Otter¹ <-, -n> *f* (*Schlangenart*) vipère *f*
Otter² <-s, -> *m* (*Fisch~*) loutre *f*
Ottomotor *m* moteur *m* à allumage par étincelle
ÖTV <-> [ø:te:'fau] *f* Ø *abk von* **Gewerkschaft Öffentliche Dienste, Transport und Verkehr** *syndicat des services publics, des transports et de la circulation*
out [aut] *adj fam* ■ **jd/etw ist** ~ qn/qc est out *fam*
outen ['autən] I. *vt* ■ **jd outet jdn** qn révèle l'homosexualité de qn
II. *vr* ■ **jd outet sich** qn déclare officiellement [*o* révèle] son homosexualité
Outfit <-s, -s> ['autfɪt] *nt sl* tenue *f*, fringues *fpl fam*
Ouvertüre <-, -n> [uvɛr'ty:rə] *f* ouverture *f*
oval [o'va:l] *adj* ovale
Oval <-s, -e> [o'va:l] *nt* ovale *m*
Ovation <-, -en> [-va-] *f geh* ovation *f*
► **jd bringt jdm ~en dar** qn fait une ovation à qn, qn ovationne qn
Overall <-s, -s> ['oʊvərɔ:l] *m* combinaison *f*
Overheadfolie ['oʊvə(r)hɛdfo:liə] *f* transparent *m* **Overheadprojektor** ['oʊvə(r)hɛd-] *m* rétroprojecteur *m*
Overkill <-> ['oʊvə(r)kɪl] *m* Ø MIL surcapacité *f* de destruction [nucléaire]; (*überzogenes Vorgehen*) surenchère *f*
ÖVP <-> [ø:fau'pe:] *f abk von* **Österreichische Volkspartei** *parti autrichien du peuple*
Ovulation <-, -en> [-vu-] *f* ovulation *f*
Ovulationshemmer <-s, -> [-vu-] *m* pilule *f* anticonceptionnelle
Oxid <-[e]s, -e> *nt* oxyde *m*
Oxidation <-, -en> *f* oxydation *f*
oxidieren * I. *vi + sein o haben* ■ **etw oxidiert** qc s'oxyde
II. *vt + haben* ■ **jd oxidiert etw** qn oxyde qc
Ozean <-s, -e> *m* GEOG (*Weltmeer*) océan *m*
► **der Atlantische/Indische/Pazifische** [*o* **Stille**] ~ l'océan *m* Atlantique/Indien/Pacifique
Ozeandampfer *m* paquebot *m*; (*im Atlantischen Ozean*) transatlantique *m*
Ozeanographie <-> *f* Ø océanographie *f*
Ozelot <-s, -e> *m* 1. ZOOL ocelot *m*
2. (*Ozelotmantel*) manteau *m* d'ocelot [*o* en ocelot]
Ozelot- d'ocelot, en ocelot
Ozon <-s> *nt* Ø ozone *m*
Ozonloch *nt* ■ **das** ~ le trou dans la couche d'ozone, le trou d'ozone *fam*
Ozonschicht *f* Ø ■ **die** ~ la couche d'ozone **Ozonschild** *m* couche *f* d'ozone

P

P, p <-, -> [pe:] *nt* p *m*, P *m*
► **P wie Paula** p comme Pierre
paar *adj inv* 1. (*einige wenige*) ■ **ein** ~ ... *Gäste, Minuten, Mark, Ideen, Frechheiten etc* quelques ...; ***ein ~ von uns*** quelques-uns/unes d'entre nous; ***ein ~ hundert Mark*** quelques centaines de marks
2. (*die wenigen*) ■ **die/jds** ~ ... les quelques/les quelques ... de qn; ■ **meine/deine/seine/...** ~ ... mes/tes/ses/... quelques ...
► **du kriegst ein ~!** *fam* tu vas en avoir une! *fam*; **in ein ~ ...** *Sekunden, Minuten, Stunden etc* dans quelques ...; **alle** ~ ... tous les/toutes les deux ou trois ...
Paar <-s, -e> *nt* 1. (*Menschen*) couple *m*; [*Freunde, Freundinnen a.*] duo *m*
2. (*Dinge*) [*Handschuhe, Schuhe, Socken*] paire *f*; ***ein ~ Würstchen*** deux saucisses
► **ein ungleiches** ~ un couple mal assorti; **sie werden ein** ~ *geh* ils s'unissent [pour le meilleur et pour le pire] *soutenu*
paaren I. *vr* ■ **sie ~ sich** ils s'accouplent
II. *vt* 1. ■ **jd paart Tiere** qn accouple des animaux
2. SPORT ■ **jd paart sie** qn les réunit
paarig I. *adj* pair(e); *Organ a., Blätter* géminé(e)
II. *adv* de deux parties; ***die Blätter stehen*** ~ les feuilles sont géminées [*o* disposées par paires]
Paarlauf *m* patinage *m* en couple
paarmal *s.* **Mal¹** ►
Paarreim *m* rimes *fpl* suivies [*o* plates]
Paarung <-, -en> *f* accouplement *m*
Paarungszeit *f* saison *f* des amours
paarweise *adv* 1. (*nach Paaren*) *sich aufstellen* par couples
2. (*paarig*) *angelegt sein, angeordnet sein* par deux; (*in Bezug auf Schuhe, Handschuhe, Strümpfe*) par paire[s]; (*in Bezug auf Horn*) de deux parties
Pacht <-, -en> *f* 1. (*Pachtzins*) fermage *m*
2. (*Pachtvertrag*) bail *m*
► **jd hat etw in** ~ (*dat*) qn a qc en fermage
Pacht- en location, loué(e); ***jd hält sich*** (*dat*) ***eine ~wiese*** qn loue une prairie
pachten *vt* ■ **jd pachtet etw** [**von jdm**] qn loue qc [à qn], qn prend qc à ferme [*o* à bail]
► **jd hat etw für sich gepachtet** *fam* qn monopolise qc
Pächter(in) <-s, -> *m(f)* preneur(-euse) *m(f)* [à bail], fermier(-ière) *m(f)*
Pachtvertrag *m* contrat *m* de location, bail *m* **Pachtzins** *m* fermage *m*
Pack¹ <-[e]s, -e *o* -e> *m* [*Briefe, Bücher*] paquet *m*; [*Altpapier, Lumpen, Zeitungen a.*] ballot *m*
Pack² <-s> *nt* Ø *pej* (*Gesindel*) racaille *f*
► ~ **schlägt sich,** ~ **verträgt sich** *prov* la canaille se bat et se réconcilie l'instant d'après
-pack <-s, -e> *m Dreier-, Sechser- etc* pack *m* de
Päckchen <-s, -> *nt* 1. POST petit paquet *m*
2. (*Packung*) paquet *m*
3. (*kleiner Packen*) paquet *m*
Packeis *nt* Ø banquise *f*
packeln *vi* AUS *fam s.* **paktieren**
packen I. *vt* 1. (*ergreifen*) ■ **jd/ein Tier packt jdn/ein Tier/etw** qn/un animal attrape qn/un animal/qc; ■ **jd packt jdn/ein Tier bei/an etw** (*dat*) qn attrape qn/un animal par/à qc
2. (*voll ~*) ■ **jd packt etw** *Aktentasche, Koffer, Kiste, Paket* qn fait qc; ***jd hält etw gepackt*** qn tient qc prêt(e)
3. (*verstauen*) ■ **jd packt etw in etw** (*akk*) qn met qc dans qc; ***jd packt das Nötigste*** qn prend le nécessaire
4. (*überkommen*) ■ **etw packt jdn** qc prend qn, qc saisit qn
5. *sl* (*schaffen*) ■ **jd packt etw** *Bus, Bahn, Flug, Flugzeug* qn a qc; *Examen a.* qn décroche qc *fam*
6. *sl* (*kapieren*) ■ **jd packt etw** qn pige qc *fam*
► **jd packt etw voll** *Koffer, Auto, Tasche* qn bourre qc; **jdn hat es** [**ganz schön**] **gepackt** *fam* qn s'est [bien] fait prendre *fam*
II. *vr fam* ■ **jd packt sich** qn se casse *fam*
Packen <-s, -> *m* [*Kleider, Baumwolle, Reißwolle, Altpapier*] ballot *m*; [*Bücher*] paquet *m*; [*Wäsche, Bücher*] pile *f*
packend I. *adj* captivant(e)
II. *adv* de façon captivante
Packer(in) <-s, -> *m(f)* 1. (*im Versand*) emballeur(-euse) *m(f)*
2. (*Möbel~*) déménageur *m*
Packerei <-> *f* Ø *fam* corvée *f* des valises
Packesel *m* âne *m* de bât **Packpapier** *nt* papier *m* d'emballage, papier *m* kraft **Packsattel** *m* bât *m*; (*fürs Fahrrad*) paire *f* de sacoches
Packung <-, -en> *f* 1. (*Schachtel*) paquet *m*; [*Bonbons a.*] sachet *m*; [*Pralinen, Seife*] boîte *f*
2. MED cataplasme *m*; (*Gesichts~, Haarkur*) masque *m*
Pädagoge <-n, -n> *m*, **-gogin** *f* 1. (*Lehrer*) enseignant(e) *m(f)*
2. (*Erziehungswissenschaftler*) pédagogue *mf*
Pädagogik <-> *f* Ø sciences *fpl* de l'éducation, pédagogie *f*
pädagogisch I. *adj* pédagogique; *Studium, Werk a.* de pédagogie
II. *adv* pédagogiquement
Paddel <-s, -> *nt* pagaie *f*
Paddelboot *nt* kayak *m*
paddeln *vi + sein o haben* ■ **jd paddelt** qn pagaie; ■ **jd paddelt irgendwohin** qn pagaie jusque quelque part; ***jd paddelt über den See*** qn traverse le lac en pagayant
Paddler(in) <-s, -> *m(f)* pagayeur(-euse) *m(f)*
paffen I. *vi fam* ■ **jd pafft** [**an etw** (*dat*)] qn fume [qc]; ***hier, nimm, du***

darfst auch mal ~ tiens, prends une taffe *fam;* (*nicht inhalieren*) qn fume [qc] sans avaler la fumée
II. *vt fam* ■ **jd pafft etw** qn tire sur qc
Page <-n, -n> ['pa:ʒə] *m* **1.** (*Hoteldiener*) groom *m,* chasseur *m*
2. (*Edelknabe*) page *m*
Pagenkopf ['pa:ʒən-] *m* coupe *f* au carré [*o* à la Jeanne d'Arc *vieilli*]
paginieren * *vt* ■ **jd/etw paginiert etw** qn/qc pagine qc
Pagode <-, -n> *f* pagode *f*
pah *interj* bof
Paillette <-, -n> [pai'jɛtə] *f* paillette *f*
Paket <-[e]s, -e> *nt* paquet *m;* POST *a.* colis *m;* ***die Gesetzesvorschläge werden als ~ behandelt*** les projets de loi sont traités en bloc
Paket- *-gewicht, -größe, -breite, -länge* du colis; *-beförderung, -wagen, -zusteller, -zustellung* des colis; *-aufkleber, -gebühr* pour colis; *-adresse* sur le colis **Paketannahme** <-, -en> *f* **1.** ∅ (*die Annahme*) réception *f* des colis **2.** (*Paketschalter*) guichet *m* [de réception] des colis **Paketausgabe** *f* retrait *m* des colis **Paketkarte** *f* bordereau *m* d'expédition des colis **Paketpost** *f* **1.** (*Pakete*) colis *mpl* acheminés par le SERNAM **2.** (*Paketzusteller*) service *m* [de livraison] des colis **Paketschalter** *m* guichet *m* [d'enregistrement] des colis
Pakistan <-s> *nt* le Pakistan
Pakistaner(in) <-s, -> *m(f),* **Pakistani** <-[s], -[s]> *m,* <-, -[s]> *f* Pakistanais(e) *m(f)*
Pakt <-[e]s, -e> *m* pacte *m*
▸ **der Warschauer** ~ le pacte de Varsovie
paktieren * *vi* ■ **jd paktiert mit jdm** qn pactise avec qn
Paläo- paléo…
Palast <-[e]s, Paläste> *m* palais *m*
Palästina <-s> *nt* la Palestine
Palästinenser(in) <-s, -> *m(f)* Palestinien(ne) *m(f)*
Palatschinke <-, -n> *f* AUS omelette *f* fourrée
Palaver <-s, -> [-ve] *nt fam* palabres *fpl*
▸ **sie halten ein ~ ab** ils/elles se perdent dans des palabres, ils/elles palabrent
palavern * [-vɐn] *vi fam* ■ **jd palavert** (*lange*) qn palabre; ■ **jd palavert [mit jdm]** (*sich unterhalten*) qn discute [avec qn]
Palette <-, -n> *f* **1.** IND palette *f*
2. ART palette *f*
3. *geh* (*Vielfalt*) gamme *f,* éventail *m*
paletti *adv* ▸ **alles** ~ *sl* tout [*o* ça] baigne [dans l'huile] *fam*
Palisade <-, -n> *f* palis *m*
Palladium <-s> *nt* ∅ CHEM palladium *m*
Palm- de palmier; *~**baum*** palmier *m;* *~**krone*** couronne *f* de palmes; *~**öl*** huile *f* de palme; *~**wedel*** palme *f*
Palme <-, -n> *f* palmier *m*
▸ **jd/etw bringt jdn [mit etw] auf die** ~ *fam* qn/qc hérisse le poil à qn [avec qc] *fam*
Palmen- *s.* **Palm-**
Palmsonntag *m* ■ **[der]** ~ le dimanche des Rameaux, les Rameaux *mpl*
Pamp <-s> *m* ∅ DIAL *fam s.* **Pampe**
Pampe <-> *f* ∅ DIAL *pej fam* bouillasse *f fam,* mélasse *f*
Pampelmuse <-, -n> *f* pamplemousse *m*
Pamphlet <-[e]s, -e> *nt pej geh* pamphlet *m*
pampig *adj fam* **1.** (*frech*) insolent(e), impertinent(e)
2. (*zäh breiig*) pâteux(-euse)
Pan <-s> *m* Pan *m*
pan-, Pan- pan…
Panade <-, -n> *f* panure *f*
Panda <-s, -s> *m* panda *m*
Paneel <-s, -e> *nt form* **1.** (*Feld*) panneau *m*
2. (*Täfelung*) lambris *m*
Panflöte *f* flûte *f* de Pan
panieren * *vt* ■ **jd paniert etw** qn pane qc
Paniermehl *nt* chapelure *f*
Panik <-, -en> *f* panique *f*
▸ **[eine] ~ bricht aus** un vent de panique se déclenche; **nur keine ~!** *fam* pas de panique! *fam*
Panikmache <-> *f* ∅ *pej fam* alarmisme *m,* vision *f* alarmiste
panisch I. *adj attr* panique
II. *adv laufen, drängen* pris(e) de panique; ***sie drängen ~ zum Ausgang*** pris(es) de panique, ils/elles se précipitent vers la sortie; ***jd fürchtet sich*** ~ qn est pris(e) de [peur] panique; ***Tiere reagieren*** ~ les animaux réagissent par la panique
Pankreas <-, Pankreaten> *nt* pancréas *m*
Pankreas- du pancréas; *-insuffizienz a.* pancréatique
Panne <-, -n> *f* **1.** (*Defekt*) panne *f*
2. *fam* (*Missgeschick*) boulette *f fam*
▸ **jd hat eine** ~ qn tombe en panne; **jdm passiert eine** ~ *fam* qn fait une boulette *fam*
Pannenkoffer *m* caisse *f* [*o* boîte *f*] à outils
Panorama <-s, Panoramen> *nt* panorama *m*
Panoramabus *m* car *m* panoramique **Panoramaspiegel** *m* rétroviseur *m* panoramique
panschen I. *vt* ■ **jd panscht etw** *Bier, Wein* qn mouille qc, qn coupe qc
II. *vi* **1.** (*verdünnen*) ■ **jd panscht** qn mouille [*o* coupe] le vin/la bière
2. *fam* (*planschen*) ■ **jd panscht** qn barbote
Panscher(in) <-s, -> *m(f) pej fam* fraudeur(-euse) *m(f)* qui mouille [*o* coupe] le vin/la bière
Pansen <-s, -> *m* **1.** ZOOL panse *f*
2. NDEUTSCH *fam* (*Magen*) panse *f fam*
Panter[RR] *s.* **Panther**
Pantheismus <-> *m* ∅ panthéisme *m*
pantheistisch *adj* panthéiste
Panther <-s, -> *m* panthère *f*
▸ **Graue** ~ (*Seniorenpartei*) les Panthères *fpl* Grises (*organisation de personnes âgées très active sur le plan politique*)
Pantine <-, -n> *f* NDEUTSCH *s.* **Pantoffel**
Pantoffel <-s, -n> *m* pantoufle *f*
▸ **jd gerät [*o* kommt] unter den** ~ *fam* qn se fait mener par le bout du nez [par sa femme] *fam;* **jd steht unter dem** ~ *fam* qn est mené(e) par le bout du nez [par sa femme] *fam*
Pantoffelheld *m fam* mari *m* brimé [*o* mené par le bout du nez] **Pantoffeltierchen** *nt* paramécie *f*
Pantomime <-, -n> *f* pantomime *f*
Pantomime <-n, -n> *m,* **-mimin** *f* mime *m*
pantomimisch I. *adj* mimé(e); *~**e Gebärdensprache*** langage *m* mimé; *~**es Gebärdenspiel/Mienenspiel*** mime *m*
II. *adv* en mimant
pantschen *vt, vi s.* **panschen**
Panzer <-s, -> *m* **1.** MIL char *m* [de combat] [*o* d'assaut]
2. ZOOL carapace *f*
3. (*Panzerung*) [*Gerät, Reaktor, Safe*] blindage *m*
4. HIST (*Brust~*) cuirasse *f*
Panzer- blindé(e); *~**fahrzeug*** véhicule *m* blindé; MIL *a.* blindé *m;* *~**schrank*** coffre-fort *m*
Panzerabwehr *f* défense *f* antichar
Panzerabwehr- antichar
Panzerfaust *f* bazooka *m,* lance-roquettes *m* [antichar]
panzern *vt* ■ **jd panzert etw** qn blinde qc; ■ **gepanzert** blindé(e)
Panzerspähwagen *m* [véhicule *m*] blindé *m* de reconnaissance
Panzerung <-, -en> *f* **1.** (*gepanzertes Gehäuse*) blindage *m*
2. ZOOL carapace *f*
Papa <-s, -s> *m fam* papa *m*
Papagei <-s, -en> *m* perroquet *m*
▸ **wie ein** ~ comme un perroquet
Papaya <-, -s> [pa'pa:ja] *f* papaye *f*
Papeterie <-, -n> [-ri:ən] *f* CH *s.* **Schreibwarenhandlung**
Papi <-s, -s> *m fam* papa *m*
Papier <-s, -e> *nt* **1.** ∅ (*Material, Schriftstück*) papier *m*
2. *pl* (*Dokumente*) papiers *mpl*
3. FIN (*Wert~*) titre *m*
▸ **~ ist geduldig** le papier souffre tout; **jd bringt etw zu ~** qn met qc sur le papier; **etw steht [*o* existiert] nur auf dem ~** qc n'existe que sur le papier; **~ verarbeitend** de transformation du papier
Papier- **1.** (*aus Papier*) de papier; *-handtuch, -taschentuch, -serviette, -tüte, -windel* en papier **2.** (*für Papier*) *-träger, -stütze, -anlage* à papier; *-durchlass, -einzug* du papier **Papierfabrik** *f* papeterie *f* **Papiergeld** *nt* papier-monnaie *m* **Papierkorb** *m* corbeille *f* [à papier]; INFORM corbeille *f* **Papierkram** *m fam* paperasserie *f* **Papierkrieg** *m fam* guéguerre *f* de la paperasse *fam* ▸ **jd führt einen ~ [mit jdm]** qn mène une correspondance paperassière [avec qn] **Papierschere** *f* ciseaux *mpl* à papier **Papiertiger** *m fam* tigre *m* de papier **papierverarbeitend** *s.* **Papier** ▸. **Papiervorschub** *m* avance *f* papier
papp *interj* ▸ **jd kann nicht mehr ~ sagen** *fam* qn ne peut plus rien avaler
Papp- (*aus Pappe*) *-becher, -teller* en carton; *-streifen, -stück* de carton; *~**karton*** boîte *f* en carton **Pappdeckel** *m* (*Stück Karton*) carton *m*
Pappe <-, -n> *f* carton *m,* carton-pâte *m*
▸ **etw ist nicht von ~** *fam* qc n'est pas de la gnognot[t]e *fam*
Pappel <-, -n> *f* peuplier *m*
päppeln *vt fam* ■ **jd päppelt jdn/ein Tier** qn donne à manger à qn/un animal; *Vogel* qn donne la becquée à un animal
pappen I. *vt fam* ■ **jd pappt etw an [*o* auf] etw** (*akk*) qn colle qc sur qc
II. *vi fam* ■ **etw pappt** qc colle
Pappenheimer *pl* ▸ **jd kennt seine ~** *fam* qn sait à qui il/elle a affaire
Pappenstiel *m* ▸ **etw ist keinen ~ wert** *fam* qc ne vaut pas un clou *fam;* **etw ist kein ~** *fam* qc, ça n'est [*o* c'est *fam*] pas rien; **für einen ~** *fam* pour une bouchée de pain, pour trois fois rien
papperlapapp *interj veraltend fam* taratata *fam*
pappig *adj fam Brei, Lehm, Schnee* collant(e); *Gemüse, Kartoffeln* en bouillie
Pappkamerad *m sl* silhouette *f* [*o* cible *f*] en carton **Pappkarton** [-kartɔŋ, -kartõ:, -karto:n] *m* **1.** (*Pappschachtel*) boîte *f* en carton **2.** (*Pappe*) carton *m,* carton-pâte *m*
Pappmaché, Pappmaschee[RR] <-s, -s> [-ma'ʃe:] *nt* papier *m* mâché
Pappschachtel *f* boîte *f* en carton **Pappschnee** *m* neige *f* collante
Paprika <-s, -[s]> *m* **1.** ∅ (*Strauch*) piment *m*
2. (*Schote*) poivron *m*
3. ∅ (*Gewürz*) paprika *m*
Paprikaschote *f* poivron *m*
▸ **gefüllte ~n** poivrons *mpl* farcis
Paps[1] <-> *m* ∅ *fam* (*Papi*) papa *m*
Paps[2] <-> *m* ∅ *fam* (*breiartige Masse*) pâtée *f*
Papst <-[e]s, Päpste> *m* pape *m*
▸ **jd ist päpstlicher als der ~** qn est plus royaliste que le roi
päpstlich *adj* papal(e); *Enzyklika, Segen* pontifical(e); *Nuntius* apostolique
Papyrus <-, Papyri> [pa'py:rʊs] *m* **1.** (*Schreibmaterial*) papyrus *m*
2. (*gerollter ~*) papyrus *m,* rouleau *m* de papyrus
Papyrusrolle [pa'py:rʊs-] *f s.* **Papyrus 2.**
Parabel <-, -n> *f* LITER, MATH parabole *f*

Parabolantenne *f* parabole *f,* antenne *f* parabolique
parabolisch I. *adj* parabolique
II. *adv sehen, verstehen* comme [une] parabole
Parabolspiegel *m* miroir *m* parabolique
Parade <-, -n> *f* 1. MIL défilé *m*
2. SPORT parade *f*
▶ **jd nimmt die ~ ab** qn passe les troupes en revue; **jd fährt jdm in die ~** *geh* (*durchkreuzt jds Pläne*) qn lui met des bâtons dans les roues; (*unterbricht jdn*) qn coupe la parole à qn
Paradebeispiel *nt* exemple *m* révélateur
Paradeiser <-s, -> *m* AUS (*Tomate*) tomate *f*
Parademarsch *m* marche *f* [*o* pas *m*] de parade **Paradepferd** *nt fam* (*Aushängeschild*) faire-valoir *m* **Paradestück** *nt* fleuron *m*
Paradies <-es, -e> *nt* paradis *m*
▶ **das ~ auf Erden** le paradis sur terre; **[das ist] nicht gerade das ~ auf Erden** [ce n'est] pas vraiment le paradis sur terre; **etw ist ein ~ für jdn** qc est un paradis pour qn
-paradies *nt* paradis *m* des/pour les; ***dieser Ort ist das reinste Taucher~*** cet endroit est le paradis des plongeurs; ***ein Skifahrer~*** un paradis pour les skieurs
paradiesisch I. *adj* paradisiaque
II. *adv leer, ruhig, schön* idéalement, aussi ... qu'au paradis; ***jd fühlt sich ~ wohl*** qn se sent idéalement bien
Paradiesvogel *m* 1. ORN oiseau *m* de paradis
2. (*schillernde Persönlichkeit*) drôle *m* d'oiseau
paradox I. *adj* paradoxal(e)
II. *adv* d'une manière paradoxale
Paradox <-es, -e> *nt,* **Paradoxon** <-s, Paradoxa> *nt geh* paradoxe *m*
paradoxerweise *adv* paradoxalement
Paraffin <-s, -e> *nt* paraffine *f*
Paraglider <-s, -> ['paraglaidɐ] *m* parapente *m*
Paraglider(in) <-s, -> ['paraglaidɐ] *m(f)* parapentiste *mf*
Paragliding <-s> ['paraglaidɪŋ] *nt* ∅ parapente *m*
Paragraf^RR *s.* **Paragraph**
-paragraf^RR *s.* **-paragraph**
Paragrafenreiter^RR *s.* **Paragraphenreiter. Paragrafenzeichen**^RR *s.* **Paragraphenzeichen**
Paragraph <-en, -en> *m* article *m*
-paragraph *m* article *m* sur
Paragraphenreiter(in) *m(f) pej fam:* ***er ist ein richtiger ~*** il est vraiment à cheval sur le règlement **Paragraphenzeichen** *nt* paragraphe *m*
parallel I. *adj* 1. (*örtlich*) parallèle; ***der Verlauf der beiden Wege ist ~*** les deux chemins sont parallèles; ***der ~e Verlauf von Straße und Bahnlinie*** les tracés parallèles de la route et de la voie ferrée; ■ **~ zu etw** parallèle à qc
2. (*zeitlich*) *Entwicklung, Interessen* parallèle; *Studium, Teilnahme* simultané(e); ***ein ~es Studium von Biologie und Chemie ist anstrengend*** faire en même temps [*o* simultanément] des études de biologie et de chimie exige de gros efforts
II. *adv* 1. (*örtlich*) ■ **~ [zu etw]** parallèlement [à qc]
2. (*gleichzeitig*) parallèlement
Parallelcomputer [-kɔmpju:tɐ] *m* ordinateur *m* parallèle
Parallele <-, -n> *f* 1. GEOM parallèle *f*
2. (*Entsprechung*) précédent *m*
▶ **jd/etw zieht eine ~/~n** qn/qc fait une comparaison/des comparaisons; **jd/etw zieht eine ~ [*o* ~n] zu etw** qn/qc établit une correspondance [*o* des correspondances] avec qc; ***man könnte hinsichtlich dieser Affäre eine ~ ziehen zum Fall X*** on pourrait mettre cette affaire en parallèle avec l'affaire X
Parallelfall *m* précédent *m,* cas *m* semblable, cas analogue [*o* similaire]
Parallelismus <-, -men> *m s.* **Parallelität 2.**
Parallelität <-, -en> *f* 1. ∅ GEOM parallélisme *m*
2. [*Ereignisse, Fälle, Vorkommnisse*] parallélisme *m*
Parallelklasse *f* classe *f* parallèle
Parallelogramm <-gramme> *nt* parallélogramme *m*
Parallelport [-pɔ:t] *m* INFORM port *m* parallèle **Parallelrechner** *m* ordinateur *m* parallèle **Parallelschnittstelle** *f* INFORM port *m* parallèle **Parallelschwung** *m* christiania *m* **Parallelverarbeitung** *f* INFORM multitraitement *m*
Paralyse <-, -n> [para'ly:zə] *f* paralysie *f*
paralysieren * *vt* 1. MED ■ **etw paralysiert jdn/etw** qc paralyse qn/qc
2. *geh* (*lahm legen*) ■ **etw paralysiert etw** qc paralyse qc
Parameter <-s, -> *m* paramètre *m*
paramilitärisch *adj* paramilitaire
Paranoia <-> *f* ∅ paranoïa *f*
paranoid *adj* paranoïde
paranoisch *adj* paranoïaque; ***~e Patienten*** des paranoïaques
Paranuss^RR *f* noix *f* du Brésil
Paraphe <-, -n> *f* paraphe *m*
paraphieren * *vt* ■ **jd paraphiert etw** qn paraphe qc
Paraphierung <-, -en> *f* signature *f*
Paraphrase *f* paraphrase *f*
Parapsychologie *f* parapsychologie *f*
Parasit <-en, -en> *m* 1. BIO parasite *m*
2. (*Schmarotzer*) parasite *m*
parasitär I. *adj* BIO *Lebewesen, Pflanze, Tier* parasite; *Lebensweise* parasitaire
II. *adv* en parasite
parat *adj* ▶ **jd hat etw ~** *Ausrede, Entschuldigung* qn a qc tout(e) prêt(e); **jd hält etw ~** *Ausweis, Fahrkarte, Werkzeug, Schusswaffe* qn garde qc à portée de [la] main; **jd legt [sich (*dat*)] etw ~** *Pass, Ausrüstungsgegenstand* qn prépare qc
Pärchen <-s, -> *nt* 1. (*Liebespaar*) couple *m* [d'amoureux]
2. [*Vögel, Hamster*] couple *m*
Parcours <-, -> [par'ku:ɐ] *m* parcours *m*
Pardon <-s> [par'dõ:] I. *m o nt* ∅ 1. (*Vergebung*) pardon *m*
2. (*Begnadigung*) grâce *f*
▶ **jd bittet jdn um ~** qn demande pardon à qn; **jd gibt keinen ~** qn ne fait pas de quartier; **da gibt's kein ~** *fam* on ne discute pas; **jd kennt kein ~** *fam* qn ne rigole pas *fam*
II. *interj* 1. (*entschuldigen Sie*) pardon
2. (*wie bitte?*) ■ ~? pardon?
▶ [**o**] ~! [oh] pardon!, [oh] excuse/excusez-moi!
Parenthese <-, -n> *f* parenthèse *f*
▶ **jd setzt etw in ~** *Erklärung, Satz, Wort* qn met qc entre parenthèses
par excellence [parɛksɛ'lã:s] *adv geh Gentleman, Kavalier* par excellence; ***eine Abfuhr ~*** une rebuffade en bonne et due forme
Parfüm <-s, -e *o* -s> *nt* parfum *m*
Parfümerie <-, -en> [-'ri:ən] *f* parfumerie *f*
parfümieren * I. *vt* 1. (*Parfüm benutzen*) ■ **jd parfümiert jdn/etw** qn parfume qn/qc
2. (*mit Duftstoffen versetzen*) ■ **jd parfümiert etw [mit etw]** *Seife, Tee* qn parfume qc [à qc]
II. *vr* ■ **jd parfümiert sich** qn se parfume
Parfümzerstäuber *m* vaporisateur *m* [*o* atomiseur *m*] à parfum
parieren*[1] *vi* (*gehorchen*) ■ **jd/ein Tier pariert [jdm]** qn/un animal obéit [à qn]
parieren*[2] *vt* (*abblocken*) ■ **jd pariert etw** *Angriff, Hieb, Schlag, Stoß* qn pare qc
Paris <-> *nt* Paris *m*
Pariser[1] *adj attr* 1. (*in Paris befindlich*) *Haus, Wohnung* parisien(ne); *Flughafen, Innenstadt* de Paris; ***der ~ Autoverkehr*** le circulation dans Paris
2. (*aus Paris stammend*) *Charme, Chic, Mode, Couturier* parisien(ne); *Akzent a.* parigot(e) *fam*
Pariser[2] <-s, -> *m sl* (*Kondom*) capote *f* [anglaise] *fam*
Pariser(in) <-s, -> *m(f)* Parisien(ne) *m(f)*
Pariserbrot *nt* CH baguette *f*
Parität <-, -en> *f* parité *f*
paritätisch I. *adj geh* paritaire
II. *adv geh* de façon paritaire
Park <-s, -s> *m* parc *m*
Parka <-[s], -s> *m o f* parka *m o f*
Park-and-ride-System ['pa:(r)kˀænd'raidzʏste:m] *nt système de stationnement à la périphérie des villes, incitant les automobilistes à utiliser les transports en commun*
Parkdeck *nt* niveau *m* [de/du parking]
parken I. *vi* ■ **jd parkt irgendwo** qn se gare quelque part; ■ **jd/etw parkt irgendwo** qn/qc est garé(e) [*o* stationné(e)] quelque part; ***wo parkst du?*** où [t']es-tu garé(e)?; ***wo parkst du mit deinem Wagen?*** où as-tu garé ta voiture?; ■ **~d** garé(e), en stationnement; ■ **das P~** *verbal übersetzt;* ***das P~ im Parkhaus ist zu empfehlen*** il est conseillé de se garer au parking; ***er wurde beim P~ auf einem privaten Parkplatz erwischt*** il s'est fait pincer alors qu'il était garé [*o* stationnait] sur une place de parking privée
II. *vt* 1. ■ **jd parkt etw [irgendwo]** *Fahrzeug* qn gare qc [quelque part]
2. *fam* ■ **jd parkt etw** *Geld, Aktien* qn met qc au frais *fam*
Parkett <-s, -e> *nt* 1. (*Holzfußboden*) parquet *m*
2. (*Tanzfläche*) piste *f* [de danse]
3. CINE, THEAT orchestre *m*
▶ **auf dem internationalen ~** sur la scène internationale
Parkett[fuß]boden *m* parquet *m*
Parkgebühr *f* taxe *f* [*o* droit *m*] de stationnement **Parkhaus** *nt* parking *m* à étages
parkieren * *vt, vi* CH *s.* **parken**
Parkingmeter *m* CH parcmètre *m*
Parkinsonkrankheit^RR, **parkinsonsche Krankheit**^RR *f* maladie *f* de Parkinson
Parkkralle *f* sabot *m* de Denver **Parklandschaft** *f* parc *m* à l'anglaise; ***das Münsterland erinnert an eine ~*** le Münsterland fait penser à un parc à l'anglaise **Parkleuchte** *f* AUT feux *mpl* de stationnement **Parklücke** *f* place *f* libre; ***jd fährt in die ~*** qn prend la place; ***jd fährt rückwärts in die ~*** qn fait un créneau **Parkmöglichkeit** *f* possibilité *f* de stationnement
Parkometer <-s, -> *nt s.* **Parkuhr**
Parkplatz *m* (*einzelner*) place *f* de stationnement [*o* de parking], place pour se garer; (*großer*) parking *m;* (*an der Autobahn*) aire *f* de stationnement **Parkscheibe** *f* disque *m* de stationnement **Parkschein** *m* ticket *m* de stationnement [*o* parking] **Parkscheinautomat** *m* distributeur *m* [de tickets de stationnement [*o* parking]] **Parkstudium** *nt fam études faites en attendant de pouvoir s'inscrire dans la spécialité de son choix* **Parksünder(in)** *m(f)* automobiliste *mf* en stationnement illicite **Parkuhr** *f* parcmètre *m* **Parkverbot** *nt* 1. (*Verbot, zu parken*) interdiction *f* [*o* défense *f*] de stationner 2. (*Parkverbotszone*): ***hier ist ~*** stationnement interdit, c'est interdit de stationner ▶ **jd parkt/hält/steht im ~** qn se gare/est en stationnement interdit **Parkverbot[s]schild** *nt* panneau *m* d'interdiction de stationner **Parkwächter(in)** *m(f)* gardien(ne) *m(f)* de parking **Parkzeit** *f* temps *m* [*o* durée *f*] de stationnement
Parlament <-[e]s, -e> *nt* 1. (*Volksvertretung*) Parlement *m;* (*in Frankreich a.*) Assemblée *f* [nationale]
2. (*Parlamentsgebäude*) parlement *m;* (*in Frankreich a.*) Assemblée *f* [natio-

nale]
► **Europäisches** ~ Parlement *m* européen
Parlamentarier(in) <-s, -> [-'taːriɐ] *m(f)* parlementaire *mf*
parlamentarisch *adj* parlementaire; *Mehrheit, Minderheit, Fraktion* au parlement; *Ausschuss, Versammlung* du parlement, parlementaire
Parlaments- *-ausschuss, -kommission, -debatte, -ferien, -neuwahl* parlementaire; *-beschluss, -sitzung, -präsident* du Parlement; *~gebäude* parlement *m* **Parlamentsmitglied** *nt* parlementaire *mf,* membre *m* du Parlement
Parmesan <-s> *m ∅,* **Parmesankäse** *m ∅* parmesan *m*
Parodie <-, -n> [-'diːən] *f* parodie *f;* [*Schriftsteller, Schreibstil*] pastiche *m;* ~ ***auf jdn*** parodie de qn
parodieren * *vt* ■ **jd parodiert jdn/etw** qn parodie qn/qc; *Schriftsteller, Schreibstil* qn pastiche qn/qc
Parodist(in) <-en, -en> *m(f)* (*Verfasser*) parodiste *mf;* (*Schauspieler*) imitateur(-trice) *m(f)*
parodistisch *adj* parodique; ***ein gelungener ~er Auftritt*** une parodie réussie; ***~e Imitationen*** des parodies; ***eine ~e Sendung/ein ~er Sketch*** une émission/un sketch d'imitations
Parodontose <-, -n> *f* parodontose *f*
Parole <-, -n> *f* **1.** MIL mot *m* de passe
2. (*Losung*) slogan *m*
3. (*angebliche Meldung*) rumeur *f,* bruit *m*
Paroli *nt geh* ► **jd bietet jdm** ~ qn tient tête à qn; **jd bietet einer S.** ~ qn résiste à qc
Part <-s, -s> *m* **1.** (*Anteil*) part *f*
2. THEAT rôle *m*
3. MUS partie *f*
Partei <-, -en> *f* **1.** POL parti *m*
2. JUR partie *f*
3. (*Mietpartei*) locataire *mf*
► **kommunistische** ~ parti *m* communiste; **die streitenden ~en** les parties plaidantes; **die vertragschließenden ~en** les parties contractantes; **jd ergreift jds ~, jd ergreift** [*o* **nimmt**] **~ für jdn** qn prend parti pour qn [*o* le parti de qn]; **jd ergreift** [*o* **nimmt**] **~ gegen jdn** qn prend parti contre qn; **jd geht in die ~** qn entre [*o* adhère] au parti; **jd ist ~** qn est partie; **jd steht über den ~en** qn est au-dessus des partis
Partei- d'un/du parti; *-mitgliedschaft, -eintritt* à un/au parti; *-frieden* au sein d'un/du parti; ***~genosse*** camarade *m;* ***~verdrossenheit*** désintérêt *m* à l'égard des partis; ***~beitritt*** adhésion *f* [à un/au parti]
-partei *f* parti *m* des; ***Radikalen~*** parti *m* radical
Parteibuch *nt* carte *f* de/du parti ► **jd hat das falsche** ~ *fam* qn n'a pas la bonne carte [de parti]; **jd hat das richtige** ~ *fam* qn a la bonne carte [de parti] **Parteichef(in)** [-ʃɛf] *m(f)* chef *m* de/du parti
Parteienfinanzierung *f* financement *m* des partis
Parteifreund(in) *m(f)* membre *m* du même parti; ***ich treffe mich mit ~en*** on se retrouve entre membres du parti **Parteigänger(in)** <-s, -> *m(f)* partisan(e) *m(f)* **parteiintern I.** *adj* interne au parti **II.** *adv* au sein du parti
parteiisch I. *adj* partial(e)
II. *adv urteilen* avec partialité, partialement; ***jd ist ~ eingestellt*** qn a une attitude partiale
parteilich *adj* **1.** *Angelegenheit, Dinge* qui concerne le parti; *Grundsätze* d'un/du parti
2. *rare s.* **parteiisch**
Parteilichkeit <-> *f ∅* partialité *f*
Parteilinie [-liːniə] *f* ligne *f* de/du parti
parteilos *adj* sans étiquette; *Abgeordneter a.* non-inscrit(e) **Parteilose(r)** *f(m) decl wie adj* homme *m* politique sans étiquette
Parteimitglied *nt* membre *m* du parti
Parteinahme <-, -n> *f* prise *f* de position (*für* pour, en faveur de)
Parteipolitik *f* politique *f* de/du parti **parteipolitisch I.** *adj* qui relève de [*o* qui ressortit à] la politique de parti **II.** *adv geboten, ratsam* pour des raisons de politique du parti; *gewagt, bedenklich* du point de vue de la politique du parti **Parteiprogramm** *nt* programme *m* de/du parti
Parteispende *f* don *m* à un/au parti
Parteispenden- du financement illicite des partis politiques; ***~ausschuss*** commission *f* d'enquête sur le financement illicite des partis politiques
Parteitag *m* **1.** (*Parteikonferenz*) congrès *m* de/du parti **2.** (*Beschlussorgan*) bureau *m* [politique] **Parteivorsitzende(r)** *f(m) decl wie adj* leader *m* d'un/du parti, chef *m* de/du parti **Parteizugehörigkeit** *f* appartenance *f* à un/au parti; ***was hast du für eine ~?*** tu appartiens à quel parti?
parterre [par'tɛr] *adv* au rez-de-chaussée
Parterre <-s, -s> [par'tɛr(ə)] *nt* rez-de-chaussée *m*
Partie <-, -n> [-'tiːən] *f* **1.** (*Körperbereich*) partie *f*
2. SPORT partie *f*
3. COM (*Posten*) lot *m*
► **jd ist eine gute ~ [für jdn]** qn est un beau parti [pour qn]; **jd macht eine gute ~ [mit jdm]** qn fait un beau mariage [avec qn]; **jd ist mit von der ~** qn est de la partie
partiell I. *adj geh* partiel(le)
II. *adv geh* partiellement
Partikel <-, -n> *f* (*alle Bedeutungen*) particule *f*
Partisan(in) <-s *o* -en, -en> *m(f)* partisan(e) *m(f)*
Partisanenkrieg *m* guerre *f* menée par des partisans, guérilla *f*
Partition <-, -en> *f* INFORM partition *f*
► **aktive/erweiterte** ~ partition *f* active/étendue
partitiv *adj* GRAM partitif(-ive)
Partitur <-, -en> *f* partition *f*
Partizip <-s, -ien> [-'tsiːpiən] *nt* participe *m*
► **das ~ Präsens/Perfekt** le participe présent/passé
Partizipialkonstruktion *f* construction *f* participiale **Partizipialsatz** *m* [proposition *f*] participiale *f*
Partner(in) <-s, -> *m(f)* **1.** (*Lebensgefährte*) compagnon/compagne *m/f,* ami(e) *m(f)*
2. (*zweite Person bei etw*) partenaire *mf*
3. SPORT partenaire *mf*
4. COM associé(e) *m(f)*
Partnerlook [-lʊk] *m* vêtements *mpl* coordonnés pour le couple; ***das Ehepaar war im ~ gekleidet*** le couple portait des vêtements coordonnés
Partnerschaft <-, -en> *f* **1.** (*Zusammenleben von Partnern*) vie *f* en couple; ***in einer ~*** dans le couple; ***nach mehreren ~en*** après plusieurs expériences de vie en couple
2. (*Städte~*) jumelage *m*
► **jd lebt in einer ~** qn vit en union libre
partnerschaftlich I. *adj* basé(e) sur le respect de l'autre; ***ein ~es Verhältnis*** des rapports d'égal à égal; ***ein ~es Vertrauen*** une confiance réciproque
II. *adv:* ***wenn man ~ zusammenleben/zusammenarbeiten will*** si l'on veut vivre en couple/collaborer en respectant l'autre
Partnerstadt *f* ville *f* jumelée **Partnertausch** *m* échangisme *m*
partout [par'tuː] *adv* absolument; *etw wollen a.* à tout prix; ***er will ~ nicht mitkommen*** il ne veut venir à aucun prix
Party <-, -s *o* Parties> ['paːɐti] *f* soirée *f;* (*für Jugendliche*) boum *f fam*
► **jd gibt eine ~** qn organise une soirée; /*Jugendliche*/ qn fait une boum *fam*
Partyservice ['paːɐtisœrvɪs] *m* traiteur *m*
Parzelle <-, -n> *f* parcelle *f*
parzellieren * *vt* ■ **jd parzelliert etw** qn divise qc en parcelles, qn parcellise qc
Pascha <-s, -s> *m* **1.** HIST pacha *m*
2. *pej* pacha *m;* ***er wird immer mehr zum ~*** il se prend de plus en plus pour un pacha
► **wie ein ~** comme un pacha; ***zu Hause spielt er sich auf wie ein ~*** chez lui, il fait le pacha
Paspel <-, -n> *f* passepoil *m*
Pass[1RR], **Paß** <Passes, Pässe> *m* (*Reise~*) passeport *m*
Pass[2RR], **Paß** <Passes, Pässe> *m* GEOG col *m*
Pass[3RR], **Paß** <Passes, Pässe> *m* SPORT passe *f;* ***jd spielt einen ~*** qn fait une passe
passabel *adj* correct(e); *Anzug, Kleid, Hut* convenable
Passage <-, -n> [pa'saːʒə] *f* (*alle Bedeutungen*) passage *m*
Passagier(in) <-s, -e> [pasa'ʒiːɐ] *m(f)* passager(-ère) *m(f)*
► **ein blinder ~** un passager clandestin
Passagier- [pasa'ʒiːɐ-] *-liste, -gepäck, -gut* des passagers; *-flugzeug* de ligne; ***~dampfer*** paquebot *m*
Passant(in) <-en, -en> *m(f)* passant(e) *m(f)*
Passat[wind] <-s, -e> *m* [vent *m*] alizé *m*
Passbild[RR] *nt* photo *f* d'identité
passen[1] *vi* **1.** (*jds Maßen entsprechen*) ■ **etw passt** qc est à la bonne taille; /*Schuhe, Handschuhe*/ c'est la bonne pointure de qc; ■ **etw passt jdm** qc va à qn, qc est à la taille de qn; /*Schuhe, Handschuhe*/ c'est la bonne pointure de qc pour qn, c'est la pointure de qc qu'il faut à qn
2. (*harmonieren*) ■ **jd passt zu jdm** qn va [bien] avec qn; ■ **jd/etw passt irgendwohin:** ***es passt in unsere politische Landschaft, dass Politiker verkäuflich sind*** rien d'étonnant, dans le contexte politique, à ce que les hommes politiques soient vénaux; ***diese Mitarbeiterin passt einfach nicht zu uns/in unser Team*** cette collaboratrice ne nous convient pas/ne convient pas à notre équipe
3. ■ **etw passt zu etw** /*Farbe, Kleidungsstück, Muster*/ qc va [bien] avec qc, qc est assorti(e) à qc
4. ■ **etw passt jdm** /*Datum, Termin, Wochentag*/ qc convient à qn; ■ **jdm passt [es], dass/wenn ...** ça lui convient si ... + *indic;* ***das passt mir gut*** ça me va, ça me convient; ***passt es Ihnen?, passt Ihnen das?*** ça vous va?, ça vous convient?; ***das passt mir ganz und gar nicht*** ça ne m'arrange [*o* convient] pas du tout; ***das passt mir zeitlich leider gar nicht*** l'horaire ne me convient [*o* m'arrange] pas du tout; ***das würde mir besser ~*** ça m'arrangerait [*o* me conviendrait] mieux
5. (*unangenehm sein, nicht gefallen*) ■ **jd/etw passt jdm nicht** qn/qc ne plaît pas à qn; ■ **es passt jdm nicht, dass** ça ne plaît pas à qn que qn fasse qc; ■ **es passt jdm nicht, wie jd etw tut** la façon dont qn fait qc ne plaît pas à qn; ■ **etw passt jdm [an jdm] nicht** qc [en qn] ne plaît pas à qn; ***dieser Vorschlag will mir nicht recht ~*** cette proposition me chiffonne; ***passt dir an mir was nicht?*** y a-t-il quelque chose en moi qui ne te plaît pas?; ■ **jd passt jdm nicht [als jd]** [comme qn,] qn ne plaît pas à qn
► **sie ~ gut zueinander** ils/elles vont bien ensemble; **das könnte dir so ~!** *iron fam* tu crois ça! *fam,* tu l'as vu jouer où, celle-là? *fam;* **das passt zu dir/ihr/ihm!** *fam* ça te/lui ressemble bien!, c'est bien toi/elle/lui!
passen[2] *vi* **1.** KARTEN ■ **jd passt** qn passe
2. (*überfragt sein*) ■ **jd muss [bei etw]** ~ qn ne sait pas répondre [à qc]; ***bei dieser Frage muss ich leider ~*** alors là, je sèche *fam*
passend I. *adj* **1.** *Kleidungsstück* qui va, à ma/sa taille; *Schuhe, Handschuhe* à ma/sa pointure; *Mutter, Schraube, Schlüssel* qui va, qui correspond; ■ **~ zu etw** qui va avec qc, de la taille de qc; ***die ~e Vase*** le vase de la bonne taille
2. *Farbe, Muster, Kleidungsstück, Stoff, Tapete* assorti(e), qui va avec; ■ **etwas [zu etw/dazu] P~es** quelque chose d'assorti(e) [à qc] [*o* qui va avec [qc]]
3. *Termin, Wochentag, Zeit* qui convient; ***ein ~erer Termin*** un rendez-vous qui convient mieux; ***sie kam wieder mal im ~sten Augenblick*** *iron* une

fois de plus, elle est arrivée comme un chien dans un jeu de quilles
4. (*richtig*) *Partner, Mitarbeiter, Kandidat* qui convient; *Geschenk, Worte, Grußkarte* approprié(e); (*angemessen*) *Bemerkung, Benehmen, Kleidung* convenable; ***die ~sten Bemerkungen*** *iron* des remarques déplacées
► **gut/schlecht** ~ *Kleidungsstück* à ma/sa taille, qui [lui] va [bien]/ne [lui] va pas; *Schuhe, Handschuhe* à ma/sa pointure; **jd hat es ~** qn peut faire l'appoint; ***ich habe das Geld ~*** j'ai l'appoint
II. *adv* **1.** COUT *kürzen, machen, verlängern, zuschneiden* à la bonne longueur [*o* taille]; ***die Hose kürze/mache ich Ihnen ~*** j'ajuste le pantalon à votre taille
2. (*abgezählt*) *bereithalten:* ***bitte halten Sie das Fahrgeld ~ bereit!*** veuillez préparer votre monnaie pour régler votre ticket de transport
Passepartout <-s, -s> [paspar'tu:] *nt* (*für ein Foto*) passe-partout *m;* (*für mehrere Fotos*) pêle-mêle *m*
PassformRR *f:* ***das elastische Material sorgt für eine gute ~*** le tissu élastique assure une ligne très près du corps; ***Schnitt mit optimaler ~*** coupe irréprochable
PassfotoRR *nt s.* **Passbild**
passierbar *adj Durchfahrt, Straße* praticable, que l'on peut emprunter; *Fluss, Kanal* navigable; *Sumpf* que l'on peut traverser; *Pass a.* franchissable
passieren * I. *vi + sein* **1.** (*sich ereignen*) ■ **etw passiert** qc arrive, qc se passe; ***das musste ja [mal] ~!*** ça devait arriver!; ***ist was passiert?*** il est arrivé quelque chose?; ***da muss was [Schlimmes] passiert sein*** il a dû arriver quelque chose [de grave]
2. (*vorkommen*) ■ **etw passiert** qc arrive; ***so etwas soll ~/passiert eben*** ce sont des choses qui arrivent; ***dass mir das nicht noch mal passiert!*** que cela ne se reproduise plus!; ■ **es passiert, dass** il arrive que + *subj;* ***es kann ~, dass*** il se peut que + *subj*
3. (*unterlaufen*) ■ **etw passiert jdm** qc arrive à qn; ***so was kann auch nur dir ~!*** ca n'arrive qu'à toi!
4. (*zustoßen*): ***es wird ihm doch nichts passiert sein*** j'espère qu'il ne lui est rien arrivé; ***keine Angst, es wird Ihnen nichts ~*** n'ayez crainte, il ne vous arrivera rien [*o* vous ne risquez rien]; ***ihr ist etwas passiert*** il lui est arrivé quelque chose; ***wenn du nicht damit aufhörst, dann wirst du schon sehen, was passiert!*** si tu n'arrêtes pas, il va t'arriver des bricoles *fam*
5. (*durchgehen*) ■ **jd passiert** qn passe; ***hier darf keiner ~*** on ne passe pas; ■ **jd lässt jdn ~** qn laisse passer qn
6. ■ **etw passiert** /*Gesetz*/ qc passe
► **was ist passiert?** qu'est-ce qui est arrivé? [*o* s'est passé?]; **... sonst passiert was!** *fam* sinon tu vas avoir de mes nouvelles! *fam,* sinon tu vas avoir affaire à moi!
II. *vt + haben* **1.** ■ **jd/etw passiert etw** *Brücke, Grenze* qn/qc passe qc; *Tunnel* qn/qc emprunte qc; ***der Tunnel kann nicht passiert werden*** on ne peut pas passer par le tunnel
2. (*pürieren*) ■ **jd passiert etw** *Gemüse, Früchte* qn réduit qc en purée; ■ **jd passiert etw durch etw** qn passe qc à qc
Passierschein *m* laissez-passer *m*
Passion <-, -en> *f* **1.** (*Leidenschaft*) passion *f*
2. ECCL ■ **die ~** la Passion; ***die ~ Jesu*** la Passion de Jésus
► **jd hat eine ~ für etw** qn a la passion de qc; ***er hat eine ~ für Museenbesuche*** il adore visiter les musées; **aus ~**: ***jd ist Angler aus ~*** qn est un pêcheur passionné
passioniert *adj* passionné(e)
Passionsblume *f* passiflore *f* **Passionsfrucht** *f* fruit *m* de la passion **Passionsspiel** *nt* mystère *m* de la Passion, Passion *f*
passiv I. *adj* **1.** (*nicht aktiv*) *Art, Verhalten, Mensch* passif(-ive); *Veranlagung* à la passivité; ***~es Verhalten*** passivité *f*
2. *Raucher, Rauchen* passif(-ive)
II. *adv:* ***jd verhält sich ~*** qn est passif(-ive); ***jd bleibt ~*** qn reste passif(-ive); ***jd raucht ~ mit*** qn respire la fumée
Passiv <-s, -e> *nt* passif *m*
Passiv- *-posten* au [*o* du] passif; *-saldo* débiteur(-trice); ***~geschäft*** opérations *fpl* passives; ***~masse*** passif *m;* ***~seite*** passif *m;* ***~zinsen*** intérêts *mpl* servis [*o* accrédités] au client bancaire
Passiva [-va] *pl* passif *m*
Passivität <-> [-vi-] *f* ∅ passivité *f*
Passivrauchen *nt* tabagisme *m* passif
PasskontrolleRR *f* (*Vorgang, Stelle*) contrôle *m* des passeports ► **„~!“** “contrôle des passeports!” **Passstelle**RR *f* bureau *m* des passeports **Passstraße**RR *f* route *f* de/du col
Passus <-, -> *m* passage *m*
PasswortRR <-wörter> *nt* INFORM mot *m* de passe, code *m* [d'accès]
Paste <-, -n> *f* pâte *f*
Pastell <-s, -e> *nt* **1.** ∅ (*Technik*) pastel *m;* ***jd malt in ~*** qn peint au pastel
2. (*Pastellmalerei*) pastel *m*
Pastellfarbe *f* **1.** (*Pastellton*) teinte *f* [*o* ton *m*] pastel **2.** (*Malfarbe*) pastel *m;* ***jd malt mit ~n*** qn peint au pastel **pastellfarben** I. *adj* pastel *inv;* ***ihre Seidenbluse war bläulich ~*** elle portait un corsage de soie bleu pastel II. *adv gehalten sein, streichen* dans des tons pastel **Pastellmalerei** *f* **1.** ∅ (*Technik*) peinture *f* au pastel **2.** (*Bild*) pastel *m* **Pastellton** *m* ton *m* pastel
Pastete <-, -n> *f* (*in Terrinen*) pâté *m;* (*aus Blätterteig, mit Ragout*) vol-au-vent *m;* ***gebackene ~n*** pâtés en croûte
pasteurisieren * [pastøri'zi:rən] *vt* ■ **jd pasteurisiert etw** qn pasteurise qc; ***pasteurisierte Milch*** lait pasteurisé
Pastille <-, -n> *f* pastille *f;* ***~n mit Pfefferminzgeschmack*** pastilles à la menthe
Pastor <-en, -toren> *m,* **-torin** *f* NDEUTSCH pasteur *m*

Patchwork <-s, -s> ['pætʃwœrk] *nt* patchwork *m*
Patchwork- ['pætʃwœrk-] en patchwork; *-look, -design* patchwork
Pate <-n, -n> *m sl* (*Mafiaboss*) parrain *m*
Pate <-n, -n> *m,* **Patin** *f* ECCL parrain/marraine *m/f*
► **jd/etw hat bei etw ~ gestanden** qn/qc a influencé qc
Patenkind *nt* filleul(e) *m(f)* **Patenonkel** *m* parrain *m*
Patenschaft <-, -en> *f* **1.** (*Fürsorgepflicht*) parrainage *m;* ***jd hat die ~ für etw inne*** qn parraine qc
2. ECCL parrainage *m*
Patensohn *m* filleul *m* **Patenstadt** *f s.* **Partnerstadt**
patent *adj* **1.** *Idee, Vorschlag* judicieux(-euse)
2. *fam Sekretärin* qui touche sa bille *fam;* ***das ist ein ~er Kerl/Freund*** c'est un type bien; ***jd stellt sich ~ an*** qn est ingénieux(-euse) *fam*
Patent <-[e]s, -e> *nt* **1.** (*amtlicher Schutz*) brevet *m* [d'invention]; ■ **ein ~ auf etw** (*akk*) un brevet pour qc
2. (*Ernennungsurkunde*) brevet *m;* ***ein ~ als Kapitän*** un brevet de capitaine
3. CH (*staatliche Erlaubnis*) licence *f;* ***ein ~ als Fischer*** une licence de pêche
4. *fam* (*mangelhafter Mechanismus*) invention *f iron;* ***das ist wirklich ein blödes ~!*** c'est vraiment une drôle d'invention!
► **jd hat ein ~ auf etw** (*akk*) *auf ein Verfahren, auf einen bestimmten Artikel* qn a un brevet pour qc; **jd meldet etw als [*o* zum] ~ an, jd meldet ein ~ auf etw** (*akk*) **an** qn dépose un brevet pour qc
Patent- *-inhaber, -schutz* de/du brevet; *-rolle* des brevets; *-datenbank* sur les brevets; ***~schrift*** description *f* détaillée d'une/de l'invention; ***~urkunde*** brevet *m,* titre *m* de propriété industrielle; ***~gebühren*** royalties *fpl,* redevance *f* **Patentamt** *nt* office *m* des brevets [d'inventions]; (*in Frankreich*) Institut *m* national de la propriété industrielle
Patentante *f* marraine *f*
Patentanwalt *m,* **-anwältin** *f* avocat-conseil *m* en matière de brevet
patentierbar *adj* brevetable
patentieren * *vt* ■ **jd patentiert [jdm] etw** qn [lui] brevette qc; ***ein patentiertes Verfahren*** un procédé breveté; ■ **jd lässt sich** (*dat*) **etw ~** qn fait breveter qc
Patentlösung *f s.* **Patentrezept**
Patentochter *f* filleule *f*
Patentrecht *nt* **1.** (*gesetzliche Regelungen*) législation *f* sur les brevets **2.** (*Recht auf ein Patent*) droit *m* d'/de l'inventeur **Patentrezept** *nt* recette *f* miracle **Patentverschluss**RR *m* fermeture *f* brevetée
Pater <-s, - *o* Patres> *m* père *m;* ***der ~ Abt*** le père abbé
pathetisch I. *adj* pathétique
II. *adv gestikulieren, sich ausdrücken* avec pathos; ***jd tritt ~ auf*** qn fait une entrée pathétique
Pathologe <-n, -n> *m,* **-login** *f* pathologiste *mf*
Pathologie <-, -n> [-'gi:ən] *f* **1.** ∅ (*Wissenschaft*) pathologie *f*
2. (*Abteilung*) service *m* de pathologie
pathologisch I. *adj* **1.** *Abteilung, Institut* de pathologie
2. (*krankhaft*) *Veränderung, Wucherung* pathologique
3. (*nicht mehr normal*) *Hass, Misstrauen* pathologique
II. *adv:* ***etw ist ~ bedingt*** qc a une cause pathologique
Pathos <-> *nt* ∅ pathos *m*
► **mit ~** *formulieren, gestikulieren, reden, etw vortragen* avec pathos
Patience <-, -n> [pa'siã:s] *f* patience *f*
► **jd legt ~n** qn fait des patiences
Patient(in) <-en, -en> *m(f)* patient(e) *m(f),* malade *mf*
► **stationärer ~** malade hospitalisé; **jd ist bei jdm ~(in), jd ist ~(in) von jdm** qn est soigné(e) par qn
Patin *f s.* **Pate**
Patina <-> *f* ∅ patine *f;* ***etw setzt ~ an*** qc prend de la patine; ***etw setzt eine schöne ~ an*** qc prend une belle patine
Patisserie <-, -n> [-ri:ən] *f* CH **1.** (*Konditorei*) pâtisserie *f*
2. (*Café*) salon *m* de thé
3. (*Gebäck*) pâtisserie *f*
Patres *pl von* **Pater**
Patriarch <-en, -en> *m* **1.** ECCL patriarche *m*
2. (*Familienvater*) pater familias *m;* (*alter Parteiführer*) patriarche *m*
patriarchalisch *adj* patriarcal(e)
Patriarchat <-[e]s, -e> *nt* **1.** ECCL patriarcat *m*
2. (*Gesellschaftsordnung*) patriarcat *m*
Patriot(in) <-en, -en> *m(f)* patriote *mf*
patriotisch I. *adj* patriotique
II. *adv:* ***jd ist ~ eingestellt [o gesinnt]*** qn est patriote; ***ich bin ~er gesinnt als du*** je suis plus patriote que toi
Patriotismus <-> *m* ∅ patriotisme *m*
Patrizier(in) <-s, -> [pa'tri:tsiɐ] *m(f)* **1.** ANTIK patricien(ne) *m(f)*
2. HIST bourgeois(e) *m(f)*
Patron(in) <-s, -e> *m(f)* **1.** ECCL patron(ne) *m(f)*
2. (*Schirmherr*) protecteur(-trice) *m(f)*
3. CH (*Arbeitgeber*) patron(ne) *m(f);* [*Restaurant, Hotel*] patron(ne) *m(f)*
4. *fam* ► **ein übler/unangenehmer ~** un sale type/un salaud *fam*
Patrone <-, -n> *f* **1.** JAGD, MIL cartouche *f*
2. [*Füllfederhalter, Fotokopierer, Drucker*] cartouche *f*
3. (*Filmkapsel*) pellicule *f,* rouleau *m* de pellicule
► **bis zur letzten ~** *kämpfen, sich verteidigen, Widerstand leisten* jusqu'à la dernière cartouche
Patronen- JAGD, MIL: ***~gurt, ~gürtel*** cartouchière *f;* ***~kammer*** magasin *m;* ***~trommel*** barillet *m* **Patronenfüller** *m* stylo *m* à cartouche **Patronenhülse** *f* douille *f*
Patronin *f s.* **Patron**

Patrouille <-, -n> [pa'trʊljə] *f* MIL **1.** (*patrouillierende Gruppe*) patrouille *f*
2. *s.* **Patrouillengang**
▸ **jd geht auf** ~ qn va en patrouille
Patrouillen- [pa'trʊljən-] *-fahrt, -flug, -führer* de patrouille; *~boot* patrouilleur *m* **Patrouillengang** *m* patrouille *f*
patrouillieren * [patrʊl'ji:rən, patrʊ'li:rən] *vi* ■**jd patrouilliert** qn patrouille
patsch *interj* paf
Patsche <-, -n> *f fam* (*Fliegenklatsche*) tapette *f* [à mouches]
▸ **jd/etw hilft jdm** [*o* **zieht jdn**] **aus der** ~ qn/qc tire [*o* sort] qn du pétrin *fam;* **jd sitzt** [*o* **steckt**] **in der** ~ qn est dans le pétrin *fam*
patschen *vi* **1.** + *haben* (*schlagen*) ■**jd patscht** [**mit etw**] qn tape [avec qc]
2. + *sein* (*platschen*) ■**jd patscht** [**irgendwohin**] qn patauge [quelque part]
Patschen <-s, -> *m* AUS **1.** *fam* (*Reifenpanne*) crevaison *f*
2. *fam* (*Hausschuh*) pantoufle *f*
patschert *adj* AUS *fam* (*linkisch*) gauche
Patschhändchen *nt fam* [*Kind*] menotte *f* **patschnass**RR *adj fam* trempé(e), dégoulinant(e); ■**jd ist** ~ qn est trempé(e) jusqu'aux os [*o* comme une soupe] *fam;* ***jd wird*** ~ qn se fait saucer *fam*
patt *adj pred* ■**jd ist** ~ qn est pat
Patt <-s, -s> *nt* **1.** SCHACH pat *m*
2. (*Unentschieden*): ***im Falle eines ~s entscheidet die Stimme des Vorsitzenden*** quand on ne peut départager les avis, c'est le président qui tranche
patzen *vi fam* ■**jd patzt**: ***die Rednerin patzte*** l'oratrice s'est emmêlé les crayons, fam; ***in dieser Affäre hat die Polizei wieder mal gepatzt*** dans cette affaire, la police a encore fait une bavure
Patzer <-s, -> *m* **1.** *fam* (*Fehler*) gaffe *f fam;* [*Polizei*] bavure *f;* (*beim Klavierspielen etc*) canard *m fam,* couac *m*
2. AUS (*Klecks*) pâté *m,* tache *f*
patzig *adj fam Antwort, Bemerkung* culotté(e) *fam,* insolent(e); ■**jd ist/wird** ~ qn est culotté(e) *fam*/devient insolent(e)
Pauke <-, -n> *f* timbale *f,* grosse caisse *f*
▸ **mit ~n und Trompeten** *fam:* ***er ist mit ~n und Trompeten abgeblitzt*** il s'est fait recevoir en beauté *iron; durchfallen, durchfallen lassen* avec perte et fracas; (*mit allem Pomp*) *begrüßen, empfangen, willkommen heißen* en grande pompe; **jd haut auf die** ~ *fam* (*gibt an*) qn fait le mariol[l]e *fam,* qn en rajoute *fam;* (*feiert ausgelassen*) qn fait la bringue [*o* java] *fam*
pauken I. *vi fam* ■**jd paukt** [**mit jdm**] qn bûche [avec qn] *fam*
II. *vt fam* ■**jd paukt etw** [**mit jdm**] *Daten, Fakten, Formeln, Geschichtszahlen, Vokabeln* qn potasse qc [avec qn] *fam*
Paukenschlag *m* coup *m* de timbale
▸ **mit einem** ~ *beendet werden, enden* sur un coup d'éclat; ***jd macht etw mit einem*** ~ qn fait un coup d'éclat en faisant qc
Pauker(in) <-s, -> *m(f) fam* prof *mf fam*
Paukerei <-> *f* Ø *fam* bachotage *m fam*
Paukist(in) <-en, -en> *m(f)* timbalier *m*
Pausbacken *pl* joues *fpl* rebondies
pausbäckig *adj Säugling, Engel* joufflu(e); *Kind a.* aux joues rebondies
pauschal I. *adj* **1.** (*undifferenziert*) *Ablehnung, Beurteilung, Urteil, Verurteilung* global(e)
2. FIN forfaitaire
II. *adv* **1.** *urteilen, verurteilen* globalement, en bloc
2. FIN forfaitairement, au forfait
Pauschal- forfaitaire; *-abschreibung, -bewertung* global(e); *-versicherung* au forfait
Pauschale <-, -n> *f* forfait *m*
pauschalieren * *vt* ■**jd pauschaliert etw**: ***Nebenkosten werden pauschaliert*** les charges sont facturées au forfait; ***die Kosten werden pauschaliert*** les frais sont remboursés au forfait; ***bei geringen Verdiensten kann die Steuer pauschaliert werden*** en cas de gains minimes, l'imposition peut se faire au forfait
Pauschalreise *f* voyage *m* à prix forfaitaire **Pauschalurteil** *nt* jugement *m* à l'emporte-pièce, parti *m* pris
Pauschbetrag *m* montant *m* forfaitaire, forfait *m*
Pause[1] <-, -n> *f* **1.** (*Unterbrechung*) pause *f;* (*in der Schule*) récréation *f*
2. (*Sprech~*) pause *f*
3. MUS pause *f;* ***eine halbe*** ~ une demi-pause; ***eine Viertelpause/Achtelpause*** un soupir/demi-soupir
▸ **die große/kleine** ~ SCOL la récréation/l'interclasse; **jd macht** [**eine**] ~ qn fait [une]/la pause, qn fait un break; „~!" "c'est l'heure de la pause"
Pause[2] <-, -n> *f* (*durchgepauste Skizze*) calque *m*
Pausenhalle *f* SCOL préau *m* **Pausenhof** *m* cour *f* [de récréation [*o* récré *fam*]]
pausenlos I. *adj attr* incessant(e), ininterrompu(e)
II. *adv* sans relâche [*o* répit]; ***es hagelt*** ~ ***Vorwürfe*** les reproches pleuvent sans arrêt
Pausenzeichen *nt* **1.** RADIO jingle *m,* sonal *m;* TV interlude *m*
2. MUS silence *m*
pausieren * *vi* ■**jd pausiert** qn prend du repos; ***jd muss sechs Wochen*** ~ qn doit prendre un repos de six semaines
Pauspapier *nt* **1.** (*durchscheinendes Papier*) [papier *m*] calque *m*
2. (*Kohlepapier*) [papier *m*] carbone *m*
Pavian <-s, -e> [-vi-] *m* babouin *m*
Pavillon <-s, -s> ['pavɪljɔŋ, 'pavɪljõ, pavɪ'jõ:] *m* **1.** (*Musik~*) kiosque *m* [à musique]
2. (*Gartenhaus*) pavillon *m*
Pawlatsche <-, -n> *f* AUS *couloir extérieur donnant sur une cour intérieure permettant l'accès aux appartements de Vienne*
Pay-TV <-s, -s> ['peɪti:vi:] *nt* chaîne *f* à péage
Pazifik <-s> *m* ■**der** ~ le Pacifique
Pazifismus <-> *m* Ø ■**der** ~ le pacifisme
Pazifist(in) <-en, -en> *m(f)* pacifiste *mf*
pazifistisch *adj* pacifiste
PC <-s, -s> [pe:'tse:] *m abk von* **Personalcomputer** P.C. *m*
PCB <-, -s> [pe:tse:'be:] *nt abk von* **polychloriertes Biphenyl** PCB *m*
PDS <-> [pe:de:'ʔɛs] *f* Ø *abk von* **Partei des Demokratischen Sozialismus** *parti qui a succédé au S.E.D. de l'ex-R.D.A.*
Pech <-[e]s, -e> *nt* **1.** HIST brai *m*
2. Ø *fam* (*Missgeschick*) poisse *f fam,* malchance *f;* ***das ~ ihrer glücklosen Konkurrentin*** les déboires de sa concurrente malheureuse
▸ **sie halten zusammen wie ~ und Schwefel** *fam* ils/elles s'entendent comme larrons en foire; ~ **gehabt!** *fam* (*bei einem Wurf etc*) raté! *fam;* (*bei einer Antwort*) c'est faux!, c'est pas ça! *fam;* (*mit Schadenfreude*) tant pis pour toi/lui/elle *fam;* **jd hat** [**bei etw**] ~ *fam* qn n'a pas de veine [en faisant qc] *fam;* **jd hat bei einer Person** [**mit etw**] ~ *fam* une personne envoie balader qn [qui lui demande/propose qc] *fam;* **das war eben** ~[**, dass**]! *fam* c'est la faute à pas de chance[, si]! *fam;* [**das ist**] **dein/sein/...** ~! *fam* tant pis pour toi/lui!; **so** [*o* **was für**] **ein** ~! *fam* c'est pas de veine! *fam*
pechschwarz *adj fam Haar* noir(e) comme jais, aile de corbeau; ***~e Haare*** des cheveux de jais **Pechsträhne** *f fam* guigne *f fam* ▸ **jd hat eine** ~ qn est poursuivi(e) par la guigne *fam* **Pechvogel** *m fam* malchanceux(-euse) *m(f);* ***du*** ~! tu es poursuivi(e) par la guigne! *fam*
Pedal <-s, -e> *nt* pédale *f;* ***jd nimmt den Fuß vom*** ~ qn lève le pied
▸ **jd tritt in die ~e** qn appuie sur les pédales
pedalen * *vi* CH ■**jd pedalt** [**irgendwohin**] qn appuie sur les pédales [pour aller quelque part]; ***jd pedalt über den Gotthard*** qn fait le Gotthard à vélo
Pedant(in) <-en, -en> *m(f)* maniaque *mf*
Pedanterie <-, -n> [-'ri:ən] *f* **1.** Ø (*Wesen*) caractère *m* tatillon
2. (*Handlung*) façon *f* de faire tatillonne; ***deine ~en gehen mir auf die Nerven*** tu m'énerves, avec ton comportement tatillon
pedantisch I. *adj* tatillon(ne)
II. *adv handhaben, vorgehen* avec un soin tatillon, minutieusement
Peddigrohr *nt* rotin *m*
Pediküre <-, -n> *f* **1.** Ø (*Fußpflege*) pédicurie *f*
2. (*Fußpflegerin*) pédicure *f*
Peeling <-s, -s> ['pi:lɪŋ] *nt* peeling *m*
PeepshowRR <-, -s> ['pi:pʃoʊ] *f* peep-show *m,* mirodrome *m*
Pegel <-s, -> *m* **1.** (*Messlatte*) échelle *f* des eaux
2. *s.* **Pegelstand**
Pegelstand *m* niveau *m* des eaux
peilen I. *vt* NAUT ■**jd peilt etw** qn relève qc, qn prend le relèvement de qc
II. *vi fam* (*lugen*) ■**jd peilt** qn guette, qn zieute *fam*
Peilung <-, -en> *f* NAUT **1.** (*Messung*) relèvement *m*
2. Ø (*das Peilen*) relèvement *m*
Pein <-> *f* Ø *veraltend geh* tourment *m littér*
peinigen *vt* ■**etw peinigt jdn** qc tourmente qn; ■**jd peinigt jdn** qn tourmente [*o* torture] qn
Peiniger(in) <-s, -> *m(f) geh* tortionnaire *mf*
Peinigung <-, -en> *f geh* torture *f*
peinlich I. *adj* **1.** (*unangenehm*) *Frage, Bemerkung, Situation, Versprecher* gênant(e), embarrassant(e); *Lage a.* délicat(e); ■**etw ist jdm** ~ qc gêne qn; ■**es ist jdm ~, dass** cela gêne qn que + *subj;* ■**es ist jdm ~, wenn** cela gêne qn si + *indic;* ■**etwas P~es**: ***dieser Auftritt war etwas P~es*** cette arrivée mettait tout le monde dans une situation embarrassante; ***können Sie mir so etwas P~es wie diese Gegenüberstellung nicht ersparen?*** ne pourriez-vous m'épargner le spectacle désolant de cette confrontation?
2. (*äußerst*) *Genauigkeit, Sorgfalt* minutieux(-euse), extrême; *Ordnung, Sauberkeit* méticuleux(-euse); ***mit ~er/~ster Akribie*** avec une grande/la plus grande minutie; ***ich verlange ~ste Genauigkeit*** j'exige une exactitude des plus minutieuses
II. *adv* **1.** (*unangenehm*) *berühren, wirken:* ***etw berührt jdn*** ~ qc met qn dans l'embarras; ***etw wirkt auf jdn*** ~ qc est gênant(e) pour qn
2. (*gewissenhaft*) *auf etw achten, befolgen* scrupuleusement; ***auf das P~ste*** à la lettre
3. (*äußerst*) *genau, sauber* extrêmement
Peinlichkeit <-, -en> *f* **1.** Ø (*peinliche Art*) caractère *m* gênant; ***die ~ dieser Enthüllung!*** ce que cette révélation a de gênant!
2. (*etwas Peinliches*) action *f* qui met mal à l'aise; ***wenn du nichts weißt, sage auch nichts, das erspart dir manche ~en*** si tu ne sais rien, tais-toi, ça t'évitera d'être mal à l'aise
Peitsche <-, -n> *f* fouet *m*
peitschen I. *vt* + *haben* ■**jd peitscht jdn/ein Tier** qn fouette qn/un animal
II. *vi* + *sein* ■**etw peitscht gegen etw** /*Regen, Wellen*/ *gegen Fenster, Läden, eine Kaimauer* qc fouette [*o* cingle] qc
Peitschenhieb *m* coup *m* de fouet **Peitschenknall** *m* claquement *m* de/du fouet **Peitschenschlag** *m s.* **Peitschenhieb**
pejorativ I. *adj* péjoratif(-ive)
II. *adv* péjorativement, dans un sens péjoratif; ***ein Ausdruck ist ~ gemeint*** une expression a un sens péjoratif
Peking <-s> *nt* Pékin *f*
Pelikan <-s, -e> *m* pélican *m*
Pelle <-, -n> *f* (*Haut*) [*Pfirsich, Pellkartoffeln, Wurst*] peau *f;* (*nach dem Schälen*) pelure *f*
▸ **jd geht jdm nicht von der** ~ *sl,* **jd sitzt jdm auf der** ~ *sl* qn est [toujours] sur les talons de qn, qn ne quitte pas qn d'une semelle; ***sitz mir nicht stän-***

dig auf der ~! lâche-moi les baskets! *fam,* t'auras bientôt fini de me coller! *fam;* **jd rückt jdm auf die** ~ *fam* (*drängt sich dicht heran*) qn se colle à [*o* contre] qn; (*bedrängt jdn*) qn lui tombe sur le poil *fam*

pellen I. *vt fam* ■ **jd pellt etw** qn pèle qc
II. *vr fam* ■ **jd/etw pellt sich** qn/qc pèle

Pellkartoffeln *pl* pommes *fpl* de terre en robe des champs [*o* en robe de chambre] [*o* à l'eau]

Pelz <-es, -e> *m* (*alle Bedeutungen*) fourrure *f*
▶ **jd brennt jdm/einem Tier eins auf den** ~ *fam* qn tire une balle dans la peau de qn/d'un animal *fam;* **jd rückt jdm auf den** ~ *fam* qn se colle à [*o* contre] qn

pelz- *-besetzt, -gefüttert, -verbrämt* de fourrure; ~***gefüttert*** fourré(e)

-pelz *m* 1. (*-fell*) *Fuchs-, Wolfs-* fourrure *f* de; ***Bären***~ peau *f* d'/de l'ours
2. (*Mantel*) manteau *m* [de fourrure] en + *subst sans art;* ***ein Fuchs***~ un renard

Pelz- 1. (*aus Pelz bestehend*) de fourrure; ~***handschuh***/~***stiefel*** gant *m* fourré/botte *f* fourrée; ~***imitat*** imitation *f* fourrure; ~***imitation*** fausse fourrure *f;* ~***stoff*** étoffe *f* imitant la fourrure
2. (*Pelze verkaufend*) *-geschäft, -laden* de fourrures; ~***handel*** pelleterie *f;* ~***händler*** pelletier(-ière) *m(f),* fourreur *m*

pelzig *adj* 1. *Haut* velouté(e); *Baumblatt* velu(e)
2. (*belegt*) *Mund, Zunge* pâteux(-euse)

Pelztier *nt* animal *m* à fourrure

Pelztier- *-zucht* d'animaux à fourrure; ~***farm*** ferme *f* d'élevage d'animaux à fourrure; ~***jäger*** trappeur *m*

pempern *vt, vi* AUS *vulg* ■ **jd pempert [jdn]** qn baise [qn] *vulg*

Penalty <-s, -s> *m* CH penalty *m*

Pendant <-s, -s> [pã'dã:] *nt geh* pendant *m;* (*im Berufsleben*) homologue *m;* ■ **das** ~ **[zu etw]** le pendant [de qc]

Pendel <-s, -> *nt* pendule *m*
▶ **das** ~ **schlägt nach der einen/anderen Seite aus** la balance penche d'un côté/de l'autre côté; ***dann wieder schlägt das*** ~ ***nach der anderen Seite aus*** puis la chance tourne de nouveau

Pendeldienst *m* navette *f;* (*Flugdienst*) navette *f* aérienne

pendeln *vi* 1. + *haben* ■ **etw pendelt** /*Pendel, Lot, aufgehängter Gegenstand*/ qc oscille
2. + *sein* TRANSP ■ **jd pendelt** qn fait la navette; ■ **etw pendelt** /*Fähre, Bus, S-Bahn*/ qc fait la navette

Pendeltür *f* porte *f* battante [*o* oscillante] **Pendeluhr** *f* horloge *f* **Pendelverkehr** *m* service *m* de navettes

pendent *adj* CH *form Frage, Gelegenheit* pendant(e)

Pendenz <-, -en> *f* CH *form* affaire *f* en souffrance

Pendler(in) <-s, -> *m(f) qui fait tous les jours la navette entre son domicile et son lieu de travail ou son école,* ≈ banlieusard(e) *m(f);* ■ **jd ist** ~ qn fait la navette

Penes *pl von* **Penis**

penetrant I. *adj* 1. *Geruch, Gestank* pénétrant(e); *Geschmack* fort(e), prononcé(e)
2. *Kerl, Mensch, Typ* insistant(e), collant(e) *fam; Organ, Stimme* perçant(e); ***sei doch nicht so*** ~! inutile d'insister!, n'insiste pas!
II. *adv riechen, stinken* fort; ***etw schmeckt*** ~ qc a un goût fort [*o* prononcé]; ***etw schmeckt*** ~ ***nach Hammel*** qc sent fort le mouton

peng *interj* pan
▶ **und** ~ ...! *fam* (*zack*) et pan ...!; ***und*** ~ ***knallte sie ihm eine*** et vlan, elle venait de lui en coller une *fam*

penibel *adj geh Ordnung* méticuleux(-euse); *Mensch* (*in Sauberkeitsdingen*) maniaque; (*in Rechtsdingen, Geldangelegenheiten*) rigoureux(-euse), d'une grande rigueur; ■ **jd ist [in etw** (*dat*)**]** ~ (*was die Sauberkeit betrifft*) qn est maniaque [en ce qui concerne qc]; (*in Rechtsdingen, Geldangelegenheiten*) qn est rigoureux(-euse) [*o* d'une grande rigueur] [en ce qui concerne qc]

Penis <-, -se *o* Penes> *m* pénis *m*

Penizillin <-s, -e> *nt* pénicilline *f*

Penne <-, -n> *f sl* bahut *m fam*
▶ **jd geht auf die** ~ qn va au bahut *fam*

pennen *vi* 1. *fam* (*schlafen*) ■ **jd pennt** qn roupille *fam*
2. *fam* (*nicht aufpassen*) ■ **jd hat [bei etw] gepennt** qn n'a pas fait gaffe [à qc] *fam*
3. *sl* (*Beischlaf haben*) ■ **jd pennt mit jdm** qn couche avec qn *fam*

Penner(in) <-s, -> *m(f) pej fam* 1. (*Stadtstreicher*) clochard(e) *m(f)*
2. (*langsamer Mensch*) endormi(e) *m(f) fam*

Pensa, Pensen *pl von* **Pensum**

Pension <-, -en> [pã'zio:n, paŋ'zio:n, pɛn'zio:n, -'sio:n] *f* 1. (*Fremdenheim*) pension *f* de famille
2. (*Ruhegehalt*) pension *f* [de retraite], retraite *f*
3. ∅ (*Verpflegung*) pension *f;* ***ohne/mit voller*** ~ sans les repas/en pension complète
▶ **jd geht in** ~ qn va à la retraite, qn part en [*o* à la] retraite, qn prend sa retraite; **jd ist in** ~ qn est à la [*o* en] retraite

-pension [pã'zio:n, paŋ'zio:n, pɛn'zio:n, -'sio:n] *f* (*Rente*) pension *f* [*o* retraite *f*] de

Pensionär(in) <-s, -e> [pãzio'nɛ:ɐ, paŋzio'nɛ:ɐ, pɛnzio'nɛ:ɐ, -s o'nɛ:ɐ] *m(f)* 1. (*Ruhestandsbeamter*) retraité(e) *m(f)*
2. CH pensionnaire *mf*

pensionieren * [pãzio'ni:rən, paŋzio'ni:rən, pɛnzio'ni:rən, -sio ni:rən] *vt* ■ **jd wird pensioniert** /*Beamter, Lehrer*/ qn est mis(e) à la retraite; ■ **jd lässt sich** ~ qn prend sa retraite; ■ **jd lässt sich [vorzeitig]** ~ qn part en retraite anticipée

pensioniert [pãzio'ni:ɐt, paŋzio'ni:ɐt, pɛnzio'ni:ɐt, -sio'ni:ɐt] *adj* retraité(e), en retraite

Pensionierung <-, -en> [pãzio'ni:rʊŋ, paŋzio'ni:rʊŋ, pɛnzio'ni:rʊŋ, -sio'ni:rʊŋ] *f* mise *f* à la retraite

Pensions- [pã'zio:ns-, paŋ'zio:s-, pɛn'zio:ns-, -'sio:ns-] 1. TOURISMUS d'une/de la pension de famille; ~***gast*** pensionnaire *mf* 2. FIN d'une/de la pension [de retraite] **Pensionsalter** *nt* âge *m* de la retraite **Pensionsanspruch** *m* droit *m* à la retraite **pensionsberechtigt** *adj Beamter, Lehrer* qui a droit à une pension; ■ **jd ist** ~ qn a droit à une pension **Pensionspreis** *m* prix *m* de la pension **pensionsreif** *adj fam* ■ **jd ist** ~ qn est bon(ne) pour la retraite

Pensum <-s, Pensa *o* Pensen> *nt* tâche *f,* pensum *m*

Penthouse <-, -s> ['pɛnthaus] *nt* attique *m*

Pep <-[s]> *m* ∅ pep *m fam;* [*Mensch, Popgruppe a.*] pêche *f fam*
▶ **jd/etw hat** ~ *fam* qn/qc a du pep *fam,* qn a la pêche *fam;* /*Kleidungsstück*/ qc a du chien [*o* chic]; **mit ...** ~ *fam* qui a du pep *fam; Personen* qui a la pêche *fam*

Peperoni *pl* 1. (*scharfe Paprikas*) piment *m*
2. CH (*Gemüsepaprika*) poivron *m*

peppig *adj fam Musik* qui a du pep *fam,* entraînant(e); *Mode* qui a du chien [*o* chic] *fam,* craquant(e) *fam,* dynamique; *Poster, Aufmachung* qui tape à l'œil, voyant(e)

Pepsin <-s, -e> *nt* pepsine *f*

per *präp* 1. (*durch*) *Bahn, Boten, Brief, Luftpost* par; *Einschreiben, Päckchen, Paket* en
2. (*pro*) pour; ~ ***Stück*** [la] pièce, l'unité
▶ ~ **pedes** *hum* pedibus *fam;* ***jd ist*** ~ ***pedes*** qn est à pied; **jd ist mit jdm** ~ **du/Sie** *fam* qn tutoie/vouvoie qn; ***sie sind*** ~ ***du/Sie*** ils/elles se tutoient/vouvoient; ~ **se** *geh* cela va de soi, bien entendu; ***das versteht sich*** ~ ***se*** cela va de soi [*o* sans dire]

Perestroika <-> [-st-] *f* ∅ perestroïka *f*

perfekt I. *adj* 1. (*vollkommen*) parfait(e)
2. *pred* (*abgemacht*) ■ **etw ist** ~ /*Abmachung, Vertrag*/ qc est conclu(e); ***der Trainerwechsel ist*** ~ le changement d'entraîneur est une affaire conclue
▶ **jd macht etw** ~ *Abmachung, Vertrag* qn conclut qc
II. *adv* parfaitement, à la perfection

Perfekt <-s, -e> *nt* 1. (*Zeitform*) passé *m* composé; ***dieses Verb steht im*** ~ ce verbe est au passé composé
2. (*Verbform im* ~) passé *m* composé

Perfektion <-> *f* ∅ perfection *f;* ***jd bringt es zur*** ~ qn parvient à la perfection; ***er spielt in vollendeter*** ~ il est au sommet de son art; ***sie malt mit künstlerischer*** ~ elle peint à la perfection
▶ **in höchster** ~ au summum de la perfection; ***etw in höchster*** ~ le nec plus ultra de qc; ***Musik in höchster*** ~ le summum de la perfection musicale

perfektionieren * *vt geh* ■ **jd perfektioniert etw** qn perfectionne qc; ***etw wird perfektioniert*** qc se perfectionne

Perfektionismus <-> *m* ∅ perfectionnisme *m*

Perfektionist(in) <-en, -en> *m(f)* perfectionniste *mf*

perfide I. *adj geh* perfide *littér;* ***eine*** ~ ***Hinterlist*** une perfidie *littér*
II. *adv geh* perfidement *littér,* avec perfidie *littér*

Perforation <-, -en> *f* (*alle Bedeutungen*) perforation *f*

perforieren * *vt* ■ **jd perforiert etw** qn perfore qc

Pergament <-[e]s, -e> *nt* (*Tierhaut, Handschrift*) parchemin *m*

Pergamentband <-bände> *m* livre *m* relié en parchemin **Pergamentpapier** *nt* papier *m* parcheminé, papier-parchemin *m;* (*Butterbrotpapier*) papier *m* sulfurisé **Pergamentrolle** *f* rouleau *m* de parchemin

Pergola <-, Pergolen> *f* pergola *f*

Periferiegerät *nt* périphérique *m*

Periode <-, -n> *f* 1. (*Zeitabschnitt*) période *f*
2. PHYSIOL règles *fpl*
3. MATH période *f*

Periodensystem *nt* (*Tafel*) système *m* périodique des éléments

periodisch I. *adj* périodique
II. *adv* périodiquement

peripher I. *adj* 1. *geh* (*oberflächlich*) *Interesse* secondaire; *Frage, Problem a.* marginal(e)
2. ANAT, MED périphérique
II. *adv geh* accessoirement

Peripherie <-, -n> [-'ri:ən] *f* 1. (*Randzone*) périphérie *f*
2. GEOM périphérie *f*
3. INFORM périphérique *m*

Peripheriegerät *nt* INFORM périphérique *m*

Periskop <-s, -e> *nt* périscope *m*

Perle <-, -n> *f* 1. (*Schmuckperle*) perle *f*
2. [*Kette*] perle *f;* [*Rosenkranz a.*] grain *m*
3. [*Wasser, Schweiß*] goutte *f*
4. (*Luftbläschen*) bulle *f*
▶ **jd wirft** ~**n vor die Säue** *prov* qn jette des perles aux pourceaux [*o* cochons], qn donne de la confiture aux cochons

perlen *vi* 1. (*sprudeln*) ■ **etw perlt** qc pétille
2. ■ **etw perlt auf etw** (*dat*) /*Tau, Regentropfen, Schweiß*/ qc perle sur qc
3. ■ **etw perlt von etw** /*Wasser*/ des gouttes de qc glissent sur qc

Perlen- *-anhänger, -collier, -diadem, -kette* de perles; ~***ohrring*** perle *f* **Perlenfischer(in)** *m(f)* pêcheur(-euse) *m(f)* de perles **Perlentaucher(in)** *m(f)* pêcheur(-euse) *m(f)* de perles

Perlhuhn *nt* pintade *f* **Perlmuschel** *f* huître *f* perlière

Perlmutt <-s> *nt* ∅ nacre *f*

Perlon® <-s> *nt* ∅ perlon® *m*

Perlon- en perlon®

Perlustrierung <-, en> *f* AUS interpellation *f* par la police

Perlzwiebel *f* petit oignon *m* blanc
permanent I. *adj* permanent(e)
II. *adv* en permanence; *andauern, bedrohen, belästigen, grinsen, sich beschweren a.* constamment
Permanenz <-> *f geh* permanence *f*
▶ **in** ~ en permanence
Perpetuum mobile <- -, - -[s]> *nt* mouvement *m* perpétuel
perplex *adj* perplexe
Perron <-s, -s> ['pɛrõ:] *m* CH, AUS quai *m*
Persenning <-, -e[n]> *f* 1. NAUT prélart *m*, bâche *f*
2. ∅ TEXTIL toile *f* à voile
Perser <-s, -> *m fam* (*Perserteppich*) tapis *m* persan
Perser(in) <-s, -> *m(f)* 1. (*Iraner*) Iranien(ne) *m(f)*
2. HIST Persan(e) *m(f)*
Perserteppich *m* tapis *m* persan
Persianer <-s, -> *m* (*Fell, Mantel*) astrakan *m*
Persien <-s> ['pɛrziən] *nt* 1. (*Iran*) l'Iran *m*
2. HIST la Perse
Persiflage <-, -n> [pɛrzi'fla:ʒə] *f geh* persiflage *m*
persiflieren * *vt geh* ■ **jd persifliert jdn/etw** qn persifle qn/qc *littér*
Persilschein *m* HIST certificat *m* de dénazification; *fig* document *m* qui blanchit [*o* met hors de cause]
persisch *adj* 1. (*iranisch*) iranien(ne)
2. HIST persan(e)
Person <-, -en> *f* 1. *meist pl* (*Mensch*) personne *f*
2. *pej* (*Subjekt*) individu *m*; ***eine seltsame ~, seine neue Freundin*** elle est bizarre, sa nouvelle copine
3. LITER, THEAT personnage *m*
4. ∅ GRAM personne *f*
▶ **juristische** ~ personne morale; **natürliche** ~ personne physique; **jd für seine** ~ qn personnellement, qn pour sa part; **... in** ~ en personne; **in** ~ (*persönlich*) personnellement, en personne; **in einer** ~ (*zugleich*) à la fois; **pro** ~ par personne [*o* tête]; **zur** ~ JUR *aussagen, vernehmen* sur son identité
Personal <-s> *nt* ∅ personnel *m*
▶ **fliegendes** ~ personnel *m* navigant [*o* volant]
Personal- IND *-auswahl, -misere, -planung, -verwaltung* du personnel; *-debatte, -entscheidung, p-politisch* au niveau de la politique du personnel; *-abbau, -aufstockung* de personnel; ~***bestand***, ~***stärke***, ~***umfang*** effectifs *mpl;* ~***bedarfsplanung*** étude *f* des besoins en personnel; ~***berater*** conseiller *m* en recrutement; ~***beschaffer*** recruteur *m;* ~***beschaffung*** création *f* d'emplois; ~***knappheit*** faibles effectifs *mpl* **Personalabteilung** *f* service *m* du personnel **Personalakte** *f* dossier *m* [individuel [*o* personnel]] **Personalausweis** *m* carte *f* d'identité **Personalchef(in)** [-ʃɛf] *m(f)* chef *m* de/du personnel
Personalcomputer [-kɔmpju:tɐ] *m* ordinateur *m* personnel
Personalien [-'na:liən] *pl* identité *f*
Personalkosten *pl* frais *mpl* de gestion du personnel **Personalpolitik** *f* politique *f* de gestion du personnel **Personalpronomen** *nt* pronom *m* personnel **Personalrat** *m* (*Gremium*) délégation *f* du personnel **Personalrat** *m*, **-rätin** *f* délégué(e) *m(f)* du personnel **Personalunion** *f* HIST union *f* personnelle ▶ **in** ~ *geh* tout à la fois
personell I. *adj* de/du personnel; ***die ~e Zusammensetzung der Regierung*** la composition du gouvernement
II. *adv:* ***etw wurde ~ aufgestockt*** qc subit une compression de personnel; ***das Unternehmen ist ~ zu großzügig ausgestattet*** l'entreprise a un personnel trop important; ***etw setzt sich ~ aus ... zusammen*** le personnel de qc se compose de ...
Personen- (*von Personen*) des personnes; *-zahl* de personnes; *-schleuse* pour les personnes; ~***beschreibung*** signalement *m;* ~***register*** matricule *f*, registre *m* matricule; ~***identifizierungssystem*** système *m* d'identification des individus; ~***versicherung*** assurance *f* individuelle [accidents, maladie, vie] **Personenaufzug** *m form* ascenseur *m* **Personenbeförderung** *f* transports *mpl* de voyageurs **personenbezogen** *adj Informationen, Auskunft, Daten* individuel(le) **Personengedächtnis** *nt* mémoire *f* des visages ▶ **jd hat ein gutes/ausgezeichnetes** ~ qn est physionomiste/très physionomiste; **jd hat ein schlechtes/kein gutes** ~ qn n'est pas physionomiste/est peu physionomiste **Personenkraftwagen** *m form* voiture *f* de tourisme [*o* particulière] **Personenkult** *m* culte *m* de la personnalité ▶ **jd treibt einen ~ mit jdm** qn voue un culte à qn **Personenschaden** *m* dommage *m* corporel; ***es gab keinen*** ~ il n'y a pas eu de blessés **Personenschutz** *m* protection *f* des personnes **Personenverkehr** *m* transports *mpl* de voyageurs; ***öffentlicher*** ~ transports *mpl* en commun **Personenwaage** *f form* pèse-personne *m* **Personenwagen** *m form* voiture *f* particulière **Personenzug** *m veraltend* [train *m*] omnibus *m*
Personifikation <-, -en> *f geh* personnification *f*
personifizieren * *vt* ■ **jd personifiziert etw** *Naturgewalt, Phänomen* qn personnifie qc; ■ **personifiziert** *Arbeitswut, Ungeduld, Friedensengel* personnifié(e)
Personifizierung <-, -en> *f geh* personnification *f*
persönlich I. *adj* 1. (*eigen*) *Ansicht, Bemerkung, Eindruck, Meinung* personnel(le)
2. (*jdn selbst betreffend*) *Angelegenheit, Sache, Interesse* personnel(le); *Freiheit, Freiraum, Entfaltung a.* individuel(le); ***das steht euch zur ~en Verfügung*** c'est à votre disposition
3. (*tatsächlich*) ■ **sein(e)/ihr(e) ~e(r, s)** ... *Anwesenheit, Dazwischentreten, Eingreifen, Erscheinen, Teilnahme* son/sa ...; ***sein ~es Eingreifen*** son intervention; ***Ihre ~e Teilnahme*** votre participation
4. (*von Mensch zu Mensch erfolgend*) *Bekanntschaft, Beziehung, Freundschaft, Gespräch, Unterredung* personnel(le)
5. (*intim*) *Atmosphäre, Umgebung, Einrichtung, Wort, Wunsch* personnel(le)
6. (*gegen jdn selbst gerichtet*) *Affront, Beleidigung, Feind, Widersacher, Feindschaft* personnel(le)
7. (*als Privatperson*) *Einfluss, Macht, Reichtum, Note, Stil* personnel(le)
8. (*anzüglich*) ■ **jd wird** ~ qn fait des attaques personnelles [*o* allusions blessantes]
II. *adv* 1. (*selbst*) personnellement; ***jd erscheint*** ~ qn vient personnellement [*o* en personne]
2. (*tatsächlich*): ***wir sind ~ befreundet*** nous sommes ami(e)s; ~ ***haben wir miteinander nichts zu tun*** nous n'avons rien à voir ensemble
3. (*als Menschen*) *angreifen, beleidigen, hassen, verfolgen* personnellement
Persönlichkeit <-, -en> *f* 1. (*markanter Mensch*) personnalité *f;* ***jd ist eine starke*** ~ qn a une forte personnalité
2. (*Prominenter*) personnalité *f*
3. ∅ (*individuelle Eigenart*) personnalité *f*
Perspektive <-, -n> [pɛrspɛk'ti:və] *f* (*alle Bedeutungen*) perspective *f;* ***aus dieser ~ heraus*** sous cette perspective, sous cet angle
perspektivisch [pɛrspɛk'ti:vɪʃ] I. *adj:* ~***e Wirkung*** effet *m* de perspective; ~***e Verkürzung*** réduction *f* de la perspective; ***die Zeichnung bekommt ~e Tiefe*** la perspective donne de la profondeur à ce dessin
II. *adv darstellen, zeichnen* en perspective
Peru <-s> *nt* le Pérou
Perücke <-, -n> *f* perruque *f*
pervers [pɛr'vɛrs] I. *adj* 1. PSYCH pervers(e)
2. *sl Mensch* taré(e) *fam; Hitze* à crever *fam;* ***das ist doch*** ~! il faut être taré(e) pour aimer ça! *fam*
II. *adv veranlagt sein:* ***jd ist ~ veranlagt*** qn a un naturel pervers
Perversion <-, -en> [-vɛr-] *f* perversion *f*
Perversität <-, -en> [-vɛr-] *f geh* 1. ∅ *geh* (*perverse Art*) perversité *f*
2. *s.* **Perversion**
pervertieren * [-vɛr-] I. *vt + haben geh* ■ **jd pervertiert etw** qn pervertit qc
II. *vi + sein geh* ■ **etw pervertiert [zu etw]** qc se pervertit [et devient [*o* pour n'être plus que] qc]
Peseta <-, -ten> *f* peseta *f*
Pessar <-s, -e> *nt* diaphragme *m*
Pessimismus <-> *m* ∅ pessimisme *m*
Pessimist(in) <-en, -en> *m(f)* pessimiste *mf*
pessimistisch I. *adj* pessimiste
II. *adv* avec pessimisme; ***jd ist ~ eingestellt*** qn est [un/une] pessimiste
Pest <-> *f* ∅ ■ **die** ~ la peste
▶ **jd wünscht jdm die ~ an den Hals** *fam* qn souhaite à qn qu'il crève *fam;* **jd hat die** ~ qn a la peste; **jd/etw stinkt wie die** ~ *fam* qn/qc empeste *fam;* **wie die** ~ *fam:* ***jd fürchtet jdn/etw wie die*** ~ qn craint qn/qc comme la peste; ***jd hasst jdn/etw wie die*** ~ qn déteste qn/qc au plus haut point [*o* plus que tout]
pestartig *adj* pestilentiel(le)
Pestbeule *f* bubon *m* pestilentiel **Pestgestank** *m* pestilence *f*
Pestizid <-s, -e> *nt* pesticide *m*
Peter <-s> *m* ▶ **jd schiebt** [*o* **spielt**] **jdm den schwarzen ~ zu** qn fait porter le chapeau à qn *arg*
Petersilie <-, -n> [-liə] *f* persil *m*
PET-Flasche ['pet-] *f* bouteille *f* en plastique
Petition <-, -en> *f* pétition *f*
Petitionsrecht *nt* droit *m* de pétition
Petrischale *f* boîte *f* de Pétri
Petrochemie [petroçe'mi:, 'pe:troçemi:] *f* pétrochimie *f*
Petroleum <-s> *nt* ∅ pétrole *m;* [*Petroleumlampe*] pétrole *m* lampant
Petroleumlampe *f* lampe *f* à pétrole
Petting <-s, -s> *nt* pelotage *m fam*, flirt *m* très poussé
▶ **jd macht** ~: ***sie machen*** ~ ils/elles se pelotent *fam;* ***ich mache nur*** ~ je ne vais pas au-delà du pelotage *fam*
Petunie <-, -n> [pe'tu:niə] *f* pétunia *m*
Petze <-, -n> *f pej fam* rapporteur(-euse) *m(f) fam*, caf[e]teur(-euse) *m(f) fam*
petzen I. *vt pej fam* ■ **jd petzt [jdm] etw** qn rapporte qc [à qn], qn cafte qc [à qn]
II. *vi pej fam* ■ **jd petzt** qn rapporte *fam*, qn cafte *fam*
Petzer(in) <-s, -> *m(f) pej fam* rapporteur(-euse) *m(f) fam*, caf[e]teur(-euse) *m(f) fam*
Pf *abk von* **Pfennig** pfennig *m*
Pfad <-[e]s, -e> *m* sentier *m*
▶ **jd wandelt auf dem ~e der Tugend** *geh* qn suit le sentier de la vertu *littér;* **jd führt jdn auf den ~ der Tugend zurück** *geh* qn ramène qn sur le sentier de la vertu *littér;* **ein dorniger** ~ *geh* un parcours semé d'embûches *soutenu*
pfaden *vt* CH 1. (*von Schnee räumen*) ■ **jd/etw pfadet etw** qn déneige [*o* déblaye] qc
2. (*einen Pfad bahnen*) ■ **etw ist gepfadet** qc est déneigé(e) [*o* déblayé(e)]
Pfadfinder(in) <-s, -> *m(f)* scout/guide *m/f*
Pfaffe <-n, -n> *m pej* cureton *m*, curaillon *m*
Pfahl <-[e]s, ¨-e> *m* 1. (*Zaunpfahl*) pieu *m*, piquet *m*
2. (*angespitzter Rundbalken*) pal *m;* (*für Palisaden*) palis *m*
Pfahlbau <-bauten> *m* construction *f* sur pilotis
pfählen *vt* 1. HORT ■ **jd pfählt etw** *Baum* qn tuteure qc
2. HIST ■ **jd pfählt jdn** qn empale qn
Pfahlwurzel *f* racine *f* pivotante
Pfalz <-, -en> *f* 1. ∅ GEOG ■ **die** ~ le Palatinat

2. (*Herrscherpalast*) palais *m*

Pfand <-[e]s, -er> *nt* 1. ∅ (*für Leergut*) consigne *f*; ***50 Pfennig*** ~ 50 pfennig de consigne, une consigne de 50 pfennig
2. SPIEL gage *m*; ***etw als*** ~ qc en gage
3. *geh* (*Unter~*) gage *m*

pfändbar *adj* saisissable

Pfandbrief *m* obligation *f* hypothécaire

pfänden *vt* 1. (*beschlagnahmen*) ■ **jd pfändet [jdm] etw** qn saisit qc [appartenant à qn]; ■ **das P~** la saisie
2. (*bei jdm Pfandsiegel anbringen*) ■ **jd pfändet jdn** qn saisit qn; ■ **jd lässt jdn ~** qn fait saisir qn

Pfänderspiel *nt* jeu *m* des gages

Pfandflasche *f* bouteille *f* consignée **Pfandleihe** <-, -en> *f* crédit *m* municipal, mont-de-piété *m vieilli* **Pfandleiher(in)** <-s, -> *m(f)* prêteur(-euse) *m(f)* sur gages **Pfandrecht** *nt* ■ **ein/jds ~ an etw** (*dat*) un droit de gage/le droit de gage de qn sur qc **Pfandschein** *m* reconnaissance *f* du mont-de-piété, bulletin *m* de gage **Pfandsiegel** *nt* sceau *m*

Pfändung <-, -en> *f* saisie *f*

Pfanne <-, -n> *f* 1. (*Brat~*) poêle *f*
2. CH (*Topf*) casserole *f*
3. (*Dachziegel*) tuile *f*
▶ **jd haut jdn in die ~** *sl* qn démolit qn *fam*

Pfannkuchen *m* crêpe *f* [épaisse]

Pfarramt *nt* cure *f*

Pfarrei <-, -en> *f* 1. (*Gemeinde*) paroisse *f*
2. *s.* Pfarramt

Pfarrer(in) <-s, -> *m(f)* (*evangelisch*) pasteur *m*; (*katholisch*) prêtre *m*, curé *m*; ***unser Herr*** ~ notre curé/pasteur; ~ ***Müller*** monsieur le curé/pasteur [Müller]

Pfarrgemeinde *f s.* **Pfarrei 1. Pfarrhaus** *nt* presbytère *m*, cure *f vieilli* **Pfarrkirche** *f* église *f* paroissiale

Pfau <-[e]s *o* -en, -en> *m* paon *m*
▶ **er ist ein eitler ~** *geh* il fait le paon; **sie ist ein eitler ~** elle fait la renchérie *littér*

pfauchen *vi* AUS (*fauchen*) ■ **etw pfaucht** qc siffle

Pfauen- *-feder* de paon; *-rad, -ruf* de/du paon; *-gehege, -zucht* de paons; *-haltung* de paon **Pfauenauge** *nt* (*Schmetterling*) paon *m* de jour [*o* nuit]

Pfeffer <-s, -> *m* poivre *m*; ***gemahlener/ungemahlener*** ~ du poivre moulu/en grains
▶ **grüner ~** poivre vert; **schwarzer ~** poivre gris; **weißer ~** poivre blanc; **geh hin [*o* bleib], wo der ~ wächst!** *fam* va te faire voir [ailleurs]! *fam*; **der kann bleiben, wo der ~ wächst!** qn peut rester où il/elle est!

pfeff[e]rig *adj* poivré(e)

Pfefferkorn *nt* grain *m* de poivre **Pfefferkuchen** *m* pain *m* d'épice

Pfefferminz <-es, -[e]> *nt* 1. (*Aroma*) menthe *f*
2. (*Bonbon*) bonbon *m* à la menthe

Pfefferminz- *-schokolade, -eis, -tee, -bonbon* à la menthe; *-pastille a., -likör, -geschmack* de menthe

Pfefferminze <-> *f* ∅ menthe *f* [poivrée]

Pfeffermühle *f* moulin *m* à poivre

pfeffern *vt* 1. GASTR ■ **jd pfeffert etw** qn poivre qc
2. *fam* (*schleudern*) ■ **jd pfeffert etw irgendwohin** qn balance qc quelque part *fam*
▶ **jd pfeffert jdm eine** *sl* qn fout une tarte à qn *pop*, qn colle une baffe à qn *fam*; *s. a.* **gepfeffert**

Pfefferstrauch *m* poivrier *m* [noir] **Pfefferstreuer** <-s, -> *m* poivrière *f*, poivrier *m*

pfeffrig *adj s.* **pfefferig**

Pfeife <-, -n> *f* 1. (*Tabaks~*) pipe *f*
2. (*Triller~*) sifflet *m*
3. (*Musikinstrument*) fifre *m*
4. *sl* (*Nichtskönner*) nul *m fam*
▶ **jd kann jdn/etw in der ~ rauchen** *fam*: ***so einen Spielzeug-PC kannst du in der ~ rauchen*** ton ordinateur de jeux, c est de la gnognote [*o* ça ne vaut pas un pet de lapin] *fam*; ***die Gruppe kann man in der ~ rauchen*** ce groupe de musiciens, on peut l'oublier *fam*; **jd raucht ~** qn fume la pipe; **jd tanzt nach jds ~** qn se laisse mener [par le bout du nez *fam*] par qn

pfeifen <pfiff, gepfiffen> I. *vi* 1. (*Pfeiftöne erzeugen*) ■ **jd/etw pfeift** qn/qc siffle
2. *fam* (*verzichten*) ■ **jd pfeift auf etw** (*akk*) qn se fiche de qc *fam*
II. *vt* ■ **jd pfeift [jdm] etw** *Lied, Melodie* qn siffle qc [à qn]

Pfeifenbesteck *nt* nécessaire *m* du fumeur de pipe **Pfeifenkopf** *m* fourneau *m* de/de la pipe **Pfeifenraucher(in)** *m(f)* fumeur(-euse) *m(f)* de pipe ▶ **jd ist ~** qn fume la pipe **Pfeifenreiniger** *m* cure-pipe *m* **Pfeifenständer** *m* râtelier *m* à pipes **Pfeifenstopfer** <-s, -> *m* bourre-pipe *m* **Pfeifentabak** *m* tabac *m* [à pipe]

Pfeifer(in) <-s, -> *m(f)* 1. siffleur(-euse) *m(f)*
2. MUS fifre *m*

Pfeifkessel *m s.* **Flötenkessel. Pfeifkonzert** *nt* sifflements *mpl*
▶ **sie veranstalten ein ~** ils/elles se mettent à siffler [en signe de mécontentement] **Pfeifton** *m* sifflement *m*; [*Anrufbeantworter*] signal *m*; ***nach dem ~ ist es genau 16 Uhr*** au 4ème top, il sera exactement 16 heures

Pfeil <-s, -e> *m* 1. (*Geschoss*) flèche *f*
2. (*Richtungs~*) flèche *f*
▶ **~ und Bogen** un arc et ses flèches; **jd hat alle ~e verschossen** qn est à court d'arguments, qn a épuisé tous ses arguments; **wie ein ~** comme une flèche

Pfeiler <-s, -> *m* 1. ARCHIT pilier *m*
2. (*Pylon*) pile *f*

Pfeilgift *nt* poison *m* pour flèches **Pfeilspitze** *f* pointe *f* de/de la flèche

Pfennig <-s, -e *o bei Zahlenangabe* -> *m* pfennig *m*
▶ **jd hat keinen ~ Geld** qn n'a pas le sou; **jd hat keinen ~ Geld [bei sich [*o* mit]]** qn n'a pas un sou [sur lui/elle]; **wer den ~ nicht ehrt, ist des Talers nicht wert** *prov* il n'y a pas de petites économies; **nicht für fünf ~** *fam*: ***du hast nicht für fünf ~ Anstand*** tu n'as pas un sou [*o* une once] de savoir-vivre; ***er hat nicht für fünf ~ Grips im Kopf*** il n'est pas malin pour un sou; **etw ist keinen ~ wert** qc ne vaut rien [*o* pas un clou *fam*]; **jd dreht jeden ~ um** *fam* qn regarde à la dépense; **jd muss mit dem [*o* jedem] ~ rechnen** qn est obligé(e) de compter, qn doit faire attention; **keinen ~** pas un sou [*o* centime]

Pfennigabsatz *m fam* talon *m* aiguille **Pfennigbetrag** *m* somme *f* dérisoire **Pfennigfuchser(in)** <-s, -> [-ks-] *m(f) fam* grippe-sou *m fam*, radin *m fam* **Pfennigstück** *nt* pièce *f* d'un pfennig

Pferch <-es, -e> *m* parc *m*, enclos *m*

pferchen *vt* ■ **jd pfercht jdn/Tiere in etw** (*akk*) qn parque qn/qc dans qc

Pferd <-[e]s, -e> *nt* 1. (*Tier*) cheval *m*; ***jd reist mit dem*** ~ qn voyage à cheval
2. (*Turngerät*) cheval *m* d'arçons
3. SCHACH (*Springer*) cavalier *m*
▶ **jd zäumt das ~ beim Schwanz auf** *fam* qn met la charrue avant les bœufs; **jds bestes ~ im Stall** *fam* le meilleur élément de qn; **jd setzt aufs falsche/richtige ~** *fam* qn mise sur le mauvais/bon cheval *fam*; **immer langsam [*o* sachte] mit den jungen ~en!** *fam* du calme, y a pas le feu! *fam*; **jd macht die ~e scheu** *fam* qn sème la panique; **ein Trojanisches ~** *geh* un cadeau piégé; **keine zehn ~e** *fam* rien au monde; ***keine zehn ~e bringen mich dazu*** je ne le ferais pour rien au monde; **jdm gehen die ~e durch** *fam* qn craque *fam*; **das hält ja kein ~ aus** *fam* c'est une vie de chien, ce n'est pas une vie; **mit jdm kann man ~e stehlen** *fam* on peut faire n'importe quoi avec qn *fam*; **auf die ~e!** à cheval!; **wie ein ~** *fam arbeiten, schuften, sich abrackern* comme un bœuf [*o* une bête de somme]; **zu ~[e]** *geh* à cheval

Pferde- 1. *-bahn, -fuhrwerk, -schlitten, -wagen* tiré(e) par des chevaux; *~**kutsche*** coche *m*, diligence *f* 2. *-mähne, -nüstern, -schädel, -rücken, -huf* de/du cheval 3. (*von Pferden*) *-besitzer, -halter, -käufer, -verkäufer, -züchter* de chevaux; *-schlachter, -schlachterei* chevalin(e); *~**händler*** maquignon *m* **Pferdeapfel** *m* crottin *m*; ■ ⁿ du crottin; ***ein*** ~ du crottin **Pferdedieb(in)** *m(f)* voleur(-euse) *m(f)* de chevaux **Pferdefleisch** *nt* viande *f* de cheval **Pferdefuß** *m* 1. [*Faun, Teufel*] pied *m* fourchu 2. (*Haken*) hic *m fam*; ***die Sache hat einen*** ~ il y a un os *fam* **Pferdegebiss**^RR^ *nt fam* dents *fpl* de cheval **Pferderennbahn** *f* hippodrome *m*, champ *m* de courses **Pferderennen** *nt* course *f* de chevaux **Pferderennsport** *m* hippisme *m*, course *f* hippique **Pferdeschwanz** *m* [*Pferd, Mensch*] queue *f* de cheval **Pferdestall** *m* écurie *f* **Pferdestärke** *f veraltend* cheval-vapeur *m* **Pferdezucht** *f* élevage *m* de chevaux

pfiff *imp von* **pfeifen**

Pfiff <-s, -e> *m* 1. (*Pfeifton*) sifflement *m*
2. *fam* (*Reiz*): ***ohne irgendwelchen*** ~ sans originalité; ***ein gewisser*** ~ un petit quelque chose
▶ **einer S. fehlt der letzte ~** *fam* il manque à qc un petit quelque chose [*o* le petit quelque chose qui change tout]

Pfifferling <-[e]s, -e> *m* girolle *f*, chanterelle *f* [comestible]
▶ **etw ist keinen ~ wert** *fam* qc ne vaut pas un clou [*o* pet de lapin] *fam*; **jd bekommt keinen/hat keinen ~ [*o* nicht einen]** *fam* qn n'aura pas un sou [*o* radis]/aura des clopinettes *fam*

pfiffig I. *adj* malin(-igne), fin(e)
II. *adv* intelligemment, avec finesse

Pfiffigkeit <-> *f* ∅ finesse *f* d'esprit, sagacité *f*

Pfingsten <-, -> *nt meist ohne Artikel* la Pentecôte
▶ **an [*o* zu] [*o* über] ~** à la Pentecôte

Pfingstfest *nt geh* fête *f* de [la] Pentecôte **Pfingstmontag** *m* lundi *m* de [la] Pentecôte **Pfingstrose** *f* pivoine *f* **Pfingstsonntag** *m* dimanche *m* de [la] Pentecôte **Pfingsttag** *m* jour *m* de [la] Pentecôte **Pfingstwoche** *f* semaine *f* de [la] Pentecôte

Pfirsich <-s, -e> *m* pêche *f*

Pfirsich- 1. *-kern, -schale* de/de la pêche; *-blatt, -stamm, -blüte* de pêcher; *~**baum*** pêcher *m*; *~**strauch*** pêcher *m* du Japon
2. *-ernte* de/des pêches; *-anbau, -pflanzung, -plantage* de pêchers
3. *-nektar, -saft, -kompott, -likör, -geschmack* de pêche; *~**eis*** glace *f* à la pêche

Pflanze <-, -n> *f* plante *f*
▶ **Fleisch fressende ~** plante carnivore

pflanzen I. *vt* 1. (*setzen*) ■ **jd pflanzt etw** qn plante qc
2. *geh* (*aufpflanzen*) ■ **jd pflanzt etw auf etw** (*akk*) qn plante qc sur qc
3. AUS (*foppen*) ■ **jd pflanzt jdn** qn fait marcher qn
II. *vr fam* ■ **jd pflanzt sich irgendwohin** (*sitzend*) qn se vautre quelque part *fam*; (*stehend*) qn se plante quelque part *fam*; ***pflanz dich halt irgendwohin*** case-toi quelque part *fam*

Pflanzenfaser *f* fibre *f* végétale **Pflanzenfett** *nt* graisse *f* végétale **pflanzenfressend** *adj attr* herbivore **Pflanzenfresser** *m* herbivore *m* **Pflanzenschutz** *m* protection *f* des plantes; ***im ~ verwendet*** utilisé(e) pour la protection des plantes ▶ **biologischer ~** (*Schutz*) protection *f* biologique des plantes; (*Mittel*) produit *m* phytosanitaire; (*gegen Insekten a.*) insecticide *m* écologique; (*gegen Krankheiten a.*) pesticide *m* écologique **Pflanzenschutzmittel** *nt* produit *m* phytosanitaire **Pflanzenwelt** *f* flore *f*, végétation *f*

Pflanzer(in) <-s, -> *m(f)* planteur(-euse) *m(f)*

pflanzlich I. *adj attr* 1. (*aus Pflanzen gewonnen*) végétal(e)
2. (*vegetarisch*) végétarien(ne)

II. *adv:* ***jd ernährt sich*** ~ qn a une nourriture végétarienne; ***jd lebt*** ~ qn a un mode de vie végétarien

Pflanzung <-, -en> *f* **1.** ∅ (*das Pflanzen*) plantation *f*
2. AGR *s.* **Plantage**

Pflaster <-s, -> *nt* **1.** (*Heft*~) sparadrap *m,* pansement *m*
2. CONSTR pavé *m;* (*Plattierung*) pavage *m*
► **ein gefährliches** [*o* **heißes**] ~ *fam* un endroit dangereux [*o* chaud]; **ein teures** ~ *fam:* ***Düsseldorf ist ein teures*** ~ la vie est chère à Düsseldorf

Pflasterer(in) <-s, -> *m(f)* paveur *m*

Pflastermaler(in) *m(f)* peintre *m* des rues

pflastern I. *vt* ■ **jd pflastert etw** [**mit etw**] qn pave qc [de qc]; ■ **das P~** le pavage
II. *vi* ■ **jd pflastert** qn pose des pavés

Pflasterstein ['pflaste-] *m* pavé *m*

Pflasterung <-, -en> *f* pavage *m*

Pflaume <-, -n> *f* **1.** (*Frucht*) prune *f*
2. (*Baum*) prunier *m*
3. *fam* (*Mensch*) incapable *mf,* manche *m fam*

Pflaumen- **1.** BOT *-kern, -stängel* de/de la prune **2.** GASTR de prunes; *-kuchen* aux prunes; ***ein Glas ~schnaps*** un verre de prune **Pflaumenbaum** *m* prunier *m*

Pflege <-> *f* ∅ **1.** [*Haut, Haare, Körper, Zähne, Nägel*] soins *mpl*
2. (*Fürsorge*) soins *mpl;* ***der Patient wurde seinen Angehörigen zur ~ übergeben*** ce patient a été remis à sa famille pour qu'elle le soigne
3. [*Pflanzen*] soins *mpl;* [*Anlagen, Garten, Gartenteich etc*] entretien *m*
4. *geh* [*Brauchtum, Kulturgut, Liedgut, Hausmusik, Sprache, Volkstänze*] conservation *f;* [*Beziehungen*] maintien *m;* ***es kommt auf die ~ guter Beziehungen an*** il s'agit de cultiver les relations; ***sie hat sich die ~ alten Brauchtums zur Aufgabe gemacht*** elle s'est fait un devoir de cultiver de vieilles coutumes
► **jd gibt jdn/ein Tier** [**bei jdm**] **in** ~ qn met qn/un animal en pension [chez qn]; **jd nimmt jdn/ein Tier** [**von jdm**] **in** ~ qn prend qn/un animal [de qn] en pension, qn prend soin de qn/d'un animal [de qn]

-pflege *f* **1.** *Hand-, Mund-, Haut-, Haar-* soins *mpl* de la/des; *Boden-, Auto-, Teppich-, Fell-* entretien *m* du/de la/des; ***Zahn~*** soins dentaires
2. *Kranken-, Alten-, Säuglings-* soins [*o* apporter] à donner *mpl* à

Pflege- **1.** MED *-personal* soignant(e); *-beruf* de soignant(e), de soins; *-station* de long séjour; ***~heim*** établissement *m* de long séjour, maison *f* [*o* résidence *f*] médicalisée; ***~kraft*** soignant(e) *m(f);* ***~helfer*** aide-soignant(e) *m(f)* **2.** FIN *-aufwendungen, -kosten* de soins; ***~geld*** indemnité *f* de soins, allocation *f* compensatrice; ***~beitrag*** contribution *f* sociale **3.** (*zur Pflege*) *-produkt* cosmétique; ***~reihe, ~serie, ~linie*** ligne *f* de soins [*o* de [produits] cosmétiques]; ***~mittel*** produit *m* d'entretien; ***~anweisung*** conseil *m* d'entretien **pflegebedürftig** *adj Pflanze* qui exige des soins; *Mensch a.* dépendant(e), qui réclame des soins; ■ **jd/etw ist** ~ qn/qc exige [*o* demande] des soins, qn réclame des soins, qn est dépendant(e); ■ **jd wird** ~ qn devient dépendant(e) **Pflegeeltern** *pl* parents *mpl* nourriciers [*o* adoptifs] **Pflegefall** *m* personne *f* dépendante, personne *f* qui réclame des soins constants; ***jd wird zum*** ~ qn devient dépendant(e), qn nécessite des soins en permanence; ***hoffnungslose ~e*** des malades incurables **Pflegekind** *nt* enfant *m* placé [*o* en pension] dans une famille, enfant *m* en nourrice; ***sie ist mein*** ~ elle est placée chez moi **pflegeleicht** *adj* **1.** (*leicht zu pflegen*) d'[un] entretien facile; ■ **etw ist** ~ qc est facile à entretenir **2.** (*opp: schwierig*) facile à vivre, pas compliqué(e); *Chef, Mitarbeiter a.* de bonne composition; *Kind* facile **Pflegemutter** *f* mère *f* adoptive, nourrice *f*

pflegen I. *vt* **1.** (*umsorgen*) ■ **jd pflegt jdn** qn soigne qn
2. (*gärtnerisch*) ■ **jd pflegt etw** qn entretient qc; *Blumen* qn soigne qc
3. (*schützend behandeln*) ■ **jd pflegt etw** [**mit etw**] qn entretient qc [avec qc]
4. (*kosmetisch behandeln*) ■ **jd pflegt etw** [**mit etw**] qn soigne qc [avec qc]
5. (*gewöhnlich tun*) ■ **jd pflegt etw zu tun** qn a l'habitude de faire qc
6. *geh* (*kultivieren*) ■ **jd pflegt etw** qn cultive qc; *s. a.* **gepflegt**
II. *vr* **1.** (*Körperpflege betreiben*) ■ **jd pflegt sich** qn soigne son apparence; ■ **jd pflegt sich** [**mit etw**] qn se soigne [avec qc], qn utilise qc
2. (*sich schonen*) ■ **jd pflegt sich** qn se ménage

Pflegenotstand *m* pénurie *f* de personnel soignant [*o* de personnel infirmier et d'aides-soignants]

Pfleger(in) <-s, -> *m(f)* infirmier(-ière) *m(f)*

pflegerisch I. *adj Beruf* de soignant(e); *Tätigkeit* de soins; *Fähigkeit, Talent* dans le domaine des soins; ***~e Ausbildung*** formation *f* aux métiers de soignant(e)
II. *adv:* ***sind Sie ~ ausgebildet?*** avez-vous une formation de soignant(e)?; ***jd ist ~ tätig*** qn dispense des soins

Pflegesatz *m* forfait *m* hospitalier [*o* journalier] **Pflegesohn** *m* garçon *m* en pension [*o* placé] dans une famille; ***jds*** ~ le garçon que qn a en garde **Pflegetochter** *f* fille *f* en pension [*o* placée] dans une famille; ***jds*** ~ la fille que qn a en garde **Pflegevater** *m* père *m* nourricier [*o* adoptif] **Pflegeversicherung** *f* assurance *f* dépendance

pfleglich I. *adj* soigneux(-euse); ***ich bitte dich um ~e Behandlung dieses Buchs*** je te demande de prendre bien soin de ce livre; ***bei ~erem Umgang mit …*** en prenant davantage soin de …
II. *adv* soigneusement, avec précaution

Pflegschaft <-, -en> *f* curatelle *f*

Pflicht <-, -en> *f* **1.** (*Verpflichtung*) devoir *m;* ■ **jds ~/~en als** mon/son devoir/mes/ses devoirs de + *subst sans art;* ***seine ~en als Vorgesetzter*** ses devoirs de chef
2. SPORT [exercices *mpl*] imposés *mpl;* (*im Eiskunstlauf*) [figures *fpl*] imposées *fpl*
► **es ist jds verdammte ~ und Schuldigkeit etw zu tun** *fam* il est du devoir de qn de faire qc; **eheliche ~en** *euph* devoir conjugal; **jd hat sich** (*dat*) **zur ~ gemacht etw zu tun** qn s'impose de faire qc; **jd hat die ~ etw zu tun** qn a le devoir de faire qc; **jd nimmt jdn** [**durch etw**] **in die** ~ *geh* qn met qn à contribution [par l'intermédiaire de qc]; **die ~ ruft** le devoir m'/l'/nous/… appelle; **jd tut nur seine** ~ qn ne fait que son devoir

-pflicht *f Aufsichts-, Informations-, Mitteilungs-, Verwahr-, Auskunfts-* devoir *m* de; *Anschnall-, Maulkorb-, Helm-* port *m* obligatoire de; ***Melde~*** déclaration *f* obligatoire; ***Steuer~*** assujettissement *m* à l'impôt; ***jd unterliegt der Steuer~*** qn est assujetti(e) à l'impôt, qn est imposable; ***Unterhalts~*** obligation *f* de verser une pension alimentaire; ***Versicherungs~*** assurance *f* obligatoire

Pflicht- (*opp: freiwillig*) obligatoire **pflichtbewusst**[RR] *adj* conscient(e) de ses devoirs, consciencieux(-euse) **Pflichtbewusstsein**[RR] *nt* sens *m* du devoir **Pflichterfüllung** *f* ∅ accomplissement *m* du devoir; ***von unseren Mitarbeitern verlangen wir stete/nimmermüde*** ~ nous réclamons de nos collaborateurs un engagement sans faille; ***er starb in gewissenhafter/treuer*** ~ il est mort dans l'exercice de sa tâche [*o* de sa mission] **Pflichtexemplar** *nt exemplaire que chaque éditeur est tenu d'envoyer à la Bibliothèque centrale allemande* **Pflichtfach** *nt* matière *f* obligatoire **Pflichtgefühl** *nt* ∅ *s.* **Pflichtbewusstsein. pflichtgemäß** I. *adj* réglementaire, conforme au règlement; ***die ~e Verschwiegenheit*** l'obligation [*o* le devoir] de réserve II. *adv* conformément au règlement

-pflichtig (*von Menschen*) qui a un devoir de + *subst sans art;* (*von Dingen*) qui est soumis(e) à; ***steuer-/tribut~*** imposable, assujetti(e) à l'impôt; ***verschreibungs~e Medikamente*** des médicaments délivrés sur ordonnance; ***unterhalts-/beitrags~*** tenu(e) de verser une pension alimentaire/une cotisation [*o* de cotiser]

Pflichtteil *m o nt* JUR réserve *f* héréditaire **Pflichtübung** *f* **1.** *geh* corvée *f* **2.** SPORT *s.* **Pflicht 2. pflichtversichert** *adj* soumis(e) à une assurance obligatoire; ■ **jd ist** ~ qn bénéficie d'une assurance obligatoire **Pflichtversicherte(r)** *f(m)* assuré(e) *m(f)* obligatoire, personne *f* bénéficiant d'une assurance obligatoire **Pflichtversicherung** *f* assurance *f* obligatoire **Pflichtverteidiger(in)** *m(f)* JUR avocat commis/avocate commise d'office *m*

Pflock <-[e]s, ¨-e> *m* piquet *m,* pieu *m*

pflücken *vt* ■ **jd pflückt etw** qn cueille qc; ■ **das P~** la cueillette

Pflücker(in) <-s, -> *m(f)* cueilleur(-euse) *m(f)*

Pflug <-es, ¨-e> *m* charrue *f*
► **jd nimmt etw unter den** ~ *geh* qn laboure qc

pflügen I. *vi* ■ **jd pflügt** qn laboure; ■ **das P~** le labourage
II. *vt* ■ **jd pflügt etw** qn laboure qc

Pflüger(in) <-s, -> *m(f) veraltend* laboureur *m littér*

Pflugschar <-, -en> *f* soc *m*

Pflümli <-, -s> *nt* CH [eau-de-vie *f* de] prune *f*

Pfortader *f* veine *f* porte

Pforte <-, -n> *f* porte *f*
► **die Burgundische** ~ la trouée de Belfort; **etw schließt seine ~n** *geh* qc ferme ses portes

Pförtner <-s, -> *m* ANAT pylore *m*

Pförtner(in) <-s, -> *m(f)* concierge *mf;* [*Werk a.*] portier *m,* gardien(ne) *m(f)*

Pförtnerloge [-loːʒə] *f* loge *f* du/de la concierge; [*Werk a.*] loge *f* du portier [*o* du gardien/de la gardienne]

Pfosten <-s, -> *m* **1.** (*Pfahl*) piquet *m,* poteau *m;* ***rückstrahlender*** ~ balise *f* réfléchissante
2. (*Stütz~*) montant *m*
3. SPORT (*Tor~*) poteau *m*

Pfötchen <-s, -> *nt dim von* **Pfote** patte *f*
► **ein Tier gibt** ~ un animal donne la patte; [**gib**] ~! donne la patte!

Pfote <-, -n> *f* **1.** ZOOL patte *f*
2. *fam* (*Hand*) patte *f fam;* ***~n weg!*** bas les pattes!
► **jd verbrennt sich** (*dat*) **die ~n** [**an etw** (*dat*)] *fam* qn y laisse des plumes/qn laisse des plumes dans qc *fam*

Pfriem <-[e]s, -e> *m* poinçon *m;* (*für Leder*) alène *f*

Pfropf <-[e]s, -e *o* ¨-e> *m* MED bouchon *m,* tampon *m;* (*Blut~*) caillot *m;* (*Eiter~*) boule *f*

pfropfen[1] *vt* **1.** (*hineindrücken*) ■ **jd pfropft etw in etw** (*akk*) *Korken, Stöpsel* qn enfonce qc dans qc
2. (*hineinzwängen*) ■ **jd pfropft etw in etw** (*akk*) *Kleidungsstück* qn case [*o* fourre] [*o* bourre] qc dans qc
► **jd pfropft etw voll** *fam* qn bourre qc

pfropfen[2] *vt* HORT ■ **jd pfropft etw** qn greffe qc

Pfropfen <-s, -> *m* (*Stöpsel*) bouchon *m*

Pfründe <-, -n> *f* fonction *f* lucrative, prébende *f;* ***eine fette/einträgliche*** ~ une sinécure

Pfuhl <-s, -e> *m veraltend* mare *f*

pfui *interj* be[u]rk, pouah; ***das ist*** ~ c'est dégoûtant
► ~, **schäme dich!** tu n'as pas honte?

Pfund <-[e]s, -e *o bei Zahlenangabe* -> *nt* **1.** (*500 Gramm*) livre *f*
2. (*Währungseinheit*) livre *f*
► **jd wuchert mit seinem ~e** *geh* qn met en valeur ses talents; **in** ~ (*Sterling*) en livres [sterling]

-pfünder <-s, -> *m* (*Brot*) pain *m* de … livres; (*Fisch*) poisson *m* de … livres; ***Ein~*** pain/poisson d'une livre

Pfunds- DIAL *fam* super *fam,* du tonnerre *fam;* ***wir hatten einen ~spaß*** nous nous sommes super bien amusés [*o* vachement] *fam* **Pfundskerl** *m* DIAL *fam* mec/nana *m/f* super *fam,* type/nana *m/f* super *fam*

Pfusch <-[e]s> *m* ∅, **Pfuscharbeit** *f fam* travail *m* bâclé

pfuschen *vi* **1.** (*schlampen*) ■ **jd pfuscht** qn sabote [*o* bâcle] le travail, qn

salope le boulot *fam*
2. *fam* (*mogeln*) ■ **jd pfuscht [bei jdm/etw]** qn pompe [sur qn/pendant qc] *arg;* ***jd pfuscht bei einer Prüfung*** qn pompe à [*o* pendant] un examen; ■ **das P~** *verbal übersetzt;* ***lass dich bloß nicht beim P~ erwischen!*** ne te fais pas prendre en train de pomper! *arg*
Pfuscher(in) <-s, -> *m(f) fam* 1. SCOL copieur(-euse) *m(f),* tricheur(-euse) *m(f)*
2. (*Handwerker*) bousilleur(-euse) *m(f) fam*
Pfütze <-, -n> *f* flaque *f*
PH <-, -s> [pe:'ha:] *f abk von* **Pädagogische Hochschule** ≈ EN *f,* ≈ IUFM *m*
Phallen, Phalli *pl von* **Phallus**
phallisch *adj geh* phallique
Phallus <-, -se *o* Phalli *o* Phallen> *m geh* phallus *m*
Phänomen <-s, -e> *nt* 1. (*Erscheinung*) phénomène *m*
2. *geh* (*Mensch*) phénomène *m*
phänomenal *adj* phénoménal(e)
Phantasie <-, -n> [-'zi:ən] *f* 1. ∅ (*Einbildungsvermögen*) imagination *f*
2. *meist pl* (*Fantasterei*) fantasme *m*
▸ **jd hat eine lebhafte** [*o* **blühende**] [*o* **rege**] ~ qn a une imagination débordante; **jd hat eine krankhafte** ~ qn a une imagination maladive; **jd hat eine schmutzige** ~ qn a l'esprit mal tourné
phantasiebegabt *s.* **fantasievoll. Phantasiegebilde** *s.* **Fantasiegebilde**
phantasielos *s.* **fantasielos**
Phantasielosigkeit *s.* **Fantasielosigkeit**
phantasieren * *s.* **fantasieren**
phantasievoll *s.* **fantasievoll**
Phantast(in) *s.* **Fantast(in)**
Phantasterei *s.* **Fantasterei**
phantastisch *s.* **fantastisch**
Phantom <-s, -e> *nt* fantôme *m*
Phantombild *nt* portrait-robot *m*
Pharao <-s, Pharaonen> *m,* **Pharaonin** *f* pharaon(ne) *m(f)*
Pharaonen- de pharaon[s], pharaonique
Pharisäer <-s, -> *m* 1. HIST pharisien(ne) *m(f)*
2. *geh* (*Heuchler*) pharisien(ne) *m(f) vieilli,* tartuf[f]e *m*
Pharma- pharmaceutique **Pharmaindustrie** *f* industrie *f* pharmaceutique
Pharmakologe <-n, -n> *m,* **-login** *f* pharmacologue *mf,* pharmacologiste *mf*
Pharmakologie <-> *f* ∅ pharmacologie *f*
pharmakologisch *adj* pharmacologique
Pharmazeut(in) <-en, -en> *m(f)* pharmacien(ne) *m(f)*
pharmazeutisch *adj* pharmaceutique
Pharmazie <-> *f* ∅ pharmacie *f*
Phase <-, -n> *f* 1. *geh* (*Abschnitt*) phase *f*
2. ELEC phase *f*
Phenol <-s, -e> *nt* phénol *m*
Philanthrop(in) <-en, -en> *m(f) geh* philanthrope *mf*
Philatelist(in) <-en, -en> *m(f) form* philatéliste *mf*
Philharmonie <-, -n> [-'ni:ən] *f* 1. philharmonie *f*
2. (*Gebäude*) bâtiment *m* abritant la philharmonie
Philharmoniker(in) <-s, -> *m(f)* membre *m* de la philharmonie
philharmonisch *adj* philharmonique
Philippinen *pl* ■ **die** ~ les Philippines *fpl*
Philister(in) <-s, -> *m(f)* 1. HIST Philistin(e) *m(f)*
2. *geh* (*Spießer*) philistin(e) *m(f) littér*
Philologe <-n, -n> *m,* **-login** *f* 1. (*Sprachenspezialist*) philologue *mf;* (*Fremdsprachenspezialist*) linguiste *mf*
2. (*Professor*) professeur *m* de lettre; (*Gymnasiallehrer*) professeur *m* de langues [au lycée], linguiste *mf fam;* (*Student*) étudiant(e) *m(f)* en lettres
Philologie <-, -n> [-'gi:ən] *f* philologie *f;* ***Studium der*** ~ études *fpl* de lettres; ***sie studiert*** ~ elle fait des études de lettres; ***ein Studium der englischen/romanischen*** ~ des études d'anglais/de langues romanes
philologisch *adj* de philologie; *Untersuchung, Werk a.* philologique
Philosoph(in) <-en, -en> *m(f)* philosophe *mf*
Philosophie <-, -n> [-'fi:ən] *f* (*alle Bedeutungen*) philosophie *f*
philosophieren * *vi geh* ■ **jd philosophiert [über etw** (*akk*)**]** qn philosophe [sur qc]
philosophisch I. *adj* philosophique
II. *adv* avec philosophie, philosophiquement
Phiole <-, -n> *f* fiole *f*
Phlegma <-s> *nt* ∅ *geh* indolence *f,* lymphatisme *m*
phlegmatisch *adj geh* indolent(e), lymphatique
Phlox <-es, -e> *m* phlox *m*
Phobie <-, -n> [-'bi:ən] *f* phobie *f;* ■ **seine/ihre** ~ **vor etw/einem Tier** sa phobie de qc/d'un animal; ***jd hat eine*** ~ ***vor etw/einem Tier*** qn a une phobie de qc/d'un animal
Phon <-s, -s *o bei Zahlenangabe* -> *nt* phone *m*
Phonem <-s, -e> *nt* phonème *m*
Phonetik <-> *f* ∅ phonétique *f*
phonetisch I. *adj* phonétique
II. *adv* phonétiquement
Phönix <-[es], -e> *m* phénix *m*
▸ **wie ein** ~ **aus der Asche** *geh* comme le phénix renaissant de ses cendres *littér*
Phonologie <-> *f* ∅ phonologie *f*
phonologisch *adj* phonologique
Phonotypist(in) <-en, -en> *m(f)* dactylographe *mf*
Phosphat <-[e]s, -e> *nt* phosphate *m*
phosphatfrei *adj* sans phosphates
Phosphor <-s> *m* ∅ CHEM phosphore *m*
phosphoreszieren * *vi* ■ **etw phosphoresziert** qc est phosphorescent(e)
Photo <-s, -s> *nt s.* **Foto**
Photo- 1. *s.* Foto-
2. BIO, CHEM, ELEC, PHYS photo; *-zelle a., -effekt* photoélectrique
Photon <-s, -tonen> *nt* photon *m*
Photosynthese *s.* **Fotosynthese**
Photovoltaik *s.* **Fotovoltaik**
Phrase <-, -n> *f* 1. *pej* (*Redensart*) formule *f* [toute faite [*o* stéréotypée]]
2. LING (*Ausdruck*) locution *f,* idiotisme *m*
▸ **jd drischt** ~**n** *pej fam* qn manie la langue de bois, qn parle pour ne rien dire
Phraseologie <-, -n> [-'gi:ən] *f* phraséologie *f*
phraseologisch *adj* phraséologique
pH-Wert [pe'ha:-] *m* pH *m*
Physik <-> *f* ∅ physique *f*
Physik- de physique
physikalisch I. *adj* 1. *Gesetz, Phänomen* physique; *Experiment, Formel* de physique; *Forschung* en physique
2. MED *Behandlung, Anwendung* par physiothérapie; ~***e Therapie*** physiothérapie *f*
II. *adv* 1. PHYS physiquement
2. MED *behandeln* par physiothérapie; ***man therapiert bestimmte Schmerzen*** ~ certaines douleurs sont soignées par physiothérapie
Physiker(in) <-s, -> ['fy:zikɐ] *m(f)* physicien(ne) *m(f)*
Physikum <-s, -ka> ['fy:zikʊm] *nt* ■ **das** ~ *examen intermédiaire au terme du cinquième semestre de médecine*
Physiognomie <-, -n> [-'mi:ən] *f geh* physionomie *f*
Physiologe <-n, -n> *m,* **-login** *f* physiologiste *mf*
Physiologie <-> *f* ∅ physiologie *f*
physiologisch I. *adj* physiologique
II. *adv* physiologiquement; ~ ***bedingt/verursacht*** d'origine physiologique; ***rein*** ~ sur le plan purement physiologique
physisch ['fy:zɪʃ] I. *adj* physique
II. *adv* physiquement; ***rein*** ~ sur le plan purement physique
Phytoplankton *nt* phytoplancton *m*
Pi <-[s], -s> *nt* pi *m*
Pianino <-s, -s> *nt* pianino *m*
Pianist(in) <-en, -en> *m(f)* pianiste *mf*
Piano <-s, -s> *nt geh* piano *m*
picheln I. *vi* DIAL *fam* ■ **jd pichelt** qn picole *fam*
II. *vt* ▸ **jd pichelt einen** DIAL *fam* qn se rince le gosier *fam*
Picke <-, -n> *f* pioche *f*
Pickel <-s, -> *m* 1. (*auf der Haut*) bouton *m*
2. (*Spitzhacke*) pioche *f;* (*Eis~*) piolet *m*
▸ **jd hat** ~ qn a des boutons
Pickelhaube *f* HIST casque *m* à pointe
pick[e]lig *adj* boutonneux(-euse); ■ **jd ist** ~ qn a des boutons; ■ **etw ist** ~ qc est couvert(e) de boutons
picken I. *vi* 1. + *haben* ■ **ein Vogel pickt [nach jdm]** un oiseau donne des coups de bec [à qn]; ■ **ein Vogel pickt [nach etw]** un oiseau picore [qc]
2. + *sein* AUS *fam* (*kleben*) ■ **etw pickt [irgendwo]** qc colle [quelque part]
II. *vt* 1. + *haben* ■ **ein Vogel pickt etw** un oiseau picore qc
2. + *haben* (*heraussuchen*) ■ **jd pickt etw aus etw** qn ramasse qc dans qc; ***immer pickst du die leckersten Bissen aus dem Topf*** tu grappilles toujours les meilleurs morceaux dans la cocotte
3. + *haben* AUS *fam* (*kleben*) ■ **jd pickt etw irgendwohin** qn colle qc quelque part
Picknick <-s, -s *o* -e> *nt* pique-nique *m*
▸ **jd macht** ~ qn pique-nique
Picknick- à pique-nique
picknicken *vi* ■ **jd picknickt** qn pique-nique
picobello *adv fam* impeccablement, impec *fam;* ***bei ihr sieht es immer*** ~ ***aus*** chez elle, c'est toujours impec *fam;* ~ ***angezogen*** [*o* ***gekleidet***] tiré(e) à quatre épingles
Picogramm <-s, -e> *nt* picogramme *m*
piekfein I. *adj fam Anzug* chic; *Einrichtung, Restaurant a.* sélect(e) *fam,* rupin(e) *fam*
II. *adv fam* avec le plus grand chic, chiquement *fam;* ***jd ist*** ~ ***angezogen*** [*o* ***gekleidet***] qn est vachement chic [*o* bien sapé(e)] *fam,* qn est tiré(e) à quatre épingles; (*zu feierlichem Anlass*) qn est sur son trente et un; ***ihr seid aber*** ~ ***eingerichtet!*** c'est drôlement chic chez vous! *fam*
piep *interj* cui-cui *fam*
▸ **ein Vogel macht** ~ un oiseau pépie [*o* piaille *fam*]; **jd kann nicht mehr** ~ **sagen** *fam* qn n'arrive même plus à dire ouf
Piep <-s> *m* ▸ **jd hat einen** ~ *fam* qn a un grain, qn déraille *fam,* qn débloque *fam;* **jd sagt keinen** ~ *fam* qn ne pipe pas [mot]; **jd sagt keinen** ~ **mehr** *fam* (*ist tot*) qn a cassé sa pipe
piepe *adj,* **piepegal** *adj fam* ■ **etw ist jdm** ~ qn se fiche [pas mal] de qc *fam;* ***es ist doch*** ~, ***wie ...*** on se fiche pas mal de savoir comment ... *fam;* ***mir ist das*** ~ je m'en [contre]fiche *fam,* je m'en balance *fam,* je m'en fous [royalement] *fam*
piepen *vi* 1. ■ **ein Tier piept** */Küken, Vogel/* un animal pépie [*o* piaille *fam*]; */Maus/* un animal couine *fam* [*o* chicote *rare*]
2. (*hohe Töne erzeugen*) ■ **etw piept** */Radio, Fernseher/* qc siffle; */elektronisches Gerät/* qc fait bip[-bip]; ***vor jeder vollen Stunde piept das Radio***

dreimal avant l'heure juste, la radio émet trois bips
3. *fam* (*spinnen*) ■ **bei jdm piept es** qn déraille *fam*, qn débloque *fam*
▸ **jd/etw ist zum P~** *fam* qn/qc est à mourir [*o* hurler *fam*] de rire, qn/qc est vraiment trop *fam*, qn/qc est d'un comique
piepsen I. *vi s.* **piepen**
II. *vi impers fam* ■ **bei jdm piepst es** qn est timbré(e) *fam*, qn ne tourne pas rond *fam*
Piepser <-s, -> *m fam* (*Personenrufgerät*) bip *m fam;* (*Telefonsignalsender*) bip[-bip] *m fam*
Pier <-s, -s *o* -e> *m* débarcadère *m*, embarcadère *m*, môle *m*
piesacken *vt fam* ■ **jd piesackt jdn** qn embête qn *fam;* ■ **ein Tier piesackt jdn** un animal agace [*o* enquiquine *fam*] qn
Pietät <-> [pie'tɛːt] *f* ∅ *geh* piété *f*
pietätlos [pie'tɛːt-] I. *adj geh* irrespectueux(-euse); *Bemerkung a., Werte* irrévérencieux(-euse) *littér;* ■ **jd ist** ~ qn est irrespectueux(-euse)
II. *adv geh* de façon irrespectueuse
Pietätlosigkeit <-, -en> [pie'tɛːt-] *f geh* 1. ∅ (*Einstellung*) irrespect *m*
2. (*Bemerkung*) irrévérence *f littér,* propos *m* irrévérencieux *littér*
Pietismus <-> [pie'tɪsmʊs] *m* ■ **der** ~ le piétisme
Pietist(in) <-en, -en> [pie'tɪst] *m(f)* piétiste *mf*
pietistisch [pie'tɪstɪʃ] *adj* piétiste
Pigment <-s, -e> *nt* pigment *m*
Pigmentfleck *m* tache *f* pigmentaire
Pik¹ *m* ▸ **jd hat einen ~ auf jdn** *fam* qn a une dent contre qn
Pik² <-s, -> *nt* KARTEN pique *m*
Pik- de pique
pikant I. *adj* 1. GASTR relevé(e), épicé(e); *Käse a.* fort(e); *Soße* piquant(e)
2. *geh Bemerkung, Geschichte, Witz* piquant(e) *littér,* croustillant(e)
II. *adv:* ***etw schmeckt*** ~ qc est relevé(e) [*o* épicé(e)]
Pike <-, -n> *f* pique *f*
▸ **von der ~ auf** depuis le bas de l'échelle
piken I. *vt fam* ■ **jd pikt jdn** [**mit etw**] qn pique qn [avec qc]; ■ **etw pikt jdn** qc pique qn
II. *vi fam* ■ **etw pikt** qc pique
pikiert I. *adj geh* offusqué(e); ■ **jd ist** [**über etw** (*akk*)] ~ qn se formalise [de qc]
II. *adv geh reagieren* avec indignation; ***sie verzog ~ das Gesicht*** elle prit une mine offusquée
Pikkolo <-s, -s> *m*, **Pikkoloflasche** *f* ≈ quart *m* de mousseux [*o* de champagne]
piksen I. *vt fam* ■ **jd/etw pikst jdn** qn/qc pique qn
II. *vi fam* ■ **etw pikst** qc pique
Piksieben *f* sept *m* de pique
▸ **jd steht da wie ~** *fam* qn reste planté(e) là [comme un piquet [*o* poireau]] *fam*
Piktogramm <-s, -e> *nt* pictogramme *m*
Pilger(in) <-s, -> *m(f)* pèlerin(e) *m(f)*
Pilger- de pèlerin; ~***reise*** pèlerinage *m* **Pilgerfahrt** *f* pèlerinage *m*
pilgern *vi + sein* 1. *fam* (*ziehen*) ■ **sie ~ irgendwohin** ils/elles se rendent en masse quelque part; ***ich pilgere durch die Stadt*** je me balade en ville *fam*
2. *veraltend* (*wallfahren*) ■ **jd pilgert irgendwohin** qn se rend [*o* va] en pèlerinage quelque part
Pille <-, -n> *f* pilule *f;* ■ **die** ~ la pilule
▸ **die ~ für den Mann** la pilule pour homme; **etw ist eine bittere ~ [für jdn]** *fam* qc est une pilule dure à avaler [*o* une sacrée pilule] [pour qn] *fam;* **jd muss eine bittere ~ schlucken** *fam* qn doit avaler la pilule [*o* une pilule amère] *fam;* **jd/etw versüßt jdm eine bittere ~** *fam* qn fait avaler la pilule à qn/qc fait passer la pilule *fam;* **jd nimmt die ~** qn prend la pilule; **~ danach** pilule du lendemain
Pilot(in) <-en, -en> *m(f)* AVIAT, SPORT pilote *mf*
Pilot- (*Test-*) [-]pilote
Pils <-, -> *nt* pils *f* (*bière claire et amère*)
▸ **ein kleines/großes ~** une petite/grande pils, un petit/grand verre de pils
Pilz <-es, -e> *m* 1. BOT champignon *m*
2. MED champignon *m*
▸ **sie schießen wie ~e aus dem Boden** [*o* **aus der Erde**] ils/elles poussent comme des champignons; **jd geht in die ~e** *fam* qn va aux champignons *fam*
Pilz- 1. GASTR aux champignons 2. *-freund, -sammler, -zucht* de champignons; ~***buch*** livre *m* sur les champignons; ~***züchter*** champignonniste *m* **Pilzerkrankung** *f* mycose *f* **Pilzgift** *nt* substance *f* vénéneuse **Pilzkunde** *f* 1. BOT mycologie *f* 2. (*Buch über Pilze*) guide *m* des champignons **Pilzvergiftung** *f* empoisonnement *m* [*o* intoxication *f*] par des champignons
Pimmel <-s, -> *m fam* zizi *m fam,* quéquette *f fam*
Pimpf <-[e]s, -e> *m fam* gosse *m fam,* môme *m fam*
pingelig *adj fam* maniaque, tatillon(ne), pinailleur(-euse) *fam*
Pinguin <-s, -e> *m* pingouin *m*, manchot *m*
Pinie <-, -n> [-niə] *f* pin *m* parasol
pink *adj* rose bonbon
Pinkel <-s, -> *m* ▸ **ein feiner** [*o* **vornehmer**] ~ *fam* un type très classe *fam,* un rupin *fam;* (*jung*) minet *m péj*
pinkeln *vi fam* ■ **jd pinkelt** [**irgendwohin**] qn pisse [quelque part] *fam*
Pinnwand *f* tableau *m* aide-mémoire
Pinscher <-s, -> *m* 1. (*Hund*) pinscher *m*
2. *pej fam* (*Jammergestalt*) fantoche *m*, minable *mf fam*
Pinsel <-s, -> *m* pinceau *m*
pinseln I. *vt* 1. *fam* (*streichen*) ■ **jd pinselt etw** qn peint qc
2. (*auftragen*) ■ **jd pinselt etw irgendwohin** *Parole, Spruch* qn peint qc quelque part; *Farbe* qn met qc quelque part
3. MED ■ **jd pinselt etw** qn badigeonne qc
II. *vi fam* ■ **jd pinselt** qn fait de la peinture
Pinte <-, -n> *f fam* troquet *m fam*
Pin-up-Girl <-s, -s> [pɪnˀapgœɐl] *nt* pin up *f*
Pinzette <-, -n> *f* pincette *f;* (*für kosmetische Zwecke*) pince *f* à épiler
Pionier(in) <-s, -e> *m(f)* 1. *geh* (*Wegbereiter*) pionnier(-ière) *m(f)*
2. MIL sapeur *m;* ■ **die ~e** les soldats *mpl* du génie
Pipeline <-, -s> ['paiplain] *f* pipeline *m*
Pipette <-, -n> *f* pipette *f*
Pipi <-s, -s> *nt Kindersprache* pipi *m enfantin*
▸ **jd macht ~** qn fait pipi
Pipifax <-> *nt fam* bricole *f*, broutille *f*, foutaise *f fam;* ***das ist*** ~ c'est trois fois rien
Piranha <-[s], -s> [pi'ranja] *m* piranha *m*
Pirat(in) <-en, -en> *m(f)* 1. NAUT pirate *m*
2. (*Luft~*) pirate *mf* de l'air
-pirat *m Produkt-, Software-* pirate *m* de; ***Video~*** pirate de cassettes vidéo
Piraten- NAUT de pirates; ~***schiff*** bateau *m* pirate [*o* de pirates] **Piratensender** *m* émetteur *m* [*o* radio *f*] pirate
Piraterie <-, -n> [-'riːən] *f* piraterie *f*
-piraterie *f Software-* piratage *m* de; *Produkt-* contrefaçon *f* de; ***Video~*** piratage vidéo; ***Marken~*** piraterie *f* commerciale, contrefaçon *f*
Pirol <-s, -e> *m* loriot *m*
Pirouette <-n, -n> [pi'rʊɛtə] *f* pirouette *f*
Pirsch <-> *f* ∅ ▸ **jd geht auf die ~** qn va à la chasse [à l'approche], qn chasse à la pirsch *spéc;* **jd ist** [*o* **befindet sich**] **auf der ~** qn est à la chasse
pirschen I. *vi* ■ **jd pirscht** [**auf Wild** (*akk*)] qn chasse [le gibier] à l'approche
II. *vr* ■ **jd pirscht sich irgendwohin** qn se faufile quelque part
Pisse <-> *f* ∅ *vulg* pisse *f vulg*
pissen *vi vulg* ■ **jd pisst** [**irgendwohin**] qn pisse [quelque part] *fam*
Pissoir <-s, -s *o* -e> [pɪ'soaːɐ] *nt* urinoir *m*, pissotière *f fam*
Pistazie <-, -n> [pɪs'taːtsiə] *f* 1. (*Baum*) pistachier *m*
2. (*Kern*) pistache *f*
Piste <-, -n> [-st-] *f* (*alle Bedeutungen*) piste *f*
Pistole <-, -n> [-st-] *f* pistolet *m*
▸ **jd setzt jdm die ~ auf die Brust** qn met qn au pied du mur, qn lui met le couteau sous la gorge; **wie aus der ~ geschossen** *fam* du tac au tac; ***seine Antwort kam wie aus der ~ geschossen*** il a répondu du tac au tac
Pistolen- [-st-] de pistolet
pittoresk *adj geh* pittoresque
Pixel <-s, -s> *nt* INFORM pixel *m*
Pizza <-, -s> *f* pizza *f*
Pkw <-s, -s> ['peːkaːveː, peːkaː'veː] *m abk von* **Personenkraftwagen** voiture *f* [particulière] [*o* [de tourisme]]
Plache <-, -n> *f* AUS, SDEUTSCH (*Plane*) bâche *f*
placken *vr fam* ■ **jd plackt sich** qn se crève *fam*
Plackerei <-, -en> *f fam* galère *f fam;* ***eine harte/mühselige*** ~ une sacrée galère *fam*
plädieren * *vi* 1. JUR ■ **jd plädiert auf etw** (*akk*) qn plaide qc; */Staatsanwalt/* qn requiert qc; ***er plädierte auf schuldig*** il plaida coupable; */Staatsanwalt/* il requit la reconnaissance de la culpabilité de l'accusé; ***der Staatsanwalt plädierte auf 15 Jahre/Freispruch*** l'avocat général a requis une peine de 15 ans/un non-lieu
2. *geh* (*sich aussprechen*) ■ **jd plädiert für etw** qn plaide pour qc; ■ **jd plädiert dafür, dass** qn plaide pour que + *subj*
Plädoyer <-s, -s> [plɛdoa'jeː] *nt* 1. JUR plaidoirie *f;* [*Staatsanwalt*] réquisitoire *m*
2. *geh* (*Eintreten*) ■ **~ für/gegen etw** plaidoyer *m* pour [*o* en faveur de]/contre qc
▸ **jd hält ein ~** JUR qn fait une plaidoirie; */Staatsanwalt/* qn prononce un réquisitoire
Plafond <-s, -s> [pla'fõː] *m* CH *form* (*Obergrenze*) plafond *m*
plafonieren * *vt* CH *form* ■ **jd plafoniert etw** *Kredit, Ausgaben* qn plafonne qc, qn assigne un plafond à qc
Plage <-, -n> *f* plaie *f*, calamité *f;* (*in Bezug auf Schädlinge*) fléau *m;* ***sein Leben war eine einzige*** ~ sa vie n'a été qu'un long calvaire; ***er macht mir das Leben zur*** ~ il fait de ma vie un calvaire; ***mit ihm ist es eine*** ~ c'est un vrai calvaire avec lui
Plagegeist *m pej fam* 1. (*Quälgeist*) casse-pieds *mf fam*
2. (*Insekt*) sale bestiole *f*, calamité *f fam*
plagen I. *vt* 1. (*behelligen*) ■ **jd plagt jdn** [**mit etw**] qn harcèle qn [de qc]
2. (*quälen*) ■ **etw plagt jdn** */Schmerzen/* qc fait souffrir qn; */Juckreiz a./* qc tourmente qn; */Gedanken, Sorgen, schlechtes Gewissen/* qc tourmente qn, qc ronge qn; */Sorgen/* qc tracasse qn; */Neugierde/* qc dévore qn; */Hunger, Durst/* qc torture qn, qc tenaille qn; ■ **geplagt** *Mensch* bien à plaindre
II. *vr* 1. (*sich abrackern*) ■ **jd plagt sich** [**mit etw**] qn s'esquinte [à faire qc] *fam*
2. (*sich herumplagen*) ■ **jd plagt sich** [**mit etw**] qn souffre [de qc], qn traîne qc *fam*
Plagiat <-[e]s, -e> *nt* plagiat *m*
Plagiator <-s, -toren> *m*, **-torin** *f geh* plagiaire *mf*
plagiieren * I. *vt geh* ■ **jd plagiiert etw** qn plagie qc
II. *vi geh* ■ **jd plagiiert** qn fait du plagiat
Plakat <-[e]s, -e> *nt* affiche *f*
Plakat- *-kunst* de l'affiche; *-malerei* d'affiches; ~***wand*** panneau *m* d'affichage; ~***träger*** homme-sandwich *m;* ~***werbung*** affichage *m* publicitaire, publicité *f* par [voie d']affiches [*o* par les affiches] **Plakatfarbe** *f* couleur *f* [*o* peinture *f*] pour affiches **Plakatmaler(in)** *m(f)* affichiste *mf* **Plakat-**

säule *f* colonne *f* Morris
Plakette <-, -n> *f* 1. (*Abzeichen*) badge *m*
2. (*Aufkleber*) vignette *f*
Plan <-[e]s, ¨-e> *m* 1. (*geplantes Vorgehen*) plan *m*
2. *meist pl* (*Absichten*) projet *m*
3. (*Darstellung, Karte*) plan *m*
▸ **jd/etw bringt jdn auf den** ~ qn fait intervenir qn, qc provoque l'intervention de qn; **jd/etw durchkreuzt jds** ¨-**e** qn/qc contrecarre les plans de qn; **jd erscheint auf dem** ~, **jd tritt auf den** ~ qn se manifeste, qn intervient; **jd fasst einen** ~ qn arrête un plan; **jd fasst den** ~ **etw zu tun** qn a le projet de faire qc; **etw läuft** [*o* **verläuft**] **nach** ~ qc se déroule selon les plans [*o* comme prévu]; **jd macht** [*o* **schmiedet**] ¨-**e** qn fait des projets, qn fait [*o* forge] des plans; **etw ruft jdn auf den** ~ qc provoque l'intervention de qn; **etw steht auf dem** ~ qc est prévu(e)
Plane <-, -n> *f* bâche *f*
planen *vt* 1. (*im Voraus festlegen*) ■ **jd plant etw** *Anschlag, Durchführung, Maßnahme, Projekt, Verbrechen* qn planifie qc
2. (*entwerfen*) ■ **jd plant** [**jdm**] **etw** *Bauwerk, Gebäude* qn dessine les plans de qc [à qn], qn fait [*o* réalise] les plans de qc [à qn]; ***das neue Kraftwerk, geplant vom Büro „…"*** la nouvelle centrale dont les plans ont été dessinés par le bureau "…"
3. (*vorsehen*) ■ **jd plant etw** [**für etw**] *Projekt, Straße, Urlaub, Unternehmung, Wanderung* qn prévoit qc [pour qc]; ■ **jd plant etw zu tun** qn prévoit de faire qc
Planer(in) <-s, -> *m(f)* (*Städte~*) planificateur(-trice) *m(f)*
planerisch I. *adj Vorgabe* planifié(e); *Ausarbeitung a.* du plan; ~***e Skizzen*** des projets; ~***e Arbeiten*** des études; ~***e Vorarbeiten*** des études préalables
II. *adv ausarbeiten* de façon planifiée; ***diese Ideen müssen ~ gründlich durchdacht werden*** ces idées doivent faire l'objet d'études approfondies
Planet <-en, -en> *m* planète *f*
▸ **der blaue** ~ *geh* la planète bleue
planetarisch *adj* planétaire
Planetarium <-s, -tarien> [-'ta:riən] *nt* planétarium *m*
Planetoid <-en, -en> *m* planétoïde *m*
planieren * *vt* ■ **jd planiert etw** qn aplanit qc, qn nivelle qc
Planierraupe *f* bulldozer *m*
Planke <-, -n> *f* planche *f*
Plankton <-s> *nt* ∅ plancton *m*
planlos I. *adj* désordonné(e)
II. *adv* au hasard
Planlosigkeit <-> *f* ∅ absence *f* de méthode; [*Leben*] désorientation *f*
planmäßig I. *adj* 1. TRANSP *Abfahrt, Abflug, Ankunft, Fahrt, Rückkehr* normal(e); *Flug* régulier(-ière)
2. (*systematisch*) *Arbeiten, Vorgehen* méthodique; *Suche a., Ausrottung, Deportation, Vernichtung* systématique
II. *adv* 1. TRANSP comme prévu
2. (*systematisch*) *arbeiten, betreiben, suchen, vorgehen* méthodiquement; *suchen a., ausrotten, deportieren, vernichten* systématiquement
Planmäßigkeit <-> *f* ∅ esprit *m* méthodique, minutie *f*
Planquadrat *nt* quadrilatère *m* [du plan]; ***die Polizisten suchten ~ um ~ ab*** les policiers ont ratissé chaque pouce [*o* centimètre carré] de terrain
Planschbecken *nt* pataugeoire *f*
planschen *vi* ■ **jd planscht** [**irgendwo**] qn barbote [quelque part]
Planstelle *f* poste *m* budgétaire [*o* prévu au budget]
Plantage <-, -n> [plan'ta:ʒə] *f* plantation *f*
Planung <-, -en> *f* 1. (*das Planen*) [*Bauarbeiten, Bauwerk, Projekt*] étude *f*, planification *f pas de pl;* [*Urlaub*] planification *f;* [*Vorhaben a., Tat, Verbrechen*] préparation *f*
2. (*Plan*) plan *m*, planning *m*
▸ **in der** ~ **befindlich** à l'étude; **etw ist** [*o* **befindet sich**] **in der** ~ qc est à l'étude
-planung *f* (*Bauvorhaben*) projet *m* de
Planungs- *-büro, -kommission* d'étude; *-abteilung* de planification; ~***chef*** directeur *m* de la planification
Planwagen *m* chariot *m* [bâché], voiture *f* bâchée
plappern I. *vi* ■ **jd plappert** qn bavarde
II. *vt* ■ **jd plappert etw** qn marmonne qc, qn bredouille qc
plärren *vi fam* 1. (*heulen*) ■ **jd plärrt** /*Kind*/ qn pleurniche, qn chiale *fam*
2. (*ertönen*) ■ **etw plärrt** /*Lautsprecher, Musik, Radio*/ qc gueule *fam*, qc braille *fam*
Plasma <-s, Plasmen> *nt* MED, PHYS plasma *m*
Plasmabildschirm *m* écran *m* plasma
Plastik[1] <-s> *nt* ∅ (*Kunststoff*) plastique *m*
Plastik[2] <-, -en> *f* 1. ART sculpture *f*
2. MED greffe *f*
-plastik *f* MED greffe *f* du/de la
Plastik- en plastique; *-tüte, -packung a.* plastique **Plastikbombe** *f* bombe *f* au plastic **Plastikgeld** *nt fam* (*Kreditkarten*) cartes *fpl* de crédit **Plastiksprengstoff** *m* explosif *m* plastique, plastic *m*
Plastilin <-s, -e> *nt* pâte *f* à modeler
plastisch I. *adj* 1. (*formbar*) *Konsistenz, Material, Masse* malléable; *Sprengstoff* plastique
2. (*räumlich*) *Wirkung* en [*o* de] relief; ***ein ~er Eindruck*** une impression de relief
3. (*anschaulich*) *Darstellung, Eindruck, Schilderung* réalisé(e)
4. *Chirurgie* plastique; ***eine ~e Operation*** une opération de chirurgie plastique; ~***er Chirurg*** plasticien *m*, spécialiste *m* de la chirurgie plastique
II. *adv* 1. (*räumlich*) en relief
2. (*anschaulich*) *sich vorstellen, vor Augen führen* concrètement, de façon tangible
Platane <-, -n> *f* platane *m*
Plateau <-s, -s> [pla'to:] *nt* plateau *m*
Platin <-s> *nt* ∅ CHEM platine *m*
Platin- en [*o* de] platine **platinblond** *adj* blond(e) platine; ~***e Haare*** des cheveux [blonds] platine; ***eine ~blonde Frau*** une blonde platinée
Platine <-, -n> *f* carte-mère *f*
Platitüde *s.* **Plattitüde**
platonisch I. *adj geh* platonique
II. *adv geh* platoniquement
platsch *interj* splash, vlan; (*im Wasser*) plouf
▸ **es macht** ~ ça fait plouf/splash *fam*
platschen I. *vi* + *sein fam* 1. (*plumpsen*) ■ **jd/etw platscht irgendwohin** *ins Wasser, in einen Fluss, in ein Becken* qn/qc tombe quelque part en faisant splash *fam*
2. (*spritzen*) ■ **etw platscht irgendwohin** /*Wasserguss, Flüssigkeitsstrahl, Schwall*/ qc gicle quelque part; (*auftreffen*) /*Insekt*/ qc s'écrase quelque part
II. *vi impers* + *haben fam* ■ **es platscht** ça fait splash *fam*
plätschern *vi* 1. + *haben* (*Geräusch verursachen*) ■ **etw plätschert** /*Wasser*/ qc clapote, qc gargouille; /*Springbrunnen*/ qc clapote; /*Wasserspeier*/ qc glougloute; ■ **das P~** le murmure, le glouglou *fam;* [*Wasser, Springbrunnen a.*] le clapotis, le gargouillis; (*aus einer Leitung*) le gargouillement
2. + *sein* (*rauschen*) ■ **etw plätschert irgendwohin** /*Kaskade, Wasserfall a.*/ qc tombe en clapotant quelque part; /*Bach a.*/ qc s'écoule en gargouillant [*o* clapotant] quelque part; ■ **etw plätschert aus etw** qc s'échappe [*o* s'écoule] de qc en gargouillant; ***das Wasser plätschert aus der Dachrinne*** l'eau déborde de la gouttière en gargouillant
platt I. *adj* 1. (*flach*) *Grundstück, Fisch* plat(e); *Nase a.* aplati(e), camus(e); *Gesicht, Kopf* aplati(e); *Oberfläche* plan(e)
2. (*geistlos*) *Witz* plat(e); *Bemerkung, Redensart a.* banal(e)
3. *fam* (*verblüfft*) ■ **jd ist** ~ qn [en] est [*o* reste] baba *fam;* ■ **jd ist** ~, **dass** qn est baba que + *subj fam;* ***ich war ~, als ich das hörte*** j'étais baba d'entendre ça *fam*
▸ **jd hat einen P~en** *fam* qn a crevé, qn est à plat
II. *adv **jd drückt/presst/quetscht/walzt etw*** ~ qn écrase qc, qn aplatit qc; ***etw quetscht/walzt jdn/etw*** ~ qc écrase qn/qc; ***der Teig muss ~ gerollt werden*** la pâte doit être étalée
▸ **jd fährt jdn** ~ *sl* qn écrabouille qn *fam*
Platt <-[s]> *nt* ∅ *fam* (*Plattdeutsch*) bas allemand *m*
▸ **auf** ~ en bas allemand
Plättchen <-s, -> *nt* 1. (*Metallplatte*) lame[lle] *f;* (*mit Seriennummer, Namen*) [petite] plaque *f*
2. (*flacher Gegenstand*) [petite] plaque *f*
plattdeutsch *adj Dialekt* bas allemand(e); *Begriff, Wort* de [*o* en] bas allemand; *Volksstück* en bas allemand
Plattdeutsch *nt* bas allemand *m;* ■ **das P~e** le bas allemand
Platte <-, -n> *f* 1. (*Stein~*) carreau *m;* (*groß*) dalle *f;* ***eine ~ aus Granit*** une dalle de granit; ■ ~**n** (*Belag*) carrelage *m;* (*große*) dallage *m*
2. (*Metalltafel*) plaque *f*
3. (*Schall~*) disque *m;* ***auf ~n*** en disques
4. (*Serviertablett*) plateau *m*
5. (*Koch~*) plaque *f* [électrique]
▸ **jd legt die alte** ~ **auf** *fam* qn entonne [toujours] le même refrain [*o* la même rengaine]; **kalte** ~ assiette *f* anglaise; ***ein Büfett mit kalten ~n*** un buffet froid; **jd legt eine neue** ~ **auf** *fam* qn change de disque *fam;* **die** ~ **kennt jd schon** *fam* qn connaît la chanson [*o* la musique] *fam;* **putz die** ~! *fam* débarrasse le plancher! *fam*, barre-toi! *fam*, casse-toi! *fam*, tire-toi! *fam*
Platten- *s.* **Schallplatten-**
plätten *vt* DIAL (*bügeln*) ■ **jd plättet etw** qn repasse qc
Plattenlaufwerk *nt* lecteur *m* de disquettes **Plattenleger(in)** <-s, -> *m(f) s.* **Fliesenleger. Plattensammlung** *f* collection *f* de disques **Plattensee** *m* lac *m* Balaton **Plattenspieler** *m* [platine *f*] tourne-disque *m*, platine *f* disques **Plattenteller** *m* plateau *m* **Plattenwechsler** <-s, -> [-ks-] *m* changeur *m* [automatique] de disques **Plattenweg** *m* chemin *m* dallé
Plattfisch *m* poisson *m* plat **Plattform** *f* 1. (*Fläche*) plate-forme *f*
2. *geh* (*Basis*) plate-forme *f* **Plattfuß** *m* 1. MED pied *m* plat 2. *fam* (*Reifenpanne*) pneu *m* à plat ▸ **jd hat Plattfüße** qn a les pieds plats; **jd hat einen** ~ *fam* qn est à plat, qn a crevé
Plattheit <-, -en> *f* 1. ∅ (*Flachheit*) absence *f* de relief
2. *s.* Platitüde
plattieren * *vt* TECH ■ **jd plattiert etw** qn plaque qc
Plattitüde[RR] <-, -n> *f geh* platitude *f*
Platz <-es, ¨-e> *m* 1. (*umgrenzte Fläche*) place *f*
2. (*Sitz~*) place *f;* ***hältst du mir einen ~ frei?*** tu me gardes une place?
3. (*freier Raum*) place *f*
4. (*Aufbewahrungsort*) place *f*
5. SPORT (*Rang*) place *f*, position *f;* ***auf ~ 3*** à la troisième place, en troisième position
6. (*Sport~*) terrain *m;* ***auf eigenem*** ~ sur son/leur [propre] terrain; ***auf gegnerischem*** ~ à l'extérieur
7. (*in Schule, Kindergarten, Studien~*) place *f*
▸ **ein** ~ **an der Sonne** une place au soleil; **jd ist** [**irgendwo**] **fehl am** ~[**e**] qn n'est pas à sa place [quelque part]; (*überflüssig*) qn est de trop; **etw ist fehl am** ~[**e**] qc est déplacé(e); /*Gegenstand a.*/ qc n'est pas à sa place, qc n'a rien à faire ici; /*Bedenken, Mitleid, Rücksichtnahme a.*/ qc n'est pas de mise; **etw hat irgendwo einen festen** ~ qc a sa place quelque part; **der Rote** ~ la place Rouge; **etw bannt jdn auf den** ~/**auf die** ¨-**e** qc cloue qn sur place; **behalten Sie doch** [**bitte**] ~! *form* [je vous en prie,] restez as-

sis(e)!; **jd behauptet seinen** ~ (*Tabellen~*) qn consolide sa place; **etw bietet ~ für jdn/etw** qc peut accueillir qn/qc; ***der Saal bietet für 500 Zuschauer*** ~ 500 spectateurs peuvent prendre place dans cette salle, cette salle permet d'accueillir 500 personnes; **jd braucht** ~ qn a besoin de place [*o* d'espace]; **etw braucht** ~ qc a besoin d'espace; **etw hat in etw** (*dat*) **keinen** ~ (*ist nicht einbezogen*) qc n'a pas sa place quelque part; (*ist nicht vorhanden*) */Erbarmen, Menschlichkeit, Mitleid, Rücksichtnahme/* qc n'est pas de mise quelque part; **jd macht [jdm/einer S.]** ~ qn fait place [à qn/qc]; **jd nimmt** ~ *geh* qn prend place; **jd/etw schafft** ~ **[für jdn/etw]** qn fait de la place [à qn/qc]; ~ **sparend** *Bauweise, Einbau, Parken, Unterbringung* rationnel(le); *Möbelstück, Reihenhaus, Hochhaus* qui fait gagner [*o* économiser] de la place; *einrichten, parken* rationnellement, en gagnant [*o* économisant] de la place; **etw ist** ~ **sparend** qc fait gagner [*o* économiser] de la place; **jd stellt jdn vom** ~ SPORT qn expulse qn [du terrain]; **jd verweist jdn auf die** ~̈**e** SPORT qn surclasse qn; **auf die** ~̈**e[, fertig, los]!** à vos marques! [Prêts? Partez!]; ~ **da!** *fam* dégage/dégagez! *fam*, place! *vieilli*; ~! (*sitz!*) assis!

-platz *m* **1.** *Kirch-, Schloss-, Rathaus-, Bahnhofs-* place *f* du/de la
2. *Kindergarten-, Ausbildungs-, Therapie-* place *f* à/en

Platzangst *f fam* (*Klaustrophobie*) claustrophobie *f*, claustro *f fam* ▸**jd bekommt** ~ qn fait de la claustrophobie [*o* de la claustro *fam*] **Platzanweiser(in)** <-s, -> *m(f)* placeur *m*, ouvreur(-euse) *m(f)*

Plätzchen <-s, -> *nt* **1.** *dim von* **Platz** petite place *f*
2. (*Gebäck*) ≈ petit gâteau *m* sec; (*Butter~*) [petit] sablé *m*

-plätzchen *nt* (*-gebäck*) ≈ petit gâteau *m* au/à la/aux; ***Butter~*** [petit] sablé *m*

platzen *vi + sein* **1.** (*zerplatzen*) ■ **etw platzt [jdm]** */Blase, Luftballon, Papiertüte/* qc éclate; */Reifen a./* qc crève; ***jdm platzt ein Reifen*** le pneu de qn éclate [*o* crève]
2. (*aufplatzen*) ■ **etw platzt [jdm]** */Naht, Kleidungsstück/* qc craque; ***ihm ist die Naht geplatzt*** sa couture a craqué
3. *fam* (*scheitern*) ■ **etw platzt** qc tombe à l'eau; */Plan, Termin, Verabredung, Vorhaben a., Verhandlungen/* qc foire *fam*; ■ **jd lässt etw** ~ qn fait foirer qc *fam*, qn fiche en l'air qc *fam*; ***sie ließ den Termin*** ~ (*erschien nicht*) elle m'/lui/… a posé un lapin *fam*; (*sagt etw ab*) elle s'est décommandée
4. *fam* (*sich nicht mehr halten können*) ■ **jd platzt vor etw** (*dat*) *vor Neid, Neugier, Ungeduld* qn crève de qc; *vor Ärger, Wut* qn explose de qc *fam*

platzieren*RR I. *vt* **1.** FIN ■ **jd platziert etw irgendwo** qn place qc quelque part
2. *geh* (*positionieren*) ■ **jd platziert jdn/etw irgendwo** qn place qn/qc quelque part
3. MEDIA ■ **jd platziert etw irgendwo** *Anzeige, Artikel, Text* qn place [*o* case] qc quelque part, qn insère qc quelque part
II. *vr* **1.** *geh* (*Platz nehmen*) ■ **jd platziert sich irgendwo** qn se place quelque part
2. SPORT ■ **jd platziert sich** qn se classe parmi les premiers(-ières); ***sie*** ~ ***sich auf den ersten drei Plätzen*** ils/elles se classent aux trois premières places; ***er platziert sich auf dem dritten Platz/unter den drei Besten*** il se classe en troisième position/parmi les trois premiers

PlatzierungRR <-, -en> *f* **1.** FIN placement *m*; ***Kapital zur*** ~ ***an der Börse*** des capitaux à placer en bourse
2. SPORT classement *m*, place *f*

Platzkarte *f* [billet *m* de] réservation *f* **Platzkonzert** *nt* concert *m* en plein air

Plätzli <-s, -> *nt* CH (*Fleischstück*) escalope *f*

Platzmangel *m* manque *m* de place

Platzpatrone *f* cartouche *f* à blanc **Platzregen** *m* averse *f*, ondée *f*

Platzreservierung *f* réservation *f* **platzsparend** *s.* **Platz** ▸. **Platzverweis** *m* expulsion *f* [*o* exclusion *f*] [du terrain] **Platzwart(in)** <-s, -e> *m(f)* gardien(ne) *m(f)* [du stade]

Platzwunde *f* écorchure *f*

Plauderei <-, -en> *f* causerie *f*, causette *f fam*

Plauderer <-s, -> *m*, **Plauderin** *f* **1.** (*Redner*) causeur(-euse) *m(f)*
2. *fam* (*Geheimnisverräter*) rapporteur(-euse) *m(f)*; ***da muss doch einer von uns ein*** ~ ***gewesen sein*** l'un de nous a dû parler [*o* moucharder *fam*] [*o* rapporter]

plaudern *vi* **1.** (*sich unterhalten*) ■ **jd plaudert [mit jdm/über etw** (*akk*)**]** qn bavarde [*o* cause] [avec qn/de qc]
2. *fam* (*ausplaudern*) ■ **jd plaudert** qn parle, qn ne sait pas tenir sa langue

Plauderton *m* ∅ ton *m* décontracté *fam*

Plausch <-[e]s, -e> *m* **1.** *fam* (*Plauderei*) bavardage *m*, papotage *m fam*; ***sie trafen sich zum*** ~ ils se rencontrèrent pour faire la causette [*o* pour papoter] [*o* pour tailler une bavette] *fam*
2. CH *fam* (*Spaß*): ***das wird ein*** ~ on va se marrer [*o* s'éclater] *fam*; ***das ist der/ein*** ~ on s'éclate [bien] *fam*, on se marre bien *fam*, c'est le pied *fam*
▸**jd hat den** ~ CH *fam* qn s'éclate [bien] *fam*, qn prend son pied *fam*; **aus [*o* zum]** ~ CH *fam* pour le plaisir, pour m'/s'amuser, pour m'/s'éclater *fam*

plauschen *vi fam* ■ **jd plauscht [mit jdm]** qn papote [avec qn], qn fait la causette [avec qn] *fam*, qn taille une bavette [avec qn] *fam*, qn discute le bout de gras [*o* le coup] [avec qn] *fam*

plausibel I. *adj* plausible
▸**jd macht jdm etw** ~ qn fait comprendre qc à qn
II. *adv* de façon plausible

Plausibilität <-, -en> *f* **1.** (*Plausibelsein*) crédibilité *f*
2. INFORM plausibilité *f*

Plausibilitätskontrolle *f* contrôle *m* de plausibilité

Playback, Play-backRR <-s, -s> ['pleɪbæk] *nt* play-back *m*

Playboy <-s, -s> ['pleɪbɔɪ] *m* play-boy *m*

Playgirl <-s, -s> ['pleɪgøːɐl] *nt* pin up *f* de luxe

Plazenta <-, -s *o* Plazenten> *f* placenta *m*

Plazet <-s, -s> *nt geh* (*Zustimmung*) agrément *m*, accord *m*; ***das*** ~ ***des Ministeriums zu diesem Plan*** l'acceptation de ce projet par le ministère
▸**jd gibt sein** ~ **[zu etw]** qn donne son agrément [*o* accord] [à qc]; **jd hat jds** ~ qn a l'agrément [*o* l'accord] de qn

plazieren * *s.* **platzieren**

Plazierung *s.* **Platzierung**

Plebejer(in) <-s, -> *m(f)* plébéien(ne) *m(f)*

Plebiszit <-[e]s, -e> *nt geh* référendum *m*, plébiscite *m*

Plebs <-es> *m* ∅ *pej geh* plèbe *f soutenu*, populace *f*

pleite *adj fam* ■ **jd ist** ~ qn est fauché(e) *fam*, qn est à sec *fam*; */Firma/* qn est en faillite [*o* en déconfiture *fam*]

Pleite <-, -n> *f fam* **1.** (*Bankrott*) faillite *f*; ***wir stehen [kurz] vor der*** ~ nous sommes au bord de la faillite
2. (*Reinfall*) fiasco *m*
▸**jd erlebt [mit jdm/etw] eine** ~ qn fait un bide [*o* flop] [avec qn/qc] *fam*, qn se plante [avec qn/qc] *fam*; **jd geht** ~ qn fait la culbute, qn se casse la figure *fam*; */Firma/* qn fait faillite; **jd macht** ~ qn fait faillite

Pleitegeier *m fam* (*drohende Pleite*) spectre *m* de la faillite, menace *f* de faillite
▸**über jdm/etw schwebt der** ~ le spectre de la faillite [*o* la menace de faillite] plane sur qn/qc

plempern *vi fam* (*verschütten*) ■ **jd plempert** qn en renverse partout, qn fait des cochonneries *fam*

plemplem *adj sl* ■ **jd ist** ~ qn est zinzin [*o* timbré(e)] *fam*

Plena *pl von* **Plenum**

Plenarsaal *m* hémicycle *m* **Plenarversammlung** *f* réunion *f* plénière

Plenum <-s, Plena> *nt* assemblée *f* plénière, plénum *m*

Pleonasmus <-, -nasmen> *m* pléonasme *m*

Plissee <-s, -s> *nt* tissu *m* plissé

PLO <-> [peːˀɛlˀoː] *f* ∅ *abk von* **Palestine Liberation Organization** OLP *f*

PLO- [peːˀɛlˀoː-] de l'OLP **PLO-Chef** [-ʃɛf] *m* chef *m* de l'OLP

Plombe <-, -n> *f* **1.** MED *fam* plombage *m*
2. (*Bleisiegel*) plomb *m*

plombieren * *vt* **1.** MED *fam* ■ **jd plombiert etw** *Zahn* qn plombe qc; ***er hat mir/Frau X zwei Zähne plombiert*** il m'a plombé deux dents/il a plombé deux dents à Madame X
2. (*versiegeln*) ■ **jd plombiert etw** qn plombe qc

Plot <-s, -s> *m o nt* (*Handlung*) intrigue *f*

Plotter <-s, -> *m* INFORM traceur *m*

plötzlich I. *adj* soudain(e); *Verschlechterung a., Bewegung* brusque; *Tod a.* subit(e)
II. *adv* soudain, tout à coup, subitement; *sich verschlechtern a.* brusquement; *sterben* subitement; ***ganz*** ~ très soudainement [*o* subitement]
▸**etw kommt […]** ~ *fam* qc est […] inattendu(e); **aber etwas** ~! *fam* et que ça saute! *fam*, et rapidos! *fam*, et plus vite que ça!

Pluderhose *f* pantalon *m* bouffant

Plug-in <-s, -s> [plʌgˀɪn] *nt* INFORM plugiciel *m*

plump I. *adj* **1.** (*massig*) *Aussehen, Körper, Körperbau* massif(-ive); *Gestalt, Hals a.* épais(se)
2. (*schwerfällig*) *Bewegungen, Tanz* gauche, emprunté(e); *Gang a.* lourd(e)
3. (*dummdreist*) primitif(-ive); *Lüge* cousu(e) de fil blanc
II. *adv* **1.** (*schwerfällig*) maladroitement, gauchement
2. (*dummdreist*) maladroitement

plumps *interj* pouf, boum; (*auf Wasser*) plouf, floc
▸**es macht** ~ (*auf Boden*) ça fait boum; (*auf Wasser*) ça fait plouf

Plumps <-es, -e> *m fam* bruit *m* sourd, boum *m*; (*ins Wasser*) plouf *m*

plumpsen *vi + sein fam* ■ **etw plumpst irgendwohin** */Körper, Gepäckstück, Last, Sack/* qc tombe lourdement quelque part, qc tombe quelque part en faisant un bruit mat; (*ins Wasser*) qn tombe quelque part avec un grand plouf; ■ **jd lässt etw irgendwohin** ~ qn laisse tomber lourdement qc quelque part; ■ **jd plumpst irgendwohin** qn dégringole quelque part; (*ins Wasser*) qn tombe quelque part avec un grand plouf; ■ **jd lässt sich irgendwohin** ~ qn s'affale quelque part; (*ins Wasser*) qn se laisse tomber quelque part

Plumpsklo[sett] *nt fam* latrines *fpl*, fosse *f* d'aisances

Plunder <-s> *m* ∅ bric-à-brac *m*, fatras *m*

Plünderer <-s, -> *m*, **Plünderin** *f* pillard(e) *m(f)*

Plundergebäck *nt* ≈ gâteau *m* feuilleté

plündern I. *vt* **1.** (*ausrauben*) ■ **jd plündert etw** qn pille qc; ■ **das P~** le pillage
2. *fam* (*leer machen*) ■ **jd plündert etw** *Konto, Kühlschrank, Sparbuch, Vorräte* qn dévalise qc
II. *vi* ■ **jd plündert** qn se livre au pillage, qn pille

Plünderung <-, -en> *f* pillage *m*

Plural <-s, -e> *m* pluriel *m*

Pluralismus <-> *m* ∅ *geh* pluralisme *m*

pluralistisch *adj geh* pluraliste

plus I. *präp + gen* (*zuzüglich*) plus, en sus *postposé*
▸~**/minus X** (*etwa*) à peu près X
II. *adv* **1.** METEO plus; ~ ***drei Grad C*** plus 3°C
2. MATH plus
III. *conj* (*und*) plus

Plus <-, -> *nt* **1.** MATH (*Pluszeichen*) plus *m*
2. COM (*Überschuss*) excédent *m*
3. (*Pluspunkt*) plus *m*, bon point *m*
▸**jd ist [mit etw] im** ~ qn a un excédent [de qc]; **jd macht [bei etw] ein** ~ qn fait un bénéfice [avec qc]

Plüsch <-[e]s, -e> *m* peluche *f*

Plüsch- en peluche; ~***mantel*** manteau *m* imitation fourrure

Pluspol *m* pôle *m* positif **Pluspunkt** *m* **1.** (*Positivum*) plus *m,* bon point *m;* ***das ist ein weiterer*** [*o* ***zusätzlicher***] ~ c'est un point de plus à mettre à ton/son actif **2.** (*Wertungseinheit*) point *m*

Plusquamperfekt <-s, -e> *nt* plus-que-parfait *m*

plustern I. *vt* ■ **ein Tier plustert etw** un animal hérisse qc
II. *vr* ■ **ein Tier plustert sich** un animal se hérisse

Pluszeichen *nt* signe *m* plus

Pluto <-s> *m* ∅ ■ **der** ~ [la planète] Pluton *f*

Plutonium <-s> *nt* ∅ CHEM plutonium *m*

PLZ <-> *f abk von* **Postleitzahl** code *m* postal

Pneu <-s, -s> [pnø:] *m bes.* CH pneu *m*

pneumatisch I. *adj* pneumatique
II. *adv* par système pneumatique

Po <-s, -s> *m fam* cul *m fam,* fesses *fpl*

Pöbel <-s> *m* ∅ *pej* populace *f*

Pöbelei <-, -en> *f fam* **1.** ∅ (*das Pöbeln*) esclandre *m,* barouf *m fam* (*unflätiges Schimpfen*) grossièretés *fpl*
2. (*Bemerkung*) vulgarité *f,* grossièreté *f*

pöbelhaft I. *adj* grossier(-ière), vulgaire
II. *adv* grossièrement, vulgairement

pöbeln *vi* ■ **jd pöbelt** qn fait du barouf *fam* [*o* du chambard], qn fait de l'esclandre; (*unflätig schimpfen*) qn dit des grossièretés; ***was fällt Ihnen ein, so laut zu*** ~! qu'est-ce qui vous prend de faire un tel barouf *fam* [*o* chambard]!

pochen *vi* **1.** (*klopfen*) ■ **jd pocht** [**gegen/auf etw** (*akk*)] qn frappe [contre/sur/à qc], qn tape [contre/sur/à qc]; ■ **das P**~ le frappement (*oft verbal übersetzt*); ***hast du das P~ nicht gehört?*** tu n'as pas entendu frapper?
2. (*bestehen*) ■ **jd pocht auf etw** (*akk*) qn réclame qc, qn revendique qc

pochieren * [pɔ'ʃi:rən] *vt* ■ **jd pochiert etw** *Eier, Fisch* qn poche qc

Pocke <-, -n> *f* pustule *f*

Pocken *pl* variole *f,* petite vérole *f*

Pockennarbe *f* marque *f* de petite vérole [*o* de variole] **pockennarbig** *adj* variolé(e), grêlé(e); *Mensch a.* au visage grêlé [*o* variolé]; ■ **jd ist** ~ qn est variolé(e) **Pocken|schutz|impfung** *f* vaccination *f* antivariolique [*o* contre la variole]

Pocketkamera *f* appareil *m* photo de poche, [appareil *m* photo] compact *m,* pocket *m*

Podest <-[e]s, -e> *nt o m* estrade *f*

Podium <-s, Podien> [-diən] *nt* podium *m*

Podiumsdiskussion *f,* **Podiumsgespräch** *nt* débat *m* public

Poesie <-> [poe'zi:] *f* ∅ poésie *f*

Poesiealbum [poe'zi:-] *nt* ≈ album *m* souvenir (*petit album d'enfant rempli par les parents et amis en certaines occasions*)

Poet(in) <-en, -en> *m(f)* poète/poétesse *m/f*

Poetik <-, -en> *f* **1.** (*Lehre*) poésie *f*
2. (*Werk*) poétique *f*

poetisch *adj* poétique

pofen *vi fam* **1.** (*schlafen*) ■ **jd poft** qn pionce *fam,* qn roupille *fam*
2. (*unaufmerksam sein*) ■ **jd poft** qn roupille *fam*

Pogrom <-s, -e> *nt o m* pogrom[e] *m*

Pointe <-, -n> ['poɛ̃:tə] *f* chute *f*

pointiert [poɛ̃'ti:ɐt] I. *adj geh* pertinent(e)
II. *adv geh* avec pertinence *littér*

Pokal <-s, -e> *m* coupe *f*

Pokal- de la coupe; ~***spiel*** match *m* de coupe; ~***wettbewerb*** coupe *f*

Pökel- *-fisch, -hering* salé(e); *-salz* à saumure; ~***fleisch*** viande *f* salée, salaison *f;* ~***fass*** saloir *m;* ~***lake*** saumure *f*

pökeln *vt* ■ **jd pökelt etw** qn sale qc

Poker <-s> *nt* ∅ poker *m*

Pokergesicht *nt,* **Pokermiene** *f* visage *m* inexpressif [*o* de marbre]

pokern *vi* **1.** KARTEN ■ **jd pokert** [**um etw**] qn joue au poker [pour qc]
2. (*viel riskieren*) ■ **jd pokert** qn tente un coup de poker

Pol <-s, -e> *m* GEOG, ELEC pôle *m*
▶ **der ruhende** ~ le garant [*o* havre] de stabilité

polar *adj* polaire

Polar- **1.** GEOG polaire
2. ZOOL: ~***fuchs*** renard *m* polaire, isatis *m;* ~***hund*** chien *m* esquimau

polarisieren * I. *vr geh* ■ **sie** ~ **sich** /*Gegensätze, Meinungsverschiedenheiten*/ des choses s'accentuent; /*verschiedene Lager, unterschiedliche Positionen*/ des choses se durcissent
II. *vt* ■ **jd polarisiert etw** *Licht* qn polarise qc

Polarisierung <-, -en> *f* **1.** *geh* [*Gegensätze, Meinungsverschiedenheiten*] accentuation *f;* [*Lager, Positionen*] durcissement *m*
2. PHYS [*Licht*] polarisation *f*

Polarkreis *m* cercle *m* polaire ▶ **nördlicher/südlicher** ~ cercle *m* polaire arctique/antarctique **Polarlicht** *nt s.* **Nordlicht. Polarstern** *m* étoile *f* polaire

Polder <-s, -> *m* polder *m*

Pole <-n, -n> *m,* **Polin** *f* Polonais(e) *m(f)*

Polemik <-, -en> *f geh* **1.** ∅ (*polemischer Gehalt*) esprit *m* polémique
2. (*Attacke*) polémique *f*

polemisch I. *adj geh* polémique
II. *adv geh* sous une forme polémique

polemisieren * *vi geh* ■ **jd polemisiert** [**gegen jdn/etw**] qn polémique [contre qn/qc]

Polen <-s> *nt* la Pologne
▶ **noch ist** ~ **nicht verloren** *prov* tant qu'il y a de la vie, il y a de l'espoir; tout espoir n'est pas perdu

Police <-, -n> [po'li:sə] *f* police *f* [d'assurance]

Polier(in) <-s, -e> *m(f)* contremaître *m*

polieren * *vt* **1.** (*reiben*) ■ **jd poliert etw** qn fait briller [*o* reluire] qc, qn astique qc; *Autolack a.* qn lustre qc, qn brique qc; *Möbel a.* qn brique qc; *Schuhe, Stiefel* qn fait briller qc, qn lustre qc; ■ **das P**~ le lustrage, l'astiquage (*oft verbal übersetzt*); ***zum P~ der Möbel*** pour faire briller les meubles
2. *sl* (*malträtieren*) ■ **jd poliert jdm etw** *Schnauze, Visage* qn casse qc à qn *fam*

Poliermittel *nt* produit *m* lustrant, polish *m* **Poliertuch** *nt* chiffon *m* doux **Polierwachs** *nt* cire *f,* encaustique *f*

Poliklinik *f* policlinique *f*

Polin *f s.* **Pole**

Polio <-> *f* ∅ polio[myélite] *f*

Polit- politique; *-profi* de la politique; ***p~ökonomisch*** politico-économique **Politbüro** *nt* politburo *m,* bureau *m* politique

Politesse <-, -n> *f* contractuelle *f*

Politik <-, -en> *f* **1.** ∅ POL politique *f;* ■ **die/eine** ~ **einer S.** (*gen*) la/une politique de qc
2. *geh* (*Strategie*) politique *f*
▶ ~ **der kleinen Schritte** politique *f* des petits pas; **jd geht in die** ~ qn fait de la politique; **jd betreibt** [*o* **verfolgt**] **eine bestimmte** ~ qn mène [*o* poursuit] une certaine politique

-politik *f* politique *f* du/de la/des; *Verteidigungs-, Öffnungs-, Entspannungs-, Subventions-, Gesundheits-* politique *f* de; *Sozial-, Agrar-* politique *f* + *adj;* ***Geld***~ politique monétaire; ***Steuer***~ politique fiscale; ***Wirtschafts***~ politique économique

Politika *pl von* **Politikum**

Politiker(in) <-s, -> *m(f)* homme/femme *m/f* politique

Politikum <-s, Politika> *nt geh* événement *m* [politique]

Politikwissenschaft *f s.* **Politologie**

politisch I. *adj* **1.** POL politique
2. *geh* (*taktisch klug*) astucieux(-euse), politique *littér*
II. *adv* politiquement

-politisch **1.** *adjektivisch* de la politique du/de la/des; *agrar-, sozial-, steuer-, wirtschafts-, geld-* de la politique + *adj*
2. *adverbial* sur le plan de la politique du/de la/des; *agrar-, sozial-, steuer-, wirtschafts-, geld-* sur le plan de la politique + *adj*

Politische(r) *f(m) decl wie adj* [prisonnier(-ière) *m(f)*] politique *mf*

politisieren * I. *vi geh* ■ **jd politisiert** qn parle politique
II. *vt geh* ■ **jd politisiert jdn** qn politise qn

Politologe <-n, -n> *m,* **-login** *f* politologue *mf*

Politologie <-> *f* ∅ politologie *f,* science *f* politique, sciences *fpl* politiques

Politur <-, -en> *f* **1.** (*Poliermittel*) produit *m* lustrant, polish *m*
2. (*Schicht*) vernis *m*

Polizei <-, -en> *f* **1.** (*Institution*) police *f*
2. (*Polizisten*) police *f;* ***bei Demonstrationen ist immer viel~ anwesend*** lors des manifestations il y a toujours beaucoup de policiers
3. ∅ (*Dienstgebäude*) poste *m* de police
▶ **dümmer als die** ~ **erlaubt** *hum fam* bête comme c'est pas permis [*o* comme ses pieds] *fam,* bête à manger du foin *fam;* **jd geht zur** ~ (*aufs Polizeirevier*) qn va au poste [de police], qn va à la police; (*wird Polizist*) qn entre dans la police; **jd ist bei der** ~ qn est dans la police

Polizei- **1.** (*im Polizeidienst*) de police; ~***direktor*** directeur *m* de la police; ~***schüler*** élève *mf* policier(-ière) **2.** (*durch die Polizei*) *-aktion, -aufsicht, -maßnahme, -einsatz* policier(-ière); ~***razzia*** descente *f* de police **3.** (*polizeilich*) *-dienststelle, -präsidium, -wache* de police; *-direktion, -gebäude* de la police; ~***behörde*** autorités *fpl* de police [*o* policières]; ~***dienst*** service *m* dans la police; ***jd quittiert den ~dienst*** qn quitte la police **Polizeibuße** *f* CH amende *f* **Polizeichef(in)** [-ʃɛf] *m(f)* policier-chef *m* **Polizeifunk** *m* radio *f* de la police **Polizeigriff** *m* clé *f* (*technique de neutralisation* [*de la police*]) ▶ **im** ~ le bras dans le dos **Polizeihund** *m* chien *m* policier

polizeilich I. *adj attr* policier(-ière)
II. *adv* par mesure de police

Polizeiposten *nt* CH, **Polizeirevier** *nt* **1.** (*Dienststelle*) poste *m* [*o* commissariat *m*] [de police]
2. (*Bezirk*) secteur *m* de police **Polizeischutz** *m* protection *f* policière ▶ **jd steht unter** ~ qn est sous protection policière; **jd stellt jdn unter** ~ qn place qn sous protection policière **Polizeistaat** *m* État *m* policier **Polizeistreife** *f* patrouille *f* de police **Polizeistunde** *f* heure *f* de fermeture

Polizist(in) <-en, -en> *m(f)* policier(-ière) *m(f),* agent *m* de police

Polizze <-, -n> *f* AUS (*Police*) police *f* d'assurance

Polka <-, -s> *f* polka *f*

Pollen <-s, -> *m* pollen *m*

Pollenflugvorhersage *f* prévisions *fpl* sur les concentrations de pollen

Poller <-s, -> *m* bitte *f* d'amarrage, bollard *m*

Pollution <-, -en> *f geh* pollution *f* nocturne

polnisch *adj* polonais(e)

Polnisch *nt* (*die polnische Sprache*) polonais *m;* ■ **das** ~**e** le polonais
▶ **auf** ~ en polonais

Polo <-s, -s> *nt* polo *m*

Polohemd *nt* polo *m*

Polonaise <-, -n> [polo'nɛ:zə] *f* polonaise *f*

Polonium <-s> *nt* ∅ CHEM polonium *m*

Polster[1] <-s, -> *nt o* AUS *m* **1.** (*Polsterung*) coussin *m*
2. COUT rembourrage; (*für die Schultern*) épaulette *f*
3. BOT tapis *m*
4. *fam* (*Rücklage*) pécule *m,* bas *m* de laine; ***ein finanzielles*** ~ un matelas financier

Polster[2] <-s, - o -̈> *m* AUS (*Kopfkissen*) oreiller *m*
-polster *nt Leder-, Stoff-, Seiden-, Jacquard-* revêtement *m* [en], recouvrement *m* [en]
Polster- 1. (*gepolstert*) *-stuhl, -möbel* rembourré(e), matelassé(e); *~**garnitur*** salon *m;* *~**sessel*** fauteuil *m;* *~**sofa*** canapé *m*
2. (*zum Polstern*) *-material, -stoff* de rembourrage; (*zum Beziehen*) de recouvrement, de revêtement; *~**watte*** ouate *f*, bourre *f* de coton
Polsterer <-s, -> *m*, **Polsterin** *f* tapissier(-ière) *m(f)*
polstern *vt* ■ **jd polstert etw** *Möbel, Tür* qn matelasse qc, qn capitonne qc; ■ **gepolstert** *Tür* capitonné(e); ***ein mit Leder gepolstertes Sofa*** un canapé avec des coussins recouverts de cuir; ***ich sitze lieber gepolstert*** je préfère un siège rembourré
Polsterung <-, -en> *f* 1. (*Polster*) coussin *m;* [*Sofa*] coussins *mpl*
2. ∅ (*das Polstern*) rembourrage *m;* [*Tür*] capitonnage *m*
Polterabend *m* ≈ veille *f* des noces (*soirée au cours de laquelle on casse de la vaisselle pour porter bonheur aux futurs jeunes mariés*) **Poltergeist** *m* esprit *m* frappeur
poltern *vi* 1. + *haben* (*rumpeln*) ■ **etw poltert** qc fait du vacarme; ■ **das P~** le vacarme; ***ein lautes P~*** un vacarme assourdissant
2. + *sein* (*fallen*) ■ **etw poltert irgendwohin** qc tombe avec fracas quelque part
3. + *haben* (*rumpeln*) ■ **jd poltert** qn fait du vacarme [en marchant]
4. + *sein* (*gehen*) ■ **jd poltert irgendwohin** qn se déplace bruyamment quelque part
Polyester <-s, -> [poly'ʔɛstɐ] *m* polyester *m*
polygam *adj* polygame
Polygamie <-> *f* ∅ polygamie *f*
polyglott *adj geh Mensch* polyglotte; *Ausgabe, Betriebsanleitung, Erklärungen, Kommentar* en plusieurs langues
Polyp <-en, -en> [po'ly:p] *m* 1. ZOOL polype *m*
2. MED polype *m*
▸ **jd hat ~en** qn a des polypes
Pomeranze <-, -n> *f* 1. (*Baum*) bigaradier *m*
2. (*Frucht*) orange *f* amère, bigarade *f*
Pommes ['pɔməs] *pl fam*, **Pommes frites** [pɔm'frɪt] *pl* [pommes *fpl*] frites *fpl*
Pomp <-[e]s> *m* ∅ faste *m;* ***mit ~*** avec faste, en grande pompe
pompös I. *adj* somptueux(-euse), pompeux(-euse) *péj; Ausstattung, Einrichtung* fastueux(-euse)
II. *adv ausstatten, sich einrichten* somptueusement, dans un style pompeux *péj; beisetzen* avec faste, en grande pompe; ***warum hast du so ~ gebaut?*** pourquoi t'es-tu fait construire une maison aussi pompeuse?
Poncho <-s, -s> ['pɔntʃo] *m* poncho *m;* (*Regencape a.*) pèlerine *f*
Pontius *m* ▸ **jd läuft von ~ zu Pilatus** *fam* qn frappe à toutes les portes
Pontonbrücke [põ'tõ:-, pɔn'tõ:-, 'pɔntõ-] *f* pont *m* flottant
Pony[1] <-s, -s> ['pɔni] *nt* ZOOL poney *m*
Pony[2] <-s, -s> ['pɔni] *m* (*Frisur*) frange *f*
Pool <-s, -s> [pu:l] *m* piscine *f*
Poolbillard ['pu:lbɪljart] *nt* billard *m* américain
Pop <-s> *m* ∅ pop music *f*, pop *f o m*
Pop- 1. *-kultur, -kunst, -literatur, -mode* pop
2. MUS (*Schlager-*) pop; *-star a.* de la pop; *-fan* de pop music
Popanz <-es, -e> *m* 1. (*Hanswurst*) pantin *m*, marionnette *f*
2. (*Buhmann*) épouvantail *m;* ***man baute ihn zu einem ~ auf*** on en a fait un épouvantail
Pop-Art[RR] <-> *f* pop art *m*
Popcorn <-s> *nt* ∅ pop-corn *m*
Pope <-n, -n> *m* pope *m*
Popel <-s, -> *m fam* 1. (*Nasenschleim*) morve *f*, crotte *f* de nez; ***du hast da einen ~ im Nasenloch!*** tu as une crotte dans le nez!
2. (*Durchschnittsbürger*) clampin *m fam*, couillon *m fam*
pop[e]lig *adj fam* minable *fam;* ***~e 80 Pfennige*** 80 minables petits pfennigs; ***ein ~er Schnupfen*** un minable petit rhume
Popelin <-s, -e> *m*, **Popeline** <-, -> *f* popeline *f*
popeln *vi fam* ■ **jd popelt** qn met les doigts dans le [*o* son] nez
poplig *adj s.* **popelig**
Popo <-s, -s> *m fam* derrière *m*, fesses *fpl;* ***wenn du nicht brav bist, gibt es/kriegst du was auf den ~!*** si tu n'es pas sage, attention [*o* gare] à tes fesses! *fam*
poppig I. *adj fam Aufmachung, Einrichtung, Farbe, Möbel* voyant(e), clinquant(e) *péj*, tape-à-l'œil; *Kleidung, Kleidungsstück* tape-à-l'œil
II. *adv fam* de façon voyante [*o* tapageuse *péj*]
populär I. *adj* populaire; ■ **jd/etw ist [bei jdm] ~** qn/qc est populaire [auprès de qn]
II. *adv* (*allgemeinverständlich*) de façon accessible à tous, en me/se mettant à la portée de tous
Popularität <-> *f* ∅ popularité *f*
populärwissenschaftlich I. *adj Darstellung, Publikation, Veröffentlichung* vulgarisateur(-trice); *Literatur, Werk a.* de vulgarisation; ■ **etw ist ~** qc se présente sous une forme vulgarisée
II. *adv* sous une forme vulgarisée
Population <-, -en> *f* population *f*
-population *f* population *f* de
Populismus <-> *m* ∅ populisme *m*
Populist(in) <-en, -en> *m(f)* populiste *mf*
populistisch *adj* populiste
Pop-up-Fenster [pɔp'ʌp-] *nt* INFORM incrustation *f*
Pore <-, -n> *f* pore *m*
▸ **aus allen ~n** *schwitzen, stinken* par tous les pores

Porno <-s, -s> *m fam* porno *m fam*
Porno- *fam -heft, -shop, -film, -video, -foto, -literatur, -diskette* porno *fam; -regisseur, -autor, -versender* [de] porno *fam*
Pornografie[RR] <-> *f* ∅ pornographie *f*
pornografisch[RR] *adj* pornographique
Pornographie *s.* **Pornografie**
pornographisch *s.* **pornografisch**
porös *adj* poreux(-euse)
Porosität <-> *f* ∅ porosité *f*
Porree <-s, -s> *m* poireau *m*
Port <-s, -s> [pɔ:t] *m* INFORM port *m*
▸ **serieller ~** port *m* série
Portable <-s, -s> ['pɔrtəbl] *m* (*Fernseher*) téléviseur *m* portable; (*Computer*) portable *m*
Portal <-s, -e> *nt* portail *m*
Portemonnaie *s.* **Portmonee**
Porti *pl von* **Porto**
Portier <-s, -s> [pɔr'tie:] *m* portier *m*, réceptionniste *mf*
portieren * *vt* CH (*nominieren*) ■ **jd portiert jdn** qn désigne qn
Portion <-, -en> *f* 1. GASTR portion *f*, part *f;* (*bei Flüssigkeit*) louche *f;* ***eine ~ Eiscreme*** une glace
2. *fam* (*beim Essen*) portion *f*, quantité *f;* (*beim Trinken*) dose *f*, quantité *f*
3. *fam* (*Anteil*): ***eine ~ Neugier/Misstrauen*** une dose de curiosité/méfiance
▸ **eine halbe ~** *fam* une demi-portion *fam*
Portmonee[RR] <-s, -s> [pɔrtmɔ'ne:, pɔrtmɔ'nɛ:] *nt* porte-monnaie *m*
Porto <-s, -s *o* Porti> *nt* port *m*, affranchissement *m;* ***ohne ~*** sans affranchissement, port non payé
Porto- 1. *-kasse, -budget, -rücklagen* pour frais de port [*o* d'affranchissement]
2. *-ausgaben, -auslagen, -einnahmen* de frais de port, d'affranchissement; *~**kosten*** frais *mpl* de port [*o* d'affranchissement]
Porträt <-s, -s> [pɔr'trɛ:] *nt* portrait *m*
Porträtaufnahme [pɔr'trɛ:-] *f* portrait *m*
porträtieren * *vt* 1. (*als Porträt darstellen*) ■ **jd porträtiert jdn** qn fait le portrait de qn
2. (*künstlerisch wiedergeben*) ■ **jd porträtiert jdn als jdn** qn représente qn en qn
Porträtist(in) <-en, -en> *m(f) form* portraitiste *mf*
Porträtmaler(in) [pɔr'trɛ:-] *m(f)* portraitiste *mf*
Portugal <-s> *nt* le Portugal
Portugiese <-n, -n> *m*, **-giesin** *f* Portugais(e) *m(f)*
portugiesisch *adj* portugais(e)
Portugiesisch <-> *nt decl wie adj* portugais *m;* ■ **das ~e** le portugais
▸ **auf ~** en portugais
Portwein *m* porto *m*
Porzellan <-s, -e> *nt* 1. (*Material*) porcelaine *f;* ***aus chinesischem ~*** en porcelaine de Chine
2. ∅ (*Geschirr*) [vaisselle *f* de] porcelaine *f*
▸ **jd/etw zerschlägt ~** *fam* qn fait du gâchis/qc fait du dégât
Porzellan- en [*o* de] porcelaine
Posaune <-, -n> *f* trombone *m*
▸ **jd bläst [*o* spielt] ~** qn joue du trombone
posaunen * I. *vi fam* 1. (*Posaune blasen*) ■ **jd posaunt** qn joue du trombone
2. (*tönen*) ■ **jd posaunt von etw** qn clame qc
II. *vt fam* ■ **jd posaunt etw irgendwohin** qn claironne qc quelque part; ***das musst du doch nicht gleich wer weiß wohin/überallhin ~!*** tu n'es pas obligé de le crier sur [tous] les toits! *fam*
Posaunenbläser(in) *m(f)* [joueur(-euse) *m(f)* de] trombone *m*
Posaunist(in) <-en, -en> *m(f) form* tromboniste *mf form*
Pose <-, -n> *f* pose *f*
▸ **etw ist [bei jdm] nur ~** qc n'est qu'une attitude [chez qn]; **jd nimmt eine bestimmte ~ ein** qn prend une certaine pose; ***das Modell musste eine bestimmte ~ einnehmen*** le modèle devait prendre la pose
posieren * *vi geh* ■ **jd posiert [als jd]** qn pose [en qn]; ***sie posiert als Aktmodell*** elle pose comme modèle nu
Position <-, -en> *f* 1. *geh* (*Stellung*) position *f;* ***in einer hockenden ~*** en position accroupie
2. *geh* (*berufliche Stellung*) situation *f*
3. (*Standpunkt*) position *f*
4. AVIAT, NAUT position *f*
Positionslicht *nt* feu *m* de position **Positionspapier** *nt* POL prise *f* de position écrite, communiqué *m*
positiv I. *adj* 1. (*zustimmend*) *Antwort, Mitteilung, Nachricht, Reaktion* positif(-ive), favorable; *Einstellung* positif(-ive), optimiste; ***eine ~e schriftliche Mitteilung*** une confirmation écrite
2. (*vorteilhaft*) *Beurteilung, Bewertung, Brief, Nachricht, Wertung* positif(-ive), favorable; *Konsequenzen a.* bénéfique; ■ **etw ist ~ [für jdn]** qc est positif(-ive) [pour qn], qc [lui] est favorable
3. *geh* (*konkret*) *Ergebnis* concret(-ète), tangible; *Erkenntnisse* concret(-ète), effectif(-ive)
4. MED positif(-ive); ■ **jd ist ~** qn est [séro]positif(-ive)
5. ELEC, PHYS positif(-ive)
II. *adv* 1. (*zustimmend*) favorablement; *denken* d'une façon positive; ***diesen Vorschlägen stehe ich ~ gegenüber*** je suis favorable à ces propositions; ***wir sind ~ eingestellt*** nous sommes favorables
2. (*vorteilhaft*) *beurteilen, bewerten, werten* favorablement
Positiv[1] <-s, -e> *nt* PHOT positif *m*
Positiv[2] <-s, -e> *m* GRAM (*Grundstufe*) positif *m*

Positur <-, -en> *f* posture *f*
▸ **jd setzt/stellt sich [vor jdm/etw] in** ~ qn prend [*o* adopte] une pose étudiée [devant qn/qc]; (*um aufzufallen*) qn prend la pose devant qn/qc]
Posse <-, -n> *f* farce *f*
Possessivpronomen *nt*, **Possessivum** <-s, Possessiva> [-vʊm] *nt* [pronom *m*] possessif *m*; (*adjektivisch gebraucht*) [adjectif *m*] possessif *m*
Post <-> *f* ∅ **1.** (*Institution, Dienststelle*) poste *f*; ***sie ist Sekretärin bei der*** ~ elle est secrétaire à la poste [*o* dans les postes]; ***bei der italienischen*** ~ dans les postes italiennes
2. (*Briefsendungen*) courrier *m*; ***kannst du die*** ~ ***für mich einwerfen?*** est-ce que tu peux mettre mon courrier à la boîte [*o* poste]?, est-ce que tu peux poster mon courrier?
▸ **elektronische** ~ courrier *m* électronique; **gelbe** ~ ≈ service *m* [postal] du courrier; **mit gleicher** ~ par le même courrier; **[und] ab geht die** ~! *fam* c'est parti[, mon kiki *fam*]!; **da geht die** ~ **ab** *fam* ça déménage *fam*; **jd schickt etw mit der** ~ qn envoie qc par la poste; **per** ~ par la poste
post- (*nach*) post + *adj sans tiret*
Post- **1.** (*der Bundespost*) *-bedienstete, -sekretär, -inspektor, -rat* des postes
2. (*aus Sendungen bestehend*) *-aufkommen, -sendung* postal(e); *-beförderung a.* par la poste; ~***paket*** colis *m* postal
postalisch **I.** *adj* **1.** (*durch die Post*) *Weg* postal(e); *Hinweis, Vermerk a.* de la poste
2. (*die Post betreffend*) *Aufgaben, Einrichtung* de la poste; *Dienststelle* de poste; ***für*** ~***e Zwecke*** par nécessité [de service]
II. *adv verschicken, zukommen lassen* par la poste, par voie postale; *benachrichtigen a.* par courrier
Postamt *nt* bureau *m* de poste **Postanweisung** *f* mandat *m* [postal] **Postauto** *nt* voiture *f* de la poste **Postbank** <-banken> *f* services *mpl* financiers de la poste, [service *m* des] chèques *mpl* postaux; ***ich habe ein Konto bei der*** ~ j'ai un compte chèque postal, j'ai un compte à la Poste **Postbarscheck** *m* chèque *m* postal de retrait **Postbeamte(r)** *m*, **-beamtin** *f* employé(e) *m(f)* des postes, postier(-ière) *m(f)* **Postbote** *m*, **-botin** *f* facteur(-trice) *m(f)*, préposé(e) *m(f)* **Postdienst** *m* (*gelbe Post*) service *m* du courrier; (*Dienstleistung der Post*) service *m* postal; ***nach 10 Jahren*** ~ après dix ans de service à la poste [*o* dans les postes]
posten **I.** *vt* CH (*einkaufen*) ■ **jd postet etw** qn achète qc
II. *vi* CH ■ **jd postet** qn fait des courses
Posten <-s, -> *m* **1.** (*zugewiesene Position*) poste *m*; ***jeder bleibt auf seinem*** ~ chacun reste à son poste
2. (*Anstellung*) poste *m*, emploi *m*
3. MIL (*Wache*) sentinelle *f*
4. COM (*Position*) article *m*, poste *m*; [*Rechnung, Bilanz, Haushalt*] poste *m*
5. COM (*Menge*) lot *m*
▸ **jd kämpft [*o* steht] auf verlorenem** ~ qn mène un combat perdu d'avance; **jd bezieht irgendwo** ~ qn se poste quelque part; **jd ist [noch] auf dem** ~ *fam* (*ist gesund*) qn est en forme, qn a [encore] bon pied bon œil *fam*; (*ist wachsam*) qn est sur ses gardes, qn ouvre l'œil; **jd ist nicht ganz auf dem** ~ *fam* (*gesundheitlich*) qn est mal fichu(e) *fam*; **jd steht** ~ qn est de [*o* en] faction, qn est de garde
Poster <-s, -[s]> ['poːstɐ, 'pɔstɐ] *nt* poster *m*
Postfach *nt* **1.** (*Schließfach*) boîte *f* postale
2. (*offenes Fach*) casier *m* [à courrier]
Postfach- de boîte postale
Postgeheimnis *nt* secret *m* postal
Postgiro- [-ʒiːro-] des chèques postaux; ~***konto*** compte *m* courant postal, compte *m* chèque[s] postal, c.c.p. *m*
posthum **I.** *adj geh* posthume
II. *adv geh* à titre posthume
postieren * **I.** *vt* ■ **jd postiert jdn irgendwo** qn poste qn quelque part, qn place qn quelque part
II. *vr* ■ **jd postiert sich irgendwo** qn se poste quelque part
Postkarte *f* carte *f* postale **Postkasten** *m* DIAL *s.* **Briefkasten. Postkutsche** *f* malle-poste *f*, diligence *f* **postlagernd** **I.** *adj* poste[-]restante *employé comme adj* **II.** *adv* (*zur Lagerung auf der Post*) *schicken, sich schicken lassen, schreiben* [en] poste restante **Postleitzahl** *f* code *m* postal
Postler(in) <-s, -> *m(f) fam* postier(-ière) *m(f)*
postmodern *adj* postmoderne
Postsack *m* sac *m* postal **Postschalter** *m* guichet *m* [de la poste]
Postskript <-[e]s, -e> *nt*, **Postskriptum** <-s, -ta> *nt geh* post-scriptum *m*
Postsparbuch *nt* livret *m* d'épargne de la poste **Postsparkasse** *f* caisse *f* d'épargne de la poste **Poststempel** *m* cachet *m* de la poste; ***Einsendeschluss: 31.5.98, Datum des*** ~***s*** date limite d'envoi: 31.5.98, le cachet de la poste faisant foi
postulieren * *vt geh* **1.** (*als gegeben hinstellen*) ■ **jd postuliert etw** *Existenz, Gegebenheit, Vorhandensein* qn admet préalablement qc, qn présuppose qc
2. (*verlangen*) ■ **etw postuliert etw** */Gesetz, Bestimmung, Verfassung, Straßenverkehrsordnung/* qc exige qc
postwendend *adv* (*mit der nächsten Post*) par retour du courrier; (*unverzüglich*) immédiatement **Postwertzeichen** *nt form* timbre-poste *m* **Postwesen** *nt* ∅ administration *f* des postes **Postwurfsendung** *f* publicité *f* distribuée par la poste **postzugelassen** *adj* agréé(e) Télécoms **Postzustellung** *f* distribution *f* du courrier
potent *adj* **1.** *Mann* sexuellement puissant, viril
2. (*zahlungskräftig*) fortuné(e)
Potentat(in) <-en, -en> *m(f) geh* potentat *m*
Potential *s.* **Potenzial**
potentiell *s.* **potenziell**
Potenz <-, -en> *f* **1.** (*sexuelles Vermögen*) virilité *f*, puissance *f* sexuelle
2. *geh* (*Möglichkeiten*) potentiel *m*
▸ **etw in höchster** ~ *geh* le comble de qc; ***Perfidie in höchster*** ~ le comble de la perfidie; **zweite/dritte** ~ puissance deux/trois; ***die zweite*** ~ ***von 15*** 15 à la puissance deux [*o* au carré]; **jd erhebt etw in eine bestimmte** ~ *Zahl* qn élève qc à une certaine puissance
PotenzialRR <-s, -e> [potɛn'tsiaːl] *nt* **1.** *geh* (*Möglichkeiten*) potentiel *m*
2. PHYS potentiel *m*
potenziellRR [potɛn'tsiɛl] **I.** *adj geh* potentiel(le); *Scheitern, Erfolg* possible
II. *adv geh* potentiellement
potenzieren * *vt* **1.** *geh* (*erhöhen*) ■ **etw potenziert etw** *Stress, Wirkung* qc potentialise qc
2. MATH ■ **jd potenziert etw** qn élève la puissance de qc; ■ **jd potenziert etw mit 2/5/7** qn élève qc à la puissance 2/5/7; ***potenzierte Zahlen*** des chiffres élevés à une certaine puissance
Potpourri <-s, -s> ['pɔtpʊri] *nt* MUS pot-pourri *m*
Pott <-[e]s, ¨-e> *m fam* **1.** (*Topf*) pot *m*; (*Kochtopf*) casserole *f*
2. (*Schiff*) bateau *m*; (*altes Schiff*) rafiot *m*
Pottasche *f* carbonate *m* de potassium **potthässlich**RR **I.** *adj fam* moche *fam*, atroce *fam*; *Mensch a.* moche comme un pou *fam*; ***eine*** ~***e Frau*** une mocheté *fam*, un laideron **II.** *adv* atrocement *fam*, de manière atroce *fam* **Pottwal** *m* cachalot *m*
Poulet <-s, -s> ['puːleː] *nt* CH poulet *m*
Power <-> ['paʊɐ] *f* ∅ *sl* punch *m fam*; [*Mensch a.*] pêche *f fam*, pep *m fam*; [*Auto*] brio *m*; [*Stereoanlage*] puissance *f*
▸ **jd hat** ~ qn a une pêche d'enfer [*o* la pêche] [*o* du pep] *fam*
powern ['paʊɐn] *vi sl* ■ **jd powert** qn met le paquet, qn met la gomme
Powidl <-s, -> *m* AUS (*Pflaumenmus*) confiture *f* de prunes
PR <-> [peː'ʔɛr] *f* ∅ *abk von* **Public Relations** relations *fpl* publiques
PR- [peː'ʔɛr-] de relations publiques; *-Abteilung a., -chef* des relations publiques
Präambel <-, -n> *f* préambule *m*
Pracht <-> *f* ∅ splendeur *f*, magnificence *f*
▸ **in seiner/ihrer vollen [*o* ganzen]** ~ dans toute sa splendeur; **etw ist eine wahre** ~ *fam* qc est une vraie merveille, qc est vraiment sensationnel(le) [*o* épatant(e) *fam*]; **es ist eine wahre** ~ **etw zu tun** c'est vraiment épatant [*o* super] de faire qc *fam*; **dass es eine** ~ **ist** *fam* que ça fait plaisir à voir/entendre
Pracht- *-ausgabe, -band* de luxe; *-bau, -villa* splendide, somptueux(-euse); *Straße* prestigieux(-euse) **Prachtexemplar** *nt* **1.** (*prächtiges Exemplar*) belle pièce *f*; ***Ihr Baby ist ja ein*** ~ vous avez un bébé magnifique [*o* splendide] **2.** (*prächtiges Stück*) pièce *f* splendide; ***ein wahres*** ~ ***von Rubin*** un rubis de toute beauté
prächtig **I.** *adj* **1.** (*prunkvoll*) superbe, splendide; *Schloss, Gewänder, Villa a.* somptueux(-euse); *Band* luxueux(-euse)
2. (*großartig*) *Kind, Schüler* exceptionnel(le), merveilleux(-euse); *Leistung* excellent(e), magnifique; *Arbeit* magnifique; *Wetter* splendide, magnifique, superbe
II. *adv* **1.** (*prunkvoll*) superbement, somptueusement, magnifiquement
2. (*großartig*) merveilleusement bien; ***es geht ihm*** ~ il se porte à merveille [*o* merveilleusement bien]; ***sie verstehen sich*** ~ ils/elles s'entendent à merveille [*o* merveilleusement bien]
Prachtkerl *m fam* type *m* super *fam* **Prachtstück** *nt s.* **Prachtexemplar. prachtvoll** *adj geh s.* **prächtig. Prachtweib** *nt fam* femme *f* super *fam*
pracken *vt* AUS (*schlagen*) *fam* ■ **jd prackt etw** *Teppich* qn bat qc
prädestinieren * *vt geh* ■ **etw prädestiniert jdn zu etw** qc [pré]destine qn à qc; ***ihr Talent prädestinierte sie zur Schauspielerin*** son talent la [pré]destinait à devenir actrice
▸ **jd ist für etw wie prädestiniert** qn est pour ainsi dire prédestiné(e) à qc
Prädikat <-[e]s, -e> *nt* **1.** GRAM prédicat *m*, syntagme *m* verbal
2. SCOL, UNIV *geh* mention *f*
3. COM appellation *f*, label *m* [de qualité]; ***Wein mit*** ~ vin *m* de qualité
Prädikatsnomen *nt* attribut *m*
Präferenz <-, -en> *f* **1.** *geh* (*Bevorzugung*) préférence *f*
2. COM (*Vergünstigung*) préférence *f*
Präfix <-es, -e> *nt* préfixe *m*
Prag <-s> *nt* Prague
prägen *vt* **1.** (*herstellen*) ■ **jd prägt etw** *Münzen, Medaillen* qn frappe qc
2. (*mit einer Prägung versehen*) ■ **jd prägt etw** *Einband, Leder, Visitenkarte* qn estampe qc
3. (*aufprägen*) ■ **jd prägt etw auf etw** (*akk*)**/in etw** (*akk*) *Initialen, Namen, Anschrift, Wappen* qn grave qc sur/dans qc
4. (*formen*) ■ **etw prägt jdn** */Erfahrung, Erlebnis, Sorgen/* qc marque qn
5. (*charakteristisch sein*) ■ **etw prägt etw** *Gegend, Landschaft, Stadtbild* qc caractérise qc
6. LING ■ **jd prägt etw** *neuen Begriff, Wort* qn forme qc, qn forge qc
Pragmatiker(in) <-s, -> *m(f)* esprit *m* pratique; ***ich bin ein*** ~ je suis quelqu'un de pragmatique
pragmatisch **I.** *adj* pragmatique
II. *adv* avec pragmatisme; ***jd ist*** ~ ***eingestellt*** qn est pragmatique, qn a l'esprit pratique
pragmatisiert *adj* AUS (*verbeamtet*) fonctionnarisé(e)
prägnant **I.** *adj geh* prégnant(e) *littér*, pertinent(e)
II. *adv geh* en termes prégnants *littér*; ***etw fällt*** ~ ***aus*** l'effet produit par qc est prégnant *littér*
Prägung <-, -en> *f* **1.** ∅ (*das Prägen*) [*Münzen*] frappe *f*; [*Einband, Leder, Visitenkarte*] gravure *f*

2. (*Aufdruck*) [*Münzen*] gravure *f;* (*auf Leder*) gravure *f*
3. LING création *f*
prähistorisch *adj* préhistorique
prahlen *vi* ■ **jd prahlt [mit etw]** qn se vante [de qc]
Prahler(in) <-s, -> *m(f)* vantard(e) *m(f)*
Prahlerei <-, -en> *f* vantardise *f*
prahlerisch I. *adj* de vantard; ■ **jd ist** ~ qn est vantard(e)
II. *adv* pour se vanter
Prahlhans <-es, -hänse> *m fam* frimeur *m fam*
Praktik <-, -en> *f meist pl* pratique *f*
Praktika *pl von* **Praktikum**
praktikabel *adj* praticable
Praktikant(in) <-en, -en> *m(f)* stagiaire *mf*
Praktiker(in) <-s, -> *m(f)* 1. praticien(ne) *m(f); **lass dich von einem ~ beraten!*** demande conseil à quelqu'un qui a de la pratique [*o* de l'expérience]!
2. *fam* (*Arzt*) praticien(ne) *m(f)*
Praktikum <-s, Praktika> *nt* stage *m*
praktisch I. *adj* (*alle Bedeutungen*) pratique; ***die ~e Tätigkeit als Apotheker*** la pratique du métier de pharmacienne
II. *adv* 1. (*so gut wie*) pratiquement
2. (*in der Praxis*) pratiquement, dans la pratique; ***jd setzt etw ~ um*** qn met qc en pratique; ***jd ist in etw ~ tätig*** qn exerce une activité dans qc
3. (*zweckmäßig*) *denken, handeln* avec un esprit pratique; *eingerichtet sein* fonctionnellement; ***jd ist ~ veranlagt*** qn a un côté [*o* l'esprit] pratique
praktizieren * I. *vi* ■ **jd praktiziert** qn exerce
II. *vt* 1. *fam* (*gelangen lassen*) ■ **jd praktiziert etw in etw** (*akk*) qn fourre [*o* fiche *fam*] qc dans qc
2. (*in die Tat umsetzen*) ■ **jd praktiziert etw** *Erkenntnisse, Verfahren* qn met qc en pratique; *Glauben, Religion* qn pratique qc; ■ **~d** pratiquant(e)
Prälat <-en, -en> *m* prélat *m*
Praline <-, -n> *f,* **Praliné** <-s, -s> *nt geh,* **Pralinee** <-s, -s> *nt* AUS chocolat *m*
-praline *f* chocolat *m* au/à la/aux
prall I. *adj* 1. (*rund*) rebondi(e)
2. (*bis oben gefüllt*) *Brieftasche* bien rempli(e); *Fußball, Luftballon* bien gonflé(e)
II. *adv:* ***etw muss ~/~er aufgeblasen werden*** qc doit être bien/mieux gonflé(e); ***etw ist ~ gefüllt*** qc est bien rempli(e)
prallen *vi + sein* ■ **jd prallt gegen/vor jdn/etw** qn heurte [*o* rentre dans] qn/qc; ■ **jd prallt mit etw gegen/vor jdn/etw** *mit einem Fahrzeug* qc de qn heurte [*o* rentre dans] qn/qc; *mit einem Körperteil* qn heurte qn/qc de qc
► **sie ~ aufeinander** (*stoßen zusammen*) /*Fahrzeuge*/ ils/elles se télescopent [*o* se tamponnent]; (*treffen sich*) /*Kämpfende, Truppen*/ ils/elles s'affrontent [*o* se heurtent]; *geh* (*sind konträr*) *Gegensätze, Meinungen* ils/elles s'affrontent; **sie ~ gegeneinander** /*Menschen*/ ils/elles se heurtent; /*Fahrzeuge*/ ils/elles se tamponnent
Prallsack *m s.* **Airbag**
prallvoll *adj* plein(e) à craquer
Prämie <-, -n> ['prɛːmiə] *f* (*alle Bedeutungen*) prime *f*
Prämien- ['prɛːmiən-] 1. **~*sparen*** épargne *f* rémunérée; **~*sparvertrag*** contrat *f* d'épargne rémunérée; **~*geschäft*** marché *m* à terme; ***p~begünstigt*** encouragé(e) par une rémunération
2. (*des Versicherungsbeitrages*) de la prime
prämieren * *vt* ■ **jd prämiert jdn/etw** qn prime qn/qc; ■ **jd prämiert jdn/etw mit etw** *mit dem Oscar* qn récompense qn/qc par qc; *mit 50000 DM* qn récompense qn/qc de qc
Prämierung <-, -en> *f verbal übersetzt;* ***die ~ der Schauspieler/Filme erfolgt im Rahmen einer festlichen Veranstaltung*** les acteurs/films sont récompensés à l'occasion d'une manifestation solennelle; ***jd entscheidet über die ~en der Entwürfe*** qn décide quels projets seront récompensés [*o* primés]; ***etw wurde für eine ~ mit dem Oscar vorgeschlagen*** qc a été nominé(e) pour les oscars
Prämisse <-, -n> *f geh* condition *f*
► **unter diesen ~n** dans ces conditions; **unter der ~, dass** à la condition que + *subj*
pränatal *adj* prénatal(e)
prangen *vi geh* 1. (*hervorstechen*) ■ **etw prangt irgendwo** /*Lettern, Titel, Ornament*/ qc ressort sur qc; /*Sterne*/ qc brille de mille feux quelque part *soutenu*
2. (*prachtvoll erscheinen*) ■ **etw prangt** qc resplendit
Pranger <-s, -> *m* pilori *m*
► **jd stellt jdn/etw an den ~** qn met [*o* cloue] qn au pilori *vieilli*/qn stigmatise qc
Pranke <-, -n> *f* 1. ZOOL patte *f*
2. *fam* (*Hand*) patte *f fam,* paluche *f pop*
Prankenhieb *m* coup *m* de patte
► **mit einem ~** d'un coup de patte
Präparat <-[e]s, -e> *nt* préparation *f*
präparieren * I. *vt* 1. (*konservieren*) ■ **jd präpariert ein Tier/etw** qn naturalise un animal/qc; ***in Formalin präpariert*** conservé(e) dans le formol
2. (*sezieren*) ■ **jd präpariert etw** qn dissèque qc
3. *geh* (*vorbereiten*) ■ **jd präpariert etw** qn prépare qc
II. *vr geh* ■ **jd präpariert sich [für etw]** qn se prépare [à qc]; ***schlecht präpariert*** mal préparé(e)
Präposition <-, -en> *f* préposition *f*
Prärie <-, -n> [-'riːən] *f* ■ **die ~** la Prairie
Präriewolf *m* coyote *m* des prairies
Präsens <-, Präsenzien> [-tsiən] *nt* présent *m*
präsent *adj geh* ■ **jd ist ~** qn est présent(e); ***ich bin derzeit für niemanden ~*** pour le moment, je ne suis là pour personne
► **jd hat etw ~, etw ist jdm ~** qn a qc présent(e) à l'esprit
Präsent <-s, -e> *nt geh* présent *m soutenu*
präsentieren * I. *vt* ■ **jd präsentiert [jdm] etw** qn présente qc [à qn]
II. *vr* ■ **jd präsentiert sich [jdm] [in etw** (*dat*)**]** qn se présente [à qn] [dans qc]; ***komm, präsentiere dich*** allez, viens, montre-toi
III. *vi* ■ **jd präsentiert** qn présente les armes
Präsentierteller *m* ► **wie auf dem ~** *fam* exposé(e) aux regards [*o* aux yeux] de tout le monde
Präsenz <-> *f ∅ geh* présence *f*
► **in jds ~** (*dat*) en présence de qn
Präsenzbibliothek *f geh* bibliothèque *f* de consultation [*o* prêt] sur place
Präsenzdienst *m* AUS (*Grundwehrdienst*) service *m* militaire obligatoire
Praseodym <-s> [prazeo'dyːm] *nt ∅* CHEM praséodyme *m*
Präser <-s, -> *m fam* capote *f fam*
Präservativ <-s, -e> [-va-] *nt* préservatif *m*
Präsident(in) <-en, -en> *m(f)* président(e) *m(f)*
Präsidenten- présidentiel(le); *-sitz, -sprecher* de la présidence
Präsidentschaft <-, -en> *f* présidence *f*
Präsidentschafts-: **~*kandidat(in)*** candidat(e) *m(f)* à la présidence; **~*wahlen*** [élections *fpl*] présidentielles *fpl*
Präsidium <-s, Präsidien> [-diən] *nt* 1. (*Vorstand*) présidence *f*
2. (*Polizei~*) commissariat *m* [de police]
prasseln *vi* 1. + *sein* (*prallen*) ■ **etw prasselt gegen/auf etw** (*akk*) qc crépite contre/sur qc
2. + *haben* (*brennen*) ■ **etw prasselt** /*Feuer, Scheite*/ qc crépite
prassen *vi* ■ **jd prasst** qn mène grand train, qn se goberge *fam*
Prasser(in) <-s, -> *m(f)* viveur(-euse) *m(f)*
Prätendent(in) <-en, -en> *m(f) geh* prétendant(e) *m(f)* [au trône]
Pratze <-, -n> *f* SDEUTSCH *fam s.* **Pranke**
präventiv [-vɛn-] I. *adj* préventif(-ive)
II. *adv* préventivement
Präventiv- [-vɛn-] MIL, MED préventif(-ive); **~*forschung*** recherche *f* en matière de prévention
Praxis <-, Praxen> *f* 1. [*Arzt, Anwalt*] cabinet *m*
2. *∅* (*praktische Erfahrung*) pratique *f,* expérience *f*
3. (*praktische Anwendung*) pratique *f*
► **jd setzt etw in die ~ um** qn met qc en pratique; **in der ~** dans la pratique
praxisnah *adj* pratique, fondé(e) sur la pratique
Präzedenzfall *m geh* précédent *m*
präzis[e] I. *adj geh* précis(e)
II. *adv geh* avec précision
präzisieren * *vt geh* ■ **jd präzisiert etw** qn précise qc
Präzision <-> *f ∅ geh* précision *f*
Präzisions- de précision; **~*schütze*** tireur *m* d'élite
predigen I. *vi* 1. ECCL ■ **jd predigt [gegen etw]** qn prêche [contre qc]
2. (*mahnend vorhalten*) ■ **jd predigt jdm dauernd/immer wieder/oft, etw zu tun/dass** qn ne cesse de répéter à qn de faire qc/que + *indic;* ***wie oft muss ich euch noch ~, dass ...?*** combien de fois devrai-je encore vous répéter que ... + *indic?*
II. *vt* ■ **jd predigt [jdm] etw** *Humanität, Menschlichkeit, Moral, Nächstenliebe* qn donne des leçons de qc [à qn]; *Toleranz, Vorsicht, Zurückhaltung* qn recommande qc [à qn]
Prediger(in) <-s, -> *m(f)* prédicateur(-trice) *m(f)*
Predigt <-, -en> *f* homélie *f,* sermon *m,* prêche *m*
► **jd hält eine ~ [gegen etw]** qn prononce une homélie, qn fait un sermon [contre qc], qn prêche [contre qc]
Preis <-es, -e> *m* 1. (*Kauf~*) prix *m*
2. (*Gewinnprämie*) prix *m*
► **jd zahlt einen hohen ~ für etw** qn paie qc au prix fort; **jd setzt einen ~ auf etw aus** qn propose une récompense pour qc; *auf jds Kopf* qn met qc à prix; **um jeden ~** à tout prix; **um keinen ~** à aucun prix; **unter ~** en dessous de son/leur prix; **zum ~ von ...** au prix de ...; ***etw wird zum ~ von unter 1000 Mark gehandelt*** on trouve qc à un prix inférieur à 1000 marks; **zum ... ~:** ***zum vollen/ganzen ~*** à plein tarif; ***zum halben ~*** à moitié prix; ***zum erniedrigten ~*** à moindre prix; ***zum überteuerten ~*** à un prix exagéré
Preis- du prix; *-gefüge, -index, -kontrolle, -krieg, -politik, -schraube, -stabilität, -stopp, -sturz, -überwachung, -verfall* des prix; *-abrede, -absprache, -wucher* sur les prix; *-gefälle, -niveau* de/des prix; *-lage* de prix; **~*abschlag*** rabais *m,* remise *f;* **~*brecher*/~*drücker*** discounteur *m,* discounteur *m;* **~*druck*** [hard] discount *m;* **~*empfehlung*** prix *m* indicatif; **~*schlager*** offre *f* spéciale; **~*verzeichnis*** liste *f* des prix, tarif *m;* **~*vorteil*** avantage *m* au niveau du prix **Preisausschreiben** *nt* [jeu-]concours *m* **Preisbindung** *f* [obligation *f* de respecter les] prix imposés *mpl*
Preiselbeere *f* airelle *f;* (*in Nordeuropa*) canneberge *f*
preisen <pries, gepriesen> *vt geh* ■ **jd preist jdn [jdm]/jdn als etw** qn chante [à qn] les louanges de qn/célèbre qn comme qc *soutenu;* ■ **jd preist jdn** *Gott* qn loue qn, qn glorifie qn, qn célèbre qn; ■ **jd/etw preist etw** qn/qc vante les mérites de qc
Preisfrage *f* 1. (*bei Preisausschreiben*) question *f* mise au concours
2. (*Frage des Preises*) question *f* du prix
► **etw ist die ~** *fam* qc, [ça,] c'est la grande question; **das ist eine ~** (*hängt vom Preis ab*) ça dépend du prix, c'est une question de prix
Preisgabe *f ∅ geh* 1. (*Aufgabe*) abandon *m*
2. (*Enthüllung*) révélation *f*
preis|geben *vt irreg geh* 1. (*aufgeben*) ■ **jd gibt etw preis** qn abandonne qc

2. (*verraten*) ■ **jd gibt [jdm] etw preis** qn révèle qc [à qn]
3. (*überlassen*) ■ **jd/etw gibt jdn/etw einer S.** (*dat*) **preis** qn/qc livre qn/qc à qc
preisgekrönt *adj* primé(e) **preisgünstig** I. *adj* bon marché; *Angebot* avantageux(-euse) II. *adv* à un prix avantageux, [à] bon marché; ~**er** meilleur marché **Preisklasse** *f* catégorie *f* de prix ▸ **in jeder** ~ à tous les prix **Preis-Leistungs-Verhältnis** *nt* rapport *m* qualité-prix
preislich I. *adj attr* de prix; *Vorstellungen* en matière de prix
II. *adv:* ~ ***niedrige/niedrigere Artikel*** des articles *mpl* à bas/moindre prix; ***zwei Sachen sind ~ unterschiedlich*** le prix de deux choses est différent; ***jd hat etw ~ günstig erstanden*** qn a eu qc à un prix avantageux
Preisliste *f* liste *f* des prix [*o* tarifs], tarif *m* **Preisrichter(in)** *m(f)* SPORT juge *m;* ART, LITER juré(e) *m(f)* **Preisschild** *nt* étiquette *f* **Preisstabilität** *f* stabilité *f* des prix **Preisträger(in)** *m(f)* lauréat(e) *m(f);* SPORT vainqueur *m* **Preistreiber(in)** <-s, -> *m(f) pej:* ***jd ist ein ~*** qn force sur [*o* fait flamber] les prix **Preistreiberei** <-, -en> *f pej* ***jd wirft jdm ~ vor*** qn reproche à qn de faire flamber les prix; ***jd begeht ~*** qn fait flamber les prix; ***die Firmen überbieten sich in ihrer ~*** les entreprises font de la surenchère dans la valse des étiquettes **Preisvergleich** *m* comparaison *f* des prix ▸ **jd macht ~e** qn compare les prix **Preisverleihung** *f* remise *f* des prix; ***bei der ~ des Oscar*** lors de la [cérémonie de] remise des oscars
preiswert *adj, adv s.* **preisgünstig**
prekär *adj geh* précaire
Prellbock *m* butoir *m*
▸ **jd ist der** ~ qn sert de tampon
prellen I. *vt* ■ **jd prellt jdn [um etw]** qn escroque qn [de qc]
II. *vr* ■ **jd prellt sich [an etw** (*dat*)**]** qn se cogne [qc]; ■ **jd prellt sich** (*dat*) **etw** qn a des contusions à qc, qn se contusionne qc
Prellung <-, -en> *f* contusion *f*
Premier <-s, -s> [prəˈmieː, preˈmieː] *m s.* **Premierminister**
Premiere <-, -n> *f* première *f*
Premierminister(in) [prəˈmieː-, preˈmieː-, -st-] *m(f)* premier ministre *m*
preschen *vi + sein* 1. (*galoppieren*) ■ **jd prescht irgendwohin** qn galope quelque part
2. *fam* (*rasen*) ■ **jd prescht** qn fonce *fam*
Presse[1] <-> *f* ∅ (*Zeitungen*) ■ **die** ~ la presse
▸ **jd hat eine gute/schlechte** ~ qn a bonne/mauvaise presse; **jd ist von der** ~ qn travaille dans la presse
Presse[2] <-, -n> *f* TECH presse *f;* (*Frucht~*) presse-fruits *m*
Presse- MEDIA de presse; *-baron, -empfang, -geheimnis, -jargon, -magnat, -recht, -zensur* de la presse; ~***gesetz*** loi *f* sur la presse **Presseagentur** *f* agence *f* de presse **Presseausweis** *m* carte *f* de presse **Pressefotograf(in)** *m(f)* photographe *mf* de presse **Pressefreiheit** *f* ∅ liberté *f* de la presse **Pressekonferenz** *f* conférence *f* de presse
pressen I. *vt* 1. (*platt drücken*) ■ **jd presst etw** *Blume, Blatt* qn presse qc
2. (*drücken*) ■ **jd presst etw gegen/an etw** (*akk*)**/auf etw** (*akk*) *Gesicht, Hand, Kopf etc* qn presse [*o* appuie] qc contre/sur qc; ***jd presst die Schulter gegen etw*** qn pousse qc de l'épaule
3. (*auspressen*) ■ **jd presst [jdm]/presst sich** (*dat*) **etw** *Saft, Frucht* qn presse qc [à qn]/se presse qc; ■ **jd presst etw aus etw** *Saft* qn presse [*o* extrait] qc de qc
4. (*zwingen*) ■ **jd presst jdn zu etw** qn contraint qn à qc; ***er wurde zum Dienst in der Flotte gepresst*** on l'a forcé [*o* contraint] à servir dans la marine
5. TECH ■ **jd presst etw** qn presse qc
II. *vi* ■ **jd presst** qn pousse
Pressereferent(in) *m(f)* correspondant(e) *m(f)* de presse
pressieren * I. *vi* SDEUTSCH, AUS, CH 1. (*dringlich sein*) ■ **etw pressiert** qc presse, qc est pressant(e)
2. (*es eilig haben*) ■ **jd pressiert** qn se dépêche
II. *vi impers* SDEUTSCH, AUS, CH ■ **es pressiert** ça presse; ■ **es pressiert jdm** qn est pressé(e)
Pressluft[RR], **Preßluft** *f* ∅ air *m* comprimé
Pressluftbohrer[RR] *m* marteau-piqueur *m* **Presslufthammer**[RR] *m* marteau *m* pneumatique
Prestige <-s> [prɛsˈtiːʒə] *nt* ∅ *geh* prestige *m*
Prestige- [prɛsˈtiːʒə-] *geh* de prestige; ~***denken*** ambition *f* sociale désir *m* d'ascension sociale
Pretiosen [preˈtsioːzn] *pl geh* objets *mpl* précieux
Preuße <-n, -n> *m,* **Preußin** *f* Prussien(ne) *m(f)*
▸ **so schnell schießen die ~n nicht** *fam* avec eux, faut pas être pressé(e) *fam,* faut surtout pas les bousculer *fam*
Preußen <-s> *nt* ∅ la Prusse
preußisch *adj* prussien(ne)
prickeln *vi* 1. (*kribbeln*) ■ **es prickelt [irgendwo]** ça pique [quelque part]; ■ **etw prickelt [irgendwo]** qc picote [quelque part]; ■ **~d** *Gefühl, Reiz* excitant(e); ■ **das P~** le picotement
2. (*perlen*) ■ **etw prickelt** / *Sekt/* qc pétille
Priel <-[e]s, -e> *m* petit chenal *m*
Priem <-[e]s, -e> *m* chique *f*
priemen *vi* ■ **jd priemt** qn chique
pries *imp von* **preisen**
Priester(in) <-s, -> *m(f)* 1. (*Geistlicher*) prêtre *m*
2. (*heidnisch*) prêtre(-esse) *m(f)*
▸ **jd weiht jdn zum** ~ qn ordonne prêtre qn
priesterlich I. *adj* sacerdotal(e)
II. *adv:* ***jd ist ~ gewandet*** qn est revêtu(e) de l'habit sacerdotal
Priesterseminar *nt* [grand] séminaire *m* **Priesterweihe** *f* ordination *f*
prima I. *adj inv fam* super *fam*
II. *adv fam* super-bien *fam*
Primaballerina *f* première danseuse *f,* danseuse *f* étoile **Primadonna** <-, -donnen> *f* 1. THEAT prima donna *f* 2. (*egozentrisches Wesen*) pimbêche *f;* (*Kind*) enfant *f* gâtée; ***jd spielt sich wie eine ~ auf*** qn joue les vedettes, qn se prend pour une star
primär I. *adj geh* premier(-ière) *antéposé*
II. *adv geh* en premier lieu
Primärenergie *f* énergie *f* primaire [*o* naturelle]
Primaria <-, -riae> *f* AUS (*Chefärztin*) médecin-chef *f*
Primarius <-, -se *o* -rien> *m* AUS (*Chefarzt*) médecin-chef *m*
Primärkreislauf *m* circuit *m* primaire **Primärliteratur** *f* littérature *f* primaire
Primarschule *f* CH *s.* **Grundschule**
Primat <-en, -en> *m* primate *m*
Primel <-, -n> *f* primevère *f*
▸ **jd geht ein wie eine** ~ *sl* qn sèche sur pied, qn part en couille[s] *pop*
Primi *pl von* **Primus**
primitiv I. *adj* 1. (*urtümlich*) *Eingeborene, Entwicklungsstufe, Kultur, Stamm* primitif(-ive) 2. (*elementar*) *Bedürfnisse, Erfordernisse* élémentaire 3. (*simpel*) *Behausung, Hütte, Methode, Vorrichtung* rudimentaire 4. *pej Mensch, Gesinnung* primaire II. *adv* (*simpel*) de manière rudimentaire **Primitive(r)** [-və] *f(m) decl wie adj* primitif(-ive) *m(f)*
Primitivität <-, -en> [-vi-] *f* 1. ∅ (*Einfachheit*) caractère *m* rudimentaire
2. ∅ *pej* (*Mangel an Bildung*) balourdise *f*
3. *pej* (*Bemerkung*) grossièreté *f*
Primitivling <-s, -e> *m pej fam* plouc *m fam,* rustaud *m*
Primus <-, -se *o* Primi> *m* premier *m* de la classe
Primzahl *f* nombre *m* premier
Printmedium *nt* presse *f* [écrite]
Prinz <-en, -en> *m,* **-zessin** *f* 1. prince(-esse) *m(f)*
2. (*Karnevals~*) prince(-esse) *m(f)* Carnaval, sa Majesté *f* Carnaval, Prince *m* des sots
Prinzip <-s, -ien> *nt* principe *m;* ■ **das** ~ … *Hoffnung, Liebe, Angst etc* le principe du/de la
▸ **jd hat sich** (*dat*) **etw zum ~ gemacht/zum ~ gemacht etw zu tun** qn s'est érigé qc en principe/s'est érigé en principe de faire qc; **aus** ~ par principe; **im** ~ (*prinzipiell*) sur le principe; (*normalerweise*) en principe
prinzipiell I. *adj* de principe; ~***e Möglichkeit*** possibilité *f* théorique; ~***e Unterschiede*** des différences *fpl* de fond
II. *adv* par principe; *möglich sein* en principe; ***ich trinke ~ keinen Whisky*** par principe, je ne bois pas de whisky; ~ ***könnte jd etw tun*** sur le principe, qn pourrait faire qc
Prinzipienfrage [-piən-] *f* question *f* de principe
▸ **etw ist [für jdn] eine** ~ [pour qn,] qc est une question de principe
Prinzregent(in) *m(f)* HIST prince régent/princesse régente *m/f*
Prior(in) <-s, Prioren> *m(f)* prieur(e) *m(f)*
Priorität <-, -en> *f geh* priorité *f*
▸ **etw hat** [*o* **genießt**] ~ **[vor etw** (*dat*)**]** qc a [la] priorité [sur qc]; **jd setzt ~en, jd legt ~en fest** qn établit [*o* définit] des priorités
Prioritätenliste *f* liste *f* des priorités
▸ **etw steht ganz oben auf der** ~ qc occupe la première place dans la liste des priorités
Prise <-, -n> *f* 1. GASTR pincée *f*
2. NAUT prise *f*
Prisma <-s, Prismen> *nt* prisme *m*
Pritsche <-, -n> *f* 1. (*Liege*) lit *m* rudimentaire, grabat *m péj*
2. (*Ladefläche*) benne *f*
pritscheln *vi* AUS (*planschen*) ■ **: jd pritschelt** qn patauge
Pritschenwagen *m* [camion *m* à] benne *f*
privat [-vaːt] I. *adj* 1. (*jdm persönlich gehörend*) privé(e); *Unterlagen, Vermögen* personnel(le); ***etw ist jds ~es Eigentum*** qc appartient à qn en propre
2. (*persönlich*) *Ansicht, Interesse, Meinung, Überzeugung* personnel(le); ***ein ~es Telefongespräch*** un appel [téléphonique] privé
3. (*jdn persönlich betreffend*) *Gefühle, Grund, Rache* personnel(le); *Angelegenheit* privé(e)
4. MED *Patient* du secteur privé
▸ **„~“** “privé”
II. *adv* 1. *sprechen* en privé; *anrufen* à titre privé; ***jd erreicht ihn/sie ~*** qn l'appelle chez lui/elle [*o* à la maison]; ~ ***wohnt jd in einer Villa*** le domicile privé de qn est une villa; ***jd ist an etw ~ interessiert*** qn est personnellement intéressé(e) à qc
2. *finanzieren, zur Verfügung stellen* grâce à des fonds privés; ***jd wird ~ unterstützt*** qn reçoit une aide privée
3. MED dans le secteur privé; ***jd versichert sich ~*** qn prend une assurance privée
Privat- [-ˈvaːt-] 1. (*jdm persönlich gehörend*) privé(e); *-adresse, -anschluss, -fahrzeug, -konto, -nummer* personnel(le); ~***vermögen*** biens *mpl* propres 2. (*jdn persönlich betreffend*): ~***initiative*** initiative *f* privée; ~***interesse*** intérêt *m* personnel; ***das ist einzig und allein meine ~sache*** ça ne regarde que moi 3. (*nicht öffentlich*) privé(e) **Privatangelegenheit** *f* affaire *f* privée; ■ **jds** ~ l'affaire de qn; ***es ist meine/deine ~*** ça me/te regarde **Privatdetektiv(in)** *m(f)* détective *mf* privé(e) **Privatdozent(in)** *m(f)* privat-docent *m,* privat-dozent *m* **Privateigentum** *nt* propriété *f* privée
▸ **jd überführt etw in** ~ qn transfère qc au secteur privé
privatisieren * [-va-] *vt* ■ **jd privatisiert etw** qn privatise qc
Privatklinik [-ˈvaːt-] *f* clinique *f* privée **Privatleben** *nt* ∅ vie *f* privée
▸ **jd zieht sich ins ~ zurück** qn se retire de la vie active **Privatmann** <-leute> *m* 1. (*Privatperson*) personne *f* privée, particulier *m* 2. (*finan-*

ziell gesehen) rentier *m* **Privatpatient(in)** *m(f)* patient(e) *m(f)* du secteur privé **Privatperson** *f* particulier *m* ▶ **als** ~ à titre privé **Privatvergnügen** *nt* ▶ **das ist mein/sein/...** ~ *fam* c'est moi/lui/... que ça regarde; **zu jds** ~ pour le plaisir de qn, parce que ça m'/l'amuse [moi/lui/elle] **Privatwirtschaft** *f* secteur *m* privé

Privileg <-[e]s, -ien> [-vi-, -gian] *nt geh* privilège *m*

privilegieren * [-vi-] *vt geh* ■ **jd privilegiert jdn** qn privilégie qn

privilegiert [-vi-] *adj geh* privilégié(e)

pro I. *präp + akk* 1. (*je*) *Tag, Fahrt, Person* par; *Sekunde, Minute* à la, par; ~ *Stunde* à l'heure; ~ *Nase/Person* par tête de pipe *fam; 14 Mark ~ Stück* 14 marks l'unité
2. CH *form* (*für*) pour
II. *adv* pour; *jd ist ~ CDU/SPD* qn est pro-CDU/SPD [*o* pour la CDU/le SPD]

Pro <-> *nt* ∅ ▶ [**das**] ~ **und** [**das**] **Kontra** *geh* le pour et le contre

Proband(in) <-en, -en> *m(f)* sujet *m* d'expérience [*o* d'expérimentation], cobaye *m fam*

probat *adj geh* éprouvé(e); ■ **es ist ~ etw zu tun** [l'expérience prouve qu'] il est efficace de faire qc, le fait de faire qc a fait ses preuves

Probe <-, -n> *f* 1. (*Waren~*) échantillon *m*
2. (*Testmenge*) [*Mondgestein*] échantillon *m;* [*Blut*] prélèvement *m;* [*Käse, Wurst*] morceau *m*
3. (*Beispiel*) exemple *m*, échantillon *m*, aperçu *m*
4. MUS, THEAT répétition *f*
▶ **jd macht die ~ aufs Exempel** qn fait la preuve par l'exemple; **jd fährt etw** ~ qn essaie qc; **jd fährt** ~ qn fait un essai/des/les essais; **jd fährt mit etw** ~ qn essaie qc; **jd stellt jdn auf die** ~ qn met qn à l'épreuve; **jd/etw stellt etw auf die/auf eine harte** ~ qn/qc met qc à rude épreuve; **jd zieht** [*o* **nimmt**] **~n** [**von** [*o* **aus**] **etw**] qn fait des prélèvements [de qc]; **auf** ~ à l'essai; **zur** ~: *eine Fahrt zur ~* un essai sur route; *übersetzen Sie eine Seite zur ~!* faites un essai de traduction sur une page!

Probe- 1. *-arbeit, -flug, -lauf, -seite* d'essai; *-belastung, -bohrung, -schürfung* essai *m* de; *~abzug* épreuve *f; ~alarm* simulation *f* d'alarme; *~druck* épreuve *f; ~spiel* audition *f* 2. COM: *~döschen/~fläschchen/~packung/~päckchen/ ~tube* échantillon *m; ~sendung* envoi *m* d'échantillons **Probeexemplar** *nt* spécimen *m* **probelfahren** *s.* **Probe** ▶. **Probefahrt** *f* essai *m* [sur route] ▶ **jd macht** [*o* **unternimmt** *geh*] **eine** ~ qn fait [*o* procède à *soutenu*] un essai **Probejahr** *nt* année *f* d'essai, stage *m* probatoire d'un an **Probelehrer(in)** *m(f)* AUS [professeur *m*] stagiaire *mf*

proben I. *vi* ■ **jd probt** [**mit jdm**] [**für etw**] qn répète [qc] [avec qn]
II. *vt* ■ **jd probt etw** [**mit jdm**] qn répète qc [avec qn]

probeweise I. *adv nehmen, zur Verfügung stellen* pour essayer; *erfolgen, einstellen* à l'essai; *singen, spielen* pour voir II. *adj* à titre d'essai, à l'essai **Probezeit** *f* 1. IND période *f* d'essai 2. JUR CH *s.* **Bewährungsfrist**

probieren * I. *vt* 1. (*versuchen*) ■ **jd probiert es** [**mit etw**] qn essaie [avec qc]; ■ **jd probiert es mit etw** *mit Drohungen, Druck, Erpressung, Höflichkeit, Schmeicheleien* qn essaie [d'employer] qc; ■ **jd probiert etw zu tun** qn essaie de faire qc; ■ **jd probiert, ob/was/wie** qn essaie de voir si/ce qui/comment
2. (*kosten*) ■ **jd probiert etw** qn goûte qc
3. (*anprobieren*) ■ **jd probiert etw** *Kleidungsstück* qn essaie qc
II. *vi* (*kosten*) ■ **jd probiert** [**von etw**] qn goûte [à qc]
▶ **P~ geht über Studieren** *prov* expérience passe science

Problem <-s, -e> *nt* 1. (*Schwierigkeit*) problème *m*
2. *geh* (*schwierige Aufgabe*) problème *m*
▶ **es gibt** [**mit jdm/etw**] **~e** on a [*o* il y a] des problèmes [avec qn/qc]; **jd hat** [**mit jdm/etw**] **ein** ~ [*o* **~e**] qn a un problème [*o* des problèmes] [avec qn/qc]; **etw ist mein/sein/...** ~ qc, c'est mon/son/... problème; **jd steht vor einem** ~ [*o* **vor ~en**] qn est confronté(e) à un problème [*o* des problèmes]; **jd/etw wird** [**für jdn**] **zum** ~ qn/qc devient une source d'ennuis [pour qn]

Problematik <-> *f* ∅ *geh* difficultés *fpl;* [*Theorie*] problématique *f; etw ist von einer ganz besonderen ~* qc est d'une difficulté toute particulière, qc pose un problème bien particulier; ■ **~ einer S.** (*gen*) ensemble *m* des problèmes liés à qc

problematisch *adj* 1. (*Probleme bergend*) problématique; ■ **etw ist/wird** ~ qc pose/commence à poser des problèmes, qc fait/commence à faire problème
2. *Mensch, Charakter* à problèmes

Problemfall *m* 1. (*Angelegenheit*) problème *m*, cas *m* problématique
2. (*Mensch*) problème *m*

problemlos I. *adj* sans problème[s]
II. *adv* sans [aucun] problème

Product-Placement[RR], **Productplacement**[RR] <-s> ['prɔdakt-'pleɪsmənt] *nt* ∅ publicité *f* déguisée

Produkt <-[e]s, -e> *nt* 1. COM produit *m*
2. *geh* (*Phänomen*) ■ **das ~ einer S.** (*gen*) le fruit de qc, le produit de qc *soutenu*

Produkthaftung *f* responsabilité *f* du fabricant

Produktion <-, -en> *f* (*alle Bedeutungen*) production *f*

-produktion *f* production *f* de; *Chemie-, Agrar-, Billig-, Inlands-, Auslands-* production *f + adj*

Produktions- de la/de production

produktiv *adj* 1. (*ergiebig*) productif(-ive)
2. *Autor, Künstler, Musiker* prolifique

Produktivität <-> [-vi-] *f* ∅ productivité *f*

Produktlinie [-li:niə] *f* ligne *f* de produits

Produzent(in) <-en, -en> *m(f)* 1. (*Hersteller*) fabricant(e) *m(f);* [*Agrarprodukte*] producteur(-trice) *m(f)*
2. CINE producteur(-trice) *m(f)*

-produzent *m* fabricant *m* de; *Film-, Video-, Musik-* producteur *m* de

produzieren * I. *vt* 1. (*herstellen, hervorbringen*) ■ **jd/etw produziert etw** qn/qc produit qc
2. *fam* (*verursachen*) ■ **jd produziert etw** qn fait qc; *Text* qn pond qc *fam*
II. *vi* ■ **jd/etw produziert** [**irgendwie**] *billig, teurer, rationell* qn/qc produit [...]
III. *vr pej fam* ■ **jd produziert sich** [**vor jdm**] qn fait l'intéressant(e) [devant qn]

profan *adj geh* 1. (*alltäglich*) terre à terre
2. (*säkular*) profane

professionell I. *adj* (*alle Bedeutungen*) professionnel(le)
II. *adv* avec professionnalisme; *etw wirkt ~* qc fait professionnel

Professor <-s, -soren> *m*, **-sorin** *f* 1. ∅ (*Titel*) professeur *m*
2. (*Universitäts~*) professeur *m* [d'université]
3. AUS (*Gymnasiallehrer*) professeur *m* [du second degré]
▶ **außerordentlicher** ~ chargé(e) *m(f)* de cours; **ordentlicher** ~ professeur *m* titulaire; **zerstreuter** ~ tête *f* en l'air [*o* de linotte]; **jd ist** ~ qn est professeur

-professor(in) *m(f)* professeur *m* de

professoral I. *adj pej* professoral(e)
II. *adv pej reden* d'un ton professoral; *jd tritt ~ auf/wirkt ~* qn a un air pontifiant

Professur <-, -en> *f* chaire *f* [de professeur]

Profi <-s, -s> *m* 1. *fam* (*Spezialist*) pro *mf fam*
2. (*Verbrecher*) professionnel(le) *m(f);* (*Sportler a.*) pro *mf fam*

-profi *m* (*Spezialist*) pro *mf* du/de la *fam; Tennis~/Box~/Fußball~* tennisman *m*/boxeur *m*/footballeur *m* professionnel [*o* pro *fam*]

Profi- professionnel(le), pro *fam; -killer, -spion* professionnel(le)

Profil <-s, -e> *nt* 1. [*Reifen, Sohle*] sculptures *fpl*
2. (*seitliche Ansicht*) profil *m*
3. *geh* (*Ausstrahlung*) envergure *f*, stature *f*
▶ **jd hat** [*o* **besitzt**] ~ *geh* qn a de l'envergure; **im** ~ de profil

profilieren * *vr* ■ **jd profiliert sich** [**in etw** (*dat*)] [**als etw**] qn s'impose [*o* s'affirme] [comme qc] [dans qc]

profiliert *adj* reconnu(e); *Politiker* d'envergure; ■ **jd ist ~** qn fait autorité

Profilierung <-> *f* ∅ *verbal übersetzt; jd arbeitet hart an seiner ~* qn travaille d'arrache-pied pour se faire un nom

Profilsohle *f* semelle *f* crantée

Profit <-[e]s, -e> *m* profit *m*
▶ **jd hat von etw** ~ qn tire profit de qc; **jd macht** [**bei/mit etw**] ~ qn fait du profit [avec qc]; **jd schlägt** [*o* **zieht**] **aus etw** ~ qn tire profit de qc; *aus dem Wiederverkauf einer S.* (*gen*) *zieht jd riesige ~e* qn réalise des profits énormes en revendant qc; **mit** ~ en faisant du profit

profitabel *adj geh* rentable, rémunérateur(-trice)

profitieren * *vi* 1. (*finanziell*) ■ **jd profitiert** [**bei/von etw**] qn fait du profit [avec/en faisant qc]
2. (*Nutzen haben*) ■ **jd profitiert bei/von etw** qn profite de qc
3. (*Nützliches lernen*) ■ **jd profitiert von jdm/etw** qn tire profit de ce que dit/fait qn/de qc

pro forma *adv geh* pour la forme

Pro-forma-Rechnung *f* facture *f* pro forma, fausse facture *f péj*

Prognose <-, -n> *f* 1. *geh* (*Vorhersage*) prévision *f*, estimation *f;* METEO prévisions *fpl*
2. MED pronostic *m*
▶ **jd stellt** [**jdm**] **eine** ~ qn établit une prévision [*o* estimation] [pour qn]; MED qn établit un pronostic

prognostizieren * *vt geh* ■ **jd prognostiziert etw** qn prévoit qc

Programm <-s, -e> *nt* 1. (*Ablauf, Konzeption*) programme *m*
2. (*Programmheft*) programme *m*
3. INFORM programme *m*
4. COM assortiment *m*, choix *m*
▶ **jd hat ein volles** ~ qn a un programme chargé; **etw steht** [**für etw**] **auf dem** ~ [pour qc,] qc est au programme; **etw steht** [**für etw**] **auf jds** ~ [pour qc,] qn a qc au programme; **nach** ~ selon les prévisions

-programm *nt* 1. RADIO, TV programme *m* du/de la; *Oster-, Pfingst-, Weihnachts-, Sport-, Musik-, SF-* programme *m* de; *Sport-, Musik- a., Erotik-* programme *m + adj; Unterhaltungs~* programme *m* récréatif
2. (*geplante Programmpunkte*) programme *m* du/de la; *Forschungs-, Untersuchungs-, Arbeits-* programme *m* de
3. INFORM programme *m* de
4. COM collection *f* de; *Verlags~* collection *f* de la maison d'édition; *Zubehör~* choix *m* d'accessoires

Programm- 1. MEDIA (*des Programms*) du programme; *-abfolge, -gestalter, -gestaltung* des programmes; *~änderung* changement *m* de programme; *privater ~anbieter* chaîne *f* privée de télévision 2. COM *-katalog, -prospekt* de présentation; *~reihe* série *f; ~umfang* choix *m* proposé 3. INFORM du/de programme; *~fehler* erreur *f* dans le programme **programmgemäß** I. *adj* selon les prévisions II. *adv* selon les prévisions, comme prévu

programmieren * *vt* 1. INFORM ■ **jd programmiert etw** qn programme qc
2. (*von vornherein festgelegt*) ■ **etw ist programmiert** qc est prévisible [*o* fatal(e)]; *es ist programmiert* c'est joué d'avance

Programmierer(in) <-s, -> *m(f)* programmeur(-euse) *m(f)*

Programmiersprache *f* langage *m* de programmation

Programmierung <-, -en> *f* programmation *f*

Programmkino *nt* cinéma *m* d'art et d'essai **Programmzeitschrift** *f* programme *m*

Progression <-, -en> *f* progressivité *f*

progressiv I. *adj* 1. *geh* (*fortschrittlich*) progressiste
2. FISC, FIN progressif(-ive)
II. *adv* 1. *geh*: ***jd ist ~ eingestellt*** qn a des idées progressistes, qn est un/une progressiste
2. FISC: ***etw ist ~ gestaltet*** qc est progressif(-ive), qc suit une progression
Projekt <-[e]s, -e> *nt* projet *m*
-projekt *nt* projet *m* de; ***ein Geheim~*** un projet secret
Projekt- du projet; ***~bedarf*** besoins *mpl* générés par le projet; ***~gruppe*** groupe *m* travaillant au projet
Projektil <-s, -e> *nt form* projectile *m*
Projektion <-, -en> *f* projection *f*
Projektor <-s, -toren> *m* projecteur *m*
projizieren * *vt* ■ **jd projiziert etw auf etw** (*akk*) qn projette qc sur qc
Proklamation <-, -en> *f geh* proclamation *f*
proklamieren * *vt geh* ■ **jd proklamiert etw** qn proclame qc
Pro-Kopf- par tête, par habitant
Prokura <-, Prokuren> *f form* procuration *f*
▶ **jd erteilt jdm ~** qn donne procuration à qn
Prokurist(in) <-en, -en> *m(f)* fondé(e) *m(f)* de pouvoir
Prolet(in) <-en, -en> *m(f) pej* plouc *mf fam*
Proletariat <-[e]s, -e> *nt* POL *veraltend* prolétariat *m*
▶ **akademisches ~** diplômés *mpl* au chômage
Proletarier(in) <-s, -> [-'taːriɐ] *m(f) veraltend* prolétaire *mf*
proletarisch *adj veraltend* prolétaire; *Abkunft, Herkunft a.* prolétarien(ne)
Prolo <-s, -s> *m pej sl* plouc *mf fam*
Prolog <-[e]s, -e> *m* prologue *m*
prolongieren * [prolɔŋ'giːrən] *vt* ■ **jd prolongiert etw** qn prolonge qc; ■ **jd prolongiert jdm etw** qn lui prolonge qc
Promenade <-, -n> *f* promenade *f*
Promenadendeck *nt* pont-promenade *m* **Promenadenmischung** *f hum fam* bâtard *m*, corniaud *m*
Promethium <-s> *nt* ∅ CHEM prométhium *m*
Promi <-s, -s> *m*, <-, -s> *f sl* huile *f fam*
Promille <-[s], -> *nt* 1. (*Tausendstel*) ■ **25/50/...** ~ 25/50/... pour mille; ***etw wird nach ~ berechnet*** qc est calculé(e) en millièmes
2. *fam* (*Blutalkohol*) ■ **0/0,5** ~ 0/0,5 gramme
Promillegrenze *f* taux *m* d'alcoolémie maximal
prominent *adj* éminent(e); ■ **jd ist ~** qn est un personnage éminent **Prominente(r)** *f(m) decl wie adj* personnalité *f*, personnage *m* éminent
Prominenz <-> *f* ∅ *geh* beau monde *m*
promisk *adj Mensch* à partenaires multiples; ***jd ist ~/hat ein ~es Verhalten*** qn change souvent de partenaire[s]
Promiskuität <-> *f* ∅ changement *m* fréquent de partenaire; ***ein hohes Maß an ~*** de fréquents changements *mpl* de partenaire
Promotion <-, -en> *f* 1. UNIV doctorat *m*
2. CH (*Versetzung*) passage *m* dans la classe supérieure
3. SPORT CH montée *f*
promovieren * [-'viː-] I. *vi* 1. (*eine Dissertation schreiben*) ■ **jd promoviert über jdn/etw** (*akk*) qn prépare une thèse [de doctorat] sur qn/qc
2. (*den Doktorgrad erwerben*) ■ **jd promoviert [in etw** (*dat*)**/zu etw]** qn passe une thèse [de qc/pour devenir qc]; ■ **jd promoviert bei jdm** qn passe sa thèse [de doctorat] avec qn
II. *vt* 1. UNIV ■ **jd promoviert jdn** qn attribue à qn le grade de docteur; ■ **jd wird promoviert** qn est reçu(e) docteur; ■ **jd wird zu etw promoviert** qn est reçu(e) docteur en qc
2. CH (*versetzen*) ■ **jd promoviert jdn** qn fait passer qn [dans la classe supérieure]; ■ **jd wird promoviert** qn passe [dans la classe supérieure]
prompt I. *adj* prompt(e) *soutenu*, rapide
II. *adv* 1. (*sofort*) promptement *soutenu*, rapidement
2. *fam* (*erwartungsgemäß*) [très] vite, aussi sec *fam*
Prompt <-s, -s> *m* INFORM invite *f spéc*
Promptheit <-> *f* ∅ promptitude *f soutenu*, rapidité *f*
Pronomen <-s, - *o* Pronomina> *nt* pronom *m*
pronominal *adj* pronominal(e)
Propaganda <-> *f* ∅ propagande *f*
▶ **jd macht mit etw ~** qn chante [*o* crie] qc sur tous les toits; **jd macht ~ für etw** qn fait de la publicité pour qc
Propaganda- de propagande; *-gewäsch, -lüge* à des fins de propagande
Propagandist(in) <-en, -en> *m(f)* propagandiste *mf*
propagandistisch I. *adj* à des fins de propagande; ***~es Material*** du matériel de propagande
II. *adv* à des fins de propagande
propagieren * *vt geh* ■ **jd propagiert etw** qn préconise qc, qn prône qc
Propan <-s> *nt* ∅ propane *m*
Propangas *nt* ∅ gaz *m* propane, propane *m*
Propeller <-s, -> *m* AVIAT, NAUT hélice *f*
Propellerflugzeug *nt* avion *m* à hélice
proper *adj fam Mann, Frau, Äußeres* clean *fam*; *Wohnung, Zimmer, Garten* impec *fam*
Prophet(in) <-en, -en> *m(f)* prophète/prophétesse *m/f*
▶ **ich bin [doch] kein ~!** *fam* je [ne] suis pas devin! *fam*
prophetisch I. *adj geh* prophétique
II. *adv geh* prophétiquement
prophezeien * *vt* 1. (*weissagen*) ■ **jd prophezeit etw/jdm etw** qn prophétise qc/prédit qc à qn
2. (*vorhersagen*) ■ **jd prophezeit, dass** qn prophétise que + *indic*; ■ **jd prophezeit jdm, dass** qn prédit à qn que + *indic*
Prophezeiung <-, -en> *f* prophétie *f*
Prophylaktikum <-s, -laktika> *nt* traitement *m* prophylactique [*o* préventif]
prophylaktisch I. *adj* prophylactique, préventif(-ive)
II. *adv* préventivement
Prophylaxe <-, -n> *f* prophylaxie *f*
▶ **zur ~** à titre préventif, préventivement
Proportion <-, -en> *f* proportion *f*
proportional I. *adj geh* proportionnel(le)
II. *adv geh* proportionnellement
Proportionalschrift *f* chasse *f* déformée
Proporz <-es, -e> *m* 1. représentation *f* proportionnelle, proportionnelle *f*
2. CH *s.* **Verhältniswahl**
▶ **jd besetzt [*o* vergibt] etw im [*o* nach dem] ~** qn attribue qc à la proportionnelle
proppe[n]voll *adj fam* plein(e) à craquer
Prosa <-> *f* ∅ prose *f*
prosaisch I. *adj* 1. *geh* (*nüchtern*) prosaïque, terre à terre
2. LITER en prose
II. *adv geh* prosaïquement
Proseminar *nt* cours *m* pour étudiants débutants
prosit *interj s.* **prost**
Prosit <-s, -s> *nt* toast *m*
▶ **jd bringt ein ~ auf jdn aus** qn porte un toast à qn
Prospekt <-[e]s, -e> *m* prospectus *m*
prost *interj* à la tienne/vôtre
▶ **[na] dann [*o* denn] [mal] ~!** *iron* [ben] je suis/t'es gâté(e)/on est gâtés! *fam*
Prostata <-> *f* ∅ prostate *f*
prosten *vi* ■ **jd prostet** qn trinque; ■ **jd prostet auf jdn/etw** qn trinque [*o* lève son verre] à la santé de qn/à qc
prostituieren * *vr* 1. (*Prostituierte sein*) ■ **jd prostituiert sich** qn se prostitue
2. (*sich herabwürdigen*) ■ **jd prostituiert sich [für etw]** qn se prostitue [pour qc]
Prostituierte(r) *f(m) decl wie adj form* prostitué(e) *m(f)*
Prostitution <-> *f* ∅ *form* prostitution *f*
Protactinium <-s> *nt* ∅ CHEM protactinium *m*
Protagonist(in) <-en, -en> *m(f) geh* 1. (*zentrale Gestalt*) protagoniste *mf*
2. (*Vorkämpfer*) pionnier(-ière) *m(f)*
Protegé <-s, -s> [prote'ʒeː] *m geh* protégé(e) *m(f)*
protegieren * [prote'ʒiːrən] *vt geh* ■ **jd protegiert jdn** qn protège qn
Protein <-s, -e> *nt* protéine *f*
Protektion <-, -en> *f geh* protection *f*
Protektionismus <-> *m* ∅ protectionnisme *m*
Protektorat <-[e]s, -e> *nt* 1. POL protectorat *m*
2. *geh* (*Schirmherrschaft*) protection *f*; ■ **unter jds ~** sous l'égide de qn *soutenu*
Protest <-[e]s, -e> *m* protestation *f*; ■ **jds ~ gegen etw** la protestation de qn contre qc
▶ **jd lässt etw zu ~ gehen** *Wechsel* qn fait un protêt contre qc, qn proteste qc; **aus ~** en signe de protestation; **unter ~** en protestant; ***nun gut, ich gehorche, aber nur unter ~*** bon, j'obéis, mais je proteste énergiquement
Protest- de protestation; *-sänger, -song, -szene* contestataire; ***~täter*** contestataire *m*
Protestant(in) <-en, -en> *m(f)* protestant(e) *m(f)*
protestantisch I. *adj* protestant(e)
II. *adv* REL *heiraten, sich beerdigen lassen* selon le rite protestant; ***jd denkt ~*** qn est d'obédience protestante; ***jd erzieht jdn ~*** qn élève qn dans la foi protestante; ***etw ist ~ beeinflusst*** qc subit l'influence du protestantisme; ***etw ist ~ geprägt*** qc est imprégné(e) de protestantisme
Protestantismus <-> *m* ∅ protestantisme *m*
protestieren * *vi* ■ **jd protestiert [gegen etw]** qn proteste [contre qc]; ■ **jd protestiert dagegen, dass** qn proteste contre le fait que + *subj*
Protestwähler(in) *m(f)* électeur(-trice) *m(f)* protestataire [*o* qui émet un vote-sanction]
Prothese <-, -n> *f* 1. (*Ersatzglied*) prothèse *f*
2. (*Gebiss*) prothèse *f* [dentaire], dentier *m*
Protokoll <-s, -e> *nt* 1. (*Niederschrift*) procès-verbal *m*, compte *m* rendu, protocole *m*
2. DIAL (*Strafmandat*) p.-v. *m fam*
3. ∅ (*diplomatisches Zeremoniell*) ■ **das ~** le protocole
▶ **jd führt [das] ~ [bei etw]** qn rédige [*o* établit] le procès-verbal [de qc], qn dresse [*o* établit] [*o* rédige] le protocole [de qc]; **jd gibt etw [bei jdm] zu ~** qn fait une déposition [auprès de qn]; **jd nimmt etw zu ~** *Anzeige, Aussage* qn recueille qc, qn enregistre qc; *Bemerkung, Satz* qn enregistre qc dans le procès-verbal
Protokollant(in) <-en, -en> *m(f) form s.* **Protokollführer**
protokollarisch I. *adj* 1. *Aussage* dûment enregistré(e); ***etw wird durch ~e Niederschrift festgehalten*** qc est consigné(e) au procès-verbal
2. *Ehren, Zeremoniell* protocolaire
II. *adv* 1. (*im Protokoll*): ***~ dokumentieren/festhalten*** consigner au procès-verbal
2. (*durch das Protokoll*) par le protocole
Protokollführer(in) *m(f)* secrétaire *mf* de séance; JUR greffier(-ière) *m(f)*
protokollieren * I. *vt* ■ **jd protokolliert etw** qn consigne [*o* inscrit] qc au procès-verbal; *Zeugenaussage* qn recueille qc, qn enregistre qc
II. *vi* ■ **jd protokolliert** qn établit [*o* rédige] le procès-verbal [*o* compte rendu] [*o* protocole]
Proton <-s, Protonen> *nt* proton *m*
Protoplasma *nt* ∅ protoplasme *m*

Prototyp *m* prototype *m*
▸ **jd ist der ~ eines/einer** *geh* qn est le type même du/de la

Protz <-es *o* -en, -e[n]> *m fam* frimeur *m fam*

protzen *vi fam* ■ **jd protzt [mit etw]** qn frime [avec qc] *fam;* ■ **das P~** la frime *fam*

Protzerei <-, -en> *f fam* frime *f fam*

protzig I. *adj fam* tape-à-l'œil
II. *adv fam* pour en fiche plein la vue *fam*

Provenienz <-, -en> [-ve-] *f geh* provenance *f*

Proviant <-s, *rare* -e> [-vi-] *m* victuailles *fpl,* provisions *fpl* [de bouche]

Provider <-s, -> [proʊ'vaidɐ] *m* INFORM fournisseur *m*

Provinz <-, -en> [-'vɪnts] *f* 1. (*Verwaltungsgebiet*) province *f*
2. ∅ *pej* (*rückständige Gegend*) province *f; **das ist ja die reinste** ~* c'est vraiment le fin fond de la province; ***das riecht mir sehr nach*** ~ ça fait très province *fam*

Provinz- [-'vɪnts-] de province; ~***bewohner*** provincial(e) *m(f)*

provinziell [-vɪn-] *adj pej* provincial(e); ■ **es ist [irgendwo]** ~ ça sent la province [quelque part]

Provision <-, -en> [-vi-] *f* commission *f*
▸ **jd arbeitet gegen ~, jd ist gegen ~ tätig** qn travaille à la commission

Provisionsbasis [-vi-] *f* ▸ **auf** ~ à la commission; *vermitteln* moyennant commission; *sich einigen* sur la commission

provisorisch [-vi-] I. *adj* provisoire; *Unterkunft a.* précaire
II. *adv* provisoirement

Provisorium <-s, -rien> [-vi-, -riən] *nt geh* (*Einrichtung*) solution *f* provisoire [*o* d'urgence]; (*Regelung*) mesure *f* provisoire [*o* d'urgence]

provokant [-vo-] I. *adj geh* provocant(e); ■ **etw wird** ~ qc se fait provocant(e)
II. *adv geh* de manière provocante

Provokateur(in) <-s, -e> [provoka'tøːɐ] *m(f) geh* provocateur(-trice) *m(f)*

Provokation <-, -en> [-vo-] *f geh* provocation *f*

provokativ [-vo-] *adj geh s.* **provokant**

provozieren * [-vo-] I. *vt* ■ **jd provoziert jdn [mit etw]** qn provoque qn [en faisant/avec qc]; ■ **jd provoziert jdn [mit etw] zu etw** qn provoque qn à qc [en faisant/avec qc]; ■ **etw provoziert jdn** qc est une provocation à l'égard de qn, qc est une façon de provoquer qn; ■ **etw provoziert jdn zu etw** qc provoque qn à qc
II. *vi* ■ **jd provoziert** qn fait de la provocation; ■ **etw provoziert** qc est une provocation; ■ **jd/etw provoziert zu etw** qc/qc provoque qc

provozierend [-vo-] *adj, adv s.* **provokant**

Prozedur <-, -en> *f* (*Verfahren*) galère *f fam,* pensum *m;* (*Formalitäten*) formalités *fpl* [à n'en plus finir]

Prozent <-[e]s, -e> *nt* 1. (*Hundertstel*) ■ **52/95/...** ~ 52/95/... pour cent
2. (*Alkoholgehalt*) degré *m* [d'alcool]
▸ **jd bekommt [bei jdm/irgendwo/auf etw** (*akk*)**] ~e** *fam* qn a une réduc [chez qn/quelque part/sur qc] *fam;* **jd gibt [jdm] [auf etw** (*akk*)**] ~e** *fam* qn fait une réduc [à qn] [sur qc] *fam*

Prozent-: ~***punkt*** point *m;* ~***spanne*** marge *f* bénéficiaire; ***in ~werten*** en pourcentage[s] **Prozentrechnung** *f* ∅ calcul *m* des pourcentages **Prozentsatz** *m* pourcentage *m*

prozentual I. *adj* exprimé(e) en pourcentage[s]
II. *adv* au [*o* selon un] pourcentage; ***etw ist ~ ausgedrückt*** qc est exprimé(e) en pourcentage[s]

Prozess[RR] <-es, -e>, **Prozeß** <-sses, -sse> *m* 1. JUR procès *m*
2. *geh* (*Vorgang*) processus *m*
▸ **jd macht kurzen ~/mit jdm/etw kurzen** ~ *fam* qn n'y va pas par quatre chemins/liquide qn sans autre forme de procès/est expéditif(-ive) avec qc; **jd führt einen ~ [gegen jdn]** qn fait un procès [à qn]; **jd macht jdm den** ~ qn engage une procédure contre qn

-prozess[RR], **-prozeß** *m* 1. *Mord-, Vergewaltigungs-, Bestechungs-* procès *m* pour; *Zivil-, Straf-* procès *m* + *adj*
2. (*Vorgang*) processus *m* de

Prozess-[RR], **Prozeß-** *-akte, -verschleppung* du procès; *-flut, -lawine* de procès; *-handlung, -ordnung* de procédure; *-kostenhilfe, -bevollmächtigter* judiciaire; ~***gegner*** partie *f* adverse; ~***kosten*** frais *mpl* de justice; ~***recht*** droit *m* en matière de procédure; ***das Magazin entsendet einen ~beobachter*** le magazine délègue quelqu'un pour suivre le procès **Prozesshansel**[RR] <-s, -> *m fam* qn qui aime la chicane; ***sie ist ein*** ~ elle aime la chicane

prozessieren * *vi* ■ **jd prozessiert [gegen jdn]** qn intente un procès [à qn]; ■ **jd prozessiert mit jdm [um etw]** qn est en procès avec qn [pour qc]; ***durch ständiges P~*** à force de [faire des] procès; ***jd rät jdm zum P~*** qn conseille à qn de faire un procès

Prozession <-, -en> *f* procession *f*

Prozessor <-s, -soren> *m* INFORM processeur *m*

Prozessvollmacht[RR] *f* mandat *m* ad litem

prüde *adj* prude

Prüderie <-> *f* ∅ pruderie *f*

prüfen I. *vt* 1. SCOL, UNIV ■ **jd prüft jdn [in etw** (*dat*)**]** qn fait passer un examen à qn [en qc]; ***jd prüft jdn im Abitur/Examen*** qn interroge qn au bac/à l'examen
2. (*untersuchen*) ■ **jd prüft etw/eine S. auf etw** (*akk*) qn teste qc/vérifie le/la qc d'une chose
3. (*testen*) ■ **jd prüft etw** *Speise, Wein* qn goûte qc; *Temperatur* qn vérifie qc; ■ **jd prüft, ob:** ***jd prüft, ob die Suppe genug gesalzen ist*** qn goûte si la soupe est assez salée; ***ich kann schlecht ~, ob sie die Wahrheit gesagt hat*** je peux difficilement juger si elle a dit la vérité
4. (*erwägen*) ■ **jd prüft etw [auf etw** (*akk*)**]** qn examine [le/la qc de] qc
5. *geh* (*übel mitnehmen*) ■ **etw prüft jdn irgendwie** *hart, leidvoll, schwer* qc éprouve qn d'une certaine façon *soutenu*
6. (*examiniert*) ■ **geprüft** diplômé(e)
II. *vi* ■ **jd prüft** qn fait passer l'examen/un examen/les/des examens; ***jd prüft streng*** qn est sévère à l'examen; ■ **jd prüft in etw** (*dat*) qn fait passer l'examen/un examen/les examens de qc
III. *vr geh* ■ **jd prüft sich, ob** qn se demande si

Prüfer(in) <-s, -> *m(f)* 1. SCOL, UNIV examinateur(-trice) *m(f)*
2. TECH ingénieur *m* chargé du contrôle
3. (*Betriebs~*) contrôleur(-euse) *m(f)*

Prüfgerät *nt* appareil *m* de contrôle

Prüfling <-s, -e> *m* candidat(e) *m(f)*

Prüfstand *m* TECH banc *m* d'essai ▸ **etw ist auf dem** ~ *fig* qc passe au banc d'essai **Prüfstein** *m geh* pierre *f* de touche *soutenu* ▸ **etw ist ein ~ [für jdn/etw]** qc est la pierre de touche [pour qn/qc] *soutenu*

Prüfung <-, -en> *f* 1. SCOL, UNIV examen *m;* (*in einer Disziplin, einem Fach*) épreuve *f*
2. (*Erwägung*) examen *m,* étude *f*
3. (*Untersuchung*) examen *m,* test *m;* ***zur ~ der Echtheit*** pour vérifier l'authenticité
4. *geh* (*Heimsuchung*) épreuve *f soutenu*
▸ **mündliche/schriftliche ~ [in etw** (*dat*)**]** examen *m* oral/écrit, oral *m*/écrit *m* [de qc]; **die praktische/theoretische** ~ la conduite/le code; **jd besteht eine** ~ qn a [*o* réussit [à]] un examen; **jd fällt durch eine** ~ qn échoue à [*o* rate] un examen; **jd geht in eine** ~ qn se présente à un examen; **jd macht eine ~ [in etw** (*dat*)**], jd legt eine ~ [in etw** (*akk*)**] ab** qn passe un examen [de qc]

-prüfung *f Latein-, Geographie-, Mathematik- etc* examen *m* de, épreuve *f* de; *Abitur-, Führerschein-* examen *m* du; *Antritts-, Aufnahme-* examen *m* de; *Abschluss-, Fach-* épreuve *f* + *adj;* ***Zwischen~*** partiel *m;* ***Jagd~*** examen *m* du permis de chasse; ***Lehramts~*** certificat *m* d'aptitudes pédagogiques; ***Offiziers~*** examen *m* pour être officier

Prüfungs- SCOL, UNIV de l'/d'examen; *-anforderungen, -kandidat* à l'examen; ~***unterlagen*** documents *mpl* à présenter à l'examen **Prüfungsangst** *f* peur *f* de l'examen, trac *m* **Prüfungsarbeit** *f* épreuve *f* **Prüfungskommission** *f* jury *m* d'examen **Prüfungsordnung** *f* règlement *m* de l'/d'examen

Prügel <-s, -> *m* 1. (*Knüppel*) gourdin *m*
2. *pl* (*Schläge*) correction *f; **er hat ~ ausgeteilt*** il a distribué des coups
▸ **jd bekommt [*o* kriegt] [von jdm]** ~ qn reçoit une correction [de qn]

Prügelei <-, -en> *f fam* bagarre *f fam*

Prügelknabe *m* souffre-douleur *m*

prügeln I. *vt* ■ **jd prügelt jdn** qn bat qn, qn corrige qn
II. *vi* ■ **jd prügelt** qn donne des coups
III. *vr* ■ **jd prügelt sich [mit jdm] [wegen jdm/etw]** qn se bat [avec qn] [à cause de qn/qc]; ■ **jd prügelt sich [mit jdm] um etw** qn se bat [avec qn] pour qc; ■ **sie ~ sich** ils/elles se battent

Prügelstrafe *f* châtiment *m* corporel

Prunk <-s> *m* ∅ luxe *m* ostentatoire

Prunk- d'apparat; *-bett a.* de parade; *-villa* de luxe

prunken *vi geh* 1. (*prächtig erscheinen*) ■ **etw prunkt irgendwo** qc déploie sa splendeur quelque part; */Teppich, Krone/* qc trône quelque part
2. (*prahlen*) ■ **jd prunkt mit etw** qn fait étalage de qc

Prunkstück *nt* pièce *f* de luxe; ***das ~ in unserer Wohnung*** le plus beau fleuron de notre appartement **Prunksucht** *f* ∅ goût *m* du luxe [*o* du faste] **prunksüchtig** *adj* avide de luxe **prunkvoll** I. *adj* fastueux(-euse), somptueux(-euse) II. *adv* avec faste, fastueusement

prusten *vi fam* ■ **jd prustet** qn s'ébroue; ***jd prustet [vor Lachen]*** qn pouffe [de rire]

PS <-, -> [peː'ʔɛs] *nt* 1. *abk von* **Pferdestärke** ch *m;* ***90*** ~ 90 ch
2. *abk von* **Postskript[um]** P.-S. *m*

Psalm <-s, -en> *m* psaume *m*

pseudo- pseudo-

Pseudokrupp <-s> *m* faux croup *m*

Pseudonym <-s, -e> [psɔɪdo'nyːm] *nt* pseudonyme *m*

pst *interj* chut

Psyche <-, -n> ['psyːçə] *f* psyché *f*

psychedelisch *adj* psychédélique

Psychiater(in) <-s, -> *m(f)* psychiatre *mf*

Psychiatrie <-, -n> [-'triːən] *f* 1. (*Fachgebiet*) psychiatrie *f*
2. *fam* (*Abteilung*) [service *m* de] psychiatrie *f*

psychiatrisch I. *adj* psychiatrique; *Abteilung a.* de psychiatrie
II. *adv:* ***jd behandelt jdn*** ~ qn fait subir à qn un traitement psychiatrique; ***jd untersucht jdn*** ~ qn soumet qn à un examen psychiatrique

psychisch ['psyːçɪʃ] I. *adj* psychique
II. *adv* sur le plan psychique; ***etw ist ~ bedingt/verursacht*** qc a des causes psychiques; ***jd ist ~ gesund*** qn est sain(e) d'esprit; ~ ***kranke Patienten*** des malades mentaux; ***jd ist ~ gestört*** qn souffre de troubles psychiques

Psycho- *-effekt, -folter, -gruppe, -krieg, -störung, -stress, -schocker, -stück, -thriller, -trick, -wrack* psychologique; *-drama, -dynamik, -linguistik, -pille, p-sexuell, p-sozial, -technik* psycho-; *-sekte, -szene, -kult* branché(e) sur la psychologie; ~***onkologe*** oncologue *m* spécialisé en psychologie; ~***ratgeber*** conseiller *m* en psychologie **Psychoanalyse** [-ana'lyːzə] *f* psychanalyse *f* **Psychoanalytiker(in)** [-ana'lyːtikɐ] *m(f)* psychanalyste *mf* **psychoanalytisch** [-ana'lyːtɪʃ] *adj Ausbildung, Weiterbildung* en psychanalyse; *Methode, Werk* psychanalytique **Psychogramm** <-gramme> *nt* profil *m* psychologique

Psychologe <-n -n> *m,* **-login** *f* psychologue *mf;* ***ein guter*** ~ (*Mensch mit Einfühlungsvermögen*) un fin psychologue

Psychologie <-> *f* ∅ psychologie *f*
psychologisch I. *adj* psychologique; *Ausbildung* en psychologie
II. *adv* 1. (*in Psychologie*): ***jd wird ~ ausgebildet*** [*o* ***geschult***] qn reçoit une formation en psychologie; ***jd ist ~ erfahren*** qn a une expérience en psychologie
2. (*aus ~er Sicht*) psychologiquement
Psychopath(in) <-en, -en> *m(f)* psychopathe *mf*
Psychopharmakon <-s, -pharmaka> *nt meist pl* médicament *m* psychopharmacologique
Psychose <-, -n> *f* psychose *f*
psychosomatisch I. *adj* psychosomatique
II. *adv*: ***etw ist ~ bedingt*** [*o* ***verursacht***] qc a des causes psychosomatiques
Psychoterror ['psy:ço-] *m fam* terrorisme *m* intellectuel, terreur *f* psychologique **Psychotherapie** *f* ∅ psychothérapie *f*
PTT ['pe:te:te:] *pl* CH *abk von* **Post-, Telefon- und Telegrafenbetriebe** P.T.T. *mpl*
pubertär I. *adj* pubertaire, dû(due) à la puberté
II. *adv*: ***~ bedingt*** [*o* ***verursacht***] d'origine pubertaire, dû(due) à la puberté
Pubertät <-> *f* ∅ puberté *f*
▶ **jd ist in der ~** qn fait sa puberté
Pubertätsakne *f* acné *f* juvénile **Pubertätszeit** *f* ∅ puberté *f*
pubertieren * *vi geh* ■ **jd pubertiert** qn fait sa puberté; ■ **~d** pubertaire
Publicity <-> [pa'blɪsiti] *f* ∅ notoriété *f*, médiatisation *f*; ***sie scheut die ~*** elle fuit les médias
▶ **negative ~** mauvaise publicité *f*
publicityscheu [pa'blɪsiti-] *adj* qui fuit les médias, discret(-ète); ■ **jd ist ~** qn fuit les médias
publik *adj pred* ■ **etw ist/wird ~** qc est public(-ique)/est rendu(e) public(-ique); ■ **es wird ~, dass** il se divulgue [*o* s'ébruite] que + *indic*; ■ **jd lässt etw ~ werden** qn divulgue qc; ■ **jd lässt ~ werden, dass/was** qn divulgue que + *indic*/ce qui
▶ **jd/etw macht etw ~** qn/qc rend qc public(-ique)
Publikation <-, -en> *f* publication *f*
Publikum <-s> *nt* ∅ 1. (*anwesende Besucher*) public *m*
2. (*Zuhörerschaft*) auditoire *m*
3. *geh* (*Lesergemeinde*) public *m*
Publikums- 1. (*des Publikums*) du public; ***etw ist p~wirksam*** qc fait effet sur le public
2. (*beim Publikum erzielt*) public(-ique); ***die ~resonanz einer S.*** (*gen*) la résonance de qc auprès du public; ***die ~wirkung*** l'effet sur le public
publizieren * I. *vt* ■ **jd publiziert etw** qn publie qc
II. *vi* ■ **jd publiziert [in etw** (*dat*)**]** qn publie [dans qc
Publizist(in) <-en, -en> *m(f)* journaliste *mf*, essayiste *mf*
Publizistik <-> *f* ∅ journalisme *m*, genre *m* journalistique
publizistisch I. *adj* journalistique
II. *adv* dans les médias
Puck <-s, -s> *m* palet *m*, puck *m*
Pudding <-s, -s> *m* pudding *m*, pouding *m*
-pudding *m* pudding *m* au/à la/aux
Puddingpulver [-fɐ, -vɐ] *nt* préparation *f* pour pudding
Pudel <-s, -> *m* caniche *m*
▶ **das also ist des ~s Kern** c'est donc ça, voilà le fin mot de l'histoire; **wie ein begossener ~** *fam dastehen* l'oreille basse; *abziehen a.* la queue basse [*o* entre les jambes]
Pudelmütze *f* bonnet *m* [à pompon] **pudelnass**[RR] *adj fam* ■ **jd ist/wird ~** qn est trempé(e) comme une soupe/se fait saucer *fam* **pudelwohl** *adj*
▶ **jd fühlt sich ~** *fam* qn prend son pied *fam*
Puder <-s, -> *m o fam nt* poudre *f*
Puderdose *f* poudrier *m*
pudern I. *vt* (*einpudern*) ■ **jd pudert jdn/[sich/jdm] etw** (*dat*) qn poudre qn/[se/lui] poudre qc
II. *vr* ■ **jd pudert sich** qn se poudre
Puderzucker *m* sucre *m* glace
Puff[1] <-[e]s, ¨-e> *m* 1. (*Stoß*) bourrade *f*
2. (*Zischen*) halètement *m*
Puff[2] <-[e]s, -e> *m fam* (*Bordell*) bordel *m vulg*
puffen I. *vt* ■ **jd pufft jdn [irgendwohin]** qn donne un coup/des coups à qn [quelque part]
II. *vi fam* ■ **etw pufft** qc halète
Puffer <-s, -> *m* 1. EISENBAHN tampon *m*
2. INFORM *s.* **Pufferspeicher**
3. GASTR (*Reibekuchen*) galette *f* de pomme de terre [râpée]
Pufferspeicher *m* INFORM mémoire *f* tampon **Pufferstaat** *m* État *m* tampon **Pufferzone** *f* zone *f* tampon
Puffmais *m* pop-corn *m*, maïs *m* soufflé
puh *interj* 1. (*bah*) beurk
2. (*ah*) ouf
pulen I. *vi fam* ■ **jd pult an etw** (*dat*) qn tripote qc *fam*; ■ **jd pult in etw** (*dat*) qn fourrage [*o* farfouille *fam*] dans qc
II. *vt* NDEUTSCH ■ **jd pult etw** *Krabben, Nüsse* qn décortique qc; *Erbsen* qn écosse qc; ■ **jd pult etw aus etw** qn extrait [*o* sort] qc de qc; ■ **jd pult etw von etw** qn arrache qc de qc
Pulk <-s, -s *o rare* -e> *m* 1. [*Menschen*] cohorte *f*; [*Fahrzeuge*] groupe *m*
2. MIL détachement *m*; [*Flugzeuge*] formation *f*
Pull-down-Menü [pʊl'daun-] *nt* INFORM menu *m* déroulant
Pulle <-, -n> *f sl* chopine *f pop*
▶ **jd fährt volle ~** qn roule plein pot *fam*
Pulli <-s, -s> *m fam* pull *m*
Pullover <-s, -> [-vɐ] *m* pull-over *m*
Pullunder <-s, -> *m* pull *m* débardeur
Puls <-es, -e> *m* pouls *m*
▶ **jd fühlt jds ~, jd fühlt jdm den ~** qn prend le pouls de qn
Pulsader *f* veine *f* du poignet
▶ **jd schneidet sich** (*dat*) **die ~n auf** qn s'ouvre les veines
pulsieren * *vi* ■ **etw pulsiert** /*Arterie, Schlagader*/ qc bat; ■ **etw pulsiert [durch etw/in etw** (*dat*)**]** /*Blut*/ qc circule [dans qc]
Pulsschlag *m* (*Puls*) pouls *m*; (*einzelnes Pochen*) pulsation *f*
Pult <-[e]s, -e> *nt* 1. (*Redner~*) tribune *f*
2. (*Notenständer, Dirigenten~*) pupitre *m*
3. (*Katheder*) chaire *f*; (*Schulbank*) pupitre *m*
Pulver <-s, -> ['pʊlfɐ, 'pʊlvɐ] *nt* (*alle Bedeutungen*) poudre *f*
▶ **jd hat das ~ nicht erfunden** *fam* qn a pas inventé la poudre *fam*; **jd hat sein ~ verschossen** *fam* qn a brûlé toutes ses cartouches
Pulverfass[RR] ['pʊlfɐ-, 'pʊlvɐ-] *nt* HIST baril *m* de poudre
▶ **etw gleicht einem ~** qc est une vraie poudrière; **jd sitzt auf dem** [*o* **einem**] **~** qn est [*o* se trouve] sur une poudrière
pulverisieren * [-ve-] *vt* ■ **jd pulverisiert etw** qn pulvérise qc
Pulverkaffee ['pʊlfɐ-, 'pʊlvɐ-] *m* café *m* en poudre **Pulverschnee** *m* poudreuse *f*
Puma <-s, -s> *m* puma *m*
Pummel <-s, -> *m fam*, **Pummelchen** <-s, -> *nt fam* enfant *m* potelé
pumm[e]lig *adj fam* dodu(e) *fam*
Pump <-[e]s> *m* ▶ **auf ~** *fam* à crédit
Pumpe <-, -n> *f* 1. TECH pompe *f*
2. *fam* (*Herz*) palpitant *m fam*
pumpen[1] I. *vt* 1. (*herausbefördern*) ■ **jd pumpt etw aus etw** qn pompe qc de qc [*o* pour vider qc]
2. (*hineinbefördern*) ■ **jd pumpt etw in etw** (*akk*) qn pompe qc pour remplir qc
3. *fam* (*hineinstecken*) ■ **jd pumpt etw in etw** (*akk*) qn injecte qc dans qc
II. *vi* 1. (*die Pumpe betätigen*) ■ **jd pumpt** qn pompe
2. *fam* (*Liegestütze machen*) ■ **jd pumpt** qn fait des pompes *fam*
3. (*schlagen*) ■ **etw pumpt** /*Herz*/ qc bat
pumpen[2] I. *vt fam* (*leihen*) ■ **jd pumpt jdm etw** qn file qc à qn *fam*
II. *vr fam* ■ **jd pumpt sich** (*dat*) **etw [bei** [*o* **von**] **jdm]** qn emprunte qc [à qn]; *Geld* qn tape qn de qc *fam*
Pumpenschwengel *m* bras *m* de pompe
pumperlg[e]sund *adj* AUS *fam* (*kerngesund*) en pleine santé
pumpern *vi* AUS *fam* (*pochen*) ■ **jd pumpert an etw** (*dat*) qn frappe à qc; ■ **etw pumpert** /*Herz*/ qc bat
Pumpernickel <-s, -> *m* pain *m* noir de Westphalie
Pumphose *f* pantalon *m* bouffant
Pumps <-, -> [pœmps] *m* escarpin *m*
Pumpstation *f* station *f* de pompage
Punk <-s> [paŋk] *m* ∅ 1. (*Lebenseinstellung, Musik*) punk *m*
2. *s.* **Punker**
Punker(in) <-s, -> ['paŋkɐ] *m(f)* punk *mf*
Punkt <-[e]s, -e> *m* 1. (*Satzzeichen*) point *m*
2. (*kreisrunder Fleck*) point *m*
3. (*Tupfen*) pois *m*; ***mit ~en*** à pois
4. (*Stelle*) endroit *m*; ***ein strategisch wichtiger ~*** un point stratégique
5. (*Bewertungseinheit*) point *m*
6. (*Detailpunkt*) point *m*
7. *bei Zeitangabe* ■ **~ ... [Uhr]** à ... heures précises; ***es ist ~ 12*** il est juste midi [*o* midi pile]
▶ **ein dunkler ~** une zone d'ombre; **bis zu einem gewissen ~[e]** jusqu'à un certain point; **Grüner ~** ≈ logo *m* d'Éco-Emballages, point *m* vert (*pictogramme indiquant qu'un emballage est recyclable*); **der springende ~** le problème; **der tote ~** le passage à vide; **ein wunder ~** (*schwacher ~*) le défaut de la cuirasse; **ein/jds wunder ~** (*empfindlicher ~*) un point sensible/le point sensible de qn; **jd/etw ist an einem ~ angelangt, wo** qn/qc en est arrivé(e) à un point où; **jd bringt etw auf den ~** qn met l'accent sur qc; ***jd bringt es auf den ~*** qn en vient au fait; **nun mach aber mal einen ~!** *fam* arrête ton char! *fam*, mollo! *fam*; **~ für ~** point par point; **in diesem ~** sur ce point précis; **in bestimmten ~en** sur certains points; **nach ~en** aux points
Punkt- SPORT aux points; *-system, -wertung* par points; ***~zahl*** nombre *m* de points; ***beim gleichen ~verhältnis*** à égalité de points
Pünktchen <-s, -> *nt dim von* **Punkt** petit point *m*
punktieren * *vt* 1. MED ■ **jd punktiert etw** qn ponctionne qc
2. (*mit Punkten versehen*) ■ **jd punktiert etw** *Fläche* qn couvre qc de pointillés; *Linie* qn trace qc en pointillé; ■ **punktiert** *Fläche* couvert(e) de pointillés; *Linie* en pointillé
Punktion <-, -en> *f* ponction *f*
pünktlich I. *adj*: ***mit dem ~en Beginn einer S.*** (*gen*) ***ist nicht zu rechnen*** il ne faut pas compter que qc commence à l'heure; ***um ~es Erscheinen wird gebeten*** il est demandé de se présenter à l'heure; ■ **jd ist ~** qn est ponctuel(le)
II. *adv* à l'heure; ***jd beendet etw ~ auf die Minute*** qn termine qc à la minute près; ***etw fängt ~ um 20 Uhr an*** qc commence à vingt heures précises
Pünktlichkeit <-> *f* ∅ ponctualité *f*
Punktrichter(in) *m(f)* juge *m*
Punsch <-es, -e> *m* punch *m*
Pup <-[e]s, -e> *m fam s.* **Pups**
pupen *vi fam s.* **pupsen**
Pupille <-, -n> *f* pupille *f*
Püppchen <-s, -> *nt dim von* **Puppe** petite poupée *f*
Puppe <-, -n> *f* 1. (*Spielzeug*) poupée *f*
2. ZOOL chrysalide *f*

▸**jd lässt die ~n tanzen** *fam* (*feiert hemmungslos*) qn fait la bringue *fam;* (*greift hart durch*) qn mène les gens à la baguette, qn prend le taureau par les cornes; **bis in die ~n** *fam* toute la nuit, jusqu'au petit matin; ***jd schläft bis in die ~n*** qn fait la grasse matinée
Puppen- de poupée **Puppendoktor(in)** *m(f) fam* réparateur(-trice) *m(f)* de poupées **Puppenklinik** *f fam* clinique *f* de poupées **Puppenspiel** *nt s.* **Puppentheater. Puppenspieler(in)** *m(f)* marionnettiste *mf* **Puppentheater** *nt* théâtre *m* de marionnettes **Puppenwagen** *m* landau *m* de poupée
Pups <-es, -e> *m fam* pet *m fam*
pupsen *vi fam* ■**jd pupst** qn pète *fam*
pur I. *adj* **1.** (*rein*) pur(e) *antéposé*
2. (*unverdünnt*) pur(e)
II. *adv anwenden, trinken* pur(e)
Püree <-s, -s> *nt* purée *f*
Purist(in) <-en, -en> *m(f) geh* puriste *mf*
Puritaner(in) <-s, -> *m(f)* puritain(e) *m(f)*
puritanisch I. *adj* puritain(e)
II. *adv* de manière puritaine; ***zu Hause geht es ~ zu*** chez nous, les mœurs sont puritaines
Purpur <-s> *m Ø* **1.** (*Farbe*) pourpre *m*
2. (*Stoff*) pourpre *f littér*
purpurfarben *adj,* **purpurfarbig** *adj s.* **purpurrot**
purpurn *adj geh s.* **purpurrot**
purpurrot *adj* [de couleur] pourpre; *Gesicht* pourpre; ■**jd ist/wird ~** qn a le feu aux joues/qn a le feu qui lui monte aux joues
Purzelbaum *m fam* roulade *f* [avant], culbute *f,* galipette *f fam*
▸**jd macht** [*o* **schlägt**] **einen ~** qn fait une roulade [avant] [*o* une culbute] [*o* une galipette *fam*]
purzeln *vi + sein* ■**jd purzelt irgendwohin** qn culbute [*o* dégringole] quelque part; ■**jd purzelt von etw** qn tombe de qc; ■**etw purzelt irgendwohin/von etw** qc dégringole quelque part/de qc
pushen ['pʊʃn] I. *vt sl* **1.** (*Werbung machen für*) ■**jd pusht etw** qn fait la promo de qc *fam*
2. (*fördern*) ■**jd pusht etw** *Idee, Methode* qn fait passer qc; *Absatz, Auflage, Industrie* qn dope qc
3. (*drängen*) ■**jd pusht jdn** [**irgendwohin**] qn pousse qn [quelque part]
4. (*zum Erfolg verhelfen*) ■**jd pusht jdn/etw irgendwohin** qn propulse *fam* qn/fait grimper qc quelque part
5. (*mit Drogen handeln*) ■**jd pusht etw** qn deale qc *fam*
II. *vi sl* ■**jd pusht** qn deale *fam,* qn est dealer
Puste <-> *f Ø fam* souffle *m*
▸**außer ~** à bout de souffle, hors d'haleine
Pusteblume *f fam* aigrette *f* de pissenlit **Pustekuchen** *m* ▸[**ja**] **~!** *fam* des clous! *fam*
Pustel <-, -n> *f* pustule *f*
pusten I. *vi fam* **1.** (*blasen*) ■**jd pustet** [**auf/in etw** (*akk*)] qn souffle [sur qc]
2. (*keuchen*) ■**jd pustet** qn souffle comme un phoque
II. *vt fam* ■**jd pustet etw irgendwohin/von etw** qn souffle sur qc pour le/la faire aller quelque part/pour l'enlever de qc, qn envoie qc quelque part/retire qc de qc en soufflant dessus
Pute <-, -n> *f* **1.** (*Truthenne*) dinde *f*
2. *fam* (*Frau*) bécasse *f fam,* dinde *f*
Putenschnitzel *nt* escalope *f* de dinde
Puter <-s, -> *m* dindon *m*
puterrot *adj* cramoisi(e); ■**jd ist/wird ~** qn est/devient rouge comme un coq
Putsch <-[e]s, -e> *m* putsch *m*
putschen *vi* ■**jd putscht** [**gegen jdn/etw**] qn fait [*o* organise] un putsch [contre qn/qc]
Putschist(in) <-en, -en> *m(f)* putschiste *mf*
Putschversuch *m* tentative *f* de putsch
Putte <-, -n> *f* putto *m spéc,* angelot *m*
Putz <-es, -e> *m* crépi *m*
▸**jd haut auf den ~** *fam* (*gibt an*) qn se fait mousser *fam;* (*ist ausgelassen*) qn s'éclate *fam;* **über/unter ~**: ***unter ~ gelegt*** encastré(e), noyé(e); ***über ~*** apparent(e)
putzen I. *vt* ■**jd putzt etw** qn nettoie qc
II. *vr* **1.** (*sich säubern*) ■**ein Tier putzt sich** un animal fait sa toilette
2. (*wischen*) ■**jd putzt sich** (*dat*) **etw aus/von etw** qn essuie qc qu'il/elle a sur/dans qc
Putzete <-, -n> *f* CH (*im Haus*) ménage *m;* (*in der Natur*) nettoyage *m;* ***jd macht eine ~*** qn fait le ménage [*o* une séance de nettoyage]
Putzfrau *f* femme *f* de ménage
putzig *adj fam* **1.** (*niedlich*) mignon(ne); ***ein Tier ist ~*** un animal est chou *fam*
2. (*merkwürdig*) drôle
Putzkolonne *f* service *m* de nettoyage, techniciens *mpl* de surface *form* **Putzlappen** *m* lavette *f;* (*für den Boden*) serpillière *f* **Putzmann** <-männer> *m* homme *f* de ménage, technicien *m* de surface *form* **Putzmittel** *nt* produit *m* de nettoyage **putzmunter** *adj fam* frais comme un gardon, frais(fraîche) comme une rose; ***jd ist/fühlt sich ~*** qn pète la forme *fam* **Putztuch** *nt* **1.** (*Poliertuch*) chiffon *m* **2.** *s.* **Putzlappen**
puzzeln ['pazln, 'pasln] *vi* ■**jd puzzelt** qn fait un puzzle
Puzzle[**spiel**] <-s, -s> ['pazl-, 'pasl-] *nt* puzzle *m*
PVC <-, -s> [pe:fau'tse:] *nt abk von* **Polyvinylchlorid** PVC *m*
Pygmäe <-n, -n> *m* Pygmée *m*
Pygmäenfrau *f* femme *f* pygmée
Pyjama <-s, -s> [py'dʒa:ma, pi'dʒa:ma] *m* pyjama *m*
Pyjama- [py'dʒa:ma-, pi'dʒa:ma-] de pyjama
Pyramide <-, -n> *f* pyramide *f*
pyramidenförmig I. *adj* pyramidal(e)
II. *adv* en forme de pyramide
Pyrenäen *pl* ■**die ~** les Pyrénées *fpl*
Pyrenäenhalbinsel *f* ■**die ~** la péninsule ibérique
Pyrolyse <-, -n> [pyro'ly:zə] *f* pyrolyse *f*
Pyromane <-n, -n> *m,* **-manin** *f* pyromane *mf*
Pyrotechnie *f Ø* pyrotechnie *f* **Pyrotechniker(in)** *m(f)* artificier(-ière) *m(f),* pyrotechnicien(ne) *m(f)* **pyrotechnisch** *adj* pyrotechnique
Pyrrhussieg ['pʏrʊs-] *m geh* victoire *f* à la Pyrrhus
Python <-s, -s> ['py:tɔn] *m,* **Pythonschlange** *f* python *m*

Q

Q, q <-, -> [ku:] *nt* Q *m,* q *m*
▸**Q wie Quelle** q comme Quintal
q CH, AUS *abk von* **Zentner** q
quabbelig *adj* DIAL *s.* **wabbelig**
Quacksalber(in) <-s, -> *m(f) pej* charlatan *m*
Quacksalberei <-, -en> *f pej* charlatanisme *m*
Quaddel <-, -n> *f* plaque *f* [prurigineuse]
Quader <-s, -> *m* **1.** CONSTR pierre *f* de taille
2. GEOM parallélépipède *m* rectangle
Quadrant <-en, -en> *m* quart *m* de cercle, quadrant *m spéc*
Quadrat <-[e]s, -e> *nt* carré *m*
▸**magisches ~** carré *m* magique; **jd erhebt etw ins ~** qn élève qc au carré; **... im ~** (*Quadrat-*): ***64 Meter im ~*** 64 mètres carré; *fam* (*ausgeprägt*) caractérisé(e)
Quadrat- carré(e)
quadratisch *adj* carré(e)
Quadratlatschen *pl fam* **1.** (*Schuhe*) péniches *fpl fam* **2.** (*Füße*) grands panards *mpl pop* **Quadratschädel** *m fam* **1.** (*kantiger Kopf*) gueule *f* carrée *fam* **2.** (*Starrkopf*) tête *f* de pioche *fam,* cabochard(e) *m(f) fam*
Quadratur <-, -en> *f* quadrature *f*
▸**etw ist die ~ des Kreises** *geh* qc est la quadrature du cercle
quadrieren * *vt* ■**jd quadriert etw** qn élève qc au carré
Quadriga <-, Quadrigen> *f* quadrige *m*
Quadrofonie[RR]**, Quadrophonie** <-> *f Ø* quadriphonie *f*
Quai <-s, -s> [kɛ:, ke:] *m o nt* CH *s.* **Kai**
quak *interj* **1.** (*des Frosches*) coa; ***der Frosch macht ~*** la grenouille coasse; ***hast du dieses ~, ~, ~ gehört?*** tu as entendu ces coassements?
2. (*der Ente*) coin-coin
quaken I. *vi* **1.** ■**ein Frosch quakt** une grenouille coasse
2. ■**eine Ente quakt** un canard cancane [*o* nasille] [*o* fait coin-coin]
3. *fam* (*reden*) ■**jd quakt** qn caquette; ***quake mir nicht immer dazwischen, wenn ich was sage!*** arrête de me couper chaque fois que je dis quelque chose! *fam;* ***ich möchte mal*** [***ausgiebig***] ***mit dir ~*** j'aimerais qu'on taille une [bonne] bavette tous(toutes) les deux *fam*
II. *vt fam* ■**jd quakt etw** qn débite qc *fam;* ***was quakst du da für einen Blödsinn?*** qu'est-ce que t'es en train de nous débiter comme bêtises? *fam*
quäken *vi fam* **1.** ■**jd quäkt** /*Kind*/ qn braille *fam*
2. (*krächzen*) ■**etw quäkt** qc gueule *fam*
Qual <-, -en> *f* **1.** (*Quälerei*) supplice *m*
2. *meist pl* (*Leiden*) souffrance *f,* tourment *m littér*
▸**jd hat die ~ der Wahl** *hum* qn a l'embarras du choix
quälen I. *vt* **1.** (*jdm zusetzen*) ■**jd quält jdn** qn tourmente qn
2. (*misshandeln*) ■**jd quält jdn/ein Tier** qn torture qn/martyrise un animal
3. (*peinigen*) ■**etw quält jdn** /*Gedanke, schlechtes Gewissen, Wissen*/ qc tourmente qn, qc ronge qn
4. (*Beschwerden verursachen*) ■**etw quält jdn** /*Husten, Schnupfen, Asthma, Koliken*/ qc incommode qn; *s. a.* **gequält**

II. *vr* **1.** (*leiden*) ■ **jd quält sich** qn souffre
2. (*sich herumquälen*) ■ **jd quält sich mit etw** *mit Gedanken, Zweifeln* qn se tourmente avec qc
3. (*sich mühsam bewegen*) ■ **jd quält sich irgendwohin** qn se traîne péniblement quelque part; ***jd quält sich auf den Berg*** qn escalade péniblement la montagne

quälend *adj attr Husten* douloureux(-euse); *Schmerzen* pénible; *Gedanke, Frage* lancinant(e); *Diskussion* éprouvant(e); *Ungewissheit* cruel(le)

Quälerei <-, -en> *f* **1.** ∅ *fam* (*Anstrengung*) calvaire *m*; ***das ist eine [einzige]*** ~ c'est [vraiment] [la] galère *fam*
2. (*Zusetzen*) harcèlement *m*; ***lass die*** ~, ***ich gebe nicht nach*** arrête de me harceler [*o* tarabuster], je ne calerai pas

quälerisch *adj attr* lancinant(e)

Quälgeist *m fam* **1.** (*Mensch*) enquiquineur(-euse) *m(f) fam*
2. (*Insekt*) foutue bestiole *f fam*

Qualifikation <-, -en> *f* (*alle Bedeutungen*) qualification *f*

Qualifikationsspiel *nt* match *m* qualificatif [*o* de qualification]

qualifizieren * **I.** *vr* **1.** (*eine Qualifikation erwerben*) ■ **jd qualifiziert sich [für etw/zu etw]** qn acquiert une qualification [pour qc/pour devenir qc]; ***Sie haben sich genügend qualifiziert*** vous avez acquis une qualification suffisante
2. SPORT ■ **jd qualifiziert sich [für etw]** qn se qualifie [pour qc]; ***er qualifizierte sich für die Teilnahme an der Meisterschaft*** il s'est qualifié pour le championnat
II. *vt* **1.** (*befähigen*) ■ **etw qualifiziert jdn für/zu etw** qc qualifie qn pour qc, qc donne toute qualification à qn pour qc; ***zu dieser Aussage qualifiziert mich meine Kompetenz*** mes compétences me donnent toute qualification pour faire cette déclaration [*o* m'autorisent à faire cette déclaration]
2. *geh* (*klassifizieren*) ■ **jd qualifiziert etw als etw** qn qualifie qc de qc

qualifiziert *adj* qualifié(e); ■ **jd ist [für etw]** ~ qn est qualifié(e) [pour qc]
▶ **hoch** ~ hautement qualifié(e)

Qualität <-, -en> *f* (*alle Bedeutungen*) qualité *f*
▶ **etw ist von ...** ~ qc est de qualité ...; ***von sehr guter*** ~ de très bonne qualité

-qualität *f* **1.** (*die Güte eines Materials betreffend*) qualité *f* du/de la/des
2. (*die Güte eines Vorgangs betreffend*) *Fertigungs-, Produktions-, Verarbeitungs-* qualité *f* de

qualitativ **I.** *adj* qualitatif(-ive); ***die ~e Beschaffenheit dieser Produkte*** la qualité de ces produits; ***von höchster ~er Güte*** de qualité supérieure
II. *adv* qualitativement

Qualitäts- **1.** (*hochwertig*) de qualité **2.** (*der Qualität*) de qualité; *-minderung, -verbesserung* de [la] qualité; ***das ~bewusstsein*** la recherche de la qualité; *~**vorteil*** atout *m* [qualitatif] **Qualitätskontrolle** *f* contrôle *m* de qualité

Qualle <-, -n> *f* méduse *f*

Qualm <-[e]s> *m* ∅ [épaisse] fumée *f*

qualmen **I.** *vi* **1.** (*Qualm erzeugen*) ■ **etw qualmt** qc fume, qc dégage une épaisse fumée
2. *fam* (*rauchen*) ■ **jd qualmt** qn fume; ***hör auf zu*** ~ arrête de fumer comme un pompier
II. *vt fam* ■ **jd qualmt etw** qn fume qc; ***sie qualmte eine [Zigarette] nach der anderen*** elle fumait clope sur clope *fam*

Qualmerei <-> *f* ∅ *fam* tabagisme *m*; ***du kriegst noch mal Lungenkrebs von dieser [ständigen]*** ~ tu vas attraper un cancer du poumon à force de fumer comme un pompier

qualmig *adj* enfumé(e)

qualvoll **I.** *adj* **1.** *Tod* affreux(-euse), atroce
2. *Augenblicke, Warten* [très] pénible, terrible; *Ungewissheit a.* cruel(le)
II. *adv* dans d'atroces souffrances

Quant <-s, -en> *nt* PHYS quantum *m*

QuäntchenRR <-s, -> *nt* ■ **ein ~ etw** une once de qc

Quanten *pl* **1.** *pl von* **Quant, Quantum**
2. *sl* (*Füße*) nougats *mpl pop*, arpions *mpl pop*

Quanten- quantique; *~**theorie*** théorie *f* quantique [*o* des quanta] **Quantenmechanik** *f* mécanique *f* quantique **Quantensprung** *m* **1.** PHYS saut *m* quantique **2.** (*Fortschritt*) bond *m* en avant

Quantität <-, -en> *f* quantité *f*

Quantum <-s, Quanten> *nt geh* dose *f*

Quappe <-, -n> *f* **1.** (*Aal~*) lotte *f*
2. (*Kaul~*) têtard *m*

Quarantäne <-, -n> [karan'tɛːnə] *f* quarantaine *f*
▶ **jd/etw steht unter** ~ qn/qc est en quarantaine; **jd verhängt über jdn/etw** ~, **jd stellt jdn/etw unter** ~ qn met qn/qc en quarantaine

Quarantänestation [karan'tɛːnə-] *f* pavillon *m* de quarantaine

Quargel <-s, -> *m* AUS (*Handkäse*) ≈ fromage *m* du Harz

Quark¹ <-s, -s> *nt* quark *m*

Quark² <-s> *m* ∅ **1.** GASTR ≈ fromage *m* blanc
2. *fam* (*Quatsch*) idioties *fpl*, stupidités *fpl*, conneries *fpl fam*
▶ **einen** ~ *fam verstehen* que dalle *fam*; ***das geht dich einen*** ~ ***an*** c'est pas tes oignons *fam*; ***das interessiert mich alles einen*** ~ j'en ai rien à cirer *fam*

Quark- GASTR ≈ au fromage blanc

Quart <-, -en> *f* MUS *s.* **Quarte**

Quartal <-s, -e> *nt* trimestre *m*

Quartal[s]abschlussRR *m* fin *f* de/du trimestre **Quartal[s]säufer(in)** *m(f) fam* buveur(-euse) *m(f)* intermittent(e), dipsomane *mf spéc* **quartal[s]weise** **I.** *adj* trimestriel(le) **II.** *adv* trimestriellement, chaque trimestre

Quartär <-s> *nt* ∅ quaternaire *m*

Quarte <-, -n> *f* **1.** (*Ton*) sous-dominante *f*
2. (*Intervall*) quarte *f*

Quartett <-[e]s, -e> *nt* **1.** MUS quatuor *m*
2. (*vier Personen*) quatuor *m*
3. (*Satz Karten*) série *f* de quatre
4. ∅ (*Kartenspiel*) ≈ jeu *m* des sept familles
▶ **jd spielt** ~ KARTEN ≈ qn joue aux sept familles

Quartettspiel *nt* ≈ jeu *m* de sept familles

Quartier <-s, -e> *nt* **1.** (*Unterkunft*) logement *m*, pied-à-terre *m*; (*Ferien~*) location *f*, gîte *m*
2. CH (*Stadtviertel*) quartier *m*
▶ **jd bezieht [*o* nimmt] [bei jdm/irgendwo]** ~ MIL qn prend ses quartiers [*o* ses cantonnements] [chez qn/quelque part]

Quarz <-es, -e> *m* quartz *m*

Quarzuhr *f* horloge *f* à quartz; (*Armbanduhr*) montre *f* à quartz

Quasar <-s, -e> *m* quasar *m*

quasi *adv geh* pour ainsi dire, quasiment

Quasselei <-, -en> *f fam* bavardage *m*, papotage *m*

quasseln **I.** *vi fam* ■ **jd quasselt** qn bavarde, qn papote, qn jacasse
II. *vt fam* ■ **jd quasselt etw** qn débite qc *fam*

Quaste <-, -n> *f* houppe *f*

Quästur <-, -en> *f* ≈ service *m* de comptabilité [de l'université]

quatsch *interj* n'importe quoi *fam*

Quatsch <-es> *m* ∅ *fam* **1.** (*dummes Gerede*) bêtises *fpl*, conneries *fpl fam*; ***das ist doch der letzte/alles*** ~ tout ça, c'est des bêtises [*o* des conneries *fam*]; ***du redest vielleicht einen*** ~! qu'est-ce que tu peux raconter comme bêtises [*o* conneries *fam*]!; ***so ein*** ~! n'importe quoi! *fam*
2. (*Unfug*) idiotie *f*, connerie *f fam*; ***was soll der*** ~? qu'est-ce qui te/lui prend? *fam*
▶ **jd macht** ~ qn fait des bêtises [*o* des conneries *fam*]; **aus** ~ (*aus Jux*) pour rigoler *fam*

quatschen¹ **I.** *vt fam* (*reden*) ■ **jd quatscht etw [von etw]** qn sort qc [à propos de qc] *fam*
II. *vi fam* **1.** (*sich unterhalten*) ■ **jd quatscht [mit jdm] [über etw (*akk*)]** qn bavarde [avec qn] [de qc], qn discute le bout de gras [avec qn] *fam*, qn taille une bavette [avec qn] *fam*; ■ **jd quatscht von etw** qn dégoise sur qc *fam*
2. (*etw ausplaudern*) ■ **jd quatscht** qn cafarde *fam*, qn moucharde *fam*

quatschen² **I.** *vi* ■ **etw quatscht** */Lehm, Moor, Schlamm/* qc clapote
II. *vi impers* ■ **es quatscht** ça clapote

Quatschkopf *m fam* radoteur(-euse) *m(f)*

Quebec <-s> [ke'bɛk] *nt* (*Stadt*) Québec; (*Land*) le Québec

Quecke <-, -n> *f* chiendent *m*

Quecksilber *nt* CHEM mercure *m*

Quell <-[e]s, -e> *m* **1.** *poet* (*Born*) source *f*
2. *geh* (*Ursprung*) source *f*

Quelle <-, -n> *f* **1.** GEOG source *f*
2. (*Text*) source *f*
3. (*Informant*) source *f*
4. (*Herd*) source *f*, foyer *m*
▶ **aus sicherer [*o* zuverlässiger]** ~ de source sûre; **jd sitzt an der** ~ qn est à la source, qn est aux premières loges

-quelle *f Informations-, Gefahren-, Konflikt-, Hass-* source *f* de; ***Fund~*** mine *f*; ***Bild~*** source *f* des illustrations [*o* iconographique]

quellen <quillt, quoll, gequollen> *vi + sein* **1.** (*herausfließen*) ■ **etw quillt [aus etw]** qc coule [de qc]
2. (*aufquellen*) ■ **etw quillt** qc gonfle

Quellen- (*von Textquellen*) des sources; *~**material*** documentation *f* **Quellensteuer** *f* impôt *m* [*o* retenue *f*] à la source

Quellsprache *f* langue *f* source **Quellwasser** *nt* eau *f* de source

Quengelei <-, -en> *f fam* jérémiades *fpl fam*, pleurnicheries *fpl*

queng[e]lig *adj fam Mensch* pleurnicheur(-euse); *Ton* pleurnichard(e); ***sei nicht so*** ~ arrête tes jérémiades *fam*

quengeln *vi fam* **1.** (*weinerlich sein*) ■ **jd quengelt** qn pleurniche
2. (*nörgeln*) ■ **jd quengelt [über etw (*akk*)]** qn râle [*o* rouspète] [à propos de qc] *fam*

Quengler(in) <-s, -> *m(f) fam* râleur(-euse) *m(f) fam*, rouspéteur(-euse) *m(f)*

Quentchen *s.* **Quäntchen**

quer *adv* en travers; ~ ***gestreift*** à rayures horizontales; ***die Bahnlinie verläuft ~ zur Straße*** la voie de chemin de fer coupe la route
▶ **jdm geht etw** ~ *fam* qc va de travers [pour qn] *fam*, qn loupe qc *fam*; **jd legt [*o* stellt] sich [bei etw]** ~ *fam* qn se met en travers [de qc], qn fait barrage [à qc]; **jd schießt** ~ *sl* qn fiche [*o* fout] des bâtons dans les roues *fam*; ~ **durch/über etw** (*akk*) (*mitten*) au milieu de qc, à travers qc; (*diagonal*) en travers de qc

Querbalken *m* poutre *f* transversale, traverse *f* **querbeet** *adv fam* au hasard, au petit bonheur *fam* **Querdenker(in)** *m(f)* non-conformiste *mf* **querdurch** *adv* en travers; ***wir müssen*** ~ il faut que nous traversions

Quere <-> *f* ∅ ▶ **jd kommt jdm in die** ~ qn se met en travers de mon/son chemin

Querele <-, -n> *f geh* querelle *f*

queren *vt* ■ **etw quert etw** qc traverse qc

querfeldein *adv* à travers champs

Querfeldeinlauf *m* cross *m* **Querfeldeinrennen** *nt* cyclo-cross *m*

Querflöte *f* flûte *f* traversière **Querformat** *nt* **1.** (*opp: Längsformat*) format *m* oblong [*o* à l'italienne] **2.** (*Dokument*) présentation *f* horizontale; (*Foto*) vue *f* horizontale **3.** INFORM mode *m* de paysage **quer|gehen** *s.* **quer ▶. quergestreift** *s.* **quer. Querkopf** *m fam* tête *f* de mule [*o* de lard] *fam*, cabochard(e) *m(f) fam* **querköpfig** *adj fam* cabochard(e) *fam* **Querlage** *f* MED présentation *f* transversale [*o* de l'épaule] **Querlat-**

te *f* 1. traverse *f* 2. SPORT [barre *f*] transversale *f* **quer|legen** *s.* **quer** ▶. **Querruder** *nt* aileron *m* **quer|schießen** *s.* **quer** ▶. **Querschiff** *nt* transept *m* **Querschläger** *m* ricochet *m*

Querschnitt *m* 1. (*Schnitt*) coupe *f* transversale; ~ ***durch einen Baumstamm*** coupe transversale d'un tronc d'arbre
2. (*Zeichnung*) coupe *f* transversale
3. (*Überblick*) aperçu *m*; ***ein ~ durch die deutsche Literatur*** un aperçu de la littérature allemande

querschnitt[s]gelähmt *adj* paraplégique **Querschnitt[s]gelähmte(r)** *f(m) decl wie adj* paraplégique *mf* **Querschnitt[s]lähmung** *f* paraplégie *f*

quer|stellen *s.* **quer** ▶. **Querstraße** *f* rue *f* transversale; ***die zweite ~ rechts abbiegen*** prendre la deuxième rue à droite **Querstreifen** *m* rayure *f* horizontale [*o* transversale] **Querstrich** *m* trait *m* horizontal, barre *f* horizontale **Quersumme** *f* somme *f* des chiffres **Quertreiber(in)** <-s, -> *m(f) fam* empêcheur(-euse) *m(f)* de tourner en rond, emmerdeur(-euse) *m(f) fam*

Querulant(in) <-en, -en> *m(f) geh* chicaneur(-euse) *m(f)*, chicanier(-ière) *m(f)*

Querverbindung *f* 1. TRANSP liaison *f* [transversale] directe; ***die kürzeste ~ zwischen beiden Ortschaften*** la liaison la plus directe entre les deux localités 2. (*gegenseitige Beziehung*) connexion *f* **Querverweis** *m* renvoi *m*

quetschen I. *vt* ■ **jd quetscht etw aus einer S.** qn presse une chose pour extraire qc, qn extrait qc d'une chose; ■ **jd/etw quetscht jdn an etw** (*akk*)/**gegen etw** qn/qc écrase qn contre qc
II. *vr* 1. (*sich verletzen*) ■ **jd quetscht sich** qn se pince
2. (*verletzen*) ■ **jd quetscht sich** (*dat*) **etw** qn se coince [*o* pince] qc
3. *fam* (*sich zwängen*) ■ **jd quetscht sich durch/in etw** (*akk*) qn se fraie un passage à travers qc/se pousse dans qc

Quetschung <-, -en> *f* 1. ∅ écrasement *m*; ***wie kam es zu der ~ der Hand?*** comment tu t'es/vous êtes-vous coincé la main?
2. (*verletzte Stelle*) contusion *f*

Queue <-s, -s> [kø:] *nt o m* queue *f*

quick *adj* dynamique

Quickie <-, -s> *m sl* petite baise *f pop*

quicklebendig *adj fam* fringant(e), pétulant(e); ■ **jd ist ~** qn a la pêche *fam*, qn pète le feu *fam*

quieken *vi* 1. (*quiek machen*) ■ **ein Tier quiekt** un animal couine *fam*
2. (*schrille Laute ausstoßen*) ■ **jd quiekt [vor etw** (*dat*)] qn crie [de qc], qn pousse un petit cri/des petits cris [de qc]

quietschen *vi* 1. ■ **etw quietscht** /*Bremsen, Scharnier, Tür, Deckel*/ qc grince; /*Kreide, Reifen*/ qc crisse; ***mit ~den Reifen*** dans un crissement de pneus; ■ **das Q~** le grincement; [*Kreide, Reifen*] le crissement; ***hast du das Q~ gehört? Wieder ein Unfall!*** tu as entendu ce crissement de pneus? Encore un accident!; ***unter lautem Q~ kam das Fahrzeug zum Stehen*** le véhicule s'est arrêté dans un grincement assourdissant
2. ■ **jd quietscht [vor etw** (*dat*)] *vor Lust, Vergnügen, Wonne* qn crie [de qc]

quietschfidel *adj fam*, **quietschvergnügt** *adj fam* hilare; ***sie war ~*** elle bichait *fam*

quillt *3. pers pres von* **quellen**

Quinte <-, -n> *f* 1. (*Ton*) dominante *f*
2. (*Intervall*) quinte *f*

Quintessenz *f geh* quintessence *f soutenu*

Quintett <-[e]s, -e> *nt* quintette *m*

Quirl <-s, -e> *m* batteur *m*

quirlen *vt* ■ **jd quirlt etw [mit etw] [zu etw]** *Brei, Eigelb, Zutaten* qn bat qc [avec qc] [pour faire qc]; *Flüssigkeit* qn agite qc [avec qc] [pour faire qc]

quirlig *adj* remuant(e); *Kind a.* turbulent(e)

quitt *adj* 1. (*mit jdm abgerechnet haben*) ■ **jd ist [mit jdm] ~** qn est quitte [envers qn]; ***so sind Sie mit mir ~*** comme ça nous sommes quittes
2. (*sich von jdm getrennt haben*) ■ **jd ist [mit jdm] ~** qn a rompu [*o* coupé les ponts] [avec qn]; ***wir sind ~*** c'est fini entre nous

Quitte <-, -n> *f* 1. (*Baum*) cognassier *m*
2. (*Frucht*) coing *m*

quittegelb I. *adj* jaune coing
II. *adv*: ***etw verfärbt sich ~*** qc prend une teinte jaune coing, qc devient jaune comme un coing

quittieren * I. *vt* 1. (*durch Unterschrift bestätigen*) ■ **jd quittiert etw/jdm etw** *Betrag, Geld, Rechnung* qn acquitte qc/donne acquit de qc à qn; *Empfang, Erhalt* qn confirme qc [à qn]
2. *geh* (*beantworten*) ■ **jd quittiert etw mit etw** qn accueille qc avec qc, qn répond à qc par qc
II. *vi* ■ **jd quittiert** qn accuse réception; ■ **jd quittiert jdm** qn délivre un reçu à qn

Quittung <-, -en> *f* 1. (*Empfangsbestätigung*) reçu *m*, récépissé *m*; (*für Einschreibesendungen*) accusé *m* de réception
2. (*Zahlungsbeleg*) quittance *f*, reçu *m*
3. (*Folge*) ■ **die ~ für etw** la récompense de qc
▶ **jd stellt jdm eine ~ [für etw] aus** qn délivre un reçu [*o* un récépissé] à qn [pour qc]; **gegen ~** contre reçu, contre quittance

Quittungsblock <-blöcke> *m* carnet *m* de quittances **Quittungsformular** *nt* formulaire *m* de quittance

Quiz <-, -> [kvɪs] *nt* quiz *m*; (*im Fernsehen*) jeu *m* télévisé

quoll *imp von* **quellen**

Quorum <-s> *nt* ∅ quorum *m*

Quote <-, -n> *f* 1. (*Anteil*) taux *m*, pourcentage *m*, proportion *f*; ***die ~ der Ausländer an der Gesamtbevölkerung*** le pourcentage d'étrangers par rapport à l'ensemble de la population
2. (*Gewinnanteil*) gain *m*
3. (*festgelegte Menge, Anzahl*) quota *m*

-quote *f* 1. STATIST *Arbeitslosen-, Beschäftigten-, Einwanderer-, Frauen-, Ausländer-, Verheirateten-* taux *m* de, pourcentage *m* de, proportion *f* de; *Gewinn-, Verlust-* pourcentage *m* de; *Ausschuss-, Fehler-* quota *m* de
2. (*Anzahl*) *Kirchenaustritts-, Teilnehmer-, Zuhörer-, Zuschauer-* nombre *m* de; ***Einschalt~*** audimat® *m*; ***hohe Einschalt~n*** un audimat élevé; ***Geburten~*** taux *m* de natalité
3. ECON *Milch-, Fischfang-* quota *m* de

Quoten- imposé(e) par les quotas **Quotenregelung** *f* pourcentage *m* obligatoire de femmes, quota *m* imposé hommes-femmes; (*festgesetzte Anzahl, Menge*) quotas *mpl*

Quotient <-en, -en> [kvo'tsiɛnt] *m* quotient *m*

quotieren * *vt* ■ **jd quotiert etw** *Kurs, Preis* qn cote qc; ***welcher Kurs wird für die DM quotiert?*** combien le mark cote-t-il?; ***der Preis der Aktien X wird mit 64,73 DM quotiert*** l'action X cote [*o* est cotée] 64,73 marks

Quotierung <-, -en> *f* 1. BÖRSE cotation *f*
2. (*Verteilung nach Quoten*) système *m* de quota[s]

R

R, r <-, -> [ɛr] *nt* R *m*, r *m*
▶ **R wie Richard** r comme Raoul; **jd rollt das ~** qn roule les r

Rabatt <-[e]s, -e> *m* remise *f*, rabais *m*; ***5% ~*** 5% de remise [*o* de rabais], une remise [*o* un rabais] de 5%
▶ **jd bekommt [bei/von jdm] ~ [auf etw** (*akk*)] qn obtient [chez qn/de qn] une remise [*o* un rabais] [sur qc]; **jd gibt jdm ~ [auf etw** (*akk*)] qn fait une remise [*o* un rabais] [sur qc] à qn

Rabatte <-, -n> *f* plate-bande *f*

Rabatz <-es> *m* ∅ *sl* grabuge *m fam*
▶ **jd macht ~** qn fait du grabuge

Rabauke <-n, -n> *m fam* loubard *m fam*

Rabbi <-[s], -s *o* Rabbinen> *m* rabbi[n] *m*

Rabbiner <-s, -> *m* rabbin *m*

Rabe <-n, -n> *m* corbeau *m*
▶ **schwarz wie ein ~ [o wie die ~n]** *fam* (*schmutzig*) noir(e) comme un ramoneur; **jd stiehlt [o klaut] wie ein ~** *fam* qn est un champion/une championne de la fauche *fam*, qn chaparde *fam*

Rabeneltern *pl fam* parents *mpl* dénaturés **Rabenmutter** *f fam* mère *f* dénaturée **rabenschwarz** *adj* noir(e) comme [du] jais **Rabenvater** *m fam* père *m* dénaturé

rabiat I. *adj* 1. (*aggressiv*) agressif(-ive); (*brutal*) brutal(e); ***ein ~er Kerl*** une brute
2. (*aufgebracht*) ■ **jd wird ~** qn voit rouge, qn se met en rage; ***er kann sehr ~ werden*** il peut vraiment se mettre en rage
3. (*rücksichtslos*) *Art, Methode, Vorgehen* féroce
II. *adv* (*rücksichtslos*) brutalement; **ganz ~** avec beaucoup de brutalité

Rache <-> *f* ∅ vengeance *f*
▶ **die ~ der Enterbten** *fam* la revanche des déshérités; **die ~ des kleinen Mannes** *fam* la revanche du petit [contre le gros]; **~ ist süß** *fam* la vengeance est un plat qui se mange froid; **jd nimmt [o übt** *geh*] **[an jdm/für etw] ~/für etw an jdm ~** qn se venge [de qn/qc]/se venge de qc sur qn, qn tire vengeance de qc; **jd sinnt auf ~** *geh* qn rumine sa vengeance; **aus ~** par vengeance

Racheakt *m* acte *m* de vengeance **Rachegedanke** *f meist pl* idée *f* de vengeance **Rachegefühl** *nt meist pl* désir *m* de vengeance *pas de pl*

Rachen <-s, -> *m* 1. ANAT gorge *f*, pharynx *m spéc*
2. ZOOL gueule *f*
▶ **jd kann den ~ nicht voll [genug] kriegen** *fam* qn est [véritablement] boulimique, qn en a jamais assez *fam*; **jd stopft jdm den ~** *fam* qn calme les appétits de qn; **jd wirft [o schmeißt] jdm etw in den ~** *fam* qn allonge [*o* file] qc à qn *fam*

rächen I. *vt* 1. (*vergelten*) ■ **jd rächt etw** qn venge qc, qn lave qc; ■ **jd**

rächt etw an jdm qn se venge de qc sur qn
2. (*Sühne verschaffen*) ■ **jd rächt jdn** qn venge qn
II. *vr* 1. (*Rache nehmen*) ■ **jd rächt sich [an jdm]** qn se venge [de qn]; ■ **jd rächt sich [an jdm] für etw** qn se venge de qc [sur qn]
2. (*sich nachteilig auswirken*) ■ **etw rächt sich [durch etw]** qc se paie [par qc]; ■ **etw rächt sich an jdm** qn subit les conséquences de qc

Rachen- du pharynx, pharyngé(e), pharyngien(ne); ~***entzündung***, ~***katarrh*** pharyngite *f* **Rachenblütler** <-s, -> *m* scrofulariacée *f* **Rachenhöhle** *f* pharynx *m*

Racheplan *m* projet *m* de vengeance
▶ **jd schmiedet** Rachepläne qn trame [*o* tisse] des projets de vengeance

Rächer(in) <-s, -> *m(f) geh* vengeur/-eresse *m/f*, justicier(-ière) *m(f)*
▶ ~ **der Enterbten** *hum* défenseur *m* des opprimés [*o* de la veuve et de l'orphelin]

Racheschwur *m* serment *m* de vengeance

Rachitis <-> *f* ∅ rachitisme *m*

rachitisch *adj* du rachitisme

Rachsucht *f* ∅ *geh* soif *f* de vengeance **rachsüchtig** *adj geh* vindicatif(-ive)

Racker <-s, -> *m fam* galopin *m fam*, affreux jojo *m fam*

rackern *vi fam* ■ **jd rackert** qn trime *fam*

Raclette <-, -s> *f*, <-s, -s> ['raklɛt, ra'klɛt] *nt* raclette *f*

rad <-, -> *nt abk von* **radiation absorbed dosis** rad *m*

Rad <-[e]s, ̈-er> *nt* 1. [*Fahrzeug*] roue *f*
2. (*Fahr~*) bicyclette *f*, vélo *m*; ***er schwang sich schnell aufs*** ~ il a enfourché en vitesse sa bicyclette [*o* son vélo]
3. (*Zahn~*) rouage *m*, roue *f*
4. HIST (*Foltergerät*) roue *f*
5. SPORT roue *f*
▶ **das ~ der Geschichte** [*o* **Zeit**] *geh* le cours de l'histoire, la marche [*o* le cours] du temps; ***das ~ der Geschichte lässt sich nicht zurückdrehen*** on ne peut remonter le cours de l'histoire; **das fünfte ~ am Wagen** *fam* la cinquième roue du carrosse [*o* de la charrette]; **jd fährt** ~ qn fait de la bicyclette [*o* du vélo]; ***jd lernt ~ fahren*** qn apprend à faire du vélo; **jd fährt [bei jdm/irgendwo]** ~ *pej fam* (*ist unterwürfig*) qn se met à plat ventre [*o* qn s'aplatit *fam*] [devant qn/quelque part]; **jd hat ein ~ ab** *sl* qn a une case en moins *fam*, qn est barjo *fam*; **jd kommt** [*o* **gerät**] **unter die ̈-er** *fam* qn sombre, qn plonge *fam*; **jd schlägt** [*o* **macht**] **ein** ~ qn fait la roue; **ein Tier schlägt ein** ~ un animal fait la roue; **jd schlägt** ~ qn fait la roue; **mit dem** ~ à bicyclette, à vélo

Rad- de/de la roue; ~[***zier***]***blende*** enjoliveur *m*; ~***lager*** roulement *m*

Radar <-s> *m o nt* ∅ 1. (*Funkmesstechnik*) [système *m*] radar *m*
2. (*~gerät*) radar *m*
3. (*~schirm*) écran *m* radar

Radar- ... radar **Radarfalle** *f fam* contrôle-radar *m* ▶ **jd gerät in eine** ~ qn est pris(e) par un radar *fam* **Radargerät** *nt* [appareil *m*] radar *m* **Radarkontrolle** *f* contrôle-radar *m* **Radarschirm** *m* écran *m* radar

Radau <-s> *m* ∅ *fam* raffut *m fam*
▶ **jd macht** ~ qn fait du raffut *fam*

Rädchen <-s, -> *nt dim von* **Rad** 1. (*Zahnrad*) rouage *m*
2. (*Rändelschraube*) vis *f* moletée
3. (*drehbare Metallscheibe*) roulette *f*, molette *f*
▶ **jd ist nur ein ~ im Getriebe** qn n'est qu'un rouage [parmi d'autres rouages]

Raddampfer *m* bateau *m* à aubes

radebrechen *vi* ■ **jd radebrecht [auf etw** (*dat*)**]** qn baragouine [en qc] *fam*

radeln *vi + sein fam* ■ **jd radelt** qn fait du vélo; ■ **jd radelt irgendwohin** qn va à vélo [*o* en bécane *fam*] quelque part; ***er ist rund um den Bodensee geradelt*** il a fait le tour du lac de Constance à vélo [*o* en bécane *fam*]

rädeln *vt* ■ **jd rädelt etw auf etw** (*akk*) *Schnittmuster* qn marque [*o* trace les contours de] qc à la roulette sur qc

Rädelsführer(in) *m(f)* meneur(-euse) *m(f)*

rädern *vt* HIST ■ **jd wird gerädert** qn est roué(e); *s. a.* **gerädert**

Räderwerk *nt* rouages *mpl*, engrenage *m*

rad|fahren *s.* **Rad** ▶. **Radfahren** *nt* ■ [**das**] ~ le vélo **Radfahrer(in)** *m(f)* 1. cycliste *mf* 2. *pej fam* (*Kriecher*) lèche-botte *mf fam* **Radfahrweg** *m form s.* **Radweg. Radgabel** *f* fourche *f*

Radi <-s, -> *m* SDEUTSCH, AUS (*Rettich*) radis *m*

radial I. *adj* radial(e)
II. *adv ausgehen* en rayons; *wirken* en rayonnant; ~ ***verlaufende Straße*** [voie *f*] radiale *f*

Radiator <-, -toren> *m* radiateur *m*

Radicchio <-s> [ra'dɪkio] *m* ∅ trévise *f*

radieren * *vi* 1. (*mit dem Radiergummi*) ■ **jd radiert** qn gomme; ■ **das R~** le gommage; ***beim R~*** en gommant
2. ART ■ **jd radiert** qn grave sur métal; (*mit Ätzflüssigkeit*) qn grave à l'eau-forte; ***radierte Landschaften*** des gravures *fpl* à l'eau-forte de paysages, des eaux-fortes *fpl* de paysages

Radierer <-s, -> *m fam* (*Radiergummi*) gomme *f*

Radierer(in) <-s, -> *m(f)* ART graveur(-euse) *m(f)* [sur métal]; (*mit Ätzflüssigkeit*) aquafortiste *mf*

Radiergummi *m* gomme *f*

Radierung <-, -en> *f* gravure *f* [sur métal]; (*mit Ätzflüssigkeit*) [gravure *f* à l']eau-forte *f*

Radieschen <-s, -> [ra'di:sçən] *nt* radis *m* [rose]
▶ **jd sieht sich** (*dat*) **die ~ von unten an** [*o* **besieht**] [*o* **betrachtet**] *hum sl* qn mange les pissenlits par la racine *fam*; ***dann kann er sich die ~ von unten ansehen!*** il va pas tarder à manger les pissenlits par la racine! *fam*

radikal I. *adj* 1. POL extrémiste 2. (*völlig*) *Ausrottung, Bruch, Entfernung* radical(e); *Ablehnung, Verneinung* catégorique 3. (*tief greifend*) *Forderung, Methode, Verfahren, Vorschlag* radical(e) II. *adv* 1. POL *sich verhalten* de façon extrémiste; ***sehr ~ eingestellte Bürger*** des citoyens aux positions très extrémistes; ~ ***denken*** [*o* ***gesinnt sein***] avoir des idées extrémistes 2. (*völlig*) radicalement; *ablehnen, verneinen* catégoriquement; ***der Tumor muss ~ entfernt werden*** il faut pratiquer l'ablation totale de la tumeur 3. (*tief greifend*) *ändern* radicalement; *verfahren, vorgehen* de façon radicale **Radikale(r)** *f(m) decl wie adj* extrémiste *mf*

radikalisieren * I. *vt* ■ **etw radikalisiert jdn/etw** qc radicalise qn/qc
II. *vr* ■ **jd radikalisiert sich** qn se radicalise

Radikalisierung <-, -en> *f* radicalisation *f*

Radikalismus <-> *m* ∅ extrémisme *m*

Radikalkur *f* traitement *m* de choc

Radio <-s, -s> *nt o* CH, SDEUTSCH *m* (*Rundfunkgerät*) radio *f*; (*Auto~*) autoradio *m*
▶ **jd hört** ~ qn écoute la radio; **im** ~ à la radio

Radio- *veraltend -apparat, -empfänger, -gerät, -station* de radio; *-antenne, -durchsage, -empfang, -sender* ... radio

radioaktiv I. *adj* radioactif(-ive)
II. *adv*: ~ ***verseucht*** contaminé(e); ~ ***verstrahlt*** irradié(e)

Radioaktivität <-> [-vi-] *f* ∅ radioactivité *f*

Radiologie <-> *f* ∅ radiologie *f*

Radionuklid <-s, -e> *nt* nucléide *m* radioactif, radionucléide *m*

Radiorecorder <-s, -> *m* radiocassette *f*

Radiotherapie *f* radiothérapie *f*

Radiowecker *m* radio-réveil *m*

Radium <-s> *nt* ∅ CHEM radium *m*

Radius <-, Radien> [-diən] *m* 1. (*halber Durchmesser*) rayon *m*
2. (*Aktions~*) rayon *m* d'action
▶ **im ~ von etw** dans un rayon de qc

Radkappe *f* enjoliveur *m*

Radler(in) <-s, -> *m(f) fam* cycliste *mf*

Radlerhose *f* culotte *f* de cycliste **Radlermaß** *f* SDEUTSCH panaché *m*

Radon <-s> *nt* ∅ CHEM radon *m*

Radrennbahn *f* vélodrome *m* **Radrennen** *nt* course *f* cycliste **Radrennfahrer(in)** *m(f)* coureur(-euse) *m(f)* cycliste **Radrennsport** *m* cyclisme *m* professionnel **rad|schlagen** *s.* **Rad** ▶. **Radschlagen** *nt*: ***das ~ ist nicht einfach*** ce n'est pas facile de faire la roue **Radsport** *m* sport *m* cycliste, cyclisme *m* **Radsportler(in)** *m(f)* [coureur(-euse) *m(f)*] cycliste *mf* **Radstand** *m* empattement *m* **Radtour** [-tu:ɐ] *f* randonnée *f* à bicyclette [*o* à vélo] ▶ **jd macht** [*o* **unternimmt**] **[mit jdm] eine** ~ qn fait une randonnée à bicyclette [*o* à vélo] [avec qn] **Radwechsel** [-ks-] *m* changement *m* de roue ▶ **jd macht einen** ~ qn change une roue **Radweg** *m* piste *f* cyclable

RAF <-> [ɛr'a:ˀɛf] *f abk von* **Rote Armee Fraktion** fraction *f* armée rouge

raffen *vt* 1. (*nehmen*) ■ **jd rafft etw [aus etw] [an sich** (*akk*)**]** qn ramasse [*o* rafle *fam*] qc [dans qc]; (*gierig*) qn s'empare de qc [dans qc]
2. (*in Falten legen*) ■ **jd rafft etw** *Kleid, Stoff, Vorhang* qn plisse qc
3. (*kürzen*) ■ **jd rafft etw** qn abrège qc; ■ **gerafft** *Form, Wiedergabe* condensé(e), abrégé(e)
4. *sl* (*begreifen*) ■ **jd rafft es** qn pige *fam*

Raffgier *f* rapacité *f* **raffgierig** *adj* rapace

Raffinade <-, -n> *f* sucre *m* cristallisé

Raffination <-> *f* ∅ raffinage *m*

Raffinement <-s, -s> [rafinə'mã:] *nt geh* 1. (*Vervollkommnung*) raffinement *m*
2. *s.* Raffinesse

Raffinerie <-, -n> [-'ri:ən] *f* raffinerie *f*

Raffinesse <-, -n> *f* ∅ (*Durchtriebenheit*) ruse *f*
▶ **mit allen ~n [ausgestattet** [*o* **versehen**]**]** équipé(e) des derniers perfectionnements, hyperéquipé(e)

raffinieren * *vt* ■ **etw wird raffiniert** qc est raffiné(e); ■ **etw wird zu etw raffiniert** qc est transformé(e) par raffinage en qc

raffiniert I. *adj* 1. *Mensch* rusé(e)
2. (*ausgeklügelt*) *Plan, Schachzug, Taktik, Vorgehensweise* astucieux(-euse)
3. *geh* (*verfeinert*) *Komposition, Ragout, Soße, Zusammenstellung* raffiné(e), recherché(e)
II. *adv* 1. (*durchtrieben*) habilement, astucieusement
2. *geh* (*verfeinert*) avec recherche [*o* raffinement]

Raffiniertheit <-> *f* ∅ *s.* **Raffinesse**

Raffke <-s, -s> *m fam* grippe-sou *m*, pingre *m*, radin *m fam*

Rafting <-s> *nt* ∅ rafting *m*

Rage <-> ['ra:ʒə] *f* ∅ *fam* 1. (*Wut*) rogne *f fam*
2. (*Erregung*) énervement *m*
▶ **jd/etw bringt** [*o* **versetzt**] **jdn in** ~ qn/qc met qn en rogne *fam*; **jd gerät** [*o* **kommt**] **[über etw** (*akk*)**] in** ~ qn s'énerve [de qc]; **in der** ~ (*Erregung*) dans l'énervement

ragen *vi* 1. (*empor~*) ■ **etw ragt aus etw** qc se dresse [*o* s'élève] au-dessus de qc
2. (*vor~*) ■ **etw ragt [von/aus etw] irgendwohin** / *Fahnenstange, Ladung, Stange*/ qc dépasse [de qc] quelque part

Ragout <-s, -s> [ra'gu:] *nt* ragoût *m*

Ragtime <-[s]> ['rægtaim] *m* ∅ ragtime *m*

Rah <-, -en> *f*, **Rahe** <-, -n> *f* vergue *f*

Rahm <-[e]s> *m* ∅ crème *f*
▶ **jd schöpft [für sich] den ~ ab** *fam* qn se réserve la meilleure part

Rähmchen <-s, -> *nt dim von* **Rahmen** [petit] cadre *m*

rahmen *vt* ■ **jd rahmt etw** qn encadre qc

Rahmen <-s, -> *m* 1. [*Bild, Foto, Gemälde*] cadre *m*

2. [*Fenster, Tür*] châssis *m,* encadrement *m*
3. [*Fahrrad*] cadre *m;* AUT châssis *m*
4. (*begrenzter Umfang*) cadre *m,* limites *fpl*
5. (*Atmosphäre*) cadre *m,* décor *m*
► **im ~ des Möglichen** dans les limites de mes/ses/... moyens, dans la mesure du possible; ***im ~ des Möglichen ist alles unternommen worden*** tout ce qui était possible a été tenté; **etw bleibt** [*o* **hält sich**] **im ~** [**einer S.** (*gen*)] qc reste dans les limites [de qc]; **jd fällt** [**mit etw**] **aus dem ~** qn se singularise [avec qc]; **etw fällt aus dem ~** qc sort de l'ordinaire; **jd/etw passt** [**mit etw**] **nicht in den ~** [avec qc,] qn n'est pas dans la note/qc détonne; **etw sprengt den ~** [**von etw**], **etw geht über den ~ von etw hinaus** qc sort des limites [*o* du cadre] [de qc], qc dépasse le cadre de qc; **im ~ einer S.** (*gen*) (*im Zusammenhang mit etw*) *einer Entwicklung, Untersuchung, von Nachforschungen* dans le cadre de qc; (*innerhalb*) *der Bestimmungen, Gesetze, Vereinbarungen, eines Etats* dans le cadre [*o* la limite] de qc; **in einem ...** ~ dans un cadre ...; ***in kleinerem*** ~ en petit comité
Rahmen- *-bedingungen, -entwurf, -ordnung, -plan, -richtlinien, -tarif* général(e); ~***abkommen*** convention *f* type; ~***gesetz*** loi-cadre *f*
-rahmen *m Ausgaben-, Finanz-, Kosten-, Kredit-* cadre *m* du/de la/des; ***Zeit~*** calendrier *m*
Rahmenerzählung *f* récit *m* d'encadrement [*o* enchâssant] **Rahmenhandlung** *f* [intrigue *f* d']encadrement *m*
Rahmkäse *m* fromage *m* à la crème
Rain <-[e]s, -e> *m* lisière *f,* bordure *f*
räkeln *vr s.* **rekeln**
Rakete <-, -n> *f* **1.** (*Flugkörper*) fusée *f;* (*militärische Waffe a.*) missile *m,* roquette *f*
2. (*Feuerwerkskörper*) fusée *f*
Raketen- MIL de missiles, de fusées; *-abwehrgeschütz* antimissile; *r-bestückt, -schnellboot* lance-missiles; ~***triebwerk*** propulseur *m* [à réaction], moteur-fusée *m* **Raketenantrieb** *m* moteur-fusée *m* **Raketenbasis** *f* base *f* de missiles [*o* de fusées] **Raketenwerfer** *m* MIL lance-fusées *m,* lance-missiles *m,* lance-roquettes *m*
Rallye <-, -s> ['rali, 'rɛli] *f* rallye *m*
► **jd fährt ~** [*o* **~s**] qn fait des rallyes; **jd fährt eine ~** qn fait un rallye
Rallyefahrer(in) ['rali-, 'rɛli-] *m(f)* coureur(-euse) *m(f)* de rallyes
RAM <-s, -s> [ræm] *nt abk von* **random access memory** INFORM mémoire *f* vive, RAM *f*
Rambo <-s, -s> *m sl* Rambo *m fam,* gros dur *m*
rammdösig *adj* DIAL *fam* ■ **jd ist/wird ~** [**von etw**] qn est abruti(e) [par qc]
Ramme <-, -n> *f* dame *f,* demoiselle *f,* hie *f;* (*für Pfähle*) sonnette *f*
rammeln *vi* **1.** (*sich paaren*) ■ **ein Tier rammelt** un animal s'accouple
2. *sl* (*koitieren*) ■ **jd rammelt** qn baise *fam*
rammen *vt* **1.** (*beschädigen*) ■ **jd/etw rammt jdn/etw** qn heurte qn/qc; *anderen Fahrer, Fahrzeug, Straßenbahn a.* qn emboutit [*o* tamponne] qn/qc
2. (*schlagen*) ■ **jd rammt etw in etw** (*akk*) *Pfeiler, Pflock, Pfahl,* qn enfonce [*o* plante] qc dans qc
3. (*stoßen*) ■ **jd rammt jdm etw in etw** (*akk*)/**durch etw** qn lui plante qc dans qc; ***er rammte dem Angreifer die Faust unters Kinn*** il a décoché à son agresseur un coup de poing sous le menton
Rammler <-s, -> *m* bouquin *m*
Rampe <-, -n> *f* **1.** (*Lade~*) rampe *f* [de chargement]
2. (*schräge Auffahrt*) rampe *f* d'accès
3. (*Bühnenrand*) bord *m* de/de la scène, rampe *f*
Rampenlicht *nt* [feux *mpl* de la] rampe *f*
► **jd steht im ~** [**der Öffentlichkeit**] qn est sous les [feux des] projecteurs
ramponieren * *vt fam* ■ **jd/etw ramponiert etw** qn/qc esquinte qc *fam;* ■ [**etw ist**] **ramponiert** [qc est] en piteux état; ■ **jd ist ramponiert** qn est vaseux(-euse) [*o* vasouillard(e)] *fam*
Ramsch <-[e]s> *m* ∅ *fam* camelote *f fam*
Ramschladen *m fam* bric-à-brac *m*
RAM-Speicher *m* mémoire *f* vive
ran *interj fam* (*los*) allez[, on y va]; ***du musst etwas näher*** ~ il faut que tu te rapproches un peu
ran- *fam s.* **heran-**
Rand <-es, ¨-er> *m* **1.** [*Abgrund, Grab, Graben, Klippe, Schacht*] bord *m;* [*Brunnen a.*] margelle *f*
2. [*Becher, Bottich, Glas, Krug, Tasse, Teller, Wanne*] bord *m;* ***sie nippte nur etwas vom ~e der Tasse*** elle se contentait de tremper ses lèvres sur le bord de la tasse
3. (*äußere Begrenzung*) [*Hemd, Kragen, Hut, Tischdecke*] bordure *f;* [*Gerät, Möbelstück, Tür, Fenster, Griff, Gestell, Rahmen*] [re]bord *m;* [*Brille*] cercle *m;* [*Stadt*] périphérie *f;* [*Feld, Wald*] bordure *f,* lisière *f;* ***der untere ~ deiner Hose*** le bas de ton pantalon, ton bas de pantalon; ***stell die Tasse nicht so dicht an den*** ~ mets la tasse moins près du bord
4. [*Buch, Heft, Text, Zeitung etc*] bord *m,* marge *f;* ***sie schrieb ihre Bemerkungen an den*** ~ elle écrivait ses remarques dans la marge
5. (*Schmutzstreifen*) traînée *f* [noire]
► **jd hat** [**dunkle**] **¨-er um die Augen** qn a des cernes sous les yeux, qn a les yeux cernés; ***jd hat rote ¨-er um die Augen*** qn a les yeux rouges [*o* rougis]; **jd gerät/ist außer ~ und Band** *fam* qn se déchaîne/est déchaîné(e) [*o* surexcité(e)]; **halt den ~!** *sl* ta gueule! *pop;* **jd kommt** [**mit etw**] **zu ~e** *fam* qn s'en sort [avec qc] *fam;* **jd kommt mit jdm zu ~e** *fam* qn fait bon ménage avec qn; **am ~e** *bemerken, erwähnen* en passant, accessoirement; *interessieren* accessoirement; ***dies sei nur am ~e bemerkt*** [ceci] soit dit en passant; **am ~e einer S.** (*gen*) *der Legalität, des guten Geschmacks, des Wahnsinns, des Zumutbaren* à la limite de qc
Randale <-> *f sl* désordres *mpl,* émeutes *fpl;* ***es gibt*** ~ [il] y a de la casse [*o* du grabuge] [*o* du baston] *fam*
► **jd macht ~** qn fout [*o* sème] la merde *pop,* qn fait du grabuge *fam*
randalieren * *vi* ■ **jd randaliert** qn fait du grabuge *fam,* qn casse tout
Randalierer(in) <-s, -> *m(f)* casseur(-euse) *m(f);* (*mit Sport verbunden*) hooligan *m,* houligan *m*
Randbemerkung *f* **1.** (*beiläufige Bemerkung*) remarque *f* accessoire; ***er konnte sich stichelnder ~en nicht enthalten*** il ne pouvait s'empêcher d'envoyer des piques en passant
2. (*Notiz am Rand*) note *f* en marge, glose *f spéc*
Rande <-, -n> *f* CH betterave *f* rouge
Randerscheinung *f* phénomène *m* marginal, épiphénomène *m* **Randfigur** *f* personnage *m* secondaire; (*bei Verbrechen a.*) comparse *mf,* second couteau *m* **Randgebiet** *nt* **1.** GEOG région *f* [*o* zone *f*] excentrée; ***die ~e einer Stadt*** la périphérie d'une ville **2.** (*Sachgebiet*) domaine *m* annexe **Randgruppe** *f* groupe *m* marginal
randlos *adj Brille* sans cercle, non cerclé(e)
randständig *adj* marginal(e) **Randstein** *m s.* **Bordstein. Randzone** *f s.* **Randgebiet 1.**
rang *imp von* **ringen**
Rang <-[e]s, ¨-e> *m* **1.** ∅ (*Stellenwert*) valeur *f*
2. (*gesellschaftliche Position*) position *f* [sociale], rang *m* [social]; ***Leute gleichen ~es*** des gens de même condition
3. (*Dienstgrad*) grade *m;* ***Offiziere der oberen ¨-e*** des officiers *mpl* supérieurs; ***der Offizier wurde im ~ herabgestuft*** l'officier a été rétrogradé
4. SPORT (*Platz*) place *f;* ***er nimmt ~ drei auf der Tabelle ein*** il prend la troisième place du classement
5. CINE, THEAT balcon *m;* [*Stadion*] gradin *m*
► **alles, was ~ und Namen hat** toute la fine fleur; **jd kommt zu ~ und Würden** qn devient quelqu'un; **ersten ~es** de premier ordre; **vor leeren/überfüllten ¨-en** THEAT devant une salle vide/[archi]comble; SPORT dans un stade désert/plein à craquer; **jd macht jdm** [**durch/mit etw**] **den ~ streitig** qn conteste la suprématie de qn [grâce à qc]; **jd bekleidet einen bestimmten ~, jd nimmt einen ... ~ ein** *einen hohen, niedrigen* qn occupe un rang ...; ***jd nimmt einen führenden ~ ein*** qn a [*o* occupe] une position dirigeante; **jd läuft jdm den ~** [**irgendwo**] **ab** qn dame le pion à qn [*o* supplante qn] [quelque part]; **von ... ~** (*Bedeutung*) d'une valeur ...; ***von hohem ~*** d'une grande [*o* de [grande]] valeur
Rangabzeichen *nt* MIL *veraltend* insigne *m* **Rangälteste(r)** *f(m)* MIL *veraltend* plus ancien(ne) *m(f)* dans le grade
Range <-, -n> *f* DIAL polisson(ne) *m(f),* petit diable *m*
ran|gehen *vi irreg + sein fam* **1.** (*herangehen*) ■ **jd geht** [**an etw** (*akk*)] **ran** qn se rapproche [de qc]
2. (*in Angriff nehmen*) ■ **jd geht** [**an etw** (*akk*)] **ran** qn attaque [qc]; ***wir müssen*** ~ il faut qu'on s'y mette; ***wenn wir ordentlich*** ~ si on en met un coup *fam*
Rangelei <-, -en> *f fam* chamailleries *fpl fam,* bisbilles *fpl fam*
rangeln *vi fam* ■ **jd rangelt** [**mit jdm**] qn se chamaille [avec qn]
ranghöchste(r, s) *adj* MIL le/la plus [haut] gradé(e) **Ranghöchste(r)** *f(m) decl wie adj* MIL plus haut gradé(e) *m(f)*
Rangierbahnhof [raŋ'ʒiːɐ-] *m* gare *f* de triage
rangieren * [rã'ʒiːrən] **I.** *vi* **1.** (*Stellenwert haben*) ■ **jd rangiert irgendwo** qn se classe [*o* se place] quelque part; ***sie rangiert auf Platz drei*** elle se classe [*o* se place] en troisième position
2. (*eingestuft sein*) ■ **etw rangiert irgendwo** / *Angelegenheit, Frage, Komplex, Problem*/ qc occupe une place ...; ***dieses Problem rangiert ganz vorne*** ce problème occupe une place primordiale
3. (*laufen*) ■ **etw rangiert unter etw** (*dat*) *unter einer Rubrik, unter Diverses, Sonstiges* qc se range dans qc; *unter einer Bezeichnung, unter einem Begriff, Oberbegriff* qc se range sous qc
II. *vt* EISENBAHN ■ **jd rangiert etw irgendwohin** qn aiguille qc quelque part; (*umleiten*) qn détourne qc quelque part; (*verschieben*) qn manœuvre qc quelque part; (*abstellen*) qn gare qc quelque part
Rangiergleis [raŋ'ʒiːɐ-] *nt* voie *f* de triage **Rangierlok**[**omotive**] *f* locotracteur *m* de manœuvre
Rangliste *f* classement *m* **rangmäßig** *adv* (*hinsichtlich des Dienstgrades*) du point de vue du grade; (*hinsichtlich der Dienststellung*) sur le plan hiérarchique; ~ ***höher angesiedelt*** plus élevé(e) en grade/dans la hiérarchie **Rangordnung** *f* hiérarchie *f,* ordre *m* hiérarchique **Rangstufe** *f* échelon *m,* grade *m* **Rangunterschied** *m* différence *f* hiérarchique
ran|halten *vr irreg fam* ■ **jd hält sich ran** qn se magne [le train] *fam*
rank *adj* ► **jd ist ~ und schlank** *geh* qn est svelte
Rank <-s> *m* CH ► **jd findet den ~** [**etw zu tun**] (*die Energie, den Mut*) qn trouve le courage [de faire qc]
Ranke <-, -n> *f* sarment *m;* (*spiralförmig*) vrille *f;* [*Erdbeere*] stolon *m*
Ränke *pl veraltet geh* menées *fpl,* machinations *fpl*
► **jd schmiedet ~** qn ourdit des intrigues *littér*
ranken **I.** *vr + haben* **1.** (*sich winden*) ■ **etw rankt sich irgendwohin** qc grimpe [*o* rampe] quelque part; ***an einem Gerüst rankte sich Clematis nach oben*** des clématites grimpaient [*o* rampaient] le long d'un treillage
2. (*verbunden sein*) ■ **etw rankt sich um jdn/etw** / *Erzählungen, Geschichten, Legenden*/ qc gravite autour de qn/qc
II. *vi + haben o sein* ■ **etw rankt irgendwo/irgendwohin** qc grimpe [*o* rampe] quelque part
Ränkeschmied(in) *m(f) veraltet geh* intrigant(e) *m(f),* comploteur(-euse) *m(f)* **Ränkespiel** *nt veraltet geh* manœuvres *fpl,* réseau *m* d'intrigues
Ranking <-s, -s> ['ræŋkɪŋ] *nt* (*Beurteilung*) palmarès *m* des universités
ran|klotzen *vi sl* ■ **jd klotzt ran** qn met le paquet *fam,* qn se défonce *fam*
ran|kommen *vi irreg + sein fam* **1.** (*drankommen*) ■ **jd kommt ran** qn est assez grand(e); ■ **jd kommt an etw** (*akk*) **ran** qn arrive jusqu'à qc
2. (*vordringen*) ■ **jd kommt an jdn ran** qn arrive à approcher qn; ***man***

kommt an jdn nicht ran y a pas moyen d'approcher qn *fam*
ran|lassen *vt irreg* 1. *fam* (*heranlassen*) ■ **jd/ein Tier lässt jdn an jdn/sich| ran** qn/un animal laisse qn s'approcher [de qn/lui/d'elle]
2. *fam* (*versuchen lassen*) ■ **jd lässt jdn ran** qn laisse faire qn
3. *sl* (*Intimitäten gestatten*) ■ **jd lässt jdn ran** qn veut bien baiser avec qn *fam;* ***sie will mich nicht*** ~ elle veut pas qu'on baise *fam*
ran|machen *vr fam* ■ **jd macht sich an jdn ran** qn entreprend qn; (*in sexueller Absicht*) qn drague qn *fam,* qn fait du gringue à qn *fam*
rann *imp von* **rinnen**
rannte *imp von* **rennen**
ran|schmeißen *vr irreg sl* ■ **jd schmeißt sich an jdn ran** qn joue le grand jeu à qn, qn fait son grand numéro de séduction à qn
Ranunkel <-, -n> *f* renoncule *f*
Ranzen <-s, -> *m* 1. SCOL gibecière *f,* cartable *m*
2. *fam* (*Bauch*) brioche *f fam,* bide *m fam*
▸ **jd haut jdm den ~ voll** *veraltend fam* qn flanque une raclée [*o* une dégelée] à qn *fam;* **jd schlägt sich** (*dat*) **den ~ voll** *sl* qn s'en fout plein la panse [*o* la lampe] *pop*
ranzig *adj* rance; ■ **etw wird** ~ qc rancit
Rap <-> [ræp] *m* ∅ MUS rap *m*
rapide I. *adj* rapide
II. *adv* rapidement
Rappe <-n, -n> *m* cheval *m* noir, moreau *m*
Rappel <-s, -> *m* ▸ **jd kriegt den/seinen** ~ *fam* qn flippe *fam,* qn devient speed *fam*
rapp[e]lig *adj fam* agité(e); ■ **jd ist/wird** ~ qn est sur les nerfs/qn s'excite
rappeln *vi fam* 1. (*klappern*) ■ **etw rappelt** qc claque
2. *veraltend* (*spinnen*) ■ **bei jdm rappelt's** ça tourne pas rond chez qn *fam*
rappen ['ræpn] *vi* (*Rapmusik machen*) ■ **jd rappt** qn rap[p]e
Rappen <-s, -> *m* centime *m*
Rapper(in) <-s, -> ['ræpe] *m(f)* (*Rapmusiker*) rap[p]eur(-euse) *m(f)*
rapplig *adj s.* **rappelig**
Rapport <-[e]s, -e> *m form* rapport *m*
▸ **jd bestellt jdn zum** ~ qn convoque qn au rapport; **jd macht [jdm]** ~ qn fait son rapport [à qn]
Raps <-es, -e> *m* colza *m*
Rapsöl *nt* huile *f* de colza
Rapunzel <-, -n> *f* BOT mâche *f*
rar *adj* rare; ■ **etw wird** ~ qc se raréfie
▸ **jd macht sich** ~ *fam* qn se fait rare
Rarität <-, -en> *f* rareté *f;* ***in Europa ist dieser Baum eine ~/ ausgesprochene*** ~ cet arbre est rare/rarissime [*o* extrêmement rare] en Europe
Raritätenkabinett *nt* magasin *m* de curiosités
rasant I. *adj* 1. *Tempo* infernal(e), d'enfer; *Beschleunigung* foudroyant(e); *Fahrzeug, Fahrer* rapide; ***dieser Sportwagen ist besonders ~ in der Beschleunigung*** cette voiture de sport a des accélérations foudroyantes; ***in ~er Fahrt*** à un train d'enfer
2. *Entwicklung, Fortschritt, Tempo, Wandel, Zunahme* fulgurant(e)
II. *adv* 1. (*schnell*) à toute vitesse; ***der Wagen beschleunigt aber ~!*** cette voiture a des accélérations foudroyantes!; ***fahr nicht so*** ~ ne roule pas si vite [*o* comme un fou]
2. (*stürmisch*) de façon fulgurante
Rasanz <-> *f* ∅ *geh* rapidité *f*
rasch I. *adj* rapide; ***in Stoßzeiten muss alles in ~em Tempo geschehen*** aux périodes de bourre, il faut que les choses aillent vite
II. *adv* vite, rapidement; ~, ***beeilt euch!*** vite, dépêchez-vous!
rascheln *vi* 1. ■ **etw raschelt** / *Laub*/ qc frémit, qc frissonne; ***was raschelt da so?*** quel est ce froissement [*o* bruissement]?; ***Papier/ Stroh raschelt*** on entend un froissement de papier/le froissement de la paille; ■ **das R~** le bruissement; [*Papier, Stroh*] le froissement
2. (*sich bewegen*) ■ **ein Tier raschelt in etw** (*dat*) qc froufroute dans qc
3. (*knistern*) ■ **jd raschelt** qn fait un bruit de froissement; ■ **jd raschelt mit etw** *mit Banknoten, Papier, einer Zeitung* qn froisse qc; ***was raschelst du so?*** quel est ce froissement?, qu'est-ce que tu froisses?; ■ **das R~** le froissement; ***lass doch das R~ mit der Zeitung!*** arrête donc de froisser ton journal!
rasen *vi* 1. + *sein* (*schnell fahren*) ■ **jd/etw rast** qn/qc roule à toute allure [*o* vitesse], qn/qc fonce; ***auf den Autobahnen wird zu sehr gerast*** on roule trop vite sur autoroute; ■ **jd/etw rast gegen/in/vor etw** (*akk*) qn/qc fonce dans qc; ***der Fahrer ist über die Kreuzung gerast*** le conducteur a franchi le carrefour à toute vitesse; ■ **das R~** la vitesse excessive; ***das ständige R~*** les excès de vitesse constants
2. + *sein* (*schnell vergehen*) ■ **etw rast** qc file à toute allure
3. + *haben* (*schnell schlagen*) ■ **etw rast** / *Herz, Puls*/ qc bat à toute allure
4. + *haben* (*toben*) ■ **jd rast** qn est déchaîné(e); ■ **jd rast vor etw** (*dat*) qn est fou(folle) de qc; ***ich könnte ~, wenn ich mir das überlege!*** j'enrage quand j'y pense!
Rasen <-s, -> *m* 1. (*grasbewachsene Fläche*) gazon *m*
2. SPORT pelouse *f;* (*beim Tennis, Hockey*) gazon *m;* ***jd spielt auf*** ~ qn joue sur pelouse/gazon
rasend I. *adj* 1. *Fahrt, Geschwindigkeit, Tempo* fou(folle) 2. (*wütend*) *Mensch* furibond(e), furieux(-euse); *Menge, Mob* déchaîné(e); ■ **jd ist ~ vor etw** (*dat*) *vor Eifersucht, Wut* qn est fou(folle) de qc 3. (*furchtbar*) *Durst, Schmerz* atroce, terrible; *Eifersucht* exacerbé(e); ***~e Wut*** une rage folle 4. (*tobend*) *Beifall, Ovationen* frénétique ▸ **jd könnte ~ werden, wenn** (*wütend*) qn enrage quand; **jd/etw macht jdn ~ mit etw]** qn/qc met qn en rage [avec qc] II. *adv fam* (*äußerst*) hyper- *fam,* drôlement *fam,* vachement *fam;* ***ich würde das ~ gern tun*** j'aimerais drôlement faire ça *fam;* ***es ist ~ viel zu tun*** c'est dingue ce qu'il y a à faire *fam* **Rasende(r)** *f(m) decl wie adj* forcené(e) *m(f)*
Rasenfläche *f* pelouse *f* **Rasenmäher** <-s, -> *m* tondeuse *f* [à gazon] **Rasenplatz** *m* terrain *m* gazonné; (*Tennis~*) court *m* en gazon **Rasensprenger** <-s, -> *m* arroseur *m*
Raser(in) <-s, -> *m(f) fam* chauffard *m fam*
Raserei <-, -en> *f* 1. *fam* (*schnelles Fahren*) vitesse *f* excessive; ***bei der ständigen*** ~ avec ces excès de vitesse constants
2. ∅ (*Wutanfall*) fureur *f,* rage *f;* ***ich kriege noch mal die*** ~ je vais encore piquer une crise *fam*
▸ **jd bringt jdn zur** ~ qn met qn en rage
Rasier- 1. (*zum Rasieren*) *-creme, -schale, -schaum* à raser; *-zeug* de rasage; ***~pinsel*** blaireau *m;* ***~seife*** savon *m* à barbe 2. (*nach dem Rasieren*) *-balsam* après-rasage; ***~lotion*** [lotion *f*] après-rasage *m,* after-shave *m* **Rasierapparat** *m* 1. (*Elektrorasierer*) rasoir *m* [électrique] 2. (*Nassrasierer*) rasoir *m* [mécanique]
rasieren * I. *vt* 1. (*Bartstoppeln entfernen*) ■ **jd rasiert jdn** qn rase qn; ■ **jd lässt sich [von jdm]** ~ qn se fait faire la barbe [*o* se fait raser] [par qn]; ■ **das R~** le rasage
2. (*von Haaren befreien*) ■ **jd rasiert [jdm] etw** *Kopf, Nacken* qn [lui] rase qc; *Achselhöhlen, Beine a.* qn [lui] épile qc
II. *vr* ■ **jd rasiert sich** qn se rase; ***ich rasiere mich nass/ elektrisch*** j'utilise un rasoir mécanique/électrique; ***ich habe mich beim R~ geschnitten*** je me suis coupé(e) en me rasant; ■ **das R~** le rasage; ■ **jd rasiert sich** (*dat*) **etw** *Achselhöhlen, Beine* qn se rase qc, qn s'épile qc
Rasierer <-s, -> *m fam* (*Elektro~*) rasoir *m*
Rasierklinge *f* lame *f* de rasoir **Rasiermesser** *nt* rasoir *m* [à main] **Rasierwasser** *nt* [lotion *f*] après-rasage *m,* after-shave *m*
Räson <-> [rɛ'zɔŋ, rɛ'zõ:] *f* ▸ **jd/etw bringt jdn zur** ~ *geh* qn ramène [*o* fait revenir] qn à la raison; **jd nimmt ~ an** *geh* qn entend raison
Raspel <-, -n> *f* 1. (*Küchengerät*) râpe *f*
2. (*Werkzeug*) râpe *f* [à bois]
raspeln *vt* ■ **jd raspelt etw** qn râpe qc
raß *adj,* **räß** *adj* SDEUTSCH, CH, AUS 1. (*scharf*) *Käse* fort(e); *Speise* relevé(e); *Most* acide
2. (*resolut*) *Frau* revêche, rogue
Rasse <-, -n> *f* race *f*
▸ **die weiße** ~ la race blanche; **jd/ein Tier hat** ~ qn/un animal est racé(e)
Rasse- (*reinrassig*) de race
Rassel <-, -n> *f* 1. (*Babyspielzeug*) hochet *m*
2. (*Instrument*) maracas *mpl*
rasseln *vi* 1. + *haben* (*Geräusch verursachen*) ■ **etw/ein Tier rasselt** / *Kugeln, Klapperschlange*/ qc fait un bruit de grelot/un animal agite [*o* fait sonner] son grelot; / *Kette, Rolladen*/ qc cliquette; ■ **das R~** le cliquetis, le cliquettement, le cliquètement
2. (*~d bewegen*) ■ **jd rasselt mit/an etw** (*dat*) *an den Ketten, an einem Schlüsselbund, mit Schlüsseln* qn fait cliqueter qc
3. + *sein fam* (*durchfallen*) ■ **jd rasselt durch etw** qn loupe qc *fam*
Rassen- racial(e); ***~hetze*** incitation *f* à la haine raciale **Rassenhass**[RR] *m* haine *f* raciale **Rassenmischung** *f* métissage *m;* (*Kreuzung von Tierrassen a.*) hybridation *f,* croisement *m* **Rassentrennung** *f* ∅ ségrégation *f* raciale
rasserein *adj s.* **reinrassig**
rassig *adj* 1. (*temperamentvoll*) racé(e)
2. (*feurig*) *Wein* qui a du corps [*o* du montant]
rassisch I. *adj* racial(e)
II. *adv* sur le plan racial
Rassismus <-> *m* ∅ racisme *m*
Rassist(in) <-en, -en> *m(f)* raciste *mf*
rassistisch *adj* raciste
Rast <-, -en> *f* (*Pause*) pause *f*
▸ **ohne ~ und Ruh** *geh* sans repos ni trêve *soutenu;* **jd macht [irgendwo]** ~ qn fait une halte [quelque part]
Raste <-, -n> *f* cran *m,* butée *f*
rasten *vi* ■ **jd rastet** qn fait une halte
▸ **wer rastet, der rostet** *prov* quand on ne s'entretient pas, on se rouille; **jd wird nicht ~ und nicht ruhen, bis** *geh* qn n'aura de cesse que + *subj littér*
Raster[1] <-s, -> *m* 1. (*Glasplatte, Folie*) trame *f*
2. (*Rasterfläche*) fonds *m* gris, grisé *m*
3. (*Rasterung*) trame *f*
Raster[2] <-s, -> *nt* 1. TV trame *f*
2. *geh* (*System von Kategorien*) schéma *m*
Rasterfahndung *f* recherche *f* systématique [par fichiers informatisés]
Rasthaus *nt* restoroute® *m,* restauroute® *m,* restaurant *m* d'autoroute **Rasthof** *m* aire *f* de repos équipée, relais *m* d'autoroute
rastlos I. *adj* 1. (*unermüdlich*) sans relâche, inlassable
2. (*unruhig*) *Leben* agité(e), mouvementé(e); *Mensch* agité(e)
II. *adv* (*unermüdlich*) sans relâche, inlassablement
Rastlosigkeit <-> *f* ∅ 1. (*Unermüdlichkeit*) constance *f,* activité *f* inlassable
2. (*Unrast*) agitation *f* [fébrile]
Rastplatz *m* aire *f* de repos **Raststätte** *f s.* **Rasthof**
Rasur <-, -en> *f* rasage *m*
Rat[1] <-[e]s, Ratschläge> *m* 1. ∅ (*Beratung*) conseil *m*
2. (*beratender Hinweis*) conseil *m*
▸ **mit ~ und Tat** du geste et de la voix; **da ist guter ~ teuer** je ne vois pas comment faire; **jd fragt jdn um ~, jd holt sich** (*dat*) **bei jdm** ~ qn demande conseil à qn; **jd gibt jdm einen** ~ qn donne un conseil à qn; **jd gibt jdm den ~ etw zu tun** qn conseille [*o* donne le conseil] à qn de faire qc; **jd weiß sich** (*dat*) **keinen ~/keinen ~ mehr** qn ne sait pas/plus quoi faire; **jd**

weiß sich (*dat*) **keinen anderen ~ mehr als etw zu tun** qn ne voit plus d'autre issue [*o* solution] que de faire qc; **jd zieht jdn zu ~e** qn prend conseil de qn; **jd zieht etw zu ~e** qn consulte qc; **auf jds ~** (*akk*) [**hin**] sur le conseil de qn; **gegen** [*o* **entgegen**] **jds ~** contre l'avis de qn

Rat[2] <-[e]s, ¨-e> *m* (*Gremium*) conseil *m;* (*Stadt~*) conseil [municipal]
▸ **~ der Europäischen Union, Europäischer ~** Conseil *m* de l'Union européenne; **~ der Wirtschafts- und Finanzminister** Conseil *m* des ministres de l'Économie et des Finances; **Großer ~** CH Grand Conseil *m;* **jd sitzt im ~** *fam* qn siège au conseil [municipal], qn est conseiller(-ère) [municipal(e)]

Rat <-[e]s, ¨-e> *m*, **Rätin** *f* **1.** (*Stadt~*) conseiller [municipal]/conseillère [municipale] *m/f*
2. *fam* (*Beamter*) ≈ fonctionnaire *mf* de catégorie A

rät *3. pers pres von* **raten**

Rate <-, -n> *f* (*Abschlagszahlung*) traite *f*, versement *m;* ***Sie können bar zahlen oder sich für ~n entscheiden*** vous pouvez payer comptant ou choisir des versements échelonnés; ***monatliche ~*** mensualité *f*
▸ **auf ~n** à crédit, à tempérament; **in ~n** par versements échelonnés; (*monatlich*) par mensualités

raten <rät, riet, geraten> **I.** *vi* **1.** (*Ratschläge geben*) ▪ **jd rät** [**jdm**] **zu etw** qn conseille qc [à qn]; ▪ **jd rät jdm etw zu tun** qn conseille à qn de faire qc; ▪ **jd lässt sich** (*dat*) [**von jdm**] **~** qn écoute les conseils [de qn]
2. (*schätzen*) ▪ **jd rät** qn devine; ***ich rate bestimmt falsch/schlecht*** je ne vais sûrement pas deviner; ***du hast richtig/gut geraten*** tu as deviné
▸ **rate/~ Sie mal!** devine/devinez [voir]!
II. *vt* **1.** (*als Ratschlag geben*) ▪ **jd rät jdm etw** qn conseille qc à qn; *s. a.* **geraten**[2]
2. (*erraten*) ▪ **jd rät etw** qn devine qc; ***sie hat die Antwort richtig geraten*** elle a deviné [*o* trouvé] la réponse exacte
▸ **das rätst du nie!** tu ne devineras jamais!

Ratenkauf *m* achat *m* à crédit [*o* à tempérament] **ratenweise** *adv* par versements échelonnés; (*monatlich*) par mensualités **Ratenzahlung** *f* **1.** ∅ (*Zahlung in Raten*) paiement *m* échelonné [*o* à crédit] **2.** (*Zahlung einer Rate*) échéance *f*, versement *m*

Räterepublik *f* HIST république *f* soviétique

Ratespiel *nt* [jeu *m* de] devinette *f*

Ratgeber <-s, -> *m* (*Werk*) ouvrage *m* spécialisé
▸ **etw ist ein schlechter** [*o* **kein guter**] **~** qc est mauvais(e) conseiller(-ère)

Ratgeber(in) <-s, -> *m(f)* (*Mensch*) conseiller(-ère) *m(f)*

Rathaus *nt* hôtel *m* de ville; (*in kleineren Orten*) mairie *f*
▸ **aufs ~** à la mairie

Rathaus- de l'hôtel de ville; (*in kleineren Orten*) de la mairie

Ratifikation <-, -en> *f s.* **Ratifizierung**

ratifizieren * *vt* ▪ **jd ratifiziert etw** qn ratifie qc

Ratifizierung <-, -en> *f* ratification *f*

Rätin *f s.* **Rat**

Ratio <-> *f* ∅ *geh* raison *f;* **mit** [**der**] **~** de façon rationnelle

Ration <-, -en> *f* ration *f*
▸ **eiserne ~** ration *f* de survie

rational I. *adj geh* rationnel(le)
II. *adv geh begründen, erklären* rationnellement; *denken, entscheiden* d'une façon rationnelle

rationalisieren * **I.** *vt* ▪ **jd rationalisiert etw** *Ablauf, Fertigung* qn rationalise qc
II. *vi* ▪ **jd rationalisiert** qn procède à une restructuration, qn prend des mesures de rationalisation

Rationalisierung <-, -en> *f* restructuration *f*, mesure *f* de rationalisation

Rationalist(in) <-en, -en> *m(f) geh* rationaliste *mf*

rationell I. *adj Ausnutzung, Verwertung* rationnel(le); *Fertigungsverfahren, Methode, Produktionsmethode a.* efficace
II. *adv* d'une façon rationnelle

rationieren * *vt* ▪ **jd rationiert etw** qn rationne qc

Rationierung <-, -en> *f* rationnement *m*

ratlos I. *adj* embarrassé(e), perplexe; ***jd ist völlig ~*** qn est désemparé(e)
II. *adv* avec embarras, avec perplexité; ***seinen Ausbrüchen standen die Erzieher ~ gegenüber*** les éducateurs restaient désemparés devant ses accès de colère; ***er stand ~ da*** il restait là, tout désemparé

Ratlosigkeit <-> *f* ∅ embarras *m*, perplexité *f*

Rätoromane <-n, -n> *m*, **-romanin** *f* Rhéto-roman(e) *m(f)*

rätoromanisch *adj* rhéto-roman(e); ▪ **das R~[e]** le rhéto-roman

Rats- ADMIN du conseil; ***~herr*** conseiller *m* municipal

ratsam *adj* opportun(e); ▪ **etw ist ~** qc est opportun(e) [*o* indiqué(e)]; ▪ **es ist ~ etw zu tun** il est opportun [*o* indiqué] de faire qc
▸ **jd hält etw für ~** qn considère qc comme [*o* juge qc] opportun(e); **jd hält es für ~ etw zu tun** qn juge opportun de faire qc

Ratsche <-, -n> *f*, **Rätsche** <-, -n> *f* SDEUTSCH, AUS crécelle *f*

ratschen *vi* **1.** (*die Ratsche drehen*) ▪ **jd ratscht** qn agite une crécelle
2. *fam* (*schwatzen*) ▪ **jd ratscht** [**mit jdm**] qn bavarde [*o* cause] [avec qn]

Ratschlag *m* conseil *m* ▸ **jd gibt** [*o* **erteilt**] **jdm** [**in etw** (*dat*)] **einen ~** qn donne un conseil à qn [à propos de qc] **Ratschluss**[RR] *m* volonté *f*

Rätsel <-s, -> *nt* **1.** (*Geheimnis*) énigme *f*, mystère *m*
2. (*Denkaufgabe*) énigme *f;* (*Kreuzwort~*) mots *mpl* croisés
▸ **das ist des ~s Lösung!** voilà la solution de l'énigme!, voilà le fin mot de l'histoire!; **jd/etw gibt jdm ein ~ auf** qn/qc pose une énigme à qn; **jd ist jdm ein ~** qn est une énigme pour qn; **es ist** [**jdm**] **ein ~, warum/wie ...** pourquoi/comment ..., c'est une énigme [pour qn], pourquoi/comment ..., mystère *fam;* **jd spricht in ~n** qn parle par énigmes; **jd steht vor einem ~** qn se trouve devant une énigme

rätselhaft *adj Mensch, Charakter* énigmatique; *Erscheinung, Phänomen, Umstände, Vorgänge, Weise, Verschwinden* mystérieux(-euse); *Andeutung, Bemerkung, Gesichtsausdruck, Lächeln* énigmatique; ▪ **jd ist jdm ~** qn est une énigme pour qn; ▪ **es ist jdm ~, warum/wie ...** pourquoi/comment ..., c'est une énigme pour qn; pourquoi/comment ..., mystère *fam*

Rätselheft *nt* magazine *m* de jeux [d'esprit]

rätseln *vi* ▪ **jd rätselt** [**noch**] qn cherche [encore]; ▪ **jd rätselt, warum/was/wie** qn essaie de deviner pourquoi/ce qui/ce que/comment

Rätselraten <-s> *nt* ∅ **1.** (*das Lösen von Rätseln*) jeux *mpl* d'esprit; ***ich bin gerade beim ~*** je suis en train de résoudre des jeux; (*bei Kreuzworträtseln*) je suis en train de faire des mots croisés
2. (*das Mutmaßen*) [jeu *m* de] devinettes *fpl;* ***ich habe keine Lust zum ~*** je n'ai pas envie de jouer aux devinettes; ***ohne nähere Informationen sind die Medien auf ~ angewiesen*** en l'absence d'informations plus complètes, les médias en sont réduits à jouer aux devinettes

Ratskeller *m* restaurant *m* de l'hôtel de ville

Ratte <-, -n> *f* **1.** ZOOL rat *m*
2. *sl* (*Dreckskerl*) ordure *f pop*
▸ **die ~n verlassen das sinkende Schiff** *prov* les rats quittent le navire

Ratten- (*einer Ratte*) de/du rat; (*von Ratten*) de rat[s]/des rats **Rattenfänger** *m veraltet* chasseur *m* de rats ▸ **der ~ von Hameln** le joueur de flûte de Hamelin **Rattengift** *nt* mort-aux-rats *f* **Rattenschwanz** *m* **1.** (*Schwanz einer Ratte*) queue *f* de/du rat **2.** *fam* ▪ **ein ~ von Dingen** *von Prozessen, Schadenersatzansprüchen, Verfahren* une cascade [*o* flopée *fam*] de choses **3.** *fam* (*Frisur*) queue-de-rat *f*

rattern *vi* **1.** + *haben* (*klappern*) ▪ **etw rattert** */Gehäuse, Blechteile/* qc vibre [bruyamment]; */Baumaschine, Kompressor/* qc trépide, qc pétarade
2. + *sein* (*sich fortbewegen*) ▪ **etw rattert irgendwohin** qc pétarade quelque part

ratzekahl *adv fam* **1.** (*völlig*) *aufessen* jusqu'à la dernière miette, sans en laisser une miette
2. (*ganz kahl*): ***die Raupen haben den ganzen Baum ~ gefressen*** l'arbre a été ratiboisé par les chenilles *fam*

ratzen *vi* DIAL *fam* ▪ **jd ratzt** qn roupille *fam*, qn pionce *fam*

rau[RR] *adj* **1.** *Hand, Haut, Papier, Schale, Stoff, Putz* rugueux(-euse), rêche; *Oberfläche a.* raboteux(-euse); *Lippen* râpeux(-euse)
2. (*heiser*) *Hals, Kehle* enroué(e); *Stimme a.* rauque
3. (*unwirtlich*) *Gegend* rude; *Klima a.* rigoureux(-euse)
4. (*barsch*) *Benehmen, Sitten* fruste, grossier(-ière); *Umgangston* grossier(-ière)

Raub <-[e]s, *rare* -e> *m* ∅ **1.** (*das Rauben*) vol *m* [à main armée]; ***der ~ eines Menschen*** le rapt d'une personne
2. (*das Geraubte*) butin *m*
▸ **etw wird ein ~ der Flammen** *geh* qc est la proie des flammes

Raub- **1.** *-fischerei, -grabung* illicite, illégal(e); *-druck, -kassette, -kopie, -pressung a.* pirate **2.** *-fischer, -gräber* sans autorisation; *-drucker, -kopierer a.* pirate **Raubbau** *m* ∅ exploitation *f* effrénée, pillage *m;* ▪ **~ an etw** (*dat*) pillage *m* de qc ▸ **jd treibt ~ mit etw** *mit seiner Gesundheit* qn ruine qc; ***sie hatte ~ mit ihren Kräften getrieben*** elle s'était dépensée sans compter

Raubein[RR] *nt fam* faux dur *m fam*, ours *m* au cœur tendre **raubeinig**[RR] *adj fam Bursche, Kerl, Herzlichkeit* un peu bourru(e), un peu ours; *Art a.* un peu abrupt(e)

rauben I. *vt* **1.** (*bei einem Überfall*) ▪ **jd raubt** [**jdm**] **etw** [**aus etw**] qn dérobe qc [à qn] [dans qc]
2. (*entführen*) ▪ **jd raubt** [**jdm**] **jdn** qn enlève qn [à qn]
3. *geh* (*um etw bringen*) ▪ **jd/etw raubt jdm etw** *Ruhe, Schlaf, Zeit* qn/qc fait perdre qc à qn
II. *vi* ▪ **jd raubt** qn vole

Räuber(in) <-s, -> *m(f)* brigand *m*, bandit *m*
▸ **sie spielen ~ und Gendarm** ils/elles jouent aux gendarmes et aux voleurs

Räuberbande *f* bande *f* de brigands [*o* de voleurs] **Räuberhauptmann** *m* chef *m* de bande **Räuberhöhle** *f* ▸ **wie in einer ~:** ***im Zimmer sieht es aus wie in einer ~*** cette chambre est un vrai capharnaüm

räuberisch *adj* **1.** (*als Räuber lebend*) pillard(e); ***hier treibt sich*** [***viel***] ***~es Pack*** [*o* ***Gesindel***] ***herum*** il traîne par ici [tout] un ramassis de bandits [*o* brigands]
2. *Überfall, Unternehmung* criminel(le)

Raubfisch *m* poisson *m* carnassier **Raubkatze** *f* félin *m*, félidé *m* **Raubkopie** *f* copie *f* pirate **Raubmord** *m* crime *m* crapuleux **Raubmörder(in)** *m(f)* assassin *m;* ***X ist ein ~*** X a commis un crime crapuleux **Raubritter** *m* HIST chevalier *m* pillard **Raubtier** *nt* carnassier *m* **Raubüberfall** *m* attaque *f* à main armée; (*auf eine Bank a.*) hold-up *m*, braquage *m fam;* ▪ **der/ein ~ auf jdn/etw** l'attaque/une attaque [à main armée] contre qn/qc; le/un hold-up [*o* braquage *fam*] de qc ▸ **jd verübt einen ~** [**auf jdn/etw**] qn commet une attaque à main armée [contre qn/qc]; qn commet un hold-up [contre qc], qn braque qc *fam* **Raubvogel** *m* oiseau *m* de proie, rapace *m* **Raubzug** *m* expédition *f* criminelle

Rauch <-[e]s> *m* ∅ **1.** (*Qualm*) fumée *f*
2. (*Räucherkammer*) fumoir *m*
▸ **etw geht** [*o* **löst sich**] **in ~ auf** (*wird zunichte*) qc part [*o* s'en va] en fumée

rauchen I. *vi* **1.** (*Raucher sein*) ▪ **jd raucht** qn fume; ***sie raucht sehr stark*** c'est une grande [*o* grosse] fumeuse
2. (*qualmen*) ▪ **etw raucht** qc fume
▸ **..., dass es** [**nur so**] **raucht** *fam* ..., et ça a bardé *fam*, ..., et ça a pété des flammes *fam*
II. *vt* ▪ **jd raucht etw** qn fume qc

Raucher <-s, -> *m fam* (*Raucherabteil*) compartiment *m* fumeurs

Raucher(in) <-s, -> *m(f)* fumeur(-euse) *m(f)*
▸ **jd ist ~** qn est fumeur(-euse); **„~"** "fumeurs"; (*im Restaurant*) "coin fu-

meurs"
Räucher- (*geräuchert*) fumé(e); ~***hering*** hareng *m* saur
Raucherabteil *nt* compartiment *m* fumeurs **Raucherbein** *nt* artérite *f* tabagique [des membres inférieurs] **Raucherhusten** *m* toux *f* du fumeur/des fumeurs
Raucherin *f s.* **Raucher**
Räucherkammer *f* fumoir *m* **Räucherkerze** *f* bougie *f* parfumée
räuchern *vt* ■ **jd räuchert etw** qn fume qc; ■ **das R~** le fumage, la fumaison; ***nicht jeder Fisch eignet sich zum R~*** on ne peut pas fumer n'importe quel poisson
Räucherstäbchen *nt* bâtonnet *m* d'encens
Raucherzone *f* coin *m* fumeurs
Rauchfahne *f* panache *f* [*o* traînée *f*] de fumée **Rauchfang** *m* **1.** (*Abzugsvorrichtung*) hotte *f* [de cheminée] **2.** AUS *s.* **Schornstein Rauchfangkehrer(in)** <-s, -> *m(f)* AUS *s.* **Schornsteinfeger. Rauchfleisch** *nt* viande *f* fumée **Rauchgas** *nt form* fumées *fpl* [industrielles] **Rauchgasentschwefelungsanlage** *f* installation *f* de désulfuration des fumées [industrielles] **rauchgeschwärzt** *adj* noirci(e) par la fumée
rauchig *adj* **1.** (*verqualmt*) enfumé(e)
2. (*nach Rauch schmeckend*) fumé(e)
3. *Stimme* rauque
Rauchschwalbe *f* hirondelle *f* de cheminée **Rauchverbot** *nt* interdiction *f* de fumer **Rauchvergiftung** *f* intoxication *f* par la fumée ▸ **jd erleidet [bei etw] eine ~** qn est intoxiqué(e) par la fumée [lors de qc]
Rauchwaren¹ *pl form* (*Tabakwaren*) articles *mpl* pour fumeurs
Rauchwaren² *pl form* (*Pelzwaren*) fourrures *fpl*, articles *mpl* de pelleterie
Rauchwolke *f* nuage *m* de fumée **Rauchzimmer** *nt* fumoir *m*
Räude <-, -n> *f* gale *f*
räudig *adj* galeux(-euse)
rauf I. *interj fam* (*hinauf*) monte/montons/montez!; ~ ***mit euch!*** allez, montez!
II. *adv fam* (*hinauf*): ***jd darf/kann/muss/soll/ist* [*auf etw* (*akk*)]** ~ qn peut/doit monter [en haut de qc]/est en haut [de qc]
rauf- *s.* **herauf-, hinauf-**
Raufasertapete^RR *f* papier *m* ingrain
Raufbold <-[e]s, -e> *m* bagarreur(-euse) *m(f) fam*
raufen I. *vi* ■ **jd rauft [mit jdm]** qn se bagarre [avec qn] *fam*
II. *vr* ■ **sie ~ sich [um etw]** ils/elles se bagarrent [pour avoir qc] *fam*
Rauferei <-, -en> *f* bagarre *f fam*, rixe *f*
rauflustig *adj* bagarreur(-euse) *fam*
rauh *s.* **rau**
Rauhbein *s.* **Raubein. rauhbeinig** *s.* **raubeinig**
Rauheit <-> *f* ∅ **1.** [*Oberfläche, Papier*] rugosité *f*; [*Haut*] rugosité *f*, rudesse *f*; [*Stoff*] rudesse *f*
2. (*Unwirtlichkeit*) [*Gegend*] âpreté *f*; [*Klima a.*] rigueur *f*, rudesse *f*
Rauhfasertapete *s.* **Raufasertapete. Rauhputz** *s.* **Rauputz. Rauhreif** *s.* **Raureif**
Raum <-[e]s, Räume> *m* **1.** (*Zimmer*) pièce *f*
2. ∅ PHYS espace *m*
3. (*Welt~*) espace *m*
4. ∅ (*Platz*) espace *m*; ***das Fahrrad nimmt nicht viel ~ ein*** le vélo ne prend pas beaucoup de place
5. (*Gebiet*) région *f*
▸ **auf engstem ~** dans un espace très réduit; **jd/etw schafft ~ [für etw]** qn/qc fait de la place [pour qc]; **etw steht im ~[e]** /*Frage, Problem*/ qc reste en suspens; **jd stellt etw in den ~** *Annahme, Frage, Hypothese, These* qn met qc sur le tapis
Raum- 1. (*Weltraum-*) spatial(e); ~***krankheit*** maladie *f* de l'espace **2.** *-bedarf, -mangel, -not* d'espace; ~***aufteilung*** agencement *m*; ~***ersparnis*** gain *m* de place **Raumausstatter(in)** <-s, -> *m(f)* tapissier-décorateur *m*, décorateur *m* ensemblier
räumen I. *vt* **1.** (*entfernen*) ■ **jd räumt etw aus/von etw** qn enlève qc de qc; *aus einer Kiste* qn sort [*o* retire] qc de qc
2. (*einsortieren*) ■ **jd räumt etw in etw** (*akk*) qn range qc dans qc
3. (*frei machen*) ■ **jd räumt etw** *Wohnung, Haus* qn libère qc; *Platz, Straße* qn évacue qc; ■ **jd lässt etw ~** qn fait évacuer [*o* dégager] qc
4. (*evakuieren*) ■ **etw wird geräumt** *Kino, Lokal, Theater, Wohnblock* qc est évacué(e)
II. *vi* DIAL (*umräumen*) ■ **jd räumt** qn range
Raumfähre *f* navette *f* spatiale **Raumfahrer(in)** *m(f)* veraltend *s.* **Astronaut**
Raumfahrt *f* ∅ navigation *f* spatiale, astronautique *f*
▸ **bemannte/unbemannte ~** navigation *f* spatiale habitée/inhabitée, vols *mpl* spatiaux habités/inhabités
Raumfahrt- spatial(e); ~***agentur*** agence *f* de l'espace; ~***finanzierung*** financement *m* des programmes spatiaux **Raumfahrtmedizin** *f* médecine *f* spatiale
Raumfahrzeug *nt* véhicule *m* spatial
Räumfahrzeug *nt* engin *m* de déblaiement
Raumflug *m* **1.** (*Flug*) vol *m* spatial **2.** ∅ (*Raumfahrt*) astronautique *f* **Raumgestaltung** *f* agencement *m* intérieur **Raumgleiter** <-s, -> *m* navette *f* spatiale **Rauminhalt** *m* volume *m* **Raumkapsel** *f* **1.** (*Kabine einer Raumfähre*) capsule *f* spatiale **2.** *s.* **Raumsonde Raumlehre** *f* géométrie *f*
räumlich I. *adj* **1.** (*örtlich*) dans l'espace; ***die ~e Nähe/Entfernung*** la proximité/l'éloignement *m*; ***etw liegt in großer ~er Entfernung von etw*** qc est très éloigné(e) de qc
2. (*platzmäßig*): ***die ~en Gegebenheiten*** l'espace *m* [disponible]; ***die ~e Enge*** le manque de place [*o* d'espace]; ***in ~er Enge*** à l'étroit
3. (*dreidimensional*) *Eindruck* de relief; *Sehen, Sehvermögen* en relief
II. *adv* **1.** (*platzmäßig*) *beschränkt, eingeengt* du point de vue [de la] place [*o* [de l']espace]
2. (*dreidimensional*) *sehen* en relief
Räumlichkeit <-, -en> *f* **1.** *pl form* (*Räume*) locaux *mpl*
2. ∅ ART, CINE [*Bild, Gemälde*] profondeur *f*; [*Film*] relief *m*
Raummaß *nt* unité *f* de volume **Raummeter** *m o nt* stère *m* **Raumordnung** *f* aménagement *m* du territoire **Raumpfleger(in)** *m(f)* employé(e) *m(f)* de maison **Raumplanung** *f s.* **Raumordnung. Raumschiff** *nt* vaisseau *m* spatial **Raumsonde** *f* sonde *f* spatiale **Raumstation** *f* station *f* orbitale **Raumtransporter** *m* navette *f* spatiale
Räumung <-, -en> *f* évacuation *f*; ***die ~ der Wohnung ist nicht möglich*** il n'est pas possible d'évacuer l'appartement; ***jd setzt die ~ der Wohnung durch*** qn fait évacuer l'appartement
Räumungsbefehl *m* arrêté *m* d'expulsion **Räumungsklage** *f* demande *f* d'expulsion **Räumungsverkauf** *m* liquidation *f*
Raumverschwendung *f* place *f* perdue [*o* gaspillée]
raunen I. *vi geh* ■ **jd raunt** qn murmure; ■ **das R~** les murmures
II. *vt geh* ■ **jd raunt etw** qn murmure qc
raunzen *vi* AUS, SDEUTSCH **1.** (*jammern*) ■ **jd raunzt** qn lamente
2. (*nörgeln*) ■ **jd raunzt** qn rouspète
Raupe <-, -n> *f* **1.** ZOOL chenille *f*
2. (*Planier~*) bulldozer *m*, bouteur *m*
3. *s.* **Raupenkette**
Raupenfahrzeug *nt* véhicule *m* [*o* engin *m*] à chenilles [*o* chenillé] **Raupenkette** *f* chenille *f* **Raupenschlepper** *m* tracteur *m* à chenilles
Rauputz^RR *m* crépi *m*, crêpi *m* **Raureif^RR** *m* ∅ gelée *f* blanche, givre *m*
raus I. *interj* dehors, oust[e] *hum fam*, du balai *hum fam*
II. *adv fam dürfen, können, müssen* sortir; *s. a.* **heraus, hinaus**
Rausch <-[e]s, Räusche> *m* **1.** (*Trunkenheit*) ivresse *f*, ébriété *f*; ***jd bekommt einen ~*** qn s'enivre; ***im Zustand eines ~es*** en état d'ivresse [*o* d'ébriété]
2. *geh* (*Ekstase*) griserie *f*, ivresse *f*
▸ **jd hat einen ~** qn est ivre; **jd schläft seinen ~ aus** qn cuve [son vin] *fam*; **jd trinkt sich** (*dat*) **einen ~ an** qn s'enivre; **im ~ einer S.** (*gen*) grisé(e) par qc; ***im ~ der Triebe*** sous l'emprise des pulsions
-rausch *im Macht-, Liebes-, Gefühls-* ivresse *f*; *Farben-, Geschwindigkeits- a.* frénésie *f*
rauschen *vi* **1.** + *haben* (*zischen*) ■ **etw rauscht** /*Blätter, Meer, Wasser*/ on entend le/un bruit de qc; ***jd hört den Verkehr ~*** qn entend les bruits de la circulation; ***was rauscht da so?*** qu'est-ce que c'est que ce bruit?; ■ **das R~** le bruit; ***ein leises R~*** un bruit sourd; ***das R~ des Wasserfalles*** le grondement sourd de la cascade
2. + *sein* (*sich bewegen*) ■ **etw rauscht irgendwohin** /*Fluten, Wasser*/ on entend qc couler quelque part; /*Vogelschwarm*/ on entend qc passer quelque part [dans un bruit de battements d'ailes]
3. + *sein fam* (*gehen*) ■ **jd rauscht irgendwohin** qn file quelque part *fam*; ***jd kommt irgendwohin gerauscht*** qn rapplique quelque part *fam*; ***wütend rauschte sie aus dem Zimmer*** de colère, elle a pris ses cliques et ses claques et elle a quitté la pièce *fam*
rauschend *adj* (*prunkvoll*) fastueux(-euse), somptueux(-euse)
rauschfrei *adj* sans aucun souffle audible; ■ **etw ist ~** /*CD, Tonband, Radio*/ qc a une qualité d'écoute parfaite; ***ein Telefongespräch nach Japan ist selten ~*** c'est rare que, lorsqu'on téléphone au Japon, il n'y ait pas de friture sur la ligne; ***eine ~e Wiedergabe*** une restitution parfaite des sons; ***eine ~e Hi-Fi-Anlage*** une chaîne stéréo avec un son parfait
Rauschgift *nt* drogue *f*
▸ **jd nimmt ~** (*nimmt ~ zu sich*) qn se drogue; (*jd ist drogensüchtig*) qn est drogué(e) [*o* toxicomane]
Rauschgift- *-anbau, -fahnder, -herstellung, -schmuggel, -handel* de/de la drogue, de/des stupéfiants; ~***kriminalität*** criminalité *f* due à la drogue; ~***sucht*** toxicomanie *f*; ~***süchtige(r)*** toxicomane *mf*, drogué(e) *m(f)*
Rauschmittel *nt form* stupéfiant *m*
raus|ekeln *vt fam* ■ **jd ekelt jdn raus/aus etw raus** qn essaie de dégoûter qn de rester/de rester dans qc
raus|fliegen *vi irreg + sein fam* **1.** (*hinausgeworfen werden*) ■ **jd fliegt [aus etw] raus** qn se fait virer [*o* foutre à la porte] [de qc] *fam*
2. (*weggeworfen werden*) ■ **etw fliegt raus** /*Krempel, Gerümpel*/ on balance qc *fam*, on balance qc *fam*; ■ **eine Sache fliegt aus etw raus** *aus dem Haus, Keller* on vire une chose de qc *fam*; ***das fliegt mir aus dem Haus raus!*** il faut me virer ça de la maison! *fam*
raus|kriegen *vt fam* ■ **jd kriegt etw raus** *Geheimnis, Lösung* qn finit par découvrir qc; ***wie haben Sie sein Versteck rausgekriegt?*** *fam* comment avez-vous fait pour découvrir sa planque? *fam*; ■ **jd kriegt raus, was/wer/wie/wo** qn arrive à savoir ce que/qui/comment/où; ***ich würde gern ~, was er vorhat*** ça m'intéresse de savoir quelles sont ses intentions
räuspern *vr* ■ **jd räuspert sich** qn se racle la gorge; ***durch wiederholtes R~*** en se raclant la gorge plusieurs fois
raus|schmeißen *vt irreg fam* **1.** (*entlassen*) ■ **jd schmeißt jdn [aus etw] raus** qn vire qn [de qc] *fam*, qn fiche qn à la porte [de qc] *fam*
2. (*wegwerfen*) ■ **jd schmeißt etw raus** qn balance qc *fam*
Rausschmeißer(in) <-s, -> *m(f) fam* videur(-euse) *m(f) fam*
Rausschmiss^RR <-es, -e>, **Rausschmiß** <-sses, -sse> *m fam* mise *f* à la porte; ***jd muss mit dem ~ rechnen*** qn doit s'attendre à être viré(e) [*o* fichu(e) à la porte] [*o* foutu(e) à la porte] *fam*
Raute <-, -n> *f* losange *m*
rautenförmig *adj* en forme de losange
Ravioli [ra'vio:li] *pl* ravioli[s] *mpl*

Rayon <-s, -s> [rɛˈjõ:] *m* AUS secteur *m*
Razzia <-, Razzien> [-tsiən] *f* descente *f* [de police]; (*für mehrere Verhaftungen a.*) rafle *f*
▸ **jd veranstaltet** [*o* **macht**] **eine ~, jd führt eine ~ durch** qn fait une descente/une rafle
Reagens <-, Reagenzien> *nt*, **Reagenz** <-es, -ien> [-tsiən] *nt* réactif *m*
Reagenzglas *nt* éprouvette *f*
reagieren * *vi* **1.** ■ **jd reagiert** [**irgendwie**] [**auf etw** (*akk*)] qn réagit [d'une certaine façon] [à qc]; ***jd reagiert nicht mehr*** qn ne réagit plus, qn n'a plus de réactions
2. CHEM ■ **etw reagiert** [**mit etw**] qc a une réaction [*o* réagit] [à qc]; ***etw reagiert explosionsartig*** qc explose; ***etw reagiert rot*** qc vire au rouge
Reaktion <-, -en> *f* réaction *f*; ■ **jds ~ auf etw** (*akk*) la réaction de qn à qc
reaktionär I. *adj Kreise, Politiker, Partei* réactionnaire; *Denken, Gesinnung, Ziele a.* rétrograde
II. *adv*: ***jd ist ~ eingestellt/denkt ~*** qn a des positions/idées réactionnaires
Reaktionär(in) <-s, -e> *m(f)* réactionnaire *mf*
Reaktionsfähigkeit *f* ∅ capacité *f* de réaction **reaktionsschnell** *adj* qui réagit vite, rapide à la détente; ■ **jd ist ~** qn réagit vite, qn est rapide à la détente **Reaktionszeit** *f* temps *m* de réaction
reaktivieren * [-ˈvi:-] *vt* ■ **jd reaktiviert jdn** qn rappelle qn
Reaktivierung <-, -en> [-ˈvi:-] *f* rappel *m*
Reaktor <-s, -toren> *m* réacteur *m*
Reaktor- *-kern, -kühlung, -mantel, -sicherheit* du réacteur; ***ein ~unglück*** un accident qui se produit/s'est produit dans le réacteur **Reaktorblock** <-blöcke> *m* réacteur *m*; ***der ~ 4*** le réacteur n°4
real I. *adj* **1.** *geh* (*tatsächlich*) [bien] réel(le)
2. ECON *Einkommen* réel(le), effectif(-ive)
II. *adv* ECON en valeur réelle
Realeinkommen *nt* revenu *m* réel **Realersatz** *m* CH dédommagement *m* en nature
Realisation <-, -en> *f s.* **Realisierung**
realisierbar *adj geh* réalisable, faisable; *Idee, Vorstellung a.* applicable
Realisierbarkeit <-> *f* ∅ *geh* [*Plan, Programm, Projekt*] faisabilité *f form*; [*Idee, Vorstellung*] applicabilité *f form*
realisieren * *vt* **1.** (*verwirklichen*) ■ **jd realisiert etw** *Plan, Projekt* qn réalise qc; *Idee, Vorstellung a.* qn applique qc
2. BÖRSE ■ **jd realisiert etw** qn réalise qc
3. (*erkennen*) ■ **jd realisiert etw** qn prend conscience de qc, qn se rend compte de qc; ■ **jd realisiert, dass** qn réalise que + *indic*
Realisierung <-, *rare* en> *f* [*Plan etc*] réalisation *f*; [*Idee*] application *f*
Realismus <-> *m* ∅ réalisme *m*
Realist(in) <-en, -en> *m(f)* réaliste *mf*
realistisch I. *adj* réaliste
II. *adv* **1.** *geh betrachten, einschätzen* avec réalisme
2. ART, LITER de manière réaliste; ***er malt/schreibt ~*** c'est un peintre/écrivain réaliste
Realität <-, -en> *f* **1.** (*Wirklichkeit*) réalité *f*
2. *pl* (*Gegebenheiten*) réalités *fpl*
3. *pl* AUS (*Immobilien*) immeubles *mpl*
▸ **etw wird ~** qc devient réalité, qc se réalise
Realitätenhändler(in) *m(f)* AUS marchand(e) *m(f)* de biens
Realitätssinn *m* ∅ sens *m* des réalités
Realkanzlei *f* AUS agence *f* immobilière
Realo <-s, -s> *m sl* écolo *mf* réaliste *fam* (*tendance modérée*)
Realpolitik *f* politique *f* pragmatique **Realpolitiker(in)** *m(f) partisan d'une politique pragmatique* **Realschule** *f* ≈ collège *m* (*filière intermédiaire entre le Gymnasium, scolarité longue, et la Hauptschule, scolarité courte*) **Realschüler(in)** *m(f)* ≈ collégien(ne) *m(f)*
Reanimation <-, -en> *f* réanimation *f*
reanimieren * *vt* ■ **jd reanimiert jdn** qn r[é]anime qn
Rebe <-, -n> *f* vigne *f*
Rebell(in) <-en, -en> *m(f)* **1.** (*Aufständischer*) rebelle *mf*
2. *geh* (*widersetzlicher Mensch*) rebelle *mf soutenu*, factieux(-euse) *m(f) littér*
rebellieren * *vi* ■ **jd rebelliert** [**gegen jdn/etw**] qn se rebelle [contre qn/qc], qn se révolte [contre qn/qc]
Rebellion <-, -en> *f* rébellion *f*, révolte *f*
rebellisch *adj* **1.** (*aufständisch*) rebelle, en révolte
2. *geh* (*aufbegehrend*) rebelle, révolté(e)
▸ **jd macht jdn/etw ~** *fam*: ***was musst du denn wegen so einer Lappalie alle/das ganze Haus ~ machen?*** t'as besoin d'ameuter la galerie pour de telles foutaises? *fam*
Rebensaft *m* ∅ *geh* jus *m* de la treille *soutenu*
Rebhuhn *nt* perdrix *f*
Reblaus *f* phylloxéra *m* **Rebsorte** *f* cépage *m* **Rebstock** *m* pied *m* de vigne, cep *m*
Rebus <-, -se> *m o nt* rébus *m*
Rechaud <-s, -s> [reˈʃo:] *m o nt* chauffe-plat *m*; (*für Fondue*) réchaud *m*
rechen *vt* ■ **jd recht etw** qn ratisse qc
Rechen <-s, -> *m* râteau *m*
Rechenart *f* opération *f* [fondamentale] **Rechenaufgabe** *f* (*Rechnung*) exercice *m* de calcul; (*Problemstellung*) problème *m* **Rechenexempel** *nt* problème *m* d'arithmétique **Rechenfehler** *m* erreur *f* de calcul ▸ **jd macht einen ~** qn se trompe dans son calcul, qn fait une erreur de calcul; **jd macht ~** qn se trompe dans ses calculs, qn fait des erreurs de calcul **Rechenkünstler(in)** *m(f)* champion(ne) *m(f)* de calcul mental **Rechenmaschine** *f* **1.** (*Gerät zum Rechnen*) machine *f* à calculer, calculatrice *f* **2.** (*Abakus*) boulier *m*
Rechenschaft <-> *f* ∅ ***zur ~ verpflichtet*** tenu(e) à rendre des comptes
▸ **jd ist jdm** [**über etw** (*akk*)] **~ schuldig, jd schuldet jdm ~** qn a des comptes à rendre à qn [au sujet de qc]; **jd legt** [**jdm**] **~** [**über etw** (*akk*)] **ab** qn rend des comptes [à qn] [au sujet de qc]; **jd legt sich** (*dat*) **über etw** (*akk*) **~ ab** qn fait le point sur qc; **jd verlangt** [*o* **fordert**] **~** [**über etw** (*akk*)] qn exige qu'on lui rende des comptes [au sujet de qc]; **jd verlangt** [*o* **fordert**] **von jdm ~** [**über etw** (*akk*)] qn exige que qn lui rende des comptes [au sujet de qc]; **jd zieht jdn** [**für etw**] **zur ~** qn demande des comptes à qn [au sujet de qc]
Rechenschaftsbericht *m* rapport *m* d'activité
Rechenschieber *m* règle *f* à calcul **Rechenzentrum** *nt* centre *m* de calcul
Recherche <-, -n> [reˈʃɛrʃə] *f geh* recherche *f*
▸ **jd stellt ~n** [**über jdn/etw**] **an** qn fait une enquête [*o* des recherches] [sur qn/qc]
recherchieren * [reʃɛrˈʃi:rən] I. *vi geh* ■ **jd recherchiert** [**in etw** (*dat*)] qn fait des recherches [sur qc], qn enquête [sur qc]
II. *vt geh* ■ **jd recherchiert etw** qn cherche à élucider qc
rechnen I. *vt* **1.** MATH ■ **jd rechnet etw** *Zahlen, Mehrwertsteuer, Aufgabe* qn calcule qc
2. (*veranschlagen*) ■ **jd rechnet etw für** [*o* **pro**] **jdn/etw** qn compte qc par qn/qc
3. (*einstufen*) ■ **jd rechnet jdn/etw zu etw** [*o* **unter etw** (*akk*)] qn compte qn/qc parmi qc
▸ **das ist zu hoch/zu niedrig gerechnet** c'est calculé trop large/trop juste; **etw nicht gerechnet** sans compter qc, qc non compris(e)
II. *vi* **1.** SCOL ■ **jd rechnet** qn calcule, qn compte; ■ **jd rechnet an etw** (*dat*) qn résout qc
2. (*sich verlassen*) ■ **jd rechnet auf jdn/etw** qn compte sur qn/qc
3. (*einkalkulieren*) ■ **jd rechnet mit etw** *mit einer Antwort, Entscheidung, Zahlung* qn attend qc, qn table sur qc; *mit dem Eintritt von Nebel, Hochwasser, einem Erdbeben* qn s'attend à qc; ■ **jd rechnet damit, dass** qn s'attend à ce que + *subj*; ***wir haben gar nicht damit gerechnet, dass du kommst*** nous n'avons pas du tout compté que tu viendrais
4. *fam* (*Haus halten*) ■ **jd rechnet** qn compte, qn calcule; ■ **jd rechnet mit etw** *mit jedem Pfennig, mit jeder Mark* qn compte qc; ***wir müssen mit jedem Pfennig ~*** nous devons compter chaque sou, nous en sommes à un sou près
▸ **jd rechnet falsch/richtig** qn calcule de travers/juste, qn fait des calculs faux [*o* des erreurs de calcul]/justes [*o* exacts]; ***falsch gerechnet!*** erreur de calcul!
III. *vr* ■ **etw rechnet sich** qc est rentable
Rechnen <-s> *nt* ∅ **1.** SCOL calcul *m*
2. (*das Ausrechnen*) calculs *mpl*
▸ **jd ist am ~** qn est en train de calculer [*o* faire des calculs]
Rechner <-s, -> *m* **1.** (*Taschenrechner*) calculette *f*, calculatrice *f*
2. (*Computer*) ordinateur *m*
Rechner(in) <-s, -> *m(f)* calculateur(-trice) *m(f)*; ***er ist ein ausgezeichneter ~*** c'est quelqu'un qui est excellent en calcul; ***ein passionierter ~*** un passionné de calcul
▸ **jd ist ein eiskalter** [*o* **kühler**] **~** pour qn, il n'y a que les chiffres qui comptent; **jd ist ein guter/schlechter ~** qn est bon(ne)/mauvais(e) en calcul
Rechner- *veraltend form r-gesteuert, r-unterstützt* par ordinateur; *-leistung, -system, -verbund* informatique
rechnerisch I. *adj* arithmétique, mathématique
II. *adv* mathématiquement
▸ **rein ~** si on ne s'en tient qu'aux chiffres, d'un strict point de vue arithmétique [*o* mathématique]
Rechnung <-, -en> *f* **1.** COM facture *f*; (*im Hotel*) note *f*; (*im Restaurant, Café a.*) addition *f*
2. (*Berechnung*) calcul *m*
▸ **jd hat die ~ ohne den Wirt gemacht** *fam* qn s'est planté(e) dans ses calculs *fam*; ***ihr dachtet wohl, ihr könnt das Geschäft hinter meinem Rücken tätigen, aber da habt ihr die ~ ohne den Wirt gemacht*** vous vous imaginiez que vous pouviez manigancer dans mon dos, mais c'est mal me connaître; **auf** [*o* **für**] **eigene ~** *arbeiten, mit etw handeln* à mon/son/… compte, pour mon/son/… propre compte; ***auf ~ und Gefahr des Empfängers*** aux risques et périls du destinataire; **jd hat mit jdm eine** [**alte**] **~ zu begleichen** qn a un [vieux] compte à régler avec qn; **etw geht auf jds ~** (*jd bezahlt etw*) qn prend qc à son compte; (*jd steckt hinter etw*) qc est à mettre sur le compte de qn, qn est responsable de qc; ***das Essen geht auf meine ~*** c'est moi qui règle, je t'/vous invite; **jds ~ geht auf** les calculs de qn sont justes [*o* exacts]; **jds ~ geht bei jdm nicht auf** qn se trompe sur le compte de qn; **jd kassiert die ~** qn encaisse l'addition; **etw kommt auf jds ~** qc est à mettre sur le compte de qn; **jd kommt** [**bei etw**] **auf seine ~** qn trouve son compte [*o* fait la culbute] [en faisant qc], qn s'y retrouve [dans qc]; **jd macht jdm die ~** qn me/lui/… fait [*o* prépare] l'addition; **jd/etw präsentiert jdm die ~ für etw** qn/qc me/lui/… fait payer qc; ***jdm wird die ~ präsentiert*** [***für etw***] qn doit payer [pour qc]; **jd setzt** [**jdm**] **etw auf die ~, jd schreibt etw auf jds ~** (*akk*) qn inscrit qc sur le compte de qn; **jd stellt** [**jdm**] **etw in ~** qn facture qc [à qn]; **jd trägt einer S.** (*dat*) **~** *form* qn attache à qc une juste valeur, qn donne à qc l'importance qu'il/elle mérite; **etw trägt einer S.** (*dat*) **~** qc tient suffisamment compte de qc, qc prend qc suffisamment en compte; **auf ~** sur facture; **laut ~** suivant facture
Rechnungs- de/de la facture **Rechnungsbuch** *nt* **1.** COM livre *m* de comptes [*o* comptabilité] **2.** SCOL CH livre *m* d'arithmétique [*o* de calcul] **Rechnungshof** *m* ≈ Cour *f* des comptes ▸ **Europäischer ~** Cour *f* des comptes européenne **Rechnungsjahr** *nt* exercice *m* comptable/

budgétaire

recht I. *adj* 1. (*passend*) *Ort* bon(ne); *Augenblick, Moment a.* opportun(e)
2. (*echt*) vrai(e), véritable; ***so ~e Lust habe ich nicht*** je n'ai pas vraiment envie; ***es wollte sich keine ~e Freude einstellen*** il y avait une ombre au tableau; ***es wollte sich bei mir/ihm/... keine ~e Freude einstellen*** j'étais un peu gêné(e)/il était un peu gêné/...
3. (*angenehm*) ■ **jdm ist etw ~** qc convient à qn; ■ **jdm ist es ~, dass/wenn** ça me/lui/... convient que + *subj;* ***ist es Ihnen ~, wenn ...?*** ça ne vous dérange pas que ... + *indic*?; ***ist dir das [so] ~?*** ça te va?
4. CH, SDEUTSCH (*anständig*) *Mensch* comme il faut; *Eindruck* bon(ne), favorable; (*ordentlich*) *Kleidung, Bezahlung* correct(e)
▶ **es ist nicht mehr als [*o* nur] ~ und billig** c'est la moindre des choses; **was dem einen ~ ist, ist dem andern billig** *prov* ≈ il n'y a pas deux poids, deux mesures (*ce qui est accordé à l'un doit l'être à l'autre*); **ist schon ~!** c'est bon! *fam;* **alles, was ~ ist** (*ich bitte Sie!*) vous pouvez dire ce que vous voulez,; (*alle Achtung!*) il faut dire ce qui est *fam;* ***also, alles, was ~ ist,*** enfin, tout de même,; **jd sieht [*o* schaut] irgendwo nach dem R~en** qn vérifie que tout va bien quelque part, qn jette un coup d'œil quelque part; **das soll jdm ~ sein** qn n'a rien contre, qn aime autant, qn ne demande pas mieux; **jd tut ~ daran etw zu tun** *geh* qn fait bien de faire qc; **ganz ~!** très juste!, tout à fait!; **etwas R~es** (*eine solider Beruf*) quelque chose de sérieux; ***das ist nichts R~es*** ce n'est pas un métier sérieux; **jd hat keinen ~en/keine ~e ...** *Antrieb, Lust, Neigung* qn n'a pas vraiment ...
II. *adv* 1. (*richtig*) bien; ***ich sehe/höre doch wohl nicht ~?*** j'ai la berlue, ou quoi?, ma parole, je rêve?
2. (*ziemlich*) assez; ***~ viel*** pas mal *fam*
▶ **das geschieht jdm ~** c'est bien fait pour qn *fam,* qn l'a bien mérité; **jd kommt gerade ~** qn arrive à point, qn tombe à pic; **jd kommt jdm gerade ~** *iron:* ***du kommst mir gerade ~!*** tu tombes à pic, toi!, tu arrives [vraiment] au bon moment!, tu tombes bien!; ***der kommt mir gerade ~!*** fallait bien qu'il arrive, celui-là! *fam;* **etw kommt** *fam* **jdm gerade ~** qc arrive à point nommé, qc tombe bien; **man kann jdm nichts ~ machen** qn n'est jamais content(e) de ce qu'on fait; ***ob man ihm mal was ~ machen kann?*** est-ce qu'on arrivera un jour à le satisfaire?; **man kann es nicht allen ~ machen** on ne peut pas contenter tout le monde [et son père]; **ich weiß nicht ~** je ne sais pas trop; **jetzt [*o* nun] erst ~** maintenant plus que jamais; **jetzt [*o* nun] erst ~ nicht** maintenant moins que jamais; **nicht so ~** pas vraiment, pas tellement

Recht <-[e]s, -e> *nt* droit *m;* ■ **jds ~ auf jdn** *auf einen Anwalt etc* le droit que qn a d'avoir qn; ■ **jds ~ auf etw** *auf eine Arbeit etc* le droit de qn à qc
▶ **gleiche ~e, gleiche Pflichten** à droits égaux, devoirs égaux; **das ~ ist auf jds Seite** le droit est du côté de qn; **das ~ des Stärkeren** le droit du plus fort, la loi de la jungle; **bürgerliches ~** droit *m* civil; **gleiches ~ für alle!** les mêmes droits pour tous!; **etw ist jds gutes ~** qc est mon/son/... bon droit; **es ist jds gutes ~ etw zu tun** c'est mon/son/... droit de faire qc; **kirchliches [*o* kanonisches] ~** droit canon[ique]; **öffentliches ~** droit public; **jd behält ~** qn ne s'est pas trompé(e); **jd behält mit etw ~** qc de qn se vérifie; **jd bekommt ~** qn obtient gain de cause; **~ muss ~ bleiben** la loi, c'est la loi; **jd fordert [*o* verlangt] sein ~** qn demande justice, qn réclame ce qui lui est dû; **jd bekommt [*o* erhält] [*o* kriegt *fam*] sein ~** qn obtient justice [*o* ce qui lui est dû]; **jd gibt jdm ~** qn donne raison à qn; **jd hat ~** qn a raison; **jd hat ein ~ auf etw** (*akk*) qn a droit à qc; **jd hat das ~ auf jdn/etw** qn a droit à qn/qc; **jd hat zu etw kein ~** qn n'a pas droit à qc; **jd hat kein [*o* nicht das] ~ etw zu tun** qn n'a pas le droit de faire qc; **jd ist im ~** qn est dans son droit; **jd kommt zu seinem ~** qn obtient justice, qn rentre dans son bon droit; **jd spricht ~** qn rend la justice; **alle ~e vorbehalten** tous droits réservés; **mit welchem ~?** de quel droit?; **mit [*o* zu] ~** à juste titre; **von ~s wegen** *fam* normalement

-recht *nt* 1. JUR *Abtreibungs-, Beamten-, Kartell-, Scheidungs-* législation *f* concernant le/la/les; ***See~*** droit *m* des mers; ***Steuer~*** droit *m* fiscal; ***Urheber~*** droit *m* d'auteur
2. (*Anspruch*) *Auskunfts-, Zeugnisverweigerungs-* droit *m* à; *Nachzugs-, Options-, Sorge-, Stimm-* droit *m* de
3. *meist pl* (*Berechtigung*) *Exklusiv-* droits *mpl; Übertragungs-, Vervielfältigungs-* droits *mpl* de

Rechte <-n, -n> *f* 1. (*rechte Hand*) main *f* droite
2. BOXEN (*Hand*) droite *f;* (*Schlag*) droit *m*
3. POL ■ **die ~** la droite
▶ **zu jds ~n, zur ~n von jdm** *geh* à la droite de qn

rechte(r, s) *adj attr* 1. (*opp: linke*) droit(e); *Straßenseite, Tür, Haus, Bild, Fahrbahn, Spur* de droite
2. COUT: ***die ~ Seite*** l'endroit *m;* ***auf der ~n Seite*** à l'endroit
3. POL de droite; *Flügel* droit(e); ***das ~e Lager*** la droite

Rechte(r) *f(m) decl wie adj* homme/femme *m/f* de droite; ***die äußerste ~*** l'extrême droite; ***eine ganz ~*** une droitiste

Rechteck <-[e]s, -e> *nt* rectangle *m* **rechteckig** *adj* rectangulaire

rechtens ▶ **etw ist ~** *form* /*Anordnung*/ qc est légal(e); /*Anspruch, Forderung*/ qc est légitime

rechtfertigen I. *vt* 1. ■ **jd rechtfertigt etw [gegenüber/vor jdm]** qn justifie qc [vis-à-vis de/auprès de qn]; ■ **jd rechtfertigt es [jdm gegenüber/vor jdm] etw getan zu haben** qn se justifie [vis-à-vis de/auprès de qn] d'avoir fait qc
2. ■ **etw rechtfertigt etw** qc justifie qc
II. *vr* ■ **jd rechtfertigt sich [jdm gegenüber/vor jdm] [für etw]** qn se justifie [vis-à-vis de/auprès de qn] [de qc]

Rechtfertigung *f* justification *f;* ***jdm fällt die ~ nicht leicht*** qn a du mal à se justifier
▶ **zu jds ~** pour me/se/... justifier/justifier qn; **zur ~ von etw** pour justifier qc

rechtgläubig *adj* 1. (*orthodox*) orthodoxe
2. (*strenggläubig*) de stricte obédience

Rechthaber(in) <-s, -> *m(f) pej* personne *f* qui veut toujours avoir raison [*o* le dernier mot]; ***er ist ein ~*** il veut toujours avoir raison [*o* le dernier mot]; ***du ~(in)!*** espèce d'ergoteur(-euse)!

Rechthaberei <-> *f* ∅ *pej* volonté *f* d'avoir toujours raison [*o* le dernier mot]

rechthaberisch *adj pej* qui veut toujours avoir raison [*o* le dernier mot]; ■ **jd ist ~** qn veut toujours avoir raison [*o* le dernier mot]

rechtlich I. *adj* juridique
II. *adv* juridiquement, en droit

rechtlos *adj Stellung* sans droits; *Bevölkerung, Mensch a.* privé(e) de [ses] droits; ■ **jd ist ~** qn est privé(e) de [mes/ses/...] droits **Rechtlose(r)** *f(m) decl wie adj* hors-la-loi *mf*

Rechtlosigkeit <-> *f* ∅ privation *f* de droits

rechtmäßig *adj* 1. (*legitim*) *Eigentümer, Erbschaft* légitime; *Besitz, Eigentum a.* légal(e)
2. (*legal*) *Anordnung, Maßnahme* légal(e)

Rechtmäßigkeit <-> *f* ∅ 1. (*Legitimität*) légitimité *f*
2. (*Legalität*) légalité *f*

rechts I. *adv* 1. (*auf der rechten Seite*) à droite; ***~ oben/unten*** en haut/en bas à droite; ■ **~ hinter/neben/von/vor ...** à droite derrière/près de/de/devant ...; ***~ hinter dem Ohr*** derrière l'oreille droite; ***direkt ~ neben dir*** tout près de toi à droite; ***~ von uns*** à notre droite
2. (*richtig herum*) à l'endroit
3. TRANSP *bleiben, fahren, sich halten* à droite, sur la voie de droite; *abbiegen* à droite, vers la droite; ***jd ordnet sich ~ ein*** qn se met sur la voie de droite
▶ **jd ist ~ eingestellt** qn est [*o* a des idées] de droite; **halb ~** légèrement à droite; ***das Auto kam von halb ~*** la voiture arrivait légèrement de la droite; **jd weiß nicht mehr, wo ~ und links ist** *fam* qn n'a plus les yeux en face des trous *fam,* qn ne sait plus où il/elle en est *fam;* **von ~ nach links** de droite à gauche; ***du musst den Pullover von ~ nach links drehen*** il faut que tu mettes le pull sur l'envers; ***er taumelte von ~ nach links*** il titubait; **~ vor links** [la] priorité à droite; **zwei ~, zwei links** deux mailles à l'endroit, deux mailles à l'envers; **jd steht [*o* ist] ~** qn est [*o* se situe] à droite; **jd steht [*o* ist] ~ von jdm/etw** qn est [*o* se situe] à droite de qn/qc [*o* plus à droite que qn/qc]; **jd strickt [etw] ~** *Masche, Reihe* qn tricote [qc] à l'endroit; ***jd strickt etw glatt/kraus ~*** qn tricote qc en jersey endroit/au point mousse; **auf ~** *drehen, wenden* à l'endroit; **nach ~** à [*o* vers la] droite; ***wir können den Tisch nach ~ an die Wand schieben*** on peut pousser la table sur la droite, contre le mur; **~ um!** à droite, droite!; **von ~** de la droite
II. *präp* ■ **~ einer S.** + *gen* à droite de qc

Rechts- JUR juridique; ***~medizin*** médecine *f* légale

Rechtsabbieger <-s, -> *m* véhicule *m* qui tourne à droite; ***diese Spur ist nur für ~*** cette voie est seulement pour ceux qui tournent à droite **Rechtsabbiegerspur** *f* voie *f* réservée aux véhicules qui tournent à droite

Rechtsanwalt *m,* **-anwältin** *f* avocat(e) *m(f)*
▶ **jd nimmt sich** (*dat*) **einen ~** qn prend un avocat

Rechtsanwalts- JUR d'avocat

Rechtsausleger(in) <-s, -> *m(f) sl* réac *mf fam* **Rechtsaußen** <-, -> *m* 1. FBALL ailier *m* droit 2. POL *fam:* ***er gilt als ~ seiner Partei*** dans son parti, il est considéré très à droite [*o* il fait figure de droitiste] *f fam*

Rechtsbeistand *m* 1. (*Beruf*) ≈ conseiller *m* juridique (*personne agréée par un tribunal, mais ne remplissant pas les conditions d'admission au barreau*) 2. ∅ (*juristischer Beistand*) assistance *f* juridique **Rechtsberater(in)** *m(f)* conseiller(-ère) *m(f)* juridique, jurisconsulte *mf* **Rechtsbeugung** *f* prévarication *f* (*dont un juge se rend coupable*) **Rechtsbrecher(in)** <-s, -> *m(f)* personne *f* qui viole la loi, délinquant(e) *m(f)* **Rechtsbruch** *m* violation *f* de la loi, acte *m* de délinquance ▶ **jd begeht einen ~** qn viole la loi

rechtsbündig I. *adj* aligné(e) à droite
II. *adv ausdrucken* aligné(e) à droite; ***jd ordnet etw ~ an*** qn aligne qc à droite

rechtschaffen I. *adj* 1. (*redlich*) honnête
2. *fam* (*ziemlich*): ***jd hat ~en Durst/Hunger*** qn a une bonne petite soif/faim *fam*
II. *adv* 1. (*redlich*) honnêtement, avec honnêteté
2. *fam* (*ziemlich*) *müde, durstig* plutôt *fam,* pas mal *fam*
3. *fam* (*nach Kräften*) de mon/son/... mieux; ***jd bemüht sich ~*** qn fait de son mieux

Rechtschaffenheit <-> *f* ∅ honnêteté *f*

rechtschreiben *vi nur infin* orthographier; ***jd lernt ~*** qn apprend l'orthographe

Rechtschreiben <-s> *nt* ∅ SCOL orthographe *f;* ***im ~*** en orthographe

Rechtschreibfehler *m* faute *f* d'orthographe ▶ **jd macht ~/einen ~** qn fait des fautes [d'orthographe]/une faute [d'orthographe] **Rechtschreibhilfe** *f,* **Rechtschreibkorrekturprogramm** *nt* INFORM correcteur *m* orthographique **Rechtschreibreform** *f* réforme *f* de l'orthographe

Rechtschreibung *f* orthographe *f*

Rechtsdrall *m* 1. [*Gewehrlauf*] rayure *f* à droite; [*Billardkugel*] effet *m* à droite
2. POL glissement *m* à droite
▶ **jd hat einen ~** /*Autofahrer*/ qn tend trop à droite; POL *fam* qn glisse à droite

Rechtsempfinden *nt* sens *m* de la justice
▶ **nach jds ~:** ***nach dem ~ der meisten*** la plupart des gens ont un sens de la justice qui leur fait dire que + *indic*

Rechtsextremist(in) *m(f)* extrémiste *mf* de droite **rechtsextremis-**

tisch I. *adj* d'extrême-droite II. *adv:* ***jd ist ~ angehaucht*** qn a des idées teintées d'extrémisme de droite; ***jd ist ~ beeinflusst*** qn subit l'influence de l'extrême-droite **rechtsgerichtet** *adj* POL orienté(e) à droite **Rechtsgewinde** *nt* filetage *m* à droite

rechtsgültig *adj* valide, valable

Rechtshänder(in) <-s, -> *m(f)* droitier(-ière) *m(f)* ▸**jd ist ~** qn est droitier(-ière) **rechtshändig** I. *adj* droitier(-ière) II. *adv* de la main droite **rechtsherum** *adv* **1.** *fahren, verlaufen* à droite **2.** *sich drehen, hineinschrauben* de gauche à droite, dans le sens des aiguilles d'une montre; (*beim Walzer*) à l'endroit

Rechtskonsulent <-en, -en> *m* CH conseiller *m* juridique **Rechtskraft** *f* ∅ force *f* exécutoire ▸**etw erlangt ~** */Bescheid, Beschluss/* qc acquiert force de loi; */Urteil/* qc devient exécutoire **rechtskräftig** I. *adj Bescheid, Beschluss* qui a force de loi; *Urteil* exécutoire II. *adv* dans un jugement exécutoire **rechtskundig** *adj* qui a de bonnes connaissances en droit; ■**jd ist ~** qn a de bonnes connaissances en droit

Rechtskurve [-və] *f* virage *m* à droite ▸**etw macht eine ~** qc fait un virage à droite **rechtslastig** *adj* **1.** (*rechts zu stark belastet*) trop chargé(e) à droite **2.** POL *pej* marqué(e) à droite

Rechtsmittel *nt* recours *m*

▸**jd legt [gegen etw] ein ~ ein** qn exerce un recours [contre qc]

Rechtsmittelbelehrung *f* information *f* sur les voies de recours

Rechtsnachfolger(in) *m(f)* ayant cause *m* **Rechtsordnung** *f* législation *f*

Rechtsprechung <-, *rare* -en> *f* ∅ justice *f*

rechtsradikal I. *adj* d'extrême droite II. *adv:* ***jd ist ~ eingestellt*** qn a des idées d'extrême droite **Rechtsradikale(r)** *f(m)* POL extrémiste *mf* de droite **rechtsrheinisch** I. *adj* [situé(e)] à l'est [*o* sur la rive droite] du Rhin II. *adv* à l'est [*o* sur la rive droite] du Rhin **Rechtsruck** <-es, -e> *m* poussée *f* [*o* coup *m* de barre] à droite **rechtsrum** *adv fam s.* **rechtsherum**

Rechtsschutz *m* protection *f* juridique **Rechtsschutzversicherung** *f* contrat *m* [d'assurance] de protection juridique

rechtsseitig I. *adj* du côté droit; ***~e Armamputation*** amputation *f* du bras droit

II. *adv* du côté droit; ***~ erblindet*** aveugle de l'œil droit

Rechtsstaat *m* État *m* de droit **rechtsstaatlich** *adj Grundsatz, Verfahren* fondé(e) sur le droit, conforme à la légalité; *Bedenken, Skrupel* quant à la légalité de qc **Rechtsstreit** *m* procès *m* **Rechtstitel** *m* JUR titre *m* juridique; ***ein vollstreckbarer ~*** un titre exécutoire

rechtsum *adv* ▸**~ kehrt!** demi-tour à droite, droite!; **sie machen ~** *fam* ils/elles prennent à droite

rechtsverbindlich *adj* juridiquement valable **Rechtsverdreher(in)** <-s, -> *m(f)* **1.** *hum fam* (*Anwalt*) procédurier(-ière) *m(f)* (*qui sait jongler avec les textes de loi*) **2.** *pej* tripatouilleur(-euse) *m(f)* [de textes de loi] *fam*

Rechtsverkehr *m* conduite *f* à droite; ***in Amerika ist ~*** en Amérique, on roule à droite

Rechtsverordnung *f* prescription *f* légale **Rechtsvertreter(in)** *m(f)* mandataire *mf* **Rechtsweg** *m* ∅ procédure *f* ▸**jd beschreitet den ~** *form* qn engage une procédure **rechtswidrig** I. *adj* illégal(e), contraire au droit II. *adv* illégalement, dans l'illégalité **Rechtswissenschaft** *f* ∅ JUR *form* droit *m*

rechtwink[e]lig *adj Dreieck* rectangle; *Kurve* à angle droit

rechtzeitig I. *adj Ankunft, Beginn* à l'heure [fixée/prévue]; *Anmeldung, Erscheinen* en temps voulu, à temps

II. *adv ankommen, aufhören, da sein* à l'heure [fixée/prévue]; *erfahren, erfolgen* en temps voulu, à temps

Reck <-[e]s, -e> *nt* barre *f* fixe

Recke <-n, -n> *m poet* preux *m poét*

recken I. *vt* ■**jd reckt etw [irgendwohin]** *Faust* qn tend qc [quelque part]; *Glieder, Oberkörper* qn étend qc [quelque part]; *Hals* qn allonge [*o* tend] qc [quelque part]

II. *vr* ■**jd reckt sich** qn s'étire; ■**jd reckt sich irgendwohin** qn se penche quelque part

Recorder <-s, -> *m* **1.** (*Kassettenrecorder*) magnéto[phone] *m*

2. (*Videorecorder*) magnétoscope *m*

recyceln * [ri'saikln] *vt* ■**jd recycelt etw** qn recycle qc

recyclebar [ri'saiklbaɐ] *adj* recyclable

Recycling <-s> [ri'saiklɪŋ] *nt* ∅ recyclage *m*

Recyclingpapier [ri'saiklɪŋ-] *nt* papier *m* recyclé

Redakteur(in) <-s, -e> [redak'tøːɐ] *m(f)* rédacteur(-trice) *m(f)*

Redaktion <-, -en> *f* **1.** (*Büro*) [bureau *m* de] rédaction *f*

2. (*Menschen*) rédaction *f*

3. ∅ (*das Redigieren*) rédaction *f*

redaktionell I. *adj Bearbeitung, Überarbeitung* rédactionnel(le); ***~e Leitung*** direction *f* de la rédaction; ***~e Mitarbeit*** collaboration *f* à la rédaction

II. *adv bearbeiten, überarbeiten* sur le plan rédactionnel; *mitarbeiten* en tant que rédacteur(-trice)

Redaktions- *-leiter, -mitglied* de/de la rédaction; ***~konferenz*** conférence *f* de rédaction **Redaktionsschluss**[RR] *m* bouclage *m* [du journal/de l'édition]

Redaktor <-s, -toren> *m*, **-torin** *f* CH *s.* **Redakteur**

Rede <-, -n> *f* **1.** (*Ansprache*) discours *m*

2. *pl* (*Äußerungen*) propos *mpl;* ***das sind nichts als ~n*** ce ne sont que des mots

▸**jd steht [jdm] [für etw] ~ und Antwort** qn se justifie [devant qn] [de qc]; **langer ~ kurzer Sinn,** *fam* bref,; **der langen ~ kurzer Sinn** *prov* allons droit au but!, ne tournons pas autour du pot! *fam;* **direkte/indirekte ~** discours direct/indirect; **in freier ~** en improvisant; **jd führt [***o* **schwingt** *sl***] große ~n** qn se gargarise de mots *fam;* **das ist nicht der ~ wert** (*unwesentlich*) cela ne vaut pas la peine d'en parler; (*selbstverständlich a.*) il n'y a pas de quoi; **jd fällt jdm in die ~** qn coupe la parole à qn; **jd hält eine ~** qn fait un discours; **von jdm/etw ist die ~** il est question de qn/qc; **wovon ist die ~?** de quoi est-il question?, de quoi s'agit-il?; **das ist meine/seine/... ~** c'est ce que je dis/qu'il dit/...; **die ~ kommt auf jdn/etw** on en vient [*o* on se met] à parler de qn/qc; **davon kann keine ~ sein** il ne saurait en être question, il n'en est pas question, il n'en est rien; **jd stellt jdn [für etw] zur ~** qn demande des explications à qn [au sujet de qc]; **das war immer schon meine ~!** *fam* c'est ce que je me tue à dire depuis toujours! *fam*

Redefluss[RR] *m* ∅ flot *m* de paroles **Redefreiheit** *f* ∅ liberté *f* de parole [*o* d'expression] **redegewandt** *adj geh* éloquent(e)

reden I. *vi* **1.** (*sprechen*) ■**jd redet** qn parle; ■**jd redet mit jdm [über jdn/etw]** qn parle avec qn [de qn/qc]; ■**jd redet mit sich selbst** qn se parle à lui-même

2. (*sich unterhalten*) ■**sie reden [miteinander] [über jdn/etw]** ils/elles parlent [ensemble] [de qn/qc]; ■**das R~** les discussions *fpl*

3. (*klatschen*) ■**es wird [über jdn/etw] geredet,** ■**man redet über jdn/etw]** on dit des choses [sur qn/qc]

4. (*eine Rede halten*) ■**jd redet** qn parle; ■**jd redet über etw** (*akk*) qn parle de qc

5. *sl* (*etw verraten*) ■**jd redet** qn parle; (*gestehen*) qn parle

▸**du hast gut [***o* **leicht] ~!** tu en parles à ton aise; pour toi, c'est facile à dire; **jd bringt jdn zum R~** qn fait parler qn; **etw gibt zu ~** CH qc alimente les discussions; **jd hat mit jdm zu ~** qn a à parler à qn; **das ist ja mein R~** *fam* c'est [tout à fait] ce que je dis; **so lasse ich nicht mit mir ~!** je n'admets pas qu'on me parle ainsi [*o* sur ce ton] !; **über etw** (*akk*) **lässt [***o* **ließe] sich ~** qc peut se discuter; **über etw** (*akk*) **lässt [***o* **ließe] sich eher ~** qc commence à devenir intéressant(e); **jd lässt mit sich [über etw** (*akk*)**] ~** (*lässt sich umstimmen*) il y a moyen de discuter avec qn [de qc]; (*lässt mit sich verhandeln*) *über einen Nachlass, Rabatt, Preis* qn est prêt(e) à discuter [de qc]; **jd lässt nicht mit sich [über etw** (*akk*)**] ~** (*bleibt bei seiner Entscheidung*) il n'y a pas moyen de discuter avec qn [de qc], qn reste intraitable [sur qc]; (*verhandelt nicht*) qn ne revient pas sur qc; **jd/etw macht [viel] von sich ~** qn/qc fait [beaucoup] parler de lui/d'elle; **~ wir nicht mehr davon [***o* **darüber]** n'en parlons plus!; **rede/~ Sie doch nicht!** *fam* mais tais-toi/taisez-vous donc!; **genug geredet!** assez discuté!, assez parlé!

II. *vt* **1.** (*sagen*) ■**jd redet etw** *Quatsch, Unsinn* qn dit qc

2. (*klatschen*) ■**etw wird [über jdn/etw] geredet,** ■**man redet etw [über jdn/etw]** on raconte qc [sur qn/qc]

III. *vr* ■**jd redet sich in etw** (*akk*) *in Begeisterung, Rage* [tout en parlant,] qn se laisse emporter par qc; ■**jd redet sich ...:** ***jd redet sich heiser/wütend*** qn s'enroue à force de parler/s'emporte tout en parlant

Redensart *f* **1.** LING expression *f*, locution *f*

2. *pl* (*Phrasen*) formules *fpl* [toutes faites]

▸**eine feste [***o* **stehende] ~** une expression figée [*o* toute faite]; **das ist nur so eine ~** c'est juste une façon de parler

Redenschreiber(in) *m(f)* nègre *m fam*

Redewendung *f* LING locution *f*, expression *f*

redigieren * *vt* ■**jd redigiert etw** **1.** (*satzfertig bearbeiten*) *Artikel, Manuskript, Text* qn rédige qc

2. (*gestalten*) *Magazin, Sendung, Zeitschrift* qn dirige la rédaction de qc

redlich I. *adj* **1.** (*aufrichtig*) *Gesinnung* loyal(e); *Mensch a.* honnête

2. (*ziemlich*) sérieux(-euse)

II. *adv:* ***wir werden uns ~ anstrengen müssen*** il va falloir donner un sérieux coup de collier; ***ich habe mich ~ für ihre Belange eingesetzt*** je me suis pas mal investi(e) pour défendre ses intérêts

Redlichkeit <-> *f* ∅ honnêteté *f*, loyauté *f*

Redner(in) <-s, -> *m(f)* orateur(-trice) *m(f);* ■**jd ist ein ... ~** *schlechter, vortrefflicher, überzeugender, kein guter* qn est un orateur ...

rednerisch I. *adj* oratoire

II. *adv begabt, unübertroffen* sur le plan oratoire; *brillieren* par l'éloquence

Rednerpult *nt* pupitre *m;* ***jd tritt ans ~*** qn se met au pupitre

redselig *adj* bavard(e)

Redseligkeit <-> *f* ∅ loquacité *f;* ***bei ihrer ~*** bavarde comme elle est; ***etw fördert die ~*** qn délie les langues; ***ein gutes Trinkgeld wird seine ~ schon fördern*** un pourboire conséquent le rendra un peu plus bavard

Reduplikation *f* redoublement *m;* [*Wort a.*] réduplication *f*

reduzieren * *vt* ■**jd/etw reduziert etw [um etw] [auf etw** (*akk*)**]** qn/qc réduit qc [de qc] [à qc]

Reduzierung <-, -en> *f* réduction *f*

Reede <-, -n> *f* rade *f*

▸**etw liegt auf ~** qc mouille en rade

Reeder(in) <-s, -> *m(f)* armateur(-trice) *m(f)*

Reederei <-, -en> *f* [société *f* d']armement *m*

reell *adj* **1.** (*tatsächlich*) *Chance, Möglichkeit* réel(le), véritable

2. (*anständig*) *Angebot, Geschäft, Geschäftsmann* digne de ce nom; ***72 DM/Stunde? Das ist ein ~er Vorschlag*** 72 DM de l'heure? Voilà ce que j'appelle une proposition intéressante

3. *fam* ■**etwas R~es** du solide, du sérieux

Reet <-s> *nt* ∅ NDEUTSCH *s.* **Ried**

Reetdach *nt* toit *m* de roseau **reetgedeckt** *adj* couvert(e) de roseau

Refektorium <-s, -rien> [-riən] *nt* réfectoire *m*

Referat <-[e]s, -e> *nt* **1.** SCOL, UNIV exposé *m*

2. ADMIN service *m*, bureau *m*

▸**jd hält ein ~ [über jdn/etw]** qn fait un exposé [sur qn/qc]

Referendar(in) <-s, -e> *m(f)* stagiaire *mf*

Referendariat <-[e]s, -e> *nt*, **Referendarzeit** *f* stage *m*

Referendum <-s, Referenden *o* Referenda> *nt* POL référendum *m*
►**jd hält** [**irgendwo**] **ein ~ ab** qn organise un référendum [quelque part]
Referent(in) <-en, -en> *m(f)* **1.** (*Redner*) orateur(-trice) *m(f)*, intervenant(e) *m(f)*
2. (*Referatsleiter*) chef *mf* de service [*o* de bureau]
3. UNIV (*Gutachter*) membre *m* de/du jury
Referenz <-, -en> *f* **1.** (*Empfehlung*) références *fpl*; ***jd weist eine ~ vor*** qn présente un certificat
2. (*Mensch*) recommandation *f*; ***als ~ kann dieser Bewerber Prof. Neubaum anführen*** ce candidat est recommandé par M. le Professeur Neubaum; ***wen kann er als ~ anführen?*** par qui est-il recommandé?
referieren * *vi* ■**jd referiert** [**über jdn/etw**] qn fait un exposé [sur qn/qc]
reflektieren * I. *vt* **1.** OPT ■**etw reflektiert etw** qc réfléchit qc
2. *geh* (*kritisch erwägen*) ■**jd reflektiert etw** qn médite qc
II. *vi* **1.** OPT ■**etw reflektiert** qc est réfléchissant(e), qc réfléchit la lumière
2. *geh* (*interessiert sein*) ■**jd reflektiert auf etw** (*akk*) qn a des vues sur qc
3. *geh* (*nachdenken*) ■**jd reflektiert über etw** (*akk*) qn médite sur qc
Reflektor <-s, -toren> *m* **1.** AUT réflecteur *m*
2. (*Rückstrahler*) [*Fahrrad*] cataphote® *m*; [*Straßenpfosten*] catadioptre *m*
Reflex <-es, -e> *m* **1.** PHYSIOL réflexe *m*
2. (*Lichtreflex*) reflet *m*
Reflexbewegung *f* mouvement *m* réflexe
Reflexion <-, -en> *f* réflexion *f*; ***störende ~en*** des reflets *mpl* gênants
reflexiv I. *adj* réfléchi(e)
II. *adv* comme réfléchi
Reflexivpronomen *nt* pronom *m* réfléchi
Reflexzonenmassage [-masa:ʒə] *f* massage *m* des zones réflexes [du pied]
Reform <-, -en> *f* réforme *f*
► **~ an Haupt und Gliedern** réforme *f* de fond [en comble]
-reform *f Finanz-, Sozial-, Steuer-* réforme *f* + *adj*; *Renten-, Studien* réforme *f* des; ***die Orthographie~*** la réforme de l'orthographe
Reform- **1.** (*eine Reform bezweckend*) *-bestrebungen, -bewegung, -plan, -politik* de réforme[s]; *-kurs* de réformes
2. (*von Reformen*) *-befürworter* de/des réformes; ***er ist ein entschiedener ~gegner*** c'est un adversaire déterminé des réformes, c'est un opposant déterminé aux réformes
3. (*hinsichtlich Reformen*): ***r~bedürftig*** qui a besoin d'être réformé(e); ***r~freudig*** ouvert(e) aux réformes; ***r~willig/r~unwillig*** enclin(e)/peu enclin(e) aux réformes
Reformation <-> *f* ∅ ■**die ~** la Réforme
Reformationsfest *nt* ■**das ~** la fête de la Réformation (*anniversaire de la publication par Luther de ses 95 thèses*)
Reformator <-s, -toren> *m*, **-torin** *f* **1.** ECCL réformateur(-trice) *m(f)*
2. *geh s.* **Reformer**
Reformer(in) <-s, -> *m(f)* **1.** (*jd, der Reformen durchführt*) réformateur(-trice) *m(f)*
2. (*jd, der Reformen anstrebt*) réformiste *mf*
reformerisch *adj* réformateur(-trice), réformiste
Reformhaus *nt* magasin *m* de produits diététiques
reformieren * *vt* ■**jd reformiert etw** qn réforme qc
Reformierte(r) *f(m) decl wie adj* réformé(e) *m(f)*
Reformkost *f* produits *mpl* diététiques
Refrain <-s, -s> [rə'frɛ̃:, rə-] *m* refrain *m*
Refugium <-s, -gien> [-giən] *nt geh* havre *m littér*, refuge *m*; ***ein ruhiges ~*** un havre de paix *littér*
Regal <-s, -e> *nt* rayon *m*; (*im Supermarkt*) linéaire *m*; (*für Bücher a.*) étagère *f*
Regatta <-, Regatten> *f* régate *f*
Reg.-Bez. *m abk von* **Regierungsbezirk**
rege I. *adj* **1.** (*lebhaft*) *Betrieb, Tätigkeit, Verkehr* intense; *Nachfrage* grand(e); *Fantasie* fertile, débordant(e); *Anteilnahme, Anstrengungen a.* vif(vive); *Beteiligung a.* actif(-ive)
2. (*rührig*) *Geist, Mensch* alerte, vif(vive); ■**jd ist** [**noch**] **~** qn est [encore] alerte; ***die Feinde der Demokratie sind immer noch sehr ~*** les ennemis de la démocratie restent très actifs
3. (*wach*) ■**etw wird in jdm ~** qc s'éveille en qn, qn est pris(e) de qc
II. *adv* (*lebhaft*) *Anteil nehmen* vivement; *sich beteiligen* activement; ***etw wird ~ besucht/frequentiert*** qc est très visité(e)/fréquenté(e)
Regel[1] <-, -n> *f* **1.** (*Vorschrift*) règle *f*
2. (*Norm*) règle *f*
3. (*Gewohnheit*) règle *f*; ***es ist so eine ~ von mir*** c'est une règle chez moi
►**keine ~ ohne Ausnahme** *prov* chaque règle a ses exceptions, ≈ l'exception confirme la règle; **nach allen ~n der Kunst** dans les règles de l'art; **jd macht sich** (*dat*) **etw zur ~** qn se fixe qc pour règle; **etw wird** [**jdm**] **zur ~** qc devient une habitude [pour qn]; **in der ~, in aller ~** en règle générale
Regel[2] <-> *f* ∅ PHYSIOL règles *fpl*
►**sie bekommt/hat ihre ~** elle a ses règles
Regelarbeitszeit *f* durée *m* légale du temps de travail
regelbar *adj* **1.** (*regulierbar*) ■**etw ist ~** qc est réglable; ***ist der Zug des Kamins ~?*** est-ce qu'on peut régler le tirage de la cheminée?
2. (*zu erledigen*) *Fall, Frage, Problem:* ***leicht ~*** facile à régler; ■**etw ist ~** on peut régler qc
Regelfall *m* ∅ norme *f*, règle *f*
►**etw ist der ~** qc est la norme [*o* la règle]; **im ~** normalement, en règle générale
regelmäßig I. *adj* **1.** (*in zeitlich gleicher Folge*) *Abstände, Folge, Gymnastik* régulier(-ière); *Besuche, Wiederkehr a.* périodique
2. (*immer wieder stattfindend*) *Verstöße, Zuspätkommen* répété(e)
3. (*ebenmäßig*) *Formen, Gesichtszüge* régulier(-ière)
II. *adv* **1.** (*in gleichmäßiger Folge*) régulièrement
2. (*immer wieder*) tout le temps; ***wenn ich sie das frage, bekomme ich ~ die gleiche Antwort*** quand je lui pose cette question, à chaque fois, j'obtiens la même réponse
Regelmäßigkeit <-> *f* ∅ régularité *f*
►**in ... ~** *dreister, sturer, schöner* avec une régularité ...
regeln I. *vt* **1.** (*regulieren*) ■**jd/etw regelt etw** *Heizung, Temperatur, Zulauf* qn/qc règle qc
2. (*erledigen*) ■**jd regelt etw** *Angelegenheit, Problem* qn règle qc; ■**etw lässt sich ~** qc peut se régler
3. (*bezahlen*) ■**jd regelt etw** qn règle qc
4. (*festsetzen*) ■**etw regelt etw** /*Bestimmungen, Dienstvorschrift*/ qc réglemente qc
II. *vr* ■**etw regelt sich** [**von selbst**] qc se règle [tout(e) seul(e)]; *s. a.* **geregelt**
regelrecht I. *adj fam Beleidigung, Frechheit* véritable; *Handgemenge, Schlägerei a.* en règle
II. *adv fam anpöbeln, zur Schnecke machen* carrément *fam*
Regelstudienzeit [-diən-] *f* durée *f* réglementaire des études
Regelung <-, -en> *f* **1.** (*Vereinbarung*) convention *f*; (*Anleitung*) disposition *f* réglementaire
2. ∅ (*das Regulieren*) régulation *f verbal übersetzt;* ***dieses Ventil dient der ~ des Wasserlaufs*** cette soupape permet de régler le débit d'eau
regelwidrig I. *adj* SPORT irrégulier(-ière) II. *adv:* ***jd verhält sich ~*** qn commet des irrégularités; ***jd spielt ~*** qn commet une irrégularité **Regelwidrigkeit** *f* SPORT irrégularité *f*
regen *vr* **1.** (*sich bewegen*) ■**jd/ein Tier regt sich** qn/un animal remue [*o* bouge]
2. (*sich bemerkbar machen*) ■**etw regt sich** /*Gefühle, Gewissen*/ qc s'éveille; /*Widerspruch, Zweifel*/ qc se manifeste
Regen <-s, -> *m* pluie *f*; ***es gibt bald ~*** il va bientôt pleuvoir
►**jd kommt** [*o* **gerät**] **vom ~ in die Traufe** *prov* qn tombe de Charybde en Scylla; **saurer ~** pluies *fpl* acides; **bei** [*o* **in**] **strömendem ~** sous une pluie diluvienne, sous des trombes d'eau; **ein warmer ~** *fam* une [vraie] bénédiction; **jd lässt jdn im ~ stehen** *fam* qn laisse qn au bord de la route, qn laisse tomber qn *fam*
Regen- *-hut, -kleidung, -jacke* de pluie; ***~dach*** auvent *m*; ***~plane*** bâche *f*
Regenbogen *m* arc *m* en ciel
Regenbogenfarben *pl* couleurs *fpl* de l'arc en ciel ►**etw schillert in allen ~** qc s'irise, qc miroite comme un arc en ciel **Regenbogenhaut** *f* iris *m* **Regenbogenpresse** *f* presse *m* à sensation
Regeneration *f* **1.** *geh* (*Revitalisierung*) régénération *f soutenu;* ***zur ~ meiner Kräfte*** pour régénérer mes forces *soutenu*
2. BIO [*Gewebe, Zellen*] régénération *f*
regenerativ *adj* renouvelable
regenerieren * I. *vr* **1.** *geh* (*sich revitalisieren*) ■**jd regeneriert sich** qn se régénère *soutenu*
2. BIO ■**etw regeneriert sich** /*Gewebe, Haut, Zellen*/ qc se régénère
II. *vt* TECH ■**jd regeneriert etw** *Altöl, Brauchwasser* qn régénère qc
Regenfälle *pl* chutes *fpl* de pluie **Regenguss**RR *m* ondée *f*, averse *f* **Regenmantel** *m* imperméable *m* **regenreich** *adj* pluvieux(-euse) **Regenrinne** *f s.* **Dachrinne. Regenschauer** *m* averse *f*, giboulée *f* **Regenschirm** *m* parapluie *m*
Regent(in) <-en, -en> *m(f)* **1.** (*regierender Monarch*) souverain(e) *m(f)*
2. (*Vertreter des Herrschers*) régent(e) *m(f)*
Regentonne *f* citerne *f* **Regentropfen** *m* goutte *f* de pluie
Regentschaft <-, -en> *f* **1.** (*Herrschaft*) règne *m*
2. (*Amtszeit eines Regenten 2.*) régence *f*
Regenwald *m* forêt *f* équatoriale; ***der tropische ~*** la forêt tropicale **Regenwasser** *nt* eau *f* de pluie **Regenwetter** *nt* temps *m* pluvieux **Regenwolke** *f* nuage *m* de pluie **Regenwurm** *m* ver *m* de terre, lombric *m* **Regenzeit** *f* saison *f* des pluies
Reggae ['rɛge:] *m* reggae *m*
Regie <-, -n> [re'ʒi:, re'ʒi:ən] *f* THEAT mise *f* en scène; CINE, RADIO, TV *a.* réalisation *f*
►**in eigener ~** en complète autonomie, tout(e) seul(e); **jd hat** [**bei etw**] **die ~, jd führt** [**bei etw**] [**die**] **~** CINE, RADIO, TV, THEAT qn dirige la mise en scène [*o* la réalisation] [de qc]; **in** (*dat*) [*o* **unter** (*dat*)] **jds ~** *geh* sous la tutelle de qn; ***etw befindet sich unter staatlicher ~*** qc dépend de l'État; **unter jds ~, unter der ~ von jdm** CINE, RADIO, TV, THEAT sous la direction de qn
Regieanweisung [re'ʒi:-] *f* didascalie *f* **Regieassistent(in)** *m(f)* CINE assistant(e) *m(f)* réalisateur; THEAT assistant(e) *m(f)* à la mise en scène
regieren * I. *vi* ■**jd regiert** [**in etw** (*dat*)] qn gouverne [quelque part]; /*Herrscher, König*/ qn règne [quelque part]; ■**jd regiert über Menschen** qn règne sur des personnes
II. *vt* ■**jd regiert jdn/etw** qn gouverne qn/qc; /*König etc*/ qn règne sur qc; ■**jd/etw wird von jdm regiert** qn/qc est gouverné(e) par qn
Regierung <-, -en> *f* **1.** (*Kabinett*) gouvernement *m*
2. (*Herrschaftsgewalt*) pouvoir *m*, souveraineté *f*; ***unter*** [*o* ***während***] ***jds ~*** lorsque qn exerçait le pouvoir
►**etw bringt jdn an die ~** qc amène qn au pouvoir; **jd ist an der ~** qn est au pouvoir; **jd tritt die ~ an** qn prend le [*o* arrive au] pouvoir
Regierungs- *-ausschuss, -verantwortung, -berater, -lager, -mannschaft* gouvernemental(e); *-bildung, -mitglied, -sprecher, -umbildung* du gouvernement; *-antritt, -beteiligung* au pouvoir [*o* au gouvernement]; ***~wechsel*** changement *m* de gouvernement; ***~kreise*** milieux *mpl* proches du gouvernement; ***~politiker*** homme *m* politique appartenant au gouvernement **Regierungsbank** <-bänke> *f* banc *m* du gouvernement **Regierungsbezirk** *m*

≈ département *m* (*intermédiaire entre le Kreis* (*arrondissement*) *et le Land* (*État*)) **Regierungschef(in)** [-ʃɛf] *m(f)* chef *m* de/du gouvernement **Regierungsdirektor** *m*, **-torin** *f* ≈ secrétaire *m* général **Regierungserklärung** *f* déclaration *f* de politique générale **Regierungskrise** *f* crise *f* gouvernementale **Regierungspartei** *f* parti *m* au pouvoir **Regierungspräsident(in)** *m(f)* ≈ préfet/-ète *rare m/f* (*fonctionnaire à la tête d'un Regierungsbezirk*) **Regierungsrat** *m* ∅ CH Conseil *m* d'État **Regierungsrat** *m*, **-rätin** *f* **1.** ADMIN haut fonctionnaire *m* (*en début de carrière*) **2.** CH (*Mitglied der Kantonsregierung*) membre du Conseil d'État *m* **Regierungssitz** *m* siège *m* du gouvernement **Regierungszeit** *f* (*von einer Regierung*) ministère *m;* (*von einem Regierungschef*) ministère *m*, mandat *m*

Regime <-s, -s> [re'ʒi:m] *nt pej* régime *m*

Regimekritiker(in) [re'ʒi:m-] *m(f)* adversaire *mf* déclaré(e) du régime

Regiment¹ <-[e]s, -er> *nt* MIL régiment *m*

Regiment² <-[e]s, -e> *nt geh* règne *m*
▸ **jd führt ein ...** ~ *eisernes, mildes, strenges, weises* qn exerce un pouvoir ...

Regiments- de/du régiment

Region <-, -en> *f* région *f*
▸ **jd schwebt in höheren ~en** *geh* qn plane [dans les hautes sphères]

regional I. *adj* régional(e)
II. *adv unterschiedlich, verschieden* selon les régions

Regional- régional(e) **Regionalliga** *f* régionale *f*

Regisseur(in) <-s, -e> [reʒɪ'sø:ɐ] *m(f)* THEAT metteur(-euse) *m(f)* en scène; CINE, RADIO, TV *a.* réalisateur(-trice) *m(f)*

Register <-s, -> *nt* **1.** (*Index*) index *m*, répertoire *m* [alphabétique]
2. ADMIN registre *m*
3. [*Orgel*] jeu *m* d'orgue
▸ **jd zieht alle ~, jd lässt alle ~ spielen** qn sort le grand jeu; **jd zieht andere ~** qn change de tactique, qn change ses batteries

Registerdatenbank *f* INFORM base *f* de registres

Registratur <-, -en> *f* **1.** ADMIN archives *fpl*
2. MUS registres *mpl*

registrieren * *vt* **1.** (*verzeichnen*) ■ **jd registriert etw** qn enregistre qc
2. (*aufzeichnen*) ■ **etw registriert etw** */Computerkasse, Sensor, Videokamera/* qc enregistre qc
3. (*wahrnehmen*) ■ **jd registriert etw** qn enregistre qc; *jds Abwesenheit, Gehen, Kommen a.* qn s'aperçoit de qc, qn remarque qc; ***registriere ich da etwa Kritik?*** est-ce qu'il faut que je voie là une critique?
4. *fam* (*zur Kenntnis nehmen*) ■ **jd registriert, dass/wie** qn se rend compte que + *indic*/de la manière dont, qn remarque que + *indic*/la manière dont, qn prend conscience du fait que + *indic*/de la manière dont; ***ich war so beschäftigt, dass ich nicht registriert habe, wie er uns verließ*** j'étais tellement occupé(e) que je n'ai même pas remarqué son départ

Registrierkasse *f* caisse *f* enregistreuse

Registrierung <-, -en> *f* enregistrement *m*

Reglement <-s, -s> [reglə'mã:] *nt* **1.** SPORT règlement *m*
2. CH (*Bestimmung*) réglementation *f*

reglementieren * *vt geh* **1.** (*genau regeln*) ■ **etw reglementiert etw** qc réglemente qc
2. (*gängeln*) ■ **jd reglementiert jdn** qn tient qn en [*o* sous sa] tutelle, qn tient qn en lisière(s); ***ich lasse mich nicht länger von dir ~*** je ne veux plus que tu me commandes

Reglementierung <-, -en> *f* réglementation *f*

Regler <-s, -> *m* régulateur *m*

reglos *adj, adv s.* **regungslos**

regnen I. *vi impers* ■ **es regnet** il pleut; ■ **es regnet auf etw** (*akk*)**/durch etw**: ***die Plane verhindert, dass es auf das Kaminholz regnet*** la bâche empêche que le bois pour la cheminée ne soit mouillé quand il pleut; ***bei uns regnet es durchs Dach*** chez nous, le toit laisse passer la pluie
II. *vt* ■ **es regnet etw** *Beschwerden, Vorwürfe* qc se met à pleuvoir

regnerisch *adj* pluvieux(-euse)

Regress^RR^ <-es, -e>, **Regreß** <-sses, -sse> *m* recours *m*
▸ **jd nimmt jdn [für etw] in ~** qn se retourne [*o* ouvre un recours] contre qn [pour qc]

Regress-^RR^, **Regreß-**: **~anspruch** droit *m* de recours; **~klage** action *f* récursoire; **~forderung** créance *f* en recours; **~pflicht** responsabilité *f* civile **regresspflichtig^RR^** *adj* civilement responsable ▸ **jd macht jdn [für etw] ~** qn se retourne [*o* ouvre un recours] contre qn [dans le cas de qc]

regulär I. *adj* **1.** (*vorgeschrieben*) *Arbeitszeit, Gehalt* réglementaire; *Preis, Tarif* normal(e)
2. (*normal*) *Armee, Truppen* régulier(-ière)
II. *adv kosten, berechnen* normalement

regulierbar *adj* réglable; ***etw macht etw ~*** qc permet de régler qc

regulieren * *vt* **1.** (*einstellen*) ■ **jd reguliert etw [mit etw]** *Helligkeit, Kontrast, Temperatur* qn règle qc
2. *geh* (*begleichen*) ■ **jd reguliert etw** *Forderung, Rechnung* qn règle qc; *Schaden a.* qn rembourse qc

Regulierung <-, -en> *f* **1.** (*Einstellung*) [*Heizung, Lautstärke etc*] réglage *m*, régulation *f*
2. *geh* (*Begleichung*) [*Forderung, Rechnung*] règlement *m;* [*Schaden a.*] remboursement *m*

Regung <-, -en> *f* **1.** (*Bewegung*) mouvement *m;* ***bei der leisesten ~*** au moindre mouvement
2. (*Empfindung*) émotion *f;* (*Anwandlung*) [*Erbarmen, Mitleid*] mouvement *m;* ***eine menschliche/zarte ~*** un élan d'humanité/de tendresse

regungslos I. *adj Gestalt, Körper* immobile; *Gesicht, Miene a.* impassible
II. *adv daliegen, liegen bleiben* immobile, sans bouger

Regungslosigkeit <-> *f* ∅ immobilité *f;* [*Gesichtszüge, Miene a.*] impassibilité

Reh <-[e]s, -e> *nt* chevreuil *m*

Reh- GASTR de chevreuil

Reha <-> *f* ∅ *fam abk von* **Rehabilitation** rééducation *f*

Reha- de rééducation

Rehabilitation <-, -en> *f* **1.** (*Wiedereingliederung*) (*medizinisch*) rééducation *f;* (*gesellschaftlich, beruflich*) réinsertion *f*
2. *geh* (*das Rehabilitieren*) réhabilitation *f*

rehabilitieren * I. *vt* **1.** (*wiedereingliedern*) ■ **jd/etw rehabilitiert jdn** *Kranken* qn/qc rééduque qn; *Straffälligen, Behinderten* qn/qc réinsère qn
2. *geh* (*das Ansehen wiederherstellen*) ■ **jd/etw rehabilitiert jdn/etw** qn/qc réhabilite qn/qc
II. *vr geh* ■ **jd rehabilitiert sich** qn se réhabilite

Rehabilitierung <-, -en> *f s.* **Rehabilitation**

Rehbock *m* chevreuil *m* [mâle] **Rehkitz** *nt* faon *m* [de chevreuil] **Rehleder** *nt* peau *f* de chevreuil **Rehwild** *nt* chevreuil *m*

Reibach <-s> *m* ∅ *sl* bonne affaire *f;* ***ein fetter ~*** une affaire juteuse *fam*
▸ **jd macht [bei etw] einen ~** qn s'en met plein les poches [avec qc/en faisant qc] *fam*

Reibe <-, -n> *f* râpe *f*

Reibekuchen *m* GASTR DIAL galette *f* de pomme de terre [râpée] **Reibelaut** *m* fricative *f*

reiben <rieb, gerieben> I. *vt* **1.** (*über etw hin- und herfahren*) ■ **jd reibt etw** qn frotte qc
2. (*reibend verteilen*) ■ **jd reibt etw auf/in etw** (*akk*) qn applique qc sur/dans qc [en massant]
3. (*entfernen*) ■ **jd reibt etw aus etw** (*dat*)**/von etw** qn enlève qc de qc [en frottant]
4. (*zerkleinern*) ■ **jd reibt [jdm] etw** qn [me/lui/...] râpe qc
II. *vr* **1.** (*sich kratzen*) ■ **jd reibt sich [an etw** (*dat*)**]** qn se gratte [qc]; ■ **ein Tier reibt sich an etw** (*dat*) un animal se frotte contre [*o* à] qc
2. ■ **jd reibt sich** (*dat*) **etw** qn se frotte qc
3. (*mit jdm Streit suchen*) ■ **jd reibt sich an jdm** qn cherche querelle [*o* des noises] à qn
III. *vi* **1.** ■ **jd reibt** qn frotte; ■ **das R~**: ***durch R~*** en frottant
2. (*scheuern*) ■ **etw reibt [an etw** (*dat*)**]** qc [me/le/...] frotte [à qc]; *s. a.* **gerieben**

Reibereien *pl fam* frictions *fpl*

Reibung <-, -en> *f* **1.** ∅ PHYS frottement *m;* ***durch ~*** en frottant
2. *pl s.* **Reibereien**

Reibungsfläche *f* **1.** TECH surface *f* de frottement
2. (*Grund zur Auseinandersetzung*) motif *m* de friction, sujet *m* de discorde
▸ **etw bietet ~n** qc est un sujet de discorde

reibungslos I. *adj* sans anicroche, sans problème
II. *adv* sans anicroche, sans problème

Reibungsverluste *pl* déperdition *f* d'énergie (*provoquée par des querelles intestines*)

reich I. *adj* **1.** (*sehr wohlhabend*) riche; ■ **jd/ein Land ist/wird ~** qn/un pays est riche/s'enrichit
2. (*viel habend*) ■ **jd ist ~ an etw** (*dat*) *an Erfahrungen, Wissen* qn est riche de qc; ■ **etw ist ~ an etw** (*dat*) *an Fett, Mineralien, Nährstoffen* qc est riche en qc
3. (*viel Geld erbringend*) *Erbschaft, Heirat* riche
4. (*kostbar*) *Schmuck, Juwelen* riche *antéposé*
5. (*ergiebig*) *Ausbeute, Ölquelle* riche; *Ernte* abondant(e)
6. (*vielfältig*) *Auswahl, Bestand, Betätigungsfeld* riche et varié(e)
7. (*reichhaltig*) *Erfahrungen, Wissen* riche et varié(e)
II. *adv* **1.** (*reichlich*) *belohnen, beschenken* richement; ***~ beschenkt*** qui a reçu de riches cadeaux
2. (*reichhaltig*) *ausstatten, schmücken, bebildert, verziert* richement
3. (*mit viel Gelderwerb verbunden*): ***jd erbt/heiratet ~*** qn fait un riche héritage/mariage

Reich <-[e]s, -e> *nt* **1.** (*Imperium*) empire *m;* (*König~*) royaume *m*
2. (*Bereich*) royaume *m;* ***im ~ der Fantasie*** au royaume de l'imaginaire
▸ **das ~ Gottes** le royaume de Dieu; **das ~ der Mitte** *geh* l'empire du Milieu *soutenu;* **das ~ der Schatten** *liter* le royaume des ombres *littér,* les enfers; **das ~ der aufgehenden Sonne** *geh* l'empire du Soleil levant *soutenu;* **das Dritte ~** le IIIe Reich; **das Großdeutsche ~** la Grande Allemagne; **das Heilige Römische ~ Deutscher Nation** HIST le Saint Empire romain germanique; **das Römische ~** l'Empire romain; **das „Tausendjährige ~"** le "Reich millénaire" (*bâti pour durer mille ans*)

-reich *fett-, kalorien-, vitamin-, arten-* riche en ...; *fisch- a.* poissonneux(-euse); ***finten~*** retors(e); ***windungs~*** tortueux(-euse); ***gesten~*** démonstratif(-ive); ***tränen~*** larmoyant(e); ***regen~*** pluvieux(-euse); ***segens~*** bénéfique; ***sinn~*** judicieux(-euse); ***ruhm~*** glorieux(-euse); ***verkehrs~*** passant(e)

Reiche(r) *f(m) decl wie adj* riche *mf;* ***eine ganz ~*** une femme très riche

reichen I. *vi* **1.** (*ausreichen*) ■ **etw reicht** */Geld, Vorräte/* qc suffit, qc est suffisant(e); ■ **es reicht [jdm]** ça suffit [à qn]
2. (*genug sein*) ■ **es reicht** ça suffit, c'est suffisant; ■ **es reicht jdm** qn en a assez; ■ **es reicht, dass/wenn** il suffit que + *subj*/ça suffit si; ■ **es reicht jdm, dass/wenn** il suffit à qn de + *infin*
3. (*überdrüssig sein*) ■ **etw reicht jdm** qn en a assez de qc; ■ **es reicht, dass/wie** on en a assez que + *subj*/de la façon dont; ■ **es reicht jdm, dass/wie** qn en a assez que + *subj*/de la façon dont
4. (*sich erstrecken*) ■ **etw reicht bis zu etw/bis über etw** (*akk*) qc va jusqu'à qc/au-delà de qc
5. (*gelangen*) ■ **jd reicht [mit etw] bis irgendwohin** qn va [*o* arrive] jusque quelque part [avec qc]; ***mit dem gestreckten Arm reiche ich bis zur De-***

cke le bras tendu, je vais [*o* j'arrive] jusqu'au plafond
▶ **weit ~d** *Beziehungen, Verbindungen* dans les milieux influents, nombreux(-euse); *Vollmachten* étendu(e); *Geschütz, Rakete* à longue portée; ***jd hat weit ~de Beziehungen*** [*o* ***Verbindungen***] qn a des relations; **etw reicht nicht hin und nicht her** n'importe comment, qc ne suffit pas; **jetzt reicht's [mir] [aber/endlich]!, mir reicht's jetzt [aber]!** maintenant ça suffit [comme ça]!, je commence à en avoir assez!
II. *vt geh* **1.** (*geben*) ■ **jd reicht jdm etw** qn passe qc à qn
2. (*anbieten*) ■ **jd reicht [jdm] etw** *Gebäck, Vorspeise* qn sert qc [à qn]
reichhaltig *adj* **1.** *Angebot, Auswahl* varié(e), riche et divers(e)
2. (*gut bestückt*) *Bibliothek, Weinkeller* bien garni(e)
3. (*üppig*) *Essen, Frühstück* copieux(-euse), substantiel(le)
Reichhaltigkeit <-> *f Ø* **1.** [*Angebot, Auswahl*] diversité *f*, variété *f*, richesse *f*
2. (*Üppigkeit*) [*Essen etc*] abondance *f*, richesse *f*
reichlich I. *adj Niederschläge, Vorräte* abondant(e); *Belohnung, Trinkgeld* élevé(e); *Verspätung* important(e)
II. *adv* **1.** (*überreich*) *haben, versorgt sein, vorhanden sein* en quantité
2. *fam* (*mindestens*) facilement *fam*; ***es wird noch ~ 5 Stunden dauern, bis ich fertig bin*** pour terminer, il me faudra facilement 5 heures; j'en ai encore bien pour 5 heures
3. (*ziemlich*) *jung, kurz, spät, schwierig* plutôt
▶ **um ~ ...** de facilement ... *fam*, de bien ...; ***dieser Wagen ist um ~ 2000 Mark billiger als das Konkurrenzmodell*** cette voiture coûte facilement 2000 Mark de moins que le modèle concurrent
Reichs- **1.** HIST du Reich; ~***mark*** reichsmark *m* **2.** NS Reichs-, du [IIIe] Reich **Reichsadler** *m* aigle *m* impérial **Reichskanzler** *m* chancelier *m* du Reich **Reichsstadt** *f* ville *f* impériale **Reichstag** *m* **1.** HIST Reichstag *m* (*diète, puis parlement de l'Empire allemand*) **2.** (*Gebäude*) Reichstag *m* **Reichswehr** <-> *f Ø* ■ **die ~** la Reichswehr (*armée allemande entre 1921 et 1935*)
Reichtum <-[e]s, -er> *m* **1.** *Ø* (*Wohlhabenheit*) richesse *f*
2. *pl* (*materieller Besitz*) richesses *fpl*
3. *Ø* (*Reichhaltigkeit*) ■ **der ~ von etw** la variété de qc, la richesse de qc; ■ **der ~ an etw** (*dat*) *an Formen, Pracht* la variété de qc, la richesse de qc; *an Arten, Pflanzen, Tieren a.* la richesse en qc
▶ **damit kann man keine ~er erwerben** ce n'est pas avec ça qu'on fera fortune; **jd kommt** [*o* **gelangt**] **zu ~** qn fait fortune
-reichtum *m Ø* (*reicher Gehalt*) *Fett-, Kalorien-, Vitamin-* richesse *f* en; *Ideen-, Farben-* richesse *f* de; *Arten-, Fisch- a.* variété *f* de
Reichweite *f* **1.** (*Aktionsradius*) [*Flugzeug, Panzer*] rayon *m* d'action
2. MIL (*Schussweite*) portée *f*
3. RADIO portée *f*
▶ **auf ~** *sich nähern, herankommen* à ma/sa/... portée; **außer ~** *sein, stehen, sich halten* hors de portée; **außer ~ einer S.** (*gen*) hors de portée de qc; **außerhalb/innerhalb der ~ einer S.** (*gen*) RADIO hors de/dans la zone de diffusion de qc; **in ~** *sein, stehen, sich halten* à portée de [la] main; **in ~ einer S.** (*gen*) à portée de qc
reif *adj* **1.** AGR, HORT *Frucht, Gemüse, Getreide* mûr(e); ■ **etw ist/wird ~** qc est mûr(e)/mûrit
2. BIO *Ei, Spermium* [parvenu(e)] à maturité
3. (*älter*) *Alter* mûr(e); *Frau, Mann a.* d'âge mûr; ***wenn du erst einmal in ~en Jahren bist, wirst du mich verstehen*** quand tu seras plus âgé(e), tu me comprendras mieux; ***Männer von 25 sind mir zu jung, ich bin mehr für ~ere Semester*** [*o* ***Jahrgänge***] 25 ans, c'est trop jeune pour moi, je préfère les hommes d'âge plus mûr
4. *fam* (*im erforderlichen Zustand*) ■ **jd ist ~ für etw** qn est mûr(e) pour qc *fam*; ■ **etw ist ~ für etw** *für die Abstimmung, Veröffentlichung, Verwirklichung* qc est prêt(e) à + *infin*, qc en est au stade de qc
5. *sl* (*dran*) ■ **jd ist ~** qn va pas y couper *fam*, qn est bon(ne) comme la romaine *fam*; ***sie ist schon lange ~*** ça fait longtemps que ça lui pend au nez *fam*
Reif[1] <-[e]s> *m Ø* METEO givre *m*, gelée *f* blanche
Reif[2] <-[e]s, -e> *m* (*Arm~*) bracelet *m*; (*Haar~*) serre-tête *m*; (*Stirn~*) diadème *m*
-reif **1.** *krankenhaus-, pensionierungs-, erholungs-* mûr(e) pour
2. *beschluss-, unterschrifts-, vorlage-, zuteilungs-* prêt(e) à + *infin*, au stade de + *subst*
Reife <-> *f Ø* **1.** (*das Reifen*) [*Frucht, Getreide*] mûrissement *m*, maturation *f*
2. (*Reifezustand*) maturité *f*
3. [*Mensch*] maturité *f*
▶ **mittlere ~** ≈ brevet des collèges; **die sittliche ~** le sens moral
reifen I. *vi + sein* **1.** AGR, HORT ■ **etw reift** qc mûrit
2. (*reifer werden*) ■ **jd reift** qn mûrit; ■ **etw lässt jdn ~** qc mûrit qn; ■ **gereift** mûr(e); ***sie ist inzwischen gereift*** elle est plus mûre maintenant
3. (*gedeihen*) ■ **etw reift [zu etw]** / *Beschluss, Gedanke*/ qc mûrit; *zur Ausführung* qc arrive au stade de qc
II. *vt + haben geh* ■ **etw reift jdn** / *Erfahrungen, Erlebnis*/ qc mûrit qn
Reifen <-s, -> *m* pneu *m*; ***zusätzlicher ~*** pneu de secours; ***jd wechselt den ~*** qn change de roue
▶ **runderneuerter ~** pneu *m* rechapé
-reifen *m Gürtel-, Winter-, M+S-, Vollgummi-* pneu *m* ...; ***Zwillings~*** roue *f* jumelée
Reifen- *-druck, -profil, -abnutzung* des pneus; *-größe* de/du pneu/des pneus **Reifenpanne** *f* crevaison *f* **Reifenwechsel** [-ks-] *m* changement *m* de pneu
Reifeprüfung *f form* baccalauréat *m form* **Reifezeit** *f* AGR, HORT période *f* de maturation **Reifezeugnis** *nt form* diplôme *m* du baccalauréat *form*
reiflich I. *adj Nachdenken, Überlegung* mûr(e) *antéposé*
II. *adv nachdenken, überlegen* mûrement
Reifrock *m* crinoline *f*
Reifung <-> *f Ø* **1.** AGR, HORT maturation *f*, mûrissement *m*
2. BIO [*Eizelle, Spermium*] maturation *f*
Reigen <-s, -> *m veraltend* ronde *f*
▶ **jd beschließt den ~** *geh* qn ferme la marche; **jd eröffnet den ~** *geh* qn ouvre le bal
Reihe <-, -n> *f* **1.** (*fortlaufende Folge*) [*Zaunpfähle, Spielfiguren, Stühle*] rangée *f*; [*angetretene Soldaten, in Riege stehende Sportler*] rang *m*; [*Buchstaben, Nummern, Ziffern*] série *f*, suite *f*; ***in der zehnten ~*** au dixième rang; ***sie treten in drei ~n an*** ils/elles se présentent sur trois rangs; ***jd tritt aus der ~/wieder in die ~*** qn sort du rang/rentre dans le rang
2. (*verschiedene*) ■ **eine ~ von Menschen** un certain nombre de personnes; ■ **eine ~ von Sachen** un certain nombre de choses, [toute] une série de choses
3. *pl* (*Gesamtheit der Mitglieder*) rangs *mpl*
▶ **in Reih und Glied** *antreten, sich aufstellen* en rangs; ***die Kompanie trat in Reih und Glied an*** la compagnie se mit en rangs; **arithmetische/geometrische ~** MATH progression [*o* suite] arithmétique/géométrique; **eine ganze ~ von Menschen** un certain nombre de personnes; **eine ganze ~ von Sachen** un certain nombre de choses, [toute] une série de choses; **jd ist [mit etw] an der ~** c'est le tour de qn [de faire qc]; **jd kommt an die ~** c'est au [*o* le] tour de qn; ***jeder kommt an die ~!*** [à] chacun son tour!; ***irgendwann kommst auch du an die ~!*** ton tour viendra bien un jour!; **jd kriegt etw auf die ~** *fam* (*kapiert etw*) qn pige qc *fam*; (*bringt etw in Ordnung*) qn s'en sort dans qc *fam*; **die ~n lichten sich** les rangs s'éclaircissent; **sie schließen die ~n** ils/elles serrent les rangs; **jd tanzt aus der ~** *fam* qn se distingue, qn ne fait pas comme tout le monde; **außer der ~**: ***Dr. Hübner nimmt keinen Patienten außer der ~ dran*** le Dr Hübner ne laisse passer personne; ***jd isst etw außer der ~*** qn mange qc en dehors des repas; ***diese Zahlung erfolgt außer der ~*** ce paiement est exceptionnel; ***sie kam nur alle 4 Wochen nach Nancy, manchmal aber doch auch außer der ~*** elle ne venait à Nancy que toutes les 4 semaines, mais parfois, entre-temps aussi [*o* à quelques exceptions près cependant]; **der ~ nach** l'un(e) après l'autre
reihen I. *vr* ■ **etw reiht sich an etw** (*akk*) / *Wagen*/ *an Wagen, den vorhergehenden* des choses se succèdent, des choses se suivent les unes les autres; / *Beschwerde, Misserfolg*/ *an andere(n), den/die vorhergehende(n)* des choses se succèdent, des choses se suivent
▶ **sie ~ sich aneinander** / *Tage etc*/ ils/elles se succèdent; ***Jahre ~ sich aneinander*** les années succèdent aux années
II. *vt* ■ **jd reiht etw auf etw** (*akk*) *Perlen etc* qn enfile des choses l'un(e) après l'autre
▶ **jd reiht Dinge [zu etw] aneinander** qn enfile des choses [pour en faire qc]; ***jd reiht Perlen auf einer Schnur aneinander*** qn enfile des perles
Reihenfolge *f* ordre *m*
▶ **in ... ~** *feststehender, geänderter, zufälliger* dans un ordre ...; *in alphabetischer, chronologischer* par ordre ...; **der ~ nach** dans l'ordre; ***der ~ nach!*** chacun [à] son tour!
Reihenhaus *nt* ARCHIT maison *f* mitoyenne; ***Reihenhäuser*** des maisons individuelles en bande
Reihenuntersuchung *f* dépistage *m* systématique
reihenweise *adv* **1.** (*in großer Zahl*) *erkranken, sterben* les un(e)s après les autres
2. (*nach Reihen*) *vortreten, umschwenken* en rangs successifs
Reiher <-s, -> *m* héron *m*
▶ **jd kotzt wie ein ~** *sl* qn dégueule tripes et boyaux *pop*
reihern *vi sl* ■ **jd reihert** qn dégueule *pop*
reihum *adv* à tour de rôle
▶ **etw geht ~** qc fait le tour, qc circule, qc passe de main en main; **jd lässt etw ~ gehen** qn fait tourner [*o* circuler] [*o* passer] qc
Reim <-[e]s, -e> *m* **1.** (*End~*) rime *f*; ***ich suche einen ~ auf -ung*** je cherche une rime en -ung
2. *pl* (*Verse*) vers *mpl*
▶ **jd macht sich** (*dat*) **einen** [*o* **seinen**] **~ auf etw** (*akk*) *fam* qn a sa petite idée sur qc *fam*; ***sie sagte nichts, machte sich aber ihren ~ darauf*** elle n'a rien dit, mais elle n'en pensait pas moins; **jd macht sich** (*dat*) **einen ~ darauf, warum/was** qn a sa petite idée sur la raison pour laquelle/sur ce qui *fam*; ***kannst du dir einen ~ darauf machen, warum ...?*** tu arrives à piger pourquoi ...? *fam*; **jd kann sich** (*dat*) **keinen ~ auf etw** (*akk*) **machen** *fam* qn [n']arrive pas à piger qc *fam*; **jd kann sich** (*dat*) **keinen ~ darauf machen, warum/was** qn arrive pas à piger pourquoi/ce qui *fam*
reimen I. *vr* ■ **etw reimt sich [mit etw** [*o* **auf etw** (*akk*)]**]** qc rime [avec qc]
II. *vt* ■ **jd reimt etw [mit etw** [*o* **auf etw** (*akk*)]**]** qn fait rimer qc [avec qc]
III. *vi* ■ **jd reimt** qn fait des vers
Reimport ['re?ɪmpɔrt] *m* (*Wiedereinfuhr*) réimportation *f*; (*Produkt*) produit *m* réimporté
rein[1] *adv fam*: ***etw fällt ~*** qc tombe dedans; ***wirst du da jetzt wohl ~!*** tu vas te décider à entrer [*o* rentrer *fam*]!
rein[2] I. *adj* **1.** *Blödsinn, Menschenliebe, Wahrheit, Zufall, Zeitverschwendung* pur(e) *antéposé*
2. (*ausschließlich*): ***eine ~e Wohngegend*** un quartier purement résidentiel
3. (*unvermischt*) *Eisen, Gold, Rubin, Sauerstoff, Wasser etc* pur(e)
4. (*völlig sauber*) *Hemd, Tischdecke, Hände* propre; *Umwelt, Luft, Wasser* pur(e); **ganz ~** parfaitement propre, impeccable
5. *Teint* pur(e); *Haut* sain(e)
6. MUS pur(e), clair(e)
▶ **jd bringt etw [für jdn] ins R~e** qn règle qc [pour qn]; **jd hält etw ~** qn maintient qc propre; **etw ist der/die/das ~ste ...** *fam* qc est un(e) véritable

...; **jd ist mit jdm im R~en** qn est en accord avec qn; **er/sie ist mit sich selbst im R~en** il/elle est en accord [*o* en paix] avec lui-même/elle-même; **er/sie kommt mit sich [selbst]/etw ins R~e** il/elle se réconcilie avec lui-même/elle-même, il/elle digère qc *fam;* **jd macht etw** ~ qn nettoie qc; **jd macht [irgendwo/bei jdm] ~[e]** qn fait le ménage [quelque part/chez qn]; **jd schreibt etw ins R~e** qn met qc au propre

II. *adv* **1.** (*ausschließlich*) d'un point de vue purement; ~ ***symbolisch*** d'un point de vue purement symbolique; ***eine ~ persönliche Meinung*** une opinion purement personnelle; ***etw ist ~ theoretischer Natur*** qc est de nature purement théorique

2. MUS clairement

3. TEXTIL: ~ ***baumwollene Kleidung*** vêtements en pur [*o* 100 %] coton; ~ ***seidene Unterwäsche*** lingerie en pure soie

► **jd/etw wäscht jdn [von etw]** ~ qn/qc blanchit qn [de qc], qn/qc lave qn de qc; **jd wäscht sich [von etw]** ~ qn se blanchit [de qc], qn se lave de qc; ~ **alles/gar nichts** *fam* absolument tout/rien ... ne

Rein <-, -en> *f* AUS *fam* (*Kasserole*) casserole *f*

rein- *fam* (*herein-, hinein-*) *-dürfen, -müssen, -wollen* entrer; ***gehen/kommen Sie bitte schon*** ~ veuillez déjà entrer; ***jd legt etw*** ~ qn met qc dedans; ***er muss sich heimlich reingeschlichen haben*** il a dû entrer en se faufilant

Rein- *-erlös, -gewinn* net(te)

Reindling <-s, -e> *m* AUS *gâteau à pâte levée*

Reineclaude <-, -n> [rɛnəˈkloːdə] *f s.* **Reneklode**

Reinemachen <-s> *nt* ∅ *fam* ménage *m*, nettoyage *m;* ***hilfst du mir beim*** ~? tu m'aides à nettoyer [*o* faire le ménage]?

reineweg *adv fam* purement et simplement; ***das ist ~ Blödsinn*** c'est de la connerie pure et simple *fam;* ~ ***erfunden*** [*o* ***erlogen***] inventé(e) de toutes pièces

Reinfall *m fam* fiasco *m*, bide *m fam;* [*Aufführung a.*] four *m*

► **jd erlebt [mit jdm/etw] einen** ~ qn fait chou blanc [avec qn]/qn ramasse une veste [*o* prend une gamelle] [avec qc] *fam;* **jd/etw ist ein** ~ qn est une catastrophe *fam*/qc est un désastre

rein|fallen *vi irreg + sein fam* **1.** (*enttäuscht werden*) ■ **jd fällt [mit jdm/etw] rein** qn fait chou blanc [avec qn]/qn ramasse une veste [*o* prend une gamelle] [avec qc] *fam*

2. (*hineinfallen*) ■ **jd/etw fällt rein** qn/qc tombe dedans; ■ **jd/etw fällt [jdm] irgendwo rein** qn/qc [de qn] tombe quelque part

Reinfektion [reʔɪn-] *f* réinfection *f*

Reinhaltung *f* ∅ [*Umwelt*] préservation *f*, sauvegarde *f;* [*Luft, Wasser*] propreté *f*

Reinheit <-> *f* ∅ **1.** [*Edelstein, Edelmetall, Luft, Wasser*] pureté *f*

2. [*Wäsche, Fingernägel, Haut*] propreté *f*

Reinheitsgebot *nt* norme *f* sur les composants

reinigen *vt* ■ **jd reinigt etw** qn nettoie qc; *Pfeife* qn cure qc; ■ **jd reinigt jdm/sich etw** *Haut, Wunde* qn nettoie qc de qn/qn se nettoie qc; *Fingernägel, Ohren a.* qn cure qc de qn/qn se cure qc

-reiniger <-s, -> *m Boden-, Polster-, Teppich-* produit *m* d'entretien pour les; ***WC-R~*** nettoyant *m* W.-C.; ***Luft~*** désodorisant *m;* ***Pfeifen~*** nettoie-pipe *m;* ***Nagel~*** cure-ongles *m*

Reinigung <-, -en> *f* **1.** ∅ (*das Reinigen*) nettoyage *m;* [*Abgas, Abluft*] épuration *f*

2. (*Reinigungsbetrieb*) teinturerie *f*, pressing *m;* ***jd bringt etw zur*** ~ qn apporte qc à la teinturerie [*o* au pressing]

Reinigungs- *-creme, -lotion* démaquillant(e); ~***mittel*** produit *m* de nettoyage, détergent *m* **Reinigungskassette** *f* cassette *f* de nettoyage **Reinigungsmilch** *f* lait *m* démaquillant

Reinkarnation [reʔɪn-] *f* réincarnation *f*

Reinkultur *f* ► ... **in** ~ ... dans toute sa/leur splendeur *iron*

rein|legen *vt fam* **1.** (*hintergehen*) ■ **jd legt jdn rein** qn roule [*o* arnaque] qn *fam*

2. (*hineinlegen*) ■ **jd legt etw rein** qn met qc dedans; ■ **jd legt etw irgendwo rein** qn met qc quelque part

reinlich I. *adj* **1.** (*sauberkeitsliebend*) propre

2. (*sauber*) *Anzug, Kleidung, Hemdkragen* propre

3. (*säuberlich*) *Trennung, Unterscheidung* net(te)

II. *adv* **1.** (*sauber*) proprement

2. (*säuberlich*) nettement

Reinlichkeit <-> *f* ∅ propreté *f*

Reinluftgebiet *nt* région *f* au climat salubre

reinrassig *adj* de race [pure]

Reinraum *m* milieu *m* stérile, salle *f* blanche; ***im*** ~ en milieu stérile

rein|reiten *vt irreg fam* ■ **jd reitet jdn rein** qn mouille qn *fam*

Reinschrift *f* copie *f* [au] propre

rein|waschen *s.* **rein II.** ►

reinweg *adv s.* **reineweg**

rein|ziehen *vr irreg sl* ■ **jd zieht sich** (*dat*) **etw rein** *Joint, Alkohol, Aufputschmittel* qn s'envoie [*o* s'enfile] qc *fam; Film, Video* qn s'envoie [*o* se tape] qc *fam; s. a.* **hineinziehen**

Reis[1] <-es, -e> *m* riz *m;* ***Huhn auf*** ~ poule au riz

► **geschälter/ungeschälter** ~ du riz décortiqué/non décortiqué [*o* du paddy]

Reis[2] <-es, -er> *nt* **1.** (*Pfropf~*) greffon *m*

2. *veraltend geh* (*dünner Zweig*) rameau *m*

Reis- **1.** GASTR *-auflauf, -eintopf, -mehl, -schnaps* de riz; ~***brei*** riz *m* au lait; ~***pudding*** gâteau *m* de riz; ~***wein*** bière *f* de riz

2. AGR, COM *-import, -export* de riz; *-bedarf* en riz; *-verkauf, -preis* du riz; ~***anbau*** riziculture *f;* ~***anbaugebiet*** région *f* de culture du riz; ~***anbaufläche*** rizière *f*

3. BOT *-ähre, -korn* de riz; *-halm, -pflanze* du riz

Reise <-, -n> *f* voyage *m;* ***eine ~ an die See/in die Berge/nach Dänemark/zu den Bahamas*** un voyage à la mer/à la montagne/au Danemark/aux Bahamas; ***wir haben eine weite ~ hinter uns*** nous avons fait un long voyagé, notre voyage a été long

► **gute** [*o* **angenehme**] [*o* **glückliche**] ~! bon voyage!; **jd tritt seine letzte ~ an** *euph geh* on accompagne qn à sa dernière demeure *littér;* **jd hat seine letzte ~ angetreten** qn nous a quittés, qn a fait le grand voyage; **etw ist eine ~ wert** qc vaut le voyage; **jd geht auf ~n** qn part en voyage; **jd geht viel auf ~n** qn voyage beaucoup; **die ~ geht irgendwohin** le voyage mène [qn] quelque part; **jd ist** [*o* **befindet sich**] **auf ~n** qn est en voyage; **jd macht eine ~** qn fait un voyage; **wenn einer eine ~ tut, so kann er was erzählen** *prov* qui voit du pays a bien des choses à raconter

-reise *f Vergnügungs-, Geschäfts-, Informations-* voyage *m* de; ***Urlaubs~*** voyage touristique; ***Bildungs~*** voyage culturel; ***Dienst~*** déplacement *m;* ***Erholungs~*** voyage *m* pour se reposer; ***Inspektions~*** tournée *f* d'inspection

Reise- **1.** *-apotheke, -lektüre, -necessaire, -tasche, -wecker* de voyage; *-geld* pour le voyage; ~***koffer*** valise *f;* ~***stecker*** prise *f* universelle; ~***proviant***, ~***verpflegung*** provisions *fpl* de route **2.** *-andenken, -mitbringsel, -anschaffung* de voyage **3.** *-bericht, -pläne, -vorbereitungen, -eindrücke* de voyage; ~***route*** itinéraire *m* **4.** (*für eine Reise anfallend*) *-spesen* de déplacement; *-visa* pour un voyage **5.** (*einer Reise*) *-beginn, -dauer, -unterbrechung* du voyage; *-ziel a.* de voyage; ~***antritt*** départ *m* en voyage **Reisebegleiter(in)** *m(f)* **1.** (*Reisegefährte*) accompagnateur(-trice) *m(f)* **2.** *s.* Reiseleiter **Reisebekanntschaft** *f* connaissance *f* de voyage **Reisebüro** *nt* agence *f* de voyage **Reisebus** *m*, **Reisecar** *m* CH autocar *m* de tourisme **reisefertig** *adj* ■ **jd ist** ~ qn est prêt(e) à partir ► **jd macht sich** ~ qn se prépare à partir **Reisefieber** *nt fam* **1.** (*Unruhe vor einer Reise*) fièvre *f* du départ **2.** (*Reiselust*) envie *f* [*o* besoin *m*] de voyager **Reiseflughöhe** *m* altitude *f* de croisière **Reisefreiheit** *f* liberté *f* de voyager **Reiseführer** *m* MEDIA guide *m* [touristique] **Reiseführer(in)** *m(f)* TOURISMUS guide *mf* **Reisegepäck** *nt* bagages *mpl* **Reisegeschwindigkeit** *f form* vitesse *f* de croisière **Reisegesellschaft** *f* groupe *m* [de voyageurs] **Reisehöhe** *f s.* **Reiseflughöhe. Reisekosten** *pl* frais *mpl* de voyage; (*beruflich*) frais *mpl* de déplacement **Reisekostenabrechnung** *f* note *f* de frais **Reiseland** *nt* pays *m* touristique **Reiseleiter(in)** *m(f)* guide *mf*, accompagnateur(-trice) *m(f)* **reiselustig** *adj* à l'âme voyageuse; ■ **jd ist** ~ qn aime les voyages [*o* voyager]

reisen *vi + sein* **1.** TOURISMUS ■ **jd reist [irgendwohin]** qn voyage, qn fait un voyage quelque part; ***wohin werdet ihr in eurem Urlaub*** ~? où partez-vous en vacances?; ■ **das R~** les voyages

2. (*abreisen*) ■ **jd reist** qn part

3. (*als Vertreter unterwegs sein*) ■ **jd reist** qn est en tournée [*o* en déplacement]; ■ **jd reist in etw** (*dat*) qn représente qc

► **weit gereist** qui a beaucoup voyagé, qui a bourlingué [*o* roulé sa bosse *fam*]; ***ich bin eine weit gereiste Frau*** je voyage beaucoup, je suis une routarde *fam*

Reisende(r) *f(m) decl wie adj* voyageur(-euse) *m(f)*

Reiserücktrittsversicherung *f* assurance *f* annulation **Reiseruf** *m* message *m* personnel [radio] **Reiseverkehr** *m* circulation *f* [due aux départs/retours de vacances] **Reiseversicherung** *f* assurance *f* voyage **Reisewetter** *nt* temps *m* [pour voyager] **Reisewetterbericht** *m* météo *f* des vacances **Reisezeit** *f* saison *f* touristique; ***jd sucht sich seine ~ selbst aus*** qn choisit sa période de vacances

Reisig <-s> *nt* ∅ bois *m* mort

Reispapier *nt* papier *m* de riz

Reißaus *m* ► **jd/ein Tier nimmt [vor jdm/einem Tier]** ~ *fam* qn/un animal détale [devant qn/un animal] *fam*

Reißbrett *nt* planche *f* à dessin

reißen <riss, gerissen> I. *vi* **1.** + *sein* (*einreißen*) ■ **etw reißt [irgendwo]** /*Papier, Tapete, Stoff*/ qc se déchire [quelque part]

2. + *sein* (*zerreißen*) ■ **etw reißt** /*Faden, Seil*/ qc casse

3. + *haben* (*zerren*) ■ **jd/ein Tier reißt an etw** (*dat*) qn/un animal tire sur qc

4. + *haben* SPORT (*das Reißen betreiben*) ■ **jd reißt** qn exécute un arraché; ■ **[das] R~** l'arraché

5. + *haben* SPORT ■ **jd reißt [bei etw]** *bei einem Sprung* qn renverse [*o* fait tomber] la barre [à qc]

II. *vt + haben* **1.** (*wegreißen*) ■ **jd reißt etw aus/von etw** *Foto, Plakat, Tapete* qn arrache qc de qc

2. (*entreißen*) ■ **jd/etw reißt jdm jdn/etw aus/von etw** *Gegenstand, Kind* qn/qc lui arrache qn/qc de qc

3. (*hineinreißen*) ■ **jd/etw reißt [jdm/sich] etw in etw** (*akk*) *Loch, Schramme* qn/qc [lui/se] fait qc dans qc

4. (*aus dem Kontext lösen*) ■ **jd reißt etw aus etw** qn détache qc de qc

5. (*hinunterreißen*) ■ **er/sie/etw reißt jdn [mit sich] irgendwohin** *in den Abgrund, zu Boden* il/elle/qc entraîne qn [avec lui/elle] quelque part

6. (*unversehens holen*) ■ **jd/etw reißt jdn aus etw** *aus seinen Gedanken, aus dem Schlaf* qn/qc arrache qn à qc

7. (*gewaltsam übernehmen*) ■ **jd reißt etw an sich** (*akk*) *Herrschaft, Macht* qn s'empare de qc

8. (*rasch ziehen*) ■ **er/sie reißt jdn an sich** (*akk*) il/elle tire qn à lui/elle; **er/sie reißt etw an sich** (*akk*) il/elle s'empare de qc

9. SPORT (*durch Reißen hochbringen*) ■ **jd reißt etw** qn soulève qc à l'arraché

10. SPORT (*abwerfen*) ■ **jd reißt etw** qn renverse qc, qn fait tomber qc

11. (*totbeißen*) ■ **ein Tier reißt ein Tier** un animal égorge un animal

► **jd reißt etw auseinander** qn déchire qc; **jd ist/wird [zwischen etw und etw** (*dat*)**] hin und her gerissen** qn se tâte, qn est écartelé(e) entre qc

et qc
III. *vr + haben* 1. (*sich losreißen*) ■ **jd reißt sich aus etw** qn s'arrache de qc
2. *fam* (*sich intensiv bemühen*) ■ **jd reißt sich um jdn/etw** qn se bat pour avoir qn/qc; ■ **sie reißen sich um jdn/etw** ils/elles s'arrachent qn/qc; *s. a.* **gerissen**

Reißen <-s> *nt* ∅ MED *fam* élancement *m souvent pl*
▸ **jd hat das ~ [in etw** (*dat*)**]** qn a un élancement [*o* ces élancements] [dans qc]

reißend I. *adj* 1. *Fluss, Strömung* impétueux(-euse), déchaîné(e)
2. *Bestie, Tier, Wolf* féroce
3. COM *fam*: ***die neuen Videospiele finden ~en Absatz*** les nouveaux jeux vidéo se vendent comme des petits pains, on s'arrache les nouveaux jeux vidéo
II. *adv* COM *fam*: ***etw wird ~ abgesetzt*** qc fait un malheur *fam*; ***unser neues Produkt verkauft sich ~*** on s'arrache notre nouveau produit

Reißer <-s, -> *m fam* 1. (*Buch*) livre *m* racoleur, littérature *f* de gare *pas de pl*; (*Film*) film *m* racoleur
2. COM marchandise *f* qu'on s'arrache

reißerisch I. *adj* racoleur(-euse), tape-à-l'œil *fam*
II. *adv* de façon racoleuse

reißfest *adj* indéchirable; ***etw ist ~er als etw*** qc est plus résistant(e) que qc **Reißleine** *f* commande *f* à main **Reißverschluss**[RR] *m* fermeture *f* éclair® **Reißwolf** *m* 1. (*für Altkleider*) broyeur *m* 2. (*Aktenvernichter*) destructeur *m* d'archives; ***etw kommt in den ~*** qc est mis(e) à broyer dans le destructeur d'archives

Reit- 1. COUT *-anzug, -stiefel, -hose* de cheval; *-artikel, -ausrüstung* d'équitation; ***~gerte*** badine *f*; ***~kappe*** bombe *f*; ***~peitsche*** cravache *f*
2. ***~bahn*** manège *m*; ***~halle*** manège *m* couvert, salle *f* de manège; ***~weg*** piste *f* cavalière

reiten <ritt, geritten> I. *vi + sein* 1. (*auf einem Tier*) ■ **jd reitet [...]** qn fait du cheval [...]; ***Anfänger ~ nur ganz langsam*** les débutants ne vont à cheval que très lentement; ***im Galopp reitet man sehr schnell*** au galop, on va très vite; ■ **jd reitet irgendwohin/zu jdm** qn va à cheval quelque part/chez qn; ***bis Bad Urach werden wir lange zu ~ haben*** il nous faudra beaucoup de temps pour rejoindre Bad Urach; ■ **jd reitet auf einem Tier** qn monte un animal; ■ **jd reitet in etw** (*dat*) *im Schritt, Trab, Galopp* qn va à qc; ■ **das R~** l'équitation; ***durch das R~ bin ich wund geworden*** je me suis écorché la peau en faisant du cheval
2. (*rittlings sitzen*) ■ **jd reitet auf etw** (*dat*): ***Hexen ~ auf einem Besen*** les sorcières chevauchent un manche à balai; ***er reitet auf einem Ast/dem Dachfirst*** il est à califourchon sur une branche/sur le faîte du toit; ***das Kind reitet auf einem Schaukelpferd*** l'enfant fait du cheval à bascule
▸ **jd kommt geritten** qn vient à cheval
II. *vt + haben* 1. (*reitend fortbewegen*) ■ **jd reitet ein Tier** qn monte un animal
2. ■ **jd reitet etw** *Schritt, Trab* qn va à qc; ***~ wir Galopp!*** galopons

Reiter <-s, -> *m* (*Kartei~*) cavalier *m*
▸ **spanische ~** chevaux *mpl* de frise

Reiter(in) <-s, -> *m(f)* cavalier(-ière) *m(f)*
▸ **jd ist ~** qn fait de l'équitation

Reiterei <-, -en> *f* MIL cavalerie *f*

Reiterstandbild *nt* statue *f* équestre

Reitlehrer(in) *m(f)* professeur *m* d'équitation **Reitpferd** *nt* cheval *m* de selle **Reitschule** *f* école *f* d'équitation **Reitsitz** *m* position *f* [assise] à califourchon ▸ **im ~** à califourchon **Reitsport** *m* sport *m* hippique [*o* équestre], hippisme *m* ▸ **jd betreibt ~** qn pratique le sport hippique **Reitstall** *m* centre *m* d'équitation **Reittier** *nt* monture *f* **Reitturnier** *nt* concours *m* hippique **Reitunterricht** *m* leçons *fpl* d'équitation

Reiz <-es, -e> *m* 1. (*Verlockung*) ■ **der ~ einer S.** (*gen*) l'attrait de qc *m*
2. PHYSIOL stimulus *m*
3. *pl fam* (*nackte Haut*) charmes *mpl*
▸ **etw erhöht [für jdn] den ~ [einer S.** (*gen*)**]** qc augmente l'attrait [d'une chose] [pour qn]; **etw hat [für jdn] einen/seinen ~** qc a du/son charme [pour qn]; **jd/etw übt [auf jdn] einen [...] ~ aus** qn/qc exerce un attrait [...] [sur qn]; **etw verliert [für jdn] seinen [*o* den] ~** qn perd son attrait [pour qn]

Reiz- *-frage, -stoff* irritant(e); *-thema* d'irritation

reizbar *adj* irascible, irritable; ***jd ist [leicht] ~*** qn est irascible

Reizbarkeit <-> *f* ∅ irritabilité *f*

reizen I. *vt* 1. (*verlocken*) ■ **jd/etw reizt jdn** qn/qc attire qn; ■ **es reizt jdn etw zu tun** ça tente qn [*o* qn est tenté(e)] de faire qc
2. ■ **etw reizt etw** *Haut, Lunge, Schleimhaut* qc irrite qc
3. (*provozieren*) ■ **jd reizt jdn/ein Tier** qn provoque qn/un animal; ***jd reizt ein Tier zum Angriff*** qn pousse un animal à attaquer; ■ **jd/etw reizt jdn [dazu] etw zu tun** qn/qc pousse qn à faire qc; *s. a.* **gereizt**
II. *vi* 1. (*herausfordern*) ■ **etw reizt zu etw** qc provoque qc
2. ■ **etw reizt** [*Gestank, Pollen*] qc est irritant(e); [*Qualm a.*] qc pique; ■ **etw reizt zu etw** *zum Erbrechen, Husten* qc provoque qc
3. KARTEN ■ **jd reizt** qn surenchérit, qn monte

reizend *adj* 1. *Mensch* charmant(e); ■ **etw ist ~ [von jdm]** c'est gentil [à qn] [*o* de la part de qn]
2. *Anblick, Blick, Städtchen, Wohnung* ravissant(e)
3. *iron Aussichten, Vorschlag* mirifique, charmant(e); *Idee* riche *antéposé*
▸ **das ist ja ~!** *iron* c'est charmant!

Reizgas *m* gaz *m* lacrymogène **Reizhusten** *m* toux *f* d'irritation

Reizker <-s, -> *m* lactaire *m*

Reizklima *nt* 1. MED, METEO climat *m* vivifiant
2. (*konfliktgeladenes Klima*) climat *m* explosif, ambiance *f* électrique

reizlos *adj* sans charme

Reizüberflutung *f* trop-plein *m* de sollicitations

Reizung <-, -en> *f* MED irritation *f*

reizvoll *adj* attrayant(e); *Angebot, Vorschlag a.* alléchant(e) **Reizwäsche** *f* *fam* dessous *mpl* sexy [*o* érotiques] **Reizwort** <-wörter> *nt* mot *m* brûlant

rekapitulieren * *vt geh* ■ **jd rekapituliert etw** qn récapitule qc

rekeln *vr* ■ **jd rekelt sich [auf/in etw** (*dat*)**]** qn se vautre [sur/dans qc]

Reklamation <-, -en> *f* réclamation *f*

Reklame <-, -n> *f* 1. (*Werbeprospekt*) publicité *f*, réclame *f*
2. *veraltend* (*Werbung*) réclame *f*
▸ **etw ist keine gute ~ für jdn** qc n'est pas une bonne publicité pour qn; **jd macht für jdn/etw ~** qn fait de la publicité [*o* de la réclame] pour qn/qc; **jd macht mit jdm/etw ~** qn se fait de la publicité [*o* se fait mousser *fam*] avec qn/qc

Reklame- COM *s.* **Werbe-**

reklamieren * I. *vi* ■ **jd reklamiert [bei jdm] [wegen etw]** qn réclame [auprès de qn] [au sujet de qc]
II. *vt* 1. (*bemängeln*) ■ **jd reklamiert etw [bei jdm]** qn réclame au sujet de qc [auprès de qn]
2. *geh* (*beanspruchen*) ■ **jd reklamiert etw [bei jdm]** *Fundstück* qn réclame qc [auprès de qn]
3. *geh* (*in Anspruch nehmen*) ■ **jd reklamiert etw für sich** *jds Erfolg, Idee* qn revendique qc; ***jd reklamiert für sich etwas zu tun*** qn prétend faire qc

rekommandieren * I. *vt* AUS ■ **jd rekommandiert etw** qn envoie qc en recommandé, qn recommande qc; ***jd gibt etw rekommandiert auf*** qn envoie qc en recommandé
II. *vr* AUS ■ **jd rekommandiert sich jdm** qn se recommande à qn

Rekompenz <-, -en> *f* AUS dédommagement *m*, compensation *f*

rekonstruieren * *vt* ■ **jd rekonstruiert etw [aus etw]** qn reconstitue qc [à partir de [*o* d'après] qc]

Rekonstruktion *f* reconstitution *f*

Rekonvaleszent(in) <-en, -en> [-va-] *m(f) geh* convalescent(e) *m(f)*

Rekonvaleszenz <-> [-va-] *f* ∅ *geh* convalescence *f*

Rekord <-s, -e> *m* record *m*; ***jd ist ~ gelaufen/gefahren*** qn a battu un record
▸ **ein trauriger ~** un triste record

Rekord- 1. SPORT (*eines Rekordes*): ***~brecher*** champion *m*; ***~inhaber, ~halter*** détenteur *m* du record 2. (*einen Rekord darstellend*) record; ***~besuch*** chiffre *m* record de visiteurs **Rekordmarke** *f* 1. SPORT record *m* 2. (*Höchststand*) niveau *m* record **Rekordversuch** *m* tentative *f* de record **Rekordzeit** *f* temps *m* record; ***eine absolute ~*** un record absolu
▸ **in ~** en un temps record

Rekrut(in) <-en, -en> *m(f)* recrue *f*

Rekruten-: ***~zeit*** classes *fpl*; ***~ausbilder*** instructeur *m*; ***~ausbildung*** instruction *f* des recrues [*o* militaire]; ***jd muss in die ~schule [o die ~schule absolvieren]*** qn doit faire ses classes

rekrutieren * I. *vt* ■ **jd rekrutiert jdn** qn recrute qn
II. *vr* ■ **sie ~ sich aus etw** ils/elles se recrutent dans [*o* parmi] qc; ■ **etw rekrutiert sich aus etw** qc se recrute dans [*o* parmi] qc

Rekrutierung <-, -en> *f* recrutement *m*

Rekta *pl von* **Rektum**

rektal I. *adj form* rectal(e)
II. *adv form erfolgen, palpieren, untersuchen* par le rectum; *einführen, messen* dans le rectum

Rektor <-s, -toren> *m*, **-torin** *f* 1. UNIV recteur *m*
2. SCOL directeur(-trice) *m(f)* d'école/de collège

Rektorat <-[e]s, -e> *nt* 1. (*Amtsräume*) UNIV rectorat *m*; SCOL bureau *m* du directeur
2. (*Amtszeit*) UNIV rectorat *m*; SCOL directorat *m rare*

Rektum <-s, Rekta> *nt form* rectum *m*

rekurrieren * *vi* 1. *geh* (*anknüpfen an*) ■ **jd rekurriert auf jdn/etw** qn se réfère à qc
2. AUS, CH (*Beschwerde einlegen*) ■ **jd rekurriert [gegen etw]** qn intente un recours [contre qc]; (*Berufung einlegen*) qn fait appel [de qc]

Relais <-, -> [rəˈlɛː] *nt* relais *m*

Relation <-, -en> *f geh* 1. (*Verhältnismäßigkeit*) proportions *fpl*
2. (*wechselseitige Beziehung*) relation *f*, interaction *f*
▸ **etw steht in einer ... ~ zu etw** qc est en rapport ... avec qc; ***der Preis muss in vernünftiger ~ zur Qualität stehen*** le rapport qualité-prix doit être raisonnable; **etw steht in keiner ~ zu etw** qc est sans commune mesure avec qc

relativ I. *adj* relatif(-ive)
▸ **alles ist ~** tout est relatif
II. *adv* relativement

relativieren * [-ˈviː-] I. *vt geh* ■ **jd/etw relativiert etw** qn/qc relativise qc
II. *vi geh* ■ **jd relativiert** qn émet des réserves

Relativitätstheorie <-> [-vi-] *f* ∅ ■ **die ~** la théorie de la relativité

Relativpronomen *nt* pronom *m* relatif **Relativsatz** *m* proposition *f* relative

relegieren * *vt form* ■ **jd relegiert jdn** qn renvoie qn

relevant [-ˈva-] *adj geh* important(e)

Relevanz <-> [-ˈva-] *f* ∅ *geh* importance *f*
▸ **von ... ~** d'une importance ...; ***das ist nicht von ~*** ça n'a rien d'important

Relief <-s, -s *o* -e> *nt* relief *m*

Reliefkarte *f* carte *f* du relief

Religion <-, -en> *f* 1. (*Glaubensbekenntnis*) religion *f*
2. (*Glaubensgemeinschaft*) religion *f*

3. (*Religionsunterricht*) instruction *f* religieuse; (*bei den Christen a.*) catéchisme *m*

Religions- 1. *-ausübung, -freiheit, -führer, -streit* religieux(-euse); *~bekenntnis* confession *f*; *~ersatz* substitut *m* de religion; *~stifter* fondateur *m* d'une religion 2. SCOL *-arbeit, -buch, -lehrer, -stunde* d'instruction religieuse; *~lehre* instruction *f* religieuse **Religionsgemeinschaft** *f form* communauté *f* religieuse **Religionsgeschichte** *f* histoire *f* des religions **Religionskrieg** *m* guerre *f* de religion

religiös I. *adj* religieux(-euse); *sehr ~* (*fromm*) très pieux(-euse)
II. *adv* 1. (*im Sinne einer Religion*) *beeinflussen, prägen* par la religion; *erziehen* religieusement
2. *begründen, verbrämen* par des raisons religieuses

Religiosität <-> *f* ∅ religiosité *f*

Relikt <-[e]s, -e> *nt geh* vestige *m*; ***dieses Spielzeug ist ein ~ aus meiner Kindheit*** ce jouet est une relique de mon enfance

Reling <-, -s *o* -e> *f* bastingage *m*, rambarde *f*

Reliquie <-, -n> [re'li:kviə] *f* relique *f*

Rem <-s, -s> *nt abk von* **Roentgen equivalent man** rem *m*

Remake <-s, -s> [ri'meɪk] *nt* remake *m*

Reminiszenz <-, -en> *f geh* (*Erinnerung*) réminiscence *f*; (*Gegenstand*) souvenir *m*

remis [rə'mi:] I. *adj inv* nul(le); *~!* match nul!; ***das Spiel blieb ~*** la partie s'est terminée sur un match nul
II. *adv ausgehen, enden, sich trennen* sur un match nul; ***sie spielten ~*** la partie s'est terminée sur un match nul

Remis <-, - *o* -en> [rə'mi:] *nt* match *m* nul
▸ **jd erzielt [gegen jdn] ein ~** qn obtient le match nul [contre qn]

Remise <-, -n> *f* AUS (*Wagenhalle*) dépôt *m*

Remittende <-, -n> *f* retour *m*, invendu *m*; ***die ~n*** le bouillon

Remmidemmi <-s> *nt* ∅ *sl* boucan *m fam*, ramdam *m fam*
▸ **jd macht ~** qn fait du boucan [*o* du ramdam] *fam*

Remoulade <-, -n> [remu'la:də] *f*, **Remouladensoße** [remu'la:dən-] *f* [sauce *f*] rémoulade *f*

rempeln I. *vi fam* ■ **jd rempelt** qn pousse; ***es wird viel gerempelt*** on se bouscule, on se pousse
II. *vt* SPORT ■ **jd rempelt jdn** qn bouscule qn; ***jd rempelt jdn zu Boden*** qn fauche qn

Remuneration <-, -en> *f* AUS (*Vergütung*) rémunération, m

Ren <-s, -e> *nt s.* **Rentier²**

Renaissance <-, -en> [rənɛ'sã:s] *f* 1. ∅ HIST Renaissance *f*; ***Möbel der ~*** des meubles [*o* du mobilier] Renaissance
2. *geh* (*neue Blüte*) renaissance *f*

Renaissance- [rənɛ'sã:s-] *-schloss, -fassade, -schrank, -stil, -zeit* Renaissance; *-maler, -kunst, -baumeister* de la Renaissance

Rendezvous <-, -> [rãde'vu:, 'rã:devu] *nt* 1. (*amouröse Verabredung*) rendez-vous *m* [galant]
2. RAUM rendez-vous *m* spatial [*o* orbital]
▸ **sie geben sich** (*dat*) **irgendwo ein ~** *geh* (*finden sich ein*) ils/elles se donnent rendez-vous quelque part

Rendite <-, -n> *f* [taux *m* de] rendement *m*

Renditenhaus *nt* CH maison *f* [*o* immeuble *m*] de rapport

Renegat(in) <-en, -en> *m(f) geh* renégat(e) *m(f)*

Reneklode <-, -n> *f* 1. (*Baum*) prunier *m* [reine-claude]
2. (*Frucht*) reine-claude *f*

renitent I. *adj geh Knabe, Kerl* récalcitrant(e), indocile *littér*; *Auftreten, Benehmen* rebelle *littér*
II. *adv geh* de façon rebelle *littér*

Renitenz <-> *f* ∅ *geh* indocilité *f littér*

Renn- *-boot, -lenkstange* de course; *~bahn* (*beim Pferdesport*) champ *m* de courses, hippodrome *m*; (*beim Motorsport*) circuit *m*; (*beim Radsport*) vélodrome *m*; *~handschuh* mitaine *f* [de cycliste]; *~hose* cuissard *m*; *~jacht* racer *m*; *~maschine* moto *f* de course; *~schlitten* luge *f* de compétition

rennen <rannte, gerannt> I. *vi + sein* 1. (*schnell laufen*) ■ **jd/ein Tier rennt [irgendwohin]** qn/un animal court [quelque part]
2. *fam* (*hingehen*) ■ **jd rennt zu jdm** *zum Vorgesetzten, zur Mutter, Lehrerin* qn va voir qn; ***jd rennt zu Ämtern*** qn court les administrations
3. (*stoßen*) ■ **jd rennt an etw** (*akk*)**/gegen/vor etw** (*akk*) qn rentre dans qc; ***er ist mit dem Kopf vor einen Dachbalken gerannt*** il s'est cogné la tête contre une poutre
▸ **jd/ein Tier kommt gerannt** qn/un animal arrive en courant
II. *vt* 1. *+ haben o sein* SPORT ■ **jd rennt etw** qn court qc
2. *+ haben* (*im Lauf stoßen*): ***jd rennt jdn zu Boden*** qn renverse qn par terre [en courant]
3. *+ haben* (*stoßen*) ■ **jd rennt jdm etw in etw** (*akk*) *Degen, Messer* qn lui enfonce qc dans qc, qn lui plonge qc dans qc

Rennen <-s, -> *nt* 1. (*Auto~*) course *f* automobile
2. (*Pferde~*) course *f* de chevaux
▸ **ein totes ~** une course ex aequo; **jd/etw/ein Tier liegt ... im ~** qn/qc/un animal est ... placé(e); ***jd liegt ausgezeichnet im ~*** qn est très bien placé(e); **jd geht ins ~** qn prend part [*o* participe] à la course; **das ~ ist gelaufen** *fam* les dés sont jetés, les jeux sont faits; **jd macht [mit etw] das ~** *fam* qn emporte le morceau [avec qc] *fam*; **jd schickt jdn ins ~** qn envoie qn en compétition

Renner <-s, -> *m fam* article *m* à succès

Rennfahrer(in) *m(f)* 1. AUT coureur(-euse) *m(f)* automobile, pilote *m*
2. (*Fahrrad~*) coureur(-euse) *m(f)* [cycliste] **Rennpferd** *nt* cheval *m* de course **Rennrad** *nt* vélo *m* de course **Rennsport** *m* 1. AUT sport *m* automobile 2. *s.* **Radrennsport** 3. *s.* **Pferderennsport** **Rennstall** *m* écurie *f* [de courses]; ***die Fahrer aus dem ~ von Porsche*** les pilotes de l'écurie Porsche **Rennstrecke** *f* circuit *m* **Rennwagen** *m* voiture *f* de course

Renommee <-s, -s> *nt geh* réputation *f*, renommée *f*
▸ **von ... ~** de réputation ...

Renommier- modèle

renommiert *adj geh* réputé(e), renommé(e); ***als international ~er Erfinder*** en qualité d'inventeur de renommée internationale; ■ **jd ist ~ [wegen etw]** qn est renommé(e) [pour qc]; ***jd ist international ~*** qn a une renommée [*o* une réputation] internationale

renovieren * [-'vi:-] *vt* ■ **jd renoviert etw** qn rénove qc; *Fassade a.* qn ravale qc; ***eine Wohnung in nicht renoviertem Zustand*** un appartement non rénové

Renovierung <-, -en> [-'vi:-] *f* rénovation *f*; [*Fassade a.*] ravalement *m*; ***fällige ~en*** travaux de rénovation nécessaires

rentabel I. *adj* rentable
II. *adv* de façon rentable

Rentabilität <-> *f* ∅ rentabilité *f*

Rente <-, -n> *f* 1. (*Altersruhegeld*) [pension *f* de] retraite *f*
2. (*regelmäßige Geldzahlung*) rente *f*
▸ **jd geht in ~** (*akk*) qn part en retraite, qn prend sa retraite

Renten- *-erhöhung, -niveau, -überweisung* de la [pension de] retraite; *-anspruch* à la [pension de] retraite; *~anpassung* revalorisation *f* périodique de la retraite; *~antrag* demande *f* de liquidation de retraite; ***auf ~basis*** en viager; *~bemessungsgrundlage* point *m* de retraite; *~berechnung* liquidation *f* de la retraite, calcul *m* de la [pension de] retraite; *~bezug* pension *f* vieillesse; *~eintrittsalter* âge *m* de départ en retraite; *~fonds* rente *f* foncière; *~last* charge *f* du régime des retraites; *~papier* [titre *m* de] rente *f*; *~sicherheit* garantie *f* des retraites; *~unterlagen* relevé *m* des salaires et cotisations; *~zahlung* allocation *f* [de retraite] **Rentenalter** *nt* âge *m* de la retraite **Rentenbescheid** *m* notification *f* de la pension vieillesse **Rentenempfänger(in)** *m(f) form* bénéficiaire *mf* [*o* allocataire *mf*] de la [pension de] retraite **Rentenreform** *f* réforme *f* du régime des retraites **Rentenversicherung** *f* assurance vieillesse *f*

Rentier¹ *nt* renne *m*

Rentier² <-s, -s> [rɛn'tie:] *m veraltend* rentier(-ière) *m(f)*

rentieren * *vr* ■ **jd/etw rentiert sich [für jdn]** qn/qc est rentable [pour qn], qc se rentabilise [pour qn]

Rentner(in) <-s, -> *m(f)* retraité(e) *m(f)*; ***jd ist schon ~*** qn est déjà en [*o* à la] retraite

reorganisieren * [re'ɔr-] *vt geh* ■ **jd reorganisiert etw** qn réorganise qc

Rep <-s, -s> *m abk von* **Republikaner** républicain(e) *m(f)* (*membre d'un parti d'extrême droite allemand*)

reparabel *adj geh* réparable

Reparation <-, -en> *f* réparations *fpl* [de guerre]

Reparationszahlungen *pl* réparations *fpl*

Reparatur <-, -en> *f* réparation *f*
▸ **jd gibt etw [bei jdm] in** (*akk*) [*o* **zur**] **~** qn donne qc à réparer [chez qn]; **jd hat eine ~ an etw** (*dat*) qn doit faire réparer qc; ***jd hatte noch keinerlei ~en an etw*** qn n'a pas encore eu besoin de faire réparer qc; **etw ist in ~** qc est en réparation; **jd nimmt eine ~** [*o* **~en**] **[an etw** (*dat*)**] vor** *geh* qn effectue une réparation [*o* des réparations] [sur qc]; ***jd lässt eine ~ durch jdn vornehmen*** qn confie une réparation à qn

reparaturanfällig *adj* fragile, sujet(te) à réparations **reparaturbedürftig** *adj* qui nécessite [*o* nécessitant] une réparation; ■ **etw ist ~** qc a besoin d'être réparé(e) **Reparaturkosten** *pl* frais *mpl* de réparation **Reparaturwerkstatt** *f* atelier *m* de réparations; (*Autowerkstatt*) garage *m*

reparieren * *vt* ■ **jd repariert [jdm] etw** qn répare qc [de qn]

repatriieren * *vt* ■ **jd repatriiert jdn [in ein Land]** qn rapatrie qn [dans un pays]

Repatriierung <-, -en> *f* rapatriement *m*

Repertoire <-s, -s> [repɛr'toa:ɐ] *nt geh* répertoire *m*

repetieren * *vt geh* ■ **jd repetiert etw** */Schüler, Student/* qn répète qc; ***jd lässt etw ~*** qn fait répéter qc

Repetitor <-s, -toren> *m*, **-torin** *f* répétiteur(-trice) *m(f)*

Replik <-, -en> *f geh* réplique *f*

Report <-[e]s, -e> *m* reportage *m*

Reportage <-, -n> [repɔr'ta:ʒə] *f* reportage *m*

Reporter(in) <-s, -> *m(f)* reporter *m*

Repräsentant(in) <-en, -en> *m(f)* représentant(e) *m(f)*

Repräsentation <-, -en> *f geh* représentation *f*; ***Aufwendungen für ~*** frais de représentation; ***jd braucht etw zur ~*** qn a besoin de qc pour représenter

repräsentativ I. *adj* représentatif(-ive)
II. *adv* de façon représentative

repräsentieren * I. *vt geh* 1. (*nach außen vertreten*) ■ **jd repräsentiert etw** qn représente qc
2. (*darstellen*) ■ **etw repräsentiert etw** qc représente qc
3. (*wert sein*) ■ **etw repräsentiert etw** qc représente qc
II. *vi geh* ■ **jd repräsentiert** qn représente

Repressalie <-, -n> [-'sa:liə] *f meist pl geh* représailles *fpl*
▸ **jd ergreift [gegen jdn] ~n, jd greift [gegen jdn] zu ~n** qn use de [*o* exerce des] représailles [envers qn]

repressiv *adj geh* répressif(-ive)

Reprint <-s, -s> ['ri:print] *m* réimpression *f*, reprint *m*

reprivatisieren * [-va-] *vt* ■ **jd reprivatisiert etw** qn reprivatise qc

Reprivatisierung <-, -en> [-va-] *f* reprivatisation *f*

Reproduktion <-, -en> *f* 1. TYP reproduction *f*
2. ART reproduction *f*, copie *f*

reproduzieren * *vt* ■ **jd reproduziert etw** qn reproduit qc

Reprographie <-, -n> *f* 1. (*Verfahren*) reprographie *f*

2. (*Produkt*) reproduction *f*
Reptil <-s, -ien> *nt* reptile *m*
Reptilienfonds [rɛp'tiːliənfõː] *m* caisse *f* noire
Republik <-, -en> *f* république *f*
▶ **Deutsche Demokratische** ~ HIST République *f* démocratique allemande; **die Slowakische** ~ la République slovaque; **die Tschechische** ~ la République tchèque; **die Weimarer** ~ la République de Weimar
Republikaner(in) <-s, -> *m(f)* 1. (*in den USA*) républicain(e) *m(f)*
2. (*in Deutschland*) républicain(e) *m(f)* (*membre d'un parti d'extrême droite en Allemagne*)
republikanisch *adj* républicain(e)
Reputation <-, -en> *f veraltend geh* réputation *f*
Requiem <-s, Requien> ['reːkviɛm, -viən] *nt* 1. MUS requiem *m*; ***das ~ von Mozart*** le Requiem de Mozart
2. ECCL messe *f* de requiem
requirieren * *vt* ■ **jd requiriert etw [bei jdm]** qn réquisitionne qc [auprès de qn]
Requisit <-s, -en> *nt* 1. *geh* (*Zubehör*) accessoire *m*; ***der Computer ist für ihn ein notwendiges ~*** l'ordinateur est un outil de travail indispensable pour lui
2. THEAT accessoire *m*
resch *adj* AUS 1. *Brötchen, Gebäck* croustillant(e)
2. *Frau, Madel, Weibsbild* dégourdi(e), déluré(e)
Reservat <-[e]s, -e> [-'vaːt] *nt* réserve *f*
Reserve <-, -n> [-və] *f* 1. (*Rücklage*) réserve *f*; ***jd hat etw als ~ zu Hause*** qn a qc en réserve à la maison
2. PHYSIOL réserve *f* [d'énergie]
3. MIL réserve *f*
4. *geh* (*Zurückhaltung*) réserve *f*; ***jd übt ~*** qn fait preuve de réserve; ***bei aller ~*** avec toute la réserve due; ***jd gibt seine ~ auf*** qn sort de sa réserve
▶ **eiserne** ~ réserves en cas de coup dur *fam*; **stille** ~n COM réserves occultes; (*heimliche Rücklagen*) bas *m* de laine; **jd hat [noch] jdn/etw in [*o* auf] ~** qn a [encore] qn/qc en réserve; **jd lockt jdn [durch/mit etw] aus der ~** *fam* qn fait sortir qn de sa réserve [par qc/avec qc]; **… der ~** MIL … de réserve
-reserve [-və] *f* réserve *f* de; ***Finanz~n*** réserves financières, fonds *m* de réserve; ***Not~*** réserve en cas de coup dur *fam*
Reserve- [-və-] 1. *-brille, -füller* de réserve; *-packung* en réserve 2. MIL de réserve 3. SPORT *-bank* des remplaçants; ***~spieler*** remplaçant *m* **Reservekanister** *m* bidon *m* de réserve **Reserverad** *nt* roue *f* de secours **Reservereifen** *m* pneu *m* de rechange **Reserveübung** *f* période *f* d'instruction
reservieren * [-'viː-] *vt* ■ **jd reserviert [jdm [*o* für jdn]] etw** qn [lui] réserve qc, qn réserve qc [pour qn]; ***auf den Namen Roth ist ein Zimmer reserviert*** une chambre est réservée au nom de Roth
reserviert [-'viː-] *adj geh* (*zurückhaltend*) réservé(e)
Reserviertheit <-> [-'viː-] *f* ∅ *geh* réserve *f*
Reservierung <-, -en> [-'viː-] *f* réservation *f*
Reservist(in) <-en, -en> [-'vɪst] *m(f)* réserviste *mf*
Reservoir <-s, -e> [rezɛr'voaːɐ] *nt geh* (*alle Bedeutungen*) réservoir *m*
Reset-Taste ['riːsɛt-] *f* INFORM touche *f* reset
Residenz <-, -en> *f* (*alle Bedeutungen*) résidence *f*
Residenzstadt *f* ville *f* de résidence
residieren * *vi geh* 1. (*prachtvoll wohnen*) ■ **jd residiert** qn est installé(e) dans une résidence
2. (*seinen Wohnsitz haben*) ■ **jd residiert irgendwo** qn réside quelque part
Resignation <-, *rare* -en> *f geh* résignation *f*
resignieren * *vi geh* ■ **jd resigniert [wegen etw]** qn se résigne [à cause de qc]; ***da meinte er resigniert …*** il dit sur un ton résigné …
resistent *adj* résistant(e); ■ **etw ist [gegen etw] ~** qc est résistant(e) [à qc]
-resistent résistant(e) au/à la/aux
Resistenz <-, -en> *f* résistance *f*; ■ **eine ~ gegen etw** une résistance à qc
resolut I. *adj* résolu(e)
II. *adv* résolument
Resolution <-, -en> *f* résolution *f*
Resonanz <-, -en> *f* 1. *geh* (*Widerhall*) écho *m*; ■ **die ~ auf etw** (*akk*) *auf eine Idee, einen Plan* l'écho à qc
2. MUS résonance *f*
▶ **etw findet [*o* stößt auf] eine … ~** qc a [*o* rencontre] un écho …; ***etw findet eine große ~*** qc a un écho certain
Resonanzboden *m* table *f* [d'harmonie] **Resonanzkörper** *m* caisse *f* de résonance
Resopal® <-s, -e> *nt sorte de formica® ou de mélaminé*
resorbieren * *vt* ■ **etw resorbiert etw** qc absorbe qc
Resorption <-, -en> *f* [*Fett, Lotion etc*] absorption *f*; [*Medikament*] résorption *f*
resozialisieren * *vt* ■ **jd resozialisiert jdn** qn réinsère qn
Resozialisierung <-, -en> *f* réinsertion *f*
resp. *adv abk von* **respektive**
Respekt <-s> *m* ∅ respect *m*
▶ **voller** ~ avec respect, respectueusement; **jd/etw flößt [jdm] ~ ein** qn/qc inspire le respect [à qn]; **jd hat vor jdm/etw ~** (*Ehrfurcht*) qn a du respect pour [*o* à l'égard de] qn/qc; **jd hat ~ vor etw** (*dat*) *Leistung* qn a du respect pour qc; **jd verliert den ~ vor jdm** qn cesse de respecter qn, qn perd le respect pour qn; **jd verschafft sich** (*dat*) **[bei jdm] ~** qn se fait respecter [de qn]; **bei allem ~!** sauf ton/votre respect!; **bei allem ~ vor jdm/etw** sauf le respect que je dois à qn/qc; **allen/meinen ~!** chapeau [bas]!
respektabel *adj geh* (*alle Bedeutungen*) respectable; ***eine respektable Leistung*** une performance remarquable
respektieren * *vt* 1. (*akzeptieren*) ■ **jd respektiert etw** qn respecte qc
2. (*achten*) ■ **jd respektiert jdn** qn respecte qn
respektive [rɛspɛk'tiːvə] *adv geh* ou plutôt
respektlos I. *adj* irrespectueux(-euse)
II. *adv* avec irrespect, irrespectueusement *littér*
Respektlosigkeit <-, -en> *f* 1. ∅ (*respektlose Art*) manque *m* de respect, irrespect *m*
2. (*Bemerkung*) propos *m* irrespectueux
Respektsperson *f geh* personne *f* respectable, notabilité *f*
respektvoll I. *adj* respectueux(-euse)
II. *adv* respectueusement
Ressentiment <-s, -s> [rɛsãti'mãː] *nt meist pl geh* rancœur *f*, ressentiment *m*
Ressort <-s, -s> [rɛ'soːɐ] *nt* 1. (*Zuständigkeitsbereich*) ■ **jds ~** le ressort de qn; ***das ist mein ~*** c'est de mon ressort
2. (*Abteilung*) département *m*, service *m*
▶ **etw fällt in jds ~** (*akk*) qc est du ressort de qn
Ressource <-, -n> [rɛ'sʊrsə] *f meist pl* ressources *fpl*; [*Geldmittel*] ressources *fpl* [financières]; ***~n an Energie*** ressources en énergie
Rest <-[e]s, -e *o* CH -en> *m* 1. (*Übriggebliebenes*) reste *m*; ***ein ~ Kartoffeln*** un reste de pommes de terre
2. (*das noch Verbleibende*) restant *m*, reste *m*; ***den ~ des Weges gehe ich zu Fuß*** je ferai le reste [*o* le restant] du trajet à pied
▶ **der letzte ~ vom Schützenfest** *hum* le tout dernier reste; **der letzte ~** la dernière miette; (*bei Getränken*) le fond de bouteille; ***willst du den letzten ~ Wein/Torte noch haben?*** tu termines [*o* tu finis] le vin/le gâteau?; **jd/etw gibt jdm den ~** *fam* qn/qc achève qn; ***das gab ihm/ihr den ~*** ça l'a achevé/e, c'est la goutte d'eau qui a fait déborder le vase
-rest *m meist pl Brot-, Wurst-, Papier-* reste *m* de *souvent pl*; *Knochen-, Schädel-* fragment *m*; ***Stoff~*** coupon *m*
Rest- *-summe, -vorrat* restant(e); ***~alkohol*** traces *fpl* d'alcool; ***~auflage*** invendus *mpl*; ***~bestand*** reste *m*; ***~betrag*** reliquat *m*; ***~stoff*** résidu *m*; ***~strafe*** peine *f* restant à purger; ***~urlaub*** reste *m* de vacances [à prendre]
Restanz <-, -en> *f* CH (*unerledigte Arbeit*) affaires *fpl* en souffrance; (*nichtbezahlte Schuld*) reliquat *m* [à payer]
Restaurant <-s, -s> [rɛsto'rãː] *nt* restaurant *m*; ***jd geht ins ~*** qn va au restaurant
-restaurant [-rɛstorãː] *nt* restaurant *m* …; ***China~*** restaurant chinois; ***Dreisterne~*** [restaurant] trois-étoiles *m*; ***Nobel~*** restaurant de luxe; ***Spezialitäten~*** restaurant à spécialités; ***Theater~*** restaurant d'après-spectacle; ***Zug~*** wagon-restaurant *m*
Restaurator <-s, -toren> *m*, **-torin** *f* restaurateur(-trice) *m(f)*
restaurieren * *vt* ■ **jd restauriert etw** qn restaure qc
Restaurierung <-, -en> *f* restauration *f*
Restlaufzeit *f* délai *m* à échéance
restlich *adj Arbeit, Betrag* restant(e); *Leute* autre; ***der ~e Urlaub*** le reste [*o* le restant] des vacances
restlos I. *adj* total(e)
II. *adv* 1. *beseitigen, entfernen, rausgehen* totalement; *aufessen, verzehren* sans laisser de reste
2. *fam bedient sein, satt haben* tout à fait; *erledigt sein* complètement
Restposten *m* fin *f* de série
Restriktion <-, -en> *f form* restriction *f*
▶ **jd erlegt jdm [in etw** (*dat*)**] ~en auf** qn impose des restrictions à qn [au sujet de qc]
restriktiv I. *adj geh* restrictif(-ive)
II. *adv geh* de façon restrictive
Restrisiko *nt* risque *m* subsistant; ***es verbleibt ein ~*** il subsiste un risque
Restzahlung *f* [règlement *m* du] solde *m*
Resultat <-[e]s, -e> *nt* résultat *m*
▶ **jd kommt [*o* gelangt] zu einem ~** qn arrive [*o* parvient] à un résultat; **jd kommt [*o* gelangt] zu dem ~, dass** qn acquiert la conviction que + *indic*
resultieren * *vi geh* 1. (*folgen*) ■ **etw resultiert aus etw** qc résulte de qc; ■ **aus etw resultiert, dass** il résulte de qc que + *indic*
2. (*sich auswirken*) ■ **etw resultiert in etw** (*dat*) qc a qc pour résultat
Resümee <-s, -s> *nt geh* 1. (*Schlussfolgerung*) conclusion *f*
2. (*Zusammenfassung*) résumé *m*
▶ **jd zieht das ~ [aus etw]** qn tire la conclusion [de qc]
resümieren * I. *vi geh* ■ **jd resümiert** qn [se] résume
II. *vt geh* ■ **jd resümiert etw** qn résume qc
Retorte <-, -n> *f* cornue *f*
▶ **aus der ~** *fam* produit(e) artificiellement [*o* en laboratoire]
Retortenbaby [-beːbi] *nt* bébé-éprouvette *m*
retour [re'tuːɐ] *adv* CH, AUS, *geh* (*zurück*): ***eine Fahrkarte nach Bad Urach und [wieder] ~!*** un aller [et] retour pour Bad Urach!; ***alles ~!*** marche arrière!; ***beim Retourfahren*** en reculant
▶ **jd lässt etw ~ gehen** *fehlerhafte Lieferung etc* qn retourne qc à l'envoyeur; *beanstandetes Essen* qn renvoie qc [à la cuisine]
Retourbillett ['rətuːebɪljeːt] *nt* CH [billet *m* d']aller *m* [et] retour **Retourgeld** ['rətuːɐ-] *nt* CH monnaie *f* **Retourkutsche** [rə'tuːɐ-] *f fam* (*als Antwort*) réponse *f* du berger à la bergère; (*unerwünschter Effekt*) retour *m* de bâton, effet *m* boomerang
retournieren * [retʊr'niːrən] *vt* ■ **jd retourniert etw** 1. CH *Brief* qn retourne qc
2. COM *Ware* qn retourne qc
3. SPORT qn renvoie qc, qn retourne qc
Retourspiel ['rətuːɐ-] *nt* AUS, CH match *m* retour
Retrovirus [-viː-] *nt* rétrovirus *m*
retten I. *vt* 1. (*bewahren*) ■ **jd/etw rettet jdn [vor jdm/etw]** / *Helfer, Le-*

bensretter, Aussage/ qn/qc sauve qn [de qn/qc]; ***rettet mich denn keiner?*** personne ne vient à mon secours?
2. (*den Ausweg weisend*) ■ **~d** salvateur(-trice)
3. (*erhalten*) ■ **jd rettet etw [vor etw** (*dat*)] *Fassade, Gebäude, Gemälde* qn sauve qc [de qc]
4. (*hinüberretten*) ■ **jd rettet etw [durch/über etw** (*akk*)] *Erbstück, Wertgegenstand* qn sauvegarde qc [pendant [*o* durant] qc]
► **bist du/seid ihr noch zu ~?** *fam* t'es/vous êtes pas un peu malade(s)? *fam,* ça va pas la tête? *fam; **ist der noch zu*** ~? il est complètement malade! *fam*
II. *vr* ■ **jd rettet sich [durch etw]** qn se sauve du [*o* échappe au] danger [en faisant qc]; *durch die Flucht a.* qn trouve son salut dans qc; ■ **jd rettet sich [durch etw] vor etw** (*dat*) qn échappe à qc [en faisant qc]; ***jd rettet sich durch einen Sprung*** qn se sauve du danger [*o* échappe au] en sautant; ■ **jd rettet sich [vor jdm/einem Tier/etw] irgendwohin** qn se réfugie quelque part [pour échapper à qn/à un animal/à qc]
► **rette sich, wer kann!** *fam* sauve qui peut!; **jd weiß sich vor jdm/etw nicht mehr zu ~, jd kann sich vor jdm/etw nicht mehr** ~ qn ne sait plus comment échapper à qn/faire face à qc
Retter(in) <-s, -> *m(f) geh* sauveur *m*
Rettich <-s, -e> *m* radis *m*
Rettung <-, -en> *f* **1.** (*das Retten*) ■ **jds ~ [o die ~ von jdm] [aus etw/vor jdm]** le sauvetage de qn [de qc/des griffes de qn]; ***das war ~ in letzter Minute*** c'était un sauvetage in extremis; ~ ***aus Seenot*** sauvetage maritime; ***gibt es in dieser Situation noch eine*** ~? y a-t-il encore une chance de salut?
2. (*das Erhalten*) [*Fassade, Gemälde etc*] sauvetage *m*
► **jd/etw ist jds [letzte] ~ [vor jdm/etw]** *fam* qn/qc est la [dernière] planche de salut de qn [contre qn/qc]; **für jdn gibt es keine ~ mehr [vor etw** (*dat*)] plus rien ne peut sauver qn [de qc]
Rettungs- de sauvetage **Rettungsanker** *m* ► **jd/etw ist jds ~** qn/qc est la dernière planche de salut de qn **Rettungsdienst** *m* service *m* de secours
rettungslos I. *adj Lage, Situation* désespéré(e), sans issue
II. *adv gefangen, verstrickt sein* sans espoir [de secours]; ***wir sind ~ verloren*** tout espoir est perdu
Rettungsmedaille [-medaljə] *f* médaille *f* de sauvetage **Rettungsring** *m* **1.** bouée *f* de sauvetage **2.** *hum fam* poignées *fpl* d'amour *fam,* pneu *m fam* **Rettungsschuss**[RR] *m* ► **finaler** ~ neutralisation *f* définitive (*usage d'armes à feu pour éliminer un malfaiteur notamment lors d'une prise d'otage*) **Rettungsschwimmen** *nt* cours *m* de sauvetage **Rettungsschwimmer(in)** *m(f)* surveillant(e) *m(f)* de baignade, sauveteur *m* **Rettungsstation** *f* poste *m* de secours **Rettungswagen** *m* ambulance *f*
Return-Taste [rɪ'tøːɐn-] *f* INFORM touche *f* Retour
Retusche <-, -n> *f* retouche *f*
retuschieren * *vt* ■ **jd retuschiert etw [auf etw** (*dat*)] qn retouche qc [sur qc]
Reue <-> *f* ∅ repentir *m;* ~ ***über etw*** repentir de qc
► **tätige** ~ réparation *f*
reuen *vt geh* ■ **etw reut jdn** */Missetat, Verbrechen/* qn se repent de qc; *Geschenk, Weggabe a.* qn regrette qc; ■ **es reut jdn etw getan zu haben** qn se repent/regrette d'avoir fait qc
reuig *adj* **1.** (*bereuend*) repenti(e); ***ein R~er*** un repenti
2. *geh s.* **reumütig**
reumütig I. *adj Missetäter, Übeltäter* repentant(e); *Sünder* repenti(e)
II. *adv gestehen, zurückkommen* en se repentant
Reuse <-, -n> *f* nasse *f*
Revanche <-, -n> [re'vãːʃ(ə), re'vaŋʃ(ə)] *f* **1.** SPORT, SPIEL revanche *f;* ***willst du ~?*** tu veux ta revanche?
2. (*Vergeltung*) revanche *f*
► **jd gibt jdm** ~ qn donne sa revanche à qn; **als** ~ (*Gegenleistung*) en contrepartie
Revanche- [re'vãːʃ(ə)-, re'vaŋʃ(ə)-] *-match* de revanche; ***~partie, ~spiel*** revanche *f*
revanchieren * [revã'ʃiːrən, revaŋ'ʃiːrən] *vr* **1.** (*sich erkenntlich zeigen*) ■ **jd revanchiert sich [bei jdm] [für etw]** qn rend la pareille à qn [pour qc], qn renvoie l'ascenseur [à qn] [pour qc] *fam; **ich werde mich bei Gelegenheit*** [***dafür***] ~ je te/vous revaudrai ça à l'occasion
2. (*sich rächen*) ■ **jd revanchiert sich [an jdm] [für etw]** qn prend sa revanche [sur qn] [de qc]
Revanchismus <-> [revã'ʃɪsmʊs, revaŋ'ʃɪsmʊs] *m* ∅ revanchisme *m*
Revers[1] <-, -> [re'veːɐ, re'vɛːɐ, rə-] *nt o m* COUT revers *m*
Revers[2] <-es, -e> *m* (*Verpflichtungserklärung*) engagement *m*
reversibel [-vɛr-] *adj geh Entscheidung, Prozess, Urteil* révocable; *Vorgang* réversible
revidieren * [-vi-] *vt geh* **1.** (*rückgängig machen*) ■ **jd revidiert etw** *Meinung, Urteil* qn révise qc; *Entscheidung* qn revient sur qc
2. (*abändern*) ■ **jd revidiert etw** *Bestimmung, Gesetz, Vertrag* qn révise qc; ***jd revidiert etw in mehreren Punkten/in Teilen*** qn révise plusieurs points de qc/qc en partie; ■ **revidiert** modifié(e); ***revidiert und ergänzt*** revu(e) et augmenté(e)
3. CH (*überholen*) ■ **jd revidiert etw** *Maschine, Lokomotive* qn révise qc
Revier <-s, -e> [re'viːɐ] *nt* **1.** (*Polizeidienststelle*) poste *m* [de police], commissariat *m*
2. (*Jagd~*) territoire *m* de chasse; (*privat*) chasse *f* gardée
3. MIL infirmerie *f*
4. (*Zuständigkeitsbereich*) domaine *m; **das ist mein*** ~ c'est de mon domaine
5. ∅ MIN *fam* ■ **das** ~ le bassin houiller de la Ruhr
Revirement <-s, -s> [revir(ə)'mãː] *nt* remaniement *m*
Revision <-, -en> [-vi-] *f* **1.** FIN vérification *f,* contrôle *m*
2. JUR révision *f,* cassation *f*
3. TYP révision *f* [des épreuves]
4. *geh* [*Meinung, Überzeugung*] révision *f; **ich bin gern zu einer ~ meiner Entscheidung bereit*** je suis prêt(e) à revenir sur ma décision
Revisions- [-vi-] JUR *-gericht, -urteil* de cassation; *-antrag* en cassation
Revisor <-s, -soren> [-'viː-] *m,* **-sorin** *f* vérificateur(-trice) *m(f),* polyvalent(e) *m(f)*
Revolte <-, -n> [-'vɔl-] *f* révolte *f*
revoltieren * [-vɔl-] *vi geh* ■ **jd revoltiert [gegen jdn/etw]** qn se révolte [contre qn/qc]
Revolution <-, -en> [-vo-] *f* révolution *f*
► **die Französische** ~ la Révolution française
revolutionär [-vo-] *adj* révolutionnaire
Revolutionär(in) <-s, -e> [-vo-] *m(f)* révolutionnaire *mf*
revolutionieren * [-vo-] *vt* ■ **jd/etw revolutioniert etw** qn/qc révolutionne qc
Revolutions- [-vo-] *-komitee, -gericht, -regierung, -tribunal, -garde* révolutionnaire; *-führer, -rat* de la révolution
Revoluzzer(in) <-s, -> [-vo-] *m(f) pej* agitateur(-trice) *m(f)*
Revolver <-s, -> [re'vɔlvɐ] *m* revolver *m*
Revolver- [re'vɔlvɐ-] **1.** (*zu einem Revolver gehörig*) du/de revolver
2. (*für Revolver verwendet*) *-munition, -patrone* de revolver; *-gürtel* pour revolver; *-holster* à revolver **Revolverblatt** *nt fam* journal *m* à sensation **Revolverheld** *m* nerveux *m* de la gâchette
Revue <-, -n> [re'vyː, rə'vyː, -'vyːən] *f* revue *f*
► **jd lässt jdn/etw ~ passieren** *geh* qn passe qn/qc en revue
Revuetänzer(in) [re'vyː-, rə'vyː-] *m(f)* danseur(-euse) *m(f)* de revue
Reykjavik <-s> ['raikjaviːk, -vɪk] *nt* ∅ Reykjavik
Rezensent(in) <-en, -en> *m(f)* critique *mf* [littéraire]
rezensieren * *vt* ■ **jd rezensiert etw** qn fait la critique de qc; ***etw wird rezensiert*** qc fait l'objet d'une critique
Rezension <-, -en> *f* critique *f*
Rezensionsexemplar *nt* service *m* [*o* exemplaire *m*] de presse
Rezept <-[e]s, -e> *nt* **1.** MED ordonnance *f; **jd stellt ein ~ aus*** qn délivre une ordonnance
2. GASTR recette *f*
3. (*Verfahren*) méthode *f,* recette *f*
► **auf** ~ MED sur ordonnance
Rezept- MED **1.** (*für Rezepte bestimmt*) *-block, -formular* d'ordonnance **2.** (*von Rezepten*) *-ausstellung, -prüfung* d'une/de l'ordonnance **rezeptfrei I.** *adj* en vente libre **II.** *adv: **etw ist ~ erhältlich*** [*o* ***zu bekommen***] qc est en vente libre
Rezeption <-, -en> *f* réception *f; **an*** [*o* ***bei***] ***der*** ~ à la réception
Rezeptpflicht *f* ∅ obligation *f* d'une prescription médicale ► **etw unterliegt der** ~ *form* qc n'est délivré(e) que sur ordonnance, qc est soumis(e) à l'obligation d'une prescription médicale **rezeptpflichtig** *adj* délivré(e) seulement sur ordonnance; ■ **etw ist** ~ qc n'est délivré(e) que sur ordonnance
Rezession <-, -en> *f* récession *f*
reziprok *adj* MATH inverse
Rezitation <-, -en> *f* (*Vortrag von Dichtung*) récital *m* poétique; (*Vortrag von Liedern*) récital *m*
Rezitator <-s, -toren> *m,* **-torin** *f* diseur(-euse) *m(f)* de poèmes
rezitieren * **I.** *vt* ■ **jd rezitiert jdn/etw** qn récite qc/[des œuvres de] qn
II. *vi* ■ **jd rezitiert [aus etw/jdm]** qn récite [qc/les œuvres de qn]
R-Gespräch ['ɛr-] *nt* PCV *m*
rh [ɛr'haː] *abk von* **Rhesusfaktor negativ** Rh-
Rh [ɛr'haː] *abk von* **Rhesusfaktor positiv** Rh+
Rhabarber <-s, -> *m* rhubarbe *f*
Rhabarber- **1.** BOT *-staude, -stängel* de rhubarbe
2. GASTR *-kompott, -marmelade, -saft* de rhubarbe; *-kuchen, -pudding* à la rhubarbe
Rhapsodie <-, -n> [-'diːən] *f* r[h]apsodie *f*
Rhein <-s> *m* ■ **der** ~ le Rhin; ***Kehl am*** ~ Kehl sur le Rhin
Rheinfall *m* ■ **der ~ [von Schaffhausen]** la chute du Rhin [à Schaffhouse]
rheinisch *adj attr* rhénan(e)
Rheinländer(in) <-s, -> *m(f)* Rhénan(e) *m(f)*
Rheinland-Pfalz la Rhénanie-Palatinat
Rheinwein *m* vin *m* du Rhin
Rhenium <-s> *nt* ∅ CHEM rhénium *m*
Rhesusaffe *m* [singe *m*] rhésus *m* **Rhesusfaktor** *m* facteur *m* Rhésus
► ~ **positiv/negativ** [facteur] Rhésus *m* positif/négatif
Rhetorik <-, -n> *f* **1.** ∅ (*Lehre*) rhétorique *f*
2. (*Werk*) [traité *m* de] rhétorique *f*
rhetorisch I. *adj* **1.** *Element, Stilmittel, Frage* rhétorique; *Figur* de rhétorique
2. *Begabung, Talent* rhétorique
II. *adv begabt, talentiert* en matière de rhétorique
► **rein** ~ *gefragt, verstehen* au niveau rhétorique; ***das ist nur rein ~ gemeint*** ce n'est que de la rhétorique
Rheuma <-s> *nt* ∅ *fam* rhumatisme *m souvent pl*
► **jd hat** ~ qn a des rhumatismes
Rheuma- contre le rhumatisme
Rheumatiker(in) <-s, -> *m(f)* rhumatisant(e) *m(f)*
rheumatisch *adj* rhumatismal(e)
Rheumatismus <-> *m* ∅ *form* rhumatisme *m*

Rheumatologe <-n, -n> *m*, **-login** *f* rhumatologue *mf*, rhumato *mf fam*
Rhinozeros <-[ses], -se> *nt* **1.** (*Nashorn*) rhinocéros *m*
2. *fam* (*Dummkopf*) âne *m*
Rhodium <-s> *nt* ∅ CHEM rhodium *m*
Rhododendron <-s, -dendren> *m o nt* rhododendron *m*
Rhombus <-, Rhomben> *m* losange *m*
rhythmisch ['rʏtmɪʃ] **I.** *adj Atmung, Bewegungen* rythmé(e); *Gymnastik* rythmique
II. *adv* rythmiquement; ***er bewegt sich ~ zum Schlagen der Trommeln*** il se meut au rythme des coups de tambours
Rhythmus <-, Rhythmen> ['rʏtmʊs] *m* rythme *m*
▸ **im** ~ en rythme
Ribis[e]l <-, -n> *f* AUS groseille *f*
Ribonukleinsäure *f* acide *f* ribonucléique
richten **I.** *vr* **1.** (*bestimmt sein*) ■ **etw richtet sich an jdn** */Bemerkung, Frage, Vorwurf/* qc s'adresse à qn; ***das richtet sich an deine Adresse*** c'est à ton adresse, ça s'adresse à toi
2. (*sich orientieren*) ■ **jd richtet sich nach jdm/etw** qn se conforme à qn/qc; ***wir richten uns ganz nach Ihnen*** nous nous en remettons complètement à vous
3. (*sich wenden*) ■ **jd richtet sich an jdn/etw** qn s'adresse à qn/qc
4. (*abhängen von*) ■ **etw richtet sich nach etw** qc dépend de qc; ■ **etw richtet sich danach, ob/wie viel** qc dépend du fait de savoir si/combien; ***das richtet sich danach, ob*** ça dépend si; ■ **etw richtet sich danach, was** qc dépend de ce qui/que + *indic*
5. (*abzielen*) ■ **etw richtet sich gegen jdn/etw** qc est dirigé(e) contre qn/qc
II. *vt* **1.** (*lenken*) ■ **jd richtet etw auf jdn/etw** *Augen, Blick* qn dirige qc vers qn/qc; *Taschenlampe, Strahl* qn dirige qc sur qn/qc; *Zeigestock, Finger* qn pointe qc vers qn/qc; *Fernglas, Schusswaffe* qn braque qc sur qn/qc
2. (*adressieren*) ■ **jd richtet etw an jdn/etw** qn adresse qc à qn/qc
3. (*reparieren*) ■ **jd richtet [jdm] etw** qn [lui] répare qc, qn répare qc [de qn]
4. (*bereiten*) ■ **jd richtet [jdm] etw** *Bett, Frühstück, Zimmer* qn [lui] prépare qc, qn prépare qc [de qn]
III. *vi* (*urteilen*) ■ **jd richtet [über jdn/etw]** qn juge [qn/qc]
Richter(in) <-s, -> *m(f)* JUR juge *mf*
▸ **vorsitzender** ~ président; **jd wirft sich zum ~ [über jdn/etw] auf** qn s'érige en juge [de qn/qc]; ~ **an etw** (*dat*) juge à qc; ~ ***am Arbeitsgericht*** conseiller *m* prud'homme
Richteramt *nt* ■ **das** ~ la magistrature; ***mein Nachfolger im ~*** mon successeur à la magistrature
richterlich *adj attr* judiciaire
Richterschaft <-> *f* ∅ magistrature *f*
RichterskalaRR *f* ∅ ■ **die** ~ l'échelle de Richter *f*
Richtfest *nt* fête *f* pour l'achèvement du gros œuvre (*à laquelle le propriétaire convie les artisans et éventuellement des voisins*)
Richtgeschwindigkeit *f* vitesse *f* conseillée
richtig **I.** *adj* **1.** (*korrekt*) *Antwort, Kalkulation, Lösung, Rechnung* juste, exact(e), bon(ne) *antéposé; Weg, Haus* bon(ne) *antéposé;* ***das ist ~*** c'est juste [*o* exact]
2. (*angebracht*) *Entschluss, Haltung, Maßnahme, Meinung* bon(ne) *antéposé;* ***zur ~en Zeit*** au bon moment; ■ **etw ist** ~ qc est bon(ne) [*o* judicieux(-euse)]; ■ **es ist ~ etw zu tun** il est judicieux de faire qc; ***es ist ~ gewesen, dass*** c'était bien que + *subj*
3. (*am richtigen Ort*) ■ **jd ist irgendwo/bei jdm** ~ qn est à la bonne adresse [*o* là où il faut] quelque part/avec qn; ***Sie sind hier nicht ~*** vous n'êtes pas au bon endroit [*o* là où il faut]
4. (*echt*) *Gold, Edelstein, Schmuck* véritable, vrai(e); ***das ist kein ~er Schmuck*** ce ne sont pas des vrais bijoux [*o* des bijoux véritables]
5. (*wirklich*) *Täter* vrai(e) *antéposé; Eltern, Kind a.* véritable *antéposé*
6. *fam* (*regelrecht*) *Dummkopf, Idiot* vrai(e) *antéposé*, véritable *antéposé*
7. (*passend*) *Frau, Mann, Partner* bon(ne) *antéposé*, adéquat(e); ***er sucht noch die ~e Frau*** il cherche chaussure à son pied; ***er ist nicht der ~e Partner für dich*** ce n'est pas le partenaire qu'il te faut
8. (*ordentlich*) *Beruf, Kaminabend, Winter* véritable *antéposé*
9. *fam* (*in Ordnung*) ■ **jd ist** ~ qn est au poil *fam*
II. *adv* **1.** (*korrekt*) *antworten, lösen, schreiben, übersetzen* correctement; *verstehen, können* bien; *kalkulieren, raten, rechnen* juste; ***ich hatte ~ kalkuliert*** j'avais calculé juste
2. (*angebracht*) *entscheiden, handeln, vorgehen* bien, judicieusement
3. (*passend*) *hängen, stehen etc* à la bonne place; *passen, sitzen* bien
4. *fam* (*regelrecht*) *gemütlich, zünftig, wütend, verschmutzt* vraiment; *anbrüllen, ausnutzen, betrügen* véritablement
5. (*tatsächlich*) effectivement; ~, ***das ist die Lösung/das muss es sein!*** mais oui, c'est la solution!, bon sang, mais c'est bien sûr! *fam*
▸ **höre ich** ~? qu'est-ce que j'entends?, j'ai bien entendu?; **ich höre doch wohl nicht** ~? [dis-moi/dites-moi que] ce n'est pas vrai!; **jd liegt [mit etw]** ~ *fam* qn est dans le vrai [avec qc]; **jd liegt [mit etw] nicht** ~ qn se plante [*o* est à côté de la plaque] [avec qc] *fam;* ***mit dieser Meinung liegst du alles andere als ~*** tu te plantes complètement *fam*, tu es complètement à côté de la plaque *fam;* **jd liegt bei jdm** ~ qn est à la bonne adresse avec qn; **jd stellt etw** ~ qn rectifie qc; **sehr** ~! très juste!
Richtige(r) *f(m) decl wie adj* **1.** (*Partner*) bon(ne) partenaire *mf*
2. (*Treffer*) bon numéro *m;* ***sechs ~ im Lotto*** six bons numéros au loto
▸ **du bist mir der/die** ~! *iron* t'es bon(ne), toi! *fam;* **jd gerät [bei jdm] an den ~n/die** ~ *iron* qn ne peut pas mieux tomber [avec qn]
Richtige(s) *nt decl wie adj* **1.** (*Zusagendes*) ■ **das ~/etwas ~s** ce qu'il me/nous faut; ***das ~ für mich/für meine Wohnung*** ce qu'il me faut/ce qu'il me faut pour mon appartement; ***das wäre doch etwas ~s für uns*** c'est ce qu'il nous faudrait; ***ich habe immer noch nichts ~s gefunden*** je n'ai toujours pas trouvé ce qu'il me faut
2. (*Ordentliches*) ■ **etwas/nichts ~s** quelque chose [ne …] rien de convenable
richtiggehend **I.** *adj* **1.** *attr* (*korrekt anzeigend*) juste, précis(e)
2. *fam* (*regelrecht*) véritable *antéposé*, en bonne et due forme
II. *adv fam betrügen, hinters Licht führen* jusqu'à la gauche *fam*, dans les grandes largeurs *fam*
Richtigkeit <-> *f* ∅ **1.** (*Korrektheit*) [*Antwort, Kalkulation, Lösung*] justesse *f;* [*Schreibung, Übersetzung*] exactitude *f;* [*Abschrift, Kopie*] conformité *f*
2. (*Angebrachtheit*) justesse *f*
▸ **mit etw hat es seine** ~ qc est justifié(e); ***hat es mit diesem Scheck seine ~?*** est-ce que ce chèque est correct?
richtig|liegen *s.* **richtig II.**▸. **richtig|stellen** *s.* **richtig II.**▸.
Richtigstellung *f* rectification *f;* ***einige Sätze zur ~ dieser Behauptung*** quelques mots pour rectifier cette affirmation
Richtkranz *f* couronne *f* pour l'achèvement du gros œuvre (*accrochée au sommet de la charpente du toit lors de la fête organisée à cette occasion*) **Richtlinie** [-li:niə] *f meist pl* directive *f* **Richtmikrofon** *nt* microphone *m* directionnel **Richtplatz** *m* lieu *m* d'exécution **Richtpreis** *m* prix *m* conseillé; (*behördlich festgesetzt*) prix *m* indicatif **Richtschnur** *f* **1.** CONSTR cordeau *m* **2.** ∅ (*Grundsatz*) ■ **die ~ einer S.** (*gen*) la ligne de qc; ***die ~ meines Verhaltens*** ma ligne de conduite; ***die ~ eines Handelns*** la ligne d'action; ■ **die ~ für etw** la ligne directrice pour qc
Richtung <-, -en> *f* **1.** (*Himmels~*) direction *f;* ***aus östlicher ~*** de l'est; ***in östlicher ~ liegen*** à l'est; *gehen, laufen* vers l'est; ***die Kerle sind in diese ~ gelaufen*** les types sont partis dans cette direction [*o* dans ce sens-là]
2. (*Tendenz*) *literarische, philosophische, politische* tendance *f*, courant *m*
▸ **jd gibt einer S.** (*dat*) **eine andere** ~ *Verhandlungen* qn modifie le cours de qc; *Politik a.* qn infléchit qc; *Gespräch a.* qn détourne qc; **jd schlägt eine ~ ein, jd nimmt eine** ~ qn prend une direction; **in ~ einer S.** (*gen*) en direction de qc; **in alle ~en, nach allen ~en** *davonfliegen, stieben* dans toutes les directions; **irgendwas in der** [*o* **dieser**] ~ (*etwa so*) quelque chose de ce genre [*o* dans ce goût-là *fam*]; (*Mengen betreffend*) dans ces eaux-là; **in dieser** ~ (*Hinsicht*) en ce sens
Richtungsänderung *f* changement *m* de direction **Richtungskampf** *m* lutte *f* entre les courants **Richtungsstreit** *m s.* **Richtungskampf**
richtungweisend *adj Erfindung, Verfahren* qui ouvre des perspectives, novateur(-trice); ***die Partei fasste einen ~en Beschluss*** le parti a adopté un schéma directeur; ■ **etw ist ~ [für etw]** qc ouvre des perspectives, qc ouvre la voie à qc
Richtwert *m* valeur *f* indicative; ***ein ~ von 4,2 %*** un taux indicatif de 4,2 %
rieb *imp von* **reiben**
riechen <roch, gerochen> **I.** *vi* **1.** (*Geruch verströmen*): ***übel ~d*** malodorant(e); ■ **jd/etw riecht irgendwie** qn/qc sent d'une certaine façon; ***etw riecht gut*** qc sent bon; ■ **jd/etw riecht nach etw** qn/qc sent qc; ***das riecht angebrannt*** ça sent le brûlé [*o* le roussi]; ***was ist es, das hier süßlich riecht?*** d'où vient cette odeur douceâtre?; ***hier riecht es widerlich*** il y a une odeur dégoûtante ici, ça sent vraiment mauvais ici
2. (*schnuppern*) ■ **jd riecht an jdm/etw** qn flaire qn/qc, qn sent qc
II. *vt* **1.** (*als Geruch wahrnehmen*) ■ **jd riecht etw** qn sent qc
2. *fam* (*ahnen*) ■ **jd riecht etw** qn devine qc; ■ **jd riecht, dass** qn devine que + *indic*
▸ **jd kann** [*o* **mag**] **etw** ~ qn aime sentir qc; **jd kann jdn nicht** ~ *fam* qn ne peut pas sentir [*o* blairer *fam*] qn
III. *vi impers* ■ **es riecht …** *ekelhaft, scharf, stechend etc* il y a une odeur … + *adj;* ***es riecht süßlich/angenehm*** il y a une odeur douceâtre/agréable; ***es riecht angebrannt*** [*o* ***verbrannt***] ça sent le brûlé [*o* le roussi]; ■ **es riecht nach etw** ça sent qc
Riecher <-s, -> *m* ▸ **jd hat einen guten** [*o* **den richtigen**] ~ **[für etw]** *fam* qn a du nez [*o* du flair] [pour qc]
Riechkolben *m hum fam* pif *m fam*, blair *m fam* **Riechnerv** *m* nerf *m* olfactif **Riechorgan** *nt* organe *m* de l'odorat **Riechsalz** *nt* sels *mpl*
Ried <-s, -e *o* -er> *nt* **1.** CH (*Schilf*) roseau *m*
2. SDEUTSCH, CH (*Moor*) marais *m*
rief *imp von* **rufen**
Riege <-, -n> *f* **1.** SPORT section *f*
2. *pej* (*Gruppe*) clique *f fam*
Riegel <-s, -> *m* **1.** (*Verschluss*) verrou *m*
2. (*Schokoladen~*) barre *f*
▸ **jd legt den ~ [an etw** (*dat*)**] vor** qn met [*o* pousse] le verrou [de qc]; **jd schiebt etw** (*dat*) **einen ~ vor** qn met fin [*o* un terme] à qc
Riemen[1] <-s, -> *m* (*schmaler Streifen*) [*Tasche, Koffer*] courroie *f;* [*Geißel*] lanière *f*
▸ **jd schnallt den ~ enger** *fam* qn se serre la ceinture; **er/sie reißt sich am ~** *fam* il/elle fait un effort sur lui-même/elle-même, il/elle se ressaisit
Riemen[2] <-s, -> *m* (*Ruder*) rame *f*, aviron *m*
▸ **jd legt sich in die ~** qn pousse sur les avirons, qn rame à tour de bras
Riese <-n, -n> *m*, **Riesin** *f* géant(e) *m(f)*
▸ **ein ~ von [einem] Mann** [*o* **Mensch[en]**] [*o* **Kerl**] un colosse
-riese *m fam Pharma-, Wirtschafts-, Verlags-* géant *m* du/de la
Rieselfeld *nt* champ *m* d'épandage
rieseln *vi + sein* **1.** (*rinnen*) ■ **etw rieselt irgendwohin** */Körner, Sand/* qc s'écoule quelque part; */Blut, Flüssigkeit, Wasser/* qc coule quelque part; ***das Wasser rieselt von den Wänden*** l'eau ruisselle sur les murs
2. (*bröckeln*) ■ **etw rieselt von etw** */Kalk, Putz, Sand/* qc s'effrite de qc, qc se détache de qc
Riesen- **1.** *fam* (*Mords-*) *-dummheit* énorme; *-chance, -erfolg, -erlebnis* formidable; *-lärm, -trara* terrible; *-gemeinheit, -reinfall, -überraschung* sacré(e)

antéposé fam; -freude immense **2.** (*sehr groß*) *-bild, -plakat, -haus* gigantesque; *-Lkw* super *antéposé; -hecht, -regenwurm, -exemplar, -torte* géant(e); *~flasche* magnum *m* **3.** ZOOL géant(e); *~hai* pèlerin *m; ~schlange* boa *m* **Riesengebirge** *nt* ■ **das** ~ les monts *mpl* des Géants **Riesengestalt** *f* **1.** (*Größe*) taille *f* gigantesque **2.** (*Hüne*) colosse *m* **riesengroß** *adj fam* **1.** (*sehr groß*) *Mensch, Baum, Hai, Krake* gigantesque **2.** (*außerordentlich*) *Blödsinn, Dummheit, Enttäuschung* énorme; *Reinfall, Überraschung* sacré(e) *antéposé fam; Gewinn, Summe a.* colossal(e) **riesenhaft** *adj* gigantesque **Riesenhunger** *m fam* faim *f* de loup ►**jd hat einen** ~ qn a une faim de loup, qn crève la dalle *fam* **Riesenrad** *nt* grande roue *f* **Riesenschritt** *m* pas *m* de géant ►**jd macht ~e** qn fait des pas de géant; **mit ~en** à grands pas **Riesenslalom** *m* slalom *m* géant **Riesenwuchs** *m* gigantisme *m*

riesig I. *adj* **1.** (*ungeheuer groß*) *Bauwerk, Gebäude, Komplex, Saal, Turm* gigantesque; *Hand, Fußabdruck, Kopf* énorme; ***ein ~er Kerl*** un géant
2. (*gewaltig*) *Anstrengung, Enttäuschung* énorme; *Freude* immense; *Überraschung, Hunger, Durst* sacré(e) *antéposé fam*
3. *pred fam* super *fam*
II. *adv fam sich freuen* énormément; *überrascht sein, interessant* drôlement *fam*, vachement *fam; ~ **nett*** drôlement [*o* vachement] sympa *fam*

Riesin *f s.* **Riese**

Riesling <-s, -e> *m* riesling *m*

riet *imp von* **raten**

Riff <-[e]s, -e> *nt* récif *m*

rigide *adj geh* rigide

rigoros I. *adj Durchgreifen, Maßnahme* rigoureux(-euse); ■ **jd ist** ~ qn est rigoriste
II. *adv ablehnen, durchgreifen* énergiquement, rigoureusement

Rigorosum <-s, Rigorosa *o* AUS Rigorosen> *nt* ≈ soutenance *f* [de doctorat]

Rikscha <-, -s> *f* pousse-pousse *m*

Rille <-, -n> *f* (*längliche Vertiefung*) rainure *f;* [*Schallplatte*] sillon *m;* [*Säulen*] cannelure *f*

Rind <-[e]s, -er> *nt* **1.** ZOOL *form* bovin *m*
2. GASTR bœuf *m*

Rinde <-, -n> *f* **1.** [*Baum*] écorce *f*
2. [*Brot, Käse*] croûte *f*
3. [*Hirn, Niere*] cortex *m* [cérébral/rénal]

Rinder- de bœuf; *~leber* foie de génisse **Rinderherde** *f* troupeau *m* de bœufs **Rinderwahnsinn** *m* maladie *f* de la vache folle **Rinderzucht** *f* élevage *m* bovin

Rindfleisch *nt* [viande *f* de] bœuf *m*

Rinds- AUS, SDEUTSCH *s.* **Rinder-. Rindsleder** *nt* vachette *f* **rindsledern** *adj attr* en vachette

Rindsuppe <-, -n> *f* AUS (*Fleischbrühe*) bouillon *m* de boeuf **Rindvieh** <-viecher> *nt* **1.** Ø AGR bovins *mpl;* ■ **das** ~ le bétail; ***45 Stück*** ~ 45 têtes de bétail **2.** *sl* (*Dummkopf*) andouille *f fam*, imbécile *m*

Ring <-[e]s, -e> *m* **1.** (*Finger~*) bague *f;* (*Ehe~*) alliance *f*
2. (*Öse*) anneau *m*
3. (*Kreis*) [*Menschen*] cercle *m*
4. (*Syndikat*) cartel *m*, association *f*
5. (*Ringstraße*) ceinture *f* extérieure, périphérique *m*
6. BOXEN ring *m;* ***er hat schon hundertmal im ~ gestanden*** il est déjà monté cent fois sur le ring
7. [*Schießscheibe*] cercle *m* [concentrique], zone *f;* ***er hat 98 ~e geschossen*** il a réalisé un score de 98 points
8. *pl* (*Turngerät*) anneaux *mpl*
► **[dunkle] ~e unter den Augen** des cernes *fpl;* ~ **frei [zur nächsten Runde]!** prière de quitter le ring!; **sie tauschen** [*o* **wechseln**] **die ~e** *geh* ils échangent les anneaux *soutenu*

Ringbuch *nt* classeur *m* [à anneaux]

Ringbuch-: *~einlage* feuilles *fpl* de classeur [*o* perforées]; *~hefter* classeur *m* [à anneaux]; *~mechanik* système *m* à anneaux

Ringelblume *f* souci *m*

ringeln *vt* ■ **ein Tier ringelt etw [um etw]** un animal enroule qc [autour de qc]; *s.* **geringelt**

Ringelnatter *f* couleuvre *f* à collier **Ringelreihen** <-s, -> *m* ronde *f;* ***sie tanzen*** ~ ils/elles font la ronde **Ringelschwanz** *m* queue *f* en tire-bouchon **Ringelspiel** *nt* AUS manège *m* de chevaux de bois **Ringeltaube** *f* pigeon *m* ramier, palombe *f*

ringen <rang, gerungen> **I.** *vi* **1.** (*im Ringkampf kämpfen*) ■ **jd ringt [mit jdm]** qn lutte [contre [*o* avec] qn], qn combat [contre qn]
2. (*mit sich kämpfen*) ■ **er/sie ringt mit sich** il/elle lutte contre lui-même/elle-même
3. (*schnappen*): ***jd ringt nach Atem/Luft*** qn cherche à reprendre son souffle
4. (*sich bemühen*) ■ **jd ringt um etw** *um Fassung* qn cherche à retrouver qc; *Worte* qn cherche qc
II. *vt* ■ **jd ringt jdm jdn/etw aus etw** qn lui arrache qn/qc de qc, qn arrache qn/qc de qc de qn; ***sie wollte ihm die Pistole aus der Hand*** ~ elle voulut lui arracher le pistolet des mains

Ringen <-s> *nt* Ø lutte *f*

Ringer(in) <-s, -> *m(f)* lutteur(-euse) *m(f)*

Ringfahndung *f* recherches *fpl* dans un périmètre circonscrit **Ringfinger** *m* annulaire *m* **ringförmig I.** *adj* circulaire; ***~e Mauer*** mur *m* d'enceinte; ***~er Wall*** enceinte *f* fortifiée **II.** *adv: **jd schließt etw ~ ein*** qn encercle qc; ***etw führt ~ um etw herum*** qc contourne qc; ***etw wird ~ von einer Mauer umschlossen*** qc est entouré(e) par un mur circulaire [*o* d'enceinte] **ringhörig** *adj* CH *s.* **hellhörig. Ringkampf** *m* combat *m* [de lutte] **Ringkämpfer(in)** *m(f) s.* **Ringer**

Ringlotte <-, -n> *f* AUS *s.* **Reneklode**

Ringrichter(in) *m(f)* arbitre *m* [du ring]

rings *adv bepflanzen* tout autour; ***jd umgibt etw ~ mit etw*** qn entoure qc de qc; ***wir sind ~ von Feinden umgeben/eingeschlossen*** nous sommes entourés d'ennemis/l'ennemi nous encercle

ringsherum *adv s.* **ringsum**

Ringstraße *f* (*um eine kleine Ortschaft*) route *f* de contournement; (*um eine größere Ortschaft*) rocade *f*, périphérique *m*

ringsum *adv*, **ringsumher** *adv geh* [tout] autour

Rinne <-, -n> *f* **1.** (*Vertiefung*) (*durch Traktoren etc*) ornière *f;* (*durch Grund- und Regenwasser etc*) rigole *f*
2. (*offenes Rohr*) caniveau *m;* (*am Dach*) chéneau *m*, gouttière *f*

rinnen <rann, geronnen> *vi + sein* **1.** (*fließen*) ■ **etw rinnt [irgendwohin/aus etw]** */Wasser, Flüssigkeit/* qc s'écoule faiblement [*o* un filet de qc s'écoule] [quelque part/de qc]; ***es rinnt nur noch ganz wenig Wasser [aus der Leitung]*** il n'y a plus qu'un filet d'eau qui s'écoule [de la canalisation]
2. (*rieseln*) ■ **etw rinnt irgendwohin** */Sand/* qc coule quelque part

Rinnsal <-[e]s, -e> *nt* **1.** (*Wasserlauf*) filet *m* d'eau
2. (*rinnende Flüssigkeit*) filet *m*

Rinnstein *m* **1.** (*Gosse*) caniveau *m*
2. *s.* **Bordstein**

Rippchen <-s, -> *nt* côtelette *f*

Rippe <-, -n> *f* **1.** ANAT côte *f*
2. BOT nervure *f*
3. [*Heizkörper, Kühlaggregat*] ailette *f*, élément *m*
4. TEXTIL côte *f*
5. ARCHIT nervure *f*
► **jd hat nichts auf den ~n** *fam* qn n'a que la peau sur les os; **jd kriegt etw auf die ~n** *fam* qn prend du lard; **jd kann sich** (*dat*) **etw nicht aus den ~n schneiden** *fam* qn ne peut pas sortir qc de son chapeau; ***ich kann es mir doch nicht aus den ~n schneiden*** je ne peux pas faire l'impossible; **bei jdm kann man die ~n zählen** on peut compter les côtes de qn

Rippenbruch *m* côte *f* cassée

Rippenfell *nt* plèvre *f*

Rippenfellentzündung *f* pleurésie *f*

Rippengewölbe *nt* voûte *f* nervurée [*o* à nervures] **Rippenstoß** *m* coup *m* de coude ► **jd gibt** [*o* **versetzt** *geh*] **jdm einen** ~ qn donne un coup de coude à qn

Rippli <-s, -> *nt* CH *s.* **Rippchen**

Risiko <-s, -s *o* Risiken AUS *o* Risken> *nt* risque *m*
► **jd läuft [bei etw] ein** ~ [en faisant qc,] qn court un risque; **jd läuft [bei etw] das ~ etw zu tun, jd geht [bei etw] das ~ ein [etw zu tun]** [en faisant qc,] qn court le risque de faire qc; **auf jds** ~ (*akk*) aux risques et périls de qn; ***auf Ihr*** ~ à vos risques et périls; **ohne** ~ sans risque

-risiko *nt* risque *m* de; ***Gesundheits~*** risque *m* de maladie [*o* pour la santé]

Risikobereitschaft *f* témérité *f*, audace *f* **risikofreudig** *adj* téméraire; ■ **jd ist** ~ qn a le goût du risque **Risikogruppe** *f* groupe *m* à risque[s]

risikolos *adj* sans risque; ■ **etw ist [für jdn]** ~ qc ne présente aucun risque [pour qn]

riskant *adj* risqué(e); ■ **etw ist ~/zu ~** qc présente un risque/trop de risque, qc est risqué(e)/trop risqué(e); ***das ist mir zu*** ~ à mon avis c'est trop risqué; ■ **es ist ~ etw zu tun** c'est risqué de faire qc

riskieren * *vt* **1.** (*ein Risiko eingehen*) ■ **jd riskiert ...** *etwas, viel, nichts* qn risque ...
2. (*aufs Spiel setzen*) ■ **jd riskiert etw [bei etw]** qn risque qc [dans qc]
3. (*wagen*) ■ **jd riskiert es etw zu tun** qn se risque à faire qc

riss[RR], **riß** *imp von* **reißen**

Riss[RR], **Riß** <Risses, Risse> *m* **1.** (*eingerissene Stelle*) (*Haar~*) fissure *f;* (*im Mauerwerk a.*) lézarde *f;* (*im Papier, Stoff*) déchirure *f*
2. (*Knacks*) accroc *m;* ***wir haben uns zerstritten, die ~e sind nicht mehr zu kitten*** nous nous sommes disputés; il ne sera pas possible de recoller les morceaux
3. (*Umrisszeichnung*) épure *f*

rissig *adj* **1.** *Wand, Mauer* lézardé(e), fissuré(e); *Boden, Erde* fissuré(e), craquelé(e); ■ **etw wird** ~ */Wand, Mauer/* qc se lézarde, qc se fissure; */Boden, Erde/* qc se fissure, qc se craquelle
2. *Hand, Haut* crevassé(e)
3. *Leder, Sofa* craquelé(e)

Rist <-[e]s, -e> *m* **1.** (*Fußrücken*) cou-de-pied *m; **jd hat einen hohen*** ~ qn a le pied cambré
2. (*Widerrist*) garrot *m*

Riten *pl von* **Ritus**

ritt *imp von* **reiten**

Ritt <-[e]s, -e> *m* promenade *f* à cheval
► **in scharfem** ~ au grand galop; **jd macht einen** ~ qn fait une promenade à cheval; **in einem** [*o* **auf einen**] ~ *fam* (*ohne Unterbrechung*) d'une seule traite, sans dételer

Rittberger <-s, -> *m* boucle *f*

Ritter <-s, -> *m* (*alle Bedeutungen*) chevalier *m;* ***Kuno ~ von Triefenstein*** le chevalier Kuno de Triefenstein
► **arme** ~ GASTR pain *m* perdu; **fahrender** ~ chevalier *m* errant; **jd schlägt jdn zum** ~ qn arme qn chevalier, qn adoube qn

Ritter- de chevalier **Rittergut** *nt* terre *f* seigneuriale, domaine *m* seigneurial **Ritterkreuz** *nt* croix *f* de chevalier

ritterlich *adj* **1.** *geh* (*höflich zu Damen*) courtois(e)
2. (*einem Ritter gemäß*) chevaleresque

Ritterorden *m* ordre *m* de chevalerie ► **der Deutsche** ~ l'ordre *m* teutonique **Ritterschlag** *m* adoubement *m* ► **jd empfängt den** ~ qn est adou-

bé(e), qn est armé(e) chevalier
Rittersmann <-leute> *m poet* chevalier *m*
Rittersporn *m* pied-d'alouette *m*
Ritterstand *nt Ø* chevalerie *f*
rittlings *adv* à califourchon
Ritual <-s, -e *o* -ien> *nt* rituel *m*
Ritualmord *m* meurtre *m* rituel
rituell I. *adj* rituel(le)
II. *adv* rituellement
Ritus <-, Riten> *m* rite *m*
Ritz <-es, -e> *m* 1. (*Kratzer*) égratignure *f*, écorchure *f*
2. *s.* **Ritze**
Ritze <-, -n> *f* (*Spalte*) fente *f*, interstice *m*
ritzen I. *vt* 1. (*einkerben*) ■ **jd ritzt etw in etw** (*akk*)/**auf etw** (*akk*) qn grave qc dans/sur qc
2. (*zerkratzen*) ■ **jd/etw ritzt etw** *Glasscheibe, Edelstein* qn/qc raie [*o* raye] qc
▸ **ist geritzt** *sl* ça marche, ça baigne *fam;* **etw ist geritzt** *sl* qc marche
II. *vr* ■ **jd ritzt sich** [**an etw** (*dat*)] qn s'égratigne [*o* s'écorche] [à qc]
Rivale <-n, -n> [-'va:-] *m*, **Rivalin** *f* rival(e) *m(f);* ■ **~n um etw** des rivaux/rivales qui se disputent qc; ***sie waren ~n im Kampf um die Führung der Partei*** ils/elles se disputaient la direction du parti
rivalisieren * [-va-] *vi geh* ■ **jd rivalisiert mit jdm** [**um etw**] qn rivalise avec qn [pour obtenir qc]; ■ **~d** rival(e)
Rivalität <-, -en> [-va-] *f geh* rivalité *f*
Riviera <-> [ri'vie:ra] *f* ■ **die ~** la Riviera
Rizinus <-, - *o* -se> *m* 1. BOT ricin *m*
2. *Ø fam* (*Rizinusöl*) huile *f* de ricin
Rizinusöl *nt* huile *f* de ricin
RNS <-> [ɛr'ɛn'ɛs] *f Ø abk von* **Ribonukleinsäure** A.R.N. *m*
Roastbeef <-s, -s> ['ro:stbi:f] *nt* rosbif *m*
Robbe <-, -n> *f* phoque *m*
robben *vi + sein* ■ **jd robbt** [**irgendwohin/durch etw**] qn rampe [quelque part/dans qc]
Robben- 1. (*von Robben*) *-fang, -fänger* de phoque; **~*jagd*** chasse *f* aux phoques; **~*sterben*** mort *f* des phoques; **~*zentrum*** centre *m* d'étude des phoques
2. (*einer Robbe*) *-mutter, -junges ...* phoque; **~*baby*** bébé *m* phoque; **~*fell*** peau *f* de phoque
Robe <-, -n> *f* 1. (*Abendkleid*) robe *f* de soirée
2. (*Talar*) robe *f*
▸ **in großer ~** *geh* en tenue de soirée, en grand apparat *soutenu*
Robinie <-, -n> [-niə] *f* robinier *m*, faux acacia *m*
Robotbild *nt* CH *s.* **Phantombild**
Roboter <-s, -> *m* robot *m*
robust *adj* robuste
Robustheit <-> *f Ø* robustesse *f*
roch *imp von* **riechen**
röcheln *vi* ■ **jd röchelt** qn râle
Röcheln <-s> *nt Ø* râle *m*
Rochen <-s, -> *m* raie *f*
Rock¹ <-[e]s, ¨-e> *m* COUT 1. (*Damen~*) jupe *f*
2. CH (*Kleid*) robe *f*
3. CH (*Jackett*) veste *f*
Rock² <-[s], -[s]> *m* MUS rock *m*
Rock-¹ COUT *-falte, -futter, -länge* de jupe; *-material, -stoff* pour une jupe
Rock-² MUS *-band, -festival, -oper, -szene ...* rock; *-konzert, -gruppe, -star a.* de rock; **~*oper*** opéra *m* rock; **~*sänger*** chanteur *m* de rock, rocker *m*, rockeur *m*
Röckchen <-s, -> *nt dim von* **Rock** jupette *f*
rocken *vi* ■ **jd rockt** qn fait du rock
Rocker(in) <-s, -> *m(f)* 1. (*Halbstarker*) blouson *m* noir
2. (*Rockmusiker*) rocker *mf*, rockeur(-euse) *m(f)*
Rockzipfel *m* ▸ **jd erwischt jdn** [**gerade**] **noch am** [*o* **beim**] ~ qn saisit [*o* attrape] qn au vol; **jd hängt an jds ~** (*dat*) *fam* qn est pendu(e) aux basques de qn
Rodel <-s, -> *m*, <-, -n> *f* SDEUTSCH, AUS *s.* **Schlitten**
Rodelbahn *f* piste *f* de luge
rodeln *vi + sein o haben* ■ **jd rodelt** qn fait de la luge, qn luge; ■ **jd rodelt irgendwohin** qn va en luge quelque part
Rodelschlitten *m* DIAL *s.* **Schlitten**
roden *vt* 1. (*herausreißen*) ■ **jd rodet etw** *Unterholz, Wurzeln* qn enlève qc; *Bäume, Gestrüpp a.* qn déracine qc
2. (*vom Bewuchs befreien*) ■ **jd rodet etw** qn défriche qc
Rodler(in) <-s, -> *m(f)* lugeur(-euse) *m(f)*
Rodung <-, -en> *f* 1. (*gerodete Fläche*) espace *m* [*o* terrain *m*] défriché
2. *Ø* (*das Roden*) défrichage *m*
Rogen <-s, -> *m* œufs *mpl* [de poisson]
Roggen <-s> *m Ø* seigle *m*
Roggen- de seigle
roh I. *adj* 1. GASTR cru(e)
2. (*unbearbeitet*) brut(e)
3. (*brutal*) brutal(e); ***du ~er Kerl!*** [espèce de] sale brute! *fam;* ■ **jd ist ~** [**zu jdm**] qn est brutal(e) [*o* brute *fam*] [avec qn]
4. (*rau*) grossier(-ière); *Sitten a.* fruste; *Worte, Spaß a.* cru(e)
II. *adv* 1. (*in rohem Zustand*) cru(e); ***jd verschlingt etw ~*** qn avale qc [tout(e)] cru(e)
2. (*ungefüge*) *behauen, zusammennageln* grossièrement
3. (*brutal*) *behandeln* brutalement; ***sie gingen sehr ~ mit ihr um*** ils se sont comportés comme des brutes avec elle
Roh- (*noch nicht bearbeitet*) *-baumwolle, -diamant, -tabak* brut(e); *-seide a.* grège; *-leder a.* vert(e), non corroyé(e); **~*benzin*** essence *f* non raffinée; **~*bogen*** feuille *f* à imprimer; **~*kaffee*** café *m* non torréfié; **~*milch*** lait *m* cru; **~*produkt*** produit *m* non manufacturé; **~*zucker*** sucre *m* roux **Rohbau** <-bauten> *m* CONSTR gros œuvre *m;* ***wir haben mehrere ~ten besichtigt*** nous avons visité plusieurs maisons en construction ▸ **im ~** à l'état de gros œuvre
Roheit *s.* **Rohheit**
Rohertrag *m* produit *m* brut **Rohgewicht** *nt* poids *m* brut
Rohheit[RR] <-, -en> *f* 1. *Ø* (*Brutalität*) brutalité *f*, rudesse *f*
2. *Ø* (*Rauheit*) [*Sitten, Scherz*] grossièreté *f*
3. (*Handlung*) brutalité *f*
Rohkost *f* crudités *fpl*
Rohling <-s, -e> *m* 1. (*brutaler Kerl*) brute *f*
2. TECH pièce *f* brute
Rohr¹ <-[e]s, -e> *nt* 1. TECH (*klein*) tube *m;* (*groß*) tuyau *m;* (*Leitungs~*) canalisation *f*
2. (*Geschütz*) canon *m*
3. SDEUTSCH, AUS (*Backofen*) four *m*
▸ **jd/etw feuert aus allen ~en** qn/qc fait feu de tous bords
Rohr² <-[e]s, -e> *nt* 1. *Ø* (*Ried*) roseau *m*
2. *Ø* (*Röhricht*) roselière *f*
▸ **jd ist wie ein** [**schwankendes**] **~ im Winde** *geh* qn est une girouette
Rohr- TECH *-stärke, -material, -verbindung* de tuyau, de conduite; *-verleger, -verlegung* de conduites; *-netz, -verbindung* de canalisations; *-bruch* de canalisation; **~*leitung*** canalisation *f*, conduite *f;* **~*rücklauf*** reflux *m* dans les canalisations [*o* les conduites]
Rohrammer <-, -n> *f* bruant *m* des roseaux
Röhrchen <-s, -> *nt dim von* **Röhre** 1. PHARM tube *m*
2. (*Reagenzglas*) tube *m* à essai, éprouvette *f*
3. (*für Alkoholtest*) embout *m*
▸ **jd bläst ins ~** *fam* qn souffle dans le ballon
Rohrdommel <-, -n> *f* butor *m*
Röhre <-, -n> *f* 1. TECH tuyau *m*
2. ELEC tube *m*
3. (*Backofen*) four *m*
▸ **jd guckt in die ~** *fam* qn se retrouve le bec dans l'eau, qn se retrouve Gros-Jean comme devant, qn fait tintin *fam*
röhren *vi* 1. JAGD ■ **ein Tier röhrt** /*Elch, Hirsch*/ un animal brame; ■ **das R~** le brame
2. *fam* (*grölen*) ■ **jd röhrt** qn beugle *fam*
3. (*dröhnen*) ■ **etw röhrt** qc vrombit
Röhrenhose *f fam* pantalon *m* tube **Röhrenknochen** *m* os *m* long **Röhrenpilz** *m s.* **Röhrling**
Rohrgeflecht *nt* cannage *m*
Röhricht <-s, -e> *nt geh* roselière *f*
Rohrkrepierer <-s, -> *m* 1. MIL éclaté *m* dans l'âme
2. (*Reinfall*) pétard *m* mouillé, fumisterie *f fam*
Röhrling <-s, -e> *m* bolet *m*
Rohrpost *f* système *m* d'envoi par pneumatique; ***jd schickt etw mit der ~*** qn envoie qc par pneumatique
Rohrspatz *m* ▸ **jd schimpft wie ein ~** *fam* qn jure comme un charretier **Rohrstock** *m* verge *f*
Rohrzange *f* clé *f* à molette
Rohrzucker *m* sucre *m* de canne
Rohstoff *m* matière *f* première
Rohstoff- *-förderung, -reserve, -quelle, -vorkommen* de matières premières; *-verarbeitung, -markt, -preis* des matières premières; *r-arm, r-reich* en matières premières
Rohzustand *m* ▸ **im ~** à l'état brut
Rokoko <-[s]> ['rɔkoko, ro'kɔko, roko'ko] *nt Ø* 1. (*Stil*) [style *m*] rococo *m*
2. (*Zeitalter*) [époque *f*] rococo *m*
Rokoko- ['rɔkoko-, ro'kɔko-, roko'ko-] rococo
Rolladen *s.* **Rollladen**
Rollbahn *f* piste *f* **Rollbalken** <-s, -> *m* AUS (*Rollladen*) volet *m* roulant **Rollbrett** *nt* 1. (*Montage~*) chariot *m* 2. (*Skateboard*) planche *f* à roulettes, skate[board *m*] *m*
Rolle¹ <-, -n> *f* 1. (*aufgewickeltes Material*) rouleau *m*
2. (*Garn~*) bobine *f*
3. [*Pfefferminz, Markstücke*] rouleau *m*
4. (*Laufrad*) [*Rollcontainer, Teewagen*] roulette *f*
5. (*Gleitrad*) [*Flaschenzug, Seilwinde*] poulie *f;* [*Angel*] moulinet *m*
6. SPORT roulade *f*
▸ **jd macht eine ~** SPORT qn fait une roulade
Rolle² <-, -n> *f* CINE, THEAT, SOCIOL (*alle Bedeutungen*) rôle *m;* ■ **jds ~ bei etw** le rôle de qn dans qc
▸ **mit verteilten ~n** avec un rôle pour chacun(e); **jd fällt aus der ~** qn fait n'importe quoi, qn sort de son rôle; **jd gefällt sich** (*dat*) **in der ~ des/der ...** qn se complaît dans le rôle du/de la ...; **jd spielt bei etw eine ~** (*ist bei etw beteiligt*) qn joue un rôle [dans qc]; **etw spielt** [**bei etw in etw** (*dat*)] **eine ~** qc joue un rôle [dans qc]; **es spielt eine/keine ~, ob** ça a une importance/n'a pas d'importance que + *subj;* **es spielt eine/keine ~, wie** la façon dont ... a une importance/n'a pas d'importance; **jd versetzt sich in jds ~** (*akk*) qn se met à la place de qn
rollen I. *vi + sein* ■ **etw rollt** [**irgendwohin**] qc roule [quelque part]
▸ **jd bringt etw ins R~** qn met qc en branle
II. *vt + haben* 1. (*zusammenrollen*) ■ **jd rollt etw** qn roule qc

2. (*fortbewegen*) ■ **jd rollt etw** [**irgendwohin**] qn fait rouler qc [quelque part]
► **jd rollt etw auseinander** qn déroule qc
III. *vr + haben* **1.** (*sich hochbiegen*) ■ **etw rollt sich** qc se recourbe, qc rebique *fam*
2. (*sich einrollen*) ■ **jd rollt sich in etw** (*akk*) qn s'enroule dans qc
Rollen- **1.** CINE, THEAT *-studium, -verteilung* des rôles; *~****besetzung*** distribution *f*, casting *m*; *~****fach*** emploi *m*
2. SOCIOL: *~****bild*** stéréotype *m*; *~****klischee*** cliché *m*; *~****konflikt*** conflit *m* entre les différents rôles; ***r-spezifisch*** conforme au stéréotype; *~****spiel*** jeu *m* de rôle; *~****verhalten*** comportement *m* stéréotypé; *~****verständnis*** façon *f* de comprendre son rôle; *~****wandel*** évolution *f* des rôles; *~****zwang*** obligation *f* de remplir son rôle
Roller <-s, -> *m* **1.** (*Spielzeug*) trottinette *f*
2. AUS *s.* **Rollo**
► **Harzer** ~ GASTR fromage *m* du Harz; **jd fährt** ~ qn fait de la trottinette
Rollfeld *nt* piste *f* [de décollage/d'atterrissage] **Rollgeld** *nt* factage *m* **Rollkommando** *nt* commando *m*
Rollkragen *m* col *m* roulé
Rollkragenpullover [-vɐ] *m* [pull *m* à] col *m* roulé
Rollkur *f* traitement *m* par pansement gastrique
Rollladen^RR^ <-s, Rollläden *o* -> *m* volet *m* roulant
Rollmops *m* rollmops *m*
Rollo <-s, -s> ['rɔlo, rɔ'loː] *nt* store *m*
Rollschinken *m* jambon *m* roulé **Rollschrank** *m* armoire *f* à rideau
Rollschuh *m* patin *m* à roulettes
► **jd läuft** ~ qn fait du patin à roulettes
Rollschuhlaufen *nt* patin *m* à roulettes; ***jd bringt jdm das ~ bei*** qn apprend à qn à faire du patin à roulettes **Rollschuhläufer(in)** *m(f)* patineur(-euse) *m(f)* à roulettes
Rollsplitt *m* gravillon *m*
Rollstuhl *m* fauteuil *m* roulant, chaise *f* roulante
Rollstuhlfahrer(in) *m(f)* handicapé(e) *m(f)* en fauteuil roulant **rollstuhlgerecht** *adj* adapté(e) aux fauteuils roulants
Rolltreppe *f* escalier *m* roulant [*o* mécanique], escalator *m*
Rom <-s> *nt* Rome *f*
ROM <-s, -s> *m* INFORM *abk von* **Read Only Memory** mémoire *f* morte
Roma *pl* Rom *mpl*
Roman <-s, -e> *m* roman *m*
► **jd erzählt** [**jdm**] **einen** [**ganzen**] ~ *fam* qn raconte [à qn] [tout] un roman, qn raconte sa vie [à qn]; **erzähl keine ~e!** *fam* abrège!, ne tourne pas autour du pot!; **ich könnte** [**darüber**] **einen ~ schreiben!** *fam* je pourrais écrire [tout] un roman [là-dessus]!
Roman- de roman
Romancier <-s, -s> [romã'sieː] *m geh* romancier *m*
Romane <-n, -n> *m*, **Romanin** *f* Latin(e) *m(f)*
Romanik <-> *f* ∅ [style *m*] roman *m*
romanisch *adj* **1.** LING roman(e)
2. GEOG latin(e)
3. ARCHIT, ART roman(e)
4. CH *s.* **rätoromanisch**
Romanist(in) <-en, -en> *m(f)* romaniste *mf*
Romanistik <-> *f* ∅ étude *f* des langues et littératures romanes
Romantik <-> *f* ∅ **1.** ART, LITER, MUS romantisme *m*
2. (*gefühlsbetonte Stimmung*) romantisme *m*
3. (*das Schwärmerische*) ■ **die ~ einer S.** (*gen*) le romanesque de qc
Romantiker(in) <-s, -> *m(f)* (*alle Bedeutungen*) romantique *mf*
romantisch **I.** *adj* **1.** ART, LITER, MUS romantique
2. (*gefühlsbetont*) *Mensch, Vorstellung* romantique, sentimental(e)
3. (*gefühlvoll*) *Kaminfeuer, Schiffsreise* romantique
4. (*malerisch*) *Altstadt, Gegend, Weinkeller* pittoresque
II. *adv*: ***etw liegt ~ in einer idyllischen Gegend*** qc est situé(e) dans une contrée idyllique pleine de pittoresque; ***etw ist ~ ausgestattet*** qc est aménagé(e) avec pittoresque
Romanze <-, -n> *f* idylle *f*
Römer <-s, -> *m* verre *m* à vin du Rhin
Römer(in) <-s, -> *m(f)* Romain(e) *m(f)*
Römer- romain(e)
Römertopf *m* cocotte *f* ovale en terre cuite, römertopf *m*
römisch *adj* (*alle Bedeutungen*) romain(e)
römisch-katholisch *adj form* catholique romain(e)
Rommé, Rommee^RR^ <-s> *nt* ∅ rami *m*
Rondo <-s, -s> *nt* rondo *m*
röntgen *vt* ■ **jd röntgt jdn/etw** qn radiographie qn/qc; ■ **jd lässt sich** [**von jdm**] ~ qn passe une radio[graphie] [auprès de qn]
Röntgen <-s> *nt* ∅ radio[graphie] *f*
Röntgen- radio...; *~****aufnahme****, ~****bild*** radio[graphie] *f*; *~****film*** film *m* radiographique; *~****laser*** laser *m* [à rayons] X; *~****lithographie*** lithographie *f* par rayons X; *~****pass*** carnet *m* de radiographies; *~****reihenuntersuchung*** examens *mpl* radiographiques en chaîne [*o* systématiques] **Röntgengerät** *nt* appareil *m* de radiographie
röntgenisieren * *vt* AUS *s.* **röntgen**
Röntgenologe <-n, -n> *m*, **-login** *f* radiologue *mf*, radiologiste *mf*
Röntgenologie <-> *f* ∅ radiologie *f*
Röntgenstrahlen *pl* rayons *mpl* X
rosa *adj inv* rose
Rosa <-s, -s> *nt* rose *m*
rosafarben *adj*, **rosafarbig** *adj* [de couleur] rose **rosarot** *adj* rose vif
Röschen <-s, -> ['røːsçən] *nt* **1.** *dim von* **Rose** petite rose *f*
2. [*Rosenkohl*] petit chou *m*
Rose <-, -n> *f* **1.** (*Blüte*) rose *f*
2. (*Strauch*) rosier *m*
► **keine ~ ohne Dornen** *prov* [il n'y a] pas de roses sans épines; **jd ist nicht auf ~n gebettet** qn ne roule pas sur l'or
Rosé <-s, -s> *m* rosé *m*
Rosé <-[s], -[s]> *nt* COUT ► **in** ~: ***jd ist in*** ~ [***gekleidet***] qn est en rose; ***Unterwäsche in*** ~ de la lingerie rose
Rosen- BOT de rose **Rosengarten** *m* roseraie *f* **Rosenkohl** *m* chou *m* de Bruxelles **Rosenkranz** *m* chapelet *m* ► **jd betet den** ~ qn dit [*o* récite] son chapelet
Rosenmontag *m* lundi *m* gras
Rosenmontagszug *m* défilé *m* du lundi gras
Rosenöl *nt* huile *f* essentielle de roses **Rosenquarz** *m* quartz *m* rose **rosenrot** *adj geh s.* **rosig**
Rosette <-, -n> *f* **1.** ARCHIT rosace *f*, rose *f*
2. (*Schmuck~*) rosette *f*
Roséwein *m form s.* **Rosé**
rosig *adj* **1.** *Haut, Lippen, Wangen* rose vif *inv*
2. *Aussichten, Zeiten* rose *inv*; ***wir sehen ~en Zeiten entgegen*** nous allons vers des lendemains qui chantent
► **nicht** [**gerade**] ~ ne ... pas [vraiment] rose
Rosine <-, -n> *f* raisin *m* sec
► **jd hat ~n im Kopf** *fam* qn n'a pas les pieds sur terre; **jd pickt sich** (*dat*) **die** [**besten** [*o* **größten**]] **~n aus dem Kuchen, jd pickt sich** *fam* **die ~n heraus** qn se réserve la meilleure part de gâteau
Rosmarin <-s> *m* ∅ romarin *m*
Ross^RR^, **Roß** <Rosses, Rosse *o* Rösser> *nt* **1.** *liter* (*Reitpferd*) coursier *m littér*
2. SDEUTSCH, AUS, CH (*Pferd*) cheval *m*
3. *fam* (*Dummkopf*) andouille *f fam*, con(ne) *m(f) fam*
► **jd nennt ~ und Reiter** *geh* qn cite des noms; **hoch zu** ~ *geh* à cheval; **jd setzt sich aufs hohe** ~ qn prend de grands airs; **jd sitzt auf dem** [*o* **einem**] **hohen** ~ qn le prend de haut; **jd steigt** [*o* **kommt**] **von seinem hohen ~ herunter** qn en rabat, qn perd de sa superbe *littér*
Rossapfel^RR^ *m* SDEUTSCH, AUS, **Rossbollen**^RR^ <-s, -> *m* CH *s.* **Pferdeapfel**
Rösselsprung *m* **1.** SCHACH saut *m* du cavalier
2. (*Rätsel*) jeu *m* de syllabes
Rosshaar^RR^ *nt* ∅ crin *m* [de cheval] **Rosskastanie**^RR^ [-kastaːniə] *f* **1.** (*Frucht*) marron *m* [d'Inde] **2.** (*Baum*) marronnier *m* [d'Inde] **Rosskur**^RR^ *f hum* remède *m* de cheval
Rösslispiel^RR^, **Rößlispiel** *nt* CH manège *m* de chevaux de bois
Rost[1] <-[e]s> *m* ∅ rouille *f*
► **etw setzt ~ an** qc rouille
Rost[2] <-[e]s, -e> *m* **1.** (*Gitter*) grille *f*
2. (*Grillrost*) grill *m*
3. (*Bett~*) sommier *m*
Rostbraten *m* grillade *f* **Rostbratwurst** *f* **1.** (*Wurst zum Braten*) saucisse *f* à griller **2.** (*gebratene Wurst*) saucisse *f* grillée
rostbraun *adj Kleidungsstück, Fell* cuivré(e); *Fell eines Pferdes a.* bai(e), alezan(e); *Haar a.* auburn *vieilli*
rosten *vi + sein o haben* ■ **etw rostet** qc rouille
rösten *vt* ■ **jd röstet etw** *Brot* qn fait griller qc; *Kaffee, Kaffeebohnen* qn torréfie qc; *Kartoffeln* qn fait sauter qc
Rösterei <-, -en> *f* brûlerie *f*
rostfarben *adj*, **rostfarbig** *adj s.* **rostbraun. Rostfleck** *m* tache *f* de rouille **Rostfraß** *m* rouille *f* **rostfrei** *adj* inoxydable
Rösti *pl* CH pommes *fpl* de terre à la bernoise [*o* sautées à la poêle]
rostig *adj* rouillé(e); ■ **etw wird** ~ qc rouille
Röstkartoffeln *pl* pommes *fpl* [de terre] sautées
Rostlaube *f hum fam* tas *m* de ferraille [*o* de tôle] **rostrot** *adj s.* **rostbraun. Rostschutz** *m* protection *f* contre la rouille **Rostschutzfarbe** *f* peinture *f* antirouille **Rostschutzmittel** *nt* antirouille *m* **Rostumwandler** <-s, -> *m* dérouillant *m*
rot <-er *o* ¨er, -este *o* ¨este> **I.** *adj* (*alle Bedeutungen*) rouge; *Haar, Bart* roux(rousse); ■ **jd wird** ~ qn rougit; ■ **es ist** ~ (*Ampel*) c'est [*o* le feu est] rouge
II. *adv* **1.** (*mit roter Farbe*) *schreiben, streichen, unterstreichen* en rouge
2. (*in roter Farbe*): ***jd läuft im Gesicht ~ an*** qn rougit, qn pique un fard; ***~ glühend*** porté(e) au rouge, incandescent(e); ***seine Wangen glühten ~ vor Erregung*** son visage s'empourpra de colère; ***etw leuchtet ganz*** ~ qc brille d'un rouge lumineux
► **jd ist ~ angehaucht** POL *fam* qn est un/une rouge *vieilli*
Rot <-s, -s *o* -> *nt* (*alle Bedeutungen*) rouge *m*
► **bei** ~ TRANSP au rouge
Rotation <-, -en> *f* rotation *f*
Rotationsachse [-aksə] *f* axe *m* de rotation **Rotationsdruck** *m* ∅ impression *f* par rotative **Rotationsmaschine** *f* rotative *f*
Rotauge *nt* gardon *m* **rotbackig** *adj*, **rotbäckig** *adj* aux joues rouges; ■ **jd ist** ~ qn a les joues rouges **Rotbarsch** *m* sébaste *m* **rotbärtig** *adj* avec une barbe rousse; ■ **jd ist** ~ qn a la barbe rousse **rotblond** *adj* blond roux *inv* **rotbraun** *adj* cuivré(e); *Haar a.* auburn *vieilli* **Rotbuche** *f* hêtre *m* pourpre **Rotdorn** *m* épine *f* rouge
Rote <-n, -> *f fam* ≈ saucisse *f* de Strasbourg [à griller]
Rote(r) *f(m) decl wie adj* POL rouge *mf*
Röte <-> *f* ∅ *geh* rouge *m*
Rote-Armee-Fraktion *f* Fraction *f* Armée Rouge
Rötel <-s, -> *m* sanguine *f*

Röteln *pl* rubéole *f*
Rötelzeichnung *f* sanguine *f*
röten I. *vr* ■ **etw rötet sich** qc rougit; */Himmel/* qc rougeoie
II. *vt* ■ **etw rötet etw** qc fait rougir qc
Rotfilter *m* filtre *m* rouge **Rotfuchs** *m* alezan *m* **rotglühend** *s.* **rot II.2.** **rothaarig** *adj* roux(rousse) **Rothaut** *f fam* Peau-Rouge *mf*
rotieren * *vi + haben o sein* 1. (*sich drehen*) ■ **etw rotiert** qc tourne; ■ **das R~** la rotation
2. *fam* (*hektisch sein*) ■ **jd rotiert** qn bosse comme un malade *fam;* ***wir sind ganz schön rotiert*** on a bossé comme des malades *fam,* on ne savait plus où donner de la tête; ■ **das R~:** ***du bringst mich zum R~!*** je ne sais plus où donner de la tête, avec toi!; ***ich bin vielleicht am R~!*** je ne sais plus où donner de la tête!
3. POL ■ **jd rotiert** qn tourne
Rotkäppchen <-s> *nt* ■ [**das**] ~ le Petit Chaperon rouge **Rotkehlchen** <-s, -> *nt* rouge-gorge *m* **Rotkohl** *m,* **Rotkraut** *nt* SDEUTSCH, AUS chou *m* rouge
Rotkreuz- de la Croix-Rouge
rötlich *adj* rougeâtre, tirant sur le rouge; *Haare* tirant sur le roux; *Schimmer a.* rougeoyant(e); ***etw färbt sich*** ~ qc prend une teinte rougeâtre
Rotlicht *nt* ∅ lumière *f* rouge
Rotlicht- *sl* chaud(e) *fam;* ~***betrieb*** commerce *m* lié à la prostitution; ~***kneipe*** bar *m* d'un quartier chaud
Rotor <-, -en> *m* rotor *m*
rot|sehen *vi irreg fam* ■ **jd sieht rot** qn voit rouge; ***jd sieht bei jeder Kleinigkeit gleich rot*** qn voit rouge pour un oui [ou] pour un non **Rotstich** *m* dominante *f* rouge; ***etw hat einen*** ~ qc tire sur le rouge **rotstichig** *adj* à dominante rouge; ■ **etw ist** ~ qc a une dominante rouge **Rotstift** *m* stylo *m* rouge ► **etw fällt dem ~ zum Opfer** qc fait l'objet d'une coupe sombre; **jd setzt** [**bei etw**] **den ~ an** qn fait une coupe sombre [dans qc]
Rottanne *f* épicéa *m*
Rotte <-, -n> *f* 1. *pej* (*Gruppe*) horde *f*
2. [*Wildschweine*] harde *f,* compagnie *f*
Rötung <-, -en> *f* rougeur *f*
rotwangig *adj geh s.* **rotbackig. Rotwein** *m* vin *m* rouge **Rotwelsch** *nt decl wie adj* argot *m;* ■ **das ~e** l'argot *m,* la langue verte **Rotwild** *nt* cerfs *mpl*
Rotz <-es> *m* ∅ 1. *fam* (*Nasenschleim*) morve *f;* ***dem Kind lief der ~ aus der Nase*** l'enfant avait des chandelles qui lui pendaient du nez *fam*
2. *sl* (*Krempel*) fourbi *m fam*
► **jd heult ~ und Wasser** *fam* qn pleure comme s'il/si elle avait perdu père et mère
rotzen *vi sl* ■ **jd rotzt** qn se mouche dans ses doigts; ■ **das R~:** ***das R~ ist ekelhaft*** c'est dégoûtant de se moucher dans les doigts
Rotzfahne *f sl* tire-jus *m pop* **rotzfrech** *adj fam* culotté(e) *fam,* morveux(-euse); ■ **jd ist** ~ qn est culotté(e) [*o* gonflé(e)] *fam* **Rotzlümmel** *m sl* morveux *m* **Rotznase** *f* 1. *fam* (*Nase*) nez *m* qui coule 2. *fam* (*Frechdachs*) morveux *m*
Rotzunge *f* limande *f*
Rouge <-s, -s> [ruːʒ] *nt* rouge *m*
Roulade <-, -n> [ruˈlaːdə] *f* 1. (*Fleisch~*) paupiette *f,* roulade *f*
2. (*Biskuit~*) biscuit *m* roulé
Roulett <-s, - *o* -s> [ruˈlɛt] *nt* roulette *f*
► **russisches** ~ roulette *f* russe; **jd spielt** ~ qn joue à la roulette
-roulett [-rulɛt] *nt* (*Schacher*) valse *f* des
Route <-, -n> [ˈruːtə] *f* route *f,* itinéraire *m*
Routine <-> [ruˈtiːnə] *f* ∅ savoir-faire *m;* ***etw gehört zur*** ~ qc fait partie de la routine
► **etw wird/erstarrt** [**jdm**] **zur** ~ [pour qn,] qc devient de la/se transforme en routine
Routine- [ruˈtiːnə-] de routine **routinemäßig** I. *adj* de routine; ***etw ist*** ~ qc est une affaire de routine II. *adv* de façon routinière
Routinier <-s, -s> [rutiˈnieː] *m* vieux routier *m*
routiniert [rutiˈniːɐt] I. *adj* 1. (*mit Routine erfolgend*) effectué(e) avec savoir-faire
2. (*erfahren*) expérimenté(e); ***ein ~er Detektiv*** un fin limier
II. *adv* (*mit Routine*) avec savoir-faire
Rowdy <-s, -s> [ˈraudi] *m* voyou *m*
Royalist(in) <-en, -en> [roajaˈlɪst] *m(f)* royaliste *mf*
Rubbellos *nt* billet *m* de loterie (*à gratter*)
rubbeln I. *vt* ■ **jd rubbelt etw** qn frotte qc
II. *vi* 1. (*reiben*) ■ **jd rubbelt** [**mit etw**] qn frotte [*o* gratte] [avec qc
2. (*an einem Rubbelspiel teilnehmen*) ■ **jd rubbelt** qn gratte
III. *vr* ■ **jd rubbelt sich** qn se frotte
Rübe <-, -n> *f* 1. BOT, AGR betterave *f*
2. *sl* (*Kopf*) citrouille *f fam*
► [**Gelbe**] ~ SDEUTSCH, CH (*Möhre*) carotte *f;* **Rote** ~ betterave *f* rouge; **jd muss seine ~ hinhalten** *sl* qn porte le chapeau *arg;* **jd kriegt** [**von jdm**] **eins auf die** ~ *sl* qn en prend une sur le coin de l'œil [par qn] *fam*
Rubel <-s, -> *m* rouble *m*
► **der ~ rollt** *fam* l'argent circule
Rübenkraut *nt* mélasse *f*
Rubensfigur *f hum* formes *fpl* plantureuses, silhouette *f* à la Rubens
rüber- *fam:* ***jd geht/kommt/läuft rüber*** qn traverse; ***jd kriecht rüber*** qn traverse en rampant; ***komm mal rüber*** viens voir **rüber|bringen** *vt irreg fam* ■ **jd bringt** [**jdm**] **etw rüber** qn fait passer qc [à qn] **rüber|kommen** *vi irreg + sein sl* ■ **etw kommt** [**zu jdm**] **rüber** qc passe [auprès de qn] *fam;* ***das scheint nicht zu euch rübergekommen zu sein*** vous ne semblez pas avoir pigé *fam*

Rubidium <-s> *nt* ∅ CHEM rubidium *m*
Rubin <-s, -e> *m* rubis *m*
Rubin- avec un/des rubis; ~***schmuck*** rubis *mpl* **rubinrot** *adj* rubis
Rubrik <-, -en> *f* rubrique *f*
ruchbar *adj* ■ **etw wird** ~ qc se sait, qc est ébruité(e); ■ **es wird ~, dass** le fait que ... + *subj* s'ébruite
ruchlos *adj geh* infâme, scélérat(e) *littér;* ***du ~er Schuft!*** espèce de scélérat! *littér*
Ruchlosigkeit <-, -en> *f geh* scélératesse *f littér*
ruck *interj* ► ~, **zuck** *fam* en moins de deux *fam*
Ruck <-[e]s, -e> *m* 1. (*ruckartige Bewegung*) secousse *f,* à-coup *m*
2. POL poussée *f;* ***ein ~ nach rechts*** une poussée à droite
► **er/sie gibt sich** (*dat*) **einen** ~ *fam* il/elle fait un effort sur lui-même/elle-même, il/elle se secoue; **mit einem** ~ d'un [seul] coup
Rückansicht *f* vue *f* de l'arrière
Rückantwort *f* réponse *f*
ruckartig I. *adj* brusque
II. *adv aufstehen, sich losreißen* brusquement; *etw herumreißen, hochheben a.* d'un [seul] coup; ***etw bewegt sich ~ fort*** qc avance par à-coups [*o* par secousses]
Rückäußerung *f form s.* **Rückantwort**
Rückbesinnung *f* ■ **die ~ auf etw** (*akk*) le retour à qc; ***es kommt zu einer ~ auf etw*** on en revient à qc; ***deine ~ auf mich*** le fait que tu te souviennes de moi [*o* que tu penses de nouveau à moi]
rückbezüglich *adj s.* **reflexiv**
Rückbildung *f* 1. MED régression *f;* [*Tumor a.*] résorption *f*
2. PHYSIOL régression *f,* involution *f*
Rückblende *f* flash-back *m,* retour *m* en arrière
Rückblick *m* retour *m* en arrière; ■ **ein ~ auf etw** (*akk*) une rétrospective de qc
► **jd wirft einen ~ auf etw** (*akk*) qn jette un coup d'œil rétrospectif sur qc; **im ~ auf etw** (*akk*) en jetant un coup d'œil rétrospectif sur qc
rückblickend *adj* rétrospectivement
rückdatieren * *vt* ■ **jd rückdatiert etw** [**um etw**] qn antidate qc [de qc]; ■ **rückdatiert** antidaté(e)
rucken *vi* ■ **etw ruckt** qc avance par à-coups
rücken I. *vi + sein* 1. (*wegrücken*) ■ **jd rückt** [**irgendwohin**] *nach links, zur Seite* qn se pousse [quelque part]
2. (*gelangen*) ■ **jd/etw rückt irgendwohin** *in den Mittelpunkt, in den Bereich des Möglichen* qn/qc passe quelque part
II. *vt + haben* 1. (*schieben*) ■ **jd rückt etw irgendwohin** qn pousse qc quelque part
2. (*zurechtrücken*) ■ **jd rückt** [**jdm**] **etw irgendwohin** qn [lui] ajuste qc quelque part
► **jd rückt Dinge auseinander** qn sépare des choses
Rücken <-s, -> *m* (*alle Bedeutungen*) dos *m*
► **jd steht mit dem ~ zur Wand** qn est le dos au mur; **jdm läuft es eiskalt** [*o* **kalt**] **über den** ~ qn a froid dans le dos; **der verlängerte** ~ *hum fam* le bas du dos; **jd deckt jdm den** ~ (*jds rückwärtige Stellungen*) qn assure les arrières de qn; (*unterstützt jdn*) qn couvre qn; **jd dreht** [*o* **kehrt** *geh*] [*o* **wendet** *geh*] **jdm den ~ zu** qn tourne le dos à qn; **jd fällt jdm in den** ~ qn lui tombe dessus par-derrière, qn prend qn en traître; **jd/ein Tier fällt auf den** ~ qn/un animal tombe à la renverse; **kaum hat jd den ~ gedreht** [*o* **gekehrt**], **da ...,** dès que qn a le dos tourné, ..., qn a à peine le dos tourné que + *indic;* **jd hält jdm/sich den ~ frei** qn assure les arrières de qn/qn ménage [*o* assure] ses arrières; **jd hat etw im** ~ *Mauer, Sonne, Wind* qn a qc dans le dos; **jd hat jdn/etw im** ~ (*als Unterstützung*) qn a l'appui de qn/qc; **jd/etw stärkt jdm den** ~ [**gegen jdn**] qn/qc soutient [*o* donne un coup de main à] qn [contre qn]; ~ **an** ~ dos à dos; **auf dem** ~ sur le dos; **hinter jds** ~ (*dat*) dans [*o* derrière] le dos de qn; **mit dem ~ zu etw** le dos à qc; ***mit dem ~ zur Fahrtrichtung*** dans le sens contraire de la marche; **mit dem ~ zu jdm** en tournant le dos à qn; **mit jdm/etw im** ~ avec qn/qc derrière moi/lui/...
Rückendeckung *f* soutien *m* ► **jd gibt jdm** ~ (*unterstützt jdn*) qn soutient qn; MIL qn couvre qn **Rückenflosse** *f* nageoire *f* dorsale **Rückenlage** *f* position *f* sur le dos ► **in** ~ [couché(e)] sur le dos; *schwimmen* sur le dos **Rückenlehne** *f* dossier *m* **Rückenmark** *nt* moelle *f* épinière **Rückenmuskulatur** *f* musculature *f* du dos **Rückenschmerzen** *pl* douleurs *fpl* dans le dos [*o* dorsales] ► **jd hat** ~ qn a mal au dos **Rückenschwimmen** *nt* nage *f* sur le dos **Rückenwind** *m* vent *m* favorable ► **jd hat** ~ qn a le vent dans le dos
rückerstatten * *vt nur infin und pp* rembourser
Rückerstattung *f* remboursement *m*
Rückfahrkarte *f* [billet *m* [d']]aller et retour *m*
Rückfahrscheinwerfer *m* feu *m* de recul
Rückfahrt *f* [voyage *m*] retour *m*
► **auf der** ~ au retour
Rückfall *m* 1. MED rechute *f,* récidive *f;* JUR récidive *f*
2. *geh* (*erneutes Aufnehmen*) ■ **ein ~ in etw** (*akk*) un retour à qc
► **jd erleidet einen** ~ qn fait une rechute; **im** ~ JUR avec récidive
rückfällig *adj* récidiviste; ■ **jd wird** ~ qn récidive **Rückfällige(r)** *f(m) decl wie adj* récidiviste *mf*
Rückfalltäter(in) *m(f) form s.* **Rückfällige(r)**
Rückflug *m* vol *m* retour
► **auf dem** ~ au retour
Rückfluss[RR] *m* COM reversement *m*
Rückforderung *f* demande *f* de restitution
Rückfrage *f* demande *f* de précisions
► **jd macht** [**bei jdm**] **eine** ~ qn demande des précisions [à qn]

rück|fragen *vi nur infin und pp* demander des précisions
Rückführung *f* 1. FIN remboursement *m*
2. (*Repatriierung, Zurückführen*) rapatriement *m*
3. [*Abgas*] catalyse *f*
Rückgabe *f* [*Betrag, Gegenstand*] restitution *f*; (*an den Verkäufer*) retour *m*
Rückgaberecht *nt* droit *m* de retourner un article; ***jd kauft etw mit*** ~ qn achète qc sous condition
Rückgang *m* ■ **der** ~ **einer S.** (*gen*) la diminution [*o* la baisse] de qc
▸ **etw ist im** ~ **begriffen** *geh* qc est en diminution [*o* en baisse]
rückgängig *adj* ▸ **jd macht etw** ~ qn annule qc
Rückgewinnung *f* recyclage *m*
Rückgrat <-[e]s, -e> *nt* 1. ANAT colonne *f* vertébrale
2. Ø *geh* (*Stehvermögen*) force *f* de caractère [*o* d'âme]
▸ **jd/etw bricht jdm das** ~ qn/qc casse les reins à qn; **jd stärkt jdm das** ~ qn apporte son soutien à qn; **ohne** ~ sans force de caractère; ***jd ist ein Mensch ohne*** ~ qn n'a pas de force de caractère, qn n'a rien dans le ventre
Rückgriff *m* ■ **ein** ~ **auf etw** (*akk*) une reprise de qc
Rückhalt *m* soutien *m*
▸ **jd hat an jdm einen** ~ qn est soutenu(e) par qn, qn a le soutien de qn; **ohne** ~ (*rückhaltlos*) sans réserve
rückhaltlos I. *adj* 1. (*bedingungslos*) sans réserve
2. (*schonungslos*) implacable, impitoyable
II. *adv* (*uneingeschränkt*) sans réserve
Rückhand *f* Ø SPORT revers *m*
▸ **mit der** ~ du revers
Rückkaufsrecht *nt* droit *m* de rachat [*o* de réméré]
Rückkehr <-> *f* Ø retour *m*; ■ **jds** ~ **irgendwohin/irgendwoher** le retour de qn quelque part/de quelque part
▸ **bei/nach/vor jds** ~ au/après le/avant le retour de qn; ***bei/nach/vor seiner*** ~ à/après/avant son retour
Rückkopp[e]lung *f* 1. (*Feed-back*) feed-back *m*, rétroaction *f*
2. (*Störung*) larsen *m fam*
Rücklage *f* 1. (*Ersparnisse*) argent *m* de côté, réserve *f* financière; ***eine kleine*** ~ un peu d'argent de côté
2. COM réserve *f*
▸ **jd bildet** ~**n** [**für etw**] *form* qn constitue un bas de laine [en prévision de qc] *soutenu*
rückläufig *adj* à la baisse
Rücklauftaste *f* touche *f* de rembobinage
Rücklicht *nt* feu *m* arrière
rücklings *adv* 1. (*von hinten*) *anspringen, überfallen* par derrière
2. (*verkehrt herum*) *hocken, sitzen* à l'envers
3. (*nach hinten*) *fallen, umkippen* à la renverse
▸ ~ **an/zu etw** le dos à qc
Rückmeldung *f* 1. UNIV réinscription *f*
2. (*Reaktion*) réaction *f*
Rücknahme <-, -n> *f* COM reprise *f*
Rückporto *nt* port *m* pour le retour; ***jd fügt einer S.*** (*dat*) ***das*** ~ ***bei*** qn joint à qc un timbre pour la réponse
Rückprall *m* rebond *m*
Rückreise *f* retour *m*
▸ **auf der** ~ au retour
Rückreisewelle *f* vague *f* de retours de vacances
Rückruf *m* 1. TELEC rappel *m*; ***soll ich ihn um*** ~ ***bitten?*** dois-je lui demander de te/vous rappeler?
2. COM [*defektes Gerät*] retour *m* à l'usine [*o* en usine]; [*Nahrungsmittel, Medikament*] retour *m* au fabricant
Rückrufaktion *f* COM opération *f* de retour à l'usine [*o* en usine]; [*Nahrungsmittel, Medikament*] opération *f* de retour au fabricant
Rucksack *m* sac *m* à dos
Rucksacktourist(in) [-turɪst] *m(f)* routard(e) *m(f)*
Rücksand <-[e]s> *m* Ø CH retour *m*; ***jd bittet jdn um*** ~ ***einer S.*** (*gen*) qn prie qn de retourner qc
Rückschein *m* accusé *m* de réception, récépissé *m*
Rückschlag *m* 1. (*Verschlechterung*) revers *m*; ***ein schwerer*** ~ un coup du sort; ***schwere*** ***¨-e*** d'importants revers de fortune
2. (*Rückstoß*) recul *m*
Rückschläger(in) *m(f)* relanceur(-euse) *m(f)*
Rückschluss[RR] *m* déduction *f*; ***etw erlaubt den*** ~, ***dass*** qc permet de déduire que + *indic*; ■ **ein/der** ~ **aus etw** une/la déduction à partir de qc
▸ **jd zieht** [**aus etw**] [**bestimmte/seine**] **Rückschlüsse** qn fait des[/certaines/ses propres] déductions [à partir de qc]; **jd zieht** [**aus etw**] **den** ~, **dass** qn déduit [de qc] que + *indic*
Rückschritt *m* régression *f*
rückschrittlich *adj* 1. (*einen Rückschritt bedeutend*) régressif(-ive); ***das ist eine sozial*** ~***e Maßnahme*** c'est une mesure de régression sociale
2. *s.* **reaktionär**
Rückseite *f* 1. [*Buchseite, Karte, Foto*] dos *m*, verso *m*
2. [*Gebäude, Haus*] derrière *m*
▸ **siehe** ~ voir au verso [*o* au dos]; **auf der/die** ~ [*Foto etc*] au dos, au verso; [*Gebäude*] à l'arrière
rückseitig I. *adj* au verso, au dos
II. *adv* au verso, au dos
Rücksendung *f* retour *m*
Rücksicht[1] <-, -en> *f* 1. (*Nachsicht*) égards *mpl*
2. *pl* (*Rücksichtnahme*) considérations *fpl*
▸ **ohne** ~ **auf Verluste** *fam* sans se soucier de la casse *fam*; **jd kennt keine** ~ qn ne manifeste aucun égard; **jd nimmt** ~ [**auf jdn**] qn fait attention [à qn], qn manifeste des égards [envers qn]; ***nehmt doch mal*** ~ ***und seid leiser!*** pensez un peu aux autres, faites moins de bruit!; **jd nimmt** ~ **auf etw** (*akk*) qn tient compte de qc, qn prend qc en considération [*o* en compte]; **aus** [*o* **mit**] ~ **auf jdn** par égard pour qn; **aus** [*o* **mit**] ~ **auf etw** eu égard à qc; **ohne** ~ **auf jdn** (*akk*) sans égard pour qn; **ohne** ~ **auf etw** (*akk*) sans tenir compte de qc, sans prendre en considération
Rücksicht[2] *f* Ø (*Sicht nach hinten*) visibilité *f* [à l']arrière
Rücksichtnahme <-> *f* Ø prévenance *f* (*auf* + *akk* envers); ***ich bitte mir mehr*** ~ ***aus!*** j'aimerais un peu plus d'égards!
rücksichtslos I. *adj* 1. *Geschäftsmann* sans scrupules, impitoyable; *Verhalten, Vorgehen, Kerl* dénué(e) de scrupules, sans égard pour autrui; ***ein*** ~***er Autofahrer*** un chauffard; ■ **jd ist** ~ qn ne manifeste aucun égard
2. (*schonungslos*) *Aufdeckung, Kritik* impitoyable, implacable
II. *adv* 1. (*ohne Nachsicht*) sans égard pour autrui; ***er hat seine Ziele*** ~ ***verfolgt*** il a poursuivi ses objectifs sans s'embarrasser de scrupules
2. (*schonungslos*) impitoyablement
Rücksichtslosigkeit <-, -en> *f* sans-gêne *m*, manque *m* d'égards; ***jds*** ~ ***en*** le sans-gêne [*o* manque d'égards] de qn
rücksichtsvoll I. *adj* prévenant(e), plein(e) d'égards; ■ **jd ist** ~ [**gegen** [*o* **zu**] [*o* **gegenüber** *geh*] **jdm**] qn est prévenant(e) [à l'égard de qn], qn est plein(e) d'égards [envers qn]
II. *adv* avec prévenance, avec beaucoup d'égards
Rücksitz *m* siège *m* arrière
Rückspiegel *m* rétroviseur *m*, rétro *m fam*
▸ **abblendbarer** ~ rétroviseur *m* jour-nuit
Rückspiel *nt* match *m* retour
Rücksprache *f* entretien *m* préliminaire [*o* préalable]
▸ **jd nimmt** [*o* **hält**] ~ [**mit jdm**] qn a un entretien préliminaire [*o* préalable] [avec qn]
Rückstand[1] *m* 1. COM, IND, SCOL, SPORT retard *m*
2. *pl* FIN arriéré *m*
▸ **jd ist** [*o* **liegt**] [**gegenüber jdm**] **mit etw im** ~ SPORT qn a un retard de qc [sur qn]; **jd ist/kommt mit etw** [**gegenüber etw**] **in** ~ COM qn a/crée un arriéré de qc [par rapport à qc]; ***er ist mit 35000 DM im*** ~ il a un arriéré de 35000 marks
Rückstand[2] *m* 1. (*Bodensatz*) résidu *m*; (*im Wein*) dépôt *m*
2. (*Abfallprodukt*) résidu *m*
rückständig *adj* arriéré(e)
Rückständigkeit <-> *f* Ø retard *m*
Rückstau *m* 1. [*Fahrzeuge*] bouchon *m*; [*Personen*] entassement *m*
2. [*Wasser*] retenue *f*
Rückstellung *f* 1. COM provision *f*
2. (*Verschiebung*) ajournement *m*
Rückstoß *m* 1. [*Schusswaffe*] recul *m*
2. [*Flugkörper, Rakete*] force *f* de réaction
Rückstrahler <-s, -> *m* catadioptre *m*, cataphote *m*
Rücktaste *f* touche *f* de rappel arrière
Rücktritt *m* 1. (*Amtsniederlegung*) démission *f*
2. JUR résiliation *f*, annulation *f*
3. (*beim Fahrradfahren*) rétropédalage *m*
Rücktrittbremse *f* frein *m* à rétropédalage
Rücktritts- 1. *-drohung, -gesuch* de démission
2. JUR *-klausel, -recht* de renonciation, de résiliation
rück|übersetzen * *vt nur infin und pp* retraduire [dans la langue initiale]
Rückübersetzung *f* retraduction *f* [dans la langue initiale]
rück|vergüten * *vt nur infin und pp* rembourser
Rückvergütung *f* remboursement *m*
rück|versichern * *vr nur infin und pp* prendre des garanties
Rückversicherung *f* prise *f* de garanties
Rückwand *f* 1. [*Gebäude, Haus*] face *f* arrière
2. (*rückwärtige Platte*) fond *m*
rückwärtig *adj* 1. (*hinten liegend*) situé(e) à l'arrière
2. MIL arrière
rückwärts *adv* 1. (*mit dem Rücken voran*) à reculons; ***jd fährt*** ~ qn roule en marche arrière
2. SPORT *Rolle, Salto* arrière
3. AUS à l'arrière
▸ **es geht** ~ *fam* ça se dégrade, ça va de mal en pis; **es geht mit jdm/etw** ~ qn/qc se dégrade, qn/qc va de mal en pis; **jd parkt** ~ **ein** qn fait un créneau; **von** ~ SDEUTSCH, AUS par derrière
Rückwärtsfahren *nt* conduite *f* en marche arrière **Rückwärtsgang** *m* marche *f* arrière ▸ **jd legt den** ~ **ein** qn passe la marche arrière; **im** ~ en marche arrière **rückwärts|gehen** *s.* **rückwärts** ▸
Rückweg *m* [chemin *m* du] retour *m*
▸ **jd macht sich auf den** ~, **jd tritt den** ~ **an** *geh* qn prend le chemin du retour; **auf dem** ~ sur le chemin du retour
rückwirkend I. *adj* rétroactif(-ive)
II. *adv* rétroactivement
rückzahlbar *adj* remboursable
Rückzahlung *f* remboursement *m*
Rückzieher <-s, -> *m* ▸ **jd macht einen** ~ *fam* qn fait machine arrière
Rückzug *m* 1. MIL retraite *f*
2. CH retrait *m*
▸ **geordneter/ungeordneter** ~ retraite *f* en ordre/en ordre dispersé; **jd tritt** [**mit etw**] **den** ~ **an** qn bat en retraite [avec qc]; **auf dem** ~ au cours de [*o* pendant] la retraite
rüde I. *adj geh* abrupt(e), rude; ■ **jd ist** ~ [**zu jdm**] qn est rude [avec qn]
II. *adv geh* rudement
Rüde <-n, -n> *m* mâle *m*; ***ist das ein*** ~ ***oder eine Hündin?*** c'est un chien ou une chienne [*o* un mâle ou une femelle]?

Rudel <-s, -> *nt* [*Wölfe*] bande *f;* [*Gämsen, Rehe, Hirsche*] harde *f*
►**im** ~, **in** ~**n** en bande/harde
Ruder <-s, -> *nt* 1.(*Paddel*) rame *f,* aviron *m*
2.(*Steuer~*) gouvernail *m*
►**jd/etw läuft aus dem** ~ qn/qc échappe à tout contrôle; /*Projekt a.*/ qc dérape; /*Demonstration a.*/ qc dégénère; **jd/etw läuft jdm aus dem** ~ qn/qc échappe au contrôle de qn; **jd legt die** ~ **aus** qn sort les rames; **jd legt sich in die** ~ (*rudert kräftig*) qn fait force de rames, qn pousse sur les avirons; (*engagiert sich energisch*) qn met les bouchées doubles; **jd wirft das** ~ **herum** qn change de cap; **jd zieht die** ~ **ein** qn range les rames; **am/ans** ~ *fam* à la barre, aux commandes; ***jd kommt*** [*o* ***gelangt***] ***ans*** ~ qn prend le pouvoir [*o* les rênes du pouvoir]
Ruderboot *nt* bateau *m* à rames, barque *f*
Ruderer <-s, -> *m,* **Ruderin** *f* rameur(-euse) *m(f)*
Ruderhaus *nt* timonerie *f*
rudern I. *vi* 1.+ *haben o sein* (*mit dem Ruderboot*) ■**jd rudert** [**irgendwohin**] qn rame [quelque part]; ■**das R~**: ***R~ ist gesund*** ramer [*o* faire de l'aviron], c'est bon pour la santé; ***eine Stunde R~*** une heure de canotage
2.+ *haben* (*paddeln*) ■**ein Tier rudert** [**mit etw**] un animal nage [avec qc]
II. *vt* 1.+ *haben* ■**jd rudert jdn/etw irgendwohin** qn transporte qn/qc à la rame quelque part
2.+ *haben o sein* SPORT ■**jd rudert etw** *Strecke* qn parcourt qc à la rame
Ruderregatta *f* course *f* à l'aviron **Rudersport** *m* aviron *m* ►**jd treibt** ~ qn fait de l'aviron
Rudiment <-[e]s, -e> *nt* 1.*geh* [*Farbe, Schrift*] fragment *m;* [*Kultur*] vestiges *mpl*
2.BIO rudiment *m*
Rüebli <-s, -> ['ryəbli] *nt* CH carotte *f*
Ruf <-[e]s, -e> *m* 1.(*Ausruf*) cri *m;* (*Anruf*) appel *m*
2.∅ (*Ansehen*) ■**jds** [**guter**] ~ la [bonne] réputation de qn
3.UNIV [offre *f* de] nomination *f*
4.TELEC *veraltend* numéro *m* [de téléphone]
►**jd/etw bringt jdn** [**bei jdm**] **in schlechten** ~ qn/qc salit [*o* ternit] la réputation de qn [auprès de qn]; **jd erwirbt sich** (*dat*) **einen** ~ **als etw** qn se fait [*o* s'acquiert] une réputation de qc; **jd/etw hat** [*o* **genießt** *geh*] **einen ...** ~ [**als etw**] qn/qc jouit d'une ... réputation [comme qc]; ***jd/etw hat einen guten/schlechten*** ~ qn/qc a bonne/mauvaise réputation; **von** ~ *geh* en renom
Rüfe <-, -n> *f* CH glissement *m* de terrain
rufen <rief, gerufen> I. *vi* 1.(*ausrufen*) ■**jd ruft** qn crie; (*anrufen*) qn appelle
2.(*kommen lassen*) ■**jd ruft** [**nach jdm**] qn appelle [qn]
3.(*nach Erfüllung drängen*) ■**etw ruft** /*Arbeit, Pflicht*/ qc attend
4.(*auffordern*) ■**jd/etw ruft** [**zu etw**] qn/qc appelle [à qc]
5.(*verlangen*) ■**jd ruft nach jdm/etw** qn réclame qn/qc
II. *vi impers* ■**es ruft** on crie, on appelle; ■**es ruft jd** qn crie
III. *vt* 1.(*ausrufen*) ■**jd ruft etw** qn crie qc
2.(*herbestellen*) ■**jd ruft jdn/etw** qn appelle qn/qc; ■**er/sie ruft jdn zu sich** il/elle appelle qn auprès de lui/d'elle; ■**jd lässt jdn** ~ qn demande qn, qn fait appeler qn
►**jd/etw kommt** [**jdm**] **wie gerufen** qn/qc tombe bien [*o* à pic *fam*]
Rufen <-s> *nt* ∅ cris *mpl*
Rufer(in) <-s, -> *m(f) geh* ***wer mag der nächtliche*** ~ ***sein?*** qui peut crier ainsi en pleine nuit?
►**der** ~ **in der Wüste** celui qui prêche dans le désert; ***jd ist der*** ~ ***in der Wüste*** qn prêche dans le désert
Rüffel <-s, -> *m fam* savon *m;* ***jd muss einen*** ~ ***einstecken*** qn se fait taper sur les doigts [*o* remonter les bretelles *fam*]
rüffeln *vt fam* ■**jd rüffelt jdn** [**wegen etw**] qn passe un savon [*o* remonte les bretelles *fam*] à qn [à cause de qc]
Rufmord *m* diffamation *f* **Rufname** *m* prénom *m* usuel **Rufnummer** *f* numéro *m* de téléphone **Rufsäule** *f* borne *f* d'appel [d'urgence] **Rufschädigung** *f* atteinte *f* à la réputation **Rufweite** *f* ►**außer** ~ hors de portée de voix; **in** ~ à portée de voix **Rufzeichen** *nt* 1.TELEC tonalité *f* d'appel 2.GRAM AUS *s.* **Ausrufungszeichen**
Rugby <-> ['rakbi] *nt* ∅ rugby *m*
Rüge <-, -n> *f form* réprimande *f,* remontrance *f*
►**jd erteilt jdm eine** ~ [**wegen etw**] qn réprimande [*o* fait une remontrance à] qn [pour qc]
rügen *vt form* ■**jd rügt jdn** [**wegen** [*o* **für**] **etw**] qn réprimande [*o* admoneste *littér*] qn [pour qc]; ■**jd rügt etw** qn condamne qc, qn fustige qc *littér*
Ruhe <-> *f* ∅ 1.(*Stille*) silence *m*
2.(*Frieden*) calme *m;* ***jeder Mensch braucht seine*** ~ chacun a besoin de calme; ***hat man denn nie*** ~ ***vor diesen Blagen!*** on ne peut jamais être tranquille avec ces marmots!
3.(*Erholung*) repos *m*
4.(*Gelassenheit*) calme *m,* sérénité *f*
►~ **und Frieden** le calme et la paix; ~ **und Ordnung** le calme et l'ordre; **die** ~ **vor dem Sturm** le calme avant la tempête; **angenehme** ~! *geh* repose-toi/reposez-vous bien!; **jd bettet jdn zur letzten** ~ *geh* qn porte qn à sa dernière demeure *soutenu;* **jd findet die letzte** ~ *geh* qn trouve le repos éternel *soutenu;* **jd begibt sich zur** ~ *form* qn va se reposer; **jd bewahrt** [**die**] ~ qn garde son calme; **jd/etw bringt jdn aus der** ~ qn/qc fait perdre son calme à qn; **jd lässt sich** [**von jdm/etw**] **nicht aus der** ~ **bringen** qn ne se laisse pas démonter [par qn/qc]; **jd gibt** ~ qn se calme; **jd gibt keine** ~, **bis** qn n'a [pas [*o* point]] de cesse que + *subj;* **jd gönnt** [*o* **lässt**] **jdm keine** ~ qn ne laisse aucun répit à qn; **jd gönnt sich** (*dat*) **keine** ~ qn ne s'accorde aucun répit; **jd hält** ~ qn reste tranquille; **jd hat die** ~ **weg** *fam* qn est tranquille comme Baptiste; **jd ist die** ~ **selbst** qn est le calme en personne; **etw lässt jdm keine** ~ qc obsède qn, qc ne laisse aucun [*o* pas de] répit à qn; **jd lässt jdn** [**mit etw**] **in** ~ qn laisse qn tranquille [avec qc]; **jd setzt sich** [**irgendwo**] **zur** ~ qn part en retraite [quelque part]; **in** [**aller**] ~ [très] calmement; ***das muss in*** ~ ***überprüft werden*** il faut examiner cela à tête reposée; **immer mit der** ~! *fam* doucement!, on se calme! *fam;* ~! silence!
Ruhebedürfnis *nt* ∅ besoin *m* de calme **ruhebedürftig** *adj* qui a besoin de calme; ■**jd ist** ~ qn a besoin de calme **Ruhegehalt** *nt form,* **Ruhegeld** *nt* retraite *f*
ruhelos *adj* anxieux(-euse), inquiet(-iète)
Ruhelosigkeit <-> *f* ∅ anxiété *f,* inquiétude *f*
ruhen *vi* 1.*geh* (*ausruhen*) ■**jd ruht** qn se repose
2.CONSTR *geh* ■**etw ruht auf etw** (*dat*) qc repose sur qc
3.*geh* (*verweilen*) ■**etw ruht auf jdm/etw** (*dat*) /*Augen, Blick, Hand*/ qc est posé(e) sur qn/qc
4.(*haften*) ■**etw ruht auf etw** (*dat*) /*Fluch*/ qc pèse sur qc; ***auf etw ruht kein Segen*** qc porte malheur
5.(*eingestellt sein*) ■**etw ruht** /*Arbeit, Produktion*/ qc est arrêté(e)
6.*geh* (*begraben sein*) ■**jd ruht irgendwo** qn repose quelque part
►**jd lässt etw** ~ *Angelegenheit, Frage, Problem* qn laisse qc de côté; *Vergangenheit* qn laisse qc en paix; [**ich**] **wünsche, wohl geruht zu haben!** *form* j'espère que tu as/vous avez bien dormi!; **jd wird nicht eher** ~, **bis, jd ruht und rastet nicht, bis** qn n'aura [pas [*o* point]] de cesse que ... ne + *subj;* **hier ruht** [**in Gott**] ... ici repose [dans la paix du Seigneur] ..., ci-gît ...
ruhen|lassen *s.* **ruhen** ►
Ruhepause *f* pause *f* **Ruhesitz** *m* retraite *f* **Ruhestand** *m* ∅ retraite *f*
►**jd geht** [*o* **tritt**] **in den** ~ *geh* qn prend sa retraite; **jd versetzt jdn in den** ~ *form* qn met qn à la retraite; **im** ~ en [*o* à la] retraite **Ruhestatt** <-, -stätten> *f,* **Ruhestätte** *f* ►**letzte** ~ *geh* la dernière demeure *littér*
ruhestörend *adj* qui trouble le repos; ■**etw ist** ~ qc trouble le repos **Ruhestörung** *f* atteinte *f* à la tranquillité; ***nächtliche*** ~ tapage *m* nocturne **Ruhetag** *m* GASTR jour *m* de repos, fermeture *f* hebdomadaire
ruhig I. *adj* (*alle Bedeutungen*) calme; *Ort, Straße a.* tranquille; ~! silence!; ***bist du jetzt wohl endlich*** ~! veux-tu bien te taire!; ***bei*** ~***em Nachdenken*** en réfléchissant à tête reposée
►**jd kann ganz** ~ **sein** qn peut être rassuré(e)
II. *adv* 1.(*untätig*) tranquillement; ***wenn du dich*** ~ ***verhältst, kannst du mich begleiten*** si tu te tiens bien [*o* si tu restes tranquille], je veux bien que tu viennes avec moi; ***wie kannst du das so*** ~ ***mit ansehen?*** comment peux-tu rester les mains dans les poches en voyant ça?
2.*fam* (*wirklich*): ***du hättest dich*** ~ ***entschuldigen können*** tu aurais quand même pu t'excuser; ***wir hätten*** ~ ***darüber reden können*** nous aurions pu en parler sans problème; ***lass die*** ~ ***machen*** laisse-les donc faire
3.(*gleichmäßig*) *laufen* calmement
4.*nachdenken, überlegen* calmement, à tête reposée
5.(*beruhigt*) tranquillement, en toute sérénité
Ruhm <-es> *m* ∅ gloire *f*
►**jd hat sich nicht** [**gerade**] **mit** ~ **bekleckert** *iron fam* qn ne s'est pas [particulièrement] couvert(e) de gloire, qn n'a pas [vraiment] fait des étincelles
rühmen I. *vt* ■**jd rühmt jdn** qn félicite qn, qn complimente qn; ■**jd/etw rühmt etw** qn/qc célèbre qc, qn/qc glorifie qc
II. *vr* ■**jd rühmt sich einer S.** (*gen*) qn se flatte de qc; *einer Tat a.* qn se glorifie de qc; ■**jd rühmt sich etw getan zu haben** qn se flatte [*o* se targue *littér*] d'avoir fait qc
►**ohne mich** ~ **zu wollen, ohne mich zu** ~ sans [vouloir] me vanter
Ruhmesblatt *nt* ►**etw ist kein** ~ qc n'est pas un titre de gloire; **etw ist für jdn kein** ~ qn n'a pas de quoi être fier(fière) [*o* se vanter] de qc
rühmlich *adj* glorieux(-euse)
ruhmreich *adj geh* glorieux(-euse)
Ruhr[1] <-> *f* GEOG ■**die** ~ la Ruhr
Ruhr[2] <-> *f* ∅ MED ■**die** ~ la dysenterie
Rührei *nt* œufs *mpl* brouillés
rühren I. *vt* 1.(*umrühren*) ■**jd rührt etw** qn remue qc
2.(*erweichen*) ■**jd/etw rührt jdn/etw** qn/qc touche [*o* émeut] qn/qc
3.*veraltend* (*bewegen*) ■**jd rührt etw** *Finger, Glied, Hand* qn bouge qc
►**das kann mich nicht** ~ je n'en ai que faire, peu me chaut
II. *vi* 1.(*umrühren*) ■**jd rührt** qn remue
2.(*die Rede auf etw bringen*) ■**jd rührt an etw** (*akk*) qn évoque qc
3.*geh* (*herrühren*) ■**etw rührt von etw** qc [pro]vient de qc; ■**etw rührt daher, dass** qc [pro]vient du fait que + *indic*
III. *vr* 1.(*sich bewegen*) ■**jd rührt sich** qn bouge
2.(*sich bemerkbar machen*) ■**etw rührt sich** /*Gewissen, Mitleid*/ qc se manifeste
3.*fam* (*sich melden*) ■**jd rührt sich** [**auf etw** (*akk*)] *auf jds Bitte, Brief* qn réagit [à qc]
►**rührt euch!** MIL repos!
Rühren <-s> *nt* ∅ *verbal übersetzt;* ***unter ständigem*** ~ sans cesser de remuer
►**jd verspürt ein menschliches** ~ *hum* qn ressent une envie pressante
rührend I. *adj* 1.(*ergreifend*) touchant(e), émouvant(e)
2.(*reizend*) ■**etw ist** ~ [**von jdm**] qc est touchant(e) [de la part de qn]
II. *adv* (*hingebungsvoll*) avec une attention touchante
Ruhrgebiet *nt* ∅ ■**das** ~ le bassin de la Ruhr
rührig *adj* dynamique
Rührlöffel *m* cuillère *f* en bois
Ruhrpott *m fam s.* **Ruhrgebiet**
rührselig *adj pej* larmoyant(e), empreint(e) de sensiblerie **Rührseligkeit** <-> *f* ∅ *pej* sensiblerie *f* **Rührstück** *nt* pièce *f* larmoyante
Rührteig *m* pâte *f* à biscuit
Rührung <-> *f* ∅ émotion *f*

Ruin <-s> *m* Ø ruine *f*
Ruine <-, -n> *f* 1. (*Gemäuer*) ruines *fpl*
2. *fam* (*Mensch*) ruine *f*, loque *f*
ruinieren * I. *vt* 1. (*zugrunde richten*) ■ **jd/etw ruiniert jdn/etw** qn/qc ruine qn/qc
2. (*verderben*) ■ **jd/etw ruiniert [jdm] etw** qn/qc [lui] endommage qc
II. *vr* (*finanziell*) ■ **jd ruiniert sich [für jdn/etw]** qn se ruine [pour qn/qc]
ruinös *adj geh* ruineux(-euse)
rülpsen *vi* ■ **jd rülpst** qn rote *fam*; ■ **das R~** le rot
Rülpser <-s, -> *m fam* rot *m*, renvoi *m*
rum- *fam s.* **herum-**
Rum <-s, -s> *m* rhum *m*
Rumäne <-n, -n> *m*, **Rumänin** *f* Roumain(e) *m(f)*
Rumänien <-s> [ruˈmɛːniən] *nt* la Roumanie
rumänisch *adj* roumain(e)
Rumänisch *nt decl wie adj* roumain *m*; ■ **das ~e** le roumain
▶ **auf** ~ en roumain
Rumba <-s, -s> *m* rumba *f*
rum|kriegen *vt sl* 1. (*zu etw bewegen*) ■ **jd kriegt jdn rum** qn fait craquer qn *fam*; ■ **jd kriegt jdn zu etw rum** qn amène qn à faire qc; *zu einem Vergnügen* qn débauche qn pour lui faire faire qc; ***lass dich doch*** ~ allez, laisse-toi faire
2. (*verbringen*) ■ **jd kriegt etw rum** *Zeit* qn tire qc *fam*
Rummel <-s> *m* Ø 1. *fam* (*Aufheben*) battage *m*
2. (*Betriebsamkeit*) agitation *f*, remue-ménage *m*
3. DIAL (*Kirmes*) fête *f* foraine, foire *f* attractive
Rummelplatz *m fam* champ *m* de foire
rumoren * I. *vi* 1. (*herumhantieren*) ■ **jd rumort [irgendwo]** qn s'affaire [*o* s'agite] [quelque part]
2. (*spuken*) ■ **etw rumort irgendwo** *in Hirnen, Köpfen* qc hante qc
II. *vi impers* ■ **es rumort irgendwo** *in jds Gedärmen, Magen* ça gargouille quelque part
Rumpelkammer *f fam* débarras *m*
rumpeln *vi* 1. + *haben* ■ **jd/etw rumpelt** qn/qc fait du tapage
2. + *sein* ■ **etw rumpelt irgendwohin** qc cahote [*o* bringuebale] quelque part; ***die Steine rumpelten aus der Baggerschaufel auf die Ladefläche des Lkws*** les pierres dégringolaient du godet dans la benne du camion
Rumpelstilzchen <-s> *nt lutin héros d'un conte populaire*
Rumpf <-[e]s, Rümpfe> *m* 1. ANAT tronc *m*
2. AVIAT fuselage *m*
3. NAUT coque *f*
Rumpfbeuge *f* flexion *f* du tronc
rümpfen *vt* ■ **jd rümpft etw [über etw** (*akk*)**]** qn fronce qc [à cause de qc]
Rumpsteak [ˈrʊmpsteːk, -ʃteːk] *nt* romsteck *m*, rumsteck *m*
Rumtopf *m* confiture *f* de vieux garçon *hum*, fruits *mpl* à l'eau-de-vie
Run <-s, -s> [ran] *m* ■ **der ~ auf etw** (*akk*) la ruée sur qc
rund I. *adj* 1. (*kreisförmig*) rond(e)
2. (*rundlich*) *Arme, Gesicht, Hüften, Po, Schultern* rond(e)
3. (*überschläglich*) arrondi(e); *Preis a.* rond(e); ***für eine ~e Million*** pour en gros un million; ***machen wir eine ~e Summe und sagen wir 1000 DM!*** arrondissons à mille marks!; ***ein ~es Sümmchen von 10000 DM*** une somme rondelette de 10000 marks
4. (*mit einer Zeitangabe*): ***~e fünf Jahre*** en gros cinq ans
5. (*gleichmäßig*) *Geschmack, Klang, Lauf* rond(e)
II. *adv* 1. (*im Kreis*) ■ **~ um etw**: ***etw führt/leitet/verläuft ~ um etw*** qc fait le tour de qc; ***jd geht ~ um etw*** qn fait le tour de qc
2. (*überschläglich*) en chiffres ronds, en gros; ***~ gerechnet macht das 200 DM*** en arrondissant, ça fait 200 marks
3. (*kategorisch*) *ablehnen, abschlagen* tout net, carrément
4. (*harmonisch*): ***etw klingt*** ~ qc a des sonorités rondes
▶ **etw läuft** ~ qc tourne rond
Rundbau <-bauten> *m* rotonde *f* **Rundblick** *m* panorama *m* **Rundbogen** *m* arc *m* en plein cintre **Rundbrief** *m* circulaire *f*
Runde <-, -n> *f* 1. (*Gesellschaft*) assemblée *f*
2. (*Rundgang*) [*Nachtwächter, Streife, Zusteller*] ronde *f*
3. SPORT tour *m*; [*Boxkampf*] round *m*; KARTEN partie *f*
4. (*Stufe*) [*Gespräche, Verhandlungen*] round *m*
5. GASTR tournée *f*
▶ **jd bringt etw über die ~n** *fam* qn boucle qc; **jd/etw dreht eine ~ [um etw]** AUT, AVIAT qn/qc fait un tour [autour de qc]; ***der Schlittschuhläufer drehte seine ~n auf dem zugefrorenen See*** le patineur tournait en rond sur le lac gelé; **jd/etw hilft jdm über die ~n** qn/qc aide qn à sortir de l'ornière [*o* à franchir le cap]; **jd kommt über die ~n** *fam* qn joint les deux bouts; **etw macht [irgendwo] die ~** */Gerücht, Nachricht/* qc circule [quelque part]; */Flasche, Aperitifgebäck/* qc passe [*o* circule] de main en main [quelque part]; **jd macht seine ~** */Nachtwächter/* qn fait sa ronde; **jd spendiert [jdm/für jdn] eine ~, jd gibt [jdm/für jdn] eine ~ aus, jd schmeißt [für jdn] eine ~** *sl* qn paie [*o* offre] une tournée *fam*; ***ich spendiere eine ~ für alle!*** c'est ma tournée! *fam*; **in die/der ~** à la ronde
runden I. *vr geh* 1. (*rundlich werden*) ■ **etw rundet sich** */Backen, Bauch, Gesicht, Hüften/* qc s'arrondit
2. (*konkreter werden*) ■ **etw rundet sich** */Bild, Vorstellung/* qc se concrétise, qc prend forme; */Eindruck/* qc s'affirme
II. *vt geh* ■ **jd rundet etw** *Lippen* qn avance qc; *Daumen und Zeigefinger* qn fait un rond avec qc
runderneuern * *vt* ■ **jd runderneuert etw** qn rechape qc; ■ **jd lässt etw ~** qn fait rechaper qc **Rundfahrt** *f* circuit *m* [touristique], périple *m* **Rundfrage** *f* enquête *f*; (*Fragebogen*) questionnaire *m*
Rundfunk *m* 1. *form* (*Radio*) radio[diffusion] *f*
2. (*Sendeanstalten*) ■ **der ~** la radio
▶ **im ~** *veraltend* à la radio, au poste *vieilli*
Rundfunk- *-empfänger, -programm, -übertragung* radiophonique; *-sendung a.* de radio; *-gesellschaft, -kommission, -neuordnung, -rat* de radiodiffusion; *-satellit* de télécommunications; ***~empfang*** réception *f* d'émissions radiophoniques; ***~hörer*** auditeur *m*; ***~sprecher*** animateur *m* radio; ***~technik*** radiotechnique *f*; ***~techniker*** radiotechnicien *m* **Rundfunkanstalt** *f form* station *f* de radio[diffusion] **Rundfunkgebühr** *f* redevance *f* radiophonique **Rundfunkgerät** *nt form* [poste *m* de] radio *f* **Rundfunkstation** *f* station *f* de radio **Rundfunkteilnehmer(in)** *m(f) form* abonné(e) *m(f) form*
Rundgang *m* tour *m* [à pied]; [*Wachmann*] ronde *f* ▶ **jd macht einen ~** qn fait un [petit] tour **rund|gehen** *irreg* I. *vi* + *sein* 1. (*herumgereicht werden*) ■ **etw geht [irgendwo] rund** qc circule quelque part; ■ **jd lässt etw ~** qn fait circuler [*o* passer] qc 2. (*herumerzählt werden*) ■ **etw geht [irgendwo] rund** */Gerücht, Geschichte, Klatsch, Nachricht, Neuigkeit/* qc se répand [quelque part], qc fait le tour [de qc] II. *vi impers* + *sein fam* ■ **es geht rund** (*es herrscht Betrieb*) ça y va *fam*; (*es gibt Ärger*) ça barde *fam*; ***ist es im Büro mal wieder rundgegangen?*** c'était encore le stress au bureau? **rundheraus** *adv* (*ohne Umschweife*) franchement **rundherum** *adv* 1. (*ringsherum*) tout autour; ■ **~ um etw** tout autour de qc 2. *fam s.* **rundum**
rundlich *adj* (*füllig*) *Gesicht, Wangen, Rücken, Hüften* rond(e); *Körperbau a.* rondelet(te); *Mensch* rond(e), enveloppé(e), rondouillard(e) *fam*
Rundreise *f* ■ **eine ~ [durch etw]** *durch ein Gebiet, Land* un circuit [à travers qc]; ***auf meiner ~ durch Österreich*** lors de mon circuit en Autriche **Rundruf** *m* ■ **ein ~ [bei …]** un coup de fil [à tous/toutes …]; ***ein ~ bei meinen Freunden*** un coup de fil à tous mes amis; ***jd macht einen*** ~ qn téléphone à tout le monde **Rundschreiben** *nt form s.* **Rundbrief.**
rundum *adv* 1. (*ringsum*) à la ronde 2. (*völlig*) tout à fait; *zufrieden a.* pleinement **Rundumschlag** *m* diatribe *f*, critique *f* sévère; ***jd macht sich*** (*dat*) ***mit einem gewaltigen ~ Luft*** qn vide brutalement son sac *fam*; ***jd holt zum ~ aus*** qn dit le fond de sa pensée, qn vide son sac *fam*
Rundung <-, -en> *f* 1. (*Wölbung*) arrondi *m*
2. *pl fam* (*füllige Proportionen*) rondeurs *fpl*
rundweg *adv* tout net, carrément
Rune <-, -n> *f* rune *f*
Runen- runique
Runkel <-, -n> *f* AUS, CH, **Runkelrübe** *f* betterave *f* fourragère
runter *interj fam* ■ **~ [von etw]!** (*weg*) dégage/dégagez [de qc]! *fam*; (*herunter*) descends/descendez [de qc]!
runter- *fam wird im Französischen mit einem jeweils eigenen Verb übersetzt*; ***~laufen/~klettern*** descendre; ***~springen/~stürzen*** sauter; ***~fallen*** tomber; ***~sollen/~dürfen/~müssen*** devoir descendre; ***~wollen*** vouloir descendre; ***die Tränen liefen ihr runter*** les larmes coulèrent sur ses joues
runter|holen *vt* ■ **jd holt jdn/etw [von etw] runter** qn descend qn/qc [de qc]; *Pflaumen, Kirschen etc* qn va chercher qc [quelque part] ▶ **jd holt jdm/sich einen runter** *sl* qn branle [*o* fait une branlette à] qn/qn se branle [*o* se fait une branlette] *vulg* **runter|kommen** *vi irreg* + *sein* 1. *fam* (*herunterkommen*) ■ **jd kommt [von etw/zu jdm] runter** qn descend [de qc/rejoindre qn] 2. *sl* (*clean werden*) ■ **jd kommt von etw runter** qn décroche de qc *fam* **runter|lassen** *vt irreg fam* ■ **jd lässt etw runter** qn baisse qc
Runzel <-, -n> *f* ride *f*
runz[e]lig *adj* ridé(e)
runzeln I. *vt* ■ **jd runzelt etw** *Brauen* qn fronce qc; *Stirn* qn plisse qc
II. *vr* ■ **etw runzelt sich** qc se ride
Rüpel <-s, -> *m* mufle *m*, malotru *m*
Rüpelei <-, -en> *f* muflerie *f*, grossièreté *f*
rüpelhaft *adj Art, Benehmen* de mufle; *Mensch* grossier(-ière); ■ **jd ist ~** qn est mufle
rupfen *vt* 1. ■ **jd rupft ein Tier** *Geflügel* qn plume un animal
2. (*zupfen*) ■ **jd rupft etw [aus etw]** *Gras, Unkraut* qc arrache qc [de qc]
3. *sl* (*finanziell*) ■ **jd rupft jdn** qn plume qn *fam*; ***jd ist gerupft worden*** qn s'est fait plumer *fam*
ruppig I. *adj* grossier(-ière); ■ **jd ist ~ [zu jdm]** qn est grossier(-ière) [avec qn]
II. *adv* grossièrement, de façon grossière
Rüsche <-, -n> *f* ruché *m*
Ruß <-es> *m* Ø suie *f*
Russe <-n, -n> *m*, **Russin** *f* Russe *mf*
Rüssel <-s, -> *m* 1. [*Elefant, Ameisenbär*] trompe *f*; [*Schwein*] groin *m*; [*Insekt*] trompe *f*
2. *sl* (*Mund*) museau *m fam*; ***halt den ~!*** la ferme! *pop*
rußen I. *vi* ■ **etw rußt** */Fackel, Kerze/* qc fume; */Petroleumlampe a./* qc file; */Ofen/* qc fait de la suie
II. *vt* CH, SDEUTSCH ■ **jd rußt etw** qn ramone qc
Rußfilter *m* [*Müllverbrennungsanlage*] filtre *m* à particules de suie; [*Auto*] filtre *m* à particules **Rußflocke** *f* (*Flöckchen Ruß*) particule *f* de suie
rußig *adj* noir(e) [*o* couvert(e)] de suie
Russin *f s.* **Russe**
russisch *adj* russe
Russisch *nt decl wie adj* ■ **~** le russe *m*; ■ **das ~e** le russe; ***jd übersetzt etw ins ~e*** qn traduit qc en russe
▶ **auf** ~ en russe
Russland[RR], **Rußland** *nt* la Russie
Russlanddeutsche(r)[RR] *f(m) decl wie adj* Allemand(e) *m(f)* émigré(e) en Russie (*au cours du 18e siècle*)
rüsten I. *vi* 1. MIL ■ **jd rüstet** qn s'arme
2. CH (*sich vorbereiten*) ■ **jd rüstet zu etw** qn prépare qc

II. *vr geh* (*sich bereitmachen*) ■ **jd rüstet sich zu etw** *zum Aufbruch, zur Reise* qn se prépare à qc
III. *vt* CH (*vorbereiten*) ■ **jd rüstet etw** qn prépare qc
rüstig *adj* robuste, vaillant(e); ***jd ist noch ~ für sein Alter*** qn est encore vert(e) pour son âge
Rüstigkeit <-> *f* Ø robustesse *f*, vigueur *f*
rustikal I. *adj* rustique
II. *adv:* ***jd wohnt*** ~ qn a des meubles rustiques; ***jd richtet sich ~ ein*** qn se meuble en rustique
Rüstung <-, -en> *f* 1. Ø MIL armement *m*
2. HIST (*Ritterrüstung*) armure *f*
Rüstungs- MIL de l'armement; *-güter, -konzern, -programm* d'armement; *-ausgaben, -budget* militaire; *-abbau, -begrenzung, -kontrollabkommen* des armements; *-wettlauf* aux armements **Rüstungsbetrieb** *m* usine *f* d'armement **Rüstungsindustrie** *f* industrie *f* de l'armement **Rüstungskontrolle** *f* contrôle *m* des armements
Rüstzeug *nt* Ø bagage *m*
Rute <-, -n> *f* 1. (*Gerte*) baguette *f*; (*für Liktorenbündel*) verge *f*
2. (*Angel~*) canne *f*
3. JAGD verge *f*
Rutengänger(in) <-s, -> *m(f)* sourcier(-ière) *m(f)*
Ruthenium <-s> *nt* Ø CHEM ruthénium *m*
Rütlischwur *m* Ø ■ **der** ~ le serment du Rütli
Rutsch <-es, -e> *m* (*Erd~*) glissement *m* [de terrain]
▶ **guten** ~! *fam* bonne année!; **in einem** ~ *fam* d'une traite, d'un coup
Rutschbahn *f* 1. (*Rutsche*) toboggan *m*
2. (*Eisbahn*) glissoire *f*
Rutsche <-, -n> *f* 1. TECH toboggan *m*, glissière *f*
2. *fam* toboggan *m*
rutschen *vi + sein* 1. (*ausrutschen*) ■ **jd rutscht** qn glisse
2. *fam* (*rücken*) ■ **jd rutscht/rutscht mit etw [irgendwohin]** qn se pousse/pousse qc [quelque part]; ***sie rutschte auf ihrem Stuhl nervös hin und her*** elle gigotait nerveusement sur sa chaise; ~ ***Sie mit Ihren Stühlen nach vorne/hinten*** reculez/avancez vos chaises
3. (*gleiten*) ■ **etw rutscht [auf etw** (*dat*)**]** qc glisse [sur qc]
4. (*auf Rutschbahn*) ■ **jd rutscht [auf etw** (*dat*)**]** qn fait des glissades [sur qc]
▶ **etw gerät [o kommt] ins R~** qc s'éboule
Rutschgefahr *f* Ø risque *m* de glissade; (*für Fahrzeuge*) risque *m* de dérapage; ***Vorsicht*** ~! attention, route [*o* chaussée] glissante!
rutschig *adj* glissant(e)
rutschsicher *adj* antidérapant(e)
rütteln I. *vt* ■ **jd rüttelt jdn [an etw** (*dat*)**]** *am Arm, an der Schulter* qn secoue qn [par qc]
II. *vi* (*in Frage stellen*) ■ **jd rüttelt an etw** (*dat*) qn remet qc en question
▶ **daran ist nicht zu ~, daran gibt es nichts zu** ~ on ne peut rien y changer; *s. a.* **gerüttelt**

S

S, s <-, -> [ɛs] *nt* S *m*, s *m*
▶ **S wie Siegfried [*o* Samuel]** s comme Suzanne
s. *loc abk von* **siehe** voir, cf.
S *abk von* **Süden** S
S. *abk von* **Seite** p.; ***auf ~ 120*** à la p. 120
SA <-> [ɛsˀaː] *f* Ø NS *abk von* **Sturmabteilung** SA *f*
Saal <-[e]s, Säle> *m* salle *f*
Saal- de la salle **Saalschlacht** *f fam* bagarre *f*, rififi *m arg;* ***eine regelrechte*** ~ une véritable bataille rangée **Saaltochter** *f* CH serveuse *f*
Saar <-> *f* ■ **die** ~ la Sarre
Saarbrücken <-s> *nt* Sarrebruck
Saargebiet *nt*, **Saarland** *nt* ■ **das** ~ la Sarre
Saat <-, -en> *f* 1. Ø (*das Säen*) semailles *fpl*
2. (*Saatgut*) semence *f*
3. (*gesprießte Halme*) semis *mpl*, pousses *fpl*
Saatgut *nt* Ø *form* semences *fpl* **Saatkartoffel** *f* pomme *f* de terre de semence **Saatkorn** <-körner> *nt* 1. AGR graine *f*, grain *m* 2. BOT *s.* **Samenkorn** **Saatkrähe** *f* corbeau *m* freux
Sabbat <-s, -e> *m* sabbat *m*
sabbeln *vi* DIAL *s.* **sabbern**
Sabber <-s> *m* Ø DIAL bave *f*
Sabberlätzchen *nt* DIAL bavoir *m*
sabbern I. *vi fam* ■ **jd/ein Tier sabbert [irgendwohin]** qn/un animal bave [quelque part]
II. *vt* DIAL *fam* (*reden*) ■ **jd sabbert etw** qn sort qc *fam*
Säbel <-s, -> *m* sabre *m*
▶ **jd rasselt mit dem** ~ qn tient des propos belliqueux
Säbelfechten *nt* [escrime *f* au] sabre *m*
säbeln I. *vt fam* ■ **jd säbelt etw von etw** qn [dé]coupe grossièrement qc de qc
II. *vi fam* ■ **jd säbelt/säbelt an etw** (*dat*) qn fait du massacre/massacre qc *fam;* ■ **jd säbelt** /*Arzt*/ qn charcute *fam*
Säbelrasseln <-s> *nt* Ø bruits *mpl* de bottes
Sabotage <-, -n> [zaboˈtaːʒə] *f* ■ ~ **[an etw** (*dat*)**]** sabotage *m* [de qc]
▶ **jd begeht** ~ **[an etw** (*dat*)**]** qn commet un acte de sabotage [sur qc], qn se livre au sabotage [de qc]; **jd treibt** ~ qn fait du sabotage
Sabotageakt [zaboˈtaːʒə-] *m* [acte *m* de] sabotage *m*
▶ **jd begeht [*o* verübt] einen ~/~e [an etw** (*dat*)**]** qn commet un acte/des actes de sabotage [contre qc]
Saboteur(in) <-s, -e> [zaboˈtøːɐ] *m(f)* saboteur(-euse) *m(f)*
sabotieren * I. *vt* ■ **jd sabotiert etw** qn sabote qc
II. *vi* ■ **jd sabotiert** qn fait du sabotage
Sa[c]charin <-s> [zaxaˈriːn] *nt* Ø saccharine *f*
Sachbearbeiter(in) *m(f)* personne *f* chargée du/d'un dossier, personne *f* compétente; ***es gibt zu wenige*** ~ il n'y a pas assez de personnel compétent; ***mein ~ auf dem Finanzamt*** la personne chargée de mon dossier au centre des impôts; ~ ***für die Kreditabteilung gesucht*** recherche analyste financier **Sachbereich** *m* secteur *m* **Sachbeschädigung** *f* déprédation *f*, dégradation *f* de matériel ▶ **jd begeht** ~ qn commet des déprédations **sachbezogen** I. *adj Angaben, Argumentation, Aussage* objectif(-ive), se limitant aux faits; *Frage* pertinent(e) II. *adv argumentieren, befragen* avec pertinence **Sachbuch** *nt* livre *m* spécialisé **sachdienlich** *adj form Aussage, Hinweis* utile; *Tipp, Wink* précieux(-euse)
Sache <-, -n> *f* 1. (*Ding*) chose *f*; (*im Laden a.*) article *m*; ***hast du alle ~n eingepackt?*** tu as terminé les bagages?
2. (*Angelegenheit*) chose *f*
3. *pl* (*Eigentum*) ■ **jds ~n** les affaires *fpl* de qn
4. *pl* (*Utensilien*) matériel *m*; ***meine ~n zum Angeln/Zelten/für die Arbeit*** mon matériel [*o* mes affaires *fpl*] de pêche/camping/travail
5. *pl* (*Kleidung*) ■ **~n [für etw]** vêtements *mpl* [de qc], affaires *fpl* [de qc]
6. *pl* (*Werke*) œuvres *fpl*
7. *pl* (*Vorfall*) choses *fpl*; ***dass da keine ~n passieren!*** pas de bêtises!
8. JUR (*Fall*) affaire *f*
9. *pl fam* (*Stundenkilometer*) ■ **[mit] 100 ~n** [à] 100 à l'heure
▶ **das ist eine andere** ~ c'est autre chose; **etw ist eine beschlossene** ~ qc est décidé(e); **in eigener** ~ en son propre nom; ***jd vertritt sich selbst in eigener*** ~ qn plaide sa propre cause; **jd macht mit jdm gemeinsame** ~ qn fait cause commune avec qn; **eine gute** ~ (*angenehm*) une bonne chose; (*wohltätig*) une bonne cause; **jd macht keine halben ~n** qn ne fait pas les choses à moitié; **scharfe ~n** alcools *mpl* forts; **jd ist sich** (*dat*) **[bei jdm/etw] seiner ~ sicher [*o* gewiss *geh*]** [avec qn/pour qc,] qn est sûr(e) de son fait [*o* de son affaire]; **warme ~n** (*Kleidung*) des vêtements chauds *mpl*; **jd bleibt bei der** ~ qn ne s'écarte pas du sujet; **~n gibt's[, die gibt's gar nicht]!** *fam* ça alors[, c'est pas croyable]! *fam;* **was** ~ **ist** *fam* (*was los ist*) ce qu'il en est; **das ist so eine ~ [mit etw]** *fam* [qc,] c'est pas de la tarte *fam;* **etw ist eine ~ einer S.** (*gen*) *der Ansicht, Auffassung, Vorliebe, des Glaubens, Geschmacks etc* qc est une question [*o* affaire] de qc; ***das ist eine ~ des Geschmacks*** c'est [une] affaire de goût; **jd ist [bei etw] bei der** ~ qn est attentif(-ive) [à qc]; **etw ist jds** ~ (*geht nur jdn an*) qc est l'affaire de qn; **etw ist nicht jedermanns** ~ (*liegt nicht jedem*) qc n'est pas du goût de tout le monde; **etw ist eine ~ für sich** qc est une chose à part; **die ~ ist die, dass** voilà ce qu'il en est:; (*einschränkend*) le fait est que + *indic;* **jd kommt zur** ~ qn en vient au fait; **jd liegt neben der** ~ *fam* qn se fourre le doigt dans l'œil *fam;* **jd macht seine ~ irgendwie** qn s'en sort d'une certaine façon; **mach keine ~n!** *fam* (*was du nicht sagst*) c'est pas possible! *fam;* (*tu das bloß nicht*) fais surtout pas ça! *fam;* **was machst du bloß für ~n!** *fam* [mais] qu'est-ce que tu fabriques! *fam;* **was sind denn das für ~n?** qu'est-ce que c'est que ces histoires?; **das sind doch keine ~n!** *fam* (*das tut man doch nicht*) c'est des choses qui se font pas! *fam;* **die ~ steht gut/schlecht** l'affaire se présente bien/mal; ***die ~ steht noch unentschieden*** l'affaire n'est pas encore résolue; **etw tut nichts zur** ~ qc ne fait rien à l'affaire; **jd wird zur ~ vernommen** JUR qn est interrogé(e) au sujet de l'affaire; **jd versteht seine** ~ qn s'y connaît, qn connaît son affaire; **in ~n [*o* in der ~] ... gegen ...** JUR dans l'affaire ... contre ...; **zur** ~! au fait!
-sache *f* 1. (*-frage*) *Ansichts-, Auffassungs-* affaire *f* de; *Geschmacks-, Veranlagungs-, Gefühls- a.* question *f* de
2. (*-angelegenheit*) *Vorstands-, Geheimdienst-, Regierungs-* affaire *f* du/de la; *Experten-* affaire *f* de; ***Routine-*** affaire *f* de
3. JUR *Bagatell-* affaire *f* de; ***Straf~/Zivil~*** affaire *f* pénale/civile; ***in Straf~n*** en matière pénale; ***in Zivil~n*** en matière civile
Sachertorte *f* gâteau *m* au chocolat (*créé par l'hôtelier viennois F. Sacher*)
Sachfrage *f meist pl* question *f* [*o* problème *m*] spécifique **sachfremd** *adj* étranger(-ère) à l'affaire **Sachgebiet** *nt* domaine *m*, matière *f* **sachgemäß** I. *adj* approprié(e), adéquat(e); ***bei ~er Verwendung*** utili-

sé(e) correctement II. *adv* correctement, de manière adéquate **sachgerecht** *adj s.* **sachgemäß. Sachkatalog** *m* catalogue *m* [*o* fichier *m*] par matières **Sachkenner(in)** *m(f)* expert(e) *m(f)*, spécialiste *mf* ▸**jd ist [auf/in etw** (*dat*)**]** ~ qn est expert(e) [*o* spécialiste] [dans/en qc]; ***sie ist ~ in Politik*** elle est experte en politique **Sachkenntnis** *f* compétences *fpl*

Sachkunde *f* ∅ 1. *geh s.* Sachkenntnis
2. SCOL *fam s.* Sachkundeunterricht

Sachkundeunterricht *m* SCOL disciplines *fpl* d'éveil *f*

sachkundig I. *adj* (*fachkundig*) pertinent(e); *Mensch* expert(e), compétent(e); *Information* documenté(e); ***danke für die ~e Führung!*** merci pour cette visite très instructive! ▸**jd macht sich [auf etw** (*dat*)**/in etw** (*dat*)**]** ~ qn se documente [sur qc] II. *adv* avec compétence **Sachkundige(r)** *f(m) decl wie adj s.* **Sachkenner**

Sachlage *f* ∅ situation *f*

sachlich I. *adj* 1. (*objektiv*) objectif(-ive); *Frage, Grund* pertinent(e); ■**jd ist/bleibt** ~ qn est/reste objectif(-ive), qn s'en tient aux faits
2. (*die Sache betreffend*) *Gegebenheiten, Unterschied* concret(-ète), effectif(-ive); ***die ~e Richtigkeit*** l'exactitude *f*, l'authenticité *f*
3. (*schmucklos*) *Einrichtung* sobre; *Fassade, Stil a.* dépouillé(e)
II. *adv* 1. (*objektiv*) avec objectivité, objectivement
2. (*inhaltlich*) *falsch, richtig, zutreffend, unzutreffend* quant au contenu, objectivement

sächlich *adj* neutre

Sachlichkeit <-> *f* ∅ (*Objektivität*) objectivité *f*

Sachregister *nt* index *m*, répertoire *m* **Sachschaden** *m* dommage *m* matériel, dégâts *mpl* matériels ▸**an etw** (*dat*) **entsteht** ~ qc subit un dommage matériel [*o* des dégâts matériels]

Sachse <-n, -n> [-ks-] *m*, **Sächsin** *f* Saxon(ne) *m(f)*

sächseln [-ks-] *vi fam* ■**jd sächselt** qn parle avec l'accent saxon

Sachsen <-s> [-ks-] *nt* la Saxe

Sachsen-Anhalt <-s> [-ks-] *nt* la Saxe-Anhalt

sächsisch [-ks-] *adj* saxon(ne); ■**das S~e** le saxon

Sachspende *f* don *m* en nature

sacht[e] I. *adj* 1. *Berührung, Handbewegung, Händedruck* léger(-ère); *Streicheln* doux(douce)
2. (*geringfügig*) *Gefälle, Neigung, Steigung* léger(-ère)
▸**nun mal ~e!** [*o* **~e, ~e!**] *fam* du calme!, doucement!
II. *adv* 1. *berühren, massieren, streicheln* doucement, délicatement
2. (*leicht*) *abfallen, ansteigen* légèrement

Sachverhalt <-[e]s, -e> *m* faits *mpl* **Sachverständige(r)** *f(m) decl wie adj* expert(e) *m(f)* **Sachwert** *m* 1. valeur *f* réelle 2. *pl* (*Wertgegenstände*) valeurs-refuge *fpl* **Sachwörterbuch** *nt* dictionnaire *m* spécialisé **Sachzwänge** *pl* contraintes *fpl* matérielles [*o* extérieures]

Sack <-[e]s, Säcke> *m* 1. (*großer Beutel*) sac *m*; ***zwei ~ Kartoffeln*** deux sacs de pommes de terre
2. SDEUTSCH, AUS, CH (*Hosentasche*) poche *f* [de pantalon]
3. *vulg* (*Hoden~*) couilles *fpl vulg*
4. *pej fam* (*Kerl*) con[n]ard *m vulg*, enfoiré *m vulg*; ***fauler ~*** branleur *fam*
5. (*Tränen~*) poche *f*
▸**jd geht in ~ und Asche** *geh* qn bat sa coulpe *soutenu*; **jd schlägt den ~ und meint den Esel** *prov* qn s'en prend à Pierre pour critiquer Paul; **es ist leichter einen ~ Flöhe zu hüten** *fam* (*alles andere ist einfacher*) c'est pire que tout, c'est vraiment la croix et la bannière; **mit ~ und Pack** *fam* avec ses cliques et ses claques *fam*, avec armes et bagages *fam*; **Gelber ~** *sac jaune pour les emballages recyclables*; **wie ein nasser ~** *sl hinfallen, umkippen, zusammenklappen* comme un gros tas *fam*; **jd fällt** [*o* **geht**] **mir [mit etw] auf den ~** *sl* qn me les casse [avec qc] *fam*; **jd hat etw im ~** *sl* (*sicher*) qn a qc en [*o* dans la] poche; **jd steckt jdn in den ~** *fam* qn met qn dans sa poche

Sackbahnhof *m s.* **Kopfbahnhof**

Säckel <-s, -> *m* SDEUTSCH 1. *veraltend* (*Hosentasche*) poche *f* de pantalon
2. *fam* (*Blödmann*) con *m fam*
▸**jd muss tief in den ~ greifen** (*viel Geld ausgeben*) qn doit taper dans son porte-monnaie *fam*

sacken *vi + sein* 1. (*sich senken*) ■**etw sackt [irgendwohin]** */Erdboden/* qc se tasse [quelque part]; */Gebäude, Mauer, Wand/* qc s'affaisse [quelque part]
2. (*sinken*) ■**jd/etw sackt irgendwohin** qn s'affaisse/qc tombe quelque part
3. *fam* (*wirken*) ■**etw sackt** */Information, Neuigkeit, Überraschung/* qc est digéré(e) *fam*, qc se tasse *fam*; ■**jd lässt etw ~** qn digère qc *fam*

Sackerl <-s, -n> *nt* AUS (*Tüte*) sachet *m*

säckeweise *adj* par sacs entiers

Sackgasse *f* 1. TRANSP impasse *f*, cul-de-sac *m* 2. (*erfolglose Angelegenheit*) impasse *f* ▸**jd steckt in einer ~** qn est dans une impasse **Sackgeld** *nt* CH (*Taschengeld*) argent *m* de poche **Sackhüpfen** <-s> *nt* ∅ course *f* en sac **Sackkarre** *f* charrette *f* à bras **Sackleinen** *nt* toile *f* à sac, grosse toile *f* **Sackmesser** *nt* CH (*Taschenmesser*) canif *m*; (*mit mehreren Klingen*) couteau *m* suisse **Sacktuch** *nt* 1. SDEUTSCH, AUS, CH (*Taschentuch*) mouchoir *m* 2. *s.* Sackleinen

Sadismus <-, Sadismen> *m* 1. ∅ (*Veranlagung*) sadisme *m*
2. *pl* (*Quälerei*) pratiques *fpl* sadiques, sadisme *m*

Sadist(in) <-en, -en> *m(f)* sadique *mf*

sadistisch I. *adj* sadique
II. *adv* sadiquement

Sadomasochismus *m* ∅ sadomasochisme *m*

säen I. *vt* 1. (*aussäen*) ■**jd sät etw** qn sème qc
2. *geh* (*erzeugen*) ■**jd sät etw** *Argwohn, Misstrauen, Zwietracht, Hass* qn sème qc
II. *vi* ■**jd sät** qn sème; ■**das S~** AGR les semailles *fpl*; HORT les semis *mpl*

Safari <-, -s> *f* safari *m*
▸**jd macht eine ~** qn fait un safari

Safari- *-anzug, -hemd, -hut, -hose* safari; *-ausrüstung* de safari; *~**jacke*** saharienne *f*; *~**park*** parc *m* naturel

Safe <-s, -s> [se:f] *m* coffre-fort *m*

Saffian <-s> *m* ∅, **Saffianleder** *nt* maroquin *m*

Safran <-s, -e> *m* safran *m*

Saft <-[e]s, Säfte> *m* 1. (*Frucht~*) jus *m*
2. (*Pflanzen~*) sève *f*
3. *veraltend fam* (*Strom*) jus *m fam*
▸**ohne ~ und Kraft** *Rede* sans goût, ni saveur; *Mensch* sans ressort; **jd schmort im eigenen ~** *fam* qn mijote dans son jus *fam*; **jd lässt jdn im eigenen ~ schmoren** *fam* qn laisse mijoter [*o* cuire] qn dans son jus *fam*

saftig *adj* 1. *Frucht, Obst* juteux(-euse)
2. (*üppig*) *Alm, Weide* riche, luxuriant(e); *Grün* intense
3. *fam* (*gepfeffert*) *Brief, Rechnung, Preis* salé(e) *fam*

Saftladen *m pej fam* boîte *f* bordélique *fam*

saftlos *adj Ansprache, Rede, Vortrag* insipide

Saftpresse *f* presse-citron *m* **Saftsack** *m pej sl* con[n]ard *m vulg*, enfoiré *m vulg*

Saga <-, -s> *f* saga *f*

Sage <-, -n> *f* légende *f*
▸**es geht die ~, dass** le bruit court que + *indic*

Säge <-, -n> *f* 1. (*Werkzeug*) scie *f*
2. AUS *s.* Sägewerk

Säge- (*einer Säge*) de scie **Sägemehl** *nt* sciure *f* **Sägemesser** *nt* couteau-scie *m* **Sägemühle** *f* SDEUTSCH *s.* **Sägewerk**

sagen I. *vt* 1. (*äußern*) ■**jd sagt etw [zu jdm]** qn dit qc [à qn]; ■**jd sagt, dass/ob** qn dit que + *indic*; ■**jd sagt, er sei/habe** qn dit qu'il est/a
2. (*mitteilen*) ■**jd sagt jdm etw** qn dit qc à qn
3. (*befehlen*) ■**jd sagt jdm etw zu tun** qn dit à qn de faire qc; ■**jd sagt jdm, dass er etw tun soll/muss** qn dit à qn de faire qc; ■**jd sagt jdm, wie/was** qn dit à qn comment/ce qui/que
4. (*meinen*) ■**jd sagt etwas/nichts/nicht viel zu etw** qn dit quelque chose/ne dit rien/ne dit pas grand-chose de qc
5. (*bedeuten*) ■**etw sagt jdm etwas/nichts** qc dit quelque chose/ne dit rien à qn
▸**gesagt, getan** [aus]sitôt dit, [aus]sitôt fait; **leichter gesagt als getan** plus facile à dire qu'à faire; **etw ist schnell gesagt** qc est vite dit; **viel ~d** éloquent(e), qui en dit long; *Handbewegung* significatif(ive); ***sie zwinkern sich viel ~d zu*** ils/elles se lancent des clins d'œil éloquents; ***jd schweigt/lächelt viel ~d/ sieht jdn viel ~d an*** qn a un silence/sourire/regard qui en dit long; **das wäre zu viel gesagt** ce serait aller un peu loin; **wenn ich [das] so ~ darf** si je peux [*o* puis] m'exprimer ainsi; **etw hat etwas zu ~** qc veut dire qc, qc signifie qc; **etw hat nichts zu ~** qc ne veut rien dire, qc n'a pas d'importance; **jd hat [irgendwo] etwas/nichts zu ~** qn a son mot/n'a rien à dire [quelque part]; **das hätte jd ~ können** qn aurait pu le dire; **das ist nicht gesagt** ce n'est pas dit; **mit etw ist eine S. gesagt** *alles, nichts, vieles* qc veut dire une chose; **das kann man wohl ~** ça, tu peux/vous pouvez le dire; **jd lässt jdm etw [von jdm] ~** qn fait dire qc à qn [de la part de qn]; ***lassen Sie ihr das [von mir] ~!*** transmettez-lui ça [de ma part]!; **jd lässt sich** (*dat*) **das gesagt sein** qn se le tient pour dit; ***lass dir das von mir gesagt sein*** laisse-moi [*o* permets-moi de] te le dire; **jd lässt sich** (*dat*) **[von jdm] nichts ~** (*befehlen*) qn n'a pas d'ordres à recevoir [de qn]; (*raten*) qn ne veut écouter personne; **jd hat sich** (*dat*) **~ lassen, ...** qn s'est laissé dire que + *indic*; **das möchte** [*o* **will**] **ich nicht ~** je ne dirais pas ça; **sage und schreibe** carrément; **jd will nichts gesagt haben** qn prétend n'avoir rien dit; ***ich will nichts gesagt haben*** je n'ai rien dit; **das will nichts** [*o* **nicht viel**] **~** ça ne veut rien dire; **sag, was du willst, ...** *fam* tu peux raconter ce que tu veux, ... *fam*; **jd will damit ~, dass** qn veut dire par là que + *indic*; **ich sag's ja immer ...** je le dis toujours ...; **das sage ich nicht!** je ne le dirai pas!; **damit ist nicht gesagt, dass** ça ne veut pas dire que + *indic o subj*; **nichts ~d** creux(-euse); **jetzt sage ich gar nichts mehr!** *fam* (*jetzt bin ich sprachlos*) alors là, ça me la coupe! *fam*; **was ich noch ~ wollte ...** à propos, ...; **sag nicht so etwas** [*o* **so was**]**!** *fam* dis pas ça [*o* une chose pareille]! *fam*; **was du nicht sagst!/Was Sie nicht ~!** *fam* elle est bonne, celle-là! *fam*; **wem ~ Sie das!** *fam* à qui le dites-vous! *fam*
II. *vi* ■**sag/~ Sie, ...** dis/dites [voir], ...
▸**genauer gesagt** plus précisément; **jd hat irgendwo das S~** qn commande quelque part; **ich muss schon ~!** je t'en/vous en prie!; ***ich muss schon ~, diese Ausdrucksweise!*** qu'est-ce c'est que ces façons/cette façon de parler!; **ich muss schon sagen, ...** vraiment, je dois dire que + *indic*; **da soll noch einer ~, ...** qu'on ne vienne pas me/nous dire que + *indic*; **unter uns gesagt** entre nous [soit dit]; **sag bloß!** *fam* c'est pas vrai! *fam*; **sag bloß [nicht] ...** (*erzähl mir nur nicht*) ne [me] dis pas que + *indic*; (*was du nicht sagst*) elle est bonne, celle-là! *fam*; **ich möchte fast ~, ...** je dirais même plus ...; **sag mal/sagen Sie mal ...** *fam* (*übrigens*) dis/dites voir *fam*; **um nicht zu ~** pour ne pas dire; **wie man so sagt** semble-t-il, comme qui dirait *fam*; **ich sage, wie es ist** je dis les choses comme elles sont; **wie [schon] gesagt, wie ich schon sagte** (*geäußert*) comme je viens de le dire
III. *vr* ■**jd sagt sich** (*dat*)**, ...** qn se dit que + *indic*

sägen I. *vt* ■**jd sägt etw [in etw** (*akk*)**]** qn scie qc [en qc]
II. *vi* 1. (*mit der Säge*) ■**jd sägt [an etw** (*dat*)**]** qn scie [qc]
2. *fam* (*schnarchen*) ■**jd sägt** qn ronfle

sagenhaft I. *adj* 1. *fam* (*phänomenal*) fabuleux(-euse) *fam*; ***sein ~es Aussehen*** son look d'enfer *fam*
2. *fam* (*unvorstellbar*) *Goldvorkommen, Preis, Reichtum, Schatz* fabuleux(-euse), prodigieux(-euse)
3. *geh* (*legendär*) *Gestalt, König* légendaire

II. *adv fam teuer, kostbar, günstig* vachement *fam*
Sägespäne *pl* sciure *f* [de bois] **Sägewerk** *nt* scierie *f*
Sago <-s> *m o nt* Ø sagou *m*
Sagopalme *f* sagoutier *m*
sah *imp von* **sehen**
Sahara <-> [za'ha:ra, 'za:hara] *f* Ø ■ **die** ~ le Sahara
Sahne <-> *f* Ø crème *f* [fraîche]; (*auf Kuchen, Eis*) crème *f* Chantilly
► **allererste** ~ *sl* (*ganz prima*) génial(e) *fam*, géant(e) *fam*; **saure/süße** ~ crème *f* fraîche/crème *f* liquide; **mit** ~ avec de la crème; (*auf Kuchen, Eis*) avec de la Chantilly
Sahne- *-joghurt, -meerrettich, -pudding, -quark, -soße* à la crème; *-zubereitung* à base de crème; ~**bonbon** caramel *m*; ~**eis** crème *f* glacée; ~**speise** entremets *m* **Sahnetorte** *f* tarte *f* à la crème
sahnig *adj* crémeux(-euse); *etw schmeckt* ~ qc est crémeux(-euse)
Saison <-, -s> [zɛ'zõ:, zɛ'zɔŋ] *f* **1.** TOURISMUS [haute] saison *f*
2. COM saison *f*; ***außerhalb der*** ~ hors saison
Saison <-, -en> [zɛ'zo:n] *f* AUS *s.* **Saison**
Saison- [zɛ'zõ:-, zɛ'zɔŋ-] **1.** TOURISMUS de saison; *-eröffnung* de la saison
2. COM *-beginn, -ende, -schluss* de saison; *-ausverkauf* de fin de saison; *-geschäft* saisonnier(-ière)
saisonal [zɛzo'na:l] **I.** *adj* saisonnier(-ière)
II. *adv:* ~ ***bedingt*** saisonnier(-ière)
saisonbedingt [zɛ'zõ:-, zɛ'zɔŋ-] *adj* saisonnier(-ière)
Saite <-, -n> *f* corde *f*
► **jd zieht andere** [*o* **strengere**] ~**n auf** *fam* qn donne un tour de vis *fam*
Saiteninstrument *nt* instrument *m* à cordes **Saitenwurst** *f* saucisse *f* de Francfort
Sakko <-s, -s> *m o nt* veston *m*
sakral *adj geh* sacré(e)
Sakral- sacré(e)
Sakrament <-[e]s, -e> *nt* sacrement *m*
► ~ [**noch mal**]! SDEUTSCH *sl* bon sang de bonsoir! *fam* [sa]cré nom de Dieu! *fam*
Sakrileg <-s, -e> *nt geh* sacrilège *m*
► **jd begeht ein** ~ qn commet un sacrilège
Sakristei <-, -en> *f* sacristie *f*
sakrosankt *adj geh* sacro-saint(e)
Säkularisation <-, -en> *f* sécularisation *f*
säkularisieren * *vt* ■ **jd säkularisiert etw** qn sécularise qc
Salamander <-s, -> *m* salamandre *f*
Salami <-, -s> *f* salami *m*, saucisson *m* [sec]
Salamitaktik *f fam* méthode *f* des petits pas
Salär <-s, -e> *nt* CH *geh* salaire *m*, honoraires *mpl*
salarieren * *vt* CH ■ **jd salariert jdn** qn rémunère qn, qn rétribue qn
Salat <-[e]s, -e> *m* salade *f*
► **grüner** ~ laitue *f*; **da** [*o* **jetzt**] **haben wir den** ~! *fam* nous voilà bien! *fam*, nous voilà dans de beaux draps!
Salat- *-dressing, -kräuter, -öl, -zutaten, -kartoffel* pour la salade; *-besteck, -teller, -schleuder* à salade; *-kopf, -soße* de salade; ~**gurke** concombre *m*; ~**schüssel** saladier *m* **Salatplatte** *f* **1.** (*Teller*) saladier *m* **2.** (*Gericht*) salade *f* composée; ***eine*** ~ ***mit Hähnchenbruststreifen*** une salade de poulet
Salbe <-, -n> *f* PHARM crème *f*; (*fettig*) pommade *f*
Salbei <-s> *m* Ø sauge *f*
salben *vt* ■ **jd salbt jdn** qn oint qn
Salbung <-, -en> *f* onction *f*
salbungsvoll **I.** *adj pej Formulierung, Predigt, Rede* onctueux(-euse); *Spruch, Worte a.* mielleux(-euse)
II. *adv pej sich ausdrücken, predigen* onctueusement, avec onction; *reden, sprechen* sur un ton doucereux
Salchow <-s, -s> ['zalço] *m* salchow *m*
Saldo <-s, -s *o* Saldi *o* Salden> *m* solde *m*; ~ ***zu Ihren Gunsten/Lasten*** solde *m* en votre faveur/défaveur
Säle *pl von* **Saal**
Saline <-, -n> *f* (*Salzwerk*) saline *f*
Salizylsäure [zali'tsy:l-] *f* acide *m* salicylique
Salm <-[e]s, -e> *m geh* saumon *m*
Salmiak <-s> *m o nt* Ø CHEM chlorure *m* d'ammonium
Salmiakgeist <-s> *m* Ø ammoniaque *f*
Salmonellen *pl* salmonelles *fpl*
salomonisch *adj:* ~***e Entscheidung***/~***es Urteil*** jugement *m* de Salomon
Salon <-s, -s> [za'lõ:, za'lɔŋ] *m geh* salon *m*
-salon [-zalõ:, -zalɔŋ] *m Friseur-, Hunde-* salon *m* de; *Schönheits-* institut *m* de; *Automaten-, Glücksspiel-* salle *f* de
salonfähig [za'lõ:-, za'lɔŋ-] *adj* ■ **etw ist nicht** ~ qc n'est pas convenable; ■ **jd ist nicht** ~ qn n'est pas présentable; ■ **etw wird** ~ qc entre dans les mœurs ► **jd macht etw** ~ qn fait entrer qc dans les mœurs **Salonwagen** *m* voiture-salon *f*, pullman *m vieilli*
salopp **I.** *adj* décontracté(e)
II. *adv* **1.** *sich kleiden* de façon décontractée
2. *sich ausdrücken* familièrement
Salpeter <-s> *m* Ø salpêtre *m*
Salpetersäure *f* Ø acide *m* nitrique
Salto <-s, -s *o* Salti> *m* salto *m*; (*im Zirkus*) saut *m* périlleux
► ~ **mortale** (*im Zirkus*) saut *m* de la mort; (*riskantes Unternehmen*) entreprise *f* hasardeuse [*o* risquée]; ~ **vorwärts/rückwärts** salto *m* avant/arrière; **jd macht einen** ~ qn fait un salto [*o* saut périlleux]; **jd/ein Tier macht einen** ~ (*überschlägt sich*) qn/un animal fait une cabriole
salü *interj* CH (*hallo*) salut *fam*
Salut <-[e]s, -e> *m* salve *f* d'honneur
► **jd schießt** ~ qn tire une salve d'honneur
salutieren * *vi* ■ **jd salutiert** qn fait le salut militaire
Salutschuss^RR *m* salve *f* [d'honneur]
► **jd gibt** [*o* **feuert**] ... **Salutschüsse ab** qn tire une salve de ... coups de canon
Salve <-, -n> [-və] *f* salve *f* d'honneur
► **jd gibt** [*o* **feuert**] **eine** ~ **ab** qn tire une salve d'honneur; **jd gibt** [*o* **feuert**] **eine** ~ **auf jdn/etw ab** qn tire une salve sur qn/qc; (*bei Exekution*) qn passe qn par les armes
Salz <-es, -e> *nt* sel *m*
► **jd gönnt jdm nicht das** ~ **in der Suppe** *fam* qn est d'une jalousie maladive contre qn; **jd legt etw in** ~ qn sale qc, qn met qc dans la saumure
Salz- **1.** GASTR *-gebäck, -hering, -mandeln, -nüsse* salé(e); *-gurke* au sel; ~**brezel** bretzel *m* **2.** MIN de sel **salzarm** **I.** *adj* pauvre en sel, peu salé(e) **II.** *adv essen, kochen* peu salé; ***jd lebt*** ~ qn ne mange plus salé
Salzburg <-s> *nt* Salzbourg
salzen <*pp* gesalzen *o rare* gesalzt> **I.** *vt* ■ **jd salzt** [**jdm/sich**] **etw** qn [lui/se] sale qc; *s. a.* **gesalzen**
II. *vi* ■ **jd salzt** qn sale
Salzfässchen^RR *nt* salière *f*
salzhaltig *adj Boden, Lösung* salin(e); *Wasser a.* salé(e)
salzig *adj* **1.** *Essen* salé(e)
2. *Wasser* salé(e); *Lösung, Boden* salin(e)
Salzkartoffeln *pl* pommes *fpl* de terre [cuites] à l'eau **Salzkorn** <-körner> *nt* grain *m* de sel **Salzlake** *f* saumure *f*
salzlos **I.** *adj* sans sel
II. *adv essen, kochen* sans sel; ***jd lebt*** ~ qn mange sans sel
Salzlösung *f* MED sérum *m* physiologique **Salzsäule** *f* ► **jd erstarrt zur** ~ qn reste pétrifié(e) **Salzsäure** *f* Ø acide *m* chlorhydrique **Salzsee** *m* lac *m* salé **Salzstange** *f* stick *m* [salé] **Salzstreuer** <-s, -> *m* salière *f* **Salzwasser** *nt* Ø eau *f* salée **Salzwüste** *f* désert *m* de sel
SA-Mann <-Leute> [ɛs'ʔa:-] *m* NS SA *m* (*membre des sections d'assaut nazies*)
Samariter <-s, -> *m* ► **ein barmherziger** ~ *geh* un bon Samaritain
Samarium <-s> *nt* Ø CHEM samarium *m*
Samba <-s, -s> *m* samba *f*
Same <-ns, -n> *m geh s.* **Samen**
Samen <-s, -> *m* **1.** BOT semence *f*, graine *f*
2. Ø (*Sperma*) sperme *m*, semence *f*
Samenbank <-banken> *f* banque *f* du sperme **Samenblase** *f* vésicule *f* séminale **Samenerguss**^RR *m* éjaculation *f* **Samenfaden** *m* spermatozoïde *m* **Samenflüssigkeit** *f* sperme *m* **Samenhandlung** *f* graineterie *f* **Samenkapsel** *f* capsule *f* **Samenkorn** <-körner> *nt* graine *f*, grain *m* **Samenleiter** <-s, -> *m* canal *m* déférent **Samenspender** *m* donneur *m* de sperme **Samenzelle** *f* spermatozoïde *m*
Sämereien *pl* graines *fpl*, semences *fpl*
sämig *adj Soße, Suppe* velouté(e)
Sammelalbum *nt* album *m* de collection **Sammelanschluss**^RR *m* lignes *fpl* groupées, installation *f* groupée **Sammelband** <-bände> *m* recueil *m* **Sammelbecken** *nt* (*Hort*) creuset *m*, ramassis *m péj* **Sammelbegriff** *m* terme *m* collectif **Sammelbestellung** *f* commande *f* groupée [*o* collective] **Sammelbezeichnung** *f s.* **Sammelbegriff. Sammelbüchse** [-ks-] *f* tronc *m* **Sammelfahrschein** *m* billet *m* de groupe **Sammellager** *nt* centre *m* d'accueil **Sammelmappe** *f* chemise *f*, classeur *m*
sammeln **I.** *vt* **1.** (*pflücken*) ■ **jd sammelt etw** *Beeren, Blumen, Kräuter* qn cueille qc; *Pilze* qn ramasse qc
2. (*aufsammeln*) ■ **jd sammelt etw** [**von etw**] *Brennholz, Bucheckern, Eicheln, Früchte, Kastanien, Steine* qn ramasse qc [sur qc]; ***jd sammelt etw von der Erde/vom Acker*** qn ramasse qc par terre/dans le champ
3. (*als Hobby*) ■ **jd sammelt etw** qn collectionne qc
4. (*einsammeln*) ■ **jd sammelt etw** *Geld, Altkleidung, Altmaterial* qn collecte qc, qn fait la collecte de qc
5. (*zusammentragen*) ■ **jd sammelt etw** *Belege, Beweise, Kontoauszüge, Material, Unterlagen, Zeugenaussagen* qn rassemble qc; *Informationen* qn recueille qc; *s. a.* **gesammelt**
6. (*um sich scharen*) ■ **jd sammelt jdn** [**um sich**] *Anhänger, Freunde, Gefolgsleute, Gleichgesinnte, Truppen* qn rassemble qn [autour de lui/d'elle]
7. (*zur Erinnerung*) ■ **jd sammelt etw** *Eindrücke* qn recueille qc; *Erlebnisse, schlechte Erfahrungen* qn accumule qc, qn collectionne qc; *gute Erfahrungen, Reiseerinnerungen* qn fait provision de qc
II. *vr* **1.** (*zusammenkommen*) ■ **sie** ~ **sich** [**irgendwo**] */Schüler, Wanderer, Gruppenreisende etc/* ils/elles se rassemblent [quelque part]
2. (*sich anhäufen*) ■ **etw sammelt sich in etw** (*dat*) */Partikel, Rückstände, Schwebteilchen, Wasser/* qc est recueilli(e) dans qc
3. *geh* (*sich konzentrieren*) ■ **jd sammelt sich** qn se concentre; (*zur Ruhe kommen*) qn se recueille; *s. a.* **gesammelt**
III. *vi* ■ **jd sammelt** [**für jdn/etw**] qn fait une collecte [pour qn/qc]
Sammelnummer *f* numéro *m* correspondant à des lignes groupées **Sammelplatz** *m* lieu *m* de rassemblement
Sammelsurium <-s, -rien> [-riən] *nt* bric-à-brac *m*
Sammeltaxi *nt* taxi *m* collectif; (*in Afrika*) taxi-brousse *m* **Sammelwut** *f* collectionnite *f* [aiguë] *péj*, manie *f* de collectionner
Sammet <-s, -e> *m* CH *s.* **Samt**
Sammler(in) <-s, -> *m(f)* **1.** (*von Gegenständen*) collectionneur(-euse) *m(f)*
2. (*von Beeren*) cueilleur(-euse) *m(f)* de myrtilles/framboises/...; (*von Pilzen, Holz*) ramasseur(-euse) *m(f)* de champignons/de bois

Sammlung <-, -en> *f* 1. (*Ansammlung*) collection *f*
2. ∅ *geh* (*Konzentration*) concentration *f;* (*innere Ruhe*) recueillement *m*
Samowar <-s, -e> *m* samovar *m*
Samstag <-[e]s, -e> *m* samedi *m*
▸ ~ **in/vor acht Tagen**, ~ **in/vor einer Woche** samedi en huit/dernier; **seit letzten** [*o* **letztem**] ~ depuis samedi dernier; **nächsten** [*o* **am nächsten**] ~ samedi prochain; **ab nächsten** [*o* **nächstem**] ~ à partir de samedi prochain; **verkaufsoffener** ~ COM samedi *m* où les magasins restent ouverts jusqu'à 16 heures; **vorigen** [*o* **letzten**] ~ samedi dernier; **es ist** ~ c'est [*o* on est] samedi; **am** ~ [ce] samedi; (*regelmäßig*) le samedi; **am ~, dem ...** le samedi ...; **an einem** ~ un samedi; **~, der ...** le samedi ...; **diesen** [*o* **an diesem**] ~ ce samedi; **eines ~s** un samedi; **jeden** ~ chaque samedi
Samstagabend *m* samedi *m* soir
▸ **am** ~ le samedi soir
samstagabends^RR^ *adv* le samedi *m* soir
samstägig *adj* du samedi
Samstagmorgen *m* samedi *m* matin ▸ **am** ~ [ce] samedi matin; (*regelmäßig*) le samedi matin **Samstagnachmittag** *m* samedi *m* après-midi ▸ **am** ~ [ce] samedi après-midi; (*regelmäßig*) le samedi après-midi
samstags *adv* le samedi
Samstags- du samedi
samstagvormittags^RR^ *adv* le samedi *m* matin
samt I. *präp* ■ ~ **jdm/etw** avec [*o* accompagné(e) de] qn/avec qc
II. *adv* ▸ ~ **und sonders** tous/toutes sans exception
Samt <-[e]s, -e> *m* velours *m*
Samt- en [*o* de] velours
samtartig *adj* velouté(e)
samten *adj geh* (*aus Samt*) en [*o* de] velours; *Haut, Teint* de velours, velouté(e)
Samthandschuh *m* ▸ **jd fasst jdn mit ~en an** *fam* qn prend des gants avec qn *fam*
samtig *adj s.* **samtweich**
sämtlich I. *adj* 1. (*alle*) ■ **~e ...** tous/toutes les ...
2. (*ganze*) ■ **jds ~e(r, s)** ... *Besitz, Geld, Vermögen* tout(e) le/la ... de qn; ***mein ~es Geld*** tout mon argent
II. *adv* tous/toutes; *anwesend, erschienen a.* au complet; *verschwunden a.* complètement
samtweich *adj* velouté(e); ■ **etw ist** ~ qc est [doux(douce)] comme du velours
Sanatorium <-, -rien> [-riən] *nt* sanatorium *m*
Sand <-[e]s, -e> *m* sable *m*
▸ **jd streut jdm ~ in die Augen** qn lui jette de la poudre aux yeux; **jdn/etw gibt es wie ~ am Meer** *fam* qn/qc, ça pullule *fam,* il y a des tonnes de qc *fam;* **etw ist auf ~ gebaut** qc est bâti(e) sur le sable; **jd setzt etw in den ~** *fam Projekt* qn fait foirer qc *fam; Geld* qn claque qc *fam;* **etw verläuft im ~e** qc tombe en quenouille
Sand- de sable
Sandale <-, -n> *f* sandalette *f;* (*für Männer*) sandale *f*
Sandalette <-, -n> *f* sandale *f*
Sandbank <-bänke> *f* banc *m* de sable **Sandboden** *m* sol *m* sablonneux [*o* sableux] **Sanddorn** <-dorne> *m* BOT argousier *m* [argenté]
Sandelholz *nt* 1. (*Holz*) bois *m* de santal
2. (*Duftnote*) santal *m*
sandeln *vi* SDEUTSCH, **sändeln** *vi* CH ■ **jd sandelt,** ■ **jd sändelt** qn joue dans le sable
sandfarben *adj,* **sandfarbig** *adj* [de couleur] sable *inv* **Sandgebäck** *nt* sablé *m* **Sandgrube** *f* sablière *f*
sandig *adj* 1. *Boden, Erde, Lehm, Heide, Weg* sablonneux(-euse), sableux(-euse)
2. *Kleidungsstück, Schuhe, Tuch, Oberfläche* plein(e) de sable
Sandkasten *m* 1. (*für Kinder*) bac *m* à sable 2. MIL caisse *f* à sable **Sandkastenspiel** *nt* stratégie *f* en chambre *pas de pl* **Sandkorn** <-körner> *nt* grain *m* de sable **Sandkuchen** *m* GASTR ≈ quatre-quarts *m*
Sandler(in) <-s, -> *m(f)* AUS *fam* (*Streuner*) clochard(e) *m(f)*
Sandmännchen *nt* marchand *m* de sable **Sandplatz** *m* TENNIS court *f* en terre battue; ***auf Sandplätzen*** sur terre battue **Sandsack** *m* sac *m* de sable
Sandstein *m* grès *m*
Sandstein- 1. GEOL *-felsen, -schicht* de grès
2. CONSTR en grès
sandstrahlen *vt* ■ **jd sandstrahlt etw** qn sable qc; ■ **S~** sablage *m* **Sandstrahlgebläse** *nt* sableuse *f* **Sandstrand** *m* plage *f* de sable **Sandsturm** *m* tempête *f* de sable
sandte *imp von* **senden²**
Sanduhr *f* sablier *m*
Sandwich <-[s], -[e]s> ['zɛntvɪtʃ] *nt o m* sandwich *m*
Sandwüste *f* désert *m* de sable
sanft I. *adj* 1. (*sacht*) *Berührung, Händedruck* léger(-ère); *Massage, Streicheln* doux(douce); ***ein zu ~er Händedruck*** une poignée de main molle
2. (*gedämpft*) doux(douce); ***in ~erer Lautstärke*** un ton plus bas
3. (*gütig*) *Blick, Gesicht, Mensch, Wesen, Gemüt* doux(douce); *Herz* bon(ne); *Augen* plein(e) de douceur
4. (*leicht*) *Anhöhe, Gefälle, Rundung, Steigung* léger(-ère); *Hügel* petit(e)
5. (*schwach*) *Brise, Hauch, Lüftchen, Wind* doux(douce), léger(-ère)
6. (*zurückhaltend*) *Tadel, Vorwurf* léger(-ère); *Druck, Ermahnung* discret(-ète)
7. (*schonend, mild*) *Mittel, Chemie, Revolution, Energieversorgung, Technik* doux(douce); *Tourismus a.* respectueux(-euse) de l'environnement
II. *adv* 1. (*sacht*) *berühren, kitzeln, massieren, streicheln* doucement
2. (*gedämpft*) *plätschern, rauschen, ertönen* doucement
3. (*leicht*) *abfallen, ansteigen, sich winden* légèrement
4. (*zurückhaltend*) *ermahnen, tadeln, hinweisen* gentiment
▸ **jd ist ~ entschlafen** *euph geh* qn s'est éteint(e) paisiblement *soutenu;* **ruhe ~!** qu'il/elle repose en paix!, paix à son âme!
Sänfte <-, -n> *f* chaise *f* à porteurs
Sanftheit <-> *f* ∅ 1. (*sanfte Wesensart*) douceur *f,* gentillesse *f*
2. [*Berührung, Händedruck, Massage, Stimme, Musik, Blick*] douceur *f;* [*Herz*] bonté *f*
Sanftmut <-> *f* ∅ *geh* gentillesse *f,* douceur *f*
sanftmütig *adj geh* doux(douce)
sang *imp von* **singen**
Sang <-[e]s, ̈-e> *m geh* (*Gesang*) chant *m*
▸ **mit ~ und Klang** *fam* avec perte[s] et fracas
Sänger <-s, -> *m geh* (*Singvogel*) oiseau *m* chanteur
Sänger(in) <-s, -> *m(f)* chanteur(-euse) *m(f)*
Sanguiniker(in) <-s, -> [zaŋ'guiːnikɐ] *m(f)* sanguin(e) *m(f)*
sanguinisch [zaŋ'guiːnɪʃ] *adj* sanguin(e)
sang- und klanglos *adv fam* sans tambour ni trompette
sanieren * I. *vt* 1. (*renovieren*) ■ **jd saniert etw** qn réhabilite qc; *Kanalnetz* qn rénove qc
2. ECON ■ **jd saniert etw** *Firma* qn restructure qc, qn redresse la situation de qc; *Wirtschaftszweig* qn assainit qc
II. *vr* 1. *fam* (*sich gesundstoßen*) ■ **jd saniert sich [bei etw]** qn s'en met plein les poches *fam*
2. (*wirtschaftlich gesunden*) ■ **jd/etw saniert sich** qn/qc se redresse
Sanierung <-, -en> *f* 1. (*Renovierung*) [*Altstadt, Stadtteil etc*] réhabilitation *f;* [*Kanalsystem*] rénovation *f*
2. ECON [*Firma, Industriezweig etc*] redressement *m,* restructuration *f*
3. *fam* (*Bereicherung*) enrichissement *m*
Sanierungsgebiet *nt* ÖKO zone *f* à réhabiliter
sanitär *adj attr* sanitaire
sanitarisch *adj* CH (*gesundheitlich*) médical(e), sanitaire
Sanität <-, -en> *f* 1. ∅ AUS (*Gesundheitsdienst*) service *m* de santé publique
2. CH (*Ambulanz*) SAMU *m*
3. AUS, CH (*Sanitätstruppe*) service *m* de santé
Sanitäter(in) <-s, -> *m(f)* 1. MED secouriste *mf*
2. MIL soldat(e) *m(f)* du service de santé
Sanitätsdienst *m* service *m* de santé **Sanitätsoffizier(in)** *m(f)* officier *m* du service de santé **Sanitätswagen** *m* ambulance *f*
sank *imp von* **sinken**
Sankt *adj inv* 1. (*heilig*) saint(e) *antéposé*
2. (*Fest*) ■ ~ ... la Saint(e)-; ~ ***Martin*** la Saint-Martin; ~ ***Veronika*** la Sainte-Véronique
Sanktion <-, -en> *f* sanction *f*
sanktionieren * *vt* 1. *geh* (*gutheißen*) ■ **jd sanktioniert etw [durch etw]** qn cautionne qc [par qc]
2. JUR ■ **jd sanktioniert etw** *Annexion, Besetzung, Eingliederung, Grenzveränderung etc* qn entérine qc
Sankt-Nimmerleins-Tag *m* ▸ **am** ~ *fam* à la Saint-Glinglin *fam;* **bis zum** ~ *fam,* **auf den** ~ *fam* (*für immer*) jusqu'à la Saint-Glinglin *fam;* ***jd verschiebt etw auf den*** ~ qn renvoie qc aux calendes grecques
sann *imp von* **sinnen**
Saphir <-s, -e> ['zaːfɪr, 'zafiːɐ, za'fiːɐ] *m* saphir *m*
Saphir- ['zaːfɪr-, 'zaːfiːɐ-, za'fiːɐ-] de saphirs; ~***nadel*** saphir *m*
Sappeur <-s, -e> [za'pøːɐ] *m* sapeur *m*
Sarde <-n, -> *m,* **Sardin** *f* Sarde *mf*
Sardelle <-, -n> *f* anchois *m*
Sardellenpaste *f* purée *f* d'anchois; (*mit Olivenöl*) anchoïade *f*
Sardine <-, -n> *f* sardine *f*
Sardinendose *f* boîte *f* de sardines
Sardinien <-s> [-niən] *nt* la Sardaigne; ***auf*** ~ en Sardaigne
sardinisch *adj,* **sardisch** *adj* sarde
Sarg <-[e]s, ̈-e> *m* cercueil *m;* ***jd legt jdn in den*** ~ qn met qn en bière
Sargdeckel *m* couvercle *m* du cercueil **Sargtischler(in)** *m(f)* fabricant(e) *m(f)* de cercueils **Sargträger(in)** *m(f)* porteur(-euse) *m(f)* de cercueil, croquemort *m fam*
Sarkasmus <-, -men> *m* sarcasme *m*
sarkastisch I. *adj* sarcastique
II. *adv* sarcastiquement; *bemerken a.* d'un [*o* sur un] ton sarcastique
Sarkom <-s, -e> *m* sarcome *m*
Sarkophag <-[e]s, -e> *m* sarcophage *m*
saß *imp von* **sitzen**
Satan <-s, -e> *m* 1. ∅ BIBL ■ **[der]** ~ Satan *m*
2. *fam* (*Mensch*) monstre *m,* être *m* satanique; (*Kind*) petit *m* monstre *fam*
satanisch I. *adj attr* satanique; *Plan a.* diabolique
II. *adv* sataniquement
Satans- *-anhänger, -jünger, -priester* de Satan; *-messe* satanique; ~***kult*** satanisme *m* **Satansbraten** *m hum fam* petit *m* diable, petit *m* monstre *fam* **Satanspilz** *m* bolet *m* Satan
Satellit <-en, -en> *m* satellite *m*
-satellit *m* (*einem bestimmten Zweck dienend*) satellite *m* de; *Spionage-* satellite-; ***Wetter***~ satellite météorologique
Satelliten- 1. RADIO, TV, TELEC *-decoder, -tuner, -empfang* satellite; *-antenne a.* parabolique; *-telefon, -fernsehen, -programm, -rundfunk, -übertragung, -sendung* par satellite; *-kanal* de réception satellite; ***s~gestützt*** basé(e) sur les satellites, par satellites 2. (*durch Satelliten*) *-überwachung, -peilung, -steuerung, -technik* par satellite; *-aufnahme, -bild, -foto* -satellite 3. (*auf einem Sa-*

telliten) -kamera, -teleskop -satellite **4.** MIL -aufklärung par satellite; -netz satellite; -abwehrwaffe d'intervention, système m antisatellite **Satellitenschüssel** f antenne f parabolique **Satellitenstadt** f (Trabantenstadt) cité-satellite f
Satin <-s, -s> [za'tɛ̃:] m satin m
Satin- [za'tɛ̃:-] en [o de] satin
Satire <-, -n> f satire f
Satiriker(in) <-s, -> m(f) satiriste mf, auteur m satirique
satirisch adj satirique
satt I. adj **1.** (gesättigt) Mensch rassasié(e); ■ **jd ist** ~ qn n'a plus faim, qn a assez mangé
2. (kräftig) Farbe, Farbton soutenu(e)
3. geh (übersättigt) repu(e)
4. fam (groß) Gewinn, Gehalt, Rabatt, Rendite super- fam; ***eine ~e Mehrheit*** une bonne grosse fam [o une large] majorité; ***die ~e Summe von 1000 DM*** la coquette somme de 1000 marks
5. fam (voll, intensiv) Klang, Sound méchant(e) antéposé fam; Selbstvertrauen, Applaus sacré(e) antéposé fam
▶ **jd bekommt** [o **kriegt**] **jdn** ~ fam (kann sättigen) qn lui cale l'estomac fam; **jd hat** [o **ist**] **jdn/etw** ~ fam qn en a marre de qn/qc fam; **jd isst sich** ~ qn mange à sa faim; **jd isst sich an etw** (dat) ~ qn mange son content de qc; ***daran habe ich mich ~ gegessen*** (zu viel davon) j'en suis saturé(e); **etw macht** ~ qc cale l'estomac fam; ***esst vor dem Essen keine Schokolade, das macht*** ~ ne mangez pas de chocolat avant le repas, ça coupe l'appétit [o vous n'aurez plus faim]; **jd kann sich an etw** (dat) **nicht** ~ **sehen** qn ne se lasse pas de regarder qc
II. adv fam (reichlich) da sein, haben, vorhanden sein en masse, à profusion; verdienen pas mal fam; ***es gibt etw*** ~ il y a des tonnes de qc fam
▶ **sie haben** ~**/nicht** ~ **zu essen** fam (genug) ils/elles ont de quoi se caler l'estomac/pas grand-chose à se mettre sous la dent fam
Sattel <-s, Sättel> m **1.** (für Reittier) selle f; ***jd hat oft im ~ gesessen*** qn est souvent monté(e) à cheval; ***jd hilft jdm in den*** ~ qn aide qn à se mettre en selle
2. (Fahrrad~) selle f
3. (Bergrücken) croupe f
▶ **jd sitzt fest im** ~ /Regierung, Politiker, Vorsitzender/ qn est bien en selle; **jd/etw hält sich im** ~ (an der Macht) qn se maintient au pouvoir; **jd schwingt sich auf den** ~ (aufs Fahrrad) qn monte sur son vélo, qn se met en selle; **jd schwingt sich in den** ~ (aufs Pferd) qn se met en selle
Satteldach nt toit m en pente **sattelfest** adj ■ **jd ist in** [o **auf**] **etw** (dat) ~ qn s'y connaît en qc
satteln vt ■ **jd sattelt ein Tier** Reittier qn selle un animal; Lasttier qn bâte un animal
Sattelnase f nez m camus **Sattelschlepper** <-s, -> m (Sattelzug) semi-remorque m; (Zugmaschine) tracteur m [de semi-remorque] **Satteltasche** f sacoche f **Sattelzug** m semi-remorque m
Sattheit <-> f ∅ **1.** (Sättigung) satiété f
2. (Saturiertheit) esprit m blasé
3. (Intensität) [Farbe, Klang] intensité f
sättigen I. vt **1.** geh (satt machen) ■ **jd/etw sättigt jdn** qn/qc rassasie qn
2. (voll sein) ■ **etw ist** [**mit** [o **von**] **etw**] **gesättigt** /Luft, Wasser/ qc est saturé(e) [de qc]; s. a. **gesättigt**
II. vi ■ **etw sättigt** qc cale l'estomac fam
III. vr geh ■ **jd sättigt sich** qn se rassasie
sättigend adj consistant(e)
Sättigung <-, rare -en> f **1.** verbal übersetzt; ***etw reicht zur ~ nicht*** qc ne suffit pas pour se rassasier; ***etw dient der*** ~ qc permet d'être rassasié(e)
2. (Saturierung) [Markt] saturation f
Sattler(in) <-s, -> m(f) sellier(-ière) m(f)
Sattlerei <-, -en> f sellerie f
sattsam adv diskutieren, erörtern à satiété; bekannt amplement
saturiert adj geh saturé(e), repu(e)
Saturn <-s> m ∅ ASTRON ■ **der** ~ [la planète] Saturne f
Satyr <-s o -n, -n o -e> m satyre m
Satz¹ <-es, Sätze> m **1.** GRAM phrase f
2. JUR alinéa m
3. MUS mouvement m
4. (Set) [Kochtöpfe] batterie f; [Schüsseln, Schraubenschlüssel] jeu m; [Untersetzer] set m; [Briefmarken] série f
5. TYP composition f
6. (festgelegter Betrag) tarif m, barème m
7. SPORT [Badminton, Tennis, Tischtennis, Volleyball] set m; [Squash] jeu m
▶ **der** ~ **des Pythagoras/Thales** le théorème de Pythagore/Thalès; **etw ist im** ~ /Manuskript, Buch/ qc est à la composition; **mitten im** ~ en plein [o au beau] milieu de la/ma/sa/... phrase
Satz² <-es, Sätze> m (Sprung) bond m
▶ **jd/ein Tier macht** [o **tut**] **einen** ~ qn fait un bond; **mit einem** ~ d'un bond
Satz³ <-es> m ∅ (Boden~) dépôt m; [Kaffee] marc m; [Wein, Bier, Most] lie f
Satz- **1.** GRAM (des ganzen Satzes) de la phrase; (des Nebensatzes) de la proposition **2.** SPORT -ball de set; -verlust du set m **3.** TYP -befehl, -anweisung pour la composition; -rechner, -technik de composition; ~***vorlage*** copie f; ~***band*** bande f magnétique; ***s~fertig*** prêt(e) pour la composition **Satzteil** m constituant m de la phrase
Satzung <-, -en> f statuts mpl
satzungsgemäß I. adj statutaire
II. adv conformément aux statuts, statutairement
Satzzeichen nt signe m de ponctuation
Sau <-, Säue o JAGD -en> f **1.** (weibliches Schwein) truie f; (weibliches Wildschwein) laie f
2. pej sl (schmutziger Mensch) cochon m fam, porc m fam; (Schweinehund) fumier m fam, salopard m vulg
▶ **wie eine gesengte** ~ sl comme un/une dingue fam; **dass es der** ~ **graust** sl à faire peur; **jd lässt die** ~ **raus** sl (feiert) qn s'éclate comme une bête fam; (tobt) qn pique sa crise fam; **jd macht jdn** [**wegen etw**] **zur** ~ sl (putzt jdn herunter) qn engueule [o passe un savon à] qn [à cause de qc] fam; **keine** ~ sl pas un chat; **unter aller** ~ sl au-dessous de tout, fin nul(le) fam
sauber I. adj **1.** (rein) propre
2. (unkontaminiert) Meer, See, Wasser, Wasserlauf propre; Atmosphäre, Luft a. pur(e); Umwelt a. sain(e)
3. (stubenrein) ■ **ein Tier ist** ~ un animal est propre
4. (sorgfältig) Ausführung, Handschrift, Schrift soigné(e); Arbeit propre; Reparatur fait(e) proprement
5. (perfekt) Analyse, Darstellung précis(e); Lösung, Verfahrensweise approprié(e)
6. iron fam Bursche, Freund, Früchtchen, Kerlchen, Kollege sacré(e) fam
▶ **bleib** ~! hum fam sois sage! fam; **jd ist nicht ganz** ~ sl qn est pas très net(te) fam; ~, ~! fam chapeau! fam
II. adv **1.** (sorgfältig) soigneusement; fegen, schrubben, scheuern, kratzen, spülen à fond (oft nur mit dem Verb übersetzt)
2. (perfekt) lösen [très] convenablement; analysieren, darstellen de façon précise
▶ **jd hält etw** ~ qn tient propre qc; **jd macht** [**jdm**] **etw** ~ qn [lui] nettoie qc; **jd macht jdn** ~ qn lave qn, qn nettoie qn; Baby, Bettlägrigen qn change qn; **jd macht jdm/sich etw** ~ qn lui/se nettoie qc; **jd macht** [**irgendwo**] ~ qn fait le ménage [quelque part]; ***ist in meinem Arbeitszimmer schon ~ gemacht?*** tu as/vous avez déjà fait [o nettoyé] mon bureau?
sauber|halten s. **sauber II.▶**
Sauberkeit <-> f ∅ **1.** (Reinlichkeit) propreté f
2. [Meer, See, Wasser, Wasserlauf, Umwelt] propreté f; [Atmosphäre, Luft a.] pureté f
Sauberkeitsfimmel m pej fam obsession f de la propreté; ***jd hat einen*** ~ qn est un(e) maniaque [o obsédé(e)] de la propreté
säuberlich I. adj Ordnung méticuleux(-euse); Trennung soigneux(-euse)
II. adv soigneusement
sauber|machen s. **sauber II.▶**. **Saubermann** <-männer> m, **-frau** f iron fam personne f irréprochable; ***der Saubermann/die Sauberfrau*** la morale [o l'honnêteté f] en personne
säubern vt **1.** geh (reinigen) ■ **jd säubert** [**jdm/sich**] **etw** qn nettoie [son/sa/ses] qc
2. euph (befreien) ■ **jd säubert etw/etw von jdm** Armeeführung, Parlament, Partei, Verwaltung qn épure qc/débarrasse qc de qn
Säuberung <-, -en> f euph épuration f; ■ **die** ~ **von jdm** l'élimination f de qn
saublöd[e] adj sl s. **saudumm**
Saubohne f fève f
Sauce <-, -n> ['zo:sə] f s. **Soße**
Sauciere <-, -n> [zo'sie:rə, zo'siɛ:rə] f saucière f
Saudi-Arabien <-s> [-biən] nt l'Arabie f Saoudite
saudumm I. adj sl débile fam; ***ein ~er Kerl*** un [triple] con[n]ard vulg; ■ **jd ist** ~ qn est con(ne) comme un balai fam
II. adv sl connement fam
sauen vi sl ■ **jd saut** qn fait des saletés [o saloperies fam]
sauer I. adj **1.** (nicht süß) Beere, Frucht, Saft acide; Wein aigre; Drops acidulé(e)
2. (geronnen) tourné(e); ■ **etw wird** ~ qc tourne
3. (eingelegt) Gemüse, Gurke au vinaigre; Hering, Rollmops mariné(e)
4. Boden, Erde, Moorerde acide
5. CHEM Lösung, Salz, Regen acide
6. fam Gesicht, Miene, Mensch renfrogné(e); ■ **jd ist** ~ qn est de mauvais poil fam; ■ **jd ist/wird** ~ **auf jdn/etw** qn est/se met en rogne contre qn/qc fam; ■ **jd ist** ~, **dass/weil** qn est en rogne que + subj/parce que fam
▶ **jd legt etw** ~ **ein** qn fait mariner qc; Essiggurken qn met qc dans le vinaigre
II. adv **1.** (mühselig) ersparen, erwerben, erarbeiten à la sueur de mon/son/... front, durement
2. fam (übel gelaunt) reagieren avec mauvaise humeur; antworten sur un ton hargneux
Sauerampfer <-, -n> m oseille f **Sauerbraten** m rôti m de bœuf mariné [dans du vinaigre]
Sauerei <-, -en> f sl **1.** (Schweinerei) cochonnerie f fam
2. (Gemeinheit) saloperie f fam
3. (Obszönität) cochonnerie f fam, saloperie f fam
Sauerkirsch- -eis, -kuchen, -torte aux griottes; -gelee, -marmelade, -nektar, -saft, -süßmost de griottes
Sauerkirsche f **1.** (Baum) cerisier m, griottier m rare
2. GASTR (Frucht) griotte f, cerise f aigre
Sauerkohl m DIAL, **Sauerkraut** nt choucroute f
säuerlich I. adj **1.** Geschmack, Frucht aigrelet(te), acidulé(e); Wein a. vert(e)
2. (übellaunig) contrarié(e); Grinsen, Lächeln, Miene pincé(e)
II. adv **1.** ***etw schmeckt*** ~ /Wein/ qc est vert(e); /Sauerbraten/ qc est aigrelet(te)
2. (übellaunig) en grinchant; ***jd grinst*** ~ qn a un sourire pincé
Sauermilch f lait m caillé
säuern I. vt ■ **jd säuert etw** [**mit etw**] qn acidule qc [avec qc]
II. vi ■ **etw säuert** qc donne des aigreurs
Sauerrahm m ≈ crème f fleurette

Sauerstoff *m* *∅* oxygène *m*
Sauerstoff- d'oxygène **sauerstoffarm** *adj* pauvre en oxygène **Sauerstoffflasche** *f* TECH bouteille *f* d'oxygène **Sauerstoffgerät** *nt* 1. (*Atemgerät*) masque *m* à oxygène 2. MED (*Beatmungsgerät*) appareil *m* à oxygène **sauerstoffhaltig** *adj* oxygéné (e), contenant de l'oxygène; ■ **etw ist ~** qc contient de l'oxygène **Sauerstoffmangel** *m* *∅* manque *m* d'oxygène **Sauerstoffmaske** *f* masque *m* à oxygène **sauerstoffreich** *adj* riche en oxygène **Sauerstoffzelt** *nt* tente *f* à oxygène
Sauerteig *m* levain *m*
Saufbold <-[e]s, -e> *m pej sl* poivrot(e) *m(f) fam*
saufen <säuft, soff, gesoffen> I. *vt* 1. *sl* ■ **jd säuft etw** qn picole qc *fam*
2. ■ **ein Tier säuft etw** un animal boit qc
II. *vi* 1. *sl* (*trinken*) ■ **jd säuft [aus etw]** qn pinte [à qc] *pop*
2. *sl* (*Alkoholiker sein*) ■ **jd säuft** qn picole *fam*; ***gib das S~ auf!*** arrête de picoler! *fam*
3. ■ **ein Tier säuft** un animal boit [*o* s'abreuve]
Säufer(in) <-s, -> *m(f) sl* alcoolo *mf fam*
Sauferei <-, -en> *f sl* (*Besäufnis*) soûlerie *f fam*; ***hör mit der ~ auf!*** arrête de picoler! *fam*
Säuferleber *f fam* foie *m* d'ivrogne [*o* d'alcoolo *fam*] **Säufernase** *f fam* nez *m* d'ivrogne [*o* d'alcoolo *fam*]
Saufgelage *nt pej fam* bringue *f fam* **Saufkumpan(in)** *m(f) sl* copain/copine *m/f* de beuverie *fam*; ***er ist nur mein ~*** on fait juste des bringues ensemble *fam*
säuft *3. pers pres von* **saufen**
saugen <sog *o* saugte, gesogen *o* gesaugt> I. *vi* 1. (*Staub saugen*) ■ **jd saugt [irgendwo]** qn passe l'aspirateur [quelque part]
2. (*einsaugen*) ■ **jd saugt [an etw** (*dat*)**]** /*Baby, Kind*/ qn tète [qc]; *am Daumen a.* qn suce qc
II. *vt* 1. (*Staub saugen*) ■ **jd saugt etw** *Polstermöbel, Teppich, Teppichboden* qn passe l'aspirateur sur qc; *Zimmer, Wohnung, Haus* qn passe l'aspirateur dans qc
2. (*einsaugen*) ■ **jd/ein Tier saugt etw [aus etw]** *Flüssigkeit* qn/un animal aspire qc [dans qc]; *Blut, Gift* qn/un animal suce qc [de qc]
▸ **ein Tier saugt sich [mit etw] voll** *mit Blut* un animal se gorge de sang; **etw saugt sich [mit etw] voll** /*Lappen, Tuch, Schwamm*/ qc s'imbibe complètement [de qc]
säugen *vt* 1. *veraltend* (*stillen*) ■ **jd säugt jdn** qn allaite qn
2. ■ **ein Tier säugt ein Junges** un animal allaite son petit
Sauger <-s, -> *m* 1. (*auf Flasche*) tétine *f*
2. *fam* (*Staubsauger*) aspirateur *m*
Säuger <-s, -> *m form*, **Säugetier** *nt* mammifère *m*
saugfähig *adj* absorbant(e) **Saugfähigkeit** *f* *∅* pouvoir *m* absorbant
Säugling <-s, -e> *m* nourrisson *m*
Säuglings- 1. (*Baby-*) de [*o* pour] bébé; *~**windel*** couche[-culotte] *f*; *~**bekleidung*** layette *f* 2. (*für Babys*) *-gymnastik, -massage* pour bébé; *~**pflege*** puériculture *f*, soins *mpl* à donner aux nourrissons **Säuglingsalter** *nt* premier âge *m*; ***das Kind ist noch im ~*** l'enfant est encore en bas âge [*o* un nourrisson] **Säuglingsschwester** *f* puéricultrice *f* **Säuglingssterblichkeit** *f* mortalité *f* néonatale [*o* des nouveau-nés]
Saugnapf *m* ventouse *f* **Saugrüssel** *m* 1. ZOOL suçoir *m* 2. (*an Tankstelle*) tuyau *m* antipollution
Sauhaufen *m pej sl* bande *f* de branleurs *fam*
säuisch *adj sl* cochon(ne) *fam*; ***ein ~er Typ*** un [sale/vieux] cochon *fam*
saukalt *adj sl Luft* glacial(e); ***ein ~es Wetter*** un froid de canard *fam*; ■ **es ist ~** il fait un froid de canard *fam*, on se les gèle *fam* **Saukälte** *f sl* froid *m* de canard *fam* **Saukerl** *m sl* salopard *m fam*, salaud *m fam*
Säule <-, -n> *f* 1. ARCHIT colonne *f*
2. (*Bildsäule*) colonne *f*
3. *geh* (*Stütze*) pilier *m*
4. *fam* (*Zapf~*) pompe *f*
▸ **die ~n des Herkules** les Colonnes *fpl* d'Hercule
Säulen- ARCHIT 1. (*einer Säule*) de/de la/d'une colonne 2. (*mit Säulen*) *-basilika, -bau, -vorhalle, -tempel* à colonnes; *~**gang*** colonnade *f*, arcade *f*; *~**halle*** portique *f* **säulenförmig** I. *adj Wuchs, Züchtung* de haute tige II. *adv aufstreben, wachsen* à la verticale
Saulus <-> *m* BIBL Saül *m*
▸ **jd wird vom ~ zum Paulus** *geh* qn trouve son chemin de Damas *soutenu*
Saum <-[e]s, Säume> *m* 1. COUT ourlet *m*
2. *geh* (*Rand*) [*Acker, Feld, Weide, Wiese*] bordure *f*, bord *m*; [*Wald*] lisière *f*, orée *f*
saumäßig I. *adj sl* 1. (*unerhört*) *Krämpfe, Schmerzen* terrible; *~**e Kälte*** froid *m* de canard *fam*
2. (*miserabel*) *Leistung* minable *fam*; *Schrift* de cochon *fam*
II. *adv sl* vachement *fam*; ***es blutet ~*** ça pisse le sang *fam*
säumen I. *vt* 1. COUT ■ **jd säumt etw** qn ourle qc, qn borde qc
2. *geh* (*zu beiden Seiten stehen*) ■ **sie ~ etw** /*Bäume*/ ils/elles bordent qc; /*Menschen*/ ils/elles garnissent le bord de qc
II. *vi geh* (*warten*) ■ **jd säumt** qn tarde
▸ **ohne zu ~, ohne S~** sans tarder
säumig *adj geh Schuldner* retardataire, défaillant(e); *~**er Zahler*** mauvais payeur *m*
Saumpfad *m* sentier *m* [muletier]
Sauna <-, -s *o* Saunen> *f* sauna *m*
▸ **gemischte ~** sauna *m* mixte
Saure(s) *nt decl wie adj* ■ **etwas ~s** quelque chose d'acide, des choses *fpl* acides
▸ **gib ihm ~s!** *sl* mets-lui en plein la gueule! *vulg*
Säure <-, -n> *f* 1. CHEM acide *m*
2. GASTR acidité *f*
Saure-Gurken-Zeit[RR] *f fam* morte-saison *f* [de l'information]
Saurier <-s, -> [-riɐ] *m* saurien *m*
Saus *m* ▸ **jd lebt in ~ und Braus** qn vit dans le luxe et l'opulence
Sause <-, -n> *f sl* (*Feier*) nouba *f fam*; (*Zechtour*) tournée *f* des bistrots *fam*
▸ **jd macht eine ~** (*Feier*) qn fait une nouba [à tout casser] *fam*; (*Zechtour*) qn fait la bringue *fam*
säuseln I. *vi* 1. (*leise sausen*) ■ **etw säuselt [in etw** (*dat*)**]** /*Wind*/ qc murmure [dans qc]
2. *geh* (*schmeichelnd sprechen*) ■ **jd säuselt** qn susurre
II. *vt geh* ■ **jd säuselt etw** qn susurre qc
sausen *vi* 1. + *haben* (*brausen*) ■ **etw saust** /*Sturm, Wind*/ qc siffle, qc mugit; ■ **das S~** le sifflement, le mugissement
2. + *sein* ■ **etw saust [irgendwohin]** /*Fallbeil*/ qc tombe [quelque part]; /*Geschoss*/ qc siffle [quelque part]; /*Peitsche*/ qc claque [quelque part]
3. + *sein fam* (*sich schnell bewegen*) ■ **jd saust irgendwohin** qn fonce quelque part *fam*; ■ **jd saust aus etw** qn sort en trombe de quelque part
4. + *sein* (*schnell fahren*) ■ **etw saust irgendwohin** /*Fahrzeug*/ qc fonce quelque part *fam*; ■ **etw saust aus etw** qc sort en trombe de quelque part
▸ **jd lässt einen ~** *sl* qn lâche un pet *fam*; **jd lässt etw ~** *fam* (*lässt sein*) qn laisse tomber qc; **jd lässt jdn ~** *fam* (*lässt gehen*) qn plaque qn *fam*, qn largue qn *fam*
sausen|lassen *s.* **sausen** ▸
Sauser <-s, -> *m* CH (*neuer Wein*) vin *m* blanc nouveau
Saustall *m sl* porcherie *f fam*, bordel *m fam* **saustark** *adj sl* (*prima*) super *fam*, génial(e) *fam* **Sauwetter** *nt sl* temps *m* de cochon [*o* merde] *fam* **sauwohl** *adj* ▸ **jd fühlt sich ~** *sl*, **jdm ist ~ zumute** *sl* [pour qn,] c'est le pied *fam*
Savanne <-, -n> [-va-] *f* savane *f*
Saxofon[RR] *s.* **Saxophon**
Saxofonist(in)[RR] *s.* **Saxophonist(in)**
Saxophon <-[e]s, -e> *nt* saxophone *m*
Saxophonist(in) <-en, -en> *m(f)* saxophoniste *mf*
SB- [ɛsˈbeː-] *abk von* **Selbstbedienung ...** [en] libre-service; *~**-Laden*** libre-service *m*
S-Bahn [ˈɛs-] *f* TRANSP train *m* de banlieue; (*System*) trains *mpl* de banlieue; (*in Paris*) R.E.R. *m*
SBB [ˈɛsbeːbeː] *f abk von* **Schweizerische Bundesbahn** *sigle de la société des chemins de fers suisses*
s. Br. *loc abk von* **südlicher Breite** lat. S.
scannen [skænən] *vt* INFORM ■ **jd/etw scannt etw** qn/qc scanne qc; ■ **das S~** le scannage
Scanner <-s, -> [ˈskænɐ] *m* INFORM scanne[u]r *m*; (*an den Kassen*) lecteur *m* optique
Scannerkasse [ˈskænɐ-] *f* caisse *f* laser
Scartkabelstecker [ˈskaːt-] *m* prise *f* péritel®
Schabe <-, -n> *f* 1. (*Kakerlake*) cafard *m*
2. CH (*Motte*) mite *f*
Schabefleisch *nt* DIAL hachis *m* de bœuf
schaben *vt* ■ **jd schabt etw** *Bartstoppeln, Möhren* qn gratte qc; *Fell a.* qn racle qc
Schaber <-s, -> *m* grattoir *m*
Schabernack <-[e]s, -e> *m* farce *f*
▸ **jd spielt jdm einen ~** qn fait une farce à qn; **aus ~** pour rire
schäbig *adj* 1. (*unansehnlich*) *Kleidungsstück, Klamotten* râpé(e), élimé(e); *Schuhe, Koffer, Tasche* miteux(-euse)
2. (*gemein*) *Mensch, Verhalten* sordide(e); ■ **etw ist ~ [von jdm]** qc est sordide [de la part de qn]
3. (*dürftig*) *Bezahlung, Stundenlohn* minable; *Rest* malheureux(-euse) *antéposé*
▸ **wie ~!** (*gemein*) quelle mesquinerie!
Schablone <-, -n> *f* 1. (*Vorlage*) modèle *m*; (*beim Malen*) pochoir *m*
2. (*Klischee*) cliché *m*, stéréotype *m*
▸ **nach ~** *fam laufen, vor sich gehen, abgewickelt werden* selon un schéma habituel; *arbeiten, bearbeiten* de façon routinière
schablonenhaft I. *adj pej* stéréotypé(e)
II. *adv pej* de façon stéréotypée
Schach <-s> *nt* *∅* (*Spiel*) échecs *mpl*
▸ **~ und matt!** échec et mat!; **jd bietet jdm ~** qn met qn en échec; **jd bietet jdm/einer S. ~** *geh* (*Einhalt*) qn tient qn en échec/fait échec à qc; **jd hält jdn [mit etw] in ~** qn tient qn en respect [avec qc]; **jd spielt ~** qn joue aux échecs; **jd steht [*o* ist] im ~** qn est [en] échec; **~ [dem König]!** échec [au roi]!
Schach- d'échecs; *~**feld*** case *f* d'/de l'échiquier
Schachbrett *nt* échiquier *m*
schachbrettartig I. *adj* en échiquier, en damier, à damiers *abusif* II. *adv* en échiquier **Schachbrettmuster** *nt* motif *m* en échiquier; ***im ~*** en échiquier
Schacher <-s> *m* *∅* *pej* ■ **der ~ [um etw]** le marchandage [de qc]
▸ **jd treibt ~ um etw** qn marchande [pour obtenir] qc
Schacherer <-s, -> *m*, **Schacherin** *f pej* marchandeur(-euse) *m(f)*
schachern *vi pej* ■ **jd schachert [mit jdm] um etw** qn marchande [sur] qc [avec qn]
Schachfigur *f* 1. (*Spielfigur*) pièce *f* d'échecs 2. (*Mensch*) pion *m* **schachmatt** *adj* (*erschöpft*) ■ **jd ist ~** qn est fourbu(e) ▸ **jd setzt jdn ~** qn met qn échec et mat; **~!** échec et mat! **Schachspiel** *nt* 1. (*Brett und Figuren*) jeu *m* d'échecs 2. (*das Schachspielen*) [jeu *m* d']échecs *mpl*; (*Partie*) partie *f* d'échecs; ***beim ~*** quand je/il/... joue aux échecs **Schachspieler(in)** *m(f)* joueur(-euse) *m(f)* d'échecs

Schacht <-[e]s, ¨e> *m* **1.** MIN (*Förder~*) puits *m*
2. (*senkrechter Tunnel*) puits *m;* [*Fahrstuhl a.*] cage *f*
Schachtel <-, -n> *f* boîte *f;* (*Zigaretten*) paquet *m;* ■ **eine ~ einer S.** (*gen*) *Pralinen, Streichhölzer, Zigarren* une boîte de qc; *Zigaretten* un paquet de qc
► **alte ~** *sl* vieille rombière *fam*
Schachtelhalm *m* prêle *f*
schächten *vt* ■ **jd schächtet ein Tier** qn égorge [*o* saigne] un animal; ■ **das S~** l'égorgement *m*
Schachzug *m* **1.** (*Zug*) coup *m*
2. (*Manöver*) coup *m,* manœuvre *f*
schade *adj pred* **1.** (*bedauerlich*) ■ **[das ist] ~** [c'est] dommage; ■ **[es ist] [wirklich/zu] ~, dass** [c'est] [vraiment/trop] dommage que + *subj;* ■ **[es ist] ~ um jdn/etw** [c'est] dommage pour qn/qc
2. (*zu gut*) ■ **jd ist für jdn zu ~** qn est trop bien pour qn; ■ **etw ist für jdn/etw zu ~** qc est trop beau(belle) pour qn/qc; ■ **jd ist sich** (*dat*) **für etw zu ~/nicht zu ~** qn ne veut pas s'abaisser à faire qc/ne se sent pas déshonoré(e) de faire qc; ■ **jd ist sich** (*dat*) **für nichts zu ~** qn ne recule devant rien
Schädel <-s, -> *m* **1.** [*Mensch, Tier*] crâne *m*
2. (*Kopf*) tête *f,* crâne *m*
► **jd hat [von etw] einen dicken ~** *fam* qn a mal aux cheveux [à cause de qc] *fam;* **jdm brummt der ~** *fam* qn a mal au crâne *fam;* (*kann nicht mehr klar denken*) qn a la tête comme une citrouille *fam;* **jd rennt sich** (*dat*) **[an etw** (*dat*)**] den ~ ein** *fam* qn se cogne le crâne [contre qc] *fam*
-schädel *m* crâne *m* de
Schädel- du crâne; *-knochen a.* crânien(ne); *~basis* occiput *m* **Schädelbasisbruch** *m* fracture *f* occipitale **Schädelbruch** *m* fracture *f* du crâne **Schädeldecke** *f* calotte *f* [*o* voûte *f*] crânienne
schaden *vi* ■ **jd schadet jdm/sich [mit etw]** qn nuit à qn/se nuit [avec qc]; ■ **etw schadet jdm/einer S.** qn nuit à qn/qc
► **etw hat noch keinem geschadet** *fam* qc a jamais fait de mal à personne *fam;* **etw kann nicht ~** *fam* qc ferait pas de mal *fam;* **es kann nichts ~, wenn jd etw tut** (*wäre kein Fehler*) ça peut pas lui faire de mal de faire qc *fam;* **das schadet nichts** *fam* ça fait rien *fam,* c'est pas grave *fam;* **etw schadet jdm [gar] nichts** qc fait pas de mal à qn *fam;* **schadet das was?** *fam* [et alors,] ça pose un problème? *fam*
Schaden <-s, ¨> *m* **1.** (*Sach~*) dommage *m;* (*Verwüstungen*) dégâts *mpl*
2. (*Verletzung*) lésion *f;* **körperliche ¨** des dommages *mpl* corporels
► **wer den ~ hat, braucht für den Spott nicht zu sorgen** *prov* on rit toujours du malheur d'autrui; **aus [*o* durch] ~ wird man klug** *prov* l'échec est formateur, on apprend beaucoup à ses dépens; **jd/etw fügt jdm/einer S. ~ zu** qn/qc fait du tort à qn/qc; **jd kommt [bei etw] zu ~** *geh* qn se blesse [dans qc]; ***Menschen sind nicht zu ~ gekommen*** il n'y a pas eu de dommage corporel; **es soll jds ~ nicht sein** qn ne le regrettera pas; **jd/etw verursacht einen ~** [*o* ¨] (*Sach~*) qn/qc cause un dommage; (*Verwüstungen*) qn/qc cause des dégâts; **etw weist ¨ auf** /*Haut, Organ*/ qc présente des lésions; **weg mit ~** *fam* arrêtons le massacre *fam,* on arrête les frais *fam*
Schadenersatz *m s.* **Schadensersatz. schadenfrei I.** *adj Fahren* sans accident **II.** *adv* sans accident **Schadenfreiheitsrabatt** *m form* bonus *m* **Schadenfreude** *f* malin plaisir *m,* joie *f* maligne, plaisir *m* sadique **schadenfroh I.** *adj Grinsen, Lächeln* narquois(e); *Stimme* malicieux(-euse), plein(e) de malice; ■ **jd ist ~** qn se réjouit du malheur des autres [*o* d'autrui] **II.** *adv* avec un malin plaisir
Schadensbegrenzung *f* limitation *f* des dégâts; ***zur ~*** pour limiter les dégâts **Schadensersatz** *m* dommages et intérêts *mpl;* (*bei körperlichem Schaden*) pretium *m* doloris ► **jd leistet [jdm] [für etw] ~** qn verse des dommages et intérêts [à qn] [pour qc]
schadhaft *adj* défectueux(-euse)
schädigen *vt* **1.** (*beeinträchtigen*) ■ **jd/etw schädigt jdn/etw [durch etw]** [avec qc,] qn/qc nuit [*o* porte préjudice] à qn/qc
2. (*finanziell belasten*) ■ **jd/etw schädigt jdn [durch etw]** [avec qc,] qn/qc cause un préjudice à qn
3. (*beschädigen*) ■ **etw schädigt etw [durch etw]** qc endommage qc
-schädigend préjudiciable à
Schädigung <-, -en> *f* **1.** (*das Schädigen*) ■ **~ einer S.** (*gen*) atteinte *f* à qc
2. (*Schaden*) dommage *m,* dégâts *mpl;* (*durch eine Krankheit, Verletzung*) lésion *f;* ***bleibende ~en*** séquelles *fpl*
-schädigung *f* MED lésion *f* du/de la/des
schädlich *adj* nocif(-ive); ■ **etw ist ~ [für jdn/etw]** qc est nocif(-ive) [*o* nuisible] [pour qn/qc]
Schädlichkeit <-> *f* Ø nocivité *f*
Schädling <-s, -e> *m* [animal *m*] nuisible *m;* (*Insekt*) insecte *m* nuisible
Schädlingsbekämpfung *f* destruction *f* des animaux/insectes nuisibles **Schädlingsbekämpfungsmittel** *nt* insecticide *m;* (*gegen Ratten, Mäuse*) raticide *m*
schadlos *adj* ► **jd hält sich [für etw] an jdm ~** qn se dédommage [de qc] auprès de qn, qn se retourne contre qn [pour qc]; **jd hält sich an etw** (*dat*) **~** *hum fam an Esswaren, Vorräten, Weinen* qn tape dans qc *fam;* (*als Ersatz*) qn se rattrape [*o* se rabat] sur qc
Schador <-s, -s> *m s.* **Tschador**
Schadstoff *m* polluant *m,* substance *f* [*o* produit *m*] toxique
schadstoffarm *adj* peu polluant(e)
Schaf <-[e]s, -e> *nt* **1.** ZOOL mouton *m*
2. *fam* (*Dummkopf*) âne *m,* andouille *f fam*
► **jd ist das schwarze ~** qn est la brebis galeuse
Schaf- 1. (*für Schafe*) *-hürde, -pferch, -weide* à moutons; *~hirt* berger *m;* *~stall* bergerie *f* **2.** (*von Schafen*) *-scherer, -zucht, -züchter* de moutons; *-schur* des moutons; *s. a.* **Schafs- Schafbock** *m* bélier *m*
Schäfchen <-s, -> *nt* **1.** *dim von* **Schaf** petit mouton *m*
2. *pl* (*Gemeindemitglieder*) ouailles *fpl fam*
► **jd bringt sein ~ ins Trockene** *fam* (*häuft Geld an*) qn remplit son bas de laine, qn fait sa pelote; (*sichert sein Vermögen ab*) qn met son magot en sécurité *fam;* **jd hat sein ~ im Trockenen** *fam* qn a accumulé un petit magot *fam*
Schäfchenwolken *pl* nuages *mpl* moutonnés
Schäfer(in) <-s, -> *m(f)* berger(-ère) *m(f)*
Schäferdichtung *f* pastorale *f* **Schäferhund** *m* berger *m* allemand **Schäferstündchen** *nt hum* tête-à-tête *m* galant
Schaff <-es, -eln> *nt* AUS (*Fass*) tonneau *m*
Schaffell *nt* peau *f* de mouton
schaffen[1] <schaffte, geschafft> *vt* **1.** (*bewältigen*) ■ **jd schafft etw** *Examen, Prüfung* qn réussit qc; *Aufgabe, Klassenarbeit, Prüfung* qn arrive à faire qc; (*zeitlich*) qn arrive à terminer qc; *Hürde, Haushalt* qn vient à bout de qc
2. *fam* (*fertig bringen*) ■ **jd schafft es etw zu tun** qn arrive à faire qc
3. ■ **jd schafft es irgendwohin** qn réussit à arriver quelque part; ***wir müssen es bis zur Grenze ~*** il faut qu'on atteigne [*o* réussisse à atteindre] la frontière
4. *fam* (*verzehren können*) ■ **jd schafft etw** *Essen, Portion, Stück* qn arrive à avaler qc, qn vient à bout de qc
5. (*bringen*) ■ **jd schafft jdn/etw irgendwohin** qn emmène qn/transporte qc quelque part
6. *sl* (*erschöpfen*) ■ **etw schafft jdn** /*Belastung, Stress, Überarbeitung*/ qc crève qn *fam*
► **das hätten wir [*o* das wäre] geschafft!** (*erledigt*) on y est arrivé!, ça y est!; **jd schafft es** (*bewältigt es*) qn y arrive; ***ich schaffe es nicht mehr*** (*halte es nicht aus*) je n'en peux plus; **es ist geschafft** ça y est
schaffen[2] <schuf, geschaffen> *vt* **1.** (*herstellen*) ■ **jd/etw schafft etw** *Arbeitsplätze, Ausbildungsplätze, Bedingungen, Methode, Möglichkeiten, System* qn/qc crée qc
2. *geh* (*erschaffen*) ■ **jd schafft jdn/etw** qn crée qn/qc
3. (*verursachen*) ■ **jd/etw schafft etw** qn/qc crée qc; *Frieden* qn fait qc
► **jd ist für etw wie geschaffen** qn est fait(e) pour qc
schaffen[3] <schaffte, geschafft> *vi* SDEUTSCH, CH (*arbeiten*) ■ **jd schafft irgendwo/bei jdm** qn travaille [*o* bosse *fam*] quelque part/chez qn
► **jd hat etwas/nichts mit jdm zu ~** qn a affaire à qn/n'a rien à voir avec qn; **jd hat etwas/nichts mit etw zu ~** qn a quelque chose/n'a rien à voir avec qc; ***mit etw will jd nichts zu ~ haben*** qn ne veut rien avoir à faire avec qc; **was hast du/haben Sie da zu ~?** qu'est-ce que tu fais/vous faites là?; **daran hast du/haben Sie nichts zu ~!** *fam* t'as/vous avez rien à fiche là! *fam;* **jd macht jdm [mit etw] zu ~** (*bekümmert*) qn cause [bien] du souci à qn [avec qc]; (*ärgert*) qn donne du fil à retordre à qn [avec qc]; **etw macht jdm zu ~** (*setzt jdm zu*) qc pose des problèmes à qn; **jd macht sich** (*dat*) **an etw** (*dat*) **zu ~** qn s'attaque à qc
Schaffen <-s> *nt* Ø *geh* (*Tätigkeit*) œuvre *f;* (*Kreativität*) créativité *f;* (*Arbeit*) labeur *m soutenu*
-schaffende(r) *f(m) decl wie adj* (*künstlerisch tätiger Mensch*) créateur(-trice) *m(f)* du/de la; ***Kunst~/Kultur~*** créateur(-trice) *m(f)* artistique/culturel(le)
Schaffensdrang *m* Ø énergie *f* créatrice **Schaffensfreude** *f* Ø enthousiasme *m* créateur **Schaffenskraft** *f* Ø créativité *f,* génie *m* créatif
Schaffer(in) <-s, -> *m(f)* SDEUTSCH, CH travailleur(-euse) *m(f)* forcené(e), bosseur(-euse) *m(f) fam*
Schaffhausen <-s> *nt* Schaffhouse
schaffig *adj* SDEUTSCH, CH travailleur(-euse)
Schaffleisch *nt* [viande *f* de] mouton *m*
Schaffner(in) <-s, -> *m(f)* contrôleur(-euse) *m(f);* (*in Bus, U-Bahn*) receveur(-euse) *m(f),* agent *m*
Schaffung <-> *f* Ø création *f*
Schafgarbe <-, -n> *f* achillée *f*
Schäflein <-s, -> *nt poet s.* **Schäfchen 1.**
Schafott <-[e]s, -e> *nt* échafaud *m*
Schafskäse *m* fromage *m* de brebis **Schafskopf** *m* **1.** KARTEN patissou *m* **2.** *pej* (*Dummkopf*) benêt *m,* imbécile *m* **Schafsmilch** *f* lait *m* de brebis **Schafspelz** *m* peau *f* de mouton
Schaft <-[e]s, ¨e> *m* **1.** [*Axt, Spaten*] manche *m;* [*Lanze, Speer*] corps *m*
2. [*Handfeuerwaffe*] canon *m*
3. [*Baum*] fût *m;* [*Pflanze*] tige *f*
4. (*Stiefel~*) tige *f*
5. CH (*Schrank*) armoire *f*
Schaftstiefel *pl* bottes *fpl* à tige
Schafwolle *f* laine *f* [de mouton]
Schakal <-s, -e> *m* chacal *m*
schäkern *vi* ■ **jd schäkert [mit jdm]** qn flirte [avec qn]
schal *adj* **1.** (*abgestanden*) éventé(e)
2. (*inhaltsleer*) *Leben, Zeitvertreib* fade, insipide
Schal <-s, -s *o* -e> *m* écharpe *f;* (*aus Seide*) foulard *m*
Schälchen <-s, -> *nt dim von* **Schale**[2] coupelle *f*
Schale[1] <-, -n> *f* **1.** [*Nuss etc*] coquille *f*
2. [*Frucht*] peau *f;* [*Orange, Zitrone a.*] écorce *f;* (*abgeschält*) pelure *f,* épluchure *f*
3. [*Ei, Muschel*] coquille *f*
► **jd hat eine raue ~** qn est un peu revêche; **jd wirft** *fam* [*o* **schmeißt** *sl*] **sich in ~** qn se met sur son trente et un
Schale[2] <-, -n> *f* (*Gefäß*) coupe *f*
schälen I. *vt* **1.** (*von der Schale befreien*) ■ **jd schält etw** *Apfel, Birne, Pfirsich, Kartoffel etc* qn épluche qc; *Getreide, Reis* qn décortique qc; *Nuss, Ei* qn écale qc; ■ **das S~** l'épluchage *m*

2. (*wickeln*) ■ **jd schält etw aus etw** *Praline, Schokolade* qn sort qc de qc
II. *vr* 1. (*sich pellen*) ■ **jd/etw schält sich** / *Haut, Körperteil* / qn/qc pèle; ***ich schäle mich an den Beinen*** j'ai les jambes qui pèlent
2. *fam* (*sich befreien*) ■ **jd schält sich aus etw** *aus einem Kleidungsstück* qn enlève qc, qn s'extirpe de qc *fam*
Schalensitz *m* siège-baquet *m* **Schalentier** *nt* crustacé *m*
Schalk <-[e]s, -e *o* ¨e> *m veraltend* plaisantin *m*
▶ **jdm schaut der ~ aus den Augen** qn a un air espiègle [*o* un petit air fripon *fam*]; **jdm sitzt der ~ im Nacken** qn est très farceur(-euse)
schalkhaft I. *adj* narquois(e)
II. *adv* narquoisement
Schall <-s, -e *o* ¨e> *m* 1. (*Klang*) bruit *m*
2. Ø PHYS son *m*
schalldämmend *adj Fenster, Polsterung, Tür, Verkleidung* isolant(e); *Material a.* d'isolation phonique; *Maßnahme, Wirkung* antibruit **Schalldämmung** *f* insonorisation *f*, isolation *f* phonique [*o* acoustique] **Schalldämpfer** <-s, -> *m* silencieux *m* **schalldicht** I. *adj Abdichtung, Fenster, Tür* insonore; *Raum* insonorisé(e) II. *adv abschließen, verschließen* de façon à ne pas laisser passer le bruit; ***etw ist ~ abgeschlossen*** qc est [totalement] insonorisé(e); ***etw lässt sich ~ verschließen*** la fermeture de qc crée une isolation phonique
schallen <schallte *o* scholl, geschallt> *vi* ■ **etw schallt** qc résonne
schallend I. *adj* retentissant(e); *Gelächter a.* éclatant(e)
II. *adv auflachen, lachen* aux éclats
Schallgeschwindigkeit *f* Ø PHYS vitesse *f* [de propagation] du son **Schallgrenze** *f* 1. Ø PHYS *s.* **Schallmauer** 2. (*Maximum*) [*Miete*] plafond *m*; (*Erträglichkeitsschwelle*) limite *f* supportable **Schallmauer** *f* Ø PHYS mur *m* du son ▶ **etw durchbricht die ~** qc franchit le mur du son
Schallplatte *f* disque *m*; ***jd legt eine ~ auf*** qn met un disque
Schallplatten- *-archiv, -sammlung, -laden, -produktion* de disques; *-hülle* de disque; *-industrie* du disque; *~**album*** album *m*; *~**verkäufer/händler*** disquaire *mf*
schallschluckend I. *adj Material, Vorhang, Verkleidung* qui amortit le bruit; ***eine ~e Mauer*** un mur antibruit; ■ **etw ist ~** qc amortit le bruit
II. *adv* pour amortir le bruit
Schallschutz- *-fenster, -wall* antibruit; *-wert* d'insonorisation
Schallwelle *f* onde *f* sonore
Schalmei <-, -en> *f* flûte *f* double
Schalotte <-, -n> *f* échalote *f*
schalt *imp von* **schelten**
Schaltbild *nt s.* **Schaltplan**
schalten I. *vt* 1. (*einstellen*) ■ **jd schaltet etw auf etw** (*akk*) *Gerät, Maschine, Vorrichtung* qn règle [*o* met] qc sur qc; ***jd schaltet etw auf langsam/schnell*** qn met qc en position lente/rapide
2. ELEC ■ **jd schaltet etw** *Alarmanlage* qn règle qc; *Hausnummernbeleuchtung, Nebellampen* qn allume qc; ***die Außenbeleuchtung ist so geschaltet, dass alle Lampen auf einmal angehen*** l'éclairage extérieur est réglé de façon à s'allumer d'un seul coup; ***die Beleuchtung wird automatisch geschaltet*** l'éclairage s'allume automatiquement
3. AUT ■ **jd schaltet etw** *Auto, Motorrad* qn change les vitesses de qc; *Getriebe, Gangschaltung* qn actionne qc; ***das Motorrad lässt sich nicht ganz einfach ~*** les vitesses de cette moto ne sont pas faciles à passer; ***das Getriebe lässt sich leicht ~*** la boîte de vitesses est facile à actionner
4. (*inserieren*) ■ **jd schaltet etw** *Anzeige, Werbespot* qn passe qc
II. *vi* 1. AUT ■ **jd schaltet** qn change de vitesse; ***jd schaltet in den 2. Gang/in den Leerlauf*** qn passe la seconde/au point mort
2. *fam* (*begreifen*) ■ **jd schaltet [...]** qn pige [...] *fam*
▶ **jd schaltet und waltet** qn agit à sa guise
III. *vr* AUT: ***der Wagen schaltet sich wirklich leicht*** les vitesses de cette voiture sont vraiment faciles à passer; ***nun schaltet sich das Getriebe leichter*** maintenant la boîte de vitesses est plus facile à actionner
Schalter <-s, -> *m* 1. TECH bouton *m* [de commande], interrupteur *m*
2. (*bei Post, Bahn, Bank etc*) guichet *m*
▶ **jd betätigt einen ~, jd legt einen ~ um** qn appuie sur un bouton
Schalterbeamte(r) *m*, **-beamtin** *f* guichetier(-ière) *m(f)*, préposé(e) *m(f)* au guichet **Schalterhalle** *f* salle *f* des guichets **Schalterstunden** *pl* heures *fpl* d'ouverture des guichets
Schalthebel *m* 1. ELEC [levier *m* de] commande *f*; ***jd legt den ~ um*** qn bascule le levier de commande 2. AUT levier *m* [de changement] de vitesse ▶ **jd sitzt an den ~n [von etw]** qn est aux leviers de commande [de qc] **Schaltjahr** *nt* année *f* bissextile **Schaltkasten** *m* armoire *f* [*o* coffret *m*] de commande **Schaltknüppel** *m* AUT levier *m* [de changement] de vitesse [au plancher] **Schaltkreis** *m* ELEC circuit *m* ▶ **integrierter ~** INFORM circuit *m* intégré **Schaltplan** *m* schéma *m* de connexion **Schaltpult** *nt* pupitre *m* de commande **Schaltstelle** *f* (*Koordinierungsstelle*) centre *m* de coordination; [*Macht*] centre *m*; [*Politik*] centre *m* de décision **Schalttafel** *f* tableau *m* de commande **Schalttag** *m* jour *m* intercalaire
Schaltung <-, -en> *f* 1. ELEC circuit *m*
2. AUT changement *m* de vitesse
▶ **integrierte ~** circuit *m* intégré
Schaluppe <-, -n> *f* chaloupe *f*, canot *m*
Scham <-> *f* Ø 1. (*Beschämung*) honte *f*
2. *veraltend geh* (*Geschlechtsteile*) parties *fpl* honteuses *vieilli*
▶ **jd hat kein bisschen ~ im Leibe** qn n'a aucune pudeur; **aus falscher ~** par fausse honte; **nur keine falsche ~!** *fam* faut [surtout] pas te/vous gêner! *fam*; **vor ~** de honte
Schamane <-n, -n> *m* chaman *m*
Schambein *nt* pubis *m*
schämen *vr* 1. (*Scham empfinden*) ■ **jd schämt sich [wegen etw] [für jdn]** qn a honte [pour qn] [de qc]; ■ **jd schämt sich vor jdm** qn a honte [*o* est gêné(e)] devant qn; ***ich schäme mich, dass ich das getan habe/dass du das getan hast*** j'ai honte d'avoir fait ça/que tu aies fait ça
2. (*sich scheuen*) ■ **jd schämt sich etw zu tun** qn a honte de faire qc; ***ich schäme mich ihn schon wieder um einen Gefallen zu bitten*** ça me gêne de lui redemander un service
▶ **jd braucht sich einer S.** (*gen*) **nicht zu ~** qn n'a pas à rougir de qc; **jd sollte sich [was] ~** qn devrait avoir honte; **schäme dich/schämt euch** tu devrais/vous devriez avoir honte
Schamgefühl *nt* Ø pudeur *f* **Schamhaar** *nt* 1. Ø (*Behaarung*) poils *mpl* du pubis, pilosité *f* pubienne *spéc* 2. (*einzelnes Haar*) poil *m* du pubis
schamhaft I. *adj geh* pudique
II. *adv geh* pudiquement
Schamlippen *pl* lèvres *fpl* [de la vulve]
▶ **die kleinen/großen ~** les petites/grandes lèvres
schamlos *adj* 1. *Ding, Kerl, Person, Weib* impudique
2. *Dreistigkeit, Frechheit, Lüge* impudent(e)
Schamlosigkeit <-, -en> *f* 1. Ø (*mangelndes Schamgefühl*) impudeur *f*
2. (*Bemerkung*) impudence *f*
Schamottestein *m* brique *f* réfractaire
Schampus <-s> *m* Ø *fam* champ *m fam*
schamrot *adj* rouge de honte; ■ **jd wird ~** qn rougit de honte **Schamröte** *f* rougeur *f* ▶ **jdm steigt die ~ ins Gesicht** qn rougit de honte
Schande <-> *f* Ø honte *f*, déshonneur *m*
▶ **jd bringt ~ über jdn** qn fait la honte de qn; ***er hat ~ über sich gebracht*** il s'est déshonoré; **etw ist eine [wahre] ~!** qc est [vraiment] une honte; **es ist eine [wahre] ~, etw zu tun/dass** c'est une honte de faire qc/que + *subj*; **es ist keine ~ etw zu tun** il n'y a pas de honte à faire qc; **mach mir keine ~** ne me fais pas honte; **jd macht jdm/einer S. ~** qn fait honte à qn/qc; **jd macht jdm/einer S. keine ~** qn fait honneur à qn/qc; **zu jds ~** à ma/sa/... grande honte
schänden *vt* 1. (*verächtlich machen*) ■ **jd schändet etw** qn déshonore qc
2. (*verschandeln*) ■ **etw schändet etw** qc défigure qc
3. (*entweihen*) ■ **jd schändet etw** qn profane qc
4. (*vergewaltigen*) ■ **jd schändet jdn** qn viole qn
Schandfleck *m* verrue *f soutenu*
schändlich I. *adj* 1. (*niederträchtig*) ignoble
2. *fam* (*unerhört*) scandaleux(-euse), infect(e)
II. *adv* (*gemein*) ignoblement
Schändlichkeit <-, -en> *f* ignominie *f*
Schandmal *nt geh s.* **Schandfleck. Schandmaul** *nt pej* 1. *sl* (*Maul*) [sale] gueule *f pop*; ***jd stopft jdm sein ~*** qn cloue le bec à qn *fam* 2. *geh* (*Lästerer*) mauvaise [*o* méchante *soutenu*] langue *f* **Schandtat** *f* infamie *f* ▶ **jd ist zu jeder ~ bereit** *hum fam* [quand il y a une bêtise à faire,] qn est toujours partant(e) *fam*
Schändung <-, -en> *f* [*Friedhof, Grab, Leichnam etc*] profanation *f*
Schank <-, -en> *f* AUS (*Tresen*) comptoir *m*
Schänke[RR] *s.* **Schenke**
Schanker <-s, -> *m* chancre *m*
▶ **harter/weicher ~** chancre induré [*o* syphilitique]/chancre mou
Schankerlaubnis *f* licence *f* [de débit de boissons]; (*für Alkohol*) grande licence *f*, licence *f* IV
Schanze <-, -n> *f* 1. MIL retranchement *m*
2. SKI tremplin *m*
Schar[1] <-, -en> *f* bande *f*
▶ **in [hellen] ~en** en foule, en rangs serrés
Schar[2] <-, -en> *f* AGR soc *m*
Schäre <-, -n> *f* îlot *m* rocheux
scharen I. *vt* ■ **er/sie schart Menschen um sich** il/elle rassemble des personnes autour de lui/d'elle
II. *vr* ■ **sie ~ sich um jdn/etw** ils/elles se rassemblent [*o* regroupent] autour de qn/qc
scharenweise *adv* en masse, en foule
scharf <¨er, ¨ste> I. *adj* 1. *Klinge, Schneide, Messer, Schere etc* coupant(e), tranchant(e); ***ein Messer, das ¨er ist*** un couteau qui coupe mieux
2. (*spitz zulaufend*) *Ecke* aigu(ë); *Kante a.* vif(vive); *Rand, Scherbe* coupant(e); *Fänge, Krallen* acéré(e); *Hauer, Hörner, Zähne* pointu(e)
3. GASTR (*stark gewürzt*) épicé(e); (*sehr würzig*) fort(e); ■ **etw ist [jdm** [*o* **für jdn**]] **zu ~** qc est trop épicé(e) [pour qn]
4. (*ätzend*) agressif(-ive)
5. (*hart*) *Durchgreifen, Maßnahme, Methode, Mittel* drastique, sévère
6. (*streng*) *Aufseher, Lehrer, Polizist* sévère, strict(e); *Aufsicht, Bewachung, Kontrolle* strict(e)
7. (*bissig*) *Hund, Schäferhund, Wachhund* méchant(e)
8. *Munition, Patrone, Schuss* à balles [réelles]; *Schusswaffe* chargé(e) à balle[s]; *Bombe, Granate, Sprengsatz* amorcé(e)
9. (*heftig*) *Ablehnung* catégorique; *Konkurrenz, Verurteilung* sévère; *Kritik* acerbe; *Protest* vif(-ive); *Widerstand* âpre
10. (*konzentriert*) *Beobachtung* fin(e); *Zuhören* attentif(-ive); ***bei ¨erer Betrachtung des Problems*** en considérant le problème de plus près; ***bei ganz ~em Hinsehen*** en y regardant vraiment de près; ***nach ~em Nachdenken*** après avoir bien réfléchi; ***bei ¨erer Überlegung*** en y réfléchissant mieux
11. (*präzise*) *Analyse* précis(e); *Auffassungsgabe, Intelligenz, Verstand* aigu(ë); *Analytiker, Beobachter* fin(e), perspicace
12. OPT, PHOT *Aufnahme, Bild* net(te); *Brille, Linse* fort(e)
13. (*fein*) *Augen, Sehvermögen* perçant(e); *Geruchssinn, Gehör* fin(e)
14. (*genau*) *Einstellung, Justierung* précis(e), fin(e)
15. (*schneidend*) *Frost, Kälte* mordant(e); *Wind* cinglant(e)

16. (*forciert*) *Galopp, Trab* grand(e) *antéposé; Gangart, Marschieren, Ritt, Tempo* accéléré(e), très soutenu(e); ***wenn wir nicht eine ~ere Gangart einlegen ...*** si nous ne forçons pas l'allure ...
17. (*eng*) *Biegung, Kehre, Kurve* prononcé(e), serré(e)
18. *sl* (*aufreizend*) *Bild, Film, Pornoheft* [bien] cochon(ne) *fam*
19. *fam* (*versessen*) ■ **jd ist auf jdn/etw ~** qn est dingue de qn/qn a vachement envie de qc *fam*
20. *sl* (*aufregend*) *Auto, Film, Kleidungsstück, Wohnung, Typ* d'enfer *fam*, super *fam*
▸ **gestochen** ~ parfaitement net(te); **das ist das S~ste!** *sl* elle est forte celle-là! *fam;* **jd/etw macht jdn ~** *sl* qn/qc excite qn; ***sie macht mich scharf*** elle me fait bander *fam;* **jd macht etw ~** *Messer, Rasiermesser, Schere* qn aiguise qc; *Bombe, Sprengsatz* qn amorce qc
II. *adv* 1. ***etw ist ganz ~ geschliffen*** qc est parfaitement aiguisé(e); ***etw muss etwas ~er geschliffen werden*** qc doit être un peu mieux aiguisé(e)
2. GASTR *essen, kochen* épicé; *anrichten, zubereiten* épicé(e)
3. (*heftig*) *ablehnen* catégoriquement; *angreifen, attackieren, kritisieren* âprement; *protestieren* avec force; *verurteilen* sévèrement
4. (*konzentriert*) *ansehen* fixement; *zuhören* attentivement; *betrachten, beobachten* avec attention; ***jd muss ~/~er aufpassen*** qn doit faire bien/mieux attention; ***das sollte man mal ganz ~ unter die Lupe nehmen*** on devrait examiner ça de très près; ***überlege mal ganz ~*** réfléchis bien; ***da muss ich aber ~ nachdenken*** il faut que j'y réfléchisse bien
5. (*präzise*) *analysieren, darstellen, umreißen* précisément
6. (*genau*) *einstellen, justieren* exactement
7. (*in forciertem Tempo*) *fahren, galoppieren, reiten, marschieren* à toute vitesse, bon train
8. (*hart*) *bekämpfen, durchgreifen, vorgehen* énergiquement
9. (*streng*) *bewachen, kontrollieren* de près
10. COM (*knapp*) *kalkulieren, rechnen* au plus juste; ***ganz ~*** aussi juste que possible
11. (*abrupt*) *abbiegen, wenden, bremsen* soudainement
12. (*fein*) *sehen* nettement; ***im Alter hört man nicht mehr so ~*** on n'a plus l'oreille aussi fine en vieillissant; ***dass Sie so ~ schmecken können!*** quel fin palais vous avez!
▸ **etw ist ~ geladen** /*Schusswaffe*/ qc est chargé(e) à balles; **jd schießt ~** qn tire à balles [réelles]

Scharfblick *m ∅* perspicacité *f*

Schärfe <-, -n> *f* 1. [*Klinge, Messer etc*] tranchant *m*
2. (*starke Würze*): ***eine zu große ~ des Geschmacks*** un goût trop épicé; ***es gibt Senfsorten von unterschiedlicher ~*** il existe différentes sortes de moutarde, plus ou moins fortes
3. (*Heftigkeit*) [*Konkurrenz, Widerstand, Kritik*] âpreté *f;* [*Protest*] vivacité *f;* [*Verurteilung*] sévérité *f;* [*Ablehnung*] netteté *f*
4. (*Präzision*) [*Analyse*] précision *f;* [*Auffassungsgabe, Intelligenz, Verstand*] acuité *f*
5. OPT, PHOT [*Aufnahme, Bild*] netteté *f;* [*Brille, Brillenglas*] force *f;* [*Einstellung*] précision *f*
6. (*Feinheit*) [*Augen, Gehör*] acuité *f;* [*Geruchssinn, Geschmack*] finesse *f;* ***die ~ deiner Augen/deines Gehörs*** ton acuité visuelle/auditive
▸ **in aller ~** *kritisieren* très sévèrement; *zurückweisen* avec force

schärfen *vt* ■ **jd/etw schärft etw** qn/qc aiguise qc

Scharfmacher(in) *m(f) pej fam* trublion *m* **Scharfrichter** *m* bourreau *m* **Scharfschütze** *m*, **-schützin** *f* tireur(-euse) *m(f)* d'élite **Scharfsinn** *m ∅* sagacité *f* **scharfsinnig** I. *adj* 1. *Bemerkung, Einwand* pertinent(e) 2. *Analytiker, Beobachter, Detektiv etc* sagace II. *adv* avec sagacité

Scharia <-> *f ∅* charia *f*

Scharlach[1] <-s> *m ∅* MED scarlatine *f*
▸ **jd hat ~** qn a la scarlatine

Scharlach[2] <-> *nt ∅* (*leuchtendes Rot*) écarlate *f*

scharlachrot *adj* écarlate

Scharlatan <-s, -e> *m* charlatan *m*

Scharmützel <-s, -> *nt veraltend* escarmouche *f*

Scharnier <-s, -e> *nt* charnière *f*

Schärpe <-, -n> *f* écharpe *f*

scharren I. *vi* ■ **ein Tier scharrt [mit etw]** un animal gratte [avec qc]; ***die Hühner ~ in der Erde*** les poules grattent la terre; ***der Hund scharrt an der Tür*** le chien gratte à la porte; ***die Pferde ~*** les chevaux grattent avec leurs sabots
II. *vt* ■ **jd scharrt jdn/etw in etw** (*akk*) qn enfouit qn/qc dans qc

Scharte <-, -n> *f* 1. [*Klinge, Messer etc*] brèche *f*
2. (*Schieß~*) meurtrière *f*
▸ **jd wetzt eine ~ [wieder] aus** (*Einschnitt*) qn meule une brèche; (*Fehler*) qn répare une faute; (*Misserfolg*) qn rattrape un coup

schartig *adj Klinge, Messer etc* ébréché(e)

scharwenzeln * *vi + sein o haben fam* ■ **jd scharwenzelt** qn fait le/la lèche-bottes *fam;* ■ **jd scharwenzelt um jdn/vor jdm** qn lui lèche les bottes *fam*

Schaschlik <-s, -s> *nt* brochette *f*

schassen *vt fam* ■ **jd schasst jdn [aus etw]** qn vire qn [de qc] *fam*

Schatten <-s, -> *m* ombre *f;* ***im ~*** à l'ombre
▸ **~ unter den Augen** cernes *mpl* sous les yeux; **etw gibt** [*o* **spendet** *geh*] **~** qc fait [*o* donne] de l'ombre; **er/sie ist nur noch ein ~ seiner selbst** il/elle n'est plus que l'ombre de lui-même/d'elle-même; **etw liegt im ~** qc est à l'ombre; **~ spendend** qui donne de l'ombre; **jd springt über seinen ~** qn se fait violence; **jd kann nicht über seinen [eigenen] ~ springen** qn ne peut pas se refaire; ***es kann doch keiner über seinen ~ springen*** on ne se refait pas; **jd stellt jdn/etw in den ~** qn éclipse qn/qc; **etw wirft einen ~/einen ~ auf etw** (*akk*) (*beschattet*) qc jette de l'ombre /projette une ombre sur qc; (*beeinträchtigt*) qc jette une ombre sur qc; **etw wirft seinen ~ voraus** il y a des signes avant-coureurs de qc

Schattendasein *nt* ▸ **jd fristet** [*o* **führt**] **ein ~** *geh* (*existiert kümmerlich*) qn végète dans l'ombre; (*existiert nicht real*) qn survit sous l'apparence d'une ombre, qn vit au royaume des ombres **schattenhaft** I. *adj* vague II. *adv* vaguement **Schattenkabinett** *nt* cabinet *m* fantôme **Schattenmorelle** *f* (*Kirsche*) griotte *f;* (*Baum*) griottier *m* **Schattenriss**RR *m* silhouette *f* **Schattenseite** *f* (*Kehrseite*) revers *m* de la médaille ▸ **jd steht auf der ~ des Lebens** qn n'est pas gâté(e) par l'existence **schattenspendend** *s.* **Schatten** ▸

schattieren * *vt* ■ **jd schattiert etw** qn ombre qc

Schattierung <-, -en> *f* 1. ART (*das Schattieren*) répartition *f* des ombres; ***durch ~*** en ombrant
2. *geh* (*Richtung*) tendance *f;* ***alle politischen ~en*** toutes les sensibilités [*o* tendances] politiques

schattig *adj* 1. (*im Schatten liegend*) *Bank, Plätzchen, Stelle, Gartenlaube* ombragé(e); ■ **irgendwo ist es ~** il y a de l'ombre quelque part
2. SDEUTSCH (*kühl*) ■ **irgendwo ist es ~** il fait frais [*o* ça caille *fam*] quelque part

Schattseite *f* CH *s.* **Schattenseite**

Schatulle <-, -n> *f geh* cassette *f*, coffret *m*

Schatz <-es, ¨-e> *m* 1. (*kostbare Dinge*) trésor *m*
2. *fam* (*Liebling*) chéri(e) *m(f)*
▸ **jd ist ein ~** *fam* qn est un trésor *fam*

Schatzanweisung *f* bon *m* du Trésor

schätzbar *adj* ■ **etw ist/etw ist für jdn ... ~** *nicht leicht, nur annähernd, ungefähr, genau, gut, schlecht, schwer* on/qn peut ... estimer qc; ***das ist schwer ~*** c'est difficile à estimer

Schätzchen <-s, -> *nt fam dim von* Schatz 2. 1. (*Kind*) petit trésor *m fam;* (*Freund, Freundin*) chéri(e) *m(f)*
2. *iron* (*Miststück*) drôle *m* de numéro *fam*

schätzen I. *vt* 1. (*einschätzen*) ■ **jd schätzt jdn/etw [auf etw** (*akk*)**]** qn estime l'âge de qn/estime qc [à qc]; ***wie alt schätzt du mich/ihn?*** quel âge me/lui donnes-tu?; ***ihr Alter ist schwer zu ~*** il est difficile de lui donner un âge; ***ich werde allgemein auf 35 Jahre/auf jünger geschätzt*** en général, on me donne 35 ans/on m'estime plus jeune que je ne le suis; ***ich schätze den Kirchturm auf mindestens 60 Meter*** j'estime la hauteur du clocher à au moins 60 mètres; ***wie schwer würden Sie diesen Findling wohl ~?*** à combien estimez-vous le poids de ce bloc erratique?
2. (*wertmäßig*) ■ **jd schätzt etw [auf etw** (*akk*)**]** *auf einen bestimmten Wert, eine bestimmte Summe* qn évalue [*o* estime] qc [à qc]
3. (*würdigen*) ■ **jd schätzt jdn [als jdn]** qn estime [*o* apprécie] qn [en tant que qn]; ***ich schätze ihn als einen kompetenten Lexikographen*** j'apprécie en lui le lexicographe compétent; ■ **jd schätzt etw** qn apprécie qc; ■ **jd schätzt es, etw zu tun/dass etw getan wird/wenn ...** qn apprécie de faire qc/que qc soit fait/quand ...
▸ **jd schätzt jdn/etw hoch** qn estime beaucoup qn/qc, qn tient qn/qc en haute estime; **jd lernt jdn/etw ~** qn apprend à apprécier qn/qc
II. *vi* (*veranschlagen*) ■ **jd schätzt ...** qn fait une évaluation [*o* estimation] + *adj;* ***du hast richtig geschätzt*** tu as bien deviné [*o* évalué]; ***sie kann sehr gut ~*** ses estimations sont très précises; ***ich kann nicht gut/nur schlecht ~*** j'ai du mal à évaluer [*o* juger]; ■ **jd schätzt, dass/wann/wie ...** qn pense que + *indic*/qn évalue quand/qn imagine comment ...
▸ **schätz mal** *fam* devine voir! *fam*

schätzenlernen *s.* **schätzen I.** ▸

Schätzer(in) <-s, -> *m(f)* expert(e) *m(f)*

Schatzgräber(in) <-s, -> *m(f)* chercheur(-euse) *m(f)* de trésor **Schatzkammer** *f* [salle *f* du] trésor *m* **Schatzmeister(in)** *m(f)* trésorier(-ière) *m(f)*

Schätzung <-, -en> *f* 1. *∅* (*wertmäßiges Einschätzen*) estimation *f*, évaluation *f*
2. (*Veranschlagung*) estimation *f*
▸ **nach jds ~** (*ungefähr*) d'après les estimations de qn

schätzungsweise *adv* approximativement

Schätzwert *m* valeur *f* estimée; ***der ~ einer S.*** (*gen*) ***beträgt ...*** la valeur de qc est estimée à ...

Schau <-, -en> *f geh* perception *f*
▸ **jd stiehlt jdm [mit etw] die ~** *fam* qn ravit la vedette à qn [avec qc]; **jd stellt etw zur ~** qn fait étalage de qc; **jd trägt etw zur ~** qn affiche qc; **jd zieht eine ~ ab** *fam* qn fait son numéro *fam*, qn se donne en spectacle

Schaubild *nt* diagramme *m*, graphique *m*

Schauder <-s, -> *m geh* 1. (*Gefühlswallung*) frémissement *m*
2. (*Frösteln*) frisson *m*

schauderhaft I. *adj* 1. (*grauenvoll*) *Gestank, Verstümmelung* horrible; ***~e Szenen*** des scènes *fpl* d'horreur
2. *fam Film, Frisur, Buch, Wetter* horrible; *Aussprache, Deutsch* épouvantable
II. *adv* 1. *verstümmeln, zurichten* horriblement
2. *fam kalt, nass, nasskalt, schlecht, falsch* horriblement; *singen* de façon épouvantable

schaudern I. *vt impers* 1. (*frösteln*) ■ **jdn schaudert,** ■ **es schaudert jdn** qn frissonne
2. (*mit Schauder erfüllen*) ■ **jdn schaudert bei etw** *bei einem Anblick, Gedanken, bei einer Vorstellung* qn frémit à qc; ***da schaudert es einen ja regelrecht*** ça donne froid dans le dos
II. *vi* ■ **jd schaudert [vor etw** (*dat*)**]** *vor Angst, Entsetzen, Schrecken* qn frémit [de qc]

schauen I. *vi bes.* DIAL 1. (*blicken*) ■ **jd schaut irgendwie** qn prend un air

+ *adj;* ■ **jd schaut auf etw/in etw/zu etw ...** qn regarde qc/[dans] qc/[vers] qc d'un air + *adj;* ■ **jd schaut irgendwohin** qn regarde quelque part; ***schau doch bitte mal auf/ in die Karte!*** jette un coup d'œil sur la carte!; ■ **jd schaut auf jdn/etw** qn regarde qn/qc; ■ **er/sie schaut um sich** il/elle regarde autour de lui/d'elle
2. (*darauf achten*) ■ **jd schaut darauf, dass** qn veille à ce que + *subj*
3. (*vorbeisehen*) ■ **jd schaut nach jdm** qn jette un coup d'œil sur qn
4. (*suchen*) ■ **jd schaut/schaut nach etw** *nach einem verlegten Gegenstand* qn regarde/cherche qc
▸ **da schaust du aber!** *fam* ça t'en bouche un coin! *fam;* **[ja,] da schau her!** SDEUTSCH tiens, tiens!; **schau mal, ...** vois-tu, ...; ***schau mal, ich konnte nicht anders*** écoute, je ne pouvais pas faire autrement; **schau, dass du etw tust/~ Sie, dass Sie etw tun** dépêche-toi/dépêchez-vous de faire qc; **schau, schau!** *fam* tiens, tiens!
II. *vt geh* (*visionär erblicken*) ■ **jd schaut etw** qn voit qc

Schauer <-s, -> *m* 1. METEO averse *f*
2. *s.* Schauder

Schauergeschichte *f fam s.* **Schauermärchen**

schauerlich *adj* 1. (*grauenvoll*) *Anblick, Schrei, Untat, Verbrechen* horrible
2. *fam s.* schauderhaft 2.

Schauermärchen *nt fam* histoire *f* de brigands

schauern I. *vi* ■ **jd schauert [vor etw** (*dat*)**]** *vor Kälte* qn frissonne [de qc]
II. *vt impers* ■ **jdm** [*o* **jdn**] **schauert [es] [bei etw]** *bei einem Anblick, Gedanken, bei einer Vorstellung* qn frémit [à qc]

Schauerroman *m* roman *m* d'épouvante

Schaufel <-, -n> *f* 1. (*Werkzeug*) pelle *f*
2. (*eine ~ voll*) pelletée *f*
3. [*Damhirsch, Elch*] paumure *f*
4. *pl* CH *s.* **Pik**

schaufeln I. *vi* ■ **jd schaufelt** qn pellette
II. *vt* ■ **jd schaufelt etw** *Kohlen, Schnee* qn pellette qc; *Grab, Grube, Loch* qn creuse qc [à la pelle]

Schaufenster *nt* vitrine *f*
▸ **jd guckt** ~ *fam* qn lèche les vitrines, qn fait du lèche-vitrine[s]

Schaufenster- *-dekoration, -größe, -rahmen* de/de la vitrine; *-reklame* en vitrine; *~**auslage*** étalage *m;* *~**scheibe*** vitrine *f;* *~**dekorateur/gestalter*** étalagiste *mf* **Schaufensterbummel** *m* lèche-vitrine[s] *m fam* ▸ **jd macht einen** ~ qn fait du lèche-vitrine[s] **Schaufensterpuppe** *f* mannequin *m*

Schaukampf *m* combat-exhibition *m* **Schaukasten** *m* panneau *m* d'affichage

Schaukel <-, -n> *f* balançoire *f*

schaukeln I. *vi* 1. (*die Schaukel benutzen*) ■ **jd schaukelt** qn se balance, qn fait de la balançoire; ***schaukele nicht so hoch!*** ne te balance pas si fort!; ***ich habe keine Lust zum S~*** je n'ai pas envie de me balancer [*o* de faire de la balançoire]
2. (*auf und ab wippen*) ■ **jd schaukelt [mit etw]** *mit dem Stuhl, Schaukelstuhl* qn se balance [sur qc]
3. (*schwanken*) ■ **etw schaukelt** */Boot, Kahn/* qc se balance, qc tangue; (*hin und her schwingen*) */Lampion/* qc se balance
II. *vt* 1. (*auf der Schaukel bewegen*) ■ **jd schaukelt jdn** qn pousse qn
2. (*hin und her wippen*) ■ **jd schaukelt jdn** qn balance qn, qn berce qn

Schaukelpferd *nt* cheval *m* à bascule **Schaukelpolitik** *f Ø pej* politique *f* de bascule ▸ **jd betreibt eine** ~ qn pratique une politique de bascule **Schaukelstuhl** *m* fauteuil *m* à bascule, rocking-chair *m*

schaulustig *adj* curieux(-euse); ***eine ~e Menge*** une foule de badauds **Schaulustige(r)** *f(m) decl wie adj* badaud(e) *m(f)*

Schaum <-s, Schäume> *m* 1. (*blasige Masse*) mousse *f;* [*Wellen, Pferd*] écume *f*
2. (*Seifen~*) mousse *f*
3. (*Geifer*) écume *f;* ***jd hat ~ vor dem Mund*** qn a l'écume à la bouche
4. GASTR mousse *f*
▸ **jd schlägt** ~ *sl* qn se fait mousser *fam,* qn fait de l'esbroufe *fam;* **jd schlägt etw zu** ~ *Eiweiß* qn bat qc en neige; *Zutaten* qn fait mousser qc

Schaumbad *nt* bain *m* moussant ▸ **jd nimmt ein** ~ qn prend un bain moussant **Schaumblase** *f* bulle *f*

schäumen *vi* 1. (*in Schaum übergehen*) ■ **etw schäumt** qc mousse
2. (*aufschäumen*) ■ **etw schäumt** qc mousse; ***die Limonade schäumte über den Rand des Glases*** la mousse de la limonade déborda du verre
3. *geh* (*in Rage sein*) ■ **jd schäumt** qn écume

Schaumfestiger *m* mousse *f* fixante

Schaumgummi *m* [caoutchouc *m*] mousse *f*

Schaumgummi- [en] [caoutchouc] mousse

schaumig *adj* mousseux(-euse); *Fluss* écumeux(-euse)
▸ **jd schlägt etw** ~ *Eiweiß* qn bat qc en neige; *Zutaten* qn fait mousser qc; ***das Eiweiß muss noch ~er geschlagen werden*** le blanc d'œuf doit être battu en neige encore plus ferme

Schaumkrone *f* 1. [*Welle*] mouton *m* d'écume 2. [*Bier*] mousse *f;* ***ohne ~*** sans faux col **Schaumschlägerei** *f Ø fam* esbroufe *f fam* **Schaumspeise** *f* mousse *f*

Schaumstoff *m* mousse *f*

Schaumstoff- en mousse

Schaumwein *m form* vin *m* mousseux

Schauplatz *m* [*Weltgeschehen, Massaker*] théâtre *m;* [*Tragödie a.*] décor *m* **Schauprozess**RR *m* procès-spectacle *m*

schaurig *adj* 1. (*unheimlich*) *Begebenheit, Geschichte, Gruselfilm* macabre; *Gemäuer, Ort, Ruine* lugubre
2. *fam s.* **schauderhaft 2.**

schaurig-schön *adj Film, Geschichte, Roman* pathétique, poignant(e); *Gemäuer* d'une beauté lugubre

Schauspiel *nt* 1. THEAT pièce *f* de théâtre, drame *m* (*dont l'issue est heureuse*), tragicomédie *f*
2. *geh* (*Zurschaustellung, Anblick*) spectacle *m*

Schauspieler(in) *m(f)* 1. THEAT acteur(-trice) *m(f),* comédien(ne) *m(f);* CINE acteur(-trice) *m(f)*
2. (*jd, der sich verstellt*) comédien(ne) *m(f)*

Schauspielerei *f Ø* 1. *fam* (*als Beruf*) théâtre *m;* CINE métier *m* d'acteur
2. (*Verstellung*) comédie *f*

schauspielerisch I. *adj* d'acteur(-trice)
II. *adv* au niveau de l'interprétation

schauspielern *vi* 1. (*sich verstellen*) ■ **jd schauspielert** qn joue la comédie
2. (*Schauspieler sein*) ■ **jd schauspielert** qn fait du théâtre

Schauspielhaus *nt* théâtre *m* **Schauspielschule** *f* conservatoire *m* [d'art dramatique] **Schauspielschüler(in)** *m(f)* élève *mf* du conservatoire [d'art dramatique] **Schauspielunterricht** *m* cours *m* de théâtre [*o* d'art dramatique] ▸ **jd nimmt [bei jdm]** ~ qn prend des cours de théâtre [auprès de qn]

Schausteller(in) <-s, -> *m(f)* forain(e) *m(f)*

Schautafel *f* tableau *m* mural de présentation

Scheck <-s, -s> *m* chèque *m;* ■ **ein ~ über etw** (*akk*) *über 100,– DM* un chèque de qc
▸ **gedeckter/ungedeckter** ~ chèque provisionné/sans provision; **jd stellt einen ~ [auf jds Namen] aus** qn tire un chèque [à l'ordre de qn]; **jd stellt [jdm] einen ~ [über etw** (*akk*)**] aus** qn fait un chèque [de qc] [à qn]

Scheck- 1. (*der Bank*): *~**formular,*** *~**vordruck*** chèque *m;* *~**heft,*** *~**buch*** chéquier *m,* carnet *m* de chèques
2. *-fälscher, -fälschung, -manipulation* de chèque; *~**betrug*** usage *m* frauduleux de chèques

Schecke[1] <-n, -n> *m* (*Pferd*) cheval *m* pie; (*Rind*) bœuf *m* pie

Schecke[2] <-, -n> *f* (*Stute*) jument *f* pie; (*Kuh*) vache *f* pie

scheckig *adj Kuh, Pferd, Rinder* pie; ■ **dieses Tier ist** ~ c'est un animal pie
▸ **jd lacht sich ~/über jdn/etw** ~ *sl* qn se tape le cul par terre/qn/qc fait bidonner qn *pop;* ***ich könnte mich ~ lachen!*** il y a de quoi de se taper le cul par terre! *pop*

Scheckkarte *f* carte *f* de garantie [de chèque]

scheel I. *adj fam Blick* torve
II. *adv fam ansehen, gucken* de traviole *fam*

Scheffel <-s, -> *m* boisseau *m*

scheffeln *vt* ■ **jd scheffelt etw** *Geld, Moneten* qn amasse qc

scheibchenweise *adv* 1. *essen, verspeisen, verzehren* par petites tranches
2. *berichten, erzählen, informieren* au compte-gouttes

Scheibe <-, -n> *f* 1. [*Fenster, Tür*] vitre *f;* [*Glastisch*] verre *m;* (*einzelne Fenster~*) carreau *m*
2. AUT vitre *f;* (*Windschutz~*) parebrise *f;* (*Seitenfenster*) vitre *f,* glace *f;* (*Heck~*) lunette *f* arrière
3. GASTR [*Brot, Schinken, Käse*] tranche *f;* *Wurst, Frucht a.* rondelle *f*
4. (*kreisförmiger Gegenstand*) disque *m*
5. *fam* (*Schallplatte*) disque *m*
▸ **jd kann sich** (*dat*) **von ihm/ihr eine ~ abschneiden** *fam* qn peut en prendre de la graine *fam;* ***von deinem Bruder kannst du dir eine ~ abschneiden*** regarde ton frère, et prends-en de la graine! *fam;* **jd schneidet etw in ~n** qn coupe qc en tranches; *Wurst a.* qn coupe qc en rondelles

Scheibenbremse *f* frein *m* à disque **Scheibenhonig** *m* 1. miel *m* en rayons 2. *s.* Scheibenkleister **Scheibenkleister** *interj euph fam* merdum *fam;* ***so ein ~!*** quelle merde! *fam* **Scheibenschießen** *nt* tir *m* à la cible **Scheibenwaschanlage** *f* lave-glace *m* **scheibenweise** *adv abpacken, einschweißen, verkaufen* en tranches; (*bei Wurst a.*) en rondelles **Scheibenwischer** <-s, -> *m* essuie-glace *m* **Scheibenwischerblatt** *nt* balai *m* d'essuie-glace

Scheibtruhe *f* AUS (*Schubkarre*) brouette *f*

Scheich <-s, -e> *m* cheik *m*

Scheichtum <-[e]s, -er> *nt* émirat *m*

Scheide[1] <-, -n> *f* [*Schwert, Säbel*] fourreau *m;* [*Jagdmesser*] gaine *f*

Scheide[2] <-, -n> *f* ANAT vagin *m*

scheiden <schied, geschieden> I. *vt* + *haben* 1. JUR ■ **jd scheidet jdn** qn prononce le divorce de qn; ■ **jd lässt sich [von jdm]** ~ qn divorce [de [*o* avec] qn]; ■ **sie lassen sich [voneinander]** ~ ils divorcent; ■ **geschieden** divorcé(e); ***eine geschiedene Frau*** une [femme] divorcée; ***ihr geschiedener Mann*** son ex-mari *m*
2. (*rechtlich auflösen*) ■ **jd scheidet etw** *Ehe* qn dissout qc
II. *vi geh* 1. + *sein* ■ **sie ~ voneinander** ils/elles se séparent; ■ **sie ~ als etw** *als Freunde, Feinde* ils/elles se séparent en qc; ***sie ~ versöhnt/unversöhnt*** ils/elles se séparent en bons/mauvais termes
2. + *sein* ■ **jd scheidet aus etw** *aus einem Amt, Dienst, einer Stellung* qn quitte qc
3. + *haben* (*unterscheiden*) ■ **jd scheidet irgendwo** qn fait un distinguo quelque part
III. *vr* + *haben* ■ **sie ~ sich [an etw** (*dat*)**]** */Menschen, Ansichten, Meinungen/ an einem Problem, Punkt* ils/elles divergent [sur qc]

Scheideweg *m* ▸ **jd steht am** ~ qn est à la croisée des chemins

Scheidung <-, -en> *f* divorce *m*
▸ **jd lebt in** ~ qn est en instance de divorce; **jd reicht die ~ ein** qn demande le divorce

Scheidungs- *-anwalt* spécialisé(e) dans les divorces; *-kinder, -recht* du divorce; *-klage, -prozess, -urteil* de divorce; *-richter* aux affaires matrimoniales; *~**rate*** [taux *m* de] divortialité *f;* ***die ~waisen*** les enfants *mpl* du divorce

Scheidungsgrund *m* **1.** (*Grund einer Scheidung*) motif *m* de/du divorce **2.** *hum* (*Mensch*) cause *f* du divorce

Schein¹ <-s> *m* ∅ [*Kerze, Öllampe*] lueur *f;* [*Lampe*] lumière *f*

Schein² <-[e]s> *m* ∅ apparence *f;* ***der ~ spricht gegen mich*** les apparences sont contre moi; ***es mag den ~ haben, als …*** il semblerait que + *subj*
► **der ~ trügt** les apparences sont trompeuses, il ne faut pas se fier aux apparences; **jd wahrt den ~** [*o* **erhält den ~ aufrecht**] qn sauve les apparences; **dem ~ nach** en apparence; **jd tut etw zum ~** qn fait semblant de faire qc

Schein³ <-s, -e> *m* **1.** (*Banknote*) billet *m*
2. *fam* (*Bescheinigung*) attestation *f*
3. UNIV *fam* unité *f* de valeur

Schein- **1.** (*nur scheinbar*) pseudo-; *-arbeitslose, -asylant, -student, -grund a.* faux(fausse) *antéposé; -lösung a.* un semblant de; *-argument a.* spécieux(-euse); *-welt, -friede* illusoire
2. (*zum Schein durchgeführt*) bidon *fam; -ehe, -heirat a.* blanc(blanche); *-gefecht, -kampf, -hinrichtung, -verhandlung a.* simulé(e), un simulacre de; *-geschäft, -vertrag, -unternehmen a.* fictif(-ive); ***viele Homosexuelle führen eine ~ehe*** beaucoup d'homosexuels vivent maritalement

scheinbar I. *adj* apparent(e)
II. *adv* apparemment

scheinen¹ <schien, geschienen> *vi* **1.** (*leuchten*) ■ **etw scheint …** /*Glühbirne, Lampe, Scheinwerfer*/ qc éclaire + *adv; hell, grell* qc produit une lumière + *adj*
2. (*strahlen*) ■ **etw scheint** [**irgendwohin**] /*Licht, Laterne*/ qc éclaire [quelque part]; /*Sonne*/ qc brille; ***die Sonne scheint ihr direkt ins Gesicht*** elle a le soleil en plein visage; ***der Mond schien hell*** il y avait un beau clair de lune; ■ **etw scheint auf jdn/etw** qc éclaire qn/qc

scheinen² <schien, geschienen> *vi* **1.** (*den Anschein haben*) ■ **jd/etw scheint etw zu sein** qn/qc semble [*o* paraît] être qc; ■ **es scheint, dass/als/als ob** il semble que + *subj;* ***es scheint, als ob du heute nicht so gut drauf bist*** tu n'as pas l'air d'être de très bonne humeur aujourd'hui; ■ **jd scheint etw zu tun** qn a l'air de faire qc
2. (*so vorkommen, als ob*) ■ **jdm scheint, dass** il lui semble que – *indic;* ***wenn dir scheint, dass*** si tu crois que + *indic*

Scheinfirma *f* société *f* fictive **scheinheilig** I. *adj pej* hypocrite II. *adv pej* hypocritement ► **jd tut ~** qn fait l'hypocrite [*o* le petit saint] **Scheinschwangerschaft** *f* grossesse *f* nerveuse **scheintot** *adj:* ***er stellte sich ~*** il fit le mort; ■ **jd ist ~** qn a l'air [*o* semble] mort(e); ***viele S~e wurden lebend begraben*** de nombreuses personnes qui semblaient [*o* paraissaient] mortes furent enterrées vivantes

scheint's *adv* SDEUTSCH, CH *s.* **anscheinend**

Scheinwerfer *m* **1.** (*Strahler*) projecteur *m*
2. AUT phare *m*
► **jd blendet die ~ auf/ab** AUT qn se met en phares/en codes; ***jd blendet kurz die ~ auf*** qn fait un appel de phare; ***mit aufgeblendeten ~n*** en phares

Scheinwerferlicht *nt* lumière *f* des projecteurs
► **jd steht im ~** [**der Öffentlichkeit**] qn est sous les projecteurs [de l'actualité], les projecteurs sont braqués sur qn

Scheiß <-> *m* ∅ *sl* conneries *fpl fam*
► **jd macht ~** qn fait des conneries *fam;* **mach/macht keinen ~!** fais pas le/la con(ne)/faites pas les con/connes *pop*

Scheiß- *pej sl* **1.** (*verdammt*) *-radfahrer, -lehrer, -beamte, -chef, -politiker, -freund* à la con *pop* **2.** (*miserabel*) *-arbeit, -beschäftigung, -beruf, -spiel, -job, -wetter, -tag, -computer, -tapete* de merde *fam,* merdique *fam* **Scheißdreck** *m sl* merde *f fam* ► **das geht dich einen ~ an** c'est pas tes oignons *fam;* **jd kümmert sich einen ~ um jdn/etw** qn/qc, on en a rien à foutre *pop;* **jd tut einen ~** qn fout que dalle *fam;* **wegen jedem ~** pour la moindre connerie *fam;* **~!** merde! *fam*

Scheiße <-> *f* ∅ **1.** *vulg* (*Darminhalt*) merde *f vulg*
2. *sl* (*Mist*) merde *f fam;* ***du redest nur ~*** tu dis que des conneries *fam*
► **verdammte ~!** *sl* merde alors! *fam;* **jd baut ~** *sl* qn fait des conneries *fam;* **etw ist ~** *sl* qc, c'est de la connerie *fam;* **es ist ~, dass** *sl* c'est con que + *subj fam;* **jd sitzt in der ~** *sl* qn est [pas] dans la merde *fam*

scheißegal *adj sl* ■ **etw ist jdm ~** qn se fout complètement de qc *fam,* qc, qn en a rien à foutre *pop;* ■ **es ist ~, ob/wann/was/wie** on se fout/je me fous de savoir si/quand/ce qui/comment *fam*

scheißen <schiss, geschissen> I. *vi* **1.** *vulg* (*den Darm entleeren*) ■ **jd/ein Tier scheißt** [[**jdm**] **auf/in etw** (*akk*)] *auf den Schreibtisch, den Boden, den Bürgersteig* qn/un animal chie [sur/dans qc [de qn]] *vulg*
2. *sl* (*verzichten können*) ■ **jd scheißt auf jdn/etw** (*akk*) qn/qc, on en a rien à foutre *pop*
II. *vr vulg* ■ **jd scheißt sich** (*dat*) **in etw** (*akk*) *in die Hose, Unterhose* qn chie dans son/sa qc *vulg*

Scheißer(in) <-s, -> *m(f) sl* con[n]ard(e) *m(f) pop,* con[n]asse *f pop;* ***kleiner ~!*** petit(e) merdeux(-euse)! *fam*

scheißfreundlich *adj sl* ■ **jd ist ~/~ zu jdm** qn fait le sucré/la sucrée/est tout sucre tout miel avec qn **Scheißhaus** *nt vulg* chiottes *fpl fam* **Scheißkerl** *m sl* sale con *m pop,* salaud *m*

Scheit <-[e]s, -e *o* AUS, CH -er> *nt* bûche *f*

Scheitel <-s, -> *m* raie *f*
► **vom ~ bis zur Sohle** de la tête aux pieds; **jd macht** [*o* **zieht**] **sich/jdm einen ~** qn se fait une raie/fait une raie à qn

scheiteln *vt* ■ **jd scheitelt** [**jdm/sich**] **etw** qn [lui/se] fait une raie dans qc; ■ **gescheitelt** avec une raie

Scheitelpunkt *m* **1.** [*Bahn, Gewölbe*] sommet *m*
2. ASTRON zénith *m*

Scheiterhaufen *m* bûcher *m*

scheitern *vi + sein* ■ **jd/etw scheitert** [**an jdm/etw**] qn/qc échoue [à cause de qn/devant qc]; ■ **jd scheitert mit etw** qc de qn échoue

Scheitern <-s> *nt* ∅ échec *m*
► **jd/etw bringt etw zum ~** qn/qc fait échouer qc; **etw ist zum ~ verurteilt** qc est voué(e) à l'échec

Schelle¹ <-, -n> *f* TECH collier *m* [de serrage]

Schelle² <-, -n> *f* DIAL sonnette *f;* (*Glöckchen*) clochette *f*

schellen I. *vi* ■ **jd schellt** [**bei jdm**] qn sonne [chez qn]
II. *vi impers* ■ **es schellt** [**irgendwo**] on sonne [quelque part]

Schellfisch *m* églefin *m*

Schelm <-[e]s, -e> *m* **1.** (*Schalk*) farceur *m;* ***ein kleiner ~*** un [petit] polisson
2. CH voleur *m*

schelmisch I. *adj* malicieux(-euse)
II. *adv* malicieusement

Schelte <-, -n> *f* **1.** *veraltend* (*Schimpfe*) réprimande *f,* remontrances *fpl*
2. (*Kritik*) volée *f* de bois vert

-schelte *f* volée *f* de bois vert à l'adresse de

schelten <schilt, schalt, gescholten> I. *vt veraltend* **1.** (*ausschimpfen*) ■ **jd schilt jdn** [**für** [*o* **wegen**] **etw**] qn réprimande qn [pour qc]
2. (*nennen*) ■ **jd schilt jdn etw** qn traite qn de qc
II. *vi veraltend* ■ **jd schilt mit jdm** qn fait des remontrances à qn

Schema <-s, -s *o* Schemata *o* Schemen> *nt* schéma *m*
► **nach ~ F** *fam* en appliquant le Règlement avec un grand R; ***in Behörden läuft alles nach ~ F*** on s'en tient strictement aux directives dans les administrations; **jd/etw passt in kein ~** qn/qc est inclassable, qn/qc n'entre dans aucune catégorie; **nach einem … ~** selon un schéma …

schematisch I. *adj Darstellung, Abriss* schématique; (*methodisch*) méthodique; *pej* mécanique
II. *adv darstellen, umreißen* sous forme de schéma; (*methodisch*) selon un schéma [précis], méthodiquement; (*in groben Zügen*) dans les grandes lignes, schématiquement; *pej* mécaniquement

schematisieren * *vt* ■ **jd schematisiert etw** qn schématise qc

Schemel <-s, -> *m* tabouret *m*

Schemen¹ *pl von* **Schema**

Schemen² <-s, -> *m geh* ombre *f*

schemenhaft I. *adj geh* vague, indistinct(e)
II. *adv geh* confusément

Schenke <-, -n> *f* auberge *f* campagnarde, guinguette *f*

Schenkel <-s, -> *m* **1.** (*Ober~*) cuisse *f*
2. MATH [*Winkel*] côté *m*
3. (*Teilstück*) [*Zirkel*] branche *f;* [*Zange, Schere*] poignée *f*
► **jd gibt einem Reittier die ~** qn donne de la jambe; **jd klopft** [*o* **schlägt**] **sich** (*dat*) **auf die ~** qn se tape sur les cuisses

Schenkelbruch *m* fracture *f* du fémur [*o* de la cuisse]

Schenkelhals *m* col *m* du fémur

schenken I. *vt* **1.** (*als Geschenk geben*) ■ **jd schenkt jdm etw** [**zu etw**] qn offre qc à qn [pour qc]; ■ **sie ~ sich** (*dat*) [**gegenseitig**] **etw** ils/elles s'offrent qc; ***wir haben uns etwas geschenkt*** nous nous sommes fait un cadeau; ■ **jd lässt sich** (*dat*) **etw** [**von jdm**] **~** qn se fait offrir qc [par qn]
2. (*erlassen*) ■ **jd schenkt jdm etw** *Restbetrag, Reststrafe* qn remet qc à qn
3. (*widmen*) ■ **jd schenkt jdm etw** *Aufmerksamkeit, Beachtung, Vertrauen* qn accorde qc à qn; *Liebe a.* qn offre qc à qn; *Minuten, Stunden etc, Zeit a.* qn consacre qc à qn
► **jd bekommt etw** [**von jdm**] [**zu etw**] **geschenkt** (*dat*) qn reçoit qc [de qn] en cadeau [pour qc]; **etw ist geschenkt** *fam* (*ist ein Geschenk*) qc est un cadeau de la maison *fam;* [**das ist**] **geschenkt** *sl* (*nicht der Rede wert*) laisse/laissez tomber *fam;* **das ist** [**fast**] **geschenkt** *fam* c'est donné; **jd möchte nichts/von jdm nichts geschenkt haben** (*bevorzugt werden*) qn ne veut pas qu'on lui fasse de cadeau/ne veut rien devoir à qn; **jd möchte etw nicht** [**mal**] **geschenkt haben** (*geschenkt bekommen*) qn ne voudrait même pas de qc si on le lui offrait; **ich nehme nichts geschenkt!, ich möchte nichts geschenkt haben** je ne veux pas de cadeau!; **jdm wird** [**irgendwo**] **nichts geschenkt** on ne fait pas de cadeau à qn [quelque part]
II. *vi* ■ **jd schenkt** qn fait des cadeaux
III. *vr* ■ **jd schenkt sich** (*dat*) **etw** qn se dispense de qc; ***ich schenke es mir, dazu etwas zu sagen*** je préfère m'abstenir de commentaire

Schenkung <-, -en> *f* JUR donation *f*

Schenkungssteuer *f* impôt *m* sur les donations entre vifs

scheppern *vi* DIAL **1.** (*klappern*) ■ **etw scheppert** qc fait un bruit de ferraille; ***im Kofferraum scheppert es*** il y a un bruit de ferraille dans le coffre; ***mit ~den Milcheimern*** avec des seaux de lait cliquetants
2. *fam* (*einen Autounfall geben*) ■ **es hat** [**irgendwo**] **gescheppert** il y a eu de la tôle froissée [*o* ça a cartonné] [quelque part] *fam;* ***an dieser Kreuzung scheppert es immer wieder*** à ce carrefour, ça cartonne régulièrement *fam*

Scherbe <-, -n> *f* débris *m;* [*Glas a.*] éclat *m;* [*Flasche a.*] tesson *m*
► **~n bringen Glück** *prov* casser de la vaisselle porte bonheur; **etw geht in ~n** qc se brise en morceaux

Scherbenhaufen *m* ► **jd steht vor einem ~** qn se retrouve dans une situation désastreuse [*o* devant un beau gâchis]

Schere <-, -n> *f* **1.** (*Werkzeug*) [paire *f* de] ciseaux *mpl*
2. [*Hummer, Krabbe, Krebs, Skorpion*] pince *f*
3. SPORT (*Klammergriff*) ciseau *m*
4. (*Diskrepanz*) écart *m*
► **die ~ im Kopf** l'autocensure *f;* ***jd hat die ~ im Kopf*** qn fait de l'autocensure; **etw ist der ~ zum Opfer gefallen** qc a été victime des ciseaux de la censure

scheren¹ <schor, geschoren> *vt* **1.** ■ **jd schert ein Tier** qn tond un animal; ■ **geschoren** tondu(e)

2. (*stutzen*) ■ **jd schert jdm/sich etw** *Bart, Haar, Haare* qn lui/se rase qc
3. HORT ■ **jd schert [jdm] etw** *Hecke* qn [lui] taille qc; *Rasen* qn [lui] tond qc

scheren² <scherte, geschert> **I.** *vr* ■ **jd schert sich um etw/nicht um etw** qn s'occupe/ne se préoccupe guère de qc; ***was scherst du dich eigentlich um Dinge, die dich nichts angehen?*** pourquoi te mêles-tu de choses qui ne te regardent pas?; ***was soll ich mich um das Lamentieren von ein paar alten Weibern*** ~ que m'importent les lamentations de quelques vieilles bonnes femmes
▸ **scher dich [weg]!** *fam* file! *fam,* fiche le camp! *fam*
II. *vt* ■ **es/das schert jdn** ça fait quelque chose à qn; ***was schert mich das?*** qu'est-ce que ça peut bien me faire?; ***ihn schert es nicht/wenig, wenn …*** ça ne lui fait rien/pas grand-chose que + *subj*

Scherengitter *nt* treillis *m* extensible **Scherenschleifer(in)** <-s, -> *m(f)* affûteur(-euse) *m(f),* rémouleur *m* **Scherenschnitt** *m* silhouette *f*

Schererei <-, -en> *f meist pl fam* embêtement *m fam*

Scherflein <-s, -> *nt* ▸ **jd trägt** [*o* **steuert**] **sein ~ [für/zu etw] bei** *geh* qn apporte son obole [à qc]

Scherge <-n, -n> *m pej geh* sbire *m*

Scherkopf *m* [*Elektrorasierer*] tête *f* **Scherwind** *m* bourrasque *f,* rafale *f*

Scherz <-es, -e> *m* **1.** (*Spaß*) plaisanterie *f*
2. *pl fam* (*Blödheiten*) bêtises *fpl*
▸ **jd erlaubt sich** (*dat*) **einen ~ [mit jdm]** qn se permet une plaisanterie [avec qn]; **jd macht einen ~** [*o* **~e**] qn plaisante; **mach keine ~e!** *fam* tu rigoles! *fam;* **mit so etwas macht man keine ~e** on ne plaisante pas avec ces choses-là; **aus** [*o* **zum**]**/im ~** pour rire, pour plaisanter; **~ beiseite!** trêve de plaisanterie!; **[ganz] ohne ~!** *fam* blague à part! *fam*

Scherzartikel *m meist pl* farces et attrapes *fpl*

Scherzel <-s, -n> *nt* AUS (*Anschnitt*) entame *f*

scherzen *vi* **1.** *geh* (*Späße machen*) ■ **jd scherzt [mit jdm]** qn plaisante [avec qn]
2. (*flunkern*) ■ **jd scherzt** qn plaisante
▸ **jd beliebt zu ~** qn veut rire; ***sie beliebte nur zu ~*** elle voulait juste plaisanter; **mit jdm/etw ist nicht zu ~** il ne faut pas plaisanter avec qn/qc

Scherzerl <-s, -> *nt* AUS *s.* **Scherzel**

Scherzfrage *f* devinette *f*

scherzhaft **I.** *adj Frage* pour plaisanter; ***eine ~e Bemerkung*** une plaisanterie; ***auf so eine Frechheit fiel mir keine ~e Antwort ein*** je n'ai pas su répondre avec humour à une telle insolence
II. *adv antworten, fragen, meinen, sagen* en plaisantant; ***das war doch nur ~ gemeint!*** c'était juste dit en plaisantant!

Scherzkeks *m* **1.** *fam* (*Witzemacher*) rigolo *m fam*
2. *iron* (*Witzbold*) plaisantin *m*

Scherzo <-s, -s *o* Scherzi> ['skɛrtso] *nt* scherzo *m*

scheu *adj* **1.** (*menschen~*) *Kreatur, Menschenkind, Wesen* sauvage, farouche; *Reh, Wild* farouche
2. (*schüchtern*) *Berührung, Kuss, Verhalten, Wesen* timide; *Blick* craintif(-ive)

Scheu <-> *f* ∅ **1.** (*scheues Wesen*) sauvagerie *f*
2. (*Zurückhaltung*) ■ **die/seine/ihre ~ vor jdm/etw** la/sa timidité à l'égard de qn/qc; ■ **die/seine/ihre ~ etw zu tun** l'appréhension/son appréhension *f* à faire qc
▸ **ohne jede ~** sans aucune crainte

-scheu *f* **1.** (*etw vermeidend*) *öffentlichkeits-, presse-, publicity-* qui évite le/la; ■ **jd ist …~** qn évite le/la
2. (*etwas fürchtend*) *problem-, konflikt-, diskussions-* qui évite les; *risiko-, wasser-* qui n'aime pas le/la; *arbeits-* réfractaire au/à la; ■ **jd ist …~** qn évite/n'aime pas le/la/les …/qn est réfractaire au/à la …

scheuchen *vt* ■ **jd scheucht ein Tier aus/von etw/irgendwohin** qn chasse un animal de qc/quelque part; ***scheuch' die Hühner wieder zurück ins Gehege*** rabats les poules dans l'enclos

scheuen **I.** *vt* ■ **jd scheut etw** qn recule devant qc; ■ **jd scheut keine(n) …** qn ne recule devant aucun(e) …; ***für das Fest haben sie keine Kosten gescheut*** ils n'ont pas regardé à la dépense pour la fête; ■ **jd scheut etw nicht** qn ne craint pas qc
II. *vr* ■ **jd scheut sich vor etw** (*dat*), ■ **vor Arbeit, Ärger, Aufwand etc** qn recule devant qc; ***ich scheue mich nicht vor den Unannehmlichkeiten*** je ne crains pas les désagréments, les désagréments ne me font pas reculer; ■ **jd scheut sich/sich nicht [davor] etw zu tun** qn craint de/n'hésite pas à faire qc
III. *vi* ■ **ein Tier scheut [vor etw** (*dat*)**]** /*Pferd, Reittier/* un animal se dérobe [devant qc]; ***ein ~des Tier*** un animal effarouché

Scheuer <-, -n> *f* DIAL grange *f;* ***die Ernte ist in der ~*** la récolte est engrangée

Scheuerlappen *m* serpillière *f,* panosse *f* CH, wassingue *f* NORD **Scheuermittel** *nt* produit *m* à récurer

scheuern **I.** *vt* **1.** (*sauber reiben*) ■ **jd scheuert etw** *Bad, Kacheln, Spülstein, Wanne etc* qn récure qc; *Boden, Fußboden, Treppe* qn frotte qc; ***jd scheuert etw sauber/sauberer*** qn frotte qc pour le/la rendre propre/plus propre; ***jd scheuert etw blank*** qn astique qc; ■ **das S~** le récurage, le lavage [à la serpillière]; ***beim S~*** en récurant, en passant la serpillière
2. (*reiben*) ■ **jd scheuert etw von einer S.** *Schmutz, Verkrustung, Verschmutzungen* qn gratte qc d'une chose; *Verkalkungen* qn désincruste une chose de qc
▸ **jd bekommt** [*o* **kriegt**] **[von jdm] eine gescheuert** *sl* qn se prend une baffe [de qn] *pop;* **jd scheuert jdm eine** *sl* qn fout une baffe à qn *pop*
II. *vi* ■ **etw scheuert [an etw** (*dat*)**/auf etw** (*dat*)**]** /*Hemdenetikett, Kragen/* qc gratte [qc]; ***~de Hemdkragen*** des cols de chemise qui grattent
III. *vr* ■ **jd scheuert sich** (*dat*) qn s'irrite la peau; ***er hat sich an dem engen Kragen gescheuert*** le frottement du col trop serré lui a irrité la peau

Scheuklappe *f* œillère *f*
▸ **jd trägt ~n, jd hat ~n auf** qn a des œillères

Scheune <-, -n> *f* AGR (*für die Ernte*) grange *f;* (*für Geräte*) hangar *m*

Scheunen- de la grange/du hangar **Scheunendrescher** <-s, -> *m* ▸ **jd isst wie ein ~** *fam* qn bouffe comme quatre *fam,* qn est un(e) vrai(e) morfal(e) *fam*

Scheusal <-s, -e> *nt* monstre *m*

scheußlich **I.** *adj* **1.** (*abstoßend*) *Anblick, Aussehen, Foto, Tier* monstrueux(-euse); *Buch, Film* horrible
2. (*ekelhaft*) *Essen, Getränk, Geruch, Geschmack* infect(e)
3. *fam Krämpfe, Schmerzen* atroce; *Kälte, Regen, Wetter* atroce *fam*
II. *adv* **1.** (*widerlich*) *kochen, speisen* abominablement; ***das Parfüm riecht ja ~*** ce parfum a une odeur infecte; ***das schmeckt ~*** ça a un goût infect
2. (*gemein*) *behandeln, sich benehmen, verhalten* odieusement
3. *fam* (*furchtbar*) *schmerzen, wehtun* atrocement; ***ich habe ganz ~ brechen müssen*** j'ai rendu tripes et boyaux *fam*

Scheußlichkeit <-, -en> *f* atrocité *f,* monstruosité *f*

Schi <-s, -er *o* -> *m s.* **Ski**

Schicht¹ <-, -en> *f* **1.** (*aufgetragene Lage*) [*Asche, Farbe, Lack, Staub, Sahne*] couche *f*
2. ARCHEOL, GEOL couche *f,* strate *f*
3. SOCIOL couche *f* [sociale]

Schicht² <-, -en> *f* **1.** (*Arbeitsabschnitt*) équipe *f,* poste *m;* ***sie arbeiten in drei ~en zu je acht Stunden*** ils font les trois-huit; ***ich muss zur*** [*o* ***auf die***] ~ il faut que j'aille prendre mon poste
2. (*Gruppe von Schichtarbeitern*) équipe *f,* poste *m*
▸ **jd arbeitet ~** qn fait les trois-huit[s], qn est travailleur posté/ouvrière postée; **jetzt ist [aber] ~** *sl* (*Schluss*) maintenant, [c'est] terminé [*o* ça suffit]

Schichtarbeit *f* ∅ IND travail *m* posté, trois-huit *mpl* **Schichtarbeiter(in)** *m(f)* [travailleur] posté/[travailleuse] postée *m/f*

schichten *vt* ■ **jd schichtet etw [zu etw]** *Bretter, Holzscheite, Steine, Ziegel* qn empile qc [en qc]; ***wir haben Scheit auf Scheit geschichtet*** nous avons empilé des bûches les unes sur les autres

Schichtwechsel [-vɛksl] *m* relève *f*

schick **I.** *adj* chic; ■ **es ist ~ etw zu tun** ça fait chic de faire qc
II. *adv* chic

Schick <-s> *m* ∅ [*Kleidungsstück, Mode, Mensch*] chic *m;* ***der Mantel hat nicht den rechten ~*** le manteau n'est pas assez chic
▸ **jd hat ~** qn a du chic

schicken¹ **I.** *vt* **1.** (*senden*) ■ **jd schickt [jdm] etw** *Bestellung, Blumen, Brief, Geschenk, Paket, Unterlagen etc* qn envoie qc [à qn]; ■ **jd lässt sich etw ~** qn se fait envoyer qc
2. (*kommen/gehen lassen*) ■ **jd schickt jdn zu jdm/irgendwohin** qn envoie qn à qn/quelque part; ***jd wird von einem zum Nächsten geschickt*** qn est renvoyé(e) de l'un(e) à l'autre; ***jd schickt ihn/sie wieder nach Hause*** qn le/la renvoie chez lui/elle
3. (*zu tun heißen*) ■ **jd schickt jdn etw tun** qn envoie qn faire qc
▸ **jd bekommt etw [von jdm] geschickt** qn reçoit qc [de qn]
II. *vi geh* ■ **jd schickt nach jdm** *nach dem/einem Arzt, Gärtner, Handwerker, Pfarrer* qn fait venir qn

schicken² **I.** *vr* (*geziemen*) ■ **etw schickt sich [für jdn]** qc est convenable [pour qn]; ***das schickt sich nicht*** cela ne se fait pas
II. *vr impers* ■ **es schickt sich nicht [für jdn] etw zu tun** il n'est pas convenable [pour qn] de faire qc

schicken³ *vr* (*sich abfinden*) ■ **jd schickt sich in etw** (*akk*) qn prend son parti de qc

Schickeria <-> *f* ∅ *pej* gratin *m fam*

Schickimicki <-s, -s> *m pej fam* snobinard *m fam,* minet(te) *m(f);* ***die ganzen ~s*** tous les gens chicos *fam*

schicklich **I.** *adj veraltend geh* convenable; ■ **etw ist [für jdn] nicht ~** qc n'est pas convenable [pour qn]
II. *adv* convenablement, comme il faut

Schicksal <-s, -e> *nt* destin *m*
▸ **jds ~ ist besiegelt** *geh* le destin de qn est scellé; **jd ergibt** [*o* **gibt**] **sich in sein ~** *geh* qn se résigne à son sort; **jd ist vom ~ geschlagen** qn est marqué(e) par le destin; **jd spielt ~** *fam* qn donne un coup de pouce; **jd überlässt jdn seinem ~** qn abandonne qn à son [triste] sort; **jd muss etw dem ~ überlassen** pour qc, qn s'en remet au destin; **[das ist] ~!, das nenne ich ~!** *fam* quelle poisse!

schicksalhaft *adj* **1.** (*folgenschwer*) *Begegnung, Entscheidung, Ereignis, Schritt* lourd(e) de conséquences; *Tag* fatidique; *Wendung* décisif(-ive)
2. (*unabwendbar*) *Entwicklung, Prozess, Verlauf* fatal(e)

Schicksalsgemeinschaft *f* communauté *f* d'infortune **Schicksalsschlag** *m* coup *m* du destin

Schiebedach *nt* toit *m* ouvrant **Schiebefenster** *nt* fenêtre *f* coulissante; (*nach oben*) fenêtre *f* à guillotine

schieben <schob, geschoben> **I.** *vt* **1.** ■ **jd schiebt etw [irgendwohin]** *Fahrrad, Kinderwagen, Pkw, Schubkarren* qn pousse qc [quelque part]
2. (*rücken*) ■ **jd schiebt jdn/etw irgendwohin** *Möbelstück, Gegenstand, Essen, Unterlagen etc* qn pousse qn/qc quelque part; ***er schob den Teller von sich*** il repoussa son assiette; ***wir sollten eine Unterlage unter den wackelnden Tisch ~*** nous devrions glisser une cale sous cette table branlante; ***kommen die Kratzer auf dem Marmor etwa vom S~ des Schranks?*** est-ce en poussant l'armoire que tu as/vous avez rayé le marbre?
3. (*hin~*) ■ **jd schiebt [jdm/sich] etw irgendwohin** *Stück Kuchen, Tablette, Foto, Zettel etc* qn [lui/se] glisse qc quelque part
4. (*zuweisen*) ■ **jd schiebt etw auf jdn** *Schuld, Verantwortung* qn rejette qc sur qn
5. (*abweisen*) ■ **jd schiebt etw von sich** (*dat*) *Schuld, Verantwortung, Ver-*

dacht qn repousse qc
6. *sl* (*ableisten*) ■ **jd schiebt etw** *Wache, Dienst, Frühschicht* qn se tape qc *fam*, qn se farcit qc *fam*; ***jd muss Kurzarbeit*** ~ qn est obligé(e) d'avaler des réductions d'horaires *fam*
II. *vi* ■ **jd schiebt** qn pousse; ***kannst du mir beim S~ helfen?*** peux-tu m'aider à pousser?
III. *vr* **1.** (*sich drängen*) ■ **jd schiebt sich irgendwohin** qn se fraie un chemin quelque part
2. (*gleiten*) ■ **etw schiebt sich irgendwohin** */Automatikrolladen, ferngesteuerte Tür/* qc coulisse quelque part; ***eine Wolke schob sich vor die Sonne*** un nuage passa devant le soleil

Schieber <-s, -> *m* (*Absperrvorrichtung*) vanne *f*
Schieber(in) <-s, -> *m(f)* (*Schwarzhändler*) trafiquant(e) *m(f)*
Schiebetür *f* porte *f* coulissante
Schieblehre <-, -n> *f* pied *m* à coulisse
Schiebung <-> *f* ∅ *pej* piston *m*
▸ ~! vendu!
schied *imp von* **scheiden**
Schiedsgericht *nt* **1.** JUR tribunal *m* arbitral **2.** SPORT commission *f* d'arbitrage **Schiedsrichter(in)** *m(f)* arbitre *mf* **Schiedsspruch** *m* sentence *f* arbitrale
schief **I.** *adj* **1.** (*schräg*) *Wand, Turm, Pfosten, Zaunpfahl* penché(e); *Ebene* incliné(e); *Absatz* usé(e) d'un seul côté
2. (*entstellt*) *Bild, Eindruck, Darstellung* faux(fausse), déformé(e)
3. (*scheel*) *Blick, Grinsen, Lächeln* en coin
II. *adv* de travers; ***er tritt seine Absätze*** ~ il use ses talons d'un côté; ~ ***getretene Absätze*** des talons usés d'un seul côté
▸ **etw geht** ~ *fam* (*misslingt*) qc foire *fam*; [***es***] ***wird schon*** ~ ***gehen!*** *hum* ça va marcher!; **jd ist** ~ **gewickelt** *sl* qn se goure *fam*, qn se fourre le doigt dans l'œil jusqu'au coude *fam*; **etw läuft** ~ *fam* qc foire *fam*; ***mit den Fahrkarten ist einiges*** ~ ***gelaufen*** il y a eu des problèmes avec les billets ***heute läuft aber auch alles*** ~! tout va vraiment de traviole aujourd'hui! *fam*; **jd liegt** [**mit etw**] ~ *fam* qn se fiche dedans [avec qc] *fam*, qn se plante [dans qc] *fam*
Schiefer <-s, -> *m* ardoise *f*
Schiefer- *-dach, -fassade, -verkleidung* en ardoise, d'ardoises; *-platte -stück* d'ardoise; ***eine ~tafel*** une ardoise
schiefgehen *s.* **schief II.▸. schiefgewickelt** *s.* **schief II.▸. schieflachen** *vr fam* ■ **jd lacht sich schief** qn se tord [de rire] *fam*
Schieflage *f* (*finanziell*) situation *f* critique; (*rechtlich, moralisch*) position *f* critique **schieflaufen** *s.* **schief II.▸. schiefliegen** *s.* **schief II.▸. schieftreten** *s.* **schief II.**
schielen *vi* **1.** MED ■ **jd schielt** qn louche
2. *fam* (*verstohlen schauen*) ■ **jd schielt auf etw** (*akk*) qn louche sur qc, qn reluque qc *fam*; ■ **jd schielt nach jdm/hinter jdm her/zu jdm rüber** qn reluque qn/qn par derrière/lorgne en direction de qn
3. *fam* (*im Blick haben*) ■ **jd schielt auf etw** (*akk*) *auf einen Posten, jds Vermögen* qn louche sur qc
schien *imp von* **scheinen**
Schienbein *nt* tibia *m*
▸ **jd tritt jdm gegen** [*o* **vor**] **das** ~ qn lui donne un coup de pied dans le tibia
Schiene <-, -n> *f* **1.** EISENBAHN, TRANSP rail *m*
2. TECH (*Führungs~*) rail *m*; [*Backofen*] glissière *f*
3. MED éclisse *f*
4. (*Stoßkante*) [*Schatztruhe*] ferrure *f*; [*Treppenstufe*] baguette *f*
5. *sl* (*Marschroute*) voie *f*, ligne *f*; ***jd ist auf der Bonner*** ~ qn est dans l'engrenage politique; (*Bereich*) niveau *m*; (*Verbindung*) filière *f*; ***die*** ~ ***Lehrer – Schüler*** le couple professeur – élève
6. COM *sl* créneau *m*
7. MEDIA *sl* tranche *f* d'émission
8. (*Eisenbahn*) ■ **die** ~ le rail *m*
▸ **etw springt aus den** ~**n** */Zug, Wagen/* qc sort des rails, qc quitte les rails
-schiene *f sl* **1.** (*Kurs, Ausrichtung*) *Ostagenten-* filière *f* du/de la/des; ***es kann sich doch nicht immer alles nur an der Profit~ orientieren*** il n'y a pas que le profit qui doit rentrer en ligne de compte; ***er versucht es auf der Emotions~*** il essaie de prendre les gens par les sentiments; ***die ganze Politik~ der SPD*** toute la ligne politique du SPD; ***er fuhr voll auf die Links~ ab*** il était gauchisant à mort
2. MEDIA *Spiel-, Lach-, Kultur-, Talk-, Porno-* plage *f* du/de la/des; ***seit wann steigt der SPIEGEL jetzt auch auf die Sensations~ ein?*** depuis quand le SPIEGEL se lance-t-il lui aussi dans le créneau de la presse à sensation?
3. (*Bereich*) créneau *m* du/de la/des; ***die Finanz~n/ Vertriebs~n*** es circuits *mpl* financiers/de vente; ***auf der Rechts~*** par la voie juridique; ***die Produkte der Billigschiene*** les produits *mpl* bas de gamme
schienen *vt* ■ **jd schient etw** qn éclisse qc
Schienenfahrzeug *nt form* véhicule *m* sur rails **Schienennetz** *nt* EISENBAHN réseau *m* ferroviaire; [*Straßenbahn*] réseau *m* **Schienenstrang** *m* voie *f* ferrée **Schienenweg** *m* ▸ **auf dem** ~ par chemin de fer, par rail
schier[1] *adj attr* **1.** *Fett* pur(e); ~***es Rindfleisch*** de la viande de bœuf maigre désossée
2. *Bosheit, Missgunst, Neid* pur(e)
schier[2] *adv endlos, unendlich* pratiquement; *nicht zu fassen, unglaublich, unmöglich* quasiment *fam*
Schierling <-s, -e> *m* ciguë *f*
Schießbefehl *m* ordre *m* d'ouvrir le feu ▸ **jd hat** ~ qn a [reçu] l'ordre d'ouvrir le feu **Schießbude** *f* tir *m* forain, baraque *f* de tir **Schießbudenfigur** *f fam* guignol *m* **Schießeisen** *nt hum sl* pétard *m pop*
schießen <schoss, geschossen> **I.** *vi* **1.** + *haben* (*feuern*) ■ **jd schießt** [**mit etw**] *mit Blasrohr, Bogen, Armbrust, Kleinkaliber, Luftgewehr etc* qn tire [à qc]; *mit Pfeil, Dumdumgeschossen* qn tire [qc]; ■ **jd schießt auf jdn/etw** qn tire sur qn/qc; *auf einen Körperteil* qn tire dans qc; ■ **jd schießt irgendwohin** qn tire quelque part; ■ **jd schießt jdm irgendwohin** qn lui tire quelque part; ■ **das S~** le tir; ***hörst du das S~?*** tu entends les tirs?
2. + *haben* FBALL ■ **jd schießt** [**an etw** (*akk*)/**auf etw** (*akk*)/**in etw** (*akk*)] *an die Latte, den Pfosten, aufs Tor, ins Netz* qn tire [*o* shoote] [contre qc/à qc/dans qc]
3. + *sein* BOT ■ **etw schießt** */Blumen, Pflanzen, Stauden/* qc pousse vite; (*Blütenstände entwickeln*) */Salat, Dill, Rettich/* qc monte [en graine]
4. + *sein fam* (*sich schnell bewegen*) ■ **jd/ein Tier schießt aus etw/irgendwohin** qn/un animal jaillit de qc/fonce *fam* quelque part
5. + *sein* (*spritzen*) ■ **etw schießt aus etw/irgendwohin** */Blut, Flüssigkeit, Fontäne, Öl/* qc jaillit [*o* gicle] de qc/quelque part
▸ **etw geht aus wie das Hornberger S~** qc finit en queue de poisson, qc s'en va en eau de boudin, qc part en couille *fam*; **das ist zum S~** *fam* c'est tordant *fam*, c'est à se taper le cul par terre *fam*; **jd geht** ~ [*o* **zum S~**] qn fait du tir
II. *vt* + *haben* **1.** (*feuern*) ■ **jd schießt etw irgendwohin** *Geschoss, Gewehrgranate, Granate* qn tire qc quelque part; *Leuchtrakete, Rakete a.* qn lance qc quelque part
2. FBALL ■ **jd schießt etw irgendwohin** *Ball, Leder* qn expédie qc quelque part
III. *vr* (*sich duellieren*) ■ **sie** ~ **sich** ils se battent [en duel] au pistolet
Schießerei <-, -en> *f* **1.** ∅ *pej* (*ständiges Herumschießen*) tirs *mpl*
2. (*wiederholter Schusswechsel*) fusillade *f*
Schießgewehr *nt hum* pétoire *f fam*, fusil *m* **Schießhund** *m* ▸ **jd passt auf wie ein** ~ *fam* qn ouvre l'œil et le bon *fam* **Schießpulver** [-fɐ, -vɐ] *nt* poudre *f* [à canon] **Schießscharte** *f* meurtrière *f* **Schießscheibe** *f* cible *f* **Schießsport** *m* tir *m* **Schießstand** *m* stand *m* de tir
Schiff <-[e]s, -e> *nt* **1.** NAUT bateau *m*; ***sie fährt mit dem*** ~ elle prend le bateau
2. (*Kirchen~*) nef *f*
▸ **jd macht klar** ~ *fam* (*säubert etw*) qn fait le grand nettoyage [*o* le ménage à fond]; (*bereinigt etw*) qn met les choses au point; **„~e versenken“** la bataille navale
Schiffahrt *s.* **Schifffahrt**
Schiffahrtsgesellschaft *s.* **Schifffahrtsgesellschaft. Schiffahrtslinie** *s.* **Schifffahrtslinie. Schiffahrtsstraße** *s.* **Schifffahrtsstraße. Schiffahrtsweg** *s.* **Schifffahrtsweg**
schiffbar *adj Fluss* navigable
Schiffbau *m* ∅ construction *f* navale **Schiffbruch** *m* naufrage *m* ▸ **jd erleidet** ~ (*wird Opfer eines ~s*) qn fait naufrage; **jd erleidet** ~**/mit etw** ~ (*scheitert*) qn/qc de qn échoue **schiffbrüchig** *adj* naufragé(e); ■ **jd wird** ~ qn fait naufrage **Schiffbrüchige(r)** *f(m) decl wie adj* naufragé(e) *m(f)*
Schiffchen <-s, -> *nt* **1.** *dim von* **Schiff** (*Spielzeug*) petit bateau *m*
2. COUT, MIL calot *m*
schiffen **I.** *vi* **1.** + *sein veraltend* (*mit dem Schiff fahren*) ■ **jd schifft irgendwohin** qn navigue quelque part
2. + *haben sl* (*urinieren*) ■ **jd schifft** [**irgendwohin**] qn pisse [quelque part] *fam*
II. *vi impers* + *haben sl* (*regnen*) ■ **es schifft** il flotte *fam*; ***es schifft wie aus Kübeln*** il pleut comme vache qui pisse *fam*
Schiffer(in) <-s, -> *m(f)* marinier(-ière) *m(f)*, batelier(-ière) *m(f)*
Schifferklavier [-viː-] *nt* MUS piano *m* à bretelles [*o* du pauvre] **Schifferknoten** *m* nœud *m* de marin **Schiffermütze** *f* casquette *f* de marin
Schifffahrt[RR] *f* navigation *f*
Schifffahrtsgesellschaft[RR] *f*, **Schifffahrtslinie**[RR] [-liːniə] *f* **1.** (*Reederei*) compagnie *f* maritime [*o* de navigation]
2. (*Route*) route *f* maritime **Schifffahrtsstraße**[RR] *f form*, **Schifffahrtsweg**[RR] *m* **1.** (*Route*) route *f* maritime
2. (*Wasserstraße*) voie *f* navigable
Schiffs- [du/de bateau]; *-karte* marine; *-papiere* de bord; *-verbindung* maritime; ~***ausrüster*** armateur *m*; ~***haut*** bordé *m*; ~***flagge*** pavillon *m*; ~***laterne*** fanal *m*; ~***steuerung*** gouvernail *m*; ~***küche*** coquerie *f* **Schiffsarzt** *m*, **-ärztin** *f* médecin *m* du/de bord
Schiffschaukel *f* bateau-balançoire *m*
Schiffseigner(in) *m(f) form* propriétaire *m* du/de bateau **Schiffsjunge** *m* mousse *m* **Schiffskoch** *m*, **-köchin** *f* coq/cuisinière du/de bord *m/f* **Schiffstaufe** *f* baptême *m* du/de navire **Schiffsverkehr** *m* (*auf Binnengewässern*) trafic *m* fluvial; (*auf dem Meer*) trafic *m* maritime
Schikane <-, -n> *f* **1.** (*Quälerei*) tracasserie *f*
2. SPORT chicane *f*
▸ **aus** [**reiner**] ~ par pure tracasserie; **mit allen** ~**n** *fam*: ***eine S. mit allen ~n*** une chose hyper[-]équipée
schikanieren * *vt* ■ **jd schikaniert jdn** qn fait des tracasseries à qn; ***aus Rache schikanierte sie ihn mit allerlei boshaften Quälereien*** par vengeance, elle ne cessait de lui infliger tracasseries et tourments
schikanös **I.** *adj* vexatoire
II. *adv* de façon vexatoire
Schild[1] <-[e]s, -er> *nt* **1.** (*im Straßenverkehr*) panneau *m*; (*klein, handgeschrieben*) écriteau *m*
2. *fam* (*Preisetikett*) étiquette *f*
Schild[2] <-[e]s, -e> *m* **1.** HIST bouclier *m*
2. (*Hitze~*) bouclier *m* thermique
▸ **jd** [**er**]**hebt jdn auf den** ~ *geh* qn élève [*o* hisse] qn sur le pavois; **jd führt etw** [**gegen jdn/etw**] **im** ~**e** qn manigance qc [contre qn/qc]

Schildbürger(in) *m(f) pej* petit-bourgeois/petite-bourgeoise *m/f*
Schildbürgerstreich *m pej* coup *m* des technocrates
Schilddrüse *f* [glande *f*] thyroïde *f*
Schilddrüsen- *-funktion, -vergrößerung, -operation* de la [glande] thyroïde; *-hormon* thyroïdien[ne]; *~überfunktion* hyperthyroïdie *f; ~unterfunktion* hypothyroïdie *f*
Schildermaler(in) *m(f)* peintre *m* d'enseignes
schildern *vt* ■ **jd schildert [jdm] etw** qn décrit [*o* relate *littér*] qc [à qn]; ■ **jd schildert [jdm], was/welche/wie ...** qn décrit [*o* relate *littér*] [à qn] ce qui/quel(le)/comment ...
Schilderung <-, -en> *f* description *f*
Schilderwald *m hum fam* forêt *f* de panneaux
Schildkröte *f* tortue *f*
Schildkröten- de/de la tortue **Schildkrötensuppe** *f* potage *m* à la tortue
Schildlaus *f* cochenille *f* **Schildpatt** <-s> *nt Ø* écaille *f*
Schilf <-[e]s, -e> *nt* **1.** (*Pflanze*) roseau *m*
2. (*Fläche*) roseaux *mpl,* roselière *f*
Schilfdach *nt* toit *m* de roseaux **Schilfgras** *nt,* **Schilfrohr** *nt s.* **Schilf**
Schillerlocke *f* **1.** (*Fisch*) filet *m* d'aiguillat fumé
2. (*Gebäck*) cornet *m* à la crème
schillern *vi* ■ **etw schillert** qc chatoie; ■ **etw schillert ...** qc a des reflets ...; ***etw schillert bläulich*** qc a des reflets bleuâtres; ***Seifenblasen schillern in allen Farben [des Regenbogens]*** les bulles de savon s'irisent; ***ein ~der Seidenstoff*** une soie chatoyante
schillernd *adj Charakter, Persönlichkeit* à facettes
Schilling <-s, -e *o bei Zahlenangabe* -> *m* schilling *m*
schilpen *vi* ■ **ein Vogel schilpt** un oiseau pépie
schilt *3. pers pres von* **schelten**
Schimäre <-, -n> *f geh* chimère *f*
Schimmel[1] <-s> *m Ø* (*Schimmelpilz*) moisissure *f;* (*an Lebensmitteln a.*) moisi *m*
Schimmel[2] <-s, -> *m* (*Pferd*) cheval *m* blanc
schimm[e]lig *adj Brot, Käse, Marmelade, etc* moisi(e); *Wand, Duschvorhang* couvert(e) de moisi; ***etw riecht ~*** qc sent le moisi, qc a une odeur de moisi; ■ **etw wird ~** qc moisit
schimmeln *vi + sein o haben* ■ **etw schimmelt** */Brot, Käse, Marmelade etc/* qc moisit
Schimmelpilz *m* moisissure *f*
Schimmer <-s> *m Ø* **1.** (*matter Glanz*) reflet *m*
2. (*kleine Spur*) ■ **ein ~ einer S.** (*gen*) [*o* **von etw**] [*von*] *Anstand* un minimum de qc; *Hoffnung* une lueur de qc; *eines Verdachtes* l'ombre de qc
► **jd hat keinen blassen** [*o* **nicht den blassesten**] [*o* **nicht den geringsten**] [*o* **nicht den leisesten**] *~/~* **von etw** *fam* (*hat keine Kenntnisse*) qn y connaît strictement rien/entrave rien à qc *fam;* (*hat keine Idee*) qn a pas la moindre idée [de qc] *fam;* (*ist nicht eingeweiht*) qn est pas du tout au courant [de qc] *fam*
schimmern *vi* ■ **etw schimmert** qc miroite, qc reluit, qc chatoie
Schimpanse <-n, -n> *m* chimpanzé *m*
Schimpf <-[e]s> *m Ø* ► **mit ~ und Schande** *geh* ignominieusement *littér;* **jd tut jdm einen ~ an** *veraltend geh* qn fait un affront à qn
schimpfen I. *vi* **1.** (*sich verärgert äußern*) ■ **jd schimpft** qn crie, qn fulmine, qn peste; ■ **das S~** les cris *mpl;* ***unter ständigem S~*** en criant [*o* fulminant] sans arrêt
2. (*zurechtweisen*) ■ **jd schimpft** qn râle; ■ **jd schimpft mit jdm** qn crie après qn, qn gronde qn
3. (*wettern*) ■ **jd schimpft auf** [*o* **über**] **jdn/etw** qn peste contre qn/qc
II. *vr fam* ■ **jd schimpft sich etw** *gute Freundin, Vater* qn prétend être qc; *Finanzberaterin, Lexikograph etc* qn s'intitule qc, qn se baptise qc
Schimpfkanonade *f fam* bordée *f* d'injures *fam*
schimpflich I. *adj geh* ignominieux(-euse) *littér*
II. *adv geh* ignominieusement *littér*
Schimpfname *m* sobriquet *m* **Schimpfwort** <-wörter> *nt* gros mot *m*
Schindel <-, -n> *f* bardeau *m*
Schindeldach *nt* toit *m* de bardeaux
schinden <schindete, geschunden> I. *vr* ■ **jd schindet sich [mit etw]** qn s'échine [à qc/à faire qc]
II. *vt* **1.** (*antreiben*) ■ **jd schindet jdn** *Gefangene, Leute, Mitarbeiter* qn épuise qn [à la tâche]; ■ **jd schindet ein Tier** *Zugtier* qn éreinte un animal
2. *fam* (*herausschlagen*) ■ **jd schindet etw [bei jdm]** *Aufschub, Zeit* qn décroche qc [auprès de qn] *fam*
3. *fam* (*ungerechtfertigt erlangen*) ■ **jd schindet etw** *Applaus, Mitleid, Zustimmung* qn extorque qc; ***um bei jdm Eindruck zu ~*** pour épater qn *fam*
Schinder(in) <-s, -> *m(f)* (*Arbeitgeber*) négrier(-ière) *m(f);* (*Kapo*) tortionnaire *mf*
Schinderei <-, -en> *f* corvée *f*
Schindluder *nt* ► **jd treibt mit jdm ~** *fam* qn traite qn par-dessus la jambe *fam;* **jd treibt mit etw ~** *fam* qn galvaude qc
Schinken <-s, -> *m* **1.** GASTR jambon *m*
2. *pej fam* (*Gemälde*) croûte *f* gigantesque *fam,* grand barbouillage *m;* (*Buch*) pavé *m fam*
► **gekochter ~** du jambon blanc [*o* de Paris]; **Prager ~** du jambon de Prague; **Schwarzwälder ~** du jambon de la Forêt-Noire
Schinkenspeck *m* lard *m* maigre; ***Eier und ~*** des œufs *mpl* au bacon **Schinkenwurst** *f* saucisson *m* au jambon
Schippe <-, -n> *f* **1.** DIAL (*Schaufel*) pelle *f*
2. KARTEN DIAL *s.* **Pik**
► **jd nimmt jdn auf die ~** *fam* qn met qn en boîte *fam,* qn se paie la tête de qn *fam;* **jd nimmt etw auf die ~** *fam* qn tourne qc en ridicule
schippen *vt* NDEUTSCH ■ **jd schippt etw [irgendwohin]** qn pellette qc [quelque part]
schippern *vi + sein fam* ■ **jd schippert irgendwohin/irgendwo** qn navigue quelque part
Schirm <-[e]s, -e> *m* **1.** (*Regen~*) parapluie *m*
2. (*Sonnen~*) parasol *m*
3. (*Mützen~*) visière *f*
4. *fam* (*Bild~*) écran *m*
5. (*Lampen~*) abat-jour *m*
6. [*Schirmpilz*] chapeau *m*
Schirmherr(in) *m(f):* ***jd ist der ~ einer S.*** (*gen*) qn parraine qc, qn patronne qc **Schirmherrschaft** *f* parrainage *m,* patronage *m* ► **unter der ~ von jdm** sous le patronage de qn, avec le parrainage de qn **Schirmhülle** *f* fourreau *m* [de parapluie] **Schirmmütze** *f* casquette *f* à visière **Schirmpilz** *m* lépiote *f* **Schirmständer** *m* porte-parapluies *m*
Schirokko <-s, -s> *m* sirocco *m*
schissRR, **schiß** *imp von* **scheißen**
SchissRR <-es>, **Schiß** <-sses> *m Ø* ► **jd hat/kriegt ~ [vor jdm/einem Tier/etw]** *sl* qn a/commence à avoir la trouille [de qn/d'un animal/de qc] *fam*
schizophren *adj* **1.** MED schizophrène
2. *geh* (*absurd*) insensé(e)
Schizophrenie <-, *rare* -n> [-'niːən] *f* **1.** MED schizophrénie *f*
2. *pej* (*Widersinn*) absurdité *f;* ***diese ~!*** c'est de la pure folie!
► **etw ist ~** qc est de la pure folie
schlabberig *adj fam* **1.** (*schlaff, Stoff*) *Hose, Kleid, Kleidungsstück* avachi(e)
2. *pej* (*zu dünn*) *Brei, Haferschleim, Kakao, Suppe* clairet(te); ***dieser Kaffee ist ~*** *fam* ce café, c'est de la lavasse *fam;* ***ein ~es Bier*** de la bibine *fam;* ***ein ~er Wein*** de la piquette *fam*
schlabbern I. *vi fam* **1.** (*Essen aussabbern*) ■ **jd schlabbert** qn bave; ***jd schlabbert beim Essen/Trinken*** qn bave en mangeant/buvant; ***jd schlabbert beim Gefüttertwerden*** qn bave quand on lui donne à manger
2. (*weit fallen*) ■ **etw schlabbert** */weites Kleid, weiter Rock, Pullover etc/* qc pendouille *fam*
II. *vt fam* ■ **ein Tier schlabbert etw** un animal lape qc
Schlacht <-, -en> *f* bataille *f*
► **jd liefert jdm eine ~** *geh* qn livre bataille à qn; **jd schlägt eine ~ [gegen jdn]** HIST qn livre bataille [à qn]; **jd zieht in die ~** qn va au combat; **die ~ bei/in etw** (*dat*) HIST la bataille de qc
Schlachtbank *f* ► **jdm ist, als werde er zur ~ geführt** *geh* qn a l'impression d'être conduit(e) à l'abattoir
schlachten I. *vt* ■ **jd schlachtet ein Tier** qn tue [*o* abat] un animal; ■ **das S~** l'abattage *m*
II. *vi* ■ **jd schlachtet** qn tue [*o* abat] un animal/des animaux
Schlachtenbummler(in) *m(f) fam* supporte[u]r(-trice) *m(f)* (*d'une équipe en déplacement*)
Schlachter(in) <-s, -> *m(f)* boucher(-ère) *m(f)*
Schlächter(in) <-s, -> *m(f)* **1.** NDEUTSCH *s.* **Schlachter**
2. (*Mörder*) boucher(-ère) *m(f);* ***der ~ ungezählter Menschen*** le bourreau d'innombrables personnes
Schlachterei <-, -en> *f* boucherie *f*
Schlächterei <-, -en> *f* **1.** NDEUTSCH *s.* **Schlachterei**
2. (*Metzelei*) boucherie *f*
Schlachtfeld *nt* champ *m* de bataille ► **etw sieht aus wie ein ~** qc ressemble à un champ de bataille **Schlachthaus** *nt* abattoir *m* **Schlachthof** *m* abattoirs *mpl* **Schlachtplan** *m* plan *m* de bataille ► **jd macht einen ~** qn dresse un plan de bataille **SchlachtrossRR** *nt* cheval *m* de bataille, destrier *m* **Schlachtschiff** *nt* cuirassé *m* **Schlachtvieh** *nt* animaux *mpl* de boucherie
Schlacke <-, -n> *f* **1.** IND scories *fpl*
2. *meist pl* MED fibre *f*
schlackern *vi* NDEUTSCH ■ **etw schlackert [gegen/um etw]** */Kleidungsstück/ gegen jds Hüften, um jds Beine* qc flotte [contre qc/autour de qc]
Schlaf <-[e]s> *m Ø* sommeil *m*
► **jd reibt sich** (*dat*) **den ~ aus den Augen** qn se frotte les yeux; **jd schläft den ~ des Gerechten** qn dort du sommeil du juste; **jd hat einen festen ~** qn a le sommeil profond; **halb im ~** à moitié réveillé(e); **jd hat einen leichten ~** qn a le sommeil léger; **jd liegt im tiefsten ~** qn dort à poings fermés; **jd/etw bringt jdn um den/seinen ~** qn/qc empêche qn de dormir; **jd fährt aus dem ~ hoch, jd schreckt aus dem ~** qn s'éveille en sursaut; **jd fällt in einen ...** *~ in einen tiefen, traumlosen* qn tombe dans un sommeil ...; **jd findet keinen ~** qn ne trouve pas le sommeil; **jd kann** [*o* **beherrscht**] **etw im ~** *fam Formeln, Geschichtszahlen, Vokabeln* qn sait qc sur le bout du doigt; *Handgriffe* qn fait qc les yeux fermés; **jd kommt um seinen ~** qn est privé(e) de sommeil; **jd redet im ~** qn parle en dormant; **jd/etw reißt jdn aus dem ~** qn/qc arrache qn au sommeil; **jd singt jdn in den ~** qn chante une berceuse à qn; **jd sinkt in ~** qn sombre dans le sommeil; **jd trommelt jdn aus dem ~** qn tambourine [à la porte] pour réveiller qn; **jd weint sich in den ~** qn s'endort en pleurant
Schlafanzug *m* pyjama *m*
Schläfchen <-s, -> *nt* [petit] somme *m*
► **jd macht ein ~** qn fait un [petit] somme
Schläfe <-, -n> *f* tempe *f*
► **graue ~n** des tempes grises [*o* grisonnantes]; ***jd hat graue ~n*** qn a les tempes grisonnantes
schlafen <schläft, schlief, geschlafen> I. *vi* **1.** (*nicht wach sein*) ■ **jd**

schläft qn dort; ■ ~d qui dort
2. (*einen bestimmten Schlaf haben*) ■ **jd schläft irgendwie** qn dort d'une certaine façon
3. (*liegen*): ***jd schläft hart/ härter/ weich/ weicher*** qn dort sur du dur/du plus dur/du mou/du plus mou
4. (*nächtigen*) ■ **jd schläft bei jdm** qn couche chez qn
5. (*unaufmerksam dösen*) ■ **jd schläft [bei/während etw]** *bei einem Vortrag, während des Unterrichts* qn dort [pendant qc]
6. *euph fam* (*koitieren*) ■ **jd schläft mit jdm** qn couche avec qn *fam*
► **schlaf gut, schlafen Sie wohl** *geh* dors/dormez bien; **etw lässt jdn nicht ~** / *Ärger, Gedanken, Sorgen/* qc empêche qn de dormir; **jd geht ~, jd legt sich ~** qn va se coucher; **jd legt ein Kind ~** qn va coucher un enfant; **jd stellt sich ~d** qn fait semblant de dormir [*o* celui(celle) qui dort]; **schlaf nicht!** ne t'endors pas!
II. *vr impers* ■ **es schläft sich irgendwo irgendwie** on dort d'une certaine façon quelque part
Schlafengehen *nt* ∅ coucher *m*; ***nach dem ~*** après m'/s'être couché(e); ***vor dem ~*** avant d'aller me/se coucher; ***es ist ein Problem mit dem ~ der Kinder*** c'est un problème pour coucher les enfants; ***ich habe noch keine Lust zum ~*** je n'ai pas encore envie d'aller me coucher
Schläfer(in) <-s, -> *m(f)* dormeur(-euse) *m(f)*
schlaff I. *adj* 1. (*locker fallend*) *Fahne, Segel, Tuch* qui pend [mollement]; *Seil* lâche
2. (*kraftlos*) *Glieder, Händedruck, Muskeln* mou(molle)
II. *adv fallen, hängen, liegen, sacken* mollement; ***das Seil hing ~ herunter*** la corde pendait lâchement
Schlafgelegenheit *f* (*in Wohnung*) place *f* pour dormir; (*in Stadt*) endroit *m* où dormir; ***wir haben keine ~*** nous ne pouvons héberger personne pour la nuit
Schlafittchen <-s> *nt* ► **jd nimmt** [*o* **kriegt**] **jdn am** [*o* **beim**] ~ *fam* qn prend [*o* saisit] qn au collet
Schlafkrankheit *f* maladie *f* du sommeil **Schlaflied** *nt* berceuse *f*
schlaflos I. *adj Mensch, Patient* insomniaque; *Nacht* blanc(blanche)
II. *adv* sans trouver le sommeil
Schlaflosigkeit <-> *f* ∅ insomnie *f*
Schlafmittel *nt* somnifère *m* **Schlafmütze** *f* 1. (*Kopfbedeckung*) bonnet *m* de nuit 2. *fam* (*Mensch*) endormi(e) *m(f) fam*
schläfrig *adj* somnolent(e); ***davon werde ich immer ganz ~*** ça a le don de m'endormir; ■ **jd ist ~** qn a sommeil; ***ich bin schon ganz ~*** je dors déjà à moitié
► **etw macht jdn ~** qc donne envie de dormir à qn
Schläfrigkeit <-> *f* ∅ envie *f* de dormir; ***die Augen fallen jdm vor ~ zu*** les yeux de qn se ferment, tant il/elle a sommeil
Schlafsaal *m* dortoir *m* **Schlafsack** *m* sac *m* de couchage **Schlafstadt** *f* ville-dortoir *f*, cité-dortoir *f* **Schlafstörungen** *pl* troubles *mpl* du sommeil
schläft *3. pers pres von* **schlafen**
Schlaftablette *f* comprimé *m* pour dormir, somnifère *m* **schlaftrunken** I. *adj geh* [encore] tout ensommeillé(e) II. *adv* [encore] tout ensommeillé(e) **Schlafwagen** *m* wagon-lit *m*, voiture-lit *f form* **schlafwandeln** *vi* + *sein o haben* ■ **jd schlafwandelt** qn est somnambule; ***er schlafwandelt fast jede Nacht*** il a des accès [*o* est pris] de somnambulisme presque toutes les nuits **Schlafwandler(in)** <-s, -> *m(f)* somnambule *mf*
Schlafzimmer *nt* chambre *f* à coucher
► **sie haben ein gemeinsames ~/getrennte ~** ils font chambre commune/chambre à part
Schlafzimmer- de/de la chambre à coucher **Schlafzimmerblick** *m hum fam* regard *m* torride [*o* suggestif]
Schlag <-[e]s, -e> *m* 1. (*Hieb*) coup *m*
2. (*dumpfer Hall*) bruit *m* [de choc]; [*Uhr, Turmuhr*] coup *m*
3. (*Schicksals~*) coup *m* dur
4. *fam* (*Menschen~*) genre *m*
5. (*Tauben~*) colombier *m*
6. GASTR DIAL *fam* (*Portion*) louche *f*
7. GASTR AUS (*Schlagsahne*) crème *f* fouettée; (*mit Zucker*) [crème *f*] chantilly *f*
8. (*Wagentür*) portière *f*
► **ein ~ ins Gesicht** une gifle; **ein ~ unter die Gürtellinie** *fam* un coup bas; **ein ~ ins Kontor** *fam* un coup de massue; **ein ~ ins Wasser** *fam* un coup d'épée dans l'eau; **vom alten ~[e]** comme on n'en fait plus; ***ein Beamter vom alten ~e*** un fonctionnaire comme on n'en fait plus; **jd holt zum entscheidenden ~ aus** qn prépare l'attaque décisive **sie sind vom gleichen ~** *pej* ils/elles sont du même acabit [*o* à mettre dans le même sac]; **etw ist ein schwerer ~ für jdn** qc est un coup dur [*o* une douche froide] pour qn; **jd hat ~ bei jdm** *sl* qn a un ticket avec qn *fam*; **jd kommt mit jdm/etw zu ~** CH qn s'entend avec qn/s'en tire avec qc; ***kommst du jetzt besser mit dem Englischen zu ~?*** maintenant tu t'en sors [*o* tires] mieux en anglais?; **jd kriegt [von jdm] ~e** *fam* qn se prend des coups [de qn] *fam*; **jdn rührt** [*o* **trifft**] **der ~** *fam*: ***mich rührt der ~!*** je vais avoir une attaque! *fam*; **jd tut keinen ~** *fam* qn en fiche pas une [*o* la] secousse *fam*; **jd versetzt jdm einen ~ [irgendwohin]** qn donne un coup à qn [quelque part]; ***er gab ihm einen freundschaftlichen ~ auf die Schulter*** il lui a donné une tape amicale sur l'épaule; **~ auf ~** coup sur coup; ***es geht ~ auf ~*** ça n'arrête pas; **mit einem ~** d'un [seul] coup; **mit einem ~** [*o* **auf einen ~**] *fam* d'un [seul] coup
Schlagabtausch *m* 1. BOXEN échange *m* de coups 2. (*Rededuell*) prise *f* de bec 3. MIL affrontement *m* **Schlagader** *f* artère *f* **Schlaganfall** *m* attaque *f* [d'apoplexie] ► **jd hat** [*o* **erleidet** *geh*] **einen ~** qn a une attaque [d'apoplexie] **schlagartig** I. *adj* brusque, subit(e) II. *adv* brusquement, subitement **Schlagball** *m* 1. ∅ (*Spiel*) ≈ base-ball *m* 2. (*Ball*) balle *f* [de base-ball]
schlagbar *adj* SPORT ■ **jd ist ~** qn est vulnérable; ***jd ist nicht ~*** qn est invincible
Schlagbaum *m* barrière *f* **Schlagbohrer** *m* perceuse *f* à percussion
schlagen <schlägt, schlug, geschlagen> I. *vt* + *haben* 1. (*hauen*) ■ **jd schlägt jdn [irgendwohin]** qn frappe qn [quelque part]
2. (*prügeln*) ■ **jd schlägt jdn irgendwie** *bewusstlos, blutig, halbtot etc* qn bat qn et le/la laisse …; ***jd schlägt jdn zu Brei*** qn fait de la chair à pâté de qn; ***jd schlägt jdn zum Krüppel*** qn bat qn comme plâtre; ***wenn du das noch einmal tust, schlage ich dich zum Krüppel*** si tu recommences, je te mets la tête au carré
3. (*besiegen*) ■ **jd schlägt jdn** *Feind, Gegner, Mannschaft* qn bat qn; ***sie wurden vernichtend geschlagen*** ils/elles ont été battu(e)s à plate couture; ***jd schlägt jdn im Schach/ im Tontaubenschießen*** qn bat qn aux échecs/au tir aux pigeons d'argile; ***im Latein ist sie nicht zu ~*** en latin, elle est imbattable
4. (*fällen*) ■ **jd schlägt etw** *Baum* qn abat qc
5. (*durch Schläge treiben*) ■ **jd schlägt etw irgendwohin** *Nagel* qn enfonce qc quelque part; *Ball* qn envoie qc quelque part
6. (*eliminieren*) ■ **jd schlägt etw** *Spielfigur* qn prend qc
7. MUS ■ **jd schlägt etw** *Pauke, Trommel, Zimbel* qn bat qc; *Harfe, Laute* qn joue de qc; *Saiten* qn pince qc
8. GASTR ■ **jd schlägt etw** *Eier, Teig* qn bat qc
9. (*läuten*) ■ **etw schlägt etw** / *Uhr, Läutewerk/ Stunde, Mitternacht* qc sonne qc
10. *geh* ■ **ein Tier schlägt etw in etw** (*akk*) *Fänge, Krallen, Zähne* un animal plante qc dans qc
11. ■ **ein Greifvogel schlägt ein Tier** un rapace attrape et tue un animal
12. (*wickeln*) ■ **jd schlägt [jdm] etw in etw** (*akk*) *Flasche, Salatkopf etc* qn [lui] emballe [*o* enveloppe] qc dans qc
13. POL ■ **jd schlägt etw zu etw** *Gebiet, Landstreifen* qn annexe qc à qc
► **jd gibt sich geschlagen** qn s'avoue vaincu(e); **ehe ich mich ~ lasse!** *hum fam* je me laisse tenter!
II. *vi* 1. + *haben* (*hämmern*) ■ **jd schlägt [mit etw] an etw** (*akk*)**/auf etw** (*akk*)**/gegen etw** qn frappe [*o* tape] [avec qc] à/sur/contre qc
2. + *haben* (*hauen*) ■ **jd schlägt jdm [mit etw] irgendwohin** *mit einem Gegenstand, der Peitsche* qn frappe qn [avec qc] quelque part; *mit der Hand, der Faust* qn frappe qn [de qc] quelque part; ■ **jd schlägt um sich** qn tape dans tous les sens, qn se débat; ■ **jd schlägt mit etw um sich** *mit einer Peitsche, einem Knüppel* qn bat l'air avec [*o* de] qc
3. + *haben* (*zuschlagen*) ■ **jd schlägt …** *brutal, gezielt* qn frappe …
4. + *sein* (*auftreffen*) ■ **jd schlägt [mit etw] an etw** (*akk*)**/auf etw** (*akk*)**/gegen etw** qn heurte qc [de qc]
5. + *sein* (*auftreffen*) ■ **etw schlägt an etw** (*akk*)**/gegen etw** / *Brecher, Regen, Tropfen, Wellen/ an/gegen eine Ufermauer, ein Fenster, die Läden* qc frappe [*o* tape] contre qc; *an den Strand* qc déferle sur qc
6. + *haben* (*pochen*) ■ **etw schlägt […]** / *Herz, Puls/ kräftig, unregelmäßig, nicht mehr* qc bat […]
7. + *haben* (*läuten*) ■ **etw schlägt** / *Läutewerk, Uhr/* qc sonne
8. + *sein o haben* (*emporlodern*) ■ **etw schlägt aus etw** / *Flammen, Feuer/* qc s'échappe [*o* jaillit] de qc
9. + *haben* ORN ■ **ein Vogel schlägt** / *Nachtigall/* un oiseau chante; / *Fink a./* un oiseau ramage
10. + *sein fam* (*ähneln*) ■ **jd schlägt nach jdm** qn ressemble à qn
11. + *sein* MED ■ **etw schlägt bei jdm** [*o* **jdm**] **auf etw** (*akk*) qc lui tombe sur qc
12. + *haben* (*betreffen*) ■ **etw schlägt in etw** (*akk*) *in jds Fach, Gebiet* qc est du ressort de qc
► **etw schlägt voll** NAUT qc fait eau de toutes parts
III. *vr* + *haben* 1. (*sich prügeln, sich duellieren*) ■ **sie ~ sich** ils/elles se battent; ■ **jd schlägt sich mit jdm** qn se bat avec qn
2. (*rangeln*) ■ **sie ~ sich um etw** ils/elles se battent pour [obtenir] qc
3. (*sich anstrengen*) ■ **jd schlägt sich …** *gut, nicht schlecht, tapfer* qn se défend …
► **jd schlägt sich voll** *fam* qn se goinfre *fam*; **jd schlägt sich** (*dat*) **etw voll** qn s'en met plein qc *fam*
schlagend I. *adj* 1. (*treffend*) *Vergleich* parlant(e); *Bemerkung* pertinent(e)
2. (*überzeugend*) *Beweis, Tatsache* concluant(e)
II. *adv beweisen, widerlegen* de façon convaincante
Schlager <-s, -> *m* 1. MUS tube *m fam*, succès *m* [de la chanson]
2. COM *fam* article *m* qu'on s'arrache, gros succès *m* commercial; ***etw ist der ~*** qc se vend comme des petits pains *fam*
Schlager- MUS *-konzert, -wettbewerb* de succès [de la chanson]; *-text* de chanson à succès; *-sänger, -star, -texter* à succès; *-musik* populaire, en vogue
Schläger <-s, -> *m* SPORT 1. [*Federball, Tennis, Tischtennis*] raquette *f*
2. [*Eishockey, Hockey*] crosse *f*; [*Golf*] club *m*; [*Kricket*] batte *f*
3. *s.* Schlagholz
Schläger(in) <-s, -> *m(f)* 1. (*Raufbold*) casseur(-euse) *m(f)*
2. (*Ball~*) frappeur(-euse) *m(f)*
Schlägerbande *f* bande *f* de casseurs
Schlägerei <-, -en> *f* bagarre *f*
Schlägermütze *f fam* casquette *f*
schlägern *vi* AUS (*Holz fällen*) ■ **jd schlägert [irgendwo]** qn abat des arbres [quelque part]
schlagfertig I. *adj* 1. *Mensch* qui a de la répartie [*o* de l'à-propos] 2. *Antwort, Bemerkung, Reaktion* du tac au tac, plein(e) d'à-propos II. *adv antworten, bemerken, reagieren* du tac au tac, avec à-propos **Schlagfertigkeit** *f* ∅ sens *m* de la répartie, à-propos *m* **Schlagholz** *nt* batte *f* **Schlagin-**

strument *nt* instrument *m* à percussion **Schlagkraft** *f* Ø **1.** (*Kampfkraft*) [*Armee, Truppen*] puissance *f* de feu [*o* de combat] **2.** (*Wirksamkeit*) [*Argument, Beweis*] force *f* de persuasion **schlagkräftig** *adj* **1.** (*kampfkräftig*) *Armee, Truppen* d'une forte puissance de feu **2.** (*wirksam*) *Argument, Beweis* persuasif(-ive) **Schlaglicht** *nt* ▸ **etw wirft ein ~/ein bezeichnendes ~ auf jdn** qc jette la lumière sur qn/révèle qn sous un jour particulier; **etw wirft ein [bezeichnendes] ~ auf etw** (*akk*) qc met qc en [pleine] lumière **Schlagloch** *nt* nid-de-poule *m* **Schlagmann** <-männer> *m* chef *m* de nage **Schlagobers** *nt* AUS, **Schlagrahm** *m* SDEUTSCH, AUS, CH *s.* **Schlagsahne. schlagreif** *adj Baum* parvenu(e) au terme d'exploitabilité; ***etw ist ~*** qc a atteint son plein développement **Schlagring** *m* coup-de-poing *m* [américain] **Schlagsahne** *f* **1.** (*flüssig*) crème *f* [fleurette] fluide **2.** (*geschlagen*) [crème *f*] chantilly *f* **Schlagseite** *f* Ø gîte *f*; ***etw liegt mit ~ irgendwo*** qc gîte quelque part ▸ **etw bekommt/hat ~** qc donne de la bande [*o* de la gîte]; **jd hat ~** *hum fam* qn tangue **Schlagstock** *m* matraque *f*

schlägt *3. pers pres von* **schlagen**

Schlagwort <-worte> *nt* **1.** <-worte> *pej* (*Parole*) formule *f* [toute faite], cliché *m*
2. <-wörter> (*Stichwort*) mot-clé *m*

Schlagwortkatalog *m* fichier *m* par mots-clés

Schlagzeile *f* manchette *f*, gros titre *m* ▸ **jd/etw macht [*o* sorgt für] ~n** *fam* qn/qc fait la une des journaux **schlagzeilen** *vt sl* ■ **jd/etw schlagzeilt etw** qn/qc titre qc; ***„…" schlagzeilten die Zeitungen*** les journaux ont titré: "…" **Schlagzeug** <-[e]s, -e> *nt* batterie *f* **Schlagzeuger(in)** <-s, -> *m(f) fam* batteur(-euse) *m(f)*

schlaksig *adj fam* dégingandé(e); *Bewegungen* désarticulé(e)

Schlamassel <-s, -> *m o nt fam* **1.** (*Durcheinander*) cirque *m fam*, pagaille *f fam*, bordel *m fam*; ***irgendwo ist das ein ~*** c'est le cirque [*o* la merde] quelque part *fam*
2. (*ärgerliche Situation*) mouise *f fam*; ***wir haben ~*** on est dans la mouise [*o* la merde] *fam*

Schlamm <-[e]s, -e *o* ¨-e> *m* **1.** (*aufgeweichte Erde*) boue *f*; (*auf dem Grund eines Flusses*) vase *f*
2. (*breiige Rückstände*) dépôt *m*

-schlamm *m* (*-brei*) *Faul-, Heil-, Gift-* boue *f* + *adj*; *Klär-, Gruben-* boue *f* de; *Kadmium-, Öl-* crasse *f* de; ***Abraum~*** crasse *f*

Schlamm- **1.** (*aus Schlamm bestehend*) *-schicht, -spritzer* de boue
2. (*Schlamm enthaltend*) *-grube, -loch* boueux(-euse); ~***bad*** bain *m* de boue; ~***becken*** bassin *m* de décantation

schlammig *adj* boueux(-euse)

Schlammschlacht *f* foire *f* d'empoigne

Schlampe <-, -n> *f pej fam* **1.** (*schlampige Frau*) souillon *m fam*
2. (*liederliche Frau*) traînée *f fam*, pétasse *f pop*; ***blöde ~!*** espèce de pétasse [*o* roulure]! *pop*

schlampen *vi fam* ■ **jd schlampt** qn bâcle le travail *fam*, qn salope le boulot *fam*; ■ **jd schlampt bei etw** qn bâcle qc *fam*

Schlamper(in) <-s, -> *m(f)* (*nachlässiger Mensch*) cochon *m*; (*Frau*) souillon *f*; ***diese Kinder sind furchtbare ~*** (*unordentlich*) ces gosses sont affreusement bordéliques *fam*

Schlamperei <-, -en> *f fam* (*Nachlässigkeit*) je-m'en-foutisme *m fam*; (*Unordnung*) désordre *m*

schlampig I. *adj* **1.** (*nachlässig*) *Arbeit, Bearbeitung, Korrektur* bâclé(e) *fam*, fait(e) à la va comme je te pousse *fam*
2. (*ungepflegt*) *Äußeres, Mensch* débraillé(e); (*unordentlich*) bordélique *fam*
II. *adv* **1.** (*nachlässig*) à la va comme je te pousse *fam*
2. (*ungepflegt*) en débraillé

schlang *imp von* **schlingen**

Schlange <-, -n> *f* **1.** ZOOL serpent *m*
2. (*lange Reihe*) [*Menschen, Fahrzeuge*] queue *f*
▸ **eine falsche ~** *pej* [un] faux jeton *m fam*; **jd steht [irgendwo] ~ [nach etw]** qn fait la queue [quelque part] [pour avoir qc]

schlängeln *vr* **1.** (*sich winden*) ■ **ein Tier schlängelt sich irgendwohin** /*Schlange*/ un animal rampe quelque part
2. (*kurvenreich verlaufen*) ■ **etw schlängelt sich irgendwohin** /*Fluss, Straße, Weg, Pfad*/ qc serpente quelque part

Schlangen- de/du serpent **Schlangenbeschwörer(in)** <-s, -> *m(f)* charmeur(-euse) *m(f)* de serpents **Schlangenbiss**[RR] *m* morsure *f* de serpent **Schlangengift** *nt* venin *m* [de serpent] **Schlangenleder** *nt* [peau *f* de] serpent *m* **Schlangenlinie** [-liːniə] *f* (*geschlängelte Linie*) trait *m* ondulé ▸ **jd/etw fährt in ~n** qn/qc zigzague

Schlangestehen *nt* Ø: ***nach 5 Stunden ~*** après 5 heures de queue; ***jd ist das ~ gewohnt*** qn est habitué(e) à faire la queue

schlank *adj* **1.** *Mensch* mince, svelte; ***jd will wieder ~ werden*** qn veut retrouver sa taille [*o* redevenir mince]
2. *Figur, Hals* mince; *Gestalt a.* svelte; ***sie hat ~e Fesseln und Handgelenke*** elle a des attaches fines; ~***e Größe*** petite taille *f*
3. *Baum, Silhouette, Stamm, Wuchs* élancé(e)
▸ **etw macht [jdn] ~** COUT qc amincit [qn]; GASTR qc fait maigrir [qn]; **jd macht sich ~** qn se fait tout[e] petit[e]

Schlankheit <-> *f* Ø minceur *f*; [*Körper a.*] sveltesse *f*

Schlankheitskur *f* cure *f* d'amaigrissement
▸ **jd macht eine ~** qn suit un régime [amaigrissant]

schlankweg *adv fam* carrément; ***ich sage es dir ~*** je te le dis franco *fam*

schlapp *adj* **1.** *pred fam* (*erschöpft*) flagada *fam*
2. *sl* (*mager*) *Betrag*: ~***e 2000 Mark*** 2000 malheureux marks
3. *sl* (*schwach*) *Wechselkurs, Sieg, Leistung* minable *fam*
▸ **etw macht jdn ~** *fam* qc lui coupe les pattes *fam*

Schlappe <-, -n> *f fam* veste *f fam*, bide *m fam*
▸ **jd muss [bei etw] eine ~ einstecken, jd erleidet [in etw** (*dat*)**] eine ~** qn prend [*o* ramasse] une veste [lors de qc] *fam*

Schlappen <-s, -> *m* NDEUTSCH *fam* savate *f*

Schlappheit <-> *f* Ø manque *m* de tonus, mollesse *f*

Schlapphut *m* chapeau *m* à larges bords **schlapp|machen** *vi fam* ■ **jd macht schlapp** qn craque *fam*, qn flanche *fam* **Schlappohr** *nt hum* oreille *f* pendante **Schlappschwanz** *m pej fam* lavette *f fam*, couille *f* molle *pop*

Schlaraffenland *nt* pays *m* de cocagne

schlau I. *adj* **1.** (*clever*) *Mensch* malin(-igne), rusé(e); *Idee, Plan, Vorgehen* astucieux(-euse); ■ **etw ist ~ [von jdm]** qc est astucieux(-euse) [de la part de qn]
2. *fam* (*klug*) *Mensch* astucieux(-euse); ■ **jd wird aus jdm/etw ~/nicht ~** qn pige qc/rien à qn/qc
▸ **ein ganz S~er/eine ganz S~e** *iron fam* un/une mariolle *fam*
II. *adv* avec astuce, astucieusement

Schlauberger(in) <-s, -> *m(f) fam* **1.** (*pfiffiger Mensch*) petit(e) futé(e) *m(f) fam*
2. *iron* (*Besserwisser*) Monsieur *m*/Madame *f* Je-sais-tout *fam*

Schlauch <-[e]s, Schläuche> *m* **1.** (*biegsame Leitung*) tuyau *m*
2. (*Reifen~*) chambre *f* à air
3. *fam* (*Strapaze*) galère *f fam*; ***etw ist ein ~*** qc, c'est la galère *fam*
▸ **jd steht auf dem ~** *sl* qn pédale dans la choucroute *fam*

Schlauchboot *nt* bateau *m* pneumatique

schlauchen I. *vt fam* ■ **etw schlaucht jdn** qc pompe qn *fam*
II. *vi fam* ■ **etw schlaucht** qc, ça pompe *fam*

schlauchlos *adj* AUT sans chambre à air

Schläue <-> *f* Ø ruse *f*, astuce *f*

Schlaufe <-, -n> *f* **1.** COUT [*Hose, Rock*] passant *m*; [*Jacke*] bride *f*
2. (*Halteband*) dragonne *f*

Schlauheit <-> *f* Ø *s.* **Schläue**

Schlaukopf *m*, **Schlaumeier** *m fam s.* **Schlauberger**

Schlawiner(in) <-s, -> *m(f) hum fam* roublard(e) *m(f) fam*

schlecht I. *adj* **1.** (*mindere Qualität aufweisend*) *Arbeit, Foto, Leistung, Ernährung, Essen* mauvais(e) *antéposé*; *Material, Holz, Verarbeitung* de mauvaise qualité
2. (*unzureichend*) *Aussprache, Beschreibung* mauvais(e) *antéposé*; ***jd verfügt über ~e Kenntnisse auf einem Gebiet*** qn ne dispose pas de bonnes connaissances dans un domaine
3. (*ungünstig*) *Verlauf, Vorzeichen, Prognose, Zeiten* mauvais(e) *antéposé*; ~***e Symptome*** des symptômes qui ne sont pas bons
4. (*moralisch verkommen*) mauvais(e)
5. (*unangenehm*) *Angewohnheit, Manieren, Tischsitten* mauvais(e) *antéposé*; ***jd hat ein ~es Benehmen*** qn se tient mal
6. FIN *Bezahlung, Lohn, Verdienst* médiocre; ***500 Mark? Kein ~es Trinkgeld!*** 500 marks? Ce n'est pas mal comme pourboire!
7. *pred* GASTR (*verdorben*) ■ **etw ist/wird ~** qc est avarié(e)/s'abîme
8. MED *Durchblutung, Gesundheit, Gehör* mauvais(e) *antéposé*; *Auge, Herz, Lunge* en mauvais état; ***er hat eine ~e Atmung/Entwässerung*** il respire/élimine mal
9. (*übel*) ■ **jdm ist/wird [es] ~** qn se sent mal
▸ **jd hat es [bei jdm] ~** qn n'a pas la vie facile [chez qn]; ***jd hat es doch nicht ~*** qn n'a pas la vie si difficile que ça; **jd sagt jdm etwas S~es nach** qn dit du mal de qn; **es sieht ~ aus** c'est mal engagé [*o* parti]; **es sieht ~ aus mit jdm** qn va mal; **es sieht ~ aus mit etw** pour qc, ça va mal
II. *adv* **1.** (*nicht gut*) mal; ~ ***beraten*** mal conseillé(e); ~ ***bezahlt*** mal payé(e) [*o* rémunéré(e)]; ***jd ist ~ gelaunt*** qn est de mauvaise humeur
2. (*unangenehm*) *denken, reden, sprechen* du mal
3. (*schwerlich*) difficilement; ***sie kann sich ~ in andere Menschen hineinversetzen*** elle a du mal de [*o* à] se mettre à la place des autres
▸ **~ und recht, mehr ~ als recht** *hum fam* tant bien que mal; **etw bekommt jdm ~** /*Essen, Hitze*/ qn supporte mal qc; /*Beförderung*/ qc ne réussit pas à qn; ***er hat die Mafia verraten und das ist ihm ~ bekommen*** il a trahi la mafia, et mal lui en a pris; **jdm geht es ~** (*körperlich*) qn se sent mal; (*finanziell*) qn va mal; **wenn …, geht's dir ~!** *fam* si …, ça va aller mal [pour ton matricule] *fam*; **da kennst du mich aber ~** alors là, tu me connais mal; **jd macht jdn ~** (*setzt herab*) qn dénigre qn; **jd macht [jdm] etw ~** (*vermiest*) qn [lui] gâche qc; **nicht ~** *fam* (*ziemlich*) et pas qu'un peu *fam*; ***er staunte nicht ~ über dieses unverhoffte Angebot*** il a été surpris, et pas qu'un peu, de cette offre inespérée *fam*; **jd ist auf jdn/etw ~ zu sprechen** il ne faut pas parler à qn de qn/qc

schlechtberaten *s.* **schlecht II.1. schlechtbezahlt** *s.* **schlecht II.1. schlecht|gehen** *s.* **schlecht II.▸. schlechtgelaunt** *s.* **schlecht II.1. schlechthin** *adv* **1.** (*in reinster Ausprägung*) par excellence; ■ **jd/etw ist jd/etw ~** qn/qc est le type même de qn/qc **2.** (*geradezu*) *ausgeschlossen, unmöglich* tout bonnement

Schlechtigkeit <-, -en> *f* méchanceté *f*

schlecht|machen *s.* **schlecht II.▸**

Schlechtwettergeld *nt* [indemnités *fpl* d']intempéries *fpl*

schlecken I. *vt* **1.** AUS, SDEUTSCH, CH ■ **jd/ein Tier schleckt etw [aus/von etw]** qn/un animal lèche qc [dans/sur qc]; /*Katze a.*/ un animal lape qc [dans/sur qc]; ***im Sommer wird überall viel Eis geschleckt*** en été on suce beaucoup de glace[s]
2. AUS (*ablecken*) ■ **jd/ein Tier schleckt etw** qn/un animal lèche qc
II. *vi* **1.** NDEUTSCH (*naschen*) ■ **jd schleckt** qn mange des friandises
2. (*lecken*) ■ **jd schleckt an etw** (*dat*) *am Honiglöffel* qn lèche qc; *am Eis a.* qn suce qc
▸ **etwas zum S~** des friandises *fpl*, des sucreries *fpl*

Schleckerei <-, -en> *f* AUS, SDEUTSCH friandise *f*, sucrerie *f*

Schleckermaul *nt fam s.* **Leckermaul**
Schlegel <-s, -> *m* 1. MUS [*Schlaginstrument, Trommel*] baguette *f;* [*große Trommel, Kesselpauke*] mailloche *f*
2. (*Werkzeug*) maillet *m*
3. GASTR SDEUTSCH, AUS, CH [*Geflügel, Hase*] cuisse *f;* [*Reh, Wildschwein*] cuissot *m*
Schlehe <-, -n> *f* (*Beere*) prunelle *f;* (*Strauch*) prunelier *m*
schleichen <schlich, geschlichen> I. *vi + sein* 1. (*leise gehen*) ■**jd/ein Tier schleicht/schleicht irgendwohin** qn/un animal se déplace furtivement/se glisse furtivement quelque part; ***jd schleicht ums Haus*** qn rôde autour de la maison; ***jd schleicht die Treppe hinunter*** qn descend furtivement l'escalier
2. *fam* (*langsam fahren*) ■**jd/etw schleicht** qn/qc se traîne
II. *vr + haben* ■**jd schleicht sich irgendwohin** qn se glisse furtivement quelque part; ***jd schleicht sich aus dem Haus/ins Haus*** qn sort de/entre dans la maison furtivement
► **schleich dich!** SDEUTSCH, AUS *sl* (*hau ab*) fous le camp! *fam,* du balai! *fam*
schleichend I. *adj attr* MED insidieux(-euse)
II. *adv* insidieusement
Schleicher(in) <-s, -> *m(f) pej* lèche-botte *mf fam*
Schleichweg *m* itinéraire *m* peu fréquenté ► **auf ~en** par un itinéraire peu fréquenté, par des routes secondaires **Schleichwerbung** *f* publicité *f* déguisée
Schleie <-, -n> *f* tanche *f*
Schleier <-s, -> *m* voile *m*
► **jd breitet den ~ des Vergessens über etw** (*akk*) *geh* qn étend le voile de l'oubli sur qc *soutenu;* **jd lüftet den ~** qn lève le voile; **jd nimmt den ~** *veraltend geh* qn prend le voile
Schleiereule *f* ORN [chouette *f*] effraie *f*
schleierhaft *adj fam* ■**jdm ist etw ~** qc est un mystère pour qn; ■**jdm ist es ~, warum/wie ...** la raison pour laquelle .../la façon dont ... est un mystère pour qn
Schleife <-, -n> *f* 1. (*Knoten*) nœud *m*
2. GEOG [*Fluss, Strom*] méandre *m*
3. AVIAT (*Kehre*) boucle *f*
schleifen[1] I. *vt + haben* 1. (*ziehen*) ■**jd/ein Tier/etw schleift jdn/ein Tier/etw irgendwohin** qn/un animal/qc traîne qn/un animal/qc quelque part
2. *hum fam* (*mitschleppen*) ■**jd schleift jdn irgendwohin** qn traîne qn quelque part *fam*
3. HIST (*niederreißen*) ■**jd schleift etw** qn démantèle qc, qn rase qc
II. *vi* 1. + *haben* (*reiben*) ■**etw schleift [an etw** (*dat*)**]** qc frotte [contre qc]
2. + *sein o haben* (*gleiten*) ■**etw schleift [über etw** (*dat*)**]** qc traîne [sur qc]
► **jd lässt etw ~** *fam* qn laisse courir qc *fam*
schleifen[2] <schliff, geschliffen> *vt* 1. (*schärfen*) ■**jd schleift etw** *Klinge, Messer, Schere, Sense* qn aiguise qc, qn affûte qc; ■**das S~** l'aiguisage *m,* l'affûtage *m*
2. (*polieren*) ■**jd schleift etw** *Brillenglas, Linse, Edelstein* qn taille qc; *s. a.* **geschliffen**
3. MIL *fam* ■**jd schleift jdn** qn dresse à qn *fam*
Schleifer(in) <-s, -> *m(f)* 1. (*Stein~*) lapidaire *mf*
2. MIL *sl* peau *f* de vache de sous-off *fam*
Schleiflack *m* vernis *m* à polir [*o* poncer] **Schleifmaschine** *f* meule *f,* meuleuse *f;* (*bei der Holzverarbeitung*) ponceuse *f* **Schleifpapier** *nt* papier *m* [d']émeri [*o* de verre] **Schleifstein** *m* meule *f*
Schleim <-[e]s, -e> *m* 1. MED mucus *m*
2. ZOOL substance *f* gluante [*o* visqueuse]; [*Schnecke*] bave *f*
Schleimdrüse *f* glande *f* muqueuse
schleimen *vi fam* ■**jd schleimt** qn fait de la lèche *fam*
Schleimhaut *f* muqueuse *f*
schleimig I. *adj* 1. MED muqueux(-euse)
2. (*glitschig*) *Fisch, Spur* gluant(e), visqueux(-euse); *Schnecke a.* baveux(-euse)
3. *pej* (*unterwürfig*) mielleux(-euse)
II. *adv pej* (*unterwürfig*) mielleusement
schlemmen I. *vi* ■**jd schlemmt** qn fait bombance [*o* bonne chère]; ■**das S~** les agapes *fpl*
II. *vt* ■**jd schlemmt etw** qn déguste qc
Schlemmer(in) <-s, -> *m(f)* [fin] gourmet *m*
schlendern *vi + sein* ■**jd schlendert durch etw** qn se balade quelque part; ***sie schlenderte durch die Stadt*** elle a flâné en ville; ***er schlenderte zum See*** il se dirigeait tranquillement vers le lac
Schlendrian <-[e]s> *m* ∅ *fam* traintrain *m,* ronron *m fam*
Schlenker <-s, -> *m* 1. (*Ausweichmanöver*) [brusque] écart *m;* (*ungewollt*) embardée *f*
2. (*Umweg*) crochet *m*
► **jd macht einen ~** (*weicht aus*) qn fait une embardée; (*macht einen Umweg*) qn fait un crochet
schlenkern *vi* 1. (*pendeln*) ■**etw schlenkert** */Arme, Kopf/* qc ballotte; ■**jd schlenkert mit etw** *mit dem Kopf, Oberkörper* qn a qc qui ballotte; *mit den Armen, Beinen* qn a le/la qc ballant(e); ***schlenkere nicht mit den Beinen!*** cesse de balancer tes jambes!; ■**jd lässt etw ~** qn laisse pendre qc
2. (*schlackern*) ■**etw schlenkert um etw** */Rock, Mantel/ um jds Beine, Hüften* qc flotte autour de qc
Schlepp *m* ► **jd/etw hat etw im ~** qn/qc a qc en remorque; **jd/etw nimmt jdn/etw in ~** qn/qc prend qn/qc en remorque
Schleppdampfer *m form* remorqueur *m*
Schleppe <-, -n> *f* traîne *f*
schleppen I. *vt* 1. (*schwer tragen*) ■**jd schleppt jdn/etw [irgendwohin]** qn coltine qn/qc [quelque part]; ***vom schweren S~ ist mir der Rücken ganz lahm*** j'ai le dos tout engourdi par ce que j'ai coltiné
2. (*abschleppen*) ■**jd/etw schleppt jdn/etw irgendwohin** qn/qc remorque [*o* tire] qn/qc quelque part
3. *fam* (*schleifen*) ■**jd schleppt jdn irgendwohin** qn traîne qn quelque part *fam*
II. *vr* 1. (*sich fortbewegen*) ■**jd schleppt sich irgendwohin** qn se traîne quelque part
2. (*sich hinziehen*) ■**etw schleppt sich** qc traîne
schleppend I. *adj* 1. (*zögerlich*) *Abfertigung, Bearbeitung* lent(e)
2. (*schwerfällig*) *Gang, Schritte, Aussprache, Sprechen* traînant(e)
II. *adv* 1. (*zögerlich*) *in Gang kommen, vorangehen* lentement
2. (*schwerfällig*) *gehen* d'une démarche traînante, d'un pas traînant; *singen, sprechen* d'une voix traînante
Schlepper <-s, -> *m* 1. NAUT remorqueur *m*
2. AUT *veraltend* tracteur *m*
Schlepper(in) <-s, -> *m(f) sl* (*Kundenfänger*) rabatteur(-euse) *m(f);* [*illegale Einwanderer*] passeur(-euse) *m(f)*
Schleppkahn *m* chaland *m* **Schlepplift** *m* remonte-pente *m,* téléski *m* **Schleppnetz** *nt* chalut *m* **Schlepptau** *nt* ► **jd nimmt jdn ins ~** *fam* (*unter seine Fittiche*) qn cornaque qn *fam;* **jd/etw nimmt jdn/etw ins ~** (*schleppt ab*) qn/qc prend qn/qc en remorque; **im ~ einer S.** (*gen*) remorqué(e) par qc; **mit jdm im ~** *fam* en remorquant qn *fam,* avec qn dans son sillage
Schlesien <-s> [ʃleːziən] *nt* la Silésie
Schlesier(in) <-s, -> [ʃleːziɐ] *m(f)* Silésien(ne) *m(f)*
schlesisch *adj* silésien(ne)
Schleswig-Holstein <-s> *nt* le Schleswig-Holstein
Schleuder <-, -n> *f* 1. (*Waffe*) fronde *f*
2. (*Wäsche~*) essoreuse *f*
schleudern I. *vt + haben* 1. (*werfen*) ■**jd/etw schleudert etw irgendwohin** qn/qc lance qc quelque part; *Wurfgeschoss* qn catapulte qc quelque part
2. (*zentrifugieren*) ■**jd/etw schleudert etw** *nasses Kleidungsstück, Wäsche* qn/qc essore qc
II. *vi + sein o haben* AUT ■**jd/etw schleudert [irgendwohin]** qn/qc dérape [quelque part]
► **jd/etw gerät [*o* kommt] ins S~** */Fahrer, Fahrzeug/* qn/qc se met à déraper [*o* chasser]; **jd gerät [*o* kommt] ins S~** *fam* (*wird unsicher*) qn se met à patauger *fam*
Schleuderpreis *m* prix *m* cassé [*o* sacrifié] ► **zu ~en** à [des] prix cassés [*o* sacrifiés]; ***jd verkauft etw zu ~en*** qn brade qc **Schleudersitz** *m* siège *m* éjectable ► **jd sitzt auf einem ~** qn est [installé(e)] sur un siège éjectable **Schleuderspur** *f* trace *m* de dérapage
schleunig I. *adj attr geh* prompt(e) *littér*
II. *adv geh* promptement *littér*
schleunigst *adv* dans les plus brefs délais, au plus vite; ***verschwinde, aber ~!*** disparais, et plus vite que ça!
Schleuse <-, -n> *f* 1. NAUT écluse *f*
2. SCI sas *m*
schleusen *vt* 1. *fam* (*heimlich leiten*) ■**jd schleust jdn irgendwohin** qn infiltre qn quelque part
2. *fam* (*geleiten*) ■**jd schleust jdn durch/über etw** (*akk*) qn fait passer qc à qn; (*illegal*) qn fait passer qn au travers de qc
3. NAUT ■**jd schleust etw** qn écluse qc
Schleusen- d'/de l'écluse; **~*meister*** éclusier *m*
schlich *imp von* **schleichen**
Schliche *pl* combines *fpl fam,* ruses *fpl*
► **jd kommt jdm auf die ~, jd kommt hinter jds ~** (*akk*) qn évente les combines de qn *fam*
schlicht I. *adj* 1. (*einfach*) *Verhältnisse* simple; *Einrichtung, Kleidung* sobre
2. (*von Überflüssigem frei*) *Eleganz, Fassade, Formen* simple, sobre
3. (*wenig gebildet*) *Mensch, Gemüt* simple, [un peu] fruste *péj*
4. (*bloß*): ***die ~e Wahrheit*** la vérité, et rien que la vérité; ***die ~en Fakten/Tatsachen*** les faits, et rien que les faits; ***ich werde mich auf die ~en Fakten beschränken*** je m'en tiendrai aux seuls faits; ***die ~en Tatsachen sprechen für sich*** les faits à eux seuls sont parlants
► **~ und ergreifend** *iron* à l'eau de rose
II. *adv* 1. (*einfach*) *einrichten, kleiden, ausstatten* simplement, sobrement
2. (*glattweg*) *gelogen, erfunden, falsch* tout simplement; *vergessen a.* tout bonnement
► **~ und einfach** [*o* **ergreifend**] purement et simplement
schlichten I. *vt* ■**jd schlichtet etw** qn règle qc, qn vide qc
► **jd greift [in etw** (*akk*)**] ~d ein** qn intervient [dans qc] pour calmer le jeu
II. *vi* ■**jd schlichtet [in etw** (*dat*)**]** qn arbitre [qc]
Schlichter(in) <-s, -> *m(f)* conciliateur(-trice) *m(f),* médiateur(-trice) *m(f)*
Schlichtheit <-> *f* ∅ simplicité *f,* sobriété *f*
Schlichtung <-, -en> *f* conciliation *f,* arbitrage *m*
Schlichtungs- *-kommission, -verfahren, -versuch* de conciliation; *-ausschuss a.* d'arbitrage
Schlick <-[e]s, -e> *m* vase *f*
schliddern *vi + haben o sein* NDEUTSCH *s.* **schlittern**
schlief *imp von* **schlafen**
schliefen <schloff, geschloffen> [ʃl'iːɛfn] *vi + sein* AUS *fam* (*schlüpfen*) ■**jd/ein Tier schlieft in etw** (*akk*) qn/un animal faufile dans qc
Schliere <-, -n> *f* traînée *f* [grasse]
Schließe <-, -n> *f* boucle *f*
schließen <schloss, geschlossen> I. *vi* 1. (*einrasten*) ■**etw schließt** */Schloss, Tür/* qc ferme

2. (*Geschäftsstunden unterbrechen*) ■ **jd/etw schließt** */Geschäft, Inhaber/* qn/qc ferme
3. (*Betrieb aufgeben*) ■ **etw schließt** */Betrieb, Firma/* qc ferme
4. (*das Schloss betätigen*) ■ **etw schließt** */Schlüssel/* qc tourne [dans la serrure]
5. (*enden*) ■ **jd schließt [mit etw]** *mit einer Bemerkung, einem Satz* qn termine [*o* conclut] [par qc]
6. BÖRSE ■ **etw schließt ...** qc clôture ...; ***die Börse schließt freundlich*** la Bourse clôture sur une note positive
7. (*schlussfolgern*) ■ **jd schließt aus etw auf etw** (*akk*) qn conclut [à partir] de qc à qc; ■ **jd schließt von jdm auf jdn** qn part de qn pour juger qn; ***du darfst nicht von dir auf andere*** ~ tu ne dois pas généraliser [ton cas] [*o* appliquer ton cas à d'autres]
▸ **etw lässt auf etw** (*akk*) ~ qc laisse supposer qc
II. *vt* 1. *geh* (*zumachen*) ■ **jd schließt etw** *Fenster, Schrank, Augen, Mund* qn ferme qc
2. *geh* (*beenden*) ■ **jd schließt etw** *Konferenz, Versammlung* qn clôture qc; *Sitzung* qn lève qc, qn clôt qc
3. (*eingehen*) ■ **jd schließt etw [mit jdm]** *Abkommen, Pakt* qn conclut qc [avec qn]; ***jd schließt mit jdm den Bund der Ehe*** qn contracte mariage avec qn
4. (*auffüllen*) ■ **jd schließt etw** *Lücke* qn comble qc; *Reihen* qn serre qc
5. (*schlussfolgern*) ■ **jd schließt etw aus etw** qn conclut qc de qc; ■ **jd schließt [aus etw], dass** qn conclut [de qc] que + *indic*
6. *geh* (*beinhalten*) ■ **etw schließt etw in sich** (*dat*) qc contient [*o* renferme] [*o* recèle *soutenu*] qc
7. (*befestigen*) ■ **jd schließt etw an etw** (*akk*) *an eine Mauer, Öse, an einen Fahrradständer* qn attache [*o* fixe] qc à qc
III. *vr* ■ **etw schließt sich** qc se ferme; *s. a.* **geschlossen**

Schließfach *nt* 1. (*Gepäck~*) consigne *f* automatique
2. FIN coffre *m*
3. POST boîte *f* postale

schließlich *adv* 1. (*endlich*) enfin, finalement
2. (*immerhin*) après tout
▸ ~ **und endlich** après tout, en fin de compte

Schließmuskel *m* muscle *m* constricteur, sphincter *m*

Schließung <-, -en> *f* 1. (*Betriebsaufgabe*) fermeture *f*
2. *geh* [*Konferenz etc*] clôture *f*

schliff *imp von* **schleifen[2]**

Schliff <-[e]s, -e> *m* 1. ∅ (*das Schleifen*) aiguisage *m*, affûtage *m*
2. ∅ (*das Polieren*) taille *f*
3. (*geschliffener Zustand*) tranchant *m*, fil *m*
4. (*polierter Zustand*) poli *m*
5. ∅ (*Umgangsformen*) savoir-vivre *m*, entregent *m*
▸ **jd gibt einer S.** (*dat*) **den letzten** ~ qn met la dernière main à qc

schlimm I. *adj* 1. (*ungut*) *Fall, Geschichte, Neuigkeit, Vorfall* grave; *Nachricht a.* mauvais(e) *antéposé; Zeit* difficile; ■ **etw ist** ~ qc est grave; ***die Zeiten sind*** ~ les temps sont durs; ■ **es ist ~, dass** c'est grave que + *subj;* ■ **es wird [für jdn]** ~ ça devient grave [pour qn]; ***noch ~er kann es nicht werden*** ça ne peut pas être pire; ■ **es wird [für jdn]** ~ **mit etw** qc s'aggrave [pour qn]; ■ **etwas S~es/S~eres** quelque chose de grave/de plus grave; ■ **das S~ste** le plus grave; [*Arbeit, Aufgabe*] le plus dur 2. (*gravierend*) *Fehler, Irrtum, Tat, Versäumnis* grave 3. MED (*ernst*) *Krankheit, Verletzung* grave; *Operation a.* gros(se) 4. MED *fam* (*entzündet*) *Auge, Finger, Pickel* pas beau(belle) à voir *fam* ▸ **[das ist] halb so** ~! ce n'est pas si grave [que ça]!; **jd befürchtet das S~ste** qn craint le pire; **es gibt S~eres** il y a pire; **jd ist aus dem S~sten heraus** qn a passé le cap [le plus] difficile; **jd rechnet mit dem S~sten** qn s'attend au pire; **man muss nicht immer mit dem S~sten rechnen** le pire n'est pas toujours sûr; **jd hat das S~ste überstanden** [*o* **hinter sich** (*dat*)] qn a surmonté le pire; **wenn es nichts S~eres ist!** si ce n'est que ça!; ***wenn es nichts S~eres ist als etw*** si ce n'est que qc; ~, ~! (*vorwurfsvoll*) eh bien, c'est du joli! *iron;* (*verzweifelt*) hélas, hélas! II. *adv* 1. (*gravierend*) *irren* dans les grandes largeurs *fam* 2. (*schlecht*) *benehmen, hausen* mal; *zerstören* gravement; ***man hat ihn ~ zugerichtet*** il s'est fait drôlement arranger *fam* 3. MED *sich entzünden, sich verletzen* gravement ▸ **jd ist ~ dran** *fam* qn est dans de beaux draps *fam;* **wenn es ganz ~ kommt** dans le pire des cas; **es hätte ~er kommen können** ça aurait pu être pire; **es steht ~** c'est grave, ça va mal; **es steht ~ mit etw** la situation de qc est grave; **es steht ~ um jdn** le cas de qn est grave; ~ **genug, dass** [comme si] ça ne suffisait pas que + *subj;* **um so** [*o* **desto**] **~er** c'est encore pire **Schlimme(r)** *f(m) decl wie adj* 1. (*übler Mensch*) rosse *f fam;* (*Kind*) polisson(ne) *m(f);* ***es gibt ~re*** il y en a de pires [*o* qui sont pires] 2. *hum fam* (*Wüstling*) dévergondé(e) *m(f)*

schlimmstenfalls *adv* dans le pire des cas

Schlinge <-, -n> *f* 1. (*Schlaufe*) nœud *m* coulant
2. (*Falle*) collet *m*
3. (*Armbinde*) écharpe *f*
▸ **jd legt** [*o* **stellt**] **~n** qn tend des collets

Schlingel <-s, -> *m fam* [petit] garnement *m*, affreux jojo *m fam*

schlingen <schlang, geschlungen> I. *vt geh* ■ **jd schlingt eine S. um etw** *um jds Hals, Kopf* qn enroule une chose autour de qc, qn ceint qc d'une chose *littér*
II. *vr geh* BOT ■ **etw schlingt sich um etw** qc grimpe à qc, qc s'enroule autour de qc
III. *vi* 1. BOT ■ **etw schlingt** qc grimpe
2. *fam* (*gierig essen*) ■ **jd schlingt** qn bâfre *fam*

schlingern *vi* ■ **etw schlingert** qc roule

Schlingpflanze *f* plante *f* grimpante

Schlips <-es, -e> *m* cravate *f*
▸ **mit** [*o* **in**] ~ **und Kragen** *fam* en costume-cravate; **jd fühlt sich [durch jdn/etw] auf den ~ getreten** *fam* qn se sent vexé(e) [par qn/qc]; **jd tritt jdm auf den** ~ *fam* qn vexe qn

schlitteln *vi* CH ■ **jd schlittelt** qn fait de la luge

Schlitten <-s, -> *m* 1. (*Rodel*) luge *f*
2. (*Fahrzeug mit Kufen*) traîneau *m*
3. *sl* (*Auto*) caisse *f fam*
▸ **jd fährt** ~ qn fait de la luge; **jd fährt mit jdm** ~ *sl* qn passe un savon à qn *fam*

Schlittenfahren <-s> *nt* ∅ luge *f;* ***jd geht zum*** ~ qn va faire de la luge

Schlitterbahn *f* NDEUTSCH glissoire *f*

schlittern *vi* 1. + *sein o haben* (*rutschen*) ■ **jd schlittert [irgendwohin]** qn fait une glissade/des glissades [quelque part]; ■ **etw schlittert irgendwohin** */Eisstock, Puck/* qc glisse quelque part
2. + *sein fam* (*geraten*) ■ **jd/etw schlittert in etw** (*akk*) qn/qc glisse tout doucement vers qc

Schlittschuh *m* SPORT patin *m* à glace
▸ **jd fährt** [*o* **läuft**] ~ qn fait du patinage [*o* patin à glace]

Schlittschuhlaufen <-s> *nt* ∅ patin *m* à glace, patinage *m* [sur glace]; ***beim*** ~ en faisant du patin à glace **Schlittschuhläufer(in)** *m(f)* patineur(-euse) *m(f)* [sur glace] ▸ **jd ist** ~ qn fait du patinage [*o* patin à glace]

Schlitz <-es, -e> *m* 1. (*Einsteck~*) fente *f*
2. (*schmale Öffnung*) interstice *m*
3. COUT (*längliche Aussparung*) fente *f*
4. COUT *fam* (*Hosen~*) braguette *f*

Schlitzauge *nt* œil *m* bridé [*o* en amande] **schlitzäugig** *adj* aux yeux bridés [*o* en amande]; ■ **jd ist** ~ qn a les yeux bridés [*o* en amande] **Schlitzohr** *nt fam* roublard *m fam* **schlitzohrig** *adj fam* roublard(e) *fam*

Schlögel <-s, -> *m* AUS (*Keule*) gigot *m*

schlohweiß *adj* tout(e) blanc(blanche), chenu(e) *littér*

schloss[RR], **schloß** *imp von* **schließen**

Schloss[RR] <-es, ⸚sser>, **Schloß** <-sses, ⸚sser> *nt* 1. (*Palast*) château *m*
2. (*Tür~*) serrure *f*
3. (*Vorhänge~*) cadenas *m*
4. (*Verschluss*) [*Aktentasche, Koffer*] fermoir *m*
▸ **jd bringt jdn hinter ~ und Riegel** qn met qn sous les verrous; **jd sitzt hinter ~ und Riegel** qn est sous les verrous; **etw fällt ins** ~ qc claque; **jd lässt etw ins ~ fallen** qn laisse [*o* fait] claquer qc

Schloss-[RR], **Schloß-** de/du château

Schlosser(in) <-s, -> *m(f)* serrurier(-ière) *m(f)*

Schlosser- de/du serrurier; ***~lehrling*** apprenti *m* serrurier

Schlosserei <-, -en> *f* serrurerie *f*

Schlosshund[RR] *m* ▸ **jd heult wie ein** ~ *fam* qn pleure comme un veau *fam*

Schlot <-[e]s, -e> *m* 1. (*Schornstein*) cheminée *f* [d'usine]
2. [*Vulkan*] cheminée *f*
▸ **wie ein** ~ *fam* comme un pompier

schlott[e]rig *adj fam* 1. (*zittrig*) *Knie* flageolant(e)
2. (*schlaff herabhängend*) *Kleidungsstück* qui bat les jambes, flottant(e)

schlottern *vi* 1. (*zittern*) ■ **jd schlottert [vor etw** (*dat*)**]** *vor Angst, Erschöpfung, Kälte* qn tremble [de qc]; ■ **jd schlottert an etw** (*dat*)**/mit etw [vor etw** (*dat*)**]** *am ganzen Körper* qn a qc qui tremble [de qc]; *mit den Knien* qn a qc qui flageole [de qc]
2. (*schlaff herabhängen*) ■ **etw schlottert [um etw]** qc flotte [autour de qc]

Schlucht <-, -en> *f* gorge *f*, ravin *m;* (*lange ~*) gorges *fpl*

schluchzen *vi* ■ **jd schluchzt** qn sanglote; ■ **das S~** les sanglots *mpl*

Schluchzer <-s, -> *m* sanglot *m*

Schluck <-[e]s, -e> *m* gorgée *f;* ***nur einen [kleinen]*** ~ [juste] une goutte
▸ **jd nimmt einen ~/mehrere ~e [einer S.** (*gen*)**/von etw]** qn boit une gorgée/plusieurs gorgées [de qc]; **ein ~ zu trinken** quelque chose à boire; ***jd hat keinen ~ zu trinken*** qn n'a rien à boire; ~ **für** ~ à petites gorgées; **in einem** ~ d'un trait

Schluckauf <-s> *m* ∅ hoquet *m*
▸ **jd hat [den** [*o* **einen**]] ~ qn a le hoquet

Schlückchen <-s, -> *nt dim von* **Schluck** petite gorgée *f;* (*im Glas*) fond *m*
▸ **jd nimmt ein ~ [einer S.** (*gen*)**/von etw]** qn boit une goutte [de qc]

schlucken I. *vt* 1. (*hinunter~*) ■ **jd schluckt etw** qn avale qc
2. *sl* (*trinken*) ■ **jd schluckt etw** *Alkohol, Schnaps* qn picole qc *fam*
3. AUT *fam* ■ **etw schluckt etw** */Kraftfahrzeug, Motor/ Benzin, Motoröl* qc bouffe qc *fam*
4. *fam* (*hinnehmen*) ■ **jd schluckt etw** *Beleidigung, Frechheit, Vorwurf* qn avale qc *fam*
5. *fam* (*glauben*) ■ **jd schluckt etw** *Ausrede, Story* qn gobe qc *fam*
6. *fam* (*akzeptieren*) ■ **jd schluckt etw** *Forderung, Klausel* qn avale qc *fam*
7. COM *fam* ■ **jd/etw schluckt etw** *kleineren Laden, Betrieb* qn/qc bouffe qc *fam*
8. (*dämpfen*) ■ **etw schluckt etw** *Geräusche, Lärm, Schall* qc absorbe qc; */Teppich a./* qc étouffe qc
II. *vi* 1. (*Schluckbewegungen machen*) ■ **jd schluckt** qn avale, qn déglutit
2. *sl* (*Alkohol konsumieren*) ■ **jd schluckt** qn picole *fam*
▸ **jd schluckt [erst mal], jd muss [erst mal]** ~ *fam* qn reste baba *fam*, qn en reste comme deux ronds de flan *fam*

Schlucker <-s, -> *m* ▸ **armer** ~ *fam* pauvre type *m fam*

Schluckimpfung *f* vaccination *f* orale **Schluckspecht** *m sl* poivrot *m fam*, boit-sans-soif *mf fam* **schluckweise** *adv* à petites gorgées

Schluderei <-, -en> *f fam s.* **Schlamperei**

schlud[e]rig *adj fam s.* **schlampig**

schludern *vi fam s.* **schlampen**
schludrig *adj fam s.* **schlampig**
schlug *imp von* **schlagen**
Schlummer <-s> *m* ∅ *geh* [petit] somme *m*
▸ **jd sinkt in einen ...** ~ qn sombre dans un sommeil ... + *adj*
schlummern *vi geh* ■ **jd schlummert** qn fait un [petit] somme, qn sommeille *soutenu*
Schlund <-[e]s, ¨e> *m* **1.** ANAT gosier *m*
2. *geh* (*Abgrund*) gouffre *m;* ■ **der ~/die ~e einer S.** (*gen*) les profondeurs *fpl* [*o* entrailles *fpl soutenu*] de qc
schlüpfen *vi + sein* **1.** ORN, ZOOL ■ **ein Tier schlüpft** un animal éclôt; ***ein Tier schlüpft aus dem Ei*** un animal sort de l'œuf
2. (*ausziehen*) ■ **jd schlüpft aus etw** qn enlève prestement qc
3. (*anziehen*) ■ **jd schlüpft in etw** (*akk*) qn enfile qc, qn passe qc
4. (*sich rasch bewegen*) ■ **jd schlüpft irgendwohin** qn se faufile [*o* se glisse] quelque part
Schlüpfer <-s, -> *m* COUT [petite] culotte *f*
Schlupfloch *nt* **1.** (*Öffnung*) trou *m* [*o* ouverture *f*] pour passer; (*für Katze*) chatière *f*
2. (*Ausflucht*) issue *f*
3. *s.* Schlupfwinkel
schlüpfrig *adj* **1.** (*glitschig*) glissant(e)
2. (*lasziv*) grivois(e), égrillard(e)
Schlüpfrigkeit <-, -en> *f* grivoiserie *f*
Schlupfwinkel *m* repaire *m*
schlurfen *vi + sein* ■ **jd schlurft** qn marche en traînant les pieds; ■ **jd schlurft irgendwohin** qn va quelque part en traînant les pieds; ■ **das S~:** ***dieses S~ macht mich wahnsinnig*** cette façon de marcher en traînant les pieds me rend fou(folle)
schlürfen I. *vt* ■ **jd schlürft etw** qn aspire [bruyamment] qc
II. *vi* ■ **jd schlürft/schlürft bei etw** qn aspire bruyamment/fait du bruit en faisant qc; ***wirst du wohl endlich dieses/das laute S~ lassen!*** tu vas arrêter de faire du bruit en buvant/mangeant!
Schluss^RR, **Schluß** <Schlusses, Schlüsse> *m* **1.** (*Ende*) [*Film, Roman, Sendung, Vorstellung*] fin *f*
2. ∅ (*hinterster Teil*) [*Zug, Gruppe*] queue *f*
3. (*Folgerung*) conclusion *f*
4. MUS fin *f*
▸ **der krönende ~ [einer S. (*gen*)]** l'apothéose *f* [de qc]; ***der krönende ~ der Darbietung*** le clou du spectacle; **jd kommt zum ~** *geh* qn en arrive à la conclusion; **jd kommt zu einem ... ~** qn parvient à une conclusion ...; **jd macht [mit etw] ~** *fam* (*hört auf*) qn arrête [qc/de faire qc]; (*begeht Selbstmord*) qn met fin à ses jours; ***er hat beschlossen ~ zu machen*** il a décidé d'en finir; **jd macht [mit jdm] ~** qn rompt [avec qn]; **jd zieht aus etw den ~, dass** qn conclut de qc que + *indic;* **jd zieht einen ~/bestimmte Schlüsse [aus etw]** qn tire une conclusion/certaines conclusions [de qc]; **~ für heute!** ça suffit pour aujourd'hui!; **zum ~** pour terminer; (*in einer Rede*) en conclusion; **~ damit!** ça suffit!; **~ [jetzt]!, jetzt [ist] aber ~!** ça suffit [maintenant]!
Schluss-^RR, **Schluß-** final(e); **~*kapitel*** dernier chapitre *m* **Schlussakte^RR** *f* document *m* final **Schlussbemerkung^RR** *f* remarque *f* finale, conclusion *f*
Schlüssel <-s, -> *m* **1.** (*Türöffner*) clé *f*, clef *f;* (*Zünd~*) clé *f* de contact
2. *fam* (*Schrauben~*) clé *f*
3. (*Mittel zur Erschließung*) ■ **der ~ zu etw** *zu jds Erfolg, zu einem Geheimnis* la clé de qc; *zur Lösung, zum Verständnis von etw* la clé pour faire qc
4. (*Verteilungsschema*) barème *m*
5. SCOL (*Lösungsheft*) corrigé *m*
6. (*Code~*) code *m*
-schlüssel *m Auto-, Schrank-, Haustür-, Tür, Keller-, Koffer-* clé *f* [*o* clef *f*] du/de la/de ...
Schlüssel- **1.** *-position, -erlebnis, -branche, -szene* -clé, -clef **2.** (*für Schlüssel*) *-börse, -schränkchen* à clés, à clefs; **~*anhänger*** porte-clés *m;* **~*finder*** porte-clés *m* siffleur; **~*ring*** anneau *m* pour accrocher les clés **Schlüsselbein** *nt* clavicule *f* **Schlüsselblume** *f* coucou *m*, primevère *f* **Schlüsselbrett** *nt* tableau *m* des clés **Schlüsselbund** <-bunde> *m o nt* trousseau *m* de clés **Schlüsseldienst** *m* service *m* de dépannage de serrures [*o* de reproduction de clés], clé-minute *m* **Schlüsseletui** [-ɛtvi:] *nt* étui *m* à/de clés **schlüsselfertig** *adj, adv* clés en main **Schlüsselfigur** *f* personnage *m* clé **Schlüsselkind** *nt* enfant *m* à la clé (*qui rentre à la maison plus tôt que ses parents*) **Schlüsselloch** *nt* trou *m* de/de la serrure **Schlüsselroman** *m* roman *m* à clé[s] **Schlüsselstellung** *f* position-clé *f*
schlussfolgern^RR *vt* ■ **jd schlussfolgert etw [aus etw]** qn conclut [*o* déduit] qc [de [*o* à partir de] qc]; ■ **jd schlussfolgert [aus etw], dass** qn conclut [*o* déduit] [de qc] que + *indic* **Schlussfolgerung^RR** <-, -en> *f* conclusion *f*, déduction *f;* ■ **eine ~ aus etw** (*bei einer Feststellung*) une conséquence de qc; (*wenn man die verschiedenen Möglichkeiten in Betracht zieht*) une déduction à partir de qc ▸ **jd zieht eine ~/seine ~en [aus etw]** (*folgert etw logisch*) qn tire une conclusion/ses conclusions [de qc]; **jd zieht [aus etw] die ~, dass** qn tire [de qc] la conclusion que + *indic*
schlüssig *adj* **1.** (*folgerichtig*) concluant(e)
2. (*im Klaren*) ■ **jd ist/wird sich** (*dat*) **über etw** (*akk*) **~** qn est au clair/commence à y voir clair quant à qc; ***jd ist sich*** (*dat*) ***nicht ~*** qn est indécis(e); ■ **jd ist sich** (*dat*) **darüber** (*akk*) **~, dass/was/wie** qn se rend compte que + *indic*/de ce qui/comment; ***ich bin mir noch nicht recht ~ darüber, wie es vorbeigehen soll*** je ne vois encore pas bien quelle va être la suite

Schlusslicht^RR *nt* AUT feu *m* [rouge] arrière ▸ **jd ist [*o* bildet] das ~ [einer S. (*gen*)/in einer S. (*dat*)]** *fam* qn est la lanterne rouge [de qc] *fam* **Schlusspfiff^RR** *m* coup *m* de sifflet final **Schlussstrich^RR** *m* ▸ **jd zieht einen ~ [unter etw (*akk*)]** qn tire un trait [sur qc] **Schlussverkauf^RR** *m* soldes *mpl*
Schmach <-> *f* ∅ *geh* ignominie *f littér*, infamie *f littér*
▸ **jd tut jdm eine ~ an** qn fait un affront à qn
schmachten *vi geh* **1.** (*leiden*) ■ **jd schmachtet [vor etw (*dat*)]** qn languit [de qc] *soutenu;* ■ **jd lässt jdn [vor etw (*dat*)] ~** qn fait languir qn [de qc] *soutenu*
2. (*sich sehnen*) ■ **jd schmachtet nach jdm** qn languit d'amour pour qn *soutenu*, qn soupire pour qn *littér*
schmachtend *adj* langoureux(-euse)
schmächtig *adj* fluet(te), frêle
schmachvoll *adj geh s.* **schmählich**
schmackhaft *adj geh Essen, Gericht, Mahl, Wein, Zubereitung* délectable *littér*, savoureux(-euse)
▸ **jd macht jdm etw [durch etw] ~** qn suscite l'intérêt de qn pour qc [en faisant qc]; ***die angebotene Position wurde ihm durch ein gutes Gehalt ~ gemacht*** on lui a mis l'eau à la bouche en lui proposant un salaire élevé pour ce poste
Schmäh <-s, -s> *m* AUS (*Scherz*) plaisanterie *f*
Schmäh- diffamatoire; **~*schrift*** libelle *m*, diatribe *f;* **~*titel*** sobriquet *m*
schmähen *vt geh* ■ **jd schmäht jdn/etw** qn honnit qn/qc *littér*, qn vilipende qn/qc *littér*
schmählich I. *adj geh* ignominieux(-euse) *littér*, infamant(e) *littér*
II. *adv* ignominieusement *littér*
Schmähung <-, -en> *f geh* diffamation *f littér*, outrage *m;* ■ **jds ~** l'outrage *m* à qn
schmal <-er *o* ¨er, -ste *o* ¨ste> *adj* **1.** (*nicht breit*) *Schultern, Fenster, Haus, Öffnung, Straße* étroit(e); *Gesicht, Hüften a., Hand, Lippen, Schlitze, Taille* mince; *Baum, Wuchsform* élancé(e); ■ **jd ist ~** qn est mince
2. (*dürftig*) *Angebot, Auswahl* maigre, mince
schmalbrüstig *adj* **1.** *Mensch* qui a la poitrine étroite, au torse frêle; ■ **jd ist ~** qn a la poitrine étroite
2. *Haus* étroit(e)
schmälern *vt* ■ **jd schmälert etw** *Erfolg, Leistung, Ruhm* qn dénigre qc
Schmälerung <-, -en> *f* dénigrement *m*, discrédit *m*
Schmalfilm *m* film *m* super-huit [*o* super-8]
Schmalfilmkamera *f* caméra *f* super-huit [*o* super-8]
Schmalhans *m* ▸ **bei jdm ist ~ Küchenmeister** *veraltend fam* chez qn, on se serre la ceinture **Schmalseite** *f* côté *m* [étroit]
Schmalspur *f* voie *f* étroite
Schmalspurbahn *f* chemin *m* de fer à voie étroite
Schmalz <-es, -e> *nt* **1.** GASTR saindoux *m*
2. ∅ *pej fam* (*Rührseligkeit*) guimauve *f*
schmalzig *adj pej fam* à l'eau de rose *fam; Schlager, Stimme* sirupeux(-euse)
schmarotzen * *vi* **1.** *pej* ■ **jd schmarotzt** qn fait le/la pique-assiette; ■ **jd schmarotzt bei jdm** qn vit aux crochets de qn
2. BIO ■ **etw schmarotzt** qc croît en parasite; ■ **etw schmarotzt auf etw** (*dat*) qc parasite qc
Schmarotzer <-s, -> *m* BIO parasite *m*
Schmarotzer(in) <-s, -> *m(f) pej* parasite *m*, pique-assiette *mf*
Schmarr[e]n <-s, -> *m* **1.** GASTR SDEUTSCH, AUS *spécialité à base de lambeaux de crêpe*
2. *fam* (*Quatsch*) conneries *fpl fam;* ***so ein ~!*** qu'est-ce que c'est que ces conneries! *fam*
▸ **einen ~** *fam:* ***euer Klatsch interessiert mich einen ~*** vos histoires, j'en ai rien à secouer *fam;* ***das geht dich einen ~ an!*** c'est pas tes oignons! *fam*
schmatzen *vi* ■ **jd schmatzt** qn fait du bruit en mâchant; ■ **~d** en mâchant bruyamment; ***mit einem ~den Geräusch*** avec un bruit de mandibules; ***jd küsst jdn ~d*** qn donne un baiser sonore à qn; ***wirst du wohl das S~ sein lassen!*** tu vas arrêter de faire du bruit en mâchant!
schmausen *vi geh* ■ **jd schmaust** qn se régale, qn se délecte *littér;* ***das gibt ein S~!*** ça va être un régal!
schmecken I. *vi* **1.** (*munden*) ■ **es schmeckt [jdm]** [qn trouve que] c'est bon; ***schmeckt's?*** c'est bon?; ***wie hat es dir geschmeckt?*** comment tu as trouvé ça?; ■ **etw schmeckt** qc est bon(ne); ■ **etw schmeckt jdm** qn trouve que qc est bon(ne)
2. (*Geschmack haben*) ■ **etw schmeckt ...** qc a un goût ... + *adj;* ■ **etw schmeckt nach etw** qc sent qc, qc a un goût de qc
3. *fam* (*gefallen*) ■ **etw schmeckt jdm** /*Aufgabe, Job, Tätigkeit*/ qc plaît à qn; ***das schmeckt mir nicht schlecht*** ça me botte *fam*
▸ **jd lässt es sich** (*dat*) **~** qn se régale; **das schmeckt nach nichts** ça n'a aucun goût; **das schmeckt nach mehr!** *fam* ça a un petit goût de revenez-y! *fam*
II. *vt* ■ **jd schmeckt etw** qn goûte qc
▸ **jd bekommt etw zu ~** *fam* qn tâte de qc
Schmeichelei <-, -en> *f* flatterie *f*
schmeichelhaft *adj* flatteur(-euse); ■ **etw ist ~ [von jdm]** qc est flatteur(-euse) [de la part de qn]
▸ **etw ist wenig ~ [für jdn/etw]** qc est peu flatteur(-euse) [pour qn/qc]
schmeicheln *vi* **1.** (*übertrieben loben*) ■ **jd schmeichelt [jdm]** qn flatte [qn]
2. (*jds Selbstwertgefühl heben*) ■ **es schmeichelt jdm/einer S., dass** ça flatte qn/qc que + *subj*
3. (*günstig darstellen*) ■ **etw schmeichelt jdm/einer S.** qc flatte qn/qc; ■ **etw ist geschmeichelt** qc est flatteur(-euse)
Schmeichler(in) <-s, -> *m(f)* flatteur(-euse) *m(f)*

schmeichlerisch *adj* **1.** *pej* (*lobhudelnd*) obséquieux(-euse)
2. *s.* schmeichelhaft 1.

schmeißen <schmiss, geschmissen> **I.** *vt fam* **1.** (*werfen*) ■ **jd schmeißt etw irgendwohin/nach jdm** qn balance qc quelque part/sur qn *fam*
2. *sl* (*spendieren*) ■ **jd schmeißt etw** [**für jdn**] *Lage, Runde* qn paie qc [à qn] *fam*
3. *sl* (*managen*) ■ **jd schmeißt etw** *Laden* qn fait tourner qc; *Ding* qn goupille qc *fam*
II. *vi fam* **1.** (*werfen*) ■ **jd schmeißt mit etw** [**nach jdm/einem Tier**] qn balance qc [sur qn/un animal] *fam*
2. (*im Überfluss verwenden*) ■ **jd schmeißt mit etw um sich** *mit Fremdwörtern, Zitaten* qn vous agonit de qc; *mit Geld* qn fiche qc par les fenêtres *fam*
III. *vr* ■ **jd schmeißt sich auf jdn/etw** (*akk*) qn se jette sur qn/qc

Schmeißfliege *f* mouche *f* bleue

Schmelz <-[e]s, -e> *m* émail *m*

Schmelze <-, -n> *f* **1.** METAL métal *m* en fusion
2. (*Magma*) lave *f*, matière *f* en fusion

schmelzen <schmilzt, schmolz, geschmolzen> **I.** *vi* + *sein* ■ **etw schmilzt** /*Butter, Metall, Wachs, Eis, Schnee*/ qc fond
▸ **jd/etw bringt etw zum S~** qn/qc fait fondre qc
II. *vt* + *haben* ■ **jd schmilzt etw** *Metall* qn fond qc; *Eis* qn fait fondre qc

Schmelzkäse *m form s.* **Streichkäse. Schmelzpunkt** *m* point *m* de fusion **Schmelzwasser** *nt* eau *f* [provenant] de la fonte des neiges

Schmerbauch *m fam* brioche *f fam*, bedaine *f fam*

Schmerz <-es, -en> *m* douleur *f*
▸ **etw erfüllt jdn mit ~** qc remplit qn de douleur; **hast du sonst noch ~en?** *iron fam* c'est tout ce qui te manque?; **jd hat** [**bei etw/in etw** (*dat*)] **~en** *beim Schlucken* qn a mal en faisant qc; *im Kreuz, in der Nierengegend* qn a mal à qc; *in den Gelenken* qn a mal dans qc; **unter ~en** dans la douleur; **vor ~en** de douleur

schmerzbetäubend I. *adj* analgésique, antidouleur *inv* **II.** *adv*: *etw wirkt* ~ qc a un effet [*o* est [un]] analgésique **schmerzempfindlich** *adj* **1.** (*leicht Schmerzen empfindend*) douillet(te) **2.** (*leicht schmerzend*) sensible

schmerzen I. *vi* **1.** (*wehtun*) ■ **etw schmerzt** qc est douloureux(-euse), qc fait mal; ■ **~d** douloureux(-euse), qui fait mal
2. *geh* (*Kummer bereiten*) ■ **es schmerzt, dass/wenn** cela affecte qn que + *subj soutenu*; ***es schmerzt, wenn ich daran denke, dass*** cela m'affecte de penser que + *indic soutenu*
II. *vt geh* ■ **etw schmerzt jdn** qc affecte qn *soutenu*; ■ **es schmerzt jdn etw zu tun** cela affecte qn [*o* qn est affecté(e)] de faire qc *soutenu*

-schmerzen *pl Kopf-, Zahn-, Bauch-, Herz-, Rücken-, Hals-, Ohren-* maux *mpl* de, mal *m* de; ***Muskel~*** douleurs *fpl* musculaires; ***jd hat/bekommt ~*** qn a/attrape mal au/à la/aux

Schmerzensgeld *nt* pretium *m* doloris **Schmerzenslaut** *m geh* cri *m* de douleur **Schmerzensschrei** *m* cri *m* de douleur

Schmerzgrenze *f* **1.** (*Grenze des Erträglichen*) limite *f* du supportable; ***über die ~*** au-delà du supportable
2. (*absolutes Limit*) dernière limite *f*; ***5000,- DM, das ist wirklich die ~, weiter kann ich Ihnen nicht entgegenkommen*** 5000 marks, c'est mon dernier prix; je ne peux pas aller au-delà

schmerzhaft *adj* **1.** (*Schmerzen verursachend*) douloureux(-euse)
2. *geh s.* schmerzlich

schmerzlich I. *adj geh* douloureux(-euse), pénible
II. *adv* **1.** (*vor Schmerz*) *verzerrt* de douleur
2. (*bitter*) *vermissen* amèrement; *entbehren* à mon/son/... grand dam *littér*

schmerzlindernd I. *adj* calmant(e), sédatif(-ive)
II. *adv*: *etw wirkt* ~ qc a un effet calmant [*o* sédatif], qc calme la douleur

schmerzlos I. *adj Eingriff, Operation* indolore; *Geburt* sans douleur; ■ **etw ist** [**für jdn**] ~ qc est indolore [pour qn]
II. *adv durchführen, erfolgen, geschehen* sans douleur

Schmerzmittel *nt* analgésique *m*, sédatif *m*, antalgique *m* **schmerzstillend** *adj* analgésique; ■ **etw ist** ~ qc calme la douleur **Schmerztablette** *f* cachet *m* [*o* comprimé *m*] antidouleur [*o* contre la douleur] **schmerzverzerrt** *adj* ravagé(e) de douleur **schmerzvoll** *adj geh s.* **schmerzlich**

Schmetterball *m* smash *m*

Schmetterling <-s, -e> *m* papillon *m*

Schmetterlingsblütler <-s, -> *m* papilionacée *f*

Schmetterlingsstil *m* [brasse *f*] papillon *m*

schmettern I. *vt* + *haben* **1.** (*schleudern*) ■ **jd schmettert etw irgendwohin** qn envoie [*o* lance] qc quelque part; ***jd schmettert die Tür ins Schloss*** qn claque la porte; ***jd schmettert den Hörer auf die Gabel*** qn repose violemment le combiné
2. SPORT ■ **jd schmettert etw** qn smashe qc
3. (*ertönen lassen*) ■ **jd schmettert etw** *Solo, Tusch* qn attaque qc; *Lied* qn entonne qc
II. *vi* **1.** + *sein* (*aufprallen*) ■ **jd/etw schmettert irgendwohin** qn/qc s'écrase quelque part; ***er schmetterte mit dem Kopf gegen etw*** sa tête s'est écrasée contre qc
2. + *haben* SPORT ■ **jd schmettert** qn smashe
3. + *haben* MUS ■ **etw schmettert** qc retentit

Schmied(in) <-[e]s, -e> *m(f)* forgeron *m*

Schmiede <-, -n> *f* forge *f*

Schmiedearbeit *f* ouvrage *m* [en fer] forgé **Schmiedeeisen** *nt* fer *m* forgé **schmiedeeisern** *adj* en fer forgé **Schmiedehammer** *m* marteau *m* de forgeron

schmieden *vt* **1.** (*hämmern*) ■ **jd schmiedet etw** qn forge qc; ■ **jd schmiedet etw zu etw** *Stahl* qn forge qc pour en faire qc
2. (*aushecken*) ■ **jd schmiedet etw** [**gegen jdn**] *Intrige, Plan, Ränke* qn forge qc [contre qn]
3. (*schmiedeeisern*) ■ **etw ist geschmiedet** qc est en fer forgé

schmiegen I. *vr* **1.** (*sich kuscheln*) ■ **jd schmiegt sich an jdn/etw/in etw** (*akk*) qn se blottit contre qn/qc/dans qc
2. (*eng anliegen*) ■ **etw schmiegt sich an etw** (*akk*)/**um etw** qc moule qc
▸ **sie ~ sich aneinander** ils/elles se serrent [*o* se blottissent] l'un(e) contre l'autre/les un(e)s contre les autres; **aneinander geschmiegt** serré(e)s [*o* blotti(e)s] l'un(e) contre l'autre/les un(e)s contre les autres
II. *vt* ■ **jd schmiegt etw an etw** (*akk*)/**in etw** (*akk*) qn blottit qc contre/dans qc

schmiegsam *adj Leder, Material, Stoff* souple; *Körper, Leib a.* flexible

Schmiere <-, -n> *f* cambouis *m*
▸ **jd steht** [**irgendwo**] ~ *sl an der Ecke, vor dem Laden, draußen, in der Nähe* qn fait le guet [*o* le pet *arg*] [quelque part]

schmieren I. *vt* **1.** (*streichen*) ■ **jd schmiert** [**sich** (*dat*)] **etw an etw** (*akk*)/**auf etw** (*akk*) qn [se] tartine qc sur qc; *Salbe, Schminke* qn étale qc sur son/sa/ses qc; ■ **jd schmiert jdm etw an etw** (*akk*)/**auf etw** (*akk*) qn tartine qc sur le/la qc de qn; *Salbe, Schminke* qn lui applique [*o* étale] qc sur qc
2. (*malen*) ■ **jd schmiert etw an/auf/in eine S.** *an Mauern, auf Grabsteine* qn peint qc sur une chose; *in ein Heft* qn macule une chose de qc
3. TECH ■ **jd/etw schmiert etw** *Gestänge, Scharnier* qn/qc graisse qc; (*ölen*) *Kolben, Nockenwelle* qn/qc lubrifie qc
4. *fam* (*bestechen*) ■ **jd schmiert jdn** qn lui graisse la patte *fam*
▸ **wie geschmiert** *fam* comme sur des roulettes *fam*; ***alles läuft wie geschmiert*** ça [*o* tout] baigne [dans l'huile]; **jd schmiert jdm eine** *fam* qn en colle une à qn *fam*
II. *vi* **1.** *pej* ■ **jd schmiert** [**mit etw**] *mit Malstift, Ölkreide* qn gribouille [avec qc]; *mit Farbe* qn barbouille [avec qc]
2. (*unsauber schreiben*) ■ **etw schmiert** qc bave
3. *fam* (*bestechen*) ■ **jd schmiert** qn arrose *fam*

Schmiererei <-, -en> *f pej fam* (*Schrift, Zeichnung*) gribouillis *m*, gribouillage *m*; (*Gemälde*) barbouillage *m*

Schmierfett *nt* graisse *f* **Schmierfink** *m pej* **1.** (*schmutziges Kind*) [petit] cochon *m* **2.** (*Wandschmierer*) tagueur *m* **3.** (*Journalist*) pisseur *m* de copie *fam*, fouille-merde *m fam* **Schmiergeld** *nt fam* dessous-de-table *m*, pot-de-vin *m* **Schmierheft** *nt* cahier *m* de brouillon

schmierig *adj* **1.** (*nass und klebrig*) *Gesicht, Haar, Hand* poisseux(-euse); *Kleidungsstück, Fußboden, Oberfläche* couvert(e) de [taches de] graisse
2. *pej* (*schleimig*) *Mensch* visqueux(-euse) *soutenu*; ***dieser ~e Kerl*** ce faux jeton *fam*

Schmieröl *nt* huile *f* lubrifiante [*o* de graissage] **Schmierpapier** *nt* [papier *m* de] brouillon *m* **Schmierseife** *f* savon *m* noir

Schmierung <-, -en> *f* graissage *m*, lubrification *f*

Schmierzettel *m* [feuille *f* de] brouillon *m*; ***ich notiere mir das mal auf einem ~*** je vais noter ça sur un bout de papier

schmilzt *3. pers pres von* **schmelzen**

Schminke <-, -n> *f* maquillage *m*

schminken I. *vt* ■ **jd schminkt jdn/etw** qn maquille qn/qc
II. *vr* **1.** ■ **jd schminkt sich** qn se maquille; ■ **jd ist** [...] **geschminkt** qn est maquillé(e) [...]; ■ **das S~** le maquillage; ***jd braucht lange zum S~*** qn a besoin de beaucoup de temps pour se maquiller
2. ■ **jd schminkt sich** (*dat*) **etw** qn se maquille qc

Schminkkoffer *m* (*leer*) mallette *f* à maquillage; (*voll*) mallette *f* de maquillage **Schminktäschchen** *nt* (*leer*) trousse *f* à maquillage; (*voll*) trousse *f* de maquillage **Schminktisch** *m* coiffeuse *f*, table *f* de maquillage

schmirgeln I. *vt* ■ **jd schmirgelt etw** qn ponce qc; ■ **jd schmirgelt etw von etw** qn décape qc de qc par ponçage
II. *vi* ■ **jd schmirgelt** qn ponce; ■ **das S~** le ponçage

Schmirgelpapier *nt* papier *m* [d']émeri

schmiss[RR], **schmiß** *imp von* **schmeißen**

Schmiss[RR] <-es, -e>, **Schmiß** <-sses, -sse> *m* **1.** (*Narbe*) balafre *f*, estafilade *f*
2. *veraltend* (*Schwung*) allant *m*
▸ **etw hat ~** qc a de l'allant, qc est entraînant(e)

schmissig *adj veraltend* plein(e) d'allant, entraînant(e)

Schmöker <-s, -> *m fam* roman *m* de quatre sous [*o* de gare]

schmökern I. *vi fam* ■ **jd schmökert** [**in etw** (*dat*)] qn bouquine [qc] *fam*
II. *vt fam* ■ **jd schmökert etw** qn bouquine qc *fam*

schmollen *vi* ■ **jd schmollt** qn boude

Schmollmund *m* ▸ **jd macht einen ~** qn fait la moue

schmolz *imp von* **schmelzen**

Schmorbraten *m* bœuf *m* braisé

schmoren I. *vt* GASTR ■ **jd schmort etw** qn fait braiser qc
II. *vi* **1.** GASTR ■ **etw schmort** qc cuit à petit feu
2. *fam* (*schwitzen*) ■ **jd schmort irgendwo** qn cuit [*o* rôtit] quelque part *fam*
3. *fam* (*unbearbeitet liegen*) ■ **etw schmort irgendwo** /*Antrag, Eingabe*/ qc moisit quelque part
▸ **jd lässt jdn ~** *fam* (*warten*) qn fait [*o* laisse] mariner qn *fam*

Schmu <-s> *m* ∅ *fam* **1.** (*Unsinn*) connerie *f fam*
2. (*Betrug*) magouille *f fam*
▸ **jd macht** [**bei etw**] ~ qn truande [en faisant qc] *fam*

schmuck *adj veraltend geh Paar* joli(e) *antéposé*; *Verehrer* fringant(e); *Hut, Uniform* pimpant(e)

Schmuck <-[e]s> *m* ∅ **1.** (*Schmuckstücke*) bijoux *mpl*

2. (*Verzierung*) décoration *f*, ornement *m*

schmücken I. *vr* ■ **jd schmückt sich** qn met des bijoux; ■ **jd schmückt sich mit etw** qn se pare de qc
II. *vt* ■ **jd schmückt etw [mit etw]** qn décore qc [avec [*o* de] qc]

Schmuckgegenstand *m* bijou *m* **Schmuckkästchen** *nt* boîte *f* [*o* coffret *m*] à bijoux

schmucklos *adj* nu(e)

Schmucksachen *pl* bijoux *mpl* **Schmuckstück** *nt* bijou *m* **Schmuckwaren** *pl* bijoux *mpl*

Schmuddel- *fam* 1. (*unsauber*) crado *fam*, crade *fam*
2. (*anrüchig*) *-kino* X, porno *fam*; *-filmchen*, *-geschichte* de cul *fam*; ~**blatt** feuille *f* de chou; ~**kind** vilain petit canard *m*; ~**krankheit** maladie *f* honteuse

schmudd[e]lig *adj* sale, crasseux(-euse); ■ **etw wird** ~ qc se salit
▶ **jd macht sich** ~ qn se salit

Schmuggel <-s> *m* Ø contrebande *f*; [*Drogen, Waffen a.*] trafic *m*

Schmuggelei <-, -en> *f* contrebande *f*

schmuggeln *vt* 1. (*illegal ex- oder importieren*) ■ **jd schmuggelt etw** *Handelsware* qn fait de la contrebande de qc; *Drogen, Waffen a.* qn fait du trafic de qc; ***etw wird ins Land/über die Grenze geschmuggelt*** qc est introduit(e)/passe la frontière en contrebande; ■ **das S~** la contrebande; [*Drogen, Waffen a.*] le trafic; ***jd wird beim S~ erwischt*** qn se fait pincer en train de faire de la contrebande
2. (*illegal bringen*) ■ **jd schmuggelt jdn/etw irgendwohin** *ins Land, an Bord, in ein Gepäckstück* qn introduit qn/qc en fraude quelque part; *außer Landes, aus einer Anstalt* qn fait sortir qn/qc en fraude de quelque part; ***es gelang ihr ihn über die Grenze zu*** ~ elle a réussi à lui faire passer clandestinement la frontière; ■ **jd schmuggelt jdm etw irgendwohin** qn lui glisse [subrepticement] qc quelque part

Schmuggelware *f* [marchandise *f* de] contrebande *f*

Schmuggler(in) <-s, -> *m(f)* contrebandier(-ière) *m(f)*

schmunzeln *vi* ■ **jd schmunzelt [über jdn/etw]** qn sourit [de qn/qc]

Schmunzeln <-s> *nt* Ø sourire *m*

Schmusekurs *m* manière *f* douce

schmusen *vi fam* ■ **jd schmust [mit jdm]** qn fait des mamours [à qn] *fam*; ■ **sie** ~ **[miteinander]** ils/elles se font des mamours *fam*

Schmutz <-es> *m* Ø (*Dreck*) saleté *f*; (*Schlamm*) boue *f*; (*Staub*) poussière *f*
▶ ~ **und Schund**: ***was im Fernsehen kommt, ist ~ und Schund*** ce qu'on voit à la télévision est immoral; ***diese Blätter schreiben nur ~ und Schund*** ces journaux se complaisent dans l'immoralité; **jd zieht jdn/etw durch den** ~ qn traîne qn/qc dans la boue

Schmutz- 1. (*Dreck-*) de saleté; (*Schlamm-*) de boue; (*Staub-*) de poussière; ~**rand** bord *m* sale; ~**löser** détergent *m*
2. (*von Verschmutzendem*) *-einleitung, -fracht* de/des déchets

schmutzen *vi* ■ **etw schmutzt** qc se salit, qc est salissant(e); ***etw schmutzt leicht/schnell*** qc est très salissant(e)

Schmutzfink *m fam* 1. *pej* fouille-merde *m fam*
2. *s.* Schmierfink

schmutzig *adj* 1. (*dreckig*) sale; (*mit Schlamm bedeckt a.*) boueux(-euse); (*mit Staub bedeckt a.*) poussiéreux(-euse)
2. *pej* (*anrüchig*) sale
3. *pej* (*obszön*) salace
▶ **jd macht sich [bei etw]** ~ qn se salit [en faisant qc]; **jd macht sich [bei etw] an etw** (*dat*) ~ qn salit son/sa/ses qc [en faisant qc]; **jd macht sich** (*dat*) **etw [bei etw]** ~ *Fingernägel, Hände* qn se salit qc [en faisant qc]; *Kleidungsstück, Schuhe* qn salit son/sa/ses qc [en faisant qc]

Schmutztitel *m* faux-titre *m* **Schmutzwäsche** *f* linge *m* sale; ***jd gibt etw zur*** ~ qn met qc au sale *fam* **Schmutzwasser** *nt* eau *f* sale

Schnabel <-s, Schnäbel> *m* 1. ORN bec *m*
2. (*lange Tülle*) bec *m* [verseur]
3. *fam* (*Mund*) bec *m fam*
▶ **jd redet, wie ihm/ihr der** ~ **gewachsen ist** *fam* (*spontan*) qn dit les choses comme elles lui viennent; (*schonungslos*) qn appelle un chat un chat; **halt den [*o* deinen]** ~! *fam* ferme-la! *fam*

schnäbeln *vi* ■ **Vögel** ~ des oiseaux se frottent le bec

Schnabeltasse *f* tasse *f* à bec

Schnackerl <-s, -n> *nt* AUS (*Schluckauf*) hoquet *m*
▶ **jd hat das** ~ qn a le hoquet

Schnake <-, -n> *f* 1. (*Weberknecht*) [grande] tipule *f*, cousin *m*
2. DIAL *fam* (*Stechmücke*) moustique *m*

Schnalle <-, -n> *f* boucle *f*

schnallen *vt* 1. (*befestigen*) ■ **jd schnallt etw ...**: ***jd schnallt etw enger/weiter/fester*** qn serre/desserre qc/serre qc davantage
2. (*aufschnallen*) ■ **jd schnallt etw auf etw** (*akk*)/**auf ein Tier** qn attache [*o* fixe] qc sur qc/un animal; ■ **jd schnallt sich** (*dat*) **etw auf etw** (*akk*) qn s'attache qc sur qc; ■ **jd schnallt jdm/einem Tier etw auf etw** (*akk*) qn lui attache [*o* fixe] qc sur qc
3. (*losschnallen*) ■ **jd schnallt etw von etw** qn détache qc de qc
4. *sl* (*kapieren*) ■ **jd schnallt etw** qn pige qc *fam*

Schnallenschuh *m* chaussure *f* à boucle

schnalzen *vi* ■ **jd schnalzt** (*mit der Zunge*) qn fait claquer sa langue; (*mit den Fingern*) qn claque des doigts, qn fait claquer ses doigts; ■ **jd schnalzt mit etw** qn fait claquer qc

Schnäppchen <-s, -> *nt fam* [bonne] affaire *f*
▶ **jd macht [bei etw] ein** ~ qn fait une [bonne] affaire [en faisant qc]

schnappen I. *vi* 1. + *haben* (*greifen*) ■ **jd schnappt nach etw** qn essaie d'attraper [*o* de saisir] qc
2. + *haben* (*mit dem Maul*) ■ **ein Tier schnappt nach jdm/etw** */Hund, Krokodil/* un animal cherche à mordre qn/qc; */Gans, Schwan/* un animal cherche à pincer qn/qc
3. + *sein* (*klappen*) ■ **etw schnappt irgendwohin** */Riegel, Tür/* qc s'enclenche dans qc; */Klappbett/* qc s'escamote dans qc; ***etw schnappt in die Höhe*** qc se relève d'un coup
II. *vt* + *haben fam* 1. (*ergreifen*) ■ **jd/ein Tier schnappt [sich** (*dat*)**] etw** qn/un animal chope qc *fam*
2. (*fassen*) ■ **jd schnappt jdn an etw** (*dat*) qn chope qn par qc *fam*; ■ **ein Tier schnappt jdn an etw** (*dat*) un animal lui chope qc *fam*
3. (*fangen*) ■ **jd schnappt jdn** qn chope qn
III. *vr fam* (*abpassen*) ■ **jd schnappt sich** (*dat*) **jdn** qn harponne qn *fam*

Schnappmesser *nt* couteau *m* à cran d'arrêt **Schnappschloss**[RR] *nt* (*Türschloss*) serrure *f* à ressort; (*Schmuckverschluss*) fermoir *m* [à] cliquet **Schnappschuss**[RR] *m* instantané *m*

Schnaps <-es, Schnäpse> *m* 1. (*Branntwein*) eau-de-vie *f*
2. (*Glas*) [petit] verre *m* d'eau-de-vie

Schnäpschen <-s, -> ['ʃnɛpsçən] *nt dim von* **Schnaps** *fam* goutte *f fam*, petit verre *m* de gnôle *fam*

Schnapsfahne *f fam* haleine *f* qui pue l'alcool *fam* ▶ **jd hat eine** ~ qn a une haleine qui pue l'alcool *fam* **Schnapsflasche** *f* bouteille *f* d'eau-de-vie **Schnapsglas** *nt* verre *m* à liqueur **Schnapsidee** *f fam* idée *f* farfelue [*o* loufoque] *fam*

schnarchen *vi* ■ **jd schnarcht** qn ronfle; ■ **das S~** le ronflement; ***hör mit dem S~ auf*** arrête de ronfler

Schnarcher <-s, -> *m* (*Atemgeräusch*) ronflement *m*

Schnarcher(in) <-s, -> *m(f)* ronfleur(-euse) *m(f)*
▶ **jd ist** ~ qn ronfle

schnarren *vi* ■ **etw schnarrt** qc bourdonne

schnattern *vi* 1. ORN ■ **ein Vogel schnattert** */Ente/* un oiseau cancane; */Gans, Papagei/* un oiseau criaille; */Elster/* un oiseau jacasse; ■ **das S~** [*Ente*] les coin-coin *mpl*; [*Gans, Papagei*] les criailleries *fpl*; [*Elster*] les jacassements *mpl*
2. *fam* (*schwatzen*) ■ **jd schnattert** qn caquette, qn jacasse

schnauben <schnaubte *o veraltet* schnob, geschnaubt *o veraltet* geschnoben> I. *vi* 1. (*außer sich sein*) ■ **jd schnaubt [vor etw** (*dat*)**]** qn écume [de qc]
2. (*durch die Nase blasen*) ■ **ein Pferd schnaubt** un cheval s'ébroue
3. DIAL (*sich schnäuzen*) ■ **jd schnaubt [irgendwohin]** qn se mouche [quelque part]
II. *vr* DIAL ■ **jd schnaubt sich** qn se mouche

schnaufen *vi* 1. + *haben* (*angestrengt atmen*) ■ **jd schnauft** qn halète, qn souffle comme un phoque; ■ **das S~** le halètement; ***unter lautem S~*** en haletant bruyamment, en soufflant comme un phoque
2. + *haben bes.* SDEUTSCH (*atmen*) ■ **jd schnauft** qn respire
3. + *sein fam* (*sich keuchend bewegen*) ■ **jd schnauft irgendwohin** qn va quelque part en haletant; ***jd kommt die Treppe hoch geschnauft*** qn monte l'escalier en haletant

Schnauferl <-s, - *o* -n> *nt* AUS *fam* [vieux] tacot *m fam*

Schnauz <-es, Schnäuze> *m* CH moustache *f*

Schnauzbart *m* 1. (*Schnurrbart*) moustache *f*
2. (*Mensch*) moustachu *m*

Schnauze <-, -n> *f* 1. (*Maul*) [*Bär, Hund, Wolf*] gueule *f*, museau *m*
2. *sl* (*Mund*) gueule *f fam*; ***er hat eine freche*** ~ c'est une grande gueule *fam*
3. *fam* (*Motorhaube*) capot *m*
4. *fam* (*Bug*) [*Flugzeug*] nez *m*
▶ **frei nach** ~ *fam* au pif *fam*; **jd hat eine große** ~ *sl* qn a une grande gueule *fam*; **jd hat die** ~ **[von etw] [gestrichen] voll** *sl* qn en a ras le bol [de qc] *fam*; **jd fällt [mit etw] auf die** ~ *sl* qn se casse la gueule [en faisant qc] *fam*; **jd hält [über etw** (*akk*)**] die** ~ *sl* qn ferme sa gueule [à propos de qc] *fam*; ~! *sl* ta gueule/vos gueules! *fam*

schnauzen *vi fam* ■ **jd schnauzt** qn gueule *fam*

schnäuzen[RR] *vr* ■ **jd schnäuzt sich [irgendwohin]** qn se mouche [quelque part]

Schnauzer <-s, -> *m* 1. (*Hundeart*) schnauzer *m*
2. *fam* (*Schnauzbart*) bac[ch]antes *fpl fam*

Schnäuzer <-s, -> *m* DIAL *s.* **Schnauzer 2.**

Schnecke <-, -n> *f* 1. ZOOL (*mit Haus*) escargot *m*; (*ohne Haus*) limace *f*
2. *meist pl* GASTR escargot *m*
3. GASTR (*Gebäck*) escargot *m*
4. ANAT limaçon *m*
▶ **jd macht jdn [wegen etw] zur** ~ *fam* qn passe un savon à qn [à cause de qc] *fam*

Schneckengehäuse *nt form*, **Schneckenhaus** *nt* coquille *f* [d'escargot]
▶ **jd zieht sich in sein** ~ **zurück** qn rentre dans sa coquille **Schneckentempo** *nt* ▶ **im** ~ *fam* comme un escargot/des escargots; ***es ging nur im ~ vorwärts*** on avançait comme des escargots

Schnee <-s> *m* Ø 1. METEO neige *f*
2. *sl* (*Kokain*) neige *f arg*
▶ ~ **von gestern [*o* vorgestern]** *fam* du réchauffé

Schneeball *m* 1. (*aus Schnee*) boule *f* de neige
2. BOT boule-de-neige *f*

Schneeballschlacht *f* bataille *f* de boules de neige ▶ **sie machen eine** ~ ils/elles font une bataille de boules de neige **Schneeballsystem** *nt* vente *f* pyramidale, système *m* de vente à la boule de neige

schneebedeckt *adj* couvert(e) de neige **Schneebesen** *m* fouet *m* **schneeblind** *adj* aveuglé(e) par la neige **Schneeblindheit** *f* ophtalmie *f* des neiges **Schneebob** *m* scooter *m* des neiges **Schneebrille** *f* lunettes *fpl* de glacier **Schneedecke** *f* couche *f* de neige **Schneefall** *m* chute *f* de neige **Schneeflocke** *f* flocon *m* [de neige] **schneefrei**

adj Fläche, Gebiet sans neige; *Straße, Pass* dégagé(e) ▸**jd hat** ~ qn est en congé scolaire à cause de la neige **Schneegans** *f* oie *f* des neiges **Schneegestöber** *nt* bourrasque *f* [*o* tourbillon *m*] de neige **schneeglatt** *adj* rendu(e) glissant(e) par la neige; ■ **etw ist** ~ qc glisse à cause de la neige **Schneeglätte** *f* glissance *f* due à la neige; ***verbreitet tritt ~ auf*** de nombreuses chaussées sont rendues glissantes par la neige **Schneeglöckchen** <-s, -> *nt* perce-neige *m o f* **Schneegrenze** *f* limite *f* de la neige **Schneehemd** *nt* tenue *f* de camouflage pour la neige **Schneekanone** *f* canon *m* à neige **Schneekette** *f meist pl* chaîne *f* [à neige] **Schneekönig** *m* ▸**jd freut sich wie ein** ~ [**über etw** (*akk*)/**dass**] *fam* qn est heureux(-euse) comme un roi/une reine [de qc/que + *subj*] **Schneemann** <-männer> *m* bonhomme *m* de neige **Schneematsch** *m* neige *f* fondante **Schneepflug** *m* chasse-neige *m*; ***jd fährt im*** ~ qn fait du chasse-neige **Schneeregen** *m* neige *f* fondue **Schneeschmelze** *f* fonte *f* des neiges **schneesicher** *adj* [suffisamment] enneigé(e) **Schneeskooter** <-s, -> [-sku:tɐ] *m* scooter *m* des neiges **Schneesturm** *m* tempête *f* de neige **Schneetreiben** *nt* tourmente *f* de neige **Schneeverwehung** *f* congère *f* **schneeweiß** *adj Haare* blanc(blanche) comme la neige; *Haut* laiteux(-euse); (*vor Schreck*) blanc(blanche) comme un linge

Schneewittchen <-s> *nt* ∅ Blanche-Neige *f*

Schneid <-[e]s> *m* ∅ *fam* cran *m fam*
▸**jd hat** ~ qn a du cran *fam*; **jd hat keinen** ~ qn est un dégonflé/une dégonflée *fam*; **jd lässt sich** (*dat*) **den** ~ **abkaufen** qn se dégonfle *fam*

Schneidbrenner <-s, -> *m* chalumeau *m*

Schneide <-, -n> *f* fil *m*, tranchant *m*

schneiden <schnitt, geschnitten> I. *vt* 1. (*zerteilen*) ■ **jd schneidet** [**jdm/sich**] **etw** (*mit dem Messer*) qn coupe qc [à qn]/[se] coupe qc; (*mit der Schere*) qn découpe qc [à qn]/[se] découpe qc; ■ **jd schneidet etw in etw** (*akk*) *in Scheiben, Stücke* qn coupe qc en qc
2. (*kürzen*) ■ **jd schneidet jdm/sich etw** *Haare, Fingernägel* qn coupe qc à qn/se coupe qc; *Bart a.* qn taille qc à qn/se taille qc
3. (*einschneiden*) ■ **jd schneidet etw in etw** (*akk*) *Gewinde, Initialen* qn grave qc dans qc
4. AUT ■ **jd schneidet jdn/etw** qn fait une queue de poisson à qn/qc; *Kurve* qn coupe qc
5. (*kreuzen*) ■ **etw schneidet etw** qc coupe qc
6. AUDIOV, CINE (*cutten*) ■ **jd schneidet etw** *Film* qn monte qc; *Tonband, Videoband* qn fait un/le montage de qc; ***dieses Tonband ist geschnitten worden*** cette bande est un montage
7. MED *fam* ■ **jd schneidet jdn/etw** qn ouvre qn/qc; ***sie ist bei der Geburt geschnitten worden*** elle a eu [*o* on lui a fait] une épisiotomie
8. COUT (*zuschneiden*) ■ **jd schneidet** [**jdm/sich**] **etw** qn [lui/se] coupe qc; ■ [**etw ist**] … **geschnitten** *eng, weiter, zu weit* [qc est] coupé(e) …
9. (*meiden*) ■ **jd schneidet jdn** qn fuit qn
10. (*zeigen*) ■ **jd schneidet** [**jdm**] **etw** *Fratze, Grimasse, Gesicht* qn fait qc [à qn]
▸**jd schneidet etw auseinander** qn découpe qc; **jd schneidet etw klein** *Fleisch, Kartoffel, Gemüse* qn coupe qc en petits morceaux; *Zwiebel, Knoblauch* qn hache finement [*o* menu] qc; **klein geschnitten** *Speck, Fleisch, Gemüse* en morceaux; (*gewürfelt*) en cubes; *Knoblauch, Zwiebel* haché(e) finement [*o* menu]
II. *vr* 1. (*sich verletzen*) ■ **jd schneidet sich** [**an etw** (*dat*)] *an einer Klinge, Scherbe* qn se coupe [avec qc]; ■ **jd schneidet sich in etw** (*akk*) *in den Finger, die Hand* qn se coupe à qc, qn s'entaille qc
2. (*sich kreuzen*) ■ **sie** ~ **sich** /*Geraden, Straßen*/ ils/elles se coupent
▸**jd hat sich geschnitten** *fam* qn se fourre le doigt dans l'œil [jusqu'au coude] *fam*
III. *vi* 1. MED ■ **jd schneidet** qn ouvre
2. (*trennen*) ■ **etw schneidet** … /*Klinge, Messer, Schere*/ *gut, schlechter* qc coupe …
3. *geh* (*schneidend sein*) ■ **etw schneidet** /*Frost, Kälte, Wind*/ qc est coupant(e) [*o* mordant(e)]; ■ **etw schneidet jdm irgendwohin** qc lui coupe [*o* mord] qc

schneidend *adj* 1. (*durchdringend*) *Frost, Kälte, Wind* coupant(e), mordant(e); *Schmerz* aigu(ë), déchirant(e)
2. (*bitter*) *Sarkasmus, Spott* mordant(e)
3. (*scharf*) *Stimme, Ton* cassant(e)

Schneider(in) <-s, -> *m(f)* 1. tailleur/couturière *m/f*
2. KARTEN *annonce au skat avec moins de trente points*
▸**jd friert wie ein** ~ *fam* qn caille *fam*, qn se les gèle *fam*; **jd ist im** ~ KARTEN qn a moins de trente points; **jd ist aus dem** ~ *fam* qn a passé le cap difficile, qn est sorti(e) de l'ornière; KARTEN qn a plus de trente points

Schneiderei <-, -en> *f* atelier *m* de couture

schneidern I. *vi* ■ **jd schneidert** (*als Beruf*) qn est tailleur/couturière; (*als Hobby*) qn fait de la couture
II. *vt* ■ **jd schneidert** [**jdm/sich**] **etw** qn [lui/se] coud [*o* confectionne] qc

Schneidersitz *m* ▸**im** ~ en tailleur

Schneidezahn *m* incisive *f*

schneidig I. *adj* fringant(e)
II. *adv grüßen, salutieren* énergiquement

schneien I. *vi impers* ■ **es schneit** il neige
II. *vt impers* 1. ■ **es schneit etw** (*akk*) *Schneeflocken* il tombe qc; ***es schneit dicke Flocken*** la neige tombe [*o* il neige] à gros flocons
2. (*herabfallen*) ■ **es schneit etw** *Blütenblätter, Konfetti* il tombe une pluie de qc

Schneise <-, -n> *f* tranchée *f*

schnell I. *adj* 1. (*opp: langsam*) rapide; ***jetzt ist ~es Handeln geboten*** maintenant, il faut agir vite
2. *attr* (*schnell verdient*) *Geld, Mark* vite gagné(e); ***jd will das ~e Geld verdienen/~es Geld machen*** qn veut des bénéfices rapides/faire de l'argent rapidement
II. *adv* 1. (*mit hoher Geschwindigkeit*) *fahren, fliegen, gehen, laufen* vite; ***etw fliegt ~er als der Schall*** qc dépasse la vitesse du son; ***wie ~ kannst du die 100 Meter laufen?*** combien fais-tu au cent mètres?
2. (*zügig*) *arbeiten, erfolgen, erwärmen, sich erwärmen, sich abkühlen, ausführen, erledigen, handeln, zubereiten* rapidement, vite; ***ich muss ~ was erledigen*** j'ai une chose à régler en vitesse
▸**etw geht** ~ qc va vite, qc est rapide; ***wie ~ geht das?*** combien de temps ça met/va mettre?; ***wie ~ geht es, wenn ich das Flugzeug nehme?*** combien de temps je vais mettre si je prends l'avion?; **jd macht** ~ qn se dépêche, qn fait vite; ***mach ~er!*** dépêche-toi!; **nicht so** ~! pas si vite!

Schnellbahn *f* (*S-Bahn*) train *m* de banlieue; (*im Pariser Verkehrsnetz*) ≈ R.E.R. *m* **Schnellboot** *nt* vedette *f* de combat

Schnelle <-> *f* ∅ rapidité *f*
▸**auf die** ~ *fam* vite fait *fam*; ***auf die ~ lässt sich so was gar nicht machen*** une chose comme ça ne se fait pas à la va-vite

schnellebig *s.* **schnelllebig**

schnellen *vi + sein* 1. (*springen*) ■ **jd schnellt** [**irgendwohin**] *in die Höhe, Luft, nach oben, vorne* qn bondit [*o* fait un bond] [quelque part]
2. (*federn*) ■ **etw schnellt irgendwohin/von etw** /*Pfeil*/ *in die Luft, durch die Luft* qc fend qc; *von der Sehne* qc fuse de qc; ■ **ein Tier schnellt irgendwohin/aus etw** *durch die Luft* un animal fend qc; *aus dem Wasser* un animal bondit [*o* jaillit] hors de qc; ■ **jd lässt etw** [**irgendwohin**] ~ qn décoche qc [quelque part]

Schnellfeuergewehr *nt* fusil-mitrailleur *m* **Schnellgaststätte** *f* snack *m*, fast-food *m*

Schnellgericht[1] *nt* GASTR plat *m* cuisiné

Schnellgericht[2] *nt* JUR tribunal *m* d'exception

Schnellhefter *m* classeur *m*

Schnelligkeit <-, *rare* -en> *f* 1. (*Geschwindigkeit*) [*Fahrzeug, Flugzeug, Schiff, Verkehrsmittel*] vitesse *f*
2. (*Zügigkeit*) [*Bearbeitung, Bedienung, Handeln, Lieferung*] rapidité *f*; [*Ausführung, Durchführung, Erledigung, Maßnahme, Reagieren a.*] promptitude *f littér*

Schnellimbiss[RR] *m* friterie *f* **Schnellkochplatte** *f* plaque *f* rapide **Schnellkochtopf** *m* cocotte-minute® *f*, autocuiseur *m* **Schnellkurs** *m* cours *m* accéléré, formation *f* accélérée **schnelllebig**[RR] *adj* agité(e), trépidant(e) **Schnellpaket** *nt* colis *m* exprès, colissimo *m* (*dénomination de la Poste*) **Schnellrestaurant** [-rɛstorɑ̃:] *nt* snack *m* **Schnellrücklauf** *m* AUDIOV rembobinage *m* rapide

schnellstens *adv* au plus vite

Schnellstraße *f* voie *f* rapide [*o* express] **Schnellverfahren** *nt* JUR procédure *f* accélérée, référé *m* ▸**im** ~ *fam* (*auf die Schnelle*) en vitesse, à la va-vite *péj*; JUR selon une procédure accélérée, en référé **Schnellvorlauf** *m* AUDIOV avance *f* rapide **Schnellzug** *m veraltend* express *m*

Schnepfe <-, -n> *f* 1. ORN bécasse *f*
2. *pej fam* grue *f* vieilli *fam*

schnetzeln *vt* SDEUTSCH, CH ■ **jd schnetzelt etw** *Fleisch, Leber* qn émince qc

schneuzen *s.* **schnäuzen**

Schnickschnack <-s> *m* ∅ *fam* 1. (*Krimskrams*) bric-à-brac *m*
2. (*Geschwätz*) âneries *fpl fam*

schniefen *vi* ■ **jd schnieft** qn renifle; ■ **das S~** les reniflements

Schnippchen <-s> *nt* ▸**jd schlägt jdm ein** ~ qn fait un pied de nez à qn

Schnippel <-s, -> *m o nt* DIAL *fam s.* **Schnipsel**

schnippeln I. *vi fam* ■ **jd schnippelt** [**an etw** (*dat*)] qn découpe [qc]; ***jd schnippelt an seinen Fingernägeln*** qn se coupe les ongles
II. *vt fam* ■ **jd schnippelt etw** *Bohnen, Gemüse* qn coupe qc en morceaux; *Gurke* qn émince qc; *Kohl, Salat* qn coupe qc en lanières

schnippen I. *vi* ■ **jd schnippt** qn claque des doigts; ***jd schnippt mit den Fingern*** qn claque des doigts; ***jd schnippt mit Daumen und Mittelfinger*** qn claque des doigts avec le pouce et le majeur; ■ **das S~** les claquements de doigts; ***durch S~*** en claquant des doigts
II. *vt* ■ **jd schnippt etw irgendwohin** qn envoie qc [d'une pichenette] quelque part; ■ **jd schnippt etw von etw** *von der Schulter, vom Pullover, vom Tisch* qn époussette qc sur qc

schnippisch I. *adj* acerbe; ■ **jd ist/wird** ~ qn est déluré(e)/devient effronté(e) [*o* impertinent(e)]; ***sie wird*** ~ elle joue les [petites] pimbêches; ***sie ist ganz schön*** ~ c'est une sacrée petite pimbêche
II. *adv* avec impertinence

Schnipsel <-s, -> *m o nt fam* petit morceau

schnipseln *vi fam s.* **schnippeln**

schnitt *imp von* **schneiden**

Schnitt <-[e]s, -e> *m* 1. (*Schnittwunde*) coupure *f*; MED incision *f*
2. (*Haar~*) coupe *f*
3. COUT (*Zu~*) coupe *f*
4. (*Prägung*) [*Gesicht, Gesichtszüge, Profil*] dessin *m*
5. CINE montage *m*
6. ARCHIT, GEOM coupe *f*
▸**der goldene** ~ le nombre d'or; **jd macht bei etw seinen/einen bestimmten** ~ *fam* qn fait son beurre/un certain bénef avec qc *fam*; **im** ~ (*durchschnittlich*) en moyenne; (*als Schnittzeichnung*) en coupe; ***im ~ aller Monate*** en moyenne mensuelle

Schnittblumen *pl* fleurs *fpl* coupées **Schnittbohnen** *pl* haricots *mpl* verts

Schnitte <-, -n> *f* (*Scheibe Brot*) tranche *f* [de pain]; ***eine belegte ~*** une tartine; ***eine ~ mit Käse*** ≈ un sandwich au fromage

Schnittfläche *f* **1.** [*Gegenstand, Pflanze*] extrémité *f* sectionnée; [*Brotlaib*] entame *f*
2. GEOM coupe *f*

schnittig *adj* profilé(e)

Schnittlauch *m* *∅* ciboulette *f* **Schnittmuster** *nt* patron *m* **Schnittmusterbogen** *m* patron *m* **Schnittpunkt** *m* **1.** GEOM point *m* d'intersection **2.** [*Handelswege, Straßen*] intersection *f* **Schnittstelle** *f* **1.** INFORM interface *f* **2.** (*vermittelnde Instanz*) intermédiaire *m*, point *m* de jonction ▸**parallele** ~ INFORM interface *f* parallèle; **serielle** ~ INFORM interface *f* [*o* port *m*] série **Schnittwunde** *f* coupure *f*; ***eine tiefere*** ~ une entaille

Schnitz <-es, -e> *m* SDEUTSCH, CH *s.* **Schnitzel² 2.**

Schnitzel¹ <-s, -> *nt* escalope *f*
▸**Wiener** ~ escalope *f* [de veau] panée

Schnitzel² <-s, -> *nt o m* **1.** (*Schnipsel*) bout *m* de papier
2. (*Stück*) [*Apfel, Orange*] quartier *m*; [*Trockenfrucht*] morceau *m*

schnitzeln *vt* ■**jd schnitzelt etw** qn coupe qc en morceaux; (*in feine Streifen*) qn émince qc; (*raspeln*) qn râpe qc

schnitzen I. *vt* ■**jd schnitzt etw** [**aus etw**] qn sculpte qc [dans qc]; ■**jd schnitzt etw in etw** (*akk*) *Initialen, Namenszug* qn grave qc dans qc
II. *vi* ■**jd schnitzt** [**an etw** (*dat*)] qn sculpte [qc]; ***jd schnitzt gern*** qn aime faire de la sculpture sur bois; ***jd schnitzt an einer Skulptur*** qn travaille à une sculpture; ■**das S~** la sculpture sur bois

Schnitzer <-s, -> *m fam* gaffe *f fam*
▸**jd macht einen** ~ qn fait une gaffe *fam*

Schnitzer(in) <-s, -> *m(f)* sculpteur *m* sur bois

Schnitzerei <-, -en> *f* sculpture *f* sur bois

Schnitzmesser *nt* couteau *m* à sculpter

schnob *veraltet imp von* **schnauben**

schnodd[e]rig *adj fam Mensch* mal embouché(e) *fam*; *Ton, Tonfall* désinvolte; ***sie hat eine reichlich ~e Art*** elle est vraiment mal embouchée *fam*

schnöde I. *adj geh Geldgier, Gewinnsucht, Habgier* sordide; *Motiv, Tat, Verrat a.* vil(e) *littér*; ■**etw ist** ~ [**von jdm**] qc est vil(e) [de la part de qn] *littér*
II. *adv geh* honteusement, ignominieusement *littér*

Schnorchel <-s, -> *m* **1.** SPORT tuba *m*
2. [*U-Boot, Panzer*] schnorkel *m*, schnorchel *m*

schnorcheln *vi* ■**jd schnorchelt** [**irgendwo**] qn nage sous l'eau [avec un tuba], qn fait de la nage sous-marine [quelque part] (*avec un masque et un tuba*); ■**das S~** la plongée libre

Schnörkel <-s, -> *m* fioriture *f*; ***unleserlicher*** ~ paraphe *m* illisible

schnörkelig *adj* tarabiscoté(e)

schnorren I. *vi* **1.** *fam* (*erbetteln*) ■**jd schnorrt/bei jdm** qn fait la manche *fam*/tape qn *fam*
2. CH (*daherreden*) ■**jd schnorrt** qn tchatche *fam*
II. *vt fam* ■**jd schnorrt etw** qn carotte qc *fam*, qn taxe qc *fam*; ■**jd schnorrt etw bei jdm** qn taxe [*o* taxe qn de qc] qc à qn *fam*, qn tape qn de qc *fam*

Schnorrer(in) <-s, -> *m(f) fam* tapeur(-euse) *m(f) fam*

Schnösel <-s, -> *m fam* morveux *m fam*

schnuckelig *adj fam* **1.** (*herzig*) *Kind, Kleine(r)* mignon(ne) comme tout, chou *fam*, trognon *fam*; ***er ist richtig*** ~ il est mignon tout plein *fam*
2. (*nett*) *Auto, Häuschen* chouette *fam*, sympa *fam*; ***bei ihnen ist es richtig*** ~ c'est mignon tout plein chez eux *fam*

Schnüffelei <-, -en> *f fam* **1.** [*Hund, Mensch*] reniflements *mpl*; ***was soll die*** ~! qu'est-ce que tu as/qu'il a à renifler comme ça!
2. (*Hinterherspionieren*) espionnage *m*; ***ihre*** ~ ***in meinen Briefen macht mich verrückt*** je ne supporte pas qu'elle fouine comme ça dans mon courrier *fam*

schnüffeln *vi* **1.** (*schnuppern*) ■**jd/ein Tier schnüffelt** [**an jdm/etw**] qn/un animal renifle [*o* flaire] [qn/qc]
2. *fam* (*spionieren*) ■**jd schnüffelt** [**in etw** (*dat*)] qn fouine [dans qc] *fam*
3. *sl* (*sich berauschen*) ■**jd schnüffelt** qn sniff[f]e *arg*

Schnüffler(in) <-s, -> *m(f)* **1.** *fam* (*Detektiv*) privé(e) *m(f) fam*, détective *mf* [privé(e)]
2. *sl* (*Süchtiger*) sniffeur(-euse) *m(f) arg*, renifleur(-euse) *m(f) fam*

Schnuller <-s, -> *m* sucette *f*, tétine *f*

Schnulze <-, -n> *f fam* (*Film*) film *m* gnangnan [*o* à l'eau de rose]; (*rührselig*) mélo *m fam*; (*Lied*) chanson *f* gnangnan *fam*; (*Roman*) roman *m* gnangnan *fam* [*o* à l'eau de rose]; (*Theaterstück*) pièce *f* gnangnan *fam*

schnulzig *adj fam* à l'eau de rose, gnangnan *fam*, cucul [la praline] *fam*; *Lied a.* sirupeux(-euse)

schnupfen I. *vi* **1.** (*Schnupftabak nehmen*) ■**jd schnupft** qn prise
2. (*die Nase hochziehen*) ■**jd schnupft** [**irgendwie**] qn renifle [d'une certaine façon]
II. *vt* ■**jd schnupft etw** *Schnupftabak* qn prise qc; *Kokain a.* qn sniffe qc *arg*

Schnupfen <-s, -> *m* rhume *m* [de cerveau]
▸**jd bekommt** [**einen**] ~ qn s'enrhume; **jd holt sich** (*dat*) [**irgendwo/bei jdm**] **einen** ~ *fam* qn attrape [*o* chope *fam*] un rhume [quelque part/chez qn]; **jd hat** [**einen**] ~ qn a un rhume, qn est enrhumé(e)

Schnupftabak *m* tabac *m* à priser **Schnupftabak[s]dose** *f* tabatière *f*

schnuppe *adj fam* ■**jd/etw ist jdm** ~ qn/qc, qn s'en fiche [*o* qn se fiche pas mal de qn/qc] *fam*; ***sie ist mir*** ~ je me fiche pas mal d'elle *fam*, cette fille, je m'en fiche [*o* j'en ai rien à fiche] *fam*; ■**es ist jdm** ~, **ob/was/wie/wo** qn se fiche [*o* se balance] [pas mal] de savoir si/ce que/comment/où *fam*

Schnupper- *-fahrt* d'essai; *-lehre, -kurs, -woche* d'initiation

schnuppern I. *vi* ■**jd schnuppert** [**an jdm/etw**] qn renifle [qn/qc]
II. *vt* ■**jd schnuppert etw** qn respire qc

Schnur <-, **=**e> *f* **1.** [*Paket, Marionette*] ficelle *f*; [*Angel, Perlenkette*] fil *m*
2. ELEC fil *m*, cordon *m*

Schnürchen <-s, -> *nt dim von* **Schnur** cordonnet *m*
▸**wie am** ~ *fam* comme sur des roulettes

schnüren I. *vt* **1.** (*verschnüren*) ■**jd schnürt etw zu etw** *zu einem Bündel, Päckchen, Paket etc* qn ficelle qc en qc, qn attache [*o* lie] qc avec des ficelles; ***er schnürt das Altpapier zu einem Paket*** il fait un paquet de ces vieux papiers
2. (*befestigen*) ■**jd schnürt** [**jdm/sich**] **etw auf etw** (*akk*) qn [lui] ficelle qc sur qc, qn [lui] attache qc sur qc avec de la ficelle
3. (*zubinden*) ■**jd schnürt** [**jdm**] **etw/sich etw** *Schuhe, Schnürstiefel, Mieder* qn [lui] lace qc/lace son/sa/ses qc
II. *vi fam* ■**etw schnürt** /*Mieder*/ qc [me/le/la] serre [trop]; /*Verband a.*/ qc est trop serré(e)
III. *vr* ■**etw schnürt sich in etw** (*akk*) *ins Fleisch* qc entame qc

schnurgerade I. *adj* rectiligne, tout(e) droit(e)
II. *adv* **1.** *sich hinziehen, verlaufen* en ligne droite
2. *fam s.* **schnurstracks**

schnurlos *adj Telefon* sans fil

Schnurrbart *m* moustache *f* ▸**jd hat einen** ~, **jd trägt** [**einen**] ~ qn a une [*o* porte la] moustache **schnurrbärtig** *adj* moustachu(e)

schnurren *vi* ■**ein Tier schnurrt** [**vor etw** (*dat*)] un animal ronronne [de qc]; ■**etw schnurrt** /*Nähmaschine, Spinnrad*/ qc ronfle, qc bourdonne

Schnurrhaare *pl* moustaches *fpl*

Schnürschuh *m* chaussure *f* à lacets **Schnürsenkel** *m* lacet *m* **Schnürstiefel** *m* bottine *f* à lacets; [*Soldat*] ranger *m*, brodequin *m*

schnurstracks *adv* (*geradewegs*) tout droit; (*sofort*) illico *fam*, aussi sec *fam*

schnurz *adj fam* ■**etw ist jdm** ~ qn en a rien à foutre *pop*, qn se fout pas mal de qc *pop*

Schnute <-, -n> *f fam* (*Mündchen*) petite bouche *f fam*; (*Schmollmund*) moue *f*
▸**jd zieht eine** ~ qn fait la moue [*o* tête]

schob *imp von* **schieben**

Schober <-s, -> *m* SDEUTSCH, AUS **1.** (*Heuhaufen*) meule *f* [de foin]
2. *s.* **Heuschober**

Schock <-[e]s, -s> *m* choc *m*; ***das hat bei ihr wohl einen*** ~ ***ausgelöst*** ça a dû lui faire un choc [*o* la secouer]; ■**der** ~ **einer S.** (*gen*) le choc [*o* le contrecoup] de qc
▸**jd bekommt** [*o* **erleidet** *geh*] **einen** ~ qn reçoit un choc; **jd bekommt einen** ~, **wenn** *fam* ça lui fait un choc [*o* fiche un coup *fam*] quand; **jd steht unter** ~ qn est en état de choc, qn est sous le choc; **etw versetzt jdm einen** ~ qc fait un choc à qn

schocken *vt sl* ■**jd/etw schockt jdn** [**mit etw**] qn/qc choque qn [avec qc]

Schocker <-s, -> *m sl* film *m* d'horreur

schockieren * *vt* ■**jd schockiert jdn** [**mit etw**] qn choque qn [avec qc]; ■**etw schockiert jdn** qc choque qn; ■**jd ist** [**über etw** (*akk*)] **schockiert** qn est choqué(e) [par [*o* de] qc]

schofel *adj*, **schof[e]lig** *adj* DIAL *fam Art, Behandlung* sordide, dégueulasse *pop*; *Benehmen, Verhalten a.* minable *fam*; ■**jd ist** ~ [**zu jdm**] qn est mesquin(e) [envers [*o* à l'égard de] qn], qn est dégueulasse [avec qn] *pop*; ■**es ist** ~ [**von jdm**] **etw zu tun** c'est mesquin [*o* minable *fam*] [*o* dégueulasse *pop*] [de la part de qn] de faire qc

Schöffe <-n, -n> *m*, **Schöffin** *f* assesseur *m* (*non-professionnel*)

Schöffengericht *nt* ≈ tribunal de grande instance *m* (*comprenant un juge professionnel et des assesseurs non-professionnels*)

Schokolade <-, -en> *f* chocolat *m*

Schokoladen- GASTR **1.** (*aus Schokolade*) *-ei, -figur, -osterhase* en chocolat; *-masse, -pulver, -raspel, -riegel, -überzug* de chocolat
2. (*mit Schokolade zubereitet*) *-creme, -eis, -pudding, -soße, -speise* au chocolat

Schokoriegel *m* barre *f* de chocolat

Scholastik <-> *f* *∅* scolastique *f*

Scholastiker(in) <-s, -> *m(f)* PHILOS scolastique *mf*

scholl *imp von* **schallen**

Scholle¹ <-, -n> *f* (*Fisch*) plie *f*, carrelet *m*

Scholle² <-, -n> *f* **1.** (*Erdklumpen*) motte *f*
2. (*Eisbrocken*) glaçon *m*
3. *geh* (*Ackerland*) champ *m*, glèbe *f littér*

Scholli *m* ▸**mein lieber** ~! *fam* (*na warte*) mon petit bonhomme!; (*na so was*) eh bien, mon vieux! *fam*

schon *adv* **1.** (*bereits*) déjà; ■**es ist** ~ … *spät, zu spät, Mittag, Mitternacht* il est déjà …; *Nacht* il fait déjà …; *Abend, Monatsende, Nachmittag* c'est déjà le/la …; *der 30. Oktober* c'est [*o* on est] déjà le …; ■ ~ … *damals, früher, gestern, heute, zu jds Zeit, im 17. Jahrhundert* déjà; ~ ***jetzt*** dès maintenant, d'ores et déjà
2. (*allein*) ■ ~ … *deshalb, aus dem Grund, der Umstand, die Tatsache, ein solches Verhalten* rien que
3. (*endlich*) donc; ***wenn es doch*** ~ ***Sommer wäre!*** si seulement on était déjà en été!
4. (*irgendwann*) bien [un jour]; ***er wird es*** ~ ***noch lernen*** il apprendra bien ça un jour; ***sie wird sich*** ~ ***noch melden*** elle va bien se manifester un jour
5. (*durchaus*) plutôt; ***ihm hat das nicht gefallen, mir*** ~ ça ne lui a pas plu, mais à moi si; ***das kann*** ~ ***passieren*** ça peut fort bien arriver; ***es dauert*** ~ ***lange, bis*** ça peut durer longtemps jusqu'à ce que + *subj*
6. (*denn*) *nicht übersetzt*; ***was macht das*** ~? qu'est-ce que ça peut bien faire?; ***was ist das*** ~ ***im Vergleich dazu?*** [vraiment,] qu'est-ce que c'est par rapport à ça?
7. *fam* (*nun mal*) y a pas à dire *fam*; ***man hat's*** ~ ***nicht leicht im Leben*** y a pas à dire, la vie est dure *fam*
8. (*irgendwie*) *nicht übersetzt*; ***es geht*** ~ ça va aller, ça va; ***es wird*** ~ ***klap-***

pen ça va bien marcher; ***ich werde das ~ schaffen*** je vais bien y arriver
9. (*auffordernd*) ■ ... ~! *iss, trink, lauf, verschwinde, sag* allez, ...!, ... voir!; *geh* allez, ...!
10. (*ja*) c'est bon, ...; ***ich sehe*** ~ c'est bon, je vois
▶ ~ **immer** depuis toujours; ~ **lange** ça fait déjà longtemps que + *indic*, depuis longtemps [déjà]; ~ ***lange vor uns*** déjà bien avant nous; ~ **längst** [déjà] depuis longtemps; ~ **mal** (*bereits einmal*) déjà; ***so was kann ~ mal vorkommen*** c'est vrai, ce genre de chose peut arriver; ***es ist ~ mal gut, dass*** c'est déjà bien que + *subj*; ***...*** ~ **oft** déjà ... souvent; ~ **wieder** encore [une fois]; ***er ist ~ wieder da*** (*erneut*) le voilà encore; (*zurück*) il est déjà de retour; ~ ***wieder?*** encore?; **mach** ~! *fam* [allez,] vas-y! *fam*; ~[, **aber**] ..., **ja** ~[, **aber**] ... *fam* oui, bien sûr[, mais] ...; ***ja*** ~ ...! oui, si on veut ...; **wenn ich das** ~ ...! *fam höre, rieche, sehe* rien que de ... + *infin* ça!

schön I. *adj* 1. (*hübsch*) beau(belle); *Äußeres, Gesicht, Gestalt, Kopf, Profil, Frau a.* joli(e)
2. (*angenehm*) *Erinnerung, Fest, Festtage, Geburtstag, Wetter* beau(belle); *Erlebnis, Ferien, Gesang, Klänge, Musik, Stimme, Tag, Zeit a.* agréable; *Abend, Urlaub, Wochenende* bon(ne), agréable; ***war euer Urlaub ~?*** avez-vous passé de bonnes vacances?; ***~es Wochenende!*** bon week-end!; ***es war eine ~e Zeit*** ça a été une période agréable; ■ **etwas S~es** quelque chose de beau; ■ **irgendwo/bei jdm ist es** ~ quelque part/chez qn, c'est bien
3. *iron Blödsinn, Durcheinander, Geschichten, Unsinn, Unordnung* beau(belle); *Wetter* joli(e); *Aussichten, Überraschung* charmant(e); ■ **etwas S~es** du beau, du joli, du propre; ■ **das S~ste** le plus beau *iron*; ***von dir hört man ja ~e Sachen!*** on en apprend de belles à ton sujet!
4. *iron* (*verblüffend*) *Regelmäßigkeit, Offenheit, Stetigkeit, Unverfrorenheit* beau(belle)
5. (*beträchtlich*) *Erbschaft, Erfolg, Leistung* beau(belle), joli(e); *Summe, Sümmchen a.* coquet(te); *Alter, Entfernung, Stück Arbeit* beau(belle); *Strecke* bon(ne), beau(belle)
▶ ~ **und gut, aber ...** d'accord, mais ...; **das ist ja alles ~ und gut, aber ...** tout cela est bel et bon, mais ...; **das ist zu ~ um wahr zu sein** *fam* c'est trop beau pour être vrai; **etw ist nicht** ~ [**von jdm**] qc n'est pas bien [de la part de qn]; **das S~ste [daran] ist, ...** *iron* le plus beau [dans tout cela], c'est ...; **das wäre ja noch ~er** *fam* il ne manquerait plus que ça!, alors là, ça serait le comble [*o* le bouquet] *fam*; **das wird ja immer ~er** *iron fam* c'est [vraiment] de mieux en mieux, de mieux en mieux!; ~, **dass** *fam* c'est bien que + *subj*; **na** ~ *fam* c'est bon; **sehr** ~ *fam* très bien, parfait; ~, ~ *fam* bon, bon!, ça va!; [**also**] ~ *fam* très bien
II. *adv* 1. (*ansprechend*) bien; ■ **~er** mieux
2. *fam* (*genau*) *ansehen, durchlesen, kontrollieren, nachprüfen* bien
3. *fam* (*besonders*) *groß, heiß, kalt, lang, langsam, schnell, stark, süß, voll, warm, weich, viel* bien; ~ ***viel Sahne*** une bonne quantité de crème
4. (*gut*) *sich amüsieren, ausspannen, schlafen* bien
5. *fam* (*ganz*) *artig, brav, lieb, ordentlich, still* bien
6. *iron fam* (*ziemlich*) *blamieren, erschrecken, wehtun* drôlement *fam*
▶ **jd hat es** ~ [**irgendwo**] qn est bien [quelque part]; ***wir wollen es in unserem Urlaub ~ haben*** nous voulons bien profiter de nos vacances

Schonbezug *m* housse *f*

Schöne <-n, -n> *f* belle *f*

schonen I. *vt* 1. (*pfleglich behandeln*) ■ **jd schont etw** *Kleidungsstück, Leder, Sitz, Sofa* qn ménage [*o* prend soin de] qc
2. (*nicht überbeanspruchen*) ■ **jd/etw schont etw** *Gelenk, Gesundheit, Herz, Körperteil, Lunge, Nerven* qn/qc ménage qc
3. (*sanft sein zu*) ■ **etw schont etw** */Lotion, Mittel, Waschmittel/* qc prend soin de qc
4. (*Rücksicht nehmen*) ■ **jd schont jdn/etw** *Menschen, jds Empfindungen, Gefühle, Nerven* qn ménage qn/qc
5. (*verschonen*) ■ **jd schont jdn** *Feind, Gegner, Überlebende, Zivilbevölkerung* qn épargne qn
II. *vr* ■ **jd schont sich** qn se ménage

schönen *vt* ■ **jd schönt etw** *Bericht, Darstellung, Nachrichten* qn enjolive qc; *Angaben, Daten, Fakten, Statistik, Zahlen* qn arrange qc; ■ **geschönt** *Statistik, Zahlen* arrangé(e); *Vorkommnisse* enjolivé(e)

schonend I. *adj* 1. (*pfleglich*) *Behandlung, Gebrauch, Umgang* soigneux(-euse), précautionneux(-euse)
2. (*rücksichtsvoll*) *Art, Weise, Worte* plein(e) d'égards
3. (*sanft*) *Lotion, Mittel, Politur, Waschmittel* doux(douce)
II. *adv* 1. (*pfleglich*) avec précaution; ■ **~er** avec plus de précaution
2. (*rücksichtsvoll*) avec ménagements; ■ **~er** avec plus de ménagements

Schoner[1] <-s, -> *m* NAUT goélette *f*

Schoner[2] <-s, -> *m fam s.* **Schonbezug**

schön|färben *vt* ■ **jd färbt etw schön** *Angaben, Daten, Fakten* qn arrange qc; *Wahrheit* qn enjolive qc **Schönfärberei** <-, -en> *f* enjolivure *f*, enjolivement *m*; ***das ist doch die reinste*** ~ c'est vraiment de la poudre aux yeux ▶ **jd betreibt** ~ qn enjolive la réalité

Schonfrist *f* délai *m* de grâce; ***man gesteht jdm eine ~ zu*** on accorde à qn un dernier délai [*o* un délai de grâce]

Schöngeist *m* bel esprit *m* **schöngeistig** *adj* esthétique

Schönheit <-, -en> *f* (*alle Bedeutungen*) beauté *f*

Schönheitschirurg(in) *m(f)* chirurgien(ne) *m(f)* esthétique **Schönheitschirurgie** *f* chirurgie *f* esthétique **Schönheitsfehler** *m* 1. [*Mensch*] imperfection *f* [esthétique] 2. (*geringer Makel*) petit défaut *m* **Schönheitsideal** *nt* idéal *m* de beauté **Schönheitskönigin** *f* reine *f* de beauté **Schönheitsoperation** *f* opération *f* de chirurgie esthétique **Schönheitswettbewerb** *nt* concours *m* de beauté

Schonkost *f* nourriture *f* diététique; (*Diät*) régime *m*

Schönling <-s, -e> *m pej* minet *m*

schön|machen *vr fam* ■ **jd macht sich [für jdn] schön** qn se fait une beauté [pour qn] *fam*, qn se pomponne [pour qn] **Schönschreibdrucker** *m* imprimante *f* qualité courrier **Schönschrift** *f* calligraphie *f* ▶ **in** ~ en calligraphie, en calligraphiant; (*in Reinschrift*) au propre; ***in ~ geschrieben*** calligraphié(e) **schön|tun** *vi irreg* ■ **jd tut jdm schön** qn flatte qn, qn passe de la pommade à qn

Schonung <-, -en> *f* 1. Ø (*das pflegliche Behandeln*) soin *m*, préservation *f*; ***zur ~ seiner Hemden*** pour préserver ses chemises
2. Ø (*Entlastung*) [*Bandscheiben, Gelenk, Gesundheit, Herz, Körperteil etc*] ménagement *m*; ***zur ~ meiner Nerven*** pour ménager mes nerfs
3. Ø (*Schutz*) [*Gewebe, Haut, Wäsche etc*] protection *f*; ***zur ~ empfindlicher Gewebe*** pour préserver les [*o* prendre soin des] tissus délicats
4. Ø (*Rücksichtnahme*) [*Mensch, Gefühle etc*] égards *mpl*; ■ ~ **jds/einer S.** égards *mpl* pour qn/qc
5. Ø (*Ver~*) [*Feind, Gegner, Überlebende etc*] clémence *f*; ■ **jds** ~ la clémence envers qn; ***jd bittet um*** ~ qn demande grâce
6. (*Wald*) enclos *m* sylvicole, plantation *f* protégée

schonungsbedürftig *adj* qui a besoin de se ménager; ■ **jd ist** ~ (*muss geschont werden*) qn doit être ménagé(e) [*o* traité(e) avec ménagement]; (*muss sich schonen*) qn a [encore] besoin de se ménager

schonungslos I. *adj* impitoyable
II. *adv* d'une manière impitoyable

Schonungslosigkeit <-> *f* Ø caractère *m* impitoyable; ***mit großer*** ~ d'une manière impitoyable

Schönwetterlage *f* période *f* de beau temps

Schonzeit *f* période *f* de fermeture de la chasse; ***Rehe haben im Augenblick*** ~ la chasse au chevreuil est fermée en ce moment

Schopf <-[e]s, ¨-e> *m* 1. (*Haar~*) toupet *m*
2. [*Vogel*] aigrette *f*, huppe *f*
3. CH (*Schuppen*) remise *f*

schöpfen *vt* 1. (*entnehmen*) ■ **jd schöpft [sich** (*dat*)**] etw [aus etw]** qn puise qc [dans qc]; ***die Schiffbrüchigen schöpften das Wasser aus dem Boot*** les naufragés écopèrent la chaloupe; ***jd schöpft [jdm/sich] Suppe aus dem Topf*** qn [se] sert la soupe/sert la soupe [à qn]; ■ **jd schöpft [jdm/sich] etw irgendwohin** qn lui/se met qc quelque part
2. (*gewinnen*) ■ **jd schöpft etw** *Kraft, Mut* qn reprend qc; ***jd schöpft neue Kraft aus seinem Glauben*** qn puise de nouvelles forces dans sa foi; ***jd schöpft neue Hoffnung/frischen Mut/wieder Zuversicht*** qn reprend espoir/courage/confiance
3. (*kreieren*) ■ **jd schöpft etw** *Ausdruck, Wort* qn crée qc

Schöpfer(in) <-s, -> *m(f)* 1. (*Gott*) ■ **der** ~ le Créateur
2. *geh* [*Bauwerk, Kunstwerk*] créateur(-trice) *m(f)*; [*Musikstück a.*] compositeur *m*
▶ **jd dankt seinem ~, dass** qn remercie le ciel de + *infin*

schöpferisch I. *adj* créateur(-trice)
II. *adv* dans le domaine créatif

Schöpfkelle *f* louche *f* **Schöpflöffel** *m* cuillère *f* à pot

Schöpfung <-, -en> *f* 1. Ø (*Erschaffung*) création *f*
2. (*Kreation*) [*Frisur, Ausdruck, Wort*] création *f*
3. Ø REL ■ **die** ~ la Création

Schöpfungsgeschichte *f* Ø ■ **die** ~ la Genèse

Schoppen <-s, -> *m* 1. (*Viertelliter*) verre *m* (*à vin, d'un quart de litre*)
2. SDEUTSCH, CH (*Babyfläschchen*) biberon *m*

Schöps <-es, -e> *m* AUS *s.* **Hammel**

schor *imp von* **scheren**[1]

Schorf <-[e]s, -e> *m* croûte *f*

Schorle <-, -n> *f mélange de vin ou de jus de fruit et d'eau minérale gazeuse*

Schornstein *m* cheminée *f*
▶ **jd schreibt etw in den** ~ *fam* qn fait son deuil de qc *fam*, qn fait une croix sur qc *fam*

Schornsteinfeger(in) <-s, -> *m(f)* ramoneur(-euse) *m(f)*

schoss[RR], **schoß** *imp von* **schießen**

Schoß <-es, ¨-e> *m* 1. ANAT giron *m*; ***auf dem/den*** ~ sur les genoux
2. *geh* (*Mutterleib*) sein *m soutenu*, entrailles *fpl littér*
3. (*Rock~*) basque *f*
▶ **der ~ der Erde** *geh* les entrailles *fpl* de la terre *littér*; **etw fällt jdm in den** ~ qc lui tombe du ciel, qn n'a qu'à se baisser pour ramasser qc; **etw fällt jdm nicht in den** ~ qc ne lui tombe pas tout(e) rôti(e) dans le bec *fam*, qn n'obtient pas qc comme ça; **im/aus dem ~e einer S.** (*gen*) *geh der Familie, Gemeinschaft, Kirche* au/du sein de qc

Schoßhund *m* bichon *m*, chien *m* de manchon

Schössling[RR], **Schößling** <-s, -e> *m* rejet *m*, rejeton *m*, pousse *f*

Schote <-, -n> *f* cosse *f*; (*Paprika~*) poivron *m*

Schott <-[e]s, -e> *nt* cloison *f* étanche

Schotte <-> *f* Ø CH petit-lait *m*

Schotte <-n, -n> *m*, **Schottin** *f* Écossais(e) *m(f)*

Schottenkaro *nt*, **Schottenmuster** *nt* écossais *m*, tartan *m* **Schottenrock** *m* 1. (*Rock mit Schottenmuster*) jupe *f* écossaise
2. (*Kilt*) kilt *m*

Schotter <-s, -> *m* cailloutis *m*, ballast *m*

schottern *vt* ■ **jd schottert etw** qn empierre [*o* caillloute] qc; *Bahngleis* qn ballaste qc

Schotterstraße *f* route *f* empierrée

Schottin *f s.* **Schotte**

schottisch *adj* écossais(e)

Schottland *nt* l'Écosse *f*

schraffieren * *vt* ■ **jd schraffiert etw** qn hachure qc

Schraffierung <-, -en> *f* 1. Ø (*das Schraffieren*): ***durch*** ~ en hachurant
2. *s.* Schraffur

Schraffur <-, -en> *f* hachures *fpl*

schräg I. *adj* 1. (*schief*) *Dach, Kante, Parkplatz* en pente, incliné(e); *Wand* penché(e), incliné(e); *Linie, Strich, Streifen* oblique; *Stellung* penché(e); *Wuchs* penché(e), de travers; *Hang* incliné(e); ***der Hang war so ~, dass*** le terrain était tellement pentu que, la déclivité était telle que
2. TYP (*kursiv*) italique
3. *fam* (*unharmonisch*) *Gesang, Musik* de sauvages *fam*
4. *fam* (*von der Norm abweichend*) *Bilder, Farbton, Komödie, Film, Methode, Typ* farfelu(e) *fam*, loufoque *fam*
II. *adv* 1. (*schief*) *aufsetzen, halten, hängen* de travers; *parken, schraffieren, stellen, streifen, verlaufen, verlegen* en biais
2. TYP en italique
3. (*im schiefen Winkel*) *abbiegen, abknicken, einbiegen, einmünden* à angle aigu; *überqueren* en biais
▶ **jd sieht jdn ~ an** *fam* qn regarde qn de travers

Schräge <-, -n> *f* 1. (*schräge Fläche*) plan *m* incliné
2. (*Neigung*) [*Dach*] pente *f*; [*Wand*] inclinaison *f*

Schrägstrich *m* slash *m* avant, barre *f* oblique

Schramme <-, -n> *f* éraflure *f*; (*länglicher Kratzer*) éraflure *f*; (*an Auto, Möbel a.*) rayure *f*

Schrammelmusik *f* AUS musique *f* viennoise

Schrammeln *pl* AUS quatuor *m* viennois (*deux violons, guitare et accordéon*)

schrammen I. *vi* + *sein* ■ **etw schrammt [über etw** (*akk*)**]** qc fait ces rayures [*o* des éraflures] [sur qc]; ***jd lässt etw über den Boden ~*** qn laisse qc racler le sol
II. *vr* + *haben* ■ **jd schrammt sich** (*dat*) **etw** qn s'érafle qc

Schrank <-[e]s, Schränke> *m* (*für Wäsche*) armoire *f*; (*für Geschirr*) buffet *m*; (*für Geräte, Material, Küchen~*) placard *m*

Schränkchen <-s, -> *nt dim von* **Schrank** placard *m*; (*für Kleider*) petite armoire *f*; (*am Bett*) table *f* de chevet; (*für Arzneimittel*) armoire *f* à pharmacie

Schranke <-, -n> *f* 1. EISENBAHN barrière *f* [de passage à niveau]
2. (*Grenze*) barrière *f*
▶ **jd kennt keine ~n** qn n'a aucune retenue; **jd weist** [*o* **verweist**] **jdn in seine ~n** qn remet qn à sa place

Schranken <-s, -> *m* AUS *s.* **Schranke 1.**

schrankenlos *adj Zügellosigkeit* effréné(e); *Freiheit a., Grausamkeit, Terrorherrschaft* sans bornes; ■ **jd ist ~** qn ne connaît aucune retenue; ■ **jd ist ~ in etw** (*dat*) qn est d'un(e) qc sans bornes

Schrankenwärter(in) *m(f)* garde-barrière *mf*

Schrankfach *nt* rayon *m*, étagère *f*; ***im oberen ~*** sur le rayon [*o* l'étagère] du haut **Schrankkoffer** *m* malle *f* armoire, malle-cabine *f* **Schrankwand** *f* éléments *mpl* [muraux]

Schrat <-[e]s, -e> *m* gnome *m*

Schraubdeckel *m* [*Glas*] couvercle *m* à vis; [*Flasche*] bouchon *m* à vis; [*Bierflasche*] capsule *f* à vis

Schraube <-, -n> *f* 1. TECH vis *f*
2. NAUT hélice *f*
3. SPORT vrille *f*
▶ **etw ist eine ~ ohne Ende** qc est une spirale infernale; **bei jdm ist eine ~ locker** *fam* qn ne tourne pas rond *fam*

schrauben I. *vt* 1. (*befestigen*) ■ **jd schraubt etw an** (*akk*)**/auf etw** (*akk*) qn visse qc à/sur qc
2. (*drehen*) ■ **jd schraubt etw irgendwie** *fester, loser* qn visse qc d'une certaine façon; ■ **jd schraubt etw aus/von etw** qn dévisse qc de qc; ***jd schraubt etw höher/niedriger*** qn rehausse/abaisse qc par rotation
3. (*steigen lassen*) ■ **jd schraubt etw irgendwohin** *Ansprüche, Erwartungen, Forderungen* qn place la barre de qc quelque part; ■ **jd schraubt etw auf etw** (*akk*) *Rekord, Rekordmarke, Bestzeit* qn amène qc [*o* place la barre de qc] à qc
▶ **jd schraubt etw höher** *Anforderungen, Löhne, Steuern* qn augmente qc; ***jd schraubt seine Anforderungen an jdn höher*** qn exige de plus en plus de choses de qn; *s. a.* **geschraubt**
II. *vr* ■ **etw schraubt sich irgendwohin** */Flugzeug/* qc s'élève en vrille quelque part

Schraubendreher <-s, -> *m form s.* **Schraubenzieher. Schraubengewinde** *nt* pas *m* de vis **Schraubenkopf** *m* tête *f* [de vis] **Schraubenschlüssel** *m* clé *f* **Schraubenzieher** <-s, -> *m* tournevis *m*

Schraubfassung *f* douille *f* à vis **Schraubstock** *m* étau *m* **Schraubverschluss**[RR] *m* fermeture *f* à vis

Schrebergarten *m* jardin *m* ouvrier

Schreck <-s> *m* ∅ peur *f*; ***das war vielleicht ein ~!*** on a eu/j'ai eu une de ces peurs!
▶ **jdm fährt der ~ in alle Glieder** [*o* **Knochen**] la peur coupe bras et jambes à qn, qn a une peur bleue; **jdm sitzt** [*o* **steckt**] **der ~ noch in allen Gliedern** [*o* **Knochen**] qn en a encore froid dans le dos tellement il a eu peur, qn est encore à moitié mort(e) de peur; **jd bekommt** [*o* **kriegt** *fam*] **einen ~** qn a peur, qn a la frousse *fam*; ***habe ich einen ~ gekriegt!*** j'ai eu une de ces peurs [*o* frousses *fam*]!; **jd/etw jagt jdm einen ~ ein** qn/qc fait peur à qn; **[o] ~ lass nach!** *hum fam* dites-moi que c'est pas vrai! *fam*; **auf den ~ [hin]** pour me/se/… remettre [de ma/sa/… peur]; **vor ~** de peur

schrecken I. <schreckte, geschreckt> *vt* + *haben* ■ **etw schreckt jdn** qc fait peur à qn, qc effraie qn
II. <schrak, geschrocken> *vi* + *sein* ■ **jd schreckt aus etw** qn est tiré(e) brutalement de qc; ***etw lässt jdn aus dem Schlaf ~*** qc réveille qn en sursaut

Schrecken <-s, -> *m* 1. (*Entsetzen*) peur *f*
2. (*Geißel*) terreur *f*
▶ **~ erregend** effrayant(e), effroyable; *Monster, Ungeheuer a.* affreux(-euse); **jd kommt mit dem ~ davon** qn en est quitte pour la peur; **jd nimmt einer S.** (*dat*) **den ~** qn dédramatise qc; **auf den ~ [hin]** pour me/se/… remettre [de ma/sa/… peur]; **mit ~** avec effroi; **zu jds ~** au grand effroi de qn

schreckenerregend *s.* **Schrecken** ▶

schreckensbleich *adj* blême de peur; *Mensch a.* blanc(blanche) de peur **Schreckensbotschaft** *f* terrible nouvelle *f* **Schreckensherrschaft** *f* régime *m* de terreur **Schreckensnachricht** *f* terrible nouvelle *f* **Schreckensvision** *f* vision *f* d'horreur

Schreckgespenst *nt* spectre *m*

schreckhaft *adj* peureux(-euse); ■ **jd ist ~** qn sursaute facilement, un rien lui fait peur

Schreckhaftigkeit <-> *f* ∅ nature *f* craintive; ***bei ihrer ~*** peureuse comme elle est; ***du mit deiner ~*** toi avec ta manie d'avoir peur pour un rien

schrecklich I. *adj* 1. (*entsetzlich*) terrible; ■ **es ist ~ etw zu tun** il est terrible de faire qc; ■ **etwas S~es** une chose terrible
2. *hum fam* (*schlimm*) *Mensch* affreux(-euse) *fam*; ■ **jd ist ~** qn est affreux(-euse) *fam* [*o* un vrai monstre]; ***du ~er Mensch!*** affreux bonhomme! *fam*
II. *adv* 1. (*entsetzlich*) affreusement, horriblement
2. *fam* (*sehr*) *heiß, kalt, stark gewürzt* affreusement *fam*; *nett, gern haben, lieb haben* terriblement *fam*; ***~ gern!*** [oh oui,] vachement! *fam*, [oh oui,] ça serait super! *fam*

Schreckschraube *f pej fam* (*hässliche Frau*) boudin *m fam*; (*ekelhaftes Weib*) vieille peau *f fam*

Schreckschuss[RR] *m* coup *m* à blanc
▶ **jd gibt einen ~ [auf jdn] ab** qn tire à blanc [sur qn]

Schreckschusspistole[RR] *f* pistolet *m* d'alarme

Schrecksekunde *f* temps *m* de réaction

Schrei <-[e]s, -e> *m* 1. [*Mensch*] cri *m*; ***ein erschreckter ~*** un cri d'effroi
2. [*Möwe, Pavian, Esel, Käuzchen, etc*] cri *m*; [*Hahn*] chant *m*
▶ **ein ~ der Empörung** *geh* un cri de révolte, une vague d'indignation; **der letzte ~** COUT *fam* le dernier cri *fam*; ***nach dem letzten ~*** à la dernière mode; **ein spitzer ~** un cri aigu; **jd stößt einen ~ aus** qn pousse un cri; **mit einem ~** en poussant un cri

Schreibblock <-blöcke> *m* bloc-notes *m*

Schreibe <-> *f* ∅ *fam* style *m*, patte *f fam*

schreiben <schrieb, geschrieben> I. *vt* 1. (*verfassen*) ■ **jd schreibt etw** qn écrit qc; *Hausarbeit a., Klassenarbeit, Prüfungsarbeit* qn fait qc; *Test* qn fait qc, qn passe qc
2. (*mitteilen*) ■ **jd schreibt [jdm] etw** qn écrit qc [à qn]; ■ **jd schreibt, dass** qn écrit que + *indic*; ■ **jd schreibt jdm, dass** qn écrit à qn que + *indic*
3. (*ausstellen*) ■ **jd schreibt [jdm] etw [über etw** (*akk*)**]** *Quittung, Rechnung, Scheck* qn fait [*o* établit] [à qn] qc [de qc]; *über diverse Artikel* qn fait [*o* établit] [à qn] qc [pour qc]
4. (*schriftlich darstellen*) ■ **jd schreibt etw irgendwie** *falsch, richtig, klein, groß* qn écrit qc d'une certaine façon; ***wie schreibt man das?*** comment ça s'écrit?
5. *geh* (*verzeichnen*) ■ **jd schreibt etw** *Verluste, rote Zahlen, Gewinne* qn enregistre qc; ***was ~ wir heute für ein Datum?*** le combien sommes-nous aujourd'hui?; ***im Film schreibt man das Jahr 1822*** ce film se passe en 1822
▶ **jd schreibt etw voll** *Blatt, Seite* qn noircit qc; *Heft, Notizblock a.* qn remplit qc jusqu'à la dernière page; *Wandtafel* qn couvre qc de craie
II. *vi* 1. (*Schrift erzeugen*) ■ **jd schreibt irgendwie** qn écrit d'une certaine façon; ■ **jd schreibt mit etw** *mit Tinte* qn écrit à qc; *mit Bleistift, Kugelschreiber a. etc* qn écrit avec qc; ***er schreibt falsch/richtig*** il a une mauvaise/bonne orthographe; ***er schreibt schön*** il a une belle écriture; ***sie schreibt mit links*** elle écrit de la main gauche; ***meine Hand tut mir schon weh vom vielen S~*** j'ai la main qui me fait mal à force d'écrire; ***ich habe keine Lust zum S~*** je n'ai pas envie d'écrire; ■ **etwas zum S~** quelque chose pour écrire, de quoi écrire
2. (*verfassen*) ■ **jd schreibt an etw** (*dat*) qn travaille à [la rédaction de] qc; *an einem Brief* qn travaille à la rédaction de qc
3. (*einen Brief schicken*) ■ **jd schreibt jdm [zu etw]** *zu einem Anlass, zum Geburtstag* qn écrit à qn [pour qc]
4. (*Verfasser sein*) ■ **jd schreibt [für jdn/etw]** qn écrit [pour qn/qc]
III. *vr* ■ **etw schreibt sich irgendwie** */Name, Wort/* qc s'écrit d'une certaine façon; ■ **jd schreibt sich irgendwie** le nom de qn s'écrit d'une certaine façon
▶ **jd kann sich „von" ~** *fam* qn boit du petit-lait, on peut dire que qn a de la chance; **jd schreibt sich „von [und zu]"** *fam* qn a un nom à rallonge[s] [*o* à tiroirs] *fam*

Schreiben <-s, -> *nt form* lettre *f*, courrier *m form*

Schreiber <-s, -> *m fam* stylo *m*

Schreiber(in) <-s, -> *m(f)* auteur *m*; [*Artikel, Pamphlet, Wörterbuch a.*] rédacteur(-trice) *m(f)*

Schreiberling <-s, -e> *m pej* écrivaillon *m*, scribouilleur(-euse) *m(f) fam*

schreibfaul *adj* trop paresseux(-euse) pour écrire **Schreibfeder** *f* plume *f*; ***mit ~*** à la plume **Schreibfehler** *m* (*Rechtschreibfehler*) faute *f* d'orthographe; (*Flüchtigkeitsfehler*) faute *f* d'inattention; (*Tippfehler*) faute *f* de frappe **Schreibgerät** *nt* crayon *m* **Schreibheft** *nt* cahier *m* [d'écolier] **Schreibkraft** *f form* dactylo *mf*, employé(e) *m(f)* de bureau **Schreibkrampf** *m* crampe *f* dans les doigts

Schreibmaschine *f* machine *f* à écrire
▶ **jd kann ~ schreiben** qn sait taper à la machine; **jd schreibt etw auf** [*o* **mit**] **der ~** qn tape qc à la machine, qn dactylographie qc

Schreibmaschinenpapier *nt* papier *m* [pour] machine [à écrire]

Schreibpapier *nt* papier *m* [à lettre] **Schreibposition** *f* point *m* d'insertion **Schreibschrift** *f* anglaise *f,* cursive *f* **Schreibschutz** *m* protection *f* d'écriture **schreibschützen** <*pp* schreibgeschützt> *vt* INFORM ■ **jd schreibschützt etw** qn protège qc contre l'écriture **Schreibschutzschalter** *m* INFORM volet *m* de protection contre l'écriture **Schreibtisch** *m* bureau *m* **Schreibtischtäter(in)** *m(f) pej* instigateur(-trice) *m(f),* cerveau *m* **Schreibübung** *f* exercice *m* d'écriture

Schreibung <-, -en> *f* graphie *f,* orthographe *f*

Schreibunterlage *f* sous-main *m*

Schreibwaren *pl* [articles *mpl* de] papeterie *f*

Schreibwarenhändler(in) *m(f)* papetier(-ière) *m(f)* **Schreibwarenhandlung** *f* papeterie *f*

Schreibweise *f* **1.** (*Rechtschreibung*) orthographe *m* **2.** (*Stil*) écriture *f* **Schreibzeug** *nt* affaires *fpl* pour écrire, de quoi écrire

schreien <schrie, geschrien> **I.** *vi* **1.** (*brüllen*) ■ **jd schreit [irgendwie/vor etw** (*dat*)**]** *laut, durchdringend, vor Angst, Schmerzen, Wut* qn crie [d'une certaine façon/de qc]
2. *fam* (*laut reden*) ■ **jd schreit [mit jdm]** qn crie [après qn *pop*], qn gueule *fam;* ***du brauchst nicht gleich mit mir zu ~*** tu n'as pas besoin de me crier dessus [comme ça] *fam*
3. ■ **ein Tier schreit** un animal crie [*o* criaille]; */Esel/* un animal brait; */Käuzchen/* un animal hulule
4. (*rufen*) ■ **jd schreit nach jdm** *nach einem Arzt, Sanitäter, nach der Mutter* qn réclame qn à grands cris
5. (*heftig verlangen*) ■ **jd schreit nach jdm/etw** *nach der Staatsgewalt, Polizei, Todesstrafe, nach dem Henker, starken Mann* qn réclame qn/qc à cor et à cri
▸ **zum S~** *fam aussehen* tordant(e) *fam; sein a.* à hurler de rire *fam*
II. *vt* ■ **jd schreit etw** qn crie [*o* hurle] qc
III. *vr:* ***jd schreit sich heiser/müde*** qn s'enroue à force de crier/s'exténue à force de crier; ■ **jd schreit sich in etw** (*akk*): ***jd schreit sich in Wut*** qn crie tout son soûl; ***das Baby soll sich doch in den Schlaf ~*** à force de crier, le bébé finira bien par s'endormir

schreiend *adj* **1.** (*grell*) *Farbe, Muster* criard(e)
2. *Ungerechtigkeit, Unrecht, Verletzung* criant(e); *Skandal a.* manifeste

Schreier(in) <-s, -> *m(f) fam* **1.** (*lauter Mensch*) braillard(e) *m(f) fam,* gueulard(e) *m(f) fam*
2. (*laut fordernder Mensch*) gueulard(e) *m(f) fam*

Schreierei <-, -en> *f fam* hurlements *mpl,* beuglements *mpl fam*

Schreihals *m fam* braillard(e) *m(f) fam* **Schreikrampf** *m* cris *mpl* hystériques [*o* convulsifs] ▸ **jd bekommt** [*o* **erleidet** *geh*] [*o* **kriegt** *fam*] **einen ~** qn se met à pousser des cris hystériques; (*wird wütend*) qn pique sa crise *fam,* qn craque *fam*

Schrein <-[e]s, -e> *m geh* **1.** (*Schränkchen*) reliquaire *m,* châsse *f*
2. (*Sarg*) cercueil *m*

Schreiner(in) <-s, -> *m(f)* DIAL *s.* **Tischler**

schreinern *vi, vt* DIAL *s.* **tischlern**

schreiten <schritt, geschritten> *vi + sein* **1.** *geh* (*gehen*) ■ **jd schreitet irgendwohin** qn marche [*o* s'avance *soutenu*] quelque part; ■ **das S~** la [dé]marche; ***jd schreitet aus dem Portal*** qn franchit le porche
2. *form* (*durchführen*) ■ **jd schreitet zu etw** *zur Tat* qn passe à qc; *zu anderen Maßnahmen* qn recourt à qc; *zur Abstimmung, Wahl* qn procède à qc

schrie *imp von* **schreien**

schrieb *imp von* **schreiben**

Schrieb <-s, -e> *m fam* bafouille *f fam*

Schrift <-, -en> *f* **1.** (*Hand~*) écriture *f;* ***die Art der ~*** la façon d'écrire, l'écriture *f*
2. (*Schriftsystem*) écriture *f;* ***die lateinische ~*** les caractères *mpl* romains, l'écriture romaine
3. TYP caractères *mpl;* ***kursive ~*** italique *f*
4. (*Abhandlung*) écrit *m*
5. *pl* CH (*Papiere*) papiers *mpl*
▸ **die Heilige ~** l'Écriture *f* sainte, les Saintes Écritures *fpl,* les Écritures *fpl*

Schriftart *f* police *f* de caractères, type *m* **Schriftbild** *nt* [*Handschrift*] graphisme *m;* TYP typographie *f* **Schriftdeutsch** *nt* allemand *m* écrit, bon allemand *m*

Schriftenerkennung *f* ▸ **automatische ~** INFORM reconnaissance *f* optique de caractères

Schriftform *f* forme *f* écrite; ***etw bedarf der ~*** qc doit se faire par écrit **Schriftführer(in)** *m(f)* secrétaire *mf* **Schriftgelehrte(r)** *m decl wie adj* BIBL docteur *m* de la loi, scribe *m* **Schriftgrad** *m* corps *m*

schriftlich **I.** *adj* **1.** (*geschrieben*) écrit(e); ■ **etwas S~es** quelque chose d'écrit; ***auf ~em Weg*** par écrit
2. *fam* (*Prüfung*) ■ **das S~e** l'écrit; ***im S~en*** à l'écrit
II. *adv* par écrit
▸ **jd gibt jdm etw ~** qn confirme qc à qn par écrit; **das kann ich dir/Ihnen ~ geben** *fam* [ça,] je peux te/vous le garantir!

Schriftsachverständige(r) *f(m) decl wie adj* graphologue *mf* **Schriftsatz** *m* JUR mémoire *m* **Schriftsetzer(in)** *m(f)* typographe *mf* **Schriftsprache** *f* langue *f* écrite

Schriftsteller(in) <-s, -> *m(f)* écrivain *m*

Schriftstellerei <-> *f* ∅ écriture *f,* activité *f* d'écrivain; ***jd lebt von der ~*** qn vit de sa plume

schriftstellerisch **I.** *adj* d'écrivain
II. *adv* comme écrivain; ***jd ist ~ begabt/talentiert*** qn a des dons/des talents d'écrivain

schriftstellern *vi fam* ■ **jd schriftstellert** qn écrit; ■ **das S~** le métier d'écrivain; ***jd lebt vom S~*** qn vit de sa plume

Schriftstück *nt* pièce *f,* document *m,* acte *m* **Schriftverkehr** *m form* correspondance *f* ▸ **jd tritt mit jdm in ~** qn entame une correspondance avec qn, qn noue des relations épistolaires avec qn *soutenu* **Schriftwechsel** [-ks-] *m s.* **Schriftverkehr. Schriftzeichen** *nt* caractère *m* **Schriftzug** *m* **1.** (*geschriebenes Wort*) griffe *f* **2.** *meist pl* (*Charakteristik einer Handschrift*) écriture *f pas de pl*

schrill **I.** *adj* **1.** *Klang, Ton* aigu(ë), strident(e); *Schrei, Stimme a.* perçant(e)
2. *Aufmachung, Effekte, Fest, Illustration, Typ* tapageur(-euse); ***eine ~e Moderatorin*** une animatrice extravagante; ***~e Töne*** des cris d'orfraie
II. *adv:* ***etw ertönt/klingt ~*** qc rend/a un son strident; ***jd schreit ~*** qn pousse des cris stridents; ***jd lacht ~ auf*** qn éclate d'un rire strident

schrillen *vi* ■ **etw schrillt** qc retentit [*o* résonne] [de façon stridente]

schritt *imp von* **schreiten**

Schritt <-[e]s, -e> *m* **1.** (*Tritt*) pas *m;* ***mit leisen ~en*** à pas de loup
2. ∅ (*Gang*) pas *m*
3. ∅ *fam* (*Schritttempo*): ***bitte ~!*** au pas, s'il vous plaît!; ***~ sollte vorgeschrieben sein*** il devrait être obligatoire de rouler au pas
4. (*Maßnahme*) mesure *f*
5. COUT entrejambe *m*
▸ **jd hat einen bestimmten ~ am Leibe** *fam* qn a un certain pas; ***der hat aber auch einen ~ am Leibe!*** il a le feu aux fesses! *fam,* il a le diable à ses trousses! *fam;* **auf ~ und Tritt** dans mes/ses/... moindres faits et gestes; *verfolgen* à la trace; ***er beobachtet mich auf ~ und Tritt*** il est constamment sur mes talons, il ne me quitte pas d'une semelle; **jd leitet ~e in die Wege** qn prend des dispositions; **der erste ~** le premier pas; **jd macht** [*o* **tut**] **die ersten ~e** */Kind/* qn fait ses premiers pas; **jd tut den ersten ~ [zu etw]** qn fait le premier pas [vers qc]; **ein paar ~e** (*eine kurze Entfernung*) deux pas; ***jd geht ein paar ~e irgendwohin*** (*kurz*) qn fait quelques [*o* deux trois] pas quelque part; **etw ist ein ~ vorwärts** qc a progressé; ***das ist ein ziemlicher ~ vorwärts*** c'est un réel progrès; **jd tut den zweiten ~ vor dem ersten** qn met la charrue avant les bœufs; **etw beflügelt jds ~e** *geh* qc donne des ailes à qn; **jd beschleunigt seinen ~** [*o* **seine ~e**] *geh* qn presse le pas; **„~ fahren"** "rouler au pas"; **jd fährt [im] ~** qn roule au pas; **jd geht** [*o* **tritt** *geh*] **einen ~ irgendwohin** *nach hinten, vorn, zur Seite* qn fait un pas quelque part; ***jd tritt einen ~ vorwärts/rückwärts*** qn avance/recule d'un pas, qn fait un pas en avant/arrière; **jd hält [mit jdm] ~** qn suit l'allure [de qn]; **jd hält mit etw ~** *mit der Entwicklung, Zeit* qn suit le rythme de qc; *mit der Konkurrenz* qn est aussi fort(e) que qc; **jd macht ... ~e** *kurze, langsame, schnelle* qn marche à pas ...; *große, kleine, lange* qn marche à ... pas; ***mach doch nicht so große ~e!*** ne fais donc pas de si grands pas!; **jd unternimmt ~e [gegen jdn/etw]** qn prend des mesures [*o* engage une action] [contre qn/qc]; **~ für ~** pas à pas; ***es wird ~ für ~ wärmer*** la chaleur augmente peu à peu; **mit ... ~en** *bedächtigen, langsamen, schnellen* à pas ...; *großen, kleinen, langen* à ... pas; ***mit gemessenen ~en*** à pas comptés; ***mit schleppenden ~en*** en traînant les pieds; **eines ... ~es** *geh* d'un pas ...

Schrittempo *s.* **Schritttempo**

Schrittmacher <-s, -> *m* **1.** MED stimulateur *m* cardiaque, pacemaker *m*
2. SPORT entraîneur *m*

Schritttempo[RR] *nt* vitesse *f* réduite; ***hier ist ~ vorgeschrieben*** ici on doit rouler au pas
▸ **jd fährt im ~** qn roule au pas; **„~!"** "au pas!"

schrittweise **I.** *adj* progressif(-ive), graduel(le)
II. *adv* progressivement, graduellement

schroff **I.** *adj* **1.** (*barsch*) sec(sèche); *Empfang a.* glacial(e); *Haltung, Verhalten* cassant(e), brusque
2. (*abrupt*) *Änderung, Übergang* brusque
3. (*steil*) *Abhang, Fels, Klippe, Steilhang* abrupt(e)
II. *adv* **1.** (*barsch*) sèchement
2. (*steil*) en pente raide, à pic

Schroffheit <-, -en> *f* **1.** ∅ (*barsche Art*) sécheresse *f*
2. (*schroffe Äußerung*) parole *f* acerbe

schröpfen *vt* **1.** *fam* (*ausnehmen*) ■ **jd schröpft jdn [um etw]** qn plume qn [de qc], qn estampe qn [de qc] *fam;* ■ **jd wird [um etw] geschröpft** qn se fait arnaquer *fam* [*o* plumer] [*o* estamper *fam*] [de qc]
2. MED ■ **jd schröpft jdn** qn pose des ventouses à qn

Schröpfkopf *m* ventouse *f*

Schrot <-[e]s, -e> *m o nt* **1.** ∅ AGR gruau *m* (*mouture rustique*)
2. JAGD plomb *m* [de chasse]
▸ **von altem** [*o* **echtem**] **~ und Korn** de vieille souche

Schrotbrot *nt* pain *m* de gruau (*à base de blé concassé: mouture rustique*)

schroten *vt* ■ **jd schrotet etw** qn concasse qc; ■ **geschrotet** concassé(e)

Schrotflinte *f* fusil *m* de chasse **Schrotkugel** *f* plomb *m* de chasse **Schrotladung** *f* charge *f* de grenaille **Schrotpatrone** *f* cartouche *f* à plomb

Schrott <-[e]s> *m* ∅ **1.** (*Metall~*) ferraille *f;* ***etw ist bloß noch ~*** qc est tout juste bon(ne) à mettre à la ferraille [*o* casse]
2. *fam* (*nutzloses Zeug*) merde *f fam;* (*Schund*) camelote *f fam;* ***etw ist der letzte ~*** qc est vraiment de la merde *fam;* ***das ist doch ~*** c'est nul, c'est de la merde *fam*
▸ **jd fährt etw zu ~** *fam* qn envoie qc à la casse, qn bousille [*o* ratatine] qc *fam;* **zu ~** *hacken, zerreißen* à l'état de ferraille; *pressen, verarbeiten* en un bloc de ferraille

-schrott *m Auto-, Computer-* épaves *fpl* de; *Metall-, Elektronik-* déchets *mpl* de; ***Daten~*** données *fpl* inutilisables

Schrott- *fam -reaktor, -objekt* vieux(vieille) ... pourri(e); *-immobilie a.* délabré(e); *-firma* en piteux état; *-film, -programm* ringard(e) *fam;* ***ein ~auto*** une vieille guimbarde, un [vieux] clou [*o* tacot *fam*], une bagnole pourrie *fam;* ***ein billiges ~produkt*** de la camelote bon marché **Schrotthändler(in)** *m(f)* ferrailleur(-euse) *m(f),* récupérateur(-trice) *m(f);* (*für Autoschrott a.*) casseur *m* **Schrotthaufen** *m* tas *m* de ferraille **Schrottplatz** *m* parc *m* à ferraille; (*für Autos a.*) casse *f* **schrottreif** *adj* bon(ne) pour la casse ▶**jd fährt etw** ~ *fam* qn envoie qc à la casse, qn bousille [*o* ratatine] qc *fam* **Schrottwert** *m* valeur *f* de récupération; ***jd verkauft etw zum*** ~ qn vend qc au prix de la ferraille

schrubben I. *vt* 1. (*reinigen*) ■ **jd schrubbt etw** qn récure qc; *Boden, Fußboden a.* qn frotte qc
2. (*bürsten*) ■ **jd schrubbt jdm/sich etw** *den Hals, Rücken, die Beine etc* qn brosse [*o* frotte] qc à qn/se brosse [*o* frotte] qc
II. *vr* ■ **jd schrubbt sich** qn se frotte
III. *vi* ■ **jd schrubbt** qn passe la brosse

Schrubber <-s, -> *m* balai-brosse *m*

Schrulle <-, -n> *f fam* lubie *f*

schrullig *adj fam* lunatique

schrump[e]lig *adj fam* ratatiné(e)

schrumpfen *vi + sein* 1. (*ein~*) ■ **etw schrumpft** */Ballon, Hülle/* qc se dégonfle; */Frucht/* qc se ratatine; */Gehirn/* qc diminue de volume, qc s'atrophie; */Umfang/* qc se réduit, qc s'atrophie; */Muskeln/* qc fond; ***etw schrumpft auf den halben Umfang*** [le volume de] qc réduit de moitié
2. (*zurückgehen*) ■ **etw schrumpft [irgendwie/um etw] [auf etw** (*akk*)**]** */Exporte, Umsätze, Mitgliederzahlen, Vorräte/* qc se réduit [d'une certaine façon/de qc] [pour atteindre qc]; ***etw schrumpft auf die Hälfte*** qc se réduit de moitié

Schrumpfkopf *m* tête *f* réduite **Schrumpfleber** *f* foie *m* sclérosé [*o* atrophié] **Schrumpfniere** *f* rein *m* sclérosé

Schrumpfung <-, -en> *f* 1. [*Ballon, Hülle*] dégonflement *m;* [*Frucht*] dessèchement *m;* [*Haut*] rétrécissement *m;* [*Umfang*] réduction *f;* ~ ***des Gehirns/der Muskeln*** atrophie *f* cérébrale/musculaire
2. (*das Zurückgehen*) [*Exporte, Umsätze etc*] réduction *f*

schrumplig *adj s.* **schrumpelig**

Schrunde <-, -n> *f* MED, GEOG crevasse *f*

schrundig *adj* crevassé(e)

Schub <-[e]s, ¨-e> *m* 1. PHYS poussée *f*
2. MED poussée *f,* crise *f*
3. (*Antrieb*) élan *m,* impulsion *f*
4. (*Gruppe*) fournée *f*
5. *fam* (*Schubfach*) tiroir *m*

Schuber <-s, -> *m* étui *m*

Schubfach *nt* tiroir *m* **Schubkarre** *f,* **Schubkarren** *m* brouette *f* **Schubkraft** *f* poussée *f* **Schublade** <-, -n> *f* tiroir *m* ▶**für die** ~ (*nutzlos*) pour le roi de Prusse, pour des prunes *fam;* **in der** ~ dans les tiroirs, en réserve; **in die** ~ au placard **schubladisieren** * *vt* CH ■ **jd schubladisiert etw** qn met qc au placard **Schublehre** *f* pied *m* à coulisse

Schubs <-es, -e> *m fam* bourrade *f*
▶**jd gibt jdm einen** ~ qn donne une bourrade à qn

schubsen *vt fam* 1. (*anstoßen*) ■ **jd schubst jdn** qn bouscule qn
2. (*stoßen*) ■ **jd schubst jdn irgendwohin/von etw** qn fait tomber qn [d'une bourrade] quelque part/de qc

schubweise *adv* 1. MED */Fieber/* par poussées; */Krankheit/* par crises
2. (*in Gruppen*) par vagues, par fournées

schüchtern I. *adj* timide
II. *adv* timidement

Schüchternheit <-> *f* ∅ timidité *f*

schuf *imp von* **schaffen²**

Schufa <-> *f* ∅ *abk von* **Schutzgemeinschaft für allgemeine Kreditsicherung** *société d'assurance et de surveillance du crédit à la consommation*

Schuft <-[e]s, -e> *m pej* crapule *f,* canaille *f*

schuften *vi fam* ■ **jd schuftet [für jdn/an etw** (*dat*)**/irgendwo]** qn trime [pour qn/sur qc/quelque part]; ***nur noch zwei Jahre, dann habe ich zu Ende geschuftet*** plus que deux ans et j'aurai fini de bosser; ■ **das S~** le boulot de forçat *fam;* ***das kommt vom vielen S~*** c'est à force de trimer *fam*

Schufterei <-, -en> *f fam* boulot *m* de forçat *fam*

Schuh <-[e]s, -e> *m* chaussure *f*
▶ **umgekehrt wird ein** ~ **draus** *fam* complètement à côté de la plaque *fam,* c'est exactement l'inverse; **jd weiß, wo jdn der** ~ **drückt** *fam* qn sait ce qui turlupine qn *fam;* **wo drückt der** ~? *fam* qu'est-ce qui ne tourne pas rond?, qu'est-ce qui te/vous turlupine? *fam;* **jd schiebt jdm etw in die ~e** *fam* qn met qc sur le dos de qn; *Schuld, Verantwortung a.* qn cherche à refiler qc à qn *fam;* ***jd schiebt jdm die Schuld/die Verantwortung* [*für etw*] *in die ~e*** qn fait porter le chapeau à qn [pour qc]

Schuh- 1. (*eines Schuhes*) de chaussure; (*für Schuhe*) *-bürste, -einlage, -putzmittel, -schachtel, -tasche* à chaussures 2. (*Schuhe herstellend*) de chaussures 3. (*Schuhe verkaufend*) *-geschäft, -verkäufer* de chaussures; *-markt* de la chaussure; *-abteilung* chaussures **Schuhanzieher** <-s, -> *m s.* **Schuhlöffel. Schuhbändel** <-s, -> *m* SDEUTSCH, CH *s.* **Schnürsenkel. Schuhcreme** [-kre:m] *f* cirage *m* **Schuhgröße** *f* pointure *f;* ***die nächstgrößere*** ~ la pointure au-dessus; ***welche ~ haben Sie?*** quelle est votre pointure?; ***ich habe ~ 40*** je fais du 40 **Schuhlöffel** *m* chausse-pied *m* **Schuhmacher(in)** *m(f)* cordonnier(-ière) *m(f)* **Schuhplattler** <-s, -> *m* AUS, SDEUTSCH danse *f* paysanne (*typique du Tyrol et de la Bavière*) **Schuhputzer(in)** <-s, -> *m(f)* cireur(-euse) *m(f)* [de chaussures] **Schuhriemen** *m s.* **Schnürsenkel. Schuhsohle** *f* semelle *f* [de chaussure] **Schuhspanner** *m* embauchoir *m,* forme *f*

Schukostecker® *m* fiche *f* 2 pôles + terre

Schul- 1. (*auf der Schule erworben*) *-kenntnisse, -englisch* scolaire 2. (*von der Schule veranstaltet*) *-ausflug, -fest, -sport, -veranstaltung, -wandertag, -zeitung* scolaire 3. (*Teil des Schulgebäudes*) *-gelände, -fassade, -dach, -fenster* de l'école 4. (*im Unterricht verwendet*) *-atlas, -grammatik, -kopierer, -projektor, -wörterbuch* à usage scolaire 5. (*die Schule betreffend*) *-ordnung, -politik, -reform, -system, -typ, -partnerschaft, -senator* scolaire 6. (*an einer Schule tätig*) *-direktor, -hausmeister* d'école; *-pädagoge, -zahnarzt* scolaire **Schulabgänger(in)** <-s, -> *m(f) form* jeune *mf* ayant terminé sa scolarité **Schulalter** *nt* âge *m* scolaire ▶**jd kommt ins** ~ qn atteint [*o* arrive à] l'âge scolaire; **im** ~ dans l'âge scolaire; *Kind* d'âge scolaire **Schulamt** *nt* ≈ inspection *f* académique **Schulanfang** *m* (*nach den Ferien*) rentrée *f* scolaire [*o* des classes]; (*am Morgen*) début *m* des cours **Schulanfänger(in)** *m(f)* [élève *mf* de] C.P. *mf* **Schularbeit** *f* 1. *meist pl* (*Hausaufgaben*) devoirs *mpl* [à la maison] 2. AUS (*Klassenarbeit*) composition *f,* interrogation *f* [écrite] [*o* sur table], devoir *m* surveillé ▶**jd macht die/seine ~en** qn fait ses devoirs **Schularzt** *m,* **-ärztin** *f* médecin *m* scolaire **Schulaufgaben** *pl s.* **Schularbeit 1. Schulbank** <-bänke> *f* banc *m;* ***die früheren ¨-e*** les bancs d'école d'autrefois ▶**jd drückt die** ~ *fam* qn use ses fonds de culotte sur les bancs de l'école **Schulbeginn** *m s.* **Schulanfang. Schulbeispiel** *nt* exemple *m* typique [*o* type], cas *m* d'école; ■ **ein** ~ **für etw** un exemple typique de qc; ■ **ein** ~ **dafür, wie** un exemple typique de la façon dont **Schulbericht** *m form* appréciation *f* **Schulbesuch** *m form* scolarisation *f;* ***jd ist zum ~ verpflichtet*** qn est soumis(e) à la scolarité obligatoire *form,* qn est obligé(e) d'aller à l'école; ***jd ist vom ~ suspendiert*** qn subit une éviction scolaire *form* **Schulbildung** *f* ∅ formation *f* scolaire; ***jd verfügt über keinerlei*** ~ qn n'a pas été à l'école **Schulbuch** *nt* manuel *m* [scolaire], livre *m* de classe **Schulbuchverlag** *m* maison *f* d'édition de livres scolaires **Schulbus** *m* car *m* de ramassage [scolaire]

schuld *adj, adv* ■ **jd ist** ~ c'est [de] la faute de qn, qn est responsable; ■ **jd ist an etw** (*dat*) ~ qc est [de] la faute de qn, qn est responsable de qc; ■ **etw ist [an etw** (*dat*)**]** ~ qc est à l'origine de qc; ***das Wetter ist ~, dass ...*** en raison du temps, ...; ■ **jd ist ~, dass/wenn etw geschieht** c'est [de] la faute de qn si qc se produit; ***keiner will ~ gewesen sein*** personne ne veut s'avouer coupable

Schuld <-, -en> *f* 1. ∅ (*Verschulden*) culpabilité *f;* ■ **jds/die ~ an etw** (*dat*) la responsabilité de qn dans qc; *an einem Verbrechen, Versagen* la culpabilité de qn dans qc; ***wegen ihrer ~ an diesem Versäumnis*** pour avoir commis cette négligence
2. ∅ (*verschuldete Missetat*) faute *f*
3. *meist pl* FIN dette *f*
▶**jd hat mehr ~en als Haare auf dem Kopf** *fam* qn est criblé(e) de dettes, qn est endetté(e) jusqu'au cou; **jd begleicht eine** ~ qn s'acquitte d'une dette; ***ich habe bei Ihnen noch eine ~ zu begleichen*** je vous dois bien ça; **jd gibt jdm/einer S. die ~ an etw** (*dat*) qn rend qn/qc responsable de qc; **jd gibt jdm/einer S. ~/~ an etw** (*dat*) qn met ça/qc sur le dos de qn/qc; **jd gibt jdm/einer S. die ~ [daran], dass** qn rend qn/qc responsable de ce que + *subj,* qn s'en prend à qn/qc si; **jd hat ~/an etw** (*dat*) ~ c'est/qc est [de] la faute de qn; **jd hat ~en** qn a des dettes, qn est endetté(e); **es ist jds ~, dass/wenn etw geschieht** c'est [de] la faute de qn si qc se produit; **jd lädt ~ auf sich** (*akk*) *geh* qn se rend coupable d'une faute *soutenu;* **die ~ [für etw] liegt bei jdm** la responsabilité [de qc] incombe à qn, c'est/qc est [de] la faute de qn, qn est responsable [de qc]; **jd macht ~en** qn s'endette, qn fait des dettes; **jd nimmt die ~ [an etw** (*dat*)**] auf sich** (*akk*) qn assume [*o* endosse] la responsabilité [de qc]; **jd schiebt jdm die ~ an etw** (*dat*) **zu** qn rejette la responsabilité de qc sur qn/qc, qn met qc sur le dos de qn/qc; **jd steht in jds ~** (*dat*) *geh:* ***ich stehe in Ihrer ~*** je vous suis très obligé(e) *form,* je suis votre obligé(e) *form;* **jdn trifft keine ~/an etw** (*dat*) qn n'y est pour rien/n'est pour rien dans qc; **durch jds** ~ par la faute de qn

Schuldbekenntnis *nt* aveu *m* ▶**jd legt ein ~ [gegenüber jdm] ab** qn avoue [*o* confesse] sa faute/ses fautes [à qn] **schuldbewusst**[RR] I. *adj* *Mensch* qui se sent coupable; *Gesicht, Miene, Schweigen* coupable; ■ **jd ist** ~ qn se sent coupable II. *adv* l'air coupable **Schuldbewusstsein**[RR] *nt* conscience *f* de ma/sa/... faute; ***voller*** ~ pleinement conscient(e) de sa faute

schulden *vt* ■ **jd schuldet jdm etw [für etw]** qn doit qc à qn [pour qc]

Schuldendienst *m* service *m* de la dette **schuldenfrei** *adj Besitz, Haus* franc(franche) d'hypothèques; ■ **jd ist** ~ qn n'a pas de dettes; ■ **etw ist** ~ qc est franc(franche) d'hypothèques **Schuldenkrise** *f* problème *m* des pays endettés

Schuldfrage *f* question *f* de la/de culpabilité [*o* de/des responsabilités]; ***jd klärt die*** ~ qn cherche à établir les responsabilités [*o* la culpabilité] **Schuldgefühl** *nt* sentiment *m* de culpabilité

schuldhaft I. *adj* coupable, fautif(-ive); ***bei ~er Verursachung eines Verkehrsunfalls*** si on provoque par sa faute un accident de la circulation
II. *adv* par ma/sa/... faute; *sich verhalten* de façon coupable, fautivement

Schuldienst *m* ∅ enseignement *m*
▶**jd geht in den** ~ qn entre dans l'enseignement; **jd ist im ~ [tätig]** qn est dans l'enseignement

schuldig I. *adj* 1. (*verantwortlich*) responsable; ■ **der an etw** (*dat*) **~e Mensch** le/la responsable de qc; ■ **jd ist an etw** (*dat*) ~ qn est responsable de qc 2. JUR *Angeklagte, Täter* coupable; ■ **jd ist [einer S.** (*gen*)**]** ~ qn est coupable [de qc] 3. *geh* (*gebührend*) *Achtung, Anerkennung, Dank, Respekt etc* qui lui est dû(due), qu'il/elle mérite 4. (*zahlungspflichtig*) ■ **jd ist jdm etw** ~ qn doit qc à qn; ***was bin ich Ihnen ~?*** combien je vous dois? 5. (*verpflichtet*) ■ **jd ist jdm/einer S. etw** ~ *Anerkennung, Dank, Gefallen, Lob, Respekt etc* qn doit qc à qn/une chose mérite qc de la part de qn ▶**jd bekennt sich** ~ qn plaide coupable; **jd bleibt jdm nichts** ~ qn rend la pareille à qn; **jd befindet [*o* erklärt] jdn [einer S.** (*gen*)**] für** ~ qn déclare qn coupable [de qc]; **jd macht sich einer S.** (*gen*) ~ qn se rend coupable de qc; **jd spricht jdn** ~ qn déclare qn coupable II. *adv* ▶**jd ist/wird ~ geschieden** le divorce de qn est prononcé à ses torts **Schuldige(r)** *f(m) decl wie adj* coupable *mf*

Schuldigkeit <-> *f* ∅ devoir *m;* ***ich weiß, was meine ~ ist*** je sais quelles sont mes obligations

▸**jd hat seine ~ getan** on remercie qn; **jd tut seine ~** qn fait son devoir [*o* ce qu'il a à faire]

schuldlos I. *adj* non responsable; ■**jd ist ~ [an etw** (*dat*)] qn n'est pas responsable [de qc]; ***ich bin doch ganz ~*** je n'y suis pour rien

II. *adv* sans y être pour rien

▸**jd ist/wird ~ geschieden** qn est divorcé(e)/obtient le divorce à son profit

Schuldner(in) <-s, -> *m(f)* débiteur(-trice) *m(f)*

Schuldnerland *nt* pays *m* débiteur

Schuldschein *m* reconnaissance *f* de dette **Schuldverschreibung** *m* obligation *f* **Schuldzuweisung** *f* accusation *f*

Schule <-, -n> *f* (*alle Bedeutungen*) école *f*

▸**der alten ~** de la vieille école; **jd ist durch eine harte ~ gegangen** *geh* qn a été à rude école; **hohe ~** haute école *f;* **die hohe ~ einer S.** (*gen*) *geh* le nec plus ultra de qc; **höhere ~** établissement *m* du second degré; **jd geht zur** [*o* **auf die**] [*o* **in die**] **~** qn va à l'école; **jd geht von der ~ ab** qn quitte l'école; **... ist ~** *morgens, am Samstag* il y a école [*o* classe] ...; ***morgen ist keine ~*** il n'y a pas classe [*o* [d']école] demain; **jd ist an der ~** *fam* qn est prof *fam;* **die ~ ist aus** l'école est finie; **jd kommt in die ~** qn rentre à l'école; **etw macht ~** qc fait école; **jd plaudert aus der ~** *fam* qn ne sait pas tenir sa langue; **auf** [*o* **in**] **der ~** à l'école

schulen I. *vt* ■**jd schult jdn** qn forme qn; ■**jd wird geschult** qn reçoit une formation; ■**geschult** formé(e); ■**etw schult etw** qc exerce qc

II. *vi* ■**jd schult** */Fahrlehrer/* qn donne des leçons de conduite

Schulentlassung *f* fin *f* de/de la scolarité

Schüler(in) <-s, -> *m(f)* **1.** SCOL élève *mf;* (*Kind a.*) écolier(-ière) *m(f)*

2. [*Adept*] [*Maler*] élève *mf;* [*Philosoph*] disciple *mf*

Schüleraustausch *m* échange *m* scolaire **Schülerausweis** *m* carte *f* d'identité scolaire (*donnant droit à des réductions*) **Schülerlotse** *m*, **-lotsin** *f* élève *mf* chargé(e) de la circulation (*affecté(e) à un passage clouté à proximité d'une école*) **Schülermitverwaltung** *f* participation *f* des élèves [à la gestion de l'école]

Schülerschaft <-, -en> *f form* population *f* scolaire *form,* élèves *mpl*

Schülersprache *f* jargon *m* scolaire, langage *m* de potaches *fam* **Schülerzeitung** *f* journal *m* scolaire

Schulfach *nt* matière *f,* discipline *f* **Schulferien** [-riən] *pl* vacances *fpl* scolaires **Schulfernsehen** *nt* télévision *f* scolaire **schulfrei** *adj* sans école, de congé; ■**etw ist ~,** ■**... ist ~** il n'y a pas école [*o* classe] ... ▸**jd hat [irgendwann] ~** qn n'a pas école [*o* classe] [tel jour/à tel moment] **Schulfreund(in)** *m(f)* camarade *mf* d'école/de collège/lycée **Schulfunk** *m* radio *f* scolaire **Schulgebäude** *nt* bâtiment *m* scolaire **Schulgebrauch** *m* ▸**für den ~** pour une utilisation scolaire; ***für den ~ bestimmt/gedacht*** à usage scolaire/destiné(e) à l'école **Schulgeld** *nt* frais *mpl* de scolarité ▸**jd kann sich** (*dat*) **sein ~ wiedergeben lassen** *fam* on se demande ce que qn a appris à l'école *fam* **Schulheft** *nt* cahier *m* **Schulhof** *m* cour *f* [d'/de l'école]

schulisch I. *adj* scolaire; *Verhalten* en classe

II. *adv* en classe, sur le plan scolaire

Schuljahr *nt* **1.** (*Zeitraum*) année *f* scolaire **2.** (*Klasse*) classe *f;* ***ich bin im achten ~*** ≈ je suis en quatrième **Schuljunge** *m veraltend* écolier *m* ▸**jd behandelt jdn wie einen [dummen] ~n** qn traite qn comme un gamin **Schulkamerad(in)** *m(f)* camarade *mf* d'école/de collège/lycée **Schulkind** *nt* écolier(-ière) *m(f)* **Schulkindergarten** *m* ≈ école *f* maternelle **Schulklasse** *f form* classe *f* **Schullandheim** *nt* centre *m* d'accueil pour classes vertes; ***jd fährt ins ~*** qn part en classes vertes **Schullehrer(in)** *m(f)* enseignant(e) *m(f)* **Schulleiter(in)** *m(f) form* chef *m* d'établissement **Schulmädchen** *nt veraltend* écolière *f* **Schulmappe** *f* serviette *f,* cartable *m* (*sans bretelles*) **Schulmedizin** *f* médecine *f* officielle **Schulmeister** *m veraltet* maître *m* d'école *vieilli* **schulmeistern** *vt pej* ■**jd schulmeistert jdn** qn fait la leçon à qn, qn en remontre à qn; ***immer muss er andere ~*** il faut toujours qu'il en remontre aux autres, il veut toujours en remontrer aux autres **Schulpflicht** *f ∅* obligation *f* scolaire **schulpflichtig** *adj Kind* d'âge scolaire, soumis(e) à l'obligation scolaire **Schulranzen** *m* cartable *m,* gibecière *f* **Schulrat** *m*, **-rätin** *f* ≈ inspecteur(-trice) *m(f)* [de l'enseignement] primaire **Schulschiff** *nt* navire-école *m* **Schulschluss**RR *m ∅* fin *f* des cours **Schulsprecher(in)** *m(f)* délégué(e) *m(f)* de classe [*o* des élèves] **Schulstress**RR *m* stress *m* scolaire **Schulstube** *f* CH *s.* **Klassenzimmer. Schulstunde** *f* heure *f* de cours **Schultag** *m* jour *m* de classe **Schultasche** *f s.* **Schulmappe**

Schulter <-, -n> *f* (*alle Bedeutungen*) épaule *f*

▸**mit gebeugten/hängenden ~n** le dos voûté/les épaules tombantes; **jd zeigt jdm die kalte ~** *fam* qn bat froid à qn, qn ignore qn; **jd nimmt etw auf die leichte ~** *fam* qn prend qc à la légère [*o* à la rigolade *fam*] [*o* par-dessus la jambe *fam*]; **jd klopft jdm auf die ~** (*aufmerksam machend*) qn frappe sur l'épaule de qn; (*anerkennend*) qn donne à qn une tape sur l'épaule; **jd lässt die ~n hängen** qn se tient voûté(e); (*ist mutlos*) qn baisse les bras; **etw ruht auf jds ~n** (*dat*) qc repose [*o* pèse] sur les épaules de qn; **jd zuckt die** [*o* **mit den**] **~n** qn hausse les épaules; **~ an ~** *sitzen, stehen* épaule contre épaule; (*gemeinsam*) main dans la main; ***wir müssen ~ an ~ stehen*** il faut que nous fassions bloc

Schulterblatt *nt* omoplate *f* **schulterfrei** *adj* à épaules nues **Schultergelenk** *nt* articulation *f* de l'épaule **Schulterhöhe** *f* ▸**bis [in] ~** à l'épaule; ***er reicht mir bis ~*** il m'arrive à l'épaule [*o* aux épaules]; **in ~** à hauteur d'épaules **Schulterklappe** *f* patte *f* d'épaule **schulterlang** *adj* mi-long(longue), qui arrivent aux épaules ▸**jd trägt das Haar ~** qn a les cheveux mi-longs [*o* qui arrivent aux épaules]

schultern *vt* ■**jd schultert etw** qn met qc sur l'épaule; ***die Gewehre geschultert*** l'arme sur l'épaule

Schulterpolster *nt* épaulette *f* **Schulterschluss**RR *m* effort *m* de cohésion; ***der ~ mit jdm*** le resserrement des liens avec qn; ***im ~ mit jdm*** bras dessus, bras dessous avec qn; **Schultersieg** *m* tombé *m* **Schulterstück** *nt* **1.** MIL épaulette *f* **2.** GASTR morceau *m* dans l'épaule

Schulträger *m form organisme qui subventionne une école* **Schultüte** *f* pochette-surprise *f* (*cadeau de rentrée des parents à leur enfant pour son premier jour d'école*)

Schulung <-, -en> *f* [*Mensch*] formation *f;* [*Auffassungsgabe, Gedächtnis, Merkfähigkeit*] entraînement *m,* exercice *m*

Schulunterricht *m form* cours *mpl* **Schulversagen** *nt* échec *m* scolaire **Schulweg** *m* trajet *m* pour aller à l'école ▸**auf dem ~** sur le chemin de l'école **Schulwesen** *nt ∅* système *m* éducatif [*o* scolaire] **Schulzeit** *f* scolarité *f* **Schulzeugnis** *nt form* bulletin *m*

schummeln *vi fam* ■**jd schummelt [bei/in etw** (*dat*)] *bei einem Spiel* qn triche [à qc]; *bei einer Klassenarbeit, in einem Fach, im Unterricht* qn pompe [en qc] *fam;* ■**das S~** la triche *fam;* ***das S~ bei Klassenarbeiten*** pomper en interro *fam*

schumm[e]rig *adj* **1.** *Beleuchtung, Licht* tamisé(e)

2. *Kaminzimmer, Lokal, Bar* peu éclairé(e); ***zu ~*** pas assez éclairé(e); ■**irgendwo ist es ~** il y a peu de lumière quelque part; quelque part, on est dans la pénombre; ***im ~en Zimmer*** dans la pénombre de la chambre

Schund <-[e]s> *m ∅ pej* saleté *f fam;* (*schlechte Ware a.*) camelote *f fam,* cochonnerie *f;* (*Lektüre*) âneries *fpl*

Schund- *pej -film, -heft, -literatur, -roman* de bas étage

schunkeln *vi* ■**sie ~** ils/elles se balancent [de droite à gauche] (*en se tenant par le bras ou la taille*)

Schupfer <-s, -> *m* AUS, CH, SDEUTSCH (*Schubs*) bourrade *f;* (*Überredung*) [petite] impulsion *f*

Schuppe <-, -n> *f* **1.** ZOOL écaille *f*

2. *pl* (*Kopfschuppen*) pellicules *fpl*

▸**jdm fällt es wie ~n von den Augen** les écailles lui tombent des yeux *littér,* les yeux de qn se dessillent *soutenu;* **jd hat ~n** qn a des pellicules

schuppen I. *vt* ■**jd schuppt etw** *Fisch* qn écaille qc

II. *vr* ■**jd schuppt sich** qn pèle; ■**etw schuppt sich** */Haut, Kopfhaut, Gesicht/* qc pèle, qc [se] desquame *spéc*

Schuppen <-s, -> *m* **1.** (*kleiner Bau*) hangar *m,* remise *f,* appentis *m*

2. *fam* (*Lokal*) boui-boui *m fam;* (*Disko*) boîte *f fam*

Schuppenflechte *f* psoriasis *m* **Schuppentier** *nt* pangolin *m*

schuppig I. *adj* **1.** *Fisch, Reptil, Haut* écailleux(-euse), à écailles

2. *Haar* pelliculeux(-euse)

II. *adv* */Haut/ abblättern, sich ablösen* par squames; ***der alte Anstrich blättert ~ ab*** la peinture ancienne s'écaille

Schur <-, -en> *f* tonte *f*

schüren *vt* **1.** (*anfachen*) ■**jd schürt etw** *Feuer, Glut* qn attise qc

2. (*anstacheln*) ■**jd/etw schürt etw [bei jdm]** qn/qc attise *soutenu* [*o* excite] qc [de qn]

schürfen I. *vi* **1.** (*graben*) ■**jd schürft [nach etw]** *nach Gold, Bodenschätzen* qn prospecte [*o* fouille] [pour trouver qc]

2. (*schleifen*) ■**jd/etw schürft über etw** (*akk*) *über den Boden, Steine etc* qn/qc racle [qc]

II. *vt* ■**jd schürft etw** *Bodenschätze, Gold* qn extrait qc

III. *vr* ■**jd schürft sich** (*dat*) **etw** qn s'écorche qc; ■**jd schürft sich [an etw** (*akk*)] *am Ellenbogen, Knie etc* qn se fait une écorchure [à qc], qn s'écorche [qc]

Schürfwunde *f* écorchure *f*

Schürhaken *m* tisonnier *m*

Schurke <-n, -n> *m* crapule *f,* canaille *f*

schurkisch I. *adj* crapuleux(-euse)

II. *adv* crapuleusement, de façon crapuleuse

Schurwolle *f* laine *f* vierge

▸**„reine ~"** "pure laine [vierge]"; **aus ~** [en] pure laine [vierge]

Schurz <-es, -e> *m* tablier *m*

Schürze <-, -n> *f* tablier *m*

▸**jd hängt jdm an der ~** *fam* qn est pendu(e) aux basques de qn *fam,* qn est à la remorque de qn

schürzen *vt geh* ■**jd schürzt etw** *Rock, Rockschöße* qn retrousse qc

Schürzenjäger *m fam* coureur *m* de jupons, dragueur *m fam*

SchussRR <-es, ¨-e>, **Schuß** <-sses, ¨-sse> *m* **1.** (*Ab~*) coup *m* de feu; ***ein ~ geht los*** un coup part

2. (*Ein~*) blessure *f* par balle

3. (*Patrone*) balle *f,* cartouche *f*

4. (*Spritzer*) [*Essig, Zitronensaft*] filet *m;* [*Rum, Rumaroma, Schnaps*] doigt *m*

5. FBALL tir *m*

6. *sl* (*Drogeninjektion*) shoot *m fam*

▸**ein ~ vor den Bug** un [ultime] coup de semonce; **jd bekommt [mit etw] einen ~ vor den Bug** qn reçoit un sérieux avertissement, qc est un coup de semonce pour qn; **jd setzt** [*o* **gibt**] **jdm einen ~ vor den Bug** qn envoie un sérieux avertissement à qn; **ein ~ in den Ofen** *sl* un bide total *fam;* **jd ist keinen ~ Pulver wert** *fam* qn ne vaut pas la corde pour le pendre; **ein ~ ins Schwarze** *fam* un coup dans le mille; ***etw ist ein ~ ins Schwarze*** avec qc, qn tape dans le mille; **jd setzt sich** (*dat*) **den goldenen ~** *sl* qn s'injecte une overdose *fam;* **ein scharfer ~** un tir à balle; **jd ist weit vom ~** *fam* qn est pas dans le secteur *fam;* **etw liegt weitab vom ~** *fam* qc, c'est pas la porte à côté *fam,* qc est à perpète *fam;* **jd gibt einen ~/Schüsse [auf jdn/etw] ab** qn tire [un coup de feu] [sur qn/qc]; **jd kommt zum ~** qn peut [enfin] tirer; ***jd ist nicht zum ~ gekommen*** qn n'a pas eu l'occasion de tirer; **jd setzt sich** (*dat*) **einen ~** *sl* qn se shoote *fam;* **in ~** *fam* (*in gutem Zustand*) impec *fam;* ***jd bringt etw wieder in ~*** qn remet qc en état; **mit ~** GASTR arrosé(e)

schussbereitRR *adj* prêt(e) à tirer
▶ **jd macht sich ~** qn se prépare à tirer

Schussel <-s, -> *m fam* (*ungeschickter Mensch*) maladroit(e) *m(f)*, manchot(e) *m(f) fam;* (*unachtsamer Mensch*) écervelé(e) *m(f)*, tête *f* de linotte

Schüssel <-, -n> *f* **1.** (*große Schale*) plat *m* creux; (*für Gemüse*) plat *m* à légumes, légumier *m;* (*für Salat*) saladier *m;* (*für Teig*) terrine *f;* ***eine ~ Salat*** un plat de salade
2. (*Wasch~*) cuvette *f*
3. (*Satelliten~*) parabole *f*
4. (*WC-Becken*) cuvette *f* [de/des W.-C.]

schusselig *adj fam* (*ungeschickt*) maladroit(e), manchot(e) *fam;* (*unachtsam*) écervelé(e), étourdi(e)

Schusseligkeit <-, -en> *f fam* (*Ungeschicktheit*) maladresse *f;* (*Unachtsamkeit*) étourderie *f*

SchussfahrtRR *f* schuss *m* **Schusslinie**RR [-li:niə] *f* ligne *f* de tir ▶ **jd begibt sich in die ~** *fig* qn prête le flanc aux attaques [*o* à la critique]; **jd gerät in jds ~** (*akk*) *fig* qn est en butte aux attaques [*o* aux critiques] de qn, qn se retrouve dans le collimateur de qn; **etw gerät in jds ~** qc fait l'objet de la critique de qn; **jd nimmt jdn aus der ~** *fig* qn soustrait qn aux attaques **Schussverletzung**RR *f* blessure *f* par balle **Schusswaffe**RR *f* arme *f* à feu **Schusswaffengebrauch**RR *m form* recours *m* à une arme à feu **Schusswechsel**RR [-ks-] *m* échange *m* de coups de feu **Schussweite**RR *f* portée *f* ▶ **jd/etw befindet sich [*o* ist] in/außer ~** qn/qc se trouve [*o* est] à portée/hors de portée **Schusswunde**RR *f s.* **Schussverletzung**

Schuster(in) <-s, -> *m(f)* cordonnier(-ière) *m(f)*
▶ **~, bleib bei deinem Leisten!** *prov* chacun son métier et les vaches seront bien gardées; **auf ~s Rappen** *hum* à pinces *fam*

Schutt <-[e]s> *m Ø* décombres *mpl*, gravats *mpl*
▶ **jd legt etw in ~ und Asche** qn réduit qc en cendres; **etw liegt in ~ und Asche** qc est réduit(e) en cendres; **„~ abladen verboten"** déblais interdits

Schuttabladeplatz *m* décharge *f* de matériaux inertes [*o* de déblais]

Schüttelfrost *m* frissons *mpl* **Schüttellähmung** *f* maladie *f* de Parkinson

schütteln I. *vt* **1.** (*rütteln*) ■ **jd schüttelt etw** qn secoue qc; ■ **jd schüttelt etw von etw** *Früchte, Nüsse* qn fait tomber qc en secouant qc; ■ **jd schüttelt jdn** qn secoue qn
2. (*erzittern lassen*) ■ **etw schüttelt jdn** */Anfall/* qc fait trembler qn; */Fieber, Kälte/* qn tremble [*o* frissonne] de qc
II. *vi* ■ **jd schüttelt** qn secoue, qn agite; ***„vor Gebrauch gut ~!"*** bien agiter avant de s'en servir!; ■ **jd schüttelt an etw** (*dat*) qn secoue qc
III. *vr* ■ **jd schüttelt sich [vor etw (*dat*)]** qn frissonne [de qc]

Schüttelreim *m* contrepèterie *f* **Schüttelrutsche** *f* convoyeur *m* [*o* transporteur *m*] à secousses

schütten I. *vt* ■ **jd schüttet etw irgendwohin** *Flüssigkeit, Mehl, Salz* qn verse qc quelque part; *Dreck, Müll, Sand, Steine, Kies* qn déverse qc quelque part
II. *vi impers fam* ■ **es schüttet** il pleut comme vache qui pisse *fam*, il tombe des cordes

schütter *adj* clairsemé(e)

Schutthalde *f* amoncellement *m* de déblais **Schutthaufen** *m* tas *m* de déblais

Schüttstein *m* CH évier *m*

Schutz <-es> *m Ø* protection *f;* ■ **der/ein ~ vor etw** (*dat*) [*o* **gegen etw**] la/une protection contre qc; ■ **der ~ von Personen/Sachen [vor jdm/etw]** la protection de personnes/choses [contre qn/qc]; ***zum ~ vor der Kälte*** pour se protéger du [*o* contre le] froid
▶ **jd begibt sich in jds ~** (*akk*)**/in den ~ einer S.** (*gen*) qn se place sous la protection de qn/qc; **jd nimmt jdn in ~** qn prend la défense de qn; **jd nimmt jdn gegen jdn/etw [*o* vor jdm/etw] in ~** qn protège qn contre qn/qn prend la défense de qn contre qc; **jd steht unter jds ~** (*dat*) qn est sous la protection de qn; **~ suchend** à la recherche d'un abri; **jd sucht irgendwo ~ [vor jdm/etw]** qn cherche à se mettre à l'abri [de qn/qc] quelque part; **im ~[e] einer S.** (*gen*) à la faveur de qc; **zu jds ~** pour la sécurité de qn; **zum ~ einer S.** (*gen*) **[vor etw (*dat*)]** pour protéger qc [contre qc]

Schutz- (*schützend*) protecteur(-trice), de protection **Schutzanstrich** *m* enduit *m* de protection [*o* protecteur] **Schutzanzug** *m* combinaison *f* protectrice **schutzbedürftig** *adj Mensch* qui a besoin de protection; *Landschaft, Tierart* qui a besoin d'être protégé(e); ■ **jd ist ~** qn a besoin de protection **Schutzbehauptung** *f* allégation *f* pour se tirer d'affaire **Schutzblech** *nt* [*Mähdrescher, Maschine*] carter *m;* [*Fahrrad*] garde-boue *m* **Schutzbrief** *m* contrat *m* d'assistance **Schutzbrille** *f* lunettes *fpl* de protection [*o* protectrices] **Schutzdach** *nt* (*vor Hauseingängen*) auvent *m;* (*an Haltestellen*) abri *m*

Schütze <-n, -n> *m*, **Schützin** *f* **1.** (*Mitglied eines Schützenvereins*) membre *m* de la/d'une société de tir
2. SPORT tireur(-euse) *m(f)*
3. JAGD tireur(-euse) *m(f)*
4. MIL (*unterster Dienstgrad*) [simple] soldat(e) *m(f)*
5. ASTROL Sagittaire *m*
▶ **jd ist [ein] ~** qn est Sagittaire

schützen I. *vt* **1.** (*beschirmen*) ■ **jd/etw schützt jdn/etw [vor jdm/einem Tier/etw]** qn/qc protège qn/qc [contre [*o* de] qn/un animal/qc]
2. (*geschützt aufbewahren*) ■ **jd schützt etw vor etw** (*dat*) *Lebensmittel, Präparat, Mittel, Holz* qn protège qc contre qc, qn met qc à l'abri de qc
3. (*unter Naturschutz stellen*) ■ **jd schützt etw/Tiere** qn protège qc/des animaux; ■ **geschützt** protégé(e)
4. (*patentieren*) ■ **jd lässt sich** (*dat*) **etw ~** qn protège qc [par un brevet]; ■ **[irgendwie/durch etw] geschützt** *gesetzlich, urheberrechtlich, patentrechtlich, durch das Urheberrecht, Patentrecht* protégé(e) [d'une certaine façon/par qc]; *s. a.* **geschützt**
II. *vi* ■ **etw schützt [vor etw** (*dat*) [*o* **gegen etw**]] qc protège [de [*o* contre] qc]
III. *vr* ■ **jd schützt sich [vor etw** (*dat*) [*o* **gegen etw**]] qn se protège [contre [*o* de] qc]

schützend I. *adj* protecteur(-trice)
II. *adv* pour me/le/... protéger

Schützenfest *nt* fête *f* de la société de tir

Schutzengel *m* ange *m* gardien
▶ **jd hat [bei etw] einen [guten] ~ gehabt** qn peut remercier son ange gardien [de l'avoir sorti(e) de qc]

Schützengraben *m* tranchée *f* **Schützenhaus** *nt* local *m* de la société de tir **Schützenhilfe** *f* (*Unterstützung*) appui *m*, soutien *m* ▶ **jd gibt jdm [bei etw] ~** qn prête son appui [*o* soutien] à qn [dans qc] **Schützenkönig(in)** *m(f)* champion(ne) *m(f)* des tireurs (*lors de la fête annuelle d'une société de tir*) **Schützenpanzer** *m* engin *m* blindé léger **Schützenverein** *m* société *f* de tir

Schutzfrist *f* délai *m* de protection légale **Schutzgebühr** *f* **1.** COM taxe *f* autorisée [*o* de soutien] (*prix symbolique pour s'assurer que seuls les intéressés demandent le matériel d'information*) **2.** *pl euph sl s.* Schutzgeld **Schutzgeld** *nt* taxe *f* (*extorquée par des racketteurs*) **Schutzgitter** *nt* grille *f* de protection **Schutzhaube** *f* housse *f* protectrice **Schutzhelm** *m* casque *m* de sécurité **Schutzhülle** *f s.* **Schutzumschlag.** **Schutzhütte** *f* refuge *m*, abri *m* **schutzimpfen** <schutzimpfte, schutzgeimpft, *infin* schutzzuimpfen> *vt* ■ **jd schutzimpft jdn [gegen etw]** qn vaccine qn [préventivement] [contre qc]; ■ **jd lässt sich [gegen etw] ~** qn se fait vacciner [préventivement] [contre qc] **Schutzimpfung** *f* vaccination *f* préventive **Schutzkontakt** *m* [prise *f* de] terre *f*

Schützling <-s, -e> *m* protégé(e) *m(f)*

schutzlos I. *adj* sans défense, sans protection
II. *adv* sans défense, sans recours

Schutzmacht *f* puissance *f* protectrice **Schutzmarke** *f* marque *f* déposée [*o* de fabrique] **Schutzmaske** *f* masque *m* protecteur [*o* de protection] **Schutzmaßnahme** *f* mesure *f* protectrice [*o* de protection]; ■ **eine ~ vor etw** (*dat*)**/gegen etw** une mesure préventive contre qc **Schutzpolizei** *f form* forces *fpl* de l'ordre **Schutzraum** *m* abri *m* [antiaérien]; (*gegen Radioaktivität*) abri *m* antiatomique **schutzsuchend** *s.* **Schutz** ▶. **Schutzumschlag** *m* jaquette *f*, chemise *f* de protection **Schutzwald** *m* forêt *f* protectrice (*antiavalanches*) **Schutzwall** *m* digue *f* [*o* remblai *m*] de protection **Schutzweg** *m* AUS passage *m* pour piétons **Schutzzoll** *m* droit *m* protecteur, taxe *f* à l'importation

Schwa <-s> *nt Ø* LING e *m* muet

Schwab <-en, -en> *m* CH *pej* chleuh *m fam*

schwabbelig *adj fam Doppelkinn, Fettbauch, Speckfalten* ballottant(e); *Gelee, Wackelpudding, Qualle* gélatineux(-euse)

schwabbeln *vi fam* ■ **etw schwabbelt** qc ballotte

Schwabe <-n, -n> *m*, **Schwäbin** *f* Souabe *mf*

schwäbeln *vi fam* ■ **jd schwäbelt** qn baragouine en souabe *fam*

Schwaben <-s> *nt* la Souabe *f*

Schwäbin *f s.* **Schwabe**

schwäbisch *adj* souabe

schwach <¨er, ¨ste> I. *adj* **1.** (*nicht kräftig*) *Mensch* faible, peu robuste, frêle; ■ **jd ist ~** qn n'est pas fort(e); ■ **jd ist für jdn/etw zu ~** qn n'est pas assez fort(e) pour qn/[faire] qc; ■ **der S¨ere/S¨ste** le plus faible
2. (*wenig leistend*) *Gegner, Kandidat, Mannschaft, Schüler, Sportler* faible; *Mitarbeiter a.* peu performant(e); ■ **jd ist in etw** (*dat*) **~** *in einem Fach* qn est faible en qc
3. (*gering*) *Anzeichen, Ausprägung, Beteiligung, Gegenwehr, Interesse, Nachdruck, Nachfrage, Resonanz, Teilnahme, Widerstand* faible; *Applaus, Beifall a.* maigre; *Bartwuchs, Schambehaarung a.* clairsemé(e); *Betonung a.* secondaire
4. (*leicht*) *Atmung, Herzschlag, Puls* faible; *Bewegung, Druck, Luftzug, Strömung a.* léger(-ère) *antéposé; Stoß, Wind a.* léger(-ère); ■ **etw wird ¨er** qc faiblit
5. (*mit geringer Leistung*) *Batterie, Ladung, Lampe, Licht, Magnet, Magnetfeld, Motor* de faible puissance, peu puissant(e); ■ **etw ist ~/zu ~/wird ¨er** qc est faible/trop peu puissant(e)/qc faiblit
6. (*dünn*) *Ast, Kettenglied* fragile; *Eisdecke, Draht, Wand a.* mince
7. (*dürftig*) *Argument, Buch, Film, Leistung, Vorstellung* faible
8. *Augen, Gehör, Geruchssinn, Geschmacksvermögen, Sehvermögen* faible; *Blase, Herz, Nerven a.* fragile; ■ **etw ist ~/wird ¨er** qc est faible/qc s'affaiblit; ***jd hat ~e Augen/eine ~e Blase*** qn a la vue faible/la vessie fragile [*o* des problèmes de vessie] [*o* qn est fragile de la vessie]
9. *Kaffee, Tee* léger(-ère); *Lauge, Lösung, Säure* peu concentré(e)
▶ **jd/etw macht jdn ~** *fam* qn/qc fait craquer qn *fam;* **mach mich nicht ~!** *sl* tu veux me faire marcher! *fam;* **nur nicht ~ werden!** (*standhaft bleiben*) ce n'est pas le moment de mollir!; (*durchhalten*) ce n'est pas le moment de flancher! *fam;* **jd wird [bei jdm/etw] ~** *fam* qn craque [devant qn/qc] *fam;* **jdm wird ~ [zumute]** *fam* qn se sent faible
II. *adv* **1.** (*leicht*) *ausgebildet, pulsieren, riechen, schlagen, spüren, hören, vernehmen* faiblement; *duften, vibrieren a.* légèrement; **~ *aktiv*** faiblement radioactif(-ive); **~ *betont*** faiblement accentué(e)
2. (*spärlich*) *besetzt, besiedelt, bestückt, bevölkert* faiblement; *besucht* peu; ***schwächer besiedelt*** plus faiblement peuplé(e); ***jd ist mit etw nicht ~ bestückt*** qn ne manque pas de qc
3. *applaudieren* faiblement; *sich beteiligen, sich interessieren a.* peu

4. *gesalzen, gesüßt, gepfeffert, gewürzt* légèrement, peu

-schwach 1. (*wenig aufweisend*) *besucher-, devisen-, einwohner-, ertrags-, struktur-, wirkungs-* ayant peu de; *nachfrage-, verkehrs-* de faible; ***geburten~*** à faible natalité
2. (*wenig besitzend*) *entscheidungs-, führungs-, nerven-, profil-, wesens-* manquant de; ***rechtschreib~*** faible en orthographe

schwachaktiv *s.* **schwach II.1. schwachbesiedelt** *s.* **schwach II.2. schwachbetont** *s.* **schwach II.1. schwachbevölkert** *s.* **schwach II.2.**

Schwäche <-, -n> *f* 1. ∅ (*geringe Stärke*) faiblesse *f*
2. ∅ (*Unwohlsein*) faiblesse *f*, malaise *m*
3. ∅ (*Vorliebe*) ■ **eine/jds ~ für jdn/etw** un/le faible de qn pour qn/qc
4. (*Unzulänglichkeit*) point *m* faible, faiblesse *f*

Schwächeanfall *m* malaise *m*

schwächen I. *vt* 1. (*jds Kräfte vermindern*) ■ **etw schwächt jdn** qc affaiblit qn; ■ **etw schwächt etw** *Immunsystem, Konstitution* qc affaiblit qc; *Abwehrkraft, Kräfte a.* qc amoindrit qc; *Gesundheit* qc détériore qc; ■ **geschwächt** affaibli(e); ***eine stark geschwächte Gesundheit*** une santé très affaiblie
2. (*in der Wirkung mindern*) ■ **jd/etw schwächt jdn/etw** *Gegner, Position, Stellung* qn/qc affaiblit qn/qc; *Kampfkraft a.* qn/qc amoindrit qc
II. *vi* ■ **etw schwächt** /*Fieber, Krankheit*/ qc affaiblit

Schwachheit <-, -en> *f* ∅ faiblesse *f*
► **bilde dir keine ~en ein!** *fam* faut pas prendre tes désirs pour des réalités! [*o* croire au père Noël!] *fam*

Schwachkopf *m fam* débile *mf fam*

schwächlich *adj Mensch* chétif(-ive); *Konstitution, Gesundheit* fragile

Schwächling <-s, -e> *m* gringalet *m*

Schwachsinn *m* ∅ 1. MED débilité *f* mentale 2. *fam* (*Quatsch*) idiotie *f* **schwachsinnig** *adj* 1. MED débile [mental(e)]; ***ein schwer ~er Patient*** un débile profond 2. *fam* (*blödsinnig*) débile *fam* **Schwachsinnige(r)** *f(m) decl wie adj* MED débile mental/débile mentale *m/f* **Schwachstelle** *f* 1. (*Problemstelle*) point *m* faible 2. (*undichte Stelle*) fuite *f*

Schwachstrom *m* courant *m* basse tension

Schwachstrom- basse tension

Schwächung <-, -en> *f* 1. [*Immunsystem, Konstitution*] affaiblissement *m;* [*Abwehrkraft, Kräfte a.*] amoindrissement *m;* [*Gesundheit*] détérioration *f*
2. [*Gegner, Position, Stellung*] affaiblissement *m;* [*Kampfkraft a.*] amoindrissement *m*

Schwaden <-s, -> *m meist pl* nuage *m* de fumées; [*Nebel, Gas*] nappe *f*

Schwafelei <-, -en> *f fam* discours *mpl* sans fin

schwafeln I. *vi fam* ■ **jd schwafelt** (*Unsinn reden*) qn sort n'importe quoi *fam* [*o* des âneries *fam*] [*o* des conneries *fam*]; (*lange reden*) qn n'en finit pas de parler
II. *vt fam* ■ **jd schwafelt etw [von etw]** qn sort qc [sur qc] *fam*

Schwafler(in) <-s, -> *m(f) fam* radoteur(-euse) *m(f) fam;* ***jd ist ein ~*** qn parle pour parler [*o* le plaisir de parler]

Schwager <-s, ¨-> *m*, **Schwägerin** *f* beau-frère/belle-sœur *m/f*

Schwalbe <-, -n> *f* hirondelle *f*
► **eine ~ macht noch keinen Sommer** *prov* une hirondelle ne fait pas le printemps

Schwall <-[e]s, -e> *m* 1. (*Guss*) [*Flüssigkeit*] flot *m;* ***mit einem ~ Wasser*** d'une giclée d'eau
2. (*Flut*) [*Worte*] flot *m;* [*Flüche, Schimpfworte, Verwünschungen a.*] bordée *f*

schwamm *imp von* **schwimmen**

Schwamm <-[e]s, ¨-e> *m* 1. (*zur Reinigung*) éponge *f*
2. ZOOL éponge *f*
3. (*Haus~*) champignon *m*, mérule *m*
4. AUS, CH (*Pilz*) champignon *m* [comestible]
► **etw hat den ~** qc a le champignon; **~ drüber!** *fam* on passe l'éponge!

Schwämmchen <-s, -> *nt dim von* **Schwamm** petite éponge *f*

schwammig I. *adj* 1. (*weich*) *Material, Pilz, Struktur* spongieux(-euse)
2. (*aufgedunsen*) *Hände* gonflé(e); *Gesicht* bouffi(e)
3. (*vage*) *Begriff, Formulierung* évasif(-ive), fumeux(-euse)
II. *adv formulieren, sich ausdrücken, umreißen* de manière évasive

Schwan <-[e]s, ¨-e> *m* cygne *m*
► **mein lieber ~!** *fam* (*wehe*) eh bien, mon petit ami!; (*Donnerwetter*) ben, mon vieux! *fam*

schwand *imp von* **schwinden**

schwanen *vi* ■ **jdm schwant etw** qn pressent qc; ■ **jdm schwant, dass** qn sent que + *indic*

schwang *imp von* **schwingen**

Schwang *m* ► **etw ist im ~e** qc est en usage

schwanger *adj Frau* enceinte; *Leib* alourdi(e) [par la grossesse]; ***in deinem ~en Zustand*** enceinte comme tu es, dans ton état de grossesse; ■ **jd ist [in etw** (*dat*)**] ~** *in einem bestimmten Monat* qn est enceinte [de qc]; ■ **jd ist von jdm ~** qn est enceinte de qn ► **jd geht mit etw ~** qn a qc en tête **Schwangere** *f decl wie adj* femme *f* enceinte

schwängern *vt* 1. ■ **jd schwängert jdn** qn met [*o* rend] qn enceinte; ■ **jd wird [von jdm] geschwängert** qn se retrouve enceinte [de qn]
2. (*erfüllen*) ■ **etw schwängert etw mit etw** *Luft* qc imprègne qc de qc; ■ **etw ist mit [*o* von] etw geschwängert** qc est imprégné(e) de qc

Schwangerschaft <-, -en> *f* grossesse *f*

Schwangerschafts- 1. (*einer Schwangerschaft*) de/de la grossesse; *~**verhütung*** contraception *f* 2. (*durch eine Schwangerschaft verursacht*) *-beschwerden, -erbrechen* dû(due) à la grossesse; *-zeichen* de grossesse
3. (*für Schwangere*) *-test* de grossesse; *-gymnastik* prénatal(e); *~**beratung*** consultation *f* familiale; *~**beratungsstelle*** centre *m* de planning familial

Schwangerschaftsabbruch *m* interruption *f* [volontaire] de grossesse, I.V.G. *f* **Schwangerschaftsstreifen** *m* vergeture *f*

Schwank <-[e]s, ¨-e> *m* 1. THEAT farce *f*
2. LITER fabliau *m*
3. (*lustige Begebenheit*) facétie *f*

schwanken *vi* 1. + *haben* (*schwingen*) ■ **etw schwankt [irgendwie/irgendwohin]** qc oscille [d'une certaine façon/quelque part]; /*Boden, Moorboden*/ qc se dérobe
2. + *sein* (*wanken*) ■ **jd schwankt** qn titube; ■ **jd schwankt irgendwohin** qn va quelque part en titubant
3. + *haben* (*sich verändern*) ■ **etw schwankt** /*Geschwindigkeit, Helligkeit, Magnetfeld, Preis, Spannung, Stromstärke, Temperatur, Zahlen, Stimmung*/ qc fluctue, qc est fluctuant(e), qc varie
4. + *haben* (*unentschlossen sein*) ■ **jd schwankt [noch]** qn hésite [encore]; ■ **jd schwankt zwischen zwei Dingen** qn hésite [*o* balance *soutenu*] entre deux choses; ■ **jd schwankt [noch], ob/wie/für was/wo** qn se demande [encore] si/comment/pour quoi/où; ■ **das S~** les hésitations *fpl;* ***nach anfänglichem S~*** après avoir d'abord hésité
► **etw gerät ins S~** qc se met à osciller

Schwankung <-, -en> *f* 1. (*Schwingung*) [*Brücke, Gerüst, Mast etc*] oscillation *f*
2. (*Veränderung*) [*Geschwindigkeit, Helligkeit, Magnetfeld etc*] variation *f*, fluctuation *f*
► **etw versetzt etw in ~en** qc fait osciller qc

Schwanz <-es, ¨-e> *m* 1. ZOOL, ORN queue *f*
2. *sl* (*Penis*) queue *f fam*
► **jd lässt den ~ hängen** *fam* qn baisse les bras; **jd zieht den ~ ein** *fam* qn s'écrase *fam;* **kein ~** *sl* personne, pas un(e) seul(e); ***irgendwo ist kein ~*** quelque part, il n'y a pas un chat [*o* un rat *fam*]

-schwanz *m* queue de/du/de la

schwänzeln *vi* ■ **ein Hund schwänzelt** un chien remue [*o* frétille de] la queue

schwänzen I. *vt fam* ■ **jd schwänzt etw** qn sèche qc *fam*
II. *vi fam* ■ **jd schwänzt** qn sèche *fam;* ■ **das S~** le séchage *fam*

Schwanzfeder *f* plume *f* de la queue, rectrice *f* **Schwanzflosse** *f* nageoire *f* caudale

schwappen *vi* 1. + *sein* (*überfließen*) ■ **etw schwappt irgendwohin** qc se répand quelque part; *aus dem Glas* qc déborde quelque part; *über den Rand* qc passe par-dessus qc
2. + *haben* (*hin und her*) ■ **etw schwappt** qc clapote
3. + *sein fam* (*sich verbreiten*) ■ **etw schwappt irgendwohin** qc déferle quelque part

Schwarm <-[e]s, ¨-e> *m* 1. [*Bienen, Hornissen, Wespen*] essaim *m;* [*Heuschrecken*] nuée *f;* [*Fische*] banc *m*
2. (*Menschenmenge*) nuée *f;* ***in ganzen ¨-en*** par vagues
3. ∅ *fam* (*verehrter Mensch*) idole *f;* ***er ist mein ~*** il me fait craquer *fam*
4. ∅ *fam* (*heimliche Sehnsucht*) rêve *m;* ***das ist mein ~*** ça me fait flipper *fam*

schwärmen *vi* 1. + *sein* ZOOL ■ **sie ~** ils/elles essaiment
2. + *sein* (*im Schwarm fliegen*) ■ **Insekten ~ irgendwo/irgendwohin** un essaim d'insectes vole/s'envole quelque part
3. + *sein* (*sich in Mengen bewegen*) ■ **sie ~ irgendwohin** /*Besucher, Käufer*/ ils/elles se pressent [en foule] quelque part
4. + *haben* (*begeistert reden*) ■ **jd schwärmt [von etw]** qn est enthousiaste [quand il parle de qc]; ***davon kann ich nur ~*** je ne peux qu'en faire l'éloge [*o* qu'en vanter les mérites]
5. + *haben* (*verehren*) ■ **jd schwärmt für jdn** qn adore qn, qn raffole de qn
6. + *haben* (*sich begeistern*) ■ **jd schwärmt für etw** qn raffole de qc
► **jd gerät [über etw** (*akk*)**] ins S~** qn s'emballe [pour qc]

Schwärmer <-s, -> *m* 1. (*Schmetterling*) sphinx *m*
2. (*Feuerwerkskörper*) serpenteau *m*

Schwärmer(in) <-s, -> *m(f)* 1. (*sentimentaler Mensch*) lyrique *m*
2. (*Fantast*) poète *m*, rêveur(-euse) *m(f)*

Schwärmerei <-, -en> *f* (*Passioniert sein*) engouement *m;* (*Träumerei*) rêve *m*
► **jd ergeht sich in ~en [über etw** (*akk*)**]** *geh* qn parle [de qc] avec exaltation [*o* passion], qn s'exalte en parlant [de qc]

schwärmerisch I. *adj Begeisterung, Entzückung* passionné(e); *Leidenschaft* exalté(e)
II. *adv* avec emballement; ***seine Stimme klang ~*** sa voix avait un ton exalté [*o* passionné]

Schwarte <-, -n> *f* 1. GASTR couenne *f*
2. *fam* (*Buch*) vieux bouquin *m fam*
► **jd macht etw, dass [*o* bis] [ihm] die ~ kracht** *sl* (*bis zur Erschöpfung*) qn se crève à faire qc *fam*

Schwartenmagen *m* fromage *m* de tête

schwarz <¨-er, ¨-este> I. *adj* 1. noir(e); ■ **~ wie etw** noir(e) comme qc
2. *fam* (*schmutzig*) *Hals, Hände, Fingernägel* noir(e); *Hemdkragen* crasseux(-euse); ■ **jd ist ~/an etw** (*dat*) **~** qn est tout(e) sale/qn a qc tout(e) sale; ■ **jd wird ~/an etw** (*dat*) **~** qn se salit/qn salit son/sa qc
3. *fam* (*illegal*) *Konto, Kasse, Liste* noir(e); *Benutzung, Besitz* illégal(e); *Brennen, Herstellung* clandestin(e); *Erwerb* au noir; *Geld* sale
4. *fam* (*katholisch*) clérical(e), réac *fam*
5. (*unglücklich*) *Tag, Montag, Dienstag etc* noir(e)
6. (*abgründig*) *Gedanken, Humor, Fantasie* noir(e); *Satire, Zeichnung, Witz, Sarkasmus, Ironie, Zynismus a.* macabre
► **~ auf weiß** noir sur blanc; **jd ärgert sich ~** *fam* qn se fout [*o* fiche] en rogne *fam;* **jd macht sich [an etw** (*dat*)**] ~** *fam an einem Kleidungsstück* qn se salit/qn salit son/sa qc; **jd malt ~** qn voit tout en noir; **jd malt etw ~** qn

noircit qc; **jd wählt** ~ *fam* qn vote à droite (*pour les chrétiens-démocrates*); **bis jd** ~ **wird** *fam* jusqu'à la saint-glinglin *fam*
II. *adv* 1. (*mit ~er Farbe*) en noir
2. *fam* (*illegal*) *erwerben, kassieren, verdienen, besorgen* au noir; *die Grenze überschreiten* clandestinement, illégalement
Schwarz <-[es]> *nt* ∅ noir *m*
▸ **in** ~ en noir
Schwarz- *-brenner, -schlachtung* clandestin(e); *-besitz* illégal(e); *-bau* sans permis; *-kauf* au noir; *-konto* noir(e) **Schwarzafrika** *nt* l'Afrique *f* noire **Schwarzarbeit** *f* ∅ travail *m* [au] noir ▸ **in** ~ au noir **schwarz|arbeiten** *vi* ■ **jd arbeitet schwarz** qn travaille au noir **Schwarzarbeiter(in)** *m(f)* travailleur(-euse) *m(f)* au noir ▸ **jd ist** ~ qn travaille au noir **schwarzäugig** *adj* aux yeux noirs; ■ **jd ist** ~ qn a les yeux noirs **schwarzblau** *adj* bleu noirâtre *inv* **schwarzbraun** *adj* brun(e) presque noir(e) **Schwarzbrot** *nt* pain *m* noir
Schwarze(r) *f(m) decl wie adj* 1. (*Neger*) noir(e) *m(f)*
2. POL *pej sl* réac *mf fam* (*tendance démocrate-chrétienne*)
Schwarze(s) *nt decl wie adj* 1. (*schwarze Masse*) ■ **etwas ~s** quelque chose de noir
2. [*Zielscheibe*] ■ **das** ~ le noir
▸ **jd gönnt jdm nicht das ~ unter den Fingernägeln** qn ôterait le pain de la bouche à qn, qn retirerait à qn jusqu'à sa chemise; **das kleine** ~ la petite robe noire; **jd trifft [mit etw] ins** ~ [avec qc] qn met [*o* tape] dans le mille
Schwärze <-> *f* ∅ noir *m*
▸ **in der ~ der Nacht** *geh* dans les ténèbres de la nuit *litter*
schwärzen *vt* ■ **jd/etw schwärzt [jdm/sich] etw** qn/qc [lui/se] noircit qc; ■ **geschwärzt** noirci(e)
schwarz|fahren *vi irreg + sein* ■ **jd fährt schwarz** 1. (*ohne zu zahlen*) qn voyage sans billet, qn resquille *fam* 2. (*ohne Führerschein*) qn conduit sans permis **Schwarzfahrer(in)** *m(f)* 1. (*Fahrgast ohne Fahrausweis*) voyageur(-euse) *m(f)* sans billet, resquilleur(-euse) *m(f) fam* 2. (*Fahrer ohne Führerschein*) conducteur(-trice) *m(f)* sans permis ▸ **jd ist** ~ qn resquille *fam*/qn conduit sans permis **schwarzhaarig** *adj* aux cheveux noirs, noir(e) de cheveux; ■ **jd ist** ~ qn a les cheveux noirs, qn est noir(e) de cheveux **Schwarzhaarige(r)** *f(m) decl wie adj* personne *f* noire de cheveux [*o* aux cheveux noirs] **Schwarzhandel** *m* ∅ marché *m* noir; ■ **der ~ mit etw** le trafic de qc ▸ **jd treibt ~/einen ~ mit etw** qn fait du marché noir/qn vend qc au noir, qn fait du trafic de qc **Schwarzhändler(in)** *m(f)* trafiquant(e) *m(f)* **schwarz|hören** *vi* ■ **jd hört schwarz** qn resquille sur la redevance radio *fam;* ■ **das S~** le non-paiement de la redevance radio **Schwarzhörer(in)** *m(f)* fraudeur(-euse) *m(f)*, resquilleur(-euse) *m(f) fam* (*qui ne paie pas de redevance radio*)
schwärzlich *adj* noirâtre; *Regenwolke* noir(e)
schwarz|malen *s.* **schwarz I.▸. Schwarzmaler(in)** *m(f) fam* oiseau *m* de malheur **Schwarzmalerei** *f fam* catastrophisme *m* **Schwarzmarkt** *m* marché *m* noir ▸ **auf dem** ~ au [marché] noir **Schwarzpulver** [-fe, -ve] *nt* poudre *f* noire **schwarzrotgolden, schwarz-rot-golden**[RR] *adj* noir, rouge et or *inv* **schwarz|sehen** *irreg* I. *vi* 1. (*pessimistisch sein*) ■ **jd sieht schwarz** qn voit les choses en noir; ■ **jd sieht für jdn/etw schwarz** qn voit qn mal parti(e)/qn est pessimiste sur qc 2. TV ■ **jd sieht schwarz** qn resquille sur la redevance télé[vision] *fam* II. *vt* ■ **jd sieht etw [zu] schwarz** qn voit qc [trop] en noir **Schwarzseher(in)** *m(f)* 1. défaitiste *mf* 2. TV fraudeur(-euse) *m(f)*, resquilleur(-euse) *m(f) fam* (*sur la redevance télé*) **Schwarzseherei** <-> *f* ∅ *fam* défaitisme *m* **Schwarztee** *m* thé *m* [noir]
Schwärzung <-, -en> *f* noircissement *m*
Schwarzwald *m* ■ **der** ~ la Forêt-Noire
Schwarzwälder *adj* de la Forêt-Noire
Schwarzwälder(in) <-s, -> *m(f)* habitant(e) *m(f)* de la Forêt-Noire
schwarzweiß, schwarz-weiß[RR] I. *adj* 1. CINE, PHOT [en] noir et blanc
2. *Dessin, Muster etc* noir et blanc *inv*
II. *adv* 1. COUT noir et blanc
2. CINE, PHOT en noir et blanc
▸ **jd malt** ~ qn voit tout en blanc ou en noir, qn est manichéen(ne); **jd malt etw** ~ qn voit qc tout en blanc ou en noir; avec qn, qc, c'est tout blanc ou tout noir
Schwarzweißaufnahme *f* photo *f* [en] noir et blanc **Schwarzweißfernsehen** *nt* télévision *f* en noir et blanc **Schwarzweißfernseher** *m* téléviseur *m* noir et blanc **Schwarzweißfilm** *m* pellicule *f* noir et blanc; CINE *a.* film *m* noir et blanc **Schwarzweißfoto** *nt s.* **Schwarzweißaufnahme. schwarzweiß|malen** *s.* **schwarzweiß II.▸. Schwarzweißmalerei** *f* ∅ manichéisme *m* ▸ **jd betreibt** ~ qn est manichéen(ne), qn fait du manichéisme
Schwarzwild *nt* sanglier *m* **Schwarzwurzel** *f* salsifis *m*
Schwatz <-es, -e> *m fam* causette *f fam*, parlo[t]te *f fam*
▸ **jd hält einen ~ [mit jdm]** qn taille une bavette [*o* fait la causette] [avec qn] *fam*
schwatzen I. *vi* 1. (*sich unterhalten*) ■ **jd schwatzt [über etw** (*akk*)**]** qn bavarde [*o* papote] [sur qc]; ***jd schwatzt über dieses und jenes*** qn taille une bavette *fam*
2. (*tratschen*) ■ **Menschen** ~ des personnes causent
3. (*etw ausplaudern*) ■ **jd schwatzt** qn bavarde
II. *vt* ■ **jd schwatzt etw** qn raconte [*o* sort *fam*] qc
schwätzen *vi, vt* SDEUTSCH, AUS *s.* **schwatzen**
Schwätzer(in) <-s, -> *m(f) pej* bavard(e) *m(f)*; ***er ist ein*** ~ il parle à tort et à travers
schwatzhaft *adj* bavard(e)
Schwatzhaftigkeit <-> *f* ∅ bavardage *m*
Schwebe <-> *f* ▸ **jd hält etw in der** ~ *Gegenstand* qn tient qc en équilibre; **etw hält sich in der** ~ /*Waage*/ qc est en équilibre; **etw ist in der** ~ /*Entscheidung, Frage, Prozess*/ qc est [*o* reste] en suspens; **jd lässt etw in der** ~ qn laisse qc en suspens
Schwebebahn *f* 1. chemin *m* de fer suspendu 2. *s.* **Seilbahn Schwebebalken** *m* poutre *f*
schweben *vi* 1. + *haben* (*in der Luft gleiten*) ■ **jd/ein Tier/etw schwebt [irgendwo]** qn/un animal/qc plane [quelque part]; /*Seifenblase, Wolke*/ qc flotte [quelque part]
2. + *sein* (*durch die Luft gleiten*) ■ **jd/ein Tier/etw schwebt irgendwohin** qn glisse/un animal dirige son vol/qc plane [*o* glisse] quelque part; /*Seifenblase*/ qc flotte quelque part
3. + *haben* (*unentschieden sein*) ■ **etw schwebt [noch]** /*Angelegenheit, Verfahren*/ qc est [encore] en suspens; ■ **~d** en suspens; JUR pendant(e)
Schwebezustand *m* état *m* d'incertitude; ***ihr Zustand ist ein ~ zwischen Leben und Tod*** elle est suspendue entre la vie et la mort
▸ **etw befindet sich im** ~ qc est en suspens
Schwede <-n, -n> *m*, **Schwedin** *f* Suédois(e) *m(f)*
▸ **alter** ~ NDEUTSCH *fam* vieille branche *f fam*
Schweden <-s> *nt* la Suède
Schwedenstahl *m* acier *m* suédois
schwedisch *adj* suédois(e)
Schwedisch <-> *nt decl wie adj* suédois *m;* ■ **jds** ~ le suédois de qn; ■ **das S~e** le suédois
▸ **auf** ~ en suédois
Schwefel <-s> *m* ∅ CHEM soufre *m*
schwefelig *adj s.* **schweflig**
Schwefelkohlenstoff *m* sulfure *m* de carbone
schwefeln *vt* ■ **jd schwefelt etw** qn soufre qc
Schwefelsäure *f* acide *m* sulfurique
Schwefelwasserstoff *m* acide *m* sulfhydrique, hydrogène *m* sulfuré
schweflig *adj* sulfureux(-euse)
▸ **es riecht** ~ ça sent le soufre
Schweif <-[e]s, -e> *m* 1. (*Schwanz*) queue *f*
2. (*Kometen~*) queue *f*
schweifen *vi + sein geh* 1. (*wandern*) ■ **jd schweift durch etw** qn vagabonde à travers qc
2. (*streifen*) ■ **etw schweift** /*Gedanken*/ qc vagabonde; /*Blick a.*/ qc erre; ■ **jd lässt etw** ~ qn laisse vagabonder/errer qc
Schweigeanruf *m* coup *m* de fil anonyme (*et muet*) **Schweigegeld** *nt* prix *m* du/de mon/son/... silence; ***jd bietet jdm ~ an*** qn achète le silence de qn **Schweigemarsch** *m* marche *f* silencieuse **Schweigeminute** *f* minute *f* de silence ▸ **jd legt eine ~ ein** qn observe une minute de silence
schweigen <schwieg, geschwiegen> *vi* 1. (*nicht sprechen*) ■ **jd schweigt** qn se tait, qn garde le silence; ***schweig!*** silence!; ■ **jd schweigt** (*nicht ausplaudern*) qn garde le silence [*o* le secret]; ***kannst du ~?*** sais-tu te taire?
2. (*nicht antworten*) ■ **jd schweigt auf etw** (*akk*)**/zu etw** qn garde le silence face à qc
3. (*aufhören*) ■ **etw schweigt** /*Schießen, Musik, Waffen*/ qc se tait
▸ **ganz zu ~ von etw, von etw ganz zu** ~ sans parler de qc
Schweigen <-s> *nt* ∅ silence *m;* (*absichtliches Nichtreden*) mutisme *m*
▸ ~ **im Walde** silence général; **jd/etw bringt jdn zum** ~ (*lässt jdn verstummen*) qn/qc fait taire qn; *euph* (*liquidiert jdn*) qn fait taire qn, qn réduit qn au silence; **jd hüllt sich [über etw** (*akk*)**] in** ~ qn se retranche dans le mutisme [à propos de qc]
schweigend I. *adj* silencieux(-euse)
II. *adv* sans dire un mot; ***jd verharrt weiterhin*** ~ qn garde le mutisme, qn persiste dans son mutisme
Schweigepflicht *f* [*Amtsträger*] obligation *f* de réserve; [*Anwalt*] secret *m* professionnel; ***ärztliche*** ~ secret *m* médical
▸ **jd unterliegt der** ~ qn est soumis(e) à l'obligation de réserve/qn est tenu(e) au secret professionnel/médical; **etw unterliegt der** ~ qc est soumis(e) à l'obligation de réserve/au secret professionnel/médical
schweigsam *adj* 1. (*wortkarg*) taciturne
2. (*wenig gesprächig*) ■ **jd ist ~/~er/nicht so** ~ qn est peu/moins/plus loquace
Schwein <-s, -e> *nt* 1. ZOOL porc *m*, cochon *m*
2. GASTR porc *m;* ***Filet vom*** ~ filet *m* de porc
3. *fam* (*gemeiner Kerl*) salaud *m fam*
4. *fam* (*unsauberer Mensch*) cochon *m fam*, porc *m fam;* (*obszöner Mensch*) cochon *m fam*
▸ **[ein] armes** ~ *fam* [un] pauvre type; ***armes ~!*** le pauvre type!; **[ein] faules** ~ *sl* glandeur *m fam*, tire-au-cul *m fam;* **jd blutet wie ein** ~ *sl* qn pisse le sang *fam;* **jd hat** ~ *fam* qn a du pot [*o* du bol] *fam;* **jd hat ein** ~ *fam* qn a un de ces pots [*o* bols] *fam;* **kein** ~ *sl* personne, pas un chat; **wie die ~e** *fam* comme des cochons [*o* porcs] *fam*
Schweinchen <-s, -> *nt dim von* **Schwein** petit cochon *m*
Schweine- 1. ZOOL de/du porc 2. GASTR de porc; *~schmalz* saindoux *m* **Schweinebraten** *m* rôti *m* de porc **Schweinefleisch** *nt* [viande *f* de] porc *m* **Schweinefraß** *m sl* cochonnerie *f fam*, merde *f vulg* **Schweinegeld** *nt* ∅ *sl* ■ **ein** ~ un fric dingue *fam;* ***jd verdient ein*** ~ qn gagne des mille et des cents *fam;* ***jd zahlt für etw ein*** ~ qc coûte à qn la peau des fesses *fam* **Schweinehund** *m sl* salopard *m fam* ▸ **der innere** ~ *fam* la pétoche *fam;* ***wenn nur der innere ~ nicht wäre*** si j'avais pas la pétoche *fam*, si j'étais pas un(e) dégonflé(e) *fam;* **jd überwindet den/seinen inneren** ~ *fam* qn surmonte sa pétoche *fam* **Schweinepest** *f* peste *f* porcine
Schweinerei <-, -en> *f fam* 1. (*Sauerei*) cochonnerie *f fam*

2. (*Gemeinheit*) saloperie *f fam*, vacherie *f fam*; ***etw ist eine ~*** qc est dégueulasse *fam*
3. (*Skandal*) scandale *m*; ***es ist eine ~*** c'est dégueulasse *fam*
4. (*Obszönität*) cochonnerie *f fam*; ***Pornografie ist eine ~*** la pornographie est une chose dégueulasse *fam*
►**jd macht ~en** *fam* qn fait des cochonneries *fam*; [**so eine**] **~!** *fam* quelle merde! *fam*

Schweinerne(s) *nt ∅, decl wie adj fam* cochonnailles *fpl fam*; ***ein Braten vom ~n*** un rôti de cochon *fam*

Schweinestall *m* AGR porcherie *f*
►**irgendwo sieht es aus wie im ~** *fam* ça ressemble quelque part à une porcherie; ***in deinem Zimmer sieht es aus wie im ~*** ta chambre ressemble à une porcherie

Schweinigel *m fam* 1. (*obszöner Mensch*) cochon(ne) *m(f) fam*
2. (*Ferkel*) goret *m fam*

schweinisch I. *adj fam* (*obszön*) cochon(ne) *fam*
II. *adv fam* (*unanständig*) comme un cochon/des cochons *fam*

Schweinkram *m fam* choses *fpl* cochonnes *fam*, machins *mpl* cochons *fam*

Schweins- AUS, SDEUTSCH *s.* **Schweine-**. **Schweinsäuglein** *pl fam* petits yeux *mpl* porcins **Schweinsborste** *f* soie *f* de porc **Schweinshaxe** *f* SDEUTSCH jarret *m* de porc **Schweinsleder** *nt* [peau *f* de] porc *m*; ***in ~ gebunden*** relié(e) porc **schweinsledern** *adj* en porc **Schweinsohr** *nt* 1. ZOOL oreille *f* de porc 2. GASTR cœur *m* de palmier

Schweiß <-es> *m ∅* sueur *f*, transpiration *f*
►**im ~e seines Angesichts** *geh* à la sueur de son front; **jdm steht der ~ auf der Stirn, der ~ steht auf jds Stirn** qn a le front en sueur; **kalter ~** sueur *f* froide; **jdm bricht der ~ aus** (*schwitzt*) qn se met à transpirer, qn a des sueurs; (*vor Angst*) qn a des sueurs froides *fam*; **jd ist in ~ gebadet** qn est en nage [*o* en transpiration]; **etw kostet viel ~** qc [me/lui/...] donne beaucoup de mal

Schweißausbruch *m* accès *m* de transpiration; ***die Furcht verursacht einen ~*** la peur donne des sueurs froides *fam* **schweißbedeckt** *adj* couvert(e) de sueur

Schweißbrenner *m* chalumeau *m* **Schweißbrille** *f* lunettes *fpl* de soudeur

Schweißdrüse *f* glande *f* sudoripare

schweißen I. *vt* ■**jd schweißt etw** qn soude qc
II. *vi* ■**jd schweißt** qn soude; ■**das S~** la soudure; ***beim S~*** quand on soude; ***nach stundenlangem S~ war er müde*** il était fatigué après avoir soudé pendant des heures

Schweißer(in) <-s, -> *m(f)* soudeur(-euse) *m(f)*

Schweißfleck *m* auréole *f* de transpiration **Schweißfuß** *m* pied *m* qui transpire [*o* transpirant] ►**jd hat ~̈e** qn transpire des pieds **schweißgebadet** I. *adj* baigné(e) de sueur, en nage, en eau II. *adv* en nage **Schweißgeruch** *m* odeur *f* de transpiration ►**jd hat ~** qn sent la transpiration [*o* la sueur]

Schweißnaht *f* soudure *f*

schweißnass^RR *adj* trempé(e) de sueur; ■**jd ist an etw** (*dat*)**/auf etw** (*dat*) **~** qn a qc trempé(e) de sueur **Schweißperle** *f meist pl geh* gouttelette *f* de sueur; ***dicke ~n*** de grosses gouttes de sueur; ***~n treten ihm auf die Stirn*** la sueur perle sur son front

Schweißstelle *f* soudure *f*

schweißtriefend *adj* ruisselant(e) de sueur **Schweißtropfen** *m* goutte *f* de sueur

Schweiz <-> *f* ■**die ~** la Suisse
►**die deutschsprachige/französische/italienische ~** la Suisse alémanique [*o* allemande]/romande [*o* française]/italienne

Schweizer *adj attr* suisse; *Regierung, Hauptstadt a.* de la Suisse

Schweizer(in) <-s, -> *m(f)* Suisse(-esse) *m(f)*

schweizerdeutsch *adj* suisse-allemand(e) **Schweizerdeutsch** *nt decl wie adj* suisse-allemand *m* **Schweizergarde** *f ∅* ■**die ~** la garde suisse

Schweizerin *f s.* **Schweizer**

schweizerisch *adj s.* **Schweizer**

Schwelbrand *m* feu *m* qui couve

schwelen *vi* ■**etw schwelt** */Lumpen, Müll, Müllhalde/* qc se consume; */Feuer/* qc couve

schwelgen *vi geh* 1. (*sich gütlich tun*) ■**jd schwelgt** [**in etw** (*dat*)] *in Genüssen, Köstlichkeiten* qn se régale [*o* se délecte] [de qc]
2. (*übermäßig verwenden*) ■**jd schwelgt in etw** (*dat*) *in Details, Farben, Formen, Ornamenten* qn fait une orgie de qc

schwelgerisch *adj geh* délectable *soutenu*

Schwelle <-, -n> *f* 1. (*Tür~*) seuil *m*
2. (*Bahn~*) traverse *f*
3. (*Boden~*) ralentisseur *m*
4. (*Reiz~*) seuil *m*
►**ein Mensch kommt jdm nicht mehr über die ~** qn ne laisse plus une personne mettre les pieds chez lui/elle, qn ne veut plus voir une personne chez lui/elle; **jd steht** [*o* **befindet sich**] **an der ~ einer S.** (*gen*) qn est [*o* se trouve] au seuil de qc; **qn steht auf der ~ zu etw** *zum Verfall, Konkurs, Ruin* qn est au bord de qc; *zum Greisenalter* qn est au seuil de qc

schwellen[1] <schwillt, schwoll, geschwollen> *vi + sein* 1. MED ■**etw schwillt** [**auf etw** (*akk*)] qc enfle, qc gonfle; ***etw schwillt auf das Doppelte*** qc enfle du double; ■**geschwollen** enflé(e)
2. (*sich verstärken*) ■**etw schwillt** [**zu etw**] */Dröhnen, Geräusch, Hämmern, Lärm/* qc s'amplifie [pour devenir qc]; *s. a.* **geschwollen**

schwellen[2] *vt* 1. *geh* (*blähen*) ■**etw schwellt etw** *Segel* qc gonfle [*o* enfle *littér*] qc
2. CH (*kochen*) ■**jd schwellt etw** qn fait cuire qc à l'eau; ***geschwellte Kartoffeln*** des pommes de terre en robe de chambre [*o* des champs]

Schwellenangst *f* appréhension *f* (*à aborder une situation nouvelle*) **Schwellenland** *nt* nouveau pays *m* industrialisé

Schwellkörper *m* corps *m* caverneux

Schwellung <-, -en> *f* 1. *∅* [*Gelenk, Organ*] gonflement *m*; [*Kitzler, Penis a.*] turgescence *f*, tumescence *f*
2. (*geschwollene Stelle*) enflure *f*

Schwemme <-, -n> *f* surabondance *f*, pléthore *f*

-schwemme *f fam* 1. *Akademiker-, Architekten-, Ärzte-, Lehrer-, Politologen- etc* pléthore *f* de
2. COM surabondance *f* de

schwemmen *vt* ■**etw schwemmt etw irgendwohin** qc dépose qc quelque part

Schwengel <-s, -> *m* 1. (*Pumpen~*) bras *m*
2. (*Klöppel*) battant *m*

Schwenk <-[e]s, -s> *m* 1. CINE, TV rotation *f*
2. (*Richtungsänderung*) changement *m* de direction
3. (*Änderung der Politik*) virage *m*

Schwenkarm *m* bras *m* orientable

schwenkbar I. *adj* orientable; ***dieser Kran ist um 180° ~*** cette grue peut pivoter de 180°
II. *adv* sur pivot, de façon orientable

schwenken I. *vt + haben* 1. (*wedeln*) ■**jd schwenkt etw** *Brief, Gegenstand etc* qn agite qc
2. (*bewegen*) ■**jd schwenkt etw irgendwohin** *Schreibtischlampe, Schwenkarm, Ausleger* qn oriente qc vers qn/qc; *Geschütz, MG, Kamera, Mikrofon a.* qn dirige [*o* tourne] qc vers qn/qc; ***jd schwenkt etw zur Seite*** qn détourne qc
3. (*spülen*) ■**jd schwenkt etw in etw** (*dat*) *Geschirr, Gläser, Wäschestück* qn rince qc dans qc; *in Lauge* qn passe qc dans qc
4. GASTR ■**jd schwenkt etw in etw** (*dat*) *in zerlassener Butter, in der Soße* qn remue qc dans qc
II. *vi* 1. + *sein* (*sich zur Seite bewegen*) ■**jd/etw schwenkt irgendwohin** */Marschierer, Kolonne/* qn/qc bifurque quelque part; *auf die linke Fahrbahn* qn/qc déboîte quelque part
2. + *haben* (*sich richten*) ■**etw schwenkt irgendwohin** */Geschütz, Kamera/* qc se dirige quelque part; ***etw schwenkt weg von etw*** qc se détourne de qc
►**links/rechts schwenkt, marsch!** MIL à gauche/à droite, marche!

Schwenker <-s, -> *m* verre *m* à cognac

Schwenkung <-, -en> *f s.* **Schwenk**

schwer I. *adj* 1. (*nicht leicht*) *Mensch, Tier* lourd(e); *Gegenstand, Last, Traglast a.* pesant(e); ■**jd/etw/ein Tier ist ~** qn/qc/un animal est lourd(e) [*o* pèse lourd]; ***wie ~ ist etw?*** combien pèse qc?; ■**jd/etw/ein Tier ist 20/30/... kg ~** qn/qc/un animal pèse 20/30/... kg; ***nichts S~es*** rien de lourd
2. (*ernst*) grave
3. (*gravierend*) *Bedenken, Enttäuschung, Sorge, Unrecht* grave *antéposé*; *Irrtum, Verlust a.* lourd(e) *antéposé*; ***ein ~er Fehler*** une faute grave, une lourde faute; ***jd ist in ~er Sorge*** qn est très soucieux(-euse)
4. (*hart*) dur(e); *Amt, Arbeit, Jahr, Leben, Schicksal, Zeit a.* difficile; *Bürde* lourd(e)
5. (*körperlich belastend*) *Krankheit, Operation, Unfall* grave; *Geburt* difficile; *Leiden, Tod* pénible; ***„nach ~er Krankheit ...“*** “à l'issue d'une longue et douloureuse maladie ...” *form*
6. (*schwierig*) difficile; ■**etw ist ~ zu ...** *zu verstehen, zu begreifen, nachzuvollziehen, zu sagen, zu schätzen* qc est difficile à ...
7. *attr* METEO (*heftig*) gros(se) *antéposé*
8. *attr* (*groß*) *Lkw, Limousine, Motorrad* gros(se) *antéposé*
9. *attr* MIL (*große Kaliber aufweisend*) lourd(e)
10. GASTR *Essen, Gericht, Wein* lourd(e); *Sherry, Portwein* fort(e)
11. (*intensiv*) *Rasierwasser* fort(e); *Duft, Parfüm a.* lourd(e)
12. *Tabak, Zigarette, Zigarre* fort(e)
13. *Ackerboden, Lehmboden* lourd(e)
14. *fam* (*reich*) ■**jd ist 1/2/... Millionen/Milliarden ~** qn pèse 1/2/... millions/milliards *fam*
►**jd hat S~es mitgemacht** [*o* **durchgemacht**] qn a traversé des épreuves [*o* connu des heures] difficiles
II. *adv* 1. (*hart*) *arbeiten* durement; *erarbeitet, erworben a.* avec peine
2. *beladen sein, bepackt sein* lourdement; *wiegen* lourd
3. (*tief*) *beleidigen, verletzen* profondément; *treffen* durement
4. (*mit Mühe*) *atmen, sich aufraffen, sich entschließen* difficilement; ***jd hört ~*** qn entend mal
5. *fam* (*sehr*) *aufpassen, sich in Acht nehmen, sich hüten* bien
6. *fam* (*umfänglich*) *verdienen, schröpfen* un max *fam*
7. (*intensiv*) *auf jdm lasten, an etw zu tragen haben* lourdement; *unter etw leiden* profondément; ***jd ist ~ geprüft*** qn est mis(e) à rude épreuve
8. *erkranken, sich verletzen, sich unterkühlen, verunglücken, beschädigt* gravement; *verwundet werden a.* grièvement; *behindert* lourdement, gravement; *verkratzt* complètement, gravement; ***jd stürzt ~*** qn fait une chute grave
9. (*nicht einfach*) *sagen, einschätzen, schätzen, voraussagen* difficilement; ***es ist ~ einzuschätzen, wie*** il est difficile de prévoir comment
10. (*hart*) *tadeln, missbilligen* sévèrement; *bestrafen a.* durement
11. (*nicht leicht*) *abbaubar, recycelbar* difficilement; *verdaulich, verträglich* difficile à; **~ verdaulich** difficile à digérer
►**jd ist ~ bewaffnet** qn est solidement armé(e); **jd hat es ~** qn a la vie dure; **jd hat es ~ mit einem Menschen** une personne rend [*o* fait] [*o* mène] la vie dure à qn; **jd hat ~ zu tragen** (*schleppen*) qn a beaucoup à porter; **jd hat ~ an etw** (*dat*) **zu tragen** (*muss sich abschleppen*) qc est lourd(e) à porter

[pour qn]; (*etw lastet auf jds Gewissen*) qc pèse sur la conscience de qn
-schwer 1. *kalorien-, mineralien-, öl-* riche en
2. *fam: geld~* friqué(e) *fam; millionen-* riche à; *dollar-* cousu(e) de *fam*
Schwerarbeit *f* ∅ travail *m* de force [*o* pénible] **Schwerarbeiter(in)** *m(f)* travailleur(-euse) *m(f)* de force **Schwerathlet(in)** *m(f)* athlète *mf* (*qui pratique l'haltérophilie ou un sport de combat*) **Schwerathletik** *f l'haltérophilie et les sports de combat* **Schwerbehinderte(r)** *f(m) decl wie adj* handicapé(e) *m(f)* sévère **schwerbeladen** *s.* **beladen²** ▶. **schwerbepackt** *s.* **bepacken** ▶. **schwerbewaffnet** *s.* **bewaffnet** ▶
Schwere <-> *f* ∅ 1. JUR gravité *f*
2. MED gravité *f*
3. (*Schwierigkeit*) [*Arbeit, Aufgabe, Examen, Prüfungsfrage*] difficulté *f;* [*Eingriff, Operation a.*] gravité *f*
4. (*Gewicht*) [*Gegenstand, Last, Traglast*] poids *m;* [*Gewicht*] lourdeur *f*
Schwerefeld *nt* champ *m* gravitationnel
schwerelos *adj Astronaut, Gegenstand, Körper* en apesanteur; *Zustand* d'apesanteur; ■ **jd ist** ~ qn est en [état d']apesanteur
Schwerelosigkeit <-> *f* ∅ apesanteur *f*
Schwerenöter <-s, -> *m veraltend* bourreau *m* des cœurs
schwererziehbar *s.* **erziehbar**
schwer|fallen *s.* **fallen** ▶
schwerfällig I. *adj* 1. *Mensch, Tier* lourdaud(e), pataud(e); *Bewegungen, Handgriff* lourd(e), pataud(e); *Gang, Schritte a.* mal assuré(e)
2. *Stil, Übersetzung* gauche, lourd(e)
II. *adv aufstehen* lourdement; *gehen, sich bewegen a.* pesamment
Schwergewicht *nt* 1. (*Gewichtsklasse*) catégorie *f* [des] poids lourds 2. (*Sportler*) poids *m* lourd 3. (*Schwerpunkt*) centre *m* de gravité; ***das ~ liegt auf etw*** (*dat*) l'accent est mis sur qc **schwergewichtig** *adj* lourd(e); *Mensch a.* corpulent(e); ■ **jd ist** ~ qn a un poids élevé **Schwergewichtler(in)** <-s, -> *m(f) s.* **Schwergewicht**
schwerhörig *adj* malentendant(e) **Schwerhörigkeit** *f* ∅ surdité *f* partielle **Schwerindustrie** *f* industrie *f* lourde **Schwerkraft** *f* ∅ pesanteur *f* **schwerkrank** *s.* **krank** ▶. **Schwerkranke(r)** *f(m) decl wie adj* malade *mf* grave
schwerlich *adv* difficilement; ~ ***geeignet*** guère approprié(e)
schwer|machen *s.* **machen I.** ▶. **Schwermetall** *nt* métal *m* lourd
Schwermut <-> *f* ∅ mélancolie *f*
schwermütig *adj* mélancolique
schwer|nehmen *s.* **nehmen I.16. Schweröl** *nt* huile *f* lourde
Schwerpunkt *m* 1. (*Hauptgewicht*) axe *m* essentiel; SCOL matière *f* principale
2. PHYS centre *m* de gravité
▶ **jd legt den ~ auf etw** (*akk*) qn met surtout l'accent sur qc; **der ~ einer S.** (*gen*) **liegt auf etw** (*dat*) dans une chose, l'accent est surtout mis sur qc; **jd setzt ~e** qn établit des priorités; **jd verlagert den ~/auf etw** (*akk*) qn change de priorité[s]/qn donne la nouvelle priorité à qc
schwerpunktmäßig *adv* particulièrement **Schwerpunktstreik** *m* grève *f* bouchon
schwerreich *adj attr fam* richissime
Schwert <-[e]s, -er> *nt* 1. (*Waffe*) épée *f;* ***durch das ~ gerichtet*** exécuté(e) à l'épée
2. NAUT dérive *f,* sabre *m*
▶ **einschneidiges/zweischneidiges** ~ épée *f* à un seul/à double tranchant; **etw ist ein zweischneidiges** ~ qc est [une arme] à double tranchant; **jd zieht** [*o* **zückt** *geh*] **das** ~ qn tire [*o* dégaine] l'épée
Schwert- (*eines Schwertes*) de l'épée; *~**gurt*** ceinturon *m;* *~**halter**, ~**scheide*** fourreau *m* **Schwertfisch** *m* poisson-épée *m,* espadon *m* **Schwertlilie** [-liːliə] *f* iris *m* **Schwertschlucker(in)** <-s, -> *m(f)* avaleur(-euse) *m(f)* de sabres
schwer|tun *s.* **tun II.** ▶
Schwertwal *m* épaulard *m,* orque *f*
Schwerverbrecher(in) *m(f)* grand(e) criminel(le) *m(f)* **Schwerverkehrsabgabe** *f* taxe *f* sur les poids lourds **Schwerverletzte(r)** *f(m) decl wie adj* blessé(e) *m(f)* grave **schwerverständlich** *s.* **verständlich I.** ▶. **Schwerverwundete(r)** *f(m) decl wie adj* blessé(e) *m(f)* grave **schwerwiegend** *adj* grave; *Bedenken, Grund a.* sérieux(-euse)
Schwester <-, -n> *f* 1. (*Geschwisterteil*) sœur *f*
2. (*Kranken~*) infirmière *f*
3. (*Gemeindemitglied*) sœur *f*
4. (*Nonne*) sœur *f*
Schwesterchen <-s, -> *nt dim von* Schwester petite sœur *f*
Schwesterherz *nt fam* sœurette *f*
Schwesterlein <-s, -> *nt liter s.* **Schwesterchen**
schwesterlich I. *adj* de sœur; *Liebe* d'une sœur
II. *adv* comme des sœurs
Schwesternhelferin *f* aide-soignante *f* **Schwesternorden** *m* ordre *m* de religieuses **Schwesternwohnheim** *nt* foyer *m* d'infirmières
Schwesterschiff *nt* navire-jumeau *m*
schwieg *imp von* **schweigen**
Schwiegereltern *pl* beaux-parents *mpl* **Schwiegermutter** *f* belle-mère *f* **Schwiegersohn** *m* gendre *m* **Schwiegertochter** *f* belle-fille *f* **Schwiegervater** *m* beau-père *m*
Schwiele <-, -n> *f* cal *m,* durillon *m*
schwielig *adj* calleux(-euse)
schwierig *adj* 1. (*nicht einfach*) difficile; ■ **etw ist ~ zu ...** *zu bearbeiten, zu beantworten, zu lösen* qc est difficile à ...
2. (*verwickelt*) *Fall, Lage, Problem, Situation* difficile, compliqué(e)
3. (*problematisch*) *Charakter* difficile; *Mensch a.* compliqué(e)

Schwierigkeit <-, -en> *f* 1. ∅ [*Arbeit, Aufgabe, Prüfung*] difficulté *f;* [*Fall, Lage, Problem, Situation a.*] complexité *f*
2. *pl* (*Probleme*) difficultés *fpl*
▶ **jd bringt jdn in ~en** (*akk*) qn met qn en difficulté; **jd gerät** [*o* **kommt**] **in ~en** qn rencontre des difficultés; **jd macht ~en** *fam* qn fait des difficultés [*o* des histoires]; ***mach keine ~en!*** pas d'histoires! *fam;* **jd macht** [*o* **bereitet**] **jdm** ~ qn donne du fil à retordre à qn; ***bereite uns doch nicht noch mehr ~en!*** ne nous complique pas [encore] les choses!, ne va pas nous chercher encore plus de difficultés!; (*noch mehr Ärger*) ne va pas nous causer encore plus de difficultés!; **etw macht** [*o* **bereitet**] **keine ~en/jdm keine ~en** qc ne présente aucune difficulté/qc ne pose aucun problème à qn; **mit** [**einiger**] ~ non sans [quelque] difficulté; **ohne ~en** sans difficulté
Schwierigkeitsgrad *m* degré *m* [*o* niveau *m*] de difficulté
schwillt *3. pers pres von* **schwellen**
Schwimmbad *nt* piscine *f;* ***ins*** ~ à la piscine **Schwimmbecken** *nt* bassin *m;* [*Villa*] piscine *f* [privée] **Schwimmblase** *f* vessie *f* natatoire **Schwimmbrille** *f* lunettes *fpl* de natation
schwimmen <schwamm, geschwommen> I. *vi + sein* 1. (*sich fortbewegen*) ■ **jd schwimmt** qn nage; ■ **jd schwimmt irgendwohin** qn nage jusque quelque part; ***jd schwimmt über*** (*akk*) ***etw/ wieder zu etw*** qn traverse/qn regagne qc à la nage
2. (*treiben*) ■ **etw schwimmt auf etw** (*dat*)/**in etw** (*dat*) qc flotte sur/qc surnage dans qc
3. *fam* (*unsicher sein*) ■ **jd schwimmt** qn nage *fam*
▶ **jd geht** ~ qn va nager
II. *vt + sein o haben* ■ **jd schwimmt etw** *Strecke* qn nage qc
Schwimmen <-s> *nt* ∅ natation *f;* ***beim*** ~ en nageant, en faisant de la natation; ***jd geht zum*** ~ qn va nager [*o* faire de la natation]
▶ **jd gerät** [*o* **kommt**] **ins** ~ *fam* qn se met *fam* [*o* commence] à nager
Schwimmer <-s, -> *m* TECH flotteur *m*
Schwimmer(in) <-s, -> *m(f)* 1. (*schwimmender Mensch*) nageur(-euse) *m(f)*
2. (*opp: Nichtschwimmer*) personne *f* qui sait nager; ***gibt es ~ unter Ihnen?*** y a-t-il parmi vous des gens qui savent nager?
▶ **jd ist** ~ qn sait nager
Schwimmerbecken *nt* grand bassin *m*
Schwimmflosse *f* palme *f* **Schwimmflügel** *m* flotteur *m* **Schwimmfuß** *m meist pl* pied *m* palmé **Schwimmhalle** *f* piscine *f* couverte **Schwimmhaut** *f* palmure *f* **Schwimmsport** *m* natation *f* **Schwimmstil** *m* nage *f* **Schwimmunterricht** *m* cours *mpl* [*o* leçons *fpl*] de natation **Schwimmvogel** *m* palmipède *m* **Schwimmweste** *f* gilet *m* de sauvetage
Schwindel <-s> *m* ∅ 1. (*Betrug*) escroquerie *f*
2. MED vertige *m*
▶ ~ **erregend** vertigineux(-euse); **der ganze** ~ *sl* tout ce fourbi *fam*
Schwindelanfall *m* étourdissement *m,* vertige *m*
Schwindelei <-, -en> *f fam* bobard *m fam;* ***alles ~!*** tout ça, c'est des bobards! [*o* du bidon!] *fam*
schwindelerregend *s.* **Schwindel** ▶. **schwindelfrei** *adj* [qui n'est] pas sujet(te) au vertige; ■ **jd ist** ~ qn n'a pas le [*o* qn n'est pas sujet(te) au] vertige **Schwindelgefühl** *nt* vertige *m,* étourdissement *m*
schwind[e]lig *adj pred* ■ **jdm ist/wird** [**es**] **~/von etw** ~ qn a le vertige/qn est pris(e) de vertige/qc donne le vertige à qn; *vom Karussellfahren, Walzer* qn a/attrape le tournis/qc donne le tournis à qn *fam*
▶ **etw macht jdn** ~ qc donne le vertige à qn
schwindeln I. *vi fam* ■ **jd schwindelt** qn raconte des histoires [*o* des bobards *fam*]; ■ **das S~** les bobards *mpl fam;* ***du kannst das S~ nicht lassen*** tu ne peux pas t'empêcher de raconter des bobards *fam*
II. *vt fam* ■ **jd schwindelt etw** *Angaben, Einzelheiten* qn invente qc; ***alles nur geschwindelt!*** tout ça, c'est des bobards *fam*
III. *vr fam* ■ **jd schwindelt sich durch etw** *durch eine Kontrolle, durch den Zoll* qn passe qc en fraude; *durchs Abitur, durch die Schule* qn triche pour réussir à qc
IV. *vi impers* ■ **jdm schwindelt** [**es**] qn a le vertige; *nach dem Karussellfahren a.* qn a le tournis *fam*
▶ **etw macht jdn** ~ /*Gedanke, Vorstellung, Zahl*/ qc donne le vertige [*o* tournis *fam*] à qn
schwinden <schwand, geschwunden> *vi + sein geh* 1. (*abnehmen*) ■ **etw schwindet** /*Bestände, Ressourcen, Vorräte*/ qc s'amenuise
2. (*vergehen*) ■ **etw schwindet** [**jdm**] /*Erinnerung*/ qc [de qn] s'estompe *soutenu;* /*Hoffnung, Mut*/ qc [de qn] faiblit; /*Interesse*/ qc [de qn] tombe; /*Kräfte*/ qc [de qn] s'amenuise
▶ **etw ist im S~ begriffen** /*Bestände, Vorräte etc*/ qc s'amenuise; /*Hoffnung, Interesse etc*/ qc est en train de s'estomper/de faiblir/de tomber/de s'amenuiser *soutenu*
Schwindler(in) <-s, -> *m(f)* 1. (*Betrüger*) escroc *m*
2. *fam* (*Lügner*) menteur(-euse) *m(f)*
schwindlig *adj s.* **schwindelig**
Schwindsucht *f veraltend* phtisie *f vieux* ▶ **jd hat die** ~ qn a la phtisie *vieux* **schwindsüchtig** *adj veraltend* phtisique *vieux*
Schwinge <-, -n> *f geh* aile *f*
schwingen <schwang, geschwungen> I. *vt + haben* 1. (*wedeln*) ■ **jd schwingt etw** *Fähnchen, Hut, Brief, Zauberstab* qn agite qc
2. (*ausholen*) ■ **jd schwingt etw** *Axt, Hammer, Peitsche* qn soulève qc [au-dessus de sa tête]; *Säbel, Schwert, Stock a.* qn brandit qc
II. *vi + haben o sein* 1. (*vibrieren*) ■ **etw schwingt** /*Membran, Saite*/ qc vibre; /*Brücke*/ qc oscille
2. (*pendeln*) ■ **jd/ein Tier/etw schwingt** [**an etw** (*dat*)] [**irgendwohin**] qn/un animal/qc se balance [à qc] [quelque part]; /*Lot, Pendel*/ qc oscille

3. *geh* (*mitschwingen*) ■ **in etw** (*dat*) **schwingt etw** /*Kritik, Tadel, Vorwurf*/ qc perce dans qc, on sent poindre qc dans qc; ***ein leichter Vorwurf schwingt in seiner Stimme*** le ton de sa voix exprime un léger reproche
► **jd/etw bringt etw zum S~** *Membran, Saite* qn/qc fait vibrer qc
III. *vr + haben* 1. (*aufsteigen*) ■ **jd schwingt sich auf etw** (*akk*)/**in etw** (*akk*) qn saute sur/à/en qc; ***jd schwingt sich aufs Fahrrad/ Pferd/ in den Sattel*** qn saute sur son vélo/à cheval/en selle
2. (*überspringen*) ■ **jd schwingt sich über etw** (*akk*) qn s'élance d'un bond par-dessus qc
3. (*sich erstrecken*) ■ **etw schwingt sich irgendwohin** (*akk*) qc s'étend quelque part; ***die Brücke schwingt sich über das Tal*** le pont enjambe la vallée; *s. a.* **geschwungen**

Schwinger <-s, -> *m* swing *m*; ***ein rechter ~*** un swing du droit
Schwingschleifer <-s, -> *m* ponceuse *f* excentrique **Schwingtür** *f* porte *f* battante
Schwingung <-, -en> *f* [*Pendel, Lot*] oscillation *f*; [*Membran, Saite*] vibration *f*
► **etw gerät in ~** /*Membran, Saite*/ qc se met à vibrer; **jd/etw versetzt etw in ~en** *Pendel, Lot* qn/qc fait osciller qc
Schwips <-es, -e> *m fam* [petit] coup *m* dans le nez [*o* dans l'aile]
► **jd bekommt/hat einen ~** qn commence à être/qn est pompette *fam*; ***sonst bekommst du gleich einen ~*** sinon tu vas être pompette
schwirren *vi + sein* ■ **Tiere schwirren** /*Bienen, Fliegen, Heuschrecken*/ des animaux bourdonnent; /*Vögel*/ des animaux volent dans un bruissement d'ailes; ■ **Tiere ~ irgendwohin** des animaux volent quelque part en bourdonnant/dans un bruissement d'ailes; ■ **etw schwirrt irgendwohin** /*Geschoss, Granatsplitter*/ qc siffle quelque part
Schwitzbad *nt* bain *m* de vapeur
Schwitze <-, -n> *f* GASTR roux *m*
schwitzen *vi* 1. ■ **jd schwitzt** qn sue, qn transpire; ■ **jd schwitzt an etw** (*dat*)/**auf etw** (*dat*)/**in etw** (*dat*)/**unter etw** (*dat*) qn transpire de qc/sur qc/de qc/sous [*o* de] qc
2. (*Kondenswasser absondern*) ■ **etw schwitzt** /*Wände*/ qc suinte; /*Fenster*/ qc est couvert(e) de buée
Schwitzen <-s> *nt* ∅ transpiration *f*
► **jd gerät** [*o* **kommt**] **ins ~** qn se met à transpirer
Schwitzkasten *m* prise *f* d'étranglement
► **jd hat jdn im ~** qn fait subir un étranglement à qn; **jd nimmt jdn in den ~** qn porte un étranglement à qn
Schwof <-[e]s, -e> *m* DIAL *sl* bal *m*; ***jd hat jdn beim ~ kennen gelernt*** qn a fait connaissance de qn en guinchant *fam*; ***jd hat Lust zum ~ zu gehen*** qn a envie d'aller guincher *fam*
schwofen *vi* DIAL *sl* ■ **jd schwoft** [**mit jdm**] qn guinche [avec qn] *fam*
schwoll *imp von* **schwellen**
schwören <schwor, geschworen> I. *vi* 1. (*einen Eid leisten*) ■ **jd schwört** [**jdm, dass**] qn jure [à qn que + *indic*]; ■ **jd schwört auf jdn/etw** qn prête serment à qn/qn jure sur qc; ■ **jd schwört** [**jdm**] **bei jdm/etw** [**etw zu tun**] qn jure [à qn] devant qn/sur qc [de faire qc]
2. (*überzeugt sein von*) ■ **jd schwört auf jdn/etw** qn jure par qn/qc
► **jd hätte ~ können** [*o* **mögen**], **dass** *fam* qn aurait juré que + *indic*; **ich könnte ~, dass** *fam* je pourrais jurer que + *indic*
II. *vt* 1. (*etw beeiden*) ■ **jd schwört** [**jdm**] **etw** *einen Eid* qn prête qc [à qn]; *die Wahrheit* qn jure de dire qc [à qn]; ***jd hat nicht die Wahrheit geschworen*** qn s'est parjuré(e); ***jd schwört heilige Eide etw zu tun*** qn jure ses grands dieux qu'il va faire qc
2. (*durch einen Schwur besiegeln*) ■ **jd schwört jdm etw/sie ~ sich** (*dat*) **etw** qn jure qc à qn/ils/elles se jurent qc
3. (*fest versichern*) ■ **jd schwört** [**jdm**] **etw zu tun** qn jure [à qn] de faire qc
► **jd hat sich** (*dat*) **etw geschworen** qn s'est juré(e) qc; *s. a.* **geschworen**
schwul *adj fam* homo *fam*, pédé *fam*, gay
schwül *adj* lourd(e); ■ **es ist ~** il fait lourd
Schwüle <-> *f* ∅ temps *m* lourd, chaleur *f* lourde
Schwule(r) *m decl wie adj fam* homo *m fam*, pédé *m fam*, gay *m*
Schwulen- *fam* d'homo[sexuel]s, gay; *-szene* homo[sexuel(le)], gay
Schwulität <-, -en> *f meist pl fam* embêtement *m fam*, emmerdement *m fam*
► **jd/etw bringt jdn in ~en** qn/qc attire des ennuis à qn, qn/qc met qn dans la merde *vulg*; **jd gerät** [*o* **kommt**] **in ~en** qn se retrouve dans la merde *vulg*; ***du gerätst sonst in ~en*** sinon tu vas te retrouver dans la merde *vulg*
Schwulst <-[e]s> *m* ∅ boursouflure *f*, enflure *f*
schwulstig *adj, adv* AUS *s.* **schwülstig**
schwülstig I. *adj* surchargé(e); *Formulierung, Redeweise, Stil* ampoulé(e)
II. *adv reden, schreiben, sprechen* de façon ampoulée
Schwund <-[e]s> *m* ∅ 1. (*Rückgang*) diminution *f*
2. COM [*Lebensmittel*] perte *f* de poids; (*Verlust*) perte *f*
Schwung <-[e]s, ¨-e> *m* 1. (*Bewegung*) élan *m*; (*ausholende Bewegung*) impulsion *f*; (*zunehmende Geschwindigkeit*) allure *f*; ***ein paar ¨-e am Barren*** quelques balancements aux barres; ***mit eleganten ¨-en fuhr er den Berg hinab*** il descendit la montagne à ski en faisant des virages avec élégance
2. ∅ (*Antriebskraft*) [*Mensch*] punch *m fam*, énergie *f*
3. (*ausholende Linienführung*) [*Autobahnbrücke, Design*] hardiesse *f*; [*Unterschrift*] vigueur *f*
4. *fam* (*größere Anzahl*) [*Bestellungen, Briefe, Post*] paquet *m*; [*Besucher, Gäste, Touristen*] vague *f*
► **jd bringt ~ in etw** (*akk*), **jd bringt etw in ~** *Betrieb, Abteilung, Laden etc* qn donne un nouvel essor à qc; *Produktion* qn donne un coup de fouet à qc; *Party* qn donne de l'impulsion à qc; **jd gibt jdm/einer S. ~** qn donne de l'élan à qn/qc; **jd holt ~** qn prend son élan; **jd ist** [**richtig**] **in ~** qn est [vraiment] en train; **etw ist in ~** /*Betrieb, Laden etc*/ qc marche bien; **jd kommt in ~** qn commence à chauffer; **etw kommt in ~** /*Betrieb, Geschäftsbetrieb, Laden*/ qc commence à décoller; **mit ~** avec entrain; *aufstehen, sich setzen, sich werfen* d'un bond; *fahren* à vive allure
Schwungfeder *f* rémige *f*, penne *f*
schwunghaft I. *adj* florissant(e)
II. *adv sich entwickeln* de manière florissante
Schwungrad *nt* volant *m* **schwungvoll** I. *adj* 1. *Bewegung* impétueux(-euse); *Handschrift* vigoureux(-euse); *Linienführung, Bogen* hardi(e)
2. (*mitreißend*) plein(e) de punch *fam*, fougueux(-euse); *Inszenierung a.* nerveux(-euse) II. *adv* 1. (*mit Schwung*) *gehen, betreten* avec vivacité; *aufstehen a.* d'un bond; *werfen, schaukeln, unterschrieben* avec vigueur; (*mit Elan*) avec entrain 2. *inszenieren* avec vivacité; *spielen* avec fougue, avec brio
Schwur <-[e]s, ¨-e> *m* serment *m*
► **jd tut einen ~** qn fait un serment
Schwurgericht *nt* cour *f* d'assises
Schwyz <-> [ʃviːts] *nt* Schwyz
Sciencefiction^RR <-, -s> ['saiəns'fɪkʃən] *f* science-fiction *f*
Sciencefiction-^RR ['saiəns'fɪkʃən-] de science-fiction
Screenshot <-s, -s> ['skriːnʃɔt] *m* INFORM saisie *f* de l'écran
Scylla <-> ['stsʏla] *f* ∅ *s.* **Szylla**
SDI <-> [ɛsdiˀ'ai] *abk von* **strategic defense initiative** I.D.S. *f*
Séance <-, -n> [se'ãːs(ə)] *f* séance *f* de spiritisme
► **jd hält eine ~ ab** qn organise une séance de spiritisme
sec *abk von* **Sekunde** s
sechs *num* 1. (*Zahl*) six
2. (*Jahr*) six ans; ■ **jd ist/wird ~** qn a/va avoir six ans
3. (*Uhr*) six heures; (*Minuten*) six; ***es ist ~*** il est six heures; ***es ist ~ vor/nach drei*** il est trois heures moins six/trois heures six; ***es ist schon kurz nach ~*** il est déjà six heures passées; ***es ist noch vor ~*** il n'est pas encore six heures; ***kurz vor ~*** peu avant six heures
4. SPORT ■ **~ zu etw** six à qc; ■ **etw zu ~** qc à six
► **gegen ~** vers six heures; **mit ~** à six ans; **um ~** à six heures; **zu ~t, zu ~en** à six; *sein* six
Sechs <-, -en> *f* 1. (*Zahl*) six *m*
2. TRANSP ■ **die ~** le six
3. KARTEN ■ **die/eine ~** le/un six; ■ **die ~-~** le six de
4. SCOL (*schlechteste Zensur*) zéro *m*; CH (*beste Zensur*) vingt *m*
Sechs-, sechs-: ***s~reihig*** de six rangées; ***s~spaltig*** de six colonnes; ***s~bändig*** en six volumes
Sechseck *nt* hexagone *m* **sechseckig** *adj* hexagonal(e)
sechseinhalb *num* 1. (*6,5*) six … et demi(e)
2. *fam* (*6500 DM*) six mille cinq cents marks
Sechser <-s, -> *m fam* 1. SCOL (*schlechteste Note*) bulle *f fam*; CH (*beste Note*) vingt *m*
2. (*6 Richtige*) six bons numéros *mpl*
sechserlei *adj inv* 1. *attr* ■ **~ etw** *Brot, Käse* six sortes de qc; ■ **~ Dinge** *Möglichkeiten, Fälle, Farben, Größen* six choses [différentes]
2. *substantivisch* six sortes *fpl*
Sechserpack *m* pack *m* [*o* emballage] de six *m*
sechsfach, 6fach I. *adj* 1. (*sechsmal so groß*) ■ **der/die/das ~e …** *Betrag, Preis, Summe* un/une … six fois plus élevé(e); ***es kam die ~e Anzahl*** il en est venu six fois plus [*o* un nombre si fois plus élevé]; ***etw ist von der ~en Dicke*** qc est six fois plus épais(se); ***die ~e Menge*** le sextuple de [*o* six fois] la quantité; ***er hat die ~e Summe gewonnen*** il a gagné six fois plus [*o* le sextuple]
2. (*sechsmal erstellt*) *Ausfertigung, Kopie* six; ***in ~er Ausfertigung*** en six exemplaires
II. *adv* en six exemplaires; *unterschreiben, vergrößern* six fois; *zusammenlegen, gruppieren* par six
Sechsfache(s) *nt decl wie adj* sextuple *m rare*; ***jd verdient/ bezahlt/ verzehrt das ~*** qn gagne/paie/consomme six fois plus; ***das ~ an Fläche*** une surface six fois plus grande; ***das ~ an Gehalt*** un salaire six fois plus élevé
► **um das ~**: ***etw ist um das ~ gestiegen/ etw hat sich um das ~ vergrößert*** qc a été multiplié(e) par six, qc a sextuplé; ***um das ~ höher*** six fois plus élevé(e)
Sechsfüßer <-s, -> *m* insecte *m* à six pattes [*o* hexapode]
sechshundert *num* six cents
sechshundertjährig *adj* de six cents ans; ***das ~e Bestehen des Dorfs*** les six cents ans d'existence du village; ***das ~e Jubiläum*** le sixième centenaire
sechshundertste(r, s) *adj* six centième *antéposé*
sechshunderttausend *num* six cent mille
sechsjährig *adj* 1. (*sechs Jahre alt*) *Kind, Tier, Baum* de six ans 2. (*sechs Jahre dauernd*) *Amtszeit, Frist* [d'une durée] de six ans **Sechsjährige(r)** *f(m) decl wie adj* enfant *mf* de six ans **sechsköpfig** *adj* de six [personnes]
sechsmal *adv* six fois, à six reprises
► **~ so viel/so viele** […] six fois plus/plus [de …]
sechsmalig *adj*: ***nach ~em Anruf/ Versuch*** après six appels/essais; ***auf ~es Klingeln*** au sixième coup de sonnette; ***unser geheimes Zeichen ist ~es Klopfen an der Tür*** notre signal consiste à frapper six fois à la porte; ***trotz bisher ~er Bitte*** malgré une demande réitérée six fois
sechsseitig *adj* 1. (*sechs Seiten umfassend*) de six pages 2. GEOM à six côtés **sechsstellig** *adj* à six chiffres; *Zahl* de six chiffres **sechsstöckig** *adj* de six étages; ■ **etw ist ~** qc a six étages **sechsstündig** *adj attr* de six heures **sechsstündlich** *adj, adv* toutes les six heures
sechst *adv s.* **sechs**
Sechstagerennen *nt* six Jours *mpl*

sechstägig *adj* de six jours
sechstausend *num* six mille **Sechstausender** *m* montagne *f* de six mille mètres
sechste(r, s) *adj* **1.** sixième
2. *(Datum)* six; ***am ~n Mai*** le six mai
▶ **jeder ~ …** un(e) … sur six
Sechste(r) *f(m) decl wie adj* **1.** *(des Monats)* ■ **der ~** le six
2. *(Herrscher)* ■ **… der ~** *gesprochen,* ■ **… VI.** *geschrieben* … six *oral,* … VI *écrit*
▶ **jd/etw ist/wird ~** qn/qc est/finit sixième; **als ~(r)** en sixième position; ***Sie sind als ~(r) dran*** vous êtes le/la sixième; **jeder ~** une personne sur six
sechsteilig *adj Film* en six parties; *Satz* de six; *Besteck* pour six personnes
Sechstel <-s, -> *nt* ■ **ein ~ einer S.** *(gen)* un sixième de qc
sechstens *adv* sixièmement
sechstletzte(r, s) *adj* ■ **der/die/das ~ …** le/la sixième … avant la fin; ■ **der/die/das S~** le/la sixième avant la fin
sechsund- -six; ***wie alt bist du? – S~zwanzig*** quel âge as-tu? – Vingt-six ans
sechswöchentlich *adj, adv* toutes les six semaines **sechswöchig** *adj* de six semaines **Sechszeiler** <-s, -> *m (Gedicht)* poème *m* de six vers; *(Strophe)* strophe *f* de six vers **sechszeilig** *adj* de six lignes; *Gedicht, Strophe* de six vers; ■ **etw ist ~** qc a six lignes/vers **Sechszimmerwohnung** *f* appartement *m* de six pièces **Sechszylinder** *m* **1.** *(Auto)* six cylindres *f* **2.** *(Motor)* six cylindres *m*
sechzehn *num* **1.** *(Zahl)* seize
2. *(Jahr)* seize ans; ■ **jd ist/wird ~** qn a/va avoir seize ans
▶ **mit ~ [Jahren]** à seize ans
sechzehnte(r, s) *adj* seizième
Sechzehntel *nt* seizième *m*
sechzig *num* **1.** *(Zahl)* soixante
2. *(Jahr)* soixante ans; ■ **jd ist/wird ~** qn a/va avoir soixante ans
3. *(Stundenkilometer)* soixante [km/h]
▶ **mit ~** *(Alter)* à soixante ans; *(Geschwindigkeit)* à soixante [km/h]
Sechzig <-, -en> *f* **1.** *(Zahl)* soixante *m*
2. *(Alter)* soixantaine *f;* ***sie geht schon auf die ~ zu*** elle va déjà sur ses soixante ans, elle approche déjà de [*o* elle frise déjà] la soixantaine
sechziger *adj,* **60er** *adj attr, inv* **1.** ■ **die ~ Jahre** les années *fpl* soixante
2. COM *(1960)* de 1960
Sechziger *pl (eines Jahrhunderts)* ■ **die ~** les années *fpl* soixante
Sechziger <-s, -> *m (Weinjahrgang)* 1960 *m*
▶ **jd ist in den ~n** qn a la soixantaine, qn est sexagénaire
Sechziger(in) <-s, -> *m(f) fam (Mensch)* sexagénaire *mf*
Sechzigerjahre *pl* ■ **die ~** les années *fpl* soixante
sechzigjährig **I.** *adj attr* **1.** *(60 Jahre alt)* de soixante ans; *Mensch a.* sexagénaire **2.** *(60 Jahre dauernd)* de soixante ans **II.** *adv* à soixante ans **Sechzigjährige(r)** *f(m) decl wie adj* sexagénaire *mf* homme/femme *m/f* de soixante ans **sechzigmal** *adv* soixante fois
sechzigste(r, s) *adj* **1.** *(an 60. Stelle)* soixantième
2. *der ~ Teil von etw* le soixantième de qc
Sechzigstel <-s, -> *nt* ■ **ein ~ einer S.** *(gen)* un soixantième de qc
Secondhand- ['sɛkəndhænd-] d'occasion, de seconde main; *-geschäft, -laden, -boutique* de vêtements d'occasion
SED <-> [ɛsʔeː'deː] *f* HIST *abk von* **Sozialistische Einheitspartei Deutschlands** *parti socialiste unifié de l'ex-R.D.A.*
Sedativum <-s, -tiva> [-vʊm] *nt* sédatif *m*
Sediment <-[e]s, -e> *nt* sédiment *m;* CHEM précipité *m*
Sedimentgestein *nt* roche *f* sédimentaire
See[1] <-s, -n> *m* **1.** *(Weiher)* petit lac *m*
2. *(Binnen~)* lac *m;* ***der Bodensee*** le lac de Constance; ***der Aralsee*** la mer d'Aral
▶ **der ~ Genezareth** le lac de Génésareth [*o* de Tibériade]; **Genfer ~** le lac Léman [*o* de Genève]; **die Großen ~n** les cinq Grands Lacs *mpl;* **Neuenburger ~** le lac de Neuchâtel; **Vierwaldstätter ~** le lac des Quatre-Cantons [*o* de Lucerne]; **Zürcher ~** le lac de Zurich
See[2] <-, -n> *f* **1.** *(Meer)* mer *f;* ***jd fährt an die ~*** qn part à la mer, qn va au bord de la mer
2. *(Seegang) ruhige, raue, schwere* mer *f;* *(Sturzwelle)* lame *f*
▶ **auf hoher [*o* offener] ~** en haute [*o* pleine] mer; **jd fährt zur ~** qn est marin; **jd/etw geht [*o* sticht] in ~** qn/qc appareille; **an der ~** au bord de la mer; **auf ~** en [haute] mer
Seeaal *m* aiguillat *m* **Seeadler** *m* aigle *m* de mer, pygargue *m* **Seeanemone** *f* anémone *f* de mer **Seebad** *nt* station *f* balnéaire **Seebär** *m* **1.** *hum fam* vieux loup *m* de mer **2.** ZOOL ours *m* de mer, otarie *f* à fourrure **Seebeben** *nt* séisme *m* sous-marin **Seeelefant[FR]** *m* éléphant *m* de mer **Seefahrer** *m veraltend* marin *m*
Seefahrt *f* **1.** ∅ *(Schifffahrt)* marine *f*
2. *veraltend s.* **Seereise**
▶ **die christliche ~** *hum* la bonne vieille marine
Seefisch *m* poisson *m* de mer **Seefracht** *f* fret *m* maritime **Seefrau** *f s.* **Seemann. Seegang** *m* ∅ houle *f* ▶ **schwerer [*o* hoher] [*o* starker] ~** mer *f* forte [*o* houleuse] [*o* agitée] **Seegefecht** *nt* bataille *f* navale, combat *m* naval **seegestützt** *adj* mer-sol **Seegras** *nt* zostère *f* **Seehafen** <-häfen> *m* **1.** NAUT port *m* de mer **2.** GEOG ville *f* portuaire **Seeherrschaft** *f* ∅ maîtrise *f* des mers **Seehund** *m* phoque *m* **Seeigel** *m* oursin *m* **Seekarte** *f* carte *f* marine [*o* nautique] **seeklar** *adj Schiff* prêt(e) [*o* paré(e)] à appareiller ▶ **jd macht etw ~** qn prépare qc à appareiller **Seeklima** *nt* climat *m* maritime **seekrank** *adj* qui a le mal de mer; ■ **jd ist ~** qn a le mal de mer **Seekrankheit** *f* ∅ mal *m* de mer **Seekrieg** *m* guerre *f* sur mer [*o* navale] **Seekuh** *f* vache *f* marine, dugong *m,* lamantin *m* **Seelachs** *m* **1.** ZOOL lieu *m* noir, colin *m* **2.** ∅ GASTR colin *m*
Seele <-, -n> *f* **1.** REL âme *f*
2. *(Psyche)* psychisme *m*
▶ **jd brüllt sich** *(dat)* **die ~ aus dem Leib[e]** *fam* qn crie comme un sourd; **jd ist eine ~ von Mensch [*o* von einem Menschen]** qn a le cœur sur la main [*o* un cœur d'or]; **jetzt/dann hat die liebe [*o* arme] ~ Ruh** *fam* eh bien maintenant, [j'espère que] tu es/il est/… content(e)!; **jd ist eine durstige ~** *fam* qn a la dalle en pente *fam;* **mit ganzer ~** de tout mon/son/… cœur; **eine schwarze ~** un mauvais caractère; **aus tiefster [*o* innerster] ~** de tout cœur, du plus profond du cœur; **etw brennt jdm auf der ~** *fam* qc turlupine qn *fam;* **es brennt jdm auf der ~ etw zu tun** *fam* ça démange qn de faire qc *fam;* **jd ist die ~ einer S.** *(gen)* qn est l'âme de qc; **etw liegt jdm auf der ~** qn a qc sur le cœur; **jd redet sich** *(dat)* **etw von der ~** qn exprime qc qu'il a sur le cœur; **ein Mensch spricht jdm aus der ~** *fam* qn ne saurait mieux dire; ***sie spricht mir aus der ~*** je ne saurais mieux dire!; ***du sprichst mir aus der ~*** tu l'as dit! *fam;* **jdm tut etw in der ~ weh** qc fait mal au cœur à qn
Seelenfriede[n] *m geh* paix *f* de l'âme [*o* intérieure]; ***mein ~*** ma tranquillité d'esprit **Seelengröße** *f geh* grandeur *f* d'âme, élévation *f* d'esprit **Seelenheil** *nt* ■ **jds ~** le salut [de l'âme] de qn **Seelenlage** *f* état *m* d'âme; ***Ihre ~ interessiert mich nicht*** vos états d'âme ne m'intéressent pas **Seelenleben** *nt* ∅ *geh* vie *f* intérieure **Seelenqual** *f meist pl geh* tourment *m* [intérieur] *soutenu* **Seelenruhe** *f* ▶ **in aller ~** en toute tranquillité [*o* quiétude] **seelenruhig** *adv* tranquillement; ***wir können nicht ~ zusehen*** nous ne pouvons pas regarder ce qui se passe sans rien dire/faire **Seelenverkäufer** *m* vieux rafiot *m fam* **seelenverwandt** *adj* qui a des affinités; ■ **sie sind ~** ils/elles ont beaucoup d'affinités **Seelenwanderung** *f* réincarnation *f,* métempsycose *f*
Seeleute *pl von* **Seemann**
seelisch **I.** *adj* psychique
II. *adv:* ***etw ist ~ bedingt/wird ~ verursacht*** qc est psychosomatique/psychogène
Seelsorge *f* ∅ direction *f* de conscience, pastorale *f*
Seelsorger(in) <-s, -> *m(f)* directeur(-trice) *m(f)* de conscience, père *m* spirituel
seelsorgerisch **I.** *adj* pastoral(e)
II. *adv:* ***jd ist ~ tätig*** qn a une activité pastorale
Seeluft *f* ∅ air *m* marin **Seemacht** *f* puissance *f* maritime **Seemann** <-leute> *m,* **-frau** *f* marin *m*
seemännisch **I.** *adj* de marin
II. *adv:* ***~ ausgebildet/erfahren sein*** avoir une formation/expérience de marin
Seemannsausdruck <-ausdrücke> *m* expression *f* de marin **Seemannsgarn** *nt* ∅ *fam* galéjade *f fam* ▶ **jd spinnt ~** qn débite des histoires [de marin] *fam* **Seemannslied** *nt* chanson *f* de marin **Seemannssprache** *f* langage *m* des marins
Seemeile *f* mille *m* marin **Seemine** *f* mine *f* [marine]
Seenot *f* ∅ situation *f* de détresse [en mer]
▶ **jd ist [*o* befindet sich] in ~** qn est [*o* en perdition] en détresse; **jd/etw gerät in ~** qn/qc se retrouve en [situation de] détresse [*o* en perdition]
Seenotrettungsdienst *m* service *m* de sauvetage en mer **Seenotrettungskreuzer** *m* vedette *f* de sauvetage
Seenplatte *f* région *m* lacustre
▶ **die Mecklenburgische ~** la région des lacs du Mecklembourg
Seepferd[chen] *nt* hippocampe *m* **Seeräuber(in)** *m(f)* pirate *m* **Seeräuberei** <-> *f* ∅ piraterie *f* **Seerecht** *nt* ∅ droit *m* maritime **Seereise** *f* voyage *m* en mer, croisière *f* **Seerose** *f* **1.** BOT nénuphar *m* **2.** ZOOL anémone *f* de mer **Seesack** *m* sac *m* de marin **Seeschifffahrt[RR]** *f* ∅ navigation *f* maritime **Seeschlacht** *f* bataille *f* navale **Seestern** *m* étoile *f* de mer, astérie *f spéc* **Seetang** *m* fucus *m* **seetüchtig** *adj* en état de naviguer **Seeufer** *nt* rive *f* [du lac] **Seevogel** *m* oiseau *m* de mer **seewärts** *adv* en direction de la mer, vers le large; ***die Ölbohrinsel liegt weiter ~*** la plateforme de forage est plus loin au large **Seewasser** *nt* **1.** *(Wasser des Binnensees)* eau *f* du/de lac **2.** *(Meerwasser)* eau *f* de mer **Seeweg** *m* voie *f* maritime ▶ **auf dem ~** par mer; *befördern, versenden a.* par la voie maritime **Seewind** *m* vent *m* [soufflant] du large; ***bei ~*** quand le vent souffle du large **Seezeichen** *nt* signal *m* maritime; ■ **die ~** la signalisation maritime **Seezunge** *f* sole *f*
Segel <-s, -> *nt* **1.** NAUT voile *f*
2. *(Sonnen~)* vélum *m*
▶ **mit vollen ~n** toutes voiles dehors; **jd setzt [die] ~, jd zieht die ~ auf** qn met les voiles; **jd refft [*o* streicht] die ~** qn amène les voiles; **jd streicht [vor jdm/etw] die ~** *geh* qn baisse pavillon [devant qn/qc]
Segelboot *nt* bateau *m* à voiles, voilier *m* **segelfliegen** *vi nur infin* faire du vol à voile **Segelfliegen** *nt* vol *m* à voile **Segelflieger(in)** *m(f)* vélivole *mf* **Segelflug** *m* **1.** *(Flug)* vol *m* en planeur; ***ein halbstündiger ~*** une demi-heure de vol à voile **2.** ∅ *s.* **Segelfliegen** **Segelflugplatz** *m* terrain *m* de vol à voile **Segelflugzeug** *nt* planeur *m* **Segeljacht** *f* yacht *m* à voiles **Segelmacher(in)** *m(f)* voilier(-ière) *m(f)*
segeln **I.** *vi + sein* **1.** NAUT ■ **jd segelt** qn fait de la voile; ***Kolumbus segelte monatelang*** Christophe Colomb a navigué pendant des mois; ■ **jd segelt irgendwo** qn fait de la voile quelque part; ■ **jd segelt irgendwohin** qn fait voile quelque part
2. *(fliegen)* ■ **etw/ein Vogel segelt [durch etw]** qc/un oiseau vole [dans qc]
3. *fam (durchfallen)* ■ **jd segelt durch etw** qn est recalé(e) à qc *fam*
▶ **jd geht ~** qn fait de la voile
II. *vt + sein o haben* ■ **jd segelt etw** *Strecke, Distanz* qn parcourt qc à la voile; ***wir sollten einen nördlichen Kurs ~*** nous devrions faire voile vers

le nord; ***das Team hat schon mehrere Regatten gesegelt*** l'équipe a déjà couru plusieurs régates

Segeln <-s> *nt* ∅ [pratique *f* de la] voile *f*; ***am Wochenende sind wir beim ~*** le week-end, nous faisons de la voile
► **jd geht zum ~** qn fait de la voile

Segelregatta *f* régate *f* **Segelschiff** *nt* bateau *m* à voiles, voilier *m* **Segelschulschiff** *nt* voilier-école *m* **Segelsport** *m* voile *f* **Segeltörn** <-s, -s> *m* croisière *f* à la voile **Segeltour** [-tuːɐ] *f* promenade *f* en voilier **Segeltuch** <-tuche> *nt* toile *f* [à voile]

Segen <-s, -> *m* 1. ECCL bénédiction *f*
2. ∅ REL (*Beistand*) grâce *f*
3. (*Wohltat*) chance *f*, bénédiction *f*; ***diese Entdeckung war ein ~ für die Menschheit*** cette découverte a été une bénédiction pour l'humanité; ***diese unverhoffte Erbschaft war wirklich ein ~*** cet héritage inespéré a été une véritable aubaine
4. *fam* (*Genehmigung*) autorisation *f*
► **der ganze ~** *iron fam* tout le bazar [*o* zinzin] *fam*; **jd erteilt** [*o* **spendet**] **jdm den ~** qn donne sa bénédiction à qn; **jd gibt seinen ~ zu etw** *fam* qn donne le feu vert à qc; **jd hat jds ~** *fam* qn a le feu vert de qn; ***meinen ~ hast du*** je te donne le feu vert, tu as ma bénédiction; **es ist ein** [**wahrer**] **~, dass** *fam* quel bonheur que + *subj*; **mit jds ~** *fam* avec la bénédiction de qn

segensreich *adj geh Entdeckung, Erfindung, Einrichtung, Tätigkeit* salutaire; *Laufbahn, Schaffen, Wirken* bénéfique

Segler <-s, -> *m* (*Segelschiff*) voilier *m*

Segler(in) <-s, -> *m(f)* personne *f* qui pratique la voile; ***mit anderen ~n ihres Klubs*** avec d'autres membres de son club de voile

Segment <-[e]s, -e> *nt* segment *m*

segnen *vt* 1. ECCL ■ **jd segnet jdn/etw** qn bénit qn/qc; ■ **~d** *Gebärde* de bénédiction; *s. a.* **gesegnet**
2. (*preisen*) ■ **jd segnet etw** qn bénit qc

Segnung <-, -en> *f* 1. ECCL bénédiction *f*
2. *pl* (*Vorzüge*) ■ **die ~en einer S.** (*gen*) les bienfaits *mpl* de qc

sehbehindert *adj form* malvoyant(e), amblyope

sehen <sieht, sah, gesehen> I. *vt* 1. (*erblicken*) ■ **jd sieht jdn/etw** qn voit qn/qc; ■ **jd sieht, dass/ob** qn voit que + *indic*/si; ***sahen Sie, wie er das Haus verließ?*** est-ce que vous l'avez vu quitter la maison?
2. (*feststellen*) ■ **jd sieht,** [**dass/was/wie**] **...** qn voit que + *indic*/ce qui/ce que/comme ...; ***ich sehe nicht, dass*** je ne vois pas que + *subj*
3. (*ansehen*) ■ **jd sieht etw** *Film, Fernsehsendung, Sport, Übertragung* qn regarde qc; *Ballett, Theaterstück* qn voit qc
4. (*treffen*) ■ **jd sieht jdn** [**irgendwann/irgendwo**] qn voit qn [à un moment donné/quelque part]; ***jd sieht jdn wieder*** qn revoit qn
5. (*einschätzen*) ■ **jd sieht etw irgendwie** *Aussichten, die Dinge, Lage, Situation* qn voit qc d'une certaine façon; ***ich sehe das anders*** je vois les choses autrement; ■ **jd sieht jdn/sich als etw** qn considère qn/se considère comme qc; ■ **jd sieht etw in jdm** *den Beschützer, Freund, Ratgeber, Rivalen* qn voit en qn qc
► **jd sieht es nicht gern, dass/wenn** qn ne voit pas d'un bon œil que + *subj*; **jd bekommt jdn/etw zu ~** qn a l'occasion de voir qn/qc; **hat man so was schon gesehen!** *fam* qu'est-ce qu'il faut pas voir! *fam*; **etw ist ... zu ~** *gut, schlecht, ausgezeichnet* on peut ... voir qc; **jd kann etw nicht ~** qn ne supporte pas la vue de qc; **jd kann nicht ~, wie** qn ne supporte pas de voir comme; **jd/etw kann sich ~ lassen** qn est présentable/qc vaut la peine d'être vu(e); **jd sieht es** [**noch/schon**] **kommen, dass etw geschieht** qn prévoit [d'ores et déjà] que qc va arriver; **jd möchte den/die ~, der/die ...** *fam* qn voudrait bien voir qui ...; **das muss man gesehen haben** il fallait voir ça, c'était vraiment un spectacle; **jd muss ~, wo er bleibt** à chacun de s'arranger [*o* se débrouiller *fam*] [comme il peut]; **jd will ~, was** qn va voir ce qui/ce que; **jd wird schon ~, was** qn va voir ce qui/ce que; **das wollen wir** [**doch**] **erst mal ~!** *fam* c'est ce qu'on va voir! *fam*; **sieh/sehen Sie, dass du etw machst/Sie etw machen** tâche/tâchez de faire qc; **mal ~, ob/was/wie** *fam* on va voir si/ce qui/ce que/comment; **so gesehen** vu sous cet angle; **da sieht man es mal wieder!** c'est toujours la même histoire *fam*; **siehe ...** (*Verweis*) voir ...
II. *vi* 1. (*Sehvermögen haben*) ■ **jd sieht ...** *gut, schlecht, ausgezeichnet, miserabel* qn voit ...; ***mit der neuen Brille sehe ich schärfer/ganz ausgezeichnet*** avec mes nouvelles lunettes, je [*o* j'y] vois plus nettement/parfaitement
2. (*besuchen*) ■ **jd sieht nach jdm** qn va voir qn
3. (*überprüfen*) ■ **jd sieht nach etw** qn regarde qc, qn jette un œil sur qc
4. (*achten*) ■ **jd sieht auf etw** (*akk*) qn fait attention à qc
5. *geh* (*herausragen*) ■ **etw sieht aus etw** qc dépasse de qc
► **lass/lassen Sie mal ~** montre/montrez [voir *fam*], fais/faites voir *fam*; **sieh[e] da!** tiens!; **sieh doch** [*o* **mal**]**!** tu as [*o* t'as *fam*] vu?; **mal ~!** *fam* faut voir *fam*; **na siehst du/na ~ Sie** alors tu vois/vous voyez; **siehe oben/unten** (*Verweis*) voir plus haut/ci-dessous; **wie ich sehe, ..., ... wie ich sehe** d'après ce que je vois, ...; **siehst du** [**wohl**]**!** *fam*, **siehste!** *fam* tu vois!; **~ Sie** (*erläuternd*) [vous] voyez
III. *vr* 1. (*sich treffen*) ■ **sie ~ sich** ils/elles se voient; ***sie ~ sich wieder*** ils/elles se revoient; ***wir haben uns ja lange nicht mehr gesehen*** ça fait longtemps que nous ne nous sommes pas vus [*o* qu'on ne s'est pas vus]
2. (*feststellen*) ■ **jd sieht sich ...** *verlassen* qn se retrouve ...; ***ich sehe mich von ihm zutiefst enttäuscht*** je me sens profondément déçu(e) par lui; ***ich sehe mich von ihr betrogen*** je constate qu'elle m'a trompé(e)
3. (*sich fühlen*) ■ **jd sieht sich ... etw zu tun** *gezwungen* qn se voit ... de faire qc; ***ich sehe mich genötigt/wir ~ uns veranlasst etw zu tun*** je me vois dans l'obligation de/nous sommes conduits à faire qc
► **jd lässt sich irgendwo ~** qn se manifeste quelque part; ***sag mir sofort Bescheid, wenn er sich irgendwo ~ lässt*** préviens-moi tout de suite s'il donne signe de vie

Sehen <-s> *nt* ∅ ► **jd kennt jdn nur vom ~** qn connaît qn seulement de vue

sehenswert *adj Baudenkmal, Kirche, Park, Schloss etc* remarquable, qui vaut la peine d'être vu(e); *Ausstellung a.* qui vaut le déplacement; ■ **etw ist ~** qc est remarquable, qc vaut la peine d'être vu(e); */Ausstellung a./* qc vaut le déplacement **sehenswürdig** *adj geh s.* **sehenswert. Sehenswürdigkeit** <-, -en> *f* curiosité *f*

Seher(in) <-s, -> *m(f) veraltend geh* devin/devineresse *m/f*, pythonisse *f litér*

Seherblick *m* ∅ *geh* don *m* de prophétie, regard *m* prophétique

seherisch *adj attr geh* divinateur(-trice); ***dank ihrer ~en Gabe*** grâce à son instinct divinateur [*o* don divinatoire]

Sehfehler *m* défaut *m* visuel [*o* de vision] **Sehkraft** *f* ∅ vue *f*, acuité *f* visuelle

Sehne <-, -n> *f* 1. ANAT tendon *m*
2. (*Bogen~*) corde *f*
3. GEOM corde *f*

sehnen *vr* ■ **jd sehnt sich nach jdm/etw** qn rêve d'avoir qn/qn désire [ardemment] qc [*o* qn aspire [ardemment] à qc]; *nach einem entfernten Freund* une personne manque à qn; *nach einem heißen Bad, kühlen Bier, leckeren Essen* qn rêve de qc; ***wenn du wüsstest, wie sehr ich mich nach dir gesehnt habe!*** si tu savais comme tu m'as manqué!; ■ **jd sehnt sich danach etw tun zu dürfen** qn rêve [*o* brûle] de pouvoir faire qc

Sehnen <-s> *nt* ∅ *geh* ■ **~** [**nach jdm/etw**] *nach Wärme, Umarmungen* désir *m* [ardent] [de qn/qc]; *nach blühenden Bäumen, nach den Ferien* nostalgie *f* [de qn/qc]

Sehnenriss[RR] *m* déchirure *f* de/du tendon

Sehnerv *m* nerf *m* optique

sehnig *adj* 1. GASTR filandreux(-euse)
2. *Erscheinung, Gestalt, Mensch* nerveux(-euse), vigoureux(-euse)

sehnlich I. *adj Hoffnung, Wunsch* ardent(e); *Erwartung* éperdu(e)
II. *adv hoffen, wünschen* ardemment; *erwarten a.* éperdument

Sehnsucht <-, -̈e> *f* nostalgie *f*; ■ **jds -̈e** les aspirations *fpl* de qn; ■ **jds ~ nach jdm/etw** ma/sa/... nostalgie de qn/qc
► **jd hat ~** qn est envahi(e) de nostalgie; **jd hat ~ nach jdm** qn se languit de qn; **vor ~** de nostalgie

sehnsüchtig I. *adj attr Augen, Blick* nostalgique; *Erwartung, Ungeduld* éperdu(e); *Hoffnung, Verlangen, Wunsch* ardent(e)
II. *adv erwarten, herbeisehnen, wünschen* ardemment; *anschauen a.* éperdument

sehnsuchtsvoll *adj, adv geh s.* **sehnsüchtig**

sehr <mehr, am meisten> *adv* 1. + *vb* beaucoup; ***das tut ~ weh*** ça fait très mal; ***einige Fahrgäste wurden ~ verletzt*** quelques passagers ont été gravement blessés
2. + *adj/adv* très; **~ viel** énormément
► **nicht ~** + *vb* [ne ...] pas beaucoup; + *adj/adv* [ne ...] pas très; **so ~** + *vb* tellement, tant; ***und wenn du auch noch so ~ schreist, ...*** tu auras beau crier, ...; **~ sogar!** et comment!; **wie ~** à quel point; ***wie ~ ich mich auch anstrenge, ...*** j'ai beau me donner du mal, ...; ***wie ~ tut es weh?*** est-ce que ça fait [vraiment] mal?; **~ wohl** parfaitement; **zu ~** trop

Sehschärfe *f* acuité *f* visuelle **Sehstörung** *f* trouble *m* visuel **Sehtest** *m* test *m* visuel **Sehvermögen** *nt* ∅ vue *f*, acuité *f* visuelle

seicht *adj* 1. *Fluss, Gewässer, Wasser* peu profond(e); ***der See wird immer ~er*** le lac est de moins en moins profond; ■ **irgendwo ist es ~** quelque part, les eaux sont basses [*o* c'est peu profond]
2. (*oberflächlich*) *Film, Stück, Unterhaltung* insipide; ***im Urlaub nehme ich mir irgendwas S~es mit*** en vacances, j'emporte de la littérature de gare

seid *2. pers pl pres von* **sein**[1]

Seide <-, -n> *f* soie *f*

Seidelbast *m* bois-gentil *m*, garou *m*, sainbois *m*

seiden *adj attr de* [*o* en] soie

Seiden- de [*o* en] soie **Seidenglanz** *m* aspect *m* satiné **Seidenmalerei** *f* peinture *f* sur soie **Seidenpapier** *nt* papier *m* de soie **Seidenraupe** *f* ver *m* à soie **Seidenschwanz** *m* jaseur *m* **Seidenspinner** *m* bombyx *m* **seidenweich** *adj* soyeux(-euse)

seidig I. *adj* soyeux(-euse), satiné(e)
II. *adv*: ***dieser Stoff fühlt sich ~ an*** cette étoffe est soyeuse [au toucher]

Seife <-, -n> *f* savon *m*

seifen *vt* ■ **jd seift jdm etw** qn savonne qc à qn; *die Haare a.* qn shampouine qc à qn

Seifenblase *f* bulle *f* de savon ► **jd macht ~n** qn fait des bulles de savon; **etw zerplatzt wie eine ~** */Hoffnung/* qc s'envole, qc s'évanouit; */Gerücht/* qc s'éteint **Seifenlauge** *f* lessive *f* **Seifenoper** *f* soap-opéra *m* **Seifenpulver** [-fɐ, -vɐ] *nt* savon *m* en poudre **Seifenschale** *f* porte-savon *m* **Seifenschaum** *m* mousse *f* [de savon] **Seifenspender** *m* distributeur *m* de savon

seifig *adj* 1. *Gesicht, Hände, Körper* savonneux(-euse)
2. *Geschmack* de savon; ***dieser Käse schmeckt ~*** ce fromage a un goût de savon

seihen *vt* ■ **jd seiht etw** qn filtre qc, qn passe qc

Seiher <-s, -> *m bes.* SDEUTSCH, AUS passoire *f*

Seil <-[e]s, -e> *nt* 1. (*dünnes Tau*) corde *f*
2. (*Drahtseil*) câble *m*

Seilakrobat(in) *m(f)* funambule *mf* **Seilbahn** *f* (*auf Schienen*) funiculaire *m*; (*Drahtseilbahn*) téléphérique *m*, télécabine *f*

Seiler(in) <-s, -> *m(f)* cordier(-ière) *m(f)*

seil|hüpfen *vi nur infin und pp + sein s.* **seilspringen**

Seilschaft <-, -en> *f* 1. (*Gruppe von Bergsteigern*) cordée *f*

2. (*verschworene Gruppe*) clan *m,* coterie *f péj*

Seilspringen *vi irreg, nur infin und pp + sein* sauter à la corde **Seilspringen** *nt* saut *m* à la corde; ***ich bringe dir das ~ bei*** je t'apprends à sauter à la corde **Seiltanz** *m* ▶ **jd vollführt [wahre] ~e** *fam* qn se livre à des acrobaties [*o* des contorsions *péj*] **Seiltänzer(in)** *m(f)* funambule *mf* **Seilwinde** *f* treuil *m* [à câble]

sein¹ <bin, bist, ist, sind, seid, war, gewesen> **I.** *vi + sein* **1.** (*existieren*) ■ **etw ist** qc existe; ***wir wollen alles vergessen, was bisher war*** oublions tout ce qu'il y a eu jusqu'à présent

2. (*sich befinden*) ■ **jd ist irgendwo** qn est quelque part; ***hallo, ist da/hier jemand?*** ohé! Il y a quelqu'un?; ***er ist hier*** il est là [*o* ici]; ***hier bin ich*** je suis là [*o* ici]; ***wir sind schon eine Stunde hier*** ça fait une heure que nous sommes là [*o* ici]; ***beeil dich, ich bin nicht mehr lange hier im Büro*** dépêche-toi, je ne suis plus au bureau pour longtemps; ***er ist runter*** il est descendu; ■ **etw ist irgendwo** il y a qc quelque part; ***weißt du, wo meine Brille ist?*** est-ce que tu sais où sont mes lunettes?; ***die Akten müssen im Schrank ~*** les documents doivent être dans l'armoire; ***der Koffer ist hier*** la valise est là [*o* ici]; ***der Bus/das Taxi ist hier*** le bus/le taxi est là

3. (*darstellen*) ■ **jd ist etw** *ein lieber Mensch, ein Gauner, Schuft, Schmeichler, Intrigant* qn est qc; ***er ist wirklich ein lieber Mensch*** c'est vraiment un homme charmant; ■ **etw ist etw** qc est qc

4. (*einen Beruf ausüben*) ■ **jd ist etw** *Angestellter, Beamter, Metzger, Regierungsdirektor, Leiter, Chef, Geschäftsführer etc* qn est qc

5. (*einem Volk angehören*) ■ **jd ist etw** *Deutscher, Däne, Franzose, Afrikaner, Schwarzer, Weißer, Hottentotte etc* qn est qc

6. (*herstammen*) ■ **jd/etw ist aus ...** qn/qc est [originaire] de ...

7. (*gehören*) ■ **etw ist jds ...** qc est le/la ... de qn; ***das ist jds ...*** c'est le/la ... de qn; ***das Buch ist meines*** ce livre est à moi

8. (*als jd verwandt sein*) ■ **jd ist jd/jds ...** *ein Verwandter, jds Cousin, Bruder, Schwester, Vater, Mutter, Onkel, Tante, Großvater, Großmutter etc* qn est qn/le/la ... de qn; ***sie ist eine entfernte Verwandte*** c'est une lointaine parente

9. (*etw betreiben*) ■ **jd ist etw tun** *angeln, baden, schwimmen, essen, Rad fahren, segeln etc* (*im Moment*) qn fait qc; (*in Zukunft*) qn va faire qc

10. (*Eigenschaft haben*) ■ **jd ist ...** *ahnungslos, ärgerlich, böse, lieb, zutraulich, dumm, klug, groß, klein etc* qn est ...; ■ **jd ist ... zu jdm** *freundlich, unfreundlich, gemein, zuvorkommend, lieb, böse etc* qn est ... avec qn; ■ **jd ist jdm zu ...** *zu dumm, gewöhnlich, vulgär, primitiv* qn est trop ... pour qn [*o* à mon/son/... goût]; ***diese Menschen sind mir zu primitiv*** ces gens sont trop primaires à mon goût

11. (*Eigenschaft haben*) ■ **etw ist ...** *groß, klein, schön, hässlich, billig, teuer, reichhaltig* qc est ...; ***wie teuer sind denn die Schuhe gewesen?*** combien les chaussures ont-elles coûté?; ■ **etw ist jdm zu ...** *zu anstrengend, primitiv, groß, klein, teuer* qc est trop ... à mon/son/... goût; *zu eng, weit, kurz, lang* qc est trop ... pour qn, qc lui est trop ...; ***die Hose ist mir zu kurz*** le pantalon m'est trop court; ■ **es ist ...** c'est ...; ***es ist so, wie ich sage*** c'est comme je le dis

12. (*hergestellt sein*) ■ **etw ist aus etw** */Kleidungsstück, Schuhe, Sohlen, Stoff/* qc est en qc

13. (*Resultat haben*) ■ **etw und etw ist etw** qc et qc font qc; ***zähl mal zusammen, wie viel das ist*** compte combien ça fait; ***was ist die Wurzel aus 16?*** quelle est la racine de 16?

14. + *comp* (*gefallen*) ■ **etw wäre jdm ...** *angenehmer, erwünschter* qc serait ... pour qn; ■ **etw wäre jdm ... gewesen** qc aurait été ... pour qn; ***ein Eis wäre mir lieber*** je préférerais une glace

15. *meist mit modalem Hilfsverb* (*passieren*) ■ **etw kann/darf ~** qc est possible; ***das darf doch nicht wahr ~!*** ce n'est pas possible!; ■ **etw muss ~** qc est indispensable; ***es braucht nicht sofort ~*** ça peut attendre; ***wenn etwas ~ sollte*** au cas où [il se passerait quelque chose]; ***..., aber es hat nicht ~ sollen*** ..., mais ça ne s'est pas fait; ***war etwas, während ich weg war?*** est-ce qu'il s'est passé quelque chose en mon absence?

16. + *infin* + *zu* (*kann ... werden*) ■ **jd ist zu ...** *ausfindig zu machen, auszumachen, zu sehen, zu überführen* on peut ... qn; ■ **etw ist zu ...** *festzustellen, fertig zu stellen, zu erkennen, zu schaffen, vorauszusagen, zu sagen, zu berechnen* on peut ... qc; ***das ist leicht/schwer zu sagen*** c'est facile/difficile à dire

17. + *infin* + *zu* (*muss ... werden*) ■ **jd ist zu ...** *zu bestrafen, belohnen, überprüfen, verhaften, liquidieren* il faut ... qn; ■ **etw ist zu ...** *zu erledigen, auszuführen, zu befolgen* qc doit être ... + *pp;* ***am Wochenende ist immer viel zu erledigen*** le week-end, il y a toujours beaucoup de choses à faire

18. + *substantiviertes Verb* ■ **jd/etw ist zum ...**: ***du bist wirklich zum Weinen/Lachen*** tu es vraiment désolant(e)/[trop] drôle; ***etw ist zum Verrücktwerden*** qc est à devenir fou(folle); ■ **das ist zum ...** *zum Schreien, Lachen, Weinen* il y a de quoi + *infin*

▶ **etw ist ab** (*abgelegen*) qc est à l'écart; (*abgetrennt*) */Haken, Knopf, Nagel/* qc est détaché(e) [*o* parti(e)]; */Schnürsenkel/* qc est cassé(e); ***erst muss die alte Farbe ab ~*** il faut d'abord enlever l'ancienne peinture; **etw ist an** *fam* (*brennt*) */Birne, Licht/* qc est allumé(e); (*ist eingeschaltet*) */Elektrogerät, Fernseher, Heizung/* qc est allumé(e); (*ist angestellt*) */Gas, Strom, Wasser/* qc est mis(e); ***morgen Abend ist das Gas wieder an*** ils remettent le gaz demain soir *fam;* **jd ist auf** *fam* (*aufgestanden*) qn est debout; **etw ist auf** *fam* (*geöffnet*) */Fenster, Tür, Klappe/* qc est ouvert(e); COM */Geschäft/* qc est ouvert(e); ***bis wann ist [bei Ihnen] heute auf?*** vous êtes ouvert[s] jusqu'à quelle heure?; **etw ist aus** *fam* (*ist beendet*) */Krieg, Stück, Konzert/* qc est fini(e) [*o* terminé(e)]; */Schule/* qc finit, qc est fini(e); (*ist nicht an*) */Feuer, Gerät, Fernseher, Radio/* qc est éteint(e); */Motor/* qc est arrêté(e); SPORT */Ball/* qc est hors jeu; ***das Konzert ist erst in einer halben Stunde aus*** le concert se termine dans une demi-heure seulement; ***ruf an, wenn der Film aus ist*** appelle-moi quand le film sera fini; **jd ist auf etw** (*akk*) **aus** (*hat es abgesehen*) qn ne vise [*o* recherche] que qc; **jd ist auf jdn aus** qn a jeté son dévolu sur qn; **jd ist [mit jdm] aus** (*ist ausgegangen*) qn est sorti(e) [avec qn]; **Menschen sind beisammen** (*sind beieinander*) des personnes sont réunis; **jd ist gut/schlecht/einigermaßen beisammen** (*geistig*) qn a/n'a pas toute sa tête/est à peu près lucide; (*körperlich*) qn est/n'est plus très alerte/est à peu près valide; **jd ist [bei etw] [mit] dabei** (*nimmt teil*) qn participe [à qc]; ***dabei ~ ist alles*** l'essentiel, c'est de participer; ***ich bin [mit] dabei*** je suis partant(e); **jd ist mit etw dabei** (*nimmt teil*) qn participe [aux frais] à concurrence de qc; ***ich bin mit zehn Mark dabei*** je veux bien mettre dix marks; ***ich war dabei*** j'y étais; **etw ist mit dabei** (*ist verbunden*) ce n'est pas sans qc, il s'y mêle qc; ***aber ein wenig Angst/etwas Neid war doch mit dabei*** mais ce n'était pas sans une certaine crainte/jalousie; ***... sagte sie im Ton der Entrüstung, aber ein bisschen Stolz war doch mit dabei*** ... dit-elle avec une indignation mêlée de fierté; **jd ist dabei etw zu tun** (*ist im Begriff*) qn est en train de faire qc; ***sie war gerade dabei das Buch aufzuschlagen, als*** elle s'apprêtait à ouvrir le livre lorsque; ***ich bin erst dabei*** je viens [seulement] de m'y mettre [*o* de commencer]; ***ich bin aber schon eine Weile dabei*** ça fait un bon moment que je m'y suis mis(e); **jd ist daneben** *fam* (*verwirrt*) qn est à côté de la plaque *fam,* qn est à la masse *fam;* **etw ist daneben** *fam* (*fehl am Platz*) qc est nul(le) *fam;* **jd ist ... drauf** *fam:* ***jd ist gut/nicht gut drauf*** qn a/n'a pas la pêche [*o* la frite] *fam;* **etw ist drin** (*ist möglich*) qc, ça peut se faire *fam;* ***das ist nicht drin*** c'est pas possible *fam;* ***mehr Geld ist bei mir nicht drin*** pas question que je donne plus *fam;* **jd/etw ist durch** *fam* (*hat passiert*) */Mensch, Bus, Zug/* qn/qc est passé(e); **jd ist durch etw** [*o* **mit etw**] **durch** *fam* (*hat durchgelesen*) qn a fini [de lire] qc; ***mit der Lektüre der Zeitschrift bin ich durch*** j'ai fini de lire la revue; **etw ist durch** *fam* (*ist durchgescheuert*) qc est usé(e) [*o* nase *fam*]; (*ist durchgetrennt*) */Hals, Knochen/* qc est sectionné(e); (*ist genehmigt*) */Gesetz/* qc est passé(e) [*o* adopté(e)]; */Antrag/* qc est accordé(e); (*ist gar*) qc est bien cuit(e); (*ist reif*) */Käse/* qc est bien fait(e); ***der Kuchen ist nicht ganz durch*** le gâteau n'est pas cuit; **etw ist ... her** (*liegt zurück*) qc date d'il y a ...; ***es/das ist schon lange her*** ça fait [*o* il y a] déjà longtemps, il y a belle lurette *fam;* ***unser letztes Treffen ist neun Monate her*** notre dernière rencontre date d'il y a neuf mois, ça fait neuf mois que nous nous sommes rencontrés; **es ist ... her, dass** ça fait ... que + *indic,* il y a ... que + *indic;* **jd ist irgendwo her** (*stammt her*) qn est [*o* vient] de quelque part; **jd/ein Tier/etw ist hinter jdm/einem Tier/etw her** (*verfolgt*) qn/un animal/qc est à la poursuite de qn/d'un animal/de qc; **jd ist hinter jdm her** (*will haben*) qn court après qn; **jd ist hinter etw her** qn recherche qc, qn est à l'affût de qc; ***er ist hinter allem her, was einen Rock anhat*** il court après tous les jupons, c'est un coureur de jupon; **jd ist dahinter her[, dass jd etw tut/dass etw getan wird]** qn est derrière [pour vérifier que qn fait qc/que qc est fait(e)]; **mit jdm/etw ist es nicht weit her** *fam* il n'y a pas grand-chose à attendre de qn/qc ne casse rien [*o* casse pas des barres] *fam;* **etw ist heraus** *fam* */Blinddarm, Geschwulst, Organ, Splitter/* qc est retiré(e) [*o* enlevé(e)]; **etw ist heraus** */Buch, Zeitschrift/* qc est sorti(e) [*o* publié(e)]; (*ist entschieden*) on sait qc; ***ist eigentlich schon heraus, wann*** sait-on déjà quand; **jd/etw ist aus etw heraus** qn/qc est sorti(e) de qc; ***jd ist aus dem Alter heraus*** qn a passé l'âge; **etw ist heraus** (*ist gesagt worden*) qc est dit(e); */Bemerkung/* qc est fait(e); **etw ist herum** *fam* */Film, Veranstaltung, Prüfung/* qc est fini(e); */Zeit/* qc est passé(e); */Gerücht, Neuigkeit/* qc a fait le tour *fam;* **jd ist um jdn herum** *fam* qn est sur le dos de qn; **jd ist [von etw] herunter** *fam* (*ist heruntergeklettert*) qn est descendu(e) [de qc]; ***bist du wohl bald vom Baum herunter!*** descends de l'arbre, et plus vite que ça! *fam;* **etw ist herunter** *fam* */Seitenfenster, Rollladen/* qc est baissé(e); */Preis/* qc a baissé; */Fieber a./* qc est tombé(e); */Übergewicht/* qc a fondu; **etw ist hin** *fam* (*ist kaputt*) qc est fichu(e) *fam;* */Bildröhre, Fernseher, Motor, Gerät etc a./* qc est nase [*o* naze] *fam;* **jd/ein Tier ist hin** *sl* (*ist tot*) qn/un animal est clamsé(e) [*o* clamecé(e)] *pop;* **etw ist hin** (*ist verloren*) */Geld, Ruhe, guter Ruf/* c'en est fini de qc; **jd ist [von jdm/etw] hin** *fam* (*ist fasziniert*) qn est emballé(e) [par qn/qc] *fam;* **hin ist hin** *fam* fichu, c'est fichu *fam;* **bis dahin ist es noch [lange] hin** c'est pas demain la veille *fam;* **jd ist über etw** (*akk*) **hinaus** (*hat hinter sich*) qn a dépassé qc; *über ein bestimmtes Alter a.* qn a passé qc; (*ist zu weit gefahren*) qn a dépassé qc, qn est au-delà de qc; **jd ist hinaus** (*ist hinausgegangen*) qn est dehors [*o* sorti(e)]; ***wir sind hinaus zu den anderen*** nous sommes sorti(e)s rejoindre les autres; **etw ist hinüber** *fam* GASTR */Milch, Wurst/* qc n'est plus bon(ne), qc est fichu(e) *fam;* (*ist defekt*) qc est fichu(e) [*o* nase] *fam;* **jd ist [...] hinüber** *fam* (*ist hingerissen*) *ganz, völlig* qn est [...] ravi(e) [*o* aux anges]; **jd ist hinüber** *fam* (*ist tot*) qn est mort(e), qn a passé l'arme à gauche; (*ist eingeschlafen*) qn pionce *fam,* qn roupille *fam;* (*ist bewusstlos*) qn est tombé(e) dans les vapes *fam;* **jd ist hinüber [zu jdm]** *fam* (*ist hinübergegangen*) qn est parti(e) [chez qn]; **etw ist um** qc est passé(e); ***die Abgabefrist ist am 14./in drei Tagen um*** la date limite de dépôt est le 14/dans trois jours; ***die Pause ist gleich/in zwei Minuten um*** la récréation va être finie/se termine dans deux minutes; **da ist jd vor** *fam* qn se met en travers, qn vient mettre des bâtons dans les roues; **etw ist zu** *fam* (*ist nicht offen*) qc est fermé(e); **jd ist zu** *sl* (*ist betrunken*) qn est bourré(e) [*o* raide] *fam;* **sie sind zusammen** (*sind beieinander*) ils/elles sont ensemble; (*sind befreundet*) ils/elles sont [*o* sortent *fam*] ensemble; **jd ist mit jdm zusammen** qn est [*o* sort *fam*] avec qn; **was nicht ist, kann noch werden** il ne faut pas préjuger de l'avenir; **es kann nicht ~, was nicht ~ darf** on nie l'existence de ce qu'on ne veut pas voir exister, escamotons ce qui nous gêne; **jd lässt jdn/etw etw ~** *fam* (*kümmert sich nicht*) qn pense [un peu] à autre chose qu'à qn/qc; **sei sie/er, wer sie/er wolle** qu'importe ce qu'il/elle est; **ist/war aber nicht** *fam* eh bien, non *fam;* **als da sind ...** à savoir ...; **damit ist/war [es] nichts** ça ne se fait pas/ça n'a rien donné; **das wär's!** (*das ist alles!*) c'est tout!; **sei's drum!** *fam* O.K. *fam;* **jd ist nichts** (*unbe-

deutend) qn est insignifiant(e); **jd ist so … und …** qn est assez … pour + *infin*; ***bist du mal so nett und deckst den Tisch?*** tu aurais la gentillesse de mettre la table?; **jd ist nicht so** qn n'est pas comme ça; **dem ist so** c'est exact; **und das/der/die wäre[n]?** (*nämlich?*) c'est-à-dire?, à savoir?; **was ist [denn/denn schon wieder]?** qu'est-ce qu'il y a [encore]?; **was war?** qu'est-ce qu'il y a eu?; **ist was [mit mir]?** *fam* [il] y a un problème? *fam;* **war was?** *fam* [il] y a eu quelque chose de spécial? *fam;* **was ist mit dir/ihm?** qu'est-ce que tu as/qu'il a?; **was sind Sie [beruflich]?** qu'est-ce que vous faites [dans la vie]?; **wenn ich Sie/jd wäre** si j'étais vous/qn; ***wenn ich er wäre*** si j'étais lui; **jd ist wer** *fam* qn est quelqu'un; **wie war das noch?** au fait[, qu'en est-il]?
II. *vi impers + sein* **1.** (*bei Zeitangaben*) ■ **es ist …** *Frühling* c'est le …; *Januar* on est en …; *20 Uhr* il est …; *dunkel, Tag* il fait …
2. METEO ■ **es ist …** *warm, kalt* il fait …; *regnerisch, windig* le temps est …; ***draußen ist es wieder kalt*** il fait de nouveau froid dehors; ■ **es ist jdm …** qn trouve qu'il fait/que le temps est …; ***es ist jdm kalt*** qn a froid
3. + *adj* ■ **es ist …** *schade, traurig, schön* c'est …; ■ **es ist jdm …** *peinlich, schrecklich* qn trouve ça …
4. (*sich fühlen*) ■ **jdm ist …:** ***jdm ist heiß/kalt*** qn a chaud/froid; ***jdm ist schlecht*** [*o* ***übel***] qn se sent mal; ***mir ist so komisch*** [*o* ***merkwürdig***] [***zumute***] je me sens tout(e) drôle
5. (*Lust haben*) ■ **jdm ist nach etw** qn a envie de qc
6. (*tun müssen*) ■ **es ist an jdm etw zu tun** c'est à qn de faire qc
7. (*der Betreffende sein*) ■ **jd ist es** c'est qn; ***warum muss ich es immer ~?*** pourquoi faut-il que ça soit toujours moi?
8. (*vorzuziehen*) ■ **es wäre … gewesen etw zu tun** il aurait été … de faire qc; ***es wäre besser gewesen, wenn*** il aurait mieux valu que + *subj*
► **mit etw ist es aus** (*ist vorbei*) c'en est fini de qc; **mit jdm ist es aus** *fam* (*stirbt*) qn peut faire sa prière *fam;* ***mit jdm ist es bald aus*** qn n'en a plus pour longtemps *fam;* **es ist aus [mit** [*o* **zwischen**] **zwei Menschen]** (*ist beendet*) c'est fini [entre deux personnes]; **sei es, wie es wolle, …** quoi qu'il en soit, …, toujours est-il que + *indic;* **jdm ist, als [ob]** qn a l'impression de + *infin*/que + *indic;* **sei es, dass …, sei es, dass** (*ob … oder ob*) est/était-ce le fait que … ou bien le fait que + *subj;* **es ist/sind …, dass** (*seit*) ça fait … que + *indic;* ***es mögen jetzt drei Wochen ~, dass*** ça doit faire maintenant trois semaines que + *indic;* **es sei denn, dass** à moins que + *subj;* **es war einmal** il était une fois; **es ist nichts** ce n'est rien; **ist/war nichts** *fam* (*geschieht nicht*) ça se fait pas/ça s'est pas fait *fam;* (*klappt nicht*) c'est raté/ça a raté *fam;* ***heute ist es nichts mit Schwimmbad*** aujourd'hui, pour la piscine, c'est raté *fam;* **wie wäre es mit jdm/etw?** qu'est-ce que tu dirais/vous diriez de qn/qc?; **wie wäre es, wenn …?** qu'est-ce que tu en dirais/vous en diriez si …?; **wie dem auch sei** de toute manière
III. *aux + pp* **1.** ■ **jd ist … gewesen** *bösartig, bewusstlos, krank, lustig, misstrauisch* qn a été …; ■ **jd ist … geworden** *bösartig, lustig, misstrauisch* qn est devenu(e) …; ***sie ist krank geworden*** elle est tombée malade; ***er ist bewusstlos geworden*** il a perdu connaissance; ■ **etw ist … gewesen/geworden** *anders, besser, gemütlicher, kleiner, heller, rot* qc était …/est devenu(e) …
2. (*jdm wurde etw getan*) ■ **jd ist … worden** *gebissen, vergiftet, erschlagen, überführt, verurteilt etc* qn a été … + *pp;* ***früher sind Verbrecher enthauptet worden*** avant, on décapitait les criminels
3. *bei Bewegungsverben zur Bildung des Perfekts* ■ **jd ist gefahren/gegangen/gehüpft** qn est allé(e)/parti(e)/qn a sauté

sein[2] **I.** *pron poss* **1.** *bei Singular* son/sa; *bei Plural* ses
2. *fam* (*zirka*) ■ **~e** dans les *fam;* ***er mag ~e 60 Jahre alt sein*** il doit avoir dans les 60 ans
II. *pron pers gen von* **er** *alt poet:* ***wir werden immer ~ gedenken*** nous garderons toujours son souvenir

Sein <-s> *nt* Ø être *m*

seine(r, s) *pron poss, substantivisch* **1.** (*Besitz*) le sien/la sienne; ***das ist alles ~s*** tout est à lui; ■ **der/die/das ~** *geh* le sien/la sienne
2. *geh* (*Angehörige*) ■ **die S~n** les siens *mpl soutenu*
3. *geh* (*Anteil*) ■ **das S~** son rôle; ***jd tut das S~*** qn accomplit sa tâche; ***er hat das S~ beigetragen*** il a apporté sa contribution; ***jeder hat das S~ geleistet*** chacun a fait ce qu'il avait à faire
4. (*das ihm Gehörige*) ■ **das S~** ce qu'il possède, ce qui lui appartient, ses biens *mpl;* ***es ist alles das S~*** tout cela est à lui [*o* lui appartient]; ***jeder hat das S~ bekommen*** chacun a reçu son dû
► **den S~n gibt's der Herr im Schlaf** *prov* ≈ aux innocents les mains pleines; **jedem das S~** chacun voit midi à sa porte, à chacun ses goûts

seiner *pron pers gen von* **er, es**[1] *geh* de lui; ***man sollte immer ~ selbst mächtig sein*** on devrait toujours être maître de soi

seinerseits *adv* (*von ihm*) de sa part, de son côté
► **er ~** lui de son côté; ***er ~ …*** pour sa part, il …

seinerzeit *adv* à l'époque

seines *pron s.* **seine(r, s)**

seinesgleichen *pron inv* **1.** (*Leute seines Standes*) des personnes dans son genre [*o* comme lui]
2. (*jemand wie er*) des gens comme lui; (*so jemand wie er*) quelqu'un dans son genre [*o* comme lui]
► **jd/etw hat nicht ~, jd/etw sucht ~** qn/qc n'a pas d'égal [*o* d'équivalent]

seinethalben *adv veraltend,* **seinetwegen** *adv* **1.** (*wegen ihm*) à cause de lui; (*ihm zuliebe*) pour lui
2. (*von ihm aus*) s'il ne tient/tenait qu'à lui

seinetwillen *adv* ► **um ~** [par amour] pour lui

seinige *pron poss veraltend s.* **seine(r, s)**

sein|lassen *s.* **lassen II.** ►

seins *pron poss* le sie/la sienne; ■ **etw ist ~** qc est à lui

Seismometer <-s, -> *nt* s[é]ismographe *m*

seit I. *präp + dat* depuis; ***ich weiß das erst ~ eben*** je viens seulement de l'apprendre; **~ *einiger Zeit tut jd etw*** il y a quelque temps que qn fait qc
II. *conj* depuis que + *indic*

seitdem I. *adv* depuis [ce moment là]
II. *conj* depuis que + *indic*

Seite <-, -n> *f* **1.** (*Fläche eines Körpers*) côté *m;* [*Würfel*] face *f;* ***die untere/obere ~ des Kästchens*** la partie inférieure/supérieure du coffret
2. [*Druckwerk*] page *f*
3. INFORM (*Internet~*) page *f;* ***jd greift auf eine ~ zu*** qn accède à une page; ***jd lädt eine ~*** qn visite une page
4. [*Körperteil, Körper, Organ*] côté *m;* ***auf der rechten ~ gelähmt*** paralysé(e) du côté droit; ***er rammte ihm das Schwert in die ~*** il lui a planté l'épée dans le flanc
5. (*Aspekt*) côté *m;* ***betrachten Sie das Problem von einer anderen ~*** considérez le problème sous un autre angle
6. (*Eigenart*) [*Mensch*] côté *m;* ***da lernst du mich von einer anderen ~ kennen!*** tu vas apprendre à me connaître sous un autre jour!
7. (*Partei*) partie *f;* ***auf der ~ der Gewinner*** du côté des gagnants
8. (*genealogische Linie*) côté *m*, ligne *f;* ***von der mütterlichen ~ her ist er mit mir verwandt*** il est parent avec moi du côté de sa mère
► **jd geht auf die andere ~** (*Straßenseite*) qn traverse; **jd zeigt sich von seiner besten ~** qn se montre sous son meilleur jour; **von dritter ~** par un/des tiers; **auf der einen ~…, auf der anderen [~] …** d'un côté …, de l'autre …; **gelbe ~n** pages *fpl* jaunes; **komm an meine grüne ~** *hum* viens contre [*o* près de] moi; **jd entdeckt neue ~n an jdm** qn découvre de nouvelles facettes chez qn; **jd/etw ist jds schwache ~** (*hat eine Schwäche*) qc est le faible de qn, qn a un faible pour qn/qc; **etw ist jds schwache/starke ~** (*jd beherrscht etw schlecht/gut*) qc est le point faible/fort de qn; **alles hat [seine] zwei ~n** chaque chose a du bon et du mauvais, toute médaille a son revers; **jd bringt** [*o* **zieht**] **jdn auf seine ~** qn gagne qn à sa cause; **jd geht** [*o* **tritt** *geh*] **zur ~** qn s'écarte, qn se met de côté; **jd/ein Tier geht** [*o* **weicht**] **jdm nicht von der ~, jd/ein Tier weicht nicht von jds ~** qn ne quitte pas qn d'un pas [*o* d'une semelle]/un animal est toujours aux côtés de qn [*o* suit fidèlement qn]; **jd legt etw auf die ~** (*legt seitlich hin*) qn met qc sur le côté; **jd legt etw zur ~** *Arbeit* qn laisse qc [de côté]; *Buch* qn pose qc; **jd nimmt jdn zur ~** (*spricht jdn unter vier Augen*) qn prend qn à part; **jd schafft etw auf die ~** *fam* (*unterschlägt*) qn détourne qc, qn fait main basse sur qc; **jd schlägt sich auf jds ~** (*akk*) qn bascule [*o* passe] du côté de qn; **jd sieht jdn von der ~ an** qn regarde qn de travers; **jd steht jdm [irgendwie] zur ~** qn épaule qn [d'une certaine façon]; **jd steht** [*o* **ist**] **auf jds ~** (*dat*) qn est du côté de qn/de mon/son/… côté; **jd stellt jdm jdn an die ~** qn adjoint qn à qn; **jd wechselt die ~n** SPORT qn change de côté; (*geht zu jdm über*) qn change de camp; **jd/etw weicht zur ~** qn/qc s'écarte; **~ an ~** côte à côte; **auf ~n eines Menschen/einer S.** du côté de qn/qc; **nach allen ~n** dans toutes les directions; *auseinander laufen a.* en tous sens; **von ~n eines Menschen/einer S.** de la part [*o* du côté] de qn/qc; **von … ~** *von offizieller, gut unterrichteter, berufener, kirchlicher* de source …; ***von offizieller ~*** de source officielle; **von jds ~ aus** pour ce qui me/le/… concerne; **von allen ~n** (*von überallher*) de toutes parts; (*von jedem*) partout; **zur ~** *fallen, sinken* sur le côté; ***sieh doch mal zur ~*** jette un regard de côté

seiten *s.* **Seite** ►

Seiten- latéral(e); **~*flügel*** aile *f;* **~*gebäude*** bâtiment *m* latéral, aile *f* **Seitenaltar** *m* autel *m* latéral **Seitenanfang** *m* TYP, INFORM haut *m* de page **Seitenangabe** *f* indication *f* de page ► **jd macht eine ~** qn indique la page, qn fait un renvoi **Seitenansicht** *f* vue *f* latérale [*o* de côté] **Seitenarm** *m* bras *m* secondaire **Seitenaufprallschutz** *m* renfort *m* latéral [de sécurité] **Seitenblick** *m* regard *m* en coin [*o* de côté] ► **jd wirft jdm einen ~ zu** qn jette un regard en coin à qn **Seiteneinsteiger(in)** <-s, -> *m(f)* ≈ nouveau venu /nouvelle venue *m/f* qui a brûlé toutes les étapes **Seitenende** *nt* TYP, INFORM pied *m* de page **Seitenhieb** *m* coup *m* de griffe, pique *f* ► **jd verteilt ~e [auf jdn]** qn lance des piques [contre qn] **Seitenlage** *f* (*beim Schlafen*) position *f* latérale [*o* sur le côté]; (*beim Geschlechtsverkehr*) position *f* latérale ► **stabile ~** position *f* latérale de sécurité; **in ~** sur le côté; **in die ~** en position latérale [de sécurité] **seitenlang I.** *adj* de plusieurs pages; ■ **etw ist ~** qc fait [*o* est long(longue) de] plusieurs pages **II.** *adv* sur des pages [et des pages] **Seitenlänge** *f* **1.** (*Länge einer Seite*) [*Pyramide, Würfel etc*] côté *m;* [*Gegenstand, Grundstück, Möbelstück*] longueur *f;* ***das Grundstück hat eine ~ von 67 Metern*** le terrain fait 67 m de côté **2.** (*Umfang einer Manuskriptseite*) longueur *f* de page **Seitenlehne** *f* accoudoir *m*

seitens *präp + gen form* du côté du/de la/des

Seitenscheitel *m* raie *f* de côté **Seitenschiff** *nt* bas-côté *m* **Seitenschneider** *m* pince *f* coupante **Seitensprung** *m fam* infidélité *f*, écart *m* de conduite, frasque *f* ► **jd macht einen ~** qn trompe son mari/sa femme, qn a une aventure extraconjugale, qn donne un coup de canif dans le contrat *fam* **Seitenstechen** *nt* Ø point *m* de côté ► **jd bekommt [von etw] ~** qn attrape un point de côté [en faisant qc]; **jd hat ~** qn a un point de côté **Seitenstraße** *f* rue *f* latérale **Seitenstreifen** *m* **1.** [*Autobahn*] bande *f* d'arrêt d'urgence **2.** (*Bankett*) accotement *m*, bas-côté *m* ► **„~ nicht befahrbar"** accotement non stabilisé **Seitentasche** *f* poche *f* de côté **seitenverkehrt I.** *adj* **1.** (*spiegelbildlich*) inversé(e) **2.** (*auf dem Kopf stehend*) à l'envers **II.** *adv* à l'envers **Seitenwechsel** [-ks-] *m* changement *m* de côté **Seitenwind** *m* vent *m* latéral **Seitenzahl** *f* **1.** (*Anzahl der Seiten*) nombre *m* de pages **2.** (*Ziffer*) numéro *m* de page

seither *adv* depuis [ce moment-là]

-seitig **1.** (*… Seiten umfassend*) de … pages; *Gebilde* à … côtés; ■ **etw ist …~** qc comporte … pages/qc a … côtés; ***das Papier kann beid~ beschrieben werden*** on peut écrire des deux côtés du papier; ***ein Würfel ist ein sechs~es Gebilde*** un cube est un polyèdre à six faces

2. (*auf der Seite von*) sur le côté ...; ***am links~en Ufer*** sur la rive gauche; ***der rück~e Text*** le texte au verso; ***das beifahrer~e Fenster*** la fenêtre du côté du passager

seitlich I. *adj* latéral(e), sur le côté; *Richtung, Begrenzung* latéral(e)
II. *präp + gen* ■ ~ **eines Menschen/einer S.** à côté de qn/qc
III. *adv* sur le côté; ■ ~ **von jdm/etw** à côté de qn/qc

seitwärts *adv* sur le côté; ***mit einer Kopfbewegung deutete er ~ auf seinen Nachbarn*** il a désigné son voisin d'un signe de tête de côté; ***dort liegt das Schloss, sagte er und wies*** [*o* ***zeigte***] ~ le château se trouve là-bas, dit-il en désignant l'espace sur le côté

sek., Sek. *abk von* **Sekunde** s

Sekante <-, -n> *f* sécante *f*

Sekret <-[e]s, -e> *nt* sécrétion *f*

Sekretär <-s, -e> *m* secrétaire *m*

Sekretär(in) <-s, -e> *m(f)* secrétaire *mf*

Sekretariat <-[e]s, -e> *nt* secrétariat *m*

Sekretion <-, -en> *f* sécrétion *f*

Sekt <-[e]s, -e> *m* [vin *m*] mousseux *m*

Sekt- 1. *-flöte, -glas, -kelch, -schale* à champagne; ~***korken*** bouchon *m* de champagne
2. *-frühstück, -orgie* au mousseux, au champagne *abusif*

Sekte <-, -n> *f* secte *f*

Sekten- de la/de secte; ***die ~beauftragte*** la déléguée à l'étude des sectes; ***der ~beitritt*** l'entrée *f* dans la secte

Sektierer(in) <-s, -> *m(f)* 1. REL sectateur(-trice) *m(f) vieilli,* adepte *mf* d'une/de la secte
2. *geh* (*Angehöriger einer Splittergruppe*) séide *m,* zélateur(-trice) *m(f) littér*

Sektion <-, -en> *f* subdivision *f,* service *m*

Sektionschef(in) [-ʃɛf] *m(f)* AUS chef *m* de cabinet

Sektor <-s, -toren> *m* 1. (*Fachgebiet*) secteur *m;* ***auf diesem ~*** dans ce secteur
2. (*Kreisausschnitt*) secteur *m* [circulaire]

Sekundant(in) <-en, -en> *m(f)* 1. SPORT soigneur *m*
2. HIST (*beim Duell*) témoin *m*

sekundär *adj* 1. *geh* (*untergeordnet*) secondaire; *Rolle, Stelle a.* de second plan
2. MED secondaire

Sekundär- secondaire

Sekundarlehrer(in) *m(f)* CH ≈ professeur *m* de collège

Sekundärliteratur *f* littérature *f* d'accompagnement

Sekundarschule *f* CH ≈ collège *m,* ≈ C.E.S. *m* **Sekundarstufe** *f* ≈ secondaire *m;* ~ ***I*** ≈ premier cycle *m;* ~ ***II*** ≈ second cycle *m*

Sekunde <-, -n> *f* 1. (*Zeiteinheit*) seconde *f*
2. *fam* (*Augenblick*) seconde *f;* ***haben Sie ein paar ~n Zeit?*** vous avez une minute [*o* une seconde]?
► **auf die** ~ **genau** *adjektivisch* précis(e) à la seconde près; *adverbial* à la seconde près; ***es ist auf die ~ genau 13 Uhr*** il est très exactement 13 h; [**eine**] ~! *fam* [une] minute!, une seconde!

Sekundenbruchteil *m* fraction *f* de seconde **sekundenlang** I. *adj* de quelques secondes; ***nach ~em Zögern*** après quelques secondes d'hésitation
II. *adv* quelques secondes **Sekundenschnelle** *f* ► **in** ~ en un instant; *jdn fesseln a.* en un tournemain **Sekundenzeiger** *m* aiguille *f* des secondes, trotteuse *f*

sekundieren * *vi* 1. *geh* (*unterstützen*) ■ **jd sekundiert jdm** [**bei/in etw** (*dat*)] qn seconde qn [*o* prête main-forte à qn] [à l'occasion de/dans qc]
2. (*Sekundant sein*) ■ **jd sekundiert jdm** [**bei etw**] qn sert de témoin à qn [pour qc]

selbe(r, s) *pron* ■ **beim/im/zum/zur ~n** chez/dans le/la même/au/à la même; ***am ~n Tag*** le même jour

selber *pron dem fam* moi/toi/...-même/nous/vous/...-mêmes; ***ich muss mich davon erst ~ überzeugen*** je dois d'abord m'en convaincre par moi-même

Selbermachen <-s> *nt ∅ verbal übersetzt;* ***nicht jeder ist für das ~ von Möbeln begabt*** tout le monde n'est pas doué pour faire des meubles soi-même; ***zum ~ von Kleidung habe ich einfach keine Zeit*** je n'ai pas le temps de faire des vêtements moi-même
► **zum** ~ à faire [*o* monter] soi-même

selbig *pron geh* ■ **der/die/das ~e ...** le/la ... même

selbst I. *pron dem* 1. (*ohne fremde Hilfe*) moi/toi/...-même/nous/vous/...-mêmes; ***er macht das*** ~ il le fait lui-même; ***wir machen das*** ~ nous le faisons nous-mêmes; ***wenn man nicht alles ~ macht*** quand on ne fait pas tout soi-même; ~ ***gebackenes Brot schmeckt besser*** du pain qu'on a fait soi-même est meilleur; ***probiert von dem Vollkornbrot, es ist ~ gebacken*** goûtez ce pain complet, c'est moi[-même] qui l'ai fait; ***wir haben alles ~ gemacht, die Stühle sind ~ gestrichen*** nous avons tout fait nous-mêmes, c'est nous[-mêmes] qui avons peint les chaises
2. (*die eigene Person betreffend*) moi/toi/...-même/nous/vous/...-mêmes; ***das Vertrauen in dich*** ~ la confiance en toi[-même]; ***sein Vertrauen in sich*** ~ sa confiance en lui[-même]; ***man braucht Vertrauen in sich*** ~ on doit avoir confiance en soi
3. (*persönlich*) ■ **jd** ~ qn en personne, qn personnellement; ***mir ~ ist das noch gar nicht aufgefallen*** moi personnellement, ça ne m'a jamais frappé(e); ***ich kann mich nicht ~ um die Sache kümmern*** je ne peux pas m'occuper moi-même [*o* personnellement] de cette affaire; ***der Direktor ~ ist leider verhindert*** en ce qui concerne le directeur [lui-même], il a malheureusement un empêchement; ■ **jd ist es** ~ c'est moi/toi/...-même/c'est nous/vous/...-mêmes; ■ **jd ist etw** ~ je suis moi-même/tu es toi-même/... qc
4. (*an sich*) ■ **etw** ~ qc [en] lui/elle-même/eux/elles-mêmes
5. (*was jdn angeht*) ■ **jd** ~ qn personnellement; ***ich ~ sehe das anders*** [moi] personnellement, je vois les choses autrement
► **jd ist etw** ~ qn est qc même; ***er ist die Güte ~*** il est la bonté même; **jd ist nicht mehr er** ~ qn n'est plus lui-même/elle-même; ~ **eine(r, s)!** *fam* (*du auch!*) [...] toi-même! *fam;* ***dumme Kuh! – S~ eine!*** andouille! – [Andouille] toi-même! *fam*
II. *adv* (*sogar*) même; ~ ***du würdest ihm Recht gegeben haben*** même toi, tu lui aurais donné raison
► ~ **wenn** même si

Selbst <-> *nt ∅ geh* moi *m;* ***mit dem erwachenden ~*** avec l'éveil du moi [*o* de l'ego]

selbst- (*von einem selbst*) que j'ai ... moi-même/que tu as ... toi-même/...; ***die Situation wird als ~verschuldet empfunden*** ils se sentent eux-mêmes responsables de la situation

Selbst- 1. (*in eigener Person*): ~***abholer bekommen die Möbel billiger*** les meubles à emporter reviennent moins cher; ***er ist ~flieger*** il pilote lui-même; ***Autos für ~fahrer*** des voitures *fpl* sans chauffeur 2. (*automatisch*) automatique; ~***bräuner*** autobronzant *m;* ~***zerstörungsprogramm*** programme *m* d'autodestruction 3. (*sich selbst gegenüber*) *-beschränkung, -betäubung, -bezichtigung, -beweihräucherung, -medikation, -zerfleischung* auto...; *-einsicht, -findung* de soi-même; *-blockade, -verpflichtung* personnel(le); ~***zweifel*** doute *m* sur moi/soi/...-même **Selbstachtung** *f* respect *m* de moi/soi/...-même, amour-propre *m*

selbständig I. *adj* 1. (*eigenständig*) *Mensch* autonome 2. (*unabhängig*) *Arbeiten, Denken, Handeln, Leistung* autonome 3. (*beruflich unabhängig*) *Beruf, Stellung, Tätigkeit* indépendant(e); *Handwerker, Handelsvertreter, Gewerbetreibender, Kaufmann etc* indépendant(e), installé(e) à son compte; ■ **jd ist ~ [als etw]** qn est [qc] indépendant(e), qn est à mon/son/... compte
► **jd macht sich** ~ qn se met [*o* s'installe] à son compte; **etw macht sich** ~ *hum fam* qc s'envole *fam* II. *adv* de façon autonome **Selbständige(r)** *f(m) decl wie adj* travailleur(-euse) *m(f)* indépendant(e)

Selbständigkeit <-> *f ∅* 1. (*Eigenständigkeit*) autonomie *f,* indépendance *f*
2. (*beruflich*) travail *m* indépendant

Selbstanzeige *f* autodénonciation *f* **Selbstaufopferung** *f geh* abnégation *f soutenu,* sacrifice *m,* don *m* de moi/soi/... ► **bis zur** [**völligen**] ~ avec un dévouement [*o* un don de soi] total, jusqu'à l'abnégation **Selbstauslöser** *m* déclencheur *m* automatique

Selbstbedienung *f* libre-service *m*
► **irgendwo ist** ~ qc est en libre-service; ***hier ist*** ~ ici, c'est un libre-service; **mit** ~ en libre-service; **keine** ~! ne pas se servir soi-même!

Selbstbedienungsladen *m* libre-service *m*

Selbstbefriedigung *f* masturbation *f* **Selbstbefruchtung** *f* autogamie *f,* autofécondation *f* **Selbstbehauptung** *f ∅* affirmation *f* de soi; ***ich hatte nie Probleme mit der ~*** je n'ai jamais eu de difficultés à m'affirmer **Selbstbeherrschung** *f* maîtrise *f* de moi/soi/..., self-control *m* ► **jd wahrt die** ~ qn reste maître(-esse) de moi/soi/..., qn garde son sang-froid [*o* son self-control]; **jd verliert die** ~ qn perd son sang-froid **Selbstbestätigung** *f* valorisation *f* personnelle **Selbstbestäubung** *f* autopollinisation *f*

Selbstbestimmung *f ∅* autodétermination *f*
► **sexuelle** ~ libre consentement *m* sexuel

Selbstbestimmungsrecht *nt ∅* 1. POL droit *m* à l'autodétermination; ***das ~ der Völker*** le droit des peuples à disposer d'eux-mêmes
2. (*Recht, selbst zu entscheiden*) liberté *f* de choix

Selbstbeteiligung *f* franchise *f;* (*bei Krankenkassen*) ticket *m* modérateur
► **mit ...** ~ avec une franchise de ...; **ohne** ~ sans franchise; (*bei Krankenkassen*) sans ticket modérateur **selbstbewusst**[RR] *adj Mensch* sûr(e) de moi/soi/..., conscient(e) de ma/sa [propre] valeur; ***sein ~es Auftreten*** son aplomb **Selbstbewusstsein**[RR] *nt* sentiment *m* de ma/sa/... propre valeur, confiance *f* en moi/soi/... **Selbstbildnis** *nt* autoportrait *m* **Selbstdarstellung** *f* 1. (*Selbstbeschreibung*) présentation *f* de moi/soi/...; (*Imagepflege*) promotion *f* personnelle, autopromotion *f;* ***man muss ab und zu mal ~ treiben*** il faut bien de temps en temps soigner son image 2. *geh s.* Selbstbildnis **Selbstdisziplin** *f ∅* autodiscipline *f,* maîtrise *f* de moi/soi/...

Selbsterhaltung *f ∅* conservation *f* de moi/soi/...-même

Selbsterhaltungstrieb *m* instinct *m* de conservation

Selbsterkenntnis *f ∅* connaissance *f* de moi/soi/... ► ~ **ist der erste Schritt zur Besserung** *prov* la connaissance de soi est la première condition du progrès **selbsternannt** *s.* **ernennen** ►. **selbstgefällig** *adj* imbu(e) [*o* infatué(e)] de moi/soi/...-même **Selbstgefälligkeit** *f ∅* suffisance *f,* fatuité *f* **selbstgemacht** *s.* **machen I.** ►. **selbstgenügsam** *adj Mensch* modeste, qui se contente de peu; *Art* modeste; ■ **jd ist** ~ qn se contente de peu **selbstgerecht** *adj Mensch* pénétré(e) de moi/soi/...-même; *Art* péremptoire **Selbstgespräch** *nt* monologue *m* ► **jd führt** [*o* **hält**] ~**e** qn monologue, qn parle tout(e) seul(e) **Selbstheilungskraft** *f* 1. MED défenses *fpl* naturelles [de l'organisme] 2. [*Wirtschaft, Demokratie, System*] capacité *f* d'autorégulation **selbstherrlich** *adj* tyrannique, despotique, imbu(e) de mon/son/... autorité; ***du bist aber sehr ~*** tu es vraiment despotique **Selbstherrlichkeit** *f ∅* autoritarisme *m,* despotisme *m*

Selbsthilfe *f ∅* recours *m* à mes/ses/... propres moyens; ***es bleibt uns nur noch die ~*** il ne nous reste plus qu'à prendre les choses en main
► **jd greift zur** ~ qn s'organise [*o* se débrouille *fam*] par ses propres moyens

Selbsthilfegruppe *f* association *f* d'entraide

Selbstjustiz [-jʊstiːts] *f* règlement *m* de compte[s] [personnel]; ***das Gesetz lässt [die] ~ nicht zu*** la loi interdit de se faire justice soi-même ► **jd übt** ~ qn se fait justice lui-même/elle-même; ***jd übt ~ an jdm*** qn se venge de qn

selbstklebend *adj* autocollant(e), autoadhésif(-ive)
Selbstkosten *pl* prix *m* de revient
Selbstkostenbeteiligung *f* franchise *f;* (*bei Krankenkassen*) ticket *m* modérateur **Selbstkostenpreis** *m* prix *m* coûtant ▶ **zum** ~ à prix coûtant
Selbstkritik *f ∅* autocritique *f* ▶ **jd übt** ~ qn fait son autocritique **selbstkritisch** I. *adj Artikel, Äußerung, Bemerkung, Feststellung* empreint(e) d'autocritique; *Mensch* critique envers moi/lui/...-même; ■ **jd ist** ~ qn fait preuve d'autocritique II. *adv* en faisant preuve d'autocritique **Selbstlaut** *m* voyelle *f* **Selbstlerner(in)** *m(f)* autodidacte *mf*
selbstlos I. *adj* désintéressé(e)
II. *adv* de façon désintéressée
Selbstlosigkeit <-> *f ∅* dévouement *m*, altruisme *m*
Selbstmitleid *nt* apitoiement *m* sur moi/soi/...-même
Selbstmord *m* 1. (*Suizid*) suicide *m*
2. *sl* (*Selbstmörder*) suicidé(e) *m(f);* (*Mensch, der sich umbringen wollte*) suicidé(e) *m(f)* qui s'est raté(e) *fam*
▶ **jd begeht** ~ qn se suicide, qn se donne la mort
Selbstmord- 1. *-kämpfer, -kommando* suicide; *~kandidat* candidat *m* au suicide *fam;* *~toter* mort *m* par suicide; ***er war schon immer s~gefährdet*** il a toujours eu des tendances suicidaires
2. (*für Selbstmörder*) *-anleitung, -organisation* d'aide au suicide; *-berater* en matière de suicide
Selbstmörder(in) *m(f)* (*Mensch, der sich umgebracht hat*) suicidé(e) *m(f);* (*Mensch, der sich umbringen will*) désespéré(e) *m(f)*, candidat(e) *m(f)* au suicide *fam* ▶ **ich bin doch kein** ~! *fam* je suis pas candidat(e) au suicide *fam* **selbstmörderisch** *adj* suicidaire **Selbstmordversuch** *m* tentative *f* de suicide; ***sie hat bereits drei ~e hinter sich*** elle a déjà fait trois tentatives de suicide **selbstredend** *adv* bien entendu
Selbstreinigung *f* [*Gewässer*] autoépuration *f*, autoassainissement *m;* [*Organisation, System*] autoépuration *f*
Selbstreinigungskraft *f* [*Gewässer*] capacité *f* d'autoépuration [*o* d'autoassainissement]; [*Organisation, System*] capacité *f* d'autoépuration
Selbstschutz *m* [auto]défense *f* ▶ **zum** ~ par mesure d'autodéfense [*o* d'autoprotection] **selbstsicher** I. *adj Mensch* sûr(e) de moi/soi/...; *Art, Wesen* plein(e) d'assurance II. *adv* avec assurance; ***sie tritt immer sehr ~ auf*** elle a toujours l'air très sûre d'elle, elle fait toujours preuve de beaucoup d'assurance **Selbstsicherheit** *f ∅* assurance *f*, aplomb *m* **selbstständig**[RR] *s.* **selbständig. Selbstständige(r)**[RR] *s.* **Selbständige(r). Selbstständigkeit**[RR] *s.* **Selbständigkeit. selbsttätig** I. *adj* automatique II. *adv* automatiquement; ***der Schuss soll sich ~ gelöst haben*** le coup serait parti tout seul; ***dieser Backofen reinigt sich*** ~ ce four se nettoie automatiquement, ce four est autonettoyant **Selbstüberschätzung** *f* surestimation *f* de mes/ses/... capacités [*o* de moi/soi/...] ▶ **in ...** ~ en surestimant ... mes/ses/... capacités; ***in erheblicher*** ~ en surestimant largement mes/ses/... capacités **Selbstüberwindung** *f* effort *m* sur moi/soi/...-même ▶ **es kostet jdn ... ~ etw zu tun** qn doit faire un ... effort sur lui/elle-même pour faire qc **Selbstverbrennung** *f* immolation *f* par le feu; ***er protestierte durch*** ~ il s'est immolé par le feu en guise de protestation **selbstverdient** *s.* **verdienen I.▶. Selbstverlag** *m* ▶ **im** ~ à compte d'auteur **Selbstverleugnung** *f ∅ geh* abnégation *f soutenu* ▶ **bis zur [völligen]** ~ jusqu'à l'abnégation [totale] *soutenu* **Selbstverschulden** *nt* responsabilité *f* de ma/sa/... part/[de la part] de l'assuré(e) ▶ **bei** ~ en cas de responsabilité de ma/sa/... part/[de la part] de l'assuré(e) **selbstverschuldet** *adj* qui engage ma/sa/... responsabilité/la responsabilité de l'assuré(e); ■ **etw ist** ~ qc engage ma/sa/... responsabilité/la responsabilité de l'assuré(e) **Selbstversorger(in)** *m(f)* personne *f* qui vit en autarcie; ***wir sind*** ~ TOURISMUS nous nous débrouillons pour les repas ▶ **jd ist** ~ qn vit en autosuffisance [*o* en autarcie]; TOURISMUS qn ne prend pas ses repas à l'hôtel
selbstverständlich I. *adj* tout(e) naturel(le); ■ **etw ist** ~ qc est tout(e) naturel(le), qc va de soi; ■ **es ist ~, etw zu tun/dass jd etw tut** c'est tout naturel de faire qc/que qn fasse qc; ***dass ich ausgerechnet meinem Konkurrenten helfe, ist alles andere als*** ~ que je vienne en aide précisément à mon concurrent, voilà qui ne va pas du tout de soi
▶ **jd hält etw für [ganz]** ~ qn trouve qc tout(e) naturel(le) [*o* [parfaitement] normal(e)], qn trouve que qc va de soi
II. *adv* (*natürlich*) naturellement, [bien] évidemment
▶ **wie** ~ comme si c'était tout naturel; **[aber]** ~! [mais] bien entendu [*o* bien sûr]!
Selbstverständlichkeit <-, -en> *f* (*selbstverständlicher Akt*) évidence *f*
▶ **mit der größten [von der Welt]** comme s'il n'y avait rien de plus naturel [au monde]; **etw ist [für jdn] eine** ~ qc est tout(e) naturel(le) [pour qn], [pour qn,] qc va de soi; ***etw ist für jdn keine*** ~ qc n'a rien d'évident pour qn; **es ist [für jdn] eine ~ etw zu tun** il est tout naturel [pour qn] de faire qc; **mit einer ~, die ...** avec un naturel qui/que ...
Selbstverständnis *nt ∅* ■ **jds** ~ l'image *f* que qn se fait de lui-même/d'elle-même; ***mein ~ als Frau und Mutter*** l'image que je me fais de moi-même en tant que femme et que mère **Selbstverstümmelung** *f* automutilation *f* **Selbstversuch** *m* test *m* sur moi/soi/...-même ▶ **im** ~ sur moi/soi/... **Selbstverteidigung** *f* autodéfense *f* **Selbstvertrauen** *nt* confiance *f* en moi/soi/... ▶ **etw hebt jds** ~ qc me/lui/... donne confiance en moi/lui/... **Selbstverwaltung** *f* gestion *f* autonome **Selbstverwirklichung** *f* épanouissement *m* personnel **Selbstwertgefühl** *nt* image *f* de moi/soi/..., amour-propre *m;* ***mein*** ~ l'idée *f* que j'ai de moi-même **selbstzerstörerisch** *adj* autodestructeur(-trice) **Selbstzerstörung** *f* TECH autodestruction *f* **Selbstzweck** *m ∅* fin *f* en soi
selchen *vt* SDEUTSCH, AUS ■ **jd selcht etw** qn fume qc
Selchfleisch *nt* SDEUTSCH, AUS *s.* **Rauchfleisch**

selektieren * *vt geh* ■ **jd selektiert etw** qn sélectionne qc; ■ **jd selektiert jdn [für etw]** qn sélectionne qn [pour qc]
Selektion <-, -en> *f geh* sélection *f*
selektiv I. *adj geh* sélectif(-ive)
II. *adv geh* sélectivement
Selen <-s> *nt ∅* CHEM sélénium *m*
Selfmademan <-s, -men> ['sɛlfmeːd'mən] *m* self-made-man *m*
selig *adj* 1. *Blick, Lächeln* comblé(e); *Gefühl, Stimmung* de bonheur; ■ **jd ist** ~ **[über etw** (*akk*)**]** qn est ravi(e) [de qc]; ***ich bin ~, dass du wieder bei mir bist*** je suis ravi(e) que tu sois de nouveau auprès de moi 2. REL bienheureux(-euse) *antéposé* 3. *veraltend geh* (*verstorben*) ■ **mein/sein/... ~er/meine/seine/... ~e ...** feu mon/son/.../ma/sa/... ... *littér,* mon/son/.../ma/sa/... défunt(e) ... *littér* ▶ **wer's glaubt, wird** ~ *iron fam* on me la fait pas! *fam,* à d'autres! *fam;* **jd/etw macht jdn** ~ qn/qc fait le bonheur de qn, qn/qc comble qn [de joie]; **jd spricht jdn** ~ qn béatifie qn **Selige(r)** *f(m) decl wie adj* 1. *veraltend geh* (*Verstorbene*): ***seine/meine*** ~ sa/ma défunte femme *littér,* feu sa/ma femme *littér;* ***ihr/mein ~r*** son/mon défunt mari *littér,* feu son/mon mari *littér* 2. *pl* REL bienheureux *mpl*
Seligkeit <-> *f ∅* 1. REL bonheur *m* éternel, salut *m;* ■ **jds [ewige]** ~ le bonheur éternel [*o* le salut] de qn
2. *geh* (*Glücksgefühl*) [sentiment *m* de] béatitude *f*
selig|sprechen *s.* **selig** ▶
Seligsprechung <-, -en> *f* béatification *f*
Sellerie <-s, -[s]> *m* céleri *m*
selten I. *adj* rare
II. *adv* rarement
Seltenheit <-, -en> *f* 1. *∅* (*seltenes Vorkommen*) rareté *f*
2. (*seltene Sache*) rareté *f soutenu,* curiosité *f;* ***diese Briefmarke ist eine große*** ~ ce timbre est un spécimen d'une grande rareté
▶ **es ist eine ~, dass etw geschieht/dass jd etw tut** c'est [*o* il est] rare que qc arrive/que qn fasse qc
Seltenheitswert *m* ▶ **etw hat** ~ qc est une curiosité; **etw von** ~ qc qui est une curiosité
Selters <-, -> *nt fam,* **Selter[s]wasser** *nt* DIAL eau *f* de Seltz
seltsam I. *adj* 1. (*merkwürdig*) *Kerl, Mensch, Art, Wesen* étrange, curieux(-euse); *Geschichte, Sache, Umstände* étrange; ■ **es ist [schon] ~, dass,** ■ **~, ...** c'est étrange [*o* curieux] que + *subj;* **~,** ***mir hat er etwas anderes gesagt*** étrange [*o* curieux], moi, il m'a dit autre chose
2. (*komisch*) *Aussehen, Geruch, Geschmack* bizarre
II. *adv* 1. *sich benehmen, verhalten* de façon bizarre, bizarrement; ***in diesem Aufzug siehst du ganz ~ aus*** tu as vraiment une drôle d'allure dans cette tenue; ***in meinem Zimmer riecht es*** ~ ça sent une drôle d'odeur dans ma chambre; ***die Milch schmeckt so*** ~ le lait a vraiment un drôle de goût
2. *aktuell, beklemmend* singulièrement; *glibberig, grünlich, lebendig* curieusement, étrangement
seltsamerweise *adv* curieusement, bizarrement; ***im Juni hat es ~ geschneit*** curieusement, il a neigé au mois de juin
Seltsamkeit <-, -en> *f* bizarrerie *f*
Semantik <-> *f ∅* sémantique *f*
semantisch I. *adj* sémantique
II. *adv* sémantiquement
Semester <-s, -> *nt* 1. UNIV semestre *m* (*unité de temps utilisée pour le décompte des années d'études dans les universités allemandes*)
2. *fam* (*Student*) ■ **ein erstes/drittes/...** ~ un/une première/deuxième/... année; ***ein neuntes*** ~ un/une cinquième année
▶ **ein älteres** [*o* **höheres**] ~ UNIV *fam* ≈ un/une étudiant(e) en fin d'études; **ein älteres** ~ *fam* (*älterer Mensch*) un/une ancien(ne), un/une croulant(e) *péj fam;* **[jd ist] im ...** ~ [qn est] en ... semestre; ***er ist im 7.*** ~ il est en septième semestre; [*in Frankreich*] il est en quatrième année
Semesterferien [-riən] *pl* vacances *fpl* semestrielles
Semifinale *nt* demi-finale *f*
Semikolon <-s, -s *o* -kola> *nt* point-virgule *m*
Seminar <-s, -e *o* AUS -ien> [-riən] *nt* 1. (*Lehrveranstaltung*) séminaire *m;* (*nichtuniversitäre Veranstaltung*) stage *m*
2. (*Universitätsinstitut*) institut *m;* ***das germanistische*** ~ l'institut *m* d'études germaniques
3. *fam* (*Priester~*) séminaire *m*
Seminararbeit *f* rapport *m* de séminaire
Seminarist <-en, -en> *m* séminariste *m*
Seminarschein *m* ≈ certificat *m*
Semit(in) <-en, -en> *m(f)* Sémite *mf*
semitisch *adj* sémite; *Sprache* sémitique
Semmel <-, -n> *f* DIAL petit pain *m*
▶ **etw geht weg wie warme ~n** *fam* qc se vend comme des petits pains
Semmelbrösel *pl* AUS, SDEUTSCH chapelure *f* **Semmelknödel** *m* SDEUTSCH, AUS boulette *f* au pain **Semmelmehl** *nt* chapelure *f*
sen. *adj abk von* **senior** père
Senat <-[e]s, -e> *m* 1. (*in Deutschland*) sénat *m* (*nom donné au gouvernement régional dans les villes de Brême, Hambourg et Berlin*); (*Kammer des Parlaments*) Sénat *m*
2. JUR cour *f*
3. UNIV conseil *m* d'administration [de l'université]
4. ANTIK sénat *m*
Senator <-s, -toren> *m,* **-torin** *f* 1. (*in Deutschland*) sénateur *m* (*membre du gouvernement dans les Länder de Brême, Hambourg et Berlin*); (*in Zweikammersystem*) sénateur *m*
2. *nur m* ANTIK sénateur *m*
Senats- du sénat

Sendeanstalt *f* RADIO station *f* de radio; TV station *f* de télévision **Sendebereich** *m* zone *f* d'émission **Sendefolge** *f* (*Reihenfolge*) programme *m* des émissions; (*Fortsetzungsfolge*) épisode *m* **Sendegebiet** *nt s.* **Sendebereich. Sendegerät** *nt* appareil *m* émetteur

senden¹ I. *vt* (*ausstrahlen*) ■ **jd/etw sendet etw** *Aufzeichnung, Fernsehspiel, Film* qn/qc diffuse qc; *Notsignal, SOS, Botschaft* qn/qc envoie [*o* émet] qc
II. *vi* ■ **jd/etw sendet** qn/qc émet

senden² <sandte *o* sendete, gesandt *o* gesendet> I. *vt geh* (*schicken*) ■ **jd sendet jdn [irgendwohin]** qn envoie qn [quelque part]; ■ **jd sendet jdn etw zu tun** qn envoie qn faire qc, qn dépêche qn pour faire qc *littér;* ■ **jd sendet jdm etw,** ■ **jd sendet etw an jdn** qn envoie [*o* adresse] qc à qn
II. *vi geh* ■ **jd sendet nach jdm** qn envoie [*o* fait] quérir qn *littér*

Sendepause *f* intermède *m,* temps *m* mort; (*zwischen Sendeschluss und Sendebeginn*) arrêt *m* des émissions
▸ **jd hat ~** *fam* (*muss schweigen*) qn doit la fermer *fam,* qn doit la boucler *fam;* **es herrscht ~** *fam* un ange passe *hum*

Sender <-s, -> *m* **1.** (*Sendeanstalt*) émetteur *m,* station *f*
2. (*Sendegerät*) [poste *m*] émetteur *m*

Senderaum *m* studio *m* **Sendereihe** *f* série *f* d'émissions **Sendeschluss^RR** *m* fin *f* des émissions; ***zum ~ bringen wir noch Kurznachrichten*** nous terminons notre programme par un bulletin d'informations **Sendezeit** *f* tranche *f* horaire; ***wir haben eine Stunde ~ um dieses Thema zu behandeln*** nous disposons d'une heure d'antenne pour traiter ce sujet

Sendung¹ <-, -en> *f* RADIO, TV émission *f*
▸ **jd geht auf ~** (*wird ausgestrahlt*) qn passe à l'antenne; (*fängt an zu senden*) qn commence à émettre; **etw geht auf ~** qc passe à l'antenne; **jd ist auf ~** qn est à l'antenne

Sendung² <-, -en> *f* **1.** (*geschicktes Material*) envoi *m*
2. ∅ *geh* (*Mission*) mission *f*

Senf <-[e]s, -e> *m* moutarde *f*
▸ **scharfer/mittelscharfer ~** moutarde *f* extraforte/forte; **süßer ~** condiment *m;* **jd gibt seinen ~ [zu etw] dazu** *fam* qn met son grain de sel [à propos de qc] *fam;* ***immer musst du zu allem deinen ~ geben*** il faut toujours que tu mettes ton grain de sel partout

senffarben *adj,* **senffarbig** *adj* moutarde *inv* **Senfgas** *nt* gaz *m* moutarde, ypérite *f* **Senfgurke** *f* cornichon *m* à la moutarde **Senfkorn** <-körner> *nt meist pl* grain *m* de moutarde **Senfsoße** *f* sauce *f* [à la] moutarde

sengen I. *vt* ■ **jd sengt etw** *Kleidungsstück* qn roussit qc; ■ **etw sengt etw** /*Sonne*/ qc grille qc, qc roussit qc
II. *vi* ■ **etw sengt** qc roussit, qc brûle

sengend *adj Sonne, Hitze* brûlant(e), torride

senil *adj* sénile

Senilität <-> *f* ∅ sénilité *f*

senior *adj* ■ **... ~** ... père

Senior <-s, Senioren> *m* **1.** (*Seniorchef*) père *m*
2. *meist pl* (*älterer Mensch*) personne *f* âgée
3. *pl* SPORT ■ **die ~en** les seniors *mpl*

Seniorchef(in) [-ʃɛf] *m(f)* père/mère *m/f;* (*Seniorpartner*) doyen(ne) *m(f)*

Senioren- **1.** (*für Senioren bestimmt*) du troisième âge, pour personnes âgées; *-wohnung* pour personnes âgées; ***~studium*** université *f* du troisième âge **2.** (*Senioren zustehend*) pour personnes âgées; ***~karte*** carte *f* Vermeil **3.** (*aus Senioren bestehend*) *-bund, -schutzbund* des/de personnes âgées; ***~beirat*** conseil *m* des anciens **Seniorenmannschaft** *f* équipe *f* de vétérans **Seniorenpass^RR** *f* carte *f* vermeil

Seniorpartner(in) *m(f)* doyen(ne) *m(f)*

Senke <-, -n> *f* dépression *f* [de terrain], cuvette *f*

Senkel <-s, -> *m fam* lacet *m*

senken I. *vt* **1.** (*ermäßigen*) ■ **jd senkt etw** *Gebühr, Steuern* qn réduit qc, qn diminue qc; *Preis a.* qn baisse qc
2. (*niedriger machen*) ■ **jd/etw senkt etw** *Blutdruck, Fieber, Pulsfrequenz* qn/qc fait baisser qc; ***das hohe Fieber muss gesenkt werden*** il faut faire baisser la fièvre; ***die Pulsfrequenz ist deutlich gesenkt*** la fréquence du pouls est nettement ralentie
3. (*absenken*) ■ **jd/etw senkt etw** *Grundwasserspiegel, Wasserstand* qn/qc abaisse qc
4. *geh* (*abwärts bewegen*) ■ **jd senkt etw** *Arm, Hand, Schusswaffe* qn [a]baisse qc; *Kopf* qn baisse qc; *Zeigestock, Taktstock* qn abaisse qc; ***mit gesenkter Flinte*** le fusil baissé
II. *vr* **1.** (*niedriger werden*) ■ **etw senkt sich [um etw]** /*Erdboden, Boden*/ qc s'abaisse [*o* s'affaisse] [de qc]; /*Decke, Terrasse*/ qc s'affaisse [*o* descend] [de qc]; /*Grundwasserspiegel*/ qc baisse [*o* diminue] [de qc]
2. (*sich niedersenken*) ■ **etw senkt sich [auf jdn/etw]** /*Kranlast, Schranke*/ qc s'abaisse [*o* descend] [sur qn/qc]; /*Zweig*/ qc s'incline [sur qn/qc]; ***die Zweige senkten sich auf den Boden*** les branches s'inclinaient [*o* descendaient] jusqu'à terre

Senkfuß *m* voûte *f* plantaire affaissée ▸ **jd hat ~e** qn a un affaissement de la voûte plantaire **Senkgrube** *f* fosse *f* d'aisances

senkrecht I. *adj* vertical(e) II. *adv* verticalement; *abfallen a.* à pic; ***die Rakete stieg ~ in den Himmel auf*** la fusée s'élevait à la verticale [*o* verticalement] dans le ciel; ***die zwei Geraden stehen ~ aufeinander*** les deux droites sont perpendiculaires **Senkrechte** <-n, -n> *f decl wie adj* perpendiculaire *f*

Senkrechtstarter *m* avion *m* à décollage vertical

Senkrechtstarter(in) *m(f) fam* (*Kind*) petit(e) prodige *mf;* ***du bist ja eine ~in*** (*beruflich*) tu as [vraiment] connu une ascension fulgurante

Senkung <-, -en> *f* **1.** ∅ (*Ermäßigung*) réduction *f,* diminution *f*
2. [*Erdboden etc*] affaissement *m*
3. *s.* **Blutsenkung**

Senn <-[e]s, -e> *m* SDEUTSCH, AUS, CH *s.* **Senner**

Senne <-, -n> *f* SDEUTSCH, AUS alpage *m*

Senner(in) <-s, -> *m(f)* SDEUTSCH, AUS vacher(-ère) *m(f)*

Sennerei <-, -en> *f* SDEUTSCH, AUS, CH cabane *f* de vacher (*petite fromagerie dans les alpages*)

Sensal(in) <-s, -e> *m(f)* AUS (*Makler*) courtier(-ière) *m(f)*

Sensation <-, -en> *f wissenschaftlich, literarisch* événement *m;* ***etw ist eine ~*** qc fait sensation; ***das Flugblatt des Zirkus versprach ~en*** le tract du cirque promettait des émotions [*o* sensations] fortes

sensationell I. *adj* sensationnel(le)
II. *adv gestalten* de façon extraordinaire; ***Skandalblätter sind immer ~ aufgemacht*** les journaux à scandale font toujours leur une sur des nouvelles sensationnelles [*o* des nouvelles à sensation]

Sensations- sensationnel(le), à sensation; *-presse, -prozess* à sensation; *-sieg* sensationnel(le); ***~hascher*** obsédé *m* du sensationnel **Sensationslust** *f* goût *m* du sensationnel [*o* des émotions fortes] **sensationslüstern** *adj* avide de sensationnel

Sense <-, -n> *f* faux *f*
▸ **jetzt/dann ist ~!** *sl* maintenant basta [*o* ça suffit comme ça]/après [c'est] terminé! *fam;* **es ist ~ mit etw** *sl* fini(e) qc *fam*

Sensenmann <-männer> *m* Faucheuse *f littér*

sensibel I. *adj* **1.** (*empfindsam*) *Mensch, Wesen* sensible
2. (*heikel*) sensible; *Amt, Umgang* délicat(e)
3. (*empfindlich*) *Mensch* sensible; ***in Sachen Umwelt sind die Leute ungeheuer ~ geworden*** les gens sont devenus extrêmement sensibles aux questions d'environnement
II. *adv* avec sensibilité; ***die Bevölkerung reagiert besonders ~*** la population réagit avec une sensibilité particulière [*o* de façon hypersensible]

Sensibelchen <-s, -> *nt fam* âme *f* sensible
▸ **jd ist ein ~** qn est hypersensible, qn a l'âme sensible

sensibilisieren * *vt geh* ■ **jd/etw sensibilisiert jdn [für etw]** qn/qc sensibilise qn [à qc]

Sensibilisierung <-, -en> *f geh* sensibilisation *f;* ■ **jds ~ für etw** la sensibilisation de qn à qc

Sensibilität <-, -en> *f geh* sensibilité *f*

Sensor <-s, -soren> *m* détecteur *m,* capteur *m*

Sensortaste *f* touche *f* à effleurement

Sentenz <-, -en> *f geh* sentence *f*

sentimental I. *adj* sentimental(e)
II. *adv:* ***jd schreibt furchtbar ~*** qn a un style affreusement sentimental; ***das klingt ~*** ça fait [très] sentimental; ***du solltest dich weniger ~ verhalten*** tu devrais être moins sentimental(e)

Sentimentalität <-, -en> *f* sentimentalité *f,* sentimentalisme *m pas de pl,* sensiblerie *f péj;* ***wir haben jetzt keine Zeit für ~en, nimm kurz Abschied*** nous n'avons plus le temps pour les grandes effusions, fais tes adieux rapidement

separat I. *adj* séparé(e)
II. *adv* séparément

Separatismus <-> *m* ∅ séparatisme *m*

Separatist(in) <-en, -en> *m(f)* séparatiste *mf*

separatistisch *adj* séparatiste

Séparée, Separee^RR <-s, -s> *nt* salon *m* particulier

Sepia <-, Sepien> [-piən] *f* **1.** ZOOL seiche *f*
2. ∅ (*Farbstoff*) sépia *f*

Sepiatinte *f* encre *f* sépia **Sepiazeichnung** *f* sépia *f*

Sepsis <-, Sepsen> *f form* septicémie *f*

September <-[s], -> *m* septembre *m;* ***der [Monat] ~*** le mois de septembre
▸ **Anfang/Ende/Mitte ~** début/fin septembre/à la mi-septembre; **es ist ~** nous sommes en septembre [*o* au mois de septembre], c'est le mois de septembre; **im ~** en septembre, au mois de septembre; **in den ~** *fallen, legen* en septembre, au mois de septembre; **in diesem ~** en septembre prochain; **den ... ~** (*Datum im Briefkopf*) le ... septembre

Septett <-[e]s, -e> *nt* septuor *m*

Septim <-, -en> *f* AUS, **Septime** <-, -n> *f* **1.** (*Ton*) [note *f*] sensible *f*
2. (*Intervall*) septième *f*

septisch *adj form* septique

Sequenz <-, -en> *f* séquence *f*

Sera *pl von* **Serum**

Serbe <-n, -n> *m,* **Serbin** *f* Serbe *mf*

Serbien <-s> ['zɛrbiən] *nt* la Serbie

serbisch I. *adj* serbe
II. *adv dominiert, beherrscht* par les Serbes

Serbokroatisch *nt decl wie adj* serbo-croate *m;* ■ **das ~e** le serbo-croate

Seren *pl von* **Serum**

Serenade <-, -n> *f* sérénade *f*

Serie <-, -n> ['ze:riə] *f* **1.** (*alle Bedeutungen*) série *f;* (*Bücher a.*) collection *f*
2. *fam* (*Aufeinanderfolge*) ■ **eine ~ von Dingen** une série [*o* succession] [*o* kyrielle] de choses
▸ **etw geht in ~** qc est produit(e) en série; **in ~** en série

seriell *adj Schnittstelle* séquentiel(le)

Serien- ['ze:riən-] en série; ***~auto*** voiture *f* de série **serienmäßig** I. *adj* fabriqué(e) en série, de série; *Ausstattung, Detail, Lieferumfang* de série II. *adv* en série **Serienreife** *f* stade *m* adéquat pour la fabrication en série; ***die letzten Tests bescheinigen dem Produkt die ~*** les derniers tests démontrent que ce produit est prêt pour la fabrication en série ▸ **bis zur ~** jusqu'au stade de la fabrication en série

serienweise ['ze:riən-] *adv* 1. COM en série
2. *fam* (*in Mengen*) par fournées
seriös I. *adj* 1. (*solide*) sérieux(-euse), respectable
2. COM sérieux(-euse)
II. *adv*: ***jetzt kommt es darauf an ~ aufzutreten*** il s'agit maintenant de bien présenter [*o* d'avoir l'air sérieux]; ***so wirkst du doch ~ er als in Jeans*** comme ça tu fais tout de même plus sérieux qu'en jean
Seriosität <-> *f Ø* 1. (*solide Art*) sérieux *m*, respectabilité *f*; ***die mangelnde ~*** le manque de sérieux
2. COM sérieux *m*
Sermon <-s, -e> *m pej* sermon *m*
seropositiv *adj* séropositif(-ive)
Serpentine <-, -n> *f* 1. (*Straße*) route *f* en lacets
2. (*steile Kehre*) virage *m* en épingle à cheveux
► **in** ~n en lacets; ***die Straße wand sich in ~n hinauf*** la route montait en lacets
Serum <-s, Seren *o* Sera> *nt* sérum *m*
Server <-s, -> ['sø:ɐvɐ] *m* serveur *m*
Service[1] <-> ['sø:ɐvɪs] *m Ø* 1. (*Kundendienst*) service *m* [après-vente]
2. (*Bedienung*) service *m*
Service[2] <-[s], -> [zɛr'vi:s] *nt* (*Geschirr*) service *m*
servieren * [-vi:-] I. *vt* 1. (*auftragen*) ■ **jd serviert [jdm] etw** qn sert qc [à qn]; ■ **jd lässt sich** (*dat*) **etw [von jdm]** ~ qn se fait servir qc, qn demande à qn de lui servir qc
2. *sl* (*bringen*) ■ **jd serviert jdm jdn** *Gesuchten* qn amène qn à qn; ■ **jd serviert jdm etw** *Geschichte, Story etc* qn sert qc à qn
II. *vi* ■ **jd serviert** qn fait le service
► **es ist serviert** le repas [*o* c'est] est servi
Serviererin *f*, **Serviertochter** [-vi:-] *f* CH serveuse *f*
Servierwagen [-vi:-] *m* desserte *f*; (*im Restaurant*) chariot *m*
Serviette <-, -n> [-vi-] *f* serviette *f* [de table]
Serviettenring [-vi-] *m* rond *m* de serviette
servil [zɛr'vi:l] *adj geh* servile, obséquieux(-euse)
Servilität <-> [-vi-] *f Ø geh* servilité *f*, obséquiosité *f*
Servo- [-vo-] servo... **Servolenkung** *f* direction *f* assistée
servus [-vus] *interj* AUS, SDEUTSCH salut *fam*
Sesam <-s, -s> *m* sésame *m*
► **ein ~ öffne dich** *fam* un sésame
Sessel <-s, -> *m* 1. (*Polster~*) fauteuil *m*
2. AUS (*Stuhl*) chaise *f*
Sessel- de/du fauteuil **Sessellift** *m* télésiège *m*
sesshaft[RR], **seßhaft** *adj* 1. (*bodenständig*) sédentaire
2. (*ansässig*) ■ **jd ist/wird irgendwo** ~ qn est établi(e)/s'établit quelque part
Set <-s, -s> *m o nt* 1. lot *m*, assortiment *m*
2. (*Platzmatte*) set *m* [de table], napperon *m* individuel
setzen I. *vt* + *haben* 1. (*platzieren*) ■ **jd setzt etw irgendwohin** qn pose [*o* place] qc quelque part; ***er setzte den Hut auf den Kopf*** il a mis son chapeau; ■ **jd setzt jdn irgendwohin** qn met qn quelque part
2. (*pflanzen*) ■ **jd setzt etw** qn plante qc
3. (*errichten*) ■ **jd setzt [jdm] etw** *Büste, Denkmal, Gedenkstein, Grabmal, Mahnmal* qn élève qc [à qn]
4. (*festlegen*) ■ **jd setzt [jdm] etw** *Frist, Grenze, Termin, Zahlungsziel, Ziel* qn fixe qc [à qn]; ■ **jd setzt sich** (*dat*) **etw** qn se fixe qc
5. (*aufnehmen*) ■ **jd setzt etw auf/in etw** (*akk*) *aufs Programm, auf die Tagesordnung, den Lehrplan* qn met qc à qc; *auf die Liste, Rechnung* qn met qc sur qc; *in die Zeitung* qn met qc dans qc
6. (*schreiben*) ■ **jd setzt etw irgendwohin** *Namen, Anschrift, Satzzeichen* qn met qc quelque part
7. (*wetten*) ■ **jd setzt etw auf jdn/ein Tier** qn mise qc sur qn/un animal
8. TENNIS ■ **jd setzt jdn [auf einen bestimmten Platz]** qn classe qn [à une certaine place]; ***ein gesetzter Spieler*** un joueur classé
9. TYP ■ **jd setzt [jdm] etw** qn compose qc [à qn]
10. *sl* (*spritzen*) ■ **jd setzt jdm/sich etw** *Spritze* qn fait qc à qn/qn se fait qc; ***mit 15 setzte sie sich den ersten Heroinschuss*** elle s'est shootée pour la première fois à l'héroïne à 15 ans *arg*
► **jd setzt jdm etw auseinander** (*erklärt*) *Formel, Plan, Sachverhalt, Zusammenhang* qn explique qc à qn; **jd setzt jdm auseinander, was/wie ...** qn explique à qn ce qui/ce que/comment ...; **es setzt was** *fam* (*es gibt Prügel*) ça cogne *fam*; (*Schlägerei*) y a de la castagne *arg*
II. *vr* + *haben* 1. (*sich niederlassen*) ■ **jd setzt sich** qn s'assied; ■ **jd setzt sich irgendwohin** qn s'assied quelque part; ■ **jd setzt sich auf etw** (*akk*) qn s'assied sur qc; ■ **jd setzt sich in etw** (*akk*) *in einen Sessel, die Badewanne* qn s'assied dans qc; *in die Schaukel* qn s'assied sur qc; *in die Sonne, erste Reihe* qn s'assied au/à la qc; ■ **jd setzt sich an etw** (*akk*) *an den Tisch, Schreibtisch* qn s'assied au/à la qc; ■ **jd setzt sich zu jdm** qn s'assied [*o* s'installe] à côté de qn; ■ **ein Tier setzt sich irgendwohin** / *Affe, Hund, Katze*/ un animal s'assied quelque part; / *Vogel*/ un animal se pose [*o* se perche] quelque part; ***setz dich, frecher Köter!*** assis, sale cabot!
2. (*besteigen*) ■ **jd setzt sich auf ein Tier/etw** *aufs Pferd, Fahrrad, Motorrad* qn monte sur un animal/qc; ■ **jd setzt sich in etw** (*akk*) *in den Zug, Bus, das Flugzeug* qn prend qc
3. (*sich senken*) ■ **etw setzt sich** / *Erdreich, Neubau*/ qc s'affaisse; / *Flüssigkeit*/ qc décante; / *Schwebstoff*/ qc se dépose
► **jd setzt sich mit etw auseinander** (*befasst sich*) *mit einer Frage, einem Problem, Angebot* qn réfléchit à qc, qn se penche sur qc; **jd setzt sich mit jdm auseinander** *geh* (*streitet sich*) qn règle ses comptes avec qn; **sie ~ sich auseinander** ils/elles s'affrontent
III. *vi* 1. + *haben* (*wetten*) ■ **jd setzt auf jdn/ein Tier** qn parie [*o* mise] sur qn/un animal
2. + *sein o haben* (*springen*) ■ **jd/ein Tier setzt über etw** (*akk*) / *Pferd, Läufer*/ qn/un animal saute par-dessus qc
Setzer(in) <-s, -> *m(f)* compos[it]eur *m*
Setzerei <-, -en> *f* atelier *m* de composition
Setzfehler *m* faute *f* typographique, coquille *f* **Setzkasten** *m* casse *f*
Setzling <-s, -e> *m* 1. (*Pflanze*) plant *m*
2. (*Fisch*) alevin *m*
Setzmaschine *f* machine *f* à composer
Seuche <-, -n> *f* 1. MED épidémie *f*
2. (*Plage*) plaie *f*, calamité *f*
Seuchenherd *m* foyer *m* d'épidémie
seufzen I. *vi* ■ **jd seufzt** qn soupire; ■ **das S~** les soupirs *mpl*; ***lass das S~*** arrête de soupirer
► **unter S~** en soupirant
II. *vt* ■ **jd seufzt etw** qn soupire qc; ***diese viele Arbeit, seufzte sie*** tout ce travail, a-t-elle soupiré
Seufzer <-s, -> *m* soupir *m*; ***mit einem erleichterten ~*** avec un soupir de soulagement
► **jd stößt einen ~ aus** qn pousse un soupir
Sex <-[es]> *m Ø* 1. (*sexuelle Anziehungskraft*) sex-appeal *m vieilli*
2. (*Geschlechtsverkehr*) sexe *m*
► **jd hat ~** qn est sexy, qn a du sex-appeal *vieilli*; **jd hat [*o* macht] ~** *fam* qn a des rapports
Sex- 1. (*sexuell stimulierend*) érotique; *-branche, -gewerbe* du sexe; ***~club*** sex-club *m*; ***~laden*** sex-shop *m* 2. (*den Sex betreffend*) *-guru, s-müde, -papst* du sexe; ***s~besessen*** obsédé(e) sexuel(le); ***~therapeut*** médecin *m* sexologue 3. (*besonders sexy*): ***~bombe*** bombe *f* sexuelle, canon *m fam*; ***~göttin, ~idol*** sex[e]-symbol *m* **Sexappeal**[RR] <-s> [-əpi:l] *m Ø* sex-appeal *m vieilli*
Sexismus <-, -ismen> *m* 1. *Ø* (*Einstellung*) sexisme *m*
2. (*Bemerkung*) remarque *f* sexiste
Sexist(in) <-en, -en> *m(f)* sexiste *mf*
sexistisch I. *adj* sexiste
II. *adv sich geben, sich verhalten* de façon sexiste; ***jd ist ~ eingestellt*** qn a une mentalité sexiste
Sexorgie [-ɔrgiə] *f fam* partouze *f fam*
Sexshop <-s, -s> [-ʃɔp] *m* sex-shop *m*
Sextant <-en, -en> *m* sextant *m*
Sexte <-, -n> *f* 1. (*Ton*) sus-dominante *f*
2. (*Intervall*) sixte *f*
Sextett <-[e]s, -e> *nt* sextuor *m*
Sextourismus [-turɪsmʊs] *m* tourisme *m* sexuel
Sexual- sexuel(le); ***~forscher, ~wissenschaftler*** sexologue *m*; ***~mediziner*** médecin *m* sexologue; ***~therapeut*** sexologue *m* clinicien; ***~therapie*** sexothérapie *f*
Sexualität <-> *f Ø* sexualité *f*
Sexualkunde *f Ø* éducation *f* sexuelle
Sexualkundeunterricht *m* cours *m* d'éducation sexuelle
Sexualleben *nt Ø* vie *f* sexuelle **Sexualobjekt** *nt* objet *m* sexuel **Sexualtäter(in)** *m(f)* auteur *m* de délit sexuel, maniaque *mf* sexuel(le)
sexuell I. *adj* sexuel(le)
II. *adv* sexuellement; *begehren, interessieren* physiquement; ***haben Sie mit ihm schon ~ verkehrt?*** avez-vous déjà eu des relations sexuelles avec lui?
sexy ['sɛksi] *adj inv fam* sexy
Sezession <-, -en> *f* POL sécession *f*
sezieren * I. *vt* ■ **jd seziert jdn/etw** qn dissèque qn/qc; ■ **das S~** la dissection
II. *vi* ■ **jd seziert** qn pratique une/la dissection
Seziersaal *m* UNIV salle *f* [*o* amphithéâtre *m*] de dissection
S-förmig, s-förmig[RR] ['ɛs-] *adj* en [forme de] s; *Kurve a.* en zigzag
Sgraffito <-s, -s *o* Sgraffiti> *nt s.* **Graffito**
Shampoo <-s, -s> ['ʃampu, 'ʃampo] *nt* shampo[o]ing *m*
Shareware <-, -s> ['ʃɛ:ɐvɛ:ɐ, 'ʃæ:əwæ:ə] *f* INFORM logiciel *m* contributif, partagiciel *m* CAN
Sherry <-s, -s> ['ʃɛri] *m* xérès *m*, sherry *m*
Shift-Taste ['ʃɪft-] *f* INFORM touche *f* Majuscule
Shopping-Mall <- -, - -s> ['ʃɔpɪŋmɔ:l] *f* INFORM cyberboutique *f*, galerie *f* marchande virtuelle
Shortcut <-s, -s> ['ʃɔ:tkʌt] *m* INFORM raccourci *m* clavier
Shorts [ʃo:ets, ʃɔrts] *pl* short *m*; ***in ~*** en short
Show <-, -s> [ʃoʊ] *f* (*Veranstaltung*) show *m*; TV *a.* émission *f* de variétés
► **jd zieht eine ~ ab** *sl* qn fait son cinéma *fam*
Show-down[RR], **Showdown** <-[s], -s> [ʃoʊdaun] *m* épreuve *f* de force, règlement *m* de compte[s]
Showgeschäft ['ʃoʊ-] *nt Ø* show-business *m*, showbiz *m fam*, industrie *f* du divertissement **Showmaster** <-s, -> ['ʃoʊma:stɐ] *m* animateur *m* [d'émissions de variétés/de l'émission]
siamesisch *adj* siamois(e)
Siamkatze *f* [chat *m*] siamois *m*
Sibirien <-s> [zi'bi:riən] *nt* la Sibérie
sibirisch *adj* sibérien(ne); *Bergwerk, Erzvorkommen, Fluss, Konzentrationslager, Stadt a.* de Sibérie; ***Irkutsk ist die ~e Hauptstadt*** Irkoutsk est la capitale de la Sibérie
sibyllinisch I. *adj geh* sibyllin(e)
II. *adv geh* de façon sibylline
sich *pron refl* 1. *akk* se, s'; (*auf Höflichkeitsform „Sie" bezüglich*) vous; ***das Kind wäscht ~*** l'enfant se lave; ***machen Sie ~ schön!*** faites-vous beau/belle!

2. *dat* se, s'; (*auf Höflichkeitsform „Sie" bezüglich*) vous ***er wäscht ~ jeden Tag die Haare*** il se lave les cheveux tous les jours
3. *pl* (*einander*) se, s'; ***sie lieben ~*** ils s'aiment
4. (*lässt sich tun*) se, s'; ***das Auto fährt ~ prima*** cette voiture se conduit très bien; ***hier arbeitet es ~ gut*** on arrive bien à travailler ici; ***bei Nebel fährt es ~ schlecht*** on roule mal par temps de brouillard
5. *mit Präpositionen* soi/lui/elle/vous/eux/elles; ***er/sie hatte keinen Ausweis bei ~*** il/elle n'avait pas ses papiers sur lui/elle; ***es ist nett, dass Sie uns zu ~ einladen*** c'est gentil de nous inviter chez vous; ***jeder für ~*** chacun pour soi; ***sie sind mit ~ sehr zufrieden*** ils/elles sont très satisfait(e)s d'eux/d'elles

Sichel <-, -n> *f* 1. AGR faucille *f*
2. (*sichelförmiges Gebilde*) croissant *m*

sicher I. *adj* 1. (*gewiss*) *Anwesenheit, Erscheinen, Gewinn, Verlust* certain(e); *Sieg, Tod a.* assuré(e); ■ **etw ist ~** qc est sûr(e) [*o* certain(e)]; ***streng dich an, noch ist der Erfolg keineswegs ~*** fais des efforts, tu n'es pas encore du tout assuré(e) du succès; ■ **es ist ~/nicht ~, dass/ob** il est certain que + *indic*/il [*o* ce] n'est pas certain que + *subj*; ■ **etw ist jdm ~** *Strafe, Tod, Infektion, Dividende* c'est qc assuré(e) pour qn; ***Verrätern ist der Tod ~*** c'est la mort assurée pour les traîtres; ■ **etwas S~es** quelque chose de sûr; ***etwas S~es weiß man noch nicht*** on ne sait encore rien de sûr; ■ **jd ist sich** (*dat*) **~/einer S.** (*gen*) **~** qn est sûr(e) de lui/d'elle/sûr(e) [*o* certain(e)] de qc; ■ **jd ist sich** (*dat*) **~/nicht ~, dass** qn est sûr(e) [*o* certain(e)] que + *indic*/qn n'est pas sûr(e) [*o* certain(e)] que + *indic o subj*; ■ **jd ist sich** (*dat*) **jds/seiner selbst ~** qn est sûr(e) de qn/de soi/de lui/d'elle; ***ich bin mir meiner [selbst] ganz ~*** je suis tout à fait sûr(e) de moi
2. (*ungefährdet*) *Platz, Zuflucht, Zufluchtsort* sûr(e); *Abstand* de sécurité; ***aus ~er Entfernung*** à bonne distance; ■ **etw ist ~** qc est sûr(e); ■ **etw ist irgendwo ~** qc est en sécurité quelque part; ■ **jd ist [irgendwo] ~** qn est en sécurité [quelque part]; ■ **jd ist [irgendwo] ~ vor jdm/etw** qn est à l'abri de qn/qc [quelque part]
3. (*zuverlässig*) *Geldanlage, Methode, Tipp, Wertpapier* sûr(e), fiable
4. (*geübt*) *Fahrer, Pilot, Reiter, Schütze, Schwimmer* éprouvé(e), chevronné(e)
5. (*treffsicher*) *Geschmack, Urteil* sûr(e)
6. (*fest*) *Zusage* ferme; ***ich habe das ~e Gefühl, dass*** j'ai la nette impression que + *indic*
7. (*gesichert*) *Arbeitsplatz, Job, Position, Stellung* sûr(e); *Einkommen a.* assuré(e), garanti(e)
8. (*selbstsicher*) *Eindruck* de sûreté; *Mensch* sûr(e) de soi/de lui/d'elle; ***sein ~es Auftreten*** son air sûr de lui
▶ **~ ist ~** deux précautions valent mieux qu'une; **so viel ist ~, ...** une chose est sûre, ...; **..., so viel ist ~ ...,** voilà qui est sûr
II. *adv* 1. (*bestimmt*) certainement, sûrement
2. (*gesichert*) *aufbewahren, unterbringen* en sécurité; ***bei mir sind die Unterlagen ~er aufbewahrt*** les documents sont plus en sécurité chez moi; ***am ~sten kann man Wertgegenstände im Bankschließfach verwahren*** le plus sûr, c'est de garder les objets de valeur dans un coffre à la banque
3. (*geübt*) *fahren, reiten, schießen, zeichnen* avec sûreté; ***sie fährt sehr ~*** elle conduit avec beaucoup de sûreté
4. (*selbstsicher*) *auftreten, reden* avec assurance; ***im Gespräch wirkt sie sehr ~*** dans la conversation, elle donne l'impression d'avoir beaucoup d'assurance
▶ **[aber] ~!, ~ doch!** *fam* (*klar!*) mais comment donc! *fam*; **~ nicht ..., aber ...** (*zwar*) ne ... probablement pas, mais ...

-sicher 1. (*geschützt*) *abhör-, bomben-, einbruchs-, schall-* anti..., à l'abri du/de la/des; ***diebstahl~e Autoradios*** autoradios *mpl* avec système antivol; ***atombomben~e Anlagen*** installations *fpl* antiatomiques
2. (*nicht gefährlich für*): ***kinder~*** *Verschluss* avec sécurité enfants; *Spielzeug* sans danger pour les enfants
3. *geschmack-, stil-* au/à la ... très sûr(e); ***ein Lexikograph muss stil~sein*** le lexicographe doit avoir un style très sûr

sicher|gehen *vi irreg + sein* ■ **jd geht sicher** qn prend ses précautions; ***jd muss/will/kann ~, dass*** qn doit/veut/peut être [absolument] sûr(e) que + *indic*
▶ **um sicherzugehen** par mesure de précaution, pour être plus sûr(e); **um sicherzugehen, dass** pour être [absolument] sûr(e) que + *indic o subj*

Sicherheit <-, -en> *f* 1. ∅ (*gesicherter Zustand*) sécurité *f*
2. ∅ (*Gewissheit*) certitude *f*; ***ich will mir persönlich ~ darüber verschaffen*** je veux m'en assurer avec certitude
3. ∅ (*Zuverlässigkeit*) [*Geschmack, Instinkt*] sûreté *f*; [*Mittel, Urteil, Methode a.*] fiabilité *f*
4. ∅ (*Gewandtheit*) [*Auftreten, Benehmen*] assurance *f*
5. (*Kaution*) caution *f*, [dépôt *m* de] garantie *f*; FIN garantie *f*
▶ **~ und Ordnung** l'ordre et la sécurité; **mit an ~ grenzender Wahrscheinlichkeit** de façon quasi-certaine, très probablement; **die öffentliche ~** la sécurité publique; **die soziale ~** la protection sociale; **jd bringt jdn/sich in ~ [vor jdm/etw]** qn met qn/se met à l'abri [de qn/qc]; **jd bringt etw [irgendwo] in ~** qn met qc en sécurité [quelque part]; **jd leistet ~** COM, JUR qn verse [*o* fournit] une caution; **jd ist [irgendwo] in ~** qn est en sécurité [*o* à l'abri] [quelque part]; **jd wiegt [*o* wähnt] sich in ~** qn se croit en sécurité [*o* à l'abri]; **jd wiegt jdn in ~** qn endort qn; **der ~ halber** par [mesure de] précaution; **mit [...] ~** avec [une] certitude [...]; ***diese Aufgabe löse ich mit schlafwandlerischer ~*** je vais résoudre ce problème les doigts dans le nez *fam*; ***davon darfst du mit tödlicher ~ ausgehen*** tu peux en être sûr(e) à cent pour cent; ***mit weitgehender ~*** très probablement

Sicherheits- de sécurité; ***~berater*** conseiller *m* à la sécurité; ***~bewusstsein*** sensibilisation *f* aux problèmes de sécurité; ***die Anlage ist s~technisch durchaus realisierbar*** sur le plan des mesures techniques de sécurité, l'installation est parfaitement réalisable **Sicherheitsabstand** *m* distance *f* de sécurité **Sicherheitsbeamte(r)** *m*, **-beamtin** *f* agent *m* de sécurité [*o* de protection], employé(e) *m(f)* à la sécurité **Sicherheitsbindung** *f* fixation *f* de sécurité **Sicherheitsglas** *nt* verre *m* de sécurité, verre *m* sécurit® **Sicherheitsgurt** *m* ceinture *f* de sécurité **sicherheitshalber** *adv* par [mesure de] précaution **Sicherheitskette** *f* chaîne *f* de sûreté **Sicherheitskontrolle** *f* 1. [*technisches Gerät*] contrôle *m* de sécurité; [*Auto*] contrôle *m* technique 2. (*am Flughafen*) contrôle *m* de sécurité **Sicherheitskopie** *f* INFORM sauvegarde *f* ▶ **jd erstellt eine ~ einer Datei** qn fait la sauvegarde d'un fichier **Sicherheitsleistung** *f* [dépôt *m* de] garantie *f*, caution *f* **Sicherheitsnadel** *f* épingle *f* de sûreté [*o* de nourrice] **Sicherheitsrat** *m* ∅ POL Conseil *m* de sécurité **Sicherheitsrisiko** *nt* menace *f* pour la/ma/sa/... sécurité **Sicherheitsschloss**[RR] *nt* serrure *f* de sûreté **Sicherheitsventil** [-vɛn-] *nt* soupape *f* de sûreté [*o* de sécurité] **Sicherheitsverschluss**[RR] *m* fermeture *f* de sûreté

sicherlich *adv* sûrement, certainement; ***~ ist es nicht einfach*** ce n'est sûrement [*o* certainement] pas simple

sichern I. *vt* 1. (*schützen*) ■ **jd sichert etw [durch [*o* mit] etw] [gegen etw]** qn protège qc [contre qc] [par qc]
2. (*mit der Sicherung schützen*) ■ **jd sichert etw [vor etw** (*dat*)**]** *Schusswaffe* qn met le cran de sûreté à qc [pour éviter qc]
3. (*absichern*) ■ **jd/etw sichert jdn** *Familie* qn/qc protège qn; ■ **jd/etw sichert etw** *Auskommen, Unterhalt* qn/qc garantit qc; ***jeder Bürger sollte sein Alter [o seinen Lebensabend] zusätzlich ~*** chaque citoyen devrait garantir ses vieux jours en souscrivant une assurance complémentaire; ■ **etw ist gesichert** qc est assuré(e)
4. INFORM ■ **jd/etw sichert etw** *Daten* qn/qc sauvegarde qc
5. (*sicherstellen*) ■ **jd/etw sichert [jdm] etw** *Kostenübernahme, Heilfürsorge, Unversehrtheit, Rechte* qn/qc assure [*o* garantit] qc [à qn]; ■ **jd sichert etw** *Fingerabdrücke, Reifenabdrücke, Spuren etc* qn relève qc
II. *vr* ■ **jd sichert sich [durch etw] [gegen etw]** qn se protège [*o* se garantit] [par/avec qc] [contre qc]; ***jeder Bergsteiger ist durch ein Seil [gegen Abstürze] gesichert*** chaque alpiniste est assuré par une corde [pour éviter les chutes]

sicher|stellen *vt* 1. (*in Gewahrsam nehmen*) ■ **jd stellt etw sicher** /*Behörde, Polizei, Zoll*/ qn saisit qc 2. (*garantieren*) ■ **jd/etw stellt etw sicher** qn/qc assure [*o* garantit] qc **Sicherstellung** *f* 1. (*das Sicherstellen*) saisie *f* 2. (*das Garantieren*) garantie *f*; ***diese Maßnahme dient der ~ der Versorgung der Bevölkerung*** cette mesure sert à garantir [*o* assurer] l'approvisionnement de la population

Sicherung <-, -en> *f* 1. ∅ (*Schutz*) protection *f*
2. ∅ (*Absicherung*) [*Arbeitsplätze, Auskommen, Unterhalt*] garantie *f*; [*Familie*] protection *f*; ***die Versicherung soll der zusätzlichen ~ meines Alters [o Lebensabends] dienen*** cette assurance doit servir de garantie complémentaire pour mes vieux jours; ***du solltest an die ~ deiner Zukunft denken*** tu devrais penser à assurer ton avenir
3. ∅ INFORM sauvegarde *f*
4. ELEC fusible *m*; ***die ~en sind durchgebrannt*** les fusibles ont grillé, les plombs ont sauté
5. TECH (*Vorrichtung*) système *m* de sécurité; [*Schusswaffe*] cran *m* de sûreté
▶ **die ~ brennt bei jdm durch** *fam* qn disjoncte *fam*, qn pète les plombs *fam*; **die ~ brennt durch** *fam* ça disjoncte *fam*

Sicherungskopie *f* sauvegarde *f* **Sicherungsverwahrung** *f* ≈ peine *f* de sûreté

Sicht <-, *rare* -en> *f* 1. (*Aussicht*) ■ **die/jds ~ [auf etw** (*akk*)**]** la vue/la vue de qn [sur qc]; ***rück etwas zur Seite, du nimmst mir die ~*** pousse-toi un peu, tu me caches la vue; ***eine Baumgruppe behinderte die freie ~ auf den See*** un bouquet d'arbres empêchait d'avoir une vue dégagée sur le lac; ***bei Nebel ist die ~ eingeschränkt*** la visibilité est réduite par temps de brouillard
2. (*Meinung*) ■ **jds ~** la vision de qn; ***deine ~ der Dinge*** ta vision des choses, ta manière de voir [les choses]
▶ **auf kurze/mittlere/lange ~** à court terme [*o* à courte vue]/à moyen/long terme; **jd hat eine ... ~ [auf etw** (*akk*)**]** qn a une vue ... [sur qc]; **jd/etw ist/kommt in ~** qn/qc est en vue/qn/qc apparaît; **auf/bei ~** FIN *bezahlen* à vue; ***jd legt etw auf ~ vor*** qn présente qc; **aus jds ~** du point de vue de qn; **aus ... ~** du point de vue ..., dans la perspective [*o* l'optique] ...; **nach ~** FIN après présentation

sichtbar I. *adj* 1. (*wahrnehmbar*) visible; ■ **etw ist [...] ~** *kaum, nicht* qc est [...] visible; ***etw ist gut/schlecht ~*** qc est bien/n'est pas bien visible, qc se voit bien/mal; ***etw ist besser ~*** qc se voit mieux
2. (*erkennbar*) *Fortschritte, Veränderung, Verbesserungen* sensible
II. *adv altern, abnehmen, zunehmen* nettement; *sich verändern, verbessern, verschlechtern* sensiblement; ***unser Kind macht ~ Fortschritte*** notre enfant fait des progrès sensibles

sichten *vt* 1. NAUT ■ **jd sichtet etw** qn aperçoit qc
2. (*durchsehen*) ■ **jd sichtet etw** *Akten, Briefe, Material, Sekundärliteratur* qn passe qc en revue, qn examine qc
3. *fam* (*sehen*) ■ **jd sichtet jdn** qn aperçoit [la bobine de *fam*] qn

Sichtflug *m* navigation *f* à vue **Sichtgerät** *nt* (*Monitor*) console *f* [*o* écran *m*] de visualisation, moniteur *m*

sichtlich I. *adj* visible; ***zu seiner ~en Erleichterung*** à son grand soulagement
II. *adv* visiblement, manifestement

Sichtung <-, -en> *f* 1. NAUT *verbal übersetzt*; ***nach ~ des Eisbergs*** après avoir aperçu l'iceberg; ***der Matrose meldete die ~ des Landes*** le marin a annoncé que la terre était en vue
2. ∅ (*Durchsicht*) tri *m*, dépouillement *m*

Sichtverhältnisse *pl* [conditions *fpl* de] visibilité *f* **Sichtvermerk** *m form* visa *m* **Sichtweite** *f* visibilité ►**jd/etw ist außer/in ~** qn/qc est hors de/en vue; **jd ist außer/in ~ eines Menschen** qn est hors du/dans le champ de vision de qn; **jd ist außer/in ~ einer S.** (*gen*) qc est hors du/dans le champ de vision de qn

Sickergrube *f* puits *m* perdu, puisard *m*

sickern *vi + sein* **1.** (*rinnen*) ■ **etw sickert [aus etw/durch etw] in etw** (*akk*) qc suinte [de qc/à travers qc] dans qc
2. (*dringen*) ■ **etw sickert irgendwohin** /*Information, Plan, Vermutung*/ qc filtre [*o* s'ébruite] quelque part; ***es darf auf keinen Fall etwas an die Öffentlichkeit/ nach draußen ~*** il faut absolument que rien ne filtre [*o* ne s'ébruite]

Sickerwasser *nt* ∅ eaux *fpl* d'infiltration

sie *pron pers, 3. pers* **1.** <(*gen*) ihrer, (*dat*) ihr, (*akk*) sie> *sing* (*Nominativ, nach Präposition, betont*) elle; (*Akkusativ*) la, l'; (*Sache bezeichnend, Nominativ*) il/elle; (*Akkusativ*) le/la, l'; ~ ***ist es!*** c'est elle; ***nicht möglich, ~ ist es wirklich!*** ce n'est pas possible, c'est bien elle!; ***er ist größer als ~*** il est plus grand qu'elle; ***ist ~, die wir suchen, hier?*** celle que nous cherchons est-elle ici?; ***wo ist die Fotografie? Ich finde ~ nicht!*** où est la photo? Je ne la trouve pas!
2. <(*gen*) ihrer, (*dat*) ihnen, (*akk*) sie> *pl* (*Nominativ*) ils/elles; (*Akkusativ*) les; (*allein stehend, nach Präposition*) eux/elles; ~ ***waren es, die Kerle auf dem Foto!*** c'étaient eux, les types sur la photo!; ***wir sind klüger als ~*** nous sommes plus malins(-ignes) qu'eux/qu'elles; ***wer hat das gemacht? – S~!*** qui a fait ça? – Eux/Elles!
► ~ **nicht!** (*Singular*) pas elle!; (*Plural*) pas eux/elles!; ~ **selbst** elle-même[, elle ...]; eux-mêmes/elles-mêmes[, ils/elles ...]; ~ ***selbst konnte das nicht machen*** elle-même, elle ne pouvait pas le faire; ***so dass nicht einmal ~ selbst es machen konnte*** de telle façon que pas même elle ne pourrait le faire

Sie¹ <(*gen*) Ihrer, (*dat*) Ihnen, (*akk*) Sie> *pron pers, 2. pers sing o pl, mit 3. pers pl vb gebraucht* **1.** (*förmliche Anrede*) vous; ***ach, ~ sind's?*** ah, c'est vous?; ***ich bitte ~ um Entschuldigung*** je vous prie de m'excuser; ~ ***Schlampe!*** espèce de salope!; ~ ***Armer!*** mon pauvre!; ~ ***Glückliche!*** espèce de veinarde!
2. (*Imperativ*) *nicht übersetzt;* ***reden ~!*** parlez!
3. (*jds Aufmerksamkeit erregend*) hé, vous
► ~ **selbst** vous-même[, vous ...]; (*auf mehrere bezogen*) vous-mêmes[, vous ...]; ~ ***selbst könnten das nicht besser machen*** vous ne pourriez pas faire mieux vous-même/vous-mêmes; ***so dass nicht einmal ~ selbst es machen könnten*** de telle façon que pas même vous ne pourriez le faire

Sie² <-s> *nt* ∅ vouvoiement *m*
►**jd redet jdn mit ~ an** qn dit vous à qn, qn vouvoie qn

Sie³ *f* ∅ ■ **eine ~** (*weibliche Person*) une femme; (*weibliches Tier*) une femelle; ***Kontaktanzeige: Er, 39, gutaussehend, sucht zärtliche ~*** Rencontres: Homme, 39 ans, bonne présentation, cherche compagne tendre

Sieb <-[e]s, -e> *nt* **1.** (*Küchen~*) passoire *f;* (*Kaffee~*) passoire *f* à café; (*Tee~*) passe-thé *m*
2. CONSTR crible *m*, tamis *m*
3. TECH (*Filter~*) filtre *m*

Siebdruck <-drucke> *m* sérigraphie *f*

sieben¹ *num* **1.** (*Zahl*) sept
2. (*Jahr*) sept ans; ■ **jd ist/wird ~** qn a/va avoir sept ans
3. (*Uhr*) sept heures; ***es ist ~*** il est sept heures; ***es ist ~ vor/ nach drei*** il est trois heures moins sept/trois heures sept; ***es ist schon kurz nach ~*** il est déjà sept heures passées; ***es ist noch vor ~*** il n'est pas encore sept heures
4. SPORT (*Punkt*) ■ ~ **zu etw** sept à qc; ■ **etw zu ~** qc à sept
► **gegen ~** (*etwa um ~ Uhr*) vers sept heures; **mit ~** (*im Alter von ~ Jahren*) à sept ans; **um ~** à sept heures; **zu ~, zu siebt** à sept; *sein* sept; ***so wären wir zu ~*** comme ça, nous serions sept

sieben² **I.** *vt* ■ **jd siebt etw** *Mehl* qn tamise qc; *Sand a.* qn passe qc au crible
II. *vi fam* (*aussondern*) ■ **jd/etw siebt** qn/qc sélectionne, qn/qc fait une sélection [*o* un tri]; ***die Gymnasien ~ nicht mehr so stark wie früher*** les lycées ne font plus une sélection [*o* un tri] aussi sévère qu'avant; ■ **es wird gesiebt** on sélectionne, on fait une sélection [*o* un tri]; ***es muss gesiebt werden*** il faut faire une sélection [*o* un tri]

Sieben <-, - *o* -en> *f* **1.** (*Zahl*) sept *m*
2. TRANSP ■ **die ~** le sept
3. KARTEN ■ **die/eine ~** le/un sept; ■ **die -~** le sept de

Siebeneck *nt* heptagone *m* **siebeneckig** *adj* heptagonal(e) **siebeneinhalb** *num* **1.** (*7,5*) sept ... et demi(e) **2.** *fam* (*7500 DM*) sept mille cinq cents marks

siebenerlei *adj inv* ■ ~ **etw** *Brot, Käse* sept sortes de qc; ■ ~ **Dinge** *Sorten, Möglichkeiten, Farben, Größen* sept choses différentes

siebenfach, 7fach **I.** *adj* **1.** (*siebenmal so groß*) septuple *rare;* ■ **der/die/das ~e ...** *Betrag, Preis, Summe* un/une ... sept fois plus élevé(e); ***es kam die ~e Anzahl*** il en est venu sept fois plus; ***etw ist von der ~en Dicke*** qc est sept fois plus épais(se); ***sie kaufte die ~e Menge*** elle en acheta sept fois plus; ***eine ~e Vergrößerung*** un agrandissement [dans un format] sept fois plus grand
2. (*siebenmal erstellt*) *Ausfertigung, Kopie* sept; ***in ~er Ausfertigung*** en sept exemplaires
II. *adv ausfertigen, besitzen, vorhanden sein* en sept exemplaires

Siebenfache(s) *nt decl wie adj* septuple *m rare;* ***jd verdient/ bezahlt/ verzehrt das ~*** qn gagne/paie/consomme sept fois plus; ***das ~ an Fläche*** une surface sept fois plus grande; ***das ~ an Gehalt*** un salaire sept fois plus élevé
► **um das ~** de sept fois; ***etw ist um das ~ gestiegen*** qc a été multiplié(e) par sept; ***um das ~ höher*** sept fois plus élevé(e)

siebengeschossig **I.** *adj* de sept étages; ■ **etw ist ~** qc a sept étages
II. *adv* sur sept étages

siebenhundert *num* sept cents

siebenhundertjährig *adj* sept fois centenaire; ***das ~e Bestehen des Dorfs*** les sept cents ans d'existence du village; ***das ~e Jubiläum*** le septième centenaire

siebenhundertste(r, s) *adj* sept centième

siebenhunderttausend *num* sept cent mille

siebenjährig *adj* **1.** (*7 Jahre alt*) de sept ans **2.** (*7 Jahre dauernd*) de sept ans **Siebenjährige(r)** *f(m) decl wie adj* enfant *mf* de sept ans **siebenköpfig** *adj* de sept [personnes]

siebenmal *adv* sept fois
► ~ **so viel/so viele [...]** sept fois plus/plus [de ...]

siebenmalig *adj:* ***nach ~em Anruf/ Versuch*** après sept appels/essais; ***auf ~es Klingeln*** au septième coup de sonnette; ***unser geheimes Zeichen ist ~es Klopfen an der Tür*** notre signal consiste à frapper sept fois à la porte; ***trotz bisher ~er Bitte*** malgré une demande réitérée sept fois

Siebenmeterbrett *nt* plongeoir *m* de sept mètres **Siebenmonatskind** *nt* (*Frühgeburt*) prématuré(e) *m(f)* de sept mois; *hum* faux prématuré/fausse prématurée *m/f* **Siebensachen** *pl fam* ■ **jds ~** (*Sachen*) les affaires *fpl* de qn ►**jd packt seine ~** (*Habseligkeiten*) qn prend ses cliques et ses claques *fam* **Siebenschläfer** *m* ZOOL loir *m*

siebenseitig *adj* de sept pages **siebenstellig** *adj Betrag, Einkommen, Summe* à sept chiffres; *Zahl* de sept chiffres **siebenstöckig** *adj* de sept étages; ■ **etw ist ~** qc a sept étages **siebenstrophig** *adj Gedicht* de sept strophes; *Lied* de sept couplets; ■ **etw ist ~** qc a sept strophes/couplets **siebenstündig** *adj attr* de sept heures **siebenstündlich** **I.** *adj* toutes les sept heures **II.** *adv* toutes les sept heures **siebentägig** *adj* de sept jours **siebentäglich** *adv* tous les sept jours

siebentausend *num* **1.** sept mille **2.** *fam* (*7000 DM*) sept mille marks
Siebentausender <-s, -> *m* sept mille *m* [mètres]

siebente(r, s) *adj geh s.* **siebte(r, s)**

Siebenteiler <-s, -> *m* TV feuilleton *m* en sept épisodes **siebenteilig** *adj Film* en sept parties; *Satz* de sept; *Besteck* pour sept personnes

Siebentel <-s, -> *nt s.* **Siebtel**

siebentens *adv geh s.* **siebtens**

siebenund- -sept; ***ich bin ~zwanzig, und du?*** j'ai vingt-sept ans, et toi?

siebenzeilig *adj Inschrift* de sept lignes; *Gedicht, Strophe* de sept vers; ■ **etw ist ~** qc a sept lignes/vers **Siebenzimmerwohnung** *f* appartement *m* de sept pièces

siebt *adj s.* **sieben**

siebte(r, s) *adj* **1.** septième
2. (*Datum*) sept; ***am ~n September*** le sept septembre
► **jeder ~ ...** un(e) ... sur sept

Siebte(r) *f(m) decl wie adj* **1.** (*des Monats*) ■ **der ~** le sept
2. (*Herrscher*) ■ **... der ~** *gesprochen,* ■ **... VII.** *geschrieben* ... sept *oral,* ... VII *écrit*
► **jd ist/wird ~(r)** qn est/finit septième; **als ~(r)** en septième position; ***Sie sind als ~(r) dran*** vous êtes le/la septième; **jeder ~** un(e) sur sept

Siebtel <-s, -> *nt* septième *m*

siebtens *adv* septièmement

siebtletzte(r, s) *adj* septième [...] avant la fin

siebzehn *num* **1.** (*Zahl*) dix-sept
2. (*Jahre*) dix-sept ans; ■ **jd ist/wird ~** qn a/va avoir dix-sept ans
► **mit ~** à dix-sept ans

siebzehnte(r, s) *adj* dix-septième; ***der ~ Mai*** le dix-sept mai

siebzig *num* **1.** (*Zahl*) soixante-dix, septante BELG, CH
2. (*Jahr*) soixante-dix ans; ■ **jd ist/wird ~** qn a/va avoir soixante-dix ans
3. (*Stundenkilometer*) soixante-dix
► **mit ~** (*Alter*) à soixante-dix ans; (*Geschwindigkeit*) à soixante-dix

siebziger *adj,* **70er** *adj inv, attr* **1.** ■ **die ~ Jahre** les années *fpl* soixante-dix
2. COM de 1970

Siebziger *pl* (*eines Jahrhunderts*) ■ **die ~** les années *fpl* soixante-dix

Siebziger <-s, -> *m* (*Wein*) 1970 *m*
► **jd ist in den ~n** qn est septuagénaire

Siebziger(in) <-s, -> *m(f)* (*Mensch*) septuagénaire *mf*

Siebzigerjahre *pl* ■ **die ~** les années *fpl* soixante-dix

siebzigjährig **I.** *adj attr* **1.** *Baum, Tier* de soixante-dix ans; *Mensch a.* septuagénaire **2.** *Dauer, Leben, Okkupation* de soixante-dix ans **II.** *adv* à soixante-dix ans **Siebzigjährige(r)** *f(m) decl wie adj* homme/femme de soixante-dix ans; ***in zwei Monaten bin ich eine ~*** je serai septuagénaire dans deux mois ► **als ~** à soixante-dix ans

siech *adj veraltend geh Mensch* cacochyme *vieux,* valétudinaire *vieilli littér; Wirtschaft, Branche* malade

Siechtum <-[e]s> *nt* ∅ *veraltend geh* (*Hinfälligkeit*) dépérissement *m*, étiolement *m*

siedeln *vi* ■ **jd siedelt irgendwo** qn s'établit quelque part

sieden <siedete *o* sott, gesiedet *o* gesotten> *vi* ■ **etw siedet** qc bout
► **[etw ist] ~d heiß** [qc est] bouillant(e); **etw fällt jdm ~d heiß ein** *fam* qc lui revient tout d'un coup; **jd bringt etw zum S~** qn fait bouillir qc

siedendheiß *s.* **sieden** ►

Siedepunkt *m* point *f* d'ébullition

Siedler(in) <-s, -> *m(f)* colon *m*

Siedlung <-, -en> *f* **1.** (*Wohnhausgruppe*) lotissement *m*, cité *f*
2. (*Ansiedlung*) colonie *f*

Sieg <-[e]s, -e> *m* (*alle Bedeutungen*) victoire *f;* ■ **der/jds ~ über jdn/etw** la victoire de qn sur qn/qc
► **etw bringt jdn um den ~, etw kostet jdn den ~** qc lui coûte la victoire, qc fait passer qn à côté de la victoire; **jd erringt den ~, jd trägt den ~ da-**

von *geh* qn remporte la victoire; **sie kämpfen um den** ~ ils/elles luttent pour la victoire; **jd verhilft einer S.** (*dat*) **zum** ~ qn fait triompher qc

Siegel <-s, -> *nt* **1.** (*Abdruck*) sceau *m*, cachet *m*
2. (*Stempel*) cachet *m*
► **unter dem** ~ **der Verschwiegenheit** sous le sceau du secret

Siegellack *m* cire *f* à cacheter **Siegelring** *m* chevalière *f*

siegen *vi* **1.** MIL ■ **jd siegt** [**bei etw/in etw** (*dat*)] qn est [*o* sort] vainqueur [quelque part/de qc]; ■ **jd siegt über jdn** qn vainc qn
2. SPORT ■ **jd siegt** [**bei etw/irgendwo**] qn gagne [qc/quelque part], qn l'emporte [dans qc/quelque part]; ■ **jd siegt in etw** (*dat*) qn gagne qc, qn l'emporte dans qc; ■ **jd siegt über jdn** qn l'emporte sur qn

Sieger(in) <-s, -> *m(f)* **1.** MIL vainqueur *m*
2. SPORT vainqueur *m*, gagnant(e) *m(f)*
► ~ **nach Punkten/durch K. o.** vainqueur aux points/par K. O.; **jd bleibt** [**in etw** (*dat*)] ~ qn conserve son titre [dans qc]; **jd geht als** ~ **aus etw hervor** qn sort vainqueur de qc

Siegerehrung *f* remise *f* des prix [*o* médailles] **Siegertreppchen** <-s, -> *nt* podium *m* **Siegerurkunde** *f* diplôme *m* [d'honneur], certificat *m* [de qualification]

siegesbewusst[RR] *adj, adv s.* **siegessicher. Siegesfreude** *f* euphorie *f* de la victoire, joie *f* triomphante **siegesgewiss**[RR] *adj, adv s.* **siegessicher. Siegesgöttin** *f* MYTH [déesse *f* de la] Victoire *f* **Siegeskranz** *m* lauriers *mpl* de la victoire **siegessicher I.** *adj Mensch* sûr(e) de la victoire; *Grinsen, Lächeln* triomphant(e) **II.** *adv* d'un air triomphant; ~ *lächelnd* avec un sourire triomphant

siegreich I. *adj* **1.** MIL victorieux(-euse)
2. SPORT gagnant(e), victorieux(-euse)
II. *adv* (*als Sieger*) en vainqueur; ***jd geht*** ~ ***aus etw hervor*** qn sort vainqueur de qc

sieh, siehe *Imperativ sing von* **sehen**

sieht *3. pers pres von* **sehen**

Siel <-[e]s, -e> *nt o m* NDEUTSCH écluse *f* (*pratiquée dans une digue*)

Sievert <-s, -> [-vɛrt] *nt* sievert *m*

siezen *vt* ■ **jd siezt jdn** qn vouvoie qn; ■ **sie** ~ **sich** ils/elles se vouvoient

Sigel <-s, -> *nt* sigle *m*

Sightseeing <-s> ['saitsiːɪŋ] *nt* visite *f* touristique

Sigle <-, -n> ['ziːgl] *f s.* **Sigel**

Signal <-s, -e> *nt* **1.** (*Zeichen*) signal *m*
2. EISENBAHN signal *m*
3. *pl geh* (*Ansätze*) signes *mpl*
► **jd gibt** [**mit etw**] [**ein**] ~ qn donne l'alerte [*o* l'a arme] [avec qc]; **jd/etw setzt** [**durch** [*o* **mit**] **etw**] ~**e** *geh* qn/qc fait date [avec qc]

Signalement <-s, -s> *nt* CH signalement *m*

signalisieren * *vt* **1.** (*andeuten*) ■ **jd signalisiert** [**jdm**] **etw** qn laisse entendre qc [à qn]
2. CH (*ausschildern*) ■ **jd signalisiert etw** qn signalise qc

Signallampe *f* **1.** (*Taschenlampe*) lampe *f* de poche **2.** EISENBAHN lampe *f* de signalisation **Signalmast** *m* **1.** EISENBAHN sémaphore *m* **2.** TRANSP poteau *m* de feux de signalisation **Signalwirkung** *f*: ***etw hat*** ~ qc montre la voie

Signatar(in) <-s, -e> *m(f) form* signataire *mf*

Signatur <-, -en> *f* **1.** (*Bibliothekszeichen*) cote *f*
2. GEOG signe *m*
3. *geh* (*Unterschrift*) signature *f*

Signet <-s, -s> [zɪ'gneːt, zɪ'gnɛt, zɪn'jeː] *nt* symbole *m*; [*Verlag, Firma*] logo *m*

signieren * *vt* ■ **jd signiert etw** qn signe qc; (*Schriftsteller in Buchhandlung*) qn dédicace qc

Signierung <-, -en> *f* signature *f*; (*von Schriftsteller in Buchhandlung*) dédicace *f*

signifikant I. *adj geh* **1.** (*bedeutsam*) important(e), significatif(-ive)
2. (*charakteristisch*) caractéristique; ■ **etw ist** ~ **für jdn** qc est caractéristique de qn
II. *adv geh* (*bedeutend*) sensiblement

Sikh <-s, -s> *m* Sikh *mf*

Silbe <-, -n> *f* syllabe *f*
► **mit keiner** ~ absolument pas; ***jd geht mit keiner*** ~ ***auf etw*** (*akk*) ***ein/erwähnt etw mit keiner*** ~ qn ne souffle pas mot de qc; **keine** ~ pas un mot

Silbentrennung *f* division *f* en syllabes [*o* syllabique]

Silber <-s> *nt* ∅ **1.** CHEM argent *m*
2. (*Tafel*~) argenterie *f*
3. SPORT l'argent *m fam*, médaille *f* d'argent; ***jd holt*** ~ qn décroche l'argent *fam*
► **Reden ist** ~, **Schweigen ist Gold** *prov* la parole est d'argent mais [*o* et] le silence est d'or

Silber- en argent; ~***besteck***, ~***geschirr*** argenterie *f* **Silberblick** *m* ► **jd hat einen** ~ *fam* qn a un léger strabisme, qn a une coquetterie dans l'œil *fam* **silberfarben** *adj*, **silberfarbig** *adj* argenté(e) **Silberfischchen** <-s, -> *nt* lépisme *m*, poisson *m* d'argent **Silberfuchs** *m* renard *m* argenté **silbergrau** *adj* gris argenté *inv* **Silberhochzeit** *f* noces *fpl* d'argent **Silbermedaille** [-medaljə] *f* médaille *f* d'argent

silbern *adj* **1.** (*aus Silber*) en argent
2. (*weiß glänzend*) argenté(e)

Silberpappel *f* peuplier *m* blanc, grisard *m* **Silberschmied(in)** *m(f)* orfèvre *m* **Silberstreif[en]** *m* ► **ein** ~ **am Horizont** *geh* une lueur d'espoir [à l'horizon]; **es zeichnet sich ein** ~ **am Horizont ab** *geh* on voit poindre une lueur d'espoir **silberweiß** *adj* argenté(e)

-silbig à ... syllabes; ***ein***~ à une syllabe, monosyllabique

silbrig I. *adj* argenté(e)
II. *adv* (*silbern*): ***etw glänzt/schimmert*** ~ qc brille d'un éclat argenté/jette une lueur argentée

Silhouette <-, -n> [zi'luɛtə] *f* silhouette *f*
► **jd/etw hebt** [*o* **zeichnet**] **sich als** ~ **gegen etw ab** qn/qc se découpe sur qc; ***jd/etw hebt sich als*** ~ ***gegen den Horizont ab*** qn/qc se dessine [*o* se découpe] à l'horizon

Silicium <-s> *nt* ∅ CHEM *s.* **Silizium**

Silikat <-[e]s, -e> *nt* silicate *m*

Silikon <-s, -e> *nt* silicone *f*

Silikose <-, -n> *f* silicose *f*

Silizium <-s> *nt* ∅ CHEM silicium *m*

Silo <-s, -s> *m* silo *m*

Silvaner <-s, -> [-'vaː-] *m* sylvaner *m*

Silvester <-s, -> [-'vɛstɐ] *m o nt* Saint-Sylvestre *f*; ***morgen ist*** ~ demain, c'est la Saint-Sylvestre; ***für/vor/nach/an*** ~ pour/avant/après/à la Saint-Sylvestre

Silvesterabend [-'vɛstɐ-] *m* soir *m* de la Saint-Sylvestre [*o* du nouvel an] **Silvesterfeier** *f* réveillon *m* de la Saint-Sylvestre, fête *f* du nouvel an **Silvesternacht** *f* nuit *f* de la Saint-Sylvestre

simpel I. *adj* **1.** (*einfach*) simple; ■ **etw ist** [**ganz**] ~ qc est [très] simple; ■ **etw ist** [**jdm**] **zu** ~ qc est trop simple pour qn
2. (*schlicht*) [tout(e)] simple, ordinaire
II. *adv* simplement

simplifizieren * *vt geh* ■ **jd simplifiziert etw** qn simplifie qc

Sims <-es, -e> *m o nt* [*Fenster*] rebord *m*; [*Kamin, Decke*] corniche *f*

simsalabim *interj* abracadabra

Simulant(in) <-en, -en> *m(f)* simulateur(-trice) *m(f)*

Simulation <-, -en> *f* simulation *f*

Simulator <-s, -toren> *m* simulateur *m* [de vol]

simulieren * **I.** *vi* ■ **jd simuliert** qn simule
II. *vt* qn simule qc

simultan I. *adj geh* simultané(e)
II. *adv geh* simultanément

Simultandolmetscher(in) *m(f)* interprète *mf* simultané(e)

sin. *abk von* **Sinus**

sind *1. und 3. pers pl pres von* **sein**[1]

sine tempore *adv* ponctuellement

Sinfonie <-, -n> [-'niːən] *f* symphonie *f*

Sinfonieorchester [-ɔrkɛstɐ, -ɔrçɛstɐ] *nt* orchestre *m* symphonique

Singapur <-s> ['zɪŋgapuːɐ] *nt* Singapour

singen <sang, gesungen> **I.** *vi* **1.** ■ **jd/ein Tier singt** qn/un animal chante; ■ **jd singt zu etw** qn chante en s'accompagnant à qc; ■ **das S**~ le chant; ***unter fröhlichem S***~ en chantant gaiement
2. *sl* (*gestehen*) ■ **jd singt** qn mange le morceau *fam*, qn se met à table *fam*
II. *vt* ■ **jd singt etw** qc chante qc
► **das kann ich schon** ~ *fam* je pourrais le réciter par cœur
III. *vr*: ***jd singt sich durstig/heiser/müde*** qn a soif/est enroué(e)/est fatigué(e) d'avoir chanté [*o* à force de chanter]

Singerei <-> *f* ∅ *fam* chansons *fpl*, rengaines *fpl*

Single[1] <-, -[s]> ['sɪŋgl] *f* (*Schallplatte*) 45 tours *m*, single *m*

Single[2] <-s, -s> ['sɪŋgl] *m* (*Ledige*) célibataire *mf*

Single[3] <-, -[s]> [sɪŋgl] *nt* TENNIS simple *m*

Singsang <-s, -s> *m* mélopée *f*, chant *m* monotone **Singspiel** *nt* singspiel *m*, vaudeville *m* **Singstimme** *f* (*Gesangsteil*) [partie *f* de] chant *m*; (*Stimme*) voix *f*

Singular <-s, -e> ['zɪŋgulaːɐ] *m* singulier *m*

Singvogel *m* [oiseau *m*] chanteur *m*

sinister *adj geh* sinistre

sinken <sank, gesunken> *vi* + *sein* **1.** (*versinken*) ■ **jd/etw sinkt** qn/qc coule; ■ **jd lässt sich** [**irgendwohin**] ~ qn se laisse couler [quelque part]
2. (*herabsinken*) ■ **jd/etw sinkt** /*Ballon, Segelflugzeug*/ qn/qc descend
3. (*niedersinken*) ■ **jd sinkt irgendwohin** qn s'affaisse [*o* s'effondre] quelque part; ■ **etw sinkt** [**irgendwohin**] /*Arm, Hand, Kopf*/ qc tombe [quelque part]
4. (*abnehmen*) ■ **etw sinkt** [**auf etw** (*akk*)] /*Druck, Temperatur, Fieber*/ qc descend [*o* tombe] [à qc], qc baisse
5. (*niedriger werden*) ■ **etw sinkt** /*Kurs, Preis*/ qc baisse
6. (*schwinden*) ■ **etw sinkt** /*Ansehen*/ qc est terni(e); /*Vertrauen*/ qc est ébranlé(e)
7. (*schlechter werden*) ■ **jd sinkt in etw** (*dat*) *in jds Achtung, Meinung* qn baisse dans qc de qn; *in jds Gunst* qn perd qc de qn
► **jd lässt etw** ~ qn perd qc; ***jd lässt die Hoffnung*** ~ qn perd espoir

Sinn <-[e]s, -e> *m* **1.** *meist pl* (*Organ*) sens *m*
2. ∅ (*Bedeutung*) sens *m*, signification *f*
3. (*Zweck*) sens *m*
4. ∅ (*Verständnis*) ■ **jds** ~ **für etw** le sens [*o* le goût] de qn pour qc
5. (*Intention*) but *m*, objectif *m*
► **jd tut etw ohne** ~ **und Verstand** qn fait qc en dépit du bon sens; **etw ist ohne** ~ **und Verstand** qc n'a ni queue ni tête, qc n'a ni rime ni raison; **im wahrsten** ~**e des Wortes** au sens propre du mot, au vrai sens du terme; **jd wird anderen** ~**es** *geh* qn se ravise, qn change d'avis; **im engeren** [*o* **eigentlichen**]/**weiteren** ~**e** au sens strict [*o* propre]/large du terme; **jd hat seine fünf** ~**e beisammen** (*ist konzentriert*) qn mobilise toute son attention; **jd hat seine fünf** ~**e nicht beisammen** *fam* (*ist nicht bei Trost*) qn a perdu la tête, qn n'a pas toute sa raison; **jd nimmt seine fünf** ~**e zusammen** (*passt auf*) qn fait attention, qn fait gaffe *fam*; **in gewissem** ~**e** en un sens, dans un certain sens; **der sechste** ~ le sixième sens; **jd hat einen sechsten** ~ **für etw** qn a un sixième sens pour qc; **der tiefere** [*o* **verborge-**

ne] ~ le sens profond [*o* caché]; **im übertragenen ~e** au sens figuré; **jd ändert seinen ~** *geh* qn se ravise; **bist du noch bei ~en?** tu as encore toute ta tête?, tu te sens bien? *fam;* **etw gibt** [*o* **ergibt**] **keinen ~** qc n'a aucun sens; **jd handelt in jds ~** (*dat*) qn agit dans le sens de qn; **jd hat etwas [mit etw] im ~** qn a qc derrière la tête [avec qc], qn mijote qc [avec qc]; **jd hat mit jdm/etw nichts im ~** qn ne s'intéresse pas à qn/qc, qn n'a pas d'atomes crochus avec qn; **jd hat ~/keinen ~ für etw** qn a du goût/n'a aucun goût pour qc; **etw hat einen bestimmten ~** qc a un certain sens; **es hat keinen ~ etw zu tun** ça n'a aucun sens de faire qc; **jd ist mit jdm eines ~es** *geh* qn abonde dans le sens de qn, qn est du même avis que qn; ***wir sind eines ~es*** nous abondons dans le même sens; **etw ist in jds ~** (*dat*) qc va dans le sens de qn; **jd ist nicht mehr bei ~en, jd ist von ~en** qn n'a plus toute sa raison, qn a perdu la tête; **etw kommt jdm in den ~** qc vient à l'esprit [*o* à l'idée] de qn, qc lui passe par la tête; **etw macht ~** (*ist einleuchtend*) qc est évident(e); **etw macht ~/keinen ~** (*ist sinnvoll*) qc est sensé(e)/n'a aucun sens; **jd schlägt sich** (*dat*) **etw aus dem ~** qc s'ôte qc de l'esprit [*o* de la tête], qn fait une croix sur qc *fam;* **jdm schwinden die ~e** *geh* qn se sent défaillir, les sens de qn l'abandonnent; **jdm steht der ~ nach etw** *geh* qn a envie de qc; ***man weiß nie, wonach ihr am nächsten Tag der ~ steht*** on ne sait jamais quelle envie lui prendra le lendemain; **etw will** [*o* **kommt**] **jdm nicht aus dem ~** qc ne lui sort pas de la tête; **etw will jdm nicht in den ~** qn n'arrive pas à comprendre qc; **in diesem ~e** sur ce,; **wie von ~en** (*wie verrückt*) comme un(e) fou(folle)

Sinnbild *nt* symbole *m* **sinnbildlich** I. *adj* symbolique II. *adv* symboliquement, de façon symbolique

sinnen <sann, gesonnen> *vi geh* **1.** (*grübeln*) ■ **jd sinnt über etw** (*akk*) qn médite sur qc; (*nachdenken*) qn réfléchit à qc; ■ **~d** méditatif(-ive); (*nachdenkend*) songeur(-euse)
2. (*trachten*) ■ **jd sinnt auf etw** (*akk*) qn médite qc; *auf Flucht* qn songe à qc; ***jd sinnt auf Rache/Mord*** qn médite une [*o* sa] vengeance/un crime
▸ **jds S~ und Trachten** le but [*o* la préoccupation] de qn; *s. a.* **gesonnen**

sinnentstellend I. *adj* qui déforme [*o* fausse] le sens, erroné(e); ■ **etw ist ~** qc déforme [*o* fausse] le sens, qc est erroné(e)
II. *adv* de façon erronée

Sinneseindruck *m* impression *f* sensorielle **Sinnesorgan** *nt* organe *m* des sens [*o* sensoriel] **Sinnestäuschung** *f* illusion *f* des sens [*o* sensoriel-le] **Sinneswandel** *m* revirement *m,* volte-face *f,* changement *m* d'opinion

sinngemäß I. *adj Übersetzung* conforme au sens; *Wiedergabe* en substance
II. *adv* en substance

sinnieren * *vi* ■ **jd sinniert [über etw** (*akk*)] qn médite [sur qc]

sinnig *adj* sensé(e), judicieux(-euse)
▸ **sehr ~** *iron* très intelligent

sinnlich I. *adj* **1.** (*sexuell*) sensuel(le), physique
2. *Augen, Gesicht, Gesichtsausdruck, Lippen, Mund* sensuel(le)
3. (*gern genießend*) épicurien(ne), sensuel(le) *littér*
4. *geh Eindruck, Empfindung, Reiz, Wahrnehmung* sensoriel(le); *Freuden, Genüsse* sensuel(le)
II. *adv* **1.** (*sexuell*) *begehren, erregen* sexuellement
2. *geh:* ***jd nimmt etw ~ wahr*** qn perçoit qc [au niveau sensoriel]

Sinnlichkeit <-> *f* ∅ sensualité *f*

sinnlos I. *adj* **1.** (*unsinnig*) absurde; *Handlung, Maßnahme a.* dénué(e) de sens; *Anstrengung, Bemühung* vain(e)
2. (*maßlos*) *Hass, Raserei, Wut* fou(folle)
II. *adv* **1.** (*ohne Sinn*) sans raison; *sich anstrengen, bemühen* en vain; ***wir haben uns nicht ~ angestrengt*** nos efforts n'ont pas été vains
2. (*äußerst*) complètement

Sinnlosigkeit <-, -en> *f* absurdité *f;* [*Anstrengung, Bemühung a.*] vanité *f*

sinnverwandt *adj* synonyme

sinnvoll I. *adj* **1.** (*zweckmäßig*) sensé(e), judicieux(-euse)
2. (*Erfüllung bietend*) intéressant(e), gratifiant(e)
3. *Aussage, Satz* sensé(e)
II. *adv* (*vernünftig*) intelligemment, de façon sensée

Sinologe <-n, -n> *m,* **-login** *f* sinologue *mf*

Sinologie <-> *f* ∅ sinologie *f*

Sintflut *f* déluge *m*
▸ **nach mir die ~** *fam* après moi le déluge

sintflutartig *adj* diluvien(ne)

Sinti *pl* Sinté *mpl,* Gitans *mpl* d'Allemagne

Sinus <-, - *o* -se> *m* sinus *m*

Siphon <-s, -s> ['zi:fõ, zi'fõ:, zi'fo:n] *m* (*alle Bedeutungen*) siphon *m*

Sippe <-, -n> *f* **1.** (*Stamm*) clan *m,* tribu *f*
2. *fam* (*Verwandtschaft*) tribu *f fam,* smala *f fam*

Sippenhaft *f* détention *f* des proches [de l'inculpé(e)]

Sippschaft <-, -en> *f pej fam* **1.** (*Familie*) clique *f fam,* smala *f fam*
2. (*Pack*) racaille *f*

Sirene <-, -n> *f* (*alle Bedeutungen*) sirène *f*

Sirenengeheul *nt* hurlement *m* [*o* mugissement *m*] de sirène

sirren *vi* **1.** + *haben* ■ **Insekten ~** des insectes bourdonnent; ■ **das S~** le bourdonnement
2. + *sein* (*fliegen*) ■ **etw/ein Tier sirrt irgendwo/irgendwohin** qc/un animal bourdonne quelque part

Sirup <-s, -e> *m* **1.** (*Rübenkraut*) mélasse *f*
2. (*Fruchtsaft*) sirop *m*

Sisal <-s> *m* ∅ sisal *m*

Sisal- en sisal **Sisalagave** [-və] *f* sisal *m,* agave *f* du Mexique

sistieren * *vt* **1.** JUR ■ **jd sistiert jdn** qn interpelle qn
2. *geh* (*unterbinden*) ■ **jd sistiert etw** qn suspend qc

Sisyphusarbeit ['zi:zyfʊs-] *f* travail *m* sans fin [*o* de Romain], rocher *m* de Sisyphe *littér*

Site <-, -s> [sait] *f* INFORM site *m*

Sitte <-, -n> *f* **1.** (*Gepflogenheit*) coutume *f,* usage *m;* ***~n und Bräuche*** les us *mpl* et coutumes
2. *meist pl* (*Manieren*) manières *fpl,* façons *fpl*
3. *sl* (*Sittendezernat*) brigade *f* des mœurs
▸ **gute ~n** bonnes manières *fpl;* **etw ist irgendwo [so] ~** qc est d'usage quelque part; ***das ist bei uns so ~*** c'est la coutume chez nous

Sittenapostel *m pej* défenseur *m* [*o* gardien(ne) *m(f)*] de la morale; ***jd spielt sich als ~ auf*** qn joue les pères la pudeur *fam* **Sittendezernat** *nt* brigade *f* des mœurs **Sittengeschichte** *f* histoire *f* des mœurs **Sittenstrolch** *m sl* maniaque *m* sexuel **sittenwidrig** *adj Geschäftspraktiken, Vertrag* malhonnête; *Werbung* déloyal(e)

Sittich <-s, -e> *m* perruche *f*

sittlich *adj form* moral(e)

Sittlichkeit <-> *f* ∅ *veraltend form* moralité *f,* morale *f*

Situation <-, -en> *f* situation *f*
▸ **jd ist** [*o* **befindet sich**] **in einer ... ~** qn est [*o* se trouve] dans une situation ...

situiert *adj* ■ **jd ist ... ~** la situation financière de qn est ... + *adj;* ***jd ist gut/schlecht ~*** la situation financière de qn est bonne/mauvaise, qn a/n'a pas une bonne situation

Sitz <-es, -e> *m* **1.** (*Sitzgelegenheit*) siège *m;* (*Platz im Theater, Kino etc*) place *f,* fauteuil *m*
2. (*Sitzfläche*) assise *f*
3. (*Amts~*) siège *m*
4. (*Niederlassung*) siège *m* central
5. ∅ [*Kleidungsstück*] coupe *f*
▸ **etw hat einen ... ~** */Kleidungsstück/* qc est ...; ***die Hose hat einen bequemen ~*** le pantalon est confortable

Sitzbad *nt* bain *m* de siège ▸ **jd nimmt ein ~** qn prend un bain de siège **Sitzbadewanne** *f* baignoire sabot *f* **Sitzbank** <-bänke> *f* banquette *f* **Sitzblockade** *f* sit-in *m*

sitzen <saß, gesessen> *vi* + *haben o* AUS, SDEUTSCH, CH *sein* **1.** (*sich gesetzt haben*) ■ **jd sitzt [irgendwo]** qn est assis(e) [quelque part]; ***sitzt du lieber auf einem Stuhl oder im Sessel?*** tu préfères t'asseoir sur une chaise ou dans un fauteuil?; ***jd sitzt auf dem Klo*** qn est aux toilettes; ■ **jd sitzt ...** *bequem, gut, angenehm* qn est assis(e) ...; ***jd sitzt bequem*** [*o* ***angenehm***] qn est assis(e) confortablement, qn est confortablement assis(e); ***jd sitzt gerade*** qn se tient droit(e) sur sa chaise/son siège; ■ **ein Tier sitzt irgendwo** */Insekt, Schmetterling/* un animal est posé(e) quelque part; */Huhn, Vogel/* un animal est perché(e) quelque part; ■ **das S~** la position assise; (*sitzende Lebensweise*) la vie sédentaire; ***vom ständigen/vielen S~*** à force d'être toujours/beaucoup assis(e)
2. (*im Sitzen tun*) ■ **jd sitzt bei etw:** ***jd sitzt beim Kartenspiel/Gesellschaftsspiel*** qn joue aux cartes/à un jeu de société; ***jd sitzt beim Essen*** qn est à table; ***jd sitzt beim Wein/bei einem Glas Bier*** qn boit un verre de vin/de bière; ***jd sitzt beim Grillen*** qn fait un barbecue
3. (*beschäftigt sein mit*) ■ **jd sitzt an etw** (*dat*) qn travaille à qc; ***jd sitzt an der Arbeit*** qn est en train de travailler; ***an der Arbeit habe ich drei Tage gesessen*** j'ai passé trois jours sur ce travail
4. (*beschäftigt sein*) ■ **jd sitzt irgendwo** *in einer Behörde, Firma, Stadt, einem Land* qn est quelque part
5. *sl* (*inhaftiert sein*) ■ **jd sitzt** qn est en prison [*o* en taule *fam*]; ***jd muss vier Jahre ~*** qn doit faire quatre ans de taule *fam*
6. (*seinen Sitz haben*) ■ **etw sitzt irgendwo** le siège de qc est [*o* qc a son siège] quelque part
7. (*angehören*) ■ **jd sitzt in etw** (*dat*) *im Aufsichtsrat, Betriebsrat, in der Regierung* qn fait partie de qc
8. (*angebracht sein*) ■ **etw sitzt irgendwo** */Antenne, Lampe, Steckdose/* qc est [placé(e)] quelque part; */Bild, Kerzenleuchter/* il y a qc quelque part; ***etw sitzt schief/locker*** qc est de travers/dévissé(e)
9. (*stecken*) ■ **etw sitzt in etw** (*dat*) */Gehäuse, Gerät, Nagel, Schraube, Splitter/* qc est enfoncé(e) dans qc; */Kabel/* qc est [placé(e)] dans qc
10. COUT ■ **etw sitzt** */Kleidungsstück/* qc va; ■ **etw sitzt ...** */Kleidungsstück, Brille/* qc va ...; */Rock, Kleid, Mantel a./* qc tombe ...; */Hut, Krawatte/* qc est mis(e) ...; ***die Hose sitzt gut/schlecht*** le pantalon tombe bien/mal; ***deine Krawatte sitzt schief*** ta cravate est de travers
11. MED ■ **etw sitzt irgendwo** */Beschwerden, Herd, Schmerz/* qc est [situé(e)] quelque part
12. (*treffen*) ■ **etw sitzt** */Schlag, Bemerkung, Erwiderung/* qc fait mouche; ***das sitzt!*** bien envoyé! *fam*
▸ **[bitte] bleib/bleiben Sie ~!** [je t'en/vous en prie] reste/restez assis(e)!; **jd bleibt [in etw** (*dat*)**] ~** *fam* SCOL qn redouble [qc]; **jd bleibt auf etw** (*dat*) **~** *fam* COM qn ne parvient pas à écouler qc; **jd hat einen ~** *sl* qn est pompette [*o* bourré(e)] *fam;* **jd lässt etw nicht auf sich** (*dat*) **~** qn n'encaisse [*o* n'avale *fam*] pas qc; ***das lasse ich nicht auf mir ~!*** ça ne se passera pas comme ça! *fam;* **jd lässt jdn ~** *fam* (*lässt im Stich*) qn laisse qn en plan *fam,* qn plante qn *fam;* (*versetzt*) qn pose un lapin à qn *fam;* (*heiratet nicht*) qn plaque qn *fam,* qn laisse tomber qn *fam;* SCOL qn fait redoubler qn; **im S~** assis(e), en position assise

sitzen|bleiben *s.* **sitzen** ▸

sitzend I. *adj attr* sédentaire
II. *adv* assis(e)

sitzen|lassen *s.* **sitzen** ▸

Sitzgelegenheit *f* siège *m*

-sitzig à ... places; ***ein~*** à une place, monoplace

Sitzkissen *nt* **1.** (*Auflage*) coussin *m* [de siège] **2.** (*Sitz*) pouf *m* **Sitzplatz** *m* place *f* assise **Sitzreihe** *f* rangée *f* **Sitzstreik** *m* sit-in *m*

Sitzung <-, -en> *f* **1.** (*Konferenz*) réunion *f*
2. POL séance *f*, session *f*; ***eine außerordentliche*** ~ une session extraordinaire
3. MED (*Behandlung*) séance *f*
4. ART séance *f* de pose
▶ **spiritistische** ~ séance *f* de spiritisme
Sitzungssaal *m* salle *f* de conférences [*o* de réunion]
Sixpack <-s, -s> ['sɪkspæk] *m* pack *m* de six
Sizilianer(in) <-s, -> *m(f)* Sicilien(ne) *m(f)*
sizilianisch *adj* sicilien(ne)
Sizilien <-s> [zi'tsi:liən] *nt* la Sicile; ***auf*** ~ en Sicile
Skala <-, Skalen *o* -s> *f* **1.** (*Gradeinteilung*) graduation *f*, échelle *f* graduée
2. *geh* (*Palette*) gamme *f*
Skalp <-s, -e> *m* scalp *m*
Skalpell <-s, -e> *nt* scalpel *m*
skalpieren * *vt* ■ **jd skalpiert jdn** qn scalpe qn
Skandal <-s, -e> *m* scandale *m*
▶ **etw ist ein** ~ qc est un scandale; **jd macht einen** ~ *fam* qn fait un scandale
-skandal *m* scandale *m* du/de la/des; ***Blutkonserven***~ scandale *m* du sang contaminé; ***Finanz***~ scandale *m* financier; ***Waffen***~ scandale *m* du trafic d'armes
skandalös I. *adj* scandaleux(-euse)
II. *adv* de façon scandaleuse
skandieren * *vt geh* ■ **jd skandiert etw** qn scande qc
Skandinavien <-s> [-'na:viən] *nt* la Scandinavie
Skandinavier(in) <-s, -> [-'na:viɐ] *m(f)* Scandinave *mf*
skandinavisch [-'na:vɪʃ] *adj* scandinave
Skarabäus <-, Skarabäen> *m* **1.** ZOOL scarabée *m*
2. ART scarabée *m* sacré
Skat <-[e]s, -e> *m* skat *m* (*jeu de cartes à trois joueurs très répandu en Allemagne*)
▶ **jd spielt** ~ qn joue au skat
Skateboard <-s, -s> ['ske:tbɔ:(r)d] *nt* skate[-board] *m*, planche *f* à roulettes
Skatspiel *nt* jeu *m* de skat (*comportant 32 cartes et utilisé pour le skat*) **Skatspieler(in)** *m(f)* joueur(-euse) *m(f)* de skat (*le skat est un jeu de cartes à trois joueurs très répandu en Allemagne*)
Skelett <-[e]s, -e> *nt* squelette *m*
Skepsis <-> *f* Ø scepticisme *m*
▶ **mit/voller** ~ avec scepticisme/très sceptique
Skeptiker(in) <-s, -> *m(f)* sceptique *mf*
skeptisch I. *adj* sceptique
II. *adv* avec scepticisme
Sketch <-[es], -e[s]> [skɛtʃ] *m* sketch *m*
Ski <-s, - *o* -er> [ʃi:, 'ʃi:ɐ] *m* ski *m*
▶ **jd läuft** [*o* **fährt**] ~ qn fait du ski, qn skie
Ski- ['ʃi:-] **1.** (*zum Ski gehörend*) *-lack* pour skis; *-holz* de ski; ~***bindung*** fixation *f* [de ski]
2. (*für Skifahrer bestimmt*) de ski; *-atlas* des pistes de ski; ~***mütze*** cagoule *f*, passe-montagne *m*; ~***stiefel*** chaussure *f* de ski
3. (*zum Skifahren bestimmt*) de ski; *-gebiet, -hang* skiable
4. (*mit Ski durchgeführt*): ~***akrobat*** skieur *m* acrobatique; ~***akrobatik*** ski *m* acrobatique; ~***ballett*** ballet *m* de ski artistique
Skier ['ʃi:ɐ] *pl von* **Ski**
Skifahren ['ʃi:-] *nt* ski *m*; ***jd hat sich beim*** ~ ***das Bein gebrochen*** qn s'est cassé la jambe en faisant du ski **Skifahrer(in)** *m(f) s.* **Skiläufer. Skilauf** *m* Ø ski *m* **Skiläufer(in)** *m(f)* skieur(-euse) *m(f)* **Skilehrer(in)** *m(f)* moniteur(-trice) *m(f)* de ski **Skilift** *m* remonte-pente *m*, téléski *m*
Skinhead <-s, -s> ['skɪnhɛd] *m* skin[head] *mf*, crâne *m* rasé
SkipassRR ['ʃi:-] *m* forfait *m* de ski **Skisport** *m* ski *m* **Skispringen** *nt* saut *m* à ski **Skispringer(in)** *m(f)* sauteur(-euse) *m(f)* à skis **Skiträger** *m* porte-skis *m*
Skizze <-, -n> *f* **1.** (*Zeichnung*) esquisse *f*, croquis *m*
2. (*Aufzeichnung*) notes *fpl*, récit *m* bref
Skizzenblock <-blöcke> *m* bloc *m* à dessins [*o* à croquis]
skizzenhaft I. *adj* esquissé(e)
II. *adv* sous forme d'esquisse
skizzieren * *vt* **1.** (*umreißen*) ■ **jd skizziert** [**jdm**] **etw** *Plan, Projekt, Vorhaben, Vorgehensweise* qn esquisse [*o* ébauche] qc [à qn]
2. (*zeichnen*) ■ **jd skizziert etw** qn esquisse qc
Skizzierung <-, *rare* -en> *f* esquisse *f*; (*Zeichnung a.*) croquis *m*
Sklave <-n, -n> [-və] *m*, **Sklavin** *f* esclave *mf*
▶ **jd hält** ~**n** qn a des esclaves; **jd ist/wird** ~ **einer S.** (*gen*) qn est/devient esclave de qc; **jd macht jdn zum** ~ qn réduit qn à l'esclavage; **jd macht sich zum** ~ **einer S.** (*gen*) qn se rend esclave de qc
Sklavenarbeit [-vən-] *f* **1.** *fam* (*Schufterei*) travail *m* de forçat **2.** HIST travail *m* des esclaves **Sklavenhandel** *m* commerce *m* des esclaves; (*mit Schwarzen*) traite *f* des Noirs **Sklavenhändler(in)** *m(f)* marchand(e) *m(f)* d'esclaves **Sklaventreiber(in)** *m(f) pej fam* négrier(-ière) *m(f)*
Sklaverei <-, -en> [-və-] *f* esclavage *m*
▶ **jd führt jdn in die** ~ qn réduit qn en esclavage
Sklavin [-vɪn] *f s.* **Sklave**
sklavisch [-vɪʃ] I. *adj* servile, d'esclave
II. *adv* servilement, avec servilité
Sklerose <-, -n> *f* sclérose *f*
▶ **multiple** ~ sclérose *f* en plaques
Skonto <-s, -s *o* Skonti> *nt o m* escompte *m*
▶ **jd gibt** [*o* **gewährt** *form*] [**jdm**] [**...**] ~ [**auf etw** (*akk*)] qn accorde [à qn] un escompte [de ...] [sur qc] *form*, qn fait [à qn] une remise [de ...] [sur qc]
Skorbut <-[e]s> *m* Ø scorbut *m*
Skore <-s, -s> [skɔ:ɐ] *nt* CH score *m*
skoren *vi* CH ■ **jd skort** qn marque un but
Skorpion <-s, -e> *m* **1.** ZOOL scorpion *m*
2. ASTROL Scorpion *m*
▶ **jd ist ein** ~ qn est Scorpion
Skript <-[e]s, -en> *nt* **1.** UNIV notes *fpl* de cours
2. (*Vorlage*) notes *fpl*
3. CINE script *m*
Skrotum <-s, Skrota> *nt spec* scrotum *m*
Skrupel <-s, -> *m meist pl* scrupule *m*
▶ **jd hat** ~ qn a des scrupules; **jd hat** [*o* **kennt**] **keine** ~ qn n'a aucun scrupule; **jd hat** ~ **etw zu tun** qn a des scrupules à faire qc; **ohne** [**jeden**] ~ sans scrupules
skrupellos I. *adj* sans scrupules, dénué(e) de scrupules
II. *adv* sans scrupules
Skrupellosigkeit <-> *f* Ø absence *f* de scrupules, cynisme *m*
Skulptur <-, -en> *f* sculpture *f*
Skunk <-s, -s *o* -e> *m* sconse *m*, moufette *f*
skurril *adj geh Mensch, Typ* bizarre; *Gegenstand, Sammlungsstück a.* cocasse *fam*; *Einfall, Idee, Plan, Vorschlag a.* cocasse *fam*
S-Kurve ['ɛskʊrvə] *f* virage *m* en S
Slalom <-s, -s> *m* slalom *m*
▶ **jd fährt** ~ *fam* (*in Schlangenlinien*) qn roule en slalomant, qn slalome
Slang <-s> [slæŋ] *m* Ø **1.** (*saloppe Sprache*) argot *m*, langue *f* verte
2. (*Fachjargon*) jargon *m*
Slapstick <-s, -s> ['slæpstɪk] *m* gros comique *m*, comique *m* burlesque
Slawe <-n, -n> *m*, **Slawin** *f* Slave *mf*
slawisch *adj* slave
Slawist(in) <-en, -en> *m(f)* slavisant(e) *m(f)*, slaviste *mf*
Slawistik <-> *f* Ø slavistique *f*
Slip <-s, -s> *m* slip *m*
Slipeinlage *f* protège-slip *m*
Slipper <-s, -> *m* mocassin *m*
Slogan <-s, -s> ['slo:gn] *m* slogan *m*
Slowake <-n, -n> *m*, **Slowakin** *f* Slovaque *mf*
Slowakei <-> *f* ■ **die** ~ la Slovaquie
slowakisch *adj* slovaque
Slowene <-n, -n> *m*, **Slowenin** *f* Slovène *mf*
Slowenien <-s> [slo've:niən] *nt* la Slovénie
slowenisch *adj* slovène
Slum <-s, -s> [slam] *m* bidonville *m*
SmalltalkRR <-s>, **Small Talk**RR <- -s> ['smɔ:ltɔ:k] *m* Ø conversation *f* banale, propos *mpl* superficiels
Smaragd <-[e]s, -e> *m* émeraude *f*
Smaragd- d'émeraudes
smaragden *adj geh* d'émeraudes
smaragdgrün I. *adj* [vert] émeraude *inv*
II. *adv*: ***etw leuchtet/schimmert*** ~ qc a des reflets/une lueur émeraude
smart *adj* NAP *inv fam*, classe *fam*
Smog <-[s], -s> *m* smog *m*
Smogalarm *m* alerte *f* au smog
Smoking <-s, -s> *m* smoking *m*
Snob <-s, -s> *m* snob *mf*, snobinard(e) *m(f) fam*
Snobismus <-> *m* Ø snobisme *m*
snobistisch *adj* snob
Snowboard <-s, -s> ['snoʊbɔ:(r)d] *nt* surf *m*
so I. *adv* **1.** + *adj/adv* (*derart*) si; ***ist es hier immer*** ~ ***laut?*** c'est toujours aussi bruyant?, il y a toujours autant de bruit?; ~ ***lang!*** (*groß*) grand(e) comme ça!; (*lange dauernd*) si longtemps que ça!; ***es ist ja heute*** ~ ***furchtbar heiß!*** qu'est-ce qu'il fait chaud aujourd'hui!; ***er war*** ~ ***freundlich und ...*** il a eu l'amabilité de ... + *infin*; ***wärst du mal*** ~ ***freundlich und ...?*** pourrais-tu avoir l'amabilité de ... + *infin*?; ***sei*** ~ ***nett und ...*** sois gentil de ... + *infin*; ■ ~ ..., **dass** si ... que + *indic*, tellement ... que + *indic*; ■ ~ ... **wie** *alt, jung, schön, hässlich dumm, schlau* aussi ... que; ■ ~ ..., **wie** aussi ... que; ■ ~, **wie** comme; ***es ist*** ~, ***wie du sagst*** c'est comme tu dis
2. + *vb* (*derart*) tellement, tant; ■ ~ ..., **dass** tellement ... que + *indic*, tant ... que + *indic*
3. (*auf diese Weise*) comme ça; ~ ***könnte es klappen*** comme ça, ça pourrait marcher; ~ ***musst du das machen*** c'est comme ça que tu dois faire; ■ **das ist** [**auch/sehr/vielleicht**] ... ~ *anständig, gut, korrekt, richtig, schlau, schön, vernünftig* c'est [aussi/très/peut-être] ... comme ça
4. (*solch*) ■ ~ **ein(e)** ... un(e) ... comme celui-là/celle-là, un(e) tel(le) ...; ~ ***eine blöde Gans*** quelle con[n]asse *fam*; ■ ~ **etwas ...** *Peinliches, Ungeschicktes, Verrücktes* quelque chose d'aussi ...; ~ [***et***]***was Blödes/Dummes!*** que c'est con *fam*/bête!
5. (*etwa*) à peu près; ~ ***gegen acht Uhr*** aux environs [*o* sur le[s] coup[s]] de huit heures
6. (*nun*) allez; ~ ***sag doch!*** allez, dis-le!
7. *fam* (*umsonst*) pour rien *fam*, gratis, gratos *fam*
▶ ~ **weit** (*insofern*) jusqu'ici; ***wir sind*** ~ ***weit zufrieden gestellt*** nous sommes assez contents; **jd/etw ist** ~ **weit** (*bereit*) qn/qc est prêt(e); ~ **ist das eben/nun mal** *fam* c'est comme ça; ~ **ist das** [**also**]! [ah,] c'est comme ça!; **ist das** ~? vraiment?, c'est vraiment comme ça?; ~, **als ob** comme si; ~ **etwas** une chose pareille, ce genre de choses; [**na**] ~ [**et**]**was** (*erstaunt*) ça par exemple; ~ **manche(r)** plus d'un(e); ~ **oder** ~ d'une manière [*o* façon] ou d'une autre; ~ **sehr** tant, tellement; ~ **sehr ..., dass** tellement ... que

+ *indic*, tant … que + *indic*; ~ **viel** tant que; ***wir tun, ~ viel wir können*** nous faisons tout ce que nous pouvons; **halb/doppelt/dreimal/… ~ viel** [**wie**] moitié moins [*o* deux fois moins]/deux fois plus/trois fois plus/… [que]; ~ **viel wie** autant que; **etw ist ~ viel wie etw** (*so gut wie*) qc équivaut à qc; **und ~ weiter** et cætera, et cetera; **und ~ weiter** [**und ~ fort**] et ainsi de suite; ~ **wenig** aussi peu; ***wir wissen darüber ~ wenig wie Sie*** nous n'en savons pas plus que vous; ***ich kann mir das ~ wenig leisten wie du*** je ne peux pas me le permettre plus que toi; **na ~ was!** *fam* [non,] c'est pas vrai! *fam;* [**jd/etw ist**] ~ **was von …!** *fam peinlich, lästig etc* ce que qn/qc peut être …!; ~ **was von einem/einer …** *Unsinn* un(e) … comme ça; ***ich habe ~ was von Durst!*** j'ai une de ces soifs!; ***ich hatte gestern ~ was von Langeweile!*** qu'est-ce que j'ai pu m'ennuyer hier!

II. *conj* **1.** (*weshalb*) ■ ~ **dass** à tel point que + *indic*, si bien que + *indic*

2. (*wie … auch*) même si; ***ich muss leider gehen, ~ leid es mir auch tut*** je suis désolé(e) mais je dois partir

III. *interj* **1.** (*also*) (*zusammenfassend*) bon; (*auffordernd*) allez

2. (*ja*) ah bon; (*zweifelnd*) vraiment

3. (*siehst du nun*) et voilà

4. (*ätsch*) tiens, na; ***der habe ich aber die Meinung gesagt, ~!*** je lui ai dit ma façon de penser, et vlan [*o* pan] [dans les gencives]! *fam*

► ~, ~! *fam* tiens, tiens! *fam*

s.o. *loc abk von* **siehe oben**

SO *abk von* **Südosten** S.-E.

sobald *conj* aussitôt que + *indic*

Söckchen <-s, -> *nt dim von* **Socke** socquette *f*

Socke <-, -n> *f* chaussette *f*

► **jd ist von den ~n** *fam* qn en reste baba *fam*, ça lui en bouche un coin *fam;* **jd macht sich auf die ~n** *fam* qn file *fam*

Sockel <-s, -> *m* **1.** [*Denkmal, Statue*] socle *m*, piédestal *m;* [*Säule*] plinthe *f*

2. CONSTR empattement *m*, embasement *m*

3. [*Glühbirne*] culot *m*

Sockelbetrag *m* montant *m* fixe [*o* de base] d'une augmentation salariale

Socken <-s, -> *m* SDEUTSCH, AUS, CH *s.* **Socke**

Soda <-s> *nt Ø* **1.** CHEM soude *f*

2. *s.* Sodawasser

sodass[RR] *conj* à tel point que + *indic*

sodaß *conj* AUS *s.* **sodass**

Sodawasser *nt* soda *m*, eau *f* de Seltz [*o* gazeuse]

Sodbrennen *nt* brûlures *fpl* d'estomac

Sode <-, -n> *f* motte *f* de gazon

Sodomie <-> *f Ø* zoophilie *f*

soeben *adv* **1.** (*gerade zuvor*) juste, à l'instant; ***jd ist ~ gegangen*** qn vient de partir

2. (*gerade*) juste

Sofa <-s, -s> *nt* canapé *m*

Sofakissen *nt* coussin *m*

sofern *conj* si, dans la mesure où; ■ ~ … **nicht** à moins que + *subj*, sauf si

soff *imp von* **saufen**

Sofia <-s> *nt* Sofia

sofort *adv* tout de suite, immédiatement; ***Geld her, aber ~!*** le fric, et que ça saute! *fam*

Sofort- *-hilfeprogramm, -maßnahme, -programm* d'urgence **Sofortbildkamera** *f* appareil photo *m* à développement instantané **Soforthilfe** *f* aide *f* d'urgence [*o* immédiate]

sofortig *adj* immédiat(e)

Softdrink[RR] <-s, -s>, **Soft Drink** <- -s, - -s> *m* boisson *f* non alcoolisée, soft-drink *m* **Softeis**[RR] *nt* crème *f* glacée crémeuse

Softie <-s, -s> *m fam* tendre *m*

Software <-, -s> ['zɔftvɛːɐ, 'sɔftwæːə] *f* logiciel *m*, software *m*

Software- ['zɔftvɛːɐ-, 'sɔftwæːə-] de logiciel[s], de software; *-experte* en logiciel; *-firma, -hersteller* de programmes **Softwarepaket** *nt* progiciel *m*

sog *imp von* **saugen**

sog. *adj abk von* **sogenannt**

Sog <-[e]s, -e> *m* [*Gezeitenstrom, Katarakt, Strudel*] remous *mpl;* [*Stauwehr, Propeller, Triebwerk*] aspiration *f*

sogar *adv* même

► ~ **erst** ne … que

sogenannt *s.* **nennen I.**►

sogleich *adv geh s.* **sofort**

Sohle <-, -n> *f* **1.** (*Schuh~, Einlege~*) semelle *f*

2. (*Fuß~*) plante *f* du pied/des pieds

3. [*Hafenbecken, Kanal etc*] fond *m*

► **jd legt eine kesse** [*o* **tolle**] ~ **aufs Parkett** *fam* qn danse super bien *fam;* **auf leisen ~n** *geh* à pas de loup [*o* feutrés]; **mit nackten ~n** pieds-nus, nu-pieds; **jd heftet sich an jds ~n** (*akk*) qn ne lâche [*o* quitte] pas qn d'une semelle, qn suit qn comme son ombre

Sohn <-[e]s, ¨-e> *m* fils *m;* (*männliches Kind*) garçon *m;* ***jd wünscht sich einen ~*** qn souhaite [avoir] un garçon; ***sie hat zwei ¨-e und eine Tochter*** elle a deux garçons et une fille

► **na, mein ~** *fam* alors, fiston *fam*, alors, petit *fam*

Söhnchen <-s, -> *nt fam dim von* **Sohn** **1.** (*kleiner Junge*) garçon *m*

2. (*Bürschchen*) gaillard *m fam;* [**mein**] ~! mon gaillard! *fam*

Sohnemann <-s> *m Ø* DIAL *fam* fiston *m fam;* ***wie geht's dem ~?*** et le fiston, comment ça va? *fam*

Sojabohne *f* (*Pflanze*) soja *m;* (*Frucht*) graine *f* de soja **Sojabohnenkeime** *pl* germes *mpl* de soja **Sojasoße** *f* sauce *f* au soja

solang[e] *conj* **1.** (*während*) aussi longtemps que + *indic*, tant que + *indic*

2. (*bis … nicht*) ■ ~ … [**noch**] **nicht/nichts** tant que ne … pas/rien + *indic*

Solar- solaire; ***s~beheizt*** chauffé(e) à l'énergie solaire; ***s~betrieben*** alimenté(e) par énergie solaire; ***~technik*** solaire *m*

Solarium <-s, -ien> [-riən] *nt* solarium *m*

Solarplexus <-, -> *m* plexus *m* solaire

Solarzelle *f* cellule *f* solaire, photopile *f*

Solbad *nt* **1.** (*Kurort*) station *f* thermale saline

2. (*medizinisches Bad*) bain *m* d'eau saline

solch *adj inv* **1.** (*derartig*) ■ ~ **ein(e)** … un(e) … comme celui-là/celle-là, un(e) … pareil(le); ~ ***ein Auto, wie du hast, möchte ich auch*** j'aimerais bien une voiture comme la tienne; ~ ***ein Luder!*** quelle salope! *fam*

2. *geh* un(e) tel(le) …; ~ ***freudiges Ereignis*** un événement aussi heureux; ~ ***Unsinn*** de telles insanités

solche(r, s) *adj* **1.** *attr* un(e) tel(le) …, un(e) … comme ça; ~ ***schrecklichen Dinge*** des choses aussi affreuses; ~ ***Dinge*** des choses pareilles [*o* comme ça]; ■ **ein ~r/eine ~/ein ~s …** un(e) tel(le) …

2. *substantivisch* ■ **ein ~r/eine ~/ein ~s** quelqu'un comme ça *fam;* ***ich suche einen ~n*** je cherche quelqu'un [*o* j'en cherche un] comme ça *fam;* ■ ~ des personnes comme ça *fam;* ~ ***wie der/die*** des personnes comme lui/elle; (*eine solche Sache*) un(e) comme ça; ***ein tolles Auto, ein ~s will ich auch*** une voiture super, j'en veux aussi une comme ça; ■ ~, **die/denen …** (*Menschen, die/denen*) des personnes qui/pour qui [*o* pour lesquelles] …

► **jd ist nicht ein ~r/eine ~** qn n'est pas comme ça, ce n'est pas dans les manières de qn; **als ~(r, s)** en tant que tel(le); ~ **und ~** de toutes sortes

solcherlei *adj inv, attr geh* de tel(le)s, des … de ce genre; ***von ~ Dingen verstehe ich nicht viel*** je ne comprends pas grand-chose à ça

Sold <-[e]s> *m Ø* solde *f*, paye *f*

► **jd steht in jds ~** (*dat*) *pej geh* qn est à la solde de qn

Soldat(in) <-en, -en> *m(f)* soldat(e) *m(f)*

► ~ **auf Zeit** [soldat *m*] engagé *m;* **jd ist/wird ~** qn est/se fait soldat; **jd spielt ~** qn joue au soldat

Soldatenfriedhof *m* cimetière *m* militaire

Soldateska <-, -tesken> *f pej* soldatesque *f*

soldatisch I. *adj* militaire

II. *adv sich verhalten* en soldat; ***jd grüßt ~*** qn fait le salut militaire

Soldbuch *nt* livret *m* militaire

Söldner(in) <-s, -> *m(f)* mercenaire *mf*

Sole <-, -n> *f* eau *f* saline [*o* salée]

Solei *nt* œuf *m* dur mariné dans de l'eau salée

Solequelle *f* source *f* d'eau saline [*o* salée]

Soli *pl von* **Solo**

solid *adj s.* **solid[e]**

Solidarbeitrag *m* impôt *m* [*o* contribution *f*] de solidarité **Solidargemeinschaft** *f* communauté *f* de solidarité

solidarisch I. *adj* solidaire

► **jd erklärt sich** [**mit jdm/etw**] ~ qn se solidarise [avec qn/qc], qn se déclare solidaire [de qn/qc]; **jd fühlt sich mit jdm ~** qn se solidarise avec qn, qn se sent solidaire de qn

II. *adv* solidairement, avec solidarité

solidarisieren * *vr* ■ **jd solidarisiert sich mit jdm/etw** qn se solidarise avec qn/qc

Solidarität <-> *f Ø* solidarité *f*

► **aus ~** par solidarité

Solidaritätsbeitrag *m* impôt *m* [de] solidarité

solid[e] I. *adj* **1.** (*stabil*) solide

2. (*fundiert*) *Ausbildung, Bildung, Kenntnisse, Wissen* solide

3. (*untadelig*) *Mensch* sérieux(-euse); *Leben, Lebenswandel a.* convenable

4. *Firma, Unternehmen, Händler* financièrement solide, solvable; ■ **jd/etw ist ~** qn/qc a les reins solides

II. *adv leben* comme il faut, sans excès; ***du solltest ~er leben*** tu devrais mener une vie plus rangée

Solidität <-> *f Ø geh* (*Finanzkraft*) solvabilité *f*

Solist(in) <-en, -en> *m(f)* soliste *mf*

Solitär <-s, -e> *m* (*Edelstein, Spiel*) solitaire *m*

Soll <-[s], -[s]> *nt* **1.** (*Sollseite*) débit *m*, doit *m;* (*Ausgaben*) dépenses *fpl;* (*Schulden*) passif *m;* (*bei einem Geldinstitut*) découvert *m;* ***Ihr ~ beträgt mehr als 3500 DM*** votre découvert s'élève à plus de 3500 marks

2. (*Produktionsziel*) objectif *m* prévisionnel

► ~ **und Haben** débit et crédit *m*, doit et avoir *m vieilli;* **jd erfüllt sein ~** qn remplit ses obligations; **jd erfüllt das ~** qn atteint l'objectif prévu de production; **jd ist** [**mit etw**] **im ~**, **jd gerät** [**mit etw**] **ins ~** qn est à découvert [de qc]

sollen I. <sollte, -> *aux modal* **1.** (*zu tun haben*) ■ **jd soll etw tun** qn doit faire qc; ***du sollst jetzt endlich herkommen, habe ich gesagt!*** viens immédiatement!, je t'ai dit de venir immédiatement!; ***soll ich dir noch etwas Wein nachgießen?*** tu veux que je te reverse un peu de vin?; ***Sie ~ sich setzen!*** mais asseyez-vous donc!

2. (*mögen*) ■ **jd soll etw tun** qn doit faire qc; ***du sollst dir deswegen keine Gedanken machen*** tu n'as pas à te faire de souci pour ça

3. *konditional* (*falls*) ■ **sollte jd etw tun/etw eintreten** si qn devait faire qc/si qc devait arriver, au cas où qn ferait qc/au cas où qc arriverait; ***sollte ich vor dir sterben*** si je venais à mourir avant toi

4. *konjunktivisch* (*eigentlich müssen*) ■ **jd sollte etw tun** qn devrait faire qc; ***jd hätte etw machen ~*** qn aurait dû faire qc; ***was hätte ich denn anders tun/machen ~?*** qu'est-ce que j'aurais pu faire d'autre?; ***man sollte annehmen, dass*** on pourrait supposer que + *indic;* ***du solltest dich was schämen!*** tu devrais avoir honte!

5. (*angeblich sein*) ■ **jd/etw soll etw sein/tun** on dit [*o* il paraît] que qn/qc est/fait qc; ***es heißt, wir ~ einen heißen Sommer bekommen*** il paraît que nous allons avoir un été très chaud; ***soll das alles sein?*** c'est tout?

6. (*dürfen*) ■ **jd hätte etw nicht tun** ~ qn n'aurait pas dû faire qc; ■ **etw hätte nicht passieren** ~ qc n'aurait pas dû arriver [*o* se passer]

7. *in Fragen* (*mochte*) ■ **sollte jd/etw etw getan haben** [qn/qc] aurait-il/elle fait qc?; ***kann es denn sein, dass ich mich geirrt haben sollte?*** se pourrait-il [*o* est-ce possible] que je me sois trompé(e)?; ***sollte ich mich so in ihr getäuscht haben?*** est-ce possible que je me sois trompé(e) à ce point sur elle?; ■ **sollte jd/etw etw sein** se peut-il que qn/qc soit qc, qn/qc serait-il/elle qc

8. *geh* (*würde*) ■ **jd/etw sollte etw sein** qn/qc devrait être qc; ***es sollten Jahrhunderte vergehen, bevor*** cela a duré des siècles avant que + *subj*, des siècles passèrent avant que + *subj*; ***es sollte Jahrzehnte dauern, bis*** cela dura des années jusqu'à ce que + *subj*

▸ **soll das schon alles gewesen sein?** c'est tout?; **das** [*o* **so etwas**] **soll es geben** ça arrive, ça peut arriver; **was soll das heißen?** qu'est-ce que ça signifie [*o* veut dire]?; **wer soll das sein?** qui c'est?, qui est-ce?; **was soll schon sein?** qu'est-ce qu'il devrait y avoir?; **es hat nicht sein** ~ ça ne devait pas se faire; **so soll es sein** c'est bien comme ça; ***so soll es gemacht werden*** c'est comme ça que ça doit être

II. <sollte, gesollt> *vi* **1.** (*tun* ~) ■ **jd soll** [**das**] qn doit [le faire]; (*dürfen*) qn doit [le faire]; ***soll er reinkommen? – Ja, er soll!*** peut-il entrer? – Oui, qu'il entre!; ***ob ich wohl soll, was meinst du?*** est-ce que je dois le faire, qu'en penses-tu?; ***immer soll ich!*** c'est toujours moi!; ***du hättest/Sie hätten das doch nicht gesollt!*** tu n'aurais/vous n'auriez pas dû!

2. (*gehen/fahren* ~) ■ **jd soll irgendwohin** qn doit aller quelque part; ***Mutti sagt, du sollst sofort nach Hause*** Maman veut que tu rentres tout de suite à la maison; ***du solltest besser ins Bett*** tu ferais mieux d'aller te coucher [*o* au lit]

▸ **soll jd doch!** que qn le fasse!; **was soll der/die ...?** *fam* qu'est-ce que c'est que ce/cette ...? *fam*; **was soll das?** qu'est-ce que ça veut dire?; **was soll's?** *fam* et alors? *fam*

Söller <-s, -> *m* **1.** *veraltend* (*Dachboden*) grenier *m*

2. CH *s.* **Fußboden**

Sollstärke^RR^ *f* effectif *m* théorique [*o* prévu] **Sollzinsen** *pl* intérêts *mpl* débiteurs

solo *adj inv* **1.** MUS en solo

2. *fam*: ***jd ist/kommt*** ~ qn est/vient seul(e)

Solo <-s, Soli> *nt* solo *m*

Solo- ... solo

Solothurn <-s> *nt* Soleure

solvent [-'vɛnt] *adj* solvable

somit *adv* par conséquent

Sommer <-s, -> *m* été *m*; ***es wird bald*** ~ ça va être l'été; ***im nächsten*** ~ l'été prochain

▸ ~ **wie** [*o* **und**] **Winter** été comme hiver; **im** ~ en été

Sommer- d'été; *-beginn, -ende* de l'été **Sommeranfang** *m* début *m* de l'été **Sommerferien** [-feːriən] *pl* SCOL grandes vacances *fpl*, POL vacances *fpl* d'été ▸ **es gibt** ~ ce sont les grandes vacances, les grandes vacances commencent; **jd hat** ~ qn est en vacances [d'été] **Sommerhalbjahr** *nt* semestre *m* d'été

sommerlich **I.** *adj* d'été; *Hitze, Temperaturen, Wetter a.* estival(e); ■ **etw ist/wird** ~ qc est/devient estival(e)

II. *adv* comme en été; ~ ***warme Temperaturen*** des températures estivales; ***mit*** ~ ***leichter Bekleidung*** en tenue d'été

Sommerloch *nt sl* calme *m* plat des mois d'été, creux *m* estival **Sommermonat** *m* mois *m* d'été **Sommerolympiade** *f* Jeux *mpl* olympiques d'été **Sommerpause** *f* JUR vacances *fpl* judiciaires; POL vacances *fpl* parlementaires **Sommerreifen** *m* pneu *m* d'été

sommers *adv geh* en été, l'été

▸ ~ **wie winters** été comme hiver

Sommersaison [-zɛzõː, -zɛzɔŋ] *f* haute saison *f*, mois *mpl* d'été **Sommerschlussverkauf**^RR^ *m* soldes *fpl* d'été **Sommersemester** *nt* semestre *m* d'été **Sommerspiele** *pl* ▸ [**Olympische**] ~ Jeux *mpl* [olympiques] d'été **Sommersprosse** *f meist pl* tache *f* de rousseur ▸ **jd hat** ~**n** qn a des taches de rousseur **sommersprossig** *adj Gesicht, Arme, Haut* couvert(e) de taches de rousseur; *Mensch* qui a des taches de rousseur; ■ **jd ist** ~ qn a des taches de rousseur; ***jd ist auf dem Rücken stark*** ~ qn a le dos criblé de taches de rousseur; ***etw ist stark*** ~ qc est criblé(e) de taches de rousseur **Sommerzeit** *f* **1.** (*der Sommer*) [saison *f* d']été *m* **2.** (*Uhrzeit*) heure *f* d'été ▸ **zur** ~ *geh* en été, l'été

Sonate <-, -n> *f* sonate *f*

Sonde <-, -n> *f* **1.** MED sonde *f*

2. RAUM sonde *f* spatiale

3. (*Radio*~) radiosonde *f*

Sonder- spécial(e); *-ausführung* avec options sur mesure; *-botschafter, -parteitag, -sitzung* extraordinaire; *-schicht* supplémentaire **Sonderangebot** *nt* promotion *f*, offre *f* spéciale ▸ **jd hat etw im** ~ qn a qc en promotion

sonderbar **I.** *adj* étrange, curieux(-euse); *Benehmen, Verhalten a.* bizarre; *Mensch* bizarre, étrange

II. *adv* étrangement, curieusement; *sich verhalten, sich kleiden, klingen* bizarrement

sonderbarerweise *adv* curieusement, chose étrange

Sonderbeauftragte(r) *f(m) decl wie adj* émissaire *m* [*o* mandataire *m*] spécial, chargé(e) *m(f)* de mission **Sonderdeponie** *f* décharge *f* pour déchets spéciaux [*o* toxiques] **Sondereinsatz** *m* intervention *f* spéciale **Sonderfall** *m* cas *m* particulier [*o* d'espèce] ▸ **in Sonderfällen** dans les cas particuliers **Sondergenehmigung** *f* autorisation *f* spéciale ▸ **jd hat eine** ~ qn a une autorisation spéciale

sondergleichen *adj inv* sans pareil(le)

Sonderkonto *nt* compte *m* spécial

sonderlich **I.** *adj attr* particulier(-ière), spécial(e)

II. *adv* particulièrement

Sonderling <-s, -e> *m* original *m*, excentrique *m*

Sondermarke *f* timbre *m* spécial [*o* de collection] **Sondermüll** *m* déchets *mpl* spéciaux [*o* toxiques]

sondern *conj* ■ **nicht, ...** ~ ne ... pas, mais; ■ **nicht mehr, ...** ~ ne ... plus, mais; ■ **nicht nur, ...** ~ **auch** non seulement ..., mais encore; ■ **kein/keine(n, s)** ..., ~ ne ... pas de ..., seulement

Sonderpreis *m* prix *m* spécial **Sonderrecht** *nt* privilège *m*, prérogative *f*; [*Staat, Polizei*] pouvoir *m* spécial [*o* exceptionnel] ▸ **jd hat ein** ~/~**e** qn bénéficie d'un droit particulier/de droits particuliers, qn jouit d'un privilège/de privilèges **Sonderregelung** *f* règlement *m* spécial **Sonderschule** *f* école *f* spécialisée (*pour enfants déficients ou inadaptés*) **Sonderschullehrer(in)** *m(f)* instituteur(-trice) *m(f)* spécialisé(e) **Sonderstellung** *f* position *f* privilégiée [*o* particulière] **Sonderstempel** *m* cachet *m* spécial **Sonderurlaub** *m* congé *m* exceptionnel **Sonderwünsche** *pl* désirs *mpl* particuliers ▸ **jd hat** ~ qn a des désirs particuliers **Sonderzeichen** *nt* caractère *m* spécial

sondieren * **I.** *vt geh* ■ **jd sondiert etw** qn sonde qc

II. *vi geh* ■ **jd sondiert** [**bei jdm**] [**für jdn**] qn sonde [qn] [pour qn]

Sonett <-[e]s, -e> *nt* sonnet *m*

Song <-s, -s> *m fam* chanson *f*

Sonnabend *m* DIAL *s.* **Samstag**

sonnabends *adv* DIAL *s.* **samstags**

Sonne <-, -n> *f* soleil *m*; ASTRON Soleil *m*; ***du stehst mir in der*** ~ tu me caches le soleil

▸ **die pralle** ~ le plein soleil; **in der prallen** ~ en plein soleil; **die** ~ **geht auf/unter** le soleil se lève/se couche; **etw hat** ~ qc a [*o* reçoit] le soleil

sonnen *vr* **1.** (*sonnenbaden*) ■ **jd sonnt sich** qn prend un bain/des bains de soleil, qn s'expose au soleil

2. *geh* (*genießen*) ■ **jd sonnt sich in etw** (*dat*) qn savoure qc, qn se repaît de qc *littér*

Sonnen- *s.* **Solar-**

Sonnenanbeter(in) <-s, -> *m(f)* amoureux(-euse) *m(f)* du soleil **Sonnenaufgang** *m* lever *m* de/du soleil ▸ **bei/nach/vor** ~ au lever/après/avant le lever du soleil; ***jd steht bei/vor/nach*** ~ ***auf*** qn se lève avec/avant/après le soleil **Sonnenbad** *nt* bain *m* de soleil ▸ **jd nimmt ein** ~ qn prend un bain de soleil **sonnenbaden** *vi nur infin und pp* prendre un bain/des bains de soleil **Sonnenbank** <-bänke> *f* banquette *f* de bronzage

Sonnenblume *f* tournesol *m*

Sonnenblumen- de tournesol **Sonnenblumenöl** *nt* huile *f* de tournesol

Sonnenbrand *m* coup *m* de soleil ▸ **jd bekommt/hat einen** ~ qn attrape/a un coup de soleil **Sonnenbräune** *f* bronzage *m*, hâle *m* **Sonnenbrille** *f* lunettes *fpl* de soleil **Sonnendeck** *nt* NAUT pont *m* supérieur **Sonnenenergie** *f* énergie *f* solaire **Sonnenfinsternis** *f* éclipse *f* de Soleil ▸ **partielle/totale** ~ éclipse *f* de Soleil partielle/totale **Sonnenfleck** *m meist pl* tache *f* solaire **sonnengebräunt** *adj* bronzé(e) **Sonnengeflecht** *nt* plexus *m* solaire **Sonnengott** *m* dieu *m* du Soleil **Sonnenhitze** *f* chaleur *f* caniculaire **sonnenklar** *adj fam* évident(e), clair(e) comme le jour; ■ **etw ist** [**jdm** [*o* **für jdn**]] ~ qc est évident(e) [*o* clair(e)] [pour qn]; ■ **es ist** [**jdm**] ~, **dass/was/wie** c'est évident [*o* clair] [pour qn] que + *indic*/ce qui/ce que/comment **Sonnenkollektor** *m* capteur *m* solaire **Sonnenkönig** *m* Ø ■ **der** ~ le Roi-Soleil **Sonnenkraftwerk** *nt* centrale *f* solaire **Sonnenlicht** *nt* Ø lumière *f* solaire [*o* du soleil] **Sonnenpaddel** *nt* panneau *m* solaire **Sonnenschein** *m* soleil *m* ▸ **bei strahlendem** ~, **im strahlenden** ~ sous un soleil éclatant **Sonnenschirm** *m* parasol *m*

Sonnenschutz *m* **1.** (*Maßnahme*) écran *m* solaire, protection *f* contre le soleil

2. (*Konstruktion*) brise-soleil *m*

Sonnenschutz- PHARM solaire

Sonnensegel *nt* **1.** (*Schutzdach*) auvent *m* **2.** RAUM panneau *m* solaire **Sonnenseite** *f* **1.** [*Gebäude*] côté *m* exposé au soleil [*o* ensoleillé] **2.** (*positive Seite*) beau côté *m*, côté *m* positif **Sonnenstich** *m* insolation *f* ▸ **jd bekommt/hat einen** ~ qn attrape/a une insolation; **du hast wohl einen** ~! *fam* tu as un grain! *fam* **Sonnenstrahl** *m* rayon *m* de soleil **Sonnensystem** *nt* système *m* solaire **Sonnenuhr** *f* cadran *m* solaire **Sonnenuntergang** *m* coucher *m* de/du soleil ▸ **bei/nach/vor** ~ au coucher/après/avant le coucher du soleil **Sonnenwind** *m* vent *m* solaire

sonnig *adj* ensoleillé(e); ■ **irgendwo ist es** ~ le soleil brille quelque part; (*opp: schattig*) le soleil donne quelque part; ***hier ist es*** ~***er als auf der Bank*** ici, c'est plus ensoleillé que sur le banc

Sonnseite *f* AUS, CH, SDEUTSCH *s.* **Sonnenseite**

Sonntag *m* dimanche *m*; ***der*** ~ ***ist der Tag nach Samstag*** dimanche est le jour après samedi; ***in der Nacht*** [***von Samstag***] ***auf*** ~ dans la nuit de samedi à dimanche; ***wir haben nicht*** ~, ***sondern schon Montag*** nous ne sommes pas dimanche aujourd'hui, mais déjà lundi; ***dein Geburtstag fällt in diesem Jahr auf einen*** ~ cette année, ton anniversaire tombe un dimanche

▸ ~ **in/vor acht Tagen**, ~ **in/vor einer Woche** dimanche en huit [*o* dans une semaine]/dimanche il y a huit jours [*o* une semaine]; **letzten** [*o* **vorigen**] ~ dimanche dernier; **seit letzten** [*o* **letztem**] ~ depuis dimanche dernier; **nächsten** [*o* **am nächsten**] ~ dimanche prochain; **ab nächsten** [*o* **nächstem**] ~ à partir de dimanche prochain; **Weißer** ~ dimanche *m* des communions; **es ist** ~ c'est dimanche; ***heute ist*** ~, ***der 3. Mai*** aujourd'hui nous sommes le dimanche 3 mai; **am** ~ (*an diesem* ~) dimanche; (*sonntags*) le dimanche; **am** ~, **dem ...** le dimanche ...; **an einem** ~ un dimanche; ~, **der**

... le dimanche ...; **diesen** [*o* **an diesem**] ~ ce dimanche[-ci]; **eines ~s** un dimanche; **jeden** ~ chaque dimanche, tous les dimanches
Sonntagabend *m* dimanche *m* soir
▶ **am** ~ le dimanche soir
sonntagabends[RR] *adv* le dimanche soir
sonntäglich *adj* dominical(e)
Sonntagmorgen *m* dimanche *m* matin ▶ **am** ~ le dimanche matin **Sonntagnachmittag** *m* dimanche *m* après-midi ▶ **am** ~ le dimanche après-midi
sonntagnachts[RR] *adv* le dimanche dans la nuit
sonntags *adv* le dimanche
Sonntags- du dimanche; (*sonntags unternommen a.*) dominical(e) **Sonntagsarbeit** *f* travail *m* le dimanche **Sonntagsdienst** *m* garde *f* le week-end ▶ **jd hat** ~ qn est de garde le week-end **Sonntagsfahrer(in)** *m(f) pej* chauffard *m*, conducteur(-trice) *m(f)* du dimanche **Sonntagsfrage** *f* sondage *m* sur les intentions de vote; ***jd stellt die*** ~ qn fait un sondage sur les intentions de vote **Sonntagskind** *nt* chanceux(-euse) *m(f)*, veinard(e) *m(f) fam* ▶ **jd ist ein** ~ qn est un(e) veinard(e) *fam*, qn est né(e) sous une bonne étoile **Sonntagsrede** *f iron* laïus *m fam* ▶ **jd hält eine** ~ qn débite un laïus *fam;* **jd hält ~n** *fam* (*schwafelt*) qn fait des tartines *fam* **Sonntagsruhe** *f* repos *m* dominical
sonntagvormittags[RR] *adv* le dimanche matin
sonn- und feiertags *adv* les dimanches et jours fériés
Sonnwendfeier *f* fête de la Saint-Jean *f*
sonor *adj* sonore
sonst *adv* **1.** (*andernfalls*) sinon
2. (*gewöhnlich*) d'habitude; ■ **wie** ~ comme d'habitude; ■ **... als** ~ ... que d'habitude
3. (*früher*) avant
4. (*außerdem*) encore, à part ça; ■ ~ **noch** encore; ■ ~ **noch etwas** encore autre chose; ■ ~ **kein/keine(r, s)** ne ... plus de ...
▶ [**aber**] ~ **geht's dir danke?** *sl* t'es pas un peu malade? *fam*, ça va pas la tête? *fam;* ~ **nichts** ne ... rien d'autre; *absolut gebraucht* rien d'autre; ~ ***nichts Interessantes/Neues*** à part ça, rien d'intéressant/de neuf; ~ [**willst du**] **nichts?**, ~ **noch was?** *iron fam* c'est tout?, et puis quoi encore? *fam;* ~ **noch etwas?** (*außerdem*) vous désirez autre chose?, et avec ça?; **wer weiß, was** ~ **noch alles ...** *fam* qui sait tout ce qui/ce que ...; ~ **was** *fam* n'importe quoi; ~ **was für ...** n'importe quel(le) ...; **was/wer** [**denn**] ~? *fam* quoi/qui d'autre?; ~ **wer** [*o* **jemand**] *fam* n'importe qui; ***erzähl das*** ~ ***wem*** [*o* ***jemandem***] raconte-le à qui tu veux; ***hast du noch*** ~ ***wen*** [*o* ***jemanden***] ***getroffen?*** as-tu rencontré quelqu'un d'autre sinon?; ***er/sie denkt*** [*o* ***meint***] [*o* ***bildet sich ein***], ***er/sie sei*** ~ ***wer*** [*o* ***jemand***] il/elle se prend pour je ne sais qui, il/elle croit qu'il/qu'elle est quelqu'un; ~ **wie** *fam* d'une autre façon [*o* manière]; **wie** [**denn**] ~? comment faire autrement?; ***nur so kann es funktionieren, wie*** ~? comment ça pourrait fonctionner autrement?; ~ **wo** *fam* autre part, quelque part [ailleurs]; ~ **wohin** *fam* autre part, quelque part ailleurs
sonstig *adj attr* **1.** (*weitere*) autre *antéposé*
2. (*anderweitig*) *Leistungen* autre *antéposé; Benehmen, Verhalten* par ailleurs, habituel(le)
▶ **„S~es"** "divers"
sonstjemand *s.* **sonst** ▶. **sonstwas** *s.* **sonst** ▶. **sonstwer** *s.* **sonst** ▶. **sonstwie** *s.* **sonst** ▶. **sonstwo** *s.* **sonst** ▶. **sonstwohin** *s.* **sonst** ▶
sooft *conj* aussi souvent que + *indic*, tant que + *indic;* ~ ***du möchtest/willst*** [au]tant que tu voudras; ■ ~ ... **auch** toutes les fois que + *indic*, chaque fois que + *indic;* ~ ***ich auch darüber nachdenke, ich sehe keine Lösung*** j'ai beau réfléchir, je ne trouve pas de solution
Soor <-[e]s, -e> *m* muguet *m*
Sophist(in) <-en, -en> *m(f)* sophiste *mf*
Sopran <-s, -e> *m* **1.** ∅ soprano *m*
2. *s.* Sopranist
Sopranist(in) <-en, -en> *m(f)* soprano *mf*, soprane *f*
Sorbet <-s, -s> ['zɔrbɛt, zɔr'beː] *m o nt* sorbet *m*
Sorbinsäure *f* acide *m* sorbique
Sorge <-, -n> *f* souci *m;* ***die*** ~ ***um meine Tochter*** le souci que je me fais pour ma fille; ***das ist meine geringste*** ~ c'est le cadet de mes soucis; ***etw versetzt jdn in*** ~ qc rend qn inquiet(-iète)
▶ **du hast/ihr habt** ~**n!**, ~**n hast du/habt ihr!** *iron fam* tu parles/vous parlez d'un problème! *fam;* **jd hat** ~**n** qn a des soucis; **jd hat** ~, **dass** qn a peur que + *subj;* **jd hat** ~, **wie** qn est inquiet(-iète) de savoir comment; **jd hat** ~, **ob** qn a peur que ... ne ... pas + *subj;* **jd hat nur** [*o* **nichts als**] ~**n** [**mit jdm/etw**] qn n'a que des soucis [*o* des problèmes] [*o* des ennuis] [avec qn/qc]; **jd ist in** ~ (*dat*) qn est inquiet(-iète), qn se fait du souci; **jd ist in** ~, **dass** qn a peur que + *subj;* **lass das/lassen Sie das meine** ~ **sein** laisse-moi/laissez-moi faire, fais-moi/faites-moi confiance; **jd macht jdm** ~**n** qn cause du souci à qn; **etw macht** [*o* **bereitet**] **jdm** ~**n** qc cause du souci à qn, qc préoccupe qn; **es macht jdm** ~**n, dass** cela inquiète [*o* préoccupe] qn que + *subj;* **jd macht sich** (*dat*) [**wegen jds/etw**] ~**n** qn se fait du souci [*o* s'inquiète] [à cause de qn/qc]; **sei/seien Sie ohne** ~! *geh* ne t'inquiète pas/ne vous inquiétez pas, ne te fais pas/ne vous faites pas de souci; **jd trägt für etw** ~ *geh* qn se charge de qc; **jd trägt dafür** ~, **dass** *geh* qn veille à ce que + *subj;* **mit** ~ avec inquiétude; **keine** ~! *fam* ne t'en fais pas/ne vous en faites pas *fam*, pas de problème! *fam*
sorgeberechtigt *adj* ■ **jd ist** ~ qn a la garde de l'enfant/des enfants
sorgen I. *vi* **1.** (*aufkommen*) ■ **jd sorgt für jdn** qn s'occupe de qn, qn prend soin de qn
2. (*besorgen*) ■ **jd sorgt für etw** qn s'occupe de qc
3. (*sich kümmern*) ■ **jd sorgt für etw** qn s'occupe de qc; ■ **jd sorgt dafür, dass** qn veille à ce que + *subj;* ■ **für etw ist gesorgt** qc est réglé(e), on s'occupe de qc
4. (*bewirken*) ■ **etw sorgt für etw** *für Aufsehen, Furore, Wirbel* qc cause qc, qc provoque qc; ■ **etw sorgt dafür, dass** qc fait [*o* a pour effet] que + *subj;* ***Drohungen allein können nicht dafür*** ~, ***dass er den Mund hält*** les menaces ne suffisent pas pour qu'il se taise
II. *vr* ■ **jd sorgt sich** [**um jdn**] qn se fait du souci [pour qn]; ■ **jd sorgt sich um etw** qn se fait du souci [*o* est inquiet(-iète)] pour qc
sorgenfrei *adj, adv* sans souci **Sorgenkind** *nt fam* enfant *mf* à problèmes [*o* qui donne du souci]; ***mein*** ~ l'enfant qui me donne du souci **sorgenlos** *adj, adv s.* **sorgenfrei. sorgenvoll I.** *adj* **1.** (*besorgt*) *Gesicht, Miene, Stirn* soucieux(-euse), inquiet(-iète) **2.** *Dasein, Existenz, Leben, Zukunft* plein(e) de soucis **II.** *adv* avec inquiétude
Sorgerecht *nt* ∅ droit *m* de garde des enfants
Sorgfalt <-> *f* ∅ soin *m*
▶ **mit** ~ avec soin
sorgfältig I. *adj Arbeit* soigné(e); *Auswahl, Recherche, Vorbereitung, Vorgehen* soigneux(-euse), consciencieux(-euse); ■ **jd ist** ~ qn est soigneux(-euse) [*o* consciencieux(-euse)]
II. *adv* soigneusement, consciencieusement
Sorgfaltspflicht *f* obligations *fpl* (*d'un employeur vis-à-vis de ses salariés ou d'un commerçant vis-à-vis de ses clients*)
sorglos I. *adj* **1.** (*achtlos*) *Handhabung, Umgang* irresponsable, négligent(e)
2. *s.* sorgenfrei
II. *adv handhaben, umgehen* avec négligence, avec insouciance
Sorglosigkeit <-> *f* ∅ insouciance *f*, négligence *f*
sorgsam *adj, adv geh s.* **sorgfältig**
Sorte <-, -n> *f* **1.** COM (*Marke*) marque *f*
2. (*Art, Typ*) sorte *f*, variété *f*
3. *fam* (*Menschenschlag*) espèce *f*
4. *pl* (*Devisen*) devises *fpl*
sortieren * *vt* **1.** (*ordnen*) ■ **jd sortiert etw** [**nach etw**] qn trie qc [d'après qc]; (*alphabetisch ordnen a.*) qn classe qc [d'après qc]; ***jd/etw sortiert etw aufsteigend/absteigend*** INFORM qn/qc effectue un tri croissant/décroissant, qn/qc trie qc par ordre croissant/décroissant
2. (*einordnen*) ■ **jd sortiert etw in etw** (*akk*) qn range qc dans qc
Sortiment <-[e]s, -e> *nt* assortiment *m*
SOS <-, -> [ɛsʔoːˈʔɛs] *nt* S.O.S. *m*
▶ **jd/etw funkt** ~ qn lance [*o* envoie] un S.O.S.
sosehr *conj* ■ ~ ... [**auch**] bien que + *subj;* ***es klappte einfach nicht,*** ~ ***ich mich auch bemühte*** j'ai eu beau faire tout ce que je pouvais, ça n'a pas marché
soso I. *interj* ah, ah!, tiens, tiens!
II. *adv fam* (*einigermaßen*) comme ci comme ça *fam*, tant bien que mal
Soße <-, -n> *f* **1.** GASTR sauce *f*
2. *pej fam* (*Brühe*) soupe *f fam*, magma *m*
Soßenlöffel *m* cuillère *f* à sauce
sott *imp von* **sieden**
Souffleur <-s, -e> [zuˈfløːɐ, -ˈfløːzə] *m*, **Souffleuse** *f* souffleur(-euse) *m(f)*
Souffleurkasten [zuˈfløːɐ-, -st-] *m* trou *m* du souffleur/de la souffleuse
soufflieren * [zuˈfliːrən] **I.** *vi* ■ **jd souffliert** [**jdm**] qn souffle [à qn]
II. *vt geh* ■ **jd souffliert jdm etw** qn souffle qc à qn
Sound <-s, -s> [saund] *m sl* son *m*
Soundkarte [ˈsaund-] *f* INFORM carte *f* son
soundso *adv* **1.** (*entsprechend*): ~ ***breit/groß/hoch/lang/tief*** de la même largeur/taille/hauteur/longueur/profondeur
2. (*ich weiß nicht wie*): ~ ***oft/häufig*** tant de fois, je ne sais combien de fois; ~ ***viel/viele ...*** tant et tant de ...
3. (*wo auch immer*) tant
Soundso <-s, -s> *m* ▶ **Frau/Herr** ~ *fam* Madame/Monsieur Machin *fam*, Madame Unetelle/Monsieur Untel
soundsovielte(r, s) *adj fam* tant; ***am*** ~***n August*** le tant du mois d'août; ***als S~, an ~r Stelle*** à la place tant
Soutane <-, -n> [zuˈtaːnə] *f* soutane *f*
Souterrain <-s, -s> [sutɛˈrɛ̃ː, ˈzuːtɛrɛ̃] *nt* sous-sol *m*
Souvenir <-s, -s> [zuvəˈniːɐ] *nt* souvenir *m*
souverän [zuvəˈrɛːn] **I.** *adj* **1.** POL souverain(e)
2. (*überlegen*) supérieur(e); *Beherrschung, Eleganz, Handhabung, Leichtigkeit* suprême *antéposé*, souverain(e)
II. *adv* (*überlegen*) suprêmement; *beherrschen, handhaben, meistern a.* à la perfection
Souverän <-s, -e> [zuvəˈrɛːn] *m* **1.** CH électorat *m* inscrit [*o* votant]
2. HIST (*Herrscher*) souverain *m*
Souveränität <-> [zuvərɛniˈtɛːt] *f* ∅ **1.** POL souveraineté *f*
2. *geh* (*Überlegenheit*) aisance *f*, maîtrise *f*
soviel *conj* [pour] autant que + *subj;* ~ ***ich weiß*** autant que je sache, à ce que je sais; ~ ***ich informiert bin*** si je suis bien informé(e); ~ ***mir bekannt ist*** à ma connaissance
sovielmal *conj* ■ ~ ... **auch** chaque fois que + *indic;* ***immer wieder macht er den gleichen Fehler,*** ~ ***ich ihm das auch erkläre*** j'ai beau lui expliquer, il refait toujours la même erreur
soweit *conj* pour autant que + *subj*
sowenig *conj* ■ ~ ... **auch** même si ... ne ... pas beaucoup; ~ ***er auch immer davon versteht*** même s'il n'y comprend pas grand-chose; ~ ***Geld ich auch habe*** malgré le peu d'argent que j'ai
sowie *conj* **1.** (*sobald*) aussitôt que + *indic*, dès que + *indic*
2. *form* (*wie auch*) ainsi que
sowieso *adv* **1.** (*ohnehin*) de toute façon, en tout cas

2. CH (*selbstverständlich*) bien sûr, bien entendu
▶ **das** ~! *fam* évidemment!, ça, de toute façon! *fam*
Sowjet <-s, -s> *m* HIST soviet *m*
▶ **der Oberste** ~ POL le Soviet suprême
sowjetisch *adj* soviétique
Sowjetrepublik *f* ■ **die** ~**en** les Républiques *fpl* soviétiques **Sowjetrusse** *m*, **-russin** *f* Russe *mf* soviétique **Sowjetunion** *f* ∅ ■ **die** ~ l'Union *f* soviétique
sowohl *conj* ■ ~ … **als auch** non seulement …, mais [encore]
Sozi <-s, -s> *m pej fam* social(e)-démocrate *m(f)*
sozial I. *adj* social(e); (*gesellschaftlich verantwortlich*) ouvert(e) socialement; ***jd hat eine ~e Ader*** qn a la fibre sociale
II. *adv* (*gemeinnützig*): ***jd denkt ~/ist ~ eingestellt*** qn a l'esprit social; ***jd handelt*** ~ qn agit dans le sens de l'intérêt social
Sozialabbau *m* ∅ remise *f* en cause des acquis sociaux **Sozialabgaben** *pl* charges *fpl* sociales **Sozialamt** *nt* bureau *m* d aide sociale, assistance *f* publique **Sozialarbeit** *f* ∅ travail *m* social **Sozialarbeiter(in)** *m(f)* travailleur(-euse) *m(f)* social(e), assistant(e) *m(f)* social(e) **Sozialberuf** *m* profession *f* sociale **Sozialdemokrat(in)** *m(f)* social(e)-démocrate *m(f)*; ■ **die** ~**en** les sociaux-démocrates *mpl* **Sozialdemokratie** *f* ∅ social-démocratie *f* **sozialdemokratisch** *adj* social(e)-démocrate **Sozialfall** *m form* cas *m* social **Sozialhilfe** *f* ∅ aide *f* sociale; (*in Frankreich*) R.M.I. *m* **Sozialhilfeempfänger(in)** *m(f)* R.M.Iste *m f*
Sozialisation <-> *f* ∅ socialisation *f*
sozialisieren * *vt* 1. POL ■ **jd sozialisiert etw** qn socialise qc
2. SOCIOL ■ **jd sozialisiert jdn** qn socialise qn
Sozialisierung <-, -en> *f* 1. POL socialisation *f*
2. SOCIOL socialisation *f*
Sozialismus <-> *m* ∅ socialisme *m*
Sozialist(in) <-en, -en> *m(f)* socialiste *mf*; ■ **die** ~**en** les socialistes *mpl*
sozialistisch *adj* 1. socialiste
2. AUS *s.* **sozialdemokratisch**
Sozialleistungen *pl* prestations *fpl* sociales **Sozialpädagoge** *m*, **-pädagogin** *f* éducateur(-trice) *m(f)* social(e) **Sozialpädagogik** *f* pédagogie *f* sociale, apprentissage *m* de la vie en société **Sozialpartner** *m meist pl* partenaire *mf* social **Sozialplan** *m* plan *m* social **Sozialprestige** [-prɛstiːʒə] *nt* prestige *m* social **Sozialrecht** *nt* ∅ droit *m* social **Sozialrente** *f form* retraite *f* de la Sécurité sociale [*o* versée par les assurances sociales] **Sozialrentner(in)** *m(f) form* retraité(e) *m(f)* de la Sécurité sociale **Sozialstaat** *m* État *m* social, État *m* providence *fam* **Sozialverhalten** *nt* comportement *m* social **Sozialversicherung** *f* assurance *f* sociale; (*in Frankreich*) Sécurité *f* sociale **Sozialversicherungsausweis** *m* carte *f* d'assuré(e) social(e) **Sozialwissenschaften** *pl* sciences *fpl* sociales **Sozialwohnung** *f* logement *m* social, ≈ H.L.M. *m o f*
soziokulturell *adj* socioculturel(le) **Soziolinguistik** *f* sociolinguistique *f*
Soziologe <-n, -n> *m*, **-login** *f* sociologue *mf*
Soziologie <-> *f* ∅ sociologie *f*
soziologisch *adj* sociologique
Sozius <-, Sozii> *m*, **Sozia** *f* 1. (*Kompagnon*) associé(e) *m(f)*, compagnon *m*
2. (*Beifahrer*) passager(-ère) *m(f)* de derrière; ***du kannst als ~ mitfahren*** tu peux monter derrière
3. *s.* **Soziussitz**
Soziussitz *m* siège *m* arrière
sozusagen *adv* pour ainsi dire
Spachtel <-s, -> *m* 1. (*Werkzeug*) spatule *f*
2. ∅ (*Spachtelmasse*) enduit *m*, mastic *m*
Spachtelmasse *f s.* **Spachtel**
spachteln I. *vt* ■ **jd spachtelt etw** qn rebouche qc [avec de l'enduit] [*o* du mastic], qn mastique qc
II. *vi* 1. (*mit dem Spachtel arbeiten*) ■ **jd spachtelt** qn enduit, qn mastique
2. DIAL *fam* (*essen*) ■ **jd spachtelt** qn s'empiffre *fam*, qn bâfre *fam*
Spagat <-[e]s, -e> *m o nt* 1. SPORT grand écart *m*
2. (*schwierige Position*) exercice *m* de haute voltige; ***jd verkraftet den ~ zwischen Familie und Beruf*** qn arrive à concilier vie de famille et vie professionnelle
▶ **jd macht** [**einen**] ~, **jd geht in den** ~ qn fait le grand écart
SpagettiRR, **Spaghetti** *pl* spaghetti *mpl*
spähen *vi* 1. (*blicken*) ■ **jd späht aus etw** qn guette [*o* épie] de [*o* par] qc; ■ **jd späht durch etw** [**auf etw** (*akk*)/**in etw** (*akk*)] qn regarde par qc [qc]
2. (*Ausschau halten*) ■ **jd späht nach jdm/etw** qn guette qn/qc
Späher(in) <-s, -> *m(f)* éclaireur(-euse) *m(f)*, patrouilleur(-euse) *m(f)*
Spähtrupp *m* patrouille *f* de reconnaissance
Spalier <-s, -e> *nt* 1. HORT espalier *m*, treillage *m*
2. [*Menschen*] haie *f*
▶ **jd bildet ein** ~, **jd steht** ~ qn fait [*o* forme] une haie
Spalt <-[e]s, -e> *m* (*Schlitz*) fente *f*; [*Felsen, Mauer a.*] fissure *f*
▶ **einen** ~ un léger entrebâillement; ***jd öffnet etw einen*** ~ qn entrouvre qc; ***etw bleibt/steht einen ~ offen*** qc reste/est entrouvert(e) [*o* entrebâillé(e)]
spaltbar *adj* fissible
spaltbreit *adj* mince *antéposé*, léger(-ère) *antéposé*
Spaltbreit <-> *m* ∅ espace *m*; ***jd öffnet etw einen ~*** qn entrouvre qc; ***jd lässt etw einen ~ offen*** qn laisse qc entrouvert(e) [*o* entrebâillé(e)]
Spalte <-, -n> *f* 1. (*breiter Riss*) fissure *f*; [*Gletscher*] crevasse *f*
2. TYP colonne *f*
3. AUS (*Scheibe*) tranche *f*
spalten <*pp* gespalten> I. *vt* 1. <*pp* gespalten *o* gespaltet> (*zerschlagen*) ■ **jd spaltet etw** *Baum, Brett, Holz* qn fend qc
2. PHYS ■ **jd spaltet etw** *Atomkern* qn divise qc, qn fissionne qc
3. (*trennen*) ■ **jd/etw spaltet etw** *Land* qn/qc divise qc; *Partei* qn/qc provoque une scission dans qc
4. (*auseinander gehen*) ■ **sie sind gespalten** /*Ansichten, Auffassungen*/ ils/elles sont partagé(e)s, ils/elles divergent
II. *vr* 1. (*reißen*) ■ **etw spaltet sich** /*Fingernagel, Fußnagel*/ qc devient cassant(e); /*Haare*/ qc devient fourchu(e)
2. (*getrennte Positionen einnehmen*) ■ **jd/etw spaltet sich** [**in etw** (*akk*)] qn/qc se scinde [*o* se divise] [en qc]
-spaltig à … colonnes
Spaltung <-, -en> *f* 1. PHYS fission *f*
2. (*Aufspaltung in Fraktionen*) scission *f*, division *f*
▶ **die** ~ **des Bewusstseins** [*o* **der Persönlichkeit**] le dédoublement de la personnalité
Span <-[e]s, ¨-e> *m* copeau *m*; (*Bohr~ a.*) éclat *m*
▶ **wo gehobelt wird,** [**da**] **fallen** ¨**-e** *prov* on ne fait pas d'omelette sans casser des œufs
Spanferkel *nt* cochon *m* de lait
Spange <-, -n> *f* 1. (*Haar~*) barrette *f*
2. (*Armreif*) bracelet *m*
3. (*Zahn~*) appareil *m* [de correction dentaire]
Spanien <-s> [ˈʃpaːniən] *nt* l'Espagne *f*
Spanier(in) <-s, -> [ˈʃpaːniɐ] *m(f)* Espagnol(e) *m(f)*
▶ **jd ist stolz wie ein** ~ *prov* qn est fier(fière) comme Artaban [*o* un coq]
spanisch *adj* espagnol(e)
▶ **etw kommt jdm** ~ **vor** *fam* qc ne paraît pas [très] catholique à qn *fam*, qc paraît bizarre à qn
Spanisch *nt decl wie adj* espagnol *m*; ***jd lernt*** ~ qn apprend l'espagnol; ***jd spricht*** ~ qn parle [l']espagnol; ***jd versteht kein*** ~ qn ne comprend pas l'espagnol; ■ **das** ~**e** l'espagnol *m*; ***ins ~e/aus dem ~en*** en espagnol/de l'espagnol
▶ **auf** ~ en espagnol
spann *imp von* **spinnen**
Spann <-[e]s, -e> *m* cou-de-pied *m*
SpannbetttuchRR *nt* drap-housse *m*
Spanne <-, -n> *f* 1. COM, FIN marge *f*
2. *geh* (*Zeit~*) période *f*, laps *m* de temps; ***eine kurze ~*** [***Zeit***] un court laps de temps
spannen I. *vt* 1. (*straffen*) ■ **jd spannt etw** *Saite, Seil* qn tend qc; *Zügel* qn tire sur qc
2. (*anspannen*) ■ **jd spannt etw** *Muskel, Oberkörper, Schenkel etc* qn bande qc, qn contracte qc
3. (*aufspannen*) ■ **jd spannt etw über etw** (*akk*)/**zwischen etw** (*akk*) qn tend qc au-dessus de/entre qc
4. (*straff befestigen*) ■ **jd spannt etw in etw** (*akk*) *Papierbogen* qn met qc dans qc; ■ **jd spannt etw auf etw** (*akk*) *Leinwand* qn tend qc sur qc; ■ **jd spannt etw in etw** (*akk*)/**zwischen etw** (*akk*) *Werkstück* qn serre [*o* fixe] qc sur qc/entre qc
5. *sl* (*merken*) ■ **jd spannt, dass/was** qn pige que + *indic*/ce qui/ce que *fam*
II. *vr* ■ **etw spannt sich über etw** (*akk*) /*Aquädukt, Brücke*/ qc fait un arc sur [*o* au-dessus de] qc
III. *vi* 1. (*zu eng sitzen*) ■ **etw spannt irgendwo** /*Kleidungsstück*/ qc serre quelque part; ■ **etw spannt** qc est trop juste, qc serre trop
2. (*zu straff sein*) ■ **etw spannt** [**irgendwo**] /*Haut*/ qc tire [quelque part]
3. *fam* (*ungeduldig warten*) ■ **jd spannt darauf, dass** qn attend avec impatience que + *subj*, qn espère que + *indic*; *s. a.* **gespannt**
spannend I. *adj* captivant(e), passionnant(e); ***ein ~er Film/Roman*** un film/roman à suspense
▶ **jd macht es** ~ *fam* qn tourne autour du pot; ***mach's nicht so ~!*** arrête de tourner autour du pot!, accouche! *fam*
II. *adv* de façon captivante [*o* passionnante]
Spanner[1] <-s, -> *m* (*Schuh~*) embauchoir *m*
Spanner[2] <-s, -> *m* ZOOL phalène *m o f*
Spanner(in) <-s, -> *m(f) fam* (*Voyeur*) voyeur(-euse) *m(f)*
Spannkraft *f* ∅ vigueur *f*; [*Muskel*] tonicité *f*, élasticité *f* **Spannteppich** *m* CH moquette *f*
Spannung <-, -en> *f* 1. ∅ (*fesselnde Art*) suspense *m*
2. ∅ (*gespannte Erwartung*) [*Hörer, Leser, Zuschauer*] tension *f* [nerveuse], attention *f*; ***etw erzeugt bei jdm große ~*** qc captive qn
3. *meist pl* (*Unstimmigkeiten*) tension *f*
4. ELEC tension *f*, voltage *m*
5. ∅ [*Bogensehne, Saite, Seil*] tension *f*
▶ **etw steht unter** ~ qc est sous tension; **mit** [*o* **voller**] ~ *erwarten* avec impatience; *entgegensehen* avec excitation
Spannungsgebiet *nt* zone *f* de tension, point *m* chaud [du globe] **Spannungsmesser** <-s, -> *m* voltmètre *m* **Spannungsprüfer** *m* contrôleur *m* de tension
Spannweite *f* 1. [*Flügel*] envergure *f*
2. CONSTR *Segment* ouverture *f*; [*Brücke, Gewölbe*] portée *f*
Spanplatte *f* panneau *m* de particules
Sparbrief *m* bon *m* d'épargne **Sparbuch** *nt* livret *m* [de caisse] d'épargne **Sparbüchse** [-ks-] *f* tirelire *f*
sparen I. *vt* 1. FIN ■ **jd spart etw** *Betrag, Geld* qn économise qc, qn épargne qc
2. (*einsparen*) ■ **etw spart etw** *Arbeit, Aufwand, Energie* qc fait économiser qc, qc permet d'économiser qc; *Zeit a.* qc fait gagner qc; ■ **jd spart etw** *Energie, Rohstoffe, Strom, Kraft* qn économise qc

3. (*ersparen*) ■**jd spart jdm etw** *Mühe, Ärger, Ausgaben* qn épargne qc à qn
II. *vr* 1. (*sich ersparen*) ■**jd spart sich** (*dat*) **etw** ce n'est pas la peine que qn fasse qc
2. (*verzichten*) ■**jd spart sich** (*dat*) **etw** *Bemerkung, Ratschlag, Satz* qn s'abstient de qc, qn garde qc pour soi
III. *vi* 1. FIN ■**jd spart** [**auf** [*o* **für**] **etw** (*akk*)] qn économise [*o* épargne] [pour qc]; ***jd spart für ein Auto*** qn économise pour acheter une voiture
2. (*sparsam sein*) ■**jd spart** qn limite ses dépenses, qn se montre économe; ■**jd spart an etw** (*dat*) qn rogne sur qc
►**jd spart nicht mit etw** qn n'est pas avare de qc

Sparer(in) <-s, -> *m(f)* épargnant(e) *m(f)*
►**jd ist ein ~** qn est un épargnant, qn épargne

Sparflamme *f* ►**jd kocht auf ~** *fam* (*arbeitet wenig*) qn bosse au ralenti *fam;* **auf ~**: ***etw läuft auf ~*** qc marche au ralenti; ***etw ist auf ~*** qc est en veilleuse; ***jd reduziert etw auf ~*** qn met qc en veilleuse

Spargel <-s, -> *m* asperge *f*
►**jd sticht ~** qn déchausse des asperges

Sparguthaben *nt* avoir *m* [sur un livret] **Sparheft** *nt* CH *s.* **Sparbuch. Sparkasse** *f* caisse *f* d'épargne **Sparkonto** *nt* compte-épargne *m,* compte *m* d'épargne **Sparkurs** *m* politique *f* de rigueur [*o* d'austérité]

spärlich I. *adj Ausbeute, Reste* maigre; *Vegetation, Haarwuchs* clairsemé(e), rare
II. *adv* peu

Sparmaßnahme *f* mesure *f* d'économie **Sparpackung** *f* paquet *m* économique **Sparprämie** [-miə] *f* prime *f* d'épargne

Sparren <-s, -> *m* chevron *m*

Sparring <-s> *nt* ∅ entraînement *m*

sparsam I. *adj* 1. *Mensch, Lebensweise* économe
2. *Auto, Motor, Heizkessel* économique; ***etw ist ~ in der Anwendung*** [*o* ***im Verbrauch***] qc est d'une utilisation économique; ***etw ist ~ im Gebrauch*** qc est économique à l'usage
II. *adv* 1. *essen, leben* chichement; *wirtschaften* dans un souci d'économie; *mit etw umgehen* avec mesure
2. *anwenden, einsetzen, verwenden* avec parcimonie

Sparsamkeit <-> *f* ∅ [sens *m* de l']économie *f;* ***das ist schon keine ~ mehr, das ist Geiz!*** ce n'est plus être économe, c'est être avare!

Sparschwein *nt* tirelire *f*
►**jd schlachtet sein ~** qn casse sa tirelire *fam*

Spartaner(in) <-s, -> *m(f)* Spartiate *mf*

spartanisch I. *adj* 1. HIST spartiate; ***die ~e schwarze Suppe*** le brouet spartiate
2. (*sehr bescheiden*) spartiate
II. *adv* de manière spartiate

Sparte <-, -n> *f* 1. (*Branche*) branche *f,* secteur *m*
2. (*Spezialbereich*) spécialité *f,* domaine *m*
3. (*Rubrik*) rubrique *f*

Sparvertrag *m* contrat *m* d'épargne, plan *m* [d']épargne **Sparzins** *m meist pl* intérêts *mpl* [de l'/d'épargne]

spasmisch *adj* spasmodique

Spaß <-es, ¨-e> *m* 1. ∅ (*Vergnügung*) distraction *f,* divertissement *m;* (*Freude*) plaisir *m;* ***etw dient dem ~*** qc, c'est pour s'amuser
2. (*Scherz*) plaisanterie *f*
►**aus** [**dem**] **~ wurde Ernst** la plaisanterie a mal tourné; **etw ist ein teurer ~** *fam* qc, c'est une [petite] plaisanterie qui coûte cher *fam;* **jd hat ~** qn s'amuse bien; **jd hat ~ an etw** (*dat*) qn aime qc; ***Kinder haben ~ am Karussellfahren*** les enfants aiment faire des tours de manège; **da hört der ~ auf** là, il ne s'agit plus de plaisanter; **da hört der ~ für jdn auf** là, qn ne plaisante plus; **jd macht** [**nur**] **~** qn plaisante; ***ich habe nur ~ gemacht*** c'était [juste] pour rire; **etw macht ~** qc, c'est bien; ***Karussellfahren macht ~*** les manèges [*o* faire des tours de manège], c'est bien; **etw macht jdm ~** qn aime bien qc; ***mir würde eine Radtour ~ machen*** j'aimerais bien faire une balade à vélo; une balade à vélo, ça me plairait bien; **es macht ~ etw zu tun** c'est agréable de faire qc; **es macht jdm ~ etw zu tun** qn aime bien faire qc; ***es macht mir keinen ~ etw zu tun*** ça ne m'amuse [*o* m'enchante] pas de faire qc; **jd macht sich** (*dat*) **einen ~ daraus etw zu tun** qn prend un malin plaisir à faire qc *péj;* **~ muss sein** *fam* faut bien rire [de temps en temps] *fam;* **jd sagt etw aus** [*o* **zum**] **~** qn dit qc pour rire; **jd verdirbt jdm den ~** qn lui gâte [*o* gâche] le plaisir; **jd versteht keinen ~/in etw** (*dat*) **keinen ~** qn ne comprend pas la plaisanterie/n'aime pas plaisanter avec qc; **~ beiseite** *fam* blague à part *fam;* **viel ~!** amuse-toi/amusez-vous bien!; *iron* je te/vous souhaite bien du plaisir!, je te/vous en souhaite!

Späßchen <-s, -> *nt dim von* **Spaß** petite plaisanterie *f*

spaßen *vi geh* ■**jd spaßt** qn plaisante
►**mit jdm/etw ist nicht zu ~** il ne faut pas plaisanter avec qn/qc; **jd lässt nicht mit sich ~** qn n'aime pas qu'on plaisante avec lui/elle

spaßeshalber *adv* comme ça, pour voir

spaßhaft I. *adj* plaisant(e), drôle; ***das war doch nur ~*** mais c'était pour rire
II. *adv* pour rire

spaßig *adj:* ***du hast ~e Ideen!*** tu as de drôles d'idées!; ***mir ist da eine ~e Geschichte passiert*** il vient de m'arriver une drôle d'histoire; ■**jd/etw ist ~** qn/qc est drôle

Spaßmacher(in) *m(f) veraltend* bouffon *m* **Spaßverderber(in)** <-s, -> *m(f)* rabat-joie *m* **Spaßvogel** *m* plaisantin *m,* farceur(-euse) *m(f)*

Spastiker(in) <-s, -> *m(f)* infirme *mf* moteur(-trice) cérébral(e), I.M.C. *mf*

spastisch *adj* spastique; ***~e Lähmung*** dyskinésie *f*

Spat <-[e]s, -e> *m* spath *m*

spät I. *adj* 1. (*Tageszeit betreffend*) ■**am ~en ...** tard dans la/l'; ■**es ist/wird ~** il est/se fait tard; ***es ist schon ~ am Nachmittag*** il est déjà tard dans l'après-midi; ***warte mit dem Abendessen nicht auf mich, es wird heute ~/~er*** ne m'attends pas pour le dîner, aujourd'hui je rentrerai tard/plus tard
2. (*Zeitpunkt betreffend*) *Zug, Flugzeug, Aster, Apfelsorte, Schneefälle, Erscheinen, Ankunft, Sendung* tardif(-ive); ***der ~este Zug*** le dernier train; ***der ~e Flug*** le vol du soir; ***er kam mit einer ~eren Straßenbahn*** il est arrivé avec un tram qui part plus tard; ***zu einem ~eren Zeitpunkt*** plus tard, à un moment ultérieur; ■**der/das ~e ...** *Frühjahr, Sommer, Herbst, Winter* la fin du/de l'...
3. (*ausgehend*) *Kaiserzeit, Mittelalter, Barock, Jugendstil* finissant(e), tardif(-ive); ***ein ~er Picasso*** un Picasso peint sur le tard
4. (*verspätet*) *Erkenntnis, Einsicht, Glück, Reue* tardif(-ive)
►**wie ~ ist es?** quelle heure est-il?; ***ich habe nicht gemerkt, wie ~ es schon war*** je n'ai pas vu l'heure; **zu ~** [trop] tardif(-ive)
II. *adv* 1. (*nicht früh*) tard; ***~ am Abend/in der Nacht*** tard dans la soirée/la nuit
2. (*verspätet*) tard, tardivement
►**jd ist ~ dran** qn est en retard; **wie ~?** à quelle heure?; ***wie ~ kann ich dich noch anrufen?*** jusqu'à quelle heure puis-je t'appeler?; **zu ~** trop tard; *s. a.* **später, spätestens**

Spät- 1. (*spät am Tag*) *-zug, -messe, -flug* du soir; *-nachrichten, -ausgabe* de la nuit
2. (*opp: Früh-*) *-form, -kapitalismus, -werk* tardif(-ive); ***~gotik*** gothique *m* flamboyant

spätabends *adv* tard le soir [*o* dans la soirée]

Spätaussiedler(in) *m(f)* rapatrié(e) *m(f)* tardif(-ive) **Spätdienst** *m* service *m* du soir ►**jd hat ~** qn est du [service du] soir

Spatel <-s, -> *m* 1. MED spatule *f*
2. *s.* **Spachtel**

Spaten <-s, -> *m* bêche *f*

Spatenstich *m* coup *m* de bêche
►**der erste ~** le premier coup de pioche

Spätentwickler(in) <-s, -> *m(f)* MED, PSYCH attardé(e) *m(f)*

später I. *adj* (*zukünftig*) *Generation, Jahrhunderte, Zeiten* futur(e); *s. a.* **spät**
II. *adv* 1. (*zeitlich danach*) plus tard, après
2. (*die Zukunft*) plus tard; **jd denkt an ~** qn pense à plus tard; ***jd sorgt für ~ vor*** qn prend ses précautions pour plus tard
►**jd vertröstet jdn auf ~** qn fait lanterner qn; **bis ~!** à plus tard!; **~** [**ein**]**mal** par la suite; **nicht ~ als** au plus tard

spätestens *adv* au plus tard

Spätheimkehrer(in) *m(f)* prisonnier(-ière) *m(f)* de guerre libéré(e) tardivement **Spätherbst** *m* fin *f* de l'/d'automne ►**im ~** à la fin de l'automne **Spätlese** *f* vendange *f* tardive; ***ein Silvaner ~*** un sylvaner vendange tardive **Spätschicht** *f* équipe *f* du soir ►**jd hat ~** qn est [de l'équipe] du soir **Spätsommer** *m* fin *f* de l'/d'été ►**im ~** à la fin de l'été **Spätstadium** *nt* phase *f* terminale ►**im ~** en phase terminale

Spatz <-en *o* -es, -en> *m* 1. ORN moineau *m*
2. *fam* (*Kosewort*) [petit] chou *m fam;* **~!** mon chou! *fam*
►**das pfeifen die ~en von den Dächern** *fam* c'est le [*o* un] secret de Polichinelle; **besser ein ~ in der Hand als eine Taube auf dem Dach** *prov* un tiens vaut mieux que deux tu l'auras

Spätzchen <-s, -> *nt dim von* **Spatz** *fam* (*Kosewort*) petit chou *m fam;* **~!** mon petit chou! *fam*

Spatzenhirn *nt pej fam* cervelle *f* de moineau [*o* d'oiseau]

Spätzle *pl* GASTR spätzle *mpl,* spaetzle *fpl*
►**handgeschabte ~** des spätzle préparés [*o* spaetzle préparées] à la main

Spätzündung *f* AUT retard *m* à l'allumage
►**jd hat ~** *fam* qn comprend vite, mais il faut lui expliquer longtemps *fam*

spazieren * *vi* + *sein* ■**jd spaziert** [**irgendwohin**] qn va se promener [quelque part]
►**jd fährt ~** qn fait une promenade [*o* va se promener] en voiture; **jd fährt jdn ~** qn emmène qn se promener [en voiture/landau/fauteuil roulant]; **jd geht** [**mit jdm**] **~** qn fait une promenade [*o* va se promener] [avec qn]; ***abends geht jd ~*** qn se promène le soir; ***jd ist ~ gegangen*** qn est parti(e) se promener; **jd ist ~** qn est en promenade

spazieren|fahren *s.* **spazieren ►. spazieren|gehen** *s.* **spazieren ►**

Spazierfahrt *f* promenade *f* en voiture ►**jd macht eine ~** qn fait une promenade [*o* va se promener] en voiture **Spaziergang** <-gänge> *m* promenade *f* [à pied] ►**~ im All** sortie *f* dans l'espace; **etw ist kein ~** qc n'est pas une mince affaire; qc, ça ne se fait pas comme ça; **jd macht einen ~** qn fait une promenade, qn va se promener; ***gestern haben wir einen ~ durch die Stadt gemacht*** hier, on s'est promené(e)s en ville **Spaziergänger(in)** <-s, -> *m(f)* promeneur(-euse) *m(f)* **Spazierstock** *m* canne *f;* (*im Winter*) bâton *m* de marche

SPD <-> [ɛspeːˈdeː] *f* ∅ *abk von* **Sozialdemokratische Partei Deutschlands** *parti social-democrate allemand*

Specht <-[e]s, -e> *m* pic *m*

Speck <-[e]s, -e> *m* 1. GASTR lard *m;* (*weißer ~*) lard *m* gras, gros lard *m*
2. *fam* (*Fettpolster*) lard *m fam*
►**mit ~ fängt man Mäuse** *prov* on n'attrape pas les mouches avec du vinaigre; **jd setzt ~ an** *fam* qn se fait du lard *fam;* **ran an den ~!** *fam* allez, on attaque!

Speckbauch *m fam* brioche *f fam,* bedaine *f fam*

speckig *adj* 1. (*fettglänzend*) crasseux(-euse)
2. (*feist*) gras(se)

Speckschwarte *f* couenne *f* [de/du lard]

Spediteur(in) <-s, -e> [ʃpediˈtøːɐ] *m(f)* (*Transportunternehmer*) commissionnaire *mf* de transport, transporteur *m;* (*Umzugsunternehmer*) déménageur *m*

Spedition <-, -en> *f* (*Transportunternehmen*) entreprise *f* de transport; (*Umzugsunternehmen*) entreprise *f* de déménagement

speditiv I. *adj* CH *form* rapide
II. *adv* CH *form* rapidement, avec célérité *soutenu*

Speer <-[e]s, -e> *m* javelot *m*

Speerspitze *f* pointe *f* de/du javelot ▶ **jd/etw ist die ~ einer S.** (*gen*) qn/qc est le fer de lance de qc **Speerwerfen** <-s> *nt* Ø lancer *m* de/du javelot **Speerwerfer(in)** <-s, -> *m(f)* lanceur(-euse) *m(f)* de javelot

speiben <*PP:* gespieben> *vi* AUS *fam* 1. (*speien*) ■ **jd speibt** qn crache
2. (*erbrechen*) ■ **jd speibt** qn vomit

Speiche <-, -n> *f* 1. [*Rad*] rayon *m*
2. ANAT radius *m*

Speichel <-s> *m* Ø salive *f*

Speicheldrüse *f* glande *f* salivaire **Speichellecker(in)** <-s, -> *m(f)* *pej* lèche-bottes *mf*

Speicher <-s, -> *m* 1. DIAL (*Dachboden*) grenier *m*
2. INFORM mémoire *f*
3. (*Lagerhaus*) entrepôt *m*
4. (*Wasser~*) réservoir *m*
▶ **externer/interner ~** INFORM mémoire *f* externe/interne; **auf dem ~** au grenier

Speicher- INFORM de la mémoire; *-platte* mémoire; *-einheit, -modul, -segment* de mémoire; *-platz, s-resident* en mémoire; *~chip* puce *f* à mémoire **Speicherdichte** *f* densité *f* de mémoire **Speicherkapazität** *f* 1. INFORM capacité *f* de mémoire 2. (*Lagermöglichkeit*) capacité *f* de stockage

speichern I. *vt* 1. INFORM ■ **jd/etw speichert etw [auf etw** (*akk*)**]** qn/qc met qc en mémoire [sur qc], qn mémorise qc [sur qc]; *Daten, Informationen a.* qn/qc sauvegarde qc [sur qc]
2. (*aufbewahren*) ■ **jd speichert etw** qn entrepose qc, qn stocke qc
II. *vi* ■ **jd/etw speichert** qn/qc [fait une] sauvegarde

Speicherschreibmaschine *f* machine *f* à écrire à mémoire

Speicherung <-, -en> *f* INFORM sauvegarde *f*

speien <spie, gespien> *vt* 1. (*ausspeien*) ■ **etw speit etw [irgendwohin/auf etw** (*akk*)**]** /*Geysir, Vulkan*/ qc crache [*o* projette] qc [quelque part/sur qc]
2. *geh* (*spucken*) ■ **jd speit etw [irgendwohin]** qn vomit qc [quelque part]

Speis <-es> *m* Ø DIAL (*Mörtel*) mortier *m*

Speise <-, -n> *f* 1. *meist pl geh* (*Gericht*) repas *m*
2. (*Nahrung*) nourriture *f*
▶ **vielen Dank für Speis und Trank** *geh*, **für Speis und Trank sei Lob und Dank** *geh* merci de votre aimable hospitalité; [*Gebet*] "pour ce pain quotidien, merci Seigneur[, merci bien]"

Speiseeis *nt form* glace *f*, crème *f* glacée **Speisekammer** *f* cellier *m* **Speisekarte** *f* menu *m*, carte *f*

speisen I. *vi geh* ■ **jd speist** qn se restaure *soutenu*; ■ **jd speist ...** *italienisch, griechisch etc* qn mange ... + *adj*
II. *vt* 1. *geh* (*essen*) ■ **jd speist etw** qn mange qc, qn consomme qc *soutenu*
2. (*versorgen*) ■ **etw speist etw** *Stromnetz, Fluss, See* qc alimente qc

Speisequark *m* fromage *m* blanc à 40 % [de matières grasses] **Speisereste** *pl* 1. (*Reste einer Mahlzeit*) restes *mpl* [de nourriture] 2. (*zwischen den Zähnen*) petit morceau *m* d'aliment **Speiseröhre** *f* œsophage *m* **Speisesaal** *m* salle *f* à manger; [*Kloster, Internat*] réfectoire *m* **Speisewagen** *m* voiture-restaurant *f*, wagon-restaurant *m*

Speisung <-, -en> *f* 1. *geh* (*Beköstigung*): ***die Königin verlässt das Schloss zur ~ der Armen*** la reine quitte le château pour aller donner à manger aux pauvres; ***diese Organisation führt regelmäßige ~en von Bedürftigen durch*** cette organisation sert régulièrement des repas aux nécessiteux
2. [*Stromnetz, Fluss, See*] alimentation *f*

speiübel *adj* ■ **jdm ist/wird ~ [von etw]** qn a/commence à avoir la nausée [*o* envie de vomir]; ■ **jdm ist/wird ~ von/bei etw** qc donne la nausée [*o* envie de vomir] à qn

Spektakel[1] <-s, -> *m fam* tintouin *m fam*

Spektakel[2] <-s, -> *nt geh* (*Schauspiel*) spectacle *m*

spektakulär I. *adj* spectaculaire; *Erfolg a.* éclatant(e)
II. *adv* de manière spectaculaire

Spektra *pl von* **Spektrum**

Spektralfarbe *f* couleur *f* spectrale

Spektrum <-s, Spektren *o* Spektra> *nt* 1. PHYS spectre *m*
2. *geh* (*Vielfalt*) variété *f*; [*Waren*] éventail *m*

Spekulant(in) <-en, -en> *m(f)* spéculateur(-trice) *m(f)*

Spekulation <-, -en> *f* 1. *geh* (*Mutmaßung*) spéculation *f soutenu*
2. (*das Spekulieren*) spéculation *f*
▶ **jd stellt [über etw** (*akk*)**] ~en an** *geh* qn spécule [sur qc] *soutenu*, qn se livre à des spéculations [sur qc] *soutenu*; **jd stellt ~en an, ob ...** la question de savoir si ... fait l'objet de bien des spéculations de la part de qn *soutenu*

Spekulationsobjekt *nt* objet *m* de spéculation

spekulativ *adj geh* spéculatif(-ive) *soutenu*; ■ **etw ist ~** qc relève de la [pure] spéculation

spekulieren * *vi* 1. *fam* (*auf etw rechnen*) ■ **jd spekuliert auf etw** (*akk*) qn spécule [*o* compte] sur qc; ■ **jd spekuliert darauf, dass** qn spécule [*o* compte] sur le fait que + *fut*
2. (*Spekulant sein*) ■ **jd spekuliert [mit etw]** qn spécule [sur qc]

Spelunke <-, -n> *f pej fam* boui[-]boui *m fam*

spendabel *adj fam* généreux(-euse); ***jd ist nicht sehr ~*** qn est plutôt radin(e) *fam*

Spende <-, -n> *f* don *m*
▶ **bitte [um] eine kleine ~!** à votre bon cœur!; **bitte [um] eine kleine ~ für etw!** donnez pour qc!

spenden I. *vt* 1. (*geben*) ■ **jd spendet etw [für jdn/etw]** qn fait don de qc [pour qn/qc]; ■ **jd spendet jdm etw** qn donne [*o* fait don de] qc à qn
2. MED ■ **jd spendet etw** qn donne qc, qn fait don de qc
3. *geh* (*abgeben*) ■ **etw spendet etw** *Licht, Wärme* qc diffuse qc *soutenu*
II. *vi* ■ **jd spendet [für jdn/etw]** qn donne [*o* fait un don] [pour qn/qc]

Spenden- des dons; *-eingang, -einnahmen* sous forme de dons; ***~aktion/~beschaffung*** collecte *f* de dons; ***~aufruf*** appel *m* à la générosité [publique]; ***~bereitschaft*** générosité *f* [des donateurs]; ***~bescheinigung*** reçu *m* [fiscal]; ***s~freudig*** généreux(-euse); ***~konto*** compte *m* où verser les dons; ***~sammler*** personne *f* chargée de collecter les dons **Spendenwaschanlage** *f* officine *f* de blanchiment des dons [aux partis politiques]

Spender <-s, -> *m* distributeur *m*; (*Parfüm~*) vaporisateur *m*

Spender(in) <-s, -> *m(f)* 1. (*jd, der spendet*) donateur(-trice) *m(f)*
2. MED donneur(-euse) *m(f)*

spendieren * *vt fam* ■ **jd spendiert [jdm] etw** qn paie qc [à qn] *fam*

Spendierhosen *pl* ▶ **jd hat seine ~ an** *fam* qn est en veine de générosité; ***heute habe ich meine ~ an*** c'est mon jour de bonté

Spengler(in) <-s, -> *m(f)* SDEUTSCH, AUS (*Klempner*) plombier *m* zingueur; (*Blechschmied*) tôlier *m*

Sperber <-s, -> *m* épervier *m*

Sperenzchen *pl fam*, **Sperenzien** [-tsiən] *pl fam* chichis *mpl*, simagrées *fpl*
▶ **jd macht ~** qn fait des histoires *fam*

Sperling <-s, -e> *m* moineau *m*

Sperma <-s, Spermen *o* -ta> [ˈʃp-, ˈsp-] *nt* sperme *m*

sperrangelweit *adv* ▶ **etw steht [*o* ist] ~ offen** *fam* qc est grand ouvert(e)

Sperrbezirk *m* 1. (*für Prostitution*) zone *f* interdite à la prostitution
2. *s.* **Sperrgebiet**

Sperre <-, -n> *f* 1. (*Barrikade*) (*von der Polizei*) barrage *m*; (*von Demonstranten*) barricade *f*
2. (*Kontrollstelle*) [poste *m* de] contrôle *m*
3. (*Sperrvorrichtung*) (*am Eingang*) portillon *m*; (*in der Waschmaschine*) [fermeture *f* de] sécurité *f*
4. (*Spielverbot*) suspension *f*

-sperre *f Nachrichten-, Daten-, Informations-* black-out *m* sur le/la/les; *Heirats-, Zuzugs-, Ausgangs-* interdiction *f* de

sperren I. *vt* 1. (*schließen*) ■ **jd sperrt etw [für jdn/etw]** *Brücke, Straße, Grenze, Pass, Tunnel, Flughafen* qn ferme qc [à qn/qc]; *Bereich, Gebiet, Absturzstelle, Gefahrenzone etc* qn interdit qc [à qn/qc]
2. (*blockieren*) ■ **jd sperrt etw** *Konto, Kredit* qn bloque qc; *Scheck* qn fait opposition à qc; *Daten, Informationen* qn verrouille qc; ■ **jd lässt etw ~** *Scheck* qn fait opposition à qc; *Konto* qn fait bloquer qc
3. (*einschließen*) ■ **jd sperrt jdn/ein Tier in etw** (*akk*) qn enferme qn/un animal dans qc
4. SPORT ■ **jd sperrt jdn** qn suspend qn
5. (*verbieten*) ■ **jd sperrt jdm etw** *Ausgang* qn interdit qc à qn; *Urlaub* qn lui supprime son/sa/ses qc
II. *vr* ■ **jd sperrt sich** qn se braque; ■ **jd sperrt sich gegen etw** qn se refuse à qc

Sperrfrist *f* FIN délai *m* de blocage; (*Wartezeit*) délai *m* d'attente; (*bei Berufsverbot*) période *f* de suspension **Sperrgebiet** *nt* zone *f* interdite **Sperrgut** *nt form* marchandises *fpl* encombrantes, colis *mpl* volumineux **Sperrholz** *nt* Ø contreplaqué *m*

sperrig *adj* 1. (*unhandlich*) encombrant(e), volumineux(-euse)
2. (*wenig kooperativ*) peu coopératif(-ive), peu compréhensif(-ive)
3. (*komplex*) ardu(e)

Sperrkonto *nt* compte *m* bloqué [*o* gelé] **Sperrminorität** *f* minorité *f* de blocage **Sperrmüll** *m* objets *mpl* hétérogènes, monstres *mpl fam* **Sperrmüllabfuhr** *f* collecte *f* des objets hétérogènes [*o* des monstres *fam*]

Sperrung <-, -en> *f* 1. (*Schließung*) fermeture *f*
2. [*Konto, Kredit*] blocage *m*; **~ [des Schecks]** opposition *f* au chèque

Spesen *pl* frais *mpl*; (*Bank~*) frais *mpl* de gestion
▶ **außer ~ nichts gewesen** ça n'a rien donné, ça a été un coup d'épée dans l'eau; **auf ~** aux frais de l'entreprise; ***etw geht auf ~*** qc passe en frais professionnels; ***jd übernachtet im Hotel auf ~*** qn se fait rembourser ses frais d'hôtel

Spezi[1] <-s, -s> *m* SDEUTSCH *fam* copain *m fam*, pote *m fam*

Spezi[2] <-, -s> *nt* GASTR coca-soda *m*

Spezial- spécial(e) **Spezialausführung** *f* modèle *m* spécial [*o* exclusif] **Spezialeffekt** *m* effet *m* spécial **Spezialfall** *m* cas *m* d'espèce **Spezialgebiet** *nt* spécialité *f*

spezialisieren * *vr* ■ **jd spezialisiert sich [auf etw** (*akk*)**]** *auf ein Spezialgebiet, auf Baurecht etc* qn se spécialise [en qc]; *auf einen Artikel, eine Fertigung* qn se spécialise dans qc

Spezialisierung <-, -en> *f* spécialisation *f*

Spezialist(in) <-en, -en> *m(f)* spécialiste *mf*

Spezialität <-, -en> *f* spécialité *f*

speziell I. *adj* particulier(-ière), spécial(e)
▶ **auf dein/Ihr [ganz] S~es!** à ta/votre santé!, à la tienne/la vôtre!
II. *adv* particulièrement, spécialement

Spezies <-, -> [ˈʃpeːtsiɛs, ˈsp-] *f* 1. (*Art*) espèce *f*
2. *fam* (*Sorte Mensch*) phénomène *m fam*

spezifisch I. *adj* 1. (*charakteristisch*) particulier(-ière); ***eine ~e Besonderheit Israels*** une particularité propre à Israël; ***die ~en Gewohnheiten von Volksstämmen*** les habitudes propres aux tribus

2. (*speziell*) *Begriff, Kenntnisse, Qualifikation* spécifique
II. *adv* typiquement

spezifizieren * *vt* ■ **jd spezifiziert etw** qn spécifie qc; *Kritik, Vorwürfe* qn précise qc

Sphäre <-, -n> *f geh* (*Bereich*) domaine *m*
▶ **jd schwebt in höheren ~n** qn est détaché(e) des contingences, qn plane un peu *fam*

sphärisch *adj* sphérique

Sphinx <-, -e *o* Sphingen> *f* sphinx *m*

spicken *vt* 1. GASTR ■ **jd spickt etw** *Braten, Wild* (*mit Speck*) qn [entre]larde qc; (*mit Knoblauch*) qn pique qc; ■ **jd spickt etw mit etw** qn pique qc de qc; ***jd spickt etw mit Speck*** qn [entre]larde qc
2. *fam* (*durchsetzen*) ■ **jd spickt etw mit etw** *Rede, Satz, Text* qn truffe qc de qc

Spickzettel *m fam* pompe *f arg*, antisèche *f arg*

spie *imp von* **speien**

Spiegel <-s, -> *m* miroir *m*, glace *f*; [*Auto*] rétroviseur *m*
▶ **jd/etw hält jdm den ~ vor** qn/qc met qn face à lui-même/elle-même

Spiegelbild *nt* reflet *m* **spiegelbildlich** *adj* inversé(e) **spiegelblank** I. *adj* brillant(e) comme un miroir; ■ **etw ist ~** qc brille comme un miroir
II. *adv*: ***jd putzt/reibt/wienert etw ~*** qn astique qc [jusqu'à ce qu'il/elle brille] **Spiegelfechterei** <-, -en> *f* coup *m* de bluff; ***es ist nichts als ~*** c'est du [*o* un coup de] bluff **spiegelglatt** *adj* très glissant(e); ■ **es/etw ist ~** c'est/qc est une vraie patinoire

spiegeln I. *vi* 1. (*spiegelblank sein*) ■ **etw spiegelt** qc brille; / *Topf a.* / qc rutile
2. (*reflektieren*) ■ **etw spiegelt** qc miroite
II. *vr* ■ **jd/etw spiegelt sich in etw** (*dat*)/**auf etw** (*dat*) qn/qc se reflète dans qc/à la surface de qc

Spiegelreflexkamera *f* [appareil *m*] reflex *m* **Spiegelschrift** *f* écriture *f* en miroir **Spiegelteleskop** *nt* télescope *m* [à miroir]

Spiegelung <-, -en> *f* 1. MED endoscopie *f*
2. (*Luft~*) mirage *m*

Spiel <-[e]s, -e> *nt* 1. (*Gesellschafts~*) jeu *m*
2. (*Kinder~*) jeu *m*
3. (*Glücks~*) jeu *m* [de hasard]; (*Karten~*) partie *f* [de cartes]; ***sie sitzen beim ~*** ils/elles sont en train de jouer
4. SPORT (*Match*) match *m*; TENNIS (*Teil eines Matches*) jeu *m*
5. THEAT pièce *f*
6. MUS jeu *m*
7. (*Satz Karten*) jeu *m*
8. TECH [*Kolben, Lager, Ventile*] jeu *m*
▶ **etw ist ein ~ mit dem Feuer, etw ist ein gefährliches ~** qc est un jeu dangereux; ***das ist ein ~ mit dem Feuer, pass auf*** tu joues avec le feu, fais attention; **ein ~ des Schicksals** [*o* **Zufalls**] le jeu [*o* le fruit] du hasard; **ein abgekartetes ~** *fam* combiné(e) d'avance; ***das war ein abgekartetes ~*** c'était un coup monté; **jd spielt ein doppeltes** [*o* **falsches**] **~** [**mit jdm**] qn joue un double jeu avec qn; **jd hat leichtes ~** [**mit** [*o* **bei**] **jdm**] qn a beau jeu [avec qn]; **die Olympischen ~e** les Jeux olympiques; **jd gibt das ~ verloren** qn abandonne la partie; **jd bringt etw** [**mit**] **ins ~** qn fait entrer qc en jeu; **das ~ ist aus** fini de rire; **etw ist** [**bei etw**] **im ~** qc est en jeu [dans qc]; **jd lässt jdn/etw aus dem ~** qn laisse qn/qc en dehors de ça; **jd setzt etw aufs ~** qn met qc en jeu; **jd spielt ein ... ~** *gefährliches, riskantes, ungutes* qn joue un jeu ...; **etw steht auf dem ~** qc est [mis(e)] en jeu; **jd verdirbt jdm das ~** *fam* qn met des bâtons dans les roues à qn

-spiel *nt* jeu *m* de; ***Puzzle~*** puzzle *m*

Spielart *f* (*Variation*) variante *f*; [*Pflanze*] variété *f* **Spielautomat** *m* machine *f* à sous **Spielball** *m* TENNIS balle *f* de jeu ▶ **jd/etw ist ein ~ einer S.** (*gen*) *geh* qn/qc est le jouet de qc **Spielbank** <-banken> *f* casino *m* **Spielbeginn** *m* SPORT début *m* de/du match **Spielbrett** *nt* plateau *m*, tableau *m*; (*für Mühle*) marelle *f*; (*für Dame*) damier *m*; (*für Schach*) échiquier *m*

Spielchen <-s, -> *nt* 1. *dim von* **Spiel** petite partie *f*
2. *fam* (*Trick*) petit jeu *m*

Spielcomputer [-kɔmpjuːtɐ] *m* jeu *m* électronique [*o* vidéo] **Spieldose** *f* boîte *f* à musique

spielen I. *vt* 1. MUS ■ **jd spielt etw** *Musikinstrument* qn joue du/de la/des qc
2. (*musikalisch darbieten*) ■ **jd spielt** [**für jdn**] **etw** qn joue [*o* interprète] qc [à qn]
3. (*mit einem Spiel beschäftigt sein*) ■ **jd spielt etw** *Brettspiel, Gesellschaftsspiel, Kartenspiel etc* qn joue au/à la/aux qc
4. (*beherrschen*) ■ **jd spielt etw** *Spiel* qn sait jouer au/à la/aux qc
5. SPORT ■ **jd spielt etw** *Tennis, Fußball* qn joue au/à la qc
6. SPORT (*befördern*) ■ **jd spielt etw irgendwohin/irgendwie** qn envoie qc quelque part/joue qc d'une certaine manière; ■ **jd spielt etw zu jdm** qn passe qc à qn
7. CINE, THEAT ■ **jd spielt jdn/etw** qn joue [*o* interprète] [le personnage de] qn/qc
8. (*vortäuschen*) ■ **jd spielt etw** qn fait le/la qc, qn joue les qc, qn fait celui/celle qui + *vb*; ***sie spielt die Beleidigte/Nichtsahnende*** elle joue les vexées/ignorantes, elle fait celle qui est vexée/qui ne sait pas; ■ **gespielt** feint(e), simulé(e)
9. (*eine bestimmte Rolle übernehmen*) ■ **jd spielt etw** *Gastgeber, Chef* qn fait le/la qc
▶ **was wird hier gespielt?** *fam* à quoi tu joues/vous jouez? *fam*
II. *vi* 1. (*mit Spielen beschäftigt sein*) ■ **jd spielt** [**irgendwo**] qn joue [quelque part]
2. CINE, THEAT ■ **jd spielt in etw** (*dat*) qn joue dans qc; ■ **jd spielt irgendwie** qn joue d'une certaine manière
3. (*als Szenario haben*) ■ **etw spielt irgendwann/irgendwo** / *Film, Stück* / l'action de qc se situe à une certaine époque/quelque part
4. SPORT ■ **jd spielt irgendwann/irgendwo** [**gegen jdn**] qn joue à un certain moment/quelque part [contre qn]; ■ **jd spielt irgendwie** *gut, schlecht, unentschieden* qn joue d'une certaine manière; ***eine Mannschaft hat 3:1*** [***gegen eine andere***] ***gespielt*** une équipe a gagné 3 à 1 [contre une autre]; ***wie haben die Mannschaften gespielt?*** quel a été le score entre les deux équipes?
5. (*ertönen*) ■ **etw spielt** / *Musik, Radio, Kassette* /: ***bei dem Fest spielte flotte Musik*** il y avait de la musique entraînante à la fête; ***aus den Lautsprechern spielten Weihnachtslieder*** les haut-parleurs distillaient des chants de Noël; ***bei ihr spielt dauernd der CD-Player/das Radio*** le lecteur de CD est allumé/la radio est allumée en permanence chez elle; ***ich lasse diese Kassette ~*** je mets cette cassette; ***die eingelegte Kassette spielt nicht*** la cassette que j'ai mise ne passe pas
6. (*Glücksspiel betreiben*) ■ **jd spielt** qn est joueur(-euse), qn joue; ■ **jd spielt in etw** (*dat*) *im Lotto etc* qn joue au/à la/aux qc; ■ **jd spielt um etw** qn joue pour qc
7. (*nicht ernst nehmen*) ■ **jd spielt mit jdm/etw** qn joue avec qn/qc
8. (*übergehen*) ■ **etw spielt in etw** (*akk*) *in einen Farbton* qc tire sur qc
III. *vr impers* ■ **es spielt sich** [**irgendwo**] ... *schlecht, nicht angenehm* il est ... de jouer [quelque part]

spielend *adv* aisément, facilement

Spielende *nt* ∅ SPORT fin *f* de/du match

Spieler(in) <-s, -> *m(f)* joueur(-euse) *m(f)*

-spieler(in) *m(f)* KARTEN, MUS, SPORT joueur(-euse) *m(f)* de

Spielerei <-, -en> *f* 1. ∅ (*Kinderspiel*) rigolade *f fam*; ***das ist bloß ~*** c'est de la rigolade *fam*
2. *meist pl* (*Kinkerlitzchen*) gadget *m*

spielerisch I. *adj* 1. *Eleganz, Geste, Nonchalance* désinvolte
2. SPORT *Können, Leistung* sportif(-ive), technique
II. *adv* 1. *bewältigen, lösen* avec désinvolture, [comme] en se jouant
2. (*was das Spiel betrifft*) sur le plan du jeu, techniquement

Spielfeld *nt* terrain *m*; (*beim Tennis*) court *m* **Spielfilm** *m* film *m* **Spielgefährte** *m*, **-gefährtin** *f s.* **Spielkamerad. Spielgeld** *nt* billets *mpl* factices, argent *m* fictif **Spielhalle** *f* établissement *m* de jeux **Spielhölle** *f fam* salle *f* de jeux, tripot *m péj* **Spielkamerad(in)** *m(f)* camarade *mf* de jeu[x], compagnon/compagne *m/f* de jeu[x] **Spielkarte** *f form* carte *f* [à jouer] **Spielkasino** *nt* casino *m* **Spielklasse** *f* SPORT division *f* **Spielleidenschaft** *f* passion *f* du jeu **Spielmacher(in)** *m(f)* meneur(-euse) *m(f)* de jeu **Spielmann** <-leute> *m* HIST ménestrel *m* **Spielmarke** *f* jeton *m* **Spielminute** *f* minute *f* [de jeu] **Spielplan** *m* 1. THEAT programme *m* [des représentations] 2. CINE programme *m* [des films] **Spielplatz** *m* aire *f* [*o* terrain *m*] de jeux **Spielraum** *m* marge *f* de manœuvre **Spielregel** *f* 1. *meist pl* (*von Gesellschaftsspiel*) règle *f* du jeu 2. *pl* (*Verhaltenskodex*) règles *fpl* du jeu [*o* de conduite] **Spielsachen** *pl* jouets *mpl* **Spielschuld** *f meist pl* dette *f* de jeu **Spielstand** *m* score *m* **Spielsucht** *f* démon *m* du jeu **Spieltisch** *m* table *f* de jeu, tapis *m* vert **Spieluhr** *f* boîte *f* à musique **Spielverbot** *nt* suspension *f* ▶ **jd hat ~** qn est suspendu(e) **Spielverderber(in)** <-s, -> *m(f)* rabat-joie *mf* ▶ **jd ist ein ~** qn joue les rabat-joie **Spielwaren** *pl form* jouets *mpl* **Spielwarengeschäft** *nt* magasin *m* de jouets **Spielwiese** *f* 1. (*zum Spielen*) aire *f* de jeux [en]gazonnée 2. (*Tummelplatz*) terrain *m* favori, lieu *m* de prédilection **Spielzeit** *f* 1. CINE durée *f* de projection; ***drei Wochen ~*** trois semaines de projection 2. THEAT saison *f* 3. SPORT temps *m* réglementaire

Spielzeug *nt* jouet *m*

Spielzeug- miniature; *-revolver, -schwert* faux(fausse) *antéposé*, factice

Spieß <-es, -e> *m* 1. GASTR (*für Hammel, Ochs, Schwein*) broche *f*; (*für Fleischstückchen, Gericht*) brochette *f*; (*Cocktail~*) pique *m*
2. MIL *sl* juteux *m arg*
3. (*Stoßwaffe*) pique *f*
▶ **jd brüllt** [*o* **schreit**] **wie am ~** *fam* qn crie comme si on l'écorchait; **jd dreht** [*o* **kehrt**] **den ~ um** *fam* qn se venge; ***ich warne dich, wenn du das tust, kehre ich den ~ um*** je te préviens, si tu fais ça, je te rends la monnaie de ta pièce

Spießbraten *m* rôti *m* à la broche **Spießbürger(in)** *m(f) s.* **Spießer. spießbürgerlich** *adj s.* **spießig**

spießen *vt* ■ **jd spießt etw/ein Tier auf etw** (*akk*) qn pique qc/un animal sur qc; *Hammel, Spanferkel etc* qn embroche un animal sur qc

Spießer(in) <-s, -> *m(f) fam* petit-bourgeois/petite-bourgeoise *m/f*, beauf *m fam*

spießig *adj fam* petit(e)-bourgeois(e); *Vorstellungen a.* étriqué(e); ■ **jd ist ~** qn a l'esprit étroit

Spießrute *f* ▶ **jd läuft ~n** qn passe sous les fourches caudines; HIST qn passe par les verges

Spikes [ʃpaik, sp-] *pl* [*Sportschuhe*] crampons *mpl*; [*Reifen*] clous *mpl*

Spinat <-[e]s> *m* ∅ 1. BOT épinard *m*
2. GASTR épinards *mpl*

Spind <-[e]s, -e> *m* armoire *f* métallique

Spindel <-, -n> *f* fuseau *m*

spindeldürr *adj fam Mensch* maigre comme un clou [*o* un coucou], qui n'a [plus] que la peau sur les os; *Arme, Beine, Hals* décharné(e), tout(e) maigre

Spinett <-s, -e> *nt* épinette *f*

Spinnaker <-s, -> *m* spi[nnaker] *m*

Spinne <-, -n> *f* araignée *f*
▶ **jd sitzt wie die ~ im Netz** qn est comme l'araignée qui guette sa proie

Spinnefeind[RR] *adj* ■ **jd ist jdm ~** *fam* qn ne peut pas voir qn en peinture [*o*

encadrer qn] *fam;* ■ **sie sind sich** (*dat*) [*o* **einander**] ~ *fam* ils/elles ne peuvent pas se voir en peinture *fam*

spinnen <spann, gesponnen> **I.** *vt* **1.** (*am Spinnrad*) ■ **jd spinnt etw** *Flachs, Wolle* qn file qc
2. (*ersinnen*) ■ **jd spinnt etw** *Geschichte, Quatsch* qn invente qc
II. *vi* **1.** (*am Spinnrad*) ■ **jd spinnt** qn file [la laine/le lin/le coton]
2. *fam* (*verrückt sein*) ■ **jd spinnt** qn débloque *fam*, qn déconne *fam*

Spinnennetz *nt* toile *f* d'araignée

Spinner(in) <-s, -> *m(f)* **1.** *fam* cinglé(e) *m(f) fam*, maboul(e) *m(f) fam*
2. (*Facharbeiter*) fileur(-euse) *m(f)*

Spinnerei <-, -en> *f* **1.** (*Textilbetrieb*) filature *f*
2. ∅ *fam* (*Blödsinn*) connerie *f fam*

Spinnrad *nt* rouet *m*

Spinnwebe <-, -n> *f* toile *f* d'araignée

Spin-off <-s, -s> ['spɪnɔf] *m* retombée *f*; ***Teflon® ist ein ~ der Raumfahrt*** le téflon® ***est un produit issu de la recherche spatiale***

Spion <-s, -e> *m fam* (*Tür~*) judas *m*, mouchard *m fam*

Spion(in) <-s, -e> *m(f)* espion(ne) *m(f)*

Spionage <-> [ʃpio'naːʒə] *f* ∅ espionnage *m*
▶ **jd treibt** ~ [**für jdn**] qn fait de l'espionnage [pour qn]

Spionage- [ʃpio'naːʒə-] *-dienst, -netz, -ring* d'espionnage; *-flugzeug, -satellit a.* espion; ~***abwehr*** contre-espionnage *m*

spionieren * *vi* **1.** (*als Spion tätig sein*) ■ **jd spioniert** [**für jdn**] qn fait de l'espionnage [pour qn]
2. *fam* (*heimlich lauschen*) ■ **jd spioniert** qn espionne; ***jd spioniert an der Tür*** qn écoute aux portes

Spionin *f s.* **Spion**

Spirale <-, -n> *f* **1.** (*Linie*) spirale *f*
2. MED stérilet *m*

-spirale *f Zins-, Steuer-, Preis-, Lohn-* spirale *f* des; ***Rüstungs~*** course *f* aux armements

spiralförmig *adj* spiralé(e) *spéc*, en forme de spirale; ■ **etw ist** ~ qc a la forme d'une spirale

Spiralnebel *m* nébuleuse *f* [*o* galaxie *f*] spirale

Spiritismus <-> [sp-, ʃp-] *m* ∅ spiritisme *m*

Spiritist(in) <-en, -en> [sp-, ʃp-] *m(f)* spirite *mf*

spiritistisch [sp-, ʃp-, -st-] *adj* de spiritisme

Spirituosen *pl* GASTR *form* spiritueux *mpl soutenu*

Spiritus <-> *m* ∅ alcool *m*
▶ **jd legt etw in** ~ qn met qc dans l'alcool

Spirituskocher *m* réchaud *m* à alcool

Spital <-s, Spitäler> *nt* AUS, CH hôpital *m*

spitz I. *adj* **1.** *Feder, Dolch, Nadel, Pfahl* pointu(e); *Bleistift a.* bien taillé(e)
2. *Winkel* aigu(ë); *Weggabelung* qui forme un angle aigu; *Ausschnitt* en pointe; *Nase, Kinn, Ellbogen* pointu(e); ***ein ~es Gesicht*** un visage en lame de couteau
3. *Ton, Schrei* aigu(ë), perçant(e)
4. *Bemerkung, Seitenhieb* acéré(e)
5. *fam* (*scharf*) ■ **jd ist auf jdn/etw** ~ qn a vachement envie de qn/qc *fam*; ***jd ist auf jdn/etw nicht*** ~ qn court pas après qn/qc *fam*
II. *adv* **1.** *feilen, zuhauen* en pointe; ~ ***gefeilt*** pointu(e)
2. (*v-förmig*): ***etw läuft ~ zu*** qc se termine en pointe; ***ihre Hüft-/Wangenknochen stehen ~ vor*** les os de ses hanches/joues sont saillants; ***die Abzweigung geht ~ ab*** l'embranchement forme un angle aigu
3. (*spitzzüngig*) d'un ton piquant [*o* mordant]
▶ **jd rechnet** [*o* **kalkuliert**] ~ qn calcule au plus juste

Spitzbart *m* **1.** (*Bart*) bouc *m* **2.** (*Mann*) barbu *m* **Spitzbauch** *m* ventre *m* proéminent **spitz|bekommen** * *vt irreg sl* ■ **jd bekommt etw spitz** qn pige qc *fam*; ***sie hat das ~*** elle a éventé la mèche; ■ **jd bekommt spitz, dass** qn pige que + *indic* **Spitzbogen** *m* [arc *m* en] ogive *f* **Spitzbube** *m* DIAL *fam* galopin *m fam* **spitzbübisch I.** *adj Grinsen, Lächeln* malin(-igne), malicieux(-euse) **II.** *adv* d'un air malin, malicieusement

Spitze[1] <-, -n> *f* **1.** (*spitzes Ende*) pointe *f*
2. (*spitz zulaufende Ecke*) [*Grundstück, Schuh*] pointe *f*
3. (*vorderster Teil*) tête *f*
4. (*erster Platz*) tête *f*
5. (*Höchstwert*) pointe *f*
6. *fam* (*Höchstgeschwindigkeit*) vitesse *f* de pointe
7. *pl* (*führende Leute*) sommités *fpl*; ***die ~n der Gesellschaft*** la fine fleur de la société
8. *fam* (*Zigaretten~*) fume-cigarette *m*
9. (*spitze Bemerkung*) pointe *f*
▶ **etw ist nur die ~ des Eisbergs** qc n'est que la partie visible de l'iceberg; **jd ist** ~ *fam* qn est vachement bon(ne) *fam*; **etw ist** ~ *fam* qc est super [*o* génial(e)] *fam*; **jd/etw liegt** [*o* **steht**] **an der** ~ [**einer S.** (*gen*)] SPORT qn/qc est en tête [de qc]; **jd nimmt einer S.** (*dat*) **die** ~ *geh* qn tempère qc, qn atténue qc; **jd/etw setzt sich an die** ~, **jd/etw übernimmt die** ~ qn/qc prend la tête; **jd steht an der** ~ **einer S.** (*gen*) *eines Unternehmens* qn est à la tête de qc; **jd treibt etw auf die** ~, **jd treibt es mit etw auf die** ~ qn pousse qc à l'extrême; **jd treibt es auf die** ~ qn pousse les choses à l'extrême

Spitze[2] <-, -en> *f* TEXTIL dentelle *f*

Spitzel <-s, -> *m* indicateur *m*

spitzeln *vi* ■ **jd spitzelt** [**für jdn**] qn est un indicateur [pour qn]

spitzen *vt* ■ **jd spitzt etw** *Bleistift, Federkiel* qn taille qc [en pointe], qn appointe qc

Spitzen-[1] **1.** (*erstklassig*) d'excellente qualité; ~***qualität*** qualité *f* extra
2. (*Top-*) *-können, -kraft, -mann, -frau* au top niveau; ~***sportler*** sportif *m* de haut niveau; ~***tänzerin*** excellente danseuse *f*
3. (*führend*) *-position, -stellung* de direction; ~***gremium*** comité *m* directeur; ~***technologie*** technologie *f* de pointe
4. (*einen Höchstwert darstellend*) maximal(e), record; ~***wein*** grand vin *m*; ~***verdiener*** gros salaire *m*

Spitzen-[2] COUT en [*o* de] dentelle

Spitzengruppe *f* SPORT peloton *m* [*o* groupe *m*] de tête **Spitzenkandidat(in)** *m(f)* tête *f* de liste **Spitzenklasse** *f* (*bei Sportlern*) élite *f*; (*bei einem Auto, Hotel*) haut *m* de gamme; ***ein Hotel der ~*** un hôtel haut de gamme ▶ **etw ist** ~ *fam* qc est super *fam* **Spitzenleistung** *f* prouesse *f*, performance *f*, exploit *m* **spitzenmäßig I.** *adj sl* super *fam*, génial(e) *fam* **II.** *adv sl* super-bien *fam* **Spitzenreiter** *m* (*Artikel*) article *m* en vogue; ***etw ist ~ in der Hitparade*** qc est en tête du hit-parade **Spitzenreiter(in)** *m(f)* (*Mensch, Gruppe*) leader *m* ▶ **jd ist** ~ qn caracole en tête [*o* à la première place]

Spitzer <-s, -> *m fam* taille-crayon *m*

spitzfindig I. *adj* (*haarspalterisch*) pointilleux(-euse); *Unterscheidung* subtil(e); ■ **jd ist** ~ qn ergote **II.** *adv* en ergotant **Spitzfindigkeit** <-, -en> *f* **1.** ∅ (*Art*) art *m* d'ergoter **2.** (*Äußerung*) ergoterie *f*, argutie *f* **Spitzhacke** *f* pioche *f* **Spitzkehre** *f* **1.** (*Haarnadelkurve*) virage *m* en épingle à cheveux **2.** SKI conversion *f* **spitz|kriegen** *vt fam s.* **spitzbekommen. Spitzmaus** *f* musaraigne *f* **Spitzname** *m* sobriquet *m* **Spitzwegerich** *m* plantain *m* lancéolé **spitzwink[e]lig I.** *adj Dreieck, Ecke* aigu(ë) **II.** *adv* en formant un angle aigu

Spleen <-s, -s> [ʃpliːn, sp-] *m fam* dada *m fam*
▶ **jd hat einen** ~ qn a un [petit] grain *fam*

spleenig ['ʃpliːnɪç, 'sp-] *adj fam* [un peu] toqué(e) *fam*; ■ **jd ist** ~ qn a un [petit] grain *fam*

Splint <-[e]s, -e> *m* TECH goupille *f*

Splitt <-[e]s, -e> *m* gravillon *m*

Splitter <-s, -> *m* éclat *m*; (*Glas~*) éclat *m* de verre; [*Flasche*] tesson *m*

Splitterbombe *f* bombe *f* à fragmentation **splitter[faser]nackt** *adj, adv fam* [complètement] à poil *fam* **Splittergruppe** *f* groupuscule *m péj*, petit groupe *m*, petit parti *m*

splittern *vi + sein o haben* ■ **etw splittert** qc vole en éclats

Splitterpartei *f s.* **Splittergruppe**

Splitting <-s, -s> ['ʃp-, 'sp-] *nt* **1.** FISC déclaration *f* séparée des revenus
2. POL panachage *m*

Splittingtarif ['ʃp-, 'sp-] *m* ∅ ■ **der** ~ le taux de l'/d'imposition séparée

SPÖ <-> [ɛspeːˀøː] *f* ∅ *abk von* **Sozialistische Partei Österreichs** ■ **die** ~ *le parti socialiste autrichien*

Spoiler <-s, -> ['ʃpɔɪlɐ, 'sp-] *m* spoiler *m*

sponsern ['ʃpɔnzɐn, 'sp-] *vt* ■ **jd sponsert jdn/etw** qn sponsorise qn/qc

Sponsion <-, -en> *f* AUS *cérémonie de remise d'un diplôme universitaire*

Sponsor <-s, -soren> ['ʃpɔnzɐ, 'sp-] *m*, **-sorin** *f* sponsor *m*, commanditaire *mf*

Sponsoring <-s> ['ʃpɔnzorɪŋ, 'sp-] *nt* ∅ sponsoring *m*, sponsorisation *f*, parrainage *m*

spontan I. *adj* spontané(e)
II. *adv* spontanément

Spontaneität <-> [ʃpɔntan(e)i'tɛːt] *f* ∅ *geh* spontanéité *f*; ***die ~ eines Entschlusses*** le caractère impromptu d'une décision

sporadisch I. *adj* sporadique
II. *adv* sporadiquement, d'une manière sporadique

Spore <-, -n> *f* spore *f*

Sporn <-[e]s, Sporen> *m meist pl* éperon *m*
▶ **jd gibt einem Reittier die Sporen** qn éperonne sa monture; **jd verdient sich** (*dat*) **die** [**ersten**] **Sporen** qn gagne ses [premiers] galons

Sport <-[e]s, *rare* -e> *m* **1.** sport *m*; ***er mag ~ nicht*** il n'aime pas le sport
2. (*Zeitvertreib*) passe-temps *m*
▶ **jd betreibt etw aus** [*o* **zum**] ~ qn fait qc pour passer le temps; **jd macht sich** (*dat*) **einen ~ daraus etw zu tun** *fam* qn prend un malin plaisir à faire qc; **jd sieht** ~ qn regarde le sport [à la télé]; **jd treibt** ~ qn fait du sport

Sport- **1.** (*als Sportart betreibend*): ~***angler*** pêcheur *m* sportif; ~***taucher*** plongeur *m*; ~***flieger*** pilote *m* de tourisme; ~***schütze*** archer *m* **2.** MEDIA, MED sportif(-ive); *-artikel, -BH* de sport **Sportabzeichen** *nt* insigne *m* sportif **Sportart** *f* sport *m*, discipline *f* [sportive] **Sportartikel** *m meist pl* article *m* de sport **Sportbund** *m* fédération *f* de sport **Sportfest** *nt* fête *f* sportive **Sportflugzeug** *nt* avion *m* de tourisme **Sportgerät** *nt* agrès *m* **Sportgeschäft** *nt* magasin *m* de sport **Sporthalle** *f* gymnase *m*; (*für Sportveranstaltungen*) salle *f* de sport **Sporthemd** *nt* polo *m* **Sporthochschule** *f* U.F.R. *f* S.T.A.P.S. (*unité de formation et de recherche en sciences et techniques des activités physiques et sportives*)

sportiv *adj* COUT sport *inv*

Sportkleidung *f* vêtements *mpl* de sport **Sportklub** *m s.* **Sportverein. Sportlehrer(in)** *m(f)* professeur *m* d'éducation physique et sportive [*o* de sport]

Sportler(in) <-s, -> *m(f)* sportif(-ive) *m(f)*

sportlich I. *adj* **1.** (*den Sport betreffend*) sportif(-ive)
2. *Mensch* sportif(-ive)
3. (*fair*) *Geste, Verhalten* sportif(-ive)
4. *Kleidung, Kleidungsstück* sport *inv*
5. *Auto, Motorrad* sport *inv*; *Fahrweise, Stil a.* sportif(-ive)
II. *adv* **1.** ***jd betätigt sich ~, jd ist ~ aktiv*** qn fait du sport, qn pratique un sport
2. *sich anziehen, kleiden* sport
3. ***jd fährt ~*** qn a une conduite sportive

Sportlichkeit <-> *f* ∅ **1.** [*Mensch*] forme *f*, condition *f*
2. (*Fairness*) sportivité *f*

Sportmedizin *f* médecine *f* sportive [*o* du sport] **Sportnachrichten** *pl* informations *fpl* sportives **Sportplatz** *m* terrain *m* de sport **Sportschuh** *m* **1.** (*Turnschuh*) chaussure *f* de sport **2.** (*sportlicher Schuh*) chaussure *f* sport

Sportsfreund *m fam* mec *m*; ***hallo,*** ~! eh, mec!

Sportunfall *m* accident *m* de sport **Sportveranstaltung** *f* manifestation *f* sportive **Sportverein** *m* club *m* sportif **Sportwagen** *m* **1.** (*Auto*) voiture *f* de sport **2.** (*Kinderwagen*) poussette *f*

Spot <-s, -s> [spɔt, ʃp-] *m* **1.** (*Werbefilm*) spot *m*
2. (*Punktstrahler*) spot *m*

Spott <-[e]s> *m* ∅ moquerie *f*; ***jd muss sich*** (*dat*) ***den*** ~ ***anderer gefallen lassen*** qn doit supporter les moqueries des autres
► **jd treibt seinen** ~ **mit jdm** *geh* qn raille qn *littér*

spottbillig I. *adj fam* très bon marché *inv*; ■ **etw ist** ~ qc coûte trois fois rien, qc est [vraiment] donné(e)
II. *adv fam* pour une bouchée de pain, pour trois fois rien

Spöttelei <-, -en> *f* moquerie *f*

spötteln *vi* ■ **jd spöttelt** [**über jdn/etw**] qn se moque [de qn/qc]

spotten *vi* **1.** (*höhnen*) ■ **jd spottet** [**über jdn/etw**] qn se moque [de qn/qc]
2. *geh* (*missachten*) ■ **jd spottet einer S.** (*gen*) *einer Gefahr, Mahnung, Warnung* qn fait fi de qc *soutenu*, qn se rit de qc *littér*

Spötter(in) <-s, -> *m(f)* moqueur(-euse) *m(f)*, railleur(-euse) *m(f)*

spöttisch I. *adj* moqueur(-euse), goguenard(e)
II. *adv entgegnen, sagen* d'un ton moqueur [*o* goguenard]; ***meint er das ernst oder*** ~? il pense [*o* dit] ça sérieusement, ou c'est pour se moquer?

Spottpreis *m* prix *m* ridicule [*o* dérisoire]
► **für einen** ~ pour une bouchée de pain

sprach *imp von* **sprechen**

Sprachatlas *m* atlas *m* linguistique **Sprachbarriere** [-barie:rə] *f* (*mangelnde Sprachkompetenz*) compétences *fpl* langagières insuffisantes; (*zwischen Sprachgruppen*) barrière *f* linguistique **sprachbegabt** *adj* doué(e) pour les langues **Sprachbegabung** *f* don *m* [*o* dispositions *fpl*] pour les langues

Sprache <-, -n> *f* **1.** (*Kommunikationssystem*) langue *f*
2. ∅ (*Sprechweise*) [façon *f* de] parler *m*
3. ∅ (*Ausdrucksweise*) langage *m*
4. ∅ (*das Sprechen*) langage *m*, parole *f*
► **jd spricht jetzt** [*o* **auf einmal**] **eine ganz andere** ~ qn a changé de ton; **sie sprechen die gleiche** ~ ils/elles parlent le même langage, ils/elles sont sur la même longueur d'ondes; **etw spricht eine klare** [*o* **deutliche**] ~ qc est éloquent(e); **lebende/tote** ~ langue *f* vivante/morte; **die neueren** ~**n** les langues *fpl* modernes; **jdm bleibt die** ~ **weg, jd verliert die** ~ qn reste sans voix; ***sprich, oder hast du die*** ~ ***verloren?*** allez, parle, on dirait que tu as perdu ta langue; **jd bringt etw zur** ~**, jd bringt die** ~ **auf etw** (*akk*) qn met qc sur le tapis, qn parle de qc; **jd findet die** ~ **wieder** qn retrouve l'usage de la parole; **etw kommt zur** ~ qc est évoqué(e), il est question de qc; **jd rückt** [*o* **kommt**] **mit der** ~ **heraus** *fam* qn accouche *fam*, qn crache le morceau *fam*; **jd spricht eine** ~ qn parle une langue; **jd spricht jds** ~ qn parle le même langage que qn; **etw verschlägt jdm die** ~ qc laisse qn sans voix; **jd will nicht mit der** ~ **heraus** qn [ne] veut pas cracher le morceau *fam*, qn ne veut pas parler; **heraus mit der** ~! *fam* allez, accouche/accouchez! *fam*

-sprache *f* **1.** (*Jargon*) langue *f* du/de la/des
2. (*Sondersprache*) *Datenmanipulations-, Programmier-* langage *m* de; ***Gesetzes~/Handels~*** langue *f* juridique/commerciale
3. *Bienen-, Zeichen-, Blumen-, Taubstummen-* langage *m* des

Spracherkennung *f* INFORM reconnaissance *f* vocale **Spracherwerb** *m* acquisition *f* d'une/de la langue/des langues **Sprachfehler** *m* défaut *m* de prononciation ► **jd hat einen** ~ qn a un défaut de prononciation **Sprachforscher(in)** *m(f) s.* **Sprachwissenschaftler. Sprachforschung** *f* ∅ *s.* **Sprachwissenschaft. Sprachführer** *m* guide *m* de conversation **Sprachgebrauch** *m* usage *m* **Sprachgefühl** *nt* ∅ sens *m* de la langue ► **jd hat ein ...** ~ *perfektes, sicheres* qn a un sens de la langue ... **Sprachgenie** [-ʒeni:] *nt* personne *f* exceptionnellement douée pour les langues; ***jd ist ein*** ~ qn est exceptionnellement doué(e) pour les langues **Sprachgeschichte** *f* histoire *f* des langues; ***die*** ~ ***des Englischen*** l'histoire *f* de la langue anglaise

-sprachig *französisch-, deutsch-, spanisch- etc* (*bei Menschen*) de langue + *adj*; (*bei Texten etc*) en langue + *adj*; ***französisch~e/deutsch~e Menschen*** des francophones/germanophones; ***ein-/zwei-/mehr-*** monolingue/bilingue/plurilingue

Sprachkenntnisse *pl* (*einer bestimmten Sprache*) connaissance *f* de la langue; (*mehrerer Sprachen*) connaissance *fpl* des langues ► **jd hat ...** ~ (*in einer Sprache*) qn a une connaissance ... de la langue; (*in mehreren Sprachen*) qn a une connaissance ... des langues **sprachkundig** *adj* qui connaît [*o* sait] la langue; ■ **jd ist** ~ qn connaît [*o* sait] la langue **Sprachkurs** *m* cours *m* de langue **Sprachlabor** *nt* laboratoire *m* de langues

sprachlich I. *adj* linguistique
II. *adv* **1.** *falsch, korrekt, richtig* linguistiquement
2. (*stilistisch*) *ausgezeichnet, katastrophal etc* d'un style + *adj*

sprachlos *adj*: ***in*** ~***em Erstaunen/vor*** ~***er Verblüffung*** muet(te) d'étonnement/de stupéfaction; ■ **jd ist** ~ qn est sans voix

Sprachlosigkeit <-> *f* ∅ stupeur *f*, stupéfaction *f*

Sprachregelung *f* version *f* officielle **Sprachrohr** *nt* porte-voix *m*, mégaphone *m* ► **jd macht sich zu jds** ~**/zum** ~ **einer S.** (*gen*) qn se fait le porte-parole [*o* l'interprète] de qn/qc **Sprachschule** *f* école *f* de langues **Sprachstudium** *nt* étude *f* des langues; ***bei einem*** ~ ***ist ein Semester im Ausland selbstverständlich*** lorsqu'on étudie une langue, 6 mois à l'étranger s'imposent; ***nach absolviertem*** ~ mes/ses/... études de langues terminées **Sprachübung** *f* exercice *m* d'entraînement [à la pratique de la langue] **Sprachunterricht** *m* cours *m* de langue[s]; ***jd nimmt privaten*** ~ qn prend des cours de langues particuliers **Sprachwissenschaft** *f* linguistique *f* ► **allgemeine** ~ linguistique *f* générale; **vergleichende** ~**en** langues et littératures comparées **Sprachwissenschaftler(in)** *m(f)* linguiste *mf* **sprachwissenschaftlich** *adj* de linguistique

sprang *imp von* **springen**

Spray <-s, -s> [ʃpre:, spre:] *m o nt* **1.** (*Sprühnebel*) aérosol *m*
2. (*Spraydose*) bombe *f* [aérosol]; (*kosmetisch*) spray *m*

Spraydose ['ʃpre:-, 'spre:-] *f* bombe *f* [aérosol]; (*kosmetisch*) spray *m*

sprayen ['ʃpre:ən, 'sp-] I. *vi* ■ **jd sprayt** qn peint à la bombe; ■ **jd sprayt mit etw** *mit einer Farbe, einem Lack* qn peint à la bombe de qc; *mit Mittel* qn vaporise qc
II. *vt* ■ **jd sprayt etw** [**auf etw** (*akk*)] *Parole, Zeichnung* qn bombe qc [sur qc] *fam*; *Mittel* qn vaporise qc [sur qc]

Sprechanlage *f* interphone *m* **Sprechblase** *f* bulle *f*, phylactère *m spéc* **Sprechchor** *m* chœur *m* ► **sie rufen im** ~ ils/elles crient en chœur

sprechen <spricht, sprach, gesprochen> I. *vi* **1.** (*reden*) ■ **jd spricht** qn parle; ***und dabei bleibt's, ich habe gesprochen!*** et c'est comme ça, j'ai dit!; ■ **jd spricht über etw** (*akk*) qn parle de qc; ■ **jd spricht mit jdm** [**über etw** (*akk*)] qn parle [de qc] à qn; ■ **jd spricht von etw** qn parle de qc; ■ **jd spricht zu jdm** qn parle à qn
2. (*telefonieren*) ■ **jd spricht** [**über etw** (*akk*)] qn parle [de qc] [au téléphone]; ***hallo, wer spricht denn da?*** allô, qui est à l'appareil?; ***sprichst du noch?*** tu es encore au téléphone [*o* en ligne]?; ***hier spricht Werner Arnold*** ici Werner Arnold; ■ **jd spricht mit jdm** qn parle à qn [au téléphone]; ***mit wem spreche ich?*** qui est à l'appareil?, à qui ai-je l'honneur? *form*
3. (*tratschen*) ■ **jd spricht über jdn** qn raconte des choses sur qn
4. (*anzuführen sein*) ■ **etw spricht für jdn/etw** qc plaide en faveur de qn/qc; ■ **es spricht für jdn/etw, dass** ce qui plaide en faveur de qn/qc, c'est que + *subj*; ■ **etw spricht gegen jdn** qc accuse qn, qc est défavorable à qn; ■ **etw spricht gegen etw** qc s'oppose à qc
5. (*erkennbar sein*) ■ **aus etw spricht etw** *aus jds Augen, Gebärden, Gesten, Worten* qc s'exprime [*o* transparaît] dans qc; *aus jds Miene, Zügen* qc s'exprime [*o* transparaît] sur qc; ■ **aus jdm spricht jd** qn parle en moi/lui/...; ***man könnte meinen, aus dir spreche der Papst*** quand tu parles, on a l'impression d'entendre le pape
► **jd ist nicht gut auf jdn/etw zu** ~**, jd ist schlecht auf jdn/etw zu** ~ il ne faut pas parler à qn de qn/qc; **jd kommt auf jdn/etw zu** ~ qn en vient à parler de qn/qc; **etw spricht für sich** [**selbst**] qc est [suffisamment] éloquent(e); **über etw** (*akk*) **spricht man nicht** on ne parle pas de qc; ~ **wir nicht mehr darüber** [*o* **davon**] n'en parlons plus; **jd spricht mit sich selbst** qn se parle à lui-même/elle-même, qn parle tout(e) seul(e); **sprich!/**~ **Sie!** *form* parle!/parlez!; *s. a.* **sprich**
II. *vt* **1.** (*können*) ■ **jd spricht etw** *Sprache, Brocken, Worte* qn parle qc; ~ ***Sie Chinesisch?*** parlez-vous [le] chinois?
2. (*aussprechen*) ■ **jd spricht etw** *Satz, Wort, Namen, Formel, Gebet* qn dit qc, qn prononce qc
3. (*verlesen*) ■ **jd spricht etw** *Nachrichten, Tagesschau* qn présente qc; *Wort zum Sonntag, Predigt* qn prononce qc
4. (*sich unterreden*) ■ **jd spricht jdn** qn parle à [*o* avec] qn, qn s'entretient avec qn
► **jd ist für jdn zu** ~ qn est prêt(e) à recevoir qn; **jd ist nicht zu** ~ qn ne peut pas vous recevoir; (*am Telefon*) il n'est pas possible de joindre qn; **jd ist für niemanden zu** ~ qn n'est là pour personne; ***der Chef ist zwar da, aber für Sie nicht zu*** ~ le patron est là, mais il ne veut pas vous recevoir; **wir** ~ **uns noch** [*o* **wieder**]**!** on en reparlera!

Sprechen <-s> *nt* ∅ **1.** (*die Sprache*) parole *f*
2. (*das Reden*) *verbal übersetzt*; ***jd übt sich im*** ~ ***einer Fremdsprache*** qn apprend à parler une langue étrangère; ***beim*** ~ en parlant
► **jd bringt jdn zum** ~ qn fait parler qn

sprechend *adj* **1.** *Teddybär, Puppe etc* qui parle
2. *Augen, Blick, Miene, Beispiel* expressif(-ive), éloquent(e)

Sprecher(in) <-s, -> *m(f)* **1.** (*Wortführer*) porte-parole *m*
2. ADMIN porte-parole *m*
3. RADIO, TV présentateur(-trice) *m(f)*
4. LING: ***in Irland gibt es nur noch wenige*** ~ ***des Gälischen*** en Irlande, il n'y a que peu de gens qui parlent encore le gaélique
► **jd macht sich zum** ~ **von jdm/etw** qn se fait le porte-parole de qn/qc

Sprechfunk *m* radio[téléphonie] *f* ► **über** ~ par radio[téléphone] **Sprechfunkgerät** *nt* radio *f*; (*tragbar*) talkie-walkie *m* **Sprechmuschel** *f* micro[phone] *m* **Sprechstunde** *f* consultation *f* ► **jd hält** ~ qn consulte **Sprechstundenhilfe** *f* secrétaire *mf* médical(e), assistant(e) *m(f)* **Sprechzeit** *f* **1.** (*für ein Gespräch*) temps *m* de parloir; ***eine Stunde*** ~ une heure de parloir **2.** TELEC temps *m* de conversation [*o* communication] **Sprechzimmer** *nt* cabinet *m*

spreizen I. *vt* **1.** (*ausstrecken*) ■ **jd spreizt etw** qn écarte qc
2. ■ **ein Vogel spreizt etw** *Flügel, Gefieder* un oiseau déploie qc
II. *vr* **1.** (*sich zieren*) ■ **jd spreizt sich** qn regimbe, qn fait des manières; ■ **jd spreizt sich gegen etw** *gegen ein Angebot, einen Vorschlag* qn se fait prier pour accepter qc
2. (*sich sträuben*) ■ **etw spreizt sich gegen etw** */inneres Gefühl/* qc se rebelle contre qc

Sprengbombe *f* bombe *f* explosive

Sprengel <-s, -> *m* paroisse *f*

sprengen[1] I. *vt* **1.** (*mit Sprengstoff*) ■ **jd sprengt etw** qn fait sauter qc
2. (*bersten lassen*) ■ **etw sprengt etw** */gefrierendes Wasser, Tauwetter/* qc fait éclater qc
3. (*gewaltsam auflösen*) ■ **jd sprengt etw** *Versammlung* qn disperse qc

II. *vi* ■ **jd sprengt** qn utilise des explosifs

sprengen² *vt* **1.** (*berieseln*) ■ **jd sprengt etw** qn arrose qc
2. (*benetzen*) ■ **jd sprengt etw** *Kleidungsstück, Wäsche* qn humecte qc

sprengen³ *vi + sein geh* (*reiten*) ■ **jd sprengt irgendwohin:** ***jd sprengt durch den Wald/übers Feld/durchs Stadttor*** qn traverse la forêt/le champ/passe la porte de la ville au grand galop; ***die Kosaken sprengten auf die Menschenmenge zu*** les cosaques chargèrent la foule

Sprengkopf *m* tête *f* explosive **Sprengkraft** *f Ø* force *f* explosive **Sprengladung** *f* charge *f* explosive **Sprengmeister(in)** *m(f)* artificier(-ière) *m(f)* **Sprengsatz** *m* charge *f* explosive

Sprengstoff *m* **1.** (*zum Sprengen*) explosif *m*
2. (*gefährliche Materie*) dynamite *f*; ***etw birgt einigen*** ~ qc, c'est de la dynamite

Sprengstoffanschlag *m* attentat *m* à la bombe
▸ **jd verübt einen ~ [auf jdn/etw]** qn perpètre un attentat à la bombe [contre qn/qc]

Sprengung <-, -en> *f* **1.** *Ø* (*das Sprengen*) destruction *f* à l'explosif
2. (*Explosion*) explosion *f*; ***mehrere ~en waren erforderlich*** il a fallu faire exploser plusieurs charges

Sprengwirkung *f* effet *m* explosif, onde *f* explosive

Sprenkel <-s, -> *m* petite tache *f*

Spreu <-> *f Ø* bal[l]e *f*, glume *f*
▸ **jd/etw trennt die ~ vom Weizen** qn/qc sépare le bon grain de l'ivraie

sprich *loc* (*nämlich*) c'est-à-dire; (*genauer gesagt*) ou plus exactement; (*in anderen Worten*) autrement dit

spricht *3. pers pres von* **sprechen**

Sprichwort <-wörter> *nt* proverbe *m* **sprichwörtlich** *adj* proverbial(e)

Sprießel <-s, -n> *nt* AUS *fam* (*Sprosse*) échelon *m*

sprießen <spross *o* sprießte, gesprossen> *vi + sein* ■ **etw sprießt** qc pousse, qc sort de terre; */Knospe/* qc éclôt; */Bart, Haare/* qc pousse; */Brüste/* qc pointe

Springbrunnen *m* jet *m* d'eau

springen <sprang, gesprungen> **I.** *vi + sein* **1.** (*hinunter~, durch die Luft*) ■ **jd springt [irgendwohin]** qn saute [quelque part]
2. (*hüpfen*) ■ **jd/ein Tier springt [irgendwohin]** qn/un animal saute [*o* bondit] [quelque part]
3. *fam* (*Anordnungen schnell ausführen*) ■ **jd springt** qn file doux *fam*
4. DIAL (*eilen*) ■ **jd springt/springt zu jdm/irgendwohin** qn se dépêche/fait un saut chez qn/quelque part
5. (*zerspringen*) ■ **etw springt** */Glasur/* qc se fendille, qc se craquelle; */Glas, Vase/* qc se fend
6. (*fliegen*) ■ **etw springt [irgendwohin]** */Funken, Körnchen etc/* qc gicle [quelque part]; ■ **etw springt jdm irgendwohin** qc lui saute quelque part
7. (*wegspringen*) ■ **etw springt aus/von etw** */Knopf, Sprungfeder, Münze etc/* qc saute de qc; ***eine Münze sprang mir aus der Hand*** j'ai laissé échapper une pièce
8. (*ruckartig vorrücken*) ■ **etw springt auf etw** (*akk*) */Ampel, Nadel, Zeiger/* qc passe [d'un seul coup] à qc
▸ **jd lässt etw [für jdn] ~** *fam* qn paie qc [à qn] *fam*; *Geld* qn allonge qc [à qn] *fam*
II. *vt + haben o sein* SPORT ■ **jd springt etw** *70 m* qn saute qc; ***jd springt die größte Weite*** qn saute le plus loin, qn réalise le saut le plus long; ***jd springt einen neuen Schanzenrekord*** qn établit un nouveau record du tremplin

Springen <-s> *nt Ø* SPORT saut *m*; ***jd hat Angst vor dem*** ~ qn a peur de sauter

Springer <-s, -> *m* SCHACH cavalier *m*

Springer(in) <-s, -> *m(f)* **1.** SPORT sauteur(-euse) *m(f)*
2. (*Ski~*) sauteur(-euse) *m(f)* [à skis]

Springerstiefel *pl* rangers *mpl*

Springflut *f* grande marée *f*, marée *f* de vive-eau **Springreiten** *nt* saut *m* d'obstacles, jumping *m* **Springrollo** *nt* store *m* à enroulement automatique **Springseil** *nt* corde *f* à sauter

Sprinkler <-s, -> *m* **1.** (*Rasensprenger*) arroseur *m*
2. (*Düse einer Sprinkleranlage*) [tête *f* de] sprinkler *m*

Sprinkleranlage *f* installation *f* de sprinkler[s]

Sprint <-s, -s> *m* sprint *m*

sprinten **I.** *vi + sein* **1.** SPORT ■ **jd sprintet** qn sprinte
2. *fam* (*laufen*) ■ **jd sprintet irgendwohin** *ins Geschäft* qn pique un sprint quelque part, fam; *über die Straße* qn traverse qc au sprint *fam*
II. *vt + haben* ■ **jd sprintet etw** qn court qc

Sprinter(in) <-s, -> *m(f)* sprinte[u]r(-euse) *m(f)*

Sprit <-[e]s> *m Ø* **1.** *fam* (*Benzin*) essence *f*; ***dieser Wagen verbraucht zu viel*** ~ c'est une voiture qui suce trop *fam*
2. *fam* (*Schnaps*) gnôle *f fam*
3. (*Äthylalkohol*) alcool *m*

Spritzbesteck *nt* [*Drogenabhängige*] matériel *m* de drogué **Spritzbeutel** *m* poche *f* à douille

Spritze <-, -n> *f* **1.** (*Injektions~*) seringue *f*
2. (*Injektion*) injection *f*, piqûre *f*
3. (*Motor~*) pompe *f* à incendie
▸ **jd bekommt eine ~** qn va avoir une piqûre; ***jetzt bekommen Sie eine*** ~ on va vous faire une piqûre; **jd gibt jdm eine ~** qn fait une piqûre à qn

spritzen **I.** *vi* **1.** + *haben* (*Tropfen verbreiten*) ■ **etw spritzt** */heißes Fett, Wasser/* qc gicle
2. + *sein* (*mit einem Strahl*) ■ **etw spritzt irgendwohin** */Blut, Fett, Wasser etc/* qc gicle quelque part; ■ **etw spritzt jdm irgendwohin** qc lui gicle quelque part
3. + *haben* MED ■ **jd spritzt** qn fait une piqûre/des piqûres
II. *vt + haben* **1.** (*lackieren*) ■ **jd spritzt etw** *Auto, Karosserieteil* qn peint qc au pistolet
2. (*bewässern*) ■ **jd spritzt etw** *Beet, Rasen* qn arrose qc
3. (*bespritzen*) ■ **jd spritzt jdm etw irgendwohin** *Soße, Senf, Sahne etc* qn lui éclabousse son/sa/ses … quelque part; *Gesichtswasser* qn lui vaporise qc quelque part; ■ **jd spritzt sich** (*dat*) **etw irgendwohin** *Soße, Senf, Sahne etc* qn éclabousse son/sa/ses … avec qc; *Gesichtswasser* qn se vaporise qc quelque part
4. (*besprühen*) ■ **jd spritzt etw [gegen etw]** *Baum, Blumen, Kartoffeln, Reben etc* qn traite qc [contre qc] [par pulvérisation]
5. MED ■ **jd spritzt jdm etw** qn injecte qc à qn, qn fait une piqûre de qc à qn; ■ **jd spritzt sich** (*dat*) **etw** qn s'injecte qc, qn se fait une piqûre de qc

Spritzer <-s, -> *m* **1.** (*Tropfen*) éclaboussure *f*; ***es hat nicht richtig geregnet, es waren nur ein paar*** ~ il n'a pas vraiment plu, ce n'étaient que quelques gouttes
2. (*kleine Flüssigkeitsmenge*) doigt *m*; [*Spülmittel*] giclée *f*

spritzig *adj* **1.** *Riesling, Wein* pétillant(e)
2. *Dialog, Stück, Filmkomödie* pétulant(e)
3. *Auto* nerveux(-euse)

Spritzkanne *f* CH *s.* **Gießkanne. Spritzpistole** *f* pistolet *m* [à peinture] **Spritztour** [-tu:ɐ] *f fam* virée *f* [en voiture] *fam*

spröde *adj* **1.** (*unelastisch*) cassant(e)
2. (*rau*) *Haare, Haut, Lippen* sec(sèche); ***etw macht die Haut/die Lippen*** ~ qc dessèche la peau/gerce les lèvres
3. (*abweisend*) *Mensch, Art, Verhalten* revêche

spross^RR^, **sproß** *imp von* **sprießen**

Spross^RR^ <-es, -e>, **Sproß** <-sses, -sse> *m* **1.** BOT jeune pousse *f*, scion *m*
2. *geh* (*Nachkomme*) descendant *m*

Sprosse <-, -n> *f* **1.** (*Leiter~*) échelon *m*, barreau *m*
2. (*Fenster~*) croisillon *m*; ***ein Fenster mit ~n*** une fenêtre à croisillons

Sprössling^RR^, **Sprößling** <-s, -e> *m hum* rejeton *m*

Sprotte <-, -n> *f* sprat *m*

Spruch <-[e]s, ¨-e> *m* **1.** (*Ausspruch*) (*aus der Vergangenheit überliefert*) adage *m*, dicton *m*; (*geschrieben, geschmiert*) inscription *f*; (*aus der Bibel*) verset *m*; *pej* formule *f* toute faite
2. (*einstudierter Text*) compliment *m*
3. (*Schieds~*) décision *f*, verdict *m*
▸ **jd macht [*o* klopft] ¨-e** *fam* (*Blabla*) qn [ne] sort que du blablabla *fam*; (*gibt an*) qn frime *fam*

Spruchband <-bänder> *nt* banderole *f*

Sprücheklopfer(in) *m(f) fam* (*Schwätzer*) grande gueule *f fam*, baratineur(-euse) *m(f) fam*; (*Angeber*) frimeur(-euse) *m(f) fam*

Sprüchlein <-s, -> *nt dim von* **Spruch**
▸ **jd sagt sein ~** qn récite son compliment

spruchreif *adj fam* ■ **etw ist ~** qc est mûr(e)

Sprudel <-s, -> *m* eau *f* gazeuse

sprudeln *vi* **1.** + *haben* (*aufschäumen*) ■ **etw sprudelt** */kochendes Wasser, Meerwasser/* qc bouillonne; */Mineralwasser/* qc pétille; */Teewasser/* qc frémit
2. + *sein* (*heraus~*) ■ **etw sprudelt aus etw/irgendwohin** */Quelle, Sekt/* qc jaillit de qc/déborde quelque part; ***der Sekt sprudelt über den Rand des Glases*** la mousse du champagne déborde du verre

Sprudeltablette *f* comprimé *m* effervescent

Sprühdose *f s.* **Spraydose**

sprühen **I.** *vt + haben* ■ **jd sprüht etw auf etw** (*akk*)/**über etw** (*akk*) *Flüssigkeit, Lack, Säure* qn pulvérise [*o* vaporise] qc sur qc; ***jd sprüht Wasser auf den Rasen/über die Beete*** qn arrose le gazon/les plates-bandes
II. *vi* **1.** + *sein* (*in Tropfen spritzen*) ■ **etw sprüht aus etw/irgendwohin** */Wasser, Gischt/* qc jaillit de qc/quelque part en fines gouttelettes; ***das Wasser ist mir ins Gesicht gesprüht*** j'ai été aspergé(e) de gouttelettes d'eau
2. + *sein* (*umherfliegen*) ■ **etw sprüht [irgendwohin]** */Funken/* qc jaillit [quelque part]; ***Vorsicht beim Anzünden der Wunderkerze, dass dir nichts ins Auge sprüht!*** en allumant la bougie magique, fais attention de ne pas recevoir d'étincelles dans l'œil!
3. + *haben* ■ **etw sprüht** */Feuerwerkskörper, Zündschnur/* qc fuse
4. + *haben* (*lebhaft sein*) ■ **jd sprüht vor etw** (*dat*) *vor Begeisterung, Lebenslust, Temperament* qn pétille de qc

sprühend *adj* (*lebhaft*) pétillant(e), pétulant(e)

Sprühregen *m* bruine *f*

Sprung <-[e]s, ¨-e> *m* **1.** (*Satz*) [*Mensch, Tier*] saut *m*, bond *m*
2. SPORT saut *m*
3. (*feiner Riss*) craquelure *f*
4. *fam* (*Katzen~*): ***bis zu mir ist es von dir aus doch nur ein*** ~ mais tu habites à deux pas de chez moi!; ***30 Kilometer sind für dich doch nur ein*** ~ 30 km, pour toi, c'est une paille *fam*
▸ **jd hat einen ~ in der Schüssel** *sl* (*spinnt*) qn est un peu fêlé(e) *fam*; **ein großer ~ nach vorn** un [grand] bond en avant; **jd kann [mit etw] keine großen ¨-e machen** *fam* qn peut pas faire de folie[s] [avec qc] *fam*; **jd hilft jdm auf die ¨-e** (*hilft weiter*) qn met qn sur la voie; (*droht*) qn met les points sur les i à qn; **jd ist immer auf dem ~** *fam* qn est toujours sur la brèche; **jd ist auf dem ~** qn est prêt(e) à s'en aller; **jd kommt jdm auf die ¨-e** *fam* (*Schliche*) qn découvre les combines de qn *fam*; **jd kommt auf einen ~ vorbei** *fam* qn passe; **jd kommt [*o* geht] auf einen ~ bei jdm vorbei** qn fait un saut chez qn; **jd/ein Tier macht einen ~ [irgendwohin/über etw** (*akk*)**]** qn/un animal saute [*o* bondit] [quelque part/par-dessus qc]; **jd setzt zum ~ an** qn prend son élan [pour sauter], qn s'apprête à sauter

Sprungbefehl *m* INFORM instruction *f* de saut **Sprungbrett** *nt* **1.** SPORT tremplin *m* **2.** *geh* (*gute Ausgangsbasis*) tremplin *m* **Sprungfeder** *f* ressort *m* en spirale **Sprunggelenk** *nt* articulation *f* du pied **Sprunggrube** *f* fosse *f* de réception

sprunghaft I. *adj* **1.** *Anstieg, Entwicklung* brutal(e)
2. (*unstet*) versatile
II. *adv* brutalement

Sprunghaftigkeit <-> *f* ∅ versatilité *f*

Sprungschanze *f* tremplin *m* [de saut à skis] **Sprungstab** *m* perche *f* **Sprungtuch** <-tücher> *nt* toile *f* [*o* bâche *f*] de sauvetage **Sprungturm** *m* plongeoir *m*

Spucke <-> *f* ∅ *fam* (*im Mund*) salive *f;* (*ausgespuckt*) crachat *m,* mollard *m fam*
▶ **jdm bleibt die ~ weg** qn en est [*o* reste] baba [*o* comme deux ronds de flan] *fam;* ***da bleibt dir die ~ weg!*** ça te coupe la chique, hein! *fam*

spucken I. *vi* **1.** (*aus~*) ■ **jd spuckt [irgendwohin]** qn crache [quelque part]
2. DIAL (*sich übergeben*) qn vomit
3. *fam* (*unregelmäßig arbeiten*) ■ **etw spuckt** /*Motor, Pumpe*/ qc broute
II. *vt* ■ **jd spuckt etw irgendwohin** qn crache qc quelque part; ■ **etw spuckt etw [gegen jdn/auf etw** (*akk*)] /*Flammenwerfer, Vulkan*/ qc crache qc [sur qn/qc]

Spucknapf *m* crachoir *m*

Spuk <-[e]s, -e> *m* **1.** (*Geistererscheinung*) apparition *f* du revenant [*o* fantôme]/de revenants [*o* de fantômes]
2. (*schrecklicher Zustand*) cauchemar *m*

spuken *vi impers* **1.** (*nicht geheuer sein*) ■ **irgendwo spukt es** il y a des revenants [*o* fantômes] quelque part
2. *fam* (*spinnen*) ■ **bei jdm spukt es** qn débloque *fam,* qn travaille du chapeau *fam*

Spukgeschichte *f* histoire *f* de revenants [*o* fantômes] **Spukschloss**[RR] *nt* château *m* hanté

Spülbecken *nt* bac *m* d'évier

Spule <-, -n> *f* (*alle Bedeutungen*) bobine *f*

Spüle <-, -n> *f* évier *m*

spulen I. *vt* ■ **jd spult etw [von etw] auf etw** (*akk*) *Film, Tonband* qn enroule [*o* embobine] qc [de qc] sur qc
II. *vi* ■ **etw spult** qc s'enroule, qc s'embobine

spülen I. *vi* **1.** (*Geschirr abwaschen*) ■ **jd spült** qn lave la vaisselle
2. (*die Toilette abziehen*) ■ **jd spült** qn tire la chasse [d'eau]
II. *vt* **1.** (*abspülen*) ■ **jd spült etw** qn lave qc
2. (*schwemmen*) ■ **etw spült etw irgendwohin** /*Meer, Wellen etc*/ qc rejette qc quelque part

Spülkasten *m* réservoir *m* de chasse d'eau **Spülmaschine** *f* lave-vaisselle *m* **spülmaschinenfest** *adj* garanti(e) lave-vaisselle **Spülmittel** *nt* produit *m* [pour la] vaisselle **Spülstein** *m* évier *m* **Spültrog** *m* CH *s.* **Spülbecken**

Spülung <-, -en> *f* **1.** MED [*Geschlechtsorgane, Nebenhöhle*] lavage *m;* [*Rachen*] gargarisme *m;* ~ ***des Mundraums*** bain *m* de bouche
2. (*Wasser~*) chasse *f* d'eau
3. (*Haar~*) [baume *m*] démêlant *m*

Spülwasser *nt* eau *f* de vaisselle

Spulwurm *m* ascaride *m*

Spund[1] <-[e]s, ¨e *o* -e> *m* (*Stöpsel*) bonde *f*

Spund[2] <-[e]s, -e> *m* ▶ **junger** ~ *fam* blanc-bec *m vieilli*

Spundloch *nt* bonde *f*

Spunten <-s, -> *m* CH **1.** (*Spund*) bonde *f*
2. (*Wirtschaft*) bistro *m fam*

Spur <-, -en> *f* **1.** (*Anzeichen*) trace *f;* ***es fehlt seit Tagen jede ~ von ihm*** il n'a plus donné de signe de vie depuis des jours; ***jd geht einer ~ nach*** qn suit une piste
2. (*Abdruck*) trace *f;* (*Fuß~*) trace *f* [de pas], empreinte *f*
3. [*Loipe*] trace *f*
4. (*kleine Menge*) [*Pfeffer, Paprika etc*] pincée *f;* [*Knoblauch*] pointe *f;* [*Gift*] trace *f;* ***dieses Gift lässt sich noch in kleinsten ~en nachweisen*** on peut détecter la présence de ce poison même en très petites quantités
5. (*Fünkchen*) [*Anstand, Menschlichkeit*] minimum *m;* ■ **keine ~ von etw** pas une once de qc
6. (*Fahrstreifen*) voie *f*
7. [*Tonband, Magnetband, Film*] piste *f*
8. AUT (*Radstellung*) écartement *m;* ~ ***und Sturz*** le parallélisme
9. [*Gleis*] voie *f*
▶ **eine heiße** ~ une piste sérieuse; **jd bleibt jdm/einer S. auf der** ~ qn ne lâche pas la piste de qn/qc; **jd/etw bringt jdn auf eine** ~ qn/qc met qn sur une piste; **etw gerät aus der** ~ /*Kraftfahrzeug*/ qc dérape; **etw hält** ~ /*Kraftfahrzeug*/ qc tient bien la route, qc a une bonne tenue de route; **etw hinterlässt [seine] ~en** qc laisse des traces; ***etw hinterlässt in einem Gesicht/in einem Menschen ~en*** qc marque un visage/un être humain; **jd ist jdm/einer S. auf der** ~ qn est sur la piste [*o* les traces] de qn/qc; **jd ist auf einer bestimmten ~, jd verfolgt eine bestimmte** ~ qn est sur [*o* qn suit] une certaine piste; **jd kommt jdm/einer S. auf die** ~ qn dépiste qn/qc; **jd kann ~en lesen** qn sait lire les empreintes; **eine ~ ...er** *schärfer, salziger, süßer etc* un brin plus ...; **eine ~ zu ...** *scharf, salzig, süß etc* un brin trop ...; **keine** ~ *fam,* **nicht die** ~ *fam* pas le moins du monde

spürbar I. *adj* sensible; *Veränderung, Eindruck a.* visible; ■ **etw wird** ~ qc se fait sentir
II. *adv kälter, wärmer* sensiblement; *zurückhaltender* visiblement

Spurbreite *f s.* **Spurweite. Spurbus** *m* trolleybus *m* (*disposant de couloirs spéciaux*)

spuren *vi fam* ■ **jd/ein Tier spurt [bei jdm]** qn file doux *fam*/un animal marche droit [avec qn]; ***die Kinder haben heute wieder überhaupt nicht gespurt*** y a encore pas eu moyen de faire façon des gosses aujourd'hui *fam*

spüren *vt* **1.** (*merken*) ■ **jd spürt etw** qn sent qc; ***von etw spürt jd wenig*** qn ne remarque pas beaucoup qc; ■ **jd spürt, dass/ob/wie** qn sent que + *indic*/si/comment; ■ **jd lässt jdn etw** ~ qn fait sentir qc à qn; ■ **jd lässt jdn ~, dass** qn fait sentir à qn que + *indic*
2. (*körperlich wahrnehmen*) ■ **jd spürt etw [irgendwo]** qn sent qc [quelque part]; ***ich spüre den Schmerz immer noch*** je ressens encore la douleur; ***schon ein kleines Gläschen Schnaps spürt er sofort*** il sent immédiatement l'effet d'un seul petit verre de schnaps
▶ **jd bekommt etw zu** ~ *jds Abneigung etc* qn ressent les effets de qc; *die Knute, Peitsche, den Knüppel etc* qn fait l'expérience de qc [*o* connaissance avec qc]; **jd bekommt es zu ~, dass** on fait sentir à qn que + *indic;* ***endlich hat sie mal zu ~ bekommen, dass ich ...*** j'ai fini par lui faire sentir que je ... + *indic*

Spurenelement *nt* oligoélément *m* **Spurengas** *nt* gaz *m* rare **Spurensicherung** *f* anthropométrie *f* judiciaire; (*Polizeiabteilung a.*) service *m* anthropométrique

Spürhund *m* chien *m* policier

-spurig: ***eine ein~e Straße*** une route à une voie; ***deutsche Landstraßen sind zwei~*** les routes départementales allemandes sont à deux voies

spurlos I. *adj* total(e), sans laisser de traces
II. *adv* **1.** *untertauchen, verschwinden* sans laisser de traces; ***die Flüchtigen sind ~ untergetaucht*** les fuyards se sont évanouis dans la nature; ***etw ist ~ verschwunden*** /*Sorgen, Probleme*/ qc a disparu complètement, qc s'est envolé(e); /*Gegenstände*/ qc s'est évaporé(e)
2. *an jdm vorübergehen* sans laisser de marques

Spürnase *f* **1.** (*Geruchssinn*) odorat *m,* nez *m*
2. (*detektivischer Scharfsinn*) flair *m;* ***jd hat eine gute*** ~ qn a du flair [*o* du nez]

Spurrille *f* rainure *f;* ~***n sind gefährlich*** le rainurage est dangereux

Spürsinn *m* ∅ (*Gespür*) flair *m*
▶ **jd hat einen ~ für etw** qn flaire qc, qn a du nez pour qc; ***jd hat einen unfehlbaren ~ für etw*** qn flaire infailliblement qc

Spurt <-s, -s *o* -e> *m* sprint *m*
▶ **jd setzt zum ~ an** qn lance le sprint

spurten *vi* + *sein* ■ **jd spurtet** qn sprinte

Spurweite *f* écartement *m*

sputen *vr* DIAL ■ **jd sputet sich** qn se dépêche

Squash <-> [skvɔʃ] *nt* squash *m*

Squashhalle ['skvɔʃ-] *f* salle *f* de squash

Sri Lanka <-s> *nt* Sri Lanka; ***auf*** ~ à [*o* dans l'île de] [*o* au *abusif*] Sri Lanka

s.t. *adv abk von* **sine tempore** UNIV ponctuellement

St. **1.** *abk von* **Stück** pièce *f*
2. *abk von* **Sankt** St/Ste

Staat <-[e]s, -en> *m* **1.** (*Land*) État *m*
2. (*staatliche Institutionen*) État *m*
3. (*Insekten~*) société *f*
4. *pl* (*USA*) États-Unis *mpl*
5. CH *s.* **Kanton**
▶ **die Vereinigten ~en [von Amerika]** les États-Unis *mpl* [d'Amérique]; **in vollem** ~ en grande toilette; **jd kann mit etw keinen ~ machen** qn ne peut guère faire impression avec qc; **mit etw ist kein ~ zu machen** il n'y a pas de quoi parader avec qc; **beim** ~ *fam angestellt sein* par l'État; *arbeiten* pour l'État; *sein* dans l'administration [d'État]; **ein ~ im ~e** (*eine unabhängige Organisation im* ~) un État dans l'État; ***etw ist ein ~ im ~e*** qc forme [*o* constitue] un État dans l'État

Staatenbund <-bünde> *m* confédération *f* [d'États]

staatenlos *adj* apatride **Staatenlose(r)** *f(m) decl wie adj* apatride *mf*

staatlich I. *adj* **1.** POL *Unabhängigkeit, Interessen* national(e)
2. *Förderung, Gelder, Unterstützung etc* de l'État
3. *Behörde, Einrichtung, Institution* public(-ique); *Unternehmen a.* d'État; (*vom Staat betrieben*) nationalisé(e)
II. *adv anerkannt, geprüft, subventioniert* par l'État

Staats- **1.** *-bankrott, -haushalt, -finanzen* de l'État; *-ausgaben, -einnahmen, -verschuldung, -schuld, -vermögen* public(-ique) **2.** *-behörde, -besitz, -eigentum, -organ, -fernsehen* public(-ique); *-ministerium, -unternehmen* d'État; *-archiv* national(e) **3.** (*durch den Staat*) *-dirigismus* étatique; *-terrorismus* d'un gouvernement, d'État; *-intervention* de l'État **4.** (*dem Staat gegenüber*): ***jd engagiert sich s~feindlich*** qn a des activités antinationales; ***~feindlichkeit*** antinationalisme *m;* ***s~fromm*** respectueux(-euse) des institutions; ***ein s~treuer Beamter*** un fonctionnaire loyal [envers l'État]; ***ein s~treues Verhalten*** le loyalisme [envers l'État]; ***jd verhält sich s~gefährdend*** qn porte atteinte à la sûreté de l'État **Staatsaffäre** *f* ▶ **jd macht eine ~ aus etw** qn fait une affaire d'État de qc **Staatsakt** *m* cérémonie *f* officielle **Staatsangehörige(r)** *f(m) decl wie adj* ressortissant(e) *m(f)* **Staatsangehörigkeit** <-, -en> *f* nationalité *f* **Staatsanleihe** *f* emprunt *m* d'État **Staatsanwalt** *m,* **-anwältin** *f* avocat général/avocate générale *m/f* **Staatsanwaltschaft** *f* ministère *m* public **Staatsapparat** *m* appareil *m* étatique [*o* de l'État] **Staatsbeamte(r)** *m,* **-beamtin** *f* fonctionnaire *mf* **Staatsbegräbnis** *nt* obsèques *fpl* nationales **Staatsbesuch** *m* visite *f* officielle **Staatsbürger(in)** *m(f) form* citoyen(ne) *m(f)* **staatsbürgerlich** *adj attr form* civique **Staatschef(in)** [-ʃɛf] *m(f) fam* chef *m* d'État **Staatsdienst** *m* fonction *f* publique **Staatsempfang** *m* réception *f* officielle **Staatsexamen** *nt* diplôme *m* d'État; (*für angehende Sekundarlehrer*) C.A.P.E.S. *m* **Staatsflagge** *f* drapeau *m* national **Staatsform** *f* régime *m* **Staatsgebiet** *nt* territoire *m* national **Staatsgeheimnis** *nt* secret *m* d'État **Staatsgewalt** *f* ∅ autorité *f* [publique [*o* de l'État]] **Staatsgrenze** *f* frontières *fpl* [nationales] **Staatskanzlei** *f* chancellerie *f* du/d'un Land **Staats-**

karosse *f fam* voiture *f* officielle **Staatskasse** *f* Trésor *m* [public], caisses *fpl* de l'État **Staatsknete** *f sl* deniers *mpl* publics, fric *m* du contribuable *fam*; ***jd lebt von*** ~ qn vit aux frais du contribuable [*o* de la princesse *fam*] **Staatskosten** *pl* ▶ **auf** ~ aux frais de l'État **Staatsmann** <-männer> *m geh* homme *m* d'État **staatsmännisch** *adj geh* d'homme d'État **Staatsoberhaupt** *nt* chef *m* d'/de l'État **Staatspolizei** *f* ▶ **Geheime** ~ HIST Gestapo *f* **Staatspräsident(in)** *m(f)* président(e) *m(f)* [de la République] **Staatsprüfung** *f form s.* **Staatsexamen. Staatssekretär(in)** *m(f)* secrétaire *mf* d'État; (*in Frankreich*) directeur(-trice) *m(f)* [*o* attaché(e) *m(f)*] de cabinet ▶ **parlamentarischer** ~ ≈ chef *m* de cabinet (*membre du Parlement*) **Staatssicherheitsdienst** *m* (*in der früheren DDR*) Sûreté *f* est-allemande **Staatsstreich** *m* coup *m* d'État **staatstragend** I. *adj Partei* au pouvoir; *Sendungen, Reden* progouvernemental(e); *Justizinstanz* qui constitue un des rouages de l'État; *Genossen* orthodoxe; *Seriosität* pompeux(-euse) II. *adv sich geben* en faveur du gouvernement; *formulieren* avec emphase **Staatsverdrossenheit** *f* désaffection *f* [*o* ras-le-bol *m fam*] à l'égard de l'État **Staatsverschuldung** *f* endettement *m* public **Staatsvertrag** *m* traité *m* intergouvernemental, protocole *m* [d'accord] international **Staatswesen** *nt geh* État *m*, entité *f* politique *form*

Stab¹ <-[e]s, ¨e> *m* **1.** (*Holzlatte*) baguette *f*
2. (*Gitter~*) barreau *m*
3. (*Stabhochsprung~*) perche *f*; (*Staffel~*) témoin *m*
▶ **jd bricht den ~ über jdn** *geh* qn jette la pierre à qn

Stab² <-[e]s, ¨e> *m* **1.** [*Experten, Mitarbeiter*] équipe *f*
2. MIL état-major *m*

Stäbchen <-s, -> *nt* baguette *f*

stabförmig *adj Bakterie, Gegenstand* en forme de bâtonnet **Stabhochspringer(in)** *m(f)* sauteur(-euse) *m(f)* à la perche, perchiste *mf* **Stabhochsprung** *m* saut *m* à la perche

stabil *adj* **1.** (*strapazierfähig*) solide
2. (*beständig*) *Wetterlage, Währung, Wirtschaft* stable
3. (*opp: labil*) *Gesundheit, Konstitution* robuste; *Beziehung* durable; *Partnerschaft* solide; *Verfassung* stable

Stabilisator <-s, -toren> *m* **1.** AUT stabilisateur *m*
2. CHEM stabilisant *m*

stabilisieren * I. *vt* **1.** *geh* (*standfester machen*) ■ **jd stabilisiert etw** *Gerüst, Konstruktion, Zaun etc* qn consolide qc, qn renforce qc
2. MED ■ **jd/etw stabilisiert etw** *Kreislauf, Blutdruck* qn/qc stabilise qc, qn/qc régularise qc; ***eine Kur wird Ihre Gesundheit wieder*** ~ une cure va vous rétablir; ■ **jd/etw stabilisiert jdn** qn/qc stabilise l'état de qn
II. *vr* **1.** (*beständig werden*) ■ **etw stabilisiert sich** /*Wetterlage, Beschäftigungslage, Absatz*/ qc se stabilise
2. MED ■ **etw stabilisiert sich** /*Blutdruck, Kreislauf*/ qc se stabilise, qc se régularise; *Gesundheit a.* qc s'améliore

Stabilisierung <-, -en> *f* **1.** [*Beschäftigungslage, Wetterlage etc*] stabilisation *f*
2. MED [*Blutdruck, Kreislauf*] stabilisation *f*, régularisation *f*; [*Gesundheit a.*] amélioration *f*

Stabilität <-> *f* ∅ stabilité *f*

Stablampe *f* torche *f* électrique **Stabmagnet** *m* aimant *m* en forme de bâtonnet **Stabreim** *m* allitération *f*

Stabsarzt *m*, **-ärztin** *f* MIL médecin capitaine *m* **Stabschef(in)** [-ʃɛf] *m(f)* MIL chef *m* d'état-major **Stabsfeldwebel** *m* adjudant-chef *m* **Stabsoffizier(in)** *m(f)* officier *m* d'état-major **Stabsunteroffizier(in)** *m(f)* sergent-chef *m*

stach *imp von* **stechen**

Stachel <-s, -n> *m* **1.** [*Biene, Hornisse, Skorpion, Wespe etc*] aiguillon *m*, dard *m*
2. [*Igel, Seeigel etc*] piquant *m*
3. BOT épine *f*
▶ **ein ~ im Fleisch** *geh* une source permanente de désagrément, un supplice de tous les instants; **jd löckt wider den ~/~ von etw** qn rue dans les brancards/regimbe contre qc

Stachelbeer- **1.** BOT du/de groseillier à maquereau; ***der ~strauch*** le groseillier à maquereau
2. GASTR de groseilles à maquereau

Stachelbeere *f* **1.** (*Strauch*) groseillier *m* à maquereau
2. (*Frucht*) groseille *f* à maquereau

Stacheldraht *m* [fil *m* de fer] barbelé *m*; (*Verhau*) barbelés *mpl*; ***Rollen aus*** ~ des rouleaux de [fil de fer] barbelé
▶ **hinter** ~ derrière les/des barbelés

Stacheldraht- *-zaun* en barbelé; *-rolle* de barbelé; ***~verhau*** des [réseaux *mpl* de] barbelés *mpl*

stach[e]lig *adj* **1.** *Tier* hérissé(e) [de piquants];
2. BOT épineux(-euse)

Stachelschwein *nt* porc-épic *m*

stad *adj* AUS, SDEUTSCH *fam* (*still*) calme

Stadel <-s, -> *m* SDEUTSCH, AUS, CH grange *f*

Stadion <-s, Stadien> [-diən] *nt* stade *m*

Stadium <-s, Stadien> [-diən] *nt* **1.** (*Stufe*) *Entwicklung, Planung*] phase *f*
2. MED stade *m*

Stadt <-, ¨e> *f* **1.** (*Ort*) ville *f*; ***die ~ Stuttgart*** la ville de Stuttgart; ***jd wohnt mitten in der*** ~ qn vit en plein centre[-ville]; ***bis in die ~ brauchen wir 25 Minuten*** il nous faut 25 minutes pour aller en ville
2. (*Stadtverwaltung*) municipalité *f*, ville *f*
▶ **in ~ und Land** *geh* à la ville comme à la campagne; **bei der** ~ à la ville

Stadt- municipal(e); ***~begrünung*** création *f* [*o* aménagement *m*] d'espaces verts dans la ville; ***~erneuerungsgebiet*** zone *f* de réaménagement urbain

städt. *adj abk von* **städtisch**

stadtauswärts *adv* en dehors de la ville, à l'extérieur de la ville **Stadtautobahn** *f* autoroute *f* urbaine **Stadtbahn** *f* réseau *m* urbain; (*in Paris*) R.E.R. *m* **stadtbekannt** *adj* notoire; ***das ist doch*** ~! c'est de notoriété publique! **Stadtbezirk** *m* arrondissement *m* **Stadtbild** *nt* paysage *m* urbain, physionomie *f* de la ville **Stadtbummel** *m* promenade *f* en ville ▶ **jd macht einen** ~ qn fait une promenade en ville

Städtchen <-s, -> *nt dim von* Stadt petite ville *f*

Stadtdirektor(in) *m(f)* directeur(-trice) *m(f)* des services municipaux

Städtebau *m* ∅ urbanisme *m* **städtebaulich** I. *adj* d'urbanisme, urbanistique II. *adv* du point de vue de l'urbanisme

stadteinwärts *adv* en ville; ~ ***nehme ich immer einen Schleichweg*** je prends toujours un détour pour aller en ville

Städtepartnerschaft *f* jumelage *m*

Städter(in) <-s, -> *m(f)* citadin(e) *m(f)*

Städtetag *m* congrès *m* des maires

Stadtflucht *f* ∅ exode *m* urbain **Stadtführung** *f* visite *f* guidée de la ville **Stadtgebiet** *nt* territoire *m* de la commune **Stadtgespräch** *nt* ▶ **etw ist** [**das**] ~ toute la ville parle de qc **Stadtgrenze** *f* limite *f* de la ville; ***die ~n*** le périmètre de la ville

städtisch *adj* **1.** ADMIN municipal(e)
2. *geh* (*urban*) *Komfort, Lebensqualität* citadin(e), urbain(e); *kulturelles Angebot* de la ville

Stadtkämmerer *m*, **-kämmerin** *f* receveur municipal/receveuse municipale *m/f* **Stadtkasse** *f* trésorerie *f* municipale **Stadtkern** *m* centre-ville *m* **Stadtmauer** *f* [mur *m* d']enceinte *f* **Stadtmensch** *m* citadin(e) *m(f)*; ***~en*** les gens *mpl* de la ville **Stadtmitte** *f* centre *m* [de la ville] ▶ **bis** ~ jusqu'au centre [de la ville] **Stadtplan** *m* plan *m* de la ville **Stadtrand** *m* périphérie *f* de la ville ▶ **am/an den** ~ à la périphérie de la ville **Stadtrat** *m* conseil *m* municipal **Stadtrat** *m*, **-rätin** *f* conseiller municipal/conseillère municipale *m/f* **Stadtrundfahrt** *f* tour *m* de la ville ▶ **jd macht eine** ~ qn fait le tour de la ville **Stadtstaat** *m* ville-État *f* **Stadtstreicher(in)** <-s, -> *m(f)* clochard(e) *m(f)* **Stadtteil** *m* quartier *m* **Stadttor** *nt* porte *f* [de la ville] **Stadtverkehr** *m* circulation *f* urbaine [*o* en ville] **Stadtverwaltung** *f* administration *f* municipale, services *mpl* administratifs [de la ville] **Stadtviertel** *nt* quartier *m* **Stadtwappen** *nt* armes *fpl* [de la ville] **Stadtwerke** *pl* services *mpl* techniques [de la ville] **Stadtwohnung** *f* appartement *m* en ville **Stadtzentrum** *nt* centre *m* [de la ville]

Stafette <-, -n> *f* estafette *f*

Staffel¹ <-, -n> *f* **1.** MIL escadron *m*; AVIAT escadrille *f*
2. SPORT (*beim ~lauf*) équipe *f* de relais
3. SPORT (*Gruppe*) équipe *f*

Staffel² <-s, -n> *m* AUS (*Schwelle*) seuil *m*

Staffelei <-, -en> *f* chevalet *m*

Staffellauf *m* course *f* de relais

staffeln *vt* ■ **jd staffelt etw** [**nach etw**] qn échelonne qc [*o* répartit qc sur une échelle] [selon qc]; ***auf Jahre hinaus gestaffelte Einkommenserhöhungen*** des augmentations de revenu échelonnées sur des années

Staffelschwimmen *nt* SPORT relais *m* [nage libre/quatre nages]

Staff[e]lung <-, -en> *f* (*das Staffeln*) échelonnement *m*, répartition *f*; (*gestaffelte Ordnung*) (*steigend*) progressivité *f*; (*abnehmend*) dégressivité *f*; ***die ~ der Preise*** les tarifs *mpl* dégressifs

Stagflation <-, -en> *f* stagflation *f*

Stagnation <-, -en> *f* stagnation *f*

stagnieren * *vi* ■ **etw stagniert** qc stagne

stahl *imp von* **stehlen**

Stahl <-[e]s, -e *o* ¨e> *m* **1.** (*Metall*) acier *m*
2. ∅ *poet* (*Schwert*) fer *f littér*; (*Dolch*) poignard *m*

Stahl- **1.** (*aus Stahl*) *-blech, -draht* d'acier; *-kern, -ummantelung, -nagel, -schraube a.* en acier; *-gerüst* métallique, tubulaire
2. IND *-herstellung, -preis, -veredelung* de l'acier; *-produktion* d'acier; *-industrie* sidérurgique

Stahlbau <-bauten> *m* construction *f* métallique **Stahlbeton** *m* béton *m* armé

stählen *vt* ■ **jd/etw stählt etw** qn/qc fortifie qc; *Muskeln a.* qn/qc raffermit qc

stählern *adj* **1.** (*aus Stahl*) d'acier, en acier
2. *geh Muskeln* d'acier; *Wille* de fer; *Konstitution* robuste

stahlhart *adj* **1.** *Legierung, Material* dur(e) comme l'acier **2.** (*eisern*) *Muskeln* d'acier; *Händedruck* de fer **Stahlhelm** *m* casque *m* lourd **Stahlkammer** *f* salle *f* des coffres **Stahlkocher** *m* sidérurgiste *m* **Stahlrohr** *nt* tube *m* d'acier **Stahlrohrmöbel** *pl* meuble *m* tubulaire **Stahlträger** *m* poutrelle *f* d'acier **Stahlwerk** *nt* aciérie *f*

stak *imp von* **stecken**

Stakkato <-s, -s *o* Stakkati> *nt* staccato *m*

staksen *vi* + *sein fam* ■ **jd stakst** [**irgendwohin**] qn marche avec raideur [quelque part]

staksig I. *adj* raide
II. *adv* avec raideur

Stalagmit <-en *o* -s, -en> *m* stalagmite *f*

Stalaktit <-en *o* -s, -en> *m* stalactite *f*

Stalinismus <-> *m* ∅ stalinisme *m*

Stalinist(in) <-en, -en> *m(f)* stalinien(ne) *m(f)*

stalinistisch *adj* stalinien(ne)

Stalinorgel *f fam* orgues *fpl* de Staline

Stall <-[e]s, ¨e> *m* **1.** (*Kuh~*) étable *f*; (*Pferde~*) écurie *f*; (*Schweine~*) porcherie *f*; (*Schaf~*) bergerie *f*; (*Kaninchen~*) clapier *m*; (*Hühner~*) poulailler *m*

2. *sl* (*Renn~*) écurie *f*
Stallaterne *s.* **Stalllaterne**
Stallhase *m hum fam* lapin *m* [domestique] **Stalllaterne**[RR] *f* falot *m*
Stallung <-, -en> *f meist pl* bâtiment *m* pour les bêtes [*o* réservé aux animaux]
Stamm <-[e]s, ¨-e> *m* **1.** (*Baum~*) tronc *m*
2. LING racine *f*, radical *m*
3. (*Volks~*) tribu *f*
4. (*fester Bestand*) [*Belegschaft, Mitglieder, Kunden*] noyau *m*
5. BIO (*Kategorie*) embranchement *m*
▶ **jd ist vom ~e Nimm** *hum fam* qn est du genre: tout pour moi, rien pour les autres *fam*
Stamm- **1.** *-café, -kneipe, -lokal* habituel(le) **2.** *-lieferant* attitré(e); *-belegschaft, -personal* noyau *m* de; ***die ~kundschaft des Geschäfts*** les clients *mpl* fidèles du magasin **Stammaktie** [-aktsiə] *f* action *f* ordinaire **Stammbaum** *m* arbre *m* généalogique **Stammbuch** *nt* livret *m* de famille ▶ **jd schreibt jdm etw ins** ~ qn recommande expressément qc à qn; ***ich kann es ihm nur ins ~ schreiben*** je ne peux que lui mettre les points sur les i; ***und das sei Ihnen allen ins ~ geschrieben*** et tenez vous-le pour dit, et notez-le une fois pour toutes **Stammdatei** *f* INFORM fichier *m* source
stammeln I. *vi* ■ **jd stammelt** qn bredouille; ■ **das S~** le bredouillement
II. *vt* ■ **jd stammelt etw** qn bredouille qc
stammen *vi* **1.** (*gebürtig sein*) ■ **jd stammt von irgendwoher** qn est originaire de quelque part; ***jd stammt aus ärmlichen Verhältnissen*** qn est d'origine très modeste
2. (*herrühren*) ■ **etw stammt von jdm** */Gegenstand/* qc provient de qn; */Unterschrift/* qc est de qn; ■ **etw stammt aus etw** */Brauch, Gegenstände/* qc date de qc
Stammes- tribal(e); ***die schottischen ~fürsten*** les chefs *mpl* des clans écossais; ***~herzog der Sachsen*** duc *m* du peuple des Saxons
Stammform *f* GRAM forme *f* de base **Stammgast** *m* habitué(e) *m(f)* **Stammhalter** *m* héritier *m* mâle **Stammhaus** *nt* maison *f* mère
stämmig *adj* trapu(e)
-stämmig d'origine; ***Japan~e*** des Japonais *mpl* d'origine
Stammkapital *nt* capital *m* social **Stammkunde** *m*, **-kundin** *f* client habituel/cliente habituelle *m/f* **Stammmutter**[RR] *f* ancêtre *f*; ***Eva ist die ~ der Menschheit*** Ève est la mère du genre humain **Stammplatz** *m* place *f* attitrée **Stammsitz** *m* [*Familie*] berceau *m*; [*Firma*] siège *m* social d'origine **Stammtisch** *m* **1.** (*Tisch*) table *f* des habitués **2.** (*Stammgäste*) tablée *f* d'habitués ▶ **jd hat** [**seinen**] ~ qn a son cercle, qn retrouve sa tablée d'habitués
Stammutter *s.* **Stammmutter**
Stammvater *m* ancêtre *m*; ***Adam ist der ~ der Menschheit*** Adam est le père du genre humain **Stammwähler(in)** *m(f)* électeur(-trice) *m(f)* fidèle
Stamperl <-s, -n> *nt* AUS, SDEUTSCH (*Schnapsglas*) verre *m* d'eau de vie
stampfen I. *vi* **1.** + *haben* (*aufstampfen*): ***jd stampft*** [***mit den Füßen***] qn trépigne; ***ein Pferd stampft*** [***mit den Hufen***] un cheval piaffe
2. + *sein* (*gehen*) ■ **jd stampft irgendwohin** qn piétine quelque part; ***jd stampft die Stiegen hinauf*** qn monte les marches en tapant des pieds
3. + *haben* TECH ■ **etw stampft** */Dampfmaschine, Kolbenmaschine/* qc halète
4. + *haben* NAUT ■ **etw stampft** */Schiff/* qc tangue
II. *vt* + *haben* **1.** (*fest~n*) ■ **jd stampft etw** *Lehm, Schotter* qn dame qc; ***ein gestampfter Boden*** un sol en terre battue
2. (*zer~*) ■ **jd stampft etw** [**zu etw**] *Kartoffeln, Gemüse* qn écrase qc [pour faire qc]; *Trauben a.* qn foule qc [pour extraire qc]
Stampfer <-s, -> *m* **1.** GASTR pilon *m*
2. CONSTR dame *f*
stand *imp von* **stehen**
Stand <-[e]s, ¨-e> *m* **1.** (*Anzeige*) [*Anzeigeinstrument, Thermometer, Wasseruhr etc*] niveau *m*; [*Barometer*] hauteur *f*; ***beim ~ von 95% Luftfeuchtigkeit*** par un degré d'humidité de l'air de 95%
2. ∅ (*Zustand*) [*Ermittlungen, Forschung, Planung, Projekt*] état *m*; ***etw befindet sich noch auf dem ~ von vor drei Jahren*** qc en est [toujours] au même stade qu'il y a trois ans
3. SPORT (*Spiel~*) score *m*
4. (*Niveau*) [*Wasser, Kurs*] niveau *m*; [*Aktie, Währung*] cours *m*
5. (*Stehen*) position *f* debout; ***jd macht einen Sprung aus dem ~*** qn saute sans élan; ***jd springt in den*** [***ruhigen***] ~ qn fait une réception debout [équilibrée]
6. (*Verkaufs~*) étal *m*; (*Messe~*) stand *m*
7. (*Standplatz*) emplacement *m*
8. SOCIOL catégorie *f*; [*Ärzte, Apotheker*] ordre *m*; ***der dritte ~*** le tiers état; ***sie hat unter ihrem ~ geheiratet*** elle a fait une mésalliance
9. CH canton *m*
▶ **der ~ der Dinge** l'état de choses; ***wie ist der ~ der Dinge?*** où en est-on?; **jd tritt in den ~ der Ehe** *geh* qn prend époux/épouse *soutenu*; ***Sie haben sich also entschlossen, heute in den ~ der Ehe zu treten*** vous avez donc décidé de vous unir aujourd'hui par les liens du mariage *form*; **etw befindet sich auf dem neuesten ~** qc est à jour [*o* actuel(le)]; ***etw befindet sich wieder auf dem neuesten ~*** qc a été remis(e) à jour [*o* réactualisé(e)]; **jd bringt etw auf den neuesten ~** *lexikographisches Werk* qn réactualise qc; *Liste, Verzeichnis etc* qn remet qc à jour; **jd hat** [**bei jdm/jdm gegenüber**] **einen schweren** [*o* **keinen leichten**] ~ qn n'a pas la partie belle [avec qn]; **jd hat** [**auf etw** (*dat*)] **einen ...** ~ *sicheren, festen* qn a une position ... [sur qc]; ***er hat einen guten ~*** il tient [bien] sur ses jambes; ***auf der schwankenden Leiter hat man keinen festen/sicheren ~*** on manque d'équilibre sur cette échelle branlante; ***im Moor hat man auf dem unsicheren Untergrund nirgendwo einen festen ~*** on n'est nulle part sûr de l'endroit où poser les pieds dans un marais; **aus dem ~** (*ohne Vorbereitung*) à l'improviste; **jd ist außer ~e etw zu tun** il est impossible à qn de faire qc; qn est dans l'impossibilité de faire qc; (*körperlich*) qn est incapable [*o* hors d'état] de faire qc; **jd ist zu etw außer ~e** qn est incapable de faire qc; **jd sieht/erklärt sich außer ~e etw zu tun** qn est dans l'impossibilité de faire qc; ***als es darum ging mit anzupacken, erklärten sich alle außer ~e*** quand il s'est agi de donner un coup de main, tous se sont défilés
Standard <-s, -s> ['ʃtandart, 'st-] *m* standard *m*; ***etw gehört zum ~*** qc fait partie de l'équipement standard
Standard- ['ʃtandart-, 'st-] standard *inv*; *-floskel, -grüner* type
standardisieren * [ʃtandardi'ziːrən, st-] *vt* ■ **jd standardisiert etw** qn standardise qc
Standardisierung <-, -en> ['ʃtandardi'ziːrʊŋ, 'st-] *f* standardisation *f*
Standardwerk ['ʃtandart-, 'st-] *nt* ouvrage *m* de référence
Standarte <-, -n> *f* fanion *m*; (*Reiterfahne*) étendard *m*
Standbild *nt* **1.** ART statue *f*
2. AUDIOV arrêt *m* sur image
Ständchen <-s, -> *nt* chanson *f* en mon/son/... honneur
▶ **jd bringt jdm ein ~** qn chante une chanson en l'honneur de qn; *seiner Angebeteten* qn chante une sérénade à qn
Stander <-s, -> *m* fanion *m*
Ständer <-s, -> *m* **1.** (*Gestell*) support *m*; (*für Kleider*) portemanteau *m*; (*für Notenhefte*) pupitre *m*; (*für Zeitungen*) porte-revues *m*; (*für Stempel*) porte-tampons *m*; (*für Schirme*) porte-parapluies *m*
2. *sl* (*erigierter Penis*) queue *f* dressée *fam*, trique *f arg*
▶ **jd bekommt/hat einen ~** *sl* qn se met à bander/bande *fam*
Ständerat *m* CH conseil *m* des États
Ständerat *m*, **-rätin** *f* CH conseiller(-ère) *m(f)* aux États
Ständerlampe *f* CH *s.* **Stehlampe**
Standesamt *nt* [bureau *m* de l']état *m* civil **standesamtlich** I. *adj Bescheinigung, Urkunde* d'état civil; *Heirat, Trauung* civil(e) II. *adv* civilement **Standesbeamte(r)** *m*, **-beamtin** *f* officier *m* de l'/d'état civil **standesgemäß** I. *adj* conforme à ma/sa/... position [sociale] II. *adv heiraten, sich verehelichen* dans mon/son/... milieu; ***jd wohnt ~*** qn a un logement qui correspond à son standing; ***jd heiratet nicht ~*** qn fait une mésalliance
standfest *adj* stable **Standfestigkeit** *f* ∅ **1.** (*Stabilität*) stabilité *f* **2.** *s.* **Standhaftigkeit** **Standgeld** *nt* droit *m* d'étalage **Standgericht** *nt* cour *f* martiale ▶ **jd stellt jdn vor ein ~** qn fait passer qn en cour martiale; ***jd wurde vor ein ~ gestellt*** qn est passé(e) en cour martiale
standhaft I. *adj* ferme; *Ketzer* convaincu(e); ***bleibe ~ bei deinem Entschluss*** reste ferme dans ta décision
II. *adv* fermement, avec fermeté
Standhaftigkeit <-> *f* ∅ fermeté *f*
stand|halten *vi irreg* ■ **jd hält stand/jd/etw hält einer S.** (*dat*) **stand** qn tient le coup/qn/qc résiste à qc **Standheizung** *f* chauffage *m* auxiliaire
ständig I. *adj* **1.** (*dauernd*) perpétuel(le), continuel(le), permanent(e)
2. (*permanent*) *Mitarbeiter* permanent(e); *Wohnsitz* fixe
II. *adv* **1.** (*dauernd*) perpétuellement, continuellement
2. (*permanent*) *wohnen* en permanence; *sich niederlassen* à demeure
Standleitung *f* TELEC, INFORM ligne *f* directe **Standlicht** *nt* ∅ feux *mpl* de position
Standort *m* **1.** (*Unternehmenssitz*) lieu *m* d'implantation, emplacement *m*
2. (*Standpunkt*) position *f*
3. HORT exposition *f*
4. MIL ville *f* de garnison
Standpauke *f fam* savon *m fam* ▶ **jd hält jdm eine ~** qn passe un savon à qn *fam*, qn sonne les cloches à qn *fam* **Standplatz** *m* [*Taxi*] emplacement *m* [pour taxi]
Standpunkt *m* point *m* de vue
▶ **jd betrachtet etw von einem bestimmten ~ aus** qn envisage qc d'un certain point de vue; **jd steht** [**in etw** (*dat*)] **auf einem bestimmten ~, jd vertritt** [**in etw** (*dat*)] **einen bestimmten ~** qn est d'un certain avis [*o* a un certain point de vue] [au sujet de qc]; **jd steht auf dem ~, dass, jd vertritt den ~, dass** qn est d'avis [*o* considère] que + *indic*
standrechtlich *adv* ▶ **jd wird ~ erschossen** qn est fusillé(e) par décision de la cour martiale **Standspur** *f* bande *f* d'arrêt d'urgence **Standuhr** *f* horloge *f*
Stange <-, -n> *f* (*Stab*) barre *f*; (*Bohnen~*) rame *f*; (*Fahnen~*) hampe *f*; [*Vorhang*] tringle *f*
▶ **eine** [**schöne**] **~ Geld** *fam* un [sacré] paquet *fam*, un pacson *arg*; **jd bleibt bei der ~** *fam* qn ne décroche pas *fam*; **jd hält jdm die ~** *fam* qn prend fait et cause pour qn; **jd hält jdn bei der ~** *fam* qn maintient qn dans le coup *fam*; **von der ~** *fam* de prêt-à-porter; ***von der ~ kaufen*** s'habiller en prêt-à-porter; ***jd kauft etw von der ~*** qn achète qc en prêt-à-porter
Stängel[RR] <-s, -> *m* tige *f*
▶ **jd fällt** [**jdm**] **vom ~** *fam* (*wird schwach*) qn tombe d'inanition; **jd fällt vom ~** *fam* (*ist baff*) qn en reste médusé(e) *fam* [*o* comme deux ronds de flan *arg*]
Stangenbrot *nt form* baguette *f* **Stangensellerie** *f* céleri *m* en branches
stank *imp von* **stinken**
Stänkerei <-, -en> *f fam* rouspétances *fpl fam*
Stänkerer <-s, -> *m*, **Stänkerin** *f fam* râleur(-euse) *m(f) fam*
stänkern *vi fam* ■ **jd stänkert** [**gegen jdn/etw**] qn râle [contre qn/qc] *fam*
Stanze <-, -n> *f* presse *f* à emboutir
stanzen *vt* **1.** (*aus~*) ■ **jd/etw stanzt etw** *Blech, Form* qn/qc emboutit qc

2. (*ein~*) ■ **jd/etw stanzt etw in etw** (*akk*) qn/qc poinçonne qc dans qc

Stapel <-s, -> *m* (*Haufen*) pile *f*

▶ **jd lässt etw vom** ~ *Schiff* qn lance qc, qn met qc à l'eau; *fam Flüche, Beschimpfungen, Verwünschungen, Witze* qn balance qc *fam;* **etw läuft vom** ~ qc est lancé(e), qc est mis(e) à l'eau

Stapellauf *m* lancement *m,* mise *f* à l'eau

stapeln I. *vt* ■ **jd stapelt etw [irgendwo]** qn empile qc [quelque part]

II. *vr* ■ **etw stapelt sich [irgendwo]** qc s'empile [quelque part]

Stapelverarbeitung *f* INFORM traitement *m* par lots

stapfen *vi + sein* ■ **jd stapft durch etw [irgendwohin]** *durch den Schlamm* qn patauge dans qc [pour aller quelque part]; *durch den Schnee* qn marche en enfonçant dans qc

Stapfen <-s, -> *m* trace *f* de pas

Star[1] <-[e]s, -e> *m* ORN étourneau *m,* sansonnet *m*

Star[2] <-[e]s, -e> *m* MED cataracte *f*

▶ **grauer** ~ cataracte *f;* **grüner** ~ glaucome *m*

Star[3] <-s, -s> [ʃtaːɐ, st-] *m* 1. CINE, THEAT star *f,* vedette *f*

2. (*Berühmtheit*): ***der ~ bei der Party*** la vedette de la soirée; ***ein ~ unter den Anwälten*** un [grand] ténor du barreau; ***dieser Chirurg war auf seinem Gebiet ein ~*** ce chirurgien était une célébrité dans son domaine

Star- [ʃtaːɐ-, st-] *fam* (*berühmt*) *-architekt, -chirurg, -dirigent, -pianist* en vogue; *-mannequin* vedette; *~**fotomodell*** top *m* model; *~**schauspieler*** star *f;* ~***anwalt,*** ~***verteidiger*** [grand] ténor *m* du barreau

starb *imp von* **sterben**

stark <¨er, ¨ste> I. *adj* 1. (*kräftig*) *Mensch* fort(e); *Arm, Bein, Muskeln* puissant(e); ***etw wird ¨er*** qc se fortifie, qc se muscle

2. (*mächtig*) *Land, Regierung, Partei* fort(e)

3. (*dick*) *Ast, Baum, Stamm* gros(se) *antéposé; Pflanze, Staude* grand(e) *antéposé; Pfahl, Mauer* épais(se); *Pappe, Karton* fort(e); ***etw ist … cm/m ~*** qc fait … cm/m d'épaisseur

4. *euph* (*korpulent*) *Dame, Herr* fort(e)

5. METEO (*heftig*) fort(e) *antéposé*

6. MED fort(e) *antéposé*

7. (*kräftig*) *Applaus, Druck, Geräusch, Rauschen, Stoß, Schlag* fort(e)

8. (*beträchtlich*) *Bedenken, Abneigung, Zuneigung* grand(e); *Gefühl, Liebe, Hass, Aversion* profond(e); *Jucken, Schmerz, Krampf* fort(e) *antéposé*

9. (*leistungsfähig*) *Motor, Getriebe, Traktor* puissant(e)

10. PHARM *Droge, Medikament, Spritze, Schnaps* fort(e); ***etw hat eine ~e Wirkung*** qc a beaucoup d'effet

11. (*zahlenstark*) *Schulklasse, Armee* gros(se) *antéposé; Auflage a.* fort(e) *antéposé,* important(e); ■ **etw ist …** ~ /*Buch/ Seiten* qc fait … ; /*Gruppe/ Mitglieder* qc compte …, qc est fort(e) de …

12. *sl* (*hervorragend*) super *fam,* terrible *fam*

▶ **das ist** ~! *fam* (*eine Unverschämtheit*) elle est forte, celle-là! *fam;* **jd macht sich für jdn/etw** ~ *fam* qn se défonce pour qn/qc *fam*

II. *adv* 1. METEO fort

2. (*beträchtlich*) *abgenutzt, beschmutzt, beschädigt etc* très; ***so ~ …, dass*** tellement … que + *indic*

3. MED *sich erkälten* beaucoup; *bluten a.* abondamment; *erkältet, entzündet, vereitert* très

4. *drücken, pressen, ziehen* fort; *applaudieren* beaucoup; ***applaudieren Sie ¨er*** applaudissez plus fort!

5. (*in großer Menge*) *pfeffern, salzen, würzen* beaucoup; ***zu ~ dosiert*** dosé(e) trop fort; ***etwas ¨er gepfeffert*** un peu plus poivré(e); ***~ gewürzt*** très épicé(e); ***zu ~ gesalzen*** trop salé(e)

6. (*in höherem Maße*) *übertreiben* beaucoup; *beeindrucken a.* fortement; *interessiert sein* très; ***~ besucht*** très fréquenté(e); ***jd beteiligt sich nicht sehr ~ an etw*** (*dat*) qn ne participe pas beaucoup à qc; ***Frauen sind in diesem Team ¨er vertreten als Männer*** les femmes sont plus nombreuses que les hommes dans cette équipe; ***etw wird immer ¨er gekauft*** qc s'achète de plus en plus; ***ich habe mich noch nie so ~ gelangweilt*** je ne me suis encore jamais autant ennuyé(e)

7. (*in großem Maßstab*) *vergrößern, verkleinern:* ***etw vergrößert nicht ¨er*** qc ne grossit pas plus; ***etw ist ~ verkleinert*** qc est très réduit(e)

8. *sl* (*hervorragend*) vachement bien *fam;* ***du siehst echt ~ aus*** t'as un look d'enfer *fam*

-stark 1. (*umfangreich*): ***eine phon~e Musikbox*** un juke-box à pleine puissance [*o* à pleins tubes *fam*]; ***geburten~e Jahrgänge*** les classes *fpl* d'âge à forte natalité; ***eine auflagen~e Zeitung*** un journal à fort tirage

2. (*mit hoher Leistung*): ***rechen~/speicher~*** à grande capacité de calcul/de mémoire; ***schub~*** à forte poussée; ***umsatz~*** à fort chiffre d'affaires; ***ein spurt~es Auto*** une voiture à l'accélération foudroyante

3. (*intensiv*) *gefühls-, aussage-* d'une grande richesse de

Starkbier *nt* bière *f* forte

Stärke <-, -n> *f* 1. (*Kraft*) force *f*

2. (*Macht*) force *f;* ***um ~ zu demonstrieren*** pour faire une démonstration de force

3. (*Dicke*) épaisseur *f*

4. (*Intensität*) [*Wind, Beben*] force *f;* [*Schmerzen, Wehen*] intensité *f;* [*Brille*] puissance *f*

5. (*zahlenmäßiges Ausmaß*) nombre *m;* [*Armee*] effectif *m;* ***die Personal~*** les effectifs *mpl;* ***in Mannschafts~*** par équipes entières; ***die Polizei~*** les effectifs *mpl* de la police

6. (*Vorteil*) force *f*

7. (*Charakter*) force *f*

8. CHEM amidon *m*

9. (*Wäsche~*) amidon *m*

▶ **etw ist jds** ~ qc est mon/son/… fort

Stärkemehl *nt* fécule *f*

stärken I. *vt* 1. (*kräftigen*) ■ **etw stärkt etw** *Kreislauf* qc régularise qc; *Konstitution, Muskulatur, Arme* qc fortifie qc; *Widerstandskraft, Konzentrationsfähigkeit* qc augmente qc; ■ **etw stärkt jdn** qc revigore qn

2. (*verbessern*) ■ **jd/etw stärkt etw** *Stellung, Position* qn/qc affermit qc; *Ansehen, Einfluss* qn/qc renforce qc

3. (*steifen*) ■ **jd stärkt etw** *Kleidungsstück, Wäsche, Wäschestück* qn amidonne qc, qn empèse qc

II. *vi* ■ **etw stärkt** *Essen, Getränk* qc fortifie, qc revigore; ■ **~d** *Mahlzeit* reconstituant(e)

III. *vr* ■ **jd stärkt sich** qn se restaure

Starkstrom *m* courant *m* haute tension

Starkstrom- [à] haute tension

Stärkung <-, -en> *f* 1. ∅ [*Einfluss, Stellung, Partei, Macht*] affermissement *m,* renforcement *m*

2. (*Kräftigung*) remontant *m;* ***ich muss unbedingt etwas zur ~ essen*** je dois absolument me restaurer

Stärkungsmittel *nt* fortifiant *m*

starr I. *adj* 1. (*steif*) rigide

2. *Gelenk* raide, ankylosé(e); *Finger, Zeh, Hand, Fuß* gourd(e); ***zuerst wurden seine Zehen ~*** ses orteils s'engourdirent en premier

3. (*reglos*) *Augen, Blick* fixe; *Grinsen* figé(e)

4. *Haltung, Prinzipien, Position* rigide; ***jd bleibt ~*** qn demeure inflexible

5. (*erstarrt*) ■ **~ vor etw** (*dat*) *vor Erstaunen, Verblüffung* figé(e) de qc; *vor Schreck* paralysé(e) par qc

II. *adv* 1. *ansehen* fixement; *lächeln* d'une manière figée; ***er fixierte sie eine Weile ~*** il la fixa un instant du regard

2. *an etw festhalten* rigoureusement

Starre <-> *f* ∅ torpeur *f;* [*Leiche*] rigidité *f*

starren *vi* 1. (*starr blicken*) ■ **jd starrt** qn a le regard fixe [*o* les yeux fixes]; ■ **jd starrt irgendwohin** qn fixe son regard quelque part; ***jd starrt ins Leere*** qn fixe le vide, qn regarde dans le vide; ***jd starrt an die Wand/an jdm vorbei*** qn regarde fixement le mur/qn sans le voir; ***wohin starrst du so interessiert?*** qui/que fixes-tu avec autant d'intérêt?

2. (*bedeckt sein*) ■ **etw starrt von** [*o* **vor**] **etw** (*dat*) *vor Dreck* qc est couvert(e) de qc

Starrheit <-> *f* ∅ (*starre Haltung*) rigidité *f*

starrköpfig *adj, adv s.* **starrsinnig. Starrsinn** *m* entêtement *m* **starrsinnig** I. *adj* entêté(e); ■ **jd ist** ~ qn est têtu(e) II. *adv* obstinément

Start <-s, -s> *m* 1. AVIAT décollage *m;* RAUM lancement *m*

2. SPORT départ *m;* ***er hatte einen guten ~*** il a pris un bon départ

3. (*Beginn*) démarrage *m*

▶ **jd/etw ist am** ~ qn/qc est au départ

Startbahn *f* piste *f* d'envol **startbereit** *adj* 1. AVIAT *Flugzeug* prêt(e) à décoller 2. SPORT prêt(e) au départ **Startblock** <-blöcke> *m* (*beim Schwimmen*) plot *m* de départ; (*beim Laufen*) starting-block *m,* bloc *m* de départ

starten I. *vi + sein* 1. AVIAT, RAUM ■ **jd/etw startet** qn/qc décolle; /*Rakete/* qc part, qc est lancé(e)

2. SPORT ■ **jd/etw startet [zu etw]** qn/qc prend le départ [de qc]; ***jd/etw ist gestartet*** qn est parti(e)/qc a démarré

3. SPORT (*teilnehmen*) ■ **jd startet für jdn/etw** qn porte les couleurs de qn/qc, qn court pour qn/qc

4. (*beginnen*) ■ **etw startet** /*Projekt, Vorhaben/* qc démarre

II. *vt + haben* 1. (*anlassen*) ■ **jd startet etw** *Motor, Wagen, Maschine* qn met qc en route, qn fait démarrer qc; *Computer* qn met qc en marche; *Programm* qn lance qc

2. (*abschießen*) ■ **jd startet etw** *Rakete, Satelliten, Wetterballon* qn lance qc

3. (*beginnen lassen*) ■ **jd startet etw** *Aktion, Kampagne, Expedition* qn lance qc; *Unternehmung, Projekt* qn démarre qc; *Rennen, Wettkampf* qn donne le départ de qc

Starter <-s, -> *m* AUT démarreur *m*

Starter(in) <-s, -> *m(f)* SPORT starter *m*

Starterlaubnis *f* AVIAT autorisation *f* de décoller ▶ **jd/etw hat** ~ qn/qc a l'autorisation de décoller **Startflagge** *f* drapeau *m* de départ **Startfreigabe** *f s.* **Starterlaubnis. Startgeld** *nt* prime *f* **Starthilfe** *f* 1. FIN aide *f* financière, prime *f* d'installation 2. AUT aide *f* pour démarrer ▶ **jd gibt jdm** ~ AUT qn aide qn à démarrer **Starthilfekabel** *nt* câble *m* de démarrage **Startkapital** *nt* capital *m* initial **startklar** *adj s.* **startbereit. Startloch** *nt* marque *f* ▶ **sie sitzen** [*o* **stehen**] **schon in den** Startlöchern *fam* ils/elles sont fin prêts/prêtes pour l'action **Startnummer** *f* [numéro *m* de] dossard *m* **Startrampe** *f* rampe *f* de lancement **Startschuss**[RR] *m* SPORT signal *m* du départ ▶ **jd gibt den ~ [für etw]** (*grünes Licht*) qn donne le feu vert [pour qc] **Startverbot** *nt* 1. SPORT suspension *f* 2. AVIAT interdiction *f* de décoller ▶ **jd belegt jdn mit einem** ~ SPORT qn inflige une suspension à qn; **jd/etw hat** ~ AVIAT qn/qc a l'interdiction de décoller

Stasi <-> *f* ∅ *abk von* **Staatssicherheit[sdienst]** Sûreté *f* est-allemande

Statement <-s, -s> ['steːtmənt] *nt* déclaration *f* publique; [*Pressesprecher*] communiqué *m* officiel

Statik <-, -en> *f* ∅ statique *f*

Statiker(in) <-s, -> *m(f)* ingénieur *m* B.T.P. (*spécialisé en statique*)

Station <-, -en> *f* 1. (*Haltestelle*) station *f*

2. (*Aufenthaltsort*) [*Reise*] étape *f*

3. MED service *m*

4. (*Sender*) station *f*

▶ **jd macht irgendwo** ~ qn fait étape [*o* halte] quelque part

stationär I. *adj Aufenthalt, Behandlung, Entbindung* à l'hôpital; ***eine ~e Aufnahme/Einweisung*** une hospitalisation

II. *adv* à l'hôpital; ***jd nimmt jdn ~ auf/weist jdn ~ ein*** qn hospitalise/fait hospitaliser qn

stationieren * *vt* ■ **jd stationiert jdn/etw irgendwo** *Soldaten, Truppen, Truppenteil* qn met en place qn/qc quelque part; *Atomwaffen, Raketen, Waffensysteme etc* qn déploie qc quelque part; ■ **[jd/etw ist] irgendwo stationiert** [qn/qc est] stationné(e) quelque part

Stationierung <-, -en> *f* [*Truppen etc*] stationnement *m;* [*Waffensysteme etc*] déploiement *m*

Stationsarzt *m*, **-ärztin** *f* [médecin-]chef *m* du/de service **Stationsschwester** *f* surveillante *f* [du/de service] **Stationsvorsteher(in)** *m(f)* chef *m* de gare

statisch I. *adj* statique
II. *adv* statiquement

Statist(in) <-en, -en> *m(f)* figurant(e) *m(f)*

Statistik <-, -en> *f* statistique *f;* ***laut ~*** d'après les statistiques

-statistik *f* statistique *f* du/de la/des

Statistiker(in) <-s, -> *m(f)* statisticien(ne) *m(f)*

statistisch I. *adj* statistique
II. *adv* statistiquement

Stativ <-s, -e> *nt* pied *m*

statt I. *präp + gen* ■ **~ jds/einer S.** à la place de qn/qc; **~ *deiner*** à ta place
II. *conj* ■ **~ etw zu tun** au lieu de faire qc

statt[RR] <-> *f* Ø ▸ **an jds ~** *form* à la place de qn

Stätte <-, -n> *f geh* lieu *m;* ***eine ~ der Ruhe*** un havre de paix *littér*

statt|finden *vi irreg* ■ **etw findet statt** qc a lieu **statt|geben** *vi irreg form* ■ **jd gibt einer S.** (*dat*) **statt** *einem Antrag* qn fait droit à qc; *einem Einspruch* qn retient qc; *einer Beschwerde* qn reçoit qc; *einer Eingabe* qn satisfait à qc

statthaft *adj* ■ **etw ist ~/nicht ~** qc est/n'est pas permis(e); /*Verhalten, Kleidung*/ qc est admissible/inadmissible; /*Klage, Frage, Einspruch*/ qc est recevable/irrecevable; ***auch eine alternative Möglichkeit wäre in diesem Zusammenhang ~*** en l'occurrence, une alternative serait également envisageable; ***ist es ~, wenn ich hier solange Platz nehme?*** vous permettez que je prenne place ici en attendant?

Statthalter *m* HIST gouverneur *m*

stattlich *adj* 1. (*imposant*) imposant(e); *Ausmaße* considérable; ***ein ~er Fisch*** un poisson d'une taille imposante
2. (*beträchtlich*) *Größe, Sammlung, Vermögen* considérable, imposant(e)

Statue <-, -n> ['ʃta:tuə, 'st-] *f* statue *f*

Statur <-, -en> *f geh* stature *f;* ■ **von einer ... ~** de ... stature, d'une stature ...; ***von großer ~*** de haute stature

Status <-, -> *m* statut *m*
▸ **~ quo/~ quo ante** le statu quo/l'état *m* antérieur [des choses]

Statussymbol *nt* symbole *m* de réussite sociale **Statuszeile** *f* INFORM ligne *f* d'état

Statut <-[e]s, -en> *nt meist pl* statut *m*

Stau <-[e]s, -e *o* -s> *m* bouchon *m;* ***10 km ~*** 10 km de bouchon

Staub <-[e]s, -e *o* Stäube> *m* poussière *f*
▸ **jd macht sich aus dem ~** *fam* qn prend la poudre d'escampette; **jd saugt ~** qn passe l'aspirateur; **jd wischt ~** qn fait la poussière; **jd/etw wirbelt ~ auf** *fam* qn/qc provoque des remous; **etw wird** [*o* **zerfällt**] **zu ~** *geh* qc tombe en poussière

-staub *m* poussière *f* de; ***Metall~*** poussière métallique; ***Chemiestäube*** poussières chimiques; ***Filterstäube*** poussières filtrées

Staubbeutel *m* anthère *f*

Staubecken *nt* barrage-réservoir *m*

stauben *vi impers* ■ **es staubt** il y a de la poussière

stäuben *vt* ■ **jd stäubt etw auf eine S.** (*akk*)/**über eine S.** (*akk*) qn saupoudre une chose de qc

Staubfaden *m* BOT (*Filament*) filet *m* **Staubflocke** *f* mouton *m* **Staubgefäß** *nt* étamine *f*

staubig *adj* poussiéreux(-euse)

Staubkorn <-körner> *nt* grain *m* de poussière **Staublunge** *f* MED pneumoconiose *f spéc;* [*Bergarbeiter*] silicose *f* **staubsaugen** <*pp* staubgesaugt> I. *vi* ■ **jd staubsaugt** qn passe l'aspirateur II. *vt* ■ **jd staubsaugt etw** *Zimmer* qn passe l'aspirateur dans qc; *Teppich* qn passe l'aspirateur sur qc **Staubsauger** *m* aspirateur *m* **Staubschicht** *f* couche *f* de poussière **Staubtuch** <-tücher> *nt* chiffon *m* à poussière **Staubwolke** *f* nuage *m* de poussière

Staudamm *m* barrage *m*

Staude <-, -n> *f* plante *f* vivace

stauen I. *vt* ■ **jd/ein Tier/etw staut etw** *Wasser* qn/un animal arrête qc/qc retient qc; *Wasserlauf* qn/un animal endigue qc/qc barre qc
II. *vr* 1. (*sich anstauen*) ■ **etw staut sich** [**in etw** (*dat*)/**hinter etw** (*dat*)] /*Wasser*/ qc s'accumule [dans qc/derrière qc]; /*Wasserlauf*/ qc stagne [derrière qc]; /*Blut*/ qc ne circule plus [dans qc]
2. TRANSP ■ **etw staut sich** [**vor etw** (*dat*)] /*Kraftfahrzeuge*/ qc bouchonne [à cause de qc] *fam;* ***der Verkehr staut sich nach und nach*** ça bouchonne peu à peu *fam*

Staugefahr *f* risque *m* d'embouteillage **Staumauer** *f* digue *f*

staunen *vi* 1. (*sich wundern*) ■ **jd staunt** [**über jdn/etw**] qn est étonné(e) [par qn/de qc]; ***die Kinder staunten mit offenen Mündern*** les enfants étaient bouche bée; ***du magst über mich ~*** je t'étonne peut-être; ***man kann wirklich über etw ~*** qc a vraiment de quoi étonner; ■ **jd staunt, dass/wie** qn s'étonne que + *subj*
2. CH ■ **jd staunt** qn a un air absent
▸ **da staunst du, was?** *fam* ça te la coupe, hein? *fam*

Staunen <-s> *nt* Ø étonnement *m*
▸ **jd/etw versetzt jdn in ~** qn/qc étonne qn; **es versetzt jdn in ~, dass/wie** ça étonne qn que + *subj*, qn s'étonne que + *subj;* ***wie souverän er diese komplizierten Vorgänge handhabt, kann einen nur in ~ versetzen*** la maestria avec laquelle il règle ces affaires compliquées ne peut qu'étonner; **voller ~** plein(e) d'étonnement

Stausee *m* lac *m* de barrage

Stauung <-, -en> *f* 1. TRANSP embouteillage *m*
2. Ø [*Wasser*] accumulation *f;* [*Wasserlauf*] engorgement *m;* [*Blut*] congestion *f;* (*in den Beinen*) mauvaise circulation *f*

Steak <-s, -s> [ste:k, ʃte:k] *nt* steak *m*

stechen <sticht, stach, gestochen> I. *vi* 1. (*pieksen*) ■ **etw sticht** qc pique
2. ■ **ein Tier sticht** un animal pique
3. (*hinein~*) ■ **jd sticht** [**mit etw**] **durch etw** qn perce [*o* traverse] qc [avec qc]; ■ **jd sticht mit etw in etw** (*akk*) qn enfonce qc dans qc
4. (*brennen*) ■ **etw sticht irgendwo** /*Rauch, Säure, Geruch*/ qc pique quelque part; ***das grelle Licht sticht in den Augen*** la lumière violente fait mal aux yeux
5. KARTEN ■ **jd sticht** [**mit etw**] qn coupe [avec [*o* de] qc]
6. (*spielen*) ■ **etw sticht in etw** (*akk*) /*Farbe*/ qc tire sur qc
II. *vt* 1. (*verletzen*) ■ **jd sticht jdn** [**mit etw**] qn pique qn [avec qc]
2. (*piksen*) ■ **etw sticht jdn** qc pique qn; ***ein Nagel im Sessel hat mich in den Hintern gestochen*** un clou dans le fauteuil m'a piqué le derrière
3. ■ **ein Tier sticht jdn/ein Tier** un animal pique qn/un animal
4. KARTEN ■ **jd sticht etw** [**mit etw**] qn prend qc [avec qc]
5. ART (*gravieren*) ■ **jd sticht etw** [**in etw** (*akk*)] qn grave qc [sur qc]
6. (*ausstechen*) ■ **jd sticht etw** *Torf* qn extrait qc; *Spargel* qn ramasse [*o* cueille] qc; ■ **jd sticht etw** [**aus etw**] *Plätzchen* qn découpe qc [dans qc]
▸ **wie gestochen** calligraphié(e); ***jd schreibt wie gestochen*** qn a une écriture calligraphiée
III. *vr* ■ **jd sticht sich** [**an etw** (*dat*)] qn se pique [avec qc]; ■ **jd sticht sich in etw** (*akk*) qn se pique qc
IV. *vi impers* ■ **es sticht** [**jdm**] **irgendwo** ça [é]lance [qn] quelque part

Stechen <-s, -> *nt* 1. SPORT [épreuve *f* de] barrage *m*
2. (*Schmerz*) élancement *m*

stechend *adj* 1. *Schmerz* lancinant(e)
2. *Augen, Blick* perçant(e)
3. *Geruch, Rauch* âcre

Stechkarte *f* IND carte *f* de pointage **Stechmücke** *f* moustique *m* **Stechpalme** *f* houx *m* **Stechuhr** *f* pointeuse *f* **Stechzirkel** *m* compas *m* à pointes sèches

Steckbrief *m* avis *m* de recherche **steckbrieflich** *adv suchen* par avis de recherche; ***die ~ verfolgten/gesuchten Drogenhändler*** les trafiquants de drogue qui font l'objet d'un avis de recherche (*par voie d'affiche*) **Steckdose** *f* prise *f* [de courant]

stecken I. <steckte *o geh* stak, gesteckt> *vi* 1. (*festsitzen*) ■ **etw steckt** [**irgendwo**] /*Dorn, Nadel, Splitter*/ qc est enfoncé(e) [quelque part]; ***Verletzte, in deren Fleisch Splitter der Handgranate steckten*** des blessés avec des éclats de grenade dans le corps; ■ **jd/etw steckt irgendwo** *im Schlamm, Schnee* qn/qc est embourbé(e) [quelque part]; *zwischen Gitterstäben* qn/qc est coincé(e) [quelque part]
2. (*eingesteckt sein*) ■ **etw steckt irgendwo** /*Brief, Karte, Fahrzeugpapiere, Foto etc*/ qc est [*o* se trouve] quelque part; ***die Nadeln ~ im Nadelkissen*** les aiguilles sont plantées dans la pelote; ■ **jd hat etw irgendwo ~** qn a qc quelque part
3. (*verborgen sein*) ■ **jd/etw steckt irgendwo** qn/qc est quelque part; ***wo ~ die Kinder wieder?*** où sont encore [fourrés *fam*] les enfants?; ***wo mag nur meine Brille ~*** où ai-je bien pu mettre [*o* fourrer *fam*] mes lunettes?; ***wo hast du denn gesteckt?*** où étais-tu passé(e)?; ■ **jd steckt hinter etw** (*dat*) qn est pour quelque chose dans qc
4. (*verwickelt sein*) ■ **jd/etw steckt in etw** (*dat*) qn est dans qc jusqu'au cou/qc connaît qc; ***im Augenblick stecke ich so in Arbeit, dass*** en ce moment, je suis tellement débordé(e) de travail que + *indic*
▸ **etw steckt dahinter** *fam* (*liegt zugrunde*) ça cache qc; **etw steckt dahinter, dass jd etw tut** *fam* que qn fasse qc, ça cache qc; ***wenn ich nur wüsste, was dahinter steckt, dass*** si je savais seulement la raison pour laquelle; ***da steckt doch was dahinter*** ça cache quelque chose, il y a anguille sous roche [*o* quelque chose là-dessous]; **es steckt ... dahinter** *fam* il y a ... derrière; ***es steckt wenig/kaum etwas dahinter*** il n'y a pas grand-chose/pratiquement rien derrière; ***da steckt doch nichts dahinter!*** (*bei Versprechungen*) c'est du vent!; **jd steckt dahinter[, dass]** *fam* (*ist der Urheber*) ça vient de qn [si]; ***wer wohl dahinter steckt?*** qui ça peut bien être?; ***es wird vermutet, dass jemand von der Konkurrenz dahinter steckt*** on suppose que c'est un concurrent qui est derrière tout ça [*o* qui tire les ficelles]; **etw bleibt** [**in etw** (*dat*)] **~** (*bleibt haften*) /*Geschoss, Splitter, Dorn, Stachel*/ qc reste planté(e) [dans qc]; /*Gräte*/ qc reste coincé(e) [dans qc]; **jd/etw bleibt** [**in etw** (*dat*)] **~** (*bleibt festsitzen*) /*Fahrer, Fahrzeug*/ qn/qc reste enlisé(e) [dans qc]; ***wir sind*** [***mit dem Wagen***] ***im Morast/Schlamm ~ geblieben*** nous nous sommes embourbé(e)s [avec la voiture]; **jd/etw bleibt** [**in etw** (*dat*)] **~** (*stockt*) qn/qc reste en panne [dans qc]; ***jd bleibt in einem Gedicht/Text ~*** qn a un trou de mémoire; ***jd bleibt in der Rede ~*** qn reste court; ***die Verhandlungen sind ~ geblieben*** les négociations se sont enlisées
II. <steckte, gesteckt> *vt* 1. (*schieben*) ■ **jd steckt etw irgendwohin** *Brief, Karte, Gegenstand* qn met qc quelque part; ***die Briefe stecke ich gleich in den Briefkasten*** je mets tout de suite les lettres à la boîte; ***ich stecke dir den Brief unter die Tür*** je te glisse la lettre sous la porte; ***er steckte ihr den Ring an den Finger*** il lui passa la bague au doigt; ***er hat sich das Parteiabzeichen an den Kragen gesteckt*** il a épinglé l'emblème du parti à son revers

2. *fam* (*befördern*) ■ **jd steckt jdn irgendwohin** qn fourre qn quelque part *fam*
3. COUT ■ **jd steckt etw** *Saum, Kleid* qn épingle qc
4. *fam* (*investieren*) ■ **jd steckt etw in etw** (*akk*) *Geld, Mühe, Zeit, Arbeit* qn investit qc dans qc
5. *sl* (*verraten*) ■ **jd steckt jdm etw** *Geheimnis* qn balance [*o* refile] qc à qn *fam; Information, Daten, Pläne* qn [re]file qc à qn; ***woher haben Sie diese Information? – Die ist mir von einem Ihrer Mitarbeiter gesteckt worden!*** d'où tenez-vous cette information? – C'est un de vos collaborateurs qui m'a rancardé(e)! *pop;* ■ **jd steckt jdm, dass** qn souffle à qn que – *indic*
▶ **jd kann sich** (*dat*) **etw irgendwohin** ~ *fam* qn peut se mettre qc quelque part *fam;* **jd lässt etw** [**in etw** (*dat*)] ~ (*zieht nicht ab*) *im Schloss* qn laisse qc [dans qc]; *in einer Tür, Karte* qn laisse qc [sur qc]; **jd lässt etw** ~ (*zieht nicht heraus*) qn ne sort pas qc; ***du kannst deinen Geldbeutel ~ lassen*** laisse, c'est pour moi!

Stecken <-s, -> *m* DIAL, CH bâton *m*

stecken|bleiben *s.* **stecken I.▶. stecken|lassen** *s.* **stecken II.▶. Steckenpferd** *nt* violon *m* d'Ingres, dada *m fam*

Stecker <-s, -> *m* fiche *f* [d'alimentation]

Stecknadel *f* épingle *f* ▶ **jd sucht eine ~ im Heuhaufen** qn cherche une aiguille dans une botte de foin **Steckplatz** *m* INFORM connecteur *m*

Steckrübe *f* DIAL rutabaga *m*

SteckschussRR *m* balle *f* restée dans le corps

-steckschussRR *m* balle *f* restée dans

Steg <-[e]s, -e> *m* **1.** (*Holzbrücke*) passerelle *f*
2. (*Boots~*) appontement *m*
3. MUS chevalet *m*

Steghose *f* fuseau *m* **Stegreif** *m* ▶ **aus dem** ~ au pied levé, à l'improviste

Stehaufmännchen *nt* **1.** (*Spielzeug*) poussah *m*
2. (*Mensch*) dur(e) *m(f)* à cuire; ***ich bin ein*** ~ je ne me laisse pas abattre

stehen <stand, gestanden> **I.** *vi* + *haben o* SDEUTSCH, AUS, CH *sein* **1.** (*in aufrechter Stellung sein*) ■ **jd steht/steht irgendwo** qn est debout/est [debout] quelque part; ***ich stehe lieber/bleibe lieber*** ~ je préfère rester debout; ***ich habe wenig Lust, hier stundenlang zu*** ~ je n'ai pas envie d'attendre debout ici pendant des heures; ***während der drei Stunden standen wir*** [***im Gang***] nous avons passé les trois heures debout [dans le couloir]; ***ich kann nicht mehr/länger*** ~ je ne tiens plus debout, je ne peux pas rester debout plus longtemps; ***ich stand vor Ihnen hier!*** j'étais là avant vous!; ■ **etw steht** qc est posé(e) [*o* placé(e)] debout; ■ **jd steht ...** *gerade:* ***jd steht gerade*** qn se tient droit(e)
2. (*hingestellt sein*) ■ **etw steht irgendwo** */Fahrzeug, Gegenstand, Möbelstück/* qc est quelque part; ***drüben auf dem Tisch steht eine Vase*** il y a un vase là-bas sur la table
3. (*gedruckt sein*) ■ **etw steht irgendwo** qc se trouve quelque part; *in der Bibel, Zeitung, im Gesetz, in einem Brief* qc est écrit(e) quelque part; *auf einer Liste* qc est inscrit(e) quelque part; *auf der Speisekarte, Tagesordnung, auf dem Programm* qc est à qc; ***in seinem Brief steht ein Satz, den ich nicht verstehe*** il y a dans sa lettre une phrase que je ne comprends pas; ***wo steht, dass ich das nicht darf?*** qui dit que je n'ai pas le droit?
4. (*nicht mehr in Betrieb sein*) ■ **etw steht** */Fließband, Maschine, Uhr/* qc est arrêté(e)
5. (*geparkt haben*) ■ **jd steht irgendwo** */Fahrer/* qn a garé sa voiture [*o* est garé(e)] quelque part; ■ **etw steht irgendwo** */Kraftfahrzeug/* qc est garé(e) quelque part
6. (*von etw betroffen sein*) ■ **jd steht unter etw** (*dat*) *unter Alkohol, Drogen, Rauschgift* qn est sous l'empire de qc; *unter Schock, der Wirkung von etw* qn est sous qc
7. (*konfrontiert sein*) ■ **jd steht vor etw** (*dat*) *vor dem Ruin, Bankrott* qn est au bord de qc; *vor einem Problem, Rätsel* qn se trouve en face de qc
8. GRAM (*verbunden werden*) ■ **etw steht mit etw** qc gouverne qc, qc demande qc; ■ **etw steht in etw** (*dat*) *in der Vergangenheit, Zukunft, im Passiv* qc est à qc; ***etw steht im Plural*** qc est au pluriel
9. (*passen zu*) ■ **etw steht jdm** */Kleidungsstück, Frisur, Farbe/* qc va à qn
10. JUR ■ **auf etw** (*akk*) **steht eine S.** */Gefängnis, Strafe, Strafmaß/* qc est passible d'une chose
11. (*ausgesetzt sein*) ■ **auf etw** (*akk*) **steht etw** */Belohnung, Geld/* qc est offert(e) pour qc
12. SPORT, SPIEL ■ **etw steht ...** le score est de ...; ***wie steht das Spiel?*** où en est le score?; ***das Spiel steht 2:1*** le score est de 2 à 1
13. (*einen bestimmten Kurs haben*) ■ **etw steht irgendwie/bei etw** */Währung, Aktie/* le cours de qc est .../qc est à qc; ***wie steht das Pfund?*** quel est le cours de la livre?; ***die Mark steht gegenüber dem Dollar jetzt bei 1,61*** en ce moment, le dollar est à 1,61 mark
14. *fam* (*fest, fertig sein*) ■ **etw steht** */Projekt/* qc est au point; */Vortrag, Doktorarbeit/* qc est prêt(e); */Abmachung/* qc est conclu(e); */Termin/* qc est fixé(e); */Team, Mannschaft/* qc est formé(e)
15. (*an etw festhalten*) ■ **jd steht zu etw** *zu einem Versprechen* qn tient qc; *zu einer Zusage* qn respecte qc; *zu einer Abmachung, Vereinbarung* qn s'en tient à qc; *zu einer Behauptung* qn maintient qc; *zu seiner Überzeugung* qn reste fidèle à qc
16. (*zu jdm halten*) ■ **jd steht zu jdm** qn soutient qn
17. (*stellvertretend eingesetzt sein*) ■ **etw steht für etw** */Abkürzung/* qc signifie qc; */Symbol, Zahl/* qc représente qc; ***dieser Name steht für Qualität*** ce nom est une garantie de qualité
18. (*eingestellt sein*) ■ **jd steht irgendwie zu etw:** ***wie stehst du eigentlich zu diesem Plan?*** que penses-tu de ce plan?; ***jd steht positiv/negativ zu etw*** qn est favorable/défavorable à qc
19. (*unterstützen*) ■ **jd steht hinter ihm/ihr** il/elle a qn derrière lui/elle; ***wer steht hinter ihm?*** qui le soutient?; ■ **jd steht hinter etw** (*dat*) qn soutient qc; ***jd steht*** [***voll/mit ganzer Kraft***] ***dahinter*** qn apporte pleinement/à fond son soutien; ***wir müssen nur alle*** [***wie ein Mann***] ***dahinter*** ~ nous devons nous serrer les coudes [*o* marcher comme un seul homme]; ***man muss bei dem, was man macht, innerlich dahinter*** ~ il faut s'impliquer dans ce qu'on fait; ***er wurde zum Vorsitzenden gewählt und alle ~ dahinter*** il a été élu président et tout le monde est derrière lui; ■ **jd steht hinter etw** (*dat*) (*stecken*) il y a qn derrière qc
20. (*anzeigen*) ■ **etw steht auf etw** (*dat*) */Barometer, Thermometer etc/* qc indique qc; ***das Barometer steht auf schönem Wetter*** le baromètre est au beau; ***die Nadel der Benzinuhr steht schon im roten Bereich*** l'aiguille de la jauge à essence est déjà dans le rouge; ***die Ampel steht auf Rot*** le feu est au rouge
21. *fam* (*gut finden*) ■ **jd steht auf jdn/etw** qn craque pour qn/est fana de qc *fam;* ■ **jd steht nicht auf jdn/etw** qn ne court pas après qn/qc *fam*
22. *fam* (*etw satt haben*) ■ **etw steht jdm bis irgendwohin** qn en a jusque-là [*o* ras le bol] de qc *fam;* (*mehr als genug*) qn est dans qc jusqu'au cou
23. (*erhaben sein*) ■ **jd steht über etw** (*dat*) qn est au-dessus de qc; ***er steht darüber*** il est au-dessus de ça; ***du musst einfach darüber*** ~! mets-toi au-dessus de ça!; ***wie soll ich darüber*** ~? comment ne pas tenir compte de ça?
▶ **etw steht** [...] **dahinter** (*liegt zugrunde*) qc est derrière tout ça; **sie ~ gegeneinander** */Aussagen, Behauptungen/* ils/elles sont en contradiction; **jd/etw steht jdm/einer S. nahe** qn est proche de qn/qc, qn a des liens avec qn/qc; **jd steht jdm/einer S. näher** qn est plus lié(e) à qn/qc, qn est plus proche de qn/qc; **jd/ein Tier/etw bleibt** ~ (*geht nicht weiter*) qn/un animal/qc s'arrête; ***bleiben Sie sofort*** ~! halte!; ***wo waren wir ~ geblieben?*** où en étions-nous [resté(e)s]?; **jd/etw bleibt** ~ (*hält an*) */Fahrer/* qn/qc s'arrête; */Fahrzeug a./* qc s'immobilise; (*hat eine Panne*) qn/qc a une panne; ***wir sind mit dem Auto ~ geblieben*** nous avons eu une panne de voiture; **etw bleibt irgendwo** ~ (*wird vergessen*) qc reste quelque part; **etw bleibt** [**irgendwo**] ~ (*wird stehen gelassen*) */Getränk, Essen/* qc reste [quelque part]; **etw bleibt** ~ (*wird nicht verändert*) */Formulierung, Satz/* qc reste [comme ça]; **etw bleibt** ~ (*wird nicht zerstört*) qc reste debout; **etw steht und fällt mit jdm** qc repose sur qn; **etw steht irgendwo geschrieben** qc est écrit(e) quelque part; **jd hat einen** ~ *sl* qn bande *fam;* **jd/etw kommt zum S~** qn/qc s'immobilise; **jd lässt etw** [**irgendwo**] ~ (*belässt irgendwo*) *Gegenstand* qn laisse qc [quelque part]; ***lass die Vase bitte*** ~! ne touche pas au vase!; ***jd lässt seinen Wagen*** ~ qn ne prend pas sa voiture; **jd lässt etw** ~ (*verzehrt nicht*) *Essen, Getränk* qn ne touche pas à qc; ***ihr werdet mir doch das Bier nicht ~ lassen!*** vous n'allez pas me laisser avec ma bière!; **jd lässt etw stehen/irgendwo** ~ (*vergisst*) qn oublie qc/laisse qc quelque part; **jd lässt jdn** ~ (*lässt allein*) qn laisse qn en plan *fam;* **für eine S. lässt jd etw anderes** ~ (*bevorzugt*) qn préfère une chose à qc d'autre; **jd lässt alles ~ und liegen** qn laisse tout en plan *fam*
II. *vr* **1.** (*gestellt sein*) ■ **jd steht sich irgendwie** qn s'en sort d'une certaine façon; ***jd steht sich besser bei etw als bei etw*** qn s'y retrouve mieux avec qc qu'avec qc; ***jd steht sich besser, wenn ..., als wenn ...*** qn a plutôt intérêt à ... + *infin* qu'à ... + *infin*
2. (*auskommen*) ■ **jd steht sich ... mit jdm** qn est en ... termes avec qn; ***jd steht sich nicht gut mit jdm*** qn est en mauvais termes avec qn
▶ **sie ~ sich nahe** ils/elles sont proches l'un(e) de l'autre/les un(e)s des autres; ***wir ~ uns nicht besonders/sehr nahe*** nous ne sommes pas spécialement lié(e)s/nous sommes très lié(e)s; **sie ~ sich näher** ils/elles sont plus lié(e)s [*o* plus intimes], ils/elles sont plus proches [l'un(e) de l'autre/les un(e)s des autres]
III. *vi impers* **1.** (*sich darstellen*) ■ **es steht irgendwie** *gut, schlecht* ça va d'une certaine façon; ***es steht momentan sehr kritisch*** actuellement, la situation est très critique
2. (*bestellt sein*) ■ **es steht irgendwie um jdn/etw** qn va d'une certaine façon/ça va d'une certaine façon en ce qui concerne qc; ***wie steht es um deine Gesundheit?*** comment va ta santé?; ■ **es steht mit jdm/etw irgendwie** qn/qc va d'une certaine façon; ***mit ihrer Gesundheit steht es nicht zum Besten*** sa santé n'est pas brillante
▶ **es steht zu befürchten/erwarten, dass** il est à craindre que/on peut s'attendre à ce que + *subj;* **wie steht's?** (*Spielstand*) quel est le score?; (*wie geht's*) comment ça va?; (*was ist*) alors?

Stehen <-s> *nt* ∅ ***ich ziehe das ~ vor*** je préfère la station debout [*o* rester debout]; ***vom ständigen*** ~ à rester toujours debout; ***bei einer Ehrenwache ist bewegungsloses und völlig gerades ~ selbstverständlich*** lors d'une garde d'honneur, il va de soi qu'il faut rester debout, immobile et droit comme un i
▶ **im** ~ debout

stehen|bleiben *s.* **stehen I.▶**

stehend *adj attr Gewässer, Wasser* stagnant(e), dormant(e)
▶ **hoch** ~ *Kultur, Volk* très avancé(e); *Technologie* élaboré(e); **... hoch** ~ *geistig, kulturell, sozial, wirtschaftlich* d'un niveau ... élevé

stehen|lassen *s.* **stehen I.▶**

Stehgeiger(in) *m(f)* violoniste *mf* tsigane **Stehkneipe** *f* bistro *m fam* **Stehkragen** *m* col *m* droit **Stehlampe** *f* lampadaire *m* **Stehleiter** *f* escabeau *m*

stehlen <stiehlt, stahl, gestohlen> **I.** *vt* ■ **jd stiehlt** [**jdm**] **etw** qn vole qc [à qn]
▶ **jd/etw kann jdm gestohlen bleiben** *fam* qn/qc, qn en a rien à foutre de qn/qc *fam;* ***er kann mir gestohlen bleiben!*** qu'il aille se faire voir! *fam*
II. *vi* ■ **jd stiehlt** qn vole; ***es wird viel gestohlen*** il y a beaucoup de vols; ***in der Bibel steht: du sollst nicht*** ~ dans la bible, il est écrit: tu ne voleras pas; ***sie können das S~ nicht lassen*** ils/elles ne peuvent pas s'empêcher de voler; ***sie erwischten ihn beim S~*** ils l'ont pris la main dans le sac [*o* en

train de voler]

III. *vr* 1. (*sich schleichen*) ■ **jd stiehlt sich aus/von etw/irgendwohin** qn s'esquive de qc/entre à la dérobée [*o* se glisse] quelque part

2. (*sich drücken vor*) ■ **jd stiehlt sich aus etw** qn se soustrait à qc, qn se dérobe à qc; *aus der Auseinandersetzung* qn esquive qc

Stehplatz *m* place *f* debout **Stehpult** *nt* pupitre *m* [sur pied]; (*in Kirche, als Schreibtisch*) lutrin *m* **Stehvermögen** *nt Ø* ténacité *f* ▶ **jd hat** ~ qn est tenace; ***du hast eben kein*** ~ tu manques de ténacité

Steiermark <-> *f* ■ **die** ~ la Styrie; ***in der*** ~ en Styrie

steif I. *adj* 1. (*starr*) rigide

2. (*erigiert*) en érection; ■ **etw wird** ~ qc entre en érection

3. *Körperteil* raide; *Gelenk* ankylosé(e); ■ **etw wird** ~ /*Körperteil*/ qc se raidit; /*Gelenk*/ qc s'ankylose

4. (*förmlich*) *Empfang, Begrüßung* guindé(e); *Mensch a.* collet monté

▶ **jd macht sich** ~ qn se raidit

II. *adv* (*förmlich*) froidement

▶ ~ **und fest** *beharren, behaupten* contre vent et marée, mordicus *fam; glauben, sich einbilden* dur comme fer; **jd schlägt etw** ~ qn monte qc; ***jd schlägt das Eiweiß*** ~ qn bat [*o* monte] les œufs en neige

Steigbügel *m* (*für Pferd, im Ohr*) étrier *m*

Steigbügelhalter(in) *m(f) pej* ■ **jds** ~ soutien *m* occulte de qn; ***sie sind die*** ~ ***dieses Diktators gewesen*** ce sont eux qui, [œuvrant] dans l'ombre, ont amené ce dictateur au pouvoir

Steige <-, -n> *f* DIAL 1. (*steile Straße*) raidillon *m*

2. *s.* Stiege

3. AUS (*Obstkiste*) boîte *f* à fruit

steigen <stieg, gestiegen> I. *vi + sein* 1. (*klettern*) ■ **jd steigt auf etw** (*akk*) *auf einen Baum, eine Leiter, ein Gerüst* qn monte sur qc; *auf einen Berg* qn escalade qc, qn gravit qc; ***Touristen steigen auf den Turm*** des touristes montent en haut de la tour

2. (*besteigen*) ■ **jd steigt auf etw** (*akk*)/**ein Tier** *aufs Fahrrad, Motorrad* qn monte à …, qn enfourche qc/un animal; *auf einen Traktor* qn monte sur qc; ***jd steigt auf sein Motorrad/aufs Fahrrad/Pferd*** qn monte sur sa moto/à vélo/à cheval

3. (*einsteigen*) ■ **jd steigt in etw** (*akk*) *in ein Auto, Taxi, den Zug etc* qn monte dans qc

4. (*aussteigen*) ■ **jd steigt aus etw** *aus einem Auto, Taxi, Bus, dem Zug etc* qn descend de … [*o* du/de la …]

5. (*absteigen*) ■ **jd steigt von etw/einem Tier** *von einem Fahrrad, Motorrad, Reittier* qn descend de qc/d'un animal; *von einem Traktor, der Leiter* qn descend du/de la qc

6. (*in die Luft gehen*) ■ **etw/ein Vogel steigt irgendwohin** qc/un animal monte quelque part; /*Flugzeug, Drachen, Ballon, Vogel a.*/ qc/un oiseau s'élève quelque part; ■ **jd lässt etw** ~ *Drachen* qn lance qc; *Ballons* qn lâche qc

7. *fam* (*sich begeben*) ■ **jd steigt irgendwohin/aus etw** qn va quelque part/sort de qc; ***sie steigt mit jedem ins Bett*** elle couche avec tout le monde; ***er steigt ins Examen*** il commence ses examens

8. (*sich erhöhen*) ■ **etw steigt [um etw/auf etw** (*akk*)**]** qc augmente [de qc/pour atteindre qc]

9. (*sich intensivieren*) ■ **etw steigt** /*Ungeduld, Misstrauen, Unruhe*/ qc augmente; /*Spannung, Ärger*/ qc monte

10. *sl* (*stattfinden*) ■ **etw steigt [bei jdm]** /*Fete, Party, Veranstaltung*/ y a qc [chez qn] *fam*

II. *vt + sein* ■ **jd steigt etw** *Treppen, Stufen* qn monte qc

Steiger <-s, -> *m* porion *m*

steigern I. *vt* 1. (*erhöhen*) ■ **jd steigert etw [um etw]** *Arbeitstempo, Produktion* qn accroît qc [de qc]; *Geschwindigkeit* qn augmente qc [de qc]; ■ **jd steigert etw auf etw** (*akk*) qn amène qc à qc

2. (*verbessern*) ■ **jd/etw steigert etw** *Qualität* qn/qc améliore qc; *Wert* qn/qc fait monter qc

3. GRAM ■ **jd steigert etw** qn met qc au comparatif/superlatif; ***„gut" wird wie folgt gesteigert: „besser, am besten"*** le comparatif de "bien" est "mieux" et le superlatif "le mieux"

II. *vr* 1. (*sich erhöhen*) ■ **etw steigert sich [um etw]** /*Arbeitstempo*/ qc s'accroît [de qc]; /*Geschwindigkeit*/ qc augmente [de qc]; ■ **etw steigert sich auf etw** (*akk*) qc passe à qc

2. (*sich intensivieren*) ■ **etw steigert sich** /*Interesse, Spannung, Ungeduld, Misstrauen, Unruhe*/ qc s'accroît; ■ **gesteigert** croissant(e), redoublé(e)

3. (*seine Leistung verbessern*) ■ **jd steigert sich** /*Sportler*/ qn s'améliore; /*Firmengründer*/ qn s'agrandit

4. (*sich hineinsteigern*) ■ **jd steigert sich in etw** (*akk*) qn est obnubilé(e) par qc; ***je mehr sie darüber redete, desto mehr steigerte sie sich in Wut*** plus elle en parlait, plus elle s'emportait

Steigerung <-, -en> *f* 1. (*Erhöhung*) [*Arbeitstempo*] accroissement *m*; [*Beschleunigung, Geschwindigkeit*] augmentation *f*

2. (*Verbesserung*) [*Leistung, Qualität*] amélioration *f*

3. GRAM comparaison *f*; ***die Formen der*** ~ les degrés *mpl* de comparaison

4. CH *s.* **Versteigerung**

Steigerungsform *f* degré *m* de comparaison

Steigflug *m* vol *m* ascensionnel

Steigung <-, -en> *f* 1. (*ansteigende Strecke*) côte *f*, montée *f*

2. (*Anstieg*) pente *f*

steil I. *adj* 1. *Abhang, Wand, Klippe, Ufer* escarpé(e), abrupt(e)

2. *Hang, Straße, Weg, Treppe* raide

3. *Aufstieg, Karriere* fulgurant(e)

4. SPORT *Pass, Vorlage* en profondeur

II. *adv sich aufrichten, in die Höhe steigen* tout droit; *ansteigen* abruptement; *abfallen* à pic

Steilhang *m* escarpement *m* **Steilheck** *nt* arrière *m* carrossé en break [*o* de forme break] **Steilküste** *f* falaise *f* **Steilwand** *f* à-pic *m*

Stein <-[e]s, -e> *m* 1. (*Gesteinsstück, Bau~*) pierre *f*; (*Pflaster~*) pavé *m*; (*klein, Kiesel~*) caillou *m*; ***ein*** [***riesiger***] ~ un rocher; ***der Strand bestand nur aus*** ~***en*** c'est une plage où il n'y avait que des cailloux [*o* galets]; ***jd verwandelt jdn zu*** ~ qn pétrifie qn; ***die Lava erstarrt zu*** ~ la lave se pétrifie; ***jd wird zu*** ~ qn se pétrifie; ***sie trafen in nur zwei Metern Tiefe auf nackten*** ~ ils/elles rencontrèrent de la roche à seulement deux mètres de profondeur; ***sie ließen keinen*** ~ ***auf dem anderen*** ils/elles n'ont pas laissé pierre sur pierre; ***jd baut etw*** ~ ***um*** ~ qn construit qc pierre à pierre

2. (*Gedenk~*) pierre *f* [commémorative]

3. (*Edel~*) pierre *f* [précieuse]; (*bei Uhren*) rubis *m*

4. MED calcul *m*

▶ **der/ein** ~ **des Anstoßes** l'objet/un objet de scandale; ***der*** ~ ***des Anstoßes in diesem Vertrag*** la pierre d'achoppement dans ce contrat; **es friert** ~ **und Bein** *fam* il gèle à pierre fendre; **jd schwört** ~ **und Bein etw getan zu haben** *fam* qn jure ses grands dieux avoir fait qc; **jd hat bei jdm einen** ~ **im Brett** *fam* qn est dans les petits papiers de qn *fam*; **jdm fällt ein** ~ **vom Herzen** ça ôte un grand poids à qn; **jdm fällt kein** ~ **aus der Krone** qn va pas en mourir *fam*; ***dabei fällt dir kein*** ~ ***aus der Krone*** y a pas de déshonneur à ça *fam*; **jd legt jdm** ~**e in den Weg** qn met des bâtons dans les roues à qn; **jd räumt jdm alle** ~**e aus dem Weg** qn déblaie le terrain à qn; **jd bringt den/einen** ~ **ins Rollen** qn met le/un mécanisme en branle; **jd schläft wie ein** ~ *fam* qn dort comme une souche; **aus** ~ en pierre

Stein- 1. (*aus Stein bestehend*) *-haus, -wand, -burg, -platte* en pierre; *-bau, -mauer, -barrikade, -haufen* de pierres 2. (*Steingut-*) de grès **Steinadler** *m* aigle *m* royal **steinalt** *adj* très vieux(vieille) **Steinbock** *m* 1. ZOOL bouquetin *m* 2. ASTROL Capricorne *m* ▶ **jd ist [ein]** ~ qn est Capricorne **Steinbruch** *m* carrière *f* [de pierres] **Steinbutt** *m* turbot *m* **Steineiche** *f* chêne *m* vert

steinern *adj* en pierre; *Bau, Mauer* de pierres

Steinerweichen *nt* ▶ **zum** ~ à fendre l'âme **Steinfraß** *m* maladie *f* de la pierre **Steinfußboden** *m* sol *m* dallé **Steingut** *nt Ø* grès *m*

Steingut- de grès

steinhart *adj* dur(e) comme [la] pierre

steinig *adj* (*Steine enthaltend*) plein(e) de pierres; (*mit Steinen bedeckt*) pierreux(-euse)

steinigen *vt* ■ **jd steinigt jdn** qn lapide qn

Steinkohle *f Ø* houille *f*

Steinkohlen- *-bergwerk, -lager, -zeche* de houille; *-förderung* de la/de houille; *-revier* houiller(-ère); ***der*** ~***bergbau*** les houillères *fpl*

Steinmetz(in) <-en, -en> *m(f)* tailleur(-euse) *m(f)* de pierres **Steinobst** *nt* fruits *mpl* à noyau **Steinpilz** *m* cèpe *m* **steinreich** *adj fam* richissime, plein(e) aux as *fam* **Steinsalz** *nt* sel *m* gemme **Steinschlag** *m* chute *f* de pierres ▶ **„Achtung** ~**"** "chute de pierres" **Steinwurf** *m* jet *m* de pierre ▶ **einen** ~ **weit [entfernt]** à un jet de pierre **Steinwüste** *f* désert *m* de pierres **Steinzeit** *f Ø* ■ **die** ~ l'âge de pierre ▶ **ältere/mittlere/jüngere** ~ le paléolithique [*o* l'âge de la pierre taillée]/mésolithique/néolithique [*o* l'âge la la pierre polie]; **aus der** ~ *fig* préhistorique; ***Politbürokraten aus der*** ~ ***der Partei*** des bureaucrates politiques, vieux croûtons du parti *fam* **steinzeitlich** *adj* 1. ARCHEOL qui date de l'âge de pierre 2. (*völlig veraltet*) préhistorique, antédiluvien(ne)

Steiß <-es, -e> *m* 1. *fam* (*Hintern*) postérieur *m fam*, arrière-train *m fam*

2. ANAT (*Steißbein*) coccyx *m*

Steißbein *nt* coccyx *m* **Steißlage** *f* accouchement *m* par le siège; ***das Baby ist in*** ~ l'enfant se présente par le siège; ***bei einer*** ~ lorsque le bébé se présente par le siège; ***ich war eine*** ~ je suis né(e) par le siège

Stele <-, -n> ['ste:lə, 'ʃte:lə] *f* stèle *f*

stellar [ʃtɛ'la:ɐ, st-] *adj* stellaire

Stelle <-, -n> *f* 1. (*Platz*) endroit *m*; [*Pflanze*] emplacement *m*; ***stell die Sachen/den Stuhl wieder an ihre/seine*** ~ remets les choses/la chaise à leur/sa place!

2. (*Bereich*) [*Haut, Körperteil, Holz, Gegenstand*] endroit *m*; (*Fleck*) tache *f*; ***diese*** ~ ***in der Mauer*** cet endroit du mur; ***eine rostige/fettige*** ~ une tache de rouille/de gras

3. (*Text~*) passage *m*

4. MUS passage *m*

5. MATH chiffre *m*

6. (*Arbeitsplatz*) emploi *m*; (*im öffentlichen Dienst*) poste *m*; ***die*** ~ ***als Putzhilfe*** la place de femme de ménage; ***jd tritt eine*** ~ ***an*** qn entre en fonction; ***zu besetzende*** ~***n*** des emplois à pourvoir

7. (*Abteilung, Behörde*) service *m*; ***meine vorgesetzte*** ~ mes supérieurs *mpl*; ***Anordnung von einer höheren*** ~ ordre d'en haut; ***an höherer/höchster*** ~ en haut lieu

▶ **eine freie [*o* offene]** ~ un emploi vacant; (*im öffentlichen Dienst*) un poste vacant; (*Anzeige in der Zeitung*) une offre d'emploi; **jd ist irgendwo/bei jdm an der richtigen** ~ *fam* qn a frappé à la bonne porte quelque part/avec qn; *iron* avec qn, qn se trompe d'adresse; **schwache** ~ point *m* faible; **eine undichte** ~ *fam* une fuite; (*Mensch*) une taupe *fam*; **jd bekommt [*o* kriegt *fam*] etw von der** ~ qn arrive à déplacer qc; **jd ist zur** ~ qn est sur place; **jd läuft auf der** ~ qn court sur place; **jd/ein Tier rührt sich nicht von der** ~ qn/un animal ne bouge pas d'où il/elle est; **jd tritt an jds** ~ (*akk*) qn remplace qn, qn prend la place de qn; **etw tritt an die** ~ **einer S.** (*gen*) qc remplace une chose; **jd/etw tritt auf der** ~, **jd/etw kommt nicht von der** ~ qn/qc piétine; **jd/ein Tier weicht nicht von der** ~ qn/un animal fait du sur place; **an bestimmter** ~: ***etw kommt an erster*** ~ qc vient en premier; ***etw steht an erster*** ~ qc occupe la première place; ***an erster*** ~ ***in der Hitparade/auf der Tagesordnung*** en tête du hit-parade/de l'ordre du jour; ***an*** *wievielter ~ auf der Liste?* à quelle place sur la liste?; *er ging erst an 25./letzter ~ durchs Ziel* il n'a passé la ligne qu'à la 25ème/dernière place; **an** **anderer** ~ (*zu einem anderen Zeitpunkt*) en d'autres circonstances; (*an einem anderen Ort*) ailleurs; **an dieser** ~ à cette occasion **an jds** ~ (*dat*) à la place de qn; **an** ~ **von jdm/etw** au lieu de qn/qc; *an ~ von reden* au lieu de parler; **jd tut etw an jds** ~ (*dat*) [*o* **an** ~ **eines Menschen**] qn fait qc à la place de qn; **auf der** ~ sur-le-champ; [**jd ist**] **ohne** ~ (*arbeitslos*) [qn est] sans emploi; **zur** ~! MIL présent(e)!

stellen I. *vt* 1. (*hinstellen*) ■ **jd stellt jdn/etw irgendwohin** qn met qn/pose qc quelque part; *jd stellt einen Schrank/eine Leiter an die Wand* qn place une armoire/dresse une échelle contre le mur
2. (*abstellen*) ■ **jd stellt etw irgendwohin** *Fahrzeug* qn met qc quelque part; *jd stellt etw wieder irgendwohin* qn remet qc quelque part
3. (*aufrecht hinstellen*) ■ **jd stellt etw** *Gegenstand* qn met qc debout; ■ **ein Tier stellt etw** *Ohren* un animal dresse qc; *Schwanz* un animal relève qc
4. (*einstellen*) ■ **jd stellt etw irgendwie** qn règle qc d'une certaine façon; *stell den Fernseher leiser!* baisse le son de la télévision!; *wer hat denn die Stereoanlage wieder so laut/auf volle Lautstärke gestellt?* qui a encore réglé [*o* mis] la chaîne stéréo si fort/au maximum?; *die Heizung könnte eigentlich höher/wärmer gestellt werden* on pourrait monter [*o* pousser] le chauffage; *stell das Badewasser kälter* descends la température de l'eau du bain; *der Herd kann jetzt kleiner gestellt werden* on peut baisser la cuisinière maintenant; ■ **jd stellt etw auf etw** (*akk*) *Thermostat, Wecker* qn règle qc à qc; *Zeiger* qn met qc sur qc
5. (*zur Aufgabe zwingen*) ■ **jd stellt jdn** *Flüchtigen, Täter* qn arrête qn
6. (*zur Aussage zwingen*) ■ **jd stellt jdn** qn fait parler qn
7. (*vorgeben*) ■ **jd stellt [jdm] etw** *Bedingung, Frage* qn pose qc [à qn]; *Aufgabe, Thema* qn donne qc [à qn]
8. (*richten*) ■ **jd stellt etw [an jdn]** *Forderung* qn pose qc [à qn]; *jd stellt einen Antrag* qn présente une requête
9. (*überlassen*) ■ **jd stellt etw in etw** (*akk*): *ich stelle es in Ihr Belieben* je m'en remets à vous; *es bleibt natürlich in unser Ermessen gestellt, ob* c'est à nous de savoir [*o* décider] si
10. (*konfrontieren*) ■ **jd/etw stellt jdn vor etw** (*akk*) *vor ein Problem, Rätsel* qn/qc pose qc à qn; *vor eine Aufgabe* qn/qc donne qc à qn; *jd wird vor etw gestellt* qn est confronté(e) à qc
11. (*arrangieren*) ■ **jd stellt etw** *Szene, Aufnahme* qn arrange qc; /*Regisseur*/ qn [re]prend qc; /*Polizei*/ qn reconstitue qc
12. (*erstellen*) ■ **jd stellt etw** *Prognose* qn fait qc; *Diagnose* qn établit qc, qn pose qc; *welche Prognose ~ Sie?* quels sont vos pronostics?; ■ **jd stellt [jdm] etw** *Horoskop* qn fait qc [de qn]
13. FIN ■ **jd stellt [jdm] etw** *Kaution, Sicherheit, Bürgschaft* qn fournit qc [à qn]
14. (*zur Verfügung stellen*) ■ **jd stellt jdn/etw** *Mitarbeiter, Geräte, Fahrzeuge, Räumlichkeit* qn fournit qn/qc; *Zeugen* qn produit qn
15. (*situiert sein*) ■ [**jd ist**] **irgendwie gestellt**: *jd ist [finanziell] gut/besser/schlechter gestellt* qn est à l'aise/plus à l'aise/moins à l'aise [financièrement]; *jd ist entsprechend gestellt* qn se retrouve dans une situation financière correspondante, qn est loti(e) en conséquence; *derart hohe Mieten können sich nur entsprechend gestellte Mieter leisten* seuls des locataires qui ont les moyens [correspondants] peuvent se permettre de tels loyers
▶ **jd stellt Dinge aneinander** qn pose des choses l'un(e) contre l'autre/les un(e)s contre les autres; **jd stellt sie aufeinander** qn les empile; **höher gestellt** *Persönlichkeit etc* [très] haut placé(e); **jd stellt es jdm anheim etw zu tun** *geh* qn laisse qn libre de faire qc; *es bleibt ganz allein dir anheim gestellt, wie du dich entscheiden willst* la décision qui tu prendras est à ton entière discrétion *soutenu*; **jd ist auf sich** (*akk*) **selbst gestellt** qn ne peut compter que sur soi, qn en est réduit(e) à ses propres moyens
II. *vr* 1. (*sich hinstellen*) ■ **jd stellt sich irgendwohin** qn se met [*o* se poste] quelque part
2. (*entgegentreten*) ■ **jd stellt sich jdm/einer S.** *einer Aufgabe, Reportern, Fragen* qn fait face à qn/qc; *Herausforderern, Kritikern, einer Kritik, Angriffen* qn affronte qn/qc; *dem Kreuzverhör* qn subit qc; *jd stellt sich der Herausforderung* qn relève le défi
3. (*etw von etw halten*) ■ **jd stellt sich irgendwie zu etw** qn réagit à qc [*o* accueille qc] d'une certaine façon; *wie ~ Sie sich dazu?* qu'en pensez-vous?
4. (*Position ergreifen*) ■ **jd stellt sich gegen jdn/etw/zu jdm/etw** qn se prononce contre qn/qc/pour qn/qc; ■ **jd stellt sich hinter jdn/etw** qn suit qn/soutient qc; ■ **jd stellt sich vor jdn** qn prend le parti de qn [*o* fait et cause pour qn]
5. (*sich melden*) ■ **jd stellt sich [jdm]** /*Täter*/ qn se livre [à qn]
6. (*sich als etw erscheinen lassen*) ■ **jd stellt sich ...** qn fait le/la ...; *jd stellt sich schlafend* qn fait semblant de dormir; *jd stellt sich verständnislos* qn fait celui qui ne comprend pas, qn fait semblant de ne pas comprendre
7. (*sich präsentieren*) ■ **jdm stellt sich etw**, ■ **es stellt sich [jdm] etw** *Frage, Problem* qc se pose [à qn]; *es stellt sich die Frage, ob* la question se pose de savoir si
▶ **sie ~ sich aufeinander** ils/elles grimpent l'un(e) sur l'autre/les un(e)s sur les autres

Stellenangebot *nt* offre *f* d'emploi ▶ **jd macht jdm ein ~** qn fait une offre d'emploi à qn; **„~e"** offres d'emploi **Stellenanzeige** *f* (*Gesuch*) demande *f* d'emploi; (*Angebot*) offre *f* d'emploi ▶ **„~n"** "demandes d'emploi" **Stellenausschreibung** *f* annonce *f* d'emploi vacant, avis *m* de recrutement **Stellengesuch** *nt* demande *f* [*o* recherche *f*] d'emploi **stellenweise** *adv* par places, par endroits **Stellenwert** *m* 1. MATH valeur *f* 2. (*Bedeutung*) importance *f*; *etw besitzt einen hohen ~* qc est d'une grande importance; *etw hat seinen ~* qc occupe une place importante; *es geht um den ~ der Behinderten in der Gesellschaft* il est question de la place qu'occupent les handicapés dans la société; *mein ~ ist dadurch gestiegen, dass* mon crédit s'est accru du fait que + *indic* ▶ **etw hat [für jdn] einen ... ~** *geh* qc a [pour qn] une ... valeur/une valeur ...

Stellmesser *nt* CH *s.* **Klappmesser**

Stellplatz *m* place *f* de stationnement [*o* de parking] **Stellschraube** *f* vis *f* de réglage, molette *f*

Stellung <-, -en> *f* 1. IND (*Arbeitsplatz*) emploi *m*
2. (*Rang*) poste *m*, fonction *f*; ■ **eine ~ als etw** un poste [*o* une fonction] de qc
3. (*Körperhaltung*) position *f*; *in einer liegenden ~* en position couchée; *in kniender ~* à genoux
4. (*Position*) place *f*, position *f*; *in welcher ~ des Schalters ist die Maschine an?* quelle position l'interrupteur doit-il avoir pour que la machine soit allumée?
▶ **jd bezieht ~** qn prend position; **jd bringt etw in ~** *Geschütz, Raketenwerfer* qn met qc en position [de tir] [*o* en batterie]; *Abschussrampe* qn installe qc; **jd geht in ~** qn se met en position; **jd hält die ~ [gegen jdn/etw]** MIL qn tient la position [contre qn/qc]; **jd hält die ~** *hum* qn ne bouge pas *fam*, qn reste où il/elle est; **jd nimmt ~ zu etw** qn prend position [*o* émet un avis] sur [*o* au sujet de] qc; **jd nimmt** [*o* **bezieht**] **~ für/gegen jdn/etw** qn prend position pour [*o* en faveur de]/contre qn/qc, qn émet un avis en faveur de/contre qn/qc; **in ... ~** *entsprechender, höherer, verantwortlicher* dans une situation ...; *er ist in führender ~ tätig* il occupe une position dirigeante; [**jd ist**] **ohne ~** [qn est] sans emploi

Stellungnahme <-, -n> *f* 1. ∅ (*das Beziehen einer Position*) ■ **eine/jds ~ zu etw** une/la prise de position de qn sur [*o* au sujet de] qc
2. (*geäußerte Meinung*) position *f*, point *m* de vue
▶ **jd gibt eine ~ [zu etw] ab** qn donne son point de vue [*o* sa position] [au sujet de qc]

Stellungswechsel [-ks-] *m* changement *m* d'emploi; *jd plant einen ~* qn envisage de changer d'emploi

stellvertretend I. *adj Abteilungsleiter, Direktor etc* suppléant(e), remplaçant(e), adjoint(e) II. *adv* ■ **~ für jdn** à la place [*o* en remplacement] de qn; *er spricht ~ für die ganze Klasse* il parle au nom de toute la classe; *~ für mich* en mon nom, à ma place; *ich bin ~ für ihn da* c'est moi qui le remplace; ■ **~ für etw** *stehen* à la place [*o* en remplacement] de qc **Stellvertreter(in)** *m(f)* suppléant(e) *m(f)*, remplaçant(e) *m(f)*, adjoint(e) *m(f)* **Stellvertretung** *f* [*Apotheker, Arzt*] remplacement *m*, suppléance *f*; *Chef a.* intérim *m* ▶ **jd übernimmt die ~ von jdm** qn assure le remplacement [*o* la suppléance] [*o* l'intérim] de qn; **in ~ eines Menschen, in jds ~** en remplacement de qn, à titre de suppléant(e) de qn **Stellwerk** *nt* poste *m* [*o* cabine *f*] d'aiguillage

Stelze <-, -n> *f* 1. (*zum Gehen*) échasse *f*
2. (*Bach~*) bergeronnette *f*
3. *meist pl* AUS (*Schweinsfüße*) pieds *mpl* de cochon
▶ **jd geht auf ~n** qn marche avec [*o* sur] des échasses

stelzen *vi* + *sein* ■ **jd stelzt [irgendwohin]** qn marche avec [*o* sur] des échasses/va quelque part avec [*o* sur] des échasses; ■ **ein Tier stelzt [irgendwohin]** un animal se déplace [quelque part] sur ses pattes d'échassier

Stemmbogen *m* [virage *m* en] stem[m] *m*, virage *m* stem[m]é **Stemmeisen** *nt* ciseau *m* à bois

stemmen I. *vt* 1. (*hochdrücken*) ■ **jd stemmt jdn/etw [irgendwohin]** qn soulève qn/qc [quelque part]
2. (*meißeln*) ■ **jd stemmt etw [in etw** (*akk*)] *Loch, Öffnung* qn creuse qc [dans qc]
3. (*stützen*) ■ **jd stemmt etw irgendwohin** qn appuie qc quelque part; *er stemmte die Arme in die Seiten* il a mis les poings sur les hanches; *sie stemmten den Rücken gegen den Schrank* ils se sont adossés/elles se sont adossées à l'armoire
II. *vr* 1. (*sich drücken*) ■ **jd stemmt sich gegen etw** qn s'appuie [*o* s'arcboute *soutenu*] contre qc
2. (*sich sträuben*) ■ **jd stemmt sich gegen etw** qn se dresse contre [*o* s'oppose à] qc

Stempel <-s, -> *m* 1. (*Gummi~*) tampon *m*
2. (*Stempelabdruck*) timbre *m*, cachet *m*, tampon *m*
3. (*auf Gold, Silber etc*) poinçon *m*
4. BOT pistil *m*
▶ **jd drückt jdm/einer S. den/seinen ~ auf** qn marque qn/qc de son empreinte, qn imprime sa marque à qn/qc; **etw trägt jds ~/den ~ einer S.** [*o* **von etw**] qc porte la marque [*o* l'empreinte] de qn/qc

Stempelfarbe *f* encre *f* à tampon **Stempelkissen** *nt* tampon *m* encreur **Stempelmarke** *f* AUS (*Gebührenmarke*) timbre *m* fiscal

stempeln I. *vt* ■ **jd stempelt etw** *Formular, Dokument* qn tamponne qc, qn timbre qc; *Brief, Briefmarke a.* qn oblitère qc; *nicht gestempelte Marke* timbre non oblitéré
II. *vi fam* ■ **jd stempelt** qn tamponne, qn donne des coups de tampon *fam*
▶ **jd geht ~** *veraltend fam* qn pointe au chômage *fam*

Stengel *s.* **Stängel**

Steno¹ <-> *f* ∅ *fam abk von* **Stenographie** sténo *f*

Steno² <-s, -s> *nt fam abk von* **Stenogramm** texte *m* en sténo

Stenogramm <-gramme> *nt* sténogramme *m*
▶ **jd nimmt ein ~ auf** qn prend un texte en sténo, qn sténographie

Stenogrammblock <-blöcke> *m* bloc *m* sténo

Stenographie <-, -n> [-ˈfiːən] *f* sténographie *f*

stenographieren * I. *vt* ■ **jd stenografiert etw** qn sténographie qc
II. *vi* ■ **jd stenografiert** qn sténographie, qn prend en sténo

Stenotypist(in) <-en, -en> *m(f)* sténotypiste *mf*

Steppdecke *f* couette *f*

Steppe <-, -n> *f* steppe *f*

steppen[1] ['ʃt-, 'st-] *vt* (*tanzen*) ■ **jd steppt etw** *Naht, Saum* qn [sur]pique qc

steppen[2] *vi* ■ **jd steppt** qn fait des claquettes

Stepptanz[RR] ['ʃt-, 'st-] *m* claquettes *fpl,* danse *f* à claquettes

Sterbebett *nt* lit *m* de mort ▶ **jd liegt auf dem** ~ qn est à l'article de la mort [*o* sur le point de mourir]; **auf dem** ~ sur mon/son lit de mort **Sterbegeld** *nt ∅* capital-décès *m* **Sterbehilfe** *f ∅* euthanasie *f* ▶ **jd gibt jdm** ~ qn aide qn à mourir, qn abrège l'agonie de qn

sterben <stirbt, starb, gestorben> *vi + sein* **1.** (*sein Leben enden*) ■ **jd stirbt** [**an etw** (*dat*)] qn meurt [de qc]; ***sie fühlte, dass sie ~ musste*** elle sentit qu'elle allait mourir; ***er ist an seinen Verletzungen gestorben*** il a succombé à ses blessures; ■ **jd stirbt als etw** qn meurt en qc; ***er starb als Christ*** il est mort en chrétien; ***sie starb als Hexe auf dem Scheiterhaufen*** elle a été brûlée comme sorcière
2. *fam* (*vergehen*) ■ **jd stirbt** [**fast**] **vor etw** (*dat*) qn meurt [presque] de qc; ***ich bin vor Angst fast gestorben*** j'ai failli mourir de peur
▶ **etw ist gestorben** *fam* qc est à l'eau *fam,* qc est enterré(e) *fam;* **jd ist für einen Menschen gestorben** *fam* une personne ne connaît plus qn *fam,* qn n'existe plus pour une personne; **daran wirst du** [**schon**] **nicht** ~! *hum fam* tu n'en mourras pas! *fam*

Sterben <-s> *nt ∅* agonie *f,* mort *f*
▶ **jd liegt im** ~ qn va [*o* est sur le point de] mourir, qn est à l'agonie; **zum** ~ *fam elend, übel, krank* à [en] mourir; *langweilig, trist* à mourir; *öde, trostlos* mortellement; ***zum ~ krank*** malade à [en] mourir

-sterben *nt Wald-, Ulmen-, Kastanien-* dépérissement *m* [*o* mort *f*] du/de la/des; *Robben-, Fisch-, Staren-, Firmen-, Branchen-* disparition *f* [*o* mort *f*] du/de la/des

sterbenselend *adj fam* ■ **jdm ist/jd fühlt sich** ~ qn se sent horriblement mal **sterbenskrank** *adj* moribond(e); ■ **jd ist** ~ qn est moribond(e), qn est à l'article de la mort **Sterbenswort** *nt,* **Sterbenswörtchen** *nt* ▶ **kein** [*o* **nicht ein**] ~ pas un [traître] mot; ***nicht ein ~ kam über seine Lippen*** il n'a pas prononcé un [traître] mot

Sterbesakramente *pl* derniers sacrements *mpl* ▶ **jd spendet jdm die** ~ qn administre à qn les derniers sacrements **Sterbeurkunde** *f* acte *m* de décès **Sterbezimmer** *nt* chambre *f* mortuaire

sterblich *adj geh* mortel(le) **Sterbliche(r)** *f(m) decl wie adj geh* mortel(le) *m(f)*

Sterblichkeit <-> *f ∅* mortalité *f;* ***die ~ beträgt 17,5%*** le taux de mortalité est de 17,5%

stereo *adv* en stéréo

Stereo <-> *nt ∅* stéréo *f*
▶ **in** ~ en stéréo

Stereo- stéréo; *-empfang, -sendung* en stéréo **Stereoanlage** *f* chaîne *f* hi-fi [*o* stéréo]

Stereofonie[RR], **Stereophonie** <-> *f ∅ form* stéréophonie *f*

Stereoskop <-s, -e> *nt* stéréoscope *m*

stereotyp [-'ty:p] **I.** *adj* stéréotypé(e)
II. *adv* d'une façon stéréotypée [*o* mécanique]

steril *adj* stérile

Sterilisation <-, -en> *f* stérilisation *f*

sterilisieren * *vt* ■ **jd sterilisiert jdn/ein Tier** qn stérilise qn/un animal; ■ **jd lässt sich** ~ qn se fait stériliser

Sterilität <-> *f ∅* stérilité *f*

Stern <-[e]s, -e> *m* (*alle Bedeutungen*) étoile *f;* ***Hotel mit fünf ~en*** hôtel cinq étoiles
▶ **etw steht unter einem/keinem guten** [*o* **glücklichen**] ~ qc se présente bien/mal, c'est de bon/mauvais augure pour qc; **jds** ~ **geht auf** qn accède à la notoriété, qn voit sa cote monter; **jd greift nach den** ~**en** *geh* qn demande la lune, qn recherche l'impossible; **jd sieht** ~**e** *fam* qn [en] voit trente-six chandelles *fam;* **jds** ~ **ist im Sinken** [*o* **im Untergehen**] l'étoile de qn pâlit, la cote de qn est en déclin; **etw steht** [**noch**] **in den** ~**en** [**geschrieben**] qc est [encore] très hypothétique; **es steht noch in den** ~**en**[**, ob**] seul l'avenir le dira/dira si, bien malin qui pourrait le dire/qui pourrait dire si

Sternbild *nt* constellation *f*

Sternchen <-s, -> *nt dim von* **Stern** **1.** étoile *f*
2. TYP astérisque *m*

Sternenbanner *nt* ■ **das** ~ la bannière étoilée **sternenbedeckt** *adj geh* étoilé(e) **Sternenhimmel** *m* voûte *f* étoilée, hémisphère *m* céleste

Sternfahrt *f* rallye *m;* POL [grand] rassemblement *m* **sternförmig** *adj Grundriss* étoilé(e); *Muster* en [forme d']étoile **Sternfrucht** *f* carambole *f* **sternhagelblau** *adj sl,* **sternhagelvoll** *adj sl* bourré(e) *fam,* beurré(e) comme un petit-LU *fam,* pinté(e) *pop* **Sternhaufen** *m* nébuleuse *f,* nuée *f* stellaire **sternhell** *adj geh* étoilé(e), parsemé(e) d'étoiles **Sternkarte** *f* carte *f* [*o* planisphère *f*] céleste **sternklar** *adj* étoilé(e), parsemé(e) d'étoiles **Sternmarsch** *m* [grand] rassemblement *m* **Sternschnuppe** <-, -n> *f* étoile *f* filante **Sternstunde** *f geh* moment *m* fort **Sternsystem** *nt* système *m* stellaire **Sternwarte** *f* observatoire *m* **Sternzeichen** *nt* signe *m* astrologique [*o* du zodiaque]

Steroid <-s, -e> [ʃt-, 'st-] *nt* stéroïde *m*

Sterz <-es, -e> *m* AUS (*Speise*) polenta *f*

stet *adj attr geh s.* **stetig**

Stethoskop <-s, -e> *nt* stéthoscope *m*

stetig **I.** *adj Anstrengungen, Bemühungen* continu(e), permanent(e); *Arbeit, Fleiß, Sinken, Ansteigen a.* constant(e)
II. *adv* constamment, de façon continue

stets *adv* constamment, en permanence, toujours; ***Sie dürfen ~ meiner Treue versichert sein*** soyez assuré(e) de mon indéfectible loyauté

Steuer[1] <-s, -> *nt* **1.** AUT volant *m*
2. NAUT gouvernail *m,* barre *f*
▶ **jd lässt jdn ans** ~ AUT qn laisse [*o* donne] le volant à qn; **jd sitzt am** [*o* **hinterm**] ~ *fam* qn est au volant; **jd steht** [*o* **ist**] **am** ~ NAUT qn est à la barre; **jd wirft das** ~ **herum** POL qn vire de bord, qn change de cap

Steuer[2] <-, -n> *f* **1.** FISC impôt *m*
2. *∅ fam* (*Finanzamt*) ■ **die** ~ le fisc
▶ **jd zahlt** ~**n** qn paie des impôts

-steuer *f* impôt *m* sur le/la/les; *Automaten-, Kfz-, Mehrwert-* taxe *f* sur le/la/les; *Luxus-* taxe *f* de; ***Erbschafts~*** droits *mpl* de succession; ***Gemeinde~*** impôts *mpl* dont le produit est attribué aux communes

Steueraufkommen *nt* recettes *fpl* fiscales, produit *m* des impôts **Steuerbeamte(r)** *m,* **-beamtin** *f* agent *m* du fisc, fonctionnaire *mf* des impôts **steuerbegünstigt** *adj* qui bénéficie d'avantages fiscaux; ■ **etw ist** ~ qc bénéficie d'avantages fiscaux **Steuerberater(in)** *m(f)* conseiller fiscal/conseillère fiscale *m/f* **Steuerbescheid** *m* avis *m* d'imposition

Steuerbord *nt ∅* tribord *m*

steuerehrlich *adj* qui est un contribuable honnête; ■ **jd ist/wird** ~ qn est/devient un contribuable honnête **Steuererhöhung** *f* augmentation *f* d'impôt **Steuererklärung** *f* déclaration *f* [*o* feuille *f*] d'impôt[s] **Steuerfahndung** *f* **1.** (*Kontrolle*) contrôle *m* fiscal **2.** (*Abteilung des Finanzamtes*) [service *m* de] répression *f* des fraudes fiscales **steuerfrei** **I.** *adj* exonéré(e) d'impôt[s], non imposé(e) **II.** *adv kassieren, vereinnahmen* sans payer d'impôt(s); (*illegal*) au noir *fam* **Steuerfuß** *m* CH *s.* **Steuersatz. Steuergelder** *pl* deniers *mpl* publics, produit *m* de l'impôt

Steuergerät *nt* **1.** TECH appareil *m* de contrôle [*o* commande] *m*
2. AUDIOV ampli[ficateur] *m*

Steuerharmonisierung *f* harmonisation *f* fiscale **Steuerhinterziehung** *f* fraude *f* fiscale **Steuerkarte** *f* carte *f* fiscale, bordereau *m* fiscal **Steuerklasse** *f* tranche *f* d'imposition

Steuerknüppel *m* levier *m* de commande, manche *m* à balai

steuerlich **I.** *adj* fiscal(e)
II. *adv* sur le plan fiscal; ***jd wird ~ stark belastet*** qn est lourdement imposé(e)

steuerlos *adj* NAUT sans gouvernail, désemparé(e)

Steuermann <-männer *o* -leute> *m* **1.** NAUT second *m*
2. SPORT barreur(-euse) *m(f)*

steuern **I.** *vt + haben* **1.** AUT ■ **jd steuert etw** qn conduit qc
2. NAUT ■ **jd steuert etw** qn gouverne qc, qn pilote qc; ■ **jd steuert etw irgendwoher/irgendwohin** qn dirige [*o* pilote] [*o* manœuvre] qc de quelque part/quelque part
3. (*regulieren*) ■ **etw steuert etw** qc règle qc; *Temperatur a.* qc régule qc; *Heizung a.* qc pilote qc
4. (*in eine gewünschte Richtung bringen*) ■ **jd steuert etw** [**irgendwohin**] *Gespräch, Verhandlung, Verlauf* qn oriente qc [dans une certaine direction]
II. *vi* **1.** AUT ■ **jd steuert** qn conduit; NAUT qn pilote; ■ **jd steuert irgendwohin** NAUT qn pilote [*o* dirige] le navire quelque part; ***seitwärts ~!*** virez!; ***du musst nach rechts ~*** AUT mets-toi sur la droite
2. NAUT ■ **etw steuert irgendwohin** qc fait route quelque part

Steueroase *f* paradis *m* fiscal **Steuerpflicht** *f* obligation *f* fiscale, assujettissement *m* à l'impôt ▶ **jd/etw unterliegt der** ~ *form* qn/qc est imposable [*o* soumis(e) [*o* assujetti(e)] à l'impôt] **steuerpflichtig** *adj Einkommen, Einkünfte* imposable; *Bürger, Steuerzahler a.* assujetti(e) à l'impôt **Steuerpflichtige(r)** *f(m)* contribuable *mf* **Steuerprogression** *f* progressivité *f* de l'impôt, barème *m* progressif de l'impôt **Steuerprüfer(in)** *m(f)* contrôleur(-euse) *m(f)* du fisc **Steuerprüfung** *f* contrôle *m* fiscal

Steuerrad *nt* **1.** NAUT roue *f* de/du gouvernail, barre *f*
2. AUT *veraltend s.* **Lenkrad**

Steuerrecht *nt ∅* droit *m* [*o* régime *m*] fiscal

Steuerruder *nt* gouvernail *m*

Steuersatz *m* taux *m* d'imposition **Steuerschraube** *f* ▶ **jd zieht die** ~ **an** *fam,* **jd dreht an der** ~ *fam* qn accroît la pression fiscale, qn donne un tour de vis fiscal *fam* **Steuerschuld** *f* dette *f* fiscale, montant *m* de l'impôt **Steuersenkung** *f* réduction *f* d'impôts, allègement *m* fiscal

Steuerung <-, -en> *f* **1.** *∅* [*Temperatur, Heizung*] régulation *f,* contrôle *m;* [*Produktionsprozess*] contrôle *m,* guidage *m*
2. AVIAT système *m* de pilotage, commandes *fpl*
3. NAUT gouverne *f,* guidage *m*

Steuerung-Taste *f* INFORM touche *f* Contrôle

Steuerveranlagung *f* imposition *f,* établissement *m* de l'assiette de l'impôt **Steuervorteil** *m* avantage *m* fiscal **Steuerzahler(in)** *m(f)* contribuable *mf*

Steven <-s, -> [-vn] *m* étrave *f*

Steward <-s, -s> ['stju:ɐt, 'ʃt-] *m* steward *m*

Stewardess[RR] <-, -en>, **Stewardeß** <-, -ssen> [stju:ɐ'dɛs, ʃt-, 'stju:ɐdɛs, 'ʃt-] *f* AVIAT hôtesse *f* de l'air; NAUT hôtesse *f* de bord

StGB <-[s]> [ɛste:ge:'be:] *nt abk von* **Strafgesetzbuch** code *m* pénal

stibitzen * *vt hum fam* ■ **jd stibitzt** [**jdm**] **etw** qn pique [*o* fauche] qc [à qn] *fam*

Stich <-[e]s, -e> *m* **1.** (*Verwundung*) coup *m* (*provoqué par un objet pointu*); ■ **ein** ~ **durch etw/in etw** (*akk*) un coup qui transperce qc; ***er kam durch einen ~ ins Auge ums Leben*** il est mort après avoir eu l'œil crevé; ***sie versetzte ihm mit der Hutnadel einen ~ in den Arm*** elle le piqua au bras avec son épingle à chapeau
2. (*Insekten~*) piqûre *f*
3. (*stechender Schmerz*) élancement *m*
4. (*Nadel~*) point *m*
5. (*Radierung*) estampe *f,* gravure *f*
6. (*Farbschattierung*) ■ **ein** ~ **in etw** (*akk*) une nuance de qc; ***weiß mit ei-***

nem ~ ins Bräunliche blanc avec une nuance de brun, d'un blanc qui tire sur le brun
7. KARTEN pli *m,* levée *f*
▸ **jd hat ~e** qn a des élancements; ***ich habe ~e in der Seite*** j'ai des points de côté; **etw hat einen ~** *fam* (*ist verdorben*) qc a un goût; */Milch a./* qc est tourné(e); */Wein a./* qc est piqué(e); **jd hat einen ~** *sl* qn est cinglé(e) *fam,* qn est à la masse *arg;* **jd lässt jdn im ~** qn laisse qn en plan, qn laisse tomber qn, qn plaque qn *fam;* **etw lässt jdn im ~** qc fait défaut à qn, qc de qn est défaillant(e); ***ihr Gedächtnis ließ sie im ~*** sa mémoire était défaillante [*o* lui faisait défaut]; **jd macht einen ~** KARTEN qn fait un pli; **jd macht bei jdm/etw einen ~** *sl* qn marque un point face à qn/à l'occasion de qc
Stichel <-s, -> *m* ART burin *m,* poinçon *m*
Stichelei <-, -en> *f fam* **1.** (*das Sticheln*) piques *fpl fam,* persiflage *m*
2. (*Bemerkung*) pique *f fam*
sticheln *vi fam* ■ **jd stichelt [gegen jdn]** qn envoie [*o* lance] des piques [à qn] *fam*
Stichentscheid *m* CH voix *f* prépondérante **Stichflamme** *f* jet *m* de flamme
stichhaltig *adj,* **stichhältig** *adj* AUS *Argumentation, Beweis* convaincant(e), concluant(e); *Alibi, Indiz a.* solide
-stichig *grün-, rot-, gelb-* qui tire sur le; ■ **etw ist …~** qc tire sur le
Stichling <-s, -e> *m* épinoche *f*
Stichprobe *f* prélèvement *m,* échantillon *m* ▸ **jd macht ~n, jd nimmt ~n vor** qn pratique par [*o* fait des] sondages **Stichsäge** *f* scie *f* sauteuse
sticht *3. pers pres von* **stechen**
Stichtag *m* jour *m* fixé [*o* de référence] **Stichwaffe** *f* arme *f* blanche
Stichwahl *f* second tour *m,* scrutin *m* de ballottage
Stichwort *nt* **1.** <-wörter> [*Nachschlagewerk*] entrée *f,* mot-clé *m*
2. <-worte> *meist pl* (*auslösende Bemerkung*) mot *m* repère; (*als Gedächtnisstütze*) mot-clé *m;* ***~ Geld,*** à propos d'argent,
▸ **jd gibt jdm das [vereinbarte/verabredete] ~** qn donne à qn le signal prévu; **jd gibt [*o* liefert] jdm das ~** qn fournit à qn un enchaînement tout trouvé; **jd macht sich** (*dat*) **~e** qn note les points essentiels [*o* points-clés]
stichwortartig *adv* brièvement, succinctement **Stichwortverzeichnis** *nt* index *m* des mots-clés
Stichwunde *f* blessure *f,* coup *m* [de couteau/d'épée/de …]
sticken I. *vt* **1.** (*herstellen*) ■ **jd stickt etw [auf etw** (*akk*)**]** *Monogramm, Ornament, Verzierung* qn brode qc [sur qc]
2. (*besticken*) ■ **jd stickt etw** *Decke, Kragen* qn brode qc
II. *vi* ■ **jd stickt [an etw** (*dat*)**]** qn brode [qc]
Stickerei <-, -en> *f* broderie *f*
Stickgarn *nt* fil *m* à broder
stickig *adj Luft* confiné(e); *Zimmer* mal aéré(e); ■ **irgendwo ist es ~** ça sent le renfermé quelque part
Stickmuster *nt* motif *m* [*o* dessin *m*] de broderie **Sticknadel** *f* aiguille *f* à broder
Stickoxid *nt* oxyde *m* d'azote
Stickrahmen *m* métier *m* à broder, tambour *m*
Stickstoff *m* ∅ CHEM azote *m*
stieben <stob *o* stiebte, gestoben *o* gestiebt> *vi geh* **1.** + *haben o sein* (*sprühen*) ■ **etw stiebt [irgendwohin]** */Wasser/* qc jaillit; */Funken a./* qc fuse
2. + *sein* (*rennen*) ■ **sie ~ irgendwohin** ils/elles se dispersent [en hâte] quelque part
Stiefbruder *m* demi-frère *m;* (*nicht verwandt*) demi-frère *m* non consanguin
Stiefel <-s, -> *m* **1.** botte *f*
2. (*Trinkgefäß*) ≈ chope *f* (*verre à bière en forme de botte*)
Stiefel- de/de la botte
Stiefelette <-, -n> *f* bottillon *m,* bottine *f*
stiefeln *vi* + *sein fam* ■ **jd stiefelt irgendwohin** qn marche à grands pas [*o* à grandes enjambées] quelque part
Stiefeltern *pl* beaux-parents *mpl* **Stiefgeschwister** *pl* frères et sœurs *mpl* de deux lits **Stiefkind** *nt* enfant *mf* d'un autre lit **Stiefmutter** *f* belle-mère *f,* marâtre *f péj* **Stiefmütterchen** *nt* pensée *f* **stiefmütterlich I.** *adj Behandlung* peu soigneux(-euse), négligent(e) **II.** *adv behandeln* négligemment, avec négligence; ***jd behandelt etw ~*** qn néglige qc **Stiefschwester** *f* demi-sœur *f;* (*nicht verwandt*) demi-sœur *f* non consanguine **Stiefsohn** *m* beau-fils *m,* fils *f* par alliance **Stieftochter** *f* belle-fille *f,* fille *f* par alliance **Stiefvater** *m* beau-père *m* (*conjoint de la mère*)
stieg *imp von* **steigen**
Stiege <-, -n> *f* échelle *f* de meunier, escalier *m* raide et étroit
Stiegenhaus *nt* SDEUTSCH, AUS cage *f* d'escalier
Stieglitz <-es, -e> *m* chardonneret *m*
stiehlt *3. pers pres von* **stehlen**
Stiel <-[e]s, -e> *m* **1.** (*Handgriff*) [*Pfanne, Topf*] queue *f;* *Besen, Werkzeug etc*] manche *m*
2. (*Stängel*) queue *f;* [*Blume a.*] tige *f;* [*Apfel, Birne a.*] pédoncule *m;* [*Blatt a.*] pétiole *m;* [*Pilz*] pied *m*
3. [*Weinglas etc*] pied *m*
Stielaugen *pl* ▸ **jd macht [*o* kriegt] ~** *fam* qn ouvre des yeux grands comme ça *fam* **Stielkamm** *m* peigne *m* à manche
stier I. *adj* fixe; ***er starrte mit ~em Blick vor sich hin*** il regardait fixement droit devant lui
II. *adv* fixement
Stier <-[e]s, -e> *m* **1.** (*Bulle*) taureau *m*
2. ASTROL Taureau *m*
▸ **jd packt [*o* fasst] den ~ bei den Hörnern** qn prend le taureau par les cornes; **jd brüllt wie ein ~** qn pousse des beuglements; **jd ist [ein] ~** qn est Taureau
stieren *vi* ■ **jd stiert irgendwohin/in etw** (*akk*) qn regarde fixement quelque part/dans qc; ■ **jd stiert an etw** (*akk*)**/auf jdn/etw** (*akk*) qn regarde fixement qn/qc
Stierkampf *m* corrida *f,* course *f* de taureaux **Stierkampfarena** *f* arène *f* **Stierkämpfer(in)** *m(f)* torero *m,* toréador *m vieilli* **Stiernacken** *m* cou *m* de taureau **stiernackig** *adj* au cou de taureau; ■ **jd ist ~** qn a un cou de taureau
stieß *imp von* **stoßen**
Stift[1] <-[e]s, -e> *m* **1.** (*Stahl~*) clou *m,* pointe *f*
2. (*Schreibgerät*) crayon *m;* ***ich brauche mal irgendeinen ~*** il me faudrait de quoi écrire
Stift[2] <-[e]s, -e> *nt* **1.** (*Heim*) foyer *m,* fondation *f,* établissement *m*
2. (*christliches Internat*) institution *f*
3. AUS (*Kloster*) couvent *m,* monastère *m*
Stift[3] <-[e]s, -e> *m fam* (*Lehrling*) apprenti *m,* arpète *f vieilli fam;* ***he, ~, hol mir mal ein Bier!*** hé, l'arpète, va me chercher une bière!
stiften *vt* **1.** (*spenden*) ■ **jd stiftet [jdm] etw** *Geld, Summe* qn fait don de qc [à qn]; *Seelenmesse* qn fait dire qc [pour qn]
2. (*verursachen*) ■ **jd/etw stiftet etw** *Unfrieden, Unheil, Verwirrung* qn/qc provoque [*o* suscite] qc
3. (*gründen*) ■ **jd stiftet etw** *Kirche, Kloster, Universität* qn fonde qc
▸ **jd geht ~** *fam* qn fiche [*o* fout] le camp *fam,* qn se barre *fam*
stiften|gehen *s.* **stiften** ▸
Stifter(in) <-s, -> *m(f)* **1.** (*Spender*) [*Geldsumme*] donateur(-trice) *m(f),* bienfaiteur(-trice) *m(f)*
2. (*Gründer*) fondateur(-trice) *m(f)*
Stiftung <-, -en> *f* **1.** (*Organisation*) fondation *f*
2. (*Schenkung*) don *m*
3. (*Gründung*) fondation *f,* création *f*
Stiftzahn *m* dent *f* à [*o* sur] pivot
Stil <-[e]s, -e> *m* **1.** LITER style *m*
2. (*Verhaltensweise*) genre *m,* comportement *m;* ***er hat einen ungewöhnlichen ~*** il a un drôle de genre, il a de drôles de manières; ***das ist nicht unser ~*** ce n'est pas notre genre [*o* dans nos manières]
3. [*Epoche, Bauwerk, Kunstwerk*] style *m;* ***Möbel im ~ Ludwig XVI.*** des meubles [de style] Louis XVI
▸ **der ~ des Hauses** le genre de la maison; **im großen ~, großen ~s** sur une grande échelle; ***die Hochzeit wurde im großen ~ gefeiert*** la noce fut célébrée en grande pompe
Stil- 1. LITER de style, stylistique; ***~gefühl*** fibre *f* stylistique, sens *m* du style; ***~ebene*** niveau *m* de langue [*o* de style] **2.** ART: ***~möbel*** des meubles *mpl* de style; ***~richtung*** courant *m* artistique **Stilblüte** *f hum* perle *f* **stilecht I.** *adj* de style **II.** *adv:* ***das Restaurant war ~ eingerichtet/möbliert*** l'aménagement/le mobilier du restaurant était de style
Stilett <-s, -e> *nt* stylet *m*
stilisiert I. *adj* stylisé(e)
II. *adv* de façon stylisée; ***jd bildet etw ~ ab/stellt etw ~ dar*** qn stylise qc
Stilisierung <-, -en> *f* **1.** (*das Stilisieren*) stylisation *f*
2. (*Darstellung*) représentation *f* stylisée
stilistisch I. *adj* stylistique
II. *adv* au point de vue [*o* sur le plan] du style
still *adj* **1.** (*ruhig*) *Mensch* calme, silencieux(-euse); *Art* calme; ***er hat eine ~e Art*** il est calme; ■ **jd ist/wird ~** qn est silencieux(-euse)/qn se tait; ***du bist heute so ~*** tu es bien silencieux(-euse) aujourd'hui; ***sie wurde immer ~er*** elle était de plus en plus taciturne; ■ **es ist [irgendwo] ~** c'est calme [*o* silencieux] [quelque part]; ***im Haus ist es so ~*** il règne un tel calme [*o* silence] dans cette maison
2. (*beschaulich*) *Leben, Stunde, Tag* tranquille; *Zurückgezogenheit a.* paisible; *Gedenken, Versunkenheit* silencieux(-euse); ***eine ~e Stunde*** une heure de tranquillité
3. (*verschwiegen*) *Fleckchen, Gartenlaube, Weiher, Winkel* paisible, tranquille
4. (*heimlich*) *Hoffnung, Wunsch, Reserve* secret(-ète), caché(e); *Einvernehmen, Zustimmung* tacite, implicite; *Liebe* inavoué(e), secret(-ète); *Vorwurf* muet(te), non formulé(e), implicite; *Seufzer* discret(-ète), sourd(e)
▸ **jd hält etw ~** *Arme, Hände, Füße, Kopf* qn ne remue [*o* bouge] pas qc; *Gegenstand, Tablett etc* qn ne fait pas bouger qc; ***halte die Füße und Hände ~!*** arrête de remuer [*o* bouger] dans tous les sens!; ***wenn du die Nadel nicht ~ hältst*** si tu n'arrêtes pas de faire bouger l'aiguille; **sei ~!** tais-toi!; ***sei endlich ~!*** tu vas te taire, oui?; **im S~en** secrètement, au fond de moi-même/lui-même; **um jdn ist es ~ geworden** on ne parle plus de qn; ***um ihn ist es ~er geworden*** on parle de moins en moins de lui
Stille <-> *f* ∅ **1.** (*Ruhe*) calme *m;* ***die lautlose ~ im ganzen Haus*** le silence qui règne dans toute la maison
2. (*Abgeschiedenheit*) silence *m,* tranquillité *f*
▸ **es herrscht ~** le silence [*o* le calme] règne; **in aller ~** *beisetzen, stattfinden* dans la plus stricte intimité, dans l'intimité; *sich davonmachen* sans bruit, en douce *fam;* *aufräumen* sans bruit
Stilleben *s.* **Stillleben**
stillegen *s.* **stilllegen**
Stillegung *s.* **Stilllegung**
stillen I. *vt* **1.** (*säugen*) ■ **jd stillt jdn** *Säugling* qn allaite qn
2. (*befriedigen*) ■ **jd/etw stillt etw** *Durst* qn/qc étanche qc; *Hunger* qn/qc apaise [*o* calme] qc; *Blutdurst, Rache, Verlangen* qn assouvit qc
3. MED ■ **jd/etw stillt etw** *Schmerzen* qn/qc calme [*o* apaise] qc; *Husten* qn/qc calme qc; *Blutung* qn/qc arrête [*o* fait cesser] qc
II. *vi* ■ **jd stillt** qn allaite

Stillhalteabkommen *nt* moratoire *m*
still|halten *vi irreg* ■ **jd hält still** qn se tient tranquille, qn ne bouge pas
Stillleben[RR] *nt* nature *f* morte
still|legen[RR] *vt* ■ **jd legt etw still** *Betrieb, Zeche etc* qn ferme qc; *Bahnlinie* qn n'exploite plus qc; ***diese Bahnlinie ist vor Jahren stillgelegt worden*** cette ligne n'est plus exploitée depuis plusieurs années; ■ **stillgelegt** abandonné(e)
Stilllegung[RR] <-, -en> *f* fermeture *f;* [*Bahnlinie*] cessation *f* d'exploitation/ de l'exploitation
still|liegen[RR] *vi + sein o haben* ■ **etw liegt still** */Stollen, Zeche, Bergwerk/* qc est fermé(e); */Bahnlinie/* qc n'est plus exploité(e); ■ **~d** fermé(e), abandonné(e); qui n'est plus exploité(e)
stillos I. *adj* dépourvu(e) de style, sans style, sans goût
II. *adv* sans style, sans goût; ***jd feiert etw ~*** qn fête qc sans respecter les conventions
still|schweigen *vi irreg geh* ■ **jd schweigt [zu etw] still** qn se tait [*o* garde le silence] [devant [*o* face à] qc]
▸ **schweig still!** tais-toi!
Stillschweigen *nt* silence *m;* ***ich muss Sie zu strengstem ~ auffordern*** je vous invite à faire preuve de la plus grande discrétion
▸ **jd bewahrt über etw** (*akk*) **~** qn garde le silence sur qc; **jd übergeht jdn/etw mit ~** qn passe le cas de qn/qn passe qc sous silence
stillschweigend I. *adj* tacite
II. *adv* sans rien dire, en silence; *billigen* tacitement
still|sitzen *vi irreg + sein o haben* ■ **jd sitzt still** qn reste assis(e) tranquillement; ***kannst du denn nicht mal einen Augenblick ~?*** tu ne peux pas rester cinq minutes tranquille [*o* en place]?
Stillstand *m* ∅ arrêt *m,* suspension *f*
▸ **jd/etw bringt etw zum ~** *Produktion* qn/qc interrompt qc; *Verkehr a.* qn/qc bloque qc; *Blutung* qn/qc arrête [*o* fait cesser] qc; *Ausbreitung einer Krankheit, Infektion* qn/qc enraie qc, qn/qc arrête qc; **etw kommt zum ~** */Produktion/* qc s'arrête, qc est paralysé(e); */Verkehr a./* qc est bloqué(e); */Flugzeug, Propeller/* qc s'arrête; */Blutung, Ausbreitung einer Krankheit, Infektion/* qc est enrayé(e); ***bis die Maschine zum völligen ~ gekommen ist*** jusqu'à l'arrêt complet de l'appareil
still|stehen *vi irreg + sein o haben* ■ **etw steht still** qc est arrêté(e); */Verkehr a./* qc est bloqué(e) [*o* paralysé(e)]
▸ **stillgestanden!** garde à vous!
stilvoll I. *adj* de bon goût, qui a du style
II. *adv* avec goût
Stilvorlage *f* INFORM feuille *f* de styles
Stimmabgabe *f* vote *m* **Stimmband** <-bänder> *nt meist pl* corde *f* vocale **stimmberechtigt** *adj* qui a [le] droit de vote; ■ **jd ist [bei etw] ~** qn a le droit de vote [lors de qc] **Stimmberechtigte(r)** *f(m) decl wie adj* votant(e) *m(f)* **Stimmbeteiligung** *f* CH *s.* **Wahlbeteiligung. Stimmbezirk** *m* circonscription *f* électorale **Stimmbruch** *m* mue *f* ▸ **jd ist im ~** qn est en train de muer **Stimmbürger(in)** *m(f)* CH votant(e) *m(f)*
Stimme <-, -n> *f* **1.** (*menschlicher Laut*) voix *f;* ***mit einer melodischen ~*** d'une voix mélodieuse; ***du hast heute eine heisere ~*** tu es enroué(e) aujourd'hui; ***in dem Gewirr von ~n*** au milieu de ce bruit de voix
2. (*Votum*) voix *f,* suffrage *m*
3. (*Meinungsäußerung*) voix *f,* opinion *f;* ***es werden zunehmend ~n laut*** [*o* ***die ~n mehren sich***], ***die sich gegen das Projekt aussprechen*** de plus en plus de voix s'élèvent contre ce projet
4. (*Gefühl*) ■ **die ~ einer S.** (*gen*) *des Herzens, der Vernunft, des Gewissens* la voix de qc
▸ **die entscheidende ~** la voix prépondérante; **jd enthält sich der ~** qn s'abstient; **jd gibt seine ~ [für jdn/etw] ab, jd gibt jdm/einer Partei seine ~** qn vote [pour qn/qc/un parti], qn accorde sa voix [*o* son suffrage] à qn/ qc; **jd hat eine/keine ~** (*bei Wahlen*) qn est/n'est pas habilité(e) à voter; (*bei Entscheidungen*) qn a/n'a pas voix au chapitre; **jd spricht mit ... ~** qn parle d'une voix ...; ***sprich nicht mit so lauter ~!*** ne parle pas si fort!
stimmen I. *vi* **1.** (*zutreffen*) ■ **etw stimmt** qc est juste, qc est exact(e); *Vorbringen, Vorwurf a.* qc est fondé(e) [*o* justifié(e)]; ■ **es stimmt, dass** il est exact que + *indic*
2. (*korrekt sein*) ■ **etw stimmt** */Berechnung, Rechnung/* qc est exact(e), qc est juste
3. (*votieren*) ■ **jd stimmt für/gegen jdn/etw** qn vote pour/contre qn/qc
▸ **mit jdm stimmt etwas nicht** il y a quelque chose qui ne va pas chez qn; **da** [*o* **hier**] **stimmt was nicht!** *fam* il y a quelque chose qui ne tourne pas rond [*o* qui cloche] *fam;* **stimmt so!** *fam* c'est bon! *fam;* **stimmt!** *fam* c'est juste!, tout à fait d'accord! *fam*
II. *vt* MUS ■ **jd stimmt etw** qn accorde qc
Stimmen- *-abgabe, -auszählung, -gleichheit, -mehrheit, -umschichtung, -verhältnis* des voix; *-anteil, -gewinne, -verlust* de voix
Stimmenthaltung *f* **1.** ∅ (*das neutrale Votieren*) abstention *f;* ***24 Abgeordnete haben ~ geübt*** 24 députés se sont abstenus **2.** (*neutrales Votum*) vote *m* blanc **Stimmgabel** *f* diapason *m*
stimmhaft I. *adj* sonore
II. *adv* de façon sonore; ***das S kann stimmlos oder ~ ausgesprochen werden*** la prononciation du S peut être sourde ou sonore
stimmig *adj* ■ **etw ist [in sich] ~** qc est cohérent(e), qc se tient
Stimmlage *f* registre *m*
stimmlos I. *adj* sourd(e)
II. *adv* de façon sourde; ***im Verb „lassen" wird das „s" ~ ausgesprochen*** la prononciation du "s" de "laisser" est sourde
Stimmrecht *nt* droit *m* de vote
Stimmung <-, -en> *f* **1.** (*Gemütslage*) humeur *f;* ***wie ist heute seine ~?*** de quelle humeur est-il aujourd'hui?; ***ich traf sie in einer niedergedrückten ~*** je l'ai trouvée d'humeur morose
2. (*Atmosphäre*) atmosphère *f,* ambiance *f*
3. (*öffentliche Einstellung*) opinion *f* [publique], tendance *f* [de l'opinion]
4. *geh* (*Ambiente*) atmosphère *f,* impression *f;* ***etw strahlt eine feierliche ~ aus*** qc dégage une impression de solennité
▸ **jd/etw bringt jdn in ~** qn/qc met qn de bonne humeur, qn/qc déride qn; **jd ist/ist nicht in der ~ zu etw** *fam* qn a/n'a pas envie de qc; ***ich bin heute nicht in der ~ dazu*** je ne suis pas d'humeur à ça aujourd'hui; **jd ist/ist nicht in der ~ etw zu tun** qn est/n'est pas d'humeur à faire qc; **jd kommt in ~** *fam* qn se met dans l'ambiance; ***heute komme ich nicht recht in ~*** je n'ai pas la pêche aujourd'hui *fam;* **jd macht ~ für/gegen jdn/etw** qn fait de la publicité [*o* de la propagande] pour qn/qc/tente de démonter qn/qc
Stimmungsbarometer *nt* baromètre *m* de l'opinion ▸ **das ~ steht auf Null** *fam* l'ambiance [*o* le climat] est à la morosité; **das ~ steigt** *fam* le moral remonte *fam* **Stimmungskanone** *f fam* boute-en-train *m* **Stimmungslage** *f* ambiance *f,* climat *m* **Stimmungsmache** *f pej* insinuations *fpl,* bourrage *m* de crâne *fam* **Stimmungsumschwung** *m* saute *f* d'humeur; POL revirement *m* [*o* renversement *m*] [de l'opinion] **stimmungsvoll** *adj Gedicht, Gemälde, Schilderung* évocateur(-trice), riche de sensibilité; *Lied a.* sentimental(e)
Stimmwechsel [-ks-] *m s.* **Stimmbruch. Stimmzettel** *m* bulletin *m* de vote
Stimulans <-, Stimulantia *o* Stimulanzien> *nt* **1.** PHARM stimulant *m*
2. *geh* excitant *m*
Stimulation <-, -en> *f geh* stimulation *f,* excitation *f*
stimulieren * *vt* **1.** *geh* (*anspornen*) ■ **jd/etw stimuliert jdn** qn/qc stimule qn; ■ **jd/etw stimuliert jdn zu etw** qn/qc incite [*o* encourage] qn à qc/à faire qc; ***ich möchte ihn zu weiterer Mitarbeit an dem Projekt ~*** j'aimerais l'inciter à collaborer encore à ce projet
2. *geh* (*sexuell reizen*) ■ **jd stimuliert jdn/etw** qn excite qn/qc
3. MED ■ **etw stimuliert etw** qc stimule qc
stink- *fam -normal* on ne peut plus ..., tout ce qu'il y a de plus ...; ***~faul*** flemmard(e) *fam,* cossard(e) *fam,* feignant(e) *pop;* ***du bist wirklich ~faul*** quel cossard(e) [*o* branleur(-euse)] tu fais *fam;* ***~langweilig*** barbant(e) *fam,* chiant(e) *pop;* ***~reich*** plein(e) aux as *fam;* ***~vornehm*** sélect(e) *fam*
Stinkbombe *f* boule *f* puante
Stinke- *fam* (*stinkend*) puant(e), infect(e)
stinken <stank, gestunken> I. *vi* **1.** (*unangenehm riechen*) ■ **jd/ein Tier/etw stinkt [nach etw]** qn/un animal/qc pue [*o* empeste] [qc]; ***der Kadaver stank zum Erbrechen*** le cadavre dégageait une puanteur à vomir
2. *fam* (*verdächtig sein*) ■ **etw stinkt** qc est louche, il y a quelque chose de pas catholique dans qc *fam*
3. *fam* (*aussehen*) ■ **etw stinkt nach etw** *nach einem Unglücksfall, Mord, Verrat* qc sent qc
4. *sl* (*zuwider sein*) ■ **jd/etw stinkt jdm** qn/qc lui sort par les trous de nez *pop;* ■ **etw stinkt jdm** qn en a ras le bol [*o* plein le cul *vulg*] de qc *fam;* ■ **jdm stinkt etw an jdm/etw** qc de qn/dans qc débecte qn *fam;* ***was stinkt dir so an deiner Beschäftigung?*** qu'est-ce qui te débecte à ce point dans ce que tu fais?; ■ **jdm stinkt es etw zu tun zu müssen** qn en a ras le bol [*o* plein le cul *vulg*] [*o* en a sa claque] de faire qc *fam*
▸ **mir stinkt's!** *sl* j'en ai ras le bol *fam,* j'en ai plein le cul *vulg,* j'en ai ma claque *fam*
II. *vi impers* ■ **es stinkt [nach etw]** ça pue [qc]
stinkend *adj* puant(e), infect(e)
Stinkmorchel *f* phallus *m* [impudique] **Stinktier** *nt* sconse *m,* mouf[f]ette *f* **Stinkwut** *f fam* colère *f* noire, rage *f,* fureur *f* ▸ **jd hat eine ~ [auf jdn]** qn est en rogne [*o* en boule] [contre qn] *fam*
Stint <-[e]s, -e> *m* éperlan *m*
Stipendiat(in) <-en, -en> *m(f)* boursier(-ière) *m(f)*
Stipendium <-s, -dien> [-diən] *nt* bourse *f* [d'études]
stippen *vt* DIAL ■ **jd stippt etw in etw** (*akk*) qn trempe qc dans qc
Stippvisite [-vi-] *f fam* visite *f* éclair *fam*
▸ **jd macht bei jdm eine ~** qn fait une visite éclair à qn [*o* un saut chez qn] *fam*
stirbt *3. pers pres von* **sterben**
Stirn <-, -en> *f* front *m*
▸ **jd bietet jdm/einer S. die ~** *geh* qn fait front contre qn/qc *littér;* **jdm steht etw auf der ~ geschrieben** *geh* qc se lit sur le front [*o* le visage] de qn; **jd hat** [*o* **besitzt**] **die ~ etw zu tun** qn a l'audace [*o* le front *littér*] de faire qc; **jd runzelt die ~, jd zieht die ~ kraus** qn plisse le front, qn fronce les sourcils
Stirnband <-bänder> *nt* serre-tête *m,* bandeau *m* **Stirnfalte** *f* ride *f* au front **Stirnglatze** *f* front *m* dégarni
Stirnhöhle *f* sinus *m* frontal
Stirnhöhlenvereiterung *f* sinusite *f* frontale
Stirnrunzeln <-s> *nt* ∅ froncement *m* de[s] sourcils, plissement *m* du/de son front; ***an der Art seines ~s*** à sa façon de froncer les sourcils [*o* de plisser le front]
stob *imp von* **stieben**
stöbern *vi* ■ **jd stöbert in etw** (*dat*) **[nach etw]** qn fouille dans qc [à la recherche de qc]
stochern *vi* ■ **jd stochert [mit etw] in etw** (*dat*) *in einem Haufen* qn sonde qc [avec qc]; *im Feuer* qn tisonne qc [avec qc]; *in den Zahnlöchern* qn se cure qc [avec qc]
Stock[1] <-[e]s, ⸚e> *m* **1.** (*Holzstange*) bâton *m*
2. (*Topfpflanze*) plante *f* en pot
3. (*Bienen~*) ruche *f*
▸ **über ~ und Stein** par monts et par vaux; **jd geht am ~** *fam* qn est cre-

vé(e) [*o* vanné(e)] *fam*

Stock² <-[e]s, -> *m* étage *m;* ***ich wohne im 45.*** ~ j'habite au 45ᵉ étage

Stock³ <-s> *m* Ø CH purée *f* [de pommes de terre]

stock- *fam* **1.** (*völlig*) *-blind, -nüchtern, -solide* complètement, totalement; *~* ***besoffen*** fin soûl(e) *fam;* ~ ***taub*** sourd(e) comme un pot
2. (*eingefleischt*) *-konservativ* ultra...; *-katholisch* pur(e) et dur(e) *fam;* ***meine Tante ist*** *~* ***katholisch*** ma tante est une catholique pure et dure *fam*

Stockbett *nt* lit *m* à étages, lit *m* superposé *gén pl*

Stöckchen <-s, -> *nt dim von* **Stock** baguette *f,* bout *m* de bois

stockdunkel *adj fam Nacht* à couper au couteau *fam,* d'encre; ■ **es ist [irgendwo]** ~ il fait noir comme dans un four [quelque part], on n'y voit goutte [quelque part] *fam*

Stöckelabsatz *m* talon *m* haut, talon *m* aiguille

stöckeln *vi + sein fam* ■ **jd stöckelt durch/über etw** (*akk*) qn, perché(e) sur ses talons hauts, traverse qc

Stöckelschuh *m* chaussure *f* à talon aiguille; *~e* des talons aiguilles

stocken *vi* **1.** (*innehalten*) ■ **jd stockt** qn s'interrompt; ■ **jd stockt in etw** (*dat*) *im Satz, in der Rede* qn interrompt qc
2. (*stillstehen*) ■ **etw stockt** */Abwicklung, Produktion/* qc est interrompu(e); */Verkehr, Gespräch, Verhandlungen/* qc est bloqué(e)
▸ **etw gerät [*o* kommt] ins S~** qc s'enlise, qc tourne court

Stockerl <-s, -n> *nt* AUS (*Hocker*) tabouret *m*

stockfinster *adj fam s.* **stockdunkel. Stockfisch** *m* morue *f* séchée, stockfisch *m* **Stockfleck** *m* tache *f* [*o* piqûre *f*] d'humidité [*o* de moisissure] **Stockhieb** *m* coup *m* de bâton

Stockholm <-s> *nt* Stockholm

stocksauer *adj fam* furax *fam,* furieux(-euse); ■ **jd ist** ~ **[auf jdn]** qn est furieux(-euse) [*o* furax *fam*] [contre qn] **stocksteif I.** *adj fam Gang, Haltung* guindé(e); ***in*** *~****er Haltung standen die Wachen vor dem Portal*** les gardes se tenaient devant le portail, raides comme des piquets *hum* **II.** *adv fam* raide comme la justice [*o* un piquet] *hum*

Stockung <-, -en> *f* [*Diskussion, Gespräch*] interruption *f,* suspension *f,* arrêt *m;* [*Verhandlungen a.*] enlisement *m;* [*Abwicklung, Produktion*] paralysie *f,* interruption *f;* [*Verkehr*] paralysie *f,* blocage *m*
▸ **ohne** ~ sans interruption [*o* arrêt]

Stockwerk *nt* étage *m;* ***im obersten*** ~ au dernier étage

Stoff <-[e]s, -e> *m* **1.** (*textiles Material*) étoffe *f,* tissu *m;* ***die Stühle lassen wir mit*** ~ ***beziehen*** nous faisons recouvrir les chaises de tissu; ***aus was für einem*** ~ ***bestehen diese Gardinen?*** en quelle étoffe ces rideaux sont-ils?, comment s'appelle l'étoffe de ces rideaux?
2. (*Material*) matière *f*
3. (*Substanz*) matière *f,* substance *f*
4. (*thematisches Material*) matière *f*
5. (*Lehr~*) matière *f,* discipline *f*
6. (*Anregung*) matière *f;* ***etw gab*** ~ ***für ein angeregtes Gespräch/zum Nachdenken*** qc a donné matière à une conversation animée/à réflexion
7. Ø *sl* (*Rauschgift*) came *f arg;* (*Alkohol*) carburant *m fam*

Stoff- **1.** *-bezug, -gardine, -decke, -serviette* en tissu; *-schuh* de toile; ~***bespannung*** entoilage *m* **2.** (*mit Stoff bezogen*) *-sitz, -sofa, -sessel* garni(e) [*o* revêtu(e)] de tissu **Stoffballen** *m* rouleau *m* d'étoffe, pièce *f* de tissu

Stofffetzen^RR *m* morceau *m* de tissu [*o* d'étoffe]; (*zerlumpt*) lambeau *m* de tissu [*o* d'étoffe]

Stoffpuppe *f* poupée *f* de chiffon **Stofftier** *nt* [animal *m* en] peluche *f*

Stoffwechsel [-ks-] *m* métabolisme *m*

Stoffwechselkrankheit [-ks-] *f* maladie *f* [*o* trouble *m*] du métabolisme

stöhnen *vi* ■ **jd stöhnt** qn gémit; ***was stöhnst du immer so?*** qu'est-ce que tu as à toujours gémir [*o* geindre] [*o* te lamenter] comme ça?

Stöhnen <-s> *nt* Ø gémissement *m*
▸ **unter** ~ en gémissant

stöhnend I. *adj Mensch* qui gémit; *Stimme* gémissant(e), plaintif(-ive); *~****e Laute*** des gémissements *mpl*
II. *adv* (*mit stöhnender Stimme*) d'une voix gémissante [*o* plaintive], plaintivement; (*unter Stöhnen*) en gémissant

stoisch [ʃt-, 'st-] **I.** *adj geh* stoïque; *~****e Gelassenheit/Gleichmut/Ruhe*** stoïcisme *m*
II. *adv geh* stoïquement, avec stoïcisme; ***jd verhält sich*** ~ qn est stoïque

Stola <-, Stolen> ['ʃt-, 'st-] *f* étole *f*

Stollen¹ <-s, -> *m* MIN galerie *f*

Stollen² <-s, -> *m* GASTR ≈ gâteau *m* brioché aux raisins (*gâteau brioché consommé principalement pendant la période de Noël, parfois fourré de pâtes d'amandes*)

Stolperdraht *m* fil *m* de protection [au ras du sol]

stolpern *vi + sein* **1.** (*zu fallen drohen*) ■ **jd stolpert** qn trébuche; ■ **jd stolpert über etw** (*akk*) qn trébuche [*o* bute] sur [*o* contre] qc
2. (*als auffallend bemerken*) ■ **jd stolpert über etw** (*akk*) qn tombe en arrêt devant qc
3. (*seine Stellung verlieren*) ■ **jd stolpert über einen Menschen/etw** une personne/qc provoque la chute de qn

stolz *adj* **1.** *Mensch, Blick* fier(fière); *Gesichtsausdruck, Worte a.* plein(e) de fierté
2. (*hocherfreut*) *Mensch* heureux(-euse); *Lächeln a.* satisfait(e), [plein(e)] de contentement; ***mit*** *~****er Miene*** d'un air satisfait; ■ **jd ist** ~ **auf jdn/etw** qn est fier(fière) de qn/qc; ■ **jd ist** ~**, dass** qn est fier(fière) [*o* se félicite] que *+ subj*
3. *geh* (*erhebend*) *Anlass, Augenblick, Moment, Tag* glorieux(-euse), mémorable
4. *fam* (*imposant*) *Burg, Turm, Schiff, Ross* fier(fière), majestueux(-euse)
5. (*beträchtlich*) *Preis* substantiel(le); *Betrag, Einkommen a.* coquet(te) *gén antéposé; Summe a.* rondelet(te)

Stolz <-es> *m* Ø **1.** (*Selbstwertgefühl*) fierté *f,* amour-propre *m*
2. (*Zufriedenheit*) fierté *f,* satisfaction *f;* ■ **jds** ~ **auf jdn/etw** qn/qc qui fait [*o* est] la fierté de qn; ***der*** *~* ***des Vaters auf seine Kinder*** des enfants qui font [*o* sont] la fierté de leur père
▸ **jd/etw ist jds ganzer** ~ qn/qc est toute la fierté de qn

stolzieren * *vi + sein* ■ **jd/ein Tier stolziert irgendwohin** qn/un animal parade [*o* se pavane] quelque part

Stop-and-go <-s> ['stɔpˀənd'goʊ] *nt* Ø [circulation *f*] pare-chocs *m* contre pare-chocs

stopfen I. *vt* **1.** (*hineinzwängen*) ■ **jd stopft etw in etw** (*akk*) qn enfonce qc dans qc; ■ **jd stopft sich** (*dat*) **etw in etw** (*akk*) qn s'enfonce [*o* se fourre *fam*] qc dans qc; ***stopf dir mal das Hemd in die Hose*** rentre donc ta chemise dans ton pantalon
2. (*füllen*) ■ **jd stopft etw** *Kissen, Pfeife, Wurst* qn bourre qc; *Loch, Ritze* qn bouche qc; ***das Kissen ist zu prall gestopft*** ce coussin est trop bourré
3. (*ausbessern*) ■ **jd stopft etw** *Loch, Socken etc* qn raccommode qc, qn reprise qc
▸ **jd stopft etw voll** *fam* qn bourre qc
II. *vi* **1.** (*flicken*) ■ **jd stopft** qn raccommode, qn fait du raccommodage
2. (*sättigen*) ■ **etw stopft** qc est nourrissant(e) [*o* bourratif(-ive) *fam*]
3. *fam* (*schlingen*) ■ **jd stopft** qn se bourre *fam,* qn se goinfre *fam,* qn s'empiffre *fam*

Stopfen <-s, -> *m* DIAL bouchon *m*

Stopfgarn *nt* fil *m* à repriser **Stopfnadel** *f* aiguille *f* à repriser

stopp *interj* stop, halte
▸ ~ **mal** *fam* une seconde, minute *fam*

Stopp <-s, -s> *m* **1.** (*Halt*) arrêt *m*
2. FIN gel *m,* blocage *m*

-stopp *m Einstellungs-, Aufnahme-, Fang-, Siedlungs-, Zuzugs-* suspension *f* [*o* arrêt *m*] du/de la/des, cessation *f* de; *Preis-, Lohn-* gel *m* [*o* blocage *m*] du/de la/des

Stoppel¹ <-, -n> *f meist pl* **1.** (*Getreide~*) chaume *m*
2. (*Bart~*) poil *m* raide

Stoppel² <-s, -> *m* AUS *s.* **Stöpsel**

Stoppelbart *m* barbe *f* hérissée d'épis **Stoppelfeld** *nt* chaumes *mpl,* champ *m* moissonné

stoppelig *adj* hérissé(e) d'épis [de barbe], mal rasé(e)

Stoppelzieher <-s, -> *m* AUS (*Korkenzieher*) tire-bouchon *m*

stoppen I. *vt* **1.** (*anhalten*) ■ **jd stoppt jdn/etw** qn stoppe [*o* arrête] qn/qc
2. (*zum Stillstand bringen*) ■ **jd/etw stoppt etw** *Entwicklung, Produktion, Projekt, Vorhaben* qn/qc stoppe [*o* interrompt] qc
3. SPORT ■ **jd stoppt jdn/etw** qn chronomètre qn/qc
II. *vi* ■ **jd/etw stoppt [vor etw** (*dat*)**]** qn s'arrête [devant qc]; */Fahrzeug/* qc s'arrête [*o* stoppe] [devant qc]

Stopper <-s, -> *m* frein *m*

stopplig *adj s.* **stoppelig**

Stoppschild <-schilder> *nt* [panneau *m*] stop *m;* ***du hast ein*** ~ ***überfahren*** tu as brûlé un stop **Stoppstraße** *f* route *f*/rue *f* avec arrêt obligatoire **Stoppuhr** *f* chronomètre *m*

Stöpsel <-s, -> *m* **1.** (*Pfropfen*) bouchon *m*
2. *hum fam* (*Knirps*) moutard *m fam,* morpion *m péj fam*

stöpseln *vt* ■ **jd stöpselt etw in etw** (*akk*) qn met [*o* enfonce] qc dans qc

Stör <-[e]s, -e> *m* esturgeon *m*

störanfällig *adj* sujet(te) à des pannes, fragile

Storch <-[e]s, Störche> *m* cigogne *f*

Storchen- de/de la cigogne **Storchennest** *nt* nid *m* de/de la cigogne

Störchin *f* cigogne *f* femelle

Store <-s, -s> ['ʃto:ɐ, 'st-] *m* voilage *m*

stören I. *vt* **1.** (*hindern*) ■ **jd/etw stört jdn [bei etw]** qn/qc dérange [*o* gêne] qn [dans qc]; ***störe ich dich?*** [est-ce que] je te dérange?; ***ich störe dich jetzt ungern, aber ...*** je ne voudrais pas te déranger en ce moment, mais ...; ***der Lärm stört mich beim Telefonieren*** le bruit me gêne [*o* dérange] pour téléphoner
2. (*unterbrechen*) ■ **jd stört etw [durch etw]** *Rede, Vorlesung, Veranstaltung, Feier* qn trouble [*o* perturbe] qc [par qc]
3. (*beeinträchtigen*) ■ **etw stört jdn** */laute Musik, jds Rauchen/* qc gêne qn, qc dérange qn; ***stört dich mein Rauchen?*** [est-ce que] cela te dérange que [*o* si] je fume?
4. (*unangenehm berühren*) ■ **etw stört jdn [an jdm]** */Eigenart, Verhalten/* qc gêne [*o* contrarie] qn [chez qn]; ■ **etw stört jdn [an etw** (*dat*)**]** */Formulierung, Ton, Detail/* qc gêne [*o* ennuie] [*o* chiffonne *fam*] qn [dans qc]; ■ **es stört jdn, wenn jd etw tut** cela dérange [*o* gêne] qn que qn fasse qc
▸ **lass dich/lassen Sie sich nicht** ~! ne te dérange/ne vous dérangez pas!; ***lass dich von mir nicht*** ~! ne te dérange pas pour moi!; **das stört mich nicht** cela ne me dérange [*o* gêne] pas, ça m'est égal; *s. a.* **gestört**
II. *vi* **1.** (*unterbrechen*) ■ **jd stört** qn dérange
2. (*lästig sein*) ■ **etw stört [bei etw]** qc dérange [*o* gêne] [dans qc]; ***die Musik stört bei der Arbeit*** cette musique dérange quand on travaille
▸ **jd empfindet etw als ~d** qn trouve que qc est gênant(e); **jd empfindet es als ~d, wenn jd etw tut** qn trouve gênant(e) que qn fasse qc; ***empfinden Sie es als*** *~****d, wenn ich ...*** cela vous gêne-t-il [*o* vous dérange-t-il] que ... *+ subj*
III. *vr* ■ **jd stört sich an etw** (*dat*) qn se formalise de qc

Störenfried <-[e]s, -e> *m fam* empêcheur(-euse) *m(f)* de tourner en rond *fam,* gêneur(-euse) *m(f)*

Störer(in) <-s, -> *m(f)* perturbateur(-trice) *m(f)*

Störfaktor *m* élément *m* perturbateur **Störfall** *m* incident *m* **Störgeräusch** *nt* friture *f,* parasites *mpl* **Störmanöver** [-vɐ] *nt* manœuvre *f* perturbatrice [*o* de déstabilisation]

Storni *pl von* **Storno**

stornieren * *vt* ■ **jd storniert etw** *Auftrag, Bestellung, Reise* qn annule qc; *Buchung, Betrag* qn rectifie qc, qn corrige qc

Storno <-s, Storni> *m o nt* [*Reise, Auftrag*] annulation *f*; [*Buchung, Betrag*] rectification *f*, correction *f*; ***bei einem*** ~ en cas d'annulation

störrisch I. *adj* **1.** *Mensch* têtu(e), entêté(e), buté(e); *Tier* rétif(-ive), rebelle, récalcitrant(e)
2. *Haare* rebelle, indiscipliné(e); *Stoff, Garn* rêche
II. *adv*: ***jd verhält sich*** ~ qn fait preuve d'entêtement; ***jd stellt sich*** ~ ***an*** qn a tendance à s'entêter

Störsender *m* émetteur *m* de brouillage, brouilleur *m*

Störung <-, -en> *f* **1.** (*Unterbrechung*) dérangement *m*; [*Fest, Veranstaltung, Vortrag a.*] perturbation *f*; ***bitte keine*** ~, ***ich bin in einer Besprechung*** qu'on ne me dérange pas pendant mon rendez-vous; ***sie sorgten dafür, dass es zu keiner*** ~ ***der Veranstaltung kam*** ils firent en sorte que rien ne vienne perturber la manifestation; ***ich verbitte mir jegliche*** ~ ***bei der Arbeit!*** je ne tolérerai pas qu'on me dérange dans mon travail
2. RADIO, TV, TELEC dérangement *m*, perturbation *f*
3. (*technischer Defekt*) anomalie *f*, incident *m*
4. MED dérèglement *m*, dysfonctionnement *m*
► **atmosphärische** ~**en** METEO des perturbations *fpl* [atmosphériques]; (*gestörtes Verhältnis*) des tensions *fpl*

Störungsstelle *f* [service *m* des] dérangements *mpl*

Story <-, -s *o* Stories> ['stoːri, 'stɔri] *f fam* **1.** (*Geschichte*) histoire *f*; ***die*** ~ ***kaufe ich dir nicht ab!*** tu ne me feras pas avaler une histoire [*o* une fable] pareille! *fam*
2. MEDIA article *m*, papier *m*

Stoß[1] <-es, Stöße> *m* **1.** (*Schubs*) poussée *f*
2. (*das Zustoßen*) coup *m*; ***ein kräftiger*** ~ ***mit dem Messer*** un coup de couteau assené avec force
3. (*Anprall*) choc *m*, heurt *m*
4. (*Erschütterung*) secousse *f*, cahot *m*
5. (*Erd*~) secousse *f*
► **jd gibt sich** (*dat*) **einen** ~ qn fait un effort sur lui-même/elle-même; **jd versetzt jdm einen** ~ qn porte un coup à qn *soutenu*

Stoß[2] <-es, Stöße> *m* [*Bücher, Post etc*] pile *f*, tas *m*; [*Briefe, Papiere, Zeitungen, Akten a.*] liasse *f*

Stoßband <-bänder> *nt* [*Hose*] faux ourlet *m*, talonnette *f* **Stoßdämpfer** *m* amortisseur *m*

stoßen <stößt, stieß, gestoßen> I. *vt* + *haben* **1.** (*schubsen*) ■ **jd stößt jdn** qn pousse qn; ■ **jd stößt jdn in etw** (*akk*)/**vor etw** (*akk*) qn pousse qn dans/devant qc; ■ **jd stößt jdn aus etw** *aus dem Auto* qn pousse qn hors de qc; *aus dem Fenster* qn pousse qn par qc; ■ **jd stößt jdn von etw** qn pousse qn du haut de qc; ■ **jd stößt jdn mit etw** *mit einem Koffer, Regenschirm* qn pousse qn avec qc; *mit Fuß, Ellenbogen* qn pousse qn de qc
2. SPORT ■ **jd stößt etw** *Kugel, Stein* qn lance qc; *Gewicht* qn soulève qc à l'arraché
3. (*aufmerksam machen*) ■ **jd stößt jdn auf etw** (*akk*) qn lui met le nez sur qc
4. CH (*schieben*) ■ **jd stößt etw** qn pousse qc
II. *vr* + *haben* **1.** (*sich verletzen*) ■ **jd stößt sich** [**an etw** (*dat*)] qn se cogne [à qc]
2. (*sich prellen*) ■ **jd stößt sich** (*dat*) **etw** [**an etw** (*dat*)] *Körperteil* qn se cogne qc [à qc]
3. (*Anstoß nehmen*) ■ **jd stößt sich an jdm** qn se heurte à qn; ■ **jd stößt sich an etw** (*dat*) qn s'offusque de qc, qc choque qn; ***stößt du dich etwa an meinem Aussehen?*** c'est mon apparence qui te choque?
III. *vi* **1.** + *sein* (*auftreffen*) ■ **jd/etw stößt an etw** (*akk*) qn/qc heurte qc; ■ **jd/etw stößt gegen jdn/etw** qn/qc heurte qn/qc; ***wenn das Auto gegen eine Mauer stößt, löst sich der Airbag*** le coussin de sécurité se gonfle quand le véhicule percute un mur
2. + *haben* (*zustoßen*) ■ **jd/ein Tier stößt** [**mit etw**] **nach jdm** qn/un animal donne un coup/des coups [de qc] à qn
3. + *sein* (*grenzen*) ■ **etw stößt an etw** (*akk*) qc est contigu(ë) [*o* attenant(e)] à qc
4. + *sein* (*direkt hinführen*) ■ **jd/etw stößt auf etw** (*akk*) qn/qc débouche sur [*o* aboutit à] qc
5. + *sein* (*treffen*) ■ **jd stößt zu jdm** qn rejoint qn
6. + *sein* (*finden*) ■ **jd stößt auf jdn/etw** qn tombe sur [*o* rencontre] qn/qc
7. + *sein* (*konfrontiert werden*) ■ **jd/etw stößt auf etw** (*akk*) *auf Ablehnung, Widerstand* qn/qc rencontre [*o* se heurte à] qc; *auf Zustimmung* qn/qc rencontre qc
8. CH (*schieben, drücken*) ■ **jd stößt** qn pousse
► **sie** ~ **aufeinander** (*kämpfen*) /*Kämpfende, Truppen*/ ils/elles s'affrontent; *geh* (*sind konträr*) /*Gegensätze, Meinungen*/ ils/elles s'affrontent; **sie** ~ **gegeneinander** /*Teile*/ ils/elles se heurtent; /*Fahrzeuge*/ ils/elles se tamponnent

stoßfest *adj* résistant(e) aux chocs; ■ **etw ist** ~ qc résiste aux chocs **Stoßgebet** *nt* prière *f* courte et fervente ► **jd schickt ein** ~ **zum Himmel** qn adresse au ciel une prière courte et fervente **Stoßkarrette** <-, -n> *f* CH *s.* **Schubkarren. Stoßseufzer** *m* profond soupir *m* **Stoßstange** *f* pare-chocs *m*; ~ ***an*** ~ pare-chocs contre pare-chocs

stößt *3. pers pres von* **stoßen**

Stoßtrupp *m* troupe *f* de choc **Stoßverkehr** *m* heures *fpl* de pointe, encombrements *mpl* **Stoßwaffe** *f* arme *f* d'estoc **stoßweise** *adv* **1.** (*ruckartig*) par à-coups, par saccades **2.** (*in Stapeln*) en tas, en piles; ***auf diese Anzeige kamen*** ~ ***Bewerbungen*** cette annonce a été suivie d'une masse de candidatures **Stoßzahn** *m* défense *f* **Stoßzeit** *f* **1.** (*Hauptverkehrszeit*) heures *fpl* de pointe **2.** (*Hauptgeschäftszeit*) période *f* d'affluence

Stotterei <-, -en> *f fam* bégaiement *m*, bafouillage *m fam*; ***wenn sie sich aufregt, geht es mit der*** ~ ***los*** quand elle s'énerve, elle bégaie [*o* bafouille *fam*]

Stotterer <-s, -> *m*, **Stotterin** *f* bègue *mf*, bégayeur(-euse) *m(f)*, bafouilleur(-euse) *m(f) fam*

stottern I. *vi* **1.** (*stockend sprechen*) ■ **jd stottert** qn bégaie, qn bafouille *fam*; ■ **das S**~ le bégaiement, le bafouillage *fam*
2. (*spucken*) ■ **etw stottert** /*Motor*/ qc tousse, qc a des ratés
► **jd gerät** [*o* **kommt**] **ins S**~ qn se met à bégayer [*o* à bafouiller *fam*]
II. *vt* ■ **jd stottert etw** qn bredouille qc, qn balbutie qc, qn bafouille qc *fam*

Stövchen <-s, -> *nt* réchaud *m* (*sur lequel on pose la théière*)

StPO <-> [ɛsteːpeː'ʔoː] *f abk von* **Strafprozessordnung** ■ **die** ~ le code de procédure pénale

Str. *abk von* **Straße** r[ue]

stracks *adv* tout droit, directement, sur le champ; ***jetzt aber*** ~ ***nach Hause*** maintenant, tu files à la maison

Strafanstalt *f* établissement *m* pénitentiaire **Strafantrag** *m* réquisitoire *m* ► **jd stellt den/seinen** ~ qn prononce le/son réquisitoire, qn requiert une peine; **jd stellt** ~ [**gegen jdn**] /*Bürger*/ qn porte [*o* dépose] plainte [contre qn] **Strafanzeige** *f* plainte *f* ► **jd erstattet** ~ [**gegen jdn**] qn porte [*o* dépose] plainte [contre qn] **Strafarbeit** *f* devoir *m* supplémentaire, punition *f* ► **jd gibt jdm eine** ~ **auf** qn donne un devoir supplémentaire [*o* une punition] à qn

strafbar *adj* punissable, passible d'une sanction, répréhensible
► **jd macht sich** [**mit etw**] ~ qn est passible de sanctions [en faisant qc]; **jd macht sich** ~, **wenn er etw tut** qn est passible de sanctions en faisant qc

Strafe <-, -n> *f* **1.** (*Bestrafung*) punition *f*, sanction *f*
2. JUR (*Geld*~) amende *f*, contravention *f*; (*Haft*~) peine *f*; ***hohe*** ~***n*** de lourdes peines
► **die** ~ **folgt auf dem Fuße** la punition ne tarde pas [*o* ne traîne pas *fam*]; **jd bekommt seine gerechte** [*o* **verdiente**] ~ qn reçoit la punition [*o* le châtiment] qu'il/elle mérite; **jd büßt** [*o* **sitzt**] [*o* **brummt** *fam*] **seine** ~ **ab** qn purge sa peine; **das ist die** ~ [**dafür**]! *fam* tu ne l'as/il ne l'a pas volé *fam*, tu n'as à t'en prendre qu'à toi-même/il n'a à s'en prendre qu'à lui-même; **etw ist die** ~ **dafür, dass jd etw getan hat** qc arrive parce que qn a fait qc; **jd/etw ist eine** ~ *fam* qn/qc est une plaie [*o* une calamité] *fam*; **es ist eine** ~ **etw zu tun** *fam* c'est une plaie [*o* une calamité] [d'être obligé(e)] de faire qc *fam*; ~ **muss sein!** il faut [qu'il y ait] une sanction!; **es ist bei** ~ **verboten etw zu tun** il est interdit de faire qc, sous peine de sanction; **jd zahlt** ~ qn paie une amende [*o* une contravention]; **zur** ~ comme punition [*o* sanction]

strafen *vt* **1.** *geh* (*bestrafen*) ■ **jd/etw straft jdn** [**für etw**] qn/qc punit [*o* châtie *littér*] qn [pour qc]
2. (*behandeln*) ■ **jd straft jdn mit etw** *mit Hohn, Nichtachtung, Verachtung* qn répond à qn par qc, qn oppose qc à qn
► **jd ist mit jdm/etw gestraft** qn doit supporter qn/qc, qn est affligé(e) de qn *hum*; ***mit dieser aufreibenden Arbeit bin ich wirklich gestraft*** ce travail éreintant est un vrai supplice

strafend I. *adj* réprobateur(-trice), de reproche
II. *adv ansehen* d'un air réprobateur

StraferlassRR *m* remise *f* de peine; (*der gesamten Strafe*) amnistie *f*

straff I. *adj* **1.** (*fest gespannt*) tendu(e)
2. *Busen, Haut* ferme
3. (*aufrecht*) *Erscheinung, Gestalt, Haltung* fier(fière), altier(-ière) *littér*
4. (*eng anliegend*) *Kleidungsstück, Sitz* étroit(e), serré(e)
5. (*streng*) *Disziplin, Organisation, Reglement* sévère, strict(e), rigoureux(-euse)
II. *adv* **1.** (*dass es* ~ *ist*) étroitement; *spannen* fortement; ***die Fesseln wurden ganz*** ~ ***angezogen*** les liens furent tendus au maximum; ***die Laken müssen*** ~ ***gezogen werden*** les draps doivent être bien tirés
2. (*eng*) *umschließen* étroitement; ***etw sitzt etwas zu*** ~ qc est un peu trop serré(e)
3. (*fest*): ~ ***gescheiteltes Haar*** des cheveux plaqués avec une raie; ~ ***zurückgekämmte Haare*** des cheveux plaqués rejetés en arrière
4. (*streng*) *organisieren, reglementieren* strictement, rigoureusement

straffällig *adj* JUR *Mensch* délinquant(e); ~***e Jugendliche*** de jeunes délinquants; ■ **jd wird** ~ qn tombe dans la délinquance; ■ **jd ist** ~ **geworden** qn a commis un délit

straffen I. *vt* **1.** (*anziehen*) ■ **jd strafft etw** qn tend qc, qn serre qc
2. (*kürzen*) ■ **jd strafft etw** *Artikel, Text etc* qn condense qc, qn resserre qc
3. MED ■ **jd strafft** [**jdm**] **etw** *Bauch, Haut, Wangen etc* qn lui raffermit [*o* retend] qc; *Gesäß, Busen* qn lui raffermit qc; ■ **jd lässt sich** (*dat*) **etw** ~ qn se fait raffermir [*o* retendre] qc
II. *vr* ■ **etw strafft sich** qc se tend

straffrei *adj* ► **jd bleibt** ~ qn demeure impuni(e); **jd geht** ~ **aus** qn reste exempt(e) de toute peine **Straffreiheit** *f* ∅ impunité *f* **Strafgefangene(r)** *f(m) decl wie adj* prisonnier(-ière) *m(f)*, détenu(e) *m(f)* **Strafgericht** *nt geh* jugement *m*, châtiment *m* **Strafgesetzbuch** *nt* code *m* pénal **Straflager** *nt* camp *m* d'internement

sträflich I. *adj* coupable, inadmissible, impardonnable
II. *adv* ce qui est coupable [*o* inadmissible] [*o* impardonnable]

Sträfling <-s, -e> *m* bagnard *m*, forçat *m*

Strafmandat *nt* contravention *f* ► **jd bekommt** [**für etw**] **ein** ~ qn reçoit une contravention [pour qc] **Strafmaß** *nt* peine *f*; ***das höchste*** ~ la plus lourde peine **Strafpredigt** *f fam* sermon *m*, engueulade *f fam* ► **jd hält jdm eine** ~ qn passe un savon à qn *fam*, qn engueule qn *fam* **Strafprozess**RR *m* procès *m* pénal [*o* criminel] **Strafprozessordnung**RR *f* code *m* de procédure pénale [*o* criminelle] **Strafraum** *m* surface *f* de réparation **Strafrecht** *nt* droit *m* pénal **Strafrechtler(in)** <-s, -> *m(f)* juriste *mf* pénal(e) [*o* criminel(le)] **strafrechtlich** *adj* pénal(e), criminel(le) ▸ **jd belangt jdn [wegen etw]** ~ qn poursuit qn en juridiction pénale [pour qc] **Strafregister** *nt* registre *m* pénal, casier *m* judiciaire, sommier *m* **Strafrichter(in)** *m(f)* juge *m* pénal [*o* criminel] **Strafsache** *f* affaire *f* pénale [*o* criminelle] **Strafstoß** *m* pénalty *m* **Straftat** *f* délit *m*, acte *m* délictueux **Straftäter(in)** *m(f)* délinquant(e) *m(f)* **Strafverfahren** *nt* JUR procédure *f* pénale [*o* criminelle] **strafversetzen** * *vt nur infin und pp* ■ **jd wird [irgendwohin] strafversetzt** qn est déplacé(e) [*o* muté(e)] d'office [quelque part] [par mesure disciplinaire] **Strafversetzung** *f* déplacement *m* [*o* mutation *f*] d'office [par mesure disciplinaire] **Strafverteidiger(in)** *m(f)* avocat(e) *m(f)* du pénal **Strafvollzug** *m* régime *m* pénitentiaire **Strafvollzugsanstalt** *f form* maison *f* d'arrêt, établissement *m* pénitentiaire **Strafzettel** *m fam* contravention *f*, contredanse *f fam*

Strahl <-[e]s, -en> *m* **1.** (*Licht~, Sonnen~*) rayon *m*
2. *pl* PHYS (*Wellen*) ondes *fpl;* (*radioaktiv, Röntgen~ a.*) radiations *fpl*, rayons *mpl*
3. (*herausspritzende Flüssigkeit*) jet *m*

strahlen *vi* **1.** (*leuchten*) ■ **etw strahlt** qc brille; ■ **etw strahlt auf jdn/gegen etw/in etw** (*akk*) qc éclaire [*o* illumine] qn/qc; ***diese Lampe strahlt mir genau ins Gesicht*** la lumière de cette lampe m'éclaire en plein visage; ***die heiße Sonne strahlte auf seinen ungeschützten Leib*** les rayons brûlants du soleil frappaient son corps sans défense
2. (*Radioaktivität abgeben*) ■ **etw strahlt** qc rayonne, qc irradie, qc émet des radiations
3. (*ein freudiges Gesicht machen*) ■ **jd strahlt [vor etw** (*dat*)**]** qn rayonne [de qc]; ***er strahlte übers ganze Gesicht*** son visage était rayonnant
4. (*glänzen*) ■ **etw strahlt [vor etw** (*dat*)**]** *vor Sauberkeit, Frische* qc brille [de qc], qc est éclatant(e) [de qc], qc est étincelant(e) [de qc]

Strahlen- **1.** (*radioaktiv*) *-material, -müll, -unfall* radioactif(-ive); *-dosis, -opfer* de radiations; *-kranker, -tod, -toter* par irradiation; *-experte* en radioactivité; *-wert* de radioactivité; ***s~belastet/s~geschädigt/s~krank/ s~verseucht*** irradié(e); ***s~induziert*** dû(due) à la radioactivité; ***~messer*** actinomètre *m;* ***~schaden*** dommage *m* dû aux radiations, radiolésion *f;* ***~schutz/ ~sicherheit*** protection *f* contre les radiations, radioprotection *f;* ***~waffe*** arme *f* au laser
2. (*auf Röntgenstrahlen bezüglich*): ***~mediziner*** radiothérapeute *m;* ***~dosis*** dose *f* de rayonnements reçus [*o* radiations reçues]
3. (*auf Strahlen generell bezüglich*): ***s~arm*** de faible rayonnement; ***~botschaft*** radiomessage *m;* ***~dichte*** radiofréquence *f*

strählen I. *vt* CH ■ **jd strählt [jdm/sich] die Haare** qn peigne qn/se peigne
II. *vr* CH ■ **jd strählt sich** qn se peigne

Strahlenbehandlung *f* radiothérapie *f* **Strahlenbelastung** *f* exposition *f* aux radiations, irradiation *f*

strahlend I. *adj* **1.** *Tag, Wetter* radieux(-euse), resplendissant(e)
2. *Gesicht, Lächeln* radieux(-euse), rayonnant(e); *Sieg* éclatant(e)
3. (*radioaktiv verseucht*) radioactif(-ive)
II. *adv* (*freudestrahlend*) l'air radieux

Strahlenkrankheit *f* contamination *f* radioactive **Strahlentherapie** *f s.* **Strahlenbehandlung**

Strahler <-s, -> *m* (*Leuchte*) spot *m*
Strahltriebwerk *nt* réacteur *m*
Strahlung <-, -en> *f* rayonnement *m*
strahlungsarm *adj* antiradiation
Strähne <-, -n> *f* mèche *f*
strähnig *adj* en mèches poisseuses; ■ **etw ist** ~ qc est poisseux(-euse)

stramm I. *adj* **1.** (*straff*) tendu(e); ■ **etw wird** ~ qc se tend
2. (*eng anliegend*) *Kleidungsstück* serré(e); ***er überprüfte den ~en Sitz des Gurtes*** il vérifia si la ceinture était bien serrée
3. (*kräftig*) *Baby, Bursche, Kerl, Maid* solide, robuste
4. (*drall*) *Beine, Waden* potelé(e), dodu(e); *Hintern* rebondi(e), dodu(e); *Brüste* plantureux(-euse), opulent(e)
5. *fam* (*intensiv*) *Marsch, Arbeit* dur(e), sévère, carabiné(e) *fam*
6. (*aufrecht*) *Haltung* raide, rigide; ***die Wachen nahmen ~e Haltung an*** les sentinelles se sont mises au garde-à-vous
7. (*linientreu*) *Sozialist, Kommunist* strict(e), pur(e) et dur(e)
II. *adv* **1.** (*eng anliegend*) *sitzen, binden* solidement, étroitement; ***die Fesseln sitzen*** ~ les liens sont étroitement serrés; ***die Socken sitzen zu*** ~ ces chaussettes sont trop serrées
2. *fam arbeiten* d'arrache-pied; *marschieren* d'un bon train

strammlstehen *vi irreg* ■ **jd steht [vor jdm] stramm** qn se tient au garde-à-vous [devant qn] **strammlziehen** *s.* **ziehen I.▸**

Strampelhöschen [-høːsçən] *nt* barboteuse *f*

strampeln *vi* **1.** + *haben* (*treten*) ■ **jd strampelt [mit etw]** *mit den Beinen* qn gigote/qn remue qc
2. + *sein fam* (*Rad fahren*) ■ **jd strampelt** qn pédale
3. + *haben fam* (*sich abmühen*) ■ **jd strampelt** qn se démène *fam*, qn en met un coup *fam*

Strand <-[e]s, Strände> *m* plage *f;* ***am*** ~ sur la plage
Strandbad *nt* plage *f*

stranden *vi* + *sein* **1.** (*auf Grund laufen*) ■ **etw strandet irgendwo** qc [s']échoue quelque part
2. *geh* (*scheitern*) ■ **jd strandet [in etw** (*dat*)**]** qn échoue [dans qc]

Strandgut *nt* ∅ épaves *fpl* **Strandhafer** *m* gourbet *m*, oyat *m* **Strandhotel** *nt* hôtel *m* en bordure de mer/lac **Strandkorb** *m* abri *m* de plage, fauteuil-cabine *m* en osier **Strandpromenade** *f* front *m* de mer, promenade *f* de la plage

Strang <-[e]s, Stränge> *m* **1.** (*Strick*) corde *f*
2. (*Bündel von Fäden*) écheveau *m*
▸ **sie ziehen am gleichen [*o* an demselben]** ~ *fam* ils/elles tirent [*o* poussent] dans le même sens *fam;* **jd haut [*o* schlägt] über die Stränge** *fam* qn se croit tout permis, qn ne se sent plus [pisser] *fam;* **wenn alle Stränge reißen** si besoin est, en dernier recours

Strangulation <-, -en> [ʃtraŋgula'tsioːn] *f* strangulation *f*

strangulieren * [ʃtraŋgu'liːrən] I. *vt* ■ **jd stranguliert jdn** qn étrangle qn
II. *vr* ■ **jd/ein Tier stranguliert sich** qn/un animal s'étrangle

Strapaze <-, -n> *f* fatigue *f*
strapazfähig *adj* AUS *s.* **strapazierfähig**

strapazieren * I. *vt* **1.** (*stark beanspruchen*) ■ **jd strapaziert etw** *Kleidungsstück* qn use qc; *Schuhe a.* qn fatigue qc; *Sitzmöbel, Material* qn soumet qc à rude épreuve, qn malmène qc
2. (*jds Nerven belasten*) ■ **jd strapaziert jdn [mit etw]** qn use qn [avec qc], qn pousse qn à bout [avec qc]
3. (*überbeanspruchen*) ■ **jd/etw strapaziert etw** *Geduld, Nerven, Nervenkostüm* qn/qc met qc à bout, qn/qc use qc
4. *fam* (*zu häufig verwenden*) ■ **jd strapaziert etw** *Ausrede, Begriff, Parole* qn ressasse qc, qn rabâche qc *fam*
II. *vr* ■ **jd strapaziert sich [bei etw]** qn s'éreinte [*o* s'épuise] [à qc/à faire qc]

strapazierfähig *adj* résistant(e), solide
strapaziös *adj geh* fatigant(e), harassant(e), épuisant(e)
Straps <-es, -e> *m* porte-jarretelles *m*
Straßburg <-s> *nt* Strasbourg

Straße <-, -n> *f* **1.** (*Verkehrsweg*) rue *f;* (*Land~*) route *f;* (*Fahr~*) route *f*, chaussée *f;* ***auf der/die*** ~ dans la rue/sur la route; ***er geht über die*** ~ il traverse la rue/la route; ***über der*** ~ de l'autre côté de la rue; ***ich gehe durch die ~n [der Stadt]*** je parcours les rues [de la ville]; ***in welcher ~ wohnst du?*** [dans] quelle rue habites-tu?
2. (*das Volk*) ■ **die** ~ la rue
▸ **die ~ von Dover** le Pas de Calais; **die ~ von Gibraltar/Messina** le détroit de Gibraltar/Messine; **auf offener** ~ en pleine rue; **jd geht auf die** ~ qn descend dans la rue; **jd liegt auf der** ~ qn est à la rue [*o* sur le pavé]; **jd setzt jdn auf die** ~ *fam* qn met [*o* jette] qn à la rue [*o* sur le pavé]; **jd sitzt [*o* steht] auf der** ~ *fam* qn se retrouve à la rue [*o* sur le pavé]

Straßenarbeiten *pl* travaux *mpl* [de voirie] **Straßenarbeiter(in)** *m(f)* cantonnier(-ière) *m(f)*

Straßenbahn *f* tram[way] *m*
▸ **jd fährt mit der** ~ qn prend le tram[way]

Straßenbahnfahrer(in) *m(f)* **1.** (*Führer*) conducteur(-trice) *m(f)* de tram[way] **2.** (*Fahrgast*) usager(-ère) *m(f)* du tram[way] ▸ **jd ist** ~ qn voyage en tram[way], qn est usager(-ère) du tram[way] **Straßenbahnhaltestelle** *f* arrêt *m* de/du tram[way] **Straßenbahnlinie** [-liːniə] *f* ligne *f* de tram[way] **Straßenbahnschiene** *f* rail *m* de tram[way]

Straßenbau *m* ∅ **1.** (*Industrie*) travaux *mpl* publics; ***er ist Bauingenieur im*** ~ il est ingénieur des Ponts et Chaussées [*o* des Travaux publics] **2.** (*Bauen von Straßen*) construction *f* de routes; ***das Verkehrswegenetz soll durch zusätzlichen ~ um 1253 km erweitert werden*** le réseau routier sera élargi par la construction de 1253 km de routes supplémentaires **Straßenbauamt** *nt* ADMIN Ponts et Chaussées *mpl;* ***das kommunale*** ~ la voirie urbaine **Straßenbelag** *m* revêtement *m* de la chaussée **Straßenbeleuchtung** *f* éclairage *m* public; ***die ~ geht an/aus*** les lampadaires s'allument/s'éteignent **Straßen[benutzungs]gebühr** *f* taxe *f* routière **Straßendecke** *f s.* **Straßenbelag. Straßenfeger(in)** <-s, -> *m(f)* balayeur(-euse) *m(f)* **Straßenglätte** *f* verglas *m;* ***Gefahr von*** ~ risque de verglas; (*wegen Schnee, Schlamm*) risque de route glissante **Straßengraben** *m* fossé *m;* ***das Auto landete im Straßengraben*** la voiture est allée au fossé **Straßenhändler(in)** *m(f)* marchand(e) *m(f)* ambulant(e) **Straßenkampf** *m meist pl* combat *m* de rues **Straßenkarte** *f* carte *f* routière **Straßenkehrer(in)** <-s, -> *m(f)* DIAL *s.* **Straßenfeger. Straßenkreuzer** <-s, -> *m fam* grosse bagnole *f* [américaine] *fam* **Straßenkreuzung** *f* (*in einer Ortschaft*) carrefour *m;* (*außerhalb einer Ortschaft a.*) croisement *m*, intersection *f* **Straßenlage** *f* tenue *f* de route **Straßenlärm** *m* bruit *m* de la circulation **Straßenmusikant(in)** *m(f)* MUS musicien(ne) *m(f)* ambulant(e) **Straßenname** *m* nom *m* de/de la rue **Straßenrand** *m* bas-côté *m*, accotement *m;* ***am*** ~ sur le bord de la route, sur le bas-côté **Straßenreinigung** *f* **1.** (*das Reinigen*) nettoyage *m* des rues **2.** (*Dienststelle*) service *m* de voirie **Straßensammlung** *f* collecte *f* [*o* quête *f*] [sur la voie publique] **Straßensänger(in)** *m(f)* chanteur(-euse) *m(f)* de rue **Straßenschild** <-schilder> *nt* plaque *f* de rue **Straßensperre** *f* barrage *m* routier; ***jd durchbricht eine ~ der Polizei*** qn force un barrage de police **Straßensperrung** *f* interruption *f* de trafic; ***eine vorübergehende ~ war erforderlich*** il a fallu interrompre provisoirement le trafic [*o* neutraliser provisoirement la circulation] **Straßenstrich** *m fam* quartier *m* chaud *fam;* ***jd arbeitet auf dem*** ~ qn fait le trottoir *fam;* ***jd geht auf den*** ~ qn fait le tapin *vulg;* ***die Nutten vom ~*** *pej sl* les tapineuses *fpl arg* **Straßenverkehr** *m* circulation *f* routière, trafic *m* routier **Straßenverkehrsordnung** *f* code *m* de la route **Straßenwischer(in)** <-s, -> *m(f)* CH *s.* **Straßenfeger**

Stratege <-n, -n> [ʃtra'teːgə, st-] *m*, **Strategin** *f* stratège *m;* ***ein kluger ~/eine kluge ~in*** un fin stratège

Strategie <-, -en> [ʃtrate'giː, st-, -'giːən] *f* stratégie *f*

-strategie [-ʃtrategiː, -st-] *f* (*taktisches Vorgehen*): ***Werbe-/Wahl~*** stratégie *f* publicitaire/électorale; ***Expansions~*** manœuvre *f* expansionniste; ***Behandlungs~*** thérapie *f;* ***Verdunkelungs~*** manœuvre *f* de dissimulation; ***Aufhol~*** politique *f* de rattrapage des salaires

Strategiepapier [ʃtra-, st-] *nt* plan *m* d'action

strategisch [ʃtra-, st-] I. *adj* stratégique
II. *adv* **1.** (*im Sinne der Militärstrategie*) sur le plan stratégique, stratégique-

ment
2. *fig handeln, vorgehen* savamment; ***jd denkt*** ~ qn raisonne de manière méthodique; ***ein ~ denkender Mensch*** un esprit méthodique; ~ ***geschickt*** d'une manière savamment calculée

Stratosphäre [ʃtra-, st-] *f Ø* stratosphère *f*

sträuben I. *vr* 1. *(sich widersetzen)* ■ **jd sträubt sich** qn regimbe; ■ **jd sträubt sich gegen etw** *gegen ein Ansinnen* qn renâcle à qc, qn s'insurge contre qc; *gegen einen Plan, Versuch* qn s'oppose à qc
2. *(sich aufrichten)* ■ **etw sträubt sich** */Fell, Gefieder/* qc se hérisse; ■ **etw sträubt sich einem Tier** un animal a qc qui se hérisse
II. *vt* ■ **ein Tier sträubt etw** un animal hérisse son/sa/ses qc

Strauch <-[e]s, Sträucher> *m* buisson *m,* arbuste *m*

straucheln *vi + sein geh* 1. *(straffällig werden)* ■ **jd strauchelt** qn tourne mal
2. *(stolpern)* ■ **jd strauchelt [über etw** *(akk)***]** qn trébuche [sur qc]

Strauß[1] <-es, Sträuße> *m (Blumen~)* bouquet *m* [de fleurs]

Strauß[2] <-es, -e> *m* ORN autruche *f*

Straußenfeder *f* plume *f* d'autruche

Strauß[en]wirtschaft *f* SDEUTSCH, AUS *taverne temporaire installée par le vigneron après les vendanges*

strawanzen *vi + sein* AUS, SDEUTSCH *fam (streunen)* ■ **jd strawanzt** qn vagabonde

Streamer <-s, -> ['striːmɐ] *m* streamer *m*

Strebe <-, -n> *f* contre[-]fiche *f; (in Kathedrale)* arc-boutant *m*

streben *vi* 1. + *haben* ■ **jd strebt nach etw** *nach Zufriedenheit, Ruhm* qn aspire à qc, qn recherche qc; ***jd strebt nach Anerkennung*** qn aspire [*o* cherche] à être reconnu(e); ■ **jd strebt danach etw zu tun** qn s'efforce [*o* ambitionne] de faire qc
2. + *sein geh* ■ **jd strebt irgendwohin** qn se dirige quelque part; *zum Ausgang, zur Tür* qn gagne qc; ***alle strebten gleichzeitig zum Ausgang*** tous se pressaient en même temps vers la sortie; ***jd strebt ins Freie/ins Grüne*** qn se précipite dehors/qn se met au vert; ***Tausende von Menschen strebten zum Strand*** des milliers de personnes affluaient vers la plage
▶ **sie ~ auseinander** *geh /Meinungen, Tendenzen/* ils/elles divergent; **auseinander ~d** divergent(e)

Streben <-s> *nt Ø geh* aspiration *f,* ambition *f;* ■ ~ **nach etw** quête *f* [*o* soif *f*] de qc, aspiration *f* à qc

Strebepfeiler *m* contrefort *m*

Streber(in) <-s, -> *m(f) pej fam* arriviste *mf;* SCOL fayot(e) *m(f) fam;* ***sie gilt als ~in*** elle passe pour être fayot [*o* une fayote] *fam*

strebsam *adj Schüler* assidu(e); *Mitarbeiter* zélé(e)

Strebsamkeit <-> *f Ø [Schüler]* assiduité *f; [Mitarbeiter]* zèle *m*

Strecke <-, -n> *f* 1. *(Weg~)* route *f; (zurückgelegte ~)* trajet *m; (vorgegebene Route)* itinéraire *m;* ***es ist noch eine ziemliche ~ zu gehen/fahren*** il y a encore un bon bout de chemin à faire; ***ich kenne die ~ gut*** je connais bien le chemin
2. *[Bahnlinie]* ligne *f* [de chemin de fer]
3. SPORT distance *f*
▶ **auf freier** [*o* **offener**] ~ EISENBAHN *halten, stoppen* en rase campagne; **auf halber** ~ à mi-chemin; **über weite ~n** *(akk)* **[hin]** sur de grandes étendues; ***der Film war über weite ~n hin langweilig*** de nombreux passages du film étaient ennuyeux; **jd bleibt [bei etw/in etw** *(dat)***] auf der** ~ *fam* qn reste sur le carreau [lors de/dans qc] *fam;* **etw bleibt [bei etw] auf der** ~ qc passe à la trappe, qc est mis(e) au rancart *fam;* **jd bringt jdn zur** ~ *Terrorist, Verbrecher* qn met qn hors d'état de nuire *fam*

strecken I. *vt* 1. *(recken)* ■ **jd streckt etw irgendwohin** *Arme, Beine, Kopf* qn tend [*o* allonge] qc quelque part; ***jd streckt den Kopf in die Höhe*** qn tend le cou; ***jd streckt den Oberkörper*** qn se redresse; ***jd streckt den Finger*** qn lève le doigt
2. *fam (ergiebiger machen)* ■ **jd streckt etw** *Suppe, Soße* qn allonge qc; *Heroin* qn coupe qc; ***die Suppe wird mit Wasser gestreckt*** la soupe est étendue d'eau
3. *fam (länger ausreichen lassen)* ■ **jd streckt etw [um etw]** *Vorräte* qn fait durer qc [pendant qc]
II. *vr* ■ **jd/ein Tier streckt sich** qn/un animal s'étire

Streckenabschnitt *m* tronçon *m* **Streckennetz** *nt* réseau *m* ferroviaire **Streckenstilllegung**[RR] *f* fermeture *f* de ligne **Streckenwärter(in)** *m(f)* garde-voie *m;* ***sie ist ~in*** elle est garde-voie **streckenweise** *adv* par endroits; ***die Autobahn ist ~ nur einspurig befahrbar*** sur certaines portions de l'autoroute, on ne roule que sur une file

Streckmuskel *m* [muscle] extenseur *m*

Streetworker(in) <-s, -> ['striːtwøːɐkɐ] *m(f)* éducateur(-trice) *m(f)* de rue

Streich <-[e]s, -e> *m* 1. *(Schabernack)* plaisanterie *f,* blague *f;* ***ein böser/bösartiger ~*** une plaisanterie de mauvais goût, une mauvaise plaisanterie
2. *geh (Schlag)* coup *m*
▶ **jd spielt jdm einen** ~ qn fait une farce à qn, qn joue un tour à qn; **etw spielt jdm einen** ~ */Erinnerungsvermögen, Gedächtnis, Fantasie/* qc joue des tours à qn; **jd versetzt jdm einen ~ [mit etw]** *geh* qn assène un coup de qc à qn

Streicheleinheiten *pl hum fam (Zärtlichkeit)* câlins *mpl; (Lob, Anerkennung)* éloges *mpl,* compliments *mpl;* ***jd bekommt zu wenig ~*** qn est en mal d'affection; ***jd lässt jdm ein paar ~ zukommen*** qn fait quelques compliments à qn

streicheln *vt* ■ **jd streichelt jdn/ein Tier/etw** qn caresse qn/un animal/qc; ■ **jd streichelt jdm etw** qn lui caresse qc, qn caresse qc de qn; ■ **das S~** les caresses *fpl;* ***ein sanftes S~*** des effleurements

streichen <strich, gestrichen> I. *vt + haben* 1. *(mit Farbe bestreichen)* ■ **jd streicht etw [mit etw]** qn peint qc [avec qc]; ***wir sollten das Wohnzimmer neu ~*** nous devrions repeindre le salon
2. *(schmieren)* ■ **jd streicht etw [auf etw** *(akk)***]** qn étale [*o* tartine] qc [sur qc]; ■ **jd streicht jdm/sich etw** qn lui/se fait une tartine de qc; ***weicher Käse lässt sich gut ~*** le fromage à pâte molle est facile à tartiner; ***streich dir die Butter/Wurst nicht so dick aufs Brot*** n'étale pas autant de beurre/de pâté sur le pain
3. *(ausstreichen)* ■ **jd streicht etw** qn raye qc; *Wort a.* qn barre qc; ■ **jd streicht jdn [aus etw]** *offizielle Liste, Berufsregister* qn raye [*o* radie] qn [de qc]
4. *(zurückziehen)* ■ **jd streicht etw** *Unterstützung, Zuschuss* qn supprime qc; *Auftrag, Projekt* qn annule qc; ■ **jd streicht jdm etw** *Unterstützung, Auftrag, Projekt* qn retire qc à qn; *Zuschuss* qn supprime qc à qn
II. *vi* 1. + *haben (darüber fahren)* ■ **jd streicht über etw** *(akk)* qn passe la main sur qc; ■ **jd streicht jdm über etw** *über die Haare* qn lui passe la main dans qc, qn passe la main dans qc de qn; *über den Kopf, das Gesicht* qn lui pose la main sur qc, qn pose la main sur qc de qn; ***er strich dem Kind mit der Hand über die Haare*** il caressa les cheveux de l'enfant
2. + *sein (streifen)* ■ **jd/ein Tier streicht irgendwohin** qn/un animal rôde quelque part

Streicher(in) <-s, -> *m(f)* MUS joueur(-euse) *m(f)* d'un instrument à cordes; ***sie ist ~in*** elle joue d'un instrument à cordes; ***die ~*** les cordes *fpl*

Streichholz *nt* allumette *f*

Streichholzschachtel *f* boîte *f* d'allumettes

Streichinstrument *nt* MUS instrument *m* à cordes; ***die ~e*** les cordes *fpl* **Streichkäse** *m* fromage *m* à tartiner **Streichmusik** *f* musique *f* pour instruments à cordes **Streichorchester** *nt* orchestre *m* à cordes **Streichquartett** *nt* quatuor *m* à cordes **Streichquintett** *nt* quintette *m* à cordes

Streichung <-, -en> *f* 1. *(das Streichen)* suppression *f;* ***durch ~ ganzer Kapitel*** en rayant [*o* supprimant] des chapitres entiers; ***ich schlage die ~ des ganzen Abschnitts vor*** je propose de rayer [*o* supprimer] tout le paragraphe
2. *[Unterstützung, Zuschuss]* suppression *f; [Projekt, Auftrag]* annulation *f,* retrait *m*
3. *(gestrichene Textstelle)* passage *m* supprimé

Streichwurst *f* pâté *m* [à tartiner]

Streife <-, -n> *f* patrouille *f*
▶ **jd ist/geht auf** ~ qn est/part en patrouille

streifen I. *vt + haben* 1. *(flüchtig berühren)* ■ **jd streift jdn** qn frôle qn; ■ **jd streift jdn mit etw** qn effleure qn de [*o* avec] qc; ■ **etw streift jdn [an etw** *(dat)***]** */Geschoss, Fahrzeug, Schlag/* *am Arm, Kopf, an der Schulter etc* qc lui frôle qc; ***der Schuss streifte mich an der Schulter*** la balle m'a frôlé l'épaule
2. *(flüchtig erwähnen)* ■ **jd streift etw** qn effleure qc; ***leider streift der Autor das Thema nur*** l'auteur ne fait malheureusement qu'effleurer le sujet
3. *(überziehen)* ■ **jd streift sich** *(dat)* **etw auf etw** *(akk)***/über etw** *(akk)* *Ring, Reif* qn met qc; *Pullover, Mütze, Handschuhe a.* qn enfile qc; ■ **jd streift jdm etw auf etw** *(akk)***/über etw** *(akk)* *Pullover, Mütze, Handschuhe* qn lui enfile qc; ***der Bräutigam streifte der Braut den Ring auf den Finger*** le marié passa l'alliance au doigt de la mariée
4. *(abstreifen)* ■ **jd streift sich** *(dat)* **etw von etw** *Ring, Reif, Uhr, Handschuh* qn enlève qc, qn retire qc; *Schmutz von den Schuhen* qn nettoie qc de qc; ***jd streift sich den Ehering vom Finger*** qn retire son alliance; ■ **jd streift jdm etw von etw** qn enlève [*o* retire] qc à qn
II. *vi geh + sein* ■ **jd/ein Tier streift irgendwohin** qn/un animal rôde [*o* erre] quelque part

Streifen <-s, -> *m* 1. *(schmale Linie)* rayure *f; (breiter)* bande *f; (auf dem Körper)* marque *f; (am Himmel, Horizont)* traînée *f*
2. *[Stoff, Leder]* bande *f;* ***jd schneidet etw in längliche/schmale ~*** qn découpe qc en lanières
3. *fam (Film)* film *m*

Streifenmuster *nt* rayures *fpl;* ***mit ~*** rayé(e), à rayures **Streifenpolizist(in)** *m(f)* agent *m* de police en patrouille; ***sie ist ~in*** elle est agent de police en patrouille **Streifenwagen** *m* voiture *f* de police

streifig *adj Muster, Kleid* à rayures; *schlecht geputzte Fensterscheibe* plein(e) de traînées

Streifschuss[RR] *m* éraflure *f* **Streifzug** *m* 1. *(Bummel)* balade *f,* sortie *f* 2. HIST expédition *f* de pillage 3. *(Exkurs)* tour *m* d'horizon; ***ein historischer ~*** un aperçu historique ▶ **jd macht einen ~ durch etw** *durch die Stadt, Gegend* qn fait une balade à travers qc; *durch die Kneipen* qn fait la tournée de qc

Streik <-[e]s, -s *o* -e *rare*> *m* grève *f;* ■ **jd droht mit** ~ qn menace de se mettre en grève
▶ **jd tritt in den** ~ qn se met en grève

Streik- *-aufruf* à la grève; *-beginn, -ende, -dauer* de la grève; *-welle* de grèves **Streikbrecher(in)** *m(f)* briseur(-euse) *m(f)* de grève

streiken *vi* 1. *(die Arbeit niederlegen)* ■ **jd streikt** qn fait grève; ***in der Textilindustrie wird immer noch gestreikt*** l'industrie textile est toujours en grève; ***die ~den Arbeiter*** les ouvriers en grève; ■ **jd streikt für etw** qn fait grève pour obtenir qc
2. *hum fam (nicht funktionieren)* ■ **etw streikt** qc est en panne, qc déconne *fam*
3. *fam (sich weigern)* ■ **jd streikt** qn abandonne, qn démissionne *hum fam,* qn fait grève *hum*

Streikende(r) *f(m) decl wie adj* gréviste *mf*

Streikgeld *nt* indemnité *f* de grève *(versée aux grévistes par leur syndicat)* **Streikposten** *m* piquet *m* de grève ▶ **jd steht** ~ qn tient un piquet de grève; **jd stellt ~ auf** qn constitue des piquets de grève **Streikrecht** *nt Ø* droit *m* de grève

Streit <-[e]s, -e> *m* 1. (*Auseinandersetzung*) dispute *f*, querelle *f*; (*außerhalb des privaten Bereichs*) altercation *f*; (*mit Handgreiflichkeiten*) rixe *f*, bagarre *f*
2. (*Kontroverse*) polémique *f*, controverse *f*; (*Meinungsverschiedenheit*) différend *m*
▶ **jd bekommt** [**mit jdm**] ~ [**wegen etw**] qn se dispute [avec qn] [à propos de qc]; (*zwischen zwei Parteien*) qn entre en conflit avec qn [à propos de qc]; **jd hat** [**mit jdm**] ~ [**wegen etw**] qn se dispute avec qn [à propos de qc]; (*zwischen zwei Parteien*) qn est en litige [*o* a un différend] avec qn [à propos de qc]; ***hattet ihr*** [***wieder***] ~ [***miteinander***]? est-ce que vous vous êtes encore disputés?; **jd sucht** ~ qn veut [*o* cherche] la bagarre; **jd will keinen** ~ [**mit jdm**] qn ne cherche pas la bagarre, qn n'a pas envie de se disputer avec qn; **im** ~ (*bei Handgreiflichkeiten*) dans la bagarre; (*bei einem Wortwechsel*) dans le feu de la discussion

Streitaxt *f* hache *f* de guerre; (*bei den Franken*) francisque *f*

streitbar *adj* 1. (*streitlustig*) combatif(-ive), bagarreur(-euse)
2. *veraltend* (*kampfbereit*) belliqueux(-euse), guerrier(-ière)

streiten <stritt, gestritten> I. *vi* 1. (*einen Streit haben*) ■ **jd streitet** [**mit jdm**] qn se dispute [*o* se querelle] [avec qn]; ***streitet nicht miteinander!*** ne vous disputez pas!
2. (*diskutieren*) ■ **jd streitet** [**mit jdm**] **über etw** (*akk*) qn débat de qc [avec qn], qn polémique [avec qn] au sujet de qc; ***darüber lässt sich*** ~ ça se discute
II. *vr* 1. (*einen Streit haben*) ■ **sie** ~ **sich** [**miteinander**] ils se disputent, ils se querellent; ***streitet euch nicht mehr*** [***miteinander***]! arrêtez de vous disputer!; ■ **sie** ~ **sich um etw** *um das Erbe* ils/elles se disputent qc; *um das Spielzeug* ils/elles se chamaillent pour qc; ■ **sie** ~ **sich um jdn** *um die Kinder* ils/elles se disputent la garde de qn; ***zwei Männer*** ~ ***sich um eine Frau*** deux hommes se disputent la même femme; ■ **jd streitet sich mit jdm** [**wegen etw**] qn se dispute [*o* se querelle] avec qn [à propos de qc]; ***er streitet sich schon seit Jahren mit seinem Nachbarn*** ça fait des années qu'il est en mauvais termes [*o* en conflit] [*o* en bisbille *fam*] avec son voisin
2. (*diskutieren*) ■ **sie** ~ **sich** [**darüber**], **ob/wer/wie** ils/elles discutent [*o* débattent] pour savoir si/qui/comment; ***sie haben sich erbittert darüber gestritten, wer*** ils ont eu une discussion acharnée pour savoir qui; ***die Fachleute*** ~ ***sich noch*** [***darüber***], ***wie*** les spécialistes s'opposent encore sur le point de savoir comment

Streiter(in) <-s, -> *m(f) geh* combattant(e) *m(f)*; ~ ***für die gerechte Sache*** un apôtre de la bonne cause

Streiterei <-, -en> *f fam* chamaillerie *f fam*; ***lasst die*** ~! arrêtez de vous disputer [*o* chamailler]!

Streitfall *m* cas *m* litigieux ▶ **im** ~ en cas de litige **Streitfrage** *f* question *f* litigieuse **Streitgespräch** *nt* débat *m*; (*zwischen zwei Persönlichkeiten*) face-à-face *m* **Streithammel** *m fam* chamailleur *m*, mauvais coucheur/mauvaise coucheuse *m/f*; ***sie ist ein*** ~ elle aime la bagarre

streitig I. *adj* litigieux(-euse); ***im*** ~***en Fall*** en cas de litige; ***der*** ~***e Gegenstand*** l'objet du litige
▶ **jd macht jdm etw** ~ *Rekord, Stellung, Titel* qn dispute qc à qn; *Anrecht, Recht* qn conteste qc à qn; ***jd macht jdm den Vorrang*** ~ qn dispute la vedette à qn
II. *adv*: ***es wird*** ~ ***verhandelt*** il y a un débat contradictoire

Streitigkeiten *pl* querelles *fpl*, disputes *fpl*; ***zwischen zwei Menschen kommt es zu*** ~ une querelle éclate entre deux personnes

Streitkräfte *pl* forces *fpl* armées **streitlustig** *adj s.* **streitbar.** **Streitmacht** *f veraltend* troupes *fpl* **streitsüchtig** *adj* querelleur(-euse), bagarreur(-euse) **Streitwagen** *m* char *m* **Streitwert** *m* montant *m* [*o* valeur *f*] du litige

streng I. *adj* 1. *Lehrer, Eltern, Richter* sévère; ■ **jd ist** ~ [**zu jdm**] qn est sévère [avec qn]
2. *Bestrafung, Kontrolle, Erziehung* sévère; *Disziplin a.* rigoureux(-euse), de fer
3. *Ordnung* rigoureux(-euse); *Einhaltung, Anweisung* strict(e), rigoureux(-euse); *Diät, Fasten* draconien(ne), sévère; *Voraussetzung* draconien(ne), strict(e); *Bettruhe* absolu(e); ***jd achtet auf*** ~***e/***~***ste Pünktlichkeit*** qn veille à une grande/la plus grande ponctualité; ***unter*** ~***er Bewachung*** sous haute surveillance
4. *Geruch* pénétrant(e); *Aroma, Geschmack* âpre
5. *Winter* rigoureux(-euse), rude; *Kälte* vif(vive), intense; *Frost* fort(e); ***bei*** ~***em Frost*** en cas de forte gelée
6. *Antialkoholiker, Vegetarier* pur(e) et dur(e), convaincu(e); *Katholik, Moslem* très pratiquant(e), vrai(e) *antéposé*
7. CH *Arbeit, Dienst* pénible, éreintant(e)
II. *adv* 1. *bestrafen, erziehen, kontrollieren, tadeln* sévèrement; *durchgreifen* énergiquement; ***wir wurden sehr*** ~ ***erzogen*** nous avons reçu une éducation très sévère
2. *beachten, sich an etw halten* strictement, rigoureusement; *befolgen a.* à la lettre; *verbieten a.* formellement; ***ich verbiete Ihnen*** ~***stens so etwas noch einmal zu machen!*** je vous interdis strictement [*o* formellement] de recommencer!
3. *riechen, schmecken*: ***etw riecht*** ~ qc a une odeur pénétrante; ***etw schmeckt*** ~ qc a un goût prononcé
▶ ~ **genommen** à proprement parler; ~ ***genommen dürfte ich Ihnen das gar nicht genehmigen*** si je m'en tenais strictement au règlement, je ne devrais pas vous le permettre; **jd hat es** ~ CH qn n'a pas la vie facile, qn en bave *fam*; **jd nimmt es mit etw** ~ qn ne transige pas sur [*o* avec] qc

Strenge <-> *f* ∅ 1. (*Unnachsichtigkeit*) [*Ausbilder, Erzieher, Eltern, Lehrer*] sévérité *f*; ***jd achtet mit besonderer*** ~ ***auf etw*** (*akk*) qn veille avec la plus grande rigueur à qc
2. (*Härte*) [*Bestrafung, Erziehung, Kontrolle*] sévérité *f*, rigueur *f*
3. [*Gesichtszüge, Stil*] austérité *f*
4. [*Winter, Frost*] rigueur *f*
5. [*Geschmack*] âpreté *f*

strenggenommen *s.* **streng II.**▶. **strenggläubig** *adj* attaché(e) au dogme; ***jd ist*** [***besonders***] ~ qn est très croyant(e) **streng|nehmen** *s.* **streng II.**▶

Streptokokkus <-, -kokken> [ʃtrɛp-, st-] *m* streptocoque *m*

Stress[RR] <-es, -e> [ʃtrɛs, strɛs], **Streß** <-sses, -sse> *m meist sing* stress *m*, surmenage *m*; ***der erhöhte*** ~ l'accumulation de stress
▶ **jd hat** ~ qn est stressé(e) [*o* surmené(e)]; **jd ist im** ~ qn est débordé(e) [*o* submergé(e)]; **jd steht unter** ~ qn est sous tension, qn est stressé(e)

-stress[RR], **-streß** [-ʃtrɛs, -strɛs] *m Leistungs-, Prüfungs-, Ehe-* stress *m* du/de la; ***Termin***~ stress *m* dû au calendrier serré; ***Schul***~ stress *m* [*o* surmenage *m*] scolaire; ***Beschaffungs***~ angoisse *f* d'être en manque; ***jd ist im Prüfungs***~ qn est stressé(e) par son examen

stressen *vt fam* ■ **jd/etw stresst jdn** qn/qc stresse qn; ■ **jd ist/fühlt sich** [**durch etw**] **gestresst** qn est/se sent stressé(e) [par qc], qn stresse *fam*

stressfrei[RR] ['ʃtrɛs-, 'st-] *adj Arbeit* exempt(e) de stress; *Urlaub, Zeit a.* sans stress **stressgeplagt**[RR] *adj* miné(e) par le stress

stressig *adj fam* stressant(e); ■ **etw ist/wird** ~ qc est/sera stressant(e)

Streu <-> *f* ∅ litière *f*

streuen I. *vt* 1. (*hin~*) ■ **jd streut etw auf eine S.** *Samen, Heu* qn répand [*o* éparpille] qc sur une chose; *Dünger* qn épand qc sur une chose; *Mehl, Samen, Zucker* qn saupoudre une chose de qc; ***jd streut Sand auf etw*** qn répand du sable sur qc, qn sable qc; ***streu den Hühnern Körner auf den Boden!*** va jeter des graines aux poules!
2. (*gegen Glätte*) ■ **jd streut etw** *Bürgersteig, Straße, Parkplatz etc* (*mit Sand*) qn sable qc; (*mit Salz*) qn sale qc
3. (*verbreiten*) ■ **jd streut etw** *Gerüchte, Indiskretionen, Informationen* qn répand qc; ***jd hat bewusst Indiskretionen gestreut*** qn a distillé savamment des indiscrétions; ***die Opposition streut zur Zeit Gerüchte, dass*** l'opposition fait courir le bruit que + *indic*; ■ **jd streut, dass** qn fait courir le bruit que + *indic*
II. *vi* 1. (*Streumittel anwenden*) ■ **jd streut** (*mit Sand*) qn sable, qn répand du sable; (*mit Salz*) qn sale
2. (*Geschosse verteilen*) ■ **etw streut** */Schusswaffe/* qc disperse ses projectiles

Streuer <-s, -> *m* (*Salz~*) salière *f*; (*Pfeffer~*) poivrier *m*, poivrière *f*; (*Zucker~*) saupoudreuse *f*

Streufahrzeug *nt* véhicule *m* de sablage/de salage

streunen *vi* 1. + *haben o sein* (*umherstreifen*) ■ **ein Tier streunt** [**irgendwohin**] un animal rôde [quelque part]; ~***de Hunde/Katzen*** des chiens/des chats errants
2. + *sein* (*ziellos umherziehen*) ■ **jd streunt** qn traîne, qn vagabonde

Streusalz *nt* sel *m* [de déneigement]

Streusel <-s, -> *nt* petit morceau *m* de pâte (*avec du beurre et du sucre*)

Streuselkuchen *m* gâteau *m* au levain (*recouvert de petits morceaux de pâte sucrée*)

Streuung <-, -en> *f* 1. (*Abweichung*) [*Schusswaffe*] dérivation *f*
2. (*Verbreitung*) [*Medien, Werbung*] diffusion *f*
3. (*Verteilung*) [*Anlagen, Risiko*] dispersion *f*, répartition *f*

strich *imp von* **streichen**

Strich <-[e]s, -e> *m* 1. (*Linie*) trait *m*; (*schräg oder senkrecht*) barre *f*; ***ein roter*** ~ un trait de crayon rouge; ***zum Schreibenlernen üben die Kinder erst einmal*** ~***e*** pour apprendre à écrire, les enfants s'exercent d'abord à faire des bâtons
2. (*Skaleneinteilung*) division *f*; ***die Skala war durch*** ~***e in Felder zu je 10 Grad unterteilt*** l'échelle était subdivisée en graduations représentant chacune 10 degrés
3. *fam* (*Gegend mit Prostitution*) quartier *m* chaud *fam*; ***die Mädchen vom*** ~ les filles qui font le trottoir *fam*; ***nach 5 Jahren auf dem*** ~ après avoir fait le tapin [*o* le trottoir] pendant 5 ans *fam*
▶ **nach** ~ **und Faden** *fam ausnehmen, betrügen* jusqu'au trognon *fam*; *verprügeln* à tour de bras *fam*; ***er hat mich nach*** ~ ***und Faden betrogen*** il m'a eu jusqu'au trognon *fam*; ***jd verprügelt jdn nach*** ~ ***und Faden*** qn bat qn comme plâtre [*o* à tour de bras] *fam*; **jd ist nur noch ein** ~ **in der Landschaft** *hum fam* qn n'a plus que la peau et les os; **jd/etw macht jdm einen** ~ **durch die Rechnung** qn/qc ruine les projets de qn, qn lui met des bâtons dans les roues; **jd geht auf den** ~ *fam* qn fait le trottoir [*o* le tapin] *fam*; **etw geht jdm gegen den** ~ *fam* qc hérisse qn, qc débecte qn *fam*; **jd macht** [*o* **zieht**] **einen** ~ **unter etw** (*akk*) qn tire un trait sur qc; **jd/etw macht jdm einen** ~ **durch etw** *fam* qn/qc contrecarre [*o* contrarie] qc de qn; ***der Regen machte uns einen*** ~ ***durch die Pläne*** la pluie a complètement contrarié [*o* a ruiné] nos projets; **jd zieht einen** ~ [**unter etw** (*akk*)] *unter Zahlen, Posten* qn tire [*o* trace] un trait sous qc; **unterm** ~ *fam* au bout du compte

Strichcode [-ko:t] *m* code *m* barres

stricheln *vt* ■ **jd strichelt etw** qn trace qc en pointillé; ■ **gestrichelt** *Linie* en pointillé; ***die Bestellkarte ist an der gestrichelten Linie abzutrennen*** détachez le bon de commande suivant le pointillé

Stricher(in) <-s, -> *m(f) sl* prostitué(e) *m(f)*

Strichjunge *m fam* jeune prostitué *m*

strichlieren * *vt* AUS *s.* **stricheln**

Strichmädchen *nt fam* jeune *f* prostituée **Strichpunkt** *m s.* **Semikolon.** **strichweise** *adv* par endroits, localement **Strichzeichnung** *f* dessin *m* au trait

Strick <-[e]s, -e> *m* (*dicke Schnur*) corde *f*; ***jd legt jdm den*** ~ ***um den Hals*** qn lui passe [*o* met] la corde au cou; [*Fesselballon*] amarre *f*
▶ **jd dreht jdm aus etw einen** ~ *fam* qn coince qn avec qc *fam*; **dann**

kann jd sich (*dat*) einen ~ nehmen [*o* kaufen] *fam* qn n'a plus qu'à se pendre [*o* se flinguer] *fam;* **wenn alle ~e reißen** *fam* au pire
Strick- *-jacke, -weste* en [*o* de] tricot; *-schuhe, -handschuhe, -kragen, -schal* tricoté(e), en laine
stricken I. *vi* ■ **jd strickt** qn tricote; ***jd lernt*** ~ qn apprend le tricot [*o* à tricoter]
II. *vt* ■ **jd strickt etw** *Kleidungsstück, Muster* qn tricote qc
Strickgarn *nt* fil *m* à tricoter **Strickleiter** *f* échelle *f* de corde **Strickmaschine** *f* machine *f* à tricoter, tricoteuse *f* **Strickmuster** *nt* 1. (*gestricktes Muster*) point *m* de tricot 2. (*Vorlage*) modèle *m* de tricot 3. *hum* (*Machart*) recette *f* **Stricknadel** *f* aiguille *f* à tricoter **Strickzeug** *nt* tricot *m*
Striegel <-s, -> *m* étrille *f*
striegeln *vt* ■ **jd striegelt etw/ein Tier** qn étrille qc/un animal
Striemen <-s, -> *m* marque *f* de coup de fouet/ceinture, meurtrissure *f*
Striezel <-s, -> *m* AUS, SDEUTSCH (*Hefezopf*) ≈ brioche *f* tressée
strikt I. *adj* 1. (*exakt*) *Anordnung, Befehl, Befolgung, Einhaltung, Gehorsam* strict(e); ***ich verlange ~e Befolgung meiner Anordnungen*** j'exige que l'on respecte strictement [*o* rigoureusement] mes ordres
2. (*rigoros*) *Ablehnung, Weigerung* catégorique
II. *adv* 1. (*exakt*) *befehlen, befolgen, einhalten* strictement, rigoureusement
2. (*rigoros*) *ablehnen, sich weigern* catégoriquement
Strip <-s, -s> [ʃtrɪp, st-] *m sl* strip *m arg*
Strippe <-, -n> *f fam* fil *m*, câble *m*
▸ **jd bekommt jdn an die** ~ qn arrive à avoir qn au bout du fil *fam;* **jd hat jdn an der** ~ qn a qn au bout du fil *fam*
strippen ['ʃtrɪ-, 'st-] *vi* ■ **jd strippt** qn fait du strip[-]tease; ***dann begann sie zu*** ~ après elle a commencé à faire un strip[-]tease
Stripper(in) <-s, -> ['ʃtrɪ-, 'st-] *m(f) fam* strip[-]teaseur(-euse) *m(f)*
Striptease <-> ['ʃtrɪpti:s, 'st-] *m o nt* ∅ strip[-]tease *m;* ***jd legt einen ~ hin*** qn fait un numéro de strip[-]tease
Stripteasetänzer(in) ['ʃtrɪpti:s-, 'strɪp-] *m(f)* strip[-]teaseur(-euse) *m(f)*
stritt *imp von* **streiten**
strittig *adj Frage, Grenze* controversé(e), contesté(e); *Fall, Problem* litigieux(-euse); ■ **etw ist** ~ qc fait l'objet d'un litige [*o* d'une controverse]
Strizzi <-s, -s> *m* AUS *fam* (*Strolch*) filou *m*
Stroh <-[e]s> *nt* ∅ paille *f*
▸ **jd hat [nur]** ~ **im Kopf** *fam* qn est bête à manger du foin *fam;* **jd drischt** ~ *fam* qn parle pour ne rien dire, qn radote *fam*
Stroh- *-matte, -lager* de paille; *-geflecht* en paille **Strohballen** *m* botte *f* de paille **strohblond** *adj Mensch* blond(e) comme les blés; *Haare* couleur paille *inv* **Strohblume** *f* immortelle *f* **Strohdach** *nt* toit *m* de chaume **strohdumm** *adj fam* abruti(e) *fam;* ■ **jd ist** ~ qn est bête à manger du foin *fam* **Strohfeuer** *nt* ▸ **etw ist nur ein** ~ */Affäre, Liebe/* qc n'est qu'un feu de paille **Strohfrau** *f s.* **Strohmann. Strohhalm** *m* 1. (*Getreidehalm*) fétu *m* [*o* brin *m*] de paille 2. (*Trinkhalm*) paille *f* ▸ **jd greift nach jedem ~, jd klammert sich an jeden** ~ qn se rattrape [*o* se raccroche] à n'importe quelle branche **Strohhut** *m* chapeau *m* de paille; (*flach*) canotier *m* **Strohmann** <-männer> *m*, **-frau** *f* homme *m* de paille *péj*, prête-nom *m* **Strohsack** *m* paillasse *f* ▸ **heiliger** ~! *veraltend fam* sacré bon sang! *vieilli fam*, saperlipopette! *vieilli fam* **Strohwitwer** *m*, **-witwe** *f hum fam* célibataire *mf*, veuf/veuve *m/f fam*
Strolch <-[e]s, -e> *m* 1. *fam* (*Schlingel*) garnement *m*, galopin *m*
2. *veraltend* (*übler Bursche*) chenapan *m vieilli*, vaurien *m*
Strom¹ <-[e]s, ⸚e> *m* ELEC courant *m* [électrique]; ***etw führt noch*** ~ qc est encore sous tension; ~ ***führend*** sous tension
▸ **elektrischer** ~ électricité *f*, courant *m* électrique; **etw steht unter** ~ qc est sous tension; **jd steht unter** ~ *fam* (*ist high*) qn est allumé(e) *fam* [*o* en transes]
Strom² <-[e]s, ⸚e> *m* 1. GEOG fleuve *m*
2. [*Blut*] flot *m*; [*Schlamm, Lava*] torrent *m*
3. [*Besucher, Interessenten, Kunden*] flot *m*
▸ **etw fließt in ⸚en** qc coule à flots; **es gießt** [*o* **regnet**] **in ⸚en** il pleut à torrents [*o* à seaux]; **jd schwimmt mit dem/gegen den** ~ qn suit/remonte le courant; *fig* qn suit le courant/nage à contre-courant
stromabwärts *adv* en descendant le courant; ***jd/etw fährt/treibt*** ~ qn/qc descend le courant; ***jd rudert*** ~ qn rame dans le sens du courant; ***jd/etw schwimmt*** ~ qn nage/qc flotte dans le sens du courant; ***einen Kilometer* [*weiter*] ~ *ist eine Schleuse*** à un kilomètre en aval se trouve une écluse
stromaufwärts *adv* en remontant le courant; ***jd/etw fährt*** ~ qn/qc remonte le courant; ***jd rudert/schwimmt*** ~ qn rame/nage contre le courant [*o* à contre-courant]; ***einen Kilometer* [*weiter*] ~ *ist eine Schleuse*** à un kilomètre en amont se trouve une écluse
Stromausfall *m* ELEC panne *f* de courant [*o* d'électricité]
strömen *vi + sein* 1. (*in Mengen fließen*) ■ **etw strömt aus etw** */Flüssigkeit, Wasser, Gas/* qc s'échappe de qc en grande quantité; ■ **etw strömt irgendwohin** qc se déverse [*o* se répand] en grande quantité quelque part; ■ **etw strömt irgendwoher** qc s'échappe abondamment [*o* en grande quantité] de quelque part
2. (*in Scharen eilen*) ■ **sie ~ irgendwohin** (*akk*) */Besucher, Kunden etc/ in ein Gebäude, zu den Kassen, nach draußen, ins Freie, Innere* ils/elles affluent quelque part; *durch die Altstadt, Gänge* ils/elles envahissent qc; ■ **sie ~ aus etw [irgendwohin]** *aus den Ausgängen* ils/elles débouchent de qc [pour gagner [*o* rejoindre] qc]
stromführend *s.* **Strom¹. Stromkabel** *nt* câble *m* électrique **Stromkreis** *m* circuit *m* électrique **Stromleitung** *f* ligne *f* électrique
Stromlinienform [-li:niən-] *f* profil *m* [*o* forme *f*] aérodynamique **stromlinienförmig** [-li:niən-] *adj* aérodynamique
Stromnetz *nt* réseau *m* électrique
Stromschnelle *f meist pl* rapides *mpl*
Stromstärke *f* intensité *f* du courant, ampérage *m* **Stromstoß** *m* décharge *f* électrique
Strömung <-, -en> *f* courant *m*
Stromzähler *m* compteur *m* électrique; ***jd liest den ~ ab*** qn relève le compteur
Strontium <-s> ['ʃtrɔntsiʊm, 'st-] *nt* ∅ CHEM strontium *m*
Strophe <-, -n> *f* strophe *f;* MUS *a.* couplet *m*
strotzen *vi* 1. (*überschäumen*) ■ **jd strotzt von** [*o* **vor**] **etw** *von Energie, Gesundheit, Lebensfreude, Übermut* qn déborde de qc
2. (*starren*) ■ **jd/etw strotzt vor etw** (*dat*) *vor Dreck, Schmutz* qn/qc est couvert(e) de qc; ***das Diktat strotzt von* [*o vor*] *Fehlern*** la dictée regorge [*o* grouille] de fautes
strubb[e]lig *adj fam Haar* en bataille, ébouriffé(e), hirsute; *Fell* hérissé(e); ***du bist sehr*** ~ tu es complètement ébouriffé(e)
Strubbelkopf *m fam* 1. (*Haare*) cheveux *mpl* ébouriffés [*o* en bataille]
2. (*Mensch*) tête *f* ébouriffée, tignasse *f* ébouriffée *fam*
Strudel¹ <-s, -> *m* 1. (*Wasserwirbel*) tourbillon *m*, remous *m*
2. (*rascher Lauf*) ■ ~ **einer S.** (*gen*) *der Ereignisse* tourbillon *m* de qc *littér*
Strudel² <-s, -> *m* GASTR strudel *m*
strudeln *vi* ■ **etw strudelt** qc fait des tourbillons [*o* des remous]
Struktur [ʃtrʊ-, strʊ-] *f* 1. structure *f*
2. TEXTIL texture *f*
Strukturformel [ʃtrʊ-, st-] *f* formule *f* développée **Strukturhilfe** *f* aide *f* à la restructuration (*subvention fédérale accordée aux régions défavorisées*)
strukturieren * [ʃtrʊ-, st-] *vt* ■ **jd strukturiert etw** qn structure qc
Strukturierung <-, -en> [ʃtrʊ-, st-] *f* 1. ∅ (*das Strukturieren*) structuration *f* soutenu
2. (*Struktur*) texture *f*
Strukturkrise [ʃtrʊ-, st-] *f* crise *f* structurelle **strukturschwach** *adj* économiquement défavorisé(e) **Strukturschwäche** *f* retard *m* structurel [*o* économique] **Strukturwandel** *m* changement *m* [*o* transformation *f*] des structures
Strumpf <-[e]s, ⸚e> *m* 1. (*Knie~*) chaussette *f*
2. (*Damen~*) bas *m*
▸ **auf ⸚en** en chaussettes
Strumpfband <-bänder> *nt* 1. (*Gummiband*) jarretière *f* 2. *s.* **Strumpfhalter Strumpfhalter** <-s, -> *m* jarretelle *f* **Strumpfhaltergürtel** *m* porte-jarretelles *m* **Strumpfhose** *f* collants *mpl*, collant *m* **Strumpfmaske** *f* bas *m;* ***jd hat eine ~ auf*** qn est masqué(e) à l'aide d'un bas
Strunk <-[e]s, ⸚e> *m* trognon *m*
struppig *adj Haare* hérissé(e); *Fell* dur(e); ***ein ~er Hund*** un chien à poil dur; ■ **jd ist** ~ qn est ébouriffé(e) [*o* hirsute]
Struwwelpeter *m* 1. LITER ■ **der** ~ le Struwwelpeter (*célèbre personnage enfantin créé au XIXᵉ siècle*)
2. *fam* (*Kind mit Strubbelkopf*) petit diable *m* ébouriffé *fam*
Strychnin <-s> [ʃtrʏç'ni:n, st-] *nt* ∅ strychnine *f*
Stube <-, -n> *f* 1. DIAL pièce *f* commune
2. MIL chambrée *f*
▸ **die gute** ~ le salon
Stubenarrest *m* ▸ **jd bekommt/hat** ~ *fam* qn est privé(e) de sortie **Stubenfliege** *f* mouche *f* domestique **stubenrein** *adj* 1. *Katze, Hund* propre 2. *hum fam* (*von Obszönitäten frei*) *Witz* pour des oreilles chastes; ■ **etw ist nicht** ~ qc n'est pas pour toutes les oreilles
Stuck <-[e]s> *m* ∅ stuc *m*
Stuck- *-decke, -fassade, -ornament, -verzierung, -arbeit* en stuc
Stück <-[e]s, -e *o bei Zahlenangabe* -> *nt* 1. (*einzelnes Teil*) morceau *m*, bout *m;* ***ein ~ Draht*** un bout [*o* un morceau] de fil de fer; ***drei ~ Kuchen*** trois parts [*o* morceaux] de gâteau
2. (*wertvoller Gegenstand*) pièce *f;* ***ein schönes/einmaliges/seltenes*** ~ une belle pièce/une pièce unique/rare
3. [*Manuskript, Text*] partie *f*
4. (*Abschnitt*) [*Straße*] tronçon *m*; [*Wald, Garten*] parcelle *f*, bout *m;* ***ein ~ Land*** un lopin de terre, un bout de terrain; ***ich begleite dich noch ein ~* [*Weges*]** je fais encore un bout de chemin avec toi, je t'accompagne encore un bout de chemin
5. (*Theater~*) pièce *f*
6. (*Musik~*) morceau *m*
7. *pej sl* (*Subjekt*) salaud/salope *m/f fam;* ***du gemeines*** ~! espèce de salaud/salope! *fam*, espèce de sale vache! *fam;* ***so ein mieses*** ~! quelle salope! *fam*
▸ **ein hartes/schweres/ziemliches ~ Arbeit** *fam* un sacré boulot *fam;* **ein ~ Dreck** [*o* **Scheiße**] *pej sl* un(e) enfoiré(e) *vulg*, un salaud/une salope *fam;* **du [mieses] ~ *Scheiße!*** espèce de salaud/salope! *fam*, espèce d'enfoiré(e)! *vulg;* **ein schönes ~ Geld** *fam* un joli [petit] magot *fam;* **jds bestes** ~ *hum fam* le préféré/la préférée [*o* le petit trésor *fam*] de qn; **aus freien ~en** de mon/ton plein gré, de mon/ton propre chef; **jd hält große ~e auf jdn** *fam* qn ne jure que par qn; **ein gutes** [*o* **schönes**] ~ beaucoup; ***jd ist* [*mit etw*] *ein gutes ~ weitergekommen*** qn a beaucoup avancé [dans qc]; ***ich habe ein schönes ~ geleistet*** j'ai pas chômé *fam*, j'en ai mis un coup *fam;* **das ist ein starkes** ~! *fam* c'est le bouquet! *fam*, c'est un peu fort [de café]! *fam;* **etw geht** [*o* **zerbricht**] [*o* **zerspringt**] **in ~e** qc se casse en mille morceaux, qc vole en éclats; **jd reißt etw in ~e** *Brief, Foto etc* qn déchire qc en mille morceaux; **jd würde sich [für jdn] in ~e reißen lassen** *fam* qn se ferait couper en morceaux [pour qn] *fam;* **jd schlägt etw in ~e** qn met qc en pièces, qn casse qc en mille morceaux; **aus einem** ~ d'une seule pièce, d'un seul tenant; ~ **für** ~ *durchgehen, ansehen, prüfen* pièce par pièce; **im** [*o* **am**]

~ COM à la pièce; **in bestimmten ~en** (*in bestimmter Hinsicht*) à certains égards, sur certains points; **das** [*o* **pro**] ~ COM pièce; ***das kostet 10 DM pro*** ~ ça coûte 10 DM pièce; **kein** ~ *sl* absolument pas; ***hat er sich denn über das Geschenk gefreut? – Kein*** ~! le cadeau lui a fait plaisir? – Penses-tu [*o* Tu parles]! *fam;* ***er kümmert sich kein*** ~ ***darum, wie's mir zumute ist*** il se fiche pas mal de savoir comment je vais *fam*

Stuckateur(in)RR <-s, -e> [ʃtʊka'tøːɐ] *m(f)* stucateur *m,* ornemaniste *mf*

Stückchen <-s, -> *nt dim von* **Stück** **1.** (*kleines Teil*) petit morceau *m,* petit bout *m*
2. (*kleine Strecke*) ■ **ein** ~ un petit peu; ***jd ist vom Erfolg ein kleines ~ entfernt*** qn est à deux doigts du succès; ***etw befindet sich ein ~ von etw entfernt*** qc se trouve à deux pas de qc

stückeln *vt* ■ **jd stückelt etw** *Emission, Wertpapier* qn divise qc, qn fractionne qc

Stückelung <-, -en> *f* coupure *f;* ***in kleiner*** ~ en petites coupures; ***in welcher ~ hätten Sie die 1000 Mark gern?*** voulez-vous les 1000 marks en petites ou en grosses coupures?

Stückgut *nt* petite marchandise *f,* colis *m* de détail **Stücklohn** *m* salaire *m* aux pièces; ***jd arbeitet im*** ~ qn travaille aux pièces [*o* à la pièce] **Stückpreis** *m* prix *m* à l'unité; ***etw wird zum ~ von 10 DM verkauft*** qc est vendu(e) au prix unitaire de 10 DM **stückweise** *adv abgeben, verkaufen* à la pièce, à l'unité **Stückwerk** *nt ∅* ▸ **etw ist** [*o* **bleibt**] [**nur**] ~ qc reste à l'état d'ébauche **Stückzahl** *f* nombre *m* de pièces

stud. *abk von* **studiosus** étudiant(e) en … (*titre qu'un étudiant peut placer devant son nom*)

Student(in) <-en, -en> *m(f)* **1.** UNIV étudiant(e) *m(f)*
2. SCOL AUS lycéen(ne) *m(f)*

Studenten- **1.** (*für Studenten bestimmt*) *-bude, -zimmer* d'étudiant; *-lokal, -kneipe* fréquenté(e) par les étudiants **2.** (*für Studenten veranstaltet*) *-reisen, -sport, -beratung* universitaire **3.** (*durch Studenten veranlasst*) *-demonstration, -unruhen, -bewegung* étudiant(e), estudiantin(e) **Studentenausschuss**RR *m* fédération *f* des étudiants **Studentenausweis** *m* carte *f* d'étudiant **Studentenfutter** *nt fam* mendiant *m* (*mélange de noix de cajou, d'amandes et de raisins secs*) **Studentenleben** *nt ∅* vie *f* d'étudiant, vie *f* estudiantine *soutenu*

Studentenschaft <-, *rare* -en> *f* étudiants *mpl*

Studentenverbindung *f* association *f* d'étudiants **Studentenwerk** *nt* œuvres *fpl* universitaires **Studentenwohnheim** *nt* foyer *m* d'étudiants; (*Siedlung*) cité *f* [*o* résidence *f*] universitaire

Studentin *f s.* **Student**

studentisch *adj attr* UNIV **1.** (*für Studenten bestimmt*) universitaire
2. *Organisation, Verbindung* d'étudiants; *Mitspracherecht, Selbstverwaltung* des étudiants; ***das ~e Parlament*** le parlement des étudiants
3. *Brauchtum, Lied, Tradition* estudiantin(e)

Studie <-, -n> ['ʃtuːdiə] *f* étude *f*

Studien ['ʃtuːdiən] *pl von* **Studium**

Studien- ['ʃtuːdiən-] *-reform* universitaire; *~gang* filière *f* universitaire **Studienabbrecher(in)** <-s, -> *m(f)* personne qui a interrompu ses études; ***die*** ~ ceux qui ont interrompu leurs études; ***seine Frau ist ~in*** sa femme a interrompu ses études **Studienabschluss**RR *m* diplôme *m* universitaire **Studienanfänger(in)** *m(f)* nouvel étudiant/nouvelle étudiante *m/f* **Studienberatung** *f* orientation *f* scolaire et professionnelle **Studienbuch** *nt* livret *m* de l'étudiant (*attestant les cours fréquentés*) **Studiendirektor(in)** *m(f)* ≈ professeur *m* hors classe (*avant-dernier échelon d'un professeur de lycée assurant également des fonctions administratives*) **Studienfach** *nt* matière *f,* spécialité *f* **Studienfahrt** *f* voyage *m* scolaire **Studienfreund(in)** *m(f)* camarade *mf* d'université **Studienplatz** *m* place *f* à l'université **Studienplatztausch** *m* échange *m* de places entre universités/étudiants (*concernant notamment les disciplines aux effectifs surchargés*) **Studienrat** *m,* **-rätin** *f* ≈ professeur *m* certifié (*premier échelon des professeurs du secondaire*) **Studienreferendar(in)** *m(f)* professeur *m* stagiaire **Studienreise** *f* voyage *f* d'études **Studienzeit** *f* [années *fpl* d']études *fpl* universitaires [*o* supérieures] **Studienzweck** *m* ▸ **zu ~en** *sezieren* à des fins scientifiques; *fahren, reisen, weilen* dans le but de réaliser des recherches

studieren * **I.** *vi* ■ **jd studiert** qn fait des études [supérieures]; ***ich studiere derzeit im fünften Semester*** actuellement, je suis en cinquième semestre d'études; ■ **jd studiert irgendwo** qn fait ses études [*o* est étudiant/e] quelque part
II. *vt* **1.** UNIV ■ **jd studiert etw** qn fait des études de qc
2. (*genau betrachten*) ■ **jd studiert etw** qn étudie qc; ***jd studiert etw mit der Lupe*** qn étudie qc à la loupe

Studierende(r) *f(m) decl wie adj form* étudiant(e) *m(f)*

studiert *adj fam* qui a fait des études; ■ **jd ist** ~ qn a fait des études, qn est une grosse tête *fam*

Studierzimmer *nt veraltend* cabinet *m* de travail

Studio <-s, -s> *nt* **1.** CINE, RADIO, TV studio *m;* ***„wir schalten jetzt zurück zum*** [*o* ***ins***] ~*"* "à vous les studios"
2. [*Bildhauer, Maler etc*] atelier *m,* studio *m*
3. (*kleine Wohnung*) studio *m*
4. (*Center*) *s.* **Fitnessstudio**

Studium <-, -Studien> [-diən] *nt* **1.** UNIV études *fpl* [supérieures] [*o* universitaires]; ***das ~ der Medizin/Chemie*** les études de médecine/de chimie
2. (*eingehende Beschäftigung*) étude *f*
3. *∅* (*genaues Durchlesen*) examen *m,* étude *f;* ***jd nimmt sich Zeit zum ~ der Tageszeitungen/Kleinanzeigen*** qn prend le temps d'éplucher les journaux/les petites annonces
▸ **jd macht** [*o* **treibt**] [**seine**] **Studien** qn se livre à des observations [*o* des études]

Stufe <-, -n> *f* **1.** (*Treppenabschnitt*) marche *f*
2. (*Niveau*) niveau *m*
3. [*Entwicklung, Planung, Projekt*] phase *f,* étape *f*
4. ELEC vitesse *f*
5. (*Raketen~*) étage *m*
▸ **sie/zwei Dinge stehen auf der gleichen** [*o* **auf einer**] ~ ils/elles/deux choses sont au même niveau [*o* d'égale valeur]; **jd stellt sich mit jdm auf die gleiche** [*o* **auf eine**] ~ qn se place sur un pied d'égalité avec qn

Stufenbarren *m* barres *fpl* asymétriques **Stufenführerschein** *m* permis *m* moto [à niveaux différents] **Stufenheck** *nt:* ***ein Auto mit*** ~ une berline 4 portes [à coffre classique] **Stufenleiter** *f* ▸ **jd erklimmt die …** ~ *gesellschaftlich, sozial* qn gravit les échelons de l'échelle …; ***jd erklimmt die hierarchische*** ~ qn gravit les échelons de la hiérarchie; ***er erklomm die ~ des Erfolges*** il a franchi toutes les étapes de la réussite

stufenlos **I.** *adj Scheibenwischer, Lautstärke* continu(e)
II. *adv regeln, einstellen* de manière continue

Stufenplan *m* plan *m* en plusieurs étapes **Stufenrakete** *f* fusée *f* à plusieurs étages **Stufenschalter** *m* [*Föhn, Scheibenwischer etc*] commutateur *m* séquentiel [*o* à plusieurs positions] **Stufenschnitt** *m* dégradé *m*

stufenweise **I.** *adj Abbau* progressif(-ive), par étapes
II. *adv* progressivement, par étapes

stufig **I.** *adj Frisur, Haarschnitt* dégradé(e)
II. *adv* en dégradé; ***ich schneide Ihnen das Haar*** ~ je vous fais un dégradé

Stuhl <-[e]s, ¨-e> *m* **1.** (*Sitzmöbel*) chaise *f;* ***nehmen Sie einen*** ~ prenez un siège
2. (*Behandlungs~*) fauteuil *m*
3. *form* (*Stuhlgang*) selles *fpl*
▸ **jd setzt jdm den ~ vor die Tür** *fam* qn met qn à la porte, qn fiche qn dehors *fam;* **elektrischer** ~ chaise *f* électrique; **der Heilige** ~ le Saint-Siège; **etw haut jdn vom** ~ *sl* qc épate qn *fam,* qc fiche qn sur le cul *arg;* ***das haut dich vom ~, was?*** ça t'en bouche un coin, hein? *fam;* ***das haut einen nicht gerade vom*** ~ ça ne casse pas trois pattes à un canard *fam;* **jd setzt sich zwischen zwei ¨-e** qn s'assied entre deux chaises; **jd sitzt zwischen zwei ¨-en** qn est assis(e) [*o* se trouve] entre deux chaises

Stuhlbein *nt* pied *m* de chaise

Stuhlgang *m ∅ form* transit *m* intestinal
▸ **jd hat ~/keinen** ~ qn va/ne va pas à la selle

Stuhllehne *f* dossier *m* de chaise

Stukkateur(in) *s.* **Stuckateur(in)**

Stulle <-, -n> *f* NDEUTSCH tartine *f*

Stulpe <-, -n> *f* revers *m*

stülpen *vt* **1.** (*überziehen*) ■ **jd stülpt** [**jdm**] **etw auf etw** (*akk*)/**über etw** (*akk*) *Hut, Mütze* qn [lui] enfonce qc sur qc; *Haube, Überzug* qn recouvre qc de qc
2. (*wenden*) ■ **jd stülpt etw irgendwohin** qn retrousse qc, qn retourne qc; ***jd stülpt seine Hosentasche nach außen*** qn retrousse [*o* retourne] sa poche de pantalon

Stulpenstiefel *m* botte *f* à revers

stumm **I.** *adj* **1.** (*nicht sprechen könnend*) muet(te); ***er ist seit seiner Geburt*** ~ il est muet de naissance **2.** (*schweigend*) *Anklage, Vorwurf* muet(te); *Gebet a.* silencieux(-euse); *Blick* taciturne; ■ **jd ist** ~ qn est silencieux(-euse) [*o* muet(te)]; ***du bist so ~, was ist los?*** tu n'es pas bavard(e) [*o* loquace], que se passe-t-il?; ■ **jd wird** ~ qn se tait; ***jetzt wirst du auf einmal*** ~! ça te la coupe! *fam,* ça t'en bouche un coin! *fam* **3.** *Konsonant, Vokal, Silbe* muet(te) **4.** *Rolle* muet(te) ▸ **jd macht jdn** [**für immer**] ~ *sl* qn liquide qn *fam,* qn réduit qn au silence *euph fam;* **etw macht jdn ~** [**vor etw** (*dat*)] *vor Erstaunen, Schreck etc* qc rend qn muet(te) [de qc] **II.** *adv* sans dire un mot, silencieusement **Stumme(r)** *f(m) decl wie adj* muet(te) *m(f)*

Stummel <-s, -> *m* [*Glied, Schwanz*] moignon *m;* [*Kerze*] lumignon *m;* [*Bleistift*] bout *m;* [*Zigarette*] mégot *m*

Stummfilm *m* film *m* muet; ***zu Zeiten des ~s*** au temps du [cinéma] muet

Stumpen <-s, -> *m* cigare *m* à bout coupé

Stümper(in) <-s, -> *m(f) pej* incapable *mf,* branquignol *m arg;* ***da waren ~ am Werk*** c'est vraiment des incapables [*o* des branquignols *arg*], ceux qui ont fait ça

Stümperei <-, -en> *f pej* **1.** *∅* (*stümperhaftes Vorgehen*) bâclage *m fam*
2. (*stümperhafte Leistung*) travail *m* bâclé [*o* salopé *fam*]

stümperhaft **I.** *adj pej Arbeit, Ausführung* bâclé(e); *Vorgehen, Leistung* de débutant
II. *adv ausführen, erledigen* en dépit du bon sens; *arbeiten a.* comme une savate *fam; vorgehen* en dilettante, en amateur

stümpern *vi pej* ■ **jd stümpert** [**bei etw**] qn sabote son travail [lors de qc]

stumpf *adj* **1.** *Klinge, Messer, Schere* émoussé(e); ■ **etw wird** ~ qc s'émousse
2. *Ecke* arrondi(e); *Gegenstand* massif(-ive); *Nadel, Bleistift* usé(e), épointé(e); ■ **etw wird** ~ qc s'use
3. *Winkel* obtus(e); *Kegel* tronqué(e)
4. *Oberfläche* mat(e); *Farbe, Metall, Haar* terne; ■ **etw wird ~** /*Farbe, Metall, Haar*/ qc se ternit

Stumpf <-[e]s, ¨-e> *m* **1.** [*Arm, Bein*] moignon *m*
2. *s.* **Stummel**
▸ **mit ~ und Stiel** *beseitigen, vernichten* complètement; *aufessen* jusqu'à la dernière miette; ***man muss dieses Übel mit ~ und Stiel vernichten*** il faut éradiquer ce mal

Stumpfsinn *m ∅* **1.** (*geistige Trägheit*) abrutissement *m,* hébétude *f* **2.** [*Arbeit, Tätigkeit*] stupidité *f;* ***eine Tätigkeit voller*** ~ une activité abrutissante **3.** *fam* (*Blödsinn*) connerie *f fam,* idiotie *f* **stumpfsinnig** *adj* **1.** (*geistig träge*) hébété(e) **2.** *Arbeit, Beschäftigung, Tätigkeit etc* abrutissant(e), stupide **stumpfwink[e]lig** *adj* GEOM obtusangle; ■ **etw ist** ~ qc forme un angle obtus

Stündchen <-s, -> *nt dim von* **Stunde** petite heure *f*

Stunde <-, -n> *f* **1.** (*60 Minuten*) heure *f*; ***in den nächsten ~n*** au cours des prochaines heures; ***eine knappe ~*** une petite heure
2. SCOL heure *f* [de cours]; (*in der Grundschule*) heure *f* [de classe]; ***sie unterrichtet vier ~n Englisch in der Woche*** elle assure quatre heures d'anglais par semaine
3. *meist pl* (*Zeitraum von kurzer Dauer*) heure *f*, moment *m*; ***die angenehmen/schönen/netten ~n*** les heures agréables/les bons moments/les moments sympathiques; ***die ~n der Not/des Zweifels*** les heures difficiles/les instants de doute; ***die qualvollen ~n der Ungewissheit*** les terribles instants d'incertitude
▶ **in der ~ der Not** dans les moments de détresse; **die ~ der Wahrheit** l'heure de vérité; **die ~ X** l'heure H; **der ersten ~** de la première heure; **jds große ~** l'heure de qn; ***das ist deine große ~!*** ton heure de gloire est arrivée; **jds letzte ~ ist gekommen** [*o* **hat geschlagen**] la dernière heure de qn est arrivée [*o* a sonné]; **in einer schwachen ~** dans un moment de faiblesse; **zu später ~** à une heure avancée [de la nuit]; **in einer stillen ~** à tête reposée; **eine viertel/halbe ~/drei viertel/anderthalb ~n** un quart d'heure/une demi-heure/trois quarts d'heure/une heure et demie; **volle ~** heure juste; ***die Turmuhr schlägt die vollen ~n*** l'horloge sonne les heures; ***der Zug fährt jede volle ~*** il y a un train toutes les heures à l'heure pile; **zu vorgerückter ~** *geh* à une heure avancée; **jds ~ ist gekommen** l'heure de qn est arrivée; **jd gibt/nimmt ~n** qn donne/suit des cours; **jd weiß, was die ~ geschlagen hat** qn sait de quoi il retourne *fam*; **bis zur ~** à l'heure qu'il est; **die ~ null** l'instant zéro; **~ um ~, ~n um ~n** heure après heure; ***~ um ~ verging*** les heures passaient, [une à une]; ***ich wartete ~n um ~n*** j'attendu des heures et des heures; **von ~ zu ~** d'heure en heure; **zu dieser ~** *geh* à l'heure qu'il est; **alle halben/drei ~n** toutes les heures/toutes les trois heures; **zu jeder ~, jede ~** *eintreffen, passieren, stattfinden, bereit sein* à tout moment, d'un instant à l'autre; **jede ~/halbe ~** toutes les heures/toutes les demi-heures

-stunde *f* **1.** (*Dauer*) heure *f* de; ***zwei Geh~n*** deux heures de marche
2. *Französisch-, Reit-, Klavier-* cours *m* de; *Fahr-* leçon *f* de; ***in der Chemie~*** en cours de chimie; ***Privat~n/Nachhilfe~n*** cours *mpl* particuliers, leçons *fpl* particulières

stunden *vt* ■ **jd stundet jdm etw** qn accorde à qn un délai [*o* un sursis] pour qc

Stundengeschwindigkeit *f* vitesse *f* horaire **Stundenhotel** *nt* hôtel *m* de passe **Stundenkilometer** *pl* kilomètres-heure *mpl* **stundenlang** I. *adj* de plusieurs heures; ***nach ~em Umherirren in der Wüste*** après avoir erré des heures dans le désert; ***deine ~en Telefonate ins Ausland*** tes coups de fil à l'étranger qui durent des heures; ***nach ~em Warten*** après avoir attendu pendant des heures II. *adv* pendant des heures **Stundenlohn** *m* salaire *m* horaire **Stundenplan** *m* emploi *m* du temps **Stundentakt** *m* service *m* horaire régulier ▶ **im ~** toutes les heures **stundenweise** I. *adv* quelques heures, à l'heure II. *adj* à l'heure; ***„~ Aushilfe im Büro gesucht"*** "cherche intérimaire pour travail de bureau occasionnel"

-stundenwoche *f* semaine *f* de ... heures

Stundenzeiger *m* aiguille *f* des heures, grande aiguille *f fam*

Stündlein <-s, -> *nt dim von* **Stunde** ■ **ein ~** une petite heure
▶ **jds letztes ~ hat geschlagen** *hum fam* la dernière heure de qn a sonné [*o* est arrivée]

stündlich I. *adj* toutes les heures, horaire
II. *adv einnehmen, kontrollieren* toutes les heures; *erwarten, kommen können* d'une heure à l'autre

Stundung <-, -en> *f* sursis *m* [*o* délai *m*] de paiement

Stunk <-s> *m* ∅ *fam* grabuge *m fam*
▶ **jd bekommt** [*o* **kriegt**] **~** qn a des histoires; **es gab ~/wird ~ geben** il y a eu/il va y avoir du grabuge *fam*; **jd macht ~** qn fait des histoires; ***mach keinen ~!*** arrête de faire des histoires!

Stunt <-s, -s> [stant] *m* cascade *f*

Stuntman <-s, -men> ['stantmɛn, -wumən] *m*, **-woman** *f* cascadeur(-euse) *m(f)*

stupfen *vt bes.* SDEUTSCH, CH *s.* **stupsen**

stupid[e] [ʃtu-, st-] *adj pej geh* **1.** (*monoton*) stupide, abrutissant(e); ■ **etw ist jdm zu ~** qn trouve qc stupide [*o* abrutissant(e)]; ***so etwas S~es!*** quelle stupidité!
2. *Mensch* stupide, borné(e)

Stups <-es, -e> *m fam* bourrade *f*
▶ **jd gibt jdm einen ~** qn donne une bourrade à qn

stupsen *vt fam* ■ **jd stupst jdn** qn pousse qn, qn donne une bourrade à qn; ***ich wurde unsanft an der Schulter gestupst*** je reçus une violente bourrade à l'épaule

Stupsnase *f* nez *m* retroussé

stur I. *adj* **1.** (*dickköpfig*) entêté(e), borné(e), têtu(e); ***du ~er Hund/Kerl!*** espèce de tête de mule! *fam*; ■ **jd ist ~** qn est têtu(e) [*o* borné(e)], qn n'en fait qu'à sa tête
2. (*hartnäckig*) *Ablehnung, Nein, Verweigerung* catégorique, obstiné(e); *Haltung* borné(e)
II. *adv* **1.** *geradeaus gehen, weitergehen* sans dévier [d'un pouce]; ***jd arbeitet ~ nach Vorschrift*** qn suit les consignes à la lettre
2. *auf etw beharren, weitermachen* obstinément
▶ **jd stellt sich ~** *fam* qn ne veut rien entendre; ***hoffentlich stellt er sich nicht ~*** espérons qu'il ne restera pas figé sur ses positions

Sturheit <-> *f* ∅ entêtement *m*, obstination *f*

Sturm <-[e]s, Stürme> *m* **1.** (*starker Wind*) tempête *f*
2. FBALL attaque *f*; ***jd spielt im ~*** qn joue en attaque
3. (*Andrang*) ■ **ein ~ auf etw** (*akk*) *auf Kinokarten, Flugzeug, Kaufhäuser etc* une ruée [*o* un rush] sur qc
▶ **der ~ auf die Bastille** la prise de la Bastille; **der ~ und Drang** le Sturm und Drang (*mouvement littéraire allemand de la fin du XVIIIe siècle*); **jd/etw erobert** [*o* **nimmt**] **die Menschen/die Herzen im ~** qn/qc fait la conquête des personnes [*o* conquiert les personnes]/qn/qc chavire les cœurs; **jd läuft gegen etw ~** qn mène campagne [*o* la lutte] contre qc; **jd läutet ~** qn sonne avec insistance, qn carillonne; **im ~** MIL par un assaut; ***jd nimmt/erobert/überrennt etw im ~*** qn prend d'assaut qc

Sturmbö *f* coup *m* de vent, bourrasque *f*

stürmen I. *vi impers + haben* METEO ■ **es stürmt** la tempête fait rage
II. *vi* **1.** + *haben* SPORT ■ **jd stürmt** qn attaque; ***immer wieder wurde gestürmt*** les attaques se multipliaient
2. + *sein* (*rennen*) ■ **jd stürmt irgendwohin** qn se précipite quelque part; ■ **jd stürmt irgendwoher** qn sort en trombe de quelque part
III. *vt + haben* ■ **jd stürmt etw** qn prend d'assaut qc

Stürmer(in) <-s, -> *m(f)* attaquant(e) *m(f)*, avant *m*

Sturmflut *f* raz[-]de[-]marée *m*

stürmisch I. *adj* **1.** *Tag* de tempête; ***~es Wetter*** gros temps; ***das Wetter ist ~ heute*** le temps est à la tempête aujourd'hui; ***morgen soll es etwas ~ werden*** on annonce de la tempête pour demain
2. *Meer, See* démonté(e), déchaîné(e); *Wellen* furieux(-euse), gros(se) *antéposé*
3. (*vehement*) enthousiaste, frénétique; ***~er Beifall*** une tempête d'applaudissements; ***~er Jubel*** une tempête d'acclamations; ***~e Begrüßung*** un accueil enthousiaste [*o* frénétique]; ■ **jd ist ~** qn est impétueux(-euse) [*o* fougueux(-euse)]
4. *Affäre, Begegnung, Liebhaber* passionné(e)
▶ **nicht so ~!** doucement!, du calme!
II. *adv begrüßen, in Empfang nehmen* avec enthousiasme, frénétiquement

Sturmschaden *m meist pl* dégâts *mpl* causés par la tempête **Sturmschritt** *m* ▶ **im ~** au pas de charge, en trombe; ***die Zeit vergeht im ~*** le temps passe à une allure phénoménale **Sturmtief** *nt* dépression *f* cyclonale **Sturm-und-Drang-Zeit** <-> *f* ∅ ■ **die ~** le Sturm und Drang (*mouvement littéraire allemand de la fin du XVIIIe siècle*) **Sturmwarnung** *f* avis *m* de tempête

Sturz[1] <-es, Stürze> *m* **1.** (*Hinfallen*) chute *f*; ■ **ein ~ aus/von etw** *von einem Fahrrad* une chute de qc; ***ein ~ aus dem 27. Stockwerk*** une chute du 27e étage; ***der Selbstmörder beendete sein Leben durch den ~ von einer hohen Brücke*** l'homme a mis fin à ses jours en se jetant du haut d'un pont
2. [*Kurse, Preise, Temperatur*] chute *f*, effondrement *m*
3. [*Regierung, Minister, Kanzler*] chute *f*

Sturz[2] <-es, Stürze> *m* **1.** [*Fensteröffnung, Türöffnung*] linteau *m*
2. AUT carrossage *m*

Sturzbach *m* torrent *m* **sturzbesoffen** *adj sl* complètement pinté(e) [*o* bourré(e)] *pop*

stürzen I. *vi + sein* **1.** (*plötzlich fallen*) ■ **jd stürzt** qn tombe, qn fait une chute; ***ich wäre fast gestürzt*** j'ai failli tomber; ***er stürzte schwer/unglücklich*** il tomba lourdement/fit une chute malencontreuse; ■ **jd/etw stürzt aus/von etw [irgendwohin]** *aus dem Fenster, vom Dach, Balkon, Tisch, Turm* qn/qc tombe de qc [quelque part]; ***ich bin vom Fahrrad gestürzt*** je suis tombé(e) de vélo, j'ai fait une chute de vélo
2. ■ **jd/etw stürzt [über etw** (*akk*)**]** / *Diktator, Präsident, Regierung/ über eine Affäre, einen Skandal* qn/qc est renversé(e) [à la suite de qc]
3. (*rennen*) ■ **jd stürzt irgendwohin/irgendwoher** qn bondit quelque part/de quelque part; ***wohin ist der denn so eilig gestürzt?*** où a-t-il bien pu disparaître aussi vite?
II. *vt + haben* **1.** (*werfen*) ■ **jd stürzt jdn aus/von etw** *aus dem Fenster, vom Balkon* qn précipite qn par/du haut de qc
2. ■ **jd stürzt jdn/etw** *Minister, Diktator, Regierung* qn renverse qn/qc
3. ■ **jd stürzt etw** *Kuchenform, Puddingform* qn renverse [*o* retourne] qc; *Pudding* qn démoule qc
4. (*kippen*) ■ **jd stürzt etw** *Gerät beim Transport* qn renverse qc
III. *vr* **1.** ■ **jd stürzt sich aus/von/vor etw** (*akk*) **[irgendwohin]** *aus dem fahrenden Zug, vom Balkon, von einer Brücke* qn se jette de qc [quelque part]; *aus dem Fenster* qn se jette par qc; *vor einen Zug* qn se jette sous qc
2. ■ **jd stürzt sich auf jdn** qn se jette sur qn; ■ **jd/ein Tier stürzt sich auf etw** (*akk*) *aufs kalte Büfett, auf die Beute* qn/un animal se précipite [*o* se jette] sur qc
3. ■ **jd stürzt sich in etw** (*akk*) *in hohe Ausgaben, Unkosten* qn se lance dans qc; *in Schulden* qn se met qc sur le dos

Sturzflug *m* AVIAT, ORN vol *m* [*o* descente *f*] en piqué ▶ **im ~** en piqué **Sturzhelm** *m* casque *m* [de moto] **Sturzsee** *f* paquet *m* de mer

StussRR <-es>, **Stuß** <-sses> *m* ∅ *fam* connerie *f fam*; ***nichts als ~!*** rien que des conneries! *fam*

Stute <-, -n> *f* jument *f*

Stutz <-es, -> *m* CH *fam* (*Franken*) ≈ balle *f fam*; ***wie viel ~ hat das gekostet?*** t'en as eu pour combien? *fam*

Stütze <-, -n> *f* **1.** CONSTR étai *m*; (*gemauert*) contrefort *m*
2. (*Halt*) appui *m*, soutien *m*; [*Baum*] tuteur *m*
3. (*Unterstützung*) soutien *m*
4. *sl* (*finanzielle Hilfe vom Staat*) aide *f* publique

stutzen[1] *vi* (*innehalten*) ■ **jd stutzt** qn reste coi(te) [*o* interdit(e)]; ***ich stutze, so plötzlich hast du deine Meinung geändert?*** je m'étonne, tu changes d'avis aussi rapidement?; ***er ging ohne zu ~ über diesen Einwand hinweg*** il accepta sans sourciller [*o* broncher] cette objection

stutzen[2] *vt* **1.** ■ **jd stutzt etw** *Baum* qn élague qc; *Äste, Busch, Hecke* qn taille qc
2. ■ **jd stutzt [einem Tier] etw** qn coupe qc [à un animal]; *Flügel a.* qn ro-

gne qc [à un animal]; ***es ist Züchtern verboten Hunden den Schwanz zu*** ~ les éleveurs n'ont pas le droit d'écourter les chiens
3. (*kürzen*) ■ **jd stutzt jdm/sich etw** *Bart* qn taille qc à qn/se taille qc

Stutzen <-s, -> *m* 1. (*Gewehr*) carabine *f*
2. (*Rohrstück*) raccord *m;* (*Einfüll~*) embout *m;* [*Motor*] tubulure *f*
3. AUS (*Kniestrumpf*) mi-bas *m*

stützen I. *vt* 1. (*Halt geben*) ■ **jd stützt jdn/etw** qn soutient qn/qc; ■ **etw stützt etw** qc maintient qc; ***ein Hüfthalter stützt das Gewebe*** une gaine sert à maintenir le bassin
2. CONSTR ■ **etw stützt etw** qc supporte qc, qc soutient qc
3. (*aufstützen*) ■ **jd stützt etw auf etw** (*akk*) *Arm, Ellenbogen* qn appuie qc sur qc; ***jd stützt die Ellbogen auf den Tisch*** qn pose les coudes [*o* s'accouder] sur la table; ***jd stützt den Kopf auf die Hände*** qn se tient la tête entre les mains
4. (*gründen*) ■ **jd stützt etw auf etw** (*akk*) *Gedankengebäude, Theorie, Verdacht, Vermutung* qn se fonde [*o* s'appuie] sur qc pour avancer qc, qn étaye qc de qc; ***die ganze Theorie war nur auf diese Annahme gestützt*** toute la théorie reposait [*o* était fondée] sur cette hypothèse
5. ■ **jd/etw stützt etw** *Alibi, Theorie, Verdacht* qn/qc appuie qc, qn/qc étaye qc
6. ■ **etw stützt etw** *Vertrauen, Leistungswillen* qc renforce qc
7. FIN ■ **jd stützt etw** *Kurs, Preis, Währung* qn soutient qc
II. *vr* 1. (*sich aufstützen*) ■ **jd stützt sich auf jdn/etw** qn s'appuie sur qn/qc
2. ■ **jd/etw stützt sich auf etw** (*akk*) *auf Beweis, Erkenntnisse, Fakten, Tatsachen* qn/qc s'appuie sur qc, qc repose sur qc

stutzig *adj* ▶ **jd/etw macht jdn** ~ qn/qc intrigue qn; ***das hat mich ~ gemacht*** ça m'a intrigué(e); **jd wird** ~ qn a des soupçons; ***das ließ mich ~ werden*** ça m'a mis la puce à l'oreille; ***sind Sie denn nicht ~ geworden, als ...?*** ça ne vous a pas mis la puce à l'oreille lorsque ...?

Stützkurs *m* cours *m* de soutien **Stützpfeiler** *m* pilier *m* de soutien **Stützpunkt** *m* 1. MIL base *f* militaire 2. COM concessionnaire *m*

StVO [ɛsteːfauˈʔoː] *abk von* **Straßenverkehrsordnung** code *m* de la route

stylen [ˈstailən] *vt* ■ **jd stylt etw** *Möbel* qn conçoit la ligne de qc; *Auto, Jacht* qn dessine qc; *Haare* qn sculpte qc; ***ein rassig gestyltes Auto*** une automobile aux lignes racées; ***modisch gestylt*** de style très mode; ***ein neu gestyltes Badezimmer*** une salle de bain d'un nouveau style [*o* au nouveau design]

Stylesheet <-s, -s> [ˈstailʃiːt] *nt* INFORM feuille *f* de styles

Styling <-s> [ˈstailɪŋ] *nt* Ø [*Möbel, Auto*] design *m;* [*Haare*] look *m*

Styropor® <-s> *nt* Ø polystyrène *m*

s.u. *loc abk von* **siehe unten** voir ci-dessous

subaltern *adj pej geh* 1. *Beamter, Sachbearbeiter, Stellung* subalterne
2. *Gesinnung, Mensch* servile, obséquieux(-euse)

Subdominante *f* 1. (*Ton*) sous-dominante *f*
2. (*Dreiklang*) accord *m* de sous-dominante

Subjekt <-[e]s, -e> *nt* 1. GRAM sujet *m*
2. *pej* (*übler Mensch*) individu *m;* ***der ist ein ganz mieses/übles ~!*** c'est un sale type!; ***er ist ein völlig verkommenes ~*** c'est un véritable déchet de la société

subjektiv I. *adj* subjectif(-ive)
II. *adv beurteilen, darstellen* de manière subjective; ***~er gesehen*** d'un point de vue plus subjectif

Subjektivität <-> [-vi-] *f* Ø *geh* subjectivité *f*

Subkontinent *m* ▶ **der indische** ~ le sous-continent indien **Subkultur** *f* culture *f* parallèle

subkutan I. *adj* sous-cutané(e), hypodermique
II. *adv:* ***etw wird ~ injiziert*** [*o* ***gespritzt***] qc est administré(e) en injection sous-cutanée

Subskribent(in) <-en, -en> *m(f)* souscripteur *m*

subskribieren * *vt* ■ **jd subskribiert etw** qn souscrit à qc; ***dieses Werk kann subskribiert werden*** cet ouvrage peut faire l'objet d'une souscription

Subskription <-, -en> *f* souscription *f;* ***bei ~ der Enzyklopädie sparen Sie 1000 F*** en souscrivant à cette encyclopédie, vous économiserez 1000 F

Subskriptionspreis *m* prix *m* de souscription

Substantiv <-s, -e *o rare* -a> *nt* substantif *m*

Substanz <-, -en> *f* 1. (*Material*) substance *f;* ***eine entflammbare ~*** une matière inflammable
2. Ø *geh* (*Essenz*) substance *f*
▶ **die graue** ~ la substance [*o* la matière] grise; **etw geht** [**jdm**] **an die** ~ *fam* qc use [qn], qc mine [qn]; **jd lebt von der** ~ qn vit sur ses réserves

Substitut <-en, -en> *m* CH *s.* **Assistent**

Substrat <-[e]s, -e> *nt* substrat *m*

subtil *adj geh* 1. (*nuanciert*) subtil(e)
2. (*kompliziert zusammengesetzt*) complexe

Subtrahend <-en, -en> *m* nombre *m* à soustraire

subtrahieren * I. *vt* ■ **jd subtrahiert etw** [**von etw**] qn soustrait [*o* retrancher] qc [de qc]
II. *vi* ■ **jd subtrahiert** qn soustrait; ***jd kann gut ~*** qn sait bien faire les soustractions

Subtraktion <-, -en> *f* soustraction *f*

Subtraktionszeichen *nt* signe *m* moins

Subtropen *pl* ■ **die** ~ la zone subtropicale

subtropisch [ˈzʊptroːpɪʃ, zʊpˈtroːpɪʃ] *adj* subtropical(e)

Subunternehmen *nt* entreprise *f* de sous-traitance, sous-traitant *m*

Subvention <-, -en> [-vɛn-] *f* subvention *f*

subventionieren * [-vɛn-] *vt* ■ **jd subventioniert etw** qn subventionne qc

subversiv [-vɛr-] I. *adj geh* subversif(-ive); ***~e Bestrebungen*** des visées subversives, des tentatives de subversion
II. *adv geh:* ***jd betätigt sich ~*** qn se livre à des activités subversives

Suchaktion *f* recherches *fpl* **Suchbegriff** *m* mot-clé *m*

Suche <-, -en> *f* recherches *fpl;* ■ **die/eine ~ nach jdm/etw** les/des recherches pour retrouver qn/qc; ***die ~ nach der Wahrheit*** la recherche de la vérité
▶ **jd geht** [*o* **macht sich**] **auf die** ~ qn commence à chercher; **jd geht** [*o* **macht sich**] **auf die ~ nach jdm/etw** qn part [*o* se met] à la recherche de qn/qc; **jd ist auf der ~ nach jdm/etw** qn est à la recherche de qn/qc; ***kennen Sie diese Frau? Ich bin auf der ~ nach ihr*** connaissez-vous cette femme? Je suis à sa recherche

suchen I. *vt* 1. (*zu finden versuchen*) ■ **jd sucht jdn/etw** qn cherche qn/qc; ■ **jd sucht sich** (*dat*) **jdn/etw** qn recherche qn/qc, qn se met en quête de qn/qc; ■ **jd wird gesucht** on recherche qn; ***„Mitarbeiter gesucht"*** "recherchons collaborateur"
2. ■ **jd sucht etw** *Hilfe, Schutz, Rat, Entspannung, Ablenkung* qn cherche qc; *Liebe, Nervenkitzel, Vergessen* qn recherche qc, qn est en quête de qc
▶ **jd hat irgendwo nichts zu** ~ qn n'a rien à faire quelque part; **etw sucht ihresgleichen/seinesgleichen** *geh* qc n'a pas son pareil/sa pareille [*o* son équivalent]
II. *vi* ■ **jd sucht** qn cherche; ■ **jd sucht nach jdm/etw** qn est à la recherche de qn/qc; ***nach was suchst du?*** qu'est-ce que tu cherches?
▶ **such!** (*Befehl an einen Hund*) cherche!

Sucher <-s, -> *m* viseur *m*

Suchmannschaft *f* équipe *f* de recherche **Suchmaschine** *f* INFORM outil *m* de recherche, chercheur *m* Web **Suchscheinwerfer** *m* phare *m* orientable

Sucht <-, ¨-e> *f* 1. MED dépendance *f;* [*Rauschgift a.*] toxicomanie *f*
2. (*unwiderstehliches Verlangen*) manie *f;* [*Glücksspiel*] passion *f;* [*Arbeit, Essen, Reisen etc*] boulimie *f;* ■ **jds ~ nach etw/etw zu tun** le besoin irrésistible de qn de qc/de faire qc; ***eine ~ nach Süßem*** une boulimie de sucreries; ***die ~ nach Glücksspielen*** la passion du jeu; ***seine ~, andere zu kritisieren*** sa manie de critiquer les autres

Suchtbeauftragte(r) *f(m) decl wie adj* délégué(e) *m(f)* aux problèmes de toxicomanie **Suchtberater(in)** *m(f)* thérapeute *mf* spécialisé(e) dans les problèmes de toxicomanie **Suchtforscher(in)** *m(f)* chercheur(-euse) *m(f)* en toxicomanie

süchtig *adj* 1. *Mensch* dépendant(e), intoxiqué(e); (*rauschgift~*) toxicomane
2. ■ **jd ist ~ nach etw** *nach Nervenkitzel, Sensationen* qn est avide de qc, qn a une boulimie de qc; ***man kann wirklich danach ~ werden*** on finirait par ne plus pouvoir s'en passer
▶ **etw macht** ~ qc crée une dépendance

-süchtig 1. *nikotin-, spiel-* dépendant(e) [*o* esclave] du/de la/des; ***drogen~*** toxicomane; ***alkohol~*** alcoolique; ***tabletten~*** pharmacodépendant(e)
2. *ruhm-, horror-* avide de; ***fernseh~*** intoxiqué(e) par la télévision, téléphage *fam;* ***sport~*** fou(folle) de sport; ***profilierungs~/harmonie~*** obsédé(e) par son image/l'harmonie; ***jd ist vergnügungs~/verschwendungs~*** qn ne pense qu'à s'amuser/qu'à gaspiller

Süchtige(r) *f(m) decl wie adj* toxicomane *mf*

-süchtige(r) intoxiqué(e) *m(f)* par le/la/les; ***Nikotin~r/Spiel~r*** fumeur/joueur *m* invétéré

Sud <-[e]s, -e> *m* 1. GASTR eau *f* de cuisson
2. PHARM décoction *f*

süd- (*die Himmelsrichtung betreffend*) du sud de la/du ...; (*den Landesteil betreffend*) de la/du ... du Sud; ***Sussex ist eine ~englische Grafschaft*** le Sussex est un comté du sud de l'Angleterre

Süd- (*die Himmelsrichtung betreffend*) du sud de la/du ...; *-hang, -seite, -wand* [exposé(e) au] sud; (*den Landesteil betreffend*) de la/du ... du Sud; ***~israel*** le sud d'Israël **Südafrika** *nt* l'Afrique *f* du Sud **Südafrikaner(in)** *m(f)* Sud-Africain(e) *m(f)* **südafrikanisch** *adj* sud-africain(e) **Südamerika** *nt* l'Amérique *f* du Sud **Südamerikaner(in)** *m(f)* Sud-Américain(e) *m(f)* **südamerikanisch** *adj* sud-américain(e) **süddeutsch** *adj* de l'Allemagne [*o* d'Allemagne] du Sud **Süddeutschland** *nt* l'Allemagne du Sud *f*

Sudel <-s, -> *m* CH brouillon *m*

sudeln *vi* 1. (*schmieren*) ■ **jd sudelt** [**mit etw**] *mit Matsch, Morast, Schlamm* qn fait des saletés [avec qc]; *mit Farbe* qn fait du barbouillage [avec qc]; ***kleine Kinder ~ beim Spielen gerne*** les petits enfants aiment bien jouer avec de la bouillasse *fam*
2. (*schreiben*) ■ **jd sudelt** [**irgendwohin**] qn gribouille [quelque part]

Süden <-s> *m* Ø 1. (*Himmelsrichtung*) sud *m*
2. (*südliche Gegend*) Sud *m*
▶ **aus** [**dem**] ~ [venant] du sud; **nach** [*o* **gen** *geh*] ~ vers le sud; ***etw liegt nach ~*** qc est orienté(e) au sud; ***jd zeigt nach ~*** qn montre le sud; **nach ~ hin** plus au sud; **von** ~ [en provenance] du sud; ***etw kommt von ~*** qc arrive du sud

Sudeten *pl* ■ **die** ~ les monts des Sudètes

Sudetenland *nt* Ø ■ **das** ~ le territoire [*o* la région] des Sudètes

Südfrankreich *nt* sud *m* de la France; ***in ~*** dans le sud de la France, dans le Midi **Südfrüchte** *pl* fruits *mpl* exotiques **Südhalbkugel** *f* hémisphère *m* sud [*o* austral] **Süditalien** [-liən] *nt* l'Italie *f* du Sud; ***Neapel ist die größte Stadt ~s*** Naples est la plus grande ville du sud de l'Italie **Südkorea** <-s> *nt* la Corée du Sud **Südkoreaner(in)** *m(f)* Sud-Coréen(ne) *m(f)* **südkoreanisch** *adj* sud-coréen(ne) **Südküste** *f* côte *f* méridionale **Südlage** *f* exposition *f* au sud; ***Grundstücke in ~*** les terrains exposés au sud **Südländer(in)** <-s, -> *m(f)* méditerranéen(ne) *m(f)* **südländisch** *adj* méditerranéen(ne)

südlich I. *adj* 1. GEOG *Land, Landesteil, Gebiet, Stadt, Lage, Klima* méridional(e)

2. METEO [en provenance] du sud
3. (*nach Süden*): ***in ~er Richtung*** en direction du sud; ***der ~e Kurs des Schiffes*** le cap sud du bateau; ***eine ~ere Richtung*** une direction plus au sud
II. *adv* au sud; ■ **~ von etw** au sud de qc
III. *präp* ■ **~ einer S.** (*gen*) au sud de qc
Südlicht *nt* 1. METEO aurore *f* australe
2. *hum* (*Süddeutscher*) Allemand(e) *m(f)* du Sud
Südost- (*die Himmelsrichtung betreffend*) le sud-est de la/du ...; (*den Landesteil betreffend*) de la/du ... du Sud-Est
Südosten *m* (*die Himmelsrichtung betreffend*) sud-est *m;* (*den Landesteil betreffend*) Sud-Est *m* **südöstlich** I. *adj* 1. GEOG situé(e) au sud-est; *Landesteil, Gebiet* [situé(e) au] sud-est 2. (*nach Südosten*): ***in ~er Richtung*** en direction du sud-est; ***wir fliegen mit ~em Kurs*** nous mettons le cap sur le sud-est 3. (*aus Südosten*) [en provenance] du sud-est II. *adv* au sud-est; ■ **~ von etw** au sud-est de qc III. *präp* ■ **~ einer S.** (*gen*) au sud-est de qc **Südpol** *m Ø* ■ **der ~** le pôle Sud **Südpolargebiet** *nt* ■ **das ~** l'Antarctique *m* **Südpolarmeer** *nt* ■ **das ~** l'océan *m* Antarctique [*o* Austral] **Südsee** *f Ø* ■ **die ~** les mers *fpl* du Sud **Südseite** *f* face *f* [*o* côté *m*] sud **Südtirol** *nt* Tyrol *m* du Sud
südwärts *adv* vers le sud; ***der Wind dreht ~*** le vent tourne au sud; ***jd hält sich ~*** qn maintient le cap vers le sud
Südwein *m* vin *m* du pourtour de la Méditerranée
Südwest- (*die Himmelsrichtung betreffend*) le sud-ouest de la/du ...; (*den Landesteil betreffend*) de la/du ... du Sud-Ouest
Südwesten *m* (*die Himmelsrichtung betreffend*) sud-ouest *m;* (*den Landesteil betreffend*) Sud-Ouest *m*
Südwester <-s, -> *m* suroît *m*
südwestlich I. *adj* 1. GEOG situé(e) au sud-ouest; *Landesteil, Gebiet* [situé(e) au] sud-ouest 2. (*nach Südwesten*): ***in ~er Richtung*** en direction du sud-ouest; ***wir fliegen mit ~em Kurs*** nous mettons le cap sur le sud-ouest 3. (*aus Südwesten*) [en provenance] du sud-ouest II. *adv* au sud-ouest; ■ **~ von etw** au sud-ouest de qc III. *präp* ■ **~ einer S.** (*gen*) au sud-ouest de qc **Südwind** *m* vent *m* du sud
Sueskanal *m* ■ **der ~** le canal de Suez
Suff <-[e]s> *m Ø fam* ivrognerie *f,* soûlographie *f fam*
► **im ~** au cours d'une cuite *fam*
süffig *adj* gouleyant(e), agréable en bouche
süffisant I. *adj geh* suffisant(e) *littér*
II. *adv geh* d'un air suffisant *littér*
Suffix <-es, -e> *nt* suffixe *m*
suggerieren * *vt geh* ■ **jd suggeriert jdm etw** qn suggère qc à qn, qn souffle qc à qn
Suggestion <-, -en> *f geh* suggestion *f*
suggestiv *adj geh* suggestif(-ive)
Suggestivfrage *f geh* question *f* insinuante [*o* pleine d'arrière-pensées]
suhlen *vr* 1. ■ **ein Tier suhlt sich in etw** (*dat*) /*Schwein*/ un animal se vautre dans qc; /*Wildschwein*/ un animal se souille dans qc
2. *geh* (*sich ergehen*) ■ **jd suhlt sich in etw** (*dat*) *in Obszönitäten, Kraftausdrücken, Schweinereien* qn se complaît dans qc, qn se délecte de qc
Sühne <-, -n> *f geh* expiation *f*
sühnen *vt geh* ■ **jd sühnt etw** [**durch/mit etw**] qn expie qc [par qc]
Suite <-, -n> ['svi:tə, zu'i:tə] *f* suite *f*
Suizid <-[e]s, -e> *m form* suicide *m*
Sujet <-s, -s> [zy'ʒe:] *nt geh* sujet *m,* thème *m*
Sukkurs <-es> *m Ø* CH soutien *m,* aide *f*
Sulfat <-[e]s, -e> *nt* sulfate *m*
Sulfid <-[e]s, -e> *nt* sulfure *m*
Sulfit <-s, -e> *nt* sulfite *m*
Sulfonamid <-[e]s, -e> *nt* sulfamide *m*
Sultan <-s, -e> *m,* **Sultanin** *f* sultan(e) *m(f)*
Sultanat <-[e]s, -e> *nt* sultanat *m*
Sultanine <-, -n> *f* raisin *m* sec [*o* de Smyrne]
Sulz <-, -en> *f* AUS (*Sülze*) aspic *m*
Sülze <-, -n> *f* 1. (*Aspik*) gelée *f*
2. (*Speise in Aspik*) aspic *m;* (*Schweinskopf~*) fromage *m* de tête
sülzen I. *vi fam* ■ **jd sülzt** [**über etw** (*akk*)] qn pérore [*o* baratine *fam*] [sur qc]
II. *vt fam* ■ **jd sülzt etw** qn dégoise qc *fam,* qn débite qc *fam*
summa cum laude *adv* avec mention très honorable
Summand <-en, -en> *m* terme *m* d'une somme
summarisch I. *adj* sommaire
II. *adv* sommairement
summa summarum *adv* tout compris
Sümmchen <-s> *nt dim von* **Summe**
► **ein hübsches** [*o* **nettes**] **~** *hum fam* une somme rondelette [*o* coquette] *fam*
Summe <-, -n> *f* 1. MATH total *m*
2. FIN somme *f*
3. *geh* [*Erfahrungen, Forschungen, Wissen*] somme *f*
summen I. *vi* 1. ■ **jd summt** qn fredonne
2. (*surren*) ■ **ein Tier summt** /*Biene, Hummel*/ un animal bourdonne; ■ **etw summt** /*Elektromotor, Ventilator etc*/ qc ronronne; ■ **das S~** le bourdonnement/le ronronnement
II. *vi impers* ■ **es summt** on entend un ronronnement
III. *vt* ■ **jd summt etw** qn fredonne qc
summieren * I. *vt* 1. (*addieren*) ■ **jd summiert etw** qn totalise qc
2. ■ **jd summiert etw** *Daten, Fakten, Details* qn récapitule qc, qn résume qc
II. *vr* ■ **etw summiert sich** [**auf etw** (*akk*)] *auf einen Betrag* qc s'accumule [*o* s'additionne] [et finit par faire qc]
Sumpf <-[e]s, ¨-e> *m* 1. (*Morast*) marais *m,* marécage *m*
2. (*Abgrund übler Zustände*) bas-fonds *mpl,* cloaque *m littér*
Sumpfblüte *f fam* (*Mensch*) individu *m* louche [*o* suspect] **Sumpfboden** *m* sol *m* marécageux **Sumpfdotterblume** *f* populage *m* des marais, souci *m* d'eau
sumpfig *adj* marécageux(-euse); ■ **etw ist ~** qc est bourbeux(-euse) [*o* marécageux(-euse)]; ■ **irgendwo ist es ~** quelque part le sol est bourbeux [*o* marécageux]
Sumpfkuh *f sl* con[n]asse *f vulg* **Sumpfland** *nt Ø* terrain *m* marécageux **Sumpfotter** *m* vison *m* **Sumpfpflanze** *f* plante *f* des marais **Sumpfvogel** *m* oiseau *m* des marais
Sund <-[e]s, -e> *m* détroit *m*
Sünde <-, -n> *f* 1. REL péché *m*
2. (*den guten Geschmack verletzend*) monstruosité *f;* ***eine ~ wider den guten Geschmack*** une faute de goût
3. (*Fehltritt*) faute *f;* ***eine ~ seiner Jugend/frühen Jahre*** un péché de jeunesse
► **jd begeht eine ~** REL qn commet un péché; **es ist eine ~** [**und Schande**] **etw zu tun** *fam* c'est honteux [*o* scandaleux] de faire qc; ***es ist keine ~ etw zu tun*** il n'y a pas de mal à faire qc
Sündenbock *m fam* bouc *m* émissaire ► **jd macht jdn zum ~** [**für etw**] qn fait porter le chapeau à qn [pour qc] *fam,* qn fait de qn le bouc émissaire [de qc] **Sündenfall** *m Ø* ■ **der ~** la chute [originelle] **Sündenregister** *nt* ■ **jds ~** la liste [*o* l'inventaire] des péchés commis par qn
Sünder(in) <-s, -> *m(f)* pécheur/-eresse *m/f*
-sünder(in) *m(f)* contrevenant(e) *m(f)* aux règles du/de la/des; ***Alkohol~/Promille~*** automobiliste *mf* en état d'ivresse; ***Park~*** automobiliste *mf* en stationnement interdit; ***Steuer~*** fraudeur *m* du fisc; ***Tempo~*** automobiliste *mf* en excès de vitesse; ***Umwelt~*** pollueur *m;* ***Verkehrs~*** chauffard *m*
sündhaft *adj* 1. REL *Leben* de péchés; *Tat* infâme; ***ein ~er Mensch*** un pécheur/une pécheresse
2. *Preis, Summe* exorbitant(e), astronomique
sündig *adj* 1. REL *Leben* de péchés; *Tat* infâme; ***ein ~er Mensch*** un pécheur/une pécheresse; ■ **jd ist/wird ~** qn est [un(e)] pécheur(-eresse)/qn pèche; (*hat gegen seine Vorsätze verstoßen*) qn manque à ses principes
2. *Blick, Lippen* vicieux(-euse); *Lokal, Viertel* de perdition; *Mensch* pervers(e)
sündigen *vi* 1. REL ■ **jd sündigt** qn pèche
2. *hum fam* ■ **jd sündigt** qn fait une entorse à ses principes
sündteuer *adj fam* hors de prix, qui coûte la peau des fesses *fam;* ■ **etw ist ~** qc est hors de prix, qc coûte la peau des fesses *fam*
super I. *adj inv fam* super *fam*
II. *adv fam:* ***etw riecht ~*** qc sent super bon *fam;* ***etw schmeckt ~*** qc est super bon *fam;* ***jd tanzt/singt ~*** qn danse/chante super bien *fam;* ***etw klingt ~*** qc a un super son *fam;* ***dieser Wagen fährt sich ~/~ leicht*** cette voiture se conduit hyper bien/est hyper facile à conduire *fam*
Super <-s> *nt Ø* super *m;* ***jd tankt ~*** qn roule au super
super- *fam -gut, -schön, -geil, -schnittig* super *fam; -einfach* hyper *fam; -schnell, -leicht* ultra *fam*
Super- 1. *fam* (*herausragend*) super *fam;* ***ein ~auto*** une voiture super *fam,* une super[-]voiture *fam*
2. (*besonders leistungsstark*) *-chip, -computer* ultraperformant(e), haute performance; ***~schnellzug*** train *m* ultrarapide [*o* à grande vitesse]
Super-8-Film [su:pɐ'ʔaxt-] *m* film *m* super-huit
Superior *m,* **-riorin** *f* Supérieur(e) *m(f),* Père supérieur/Mère supérieure *m/f*
superklug *adj iron fam* qui se croit malin(-igne) [*o* fam]; ***hältst dich wohl für ~?*** tu te crois plus malin que tout le monde? *fam*
Superlativ <-[e]s, -e> *m* 1. GRAM superlatif *m*
2. *meist pl geh* (*unüberbietbare Attraktion*) summum *m;* ***ein Fest der ~e*** un festival de ce qui se fait de mieux
► **in ~en** *reden, sprechen, anpreisen* en utilisant des superlatifs
Supermacht *f* superpuissance *f* **Supermann** <-männer> *m fam* 1. (*Comicfigur*) Superman *m* 2. (*alle übertreffender Mann*) superman *m iron;* ***die Supermänner*** les supermen [*o* les supermans] **Supermarkt** *m* supermarché *m* **Superstar** [-ʃta:ɐ, -st-] *m fam* superstar *f*
Suppe <-, -n> *f* 1. GASTR soupe *f;* ***möchten Sie eine ~ als Vorgericht?*** désirez-vous un potage en entrée?
2. *fam* (*Nebel*) purée *f* de pois
► **klare ~** un bouillon [clair]; **er/sie muss die ~ auslöffeln, die er/sie sich eingebrockt hat** *fam* il/elle doit payer les pots cassés; **jd versalzt jdm die ~** *fam* qn met des bâtons dans les roues à qn *fam*
Suppen- 1. *-einlage, -würze, -gewürz* pour la soupe 2. *-löffel, -tasse* à soupe; ***~schüssel/~terrine*** soupière *f;* ***~teller*** assiette *f* creuse [*o* à soupe]; ***~kelle*** louche *f* **Suppenfleisch** *nt* pot-au-feu *m* **Suppengemüse** *nt* légumes *mpl* potagers **Suppengrün** *nt* herbes *fpl* potagères **Suppenhuhn** *nt* poule *f* à bouillir **Suppennudel** *f meist pl* vermicelle *m* **Suppenwürfel** *m* cube *m* de bouillon [*o* de pot-au-feu]
Supplementband <-bände> *m* supplément *m*
Supplierstunde <-, -n> *f* AUS SCOL (*Vertretungsstunde*) remplacement *m*
Suppositorium <-s, -torien> *nt form* suppositoire *m*
Supraleiter *m* supraconducteur *m*
Sure <-, -n> *f* s[o]urate *f*
Surfbrett ['sø:ɐf-] *nt* 1. (*zum Windsurfen*) planche *f* à voile
2. (*zum Wellensurfen*) surf *m*
surfen [sø:ɐfən] *vi* 1. ■ **jd surft** qn surfe, qn fait du surf; (*windsurfen*) qn fait de la planche à voile
2. INFORM ■ **jd surft** qn navigue, qn fait du surf; ■ **das S~** le surf

Surfer(in) <-s, -> ['sø:ɐfɐ] *m(f)* **1.** surfeur(-euse) *m(f);* (*Windsurfer*) [vé-li]planchiste *mf*
2. INFORM internaute *m, f*

Surfing <-s> ['sø:ɐfɪŋ] *nt* ∅ **1.** (*Windsurfen*) planche *f* à voile
2. (*Wellensurfen*) surf *m*

Surrealismus <-> [zʊrea'lɪsmʊs, zʏr-] *m* ∅ ■ **der** ~ le surréalisme

surrealistisch [zʊrea'lɪstɪʃ, zʏr-] *adj* ART surréaliste

surren *vi* **1.** + *haben* (*leise brummen*) ■ **ein Tier surrt** /*Insekt, Wespenschwarm*/ un animal bourdonne; /*Elektromotor, Ventilator*/ qc ronronne; /*Hochspannungsleitung, Fernsehkamera*/ qc bourdonne; ■ **das S~** le bourdonnement/le ronronnement
2. + *sein* (*sich bewegen*) ■ **ein Tier/etw surrt irgendwohin** /*Insekt*/ un animal bourdonne quelque part; /*Pfeil*/ qc fend l'air en sifflant

Surrogat <-[e]s, -e> *nt* ersatz *m*, succédané *m;* ■ **ein** ~ **für etw** un ersatz [*o* un succédané] de qc

suspekt *adj geh* suspect(e); ■ **jd ist jdm** ~ qn paraît suspect(e) à qn

suspendieren * *vt* **1.** ■ **jd suspendiert jdn [von etw]** *von einem Amt, einer Tätigkeit* qn suspend qn [de qc]
2. *geh* ■ **jd suspendiert jdn von etw** *vom Sportunterricht, vom Schwimmen* qn dispense qn de qc

Suspension <-, -en> *f* suspension *f;* ***eine oral eingenommene*** ~ une suspension par voie orale

süß **I.** *adj* **1.** *Gericht, Getränk* sucré(e); *Wein* doux(douce)
2. *Duft, Parfüm etc* suave
3. *Kind* adorable, mignon(ne); ***ein ~es Gesicht*** une jolie frimousse *fam*, un [joli] minois
II. *adv* **1.** *essen, trinken* sucré *inv; zubereiten* avec du sucre
2. (*lieblich*): ***etw duftet*** ~ qc exhale une odeur suave

Süße <-, -n> *f* **1.** ∅ *geh* (*süßer Geschmack*) goût *m* sucré; ***eine Speise von besonderer*** ~ un plat particulièrement sucré
2. ∅ [*Parfüm, Rasierwasser*] suavité *f*
3. (*Süßstoff*) saccharine *f*, édulcorant *m*

Süße(r) *f(m) decl wie adj* ***das Kind ist wirklich eine ganz ~/ein ganz ~r*** cet enfant est vraiment adorable
► **[mein]** ~**r/[meine]** ~ *fam* [mon/ma] chéri/chérie

süßen **I.** *vt* ■ **jd süßt etw [mit etw]** qn sucre qc [avec qc]
II. *vi* ■ **jd süßt mit etw** qn sucre avec qc; ***etw süßt stark/stärker*** qc sucre beaucoup/plus

Süßholz *nt* ∅ bois *m* de réglisse
► **jd raspelt** ~ *fam* qn fait de la lèche *fam*

Süßigkeit <-, -en> *f meist pl* sucrerie *f*

Süßkartoffel *f* patate *f* douce **Süßkirsche** *f* **1.** (*Kirsche*) bigarreau *m*
2. (*Kirschbaum*) bigarreautier *m*

süßlich *adj* **1.** (*unangenehm süß*) douceâtre
2. (*übertrieben liebenswürdig*) doucereux(-euse)

süßsauer[RR] **I.** *adj* **1.** GASTR aigre-doux(douce) **2.** *Lächeln* mi-figue, mi-raisin; ***ein süßsaures Gesicht*** un air mi-figue, mi-raisin **II.** *adv* **1.** *einlegen, zubereiten* dans un mélange aigre-doux **2.** ***jd lächelt*** ~ qn a un sourire mi-figue, mi-raisin **Süßspeise** *f* entremets *m* [sucré] **Süßstoff** *m* édulcorant *m*, aspartam[e] *m* **Süßstofftablette** *f* sucrette© *f*

Süßwasser *nt* eau *f* douce

Süßwasserfisch *m* poisson *m* d'eau douce

SW *abk von* **Südwesten** S.-O.

Sweatshirt <-s, -s> ['svɛtʃø:ɐt] *nt* sweat-shirt *m*

Swimmingpool <-s, -s> ['svɪmɪŋpu:l] *m* piscine *f*

Symbiose <-, -n> *f* symbiose *f;* ***in*** ~ en symbiose

Symbol <-s, -e> *nt* symbole *m*

Symbolfigur *f* figure *f* de proue

symbolisch **I.** *adj* symbolique
II. *adv* symboliquement, de manière symbolique

symbolisieren * *vt* ■ **etw symbolisiert etw** qc symbolise qc

Symbolismus <-> *m* ∅ ■ **der** ~ le symbolisme

Symmetrie <-, -n> [-'tri:ən] *f* symétrie *f*

symmetrisch **I.** *adj* symétrique
II. *adv* symétriquement, de manière symétrique

Sympathie <-, -en> [-'ti:ən] *f* sympathie *f*
► **etw hat jds** ~ qc a la faveur de qn

Sympathiekundgebung *f* manifestation *f* de solidarité

Sympathisant(in) <-en, -en> *m(f)* sympathisant(e) *m(f)*

sympathisch *adj* **1.** *Mensch, Erscheinung* sympathique; *Äußeres, Stimme* agréable; ■ **jd ist jdm** ~ qn est sympathique à qn
2. (*angenehm*) *Gedanke, Vorstellung* agréable, réjouissant(e); ■ **etw ist jdm nicht** ~ qc n'enchante pas qn

sympathisieren * *vi* ■ **jd sympathisiert mit jdm** *mit Regimekritikern, Terroristen* qn sympathise avec qn; ■ **jd sympathisiert mit etw** *mit jds Plänen, Zielen* qn accueille qc avec sympathie, qn voit qc d'un bon œil

Symphonie <-, -en> [-'ni:ən] *f s.* **Sinfonie**

Symphonie- *s.* **Sinfonie-**

Symposium <-s, Symposien> *nt* symposium *m*

Symptom <-s, -e> *nt* **1.** MED symptôme *m*
2. *geh* (*Anzeichen*) symptôme *m*, signe *m* avant-coureur

symptomatisch *adj geh* symptomatique; ■ **etw ist** ~ **für etw** qc est symptomatique de qc

Synagoge <-, -n> *f* synagogue *f*

synchron [zʏn'kro:n] **I.** *adj geh Prozess, Übersetzung* simultané(e); *Verlauf* parallèle; *Bewegung* synchrone
II. *adv geh:* ***etw läuft*** ~ ***zu etw*** qc se déroule parallèlement à qc; ***zwei Sachen verlaufen*** ~ deux choses se déroulent simultanément; ***die Übersetzung erfolgt*** ~ la traduction est simultanée

Synchronisation <-, -en> [-kro-] *f* doublage *m*, postsynchronisation *f*

synchronisieren * [-kro-] *vt* **1.** ■ **jd synchronisiert etw** *Film* qn double qc, qn postsynchronise qc; ***eine deutsch synchronisierte Fassung*** une version doublée [*o* postsynchronisée] en allemand
2. *geh* ■ **jd synchronisiert etw** *Abläufe, Prozesse, Vorgänge* qn synchronise qc

Syndikat <-[e]s, -e> *nt* syndicat *m* du crime

Syndrom <-s, -e> *nt* syndrome *m*

Synergie <-, -n> [-'gi:ən] *f* synergie *f*

Synergieeffekt *m* effet *m* de synergie

Synode <-, -n> *f* synode *m*

Synonym <-s, -e> [zyno'ny:m] *nt* synonyme *m*

Synonymwörterbuch [zyno'ny:m-] *nt* dictionnaire *m* des synonymes

syntaktisch **I.** *adj* syntaxique, syntactique
II. *adv* syntaxiquement

Syntax <-, -en> ['zʏntaks] *f* syntaxe *f*

Synthese <-, -n> *f* synthèse *f*

Synthesizer <-s, -> ['zʏntəsaizɐ] *m* synthétiseur *m*

Synthetik <-> *f* ∅ synthétique *m*

synthetisch **I.** *adj* synthétique; MED *a.* de synthèse
II. *adv* synthétiquement

Syphilis <-> ['zy:filɪs] *f* ∅ syphilis *f*

Syrer(in) <-s, -> ['zy:rɐ] *m(f)* Syrien(ne) *m(f)*

Syrien <-s> ['zy:riən] *nt* la Syrie

syrisch ['zy:rɪʃ] *adj* syrien(ne)

System <-s, -e> *nt* système *m*
► **duales** ~ (*in Bezug auf Müll*) système *m* de tri et de retraitement des déchets ménagers, système *m* Éco-Emballages®; **jd bringt** ~ **in etw** (*akk*) qn opère un classement dans qc; **mit** ~ avec méthode, par calcul *péj*

-system *nt* système *m* de; ***Experten~*** système *m* expert; ***Mehrheitswahl~/Proporz~*** mode *m* de scrutin majoritaire/proportionnel; ***Sowjet~*** système *m* soviétique; ***Steuer~*** système *m* fiscal; ***Telefon~*** système *m* téléphonique; ***Zahlungs~*** régime *m* de paiement; ***Zeichen~*** sémiologie *f*, sémiotique *f*

Systemanalyse *f* analyse *f* des systèmes **Systemanalytiker(in)** *m(f)* ingénieur *m* système

systematisch **I.** *adj Beeinflussung* systématique; *Arbeit, Tätigkeit a.* méthodique
II. *adv* systématiquement, de façon systématique

systematisieren * *vt geh* ■ **jd/etw systematisiert etw** qn/qc systématise qc

Systemkritiker(in) *m(f)* détracteur(-trice) *m(f)* du système **systemkritisch** **I.** *adj* critique envers le système **II.** *adv sich äußern, schreiben* en critiquant le système

systemlos **I.** *adj* sans méthode, désorganisé(e)
II. *adv* sans méthode, de façon désorganisée

Systemmenü *nt* INFORM menu *m* système

Systole <-, -n> ['zʏstole, zʏs'to:lə] *f* systole *f*

Szenario <-s, -s> *nt* scénario *m*

Szene <-, -n> *f* **1.** THEAT scène *f*
2. (*Krach*) scène *f*
3. *fam* (*Bereich*) milieux *mpl;* ***in der politischen*** ~ sur la scène politique
4. *sl* (*Milieu*) ■ **die** ~ le milieu
► **etw geht in** ~ (*akk*) qc est porté(e) à la scène; **jd macht jdm eine [...]** ~ *fam* qn fait une scène [...] à qn; **jd setzt etw in** ~ THEAT qn porte qc à la scène; *Eklat, Gegenüberstellung etc* qn met en scène qc; **jd setzt sich in** ~ qn se met en scène [*o* en vedette]

-szene *f* **1.** *sl Drogen-, Hausbesetzer-, Rauschgift-, Zuhälter- etc* milieu *m* du/de la/des; ***die Rechtsradikalen~*** les milieux *mpl* d'extrême droite
2. *fam Film-, Finanz-, Medien-, Verlags- etc* milieux *mpl* [*o* monde *m*] du/de la/des
3. *Abschieds-, Begrüßungs-, Eifersuchts-, Trennungs-* scène *f* de

Szenerie <-, -n> [-'ri:ən] *f* **1.** *geh* (*landschaftliche Umgebung*) décor *m*, cadre *m*
2. CINE, LITER décor *m*
3. THEAT décors *mpl*

Szepter <-s, -> *nt veraltet s.* **Zepter**

Szylla <-> ['stsʏla] *f* ► **zwischen** ~ **und Charybdis** *geh* [pris(e)] entre deux feux *soutenu*

T

T, t <-, -> [teː] *nt* (*Buchstabe*) T *m*, t *m*
► **T wie Theodor** t comme Thérèse
t *abk von* Tonne t
Tabak <-s, -e> ['taːbak, 'tabak, ta'bak] *m* tabac *m*
► **leichter/starker** ~ tabac *m* léger/fort
Tabak- 1. *-pflanze, -blatt, -plantage* de tabac; *-anbau, -ernte* du tabac 2. *-händler, -importeur, -konsum* de tabac; *-preis, -handel* du tabac; *-werbung* pour le tabac/les tabacs **Tabakladen** *m* bureau *m* de tabac
Tabaksbeutel *m* blague *f* à tabac **Tabaksdose** *f* tabatière *f*
Tabaksteuer *f* taxe *f* sur le tabac/les tabacs
tabellarisch *adj, adv* sous forme de tableau
Tabelle <-, -n> *f* 1. (*Liste*) tableau *m*
2. SPORT classement *m*
Tabellenform *f* ► **in** ~ sous forme de tableau **Tabellenführer(in)** *m(f)* leader *m* du classement ► **jd ist/wird** ~ qn est en tête/prend la tête du classement **Tabellenkalkulationsprogramm** *nt* INFORM tableur *m* **Tabellenplatz** *m* place *f* du classement
Tabernakel <-s, -> *nt o m* tabernacle *m*
Tablar <-s, -e> *nt* CH rayon *m*, étagère *f*
Tablett <-[e]s, -s *o* -e> *nt* plateau *m*
► **jd serviert jdm etw auf einem silbernen** ~ qn apporte qc à qn sur un plateau d'argent
Tablette <-, -n> *f* comprimé *m*, cachet *m*
► **jd nimmt ~n** *euph* qn avale des barbituriques
Tablettensucht *f* pharmacomanie *f*, pharmacodépendance *f* **tablettensüchtig** *adj* pharmacodépendant(e)
tabu *adj inv* ■ **etw ist [bei jdm/für jdn]** ~ qc est tabou [chez qn/pour qn]
Tabu <-s, -s> *nt geh* tabou *m*
► **etw ist für jdn ein** ~ qc est un tabou pour qn
tabuisieren * [tabui'ziːrən] *vt* ■ **jd tabuisiert etw** qn tabouise qc *rare;* ■ **etw wird tabuisiert** qc est tabou; ■ **etw wird von jdm tabuisiert** qn fait un tabou de qc
Tabula rasa[RR] <- -> *f* Ø ► **jd macht** ~ ~ *fam* qn fait place nette
Tabulator <-s, -toren> *m* tabulateur *m*
Tabulatortaste *f* touche *f* Tabulation
Taburett <-s, -e> *nt* CH tabouret *m*
Tacheles ► **jd redet mit jdm** ~ *sl* qn dit ses quatre vérités à qn *fam;* ***jetzt werden wir zwei mal ~ reden!*** maintenant on va s'expliquer tous les deux!
tachinieren *vi* AUS *fam* (*faulenzen*) ■ **jd tachiniert** qn fainéante
Tacho <-s, -s> *m fam abk von* Tachometer compteur *m*
Tachometer *m o nt* compteur *m* de vitesse
Tadel <-s, -> *m* réprimande *f*
► **ohne** ~ de façon irréprochable, irréprochablement; ***jd/etw ist ohne*** ~ qn/qc est irréprochable
tadellos I. *adj* irréprochable; *Aussprache, Beherrschung, Sitz* impeccable II. *adv sich aufführen, sich benehmen* irréprochablement, de façon irréprochable; *gekleidet sein* impeccablement, de façon impeccable
tadeln *vt* 1. (*zurechtweisen*) ■ **jd tadelt jdn [für etw/wegen etw]** qn réprimande qn [pour qc/à cause de qc]
2. (*missbilligen*) ■ **jd tadelt etw** qn blâme qc; ■ **~d** réprobateur(-trice), de réprobation; ***mit einem ~den Finger*** d'un doigt réprobateur; ***zu ~de Verstöße*** des manquements répréhensibles
Tafel <-, -n> *f* 1. (*Schul~*) tableau *m;* (*Schreib~*) ardoise *f*
2. (*Gedenk~*) plaque *f*
3. (*Bild~*) planche *f*
4. *form* (*Fest~*) table *f*
Tafel- *-besteck, -geschirr, -leuchter* de table; ***~silber*** argenterie *f* **Tafelberg** *m* Ø mesa *f* **Tafelgeschäft** *nt* opération *f* de guichet **Tafelklassler(in)** <-s, -> *m(f)* AUS *fam* (*Schulanfänger*) élève *mf* de CP
tafeln *vi geh* ■ **jd tafelt [mit jdm]** qn banquette [avec qn]; ***jd tafelt gern*** qn aime faire bonne chère
täfeln *vt* ■ **jd täfelt etw** qn lambrisse qc
Tafelrunde *f geh* tablée *f*
Täfelung <-, -en> *f* 1. (*Verkleidung*) lambris *m*
2. Ø (*das Täfeln*) lambrissage *m*
Tafelwasser *nt form* eau *f* minérale **Tafelwein** *m form* vin *m* de table
Täfer <-s> *nt* CH lambris *m*
Taft <-[e]s, -e> *m* taffetas *m*
Tag[1] <-[e]s, -e> *m* 1. (*Abschnitt von 24 Stunden*) jour *m;* (*in seinem Verlauf betrachtet*) journée *f;* ***schöner ~ heute, finden Sie nicht auch?*** belle journée aujourd'hui, vous ne trouvez pas?; ***mehrmals am*** ~ plusieurs fois dans la journée
2. (*Datum*) jour *m*
3. (*Gedenk~*) ■ **der ~ des/der** *des Kindes, der Einheit, des Baumes* la journée du/de la/des; ***der ~ der Unabhängigkeit*** le jour de l'indépendance
4. (*Tageslicht*) jour *m*
5. *pl fam* ■ **jds ~e** les règles *fpl* [*o* l'indisposition *f*] de qn; ***sie hat ihre ~e*** elle a ses règles, elle est indisposée
► **es ist noch nicht aller ~e Abend** les jours se suivent et ne se ressemblent pas; **man soll den ~ nicht vor dem Abend loben** *prov* il ne faut pas crier victoire trop tôt; **der ~ der Arbeit** la fête du travail; **der ~ des Herrn** *geh* le jour du Seigneur; **[bei] ~ und Nacht** jour et nuit, nuit et jour; **~ der offenen Tür** journée *f* portes ouvertes; **der ~ X** le jour J; **auf meine/seine alten ~e** sur mes/ses vieux jours; **jd/etw hat schon bessere ~e gesehen** qn/qc a fait son temps; **ewig und drei ~e** *hum fam* cent sept ans; ***es dauert ewig und drei ~e, bis*** il se passera bien cent sept ans avant que + *subj;* **jd macht sich** (*dat*) **einen faulen [*o* schönen] ~** qn se prend du bon temps; **den ganzen ~ [lang]** toute la journée; **guten ~!** bonjour!; **jd will nur Guten ~ sagen** qn passe juste dire [un petit] bonjour; **jd hat seinen guten/schlechten ~** qn est dans un bon/mauvais jour; **ein harter ~** une rude journée; **bis zum heutigen ~** jusqu'à aujourd'hui; **der Jüngste ~** REL le Jugement dernier; **jd redet [*o* erzählt] viel, wenn der ~ lang ist** *fam* qn raconte tout et n'importe quoi; **eines schönen ~es** un beau jour; **jd/etw bringt etw an den ~** qn/qc fait [toute] la lumière sur qc; **sie bekommt ihre ~e** *fam* elle va avoir ses règles [*o* être indisposée]; **sie hat ihre ~e [bekommen]** *fam* elle a ses règles, elle est indisposée; **jds ~e sind gezählt** les jours de qn sont comptés; **jd hat seinen … ~** qn a son jour de … + *subst;* ***jd hat seinen großzügigen/sozialen ~*** qn a [*o* est dans] son jour de bonté; **es ist ~** il fait jour; **etw kommt an den ~** qc éclate au grand jour; **jd lebt in den ~ hinein** qn vit au jour le jour; **jd legt etw an den ~** qn fait preuve de qc; **das war heute wieder ein ~!** *fam* eh bien, quelle journée!; **es wird ~** le jour se lève; **am ~** [pendant [*o* dans]] la journée; **am ~[e] einer S.** (*gen*) le jour de qc; **auf den ~ [genau]** au jour près; ***es sind heute auf den ~ genau 13 Jahre, dass*** ça fait aujourd'hui 13 ans jour pour jour que; **bei ~[e]** de jour; ***jd kommt noch bei ~ an*** qn arrive avant la nuit; **bis in unsere ~e [hinein]** de nos jours [encore]; **~ für ~** jour après jour; **in unseren ~en** de nos jours; **über/unter ~e** à ciel ouvert/sous terre; **von einem ~ auf den anderen** du jour au lendemain; **von ~ zu ~** de jour en jour; **alle ~e** *fam* tous les jours, chaque jour; **dieser ~e** *fam* ces jours-ci; **eines ~es** un [beau] jour; **jeden ~** (*an jedem ~*) tous les jours, chaque jour; (*jederzeit*) à tout moment; **~!** *fam* 'jour! *fam*
Tag[2] <-s, -s> [tæk] *m* INFORM balise *f*, marqueur *m*
tagaus *adv* ► **~, tagein** jour après jour; **~, *tagein schuftet man sich 60 Stunden in der Woche ab*** on se tape l'un dans l'autre 60 heures par semaine *fam*
Tagebau *m* Ø mine *f* à ciel ouvert ► **im** ~ à ciel ouvert **Tagebuch** *nt* 1. journal *m* [intime] 2. (*Terminkalender*) agenda *m*, carnet *m* de rendez-vous ► **jd führt ein** ~ qn tient un journal **Tagegeld** *nt* 1. (*Krankengeld*) allocation *f* journalière de maladie 2. (*Spesenpauschale*) indemnité *f* journalière [de déplacement]
tagein *adv s.* **tagaus**
tagelang I. *adj* de plusieurs jours, qui dure/a duré des jours entiers II. *adv* [pendant] des journées entières, [durant] des jours entiers
tagen[1] *vi impers geh* ■ **es tagt** le jour point *soutenu*
tagen[2] *vi* (*konferieren*) ■ **jd tagt** qn siège; ***etw tagt irgendwo*** qc tient ses assises quelque part
Tagesablauf *m* emploi *m* du temps **Tagesanbruch** *m* ► **bei** ~ au lever du jour; **nach** ~ après le lever du jour; **vor** ~ avant le [lever du] jour **Tagesausflug** *m* excursion *f* d'une journée **Tagescreme** [-kreːm] *f* crème *f* de jour **Tagesdecke** *f* couvre-lit *m* **Tageseinnahmen** *pl* recette *f* de la journée, rentrées *fpl* journalières **Tagesgespräch** *nt* sujet *m* de discussion du jour **Tageskarte** *f* 1. GASTR menu *m* du jour 2. (*Eintrittskarte*) billet *m* [*o* ticket *m*] valable pour la journée **Tageskasse** *f* 1. THEAT caisse *f* ouverte en journée 2. COM recette *f* de la journée **Tageskurs** *m* cours *m* du jour
Tageslicht *nt* Ø *geh* lumière *f* du jour; ***etw lässt [das] ~ hereinkommen*** qc laisse entrer le jour
► **jd/etw bringt etw ans** ~ qn/qc met en lumière qc; **etw kommt ans** ~ qc éclate au grand jour; **bei** ~ (*am hellichten Tage*) à la lumière du jour; (*vor Einbruch der Dunkelheit*) de jour; ***jd ist nicht mehr bei ~ irgendwo*** qn n'arrivera pas quelque part avant la [tombée de la] nuit
Tageslichtprojektor *m* rétroprojecteur *m*
Tagesmarsch *m* 1. (*Marsch*) marche *f* d'une journée 2. (*Strecke*) journée *f* de marche **Tagesmutter** *f* nourrice *f*, assistante *f* maternelle
Tagesordnung *f* ordre *m* du jour
► **jd geht [wieder] zur ~ über** qn fait comme si de rien n'était, qn reprend ses petites habitudes; **etw ist an der ~** qc est monnaie courante; **jd setzt etw auf die ~** qn met [*o* inscrit] qc à l'ordre du jour; **etw steht [für morgen/nächste Woche] auf der ~** qc est [inscrit(e)] [pour demain/la semaine prochaine] à l'ordre du jour

Tagesordnungspunkt *m* point *m* à l'ordre du jour; ***wir kommen zum nächsten*** ~ nous passons au point suivant de l'ordre du jour
Tagesreise *f* **1.** (*Reise*) voyage *m* d'une journée **2.** (*Strecke*) journée *f* de voyage **Tagessatz** *m* **1.** MED prix *m* de la journée **2.** JUR unité *f* c'amende (*calculée au prorata des revenus journaliers*) **Tagesschau** *f* ∅ ■ **die** ~ le journal de 20 heures, le journal télévisé **Tageszeit** *f* moment *m* de la journée ▶ **zu jeder Tages- und Nachtzeit** *fam* à toute heure du jour et de la nuit **Tageszeitung** *f* quotidien *m*
tageweise *adv* à la journée **Tagewerk** *nt* ∅ *geh* labeur *m* [quotidien] *littér*
Taggeld *nt* CH *s.* **Tagegeld**
taghell I. *adj* comme en plein jour; ■ **es ist/wird** ~ il fait grand jour
II. *adv* comme en plein jour
täglich I. *adj attr* quotidien(ne)
II. *adv* quotidiennement, chaque jour
Tagliste *f* CH *s.* **Tagesordnung. Tagreise** *f* CH *s.* **Tagesreise**
tags *adv* [dans] la journée
▶ ~ **darauf** le lendemain, le jour suivant; ~ **zuvor** la veille, le jour précédent
Tagsatzung *f* AUS (*Verhandlungstermin*) jour *m* d'audience
tagsüber *adv* pendant la journée
tagtäglich I. *adj* quotidien(ne) **II.** *adv* tous les jours, quotidiennement **Tagtraum** *m* rêve *m* éveillé **Tagundnachtgleiche** <-n, -n> *f* équinoxe *m*
Tagung <-, -en> *f* **1.** (*Fach~*) congrès *m*, colloque *m*; [*politische Partei, Gewerkschaft a.*] assises *fpl*
2. (*Sitzung*) session *f*, séance *f*
Tagungs- *-beginn, -dauer, -verlauf, -programm, -ort* du congrès, de la réunion; *-räume, -gebäude* de réunion; ***die ~teilnehmer*** les congressistes
Tagwache *f* AUS MIL (*das Aufwecken*) réveil *m* [militaire] **Tagwerk** *nt* CH *s.* **Tagewerk**
Taifun <-s, -e> *m* typhon *m*
Taiga <-> *f* ∅ ■ **die** ~ la taïga
Taille <-, -n> ['taljə] *f* taille *f*
tailliert [ta(l)'jiːɐt] *adj* cintré(e)
Taiwan <-s> *nt* Taïwan *m*
Takelage <-, -n> [takə'laːʒə] *f* gréement *m*
takeln *vt* ■ **jd takelt etw** qn grée qc
Takt <-[e]s, -e> *m* **1.** MUS mesure *f*; (*Teil des ~es*) temps *m*
2. ∅ (*Taktgefühl*) tact *m*
▶ **jd hat keinen** ~ **im Leibe** *fam* qn est un vrai mufle; **ein paar** ~**e** *fam* quelques mots; ***jd muss jdm ein paar ~e sagen*** qn a deux ou trois choses à mettre au point avec qn; **jd/etw bringt jdn aus dem** ~ qn/qc fait perdre le rythme à qn; **jd kommt aus dem** ~ qn perd le rythme; **jd schlägt den** ~ [**zu etw**] qn bat la mesure [de qc]; **im** ~ **einer S.** (*gen*) au rythme de qc **jd tut etw im** ~ qn fait qc en mesure [*o* en cadence]
-takt *m* **1.** fréquence *f* de; *Zeit~* (*beim Telefon*) unité *f* de base; (*bei Transportmitteln*) fréquence *f* [*o* rythme *m*] de passage; ***Telefongebühren werden nach dem Achtminuten~ berechnet*** les tarifs téléphoniques sont calculés sur la base d'une unité toutes les huit minutes; ***Züge verkehren im Stunden~*** les trains circulent toutes les heures
2. MUS mesure *f* à; ***Dreiviertel~*** mesure *f* à trois temps; ***etw ist im Sechsachtel~ komponiert*** qc est composé(e) dans une mesure à six-huit
Taktgefühl *nt* tact *m*, délicatesse *f*
▶ **jd hat** ~ qn a du tact
taktieren * *vi* ■ **jd taktiert irgendwie** qn use d'une certaine tactique, qn procède d'une certaine façon; ***jd taktiert vorsichtig*** qn use d'une tactique prudente, qn procède avec prudence; ■ **das T~** la tactique
Taktik <-, -en> *f* tactique *f*
▶ **jd verfolgt** [**mit etw**] **eine bestimmte** ~ qn suit une certaine tactique [avec qc]
Taktiker(in) <-s, -> *m(f)* tacticien(ne) *m(f)*
taktisch I. *adj* tactique
II. *adv* **1.** *planen, vorgehen, einsetzen* tactiquement
2. *falsch, richtig, klug* d'un point de vue tactique; ***es wäre ~ falsch, …*** ce serait une erreur tactique de …
taktlos I. *adj* dénué(e) de tact
II. *adv* sans [le moindre] tact; ***wie kannst du dich so ~ benehmen?*** comment peux-tu te conduire avec aussi peu de tact?
Taktlosigkeit <-, -en> *f* **1.** (*taktlose Art*) manque *m* de tact
2. (*taktlose Aktion*) indélicatesse *f*
Taktstock *m* baguette *f* [de chef d'orchestre]
taktvoll I. *adj* plein(e) de tact
II. *adv* avec tact; ***kannst du dich nicht ~ er benehmen?*** tu ne peux pas te conduire avec plus de tact?
Tal <-[e]s, ¨er> *nt* vallée *f*
▶ **zu** ~ *geh* dans la vallée
talabwärts *adv* dans la vallée; ***der reißende Bach stürzt*** ~ le ruisseau impétueux dégringole dans la vallée
Talar <-s, -e> *m* robe *f*, toge *f*
talaufwärts *adv*: ***jd geht/ marschiert/ wandert*** ~ qn remonte la vallée
Talent <-[e]s, -e> *nt* **1.** (*Begabung*) talent *m*, don *m*; ■ **jds** ~ **für/zu etw** le talent [*o* le don] de qn pour qc
2. (*Mensch*) talent *m*
▶ **junge** ~**e** les jeunes talents *mpl*; **jd hat** ~ [**für/zu etw**] qn a du talent [pour qc]
talentiert I. *adj Mensch* qui a du talent, doué(e); *Spiel* magistral(e); *Vortrag* brillant(e), magistral(e); ■ **jd ist** ~ qn a du talent, qn est doué(e)
II. *adv* avec talent; ***sehr*** ~ avec beaucoup de talent
Taler <-s, -> *m* thaler *m*
Talfahrt *f* **1.** (*Fahrt hinunter*) descente *f* dans la vallée
2. (*starke Verluste*) effondrement *m*, dégringolade *f fam*; ***die ~ des Pfundes geht weiter*** la livre continue de plonger, la dégringolade de la livre se poursuit *fam*
Talg <-[e]s, -e> *m* **1.** GASTR suif *m*
2. PHYSIOL sébum *m*
Talgdrüse *f* glande *f* sébacée
Talisman <-s, -e> *m* talisman *m*, grigri *m*
Talk <-[e]s> *m* ∅ talc *m*
Talkmaster(in) <-s, -> ['tɔːkmaːstɐ] *m(f)* animateur(-trice) *m(f)* de débat [*o* de talk-show]
Talkpuder *m o nt s.* **Talkum**
Talkshow[RR] <-, -s> ['tɔːkʃoʊ] *f* talk-show *m*, entretien *m* télévisé
Talkum <-s> *nt* ∅ talc *m*
Talmi <-s> *nt* ∅ *veraltend* toc *m fam*, pacotille *f*
Talmud <-[e]s, -e> *m* **1.** ∅ ■ **der** ~ le Talmud
2. (*Buch*) talmud *m*
Talschaft <-, -en> *f* CH (*Territorium*) vallée *f* **Talsohle** *f* **1.** GEOG fond *m* de vallée **2.** ECON (*Tiefstand*) creux *m* de la vague; ***etw ist in der ~ angelangt*** [*o* ***hat die ~ erreicht***] qc est au [*o* a atteint le] creux de la vague **Talsperre** *f s.* **Staudamm**
Tamarinde <-, -n> *f* **1.** (*Baum*) tamarinier *m*
2. (*Frucht*) tamarin *m*
Tamariske <-, -n> *f* tamaris *m*
Tambour <-en, -en> ['tambuːɐ, tam'buːɐ] *m* CH *s.* **Trommler**
Tamburin <-s, -e> *nt* tambourin *m*
Tampon <-s, -s> ['tampɔn, tam'poːn, tã'põː] *m* tampon *m*
Tamtam <-s, -s> *nt* **1.** MUS tam-tam *m*
2. ∅ *fam* (*großes Aufheben*) tam-tam *m*, ramdam *m fam*
▶ **jd macht ein** ~ [**um jdn/etw**] *fam* qn fait du tam-tam [autour de qn/qc]
Tand <-[e]s> *m* ∅ *veraltend geh* brimborions *mpl vieilli*
tändeln *vi veraltend geh* ■ **jd tändelt mit jdm** qn badine avec qn
Tandem <-s, -s> *nt* tandem *m*
▶ **jd fährt** ~ qn fait du tandem
Tandler(in) <-s, -> *m(f)* AUS *fam* brocanteur *m*
Tang <-[e]s, -e> *m* varech *m*
Tangens <-, -> ['taŋɡɛns] *m* tangente *f*
Tangente <-, -n> [taŋ'ɡɛntə] *f* **1.** GEOM tangente *f*
2. (*Straße*) rocade *f*
tangieren * [taŋ'ɡiːrən] *vt* **1.** *geh* (*streifen*) ■ **jd/etw tangiert etw** qn/qc effleure qc
2. *geh* (*betreffen*) ■ **etw tangiert jdn/etw** qc concerne qn/qc, qc touche qn/qc
▶ **das tangiert jdn nicht** *fam* qn s'en fiche *fam*
Tango <-s, -s> ['taŋɡo] *m* tango *m*
Tank <-s, -s> *m* **1.** AUT réservoir *m*
2. (*Behälter für Flüssigkeit*) (*klein*) cuve *f*; (*groß*) citerne *f*
3. MIL char *m* d'assaut, tank *m*
Tankdeckel *m* bouchon *m* [de réservoir]
tanken I. *vi* ■ **jd tankt** [**irgendwo**] qn prend de l'essence [quelque part]; ■ **das T~** *verbal übersetzt*; ***jd fährt zum T~*** qn va prendre de l'essence; ***beim T~*** quand on prend de l'essence; ***beim T~ habe ich ihn gesehen*** je l'ai vu en prenant de l'essence
▶ **jd tankt voll** qn fait le plein; [**bitte**] **voll** ~! le plein[, s'il vous plaît]!
II. *vt* **1.** ■ **jd tankt etw** *Kraftstoff, Normal, Super* qn prend qc; ***jd tankt Super bleifrei*** qn prend du super sans plomb; ***tankst du bitte noch 20 Liter?*** tu peux prendre 20 litres d'essence?
2. *fam* ■ **jd tankt etw** *frische Luft, Sonne* qn fait le plein de qc; *neue Kräfte* qn récupère [qc]; ***jd tankt etwas Sonne*** qn s'imprègne d'un peu de soleil
▶ **jd tankt etw voll** qn fait le plein de qc; **voll getankt** avec le plein d'essence; **jd hat** [**ganz schön/reichlich**] **getankt** *sl* qn a bien pompé [*o* éclusé] *pop*
Tanker <-s, -> *m* pétrolier *m*, tanker *m*
Tankfüllung *f* plein *m* **Tankinhalt** *m* contenance *f* du réservoir **Tanklaster** *m*, **Tanklastzug** *m* camion-citerne *m* **Tanksäule** *f* pompe *f* [à essence] **Tankstelle** *f* station-service *f* **Tankuhr** *f* jauge *f* d'essence **Tankverschluss**[RR] *m* **1.** AUT *form s.* **Tankdeckel** **2.** (*Verschluss eines Tanks*) bouchon *m* de citerne **Tankwagen** *m* camion-citerne *m* **Tankwart(in)** *m(f)* pompiste *mf*
Tanne <-, -n> *f* sapin *m*; (*Weißtanne*) sapin *m* blanc
Tannenbaum *m* **1.** (*Weihnachtsbaum*) sapin *m* [de Noël] **2.** *fam* (*Tanne*) sapin *m* **Tannennadel** *f* aiguille *f* de sapin **Tannenzapfen** *m* cône *m* de sapin
Tannin <-s> *nt* ∅ ta[n]nin *m*
Tantal <-s> *nt* ∅ CHEM tantale *m*
Tantalusqualen *pl* ▶ **jd leidet** ~ *geh* c'est le supplice de Tantale pour qn, qn souffre mille morts
Tante <-, -n> *f* **1.** (*Verwandte*) tante *f*
2. *pej fam* bonne femme *f fam*
Tante-Emma-Laden *m fam* petite épicerie *f* [du coin]; ■ **ein** ~ une petite épicerie; ***ich gehe lieber zum*** ~ je préfère aller à la petite épicerie du coin
Tantieme <-, -n> [tã'tieːmə, tã'tiɛːmə] *f meist pl* **1.** (*Absatzhonorar*) part *f* sur les bénéfices, pourcentage *m pas de pl*
2. (*Gewinnbeteiligung*) tantième *m*
Tanz <-es, ¨e> *m* **1.** MUS danse *f*
2. (*Tanzveranstaltung*) bal *m*; ***jd geht zum*** ~ qn va danser au bal
3. *fam* (*Auseinandersetzung*) dispute *f*, bisbille *f fam*
▶ **ein** ~ **auf dem Vulkan** *geh* un jeu dangereux; ***das ist ein ~ auf dem Vulkan*** c'est de la dynamite; **jd fordert jdn zum** ~ **auf** qn invite qn à danser; **jd macht einen** ~ [**wegen etw**], **jd führt einen** ~ [**wegen etw**] **auf**

fam qn fait tout un plat [de qc] *fam*

Tanzabend *m* soirée *f* dansante **Tanzbein** *nt* ►**jd schwingt das ~** *hum fam* qn danse [la gigue] **Tanzcafé** *nt* café *m* dansant

Tänzchen <-s, -> *nt dim von* **Tanz** petite danse *f*
►**sie wagen ein ~** *hum* ils font quelques pas de danse

tänzeln *vi* 1. + *haben* ■ **jd tänzelt** */Boxer/* qn sautille; ■ **ein Tier tänzelt** */Pferd/* un animal piaffe
2. + *sein* ■ **jd tänzelt irgendwohin** qn sautille quelque part

tanzen I. *vi* 1. + *haben* ■ **jd tanzt** qn danse
2. + *sein* ■ **jd tanzt irgendwohin** qn danse quelque part
3. + *haben* ■ **etw tanzt** [**auf etw** (*dat*)] */Boot/* qc danse [sur qc]; */Gläser, Würfel/* qc tremble [sur qc]
►**jd geht ~** [*o* **zum T~**] qn va danser
II. *vt* + *haben* ■ **jd tanzt etw** qn danse qc

Tänzer(in) <-s, -> *m(f)* 1. (*Tanzpartner*) cavalier(-ière) *m(f)*
2. (*Ballett~*) danseur(-euse) *m(f)*
►**jd ist ein ... ~/eine ... ~in** qn est [un] danseur .../une danseuse ...; ***jd ist ein guter/schlechter*** ~ qn danse bien/mal, qn est [un] bon/mauvais danseur; **jd ist kein ~/keine ~in** qn ne sait pas danser

tänzerisch I. *adj Darbietung* de danse, dansé(e); ***sein/ihr ~es Können*** ses talents de danseur(-euse); ***eine hervorragende ~e Leistung*** une remarquable prestation dansée
II. *adv* au niveau de la danse

Tanzfläche *f* piste *f* [de danse] **Tanzgruppe** *f* (*Volkstanzgruppe*) groupe *m* folklorique **Tanzkapelle** *f* orchestre *m* [de danse] **Tanzlokal** *nt* dancing *m* **Tanzmusik** *f* musique *f* de danse **Tanzorchester** *nt* orchestre *m* [de danse] **Tanzpartner(in)** *m(f)* cavalier(-ière) *m(f)* **Tanzschule** *f* école *f* de danse **Tanzstunde** *f* 1. ∅ (*Kurs im Tanzen*) leçon *f* de danse 2. (*Unterrichtsstunde*) cours *m* de danse ►**jd nimmt ~n** qn prend des cours [*o* des leçons] de danse

Tapet *nt* ►**jd bringt etw** [**bei etw/in etw** (*dat*)] **aufs ~** *fam* qn met qc sur le tapis [à l'occasion de qc]; **etw kommt** [**bei etw/in etw** (*dat*)] **aufs ~** *fam* qc revient sur le tapis [à l'occasion de qc]

Tapete <-, -n> *f* papier *m* peint, tapisserie *f*

Tapeten- *-farbe, -muster, -struktur* du papier peint; *-auswahl, -geschäft* de papiers peints; ***~kleister*** colle *f* à tapisser; ***~material*** matériel *m* à tapisser **Tapetenbahn** *f* lé *m* **Tapetenrolle** *f* rouleau *m* de papier peint **Tapetenwechsel** [-ks-] *m fam* changement *m* d'air; ***jd braucht einen*** ~ qn a besoin de changer d'air

tapezieren * *vt* ■ **jd tapeziert etw** [**mit etw**] qn tapisse qc [avec qc]

Tapezierer(in) <-s, -> *m(f)* tapissier(-ière) *m(f)*

tapfer I. *adj* 1. (*kämpferisch*) brave, courageux(-euse); *Soldat, Kämpfer a.* vaillant(e) *antéposé littér,* valeureux(-euse) *littér; Haltung, Verhalten* courageux(-euse), plein(e) de bravoure; ***ein ~er Widerstand*** une valeureuse résistance
2. (*beherrscht*) courageux(-euse); ■ **jd ist ~** qn fait preuve de courage
II. *adv* 1. (*kämpferisch*) avec bravoure, vaillamment *littér*
2. (*beherrscht*) courageusement, avec courage

Tapferkeit <-> *f* ∅ bravoure *f*

Tapir <-s, -e> *m* tapir *m*

tappen *vi* 1. + *sein* (*schwerfällig gehen*) ■ **jd tappt irgendwohin** qn avance à tâtons quelque part
2. + *haben* (*tasten*) ■ **jd tappt nach etw** qn cherche qc en tâtonnant

tapsen *vi* + *sein fam* ■ **jd tapst** [**irgendwohin**] qn marche maladroitement [quelque part]; ■ **ein Tier tapst** [**irgendwohin**] un animal avance lourdement [quelque part]

tapsig I. *adj fam* pataud(e); ***~e Schritte*** des pas lourds [*o* maladroits]
II. *adv* de façon pataude

Tara <-, Taren> *f* tare *f*

Tarantel <-, -n> *f* tarentule *f*
►**wie von der ~ gestochen** *fam* comme si une mouche l'avait piqué(e)

Tarif <-[e]s, -e> *m* 1. IND accord *m* salarial
2. FIN tarif *m,* barème *m*
►**nach/über/unter ~** au/au-dessus du/en dessous du tarif des conventions collectives

Tarif- 1. *-lohn, -gehalt, -zone* fixé(e) contractuellement; *-vereinbarung, -anspruch, -system* salarial(e); ***~lohn*** salaire *m* contractuel 2. (*~verhandlungen betreffend*) en matière de négociations salariales **Tarifabschluss**[RR] *m* accord *m* sur les salaires **Tarifautonomie** *f* liberté *f* de négociation sur les salaires, autonomie *f* des partenaires sociaux **Tarifgruppe** *f* groupe *m* [*o* catégorie *f*] tarifaire

tariflich I. *adj* conforme à la convention collective [*o* aux accords passés entre les partenaires sociaux]
II. *adv* contractuellement, par convention collective

Tarifpartner(in) *m(f)* partenaire *mf* social(e) **Tarifrunde** *f* négociations *fpl* salariales **Tarifverhandlung** *f* négociation *f* salariale **Tarifvertrag** *m* convention *f* collective, accord *m* collectif

Tarnanstrich *m* peinture *f* de camouflage **Tarnanzug** *m* tenue *f* de camouflage

tarnen I. *vt* 1. (*unkenntlich machen*) ■ **jd tarnt etw** [**gegen etw**] qn camoufle qc [contre qc]
2. ■ **jd tarnt etw** [**durch/als etw**] *Absicht, illegales Geschäft* qn camoufle qc [en faisant/en qc]; ***seine Spielhölle war als Waschsalon getarnt*** son tripot avait pour couverture une laverie
II. *vr* 1. MIL ■ **jd tarnt sich** qn se camoufle
2. (*sich ausgeben*) ■ **jd tarnt sich als etw** qn se camoufle en qc, qn se fait passer pour qc

Tarnfarbe *f* peinture *f* de camouflage **Tarnkappe** *f* cape *f* qui rend invisible **Tarnkappenbomber** *m* avion *m* furtif **Tarnname** *m* pseudonyme *m,* nom *m* de guerre

Tarnung <-, -en> *f* 1. ∅ (*das Tarnen*) camouflage *m*
2. (*tarnende Konstruktion*) camouflage *m*
3. (*tarnende Identität*) nom *m* de camouflage

Tarock <-s, -s> *m o nt* DIAL tarot *m* à trois

Täschchen <-s, -> *nt dim von* **Tasche** pochette *f*

Tasche <-, -n> *f* 1. COUT poche *f;* ***jd steckt etw in die*** ~ qn met qc dans sa poche
2. (*Hand~*) sac *m* [à main]
3. (*Einkaufs~*) sac *m* [à provisions]
►**jd wirtschaftet in die eigene ~** *fam* qn se remplit les poches; **jd bezahlt etw aus der eigenen ~** *fam* qn paie qc de sa poche; **jd steckt etw in die eigene ~** *fam* qn met qc dans sa poche; **jd hat etw in der ~** qn a qc en poche; **jd liegt jdm auf der ~** *fam* qn vit aux crochets de qn; **jd lügt sich** (*dat*) **in die ~** qn se berce d'illusions, qn se raconte des histoires; **jd steckt jdn in die ~** *fam* qn met qn dans sa poche

Taschen- de poche; ***eine ~flasche*** une flasque **Taschenausgabe** *f* édition *f* de poche; ***etw erscheint als*** ~ qc est édité(e) en livre de poche [*o* en poche *fam*] **Taschenbuch** *nt* livre *m* de poche **Taschenbuchausgabe** *f* édition *f* de poche; ***etw erscheint als*** ~ qc paraît en livre de poche [*o* en édition de poche] **Taschencomputer** [-kɔmpju:tɐ] *m* P.C. *m* de poche **Taschendieb(in)** *m(f)* pickpocket *mf* **Taschenformat** *nt* format *m* de poche ►**etw hat ~** qc a un format de poche; **im ~** en format de poche **Taschengeld** *nt* argent *m* de poche **Taschenkrebs** *m* tourteau *m* **Taschenlampe** *f* lampe *f* de poche **Taschenmesser** *nt* couteau *m* de poche, canif *m* **Taschenrechner** *m* calculette *f,* calculatrice *f* de poche **Taschenspielertrick** *m pej* tour *m* de passe-passe; ***jd ist auf einen ~ hereingefallen*** qn s'est fait rouler dans la farine *fam* **Taschentuch** <-tücher> *nt* mouchoir *m* **Taschenuhr** *f* montre *f* de poche [*o* de gousset]

Taskleiste *f* INFORM barre *f* des tâches

Tässchen[RR], **Täßchen** <-s, -> *nt* 1. *dim von* **Tasse** petite tasse *f*
2. (*Menge*): ***ein ~ Kaffee*** une petite tasse de café

Tasse <-, -n> *f* 1. tasse *f*
2. (*Menge*): ***eine ~ Kaffee*** une tasse de café
►**jd hat nicht alle ~n im Schrank** *fam* qn a une araignée au plafond *fam,* qn a une case vide *fam;* **trübe ~** *fam* bonnet *m* de nuit

Tastatur <-, -en> *f* clavier *m*

Taste <-, -n> *f* touche *f*
►**jd greift in die ~n, jd haut auf die ~n** *hum fam* qn fait sonner les accords

tasten I. *vi* ■ **jd tastet** [**nach etw**] qn cherche à tâtons [qc]; ■ **das T~** MED la palpation
II. *vr* ■ **jd tastet sich irgendwohin** qn avance en tâtonnant quelque part
III. *vt* 1. (*fühlend wahrnehmen*) ■ **jd tastet etw** qn sent qc en palpant
2. (*eintasten*) ■ **jd tastet etw** qn tape qc, qn compose qc

Tasteninstrument *nt* instrument *m* à clavier **Tastentelefon** *nt* téléphone *m* à touches, poste *m* à clavier

Tastsinn *m* ∅ toucher *m*

tat *imp von* **tun**

Tat <-, -en> *f* 1. (*Handlung*) acte *m;* (*in kämpferischer Absicht*) action *f,* fait *m* d'armes; ***eine ~ der Nächstenliebe*** un acte de charité
2. (*Straf~*) délit *m;* ***eine kriminelle*** ~ un acte criminel
►**jd ertappt jdn auf frischer ~** qn prend qn en flagrant délit, qn prend qn sur le fait; **eine gute ~** une bonne action; ***hast du heute schon deine gute ~ getan?*** tu as déjà fait ta B.A. de la journée [*o* quotidienne]? *hum;* **jd schreitet zur ~** *geh* qn passe aux actes [*o* à l'action]; **jd setzt etw in die ~ um** qn met qc à exécution [*o* en pratique]; **in der ~** effectivement

Tatar <-s> *nt* ∅ steak *m* tartare, tartare *m*

Tatar(in) <-en, -en> *m(f)* Tartare *mf*

Tatbestand *m* 1. (*Sachlage*) état *m* de fait; (*Fakten*) faits *mpl*
2. JUR éléments *mpl* constitutifs

Tatendrang *m* ∅ *geh* besoin *m* d'activité

tatenlos I. *adj* inactif(-ive), passif(-ive)
II. *adv* sans rien faire

Täter(in) <-s, -> *m(f)* coupable *mf,* auteur *m;* ***unbekannte*** ~ des malfaiteurs *mpl* non identifiés

Täterschaft <-> *f* ∅ culpabilité *f;* ***jd beschuldigt jdn der ~ an einem Mord*** qn accuse qn d'être responsable d'un crime; ***die ~ wird jdm zur Last gelegt*** la responsabilité est imputée à qn

tätig *adj* 1. *Mitarbeiter, Angestellter etc* actif(-ive), en activité; ■ **jd ist** [**irgendwo**] ~ *im Garten, in der Küche etc* qn travaille [quelque part]; *im Haus, Haushalt* qn s'occupe de qc; ■ **jd ist als/in etw** (*dat*) ~ qn est employé(e) [*o* travaille] comme/dans qc
2. *Hilfe, Mithilfe, Unterstützung* actif(-ive)
3. (*rührig*) actif(-ive)
4. *form* (*eingreifen*) ■ **jd wird** [**in etw** (*dat*)] ~ qn intervient [dans qc]

tätigen *vt* 1. *form* ■ **jd tätigt etw** *Einkäufe* qn effectue qc; *Anruf* qn passe qc, qn donne qc
2. *form* ■ **jd tätigt etw** *Abschluss, Geschäft, Handel* qn conclut qc, qn réalise qc

Tätigkeit <-, -en> *f* activité *f;* ***etw wird außer ~ gesetzt*** qc est arrêté(e)
►**etw ist in ~** */Gerät, Maschine/* qc marche, qc est en fonctionnement; **jd tritt in ~** qn entre en action; **etw tritt in ~** qc se met en marche; ***ein Vulkan tritt in*** ~ un volcan entre en activité

-tätigkeit *f* activités *fpl* de

Tätigkeitsbereich *m* domaine *m* d'activité[s]

Tatkraft *f* ∅ énergie *f,* dynamisme *m* **tatkräftig** I. *adj* énergique, dynamique; ***jds ~e Hilfe*** l'aide active de qn II. *adv* activement

tätlich I. *adj* dégénérant(e) en voie de fait

▸ **jd wird** [**gegen jdn**] ~ qn se livre à des voies de fait [sur qn]
II. *adv* avec voie de fait
Tätlichkeiten *pl geh* voies *fpl* de fait
Tatort *m* lieu *m* du crime
tätowieren * *vt* ■ **jd tätowiert jdn/etw** qn tatoue qn/qc; ■ **jd tätowiert jdm etw irgendwohin** qn tatoue qc à qn quelque part
Tätowierung <-, -en> *f* tatouage *m*
Tatsache *f* fait *m*
▸ **jd/etw schafft vollendete ~n** qn/qc crée un fait accompli; **jd/etw stellt jdn vor vollendete ~n** qn/qc met qn devant le fait accompli; **jd steht vor vollendeten ~n** qn se trouve devant le fait accompli; ~ **ist** [**aber**], **dass** il n'en demeure pas moins que + *indic;* **das ist** ~ *fam* c'est tout ce qu'il y a de plus vrai; ***ist das wirklich*** ~? c'est vrai?; ~? *fam* vraiment?; ~! *fam* comme je te/vous le dis! *fam*
Tatsachenbericht *m* reportage *m*
tatsächlich ['ta:tzɛçlɪç, ta:t'zɛçlɪç] **I.** *adj attr Erlebnis, Ereignis, Geschehnis, Umstände* réel(le); *Grund, Ursache, Umstände* véritable
II. *adv* **1.** (*in Wirklichkeit*) en réalité
2. (*wirklich*) réellement, vraiment
▸ ~? vraiment?, réellement?; ~! oui, oui!
tätscheln *vt* ■ **jd tätschelt jdn/etw** qn tapote [affectueusement] qn/qc; ■ **jd tätschelt jdn** qn donne une tape affectueuse à qn; ***ich mag es nicht, wenn man mich tätschelt*** je n'aime pas qu'on me tripote *fam*
Tatterich *m* ▸ **jd hat/bekommt den** ~ *fam* qn a la tremblote [*o* qn sucre les fraises]/est pris(e) de tremblote *fam*
tatt[e]rig *adj fam* qui a la tremblote *fam,* qui sucre les fraises *fam;* ■ **jd ist/wird** ~ qn a la tremblote [*o* qn sucre les fraises]/est pris(e) de tremblote *fam*
Tatverdacht *m* présomption *f* de culpabilité ▸ **es besteht** ~ il y a présomption de culpabilité; **jd steht unter** ~ *form* qn est présumé(e) coupable; **jd wird unter** ~ **verhaftet** qn présumé(e) coupable est arrêté(e) **tatverdächtig** *adj* présumé(e) coupable **Tatverdächtige(r)** *f(m) decl wie adj* suspect *m* numéro un, coupable *mf* présumé(e) **Tatwaffe** *f* arme *f* du crime
Tatze <-, -n> *f* **1.** ZOOL patte *f*
2. *fam* patoche *f fam*
Tatzeit *f* heure *f* du crime
Tau[1] <-[e]s> *m ∅* METEO rosée *f*
Tau[2] <-[e]s, -e> *nt* NAUT câble *m,* cordage *m*
taub *adj* **1.** (*gehörlos*) sourd(e); ■ **jd ist auf etw** (*dat*) ~ *auf einem Ohr* qn est sourd(e) de qc
2. *Glied* insensible; ■ **jd ist** ~ **gegen etw** qn est sourd(e) [*o* insensible] à qc
3. *Ähre* vide; *Nuss* creux(-euse)
▸ **bist du/sind Sie** ~? *fam* tu es/vous êtes sourd(e)?; **jd stellt sich** ~ [**gegen etw**] qn fait la sourde oreille [à qc]
Täubchen <-s, -> *nt* **1.** *dim von* **Taube** pigeonneau *m,* petit pigeon *m*
2. (*Schatz*) [petit] chou *m,* lapin *m*
Taube <-, -n> *f* pigeon *m*
▸ **jd wartet** [**darauf**], **dass ihm die gebratenen ~n ins Maul** [*o* **in den Mund**] **fliegen** qn attend que les alouettes lui tombent toutes rôties [dans le bec] [*o* que tout lui tombe du ciel]; **~n und Falken** *fam* les colombes *fpl* et les faucons *mpl*
Taube(r) *f(m) decl wie adj* sourd(e) *m(f)*
taubenblau *adj* bleu-gris *inv* **Taubenei** *nt* oeuf *m* de pigeon **taubengrau** *adj* gris bleu *inv* **Taubenschlag** *m* pigeonnier *m* ▸ **irgendwo geht es zu wie im** ~ *fam* ça circule comme dans un moulin quelque part *fam*
Täuber <-s, -> *m* pigeon *m* mâle
Taubheit <-> *f ∅* **1.** surdité *f*
2. [*Glied*] insensibilité *f*
Taubnessel *f* ortie *f* rouge [*o* blanche] **taubstumm** *adj* sourd(e)-muet(te) **Taubstumme(r)** *f(m) decl wie adj* sourd-muet/sourde-muette *m/f*
tauchen I. *vi* **1.** + *haben o sein* ■ **jd taucht** qn plonge; ***jd lernt/kann*** ~ qn apprend à faire/sait faire de la plongée; ■ **jd taucht nach jdm/etw** qn plonge à la recherche de qn/qc
2. + *sein* ■ **etw taucht** / *U-Boot*/ qc plonge, qc s'immerge
3. + *sein* (*auftauchen*) ■ **jd/etw taucht aus etw** qn/qc émerge de qc; ***jd taucht wieder an die Oberfläche*** qn refait surface
II. *vt* + *haben* **1.** ■ **jd taucht etw in etw** (*akk*) *Pinsel, Hand* qn plonge qc dans qc
2. (*untertauchen*) ■ **jd taucht jdn/etw irgendwohin** qn plonge [*o* immerge] qn/qc quelque part
Tauchen <-s> *nt ∅* plongée *f*
Taucher(in) <-s, -> *m(f)* plongeur(-euse) *m(f)*
Taucheranzug *m* combinaison *f* de plongée, scaphandre *m* **Taucherbrille** *f* lunettes *fpl* de plongée **Taucherglocke** *f* cloche *f* à plongeur, caisson *m* **Taucherhelm** *m* casque *m* de plongée **Tauchermaske** *f* masque *m* de plongée
Tauchsieder <-s, -> *m* thermoplongeur *m* **Tauchstation** *f* ▸ **jd geht auf** ~ *fam* qn disparaît de la circulation, qn rentre dans son trou
tauen *vi* **1.** + *haben* ■ **es taut** il dégèle
2. + *sein* ■ **etw taut** / *Eis, Schnee*/ qc fond
3. + *sein* ■ **etw taut von etw** *von Gehwegen, Dächern* qc fond sur qc
Taufbecken *nt* fonts *mpl* baptismaux
Taufe <-, -n> *f* baptême *m*
▸ **jd hebt etw aus der** ~ *hum fam* qn tient qc sur les fonts baptismaux; ***etw wird aus der*** ~ ***gehoben*** qc voit le jour
taufen *vt* **1.** ■ **jd tauft jdn** qn baptise qn; ■ **jd lässt sich** ~ qn se fait baptiser
2. ■ **jd tauft jdn auf etw** (*akk*) qn baptise qn du nom de qc
3. *fam* ■ **jd tauft etw/ein Tier** [**auf etw** (*akk*)] qn baptise qc/un animal [qc]; ***jd tauft seinen Hund Ottokar*** qn baptise son chien Ottokar
Täufling <-s, -e> *m* celui/celle qui reçoit/va recevoir le baptême
Taufname *m* nom *m* de baptême **Taufpate** *m,* **-patin** *f* parrain/marraine *m/f* **Taufregister** *nt* registre *m* des baptêmes
taufrisch *adj geh* humide de rosée
▸ **jd ist nicht mehr** [**ganz**] ~ *fam* qn n'est plus [vraiment] de première jeunesse
Taufschein *m* extrait *m* de baptême
taugen *vi* **1.** ■ **etw taugt etwas/viel** qc vaut quelque chose/vraiment quelque chose; ■ **etw taugt nichts** qc ne vaut rien; ■ **jd taugt etwas/nichts** qn est bon(ne) à quelque chose/n'est bon(ne) à rien
2. ■ **etw taugt etw als/zu/für etw,** ■ **etw taugt** qc convient comme/pour/à qc; ***etw taugt nicht zum Verzehr*** qc est impropre à la consommation
Taugenichts <-[es], -e> *m veraltend* propre *m* à rien, vaurien *m*
tauglich *adj* **1.** *Bewerber* qui convient; *Material* qui convient, adéquat(e), approprié(e); ■ **jd/etw ist** [**für etw**] ~ qn/qc convient [pour qc], qc est approprié(e) [à qc]
2. (*wehrdienst~*) apte [au service militaire], bon(ne) pour le service
Tauglichkeit <-> *f ∅* **1.** ■ **die** ~ **einer S.** (*gen*) le caractère approprié de qc; ***etw ist von hervorragender*** ~ qc convient parfaitement
2. (*Wehrdienst~*) aptitude *f* [au service militaire]
Taumel <-s> *m ∅ geh* **1.** (*Schwindelgefühl*) étourdissement *m,* vertige *m*
2. *geh* (*Überschwang*) ivresse *f,* vertige *m*
▸ **wie im** ~ comme grisé(e), comme pris(e) de vertige
taum[e]lig *adj* **1.** *Gang, Schritt* chancelant(e), titubant(e)
2. (*benommen*) ■ **jd ist/wird** ~ qn a un vertige/est pris(e) d'un vertige
taumeln *vi* + *sein* ■ **jd taumelt** qn chancelle; ***was hast du? Du taumelst ja!*** qu'est-ce qui t'arrive? Tu titubes!; ■ **jd taumelt irgendwohin** qn titube quelque part
Tausch <-[e]s, -e> *m* échange *m*
▸ **jd bietet jdm etw zum** ~ **für etw an** qn propose à qn qc en échange de qc; **jd gibt etw in** ~ qn donne qc en échange; **jd macht einen ...** ~ qn fait un échange ...; ***jd macht einen guten/schlechten*** ~ qn gagne/perd au change; ***jd macht keinen guten/schlechten*** ~ qn ne gagne/perd pas au change; **jd nimmt etw in** ~ qn prend qc en échange [*o* en contrepartie]; **im** ~ **gegen** [*o* **für**] **etw** en échange de qc
tauschen I. *vt* **1.** ■ **jd tauscht etw** [**gegen etw**] *Sammlerstück, Briefmarke, Münze etc* qn échange qc [contre qc]
2. *geh* ■ **sie** ~ **etw** *Blicke, Küsse, Liebkosungen etc* ils/elles échangent qc
II. *vi* ■ **jd tauscht** qn fait un échange; ***jd tauscht prinzipiell nicht*** qn ne fait pas de troc en principe
▸ **jd möchte mit jdm nicht** ~ qn ne voudrait pas échanger avec qn; **jd möchte mit niemandem** ~ qn ne voudrait échanger avec personne; **jd würde mit jdm nicht** ~ qn ne voudrait pas être à la place de qn
täuschen I. *vt* ■ **jd täuscht jdn** qn trompe qn; ■ **jd lässt sich** [**von jdm/etw**] **nicht** ~ qn ne se laisse pas tromper [*o* abuser] [par qn/qc]
▸ **wenn mich nicht alles täuscht** si je ne m'abuse, sauf erreur de ma part
II. *vr* ■ **jd täuscht sich** qn se trompe, qn fait erreur; ■ **jd täuscht sich in jdm/etw** qn se trompe sur qn/dans qc; ■ **jd sieht sich in etw** (*dat*) **getäuscht** qn se voit trompé(e) dans qc; ***jd täuscht sich in seiner Hoffnung/seinen Erwartungen*** qn fait erreur en espérant
III. *vi* ■ **etw täuscht** qc trompe, qc induit en erreur
▸ **das täuscht** c'est trompeur
täuschend I. *adj* à s'y méprendre; ***sie hat eine ~e Ähnlichkeit mit ihrer Mutter*** elle ressemble à s'y méprendre à sa mère
II. *adv* à s'y méprendre
Tauschgeschäft *nt* troc *m* ▸ **jd macht** [**mit jdm**] **ein ~/~e** qn fait du troc [avec qn] **Tauschhandel** *m* **1.** *∅* COM [commerce *m* de] troc *m* **2.** *s.* Tauschgeschäft
Täuschung <-, -en> *f* **1.** (*Betrug*) tromperie *f,* mystification *f;* (*beim Examen*) fraude *f,* triche *f;* ***vorsätzliche*** ~ escroquerie *f*
2. (*Irrtum*) erreur *f*
▸ **arglistige** ~ acte *m* dolosif, dol *m;* **optische** ~ illusion *f* d'optique; **jd gibt sich einer** ~ (*dat*) **hin** *geh* qn fait erreur, qn se fourvoie *littér;* **zur** ~ pour tromper, fallacieusement
Täuschungsmanöver [-ve] *nt* feinte *f,* manœuvre *f* de diversion **Täuschungsversuch** *m* tentative *f* de fraude [*o* de tricherie]
tausend *num* **1.** mille; ***einige*** [*o* ***ein paar***] ~ ***Mark*** quelques milliers de marks
2. *fam* (*viele*) mille, [tout] un tas de *fam;* ***die*** ~ ***Vorwürfe von allen Seiten ärgerten ihn*** [toute] cette kyrielle de reproches venant de toutes parts l'irritait
▸ **jd wettet** ~ **zu eins, dass jd etw tut/nicht tut** qn parie cent contre un que qn fera/ne fera pas qc
Tausend[1] <-, -en> *f* (*Zahl 1000*) mille *m*
Tausend[2] <-s, -e> *nt* **1.** *∅* (*Einheit zu 1000 Stück*) millier *m*
2. *pl* (*viele tausend Menschen/Tiere*) milliers *mpl*
▸ **vom** ~ pour mille
Tausender <-s, -> *m* **1.** *fam* (*Tausendmarkschein*) billet *m* de mille marks
2. MATH millier *m*
tausenderlei *adj inv fam* mille et mille, tout un tas de *fam*
Tausendfüßler <-s, -> *m* mille-pattes *m,* scolopendre *f*
tausendjährig *adj attr* **1.** (*tausend Jahre alt*) millénaire **2.** (*tausend Jahre dauernd*) *Dauer* de mille ans; *Bestehen, Existenz* qui remonte à mille ans **tausendmal** *adv* **1.** mille fois **2.** *fam* (*vielmals*) mille fois, des tas et des tas de fois *fam* **Tausendmarkschein** *m* billet *m* de mille marks **Tausendschönchen** <-s, -> *nt* amarante *f*
tausendste(r, s) *adj* millième

Tausendste(r) *f(m) decl wie adj* millième *mf*
▶ **als** ~ le/la millième, en millième position; ***sie kam als ~ an die Reihe*** elle a été la millième à passer
Tausendstel <-s, -> *nt* millième *m*
tausendundeine(r, s) *adj* mille et un(e)
tausend|und|eins *num* mille un
Tautologie <-, -n> [-'gi:ən] *f* tautologie *f*
Tautropfen *m* goutte *f* [*o* perle *f*] de rosée **Tauwetter** *nt* **1.** dégel *m*
2. (*versöhnlichere Zeit*) dégel *m* ▶ **es ist/jd hat** ~ c'est le dégel, il dégèle; **bei** ~ en cas de dégel
Tauziehen *nt Ø* **1.** tir *m* à la corde
2. *geh* (*Hin und Her*) bras *m* de fer
Taxameter <-s, -> *m* taximètre *m*, compteur *m*
Taxation <-, -en> *f* CH imposition *f*
Taxator <-s, -toren> *m*, **-torin** *f* commissaire-priseur *m*
Taxcard <-, -s> *f* CH *s.* **Telefonkarte**
Taxe <-, -n> *f* **1.** (*Kur~*) taxe *f* de séjour
2. (*Schätzwert*) estimation *f*
3. DIAL *s.* Taxi
Taxi <-s, -s> *nt* taxi *m*
▶ **jd fährt** ~ qn circule [*o* roule] en taxi; **jd nimmt [sich** (*dat*)**] ein** ~ qn prend un taxi; ~! taxi!
taxieren * *vt* **1.** (*einschätzen*) ■ **jd taxiert etw [auf etw** (*akk*)**]** qn évalue [*o* estime] qc [à qc]
2. *geh* (*abschätzen*) ■ **jd taxiert jdn [irgendwie]** *abschätzig* qn jauge qn [d'une certaine manière]; ***jd taxiert jdn hochnäsig*** qn regarde qn de haut; ***jd taxiert jdn von oben herab*** qn toise qn de la tête aux pieds
Taxifahrer(in) *m(f)* chauffeur *m* de taxi, taxi *m fam* **Taxifahrt** *f* course *f* en taxi **Taxistand** *m* station *f* de taxis
Taxkarte *f* CH *s.* **Telefonkarte**
Tb[c] <-, -s> [te:'be:, te:be:'tse:] *f abk von* **Tuberkulose** tuberculose *f*
Tb[c]-krank [te:'be:-, te:be:'tse:-] *adj* tuberculeux(-euse), atteint(e) de la tuberculose
Teakholz ['ti:k-] *nt Ø* [bois *m* de] teck *m*
Team <-s, -s> [ti:m] *nt* équipe *f*
▶ **im** ~ en équipe
Teamarbeit ['ti:m-] *f* travail *m* d'équipe [*o* en équipe] ▶ **in** ~ en équipe **Teamgeist** *m Ø* esprit *m* d'équipe **Teamwork** <-s> ['ti:mwø:ɐk] *nt Ø* *s.* **Teamarbeit**
Technetium <-s> [tɛç'ne:tsiʊm] *nt Ø* CHEM technétium *m*
Technik <-, -en> *f* **1.** *Ø* (*Technologie*) technique *f*, technologie *f*
2. *Ø* (*technische Ausstattung*) équipement *m* [technique]
3. *Ø* [*Auto, Gerät, Maschine, Motor etc*] technologie *f*, technicité *f*
4. [*Sportart, Malerei, Musizieren etc*] technique *f*; ***jd hat eine gute*** ~ qn a une bonne technique
5. *fam* (*Abteilung*) services *mpl* techniques
Techniker(in) <-s, -> *m(f)* **1.** technicien(ne) *m(f)*
2. *fam* (*versierter Fachmann*) spécialiste *mf*
Technikfolgenabschätzung *f* étude *f* sur les conséquences des nouvelles technologies
technisch I. *adj* technique
II. *adv* sur le plan technique; ***jd ist ~ ausgebildet*** qn a une formation de technicien
technisieren * *vt* ■ **jd technisiert etw** qn modernise qc, qn technicise qc *rare*
Technokrat(in) <-en, -en> *m(f)* technocrate *mf*
Technokratie <-> *f Ø* technocratie *f*
Technologe <-n, -n> *m*, **-login** *f* technologue *mf*, technologiste *mf*
Technologie <-, -n> *f* technologie *f*
Technologiepark *m* parc *m* technologique **Technologietransfer** <-s, -s> *m* transfert *m* technologique
technologisch *adj* technologique
Techtelmechtel <-s, -> *nt fam* aventure *f*, flirt *m*
▶ **jd hat ein ~ mit jdm** qn a une aventure [*o* un flirt] avec qn
Teddybär ['tɛdi-] *m* nounours *m*, ours *m* en peluche
Tee <-s, -s> *m* **1.** (*Zubereitung aus Teeblättern*) thé *m*; (*Zubereitung aus Heilkräutern*) infusion *f*, tisane *f*
2. thé[ier] *m*
▶ **schwarzer** ~ thé *m* [noir]; **abwarten und ~ trinken** *fam* [il faut] attendre et voir venir; **jd hat einen im** ~ *sl* qn a un coup dans l'aile *fam*
Teebeutel *m* sachet *m* de thé; (*für Kräutertee*) infusette® *f* **Teeblatt** *nt meist pl* feuille *f* de thé **Teegebäck** *nt* [petits] gâteaux *mpl* secs **Teeglas** *nt* verre *m* à thé **Teekanne** *f* théière *f* **Teekessel** *m* bouilloire *f* **Teelicht** *nt* bougie *f* à chauffe-plat **Teelöffel** *m* **1.** petite cuillère *f*
2. (*Menge*) cuillerée *f* [*o* cuillère *f*] à café
Teen <-s, -s> [ti:n] *m*, **Teenager** <-s, -> ['ti:ne:dʒɐ] *m* adolescent(e) *m(f)*, teenager *mf*
Teenie <-s, -s> ['ti:ni] *m fam* teenager *mf*, ado *mf fam*
Teer <-[e]s, -e> *m* goudron *m*
teeren *vt* **1.** ■ **jd teert etw** qn goudronne qc
2. (*mit Teer übergießen*) ■ **jd teert jdn** qn enduit qn de goudron
Teerose *f* rose-thé *f*
Teerpappe *f* carton *m* [*o* papier *m*] goudronné
Teeservice [-zɛrvi:s] *nt* service *m* à thé **Teesieb** *nt* passoire *f* à thé, passe-thé *m* **Teestube** *f* salon *m* de thé **Teetasse** *f* tasse *f* à thé **Teewagen** *m* table *f* roulante **Teewurst** *f* pâté *m* [à tartiner] (*légèrement fumé*)
Teflon® <-s> *nt Ø* téflon® *m*
Teich <-[e]s, -e> *m* étang *m*
Teichrose *f* nénuphar *m* blanc
Teig <-[e]s, -e> *m* pâte *f*
teigig *adj* **1.** *Brot, Kuchen* pâteux(-euse); *Obst* farineux(-euse)
2. *Hände* plein(e) de pâte
Teigwaren *pl form* pâtes *fpl* [alimentaires]
Teil¹ <-[e]s, -e> *m o nt* **1.** (*Bruchteil*) partie *f*
2. (*Anteil*) part *f*
3. [*Gebäude, Park, Ortschaft*] partie *f*; ***der innere ~ der Altstadt*** l'intérieur [*o* le cœur] de la vieille ville
▶ **zu gleichen ~en** à parts égales; **ein gut** ~ *fam* [pour] une bonne part; **etw zerbricht in zwei ~e** qc se brise [*o* se casse] en deux; **jd denkt sich** (*dat*) **seinen** ~ *fam* qn n'en pense pas moins; **jd trägt seinen ~ zu etw bei** qn apporte sa contribution à qc; **jd trägt seinen ~ dazu bei, dass etw getan wird** qn contribue à ce que qc se fasse; **ich/wir für meinen/unseren** ~ en ce qui me/nous concerne, quant à moi/nous; **zum** ... ~ pour une part ...; ***zum großen*** ~ pour une grande part, en grande partie; ***zum größten*** ~ pour la plupart; ***sie waren zum größten ~ einverstanden*** ils étaient d'accord pour la plupart; ***die Aufgabe war zum größten ~ richtig gelöst*** le problème était en grande partie correctement résolu; **zum** ~ ..., **zum** ~ ... en partie ..., en partie ...; **zum** ~ (*teils*) en partie, partiellement; (*gelegentlich*) occasionnellement
Teil² <-[e]s, -e> *nt* **1.** [*Bausatz, Gerät, Motor*] pièce *f*
2. *sl* (*Ding*) engin *m fam*
Teil- partiel(le)
Teilabschnitt *m* section *f*; ***gebührenpflichtiger*** ~ section *f* à péage; ***ein noch im Bau befindlicher ~ der Autobahn/Straße*** un tronçon de l'autoroute/de la route encore en construction
teilbar *adj* **1.** ■ **etw ist [in etw** (*akk*)**]** ~ *in Einzelteile, Stücke* qc est divisible [en qc]; */Tablette/* qc est sécable [en qc]
2. MATH ■ **etw ist durch etw** ~ qc est divisible par qc
Teilbetrag *m* versement *m* partiel
Teilchen <-s, -> *nt* **1.** *dim von* **Teil¹ 1.** petit morceau *m*, fragment *m*
2. PHYS particule *f*
3. DIAL (*Gebäckstück*) gâteau *m*
Teilchenbeschleuniger <-s, -> *m* accélérateur *m* de particules
teilen I. *vt* **1.** (*aufteilen*) ■ **jd teilt etw [mit jdm/unter ihnen]** qn partage qc [avec qn/entre eux]
2. MATH ■ **jd teilt etw [durch etw]** qn divise qc [par qc]
3. ■ **jd teilt etw [mit jdm]** *jds Los, Unglück, Entrüstung* qn partage qc [avec qn]; *Schmerz, Trauer a.* qn prend part à qc [de qn]
II. *vr* **1.** ■ **sie ~ sich [in etw** (*akk*)**]** *in Gruppen* ils/elles se séparent [*o* se scindent] [en qc]
2. (*sich gabeln*) ■ **etw teilt sich [in etw** (*akk*)**]** qc se sépare [*o* se scinde] [en qc]
3. (*unter sich aufteilen*) ■ **sie ~ sich** (*dat*) **etw [mit jdm]** ils/elles se partagent qc [avec qn]
4. (*gemeinsam benutzen*) ■ **sie ~ sich** (*dat*) **etw** *geh* ils/elles se partagent qc
III. *vi* (*abgeben*) ■ **jd teilt** qn partage
Teiler <-s, -> *m* *s.* **Divisor**
Teilgebiet *nt* secteur *m*, branche *f* **teil|haben** *vi irreg geh* ■ **jd hat teil an etw** (*dat*) qn prend part à qc, qn s'associe à qc **Teilhaber(in)** <-s, -> *m(f)* associé(e) *m(f)*, partenaire *mf* **teilkaskoversichert** *adj* assuré(e) au tiers collision **Teilkaskoversicherung** *f* assurance *f* au tiers collision
Teilnahme <-, -en> *f* **1.** (*Beteiligung*) ■ **jds ~ an etw** (*dat*) la participation de qn à qc
2. *geh* (*Mitgefühl*) sympathie *f*, condoléances *fpl*; ***jd spricht seine ~ aus*** qn présente ses condoléances; ***seien Sie meiner aufrichtigen ~ versichert*** soyez assuré(e) de ma profonde sympathie
3. *geh* (*Interesse*) intérêt *m*
teilnahmslos I. *adj* indifférent(e)
II. *adv* avec indifférence; ***völlig*** ~ avec une complète indifférence, sans le moindre intérêt
Teilnahmslosigkeit <-> *f Ø* absence *f* d'intérêt, indifférence *f*; ***mit Augen voller*** ~ d'un regard complètement indifférent
teil|nehmen *vi irreg* **1.** ■ **jd nimmt an etw** (*dat*) **teil** *an einem Vortrag, einer Veranstaltung, einem Wettbewerb, Kurs* qn participe à qc, qn prend part à qc
2. *geh* (*Anteil nehmen*) ■ **jd nimmt an etw** (*dat*) **teil** qn compatit à qc, qn prend part à qc
Teilnehmer(in) <-s, -> *m(f)* **1.** participant(e) *m(f)*; ■ **die ~ an etw** (*dat*) les participants à qc; *an einem Vortrag, einer Veranstaltung, Vorlesung a.* les gens présents à qc
2. (*Telefoninhaber*) abonné(e) *m(f)*
teils *adv* en partie
▶ ~, ~ *fam* oui et non; ~ ..., ~ ... *fam* tantôt ..., tantôt ...
Teilstück *nt* tronçon *m*, section *f*; ***etw wird in ~en errichtet*** qc est construit(e) par tronçons
Teilung <-, -en> *f* **1.** (*das Aufteilen*) partage *m*
2. (*geteilter Zustand*) division *f*
teilweise I. *adv* en partie, partiellement
II. *adj attr* partiel(le)
Teilzahlung *f* paiement *m* échelonné ▶ **auf** ~ à tempérament, à crédit; **bei** ~ en cas de paiement échelonné **Teilzahlungspreis** *m* prix *m* à crédit [*o* à tempérament] **Teilzeitarbeit** *f* travail *m* à temps partiel **teilzeitbeschäftigt** *adj* employé(e) à temps partiel; ■ **jd ist** ~ qn est employé(e) [*o* travaille] à temps partiel **Teilzeitbeschäftigte(r)** *f(m) decl wie adj* employé(e) *m(f)* à temps partiel **Teilzeitbeschäftigung** *f* activité *f* [*o* travail *m*] à temps partiel
Tein <-s> *nt Ø* théine *f*

Teint <-s, -s> [tɛ̃:] *m* (*Gesichtsfarbe*) teint *m;* (*Gesichtshaut*) peau *f*
Telearbeit *f* INFORM télétravail *m,* travail télépendulaire **Telebrief** *m* télécopie *f* (*transmise par la poste*)
Telefax *nt* **1.** (*Gerät*) télécopieur *m,* fax *m*
2. (*Mitteilung*) télécopie *f,* fax *m*
Telefax- *-anlage, -nummer, -teilnehmer, -anschluss* de télécopie, de fax; *~**apparat/~fernkopierer*** télécopieur *m,* fax *m;* *~**papier*** papier *m* pour télécopieur
telefaxen I. *vt* ■ **jd telefaxt etw** qn faxe qc, qn envoie qc par fax [*o* par télécopie]
II. *vi* ■ **jd telefaxt** qn envoie un fax [*o* une télécopie]; ***mit diesem Modem können Sie auch*** ~ avec ce modem vous pouvez aussi envoyer des fax [*o* des télécopies]
Telefaxgerät *nt* télécopieur *m,* fax *m*
Telefon <-s, -e> ['te:lefo:n, tele'fo:n] *nt* téléphone *m,* appareil *m* téléphonique
► **jd hat** ~ qn a le téléphone
Telefon- *-ansage, -anschluss, -auskunft, -überwachung* téléphonique; *-dose, -schnur, -taste* du téléphone; *-satellit* de communications; *-ausführung, -modell* de téléphone; *-werbung* par téléphone; *-laden* de vente de téléphones; *~**hörer*** combiné *m* [du téléphone] **Telefonabonnent(in)** *m(f)* CH abonné(e) *m(f)* au téléphone **Telefonanruf** *m* appel *m* téléphonique
Telefonat <-[e]s, -e> *nt form* communication *f* téléphonique; ***jd hat ein*** ~ qn est au téléphone
► **jd führt ein** ~ qn passe un coup de fil, qn téléphone
Telefonbuch *nt* annuaire *m* [téléphonique] [*o* du téléphone] **Telefongebühr** *f meist pl* taxe *f* téléphonique **Telefongespräch** *nt* communication *f* [*o* appel *m*] téléphonique; ***ein ~ nach Tokio*** une communication [téléphonique] avec Tokyo ► **jd führt ein** ~ qn téléphone **Telefonhäuschen** [-hɔɪsçən] *nt* cabine *f* téléphonique
telefonieren * *vi* ■ **jd telefoniert [mit jdm]** qn téléphone [à qn]; ■ **jd telefoniert irgendwohin** qn téléphone quelque part; ■ **das T~** le téléphone; ***ihr stundenlanges T~ regt mich auf*** ça m'énerve, toutes ces heures qu'elle passe au téléphone; ***beim T~ brauche ich Ruhe*** au téléphone, j'ai besoin qu'on me laisse tranquille
telefonisch I. *adj Anfrage, Auskunft* téléphonique; *Belästigung, Beratung, Bedrohung, Erpressung* par téléphone
II. *adv* par téléphone
Telefonist(in) <-en, -en> *m(f)* standardiste *mf*
Telefonkarte *f* télécarte *f,* carte *f* de téléphone **Telefonkonferenz** *f* conférence *f* par téléphone, audioconférence *f* **Telefonleitung** *f* ligne *f* [téléphonique] **Telefonmarketing** *nt* démarchage *m* par téléphone **Telefonnetz** *nt* réseau *m* téléphonique **Telefonnummer** *f* numéro *m* de téléphone ► **geheime** ~ numéro *m* sur liste rouge **Telefonrechnung** *f* facture *f* téléphonique [*o* de téléphone] **Telefonseelsorge** *f* S.O.S Amitié *m* **Telefonsex** *m fam* téléphone *m* rose **Telefonverbindung** *f* communication *f* [téléphonique] **Telefonzelle** *f* cabine *f* téléphonique
telegen *adj Mensch, Gesicht* télégénique
Telegraf <-en, -en> *m* télégraphe *m*
Telegrafenamt *nt* service *m* des télégraphes
telegrafieren * I. *vi* ■ **jd telegrafiert [jdm]** qn envoie un télégramme [à qn]; ■ **jd telegrafiert [jdm], dass/wann/wie/wo** qn télégraphie [à qn] que/quand/comment/où, qn envoie un télégramme [à qn] pour l'informer que/quand/comment/où
II. *vt* ■ **jd telegrafiert jdm etw** qn télégraphie qc à qn
telegrafisch I. *adj* télégraphique, par télégramme
II. *adv* télégraphiquement, par télégramme; ***jd weist jdm Geld ~ an*** qn envoie de l'argent à qn par mandat télégraphique
Telegramm <-gramme> *nt* télégramme *m*
Telegrammstil *m* ∅ style *m* télégraphique
► **im** ~ en style télégraphique
Telegraph *m s.* **Telegraf**
Telekarte *f* carte *f* France Télécom **Telekolleg** *nt* télé-enseignement *m*
Telekom <-> *f* ∅ Télécom *fpl*
Telekommunikation *f* télécommunications *fpl* **Telekopie** *f* télécopie *f*
Telekopierer *m* télécopieur *m,* fax *m* **Teleobjektiv** *nt* téléobjectif *m*
Telepathie <-> *f* ∅ télépathie *f*
telepathisch I. *adj* télépathique, par télépathie
II. *adv* par télépathie
Telephon- *s.* **Telefon-**
Teleprompter <-s, -> *m* [télé]prompteur *m*
Teleshopping <-s> ['te:leʃɔpɪŋ] *nt* ∅ téléachat *m*
Teleskop <-s, -e> *nt* télescope *m*
Telespiel *nt* jeu *m* vidéo
Teletex <-> *nt* ∅ télétex *m*
Telex <-, -e> *nt* télex *m*
telexen *vt* ■ **jd telext [jdm] etw** qn envoie qc par télex [à qn], qn télexe qc [à qn]
Teller <-s, -> *m* **1.** assiette *f*
2. (*Menge*): ***ein ~ Reis*** une assiette [*o* une assiettée] de riz
► **flacher/tiefer** ~ assiette *f* plate/creuse
Tellerwäscher(in) *m(f)* plongeur(-euse) *m(f)*
Tellur <-s> *nt* ∅ CHEM tellure *m*
Tempel <-s, -> *m* temple *m*
Tempeltänzerin *f* danseuse *f* du temple
Temperafarbe *f* couleur *f* à la détrempe
Temperament <-[e]s, -e> *nt* tempérament *m*
► **jd hat ein ...** ~ qn a un tempérament ...; **jd/ein Tier hat** ~ qn/un animal a du tempérament
temperamentlos *adj Mensch* sans tempérament; *Wesen* mou(molle); ■ **jd ist** ~ qn n'a pas de tempérament
temperamentvoll I. *adj* plein(e) de tempérament, dynamique; ■ **~er** plus dynamique
II. *adv* avec ferveur; ***sehr*** ~ avec beaucoup de ferveur
Temperatur <-, -en> *f* température *f*
► **erhöhte** ~ légère fièvre [*o* hyperthermie]; ***bei erhöhter*** ~ en cas de température; **jd hat [erhöhte]** ~ qn a de la température
Temperaturanstieg *m* hausse *f* des températures **Temperaturregler** *m* thermostat *m* **Temperaturrückgang** *m* baisse *f* [*o* recul *m*] des températures **Temperaturschwankung** *f meist pl* variation *f* de température **Temperatursturz** *m* chute *f* des températures
temperieren * *vt* ■ **jd temperiert etw** *Rotwein* qn chambre qc; ***ein angenehm temperierter Raum*** une pièce à température agréable, une pièce bien tempérée
Tempo <-s, -s *o* MUS Tempi> *nt* **1.** vitesse *f;* ***bei diesem*** ~ à cette vitesse; ***bei deinem*** ~ à la vitesse à laquelle tu roules; ***jd muss ein schnelleres ~ vorlegen*** qn doit passer [à] la vitesse supérieure
2. MUS tempo *m*
► **jd gibt das ~ an** MUS qn donne le tempo; **mit einem ...** ~ à une vitesse ...; ***mit hohem/niedrigem*** ~ à grande/petite vitesse; ~! *fam* et que ça saute! *fam*
Tempo-30-Zone [-'draisɪç-] *f* zone *f* de limitation à 30 kilomètres heure
Tempolimit *nt* limitation *f* de vitesse
Tempora *pl von* **Tempus**
temporal *adj* de temps
Temporalsatz *m* [proposition *f*] subordonnée *f* de temps
temporär I. *adj geh* temporaire, passager(-ère)
II. *adv* temporairement
Tempus <-, Tempora> *nt* temps *m*
Tendenz <-, -en> *f* tendance *f;* ■ **jds/eine ~ zu etw** la tendance de qn/une tendance à qc; ***deine ~ zu Übertreibungen*** ta tendance à exagérer
► **etw hat eine fallende/steigende** ~ qc est à la baisse/à la hausse; **jd hat die ~ etw zu tun** qn a tendance à faire qc
tendenziell *adj* tendanciel(le) *rare;* ***eine ~e Verschlechterung/Verbesserung*** une tendance à l'aggravation/à l'amélioration; ***eine ~e Entwicklung zum Besseren*** une tendance à l'amélioration
tendenziös I. *adj pej* tendancieux(-euse)
II. *adv* de manière tendancieuse; ***jd ist durch seine Erziehung ~ beeinflusst*** qn est orienté(e) par son éducation; ***ein Artikel ist ~ gefärbt*** un article est tendancieux
Tendenzstück *nt* pièce *f* à thèse
Tender <-s, -> *m* **1.** EISENBAHN tender *m*
2. NAUT ravitailleur *m*
tendieren * *vi* **1.** ■ **jd tendiert zu etw** *zu Pickeln, Magengeschwüren, Vorurteilen, Wutausbrüchen etc* qn a tendance à avoir qc; *zur Pedanterie, Kleinlichkeit, zum Geiz* qn a une tendance à qc; *zu bestimmten Ansichten* qn a des tendances ...; ***jd tendiert zum Sozialismus*** qn a des tendances socialistes; ***jd tendiert zum Jähzorn*** qn a tendance à s'emporter, qn est soupe au lait; ■ **jd tendiert dazu etw zu tun** *abzulehnen, zu unterschreiben, zu bestellen* qn est enclin(e) à faire qc; ***jd tendiert zum Jähzorn*** qn a tendance à s'emporter
2. ■ **etw tendiert irgendwohin** qc a tendance [*o* qc tend] à ... + *infin;* ***etw tendiert nach unten/oben*** / *Beschäftigung, Arbeitslosigkeit/* qc a tendance à baisser/augmenter; / *Konjunktur/* qc a tendance [*o* qc tend] à s'aggraver/s'améliorer; / *Preise a./* qc est orienté(e) à la baisse/hausse; ***die Entwicklung tendiert in eine bestimmte Richtung*** l'évolution se fait [*o* les choses évoluent] dans une certaine direction; ***die Aktien ~ stärker/schwächer*** les actions sont orientées à la hausse/baisse
Tenn <-s, -e> *nt* CH *s.* **Tenne**
Tenne <-, -n> *f* aire *f* de battage
Tennis <-> *nt* ∅ tennis *m*
► **jd spielt** ~ qn joue au tennis
Tennis- *-kleidung, -turnier etc* de tennis; *~**crack*** as *m* du tennis **Tennisball** *m* balle *f* de tennis **Tennishalle** *f* [court *m* de] tennis *m* couvert **Tennisplatz** *m* **1.** (*Anlage*) terrain *m* de tennis **2.** (*Spielfeld*) court *m* de tennis **Tennisschläger** *m* raquette *f* [de tennis]
Tenor[1] <-s> *m* ∅ fond *m,* teneur *f*
Tenor[2] <-s, ¨-e> *m* MUS **1.** (*Sänger*) ténor *m*
2. ∅ (*Singstimme*) voix *f* de ténor, ténor *m*
Tentakel <-s, -> *m o nt* tentacule *m*
Tenue <-s, -s> ['təny:] *nt* CH tenue *f*
Teppich <-s, -e> *m* tapis *m*
► **jd bleibt auf dem** ~ *fam* qn a les pieds sur terre; ***nun bleib aber mal auf dem Teppich!*** garde donc les pieds sur terre!, reste sur terre! *fam;* **jd kehrt etw unter den** ~ *fam* qn fait passer qc à l'as *fam;* ***etw wird [von jdm] unter den ~ gekehrt*** qc passe à l'as *fam,* qc est mis(e) sous le boisseau [par qn]
Teppich- **1.** *-farbe, -art, -größe, -muster, -material* du tapis **2.** *-vertreter, -geschäft, -haus* de tapis; *~**abteilung*** rayon *m* [des] tapis **Teppichboden** *m* moquette *f* ► **jd legt etw mit ~ aus** qn pose de la moquette dans qc, qn moquette qc **Teppichfliese** *f* dalle *f* de moquette **Teppichkehrer** <-s, -> *m* balai *m* mécanique **Teppichklopfer** <-s, -> *m* tapette *f* à tapis **Teppichschaum** *m* shampooing *m* à moquette **Teppichstange** *f* barre *f* à battre les tapis
Terbium <-s> *nt* ∅ CHEM terbium *m*
Termin <-s, -e> *m* **1.** (*festgesetzter Zeitpunkt*) rendez-vous *m;* ***er kam nicht zum festgesetzten*** ~ il n'est pas venu au rendez-vous
2. (*Datum*) date *f;* ***jd verlegt etw auf einen späteren*** ~ qn reporte qc à une

date ultérieure
3. (*Verhandlungs~*) audience *f*
▶ **der letzte** ~ la date limite; **jd hat einen** ~ [**bei jdm/für etw**] qn a rendez-vous [chez qn/pour qc]; **jd lässt sich** (*dat*) **einen** ~ [**für etw**] **geben** qn prend rendez-vous [pour qc]
-termin *m* 1. *Zahnarzt-, Friseur-* rendez-vous *m* chez le/la; *Presse-* rendez-vous *m* de; *Foto~* séance *f* de photos
2. *Besprechungs-, Veröffentlichungs-, Hochzeits-, Prüfungs-* date *f* de; *Zins-* échéance *f* des
Terminal¹ <-s, -s> ['tøːɐminl] *nt* INFORM terminal *m*
Terminal² <-s, -s> ['tøːɐminl] *nt o m* 1. AVIAT terminal *m*, aérogare *m*
2. (*Be-/Entladeanlage*) terminal *m*
Terminbörse *f* marché *m* à terme **Termingeld** *nt* argent *m* à terme **termingerecht** I. *adj* dans les délais II. *adv* dans les délais **Termingeschäft** *nt* opération *f* à terme
Termini *pl von* **Terminus**
Terminkalender *m* agenda *m*, carnet *m* de rendez-vous
▶ **jd hat einen vollen** ~ le carnet de rendez-vous de qn est plein [*o* rempli]
terminlich I. *adj* de rendez-vous, de date
II. *adv* en ce qui concerne les rendez-vous
Terminologie <-, -n> [-'giːən] *f* terminologie *f*
Terminplan *m* planning *m* **Terminplanung** *f* établissement *m* d'un planning
Terminus <-, Termini> *m* terme *m*
▶ ~ **technicus** terme *m* technique
Termite <-, -n> *f* termite *m*
Termitenhügel *m* termitière *f* **Termitenstaat** *m* colonie *f* de termites
Terpentin <-s, -e> *nt o* AUS *m* 1. térébenthine *f*
2. *fam s.* Terpentinöl
Terpentinöl *nt* essence *f* de térébenthine
Terrain <-s, -s> [tɛ'rɛ̃ː] *nt* terrain *m*
▶ **jd sondiert das** ~ *geh* qn tâte le terrain
Terrakotta <-, -kotten> *f* terre *f* cuite
Terrarium <-s, -rien> [-riən] *nt* terrarium *m*
Terrasse <-, -n> *f* terrasse *f*
terrassenförmig *adj* en terrasse[s] **Terrassenhaus** *nt* maison *f* en terrasse
Terrazzo <-s, Terrazzi> *m* terrazolithe *m*, granito® *m*
terrestrisch *adj* terrestre
Terrine <-, -n> *f* soupière *f*
territorial *adj* territorial(e)
Territorialheer *nt* armée *f* territoriale
Territorium <-s, -rien> [-riən] *nt* territoire *m*
Terror <-s> *m* ∅ 1. (*Aktivitäten*) actions *fpl* terroristes, terrorisme *m*
2. (*Furcht und Schrecken*) terreur *f*
3. (*Schreckensregime*) régime *m* de terreur
4. *sl* (*Stunk*) barouf *m fam*, ramdam *m fam*; ***was soll der*** ~? qu'est-ce que c'est que ce barouf [*o* ce tintouin]? *fam*; ***wenn das rauskommt, dann gibt's*** ~ si on l'apprend, ça va chier *vulg*
▶ **jd macht** ~ *sl* qn fait du foin *fam*
Terror- terroriste; *-bekämpfung, -fahnder* antiterroriste **Terrorherrschaft** *f* ∅ régime *m* de terreur
terrorisieren * *vt* ■ **jd terrorisiert jdn/etw** qn terrorise qn/qc
Terrorismus <-> *m* ∅ terrorisme *m*; ***ein Akt des*** ~ un acte de terrorisme
Terrorismus-: ~***bekämpfung*** lutte *f* antiterroriste; ~***experte*** expert *m* en matière de lutte antiterroriste; ~***methoden*** méthodes *fpl* terroristes; ***t~verdächtig*** suspecté(e) de terrorisme
Terrorist(in) <-en, -en> *m(f)* terroriste *mf*
terroristisch *adj* terroriste
Tertiär <-s> [tɛr'tsiɛːɐ] *nt* ∅ tertiaire *m*
Terz <-, -en> *f* tierce *f*
Terzett <-[e]s, -e> *nt* trio *m*
Tesafilm® *m* ruban *m* adhésif, scotch® *m*
Tessin <-s> *nt* ■ **das** ~ le Tessin
Test <-[e]s, -s *o* -e> *m* test *m*
▶ **jd macht einen** ~ (*führt einen* ~ *durch*) qn fait un test; (*unterzieht sich einem* ~) qn passe un test
-test *m* 1. (*-untersuchung*) *Blut-, Urin-* analyse *f* de; *Schwangerschafts-, Diabetes-* test *m* de; ***Aids~*** test *m* de dépistage du sida
2. (*Testpräparat*) test *m* de/des
Testament <-[e]s, -e> *nt* testament *m*
▶ **Altes/Neues** ~ Ancien/Nouveau Testament; **jd macht sein** ~ qn fait son testament; **dann kannst du dein** ~ **machen!** *fam* ça va barder pour ta pomme *fam*, tu peux numéroter tes abattis! *fam*
testamentarisch I. *adj* testamentaire
II. *adv* par testament
Testamentseröffnung *f* ouverture *f* de/du testament **Testamentsvollstrecker(in)** *m(f)* exécuteur(-trice) *m(f)* testamentaire
Testbild *nt* mire *f* [de réglage]
testen *vt* ■ **jd testet jdn/etw** qn teste qn/qc; ■ **jd testet jdn auf etw** (*akk*) *auf Erreger, eine Krankheit* qn fait subir à qn un test de dépistage de qc; *jds Fähigkeiten, Kenntnisse* qn teste qc de qn; ■ **jd testet etw auf eine S.** (*akk*) qn teste une chose de qc; ***das neue Modell ist auf sein Bremsverhalten getestet worden*** on a testé le freinage du nouveau modèle
Testfahrer(in) *m(f)* pilote *m* d'essai **Testfrage** *f* question-test *f*; ~***n im Multiplechoiceverfahren*** des questions à choix multiple
testieren * *vt geh* ■ **jd/etw testiert jdm etw** qn/qc atteste [de] qc de qn *form*; ***ich kann Ihnen nur die allerbeste Gesundheit*** ~ je ne peux qu'attester [de] votre excellente santé; ■ **jd testiert jdm, dass** qn certifie à qn que + *indic*
Testikel <-s, -> *m form* testicule *m*
Testosteron <-s, -e> *nt* testostérone *f*
Testperson *f* sujet *m* d'expérience, cobaye *m* **Testpilot(in)** *m(f)* pilote *m* d'essai **Testreihe** *f* série *f* de tests
Tetanus <-> *m* ∅ tétanos *m*
Tetraeder <-s, -> *nt* tétraèdre *m*
teuer I. *adj* 1. *Artikel, Gegenstand, Ware* cher(chère), coûteux(-euse); ■ **etw ist** ~ qc est cher(chère), qc coûte cher; ■ **etw ist jdm zu** ~ qc est trop cher(chère) pour qn
2. *Anbieter, Laden, Restaurant* cher(chère)
3. *geh* (*geschätzt*) cher(chère); ***sie war mir immer eine liebe und teure Freundin*** elle a toujours été pour moi une amie très chère; ■ **jd ist jdm** ~ qn lui est cher(chère)
▶ **sündhaft** ~ hors de prix, qui coûte la peau des fesses *fam*; **mein** Teurer [*o* T~ster]/**meine** Teure [*o* T~ste] *hum* mon cher/ma chère
II. *adv* cher; *anbieten* à un prix élevé; *speisen* pour un prix élevé; ***äußerst*** ~ hors de prix
▶ **jd muss etw** ~ **bezahlen** *Verrat, Verbrechen, Tat* qn paie cher qc, qc coûte cher à qn; **jd lässt sich** (*dat*) **etw** ~ **bezahlen** *Schweigen, Stillhalten, Wohlverhalten etc* qn [se] fait payer cher qc; ~ **erkauft** chèrement payé(e); **etw kommt jdn** ~ **zu stehen** qc coûte cher à qn; ***das wird Sie noch*** ~ ***zu stehen kommen!*** ça va vous coûter cher!
Teuerung <-, -en> *f* hausse *f* [*o* augmentation *f*] des prix
Teuerungsrate *f* taux *m* d'inflation **Teuerungszuschlag** *m* indemnité *f* de vie chère
Teufel <-s, -> *m* 1. ∅ ■ **der** ~ le démon, le diable
2. (*Mensch*) démon *m*, monstre *m*
▶ **jd treibt den** ~ **durch** [*o* **mit** [**dem**]] **Beelzebub aus** qn déshabille Pierre pour habiller Paul, qn recourt à un remède pire que le mal; **der** ~ **steckt im Detail** ça coince sur des petites choses *fam*; **jd bringt jdn/sich in** ~**s Küche** *fam* qn met qn/se met dans de beaux draps [*o* dans un drôle de guêpier] [*o* pétrin *fam*]; **jd kommt in** ~**s Küche** *fam* qn se fourre dans le pétrin [*o* dans un drôle de guêpier] *fam*; **ein** ~ **in Menschengestalt** un monstre à figure humaine; **jd ist hinter etw** (*dat*) **her wie der** ~ **hinter der armen Seele** *fam* qn fait des pieds et des mains pour avoir qc *fam*; **jd malt den** ~ **an die Wand** qn joue les oiseaux de mauvais augure; **bist du des** ~**s?** *fam* ça va pas? *fam*, tu es cinglé(e) ou quoi? *pop*; **geh zum** ~! *fam* fiche le camp! *fam*, tire-toi! *pop*, casse-toi! *pop*; **jdn soll der** ~ **holen** *fam* que qn aille au diable!; ***dich soll der*** ~ ***holen*** va au diable; **irgendwo ist der** ~ **los** *fam* c'est la panique quelque part *fam*; **jd jagt** [*o* **schickt**] **jdn zum** ~ *fam* qn envoie qn se faire voir *fam*, qn envoie qn au diable *fam*; **auf** ~ **komm raus** *fam* (*koste es, was es wolle*) coûte que coûte; (*aus Leibeskräften*) de toutes ses/leurs forces; **jd kümmert** [*o* **schert**] **sich den** ~ **um etw** *fam* qn se soucie de qc comme d'une guigne *fam*, qn n'en a rien à fiche de qc *pop*; **jdn reitet der** ~ *fam* qn ne se sent plus *fam*; **scher dich zum** ~! *fam* fiche le camp! *fam*, casse-toi! *pop*, tire-toi! *pop*; **wenn man vom** ~ **spricht, kommt er** *prov* quand on parle du loup, on en voit la queue *fam*; **jd wird den** ~ **tun etw zu tun** *fam* qn ne compte pas le moins du monde faire qc; **weiß der** ~, … *fam* …, Dieu seul le sait!, …, mystère!; ***was das soll? Weiß der*** ~! ce que ça veut dire? Dieu seul le sait [*o* mystère!]!; ***weiß der*** ~, ***wer das schon wieder ist!*** qui c'est encore celui-là? *fam*; **den** ~ **werde ich** [**tun**]! *fam* et puis quoi encore! *fam*; **jd wünscht jdn zum** ~ *fam* qn aimerait bien envoyer qn au diable; **es müsste mit dem** ~ **zugehen, wenn** *fam* ce serait vraiment le diable si *fam*; **zum** ~! *fam* bon sang!, putain! *pop*; **… zum** ~ …? *fam* bon sang, …?, merde alors, …? *pop*; ~ **noch mal!**, ~ **aber auch!** *fam* et ben dis donc! *fam*, putain! *pop*; **pfui** ~! *fam* be[u]rk! *fam*, be[u]rk, c'est dégueulasse! *pop*; **wie der** ~ *fam* comme un beau diable, comme un(e) cinglé(e) *fam*
Teufelei <-, -en> *f* mauvais [*o* sale *fam*] tour *m*, crasse *f fam*
Teufelskreis *m* cercle *m* vicieux, cycle *m* infernal
teuflisch I. *adj Fratze, Grinsen, Falle, Plan* diabolique, démoniaque, infernal(e); *Kerl, Mörder, Folterer* diabolique, monstrueux(-euse)
II. *adv* 1. *grinsen, frohlocken* de façon diabolique; ***er grinste*** ~ il avait un vilain sourire diabolique
2. *fam* (*höllisch*) rudement *fam*, drôlement *fam*, vachement *pop*
Teutone <-n, -n> *m*, **Teutonin** *f* 1. HIST Teuton(ne) *m(f)*
2. (*typischer Deutscher*) Germain(e) *m(f)*, Teuton(ne) *m(f)* souvent *péj*
teutonisch I. *adj pej* germanique
II. *adv* comme les Allemands, à l'allemande
Text <-[e]s, -e> *m* texte *m*; ***im vollen*** ~ in extenso
▶ **jd bringt jdn aus dem** ~ *fam* qn fait perdre le fil à qn, qn embrouille qn; **jd kommt aus dem** ~ *fam* qn perd le fil; **weiter im** ~! *fam* la suite! *fam*
Textaufgabe *f* énoncé *m* [de/du problème] **Textbaustein** *m* bloc *m* de texte **Textbuch** *nt* livret *m* **Textdatei** *f* INFORM fichier-texte *m* **Textdichter(in)** *m(f)* parolier(-ière) *m(f)*; (*bei Opern*) librettiste *mf*
texten I. *vt* ■ **jd textet etw** *Werbeslogan* qn écrit qc; *Schlagertext a.* qn compose qc
II. *vi* ■ **jd textet** qn rédige des textes [publicitaires]; MUS qn est parolier(-ière)
Texter(in) <-s, -> *m(f)* rédacteur(-trice) *m(f)* publicitaire; MUS parolier(-ière) *m(f)*
textil *adj Bezug* en tissu; *Material* textile; ~***e Tapete*** tissu *m* [*o* revêtement *m*] mural
Textil- 1. *-bezug* de [*o* en] tissu; *-material* textile; ~***tapete*** tissu *m* [*o* revêtement *m*] mural
2. *-branche, -fabrik, -industrie, -produktion* textile; ~***arbeiter*** employé *m* du textile; ~***hersteller*** fabricant *m* de textile
Textilien [-liːən] *pl* [matières *fpl*] textiles *mpl*
Textkritik *f* critique *f* de texte [*o* littéraire] **Textstelle** *f* passage *m*
Textsystem *nt s.* **Textverarbeitungssystem**

Textverarbeitung *f* traitement *m* de texte
Textverarbeitungsprogramm *nt* [programme *m* de] traitement *m* de texte **Textverarbeitungssystem** *nt* système *m* de traitement de texte
Tezett *nt* ▸ **bis ins** ~ *fam* à fond, jusque dans les moindres détails
TH <-, -s> [teːˈhaː] *f abk von* **technische Hochschule** I.U.T. *m*
Thailand *nt* la Thaïlande *f*
Thailänder(in) <-s, -> *m(f)* Thaïlandais(e) *m(f)*
thailändisch *adj* **1.** GEOG thaïlandais(e) *m(f)*
2. LING thaïlandais(e), thaï(e)
▸ **auf** T~ en thaï[landais]
Thallium <-s> *nt* ∅ CHEM thallium *m*
Theater <-s, -> *nt* **1.** (*Gebäude*) théâtre *m*; ***ich gehe selten ins*** ~ je vais rarement au théâtre
2. (*Schauspielkunst*) théâtre *m*
3. *fam* (*Umstände*) comédie *f*, cinéma *m*
▸ **jd geht zum** ~ qn se lance dans le théâtre, qn décide de faire du théâtre; **etw ist nur** ~ *fam* qc est de la comédie [*o* de la frime *fam*] [*o* du cinéma *fam*]; **jd macht [ein]** ~ qn fait toute une histoire [*o* tout un cinéma] [de qc] *fam*; **jd spielt** ~ qn fait du théâtre
Theater- **1.** (*des Gebäudes*) de/du théâtre **2.** *-schauspieler, -autor* dramatique, de théâtre; *-komparse, -regisseur* de théâtre **Theaterabonnement** *nt* abonnement *m* à un/au théâtre **Theateraufführung** *f* représentation *f* théâtrale **Theaterkarte** *f* billet *m* [de théâtre] **Theaterkasse** *f* caisse *f* [de/du théâtre] **Theaterkritiker(in)** *m(f)* critique *mf* de théâtre [*o* dramatique] [*o* théâtral(e)] **Theaterstück** *nt* pièce *f* de théâtre
theatralisch I. *adj* théâtral(e)
II. *adv* de façon théâtrale
Theismus <-> *m* ∅ théisme *m*
Theke <-, -n> *f* (*Wirtshaus~*) comptoir *m*, bar *m*, zinc *m fam*; (*Ladentisch*) comptoir *m*
Thema <-s, Themen *o* -ta> *nt* **1.** (*Gesprächs~*) sujet *m*
2. (*Aufsatz, Artikel, Doktorarbeit*) sujet *m*; ***du hast das*** ~ ***verfehlt*** tu n'as pas traité le sujet, tu as fait du hors-sujet
3. (*zu untersuchende Frage*) question *f*, sujet *m*
4. (*Bereich*) domaine *m*
5. MUS thème *m*
▸ ~ **Nr. 1** *fam* le sujet n° 1; (*Sex*) la chose; ***geht es wieder um*** ~ ***Nr. 1?*** on est de nouveau en dessous de la ceinture? *fam*; **wir wollen das** ~ **begraben** *fam* mieux vaut parler d'autre chose, passons!; **jd bleibt beim** ~ qn ne sort pas [*o* ne s'écarte pas] du sujet; **jd/etw bringt jdn vom** ~ **ab** qn/qc écarte qn du sujet; **ein** ~ **ist [für jdn] erledigt** *fam* [pour qn,] une affaire est réglée; **etw ist ein** ~ qc est une vraie question [*o* un sujet important]; **etw ist kein** ~ (*spielt keine Rolle*) qc n'entre pas en ligne de compte; (*steht nicht zur Debatte*) qc est hors de question; (*ist uninteressant*) qc ne présente pas d'intérêt; **jd macht etw zum** ~ qn met qc à l'ordre du jour [*o* sur le tapis *fam*]; **jd schweift vom** ~ **ab** qn s'écarte [*o* sort] du sujet; **jd wechselt das** ~ qn change de sujet
Thematik <-> *f* ∅ domaine *m*
thematisch I. *adj* thématique
II. *adv* relativement [*o* eu égard] au sujet
thematisieren * *vt* ■ **jd thematisiert etw** qn traite qc, qn fait de qc un thème de discussion
Themen *pl von* **Thema**
Themse <-> *f* ■ **die** ~ la Tamise
Theologe <-n, -n> *m*, **-login** *f* théologien(ne) *m(f)*
Theologie <-, -n> [-ˈgiːən] *f* théologie *f*
theologisch I. *adj* théologique
II. *adv* **1.** (*in der Theologie*) en théologie; ***er ist*** ~ ***sehr interessiert*** il s'intéresse beaucoup à la théologie
2. (*für die Theologie*) d'un point de vue [*o* sur le plan] théologique
Theorem <-s, -e> *nt geh* théorème *m*
Theoretiker(in) <-s, -> *m(f)* théoricien(ne) *m(f)*
theoretisch I. *adj* théorique; *Mathematik* abstrait(e), pur(e)
II. *adv* théoriquement; *richtig sein a.* en théorie
theoretisieren * *vi* ■ **jd theoretisiert [über etw** (*akk*)] qn théorise [sur qc]
Theorie <-, -n> [-ˈriːən] *f* (*alle Bedeutungen*) théorie *f*
▸ **etw ist graue** ~ qc est de la théorie pure; **etw ist nur** ~ qc est de la spéculation pure et simple; **in der** ~ en théorie, théoriquement
Therapeut(in) <-en, -en> *m(f)* thérapeute *mf*
Therapeutik <-> *f* ∅ MED thérapeutique *f*
therapeutisch I. *adj* thérapeutique
II. *adv* sur le plan thérapeutique
Therapie <-, -n> [-ˈpiːən] *f* thérapie *f*
Thermalbad *nt* **1.** (*Hallenbad*) établissement *m* thermal, thermes *mpl* **2.** (*Kurort*) station *f* thermale **3.** MED (*Heilbad*) bain *m* thermal **Thermalquelle** *f* source *f* thermale
thermisch *adj* thermique
Thermometer <-s, -> *nt* thermomètre *m*
thermonuklear *adj* thermonucléaire
Thermopapier *nt* papier *m* photosensible
Thermosflasche® *f* [bouteille *f*] thermos® *f*
Thermostat <-[e]s, -e *o* -en, -en> *m* thermostat *m*
These <-, -n> *f geh* thèse *f*, théorie *f*
Thon <-s> *m* ∅ CH *s.* **Thunfisch**
Thorium <-s> *nt* ∅ CHEM thorium *m*
Thriller <-s, -> [ˈθrɪlɐ] *m* thriller *m*
Thrombose <-, -n> *f* thrombose *f*
Thron <-[e]s, -e> *m* **1.** (*Herrscherstuhl*) trône *m*
2. (*monarchische Herrschaft*) monarchie *f*, dynastie *f*
▸ **jds** ~ **wackelt** le trône de qn vacille
thronen *vi* ■ **jd/ein Tier thront irgendwo** qn/un animal trône quelque part
Thronfolger(in) <-s, -> *m(f)* prétendant(e) *m(f)* au trône, héritier(-ière) *m(f)* du trône
Thulium <-s> *nt* ∅ CHEM thulium *m*
Thunfisch *m* thon *m*
Thunfisch- *-dose, -salat* de thon; *-pizza* au thon; *-gericht* à base de thon
Thurgau <-s> *m* ■ **der** ~ le canton de Thurgovie
Thüringen <-s> *nt* la Thuringe *f*
Thymian <-s, -e> [ˈtyːmiaːn] *m* thym *m*
Tiara <-, Tiaren> *f* tiare *f*
Tick <-[e]s, -s> *m fam* **1.** (*Marotte*) marotte *f fam*, manie *f*
2. (*ein Weniges*) un poil *fam*, un tantinet *fam*, un chouïa *fam*; ***einen*** ~ ***leiser*** un peu [*o* un poil *fam*] [*o* un tantinet *fam*] [*o* un chouïa *fam*] moins fort; ***noch Milch? – Ja, aber nur einen*** ~ encore du lait? – Oui, mais un nuage [*o* une lichette *fam*] seulement
▸ **nervöser** ~ tic nerveux; **jd hat einen** ~ *fam* qn a un grain *fam*, qn est fêlé(e) *fam*
ticken *vi* ■ **etw tickt** qc fait tic-tac; ■ **das** T~ le tic-tac
▸ **jd tickt nicht richtig!** *sl* qn débloque *fam*, qn a le cerveau fêlé *fam*
Ticket <-s, -s> *nt* **1.** AVIAT, TRANSP billet *m*
2. (*Eintrittskarte*) ticket *m*, billet *m*
Tiebreak[RR], **Tie-Break** <-s, -s> [ˈtaibreːk] *m o nt* tie-break *m*
tief I. *adj* **1.** *Fluss, See, Meer, Stelle* profond(e); ■ **ein(e)** … **Meter/Kilometer** ~**e(r, s)** … un(e) … profonde(e) de … mètres/kilomètres, un(e) … de … mètres/kilomètres de profondeur; ■ **etw ist** … **Meter/Kilometer** ~ qc a une profondeur [*o* est profond(e)] de … mètres/kilomètres
2. *Schlamm, Schnee* épais(se); *Sumpf, Morast a.* profond(e); ■ **ein(e)** … **Meter/Zentimeter** ~**e(r, s)** … un(e) … épais(se) de … mètres/centimètres, un(e) … de … mètres/centimètres d'épaisseur; ■ **etw ist** … **Meter/Zentimeter** ~ qc a une épaisseur [*o* est épais(se)] de … mètres/centimètres
3. *Brunnen, Loch, Spalt, Graben, Wunde* profond(e); *Schacht, Tal a.* encaissé(e); ■ **ein(e)** … **Meter** ~**e(r, s)** … un(e) … profond(e) de … mètres, un(e) … de … mètres de profondeur; ■ **etw ist** … **Meter** ~ qc a une profondeur [*o* est profond(e)] de … mètres
4. *Regal, Schrank, Bühne, Grundstück* profond(e); ■ **ein(e)** … **Meter/Zentimeter** ~**e(r, s)** … un(e) … profond(e) de … mètres/centimètres, un(e) … de … mètres/centimètres de profondeur; ■ **etw ist** … **Meter/Zentimeter** ~ qc a une profondeur [*o* est profond(e)] de … mètres/centimètres
5. (*niedrig*) *Druck, Temperatur, Thermometerstand, Wasserstand* bas(se)
6. *Ton, Stimme, Klang* grave
7. (*intensiv empfunden*) profond(e), intense; ***aus*** ~***ster Verzweiflung heraus*** sous l'effet d'un désespoir profond [*o* intense]
8. (*hochgradig*) *Hypnose, Ohnmacht, Schlaf, Versunkenheit* profond(e); ***sie sank in eine*** ~***e Ohnmacht*** elle perdit complètement connaissance
9. *Diener, Knicks, Verbeugung* profond(e)
10. *Einsamkeit, Elend, Not, Verlassenheit* profond(e)
11. GEOG reculé(e); ***in den*** ~***sten Karpaten*** au fin fond des Carpates; ***sie verliefen sich im*** ~***en Wald*** ils se sont perdus/elles se sont perdues dans les profondeurs de la forêt; ■ ~ **in etw** (*dat*) tout au [*o* au fin] fond de qc
12. (*verborgen*) *Grund, Sinn, Ursache* profond(e), caché(e); *Wahrheit* caché(e)
13. *Ausschnitt* large, profond(e); *Hosentasche, Jackentasche* profond(e)
II. *adv* **1.** *sinken, tauchen* profondément; *liegen, verborgen sein* au fond; ~ ***liegend*** en contrebas; ***ich kann zehn Meter*** ~ ***tauchen*** je peux plonger à dix mètres de profondeur; ***das Wrack liegt 2300 Meter*** ~ l'épave repose à 2300 mètres de profondeur [*o* par 2300 mètres de fond]; ~ ***in den Bergen*** tout au fond des montagnes; ***Schätze sind*** ~ ***im Schlamm verborgen*** des trésors sont enfouis profondément sous la vase
2. *ausbrennen, bohren, graben, hacken, schneiden, schürfen* en profondeur; *eindringen, hineinstecken, einführen, einsinken* profondément; *sitzen, stecken, verlaufen* en profondeur; ***der Garten wurde 50 Zentimeter*** ~ ***umgegraben*** le jardin a été retourné [*o* labouré] sur 50 centimètres de profondeur; ***man kann teilweise 30 Zentimeter*** ~ ***einsinken*** on peut [s']enfoncer de 30 centimètres par endroits
3. *abstürzen, fallen, hinablassen* en bas; ***er ist 350 Meter*** ~ ***gestürzt*** il a fait une chute de 350 mètres; ***du musst das Seil noch*** ~***er hinablassen*** il faut que tu laisses encore descendre la corde; ***wenn du den Halt verlierst, fällst du*** ~ ***hinunter*** si tu perds ton point d'appui, tu vas tomber de haut
4. *klingen, tönen, vibrieren* avec des sonorités graves; *singen* bas, d'une voix grave; *sprechen* d'une voix grave; ***Sie singen einen Ton zu*** ~ vous chantez un ton trop bas
5. (*zutiefst*) profondément; *bedauern, bewegt a.* vivement; *bedrückt, betrübt, empfunden, erschüttert, traurig* profondément
6. *atmen* à fond, profondément; *erröten* beaucoup, fortement, jusqu'aux oreilles; *schlafen* profondément, comme un loir
7. (*niedrig*) *hängen, liegen, stehen, angebracht sein* bas; ***die Düsenjäger fliegen zu*** ~ les avions à réaction volent à trop basse altitude [*o* trop bas]
▸ **etw lässt** ~ **blicken** qc en dit long; **es lässt** ~ **blicken, wenn jd etw tut** ça en dit long que qn fasse qc; **jd fällt** ~ qn tombe de haut; **etw geht [bei jdm]** ~ qc touche [*o* atteint] [qn] profondément; ~ **greifend** profond(e), de grande amplitude; ***etw ist*** ~ ***greifend*** qc a une grande portée; ~ **schürfend** *Betrachtung, Gedanken, Überlegungen* profond(e); *Analyse* approfondi(e); **jd sinkt** ~ qn s'avilit; ***wie konntest du nur so*** ~ ***sinken?*** comment as-tu pu tomber si bas?; ***man muss sehr*** ~ ***gesunken sein, wenn*** il faut être tombé bien bas pour + *infin*
Tief <-[e]s, -e> *nt* **1.** METEO dépression *f*, zone *f* de basse pression

2. (*depressive Phase*) phase *f* dépressive, moment *m* de déprime *fam*
tief- *attr* 1. (*zutiefst*) profondément
2. (*intensiv*) *-blau, -rot, -schwarz* profond(e), intense; ***eine ~blaue Farbe*** une couleur d'un bleu intense
Tiefbau *m* Ø travaux *mpl* publics [en sous-sol]
Tiefdruck[1] *m* Ø TYP impression *f* en creux, hélio[gravure] *f*
Tiefdruck[2] *m* Ø METEO basses pressions *fpl*
Tiefdruckgebiet *nt* zone *f* de basse pression
Tiefe <-, -n> *f* 1. (*Ausdehnung nach unten, hinten*) profondeur *f*; ***der Strudel riss ihn [mit sich] in die ~*** le tourbillon l'a entraîné dans les profondeurs; ***das Wrack liegt in einer ~ von 4500 Metern*** l'épave repose par 4500 mètres de fond [*o* à 4500 mètres de profondeur]
2. Ø [*Empfindung, Gefühl, Schmerz, Verzweiflung*] intensité *f*; [*Hass a.*] violence *f*
Tiefebene *f* plaine *f* basse
▸ **die Norddeutsche ~** la Plaine basse d'Allemagne du Nord; **die Oberrheinische ~** la Plaine basse du Rhin supérieur
Tiefenpsychologe *m*, **-login** *f* psychologue *mf* des profondeurs **Tiefenpsychologie** *f* psychologie *f* des profondeurs **Tiefenschärfe** *f* Ø profondeur *f* de champ
Tiefflieger *m* avion *m* volant à basse altitude **Tiefflug** *m* vol *m* à basse altitude ▸ **im ~** à basse altitude **Tiefgang** <-gänge> *m* NAUT tirant *m* d'eau ▸ **jd hat ~** qn a de la profondeur de vue; **etw hat ~** qc a de la profondeur, qc se place à un haut niveau **Tiefgarage** [-gaːʒə] *f* parking *m* souterrain **tiefgefrieren** *vt irreg* 1. GASTR ■ **jd tiefgefriert etw** qn congèle qc, qn surgèle qc; ■ **etw wird tiefgefroren** qc est congelé(e) [*o* surgelé(e)] 2. MED ■ **jd tiefgefriert jdn/etw** qn congèle qn/qc **tiefgefroren** *adj*, **tiefgekühlt** *adj Lebensmittel* congelé(e), surgelé(e) **tiefgreifend** *s.* **tief II.**▸. **tiefgründig** *adj* 1. *Betrachtung, Gedanken, Überlegungen* profond(e); *Analyse* approfondi(e) 2. AGR *Boden* profond(e)
Tiefkühlfach *nt* freezer *m*, compartiment *m* basse température **Tiefkühlkost** *f* [produits *mpl*] surgelés *mpl* **Tiefkühlschrank** *m* congélateur *m* armoire **Tiefkühltruhe** *f* congélateur *m* [bahut]
Tieflader <-s, -> *m* véhicule *m* à seuil surbaissé **Tiefland** *nt* bas pays *m*, basses terres *fpl* **tiefliegend** *s.* **tief II.1. Tiefpunkt** *m* [*Beziehungen, Stimmung*] niveau *m* zéro; ***in den Beziehungen beider Staaten ist ein ~ erreicht*** la dégradation des relations entre les deux pays a atteint un nouveau palier; ***die Stimmung der Gäste war auf dem ~ angelangt*** le moral des invités était tombé à zéro [*o* au plus bas] ▸ **jd hat einen ~** (*ist schlapp*) qn a un passage à vide, qn a un coup de pompe [*o* de barre] *fam*; (*ist nicht in Form*) qn a un passage à vide; (*ist deprimiert*) qn est abattu(e), qn a un coup de cafard [*o* de déprime] *fam* **Tiefschlag** *m* 1. BOXEN coup *m* bas 2. (*Schicksalsschlag*) coup *m* du sort, sale coup *m fam* **tiefschürfend** *s.* **tief II.**▸
Tiefsee *f* grands fonds *mpl*, abysse *m*
Tiefsee- *-bergbau, -forschung* des fonds marins; *-vegetation, -fisch a.* abyssal(e); ***~taucher*** plongeur *m* sous-marin, océanaute *m* **Tiefsee-U-Boot** *nt* bathyscaphe *m*
tiefsinnig *adj s.* **tiefgründig 1. Tiefstand** *m* niveau *m* plancher [*o* le plus bas] **Tiefstapelei** <-> *f* Ø retenue *f* excessive **tief|stapeln** *vi* ■ **jd stapelt tief** qn fait preuve de fausse modestie
Tiefstpreis *m* prix *m* cassé [*o* défiant toute concurrence] **Tiefsttemperatur** *f* température *f* minimale, minimum *m* de température **Tiefstwert** *m* METEO niveau *m* minimum [*o* minimal]; FIN valeur *f* minimale, niveau *m* plancher
Tiegel <-s, -> *m* poêlon *m*, creuset *m*
Tier <-[e]s, -e> *nt* animal *m*, bête *f*
▸ **großes** [*o* **hohes**] **~** *fam* gros bonnet *m fam*, ponte *m fam*; **wie ein ~, wie [die] ~e** comme une brute/des brutes
Tier- 1. *-märchen, -fabel, -bild, -buch* d'animaux 2. *-asyl, -heim, -pension, -klinik* pour animaux 3. *-krankheit, -impfung, -medizin, -heilkunde* animal(e); ***~virus*** virus *m* qui attaque l'animal **Tierarzt** *m*, **-ärztin** *f* vétérinaire *mf*
Tierchen <-s, -> *nt dim von* **Tier** petit animal *m*, bestiole *f*
▸ **jedem ~ sein Pläsierchen** à chacun ses goûts
Tierfreund(in) *m(f)* ami(e) *m(f)* des animaux [*o* des bêtes] **Tierhalter(in)** *m(f)* détenteur(-trice) *m(f)* [*o* propriétaire *mf*] d'un animal/d'animaux **Tierhaltung** *f* entretien *m* [*o* détention *f*] d'animaux **Tierhandlung** *f* animalerie *f*
tierisch I. *adj* 1. (*von Tieren*) animal(e)
2. *sl Durst, Hunger* terrible *fam*
3. *Benehmen, Gebrüll* bestial(e)
II. *adv sl schuften, schwitzen* comme une bête/des bêtes; *wenig, wehtun* vachement *fam*; *nerven* furieusement *fam*, prodigieusement *fam*
Tierkreis *m* Ø zodiaque *m*
Tierkreiszeichen *nt* signe *m* du zodiaque [*o* zodiacal]
Tierkunde *f* zoologie *f* **tierlieb** *adj* ami(e) des animaux [*o* des bêtes]; ■ **jd ist ~** qn aime les animaux **Tierliebe** *f* amour *m* des animaux **Tierpark** *m* parc *m* zoologique [*o* animalier] **Tierpfleger(in)** *m(f)* gardien(ne) *m(f)* d'animaux **Tierquäler(in)** <-s, -> *m(f)* personne *f* qui tourmente les animaux **Tierquälerei** *f* cruauté *f* envers les animaux
Tierschutz *m* protection *f* des animaux [*o* des bêtes]
Tierschutzverein *m* société *f* protectrice des animaux
Tierversuch *m* expérience *f* sur des animaux, expérimentation *f* animale
Tierzucht *f* Ø élevage *m*
Tiger <-s, -> *m* tigre *m*; *s. a.* **Tigerin**
Tigerauge *nt* œil-de-tigre *m*
Tigerin *f* tigresse *f*; *s. a.* **Tiger**
tigern *vi + sein fam* ■ **jd tigert durch etw** qn se balade [*o* se trimbal[l]e] à travers qc *fam*

Tilde <-, -n> *f* tilde *m*
tilgen *vt geh* 1. FIN ■ **jd tilgt etw** *Kredit* qn rembourse qc; *Hypothek* qn purge qc; *Schuld* qn éteint qc, qn amortit qc
2. (*beseitigen*) ■ **jd tilgt etw** *Eintragung, Notiz, Spuren* qn élimine qc, qn fait disparaître qc, qn efface qc; ■ **jd tilgt etw von etw** *Bild, Inschrift etc* qn retire qc de qc
Tilgung <-, -en> *f* 1. FIN [*Kredit*] remboursement *m*; [*Hypothek*] purge *f*; [*Schuld*] extinction *f*, amortissement *m*
2. *geh* [*Eintragung, Spuren etc*] élimination *f*, effacement *m*
Timbre <-s, -s> [ˈtɛ̃ːbrə, ˈtɛ̃ːbɐ] *nt geh* timbre *m*
timen [ˈtaimən] *vt* ■ **jd timt etw** qn prévoit le timing de qc; ***dein Erscheinen war schlecht getimt*** ton arrivée n'est pas tombée au bon moment, tu as mal prévu le timing de ton arrivée
Timesharing[RR] <-s> [ˈtaimʃærɪŋ] *nt* Ø 1. INFORM temps *m* partagé, time-sharing *m*
2. (*von Ferienwohnung*) multipropriété *f*, propriété *f* saisonnière
Timing <-s> [ˈtaimɪŋ] *nt* timing *m*
tingeln *vi + sein fam* ■ **jd tingelt durch etw** qn se produit dans qc
Tinktur <-, -en> *f* teinture *f*
Tinte <-, -n> *f* encre *f*
▸ **jd sitzt in der ~** *fam* qn est dans le pétrin *fam* [*o* dans la merde *pop*]
Tintenfass[RR] *nt* encrier *m* **Tintenfisch** *m* seiche *f* **Tintenfleck** *m* tache *f* d'encre, pâté *m* **Tintengummi** *m* gomme *f* à encre **Tintenklecks** *m* tache *f* d'encre, pâté *m* **Tintenstift** *m* crayon *m* à encre **Tintenstrahldrucker** *m* imprimante *f* à jet d'encre
Tip, Tipp[RR] <-s, -s> *m* 1. (*Hinweis*) *fam* tuyau *m fam*, renseignement *m*
2. SPORT pronostic *m*; ***ich habe einen heißen ~*** j'ai un bon tuyau *fam*
▸ **jd gibt jdm einen ~** qn donne un conseil [*o* un tuyau *fam*] à qn; **jd gibt jdm einen ~, wie/was** qn renseigne qn [*o* qn donne un tuyau à qn *fam*] sur la manière dont/sur ce que
tippen[1] I. *vi* 1. (*Wettscheine ausfüllen*) ■ **jd tippt [in etw** (*dat*)**]** *im Lotto, Toto* qn joue à qc
2. *fam* (*vorhersagen*) ■ **jd tippt irgendwie** *gut, richtig, falsch* qn pronostique [*o* tape *fam*] d'une certaine façon; ***da hast du gut*** [*o* ***richtig***]***/falsch getippt*** tu as tapé juste/à côté *fam*; ■ **jd tippt auf jdn** qn parie sur qn; ■ **jd tippt auf etw** (*akk*) qn flaire qc; ■ **jd tippt darauf, dass jd etw tut/dass etw geschieht** qn pronostique que qn va faire qc/que qc va arriver
II. *vt* ■ **jd tippt etw** *Zahl* qn joue qc
tippen[2] I. *vi* 1. *fam* (*Schreibmaschine schreiben*) ■ **jd tippt** qn tape [à la machine]
2. (*anstoßen*) ■ **jd tippt [mit etw] an etw** (*akk*)**/auf etw** (*akk*)**/gegen etw** qn effleure qc [de qc]; ***er tippte kurz mit der Hand gegen den Hut*** d'un geste bref, il a porté la main à son chapeau
II. *vt fam* ■ **jd tippt [jdm] etw** qn tape qc [à qn]
Tipp-Ex® <-> *nt* Ø Tipp-Ex® *m*, blanc *m fam*, correcteur *m* fluide
Tippfehler *m* faute *f* de frappe
▸ **jd macht ~/einen ~** qn fait des fautes/une faute de frappe
Tippse <-, -n> *f pej* [petite] dactylo *f*
tipptopp I. *adj fam* impeccable
II. *adv fam in Ordnung* parfaitement; *angezogen, aufgeräumt, sauber, gekleidet a.* impeccablement; ***mein Schreibtisch ist immer ~ in Ordnung*** mon bureau est toujours rangé à la perfection; ***sie ist immer ~ gekleidet*** elle est toujours sur son trente et un *fam*
Tippzettel *m fam* bulletin *m* de loto
Tirade <-, -n> *f meist pl pej geh* tirade *f*, grand discours *m*
Tirana <-s> *nt* Tirana
Tirol <-s> *nt* le Tyrol *m*
Tiroler(in) <-s, -> *m(f)* Tyrolien(ne) *m(f)*
Tirolerhut *m* chapeau *m* tyrolien
Tisch <-[e]s, -e> *m* (*Ess~, Arbeits~*) table *f*; ***nehmt schon mal am ~ Platz!*** prenez donc place à table!; ***setzt euch an den ~!*** mettez-vous [*o* passez] à table!; ***die Suppe steht auf dem ~!*** la soupe est sur la table [*o* est servie]!
▸ **am grünen ~, vom grünen ~ aus** *klären, beurteilen* dans l'abstrait; *sich darstellen a.* sur le papier; **jd macht [mit etw] reinen ~** qn fait table rase [de qc], qn tire un trait [sur qc]; **runder ~** table ronde; **jd bittet jdn zu ~** qn invite qn à se mettre [*o* à prendre place] à table; **jd bringt etw auf den ~** *fam Gericht, Getränk* qn met qc sur la table, qn sert qc; **jd bringt Menschen an einen ~** qn réunit des personnes autour d'une même table; **etw fällt unter den ~** *fam* qc passe à la trappe, qc est mis(e) [*o* jeté(e)] aux oubliettes; **jd geht zu ~** *geh* qn passe [*o* se met] à table; **jd ist zu ~** *geh* qn est à table; **etw ist vom ~** qc est réglé(e); **etw muss vom ~** qc doit être réglé(e), il faut en finir avec qc; **jd setzt sich [mit jdm] an einen ~** qn s'assied à la même table [que qn]; ***sie müssen sich an einen ~ setzen*** ils doivent s'asseoir autour d'une même table; **jd sitzt am** [*o* **bei** *geh*] **~** qn est installé(e), qn a pris place *form*; **jd trinkt** [*o* **säuft** *sl*] **jdn unter den ~** qn fait rouler qn sous la table *fam*; **jd wischt etw vom ~** qn balaie qc d'un revers de main; **jd zieht jdn über den ~** *fam* qn arnaque qn *fam*, qn roule qn dans la farine *fam*; **bei ~** *geh* à table; **vor/nach ~** *geh* avant/après le repas; **zu ~!** *geh* à table!, le repas est servi! *form*
Tisch- 1. (*eines Tisches*) de table 2. (*um auf den Tisch zu stellen*) de table; ***~besen*** ramasse-miettes *m*; ***~feuerzeug*** briquet *m* de table; ***~fußball*** babyfoot *m* **Tischdecke** *f* nappe *f*
tischen *vi* CH ■ **jd tischt** qn met la table
Tischler(in) <-s -> *m(f)* menuisier(-ière) *m(f)*
Tischlerei <-, -en> *f* menuiserie *f*
tischlern I. *vi fam* ■ **jd tischlert** qn fait de la menuiserie
II. *vt fam* ■ **jd tischlert etw** qn menuise qc, qn fabrique qc
Tischlerwerkstatt *f* atelier *m* de menuiserie

Tischrechner *m* calculateur *m* de bureau **Tischrede** *f* discours *m* de banquet ▶**jd hält eine** ~/~**n** qn fait un/des discours
Tischtennis *nt* ping-pong *m,* tennis *m* de table; ***im ~ ist er schwer zu schlagen*** il est difficile à battre au ping-pong [*o* au tennis de table]
Tischtennis- de ping-pong; ~***spieler,*** ~***sportler*** pongiste *m* **Tischtennisplatte** *f* table *f* de ping-pong **Tischtennisschläger** *m* raquette *f* de ping-pong
Tischtuch <-tücher> *nt* nappe *f*
Titan¹ <-en, -en> *m* MYTH Titan *m*
Titan² <-s> *nt* ∅ CHEM titane *m*
Titel <-s, -> *m* (*alle Bedeutungen*) titre *m;* (*Adels~ a.*) titre *m* de noblesse; JUR titre *m* [*o* acte *m*] exécutoire; ***er möchte mit seinem ~ angeredet werden*** il voudrait qu'on l'appelle par son titre; ***wie war noch der ~ des Buches?*** quel était le titre de ce livre?
▶**unter dem/einem** ~ sous le/un titre
Titelbild *nt* photo *f* de couverture **Titelblatt** *nt* **1.** (*Buchseite*) page *f* de titre **2.** *s.* **Titelseite** **Titelheld(in)** *m(f)* héros *m* principal **Titelkampf** *m* combat *m* pour un/le titre **Titelleiste** *f* INFORM barre *f* de titre
titeln *vt* ■ **jd/etw titelt etw** qn/qc titre qc
Titelrolle *f* rôle-titre *m* **Titelseite** *f* couverture *f,* une *f* + *art déf;* ***die ~*** la une **Titelträger(in)** *m(f)* SPORT détenteur(-trice) *m(f)* du titre **Titelverteidiger(in)** *m(f)* SPORT tenant(e) *m(f)* du titre
Titte <-, -n> *f vulg* nichon *m pop*
titulieren * *vt geh* ■ **jd tituliert jdn irgendwie/als/mit etw** qn traite qn d'une certaine façon/de qc; ***ich brauche mich von keinem so ~ zu lassen!*** je n'admets pas qu'on me traite ainsi!
tja *interj* ma foi
Toast¹ <-[e]s, -e> [to:st] *m* **1.** ∅ (*Toastbrot*) pain *m* de mie; (*schon getoastet*) pain *m* grillé
2. (*Scheibe*) ■ **ein** ~ un toast
Toast² <-[e]s, -e> [to:st] *m* toast *m*
▶**jd bringt einen** ~ **auf jdn aus** qn porte un toast en l'honneur de qn
Toastbrot ['to:st-] *nt* pain *m* de mie; (*schon getoastet*) pain *m* grillé
toasten¹ ['to:stn] *vt* GASTR ■ **jd toastet [jdm] etw** qn [lui] fait griller qc
toasten² ['to:stn] *vi geh* (*prosten*) ■ **jd toastet [auf jdn/etw]** qn porte un toast [en l'honneur de qn/qc]
Toaster <-s, -> ['to:stɐ] *m* grille-pain *m*
Tobak *m* ▶**das ist starker** ~! *veraltend fam* c'est un peu fort de café! *fam*
toben *vi* **1.** + *haben* (*wüten*) ■ **jd tobt** qn est en rage, qn fulmine; ■ **jd tobt vor etw** (*dat*) *vor Empörung, Wut* qn écume de qc
2. + *haben* (*rasen*) ■ **jd tobt** qn est déchaîné(e); ■ **jd tobt vor etw** (*dat*) *vor Begeisterung* qn déborde de qc
3. + *haben* (*wüten*) ■ **etw tobt** /*Kämpfe, Sturm*/ qc fait rage; /*stürmische See*/ qc se déchaîne
4. + *haben* (*ausgelassen spielen*) ■ **jd tobt irgendwo** qn se déchaîne [*o* se défoule] quelque part
5. + *sein fam* (*laufen*) ■ **jd tobt irgendwohin** *durch den Garten, über den Spielplatz* qn cavale quelque part *fam*
Tobsucht *f* ∅ fureur *f,* rage *f* **tobsüchtig** *adj* furieux(-euse), en rage
Tobsuchtsanfall *m fam* accès *m* de fureur [*o* de rage]
▶**jd bekommt/hat einen** ~ qn est pris(e) d'un accès de fureur [*o* de rage]
Tochter <-, => *f* **1.** (*Kind*) fille *f*
2. (*Tochterfirma*) filiale *f*
3. CH (*im Restaurant*) serveuse *f;* (*im Geschäft*) vendeuse *f;* (*Haushaltshilfe*) employée *f* [de maison]
▶**meine** ~ REL ma fille
Töchterchen <-s, -> *nt dim von* **Tochter** [petite] fille *f*
Tochterfirma *f s.* **Tochtergesellschaft.** **Tochtergeschwulst** *f* métastase *f* **Tochtergesellschaft** *f* [société *f*] filiale *f*
Tod <-[e]s, -e> *m* **1.** (*Sterben*) mort *f;* (*Ableben a.*) décès *m;* ***bis der ~ eintritt*** jusqu'à ce que mort s'ensuive; ■ ~ **durch etw** *durch Erfrieren, Verhungern:* ***sie erlitten den ~ durch Erfrieren/Verhungern*** ils sont morts/elles sont mortes de froid/faim; *durch Ersticken* mort par qc
2. (*Todesstrafe*) [peine *f* de] mort *f;* ■ ~ **durch etw** *durch Erhängen, Erschießen, Hängen* mort par qc; ~ ***durch den elektrischen Stuhl*** mort sur la chaise électrique; ■ ~ **an etw** (*dat*)/**auf etw** (*dat*) *am Galgen* mort à qc; *auf der Guillotine* mort sur qc
▶**jd springt dem** ~ **von der Schippe, jd schlägt dem** ~ **ein Schnippchen** qn fait la nique à la mort; **der schwarze** ~ la peste; **der weiße** ~: ***auch diesen Winter hat der weiße ~ zahlreiche Opfer gefordert*** cet hiver encore, la neige a fait de nombreuses victimes; **jd kann jdn/etw auf den** ~ **nicht ausstehen** [*o* **leiden**] *fam* qn a horreur de qn/qc, qn ne peut pas blairer qn/qc *fam;* **jd bezahlt etw mit dem** ~[**e**] *geh* qn paie qc de sa vie, qc coûte la vie à qn; **jdn ereilt der** ~ *geh* la mort surprend qn *form;* **jd findet irgendwo/bei etw den** ~ *geh* qn trouve la mort quelque part/au cours de qc; **jd folgt jdm in den** ~ *geh* qn suit qn dans la mort *soutenu;* **jd geht [für jdn/etw] in den** ~ *geh* qn va à la mort, qn meurt pour qn/qc; **jd wird sich** (*dat*) **[irgendwo/bei etw] den** ~ **holen** *fam* qn va attraper la mort [quelque part/avec qc] *fam;* **jd ist des** ~**es** c'en est fait de qn *soutenu,* qn peut faire sa prière *fam;* ***wenn du was plauderst, bist du des ~es*** si tu vends la mèche, tu es un homme mort; **jd ringt mit dem** ~ qn est à l'agonie, qn mène un combat contre la mort *soutenu;* **jd stirbt eines bestimmten** ~**es** [*o* **einen bestimmten** ~] qn meurt d'une certaine mort; ***er ist eines natürlichen ~es gestorben*** il est mort de mort naturelle; **bis in den** ~ jusqu'à la mort; **zu** ~**e** à mourir
todernst **I.** *adj Stimme, Mensch* [très] sérieux(-euse); *Miene a.* d'enterrement
II. *adv ansehen, sagen* avec une extrême gravité, avec une tête d'enterrement

Todesangst *f* **1.** *fam* (*entsetzliche Angst*) peur *f* bleue **2.** (*Angst vor dem Sterben*) angoisse *f* mortelle, affres *fpl* de la mort *littér* ▶**jd steht [wegen jdm/etw] Todesängste aus** *fam* qn est rongé(e) d'inquiétude [*o* qn se fait un sang d'encre *fam*] [à cause de qn/qc] **Todesanzeige** *f* avis *m* de décès ▶„~**n**" avis *mpl* de décès **Todesfall** *m* décès *m;* ***wegen ~s geschlossen*** fermé pour cause de décès **Todesgefahr** *f* danger *m* de mort **Todeskampf** *m* agonie *f* **Todeskandidat(in)** *m(f)* JUR condamné(e) *m(f)* à mort **todesmutig** **I.** *adj* prêt(e) à affronter la mort **II.** *adv* sans crainte de la mort **Todesopfer** *nt* mort *m* **Todesschuss**RR *m* ■ **der/ein** ~ **auf jdn** le/un coup [de feu] mortel [tiré] sur qn ▶**gezielter** ~ coup *m* de feu volontaire (*dans l'intention de tuer un malfaiteur*) **Todesschütze** *m,* **-schützin** *f* meurtrier(-ière) *m(f)* [auteur du coup/des coups de feu] **Todesschwadron** *f* escadron *m* de la mort **Todesstoß** *m* coup *m* de grâce ▶**jd versetzt jdm den** ~ qn donne à qn le coup de grâce; **etw versetzt einer S.** (*dat*) **den** ~ qc donne le coup de grâce à qc, qc sonne le glas de qc **Todesstrafe** *f* peine *f* de mort ▶**auf etw** (*akk*) **steht die** ~ qc est puni(e) de mort **Todesstunde** *f* heure *f* de la mort; ***in seiner ~*** à l'heure de sa mort, à sa dernière heure **Todesursache** *f* cause *f* de/de la mort [*o* de/du décès] **Todesurteil** *nt* arrêt *m* de mort, condamnation *f* à mort ▶**etw bedeutet jds** ~ qc signifie l'arrêt de mort [*o* la condamnation à mort] de qn; **jd fällt das** ~ qn prononce l'arrêt de mort [*o* la condamnation à mort] **Todesverachtung** *f* ▶**mit** ~ *fam* en réprimant son dégoût [*o* son écœurement] **Todeszelle** *f* cellule *f* de/du condamné à mort
Todfeind(in) *m(f)* ennemi(e) *m(f)* mortel(le) **todgeweiht** *adj geh* voué(e) à [*o* aux portes de *littér*] la mort; ~***e Patienten*** des malades condamnés **todkrank** *adj* très gravement malade; (*sterbend*) moribond(e)
tödlich **I.** *adj* **1.** (*den Tod verursachend*) mortel(le)
2. (*das Leben bedrohend*) mortel(le); ***in ~er Gefahr*** en danger de mort
3. *fam Ernst* absolu(e); *Langeweile* mortel(le); ***es ist mein ~er Ernst*** je suis tout ce qu'il y a de plus sérieux
4. (*gnadenlos*) *Hass* mortel(le); *Wut a.* meurtrier(-ière)
5. *fam* (*fatal*) ■ **etw ist** ~ qc est mortel(le) *fam;* ***das ist absolut ~*** il n'y a rien de plus mortel
II. *adv* **1.** (*mit Todesfolge*): ***er ist ~ abgestürzt*** il a fait une chute mortelle; ***seine Frau ist ~ verunglückt*** sa femme a eu un accident mortel [*o* est morte dans un accident]
2. *fam beleidigen, sich langweilen* à mort *fam;* ***mir war sofort ~ übel*** je me suis tout de suite senti(e) affreusement mal
todmüde *adj fam* mort(e) de fatigue, crevé(e) *fam* **todschick** *adj fam* très classe *fam* **todsicher** **I.** *adj fam Sache* totalement fiable; *Methode a.* miracle *fam; Tipp a.* de première [bourre] *fam* **II.** *adv fam* à coup sûr, aussi vrai que je te/vous le dis *fam* **Todsünde** *f* péché *m* mortel **todunglücklich** *adj fam Mensch* malheureux(-euse) comme les pierres *fam; Miene* d'enterrement *fam;* ***du siehst ~ aus*** tu fais une tête d'enterrement *fam*
Töff <-s,-> *m o nt* CH *s.* **Motorrad**
Toga <-, Togen> *f* toge *f*
Tohuwabohu <-[s], -s> *nt* pagaille *f fam,* capharnaüm *m fam*
Toilette <-, -n> [toa'lɛtə] *f* **1.** (*WC*) toilettes *fpl,* W.-C. *mpl*
2. (*Becken*) cuvette *f* des W.-C.
▶**öffentliche** ~ toilettes publiques, W.-C. publics
Toiletten- [toa'lɛtn-] des toilettes, des W.-C.; ~***spülung*** chasse *f* d'eau **Toilettenartikel** *m meist pl* article *m* de toilette **Toilettenmann** <-männer> *m,* **-frau** *f* préposé(e) *m(f)* aux toilettes; ***die Toilettenfrau*** la dame des toilettes, la dame pipi *fam* **Toilettenpapier** *nt* papier *m* hygiénique, papier-toilette *m*
toi, toi, toi *interj fam* **1.** (*ich drücke die Daumen*) je te/vous dis les cinq lettres *fam*
2. (*hoffentlich auch weiterhin*) je touche/touchons du bois
Tokio <-s> *nt* Tokyo
Tokioter *adj attr* de Tokyo
Töle <-, -n> *f* DIAL *fam* cabot *m fam,* clebs *m fam,* clébard *m fam*
tolerant *adj* tolérant(e); ■ **jd ist** ~ **[gegen jdn** [*o* **gegenüber jdm**]] qn est tolérant(e) [à l'égard de [*o* envers] qn]
Toleranz <-, -en> *f* **1.** ∅ tolérance *f;* ■ **jds** ~ **gegen jdn** [*o* **gegenüber jdm**] la tolérance de qn à l'égard de [*o* envers] qn
2. TECH [marge *f* de] tolérance *f*
Toleranzbereich *m* zone *f* de tolérance
tolerieren * *vt* ■ **jd toleriert etw** qn tolère qc; ■ **jd toleriert, dass jd etw tut** qn tolère que qn fasse qc
toll **I.** *adj fam* super *fam; Mensch a.* extra *fam,* génial(e) *fam;* ***ich würde mir gern ein ~eres Auto leisten*** j'aimerais bien me payer une voiture plus chouette *fam;* ***es war nicht besonders ~*** ça n'avait rien de terrible *fam*
II. *adv* de façon débridée; ***bei den römischen Orgien ging es ~ zu*** lors des orgies romaines, c'était le dérèglement total; ***ihr treibt es wirklich zu ~!*** vous y allez vraiment trop fort!
tollen *vi* **1.** + *haben* (*toben*) ■ **jd/ein Tier tollt [irgendwo]** /*Kind*/ qn/un animal fait le fou(la folle) [quelque part]
2. + *sein* (*laufen*) ■ **jd/ein Tier tollt irgendwohin** *durchs Haus, durch den Garten* qn/un animal court comme un fou(une folle) quelque part
Tollkirsche *f* belladone *f* **tollkühn** *adj Plan, Unternehmen* très audacieux(-euse), d'une hardiesse folle; *Mensch a.* intrépide, téméraire **Tollkühnheit** *f* ∅ *Plan, Unternehmen* témérité *f,* folle audace *f; Mensch a.* intrépidité *f*
TollpatschRR <-es, -e> *m fam* empoté(e) *m(f) fam,* andouille *f fam,* plouc *m fam*
tollpatschigRR **I.** *adj Mensch* maladroit(e), empoté(e) *fam; Tier* pataud(e) **II.** *adv* maladroitement **Tollwut** *f* rage *f* **tollwütig** *adj* **1.** *Tier* enragé(e) **2.** *geh Mensch* fou(folle) furieux(-euse); ***ein ~er Irrer*** un forcené
Tolpatsch *s.* **Tollpatsch**

tolpatschig *s.* **tollpatschig**
Tölpel <-s, -> *m fam* empoté(e) *m(f) fam,* abruti(e) *m(f) fam*
tölpelhaft I. *adj* idiot(e), bouché(e) *fam*
II. *adv* de façon idiote [*o* débile *fam*]
Tomate <-, -n> *f* tomate *f*
▶ **jd hat ~n auf den Augen** *fam* qn a de la merde dans les yeux *pop;* **du treulose ~!** *fam* espèce de lâcheur(-euse)! *fam*
Tomaten- de tomates; *-suppe* à la tomate; *~**ketschup*** ketchup *m; ~**soße*** sauce *f* tomate **Tomatenmark** *nt* concentré *m* de tomates
Tombola <-, -s *o* Tombolen> *f* tombola *f*
Tomogramm <-gramme> *nt* scanner *m*
Tomograph <-en, -en> *m* tomographe *m*
Tomographie <-, -n> [-'fiːən] *f* tomographie *f*
Ton[1] <-[e]s, -e> *m* MINER terre *f* glaise, argile *f*
Ton[2] <-[e]s, ¨-e> *m* 1. (*Ton*) son *m*
2. AUDIOV son *m; **der ~ ist weg*** il n'y a plus de son
3. *fam* (*Wort*) mot *m*
4. (*Tonfall*) ton *m* [de la voix]; ***ich höre es am ~*** j'entends cela au ton de sa voix; ***dein ~ gefällt mir nicht*** je n'aime pas que tu me parles sur ce ton
5. (*Farb~*) ton *m,* teinte *f*
▶ **jd hat einen bestimmten ~ am Leib** *fam* qn parle sur un certain ton; ***was hast du denn für einen unverschämten ~ am Leib!*** qu'est-ce que c'est que ce ton insolent!; ***du hast ja heute wieder einen ~ am Leib!*** tu as encore bouffé du lion aujourd'hui! *fam;* **der ~ macht die Musik** *prov* on n'a que ce qu'on mérite, c'est le ton qui fait la chanson; **jd spuckt große ¨-e** *sl* qn cherche à en mettre plein la vue *fam,* qn frime *fam;* **der gute ~** la bienséance, les bonnes manières; **halber/ganzer ~** demi-ton/ton [entier]; **jd lobt jdn/etw in den höchsten ¨-en** *fam* qn encense qn *fam,* qn couvre qn de fleurs *fam,* qn fait un éloge dithyrambique de qc; **jd bringt keinen ~ heraus** [*o* **hervor**] qn n'arrive pas à sortir un mot; **jd gibt irgendwo den ~ an** qn donne le ton quelque part; **hast du ¨-e!** *fam* je rêve ou quoi? *fam;* **jd sagt keinen ~, jd gibt keinen ~ von sich** qn reste muet(te) [*o* sans voix]; **jd schlägt einen bestimmten ~ an** qn adopte [*o* prend] un certain ton; **ich verbitte mir diesen ~** je n'admets pas qu'on me parle sur ce ton; **~ in ~** ton sur ton
Ton- (*tönern*) d'argile, de terre cuite
Tonabnehmer *m* tête *f* de lecture **tonangebend** *adj* qui donne le ton, influent(e); ■ **jd ist irgendwo ~** qn donne le ton quelque part **Tonarm** *m* bras *m* [de lecture] **Tonart** *f* 1. MUS ton *m,* tonalité *f* 2. (*Tonfall*) ton *m; **sprechen Sie nicht in dieser ~ mit mir!*** ne me parlez pas sur ce ton! ▶ **jd schlägt [jdm gegenüber] eine bestimmte ~ an** qn adopte [*o* prend] un certain ton [à l'égard de [*o* pour parler à] qn]
Tonband <-bänder> *nt* bande *f* magnétique
▶ **digitales ~** cassette *f* à enregistrement digital [*o* numérique]; **jd nimmt etw auf ~ auf** qn enregistre qc sur bande magnétique
Tonbandaufnahme *f* enregistrement *m* [sur bande magnétique] ▶ **jd macht [jdm/sich] eine ~ [von etw]** qn enregistre [à qn] [qc]/qn s'enregistre qc sur bande magnétique **Tonbandgerät** *nt* magnétophone *m*
tönen I. *vi* 1. (*klingen*) ■ **etw tönt irgendwie** qc résonne [*o* sonne] d'une certaine façon
2. (*großspurig reden*) ■ **jd tönt irgendwie: *alles gar kein Problem, tönte er großartig*** c'est pas un problème, a dit ce fort en gueule *fam*
II. *vt* ■ **jd tönt etw [irgendwie]** *Brillengläser* qn teinte qc [d'une certaine façon]; *Haar, Wand* qn teint qc [d'une certaine façon]; ■ **getönt** *Brillenglas* teinté(e), de couleur; *Haar* teint(e)
Toner <-s, -> *m* [*Fotokopierer*] encre *f;* [*Laserdrucker*] [cartouche *f*] toner *m*
tönern *adj* en terre [cuite]
Tonfall *m* ton *m,* intonation *f; **ich habe ihn am ~ erkannt*** je l'ai reconnu au ton de sa voix; ***sie hatte schon immer einen singenden ~*** elle a toujours eu des intonations chantantes **Tonfolge** *f* phrase *f* [musicale], suite *f* de notes
Tonikum <-s, Tonika> *nt* tonique *m,* fortifiant *m*
Tonkopf *m* tête *f* [de lecture] **Tonlage** *f* tessiture *f,* registre *m* **Tonleiter** *f* gamme *f*
tonlos I. *adj* atone, sans timbre
II. *adv* d'une voix éteinte [*o* blanche]
Tonnage <-, -n> [tɔ'naːʒə] *f* tonnage *m*
Tonne <-, -n> *f* 1. (*Behälter*) fût *m,* tonne *f*
2. (*Müll~*) poubelle *f*
3. (*1000 kg*) tonne *f*
4. (*Bruttoregister~*) tonneau *m*
5. (*Boje*) bouée *f*
6. *fam* (*Mensch*) barrique *f fam; **du bist ja jetzt die reinste ~!*** tu es devenu une vraie barrique!
▶ **gelbe ~** poubelle *f* jaune (*pour déchets recyclables*)
-tonner <-s, -> *m* (*Lkw*): ***ein 15/38-T~*** un 15/38 tonnes
Tonstörung *f* panne *f* de son **Tonstudio** *nt* studio *m* d'enregistrement
Tonsur <-, -en> *f* tonsure *f*
Tontaube *f* pigeon *m* d'argile
Tontaubenschießen *nt* ball-trap *m,* skeet *m*
Tontechniker(in) *m(f)* ingénieur *m* du son **Tonträger** *m* support *m* sonore
Tönung <-, -en> *f* 1. [*Haar*] teinture *f;* [*Tapete*] teinte *f*
2. (*Farbton*) teinte *f,* coloration *f*
Tool <-s, -s> [tuːl] *nt* INFORM outil *m*
Top <-s, -s> *nt* débardeur *m,* brassière *f*
Top- *-agent, -spion, -politiker, -manager* super[-]..., d'une pointure exceptionnelle *fam,* au top niveau *fam; -frau, -mann* de grande classe, au top niveau *fam; -adresse, -lage* incomparable; *-preis, -immobilie* de très haut niveau
Topas <-es, -e> *m* topaze *f*
Topf <-[e]s, ¨-e> *m* 1. (*Koch~*) casserole *f; **ein ~ Reis*** une casserole de riz
2. (*Nacht~*) pot *m; sl* (*Toilette*) chiottes *fpl pop*
▶ **jd wirft alles in einen ~** qn met tout dans le même sac [*o* panier]
Topfblume *f* fleur *f* en pot
Töpfchen <-s, -> *nt dim von* **Topf** 1. (*Kochtopf*) [petite] casserole *f*
2. (*Blumentopf*) [petit] pot *m*
3. (*Kinder*) pot *m; **geht er schon aufs ~?*** il va sur le pot?
Topfen <-s, -> *m* AUS, SDEUTSCH *s.* **Quark**[2]
Töpfer(in) <-s, -> *m(f)* potier(-ière) *m(f)*
Töpferei <-, -en> *f* [atelier *m* de] poterie *f*
töpfern I. *vi* ■ **jd töpfert** qn fait de la poterie
II. *vt* ■ **jd töpfert etw** qn façonne qc, qn fabrique qc
Töpferscheibe *f* tour *m* de potier
topfit *adj fam* ■ **jd ist ~** qn est en pleine forme, qn a la pêche [*o* la frite] *fam*
Topfkuchen *m s.* **Napfkuchen. Topflappen** *m* manique *f* **Topfpflanze** *f* plante *f* en pot
Topografie[RR] *s.* **Topographie**
topografisch[RR] *s.* **topographisch**
Topographie <-, -n> [-'fiːən] *f* topographie *f*
topographisch *adj* topographique
Tor <-[e]s, -e> *nt* 1. (*breite Tür*) porte *f*
2. (*Stadt~*) porte *f*
3. SPORT but *m*
4. SKI porte *f*
▶ **ein ~ fällt** un but est marqué; ***es ist noch kein ~ gefallen*** aucun but n'a encore été marqué, le score est toujours vierge; **jd schießt ein ~** qn marque un but; **jd steht im ~** qn est dans les buts; **jd wirft ein ~** qn marque un but
Tor <-en, -en> *m,* **Törin** *f veraltend geh* fol/folle *m/f littér*
Tor- *-beschläge, -riegel* de/de la porte; *-flügel a.* du portail **Torbogen** *m* arc *m* [*o* cintre *m*] de/du portail **Toreinfahrt** *f* porte *f* cochère, entrée *f*
Toresschluss[RR] *m* ▶ **kurz vor ~** au tout dernier moment, à la [toute] dernière minute
Torf <-[e]s, -e> *m* tourbe *f*
▶ **jd sticht ~** qn extrait la tourbe, qn tourbe
torfig *adj* tourbeux(-euse)
Torfmoor *nt* tourbière *f* **Torfmoos** *nt* sphaigne *f* **Torfmull** *m* tourbe *f* (*vendue dans le commerce*)
Torheit <-, -en> *f geh* 1. ∅ (*Unvernunft*) folie *f*
2. (*Handlung*) folie *f,* frasque *f,* fredaine *f*
Torhüter(in) *m(f) s.* **Torwart**
töricht I. *adj geh Annahme, Verlangen* fou(folle); *Benehmen, Verhalten* insensé(e), aberrant(e); *Frage, Idee a.* absurde, stupide; ■ **jd ist so ~ etw zu tun** qn est assez fou(folle) pour faire qc; ***du bist doch nicht so ~, dass*** tu n'es tout de même pas fou(folle) au point de; ■ **es ist ~ etw zu tun** c'est absurde [*o* c'est de la folie] de faire qc
II. *adv geh* de façon insensée [*o* stupide]; ***jd benimmt sich ~*** qn a un comportement insensé [*o* stupide]; ***frag nicht so ~!*** ne pose pas de questions stupides!
törichterweise *adv geh* stupidement, sottement
Törin *f s.* **Tor**
torkeln *vi + sein* 1. (*schwanken*) ■ **jd torkelt** qn titube, qn chancelle
2. (*sich bewegen*) ■ **jd torkelt irgendwohin** qn va quelque part en titubant
Tormann *m* AUS (*Torwart*) gardien *m* du but
Tornado <-s, -s> *m* tornade *f*
torpedieren * *vt* 1. NAUT ■ **jd/etw torpediert etw** qn/qc torpille qc
2. *geh* (*zu Fall bringen*) ■ **jd torpediert etw** qn torpille qc, qn saborde qc *soutenu*
Torpedo <-s, -s> *m* torpille *f*
Torpedoboot *nt* torpilleur *m*
Torpfosten *m* poteau *m* **Torschlusspanik**[RR] *f fam: **sie hatte offensichtlich ~*** manifestement, elle avait peur de rester vieille fille **Torschütze** *m,* **-schützin** *f* buteur *m*
Torsion <-, -en> *f* torsion *f*
Torso <-s, -s *o* Torsi> *m* 1. ART torse *m*
2. (*Rumpf einer Leiche*) tronc *m*
3. *geh* (*unvollständiges Ganzes*) ébauche *f*
Törtchen <-s, -> *nt dim von* **Torte** tartelette *f*
Torte <-, -n> *f* (*Buttercreme~*) gâteau *m* [fourré de crème au beurre]; (*Obst~*) tarte *f*
-torte *f: **Himbeer-Sahne~*** framboisier *m; **Erdbeer-Sahne~*** fraisier *m*
Torten- *-belag, -guss, -rest, -stück* de tarte/gâteau; *-teig* à tarte **Tortenboden** *m* fond *m* de tarte **Tortendiagramm** *nt* graphique *m* à secteurs [circulaires], camembert *m fam* **Tortenheber** <-s, -> *m* pelle *f* à tarte/gâteau **Tortenplatte** *f* plat *m* à tarte/gâteau
Tortur <-, -en> *f geh* torture *f,* tourments *mpl littér*
Torverhältnis *nt* score *m* **Torwart(in)** *m(f)* gardien(ne) *m(f)* [de but]
tosen *vi* 1. + *haben* ■ **etw tost** /*Brandung, Wasserfall*/ qc mugit; /*Sturm a.*/ qc fait rage
2. + *sein* ■ **etw tost irgendwohin** /*Sturm*/ qc se déchaîne quelque part; /*Brandung, Wildbach*/ qc déferle quelque part
tosend *adj Applaus, Begeisterungsstürme* frénétique; *Jubel a.* délirant(e); ***mit ~em Applaus*** en applaudissant à tout rompre; ***~er Beifall ertönte*** un tonnerre d'applaudissements a retenti
tot *adj* 1. (*gestorben*) *Mensch, Tier* mort(e)
2. (*abgestorben*) *Ast, Baum, Gewebe* mort(e)
3. ÖKO *Gewässer* mort(e)
4. *Flussarm* mort(e); *Gleis* qui n'est plus en service, désaffecté(e)
5. *fam* (*völlig erschöpft*) ■ **jd ist ~** qn est mort(e) [de fatigue] [*o* crevé(e)] *fam*

6. (*gestorben*) ■ **jd ist für jdn** ~ qn n'existe plus pour qn
▸ **halb** ~ *fam Mensch* au bout du rouleau, crevé(e) *fam*, claqué(e) *fam*; **jd ist klinisch** ~ qn est en état de mort clinique; **mehr** ~ **als lebendig** *fam* à moitié mort(e); **jd bricht** ~ **zusammen** qn tombe raide mort(e); **jd fällt** ~ **um** qn tombe mort(e); ~ **geboren** mort-né(e); **ein Kind wird** ~ **geboren** un enfant est mort-né; **jd/ein Tier stellt sich** ~ qn/un animal fait le mort; **ich will** ~ **umfallen, wenn etw ist** *fam* je veux [bien] être pendu(e) si qc est vrai(e); ***ich will ~ umfallen, wenn ich das jemals gesagt habe!*** je jure sur la tête de ma mère/mes enfants que je n'ai jamais dit ça! *fam*

tot- 1. (*bis jd/ein Tier tot ist*) *-prügeln, -trampeln* à mort; ***er hat seinen Gegner mit einem Dolch ~gestochen*** il a tué son adversaire à coups de poignard; ***einige Kinder wurden ~getreten/gedrückt*** plusieurs enfants sont morts piétinés/écrasés
2. *fam* (*bis jd völlig ausgelaugt ist*) *sich -arbeiten, sich -rackern* se tuer à [force de faire] qc *fam*; ***ich schufte mich tot*** je me tue [*o* me crève] au boulot *fam*

total I. *adj Erschöpfung, Wahnsinn* complet(-ète); *Sieg, Misserfolg, a.* total(e); *Chaos a.* intégral(e)
II. *adv fam hilflos, ratlos, unmöglich* totalement; *umsonst, verzweifelt a.* complètement; *scheitern, vergessen* complètement, totalement; ***ich habe alles ~ verkehrt gemacht*** j'ai tout fait complètement de travers

Total <-s> *nt* CH total *m*

totalitär I. *adj* totalitaire
II. *adv* de façon totalitaire

Totalitarismus <-> *m* ∅ POL totalitarisme *m*

Totaloperation *f* opération *f* radicale; (*von Gebärmutter und Eierstöcken*) grande [*o* grosse] opération *f*, totale *f fam* **Totalschaden** *m* destruction *f* totale; ***bei der Massenkarambolage gab es viele Totalschäden*** dans le carambolage, de nombreuses voitures ont été réduites à l'état de ferraille

tot|ärgern *vr fam* ■ **jd ärgert sich [über jdn/etw] tot** qn se met [*o* se fiche *fam*] en boule [*o* en rogne *fam*] [contre qn/qc]

Tote(r) *f(m) decl wie adj* 1. (*toter Mensch*) mort(e) *m(f)*
2. (*Unfallopfer*) tué(e) *m(f)*; ***bei diesem Unfall gab es drei*** ~ trois personnes ont péri dans l'accident

-tote(r) *f(m) Krebs-, Aids-, Cholera-* mort(e) *m(f)* du/de la, victime *f* du/de la; *Gewalt-, Strahlen-, Lawinen-* victime *f* du/de la/des; *Selbstmord-* mort(e) *m(f)* par

Totem <-s, -s> *nt* totem *m*

Totempfahl *m* mât *m* totémique

töten *vt* ■ **jd tötet jdn/ein Tier** qn tue qn/un animal ■ **etw tötet jdn** qc tue qn; ■ **jd wird [bei etw/in etw** (*dat*)**] getötet** qn est tué(e) [dans/à qc]

Totenbett *nt s.* **Sterbebett. totenblass**[RR] *adj s.* **leichenblass. Totenblässe** *f s.* **Leichenblässe. totenbleich** *adj s.* **leichenblass. Totenglocke** *f* glas *m* **Totengräber** <-s, -> *m* ZOOL nécrophore *m* **Totengräber(in)** <-s, -> *m(f)* fossoyeur(-euse) *m(f)* **Totenkopf** *m* 1. ANAT tête *f* de mort, crâne *m* 2. (*Zeichen*) tête *f* de mort **Totenmaske** *f* masque *m* mortuaire **Totenmesse** *f* messe *f* des morts [*o* de requiem] **Totenschädel** *m s.* **Totenkopf 1. Totenschein** *m* certificat *m* de décès, permis *m* d'inhumer **Totensonntag** *m* Fête *f* [*o* Jour *m*] des morts (*dans la liturgie protestante*) **Totenstarre** <-> *f* ∅ *s.* **Leichenstarre. totenstill** *adj* ■ **es/alles ist [irgendwo]** ~ il règne un silence de mort [quelque part] **Totenstille** *f* silence *m* de mort **Totentanz** *m* danse *f* macabre **Totenwache** *f* ▸ **jd hält die** ~ qn veille le mort/la morte

tot|fahren *irreg* I. *vt fam* ■ **jd fährt jdn/ein Tier tot** qn écrase qn/un animal II. *vr fam* ■ **jd fährt sich tot** qn se tue en voiture/moto/... **totgeboren** *s.* **tot** ▸. **Totgeburt** *f* enfant *m* mort-né ▸ **jd hat eine** ~ qn met au monde un enfant mort-né **Totgeglaubte(r)** *f(m) decl wie adj* présumé(e) mort(e) *m(f)* **tot|gehen** *vi irreg + sein fam* ■ **ein Tier geht [jdm] tot** un animal/l'animal de qn meurt [*o* crève] **Totgesagte(r)** *f(m) decl wie adj* prétendu(e) [*o* soi-disant] mort(e) *m(f)* **tot|kriegen** *vt* ▸ **jd ist nicht totzukriegen** *fam* qn est un dur/une dure à cuire *fam*; **etw ist nicht totzukriegen** *fam* qc est increvable *fam* **tot|lachen** *vr fam* ■ **jd lacht sich [über etw** (*akk*)**] tot** qn est mort(e) de rire [*o* qn est écroulé(e) *fam*] [en entendant/voyant qc]; ***ich könnte mich ~!*** c'est à crever de rire! *fam* ▸ **jd/etw ist zum T~** qn/qc est crevant(e) [*o* bidonnant(e)] *fam* **tot|laufen** *vr irreg fam* ■ **etw läuft sich tot** */Gespräche, Verhandlungen/* qc s'enlise, qc s'embourbe **tot|machen** I. *vt fam* (*umbringen*) ■ **jd macht jdn/ein Tier tot** qn tue [*o* trucide *fam*] qn/un animal II. *vr fam* ■ **jd macht sich [für jdn/bei etw] tot** qn se tue [*o* se crève] [pour qn/à faire qc] *fam*

Toto <-s, -s> *nt o m* loto *m* sportif
▸ **jd spielt [im]** ~ qn joue au loto sportif

Toto- du loto sportif **Totoschein** *m* bulletin *m* du loto sportif

tot|schießen *vt irreg fam* ■ **jd schießt jdn/ein Tier tot** qn descend *fam* [*o* flingue *arg*] qn/un animal **Totschlag** *m* ∅ homicide *m* involontaire **tot|schlagen** *vt irreg fam* ■ **jd schlägt jdn/ein Tier tot** qn tabasse qn/un animal à mort *fam* ▸ **du kannst mich** ~, [**aber**] ... *fam* tu peux me taper dessus tant que tu veux, [mais] ...; **..., und wenn du mich totschlägst** *fam* et même si tu me tapes dessus *fam* **Totschläger** *m* (*Waffe*) casse-tête *m*, matraque *m* **Totschläger(in)** *m(f)* JUR meurtrier(-ière) *m(f)* **tot|schweigen** *vt irreg* 1. ■ **jd schweigt jdn tot** qn ne parle pas de qn, qn ignore qn; ■ **totgeschwiegen** dont on ne parle pas, ignoré(e) 2. ■ **jd schweigt etw tot** qn fait le black-out sur qc, qn passe qc sous silence; ■ **totgeschwiegen** passé(e) sous silence, tabou(e) **tot|stellen** *s.* **tot** ▸

Tötung <-, *rare* -en> *f verbal übersetzt;* (*Mord*) meurtre *m;* (*als Todesstrafe*) mise *f* à mort, exécution *f;* (*Schlachten*) abattage *m;* ***die ~ menschlichen Lebens/eines Tieres*** le fait de tuer un être humain/un animal; ~ ***ungeborenen Lebens*** attentat *m* à la vie intra-utérine
▸ ~ **auf Verlangen** JUR homicide *m* sur invitation de la victime; **fahrlässige** ~ homicide *m* par imprudence

Touch <-s, -s> [tatʃ] *m* [petit] côté *m*, touche *f fam*

Touchscreen <-, -s> ['tatʃskri:n] *f* écran *m* tactile

Toupet <-s, -s> [tu'pe:] *nt* 1. (*Haarteil*) toupet *m*, postiche *m*
2. CH (*Frechheit*) toupet *m*, culot *m fam*

toupieren * [tu'pi:rən] *vt* ■ **jd toupiert jdm/sich etw** qn crêpe les cheveux de qn/se crêpe les cheveux; ■ **toupiert** crêpé(e)

Tour <-, -en> [tu:ɐ] *f* 1. TOURISMUS excursion *f*, circuit *m*, tour *m*
2. COM tournée *f*
3. (*Umdrehung*) tour *m;* ***du solltest den Motor nicht immer mit so hohen ~en fahren*** tu ne devrais pas faire tourner le moteur à un tel régime
4. *fam* (*Vorhaben*) manigance *f*, magouille *f fam*, combine *f fam;* ***die ~ werde ich ihm vermasseln!*** je vais lui mettre des bâtons dans les roues! *fam*, je vais lui passer l'envie de magouiller! *fam*
▸ **auf vollen ~en** à plein régime [*o* rendement]; **jd/etw bringt jdn auf ~en** *fam* (*macht jdn beschwingt*) qn/qc donne du tonus [*o* la pêche *fam*] [*o* la frite *fam*] à qn, qn/qc requinque qn *fam;* (*macht jdn wütend*) qn/qc met qn en rogne [*o* en boule] *fam;* **jd geht/ist auf** ~ *fam* qn part/est en tournée; **etw kommt auf ~en** */Kraftfahrzeug/* qc atteint son régime de croisière; **jd kommt auf ~en** *fam* (*wird munter*) qn se réveille *fam;* (*wird wütend*) qn se met en boule [*o* en rogne] *fam;* **jd macht eine** ~ qn fait une randonnée [*o* une excursion] [*o* un circuit]; **auf die ...** ~ *fam auf die dumme, krumme, linke, naive* d'une façon ...; ***auf die krumme*** ~ par des moyens détournés; ***auf eine ganz linke*** ~ par une magouille *fam;* ***auf die sanfte*** [*o* ***weiche***] ~ par la douceur, en utilisant la manière douce; **in einer** ~ *fam* sans arrêt; ***rede nicht immer in einer ~ auf mich ein!*** arrête de me rebattre les oreilles! *fam*

Tourenrad ['tu:rən-] *nt* vélo *m* [de randonnée [*o* de cyclotourisme]] **Tourenzahl** *f* régime *m*, nombre *m* de tours [par minute] **Tourenzähler** *m* compte-tours *m*

Tourismus <-> [tu'rɪsmʊs] *m* ∅ tourisme *m*
▸ **sanfter** ~ ≈ tourisme *m* respectueux de l'environnement [*o* soft]

-tourismus [-turɪsmʊs] *m* 1. *Rucksack-, Schlafsack-* tourisme *m* avec; ***Pauschal~*** voyages *mpl* organisés; ***Öko~*** tourisme *m* écologique
2. (*Reisetätigkeit*) *Polit-, Shopping-, Sex-* tourisme *m* du/de la/des; *Führerschein-, Bewerbungs-* voyages *mpl* en vue de; ***Katastrophen~*** voyeurisme *m* touristique
3. (*Transport*) *Giftmüll-, Müll-* exportation *f* de

Tourist(in) <-en, -en> [tu'rɪst] *m(f)* touriste *mf*

Touristenklasse [tu'rɪstn-] *f* classe *f* économique [*o* touriste]

Touristik <-> [tu'rɪstɪk] *f* ∅ [industrie *f* du] tourisme *m*

Tournee <-, -n *o* -s> [tʊr'ne:] *f* tournée *f*
▸ **jd geht/ist auf** ~ qn part/est en tournée; **jd macht eine** ~ qn fait une tournée

Tower <-s, -> ['tauɐ] *m* tour *f* de contrôle

Toxikologe <-n, -n> *m*, **-login** *f* toxicologue *mf*

Toxikologie <-> *f* ∅ toxicologie *f*

toxikologisch *adj Untersuchung, Daten* toxicologique; *Literatur, Labor* de toxicologie

toxisch *adj* toxique

Trab <-[e]s> *m* ∅ trot *m*
▸ **leichter** ~ trot enlevé; **schwacher/starker** ~ petit/grand trot; **jd bringt jdn auf** ~ *fam* qn secoue qn *fam*, qn [lui] botte les fesses *fam* [*o* le cul *pop*]; **jd hält jdn in** ~ *fam* qn maintient qn sous pression; **jd ist auf** ~ *fam* qn est sous pression, qn est à la bourre *fam;* **jd kommt auf** ~ *fam* qn trouve son rythme [de croisière]; **jd setzt sich in** ~ *fam* qn se secoue *fam;* ***setz dich in ~!*** magne-toi le train [*o* les fesses *fam*] [*o* le cul *pop*]!; **im** ~ au trot

Trabant <-en, -en> *m* satellite *m*

Trabantenstadt *f* ville *f* satellite, cité-dortoir *f souvent péj*

traben *vi* 1. + *haben o sein* ■ **jd/ein Pferd trabt** qn/un cheval trotte; ***~de Pferde*** des chevaux au trot
2. + *sein* (*sich bewegen*) ■ **jd/ein Pferd trabt irgendwohin** qn/un cheval trotte quelque part
3. + *sein fam* (*langsam laufen*) ■ **jd trabt irgendwohin** qn trottine quelque part

Traber <-s, -> *m* trotteur *m*

Trabi <-s, -s> *m voiture de la marque "Trabant" qui était fabriquée en R.D.A.*

Trabrennbahn *f* piste *f* de trot **Trabrennen** *nt* course *f* de trot; ~ ***vor dem Sulky/unter dem Jockey*** course *f* de trot attelé/monté

Tracht <-, -en> *f* 1. (*Volks~*) costume *m* [folklorique [*o* régional]]
2. (*Berufskleidung*) tenue *f*
▸ **eine** ~ **Prügel** *fam* une volée, une raclée *fam*, une tannée *fam*

trachten *vi geh* 1. ■ **jd trachtet nach etw** qn aspire [*o* prétend *littér*] à qc, qn a soif de qc
2. ■ **jd trachtet danach etw zu tun** qn aspire à faire qc

trächtig *adj* plein(e), en gestation; ■ **ein Tier ist** ~ un animal est en gestation

-trächtig *skandal-, symbol-* lourd(e) de; *erfolgs-, gewinn-, rendite-* prometteur(-euse) de; *mythen-, -zukunfts-* riche de

Trackball <-s, -s> ['trækbɔ:l] *m* trackball *m*

Tradition <-, -en> *f* tradition *f*
▸ **etw hat [bei jdm]** ~ qc est de tradition [chez qn]; ***das hat inzwischen*** ~ c'est devenu une habitude; **aus** ~ par tradition

traditionell I. *adj meist attr* traditionnel(le)
II. *adv* traditionnellement

traditionsbewusst[RR] *adj* traditionaliste, soucieux(-euse) des traditions **traditionsgemäß** *adv* selon [*o* conformément à] la tradition **traditionsreich** *adj* riche de tradition

traf *imp von* **treffen**

Trafik <-, -en> *f* AUS bureau *m* de tabac
Trafikant(in) <-en, -en> *m(f)* AUS buraliste *mf*
Trafo <-[s], -s> *m fam abk von* **Transformator** transfo *m fam*
Tragbahre *f* brancard *m*, civière *f*
tragbar *adj* **1.** (*als Portable konstruiert*) portable, portatif(-ive)
2. (*akzeptabel*) acceptable; ■ **jd ist [für jdn]** ~ qn peut être accepté(e) [par qn]
Trage <-, -n> *f* civière *f*, brancard *m*
träge I. *adj* **1.** (*schwerfällig*) *Mensch* indolent(e), nonchalant(e), amorphe; (*faul und schlapp*) mou(molle), paresseux(-euse)
2. PHYS, CHEM inerte
▸ **etw macht jdn** ~ qc rend qn amorphe
II. *adv* paresseusement, nonchalamment; ***bewegt euch nicht so*** ~! remuez-vous un peu!
Tragekorb *m* hotte *f*, panier *m*
tragen <trägt, trug, getragen> I. *vt* **1.** (*schleppen*) ■ **jd trägt jdn/etw** qn porte qn/qc; ■ **jd trägt jdn/etw irgendwohin** qn [trans]porte qn/qc quelque part
2. (*mit sich führen*) ■ **jd trägt etw bei sich** *Ausweis, Brieftasche* qn porte qc sur soi/lui/elle
3. (*an sich haben*) *Brille, Kleidungsstück, Perücke, Prothese* qn porte qc
4. (*in einer bestimmten Art* ~) ■ **jd trägt etw ...** *Haare, Röcke* qn porte qc ...; ***sie trägt das Haar meistens offen*** la plupart du temps, elle laisse ses cheveux libres [sur les épaules] [*o* elle n'attache pas ses cheveux]
5. (*stützen*) ■ **etw trägt etw** /*Balken, Wand*/ qc porte qc; /*Fundament a.*/ qc supporte qc
6. AGR, HORT ■ **etw trägt etw** *Früchte, Nüsse, Eicheln* qc donne qc, qc produit qc
7. (*übernehmen*) ■ **jd trägt etw** *Anteil, Kosten* qn supporte qc, qn assume qc; ■ **etw trägt etw** *Verluste, Zinsen* qc rapporte qc, qc procure qc
8. (*ertragen*) ■ **jd trägt etw** *Leid, Schicksal* qn supporte qc
9. (*übernehmen*) ■ **jd trägt etw** *Folgen, Konsequenzen* qn subit qc; *Risiko* qn assume qc
10. ADMIN ■ **jd/etw trägt etw** *Schule, Verein* qn/qc prend qc en charge
11. (*versehen sein*) ■ **jd/etw trägt etw** *Aufschrift, Aufdruck, Etikett, Namen, Doktortitel* qn/qc porte qc
12. (*übernommen haben*) ■ **jd trägt etw** *Verantwortung, Last* qn porte qc, qn assume qc
II. *vi* **1.** AGR, HORT ■ **etw trägt [irgendwie]** /*Obstbaum, Beerenstrauch*/ qc donne [*o* produit] [d'une certaine façon]
2. (*trächtig sein*) ■ **ein Tier trägt** un animal est plein
3. (*das Begehen aushalten*) ■ **etw trägt** /*Eis, Eisdecke*/ qc tient, qc est résistant(e); /*Moor*/ qc est ferme
4. COUT ■ **jd trägt ...** *eng, kurz, lang, weit* qn s'habille ...; ***diesen Winter trägt man wieder länger*** on s'habille de nouveau plus long cet hiver; ***er trägt links/rechts*** il porte à gauche/droite
5. (*dringen*) ■ **etw trägt irgendwie/bis irgendwohin** /*Stimme, Lärm*/ qc porte d'une certaine façon/jusqu'à quelque part; ***diese Geschütze*** ~ ***42 Kilometer weit*** ces pièces ont une portée de 42 kilomètres
▸ **jd hat an etw** (*dat*) **[...] zu** ~ *schwer* qn doit supporter le poids [...] [*o* les conséquences [...]] de qc; ***an dieser furchtbaren Schuld wird sie schwer zu*** ~ ***haben*** elle devra supporter le poids très lourd de cette terrible responsabilité; **etw kommt zum T**~ /*Bestimmung, Maßnahme, Gesetz*/ qc entre en vigueur
III. *vr* **1.** (*sich schleppen lassen*) ■ **etw trägt sich ...** /*Koffer, Gegenstand*/ *leicht, schwer, gut* qc se porte ..., qc est ... à porter; ***das Gerät trägt sich schlecht*** cet appareil est difficile à porter
2. COUT ■ **etw trägt sich ...** /*Kleidungsstück, Stoff*/ qc se porte ...; ***Seide trägt sich angenehmer als Kunstfaser*** la soie est plus agréable à porter que les fibres synthétiques
3. *geh* (*in Erwägung ziehen*) ■ **jd trägt sich mit etw** *mit einem Gedanken, Plan* qn nourrit qc, qn caresse qc *form*
4. FIN ■ **etw trägt sich** /*Schule, Verein*/ qc s'autofinance; *s. a.* **getragen**
tragend *adj* **1.** ARCHIT, CONSTR, TECH de soutènement, portant(e), porteur(-euse)
2. *Gedanke, Motiv* fondamental(e); ~***e Idee*** idée-force *f*
Träger <-s, -> *m* **1.** *meist pl* COUT bretelles *fpl*
2. CONSTR poutrelle *f*
Träger(in) <-s, -> *m(f)* **1.** (*Lasten*~) porteur(-euse) *m(f)*
2. (*Inhaber*) [*Orden, Preis, Titel*] détenteur(-trice) *m(f)*, titulaire *mf*; [*Namen*] porteur(-euse) *m(f)*; ***wer ist der*** ~ ***des letztjährigen Goncourtpreises?*** qui a reçu le [prix] Goncourt [*o* qui est le [prix] Goncourt de] l'année dernière?
3. ADMIN [*öffentliche Einrichtung, Schule, Verein etc*] [autorité *f*] responsable *mf*
Trägerhose *f* pantalon *m* à bretelles **Trägerkleid** *nt* robe *f* à bretelles **Trägerrakete** *f* fusée *f* porteuse, lanceur *m* spatial **Trägerrock** *m* jupe *f* à bretelles
Tragetasche *f* sac *m*
tragfähig *adj* **1.** CONSTR résistant(e), solide; ***diese Wände sind nicht unbegrenzt*** ~ ces murs n'ont pas une résistance illimitée **2.** *geh Kompromiss, Vereinbarung* acceptable, satisfaisant(e) **Tragfähigkeit** *f* ∅ **1.** CONSTR capacité *f* de charge **2.** *geh* [*Kompromiss, Vereinbarung*] solidité *f*
Tragfläche *f* surface *f* portante, aile *f*
Tragflächenboot *nt* hydroptère *m*
Trägheit <-, *rare* -en> *f* **1.** (*Schwerfälligkeit*) mollesse *f*, indolence *f*; (*Faulheit*) paresse *f*
2. PHYS inertie *f*
Tragik <-> *f* ∅ tragique *m*; ■ **die** ~ **einer S.** (*gen*) le [caractère] tragique de qc
Tragikomik *f geh* caractère *m* tragicomique **tragikomisch** *adj geh* tragicomique **Tragikomödie** *f* tragicomédie *f*
tragisch I. *adj* tragique; ■ **etwas T**~**es** quelque chose de tragique [*o* de dramatique], une tragédie, un drame; ***das ist wirklich nichts T***~***es!*** ça n'a vraiment rien de tragique [*o* dramatique]!
▸ **etw ist nicht [so/weiter]** ~ *fam* qc n'est pas [si] grave *fam*
II. *adv* de façon tragique, tragiquement
▸ **jd nimmt etw** ~ *fam* qn prend qc au tragique, qn fait tout un drame de qc *fam*; **nimm's nicht so** ~! *fam* ne prends pas la chose au tragique! *fam*, ne dramatise pas comme ça! *fam*
Traglast *f form* chargement *m*; ***dieser Sitz kann zum Abstellen von*** ~***en hochgeklappt werden*** on peut relever ce siège pour poser des bagages [par terre] **Traglufthalle** *f* chapiteau *m* gonflable, structure *f* pneumatique
Tragödie <-, -n> [-diə] *f* tragédie *f*
▸ **etw ist eine/keine** ~ *fam* qc est une catastrophe/n'est pas un drame *fam*; **jd macht eine** ~ **aus etw** *fam* qn fait [tout] un drame de qc
Tragriemen *m* courroie *f*, bretelle *f*, sangle *f*
trägt *3. pers pres von* **tragen**
Tragweite *f* portée *f*, importance *f* ▸ **etw ist von ...** ~ *von einiger, großer, ziemlicher* qc a une portée [*o* importance] ... **Tragwerk** *nt* plan *m* de sustentation, aile *f*
Trailer <-s, -> ['tre:lɐ] *m* **1.** (*Sattelschlepper*) remorque *f*
2. CINE bande-annonce *f*
Trainer <-s, -> ['tre:nɐ, 'trɛ:-] *m* CH survêtement *m*, jogging *m*
Trainer(in) <-s, -> ['tre:nɐ, 'trɛ:-] *m(f)* entraîneur(-euse) *m(f)*
trainieren * [tre'ni:rən, trɛ-] I. *vt* **1.** ■ **jd trainiert jdn** *Sportler, Mannschaft* qn entraîne qn
2. ■ **jd trainiert etw** *Sportart, Technik, Übung* qn s'entraîne à qc
II. *vi* ■ **jd trainiert [mit jdm]** qn s'entraîne [avec qn]
Training <-s, -s> ['tre:nɪŋ, 'trɛ:-] *nt* entraînement *m*
▸ **autogenes** ~ autorelaxation *f*, training *m* autogène
Trainingsanzug ['tre:nɪŋs-, 'trɛ:-] *m* survêtement *m* **Trainingshose** *f* pantalon *m* [*o* culotte *f*] de survêtement **Trainingsjacke** *f* veste *f* [*o* blouson *m*] de survêtement **Trainingslager** *nt* camp *m* d'entraînement
Trakt <-[e]s, -e> *m* aile *f*
Traktandenliste *f* CH ordre *m* du jour
Traktandum <-s, -den> *nt* CH point *m* [*o* sujet *m*] à l'ordre du jour
Traktat <-[e]s, -s> *m o nt geh* traité *m*, opuscule *m*
traktieren * *vt fam* **1.** (*schlecht behandeln*) ■ **je traktiert jdn/ein Tier** qn malmène [*o* maltraite] qn/un animal
2. (*misshandeln*) ■ **jd traktiert jdn mit etw** *mit der Peitsche* qn maltraite qn à coups de qc; ***jd traktiert jdn mit Hieben/Schlägen*** qn roue qn de coups
Traktor <-s, -toren> *m* tracteur *m*
trällern I. *vi* ■ **jd trällert** qn fredonne, qn chantonne
II. *vt* ■ **jd trällert etw** qn fredonne qc, qn chantonne qc
Tram[1] <-s, -s> *nt* CH tram *m*
Tram[2] <-s, -en> *m* AUS (*Dachbalken*) entrait *m*
Trambahn *f* SDEUTSCH tramway *m*
Trampel <-s, -> *m o nt fam* lourdaud(e) *m(f) fam*, [gros] balourd *m fam*
trampeln I. *vi* **1.** + *haben* (*stampfen*) ■ **jd trampelt** qn piétine; (*vor Wut*) qn trépigne; ***die Zuschauer trampelten vor Begeisterung*** les spectateurs trépignaient d'enthousiasme; ■ **das T**~ le piétinement; (*vor Begeisterung, Wut*) le trépignement
2. + *sein* (*stapfen*) ■ **jd trampelt irgendwohin** qn se déplace quelque part en tapant des pieds
II. *vt* + *haben* **1.** (*herstellen*) ■ **jd trampelt etw [in etw** (*akk*)**]** *Pfad, Weg* qn fait [*o* trace] qc [dans qc] en [le/la] piétinant
2. (*entfernen*) ■ **jd trampelt etw von etw** *Dreck, Schnee* qn secoue qc de qc
Trampelpfad *m* piste *f* battue **Trampeltier** *nt* **1.** ZOOL chameau *m* [à deux bosses] **2.** *fam* (*Mensch*) pataud *m fam*, lourdaud *m fam*
trampen ['trɛmpn, 'trampn] *vi* + *sein* ■ **jd trampt** qn fait du stop [*o* de l'auto-stop]; ■ **jd trampt irgendwohin** qn va quelque part en [auto-]stop; ■ **das T**~ l'auto-stop, le stop
Tramper(in) <-s, -> ['trɛmpɐ] *m(f)* auto-stoppeur(-euse) *m(f)*, stoppeur(-euse) *m(f) fam*
Trampolin <-s, -e> *nt* trampoline *m*
▸ **jd springt** ~ qn fait du trampoline
Tramway <-, -s> ['tramvai] *f* AUS tramway *m*
Tran <-[e]s, -e> *m* huile *f* de baleine [*o* de poisson]
▸ **im** ~ *fam* (*in der Zerstreutheit*) par mégarde; ***jd ist im*** ~ qn est dans les vapes *fam*, à côté de ses pompes *arg*; **wie im** ~ *fam* comme un(e) somnambule; ***plötzlich aus dem Schlaf gerissen wankte sie wie im*** ~ ***zum Telefon*** réveillée en sursaut, elle s'est dirigée au radar vers le téléphone *fam*
Trance <-, -n> ['trã:s(ə)] *f* hypnose *f*, transe *f*
▸ **jd fällt in** ~ qn entre en transe; **jd versetzt jdn/sich in** ~ qn met qn/se met en transe
Trancezustand ['trã:s(ə)-] *m* état *m* hypnotique [*o* de transe]
Tranchier- [trã'ʃi:ɐ-] à découper
tranchieren * [trã'ʃi:rən] *vt* ■ **jd tranchiert etw** qn découpe qc
Träne <-, -n> *f* larme *f*
▸ **in** ~**n aufgelöst** en [pleurant à chaudes] larmes; **jd ist den** ~**n nahe** qn est au bord des larmes; **jdm kommen die** ~**n** les larmes lui montent aux yeux; ***sie lachte, dass ihr die*** ~***n kamen*** elle pleurait de rire; **jd lacht** ~**n** qn rit aux larmes; **jd ringt mit den** ~**n** *geh* qn retient ses larmes; **jd/etw rührt jdn zu** ~**n** qn/qc émeut qn aux larmes; **jd ist zu** ~**n gerührt** qn est ému(e) aux larmes; **jd weint ...** ~**n** *bittere, heiße* qn pleure [*o* verse] des larmes ...; *der Rührung, Verzweiflung* qn pleure [*o* verse] des larmes de ...; **jd weint**

jdm/einer S. keine ~ **nach** qn ne verse pas une larme sur qn/qc; **unter** ~**n** en larmes, en pleurs

tränen *vi* ■ **etw tränt [jdm]** qc pleure, qc larmoie, qn a qc qui pleure [*o* larmoie]

Tränendrüse *f meist pl* glande *f* lacrymale ▶ **jd/etw drückt [mit etw] auf die** ~**n** *fam* qn/qc fait vibrer la corde sensible [*o* pleurer les foules] [avec qc] **Tränengas** *nt* gaz *m* lacrymogène; ***die Polizei setzte*** ~ ***ein*** la police a lancé des bombes lacrymogènes **Tränensack** *m* sac *m* lacrymal

tranig *adj* **1.** (*nach Tran schmeckend*) rance
2. *fam* (*träge*) avachi(e) *fam*, flemmard(e) *fam*

trank *imp von* **trinken**

Trank <-[e]s, ¨-e> *m geh* boisson *f*, breuvage *m littér*

Tränke <-, -n> *f* abreuvoir *m*

tränken *vt* **1.** AGR ■ **jd tränkt ein Tier** qn donne à boire à [*o* abreuve] un animal
2. (*durchnässen*) ■ **jd/etw tränkt etw [mit etw]** qn/qc imbibe [*o* imprègne] qc [de qc]; ***der Regen hat seine Jacke regelrecht getränkt*** la pluie a complètement trempé sa veste

Transaktion *f* transaction *f*

transatlantisch *adj geh* **1.** (*überseeisch*) *Besitzung, Plantage* situé(e) au delà de l'océan, transocéanique
2. *Allianz, Bündnis* atlantique

transchieren * *vt* AUS *s.* **tranchieren**

Transfer <-s, -s> *m* **1.** FIN transfert *m*
2. TOURISMUS transfert *m*, transport *m*

transferieren * *vt* ■ **jd transferiert etw irgendwohin/auf etw** (*akk*) *Betrag, Geld* qn transfère qc quelque part/sur qc

Transformator <-s, -toren> *m* transformateur *m*

Transfusion <-, -en> *f* transfusion *f*

transgen *adj* transgénique

Transistor <-s, -toren> *m* transistor *m*

Transit <-s, -s> *m* transit *m*

transitiv I. *adj* transitif(-ive)
II. *adv* transitivement

Transitraum *m* salle *f* de transit **Transitverkehr** *m* trafic *m* de transit

transkribieren * *vt* **1.** (*in andere Schrift*) ■ **qn transkribiert etw** qn opère la translittération de qc
2. (*in phonetische Umschrift*) ■ **qn transkribiert etw** qn transcrit phonétiquement qc

transparent *adj* transparent(e)
▶ **jd macht etw [für jdn]** ~ *geh* qn rend qc transparent(e) [pour qn]

Transparent <-[e]s, -e> *nt* banderole *f*

Transparentpapier *nt* papier *m* transparent, papier calque *m*

Transparenz <-> *f* Ø *geh* transparence *f*

Transpiration <-> *f* Ø *geh* transpiration *f*

transpirieren * *vi geh* ■ **jd transpiriert** qn transpire; ■ **das T**~ la transpiration

Transplantat <-[e]s, -e> *nt* transplant *m*

Transplantation <-, -en> *f* **1.** (*das Transplantieren*) transplantation *f*, greffe *f*
2. (*Operation*) transplantation *f*

transplantieren * *vt* ■ **jd transplantiert [jdm] etw** qn transplante [*o* greffe] qc [à qn]

Transport <-[e]s, -e> *m* **1.** transport *m*; ***auf dem*** ~ au cours du transport
2. (*Ladung*) convoi *m*
3. (*beladener Lkw*) transport *m* [routier]

transportabel *adj geh* transportable

Transporter <-s, -> *m* **1.** (*Lieferwagen*) camionnette *f*, fourgon *m*
2. AVIAT avion *m* de transport, avion-cargo *m*
3. (*für Pferde*) van *m*

Transporteur(in) <-s, -e> [transpɔr'tøːɐ] *m(f)* transporteur(-euse) *m(f)*

transportfähig *adj* transportable **Transportflugzeug** *nt* avion *m* de transport, avion-cargo *m*

transportieren *vt* **1.** TRANSP ■ **jd/etw transportiert etw [irgendwohin]** qn/qc transporte qc [quelque part]; ■ **jd transportiert jdn [irgendwohin]** qn transporte qn [quelque part]
2. PHOT ■ **etw transportiert etw** qc fait avancer qc

Transportkosten *pl* frais *mpl* de transport **Transportmittel** *nt* moyen *m* de transport **Transportunternehmen** *nt* entreprise *f* de transport **Transportunternehmer(in)** *m(f)* entrepreneur(-euse) *m(f)* de transport

transsexuell *adj* transsexuel(le) **Transsexuelle(r)** *f(m) dekl wie adj* transsexuel(le) *m(f)*

Transvestit <-en, -en> [-vɛst-] *m* travesti *m*

transzendental *adj* transcendantal(e)

Trapez <-es, -e> *nt* trapèze *m*

Trapezakt *m* exercice *m* [*o* numéro *m*] au trapèze

Trara <-s, -s> *nt fam* tintouin *m fam*, ramdam *m fam*, barouf *m fam*; ***ohne jedes*** ~ sans faire d'histoires [*o* de barouf] *fam*
▶ **jd macht ein ...** ~ **[um jdn]** *ein großes, ziemliches, viel* qn fait beaucoup de tintamarre [autour de qn], qn fait grand cas de qn; **jd macht ein ...** ~ *ein großes, ziemliches, viel* qn en fait tout un plat [*o* toute une histoire] *fam*; **jd macht ein ...** ~ **um etw** *ein großes, ziemliches, viel* qn fait tout un plat [*o* toute une histoire] de qc *fam*

Trasse <-, -n> *f* tracé *m*

trat *imp von* **treten**

Tratsch <-[e]s> *m* Ø *fam* ragot *m fam*, commérage *m fam*

tratschen *vi fam* ■ **jd tratscht [über jdn/etw]** qn cancane *fam* [au sujet de qn/qc] [*o* fait des commérages]

Tratscherei <-, -en> *f fam* commérages *mpl fam*, cancans *mpl fam*, ragots *mpl fam*

Traualtar *m* ▶ **jd tritt [mit jdm] vor den** ~ *geh* qn s'unit à qn par les liens du mariage *littér*, qn convole en justes noces [avec qn] *hum*

Traube <-, -n> *f* **1.** *meist pl* (*Wein*~) raisin *m*; ***kernlose*** ~***n*** du raisin sans pépins
2. (*Büschel von Beeren, Blütenstand*) grappe *f*; ***in*** ~***n*** en grappes
3. (*Ansammlung*) [*Bienen*] essaim *m*; [*Menschen*] grappe *f*

Traubenlese *f* vendanges *fpl* **Traubensaft** *m* jus *m* de raisin **Traubenzucker** *m* glucose *m*, dextrose *m*

trauen[1] *vt* (*verheiraten*) ■ **jd traut jdn** qn marie qn; ■ **jd lässt sich** ~ qn se marie; ***sie haben sich kirchlich*** ~ ***lassen*** ils se sont mariés à l'église [*o* religieusement]

trauen[2] **I.** *vi* **1.** (*vertrauen*) ■ **jd traut jdm** qn se fie [*o* fait confiance] à qn
2. (*Glauben schenken*) ■ **jd traut einer S.** (*dat*) qn croit [*o* accorde foi *soutenu*] à qc
II. *vr* **1.** (*sich wagen*) ■ **jd/ein Tier traut sich zu jdm/irgendwohin** qn/un animal se risque à [*o* ose] aller vers qn/quelque part; ***die Maus traut sich nicht aus dem Loch*** la souris n'ose pas sortir de son trou
2. (*wagen*) ■ **jd traut sich etw zu tun** qn ose faire qc

Trauer <-> *f* Ø tristesse *f*, peine *f*, affliction *f littér*; ***aus ihrem Blick sprach tiefe*** ~ son regard exprimait une peine profonde; ***in stummer*** ~ en proie à une douleur muette
▶ **in stiller/tiefer** ~ profonds regrets, regrets éternels; **jd trägt** ~ qn porte le deuil

Trauerarbeit *f* travail *m* de deuil **Trauerbinde** *f* brassard *m* de deuil, crêpe *m* **Trauerbrief** *m* faire-part *m* de décès **Traueressen** *nt* CH repas *m* d'enterrement **Trauerfall** *m* deuil *m*, décès *m*; ***wegen*** ~ ***geschlossen*** fermé pour cause de décès **Trauerfamilie** [-liə] *f* CH famille *f* du défunt/de la défunte **Trauerfeier** *f* cérémonie *f* [*o* service *m*] funèbre **Trauerkleidung** *f* vêtements *mpl* de deuil **Trauerkloß** *m fam* pisse-froid *m fam*, rabat-joie *m* **Trauermarsch** *m* marche *f* funèbre **Trauermiene** *f fam* tête *f* [*o* mine *f*] d'enterrement *fam* ▶ **jd setzt eine** ~ **auf** qn fait une tête d'enterrement *fam*; **mit** ~ avec une tête d'enterrement *fam*

trauern *vi* ■ **jd trauert um jdn** qn porte le deuil de qn, qn pleure [la mort de] qn; ***der Hund trauerte um sein Herrchen*** le chien pleurait son maître

Trauerrand *m* **1.** (*am Trauerbrief*) bordure *f* de deuil, cadre *m* noir [de deuil] **2.** *pl fam* (*schwarze Fingernägel*) ongles *mpl* en deuil *fam* **Trauerspiel** *nt* ▶ **es ist ein** ~ **[mit jdm]** *fam* [avec qn,] c'est désolant [*o* il y a de quoi s'arracher les cheveux] *fam* **Trauerweide** *f* saule *m* pleureur **Trauerzirkular** <-[e]s, -e> *f* CH faire-part *m* [*o* avis *m*] de décès **Trauerzug** *m* cortège *m* funèbre

Traufe <-, -n> *f* gouttière *f*, chéneau *m*

träufeln I. *vt* + *haben* ■ **jd träufelt [jdm] etw irgendwohin** qn instille [*o* met] [à qn] qc quelque part; ■ **jd träufelt [sich] etw irgendwohin** qn [s']instille [*o* [se] met] qc quelque part
II. *vi* + *haben o sein geh* ■ **etw träufelt [aus etw/auf etw** (*akk*)**]** qc [dé]goutte [*o* s'écoule goutte à goutte] [de qc/sur qc]

Traum <-[e]s, Träume> *m* **1.** PSYCH rêve *m*, songe *m littér*
2. (*Wunschvorstellung*) rêve *m*; ***das sind alles Träume*** tout cela, ce sont des rêves [*o* des chimères]
▶ **Träume sind Schäume** *fam* songes, mensonges!; **ein böser** ~ (*Alptraum*) un mauvais rêve, un cauchemar; (*furchtbares Erlebnis*) un cauchemar; **etw fällt jdm im** ~ **nicht ein** qc ne viendrait même pas à l'esprit de qn; **aus der** ~!, **der** ~ **ist aus** le rêve est terminé!, finies les illusions!

Traum- *-beruf, -urlaub, -haus, -frau* de rêve; *-ergebnis, -kandidat* idéal(e); ***mein*** ~***auto*** la voiture dont je rêve, la voiture de mes rêves

Trauma <-s, Traumen *o* -ta> *nt* **1.** PSYCH traumatisme *m*
2. MED traumatisme *m*, lésion *f*

traumatisch *adj* traumatisant(e)

Traumdeutung *f* interprétation *f* des rêves [*o* des songes]

Traumen *pl von* **Trauma**

träumen I. *vi* **1.** (*Träume haben*) ■ **jd träumt** qn rêve; ■ **jd träumt, dass jd etw tut/dass etw geschieht** qn rêve que qn fait qc/que qc arrive; ■ **jd träumt von jdm/etw** qn rêve de qn/qc; ■ **das T**~ les rêves (*oft verbal übersetzt*); ***Versuchspersonen wurden beim T*** ~ ***beobachtet*** des sujets d'expérimentation ont été observés au cours de leurs rêves
2. (*abwesend sein*) ■ **jd träumt** qn rêve, qn rêvasse
3. *fam* (*nicht aufpassen*) ■ **jd träumt** qn rêvasse, qn a l'esprit ailleurs, qn est dans les nuages; ***träum nicht!*** cesse de rêvasser!
▶ **jd träumt schlecht** qn fait de mauvais rêves [*o* des cauchemars]; **jd hätte sich** (*dat*) **etw nicht/nie** ~ **lassen** qn n'aurait pas/jamais osé rêver qc; **jd hätte sich** (*dat*) **nicht/nie** ~ **lassen, dass** qn n'aurait pas/jamais osé imaginer que + *subj*; **du träumst wohl!** *fam* tu rêves [ou quoi]! *fam*
II. *vt* ■ **jd träumt etw** *Traum* qn fait qc; ***was hast du heute Nacht geträumt?*** qu'est-ce que tu as rêvé cette nuit?

Träumer(in) <-s, -> *m(f)* **1.** (*Fantast*) rêveur(-euse) *m(f)*, utopiste *mf*, songe-creux *m péj*
2. (*jd, der träumt*) homme/femme *m/f* qui rêve

Träumerei <-, -en> *f meist pl* rêverie *f*

träumerisch *adj* rêveur(-euse)

traumhaft *adj fam* de rêve, fantastique; ■ **etw ist** ~ qc est fantastique; ***eine Weltreise? Das wäre*** ~! un voyage autour du monde? Ce serait le rêve [*o* le pied *fam*]!

traurig I. *adj* **1.** (*betrübt*) triste; *Mensch a.* attristé(e), affligé(e); ***ich bin in*** ~***er Stimmung*** je suis d'humeur morose; ■ **jd ist** ~ **über jdn/etw** qn est attristé(e) par qc, qn a de la peine au sujet de qn; ■ **jd ist** ~, **dass/weil** qn est triste que + *subj*/parce que
2. (*betrüblich*) *Fall, Kapitel, Tatsache, Umstände* attristant(e), affligeant(e),

désolant(e)
3. (*sehr bedauerlich*) ■ **[es ist] ~, dass** [il est] triste [*o* regrettable] que + *subj*
▶ **~, ~!** quelle tristesse!
II. *adv ansehen, fragen, sagen* tristement, d'un air triste
▶ **mit etw sieht es ~ aus** qc se présente mal
Traurigkeit <-> *f ∅* tristesse *f*
Trauring *m* alliance *f* **Trauschein** *m* acte *m* [*o* certificat *m*] de mariage
traut *adj geh* intime, familier(-ière)
Trauung <-, -en> *f* mariage *m*; ***die standesamtliche/kirchliche ~*** le mariage civil/religieux
Trauzeuge *m*, **-zeugin** *f* témoin *m* [de mariage]
Travestie <-, -n> [travɛsˈtiː, -ˈtiːən] *f* **1.** THEAT spectacle *m* de travestis
2. LITER parodie *f*, pastiche *m*
Treck <-s, -s> *m* exode *m*
Trecker <-s, -> *m fam* tracteur *m*
Treff <-s, -s> *m fam* **1.** (*Treffen*) rencontre *f*
2. (*Treffpunkt*) rendez-vous *m*, rancard *m fam*
-treff *m sl Szene-, Fixer-, Schwulen-* [lieu *m* de] rendez-vous *m* du/de la/des
treffen <trifft, traf, getroffen> **I.** *vt* + *haben* **1.** (*mit jdm zusammenkommen*) ■ **jd trifft jdn** qn rencontre qn; ***wann ~ wir uns das nächste Mal?*** quand est-ce qu'on se revoit?
2. (*antreffen*) ■ **jd trifft jdn** qn trouve qn
3. (*mit etw erreichen*) ■ **jd trifft jdn/etw** qn atteint qn/qc; ■ **jd trifft jdn/etw mit etw** *mit einem Wurfgeschoss, Schneeball* qn lance qc qui atteint qn/qc; ***die Kugel traf ihn nicht*** la balle ne l'a pas touché [*o* atteint]
4. (*erreichen*) ■ **etw trifft jdn/etw** */Wurf, Stein, Pfeil, Schuss/* qc atteint qn/qc
5. (*innerlich bewegen*) ■ **jd trifft jdn mit etw** *mit einer Anspielung, Bemerkung* qn touche qn par qc; ■ **etw trifft jdn** */Ereignis, Nachricht, Verlust/* qc touche qn, qc affecte qn; ***sie zeigte sich getroffen*** elle a accusé le coup
6. (*in die Wege leiten*) ■ **jd trifft etw** *Maßnahmen, Vorkehrungen* qn prend qc; *Vorbereitungen* qn fait qc
7. (*abmachen*) ■ **jd trifft etw** *Absprache, Übereinkunft, Vereinbarung* qn conclut qc, qn convient de qc
8. (*sich zu etw entschließen*) ■ **jd trifft etw** *Anordnung, Entscheidung* qn prend qc
9. (*auswählen*) ■ **jd trifft etw** *den richtigen Ton* qn trouve qc; ***mit dem Geschenk hat sie das Richtige getroffen*** avec ce cadeau, elle a tapé dans le mille
▶ **jd ist gut getroffen** le portrait/la photo de qn est [bien] réussi/réussie; **jd fühlt sich [durch etw] getroffen** qn se sent atteint(e) [par qc]; **jd hat es [mit jdm/etw] ... getroffen** *gut, besser, schlecht, schlechter* qn est ... tombé(e) [avec qn/qc]; ***getroffen!*** (*richtig*) exact!, tout à fait!; (*ins Ziel*) touché!
II. *vi* **1.** + *sein* (*antreffen*) ■ **jd trifft auf jdn** qn tombe sur qn
2. + *haben* (*sein Ziel erreichen*) ■ **jd trifft** qn atteint son objectif [*o* son but]; ***er traf daneben*** il a manqué son coup; ***er traf genau ins Ziel*** il a atteint parfaitement son but; ***sie trifft immer*** elle ne rate jamais son coup; ■ **etw trifft** */Schlag, Schuss etc/* qc touche [*o* atteint] sa cible; ***der Pfeil hat daneben getroffen*** la flèche a manqué son but
3. + *haben* (*verletzen*) ■ **etw trifft** */Anspielung, Bemerkung, Seitenhieb/* qc porte
▶ **sie ~ aufeinander** */Truppen, Gegensätze, Meinungen/* ils/elles s'affrontent
III. *vr* + *haben* ■ **jd trifft sich [mit jdm]** qn rencontre qn; ***wir sollten uns mal wieder ~*** nous devrions de nouveau nous rencontrer [*o* revoir]
▶ **das trifft sich [gut]** ça tombe bien; **es trifft sich [gut], dass** ça tombe bien que + *subj*
Treffen <-s, -> *nt* rencontre *f*, entrevue *f*
▶ **jd führt etw ins T~** *geh* qn invoque qc
treffend **I.** *adj Bemerkung, Vergleich* pertinent(e), judicieux(-euse)
II. *adv bemerken, vergleichen* de façon pertinente, judicieusement
Treffer <-s, -> *m* **1.** (*Schuss*) coup *m* réussi; ***er erzielte von 100 Schuss 89 ~*** il a réussi 89 coups sur 100; ***der Rumpf des Flugzeuges war mit ~n übersät*** la carlingue de l'avion était truffée d'impacts de balles
2. SPORT (*Tor*) but *m*
3. SPORT (*beim Boxen*) coup *m* de poing; (*beim Fechten*) touche *f*
4. (*Gewinnlos*) billet *m* gagnant
▶ **etw erhält [*o* bekommt] einen ~** qc est touché(e); ***der Frachter erhielt einen schweren ~*** le cargo a été gravement touché
Treffpunkt *m* [lieu *m* de] rendez-vous *m* **treffsicher** *adj* **1.** *Schütze* émérite, qui a l'œil juste; *Hand* sûr(e); ■ **jd ist ~** qn a la main sûre **2.** *Bemerkung, Urteil, Urteilsvermögen* à propos, pertinent(e); ■ **jd/etw ist ~** qn/qc est fiable **Treffsicherheit** *f ∅* **1.** [*Schütze*] sûreté *f* de/du tir **2.** [*Bemerkung, Urteil*] pertinence *f*
Treibeis *nt* glaces *fpl* flottantes
treiben <trieb, getrieben> **I.** *vt* + *haben* **1.** (*drängen*) ■ **jd treibt jdn/ein Tier irgendwohin** qn pousse qn/un animal quelque part
2. (*fortbewegen*) ■ **etw treibt jdn/etw irgendwohin** */Strömung/* qc emporte [*o* entraîne] qn/qc quelque part; ***die Wellen trieben die Leiche an den Strand*** les vagues ont rejeté le corps sur le rivage
3. (*bringen*) ■ **jd/etw treibt jdn zu etw** qn/qc pousse qn à qc; ***du treibst mich noch dazu, dass ich etw tue*** tu finiras par me pousser à faire qc; ■ **jd/etw treibt jdn in etw** (*akk*) *in den Tod, Ruin, Wahnsinn* qn/qc pousse qn à qc
4. (*einschlagen*) ■ **jd treibt etw in etw** (*akk*) *Nagel, Pflock, Keil* qn enfonce [*o* plante] qc dans qc
5. TECH ■ **etw treibt etw** *Zahnrad, Turbine, Getriebe* qc meut [*o* met en mouvement] qc
6. (*an~*) ■ **jd treibt jdn [zu etw]** *zur Eile, zum Handeln, Aufbruch* qn presse qn [de faire qc]
7. *fam* (*anstellen*) ■ **jd treibt etw** *Blödsinn, Unfug* qn fait qc
8. (*vortreiben*) ■ **jd treibt etw durch/in etw** *Schacht, Stollen, Tunnel* qn creuse qc à travers/dans qc
9. BOT ■ **etw treibt etw** *Blätter, Triebe* qc donne qc; ***diese Blume treibt wunderschöne Blüten*** cette plante donne de magnifiques fleurs; ***die Sträucher treiben schon Knospen*** les arbustes bourgeonnent déjà [*o* ont déjà des bourgeons]
10. (*be~*) ■ **jd treibt etw** *Handel, Gewerbe, Ackerbau* qn fait qc
11. *fam* (*tun, anstellen*) ■ **jd treibt es irgendwie**: ***die Kinder haben es heute wild getrieben*** aujourd'hui, les enfants ont été infernaux; ***treib es aber nicht so toll!*** n'exagère pas!; ***er treibt es wild mit allen möglichen Weibern*** c'est un chaud lapin; ***die treibt es mit jedem*** il n'y a que le train [*o* métro] qui ne lui soit pas passé dessus
▶ **jd/etw treibt sie/etw auseinander** qn/qc les disperse/disperse qc; **jd treibt es [mit jdm]** *sl* qn baise [avec qn] *pop*
II. *vi* **1.** + *sein* (*sich fortbewegen*) ■ **jd/etw treibt [in etw** (*dat*)**]** *im Wasser, in der Strömung* qn/qc dérive [dans qc]; ***Tausende von toten Fischen trieben im Fluss*** la rivière a charrié des milliers de poissons morts; ■ **etw treibt irgendwohin** qc dérive [*o* est emporté(e)] quelque part; ■ **jd lässt sich [von etw] ~** qn se laisse entraîner [*o* porter] [par qc]
2. + *haben* BOT ■ **etw treibt** */Blume/* qc donne des boutons; */Strauch, Baum/* qc bourgeonne, qc a des pousses
3. + *haben* (*aufgehen*) ■ **etw treibt** */Teig/* qc lève
4. + *haben* (*Harn ~*) ■ **etw treibt** qc est diurétique
▶ **sie ~ auseinander** */Wolken/* ils/elles se dispersent; */Boote a./* ils/elles dérivent en tout sens; **jd lässt sich ~** qn se laisse porter par les événements, qn ne réagit pas; **jd lässt etw ~** qn laisse qc aller à vau-l'eau; ***lass doch einfach alles ~!*** mais laisse donc pisser le mérinos! *fam*
Treiben <-s> *nt ∅* **1.** *pej* (*üble Aktivität*) ■ **jds ~** les agissements *mpl* de qn, les magouilles *fpl* de qn *fam*
2. (*geschäftige Aktivität*) agitation *f*, animation *f*
Treiber <-s, -> *m* INFORM drive[u]r *m*, pilote *m*
Treiber(in) <-s, -> *m(f)* JAGD rabatteur(-euse) *m(f)*, traqueur(-euse) *m(f)*
Treibgas *nt* (*für Spraydosen*) gaz *m* propulseur
Treibhaus *nt* serre *f*
Treibhauseffekt *m ∅* ■ **der ~** l'effet *m* de serre **Treibhausluft** *f ∅* [air *m* comme dans une] étuve *f* **Treibhauspflanze** *f* plante *f* de serre
Treibholz *nt ∅* bois *m* flottant **Treibjagd** *f* battue *f* **Treibladung** *f* charge *f* propulsive **Treibnetz** *nt* filet *m* dérivant **Treibsand** *m* sables *mpl* mouvants **Treibstoff** *m* carburant *m*
Tremolo <-s, -s *o* Tremoli> *nt* trémolo *m*
Trenchcoat <-[s], -s> [ˈtrɛntʃkoːt] *m* trench[-coat] *m*
Trend <-s, -s> *m* tendance *f*; ***der ~ zu kleineren Autos*** la mode des petites cylindrées
▶ **jd hat den ~ etw zu tun** qn a tendance à faire qc; **jd/etw liegt [mit etw] [voll] im/neben dem ~** *fam* [avec qc] qn/qc est/n'est pas au goût du jour [*o* dans la course *fam*]
Trendwende *f* retournement *m* de tendance, revirement *m*
trennbar *adj* **1.** GRAM séparable
2. (*voneinander zu trennen*) ■ **sie sind [voneinander] ~** ils/elles sont séparables, on peut les détacher [l'un(e) de l'autre]
Trennblatt *nt* (*für Ordner*) intercalaire *m*
trennen **I.** *vt* **1.** (*isolieren*) ■ **jd trennt etw von etw** qn sépare qc de qc; ■ **jd trennt etw/Dinge** qn sépare qc/des choses; *langer Satz, Konstruktion* qn coupe qc
2. (*auseinander bringen*) ■ **jd trennt sie [voneinander]/jdn von jdm** qn les sépare [l'un(e) de l'autre]/qn sépare qn de qn; ■ **etw trennt sie [voneinander]/jdn von jdm** */Krieg, Flucht, Umstände/* qc les sépare [l'un(e) de l'autre]/qn sépare qn de qn
3. (*teilen*) ■ **etw trennt Dinge/etw von etw** *Grundstück, Zimmer, Gebäude* qc sépare des choses/qc de qc
4. (*deutlich unterscheiden*) ■ **jd trennt sie [voneinander]** qn les sépare [l'un(e) de l'autre]; *Begriffe a.* qn les distingue [l'un(e) de l'autre]; ■ **etw trennt sie [voneinander]** qc les sépare [l'un(e) de l'autre]
5. (*abtrennen*) ■ **jd/etw trennt [jdm] etw von etw** *Kopf, Glied* qn/qc [lui] détache qc de qc, qn/qc [lui] coupe qc de qc; ■ **jd trennt etw von etw** *Stück Fleisch, Fettrand* qn retire qc de qc
6. (*ablösen*) ■ **jd trennt etw aus etw/von etw** *Futter, Kapuze, Kragen* qn retire qc de qc, qn détache qc de qc; *Knopf* qn découd qc de qc; ***das Innenfutter kann aus dem Mantel getrennt werden*** la doublure [intérieure] du manteau est amovible
7. (*auftrennen*) ■ **jd trennt etw** *Naht* qn défait qc; *Kleid* qn découd qc
8. GRAM (*durch Silbentrennung*) ■ **jd trennt etw** qn coupe qc; (*beim Konjugieren*) *Verb* qn sépare qc; *s. a.* **getrennt**
II. *vr* **1.** (*auseinander gehen*) ■ **sie ~ sich** ils/elles se séparent; ■ **jd trennt sich von jdm** qn se sépare de qn
2. (*weggeben*) ■ **jd trennt sich von etw** *von einem Besitz, Wertgegenstand etc* qn se sépare de qc
3. *euph* (*kündigen*) ■ **jd trennt sich von jdm** *von einem Mitarbeiter* qn se sépare de qn
4. SPORT ■ **sie ~ sich mit ...** ils/elles se séparent sur le score de ...
III. *vi* ■ **jd trennt [zwischen ihnen]** qn fait la différence [entre eux/elles]
Trennschärfe *f ∅* sélectivité *f*
Trennung <-, -en> *f* **1.** (*das Trennen, das Getrenntsein*) [*Menschen, Dinge*] séparation *f*
2. (*Unterscheidung*) [*Begriffe*] distinction *f*
3. GRAM (*Silben~*) découpage *m*; [*Wort*] coupe *f*; [*Verb*] séparation *f*; (*am Zeilenende*) coupure *f*

►jd **lebt** in ~ qn vit séparé(e)
Trennungsentschädigung *f*, **Trennungsgeld** *nt* indemnité *f* d'éloignement **Trennungsstrich** *m* GRAM tiret *m* ►**jd zieht einen** ~ **zwischen Dingen** qn trace une ligne de démarcation entre des choses, qn délimite des choses
Trennwand *f* cloison *f*
Trense <-, -n> *f* mors *m*
treppauf *adv* ***jd geht/läuft*** ~ qn monte l'escalier/en courant
► ~, **treppab**: ***jd geht*** ~, ***treppab*** qn monte et descend les/des escaliers
Treppe <-, -n> *f* escalier *m*; ***bis zu Müllers sind es fünf*** ~***n*** il faut monter cinq étages pour aller chez les Müller
Treppenabsatz *m* palier *m* **Treppengeländer** *nt* rampe *f* [d'escalier] **Treppenhaus** *nt* cage *f* d'escalier **Treppenstufe** *f* marche *f* [d'escalier]
Tresen <-s, -> *m* comptoir *m*
Tresor <-s, -e> *m* **1.** (*Safe*) coffre-fort *m*
2. *s.* Tresorraum
Tresorraum *m* salle *f* des coffres
Tresse <-, -n> *f meist pl* galon *m*
Tretboot *nt* pédalo *m* **Treteimer** *m* poubelle *f* à pédale
treten <tritt, trat, getreten> **I.** *vt* + *haben* **1.** (*mit dem Fuß stoßen*) ■ **jd tritt jdn [mit etw]** qn donne un coup de pied à qn
2. (*betätigen*) ■ **jd tritt etw** *Bremse, Kupplung, Gaspedal, Pedal* qn appuie sur qc
3. *fam* (*antreiben*) ■ **jd tritt jdn** qn pousse qn aux fesses *fam*
II. *vi* **1.** + *haben* (*mit dem Fuß stoßen*) ■ **jd tritt [mit etw]** qn donne [*o* envoie] des coups de pied; ■ **jd tritt nach jdm** qn donne [*o* envoie] des coups de pied à qn; ■ **jd tritt jdm irgendwohin** qn donne [*o* envoie] un coup/des coups de pied quelque part à qn
2. + *sein* (*gehen*) ■ **jd tritt irgendwohin** qn marche quelque part; ***jd tritt nach hinten*** qn fait un pas en arrière, qn [se] recule; ***jd tritt nach vorn*** qn s'avance; ***jd tritt zur Seite*** qn s'écarte; ***jd tritt aus der Tür*** qn sort [de la maison/de chez lui/elle]; ***jd tritt ins Haus*** qn [r]entre dans la maison; ***jd tritt auf die Terrasse/in den Garten*** qn sort sur la terrasse/dans le jardin; ***pass auf, wohin du trittst!*** fais attention où tu mets les pieds, regarde où tu marches!
3. + *sein* (*versehentlich hinein~*) ■ **jd tritt in etw** (*akk*) qn marche dans qc
4. + *sein o haben* (*den Fuß setzen*) ■ **jd tritt auf etw** (*akk*) *auf einen Käfer, eine Mine* qn marche sur qc; ***jd tritt auf die Türschwelle*** qn pose le pied sur le seuil
5. + *sein o haben* (*betätigen*) ■ **jd tritt auf etw** (*akk*) *auf die Bremse, Kupplung, das Gaspedal, ein Pedal* qn appuie sur qc
6. + *sein* (*hervorkommen*) ■ **etw tritt aus etw** qn sort de qc; */Gas, Flüssigkeit a./* qc s'échappe de qc; */Flüssigkeit a./* qc s'écoule de qc; ***die Feuchtigkeit tritt aus den Wänden*** l'humidité suinte [*o* ressort] des murs; ■ **etw tritt irgendwohin**: ***der Fluss trat über die Ufer*** la rivière sortit de son lit; ***Schweiß trat ihm auf die Stirn*** la sueur perla sur son front [*o* lui coula sur le front]; ***eine Ader trat ihm auf die Stirn*** une veine gonfla sur son front
►**jd tritt einer S.** (*dat*) **näher** *form* qn donne suite à qc
III. *vr* + *haben* ■ **jd tritt sich** (*dat*) **etw in etw** (*akk*) *Dorn, Nagel* qn s'enfonce qc dans qc [en marchant]
Tretmine *f* mine *f* antipersonnel **Tretmühle** *f fam* train-train *m* **Tretroller** *m* trottinette *f* [*o* patinette *f*] à pédale
treu **I.** *adj* (*alle Bedeutungen*) fidèle; (*treuherzig*) *Blick* plein(e) de candeur; ~***e Augen*** de grands yeux candides; ■ **jd ist/bleibt jdm** ~ qn est/reste fidèle à qn
► **er/sie bleibt sich** (*dat*) **selbst treu** il/elle reste fidèle à ses convictions [*o* à lui-/elle-même]; **jd bleibt einer S.** (*dat*) **treu** qn reste fidèle à qc; *einem Vorsatz a.* qn tient qc; **etw bleibt jdm** ~ */Erfolg, Glück/* qc n'abandonne pas qn
II. *adv* **1.** (*loyal*) fidèlement; ~ ***ergeben*** dévoué(e)
2. (*treuherzig*) *ansehen* avec de grands yeux pleins de candeur
-treu (*treu ergeben*) fidèle à
treudoof *adj fam Gesichtsausdruck* niais(e) *péj; Augen, Blick* parfaitement candide; (*bei Hund*) de [bon] chien fidèle
Treue <-> *f* ∅ fidélité *f*
►**auf/in Treu und Glauben** *überlassen* en toute confiance; *handeln* en toute bonne foi; **jd bricht jdm die** ~ qn fait des infidélités à qn, qn est infidèle à qn; **jd hält jdm die** ~ qn reste fidèle à qn
Treueprämie [-miə] *f* prime *f* de fidélité
treuergeben *s.* **treu II.1.**
Treueschwur *m* serment *m* de fidélité
Treuhand *f* ∅, **Treuhandanstalt** *f* Treuhand *f* (*institut officiel chargé de la privatisation des entreprises et du patrimoine foncier de l'ex-R.D.A.*)
Treuhänder(in) <-s, -> *m(f)* administrateur (-trice) [fiduciaire] *m*
Treuhandgesellschaft *f* société *f* fiduciaire
treuherzig **I.** *adj* ingénu(e), candide
II. *adv* avec candeur, avec ingénuité
Treuherzigkeit <-> *f* ∅ candeur *f*, ingénuité *f*
treulos **I.** *adj* infidèle
II. *adv* de façon infidèle; (*illoyal*) de façon déloyale
Treulosigkeit <-> *f* ∅ infidélité *f*; (*mangelnde Loyalität*) déloyauté *f*
Triangel <-s, -> *m o* AUS *nt* triangle *m*
Triathlon <-s, -s> *nt* triathlon *m*
Tribun <-s *o* -en, -e[n]> *m* **1.** (*Militär~*) tribun *m* [militaire]
2. (*Volks~*) tribun *m* [de la plèbe]
Tribunal <-s, -e> *nt geh* cour *f* de justice
Tribüne <-, -n> *f* tribune *f*
Tribut <-[e]s, -e> *m* HIST tribut *m pas de pl*
►**jd zollt einer S.** (*dat*) ~ *geh* qn salue qc, qn rend hommage à qc
Trichine <-, -n> *f* trichine *f*
Trichter <-s, -> *m* **1.** (*Einfüll~*) entonnoir *m*
2. (*Explosionskrater*) cratère *m*
►**jd/etw bringt jdn auf den [richtigen]** ~ *fam* qn/qc met qn sur la voie; ***das bringt uns auch nicht auf den*** ~ on [n']est pas plus avancés *fam*; **jd kommt auf den** ~ *fam* qn a le déclic *fam*, qn trouve le joint
trichterförmig *adj* en forme d'entonnoir
Trick <-s, -s *o rare* -e> *m* **1.** (*Kunstgriff*) combine *f fam*
2. (*Kniff*) truc *m fam*, astuce *f*
►**keine faulen** ~**s!** *fam* pas d'entourloupe[tte]! *fam*; **jd hat den** ~ **raus [, wie etw gemacht wird]** *fam* qn a trouvé le truc [pour faire qc] *fam*
Trickbetrug *m* escroquerie *f*, tour *m* de passe-passe **Trickbetrüger(in)** *m(f)* escroc *m*, aigrefin *m*; ■ **die** ~**in** l'escroc *m* en jupon **Trickfilm** *m* dessin *m* animé **trickreich** **I.** *adj fam* roublard(e) *fam*; ■ **jd ist** ~ qn a plus d'un tour dans son sac *fam* **II.** *adv fam* avec roublardise *fam*
tricksen **I.** *vi fam* ■ **jd trickst** qn ruse, qn trouve une combine *fam*
II. *vt fam* ■ **jd trickst etw** qn se dépatouille de qc *fam*; ***wir werden das schon*** ~ on trouvera bien une combine *fam*
trieb *imp von* **treiben**
Trieb <-[e]s, -e> *m* **1.** PSYCH impulsion *f*; ***ein natürlicher*** ~ un instinct [naturel]
2. (*Sexual~*) pulsions *fpl* [sexuelles], instincts *mpl* [sexuels]
3. BOT pousse *f*
Triebabfuhr *f* assouvissement *m* des instincts; ***zur*** ~ pour assouvir ses instincts **Triebfeder** *f* mobile *m*
triebhaft *adj* érotomane, maniaque; ***ein*** ~***er Mensch*** un(e) obsédé(e); ***jd kämpft gegen sein*** ~***es Wesen*** qn combat ses manies sexuelles; ***jd hat ein*** ~***es Wesen*** qn est dominé(e) par ses instincts sexuels
Triebhaftigkeit <-> *f* ∅ érotomanie *f*, obsession *f* sexuelle
Triebtäter(in) *m(f)* maniaque *mf* [sexuel(le)] **Triebverbrechen** *nt* crime *m* sexuel **Triebverbrecher(in)** *m(f) s.* **Triebtäter. Triebwagen** *m* autorail *m*, micheline *f* **Triebwerk** *nt* **1.** AVIAT réacteur *m* **2.** AUT *fam* moulin *m fam*
Triefauge *nt* œil *m* qui larmoie
triefäugig *adj* larmoyant(e), qui souffre de larmoiement; ■ **jd ist** ~ qn a les yeux qui larmoient, qn souffre de larmoiement
triefen <triefte *o geh* troff, getrieft *o rare* getroffen> *vi* **1.** + *haben* (*rinnen*) ■ **etw trieft** */Nase/* qc coule; */Auge/* qc pleure, qc larmoie
2. + *sein* (*tropfen*) ■ **etw trieft aus/von etw** qc ruisselle de qc; */Blut a./* qc coule de qc
3. + *haben* (*tropfend nass sein*) ■ **etw trieft [von [*o* vor] etw]** qc dégouline [*o* est dégoulinant(e)] [de qc]
4. + *haben geh* (*strotzen*) ■ **etw trieft von [*o* vor] etw** qc regorge de qc; *von Blut* qc se délecte dans qc; *von Grausamkeiten* qc déborde de qc
Trier <-s> [triːɐ] *nt* Trèves
triezen *vt fam* ■ **jd triezt jdn** qn tarabuste qn, qn asticote qn *fam*
trifft *3. pers pres von* **treffen**
triftig **I.** *adj* valable; *Argument a.* solide, pertinent(e)
II. *adv* valablement, de façon convaincante [*o* pertinent(e)]; ***jd begründet etw*** ~ qn fournit une explication valable à qc
Trigonometrie <-> *f* ∅ trigonométrie *f*
Trikolore <-, -n> *f* drapeau *m* tricolore
Trikot[1] <-s> [tri'koː, 'trɪko] *m o nt* ∅ (*Gewebe*) tricot *m*
Trikot[2] <-s, -s> [tri'koː, 'trɪko] *nt* COUT maillot *m*; [*Turnerin, Tänzerin a.*] justaucorps *m*
►**das gelbe** ~ le maillot jaune
Triller <-s, -> *m* trille *m*
trillern *vi* **1.** ■ **ein Vogel trillert** un oiseau fait des trilles; */Lerche/* un oiseau grisolle; */Fink/* un oiseau ramage; */Wellensittich/* un oiseau chante [*o* siffle]
2. ■ **jd trillert** qn vocalise
Trillerpfeife *f* sifflet *m* à roulette
Trillion <-, -en> *f* trillion *m*
Trilogie <-, -n> [-'giːən] *f* trilogie *f*
Trimester <-s, -> *nt* trimestre *m*
Trimm-dich-Pfad *m* parcours *m* de santé
trimmen **I.** *vt* **1.** (*trainieren*) ■ **jd trimmt jdn [auf etw** (*akk*)**]** *auf Spitzenleistung* qn entraîne qn [à [faire] qc]
2. (*beibringen*) ■ **jd trimmt jdn auf etw** (*akk*) *auf Schlagfertigkeit etc* qn forme [*o* dresse] qn à qc; *auf Höflichkeit* qn inculque qc à qn
3. (*scheren*) ■ **jd trimmt einen Hund** qn tond un chien
II. *vr* ■ **jd trimmt sich [durch etw]** qn se maintient en forme [*o* s'entraîne] [en faisant qc]
trinkbar *adj* buvable; ***kaum*** ~ pratiquement imbuvable; ***etw ist gut*** ~ qc se boit bien
trinken <trank, getrunken> **I.** *vt* **1.** (*schlucken*) ■ **jd trinkt etw** qn boit qc; ■ **etwas zu** ~ quelque chose à boire; ***wollen Sie etwas*** ~? vous voulez prendre [*o* boire] quelque chose?; ***trinkst du einen Kaffee mit mir?*** tu prends un café avec moi?; ■ **das T~**: ***das kommt vom vielen T~*** c'est à force de boire; ***das T~ ist lebenswichtig*** il est vital de boire
2. (*anstoßen*) ■ **jd trinkt auf etw/jdn** qn boit [*o* qn trinque] à qc/à [la santé de] qn [*o* en l'honneur de qn]
►**jd trinkt gern [mal] einen** *fam* qn lève volontiers le coude *fam*, qn aime bien boire un coup *fam*; **jd geht [mit jdm] einen** ~ *fam* qn va boire un coup [*o* verre] [*o* s'en jeter un] [avec qn] *fam*; **jd geht [mit jdm] was** ~ *fam* qn va boire un pot [avec qn] *fam*
II. *vi* **1.** ■ **jd trinkt** qn boit
2. (*Alkohol* ~) ■ **jd trinkt** qn boit

Trinker(in) <-s, -> *m(f)* buveur(-euse) *m(f)*
trinkfest *adj* qui tient bien l'alcool; ■ **jd ist** ~ qn tient bien l'alcool, qn supporte la boisson **Trinkgefäß** *nt* récipient *m* [à boire] **Trinkgeld** *nt* pourboire *m* **Trinkglas** *nt* verre *m* **Trinkhalle** *f* MED buvette *f* [d'une station thermale] **Trinkhalm** *m* paille *f* **Trinkkur** *f* cure *f* hydrominérale ▸ **jd macht eine** ~ qn fait une cure hydrominérale **Trinkspruch** *m* toast *m* ▸ **jd bringt einen** ~ **auf jdn/etw aus** qn porte un toast à qn/qc
Trinkwasser *nt* eau *f* potable
Trinkwasser- d'eau potable; *-verunreinigung, -gefährdung, -aufbereitung, -gewinnung* de l'eau potable; *-norm* pour l'eau potable; *-versorgung* en eau potable
Trio <-s, -s> *nt* (*alle Bedeutungen*) trio *m*
Trip <-s, -s> *m* **1.** *fam* (*Ausflug*) virée *f fam*; ***jd ist auf einem ~ irgendwohin*** qn fait une [petite] virée quelque part *fam*
2. *sl* (*Drogenrausch*) trip *m fam*
▸ **jd ist auf einem** ~ *sl* qn est en plein trip *fam*; **jd ist auf einem** ~ *... sl astrologischen, metaphysischen, religiösen etc* qn fait sa crise ... *fam*
trippeln *vi* **1.** + *haben* ■ **jd trippelt** qn trottine
2. + *sein* ■ **jd trippelt irgendwohin** qn va quelque part en trottinant; ***jd trippelt nach draußen*** qn sort en trottinant
Tripper <-s, -> *m* blennorragie *f*
trist *adj geh* sinistre, triste
Tritium <-s> *nt* ∅ CHEM tritium *m*
tritt *3. pers pres von* **treten**
Tritt <-[e]s, -e> *m* **1.** (*Fuß~*) coup *m* de pied
2. ∅ (*Gang*) pas *m*
3. [*Trittleiter*] marche *f*
▸ **jd/ein Tier bekommt** [*o* **kriegt** *fam*] **einen** ~ **irgendwohin** qn/un animal reçoit [*o* prend *fam*] un coup de pied quelque part; **jd fasst** ~ qn trouve le rythme; **jd fasst wieder** ~ qn reprend le collier, qn rentre dans les rangs; */Firma, Partei/* qn se remet en selle; **jd gibt** [*o* **versetzt** *geh*] **jdm einen** ~ [**irgendwohin**] qn donne [*o* envoie] un coup de pied [quelque part] à qn
Trittbrett *nt* marchepied *m*
Trittbrettfahrer(in) *m(f) fam* profiteur(-euse) *m(f)*; (*nichtorganisierter Arbeitnehmer*) non-syndiqué(e) *m(f)*
Trittleiter *f* escabeau *m*
Triumph <-[e]s, -e> *m* (*alle Bedeutungen*) triomphe *m*; ***man sieht ihm seinen ~ an*** on voit qu'il triomphe, il arbore un air triomphant; ***voller*** ~ triomphant(e)
▸ **jd feiert** ~**e** [*o* **einen** ~ **nach dem anderen**] qn remporte triomphe sur triomphe; ***jd feiert einen*** ~ qn fait un triomphe; **im** ~ en triomphe
triumphal I. *adj* triomphal(e)
II. *adv* triomphalement
Triumphbogen *m* arc *m* de triomphe
triumphieren * *vi geh* **1.** (*frohlocken*) ■ **jd triumphiert** qn triomphe
2. (*erfolgreich sein*) ■ **jd triumphiert über jdn/etw** qn triomphe de qn/qc
triumphierend I. *adj* triomphant(e)
II. *adv* l'air triomphant; *antworten, sagen a.* d'un air triomphant
Triumphzug *m* cortège *m* triomphal
▸ **im** ~ en triomphe, triomphalement
Triumvirat <-[e]s, -e> [-vi-] *nt* triumvirat *m*
trivial [-vi-] I. *adj* banal(e)
II. *adv schreiben, sich unterhalten* banalement, d'une manière banale
trocken I. *adj* **1.** (*ausgetrocknet*) *Boden, Erde, Ast* sec(sèche); ■ **etw ist/wird** ~ qc est/devient sec(sèche) [*o* se dessèche]
2. (*opp: nass*) sec(sèche); ■ **etw ist/wird** ~ qc est sec(sèche)/qc sèche
3. *Haut, Mund, Hals, Lippen* sec(sèche); ■ **etw ist/wird** ~ qc est sec(sèche)/qc se dessèche; ***mein Mund ist ganz*** ~ j'ai la bouche toute sèche
4. *Brot, Käse, Fleisch* sec(sèche); ■ **etw ist/wird** ~ qc est sec(sèche)/qc sèche
5. METEO sec(sèche); ***die nächsten Monate werden sehr*** ~ il fera très sec durant les prochains mois
6. *Sherry, Wein, Sekt, Champagner* sec(sèche)
7. *Buch, Text, Thema, Zahlen* aride; *Art, Bemerkung* laconique; ***er hat einen eher ~en Humor*** il est assez pince-sans-rire
8. (*hart*) *Husten, Knall* sec(sèche)
9. *fam* (*vom Alkoholismus geheilt*) ■ **jd ist** ~ qn est au régime sec *fam*
▸ **jd sitzt auf dem T~en** *fam* qn est à sec *fam*; **auf dem T~en** (*auf festem Boden*) sur la terre ferme; **im T~en** au sec, à l'abri
II. *adv aufbewahren, lagern* dans un endroit sec, à l'abri de l'humidité
▸ **jd macht etw** ~ qn essuie qc; **jd rasiert sich** ~ qn se rase à sec
trocken-: ***jd föhnt etw*** ~ qn sèche qc [au sèche-cheveux]; ***jd reibt/wischt etw*** ~ qn essuie qc; ***jd schleudert etw*** ~ qn essore qc; ***jd bügelt etw*** ~ qn repasse qc humide; ***jd ledert etw*** ~ qn essuie qc à la peau de chamois **Trockenbeerenauslese** *f* ≈ vin *m* de paille (*liquoreux à base de grains nobles séchés*) **Trockendock** *nt* cale *f* sèche, bassin *m* de radoub **Trockengestell** *nt* séchoir *m* **Trockenhaube** *f* casque *m*
Trockenheit <-, *rare* -en> *f* **1.** (*Dürreperiode*) sécheresse *f*
2. [*Gebiet, Jahreszeit, Klima*] sécheresse *f*, aridité *f*
Trockenkurs *m* cours *m* théorique **trocken|legen** *vt* **1.** ■ **jd legt jdn trocken** *Baby* qn change qn **2.** (*entwässern*) ■ **jd legt etw trocken** *Moor, Sumpf* qn assèche qc **3.** *fam* (*jdm den Alkohol entziehen*) ■ **jd legt jdn trocken** qn met qn au régime sec *fam* **Trockenmilch** *f* lait *m* en poudre **Trockenplatz** *m* étendoir *m* **Trockenshampoo** *nt* shampo[o]ing *m* sec **Trockenzeit** *f* saison *f* sèche
trocknen I. *vi* + *sein* ■ **etw trocknet** qc sèche; ■ **jd/etw lässt etw** ~ qn laisse sécher qc/qc sèche qc
II. *vt* + *haben* **1.** (*trocken machen*) ■ **jd trocknet etw** [**mit etw**] *mit dem Föhn* qn sèche qc [avec qc]; *mit einem Lappen* qn essuie [*o* éponge] qc [avec qc]; ■ **jd trocknet jdm/sich etw** [**mit etw**] *mit einem Föhn* qn lui/se sèche qc [avec qc]; *mit einem Tuch* qn lui/s'essuie [*o* éponge] qc [avec qc]; ■ **etw trocknet etw** */Föhn, Wind, Sonne/* qc sèche qc
2. (*dörren*) ■ **jd trocknet etw** qn fait sécher qc
3. (*auftupfen*) ■ **jd trocknet** [**jdm**] **etw** *Schweiß, Tränen* qn [lui] essuie qc; ■ **jd trocknet jdm etw von etw** qn lui essuie qc sur son qc
Trockner <-s, -> *m* sèche-linge *m*
Troddel <-, -n> *f* houppe *f*
Trödel <-s> *m* ∅ *fam* bric-à-brac *m*
Trödelei <-, -en> *f fam*: ***durch die ständige*** ~ à force de lambiner [*o* traînasser]; ***jd duldet keine*** ~ qn ne tolère pas qu'on lambine [*o* traînasse]
Trödelmarkt *m* foire *f* à la brocante
trödeln *vi* **1.** + *haben* (*langsam sein*) ■ **jd trödelt** qn lambine, qn traînaille; ***jdm liegt das T~ nicht*** qn n'aime pas lambiner
2. + *sein* (*schlendern*) ■ **jd trödelt irgendwohin** qn traînasse [*o* [se] baguenaude] quelque part
Trödler(in) <-s, -> *m(f)* **1.** (*Altwarenhändler*) brocanteur(-euse) *m(f)*
2. *fam* (*trödelnder Mensch*) traînard(e) *m(f)*, lambin(e) *m(f)*
troff *imp von* **triefen**
trog *imp von* **trügen**
Trog <-[e]s, ¨-e> *m* auge *f*; (*für Brotteig*) pétrin *m*
Troll <-s, -e> *m* troll *m*
trollen *vr fam* ■ **jd/ein Tier trollt sich** qn/un animal se bouge *fam*; ***troll dich endlich!*** bouge-toi de là! *fam*, dégage! *fam*; ***ich werde mich jetzt so langsam nach Hause*** ~ il est temps que je me rentre *fam*; ***sie mussten sich wieder*** ~ ils/elles ont dû quitter la place
Trommel <-, -n> *f* **1.** MUS tambour *m*
2. [*Waschmaschine*] tambour *m*; [*Betonmischer*] cuve *f* [tournante]
3. (*Patronen~*) barillet *m*
4. [*Drucker*] tambour *m* [magnétique]
5. (*Kabel~*) enrouleur *m*
▸ **jd schlägt die** ~ qn joue du tambour
Trommelfell *nt* tympan *m*
▸ **da platzt einem ja das** ~ *fam* ça vous crève le tympan, ça vous casse les oreilles *fam*
trommeln I. *vi* **1.** MUS ■ **jd trommelt** qn joue [*o* bat] du tambour
2. (*klopfen*) ■ **jd trommelt an etw** (*akk*)/**auf etw** (*akk*)/**gegen etw** qn tambourine à/sur/contre qc
3. (*auftreffen*) ■ **etw trommelt an etw** (*akk*)/**auf etw** (*akk*)/**gegen etw** */Tropfen, Regen, Hagel/* qc tambourine à/sur/contre qc
II. *vt* ■ **jd trommelt etw** qn bat qc [au tambour]; *Marsch a.* qn tambourine qc
Trommelrevolver [-ve] *m* revolver *m* [à barillet] **Trommelstock** *m* baguette *f* de tambour
Trommler(in) <-s, -> *m(f)* [joueur(-euse) *m(f)* de] tambour *m*
Trompete <-, -n> *f* trompette *f*
▸ **jd spielt** [*o* **bläst**] ~ qn joue de la trompette
trompeten * I. *vi* **1.** MUS ■ **jd trompetet** qn joue de la trompette
2. (*brüllen*) ■ **ein Elefant trompetet** un éléphant barrit
II. *vt* **1.** MUS ■ **jd trompetet etw** qn joue qc à la trompette
2. *fam* (*lauthals verkünden*) ■ **jd trompetet etw** qn claironne qc, qn annonce qc à son de trompe; ***du brauchst gar nicht so zu*** ~ pas besoin de crier [ça] sur les toits
Trompeter(in) <-s, -> *m(f)* trompettiste *mf*, trompette *m*
Tropen *pl* ■ **die** ~ les tropiques *mpl*, les régions *fpl* [inter]tropicales; ***in den*** ~ sous les tropiques
Tropenanzug *m* costume *m* colonial **Tropenhelm** *m* casque *m* colonial **Tropenholz** *nt* bois *m* exotique **Tropenkrankheit** *f* maladie *f* tropicale **Tropenpflanze** *f* plante *f* tropicale **Tropenwald** *m* forêt *f* tropicale
Tropf[1] <-[e]s, -e> *m* (*Tropfinfusion*) goutte-à-goutte *m*
▸ **jd hängt am** ~ MED *fam* on fait du goutte-à-goutte à qn, qn est sous perfusion; **jd/etw hängt am** ~ *fam* (*wird subventioniert*) qn/qc est sous perfusion
Tropf[2] <-[e]s, ¨-e> *m* ▸ **armer** ~ *fam* pauvre bougre *m fam*
tröpfchenweise *adv* goutte à goutte
tröpfeln I. *vi* **1.** + *haben* (*tropfen*) ■ **etw tröpfelt** qc goutte
2. + *sein* (*rinnen*) ■ **etw tröpfelt aus etw** [**irgendwohin**] *aus einem undichten Ventil, Wasserhahn etc* qc goutte de qc [quelque part]; *aus einer Wunde* des gouttes de qc coulent de qc [quelque part]
II. *vi impers* ■ **es tröpfelt** il tombe des gouttes
III. *vt* ■ **jd tröpfelt** [**jdm**] **etw auf etw** (*akk*)/**in etw** (*akk*) qn verse [à qn] des gouttes de qc sur/dans qc; *ins Auge, Ohr a.* qn instille [à qn] qc dans qc
tropfen *vi* **1.** + *haben* ■ **etw tropft** */Ventil, Wasserhahn, Nase/* qc goutte; */verletzter Körperteil/* qc saigne à grosses gouttes; ***meine Nase tropft*** j'ai le nez qui goutte
2. + *sein* ■ **etw tropft aus/von etw** [**irgendwohin**] qc [s'é]coule [goutte à goutte] de qc [quelque part]; ***das Blut tropft jdm aus der Nase*** qn a le nez qui saigne goutte à goutte [*o* à grosses gouttes]; ***jdm tropft der Schweiß von der Stirn*** qn sue à grosses gouttes, de grosses gouttes de sueur lui coulent du front
Tropfen <-s, -> *m* **1.** [*Flüssigkeit*] goutte *f*; ***in dicken*** ~ à grosses gouttes; ***jdm hängt ein ~ an der Nase*** qn a la goutte au nez; ***der Schweiß stand ihm in dicken ~ auf der Stirn*** il avait le front couvert de grosses gouttes de sueur
2. *pl* PHARM, MED gouttes *fpl*; ***haben Sie das Mittel auch als*** ~? vous avez aussi ce médicament en gouttes?
3. *fam* (*kleine Menge*) goutte *f*
▸ **steter** ~ **höhlt den Stein** *prov* la patience vient à bout de tout; **ein** ~ **auf**

den heißen Stein *fam* une goutte d'eau dans la mer; ein guter [*o* edler] ~ *fam* une bonne bouteille, une bouteille de derrière les fagots *fam*; **bis auf den letzten** ~ jusqu'à la dernière goutte; ~ **für** [*o* **um**] ~ goutte à goutte, une goutte après l'autre; ~ ***für*** ~ ***fiel in den Eimer*** l'eau tombait goutte à goutte dans le seau

tropfenweise *adv* [au] goutte à goutte

Tropfinfusion *f* perfusion *f* **tropfnass**RR *adj Kleidungsstück* trempé(e); ■ **jd ist** ~ qn est trempé(e); ***Seidenblusen sollte man*** ~ ***aufhängen*** les corsages en soie doivent être pendus encore mouillés [*o* non essorés]

Tropfstein *m* concrétion *f* [calcaire]

Tropfsteinhöhle *f* grotte *f* (*contenant des concrétions calcaires*)

Trophäe <-, -n> [tro'fɛːə] *f* trophée *m*

tropisch *adj* tropical(e)

Troposphäre *f* troposphère *f*

TrossRR <-es, -e>, **Troß** <-sses, -sse> *m* **1.** (*Zug*) colonne *f*, cortège *m*
2. MIL équipages *mpl*
3. (*Gefolge*) suite *f*

Trosse <-, -n> *f* [h]aussière *f*

Trost <-[e]s> *m* ∅ **1.** (*erfreulicher Gedanke*) consolation *f*
2. (*Zuspruch*) réconfort *m*
▶ **das ist ein schwacher** [*o* **schlechter**]/**schöner** *iron* ~ c'est une maigre consolation; **jd/etw ist ein/jds** ~ qn/qc est une/ma/sa/... consolation; **jd ist nicht** [**ganz** [*o* **recht**]] **bei** ~ *fam* qn déménage *fam*, qn [ne] tourne pas [très] rond *fam*; **zum** ~ pour le/la consoler; **als** ~ à titre de consolation

trösten I. *vt* ■ **jd/etw tröstet jdn** qn/qc console qn
II. *vr* ■ **jd tröstet sich** [**mit jdm/etw**] qn se console [avec qn/qc]
▶ **tröste dich/**~ **Sie sich, ...** console-toi/consolez-vous, ...

tröstend I. *adj Worte* de consolation, consolant(e); *Umarmung* pour consoler
II. *adv* pour le/la consoler

Tröster(in) <-s, -> *m(f)* consolateur(-trice) *m(f)*

tröstlich *adj* réconfortant(e); ***es ist*** ~ ***zu hören/sehen/wissen, ...*** il est réconfortant d'entendre/de voir/savoir ...; ***dass etw geschieht, ist*** ~ [***zu hören/sehen/wissen***] que qc arrive (*subj*), c'est réconfortant [à entendre/voir/savoir]
▶ [**das ist ja**] **sehr** ~ *iron* tu parles/vous parlez d'une consolation!

trostlos *adj* **1.** *Jugend, Kindheit* malheureux(-euse); *Verhältnisse* misérable; *Wetter* démoralisant(e)
2. (*öde und hässlich*) sinistre

Trostlosigkeit <-> *f* ∅ **1.** ***dieses Wetter in seiner*** ~ ce temps démoralisant; ***die*** ~ ***der Verhältnisse*** les conditions misérables; ***die*** ~ ***ihrer Kindheit*** son enfance malheureuse
2. [*Anblick, Aussehen*] caractère *m* sinistre; [*Fassade a.*] aspect *m* sinistre

Trostpflaster *nt* consolation *f* ▶ **als** ~ en guise de consolation **Trostpreis** *m* lot *m* de consolation

Tröstung <-, -en> *f geh* réconfort *m*

Trott <-s> *m* ∅ train-train *m*, routine *f*
▶ **jd verfällt in den alten/bisherigen/gewohnten** ~ qn retombe dans la routine [*o* le train-train]

Trottel <-s, -> *m fam* gourde *f fam*, cruche *f fam*

trottelig I. *adj fam* cruche *fam*, gourde *fam*; ***dieser*** ~***e Kerl*** cette andouille *fam*
II. *adv fam*: ***wie kann man sich so*** ~ ***anstellen?*** comment peut-on être aussi cruche? *fam*; ***er benimmt sich nur so*** ~ il fait juste l'andouille *fam*

trotten *vi* + *sein* ■ **jd/ein Tier trottet irgendwohin** qn/un animal va quelque part d'un pas pesant

Trottinett <-s, -e> *nt* CH trottinette *f*

Trottoir <-s, -s *o* -e> [trɔ'toaːɐ] *nt* SDEUTSCH, CH trottoir *m*

trotz *präp* ■ ~ **einer S.** (*gen*) malgré qc

Trotz <-es> *m* ∅ rébellion *f*; ■ **jds** ~ **gegen jdn/etw** le défi de qn envers qn/qc; ***etw ist nichts als*** ~ qc n'est qu'une bravade
▶ **aus** ~ [**gegen jdn/etw**] par bravade [contre qn/qc], par défi [envers qn/qc]; **jdm/einer S. zum** ~ en dépit de qn/qc; ***nur mir zum*** ~ uniquement pour me braver

Trotzalter *nt* âge *m* des caprices
▶ **ein Kind ist im** ~ un enfant est en pleine crise d'opposition

trotzdem *adv* malgré tout, tout de même

trotzen *vi* **1.** (*die Stirn bieten*) ■ **jd trotzt einer S.** (*dat*) *dem Wetter, der Gefahr* qn brave qc; *einer Herausforderung* qn relève qc
2. (*sich widersetzen*) ■ **jd trotzt jdm/einer S.** qn brave qn/qc, qn défie qn/qc

trotzig I. *adj* rétif(-ive); ■ **jd ist/wird** ~ qn est rétif(-ive)
II. *adv* avec entêtement

Trotzkopf *m fam* tête *f* de mule ▶ **jd hat einen** ~ qn a une tête de mule *fam*; **jd setzt seinen** ~ **durch** (*trotzigen Willen*) qn impose ses quatre volontés *fam* **Trotzreaktion** *f* réaction *f* de dépit

Troubadour <-s, -s *o* -e> ['truːbaduːɐ, truba'duːɐ] *m* troubadour *m*

trübe *adj* **1.** (*unklar*) trouble; *Glas* translucide; *Fensterscheibe* terne; *Spiegel* terni(e); ***die Fenster sind ganz*** ~ ***vor Schmutz*** les fenêtres sont si sales qu'on ne voit plus à travers
2. (*matt*) *Licht* faible *antéposé*, douteux(-euse); ***eine*** ~ ***Funzel*** un lumignon
3. (*dunstig*) *Tag* couvert(e), sombre; *Himmel, Wetter a.* bouché(e)
4. (*deprimierend*) *Aussichten, Stimmung, Zukunft, Erfahrungen* sombre
▶ **jd fischt im T~n** *fam* qn pêche en eau trouble; **es sieht** [**für jdn/mit etw**] ~ **aus** les perspectives sont sombres [*o* l'avenir est bouché] [pour qn/qc]

Trubel <-s> *m* ∅ tumulte *m*; ***im*** ~ ***der Ereignisse*** dans le tourbillon des événements

trüben I. *vt* **1.** (*unklar machen*) ■ **jd/etw trübt etw** *Flüssigkeit* qn/qc trouble qc, qn/qc rend qc trouble
2. (*beeinträchtigen*) ■ **etw trübt etw** qc ternit qc
II. *vr* **1.** (*unklar werden*) ■ **etw trübt sich** /*Flüssigkeit, Teich*/ qc se trouble
2. *geh* (*unsicher werden*) ■ **etw trübt sich** /*jds Blick, Urteilsvermögen*/ qc se brouille
3. *geh* (*beeinträchtigt werden*) ■ **etw trübt sich** [**durch etw**] qc s'altère [en raison de qc]

Trübsal <-, -e> *f* ∅ *geh* **1.** (*Betrübtheit*) affliction *f littér*
2. (*Leid*) détresse *f*, misère *f*
▶ **jd bläst** ~ *fam* qn broie du noir

trübselig *adj* **1.** (*betrübt*) sombre, morose **2.** (*trostlos*) *Anblick, Gegend* sinistre, lugubre **Trübsinn** *m* ∅ morosité *f* **trübsinnig** *adj* sombre; ■ **jd ist** ~ qn est abattu(e)

Trübung <-, -en> *f* **1.** [*Flüssigkeit, Teich*] trouble *m*; [*Hornhaut*] opacité *f*; ***die*** ~ ***einer S.*** (*gen*) ***tritt ein*** qc se trouble
2. (*Beeinträchtigung*) dégradation *f*

trudeln *vi* + *sein o haben* ■ **etw trudelt** [**irgendwohin**] /*Flugzeug*/ qc tombe en vrille
▶ **etw gerät ins T~** qc se met en vrille

Trüffel[1] <-, -n> *f* (*Pilz*) truffe *f*

Trüffel[2] <-s, -> *m* (*Praline*) truffe *f* en chocolat

trug *imp von* **tragen**

Trugbild *nt veraltend geh* illusion *f*, mirage *m*

trügen <trog, getrogen> I. *vt* ■ **etw trügt jdn** qc trompe qn; ***deine Befürchtung hat dich getrogen*** tes craintes étaient illusoires
▶ **wenn mich nicht alles trügt** si je ne m'abuse
II. *vi* ■ **etw trügt** qc est trompeur(-euse)

trügerisch *adj* trompeur(-euse), illusoire

TrugschlussRR *m* jugement *m* fallacieux
▶ **es ist ein** ~ **etw zu tun** il est fallacieux de faire qc; **jd unterliegt einem** ~ qn se laisse abuser, qn porte un jugement fallacieux

Truhe <-, -n> *f* coffre *m*

Trümmer *pl* ruines *fpl*; [*Flugzeug*] débris *mpl*
▶ **etw liegt in** ~**n** qc est en ruines

Trümmerhaufen *m* amas *m* de ruines [*o* décombres]

Trumpf <-[e]s, ⸚e> *m* **1.** KARTEN atout *m*
2. (*Vorteil*) atout *m*
▶ **jd gibt den** ~**/alle** ⸚**e aus der Hand** qn lâche son atout; ***jd gibt den*** ~ ***nicht aus der Hand*** qn garde son atout en main; **jd hat noch einen** ~ **in der Hand** qn a encore un atout en main, qn n'a pas dit son dernier mot; **etw ist** ~ KARTEN atout qc, l'atout est qc; (*zählt besonders*) qc est in, qc a la cote; **jd spielt seinen** ~**/den entscheidenden** ~**/seinen letzten** ~ **aus** qn joue ses atouts/joue [*o* abat] sa carte maîtresse/sa dernière carte

trumpfen *vi* ■ **jd trumpft** [**mit etw**] qn joue atout, qn coupe [avec qc]

Trumpfkarte *f* carte *f* d'atout

Trunk <-[e]s, ⸚e> *m geh* **1.** (*Getränk*) breuvage *m*, boisson *f*
2. (*Schluck*) gorgée *f*
▶ **jd ist dem** ~ **verfallen** [*o* **ergeben**] qn s'adonne à la boisson

trunken *adj geh* ■ **jd ist** ~ **vor etw** (*dat*) *vor Freude, Glück* qn est ivre de qc; *vor Begeisterung* qn est transporté(e) de qc

Trunkenbold <-[e]s, -e> *m* ivrogne *m*

Trunkenheit <-> *f* ∅ ivresse *f*; ***im Zustand der*** ~ en état d'ivresse [*o* d'ébriété *form*]
▶ ~ **am Steuer** l'ivresse *f* au volant, la conduite en état d'ébriété *form*

Trunksucht <-> *f* ∅ *geh* éthylisme *m*, alcoolomanie *f soutenu*, dépendance *f* alcoolique *soutenu*, alcoolisme *m* [chronique]; ***jd ergibt sich der*** ~ qn s'adonne à la boisson, qn est alcoolique **trunksüchtig** *adj geh* éthylique, alcoolique; ■ **jd ist** ~ qn s'adonne à la boisson, qn est alcoolique

Trupp <-s, -s> *m* groupe *m*

Truppe <-, -n> *f* **1.** ∅ (*Militäreinheit*) unité *f*, corps *m*
2. *pl* (*Militärverbände*) troupes *fpl*
3. [*Artisten, Schauspieler*] troupe *f*; [*Popmusiker*] groupe *m*
▶ **jd ist von der** [**ganz**] **schnellen** ~ *fam* qn est du genre rapide *fam*, qn est rapide à la détente *fam*; **jd ist nicht von der schnellen** ~ *fam* qn comprend vite, mais il faut lui expliquer longtemps *fam*, qn n'a pas la comprenette facile *fam*

Truppenabzug *m* retrait *m* des troupes; ***der sowjetische*** ~ le retrait des troupes soviétiques **Truppenbewegung** *f meist pl* mouvement *m* de troupes **Truppengattung** *f* arme *f* **Truppenteil** *m* corps *m*, unité *f* **Truppenübungsplatz** *m* terrain *m* d'exercice

Trute <-, -n> *f* CH *s.* **Truthenne**

Truthahn *m* dindon *m*; GASTR dindonneau *m*; ***der traditionelle*** ~ ***zu Weihnachten*** la traditionnelle dinde de Noël **Truthenne** *f* dinde *f*

Tschador <-s, -s> *m* tchador *m*

tschau *interj fam* ciao *fam*, tchao *fam*

Tscheche <-n, -n> *m*, **Tschechin** *f* Tchèque *mf*

Tschechien <-s> ['tʃɛçiən] *nt* la République tchèque

tschechisch *adj* tchèque
▶ **auf T~** en tchèque

Tschechoslowakei <-> *f* HIST ■ **die** ~ la Tchécoslovaquie

tschilpen *vi* ■ **ein Vogel tschilpt** un oiseau pépie

tschüs, tschüssRR *interj fam* salut *fam*, bye *fam*
▶ **jd sagt jdm** ~ qn dit au revoir à qn

Tsetsefliege *f* mouche *f* tsé-tsé

T-Shirt <-s, -s> ['tiːʃøːɐt] *nt* tee-shirt *m*, t-shirt *m*

T-Träger ['teː-] *m* fer *m* en té, poutrelle *f* métallique en té

TU <-, -s> [teː'ʔuː] *f abk von* **technische Universität** ≈ I.U.T. *m* (*Institut universitaire de technologie*)

Tuba <-, Tuben> *f* tuba *m*

Tube <-, -n> *f* tube *m*; ***Zahnpasta gibt es in der*** ~ il y a du dentifrice en tube

►**jd drückt auf die** ~ *fam* qn appuie sur le champignon *fam*

Tuberkelbazillus *m* bacille *m* de Koch

tuberkulös *adj form* tuberculeux(-euse)

Tuberkulose <-, -n> *f* tuberculose *f*

tuberkulosekrank *adj* tuberculeux(-euse) **Tuberkulosekranke(r)** *f(m) decl wie adj* tuberculeux(-euse) *m(f)*

Tuch[1] <-[e]s, ¨er> *nt* **1.** COUT fichu *m;* (*Kopf~, Hals~ a.*) foulard *m;* (*Schulter~ a.*) châle *m*
2. (*Stück Stoff*) morceau *m* d'étoffe
3. (*im Haushalt*) chiffon *m;* (*Geschirr~*) torchon *m;* (*Hand~*) serviette *f;* (*zum Abdecken von Möbeln*) drap *m*
4. (*zum Verhüllen*) voile *m*
►**das rote** ~ (*des Stierkämpfers*) la cape; **etw wirkt wie ein rotes** ~ **auf jdn** qc fait voir rouge à qn

Tuch[2] <-[e]s, -e> *nt* (*textiles Gewebe*) tissu *m* [*o* étoffe *f*] [de laine], drap *m*

Tuchent <-, -en> *f* AUS, SDEUTSCH (*Federbett*) édredon *m*

Tuchfühlung *f* ►**sie bleiben auf** ~ *fam* ils/elles restent en contact [*o* liaison]; **jd ist** [*o* **sitzt**] **mit jdm auf** ~ *fam* qn est collé(e) contre qn; ***ich mag es nicht, wenn man mit mir auf~ sitzt*** je n'aime pas qu'on se colle à moi; **Menschen sind** [*o* **sitzen**] **auf** ~ *fam* des personnes sont serrées [*o* collées] l'une contre l'autre

tüchtig I. *adj* **1.** (*fähig*) capable, bon(ne) *antéposé; Schüler* bon(ne) *antéposé;* ■**jd ist** ~ qn fait du bon travail, qn est à la hauteur; ■ **~er** meilleur(e)
2. *fam* (*groß*) *Portion, Tracht Prügel* bon(ne) *antéposé*
►~, ~! bravo!, chapeau bas!
II. *adv fam* **1.** (*viel*) *sparen* pas mal *fam;* ***jd packt~ mit an/ hilft~ mit*** qn donne un bon coup de main *fam;* ***du musst~ essen*** il faut que tu manges copieusement
2. (*stark*) *regnen, schneien* drôlement *fam,* pas mal *fam;* ***es hat~ gestürmt*** il a fait une sacrée tempête *fam*

Tüchtigkeit <-> *f* Ø valeur *f,* savoir-faire *m*

Tücke <-, -n> *f* **1.** Ø [*Mensch, Tat*] perfidie *f*
2. Ø [*Infektion, Krankheit, Virus*] malignité *f,* caractère *m* insidieux
3. *meist pl* (*Unwägbarkeiten*) embûche *f*
►**das ist die** ~ **des Objekts** les choses sont rebelles [*o* récalcitrantes]; **etw hat seine ~n** qc a des défauts [*o* des faiblesses]; */EDV-Programm/* qc a des bogues

tuckern *vi* **1.** + *haben* ■**etw tuckert** */Dieselmotor, Lastkahn/* qc fait un bruit de teuf-teuf
2. + *sein* (*fahren*) ■**jd/etw tuckert irgendwohin/aus etw** */Diesel, Lastkahn/* qn va quelque part/sort de quelque part [accompagné(e) d'un bruit de teuf-teuf]/qc va quelque part/sort de quelque part [dans un bruit de teuf-teuf]

tückisch *adj* **1.** *Mensch* perfide; *Absicht, Anschlag, Intrige, Plan* odieux(-euse), infâme; ■**jd ist** ~ qn est perfide [*o* sournois(e)]
2. *Infektion, Krankheit, Virus* insidieux(-euse)
3. (*gefährlich*) *Glatteis, Kurve, Straßennässe etc* traître(-esse)

Tüftelei <-, -en> *f fam* casse-tête *m;* ***das wird eine ziemliche*** ~ ça va pas être de la tarte *fam*

tüfteln *vi fam* ■**jd tüftelt** qn bricole *fam;* ■**jd tüftelt an etw** (*dat*) qn bidouille *fam* [*o* bricole] qc

Tugend <-, -en> *f* vertu *f*

tugendhaft I. *adj* vertueux(-euse)
II. *adv* d'une manière vertueuse

Tugendhaftigkeit <-> *f* Ø vertu *f*

Tukan <-s, -e> *m* toucan *m*

Tüll <-s, -e> *m* tulle *m*

Tülle <-, -n> *f* **1.** [*Kanne*] bec *m*
2. (*Ansatzstück*) [*Rechen, Spatenblatt etc*] douille *f*

Tulpe <-, -n> *f* **1.** BOT tulipe *f*
2. (*Bierglas*) verre *m* tulipe

Tulpenzwiebel *f* oignon *m* de tulipe

Tumbler <-s, -s> ['tamblɐ] *m* CH *s.* **Wäschetrockner**

tummeln *vr* **1.** (*umherspringen*) ■**sie** ~ **sich** ils/elles s'ébattent
2. (*sich beeilen*) ■**jd tummelt sich** qn s'active

Tummelplatz *m geh* rendez-vous *m*

Tümmler <-s, -> *m* marsouin *m*

Tumor <-s, Tumoren> *m* tumeur *f*

Tümpel <-s, -> *m* mare *f*

Tumult <-[e]s, -e> *m* **1.** Ø (*Lärm*) tumulte *m*
2. *meist pl* (*Aufruhr*) émeute *f*

tun <tut, tat, getan> **I.** *vt* **1.** (*machen*) ■**jd tut etw** *mit unbestimmtem Objekt* qn fait qc; ***was wollen wir bloß*** ~? qu'est-ce que nous allons bien pouvoir faire?; ***das muss ich noch*** ~ j'ai encore ça à faire, il faut que je fasse encore ça; ***ich muss heute noch viel*** ~ j'ai encore beaucoup [de choses] à faire aujourd'hui; ***was tust du da gerade?*** qu'est-ce que tu es en train de faire?; ***jd tut etw wieder*** qn refait qc; ~ ***Sie das nicht wieder!*** ne recommencez pas!; ***was tut ihr da schon wieder?*** qu'est-ce que vous êtes encore en train de faire?; ***was hast du da getan?*** tu te rends compte de ce que tu as fait?; ***das wirst du nicht*** ~! tu n'as pas intérêt à faire ça!; ***tu das lieber nicht*** tu ferais mieux de ne pas faire ça; ***sie ~ für Geld alles*** ils/elles sont prêt(e)s à tout pour de l'argent; ■**jd tut etw mit etw** *mit einem Körperteil, Gegenstand* qn fait qc avec qc; ■**jd tut etw mit jdm** qn fait qc à qn; ■**jd tut etw aus etw** *aus Eifersucht, Liebe, Hass, Neid, Unüberlegtheit* qn fait qc par qc
2. (*arbeiten*) ■**jd tut etw** [**für jdn/etw**] qn fait qc [pour qn/qc]
3. (*unternehmen*) ■**jd tut etwas/nichts/einiges** qn fait quelque chose/qn ne fait rien/qn fait un certain nombre de choses; ■**jd tut etwas/nichts/einiges** [**bei jdm**] **für jdn** qn fait quelque chose/qn ne fait rien/qn fait un certain nombre de choses pour qn [auprès de qn]; ***was tut man nicht alles für seine Nichten und Neffen!*** qu'est-ce qu'on ne ferait pas pour ses nièces et neveux!; ■**jd tut etwas/nichts/einiges für etw** *für jds Fortkommen, Karriere, Gesundheit, leibliches Wohl, schlanke Linie* qn fait quelque chose/qn ne fait rien/qn fait un certain nombre de choses pour qc; ■**jd tut etwas/nichts/einiges gegen etw** *gegen Beschwerden, Pickel, Belästigungen, Unrecht etc* qn fait quelque chose/qn ne fait rien/qn fait un certain nombre de choses contre qc
4. (*antun*) ■**jd/ein Tier tut** [**jdm**] **etwas/nichts** qn/un animal fait quelque chose/ne fait rien [à qn]; ***keine Angst, der Hund tut Ihnen nichts*** n'ayez pas peur, le chien ne vous fera rien
5. *fam* (*legen, stecken*) ■**jd tut etw irgendwohin** *Gegenstand, Geld* qn met qc quelque part
6. *fam* (*funktionieren*) ■**etw tut es noch/nicht mehr** qc marche encore/ne marche plus
7. *fam* (*ausmachen*) ■**das** [*o* **es**] **tut etwas/nichts** ça fait quelque chose/ça ne fait rien
8. *fam* (*ausreichen*) ■**etw tut es** [**für etw**] qc suffit [*o* qc suffira] [pour qc]; ***für heute tut's*** ça suffit [*o* ça suffira] pour aujourd'hui
►**jd bekommt** [*o* **kriegt** *fam*] **es mit jdm zu** ~ qn a/va avoir affaire à qn *fam;* **mit wem habe ich es zu** ~? (*wie heißen Sie*) à qui ai-je affaire?; **jd hat es mit jdm zu** ~ qn a affaire à qn; **jd/etw hat etwas/nichts mit etw zu** ~ qn/qc a quelque chose/n'a rien à voir avec qc; **mit etw ist es** [**da/noch**] **nicht getan** il ne suffit pas de qc, qc ne suffit pas; **jdm ist es um jdn/etw zu** ~ *geh* qn se fait du souci pour qn/qc; **darum ist es jdm sehr zu** ~ *geh* cela importe beaucoup à qn *soutenu;* **jd kann etwas für jdn** ~ qn peut faire quelque chose pour qn; **was kann ich für Sie** ~? COM qu'est-ce que je peux faire pour vous?; **man tut, was man kann** on fait ce qu'on peut; **er/sie kann** ~ **und lassen, was er/sie will** il/elle peut agir à sa guise [*o* comme il/elle l'entend]; ***wir können nicht ~ und lassen, was wir wollen*** nous ne pouvons pas n'en faire qu'à notre tête; **was jd zu** ~ **und zu lassen hat** ce que qn a à faire; **tu, was du nicht lassen kannst** *fam* vas-y, si vraiment tu y tiens; **das eine** ~ **und das andere nicht lassen** on ne peut pas tout avoir, il faut savoir choisir; **was sich** ~ **lässt** ce qu'on peut faire; ***ich will versuchen, was sich da~ lässt*** je vais essayer de voir ce qu'on peut faire; **jd will mit jdm/etw nichts zu** ~ **haben** qn ne veut rien avoir à faire avec qn/qc; **jd tut etwas für sich** (*für seine Gesundheit*) qn s'occupe de soi, qn se prend en main; **jd tut es nicht unter etw** (*dat*) *fam* qn ne le fait pas à moins de qc; **das tut es!** (*so ist es*) c'est le cas!; **jd tut es** [**mit jdm**] *sl* (*hat Geschlechtsverkehr*) qn couche [avec qn] *fam;* **so etwas tut man nicht!** ça ne se fait pas!; **tu's/~ Sie's nicht!** ne le fais/faites pas; **jd tut nichts als ...** *fam* qn ne sait rien faire d'autre que de ...; **was** ~? que faire?; **was tut's?** *fam* qu'est-ce que ça fait [*o* peut faire]?
II. *vr* (*geschehen*) ■**es tut sich etwas/nichts/einiges** il se passe quelque chose/ne se passe rien/se passe des choses
2. *fam* ►**jd tut sich** (*dat*) [**bei etw**] [**mit jdm/etw**] **schwer** qn a bien du mal [dans qc][avec qn/qc]; **jd tut sich schwer etw zu tun** qn a bien du mal à faire qc; **das tut sich nichts** *fam* ça revient au même
III. *vi* (*sich benehmen*) ■**jd tut ...** *dumm, schlau* qn fait le/la ... + *subst;* ***jd tut ahnungslos/ albern/ dumm/ schlau/ informiert*** qn fait celui/celle qui n'est pas au courant/l'andouille/l'idiot(e)/le/la malin(e)/celui/celle qui sait tout
►**es tut wohl etw zu tun** *geh* (*ist angenehm*) cela fait du bien de faire qc; **etw tut jdm wohl** *veraltend* (*tut gut*) qc fait du bien à qn; **jd hat zu** ~ qn a à faire; **jd hat irgendwo zu** ~ qn a à faire quelque part; **jd hat mit sich selbst zu** ~ qn a suffisamment de problèmes; **jd tut so, als ob** [**er etw täte**] qn fait semblant [de faire qc]; **jd tut nur so** qn fait juste semblant; **tu doch nicht so!** *fam* (*stell dich nicht so an*) fais [donc] pas [tant] de manières! *fam;* (*reg dich doch nicht auf*) fais [donc] pas tant d'histoires! *fam*
IV. *aux modal* **1.** *mit vorgestelltem Infinitiv:* ***spielen tut sie ja gut, aber singen kann sie nicht*** [pour jouer, ça,] elle joue bien, mais elle ne sait pas chanter; ***möchten tu ich wohl, nur darf ich es nicht*** [ça,] j'aimerais bien, mais je n'ai pas le droit
2. *mit nachgestelltem Infinitiv fam* ■**jd tut etw machen**: ***ich tu nur schnell einen Kaffee aufgießen*** je vais vite préparer un café; ***tust du die Kinder ins Bett bringen?*** tu veux bien mettre les enfants au lit?; ***er tut sich schrecklich ärgern*** ça pour se fâcher, il se fâche!
3. *konjunktivisch* DIAL ■**etw täte jdn ...**: ***deine Gründe täten mich schon interessieren*** tes motifs m'intéresseraient bien; ■**jd täte ...**: ***er täte zu gern wissen, warum ich das nicht gemacht habe*** il voudrait bien savoir pourquoi je ne l'ai pas fait

Tun <-s> *nt* Ø actes *mpl*
►**jds** ~ **und Treiben** les faits *mpl* et gestes *mpl* de qn

Tünche <-, -n> *f* badigeon *m*

tünchen *vt* ■**jd tüncht etw** qn badigeonne qc

Tundra <-, Tundren> *f* toundra *f*

tunen ['tju:nən] *vt* ■**jd tunt etw** qn met qc au point, qn règle qc

Tuner <-s, -> ['tju:nɐ] *m* tuner *m,* syntoniseur *m*

Tunesien <-s> [tu'ne:ziən] *nt* la Tunisie

Tunesier(in) <-s, -> [tu'ne:ziɐ] *m(f)* Tunisien(ne) *m(f)*

tunesisch *adj* tunisien(ne)

Tunfisch[RR] *s.* **Thunfisch**

Tunfisch-[RR] *s.* **Thunfisch-**

Tunichtgut <-[e]s, -e> *m* vaurien *m*

Tunke <-, -n> *f* sauce *f* [froide]

tunken *vt* ■**jd tunkt etw in etw** (*akk*) qn trempe qc dans qc

tunlich *adj* ■**etw ist** ~ qc est opportun(e); ■**es ist** ~ **etw zu tun** il est opportun de faire qc

tunlichst *adv* dans la mesure du possible, si possible

Tunnel <-s, - *o* -s> *m* tunnel *m*

Tunte <-, -n> *f fam* tante *f fam*, tantouse *f fam*
Tüpfelchen <-s, -> *nt* [petit] pois *m*; ***etw hat*** [***kleine***] ~ qc a des [petits] pois
► **das ~ auf dem i** la cerise sur le gâteau, la petite touche finale; **nicht ein ~** pas un iota
tupfen *vt* ■ **jd tupft etw von etw** qn essuie qc sur qc; ■ **jd tupft sich** (*dat*) **etw** qn se tamponne qc
Tupfen <-s, -> *m* pois *m*, touche *f*; ***das Kleid war weiß mit blauen*** ~ la robe était blanche à pois bleus
tupfengleich I. *adj* SDEUTSCH, CH ■ **die ~e S.** exactement la même chose; ■ **sie sind ~** ils/elles se ressemblent comme deux gouttes d'eau
II. *adv* SDEUTSCH, CH exactement de la même façon
Tupfer <-s, -> *m* MED compresse *f*
Tür <-, -en> *f* porte *f*; [*Auto, Zug*] portière *f*
► **zwischen ~ und Angel** *fam* entre deux portes, à la va-vite; **jd fällt mit der ~ ins Haus** *fam* qn annonce tout de but en blanc, qn met les pieds dans le plat; **jd macht** [*o* **schlägt**] **jdm die ~ vor der Nase zu** *fam* qn ferme [*o* claque] la porte au nez de qn; **jd/etw öffnet einer S.** (*dat*) **~ und Tor** qn ouvre la porte [*o* laisse le champ libre] à qc/qc est la porte ouverte à qc; **jd rennt** [**mit etw**] **offene ~en ein** [avec qc,] qn enfonce une porte ouverte; **jd rennt bei jdm offene ~en ein** qn prêche un(e) convaincu(e); **hinter verschlossenen ~en** à huis clos; **ein Mensch rennt jdm** [**fast**] **die ~ ein** *fam* qn est [littéralement] assiégé(e) par une personne; **jd geht an die ~** qn va [voir] à la porte; **du kriegst die ~ nicht zu!** *fam* on en reste baba [*o* comme deux ronds de flanc]! *fam*; **jd setzt jdn vor die ~** *fam* qn fiche qn à la porte *fam*; **etw steht vor der ~** qc est imminent(e), on est à la veille de qc, qc approche à grands pas; **jd weist jdm die ~** *geh* qn montre la porte à qn; **~ an ~** porte à porte; ***N. und ich wohnen ~ an ~*** N. habite la porte à côté; **in der ~** à la porte
Türangel *f* gond *m*
Turban <-s, -e> *m* turban *m*
Turbine <-, -n> *f* turbine *f*
Turbo <-s, -s> *m* **1.** (*Turbolader*) turbo *m*
2. (*Auto*) turbo *f*
Turbodiesel *m* turbo *f* diesel **Turbolader** <-s, -> *m* turbocompresseur *m* **Turbomotor** *m* moteur *m* turbo[compressé] **Turbo-Prop-Maschine** *f* avion *m* à turbopropulseur
turbulent I. *adj* agité(e); *Sitzung a.* houleux(-euse); ■ **etw wird ~** qc devient houleux(-euse)
II. *adv* de façon houleuse
Turbulenz <-, -en> *f* **1.** METEO turbulence *f*
2. *meist pl geh* (*Ereignis*) remous *m*, turbulence *f*
Türdrücker *m* **1.** (*Türöffner*) bouton *m* ouvre-porte
2. (*Klinke*) poignée *f* de porte
Türe <-, -n> *f* DIAL *s.* **Tür**
Türfalle *f* CH *s.* **Türklinke. Türflügel** *m* battant *m* [de/de la porte] **Türfüllung** *f* panneau *m* [de/de la porte] **Türgriff** *m* poignée *f* [de/de la porte]
Türke <-n, -n> *m sl* (*Täuschung*) truc *m* bidon *fam*, ***etw stellt sich als ~ heraus*** qc se révèle être [du] bidon *fam*
Türke <-n, -n> *m*, **Türkin** *f* Turc/Turque *m/f*
Türkei <-> *f* ■ **die ~** la Turquie
türken *vt sl* ■ **jd türkt etw** qn bidonne qc *fam*, qn truque qc
Türkin *f s.* **Türke**
türkis *adj* turquoise *inv*
Türkis¹ <-es, -e> *m* MINER turquoise *f*
Türkis² <-> *nt* ∅ (*Farbe*) turquoise *m*
türkisch *adj* turc(turque)
► **auf T~** en turc
türkisfarben *adj* [de couleur] turquoise *inv*
Türklinke *f* poignée *f* de porte **Türklopfer** *m* heurtoir *m*, marteau *m* **Türknauf** *m* bouton *m* de porte
Turm <-[e]s, ¨-e> *m* **1.** ARCHIT tour *f*; [*Kirche a.*] clocher *m*
2. (*Sprung~*) [grand] plongeoir *m*
3. SCHACH tour *f*
► **der schiefe ~ von Pisa** la tour penchée de Pise
Türmchen <-s, -> *nt dim von* **Turm** tourelle *f*
türmen I. *vt + haben* ■ **jd türmt etw** [**auf etw** (*akk*)] qn empile qc [sur qc]
II. *vr + haben* ■ **etw türmt sich** [**irgendwo/auf etw** (*dat*)] qc s'empile [*o* s'entasse] [quelque part/sur qc]
III. *vi + sein fam* ■ **jd türmt** [**aus etw/irgendwohin**] qn se tire [de qc/quelque part] *fam*, qn se fait la malle *fam*; ***lass uns*** ~! tirons-nous! *fam*
Turmfalke *m* [faucon *m*] crécerelle *f* **Turmspringen** *nt* ∅ plongeons *mpl* de haut vol **Turmuhr** *f* horloge *f*
Turnanzug *m* tenue *f* de gymnastique
turnen I. *vi + haben* **1.** SPORT ■ **jd turnt** qn fait de la gymnastique; ■ **jd turnt an etw** (*dat*) *an einem Gerät* qn fait du/de la/des qc; *am Boden* qn fait des exercices à qc
2. *+ sein* (*sich bewegen*) ■ **jd/ein Affe turnt irgendwohin** qn/un singe évolue avec agilité [*o* virevolte] quelque part
II. *vt + haben* ■ **jd turnt etw** *Übung, Kür, Pflicht* qn exécute qc
Turnen <-s> *nt* ∅ gymnastique *f*; (*Unterrichtsfach a.*) gym *f fam*
Turner(in) <-s, -> *m(f)* gymnaste *mf*
turnerisch I. *adj* gymnique
II. *adv* sur le plan gymnique
Turngerät *nt* agrès *m*, appareil *m* **Turnhalle** *f* gymnase *m* **Turnhemd** *nt* maillot *m* [de gym[nastique]] **Turnhose** *f* short *m* [de gym[nastique]]
Turnier <-s, -e> *nt* **1.** SPORT tournoi *m*; [*Springreiter*] concours *m*
2. HIST tournoi *m*
Turnlehrer(in) *m(f)* professeur *m* de gymnastique [*o* d'éducation physique], prof *mf* de gym *fam* **Turnsaal** *m* A (*Turnhalle*) [salle *f* de] gymnase *m* **Turnschuh** *m* chaussure *f* de sport ► **jd ist fit wie ein ~** *fam* qn pète du feu [*o* de vie] *fam*
Turnschuh- (*jung und unkonventionell*) relax *fam*, cool *fam*
Turnübung *f* exercice *m* [gymnique] **Turnunterricht** *m* cours *m* de gymnastique [*o* de gym *fam*]
Turnus <-, -se> *m* roulement *m*
► **im** [**regelmäßigen**] **~** [**von etw**] par roulement [régulier] [tous(toutes) les qc]
Turnverein *m* club *f* de gymnastique **Turnzeug** *nt* affaires *fpl* de sport
Türöffner *m* touch *f* d'ouverture automatique (*de la porte d'entrée d'un immeuble*) **Türpfosten** *m* montant *m* [de/de la porte]; ***etw geht nicht zwischen den ~ durch*** qc ne passe pas dans le chambranle [*o* dans la porte] **Türrahmen** *m* encadrement *m* [de/de la porte], chambranle *m* **Türschild** *nt* plaque *f* [de porte] **Türschloss**^RR *nt* serrure *f* **Türschnalle** *f* A *s.* **Türklinke. Türschwelle** *f* seuil *m* [de/de la porte] **Türspalt** *m* entrebâillement *m* **Türsteher(in)** <-s, -> *m(f)* portier *m*; (*Rausschmeißer*) videur(-euse) *m(f)* **Türstock** *m* A (*Türrahmen*) encadrement *m* de porte **Türsturz** *m* linteau *m* [de/de la porte]
turteln *vi* ■ **sie ~** [**miteinander**] ils roucoulent
Turteltaube *f* **1.** ORN tourterelle *f*
2. *pl fam* (*Verliebte*) tourtereaux *mpl*
Türvorleger *m* (*Abtreter*) paillasson *m*; (*gegen Zugluft*) boudin *m* de porte
Tusch <-es, -e> *m* mesure *f* de fanfare
Tusche <-, -n> *f* encre *f* de Chine
tuscheln *vi* ■ **jd tuschelt** [**über jdn/etw**] qn murmure [à propos de qn/qc]; ***es wird viel getuschelt*** on murmure pas mal de choses
Tussi <-, -s> *f fam* nana *f fam*
tut *3. pers pres von* **tun**
Tüte <-, -n> *f* sac *m* [en papier/[en] plastique]; (*klein*) sachet *m*; ***eine ~ Zucker*** un sac/un sachet de sucre; ***eine Suppe aus der ~*** une soupe en sachet
► [**das**] **kommt nicht in die ~!** *fam* pas question! *fam*
tuten *vi* ■ **jd/etw tutet** qn/qc corne; */Auto a./* qc klaxonne; ■ **es tutet** on corne, on klaxonne
► **jd hat von T~ und Blasen keine Ahnung** *fam* qn est un(e) vrai(e) nullard(e), qn [n']y connaît que dalle *fam*
Tütensuppe *f* soupe *f* en sachet
Tutor <-s, Tutoren> *m*, **Tutorin** *f* **1.** UNIV moniteur(-trice) *m(f)*
2. SCOL tuteur(-trice) *m(f)*
TÜV <-s, -s> *m abk von* **Technischer Überwachungs-Verein** (*Institution*) centre *m* de contrôle technique; (*Prüfung*) contrôle *m* technique [biennal]
► **jds/der ~ läuft ab** la date limite du contrôle technique arrive à échéance [*o* expire]; ***bevor der ~ abläuft*** avant la date limite du contrôle technique; **etw hat** [**noch**] **eine bestimmte Zeit ~** qc a [encore] un certain temps jusqu'au prochain contrôle technique; **jd/etw kommt durch den ~** qn/qc passe le cap du contrôle technique
TV- [teːˈfau-] TV, télé; *-debatte, -duell, -magazin a.* télévisé(e); *-zuschauer* télé-; ***der ~teilnehmer*** le téléspectateur
Tweed <-s, -s *o* -e> [tviːt] *m* tweed *m*
Tweed- [tviːt-] en [*o* de] tweed
Twen <-[s], -s> *m veraltend* moins *mf* de trente ans
Twinset <-[s], -s> *nt o m* twin-set *m*
Twist¹ <-es, -e> *m* (*Stopfgarn*) coton *m* retors
Twist² <-s, -s> *m* (*Tanz*) twist *m*
Typ <-s, -en> [tyːp] *m* **1.** COM (*Ausführung*) modèle *m*; ***dieser ~ Computer*** ce modèle d'ordinateur
2. (*Art Mensch*) individu *m*; ***sie ist ein komischer ~*** c'est quelqu'un de bizarre; ***was ist er für ein ~***? quel genre d'individu c'est?; ■ **jd ist der ~ ..., der ...** *Mann, Frau, Chef etc* qn est le type [*o* genre] de ... qui ...
3. *sl* (*Kerl*) mec *m fam*
4. *sl* (*Freund*) mec *m fam*
► **dein ~ ist nicht gefragt** *sl* on t'a pas demandé(e) l'heure qu'il était *fam*, va te faire voir ailleurs *fam*; **jd ist jds ~** *fam* qn est le type de qn *fam*; **dein ~ wird verlangt** *sl* ramène ta fraise, on te demande *fam*
Type <-, -n> [ˈtyːpə] *f* **1.** (*Druck~*) type *m*, caractère *m*
2. *fam* (*Mensch*) type *m*, zèbre *m fam*; ***eine komische ~*** un drôle de zèbre [*o* de zigoto *fam*]
Typen [ˈtyːpən] *pl von* **Typus**
Typenrad [ˈtyːpən-] *nt* marguerite *f*, roue *f* d'écriture interchangeable
Typenradschreibmaschine [ˈtyːpən-] *f* machine *f* à marguerite
Typhus <-> [ˈtyːfʊs] *m* ∅ typhus *m*
typisch [ˈtyːpɪʃ] I. *adj* typique; ■ **etw ist ~ für ihn/für jdn** qc est typique de sa part/de qn; ***jd ist ein ~er Berliner/Schmidt*** qn est typiquement Berlinois(e) [*o* le/la Berlinois(e) typique]/qn est un(e) vrai(e) Schmidt
► [**das ist**] **~!** *fam* [c'est] typique! *fam*, il fallait s'y attendre!, c'était à prévoir!
II. *adv* **1.** ■ **~ jd** *Arthur, Monika etc* [c'est] signé qn; ***~ Frau/Mann*** typiquement féminin/masculin
2. ■ **~ etw** *deutsch, hamburgisch etc* typiquement qc
Typisierung <-, -en> [tyːpiˈsiːrʊŋ] *f* A (*amtliche Zulassung*) [*Gerät, Fahrzeug*] standardisation *f* des types
Typografie^RR <-, -n> [-ˈfiːən] *f* typographie *f*
typografisch^RR *adj* typographique
Typographie *s.* **Typografie**
typographisch *s.* **typografisch**
Typoskript <-s, -e> *nt* tapuscrit *m*
Typus <-, Typen> [ˈtyːpʊs] *m* type *m*; ***er ist der ~ des Gelehrten*** c'est le type même de l'érudit; ***sie ist nicht der ~ Frau, der etw macht*** ce n'est pas le genre de femme à faire qc

Tyrann(in) <-en, -en> *m(f)* tyran *m*
Tyrannei <-, -en> *f* tyrannie *f*
tyrannisch I. *adj* tyrannique
II. *adv* de manière tyrannique
tyrannisieren * *vt* ■ **jd tyrannisiert jdn** qn tyrannise qn; ■ **jd lässt sich [von jdm]** ~ qn se laisse tyranniser [par qn]
Tz [teːˈtsɛt] *nt s.* **Tezett**

U

U, u <-, -> [uː] *nt* U *m*, u *m*
► **U wie Ulrich** u comme Ursule
u. *conj abk von* **und**
u. a. *loc abk von* **und andere(s), unter anderem/anderen**
U.A.w.g. [uːˀaːveːˈgeː] *loc abk von* **Um Antwort wird gebeten** RSVP
U-Bahn *f* métro *m;* (*Zug a.*) rame *f*
U-Bahn- *-Linie, -Station, -Strecke* de métro; *-Netz, -Schacht, -Tunnel* de/du métro; *~-Zug* rame *f* de métro
U-Bahnhof *m* station *f* de métro
übel I. *adj* 1. (*schlimm*) sale *antéposé; Fall* fâcheux(-euse)
2. (*unangenehm*) *Geruch, Geschmack* mauvais(e); *Gefühl a.* pénible
3. (*ungut*) *Bursche, Kerl, Intrigantin* sale *antéposé;* ***er ist gar kein so übler Kerl*** c'est pas un mauvais bougre [*o* le mauvais cheval] *fam*
4. (*verkommen*) *Absteige, Viertel* mal famé(e)
5. (*schlecht*) ■ **jdm ist/wird** ~ qn a mal au cœur
► **es kann einem ~ werden, wenn …** il y a de quoi être écœuré(e), quand …; **[etw ist] gar nicht so** ~ [qc n'est] pas si mauvais(e) [*o* si mal] [que ça]
II. *adv* 1. (*unangenehm*) *riechen* mauvais; ***etw schmeckt*** ~ qc est mauvais; ***das Essen bekommt mir*** ~ j'ai mon repas qui ne passe pas
2. (*schlecht*) *sich fühlen* mal; ***jdm ist ~ zumute*** qn éprouve un malaise
3. (*gemein*) *behandeln* mal; ***jd redet ~ über jdn*** qn dit du mal de qn
► **jd legt jdm etw ~ aus, jd vermerkt jdm etw** ~ qn fait grief de qc à qn; **jd ist ~ dran** *fam* qn est mal barré(e) *fam;* **nicht** ~: ***wie riecht mein Parfüm? – Nicht*** ~! comment tu trouves mon parfum? – Pas mal du tout!; ***etw schmeckt gar nicht so*** ~ qc n'est pas mauvais(e) du tout; ***jd wohnt gar nicht mal so*** ~ qn n'est pas mal logé(e) du tout
Übel <-s, -> *nt* mal *m*
► **das kleinere** [*o* **geringere**] ~ un moindre mal; **ein notwendiges** ~ un mal nécessaire; **etw ist von** ~ qc est préjudiciable [*o* une mauvaise chose]; **es ist von ~ etw zu tun** c'est une mauvaise chose de faire qc; **ein ~ kommt selten allein** *prov* un malheur ne vient [*o* n'arrive] jamais seul; **zu allem** ~ pour couronner le tout
übelbeleumdet *s.* **beleumdet. übelgelaunt** *s.* **gelaunt**
Übelkeit <-, -en> *f* nausée *f*
übellaunig *adj* de mauvaise humeur, grincheux(-euse); ■ **jd ist** ~ qn est de mauvaise humeur
Übellaunigkeit <-> *f* ∅ ■ **jds** ~ la mauvaise humeur de qn
übel|nehmen *s.* **nehmen I.►. übelriechend** *s.* **riechen I.1. Übeltäter(in)** *m(f)* coupable *mf*, fautif(-ive) *m(f)* **übel|wollen** *s.* **wollen² II.►**
üben I. *vt* 1. (*durch Übung verbessern*) ■ **jd übt etw** *Sprache, Schulfach* qn travaille qc; *Aussprache, Autofahren, Einparken a.* qn s'exerce à qc/faire qc; *Gedächtnis* qn fait travailler [*o* exerce] qc
2. SPORT ■ **jd übt etw** qn travaille qc, qn s'entraîne à qc, qn s'exerce à qc
3. MUS ■ **jd übt etw** qn travaille qc; ***jd übt Klavier/Geige*** qn travaille son piano/son violon
II. *vr* 1. (*sich verbessern*) ■ **jd übt sich in etw** (*dat*) *in einer Sprache* qn s'exerce dans/en qc; ***jd übt sich in freier Rede*** qn s'exerce [*o* s'entraîne] à improviser un discours; ***jd übt sich im Lesen/Schreiben/Schwimmen*** qn s'exerce à lire/écrire/nager
2. SPORT ■ **jd übt sich in etw** (*dat*) qn s'entraîne [*o* s'exerce] à qc
III. *vi* ■ **jd übt [mit jdm]** (*für die Schule*) qn travaille [avec qn]; (*bestimmte Technik*) qn s'exerce [avec qn]; SPORT qn s'entraîne [avec qn]; *s. a.* **geübt**
über I. *präp* 1. + *dat* (*oberhalb von*) au-dessus de; ***die Burg liegt ~ der Stadt*** le château est au-dessus de [*o* surplombe] la ville
2. + *akk* (*quer hinüber*) par-dessus; ~ ***den Fluss*** par-dessus la rivière; ***die Brücke führt ~ den Fluss*** le pont traverse la rivière; ***wir fliegen ~ die Alpen*** nous volons au-dessus des [*o* survolons les] Alpes; ***jd geht ~ die Straße/ die Grenze*** qn traverse la rue/qn franchit la frontière
3. + *akk* (*örtlich darüber*) au-dessus de; ***sie hängte das Bild ~ den Kamin*** elle accrocha le tableau au-dessus de la cheminée; ***der Rock reicht ~ das Knie*** la jupe descend au-dessus du genou
4. + *akk* (*etw erfassend*) sur; ***der Blick ~ das Tal*** la vue sur la vallée; ***der Scheinwerferstrahl strich ~ die Mauer*** le projecteur balaya le mur
5. + *akk* (*quer darüber*) sur; ***er legte den Mantel ~ den Stuhl*** il posa le manteau sur la chaise; ***jd streicht jdm ~ die Wange*** qn caresse la joue de qn
6. + *akk* (*betreffend*) sur, au sujet de; *sprechen, sich freuen, sich wundern, klagen, lachen* de; ***ein Buch ~ Pflanzen/ Schiller*** un livre sur les plantes/ Schiller [*o* au sujet des plantes/de Schiller]
7. + *dat* (*zahlenmäßig größer als*) au-dessus de
8. + *akk* (*zahlenmäßig entsprechend*) *einen Betrag, eine Summe* de; ***die Rechnung lautet ~ etw*** la facture se monte à qc
9. + *dat* (*bei*) *Ärger, Aufregung, Beschäftigung, Gedanken* avec; ■ **jd tut etw ~ einer S.** une chose fait faire qc à qn; ***denke ~ dem ganzen Ärger aber auch mal daran, dass*** songe bien, malgré toutes ces contrariétés, que + *indic;* ~ ***diesen Gedanken*** sur cette pensée
10. *akk* (*durch*) ■ ~ **jdn** par l'intermédiaire de qn; ■ ~ **etw** grâce à qc
11. TRANSP par, via *form*
12. (*während*) *das Wochenende, die Ferien, Feiertage etc* pendant, pour; *Ostern, Pfingsten, Weihnachten* à; *Jahre, Jahrhunderte, Jahrtausende* pendant des; ~ ***Mittag*** à l'heure du déjeuner, entre midi et deux; ***den ganzen Tag*** ~ toute la journée; ***jd bleibt ~ Nacht irgendwo*** qn passe la nuit quelque part
13. RADIO, TV (*etw benutzend*) par
► **…** ~ **…** *Ärger, Fehler, Reden …* sur …, une succession de …; *Berge, Seen …* à n'en plus finir; *Vögel* des quantités *fpl* de …
II. *adv* 1. (*älter als*) de plus de; ***trau keinem ~ 30!*** ne fais pas confiance aux plus de 30 ans!; ***sie mag etwas ~ 40 sein*** je lui donnerais un peu plus de la quarantaine, elle a probablement passé la quarantaine
2. (*mehr als*) plus de; ***Einkommen ~ 200000 DM*** des revenus de plus de 200000 marks; ***bei ~ 40° C*** au-dessus de 40°
► ~ **und** ~ *bedeckt, verschmiert, verdreckt /Mensch/* des pieds à la tête; */Auto/* complètement
III. *adj fam* 1. (*übrig*) ■ **etw ist** ~ */Essen, Getränk, Geld/* il reste qc
2. (*überlegen*) ■ **jd ist jdm [in etw** (*dat*)**/auf etw** (*dat*)**]** ~ qn est au-dessus de [*o* supérieur(e) à] qn [dans qc]
► **jd hat etw [für jdn]** ~ *Essen, Getränk, Geld* il lui reste qc [pour qn]
überall *adv* 1. (*an allen Orten*) partout
2. (*wer weiß wo*) n'importe où, partout
3. (*in allen Dingen*) dans tous les domaines, partout
4. (*bei jedermann*) *beliebt sein, verhasst sein, kennen* universellement, partout
► ~ **wo** partout où, quel que soit l'endroit où
überallher *adv* de partout; ■ **von** ~ de partout **überallhin** *adv* [un peu] partout; ***jd kann ~ verschwunden sein*** qn peut avoir disparu n'importe où
überaltert *adj* vieillissant(e)
Überalterung <-> *f* ∅ vieillissement *m*
Überangebot *nt* excès *m* de l'offre; ■ ~ **an etw** (*dat*) excédent *m* de qc
überängstlich *adj* hyperanxieux(-euse); ***jd ist in finanziellen Dingen*** ~ qn est hyperanxieux(-euse) dans le domaine des finances
überanstrengen * I. *vr* ■ **jd überanstrengt sich** qn se surmène; ■ **jd überanstrengt sich bei etw** qn force en faisant qc
II. *vt* ■ **jd überanstrengt etw [durch etw]** qn force [*o* s'esquinte *fam*] qc [avec qc]; ■ **etw überanstrengt etw** */Arbeit, Tätigkeit/* qc met qc à rude épreuve
überanstrengt *adj* surmené(e)
Überanstrengung *f* surmenage *m*
überantworten * *vt geh* ■ **jd überantwortet etw jdm/einer S.** *Fundstück, Aufsicht, Erziehung* qn confie qc à qn/qc; ■ **jd überantwortet jdn jdm/einer S.** qn remet qn à qn/qc
überarbeiten * I. *vt* ■ **jd überarbeitet etw** qn remanie qc
II. *vr* ■ **jd überarbeitet sich** qn se surmène
Überarbeitung <-, -en> *f* 1. ∅ (*das Bearbeiten*) remaniement *m*
2. (*bearbeitete Fassung*) édition *f* remaniée
3. (*Körperverfassung*) surmenage *m;* ***jd schuftet bis zur völligen*** ~ *fam* qn bosse jusqu'à épuisement complet *fam*, qn se tue au boulot *fam*
überaus *adv geh* infiniment *form*, extrêmement; *ärgerlich, verärgert* extrêmement
überbacken * *vt irreg* ■ **jd überbackt** [*o* **überbäckt**] **etw [mit etw]** qn fait gratiner qc [avec qc]
überbauen * *vt* ■ **jd überbaut etw [mit einer S.]** *Grundstück, Platz* qn construit [une chose] sur qc; ***etw ist mit einer S. überbaut worden*** une chose a été construite sur qc
überbeanspruchen * <überzubeanspruchen> *vt* 1. (*zu sehr in Anspruch nehmen*) ■ **jd überbeansprucht jdn** qn épuise qn; ■ **jd/etw überbeansprucht etw** *Bandscheiben, Gelenke* qn/qc surmène [*o* malmène] qc; ■ **jd überbeansprucht etw** *Kräfte, Reserven* qn présume de qc; ■ **jd ist überbeansprucht** qn est surmené(e) [*o* débordé(e)]; ***ich will Sie ja nicht ~, aber …*** je ne voudrais pas abuser [de vous], mais …
2. (*zu stark beanspruchen*) ■ **jd/etw überbeansprucht etw** *Motor, Reifen, Getriebe, Kupplung* qn/qc malmène qc; *Sitzmöbel* qn maltraite qc; *Regal-*

brett qn/qc surcharge qc

Überbeanspruchung *f* 1. [*Mensch*] surmenage *m*
2. [*Motor, Reifen*] surmenage *m*, fatigue *f* excessive; ***der Stuhl ist einer solchen ~ nicht gewachsen*** cette chaise ne peut supporter un tel traitement; ***die ständige ~ des Sofas*** les mauvais traitements que subit en permanence le canapé

Überbein *nt* kyste *m* [*o* ganglion *m*] synovial

über|bekommen * *vt irreg fam* ■ **jd bekommt jdn/etw über** *Nörgler, Streitereien* qn commence à en avoir sa dose de qn/qc *fam; Kaviar* qn commence à être dégoûté(e) de qc

überbelegen * <überzubelegen> *vt* ■ **jd überbelegt etw** [**mit Menschen**] qn entasse les personnes dans qc; ■ **überbelegt** surpeuplé(e), bondé(e); *Kurs, Vorlesung* bondé(e), [plus que] plein(e)

Überbelegung *f* 1. ∅ (*das Überbelegen*): ***jd soll die ~ der Baracken vermeiden*** qn doit éviter l'entassement des [*o* d'entasser les] gens dans les baraques
2. (*zu starke Belegung*) surpeuplement *m*; ***die ~ einer Vorlesung*** le surnombre des étudiants à un cours

überbelichten * <überzubelichten> *vt* ■ **jd überbelichtet etw** qn surexpose qc

Überbelichtung *f* surexposition *f*

Überbeschäftigung *f* ∅ suremploi *m*

überbetonen * <überzubetonen> *vt* 1. ■ **jd überbetont etw** (*zu große Bedeutung beimessen*) qn insiste trop sur qc; (*sehr große Bedeutung beimessen*) qn s'appesantit sur qc
2. COUT ■ **etw überbetont etw** /*Kleidungsstück, Teil der Kleidung*/ qc souligne à l'excès [*o* exagérément] qc

Überbevölkerung *f* ∅ surpopulation *f*

überbewerten * <überzubewerten> *vt* 1. (*zu gut bewerten*) ■ **jd überbewertet etw** qn surnote qc, qn surévalue qc
2. (*überbetonen*) ■ **jd überbewertet etw** *Äußerung, Eigenschaft, Faktor etc* qn surestime qc, qn surévalue qc

Überbewertung *f* 1. ∅ (*das Überbewerten*) [*Äußerung, Eigenschaft, Faktor etc*] surévaluation *f*, surestimation *f*; ***jd tendiert zur ~ einer S.*** (*gen*) qn a tendance à attacher trop d'importance à qc
2. (*überbewertende Aussage*) exagération *f*; ***etw ist eine ~ der Wichtigkeit einer S.*** (*gen*) qc surévalue [*o* surestime] l'importance de qc

überbezahlen * <überzubezahlen> *f* ■ **jd überbezahlt jdn** qn surpaie qn; ■ **jd überbezahlt etw** qn surpaie qc, qn paie qc trop cher; ■ **jd/etw ist überbezahlt** qn/qc est surpayé(e)

überbietbar *adj* ■ **nicht** [**mehr**] [*o* **kaum noch**] ~ inégalable, sans pareil(le) [*o* égal(e)]; ■ **etw ist nicht** [**mehr**] [*o* **kaum noch**] ~ qc est un comble; ■ **etw ist an etw** (*dat*) **nicht** ~ *an Brutalität, Dreistigkeit, Ekelhaftigkeit etc* qc est d'un(e) qc sans égal(e) [*o* pareil(le)], qc est le comble de qc

überbieten * *irreg* I. *vt* 1. SPORT ■ **jd überbietet etw** [**um etw**] qn bat [*o* améliore] qc [de qc]
2. (*höheres Gebot machen*) ■ **jd überbietet jdn/etw** [**um etw**] qn surenchérit sur qn/qc [de qc]
▶ **etw ist nicht/kaum** [**mehr**] **zu** ~ qc est un comble; **etw ist** [**an etw** (*dat*)] **nicht/kaum** [**mehr**] **zu** ~ qc est d'un(e) qc sans égal(e) [*o* pareil(le)]/difficilement égalable
II. *vr* ■ **sie** ~ **sich** [**gegenseitig**] [**an etw** (*dat*)] ils/elles se rivalisent de qc]; *an Höflichkeit a.* ils/elles font assaut de qc

Überbietung <-, -en> *f* amélioration *f*

überbinden *vt irreg* CH ■ **jd überbindet jdm etw** *Prozesskosten, Aufgabe, Pflicht* qn astreint qn à qc

über|bleiben *vi irreg + sein fam* ■ **etw bleibt** [**für jdn/ein Tier**] **über** il reste qc [pour qn/un animal]; ***esst, damit nichts überbleibt!*** mangez, qu'il n'y ait pas de reste! *fam*

Überbleibsel <-s, -> *nt meist pl* vestige *m*; [*Essen*] reste *m*

Überblick *m* (*Rundblick*) ■ **ein bestimmter ~ über etw** (*akk*) une certaine vue [panoramique] sur qc
▶ **jdm fehlt der ~/der ~ über etw** (*akk*) qn n'a pas une vue très claire des choses/qn ne sait pas [exactement] qc; ***mir fehlt der ~ über meine Finanzen*** je ne sais pas exactement où en sont mes finances; **jd hat einen ~** [**über etw** (*akk*)] qn a une vue d'ensemble [de qc]; **jd hat** [**von etw**] **einen** [**bestimmten**] ~ (*Rundblick*) [de qc,] qn a une [certaine] vue; **jd verliert den ~/den ~ über etw** (*akk*) qn ne sait plus [exactement] où il en est/où en est qc; ***jd hat den ~ darüber verloren, wen er eingeladen hat*** qn ne sait plus exactement qui il a invité; **jd verschafft sich** (*dat*) **einen ~** [**über etw** (*akk*)] qn fait un tour d'horizon [de qc], qn se fait une idée d'ensemble [de qc]

überblicken * *vt* 1. (*überschauen*) ■ **jd überblickt etw** [**von etw aus**] *Platz, Stadt, Umland* [de[puis] qc,] qn embrasse qc du regard
2. (*in der Gesamtheit einschätzen*) ■ **jd überblickt etw** qn a [*o* se fait] une idée globale de qc; *Schaden a.* qn estime l'ampleur de qc; *Ausmaß a.* qn apprécie qc; ■ **etw lässt sich** ~ on peut avoir [*o* se faire] une idée globale de qc

überbordend *adj Schulden, Defizite* exorbitant(e); *Produktion, Verkehr* excessif(-ive); *Temperament* exubérant(e); *Fantasie* débordant(e); *Drang* impérieux(-euse); *Fürsorge* envahissant(e)

überbreit *adj* très large; *Reifen* large, surdimensionné(e); ***ein ~er Schwertransporter*** un convoi grand largeur

Überbreite *f* largeur *f* hors norme
▶ **etw hat** ~ qc a une largeur hors norme; **mit** ~ excessivement large

überbringen * *vt irreg* ■ **jd überbringt** [**jdm**] **etw** qn remet qc [à qn]; *Nachricht* qn transmet qc [à qn]

Überbringer(in) <-s, -> *m(f)* porteur(-euse) *m(f)*

überbrückbar *adj Differenzen, Gegensätze* surmontable; *Anschauungen, Positionen* conciliable

überbrücken * *vt* 1. (*notdürftig bewältigen*) ■ **jd überbrückt etw** *Arbeitslosigkeit, schwierige Lage, Krise* qn pallie qc; *Zeitraum* qn surmonte qc
2. (*ausgleichen*) ■ **jd überbrückt Dinge** [**durch etw**] *Differenzen, Gegensätze* qn surmonte des choses [grâce à qc]; *Anschauungen, Positionen* qn concilie des choses [grâce à qc]; ■ **sie lassen sich** ~ ils/elles peuvent être surmonté(e)s/concilié(e)s

Überbrückung <-, -en> *f* 1. (*das Überbrücken*) [*Arbeitslosigkeit, schwierige Lage etc*] résolution *f* [provisoire]; ***zur ~ meiner Arbeitslosigkeit*** pour franchir [*o* passer] le cap de ma période de chômage
2. (*das Ausgleichen*) [*Differenzen, Gegensätze etc*] conciliation *f*
▶ **zur ~ von etw** *von Lage* pour pallier qc; *von Gegensätzen* pour surmonter qc; ***zur ~ der Zeit bis dahin*** pour passer [*o* employer] le temps d'ici là

Überbrückungskredit *m* crédit-relais *m*

überbuchen * *vt* ■ **jd überbucht etw** qn surbooke qc; ***etw ist überbucht*** qc est surbooké(e); ***sie haben den Flug überbucht*** ils ont fait du surbooking

überdachen * *vt* ■ **jd überdacht etw** qn couvre qc; ■ **überdacht** couvert(e)

überdauern * *vt* ■ **etw überdauert etw** qc survit à qc

über|decken[1] *vt fam* ■ **jd deckt jdm etw über** *Plane, Tuch, Decke* qn recouvre qn de qc; ***sie deckt ihm die Decke wieder über*** elle lui remet sa couverture

überdecken*[2] *vt* (*verdecken*) ■ **jd/etw überdeckt etw** [**mit etw**] *rissige Wand, Bild, Farbschicht, ursprüngliches Gemälde* qn/qc recouvre qc [de qc]; *Geruch, Geschmack* qn/qc masque qc [de qc]

überdehnen * *vt* ■ **jd überdehnt etw** [**bei etw**] qn se distend qc [en faisant qc]; ■ **etw überdehnt etw** qc distend qc

überdenken * *vt irreg* ■ **jd überdenkt etw** [**noch einmal**] qn reconsidère qc

überdeutlich I. *adj* très [*o* parfaitement] explicite; *Absicht* évident(e)
II. *adv* de la façon la plus nette; ***etw wird jdm ~ klar*** qc apparaît à qn avec évidence

überdies *adv geh* en outre

überdimensional *adj* démesuré(e), énorme

Überdosis *f* overdose *f*, surdose *f*; ***eine ~ [an] Heroin*** une overdose [*o* surdose] d'héroïne

überdrehen * *vt* 1. AUT ■ **jd überdreht etw** *Auto, Motor* qn force [*o* pousse] qc
2. TECH ■ **jd überdreht etw** *Gewinde, Schraube* qn force qc; ***jd überdreht seine Uhr*** qn force en remontant sa montre

überdreht *adj fam Mensch* surexcité(e), survolté(e)

Überdruck <-drücke> *m* surpression *f*

Überdruckventil [-vɛn-] *nt* soupape *f* de sûreté [*o* de sécurité]

Überdruss[RR] <-es>, **Überdruß** <-sses> *m* ∅ dégoût *m*, saturation *f*
▶ **aus** ~ [**an etw** (*dat*)] par dégoût [de qc]; **bis zum** ~ [jusqu']à satiété, jusqu'à en être saturé(e)

überdrüssig *adj* ■ **jd ist/wird jds/einer S.** ~ qn en a/commence à en avoir [plus qu']assez de qn/qc

überdüngen * *vt* ■ **jd überdüngt etw** qn abuse des engrais pour qc; ***ein überdüngtes Gelände*** un terrain pollué par un abus d'engrais

Überdüngung <-, -en> *f* [*Äcker*] fertilisation *f* excessive; [*Gewässer*] eutrophication *f*

überdurchschnittlich I. *adj* supérieur(e) à la moyenne, au-dessus de la normale
II. *adv* plus … que la moyenne; ~ ***gut*** mieux/meilleur(e) que la moyenne; ~ ***viel*** [***Geld***] *verdienen, ausgeben* plus [d'argent] que la moyenne; *verlangen* plus que le prix normal

übereck *adv* en diagonale [dans le/un coin]

Übereifer *m* excès *m* de zèle
▶ **in seinem/ihrem ~ etw zu tun** dans son empressement à faire qc

übereifrig *adj* trop zélé(e)

übereignen * *vt geh* ■ **jd übereignet jdm etw** qn transmet [la propriété de] qc à qn

übereilen * *vt* ■ **jd übereilt etw** qn précipite qc

übereilt I. *adj* précipité(e)
II. *adv* précipitamment

übereinander *adv* l'un(e) au-dessus de l'autre/les un(e)s au-dessus des autres; ***jd legt sie ~*** qn les pose [*o* met] l'un(e) au-dessus de l'autre/les un(e)s au-dessus des autres, qn les superpose; ***sie liegen ~*** ils/elles sont posé(e)s l'un(e) au-dessus de l'autre/les un(e)s au-dessus des autres, ils/elles sont superposé(e)s; /*Leichen*/ ils/elles reposent les un(e)s sur les autres; ***jd schlägt die Arme/die Beine ~*** qn croise les bras/les jambes [l'un(e) sur l'autre]

übereinander|legen *s.* **übereinander. übereinander|liegen** *s.* **übereinander. übereinander|schlagen** *s.* **übereinander**

überein|kommen *vi irreg + sein* ■ **sie kommen/jd kommt mit jdm** [**darin**] **überein etw zu tun** ils/elles conviennent/qn convient avec qn de faire qc, ils/elles se mettent d'accord/qn se met d'accord avec qn pour faire qc

Übereinkommen *nt* accord *m*
▶ **sie erzielen** [**in etw** (*dat*)] **ein** ~ ils/elles parviennent à un accord [sur qc]; **jd trifft** [**mit jdm**] **ein** ~ qn passe [*o* établit] un accord [avec qn]

Übereinkunft <-, -e> *f* accord *m*, convention *f*
▶ **sie erzielen** [**in etw** (*dat*)] **eine** ~ ils/elles parviennent à un accord [sur qc]; **sie haben eine** ~ [**über etw** (*akk*)] ils/elles ont [trouvé] un arrangement [*o* établi un pacte] [pour qc]

überein|stimmen *vi* 1. (*der gleichen Meinung sein*) ■ **sie stimmen in etw** (*dat*)/**hinsichtlich einer S.** (*gen*) **überein** ils/elles sont d'accord [*o* leurs avis concordent] sur qc/en ce qui concerne qc; ■ **jd stimmt mit jdm** [**darin/insoweit**] **überein, dass** qn convient avec qn que + *indic*, qn est d'accord avec qn pour dire que + *indic*
2. (*sich gleichen*) ■ **etw stimmt** [**mit etw**] **überein** qc correspond [à qc], qc

est conforme [à qc]; ***Original und Fälschung stimmen überein*** l'original et le faux sont très ressemblants

übereinstimmend I. *adj* 1. (*einhellig*) *Ansicht, Meinung, Überzeugung* concordant(e), unanime
2. (*sich gleichend*) *Aussage, Information, Nachricht, Meldung* concordant(e)
II. *adv* 1. (*einhellig*) de façon concordante, unanimement
2. (*in gleicher Weise*) de façon concordante

Übereinstimmung *f* consensus *m*
►**sie erzielen [in etw** (*dat*)**]** ~ ils/elles parviennent à un consensus [sur qc]; [***in etw***] ***wird*** ~ ***erzielt*** on parvient à un consensus [sur qc]; **in** ~ **mit jdm** (*übereinstimmend*) en accord avec qn; **in** ~ **mit etw** en harmonie avec qc; /*Mensch/* conformément à qc

überempfindlich I. *adj* 1. *Mensch* trop susceptible
2. MED ■**jd ist** ~ **gegen etw** qn a une hypersensibilité à qc
II. *adv* 1. *reagieren* comme un(e) écorché(e) vif(vive)
2. MED: ***jd reagiert*** ~ ***auf etw*** (*akk*) qn est allergique à qc

Überempfindlichkeit *f* ∅ 1. (*zu große Empfindlichkeit*) extrême susceptibilité *f*
2. MED hypersensibilité *f*

Überernährung *f* ∅ suralimentation *f*

über|essen[1] *vr irreg* ■**jd isst sich** (*dat*) **etw über** qn se dégoûte de qc; ***jd hat sich etw übergegessen*** qn est dégoûté(e) [*o* saturé(e)] de qc, qn s'est donné(e) une indigestion de qc

überessen[2] <überisst, überaß, übergessen> *vr* ■**jd überisst sich an etw** (*dat*) qn se gave [*o* bourre] de qc

überfahren*[1] *vt irreg* 1. (*niederfahren*) ■**jd überfährt jdn/ein Tier** qn écrase qn/un animal
2. (*nicht beachten*) ■**jd überfährt etw** *Stoppschild, rote Ampel* qn brûle qc, qn grille qc
3. *fam* (*übertölpeln*) ■**jd überfährt jdn** qn embobine qn *fam*

über|fahren[2] *vt irreg* ■**jd fährt jdn/etw über** qn fait traverser [*o* passer] qn/qc

Überfahrt *f* traversée *f*

Überfall *m* attaque *f*, agression *f*; ■**der** ~ **auf jdn/etw** l'attaque de qc/ l'agression de qn
►**jd hat einen** ~ **auf jdn vor** *hum fam* qn a l'intention de débarquer chez qn *fam*

überfallen * *vt irreg* 1. (*anfallen*) ■**jd überfällt jdn** qn agresse qn
2. (*ausrauben*) ■**jd überfällt etw** *Bank, Juweliergeschäft etc* qn attaque qc
3. *geh* (*überkommen*) ■**etw überfällt jdn** /*Gefühl, Heimweh, Müdigkeit, Schlafbedürfnis/* qc gagne qn, qn se sent envahi(e) par qc *soutenu*
4. *hum fam* (*besuchen*) ■**jd überfällt jdn** qn débarque chez qn sans crier gare *fam*; ***ich hoffe, ich überfalle euch nicht*** j'espère que je [ne] vous dérange pas trop [en vous tombant dessus à l'improviste]
5. (*bestürmen*) ■**jd überfällt jdn [mit etw]** *mit Fragen, Wünschen* qn assaille qn [de qc]

überfällig *adj* 1. TRANSP en retard; ■**etw ist [seit einer bestimmten Zeit]** ~ qc est en retard [d'un certain temps]
2. FIN en souffrance; ■**etw ist [seit einem bestimmten Zeitpunkt/Zeitraum]** ~ qc est en souffrance [depuis un certain moment/temps]; /*Rate, Zinsen a./* qc est échu(e) [depuis un certain moment/temps]
3. *Besuch, Entschuldigung* qui s'imposait depuis longtemps; ■**etw ist** ~ qc s'imposait depuis longtemps; ***endlich! Der Besuch war auch schon lange*** ~! enfin! Cette visite s'est fait attendre!; ***für dein Benehmen ist eine Entschuldigung wirklich*** ~ il y a longtemps que tu aurais dû t'excuser de ton comportement

Überfallkommando *nt*, **Überfallskommando** *nt* AUS *fam* ■**das** ~ police *f* secours

überfischen * *vt* ■**jd überfischt etw** [la surpêche pratiquée par] qn dépeuple [*o* épuise] qc

überfliegen * *vt irreg* 1. AVIAT ■**jd überfliegt etw** qn survole qc
2. (*ansehen*) ■**jd überfliegt etw** *Artikel, Buch, Text etc* qn survole qc

über|fließen *vi irreg + sein* 1. (*überlaufen*) ■**etw fließt über** qc déborde
2. *geh* (*überschwänglich sein*) ■**jd fließt über vor etw** (*dat*) qn se répand en qc, qn déborde de qc

überflügeln * *vt* ■**jd überflügelt jdn** qn surpasse qn; ***jd hat jdn weit überflügelt*** qn a surclassé qn

Überfluss[RR] *m* ∅ [sur]abondance *f*
►**etw ist im** ~ **vorhanden** il y a de la/du qc en abondance [*o* des quantités de qc]; **jd hat etw im** ~ qn a qc en quantité [*o* de la/du qc à revendre]; **jd schwelgt im** ~ qn nage dans l'abondance [*o* l'opulence]; **zu allem** [*o* **zum**] ~ pour couronner le tout, par-dessus le marché

Überflussgesellschaft[RR] *f* société *f* d'abondance

überflüssig *adj* superflu(e); ■**es ist** ~, **dass jd etw tut** il est superflu que qn fasse qc; ***ich glaube, ich bin hier*** ~ je crois qu'ici, je suis de trop

überflüssigerweise *adv* inutilement, pour rien

überfluten * *vt* 1. (*überschwemmen*) ■**etw überflutet etw** qc inonde qc
2. (*über etw hinwegströmen*) ■**etw überflutet etw** *Deich, Kaimauer* qc passe par-dessus qc
3. *geh* (*in Mengen hereinbrechen*) ■**sie** ~ **etw** *Land* ils/elles submergent qc; *Grenzen* ils/elles franchissent qc en foule

Überflutung <-, -en> *f* inondation *f*

überfordern * *vt* ■**jd überfordert jdn/sich [mit etw]** [avec qc] qn en demande trop à qn/se surmène [*o* présume de ses forces]; ■**jd überfordert etw** qn use qc, qn épuise qc; ■**etw überfordert jdn** qc dépasse les forces de qn, qc exige trop de qn; ■**jd ist [mit etw/in etw** (*dat*)**] überfordert** [avec qc/dans qc,] qn est surmené(e); qn est dépassé(e) [par qc]

Überforderung *f* surmenage *m*; ***die Probleme werden zur*** ~ ***dieser Mitarbeiterin führen*** cette collaboratrice va finir par être dépassée par les problèmes; ***er neigt zur*** ~ ***seiner Mitarbeiter*** il a tendance à trop exiger de ses collaborateurs

überfragen * *vt* (*mit von jdm nicht zu beantwortenden Fragen konfrontieren*) ■**jd überfragt jdn** qn en demande trop à qn; ■**jd ist [mit etw] überfragt** qn est incapable de répondre [à qc]; ***jd ist in ... Dingen überfragt*** qn est dépassé(e) dans le domaine de ...
►**da bin ich überfragt** *fam* là, tu m'en demandes/vous m'en demandez trop

überfremden * *vt* ■**jd überfremdet etw** qn submerge qc; *Land a.* qn envahit qc; ***die Angst, überfremdet zu werden*** la peur d'être envahi(e) par les étrangers

Überfremdung <-, -en> *f* déculturation *f*

Überfuhr <-, -en> *f* AUS (*Fähre*) bac *m*

überführen * *vt* 1. (*transportieren*) ■**jd überführt jdn [irgendwohin]** *Patienten, Leiche* qn transfère qn [quelque part]; ■**jd überführt etw [irgendwohin]** *Kraftfahrzeug* qn convoie qc [quelque part]
2. JUR ■**jd überführt jdn [durch etw]** qn confond qn [grâce à qc]; ■**jd überführt jdn einer S.** (*gen*) qn convainc qn de qc; ***jd wird des Drogenhandels überführt*** qn est convaincu(e) de trafic de drogue; ■ **überführt** démasqué(e)

Überführung *f* 1. (*Brücke*) passage *m* supérieur
2. [*Patient, Leiche*] transfert *m*; [*Kraftfahrzeug*] convoyage *m*
3. JUR preuve *f* de la culpabilité; ***die Fingerabdrücke führten zur*** ~ ***der Verdächtigen*** les empreintes digitales ont permis de prouver [*o* d'établir] la culpabilité de la suspecte; ***durch etw gelingt jds*** ~ qc permet de confondre qn

überfüllt *adj Schulklasse, Kurs, Schule* surchargé(e); *Flüchtlingslager, Baracke* bondé(e)

Überfunktion *f* hyperfonctionnement *m*

Übergabe *f* 1. (*das Übergeben*) remise *f*
2. MIL reddition *f*

Übergang <-gänge> *m* 1. ∅ (*Übergangszeit*) période *f* transitoire [*o* de transition]
2. (*Wechsel*) ■**der** ~ **zu etw/von etw zu etw** le passage à qc/la transition entre qc et qc
3. (*Grenz~*) passage *m*
4. ∅ [*Truppen etc*] traversée *f*; ***der*** ~ ***Ariovists über den Rhein*** la traversée du Rhin par Arioviste
►**etw ist [für jdn] nur ein** ~ qc n'est [pour qn] qu'une solution transitoire [*o* de transition]

Übergangs- transitoire, de transition; *-kabinett a.* provisoire

übergangslos *adv* sans transition

übergeben * *irreg* I. *vt* 1. (*überreichen*) ■**jd übergibt [jdm] etw** qn remet qc [à qn]
2. (*ausliefern*) ■**jd übergibt jdn jdm** qn remet qn à qn
3. MIL ■**jd übergibt [jdm] etw** [*o* **etw [an jdn]**] qn livre qc [à qn]
II. *vr* ■**jd übergibt sich [irgendwohin]** qn vomit [quelque part]

über|gehen[1] *vi irreg + sein* 1. (*überwechseln*) ■**jd geht zu etw über** *zu einem anderen Thema, zum nächsten Tagesordnungspunkt etc* qn passe à qc; ■**jd geht dazu über etw zu tun** qn en vient à faire qc
2. (*übertragen werden*) ■**etw geht in etw** (*akk*) **über** /*Besitz, Eigentum, Grundstück/* qc devient qc; ***etw geht in städtischen Besitz über*** qc devient propriété de la ville, la propriété de qc est transférée à la ville
3. (*einen anderen Zustand erreichen*) ■**etw geht in etw** (*akk*) **über** *in Fäulnis, Gärung* qc commence à faire qc; *in Verwesung a.* qc entre en qc; ***etw geht in Gärung über*** qc commence à fermenter
4. (*verschwimmen*) ■**sie gehen ineinander über** /*Farben, Himmel und Meer/* ils/elles se fondent

übergehen*[2] *vt irreg* 1. (*nicht berücksichtigen*) ■**jd übergeht jdn [bei/in etw** (*dat*)**]** qn oublie qn [lors de/dans qc]
2. (*nicht beachten*) ■**jd übergeht etw** *Beschwerde, Einwand, Frage, Vorstellung* qn ignore qc
3. (*auslassen*) ■**jd übergeht etw** *Abschnitt, Kapitel, Punkt, Text etc* qn saute qc

übergenau *adj* très méticuleux(-euse); ■**jd ist [bei/in etw** (*dat*)**]** ~ *bei einer Tätigkeit* qn est très méticuleux(-euse) [dans qc]; *im Korrigieren, in einer Prüfung* qn est très pointilleux(-euse) [pour qc]

übergenug *adv* plus qu'assez
►**jd hat** ~ **von jdm/etw** qn en a plus qu'assez de qn/qc

übergeordnet *adj* 1. *Bedeutung, Problem* primordial(e)
2. ADMIN: ***die*** ~***en Behörden*** les supérieurs *mpl* [hiérarchiques]; ***unsere*** ~***e Dienststelle*** nos supérieurs *mpl*

übergeschnappt *adj fam* maboul(e) *fam*

Übergewand *nt* CH (*Arbeitsoverall*) combinaison *f*, bleu *m*

Übergewicht *nt* ∅ 1. (*Körpergewicht*) excès *m* de poids, surcharge *f* pondérale *form*
2. (*vorrangige Bedeutung*) prépondérance *f*; ***einer S.*** (*dat*) ***wird ein*** ~ ***zugemessen*** on donne une importance exagérée à qc [*o* trop de poids à qc]
►**jd bekommt** [*o* **kriegt** *fam*] ~ (*verliert das Gleichgewicht*) qn perd l'équilibre; **jd hat** ~ qn a un excédent de poids, qn fait de la surcharge pondérale *form*; **etw hat** ~ qc est trop lourd(e); **etw hat ... kg** ~ qc est en surcharge de ... kg; **etw hat irgendwo/für jdn ein** ~ /*Fach, Fachgebiet, Problem/* qc est prépondérant(e) quelque part/pour qn

übergewichtig *adj* qui a un excédent de poids, trop gros(se); ■**jd ist** ~ qn a un excédent de poids, qn est trop gros(se), qn fait de la surcharge pondérale *form*

übergießen * *vt irreg* ■**jd übergießt sich/jdn/etw mit etw** qn s'asperge/arrose qn/qc de qc

überglücklich *adj Mensch* extrêmement heureux(-euse), comblé(e) de bonheur; *Miene* radieux(-euse); ■ **jd ist ~, dass** qn est extrêmement heureux(-euse); ■ **jd ist ~, dass** qn est si [*o* tellement] heureux(-euse) que + *subj*

über|greifen *vi irreg* ■ **etw greift auf etw** (*akk*) **über** qc se propage et gagne qc

Übergriff *m* acte *m* de violence, débordements *mpl*; **~e der Polizei** des brutalités *fpl* [*o* des bavures *fpl*] policières
▸ **es kommt zu ~en ...** il y a des débordements [*o* actes de violence] ...

übergroß *adj Kleidungsstück, Hose, Hemd* en grande taille; *Teppich, Bett* en grandes dimensions; *Möbelstück* de/d'une taille imposante [*o* impressionnante]

Übergröße *f* grande taille *f*
▸ **etw hat ~** qc est une grande taille; **in ~n** en grande taille

über|haben[1] *vt irreg fam* **1.** (*satt haben*) ■ **jd hat jdn/etw über** qn en a marre de qn/qc *fam*, qn en a ras le bol de qn/qc *fam*
2. (*übrig haben*) ■ **jd hat für jdn/etw etwas über** qn a un faible pour qn/qc; ■ **jd hat für jdn nichts über** qn n'est pas attiré(e) par qn; ■ **jd hat für etw nichts über** qc, ça ne branche pas qn *fam*
3. (*übergehängt haben*) ■ **jd hat etw über** *Schal, Cape* qn a mis qc sur ses épaules

überhand|nehmen *s.* **nehmen I.**▸

Überhang *m* **1.** GEOG surplomb *m*
2. COM ■ **~ [an etw** (*dat*)**]** *an Waren, Lagerbeständen* surplus *m* [de qc]; *an Stellen, Lehrern, Angeboten* trop grand nombre *m* [de qn/qc]

über|hängen[1] *vi irreg + haben* **1.** (*hinausragen*) ■ **etw hängt [auf etw** (*akk*)**] über** */Ast, Zweig/* qc dépasse [sur qc]
2. (*vorragen*) ■ **etw hängt über** */Felswand, Fassade/* qc est en surplomb; ■ **etw hängt nach vorn über** */Felswand, Fassade/* qc fait une avancée

über|hängen[2] *vt* (*umhängen*) ■ **jd hängt jdm/sich etw über** *Tasche, Gewehr* qn met qc en bandoulière; *Mantel, Jacke* qn enfile qc à qn/passe qc; ***mit übergehängten Gewehren*** avec le fusil en bandoulière

Überhangmandat *nt* mandat *m* excédentaire

überhap[p]s *adv* AUS, SDEUTSCH *fam* (*ungefähr*) à peu près

überhasten * *vt* ■ **jd überhastet etw** qn précipite qc

überhastet I. *adj* précipité(e)
II. *adv* précipitamment, dans la précipitation

überhäufen * *vt* **1.** (*überreich bedenken*) ■ **jd überhäuft jdn mit etw** *mit Ehrungen, Lob, Geschenken* qn couvre qn de qc, qn comble qn de qc
2. (*massiv vorbringen*) ■ **jd überhäuft jdn mit etw** *mit Klagen, Vorwürfen* qn accable qn de qc; ***sie ~ uns mit technischen Details*** ils/elles nous bombardent de détails techniques *fam*

überhaupt *adv* **1.** (*eigentlich*) (*souvent non traduit*); ***was fällt dir ~ ein?*** qu'est-ce qui te prend?; ***was soll das ~?*** qu'est-ce que ça signifie?; ***wissen Sie ~, wie spät es ist?*** vous avez vu l'heure?; ***ob ihr ~ klar war, was sie damit anrichten würde?*** avait-elle seulement conscience de ce qu'elle allait provoquer?
2. (*zudem*) vraiment; ***er ist ~ der Einzige, dem ich mich anvertrauen kann*** il est vraiment le seul à qui je puisse me confier
▸ **~ kein(e, r)** pas de ... du tout; ***ohne Ausweis kommt hier ~ keiner rein!*** pas question d'entrer sans laissez-passer; ***ich habe ~ keine Zeit*** je n'ai pas une minute [de libre]; **~ nicht** [pas] du tout; ***stört es Sie, wenn ich rauche? – Ü~ nicht!*** ça vous dérange si je fume? – [Pas] du tout!; ***das Wasser ist ~ nicht kalt*** l'eau n'est pas du tout froide [*o* pas froide du tout]; **~ nichts** absolument rien, rien du tout; **~ nichts mehr** plus rien du tout; **~ [noch] nie** [encore] jamais; **und ~, ...?** *fam* et d'abord, ...? *fam*; **wenn ~** de toute façon; ***wenn ~, dann komme ich nicht vor 20 Uhr*** si je viens, ce ne sera pas avant 20 heures; **..., wenn ~ ...,** et encore

überheblich *adj* arrogant(e)

Überheblichkeit <-, *rare* -en> *f* arrogance *f*

überheizen * *vt* ■ **jd überheizt etw** qn surchauffe qc

überhitzen * *vt* **1.** AUT ■ **etw wird überhitzt** qc chauffe
2. (*zu stark erhitzen*) ■ **etw wird überhitzt** qc chauffe trop

überhitzt *adj* ECON: ***das ~e Wirtschaftswachstum*** la surchauffe de la croissance économique; ***die Konjunktur ist völlig ~*** la conjoncture est en pleine surchauffe

überhöht *adj* excessif(-ive); ***seine Geschwindigkeit war stark/um 50 km/h ~*** il avait largement dépassé/dépassé de 50 km/h la vitesse autorisée

Überhol- de dépassement; *-dauer, -strecke* nécessaire pour doubler [*o* effectuer un dépassement]; **~vorgang** dépassement *m*; ***sie musste ihren ~versuch abbrechen*** elle s'apprêtait à doubler, mais elle a dû y renoncer

überholen[*1] **I.** *vt* **1.** (*vorbeifahren*) ■ **jd/etw überholt jdn/etw** qn/qc double qn/qc, qn/qc dépasse qn/qc; ■ **das Ü~ einer S.** (*gen*): ***das Ü~ einer Kolonne ist riskant*** doubler une file de voitures comporte des dangers
2. (*übertreffen*) ■ **jd/etw überholt jdn/etw** */Mitbewerber, Konkurrenz/* qn/qc devance qn/qc, qn/qc lui coupe l'herbe sous le pied
II. *vi* ■ **jd überholt** qn double, qn dépasse; ■ **das Ü~:** ***vor dem Ü~*** avant de doubler [*o* dépasser]; ***nach dem Ü~*** après avoir doublé [*o* dépassé]; ***beim Ü~*** en doublant, en dépassant

überholen[*2] *vt* (*instand setzen*) ■ **jd überholt etw** *Motor, Getriebe, Bremse* qn révise qc; *Kraftfahrzeug a.* qn fait la révision de qc

über|holen[3] *vi* NAUT ■ **etw holt über** qc roule; ***das Schiff holte nach Backbord über*** le navire s'est penché à bâbord

Überholmanöver *nt* dépassement *m* **Überholspur** *f* voie *f* de gauche [*o* réservée au dépassement]

überholt *adj Ansichten, Moral* dépassé(e), ringard(e) *fam*

Überholverbot *nt* interdiction *f* de doubler [*o* dépasser], dépassement *m* interdit; ***auf der ganzen Strecke besteht ~*** il est interdit de doubler [*o* dépasser] sur tout le parcours

überhören * *vt* **1.** (*nicht hören*) ■ **jd überhört etw** qn n'entend pas qc
2. (*nicht hören wollen*) ■ **jd überhört etw** qn fait semblant de ne pas entendre qc, qn fait celui/celle qui n'entend pas qc
▸ **das möchte ich überhört haben!** ce qu'il ne faut pas entendre!, tu peux/vous pouvez répéter?

überinterpretieren * *vt* ■ **jd überinterpretiert etw** qn interprète abusivement qc, qn va trop loin dans son interprétation de qc

überirdisch *adj* surnaturel(le)

überkandidelt *adj fam* excentrique, extravagant(e)

Überkapazität *f* (*zu hohe Produktion*) surcapacité *f*; (*zu hohe Belegschaft*) sureffectif *m*

überkleben * *vt* ■ **jd überklebt etw [mit etw]** qn recouvre qc [en collant qc par-dessus]

Überkleid *nt* CH bleu *m* [de travail [*o* chauffe]]

über|kochen *vi + sein* ■ **etw kocht über** qc déborde; ***es stinkt nach übergekochter Milch*** ça sent le lait qui a débordé

überkommen[*1] *irreg vt* (*ergreifen*) ■ **etw überkommt jdn** qc gagne qn; ***plötzlich überkam sie Mitleid*** elle s'est soudain sentie gagnée par la pitié; ***mich überkam so eine Ahnung, dass*** j'ai eu le pressentiment que + *indic*; ■ **jdn überkommt es:** ***es überkam mich plötzlich*** ça a été plus fort que moi; ***es überkam ihn und er zog sie an sich*** il ne put s'empêcher de l'attirer à soi

überkommen[2] *adj* (*überliefert*) transmis(e) de génération en génération; ***sie pflegen die ~en Traditionen*** ils/elles cultivent les traditions transmises

überkrustet *adj* recouvert(e) d'une croûte; ***die im Sand entdeckten Amphoren waren völlig ~*** les amphores découvertes dans le sable étaient totalement recouvertes de sédiments; ***das Reisig ist weiß ~*** les brindilles sont recouvertes d'une croûte blanche

überladen * *vt irreg* ■ **jd überlädt etw** qn surcharge qc; ■ **überladen** surchargé(e)

überlagern * *vt* ■ **etw überlagert etw** qc masque qc, qc occulte qc

überlang *adj* **1.** COUT en grande longueur
2. *Film, Theaterstück* très long(longue)

Überlänge *f* COUT grande longueur *f*
▸ **etw hat ~** COUT qc est en grande longueur; CINE, TV qc est très long(longue); **mit ~** COUT en grande longueur

überlappen * *vi, vr* ■ **sie ~ [sich]** ils/elles [se] chevauchent; ***sie ~ einen Zentimeter*** ils/elles [se] chevauchent sur un centimètre

überlassen * *vt irreg* **1.** (*zur Verfügung stellen*) ■ **jd überlässt jdm etw** qn laisse qc à qn, qn prête qc à qn
2. (*verkaufen*) ■ **jd überlässt jdm etw [für etw]** qn cède qc à qn [pour qc], qn vend qc à qn [pour qc]
3. (*lassen*) ■ **jd überlässt jdm etw** *Wahl* qn laisse qc à qn; *Entscheidung, Initiative* qn laisse prendre qc à qn; ■ **jd überlässt es jdm etw zu tun** qn laisse qn faire qc
4. (*preisgeben*) ■ **jd überlässt jdn jdm/einer S./einem Tier** qn livre qn à qn/une chose/un animal
▸ **etw ist [*o* bleibt] jdm ~** c'est qn qui décide [de] qc, c'est qn qui prend la décision de faire qc; **jd ist [*o* bleibt] sich** (*dat*) **selbst ~** qn est livré(e) à lui/elle-même; **das [*o* solche Dinge] müssen Sie schon mir ~** laissez-moi faire, j'en fais mon affaire; **jd überlässt jdn sich** (*dat*) **selbst** qn abandonne [*o* livre] qn à lui/elle-même

Überlassung <-, -en> *f* **1.** (*das Überlassen*) verbal übersetzt; ***ob ich Sie wohl um die ~ des Anhängers für zwei Tage bitten dürfte?*** puis-je vous demander de me laisser la remorque pendant deux jours?; ***die ~ des Autos/der Wohnung erfolgte kostenlos*** la voiture a été mise/l'appartement a été mis gratuitement à disposition
2. Ø (*das Anheimstellen*): ***bei ~ der Entscheidung würde ich ...*** si on me laissait décider, je ... + *cond*

überlasten * *vt* **1.** (*zu stark belasten*) ■ **jd überlastet jdn** *Träger* qn fait porter de trop lourdes charges à qn; *Mitarbeiter* qn impose à qn une surcharge de travail; ■ **jd/etw überlastet etw** *Organ, Bandscheiben* qn/qc fatigue qc, qn/qc sollicite trop qc; ■ **jd ist überlastet** qn est surchargé(e) de travail; ■ **jd ist mit etw überlastet** qn est surchargé(e) de qc
2. ELEC, TELEC ■ **jd überlastet etw** *Stromnetz* qn surcharge qc; *Telefonnetz* qn encombre qc

Überlastung <-, -en> *f* **1.** (*überlasteter Zustand*) [*Mensch*] surcharge *f* de travail; [*Organ*] sollicitation *f* excessive; ***nervliche ~en*** le stress; ***beim Stress kommt es auch zu einer ~ des Herzens*** il se peut que, sous l'effet du stress, le cœur soit trop sollicité
2. ELEC, TELEC [*Stromnetz*] surcharge *f*; [*Telefonnetz*] encombrement *m*

Überlauf *m* trop-plein *m*

überlaufen[*1] *vt irreg* (*erschauern lassen*) ■ **jdn überläuft etw** qn est saisi(e) de qc; ■ **es überläuft jdn** qn frissonne; ■ **es überläuft jdn ...** cela lui fait [*o* donne] ... dans le dos; ***es überläuft jdn [heiß und] kalt*** qn [en] a froid dans le dos [*o* des sueurs froides]; ***es überlief sie plötzlich siedend heiß*** elle eut soudain des sueurs froides; ***mich überläuft es, wenn*** ça me fait [*o* donne] froid dans le dos quand

über|laufen[2] *vi irreg + sein* **1.** (*über den Rand fließen*) ■ **etw läuft über** */Badewanne, Tasse/* qc déborde
2. (*überkochen*) ■ **etw läuft über** qc déborde
3. MIL ■ **jd läuft über** qn passe à l'ennemi; ■ **jd läuft zu jdm über** qn passe à qn; ***jd läuft auf die andere Seite über*** qn passe à l'ennemi [*o* dans l'autre camp]

überlaufen[3] *adj* (*stark besucht*) bondé(e)

Überläufer(in) *m(f)* transfuge *m*

überleben * **I.** *vt* **1.** (*lebend überstehen*) ■ **jd überlebt etw** *Absturz, Katastrophe, Unglück* qn survit à qc
2. (*lebend überdauern*) ■ **jd überlebt etw** qn passe qc; ***Ihr Mann ist sehr krank, er wird die nächsten Tage wohl nicht ~*** votre mari est très mala-

de, il n'en a plus que pour quelques jours
3. (*länger leben als jd*) ■ **jd überlebt jdn** qn vit plus longtemps que qn; ***Goethe hat seinen Sohn um einige Jahre überlebt*** Goethe a vécu quelques années de plus que son fils
▶ **du wirst/Sie werden es** ~ *iron fam* tu ne vas pas/vous n'allez pas en mourir *fam*, on n'en meurt pas *fam*; **das überlebe ich nicht!** *hum fam* c'est à mourir de rire!
II. *vi* ■ **jd überlebt** qn survit
III. *vr* ■ **etw überlebt sich** qc passe; ***etw hat sich überlebt*** qc a fait son temps, qc est dépassé(e), qc est périmé(e)

Überlebende(r) *f(m) decl wie adj* survivant(e) *m(f)*

Überlebens- *-möglichkeit, ü-fähig* de survivre; *-kampf* pour la [sur]vie; *-urlaub* d'aventures; *-training, -chance a.* de survie; ***eine ü~wichtige Entscheidung*** une décision d'importance capitale

überlebensgroß I. *adj* plus grand(e) que nature II. *adv darstellen, malen* plus grand(e) que nature **Überlebensgröße** *f* ▶ **in** ~ plus grand(e) que nature

überlebt *adj* qui a fait son temps, dépassé(e), périmé(e)

überlegen*[1] I. *vi* (*nachdenken*) ■ **jd überlegt** qn réfléchit; ***nach reiflichem Ü~*** après mûre réflexion
▶ **ohne zu** ~ d'emblée, spontanément, sans hésiter; **überleg/~ Sie [doch] mal!** rends-toi/rendez-vous compte!
II. *vt* ■ **jd überlegt, ob/wann/wie/dass** qn réfléchit si/quand/comment/que + *indic*
▶ **das wäre zu** ~ cela mérite réflexion
III. *vr* 1. (*überdenken*) ■ **jd überlegt sich** (*dat*) **etw** *Angebot, Vorschlag* qn réfléchit à qc; ■ **jd überlegt sich** (*dat*)**, ob/wann/wie/dass** qn réfléchit si/quand/comment/que + *indic*
2. (*erwägen*) ■ **jd überlegt sich** (*dat*) **etw** *Entscheidung, Entschluss* qn réfléchit à qc; ***hast du dir das auch gut/reiflich überlegt?*** as-tu tout bien pesé [*o* considéré?] ?; ***ich habe mir diese Entscheidung gut überlegt*** j'ai bien réfléchi [avant de prendre cette décision]
▶ **das muss ich mir noch sehr** ~ il faut que je réfléchisse; **jd will es sich** (*dat*) **noch einmal** ~ qn est prêt(e) à réexaminer la question; POL qn veut bien revoir sa copie; **jd überlegt es sich** (*dat*) **[anders]** qn change d'avis; **wenn man es sich** (*dat*) **recht** [*o* **genau**] **überlegt** à la réflexion, tout bien considéré; **jd hätte sich** (*dat*) **etw vorher** ~ **müssen** qn aurait dû réfléchir à qc plus tôt; ***wir haben bereits alles arrangiert, das hättest du dir vorher ~ müssen*** tout est prévu [*o* organisé] maintenant, il fallait y penser plus tôt

über|legen[2] *vt* (*bedecken*) ■ **jd legt sich etw über** qn met qc; ■ **jd legt jdm etw über** qn met qc à qn

überlegen[3] I. *adj* 1. *Streitmacht* supérieur(e); *Sieg* écrasant(e); ■ **jd/etw ist jdm [auf etw** (*dat*)**/in etw** (*dat*)**]** ~ qn/qc est plus fort(e) que [*o* supérieur(e) à] qn [dans/en qc]
2. (*herablassend*) *Lächeln, Miene* supérieur(e)
II. *adv* 1. *gewinnen, siegen* haut la main, les doigts dans le nez *fam*, dans un fauteuil *fam*
2. *grinsen, lächeln* d'un air de supériorité, avec condescendance; ***sie tut immer so*** ~ elle se donne toujours des airs supérieurs [*o* un air supérieur]

Überlegenheit <-> *f* ∅ 1. (*überlegener Status*) supériorité *f*; ■ **die** ~ **über jdn** la supériorité sur qn
2. (*Herablassung*) condescendance *f*; ***mit zur Schau gestellter*** ~ avec une condescendance affichée [*o* manifeste]

überlegt I. *adj* réfléchi(e)
▶ **etw/das will gut** ~ **sein** qc/ça demande réflexion; **wohl** ~ *geh* mûrement réfléchi(e) [*o* pensé(e)]
II. *adv* de façon réfléchie

Überlegung <-, -en> *f* 1. ∅ (*das Überlegen*) réflexion *f*; ***etw ist eine ~ wert*** qc mérite réflexion
2. *pl* (*Erwägungen*) réflexions *fpl*
▶ **jd stellt ~en [zu etw] an** qn réfléchit [à qc]; **bei/nach ...** ~ après avoir ... réfléchi; ***nach eingehender*** ~ après avoir longuement réfléchi; ***nach reiflicher/eingehender*** ~ après avoir mûrement réfléchi, après mûre réflexion; ***bei ruhiger*** ~ en y réfléchissant à tête reposée; **mit** ~ *etw tun, vorgehen* après [mûre] réflexion, sciemment; ***mit [kaltblütiger]*** ~ délibérément; **ohne** ~ sans réfléchir, inconsidérément

über|leiten *vi* ■ **jd leitet zu etw über** qn ménage une transition qui introduit qc; ■ **etw leitet zu etw über** qc est [*o* constitue] une transition qui introduit qc

überlesen * *vt irreg* 1. (*übersehen*) ■ **jd überliest etw** (*versehentlich*) qn ne voit [*o* remarque] pas qc [à la lecture]; (*bewusst*) qc échappe à qn [à la lecture], qn saute qc [en lisant]
2. (*überfliegen*) ■ **jd überliest etw** qn parcourt qc, qn lit qc en diagonale

überliefern * *vt* ■ **jd/etw überliefert jdm etw** qn/qc transmet qc à qn; ■ **etw ist überliefert** qc est une tradition; ■ **etw ist überliefert** qc se transmet

überliefert *adj* 1. (*althergebracht*) *Brauch, Brauchtum* transmis(e) de génération en génération, traditionnel(le)
2. (*tradiert*) *Manuskript, frühe Zeugnisse* transmis(e); ■ **etw ist in etw** (*dat*) ~ *im Original, in einer Übersetzung* qc est transmis(e) sous la forme de qc; ***etw ist als Fragment/bruchstückhaft*** ~ qc est transmis(e) à l'état de fragment

Überlieferung *f* 1. ∅ (*das Überliefern*) [*Legende, Sage*] transmission *f*; ***die mündliche*** ~ la tradition orale
2. (*etwas Überliefertes*) écrit *m*
3. (*Brauchtum*) tradition *f*
▶ **nach alter** ~ d'après une tradition ancienne

überlisten * *vt* 1. (*übervorteilen*) ■ **jd überlistet jdn** qn berne qn, qn circonvient qn, qn lui fait un enfant dans le dos *fam*
2. (*gewieft umgehen*) ■ **jd überlistet etw** qn déjoue qc

überm = *fam* **über dem** *s.* **über**

Übermacht *f* ∅ supériorité *f*
▶ **sie sind in der** ~ ils/elles ont la supériorité numérique, ils sont supérieurs/elles sont supérieures en nombre

übermächtig *adj* 1. (*überlegen*) supérieur(e), [trop] fort(e)
2. *geh* (*sehr stark*) *Gefühl, Hass* puissant(e); *Verlangen, Wunsch* impérieux(-euse)

übermannen * *vt geh* ■ **etw übermannt jdn** qc s'empare de qn *littér*

Übermaß *nt* ∅ ■ **das** ~ **einer S.** (*gen*) *einer Arbeit, Verantwortung* la charge excessive de qc; ■ **ein** ~ **an etw** (*dat*)**/von etw** *an Arbeit* une charge excessive de qc; *an Verantwortung* qc qui constitue une charge excessive; ***ein ~ an Freude/von Glück*** une trop grande joie/un trop grand bonheur
▶ **im** ~ à foison, en veux-tu en voilà

übermäßig I. *adj* extrême; ***etw steigert sich ins Ü~e*** qc est poussé(e) à l'extrême
▶ **das war nicht [gerade]** ~ ce n'était pas exceptionnel, ça ne casse rien *fam*, ça ne casse pas trois pattes à un canard *fam*
II. *adv* 1. *meist verneint sich anstrengen, engagieren, bemühen, ermüden* trop; ***sie hat sich nicht ~ gefreut*** elle ne s'est pas réjouie outre mesure
2. (*unmäßig*) *trinken, rauchen* trop, sans modération

Übermensch *m* surhomme *m*

übermenschlich *adj* surhumain(e); ***er hat Ü~es geleistet*** sa performance est surhumaine

übermitteln * *vt geh* ■ **jd übermittelt [jdm] etw** qn transmet qc [à qn]

Übermitt[e]lung <-, -en> *f geh verbal übersetzt*; ***ich bitte um telefonische ~ dieser Nachricht*** je souhaite que cette nouvelle soit transmise par téléphone

übermorgen *adv* après-demain; ■ ~ ... après-demain ...; ~ ***Abend/Vormittag/Mittag*** après-demain soir/dans la matinée/dans l'après-midi; ~ ***früh*** après-demain en début de journée [*o* [tôt] dans la matinée]

übermüdet *adj* épuisé(e), recru(e) de fatigue; *Augen* extrêmement; ■ **jd ist** ~ qn tombe de fatigue

Übermüdung <-> *f* ∅ épuisement *m*; ~ ***der Augen*** fatigue *f* extrême des yeux

Übermut *m* 1. (*Leichtsinn*) exubérance *f*, pétulance *f*
2. (*Aufgeregtheit*) excitation *f*; ***er hat seinen ~ teuer bezahlt*** il était trop turbulent, ça lui a coûté cher
▶ ~ **tut selten gut** *prov* prudence est mère de sûreté; **aus** ~ par malice

übermütig I. *adj* 1. (*ausgelassen*) exubérant(e), pétulant(e)
2. (*aufgeregt*) turbulent(e), excité(e)
II. *adv*: ***jd führt sich ~ auf*** qn est turbulent(e); ***hopst nicht so ~ am Ufer herum!*** calmez-vous, arrêtez de sauter [*o* faire des sauts de cabri] au bord de l'eau!; ~ ***neckten die Kinder den Hund*** les gamins n'arrêtaient pas d'embêter le chien

übern = *fam* **über den** *s.* **über**

übernächste(r, s) *adj attr* dans deux; ~***s Jahr/im ~n Jahr*** dans deux ans; ***am ~n Tag*** le surlendemain; ~***n Sonntag*** dimanche en quinze; ■ **der/die/das Ü~**: ***Sie sind der Ü~ auf meiner Liste*** sur ma liste, il y a une personne avant vous; ***das ist erst der ~e Tagesordnungspunkt*** dans l'ordre du jour, il y a un point avant celui-là
▶ **als Ü~(r, s)**: ***ich bin als Nächster dran, Sie als Ü~*** c'est moi le prochain, vous passez après [*o* ensuite]; ***das Thema behandeln wir erst als Ü~s*** il nous reste encore un thème à traiter avant celui-là

übernachten * *vi* ■ **jd übernachtet irgendwo/bei jdm** qn passe la nuit [*o* couche] [*o* dort] quelque part/chez qn

übernächtig *adj* AUS, **übernächtigt** *adj* épuisé(e) par une nuit blanche; ***du siehst ~ aus*** on dirait que tu as passé une nuit blanche

Übernachtung <-, -en> *f* 1. ∅ (*das Übernachten*) *verbal übersetzt*; ***eine ~ auf freiem Feld ist nicht jedermanns Sache*** passer la nuit à la belle étoile n'est pas du goût de tout le monde
2. TOURISMUS nuitée *f*, nuit *f* d'hôtel
▶ ~ **mit Frühstück** une nuit[ée] avec petit-déjeuner

Übernachtungsmöglichkeit *f* possibilité *f* d'hébergement [pour la nuit]

Übernahme <-, -n> *f* 1. (*Inbesitznahme*) [*Besitz, Haus*] prise *f* de possession
2. (*das Übernehmen*) [*Kosten, Verantwortung*] prise *f* en charge
3. COM [*Firma*] prise *f* de contrôle, reprise *f*
▶ **freundliche/feindliche** ~ O.P.A. *f* amicale/inamicale

Übernahmeangebot *nt* offre *f* publique d'achat, O.P.A. *f*

übernational *adj* supranational(e)

übernatürlich *adj* 1. (*nicht erklärlich*) surnaturel(le)
2. (*übergroß*): ***ein Gemälde von ~er Größe*** un tableau plus grand que nature

übernehmen * *irreg* I. *vt* 1. (*in Besitz nehmen*) ■ **jd übernimmt etw** *jds Besitz, Haus, Firma* qn reprend qc
2. (*auf sich nehmen*) ■ **jd übernimmt etw** *Haftung, Schuld, Verantwortung* qn assume qc, qn endosse qc; *Kosten* qn se charge de qc; ***lass dein Portmonee stecken, das übernehme ich*** laisse, je vais régler; ■ **jd übernimmt es etw zu tun** qn se charge de faire qc
3. (*übertragen bekommen*) ■ **jd übernimmt etw** *Geschäftsführung, Leitung von etw, den Vorsitz* qn reprend qc; *Auftrag* qn accepte qc; *jds Verteidigung* qn prend qc
4. (*fortführen*) ■ **jd übernimmt etw [von jdm]** *Gesprächsführung, Projektleitung* qn reprend qc [à la place de qn]; *Verfolgung* qn se charge de [*o* prend en charge] qc [à la place de qn]; *Steuer* qn prend qc [à la place de qn]
5. (*verwenden*) ■ **jd übernimmt etw** *Satz, Zitat* qn reprend qc
6. (*weiter beschäftigen*) ■ **jd übernimmt jdn** *Angestellten, Mitarbeiter* qn

garde qn; ■ **jd übernimmt jdn in etw** (*akk*): ***jd übernimmt jdn ins Angestelltenverhältnis*** qn engage qn définitivement comme employé(e) qn engage qn sous contrat indéterminé; ***jd wird ins Beamtenverhältnis übernommen*** qn est fonctionnarisé(e)

II. *vr* ■ **jd übernimmt sich** qn présume de ses forces, qn veut trop en faire; ■ **jd übernimmt sich mit etw** *mit einer Arbeit, einem Auftrag* qn qui présume de ses forces [*o* veut trop en faire] est surmené(e) par qc; ***übernimm dich nur nicht mit der vielen Arbeit*** préserve-toi, ne te laisse pas surmener par cette somme de travail

► **übernimm dich/~ Sie sich [nur] nicht!** *iron fam* [ne] te fatigue/vous fatiguez pas[, surtout]! *fam*, [ne] te foule/vous foulez pas[, surtout]! *fam*

III. *vi* ■ **jd übernimmt** qn prend le relais

übernervös [-vø:s] *adj* hypernerveux(-euse)

Überproduktion *f* surproduction *f*

überprüfbar *adj* ■ **etw ist ...** ~ *kaum, leicht, schwer* qc est ... vérifiable; ***etw ist nicht*** ~ qc est invérifiable

überprüfen * *vt* **1.** (*durchchecken*) ■ **jd überprüft jdn** *Bewerber, Kandidaten* qn examine qn; *Politiker* qn contrôle qn; ■ **jd überprüft jdn auf etw** (*akk*) *auf Kompetenz, Verfassungstreue* qn teste qc de qn

2. (*kontrollieren*) ■ **jd überprüft etw** *Angabe, Aussage, Zitat* qn vérifie l'exactitude de qc; *jds Papiere, Unterlagen* qn contrôle qc; ■ **jd überprüft eine Sache auf etw** (*akk*) *auf Richtigkeit, Gültigkeit* qn vérifie qc d'une chose; *Pass* qn contrôle qc d'une chose

3. (*die Funktion nachprüfen*) ■ **jd überprüft etw** *Gerät, Anschlüsse* qn vérifie qc; *Motor* qn révise qc; *Wagen* qn fait la révision de qc; ■ **jd überprüft eine Sache auf etw** (*akk*) *auf festen Sitz, richtige Anschlüsse, korrekte Werte*: ***ist der Motor auf die korrekten Werte überprüft worden?*** le moteur a-t-il été vérifié, les taux sont-ils corrects?; ***überprüfen Sie die Anschlüsse auf festen Sitz*** vérifiez les branchements

4. (*erneut bedenken*) ■ **jd überprüft etw** *Entscheidung, Gehalt* qn reconsidère qc; *Haltung, Urteil* qn révise qc; ■ **jd überprüft eine Sache auf etw** (*akk*) *auf Korrektheit, Zulässigkeit* qn vérifie qc d'une chose

Überprüfung *f* **1.** ∅ (*das Durchchecken*) [*Bewerber, Kandidat*] examen *m*; [*Politiker*] contrôle *m*

2. (*das Kontrollieren*) [*Angabe, Aussage, Zitat*] vérification *f*; [*Papiere, Unterlagen*] contrôle *m*

3. (*Funktionsprüfung*) [*Gerät, Anlage*] vérification *f verbal übersetzt*; ***die Fehlersuche beginnt mit der ~ der Anschlüsse*** quand on cherche une panne, on commence par vérifier les branchements; [*Motor, Wagen*] révision *f verbal übersetzt*; ***sie beauftragte den Kundendienst mit der ~ der Anlage*** elle a demandé au service après-vente de réviser sa chaîne

4. (*erneutes Bedenken*) [*Haltung, Urteil, Entscheidung*] révision *f verbal übersetzt*; ***eine erneute ~ des Urteils wurde mir zugesagt*** on a accepté de réviser une nouvelle fois le jugement; [*Gehalt*] *verbal übersetzt*: ***es ist eine ~ des Gehaltes vorgesehen*** il est prévu de reconsidérer le salaire

über|quellen *vi irreg + sein* ■ **etw quillt über [vor etw** (*dat*)**]** qc déborde [de qc]

überqueren * *vt* **1.** (*passieren*) ■ **jd überquert etw** *Straße, Fluss* qn traverse qc

2. (*hinwegführen*) ■ **etw überquert etw** */Brücke/* qc franchit qc; */Straße/* qc traverse qc, qc croise qc

überragen*[1] *vt* **1.** (*größer sein*) ■ **jd überragt jdn [um etw]** qn dépasse qn [de qc]; ■ **etw überragt etw [um etw]** qc domine qc [de qc]

2. (*vorstehen*) ■ **etw überragt etw [um etw]** qc surplombe qc [de qc]

3. (*übertreffen*) ■ **jd überragt jdn** qn surpasse qn; ■ **etw überragt etw** qc surpasse qc

über|ragen[2] *vi* (*vorspringen*) ■ **etw ragt über** qc est en surplomb; ***ein ~der Balken*** une poutre en surplomb

überragend *adj* de premier ordre; *Leistung, Werk a.* excellent(e)

überraschen * *vt* **1.** (*unerwartet erscheinen*) ■ **jd überrascht jdn** qn surprend qn; ***jd überrascht jdn mit seinem Besuch*** qn fait une visite-surprise à qn

2. (*überraschend erfreuen*) ■ **jd überrascht jdn mit etw** qn fait une surprise à qn en lui faisant qc; ***ich bin von dieser guten Nachricht völlig überrascht worden*** je ne m'attendais pas du tout à cette bonne nouvelle

3. (*erstaunen*) ■ **jd/etw überrascht jdn** qn/qc surprend qn, qn/qc étonne qn

4. (*ertappen*) ■ **jd überrascht jdn bei etw** qn surprend qn en train de faire qc; ■ **jd überrascht jdn dabei, wie er/sie etw tut** qn surprend qn en train de faire qc; ***habe ich dich [wieder] beim heimlichen Naschen überrascht!*** je t'y [re]prends, à grignoter en cachette!

5. (*überfallen*) ■ **etw überrascht jdn** */Gewitter, Flut/* qc surprend qn

► **lassen wir uns ~!** *fam* on verra bien!

überraschend I. *adj* inattendu(e)

II. *adv* sans qu'on s'y attende; *besuchen, ankommen, abfahren* à l'improviste; *sterben* subitement; ***ich wurde ~ entlassen*** j'ai été licencié(e), je ne m'y attendais pas

► **etw kommt völlig ~** qc est une surprise totale; **etw kommt für jdn völlig ~** qc surprend beaucoup qn

überraschenderweise *adv* ce qui est surprenant [*o* étonnant]; ***er ist ~ vorzeitig abgereist*** il est parti plus tôt que prévu, ce qui a surpris [*o* étonné] tout le monde

überrascht I. *adj* surpris(e), étonné(e); ***ein ~es Gesicht*** un visage étonné; ***ich war ~, wie schnell das ging/wie wenig das gekostet hat*** j'ai été surpris(e) [*o* étonné(e)] de la vitesse à laquelle cela s'est fait/ du peu que cela a coûté; ■ **jd ist ~, dass** qn est surpris(e) [*o* étonné(e)] que + *subj*

II. *adv* avec étonnement, d'un air étonné; ***„Du hier?" fragte sie ~*** "Qu'est-ce que tu fais ici?" demanda-t-elle surprise

Überraschung <-, -en> *f* **1.** surprise *f*

2. ∅ surprise *f*, étonnement *m*

► **voller ~**: ***sie starrte mich voller ~ an*** elle me regardait, béate et toute surprise; ***er schüttelte voller ~ den Kopf*** il ne revenait pas de sa surprise et secouait la tête; il secouait la tête, tout surpris; **was für eine ~!, ist das eine ~!, das ist aber eine ~!** *fam* quelle bonne surprise!, en voilà une surprise!, ça [pour une surprise], c'est une surprise!; **zu jds [größter] ~** à la [grande] surprise de qn

Überraschungs- *-sieger* inattendu(e); *-sieg* -surprise; *-effekt* de surprise; *-coup* de théâtre; *-erfolg a.* surprenant(e) **Überraschungsangriff** *m* attaque-surprise *f*

Überreaktion *f* réaction *f* excessive

überreden * *vt* ■ **jd überredet jdn** qn convainc qn; ■ **jd überredet jdn zu etw** qn convainc [*o* persuade] qn de faire qc, qn réussit à faire faire qc à qn; ***ich habe sie zu einem Ausflug überredet*** je l'ai convaincue [*o* persuadée] de partir en excursion, j'ai réussi à la faire partir en excursion; ■ **jd überredet jdn [dazu] etw zu tun** qn convainc [*o* persuade] qn de faire qc, qn réussit à faire faire qc à qn; ***sie musste mich nicht erst groß ~*** je ne demandais pas mieux

► **jd lässt sich ~** qn se laisse convaincre

Überredung <-, *rare* -en> *f* persuasion *f*

Überredungskunst *f* art *m* de la persuasion

überregional *adj* interrégional(e)

überreich *adv* **1.** (*aufwändig*) *ausstatten, verzieren* somptueusement

2. *beschenken, belohnen* royalement, somptueusement; ***jd beschenkt jdn ~*** qn fait des cadeaux royaux [*o* somptueux] à qn

überreichen * *vt geh* ■ **jd überreicht jdm etw** *Urkunde, Schreiben* qn remet qc à qn; *Blumenstrauß* qn offre qc à qn

überreichlich I. *adj Bewirtung, Essen* très copieux(-euse)

II. *adv bewirten, speisen* très copieusement

Überreichung <-, -en> *f* [*Brief, Preis*] remise *f oft verbal übersetzt*; ***mir ist an einer persönlichen ~ des Geschenks sehr gelegen*** je tiens beaucoup à ce que le cadeau lui soit remis en mains propres

überreif *adj Frucht, Obst* trop mûr(e); *Birne* blet(te)

überreizen * *vt* ■ **jd/etw überreizt jdn** qn/qc [sur]excite qn; ■ **jd/etw überreizt etw**: ***du überreizt deine Augen, wenn du zu lange am Bildschirm sitzt*** si tu restes trop longtemps devant l'écran, tu vas avoir les yeux irrités; ***zu viele Projekte überreizen deine Nerven*** trop de projets mettent tes nerfs à rude épreuve; tu mènes trop de projets de front, tu es à bout de nerfs

überreizt *adj* **1.** (*überanstrengt*) *Augen* irrité(e); *Nerven* à vif; ***deine Nerven sind ~*** tu es à bout de nerfs

2. (*übererregt*) surexcité(e); *Mensch a.* à cran; ***in dieser ~en Verfassung sollte sie besser nicht die Rede halten*** surexcitée [*o* à cran] comme elle l'est, il vaut mieux qu'elle ne tienne pas de discours

überrennen * *vt irreg* MIL ■ **jd überrennt etw** qn prend qc d'assaut

überrepräsentiert *adj* surreprésenté(e); ■ **jd/etw ist [in etw** (*dat*)**] ~** qn/qc est surreprésenté(e) [dans/à qc]

Überrest *m meist pl* (*Ruinen*) vestiges *mpl*

► **jds sterbliche ~e** *geh* la dépouille [mortelle] de qn *littér*

überrieseln * *vt* ■ **etw überrieselt jdn** */Schauer, Schauder, Frösteln/* qn [en] a qc, qc lui parcourt l'échine

Überrollbügel *m* arceau *m* de sécurité

überrollen * *vt* ■ **jd/etw überrollt jdn** qn/qc écrase qn; ■ **jd/etw überrollt etw** qn/qc passe sur qc

überrumpeln * *vt* **1.** *fam* (*übertölpeln*) ■ **jd überrumpelt jdn** qn emberlificote qn *fam*, qn roule qn dans la farine

2. (*überwältigen*) ■ **jd überrumpelt jdn** *Feind, Gegner* qn cueille qn à froid, qn prend qn par surprise, qn surprend qn

Überrump[e]lung <-, -en> *f* **1.** (*Übertölpelung*) *verbal übersetzt*; ***er machte viele seiner Geschäfte durch ~ ahnungsloser Hausfrauen/Rentner*** il faisait la plupart de ses affaires en emberlificotant [*o* roulant dans la farine] des femmes au foyer non averties/retraités non avertis

2. (*Überwältigung*) *verbal übersetzt*; ***die ~ des Gegners gelang*** nous avons/ils ont réussi à prendre l'adversaire par surprise [*o* surprendre l'adversaire] [*o* cueillir l'adversaire à froid]

überrunden * *vt* **1.** (*überholen*) ■ **jd überrundet jdn** *Läufer* qn double qn

2. (*übertreffen*) ■ **jd überrundet jdn** */Sportler/* qn surclasse qn; */Schüler/* qn surpasse qn

übers = *fam* **über das** *s.* **über**

übersät *adj* ■ **[jd/etw ist] mit [*o* von] etw ~** */Haut, Körper/* [qn/qc est] criblé(e) de qc; */Platz, Straße, Boden/* [qc est] jonché(e) de qc

übersättigt *adj* [sur]saturé(e)

Übersättigung *f* [sur]saturation *f*

Überschall- supersonique **Überschallgeschwindigkeit** *f* ∅ vitesse *f* supersonique ► **mit ~** à [la] vitesse supersonique **Überschallknall** *m* bang *m* supersonique **überschallschnell I.** *adj* supersonique **II.** *adv* à [la] vitesse supersonique

überschatten * *vt geh* ■ **etw überschattet etw** qc jette une ombre sur qc

überschätzen * **I.** *vt* **1.** (*zu hoch schätzen*) ■ **jd überschätzt etw** *Entfernung, Größe* qn surestime qc; *jds Einkünfte a.* qn surévalue qc

2. (*zu hoch einschätzen*) ■ **jd überschätzt etw** *jds Fähigkeiten, Kraft, Kompetenz* qn surestime qc, qn présume de qc

II. *vr* ■ **jd überschätzt sich** qn se surestime

Überschätzung *f verbal übersetzt*; ***als Folge der ~ seiner Kräfte ist schon mancher Schwimmer untergegangen*** nombreux sont les nageurs qui, ayant présumé de leurs forces, ont péri noyés

► **in ~ einer S.** (*gen*) présumant de qc

überschaubar *adj* **1.** (*abschätzbar*) *Größe* appréciable; *Kosten, Preis* chiffrable; *Risiko* calculable

2. (*nicht zu groß*) *Mitarbeiterstab, Firma, Redaktion, Projekt* dont on garde une bonne vue d'ensemble; ■ **etw ist** ~ on garde une bonne vue d'ensemble de qc

Überschaubarkeit <-> *f* ∅ [*Kosten, Preis, Risiko, Projekt*]: ***angesichts der ~ der Kosten …*** étant donné que l'on peut chiffrer les coûts …; ***ein Preis von guter ~*** un prix raisonnable; ***aufgrund der mangelnden ~ der Risiken …*** en raison de l'impossibilité de calculer les risques …; ***eine bessere ~ des Projektes*** une meilleure vue d'ensemble du projet

überschauen * *vt geh s.* **überblicken**

über|schäumen *vi + sein* 1. (*überlaufen*) ■ **etw schäumt über** /*Bier, Badeschaum*/ [la mousse de] qc déborde; /*Badewanne, Glas*/ la mousse déborde de qc; ***mit ~dem Schaum*** avec de la mousse qui déborde
2. (*ausgelassen sein*) ■ **jd schäumt über vor etw** (*dat*) qn est débordant(e) de qc, qn déborde de qc; ■ **~d** *Lebensfreude, Begeisterung* débordant(e), exubérant(e)

überschlafen * *vt irreg* ■ **jd überschläft etw** qn réfléchit à qc à tête reposée, qn met la nuit à profit pour réfléchir à qc

Überschlag *m* 1. SPORT roue *f*
2. (*Berechnung*) estimation *f*, approximation *f*
► **jd macht einen** ~ SPORT qn fait une roue; **jd macht [jdm] einen** ~ qn [lui] fait une estimation [approximative]

überschlagen*¹ *irreg* I. *vt* 1. (*auslassen*) ■ **jd überschlägt etw** qn saute qc
2. (*berechnen*) ■ **jd überschlägt etw** *Kosten, Teilnehmerzahl* qn évalue [*o* estime] qc [approximativement]; ■ **jd überschlägt, was/wie viel** qn évalue [*o* estime] [approximativement] ce que/combien
II. *vr* 1. (*eine Drehung ausführen*) ■ **jd überschlägt sich** qn fait une culbute; ■ **etw überschlägt sich** qc fait un tonneau; /*Motorrad, Auto a.*/ qc fait un soleil
2. (*schnell aufeinander folgen*) ■ **sie ~ sich** /*Ereignisse*/ ils/elles se précipitent; /*Nachrichten*/ ils/elles pleuvent, ils/elles affluent
3. (*beflissen sein*) ■ **jd überschlägt sich** qn fait du zèle; ■ **jd überschlägt sich vor etw** (*dat*) qn redouble de qc
4. (*schrill werden*) ■ **etw überschlägt sich** /*jds Stimme*/ qc devient strident(e); ***seine Stimme überschlug sich*** il s'égosillait
► **nun überschlag dich mal nicht!** *fam* du calme! *fam*, vas-y piano! *fam*

über|schlagen² *irreg* I. *vt + haben* (*übereinander schlagen*) ■ **jd schlägt etw über** *Beine* qn croise qc
II. *vi + sein* (*sich zu etw steigern*) ■ **etw schlägt in etw** (*akk*) **über** *in Hass, Wut* qc se change en qc, qc se transforme en qc

überschläglich I. *adj* approximatif(-ive)
II. *adv* approximativement, à peu près

über|schnappen *vi + sein fam* 1. (*verrückt werden*) ■ **jd schnappt über** qn débloque *fam*, qn déménage *fam*, qn déconne *fam*; ***du bist wohl übergeschnappt?*** ça va pas la tête? *fam*
2. (*schrill werden*) ■ **etw schnappt über** qc devient strident(e); ***seine Stimme schnappte über*** il s'égosillait

überschneiden * *vr irreg* 1. (*sich zeitlich überlappen*) ■ **sie ~ sich [um etw]** ils/elles se chevauchent [de qc]
2. (*sich kreuzen*) ■ **sie ~ sich** /*Linien*/ ils/elles s'entrecroisent

Überschneidung <-, -en> *f* chevauchement *m*

überschreiben * *vt irreg* 1. (*betiteln*) ■ **jd überschreibt eine S. mit etw** qn intitule une chose qc; ***wie soll der Artikel überschrieben werden?*** quel va être le titre de l'article?, quel titre va-t-on donner à l'article?
2. (*darüber schreiben*) ■ **jd überschreibt etw** (*auf Papier*) qn écrit par-dessus qc; (*am Computer*) qn écrase qc; ***der Text wird überschrieben*** le texte est effacé par un autre
3. (*übertragen*) ■ **jd überschreibt jdm etw**, ■ **jd überschreibt etw auf jdn** *Besitz, Haus* qn transfère qc à qn, qn met qc au nom de qn

überschreien * *vt irreg* ■ **jd überschreit jdn** qn crie plus fort que qn; ■ **jd überschreit etw** qn couvre qc par ses cris

überschreiten * *vt irreg* 1. *geh* (*überqueren*) ■ **jd überschreitet etw** *Straße* qn traverse qc; *Grenze, Linie, Fluss a.* qn franchit qc
2. (*über etw hinausgehen*) ■ **etw überschreitet etw** *Kapazität, Fähigkeiten* qc dépasse qc
3. (*nicht einhalten*) ■ **jd überschreitet etw [mit etw]** *seine Befugnisse, Kompetenzen* qn outrepasse qc [du fait de qc]; ***das Ü~ seiner Kompetenzen*** le fait de dépasser ses compétences
4. (*über etw hinaus sein*) ■ **jd überschreitet etw** *Altersgrenze* qn dépasse qc

Überschrift *f* [gros] titre *m*

Überschuh *m* caoutchouc *m vieilli*, snow-boot *m vieilli*

Überschuldung <-, -en> *f* surendettement *m*

Überschuss^RR *m* 1. (*Reingewinn*) excédent *m*
2. (*Menge*) excédent *m*; ■ **ein ~ an Menschen/Dingen** + *dat an Arbeitskräften etc* un trop grand nombre de personnes; *an produzierten Artikeln* un excédent de choses; ***der ~ an Absolventen*** les diplômés en sureffectif

überschüssig *adj* 1. COM excédentaire
2. (*über den Bedarf vorhanden*): ***die ~en Energien von Jugendlichen*** le trop-plein d'énergie des adolescents

überschütten * *vt* 1. (*übergießen*) ■ **jd überschüttet sich/jdn/etw mit etw** qn s'asperge/asperge qn/qc de qc
2. (*bedecken*) ■ **jd überschüttet etw mit etw** qn recouvre qc de qc
3. (*überhäufen*) ■ **jd überschüttet jdn mit etw** *mit Anfragen, Informationen* qn submerge qn de qc, qn bombarde qn de qc; *Vorwürfen, Beschwerden* qn accable qn de qc, qn fait pleuvoir qc sur qn

Überschwang <-[e]s> *m* ∅ emballement *m*, engouement *m*
► **im ersten ~** dans un premier moment d'emballement [*o* engouement]; **im ~ einer S.** (*gen*) pris(e) d'un(e) … débordant(e), en proie à un(e) … débordant(e); ***im ~ der Gefühle schenkte sie allen Mitarbeitern Rosen*** elle était tellement transportée qu'elle offrit des roses à tous ses collaborateurs

überschwänglich^RR I. *adj Begrüßung, Dank* exubérant(e), très chaleureux(-euse); *Begeisterung* débordant(e), fou(folle)
II. *adv* très chaleureusement; ***er bedankte sich ~*** il s'est confondu en remerciements

Überschwänglichkeit^RR <-> *f* ∅ exubérance *f*, caractère *m* très chaleureux; ***ich war von der ~ ihrer Dankesworte ganz überrascht*** je ne m'attendais pas à ses remerciements très chaleureux

über|schwappen *vi + sein fam* ■ **etw schwappt über** qc déborde

überschwemmen * *vt* 1. (*überfluten*) ■ **etw überschwemmt etw** /*Flut, Hochwasser, Fluss*/ *Land, Ufer, Wiesen, Gebiet* qc inonde qc
2. (*hineinströmen*) ■ **sie ~ etw** /*Asylanten, Einwanderer, Flüchtlinge*/ *ein Land* ils/elles déferlent dans qc; ***die Flüchtlinge überschwemmten Deutschland/Paris*** les réfugiés ont déferlé en Allemagne/sur Paris
3. COM ■ **jd überschwemmt etw mit etw** *Markt, Land* qn inonde qc de qc

Überschwemmung <-, -en> *f* inondation *f*

Überschwemmungsgebiet *nt* (*überschwemmtes Gebiet*) zone *f* inondée; (*regelmäßig überschwemmtes Gebiet*) zone *f* inondable

überschwenglich *s.* **überschwänglich**

Überschwenglichkeit *s.* **Überschwänglichkeit**

Übersee ► **aus ~** (*jenseits der Ozeane*) d'outre-mer; (*von jenseits des Atlantiks*) d'outre-Atlantique; **in ~** outre-mer; outre-Atlantique; **nach ~** outre-mer; outre-Atlantique

Übersee- *-handel, -route* transatlantique, d'outre-mer; ***~hafen*** port *m* de voyageurs et de commerce; ***~dampfer*** transatlantique *m*

überseeisch [-zeːɪʃ] *adj* (*jenseits der Ozeane*) outre-mer; (*von jenseits des Atlantiks*) outre-Atlantique

übersehbar *adj* 1. (*abschätzbar*) dont on peut mesurer [*o* évaluer] l'ampleur; ■ **etw ist ~**: ***ist die Dauer der Bauarbeiten bereits ~?*** peut-on prévoir la durée des travaux de construction?; ■ **etw ist noch nicht ~**: ***das volle Ausmaß der Katastrophe ist noch nicht ~*** on ne peut encore mesurer [*o* évaluer] l'ampleur de la catastrophe
2. (*übersichtlich*): ***ein gut/schwer ~es Gelände*** un terrain découvert/accidenté; ■ **etw ist ~** qc est visible [dans son ensemble], on peut [*o* il est possible d'] embrasser qc [du regard]

übersehen*¹ *vt irreg* 1. (*nicht sehen*) ■ **jd übersieht etw** qn ne voit pas qc
2. (*abschätzen*) ■ **jd übersieht etw** qn mesure [*o* évalue] l'ampleur de qc; ***die Baukosten sind problemlos zu ~*** on peut chiffrer sans problème les frais de construction; ***ich fürchte, Sie ~ die möglichen Konsequenzen dieser Haltung gar nicht*** je crains que vous ne mesuriez pas du tout les conséquences que peut avoir cette attitude; ■ **etw lässt sich ~** il est possible de mesurer [*o* d'évaluer] qc
3. (*mit Blicken erfassen*) ■ **jd übersieht etw** qn a une vue d'ensemble de qc, qn embrasse qc [du regard]; ■ **etw lässt sich ~** on a une vue d'ensemble de qc, on embrasse qc [du regard]

über|sehen² *vr irreg fam* (*überdrüssig werden*) ■ **jd sieht sich** (*dat*) **etw über** qn en a assez de voir qc; ***irgendwann sieht man es sich mal über*** un jour ou l'autre, on s'en lasse; ***ich habe mir die alten Tapeten übergesehen*** j'ai assez vu les vieux papiers peints

übersenden * *vt irreg geh* ■ **jd übersendet jdm etw** qn envoie [*o* fait parvenir] qc à qn

Übersendung *f geh* (*das Übersenden*) envoi *m* (*oft verbal übersetzt*); ***darf ich Sie um baldige ~ der erbetenen Unterlagen bitten?*** je vous prie de bien vouloir m'envoyer au plus tôt les documents demandés

übersetzbar *adj* traduisible; ■ **etw ist … ~** qc est … traduisible; ***etw ist nicht ~*** qc est intraduisible

übersetzen*¹ I. *vt* (*übertragen*) ■ **jd übersetzt etw** qn traduit qc; ■ **jd übersetzt etw aus/in** (*akk*) **etw** qn traduit qc de/en qc; ■ **das Ü~** la traduction; ***jd übersetzt aus dem Englischen/ins Japanische*** qn traduit de l'anglais/en japonais; ***jd übersetzt aus der Muttersprache in die Fremdsprache*** qn fait un thème; ***jd übersetzt aus der Fremdsprache in die Muttersprache*** qn fait une version
II. *vi* ■ **jd übersetzt** qn fait une traduction/des traductions; ■ **das Ü~**: ***ich bin noch am Ü~*** je suis encore en train de traduire [*o* faire une traduction]

über|setzen² I. *vt + haben* (*zum anderen Ufer*) ■ **jd/etw setzt jdn über** qn/qc fait passer [*o* passe] qn sur l'autre rive
II. *vi + sein* ■ **jd setzt [in etw** (*dat*)**/auf etw** (*dat*)**] über** qn traverse [un cours d'eau] [en qc/sur qc]

Übersetzer(in) *m(f)* traducteur(-trice) *m(f)*

Übersetzung¹ <-, -en> *f* MEDIA traduction *f*; ***eine ~ [aus der Muttersprache] in die Fremdsprache*** un thème; ***eine ~ [aus der Fremdsprache] in die Muttersprache*** une version

Übersetzung² <-, -en> *f* TECH (*Getriebe~*) transmission *f*, développement *m*

Übersetzungsbüro *nt* bureau *m* de traductions

Übersicht <-, -en> *f* 1. ∅ (*Überblick*) vue *f* d'ensemble; ■ **die/eine ~ über etw/jds ~ über etw** (*akk*) la/une vue d'ensemble de qc/la vue d'ensemble que qn a de qc
2. (*knappe Darstellung*) aperçu *m* [général]; ■ **eine ~ über etw** (*akk*) un aperçu [général] de qc; ***eine ~ in Tabellenform*** un tableau synoptique
► **jd verliert die ~** qn s'y perd, qn ne s'y retrouve plus

übersichtlich I. *adj* 1. (*rasch erfassbar*) *Darstellung, Form* clair(e)
2. (*gut zu überschauen*) *Kreuzung, Platz* dégagé(e); *Gelände* à découvert; *Garten* qu'on peut embrasser du regard [*o* d'un coup d'œil]
II. *adv* 1. (*rasch erfassbar*) *darstellen, erläutern* clairement
2. (*gut überschaubar*): ***französische Parks sind ~ angelegt*** les jardins à la française ont des perspectives dégagées; ***das Stadtviertel ist sehr ~ geplant***

les plans du quartier proposent des perspectives dégagées

Übersichtlichkeit <-> *f* Ø **1.** (*rasche Erfassbarkeit*) clarté *f*
2. (*übersichtliche Anlage*) perspective *f* dégagée; ***er bestand auf Klarheit und ~*** il voulait des perspectives claires et dégagées; ***das Gelände besaß nur eine geringe ~*** le terrain n'était guère dégagé

Übersichtskarte *f* carte *f* générale [*o* à grande échelle]

über|siedeln¹ *vi + sein* (*umziehen*) ■ **jd siedelt irgendwohin über** qn va s'établir quelque part; ***die Firma ist vor einem Jahr nach Stuttgart übergesiedelt*** l'entreprise s'est établie à Stuttgart il y a un an

übersiedeln*² *vi + sein* (*seinen Wohnsitz verlegen*) ■ **jd übersiedelt irgendwohin** qn va s'établir [*o* se fixer] quelque part

Übersied(e)lung <-, -en> *f* déménagement *m verbal übersetzt;* ***ich plane eine ~ ins Ausland/nach Hamburg*** j'ai l'intention d'aller m'établir [*o* de me fixer] à l'étranger/à Hambourg

Übersiedler(in) *m(f)* (*aus der ehemaligen DDR*) réfugié(e) *m(f)*

übersinnlich *adj* surnaturel(le), parapsychique

überspannen*¹ *vt* **1.** (*beziehen*) ■ **jd überspannt etw mit etw** *Möbelstück, Tischplatte* qn recouvre qc de qc; *Wand a.* qn tend qc de qc
2. (*hinwegführen*) ■ **etw überspannt etw** /*Brücke, Konstruktion*/ qc franchit qc, qc enjambe qc

überspannen² *vt* **1.** (*zu stark spannen*) ■ **jd überspannt etw** qn tend trop qc
2. (*zu hoch schrauben*) ■ **jd überspannt etw** *Forderungen* qn a qc exagéré(e), qn place qc trop haut

überspannt *adj* **1.** (*zu hoch*) *Forderungen, Vorstellungen* exagéré(e); *Fantasie* exalté(e), débridé(e)
2. (*exaltiert*) exalté(e)
3. (*überanstrengt*) *Nerven* à vif, à fleur de peau

überspielen*¹ *vt* AUDIOV ■ **jd überspielt etw [von etw] [auf etw]** (*akk*) qn repique qc [de qc] [sur qc] *fam,* qn fait un nouvel enregistrement de qc [de qc] [sur qc]

überspielen*² *vt* (*verdecken*) ■ **jd überspielt etw [durch etw]** qn dissimule qc [derrière qc]

überspitzt I. *adj* outrancier(-ière)
II. *adv:* ***jd stellt etw ~ dar*** qn fait une présentation outrancière de qc; ***es handelt sich um, ~ formuliert, etw*** il s'agit, si je puis me permettre cette formule outrancière, de qc

überspringen*¹ *vt irreg* **1.** (*hinwegspringen*) ■ **jd/ein Tier überspringt etw** *Graben, Hindernis, Zaun* qn/un animal saute par-dessus qc, qn/un animal franchit qc d'un bond; *Höhe* qn/un animal saute qc
2. (*auslassen*) ■ **jd überspringt etw** *Kapitel, Lektion* qn saute qc
3. SCOL ■ **jd überspringt etw** *Schulklasse* qn saute qc

über|springen² *vi irreg + sein* **1.** (*sich übertragen*) ■ **etw springt über** /*gute Stimmung, Fröhlichkeit*/ qc est communicatif(-ive); ■ **etw springt auf jdn über** qc gagne qn
2. MED ■ **etw springt auf jdn/ein Tier über** /*Krankheit, Virus*/ qc se transmet à qn/un animal
3. (*übergreifen*) ■ **etw springt auf etw** (*akk*) **über** /*Flammen, Feuer*/ qc [se propage et] gagne qc

über|sprudeln *vi + sein* ■ **etw sprudelt über** /*Kochwasser, Suppe*/ qc déborde [en bouillonnant]; /*Bier, Sekt*/ qc déborde [en moussant]

überspülen * *vt* ■ **etw überspült etw** qc submerge qc

überstaatlich *adj* supranational(e)

überstehen*¹ *vt irreg* (*durchstehen*) ■ **jd übersteht etw** *Belastung, aufreibende Zeit, Krankheit, Operation* qn surmonte qc; ***morgen hast du ja die Prüfung überstanden*** demain, tu ne penseras déjà plus à cet examen; ***jd übersteht die nächsten beiden Tage/den auf die Operation folgenden Monat*** qn passe le cap des deux prochains jours/du mois suivant l'opération
▸ **jd hat es überstanden** *euph* (*ist gestorben*) qn est délivré(e) de ses souffrances; ***nun hat er es überstanden*** (*Schweres*) tout ça, c'est derrière lui

über|stehen² *vi irreg + haben* (*herausragen*) ■ **etw steht über** qc dépasse

übersteigen * *vt irreg* **1.** (*über etw klettern*) ■ **jd übersteigt etw** qn passe par-dessus qc
2. (*über etw hinausgehen*) ■ **etw übersteigt etw** qc dépasse qc
3. (*größer als etw sein*) ■ **etw übersteigt etw** *jds Fähigkeiten, Kenntnisse* qc dépasse qc; *Kräfte* qc est au-dessus de qc

übersteigern * *vt* ■ **jd übersteigert etw** qn exagère qc, qn place qc trop haut; *Preis, Forderung a.* qn fait de la surenchère en matière de qc

übersteigert *adj Eitelkeit, Selbstbewusstsein* exacerbé(e); *Forderung* placé(e) trop haut; *Preis* exagéré(e)

Übersteigerung *f* **1.** (*das Übersteigern*) [*Forderung*] fait *m* de faire de la surenchère; [*Preis, Miete*] surenchère *f;* ***die ~ der Mieten*** la surenchère en matière de loyers
2. [*Eitelkeit, Selbstbewusstsein*] exacerbation *f;* ***bis zur ~ getrieben*** poussé(e) à l'extrême; ***bis zur ~*** jusqu'à l'extrême

überstellen * *vt* ■ **jd überstellt jdn jdm** [*o* **an jdn**] qn livre qn à qn

übersteuern * I. *vi* AUT ■ **etw übersteuert** qc survire
II. *vt* AUDIOV ■ **jd übersteuert etw** qn surmodule qc

überstimmen * *vt* ■ **jd überstimmt jdn** qn met qn en minorité; ■ **jd überstimmt etw** qn rejette qc [à la majorité]

überstrapazieren * *vt* ■ **jd überstrapaziert etw** qn abuse de qc; ■ **überstrapaziert** usé(e) jusqu'à la corde

überstreichen * *vt irreg* ■ **jd überstreicht etw [mit etw]** qn recouvre qc [d'une couche de qc]

über|streifen *vr* ■ **jd streift sich** (*dat*) **etw über** qn enfile qc, qn passe qc

überströmen * *vt* ■ **etw überströmt etw** /*Wasser*/ *Staumauer* qc passe par-dessus qc; *Wanne* qc déborde de qc; /*Schweiß*/ qc ruisselle sur qc

über|stülpen *vt* ■ **jd stülpt jdm etw über** *Maske* qn cache le visage de qn avec qc; *Kapuze, Sack* qn couvre la tête de qn avec qc; ■ **jd stülpt sich etw über** *Maske* qn se cache le visage avec qc; *Kapuze, Sack* qn se couvre la tête de qc

Überstunde *f* heure *f* supplémentaire
▸ **jd macht ~n** qn fait des heures supplémentaires

Überstundenzuschlag *m* indemnité *f* pour heures supplémentaires

überstürzen * I. *vt* ■ **jd überstürzt etw** qn précipite qc, qn brusque qc
▸ **man soll nichts ~, nur nichts ~** il ne faut rien précipiter [*o* brusquer]
II. *vr* ■ **sie ~ sich** /*Ereignisse*/ ils/elles se précipitent; /*Nachrichten*/ ils/elles pleuvent

überstürzt I. *adj* précipité(e)
II. *adv* précipitamment

Überstürzung <-> *f* Ø [*Abreise*] précipitation *f;* ***die ~ dieser Entscheidung kann …*** précipiter [*o* brusquer] cette décision peut …

übertariflich I. *adj* hors barème, hors convention collective
II. *adv* hors barème

überteuert *adj Preis* exorbitant(e); *Artikel* d'un prix exorbitant; ■ **etw ist [um etw] ~** qc est trop cher(chère) [de qc]

übertölpeln * *vt* ■ **jd übertölpelt jdn** qn roule qn *fam;* ■ **jd lässt sich [von jdm] ~** qn se fait rouler [*o* avoir] [par qn] *fam*

Übertölpelung <-, -en> *f verbal übersetzt;* ***jd nutzt etw zur ~ von jdm aus*** qn profite de qc pour rouler qn *fam;* ***etw war eine einzige ~*** qc était un véritable attrape-nigaud

übertönen * *vt* ■ **etw übertönt jdn/etw** qc couvre la voix de qn/[le bruit de] qc; ■ **jd übertönt jdn** qn crie plus fort que qn; ■ **jd übertönt etw** qn pousse des cris qui couvrent [le bruit de] qc

Übertrag <-[e]s, -̈e> *m* report *m*
▸ **jd macht einen ~ [auf etw** (*akk*)**/in etw** (*akk*)**]** qn fait un report [sur/dans qc]

übertragbar *adj* **1.** MED contagieux(-euse), transmissible; ■ **etw ist [von jdm/einem Tier auf jdn] ~** qc est transmissible [de qn/d'un animal à qn]; ***eine durch Geschlechtsverkehr ~e Krankheit*** une maladie sexuellement transmissible, une M.S.T.
2. (*auf anderes anwenden*) ■ **etw ist auf etw** (*akk*) **~** /*Maßstab, Methode*/ qc est applicable à qc
3. ADMIN ■ **etw ist ~** /*Ausweis, Berechtigung, Netzkarte*/ qc est transmissible, qc est transférable

übertragen*¹ *irreg* I. *vt* **1.** RADIO, TV ■ **jd/etw überträgt etw** qn/qc diffuse qc, qn/qc retransmet qc; ***etw überträgt etw live*** qc diffuse qc en direct
2. *geh* (*übersetzen*) ■ **jd überträgt etw** qn transcrit qc; ■ **jd überträgt etw aus etw** *aus einer Schrift* qn transcrit qc de qc; *aus einer Sprache* qn traduit qc de qc; ■ **jd überträgt etw in etw** (*akk*) qn traduit qc en/dans qc; ***dieser Witz lässt sich schwer ins Deutsche ~*** cette histoire drôle ne peut guère être traduite en allemand; ***der Text muss in die Sprachen der Mitgliedsländer übersetzt werden*** le texte doit être traduit dans la langue de chaque pays membre
3. MED ■ **jd/ein Tier überträgt etw [auf jdn]** qn/un animal transmet qc [à qn]
4. (*übernehmen*) ■ **jd überträgt etw auf** (*akk*)**/in etw** (*akk*) *auf eine andere Seite* qn reporte qc sur/dans qc
5. (*mit etw ausstatten*) ■ **jd überträgt jdm etw** *Befugnis, Projektleitung* qn attribue [*o* confie] qc à qn
6. JUR ■ **jd überträgt jdm etw,** ■ **jd überträgt etw auf jdn** qn transfère qc à qn
7. AUDIOV ■ **jd überträgt etw auf etw** (*akk*) qn repique qc sur qc, qn fait un nouvel enregistrement de qc sur qc
8. (*anwenden*) ■ **jd überträgt etw auf etw** (*akk*) *Maßstab, Methode* qn applique qc à qc
9. TECH ■ **etw überträgt etw auf etw** (*akk*) *auf ein Getriebe, auf Antriebsräder* qc transmet qc à qc
II. *vr* **1.** MED ■ **etw überträgt sich** qc est contagieux(-euse); ■ **etw überträgt sich auf jdn** qc se transmet à qn, qc contamine qn
2. (*beeinflussen*) ■ **etw überträgt sich auf jdn** /*Begeisterung, Nervosität*/ qc gagne qn

übertragen² I. *adj* (*figurativ*) *Bedeutung, Gebrauch* figuré(e), au figuré
II. *adv* au [sens] figuré

Überträger(in) *m(f)* porteur(-euse) *m(f)*

Übertragung <-, -en> *f* **1.** RADIO, TV (*das Senden*) diffusion *f,* retransmission *f;* (*Sendung*) retransmission *f*
2. *geh* (*das Übersetzen*) transcription *f;* (*Übersetzung*) traduction *f*
3. MED transmission *f*
4. (*das Übernehmen*) report *m*
5. (*das Ausstatten*) [*Befugnis, Kompetenz*] *verbal übersetzt;* ***durch ~ der entsprechenden Befugnisse bin ich berechtigt, zu entscheiden*** j'ai le droit de décider, car on m'en a attribué [*o* confié] le pouvoir
6. JUR [*Besitz, Grundstück*] transfert *m*
7. (*das Anwenden*) [*Maßstab, Methode*] application *f*
8. Ø TECH [*Antriebskraft, Drehung*] transmission *f*

Übertragungsfehler *m* faute *f* de transmission **Übertragungswagen** *m* car *m* de reportage

übertreffen * *irreg* I. *vt* **1.** (*besser sein*) ■ **jd übertrifft jdn [an etw** (*dat*)**/auf etw** (*dat*)**/in etw** (*dat*)**]** qn surpasse qn [en qc/dans qc/en qc]; ***er ist nicht zu ~*** il est imbattable
2. (*über etw hinausgehen*) ■ **etw übertrifft etw [um etw]** *jds Befürchtungen, Hoffnungen* qc dépasse qc [de qc]
3. (*größer sein*) ■ **etw übertrifft etw** (*dat*) *an Größe, Höhe, Pracht* qc est plus grand(e) que qc; ***der Neubau übertraf das alte Gebäude an Ausdehnung/Größe*** le nouveau bâtiment était plus grand [*o* vaste] que l'ancien
II. *vr* ■ **jd übertrifft sich selbst [mit etw]** qn se surpasse [en faisant qc]

übertreiben * *irreg* I. *vi* ■ **jd übertreibt** qn exagère; (*zu weit gehen*) qn exagère, qn pousse [le bouchon un peu loin] *fam*
II. *vt* ■ **jd übertreibt etw** qn pousse qc à l'extrême; ■ **jd übertreibt es mit etw** qn exagère avec qc
▶ **man kann es auch mit etw** ~ *fam* qc, faut pas exagérer *fam;* ***man kann es auch*** ~ il ne faut pas forcer la dose; **ohne zu** ~ j'exagère à peine, tu me crois si tu veux/vous me croyez si vous voulez
Übertreibung <-, -en> *f* 1. (*Äußerung*) exagération *f;* ***er tendiert zu*** ~***en*** il a tendance à exagérer
2. ∅ (*das Übertreiben*): ***keine*** ~ ***der Sauberkeit*** pas de propreté exagérée
über|treten[1] *vi irreg + sein* 1. REL ■ **jd tritt zu etw über** qn se convertit à qc
2. SPORT ■ **jd tritt über** qn mord sur la ligne
3. PHYSIOL ■ **etw tritt in etw** (*akk*) **über** /*Gift, Alkohol, Droge etc/ ins Blut, in die Lymphbahnen* qc passe dans qc; ***etw tritt von etw in etw über*** qc passe de qc dans qc
übertreten*[2] *vt irreg* (*verstoßen*) ■ **jd übertritt etw** qn enfreint qc
Übertretung <-, -en> *f* 1. (*das Übertreten*) [*Bestimmung, Gesetz, Verbot*] infraction *f;* ***eine*** ~ ***der Vorschriften*** une infraction aux directives
2. (*strafbare Handlung*) infraction *f*, contravention *f*
übertrieben I. *adj* exagéré(e)
II. *adv* exagérément
Übertritt *m* REL ■ **ein/jds** ~ **zu etw** une conversion/la conversion de qn à qc
übertrumpfen * *vt* ■ **jd übertrumpft jdn** qn dame le pion à qn; ***jd übertrumpft jds Leistung*** la performance de qn l'emporte sur celle de qn
übertünchen * *vt* ■ **jd übertüncht etw** qn passe une couche de peinture sur qc
überübermorgen *adv fam* dans trois jours
überversichern * *vt* ■ **jd überversichert jdn/sich** qn assure qn/s'assure plus qu'il n'est besoin
übervölkert *adj* surpeuplé(e)
übervoll *adj* 1. *Glas, Krug, Teller* plein(e) à ras bord(s)
2. *Bus, Bahn* bondé(e), plein(e) comme un œuf
übervorsichtig *adj* exagérément prudent(e)
übervorteilen * *vt* ■ **jd übervorteilt jdn** *Besteller, Kunden* qn arnaque qn *fam*, qn estampe qn *fam;* ***jd wird von jdm übervorteilt*** qn se fait arnaquer [*o* estamper] par qn *fam; Arbeitnehmer* qn exploite qn; ***ich kam mir übervorteilt vor*** j'avais l'impression d'être exploité(e)
überwachen * *vt* 1. (*heimlich kontrollieren*) ■ **jd überwacht jdn/etw** *verdächtige Person, jds Aktivitäten* qn surveille qn/qc; *Telefon* qn met qc sur table d'écoute
2. (*beaufsichtigen*) ■ **jd überwacht etw** *Ablauf, Ausführung* qn supervise qc; *Produktion, Qualität* qn contrôle qc
Überwachung <-, -en> *f* 1. [*verdächtige Person, Aktivitäten*] surveillance *f;* [*Telefon*] écoute *f*
2. [*Ablauf, Ausführung*] supervision *f;* [*Produktion, Qualität*] contrôle *m*
überwältigen * *vt* 1. (*bezwingen*) ■ **jd überwältigt jdn/ein Raubtier** qn maîtrise [*o* neutralise] qn/qn maîtrise un animal féroce
2. *geh* (*übermannen*) ■ **etw überwältigt jdn** qn ne peut plus maîtriser qc; /*Angst, Grauen a.*/ qc s'empare de qn; /*Gefühl a.*/ qn se laisse dominer par qc; /*Schlaf, Müdigkeit a.*/ qc terrasse qn
überwältigend *adj* 1. (*grandios*) bouleversant(e); *Pracht, Spektakel a.* grandiose; *Gefühl, Schönheit a.* impressionnant(e); *Eindruck a.* fort(e) *antéposé;* ***es hat mir einen*** ~***en Eindruck gemacht*** j'en ai été bouleversé(e)
2. (*ungeheuer*) *Erfolg, Mehrheit, Sieg* écrasant(e)
▶ **nicht gerade** ~ *iron* pas fameux(-euse) *fam;* ***das ist nicht gerade*** ~ ça ne casse pas trois pattes à un canard *fam*
Überwältigung <-, -en> *f verbal übersetzt;* ***fünf starke Kerle waren für seine*** ~ ***nötig*** il a fallu cinq types costauds pour le maîtriser [*o* neutraliser]; ***die*** ~ ***dieses gefährlichen Bären wird nicht einfach sein*** il ne va pas être simple de maîtriser cet ours dangereux
über|wechseln [-ks-] *vi + sein* 1. (*die Seiten wechseln*) ■ **jd wechselt auf etw** (*akk*)**/in etw** (*akk*)**/zu etw über** qn passe dans qc/à qc; ***jd wechselt ins andere Lager über*** qn passe de l'autre côté de la barricade, qn passe à l'ennemi; ***jd wechselt zu einer anderen Partei über*** qn retourne sa veste, qn tourne casaque
2. AUT ■ **jd/etw wechselt auf etw** (*akk*) **über** qn/qc déboîte et passe sur qc; ***da wechselt einer auf die linke Spur über*** en voilà un qui déboîte sur la file de gauche
Überweg *m* passerelle *f*
überweisen * *vt irreg* 1. FIN ■ **jd überweist** [**jdm**] **etw** [**auf etw** (*akk*)] qn vire qc [à qn] [sur qc]
2. MED ■ **jd überweist jdn** qn envoie [*o* adresse] qn à un spécialiste; ■ **jd überweist jdn an jdn/in etw** (*akk*) qn envoie [*o* adresse] qn à qn/envoie qn à qc
Überweisung <-, -en> *f* 1. FIN virement *m*
2. MED (*ins Krankenhaus*) transfert *m;* (*an Kollegen*) *verbal übersetzt;* (*Überweisungsschein*) *formulaire rempli par le 1er médecin, pour que le 2ème puisse se faire payer par l'assurance;* ***ich halte eine*** ~ ***der Patientin an Dr. Gehrke für erforderlich*** il me semble nécessaire d'envoyer la patiente consulter le [*o* d'adresser la patiente au] Dr Gehrke
Überweisungsauftrag *m* ordre *m* de virement **Überweisungsformular** *nt* formulaire *m* de virement **Überweisungsschein** *m* MED *formulaire rempli par le 1er médecin, pour que le 2ème puisse se faire payer par l'assurance*
Überweite *f* ampleur *f* spéciale
▶ **etw hat** ~ qc a une ampleur spéciale; **in** ~ très ample
über|werfen[1] *vt irreg* (*rasch überlegen*) ■ **jd wirft jdm etw über** qn lui passe qc, qn lui jette qc sur les épaules; ■ **jd wirft sich etw über** qn passe qc
überwerfen*[2] *vr irreg* (*sich streiten*) ■ **sie** ~ **sich** ils/elles se brouillent, ils/elles se fâchent; ***habt ihr euch überworfen?*** vous vous êtes brouillé(e)s?; ■ **jd überwirft sich mit jdm** qn se brouille avec qn
überwiegen * *irreg* I. *vi* 1. (*hauptsächlich vorkommen*) ■ **etw überwiegt irgendwo** /*Anbau, bestimmte Pflanze*/ qc prédomine quelque part
2. (*vorherrschen*) ■ **etw überwiegt** [**bei jdm**] qc prédomine [chez qn]; ***schließlich überwog sein Mitleid*** finalement, sa pitié a pris le dessus
II. *vt* ■ **etw überwiegt etw** qc l'emporte sur qc
überwiegend I. *adj Teil* majeur(e) *antéposé; Mehrheit* large *antéposé;* ***der*** ~***e Anteil*** le plus grand nombre
II. *adv feucht, heiter, trocken* plutôt, la plupart du temps; *zutreffen, falsch sein* dans l'ensemble; ***diese Anschuldigungen treffen leider*** ~ ***zu*** la majeure partie [*o* la plupart] de ces accusations sont malheureusement exactes
überwinden * *irreg* I. *vt* 1. (*nicht länger haben*) ■ **jd überwindet etw** *Abneigung, Bedenken, Misstrauen, Schwierigkeit, Krise* qn surmonte qc; *Vorurteil* qn se libère de qc; *Widerstand* qn vainc qc; *Problem a.* qn vient à bout de qc
2. (*besiegen*) ■ **jd überwindet jdn** *Feind, Gegner* qn vainc qn, qn l'emporte sur qn
3. (*ersteigen*) ■ **jd überwindet etw** *Mauer, Drahtverhau* qn franchit qc
II. *vr* ■ **jd überwindet sich** qn fait un effort sur soi-même; ■ **jd überwindet sich zu etw** qn parvient à dominer [*o* faire taire] qc; ***sie konnte sich endlich zur Aufgabe ihrer Bedenken*** ~ elle est enfin parvenue à dominer [*o* faire taire] ses hésitations; ■ **jd überwindet sich dazu etw zu tun** qn se domine et fait qc; ***sie überwand sich ihm zu gratulieren*** elle s'est dominée et l'a félicité
Überwindung <-> *f* ∅ 1. (*das Überwinden*) *verbal übersetzt;* ***nach*** ~ ***aller Schwierigkeiten*** après avoir surmonté toutes les difficultés; ***die*** ~ ***dieser Sperren wird schwierig werden*** il va être difficile de franchir ces barrages
2. (*Selbst~*) effort *m* sur soi-même; ***nur unter größter*** ~ seulement au prix d'un immense effort sur soi-même; ***man sah ihr die*** ~ ***an*** on voyait qu'elle faisait un effort sur elle-même [*o* visiblement, elle essayait de se dominer]
▶ **etw kostet jdn** ~ qc coûte à qn; **es kostet jdn** ~ **etw zu tun** cela coûte à qn de faire qc
überwintern * *vi* 1. BOT ■ **etw überwintert irgendwo** /*Kübelpflanze*/ qc est entreposé(e) quelque part pour l'hiver
2. (*den Winter verbringen*) ■ **jd/ein Tier überwintert irgendwo** qn passe l'hiver/un animal hiverne quelque part
3. (*Winterschlaf halten*) ■ **ein Tier überwintert irgendwo** un animal hiberne
überwuchern * *vt* ■ **etw überwuchert etw** qc envahit qc
Überwurf *m* AUS (*Tagesdecke*) couvre-lit *m*
Überzahl *f* ∅ ■ **die** [**große**] ~ **einer S.** (*gen*) la plus grande partie de qc, la majorité de qc; ***aus der*** ~ ***der Vorschläge*** parmi les multiples propositions, parmi les propositions faites en grand nombre
▶ **sie sind in der** ~ ils sont supérieurs/elles sont supérieures en nombre
überzahlen * *vt* ■ **jd überzahlt etw** qn surpaye qc; ***etw wird überzahlt*** on surpaye qc; ■ **etw ist überzahlt** qc est surpayé(e)
überzählig *adj* en trop
überzeugen * I. *vt* ■ **jd/etw überzeugt jdn** qn/qc convainc qn, qn/qc persuade qn; ■ **jd/etw überzeugt jdn von etw** qn/qc convainc [*o* persuade] qn de qc; ■ **jd/etw überzeugt jdn davon, dass** qn/qc convainc [*o* persuade] qn que + *indic;* ■ **jd lässt sich** ~ qn se laisse convaincre [*o* persuader]
II. *vi* 1. (*überzeugend sein*) ■ **jd überzeugt** [**in einer Rolle**] qn est convaincant(e) [dans un rôle]; ■ **jd überzeugt als etw** qn est un qc convaincant/une qc convaincante; ■ **etw überzeugt** qc est convaincant(e)
2. SPORT ■ **jd überzeugt** [**bei etw/mit etw/in etw** (*dat*)] qn est convaincant(e) [à qc/grâce à qc/dans qc]
III. *vr* ■ **jd überzeugt sich** [**selbst**]: ~ ***Sie sich selbst!*** voyez vous-même!, constatez vous-même!, faites vous-même le constat!; ■ **jd überzeugt sich von etw** qn s'assure [lui-même] de qc; ■ **jd überzeugt sich** [**selbst**], **dass** qn s'assure [lui-même] que + *indic*
überzeugend I. *adj* convaincant(e); ■ **jd ist** ~ qn est convaincant(e); ■ **jd ist als etw** ~ qn est un qc convaincant/une qc convaincante
II. *adv argumentieren, reden* de façon convaincante; ***sie argumentierte*** ~ elle a proposé une argumentation convaincante; ***was sie gesagt hat, klingt*** ~ ce qu'elle a dit semble convaincant
überzeugt *adj* 1. *Anhänger, Christ, Nichtraucher* convaincu(e); ■ **jd ist von etw** ~ qn est convaincu(e) de qc, qn est persuadé(e) de qc; ■ **jd ist** [**davon**] ~, **dass** qn est convaincu(e) [*o* persuadé(e)] que + *indic;* ■ **jd ist nicht** [**davon**] ~, **dass** qn n'est pas convaincu(e) [*o* persuadé(e)] que + *subj;* ***ich bin fest davon*** ~, ***dass*** j'ai l'intime conviction que + *indic*
2. (*selbstbewusst*) ■ **jd ist von sich** ~ qn est sûr(e) de soi, qn a une haute idée de soi-même
Überzeugung <-, -en> *f* conviction *f*
▶ **jd gelangt** [*o* **kommt**] **zu der** ~, **dass** qn acquiert la conviction que + *indic;* **jd ist der** ~, **dass** qn a la conviction que + *indic*, qn est convaincu(e) [*o* persuadé(e)] que + *indic;* **aus** ~ par conviction; **jds** ~ **nach, nach jds** ~ qn est convaincu(e) de + *infin*/que + *indic;* ***meiner*** ~ ***nach solltest du die Finger von der Sache lassen*** je suis convaincu(e) que tu ne devrais pas t'en mêler
Überzeugungsarbeit *f* effort *m* de persuasion; ***jd leistet*** ~ qn se montre persuasif(-ive) **Überzeugungskraft** *f* ∅ pouvoir *m* de persuasion **Überzeugungstäter(in)** *m(f)* criminel(le) *m(f)* par idéologie
überziehen*[1] *irreg* I. *vt* 1. (*bedecken*) ■ **etw überzieht etw** /*Rost, Schimmel*/ qc recouvre qc; ***etw ist von etw überzogen*** qc est recouvert(e) de qc
2. FIN ■ **jd überzieht etw** [**um/bis zu etw**] qn fait un découvert [de qc/

de qc maximum] sur qc; ***mein Konto ist überzogen*** mon compte est à découvert
3. (*zeitlich*) ■ **jd überzieht etw [um etw]** *Sendezeit, Redezeit* qn dépasse qc [de qc]
4. (*zu weit treiben*) ■ **jd überzieht etw** *Kritik, Forderung* qn pousse qc trop loin, qn exagère qc; ■ **überzogen** qui va trop loin, exagéré(e)
5. (*übermäßig versehen*) ■ **jd überzieht jdn mit etw** *mit Forderungen, Prozessen* qn accable qn de qc; *mit Verdacht* qn fait peser qc sur qn; ■ **jd überzieht etw mit etw** *mit Läden einer Kette* qn couvre qc de qc; ***jd überzieht ein Land mit Krieg*** qn met un pays à feu et à sang
II. *vi* **1.** FIN ■ **jd überzieht [auf etw** (*dat*)**] [um etw]** qn a un découvert [de qc] [sur qc]; ***ich darf [auf meinem Girokonto] um 5000 Mark*** ~ j'ai droit à un découvert de 5000 Mark [sur mon compte]
2. MEDIA ■ **jd überzieht** qn dépasse son temps d'antenne

über|ziehen² *vt irreg* (*überstreifen*) ■ **jd zieht etw über** qn passe qc; ■ **jd zieht sich/jdm etw über** *Mantel, Pullover* qn passe qc/lui passe qc
▸ **jd zieht jdm eins [mit etw] über** *fam* qn flanque un coup [de qc] à qn *fam;* ***jd kriegt eins übergezogen*** qn reçoit un coup [de bâton/fouet] *fam*

Überziehungskredit *m* découvert *m* **Überziehungszinsen** *pl* agios *mpl*

überzüchtet *adj Motor, Rennmotor* trop poussé(e); *Tier* dégénéré(e), taré(e)

Überzug *m* **1.** (*Schicht*) couche *f*
2. (*Hülle*) housse *f*

üblich *adj* **1.** *Methode, Verfahren* usuel(le), habituel(le); ■ **etw ist irgendwo [so]** ~ qc est la coutume [*o* l'usage] quelque part **2.** COM *Preis* habituel(le); *Rabatt* habituellement consenti(e) ▸ **wie** ~ comme d'habitude

Übliche(s) *nt decl wie adj* COM ■ **das** ~: ***das*** ~, ***100 Gramm Parmaschinken*** comme d'habitude [*o* à l'ordinaire], 100 g de jambon de Parme

üblicherweise *adv* d'habitude

U-Boot *nt* sous-marin *m*

U-Boot- *-Rumpf, -Turm, -Besatzung, -Bewaffnung* d'un/du sous-marin

übrig *adj* **1.** *attr* (*restlich*) *Teilnehmer, Länder, Teile* autres *antéposé, Gegenstände a.* restant(e)s; ■ **das/alles Ü~e** le reste/tout ce qui reste
2. *pred* (*als Rest verbleiben*) ■ **etw ist** ~ il reste qc
▸ **jd behält [von etw] etw** ~ il reste qc [de qc] à qn; **etw bleibt [von etw]** ~ il reste qc [de qc]; **etw bleibt für jdn** ~ il reste qc pour qn; ***was ~ bleibt, können wir heute Abend warm machen*** on fera réchauffer le reste [*o* ce qui reste] ce soir; **jdm bleibt nichts [anderes]** ~ **als etw zu tun** il ne reste plus à qn qu'à faire qc, qn n'a plus qu'à faire qc; **jdm wird gar nichts anderes** ~ **bleiben** qn n'a pas le choix; **was bleibt jdm [anderes]** ~ **als etw zu tun?** qn ne peut que faire qc, il/elle n'a pas le choix; **jd hat für jdn etwas/viel/nichts** ~ qn a un faible pour qn/qn aime beaucoup qn/qn n'a aucune sympathie pour qn; **jd hat für etw etwas/nichts/viel** ~ qn est attiré(e)/n'est pas attiré(e) par qc/a un goût marqué pour qc; qc, c'est/c'est pas son truc *fam;* ***für schöne Gärten hat er besonders viel*** ~ les jardins bien entretenus, c'est son truc *fam;* ***hast du eigentlich für Sport nichts*** ~? c'est pas ton truc, le sport, hein? *fam;* **jd lässt [jdm] etw [von etw]** ~ qn laisse qc [de qc] [à qn]; ***lass noch ein paar Mark*** ~ garde quelques marks; **jd tut ein Ü~es** *geh* qn fait davantage; **im Ü~en** du reste

übrig|behalten * *s.* **übrig** ▸. **übrig|bleiben** *s.* **übrig** ▸

übrigens *adv* **1.** (*nebenbei bemerkt*) au fait; ■ ~, …? au fait, …?
2. (*außerdem*) d'ailleurs, de toute façon

übrig|lassen *s.* **übrig** ▸

Übung <-, -en> *f* **1.** ∅ (*das Üben*) exercice *m*, entraînement *m;* ***nur durch stete ~ wird man geübt*** c'est en s'exerçant [*o* s'entraînant] continuellement qu'on acquiert de l'adresse; ***in diesen artistischen Kunststücken steckt viel*** ~ il y a beaucoup de travail investi dans ces tours d'adresse
2. SCOL, SPORT exercice *m*
3. UNIV travaux *mpl* dirigés
4. MIL exercice *m*, manœuvre *f*
5. (*Probeeinsatz*) [*Feuerwehr, Zivilschutz*] exercice *m* d'alerte
▸ ~ **macht den Meister** *prov* c'est en forgeant qu'on devient forgeron; **jd bleibt in** ~ /*Sportler*/ qn entretient sa forme; /*Lehrer*/ qn entretient son savoir, qn se cultive; ***um in ~ zu bleiben*** pour ne pas perdre la main; **jd ist aus der** ~ qn a perdu la main; **das ist alles nur** ~ ce n'est qu'une question d'entraînement; **das macht die** ~ c'est l'entraînement; **jd kommt aus der** ~ qn perd la main; **zur** ~ comme exercice, pour m'/s'exercer [*o* entraîner]

Übungsarbeit *f* exercice *m* d'entraînement **Übungsaufgabe** *f* exercice *m* **Übungsbuch** *nt* livre *m* d'exercices **Übungsgelände** *nt* terrain *m* [de champ *m*] de manœuvres

UdSSR <-> [u:de:ʔɛsʔɛsʔɛr] *f abk von* **Union der Sozialistischen Sowjetrepubliken** HIST ■ **die** ~ l'U.R.S.S. *f*

UEFA-Cup <-s, -s> [u'e:fakap] *m*, **UEFA-Pokal** [u'e:fa-] *m* coupe *f* de l'U.E.F.A.

Ufer <-s, -> *nt* (*Fluss~*) rive *f*, berge *f;* (*See~*) bord *m*
▸ **jd erreicht das rettende [*o* sichere]** ~ qn atteint la rive [*o* berge]; **etw tritt über die** ~ qc sort de son lit; **an das [*o* ans]** ~: ***das Bootshaus war direkt an das ~ gebaut*** le hangar à bateaux était construit directement sur la rive; ***er schwamm ans*** ~ il s'est approché de la rive [*o* berge] à la nage; **an dem [*o* am]** ~ sur la rive, sur la berge; ***sie stand sinnend am*** ~ elle était au bord de l'eau, perdue dans ses pensées

Uferbefestigung *f* **1.** ∅ (*das Befestigen*) défense *f* de rive, endiguement *m* **2.** (*Bepflanzung*) plantation *f* pour retenir la berge [*o* rive] **Uferböschung** *f* talus *m* de rive **Uferlandschaft** *f* paysage *m* fluvial

uferlos *adj* interminable, sans fin
▸ **etw geht ins U~e** (*führt zu keinem Ende*) qc n'en finit pas; (*übersteigt jeden Rahmen*) /*Kosten*/ qc s'envole *fam*

Uferstraße *f* voie *f* sur berge

uff *interj fam* ouf!

Ufo, UFO <-[s], -s> *nt abk von* **unbekanntes Flugobjekt** OVNI *m*

Uganda <-s> *nt* l'Ouganda *m*

U-Haft *f fam* détention *f* provisoire

Uhr <-, -en> *f* **1.** (*Instrument zur Zeitanzeige*) horloge *f;* (*Armband~*) montre[-bracelet] *f;* (*Wand~*) pendule *f;* (*Stand~*) horloge *f;* (*Kamin~*) cartel *m*
2. (*Zeitangabe*): ***es ist ein ~/15 ~/13 ~ 15*** il est une heure/quinze heures/treize heures quinze
▸ **jds** ~ **geht nach dem Mond** *fam* la montre de qn déraille [*o* déconne] *fam;* **…** ~ **früh/morgens/nachts/abends:** ***es ist 5 ~ früh*** il est 5 heures du matin; ***gegen 8 ~ abends*** vers 8 heures du soir; ***2 ~ nachts schellte jemand*** en pleine nuit, à 2 heures, on a sonné; **[um] *12 ~ mittags*** [à] midi; **jds innere** ~ l'horloge interne [*o* physiologique] de qn; **es ist kurz vor/nach …** ~ dans quelques instants il sera … heures/il est un peu plus de … heures; **rund um die** ~ vingt-quatre heures sur vingt-quatre; **jds** ~ **ist abgelaufen** *geh* l'heure de qn est venue [*o* a sonné]; **jds** ~ **geht …** *genau, falsch:* ***die Funkuhr geht genau*** l'horloge de la radio est à l'heure; ***Ihre ~ geht nicht richtig*** votre montre n'est pas à l'heure; **jds** ~ **geht vor/nach** [la montre de] qn avance/retarde; ***meine ~ geht 2 Minuten vor/nach*** ma montre avance/retarde de deux minutes; **wie viel ~ ist es?, wie viel ~ haben wir?** quelle heure est-il?; ***könnten Sie mir sagen, wie viel ~ wir haben?*** vous avez l'heure, s'il vous plaît?; **gegen die** ~ contre la montre; **nach jds ~/der ~ irgendwo** d'après la montre de qn/l'horloge quelque part; **um wie viel ~?** à quelle heure?; **um … ~:** ***um ein/zwei/sechzehn*** ~ à une heure/deux/seize heures

Uhr- de/d'une montre **Uhrarmband** *nt* bracelet *m* de montre

Uhren- *-industrie, -produktion* horloger(-ère); *-modelle* de montre/d'horloge; ***~fabrik*** horlogerie *f;* ***~hersteller*** horloger *m*

Uhrkette *f* chaîne *f* de montre **Uhrmacher(in)** *m(f)* horloger(-ère) *m(f)* **Uhrwerk** *nt* **1.** [*Uhr*] mouvement *m* d'horlogerie **2.** [*Spielzeug*] ressort *m* **Uhrzeiger** *m* aiguille *f* [de/d'une montre]
▸ **der große/kleine** ~ la grande/petite aiguille

Uhrzeigersinn *m* ▸ **entgegen dem** ~ en sens inverse des aiguilles d'une montre; **im** ~ dans le sens des aiguilles d'une montre

Uhrzeit *f* heure *f*

Uhu <-s, -s> *m* grand duc *m*

Ukas <-ses, -se> *m* [o]ukase *m;* ***per*** ~ par [o]ukase

Ukraine <-> [ukra'i:nə, u'krainə] *f* ■ **die** ~ l'Ukraine *f*

Ukrainer(in) <-s, -> [ukra'i:nɐ, u'krainɐ] *m(f)* Ukrainien(ne) *m(f)*

ukrainisch [ukra'i:nɪʃ, u'krainɪʃ] *adj* ukrainien(ne)
▸ **auf U~** en ukrainien

UKW <-> [u:ka:'ve:, 'u:ka:ve:] *nt* ∅ *abk von* **Ultrakurzwelle** ondes *fpl* métriques [*o* très courtes]
▸ **auf** ~ sur ondes métriques [*o* très courtes]

UKW- [u:ka:'ve:-] *-Sender, -Empfang* d'ondes métriques [*o* très courtes]; ***~-Antenne*** antenne *f* de réception d'ondes métriques [*o* très courtes]

Ulk <-[e]s, -e> *m fam* blague *f fam*, canular *m*
▸ **aus** ~ pour blaguer *fam*, pour déconner *fam*, pour rire

ulken *vi fam* ■ **jd ulkt** qn blague *fam*, qn déconne *fam*

ulkig *adj fam* **1.** (*lustig*) rigolo(te) *fam*, marrant(e) *fam*
2. (*seltsam*) drôle de; ***er hat ~e Ideen*** il a de drôles d'idées; ■ **jd ist** ~ qn a de drôles d'idées; ***du bist vielleicht*** ~! tu en as des idées!, tu as de drôles d'idées, toi!

Ulme <-, -n> *f* orme *m*

Ulmenkrankheit *f* graphiose *f*

ultimativ **I.** *adj* sous forme d'ultimatum; ***eine ~e Aufforderung/Forderung/ein ~es Verlangen*** un ultimatum
II. *adv* dans un ultimatum; ***jd verlangt etw ~ von jdm*** qn exige qc de qn dans un ultimatum

Ultimatum <-s, -s *o* Ultimaten> *nt* ultimatum *m*
▸ **jd stellt jdm ein** ~ qn lance un ultimatum à qn

Ultimo <-s, -s> *m* dernier jour *m* du mois
▸ **bis/vor** ~ jusqu'au/avant le dernier jour du mois

Ultra <-s, -s> *m* ultra *m*, extrémiste *m*

ultra- *-kompakt, -widerstandsfähig, -modern* hyper; *-orthodox, leicht a.* ultra-; ***~links/-rechts*** d'extrême gauche/droite; ***~modisch*** à la pointe de la mode **Ultrakurzwelle** *f* **1.** (*Welle*) onde *f* métrique [*o* très courte] **2.** (*Empfangsbereich*) ondes *fpl* métriques [*o* très courtes] **Ultramarin** <-s> *nt* ∅ [bleu *m* d']outremer *m*

Ultraschall *m* PHYS ultrason *m;* MED échographie *f*

Ultraschall- *-alarmanlage* à ultrasons; ***~bild*** échographie *f*, image *f* échographique; ***~diagnostik*** échographie *f;* ***~gerät*** échographe *m;* ***~kopf*** sonde *f* d'un échographe; ***~wandler*** détecteur *m* de présence à ultrasons **Ultraschallaufnahme** *f* échographie *f;* ***~n*** imagerie *f* médicale par ultrasons **Ultraschalluntersuchung** *f* [examen *m* par] échographie *f* **Ultraschallwellen** *pl* ultrasons *mpl*

ultraviolett [-vi-] *adj* ultraviolet(te)

um **I.** *präp + akk* **1.** (*etw umgebend*) ■ ~ **…** **[herum]** autour de …; ***er bog gerade ~ die Ecke herum*** je l'ai vu alors qu'il tournait juste au coin de la rue
2. (*gegen*) ■ ~ **… [herum]** *Ostern, ein bestimmtes Datum* vers …; ***ihr Urlaub fängt ~ den 20. an*** son congé commence vers le [*o* aux environs du] 20; *fünf* [*Uhr*], *Mitternacht* (*genauer Zeitpunkt*) à …; (*ungenauer Zeitpunkt*) vers …
3. (*im Hinblick auf*) au sujet de, à cause de; ~ ***was streitet ihr euch eigentlich so?*** à quel sujet [*o* pourquoi] vous disputez-vous?; ~ ***diese Dinge brauchst du dich nicht zu kümmern*** tu n'as pas besoin de te mêler de ces choses-là
4. *Unterschiede im Vergleich ausdrückend* ■ ~ **… +** *comp:* ~ ***10 cm größer/500 Gramm schwerer/eine Handbreit kürzer/einen halben***

Kopf weiter plus long(longue) de 10 cm/plus lourd(e) de 500 grammes/ plus court(e) d'une largeur de main/plus loin d'une demi-tête; ~ ***einiges besser/ manches schlechter/ weniges schöner*** un peu mieux/un peu plus mal/un peu plus beau; ***etw wäre ~ nichts besser*** qc ne serait amélioré(e) en rien; ***es wäre ~ vieles anders*** cela serait bien différent
5. (*wegen*) ■ **~ jdn/etw** pour qn/qc; ***er ist ~ ihr Wohlergehen besorgt*** il est soucieux de son bien-être
6. (*für*) ■ **... ~ ...** *Stückchen, Zentimeter ...* par ...; *Minute, Sekunde ...* après ...; ***Auge ~ Auge, Zahn ~ Zahn*** œil pour œil, dent pour dent; ***einen Tag ~ den anderen*** jour après jour
▶ **~ jds/einer S. willen** [par égard] pour qn/par égard à qc; **~ sich ...** *schlagen, treten* en se débattant; *werfen* dans tous les sens, dans toutes les directions
II. *conj* ■ **... ~ etw zu tun ...** pour faire qc, ... afin de faire qc
III. *adv* (*ungefähr*) environ

ụm|adressieren * *vt* ■ **jd adressiert etw um** qn change l'adresse sur qc

ụm|ändern *vt* COUT ■ **jd ändert etw um** qn retouche qc, qn fait une retouche à qc; ■ **das U~** la retouche

ụm|arbeiten *vt* 1. (*umgestalten*) ■ **jd arbeitet etw um** *Buch, Entwurf, Manuskript* qn remanie qc
2. *s.* **umändern**

umarmen * *vt* ■ **jd umarmt jdn** qn serre qn dans ses bras, qn embrasse qn [pour le/la saluer]; ■ **jd lässt sich [von jdm] ~**: ***lass dich ~, Bruderherz!*** viens dans mes bras, mon frère adoré!

Umarmung <-, -en> *f* accolade *f verbal übersetzt;* ***früher galt eine ~ in der Öffentlichkeit als unschicklich*** avant, on trouvait malséant de s'embrasser en public pour se saluer; ***die ~ zweier Liebenden*** l'étreinte de deux amoureux

Ụmbau *m* 1. ∅ (*das Umbauen*) [*Gebäude*] transformations *fpl;* ***während des ~s bleibt das Geschäft geschlossen*** le magasin est fermé pendant les travaux [de transformation] [*o* les transformations]
2. <-bauten> (*Gebäude*) bâtiment *m* qui a subi des transformations
▶ **etw befindet sich im ~** qc est en travaux

ụm|bauen¹ I. *vt* (*verändern*) ■ **jd baut etw um** qn transforme qc
II. *vi* ■ **jd baut um** qn fait des transformations

umbauen*² *vt* (*umgeben*) ■ **jd umbaut etw** qn entoure qc de constructions; ■ **jd umbaut etw mit etw** qn construit qc autour de qc; ***ein völlig umbauter Innenhof*** une cour intérieure entourée [*o* cernée] de bâtiments

Ụmbaute <-, -n> *f* CH *s.* **Umbau**

ụm|benennen * *vt irreg* ■ **jd benennt etw [in etw (*akk*)] um** qn change le nom de qc [et l'appelle qc]

Ụmbenennung *f* changement *m* de nom

ụm|besetzen * *vt* 1. CINE, THEAT ■ **jd besetzt etw um** *Rolle* qn confie qc à quelqu'un d'autre; ***jd besetzt alle Rollen um*** qn redistribue tous les rôles, qn change la distribution
2. POL ■ **jd besetzt etw um** *Ministerium* qn remanie qc; *Ministerposten* qn redistribue qc

Ụmbesetzung *f* 1. CINE, THEAT: ***die ~ aller Rollen*** le changement de la distribution *verbal übersetzt;* ***die Krankheit erzwang die ~ der Hauptrolle*** cette maladie a nécessité que l'on attribue le rôle principal à quelqu'un d'autre
2. [*Posten, Stelle*] remaniement *m;* ***die ~ dieses Ministerpostens wurde unumgänglich*** un remaniement concernant ce ministère s'imposait
▶ **jd nimmt eine ~ vor** CINE, THEAT (*der Hauptrolle*) qn attribue un rôle à quelqu'un d'autre; (*aller Rollen*) qn change la distribution; **jd nimmt ~en vor** POL qn procède à des remaniements ministériels

ụm|bestellen * I. *vt* 1. (*zu einem anderen Zeitpunkt*) ■ **jd bestellt jdn um** qn change le rendez-vous de qn; ■ **jd bestellt jdn auf etw (*akk*) um** qn donne [*o* fixe] un autre rendez-vous à qn pour qc
2. COM (*ändern*) ■ **jd bestellt etw um** qn modifie qc
II. *vi* COM ■ **jd bestellt um** qn modifie sa commande

ụm|betten *vt* 1. MED ■ **jd bettet jdn um** qn change qn de lit; ■ **jd bettet jdn in etw (*akk*)/auf etw (*akk*) um** qn met qn dans qc/sur qc
2. *euph* ■ **jd bettet jdn/etw um** *Toten, Gebeine* qn transfère qc

ụm|biegen *irreg* I. *vt + haben* 1. (*krümmen*) ■ **jd biegt etw um** *Draht, Nagel* qn tord qc, qn [re]courbe qc; ***ein umgebogener Draht*** un fil de fer tordu [*o* recourbé]
2. (*auf den Rücken biegen*) ■ **jd biegt jdm etw um** *Arm* qn tord qc à qn
II. *vi + sein* 1. (*kehrtmachen*) ■ **jd biegt um** qn fait demi-tour, qn retourne
2. (*abbiegen*) ■ **jd/etw biegt irgendwohin um** qn/qc tourne quelque part

ụm|bilden *vt* POL ■ **jd bildet etw um** qn remanie qc

Ụmbildung *f* POL remaniement *m* ministériel

ụm|binden *vt irreg* ■ **jd bindet sich/jdm etw um** qn met qc/lui met qc; ***mit umgebundenem Schal*** [avec] une écharpe [nouée] autour du cou

ụm|blättern *vi* ■ **jd blättert um** qn tourne la page; ***er legte die Illustrierte zurück, nachdem er ein paarmal umgeblättert hatte*** après avoir feuilleté l'illustré, il l'a reposé

ụm|blicken *vr* 1. (*nach hinten blicken*) ■ **jd blickt sich um** qn regarde derrière lui/elle, qn se retourne; ■ **jd blickt sich nach jdm/etw um** qn se retourne en direction de qn/qc
2. (*zur Seite blicken*) ■ **jd blickt sich irgendwohin um** qn regarde quelque part; ***jd blickt sich nach allen Seiten um*** qn regarde autour de lui/d'elle

Ụmbra <-> *f* ∅ [terre *f* d']ombre *f,* terre *f* de Sienne

ụm|brechen¹ *irreg* I. *vt + haben* 1. (*umknicken*) ■ **jd/etw bricht etw um** qn/qc couche qc
2. *geh* (*umpflügen*) ■ **jd bricht etw um** qn retourne qc
II. *vi + sein* ■ **etw bricht um** qc se couche

umbrẹchen*² *vt irreg* TYP ■ **jd/etw umbricht etw** *Manuskript* qn/qc met qc en pages

ụm|bringen *irreg* I. *vt* (*töten*) ■ **jd bringt jdn [durch/mit etw] um** qn tue qn [au moyen de/avec qc]; ***jd bringt jdn mit Hammerschlägen/ durch Gift um*** qn tue qn à coups de marteau/par empoisonnement
▶ **etw bringt jdn noch um** *fam* qc va tuer qn *fam;* ***diese Hitze bringt einen noch um!*** il fait une chaleur à crever! *fam;* **etw ist nicht umzubringen** *fam* qc est inusable
II. *vr* 1. (*Selbstmord begehen*) ■ **jd bringt sich [durch/mit etw] um** qn se suicide [en faisant qc/avec qc]
2. *fam* (*es übertreiben*) ■ **jd bringt sich [fast] um vor etw** *vor Freundlichkeit, Zuvorkommenheit* qn redouble de qc
▶ **bringen Sie sich nur nicht um!** *fam* [ne] vous fatiguez pas! *fam,* n'en faites pas trop, surtout! *fam*

Ụmbruch *m* 1. ∅ (*Einteilung in Seiten*) mise *f* en pages
2. (*umbrochener Satz*) texte *m* mis en pages
3. (*Wandel*) changement *m* profond, bouleversement *m;* ***die Gesellschaft befindet sich in einem ~*** la société connaît des changements profonds [*o* des bouleversements]

ụm|buchen I. *vt* 1. TOURISMUS ■ **jd bucht etw [auf etw (*akk*)] um** qn reporte [*o* diffère] sa réservation pour qc [à qc]
2. FIN, COM ■ **jd bucht etw um** qn vire qc sur un autre compte; ■ **jd bucht etw auf etw (*akk*) um** qn vire qc sur qc
II. *vi* TOURISMUS ■ **jd bucht [auf etw (*akk*)] um** qn reporte [*o* diffère] sa réservation [à qc]

Ụmbuchung *f* 1. TOURISMUS changement *m* de réservation
2. FIN, COM virement *m* [de compte à compte]
▶ **jd nimmt eine ~ [auf etw (*akk*)] vor** qn reporte [*o* diffère] une réservation [à qc]

ụm|denken *vi irreg* ■ **jd denkt um** qn révise sa façon de penser; ■ **jd denkt in etw (*dat*) um** qn repense qc; ■ **ein U~**: ***ein ~ in der Umweltpolitik ist erforderlich*** un changement s'impose dans notre façon de concevoir la politique en matière d'environnement

ụm|dirigieren * *vt* ■ **jd dirigiert etw [irgendwohin] um** qn déroute qc [quelque part]

ụm|disponieren * *vi* ■ **jd disponiert um** qn change ses dispositions

ụmdrehen I. *vt + haben* 1. (*auf die andere Seite drehen*) ■ **jd dreht jdn/etw um** qn change qn de position/qn retourne qc
2. (*herumdrehen*) ■ **jd dreht etw um** *Schalter, Schlüssel* qn tourne qc
II. *vr + haben* ■ **jd dreht sich um** qn se retourne; ■ **jd dreht sich nach jdm/etw um** qn se retourne en direction de qn/qc
III. *vi + haben o sein* ■ **jd/etw dreht um** qn/qc fait demi-tour

Umdrehung *f* [*Motor*] tour *m;* [*Kurbelwelle*] rotation *f*

umeinander *adv sich Sorgen machen, besorgt sein* l'un(e) pour l'autre; *sich kümmern* l'un(e) de l'autre

ụm|fahren¹ *irreg vt* 1. *fam* (*überfahren*) ■ **jd fährt jdn um** qn renverse qn; ***er wurde umgefahren*** il s'est fait renverser par une voiture
2. (*anfahren und abknicken*) ■ **jd fährt etw um** qn plie qc en roulant dessus

umfahren*² *vt irreg* 1. (*vor etw ausweichen*) ■ **jd umfährt etw** *Hindernis, Schlagloch* qn contourne qc
2. (*vermeiden*) ■ **jd umfährt etw** *Stau, Straßensperre* qn contourne qc, qn évite qc

Umfahrung <-, -en> *f* CH *s.* **Umgehung**

Ụmfall *m* POL *pej fam* revirement *m,* retournement *m* [de veste]

ụm|fallen *vi irreg + sein* 1. (*umkippen*) ■ **etw fällt um** */Vase, Flasche, Figur/* qc se renverse; */Baum/* qc se couche; ■ **jdm fällt etw um** qn fait tomber qc, qn renverse qc
2. (*zu Boden fallen*) ■ **jd fällt um** qn tombe [par terre]; ***jd fällt tot um*** qn tombe raide mort(e)
3. *pej fam* (*die Aussage widerrufen*) ■ **jd fällt um** qn se rétracte, qn revient sur ses déclarations

Ụmfang <-[e]s, Ụmfänge> *m* 1. (*Perimeter*) [*Kugel, Himmelskörper*] circonférence *f*
2. (*Ausdehnung*) [*Gebiet, Park, See*] superficie *f,* surface *f;* [*Verluste, Schaden*] étendue *f*
▶ **in großem ~** dans une large mesure, largement; **in vollem ~** *rehabilitieren* complètement, totalement; ***er hat seine Verbrechen in vollem ~ gestanden*** il a avoué tous ses crimes; ***nach und nach erkannte ich die Katastrophe in vollem ~*** petit à petit, j'ai pris conscience de l'étendue de la catastrophe; ***die Konsequenzen können in vollem ~ noch nicht geschätzt werden*** il est encore impossible d'évaluer la gravité des conséquences; ***im Prozess wurde sie in vollem ~ freigesprochen*** elle a été acquittée au cours du procès

umfangen * *vt irreg geh* ■ **jd umfängt jdn** qn étreint qn, qn enlace qn
▶ **jd hält jdn ~** qn tient qn enlacé(e), qn étreint qn

ụmfangreich *adj* 1. (*voluminös*) *Bibliothek, Werk* riche et varié(e)
2. *Berechnungen, Studien, Vorarbeiten* dans des domaines divers

umfassen * *vt* 1. (*umschließen*) ■ **jd umfasst jdn/etw** qn prend qn dans ses bras/qc dans ses mains/bras; */Ringer/* qn étreint qn
2. (*aus etw bestehen*) ■ **etw umfasst etw** qc comprend qc

umfassend I. *adj* 1. (*weit gehend*) *Vollmachten* étendu(e); *Maßnahmen* de grande envergure
2. (*alles enthaltend*) complet(-ète); *Bericht, Informationen a.* détaillé(e), circonstancié(e)
II. *adv:* ***jd berichtet ~, dass*** dans un rapport détaillé [*o* circonstancié], qn dit que + *indic;* ***jd informiert jdn ~*** qn fournit à qn des informations détaillées [*o* circonstanciées]; ***jd gesteht ~*** qn fait des aveux complets

Ụmfeld *nt* milieu *m*

umfliegen * *vt irreg* 1. AVIAT ■ **jd/etw umfliegt etw** qn/qc contourne qc
2. (*um etw kreisen*) ■ **ein Insekt umfliegt jdn/etw** un insecte vole autour de qn/qc

umlformen *vt* ■ **etw formt jdn um** qc change qn

Umfrage *f* sondage *m;* (*auf der Straße*) micro-trottoir *m*
▸ **jd macht eine ~ [zu etw/über etw** (*akk*)**]** qn fait un sondage [dans le but de faire qc/sur qc]

umfrieden * *vt geh* ■ **jd umfriedet etw [mit etw]** qc clôture qc [avec qc]

Umfriedung <-, -en> *f* **1.** ∅ (*das Einzäunen*) *verbal übersetzt; **die ~ Ihres Grundstücks mit einem Maschendrahtzaun käme am billigsten*** ce qui reviendrait le moins cher, ce serait de clôturer votre terrain avec du grillage
2. (*Zaun*) clôture *f*

umlfüllen *vt* ■ **jd füllt etw [aus etw** (*dat*)**] [in etw** (*akk*)**] um** qn transvase qc [de qc] [dans qc]

umlfunktionieren * *vt* ■ **jd funktioniert etw [zu etw] um** qn transforme qc [en qc]

Umgang <-gänge> *m* **1.** (*gesellschaftlicher Verkehr*) ■ **jds ~** les fréquentations de qn
2. (*Beschäftigung*) ■ **jds ~ mit etw** *mit Kunst, Büchern* fait *m* que qn est fréquemment en contact avec qc, pratique *f* que qn a de qc
▸ **jd hat ~ mit jdm** *geh* qn fréquente qn; **jd ist kein ~ für jdn** *fam* qn n'est pas une fréquentation pour qn; **im ~ mit jdm** dans mes/ses rapports avec qn

umgänglich *adj* conciliant(e)

Umgangsformen *pl* manières *fpl* ▸ **jd hat keine ~** qn n'a pas de bonnes manières, qn est mal élevé(e) **Umgangssprache** *f* **1.** LING (*im täglichen Umgang verwendet*) langue *f* standard; (*nachlässige Sprache*) langue *f* familière **2.** (*übliche Sprache*) langue *f* usuelle **umgangssprachlich** *adj* familier(-ière)

umgarnen * *vt* ■ **jd umgarnt jdn** qn entortille qn, qn embobine qn *fam;* ■ **jd lässt sich [von jdm/etw] ~** qn se fait entortiller [*o* embobiner] [par qn/qc]

umgeben * *irreg* **I.** *vt* **1.** (*einfassen*) ■ **jd umgibt etw mit etw** qn entoure qc de qc
2. (*sich rings erstrecken*) ■ **etw umgibt etw** qc entoure qc
3. (*in Gesellschaft von*) ■ **[jd ist] von Menschen ~** [qn est] entouré(e) de personnes
II. *vr* ■ **jd umgibt sich mit Menschen** qn s'entoure de personnes, qn rassemble des personnes autour de soi; ■ **jd umgibt sich mit Dingen** qn accumule des choses autour de soi

Umgebung <-, -en> *f* **1.** (*Gelände*) environs *mpl,* alentours *mpl;* ***in unserer nächsten ~*** dans les environs proches
2. (*Menschen*) entourage *m*

Umgegend *f fam* environs *mpl,* alentours *mpl*

umlgehen[1] *vi irreg + sein* **1.** (*behandeln*) ■ **jd geht ... mit jdm um** *rücksichtslos, einfühlsam* qn traite qn ...; ***so lasse ich nicht mit mir ~!*** je n'accepte pas qu'on me traite de la sorte!; ***man muss mit ihr recht vorsichtig ~*** il faut prendre des gants avec elle; ***ich weiß mit solchen Kerlen umzugehen*** je sais m'y prendre avec de tels types
2. (*handhaben*) ■ **jd geht ... mit etw um** *gleichgültig, vorsichtig* qn manie qc ...; ***mit den Sachen anderer Leute geht er unachtsam um*** il ne prend pas soin des affaires des autres
3. (*kolportiert werden*) ■ **etw geht [irgendwo] um** qc circule [quelque part], qc court [quelque part]
4. (*spuken*) ■ **jd/etw geht irgendwo um** qn/qc hante un lieu
▸ **jd kann mit jdm [gut]/nicht ~, jd weiß/weiß nicht mit jdm umzugehen** qn sait/ne sait pas [comment] s'y prendre avec qn

umgehen*[2] *vt irreg* **1.** (*vermeiden*) ■ **jd umgeht etw** qn esquive qc; ***etw ist nicht zu ~*** on ne peut [pas] éviter qc
2. (*an etw vorbei handeln*) ■ **jd umgeht etw** *Embargo* qn contourne qc; *Exportverbot, Vorschrift a.* qn tourne qc

umgehend I. *adj* immédiat(e), dans les délais les plus brefs
II. *adv* immédiatement, dans les délais les plus brefs, dans les plus brefs délais

Umgehung <-, -en> *f* **1.** (*das Vermeiden*) *verbal übersetzt; **mündliche Zusagen dienen der ~ einer schriftlichen Vereinbarung*** des promesses orales permettent d'éviter un accord par écrit
2. (*das Umgehen*) *verbal übersetzt; **Kontrollen, um die ~ des Embargos zu unterbinden*** des contrôles pour empêcher que l'embargo ne soit contourné; ***die ~ dieser Bestimmungen wird aufs Schärfste geahndet werden*** ceux qui tourneront ces dispositions seront punis sévèrement
3. TRANSP rocade *f*
▸ **unter ~ einer S.** (*gen*) en [con]tournant une chose

Umgehungsstraße *f* rocade *f*

umgekehrt I. *adj* inverse; ***in ~er Reihenfolge*** dans l'ordre inverse, à l'envers
▸ **[es ist] gerade** [*o* **genau**] **~!** [c'est] tout le contraire!
II. *adv* **1.** (*andersherum*) dans l'autre sens
2. (*in der entgegengesetzten Reihenfolge*): ***der Film muss ~ abgespielt werden*** il faut passer le film à l'envers; ***die Ereignisse haben sich genau ~ abgespielt*** les événements se sont déroulés dans l'ordre exactement inverse

umlgestalten * *vt* ■ **jd gestaltet etw um** qn modifie qc, qn remanie qc; ***jd gestaltet etw grundlegend um*** qn modifie [*o* remanie] [*o* change] qc dans ses fondements mêmes

Umgestaltung <-, -en> *f* modification *f,* remaniement *m,* changement *m;* ***eine ~ des Renaissancebaus im Stil des italienischen Barocks*** une reconstruction du bâtiment [de style] Renaissance dans le style du baroque italien

umlgewöhnen * *vr* ■ **jd gewöhnt sich um** qn change ses habitudes; ***ich gewöhne mich schwer um*** j'ai du mal à m'y faire

umlgraben *vt irreg* ■ **jd gräbt etw um** qn bêche qc; ■ **das U~** le bêchage

umlgruppieren * *vt* ■ **jd gruppiert Menschen um** qn place des personnes autrement; ■ **jd gruppiert Sachen um** qn dispose des choses autrement, qn change la disposition de choses; ***jd wird in eine andere Tarifgruppe umgruppiert*** qn change d'échelon salarial

umgucken *vr fam s.* **umsehen**

Umhang <-[e]s, Umhänge> *m* cape *f*

umlhängen *vt* **1.** (*umlegen*) ■ **jd hängt jdm/sich etw um** *Decke* qn enveloppe [*o* enroule] qn dans qc/s'enveloppe [*o* s'enroule] dans qc; *Jacke* qn met qc à qn/met qc; *Tasche* qn met qc en bandoulière
2. (*woanders hinhängen*) ■ **jd hängt etw um** qn change qc de place, qn accroche qc ailleurs

Umhängetasche *f* sac *m* à bandoulière

umlhauen *vt irreg fam* **1.** (*fällen*) ■ **jd haut etw um** *Baum, Strauch* qn abat qc
2. (*verblüffen*) ■ **etw haut jdn um** qc souffle qn *fam,* qc renverse qn *fam;* ***diese Nachricht hat mich umgehauen*** cette nouvelle m'a coupé bras et jambes
3. (*lähmen*) ■ **etw haut jdn um** */Gestank, Schwüle/* qc fait suffoquer [*o* étouffer] qn

umhegen * *vt geh* ■ **jd umhegt jdn/etw** qn entoure qn/qc de soins; ***umhegt und gepflegt*** soigné(e) et dorloté(e); ***er wird von ihr umhegt*** entre ses mains, il est comme un coq en pâte; elle est aux petits soins pour [*o* avec] lui

umher *adv überall* aux alentours; *weit* à la ronde

umher- *s.* **herum-. umherlfahren** *vi irreg + sein* ■ **jd fährt [irgendwo] umher** qn roule au hasard [*o* sans but] [quelque part] **umherlgehen** *vi irreg + sein* ■ **jd geht [irgendwo] umher** *im Zimmer, in der Wohnung* qn fait les cent pas dans/sur qc; ***jd geht im Garten/in der Stadt umher*** qn fait un tour dans le jardin/en ville **umherlirren** *vi + sein* ■ **jd irrt [irgendwo] umher** *in einer unbekannten Gegend* qn erre [quelque part]; *in einer fremden Stadt a.* qn tourne en rond [dans qc] **umherllaufen** *vi irreg + sein* ■ **jd läuft [irgendwo] umher** qn tourne en rond [quelque part] **umherlwandern** *vi + sein* ■ **jd wandert [irgendwo] umher** qn déambule quelque part **umherlziehen** *vi irreg + sein* ■ **jd zieht [irgendwo] umher** */Truppen, Zigeuner/* qn erre quelque part, qn vagabonde quelque part

umhinlkönnen *vi irreg* ■ **jd kann nicht umhin** qn ne peut faire autrement; ■ **jd kann nicht umhin etw zu tun** qn ne peut pas faire autrement que de faire qc, qn ne peut pas ne pas faire qc

umlhören *vr* ■ **jd hört sich [irgendwo/nach jdm/etw] um** qn se renseigne [quelque part/à propos de qn/qc]

umhüllen * *vt* ■ **jd umhüllt jdn/etw [mit etw]** qn enveloppe qn/emballe [*o* enveloppe] qc [dans qc]

umjubeln * *vt* ■ **jd umjubelt jdn** qn acclame qn

umkämpft *adj Festung, Stadt* assiégé(e); *Gebiet* de combats; ■ **etw ist ~** */Festung, Stadt/* qc est assiégé(e); */Gebiet/* qc est le théâtre de combats

Umkehr <-> *f* ∅ retour *m verbal übersetzt; **eine ~ kommt jetzt nicht mehr in Betracht*** il n'est plus question de faire demi-tour

umkehrbar *adj* réversible; ***nicht ~*** irréversible

umlkehren I. *vi + sein* ■ **jd kehrt um** qn fait demi-tour; ■ **jd kehrt irgendwohin um** qn retourne quelque part
II. *vt + haben geh* ■ **etw kehrt etw um** qc renverse qc, qc retourne qc

Umkehrung <-, -en> *f geh* renversement *m,* retournement *m*

umlkippen I. *vi + sein* **1.** (*umfallen*) ■ **etw kippt um** qc se renverse; ■ **jd kippt [mit etw] um** *mit Stuhl, Fahrrad, Roller* qn tombe [de qc]
2. *fam* (*bewusstlos werden*) ■ **jd kippt um** qn tourne de l'œil
3. *sl* (*die Meinung ändern*) ■ **jd kippt um** qn retourne sa veste
4. ÖKO ■ **etw kippt um** */Gewässer/* qc s'asphyxie
5. (*umschlagen*) ■ **etw kippt um** */Stimmung, Laune, Gefühl/* qc change; ■ **etw kippt in etw** (*akk*) **um** qc se change en qc
II. *vt + haben* ■ **jd kippt etw um** qn renverse qc

umklammern * *vt* ■ **jd umklammert jdn** qn se cramponne [*o* s'agrippe] à qn; ■ **jd umklammert etw/hält etw umklammert** qn se cramponne [*o* s'agrippe] à qc

Umklammerung <-, -en> *f* **1.** ∅ (*das Umklammern*) *verbal übersetzt; **durch ~ seiner Beine*** en se cramponnant [*o* s'agrippant] à ses jambes
2. (*Griff*) étreinte *f*

umlklappen *vt* ■ **jd klappt etw um** *Sitzlehne* qn rabat qc

Umkleidekabine *f* (*im Schwimmbad*) cabine *f;* (*im Geschäft*) cabine *f* [d'essayage]

umlkleiden *vr geh* ■ **jd kleidet sich um** qn se change

Umkleideraum *m* vestiaire *m*

umlknicken I. *vi + sein* **1.** (*sich den Knöchel verstauchen*) ■ **jd knickt um** qn se foule [*o* tord] la cheville; ■ **jd knickt mit etw um** qn se foule [*o* tord] qc
2. (*umbrechen*) ■ **etw knickt um** */Baum, Mast/* qc s'abat; */Pflanze, Tulpe/* qc se casse
II. *vt + haben* (*umbiegen und knicken*) ■ **jd knickt etw um** *Blatt Papier, Stück Pappe, Trinkhalm* qn plie qc; *Verkehrszeichen a., Pflanze, Tulpe* qn casse qc, qn couche qc

umlkommen *vi irreg + sein* **1.** (*sterben*) ■ **jd kommt [bei etw/in etw** (*dat*)**] um** qn meurt [dans qc]
2. *fam* (*verderben*) ■ **etw kommt um** */Essen, Lebensmittel/* qc se gâte, qc pourrit
3. *fam* (*es nicht mehr aushalten können*) ■ **jd kommt um vor etw** (*dat*) *vor Hitze, Kälte, Langeweile* qn crève de qc *fam;* ***jd kommt vor Hitze um*** qn crève de chaud *fam;* ***man kommt hier um vor Gestank*** ici, il y a une odeur à crever *fam;* ***jd kommt vor Erschöpfung/Müdigkeit um*** qn est crevé(e) *fam*

Umkreis *m* ▸ **im ~ [einer S.** (*gen*)**]** (*in der Umgebung*) à la périphérie [de qc]; **im ~ von ..., ... im ~** dans un rayon de ...

umkreisen * *vt* ASTRON, RAUM ■ **etw umkreist etw** qc tourne autour de qc
Umkreisung <-, -en> *f* rotation *f*; ***die ~ der Sonne*** la rotation autour du soleil
um|krempeln *vt* **1.** (*aufkrempeln*) ■ **jd krempelt [sich** (*dat*)**] etw um** *Hemdsärmel, Hosenbein* qn retrousse son/sa/ses qc
2. *fam* (*durchsuchen*) ■ **jd krempelt etw um** *Haus, Wohnung, Zimmer* qn retourne qc *fam*
3. *fam* (*umgestalten*) ■ **jd krempelt etw um** *Büro, Firma etc* qn chamboule qc *fam*
4. *sl* (*verändern*) ■ **jd krempelt jdn um** qn tourne la boule à qn *fam*
Umlage *f* participation *f* [financière]
umlagern * *vt* ■ **sie ~ jdn/etw** ils/elles se pressent autour de qn/qc, ils/elles assaillent qn de toutes parts
Umland *nt* ∅ périphérie *f*
Umlauf *m* **1.** ASTRON ■ **der ~ einer S.** (*gen*) **um etw** la rotation de qc autour de qc
2. (*Rundschreiben*) circulaire *f*
▸ **jd bringt** [*o* **setzt**] **etw in ~** *Gerücht, Lüge, Parole* qn fait courir qc; *Banknoten, Geld, Falschgeld* qn met qc en circulation; **etw ist im ~** */Gerücht, Parole/* qc court, qc circule; */Geld, Münzen/* qc circule, qc est en circulation
Umlaufbahn *f* **1.** ASTRON trajectoire *f*, orbite *f*
2. RAUM orbite *f*
um|laufen *irreg* **I.** *vi + sein* **1.** FIN ■ **etw läuft um** */Geld, Geldmenge, Banknoten, Münzen/* qc circule, qc est en circulation
2. (*weitererzählt werden*) ■ **etw läuft um** */Gerücht, Parole/* qc court, qc circule
II. *vt + haben fam* ■ **jd läuft jdn/etw um** qn renverse qn/qc [en courant], qn fiche qn/qc par terre *fam*
Umlaut *m* voyelle *f* infléchie
um|lauten *vt* ■ **etw wird [zu etw] umgelautet** qc prend l'inflexion [et devient [*o* se transforme en] qc]
um|legen *vt* **1.** (*kippen*) ■ **jd legt etw um** *Hebel, Schalter* qn actionne qc, qn manœuvre qc
2. (*um etw legen*) ■ **jd legt jdm/sich etw um** *Schal, Tuch* qn met qc, qn s'enveloppe dans qc
3. (*niederdrücken*) ■ **etw legt etw um** */Sturm, starker Regen/* qc couche qc
4. (*fällen*) ■ **jd legt etw um** *Baum, Mast* qn abat qc
5. *sl* (*umbringen*) ■ **jd legt jdn [mit etw] um** qn zigouille qn [avec qc] *pop;* ■ **jd lässt jdn [von jdm] ~** qn fait zigouiller qn [par qn] *pop*
6. (*verteilen*) ■ **jd legt etw auf sie/etw um** *Aufwendungen, Kosten* qn répartit qc entre eux/elles/sur qc
7. (*verlegen*) ■ **jd legt etw [auf etw** (*dat*)**] um** *Konferenz, Termin etc* qn remet [*o* reporte] qc [à qc]
um|leiten *vt* **1.** TRANSP ■ **jd leitet etw [irgendwohin] um** qn dévie qc [quelque part]; ***der Verkehr wird örtlich umgeleitet*** une déviation est mise en place
2. CONSTR ■ **jd leitet etw um** *Fließgewässer, Kanal* qn détourne qc
Umleitung *f* TRANSP déviation *f*
um|lernen *vi* ■ **jd lernt um** (*umdenken*) qn change son comportement; (*beruflich*) qn se reconvertit; (*neue Methoden erlernen*) qn se recycle
umliegend *adj* alentour *inv*
Umluft *f* ∅ chaleur *f* tournante; AUT air *m* recyclé
Umluftherd *m* four *m* à chaleur tournante
ummauern * *vt* ■ **jd ummauert etw** qn entoure qc d'un mur
um|melden I. *vt* ■ **jd meldet jdn [irgendwohin] um** qn déclare le changement de domicile de qn [quelque part]
II. *vr* ■ **jd meldet sich [irgendwohin] um** qn fait une déclaration de changement de domicile [quelque part]
Ummeldung *f* déclaration *f* de changement de domicile
umnachtet *adj* ▸ **geistig ~** *geh* qui n'a plus toute sa raison; **jd ist geistig ~** *geh* qn n'a plus toute sa raison
Umnachtung <-, -en> *f* ▸ **geistige ~** *geh* aliénation *f* mentale, démence *f*
Umorganisation *f* réorganisation *f*
um|organisieren * *vt* ■ **jd organisiert etw um** qn réorganise qc
um|pflanzen *vt* **1.** ■ **jd pflanzt etw [irgendwohin] um** *Baum, Busch, Staude* qn transplante qc [quelque part]
2. (*umtopfen*) ■ **jd pflanzt etw [in etw** (*akk*)**] um** qn rempote qc [dans qc]
um|pflügen *vt* ■ **jd pflügt etw um** qn retourne qc [à la charrue], qn laboure qc; ■ **jd lässt [sich** (*dat*)**] etw ~** qn fait retourner qc [à la charrue], qn fait labourer qc
um|quartieren * *vt* ■ **jd quartiert jdn um** qn met qn ailleurs; ■ **jd quartiert jdn irgendwohin um** qn met qn quelque part; *in die Intensivstation* qn transfère qn quelque part
umranden * *vt* ■ **jd umrandet etw [irgendwie/mit etw]** *Wort, Textstelle* qn entoure qc [d'une certaine façon/à qc]
umranken * *vt* (*mit Ranken umwachsen*) ■ **etw umrankt etw** */Rankgewächs, Schlingpflanze/* qc grimpe à qc; *Pfahl, Säule* qc grimpe le long de [*o* autour de] qc
um|räumen I. *vi* ■ **jd räumt um** qn change la disposition des meubles, qn change les meubles de place
II. *vt* **1.** (*woandershin räumen*) ■ **jd räumt etw [irgendwohin] um** *Bücher, Möbel* qn déménage qc [quelque part]
2. (*umdekorieren*) ■ **jd räumt etw um** *Wohnung, Zimmer* qn change la disposition de qc
um|rechnen *vt* ■ **jd rechnet etw [in etw** (*akk*)**] um** qn convertit qc [en qc]
Umrechnung *f* conversion *f*
Umrechnungskurs *m* taux *m* de change, cours *m*
umreißen * *vt irreg* ■ **jd umreißt etw** qn esquisse qc; ■ **jd umreißt jdm etw** qn donne une idée [*o* un aperçu] de qc à qn
um|rennen *vt irreg* ■ **jd rennt jdn/etw um** qn renverse [*o* fait tomber] qn [en courant]; ***Vorsicht, renn die Frau nicht um!*** fais attention quand tu cours, ne renverse pas la dame!
umringen * *vt* ■ **sie ~ jdn** ils/elles entourent qn; ■ **sie ~ etw** ils/elles font cercle autour de qc
Umriss[RR] *m meist pl* silhouette *f*, contours *mpl*
▸ **im ~, in Umrissen:** ***jd erkennt jdn im ~*** [*o* ***in Umrissen***] qn reconnaît la silhouette de qn; ***jd ist im ~*** [*o* ***in Umrissen***] ***erkennbar*** qn est reconnaissable à sa silhouette
um|rühren *vi, vt* ■ **jd rührt [etw] um** qn remue [qc]
um|rüsten I. *vi* ■ **jd rüstet auf etw** (*akk*) **um** qn passe à qc, qn [change d'armement et] se dote de qc
II. *vt* **1.** MIL ■ **jd rüstet etw auf etw** (*akk*) **um** qn dote [*o* équipe] qc de qc
2. TECH ■ **jd rüstet etw auf etw** (*akk*) **um** qn modifie qc pour [lui] mettre qc; ***benzinbetriebene Motoren können auf Gas/Wasserstoff umgerüstet werden*** les moteurs à essence peuvent être modifiés pour fonctionner au gaz/à l'hydrogène; ***das Werk rüstet die Produktion auf Fernsehgeräte um*** l'usine se reconvertit dans la production de téléviseurs
ums = *fam* **um das** *s.* **um**
um|satteln *vi fam* ■ **jd sattelt [auf etw** (*akk*)**] um** qn se reconvertit [dans qc]; ***sie sattelt auf Programmiererin um*** elle se reconvertit dans la programmation
Umsatz *m* chiffre *m* d'affaires
▸ **jd macht ~** *fam* qn fait du chiffre *fam;* **jd macht einen ~ von ...** *fam* qn fait un chiffre d'affaires de ...
Umsatz- *-einbruch, -größe, -millionär, -plus, -rückgang, -steigerung* du chiffre d'affaires; ***~ergebnis*** chiffre *m* d'affaires de l'année; ***etw ist u~stark*** qc permet de faire un chiffre d'affaires important; ***etw ist u~trächtig*** qc promet un bon chiffre d'affaires **Umsatzbeteiligung** *f* participation *f* au chiffre d'affaires **Umsatzsteuer** *f* impôt *m* sur le chiffre d'affaires **Umsatzsteueridentifikationsnummer** *f* numéro *m* d'identification de l'impôt sur le chiffre d'affaires
umsäumen * *vt geh* ■ **etw umsäumt etw** qc borde qc
um|schalten I. *vi* **1.** RADIO ■ **jd schaltet [irgendwohin] um** *auf einen anderen Sender* qn change de poste [et met qc]; *in ein anderes Studio, nach Berlin etc* qn passe l'antenne [à qc]; TV *auf ein anderes Programm* qn passe sur qc, qn change de chaîne [et met qc]; *in ein anderes Studio, nach Berlin etc* qn passe l'antenne [à qc]
2. INFORM ■ **jd schaltet auf etw** (*akk*) **um** qn sélectionne quelque chose d'autre; *auf Großschreibung* qn passe en qc
3. TRANSP ■ **etw schaltet um** */Ampel/* qc change; ■ **etw schaltet auf etw** (*akk*) **um** *auf Gelb, Grün, Rot* qc passe à qc
4. *fam* (*sich auf anderes einstellen*) ■ **jd schaltet [auf etw** (*akk*)**] um** qn s'adapte [à qc]
II. *vt* ■ **jd schaltet etw um:** ***jd schaltet den Fernseher um*** qn change de chaîne; ***jd schaltet das Radio um*** qn change de poste; ■ **jd schaltet etw auf etw** (*akk*) **um** qn règle qc sur qc
Umschalttaste *f* touche *f* Majuscule
Umschaltung *f* RADIO changement *m* de poste; TV changement *m* de chaîne
Umschau *f* ▸ **jd hält nach jdm/etw ~** qn cherche qn/qc
um|schauen *vr geh s.* **umsehen**
um|schichten *vt* **1.** (*anders aufschichten*) ■ **jd schichtet [jdm] etw um** *Stapel* qn [lui] empile qc autrement
2. (*anders verteilen*) ■ **jd schichtet etw um** *Ausgaben, Kosten, Kapital* qn répartit qc autrement
umschiffen * *vt* ■ **jd/etw umschifft etw** qn/qc contourne qc; *Kap a.* qn/qc double qc
Umschlag *m* **1.** (*Kuvert*) enveloppe *f*
2. (*Buch~*) jaquette *f*
3. MED cataplasme *m*
4. ∅ COM ■ **der ~ von Dingen** *von Gütern* le transbordement de choses
▸ **selbstklebender ~** enveloppe *f* autocollante; **jd macht jdm einen ~** qn applique un cataplasme à qn
um|schlagen *irreg* **I.** *vt + haben* **1.** (*herunterklappen*) ■ **jd schlägt etw um** *Kragen, Ärmelaufschlag, Ohrenklappe* qn rabat qc; ***jd schlägt die Ärmel [seiner Jacke] um*** qn retourne les poignets [de sa veste]
2. (*umladen*) ■ **jd schlägt etw um** *Güter* qn transborde qc
II. *vi + sein* ■ **etw schlägt um** */Wetter, Stimmung/* qc change; */Wind a./* qc tourne
umschließen * *vt irreg* **1.** (*einschließen*) ■ **etw umschließt etw** */Angebot, Preis/* qc comprend qc, qc inclut qc
2. (*umgeben*) ■ **etw umschließt etw** */Mauer, Zaun/* qc entoure qc
3. (*eng anliegen*) ■ **etw umschließt jdn/etw** *Körper, Körperteil* qc moule qn/qc, qc gaine qn/qc
4. *geh* (*umarmen*) ■ **jd umschließt jdn/etw mit etw** *mit den Armen* qn étreint qn/qc dans ses qc *soutenu; mit den Beinen* qn étreint qn/qc entre ses qc *soutenu*
umschlingen * *vt irreg* **1.** *geh* (*umfassen*) ■ **jd/ein Tier umschlingt jdn** qn/un animal étreint qn *soutenu;* ■ **jd/ein Tier umschlingt jdn mit etw** qn/un animal enserre qn dans ses qc
2. BOT ■ **etw umschlingt etw** qc s'entrelace autour de qc, qc entoure qc de son feuillage
umschlungen *adj* ▸ **eng ~** enlacé(e); **jd hält jdn ~** *geh* qn tient qn enlacé(e)
umschmeicheln * *vt* **1.** (*schöntun*) ■ **jd umschmeichelt jdn** qn enjôle qn, qn flatte qn

2. *geh* (*berühren*) ■ **etw umschmeichelt jdn/etw** */weicher Stoff, Seidentuch/* qc caresse qn/qc
um|schmeißen *vt irreg fam* 1. (*umwerfen*) ■ **jd schmeißt etw um** qn fiche qc par terre *fam*
2. (*zunichte machen*) ■ **jd/etw schmeißt etw um** *Plan, Planung* qn/qc chamboule qc *fam*
um|schnallen *vt* ■ **jd schnallt etw um** qn boucle qc; ***mit umgeschnalltem Schwert*** ceint(e) de mon/son/... épée; ■ **jd schnallt jdm/sich etw um** qn boucle le/la qc de qn/boucle son/sa/ses qc
um|schreiben[1] *vt irreg* 1. (*umarbeiten*) ■ **jd schreibt etw um** *Buch, Manuskript, Text etc* qn récrit qc, qn réécrit qc
2. JUR ■ **jd schreibt etw auf jdn um** *Grundbesitz, Haus etc* qn met qc au nom de qn; ■ **jd lässt etw auf jdn** ~ qn fait mettre qc au nom de qn
umschreiben*[2] *vt irreg* 1. (*indirekt ausdrücken*) ■ **jd umschreibt etw** qn parle de qc à demi-mot; ~ ***Sie es*** dites les choses à demi-mot
2. (*beschreiben*) ■ **jd umschreibt etw** *Aufgabe, Tätigkeit* qn décrit qc
Umschreibung *f* 1. (*das Umschreiben*) circonlocutions *fpl;* (*mit einem Satz*) périphrase *f;* ■ ~ **[einer S.** (*gen*)**]** *des Sachverhalts, der Situation, eines Vorgangs* description *f* évasive [de qc]
2. (*das Beschreiben*) [*Aufgabe, Tätigkeit*] description *f*
Umschrift *f* 1. (*Transkription*) transcription *f*
2. (*Beschriftung*) [*Münze*] légende *f*
▶ **phonetische** ~ transcription *f* phonétique
um|schulden *vt* ■ **jd schuldet etw um** *Kredit* qn convertit qc
Umschuldung <-, -en> *f* conversion *f* [*o* allégement *m*] de dette; (*auf längere Laufzeit*) rééchelonnement *m* de la dette
um|schulen *vt* 1. (*beruflich*) ■ **jd schult jdn [zu etw] um** qn reconvertit qn [en qc]; ■ **jd lässt sich** ~ qn se reconvertit
2. SCOL ■ **jd schult jdn um** qn fait changer qn d'école; ■ **jd schult jdn auf etw** (*akk*) **um** *auf eine andere Schule, einen anderen Schultyp* qn oriente qn vers qc
Umschulung *f* 1. (*beruflich*) reconversion *f* (*zu etw* en qc)
2. SCOL changement *m* d'établissement scolaire
umschwärmen * *vt* ■ **jd umschwärmt jdn** qn est fou(folle) de qn
Umschweife *pl* circonlocutions *fpl*, périphrases *fpl*
▶ **ohne** ~ en n'y allant pas par quatre chemins, sans ambages; **[mach] keine** ~! trêve de circonlocutions [*o* périphrases]!, arrête [*o* cesse] de tourner autour du pot!
um|schwenken *vi* + *sein o haben* 1. (*zur Seite schwenken*) ■ **jd schwenkt um** qn change de direction; ■ **jd schwenkt irgendwohin um** qn tourne quelque part
2. (*seine Meinung ändern*) ■ **jd schwenkt um** qn opère un revirement [d'opinion], qn retourne sa veste *péj;* ■ **jd schwenkt auf etw** (*akk*) **um** *auf eine bestimmte Linie, einen bestimmten Kurs* qn se met à suivre qc
Umschwung *m* 1. (*Veränderung*) revirement *m*
2. CH (*Gelände*) terrain *m*
umsegeln * *vt* ■ **jd umsegelt etw** qn contourne qc, qn passe au large de qc; *Erde* qn fait le tour de qc [à la voile]; *Kap* qn passe qc, qn double qc
um|sehen *vr irreg* 1. (*nach hinten blicken*) ■ **jd sieht sich [nach jdm/etw] um** qn se retourne [pour regarder qn/qc]
2. (*zu finden suchen*) ■ **jd sieht sich nach jdm/etw um** qn cherche qn/qc
3. (*in Augenschein nehmen*) ■ **jd sieht sich irgendwo/bei jdm um** qn regarde quelque part/chez qn; ***ich wollte mich nur mal [im Laden]*** ~ je voulais juste donner un coup d'œil [dans le magasin]
▶ **jd wird sich noch** ~ qn va voir
um|sein *s.* **sein**[1] **I.▶**
umseitig *adj, adv* au verso
um|setzen *vt* 1. (*an einen anderen Platz setzen*) ■ **jd setzt jdn [irgendwohin] um** qn déplace qn [quelque part], qn change qn de place [et le/la met quelque part]
2. (*anwenden*) ■ **jd setzt etw um** qn applique qc; ***jd setzt etw in die Praxis/Wirklichkeit um*** qn met qc en pratique/en application; ***jd setzt etw in Geld um*** qn vend qc
3. COM ■ **jd setzt etw um** *Artikel, Waren* qn vend qc, qn écoule qc
Umsicht *f* ∅ circonspection *f*
umsichtig I. *adj* circonspect(e)
II. *adv* avec circonspection
um|siedeln I. *vt* + *haben* ■ **jd siedelt jdn [irgendwohin] um** qn déplace qn [quelque part]
II. *vi* + *sein* ■ **jd siedelt irgendwohin um** qn va s'installer quelque part; ***ich siedle von Dresden/Deutschland nach Köln/in die Schweiz um*** je quitte Dresde/l'Allemagne pour aller m'installer à Cologne/en Suisse
Umsied[e]lung <-, -en> *f* ■ **jds** ~ le déplacement de qn
Umsiedler(in) *m(f)* expatrié(e) *m(f)*, personne *f* déplacée
umsoRR *conj* ■ ~ ... plus ...; ***je älter man wird,*** ~ ***gebrechlicher wird man auch*** plus on avance en âge, [et] moins on est résistant [*o* plus on est fragile]; ~ ***mehr*** plus; ~ ***weniger*** moins; ~ ***besser*** mieux; ***du brauchst mich nicht abzuholen – U~ besser!*** tu n'as pas besoin de venir me chercher – Tant mieux!
umsonst *adv* 1. (*gratis*) gratuitement; ■ **etw ist** ~ qc est gratuit(e)
2. (*vergebens*) inutilement, pour rien; ■ **etw ist** ~ qc est inutile, ce est peine perdue; ■ **jd tut etw** ~ ce n'est pas la peine que qn fasse qc
▶ **jd bekommt etw** ~ **[dazu]** qn a droit à qc gratuit(e) [en plus], qn reçoit [en plus] qc gratuitement; **es gibt [irgendwo] etw** ~ **[dazu]** il y a [quelque part] qc gratuit(e) [en plus]; **nicht** ~ (*nicht ohne Grund*) non sans raison; **das hast du nicht** ~ **getan!** *fam* (*das wirst du mir büßen*) je t'attends au tournant! *fam*
umsorgen * *vt* ■ **jd umsorgt jdn** qn entoure qn de soins, qn s'occupe de qn [avec dévouement]
umspannen * *vt* 1. (*umfassen*) ■ **jd umspannt etw mit etw** qn fait le tour de qc avec qc
2. (*einschließen*) ■ **etw umspannt etw** *Zeitraum* qc s'étend sur qc
Umspannwerk *nt* poste *m* [transformateur]
umspielen * *vt geh* ■ **etw umspielt etw** *jds Mundwinkel* qc se dessine sur qc
um|springen *vi irreg* + *sein* 1. (*behandeln*) ■ **jd springt mit jdm irgendwie um** qn traite qn d'une certaine manière
2. METEO ■ **etw springt um** */Wind/* qc change [de direction]; ■ **etw springt auf etw** (*akk*) **um** qc tourne à qc; ***der Wind sprang auf Nordwest um*** le vent a tourné au nord-ouest
3. TRANSP ■ **etw springt um** */Ampel/* qc change; ■ **etw springt auf etw** (*akk*) **um** *auf Gelb, Rot, Grün* qc passe à qc
um|spulen *vt* ■ **jd spult etw [auf etw** (*akk*)**] um** qn rembobine qc [sur qc]
umspülen * *vt geh* ■ **etw umspült etw** */Flut, Wellen/* qc baigne qc
Umstand <-[e]s, Umstände> *m* 1. (*Tatsache*) fait *m*, circonstance *f*
2. *pl* (*Schwierigkeiten*) complications *fpl*
3. *pl* (*Förmlichkeiten*) formalités *fpl*
▶ **jd ist in anderen Umständen** qn attend un heureux événement, qn est dans une position intéressante *vieilli;* **mildernde Umstände** circonstances *fpl* atténuantes; **den Umständen entsprechend [gut]** *adverbial* relativement bien; *adjektivisch* relativement bon(ne); **etw macht [*o* bereitet *geh*] Umstände** qc est source de tracas *soutenu;* **etw macht [*o* bereitet *geh*] jdm Umstände** qc cause du tracas à qn *soutenu;* **es macht Umstände etw zu tun** c'est gênant de faire qc; **es macht jdm Umstände etw zu tun** cela gêne [*o* dérange] qn de faire qc; **jd macht nicht viel Umstände [mit jdm/etw]** qn ne prend pas de gants [avec qn/qc]; **ohne [große] Umstände** sans difficulté; **unter Umständen** éventuellement, peut-être que + *indic;* **unter bestimmten Umständen:** ***unter diesen Umständen*** dans ces conditions; ***unter anderen Umständen*** dans d'autres conditions; ***unter den gegebenen Umständen*** les conditions sont telles que + *indic;* **unter allen Umständen** quoi qu'il arrive; **bitte keine Umstände!** ne te donne/vous donnez pas trop de mal!
umständehalber *adv* en raison des circonstances
umständlich I. *adj* 1. *Erklärung, Formulierung* alambiqué(e), compliqué(e)
2. *Arbeitsweise, Erstellung, Methode, Vorbereitungen, Vorgehensweise* compliqué(e), lourd(e); ■ **es ist** ~ **etw zu tun** c'est compliqué de faire qc; ■ **etw ist jdm zu** ~ qc est trop compliqué(e) pour qn, qn trouve que qc est trop compliqué(e) pour lui/elle
3. (*opp: praktisch*) *Mensch* compliqué(e); ■ **jd ist** ~ qn se complique [inutilement] la vie
II. *adv* 1. (*weitschweifig*) de façon compliquée [*o* alambiquée]; ***jd fragt*** ~ qn pose des questions alambiquées [*o* compliquées]
2. (*aufwändig*): ***jd arbeitet*** ~ ***an etw*** (*dat*) qn se donne bien du mal à faire qc; ***müssen wir denn so*** ~ ***vorgehen?*** pourquoi faut-il que notre démarche soit si compliquée?
Umständlichkeit <-> *f* ∅ 1. [*Erklärung, Formulierung*] caractère *m* alambiqué, complexité *f*
2. [*Arbeitsweise, Methode, Vorbereitungen*] complexité *f*
3. [*Mensch*] *verbal übersetzt;* ***jd wirft jdm seine*** ~ ***vor*** qn reproche à qn de se compliquer la vie [*o* l'existence]
Umstandsbestimmung *f s.* **Adverbialbestimmung. Umstandskleid** *nt* robe *f* de grossesse **Umstandskleidung** *f* vêtements *mpl* de grossesse **Umstandskrämer(in)** *m(f) fam* quelqu'un *m* qui peut rien faire simplement *fam*, enculeur(-euse) *m(f)* de mouches *fam* **Umstandswort** <-wörter> *nt s.* **Adverb**
umstehend I. *adj attr* 1. (*ringsum stehend*) *Leute, Neugierige, Schaulustige* qui font cercle, attroupé(e)s tout autour
2. *form* (*umseitig*) au verso
II. *adv form* (*umseitig*) au verso
um|steigen *vi irreg* + *sein* 1. TRANSP ■ **jd steigt um** qn change de train/de bus/d'avion/...; ■ **jd steigt in etw** (*akk*) **um** qn prend qc; ***Sie fahren bis zum Odeonsplatz, da steigen Sie in Linie 17 um*** vous allez jusqu'à la place de l'Odéon, là [vous changez et] vous prenez la ligne 17; ■ **jd steigt irgendwo/irgendwann um** qn change quelque part/à un certain moment; ■ **jd steigt nach etw um** *nach Frankfurt etc* qn prend la correspondance pour qc
2. (*wechseln*) ■ **jd steigt auf etw** (*akk*) **um** qn change pour qc
Umsteiger(in) <-s, -> *m(f)* TRANSP voyageur(-euse) *m(f)* qui prend une correspondance
um|stellen[1] I. *vt* 1. (*anders hinstellen*) ■ **jd stellt etw [irgendwohin] um** *Möbelstück* qn déplace qc [pour le/la mettre quelque part]
2. (*an anderer Stelle erwähnen*) ■ **jd stellt etw um** *Satz, Textstelle, Zeile* qn déplace qc
3. (*anders einstellen*) ■ **jd stellt etw um** *Alarmanlage, Heizung, Schalter, Uhr* qn modifie le réglage de qc; ■ **jd stellt etw auf etw** (*akk*) **um** *auf eine andere Einstellung, Stellung, Zeit, auf Sommerbetrieb* qn règle qc sur qc
4. (*zu etw anderem übergehen*) ■ **jd stellt etw auf etw** (*akk*) **um** qn change de qc et passe à qc
II. *vi* ■ **jd stellt auf etw** (*akk*) **um** qn passe à qc
III. *vr* ■ **jd stellt sich [auf etw** (*akk*)**] um** qn s'adapte [à qc]
umstellen*[2] *vt* ■ **sie** ~ **jdn/etw** ils/elles cernent [*o* encerclent] qn/qc; ■ **jd ist umstellt** qn est cerné(e) [*o* encerclé(e)]
Umstellung *f* changement *m;* ■ **die** ~ **[von etw] auf etw** (*akk*) le passage [de qc] à qc
um|stimmen *vt* ■ **jd stimmt jdn um** qn fait changer qn d'avis; ■ **jd lässt sich** ~ qn se laisse influencer [*o* convaincre]; ■ **jd lässt sich von einem Menschen** ~ une personne arrive à faire changer qn d'avis
um|stoßen *vt irreg* 1. (*umkippen lassen*) ■ **jd/ein Tier stößt etw um** qn/

un animal renverse [*o* fait tomber] qc
2. (*rückgängig machen*) ■ **jd stößt etw um** qn remet qc en question, qn revient sur qc
umstritten *adj* controversé(e); ■ **etw ist [bei jdm/in etw** (*dat*)**]** ~ *bei Fachleuten, in der Fachwelt* qc est sujet(te) à controverse [chez qn/dans qc]; ■ **jd ist [als etw]** ~ qn est controversé(e) [en tant que qc]
um|strukturieren * *vt* ■ **jd strukturiert etw um** qn restructure qc
Umstrukturierung *f* restructuration *f*
um|stülpen *vt* ■ **jd stülpt etw um** qn retourne qc
Umsturz *m* coup *m* d'état, révolution *f;* ■ **der ~ einer S.** (*gen*) le renversement de qc
um|stürzen I. *vi* + *sein* ■ **etw stürzt um** qc tombe, qc se renverse
II. *vt* + *haben* ■ **jd stürzt etw um** qn renverse qc, qn fait tomber qc
umstürzlerisch *adj* révolutionnaire, subversif(-ive)
Umsturzversuch *m* tentative *f* de coup d'état [*o* de révolution]
um|taufen *vt* ■ **jd tauft etw [auf etw** (*akk*)**] um** qn rebaptise qc [du nom de qc]
Umtausch *m* COM **1.** (*das Umtauschen*) échange *m;* ***Unterwäsche ist vom ~ ausgeschlossen*** les sous-vêtements ne sont pas échangés
2. FIN change *m* (*in etw* (*akk*) en qc)
► **im ~ gegen etw** en échange de qc
um|tauschen *vt* **1.** (*zurückgeben*) ■ **jd tauscht etw [in etw** (*akk*)**/gegen etw] um** qn échange qc [contre qc]
2. (*zurücknehmen*) ■ **jd tauscht jdm etw um** qn lui reprend qc; ■ **jd tauscht jdm etw [gegen etw] um** *gegen gleichwertiges Stück* qn lui échange qc [contre qc]; ***können Sie den Mantel wohl ~?*** vous pouvez m'échanger ce manteau?
3. FIN ■ **jd tauscht etw [in etw** (*akk*)**] um** qn change qc [en qc]
Umtrieb *m* **1.** *pl pej* (*Aktivitäten*) menées *fpl,* intrigues *fpl*
2. CH (*Mühe*) tracas *m*
umtriebig *adj* entreprenant(e)
Umtrunk *m* pot *m fam*
um|tun *vr irreg fam* **1.** (*sich bemühen*) ■ **jd tut sich [nach etw] um** qn cherche [qc]
2. (*sich umsehen*) ■ **jd tut sich [irgendwo/nach jdm] um** qn fouine un peu [quelque part/à la recherche de qn] *fam*
U-Musik *f* musique *f* légère
Umverpackung *f* [sur]emballage *m*
um|verteilen * *vt* ■ **jd verteilt etw um** qn redistribue qc
Umverteilung *f* redistribution *f*
um|wälzen *vt* TECH ■ **jd/etw wälzt etw um** qn/qc renouvelle qc
Umwälzpumpe *f* pompe *f* de circulation
Umwälzung <-, -en> *f* **1.** ∅ TECH [*Raumluft*] renouvellement *m;* [*Bassinwasser*] circulation *f*
2. (*Veränderung*) bouleversement *m*
um|wandeln *vt* ■ **jd wandelt etw [in etw** (*akk*)**] um** qn transforme qc [en qc]
► **jd ist wie umgewandelt** qn est transformé(e)
Umwandlung *f* transformation *f* (*in etw* (*akk*) en qc)
um|wechseln [-ks-] *vt* ■ **jd wechselt [jdm] etw [in etw** (*akk*)**] um** qn [lui] change qc [en qc]
Umweg *m* détour *m*
► **jd macht einen ~** qn fait un détour; **jd geht/fährt einen ~** qn fait un détour [à pied/en voiture/à bicyclette/...]; **auf ~en** par des voies détournées; **auf dem ~ über jdn** par l'intermédiaire [*o* le biais] de qn
Umwelt *f* ∅ **1.** ÖKO environnement *m*
2. (*Menschen*) entourage *m*
Umwelt- 1. (*die Umwelt betreffend*) *-erhaltung, -qualität, -reinhaltung, -schädigung, -zerstörung* de l'environnement; *u-gefährdend* pour l'environnement; ***~forscher*** écologiste *m;* ***~ingenieur*** ingénieur *m* spécialiste d'écologie; ***~katastrophe*** catastrophe *f* écologique; ***~schaden*** dégât *m* causé à l'environnement; ***u~schonend*** écologique; ***u~verschmutzend*** polluant(e); ***u~verträglich*** compatible avec l'environnement, écophile; ***~verträglichkeit*** compatibilité *f* avec l'environnement; ***u~zerstörend*** qui détruit l'environnement; ***~zerstörer*** celui/celle qui détruit l'environnement **2.** COM (*die Umwelt weniger belastend*): ***~auto*** voiture *f* propre; ***~ampel*** *feu rouge devant lequel le conducteur coupe son moteur* **3.** (*auf Umweltverschmutzung zurückzuführen*) *-alarm, -allergie, -empfindlichkeit* à la pollution; *-angst, -kranke* de la pollution **4.** (*für Umweltschutz*) *-bundesamt, -minister, -ministerium* de l'Environnement; *-norm, -politik, -richtlinien* environnemental(e), en matière de protection de l'environnement; *-behörde, -senator, -berater* chargé(e) des questions d'environnement; *-agentur, -auflage* pour la protection de l'environnement; ***~beauftragte(r)*** chargé(e) *m(f)* de mission pour les problèmes d'environnement; ***u~bewusst*** conscient(e) des problèmes d'environnement; ***~bewusstsein*** conscience *f* des problèmes d'environnement; ***~delikt*** délit *m* de pollution; ***~erziehung*** éducation *f* à l'environnement; ***~organisation*** organisation *f* de protection de l'environnement **Umweltbelastung** *f* pollution *f* **Umweltengel** *nt* label *m* écologique (*symbolisé par un ange*) **umweltfreundlich** *adj* sans danger pour l'environnement, écologique, écophile **Umweltgift** *nt* produit *m* nocif pour l'environnement **Umweltkriminalität** *f* délits *mpl* en matière d'environnement **Umweltpapier** *nt* papier *m* recyclé **Umweltpolitik** *f* politique *f* environnementale [*o* en matière de protection de l'environnement] **Umweltschutz** *m* protection *f* de l'environnement, écologie *f* **Umweltschützer(in)** *m(f)* écologiste *mf* **Umweltschutzorganisation** *f* organisation *f* de protection de l'environnement **Umweltsünder(in)** *m(f) fam* pollueur(-euse) *m(f)* **Umweltverschmutzer(in)** <-s, -> *m(f)* pollueur(-euse) *m(f)* ► **jd/etw ist ein ~** qn est un(e) pollueur(-euse) [*o* qn pollue]/qc pollue **Umweltverschmutzung** *f* pollution *f* [de l'environnement] **umweltverträglich** *adj* respectueux(-euse) de l'environnement **Umweltzeichen** *nt s.* **Umweltengel**
um|wenden *vr irreg* ■ **jd wendet sich [nach jdm/etw um]** qn se retourne [sur qn/en direction de qc]
umwerben * *vt irreg* ■ **jd umwirbt jdn [mit etw]** qn fait les yeux doux à qn [en faisant qc]
um|werfen *vt irreg* **1.** (*umstoßen*) ■ **jd wirft etw um** qn renverse qc, qn fait tomber qc
2. (*fassungslos machen*) ■ **etw wirft jdn um** /*Mitteilung, Nachricht*/ qc renverse qn
3. (*umstoßen*) ■ **jd/etw wirft etw um** *Plan, Planung, Vorhaben* qn/qc bouleverse qc, qn/qc remet qc en question
4. (*umlegen*) ■ **jd wirft jdm/sich etw um** *Jacke, Mantel, Schal* qn jette qc sur les épaules de qn/ses épaules
umwerfend I. *adj* renversant(e)
II. *adv* incroyablement
umwickeln * *vt* ■ **jd umwickelt etw mit etw** qn entoure [*o* enveloppe] qc de qc; ***man hat ihr den Kopf umwickelt*** on lui a bandé la tête; ***jd weist seine umwickelte Hand vor*** qn montre sa main bandée
um|widmen *vt form* ■ **jd widmet etw [zu etw/in etw** (*akk*)**] um** qn reconvertit qc [en qc]
umwölkt *adj* qui disparaît dans les nuages; ■ **etw ist ~** qc disparaît dans les nuages
umzäunen * *vt* ■ **jd umzäunt etw** qn clôture qc; ■ **umzäunt** clôturé(e); ■ **etw ist umzäunt** qc est entouré(e) d'une clôture
Umzäunung <-, -en> *f* **1.** ∅ (*das Umzäunen*) *verbal übersetzt;* ***er plant eine ~ des Grundstückes*** il envisage de clôturer la propriété
2. (*Zaun*) clôture *f*
um|ziehen *irreg* **I.** *vi* + *sein* ■ **jd zieht [irgendwohin] um** qn déménage [quelque part]
II. *vr* + *haben* ■ **jd zieht sich um** qn se change
umzingeln * *vt* ■ **sie ~ jdn/etw** ils/elles cernent [*o* encerclent] qn/qc
Umzingelung <-, -en> *f* encerclement *m*
Umzug *m* **1.** (*das Umziehen*) déménagement *m*
2. (*Festzug*) défilé *m*
Umzugskosten *pl* frais *mpl* de déménagement
UN <-> [uːˀɛn] *pl* POL *abk von* **United Nations** O.N.U. *f*
UN- [uːˀɛn-] de l'O.N.U.
unabänderlich *adj Entschluss* irrévocable, sans appel, immuable; *Tatsache* qu'on ne peut pas changer; ***manche Tatsachen sind nicht ~*** on peut changer certaines choses
unabdingbar *adj Voraussetzung, Forderung* absolu(e); ***dieser Punkt ist für uns ~*** nous ne transigerons pas sur ce point
unabhängig *adj* **1.** *Staat* indépendant(e); ■ **etw wird ~** qc accède à l'indépendance
2. (*eigenständig*) indépendant(e); ■ **jd ist von jdm/etw ~** qn ne dépend pas de qn/qc; ■ **jd wird von jdm/etw ~** qn cesse de dépendre de qn/qc
3. (*nicht bedingt*) ■ **etw ist von etw ~** qc n'est pas tributaire de qc, qc ne dépend pas de qc
► **~ von etw** (*von etw abgesehen*) indépendamment de qc; **~ davon, wann/wie** quel que soit le moment auquel/quelle que soit la façon dont; ***~ davon, was die Beweisaufnahme ergibt*** quels que soient les résultats de l'audition des témoins; ***wir verreisen, ~ davon, ob das Wetter gut oder schlecht ist*** nous partons, quel que soit le temps [*o* qu'il fasse beau ou mauvais]; **~ voneinander** *adverbial* séparément
Unabhängigkeit *f* ∅ **1.** POL indépendance *f*
2. (*Eigenständigkeit*) ■ **jds ~ [von jdm/etw]** l'indépendance *f* de qn [à l'égard de qn/par rapport à qc]; ***ein Bemühen um ~ von Importen*** des efforts pour ne plus dépendre des importations
Unabhängigkeitserklärung *f* déclaration *f* d'indépendance
unabkömmlich *adj Mitarbeiter* indisponible
unablässig I. *adj* incessant(e)
II. *adv* sans arrêt, sans cesse
unabsehbar *adj* imprévisible; (*enorm groß*) incalculable
unabsichtlich I. *adj* involontaire
II. *adv* involontairement
unabwendbar *adj* inévitable, inéluctable
unachtsam I. *adj* distrait(e); ***durch sein ~es Verhalten hat er ...*** en ne faisant pas attention, il a ...; ***ein ~er Schritt und sie wäre gestürzt*** un pas de trop, et c'était la chute; ■ **jd ist ~** qn est distrait(e), qn est inattentif(-ive)
II. *adv* sans faire attention; ***benimm dich nicht so ~*** fais donc un peu attention
Unachtsamkeit *f* distraction *f,* inattention *f;* ***durch deine ~*** parce que tu ne fais pas attention
unähnlich *adj* dissemblable; ■ **jd ist jdm ~** qn ne ressemble pas à qn; ■ **jd ist jdm nicht ~** qn a un air de ressemblance avec qn
unanfechtbar *adj* **1.** JUR inattaquable
2. *Argument, Beweis, Tatsache* incontestable, indubitable
unangebracht *adj* **1.** (*nicht angebracht*) *Bescheidenheit, Sparsamkeit, Zurückhaltung* inconvenant(e), intempestif(-ive); ■ **etw ist ~** qc n'est pas de mise
2. (*unpassend*) *Äußerung, Bemerkung, Scherz* déplacé(e), incongru(e)
unangefochten I. *adj* incontesté(e)
II. *adv* incontestablement, sans conteste
unangemeldet I. *adj Besucher* qui n'a pas annoncé sa venue; *Patient* qui n'a pas pris rendez-vous
II. *adv* sans prévenir, à l'improviste; (*beim Arzt, Chef etc*) sans prendre rendez-vous
unangemessen I. *adj* **1.** (*überhöht*) exagéré(e)

2. *Benehmen, Verhalten, Kleidung* inconvenant(e); *Behandlung* peu convenable
II. *adv* 1. *hoch, niedrig, teuer* exagérément
2. (*unpassend*) de façon inconvenante
unangenehm I. *adj* 1. (*nicht angenehm*) *Geruch, Geschmack, Beigeschmack* désagréable
2. (*unerfreulich*) *Information, Mitteilung, Tatsache* fâcheux(-euse), contrariant(e)
3. (*peinlich*) ■ **etw ist jdm** ~ qn trouve [que] qc [est] pénible; ***dieser Besuch/dieses Gespräch ist mir sehr*** ~ cette visite/conversation m'est très pénible; ■ **es ist jdm ~ etw tun zu müssen** qn trouve [que c'est] pénible de devoir faire qc
4. (*unsympathisch*) *Mensch, Äußeres* désagréable, antipathique
▸ **jd wird** ~ qn se met en colère; **jd kann ~ werden** qn peut se mettre en colère; **wie** ~! [comme] c'est fâcheux [*o* regrettable]!
II. *adv riechen* mauvais; ***die Pilze schmecken gar nicht mal so*** ~ les champignons ne sont pas si mauvais que ça
▸ **etw berührt jdn** ~ qc met qn mal à l'aise
unangetastet *adj* ▸ **etw bleibt** ~ qc reste intact(e), on ne touche pas à qc
unangreifbar *adj* inattaquable
unannehmbar *adj* inacceptable
Unannehmlichkeit *f meist pl* désagrément *m*
▸ **jd bekommt** [*o* **kriegt**]/**hat ~en** qn s'attire/connaît des désagréments; **jd macht** [*o* **bereitet**] **jdm ~en** qn cause des désagréments à qn
unansehnlich *adj* 1. (*unscheinbar*) *Mensch* insignifiant(e), falot(e)
2. (*heruntergekommen*) qui ne paie pas de mine; ■ **etw ist/wird** ~ qc ne paie pas de mine/perd son éclat
unanständig I. *adj* 1. (*obszön*) indécent(e), grossier(-ière)
2. (*rüpelhaft*) *Benehmen* inconvenant(e), grossier(-ière)
II. *adv* de façon inconvenante, avec grossièreté
Unanständigkeit <-, -en> *f* 1. *∅* (*obszöne Art*) indécence *f*, grossièreté *f*
2. (*Obszönität*) grossièreté *f*
unantastbar *adj* intangible
unappetitlich *adj* 1. *Essen, Mahlzeit* peu appétissant(e), rebutant(e)
2. (*ekelhaft*) dégoûtant(e)
Unart *f* mauvaise habitude *f*
unartig *adj* [qui n'est] pas sage; ■ **jd ist/wird** ~ qn n'est pas sage/fait des caprices; ***er ist viel ~er als seine Schwester*** il est beaucoup plus méchant [*o* mal élevé] que sa sœur
unartikuliert I. *adj* inarticulé(e)
II. *adv*: ***jd spricht*** [*o* ***redet***] ~ qn émet des mots inarticulés; ***der Redner hat sich so ~ ausgedrückt, dass*** l'orateur articulait tellement mal que + *indic*
unästhetisch *adj* inesthétique
unaufdringlich *adj* discret(-ète)
Unaufdringlichkeit *f ∅* discrétion *f*
unauffällig I. *adj* 1. (*nicht auffällig*) discret(-ète)
2. (*unscheinbar*) *Kratzer, Narbe, Stich, Wunde* à peine visible
II. *adv* 1. *mitkommen, ein Zeichen geben, verschwinden* discrètement, sans se faire remarquer
2. *sich benehmen, verhalten, sich kleiden* avec discrétion; ***benimm dich ~er*** sois plus discret(-ète)
unauffindbar *adj* introuvable
unaufgefordert I. *adj* intempestif(-ive); ***bitte kein ~es Eintreten*** n'entre/n'entrez pas sans qu'on t'en/vous en ait prié(e); ***wir bitten um ~e Rückgabe/Zusendung der Unterlagen nach zwei Wochen*** veuillez, sans rappel de notre part, nous retourner/renvoyer les documents sous quinzaine
II. *adv* intempestivement; ***bitte nicht ~ eintreten!*** attendez qu'on vous dise d'entrer!; ***jd schickt jdm etw ~ zu/gibt jdm etw ~ zurück*** qn renvoie/redonne qc à qn sans qu'il/elle ait besoin de le/la lui demander
unaufgeklärt *adj* 1. *Fall, Tat, Zusammenhänge* inexpliqué(e)
2. (*in sexuellen Dingen*) ignorant(e) des choses du sexe
unaufhaltsam I. *adj* irrésistible; *Verfall* inexorable
II. *adv* irrésistiblement; *verfallen* inexorablement
unaufhörlich I. *adj* incessant(e), continu(e)
II. *adv* 1. (*fortwährend*) continuellement, sans arrêt
2. (*ununterbrochen*) sans discontinuer; ***es klingelt*** ~ ça n'arrête pas de sonner; ***es regnet/schneit seit Tagen*** ~ il n'arrête pas de pleuvoir/neiger depuis des jours; ***es stürmt*** ~ la tempête n'arrête pas
unaufmerksam *adj* 1. (*nicht aufmerksam*) *Schüler, Zuhörer* inattentif(-ive); ■ **jd ist/wird** ~ qn est inattentif(-ive)/relâche son attention
2. (*nicht zuvorkommend*) *Begleiter, Gastgeber* peu prévenant(e); ■ **jd ist** ~ qn n'est pas prévenant(e); ■ **etw ist ~ von jdm** qc est un manque de prévenance de la part de qn
Unaufmerksamkeit *f ∅* 1. (*unaufmerksames Verhalten*) inattention *f*
2. (*unzuvorkommende Art*) manque *m* de prévenance
unaufrichtig *adj* [qui n'est] pas franc(franche); ■ **jd ist** ~ qn n'est pas franc(franche); ***sei ja nicht wieder*** ~ sois franc(franche), pour une fois; ■ **jd ist ~ gegen jdn** [*o* **gegenüber jdm**] qn n'est pas franc(franche) avec qn
Unaufrichtigkeit *f* manque *m* de franchise
unaufschiebbar *adj* qui ne peut pas/plus attendre, urgent(e); ■ **etw ist** ~ qc ne peut pas/plus attendre, qc est urgent(e)
unausbleiblich *adj, adv s.* **unausweichlich**
unausdenkbar *adj* inimaginable
unausführbar *adj* irréalisable
unausgefüllt *adj* 1. *Formular, Seite etc* non rempli(e); ***teilweise*** ~ incomplet(-ète), avec des blancs; ■ **etw ist/bleibt** ~ qc n'est pas complété(e) [*o* rempli(e)]/est laissé(e) en blanc
2. *Mensch* insuffisamment sollicité(e); *Leben* pas assez rempli(e); ■ **jd ist** ~ qn ne sait pas quoi faire de son temps
unausgeglichen *adj* pas très équilibré(e)
Unausgeglichenheit *f* manque *m* d'équilibre
unausgegoren *adj* insuffisamment mûri(e); ■ **etw ist** ~ qc n'est pas [suffisamment] mûri(e)
unausgeschlafen I. *adj Gesicht* endormi(e); ***jd macht einen ~en Eindruck*** qn donne l'impression de ne pas avoir assez dormi; ■ **jd ist** ~ qn n'a pas assez dormi, qn est mal réveillé(e)
II. *adv* encore [tout] endormi(e)
unausgesprochen *adj* muet(te)
unausgewogen *adj* mal balancé(e), mal équilibré(e)
Unausgewogenheit *f* manque *m* d'équilibre
unausrottbar *adj* indélogeable, indéracinable
unaussprechbar *adj* imprononçable
unaussprechlich *adj* 1. (*unsagbar*) indescriptible
2. *s.* unaussprechbar
unausstehlich *adj* insupportable
unausweichlich I. *adj* inéluctable
II. *adv* inéluctablement
unbändig I. *adj* 1. *Kind* turbulent(e)
2. (*heftig*) irrépressible, irrésistible
II. *adv* 1. (*ungestüm*): ***jd führt sich ~ auf*** qn fait le fou/la folle; ***die Kleinen toben ~ im Garten herum*** les petits s'en donnent à cœur joie dans le jardin
2. *stolz sein, neugierig* extrêmement; *sich freuen* énormément
unbarmherzig I. *adj Art, Wesen* impitoyable; *Mensch a.* sans pitié
II. *adv* impitoyablement, sans pitié
Unbarmherzigkeit *f* cruauté *f*
unbeabsichtigt I. *adj* involontaire
II. *adv* involontairement, sans faire exprès
unbeachtet I. *adj* laissé(e) de côté, délaissé(e)
▸ **etw bleibt** ~ qc est laissé(e) de côté, qc est délaissé(e); **jd lässt etw** ~ qn laisse qc de côté, qn délaisse qc
II. *adv* délaissé(e); ***der jetzt berühmte Maler starb damals ~ und im Elend*** le peintre aujourd'hui célèbre est mort à l'époque délaissé et dans la misère
unbeanstandet I. *adj* qui ne donne pas matière à contestation [*o* protestation]; ***ein ~er Fehler*** une faute qu'on a laissé passer
▸ **etw bleibt** ~ on passe sur qc; **jd lässt etw** ~ qn laisse passer qc
II. *adv* sans protester
unbeantwortet I. *adj Frage* resté(e) sans réponse; ***auf meinem Schreibtisch liegen noch über 50 ~e Briefe*** j'ai sur mon bureau plus de 50 lettres auxquelles je n'ai pas encore répondu; ■ **etw ist** ~ qc reste sans réponse
▸ **etw bleibt** ~ qc reste sans réponse; **jd lässt etw** ~ qn laisse qc sans réponse
II. *adv* sans y répondre
unbebaut *adj* non bâti(e); ■ **etw ist** ~ qc n'est pas bâti(e)
unbedacht I. *adj* irréfléchi(e), inconsidéré(e); ■ **etw ist ~ [von jdm]** qc est un acte irréfléchi [*o* inconsidéré] [de la part de qn]
II. *adv* sans réfléchir, inconsidérément
unbedarft *adj fam* pas très futé(e) *fam;* ■ **jd ist/wirkt** ~ qn n'est pas très futé(e)/n'a pas l'air futé *fam*
unbedenklich I. *adj* qui ne présente pas de risques; ***ein keineswegs ~es Vorhaben*** un projet qui n'est pas sans risques; ■ **etw ist** ~ qc est sans risques
II. *adv* sans crainte, en toute tranquillité
Unbedenklichkeit <-> *f ∅ verbal übersetzt;* ***nach ausgiebiger Prüfung wurde diesem Plan völlige ~ bescheinigt*** un examen approfondi a montré que ce plan ne présente aucun risque
unbedeutend I. *adj* 1. (*nicht bedeutend*) insignifiant(e)
2. (*geringfügig*) insignifiant(e), négligeable
II. *adv* (*geringfügig*) très peu, à peine
unbedingt I. *adj attr* absolu(e), total(e)
II. *adv* absolument; ***erinnere mich ~ daran, dass ich etw tue*** il faut absolument que tu me fasses penser de faire qc
▸ **nicht** ~ (*nicht gezwungenermaßen*) pas obligatoirement; (*nicht dringend*) pas forcément; ***wir müssen nicht ~ jeden Tag essen gehen*** on n'est pas obligés d'aller tous les jours au restaurant; ~! absolument!
unbeeindruckt I. *adj Gesicht, Miene* impassible, imperturbable; ■ **jd ist von etw** ~ qn n'est pas impressionné(e) par qc
▸ **jd bleibt [von etw]** ~ qn ne se laisse pas impressionner [par qc]; **etw lässt jdn** ~ qc laisse qn de marbre
II. *adv* impassiblement, imperturbablement
unbeeinflussbar[RR] *adj* peu influençable; ■ **jd ist** ~ qn ne se laisse pas influencer
unbefahrbar *adj Straße, Bankette, Pass* impraticable; *Kanal, Fluss* pas/plus navigable
unbefangen I. *adj* 1. (*unvoreingenommen*) *Betrachter, Leser* non averti(e); *Sachverständiger, Zeuge* impartial(e)
2. (*nicht gehemmt*) spontané(e); *Kandidat* détendu(e)
II. *adv* 1. (*unvoreingenommen*) impartialement, sans préjugés
2. (*nicht gehemmt*) spontanément, sans complexe
Unbefangenheit *f ∅* 1. (*Unvoreingenommenheit*) indépendance *f* d'esprit; [*Sachverständiger, Zeuge*] impartialité *f*
2. (*unbefangene Art*) spontanéité *f*; ***mit völliger*** ~ sans aucun complexe
unbefriedigend I. *adj* insatisfaisant(e)
II. *adv* de façon peu satisfaisante, sans donner [entière] satisfaction
unbefriedigt *adj* 1. *Miene* insatisfait(e); *Reaktion* d'insatisfaction; ■ **jd ist [von etw]** ~ qn n'est pas satisfait(e) [de qc]

2. (*sexuell*) insatisfait(e)
unbefristet I. *adj Arbeitsverhältnis, Stellung, Vertrag* à durée indéterminée; *Aufenthaltserlaubnis, Visum* permanent(e)
II. *adv gelten* sans limitation de durée
unbefugt I. *adj* non autorisé(e) II. *adv* sans autorisation **Unbefugte(r)** *f(m) decl wie adj* personne *f* étrangère au service [*o* non-autorisée]
unbegabt *adj* peu doué(e); ■ **jd ist [für etw]** ~ qn n'est pas doué(e) [pour qc]; ***sie ist musikalisch nicht*** ~ elle est assez douée pour la musique, elle a des [*o* quelques] [*o* certaines] dispositions pour la musique
unbegreiflich *adj* inconcevable, incompréhensible
unbegreiflicherweise *adv* inexplicablement
unbegrenzt I. *adj* illimité(e), sans limites
II. *adv* sans limitation de durée
unbegründet *adj* 1. (*grundlos*) infondé(e)
2. ADMIN, JUR *Antrag, Beschwerde, Klage* sans fondement
unbehaart *adj* glabre; *Kopf a.* chauve
Unbehagen *nt* malaise *m*, gêne *f*
▸ **mit** ~ non sans malaise [*o* gêne]
unbehaglich I. *adj* qui met mal à l'aise
II. *adv: jd fühlt sich* ~ qn se sent mal à l'aise
unbehelligt I. *adj* dans le calme; ***hier ist ein ~es Arbeiten nicht möglich*** il n'y a pas moyen de travailler ici sans être dérangé; ***sorgen Sie bitte für ein ~es Arbeiten*** faites en sorte que je/qu'on puisse travailler sans être dérangé(e)
▸ **jd bleibt [von jdm/Tieren]** ~ qn n'est pas dérangé(e) [par qn/des animaux]; **jd lässt jdn** ~ qn laisse qn tranquille
II. *adv zuschauen, schlafen* sans être dérangé(e); *passieren dürfen* sans être inquiété(e)
unbeherrscht I. *adj Mensch* soupe au lait, qui s'emporte facilement; *Art, Wesen* emporté(e); ■ **jd ist** ~ qn manque de maîtrise de soi
II. *adv* 1. (*ohne Beherrschung*) avec emportement; ***jd verhält sich*** ~ qn s'emporte
2. (*gierig*) *essen* gloutonnement
unbehindert *adj, adv s.* **ungehindert**
unbeholfen I. *adj* maladroit(e), gauche
II. *adv* 1. *sich bewegen, gehen* maladroitement, gauchement
2. *agieren, handeln, sich verhalten* maladroitement
Unbeholfenheit <-> *f* ∅ 1. [*Bewegungen, Gang*] maladresse *f*, gaucherie *f*
2. (*fehlende Gewandtheit*) maladresse *f*
unbeirrbar I. *adj* ferme, sans faille
II. *adv* fermement
unbeirrt *adv* (*unbeirrbar*) fermement; (*seelenruhig*) imperturbablement
unbekannt *adj* 1. (*nicht bekannt*) inconnu(e); ■ **ein(e) jdm ~e(r, s)** ... un/une ... que qn ne connaît pas; ■ **jd ist einem Menschen** ~ une personne ne connaît pas qn; ***sie dürfte dir/ihm nicht ~ sein*** elle ne devrait pas t'être/lui être inconnue; ■ **etw ist jdm** ~ qn ne connaît pas qc; ***Begriffe, die mir/dir ~ sind*** des termes qui me/te sont inconnus 2. (*nicht berühmt*) inconnu(e) 3. *fam* (*fremd*) ■ **jd ist irgendwo** ~ *in einer Stadt* qn n'est pas de quelque part; ***ich bin hier*** ~ je [ne] suis pas du coin *fam* ▸ ~ **verzogen** parti(e) sans laisser d'adresse; **jdm ist nicht ~, dass** qn n'est pas sans savoir que + *indic* **Unbekannte** <-n, -n> *f* MATH inconnue *f* **Unbekannte(r)** *f(m) decl wie adj* inconnu(e) *m(f)* ▸ **der große** ~ un certain Monsieur X; ***wenn man sie zur Rede stellt, schiebt sie den großen ~n vor*** quand on l'interroge, elle dit que ce sont les autres [qui sont responsables]; ***die Dealer haben die Ware angeblich von einem großen ~n erhalten*** selon leurs dires, les dealers ont reçu la marchandise d'un gros bonnet inconnu; **jd ist kein ~r mehr** qn n'est plus un inconnu/une inconnue
unbekannterweise *adv* ▸ **jd grüßt jdn ~ [von jdm]** qn salue qn [de ma/ta/... part] bien que je n'aie/tu n'aies/... pas le plaisir de le/la connaître
unbekleidet I. *adj* dévêtu(e) *soutenu*
II. *adv* dévêtu(e) *soutenu; **sie sonnte sich ~ in einem öffentlichen Park*** elle se faisait bronzer dévêtue dans un parc public *soutenu*
unbekümmert I. *adj* insouciant(e)
▸ **sei/seien Sie ~/ganz** ~ (*sorge dich nicht*) ne te fais/vous faites pas de souci/aucun souci
II. *adv* avec insouciance
Unbekümmertheit <-> *f* ∅ insouciance *f*
▸ **voller** ~ plein(e) d'insouciance
unbelastet I. *adj* 1. (*frei*) ■ **von etw** ~ [l'esprit] libre de qc; ■ **jd ist von etw** ~ qn a l'esprit libre de qc
2. FIN *Gebäude, Grundstück* non grevé(e) d'hypothèques; ■ **etw ist** ~ qc n'est pas grevé(e) d'hypothèques
II. *adv* l'esprit libre
unbelebt *adj* peu animé(e); ***völlig*** ~ désert(e); ■ **etw ist** ~ qc n'est pas animé(e)
unbelehrbar *adj* incorrigible
Unbelehrbarkeit <-> *f* ∅ ■ **jds** ~ l'incapacité *f* de qn de se corriger
unbeleuchtet I. *adj* non éclairé(e); ■ **etw ist** ~ qc n'est pas éclairé(e)
II. *adv abstellen, parken* sans éclairage, sans [laisser les] feux de stationnement [allumés]
unbeliebt *adj* peu apprécié(e), impopulaire; ■ **jd ist [irgendwo/bei jdm]** ~ qn n'est pas apprécié(e) [*o* est mal vu(e)] [quelque part/par qn]
▸ **jd macht sich [durch** [*o* **mit**] **etw] [bei jdm]** ~ qn se fait mal voir [de qn] [en faisant qc]
Unbeliebtheit *f* ∅ ■ **jds** ~ l'impopularité *f* de qn
unbemannt *adj* 1. RAUM non habité(e); ■ **etw ist** ~ qc n'est pas habité(e)
2. *fam* ■ **jd ist ~ / Frau/** qn n'est pas maqué(e) *pop*
unbemerkt I. *adj Eindringen, Entkommen* sans être aperçu(e); *Vorgang* inaperçu(e)
▸ **etw bleibt** ~ qc passe inaperçu(e)
II. *adv entkommen, eindringen, gelangen* sans être aperçu(e); *vor sich gehen* sans qu'on s'en aperçoive
unbenommen *adj pred* ▸ **es bleibt** [*o* **ist**] **jdm ~ etw zu tun** *form*, **etw bleibt** [*o* **ist**] **jdm** ~ *form* il est loisible à qn de faire qc *soutenu*
unbenutzbar *adj Parkplatz, Spielplatz* inaccessible; *Toilette, Gegenstand* inutilisable; *Weg* impraticable
unbenutzt I. *adj Artikel, Gegenstand* inutilisé(e); *Bett* non défait(e); *Kleidungsstück* non porté(e); ■ **etw ist** ~ */Artikel, Gegenstand/* qc n'a pas été utilisé(e); */Bett/* qc n'est pas défait(e); */Kleidungsstück/* qc n'a pas été porté(e)
II. *adv zurückgeben* sans l'avoir utilisé(e)/les avoir utilisé(e)s
unbeobachtet *adj* 1. (*unbemerkt*) que personne n'a/n'avait remarqué(e)
2. (*nicht observiert*) *Gebäude, Platz etc* non surveillé(e); ■ **etw ist** ~ qc n'est pas surveillé(e)
▸ **jd fühlt/glaubt sich** ~ qn ne se sent pas observé(e)/croit qu'on ne l'observe pas
unbequem *adj* 1. (*nicht bequem*) inconfortable
2. (*lästig*) encombrant(e), gênant(e)
Unbequemlichkeit *f* 1. ∅ [*Kleidungsstück etc*] inconfort *m*
2. *meist pl* (*unangenehme Umstände*) désagrément *m*
unberechenbar *adj* imprévisible
Unberechenbarkeit *f* ∅ imprévisibilité *f*; [*Mensch*] caractère *m* imprévisible
unberechtigt I. *adj* injustifié(e)
II. *adv* de façon injustifiée
unberechtigterweise *adv* sans autorisation
unberücksichtigt *adj* non pris(e) en compte, laissé(e) de côté
▸ **etw bleibt** ~ qc n'est pas pris(e) en compte, qc est laissé(e) de côté; **jd lässt jdn/etw** ~ qn ne prend pas qn/qc en compte, qn laisse qn/qc de côté
Unberührbare(r) *f(m) decl wie adj* intouchable *mf*
unberührt *adj* 1. *Fleckchen, Natur, Strand* intact(e), vierge
2. (*nicht benutzt*): ***dein Teller ist*** ~ tu n'as pas touché à ton assiette; ***ihr Bett war*** ~ son lit n'était pas défait
3. (*jungfräulich*) vierge
▸ **jd bleibt [von etw]** ~ qn ne se laisse pas émouvoir [par qc]; **jd/ein Tier lässt etw** ~ qn/un animal ne touche pas à qc
unbeschadet *präp form* ■ ~ **einer S.** (*gen*) malgré qc, en dépit de qc
unbeschädigt I. *adj* intact(e); ■ **etw ist** ~ qc est intact(e), qc n'est pas endommagé(e)
II. *adv* sans dommage
unbescheiden *adj Forderung, Vorstellung, Wunsch* exagéré(e); ■ **jd ist** ~ qn exagère
Unbescheidenheit *f* [*Mensch*] démesure *f*
unbeschrankt *adj* sans barrières [ni demi-barrières]
unbeschränkt *adj* illimité(e)
unbeschreiblich I. *adj* indescriptible
II. *adv schön, schnell, intelligent* infiniment; *dumm, frech* extrêmement; ***ich habe mich ~ über dein Geschenk gefreut*** tu ne peux pas savoir combien ton cadeau m'a fait plaisir; ***über diese Bemerkung hat sie sich ~ geärgert*** cette remarque l'a mise dans une rage indescriptible
unbeschrieben *adj Blatt, Seite* blanc(blanche); ■ **etw ist** ~ qc n'est pas écrit(e)
unbeschwert I. *adj* insouciant(e)
II. *adv* dans l'insouciance
unbesehen *adv* 1. (*ungeprüft*) *bestellen* sans examen préalable; ***ich kaufe nichts*** ~ je n'achète rien sans l'avoir vu; ***das Gericht kannst du ~ bestellen*** tu peux commander ce plat sans l'avoir goûté
2. (*ohne weiteres*) *abnehmen, glauben, vertrauen* les yeux fermés
unbesiegbar *adj* invincible
unbesiegt *adj* invaincu(e); ■ **jd ist [in etw** (*dat*)**]** ~ qn est invaincu(e) [en qc]
unbesonnen I. *adj* inconséquent(e), irréfléchi(e)
II. *adv* sans réfléchir
Unbesonnenheit <-, -en> *f* 1. ∅ (*unbesonnene Art*) inconséquence *f*, irréflexion *f*
2. (*Äußerung, Handlung*) inconséquence *f*
unbesorgt I. *adj* ■ **jd ist** ~ qn ne se fait pas de souci; ***jd darf ~ sein*** qn n'a pas de souci à se faire
II. *adv: **jd kann etw ~ tun*** qn peut sans crainte faire qc
unbeständig *adj* 1. METEO variable, incertain(e)
2. (*wankelmütig*) inconstant(e), instable
Unbeständigkeit *f* 1. METEO caractère *m* variable [*o* incertain]
2. (*Wankelmut*) inconstance *f*, instabilité *f*
unbestätigt *adj* non confirmé(e); ■ **etw ist** ~ qc n'est pas confirmé(e)
unbestechlich *adj* 1. *Mensch* incorruptible
2. *Blick, Urteil* infaillible
Unbestechlichkeit *f* 1. [*Mensch*] incorruptibilité *f*
2. [*Blick, Urteil*] infaillibilité *f*
unbestimmbar *adj* indéfinissable
unbestimmt *adj* 1. *Ahnung, Gefühl* vague, confus(e)
2. *Termin, Zeitpunkt* indéterminé(e); ***mit ~em Ziel*** sans but précis; ■ **etw ist [noch]** ~ qc n'est pas [encore] déterminé(e)
3. GRAM indéfini(e)
unbestreitbar I. *adj* incontestable, indiscutable; ■ **es ist ~, dass** incontestablement, ...
II. *adv* incontestablement
unbestritten I. *adj* incontesté(e); ■ **es ist ~, dass** ... sans conteste, ..., c'est un fait incontesté que + *indic*
II. *adv* sans conteste

unbetamt *adj* AUS *fam* (*ungeschickt*) maladroit(e)
unbeteiligt *adj* **1.** *Gast, Passant, Zuschauer* qui n'y est pour rien; ***ich bin nur ein ~er Zuschauer*** je n'y suis pour rien, je ne fais que regarder ■ **jd ist an etw** (*dat*) ~ qn n'est pour rien dans qc; *am Unfall* qn n'est pas impliqué(e) dans qc **2.** (*desinteressiert*) peu intéressé(e); ■ **jd ist** [**innerlich**] ~ qn ne se sent pas concerné(e) **Unbeteiligte**(**r**) *f(m) decl wie adj* personne *f* qui n'est pas impliquée; ***bei Autounfällen kommen oft auch ~ zu Schaden*** souvent, les accidents de voiture impliquent des innocents [*o* des personnes qui n'y sont pour rien]; ***in die Auseinandersetzungen mischte sich ein ~r ein*** une personne qui n'avait rien à y voir s'est mêlée aux discussions
unbetont *adj* non accentué(e); ■ **etw ist** ~ qc n'est pas accentué(e)
unbeträchtlich *adj* minime, négligeable
▶ **nicht** ~ non négligeable; ***etw ist nicht*** ~ qc n'est pas négligeable
unbeugsam *adj* inflexible
unbewacht I. *adj* **1.** (*nicht bewacht*) non surveillé(e); ■ **etw ist** ~ qc n'est pas surveillé(e)
2. *Gefangene, Häftlinge* laissé(e) sans surveillance; ***jd kann ~ bleiben*** qn peut rester sans surveillance
▶ **jd lässt jdn/etw** ~ qn laisse qn/qc sans surveillance
II. *adv* sans surveillance
unbewaffnet *adj* sans arme; ■ **jd ist** ~ qn n'a pas d'arme
unbewältigt *adj Konflikt, Problem* non résolu(e); *Vergangenheit* non surmonté(e); ■ **etw ist** ~ */Konflikt, Problem/* qc n'est pas résolu(e); */Vergangenheit/* qc n'est pas surmonté(e)
unbeweglich *adj* **1.** (*starr*) immobile; ■ **etw wird** ~ qc perd sa mobilité
2. (*bewegungslos*) impassible
3. *Feiertag* fixe
4. (*geistig starr*) rigide
unbewegt *adj* **1.** *Teich, See* immobile; *Oberfläche a.* étale; ■ **etw ist** ~ qc est immobile
2. *Blick, Gesicht* impassible
unbewiesen *adj* sans preuve[s]; *Hypothese* gratuit(e); ■ **etw ist** ~ qc reste à prouver; */Hypothese/* qc reste à démontrer
unbewohnbar *adj* inhabitable
unbewohnt *adj* inhabité(e); *Gebäude, Wohnung* inoccupé(e)
unbewusst[RR] I. *adj* inconscient(e) II. *adv* inconsciemment **Unbewusste**(**s**)[RR] *nt decl wie adj* ■ **das** ~ l'inconscient *m*
unbezahlbar *adj* **1.** *Miete, Preis* exorbitant(e); ■ **etw ist** [**für jdn**] ~ qc est exorbitant(e) [pour qn]
2. (*nützlich*) *Hinweis, Information, Tipp* inappréciable; ■ **etw ist** [**für jdn**] ~ qc n'a pas de prix [pour qn]
3. (*wertvoll*) *Antiquität, Gemälde, Kunstschatz etc* sans prix; ■ **etw ist** ~ qc n'a pas de prix
4. *fam* (*komisch*) impayable *fam*
unbezahlt *adj* **1.** *Lieferung, Rechnung, Schuld etc* impayé(e)
2. *Überstunde, Feiertagsarbeit* non payé(e), non rémunéré(e); *Urlaub* sans solde
unbezähmbar *adj* irrépressible
unbezweifelbar I. *adj* indubitable
II. *adv* indubitablement
unbezwingbar *adj*, **unbezwinglich** *adj geh* **1.** *Burg, Festung* imprenable, inexpugnable *littér*
2. *Drang, Sehnsucht, Verlangen* irrésistible, irrépressible
3. *s.* **unüberwindlich**
Unbilden *pl geh* aléas *mpl soutenu*
unbillig *adj* JUR injuste
unblutig I. *adj* **1.** *Putsch, Revolution* sans effusion de sang; ■ **etw ist** ~ qc se fait sans effusion de sang
2. MED ■ [**etw ist**] ~ [qc se fait] sans incision [sanglante] [*o* recours à la chirurgie]
II. *adv* **1.** (*ohne Blutvergießen*) sans effusion de sang
2. MED sans incision [sanglante], sans recours à la chirurgie
unbotmäßig I. *adj geh* (*aufsässig*) *Kind, Verhalten* frondeur(-euse); *Untertan, Mitarbeiter* insubordonné(e)
II. *adv geh:* ***jd benimmt*** [*o* ***verhält***] ***sich*** ~ qn fait preuve d'insubordination; ***jd zeigt sich*** ~ qn se montre frondeur(-euse)
Unbotmäßigkeit <-> *f* ∅ *geh* insubordination *f; Kind,* esprit *m* frondeur
unbrauchbar *adj* ■ [**für etw**] ~ inutilisable [pour qc]; ■ **etw ist/wird** ~ **für jdn** qn ne peut pas/plus utiliser qc; ■ **jd ist** [**als etw**] ~ qn ne convient pas [*o* ne fait pas l'affaire] [comme qc]
unbürokratisch I. *adj Handeln, Handlungsweise* sans lourdeur bureaucratique; *Entscheidung, Hilfe* par des voies autres que bureaucratiques
II. *adv* en évitant la lourdeur bureaucratique
unchristlich I. *adj* **1.** REL non chrétien(ne); ■ **etw ist** ~ qc n'est pas chrétien(ne)
2. *fam Stunde, Tageszeit, Zeit* impossible *fam;* ***das ist ja eine ~e Zeit!*** c'est pas une heure pour des chrétiens! *fam*
II. *adv:* ***jd verhält sich*** ~ qn ne se comporte pas en chrétien(ne); ***jd zeigt sich*** ~ qn se montre peu chrétien(ne)
und *conj* **1.** (*dazu*) et; ■ **jd tut etw ~ tut etw** qn n arrête pas de faire qc, qn ne fait que faire qc; ***sie redeten ~ redeten*** ils/elles n'arrêtaient pas de parler, ils/elles ne faisaient que parler; ■ **es geschieht ~ geschieht** qc se passe sans arrêt; ***es regnet ~ regnet*** il pleut sans arrêt, il n'arrête pas de pleuvoir; ***es rattert ~ rattert*** il y a du bruit sans arrêt, le bruit n'arrête pas
2. (*mit der Folge, dass*) et; ***der Orkan tobte immer heftiger ~ ganze Bäume wurden entwurzelt*** l'ouragan soufflait de plus en plus violemment, et [*o* si bien que] des arbres entiers ont été déracinés
3. (*selbst*) ■ ~ **wenn jd etw tut** même si qn fait qc
4. (*dann*) et; ***wage das ~ es setzt was!*** essaie un peu, [et] tu vas voir!
5. *fragend* (*aber*) et; ***Geduld, ich bin bald fertig! – U~ wann?*** patience, j'aurai bientôt terminé! – Mais quand?
▶ ~? (*nun*) et alors?
Undank *m geh* ingratitude *f*
▶ ~ **ist der Welt Lohn** *prov* on ne récolte en ce bas monde qu'ingratitude, l'ingratitude des hommes est sans limites; **jd erntet** [**für etw**] ~ qn ne récolte que de l'ingratitude [pour qc]
undankbar *adj* ingrat(e)
Undankbarkeit *f* ingratitude *f*
undatiert *adj* non daté(e); ■ **etw ist** ~ qc n'est pas daté(e)
undefinierbar *adj* **1.** *Gefühl, Geräusch, Lärm* indéfinissable
2. *fam Essen, Masse* indéfinissable; ■ **etw ist** ~ qc est une bouillie indéfinissable
undeklinierbar *adj* indéclinable; ■ **etw ist** ~ qc est indéclinable, qc ne se décline pas
undemokratisch I. *adj* antidémocratique; ■ **etw ist** ~ qc est antidémocratique, qc n'est pas démocratique
II. *adv* de façon antidémocratique
undenkbar *adj* impensable
Undercoveragent(**in**) ['andəkavə-] *m(f)* taupe *f fam*
Underdog <-s, -s> ['andədɔg] *m* (*Benachteiligter*) laissé(e)-pour-compte *m(f)*
Understatement <-s, -s> [andə'steɪtmənt] *nt* euphémisme *m*
undeutlich I. *adj* **1.** *Aussprache* indistinct(e), peu clair(e)
2. *Foto, Umrisse* flou(e); *Schrift* illisible
3. *Begriff, Erinnerung, Vorstellung* vague, imprécis(e)
II. *adv* **1.** *ausmachen, erkennen, unterscheiden* indistinctement
2. ***jd spricht*** ~ qn ne parle pas distinctement; ***sprich nicht so*** ~ parle plus distinctement
3. (*vage*) en termes vagues [*o* imprécis]
undicht *adj* non étanche; *Rohr, Ventil* qui fuit; ■ **etw ist/wird** ~ qc n'est pas/plus étanche; */Rohr, Ventil/* qc fuit/commence à fuir
Unding *nt* ▶ **etw ist ein** ~ qc est un non-sens [*o* une aberration]; **es ist ein ~ etw zu tun** c'est un non-sens [*o* une aberration] de faire qc
undiplomatisch I. *adj Verhalten, Vorgehen* qui dénote un manque de diplomatie; *Mensch* peu diplomate; ■ **jd ist** ~ qn n'est pas diplomate; ■ **etw ist** ~ qc dénote un manque de diplomatie
II. *adv* sans [faire preuve de] diplomatie
undiszipliniert I. *adj geh* indiscipliné(e)
II. *adv* de façon indisciplinée; ***jd benimmt/verhält sich*** ~ qn a un comportement indiscipliné, qn est indiscipliné(e); ***jd isst*** ~ qn mange n'importe quoi n'importe comment
unduldsam I. *adj* intolérant(e), intransigeant(e); ■ **jd ist** ~ [**gegen jdn/etw**] qn est intolérant(e) [vis-à-vis de qn/face à qc], qn est intransigeant(e) [envers [*o* à l'égard de] qn/qc]
II. *adv* avec intolérance, avec intransigeance; ***jd zeigt sich*** ~ qn fait preuve d'intolérance [*o* d'intransigeance]
Unduldsamkeit *f* ■ **jds** ~ [**gegen jdn** [*o* **gegenüber jdm**]] l'intolérance *f* de qn [vis-à-vis de qn/face à qc], l'intransigeance *f* de qn [envers [*o* à l'égard de] qn/qc]
undurchdringlich *adj* **1.** *Dickicht, Gebüsch, Urwald, Wildnis* impénétrable; ■ **etw ist für jdn** ~ qn ne peut pénétrer dans qc
2. *Gesicht, Miene* impénétrable
undurchführbar *adj* irréalisable, impossible à réaliser
undurchlässig *adj Folie, Stoff* imperméable; *Becken, Beton* étanche
undurchschaubar *adj* **1.** *Mensch, Charakter, Wesen* difficile à cerner
2. *Absicht, Plan* mystérieux(-euse)
undurchsichtig *adj* **1.** (*nicht transparent*) opaque
2. (*zwielichtig, zweifelhaft*) louche
uneben *adj* **1.** (*nicht eben*) *Boden* inégal(e); *Straße* qui n'est pas plan(e)
2. *Gelände* accidenté(e)
Unebenheit <-, -en> *f* **1.** [*Boden, Gelände*] inégalité *f;* (*unebene Stelle a.*) aspérité *f*
2. (*Bodenerhebung*) accident *m*
unecht *adj* **1.** (*imitiert*) faux(fausse) *antéposé; Haare, Pelz a.* synthétique; ***~es Leder*** similicuir *m*
2. (*unaufrichtig*) *Gefühl, Freude, Freundlichkeit, Zuneigung* faux(fausse), factice; ***ihre Freude wirkte*** ~ sa joie sonnait faux
unehelich *adj Kind* naturel(le)
unehrenhaft I. *adj* **1.** *geh Absicht, Handlung, Motiv, Verhalten* déshonorant(e), honteux(-euse)
2. MIL dégradant(e), infamant(e)
II. *adv* **1.** *handeln, sich verhalten* honteusement, sans honneur
2. MIL: ***jd wird ~ entlassen*** qn est dégradé(e) et radié(e)
unehrlich I. *adj* **1.** (*unaufrichtig*) pas franc(franche)
2. *Finder, Mitarbeiter* malhonnête
II. *adv handeln, sich verhalten* malhonnêtement
Unehrlichkeit *f* manque *m* de franchise
uneigennützig I. *adj* désintéressé(e)
II. *adv* avec désintéressement; ***etw wirkt*** ~ qc paraît désintéressé(e); ***jd denkt*** ~ qn a des pensées désintéressées
uneingeschränkt I. *adj* inconditionnel(le), sans réserve
II. *adv* inconditionnellement, sans réserve
uneingeweiht *adj* non initié(e); ■ **jd ist** ~ qn n'est pas au courant
uneinig *adj* en désaccord; ■ **sie sind** [**sich** (*dat*)] [**in etw** (*dat*)/**über etw** (*akk*)] ~ ils/elles sont en désaccord [à propos de/sur qc]; ■ **jd ist** [**sich** (*dat*)] **mit jdm** [**in etw** (*dat*)/**über etw** (*akk*)] ~ qn est en désaccord avec qn [à propos de/sur qc]
Uneinigkeit *f* désaccord *m* (*in etw* (*dat*) sur qc)

► **es herrscht** [*o* **besteht**] [**über etw** (*akk*)] ~ il y a désaccord [sur qc]
uneinnehmbar *adj* imprenable, inexpugnable *littér*
uneins *adj pred s.* **uneinig**
unempfänglich *adj* ■ **für etw** ~ *für* [*großes*] *Lob, Schmeicheleien* insensible à qc; *für Bestechungsversuche a.* inaccessible à qc
unempfindlich *adj* **1.** (*strapazierfähig*) *Material, Stoff, Leder, Bezug, Fußbodenbelag* qui ne craint rien, résistant(e); ■ **etw ist** ~ qc ne craint rien
2. (*robust*) *Kind, Mensch* robuste; *Pflanze a.* rustique; ■ **jd/etw ist gegen etw** ~ *gegen Kälte, Hitze, Wind* qn/qc résiste à qc
Unempfindlichkeit *f ∅* **1.** (*Strapazierfähigkeit*) résistance *f*
2. (*Robustheit*) robustesse *f;* [*Pflanze a.*] rusticité *f;* ■ ~ **gegen etw** résistance *f* à qc
unendlich I. *adj* **1.** (*nicht überblickbar*) *Ferne, Weite, Wüste* infini(e)
2. (*überaus groß*) *Geduld, Güte, Liebe, Sorgfalt, Strapazen* infini(e)
3. (*räumlich unbegrenzt*) *Ausdehnung, Universum, Weiten* infini(e), immense
4. PHOT: ***jd stellt das Objektiv auf*** ~ qn règle l'objectif sur l'infini
5. MATH infini(e); ■ **das U~e** l'infini *m*
► **bis ins U~e** à l'infini
II. *adv fam* infiniment, vachement *fam;* ~ ***lange*** cent sept ans *fam;* ~ ***viel*** énormément, vachement *fam;* ~***e viele Leute*** un monde pas possible *fam;* ***das ist ja*** ~ ***weit weg*** c'est vraiment à perpète *fam;* ***er war*** ~ ***wütend*** il était dans une rogne terrible *fam;* ***er ist*** ~ ***verliebt*** il est très amoureux(-euse) *fam*
Unendlichkeit *f ∅* immensité *f;* ***der Urknall soll aus der*** ~ ***heraus erfolgt sein*** selon certains, le big bang a surgi de l'infini
► **eine** ~ *fam* cent sept ans *fam,* une éternité
unentbehrlich *adj* indispensable; ■ **jd/etw ist** [**für jdn/etw**] ~ qn/qc est indispensable [à qn/pour [*o* à] qc]
► **jd macht sich** [**irgendwo/bei jdm**] ~ qn se rend indispensable [quelque part/auprès de qn]
unentgeltlich I. *adj Benutzung* gratuit(e); *Überlassung, Zurverfügungstellung a.* gracieux(-euse); *Arbeit, Einsatz* non rémunéré(e), bénévole
II. *adv benutzen, leihen* gratuitement; *überlassen, zur Verfügung stellen a.* gracieusement; *arbeiten* bénévolement; ***etw erfolgt*** ~ qc est gratuit(e)
unentschieden I. *adj* **1.** SPORT nul(le); ***ein*** ~***er Ausgang*** un résultat nul
2. *Angelegenheit, Frage, Prozess* en suspens
II. *adv* SPORT: ***zwei Spiele sind*** ~ ***ausgegangen*** deux rencontres se sont soldées par un match [*o* résultat] nul; ***die Mannschaften spielten*** ~ les équipes ont fait match nul; ***die Teams trennten sich*** ~ les équipes se sont quittées sur un match [*o* résultat] nul
Unentschieden <-s, -> *nt* [match *m*] nul *m*
unentschlossen I. *adj* indécis(e); ■ **jd ist** ~, **was er tun soll** qn ne sait pas ce qu'il doit faire
II. *adv* sans parvenir à se décider
Unentschlossenheit *f* indécision *f*
unentschuldbar *adj* inexcusable; ■ **es ist** ~, **dass jd etw getan hat** c'est inexcusable de la part de qn d'avoir fait qc
unentschuldigt I. *adj* non excusé(e), non motivé(e)
II. *adv* sans motif; (*in der Schule*) sans mot d'excuse
unentwegt I. *adj* acharné(e), persévérant(e) II. *adv* sans arrêt, sans cesse; ■ **jd tut etw** ~ qn n'arrête pas de faire qc **Unentwegte**(**r**) *f(m) decl wie adj* acharné(e) *m(f)*
unerbittlich I. *adj* **1.** *Mensch, Haltung* impitoyable, inflexible
2. *Gesetz, Härte, Kampf* impitoyable, implacable
II. *adv* **1.** (*unerweichlich*) implacablement; ~ ***streng*** d'une sévérité implacable
2. (*gnadenlos*) impitoyablement; *kämpfen a.* avec acharnement
Unerbittlichkeit <-> *f ∅* ■ [**jds**] ~ l'inflexibilité *f* [de qn]; ■ **die** ~ **einer S.** (*gen*) la cruauté de qc
unerfahren *adj* inexpérimenté(e); ■ **jd ist** [**auf einem Gebiet/in etw** (*dat*)] ~ qn est inexpérimenté(e) [*o* manque d'expérience] [dans un domaine/en qc] **Unerfahrene**(**r**) *f(m) decl wie adj* débutant(e) *m(f)*
Unerfahrenheit *f* inexpérience *f*
unerfindlich *adj* ■ **es ist** [**jdm**] ~, **warum/wie** la façon dont/la raison pour laquelle ... est une énigme [pour qn] *soutenu*
unerfreulich I. *adj* fâcheux(-euse); ■ **etw ist** [**für jdn**] ~ qc est fâcheux(-euse) [pour qn]
II. *adv ausgehen, enden* mal
unerfüllbar *adj* (*nicht zu erfüllen*) *Traum, Wunsch* irréalisable; *Bitte, Forderung* impossible à satisfaire
unerfüllt *adj Bitte, Forderung, Traum* insatisfait(e); *Wunsch a.* inassouvi(e); ***Kinder haben dauernd*** ~***e Wünsche*** les enfants ont toujours des envies insatisfaites
unergiebig *adj* **1.** *Thema, Diskussion* ingrat(e)
2. *Ausbeute, Ernte* maigre
unergründbar *adj,* **unergründlich** *adj* **1.** *Absicht, Geheimnis, Motiv, Rätsel, Zusammenhänge* insondable
2. *Blick, Lächeln* mystérieux(-euse), énigmatique
unerheblich I. *adj* négligeable, minime; ■ **es ist** ~, **ob** il importe peu que + *subj*
► **nicht** ~ non négligeable; ***etw ist nicht*** ~ qc n'est pas négligeable
II. *adv* faiblement, peu
► **nicht** ~ sensiblement
unerhört I. *adj* **1.** (*unglaublich*) inouï(e), incroyable
2. (*gewaltig*) *Anstrengung, Forderung, Tempo* fou(folle); *Preis, Summe a.* exorbitant(e)
► [**das ist ja**] ~! [c'est] incroyable!, [c'est] inouï!
II. *adv* **1.** (*unglaublich*) comme un malotru/des malotrus
2. (*außerordentlich*) *anstrengend, fleißig, heiß, kalt* extraordinairement; ***wir haben*** ~ ***viel zu tun*** nous avons énormément de choses à faire, nous sommes débordé[e]s
unerkannt *adv* incognito, sans être reconnu(e); ***jd will*** ~ ***bleiben*** qn veut garder l'incognito, qn ne veut pas être reconnu(e)
unerklärbar *adj,* **unerklärlich** *adj* inexplicable; ■ **es ist jdm** ~, **warum/was/wie** qn ne s'explique pas pourquoi/ce qui/comment
unerlässlich^RR^, **unerläßlich** *adj* indispensable; ■ **etw ist** [**für jdn/etw**] ~ qc est indispensable [à qn/pour qc]; ■ **es ist** ~, **dass jd etw tut** il faut absolument que qn fasse qc
unerlaubt I. *adj* **1.** (*nicht gestattet*) sans autorisation
2. JUR illicite
II. *adv* sans autorisation
unerledigt *adj, adv* en souffrance
unermesslich^RR^, **unermeßlich** I. *adj geh* **1.** *Ausdehnung, Dimensionen, Weite* incommensurable
2. *Elend, Schäden, Verwüstungen, Zerstörungen* énorme; *Armut* très grand(e); *Kunstschätze, Reichtümer, Schätze, Werte* inestimable
II. *adv geh reich* immensément; ~ ***kostbare/wertvolle Schmuckstücke*** des bijoux *mpl* d'une richesse/valeur inestimable
unermüdlich I. *adj* infatigable, inlassable
II. *adv* infatigablement, inlassablement
unerquicklich *adj geh* contrariant(e); ■ **etwas U~es** des contrariétés *fpl*
unerreichbar *adj* **1.** *Niveau, Standard, Ziel* inaccessible
2. (*telefonisch*) ■ **jd ist** ~ qn n'est pas joignable
unerreicht *adj* inégalé(e)
unersättlich *adj* **1.** *Neugier, Verlangen, Wissensdurst* insatiable
2. *Appetit, Gier, Hunger* dévorant(e)
3. (*nicht zufrieden zu stellen*) ■ **jd ist** ~ qn est insatiable, qn n'est jamais satisfait(e)
unerschöpflich *adj* **1.** *Einfallsreichtum, Ideenreichtum, Thema* inépuisable, intarissable
2. *Energie, Kräfte, Mittel, Reserven, Vorräte* inépuisable
unerschrocken I. *adj* intrépide, impavide *littér*
II. *adv* avec un courage inébranlable, avec bravoure
unerschütterlich I. *adj* inébranlable, imperturbable
II. *adv festhalten, glauben* inébranlablement, imperturbablement; ***jd tritt*** ~ ***für jdn/etw ein*** qn défend qn/qc avec une constance inébranlable
unerschwinglich *adj* inabordable, hors de prix; ■ **etw ist** [**für jdn**] ~ qc est inabordable [*o* hors de prix] [pour qn]
unersetzlich *adj* **1.** *Kunstschätze, Verlust, Werte* irremplaçable; *Schaden* irréparable
2. *Mitarbeiter* irremplaçable; ■ **jd ist** [**für jdn**] ~ qn est irremplaçable [pour qn]
unersprießlich *adj, adv geh s.* **unerfreulich**
unerträglich I. *adj* insupportable
II. *adv* **1.** *heiß, laut, schwül:* ***das Wetter ist*** ~ ***heiß*** il fait une chaleur insupportable
2. (*unmöglich*): ***jd führt sich*** ~ ***auf/benimmt sich*** ~ qn est insupportable
unerwähnt *adj* qui n'est pas mentionné(e); ■ **etw ist** ~ qc n'est pas mentionné(e)
► **etw bleibt** ~ qn n'est pas mentionné(e); **jd lässt etw** ~ qn ne mentionne pas qc
unerwartet I. *adj* inattendu(e), imprévu(e); *Besuch, Eintreten a.* inopiné(e)
II. *adv* sans qu'on s'y attende; *besuchen, eintreten a.* inopinément; ***man benachrichtigte ihn*** ~ ***von einer großen Erbschaft*** on lui a appris sans qu'il s'y attende qu'il avait fait un gros héritage
unerwünscht *adj* indésirable; ***du bist hier*** ~ on ne veut pas de toi ici
unerzogen *adj* mal élevé(e)
UNESCO <-> [u'nɛsko] *f abk von* **United Nations Educational, Scientific and Cultural Organization** ■ **die** ~ l'Unesco *f*
unfähig *adj* incapable; ■ **jd ist** ~ qn est un/une incapable; ■ [**jd ist**] **zu etw** ~ [qn est] incapable de qc/de faire qc; ***zum Überlegen*** ~***e Schüler*** des élèves incapables de réflexion [*o* de réfléchir]; ***sie ist zur kleinsten Entscheidung*** ~ elle est incapable de [prendre] la moindre décision; ■ **jd ist** ~ **etw zu tun** qn est incapable de faire qc
Unfähigkeit *f ∅* incapacité *f;* ■ **jds** ~ **etw zu tun** l'incapacité *f* de qn à [*o* de] faire qc
unfair [-fɛːɐ] I. *adj* déloyal(e); ■ **jd ist** ~ [**gegen jdn** [*o* **jdm gegenüber**]] qn est déloyal(e) [envers qn]; ■ **etw ist** ~ [**jdm gegenüber**] qc est déloyal(e) [envers qn]; ***das ist*** ~! ce n'est pas juste!
II. *adv* de façon déloyale
Unfall *m* accident *m*
► **größter anzunehmender** ~ catastrophe *f* nucléaire, accident *m* maximal hypothétique; **jd baut einen** ~ *fam* qn provoque un accident; **jd hat einen** ~ qn a un accident
Unfallfahrer(**in**) *m(f)* conducteur(-trice) *m(f)* responsable de l'/d'accident **Unfallflucht** *f* délit *m* de fuite **Unfallfolge** *f meist pl* suites *fpl* de l'/d'accident **unfallfrei** I. *adj Fahren, Zeitraum* sans accident; *Fahrer* qui n'a pas eu d'accident; ■ **jd ist** ~ qn n'a pas eu d'accident II. *adv fahren* sans [provoquer d']accident **Unfallkrankenhaus** *nt* hôpital *m* disposant d'un service de traumatologie, clinique *f* de traumatologie **Unfallopfer** *nt* accidenté(e) *m(f)* **Unfallort** *m* lieu *m* de l'/d'accident **Unfallstelle** *f* (*Stelle eines Unfalls*) endroit *m* de l'accident **Unfalltod** *m* mort *f* accidentelle
► **bei** ~ en cas de mort accidentelle **Unfalltote**(**r**) *f(m) decl wie adj* personne *f* décédée dans un accident **Unfallverletzte**(**r**) *f(m)* blessé(e) *m(f)* dans un accident **Unfallversicherung** *f* assurance-accidents *f* **Unfallzeuge** *m,* **-zeugin** *f* témoin *m* de l'/d'accident
unfassbar^RR^, **unfaßbar** *adj,* **unfasslich**^RR^, **unfaßlich** *adj* **1.** *Phä-*

nomen, Wunder inconcevable, incompréhensible; ■ **es ist jdm** [*o* **für jdn**] ~, **was/wie** qn ne peut [pas] concevoir [*o* comprendre] ce qui/comment
2. (*unerhört*) inimaginable
unfehlbar I. *adj* infaillible
II. *adv* (*unweigerlich*) immanquablement
unfertig *adj* 1. (*noch nicht fertig gestellt*) inachevé(e)
2. *Mensch* immature; ■ **jd ist** [**noch**] ~ qn manque [encore] de maturité
unflätig I. *adj* grossier(-ière), trivial(e)
II. *adv* grossièrement, trivialement
unförmig I. *adj Glied* difforme; *Gebilde, Gestalt a., Gegenstand, Möbelstück* informe
II. *adv* jusqu'à être difforme
Unförmigkeit <-> *f Ø* difformité *f*
unfrankiert I. *adj* non affranchi(e); ■ **etw ist** ~ qc n'est pas affranchi(e)
II. *adv* sans l'affranchir/les affranchir
unfrei I. *adj* 1. (*abhängig*) *Volk, Leben, Mensch* dépendant(e); ■ ~**er** moins libre; ■ **jd ist** [**in etw** (*dat*)] ~ qn n'est pas/plus libre [de qc]; ■ **jd ist** ~**er** qn est moins libre 2. HIST *Bauer, Leibeigener, Leben, Sklave* non affranchi(e), serf(serve); ■ **jd ist** ~ qn n'est pas affranchi(e), qn est un serf/une serve 3. (*unfrankiert*) en port dû II. *adv* 1. (*nicht frei*): ***ich wurde*** ~***er erzogen*** j'ai été élevé(e) moins librement; ***er wirkt*** ~ il a l'air coincé; ***sie benimmt sich*** ~ elle manque de décontraction 2. (*unfrankiert*) en port dû
Unfreie(**r**) *f*(*m*) *decl wie adj* HIST serf/serve *m/f*
Unfreiheit *f Ø* (*Unterdrückung*) servitude *f*; (*mangelnde Freiheit*) contraintes *fpl*
unfreiwillig I. *adj* 1. (*gezwungen*) forcé(e), contre mon/son/... gré; ■ **etw ist** ~ qc est contre mon/son/... gré; ***meine Anwesenheit hier ist*** ~ je suis présent(e) ici contre mon gré
2. (*unbeabsichtigt*) *Komik, Witz* involontaire
II. *adv* contre mon/son/... gré
unfreundlich I. *adj* 1. (*nicht liebenswürdig*) peu aimable; *Gesicht, Miene* rébarbatif(-ive); ■ **jd ist** ~ **zu jdm** qn n'est pas aimable avec qn
2. *Jahreszeit, Klima, Wetter, Witterung* désagréable; *Tag* maussade
II. *adv behandeln* sans aménité; ***jd benimmt sich gegenüber jdm*** ~ qn se montre désagréable avec qn
Unfreundlichkeit *f* manque *m* d'amabilité; (*Bemerkung*) amabilité *f iron*
Unfriede *m Ø* discorde *f soutenu*, dissension *f*
▶ **in** ~**n** *auseinander gehen, sich trennen* sur un desaccord; *leben* dans la discorde *soutenu*
unfruchtbar *adj* stérile
Unfruchtbarkeit *f Ø* stérilité *f*
Unfug <-s> *m Ø* bêtises *fpl*
▶ **grober** ~ JUR délit *m* grave; **jd macht** ~ qn fait des bêtises
Ungar(**in**) <-n, -n> ['ʊŋgar] *m*(*f*) Hongrois(e) *m*(*f*)
ungarisch ['ʊŋgarɪʃ] *adj* 1. GEOG hongrois(e), de Hongrie
2. LING hongrois(e); ***der Text ist*** ~ le texte est en hongrois
▶ **auf** U~ en hongrois
Ungarn <-s> ['ʊŋgarn] *nt* la Hongrie
ungastlich I. *adj* inhospitalier(-ère)
II. *adv* de façon inhospitalière
ungeachtet *präp geh* ■ ~ **einer S.** (*gen*) malgré qc, en dépit de qc; ■ **dessen** ~ en dépit de cela, nonobstant *vieilli*; ■ ~ **dessen, dass** bien que + *subj*
ungeahnt *adj* insoupçonné(e)
ungebärdig *adj* rétif(-ive), récalcitrant(e)
ungebeten I. *adj* 1. *Besuch, Besucher, Gast* indésirable, importun(e) *littér*
2. *Äußerung, Bemerkung, Einmischung* intempestif(-ive), importun(e) *littér*
II. *adv* 1. (*ohne eingeladen zu sein*) *besuchen, erscheinen, kommen* sans avoir été invité(e), importunément *littér*
2. (*ohne aufgefordert zu sein*) sans y avoir été invité(e)
ungebildet *adj* inculte
ungeboren *adj Kind* qui n'est pas encore né(e); *Leben* futur(e), à venir; ■ **jd ist** ~ qn n'est pas encore né(e)
ungebräuchlich *adj Bezeichnung, Name, Wort* inusité(e); *Methode, Verfahren* inhabituel(le)
ungebraucht I. *adj* qui n'a jamais servi, dont on ne s'est pas servi; *Kleidungsstück* qui n'a pas été porté(e); ■ **etw ist** ~ /*Möbelstück*/ qc n'a pas servi; /*Kleidungsstück*/ qc n'a pas été porté(e)
II. *adv*: ***jd darf etw*** ~ ***umtauschen/zurückgeben*** qn peut échanger/retourner qc dont il/elle ne s'est pas servi(e)/qu'il/elle n'a pas porté(e)
ungebrochen I. *adj* intact(e)
II. *adv* avec une énergie intacte
ungebührlich I. *adj geh* 1. (*ungehörig*) malséant(e) *littér*
2. *Forderung, Preis* excessif(-ive), exorbitant(e)
II. *adv geh* 1. (*ungehörig*) incorrectement, avec inconvenance *soutenu*
2. (*über Gebühr*) exagérément
ungebunden *adj* indépendant(e); ***jd ist vertraglich*** ~ qn est libre de tout contrat; ***jd ist familiär*** ~ qn n'a pas d'attaches familiales; ***jd ist zeitlich relativ*** ~ qn peut gérer son temps assez librement
ungedeckt *adj* 1. *Scheck* sans provision; *Wechsel* à découvert
2. *Tisch* qui n'est pas mis(e) [*o* dressé(e)]; ■ **etw ist** ~ qc n'est pas mis(e) [*o* dressé(e)]
Ungeduld *f* impatience *f*
▶ **voller** ~ plein(e) d'impatience; **vor** ~: ***jd ist nervös/unruhig vor*** ~ qn est tellement impatient(e) qu'il/elle ne tient plus en place
ungeduldig I. *adj* impatient(e); ■ **jd wird** ~ qn s'impatiente
II. *adv* impatiemment
ungeeignet *adj* 1. *Material, Mittel, Werkzeug, Maßnahme* inadapté(e), peu approprié(e), inadéquat(e); ■ **etw ist** [**für etw**] ~ qc est inadapté(e) [à qc], qc ne convient pas [pour qc]
2. *Bewerber, Mitarbeiter* incompétent(e); ■ **jd ist für etw** ~ qn ne convient pas pour qc, qn est inapte à qc
ungefähr I. *adv* 1. (*zirka*) environ, à peu près
2. (*etwa*) *da, dort, hier, so* à peu près
3. (*in etwa*) *hinkommen, richtig sein, stimmen* à peu près
▶ **um** ~ ..., ~ **um** ... (*mit Uhrzeit*) à environ; (*mit Zahlenangabe*) d'environ, d'à peu près; **von** ~ par hasard; **nicht von** ~ non sans raison, ce n'est pas pour rien que + *indic*
II. *adj attr* approximatif(-ive)
ungefährdet *adj, adv* sans danger
ungefährlich *adj* peu dangereux(-euse), sans danger; *Erkrankung* bénin(-igne); ■ **etw ist** ~ qc n'est pas dangereux(-euse); ■ **es ist** ~ **etw zu tun** ce n'est pas dangereux de faire qc; ***es ist nicht*** ~ ***etw zu tun*** faire qc n'est pas sans danger
ungefärbt *adj* naturel(le); ■ **etw ist** ~ qc n'est pas teint(e)
ungefragt *adv* sans qu'on me l'ait/le lui ait/... demandé
ungehalten I. *adj geh Miene, Ton* acrimonieux(-euse) *littér*, peu amène *littér*; ■ **jd ist/wird** ~ [**über etw** (*akk*)] qn est fâché(e)/se fâche [à cause de qc]
II. *adv geh* avec acrimonie *soutenu*
ungeheizt *adj* non chauffé(e), sans chauffage; ■ **etw ist** ~ qc n'est pas chauffé(e)
ungehemmt I. *adj Enthusiasmus, Freude, Fröhlichkeit* débridé(e); *Mensch* libéré(e)
II. *adv* sans retenue
ungeheuer I. *adj* 1. *Masse, Schäden, Vermögen, Verlust* énorme; *Entfernung, Höhe, Tiefe, Weite, Wert, Zahl a.* prodigieux(-euse); *Schätze* immense
2. *Ärger, Hass, Schmerz, Wut* terrible; *Kraft a.* prodigieux(-euse)
3. *Fähigkeiten, Kenntnisse, Leistung* prodigieux(-euse)
II. *adv* extrêmement, prodigieusement
Ungeheuer <-s, -> *nt* monstre *m*
ungeheuerlich *adj* 1. (*unerhört*) monstrueux(-euse)
2. *s.* **ungeheuer 1.**
▶ **das ist ja** ~! mais c'est monstrueux!
Ungeheuerlichkeit <-, -en> *f* monstruosité *f*
ungehindert I. *adj* libre
II. *adv* sans encombre, librement
ungehobelt *adj* 1. *Art, Benehmen* fruste; *Mensch* mal dégrossi(e)
2. *Brett, Planke* non raboté(e); ■ **etw ist** ~ qc n'est pas raboté(e)
ungehörig I. *adj* inconvenant(e)
II. *adv* en faisant fi des convenances
Ungehörigkeit <-, -en> *f* inconvenance *f*
ungehorsam *adj* désobéissant(e); ■ **jd ist** [**jdm gegenüber**] ~ qn désobéit [à qn]
Ungehorsam *m* désobéissance *f*
▶ **ziviler** ~ désobéissance *f* civile
ungehört *adv verhallen* sans être entendu(e); ***jd bleibt*** ~ personne n'entend qn
Ungeist *m Ø geh* ■ **der** ~ **einer S.** (*gen*) le spectre de qc
ungekämmt I. *adj* décoiffé(e); ■ **jd ist** ~ qn n'est pas coiffé(e) [*o* peigné(e)]
II. *adv* sans être coiffé(e)
ungeklärt I. *adj* 1. *Tat, Verbrechen, Zusammenhänge* inexpliqué(e), non élucidé(e)
2. *Abwässer* non épuré(e)
II. *adv* ÖKO sans épuration
ungekündigt *adj Arbeitsverhältnis* non résilié(e); ***eine Bewerbung aus*** ~***er Stellung*** une candidature, le contrat précédent n'étant pas résilié; ■ **jd ist** ~ qn est [encore] sous contrat [*o* en poste]
ungekürzt I. *adj* complet(-ète), intégral(e); *Film* en version intégrale
II. *adv* intégralement
ungeladen *adj* 1. *Schusswaffe* non chargé(e), déchargé(e); ■ **etw ist** ~ qc n'est pas chargé(e)
2. *Besucher, Gast* qui n'a pas été invité(e)
ungelegen *adj Augenblick, Zeit, Zeitpunkt* mal choisi(e); *Besuch, Besucher* importun(e) *littér*
▶ **jd kommt** [**jdm**] ~ qn dérange [qn]; **etw kommt** [**jdm**] ~ qc tombe mal
Ungelegenheiten *pl* ennuis *mpl*, contrariétés *fpl*
▶ **jd/etw macht** [*o* **bereitet** *geh*] **jdm** ~ qn/qc cause [*o* crée] des ennuis [*o* contrariétés] à qn
ungelenk I. *adj* maladroit(e)
II. *adv* maladroitement
ungelenkig *adj* qui manque de souplesse, raide; ■ **jd ist** ~ qn manque de souplesse
ungelernt *adj* non qualifié(e)
ungeliebt *adj* 1. que je/qu'il/... n'aime pas; ***sie hält es an der Seite eines*** ~***en Mannes aus*** elle supporte de vivre aux côtés d'un homme qu'elle n'aime pas; ***er wechselte den immer*** ~***en Beruf*** il a délaissé le métier qu'il n'avait jamais aimé pour en choisir un autre
2. *s.* **unbeliebt**
ungelogen *adv fam* sans mentir; ~! juré! *fam*, croix de bois, croix de fer, si je mens, je vais en enfer *fam*
ungelöst *adj Problem, Rätsel* non résolu(e); *Fall* non éclairci(e); *Frage* sans réponse; ■ **etw ist** ~ /*Problem, Rätsel*/ qc n'est pas résolu(e); /*Fall*/ qc n'est pas éclairci(e); /*Frage*/ qc n'a pas de réponse
Ungemach <-s> *nt Ø geh* désagréments *mpl*
ungemahlen *adj* non moulu(e); ■ **etw ist** ~ qc n'est pas moulu(e)
ungemein I. *adv freuen, interessieren* énormément; *interessant, nützlich, schwierig, wertvoll* extrêmement
II. *adj Fortschritte* considérable; *Interesse, Nutzen, Schwierigkeit a.* tout(e) particulier(-ière)

ungemütlich I. *adj* 1. (*nicht gemütlich*) inconfortable; ■ **irgendwo ist es** ~ on n'est [*o* ne se sent] pas bien quelque part
2. (*unerfreulich*) inconfortable
▸ **jd wird** ~, **jd kann** ~ **werden** *fam* qn se met en rogne *fam*
II. *adv eingerichtet* sans confort; ***es ist* ~ *zugig*** il y a un courant d'air désagréable; ***in dem Sessel sitzt es sich*** ~ on est mal assis dans ce fauteuil
Ungemütlichkeit *f* inconfort *m*
ungenannt *adj* anonyme
ungenau I. *adj* 1. (*nicht exakt*) imprécis(e); ■ **jd ist** ~ [**in etw** (*dat*)] qn est imprécis(e) [dans qc]
2. *Anzeige, Messung* inexact(e)
II. *adv* 1. (*nicht exakt*) avec imprécision
2. avec inexactitude; ***etw zeigt* ~ *an*** qc donne des indications inexactes; ***etw misst*** ~ qc fait des mesures inexactes
Ungenauigkeit <-, -en> *f* 1. ∅ [*Beschreibung, Formulierung etc*] imprécision *f*
2. ∅ [*Anzeige, Messung*] inexactitude *f*; ***ich ärgere mich über die* ~ *meiner Uhr*** ma montre ne donne pas l'heure exacte et ça m'énerve
3. (*ungenaues Zitat*) inexactitude *f*
ungeniert ['ʊnʒeniːɐt] I. *adj* désinvolte, sans-gêne *péj*
II. *adv* 1. (*frei und ungehemmt*) *sich äußern, sich unterhalten* en toute liberté, sans gêne; *sich ausziehen* sans la moindre gêne
2. (*ohne sich zu genieren*) sans me/se/... gêner; ***greifen Sie bitte* ~ *zu*** ne vous gênez pas, servez-vous
Ungeniertheit <-> ['ʊnʒeniːɐt-] *f* ∅ désinvolture *f*, sans-gêne *m péj*
ungenießbar *adj* 1. *Beeren, Pilz* non comestible; ■ **etw ist** ~ qc n'est pas comestible
2. *Essen* immangeable; *Getränk* imbuvable
3. *fam* (*unausstehlich*) imbuvable *fam*, invivable *fam*
ungenügend I. *adj* 1. (*nicht ausreichend*) insuffisant(e)
2. SCOL insuffisant
II. *adv* insuffisamment
ungenutzt I. *adj* que j'ai/qu'il a/... laissé passer, que je n'ai/qu'il n'a/... pas saisi(e); ***jene damals leider* ~*e Gelegenheit hat sich danach nie wieder geboten*** cette occasion qu'on a malheureusement laissé passer ne s'est plus jamais présentée
▸ **etw bleibt** ~ on laisse passer qc, on ne saisit pas qc; **jd lässt etw** ~ qn laisse passer qc, qn ne saisit pas qc; ***diese einmalige Chance darf nicht* ~ *gelassen werden*** il ne faut pas laisser passer cette chance unique
II. *adv* sans en profiter, sans le/la saisir
ungepflegt *adj* 1. *Mensch, Äußeres* négligé(e); *Fingernägel, Hände, Haare* mal soigné(e)
2. *Garten, Grünanlage, Park, Rabatte, Weg* mal entretenu(e), laissé(e) à l'abandon
ungeprüft I. *adj* qui n'a pas été vérifié(e)
II. *adv* sans vérification; ***jd druckt etw* ~ *ab*** qn imprime qc sans prendre la peine de le/la/les vérifier
ungerade *adj* impair(e)
ungerecht I. *adj Behandlung, Chef, Lehrer, Zensur* injuste; *Richter, Urteil a.* inique; ■ **jd ist** ~ [**gegen jdn** [*o* **jdm gegenüber**]] qn est injuste [envers qn]; ■ **es ist** ~ [**von jdm**] **etw zu tun** c'est injuste [de la part de qn] de faire qc; ***es ist* ~, *dass wir schlechter bezahlt werden als die Kollegen*** c'est injuste d'être moins bien payés que les collègues
II. *adv behandeln, beurteilen, sich verhalten, zensieren* de manière injuste, injustement
ungerechterweise *adv* injustement; ***sie wurde bestraft, wenn auch*** ~ elle a été punie, aussi injuste que cela puisse paraître
ungerechtfertigt *adj* injustifié(e)
Ungerechtigkeit <-, -en> *f* injustice *f*
▸ **so eine** ~! c'est vraiment injuste!
ungereimt *adj* 1. (*verworren*) embrouillé(e), confus(e); ***jd redet* ~*es Zeug*** qn débite des inepties
2. (*reimlos*) sans rime, non rimé(e)
Ungereimtheit <-, -en> *f* 1. ∅ (*verworrene Art*) confusion *f*
2. *meist pl* (*Widersprüchlichkeit*) incohérence *f*
ungern *adv arbeiten, verreisen* à contrecœur, contre mon/son/... gré; *zustimmen* à regret; ***jd tut etw*** ~ qn répugne à faire qc; ***ich bügle*** ~ je n'aime pas [tellement] repasser
▸ [**höchst**] ~! je n'aimerais autant pas!
ungerührt I. *adj Blick, Miene* impassible; ■ **jd ist** ~ qn reste imperturbable
II. *adv* imperturbablement, sans sourciller; *zusehen* sans émotion
ungesalzen *adj Brot, Essen* sans sel; *Gericht* non salé(e); ■ **etw ist** ~ qc n'est pas salé
ungesättigt *adj* non saturé(e)
ungeschält I. *adj Kartoffel, Obst* non épluché(e); *Tomate* non pelé(e); *Getreide* non décortiqué(e); *Reis* complet(-ète)
II. *adv*: ***jd verzehrt etw*** ~ qn consomme qc sans l'éplucher
ungeschehen *adj* ▸ **jd macht etw** ~ qn revient sur qc
Ungeschick *nt* ∅ *geh s.* **Ungeschicklichkeit**
Ungeschicklichkeit <-, -en> *f* maladresse *f*
ungeschickt I. *adj* 1. (*unbeholfen*) *Art, Bewegung* maladroit(e); *Mensch a.* gauche, malhabile
2. (*unbedacht*) *Äußerung, Verhalten* maladroit(e); ■ **etw ist** ~ [**von jdm**] qc est maladroit(e) [de la part de qn]
II. *adv sich verhalten* maladroitement; *sich umdrehen* d'un geste maladroit; ***jd stellt sich* ~ *an*** qn joue les empotés *fam*
Ungeschicktheit *f s.* **Ungeschicklichkeit**
ungeschliffen *adj* 1. *Edelstein* brut(e)
2. *Benehmen, Manieren* grossier(-ière), fruste; ***ein* ~*er Kerl*** un rustre

ungeschminkt I. *adj* 1. (*nicht geschminkt*) non maquillé(e); ■ **jd ist** ~ qn n'est pas maquillé(e)
2. (*unbeschönigt*) sans fard; ***die* ~*e Wahrheit*** la vérité toute nue
II. *adv* 1. (*nicht geschminkt*) sans être maquillé(e)
2. (*unverblümt*) sans fard; ***die Wahrheit* ~ *sagen*** dire la vérité toute nue
ungeschoren I. *adj* à long poil
II. *adv davonkommen* à bon compte, sans dommage; ***du wirst nicht* ~ *bleiben!*** tu ne t'en sortiras pas aussi facilement!; ***jd lässt jdn*** ~ qn laisse filer qn
ungeschrieben *adj pred* ▸ **etw bleibt** ~ qc ne voit pas le jour; **jd lässt etw** ~ qn s'abstient d'écrire qc
ungesellig *adj* peu sociable, insociable
ungesetzlich *adj* illégal(e)
ungesichert *adj Schusswaffe* armé(e)
ungestempelt *adj Briefmarke* non oblitéré(e)
ungestört I. *adj* tranquille; ***bei diesem Krach ist kein* ~*es Arbeiten möglich*** avec tout ce vacarme, on ne peut pas travailler en paix; ***der große Garten ermöglicht den Kindern* ~*es Spielen*** le grand jardin permet aux enfants de jouer tranquillement; ***eine* ~*e Unterhaltung ist unmöglich*** on ne peut pas discuter tranquillement; ■ **jd ist irgendwo** ~ qn est tranquille quelque part
II. *adv* tranquillement
ungestraft *adv* impunément
ungestüm I. *adj* fougueux(-euse); *Temperament a.* volcanique
II. *adv* fougueusement
Ungestüm <-[e]s> *nt* ∅ fougue *f*
▸ **voller** ~ fougueusement
ungesühnt *adj* impuni(e)
ungesund I. *adj* 1. *Ernährung, Rauchen* nocif(-ive), nuisible à la santé; *Klima* insalubre, malsain(e); ■ **etw ist** ~ qc est mauvais(e) pour la santé
2. *Aussehen, Gesichtsfarbe* maladif(-ive)
▸ **allzu viel ist** ~ *prov* l'excès en tout est un défaut, point trop n'en faut
II. *adv*: ***jd ernährt sich/lebt*** ~ qn a une alimentation mal équilibrée/ruine sa santé
ungesüßt *adj* non sucré(e); ■ **etw ist** ~ qc n'est pas sucré(e)
ungetrübt *adj Freude, Glück* sans nuage; *Tage, Zeit, Urlaub* paisible
Ungetüm <-[e]s, -e> *nt* 1. (*monströses Wesen*) monstre *m*
2. *fam* (*Gegenstand*) mastodonte *m*
ungeübt *adj Handwerker, Lehrling* inexpérimenté(e); *Sportler, Musiker* qui manque d'entraînement; ■ **jd ist** [**in etw** (*dat*)] ~ qn manque d'expérience/d'entraînement [dans qc]
ungewiss[RR] *adj* 1. (*nicht feststehend*) *Ausgang, Schicksal* incertain(e); ■ **es ist noch** ~, **ob/wie** on ne sait toujours pas si/comment
2. (*unentschlossen*) ■ **jd ist sich** (*dat*) **noch** ~, **was er/sie tun soll/wie/ob** qn ne sait toujours pas [*o* pas encore] ce qu'il/elle doit faire/comment/si
▸ **jd ist sich** (*dat*) **über etw** (*akk*) **im Ungewissen** qn est encore dans l'incertitude quant à qc; **jd lässt jdn** [**über etw** (*akk*)] **im Ungewissen** qn laisse qn dans l'incertitude [quant à qc]; **jd lässt etw im Ungewissen** qn laisse planer l'incertitude sur qc
Ungewissheit[RR] <-, -en> *f* incertitude *f*
ungewöhnlich I. *adj* 1. (*groß*) *Stärke, Hitze* inhabituel(le)
2. (*außergewöhnlich*) *Begabung, Leistung* exceptionnel(le); *Mensch* exceptionnel(le), hors du commun
3. (*unüblich*) *Bitte, Forderung, Vorfall* insolite; ■ **etwas/nichts U~es** quelque chose/rien d'extraordinaire
II. *adv* 1. *sich verhalten* d'une manière inhabituelle
2. *groß, stark, heiß, leicht* extraordinairement
3. *begabt, leistungsfähig* exceptionnellement
ungewohnt *adj* inhabituel(le), inaccoutumé(e); ■ **etw ist jdm** ~ qn n'est pas habitué(e) à qc
ungewollt I. *adj* involontaire; ***das war*** ~ ce n'était pas intentionnel
II. *adv* involontairement; ***ich musste* ~ *grinsen*** je n'ai pas pu m'empêcher de ricaner
Ungeziefer <-s> *nt* ∅ vermine *f*
ungezogen I. *adj Kind* mal élevé(e); *Bemerkung, Benehmen* impertinent(e), impoli(e); ■ **etw ist** ~ [**von jdm**] qc est impoli(e) [de la part de qn]
II. *adv* impertinemment, impoliment
Ungezogenheit <-, -en> *f* 1. ∅ (*Benehmen*) impolitesse *f*
2. (*Äußerung, Handlung*) impertinence *f*
ungezügelt *adj Hass, Wildheit* sans retenue, effréné(e); *Temperament* excessif(-ive)
ungezwungen I. *adj* décontracté(e) *fam*
II. *adv* d'une manière décontractée *fam*
Ungezwungenheit *f* décontraction *f*
Unglaube *m* 1. (*Bezweiflung*) incrédulité *f*
2. ECCL incroyance *f*
unglaubhaft I. *adj* invraisemblable, difficile à croire
II. *adv* d'une manière peu crédible
ungläubig I. *adj* 1. *Blick, Gesicht, Kopfschütteln* incrédule 2. (*gottlos*) incroyant(e), non-croyant(e); ***ein* ~*er Mensch*** un incroyant II. *adv ansehen, den Kopf schütteln* d'un air incrédule **Ungläubige(r)** *f(m) decl wie adj* incroyant(e) *m(f)*, non-croyant(e) *m(f)*; (*für Moslems*) infidèle *mf*
unglaublich I. *adj* incroyable; (*unerhört a.*) inouï(e), ahurissant(e)
II. *adv* 1. (*unerhört*) d'une manière ahurissante [*o* incroyable]
2. *fam* (*überaus*) incroyablement
unglaubwürdig I. *adj Bericht, Darstellung, Geschichte* invraisemblable; *Mensch* peu crédible, peu digne de foi; ■ **jd ist** ~ qn n'est pas crédible [*o* digne de foi]
▸ **jd macht sich** ~ qn perd toute crédibilité
II. *adv* d'une manière peu crédible

Unglaubwürdigkeit *f* manque *m* de crédibilité
ungleich I. *adj* 1. (*unterschiedlich*) *Gegenstände* disparate; *Socken, Paar* dépareillé(e); *Bezahlung* inégal(e); *Ehepaar* mal assorti(e); ***sie kämpfen mit ~en Waffen*** ils/elles luttent à armes inégales
2. *Kampf* inégal(e); *Gegner, Kontrahenten* de force inégale
II. *adv* 1. (*unterschiedlich*) inégalement; ***Männer und Frauen werden ~ bezahlt*** les hommes et les femmes perçoivent des salaires inégaux
2. + *comp größer, kürzer, billiger* largement, de loin
Ungleichgewicht *nt* déséquilibre *m*
Ungleichheit *f* Ø (*zwischen zwei Menschen*) dissemblance *f*; (*zwischen zwei Gegenständen*) différence *f*; (*zwischen Gehältern*) disparité *f*, inégalité *f*
ungleichmäßig I. *adj* 1. (*unregelmäßig*) *Atemzüge, Puls, Schwimmstöße* irrégulier(-ière)
2. *Belastung, Verteilung* inégal(e)
II. *adv* 1. (*unregelmäßig*) *atmen* irrégulièrement; *rudern, sich bewegen a.* avec des mouvements irréguliers
2. *belasten, verteilen* de manière inégale
Ungleichmäßigkeit <-, -en> *f* 1. (*Unregelmäßigkeit*) [*Atemzüge etc*] irrégularité *f*
2. (*Ungleichheit*) [*Belastung etc*] inégalité *f*; ***die ~ der Belastung*** la répartition inégale de l'effort
Unglück <-glücke> *nt* 1. Ø (*Pech*) malchance *f*; ***ich habe aber auch immer nur ~*** je joue de malchance
2. (*Ereignis im privaten Bereich*) malheur *m*; (*Flugzeug-, Zug~*) catastrophe *f*
3. Ø (*Elend*) malheur *m*
▶ **~ im Spiel, Glück in der Liebe** *prov* malheureux au jeu, heureux en amour; **jd/etw bringt [jdm] ~** qn/qc porte malheur [*o* la poisse] [à qn]; **ein ~ kommt selten allein** *prov* un malheur n'arrive jamais seul; **jd stürzt sich** [*o* **rennt**] **ins ~** qn court à sa perte; **jd stürzt jdn ins ~** qn précipite qn dans le malheur; **das ~ wollte es, dass** le malheur a voulu que + *subj*; **zu allem ~** pour comble de malheur
unglücklich I. *adj* 1. (*betrübt*) malheureux(-euse)
2. (*ungünstig*) malheureux(-euse); *Verkettung, Zufall a.* malencontreux(-euse); *Umstand a.* fâcheux(-euse); *Ausgang, Verlauf a.* regrettable; *Zeitpunkt* inopportun(e), mal choisi(e)
3. (*ein Unglück verursachend*) *Ausgleiten, Sturz* malencontreux(-euse)
▶ **mach dich nicht ~!** tu pourrais le regretter!; **jd macht jdn ~** qn rend qn malheureux(-euse)
II. *adv* 1. (*ungünstig*): ***etw endet/geht ~ aus*** qc se termine mal
2. ***jd fällt/stürzt ~*** qn fait une chute malencontreuse
unglücklicherweise *adv* malheureusement
Unglücksbote *m*, **-botin** *f* messager(-ère) *m(f)* de malheur, porteur(-euse) *m(f)* de mauvaise nouvelle **Unglücksbotschaft** *f* mauvaise nouvelle *f* **Unglücksfall** *m* accident *m* **Unglücksrabe** *m fam* malchanceux *m*; ***du ~!*** t'as vraiment pas de bol [*o* pot]! *fam* **Unglückstag** *m* 1. *fam* (*Pechtag*) jour *m* de malchance; ***das ist heute ein ~ für mich*** ce n'est pas mon jour 2. (*Tag eines Unglücks*) jour *m* funeste **Unglückszahl** *f fam* chiffre *m* porte-malheur
Ungnade *f* disgrâce *f*; **jd fällt [bei jdm] in ~** qn tombe en disgrâce [auprès de qn]
ungnädig I. *adj hum* mal disposé(e)
II. *adv* avec mauvaise humeur; ***dein Ausbleiben hat sie sehr ~ aufgenommen*** elle a très mal pris ton absence
ungültig *adj* 1. (*nicht gültig*) *Ausweis, Scheckkarte, Visum* périmé(e); *Fahrkarte, Eintrittskarte* non valable; ■ **etw wird ~** *Ausweis, Scheckkarte, Visum* qc va être périmé(e); *Fahrkarte, Eintrittskarte* qc ne sera bientôt plus valable
2. (*nichtig*) *Abstimmung, Stimme, Wahl* nul(le); ***jd erklärt etw für ~*** qn déclare qc nul(le), qn annule qc
Ungültigkeit *f* 1. (*fehlende Gültigkeit*): ***wegen der ~ des Passes/der Fahrkarte*** parce que le passeport est périmé/le billet n'est pas valable
2. (*Nichtigkeit*) nullité *f*
Ungunst *f geh* [*Augenblick, Stunde, Umstände, Wetter*]: ***die ~ des Augenblickes*** l'instant *m* mal choisi; ***die ~ der Stunde*** l'heure *f* peu propice; ***die ~ des Wetters*** le temps défavorable
▶ **zu jds ~en** au désavantage [*o* détriment] de qn
ungünstig *adj Augenblick, Zeitpunkt* mal choisi; *Zeit* peu propice; *Wetter* défavorable; ■ **etw ist [für jdn/etw] ~** qc est mal choisi(e)/peu propice/défavorable [pour qn/qc]
ungustiös *adj* AUS *fam* (*unappetitlich*) dégoûtant(e)
ungut *adj Nachricht, Neuigkeit* désagréable, mauvais(e) *antéposé*; ***ich habe ein ~es Gefühl*** j'ai un funeste pressentiment, tout ça ne me dit rien qui vaille
▶ **nichts für ~!** sans rancune!
unhaltbar *adj* 1. (*haltlos*) *Behauptung, These, Vorwurf* insoutenable, indéfendable
2. (*nicht weiter hinzunehmen*) *Situation, Zustand* inadmissible, intolérable
unhandlich *adj* peu pratique, peu commode
Unheil *nt* malheur *m*
▶ **jd richtet ~ an** *fam* qn fait des bêtises [*o* des conneries *fam*]; **etw richtet großes/viel ~ an** qc cause des dégâts importants
unheilbar I. *adj* incurable
II. *adv* incurablement
unheilvoll *adj* 1. *fam* (*nichts Gutes verheißend*) sinistre
2. *geh* (*Unheil ankündigend*) funeste
unheimlich I. *adj* 1. (*Grauen erregend*) *Geschichte, Gestalt* macabre; *Haus, Gruft, Moor* lugubre; *Begegnung, Erlebnis* inquiétant(e); ■ **jd ist ihm/ihr ~** il/elle trouve qn inquiétant(e); ■ **jdm ist ~ [zumute]** qn n'est pas rassuré(e); ■ **irgendwo ist es ~** qc n'est pas rassurant(e)
2. *fam* (*unglaublich*) *Glück, Zufall* pas croyable *fam*, pas possible *fam*
3. *fam Angst, Durst, Hunger* terrible, sacré(e) *antéposé fam*; ***es hat ~en Spaß gemacht*** c'était génial *fam*
II. *adv fam* vachement *fam*
unhöflich I. *adj Mensch* impoli(e); *Benehmen, Verhalten, Art a.* discourtois(e); *Bemerkung, Antwort a.* désobligeant(e)
II. *adv sich benehmen, verhalten* de manière impolie [*o* discourtoise]; *fragen, antworten* de manière désobligeante
Unhöflichkeit *f* impolitesse *f*
Unhold <-[e]s, -e> *m* monstre *m*
unhörbar *adj* ■ **[etw ist] [für jdn] ~** [qc est] inaudible [pour qn]
unhygienisch [-hygie:nɪʃ] *adj* qui manque d'hygiène, contraire aux règles de l'hygiène; ■ **etw ist ~** qc manque d'hygiène; ■ **es ist ~ etw zu tun** ce n'est pas hygiénique de faire qc
uni ['ʏni, ʏ'ni:] *adj inv* uni(e)
Uni[1] <-, -s> *f fam abk von* **Universität** fac *f fam*
Uni[2] <-s, -s> ['ʏni, ʏ'ni:] *nt* COUT uni *m*
UNICEF <-> ['u:nitsɛf] *f* Ø *abk von* **United Nations International Children's Emergency Fund** ■ **[die] ~** l'UNICEF *f*
unidiomatisch I. *adj* non idiomatique; ■ **etw ist ~** qc n'est pas idiomatique
II. *adv sich ausdrücken, übersetzen* de manière non idiomatique; ***etw klingt ~*** qc n'a pas l'air idiomatique
unifarben ['ʏni-, ʏ'ni:-] *adj* uni(e), de couleur unie
Uniform <-, -en> *f* uniforme *m*
▶ **in ~** en uniforme, en tenue
uniformiert *adj* en uniforme, en tenue **Uniformierte(r)** *f(m) decl wie adj* homme/femme *m/f* en uniforme
Unikat <-[e]s, -e> *nt* pièce *f* unique
Unikum <-s, -s *o* Unika> *nt fam* original(e) *m(f)*; ***er/sie ist ein ~*** c'est un cas *fam*
uninteressant *adj* inintéressant(e), sans intérêt
uninteressiert I. *adj Mensch, Gesicht* blasé(e); ■ **jd ist [an etw** (*dat*)**] ~** qn n'est pas intéressé(e) [par qc]
II. *adv* d'un air détaché
Union <-, -en> *f* 1. (*Bund*) union *f*
2. POL *fam* ■ **die ~** *groupe parlementaire comprenant la CDU et la CSU*
▶ **~ der Sozialistischen Sowjetrepubliken** HIST Union *f* des républiques socialistes soviétiques; **die Junge ~** la jeunesse CDU/CSU; **Westeuropäische ~** Union *f* de l'Europe occidentale
unisono *adv geh* à l'unisson
universal [-vɛr-] I. *adj geh* universel(le)
II. *adv geh*: ***jd ist ~ einsetzbar*** qn est polyvalent(e); ***etw ist ~ verwendbar*** qc est multi-usages, qc a un usage universel
Universal- [-vɛr-] universel(le) **Universalerbe** *m*, **-erbin** *f* légataire *mf* universel(le)
universell [-vɛr-] *adj s.* **universal**
Universität <-, -en> [-vɛr-] *f* université *f*; ■ **die ~ …** *München, Tübingen* l'université de …
▶ **technische ~** institut *m* universitaire de technologie; **jd studiert an der ~** qn étudie à l'université; **jd besucht die ~** qn fréquente l'université; **jd geht auf die ~** *fam* qn est à la fac; ***ich will auf die ~ gehen*** je veux aller à la fac *fam*
Universitäts- [-vɛr-] 1. (*zur Universität gehörend*) de l'université; ***er ist ~professor*** il est professeur d'université [*o* de faculté]; ***das ~gelände*** le campus [universitaire] 2. *-abschluss, -karriere* universitaire **Universitätsbibliothek** *f* bibliothèque *f* universitaire **Universitätsklinik** *f* centre *m* hospitalier universitaire, C.H.U. *m* **Universitätsstadt** *f* ville *f* universitaire **Universitätsstudium** *nt* études *fpl* universitaires ▶ **mit/ohne ~** avec/sans formation universitaire
Universum <-s> [-'vɛr-] *nt* Ø ■ **das ~** l'univers *m*
unkameradschaftlich I. *adj*: ***ein ~er Schüler*** un mauvais camarade; ***das ist ~*** [**von dir**] tu es un mauvais camarade, ce n'est pas sympa [de ta part] *fam*
II. *adv* en mauvais(e) camarade
Unke <-, -n> *f* 1. (*Kröte*) crapaud *m*
2. *fam* oiseau *m* de malheur
unken *vi fam* ■ **jd unkt** qn joue les Cassandre
unkenntlich *adj* indéchiffrable, illisible
▶ **jd macht etw ~** qn camoufle qc; ***jd macht sein Gesicht mit einem Nylonstrumpf ~*** qn se dissimule le visage avec un bas nylon; **jd macht sich ~** qn se rend méconnaissable
Unkenntlichkeit <-> *f* ▶ **bis zur ~** au point d'être méconnaissable; ***jd verändert etw bis zur ~*** qn transforme qc au point de le/la rendre méconnaissable
Unkenntnis *f* Ø ignorance *f*
▶ **~ schützt vor Strafe nicht** *prov* nul n'est censé ignorer la loi; **jd ist in ~ über etw** (*akk*) qn n'est pas au courant de qc; **jd lässt jdn in ~ über etw** (*akk*) qn tient qn dans l'ignorance de qc; **aus ~** par ignorance
Unkenruf *m fam* prévision *f* alarmiste
unklar I. *adj* 1. (*unverständlich*) obscur(e); *Formulierung a.* confus(e); *Darstellung a.* embrouillé(e); *Begriff, Satz, Text a.* équivoque; ■ **etw ist jdm ~** qn trouve qc confus(e)/embrouillé(e)/équivoque
2. (*ungeklärt*) *Situation* confus(e); *Verhältnisse* ambigu(ë); ■ **jdm ist ~, warum/was/wie/ob** qn ne comprend pas très bien pourquoi/ce qui/comment/si
3. (*verschwommen*) *Bild, Umrisse* flou(e), indistinct(e)
▶ **jd ist [sich** (*dat*)**] im U~en über etw** (*akk*) qn ignore qc; ***ich bin mir im U~en, ob/was/wie*** je ne sais pas si/ce qui/comment; **jd lässt/hält jdn [über etw** (*akk*)**] im U~en** qn laisse qn dans l'incertitude [*o* le doute] [en ce

qui concerne qc]
II. *adv sich ausdrücken, formulieren* de manière ambiguë

Ụnklarheit <-, -en> *f* **1.** ∅ (*Ungewissheit*) confusion *f,* flou *m*
2. (*ungeklärter Tatbestand*) ambiguïté *f*

ụnklug I. *adj* imprudent(e); ■ **jd ist** ~ qn commet une imprudence; ***sei nicht*** ~! ne fais pas d'imprudence[s]!; ■ **es ist** ~ **[von jdm] etw zu tun** c'est une erreur [de la part de qn] de faire qc
II. *adv sich verhalten, vorgehen:* ***jd verhält sich*** ~ **/** ***geht*** ~ ***vor*** qn commet une imprudence [*o* une erreur]

ụnkollegial I. *adj* déloyal(e); ***das*** ~***e Verhalten*** le mépris des collègues
II. *adv sich verhalten* de manière déloyale, sans respect pour les collègues

ụnkompliziert I. *adj* **1.** (*nicht kompliziert*) *Fall, Vorgang* simple; *Materie* élémentaire; *Gerät, Textverarbeitungsprogramm* simple
2. (*freimütig und offen*) *Art* simple; *Mensch a.* facile à vivre
II. *adv* simplement

ụnkontrollierbar *adj* incontrôlable

ụnkontrolliert I. *adj* **1.** (*ungeprüft*) sans contrôle; ***etw verhindert das*** ~***e Betreten/ die*** ~***e Durchfahrt von etw*** qc empêche de pénétrer dans qc/de traverser qc sans contrôle; ***hier kann sich keiner einen*** ~***en Zugang verschaffen*** personne ne peut pénétrer ici sans être contrôlé
2. (*ungehemmt*) incontrôlé(e)
II. *adv* sans contrôle

ụnkonventionell [-vɛn-] I. *adj geh* peu conventionnel(le), peu ordinaire
II. *adv geh* de manière peu conventionnelle [*o* peu ordinaire]

Ụnkosten *pl* frais *mpl*
▸ **jd hat [mit etw]** ~ qn a des frais [avec [*o* pour] qc]; **jd stürzt sich in** ~ (*akk*) *fam* qn fait des [*o* se met en] frais

Ụnkostenbeitrag *m* participation *f* aux frais

Ụnkraut *nt* mauvaise herbe *f*
▸ ~ **vergeht nicht** *prov* on ne se débarrasse pas de moi/lui/... comme ça

Ụnkrautbekämpfung *f* désherbage *m;* ***zur*** ~ pour combattre les mauvaises herbes, pour désherber **Ụnkrautbekämpfungsmittel** *nt,* **Ụnkrautvertilgungsmittel** *nt,* **Ụnkrautvernichter** <-s, -> *m* désherbant *m*

ụnkritisch I. *adj* dépourvu(e) de sens critique
II. *adv* avec un manque de sens critique

ụnkultiviert [-viː-] I. *adj Mensch* inculte; *Art, Lebensweise* primitif(-ive)
II. *adv* de manière primitive

ụnkündbar *adj Vertrag* non résiliable; *Stellung* inamovible; ■ **jd ist** ~ qn est inamovible, qn ne peut être licencié(e)

ụnkundig *adj geh* non informé(e); ■ **jd ist einer S.** (*gen*) ~: ***jd ist des Lesens/ Schreibens*** ~ qn ne sait pas lire/écrire; ***jd ist einer Sprache*** ~ qn ne parle pas une langue

ụnlängst *adv geh* dernièrement, récemment

ụnlauter *adj* déloyal(e)

ụnleidlich *adj* insupportable, désagréable

ụnleserlich *adj* illisible

ụnleugbar I. *adj* indéniable
II. *adv* indéniablement, incontestablement

ụnlieb *adj* ■ **etw ist jdm nicht** ~ qn n'est pas fâché(e) de qc; ■ **es ist jdm nicht** ~**, dass/wenn** qn n'est pas fâché(e) que + *subj*/ne serait pas fâché(e) si

ụnliebsam I. *adj* fâcheux(-euse), regrettable
II. *adv* fâcheusement

ụnliniert *adj* non réglé(e), non ligné(e)

ụnlogisch I. *adj* illogique
II. *adv* d'une manière illogique

unlösbar *adj* insoluble

Ụnlust *f* ∅ ennui *m;* ***jd verspürt*** ~ qn n'a de goût à rien; ***jd tut etw mit*** ~ qn fait qc à contrecœur

Ụnmasse *f fam s.* **Unmenge**

ụnmaßgeblich *adj:* ***nach meiner*** ~***en Meinung*** à mon humble avis; ***Ihre*** ~***e Meinung ist hier nicht gefragt*** gardez votre opinion pour vous, elle est sans importance; ■ **etw ist** ~ qc n'est pas une référence, qc est sans importance

ụnmäßig I. *adj Alkoholgenuss* immodéré(e); ~***es Rauchen*** l'abus *m* de tabac; ~***es Essen*** l'alimentation *f* excessive
II. *adv* sans modération; ***jd isst/ trinkt/ raucht*** ~ qn fait des abus de table/ d'alcool/de tabac

Ụnmäßigkeit *f* ■ **jds** ~ **[in etw** (*dat*)**]** les excès *mpl* [*o* les abus *mpl*] de qn [de qc]

Ụnmenge *f* ■ **eine** ~**/**~**n einer S.** (*gen*) [*o* **an etw** (*dat*)] [*o* **von etw**] une quantité énorme/des quantités énormes de qc

Ụnmensch *m* monstre *m*
▸ **jd ist [doch** [*o* **ja**] [*o* **schließlich**]**] kein** ~ *fam:* ***ich bin/ sie ist [doch] kein*** ~ je vais/elle va pas te/vous manger *fam*

ụnmenschlich I. *adj* **1.** (*grausam*) inhumain(e); ***er hat ein*** ~***es Wesen*** il est inhumain, c'est un monstre
2. *fam Hitze, Kälte, Klima* épouvantable, atroce *fam*
II. *adv* **1.** (*grausam*) d'une manière inhumaine
2. *fam* (*mörderisch*) affreusement; ***es ist*** ~ ***heiß/ kalt*** il fait une chaleur/un froid épouvantable

Ụnmenschlichkeit *f* **1.** ∅ (*Art*) sauvagerie *f,* brutalité *f,* férocité *f*
2. (*Tat*) atrocité *f,* monstruosité *f*

unmerklich I. *adj* imperceptible
II. *adv* imperceptiblement

ụnmethodisch I. *adj* désordonné(e), brouillon(ne)
II. *adv* d'une manière désordonnée [*o* brouillonne]

ụnmissverständlich[RR] I. *adj Äußerung, Formulierung, Warnung* sans équivoque; *Weigerung* catégorique; ***eine klare und*** ~***e Antwort*** une réponse claire et nette; ■ **etw ist** ~ qc ne laisse pas le moindre doute; ***ich hoffe, das war*** ~ ***genug?*** j'espère que je me suis bien fait comprendre!
II. *adv sich äußern, zu verstehen geben* sans équivoque, d'une manière claire et nette

ụnmittelbar I. *adj* immédiat(e)
II. *adv* immédiatement; ***etw steht*** ~ ***bevor*** qc est imminent(e); ***etw droht*** ~ qc représente un danger immédiat

ụnmöbliert I. *adj* non meublé(e); ■ **etw ist** ~ qc n'est pas meublé(e)
II. *adv* sans meubles, non meublé(e)

ụnmodern I. *adj* démodé(e); ■ **etw wird** ~ qc se démode
II. *adv:* ***etw ist*** ~ ***eingerichtet*** l'ameublement de qc est démodé; ***jd ist*** ~ ***gekleidet*** qn porte des vêtements démodés

ụnmöglich I. *adj* impossible; ■ **es ist jdm** ~ **etw zu tun** qn est dans l'impossibilité de faire qc; ■ **etwas/nichts U**~**es** quelque chose/rien d'impossible; ***das ist doch nichts U***~***es!*** je ne te/vous demande pourtant pas l'impossible!
▸ **etw ist technisch** ~ qc est techniquement impossible; **etw macht jdm etw** ~ qc empêche qn de faire qc; ***die Vorschriften haben uns eine andere Handlungsweise*** ~ ***gemacht*** le règlement nous a empêchés d'agir autrement; **jd/etw macht es jdm** ~ **etw zu tun** qn/qc empêche qn de faire qc; **jd macht jdn/sich [bei jdm/irgendwo]** ~ qn déconsidère qn/se déconsidère [auprès de qn/quelque part]
II. *adv* **1.** (*keinesfalls*): ***er kann*** ~ ***der Täter sein*** il est impossible que ce soit lui le coupable; ***das kann*** ~ ***stimmen!*** il est impossible que ce soit vrai!
2. *pej fam:* ***jd sieht*** ~ ***aus*** qn a un air pas possible *fam;* ***jd zieht sich*** ~ ***an*** qn porte des vêtements impossibles *fam;* ***jd benimmt sich*** ~ qn a un comportement impossible

Ụnmöglichkeit *f* ∅ impossibilité *f*

Ụnmoral *f* immoralité *f*

ụnmoralisch *adj* immoral(e)

ụnmotiviert [-viː-] I. *adj Frage* gratuit(e); *Lachen, Heiterkeitsausbruch* immotivé(e); *Wutanfall* irraisonné(e)
II. *adv* sans motif, sans raison

ụnmündig *adj* **1.** (*nicht volljährig*) mineur(e)
2. (*geistig unselbständig*) irresponsable

ụnmusikalisch *adj* peu musicien(ne); ■ **jd ist** ~ qn n'est pas musicien(ne), qn n'a pas le sens de la musique

Ụnmut *m geh* mauvaise humeur *f;* ***jd ist voller*** ~ qn est d'une humeur exécrable

ụnmutig I. *adj geh* de mauvaise humeur, grincheux(-euse)
II. *adv geh* l'air renfrogné; *sagen* d'un ton grincheux

ụnnachahmlich *adj* inimitable; ■ **es ist** ~**, wie jd etw tut** qn est inimitable dans sa manière de faire qc

ụnnachgiebig I. *adj Haltung, Mensch* intransigeant(e), inflexible; ***mein*** ~***er Vater*** mon intransigeant de père
II. *adv sich verhalten* de manière intransigeante [*o* inflexible]; ***jd zeigt sich*** ~ qn se montre intransigeant(e)

Ụnnachgiebigkeit *f* intransigeance *f,* inflexibilité *f*

ụnnachsichtig I. *adj* **1.** *Chef, Kritiker, Richter* impitoyable; ***sei doch nicht so*** ~ ***mit den Kindern!*** ne sois pas aussi sévère [*o* intransigeant(e)] avec les enfants!
2. *Strenge, Verfolgung* impitoyable, implacable
II. *adv* impitoyablement, implacablement

Ụnnachsichtigkeit *f* rigueur *f,* sévérité *f*

unnahbar *adj* inaccessible, inabordable

ụnnatürlich I. *adj* **1.** (*nicht natürlich*) *Arbeitsweise, Lebensweise* peu naturel(le); *Bedingungen* artificiel(le); ■ **es ist** ~ **etw zu tun** ce n'est pas naturel de faire qc
2. (*abnorm*) anormal(e)
II. *adv* anormalement

Ụnnatürlichkeit *f* [*Arbeitsweise, Lebensweise*] caractère *m* peu naturel; [*Bedingungen*] caractère *m* artificiel

ụnnormal *adj* anormal(e)

ụnnötig I. *adj* superflu(e), inutile; ■ **es ist** ~ **etw zu tun** ce n'est pas la peine de faire qc
II. *adv s.* **unnötigerweise**

unnötigerweise *adv* inutilement

ụnnütz I. *adj Aufwand* inutile; *Anstrengung a.* vain(e); *Kosten a.* superflu(e); ■ **es ist** ~ **etw zu tun** il est inutile de faire qc, ce n'est pas la peine de faire qc
II. *adv* inutilement

UNO <-> *f* ∅ *abk von* **United Nations Organization** ■ **die** ~ l'O.N.U. *f*

UNO-Friedenstruppen *pl* soldats *mpl* de la paix

ụnordentlich I. *adj* **1.** (*nachlässig*) *Mensch* désordonné(e); *Art, Wesen a.* négligent(e)
2. (*nicht aufgeräumt*) en désordre
II. *adv herumliegen lassen* en désordre; ~ ***gekleidet*** habillé(e) d'une manière négligée

Ụnordentlichkeit *f* manque *m* d'ordre

Ụnordnung *f* ∅ désordre *m*
▸ **jd bringt etw in** ~ qn met qc en désordre; **etw gerät in** ~ qc est mis(e) en désordre, le désordre s'installe dans qc; ***wenn etwas in*** ~ ***gerät*** si quelque chose est dérangé; **jd macht irgendwo** ~ qn met du désordre [*o* sème le désordre] quelque part

ụnorthodox *adj geh* peu [*o* pas très] orthodoxe

ụnparteiisch I. *adj* impartial(e) II. *adv* en toute impartialité **Ụnparteiische(r)** *f(m) decl wie adj* **1.** (*neutraler Mensch*) ■ **ein** ~**r/eine** ~ un tiers, une tierce personne **2.** SPORT ■ **der/die** ~ l'arbitre *mf*

unpassend *adj* 1.(*unangebracht*) déplacé(e)
2.(*ungelegen*) mal venu(e), mal choisi(e); ***im ~sten Moment*** au plus mauvais moment, au moment le plus mal choisi; ***Samstag ist ein ~er Termin*** samedi ne convient pas; ■ **es ist ~** ça tombe mal
unpassierbar *adj* impraticable; *Furt a.* infranchissable
unpässlichRR, **unpäßlich** *adj geh* ■ **jd ist/fühlt sich ~** qn est/se sent indisposé(e)
unpersönlich *adj Art, Gespräch* impersonnel(le); *Mensch a.* froid(e), distant(e)
unpfändbar *adj* insaisissable; ■ **etw ist ~** qc ne peut faire l'objet d'une saisie
unpolitisch *adj* indifférent(e) à la politique
unpopulär *adj* impopulaire
unpraktisch *adj* 1.(*ungeschickt*) maladroit(e) [de mes/ses/... mains]; ***er/sie ist völlig ~*** il/elle n'est pas du tout bricoleur(-euse)
2.(*nicht praxisgerecht*) pas pratique; ***im Gebrauch ~*** pas pratique à l'usage; ■ **es ist ~ etw zu tun** ce n'est pas pratique de faire qc
unproblematisch I. *adj* qui ne pose aucun problème; ■ **etw ist ~** qc ne pose aucun problème
II. *adv* sans problème
unpünktlich I. *adj* 1.*Mensch* qui n'est pas ponctuel(le); ■ **jd ist ~** qn n'est pas ponctuel(le); ***du bist immer ~!*** tu es toujours en retard!, tu n'es jamais à l'heure!
2. TRANSP qui a du retard; ***wegen des ~en Busses*** à cause du retard du bus; ■ **etw ist ~** qc a du retard
II. *adv* TRANSP en retard
Unpünktlichkeit *f* 1.(*unpünktliche Art*) inexactitude *f,* manque *m* de ponctualité
2.(*einmaliges Unpünktlichsein*) retard *m*
unqualifiziert I. *adj* 1.*Mensch* non qualifié(e); ■ **jd ist ~ [für etw]** qn n'est pas qualifié(e) [pour qc]
2. *Bemerkung, Ratschlag* sujet(te) à caution, peu fiable
II. *adv* avec incompétence, d'une manière incompétente
unrasiert *adj* non rasé(e); ■ **jd ist ~** qn n'est pas rasé(e)
Unrat <-[e]s> *m* Ø *geh* ordures *fpl,* immondices *fpl*
▶ **jd wittert ~** qn flaire quelque chose [de louche]; ***sie wittert überall gleich ~*** elle voit le mal partout
unrealistisch I. *adj* irréaliste; ***diese Vorstellung ist etwas sehr U~es*** cette idée est très irréaliste
II. *adv* d'une manière irréaliste
unrecht *adj* 1.*geh* (*nicht gutzuheißend*) *Vorhaben, Weise* injuste; *Gedanke* mauvais(e), coupable; ■ **es ist ~ etw zu tun** ce n'est pas correct de faire qc
2.(*nicht angenehm*) ■ **etw ist jdm ~** qc dérange qn
▶ **jd tut jdm ~** qn cause du tort à qn
Unrecht *nt* Ø tort *m,* injustice *f;* ***ein großes ~*** une grande injustice
▶ **jd begeht ein ~** qn commet une injustice; **jd gibt jdm ~** qn donne tort à qn; **jd hat ~** qn a tort; **jd hat nicht ~** qn n'a pas tort; **jd ist im ~** qn a tort; (*vor Gericht*) qn est dans son tort; **jd setzt sich [durch etw] ins ~** qn se met dans son tort; **zu ~** à tort; **nicht zu ~** non sans raison
unrechtmäßig I. *adj* illégal(e), illégitime
II. *adv besitzen* illégalement, illégitimement, indûment; ***jd eignet sich etw ~ an*** qn usurpe qc
UnrechtsbewusstseinRR *nt* sens *m* moral [*o* du bien et du mal]
unregelmäßig I. *adj* irrégulier(-ière)
II. *adv erfolgen, jdn sehen* irrégulièrement, de manière irrégulière; *besuchen a.* à intervalles irréguliers
Unregelmäßigkeit <-, -en> *f* irrégularité *f*
unreif I. *adj* 1. AGR, HORT encore vert(e); ■ **etw ist [noch] ~** qc n'est pas [encore] mûr(e), qc est [encore] vert(e)
2. *Mensch* immature
II. *adv* AGR, HORT avant maturité; ***Bananen werden ~ geerntet*** les bananes sont cueillies vertes
unrein *adj geh Haut* peu sain(e), à problèmes; *Teint* brouillé(e)
▶ **jd schreibt etw ins U~e** qn écrit qc au brouillon
unrentabel I. *adj* non rentable; ■ **etw ist ~** qc n'est pas rentable
II. *adv* d'une manière non rentable
unrettbar *adv s.* **rettungslos**
unrichtig I. *adj* inexact(e)
II. *adv* de manière inexacte
Unruhe *f* 1.(*Ruhelosigkeit*) agitation *f;* (*Sorge*) inquiétude *f*
2.(*Betriebsamkeit*) fébrilité *f,* excitation *f*
▶ **jd ist in [*o* voller] ~ [wegen etw]** qn est inquiet(-ète) [à cause de qc], qn est anxieux(-euse) [à cause de qc]
Unruhen *pl* troubles *mpl,* émeutes *fpl*
unruhig I. *adj* 1.(*ruhelos*) *Mensch* agité(e), nerveux(-euse); *Schritte, Bewegungen* nerveux(-euse); *Augen* toujours en mouvement; ■ **jd wird ~** qn commence à s'agiter; ***ich werde allmählich ~*** je commence petit à petit à m'inquiéter [*o* être inquiet(-ète)]
2.(*ungleichmäßig*) *Lauf, Herzschlag* irrégulier(-ière)
3.(*laut*) *Straße, Viertel* bruyant(e)
4. *Nacht, Schlaf* agité(e)
II. *adv* 1. ***jd schläft ~*** qn a le [*o* un] sommeil agité
2. *um sich blicken, mit den Fingern trommeln* nerveusement
3. *laufen, schlagen* irrégulièrement
unrühmlich I. *adj* peu glorieux(-euse), sans gloire
II. *adv* sans gloire
uns I. *pron pers* 1. *dat von* **wir** *vor Verb* nous; *nach/ohne Verb* à nous
2. *akk von* **wir** nous
II. *pron refl* 1. *akk/dat von* **wir** nous
2.(*einander*) nous

unsachgemäß I. *adj Reparatur, Transport, Behandlung* incorrect(e); *Verpackung* défectueux(-euse)
II. *adv* d'une manière incorrecte, incorrectement
unsachlich *adj Bemerkung, Einwand* subjectif(-ive); *Prüfer, Richter* partial(e); ■ **jd ist/wird ~** qn fait/commence à faire preuve de partialité
Unsachlichkeit <-, -en> *f* 1.(*mangelnde Objektivität*) [*Bemerkung, Einwand*] subjectivité *f;* [*Prüfer, Richter*] manque *m* d'objectivité, partialité *f*
2.(*unsachliche Bemerkung*) assertion *f* gratuite
unsagbar, unsäglich I. *adj geh* indicible *littér*
II. *adv* de manière indicible *littér,* indiciblement *littér*
unsanft I. *adj* brutal(e)
II. *adv wecken* brutalement; *an etw erinnern, durchrütteln* sans ménagement
unsauber I. *adj* 1.(*schmutzig*) *Fingernägel, Hände, Wäsche* sale
2.(*nicht reinlich*) *Mensch* sale, malpropre
3.(*unordentlich*) *Naht, Verklebung* mal fait(e), défectueux(-euse)
II. *adv* (*unordentlich*) mal
unschädlich *adj* inoffensif(-ive); ■ **etw ist ~** qc est sans danger
▶ **jd macht jdn ~** *euph fam* qn met qn hors d'état de nuire; **jd/etw macht etw ~** qn/qc neutralise qc
unscharf I. *adj* 1. *Foto, Umrisse* flou(e)
2. *Einstellung, Justierung* imprécis(e); ■ **etw ist ~** qc n'est pas net(te)
3. *Definition, Formulierung* imprécis(e), flou(e)
II. *adv* 1. *eingestellt, justiert* de manière imprécise
2.(*nicht exakt*) *definiert, formuliert* de manière imprécise [*o* floue]
Unschärfe *f* flou *m*
unschätzbar *adj Bedeutung, Wert* inestimable; *Mitarbeiter* très précieux(-euse)
unscheinbar *adj Aussehen, Mensch* effacé(e); *Pflanze* discret(-ète)
unschlagbar *adj* 1. SPORT imbattable, invincible
2.(*nicht zu übertreffen*) ■ **jd ist [in etw (*dat*)] ~** qn est imbattable [à qc]
unschlüssig I. *adj* indécis(e), irrésolu(e); ***jds ~es Zögern*** l'hésitation *f* de qn; ■ **jd ist sich (*dat*) ~ [über etw (*akk*)]** qn est indécis(e) [sur [*o* quant à] qc]; ■ **jd ist sich (*dat*) ~, was er/sie tun soll** qn hésite sur ce qu'il/elle doit faire
II. *adv* d'un air indécis [*o* irrésolu]
Unschlüssigkeit *f* indécision *f,* irrésolution *f;* ***er wiegte den Kopf voller ~*** il dodelinait de la tête d'un air indécis
unschön *adj* 1.(*unerfreulich*) *Szene, Verhalten* déplaisant(e), désagréable; *Vorfall a.* regrettable; ■ **etw ist ~ von jdm** qc est déplaisant(e) de la part de qn; ***sein Verhalten ist ~ von ihm*** son comportement est déplaisant; ■ **es ist ~ von jdm etw zu tun** c'est déplaisant de la part de qn de faire qc
2.(*nicht zusagend*) *Farbe, Musik* déplaisant(e); *Wetter* maussade
Unschuld *f* 1.(*Schuldlosigkeit, Naivität*) innocence *f*
2.(*Jungfräulichkeit*) virginité *f*
▶ **~ vom Lande** *fam* ingénue *f,* oie *f* blanche *vieilli;* **jd verliert die ~** qn perd sa virginité; **in aller ~** en toute innocence
unschuldig I. *adj* 1.(*nicht schuldig*) innocent(e); ■ **jd ist an etw (*dat*) ~** qn n'est pas responsable de qc 2.(*arglos*) *Augenaufschlag, Miene* innocent(e) ▶ **jd tut ~** qn fait l'innocent(e) II. *adv* 1.(*ohne schuldig zu sein*) à tort, injustement, alors qu'il/elle est innocent(e) 2.(*arglos*) d'un air innocent **Unschuldige(r)** *f(m) decl wie adj* innocent(e) *m(f)*
Unschuldsbeteuerung *f meist pl* protestations *fpl* d'innocence
Unschuldsengel *m iron,* **Unschuldslamm** *nt iron* sainte nitouche *f,* innocent(e) *m(f);* ***jd spielt das Unschuldslamm/den Unschuldsengel*** qn joue les saintes nitouches ▶ **jd ist kein Unschuldslamm** qn n'est pas une sainte nitouche **Unschuldsmiene** *f* Ø air *m* innocent [*o* d'innocence]; ***jd setzt seine/ihre [naive/treuherzige] ~ auf*** qn prend un air innocent, qn joue les saintes nitouches ▶ **mit ~** en toute innocence
unschwer *adv* facilement, aisément
unselbständig *s.* **unselbstständig**
Unselbständigkeit *s.* **Unselbstständigkeit**
unselbstständigRR *adj* 1.(*von anderen abhängig*) dépendant(e) [*o* tributaire] des autres; ■ **jd ist ~** qn est dépendant(e)
2. *Arbeit, Tätigkeit* salarié(e)
UnselbstständigkeitRR *f* dépendance *f*
unselig *adj geh* funeste, fatal(e)
unser I. *pron poss* 1. *adjektivisch, bei Singular* notre; *bei Plural* nos; ***~e Interessen*** nos intérêts
2. *substantivisch veraltend* ■ **etw ist ~** qc est à nous, qc nous appartient
II. *pron pers alt gen von* **wir** *spotten, lachen, sich erbarmen* de nous
uns[e]re(r, s) *pron poss, substantivisch* 1.(*Besitz*) le/la nôtre; ***wem gehören diese Bücher? – Das sind ~e*** à qui appartiennent ces livres? – Ce sont les nôtres; ■ **der/die/das ~** *geh* le/la nôtre
2. *geh* (*Angehörige*): ***die U~n*** les nôtres *mpl soutenu*
3. *geh* (*Anteil*) ■ **das U~** notre rôle; ***wir tun das U~*** nous faisons ce que nous avons à faire
4.(*das uns Gehörige*) ce que nous possédons, ce qui est à nous; ***das ist alles das U~*** tout cela est à nous, tout cela nous appartient
unsereiner *pron indef,* **unsereins** *pron indef fam* nous [autres]; ***unsereinem kann das egal sein*** (*uns*) nous, on s'en fiche *fam;* (*mir*) moi, je m'en fiche *fam;* ■ **~ tut etw** (*jemand, wie wir*) nous [autres], on fait qc *fam;* (*ich*) moi, je fais qc
unser[er]seits *adv* de notre part
▶ **wir ~** en ce qui nous concerne, nous
uns[e]resgleichen *pron indef, inv* 1.(*Leute unseres Standes*) nos pareils, nos semblables; ***wir sind unter ~*** nous sommes entre gens du même monde
2.(*jemand wie wir*) nous autres; (*so jemand wie wir*) quelqu'un comme nous

unseretwegen *adv s.* **unsertwegen**
unseretwillen *adv s.* **unsertwillen**
uns[e]rige(r, s) *pron poss geh s.* **unsere(r, s)**
unseriös *adj* pas sérieux(-euse); ***etw ist zu*** ~ qc est trop peu sérieux(-euse); ***jd/etw wirkt*** ~ qn/qc n'a pas l'air [très] sérieux(-euse)
unsers *pron poss* le/la nôtre; ■ **etw ist** ~ qc est à nous
unsertwegen *adv* **1.** (*wegen uns*) à cause de nous; (*uns zuliebe*) pour nous
2. (*von uns aus*) en ce qui nous concerne
unsertwillen *adv* ▸ **um** ~ pour nous
unsicher I. *adj* **1.** (*gefährlich*) *Gegend, Reaktor* peu sûr(e)
2. (*gefährdet*) *Arbeitsplatz* précaire
3. (*nicht selbstsicher*) *Blick, Miene* perplexe; ■ **jd ist** ~ qn manque d'assurance
4. (*ungewiss*) *Ausgang, Zukunft* incertain(e); ■ **es ist noch ~, wann/wer/wie ...** on ignore encore quand/qui/comment ...; ■ **jd ist sich [noch] ~, was/wie ...** qn hésite [encore] sur ce que/sur la manière dont ...
5. (*nicht verlässlich*) *Methode, Mittel* aléatoire, hasardeux(-euse); *Quelle, Test* douteux(-euse); ■ **etw ist** ~ qc n'est pas très fiable; ***Kondome sind ~ er als die Pille*** les préservatifs sont moins sûrs que la pilule
6. (*schwankend*) *Schritte, Gang* mal assuré(e); *Beine* chancelant(e)
▸ **jd macht jdn** ~ qn ébranle qn; **jd macht etw** ~ qn sévit quelque part; *fam* (*amüsiert sich irgendwo*) qn fait une virée dans qc *fam*
II. *adv* **1.** *sich bewegen, sich tasten* en chancelant; *sich tasten* en hésitant
2. *fragen* d'une voix hésitante; *umherblicken* l'air hésitant
Unsicherheit *f* **1.** ∅ (*mangelnde Selbstsicherheit*) manque *m* d'assurance
2. ∅ (*mangelnde Verlässlichkeit*) manque *m* de fiabilité
3. ∅ (*Ungewissheit*) incertitude *f*
4. *meist pl* (*Unwägbarkeit*) incertitude *f*
unsichtbar *adj* invisible
▸ **jd macht sich** ~ *fam* qn s'éclipse *fam*, qn se déguise en courant d'air *fam*
Unsichtbarkeit *f* invisibilité *f*
Unsinn *m* ∅ bêtises *fpl*, inepties *fpl*, stupidités *fpl*; ***das ist doch [blanker]*** ~! c'est absurde!, ça n'a pas de sens!
▸ **lass den** ~! arrête tes stupidités!; **jd macht** ~ qn fait des bêtises; **mach keinen** ~! *fam* arrête tes conneries! *fam*, fais pas le con! *fam*; **jd redet** ~ *fam* qn dit des conneries *fam*; ***was redest du da für einen*** ~! qu'est-ce que c'est que ces conneries! *fam*; **so** [*o* **was für**] **ein** ~! *fam* quelle connerie! *fam*; ~! *fam* non, mais ça va pas! *fam*
unsinnig I. *adj Plan* insensé(e); *Idee a.* saugrenu(e); *Gerede* inepte; ■ **es ist ~ etw zu tun** c'est insensé de faire qc; ■ **etwas/nichts U~es** quelque chose/rien d'insensé
II. *adv fam hoch, teuer* scandaleusement
Unsitte *f* mauvaise *f* habitude
▸ **es ist eine ~ [von jdm] etw zu tun** c'est une mauvaise habitude [que qn a [prise]] de faire qc
unsittlich I. *adj* inconvenant(e), indécent(e)
II. *adv* de manière inconvenante; ***er hat sie ~ berührt*** il a eu des gestes déplacés sur elle; ***jd nähert sich jdm*** ~ qn fait des propositions inconvenantes [*o* déplacées] à qn
unsolide I. *adj* dissolu(e); ***man sieht ihm/ihr sein/ihr ~es Leben an*** on voit qu'il/elle mène une vie dissolue [*o* de bâton de chaise] *fam*
II. *adv*: ***jd lebt*** ~ qn mène une vie dissolue
unsozial I. *adj* antisocial(e)
II. *adv*: ***das ~ hohe Niveau der Mieten*** le caractère antisocial du prix des loyers
unsportlich *adj* **1.** *Mensch* pas sportif(-ive); ■ **jd ist** ~ qn n'est pas sportif(-ive); ***sie ist noch ~er als ich*** elle est encore moins sportive que moi
2. (*unfair*) *Verhalten, Spiel* antisportif(-ive); ■ **jd ist** ~ qn n'est pas sportif(-ive), qn manque de fair-play
Unsportlichkeit *f*: ***wenn nur ihre ~ nicht wäre!*** si seulement elle était un peu plus sportive!, quel dommage qu'elle soit si peu sportive [*o* portée sur le sport]!
unsre *pron s.* **unsere(r, s)**
unsrerseits *adv s.* **uns[er]erseits**
unsresgleichen *pron indef s.* **uns[e]resgleichen**
unsretwegen *adv s.* **unsertwegen**
unsretwillen *adv s.* **unsertwillen**
unsrige(r, s) *pron s.* **uns[e]rige(r, s)**
unstatthaft *adj form* ■ **etw ist** ~ qc est défendu(e); ■ **es ist ~ etw zu tun** il est strictement prohibé *form* [*o* défendu] de faire qc
unsterblich I. *adj* **1.** (*ewig lebend*) immortel(le); ***glaubst du an eine ~e Seele?*** tu crois à l'immortalité de l'âme?
2. (*unvergänglich*) *Liebe, Musik* immortel(le), éternel(le); *Kunstwerk* impérissable
▸ **etw macht jdn** ~ qc immortalise qn
II. *adv fam sich blamieren, sich verliebt haben*, mais à un point!, , je te/vous dis pas! *fam*
Unsterblichkeit *f* immortalité *f*
unstet *adj* instable, inconstant(e)
unstillbar *adj geh Sehnsucht, Verlangen* insatiable; *Wissensdurst* inextinguible
Unstimmigkeit <-, -en> *f* **1.** (*Ungenauigkeit*) erreur *f*, inexactitude *f*
2. *meist pl* (*Differenzen*) dissension *f*
unstreitig I. *adv* incontestable, indéniable, indiscutable; ■ **es ist ~, dass** il est indubitable [*o* indéniable] que + *indic*
II. *adv feststehen* incontestablement, indubitablement, indéniablement; ***es steht ~ fest, dass*** il est indéniable que + *indic*
Unsummen *pl* sommes *fpl* colossales
unsympathisch *adj* **1.** *Mensch* antipathique; ■ **jd ist jdm** ~ qn est antipathique à qn
2. *Gedanke, Vorstellung* désagréable; ■ **etw ist jdm** ~ qc est désagréable à qn
unsystematisch I. *adj* non systématique, chaotique; ■ **etw ist** ~ qc manque de méthode
II. *adv* sans méthode
untad[e]lig I. *adj geh Benehmen, Verhalten* irréprochable; *Kleidung* impeccable
II. *adv geh sich benehmen, sich verhalten* irréprochablement *soutenu*; *gekleidet sein* impeccablement
Untat *f* forfait *m*
untätig I. *adj* inactif(-ive), désœuvré(e); ***das ~e Herumsitzen bringt nichts*** ça ne sert à rien de rester là à ne rien faire; ■ **jd ist nicht** ~ qn ne reste pas inactif(-ive) [*o* les bras croisés]
▸ **jd bleibt** ~ qn n'entreprend rien; **jd bleibt nicht** ~ qn ne perd pas son temps
II. *adv abwarten, dabeistehen, zusehen* les bras croisés
Untätigkeit *f* ∅ inaction *f*
▸ **jd ist zur ~ verdammt** qn est condamné(e) à l'inaction
untauglich *adj* **1.** (*ungeeignet*) inapproprié(e), inadéquat(e)
2. MIL inapte; ■ **jd ist [für etw]** ~ qn est inapte [à qc]
Untauglichkeit *f* ∅ MIL inaptitude *f*
unteilbar *adj* indivisible
unten *adv* **1.** (*Unterseite*) le bas; (*im unteren Teil von etw*) en bas; ***was ist ~?*** où est le bas?; ~ ***links*** en bas à gauche; ■ ~ **an etw** (*dat*)/**in etw** (*dat*): ~ ***am Stamm*** en bas du tronc; ~ ***im Schrank*** en bas de l'armoire; ~ ***im Garten*** en bas, dans le jardin; ~ ***im Koffer*** au fond de la valise; ■ ~ **in etw** (*akk*): ***schaffen Sie die Kisten ~ in den Keller!*** descendez les caisses à la cave!; ~ ***ins Regal*** en bas de l'étagère; ~ ***in den Koffer*** au fond de la valise
2. (*im Erdgeschoss*) en bas
3. (*in subalterner Position*) au bas de l'échelle; ***sie hat sich von ganz ~ hochgearbeitet*** elle est partie de rien pour gravir tous les échelons
4. (*im unteren Teil*) [*Seite, Text*] en bas, au-dessous; ***weiter*** ~ plus bas, ci-dessous; ~ ***erwähnt*** mentionné(e) ci-dessous; ~ ***genannt*** [*o* ***stehend***] indiqué(e) ci-dessous
▸ **jd ist bei ihm/ihr ~ durch** *fam* il/elle ne veut plus entendre parler de qn; **jd rundet etw nach ~ ab** qn arrondit qc à sa valeur inférieure; **siehe** ~ voir ci-dessous; **bis** ~ **[an etw** (*akk*)**]** jusqu'en bas [de qc]; **nach** ~: ***nach ~ gehen*** descendre; **nach** ~ **zu**: ***nach ~ zu wird das Gebüsch immer dichter*** plus on descend, plus les taillis sont épais; **von** ~ d'en bas; **von** ~ **[her]** à partir du bas; **dort** ~ *fam* en bas; **ganz** ~ (*rangmäßig*) en bas de l'échelle; **ganz/weiter** ~ **[irgendwo]** *im Regal, Schrank* tout au fond/plus au fond [de qc]; **hier** ~ ici [*o* là], en bas
untendrunter *adv fam* **1.** + *dat* [en] dessous **2.** + *akk* dessous **untenerwähnt** *s.* **unten 4. untengenannt** *s.* **unten 4. untenherum** *adv fam* **1.** (*um die Hüften herum*): ***er mag Frauen, die ~ etwas füllig sind*** il aime les femmes plutôt fortes de hanches; ***jd, der sich ~ nicht pflegt*** (*im Intimbereich*) qn qui n'est pas porté(e) sur la toilette intime
2. COUT aux hanches; ~ ***ist das Kleid zu eng*** cette robe serre trop les hanches **untenstehend** *s.* **unten 4.**
unter I. *präp* **1.** + *dat* (*unterhalb von etw*) sous; ***der Kronleuchter hängt einen Meter ~ der Decke*** le lustre pend à un mètre au-dessous du plafond
2. + *akk* (*in den Bereich unterhalb von etw*) sous; ***die Katze kroch ~ den Schrank*** le chat a rampé [*o* s'est glissé] sous [*o* au-dessous de] l'armoire
3. + *dat* (*zahlenmäßig*) au-dessous de; ***das Thermometer sank ~ den Gefrierpunkt/~ 10 Grad*** le thermomètre est descendu au-dessous de zéro/de 10 degrés
4. + *dat* (*inmitten*) parmi
5. + *dat* (*begleitet von*): ~ ***Tränen*** en larmes; ~ ***Flüchen*** en jurant; ~ ***Husten*** en toussant, pris(e) d'une quinte de toux; ***er verbrachte die Nacht ~ Husten*** il a passé la nuit à tousser
6. + *dat* (*zugeordnet sein*): ***etw steht ~ dem Motto ...*** qc est placé(e) sous le signe de ...; ***ein Artikel steht ~ der Überschrift ...*** un article est intitulé ...
▸ **jd hat jdn ~ sich** (*dat*) qn a qn sous ses ordres; **sie sind ~ sich** (*dat*) ils/elles sont entre eux/elles; ***wir sind ~ uns*** nous sommes entre nous; **bis ~ etw** (*akk*) jusque sous qc; ***etw reicht bis ~ etw*** qc monte/descend [jusque] sous qc; ~ **anderem** entre autres [choses]
II. *adv* **1.** (*jünger als*): ***jd ist ~ 30 [Jahre alt]*** qn a moins de 30 ans; ~ ***18 darf man nicht*** on n'a pas le droit au-dessous de 18 ans [*o* si on a moins de 18 ans]
2. (*weniger als*) ■ **jd/etw [von] ~ ...** qn/qc de moins de ...; ***Städte [von] ~ 10000 Einwohnern*** les villes de moins de 10000 habitants; ***bei Temperaturen [von] ~ 30° C*** en cas de températures inférieures à 30° C
Unterarm *m* avant-bras *m*
Unterart *f bes.* BIO sous-espèce *f*
Unterbau <-bauten> *m* **1.** (*Fundament*) soubassement *m*, fondations *fpl*
2. [*Straße*] infrastructure *f*, couche *f* de fondation
Unterbegriff *m* hyponyme *m spéc*
unterbelegt *adj* qui tourne au ralenti, sous-occupé(e); ***das Krankenhaus ist zu 25 % ~*** l'hôpital n'est occupé qu'à 75 % de sa capacité
unterbelichten * *vt* ■ **jd unterbelichtet etw** qn sous-expose qc
Unterbelichtung *f* ∅ sous-exposition *f*
unterbewerten * *vt* ■ **jd unterbewertet etw** qn sous-estime qc, qn sous-évalue qc
Unterbewertung *f* sous-estimation *f*, sous-évaluation *f*
unterbewusst[RR] **I.** *adj* subconscient(e); ■ **das U~e** le subconscient
II. *adv* de manière subconsciente; ***etw ist ~ vorhanden*** qc est présent(e)

dans le subconscient

UnterbewusstseinRR *nt* ■ **das** ~ le subconscient
► **im** ~ dans le/mon/son/... subconscient

unterbezahlt *adj* sous-payé(e); ■ **jd/etw ist [mit etw]** ~ [avec qc] qn est sous-payé(e)/qc est sous-rémunéré(e)

Unterbezahlung *f* rémunération *f* insuffisante; ***durch ~ der Mitarbeiter erhöht sich der Firmengewinn*** en sous-payant ses employés, une firme augmente son chiffre d'affaires

unterbieten * *vt irreg* **1.** (*billiger sein*) ■ **jd unterbietet jdn [um etw]** *um einen Betrag* qn vend moins cher que qn [de qc]; ■ **jd unterbietet etw [um etw]** *Preis* qn fait baisser qc [de qc]
2. SPORT ■ **jd unterbietet jdn [um etw]** qn fait [qc de] mieux que qn; ■ **jd unterbietet etw [um etw]** *Rekord* qn bat qc [de qc]; *Zeit* qn améliore qc [de qc]

unterbinden * *vt irreg geh* ■ **jd unterbindet etw** *Belästigung, Lärm* qn met un terme à qc, qn fait cesser qc; *Diskussion, Einwände* qn coupe court à qc

unterbleiben * *vi irreg + sein geh* **1.** (*aufhören*) ■ **etw unterbleibt** qc cesse
2. (*versäumt werden*) ■ **etw unterbleibt** qc n'est pas fait(e) [*o* effectué(e)]
► **etw wäre besser unterblieben** qc n'aurait jamais dû se produire; ***ich weiß, diese Bemerkung wäre besser unterblieben*** je sais, j'aurais dû me dispenser de cette remarque

Unterbodenschutz *m* protection *f* [anticorrosion] du dessous de caisse

unterbrechen * *vt irreg* **1.** (*Einhalt gebieten*) ■ **jd unterbricht jdn** qn interrompt qn; ■ **jd/etw unterbricht etw** *Gespräch, Rede* qn/qc interrompt qc
2. (*zum Erliegen bringen*) ■ **etw unterbricht jdn/etw** /*Klingeln, Schrei/ jds Redefluss, Unterhaltung* qc interrompt qn/qc
3. (*vorübergehend aufheben*) ■ **jd/etw unterbricht etw** qn/qc suspend qc; ***jd/etw unterbricht die Stromversorgung/Gasversorgung*** qn/qc coupe l'électricité/le gaz

Unterbrechung <-, -en> *f* **1.** (*das Unterbrechen*) interruption *f*; ***ich verbitte mir jede ~ unseres Gesprächs!*** je ne veux pas qu'on interrompe notre discussion!
2. (*vorübergehende Aufhebung*) suspension *f*, interruption *f*; ***eine ~ der Gasversorgung/Stromversorgung*** une coupure de gaz/d'électricité
3. (*Pause*) interruption *f*
► **jd macht eine** ~ qn fait une pause; **mit ~en:** ***die Verhandlungen dauerten mit ~en 15 Stunden*** en comptant les pauses, les négociations ont duré 15 heures; **ohne** ~ sans interruption

unterbreiten * *vt geh* **1.** (*vorlegen*) ■ **jd unterbreitet jdm etw** qn soumet qc à qn
2. (*informieren*) ■ **jd unterbreitet jdm, dass** qn informe qn que + *indic*

unter|bringen *vt irreg* **1.** (*Unterkunft verschaffen*) ■ **jd bringt jdn irgendwo unter** *Besucher, Gast* qn loge [*o* héberge] qn quelque part; ■ **etw ist irgendwo untergebracht** /*Amt, Verwaltung/* qc est installé(e) quelque part
2. (*abstellen*) ■ **jd bringt etw irgendwo unter** qn case qc quelque part; ***der Fernseher wird am besten im Regal untergebracht*** c'est sur l'étagère que le téléviseur sera le mieux; ***wir haben keinen Platz um deine Gipsbüsten unterzubringen*** nous n'avons pas la place de loger tes bustes en plâtre
3. *fam* (*eine Anstellung verschaffen*) ■ **jd bringt jdn irgendwo unter** qn case qn quelque part *fam*

Unterbringung <-, -en> *f* hébergement *m*

Unterbruch *m* CH *s.* **Unterbrechung**

unter|buttern *vt fam* ■ **jd buttert jdn unter** qn brime qn
► **jd lässt sich [von jdm]** ~ qn se laisse marcher sur les pieds [par qn]

Unterdeck *nt* pont *m* inférieur
► **im** ~ dans la cale

unterderhand *s.* **Hand** ►

unterdessen *adv geh* pendant ce temps[-là], entre-temps

Unterdruck <-drücke> *m* **1.** PHYS dépressurisation *f*
2. ∅ MED hypotension *f*

unterdrücken * *vt* **1.** (*niederhalten*) ■ **jd unterdrückt jdn** qn opprime qn; ■ **jd unterdrückt etw** *Unruhen, Widerstand* qn réprime qc
2. (*bezwingen*) ■ **jd unterdrückt etw** *Gähnen, Räuspern, Grinsen* qn réprime qc

Unterdrücker(in) <-s, -> *m(f)* oppresseur *m*

Unterdrückung <-, -en> *f* **1.** ∅ (*das Unterdrücken*) oppression *f*; ***die ~ der Einwohner/eines Volkes*** l'oppression qui s'exerce sur les habitants/un peuple; [*Aufstand, Unruhen*] répression *f*
2. (*Sklaverei*) oppression *f*, asservissement *m*

unterdurchschnittlich I. *adj* inférieur(e) à la moyenne; ■ **U~es** des performances *fpl* inférieures à la moyenne
II. *adv entlohnt werden, verdienen* au-dessous de la moyenne; ~ ***intelligente Kinder*** les enfants dont l'intelligence est inférieure à la moyenne; ***jd ist ~ intelligent/groß*** qn possède une intelligence/est d'une taille inférieure à la moyenne

untere(r, s) *adj attr* **1.** (*unten befindlich*) inférieur(e); ***das unterste Stockwerk*** l'étage *m* le plus bas; ***die unterste Schicht*** la couche la plus profonde
2. (*rangmäßig niedriger*) inférieur(e); ***die ~n/untersten Klassen eines Gymnasiums*** les classes élémentaires/les premières classes d'un lycée; ***die ~n/untersten Gehaltsklassen*** les catégories de salaire[s] inférieures/les plus basses
3. (*im Unterlauf befindlich*) inférieur(e)

untereinander *adv* **1.** (*miteinander*) entre nous/vous/eux/elles; ***im Kartell werden Preise von den Handwerkern ~ ausgehandelt*** au sein du cartel, les prix sont débattus entre les artisans
2. (*eines unterhalb des anderen*) l'un(e) au-dessous de l'autre/les un(e)s au-dessous des autres

unterentwickelt *adj* **1.** *Drüse, Organ, Brüste* atrophié(e); ■ **jd ist** ~ qn est insuffisamment développé(e)
2. ECON sous-développé(e)

unterernährt *adj* sous-alimenté(e)

Unterernährung *f* sous-alimentation *f*

Unterfangen <-s, -> *nt geh* entreprise *f*

unter|fassen *vt fam* **1.** (*stützen*) ■ **jd fasst jdn unter** qn soutient qn
2. (*einhaken*) ■ **jd fasst jdn unter** qn donne le bras à qn; ***sie haben sich [gegenseitig] untergefasst*** ils vont bras dessus, bras dessous

Unterführung *f* passage *m* souterrain

Unterfunktion *f* déficience *f*, insuffisance *f*

Untergang <-gänge> *m* **1.** [*Schiff*] naufrage *m*; ***der Kapitän blieb bis kurz vor dem ~ auf dem Schiff*** le capitaine n'a quitté le navire que juste avant qu'il coule
2. [*Mond, Sonne*] coucher *m*
3. (*Zerstörung*) [*Reich*] chute *f*, effondrement *m*; [*Menschheit*] fin *f*; [*Zivilisation, Kultur*] disparition *f*

Untergangsstimmung *f* abattement *m*, déprime *f fam*; ***in ~*** en pleine déprime *fam*

untergeben *adj* subordonné(e); ■ **jd ist jdm** ~ qn est le/la subordonné(e) de qn, qn est sous les ordres de qn; ***13 Mitarbeiter sind ihm/ihr ~*** il/elle a 13 collaborateurs sous ses ordres **Untergebene(r)** *f(m) decl wie adj* subordonné(e) *m(f)*; ***sie ist eine ~ von mir*** elle travaille sous mes ordres, elle est ma subordonnée

unter|gehen *vi irreg + sein* **1.** NAUT ■ **etw geht unter** /*Schiff*/ qc coule, qc sombre; ***Wracks untergegangener Schiffe*** des épaves *fpl* de bateaux qui ont fait naufrage
2. ASTRON ■ **etw geht unter** /*Mond, Sonne*/ qc se couche
3. (*zugrunde gehen*) ■ **etw geht unter** /*Kultur, Reich*/ qc disparaît; ■ **untergegangen** disparu(e), englouti(e)
4. (*verschluckt werden*) ■ **etw geht [in etw (*dat*)] unter** *im Gerede, Lärm* qc se perd [dans qc]

untergeordnet *adj* **1.** (*zweitrangig*) secondaire
2. (*subaltern*) subalterne

UntergeschossRR *nt* sous-sol *m*; ***im ~*** au sous-sol

Untergestell *nt* [*Gerät, Maschine*] support *m*; [*Fernseher*] meuble *m* de télévision; [*Hi-Fi-Anlage*] rack *m*

Untergewicht *nt* poids *m* insuffisant; ***leichtes ~*** un poids légèrement insuffisant
► **jd hat** ~ le poids de qn est insuffisant

untergewichtig *adj*: ***~e Menschen*** les personnes *fpl* qui ont un poids insuffisant; ■ **jd ist** ~ le poids de qn est insuffisant; ***ich bin leicht/stark ~*** mon poids est légèrement/très insuffisant

untergliedern * *vt* ■ **jd untergliedert etw** qn structure qc; ■ **jd untergliedert etw in etw** (*akk*) *Manuskript, Text* qn divise qc en qc; ■ **etw ist in etw** (*akk*) **untergliedert** qc se compose de qc; ***das Manuskript ist hervorragend untergliedert*** le manuscrit est parfaitement structuré

untergraben*1 *vt irreg* (*unterminieren*) ■ **jd/etw untergräbt etw** *Ansehen, Autorität* qn/qc mine [*o* sape] qc; *Ruf a.* qn/qc nuit à

unter|graben2 *vt irreg* AGR, HORT ■ **jd gräbt etw unter** qn enfouit qc

Untergrund *m* **1.** GEOL sous-sol *m*
2. ∅ POL clandestinité *f*; ***aus dem ~*** clandestinement
3. ART, CONSTR, COUT support *m*, fond *m*
► **jd geht in den** ~ qn entre dans la clandestinité; **im** ~ dans la clandestinité

Untergrund- POL clandestin(e) **Untergrundbahn** *f form* métropolitain *m form*

unter|haken I. *vt* ■ **jd hakt jdn unter** qn lui prend le bras; ***die Pfleger hatten die Kranke links und rechts untergehakt*** les infirmiers avaient saisi la malade chacun par un bras
► **sie gehen untergehakt** ils/elles vont bras dessus, bras dessous
II. *vr* ■ **jd hakt sich bei jdm unter** qn prend qn par le bras; ■ **sie haken sich unter** ils/elles se donnent le bras

unterhalb I. *präp* (*darunter befindlich*) ■ ~ **einer S.** (*gen*) *des Auges, des Rippenbogens* au-dessous de qc; *eines Berges, Gipfels* au pied de qc; *eines Gebäudeteils, Fensters* en bas de qc
II. *adv* ■ ~ **von etw** au-dessous de qc

Unterhalt <-[e]s> *m* ∅ **1.** (*Instandhaltung*) entretien *m*
2. (*Lebens~*) subsistance *f*
3. (*Unterhaltsgeld*) pension *f* alimentaire
► **jd kommt für jds ~ auf** qn subvient aux besoins de qn; **jd zahlt [für jdn]** ~ qn paie une pension alimentaire [à qn]

unterhalten*1 *vt irreg* **1.** (*für jds Lebensunterhalt sorgen*) ■ **jd unterhält jdn** qn subvient aux besoins de qn, qn nourrit qn, qn entretient qn
2. (*instand halten*) ■ **jd unterhält etw** qn entretient qc
3. (*innehaben*) ■ **jd unterhält etw** *Bankkonto, Schließfach* qn possède qc
4. (*aufrechterhalten*) ■ **jd unterhält etw** *Beziehungen, Verbindungen* qn entretient qc; *Kontakte* qn conserve qc, qn maintient qc
5. (*betreiben*) ■ **jd unterhält etw** *Kraftfahrzeug* qn entretient qc; *Firma* qn dirige qc, qn fait tourner qc

unterhalten2 *irreg* I. *vt* (*die Zeit vertreiben*) ■ **jd unterhält jdn** qn divertit qn, qn distrait qn; ***können Sie die Anwesenden so lange ~, bis ...?*** est-ce que vous pouvez occuper les [*o* faire la conversation aux] personnes présentes jusqu'à ce que ...?
II. *vr* **1.** (*sich beschäftigen*) ■ **jd unterhält sich** qn s'amuse
2. (*sprechen*) ■ **jd unterhält sich [mit jdm]** qn converse [avec qn]; ***wir müssen uns demnächst mal ~*** il faudrait que nous ayons un entretien [*o* une conversation]; ***vor ihren Kindern ~ sie sich nur japanisch*** devant

leurs enfants, ils ne parlent entre eux que japonais; ■ **jd unterhält sich mit jdm** [**über jdn/etw**] qn s'entretient avec qn [de qn/qc]
unterhaltend *adj*, **unterhaltsam** *adj* divertissant(e), distrayant(e)
unterhaltsberechtigt *adj* ≈ à charge; ***er hat drei ~e Kinder*** il a trois enfants à charge; ■ **jd ist ~** qn est à charge; ■ **jd ist jdm gegenüber ~** ≈ qn est à la charge de qn **Unterhaltsklage** *f* plainte *f* pour non-paiement de pension alimentaire, action *f* en paiement d'une pension alimentaire **Unterhaltskosten** *pl* **1.** (*für einen Unterhaltsberechtigten*) coût *m* d'une pension alimentaire **2.** (*Instandhaltungskosten*) frais *mpl* d'entretien **3.** (*Betriebskosten*) frais *mpl* d'entretien **Unterhaltspflicht** *f* obligation *f* alimentaire **unterhaltspflichtig** *adj* soumis(e) à l'obligation alimentaire, tenu(e) de verser une pension alimentaire; ***sind Sie noch ~?*** vos enfants sont-ils/votre enfant est-il encore à votre charge?; ■ **jd ist jdm gegenüber ~** qn doit subvenir aux besoins de qn, qn est tenu(e) de verser une pension alimentaire à qn **Unterhaltspflichtige(r)** *f(m) decl wie adj* débiteur *m* alimentaire **Unterhaltszahlung** *f* versement *m* d'une pension alimentaire; ***jd ist zu einer ~ verpflichtet*** qn est obligé(e) de verser une pension alimentaire
Unterhaltung[1] <-> *f* ∅ [*Gerät, Gebäude, Kraftfahrzeug, Firma*] entretien *m*; ***für die ~ ihres Hobbys*** pour financer son passe-temps
Unterhaltung[2] <-, -en> *f* **1.** (*Gespräch*) entretien *m*, conversation *f*
2. ∅ (*Zeitvertreib*) distraction *f*, divertissement *m*; ***etw dient der ~*** qc sert à passer le temps
► **gute** [*o* **angenehme**] **~!** amuse-toi/amusez-vous bien!
Unterhaltungs- *-film* divertissant, grand public; *-industrie* des loisirs; *-musik* légère; *-sendung, -programm* de variétés; *-lektüre, -literatur* facile; *-roman* divertissant **Unterhaltungselektronik** *f* électronique *f* grand public
Unterhändler(in) *m(f)* négociateur(-trice) *m(f)*
Unterhemd *nt* tricot *m* [*o* maillot *m*] de corps *vieilli*, chemise *f* américaine
unterhöhlen * *vt* **1.** (*aushöhlen*) ■ **etw unterhöhlt etw** qc mine qc, qc creuse qc, qc affouille qc; ■ **unterhöhlt** miné(e)
2. *s.* **unterminieren**
Unterholz *nt* ∅ sous-bois *m*, fourrés *mpl*
Unterhose *f* slip *m*; (*Boxershorts*) caleçon *m*
► **kurze/lange ~[n]** slip *m*/caleçon *m* long; ***eine ~ mit kurzem Bein*** un caleçon
unterirdisch **I.** *adj* souterrain(e)
II. *adv*: ***~ verlegte Kabel*** des câbles *mpl* souterrains; ***die Donau verläuft mehrere Kilometer ~*** le cours du Danube est souterrain sur plusieurs kilomètres
unterjochen * *vt* ■ **jd unterjocht jdn** qn met qn sous le joug, qn asservit qn; ■ **unterjocht** asservi(e); ***von jdm unterjocht*** sous le joug de qn
Unterjochung <-, -en> *f* asservissement *m*
unter|jubeln *vt sl* **1.** (*andrehen*) ■ **jd jubelt jdm etw unter** qn fourgue [*o* refile] qc à qn *fam;* ■ **jd lässt sich** (*dat*) [**von jdm**] **etw ~** qn se fait avoir [par qn] en achetant qc *fam*
2. (*anlasten*) ■ **jd jubelt jdm etw unter** *Fehler, Missgriff* qn fait porter le chapeau à qn pour qc *arg*
unterkellern * *vt* ■ **jd unterkellert etw** qn munit qc d'une cave; ■ **unterkellert** construit(e) sur cave
Unterkiefer *m* ANAT mâchoire *f* inférieure, maxillaire *m* inférieur *spéc*
unter|kommen *vi irreg + sein* **1.** (*eine Unterkunft finden*) ■ **jd kommt bei jdm/irgendwo unter** qn trouve à se loger chez qn/quelque part
2. *fam* (*eine Anstellung bekommen*) ■ **jd kommt** [**irgendwo/bei jdm**] [**als etw**] **unter** qn trouve un boulot [de qc] quelque part/chez qn *fam*, qn trouve à se caser [comme qc] quelque part/chez qn *fam*
3. DIAL (*begegnen*) ■ **jd kommt ihm/ihr unter** il/elle tombe sur qn
4. DIAL (*erleben*) ■ **etw kommt jdm unter** */Erlebnis, Vorfall/* qn tombe sur qc
Unterkörper *m* partie *f* inférieure du corps
unter|kriegen *vt fam* ■ **jd kriegt jdn unter** qn enfonce qn; ■ **jd lässt sich** [**von jdm/etw**] **~** qn se laisse enfoncer [par qn/qc]; ***jd lässt sich nicht ~*** qn ne se laisse pas abattre
unterkühlen * **I.** *vr fam* ■ **jd unterkühlt sich** qn prend [*o* attrape] [*o* chope *fam*] froid
II. *vt* ■ **jd unterkühlt jdn** qn met qn en hypothermie, qn fait descendre la température de qn
unterkühlt *adj* **1.** MED en hypothermie, dont la température corporelle est très basse; ***der ~e Zustand*** l'hypothermie *f*
2. (*betont kühl*) glacial(e); ■ **jd ist/wirkt ~** qn est/a l'air glacial(e)
Unterkühlung *f* hypothermie *f*
Unterkunft <-, -künfte> *f* (*für längere Zeit*) logement *m*; (*für die Nacht, die Ferien*) hébergement *m*, gîte *m*
► **~ mit Frühstück** [la] chambre et [le] petit déjeuner, une nuitée avec petit déjeuner; **~ und Verpflegung** le gîte et le couvert; ***unser Kindermädchen hat ~ und Verpflegung frei*** notre nurse est logée, nourrie et blanchie
Unterlage *f* **1.** (*Gegenstand zum Unterlegen*) support *m*; (*für Töpfe*) dessous-de-plat *m*; (*für Schreibtische*) sous-main *m*; (*Bett~*) alèse *f*, alaise *f*; ***etw dient als ~*** qc sert à protéger; ***eine ~ dämmt das Geräusch der Schreibmaschine*** un tapis absorbe le bruit de la machine à écrire
2. *meist pl* (*Belege*) document *m*, pièce *f* justificative; ***geheime/vertrauliche ~n*** des documents secrets/confidentiels; ***bringen Sie mir die ~n zum Fall Nabuk*** apportez-moi le dossier Nabuk
Unterlass[RR], **Unterlaß** *m* ► **ohne ~** *geh* sans relâche, sans discontinuer, sans désemparer *soutenu*
unterlassen * *vt irreg* **1.** (*nicht ausführen*) ■ **jd unterlässt etw** qn omet [de faire] qc; ***die letzte Untersuchung wurde aus Zeitgründen ~*** par manque de temps, on a omis [*o* négligé] de faire le dernier examen; ■ **jd unterlässt es etw zu tun** qn néglige de faire qc
2. (*mit etw aufhören*) ■ **jd unterlässt etw** *Bemerkung, Dummheiten* qn se dispense de qc
► **jd kann etw nicht ~** qn ne peut [pas] se dispenser de qc; **unterlass/~ Sie das!** arrête/arrêtez!
Unterlassung <-, -en> *f*: ***ich bestehe auf sofortiger ~ dieser Lärmbelästigung*** je vous prie d'arrêter immédiatement ce bruit; ***für den Fall der ~ der Anzeige bot sie ihm 1000 Mark*** en cas d'abandon de la plainte, elle lui a proposé 1000 marks
Unterlauf *m* cours *m* inférieur
unterlaufen * *irreg* **I.** *vi + sein* ■ **jdm unterläuft etw** qc échappe à qn; */Fauxpas/* qn commet involontairement qc
II. *vt + haben* ■ **jd unterläuft etw** qn contourne qc
unter|legen[1] *vt* (*darunter legen*) ■ **jd legt etw unter/jdm etw unter** qn met qc dessous/sous qn
unterlegen *[2] *vt* **1.** (*als Untermalung*) ■ **jd unterlegt etw mit etw** qn accompagne qc de qc; ***jd unterlegt einen Film mit Musik*** qn met de la musique sur un film; ***etw ist mit einer S. unterlegt*** une chose sert de fond sonore à qc
2. (*abweichend interpretieren*) ■ **jd unterlegt einer S.** (*dat*) **etw** qn prête qc à une chose
3. (*mit einer Unterlage versehen*) ■ **jd unterlegt etw mit einer S.** qn met une chose sous qc
unterlegen[3] *adj* **1.** MIL ■ [**jd ist**] [**jdm**] **~** [qn est] inférieur(e) en nombre [à qn] **2.** SPORT moins fort(e); ■ **jd ist jdm ~** qn est moins fort(e) que qn **Unterlegene(r)** *f(m) decl wie adj* concurrent(e) *m(f)* moins fort(e); ■ **jd ist der/die U~e** qn ne part pas favori(te)
Unterlegenheit <-, *rare* -en> *f* infériorité *f*
Unterleib *m* bas-ventre *m*
Unterleibs- MED **1.** (*im Abdomen auftretend*) abdominal(e)
2. (*die weiblichen Geschlechtsteile betreffend*) *-schmerzen* au ventre; *-beschwerden* de ventre; *-operation, -untersuchung, -blutung* de l'utérus
unterliegen * *vi irreg + sein* **1.** (*besiegt werden*) ■ **jd unterliegt** [**jdm**] qn perd contre [*o* face à] qn, qn est battu(e) [par qn]
2. (*sich in etw befinden*) ■ **jd unterliegt einer S.** (*dat*) *einem Irrtum, einer Täuschung* qn est victime de qc
Unterlippe *f* lèvre *f* inférieure
unterm = *fam* **unter dem** *s.* **unter**
untermalen * *vt* ■ **jd untermalt etw mit etw** qn agrémente [*o* accompagne] qc de qc; ***das Essen wurde musikalisch/mit leiser Musik untermalt*** pendant le repas, il y avait un fond sonore musical/de la musique douce en fond sonore
Untermalung <-, -en> *f* (*bei einem Film*) fond *m* sonore [*o* musical]; (*bei einer Veranstaltung*) accompagnement *m* musical
untermauern * *vt* ■ **jd untermauert etw** [**mit etw**] qn étaie qc [de qc]
Untermenü *nt* sous-menu *m*
Untermiete *f* loyer *m* [en sous-location]; ***ich zahle für das Zimmer 500 Mark ~*** je sous-loue cette chambre 500 marks
► **jd nimmt jdn in ~** qn sous-loue une chambre à qn; **jd wohnt** [**bei jdm**] **zur ~** qn sous-loue une chambre [chez qn]
Untermieter(in) *m(f)* sous-locataire *mf*
unterminieren * *vt* ■ **jd unterminiert etw** qn mine qc, qn sape qc
unter|mischen *vt* ■ **jd mischt etw unter** qn ajoute qc; ***der Quark schmeckt besser, wenn man gehackte Kräuter untermischt*** le fromage blanc est meilleur quand on y ajoute des herbes [hachées]
untern = *fam* **unter den** *s.* **unter**
unternehmen * *vt irreg* **1.** (*machen*) ■ **jd unternimmt etw** *Ausflug* qn entreprend qc; ***jd unternimmt Schritte/einen Versuch*** qn entame des démarches/effectue une tentative
2. (*Vergnügliches durchführen*) ■ **jd unternimmt etw** [**mit jdm**] qn entreprend qc [avec qn]; ***im Urlaub haben wir einiges unternommen*** pendant les vacances, on a fait des tas de choses; ***wollen wir nicht etwas zusammen ~?*** est-ce qu'on ne pourrait pas faire quelque chose ensemble?
3. (*in die Wege leiten*) ■ **jd unternimmt etwas/nichts** [**gegen jdn/etw**] qn entreprend quelque chose/n'entreprend rien [contre qn/qc]; ***jd unternimmt Schritte gegen etw*** qn entreprend quelque chose contre qc
4. *geh* (*auf sich nehmen*) ■ **jd unternimmt es etw zu tun** qn se charge de faire qc
Unternehmen <-s, -> *nt* **1.** (*Firma*) entreprise *f*
2. (*Vorhaben*) entreprise *f*, opération *f*
Unternehmensberater(in) *m(f)* conseil *m* [*o* consultant(e) *m(f)*] [en gestion management], auditeur(-trice) *m(f)* conseil
Unternehmer(in) <-s, -> *m(f)* chef *m* d'entreprise, entrepreneur(-euse) *m(f)*; ***die Vertreter der ~*** les représentants *mpl* du patronat
unternehmerisch **I.** *adj* de chef d'entreprise; *Risiko* du chef d'entreprise; ***~es Denken/~e Fähigkeiten*** le sens/le don des affaires
II. *adv* *denken, handeln, entscheiden* en chef d'entreprise, en patron; ***etw ist ~ klug*** qc est judicieux(-euse) du point de vue économique
Unternehmerschaft <-, *rare* -en> *f* patronat *m*
Unternehmung <-, -en> *f geh s.* **Unternehmen 2.**
Unternehmungsgeist *m* ∅ esprit *m* d'entreprise [*o* d'initiative] **Unternehmungslust** *f* ∅ allant *m* **unternehmungslustig** *adj* plein(e) d'allant
Unteroffizier(in) *m(f)* sergent *m*; ***jawohl, Herr ~!*** à vos ordres, sergent!
► **~ vom Dienst** sous-officier *m* de semaine; **jd ist/wird ~** qn est/passe sous-officier
unter|ordnen **I.** *vt* ■ **jd ordnet etw einer S.** (*dat*) **unter** qn fait passer qc après qc, qn subordonne qc à qc; ■ **etw wird einer S.** (*dat*) **untergeordnet** qc passe après qc
II. *vr* ■ **jd ordnet sich** [**jdm**] **unter** qn se soumet [à qn]

Unterredung <-, -en> *f* entrevue *f,* entretien *m*
▸ **jd hat** [*o* **führt**] **eine ~ mit jdm** qn a un entretien [*o* une entrevue] avec qn
unterrepräsentiert *adj* sous-représenté(e); ■ **jd ist in etw** (*dat*) ~ qn est sous-représenté(e) à qc
Unterricht <-[e]s, *rare* -e> *m* (*Stunde*) cours *m;* (*Schultag*) cours *mpl;* (*für kleinere Kinder*) classe *f;* ***jd muss in den ~*** qn doit aller en cours; ***jd kommt zu spät zum ~*** qn arrive en retard au cours
▸ **theoretischer/praktischer ~** (*in der Fahrschule*) le code/la conduite; **jd gibt** [**jdm**] **~** [**in etw** (*dat*)] qn donne des cours [de qc] [à qn]; **jd hat bei jdm ~** qn a cours avec qn; **jd ist im ~** / *Lehrer/* qn est en [train de faire] cours
-unterricht *m* cours *m* de; (*Stunden*) cours *mpl* de; ***Fern~*** téléenseignement *m*
unterrichten * **I.** *vt* **1.** (*unterweisen*) ■ **jd unterrichtet jdn** qn fait cours à qn; ■ **jd unterrichtet jdn** [**in etw** (*dat*)] qn enseigne [qc] à qn; ***den habe ich früher mal in Mathematik unterrichtet*** je l'ai eu autrefois comme élève en mathématiques
2. (*lehren*) ■ **jd unterrichtet etw** qn enseigne qc
3. *form* (*informieren*) ■ **jd unterrichtet jdn** [**über etw** (*akk*)/**von etw**] qn instruit qn de qc *soutenu;* ■ [**jd ist**] **unterrichtet** [qn est] informé(e); ***wie aus unterrichteten Kreisen verlautet*** selon les milieux bien informés
II. *vi* ■ **jd unterrichtet** [**in etw** (*dat*)/**irgendwo**] *in einem Fach* qn enseigne [qc/quelque part]; ***jd unterrichtet an einem Gymnasium*** qn enseigne dans un lycée
III. *vr* ■ **jd unterrichtet sich über etw** (*akk*) qn s'informe de [*o* sur] qc; ■ **jd lässt sich von jdm über etw** (*akk*) ~ qn se fait informer de [*o* sur] qc par qn
Unterrichtsfach *nt* matière *f;* ***das ~ Mathematik*** les mathématiques **Unterrichtsministerium** *nt* AUS ministère *m* de l'éducation **Unterrichtsstunde** *f* heure *f* de cours
Unterrichtung <-, -en> *f form* information *f;* ***ich bitte um sofortige ~*** je vous prie de m'informer immédiatement
Unterrock *m* (*Halbrock*) jupon *m;* (*mit Trägern*) combinaison *f,* fond *m* de robe
unters = *fam* unter das *s.* **unter**
untersagen * *vt* ■ **jd untersagt jdm etw** qn interdit qc à qn; ■ **jd untersagt jdm etw zu tun** qn interdit [*o* défend] à qn de faire qc; ■ **etw ist** [**irgendwo**] **untersagt** qc est interdit(e) [quelque part]; ***Unbefugten ist das Betreten des Geländes strengstens untersagt*** l'accès du terrain est strictement interdit à toute personne étrangère au service
Untersatz *m* (*für Töpfe, Schüsseln*) dessous-de-plat *m;* (*für Flaschen*) dessous-de-bouteille *m;* ***die Kanne ist sehr heiß, wir brauchen einen ~*** la cafetière est très chaude, il faut mettre quelque chose dessous
▸ **fahrbarer ~** *hum fam* bagnole *f fam*
unterschätzen * *vt* ■ **jd unterschätzt jdn** qn sous-estime qn; ■ **jd unterschätzt etw** qn sous-estime qc, qn sous-évalue qc
▸ **nicht zu ~de(r, s)** *Gegner, Konkurrent* avec lequel/laquelle il faut compter, à ne pas négliger; *Gefahr, Schwierigkeit* considérable; **jd/etw ist nicht zu ~** qn/qc ne doit pas être négligé(e)
unterscheidbar *adj* ■ **sie sind** [**...**] **~** *leicht, kaum* il/elles sont [...] identifiables; ***Zwillinge sind kaum ~*** les jumeaux sont difficilement reconnaissables l'un de l'autre; ***sie sind nicht ~*** on ne peut les distinguer l'un/l'une de l'autre
unterscheiden * *irreg* **I.** *vt* **1.** (*differenzieren*) ■ **jd unterscheidet Tiere/Dinge** qn différencie des animaux/des choses [entre eux/elles]; ***ich kann Fische nicht ~*** je suis incapable de différencier les poissons; ■ **jd unterscheidet etw** [**von etw**] qn distingue qc de qc, qn fait la différence [*o* la distinction] entre qc et qc
2. (*auseinander halten*) ■ **jd unterscheidet sie** [**voneinander/an etw** (*dat*)] *ähnliche Dinge, Zwillinge* qn les distingue [l'un(e) de l'autre/grâce à qc]
3. (*als anders erscheinen lassen*) ■ **etw unterscheidet jdn von jdm** qc distingue [*o* différencie] qn de qn
II. *vi* ■ **jd unterscheidet** [**zwischen Dingen**] qn fait la différence [*o* distinction] [entre des choses]
III. *vr* ■ **jd unterscheidet sich von jdm** qn diffère de qn; ■ **sie ~ sich** [**voneinander**] [**in etw** (*dat*)] ils/elles diffèrent [l'un(e) de l'autre] [par qc]; ■ **etw/ein Tier unterscheidet sich von etw/einem Tier** [**durch etw/in etw** (*dat*)] qc/un animal se distingue de qc/d'un animal [par qc]
Unterscheidung *f* distinction *f;* ***bei der ~ von Original und Kopie*** pour distinguer [*o* différencier] l'original de la copie
▸ **jd/etw trifft eine ~/~en** qn/qc fait une distinction/des distinctions
Unterschenkel *m* jambe *f*
Unterschicht *f* couche *f* [*o* classe *f*] inférieure [de la société]; ■ **die ~** les milieux *mpl* défavorisés
unterschieben*¹ *vt irreg* (*unterstellen*) ■ **jd unterschiebt jdm etw** qn attribue qc à qn; ■ **jd unterschiebt ihm/ihr, dass er/sie etw tut** qn l'accuse de faire qc
unter|schieben² *vt irreg* (*unter jdn schieben*) ■ **jd schiebt jdm etw unter** *Bettpfanne, Kissen* qn glisse qc sous qn
Unterschied <-[e]s, -e> *m* différence *f;* ***es ist kein ~ für einen Toten, ob er begraben oder eingeäschert wird*** pour le mort, ça revient au même d'être enterré ou incinéré
▸ **es ist ein** [**großer**] **~, ob ... oder ...** ça fait une différence [énorme] selon que + *indic* ... ou ...; **jd macht einen ~** [*o* ~e] [**zwischen Dingen**] qn fait la différence [*o* la distinction] [entre des choses]; **das macht keinen ~** ça revient au même; **im ~ zu jdm** à la différence de qn; [**nur**] **mit dem ~, dass** à la différence que + *indic,* à ceci près que + *indic;* **ohne ~** *ausrotten, töten, wegwerfen* sans faire de détail
unterschiedlich **I.** *adj* différent(e); ***sie sind ~er Auffassung*** ils/elles ne sont pas du même avis; ***zwei ~e Sachen*** deux choses distinctes; ***der andere Preis ist durch die ~e Qualität bedingt*** c'est la différence de qualité qui provoque la différence de prix
II. *adv behandeln, einschätzen* d'une manière différente; ***zwei Sachen sind ~ schwer/groß*** deux choses ont un poids différent/une taille différente
unterschiedslos *adv* sans faire de détail
unterschlagen * *vt irreg* **1.** JUR ■ **jd unterschlägt etw** *Geld* qn détourne qc; *Wertgegenstände, Brief, Testament* qn soustrait qc
2. (*vorenthalten*) ■ **jd unterschlägt jdm etw** qn cache [*o* dissimule] qc à qn
Unterschlagung <-, -en> *f* (*das Unterschlagen*) détournement *m,* malversation *f;* [*Unterlagen*] soustraction *f*
Unterschlupf <-[e]s, -e> *m* refuge *m,* planque *f fam;* ***jd findet bei jdm/irgendwo ~*** qn trouve refuge [*o* asile] chez qn/quelque part
▸ **jd gewährt jdm ~** qn donne asile à qn
unter|schlupfen *vi* DIAL, **unter|schlüpfen** *vi* + *sein fam* ■ **jd schlupft** [*o* **schlüpft**] **bei jdm unter** qn se réfugie chez qn
unterschreiben * *irreg* **I.** *vt* ■ **jd unterschreibt** [**jdm**] **etw** qn signe qc [à qn]
▸ **jd kann** [*o* **würde**] **etw ~** qn peut souscrire à qc; ***ich würde das nicht ~ wollen*** je n'en mettrais pas ma main au feu
II. *vi* ■ **jd unterschreibt** [**irgendwo**] qn appose sa signature [quelque part]
unterschreiten * *vt irreg* **1.** (*unterbieten*) ■ **jd unterschreitet etw** [**um etw**] qn descend [de qc] au-dessous de qc
2. (*unter etw liegen*) ■ **etw unterschreitet etw** [**um etw**] qc est inférieur(e) [de qc] à qc
Unterschrift *f* **1.** (*Signatur*) signature *f;* ***jd legt etw zur ~ vor*** qn présente qc à la signature; ***jd verweigert die ~ unter etw*** qn refuse de signer qc; ***ohne ~ ist der Vertrag nicht gültig*** non-signé, le contrat n'est pas valable
2. (*Bild~*) légende *f*
▸ **jd setzt seine ~ unter etw** (*akk*) qn appose sa signature au bas de qc; **jd versieht etw mit seiner ~** qn signe qc, qn paraphe qc *form*
Unterschriftensammlung *f* pétition *f*
unterschwellig **I.** *adj* subconscient(e), subliminal(e)
II. *adv* de manière subconsciente
Unterseeboot *nt* sous-marin *m*
Unterseite *f* [*Gegenstand, Gerät, Teller*] dessous *m; Decke, Matratze* envers *m; Blatt* verso *m,* dos *m*
Untersetzer <-s, -> *m s.* **Untersatz 1.**
untersetzt *adj* trapu(e), râblé(e)
unterspülen * *vt* ■ **etw unterspült etw** qc creuse qc, qc mine qc, qc affouille qc
Unterstand *m* abri *m*
unterstandslos *adj* AUS (*obdachlos*) sans abri
unterste(r, s) *adj superl von* **untere(r, s)**
▸ **jd kehrt das U~ zuoberst** qn met tout sens dessus dessous
unterstehen*¹ *irreg* **I.** *vi* (*untergeben sein*) ■ **jd untersteht jdm** qn dépend de qn; ■ **jd/etw untersteht einer S.** (*dat*) qn/qc dépend [*o* relève] de qc; ***dem Abteilungsleiter ~ 17 Mitarbeiter*** le chef du département a 17 collaborateurs sous ses ordres; ***ab sofort ~ Sie meinem Befehl*** à partir de maintenant, vous êtes sous mes ordres
II. *vr* ■ **jd untersteht sich etw zu tun** qn a l'audace de faire qc
▸ **untersteh dich** [**ja nicht**]! essaie un peu pour voir!; **was ~ Sie sich?** pour qui vous prenez-vous?, non, mais qu'est-ce que vous croyez?
unter|stehen² *vi irreg* (*Schutz suchen*) ■ **jd steht** [**irgendwo**] **unter** qn se met à l'abri [quelque part]
unterstellen*¹ *vt* **1.** (*untergeben*) ■ **jd unterstellt jdm jdn/etw** qn place qn/qc sous les ordres de qn, qn subordonne qn à qn; ■ **jd ist jdm/einer S. unterstellt** qn est placé(e) sous les ordres de qn/qn est rattaché(e) à qc; ***dem Chef sind 4 Redakteure unterstellt*** le chef a 4 rédacteurs sous ses ordres; ■ **etw ist einer S.** (*dat*) **unterstellt** qc est placé(e) sous la tutelle de qc
2. (*unterschieben*) ■ **jd unterstellt jdm etw** *Äußerung* qn attribue qc à qn; *Nachlässigkeit, Versäumnis* qn taxe qn de qc
3. (*annehmen*) ■ **jd unterstellt,** [**dass**] qn suppose que + *subj*
unter|stellen² **I.** *vt* (*abstellen*) ■ **jd stellt etw irgendwo/bei jdm unter** qn dépose [*o* remise] qc quelque part/chez qn
II. *vr* ■ **jd stellt sich irgendwo unter** qn s'abrite [*o* se met à l'abri] quelque part
Unterstellung *f* **1.** (*falsche Behauptung*) allégation *f* [mensongère]
2. ∅ ADMIN ■ **die/jds ~ unter jdn/etw** la subordination/la subordination de qn à qn/qc; ***im Zuge der Unternehmensreform erfolgte unsere ~ unter einen anderen Bereichsleiter*** dans le cadre de la restructuration de l'entreprise, nous sommes passés sous les ordres d'un nouveau chef de service; ***nach der ~ unseres Amtes unter dieses Bundesamt ändert sich die Arbeit etwas*** maintenant que notre bureau dépend [*o* relève] de ce service fédéral, le travail est assez différent
unterstreichen * *vt irreg* **1.** (*markieren*) ■ **jd unterstreicht etw** [**irgendwie/mit etw**] qn souligne qc [d'une certaine manière/avec qc]; ***etw ist rot/mit Bleistift unterstrichen*** qc est souligné(e) en rouge/au crayon de papier
2. (*betonen*) ■ **jd unterstreicht etw** qn souligne qc
Unterstreichung <-, -en> *f* **1.** (*das Unterstreichen*) *verbal übersetzt;* ***die ~ von Text ist in entliehenen Büchern nicht gestattet*** il est interdit de souligner dans des livres empruntés
2. (*unterstrichener Textteil*) passage *m* souligné
3. ∅ (*das Betonen*) *verbal übersetzt;* ***dies dient der ~ des Gesagten*** ceci sert à souligner ce qui vient d'être dit
▸ **jd nimmt ~en vor** *form* qn souligne des choses; ***sie nahm an bestimmten Stellen ~en vor*** elle entreprit de souligner certains passages
Unterströmung *f* lame *f* de fond
Unterstufe *f* premier cycle *m*

unterstützen * *vt* **1.** (*helfen*) ■ **jd unterstützt jdn [bei etw/in etw** (*dat*)**]** qn soutient [*o* épaule] qn [dans qc]
2. (*finanziell fördern*) ■ **jd unterstützt jdn/etw [mit etw]** qn soutient qn financièrement/subventionne qc [avec qc]
3. (*sich hinter etw stellen*) ■ **jd unterstützt etw** *Plan, Projekt* qn soutient qc, qn appuie qc, qn encourage qc

Unterstützung *f* **1.** Ø (*Hilfe*) soutien *m,* appui *m*
2. FIN subside *m,* aide *f* financière

Untersuch <-s, -e> *m* CH *s.* **Untersuchung**

untersuchen * *vt* **1.** MED ■ **jd untersucht jdn** qn examine qn; ■ **jd untersucht jdn auf etw** (*akk*) qn fait le dépistage de qc sur qn; ■ **jd lässt sich [von jdm]** ~ qn se fait examiner [par qn]
2. (*medizinisch überprüfen*) ■ **jd untersucht etw [auf etw** (*akk*)**]** *Organ, Verletzung* qn examine qc [pour y détecter qc]; *Blut, Urin* qn analyse qc [pour y dépister qc]
3. (*erforschen*) ■ **jd untersucht etw** qn étudie qc, qn analyse qc
4. (*überprüfen*) ■ **jd untersucht etw** *Angelegenheit, Fall, Unfall, Vorfall* qn examine qc, qn procède à l'examen de qc; */Polizei/* qn enquête sur qc
5. (*durchsuchen*) ■ **jd untersucht jdn/etw [auf etw** (*akk*)**]** *auf Drogen, Waffen* qn fouille qn/qc [à la recherche de qc]

Untersuchung <-, -en> *f* **1.** MED [*Patient, Organ*] examen *m; Blut, Urin* analyse *f;* ***die ~ des Urins*** l'analyse d'urine [*o* des urines]
2. (*analysierende Arbeit*) étude *f*
3. (*Überprüfung*) [*Angelegenheit, Fall*] examen *m;* ■ **die ~ einer S.** (*gen*) (*durch die Polizei*) l'enquête *f* sur qc
4. (*das Überprüfen*) [*Gepäckstück, Fahrzeug*] fouille *f*
► **jd unterzieht jdn einer ~** (*dat*) MED *form* qn fait subir un examen à qn; **jd unterzieht sich einer ~** (*dat*) MED *form* qn subit un examen

Untersuchungs- MED d'/de l'examen **Untersuchungsausschuss**[RR] *m* commission *f* d'enquête **Untersuchungsgefangene(r)** *f(m) decl wie adj* détenu(e) *m(f)* provisoire **Untersuchungsgefängnis** *nt* maison *f* d'arrêt (*réservée aux détenus provisoires*) **Untersuchungshaft** *f* détention *f* provisoire ► **jd ist [*o* sitzt *fam*] in ~** qn est en détention provisoire; **jd nimmt jdn in ~** qn met qn en détention provisoire **Untersuchungsrichter(in)** *m(f)* juge *m* d'instruction **Untersuchungszimmer** *nt* cabinet *m* de consultation

Untertagebau *m* Ø exploitation *f* souterraine

untertags *adv* AUS, CH, SDEUTSCH *s.* **tagsüber**

untertan *adj* ► **jd macht sich** (*dat*) **jdn/etw ~** *geh* qn asservit [*o* assujettit *littér*] qn/qc

Untertan(in) <-en, -en> *m(f)* sujet(te) *m(f)*

Untertasse *f* soucoupe *f,* sous-tasse *f* DIAL
► **fliegende ~** *fam* soucoupe *f* volante

unter|tauchen I. *vi + sein* **1.** (*tauchen*) ■ **jd taucht [irgendwo] unter** qn plonge [quelque part]
2. (*sich verstecken*) ■ **jd taucht [irgendwo/bei jdm] unter** qn se cache [*o* se planque *fam*] [quelque part/chez qn]; ***jd ist im Ausland/bei Freunden untergetaucht*** qn s'est réfugié(e) à l'étranger/chez des amis
3. (*verschwinden*) ■ **jd taucht in etw** (*dat*) **unter** *im Gewühl, in einer Menschenmenge* qn disparaît [*o* se fond] dans qc
II. *vt + haben* ■ **jd taucht jdn unter** qn met à qn la tête sous l'eau, qn fait couler qn

Unterteil *nt o m* partie *f* inférieure, bas *m*

unterteilen * *vt* **1.** (*einteilen*) ■ **jd unterteilt etw [in etw** (*akk*)**]** qn divise qc [en qc]; ***kann man das noch einmal/weiter ~?*** est-ce qu'on peut [encore] subdiviser ça?
2. (*aufteilen*) ■ **jd/etw unterteilt etw [in etw** (*akk*)**]** qn/qc partage qc [en qc]

Unterteilung <-, -en> *f* **1.** Ø (*das Einteilen*) division *f*
2. (*unterteiltes Feld etc*) subdivision *f*

Unterteller *m* CH, SDEUTSCH *s.* **Untertasse**

Untertemperatur *f* hypothermie *f*
► **jd hat ~** qn fait de l'hypothermie

Untertitel *m* sous-titre *m*

Unterton <-töne> *m* pointe *f;* ***mit einem enttäuschten/beleidigten ~*** avec une pointe de déception/d'aigreur

untertourig [-tuːrɪç] I. *adj* en sous-régime
II. *adv* AUT en sous-régime

untertreiben * *irreg* I. *vt* ■ **jd untertreibt etw** qn minimise qc
II. *vi* ■ **jd untertreibt** qn reste en deçà de la vérité

Untertreibung <-, -en> *f* litote *f;* ***jd neigt zu ~en*** qn a tendance a tout minimiser, qn pratique beaucoup la litote

untertunneln * *vt* ■ **jd untertunnelt etw** qn perce un tunnel sous qc; ■ **untertunnelt** traversé(e) par un tunnel

untervermieten * I. *vt* ■ **jd untervermietet etw** qn sous-loue qc
II. *vi* ■ **jd untervermietet** qn sous-loue

unterversichert *adj* ■ **jd ist ~** qn est insuffisamment assuré(e); ***jd ist leicht/stark ~*** qn est assuré(e) pour un capital trop/beaucoup trop faible

Unterversicherung *f* couverture *f* [d'assurance] insuffisante

Unterwalden <-s> *nt* Unterwald

unterwandern * *vt* ■ **jd unterwandert etw** qn noyaute qc

Unterwanderung *f* noyautage *m*

Unterwäsche *pl* sous-vêtements *mpl;* (*für Damen a.*) lingerie *f,* dessous *mpl*

Unterwasser- **1.** (*unter der Meeresoberfläche installiert*) sous-marin(e), subaquatique
2. (*unter Wasser stattfindend*) *-jagd, -sport* sous-marin(e); *-massage* subaquatique; *-arbeiten* sous l'eau
3. PHOT, SPORT *-kamera* sous-marin(e); *-ausrüstung* étanche

unterwegs *adv* en chemin, en cours de route; ■ **jd ist [irgendwohin/zu jdm] ~** qn est en route [pour quelque part]/qn est parti(e) [chez qn]
► **für ~** pour la route; **von ~** de mon/son/... voyage/excursion; ***er hat mich von ~ angerufen*** il m'a appelé(e) en cours de route

unterweisen * *vt irreg geh* ■ **jd unterweist jdn** qn instruit qn *soutenu;* ■ **jd unterweist jdn in etw** (*dat*) qn enseigne qc à qn

Unterweisung *f geh* instruction *f;* ***die ~ in etw*** (*dat*) l'enseignement *m* de qc

Unterwelt *f* Ø **1.** (*Verbrechermilieu*) pègre *f,* milieu *m*
2. MYTH enfers *mpl*

unterwerfen * *irreg* I. *vt* **1.** (*unterjochen*) ■ **jd unterwirft jdn/etw** qn soumet qn/qc, qn asservit qn/qc
2. (*unterziehen*) ■ **jd unterwirft jdn einer S.** (*dat*) qn soumet qn à qc
II. *vr* ■ **jd unterwirft sich einer S.** (*dat*) qn se soumet à qc

Unterwerfung <-, -en> *f* asservissement *m*

unterworfen *adj* ■ **etw ist einer S.** (*dat*) **~** *Veränderungen, dem Zeitgeist* qc est soumis(e) à qc

unterwürfig *adj pej Kollege, Schüler* obséquieux(-euse); *Verhalten* servile, soumis(e)

Unterwürfigkeit <-> *f* Ø *pej* servilité *f,* obséquiosité *f*

unterzeichnen * *vt form* ■ **jd unterzeichnet etw** qn paraphe qc *form*

Unterzeichner(in) *m(f) form* signataire *mf*

Unterzeichnerstaat *m* État *m* signataire

Unterzeichnung *f form* signature *f*

Unterzeug *nt fam* sous-vêtements *mpl*

unterziehen[*1] *irreg* I. *vr* ■ **jd unterzieht sich einer S.** (*dat*) *einem Verhör, einer Operation, Prozedur* qn subit qc, qn se soumet à qc
II. *vt* ■ **jd unterzieht jdn einer S.** (*dat*) qn soumet qn à qc, qn fait subir qc à qn; ■ **jd unterzieht etw einer S.** (*dat*) qn soumet qc à qc

unter|ziehen[2] *vt irreg* (*darunter anziehen*) ■ **jd zieht [sich** (*dat*)**] etw unter** qn met qc dessous

Unterziehpulli *m* sous-pull *m*

Unterzuckerung <-, -en> *f* hypoglycémie *f*

Untiefe *f* **1.** (*seichte Stelle*) bas-fond *m;* (*nicht mehr schiffbar*) haut-fond *m*
2. *geh* (*große Tiefe*) abysse *m;* [*Baggersee*] trou *m* d'eau

Untier *nt* monstre *m*

untragbar *adj* **1.** (*unerträglich*) insupportable
2. (*nicht tolerabel*) intolérable; ■ **jd ist für ihn/sie ~** il/elle ne peut tolérer qn

untrennbar *adj* inséparable; *Wort* insécable

untreu *adj* **1.** (*nicht treu*) infidèle; ■ **jd ist jdm ~** qn est infidèle à qn; ***~e Art/~es Verhalten*** infidélité *f*
2. (*unzuverlässig*) déloyal(e)
► **jd wird jdm ~** qn fait des infidélités à qn *hum;* **jd wird sich** (*dat*) **~** *geh* qn se renie; **jd wird einer S.** (*dat*) **~** qn renie qc

Untreue *f* **1.** (*untreues Verhalten*) infidélité *f;* [*Freund, Sozius*] déloyauté *f*
2. JUR abus *m* de confiance; [*Beamter, Politiker*] concussion *f*

untröstlich *adj* ■ **jd ist ~** qn est [absolument] désolé(e); ■ **jd ist ~, dass er/sie etw getan hat** qn est [absolument] désolé(e) d'avoir fait qc

untrüglich *adj* indubitable, qui ne trompe pas

Untugend *f* mauvaise habitude *f;* (*Laster*) défaut *m;* ***die ~en meiner Mitmenschen*** les travers *mpl* de mes contemporains
► **etw ist eine ~** qc est une mauvaise habitude; ***das ist eine ~ von dir*** c'est une mauvaise habitude que tu as

untypisch *adj* anormal(e), inhabituel(le); ■ **etw ist ~ für jdn** qc ne ressemble pas à qn, qc est inhabituel(le) de la part de qn

unübel *adj, adv* ► **[gar] nicht [so] ~** *fam* pas [si] mal [que ça] *fam;* ***riecht nicht ~*** ça sent pas [si] mauvais [que ça] *fam*

unüberbrückbar *adj Differenzen* insurmontable; *Gegensätze* inconciliable, irréductible

unüberhörbar *adj* **1.** (*nicht zu überhören*) tonitruant(e); ■ **etw ist ~** il est difficile de [*o* on ne peut pas] ne pas entendre qc
2. (*deutlich herauszuhören*) patent(e), flagrant(e)

unüberlegt I. *adj Entschluss, Maßnahme* inconsidéré(e); *Handlungsweise a.* irréfléchi(e)
II. *adv entscheiden, handeln* inconsidérément, sans réfléchir

Unüberlegtheit <-, -en> *f* **1.** Ø (*unüberlegte Art*) impulsivité *f*
2. Ø (*Übereiltheit*) irréflexion *f*
3. (*Äußerung*) parole *f* inconsidérée
4. (*Handlung*) démarche *f* [*o* initiative *f*] inconsidérée, imprudence *f*

unübersehbar *adj* **1.** (*nicht abschätzbar*) *Konsequenzen, Schäden, Kosten, Verwüstungen* incalculable
2. (*nicht zu übersehen*) évident(e), manifeste; ***der begangene Irrtum ist so groß, dass er ~ ist*** l'erreur commise est si grossière qu'on ne peut pas ne pas la voir

unübersetzbar *adj* intraduisible

unübersichtlich *adj* **1.** (*schwer zu überblicken*) *Kurve* sans visibilité; *Gelände* sans vue dégagée; ■ **etw ist ~** la visibilité est mauvaise dans qc
2. (*nicht übersichtlich*) *Aufstellung, Liste* confus(e), peu clair(e); *Fragebogen, Faltplan* peu lisible
3. (*nicht einschätzbar*) *Lage, Situation, Verhältnisse* confus(e)

unübertrefflich I. *adj* inégalable, insurpassable
II. *adv* incomparablement; ***dieses ~ gute/gelungene Design*** ce design inégalable

unübertroffen *adj Leistung, Qualität, Rekord* inégalé(e)

unüberwindlich *adj* **1.** *Abneigung, Vorurteil, Widerwillen, Hindernis, Schwierigkeit* insurmontable
2. *Feind, Gegner, Heer* invincible

unüblich I. *adj* inhabituel(le)

II. *adv* anormalement
unumgänglich *adj* inéluctable, inévitable
unumschränkt I. *adj Herrschaft, Macht* absolu(e); *Vollmachten* illimité(e)
II. *adv*: ***jd herrscht*** ~ qn règne en monarque absolu
unumstößlich I. *adj Entschluss* irrévocable; *Tatsache* irréfutable, incontestable
II. *adv feststehen* irrévocablement
unumstritten I. *adj* incontesté(e); ■ **es ist ~, dass** il est incontestable que + *indic*
II. *adv* incontestablement; ***etw ist von ~ guter Qualität*** qc est d'une qualité incontestable
unumwunden *adv* sans ambages
ununterbrochen I. *adj* 1. (*andauernd*) incessant(e); ***hört mit eurem ~en Gerede auf*** arrêtez de bavarder continuellement
2. (*nicht unterbrochen*) ininterrompu(e)
II. *adv* continuellement
unveränderlich *adj* 1. (*gleichbleibend*) *Ausdauer* invariable; *Fleiß* immuable; *Gemütsruhe, Gelassenheit a.* imperturbable
2. (*feststehend*) *Größe* invariable, constant(e); *Naturgesetz a.* immuable
unverändert I. *adj* 1. (*gleichbleibend*) *Befinden, Gesundheit* stable; *Einsatz, Fleiß* constant(e)
2. *Ausgabe, Nachdruck, Text* intégral(e); ***der Text blieb*** ~ le texte n'a pas subi de modification
II. *adv* toujours; ***das Wetter bleibt ~ heiter/wird ~ heiter bleiben*** le temps est au beau fixe/se maintiendra au beau
unverantwortlich I. *adj* 1. (*sträflich*) *Dummheit, Unbesonnenheit, Leichtsinn* inexcusable, impardonnable; *Verhalten* irresponsable
2. (*ohne Verantwortungsgefühl*) irresponsable; ■ **jd ist ~ etw zu tun** qn est inconscient(e) de faire qc
II. *adv* ***leichtsinnig*** extrêmement, totalement; ***es ist schon ~ dumm etw zu tun*** il faut vraiment être inconscient [*o* irresponsable] pour faire qc
unverbesserlich *adj* incorrigible
unverbindlich I. *adj* 1. (*nicht verpflichtend*) *Angebot, Auskunft* sans engagement; COM non contractuel(le); *Richtpreis* indicatif(-ive); ***eine ~e Preisangabe*** un prix fourni à titre indicatif
2. (*distanziert*) distant(e)
II. *adv* sans engagement
Unverbindlichkeit <-, -en> *f* 1. Ø (*Distanziertheit*) détachement *m*
2. (*Äußerung*) faux-fuyant *m*
unverbleit *adj Benzin* sans plomb
unverblümt I. *adj* direct(e), sans détour; ■ **jd ist ~** qn est direct(e)
II. *adv* sans détour, sans mâcher mes/ses/... mots
unverbraucht *adj Mitarbeiter, Nachwuchs* encore neuf(neuve)
unverdächtig I. *adj* 1. *Mensch* non suspect(e), à l'abri de tout soupçon; ***jd ist ~ in seiner Erscheinung*** qn n'a pas l'air suspect(e)
2. *Auftreten, Art, Verhalten* non suspect(e), qui n'éveille pas les soupçons; ■ **etw ist ~** qc n'est pas suspect(e)
II. *adv* sans éveiller les soupçons
unverdaulich *adj* indigeste
unverdaut I. *adj* non digéré(e)
II. *adv*: ***etw wird ~ wieder ausgeschieden*** qc est éliminé sans avoir été digéré
unverdient I. *adj Ehre, Lob, Reichtum* immérité(e); *Tadel, Vorwurf a.* injuste
II. *adv zufallen, zuteil werden* à tort, indûment
unverdientermaßen *adv*, **unverdienterweise** *adv befördert werden, geehrt werden* sans l'avoir mérité; *gelobt werden a.* à tort; *mehr verdienen* injustement, indûment
unverdrossen *adv* inlassablement, sans se rebuter
unverdünnt I. *adj Alkohol, Sirup* pur(e); *Lösung, Säure a.* non dilué(e)
II. *adv anwenden, trinken* pur(e)
unvereinbar *adj* ■ [**mit etw**] ~ incompatible [*o* inconciliable] [avec qc]
unverfälscht *adj Lebensmittel* non trafiqué(e); *Wein a.* non frelaté(e)
unverfänglich *adj* anodin(e), innocent(e), inoffensif(-ive); ■ **es ist ~ etw zu tun** il n'y a rien de mal à faire qc
unverfroren *adj* effronté(e); ■ **jd ist ~** qn a de l'aplomb
Unverfrorenheit <-, -en> *f* (*Dreistigkeit*) effronterie *f*, impudence *f*, aplomb *m*; (*Äußerung*) insolence *f*
unvergänglich *adj* impérissable
unvergessen *adj* ▶ **jd/etw bleibt jdm ~** qn conserve [*o* garde] le souvenir [*o* la mémoire] de qn/qc
unvergesslich[RR], **unvergeßlich** *adj* inoubliable; ■ **etw ist jdm ~** qn ne peut oublier qc
unvergleichbar *adj* qui ne se compare pas; ■ **sie sind ~ [miteinander]** ils/elles ne se comparent pas
unvergleichlich I. *adj* sans pareil(le), incomparable
II. *adv gut* extrêmement; ~ ***schön/wertvoll*** d'une beauté/valeur incomparable
unverhältnismäßig *adv* excessivement
unverheiratet *adj* célibataire, non marié(e)
unverhofft I. *adj Besuch, Nachricht, Wende* inattendu(e), inopiné(e); *Gewinn, Wiedersehen* inespéré(e)
II. *adv besuchen* à l'improviste; *eintreten, sich ereignen, kommen* de façon inattendue, inopinément
▶ ~ **kommt oft** il faut s'attendre à tout, tout peut arriver
unverhohlen I. *adj Interesse* évident(e), manifeste; *Neugier* non dissimulé(e)
II. *adv beobachten, betrachten* ouvertement, sans se cacher
unverkäuflich *adj* qui ne peut être vendu(e); ■ **etw ist ~** *Kunstgegenstand* qc n'est pas à vendre; *Muster* qc ne peut être vendu(e) [*o* commercialisé(e)]
unverkennbar *adj* indéniable
unverlässlich[RR] *adj* peu fiable; ■ **jd ist ~** qn n'est pas fiable, qn manque de sérieux
unvermeidbar *adj s.* **unvermeidlich**
unvermeidlich *adj* inévitable
▶ **jd fügt sich ins U~e** qn se fait une raison
unvermindert I. *adj Einsatz, Stärke, Wucht* constant(e); *Fleiß* immuable
II. *adv andauern, weiterregnen* constamment; *toben, weiterstürmen* sans faiblir, sans désemparer
unvermittelt I. *adj* brusque, soudain(e), subit(e)
II. *adv* brusquement, soudainement, subitement
Unvermögen *nt* Ø impuissance *f*; ■ **jds ~ etw zu tun** l'incapacité *f* de qn à faire qc
unvermögend *adj geh* sans ressources, indigent(e)
▶ **nicht ~** fortuné(e)
unvermutet I. *adj* inattendu(e), inopiné(e)
II. *adv* inopinément, à l'improviste
Unvernunft *f* manque *m* de bon sens; ***es ist/wäre eine ~ etw zu machen*** c'est/ce serait déraisonnable de faire qc
unvernünftig *adj* déraisonnable; ***so etwas U~es!*** quelle inconscience!
unveröffentlicht *adj* inédit(e)
unverpackt *adj Geschenk* sans emballage, non emballé(e); *Früchte* en vrac, au détail; *Käse* à la coupe
unverputzt *adj* non crépi(e)
unverrichteterdinge *adv* comme il/elle est venu(e); ***jd kommt ~ zurück*** qn revient bredouille
unverschämt I. *adj* 1. (*dreist*) *Kerl, Mensch, Grinsen* impertinent(e), insolent(e); *Bemerkung, Frage a.* impudent(e); ***~es Benehmen*** impudence *f*
2. (*unerhört*) *Frechheit, Lüge* inouï(e), incroyable; *Miete, Preis* scandaleux(-euse)
II. *adv* 1. *grinsen, lügen* avec impertinence
2. *fam hoch, teuer* vachement *fam*, scandaleusement; ~ ***hohe Preise*** des prix scandaleux
Unverschämtheit <-, -en> *f* 1. Ø (*Dreistigkeit*) impudence *f*; ***jd besitzt eine gehörige Portion ~*** qn ne manque pas d'aplomb
2. (*Bemerkung, Handlung*) impertinence *f*
▶ **jd besitzt [*o* hat] die ~ etw zu tun** qn a l'impudence de faire qc; **[das ist eine] ~!, so eine ~!** quelle impudence!, quel culot! *fam*
unverschlossen *adj* 1. *Fenster, Tor, Tür* ouvert(e); ■ **etw ist ~** qc n'est pas fermé(e)
2. *Brief, Kuvert, Sendung* non clos(e)
unverschuldet I. *adj*: ***die Versicherung zahlt bei ~en Unfällen*** l'assurance ne paie que pour les accidents où la responsabilité de l'assuré n'est pas engagée; ***er geriet in eine ~e Notlage*** il s'est retrouvé dans une situation critique malgré lui
II. *adv* sans en être responsable, malgré moi/lui/...
unversehens *adv s.* **unvermutet**
unversehrt *adj Gegenstand* intact(e); *Mensch* indemne
unversöhnlich *adj Widersacher, Gegner* irréductible; (*nicht zu versöhnen*) irréconciliable
Unversöhnlichkeit *f* intransigeance *f*; ***jd verfolgt jdn voller ~*** qn poursuit implacablement qn
unversorgt *adj* sans ressources
Unverstand *m geh* inconscience *f*
unverstanden *adj* ▶ **jd fühlt [*o* glaubt] sich ~** qn a le sentiment d'être incompris(e)
unverständig *adj geh Kind* [encore] trop petit(e) pour comprendre, qui n'a pas atteint l'âge de raison; *Idiot, Dummkopf* ignorant(e)
unverständlich *adj* 1. (*nicht zu verstehen*) *Murmeln, Sprache, Worte* incompréhensible, inintelligible; ■ **etw ist jdm ~** qn ne comprend rien à qc
2. (*unbegreifbar*) *Handlungsweise, Maßnahme, Zögern* incompréhensible; ■ **es ist jdm ~, warum/wie ...** qn ne comprend pas pourquoi/comment ...
Unverständnis *nt* Ø incompréhension *f*
unversteuert *adj Freibetrag, Verdienst* non imposé; *Einnahme* non taxé(e)
unversucht *adj* ▶ **jd lässt nichts ~** qn tente l'impossible, qn remue ciel et terre; ***ich habe nichts ~ gelassen*** j'ai tout essayé; **jd lässt nichts ~ etw zu tun** qn essaie par tous les moyens de faire qc
unverträglich *adj* 1. *Mensch* peu sociable, insociable; ***ein ~er Mensch*** un mauvais coucheur; ***~e Charaktere/Meinungen*** des caractères/opinions incompatibles
2. *Essen, Lebensmittel* indigeste
unverwandt *adv geh anschauen, anstarren* fixement
unverwechselbar [-ks-] *adj Mensch* unique; *Gegenstand* très caractéristique; COM exclusif(-ive); ■ **jd ist ~** qn est unique; ■ **etw ist ~** qc est reconnaissable [entre mille]; ***verschiedenfarbige Socken sind ~*** on ne peut pas confondre [entre elles] des chaussettes de couleur différente
unverwüstlich *adj Möbel, Material* très résistant(e); *Bodenbelag* inusable; ***jd hat eine ~e Gesundheit*** qn a une santé de fer
unverzagt I. *adj* opiniâtre; ■ **jd ist ~** qn ne se laisse pas abattre
II. *adv* imperturbablement
unverzeihlich *adj* impardonnable; ■ **es ist ~, dass jd etw getan hat** qn est impardonnable d'avoir fait qc
unverzichtbar *adj attr* ■ [**für jdn**] ~ indispensable [à qn]
unverzüglich I. *adj* immédiat(e)
II. *adv* immédiatement, tout de suite; *eingreifen a.* sans retard
unvollendet *adj* inachevé(e)
unvollkommen *adj Kunstwerk, Werk* imparfait(e); *Arbeit* incomplet(-ète); ■ **jd/etw ist ~** qn/qc n'est pas parfait(e), qn/qc est imparfait(e)
Unvollkommenheit *f* imperfection *f*

unvollständig I. *adj Aufzählung, Liste* incomplet(-ète); *Verzeichnis a.* fragmentaire
II. *adv* de façon incomplète

Unvollständigkeit *f* [*Aufstellung*] état *m* incomplet; [*Angaben*] caractère *m* lacunaire

unvorbereitet I. *adj* (*nicht vorbereitet*) *Rede, Unterricht, Vortrag* improvisé(e); *Gespräch, Prüfung* non préparé(e); ■ **jd ist [auf etw** (*akk*)**]** ~ *auf einen Besuch, ein Gespräch* qn n'est pas préparé(e) [à qc]; *auf eine Prüfung* qn ne s'est pas préparé(e) [à qc]
II. *adv* 1. (*ohne Vorbereitung*) *in eine Prüfung gehen* sans préparation; ***jd hält ~ einen Vortrag*** qn improvise un discours, qn fait un discours au pied levé
2. (*unerwartet*) de façon inattendue

unvoreingenommen I. *adj* impartial(e)
II. *adv sich mit etw beschäftigen* sans parti pris; *beurteilen* avec impartialité

Unvoreingenommenheit *f* impartialité *f*

unvorhergesehen I. *adj* imprévu(e)
II. *adv eintreten, passieren* de façon imprévue [*o* inattendue]; *besuchen* à l'improviste

unvorschriftsmäßig I. *adj* non réglementaire; ■ **etw ist** ~ qc n'est pas réglementaire
II. *adv*: ~ ***geparkte Kraftfahrzeuge*** des véhicules qui ne sont pas en stationnement réglementaire; ***etw ist ~ beleuchtet*** l'éclairage de qc n'est pas réglementaire

unvorsichtig I. *adj* 1. (*nicht vorsichtig*) *Fahrweise, Verhalten* imprudent(e)
2. (*unbedacht*) *Äußerung, Bemerkung* inconsidéré(e); ■ **jd ist** ~ qn est imprudent(e)
II. *adv* 1. (*nicht vorsichtig*) imprudemment
2. (*unbedacht*) inconsidérément, avec imprudence

unvorsichtigerweise *adv* inconsidérément

Unvorsichtigkeit <-, -en> *f* imprudence *f*

unvorstellbar I. *adj* 1. (*undenkbar*) inimaginable, inconcevable; ■ **es ist ~, dass** il est inimaginable [*o* inconcevable] que + *subj*
2. (*unerhört*) *Hitze, Grausamkeit* inimaginable
II. *adv heiß, schwül* incroyablement; ***jd ist ~ brutal*** qn est d'une brutalité inimaginable

unvorteilhaft *adj* 1. (*nicht vorteilhaft*) *Aussehen* peu flatteur(-euse); *Frisur, Kleidungsstück a.* peu seyant(e); ***etw ist für jdn ~*** qc n'avantage pas qn; ■ **jd sieht [mit etw/in etw** (*dat*)**] ~ aus** qn n'est pas à son avantage [avec/dans qc]; ***mit etw sieht jd ~ aus*** qc n'avantage pas qn
2. (*nachteilig*) désavantageux(-euse)

unwägbar *adj* difficile à évaluer, impondérable

unwahr *adj* inexact(e); ■ **es ist ~, dass** il est inexact que + *subj*

Unwahrheit *f* mensonge *m*, contrevérité *f*; ***das ist doch die ~*** mais c'est un mensonge [*o* une contrevérité]
► **jd sagt die ~** qn ment

unwahrscheinlich I. *adj* 1. (*kaum denkbar*) *Ereignis, Zufall* invraisemblable; ■ **es ist ~, dass** il est peu vraisemblable que + *subj*
2. *fam* (*unerhört*) incroyable, sacré(e) *antéposé fam*; *Glück, Pech a.* invraisemblable
II. *adv fam* vachement *fam*

unwegsam *adj Gebiet, Gelände* difficilement praticable; ***dieses Gebiet ist sehr ~*** cette région est très difficile à traverser

unweiblich *adj* peu féminin(e); ■ **jd/etw ist** ~ qn/qc n'est pas féminin(e), qn/qc manque de féminité

unweigerlich I. *adj attr* inévitable, inéluctable
II. *adv* inévitablement; *fragen, wissen wollen* à coup sûr

unweit I. *präp* ■ ~ **einer S.** (*gen*) à proximité de qc, près de qc, non loin de qc
II. *adv* ■ ~ **von etw** à proximité de qc, près de qc, non loin de qc

Unwesen *nt* ∅ (*Missstand*) fléau *m*
► **jd treibt irgendwo sein** ~ /*Bande, Terroristen*/ qn sévit quelque part; /*Vampire a.*/ qn hante qc

unwesentlich I. *adj Änderung, Verringerung* infime, négligeable; *Steigerung, Unterschied* insignifiant(e); *Tatsache* secondaire
II. *adv* à peine

Unwetter *nt* tempête *f*

unwichtig *adj* insignifiant(e), peu important(e), sans importance

unwiderlegbar *adj* irréfutable

unwiderruflich I. *adj* irrévocable
II. *adv sich entschließen* irrévocablement; *feststehen a.* définitivement

unwidersprochen *adj* non démenti(e); ***etw blieb ~*** qc n'a fait l'objet d'aucun démenti

unwiderstehlich *adj* irrésistible

Unwille *m* (*Verärgerung*) mécontentement *m*, irritation *f*; (*Verdruss*) dépit *m*
► **voller ~n** à contrecœur

unwillig I. *adj* 1. (*verärgert*) *Mensch, Gesicht* maussade
2. (*widerwillig*) *Kind* récalcitrant(e); *Mitarbeiter* peu disposé(e); ■ **jd ist** ~ qn manifeste de la mauvaise volonté
II. *adv* (*widerwillig*) à contrecœur; ***sie zeigte sich ~*** elle a montré peu d'enthousiasme

unwillkommen *adj* indésirable, importun(e); ***Ihre Anwesenheit ist ~*** votre présence est malvenue [*o* inopportune]; ■ **jd ist [bei jdm/irgendwo]** ~ qn est indésirable [chez qn/quelque part]

unwillkürlich I. *adj* involontaire
II. *adv* sans le vouloir, involontairement

unwirklich *adj* irréel(le); ■ **etw ist** ~ qc paraît irréel(le)

unwirksam *adj Maßnahme, Schritt* inefficace; ***die Kündigung gilt als ~*** le licenciement est considéré comme nul et non avenu

unwirtlich *adj* inhospitalier(-ière)

unwirtschaftlich *adj Auto, Fahrweise* peu économique; *Methode, Verfahren* peu rentable

Unwissen *nt s.* **Unwissenheit**

unwissend *adj* 1. (*über kein Wissen verfügend*) ignorant(e), inculte, ignare *péj*
2. (*ahnungslos*) ■ **jd ist** ~ qn n'est pas au courant; ***jd spielt den U~en/die U~e*** qn fait l'innocent/l'innocente

Unwissenheit <-> *f* ∅ ignorance *f*
► ~ **schützt nicht vor Strafe** nul n'est censé ignorer la loi

unwissenschaftlich *adj* peu scientifique

unwissentlich *adv* sans le savoir [*o* vouloir]

unwohl *adj* ► **jdm ist ~, jd fühlt sich ~** (*jdm geht es nicht gut*) qn ne se sent pas bien; **jd fühlt sich ~** (*unbehaglich*) qn est mal à l'aise

Unwohlsein *nt* indisposition *f*

unwohnlich *adj* inconfortable

unwürdig *adj* 1. (*schändlich*) *Verhalten* indigne; *Behandlung, Treiben a.* odieux(-euse)
2. (*nicht würdig*) *Preisträger etc* indigne; ■ **jd ist einer S.** (*gen*) ~ qn est indigne de qc; ■ **etw ist jds** ~ qc est indigne de qn

Unzahl *f* ■ **eine ~ von etw** une multitude de qc; ***eine ~ von Insekten*** des myriades *fpl* d'insectes

unzählig *adj* ■ **~e ...** d'innombrables ...; ***~e Male*** mille et mille fois; ***~e Mal*** cent fois

unzähligemal *s.* **unzählig**

Unzeit *f* ► **zur** ~ *geh anrufen, besuchen, kommen* mal à propos; (*sehr spät oder früh*) à une heure indue

unzeitgemäß *adj* démodé(e), suranné(e)

unzerbrechlich *adj* incassable

unzerkaut *adv*: ***sie behielt die Tablette ~ im Mund*** elle a gardé le comprimé dans la bouche sans le croquer; ***die Kapsel muss ~ heruntergeschluckt werden*** il faut avaler la gélule sans la croquer

unzertrennlich *adj* inséparable

unzivilisiert [-vi-] I. *adj Aussehen* sauvage; *Benehmen* barbare; *Mensch* non civilisé(e), inculte
II. *adv sich benehmen* comme un rustre

Unzucht *f* ∅ *veraltend* luxure *f*
► ~ **mit Abhängigen/Kindern** attentat *m* à la pudeur sur des personnes dépendantes/enfants

unzüchtig *adj* 1. *veraltend* (*unsittlich*) luxurieux(-euse) *littér*, licencieux(-euse) *littér*
2. (*pornografisch*) obscène

unzufrieden *adj* mécontent(e); ■ **jd ist ~ mit jdm/etw** qn est mécontent(e) de qn/qc

Unzufriedenheit *f* mécontentement *m*, insatisfaction *f*; ***er warf ihr ~ vor*** il lui reprochait de ne jamais être contente

unzugänglich *adj* 1. *Gegend, Ortschaft* inaccessible
2. *Charakter, Mensch* inaccessible, inabordable; (*verschlossen*) impénétrable

Unzukömmlichkeit <-, -en> *f* CH *s.* **Unzulänglichkeit**

unzulänglich I. *adj* insuffisant(e)
II. *adv* insuffisamment

Unzulänglichkeit <-, -en> *f* 1. ∅ (*Mangelhaftigkeit*) insuffisance *f*
2. *meist pl* (*mangelhafter Zustand*) carence *f*

unzulässig *adj Eingreifen, Maßnahme, Vorgehen* inadmissible; *Methode* illicite; *Beschluss* irrecevable

unzumutbar *adj Belastung, Umstand, Zustand* intolérable; ■ **es ist ~, dass jd etw tut** on ne peut pas décemment demander à qn de faire qc [*o* que qn fasse qc]

unzurechnungsfähig *adj* irresponsable
► **jd erklärt jdn für** ~ qn déclare qn irresponsable, qn reconnaît l'irresponsabilité de qn

Unzurechnungsfähigkeit *f* irresponsabilité *f*

unzureichend *adj s.* **unzulänglich**

unzusammenhängend *adj Worte* incohérent(e); *Sätze a.* décousu(e)

unzustellbar *adj* POST non distribué(e), non remis(e); ***~e Sendung*** rebut *m*; „~" "destinataire inconnu à l'adresse indiquée"

unzutreffend *adj* inexact(e); ■ **es ist ~, dass** il est inexact que + *subj*
► „**U~es bitte streichen**" "rayer les mentions inutiles"

unzuverlässig *adj* 1. (*nicht verlässlich*) *Freund* sur qui on ne peut pas se reposer; *Mitarbeiter* peu fiable; ■ **jd ist** ~ qn est peu fiable, on ne peut guère se fier à qn
2. (*unglaubwürdig*) *Informant, Zeuge* peu sûr(e), peu crédible

Unzuverlässigkeit *f* 1. (*mangelnde Verlässlichkeit*) manque *m* de fiabilité
2. (*Unglaubwürdigkeit*) manque *m* de crédibilité

unzweckmäßig *adj* 1. (*nicht geeignet*) inapproprié(e), inadéquat(e)
2. (*nicht zweckdienlich*) inopportun(e); ■ **es ist ~ etw zu tun** il est inopportun de faire qc

Unzweckmäßigkeit *f* caractère *m* inapproprié; ***etw ist von offensichtlicher ~*** qc n'est manifestement pas approprié(e); ***wegen der ~ des Schuhwerks*** à cause de[s] chaussures mal appropriées

unzweideutig I. *adj* sans ambiguïté; ***etw ist nicht ganz ~*** qc n'est pas dépourvu(e) d'ambiguïté
II. *adv* sans ambiguïté

unzweifelhaft I. *adj geh* indubitable
II. *adv geh s.* **zweifellos**

Update <-s, -s> ['apdeɪt] *m* INFORM mise *f* à jour

uploaden ['aploʊdən] *vt* INFORM ■ **jd uploadet etw** qn télécharge qc [vers l'amont], qn uploade qc

üppig adj 1. (reichhaltig) Essen, Mahlzeit copieux(-euse) plantureux(-euse)
2. geh Blumenpracht, Vegetation, Wiesen luxuriant(e), exubérant(e)
3. Brüste opulent(e); Hüften plantureux(-euse); Lippen voluptueux(-euse)
Üppigkeit <-> f Ø geh luxuriance f, exubérance f
Ur <-[e]s, -e> m aurochs m
Ur- 1. (ursprünglich) -fassung, -text original(e); -form primitif(-ive); -heimat, -zustand d'origine, original(e); ~**wildpferd** ancêtre m du cheval sauvage; ~**bevölkerung** population f autochtone; ~**sprache** protolangage m 2. (typisch) -bayer, -sozialist vrai(e) antéposé **Urabstimmung** f IND consultation f de la base **Uradel** m ancienne noblesse f; **aus altem** ~ de vieille souche **Urahn** m, **e** f ancêtre mf, aïeul(e) m(f)
Ural <-s> m ■ **der** ~ l'Oural m
uralt adj 1. (sehr alt) Frau, Mann très vieux(vieille)
2. (schon lange existent) Brauch, Tradition très ancien(ne)
3. fam (schon lange bekannt) Problem, Trick, Witz archiconnu(e) fam, archivieux(-vieille) fam
Uran <-s> nt Ø CHEM uranium m
Uran- d'uranium; -aufbereitung, -konversion de l'uranium
Uranus <-> m Ø ■ **der** ~ [la planète] Uranus f
uraufführen <uraufgeführt> vt nur infin und pp CINE, THEAT ■ **etw** ~ créer qc; Film projeter qc en avant-première; ■ **etw wird uraufgeführt** c'est la création de qc; /Film/ c'est la sortie [o la première] de qc **Uraufführung** f première représentation f
urban adj geh 1. (städtisch) urbain(e)
2. (weltmännisch) urbain(e) littér; ~**es Auftreten** urbanité f littér
urbar adj ▶ **jd macht etw** ~ qn défriche qc, qn rend qc propre à la culture
urchig adj CH s. **urig**
ureigen adj personnel(le); **das ist in Ihrem ~en Interesse** c'est dans votre propre intérêt **Ureinwohner(in)** m(f) aborigène mf, autochtone mf **Urenkel(in)** m(f) arrière-petit-fils/arrière-petite-fille m/f; **ihre/seine** ~ ses arrière-petits-enfants mpl **urgemütlich** adj fam très sympa fam; ■ **irgendwo ist es** ~ quelque part, c'est très sympa fam **Urgestein** nt roche f primitive **Urgewalt** f geh force f élémentaire; **mit ~ zog der Orkan über das Land hinweg** avec une violence déchaînée, l'ouragan traversa le pays
urgieren vt AUS (anmahnen) ■ **jd urgiert etw** Angelegenheit qn fait avancer qc; **jd urgiert eine Auskunft/Antwort** qn demande à ce qu'on lui donne sur le champ une information/réponse
Urgroßeltern pl arrière-grands-parents mpl **Urgroßmutter** f arrière-grand-mère f **Urgroßvater** m arrière-grand-père m
Urheber(in) <-s, -> m(f) 1. (Autor) auteur m
2. (Initiator) initiateur(-trice) m(f); [Streit, Intrige] instigateur(-trice) m(f)
▶ **der geistige** ~ le père spirituel
Urheberrecht nt 1. (Recht des Autors) droit m d'auteur, copyright m; [Maler, Bildhauer etc] propriété f artistique; ■ **jds ~ an etw** (dat) le droit d'auteur de qn sur qc m 2. (urheberrechtliche Bestimmungen) loi f sur la propriété littéraire et artistique **urheberrechtlich** I. adj concernant le droit d'auteur [o le copyright] II. adv: ~ **geschützte Werke** ouvrages mpl dont les droits de reproduction sont réservés [o protégés [par un copyright]]; **etw ist ~ geschützt** les droits de reproduction de qc sont réservés, qc est protégé(e) [par un copyright]
Urheberschaft <-, -en> f JUR ■ **jds** ~ la qualité d'auteur de qn; [Autor a.] la paternité littéraire de qn; [Künstler, Maler a.] la paternité artistique de qn
Uri <-s> nt l'Uri m
urig adj fam 1. (originell) Kauz, Kerl folklo fam, farfelu(e) fam
2. (mit Lokalkolorit) très couleur locale, très typique, pittoresque
Urin <-s, -e> m urine f
▶ **jd hat es im** ~ sl qn renifle qc [à cent mètres] fam
Urinal <-s, -e> nt urinoir m
urinieren * vi form ■ **jd uriniert** qn urine; **ihm fällt das U~ schwer** il a des difficultés à uriner
Urinstinkt m instinct m inné **Urknall** m big[-]bang m **urkomisch** adj fam tordant(e) fam, marrant(e) fam **Urkraft** f force f élémentaire
Urkunde <-, -n> f (Dokument) document m, pièce f officielle; (Ernennungs~) acte m [o arrêté m] de nomination; (Diplom) diplôme m; **notarielle** ~ acte m notarié
Urkundenfälschung f faux m en écriture
urkundlich I. adj: **der ~e Beweis einer S.** (gen) le document qui prouve qc; **dafür gibt es ~e Belege** il y a des documents qui l'attestent
II. adv beweisen, bezeugen, belegen par un document, document[s] à l'appui
Urlandschaft f paysage m à l'état naturel
Urlaub <-[e]s, -e> m congé m, congés mpl
▶ **bezahlter/unbezahlter** ~ congés mpl payés/non payés; **jd fährt in** ~ qn part en vacances; **jd hat** ~ /Arbeitnehmer/ qn est en congé; (Ferien) qn est en vacances; **jd ist in** [o **auf**] ~ fam qn est parti(e) en vacances; **jd macht** [**irgendwo**] ~ qn est en vacances [quelque part], qn passe ses vacances quelque part; **jd macht ~/ein paar Tage** ~ qn prend des vacances/quelques jours de congé [o vacances]; **jd macht ~ von etw** qn part pour se reposer de qc; **jd macht ~ vom Alltag/von der Familie** qn change d'air/s'éloigne un peu de la famille pour souffler
Urlauber(in) <-s, -> m(f) vacancier, -ière m
Urlaubsanspruch m jours mpl de congé légaux **Urlaubsgeld** nt prime f de vacances **Urlaubsort** m lieu m de vacances [o de villégiature soutenu] **urlaubsreif** adj fam ■ **jd ist** ~ qn a besoin de vacances, qn est mûr(e) pour prendre des vacances **Urlaubsreise** f voyage m; **vor dem Antritt einer** ~ avant de partir en vacances; **wohin soll denn eure ~ gehen?** où partez-vous en vacances? **Urlaubsschein** m titre m de permission **Urlaubstag** m 1. TOURISMUS jour m de vacances 2. IND jour m de congé **Urlaubswoche** f TOURISMUS semaine f de vacances **Urlaubszeit** f TOURISMUS période f des vacances; IND période m des congés
Urmensch m homme m préhistorique
Urne <-, -n> f 1. (Grab~) urne f [funéraire]
2. (Wahl~) urne f
▶ **jd geht** [o **schreitet**] **zu den ~n** qn va [o se rend] aux urnes
Urnenfriedhof m jardin m du souvenir, columbarium m **Urnengang** <-gänge> m élections fpl; **die Bevölkerung ist wieder einmal zum ~ aufgerufen** la population est de nouveau appelée à se rendre aux urnes **Urnengrab** nt case f de columbarium, tombe f à urne **Urnenhalle** f columbarium m
Urologe <-n, -n> m, **-login** f urologue mf
Urologie <-> f Ø urologie f
urologisch adj urologique
Uroma f fam s. **Urgroßmutter**. **Uropa** m fam s. **Urgroßvater**. **urplötzlich** I. adj attr fam Auftreten, Ausbreitung soudain(e); Einfall, Tod subit(e) II. adv sans crier gare
Ursache f ■ **die** ~ [**für etw**] la cause [o la raison] [de qc]
▶ ~ **und Wirkung** la cause et l'effet; **kleine ~, große Wirkung** à petite cause grands effets; **jd hat alle/keine ~ zu etw: ich habe alle/du hast keine ~ zu dieser Griesgrämigkeit** j'ai toutes les raisons/tu n'as aucune raison d'être grincheux(-euse); **ich habe alle ~ dazu** j'ai toutes les raisons pour ça; **jd hat alle/keine ~ etw zu tun** qn a toutes les raisons/n'a aucune raison de faire qc; **etw ist die ~ für etw** [o **einer S.** (gen)] qc est la cause de qc; **aus ...** ~ aus geringfügiger, unbekannter pour une raison ...; **aus ungeklärter** ~ pour une raison inexpliquée [o non élucidée]; **ohne** [**jede**] ~ sans [aucune] raison; **keine** ~! [il n'y a] pas de quoi!
ursächlich adj: **diese Dinge stehen in ~em Zusammenhang** il y a une relation de cause à effet entre ces choses; ■ **etw ist für etw** ~ qc est la cause de qc
Urschrift f [Dokument] original m; [notarielle Urkunde] minute f
Ursprung <-s, Ursprünge> m [Kultur, Menschheit, Zivilisation] origines fpl; [Wort, Redensart] origine f
▶ **etw hat seinen ~ in etw** (dat) qc provient de qc, qc tire ses origines [o son origine] de qc; **etw ist ... ~s** qc est d'origine ...
ursprünglich I. adj 1. attr (anfänglich) Plan, Projekt initial(e); Einstellung, Haltung a. premier(-ière); Absicht, Bestreben à l'origine
2. (im Urzustand befindlich) Landschaft, Urwald à l'état sauvage [o naturel]
3. (urtümlich) Brauchtum, Tradition archaïque
II. adv (anfangs) au départ, à l'origine
Ursprünglichkeit <-> f Ø 1. (ursprüngliche Beschaffenheit) [Landschaft etc] état m naturel
2. (Urtümlichkeit) [Brauch etc] origine f [très] ancienne, ancienneté f
Ursprungsflughafen m aéroport m de départ **Ursprungsland** nt pays m d'origine
Urteil <-s, -e> nt 1. JUR jugement m, arrêt m, verdict m
2. (Meinung) opinion f, jugement m
▶ **jd bildet sich** (dat) **ein** ~ [**über etw** (akk)] qn se fait une opinion [sur qc]; **jd erlaubt sich** (dat) **ein/kein** ~ [**über etw** (akk)] qn se permet de porter un jugement [sur qc]/ne se permet pas de juger [qc]; **jd fällt ein** ~ JUR qn rend un jugement; **jd fällt ein** ~ [**über jdn/etw**] qn porte un jugement [sur qn/qc]; **nach jds ~, nach dem ~ von jdm** selon qn, à mon/son/... avis
urteilen vi ■ **jd urteilt über jdn/etw** qn juge qn/qc; ■ **jd urteilt ...** schnell, voreilig qn juge d'une manière ...
▶ **danach zu** ~ à en juger par ça; **ein so kurzer Brief! Danach zu ~ geht es ihm schlecht** à en juger par la longueur de sa lettre, il doit aller mal
Urteils- du jugement **Urteilsspruch** m verdict m, sentence f **Urteilsvermögen** nt Ø [faculté f de] jugement m
Urtierchen nt protozoaire m
urtümlich adj ancestral(e)
Urur- arrière-arrière-; ~**großmutter** trisaïeule f; ~**großvater** trisaïeul m
urverwandt adj LING de même origine; ■ **etw ist ~ mit etw** qc a [o est de] la même origine que qc; ■ **sie sind** [**miteinander**] ~ ils/elles sont apparenté(e)s **Urvogel** m archéoptéryx m **Urwald** m forêt f vierge **Urwelt** f Ø ■ **die** ~ le monde primitif **urweltlich** adj primitif(-ive) **urwüchsig** adj 1. (im Urzustand erhalten) Landschaft, Vegetation primitif(-ive), à l'état sauvage 2. (unverbildet) Bauern, Bewohner proche de la terre; Sprache primitif(-ive) **Urzeit** f Ø ■ **die** ~ l'ère f primaire ▶ **seit ~en** fam ça fait cent sept ans que + indic fam; **vor ~en** fam y a cent sept ans fam **urzeitlich** adj s. **urweltlich**. **Urzustand** m Ø état m primitif [o naturel]
USA [uːˀɛsˀaː] pl abk von **United States of America** ■ **die** ~ les U.S.A. mpl
US-Amerikaner(in) [uːˀɛs-] m(f) Américain(e) m(f) des États-Unis d'Amérique form, Américain(e) m(f) **US-amerikanisch** adj des États-Unis d'Amérique form, des U.S.A., américain(e), étasunien(ne)
User(in) <-s, -> [ˈjuːzɐ] m(f) utilisateur(-trice) m(f)
Usurpator <-s, -toren> m, **-torin** f geh usurpateur(-trice) m(f)
usurpieren * vt geh ■ **jd usurpiert etw** qn usurpe qc
Usus <-> m ▶ **es ist irgendwo** [**so**] ~ [**etw zu tun**] c'est l'usage [o la coutume] quelque part [de faire qc]
usw. loc abk von **und so weiter** etc.
Utensil <-s, -ien> [-liən] nt meist pl ustensile m
Uterus <-, Uteri> m form utérus m
Uterus- form de l'utérus
Utility <-, -ties> [juːˈtɪlɪti] nt INFORM utilitaire m
Utopie <-, -n> [-ˈpiːən] f geh chimère f
utopisch adj 1. geh Vorstellungen, Wunsch chimérique, irréaliste
2. Roman d'anticipation
u. U. loc abk von **unter Umständen** éventuellement
UV [uːˈfau] adj abk von **ultraviolett**
UV- [uːˈfau-] -Alarm aux U.V.; -Bestrahlung, -Filter, -Licht, -Strahlen, -Strah-

lung U.V.; *-Konzentration* en U.V.
u. v. a. [**m.**] *loc abk von* **und vieles andere** [**mehr**] etc.
U.v.D. <-s, -s> [u:fau'de:] *m abk von* **Unteroffizier vom Dienst** sous-officier *m* [*o* sous-off *fam*] de semaine
Ü-Wagen *m* véhicule *m* de transmission

V

V, v <-, -> [fau] *nt* V *m*, v *m*
 ▶ **V wie Viktor** v comme Victor
V 1. *abk von* **Volt** V
 2. *abk von* **Volumen** v
Vabanquespiel [va'bã:k-] *nt geh* quitte ou double *m*; ***es ist ein*** ~ c'est [vraiment] jouer à quitte ou double
Vaduz <-> [fa'dʊts, va'du:ts] *nt* Vaduz
Vagabund(**in**) <-en, -en> [va-] *m(f)* vagabond(e) *m(f)*; ***er ist ein richtiger*** ~ (*liebt das unstete Leben*) il a la bougeotte *fam*
vage ['va:-] I. *adj* vague
 II. *adv* vaguement
Vagina <-, Vaginen> [va-] *f* vagin *m*
vaginal [va-] I. *adj* vaginal(e); ANAT *a.* du vagin
 II. *adv erfolgen* par le vagin; ***jd untersucht/ertastet jdn*** ~ qn procède à un examen/toucher vaginal sur qn
vakant [va-] *adj form* vacant(e); ■ **etw ist/wird** [**bei jdm**] ~ qc est/va être vacant(e) [chez qn]
Vakanz <-, -en> [va-] *f form* vacance *f*
Vakuum <-s, Vakuen *o* Vakua> ['va:kuʊm, 'va:kuən, 'va:kua] *nt* 1. PHYS vide *m*, vacuum *m spéc*
 2. *geh* (*Lücke*) vide *m*
Vakuumpackung ['va:kuʊm-] *f* emballage *m* sous vide **vakuumverpackt** *adj* [emballé(e)] sous vide
Valuta <-, Valuten> [va-] *f* 1. (*Währung*) devise *f*
 2. (*Wertstellung*) valeur *f*
Vamp <-s, -s> [væmp] *m* vamp *f*
Vampir <-s, -e> [vam'pi:ɐ] *m* vampire *m*
Vanadium <-s> [va'na:diʊm] *nt Ø* CHEM vanadium *m*
Vandale <-n, -n> [va-] *m*, **Vandalin** *f* 1. (*zerstörungswütiger Mensch*) vandale *mf*
 2. HIST Vandale *mf*
Vandalismus <-> [va-] *m Ø* vandalisme *m*
Vanille <-, -en> [va'nɪljə, va'nɪlə] *f* vanille *f*
Vanille- [va'nɪljə-, va'nɪlə-] *-kipferl, -soße* à la vanille **Vanilleeis** *nt* glace *f* à la vanille **Vanillepudding** *m* flan *m* à la vanille **Vanillestange** *f* gousse *f* de vanille **Vanillezucker** *m* sucre *m* vanillé
Vanillin [va-] *m* vanilline *f*
variabel [va-] *adj* variable; ■ **jd ist** [**in etw** (*dat*)] ~ qn est souple [en ce qui concerne qc]
Variante <-, -n> [va-] *f* variante *f*
Variation <-, -en> [va-] *f* variation *f*
Varieté, Varietee[RR] <-s, -s> [varie'te:] *nt* (*Vorführung*) spectacle *m* de variétés, music-hall *m*; (*Gebäude*) music-hall *m*
variieren * [va-] *vi* ■ **etw variiert** qc varie; ■ **etw lässt sich** ~ on peut [faire] varier qc
Vasall <-en, -en> [va-] *m* vassal *m*
Vase <-, -n> [va-] *f* vase *m*
Vaseline <-> [va-] *f Ø* vaseline *f*
Vasoresektion <-, -n> [va-] *f* vasectomie *f*
Vater <-s, -> *m* 1. (*Elternteil*) père *m*
 2. (*Urheber*) père *m*, créateur *m*
 ▶ ~ **Staat** *hum* l'État *m*; **jd ist ganz der** ~ qn est son père tout craché [*o* papa], qn est tout son père; **der Heilige** ~ le Saint-Père; **jd wird** ~ qn devient père; ~ **unser** REL Notre Père *m*
Vaterhaus *nt geh* maison *f* familiale [*o* natale], domicile *m* paternel *form*
 Vaterland *nt* patrie *f*
vaterländisch *adj geh* patriotique
väterlich I. *adj* paternel(le); ***das*** ~***e Auto*** l'auto *f* de mon/son/… père
 II. *adv* comme un père
väterlicherseits *adv* du côté paternel [*o* de mon/son/… père]; ***die Augenbrauen sind mir*** ~ ***vererbt worden*** les sourcils me viennent de mon père
Vaterliebe *f* 1. (*Liebe eines Vaters*) amour *m* paternel
 2. (*Liebe zum Vater*) amour *m* filial
vaterlos *adj* sans père, orphelin(e) de père
Vatermord *m* parricide *m* **Vatermörder**(**in**) *m(f)* parricide *mf*
Vaterschaft <-, -en> *f* paternité *f*
Vaterschaftsnachweis *m* preuve *f* de la/de paternité
Vaterstadt *f geh* ville *f* natale **Vaterstelle** *f* ▶ **jd vertritt bei** [*o* **an**] **jdm** ~ *geh* qn tient lieu de père à qn **Vatertag** *m* fête *f* des pères **Vaterunser** <-s, -> *nt* ■ **das/ein** ~ le/un Notre Père
Vati <-s, -s> *m s.* **Papa**
Vatikan <-s> [va-] *m* ■ **der** ~ le Vatican
Vatikanstadt [va-] *f Ø* ■ **die** ~ la cité du Vatican
V-Ausschnitt ['fau-] *m* décolleté *m* en V
 ▶ **mit** ~ [avec un décolleté] en V
v. Chr. *loc abk von* **vor Christus** av. J.-C.
Vegetarier(**in**) <-s, -> [vege'ta:riɐ] *m(f)* végétarien(ne) *m(f)*
 ▶ **jd ist** ~ qn est végétarien(ne)
vegetarisch [ve-] I. *adj* végétarien(ne)
 II. *adv leben* en végétarien(ne); ***jd isst/ernährt sich*** ~ qn est végétarien(ne), qn a un régime végétarien
Vegetation <-, -en> [ve-] *f* végétation *f*
vegetativ [ve-] I. *adj* végétatif(-ive)
 II. *adv* 1. MED: ***etw ist*** ~ ***bedingt*** qc est d'ordre neurovégétatif
 2. BIO *vermehren* de façon végétative; ***etw vermehrt sich*** ~ qc a une reproduction végétative
vegetieren * [ve-] *vi* ■ **jd vegetiert** qn végète
vehement [ve-] I. *adj geh* véhément(e) *soutenu*
 II. *adv geh* avec véhémence *soutenu*
Vehemenz <-> [ve-] *f Ø geh* véhémence *f soutenu*
Vehikel <-s, -> [ve-] *nt fam* (*Auto*) guimbarde *f fam*, tacot *m fam*; (*Fahrrad*) clou *m fam*, bécane *f fam*
Veilchen <-s, -> *nt* 1. BOT violette *f*
 2. *fam* (*blaues Auge*) œil *m* au beurre noir *fam*, coquard *m fam*
Vektor <-s, -toren> ['vɛ-] *m* vecteur *m*
Velar <-s, -e> *m*, **Velarlaut** [ve-] *m* vélaire *f*
Velo <-s, -s> ['velo] *nt* CH vélo *m*
Velours[1] <-, -> [və'lu:ɐ, ve-] *nt s.* **Veloursleder**
Velours[2] <-, -> [və'lu:ɐ, ve-] *m* TEXTIL velours *m*
Veloursleder [və'lu:ɐ-, ve-] *nt* daim *m* **Veloursteppichboden** *m* moquette *f* velours
Vene <-, -n> ['ve:-] *f* veine *f*
Venedig <-s> [ve-] *nt* Venise
Venenentzündung ['ve:-] *f* phlébite *f*
venerisch [ve-] *adj* vénérien(ne)
Venezolaner(**in**) <-s, -> [ve-] *m(f)* Vénézuélien(ne) *m(f)*
Venezuela <-s> [ve-] *nt* le Vénézuéla
venös [ve-] *adj* veineux(-euse)
Ventil <-s, -e> [vɛ-] *nt* 1. (*Absperrhahn*) vanne *f* [d'arrêt]
 2. (*Schlauch~*) valve *f*
 3. AUT soupape *f*
 4. MUS piston *m*
 5. *geh* (*zum Abbau von Emotionen*) exutoire *m*, soupape *f* de sûreté [*o* de sécurité]
Ventilation <-, -en> [vɛ-] *f* ventilation *f*
Ventilator <-s, -toren> [vɛ-] *m* ventilateur *m*
Venus <-> ['ve:-] *f Ø* ■ **die** ~ [la planète] Vénus *f*
verabfolgen * *vt s.* **verabreichen 1.**
verabreden * I. *vr* ■ **jd verabredet sich mit jdm/sie** ~ **sich** [**für etw/irgendwo**] qn donne rendez-vous à qn [*o* qn prend rendez-vous avec qn]/ils se donnent rendez-vous [pour qc/quelque part]; ***sie verabreden sich für einen Termin*** ils conviennent d'un rendez-vous; ■ **jd ist verabredet** qn a un rendez-vous; ■ **jd ist mit jdm/irgendwo verabredet** qn a rendez-vous avec qn/quelque part
 ▶ **wie verabredet** comme convenu
 II. *vt* ■ **jd verabredet etw** [**mit jdm**] *Gespräch, Treffen* qn convient de qc [avec qn]; *Ort, Termin, Uhrzeit a.* qn fixe qc [avec qn]; ■ **jd verabredet mit jdm, dass sie etw tun/was** qn se met d'accord avec qn pour faire qc/sur ce qui/ce que, qn convient avec qn de faire qc/de ce qui/ce que; ■ **verabredet** convenu(e)
Verabredung <-, -en> *f* 1. (*Treffen*) rendez-vous *m*
 2. (*Vereinbarung*) arrangement *m*, accord *m*
 3. (*das Verabreden*) [*Termin, Treffen etc*] *verbal übersetzt*; ***für die*** ~ ***von Terminen ist meine Sekretärin zuständig*** pour prendre rendez-vous, adressez-vous à ma secrétaire
 ▶ **jd hat eine** ~/**eine** ~ **mit jdm** qn a rendez-vous/un rendez-vous avec qn; **sie treffen eine** ~ ils/elles se mettent d'accord; **jd trifft mit jdm eine** ~ [**für etw**] *geh* qn prend rendez-vous avec qn [pour qc]
verabreichen * *vt form* ■ **jd verabreicht jdm etw** *Medikament, Tropfen* qn administre qc à qn *form*
verabscheuen * *vt* ■ **jd verabscheut jdn/etw** qn déteste qn/a horreur de qc; ■ **jd verabscheut es etw zu tun** qn a horreur de [*o* déteste] faire qc
verabschieden * I. *vr* 1. (*Abschied nehmen*) ■ **jd verabschiedet sich**

[**von jdm**] qn prend congé [de qn] *form,* qn dit au revoir [à qn]; ***ich muss mich*** [***von Ihnen***] ~ il faut que je vous quitte
2. (*sich distanzieren*) ■ **jd verabschiedet sich aus etw** *aus der Verantwortung, Politik* qn prend ses distances à l'égard de qc
II. *vt* **1.** POL ■ **jd verabschiedet etw** *Gesetz* qn vote qc; *Haushalt* qn adopte qc
2. *form* (*von jdm Abschied nehmen*) ■ **jd verabschiedet jdn** *Besucher, Gast* qn prend congé de qn *form*
3. *form* (*feierlich entlassen*) ■ **jd verabschiedet jdn** *scheidenden Minister, Befehlshaber* qn célèbre le départ de qn, qn remercie qn officiellement de ses bons et loyaux services

Verabschiedung <-, -en> *f* **1.** POL [*Gesetz*] vote *m;* [*Haushalt*] adoption *f*
2. (*feierliche Entlassung*) *verbal übersetzt;* ***zur ~ des Ministers*** pour célébrer le départ du ministre

verachten * *vt* **1.** (*verächtlich finden*) ■ **jd verachtet jdn** qn méprise qn; ■ **jd verachtet etw** qn a du mépris pour qc
2. *geh* (*nicht achten*) ■ **jd verachtet etw** *Gefahr, Tod* qn méprise qc
▸ **nicht zu ~d** *fam* qui n'est pas à dédaigner; **etw ist nicht zu ~** il ne faut pas cracher sur qc *fam*

-verachtend *kinder-, verbraucher-, umwelt-* qui ne respecte pas …; *mitarbeiter-, publikums- a.* méprisant …, plein(e) de mépris pour …; ***menschen~*** inhumain(e); ***frauen~*** misogyne

Verächter(in) <-s, -> *m(f)* ▸ **jd ist kein ~ von etw** qn ne dédaigne pas qc

verächtlich I. *adj* **1.** (*Verachtung zeigend*) méprisant(e), dédaigneux(-euse)
2. (*zu verabscheuen*) méprisable
II. *adv* avec mépris, dédaigneusement

Verachtung *f* mépris *m,* dédain *m*
▸ **jd straft jdn mit ~** *geh* qn accable qn de son mépris *soutenu,* qn traite qn par le mépris; **voller ~** plein(e) de mépris

veralbern * *vt fam* ■ **jd veralbert jdn** qn se paie la tête de qn *fam,* qn se fiche de qn *fam*

verallgemeinern * **I.** *vt* ■ **jd verallgemeinert etw** qn généralise qc
II. *vi* ■ **jd verallgemeinert** qn généralise

Verallgemeinerung <-, -en> *f* **1.** ∅ (*das Verallgemeinern*) généralisation *f*
2. (*verallgemeinernde Darstellung*) généralité *f,* généralisation *f*

veralten * *vi + sein* ■ **etw veraltet** qc vieillit; */Ansichten, Methoden a./* qc se démode, qc passe de mode; */Wort a./* qc tombe en désuétude; */Gerät/* qc devient dépassé(e); ■ **veraltet** (*antiquiert*) *Ansichten, Methoden* démodé(e), suranné(e); *Wort* désuet(-uète); *Gerät* dépassé(e)

Veranda <-, Veranden> [ve-] *f* véranda *f*

veränderlich *adj* **1.** METEO variable, instable
2. (*variierbar*) variable

verändern * **I.** *vt* **1.** (*anders machen*) ■ **jd verändert etw** *Ablauf, Anordnung* qn modifie qc; *Einrichtung, System* qn change qc, qn transforme qc
2. (*im Wesen anders machen*) ■ **etw verändert jdn** qc change qn, qc transforme qn
3. (*ein anderes Aussehen verleihen*) ■ **jd/etw verändert jdn/etw** qn/qc change qn/qc
II. *vr* **1.** (*anders werden*) ■ **etw verändert sich** */Situation, Wetter, jds Aussehen/* qc change
2. (*sein Wesen ändern*) ■ **jd verändert sich** [**zu etw**] *zu seinem Nachteil, Vorteil* qn change [à qc]; *zum Besseren, Schlechteren* qn change [en qc]
3. (*Stellung wechseln*) ■ **jd verändert sich/verändert sich irgendwohin** qn change d'emploi/part travailler quelque part
▸ **jd verändert sich äußerlich** qn change extérieurement [*o* physiquement]

Veränderung *f* **1.** (*andere Gestaltung*) changement *m;* (*Änderung*) modification *f*
2. (*Wandel*) changement *m;* ***eine ~ zum Besseren*** un changement positif
3. (*Stellungswechsel*) changement *m* d'emploi; ***sie plant eine ~/eine ~ nach Dresden*** elle envisage de changer d'emploi/d'aller travailler à Dresde

verängstigen * *vt* ■ **jd/etw verängstigt jdn** qn/qc effraie qn; ■ **verängstigt** effrayé(e), apeuré(e)

verankern * *vt* **1.** TECH ■ **jd verankert etw** [**in etw** (*dat*)] qn ancre [*o* fixe solidement] qc [dans qc]
2. NAUT ■ **jd verankert etw** qn ancre qc

Verankerung <-, -en> *f* ancrage *m*

veranlagen * *vt* FISC ■ **jd veranlagt jdn/jdn mit etw** qn établit l'assiette de l'impôt de qn/impose qn de qc; ***Ehegatten werden gemeinsam veranlagt*** les époux souscrivent une déclaration commune de leurs revenus

veranlagt *adj* ■ **ein … ~er Mensch** *künstlerisch, musikalisch* une personne doué(e) pour qc, une personne qui a des dons pour qc; ■ **jd ist irgendwie ~** qn est doué(e) pour qc, qn a des dons pour qc; ***jd ist homosexuell ~*** qn a des tendances homosexuelles; ***jd ist praktisch ~*** qn a le sens pratique

Veranlagung¹ <-, -en> *f* (*angeborene Anlage*) tempérament *m,* naturel *m*
▸ **jd hat eine … ~** *eine künstlerische* qn a des dons pour qc, qn est doué(e) pour qc; *eine homosexuelle* qn a des tendances …; **jd hat eine ~ zu etw** qn a tendance à qc

Veranlagung² <-, -en> *f s.* **Steuerveranlagung**

veranlassen * *vt* **1.** (*in die Wege leiten*) ■ **jd veranlasst etw** qn fait le nécessaire pour qc; ***bitte ~ Sie sein sofortiges Erscheinen*** veuillez le faire venir immédiatement; ***~ Sie bitte die Unterschrift*** occupez-vous de la signature; ■ **jd veranlasst, dass jd etw tut/etw getan wird** qn fait en sorte que qn fasse qc/qc soit fait
2. (*dazu bringen*) ■ **jd veranlasst jdn zu etw** qn amène [*o* incite] qn à faire qc; ■ **jd veranlasst ihn/sie** [**dazu**], **dass er/sie etw tut/etw zu tun** qn amène [*o* incite] qn à faire qc
▸ **jd fühlt sich dazu veranlasst etw zu tun** qn se sent obligé(e) de faire qc

Veranlassung <-, -en> *f verbal übersetzt;* ***ich werde sie um ~ dieser Aufträge/ Erledigungen bitten*** je lui demanderai de régler ces commandes/affaires; ***die ~ der Unterschriften braucht ihre Zeit*** il faut du temps pour obtenir ces signatures
▸ **jd hat nicht die leiseste ~ etw zu tun** qn n'a pas la moindre raison de faire qc; **jd gibt jdm ~** [**dazu**] **etw zu tun** qn donne à qn l'occasion de faire qc; **jd hat keine ~ zu etw** qn n'a aucun motif de qc; **jd hat keine ~** [**dazu**] **etw zu tun** qn n'a aucune raison de faire qc; **auf jds ~, auf ~ von jdm** à l'instigation de qn

veranschaulichen * *vt* ■ **jd veranschaulicht** [**jdm**] **etw** qn illustre qc [pour qn]

Veranschaulichung <-, -en> *f* illustration *f*
▸ **zur ~** pour illustrer

veranschlagen * *vt* ■ **jd veranschlagt etw** [**mit etw**] qn estime [*o* évalue] qc [à qc]; ■ **jd veranschlagt etw für etw** qn prévoit qc pour qc

veranstalten * *vt* **1.** (*durchführen*) ■ **jd veranstaltet etw** *Volksfest, Turnier* qn organise qc; *Fest, Feier a.* qn donne qc
2. *fam* (*machen*) ■ **jd veranstaltet etw** *Aufstand, Lärm, Zirkus* qn fait qc

Veranstalter(in) <-s, -> *m(f)* organisateur(-trice) *m(f)*

Veranstaltung <-, -en> *f* **1.** ∅ (*das Durchführen*) organisation *f*
2. (*Ereignis*) manifestation *f;* (*feierliches Ereignis*) cérémonie *f*

Veranstaltungskalender *m* calendrier *m* des manifestations

verantworten * **I.** *vt* ■ **jd verantwortet etw/etw vor jdm** qn assume la responsabilité de qc/répond de qc devant qn; ■ **jd verantwortet** [**es**], **wenn jd etw tut** c'est qn qui porte la responsabilité [*o* est responsable] si qn fait qc; ***ich kann es nicht ~, dass du mit dieser Erkältung in die Schule gehst*** je ne peux pas prendre sur moi de te laisser aller à l'école avec ce rhume
II. *vr* ■ **jd verantwortet sich** [**für etw**] [**vor jdm**] qn se justifie [de qc] [auprès de qn]

verantwortlich *adj* **1.** *Geschäftsführer, Leiter, Redakteur* responsable; ■ **jd ist für jdn/etw ~** qn est responsable de qn/qc, qn répond de qn/qc; ■ **jd ist** [**jdm/jdm gegenüber**] **für etw ~/dafür ~, dass etw geschieht** qn est responsable [devant qn] de qc/du fait que qc arrive (*subj*) **2.** (*schuldig*) *Mensch* responsable; ■ **jd/etw ist für etw ~** qn/qc est responsable de qc
3. (*mit Verantwortung verbunden*) *Stelle* à [*o* de] responsabilité; ***diese ~e Position*** ce poste de responsable; ***die ~e Leitung dieses Projekts*** la responsabilité de diriger ce projet ▸ **jd macht jdn für etw ~** qn rend qn responsable de qc; **jd zeichnet für etw ~** qn est responsable de qc, qn a la responsabilité de qc **Verantwortliche(r)** *f(m) decl wie adj* responsable *mf;* ■ **der/die für etw ~** le/la responsable de qc

Verantwortung <-, -en> *f* **1.** (*Verpflichtung, für etw einzustehen*) responsabilité *f*
2. (*Schuld*) ■ **die/jds ~ für etw** la responsabilité de qn dans qc
▸ **auf eigene ~** à ses risques et périls; **jd hat** [*o* **trägt**] **die ~ für jdn/etw** qn a la responsabilité de qn/qc; **jd stiehlt sich aus der ~** qn se défausse de ses responsabilités; **jd trägt die ~ für etw** qn est responsable de qc; **jd übernimmt die ~** [**für etw**] *für einen Fehlschlag etc* qn assume la responsabilité [de qc]; *für einen Anschlag, Mord* qn revendique qc; **jd zieht jdn** [**für etw**] **zur ~** qn demande des comptes à qn [pour qc]; **auf deine/Ihre ~!** à tes/vos risques et périls!

verantwortungsbewusst[RR] **I.** *adj* responsable, conscient(e) de ses responsabilités **II.** *adv* en personne responsable **Verantwortungsbewusstsein**[RR] *nt* sens *m* des responsabilités

verantwortungslos I. *adj Haltung, Handeln* irresponsable; *Mensch a.* inconscient(e); ■ **es ist ~ etw zu tun** c'est de l'inconscience de faire qc, c'est faire preuve d'irresponsabilité que de faire qc
II. *adv* de façon irresponsable

Verantwortungslosigkeit <-> *f* ∅ irresponsabilité *f,* inconscience *f*

verantwortungsvoll *adj* **1.** *Amt, Aufgabe, Stellung* à responsabilité
2. *s.* **verantwortungsbewusst**

veräppeln * *vt fam s.* **veralbern**

verarbeiten * *vt* **1.** IND ■ **jd verarbeitet etw** *Fleisch, Pflanzen* qn traite qc; *Rohstoff, Halbfertigprodukt* qn usine qc; ■ **jd verarbeitet etw zu etw** qn transforme qc en qc, qn travaille qc pour en faire qc
2. (*verbrauchen*) ■ **jd verarbeitet etw** *Farbe, Lack* qn utilise qc; *Mörtel a.* qn travaille qc
3. PSYCH ■ **jd verarbeitet etw** *Eindrücke, Erlebnis* qn assimile qc, qn digère qc; *Scheidung, jds Tod* qn assume qc

verarbeitet *adj* ■ **… ~** *gut, schlecht* …fini(e); ***sorgfältig/ schlampig ~*** de finition soignée/bâclée

Verarbeitung <-, -en> *f* **1.** (*das Verarbeiten*) usinage *m,* transformation *f;* [*Fleisch*] traitement *m*
2. (*Fertigungsqualität*) finition *f*

verargen * *vt* ■ **jd verargt jdm etw** qn en veut à qn de qc; ■ **jd verargt** [**es**] **ihm/ihr, dass/wenn er/sie etw tut** qn lui en veut de faire qc

verärgern * *vt* ■ **jd/etw verärgert jdn** qn/qc fâche [*o* irrite] qn

verärgert I. *adj* fâché(e), en colère; ■ **jd ist ~** [**über jdn/etw**] qn est fâché(e) [*o* en colère] [contre qn/à cause de qc]; ■ **jd ist ~, dass/weil** qn est fâché(e) [*o* en colère] parce que; ***sei nicht ~, dass du verloren hast!*** ne sois pas fâché(e) d'avoir perdu!
II. *adv* avec irritation

Verärgerung <-, -en> *f* irritation *f,* mécontentement *m*

verarmen * *vi + sein* ■ **jd verarmt** qn s'appauvrit; ■ **verarmt** appauvri(e)

Verarmung <-, -en> *f* appauvrissement *m*

verarschen * *vt sl* ■ **jd verarscht jdn** qn se fout de la gueule de qn *pop*

verarzten * *vt fam* **1.** (*behandeln*) ■ **jd verarztet jdn** qn soigne qn
2. (*versorgen*) ■ **jd verarztet** [**jdm**] **etw** *Schnitt, Verletzung, verletztes Glied, Wunde etc* qn [lui] soigne qc; (*mit Pflaster*) qn [lui] met un pansement sur qc

verästeln * *vr* **1.** BOT ■ **etw verästelt sich** */Baum, Strauch/* qc se ramifie

2. GEOG ■ **etw verästelt sich in etw** (*akk*) /*Wasserlauf/* qc se divise en qc; ■ **etw ist verästelt** qc est ramifié(e)
verausgaben * *vr* 1. (*sich überanstrengen*) ■ **jd verausgabt sich** qn se donne à fond, qn va au bout de soi-même
2. (*über seine Mittel leben*) ■ **jd verausgabt sich** [**finanziell**] qn se ruine
verauslagen * *vt form* ■ **jd verauslagt etw** [**für jdn**] qn avance qc [à qn]
veräußern * *vt form* ■ **jd veräußert etw** [**an jdn**] qn cède qc [à qn] *form*
Veräußerung *f form* vente *f*, cession *f form*
Verb <-s, -en> [vɛrp] *nt* verbe *m*
► **schwaches/starkes** ~ verbe *m* faible/fort
verbal [vɛ-] I. *adj* verbal(e)
II. *adv* verbalement
verballhornen * *vt* ■ **jd verballhornt etw** qn déforme qc, qn estropie qc
Verband <-[e]s, -̈e> *m* 1. MED pansement *m*, bandage *m*
2. (*Bund*) association *f*, groupement *m*; MIL unité *f*, formation *f*
-verband *m* (*-bund*) *Fischerei-, Philatelisten-* association *f* de; ***Interessen~*** comité *m* de défense; ***Gewerkschafts~*** confédération *f* des syndicats; ***Umweltschutz~*** association *f* écologiste [*o* pour la défense de l'environnement]; ***Wirtschafts~*** groupement *m* économique
Verband[s]kasten *m* trousse *f* de secours **Verband[s]material** *nt* pansements *mpl* **Verband[s]päckchen** *nt* pansement *m*, compresse *f* stérile **Verband[s]zeug** *nt* pansements *mpl*
verbannen * *vt* 1. (*ins Exil schicken*) ■ **jd verbannt jdn** [**irgendwohin**] qn exile [*o* bannit] qn [quelque part]
2. *geh* (*ausmerzen*) ■ **jd verbannt etw aus etw** qn bannit qc de qc
Verbannte(r) *f(m) decl wie adj* banni(e) *m(f)*, exilé(e) *m(f)*
Verbannung <-, -en> *f* exil *m*
verbarrikadieren * I. *vt* ■ **jd verbarrikadiert etw** qn barricade qc
II. *vr* ■ **jd verbarrikadiert sich in etw** (*dat*) qn se barricade dans qc
verbauen * *vt* 1. (*versperren*) ■ **jd/etw verbaut jdm etw** *Aufstieg, Chance, Möglichkeit* qn/qc ferme qc à qn; *Zukunft* qn/qc compromet qc de qn; ■ **jd verbaut sich** (*dat*) **etw** *Zukunft* qn ruine qc; *Chance* qn se ferme qc
2. (*durch ein Bauwerk nehmen*) ■ **jd verbaut jdm etw** *Aussicht, Sicht* qn masque [*o* bouche] qc à qn
3. (*verbrauchen*) ■ **jd verbaut etw** *Baumaterial* qn utilise qc; *Geld* qn dépense qc pour la construction
verbaut *adj* mal conçu(e)
verbeißen * *vr irreg* 1. ■ **ein Tier verbeißt sich in etw** (*akk*) un animal plante ses crocs dans qc [sans lâcher prise]
2. (*sich mit etw beschäftigen*) ■ **jd verbeißt sich in etw** (*akk*) *in eine Materie, ein Problem* qn s'acharne sur qc
3. *fam* (*unterdrücken*) ■ **jd verbeißt sich** (*dat*) **etw** *Bemerkung, Grinsen* qn retient [*o* réprime] qc; ***jd verbeißt sich das Lachen*** qn se mord les lèvres pour ne pas rire; ***jd verbeißt sich den Schmerz*** qn serre les dents [de douleur]
verbergen * *irreg* I. *vt* 1. *geh* (*verstecken*) ■ **jd verbirgt jdn/etw** [**vor jdm**] qn cache qn/qc [à qn]
2. (*verheimlichen*) ■ **jd verbirgt** [**jdm**] **etw** qn cache [*o* dissimule] qc [à qn]; *s. a.* **verborgen**
II. *vr geh* ■ **jd verbirgt sich** [**vor jdm**] qn se cache [de qn]
verbessern * I. *vt* 1. (*besser machen*) ■ **jd verbessert etw** qn améliore qc
2. SPORT ■ **jd verbessert etw** *Rekord, Weite, Zeit* qn améliore qc
3. (*korrigieren*) ■ **jd verbessert jdn/etw** qn corrige qn/qc
II. *vr* 1. (*sich korrigieren*) ■ **jd verbessert sich** qn se corrige, qn se reprend
2. (*sich steigern*) ■ **jd verbessert sich** [**in etw** (*dat*)] qn s'améliore [dans qc]
3. (*beruflich*) ■ **jd verbessert sich** qn trouve une meilleure situation
Verbesserung <-, -en> *f* 1. (*das Verbessern*) amélioration *f*
2. (*Korrektur*) correction *f*
verbesserungsfähig *adj* perfectible, améliorable **Verbesserungsvorschlag** *m* suggestion *f* [*o* proposition *f*] [pour améliorer le travail la qualité] ► **jd macht einen ~/Verbesserungsvorschläge** qn propose [*o* suggère] une amélioration/des améliorations, qn fait une suggestion/des suggestions visant à améliorer le travail/la qualité
verbeugen * *vr* ■ **jd verbeugt sich** [**vor jdm/etw**] qn s'incline [devant qn/qc]
Verbeugung *f* révérence *f*
► **jd macht eine ~** [**vor jdm/etw**] qn s'incline [*o* fait une révérence] [devant qn/qc]
verbeulen * *vt* ■ **jd verbeult** [**jdm**] **etw** qn [lui] cabosse qc; ■ **verbeult** cabossé(e)
verbiegen * *irreg* I. *vt* ■ **jd verbiegt etw** *Draht, Nagel* qn tord qc; ■ **verbogen** tordu(e)
II. *vr* ■ **etw verbiegt sich** /*Nagel/* qc se tord; /*Lenkstange, Metallträger a./* qc se fausse; /*Fahrradfelge/* qc se voile
verbiestert *adj fam* (*missmutig*) (*dauernd*) aigri(e); (*gelegentlich*) renfrogné(e); ***sei doch nicht so ~!*** arrête donc de faire la gueule!
verbieten <verbot, verboten> I. *vt* 1. (*offiziell untersagen*) ■ **jd/etw verbietet etw** qn/qc interdit qc
2. (*untersagen*) ■ **jd verbietet jdm etw** qn interdit [*o* défend] qc à qn; ■ **jdm ist etw verboten** qc est interdit(e) à qn; ■ **jd verbietet jdm etw zu tun** qn interdit [*o* défend] à qn de faire qc; ■ **es ist verboten etw zu tun** il est/c'est interdit [*o* défendu] de faire qc; *s. a.* **verboten**
II. *vr* ► **etw verbietet sich von selbst** qc est exclu(e)
verbilligen * I. *vt* 1. ■ **jd verbilligt etw** *Artikel* qn diminue [*o* réduit] le prix de qc, qn fait une réduction sur qc
2. ■ **jd verbilligt** [**jdm**] **etw** [**um etw**] *Preis* qn fait une réduction [de qc] sur qc [à qn]
II. *vr* ■ **etw verbilligt sich** qc diminue de prix
verbilligt *adj, adv* à prix réduit

verbinden * *irreg* I. *vt* 1. MED ■ **jd verbindet jdn** qn fait un bandage à qn, qn bande qn; ■ **jd verbindet** [**jdm/sich**] **etw** qn [lui/se] bande qc
2. (*zusammenfügen*) ■ **jd/etw verbindet sie** [**miteinander**] qn/qc les raccorde [*o* relie] [ensemble]; ■ **jd verbindet etw mit etw** qn raccorde [*o* relie] qc à qc
3. TELEC ■ **jd verbindet jdn mit jdm/etw** qn passe qn/qc à qn, qn met qn en communication avec qn/qc *form*; ***einen Moment, ich verbinde Sie!*** un moment, je vous le/la passe [*o* je vous passe la communication]!
4. TRANSP ■ **jd/etw verbindet etw** [**miteinander**] /*Brücke, Bahnlinie, Tunnel/ Ortschaften, Ortsteile, Flussufer* qn/qc relie qc [entre eux/elles]; ■ **etw verbindet etw mit etw** /*Brücke, Bahnlinie, Tunnel/ Ortschaft, Ortsteil, Flussufer* qc relie qc à qc
5. (*verknüpfen*) ■ **jd verbindet sie** [**miteinander**] *Einkäufe, Erledigungen* qn les combine; ■ **jd verbindet etw mit etw** *mit einem Termin, einer Erledigung* qn combine qc avec qc
6. (*assoziieren*) ■ **jd verbindet etw mit etw** qn associe qc à qc
7. (*mit sich bringen*) ■ **der/die/das damit verbundene[n] ...** *Aufwand, Kosten, Risiko* le/la/les ... que ça comporte [*o* implique]; ■ **etw ist mit etw verbunden** *mit Aufwand, Kosten, Risiko* qc implique qc
8. (*innerlich vereinen*) ■ **etw verbindet sie/jdn mit jdm** /*gemeinsame Erinnerungen, Interessen, eine Freundschaft/* qc les unit/unit qn à qn, ils/elles sont uni(e)s par qc
► **falsch verbunden!** il y a [*o* c'est une] erreur [de numéro]!; **Sie sind falsch verbunden!** vous vous êtes trompé(e) de numéro, vous avez composé un faux [*o* mauvais] numéro; [**ich**] **verbinde!** je vous le/la passe!
II. *vr* 1. CHEM ■ **sie ~ sich,** ■ **etw verbindet sich mit etw** ils/elles se combinent, qc se combine à qc
2. (*sich zusammenschließen*) ■ **jd/etw verbindet sich mit jdm/etw** [**zu etw**] qn s'associe à qn/qc [pour [former] qc]
verbindlich I. *adj* 1. (*bindend*) *Auskunft, Erklärung* sûr(e), sérieux(-euse); *Kostenvoranschlag, Zusage* ferme, définitif(-ive); *Vereinbarung* contractuel(le)
2. (*entgegenkommend*) *Mensch, Art, Lächeln* obligeant(e), aimable; ■ **jd ist ~** qn est complaisant(e)
II. *adv* 1. (*bindend*) *vereinbaren* de façon ferme [*o* contractuelle]; *zusagen* définitivement; ***jd erklärt ~ etw tun zu wollen*** qn déclare s'engager à faire qc; ***jd reserviert etw ~*** qn fait une réservation ferme de qc
2. (*entgegenkommend*) *lächeln* avec obligeance; ***jd tritt ~ auf*** qn est complaisant(e)
Verbindlichkeit <-, -en> *f* 1. ∅ (*bindender Charakter*) fiabilité *f*, sérieux *m*
2. ∅ (*entgegenkommende Art*) complaisance *f*, obligeance *f*
3. *meist pl* FIN *form* obligation *f form*, dette *f*
Verbindung *f* 1. (*Zusammenhang*) ■ **die/eine ~ zwischen Dingen** le/un rapport entre des choses
2. (*Verknüpfung*) [*Anlässe, Erledigungen*] combinaison *f*; ***jd nützt etw durch eine ~ mit etw*** qn combine qc avec qc
3. (*direkte Beziehung*) ■ **~** [**zu jdm**] rapport *m* [*o* relation *f*] [avec qn]
4. TELEC ■ **~** [**nach etw**] communication *f* [*o* liaison *f* téléphonique] [avec qc]
5. AVIAT, EISENBAHN liaison *f*
6. TRANSP liaison *f*, jonction *f*
7. CHEM composé *m*, combinaison *f*
8. UNIV association *f* [*o* corporation *f*] [*o* confrérie *f*] d'étudiants
► **eine direkte ~ nach etw** AVIAT, EISENBAHN une liaison directe avec qc; **schlagende ~** association [*o* corporation] [*o* confrérie] d'étudiants dont les membres pratiquent l'escrime à l'épée; **telefonische ~** communication *f* [*o* liaison *f*] téléphonique; **jd bekommt eine/keine ~** [**irgendwohin**] qn arrive/n'arrive pas à obtenir la communication [avec qc]; **jd bleibt** [**mit jdm**] **in ~** qn reste en contact [*o* en relation] [avec qn]; **jd bringt jdn mit jdm/etw in ~** qn établit un lien entre qn et qn/qc; ***sie wird in ~ mit dieser Affäre gebracht*** son nom est cité en relation avec [*o* associé à] cette affaire; **etw geht** [**mit etw**] **eine ~ ein** CHEM qc se combine [avec qc]; **jd geht eine ~ mit jdm ein** *geh* qn noue des liens avec qn; **jd hat ~** [*o* **~en**] **mit** [*o* **zu**] **jdm/etw** qn est en relation avec qn/qc; ***dank der guten ~en, die sie zu ihm hat*** grâce à ses bonnes relations avec lui, grâce aux bonnes relations qu'elle a avec lui; **jd macht jdm eine ~ nach etw** *fam* qn passe qc à qn; **jd nimmt ~** [**mit jdm**] **auf** qn prend contact [avec qn]; **jd setzt sich mit jdm in ~** qn contacte qn; **jd lässt seine ~en spielen** *fam* qn fait jouer ses relations; **jd steht mit jdm in ~/sie stehen miteinander in ~** qn est en contact [*o* relation] avec qn/ils sont en contact [*o* relation]; **jd/etw steht mit etw in ~** (*in Funk~*) qn/qc est en contact [*o* liaison] avec qc; **jd tritt mit jdm in ~** qn prend contact avec qn; **in ~ mit etw** associé(e) à qc; (*im Zusammenhang mit*) en relation avec qc
Verbindungs- 1. *-kabel* de jonction; *-leitung, -rohr* de raccordement 2. TRANSP *-brücke, -kanal, -strecke* de jonction, de raccordement 3. ARCHIT de communication 4. (*Korps-*) d'une/de l'association d'étudiants, d'une/de la corporation [*o* confrérie] d'étudiants **Verbindungsmann** <-leute *o* -männer> *m*, **-frau** *f* agent *m* de liaison, intermédiaire *m*
verbissen I. *adj* 1. (*hartnäckig*) *Gegner* acharné(e); *Mitarbeiter* obstiné(e)
2. (*verkrampft*) *Gesicht, Miene* crispé(e)
II. *adv durchhalten, weitermachen* avec acharnement
Verbissenheit <-> *f* ∅ [*Gegner*] acharnement *m*; [*Mitarbeiter*] obstination *f*
verbitten * *vr irreg* ■ **jd verbittet sich** (*dat*) **etw** [**von jdm**] qn ne tolère pas qc [de la part de qn]; ***ich verbitte mir diesen Ton!*** je vous défends de me parler sur ce ton!
verbittern * *vt* ■ **etw verbittert jdn** qc aigrit qn
verbittert I. *adj* aigri(e); ■ **jd ist/wird ~** qn est aigri(e)/s'aigrit
II. *adv* avec amertume; *entgegnen, fragen* avec aigreur
Verbitterung <-, *rare* -en> *f* amertume *f*

verblassen * *vi + sein* 1. (*weniger intensiv werden*) ■ **etw verblasst** / *Farbe/* qc passe; / *Eindruck, Erinnerung/* qc s'estompe
2. *geh* (*in den Hintergrund treten*) ■ **etw verblasst gegenüber** [*o* **neben**] **etw** qc paraît bien fade comparé(e) à qc
verbläuen *RR *vt fam* ■ **jd verbläut jdn** qn tabasse qn *fam*; ***jd wird verbläut*** qn se fait tabasser *fam*
Verbleib <-[e]s> *m* ∅ *form* 1. (*Aufenthaltsort*) ■ **der ~ jds/einer S.** l'endroit *m* où se trouve qn/qc
2. (*das Verbleiben*) ■ **jds ~ in etw** (*dat*) *in einem Verein, einer Organisation* le maintien de qn dans qc
verbleiben * *vi irreg + sein* 1. (*eine Vereinbarung treffen*) ■ **sie ~** ils/elles se mettent d'accord; ***wie sind wir das letzte Mal verblieben?*** où en étions-nous restés la dernière fois?; ■ **jd verbleibt mit jdm so, dass sie etw tun/dass** qn convient avec qn de faire qc/que + *subj*
2. (*übrig bleiben*) ■ **etw verbleibt jdm** [**von etw**] *von Gehalt, Vermögen, Betrag* il reste à qn qc [de qc]
3. *form* (*bleiben*) ■ **etw verbleibt irgendwo/bei jdm** qc est déposé(e) quelque part/chez qn; ***das Original verbleibt bei Ihnen*** c'est vous qui conservez l'original
verbleichen *vi irreg + sein* ■ **etw verbleicht** qc se décolore; / *Farbe/* qc passe; ■ **verblichen** décoloré(e)
verbleit *adj* contenant du plomb
verblenden * *vt* 1. ■ **etw verblendet jdn** qc aveugle qn; ■ **jd ist verblendet** qn est aveuglé(e); *vom Gold, Reichtum* qn est ébloui(e)
2. CONSTR ■ **jd verblendet etw mit etw** qn revêt [*o* recouvre] qc de qc
Verblendung *f* 1. (*verblendeter Zustand*) aveuglement *m*
2. CONSTR revêtement *m*
verbleuen * *s.* **verbläuen**
Verblichene(r) *f(m) decl wie adj geh* défunt(e) *m(f) form*
verblöden * I. *vi + sein fam* ■ **jd verblödet** qn devient [complètement] abruti(e)
II. *vt + haben fam* ■ **etw verblödet jdn** qc abrutit qn
Verblödung <-> *f* ∅ *fam* abrutissement *m*
verblüffen * *vt* ■ **jd verblüfft jdn** [**mit etw**] qn ébahit [*o* épate *fam*] qn [avec qc]; ■ **etw verblüfft jdn** qc ébahit [*o* épate *fam*] qn; ■ **jd lässt sich durch** [*o* **von**] **etw ~** qn se laisse décontenancer par qc
verblüfft I. *adj* ahuri(e), ébahi(e), stupéfait(e)
II. *adv* stupéfait(e), l'air ébahi
Verblüffung <-, -en> *f* stupéfaction *f*
► **zu jds ~** à la [grande] stupéfaction de qn
verblühen * *vi + sein* ■ **etw verblüht** qc se fane
verbluten * *vi + sein* ■ **jd verblutet** qn se vide de son sang; (*innerlich*) qn meurt d'[une] hémorragie
verbocken * *vt fam* ■ **jd verbockt etw** qn sabote qc; ***das habe ich verbockt!*** c'est moi qui me suis foutu(e) dedans! *fam*; ***ich möchte wissen, wer die ganze Sache so verbockt hat*** j'aimerais bien savoir qui a fichu une merde pareille *fam*
verbohren * *vr fam* ■ **jd verbohrt sich in etw** (*akk*) qn se polarise sur qc *fam*
verbohrt *adj pej* buté(e), borné(e)
Verbohrtheit <-, -en> *f pej* entêtement *m*; [*Meinungen, Ideologien*] rigidité *f*
verborgen[*1] *vt s.* **verleihen**
verborgen[2] *adj* 1. *geh* (*versteckt*) *Gang, Tür* dérobé(e); *Hebel* caché(e); *Falltür* secret(-ète)
2. *geh Gefahr, Talente* caché(e); *Sehnsüchte, Wünsche* secret(-ète)
► **etw bleibt jdm ~/nicht ~** qn n'est pas au courant de qc/n'ignore pas qc; **etw bleibt nicht ~** qc ne reste pas secret(-ète); **etw bleibt im V~en** *geh* qc est tenu(e) [*o* gardé(e)] secret(-ète); **jd hält sich** [**irgendwo/bei jdm**] **~** qn se cache [quelque part/chez qn]
verbot *imp von* **verbieten**
Verbot <-[e]s, -e> *nt* interdiction *f*; ***es besteht ein absolutes ~ etw zu machen*** il est formellement interdit de faire qc
-verbot *nt Auftritts-, Demonstrations-, Fahr-, Flug-* interdiction *f* de + *infin*; *Forschungs-, Rede-* interdiction *f* de faire un/une/des; *Haus-, Lokal-, Restaurant-* interdiction *f* de fréquenter le/la
► **jd hat -verbot** (*darf etw nicht tun*) qn n'a pas le droit de + *infin*; (*darf irgendwo nicht erscheinen*) qn n'a pas le droit de fréquenter le/la; ***er hatte Mal~*** il n'avait pas le droit de peindre
verboten I. *pp von* **verbieten**
II. *adj* 1. ■ **das ~e ...** *Fotografieren, Rückwärtsfahren, Wenden etc* (*Verbot*) l'interdiction *f* de + *infin*; (*Handlung*) le/la ... interdit(e); ***~es Parken kann teuer werden*** le stationnement interdit peut coûter cher; ■ **etw ist ~** qc est interdit(e) [*o* défendu(e)]; ■ **es ist ~ etw zu tun** il est interdit [*o* défendu] de faire qc; ■ **jdm ist etw ~** qc est interdit(e) [*o* défendu(e)] à qn; ■ **jdm ist es ~ etw zu tun** il est interdit [*o* défendu] à qn de faire qc, qn n'a pas le droit de faire qc
2. *fam* (*unmöglich*) *Aussehen, Frisur* pas possible *fam*
► **jd sieht** [**in etw** (*dat*)] **~ aus** *fam* qn a une touche pas possible [avec qc] *fam*
Verbotsschild *nt* panneau *m* d'interdiction
verbrach *imp von* **verbrechen**
verbrämen * *vt* 1. *geh* (*kaschieren*) ■ **jd verbrämt etw** *Ablehnung, negativen Bescheid* qn édulcore qc
2. COUT *geh* ■ **jd verbrämt etw mit etw** qn borde qc de qc
verbraten * *vt irreg sl* ■ **jd verbrät etw** *Energie* qn gaspille qc; *Geld* qn claque qc *arg*; ■ **jd verbrät etw für etw** qn claque qc pour qc *arg*
Verbrauch *m* ∅ 1. (*das Verbrauchen*) ■ **der ~ an** [*o* **von**] **etw** la consommation de qc
2. (*verbrauchte Menge*) consommation *f*
► **etw ist sparsam im ~** qc est économique; **jd/etw hat einen bestimmten ~** [**an etw** (*dat*)/**von etw**] qn/qc consomme une certaine quantité [de qc] [*o* a une certaine consommation]
verbrauchen * I. *vt* 1. (*aufbrauchen*) ■ **jd verbraucht etw** qn consomme qc
2. FIN ■ **jd verbraucht etw** qn dépense qc
3. ■ **etw verbraucht etw** / *Kraftfahrzeug, Gerät/* qc consomme qc
II. *vr* ■ **etw verbraucht sich** qc s'use
Verbraucher(in) <-s, -> *m(f)* consommateur(-trice) *m(f)*
Verbraucher- *-schutz, -täuschung* des consommateurs, du consommateur; *-tipp* au[x] consommateur[s]; *-beratung, -broschüre* pour les consommateurs; *-organisation, -verband* de consommateurs; ***v~feindlich*** anti-consommateurs **Verbrauchermarkt** *m* hypermarché *m*, grande surface *f* **Verbraucherpreis** *m* prix *m* à la consommation **Verbraucherzentrale** *f* association *f* [*o* union *f*] de[s] consommateurs
Verbrauchsgüter *pl* biens *mpl* de consommation
Verbrauch[s]steuer *f* taxe à la consommation *f*
verbrechen <verbricht, verbrach, verbrochen> *vt fam* 1. (*anstellen*) ■ **jd verbricht etw** qn commet qc; ***was hast du denn da wieder verbrochen?*** mais qu'est-ce que t'as encore fabriqué? *fam*
2. *hum* ■ **jd verbricht etw** *Gedicht, Kunstwerk etc* qn commet qc *fam*
Verbrechen <-s, -> *nt* crime *m*
Verbrechens- *-aufklärung, -vorbeugung* des crimes; *-flut, -welle* de crimes; *-bekämpfung* contre le crime, antigang; *-rate, -zunahme* de la criminalité
Verbrecher(in) <-s, -> *m(f)* criminel(le) *m(f)*
Verbrecher- *-syndikat* de criminels, de malfaiteurs; ***~bande*** gang *m* de malfaiteurs; ***die ~welt*** le milieu
verbrecherisch I. *adj* criminel(le); ■ **es ist ~ etw zu tun** c'est un crime de faire qc
II. *adv verraten, im Stich lassen* honteusement
Verbrecherkartei *f* fichier *m* de la police
Verbrechertum <-[e]s> *nt* ∅ ■ **das ~** la criminalité
verbreiten * I. *vt* 1. (*ausstreuen*) ■ **jd verbreitet etw** *Gerücht* qn propage [*o* fait courir] qc; *Lüge, Nachricht* qn fait circuler qc; *Propaganda* qn fait qc
2. MEDIA ■ **jd verbreitet etw** *Bücher, Schriften* qn distribue qc, qn diffuse qc
3. MED ■ **jd/ein Tier verbreitet etw** qn/un animal propage qc
4. (*erwecken*) ■ **jd/etw verbreitet etw** *Entsetzen* qn/qc répand qc; ***jd/etw verbreitet Angst*** qn/qc répand la terreur
II. *vr* 1. (*umgehen*) ■ **etw verbreitet sich** [**in etw** (*dat*)] / *Gerücht, Nachricht/* qc se propage [*o* se répand] [dans qc]
2. (*sich ausbreiten*) ■ **etw verbreitet sich** [**in etw** (*dat*)] / *Geruch, Qualm/* qc se répand [*o* se propage] [dans qc]
3. AGR, HORT ■ **etw verbreitet sich** [**in etw** (*dat*)/**durch etw**] / *Unkraut, Pflanze/* qc se propage [dans qc]
4. MED ■ **etw verbreitet sich** / *Erreger/* qc se propage; / *Krankheit a./* qc se répand
5. *geh* (*sich auslassen*) ■ **jd verbreitet sich über etw** (*akk*) *über ein Problem, Thema* qc s'étend sur qc
verbreitern * I. *vt* ■ **jd verbreitert etw** qn élargit qc
II. *vr* ■ **etw verbreitert sich** [**auf etw** (*akk*)/**um etw**] qc s'élargit [à qc/de qc]
Verbreiterung <-, -en> *f* élargissement *m*
verbreitet *adj* répandu(e); ***weit ~*** *Ansicht, Irrtum* [très] répandu(e); *Baum, Pflanze, Unkraut* commun(e); ***die am weitesten ~en Vorurteile*** les préjugés les plus répandus; ■ **etw ist** [**in etw** (*dat*)] [**weit**] **~** qc est [très [*o* largement]] répandu(e) [dans qc]
Verbreitung <-, -en> *f* 1. ∅ (*das Verbreiten*) [*Gerücht, Lüge*] propagation *f*
2. (*Vertrieb*) [*Publikationen*] distribution *f*, diffusion *f*
3. MED [*Erreger, Krankheit*] propagation *f*
4. BOT aire *f* de répartition
► **etw findet ~** qc se vend bien; ***das Buch fand keine große ~*** le livre ne s'est guère vendu
verbrennen * *irreg* I. *vt + haben* 1. ■ **jd verbrennt etw** *Holz, Kohle, Papier* qn brûle qc; *Abfall, Müll a.* qn incinère qc
2. HIST ■ **jd verbrennt jdn** qn brûle qn
3. (*verdorren lassen*) ■ **etw verbrennt etw** / *Sonne, Hitze/* qc brûle qc, qc grille qc
II. *vr + haben* 1. (*sich verbrühen*) ■ **jd verbrennt sich** qn se brûle; ■ **jd verbrennt sich** (*dat*) **etw** qn se brûle qc
2. (*sich ansengen*) ■ **jd verbrennt sich** (*dat*) **etw** [**an etw** (*dat*)] qn se brûle qc [à qc]
3. (*sich töten*) ■ **jd verbrennt sich** qn s'immole par le feu *soutenu*
III. *vi + sein* ■ **etw verbrennt** qc brûle; ■ **jd verbrennt** qn meurt brûlé[e]; ■ **verbrannt** *Stelle, Haut, Körperteil* brûlé(e); *Gegenstand, Material, Leiche* calciné(e)
Verbrennung <-, -en> *f* 1. ∅ (*das Verbrennen*) [*Abfall, Müll*] incinération *f*; [*Holz etc*] *verbal übersetzt*; ***nur die ~ ganz trockenen Holzes ist erlaubt*** on n'a le droit de brûler que du bois entièrement sec
2. AUT, TECH combustion *f*
3. MED brûlure *f*
► **~ ersten/zweiten/dritten Grades** brûlure *f* du premier/deuxième/troisième degré
Verbrennungsmotor *m* moteur *m* à explosion
verbricht *3. pers pres von* **verbrechen**
verbriefen * *vt* ■ **jd verbrieft jdm etw** qn confirme à qn qc par écrit; ■ **verbrieft** garanti(e) [*o* reconnu(e)] [par écrit]
verbringen * *vt irreg* 1. (*zubringen*) ■ **jd verbringt etw** [**irgendwo**] *Tage, Zeit, Urlaub* qn passe qc [quelque part]; ■ **jd verbringt etw mit etw** *mit Le-*

sen, Arbeit qn passe qc à faire qc; ***er verbrachte sein Leben in Ruhe und Frieden*** il a mené [*o* passé] une existence calme et paisible
2. (*transportieren*) ■ **jd verbringt jdn/etw irgendwohin** qn transfère qn/transporte qc quelque part

verbrochen *pp von* **verbrechen**

verbrüdern * *vr* ■ **jd verbrüdert sich mit jdm** qn fraternise avec qn; *mit Feinden a.* qn pactise avec qn

Verbrüderung <-, -en> *f* fraternisation *f*

verbrühen * **I.** *vr* ■ **jd verbrüht sich [mit etw]** qn s'ébouillante [avec qc]
II. *vt* ■ **jd verbrüht jdn** qn ébouillante qn; ■ **jd verbrüht jdm/sich etw** qn lui ébouillante/s'ébouillante qc, qn lui/se brûle qc; ***jd verbrüht sich den Mund*** qn se brûle

Verbrühung <-, -en> *f* brûlure *f* d'eau bouillante

verbuchen * *vt* **1.** COM ■ **jd verbucht etw [auf etw** (*dat*)**]** *auf einem Konto* qn enregistre qc [sur qc], qn passe qc en écriture [sur qc]
2. (*verzeichnen*) ■ **jd verbucht etw als etw** *als Erfolg, Vorteil* qn considère qc comme qc; ■ **jd verbucht etw für sich** *Entscheidung, Runde* qn met [*o* inscrit] qc à son actif

verbuddeln * *vt fam* ■ **jd/ein Tier verbuddelt etw** qn/un animal enterre [*o* enfouit] qc

Verbum <-s, Verba> [vɛ-] *nt geh s.* **Verb**

verbummeln * *vt fam* **1.** (*vertrödeln*) ■ **jd verbummelt etw** *Nachmittag, Wochenende* qn passe qc à gland[ouill]er *fam*
2. (*verlieren*) ■ **jd verbummelt etw** qn égare qc, qn paume qc *fam*

Verbund <-bunde> *m* association *f*, joint venture *f*

verbunden *adj form* ■ **jd ist jdm [für etw]** ~ qn lui est obligé(e) [de qc] *form*

verbünden * *vr* **1.** POL ■ **sie** ~ **sich [miteinander]**, ■ **jd verbündet sich mit jdm** ils/elles s'allient, qn s'allie à qn; ■ **sie sind [miteinander] verbündet**, ■ **jd ist mit jdm verbündet** ils/elles sont allié(e)s, qn est allié(e) à qn
2. (*sich zusammenschließen*) ■ **sie** ~ **sich** ils/elles s'allient; ■ **jd verbündet sich mit jdm [gegen jdn]** qn s'allie à qn [contre qn], qn se ligue avec qn [contre qn]

Verbundenheit <-> *f* ∅ [*Freunde*] lien *m* d'amitié, attachement *m*; [*Völker, Mitglieder*] solidarité *f*

Verbündete(r) *f(m) decl wie adj* allié(e) *m(f)*

Verbundglas *nt* ∅ verre *m* feuilleté **Verbundmaterial** *nt* emballage *m* [en matériau] composite

verbürgen * **I.** *vr* ■ **jd verbürgt sich für jdn/etw** qn se porte garant(e) de qn/qc, qn répond de qn/qc, qn répond de qc; ■ **jd verbürgt sich dafür, dass** qn garantit que + *indic*
II. *vt* ■ **etw verbürgt etw** qc garantit qc

verbürgt *adj* confirmé(e), authentique; ***es ist nicht schriftlich*** ~ il n'y a pas de preuve écrite

verbüßen * *vt* ■ **jd verbüßt etw** qn purge qc

Verbüßung <-> *f* ∅ JUR *verbal übersetzt;* ***er wurde zur*** ~ ***seiner Strafe hierher gebracht*** il a été transféré ici pour purger sa peine
▶ **nach/vor** ~ **von etw** après avoir/avant d'avoir purgé qc

verchromen * [-kro:mən] *vt* ■ **jd verchromt etw** qn chrome qc

Verdacht <-[e]s, -e *o* Verdächte> *m* ∅ soupçon *m souvent pl*
▶ **jd/etw bringt jdn [bei jdm] in** ~ qn/qc rend qn suspect(e) [auprès de qn]; **jd/etw erregt** ~ qn/qc éveille les soupçons; **jd hat jdn in [*o* im]** ~ qn soupçonne qn; **jd hat jdn in [*o* im]** ~ **etw getan zu haben** qn soupçonne qn d'avoir fait qc; **jd hat einen** ~ qn a des soupçons; **jd lenkt den** ~ **[von sich] auf jdn** qn rejette les soupçons [qui pèsent sur lui/elle] sur qn; **jd schöpft [gegen jdn]** ~ qn commence à avoir des soupçons [à l'égard de qn]; **jd steht im** ~ **etw getan zu haben** qn est soupçonné(e) d'avoir fait qc; **jd tut etw auf** ~ (*auf bloße Vermutung hin*) qn fait qc sur de simples présomptions; (*aufs Geratewohl*) qn fait qc à tout hasard

verdächtig **I.** *adj* **1.** JUR *Mensch* suspect(e), louche; ■ **jd ist einer S.** (*gen*) ~ *einer Manipulation, Straftat* qn est soupçonné(e) [*o* suspecté(e)] de qc
2. (*Argwohn erregend*) *Geräusch, Geruch, Verhalten* suspect(e), louche
▶ **jd/etw kommt jdm** ~ **vor** qn trouve qn/qc suspect(e) [*o* louche], qn/qc paraît suspect(e) [*o* louche] à qn; **jd macht sich** ~ qn se rend suspect(e)
II. *adv ruhig, still* étrangement; ***im Haus ist es*** ~ ***ruhig*** il règne un silence suspect dans la maison, ce silence dans la maison ne me dit rien qui vaille

-verdächtig **1.** *bestseller-, rekord-* susceptible d'être un/une …; *medaillen-, preis-, ordens-* susceptible d'obtenir un/une …
2. *tat-, mord-* soupçonné(e) du/de la/de …

Verdächtige(r) *f(m) decl wie adj* suspect(e) *m(f)*

verdächtigen * *vt* ■ **jd verdächtigt jdn** qn soupçonne qn; ■ **jd verdächtigt jdn einer S.** (*gen*) qn soupçonne [*o* suspecte] qn de qc; ■ **jd verdächtigt jdn etw getan zu haben** qn soupçonne qn d'avoir fait qc

Verdächtigung <-, -en> *f* accusation *f*; ***ich bin deine ewigen*** ~***en leid*** j'en ai assez de tes éternels soupçons; ***ich wehre mich gegen derlei*** ~***en*** je m'insurge contre de telles suspicions

verdaddeln * *vt fam* ■ **jd verdaddelt etw** qn flambe qc, qn perd qc au jeu; ***wie viel hast du verdaddelt?*** t'as paumé combien? *fam*

verdammen * *vt* ■ **jd verdammt etw** qn réprouve [*o* condamne] qc; ■ **etw ist zu etw verdammt** *zum Misslingen, Scheitern* qc est voué(e) [*o* condamné(e)] à qc

Verdammnis <-> *f* ∅ ▶ **die ewige** ~ la damnation éternelle

verdammt **I.** *adj* **1.** *fam* (*ekelhaft*) *Wetter* fichu(e) *antéposé fam*, foutu(e) *antéposé fam*; ***du handelst dir nur*** ~***en Ärger ein*** ça va te rapporter que des emmerdes *fam*
2. *sl* (*unerhört*): ***rede nicht so einen*** ~***en Blödsinn/Quatsch!*** dis pas de conneries pareilles! *fam*; ~***e Scheiße/*** ~***er Mist!*** eh, merde! *fam*
II. *adv* **1.** *ärgerlich, heiß, teuer, viel* vachement *fam*
2. *gut, nett, schön* vachement *fam*
3. *sl* (*bestimmt nicht*) ■ **etw ist** ~ **nicht …** qc est vraiment pas … *fam*
▶ ~! *sl* (*zum Teufel*) nom de Dieu! *fam*, eh, merde! *fam*

verdampfen * *vi* + *sein* ■ **etw verdampft** qc s'évapore

verdanken * *vt* **1.** ■ **jd verdankt jdm/einer S. etw** qn doit qc à qn/qc; ■ **er/sie verdankt [es] jdm, dass er/sie etw tut** qn doit à qn de faire qc; ■ **es ist jdm/einer S. zu** ~**, dass/wenn jd etw tut** c'est à qn/qc que qn doit de faire qc
2. CH *form* (*Dank aussprechen*) ■ **jd verdankt [jdm] etw** qn remercie [qn] pour qc, qn fait des remerciements [à qn] pour qc *form*
▶ **jd hat jdm etw zu** ~ *iron* qn doit qc à qn; ***das habe ich der Konkurrenz zu*** ~ c'est un cadeau de mes concurrents

Verdankung <-, -en> *f* CH *form* remerciements *mpl*
▶ **unter** ~ **der geleisteten Dienste** en hommage aux services rendus

verdarb *imp von* **verderben**

verdattert **I.** *adj fam Gesicht* ahuri(e); ***du hättest mal meine*** ~***e Nachbarin sehen sollen*** y aurait fallu que tu voies la mine ahurie de ma voisine *pop*; ■ **jd ist** ~ qn est soufflé(e) [*o* estomaqué(e)] [*o* baba] *fam*
II. *adv fam* l'air complètement ahuri, en ouvrant de grands yeux

verdauen * **I.** *vt* **1.** PHYSIOL ■ **jd/etw verdaut etw** qn/qc digère qc
2. *fam* (*bewältigen*) ■ **jd verdaut etw** qn digère qc *fam*
II. *vi* PHYSIOL ■ **jd verdaut** qn digère

verdaulich *adj*: **[*etw ist*] *gut/leicht*** ~ [qc est] digeste/facile à digérer; **[*etw ist*] *schlecht/schwer*** ~ [qc est] indigeste

Verdaulichkeit <-> *f* ∅ digestibilité *f*; ***wegen der schweren*** ~ ***von Ölsardinen*** du fait que les sardines à l'huile sont indigestes

Verdauung <-> *f* ∅ PHYSIOL digestion *f*; ***wie steht es mit Ihrer*** ~? comment vont vos intestins?
▶ **jd hat eine …** ~: ***jd hat eine gute/problemlose*** ~ qn digère bien, qn a une bonne digestion; ***jd hat eine schlechte/gestörte*** ~ qn souffre de troubles [*o* d'ennuis] digestifs

Verdauungsorgan *nt* organe *m* de l'appareil digestif **Verdauungsspaziergang** *m fam* promenade *f* digestive **Verdauungsstörung** *f meist pl* trouble *m* digestif

Verdeck <-[e]s, -e> *nt* capote *f*

verdecken * *vt* **1.** (*die Sicht nehmen*) ■ **jd verdeckt [jdm] etw [mit etw]** qn cache qc [à qn] [avec qc]
2. (*verstecken*) ■ **etw verdeckt jdm etw** *Aussicht* qc cache [*o* masque] qc à qn

verdeckt *adj* **1.** (*geheim*) *Ermittler, Fahndung* secret(-ète); *Kamera* caché(e)
2. (*verborgen*) *Kosten, Finanzierung, Erträge* camouflé(e)

verdenken * *vt irreg geh* ■ **jd verdenkt jdm etw** qn tient rigueur à qn de qc; ■ **jd kann jdm etw nicht** ~ qn ne peut [pas] tenir rigueur de qc à qn; ■ **jd kann/wird es ihm/ihr nicht** ~**, dass er/sie etw tut** qn ne peut [pas] lui tenir rigueur/ne lui tiendra pas rigueur de faire qc; ■ **jd kann/wird es jdm nicht** ~**, wenn** qn ne peut pas en tenir rigueur/n'en tiendra pas rigueur à qn si

Verderb <-[e]s> *m* ∅ *form* [*Lebensmittel*] altération *f*; ***etw ist vom*** ~ ***bedroht*** qc risque de s'avarier [*o* s'abîmer]

verderben <verdirbt, verdarb, verdorben> **I.** *vt* + *haben* **1.** (*moralisch korrumpieren*) ■ **jd/etw verdirbt jdn/etw** qn/qc corrompt [*o* pervertit] qn/qc
2. (*ruinieren*) ■ **jd verdirbt [jdm] etw** *Kleidungsstück, Teppich etc* qn [lui] abîme qc
3. (*zunichte machen*) ■ **jd/etw verdirbt jdm etw** *Fest, Urlaub* qn/qc lui gâche qc; ***er hat mir die Freude verdorben*** il m'a gâché [*o* gâté] mon plaisir
4. (*verscherzen*) ■ **jd verdirbt es sich** (*dat*) **mit jdm** qn perd les faveurs de qn
▶ **jd will es sich** (*dat*) **mit niemandem** ~ qn ménage la chèvre et le chou
II. *vi* + *sein* ■ **etw verdirbt** /*Lebensmittel*/ qc s'avarie, qc s'abîme, qc se gâte

Verderben <-s> *nt* ∅ *geh* destin *m* funeste [*o* tragique]
▶ **jd/etw ist jds** ~ qn/qc est la perte de qn; **jd rennt in sein** ~ qn court à sa perte; **jd/etw stürzt jdn ins** ~ qn/qc cause la perte de qn

verderblich *adj* **1.** (*nicht lange haltbar*) périssable; ■ **etw ist [leicht/rasch]** ~ qc est [très] périssable
2. (*unheilvoll*) funeste; *Bannkreis a.* fatal(e); *Einfluss a.* nocif(-ive)

verdeutlichen * **I.** *vt* ■ **jd/etw verdeutlicht etw/jdm etw** *Sachverhalt, Theorie, Zusammenhang* qn/qc clarifie [*o* explicite] qc/explique qc à qn; ■ **jd verdeutlicht jdm, was/wie** qn explique à qn ce qui/comment …
II. *vr* ■ **jd verdeutlicht sich** (*dat*) **etw** qn réfléchit à qc; ■ **jd verdeutlicht sich** (*dat*)**, dass/was** qn se rend compte que + *indic*/de ce qui, qn réalise que + *indic*/ce qui

Verdeutlichung <-, -en> *f* [*Sachverhalt, Theorie*] clarification *f*; (*Erklärung*) explication *f*
▶ **zur** ~ pour clarifier les choses; **zur** ~ **von etw** pour clarifier qc

verdeutschen * *vt fam* ■ **jd verdeutscht jdm etw** qn traduit qc en bon français à qn *fam*

verdichten * **I.** *vt* PHYS ■ **jd/etw verdichtet etw** qn/qc comprime qc
II. *vr* **1.** ■ **etw verdichtet sich** /*Bewölkung*/ qc s'amoncelle; /*Nebel*/ qc s'épaissit
2. /*Eindruck*/ qc s'accentue; /*Verdacht*/ qc se renforce

verdicken * **I.** *vt* GASTR ■ **jd verdickt etw** qn épaissit qc
II. *vr* ■ **etw verdickt sich** /*Haut*/ qc s'épaissit; /*Glied, Gelenk, Stelle*/ qc enfle

Verdickung <-, -en> *f* [*Haut*] callosité *f*

verdienen * **I.** *vt* **1.** (*als Verdienst bekommen*) ■ **jd verdient etw** qn gagne qc
2. (*Gewinn machen*) ■ **jd verdient etw an etw** (*dat*) qn gagne qc sur qc
3. (*sich erarbeiten*) ■ **jd verdient sich** (*dat*) **etw** *Lebensunterhalt* qn gagne

qc; *Ausbildung, Studium* qn finance qc
4. (*zustehen*) ■ **jd/etw verdient etw** qn/qc mérite qc [pour qc]
▶ **jd verdient es nicht anders** [*o* **besser**] qn n'a que ce qu'il mérite; **jd hat sich** (*dat*) **etw verdient** *Geldbetrag, Belohnung* qn a bien mérité [*o* gagné] qc; *Essen, Glas Wein, Pause, Schlaf a.* qn n'a pas volé qc *fam;* **selbst verdient** que j'ai gagné(e) moi-même/qu'il a gagné(e) lui-même/..., gagné(e) par mon/son/... travail
II. *vi* 1. (*einen Verdienst bekommen*) ■ **jd verdient** [...] *gut, schlecht* qn gagne [...] sa vie
2. (*Gewinn machen*) ■ **jd verdient an etw** (*dat*) qn gagne sur qc, qn fait des bénéfices sur qc

Verdiener(in) <-s, -> *m(f)* personne *f* qui gagne sa vie; ***wir sind zu Hause drei*** ~ nous sommes trois à ramener un salaire à la maison; ***als einziger*** ~ ***muss ich ...*** comme je suis le seul à avoir un salaire, je dois ...

Verdienst[1] <-[e]s, -e> *m* FIN (*Einkommen*) salaire *m*, revenu *m*

Verdienst[2] <-[e]s, -e> *nt* ■ **jds ~e** [**um etw**] *um die Erhaltung, Förderung, Rettung, Verschönerung von etw* les mérites *mpl* de qn [en matière de qc]; *um das Vaterland, die Heimatstadt* les services *mpl* rendus par qn [à qc]
▶ **jd erwirbt sich** (*dat*) **~e um etw** *um die Erhaltung etc* qn rend de grands services en faveur de qc; *um die Heimat, das Vaterland, eine Firma* qn mérite [bien] de qc *soutenu;* **es ist jds ~/das ~ einer S., dass** c'est grâce à qn/qc que + *indic*

Verdienstausfall *m* manque *m* à gagner, perte *f* de salaire

verdienstvoll *adj* 1. méritoire
2. *s.* **verdient 2.**

verdient I. *adj* 1. (*zustehend*) mérité(e)
2. (*Verdienste aufweisend*) émérite
3. SPORT *sl Sieg, Vorsprung, Führung* mérité(e)
▶ **jd macht sich um etw ~** *um die Erhaltung, Rettung, Verschönerung von etw etc* qn rend de grands services en faveur de qc, qn apporte une large contribution à qc; *um das Vaterland, die Heimatstadt etc* qn mérite [bien] de qc *soutenu*
II. *adv* SPORT *sl: **jd hat*** ~ ***gesiegt*** qn a remporté une victoire méritée, qn a bien mérité sa victoire

verdientermaßen *adv,* **verdienterweise** *adv* 1. (*dem Verdienst entsprechend*) selon mes/ses/... mérites; ***er hat den Orden*** ~ ***verliehen bekommen*** il a bien mérité de recevoir cette décoration
2. SPORT de façon méritée; ***jd hat*** ~ ***gewonnen*** qn a bien mérité de gagner

verdingen * <*pp* verdungen *o* verdingt> *vr veraltend* ■ **jd verdingt sich bei jdm** qn loue ses services à qn *vieilli*

verdirbt *3. pers pres von* **verderben**

verdolmetschen * *vt fam* ■ **jd verdolmetscht jdm etw** qn traduit qc en bon français à qn *fam*

verdonnern * *vt sl* 1. ■ **jd verdonnert jdn zu etw** *zu einer Geldstrafe, Haftstrafe, zu Führerscheinentzug* qn fout qc à qn *fam*
2. (*anweisen*) ■ **jd verdonnert jdn zu etw** *zu einer lästigen Arbeit etc* qn colle qc à qn *fam;* ***er wurde zum Reinigen der Toiletten verdonnert*** on l'a collé de corvée de chiottes *pop;* ■ **jd verdonnert jdn dazu etw zu tun** qn colle à qn qc à faire *fam*

verdoppeln * I. *vt* 1. (*auf das Doppelte erhöhen*) ■ **jd verdoppelt etw** [**auf etw** (*akk*)] qn double qc [*o* multiplie qc par deux] [pour l'amener à qc]
2. (*verstärken*) ■ **jd verdoppelt etw** *Eifer, Einsatz* qn redouble de qc; *Anstrengungen, Bemühungen* qn redouble qc
II. *vr* ■ **etw verdoppelt sich** [**auf etw** (*akk*)] *auf einen bestimmten Betrag etc* qc double [pour atteindre qc], qc est multiplié(e) par deux [et passe à qc]

Verdopp[e]lung <-, -en> *f* 1. (*Erhöhung auf das Doppelte*) multiplication *f* par deux; ***selbst bei einer*** ~ ***des Einsatzes/seines Einkommens*** même en doublant la mise/ses revenus
2. (*Verstärkung*) redoublement *m*

verdorben I. *pp von* **verderben**
II. *adj* 1. *Fleisch, Wurst etc* avarié(e); *Käse, Marmelade, Pilze* moisi(e)
2. (*moralisch korrumpiert*) corrompu(e), dépravé(e)

Verdorbenheit <-> *f* ∅ corruption *f*, dépravation *f*

verdorren * *vi + sein* ■ **etw verdorrt** qc se dessèche; ■ **verdorrt** *Ast, Zweig, Gras* sec(sèche); *Baum* desséché(e)

verdrängen * *vt* 1. (*vertreiben*) ■ **jd verdrängt jdn** [**aus etw**] qn évince qn [de qc]
2. PSYCH ■ **jd verdrängt etw** qn refoule qc

Verdrängung <-, -en> *f* 1. [*Mitarbeiter etc*] élimination *f*, éviction *f*
2. PSYCH refoulement *m*

Verdrängungskünstler(in) *m(f)* as *m* [*o* spécialiste *mf*] du refoulement

verdrecken * I. *vi + sein fam* ■ **etw verdreckt** qc devient crade *fam*, qc s'encrasse; ■ **jd lässt etw** ~ qn laisse qc s'encrasser [*o* devenir crade *fam*]
II. *vt + haben* ■ **jd verdreckt etw** qn salit qc

verdreckt *adj* crasseux(-euse); ■ **etw wird** ~ qc s'encrasse

verdrehen * *vt* 1. ■ **jd verdreht etw** *Hals, Kopf* qn tourne qc; ***jd verdreht die Augen*** qn roule des yeux; (*vor einer Ohnmacht*) qn tourne de l'œil
2. ■ **jd/etw verdreht etw** *Sachverhalt, Tatsache, jds Worte* qn/qc fausse [*o* déforme] qc

verdreifachen * I. *vt* ■ **jd verdreifacht etw** [**auf etw** (*akk*)] qn triple qc [pour l'amener à qc]
II. *vr* ■ **etw verdreifacht sich** [**auf etw** (*akk*)] qc triple [pour atteindre qc]

Verdreifachung <-, -en> *f* triplement *m*

verdreschen * *vt irreg fam* ■ **jd verdrischt jdn** qn tabasse qn *fam*

verdrießen <verdross, verdrossen> *vt geh* ■ **etw verdrießt jdn** qc contrarie qn
▶ **jd lässt es sich nicht** ~ qn ne se laisse pas décourager [*o* rebuter]

verdrießlich *adj geh* 1. (*missmutig*) contrarié(e), maussade; ***in*** ~***er Stimmung*** de méchante humeur *soutenu*
2. (*misslich*) *Angelegenheit* contrariant(e); *Umstand* fâcheux(-euse)

verdross[RR], **verdroß** *imp von* **verdrießen**

verdrossen I. *pp von* **verdrießen**
II. *adj Gesicht, Miene* maussade; *Mensch a.* mécontent(e)

Verdrossenheit <-> *f* ∅ *geh* morosité *f*, acrimonie *f*

-verdrossenheit *f* ras-le-bol *m* du/de la/des

verdrücken * I. *vt fam* ■ **jd verdrückt etw** qn liquide qc *fam*, qn s'envoie qc *fam*
II. *vr fam* ■ **jd verdrückt sich** [**irgendwohin**] qn se tire [quelque part] *fam*

Verdruss[RR] <-es, -e>, **Verdruß** <-sses, -sse> *m meist sing geh* contrariété *f*, dépit *m*
▶ **etw bereitet jdm** ~ qc cause du désagrément à qn; **zu jds** ~, **jdm zum** ~ au grand déplaisir de qn

verduften * *vi + sein fam* ■ **jd verduftet** qn se barre *fam*

verdummen * I. *vt + haben* ■ **jd/etw verdummt jdn** qn/qc abêtit [*o* abrutit] qn
II. *vi + sein* ■ **jd verdummt** qn s'abêtit

Verdummung <-> *f* ∅ abêtissement *m*, abrutissement *m*

verdungen *pp von* **verdingen**

verdunkeln * I. *vt* 1. ■ **jd verdunkelt etw** *Zimmer* qn fait le black-out dans qc; *Fenster* qn masque qc; ***die ganze Stadt ist verdunkelt*** c'est le black-out dans toute la ville
2. (*verdüstern*) ■ **etw verdunkelt etw** /*Wolke*/ qc obscurcit qc, qc assombrit qc
3. ■ **jd verdunkelt etw** *Straftat* qn dissimule qc
II. *vr* ■ **etw verdunkelt sich** /*Himmel*/ qc s'obscurcit, qc s'assombrit

Verdunk[e]lung <-, -en> *f* 1. ∅ black-out *m;* ***die*** ~ ***der Fenster*** le camouflage des fenêtres *m*
2. JUR dissimulation *f*

Verdunk[e]lungsgefahr *f* risque *m* de dissimulation [*o* de destruction de preuves]

verdünnen * *vt* ■ **jd verdünnt etw** [**mit etw**] *Getränk, Sirup* qn allonge qc [avec qc]; *Lauge, Säure* qn dilue qc [avec qc]; ■ **verdünnt** dilué(e)

Verdünner <-s, -> *m* diluant *m*

verdünnisieren * *vr hum fam* ■ **jd verdünnisiert sich** qn s'éclipse *fam*

Verdünnung <-, -en> *f* dilution *f;* [*Wein*] coupage *m*

verdunsten * *vi + sein* ■ **etw verdunstet** qc s'évapore

Verdunstung <-> *f* ∅ évaporation *f*

verdursten * *vi + sein* 1. (*an Durst sterben*) ■ **jd verdurstet** qn meurt de soif
2. *fam* (*furchtbar durstig sein*) ■ **jd verdurstet** qn crève de soif *fam*

verdüstern * I. *vr geh* 1. ■ **etw verdüstert sich** /*Himmel*/ qc s'obscurcit, qc s'assombrit
2. (*sich verfinstern*) ■ **etw verdüstert sich** /*jds Gesicht, Miene*/ qc s'assombrit
II. *vt geh* ■ **etw verdüstert etw** /*Wolke etc*/ qc assombrit qc

verdutzen * *vt fam* ■ **jd verdutzt jdn** [**mit etw**] qn ahurit [*o* ébahit] [*o* scie *fam*] qn [avec qc]; ■ **etw verdutzt jdn** /*Meinungsänderung, plötzliche Wende*/ qc ahurit qn, qc scie qn *fam*

verdutzt I. *adj fam* ahuri(e), ébahi(e); *Mensch* estomaqué(e) *fam*
II. *adv ansehen, dreinschauen, sich umdrehen* l'air ahuri(e)

verebben * *vi + sein geh* ■ **etw verebbt** /*Geräusche, Musik*/ qc s'atténue

veredeln * *vt* 1. ■ **jd veredelt etw** *Gewebe, Stoff* qn ennoblit qc; *Metall a.* qn affine qc
2. HORT ■ **jd veredelt etw** qn greffe qc

Vered[e]lung <-, -en> *f* HORT greffage *m*

verehelichen * *vr form* ■ **jd verehelicht sich** [**mit jdm**] qn se marie [avec qn]; ■ **sie** ~ **sich** ils se marient

Verehelichung <-, -en> *f form* mariage *m*

verehren * *vt* 1. (*bewundernd schätzen*) ■ **jd verehrt jdn** qn a de la vénération pour qn, qn vénère qn *littér*
2. REL ■ **jd verehrt jdn/ein Tier/etw** qn vénère qn/un animal/qc
3. *geh* (*schenken*) ■ **jd verehrt jdm etw** qn fait présent de qc à qn *littér*

Verehrer(in) <-s, -> *m(f)* 1. (*Bewunderer*) admirateur(-trice) *m(f)*
2. (*in Bezug aufs andere Geschlecht*) amoureux(-euse) *m(f)*, soupirant *m hum*
3. REL adorateur(-trice) *m(f)*

verehrt *adj* 1. (*Floskel in einer Ansprache*) cher(chère)
2. (*Floskel im Brief*) wird nicht übersetzt; ~***e Frau Professor!*** Madame le Professeur,

Verehrung *f* ∅ 1. (*Bewunderung*) ■ **jds** ~ **für jdn** l'admiration *f* de qn pour qn
2. REL vénération *f*, culte *m*

verehrungswürdig *adj geh* vénérable *soutenu*

vereidigen * *vt* 1. (*einen Eid leisten lassen*) ■ **jd vereidigt jdn** qn assermente qn; *Zeugen* qn fait prêter serment à qn
2. (*eidlich auf etw verpflichten*) ■ **jd vereidigt jdn auf etw** (*akk*) qn fait prêter serment à qn sur qc

vereidigt *adj* assermenté(e)

Vereidigung <-, -en> *f* prestation *f* de serment

Verein <-[e]s, -e> *m* 1. association *f;* (*Sport~*) club *m;* [*Veteranen*] amicale *f*
2. *pej fam* clique *f fam*
▶ **eingetragener** ~ association *f* déclarée (*régie par la loi de 1901*); **gemeinnütziger** ~ association *f* reconnue d'utilité publique; **im** ~ **mit jdm** en collaboration avec qn

-verein *m Schwimm-, Fußball-, Handball-* club *m* de; *Schützen-, Kaninchenzüchter-* association *f* de; ***Sport***~ association *f* sportive; ***Gesangs***~ chorale *f*

vereinbar *adj* ■ **etw ist mit etw** ~ qc est compatible avec qc

vereinbaren * *vt* 1. (*absprechen*) ■ **sie** ~ **etw** ils/elles conviennent de qc;

■ **jd vereinbart etw mit jdm** *Punkt, Termin, Tag, Treffen, Uhrzeit* qn convient de qc avec qn; ***vertragliche Abmachungen sollten schriftlich vereinbart werden*** les clauses du contrat doivent être stipulées par écrit; ***wir hatten Stillschweigen/ Vertraulichkeit vereinbart*** nous avions convenu de garder le silence; ■ **jd vereinbart mit jdm, dass** qn convient avec qn que + *indic;* ***ich habe mit ihm vereinbart, dass wir etw tun*** j'ai convenu avec lui [*o* nous avons convenu] de faire qc; ■ **sie ~, dass** ils conviennent que + *indic;* ■ **es wird vereinbart, dass** il est convenu que + *subj*
2. (*in Einklang bringen*) ■ **jd vereinbart etw mit etw** qn concilie qc avec qc; ■ **etw lässt sich mit etw ~,** ■ **etw ist mit etw zu ~** qc est compatible avec qc

Vereinbarung <-, -en> *f* **1.** Ø (*das Vereinbaren*) [*Termin, Treffen etc*] *verbal übersetzt;* ***wie wäre es mit der ~ eines weiteren Treffens?*** et si nous convenions d'un autre rendez-vous?
2. (*Abmachung*) convention *f*
▶ **laut** ~ comme convenu; **nach** ~ de gré à gré; (*bei Sprechstunde*) sur rendez-vous

vereinbarungsgemäß *adv* comme convenu

vereinen * *vt* **1.** ■ **jd/etw vereint sie** *Behörden, Firmen, Organisationen* qn/qc les réunit [*o* regroupe]
2. (*vereinbaren*) ■ **Dinge sind miteinander zu ~** */ Auffassungen, Forderungen, Interessen/* des choses sont compatibles [*o* conciliables]; ***nicht miteinander zu ~*** incompatibles, inconciliables

vereinfachen * *vt* ■ **jd/etw vereinfacht etw** qn/qc simplifie qc

vereinfacht I. *adj Darstellung, Skizze* simplifié(e); *Verfahren* expéditif(-ive)
II. *adv* de façon simplifiée

Vereinfachung <-, -en> *f* simplification *f*

vereinheitlichen * *vt* ■ **jd vereinheitlicht etw** qn uniformise qc

Vereinheitlichung <-, -en> *f* uniformisation *f*

vereinigen * I. *vt* ■ **jd vereinigt sie [zu etw]** *Firmen* qn les fusionne [en qc]; *Organisationen, Staaten* qn les réunit [en qc]; ***diese Länder wurden zur Sowjetunion vereinigt*** ces pays ont été réunis pour former l'Union soviétique; ***die geteilte Stadt/ das geteilte Land wird wieder vereinigt*** la ville divisée/le pays divisé est réunifié(e)
II. *vr* **1.** ■ **sie ~ sich [zu etw]** */ Firmen, Verbände etc/* ils/elles s'associent [en [*o* pour constituer] qc]; */ einzelne Truppenteile, Armeen/* ils/elles se regroupent [en [*o* pour constituer] qc]; ***die geteilten Länder ~ sich wieder*** les pays divisés se réunifient, les pays divisés procèdent à leur réunification
2. ■ **sie ~ sich [zu etw]** */ Flüsse/ zu einem Strom* ils/elles confluent [pour former qc]

vereinigt *adj* uni(e), associé(e)

Vereinigung <-, -en> *f* **1.** (*Organisation*) association *f*
2. Ø (*Zusammenschluss*) fusion *f*
▶ **die deutsche** ~ l'unification *f* de l'Allemagne; **kriminelle** ~ association *f* de malfaiteurs

Vereinigungskriminalität *f* criminalité *f* économique liée à la réunification

vereinnahmen * *vt* **1.** (*mit Beschlag belegen*) ■ **jd vereinnahmt jdn** qn accapare qn; ***jd vereinnahmt jdn als Verbündeten*** qn prend qn comme allié
2. *form* (*einnehmen*) ■ **jd vereinnahmt etw** qn perçoit qc

Vereins- de l'/d'association/d'une association; SPORT du/de/d'un club; ~***mitgliedschaft*** appartenance *f* à un club/une association

vereinsamen * *vi* + *sein* ■ **jd vereinsamt** qn s'isole, qn s'enferme dans la solitude

Vereinsamung <-> *f* Ø (*das Vereinsamen*) isolement *m;* (*Einsamkeit*) solitude *f*

vereinzelt I. *adj* **1.** METEO *Auftreten etc* ponctuel(le); *Gewitter, Regenschauer a.* épars(e)
2. *Geräusche, Grölen, Schüsse* sporadique
II. *adv* METEO par endroits

vereisen * I. *vi* + *sein* ■ **etw vereist** */ Fahrbahn, Straße,/* qc devient verglacé(e); */ Fensterscheibe, Tragfläche/* qc se givre; */ Türschloss/* qc gèle; ■ **vereist** *Fahrbahn, Straße* verglacé(e); *Fensterscheibe, Tragfläche* givré(e); *Türschloss* gelé(e)
II. *vt* + *haben* MED ■ **jd vereist etw** qn insensibilise qc, qn anesthésie qc par le froid

vereiteln * *vt* ■ **jd vereitelt etw** *Anschlag, Versuch* qn déjoue qc; *Plan, Vorhaben a.* qn contrecarre qc; *Flucht, Tat a.* qn fait échouer qc; ■ **etw vereitelt etw** *Flucht, Versuch* qc fait échouer qc

Vereit[e]lung <-> *f* Ø empêchement *m;* ***die ~ dieses Verbrechens war sein Verdienst*** c'est à lui que revient le mérite d'avoir empêché [*o* fait échouer] ce crime

vereitern * *vi* + *sein* ■ **etw vereitert** */ Wunde, Wurmfortsatz/* qc se met à suppurer, qc devient purulent(e); */ Mandel, Zahnwurzel/* qc s'infecte; ■ **vereitert** *Wunde, Wurmfortsatz* purulent(e), plein(e) de pus; *Mandel, Zahnwurzel* infecté(e), abcédé(e) *spéc*

Vereiterung <-, -en> *f* (*das Vereitern*) purulence *f;* [*Mandel*] infection *f;* [*Zahnwurzel*] abcès *m*

verelenden * *vi* + *sein geh* ■ **jd verelendet** qn tombe dans la misère

verenden * *vi* + *sein* ■ **ein Tier verendet** un animal crève [*o* meurt]

verengen * I. *vr* ■ **etw verengt sich** */ Gefäße, Pupillen/* qc se rétrécit; ■ **etw verengt sich [auf etw** (*akk*)**]** */ Fahrbahn, Straße/* qc se rétrécit [à qc]
II. *vt* ■ **etw verengt etw** *Gefäße, Pupillen* qc rétrécit qc

Verengung <-, -en> *f* rétrécissement *m*

vererben * *vt* **1.** JUR ■ **jd vererbt jdm etw** qn lègue qc à qn, qn laisse à qn qc en héritage
2. BIO ■ **jd vererbt [jdm] etw,** ■ **jd vererbt etw auf jdn** qn transmet héréditairement qc [à qn]; ***die lange Nase hat mir mein Vater vererbt*** j'ai hérité du grand nez de mon père

Vererbung <-, *rare* -en> *f* hérédité *f,* transmission *f* héréditaire; ***durch ~*** héréditairement

Vererbungslehre *f* lois *fpl* de l'hérédité

verewigen * I. *vr fam* ■ **jd verewigt sich auf etw** (*dat*) qn s'immortalise sur qc
II. *vt* ■ **jd verewigt etw** qn perpétue qc

verfahren*[1] *vi irreg* + *sein* **1.** (*vorgehen*) ■ **jd verfährt irgendwie** qn procède d'une certaine manière
2. (*umgehen*) ■ **jd verfährt mit jdm irgendwie** qn se comporte d'une certaine manière avec qn

verfahren*[2] *irreg* I. *vt* ■ **jd/etw verfährt etw** *Kraftstoff* qn/qc consomme qc; *Geld* qn dépense qc en trajets [*o* en voyages]
II. *vr* ■ **jd verfährt sich** qn se trompe de route, qn se perd

verfahren[3] *adj Angelegenheit* embrouillé(e); *Situation* sans issue

Verfahren <-s, -> *nt* **1.** (*Methode*) procédé *m*
2. JUR procédure *f*
▶ **gegen jdn läuft ein** ~ une procédure est engagée [*o* en cours] contre qn; **jd leitet ein ~ gegen jdn ein** qn engage une procédure contre qn

Verfahrensweise *f* procédure *f*

Verfall *m* Ø **1.** [*Gebäude*] délabrement *m*
2. [*Kräfte*] déclin *m;* [*Gesundheit, Körper*] dégradation *f,* délabrement *m* [progressif]; ***der ~ des Patienten*** la dégradation de l'état de santé du patient
3. [*Eintrittskarte, Fahrkarte, Gutschein*] expiration *f*
4. *geh* (*Niedergang*) déclin *m,* décadence *f*

verfallen*[1] *vi irreg* + *sein* **1.** ■ **etw verfällt** */ Altstadt, Bauwerk, Gebäude/* qc se délabre
2. ■ **jd verfällt** */ alter Mensch, Kranker/* qn décline
3. (*ungültig werden*) ■ **etw verfällt** */ Eintrittskarte, Fahrkarte, Gutschein/* qc est périmé(e); */ Anspruch/* qc est déchu(e); */ Recht/* qc se prescrit
4. FIN ■ **etw verfällt** */ Kurs, Preise, Währung/* qc chute, qc s'effondre
5. (*erliegen*) ■ **jd verfällt jdm** qn tombe sous l'emprise de qn; ■ **jd verfällt einer S.** (*dat*) *jds Charme, Zauber* qn succombe à qc; *einer Droge, dem Alkohol* qn sombre dans qc
6. (*sich einfallen lassen*) ■ **jd verfällt auf etw** (*akk*) qn va chercher qc; ■ **jd verfällt darauf etw zu tun** il lui vient à l'idée de faire qc
7. (*kommen auf*) ■ **jd verfällt auf jdn** qn tombe sur qn

verfallen[2] *adj* **1.** (*baufällig*) délabré(e), en ruines
2. (*abgelaufen*) périmé(e)

Verfallsdatum *nt* date *f* de péremption

verfälschen * *vt* **1.** (*falsch darstellen*) ■ **jd/etw verfälscht etw** qn déforme qc, qn dénature qc; *Geschichte a.* qn fausse qc
2. (*in der Qualität mindern*) ■ **jd verfälscht etw** *Lebensmittel* qn falsifie qc, qn trafique qc *fam; Wein a.* qn frelate qc

Verfälschung *f* **1.** (*das Verfälschen*) déformation *f*
2. (*Qualitätsminderung*) falsification *f;* [*Wein a.*] frelatage *m*

verfangen * *irreg* I. *vr* **1.** (*hängen bleiben*) ■ **etw verfängt sich in etw** (*dat*) qn se prend [*o* s'accroche] dans qc
2. ■ **jd verfängt sich in etw** (*dat*) *in Lügen, Widersprüchen* qn s'empêtre [*o* s'enferre] dans qc
II. *vi* ■ **etw verfängt [bei jdm] nicht/nicht mehr** */ Masche, Trick/* qc ne marche pas/plus [avec qn]; */ Tour a./* qc ne prend pas/plus [avec qn]

verfänglich *adj* compromettant(e)

verfärben * I. *vr* **1.** (*sich anders färben*) ■ **etw verfärbt sich irgendwie** */ Blätter, Laub/* qc se colore d'une certaine façon; ***im Herbst ~ sich die Blätter*** en automne, les feuilles changent de couleur
2. (*Farbe von etw anderem annehmen*) ■ **etw verfärbt sich** qc change de couleur; ■ **etw verfärbt sich ...** *braun, grün etc* qc prend une couleur ... + *adj,* qc déteint en ... + *subst*
II. *vt* ■ **etw verfärbt etw** qc déteint sur qc

Verfärbung *f* **1.** Ø changement *m* de couleur; ***die herbstliche ~ der Blätter*** la coloration automnale des feuilles
2. (*abweichende Färbung*) coloration *f;* ***weißliche ~ en der Haut*** des taches *fpl* blanchâtres sur la peau; ***etw weist eine ~ auf/ eine rötliche ~ auf*** qc a déteint/pris une teinte rougeâtre

verfassen * *vt* ■ **jd verfasst etw** *Artikel, Publikation, Brief, Rede* qn rédige qc; *Buch* qn écrit qc

Verfasser(in) <-s, -> *m(f)* auteur *m;* [*Artikel, Publikation a.*] rédacteur(-trice) *m(f)*

Verfassung[1] *f* Ø (*Befinden*) état *m;* ***wie ist Ihre ~?*** comment vous sentez-vous?; ***meine ~ ist im Moment nicht die beste*** actuellement, je ne suis pas au mieux de ma forme
▶ **jd ist** [*o* **befindet sich**] **in einer bestimmten** ~ qn est dans un certain état; ***in was für einer ~ befindet sie sich?*** comment se sent-elle?

Verfassung[2] *f* POL ■ **die** ~ la Constitution

Verfassungsänderung *f* révision *f* constitutionnelle **Verfassungsbeschwerde** *f* recours *m* constitutionnel **verfassungsfeindlich** *adj* anticonstitutionnel(le) **Verfassungsgericht** *nt* Conseil *m* constitutionnel **verfassungsmäßig** *adj* constitutionnel(le) **Verfassungsschutz** *m fam* (*Bundesamt für ~*) ≈ Direction *f* de la sécurité du territoire **verfassungswidrig** *adj* contraire à la Constitution

verfaulen * *vi* + *sein* **1.** (*durch Fäulnis verderben*) ■ **etw verfault** */ Gemüse, Obst/* qc se gâte, qc pourrit; */ Fleisch/* qc s'avarie; ■ **verfault** gâté(e), pourri(e); *Fleisch* avarié(e)
2. (*verwesen*) ■ **etw verfault** qc pourrit; */ Zahn/* qc se gâte; ■ **verfault** *Holz* pourri(e); *Zahn a.* gâté(e)

verfechten * *vt irreg* ■ **jd verficht etw** qn professe qc *soutenu; Lehre, Theorie a.* qn est un grand défenseur de qc, qn se fait le champion/la championne de qc; *Meinung, Standpunkt a.* qn défend qc; *Kurs* qn préconise qc

Verfechter(in) *m(f)* partisan(e) *m(f)*, défenseur *m*
verfehlen * *vt* **1.** (*nicht treffen*) ■ **jd/etw verfehlt jdn/etw** */Schütze, Werfer, Schuss, Wurf etc/* qn/qc manque [*o* rate] qc; ■ **jd/etw ist nicht zu ~** on ne peut manquer [*o* rater] qn/qc
2. (*verpassen*) ■ **jd verfehlt jdn/etw** *zu treffende Person, Verkehrsmittel* qn manque [*o* rate] qn/qc
3. (*nicht erreichen*) ■ **etw verfehlt etw** *Wirkung* qc rate qc; *Zweck* qc n'atteint pas qc
4. (*versäumen*) ■ **jd verfehlt [es] etw zu tun** qn omet de faire qc; ***jd verfehlt [es] nicht etw zu tun*** qn ne manque pas de faire qc
verfehlt *adj* **1.** (*misslungen*) raté(e); ■ **etw ist ~** qc est un échec
2. (*unangebracht*) ■ **es wäre ~ etw zu tun** ce serait une erreur de faire qc
Verfehlung <-, -en> *f* faute *f*; (*im Amt*) manquement *m*
verfeinden * *vr* ■ **jd verfeindet sich mit jdm** qn se brouille avec qn; ■ **sie ~ sich [miteinander]** ils/elles se brouillent; ■ **verfeindet** (*zerstritten*) brouillé(e); (*feindlich gesonnen*) ennemi(e)
verfeinern * *vt* **1.** GASTR ■ **jd verfeinert etw [mit etw]** *mit Sahne* qn veloute qc [avec qc]; *mit einem Zusatz* qn agrémente qc [ce qc]; *mit Gewürzen* qn relève qc [avec qc]
2. (*raffinierter gestalten*) ■ **jd verfeinert etw** qn peaufine qc *fam*, qn améliore qc
Verfeinerung <-, -en> *f* amélioration *f*; ***die Soße dient der ~ dieses Gerichts*** la sauce permet d'améliorer [*o* de relever] ce plat
verfemen * *vt geh* ■ **jd verfemt jdn/etw** qn met qn/qc à l'index; ■ **verfemt** mis(e) à l'index
verfertigen * *vt form* ■ **jd verfertigt etw** qn confectionne qc; *Bericht, Liste* qn élabore qc
verfestigen * *vr* **1.** (*fester werden*) ■ **etw verfestigt sich** */Klebstoff/* qc durcit; */Farbe, Lack/* qc sèche
2. (*behalten werden*) ■ **etw verfestigt sich** *Gelerntes, Stoff* qc s'assimile [vraiment]
verfetten * *vi + sein* ■ **etw verfettet** qc est atteint(e) de dégénérescence graisseuse
Verfettung <-, -en> *f* dégénérescence *f* graisseuse
verfeuern * *vt* **1.** (*verschießen*) ■ **jd verfeuert etw** qn tire qc
2. (*verbrennen*) ■ **jd/etw verfeuert etw** qn/qc brûle qc
verfilmen * *vt* ■ **jd verfilmt etw** qn porte qc à l'écran
Verfilmung <-, -en> *f* adaptation *f* cinématographique
verfilzen * *vi + sein* ■ **etw verfilzt** */Kleidungsstück aus Wolle/* qc [se] feutre; */Kopfhaar/* qc s'emmêle; ■ **verfilzt** *wollenes Kleidungsstück* feutré(e); *Kopfhaar* tout emmêlé(e)
verfilzt *adj fam* étroitement mêlé(e), très imbriqué(e); ■ **sie sind miteinander ~** */Regierung und Mafia/* ils/elles ont partie liée; */Politik und Wirtschaft/* ils/elles sont étroitement lié(e)s les uns/unes avec les autres
verfinstern * *vr* ■ **etw verfinstert sich** */Himmel/* qc s'obscurcit; */Gesicht/* qc s'assombrit
verflechten * *vt irreg* ■ **jd verflicht etw [miteinander]** *Bänder, Blumen, Haarsträhnen* qn tresse qc
Verflechtung <-, -en> *f* ECON interdépendance *f*, interpénétration *f*
verfliegen * *irreg* **I.** *vi + sein* ■ **etw verfliegt** */Heimweh, Kummer/* qc s'envole; */Zorn a./* qc se dissipe; */Alkohol, Kohlensäure/* qc s'évapore; */Duft, Parfüm a./* qc se volatilise
II. *vr + haben* AVIAT ■ **jd/etw verfliegt sich** qn/qc perd le cap, qn/qc s'égare
verfließen * *vi irreg + sein* **1.** (*verschwimmen*) ■ **sie ~** */Aquarellfarben/* ils/elles s'estompent
2. *geh* (*vergehen*) ■ **sie ~** */Stunden, Tage, Wochen/* ils/elles s'écoulent; *s. a.* **verflossen**
verflixt **I.** *adj fam* **1.** *Gegenstand, Mensch* sacré(e) *antéposé fam*, fichu(e) *antéposé fam*
2. *Angelegenheit, Krankheit* fichu(e) *antéposé fam*
II. *adv fam* sacrement *fam*
III. *interj fam* zut *fam*
verflossen *adj* **1.** *geh Tage, Jahre* écoulé(e) **2.** *fam* (*frühere*) *Freund, Freundin etc* ex-; ***eine ~e Freundin/ein ~er Freund*** une ex/un ex *fam*
Verflossene(r) *f(m) decl wie adj fam* ■ **jds ~** l'ex *mf* de qn *fam*
verfluchen * *vt* ■ **jd verflucht jdn/etw** qn maudit qn/qc
verflucht **I.** *adj fam Hund, Kerl* sale *antéposé*, satané(e) *antéposé*; *Computer, Auto a.* foutu(e) *antéposé fam*
II. *adv fam* vachement *fam*
III. *interj fam* zut *fam*, nom d'un chien *fam*
verflüchtigen * *vr* **1.** ■ **etw verflüchtigt sich** qc s'évapore; */Parfüm a./* qc se volatilise
2. *hum fam* ■ **jd verflüchtigt sich** qn s'éclipse *fam*
verflüssigen * *vt* ■ **jd verflüssigt etw** *Gas, Luft, Wasserstoff etc* qn liquéfie qc; ***verflüssigter Wasserstoff*** de l'hydrogène *m* liquide
Verflüssigung <-, -en> *f* liquéfaction *f*
verfolgen * *vt* **1.** (*nachsetzen*) ■ **jd verfolgt jdn** *fliehenden Feind, entsprungenen Gefangenen etc* qn poursuit qn; *zu observierende Person* qn suit qn, qn file qn
2. (*politisch*) ■ **jd verfolgt jdn** qn persécute qn
3. (*beobachten*) ■ **jd verfolgt etw** *Aktivitäten, den Verlauf von etw* qn observe qc; *Diskussion, Gespräch, Spiel* qn suit qc [avec attention]
4. (*erreichen wollen*) ■ **jd verfolgt etw** *Strategie, Taktik, Ziel* qn poursuit qc; ***welche Absicht verfolgt er denn?*** mais quelles sont donc ses intentions?; ***jd verfolgt das Ziel etw zu tun*** qn a pour but de faire qc
5. JUR ■ **jd verfolgt etw** *Straftat, Vergehen etc* qn poursuit qc; ***etw wird gerichtlich/strafrechtlich verfolgt*** qc est poursuivi(e) en justice/pénalement, qc est l'objet de poursuites judiciaires/pénales
Verfolger(in) <-s, -> *m(f)* poursuivant(e) *m(f)*
Verfolgte(r) *f(m) decl wie adj* persécuté(e) *m(f)*
Verfolgung <-, -en> *f* **1.** (*das Verfolgen*) poursuite *f*
2. (*politische Drangsalierung*) persécution *f*
3. ∅ [*Strategie, Taktik, Ziel*] poursuite *f*; [*Absicht*] réalisation *f*
4. JUR poursuite *f*
► **jd nimmt die ~ auf** qn commence la poursuite; **jd nimmt die ~ von jdm auf** qn se met [*o* se lance] à la poursuite de qn
Verfolgungswahn *m* délire *m* [*o* manie *f*] de [la] persécution
verformen * **I.** *vt* ■ **etw verformt etw** qc déforme qc
II. *vr* ■ **etw verformt sich** qc se déforme
Verformung *f* déformation *f*
verfrachten * *vt* **1.** *fam* ■ **jd verfrachtet jdn irgendwohin** *ins Bett* qn expédie qn quelque part *fam*; *ins Auto, in ein Verkehrsmittel* qn fait embarquer qn quelque part; ■ **jd verfrachtet etw irgendwohin** qn transbahute qc quelque part *fam*; *in den Kofferraum, auf den Rücksitz* qn charge qc quelque part
2. COM ■ **jd verfrachtet etw** qn frète qc
verfranzen * *vr fam* ■ **jd verfranzt sich** qn se paume *fam*
verfremden *vt* ■ **jd verfremdet etw** qn distancie qc (*pour créer l'effet de distanciation*)
verfressen * *adj sl* goinfre; ***ein ~er Kerl/ein ~es Luder*** un(e) morfal(e) *fam*
Verfressenheit <-> *f* ∅ *sl* goinfrerie *f*
verfrühen * *vr* ■ **jd verfrüht sich** qn arrive en avance
verfrüht *adj* prématuré(e)
► **jd hält etw für ~** qn considère qc comme prématuré(e)
verfügbar *adj* disponible
verfugen * *vt* ■ **jd verfugt etw** *Mauer, Wand, Fliesen* qn jointoie qc, qn fait les joints de qc; *Risse* qn enduit qc
verfügen * **I.** *vi* ■ **jd verfügt über etw** (*akk*) qn dispose de qc
► **jd kann über etw** (*akk*) **[frei] ~** qn peut disposer [librement [*o* à sa guise]] de qc; **~ Sie über mich!** je suis à votre disposition
II. *vt* ADMIN ■ **jd verfügt etw** qn ordonne qc; ■ **jd verfügt, dass** qn ordonne que + *subj*
Verfügung <-, -en> *f* décret *m*, ordonnance *f*
► **einstweilige ~** JUR référé *m*; **jd hat etw zur ~** qn a qc à sa disposition; **jd hält sich zu jds ~ [*o* zur ~]** qn se tient à la disposition de qn; **jd steht [für etw] zur ~** qn est disponible [pour qn]; **jd steht jdm zur ~** qn est à la disposition de qn; **etw steht zu jds [*o* jdm zur] ~** */Kraftfahrzeug etc/* qc est à la disposition de qn; */Geld/* qn a qc à sa disposition; **jd stellt etw zur ~** *Amt, Leitung* qn renonce à qc; **jd stellt jdm etw zur ~** *Kraftfahrzeug etc* qn met qc à la disposition de qn
Verfügungsgewalt *f form* ■ **die ~ über etw** (*akk*) le pouvoir de disposer de qc [*o* discrétionnaire dans l'utilisation de qc]
verführen * *vt* **1.** (*verleiten*) ■ **jd verführt jdn zu etw** qn entraîne qn à faire qc; ***dazu lasse ich mich gern ~*** je vais me laisser tenter; ■ **etw verführt [jdn] zu etw** qc pousse [*o* incite] [qn] à faire qc
2. (*zum Geschlechtsverkehr verleiten*) ■ **jd verführt jdn** qn séduit qn
Verführer(in) *m(f)* **1.** (*Mensch*) séducteur(-trice) *m(f)*
2. (*Umstand*) tentation *f*
verführerisch **I.** *adj Aufmachung, Aussicht* tentant(e); *Angebot, Preis, Duft* alléchant(e); *Mensch, Charme* séduisant(e)
II. *adv sich räkeln* de façon aguicheuse; *angezogen* de manière séduisante; ***etw riecht ~*** qc a une odeur alléchante; ***ein ~ duftender Parfüm*** un parfum enivrant
Verführung *f* séduction *f*
► **~ Minderjähriger** détournement *m* de mineur
verfuhrwerken *vt* CH *s.* **verpfuschen**
verfünffachen * **I.** *vt* ■ **jd verfünffacht etw** qn quintuple qc
II. *vr* ■ **etw verfünffacht sich** qc quintuple
verfüttern * *vt* ■ **jd verfüttert etw [an Tiere]** qn donne qc en nourriture [*o* à manger] [à des animaux]
Vergabe *f* **1.** [*Arbeit, Projekt etc*] octroi *m*, attribution *f*; [*Auftrag*] adjudication *f*
2. [*Auszeichnung, Förderung*] octroi *m*; [*Preis, Stipendium*] attribution *f*
vergällen * *vt* **1.** ■ **jd/etw vergällt jdm etw** *Freude, Spaß* qn/qc lui gâte [*o* gâche] qc; *das Leben* qn/qc lui empoisonne qc
2. ■ **jd vergällt etw** *Alkohol* qn dénature qc
vergammeln * **I.** *vi + sein fam* ■ **etw vergammelt** */Brot, Essen, Käse etc/* qc moisit; */Wurst/* qc s'avarie; ■ **vergammelt** moisi(e); *Wurst* avarié(e)
II. *vt + haben fam* ■ **jd vergammelt etw** qn passe qc à glander *fam*
vergangen *adj* passé(e)
Vergangenheit <-, *rare* -en> *f* **1.** ∅ (*Vergangenes*) passé *m*
2. (*bisheriges Leben*) ■ **jds ~** le passé de qn
3. GRAM passé *m*
► **jd hat eine bewegte ~** qn a eu une vie mouvementée; **die jüngste ~** le [*o* un] passé [tout] récent; ***seit jüngster ~*** depuis ces derniers temps; **etw gehört der ~ an** qc appartient au passé; **etw hat eine … ~** qc a un passé …
Vergangenheitsbewältigung *f* fait *m* d'assumer son passé; ***jd hilft jdm bei der ~*** qn aide qn à assumer son passé
vergänglich *adj Größe, Herrlichkeit etc* éphémère; *Augenblicke, Stunden* fugitif(-ive), passager(-ère)
Vergänglichkeit <-> *f* ∅ [*Größe, Herrlichkeit etc*] caractère *m* éphémère; [*Augenblick*] caractère *m* fugitif
vergasen * *vt* **1.** (*umbringen*) ■ **jd vergast jdn/Tiere** qn gaze qn/des animaux
2. TECH ■ **jd vergast etw** qn gazéifie qc
Vergaser <-s, -> *m* AUT carburateur *m*

vergaß *imp von* **vergessen**
Vergasung <-, -en> *f* 1. (*Tötung*) gazage *m*
2. TECH gazéification *f*
vergeben * *irreg* I. *vi* ■ **jd vergibt [jdm]** qn pardonne [à qn]
II. *vt* 1. *geh* (*verzeihen*) ■ **jd vergibt [jdm] etw** qn pardonne qc [à qn]; ***vergib, dass*** pardonne-moi si …
2. ■ **jd vergibt etw [an jdn]** *Arbeit etc* qn donne qc [à faire à qn]; *Projekt, Auftrag* qn attribue qc [à qn]
3. ■ **jd vergibt etw [an jdn]** *Auszeichnung, Preis, Stipendium, Platz, Wohnung* qn attribue qc [à qn]
▸ **jd ist bereits [*o* schon]** ~ (*hat bereits einen Partner*) qn n'est pas libre; (*hat bereits einen Termin*) qn est [déjà] pris(e); **das ist ~ und vergessen** le passé est oublié; **er/sie vergibt sich** (*dat*) **nichts, wenn er/sie etw tut** il/elle peut faire qc sans déchoir; **was würdest du dir [schon] ~, wenn …** tu n'en mourras pas si …; **zu** ~ *Eintrittskarte, Platz* à donner, à distribuer; (*zu verkaufen*) à vendre; *Wohnung* à louer
vergebens I. *adj pred* ■ **etw ist** ~ qc est vain(e); ***aber es war*** ~ mais en vain
II. *adv s.* **vergeblich**
vergeblich I. *adj* vain(e)
II. *adv* en vain, vainement
Vergeblichkeit <-> *f* Ø inutilité *f*
Vergebung <-, -en> *f* [*Fehlverhalten, Missetat, Schuld, Untreue*] pardon *m;* [*Sünde a.*] rémission *f*
▸ **jd bittet jdn um ~ [für etw]** qn demande pardon à qn [pour qc]; **ich bitte um ~!** *geh* je te/vous demande pardon!
vergegenwärtigen * *vr* ■ **jd vergegenwärtigt sich** (*dat*) **etw** qn réalise qc; ■ **jd vergegenwärtigt sich, dass/was** qn réalise que + *indic*/ce qui
vergehen * *irreg* I. *vi + sein* 1. (*verstreichen*) ■ **etw vergeht** /*Tag, Monat, Jahr, Zeit*/ qc passe; /*Sekunden, Minuten, Stunden a.*/ qc s'écoule; ***es schienen Ewigkeiten/Stunden zu*** ~ cela a paru durer une éternité/des heures
2. (*schwinden*) ■ **etw vergeht** *Schmerz, Hunger* qc passe, qc disparaît; ■ **etw vergeht jdm** /*Appetit, Freude, Lust*/ qn perd qc; ***da vergeht einem ja der Appetit*** ça vous coupe l'appétit
3. (*fast umkommen*) ■ **jd vergeht vor etw** (*dat*) qn meurt de qc
II. *vr + haben* ■ **jd vergeht sich an jdm** qn abuse de qn; ■ **jd vergeht sich gegen etw** *gegen Anstand und Sitte, Sitte und Moral* qn transgresse qc, qn manque à qc; *gegen das Gesetz* qn enfreint qc, qn viole qc
Vergehen <-s, -> *nt* délit *m*
vergeistigt *adj* cérébral(e); ■ **jd ist** ~ qn est un cérébral/une cérébrale [pur(e)], qn est un pur esprit
vergelten *vt irreg* 1. (*lohnen*) ■ **jd vergilt jdm etw [irgendwie]** *Beistand, Handlung, Verhalten* qn revaut qc à qn [d'une certaine manière]; *Liebe, Fürsorge* qn récompense qn de qc [*o* rend qc à qn] [d'une certaine manière]; *mit Undank* qn lui paie qc de qc
2. (*heimzahlen*) ■ **jd vergilt etw mit etw** qn répond à qc par qc; ***jd vergilt jdm Gleiches mit Gleichem*** qn rend la pareille à qn
Vergeltung <-, -en> *f* vengeance *f*
▸ **jd übt ~ für etw** qn se venge de qc; ***sie üben militärische*** ~ ils usent de représailles militaires
Vergeltungsmaßnahme *f* représailles *fpl,* mesure *f* de rétorsion **Vergeltungsschlag** *m* acte *m* de représailles
vergesellschaften * *vt s.* **verstaatlichen**
Vergesellschaftung *f s.* **Verstaatlichung**
vergessen <vergisst, vergaß, vergessen> I. *vt* ■ **jd vergisst jdn/etw** qn oublie qn/qc; ■ **jd vergisst etw zu tun** qn oublie de faire qc
▸ **jd wird jdm etw nie [*o* nicht]** ~ (*wird immer dankbar sein*) qn n'oubliera jamais qc de qn; ***jd wird jdm das nie*** ~ qn n'oubliera jamais ce que qn a fait; ***diese Unterstützung werde ich Ihnen nie*** ~ je n'oublierai jamais votre soutien [*o* que vous m'avez soutenu(e)]; **jd wird jdm etw nicht** ~ (*wird nachtragen*) qn n'est pas près d'oublier qc de qn; ***das werde ich ihm nicht*** ~ je lui garde un chien de ma chienne; **dass ich es nicht vergesse, ehe ich es vergesse** avant que je n'oublie; **nicht zu ~ …** sans oublier …
II. *vr* ■ **jd vergisst sich** qn s'oublie
Vergessenheit <-> *f* Ø ▸ **etw gerät in** ~ qc tombe dans l'oubli
vergesslich[RR], **vergeßlich** *adj* distrait(e), étourdi(e); ■ **jd ist** ~ qn oublie tout; ■ **jd wird** ~ (*im Alter*) qn perd la mémoire
Vergesslichkeit[RR], **Vergeßlichkeit** <-> *f* Ø ■ **jds** ~ la distraction de qn, la mauvaise mémoire de qn; (*im Alter*) la mémoire défaillante de qn
vergeuden * *vt* ■ **jd vergeudet etw** *Energie, Mittel, Vorräte* qn gaspille qc; *Geld, Vermögen a.* qn dilapide qc
Vergeudung <-, -en> *f* gaspillage *m;* [*Vermögen a.*] dilapidation *f*
vergewaltigen * *vt* ■ **jd vergewaltigt jdn** qn viole qn; ■ **jd vergewaltigt etw** *Erbe, Kultur, Traditionen* qn fait violence à qc; *Sprache, Theaterstück* qn martyrise qc
Vergewaltigung <-, -en> *f* viol *m*
vergewissern * *vr* ■ **jd vergewissert sich einer S.** (*gen*) qn s'assure de qc; ■ **jd vergewissert sich, dass/ob etw getan wurde** qn s'assure que qc a été fait(e)
vergießen * *vt irreg* 1. (*daneben gießen*) ■ **jd vergießt etw** qn renverse qc
2. (*absondern*) ■ **jd vergießt etw** *Tränen* qn verse qc, qn répand qc; ***es wird viel Schweiß vergossen werden müssen*** il va nous falloir transpirer à grosses gouttes
vergiften * I. *vt* ■ **jd vergiftet jdn/ein Tier/etw** qn empoisonne qn/un animal/qc
II. *vr* 1. (*sich töten*) ■ **jd vergiftet sich** qn s'empoisonne
2. (*sich eine Vergiftung zuziehen*) ■ **jd vergiftet sich [an etw** (*dat*)**/durch etw]** qn s'intoxique [en mangeant qc]
Vergiftung <-, -en> *f* 1. Ø (*das Vergiften*) empoisonnement *m*
2. MED empoisonnement *m,* intoxication *f*
vergilben * *vi + sein* ■ **etw vergilbt** qc jaunit; ■ **vergilbt** jauni(e)
Vergissmeinnicht[RR], **Vergißmeinnicht** <-[e]s, -[e]> *nt* myosotis *m*
vergisst[RR], **vergißt** *3. pers pres von* **vergessen**
vergittern * *vt* ■ **jd vergittert etw** qn pourvoit qc d'une grille; ■ **vergittert** pourvu(e) d'une grille
Vergitterung <-, -en> *f* 1. Ø (*das Vergittern*) ■ **die ~ [einer S.** (*gen*)**]** la pose d'une grille [sur qc]
2. (*Gitter*) grille *f*
verglasen * *vt* ■ **jd verglast etw** qn vitre qc; ■ **verglast** vitré(e)
Verglasung <-, -en> *f* 1. Ø (*das Verglasen*) vitrage *m*
2. (*verglaste Fläche*) vitre *f,* vitrage *m*
Vergleich <-[e]s, -e> *m* 1. comparaison *f;* ■ **der ~ mit etw** la comparaison avec qc
2. JUR accord *m,* arrangement *m*
▸ **ein schiefer** ~ une comparaison discutable [*o* qui ne tient pas debout]; **der ~ ist schief** ça ne se compare pas; **etw hält den ~ mit etw aus, etw hält dem ~ mit etw stand** qn soutient la comparaison avec qc; **etw hält jeden ~ aus** qc est tout à fait à la hauteur; **der ~ hinkt** la comparaison ne tient pas debout; **jd macht einen** ~ qn fait la comparaison; **jd schließt einen […]** ~ JUR qn conclut un arrangement […], qn passe un accord […]; ***jd schließt einen gerichtlichen ~ mit jdm*** qn conclut un procès-verbal de conciliation avec qn; **etw steht in keinem ~ zu etw** qc est disproportionné(e) à [*o* avec] qc; **jd stellt ~e an, jd zieht ~e** qn établit une comparaison; **im ~ [zu [*o* mit] jdm/etw]** par comparaison à [*o* avec] qn/qc, en comparaison de qn/qc
vergleichbar *adj* comparable; ■ **etw/ein Tier ist mit etw/einem Tier** ~ qc/un animal est comparable à qc/un animal; ■ **sie sind [miteinander]** ~ ils/elles sont comparables; ■ **etwas V~es** quelque chose de comparable
vergleichen * *irreg* I. *vt* 1. (*gegeneinander abwägen*) ■ **jd vergleicht sie [miteinander]** qn les compare; ■ **jd vergleicht jdn mit jdm/etw mit etw** qn compare qn à [*o* avec] qn/qc à [*o* avec] qc
2. (*durch etw bezeichnen*) ■ **jd vergleicht jdn/etw mit etw** qn compare qn/qc à qc
▸ **verglichen mit …** comparé(e) à …; **vergleiche …** voir …
II. *vr* 1. (*sich gleichsetzen*) ■ **jd vergleicht sich mit jdm** qn se compare à qn
2. JUR ■ **jd vergleicht sich [mit jdm]** qn s'arrange [avec qn], qn trouve un terrain d'entente [avec qn]
vergleichend *adj* 1. *Aufzählung, Gegenüberstellung, Überprüfung, Werbung* comparatif(-ive)
2. *Sprachwissenschaft, Theaterwissenschaft etc* comparé(e)
vergleichsweise *adv* comparativement, relativement
Vergleichszahl *f meist pl* chiffre *m* comparatif [*o* de référence]
verglimmen * *vi irreg + sein geh* ■ **etw verglimmt** qc s'éteint lentement
verglühen * *vi + sein* ■ **etw verglüht** /*Feuerwerkskörper, Kohle, Holz*/ qc se consume; /*Meteorit, Raketenstufe, Satellit etc*/ qc se désintègre
vergnügen * I. *vr* ■ **jd vergnügt sich [mit etw]** qn s'amuse [en faisant qc]; ■ **jd vergnügt sich mit jdm** qn s'amuse [*o* se divertit] avec qn
II. *vt* ■ **etw vergnügt jdn** qc amuse qn; ■ **es vergnügt jdn etw zu tun** ça amuse qn de faire qc
Vergnügen <-s, -> *nt* plaisir *m;* [*zahlende Gäste a.*] agrément *m*
▸ **etw ist ein teures ~ [*o* kein billiges ~]** *fam* qc est un plaisir coûteux *fam;* **voller** ~ avec ravissement; **jd findet ~ an etw** (*dat*) qn prend plaisir à qc; **jd findet ~ daran etw zu tun** qn prend plaisir à faire qc; **mit wem habe ich das ~?** *form* à qui ai-je l'honneur? *form;* **es ist [jdm] ein ~ etw zu tun** c'est un plaisir [pour qn] de faire qc; **es ist/war mir ein** ~ tout le plaisir est/était pour moi; **es ist kein [reines] [*o* nicht gerade ein] ~ etw zu tun** ce n'est pas une partie de plaisir de faire qc; **etw macht [*o* bereitet *geh*] jdm** ~ qc fait [*o* procure du *soutenu*] plaisir à qn; **es macht [*o* bereitet *geh*] jdm ~ etw zu tun** cela fait plaisir à qn de faire qc; **jd macht sich** (*dat*) **ein ~ daraus etw zu tun** qn prend plaisir à faire qc, qn se fait un plaisir [*o* une joie] de faire qc; **jd stürzt sich ins** ~ *fam* qn fait la bringue *fam;* **hinein ins ~!** *fam* allez, on va s'éclater! *fam;* **mit** ~ (*gern*) avec plaisir; ***mit großem/größtem/dem größten*** ~ avec grand/le plus grand plaisir; **viel ~!** amuse-toi/amusez-vous bien!; **[na dann] viel ~!** *iron* [eh bien,] je te/vous souhaite bien du plaisir!
vergnüglich *adj geh* plaisant(e); ***ein ~er Anlass*** une occasion de s'amuser
vergnügt I. *adj Gesicht, Miene* réjoui(e); ■ **jd ist ~ [über etw** (*akk*)**]** qn est content(e) [*o* heureux(-euse)] [de qc]
II. *adv* joyeusement
Vergnügung <-, -en> *f* divertissement *m,* amusement *m*
Vergnügungs- *-dampfer* de plaisance; *-park* d'attractions; *-reise* d'agrément; *-veranstaltung* d'animation, de divertissement; *~**fahrt*** excursion *f*
Vergnügungssteuer *f* impôt *m* sur les spectacles **Vergnügungssucht** *f* goût *m* des plaisirs **vergnügungssüchtig** *adj* qui ne pense qu'à faire la fête; ■ **jd ist** ~ qn aime faire la fête **Vergnügungsviertel** *nt* quartier *m* chaud
vergolden * *vt* 1. ■ **jd vergoldet etw** qn dore qc; ■ **vergoldet** *Schmuckstück* plaqué(e) or, en plaqué or; *Bilderrahmen* doré(e)
2. *fam* (*gut bezahlen*) ■ **jd vergoldet jdm etw** qn lui achète qc à prix d'or; ***er hat sich*** (*dat*) ***sein Schweigen ~ lassen*** il a fait payer son silence au prix fort
vergönnen * *vt* 1. *geh* ■ **jd vergönnt jdm etw** qn accorde qc à qn; ■ **etw ist jdm vergönnt** il est donné qc à qn *soutenu;* ■ **es ist jdm vergönnt etw zu tun** il est donné à qn de [pouvoir] faire qc *soutenu*
2. CH (*nicht gönnen*) ■ **jd vergönnt jdm etw** qn lui envie qc, qn est ja-

loux(-ouse) de qc de qn

vergöttern * *vt* ■ **jd vergöttert jdn** qn idolâtre qn *soutenu,* qn adore qn

vergraben * *irreg* I. *vt* ■ **jd/ein Tier vergräbt etw** qn/un animal enterre [*o* enfouit] qc

II. *vr* 1. (*sich zurückziehen*) ■ **jd vergräbt sich** qn se cloître

2. (*sich beschäftigen mit*) ■ **jd vergräbt sich in etw** (*akk*) qn se plonge [*o* s'absorbe] dans qc

vergrämen * *vt* ■ **jd vergrämt jdn** qn contrarie qn

vergrämt *adj* ravagé(e) par le chagrin

vergrätzen * *vt fam* ■ **jd vergrätzt jdn** qn prend qn à rebrousse-poil *fam;* ■ **etw vergrätzt jdn** qc défrise qn *fam*

vergraulen * *vt fam* ■ **jd/etw vergrault jdn** qn/qc fait fuir qn

vergreifen * *vr irreg* 1. (*stehlen*) ■ **jd vergreift sich an etw** (*dat*) qn fait main basse sur qc

2. (*Gewalt antun*) ■ **jd vergreift sich an jdm** qn s'en prend à qn

3. (*sich unpassend ausdrücken*) ■ **jd vergreift sich in etw** (*dat*) qn n'emploie pas le/la … qui convient; ***Sie ~ sich im Ton*** vous devriez changer de ton; ***jd vergreift sich in der Wortwahl*** qn tient des propos déplacés

vergreisen *vi + sein* 1. MED ■ **jd vergreist** qn devient sénile, qn est atteint(e) de sénilité

2. SOCIOL ■ **etw vergreist** qc vieillit

Vergreisung <-> *f* Ø 1. MED sénescence *f*

2. SOCIOL vieillissement *m*

vergriffen *adj Buch, Titel* épuisé(e)

vergrößern I. *vt* 1. (*in der Fläche größer machen*) ■ **jd vergrößert etw** [**um etw/auf etw** (*akk*)] qn agrandit qc [de qc/à qc]

2. (*Distanz erhöhen*) ■ **jd vergrößert etw** *Abstand* qn augmente qc

3. (*die Zahl erhöhen*) ■ **jd vergrößert etw** [**um etw**] *Betrieb, Firma* qn augmente l'effectif de qc [de qc]; ■ **jd vergrößert etw auf etw** (*akk*) qn porte l'effectif de qc à qc

4. OPT ■ **etw vergrößert etw** qc grossit qc

5. PHOT ■ **jd/etw vergrößert etw** qn/qc agrandit qc; ***jd vergrößert ein Foto auf das Dreifache/auf das Format 18x26*** qn agrandit une photo trois fois/en [*o* format] 18/26

6. MED ■ **etw vergrößert etw** qc hypertrophie qc; ***etw wird vergrößert*** qc s'hypertrophie

II. *vr* 1. MED ■ **etw vergrößert sich** qc grossit

2. *fam* (*eine größere Wohnung nehmen*) ■ **jd vergrößert sich** qn s'agrandit *fam*

3. *fam* (*Familienzuwachs bekommen*) ■ **jd vergrößert sich** la famille de qn s'agrandit

III. *vi* OPT ■ **etw vergrößert irgendwie** qc grossit d'une certaine manière

vergrößert I. *adj* agrandi(e); *Leber, Herz etc* hypertrophié(e)

II. *adv abbilden, darstellen, wiedergeben* agrandi(e)

Vergrößerung <-, -en> *f* 1. PHOT agrandissement *m;* ■ **eine ~ auf etw** (*akk*) un agrandissement [en [*o* format]] qc

2. MED hypertrophie *f*

▸ **jd macht eine ~** [**von etw**] qn fait un agrandissement [de qc]; **in …facher ~** en grossissant … fois

Vergünstigung <-, -en> *f* 1. (*finanzieller Vorteil*) avantage *m*

2. (*Ermäßigung*) réduction *f*

vergüten * *vt* 1. (*ersetzen*) ■ **jd vergütet jdm etw** qn rembourse qc à qn

2. *form* (*bezahlen*) ■ **jd vergütet** [**jdm**] **etw** qn [lui] rémunère qc

Vergütung <-, -en> *f* 1. (*das Ersetzen*) remboursement *m*

2. *form* (*das Bezahlen*) rémunération *f*

3. (*Honorar*) rémunération *f*

verhackstücken * *vt fam* 1. (*verreißen*) ■ **jd verhackstückt etw** qn descend en flammes qc *fam*

2. NDEUTSCH (*besprechen*) ■ **jd verhackstückt etw** [**mit jdm**] qn discute [de] qc [avec qn]

verhaften * *vt* ■ **jd verhaftet jdn** qn arrête qn

▸ **Sie sind verhaftet!** [au nom de la loi,] je vous arrête!

Verhaftete(r) *f(m) decl wie adj* détenu(e) *m(f)*

Verhaftung <-, -en> *f* arrestation *f*

verhallen * *vi + sein* ■ **etw verhallt** qc se perd au loin

verhalten*[1] *vr irreg* 1. (*sich benehmen*) ■ **jd verhält sich** [**jdm gegenüber**] **irgendwie** qn se comporte d'une certaine manière [avec [*o* à l'égard de] qn]

2. (*beschaffen sein*) ■ **etw verhält sich irgendwie** qc se présente d'une certaine manière; ***wie verhält sich das eigentlich wirklich?*** qu'en est-il vraiment?; ***die Sache verhält sich anders, als du denkst*** l'affaire est différente [*o* se présente différemment] de ce que tu crois

3. CHEM ■ **etw verhält sich irgendwie** qc réagit d'une certaine manière

4. (*als Relation haben*) ■ **etw verhält sich zu etw wie …** *wie 2:1* le rapport de qc à qc [*o* entre qc et qc] est de …; ***8 verhält sich zu 16 wie 16 zu 32*** 8 et 16 ont le même rapport que 16 et 32

verhalten[2] I. *adj* 1. *Auftreten* circonspect(e); *Fahrweise, Tempo* modéré(e); *Markt* frileux(-euse)

2. (*unterdrückt*) *Ärger, Unmut, Wut* retenu(e)

II. *adv auftreten* avec circonspection; *fahren* de façon modérée; *applaudieren* avec réserve

Verhalten <-s> *nt* Ø 1. (*Benehmen*) comportement *m,* conduite *f;* (*Haltung*) attitude *f*

2. CHEM réaction *f*

verhaltensgestört *adj Kind* caractériel(le); *Tier* perturbé(e) **Verhaltensweise** *f* comportement *m,* manière *f* de me/se comporter

Verhältnis <-ses, -se> *nt* 1. (*Relation*) proportion *f,* rapport *m;* ***das ~ der Demonstranten zu den Polizisten war 4:1*** il y avait une proportion de 4 manifestants pour un policier

2. (*Beziehung*) ■ **jds ~ zu jdm** les relations *fpl* [*o* rapports *mpl*] de qn avec qn; ***unser ~ zueinander*** nos relations *fpl*

3. (*Liebes~*) liaison *f*

4. *pl* (*Zustände*) situation *f*

5. *pl* (*Lebensumstände*) conditions *fpl;* ■ **meine/seine ~se** ma/sa situation

▸ **jd lebt in bescheidenen ~sen** qn vit modestement; **jd lebt in geordneten ~sen** qn a une situation stable; **jd hat ein gestörtes** [*o* **getrübtes**] **~ zu jdm/etw** qn est en mauvais termes avec qn/a des problèmes avec qc [*o* qn est fâché(e) avec qc]; **jd ist für klare ~se** qn est pour [*o* aime bien] les situations claires; **jd/etw schafft** [*o* **sorgt für**] **klare ~se** qn/qc clarifie la situation; **räumliche ~se** conditions *fpl* de logement; ***unsere räumlichen ~se sind etwas beengt*** nous vivons plutôt à l'étroit; **etw geht über jds ~se** (*akk*) qc est au-dessus des moyens de qn; **sie haben ein ~** [**miteinander**] ils/elles ont une liaison; **jd hat ein ~ mit jdm** qn a une liaison avec qn; **jd hat ein … ~ zu jdm** qn a [*o* entretient] des relations [*o* des rapports] … avec qn; ***jd hat ein schlechtes ~ zu jdm*** qn est en mauvais termes avec qn; **jd lebt über seine ~e** qn vit au-dessus de ses moyens; **etw steht in keinem ~ zu etw** qc est disproportionné(e) à [*o* avec] qc; **im ~** comparativement; **im ~ von etw zu etw** *von 5:1 etc* dans le rapport de qc à qc; **im ~ zu jdm/etw** par rapport à qn/qc; **unter bestimmten ~sen** dans certaines circonstances; ***unter den gegenwärtigen ~*** dans les circonstances actuelles

verhältnismäßig *adv* relativement

-verhältnisse *pl Sicht-, Verkehrs-* conditions *fpl* de; ***Wetter~*** conditions *fpl* météorologiques

Verhältniswahl *f,* **Verhältniswahlrecht** *nt* proportionnelle *f* **Verhältniswort** <-wörter> *nt* préposition *f*

verhandeln * I. *vi* 1. (*erörtern*) ■ **jd verhandelt** [**mit jdm**] [**über etw** (*akk*)] *über Bedingungen* qn négocie [qc] [avec qn]; *über einen Preis a.* qn débat [*o* discute] [de] qc [avec qn]

2. JUR ■ **es wird gegen jdn/in etw** (*dat*) **verhandelt** qn/qc passe en jugement

II. *vt* JUR ■ **jd verhandelt etw** qn juge qc

Verhandlung *f* 1. *meist pl* (*das Verhandeln*) négociation *f*

2. JUR audience *f*

▸ **jd lässt sich** [**mit jdm**] **auf keine ~en ein** qn refuse de négocier [avec qn]; **jd nimmt ~en** [**mit jdm**] **auf, jd tritt** [**mit jdm**] **in ~en** qn entame [*o* engage] des négociations [avec qn]; **jd steht in ~en** [**mit jdm**] qn est en pourparlers [avec qn]

-verhandlung *f meist pl* COM *Preis-, Übernahme-, Fusions-, Rüstungsbegrenzungs-* négociation *f* sur; *Friedens-* négociation de; *Zwei-plus-Vier-* négociation; ***Tarif~/Gehalts~*** négociation tarifaire/salariale

Verhandlungsbasis *f* base *f* de négociation **verhandlungsbereit** *adj* disposé(e) [*o* prêt(e)] à négocier ▸ **etw macht jdn ~** qc oblige qn à négocier [*o* entamer des négociations] **Verhandlungsbereitschaft** *f* disposition *f* à engager des pourparlers [*o* entamer des négociations]; ***jd signalisiert ~*** qn manifeste la volonté de négocier **verhandlungsfähig** *adj* ■ **jd ist ~** qn est apte à comparaître en jugement

verhangen *adj* ■ [**mit etw**] *~ Himmel* couvert(e) [de qc]

verhängen * *vt* 1. (*zuhängen*) *jd verhängt etw* [*mit etw*] qn masque qc [avec qc]

2. SPORT ■ **jd verhängt etw** qn siffle qc

3. JUR ■ **jd verhängt etw** [**über etw** (*akk*)] *Ausnahmezustand, Belagerungszustand, Ausgangssperre etc* qn instaure qc [dans qc]

Verhängnis <-, -se> *nt* malheur *m,* calamité *f*

▸ **etw wird jdm zum ~, etw wird jds ~** qc est fatal(e) à qn

verhängnisvoll *adj* fatal(e), funeste

verharmlosen * *vt* ■ **jd/etw verharmlost etw** qn/qc minimise qc

verhärmt *adj* marqué(e) par le chagrin

verharren * *vi + haben o sein geh* 1. (*stehen bleiben*) ■ **jd verharrt irgendwo** qn s'arrête quelque part

2. (*hartnäckig bleiben*) ■ **jd verharrt bei etw** qn persiste dans qc

verhärten * *vr* 1. ■ **etw verhärtet sich** /*Fronten, Positionen*/ qc se durcit

2. MED ■ **etw verhärtet sich** qc durcit, qc s'indure

Verhärtung *f* 1. Ø [*Fronten, Positionen*] durcissement *m*

2. MED induration *f*

verhaspeln * *vr fam* 1. (*sich verfangen*) ■ **jd verhaspelt sich** [**irgendwo**] qn s'accroche [*o* se prend] [quelque part]

2. (*sich versprechen*) ■ **jd verhaspelt sich** qn bafouille *fam;* ***er/sie verhaspelt sich*** [***ständig***] ça se bouscule au portillon *fam*

verhasst[RR], **verhaßt** *adj Chef, Richter, Politiker, Regime* détesté(e), haï(e); *Arbeit, Beschäftigung, Pflicht* détesté(e); ■ **etw ist/wird jdm ~** /*Aufgabe, Beruf, Beschäftigung, Pflicht*/ qn a horreur de qc/prend qc en horreur

▸ **jd macht sich** [**bei jdm**] **~** qn se fait détester [de qn], qn se rend odieux(-euse) [à qn]

verhätscheln * *vt* ■ **jd verhätschelt jdn** *Kind* qn dorlote qn, qn élève qn dans du coton

Verhau <-[e]s, -e> *m* 1. MIL chevaux *mpl* de frise; ■ **ein ~ aus etw** un réseau de qc

2. Ø *fam* (*Durcheinander*) sac *m* de nœuds *fam*

verhauen * <verhaute, verhauen> I. *vt fam* 1. (*verprügeln*) ■ **jd verhaut jdn** qn tabasse qn *fam;* (*als Strafe*) qn flanque une raclée à qn *fam*

2. SCOL ■ **jd verhaut etw** *Aufsatz, Klassenarbeit etc* qn loupe qc *fam*

II. *vr fam* 1. (*sich prügeln*) ■ **sie ~ sich** ils/elles se tabassent [*o* se castagnent] *fam*

2. (*sich verkalkulieren*) ■ **jd verhaut sich** [**um etw**] qn se goure [*o* se plante] [de qc] *fam*

verheddern * *vr fam* 1. (*sich verfangen*) ■ **jd verheddert sich** [**in etw** (*dat*)] qn s'enchevêtre [*o* s'emberlificote *fam*] [dans qc]

2. ■ **etw verheddert sich** *Garn, Wolle, Fäden* qc s'enchevêtre

3. (*sich versprechen*) ■ **jd verheddert sich** qn s'emberlificote *fam*
verheeren * *vt* ■ **etw verheert etw** qc dévaste qc, qc ravage qc
verheerend I. *adj* dévastateur(-trice)
II. *adv toben* affreusement; ***etw wirkt/wirkt sich ~ aus*** qc a des effets dévastateurs/des conséquences dévastatrices
► **jd sieht ~ aus** *fam* qn a un look [*o* une touche] pas possible *fam*
Verheerung <-, -en> *f* dévastation *f*, ravages *mpl;* ■ **die ~ einer S.** (*gen*) la dévastation de qc
► **etw richtet ~en an** qc fait des ravages
verhehlen * *vt geh* ■ **jd verhehlt etw [jdm gegenüber]** qn dissimule qc [à qn]; ■ **jd verhehlt [jdm] nicht, dass** qn ne [lui] cache pas que + *indic*
verheilen * *vi + sein* ■ **etw verheilt** qc se cicatrise, qc guérit
verheimlichen * *vt* ■ **jd verheimlicht [jdm] etw** qn cache qc [à qn]; ■ **jd verheimlicht jdm, dass** qn cache à qn que + *indic*
► **jd hat etwas/nichts zu ~** qn a quelque chose/n'a rien à cacher; **etw lässt sich ~/nicht ~** on peut/ne peut [pas] cacher qc; ***sein Alter lässt sich nun nicht mehr ~*** [maintenant,] il ne peut plus cacher son âge; **es lässt sich nicht ~, dass** on ne peut guère nier que + *indic*
Verheimlichung <-, -en> *f* dissimulation *f*; ***jd entschließt sich zur ~ einer S.*** (*gen*) qn décide de cacher qc
verheiraten * *vr* ■ **jd verheiratet sich [mit jdm]** qn se marie [avec qn]; ***jd verheiratet sich wieder*** qn se remarie; ***wieder verheiratet*** remarié(e)
verheiratet *adj* marié(e); ***jd ist glücklich/unglücklich ~*** qn est heureux(-euse)/n'est pas heureux(-euse) en ménage; ***jd ist reich ~*** qn a fait un riche mariage; ■ **jd ist mit jdm ~** qn est marié(e) avec qn
verheißen * *vt irreg geh* ■ **jd/etw verheißt jdm etw** qn/qc promet qc à qn
► **viel ~d** *Künstler, Mitarbeiter, Talent* prometteur(-euse); *Anfang, Entwicklung* prometteur(-euse); *Nachricht* encourageant(e); ***etw klingt viel ~d, etw hört sich viel ~d an*** qc paraît prometteur(-euse)
Verheißung <-, -en> *f geh* promesse *f*
verheißungsvoll I. *adj* prometteur(-euse), plein(e) de promesses
► **wenig ~** peu prometteur(-euse), pas très engageant(e)
II. *adv* ***etw klingt/hört sich ~ an*** qc a l'air prometteur
► **wenig ~:** ***etw klingt/hört sich wenig ~ an*** qc n'est pas très engageant(e)
verheizen * *vt* 1. ■ **jd/etw verheizt etw** qn/qc brûle qc
2. *sl* ■ **jd verheizt jdn** qn envoie qn à l'abattoir [*o* au casse-pipe *fam*]
verhelfen * *vi irreg* 1. ■ **jd/etw verhilft jdm zu etw** *zu seinem Recht, zur Erreichung eines Zieles* qn/qc aide qn à obtenir qc; *zum Erfolg* qn/qc contribue à qc de qn
2. ■ **etw verhilft einer S.** (*dat*) **zu etw** *zum Durchbruch, zur Wirkung* qc permet à qc de faire qc; *zum Erfolg* qc contribue à qc de qc
verherrlichen * *vt* ■ **jd/etw verherrlicht etw** qn/qc exalte qc
Verherrlichung <-, -en> *f* exaltation *f*
verhetzen * *vt* ■ **jd verhetzt jdn** qn excite qn
verheult *adj fam Gesicht* gonflé(e) par les larmes; *Augen a.* rougi(e) par les larmes; ■ **jd ist ~** qn a les yeux rougis par les larmes
verhexen * *vt* ■ **jd verhext jdn** qn ensorcelle qn, qn jette un sort à qn
► **es ist wie verhext** *fam* c'est pas possible une poisse pareille *fam*, y a de la sorcellerie là-dessous *fam*
verhindern * *vt* ■ **jd/etw verhindert etw** qn/qc empêche qc; ■ **jd verhindert, dass jd etw tut** qn empêche qn de faire qc; ■ **jd/etw verhindert, dass etw geschieht** qn/qc empêche que qc [n']arrive + *subj*
verhindert *adj* 1. ■ **jd ist ~** qn a un empêchement; ■ **jd ist ... ~** qn est empêché(e) pour raisons ... + *adj*
2. *fam* ■ **jd ist ein ~er/eine ~e ...** qn a raté sa vocation de ... *fam*
Verhinderung <-, -en> *f* empêchement *m;* ***zur ~ eines Konflikts*** pour empêcher un conflit
verhohlen *adj Gähnen* étouffé(e); *Neugier, Schadenfreude* dissimulé(e); ***ein ~es Grinsen*** un sourire furtif
► **kaum ~** à peine dissimulé(e)
verhöhnen * *vt* ■ **jd verhöhnt jdn** qn raille qn *soutenu*, qn se moque de qn
Verhöhnung <-, -en> *f* moquerie *f;* ***dieser Artikel ist eine einzige ~ unseres Präsidenten*** cet article ne vise qu'à tourner en ridicule notre président
verhökern * *vt fam* ■ **jd verhökert etw [an jdn]** qn bazarde qc [à qn] *fam*
Verhör <-[e]s, -e> *nt* interrogatoire *m;* [*Zeugen*] audition *f*
► **jd nimmt jdn ins ~, jd unterzieht jdn einem ~** qn fait subir un interrogatoire à qn, qn soumet qn à un interrogatoire
verhören * I. *vt* ■ **jd verhört jdn** *Beschuldigte, Täter, Verdächtigen* qn interroge qn; *Zeugen a.* qn procède à l'audition de qn
II. *vr* ■ **jd hat sich verhört** qn a mal entendu, qn a entendu de travers
verhüllen * I. *vt* ■ **jd verhüllt etw [mit etw]** qn recouvre qc [de [*o* avec] qc]; ***er/sie verhüllt sein/ihr Gesicht mit einem Schleier*** il/elle se voile le visage
II. *vr* ■ **jd verhüllt sich [mit etw]** qn se couvre [de qc]; ***sie verhüllt sich [mit einem Schleier]*** elle se voile
verhüllt *adj* 1. *Schultern* couvert(e); *Haupt* voilé(e)
2. *Angebot, Drohung* déguisé(e)
verhundertfachen * I. *vt* ■ **jd verhundertfacht etw** qn centuple qc
II. *vr* ■ **etw verhundertfacht sich** qc centuple
verhungern * *vi + sein* 1. (*sterben*) ■ **jd/ein Tier verhungert** qn/un animal meurt de faim; ■ **jd lässt jdn ~** qn laisse qn mourir de faim; ■ **verhungert** affamé(e)
2. *fam* (*stehen bleiben*) ■ **etw verhungert [irgendwo]** /*Wagen*/ qc reste en rade [quelque part] *fam;* /*Kugel, Ball*/ qc vient mourir [quelque part]
► **jd ist am V~** qn est à demi [*o* moitié] mort(e) de faim; **jd ist [fast] am V~** *fam* qn crève de faim *fam*
Verhungernde(r) *f(m) decl wie adj* affamé(e) *m(f)*
verhunzen * *vt fam* ■ **jd/etw verhunzt etw** qn/qc défigure [*o* enlaidit] qc
verhuscht *adj fam* timide; *Mensch a.* coincé(e) *fam; Auftreten* mal assuré(e)
verhüten * *vt* ■ **jd/etw verhütet etw** *etwas Schlimmes, einen Unfall* qn/qc empêche qc; *ein Unglück* qn prévient qc; *Empfängnis* qn empêche qc; *Schwangerschaft* qn évite qc
Verhüterli <-s, -> *nt* CH capote *f* [anglaise] *fam*
verhütten *vt* ■ **jd verhüttet etw** qn fond qc
Verhüttung <-, -en> *f* [extraction *f* par] fusion *f*
Verhütung <-, -en> *f* 1. (*das Verhindern*) prévention *f*
2. (*Empfängnis~*) contraception *f;* ***die ~ nach Knaus-Ogino*** la méthode [de contraception Knaus-]Ogino
Verhütungsmittel *nt* contraceptif *m*
verhutzelt *adj fam* ratatiné(e)
verifizieren * [ve-] *vt geh* ■ **jd verifiziert etw** qn vérifie qc
verinnerlichen * *vt* ■ **jd verinnerlicht etw** qn assimile qc, qn intègre qc
Verinnerlichung <-, -en> *f* assimilation *f*
verirren * *vr* ■ **jd/ein Tier verirrt sich [irgendwo]** qn/un animal se perd [*o* s'égare] [quelque part]
verjagen * *vt* ■ **jd/ein Tier verjagt jdn/ein Tier** qn/un animal chasse qn/un animal; *Einbrecher a.* qn fait fuir qn
verjähren * *vi + sein* ■ **etw verjährt** qc se prescrit; ■ **verjährt** prescrit(e)
Verjährung <-, -en> *f* prescription *f*
Verjährungsfrist *f* délai *m* de prescription
verjubeln * *vt fam* ■ **jd verjubelt etw** qn claque qc *fam*
verjüngen * I. *vi* ■ **etw verjüngt** qc rajeunit; /*pharmazeutisches Mittel a.*/ qc a un effet rajeunissant
II. *vt* 1. ■ **etw verjüngt jdn** qc rajeunit qn, qc fait rajeunir qn
2. IND ■ **jd verjüngt etw** *Belegschaft, Personalbestand* qn rajeunit qc
III. *vr* 1. (*jünger aussehen*) ■ **jd/etw verjüngt sich** qn/qc rajeunit
2. (*schmaler werden*) ■ **etw verjüngt sich** qc se rétrécit
Verjüngung <-, -en> *f* 1. (*das Verjüngen*) rajeunissement *m*
2. (*Verengung*) rétrécissement *m*
verkabeln * *vt* ■ **jd verkabelt etw** qn câble qc; ■ **jd ist verkabelt** qn est câblé(e), qn a le câble
Verkabelung <-, -en> *f* câblage *m*
verkalken * *vi + sein* 1. TECH ■ **etw verkalkt** qc s'entartre; ■ **verkalkt** entartré(e)
2. PHYSIOL ■ **etw verkalkt** /*Arterien*/ qc se sclérose; ■ **verkalkt** sclérosé(e)
3. *fam* ■ **jd verkalkt** qn se sclérose; ***etw bewahrt vor dem V~*** qc prévient la sclérose; ■ **verkalkt** *Mensch* sclérosé(e), gaga *fam*
verkalkulieren * *vr* 1. (*sich verrechnen*) ■ **jd verkalkuliert sich/sich bei etw** qn fait une erreur de calcul/se trompe dans le calcul de qc
2. (*sich verschätzen*) ■ **jd verkalkuliert sich [bei etw/in etw** (*dat*)**]** qn se trompe [dans qc]
3. *fam* (*sich irren*) ■ **jd verkalkuliert sich** qn se goure *fam*
Verkalkung <-, -en> *f* 1. TECH entartrage *m*
2. PHYSIOL *fam* [artério]sclérose *f*, calcification *f*
verkannt *adj* méconnu(e)
verkappt *adj attr* déguisé(e)
verkarsten * *vi + sein* ■ **etw verkarstet** qc prend un caractère karstique; ■ **verkarstet** karstique
verkatert *adj fam* qui a la gueule de bois *fam;* ■ **jd ist ~** qn a la gueule de bois *fam*
Verkauf *m* 1. (*das Verkaufen*) vente *f*
2. ∅ (*Abteilung*) service *m* des ventes
► **etw steht zum ~** qc est en vente; ***etw steht nicht zum ~*** qc n'est pas à vendre
verkaufen * I. *vt* 1. ■ **jd verkauft [jdm] etw** [*o* **etw [an jdn]**] **[für etw]** qn vend qc [à qn] [qc]
2. *sl* (*glauben machen*) ■ **jd verkauft jdm etw** qn fait gober qc à qn *fam;* ■ **jd verkauft jdm etw als etw** *als wahr, als etwas Besonderes* qn fait gober à qn que qc est qc *fam;* ***das wird sich kaum ~ lassen*** personne ne va gober ça *fam*
► **etw ist zu ~** qc est à vendre; **„zu ~"** (*verkäuflich*) "à vendre"
II. *vr* 1. COM ■ **etw verkauft sich ...** *gut etc* qc se vend ...; ***etw ~ sich reißend*** on s'arrache qc
2. (*sich selbst darstellen*) ■ **jd verkauft sich ...** *gut etc* qc se vend ...
Verkäufer(in) *m(f)* 1. COM vendeur(-euse) *m(f)*
2. JUR vendeur/-eresse *spéc m/f*
verkäuflich *adj* à vendre; ■ **irgendwie ~: gut** [*o* **leicht**] **~** facile à écouler [*o* vendre]; **kaum** [*o* **schwer**] **~** difficile à écouler [*o* vendre]
Verkaufs- *-abteilung, -förderung* des ventes; *-profi, -genie* de la vente; *-erlös* de la vente/des ventes; *-argument, -strategie, -stätte, -stelle, -fläche, -stil* de vente; *-talent* pour vendre; ***v~fördernd*** promotionnel(le); ***~stand*** stand *m*
Verkaufsleiter(in) *m(f)* directeur(-trice) *m(f)* des ventes **verkaufsoffen** *adj Samstag, Sonnabend* où les magasins sont ouverts; ***der erste Samstag im Monat ist ~*** le premier samedi du mois, les magasins sont [*o* restent] ouverts toute la journée **Verkaufspreis** *m* prix *m* de vente
Verkehr <-[e]s> *m* ∅ 1. (*Straßen~*) circulation *f*
2. (*Transport*) trafic *m*, transport *m*
3. (*Umgang*) relations *fpl;* ***er ist kein ~ für dich*** ce n'est pas le garçon/l'homme qu'il te faut
4. *geh* (*Geschlechts~*) rapports *mpl*
► **jd bringt etw in den ~** *Artikel* qn met qc sur le marché; *Banknote* qn met qc en circulation; **jd hat ~ [mit jdm]** *euph geh* (*Geschlechts~*) qn a des rapports [avec qn]; **jd regelt den ~** qn règle la circulation; **jd zieht etw aus dem ~** *Artikel, Banknoten* qn retire qc de la circulation; **jd zieht jdn aus dem ~** *fam* qn met qn à l'ombre *fam*
verkehren * I. *vi* 1. + *haben o sein* (*fahren*) ■ **etw verkehrt [zwischen**

Orten] [zu bestimmten Zeiten] qc circule [entre des localités] [à certaines heures]
2. + *haben* (*häufiger Gast sein*) ■ **jd verkehrt in etw** (*dat*)/**bei jdm** qn fréquente qn/qc
3. + *haben* (*Umgang pflegen*) ■ **jd verkehrt mit jdm** qn entretient des relations avec qn
4. + *haben euph geh* (*Geschlechtsverkehr haben*) ■ **jd verkehrt mit jdm** qn a des rapports avec qn
II. *vr* + *haben* ■ **etw verkehrt sich in etw** (*akk*) qc se transforme en qc; ***etw verkehrt sich ins Gegenteil*** qc s'inverse

Verkehrs- **1.** (*dem öffentlichen Verkehr dienend*) *-flughafen* commercial(e); *-flugzeug* de ligne; *-netz, -weg* de communication; *~**knotenpunkt*** plaque *f* tournante; *~**verbindung*** liaison *f* routière **2.** (*durch den Straßenverkehr bedingt*) *-aufkommen, -lärm, -stockung* de la circulation, du trafic; *-verhältnisse* de circulation; *-opfer, -tote* de la route; ***das ~chaos*** les embouteillages *mpl* généralisés, la paralysie du trafic **3.** (*dem Straßenverkehr dienend*) *-minister, -ministerium* des Transports; *-polizei, -polizist* de la route; *-regel, -regelung* de la/de circulation **Verkehrsampel** *f* feu *m*, feux *mpl* tricolores [*o* de signalisation] **Verkehrsamt** *nt* office *m* du tourisme, syndicat *m* d'initiative **Verkehrsbehinderung** *f* entrave *f* à la circulation **verkehrsberuhigt** *adj* à circulation réduite et vitesse limitée **Verkehrsberuhigung** *f* limitation *f* de la circulation et de la vitesse; ***etw dient der ~*** qc sert à limiter la circulation et la vitesse **Verkehrsbetriebe** *pl* transports *mpl* en commun **Verkehrsdelikt** *nt* infraction *f* au Code de la route **Verkehrsdurchsage** *f* flash *m* d'informations routières **Verkehrsfunk** *m* radioguidage *m* **Verkehrsgefährdung** *f* danger *m* pour la circulation **verkehrsgünstig** **I.** *adj*: ***ich wohne in ~er Lage*** j'habite un quartier bien desservi **II.** *adv*: ***etw liegt ~*** qc est bien desservi **Verkehrshindernis** *nt* entrave *f* [*o* obstacle *m*] à la circulation **Verkehrsinfarkt** *m* paralysie *f* du trafic **Verkehrsinsel** *f* îlot *m* directionnel; (*für Fußgänger*) refuge *m* **Verkehrskontrolle** *f* contrôle *m* routier **Verkehrslärm** *m* bruits *mpl* de la circulation **Verkehrsleitsystem** *nt* système *m* de délestage de la circulation **Verkehrsmittel** *nt* moyen *m* de transport ▸ **öffentliches/privates** ~ moyen *m* de transport en commun/privé; ***die öffentlichen ~*** les transports *mpl* en commun **verkehrsreich** *adj Straße* à grande circulation; *Gegend* très fréquenté(e); (*in Ortschaften*) très passant(e) **Verkehrsschild** *nt* TRANSP panneau *m* de signalisation [routière] **Verkehrssprache** *f* langue *f* véhiculaire **Verkehrssünder(in)** *m(f) fam* contrevenant(e) *m(f)* [au Code de la route] **Verkehrssünderkartei** *f fam s.* **Verkehrszentralregister. Verkehrsteilnehmer(in)** *m(f) form* usager(-ère) *m(f)* de la route **verkehrstüchtig** *adj* en bon état de marche; ***nicht ~*** en mauvais état de marche **Verkehrsunfall** *m* accident *m* de la route [*o* de la circulation] **Verkehrsunterricht** *m* [formation *f* dispensée par la] prévention *f* routière **Verkehrsverbund** *m* société *f* [*o* compagnie *f*] de transports en commun **Verkehrsverein** *m* office *m* du tourisme **Verkehrsverstoß** *m* infraction *f* au Code de la route **Verkehrswert** *m* valeur *f* commerciale **Verkehrszählung** *f* comptage *m* [des véhicules] **Verkehrszeichen** *nt s.* **Verkehrsschild. Verkehrszentralregister** *m* casier *m* des contraventions de circulation; (*national*) fichier *m* national des permis de conduire

verkehrt **I.** *adj* ■ **der/die/das ~e ...** le mauvais/la mauvaise ...; ***in ~er Richtung*** à l'envers; ■ **jd/etw ist der/die/das ~e ...** qn/qc n'est pas le bon/la bonne ...; ■ **der V~e** la mauvaise personne; ***er ist der V~e*** ce n'est pas l'homme qu'il me/lui/... faut; ■ **etwas V~es** une erreur; ***es gibt nichts V~eres als etw zu tun*** ce serait la pire erreur de faire qc
▸ **jd/etw ist gar nicht [so]** ~ *fam* qc est pas si mal [que ça] *fam*; /*Getränk, Essen a.*/ qc est pas dégueu *fam*
II. *adv* **1.** *berichten, erzählen, machen, wiedergeben* de travers; ***etw wird ~ berichtet/wiedergegeben*** qc est faussé(e)
2. *halten, hängen, hinlegen, hinstellen* à l'envers; *aufmachen* du mauvais côté
▸ ~ **herum** à l'envers

verkennen * *vt irreg* ■ **jd verkennt etw** qn méconnaît qc; (*unterschätzen*) qn sous-estime qc; ■ **jd verkennt, dass** qn oublie que + *indic*; ■ **jd wird [von jdm] verkannt** qn est méconnu(e) [de qn]
▸ **es ist nicht zu ~, dass** il est indéniable que + *indic*; **ich will nicht ~, dass** je ne peux nier que + *indic o subj*

Verkennung *f* ▸ **in ~ einer S.** (*gen*) par méconnaissance de qc

verketten * **I.** *vt* **1.** (*verbinden*) ■ **jd verkettet etw mit etw** qn attache qc avec une chaîne à qc
2. (*verschließen*) ■ **jd verkettet etw** qn ferme qc avec une chaîne
II. *vr* ■ **sie ~ sich** /*Misserfolge, missliche Umstände, Unglücke, tragische Zufälle*/ ils/elles s'enchaînent

Verkettung <-, -en> *f* [*Misserfolge etc*] enchaînement *m*

verklagen * *vt* ■ **jd verklagt jdn [wegen etw]** qn porte plainte [*o* intente une action en justice] contre qn [à cause de qc]; ■ **jd verklagt jdn auf etw** (*akk*) qn poursuit qn pour [obtenir] qc; ***jd verklagt jdn auf Schadenersatz*** qn poursuit qn en dommages-intérêts

verklammern * *vr* ■ **sie ~ sich [ineinander]** ils/elles se cramponnent l'un(e) à l'autre/les un(e)s aux autres

verklappen * *vt* ■ **jd verklappt etw [irgendwo]** qn évacue qc [quelque part]; ***jd verklappt Öl*** qn dégaze

Verklappung <-, -en> *f* évacuation *f* en mer; (*von Öl*) dégazage *m*

verklären * *vr* **1.** ■ **etw verklärt sich** /*Blick, Miene*/ qc s'illumine; ■ **verklärt** radieux(-euse)
2. ■ **etw verklärt sich** /*Vergangenheit*/ qc se transfigure

verklausuliert **I.** *adj* [formulé(e)] dans un jargon incompréhensible
II. *adv* dans un jargon incompréhensible

verkleben * **I.** *vt* + *haben* **1.** (*zukleben*) ■ **jd verklebt etw [mit etw]** qn recouvre [*o* masque] qc [en collant qc]
2. (*zusammenkleben*) ■ **jd verklebt etw mit etw/miteinander** qn colle qc à qc/des choses ensemble
3. (*festkleben*) ■ **jd verklebt etw [auf etw** (*dat*)**]** *Teppichboden, Fußbodenbelag* qn colle qc [sur qc]
II. *vi* + *sein* ■ **etw verklebt** qc colle; /*Eileiter*/ qc est bouché(e); ■ **verklebt** collé(e); *Eileiter* bouché(e)

verkleiden * **I.** *vt* **1.** (*kostümieren*) ■ **jd verkleidet jdn [als etw]** qn déguise qn [en qc]; ■ **verkleidet** déguisé(e)
2. (*ausschlagen*) ■ **jd verkleidet etw [mit etw]** *das Innere eines Behälters* qn garnit [*o* revêt] [*o* recouvre] qc [de qc]
3. ■ **jd verkleidet etw [mit etw]** *Heizkörper, Wand, Fassade* qn recouvre [*o* revêt] qc [de qc]
II. *vr* ■ **jd verkleidet sich [als etw]** qn se déguise [en qc]

Verkleidung *f* **1.** (*Kostüm*) déguisement *m*
2. [*Fassade, Wand etc*] revêtement *m*
▸ **in dieser ~** dans ce déguisement [*o* costume]

verkleinern * **I.** *vt* **1.** (*in der Fläche verringern*) ■ **etw verkleinert etw** qc rapetisse qc
2. IND ■ **jd verkleinert etw** *Betrieb, Firma* qn réduit le personnel de qc
3. PHOT ■ **jd/etw verkleinert etw** *Format* qn/qc réduit qc; *Foto, Vorlage* qn/qc réduit le format de qc
4. MED ■ **etw verkleinert etw** qc contracte qc, qc fait rétrécir qc
II. *vr* **1.** (*sich verringern*) ■ **etw verkleinert sich [um etw]** qc rapetisse [de qc]
2. (*schrumpfen*) ■ **etw verkleinert sich** /*Warze, Tumor, Schwellkörper*/ qc diminue de volume

Verkleinerung <-, -en> *f* **1.** ∅ [*Format*] réduction *f*; [*Vorlage*] réduction *f* de format
2. (*verkleinerte Vorlage*) format *m* réduit

Verkleinerungsform *f* diminutif *m*

verklemmen * *vr* ■ **etw verklemmt sich** qc se coince; ***etw ist verklemmt*** qc est coincé(e)

verklemmt *adj fam* coincé(e) [sexuellement] *fam*

verklickern * *vt fam* ■ **jd verklickert jdm etw** qn explique qc à qn; ■ **jd verklickert jdm, dass/wie** qn explique à qn que + *indic*/comment

verklingen * *vi irreg* + *sein* ■ **etw verklingt** /*Lied, Musik*/ qc se tait peu à peu; /*Ton a.*/ qc s'éteint

verkloppen * *vt* DIAL *fam* **1.** (*verprügeln*) ■ **jd verkloppt jdn** qn tabasse qn *fam*
2. (*verkaufen*) ■ **jd verkloppt etw** qn fourgue qc *fam*

verknacken * *vt fam* ■ **jd verknackt jdn** qn condamne qn; ***er wurde zu 5 Jahren [Gefängnis] verknackt*** il en avait pris pour 5 ans *fam*

verknacksen * *vr* ■ **jd verknackst sich** (*dat*) **etw** *Fuß, Knöchel* qn se foule qc; *Wirbel* qn se déplace qc; ■ **verknackst** foulé(e)

verknallen * *vr fam* ■ **jd verknallt sich in jdn** qn s'entiche de qn; ■ **jd ist in jdn verknallt** qn s'est entiché(e) de qn, qn est toqué(e) de qn *fam*; ***jd ist in jdn total verknallt*** qn est fou(folle) de qn *fam*

verknautschen * **I.** *vt* + *haben* ■ **jd verknautscht etw** qn froisse qc, qn chiffonne qc
II. *vi* + *sein* ■ **etw verknautscht** qc se froisse, qc se chiffonne

verkneifen * *vr irreg fam* ■ **jd verkneift sich** (*dat*) **etw** qn se retient de faire qc; ***jd verkneift sich*** (*dat*) ***eine Äußerung*** qn se retient de faire une remarque
▸ **jd muss sich** (*dat*) **etw ~** qn doit faire une croix sur qc *fam*

verkniffen *adj Gesicht, Miene* contracté(e), pincé(e); *Mensch* aigri(e)
▸ **jd sieht etw ~** *fam* qn n'est pas cool en ce qui concerne [*o* en matière de] qc *fam*

verknöchert *adj* fossilisé(e) *fam*, sclérosé(e); ■ **jd ist/wird ~** qn est fossilisé(e)/se fossilise *fam*, qn est sclérosé(e)/se sclérose; ***jd ist alt und ~*** qn est un vieux fossile *fam*

verknoten * **I.** *vt* ■ **jd verknotet etw** qn noue qc, qn fait un nœud à qc; ■ **verknotet** noué(e); ■ **jd verknotet sie [miteinander]** qn les noue, qn les attache
II. *vr* ■ **etw verknotet sich** qc s'emmêle [et fait des nœuds]

verknüpfen * *vt* **1.** (*verknoten*) ■ **jd verknüpft sie [miteinander]** qn les noue, qn les attache
2. (*verbinden*) ■ **jd verknüpft etw mit etw** *Einkauf, Erledigung, Gang, Reise* qn profite de qc pour faire qc; ***die Einkäufe kann ich mit einem Besuch der Kirmes ~*** je peux profiter du fait que je fais mes courses pour faire un tour à la foire
3. INFORM ■ **jd verknüpft etw mit etw** qn procède au collage de qc avec qc
4. (*in Zusammenhang bringen*) ■ **jd verknüpft etw mit etw** qn fait le rapprochement entre qc et qc

Verknüpfung <-, -en> *f* **1.** [*Erledigungen etc*]: ***zur ~ von Geschäftlichem und Privatem*** pour lier le domaine professionnel et la vie privée
2. [*Ereignisse etc*] relation *f*, lien *m*

verkochen * *vi* + *sein* **1.** (*verdampfen*) ■ **etw verkocht** qc s'évapore en bouillant
2. (*breiig werden*) ■ **etw verkocht [zu etw]** qc cuit trop [et devient [*o* se transforme en] qc]

verkohlen * **I.** *vi* + *sein* ■ **etw verkohlt** qc se carbonise
II. *vt fam* ■ **jd verkohlt jdn** qn fait marcher qn *fam*, qn monte un bateau à qn *fam*

verkommen * *vi irreg* + *sein* **1.** (*verwahrlosen*) ■ **jd verkommt** qn tombe bien bas; ■ **jd verkommt in etw** (*dat*) *im Elend* qn s'enfonce dans qc; *im Dreck* qn vit dans qc
2. (*verlottern*) ■ **etw verkommt** /*Anlage, Park*/ qc n'est plus entretenu(e),

qc est à l'abandon; */Gebäude/* qc se délabre, qc tombe en ruine; ■ **etw ist** ~ */Anlage, Park/* qc n'est plus entretenu(e), qc est à l'abandon; */Gebäude/* qc est délabré(e), qc est en ruine
3. *(herunterkommen)* ■ **jd verkommt** qn tourne mal; ■ **jd verkommt zu etw** qn finit qc; ***er gerät in Gefahr, zum Säufer zu*** ~ il court le danger de sombrer dans l'alcool
4. *(absinken)* ■ **etw verkommt zu etw** qc tombe au rang de qc, qc n'est plus que qc
5. ■ **etw verkommt** */Lebensmittel, Obst/* qc s'abîme
Verkommenheit <-> *f* Ø misère *f*
verkonsumieren * *vt fam* ■ **jd verkonsumiert etw** *Essen* qn bouffe qc *fam; Getränke* qn descend qc *fam; Zigaretten* qn grille qc *fam*
verkoppeln * *vt* ■ **jd verkoppelt etw mit etw** *Zugmaschine mit Anhänger, Rangierlok mit Güterwagen* qn accroche qc à qc; ***er verkoppelt die Hunde*** il attelle les chiens
verkorken * *vt* ■ **jd verkorkt etw** qn bouche qc
verkorksen * I. *vt fam* ■ **jd verkorkst etw** qn gâche qc; ■ **verkorkst** *Abend, Arbeit* gâché(e); *Kind* gâté(e), mal élevé(e)
II. *vr fam:* ***jd verkorkst sich*** *(dat)* ***den Magen*** qn a l'estomac barbouillé *fam;* ***jd verkorkst sich*** *(dat)* ***den Magen mit etw*** qc lui barbouille l'estomac *fam;* ■ **verkorkst** *Magen* barbouillé(e) *fam*
verkörpern * *vt* 1. CINE, THEAT ■ **jd verkörpert jdn/etw** qn interprète qn/qc, qn incarne qn/qc
2. *(personifizieren)* ■ **jd/etw verkörpert etw** qn/qc incarne qc
Verkörperung <-, -en> *f* 1. Ø CINE, THEAT interprétation *f*
2. *(Inbegriff)* incarnation *f*
verkosten * *vt* ■ **jd verkostet etw** *Lebensmittel* qn goûte qc; *Wein a.* qn déguste qc
verköstigen * I. *vt* ■ **jd verköstigt jdn** qn nourrit qn
II. *vr* ■ **jd verköstigt sich** qn se nourrit
verkrachen * *vr fam* ■ **jd verkracht sich mit jdm** qn se fâche [*o* se brouille] avec qn; ■ **sie** ~ **sich** ils/elles se fâchent, ils/elles se brouillent
verkracht *adj fam* raté(e) *fam*
verkraften * *vt* 1. ■ **jd verkraftet etw** qn fait face à qc
2. ■ **etw verkraftet etw** */Stromnetz, Straße/* qc supporte qc, qc absorbe qc
verkrallen * *vr* ■ **jd verkrallt sich in jdn/etw** qn s'accroche à qn/qc avec ses ongles, qn plante ses ongles dans qc; ■ **ein Tier verkrallt sich in jdn/etw** un animal s'accroche à qn/qc avec ses griffes/serres, un animal plante ses griffes/serres dans qn/qc
verkrampfen * *vr* ■ **etw verkrampft sich:** ***meine Hand verkrampft sich*** j'ai une crampe dans la main; ***wenn man stundenlang sitzt, können die Muskeln sich verkrampfen*** quand on reste assis pendant des heures, on peut avoir des crampes dans les muscles; ■ **jd verkrampft sich** qn se contracte, qn se crispe
verkrampft I. *adj* crispé(e); *Haltung a.* contracté(e)
II. *adv* 1. *(verklemmt):* ***er lächelte*** ~ il avait un sourire crispé; ***jd wirkt*** ~ qn donne l'impression d'être crispé(e)
2. *(opp: locker):* ***jd sitzt*** ~ qn est assis(e) tout(e) contracté(e) [sur la chaise/dans son fauteuil/...]
Verkrampfung <-, -en> *f* contraction *f*
verkriechen * *vr irreg* 1. ■ **ein Tier verkriecht sich [irgendwohin]** un animal va se terrer [quelque part]
2. *fam* ■ **jd verkriecht sich irgendwohin** *unter die Decke* qn se fourre quelque part *fam;* ***jd verkriecht sich ins Bett*** qn va se pieuter *pop*
verkrümeln * *vr fam* ■ **jd verkrümelt sich** qn s'en va; ***ich verkrümele mich jetzt*** je vais te/vous laisser
verkrümmen * I. *vt* ■ **etw verkrümmt etw** *Finger, Gelenke* qc déforme qc; *Wirbelsäule* qc dévie qc
II. *vr* ■ **etw verkrümmt sich** */Wirbelsäule/* qc se déforme; ■ **verkrümmt** déformé(e)
Verkrümmung <-, -en> *f* déformation *f*
verkrüppeln * I. *vt + haben* ■ **etw verkrüppelt jdn/etw** qc estropie qn/qc; ■ **verkrüppelt** estropié(e)
II. *vi + sein* ■ **etw verkrüppelt** */Baum, Strauch/* qc se rabougrit, qc s'étiole
verkrustet *adj Struktur, System, Verband* sclérosé(e); *Tradition* figé(e); ***ein*** ~***er Haufen von alten Männern*** un tas de vieux croûtons *fam*
verkühlen * *vr* DIAL *fam* ■ **jd verkühlt sich** qn prend froid, qn attrape froid; ■ **jd verkühlt sich** *(dat)* **etw:** ***sie hat sich die Blase/die Nieren verkühlt*** elle a pris froid et ça lui est tombé sur la vessie/les reins
Verkühlung *f* DIAL *fam* coup *m* de froid; ***jd holt sich*** *(dat)* ***eine*** ~ qn attrape froid, qn prend froid
verkümmern * *vi + sein* 1. PHYSIOL ■ **etw verkümmert** qc s'atrophie
2. HORT ■ **etw verkümmert** qc dépérit, qc s'étiole
3. ■ **etw verkümmert** */Fähigkeit, Talent/* qc s'étiole, qc se tarit
4. *(die Lebenslust verlieren)* ■ **jd/ein Tier verkümmert** qn/un animal dépérit, qn/un animal s'étiole
verkünden * *vt* 1. *geh (eröffnen)* ■ **jd verkündet [jdm] etw** qn annonce qc [à qn]; ■ **jd verkündet [jdm], dass** qn annonce [à qn] que + *indic*
2. JUR ■ **jd verkündet etw** qn prononce qc, qn rend qc
3. *geh* ■ **etw verkündet etw** */Blick, Miene/* qc présage qc *littér*
Verkünder(in) <-s, -> *m(f) geh* annonciateur(-trice) *m(f)*, messager(-ère) *m(f)*
verkündigen * *vt geh* ■ **jd verkündigt [jdm] etw** qn annonce qc [à qn], qn proclame qc [à qn]
Verkündigung *f geh* 1. *(das Verkündigen)* annonce *f*, proclamation *f;* ***die*** ~ ***des Evangeliums*** la proclamation de l'Évangile; ***Mariä*** ~ l'Annonciation *f*
2. *(Proklamation)* proclamation *f*
Verkündung <-, -en> *f* 1. JUR proclamation *f*
2. CH *s.* **Aufgebot**

verkuppeln * *vt* ■ **jd verkuppelt jdn** qn fait rencontrer des gens à qn; ■ **jd verkuppelt jdn mit jdm** [*o* **an jdn**] qn fait se rencontrer qn et qn
verkürzen * I. *vt* 1. *(kürzer machen)* ■ **jd verkürzt etw [um etw]** qn raccourcit qc [de qc]; ■ **jd verkürzt etw auf etw** *(akk)* qn ramène qc à qc
2. *(zeitlich)* ■ **jd verkürzt etw [um etw]** *Arbeitszeit, Dauer* qn réduit qc [de qc], qn diminue qc [de qc]; *Urlaub* qn écourte qc [de qc]; ■ **etw verkürzt etw [um etw]** *Leben* qc écourte qc [de qc]; ■ **jd verkürzt etw auf** *(akk)* **etw** *Arbeitszeit, Dauer, Urlaub* qn ramène qc à qc
3. *(räumlich)* ■ **jd/etw verkürzt etw [um etw]** *Abstand, Entfernung* qn/qc réduit qc [de qc], qn/qc diminue qc [de qc]; ■ **jd/etw verkürzt etw auf etw** *(akk)* qn/qc ramène qc à qc
4. *(kurzweiliger machen)* ■ **jd/etw verkürzt jdm etw** *lange Abende, Wartezeit* qn/qc lui fait paraître qc moins long(longue); ***sie verkürzt sich die endlose Wartezeit mit Videofilmen*** elle trompe l'attente interminable en se passant des films vidéo
II. *vr* ■ **etw verkürzt sich** */Abstand, Entfernung/* qc diminue
Verkürzung *f* 1. *(das Verkürzen)* raccourcissement *m*
2. *[Arbeitszeit, Abstand etc]* réduction *f*, diminution *f*
verlachen * *vt* ■ **jd verlacht jdn** qn rit de qn, qn se moque de qn
Verlad <-[e]s> *m* Ø CH chargement *m; (Auto~)* embarquement *m*
verladen * *vt irreg* 1. *(umladen)* ■ **jd verlädt etw [auf etw** *(akk)***/in etw** *(akk)***]** qn charge [*o* embarque] qc [sur qc/dans qc]
2. *sl* ■ **jd verlädt jdn** qn entube qn *fam*, qn baise qn *fam;* ■ **jd lässt sich [von jdm]** ~ qn se fait entuber [*o* baiser] [par qn] *fam*
Verladerampe *f* rampe *f* de chargement
Verladung *f* chargement *m*
Verlag <-[e]s, -e> *m* maison *f* d'édition; ***etw erscheint in einem*** ~ qc paraît chez un éditeur
verlagern * I. *vt* 1. *(auslagern)* ■ **jd verlagert etw [irgendwohin]** qn enlève qc [et l'entrepose quelque part]
2. ■ **jd verlagert etw [auf etw** *(akk)***]** *Gewicht, Schwerpunkt* qn déplace qc [sur qc]
II. *vr* METEO ■ **etw verlagert sich [irgendwohin]** qc se déplace [quelque part]
Verlagerung *f* 1. *[Kunstgegenstand etc]* enlèvement *m*
2. METEO déplacement *m*
Verlags- *-angestellter, -leiter, -redakteur, -haus, -gebäude, -räume, -büro* d'une/de la maison d'édition; *(eines Verlages) -katalog, -programm* de publications d'une maison d'édition/des publications de la maison d'édition; ***die*** ~***angestellten*** les employés du livre; ***das*** ~***signet von Klett*** le logo des éditions Klett **Verlagsbuchhandel** *m* commerce *m* de libraire-éditeur **Verlagsbuchhändler(in)** *m(f) veraltend s.* **Verleger**
verlanden * *vi + sein* ■ **etw verlandet** qc se comble de dépôts alluvionnaires, qc se transforme en zone d'alluvionnement
Verlandung *f* alluvionnement *m*, formation *f* de dépôts alluvionnaires
verlangen * I. *vt* 1. *(fordern)* ■ **jd verlangt etw [von jdm]** *Geld, Gegenstand, Preis, Rückgabe* qn réclame [*o* demande] qc; *Bestrafung, Bezahlung, Eingreifen, Maßnahme* qn exige qc; ■ **jd verlangt, dass jd etw tut/dass etw geschieht** qn exige que qn fasse qc/que qc se passe
2. *(erfordern)* ■ **etw verlangt etw [von jdm]** */Aufgabe, Tat, Vorfall/* qc exige qc [de qn], qc requiert qc [de la part de qn]
3. *(erwarten)* ■ **jd verlangt etw von jdm** *Fleiß, Pünktlichkeit, Stillschweigen* qn exige qc de qn, qn demande qc à qn
4. *(sehen wollen)* ■ **jd verlangt etw** *jds Ausweis, Papiere, Fahrkarte* qn demande qc
► **das ist ein bisschen <u>viel</u> verlangt** c'est demander beaucoup; **das ist nicht <u>zu</u> viel verlangt** ce n'est pas trop demander
II. *vi* 1. *(erfordern)* ■ **etw verlangt nach etw** qc exige qc, qc commande qc
2. *geh (jds Anwesenheit erbitten)* ■ **jd verlangt nach jdm** qn demande [à voir] qn, qn réclame qn
3. *geh (bitten um)* ■ **jd verlangt nach etw** qn demande qc
III. *vt impers geh* ■ **es verlangt jdn nach jdm/etw** qn a envie de revoir qn/qc, qn aspire à revoir qn/qc; ■ **es verlangt jdn danach etw zu tun** qn aspire à faire qc, qn a envie de faire qc
Verlangen <-s, -> *nt* 1. *(dringender Wunsch)* désir *m* impérieux, forte envie *f*
2. *(Forderung)* exigence *f*, revendication *f*
► **jd <u>hat</u> kein ~ nach etw** *geh* qn n'a pas envie de qc; **<u>auf</u>** ~ si on le/la demande [*o* réclame]; **<u>auf</u> jds ~ [hin]** à la demande de qn
verlängern * I. *vt* 1. *(länger machen)* ■ **jd verlängert etw [um etw]** qn [r]allonge qc [de qc]
2. *(länger dauern lassen)* ■ **jd verlängert [jdm] etw** qn [lui] prolonge qc
II. *vr* ■ **etw verlängert sich [um etw]** qc se prolonge [de qc]
Verlängerung <-, -en> *f* 1. Ø *(das Verlängern)* *[Kabel etc] verbal übersetzt;* ***jd benötigt eine*** ~ ***des Seils um 15 Meter*** qn a besoin de 15 m de corde en plus; ***die*** ~ ***des Kabels erfolgt mit*** on [r]allonge le câble en faisant
2. Ø *(zeitliche Ausdehnung)* *[Laufzeit etc]* prolongation *f;* SPORT prolongations *fpl*
3. *fam s.* **Verlängerungskabel**
Verlängerungskabel *nt*, **Verlängerungsschnur** *f* rallonge *f* [électrique], [cordon *m*] prolongateur *m*
verlangsamen * I. *vt* 1. ■ **jd/ein Fahrzeug verlangsamt etw** *Gang, Lauf* qn/un véhicule ralentit qc; *Fahrt, Tempo* qn/un véhicule réduit qc; ***jd verlangsamt seine Schritte*** qn marche moins vite, qn ralentit sa marche
2. *(aufhalten)* ■ **jd/etw verlangsamt etw** *Entwicklung, Verlauf, Verhandlungen* qn/qc ralentit qc, qn/qc freine qc
II. *vr* ■ **etw verlangsamt sich** qc se ralentit; */Fahrt/* qc se réduit
Verlangsamung <-, -en> *f* 1. *(Herabsetzung des Tempos)* réduction *f*

2. [*Entwicklung, Fortschritt etc*] ralentissement *m*

Verlass[RR] <-es>, **Verlaß** <-sses> *m* ∅ ▶ **auf jdn ist ~/ist kein ~** on peut/on ne peut pas compter sur qn, on peut/on ne peut pas se fier [*o* faire confiance] à qn; **auf etw** (*akk*) **ist ~/ist kein ~** on peut/on ne peut pas compter sur [*o* se fier à] qc, qc est/n'est pas fiable

verlassen[*1] *irreg* I. *vt* 1. ■ **jd verlässt jdn** *Ehepartner, Familie* qn quitte qn, qn abandonne qn
2. ■ **jd verlässt etw** *Gebäude, Zimmer, Land, Stadt, Heimat* qn quitte qc; ~ ***Sie sofort mein Haus!*** sortez d'ici!
3. (*verloren gehen*) ■ **etw verlässt jdn** /*Glaube, Hoffnung, Zuversicht*/ qc abandonne qn, qc quitte qn
▶ **da verließen sie ihn/sie/mich** *fam* c'est le trou! *fam*
II. *vr* 1. ■ **jd verlässt sich auf jdn** qn compte sur qn, qn se fie à qn, qn fait confiance à qn; ■ **jd verlässt sich darauf, dass jd etw tut/dass etw geschieht** qn espère [bien] que qn fera qc/que qc va arriver
2. ■ **jd verlässt sich auf etw** (*akk*) qn se fie à qc
▶ **darauf können Sie sich ~!** [ça,] vous pouvez me/lui faire confiance!; **worauf du dich ~ kannst!** *iron fam* là-dessus, tu peux me faire confiance!

verlassen[2] *adj Haus, Strand* abandonné(e), à l'abandon; *Gegend* désert(e)

Verlassenschaft <-, -en> *f* AUS (*Nachlass*) succession *f*

verlässlich[RR], **verläßlich** *adj Informant, Freund, Mitarbeiter* sur lequel/laquelle on peut compter; *Zeuge* digne de foi; ***eine aus ~er Quelle stammende Information*** une information de source sûre; ■ **jd ist ~** qn est digne de confiance, qn est sûr(e)

Verlässlichkeit[RR], **Verläßlichkeit** <-> *f* ∅ 1. (*Zuverlässigkeit*): ***jd ist von absoluter ~*** on peut faire totalement confiance à qn, qn est une personne en qui on peut avoir une confiance totale
2. [*Informationen*] fiabilité *f*

Verlaub *m* ▶ **mit ~** *geh* sauf votre respect

Verlauf *m* 1. [*Bahnlinie, Grenze, Kabel, Straße*] tracé *m*; [*Fluss*] cours *m*
2. [*Diskussion, Prozess, Veranstaltung, etc*] déroulement *m*; *Gespräch, Verhandlung* cours *m*; [*Krankheit*] évolution *f*
▶ **etw nimmt einen bestimmten ~** qc prend une certaine tournure; **im ~ einer S.** (*gen*) au cours de qc; *der Zeit, der Jahre etc* au fil de qc

verlaufen * *irreg* I. *vi* + *sein* 1. (*sich erstrecken*) ■ **etw verläuft irgendwo** qc passe quelque part; ***etw verläuft parallel zu etw*** qc longe qc
2. (*ablaufen*) ■ **etw verläuft irgendwie** qc se déroule d'une certaine manière
II. *vr* + *haben* 1. (*sich verirren*) ■ **jd verläuft sich [in etw** (*dat*)**]** qn se perd [dans qc], qn s'égare [dans qc]
2. ■ **sie verlaufen sich** /*Demonstranten, Menschenmenge*/ ils/elles se dispersent

verlaust *adj Mensch* pouilleux(-euse), couvert(e) de poux; *Haar* plein(e) de poux

verlautbaren * I. *vt* + *haben form* ■ **jd verlautbart etw** qn rend qc public(-ique), qn publie qc
II. *vi* + *sein impers form* ■ **es verlautbart etw über etw** (*akk*) qc concernant qc filtre; ■ **es verlautbarte, dass** il a été annoncé que + *indic*

Verlautbarung <-, -en> *f form* 1. ∅ (*Bekanntgabe*) communication *f*
2. (*bekannt gegebene Mitteilung*) communiqué *m*

verlauten * I. *vi* + *sein* ■ **etw verlautet** qc est rendu(e) public(-que); ■ **jd lässt etw [über etw** (*akk*)**] ~** qn laisse filtrer qc [sur qc]
▶ **wie verlautet** comme on l'a appris; ***wie aus dem Ministerium verlautet, ...*** selon des informations émanant du ministère ...
II. *vi impers* + *sein o haben* ■ **es verlautet, dass** on dit que + *indic*

verleben * *vt* 1. (*verbringen*) ■ **jd verlebt etw** qn passe qc
2. (*ausgeben*) ■ **jd verlebt etw** *Geld, Erbe* qn dilapide qc, qn mange qc

verlebt I. *adj* de quelqu'un qui a vécu; ***er hat ein ~es Gesicht*** il a le visage de quelqu'un qui a vécu
II. *adv*: ***er sieht ~ aus*** il a le visage de quelqu'un qui a vécu

verlegen[*1] I. *vt* 1. ■ **jd verlegt etw** *Brille, Geldbörse, Schlüsselbund etc* qn égare qc, qn ne sait plus où il/elle a mis qc
2. (*auf anderen Termin*) ■ **jd verlegt etw [auf etw** (*akk*)**]** *Gespräch, Termin etc* qn reporte qc [à qc]
3. ■ **jd verlegt etw** *Fliesen, Bodenplatten* qn pose qc; ■ **jd lässt [irgendwo] etw ~** qn fait poser qc [quelque part]
4. ■ **jd verlegt etw** *Leitung, Rohre* qn pose qc; *Kabel* qn tire qc
5. MEDIA ■ **jd verlegt etw** qn édite qc, qn publie qc
6. (*an anderen Ort*) ■ **jd verlegt jdn/etw [irgendwohin]** *Patienten, Behörde* qn transfère qn/qc; *Truppen* qn transporte qn/qc
II. *vr* ■ **jd verlegt sich auf etw** (*akk*): ***sie hat sich jetzt [ganz] aufs Golfspielen verlegt*** maintenant, elle ne fait plus que du golf; ***als Drohungen nicht halfen, verlegte er sich aufs Bitten*** les menaces ne servant à rien, il se mit à supplier

verlegen[2] *adj* gêné(e), embarrassé(e); ■ **jd ist ~** qn est gêné(e); ■ **jd wird ~** l'embarras gagne qn, qn est gagné(e) par l'embarras
▶ **jd ist nicht** [*o* **nie**] **um etw ~** qn n'est pas [*o* jamais] à court de qc, qn a toujours qc

Verlegenheit <-, -en> *f* 1. ∅ (*Betretenheit*) gêne *f*, embarras *m*
2. (*finanzielle Knappheit*) gêne *f*, embarras *m* [financier]
▶ **jd ist in ~** qn est dans la gêne, qn a des ennuis d'argent; **jd/etw bringt jdn in ~** qn/qc met qn dans l'embarras; **jd/etw bringt jdn in [...] ~** qn/qc met qn dans une situation [...] embarrassante

Verleger(in) <-s, -> *m(f)* éditeur(-trice) *m(f)*

Verlegung <-, -en> *f* 1. [*Gespräch, Termin etc*] report *m verbal übersetzt*; ***jd bittet seine Partner um ~ des Termins*** qn demande à ses partenaires de reporter le rendez-vous
2. [*Kacheln etc*] pose *f verbal übersetzt*; ***die ~ von Kacheln erfolgt durch Verkleben*** on pose les carrelages en les collant
3. [*Kabel etc*] pose *f*
4. MEDIA publication *f*
5. [*Patienten, Behörde etc*] transfert *m*; [*Truppen*] transport *m*

verleiden * *vt* 1. ■ **jd/etw verleidet jdm etw** qn/qc lui gâche qc; ■ **jdm ist etw verleidet** /*Spaß, Vergnügen, Freude*/ qn n'a plus qc; ***seit mein Herd kaputt ist, ist mir die Freude am Kochen verleidet*** depuis que ma cuisinière ne fonctionne plus, je n'ai plus de plaisir à faire la cuisine
2. + *sein* CH, SDEUTSCH ■ **etw verleidet jdm** qc dégoûte qn

Verleih <-[e]s, -e> *m* 1. ∅ (*das Verleihen*) location *f*
2. (*Firma*) magasin *m* de location

verleihen * *vt irreg* 1. ■ **jd verleiht etw [an jdn]** *Bücher, Filme, Geld, Fahrräder, Kostüme* (*kostenlos*) qn prête qc [à qn]; (*gegen Entgelt*) qn loue qc [à qn]
2. ■ **jd verleiht [jdm] etw** *Orden, Preis, Titel, Würde* qn décerne qc [à qn], qn attribue qc [à qn]
3. ■ **etw verleiht jdm etw** *neue Energie, Kräfte* qc donne qc à qn
4. ■ **etw verleiht einer S.** (*dat*) **etw** *ein anderes Aussehen* qc donne qc à qc, qn confère qc à qc *soutenu*

Verleiher(in) <-s, -> *m(f)* loueur(-euse) *m(f)*

Verleihung <-, -en> *f* 1. (*das Verleihen*) (*kostenlos*) prêt *m*; (*gegen Entgelt*) location *f*
2. (*Zuerkennung*) attribution *f verbal übersetzt*; ***sie wurde für die ~ des Nobelpreises vorgeschlagen*** on a proposé de lui attribuer [*o* décerner] le prix Nobel

verleiten * *vt* ■ **jd verleitet jdn zu etw** qn incite [*o* amène] [*o* entraîne] qn à faire qc; ■ **jd lässt sich [von jdm] zu etw ~** qn se laisse entraîner [par qn] à [faire] qc; ■ **etw verleitet jdn zu etw** /*Fehleinschätzung, Information, Umstand*/ qc incite [*o* conduit] [*o* amène] qn à [faire] qc

Verleitung *f* ■ **~ zu etw** incitation *f* à [faire] qc

verlernen * *vt* ■ **jd verlernt etw** qn oublie qc; *Sprache a.* qn désapprend qc

verlesen[*1] *irreg* I. *vt* ■ **jd verliest etw** qn donne lecture de qc; ***jd verliest die Namen der Anwesenden*** qn fait l'appel
II. *vr* ■ **jd verliest sich** qn se trompe en lisant

verlesen[2] *vt irreg* ■ **jd verliest etw** *Gemüse, Hülsenfrüchte etc* qn trie qc

verletzbar *adj s.* **verletzlich**

verletzen * I. *vt* 1. (*verwunden*) ■ **jd verletzt jdn [an etw** (*dat*)**/in etw** (*dat*)**]** qn blesse qn [à qc]
2. (*kränken*) ■ **jd/etw verletzt jdn** qn/qc blesse qn
3. ■ **jd/etw verletzt etw** *Bestimmung, Gesetz, Vorschrift* qn/qc contrevient à [*o* enfreint] [*o* viole] qc
II. *vr* ■ **jd verletzt sich** qn se blesse; ■ **jd verletzt sich an etw** (*dat*) qn se blesse avec qc; ***jd verletzt sich an Dornen*** qn se blesse en touchant des épines; *an einem Messer* qn se coupe avec qc

verletzend *adj* blessant(e)

verletzlich *adj* susceptible

Verletzte(r) *f(m) decl wie adj* blessé(e) *m(f)*

Verletzung <-, -en> *f* 1. (*Wunde*) blessure *f*
2. ∅ (*Übertretung*) infraction *f*, violation *f*; ***die ~ der Bestimmungen*** l'infraction au règlement, la violation du règlement
▶ **innere ~** lésion *f* interne

verleugnen * *vt* ■ **jd verleugnet jdn** qn renie qn
▶ **jd lässt sich [von jdm] ~** qn fait dire [par qn] qu'il/elle n'est pas là; **jd kann nicht ~, dass** qn ne peut [pas] nier que + *indic*

verleumden * *vt* ■ **jd verleumdet jdn** qn calomnie qn, qn diffame qn

Verleumder(in) <-s, -> *m(f)* calomniateur(-trice) *m(f)*, diffamateur(-trice) *m(f)*

verleumderisch *adj* calomnieux(-euse), diffamatoire, diffamant(e) *littér*

Verleumdung <-, -en> *f* calomnie *f*, diffamation *f*

verlieben * *vr* ■ **jd verliebt sich [in jdn]** qn tombe amoureux(-euse) [de qn]; ■ **jd verliebt sich in jdn** qn s'éprend de qn *soutenu*
▶ **etw ist zum V~** qc est une vraie petite merveille

verliebt *adj* 1. *Benehmen, Blick* amoureux(-euse); *Worte* d'amour
2. *Mensch* amoureux(-euse); ■ **jd ist [in jdn] ~** qn est amoureux(-euse) [de qn]; ***er ist sehr in sie ~*** il est très épris d'elle *soutenu* **Verliebte(r)** *f(m) decl wie adj* amoureux(-euse) *m(f)*; ***als ~r merkt man nicht, wie die Zeit vergeht*** quand on est amoureux, on ne voit pas le temps passer

Verliebtheit <-> *f* ∅ *verbal übersetzt*; ***in ihrer ~ bemerkte sie nicht, dass*** elle était tellement amoureuse qu'elle ne remarqua pas que + *indic*; ***die ~ geht vorbei*** l'amour passe

verlieren <verlor, verloren> I. *vt* 1. (*alle Bedeutungen*) ■ **jd/ein Tier/etw verliert etw** qn/un animal/qc perd qc; ■ **jd verliert jdn** qn perd qn
2. (*entweichen lassen*) ■ **etw verliert etw** *Gas, Kraftstoff, Öl, Wasser* qc laisse qc s'échapper; ***der Reifen verliert Luft*** le pneu fuit
▶ **was haben Sie hier verloren?** *fam* qu'est-ce que vous fichez ici? *fam*; **jd/etw hat irgendwo nichts verloren** *fam* qn/qc n'a rien à faire quelque part *fam*; **jd hat nichts mehr zu ~** qn n'a plus rien à perdre
II. *vr* 1. ■ **etw verliert sich** /*Begeisterung, Elan, Spontaneität*/ qc diminue; /*Nervosität, Angst*/ qc passe
2. (*verschlagen werden*) ■ **jd verliert sich irgendwohin** qn va s'enterrer quelque part
III. *vi* ■ **etw verliert an etw** (*dat*) qc perd de qc

Verlierer(in) <-s, -> *m(f)* [*Kampf, Spiel, Wette*] perdant(e) *m(f)*; [*Krieg*] vaincu(e) *m(f)*
▶ **ein ewiger ~** un loser *fam*

Verliererstraße *f* ▶ **auf der ~** en perte de vitesse

Verlies <-es, -e> *nt* oubliettes *fpl*

verlischt *3. pers pres von* **verlöschen**

verloben * *vr* ■ **jd verlobt sich [mit jdm]** qn se fiance [avec [*o* à] qn]; ■ **sie ~ sich [miteinander]** ils se fiancent

verlobt *adj* fiancé(e); ***ein ~es Paar*** un couple de fiancés; ■ **jd ist [mit jdm] ~** qn est fiancé(e) [avec [*o* à] qn]; ■ **sie sind miteinander ~** ils sont fiancés **Verlobte(r)** *f(m) decl wie adj* fiancé(e) *m(f)*; ■ **die ~n** les fiancés
Verlobung <-, -en> *f* fiançailles *fpl*
verlocken * *vi geh* ■ **etw verlockt zu etw** qc invite à qc; ■ **etw verlockt dazu etw zu tun** qc est une invite à [faire] qc
verlockend *adj* attrayant(e), séduisant(e)
► **etw klingt ~, etw hört sich ~ an** qc est attrayant(e), qc est séduisant(e)
Verlockung <-, -en> *f* attrait *m*, séduction *f*
verlogen *adj* **1.** *Mensch* menteur(-euse)
2. hypocrite, trompeur(-euse); ***das ist ~es Zeug*** ce sont des propos mensongers
Verlogenheit <-> *f* Ø **1.** (*lügnerisches Wesen*) fausseté *f*
2. (*Heuchelei*) hypocrisie *f*; ***die ~ einer Moral*** le caractère captieux d'une morale
verlor *imp von* **verlieren**
verloren I. *pp von* verlieren
II. *adj* ■ **jd ist ~** qn est perdu(e)
► **jd fühlt sich [irgendwo] ~** qn se sent perdu(e) [quelque part]; **etw geht ~** */Brief, Nachweis, Unterlage/* qc se perd; ***etw ist ~ gegangen*** qc est perdu(e); */Brief/* qc s'est perdu(e); **etw geht jdm durch eine S. ~** */Minuten, Tage, Zeit/* une chose fait perdre qc à qn; **an jdm ist etw ~ gegangen** *fam:* ***an dir ist ein Musiker ~ gegangen*** tu aurais pu être un bon musicien; **jd gibt jdn/etw verloren** qn considère que qn/qc est perdu(e)
verloren|gehen *s.* **verloren II.**►
Verlorenheit <-> *f* Ø *geh* isolement *m*, solitude *f*
verlöschen * <verlischt, verlosch, verloschen> *vi + sein geh* ■ **etw verlischt** qc s'éteint
verlosen * *vt* ■ **jd verlost etw** qn tire qc au sort
Verlosung *f* tirage *m* au sort
verlöten * *vt* ■ **jd verlötet etw** qn soude qc; ■ **jd verlötet sie miteinander** qn les soude, qn les assemble par soudure
verlottern * *vi + sein* ■ **etw verlottert** qc n'est plus entretenu(e); */Garten a./* qc est laissé(e) à l'abandon; ■ **jd lässt etw ~** qn n'entretient plus qc; *Garten a.* qn laisse qc à l'abandon; ■ **verlottert** qui n'est plus entretenu(e); *Garten a.* laissé(e) à l'abandon
Verlust <-[e]s, -e> *m* **1.** (*alle Bedeutungen*) perte *f*
2. *pl* MIL: ***die ~e*** les pertes *fpl*
► **jd hat ~e/einen ~** qn a essuyé [*o* subi] des pertes/une perte; **jd hat ~e** MIL qn a subi des pertes; **jd/etw macht ~e** qn/qc essuie [*o* subit] des pertes; **mit ~** à perte
Verlustbringer <-s, -> *m* produit *m* non rentable **Verlustgeschäft** *nt* opération *f* à perte, transaction *f* non rentable
verlustieren * *vr hum fam* ■ **jd verlustiert sich [mit jdm]** qn s'amuse [avec qn]; (*sexuell*) qn prend son pied [avec qn] *fam*
verlustig *adj* ► **jd geht einer S.** (*gen*) **~** *form eines Titels, einer Stellung* qn perd qc; *eines Rechtes, seiner Rechte* qn est déchu(e) de qc
Verlustzone *f* branche *f* déficitaire; ***etw kommt aus der ~*** qc revient dans le positif **Verlustzuweisung** *f* affichage *m* de perte
vermachen * *vt* **1.** (*vererben*) ■ **jd vermacht jdm etw** qn lègue qc à qn, qn donne qc à qn
2. *fam* (*überlassen*) ■ **jd vermacht jdm etw** qn fait cadeau de qc à qn, qn donne qc à qn
Vermächtnis <-ses, -se> *nt* **1.** (*Legat*) legs *m*
2. [*Künstler, Schriftsteller, Staatsmann*] testament *m*, legs *m littér*
vermählen * *vr geh* ■ **jd vermählt sich [mit jdm]** qn se marie [avec qn]; ■ **sie ~ sich [miteinander]** ils se marient
Vermählung <-, -en> *f geh* mariage *m*, noces *fpl*
vermaledeit *adj fam* maudit(e) *antéposé fam*
vermarkten * *vt* **1.** COM ■ **jd vermarktet etw** *Produkt* qn commercialise qc, qn met qc sur le marché; ■ **etw lässt sich … ~** qc se vend …
2. (*zu Geld machen*) ■ **jd vermarktet etw** *Rechte, Story, jds Leben, Erinnerungen etc* qn fait de l'argent [*o* du fric *fam*] en étalant qc; ■ **etw lässt sich … ~** qc se vend …; ***etw lässt sich gut ~*** qc se vend bien
Vermarktung <-, -en> *f* commercialisation *f*
vermasseln * *vt sl* ■ **jd vermasselt jdm etw** qn lui fout qc en l'air *fam*
vermehren * I. *vr* **1.** BIO ■ **sie ~ sich** ils/elles se reproduisent
2. (*zunehmen*) ■ **etw vermehrt sich** qc augmente
II. *vt* **1.** ■ **jd vermehrt etw** *Pflanzen, Stauden* qn multiplie qc
2. ■ **jd vermehrt etw [um etw]** *Besitz, Vermögen* qn accroît qc [de qc], qn augmente qc [de qc]
Vermehrung <-, -en> *f* **1.** (*Fortpflanzung*) reproduction *f*
2. HORT multiplication *f*
3. [*Besitz, Vermögen*] augmentation *f*, accroissement *m*
vermeidbar *adj* évitable; ■ **etw ist nicht ~** qc est inévitable
vermeiden * *vt irreg* ■ **jd vermeidet etw** qn évite qc
► **etw lässt sich nicht/kaum ~** qc est inévitable/pratiquement inévitable; **es lässt sich nicht/kaum ~, dass** on ne peut pas faire autrement que [de] + *infin*/il n'y a rien d'autre à faire que [de] + *infin*
Vermeidung <-, -en> *f verbal übersetzt;* ***jdm liegt eine ~ von Streit am Herzen*** qn a à cœur d'éviter une dispute
► **zur ~ einer S.** (*gen*) [*o* **von etw**] pour éviter qc
vermeintlich I. *adj attr* présumé(e), supposé(e); *Vater a.* putatif(-ive)
II. *adv* apparemment, prétendument, soi-disant
vermelden * *vt* ■ **jd vermeldet etw** qn annonce qc
► **jd hat etw zu ~** *geh* qn a qc à communiquer
vermengen * *vt* **1.** (*vermischen*) ■ **jd vermengt etw mit etw** qn mélange qc avec [*o* à] [*o* et] qc
2. ■ **jd vermengt sie** *Begriffe* qn fait l'amalgame entre eux/elles, qn les amalgame, qn les confond
vermenschlichen * *vt* ■ **jd vermenschlicht etw/ein Tier** qn personnifie qc/un animal
Vermerk <-[e]s, -e> *m* note *f*, annotation *f*
vermerken * *vt* **1.** (*eintragen*) ■ **jd vermerkt [sich** (*dat*)**] etw auf etw** (*dat*)**/in etw** (*dat*) qn note qc sur/dans qc
2. (*zur Kenntnis nehmen*) ■ **jd vermerkt etw …** qn perçoit qc …; ***jd vermerkt etw ärgerlich/ übel*** qn prend mal qc
vermessen*[1] *irreg* I. *vt* ■ **jd vermisst etw** qn relève les cotes de [*o* mesure] qc
II. *vr* **1.** (*falsch messen*) ■ **jd vermisst sich** qn se trompe en mesurant [*o* dans ses mesures]
2. *geh* (*sich anmaßen*) ■ **jd vermisst sich etw zu tun** qn a l'audace [*o* l'outrecuidance *littér*] de faire qc
vermessen[2] *adj geh* prétentieux(-euse), présomptueux(-euse); ■ **es ist ~ etw zu tun** il est prétentieux [*o* présomptueux] de faire qc
Vermessenheit <-, -en> *f geh* outrecuidance *f littér*, prétention *f*, présomption *f*
Vermessung *f* relevé *m* des cotes, mesurage *m*
Vermessungsamt *nt* [département *m* du] cadastre *m* **Vermessungsingenieur(in)** [-ɪnʒeniøːɐ] *m(f)* ingénieur *m* des travaux publics, géomètre *mf*
vermiesen * *vt fam* ■ **jd/etw vermiest jdm etw** *Freude, Veranstaltung* qn/qc lui gâche qc; *Essen* qn/qc fait passer à qn l'envie de [manger] qc, qn dégoûte qn de [manger] qc; *Urlaub a.* qn/qc lui fiche qc en l'air *fam*; ■ **jd lässt sich** (*dat*) **etw nicht [durch jdn/etw] ~** qn ne veut pas que qc soit gâché(e) [par qn/qc]
vermietbar *adj* ■ **… ~,** ■ **etw ist [als etw/an jdn/für etw] ~** on peut louer qc [pour en faire qc/à qn/pour qc]; ***eine schwer ~e Wohnung*** un appartement difficile à louer
vermieten * I. *vt* ■ **jd vermietet [jdm] etw [für etw]** qn loue qc [à qn] [pour qc]; ***für wie viel soll das Haus vermietet werden?*** la maison sera louée combien?
► **zu ~** à louer
II. *vi* ■ **jd vermietet [an jdn]**: ***geben Sie sich keine Mühe, ich vermiete nicht*** inutile d'insister, je ne loue pas; ***ich vermiete nur an Studenten*** je ne loue qu'à des étudiants
Vermieter(in) *m(f)* **1.** (*Hauswirt*) propriétaire *mf*
2. (*jd, der Dinge vermietet*) loueur(-euse) *m(f)*
Vermietung <-, -en> *f* location *f*
vermindern * I. *vt* **1.** (*reduzieren*) ■ **jd vermindert etw** *Anstrengungen, Engagement* qn réduit qc, qn restreint qc
2. (*kürzen*) ■ **jd/etw vermindert [jdm] etw** *Gehalt, Wochenstundenzahl* qn/qc [lui] réduit qc; ***er hat den Arbeitern das Gehalt vermindert*** il a réduit le salaire des ouvriers
II. *vr* **1.** ■ **etw vermindert sich** */Belastung, Einfluss, Risiko/* qc diminue
2. ■ **etw vermindert sich [um etw]** */Einkommen, Wochenstundenzahl/* qc diminue [de qc]; ■ **etw vermindert sich auf etw** (*akk*) qc tombe à qc
Verminderung *f* réduction *f*, diminution *f*
verminen * *vt* ■ **jd vermint etw** qn mine qc; ■ **vermint** miné(e)
Verminung <-, -en> *f* minage *m*
vermischen * I. *vt* ■ **jd vermischt etw mit etw** qn mélange qc à [*o* avec] [*o* et] qc; ■ **jd vermischt sie** qn les mélange
II. *vr* **1.** (*sich mischen*) ■ **sie ~ sich [miteinander]** ils/elles se mélangent
2. (*untereinander heiraten*) ■ **sie ~ sich** ils/elles se mêlent
Vermischung *f* mélange *m verbal übersetzt;* ***die ~ von Sand und Zement ergibt Beton*** quand on mélange du sable et du ciment, on obtient du béton
vermissen * *vt* **1.** (*das Fehlen von etw bemerken*) ■ **jd vermisst etw** qn a perdu qc, qn ne retrouve plus qc
2. (*jds Abwesenheit bedauern*) ■ **jd vermisst einen Menschen** une personne manque à qn; ***ich vermisse dich so*** tu me manques tellement
3. (*jds Abwesenheit feststellen*) ■ **jd vermisst jdn:** ***wir vermissen unsere Tochter*** notre fille a disparu; ■ **jd wird vermisst** qn est porté(e) disparu(e)
4. (*das Fehlen von etw bedauern*) ■ **jd vermisst etw an jdm/etw** qn déplore le manque de qc en [*o* chez] [*o* de] qn; ***an diesem Wörterbuch vermisse ich Angaben zur Aussprache*** je déplore que ce dictionnaire ne donne pas la prononciation
Vermisste(r)[RR], **Vermißte(r)** *f(m) decl wie adj* disparu(e) *m(f)*
Vermisstenanzeige[RR] *f* déclaration *f* de disparition
► **jd gibt eine ~ auf** qn établit une déclaration de disparition
vermittelbar *adj* ■ **jd ist … ~** qn peut être reconverti(e) …
vermitteln * I. *vt* **1.** ■ **jd vermittelt [jdm] etw** qn fournit qc [à qn]; ■ **jd vermittelt etw an jdn** *Geschäft, Stelle, Wohnung* qn procure qc à qn
2. ■ **jd vermittelt jdm jdn** *Arbeitskräfte, Mitarbeiter* qn recrute qn pour le compte de qn; *Ehepartner* qn met qn en contact avec qn
3. (*beibringen*) ■ **jd vermittelt [jdm] etw** *Lehrstoff, Wissen* qn transmet qc [à qn]
4. *geh* (*verschaffen*) ■ **jd vermittelt [jdm] etw** *Eindruck* qn donne qc [à qn]; ■ **etw vermittelt [jdm] etw** *ein Bild, einen Überblick* qc fournit qc [à qn], qc donne qc [à qn]
II. *vi* ■ **jd vermittelt [in etw** (*dat*)**]** qn sert d'intermédiaire [*o* de médiateur/médiatrice] [dans qc], qn joue les conciliateurs [dans qc]
vermittelnd I. *adj Bemühungen* de médiation, de conciliation; ***vielleicht würde ein ~es Gespräch helfen*** peut-être qu'une discussion permettrait la conciliation [*o* de s'entendre]
II. *adv* comme intermédiaire, en médiateur(-trice), en conciliateur(-trice)
Vermittler(in) <-s, -> *m(f)* **1.** (*Schlichter*) médiateur(-trice) *m(f)*, conciliateur(-trice) *m(f)*
2. (*Agent*) intermédiaire *mf*

Vermittlung <-, -en> *f* 1. COM *verbal übersetzt; die Funktion dieser Firma ist die ~ von Wohnungen* cette agence immobilière propose des appartements; *für die ~ des Geschäftes stellte der Makler 4000 DM in Rechnung* la commission du courtier en affaires s'élevait à 4000 DM
2. (*Schlichtung*) médiation *f*

VermittlungsausschussRR *m* commission *f* mixte paritaire **Vermittlungsgebühr** *f* droits *mpl* de commission; [*Börsengeschäft*] frais *mpl* de courtage

vermodern * *vi + sein* ■ **etw vermodert** qc pourrit, qc se décompose; ~**des Laub eignet sich gut für Kompost** les feuilles qui pourrissent [*o* en décomposition], c'est bon pour le compost

vermögen *vt irreg* 1. *geh* ■ **jd vermag etw** qn est capable de [*o* à même de faire *soutenu*] qc; ■ **jd vermag etw zu tun** qn est capable [*o* à même *soutenu*] de faire qc
2. CH ■ **jd vermag etw** qn peut se permettre [*o* a les moyens] de faire qc; ***er vermag kein neues Auto*** il n'a pas les moyens de s'acheter [*o* il ne peut se permettre d'acheter] une nouvelle voiture

Vermögen <-s, -> *nt* 1. fortune *f*, biens *mpl*
2. ∅ *geh* ■ **jds** ~ [**etw zu tun**] la capacité de qn [à faire qc]; ***etw übersteigt mein ~*** qc dépasse mes possibilités

vermögend *adj geh* fortuné(e); ■ **jd ist** ~ qn a des biens, qn est fortuné(e)

Vermögensbildung *f* constitution *f* d'un/du capital **Vermögenssteuer** *f* impôt *m* sur la fortune **vermögenswirksam** *adj* qui favorise l'épargne [*o* la constitution d'un capital]

vermummen * I. *vr* ■ **jd vermummt sich** qn dissimule [*o* masque] son visage; ■ **vermummt** masqué(e); ***jd ist total vermummt*** qn est encagoulé(e)
II. *vt* ■ **jd vermummt jdn** qn emmitoufle qn *fam*

Vermummung <-, -en> *f* déguisement *m*, travestissement *m*; (*bei Demonstration*) fait *m* de dissimuler son visage

Vermummungsverbot *nt* interdiction *f* de dissimuler son visage

vermuten * *vt* ■ **jd vermutet, [dass]** qn suppose que + *indic*; ■ **jd vermutet etw hinter etw** (*dat*) qn soupçonne qc derrière qc; ■ **jd vermutet jdn irgendwo** *geh* qn pense que qn est quelque part

vermutlich I. *adj attr* probable
II. *adv* probablement, vraisemblablement

Vermutung <-, -en> *f* supposition *f*, présomption *f*; ***etw legt die ~ nahe, dass*** qc laisse supposer que + *indic*
▶ **jd hat eine ~/~en:** ***wir haben nur vage ~en*** nous n'avons que de vagues présomptions; ***er hat eine ~, wer hinter dem Komplott steckt*** il a une idée sur l'auteur probable du complot

vernachlässigen * I. *vt* ■ **jd vernachlässigt etw** qn néglige qc; ■ **jd vernachlässigt jdn** qn néglige qn, qn délaisse qn
▶ **jd fühlt sich vernachlässigt** qn a l'impression qu'on le/la néglige, qn se sent délaissé(e)
II. *vr* ■ **jd vernachlässigt sich** qn se néglige, qn se laisse aller

Vernachlässigung <-, -en> *f* 1. [*Äußeres, Kleidung etc*] fait *m* d'être négligent(e); ***die Krankheit führte sie zur ~ ihrer Pflichten*** par suite de sa maladie, elle négligea ses obligations; ***bei ständiger ~ seines Äußeren kann man ungepflegt wirken*** à force de se négliger, on a un aspect peu soigné
2. [*Detail etc*] omission *f*, oubli *m*

vernadern *vt* AUS *fam* (*denunzieren*) ■ **jd vernadert jdn [an jdn]** qn dénonce qn [à qn]

vernageln * *vt* 1. ■ **jd vernagelt etw** *Kiste, Sarg* qn cloue qc
2. ■ **jd vernagelt etw mit etw** *Fenster, Loch, Tür* qn condamne qc en clouant qc

vernähen * *vt* ■ **jd vernäht etw** qn recoud qc; *Riss, Loch a.* qn raccommode qc

vernarben * *vi + sein* ■ **etw vernarbt** qc se cicatrise; ***ein völlig vernarbtes Gesicht*** un visage tout couturé; ***eine vernarbte Haut*** une peau couverte de cicatrices

vernarren * *vr fam* ■ **jd vernarrt sich in jdn/etw** qn se toque de qn/qc *fam*, qn s'entiche de qn/qc; ■ **jd ist in jdn/etw vernarrt** qn est toqué(e) de qn/qc *fam*, qn s'est entiché(e) de qn/qc

vernaschen * *vt* 1. *fam* ■ **jd vernascht etw** qn boulotte qc *fam*
2. *sl* ■ **jd vernascht jdn** qn se fait qn *fam*

vernebeln * *vt* 1. (*als Nebel versprühen*) ■ **jd vernebelt etw** qn pulvérise qc
2. *fig* ■ **jd vernebelt etw** *Hintergründe, Tatbestand etc* qn voile qc, qn masque qc; *Umstand* qn dissimule qc

vernehmbar *adj* perceptible, audible

vernehmen * *vt irreg* 1. (*verhören*) ■ **jd vernimmt jdn [zu etw]** qn entend [*o* interroge] qn [à propos de qc]
2. *geh* (*hören*) ■ **jd vernimmt etw** qn perçoit qc
3. *geh* (*erfahren*) ■ **jd vernimmt etw [von jdm]** qn apprend qc [de qn]; ***hast du [es] schon vernommen, dass*** sais-tu que + *indic*, es-tu au courant que + *indic*

Vernehmen *nt* ▶ **dem ~ nach** à ce qu'on dit, selon les dires

Vernehmlassung <-, -en> *f* CH *s.* **Verlautbarung**

vernehmlich I. *adj geh* audible; ■ **Stimme a.** clair(e), intelligible
II. *adv geh protestieren* à haute et intelligible voix; *schnarchen* bruyamment; ***er räusperte sich/hüstelte ~*** on l'entendit se racler la gorge/toussoter

Vernehmung <-, -en> *f* [*Angeklagter, Täter, Verdächtiger*] interrogatoire *m*; [*Zeuge*] audition *f*

vernehmungsfähig *adj Angeklagter, Täter etc* en état d'être interrogé(e), interrogeable; *Zeuge* en état d'être entendu(e)

verneigen * *vr geh* ■ **jd verneigt sich [vor jdm/etw]** qn s'incline [*o* fait une révérence] [devant qn/qc]

Verneigung *f geh* révérence *f*
▶ **jd macht eine ~ [vor jdm/etw]** qn s'incline [*o* fait une révérence] [devant qn/qc]

verneinen * *vt* 1. ■ **jd verneint etw** *Frage* qn donne une réponse négative à qc, qn répond à qc par la négative
2. (*leugnen*) ■ **jd verneint etw** qn nie qc

verneinend I. *adj Antwort* négatif(-ive); *Kopfschütteln* en signe de négation
II. *adv antworten* négativement, par la négative; *den Kopf schütteln* en signe de négation

Verneinung <-, -en> *f* 1. [*Frage*] réponse *f* négative (*einer S.* (*gen*) à qc); ***zur ~ der Frage schüttelte er den Kopf*** il répondit négativement à la question en faisant un signe de tête
2. (*Leugnung*) négation *f*
▶ **doppelte** ~ double négation *f*

vernetzen *vt* 1. INFORM ■ **jd vernetzt etw** qn met qc en réseau
2. (*eng verbinden*) ■ **jd/etw vernetzt etw** qn/qc met plusieurs choses en relation, qn/qc associe plusieurs choses; ■ **jd/etw vernetzt etw mit etw** qn/qc met qc en relation avec qc, qn/qc associe qc avec [*o* et] qc; ■ **sie sind vernetzt** ils/elles sont en relation, ils/elles sont associés/associées, ils/elles sont imbriqués/imbriquées; ■ **etw ist mit etw vernetzt** qc est associé(e) avec [*o* à] qc, qc est imbriqué(e) dans qc

Vernetzung <-, -en> *f* 1. INFORM mise *f* en réseau, interconnexion *f*
2. (*Verflechtung*) imbrication *f*

vernichten * *vt* 1. (*zerstören*) ■ **jd vernichtet etw** *Akten, Beweise, Briefe, Fotos etc* qn détruit qc; ■ **etw vernichtet etw** /*Bomben, Brand, Orkan etc*/ qc anéantit qc, qc détruit qc; *Ort, Stadt* qc raie qc de la carte
2. (*ausrotten*) ■ **jd vernichtet Menschen/Tiere** qn extermine des personnes/des animaux, qn détruit des animaux
3. ■ **etw vernichtet etw** *Arbeitsplätze* qc supprime qc sur une grande échelle

vernichtend I. *adj* 1. *Niederlage, Schlappe* écrasant(e)
2. ***ein ~er Blick*** un regard haineux [*o* mauvais]; ***jd wirft jdm einen ~en Blick zu*** qn foudroie qn du regard
II. *adv schlagen* de façon écrasante; ***jd schlägt jdn ~*** qn écrase qn, qn bat qn à plate[s] couture[s]

Vernichtung <-, -en> *f* 1. (*Zerstörung*) [*Akten, Beweise etc*] destruction *f*; [*Stadt, Kulturgüter etc a.*] anéantissement *m*
2. (*Ausrottung*) extermination *f*; [*Übel*] éradication *f*; [*Insekten etc a.*] destruction *f*
3. [*Arbeitsplätze*] suppression *f* à grande échelle

Vernichtungslager *nt* camp *m* d'extermination

vernickeln * *vt* ■ **jd vernickelt etw** qn nickelle qc

verniedlichen * *vt* ■ **jd verniedlicht etw** qn minimise [l'importance de] qc

vernieten * *vt* ■ **jd vernietet etw** qn rivette qc, qn rive qc

Vernissage <-, -n> [vɛrnɪ'sa:ʒə] *f* vernissage *m*

Vernunft <-> *f* ∅ raison *f*
▶ **jd beweist** ~ qn fait preuve de raison; **jd bringt jdn zur** ~ qn fait entendre raison à qn, qn ramène qn à la raison; **etw bringt jdn zur** ~ qc ramène qn à la raison; **jd kommt zur** ~ qn se rend à la raison; **jd nimmt ~ an** qn entend raison; **nimm doch ~ an!** allons, sois raisonnable!

Vernunftehe *f* mariage *m* de raison

vernünftig I. *adj* 1. *Mensch* raisonnable
2. *Argument, Grund, Idee, Vorschlag* raisonnable, sensé(e)
3. *fam* (*anständig*) *Auto, Essen, Kleidungsstück, Wohnung* potable *fam*, convenable
II. *adv fam essen, sich anziehen, wohnen* potablement *fam*, convenablement

Vernunftmensch *m* homme *m* de raison

veröden * I. *vt + haben* ■ **jd verödet [jdm] etw** *Krampfadern* qn [lui] sclérose qc; ■ **jd lässt sich** (*dat*) **etw ~** qn se fait scléroser qc
II. *vi + sein* 1. ■ **etw verödet** /*Ortschaft, Gegend*/ qc se dépeuple; ***die Innenstadt ist völlig verödet*** le centre ville est complètement déserté
2. (*stumpfsinnig werden*) ■ **jd verödet [irgendwo]** qn dépérit [quelque part]; ■ **etw verödet** qc se dégrade, qc devient nul(le)

Verödung <-, -en> *f* [*Krampfadern*] sclérose *f*

veröffentlichen * *vt* 1. (*publizieren*) ■ **jd veröffentlicht etw** *Artikel, Publikation* qn publie qc
2. (*öffentlich bekannt machen*) ■ **jd veröffentlicht etw** qn publie qc, qn rend qc public(-ique)

Veröffentlichung <-, -en> *f* publication *f*

verordnen * *vt* 1. MED ■ **jd verordnet jdm etw** qn prescrit qc à qn; ■ **jd lässt sich** (*dat*) **etw [von jdm] ~** qn se fait prescrire qc [par qn]
2. *form* ■ **jd verordnet etw** *Maßnahme, Vorgehensweise, Verhaltensweise* qn décrète qc; *Diskretion, Stillschweigen* qn ordonne qc, qn impose qc

Verordnung <-, -en> *f* 1. (*Verschreibung*) prescription *f verbal übersetzt;* ***Rezepte dienen der ~ von Arzneimitteln*** sur les ordonnances, on prescrit des médicaments
2. (*Rezept*) ordonnance *f*
3. *form* (*Verfügung*) disposition *f*

verpachten * *vt* ■ **jd verpachtet [jdm] etw**, ■ **jd verpachtet etw [an jdn]** *Betrieb* qn donne qc à bail [à qn]; *Bauernhof, Weideland, Wiese etc* qn afferme qc [à qn], qn donne qc à ferme [à qn]

Verpächter(in) *m(f)* bailleur/-eresse *m/f*

Verpachtung <-, -en> *f* [*Bauernhof, Weideland*] location *f* à ferme, affermage *m*; [*Betrieb*] location *f* à bail

verpacken * *vt* ■ **jd verpackt etw [in etw** (*akk*)**]** *Bücher, Geschirr, Waren* qn emballe qc [dans qc]

Verpackung *f* emballage *m*
Verpackungs- *-chip, -material, -fabrik* d'emballage; *-industrie* de l'emballage; *-maschine* à emballer **Verpackungsmüll** *m* emballages *mpl* usagés
verpassen * *vt* **1.** (*versäumen*) ■ **jd verpasst etw** *Gelegenheit, günstigen Moment* qn manque qc; *Chance* qn laisse passer qc
2. (*nicht erreichen*) ■ **jd verpasst etw** *Bus, Zug, Anschluss* qn manque qc, qn rate qc
3. *fam* (*geben*) ■ **jd verpasst jdm etw** *Abreibung, Ohrfeige, Tracht Prügel* qn colle qc à qn *fam*, qn flanque qc à qn *fam*
verpatzen * *vt fam* ■ **jd verpatzt [jdm] etw** *Geschäft, Plan, Vorhaben, Rede* qn [lui] fiche qc en l'air *fam*, qn [lui] fait foirer qc *fam;* ■ **jd verpatzt etw** *Auftritt, Klassenarbeit* qn rate qc; *Chance* qn laisse passer qc
verpennen * **I.** *vt fam* ■ **jd verpennt etw** qn oublie qc
II. *vi, vr fam* ■ **jd verpennt [sich]** qn a une panne d'oreiller *fam*
verpesten * *vt* **1.** *fam* ■ **jd verpestet [jdm] etw** qn [lui] empeste qc
2. ■ **etw verpestet etw** qc pollue qc
Verpestung <-> *f* ∅ pollution *f*
verpetzen * *vt fam* ■ **jd verpetzt jdn [bei jdm]** qn cafte qn [à qn] *fam*
verpfänden * *vt* ■ **jd verpfändet [jdm] etw** *Auto, Schmuck etc* qn donne qc en gage [à qn]; *Grundstück, Haus* qn hypothèque qc; ■ **verpfändet** *Auto, Schmuck etc* mis(e) en gage; *Immobilie* hypothéqué(e)
Verpfändung *f* [*Auto, Schmuck etc*] mise *f* en gage; [*Grundstück, Haus*] hypothèque *f*
verpfeifen * *vt irreg fam* ■ **jd verpfeift jdn [bei jdm]** qn balance qn [à qn] *fam*, qn donne qn [à qn] *fam*
verpflanzen * *vt* **1.** ■ **jd verpflanzt etw [irgendwohin]** *Busch, Staude* qn transplante qc [quelque part]; *Topfpflanze* qn rempote qc [quelque part]
2. ■ **jd verpflanzt [jdm] etw** *Haut* qn greffe qc [à qn]; *Organ a.* qn transplante qc [à qn]
Verpflanzung *f* **1.** (*das Umpflanzen*) transplantation *f;* (*das Umtopfen*) rempotage *m*
2. MED [*Haut*] greffe *f;* [*Organ a.*] transplantation *f*
verpflegen * **I.** *vt* ■ **jd verpflegt jdn** qn nourrit qn
II. *vr* ■ **jd verpflegt sich** qn se nourrit
Verpflegung <-, *rare* -en> *f* **1.** ∅ (*das Verpflegen*) ravitaillement *m*, subsistance *f*
2. (*Kost*) alimentation *f*
► **mit voller** ~ en pension complète
verpflichten * **I.** *vt* **1.** (*zwingen*) ■ **jd verpflichtet jdn zu etw** *zu einer bestimmten Haltung, zur Übernahme von etw* qn contraint qn à qc, qn oblige qn à qc,; ***der Handwerker wurde zur Zahlung einer Strafe verpflichtet*** l'artisan a été obligé de payer une amende
2. (*abverlangen*) ■ **etw verpflichtet jdn zu etw** */Eid, Schwur, Versprechen/* qc oblige [*o* contraint] qn à qc; ■ **jd ist zu etw verpflichtet** qn est obligé(e) [*o* contraint(e)] de faire qc, qn s'est engagé(e) à faire qc; ***ein Eid verpflichtete ihn zum absoluten Gehorsam*** par [*o* en prêtant] serment, il s'engagea à obéir
3. (*vertraglich binden*) ■ **etw verpflichtet jdn zu etw** qc contraint qn à qc; ■ **jd ist zu etw verpflichtet** qn est obligé(e) [*o* contraint(e)] [*o* tenu(e)] de faire qc, qn s'est engagé(e) à faire qc; ■ **jd ist verpflichtet etw zu tun** qn est contraint(e) de faire qc; ***die Unterschrift verpflichtet Sie zur Abnahme der Ware*** en signant, vous vous engagez à venir chercher la marchandise
4. (*engagieren*) ■ **jd verpflichtet jdn [an etw** (*akk*)**/für etw]** *für einen Verein* qn engage qn [dans qc]; *an ein Theater* qn engage qn [à qc]
II. *vi* **1.** (*eine bestimmte Haltung erfordern*) ■ **etw verpflichtet** qc constitue un engagement
2. (*vertraglich binden*) ■ **etw verpflichtet** qc constitue un engagement; ■ **etw verpflichtet zu etw** qc oblige à faire qc; ***die Bestellung des 1. Bandes verpflichtet zur Abnahme aller weiteren*** si vous commandez le premier volume, vous êtes obligé(e) de prendre tous les autres
III. *vr* **1.** (*sich vertraglich binden*) ■ **jd verpflichtet sich zu etw** qn s'engage à qc, qn s'astreint à qc; ■ **jd verpflichtet sich etw zu tun** qn s'engage à faire qc; ***ich habe mich zum strengsten Stillschweigen verpflichtet*** je me suis engagé(e) à garder le silence le plus absolu sur cette affaire
2. MIL ■ **jd verpflichtet sich für etw** qn s'engage pour qc, qn s'enrôle pour qc
verpflichtet *adj* ■ **ein jdm ~er/eine jdm ~e ...** *Bekannter, Freund, Kollege* qn qui est l'obligé(e) de qn; ■ **jd ist jdm** ~ qn est l'obligé(e) de qn
► **jd fühlt sich jdm** ~ qn se sent l'obligé(e) de qn; **jd fühlt sich ~ etw zu tun** qn se sent obligé(e) [*o* tenu(e)] de faire qc
Verpflichtung <-, -en> *f* **1.** *meist pl* engagement *m*, obligation *f;* ***die dienstlichen ~en*** les obligations de service; ***die ~en einer Hausfrau*** les obligations d'une maîtresse de maison
2. ∅ [*Schauspieler, Sportler etc*] engagement *m*
► **finanzielle ~en** engagements *mpl* financiers; **jd hat die ~ etw zu tun** qn doit faire qc, qn est tenu(e) [*o* a l'obligation] de faire qc
verpfuschen * *vt fam* ■ **jd/etw verpfuscht [jdm] etw** qn/qc [lui] fiche qc en l'air *fam*, qn [lui] bousille qc *fam;* ■ **verpfuscht** fichu(e) *fam*, bousillé(e) *fam*
verpissen *vr* ► **verpiss dich!** *vulg* casse-toi! *fam*, tire-toi! *fam*, dégage! *fam*
verplanen * *vt* **1.** ■ **jd verplant etw [für etw]** *Gehalt, Geld, Etat, Mittel* qn prévoit qc [pour qc]; ■ **jd verplant etw** *Tage, Wochen, Monate, Zeit* qn programme qc; ■ **jd verplant etw für etw** qn prévoit de faire qc pendant/au cours de qc; ***die nächsten Wochen habe ich schon für geschäftliche Erledigungen verplant*** j'ai des affaires à régler au cours des prochaines semaines
2. *fam* ■ **jd ist [irgendwann] verplant** qn est pris(e) [à un certain moment]; ***für morgen bin ich verplant*** demain, je suis pris(e)
verplappern * *vr fam* ■ **jd verplappert sich:** ***wenn du ihn triffst, pass auf, dass du dich nicht verplapperst*** quand tu le verras, fais attention à ne pas en dire trop
verplempern * *vt fam* **1.** (*verschwenden*) ■ **jd verplempert etw [für etw]** qn claque qc [en qc] *fam*
2. DIAL (*verschütten*) ■ **jd verplempert etw** *Getränk* qn renverse qc
verplomben * *vt* ■ **jd verplombt etw** qn plombe qc; ■ **verplombt** plombé(e)
verpönt *adj geh Ausdruck, Name* qui fait partie des choses qu'on désapprouve, mal vu(e), désapprouvé(e)
verprassen * *vt* ■ **jd verprasst etw** qn dilapide qc, qn gaspille qc, qn jette qc par les fenêtres
verprellen * *vt* ■ **jd verprellt jdn** qn froisse qn, qn irrite qn
verprügeln * *vt* ■ **jd verprügelt jdn** qn roue qn de coups, qn bat qn
verpuffen * *vi + sein* **1.** (*ohne Effekt abbrennen*) ■ **etw verpufft** qc déflagre
2. *fam* ■ **etw verpufft** */Aktion, Maßnahme, Subvention/* qc est un coup d'épée dans l'eau, qc ne donne rien; */Elan/* qc fout le camp *fam;* */Neuigkeit, Nachricht, Pointe/* qc est un pétard mouillé *fam*
Verpuffung <-, -en> *f* déflagration *f*
verpulvern * [-fɐn, -vɐn] *vt fam* ■ **jd verpulvert etw** qn claque qc *fam*
verpumpen * *vt fam* ■ **jd verpumpt etw** qn prête qc
verpuppen * *vr* ■ **ein Tier verpuppt sich** un animal se transforme en chrysalide
Verputz *m* crépi *m*
verputzen * *vt* **1.** CONSTR ■ **jd verputzt etw** *Fassade, Haus* qn crépit qc; *Wand, Decke* qn enduit qc; ■ **jd lässt etw ~** *Fassade, Haus* qn fait crépir qc; *Wand, Decke* qn fait enduire qc
2. *fam* (*aufessen*) ■ **jd verputzt etw** *Essen, Butterbrot* qn avale qc, qn engloutit qc
verqualmen * *vt fam* ■ **jd verqualmt [jdm] etw** qn [lui] enfume qc; ■ **verqualmt** enfumé(e)
verquast *adj* confus(e), embrouillé(e)
verquer *adv* captieux(-euse), spécieux(-euse)
► **jdm geht etw ~** *fam* qn rate qc, qn loupe qc *fam*
verquicken * *vt* ■ **jd verquickt etw mit etw** qn mène qc et qc de front; ■ **jd verquickt sie [miteinander]** *Dinge, Probleme* qn les confond; ***jd verquickt zwei Tätigkeiten miteinander*** qn mène deux activités de front
verquirlen * *vt* ■ **jd verquirlt etw [mit etw]** qn bat qc [avec qc] [au fouet], qn fouette qc [et qc]
verquollen *adj* gonflé(e)
verrammeln * *vt fam* ■ **jd verrammelt etw** qn barricade qc
verramschen * *vt fam* ■ **jd verramscht etw** qn brade qc *fam*, qn liquide qc
Verrat <-[e]s> *m* ∅ **1.** (*das Verraten*) *verbal übersetzt;* ***ohne den ~ unseres Geheimnisses/ Planes wäre alles gut abgelaufen*** si notre secret/plan n'avait pas été trahi, tout se serait bien passé; ***~ von militärischen Geheimnissen*** livraison *f* de secrets militaires
2. (*Tat*) trahison *f*
verraten <verrät, verriet, verraten> **I.** *vt* **1.** (*ausplaudern*) ■ **jd verrät etw** *Geheimnis* qn trahit qc; *Absicht, Plan* qn se rend coupable de trahison en dévoilant qc; ■ **jd verrät etw an jdn** qn se rend coupable de trahison en révélant qc à qn
2. (*verräterisch an jdm handeln*) ■ **jd verrät jdn** qn trahit qn
3. (*preisgeben*) ■ **jd verrät etw** *Ideale, gemeinsame Sache* qn trahit qc
4. (*als jdn erweisen*) ■ **etw verrät jdn** */jds Wissen um etw, jds Akzent, Stimme/* qc trahit qn
5. (*deutlich erkennen lassen*) ■ **etw verrät etw** *Begabung, Fähigkeiten, Talent* qc trahit qc, qc révèle qc
► **jd ist ~ und verkauft** *fam* qn est abandonné(e) de tous; **nichts ~!** motus et bouche cousue!
II. *vr* ■ **jd verrät sich** qn se trahit; ■ **jd verrät sich durch etw** le/la qc de qn le/la trahit
Verräter(in) <-s, -> *m(f)* **1.** (*verräterischer Mensch*) traître(-esse) *m(f)*
2. (*ausplaudernder Mensch*): ***wer war der ~ des Namens?*** qui est-ce qui a dévoilé le nom?
verräterisch **I.** *adj* **1.** *Handeln, Machenschaften, Umtriebe* de trahison
2. *Blick, Grinsen, Handbewegung* qui trahit
II. *adv:* ***er grinste ~*** ses ricanements le trahissaient; ***er hat ihr ~ zugezwinkert*** je l'ai vu lui faire un clin d'œil
verrauchen * **I.** *vi + sein* ■ **etw verraucht** qc se dissipe, qc s'évanouit
II. *vt + haben* ■ **jd verraucht etw** qn fume qc
verräuchern * *vt s.* **verqualmen**
verrechnen * **I.** *vr* **1.** (*falsch rechnen*) ■ **jd verrechnet sich [um etw]** qn se trompe [de qc] en comptant, qn fait une erreur de calcul [de qc]
2. (*sich irren*) ■ **jd verrechnet sich** qn fait erreur [dans ses calculs], qn se trompe lourdement
3. (*sich täuschen*) ■ **jd verrechnet sich in jdm** qn se trompe sur le compte de qn
II. *vt* **1.** (*rechnerisch gegenüberstellen*) ■ **jd verrechnet etw mit etw** qn compense qc
2. FIN ■ **jd verrechnet etw** qn encaisse qc
Verrechnung *f* **1.** (*rechnerische Gegenüberstellung*) compensation *f*
2. FIN encaissement *m*
Verrechnungsscheck *m* chèque *m* barré
verrecken * *vi + sein sl* **1.** (*krepieren*) ■ **jd verreckt** qn crève *pop;* ■ **ein Tier verreckt** un animal crève
2. (*kaputtgehen*) ■ **etw verreckt** */Gerät, Getriebe, Motor etc/* qc lâche; ***mir ist der Motor verreckt*** le moteur m'a lâché(e)
verregnen *vi + sein* ■ **etw verregnet jdm** la pluie lui gâte [*o* gâche] qc;

■ **verregnet** pourri(e), très pluvieux(-euse)

verreiben * *vt irreg* ■ **jd verreibt etw** [**in etw** (*dat*)/**auf etw** (*dat*)] qn étale qc [sur qc], qn applique qc [sur qc]

verreisen * *vi + sein* ■ **jd verreist** [**irgendwohin/irgendwie**] qn part en voyage [quelque part/d'une certaine façon]; ***wir verreisen an die See/in die Berge*** nous partons au bord de la mer/à la montagne; ***jd ist geschäftlich/dienstlich/privat verreist*** qn est en voyage d'affaires/en voyage pour raisons de service/en voyage privé

verreißen * *vt irreg* ■ **jd verreißt jdn/etw** qn descend qn/qc en flammes

verrenken * *vr* ■ **jd verrenkt sich** (*dat*) **etw** *Arm, Fuß, Gelenk* qn se tord qc; *Hals* qn se démet qc; ***er hat sich den Fuß verrenkt*** il s'est fait une entorse

Verrenkung <-, -en> *f* entorse *f*
▶ **jd muss ~en machen** qn doit se contorsionner

verrennen * *vr irreg* ■ **jd verrennt sich in etw** (*akk*) qn s'enferre dans qc

verrichten * *vt* ■ **jd verrichtet etw** *Auftrag, Erledigung* qn exécute qc, qn accomplit qc; *Arbeit a., Gebet* qn fait qc

Verrichtung *f* **1.** ∅ (*Ausführung*) exécution *f*, accomplissement *m*
2. (*Arbeit*) tâche *f*

verriegeln * *vt* ■ **jd verriegelt etw** qn verrouille qc, qn ferme qc au verrou; ■ **verriegelt** verrouillé(e), fermé(e) au verrou

verriet *imp von* **verraten**

verringern * **I.** *vt* ■ **jd verringert etw** [**um etw**] qn réduit qc [de qc], qn diminue qc [de qc]
II. *vr* **1.** ■ **etw verringert sich** qc diminue, qc se réduit
2. ■ **etw verringert sich** /*Geschwindigkeit, Druck, Müllaufkommen, Gasgehalt, Umweltbelastung*/ qc diminue

Verringerung <-> *f* ∅ diminution *f*, réduction *f*

verrinnen * *vi irreg + sein* **1.** *geh* (*vergehen*) ■ **etw verrinnt** qc s'écoule, qc passe
2. (*versickern*) ■ **etw verrinnt in etw** (*dat*) qc s'infiltre dans qc

Verriss^RR *m* critique *f* en règle; ***das ist ein klarer ~ des Filmes*** le film est véritablement descendu en flammes

verrohen * **I.** *vi + sein* ■ **jd verroht** qn tourne à la brute, qn devient une brute; ***die Gesellschaft verroht*** la société devient un monde de brutes; ■ **verroht** redevenu(e) à l'état de brute, abruti(e); ***eine verrohte Gesellschaft*** un monde de brutes
II. *vt* ■ **etw verroht jdn** qc fait de qn une brute, qc abrutit qn *littér*

Verrohung <-, -en> *f verbal übersetzt;* ***Fernsehen führt zur ~ der Kinder*** la télévision rend les enfants insensibles à la violence

verrosten * *vi + sein* ■ **etw verrostet** qc rouille; ■ **verrostet** rouillé(e)

verrotten * *vi + sein* **1.** (*sich zersetzen*) ■ **etw verrottet** qc se décompose, qc pourrit; ■ **verrottet** décomposé(e), pourri(e)
2. (*verwahrlosen*) ■ **etw verrottet** qc se délabre, qc tombe en ruines; ■ **verrottet** délabré(e), en ruines

verrucht *adj* **1.** *Schurke, Tat* infâme, scélérat(e); ***du ~er Schurke!*** scélérat!
2. *Blick, Aussehen* vicieux(-euse), de débauché(e); *Lokal, Viertel* de débauche, de luxure

verrücken * *vt* ■ **jd verrückt etw** [**irgendwohin**] qn pousse qc [quelque part]

verrückt *adj* **1.** (*geisteskrank*) fou(folle); ■ **jd ist/wird ~** qn est fou(folle)/devient fou(folle) **2.** *fam Auto, Kleidungsstück, Haus* dingue *fam; Einfall, Idee, Plan, Vorschlag* farfelu(e), fou(folle) **3.** *fam* (*versessen*) ■ **jd ist ~ auf etw** (*akk*)/**nach etw** qn est fou(folle) de qc, qn raffole de qc; ■ **jd ist ~ nach jdm** qn est fou(folle) [*o* dingue *fam*] de qn ▶ **du bist wohl ~!, bist du ~?** *fam* t'es malade [ou quoi]? *fam*, ça va pas la tête? *fam*; **jd/etw macht jdn ~** *fam* qn/qc va faire devenir qn chèvre *fam*, qn/qc rend qn cinglé(e) [*o* marteau] *fam*; **ich werd' ~, …!** *fam* c'est pas vrai, je rêve! *fam*; **wie ~:** ***es regnet wie ~*** il pleut à seaux [*o* à verse], il pleut des cordes; ***es schneit wie ~*** il y a une tempête de neige de tous les diables; ***es stürmt wie ~*** il fait un vent de tous les diables [*o* à décorner les bœufs]; *brüllen, schreien, toben, um sich schlagen* comme un fou/une folle, comme un forcené/une forcenée **Verrückte(r)** *f(m) decl wie adj fam* fou/folle *m/f*

Verrücktheit <-, -en> *f* **1.** ∅ (*geisteskranker Zustand*) folie *f*, démence *f*
2. *fam* (*etwas Verrücktes*): ***du lässt dir immer alle möglichen ~en einfallen*** tu n'as que des idées débiles

Verrücktwerden *nt* ▶ **es ist zum ~** *fam* c'est à devenir chèvre *fam*, c'est à devenir cinglé(e) [*o* marteau] *fam*

Verruf *m* ∅ ▶ **jd/etw bringt jdn in ~** qn/qc compromet [*o* salit] la réputation de qn, qn/qc jette le discrédit sur qn; **jd kommt** [*o* **gerät**] **in ~** qn se discrédite, qn compromet sa réputation

verrufen *adj Lokal, Gegend, Viertel* mal famé(e), louche

verrühren * *vt* ■ **jd verrührt etw** [**mit etw**] qn mélange qc [à *o* avec] qc]

verrußen * *vi + sein* ■ **etw verrußt** qc s'encrasse; ■ **verrußt** encrassé(e)

verrutschen * *vi + sein* ■ **etw verrutscht** qc glisse

Vers <-es, -e> *m* **1.** POES vers *m*
2. (*Strophe*) strophe *f*; REL verset *m*

versachlichen * *vt* ■ **jd versachlicht etw**: ***ich würde vorschlagen unsere Diskussion zu ~*** je propose que dans notre discussion, nous nous en tenions aux faits

versacken * *vi + sein* **1.** (*tief einsacken*) ■ **etw versackt** [**in etw** (*dat*)] qc s'embourbe [dans qc], qc s'enlise [dans qc]
2. *fam* ■ **jd versackt** qn fait la noce [*o* la bringue] [*o* la java] *fam*

versagen * **I.** *vi* **1.** (*scheitern*) ■ **jd versagt** [**in etw** (*dat*)] *im Beruf, Leben* qn échoue [dans qc]; *in der Schule, in einer Prüfung* qn échoue [à qc]; ***aus Angst zu ~*** par peur d'échouer [*o* de l'échec]
2. (*erfolglos sein*) ■ **etw versagt** /*Erziehung, Methode, Politik*/ qc échoue, qc est un échec
3. (*nicht funktionieren*) ■ **etw versagt** /*Alarmanlage, Sicherheitsvorrichtung etc*/ qc ne fonctionne pas; ■ **etw versagt jdm**: ***er war so gerührt, dass seine Stimme versagte*** il était si ému que sa voix lui fit défaut [*o* qu'il en perdit la voix]; ***nach diesem langen Marsch versagten ihre Beine*** après cette longue marche, elle sentit ses jambes se dérober sous elle
II. *vt geh* ■ **jd versagt jdm etw** *Bitte, Hilfe, Wunsch, Zustimmung* qn refuse qc à qn
III. *vr* **1.** (*sich nicht genehmigen*) ■ **jd versagt sich** (*dat*) **etw** qn s'interdit qc; ■ **jd versagt** [**es**] **sich** (*dat*) **etw zu tun** qn s'interdit de faire qc
2. *geh* (*sich verweigern*) ■ **jd versagt sich jdm** /*Frau*/ qn se refuse à qn

Versagen <-s> *nt* ∅ **1.** (*Scheitern*) échec *m*
2. [*Erziehung, Methode etc*] raté *m*
3. (*Fehlfunktion*) défaillance *f*; [*Herz a.*] arrêt *m*
▶ **menschliches ~** défaillance *f* humaine

Versager(in) <-s, -> *m(f)* raté(e) *m(f)*

Versagung <-, -en> *f* refus *m*

versalzen * *vt irreg* **1.** ■ **jd versalzt etw** qn sale trop qc, qn met trop de sel dans qc
2. *fam* (*verderben*) ■ **jd versalzt jdm etw** qn lui fiche qc en l'air *fam*, qn lui bousille qc *fam*

versammeln * **I.** *vr* ■ **sie ~ sich** ils/elles se rassemblent
II. *vt* ■ **jd versammelt sie** [**irgendwo**] qn les rassemble [*o* regroupe] [quelque part]

Versammlung *f* **1.** (*Zusammenkunft*) réunion *f*; ***wir haben morgen eine ~ in der Aula*** nous nous réunissons demain dans la salle des fêtes
2. (*Menschen*) assemblée *f*

Versammlungslokal *f* lieu *m* de réunion

Versand <-[e]s> *m* ∅ **1.** (*das Versenden*) envoi *m*, expédition *f*
2. (*Versandabteilung*) service *m* des expéditions; ***jd arbeitet im ~*** qn travaille à l'expédition
3. (*Versandfirma*) entreprise *f* de vente par correspondance
▶ **im ~** par la poste

Versand- *-firma, -kaufhaus, -unternehmen* de vente par correspondance; ***~abteilung*** expédition *f*; ***in der ~abteilung arbeiten*** travailler à l'expédition; ***~handel*** vente *f* par correspondance

versanden * *vi + sein* ■ **etw versandet** qc s'ensable; ■ **versandet** ensablé(e)

Versandhandel *m* vente *f* par correspondance **Versandhaus** *nt* entreprise *f* de vente par correspondance **Versandtasche** *f* pochette *f* d'expédition

Versatzstück *nt* poncif *m*, lieu *m* commun

versauen * *vt sl* **1.** (*verdrecken*) ■ **jd versaut** [**jdm**] **etw** qn [lui] salope qc *pop*, qn [lui] dégueulasse qc *pop*
2. (*verderben*) ■ **jd versaut jdm etw** qn lui bousille qc *fam*, qn lui fout qc en l'air *fam*

versaufen * *vt irreg sl* ■ **jd versäuft etw** qn claque qc dans la boisson *fam*

versäumen * *vt* **1.** TRANSP ■ **jd versäumt etw** qn rate qc, qn manque qc
2. (*verpassen*) ■ **jd versäumt etw** *Film, Veranstaltung* qn manque qc; *Gelegenheit* qn laisse échapper [*o* passer] qc
3. (*nicht anwesend sein*) ■ **jd versäumt etw** *Konferenz, Termin, Unterrichtsstunde etc* qn rate qc, qn manque qc; *Zeitpunkt* qn laisse passer qc
4. *geh* (*unterlassen*) ■ **jd versäumt** [**es**] **etw zu tun** qn omet [*o* oublie] de faire qc

Versäumnis <-ses, -se> *nt geh* **1.** (*Unterlassung*) manquement *m*, faute *f*
2. (*unterlassene Teilnahme*) *verbal übersetzt;* ***die ~ der Konferenz könnte für ihn schwer wiegende Folgen haben*** s'il rate [*o* manque] la conférence, cela pourrait avoir des conséquences fâcheuses pour lui

Versäumnisurteil *nt* jugement *m* par défaut [*o* par contumace]

verschachern * *vt fam s.* **verscheuern**

verschaffen * **I.** *vt* **1.** (*beschaffen*) ■ **jd verschafft jdm etw** qn procure qc à qn
2. (*vermitteln*) ■ **jd/etw verschafft jdm etw** *Vorteil, Vorsprung* qc donne qc à qn; *Stellung* qn/qc procure qc à qn; ***das wird dir Respekt ~*** ainsi, tu te feras respecter
II. *vr* **1.** ■ **jd verschafft sich** (*dat*) **etw** *Geld etc* qn se procure qc
2. (*sich zukommen lassen*) ■ **jd verschafft sich** (*dat*) **etw** *Autorität, Vorteil* qn acquiert qc; ***er weiß sich Respekt zu ~*** il sait s'attirer le respect [*o* se faire respecter]; ***jd verschafft sich eine gute Ausgangssituation für die Verhandlungen*** qn réunit les conditions nécessaires pour négocier favorablement

verschalen * **I.** *vi* ■ **jd verschalt** qn fait un coffrage
II. *vt* ■ **jd verschalt etw** qn coffre qc

Verschalung <-, -en> *f* coffrage *m*

verschämt **I.** *adj* gêné(e), intimidé(e)
II. *adv* avec gêne, avec timidité, timidement

verschandeln * *vt* **1.** (*stören*) ■ **jd/etw verschandelt etw** /*Bauherr, Gebäude, Mülldeponie*/ qn/qc enlaidit qc, qn/qc défigure qc
2. (*verunstalten*) ■ **etw verschandelt jdn** /*Narbe etc*/ qc défigure qn; ■ **etw verschandelt etw**: ***Pickel verschandeln ihr ebenmäßiges Gesicht*** des boutons enlaidissent son visage aux traits réguliers et la défigurent

Verschand[e]lung <-, -en> *f* enlaidissement *m verbal übersetzt;* ***die Hochspannungsleitung bedeutet eine zusätzliche ~ der Landschaft*** la ligne à haute tension défigure encore plus le paysage

verschanzen * *vr* **1.** MIL ■ **jd verschanzt sich** qn construit [*o* se protège dans] des retranchements
2. (*als Ausflucht benutzen*) ■ **jd verschanzt sich hinter etw** (*dat*) qn se retranche derrière qc

verschärfen * **I.** *vr* ■ **etw verschärft sich** qc s'aggrave, qc s'envenime
II. *vt* **1.** ■ **jd verschärft etw** *Bestimmung, Sicherheitsvorkehrungen, Vorschrift* qn renforce qc; *Strafe* qc aggrave qc, qn alourdit qc; *Kontrolle a.* qn in-

tensifie qc, qn renforce qc
2. (*zuspitzen*) ■ **etw verschärft etw** qc aggrave qc, qc envenime qc
Verschärfung <-, -en> *f* 1. (*Zuspitzung*) aggravation *f*
2. [*Bestimmung etc*] renforcement *m;* [*Kontrolle a.*] intensification *f*
verscharren * *vt* ■ **jd verscharrt jdn/etw** qn enfouit qn/qc, qn enterre qn/qc; ■ **ein Tier verscharrt etw** un animal enfouit [*o* enterre] qc
verschätzen * *vr* 1. (*sich beim Schätzen irren*) ■ **jd verschätzt sich** [**um etw**] qn se trompe [dans son estimation] [de qc]
2. (*sich täuschen*) ■ **jd verschätzt sich** qn se trompe, qn fait erreur; ■ **jd verschätzt sich in jdm** qn se trompe sur qn
verschaukeln * *vt fam* ■ **jd verschaukelt jdn** qn roule qn [dans la farine] *fam;* ■ **jd lässt sich** [**von jdm**] ~ qn se fait rouler [dans la farine] [par qn]
verscheiden * *vi irreg* + *sein geh* ■ **jd verscheidet** qn trépasse *littér*
verscheißen * I. *vt irreg vulg* ■ **jd verscheißt etw** qn chie dans qc *vulg; Toilette* qn fout de la merde dans qc *vulg*
► **jd hat** [**es**] **bei jdm verschissen** *sl* qn est grillé(e) auprès de qn *fam;* ***der hat's bei mir verschissen*** il peut aller se faire foutre, celui-là *pop*
II. *vr vulg* ■ **jd verscheißt sich** qn chie dans sa culotte *vulg*
verschenken * *vt* 1. (*als Geschenk geben*) ■ **jd verschenkt etw** [**an jdn**] *Besitz* qn fait don de qc [à qn]; *Gegenstand* qn donne qc [à qn], qn fait cadeau de qc [à qn]
2. (*ungenutzt lassen*) ■ **jd verschenkt etw** qn ne tire pas profit de qc
verscherbeln * *vt fam* ■ **jd verscherbelt etw** qn brade qc *fam,* qn vend qc pour rien
verscherzen * *vr* 1. (*sich um etw bringen*) ■ **jd verscherzt sich** (*dat*) **etw**: ***jd verscherzt sich jds Freundschaft/Gunst/Wohlwollen*** qn perd l'amitié/la faveur/la bienveillance de qn
2. (*sich mit jdm überwerfen*) ■ **jd verscherzt es sich** (*dat*) **mit jdm** qn se brouille [*o* se fâche] avec qn
verscheuchen * *vt* ■ **jd/etw verscheucht jdn** *Kinder* qn/qc chasse qn; *Einbrecher* qn/qc fait fuir qn; ■ **jd/etw verscheucht Tiere** qn/qc chasse [*o* fait fuir] [*o* effarouche] des animaux
verscheuern * *vt sl* ■ **jd verscheuert** [**jdm**] **etw**, ■ **jd verscheuert etw** [**an jdn**] qn se débarrasse de [*o* bazarde *fam*] qc [en le/la vendant à qn]
verschicken * *vt* 1. (*versenden*) ■ **jd verschickt etw** [**an jdn**] qn envoie qc [à qn]
2. (*zur Erholung reisen lassen*) ■ **jd verschickt jdn irgendwohin** qn envoie qn quelque part
verschieben * *irreg* I. *vt* 1. (*verrücken*) ■ **jd verschiebt etw** [**um etw**] qn déplace qc [de qc]
2. (*verlegen*) ■ **jd verschiebt etw** qn reporte qc; ■ **jd verschiebt etw auf etw** (*akk*) qn remet qc à qc, qn repousse qc à qc
3. (*illegal exportieren*) ■ **jd verschiebt etw** [**irgendwohin**] qn exporte illégalement [*o* clandestinement] qc [quelque part]
II. *vr* 1. (*später stattfinden*) ■ **etw verschiebt sich** [**auf etw** (*akk*)/**um etw**] *auf einen späteren Termin* qc est reporté(e) [à qc]; *um drei Stunden, zwei Tage* qc est retardé(e) [de qc]
2. (*verrutschen*) ■ **etw verschiebt sich** qc glisse
Verschiebung *f* report *m*
verschieden I. *adj* 1. (*unterschiedlich*) différent(e)
2. *Brüder, Geschwister, Menschen* différent(e), dissemblable; *Charakter* différent(e)
3. (*abweichend*) différent(e), divergent(e)
4. *attr* (*einige*) *Gespräche, Leute, Bücher, Unterlagen, Dinge etc* divers(e); *Leute* plusieurs; ***ich würde mich gerne über ~e Dinge mit dir unterhalten*** j'aimerais m'entretenir de diverses choses avec toi; ***es haben ~e Leute angerufen*** plusieurs personnes ont téléphoné
5. *substantivisch* ■ **V~es** diverses choses *fpl*
► **das ist** ~ c'est variable, ça dépend, c'est selon
II. *adv:* ***die beiden Tische sind ~ breit/hoch*** les deux tables sont de largeurs/hauteurs différentes
verschiedenartig *adj* de différentes sortes, varié(e)s
verschiedenerlei *adj inv* 1. *attr* (*verschiedenartig*) différentes sortes de, un grand choix de; ~ ***Käse*** différentes sortes de fromage, un grand choix de fromages
2. *attr, pl* (*alle möglichen*) toutes sortes de, maint(e)
3. *substantivisch* (*alles Mögliche*) diverses choses
Verschiedenheit <-, -en> *f* 1. (*Unterschiedlichkeit*) différence *f*
2. (*charakterliche Andersartigkeit*) différence *f,* dissemblance *f;* ***die ~ der Menschen*** la différence entre les êtres humains
verschiedentlich *adv* 1. (*mehrmals*) à diverses [*o* maintes] reprises, maintes fois
2. (*vereinzelt*) de temps à autre, sporadiquement
verschießen * *irreg* I. *vt* + *haben* 1. (*verbrauchen*) ■ **jd verschießt etw** qn tire qc; ***jd hat alle Munition verschossen*** qn a épuisé toutes ses munitions
2. (*abschießen*) ■ **jd verschießt etw** *Papierkügelchen, Steine etc* qn lance qc; *Pfeile* qn décoche qc, qn tire qc
3. *fam* ■ **jd verschießt etw**: ***ich habe im Urlaub 10 Filme verschossen*** pendant les vacances, j'ai bouffé 10 rouleaux de pellicule *fam;* ***haben wir noch einen Film? Ich habe schon alle 36 Aufnahmen verschossen*** est-ce qu'il nous reste une pellicule? J'ai utilisé les 36 poses
II. *vi* + *sein* ■ **etw verschießt** /*Stoff, Vorhang*/ qc perd sa couleur, qc ternit; /*Farbe*/ qc passe
verschiffen * *vt* ■ **jd verschifft etw** [**irgendwohin**] qn transporte qc par voie maritime [*o* par bateau] [quelque part]
Verschiffung <-, -en> *f* transport *m* par voie maritime [*o* par bateau]
verschimmeln * *vi* + *sein* ■ **etw verschimmelt** qc moisit; ■ **jd lässt etw** ~ qn laisse moisir qc; ■ **verschimmelt** moisi(e)

verschlafen*[1] *irreg* I. *vi, vr* ■ **jd verschläft** [**sich**] qn se réveille trop tard; ***ich habe*** [***mich***] ***verschlafen*** je n'ai pas entendu le réveil
II. *vt* 1. *fam* (*vergessen*) ■ **jd verschläft etw** qn oublie qc
2. (*schlafend verbringen*) ■ **jd verschläft etw** qn passe qc à dormir
verschlafen[2] *adj* 1. *Mensch* mal réveillé(e), encore [tout(e)] endormi(e)
2. *Dorf, Landschaft* calme; ***ein ~es Dorf*** un village peu animé; ***eine ~e Landschaft*** une contrée plongée dans la torpeur
Verschlag <-[e]s, ¨-e> *m* réduit *m*
verschlagen*[1] *vt irreg* 1. (*nehmen*) ■ **etw verschlägt jdm etw** *Atem, Sprache:* ***dieser Anblick verschlug ihm den Atem*** ce spectacle lui coupa le souffle; ***da hat es mir die Sprache*** ~ j'en suis resté(e) bouche bée
2. ■ **es verschlägt jdn irgendwohin**, ■ **jd wird irgendwohin** ~ qn atterrit quelque part
3. ■ **jd verschlägt etw** *Seite, Stelle* qn perd qc; ***der Wind hat mir die Seite*** ~ le vent m'a fait perdre ma page
4. ■ **jd verschlägt etw** *Ball, Aufschlag* qn rate qc, qn manque qc
verschlagen[2] I. *adj* sournois(e)
II. *adv* sournoisement
Verschlagenheit <-> *f* ∅ sournoiserie *f*
verschlammen * *vi* + *sein* ■ **etw verschlammt** qc s'envase
verschlampen * *vt fam* ■ **jd verschlampt etw** qn paume qc *fam*
verschlechtern * I. *vt* ■ **jd/etw verschlechtert etw** qn/qc aggrave qc, qn/qc détériore qc
II. *vr* 1. ■ **etw verschlechtert sich** /*Lage, Zustand*/ qc s'aggrave, qc se détériore; /*Gesundheit*/ qc se détériore; /*Leiden*/ qc s'aggrave; /*Wetter*/ qc se dégrade, qc se détériore
2. (*beruflich*) ■ **jd verschlechtert sich** qn gagne moins, qn est moins bien rémunéré(e)
Verschlechterung <-, -en> *f* [*Gesundheit*] détérioration *f;* [*Lage, Zustand, Leiden*] aggravation *f;* [*Wetter a.*] dégradation *f*
verschleiern * I. *vt* 1. (*bedecken*) ■ **jd verschleiert jdn/etw** qn voile qn/qc
2. ■ **jd verschleiert etw** *Missstand, wahren Sachverhalt, tatsächliche Umstände* qn voile qc, qn masque qc, qn dissimule qc
II. *vr* ■ **jd verschleiert sich** /*Moslime, Witwe*/ qn se voile; ■ **verschleiert** *Moslime* voilé(e); *Witwe* qui porte le voile de deuil
Verschleierung <-, -en> *f* [*Missstand, Skandal etc*] dissimulation *f verbal übersetzt;* ***er warf ihm eine ~ der wahren Hintergründe auf*** il lui reprocha de dissimuler les véritables mobiles
verschleimen * *vi* + *sein* ■ **etw verschleimt** qc s'encombre; ■ **verschleimt** encombré(e)
Verschleiß <-es, -e> *m* usure *f*
► **etw unterliegt einem bestimmten** ~ qc subit une certaine usure
verschleißen <verschliss, verschlissen> I. *vi* + *sein* ■ **etw verschleißt** qc s'use
II. *vt* + *haben* ■ **jd/etw verschleißt jdn/etw** qn/qc use qn/qc
III. *vr* + *haben* ■ **jd verschleißt sich** qn s'use
verschleißfest *adj* résistant(e) **Verschleißstelle** *f* AUS *veraltend* (*Verkaufsstelle*) économat *m* **Verschleißteil** *nt* pièce *f* qui s'use facilement [*o* soumise à une forte usure]
verschleppen * *vt* 1. (*deportieren*) ■ **jd verschleppt jdn** qn déplace qn, qn déporte qn
2. JUR ■ **jd verschleppt etw** *Prozess, Verfahren* qn ajourne qc
3. ■ **jd verschleppt etw** *Krankheit* qn traîne qc; ■ **verschleppt** *Grippe, Infektion etc* qui traîne
4. ■ **jd/ein Tier verschleppt etw** *Erreger, Seuche* qn/un animal transmet qc
Verschleppung <-, -en> *f* 1. (*Deportation*) déplacement *m,* déportation *f*
2. MED: ***die ~ einer Grippe*** le fait de traîner une grippe
verschleudern * *vt* COM ■ **jd verschleudert etw** qn solde qc, qn liquide qc
verschließbar *adj* qui ferme à clé
verschließen * *irreg* I. *vt* 1. (*abschließen*) ■ **jd verschließt etw** qn ferme qc
2. (*zumachen*) ■ **jd verschließt etw** [**mit etw**] *Flasche* qn bouche qc [avec qc]; *Glas* qn ferme qc [avec qc]; *Kiste* qn ferme qc [en rabattant qc dessus]
3. (*wegschließen*) ■ **jd verschließt etw** [**vor jdm**] qn met qc sous clé [à l'abri de qn]
II. *vr* ■ **jd verschließt sich einer S.** (*dat*): ***ich weiß nicht, warum du dich diesen Überlegungen ~ willst*** je ne comprends pas pourquoi tu te fermes à ces réflexions; ***jd verschließt sich einer Einsicht/der Erkenntnis/jeder Überlegung*** qn se refuse à voir/refuse de reconnaître/se ferme à toute réflexion
verschlimmbessern * *vt hum fam* ■ **jd verschlimmbessert etw** qn massacre qc [à la relecture]
Verschlimmbesserung <-, -en> *f hum fam:* ***die ~ eines Textes*** le fait de massacrer un texte à la relecture
verschlimmern * I. *vt* ■ **jd/etw verschlimmert etw** qn/qc aggrave qc
II. *vr* ■ **etw verschlimmert sich** /*Infektion, Krankheit, Zustand*/ qc s'aggrave; ***sein Befinden verschlimmert sich weiter*** son état de santé ne cesse d'empirer
Verschlimmerung <-, -en> *f* aggravation *f*
verschlingen*[1] *vt irreg* 1. ■ **jd/ein Tier verschlingt etw** qn/un animal dévore qc; ■ **jd verschlingt etw** qn engloutit [goulûment] qc
2. ■ **etw verschlingt etw** /*Projekt, Hobby*/ *Etat, Heidengeld, Unsummen* qc engloutit qc
verschlingen[2] *vr irreg* ■ **sie ~ sich** [**ineinander**] ils/elles s'emmêlent
verschliss[RR], **verschliß** *imp von* **verschleißen**
verschlissen I. *pp von* **verschleißen**

II. *adj* usé(e)
verschlossen *adj* 1. (*abgeschlossen*) fermé(e) [à clé]
2. *Flasche* bouché(e); *Dose, Kiste* fermé(e)
3. *Mensch* renfermé(e)
▶ **etw bleibt jdm ~** qc reste un mystère [*o* une énigme] pour qn
Verschlossenheit <-> *f* Ø ■ **jds ~** le caractère renfermé de qn
verschlucken * I. *vt* 1. ■ **jd verschluckt etw** qn avale qc
2. (*dämpfen*) ■ **etw verschluckt etw** qc amortit qc, qc étouffe qc
II. *vr* ■ **jd verschluckt sich** [**an etw** (*dat*)] qn avale [qc] de travers
Verschluss[RR] *m* 1. [*Armband, Kette*] fermoir *m*; [*Deckel*] fermeture *f*
2. [*Dose, Glas*] couvercle *m*; [*Flasche*] bouchon *m*; [*Waschbecken*] bonde *f*
▶ **jd hält etw unter ~** qn garde qc sous clé; **jd nimmt etw unter ~** qn met qc sous clé
verschlüsseln * *vt* ■ **jd verschlüsselt etw** qn code qc, qn chiffre qc; ■ **das V~** le codage, le chiffrage; ***dieser Privatsender verschlüsselt sein Programm*** cette chaîne privée diffuse des programmes cryptés
verschlüsselt I. *adj* codé(e), chiffré(e)
II. *adv* en message codé [*o* chiffré]; ***Programme des Pay-TV werden ~ gesendet*** la chaîne à péage diffuse des programmes cryptés
Verschlüsselung <-, -en> *f*, **Verschlüsslung**[RR], **Verschlüßlung** *f* codage *m*, chiffrement *m*
Verschlusslaut[RR] *m* occlusive *f* **Verschlusssache**[RR] *f* affaire *f* interne
verschmachten * *vi + sein geh* ■ **jd verschmachtet** (*dat*) qn meurt d'épuisement; ***jd verschmachtet vor Durst/Hunger*** qn meurt de soif/faim
verschmähen * *vt geh* ■ **jd verschmäht etw** qn dédaigne qc; *Nahrung a.* qn lève le nez sur qc
verschmelzen * *vi irreg + sein* ■ **etw verschmilzt mit etw** qc fond et se mélange à [*o* avec] qc
verschmerzen * *vt* ■ **jd verschmerzt etw** qn ne fait pas un drame de qc; ***ich werd's ~!*** je ne vais pas en faire un drame [*o* une maladie]!; ***die 200 Mark kann ich ~*** 200 marks, je ne vais pas en faire un drame [*o* une maladie]
verschmieren * I. *vt* 1. (*verstreichen*) ■ **jd verschmiert etw** [**auf etw** (*dat*)] qn étale qc [sur qc]
2. (*verwischen*) ■ **jd verschmiert etw**: ***pass auf, dass du deine Hausaufgabe nicht verschmierst, wenn du das Heft zuklappst*** fais attention à ne pas faire de taches sur ton travail quand tu fermes ton cahier; ***ihr Lippenstift war ganz verschmiert*** elle avait la bouche barbouillée de rouge à lèvres
3. (*abdichten*) ■ **jd verschmiert etw** *Fuge, Loch, Riss* qn colmate qc
4. (*beschmieren*) ■ **jd verschmiert etw** qn salit qc, qn souille qc; ■ **verschmiert** *Fensterscheibe, Gesicht, Hände* sali(e); *Toilette* souillé(e)
II. *vi* ■ **etw verschmiert** /*frische Farbe, Lippenstift, Tinte*/ qc bave, qc fait des bavures
verschmitzt I. *adj* futé(e), facétieux(-euse); ***ein ~er Blick*** un regard filou *fam*
II. *adv*: ***er lächelte ~*** il arborait un sourire facétieux [*o* filou *fam*]
verschmutzen * I. *vt + haben* 1. (*schmutzig werden lassen*) ■ **jd/etw verschmutzt etw** qn/qc salit qc, qn/qc souille qc
2. (*verunreinigen*) ■ **jd/etw verschmutzt etw** *Luft, Wasser, Umwelt* qn/qc pollue qc
II. *vi + sein* 1. (*schmutzig werden*) ■ **etw verschmutzt** qc se salit; ■ **verschmutzt** *Kleidungsstück, Bodenbelag* sali(e); *Fahrbahn, Toilettenschüssel* souillé(e)
2. ■ **etw verschmutzt** /*Wasser, Umwelt, Luft*/ qc se pollue; ■ **verschmutzt** *Wasser, Umwelt* pollué(e); *Luft a.* vicié(e)
Verschmutzung <-, -en> *f* 1. Ø [*Bodenbelag, Kleidungsstück, Tapete etc*] *verbal übersetzt*; ***dieser Teppichboden neigt zur schnellen ~*** cette moquette a tendance à se salir vite
2. [*Luft, Wasser, Umwelt*] pollution *f*
3. *meist pl*: ***jd entfernt die ~en von seinen Schuhen*** qn décrotte ses chaussures
verschnaufen * *vi, vr fam* ■ **jd verschnauft** [**sich**] qn souffle, qn s'arrête pour reprendre son souffle
Verschnaufpause *f* petite pause *f* pour souffler
▶ **jd legt eine ~ ein** qn souffle
verschneiden * *vt irreg* ■ **jd verschneidet etw** [**mit etw**] qn coupe qc [avec qc]
verschneit *adj* enneigé(e); ■ **etw ist ~** qc est enneigé(e) [*o* couvert(e) de neige]
Verschnitt *m* (*Alkohol*) coupage *m*, mélange *m*
verschnupft *adj fam* 1. (*erkältet*) enrhumé(e)
2. (*eingeschnappt*) ■ **jd ist ~** qn est froissé(e)
verschnüren * *vt* ■ **jd verschnürt etw** qn ficelle qc
verschollen *adj Person, Flugzeug, Schiff* [porté(e)] disparu(e); *Handschrift, Akte* disparu(e); ■ **jd/etw ist** [**irgendwo**] **~** qn/qc a disparu [quelque part]
verschonen * *vt* 1. (*am Leben lassen*) ■ **jd verschont jdn** qn épargne qn
2. (*nicht beeinträchtigen*) ■ **etw verschont jdn/etw** /*Flut, Orkan, Vulkanausbruch etc*/ qc épargne qn/qc
3. *fam* (*nicht behelligen*) ■ **jd verschont jdn mit etw** *mit einer Beschwerde, Frage, Klage etc* qn épargne qc à qn, qn fait grâce à qn de qc
verschönern * *vt* ■ **jd verschönert etw** qn embellit qc
Verschönerung <-, -en> *f* embellissement *m*
Verschonung *f*: ***sie bat den Richter um die ~ ihres Sohnes*** elle demanda au juge d'épargner son fils [*o* la grâce de son fils]; ***für die ~ der Stadt zahlten die Bürger 7000 Dukaten*** pour que la ville fût épargnée, les citoyens versèrent 7000 ducats
verschrammen * I. *vt + haben* ■ **jd verschrammt etw** qn raie qc, qn érafle qc
II. *vi + sein* ■ **etw verschrammt** qc se raie
verschränken * *vt* ■ **jd verschränkt etw** *Arme, Beine, Hände* qn croise qc
verschrauben * *vt* ■ **jd verschraubt etw** [**mit etw**] qn visse qc [à [*o* après] qc]
verschreckt *adj* effrayé(e)
verschreiben * *irreg* I. *vt* 1. MED ■ **jd verschreibt jdm etw** [**gegen etw**] qn prescrit qc [contre qc] à qn; ■ **jd lässt sich** (*dat*) **etw** [**gegen etw**] **~** qn se fait prescrire qc [contre qc]
2. (*verbrauchen*) ■ **jd verschreibt etw** *Bleistift, Mine, Tinte* qn use qc; *Notizblock, Papier* qn noircit qc, qn utilise qc
II. *vr* 1. (*falsch schreiben*) ■ **jd verschreibt sich** qn fait une faute [d'orthographe]
2. (*sich ganz widmen*) ■ **jd verschreibt sich einer S.** (*dat*) *der Kunst, Musik, Forschung, Wissenschaft* qn se voue à qc; *einer Sekte* qn devient adepte de qc
Verschreibung *f* MED 1. (*Verordnung*) prescription *f*
2. (*Rezept*) ordonnance *f*
verschreibungspflichtig *adj* délivré(e) sur ordonnance [*o* prescription médicale]
verschrie[e]n *adj Gegend, Kneipe* mal famé(e); ■ **etw ist ~/als etw ~** /*Viertel*/ qc a [une] mauvaise réputation/est un/une qc notoire; ■ **jd ist als etw ~** *als Chauvi, Emanze, Geizkragen, Ausbeuter* qn a une réputation de qc, qn est un/une qc notoire
verschroben *adj* extravagant(e), excentrique
verschrotten * *vt* ■ **jd verschrottet etw** *alte Autos, Flugzeuge, Maschinen, Panzer, Schiffe etc* qn compresse qc [à la casse]; ■ **jd lässt etw ~** (*zum Schrottplatz bringen*) qn met qc à la casse [*o* à la ferraille]
Verschrottung <-, -en> *f* TECH broyage *m*, passage *m* au compresseur [de casse]; ***jd gibt sein Auto zur ~*** qn met sa voiture à la casse
verschrumpeln * *vi + sein fam* ■ **etw verschrumpelt** /*Apfel, Pflaume*/ qc se ratatine; ■ **verschrumpelt** *Apfel, Pflaume, Gesicht, Haut* ratatiné(e)
verschüchtert *adj* effarouché(e)
verschulden * I. *vt + haben* ■ **jd verschuldet etw** *Fehlschlag, Scheitern* qn est responsable de qc; *Unfall, Unglück a.* qn provoque qc
II. *vi + sein* ■ **jd verschuldet** qn s'endette; ■ **jd ist verschuldet** qn est endetté(e)
III. *vr + haben* ■ **jd verschuldet sich** [**bei jdm**] qn s'endette [auprès de qn]
Verschulden <-s> *nt* Ø responsabilité *f*; ***es ist nicht durch mein ~ so gekommen*** ce n'est pas [de] ma faute si les choses se sont passées ainsi
▶ **ohne jds ~** sans que ce soit la faute de qn; ***ohne menschliches ~*** sans qu'il y ait/ait eu erreur humaine
Verschuldung <-, -en> *f* endettement *m*
▶ **die öffentliche ~** la dette publique
verschütten * *vt* 1. (*vergießen*) ■ **jd verschüttet etw** *Flüssigkeit, Mehl, Reis etc* qn renverse qc
2. (*begraben*) ■ **etw verschüttet jdn** qc ensevelit qn
verschwägert *adj* ■ [**mit jdm**] **~** parent(e) par alliance [avec qn]; ■ **sie sind** [**miteinander**] **~** ils/elles sont parent(e)s par alliance
verschweigen * *vt irreg* ■ **jd verschweigt etw** qn tait qc, qn passe qc sous silence; ■ **jd verschweigt jdm etw** qn cache qc à qn; ■ **jd verschweigt jdm, dass** qn cache [*o* omet de dire] à qn que + *indic*
Verschweigen <-s> *nt* Ø ■ **das ~ einer S.** (*gen*) la dissimulation de qc
verschwenden * *vt* ■ **jd verschwendet etw** *Geld, Energie, Ressourcen, Mühe* qn gaspille qc; *Geld a.* qn dilapide qc; ***du verschwendest deine Worte*** tu uses de la salive pour rien, tu perds ta salive; ***jd verschwendet keinen einzigen Blick an jdn*** qn n'accorde pas le moindre regard à qn
Verschwender(in) <-s, -> *m(f)* gaspilleur(-euse) *m(f)*; (*mit Geld a.*) panier *m* percé
verschwenderisch I. *adj* 1. (*sehr üppig*) *Luxus, Pracht, Reichtum* opulent(e); ***in ~er Fülle*** à profusion
2. (*sinnlos ausgebend*) gaspilleur(-euse); (*mit Geld a.*) dissipateur(-trice), dépensier(-ière)
II. *adv leben* dans le gaspillage; *mit etw umgehen* avec prodigalité; ***jd geht mit Energie ~ um*** qn gaspille l'énergie
Verschwendung <-, -en> *f* gaspillage *m*
Verschwendungssucht *f* Ø prodigalité *f* **verschwendungssüchtig** *adj* follement dépensier(-ière)
verschwiegen *adj* 1. (*diskret*) discret(-ète)
2. *geh Bucht, Örtlichkeit, Weiher* retiré(e); *Lokal* discret(-ète)
Verschwiegenheit <-> *f* Ø 1. (*Diskretion*) discrétion *f*
2. (*Abgelegenheit*) tranquillité *f*, quiétude *f soutenu*
verschwimmen * *vi irreg + sein* ■ **etw verschwimmt** /*Aquarellfarben*/ qc se [con]fond; /*Konturen, Umrisse a.*/ qc s'estompe, qc devient flou; ***alles verschwimmt vor jds Augen*** tout se brouille devant les yeux de qn
verschwinden * *vi irreg + sein* 1. (*nicht mehr da sein*) ■ **jd/ein Tier/etw verschwindet** [**irgendwo**] qn/un animal/qc disparaît [quelque part]; ***jd verschwindet rasch*** qn s'esquive; ■ **etw ist verschwunden** /*Gegenstand, Geld*/ qc a disparu, qc s'est volatilisé(e)
2. (*sich auflösen*) ■ **etw verschwindet** /*Geist, Erscheinung, Gespenst*/ qc disparaît, qc s'évanouit; ■ **jd lässt etw** [**in etw** (*dat*)] **~** /*Taschenspieler, Zauberer*/ qn fait disparaître qc [dans qc]
3. *fam* (*sich davonmachen*) ■ **jd verschwindet** [**irgendwohin**] qn disparaît [quelque part]; ***sie blieb jahrelang verschwunden*** elle a disparu de la circulation pendant plusieurs années *fam*
▶ **jd muss mal ~** *euph fam* qn a besoin de s'absenter; **verschwinde!** *fam* [allez,] dégage! *fam*
Verschwinden <-s> *nt* Ø ■ **jds ~/das ~ einer S.** (*gen*) la disparition de

qn/qc

verschwindend I. *adj* infime
II. *adv gering, klein, wenig, wenige* extrêmement

verschwistert *adj* ■ **sie sind** [**miteinander**] ~ ils sont frère et sœur/frères et sœurs

verschwitzen * *vt* 1. (*mit Schweiß*) ■ **jd verschwitzt etw** qn mouille qc de sueur; ■ **jd ist verschwitzt** qn est en nage
2. *fam* (*vergessen*) ■ **jd verschwitzt etw** *Termin, Verabredung* qc lui sort de l'idée [*o* de la tête]

verschwollen *adj Gesicht, Lider* gonflé(e), enflé(e); *Augen a.* bouffi(e)

verschwommen *adj* flou(e)

verschworen *adj Gemeinschaft* de conspirateurs/conspiratrices

verschwören * *vr irreg* 1. (*konspirieren*) ■ **sie ~ sich gegen jdn** ils/elles conspirent [*o* complotent] contre qn; ■ **sie haben sich gegen jdn verschworen** ils/elles se sont conjuré(e)s contre qn; ■ **sie ~ sich zu etw** ils/elles complotent de faire qc
2. *geh* (*sich ganz verschreiben*) ■ **jd verschwört sich einer S.** (*dat*) qn se voue [corps et âme] à qc
► **etw <u>hat</u> sich gegen jdn verschworen** qc s'est ligué(e) [*o* conjuré(e) *soutenu*] contre qn

Verschwörer(in) <-s, -> *m(f)* conjuré(e) *m(f)*, conspirateur(-trice) *m(f)*

Verschwörung <-, -en> *f* conspiration *f*, conjuration *f*, complot *m*

versechsfachen * [-ˈzɛks-] I. *vt* ■ **jd versechsfacht etw** qn multiplie qc par six, qn sextuple qc
II. *vr* ■ **etw versechsfacht sich** qc sextuple

versehen * *irreg* I. *vt* 1. (*ausüben*) ■ **jd versieht etw** *Amt, Pflicht* qn remplit qc, qn s'acquitte de qc; *Dienst* qn assure qc
2. (*ausstatten*) ■ **jd versieht jdn mit etw** qn munit qn de qc; ***jd versieht jdn mit Lebensmitteln*** qn ravitaille qn en nourriture; ■ **jd ist mit etw ~** qn est muni(e) de qc; ***ich bin mit Geld noch reichlich ~*** je dispose encore de suffisamment d'argent
3. *form* ■ **jd versieht etw mit etw** *mit einem Visum, Stempel, mit einer Unterschrift* qn appose qc sur qc; *mit einem Vermerk* qn annote qc; ■ **etw ist mit einer S. ~** qc porte une chose, une chose figure sur qc
II. *vr* ■ **jd versieht sich mit etw** qn se munit de qc
► **<u>ehe</u> man sich's versieht** *fam* avant qu'on ait le temps de dire ouf

Versehen <-s, -> *nt* méprise *f*, erreur *f*
► **<u>aus</u> ~** par mégarde

versehentlich I. *adj attr Anrempeln* accidentel(le); *Handlung* commis(e) par erreur [*o* par inadvertance]; ***ein ~er Anruf*** une erreur de numéro
II. *adv* par erreur

versehren * *vt geh* ■ **etw ist/wird versehrt** qc est endommagé(e) [*o* abîmé(e)]

verselbständigen *, **verselbstständigen***RR *vr* 1. (*sich selbständig machen*) ■ **jd verselbständigt sich** qn se met à son compte
2. *hum fam* ■ **etw verselbständigt sich** qc se volatilise, qc s'envole *fam*

versenden * *vt irreg o reg* ■ **jd versendet etw** qn envoie qc, qn expédie qc

Versendung *f* envoi *m*, expédition *f*; ***erinnern Sie mich an die rechtzeitige ~ der Glückwunschkarten!*** faites-moi penser à envoyer les cartes de nouvel an à temps!

versengen * *vt* ■ **jd/etw versengt etw** qn/qc roussit qc; ■ **jd versengt sich** (*dat*) **etw** [**an etw** (*dat*)] qn se roussit qc [après qc]

versenkbar *adj Brotschneidemaschine, Fernseher, Nähmaschine, Scheinwerfer* escamotable; *Seitenscheiben, Verdeck* coulissant(e), ouvrable

versenken * I. *vt* 1. (*sinken lassen*) ■ **jd/etw versenkt etw** qn/qc coule qc, qn/qc envoie qc par le fond
2. (*einklappen*) ■ **jd versenkt etw** *versenkbares Gerät, Scheinwerfer* qn escamote qc; *Verdeck* qn abaisse qc; ***etwas ist leicht zu ~*** qc s'escamote facilement, qc est facilement escamotable; ■ **etw lässt sich ~** qc s'escamote; ***das Cabrioverdeck lässt sich leicht ~*** la capote du cabriolet s'abaisse facilement
3. (*hinunterlassen*) ■ **jd versenkt etw in etw** (*akk*) qc descend qc dans qc; ***jd versenkt etw in die Erde*** qn met qc en terre
II. *vr geh* ■ **jd versenkt sich in etw** (*akk*) qn se plonge [*o* s'abîme *littér*] dans qc; ***jd versenkt sich in sich selbst*** qn s'abîme dans ses réflexions *littér*; ■ [**jd ist**] **in etw** (*akk*) **versenkt** [qn est] plongé(e) [*o* abîmé(e) *littér*] dans qc

Versenkung *f verbal übersetzt;* ***jd befiehlt die ~ eines Schiffes*** qn ordonne de couler un bateau [*o* d'envoyer un bateau par le fond]; ***die Explosion führte zur ~ des Schiffes*** l'explosion fit couler le bateau
► **jd <u>taucht</u> aus der ~ <u>auf</u>** *fam* qn refait surface; **jd <u>verschwindet</u> in der ~** *fam* qn disparaît de la circulation *fam*

versessen *adj* ■ **jd ist auf etw** (*akk*) **~** *auf Süßigkeiten, Eis* qn raffole de qc; *aufs Geld* qn est vraiment porté(e) sur qc; ■ **jd ist ~ darauf etw zu tun** qn brûle d'envie de faire qc

Versessenheit <-> *f* ∅ ■ **~ auf etw** (*akk*) goût *m* immodéré de qc; ***deine ~ auf Süßes ist wirklich bemerkenswert*** je trouve étonnant que tu raffoles à ce point du sucré

versetzen*1 I. *vt* 1. ADMIN ■ **jd versetzt jdn** [**irgendwohin**] *Beamten, Lehrer* qn mute qn [quelque part]; ■ **jd lässt sich** [**irgendwohin**] **~** qn se fait muter [quelque part], qn demande sa mutation [pour quelque part]
2. SCOL ■ **jd versetzt jdn** [**in etw** (*akk*)] qn fait passer qn [dans qc]
3. (*woandershin setzen*) ■ **jd versetzt jdn** [**irgendwohin**] */Lehrer/ Schüler* qn déplace qn [quelque part]
4. SPIEL ■ **jd versetzt etw** *Spielstein, Spielfigur* qn déplace qc
5. HORT ■ **jd versetzt etw** [**irgendwohin**] *Baum, Busch* qn transplante qc [quelque part]
6. (*verpfänden*) ■ **jd versetzt etw** qn met qc en gage, qn engage qc
7. *fam* (*verkaufen*) ■ **jd versetzt etw** qn fourgue qc *fam*
8. *fam* (*zu einer Verabredung ausbleiben*) ■ **jd versetzt jdn** qn pose un lapin à qn *fam*
9. (*geben*) ■ **jd versetzt jdm etw** [**irgendwohin**] *Hieb, Stoß, Schlag, Tritt* qn envoie qc [quelque part] à qn
10. (*bringen*) ■ **jd/etw versetzt jdn in etw** (*akk*) *in Unruhe, Wut* qn/qc provoque le/la qc de qn; ***jd/etw versetzt jdn in Angst*** qn/qc fait peur à qn [*o* effraie qn]; ***jd/etw versetzt jdn in Besorgnis*** [*o* ***Sorge***] qn/qc inquiète qn, qn/qc rend qn inquiet(-iète); ***jd/etw versetzt jdn in Panik*** qn/qc panique qn
11. (*etw ausführen lassen*) ■ **jd/etw versetzt etw in etw** (*akk*) *in Bewegung, Schwingung* qn/qc met qc en qc
12. GASTR ■ **jd versetzt etw mit etw** qn mélange qc à [*o* avec] qc
13. (*in eine andere Zeit*) ■ **jd/etw versetzt jdn in etw** (*akk*) qn/qc transporte qn quelque part
II. *vr* 1. (*sich einfühlen*) ■ **jd versetzt sich in jdn** qn se met à la place de qn; ***jd versetzt sich in jds Lage*** qn se met à la place de qn
2. (*in eine andere Zeit*) ■ **jd versetzt sich in etw** (*akk*) qn se transporte quelque part
3. (*sich woandershin setzen*) ■ **jd versetzt sich** qn change de place; ■ **jd versetzt sich irgendwohin** qn va s'asseoir quelque part

versetzen*2 *vt geh* (*antworten*) ■ **jd versetzt etw** qn répond qc

Versetzung <-, -en> *f* 1. ADMIN mutation *f*
2. SCOL passage *m*
► **jds ~ ist <u>gefährdet</u>** le passage de qn est compromis

Versetzungszeugnis *nt* avis *m* [*o* bulletin *m*] de passage [dans la classe supérieure]

verseuchen * *vt* 1. (*vergiften*) ■ **jd/etw verseucht etw** *Lebensmittel, Wild, Blutkonserven* qn/qc contamine qc; *Luft, Wasser, Umwelt a.* qn/qc pollue qc
2. INFORM ■ **etw verseucht etw** */Virus/* qc contamine qc

-verseucht *dioxin-, strahlen-, asbest-, schwefel-, HIV-, salmonellen-* contaminé(e) par le/la/les; *viren-* contaminé(e) par un/des

Verseuchung <-, -en> *f* contamination *f*

Versfuß *m* pied *m*

Versicherer <-s, -> *m* assurance *f*, assureur *m*

versichern*1 I. *vt* (*durch eine Versicherung schützen*) ■ **jd versichert jdn/etw** [**gegen etw**] qn assure qn/qc [contre qc]; ■ **jd/etw ist** [**gegen etw**] **versichert** qn/qc est assuré(e) [contre qc]
II. *vr* ■ **jd versichert sich** [**gegen etw**] qn s'assure [contre qc]; ***jd hat sich gegen Krankheit versichert*** qn a contracté une assurance maladie

versichern*2 I. *vt* 1. (*beteuern*) ■ **jd versichert jdm,** [**dass**] ... qn assure [*o* donne l'assurance à] qn que + *indic;* ***das kann ich dir ~*** [ça]je peux te l'assurer
2. *geh* (*zusichern*) ■ **jd versichert jdn einer S.** (*gen*) qn assure qn de qc
II. *vr geh* ■ **jd versichert sich einer S.** (*gen*) qn s'assure de qc

Versicherte(r) *f(m) decl wie adj* assuré(e) *m(f)*

Versichertenkarte *f* carte *f* d'assuré social

Versicherung[1] *f* (*Sach~, Lebens~*) assurance *f*

Versicherung[2] *f* (*Beteuerung*) assurance *f*; ***Ihre*** [***mündliche***] ***~ genügt mir nicht*** les assurances que vous m'avez données [oralement] ne me suffisent pas
► **jd <u>gibt</u> jdm die ~,** [**dass**] **.../etw zu tun** qn donne à qn l'assurance que + *indic*/de faire qc

Versicherungs- 1. *-agent, -kaufmann, inspektor* d'assurances; *-vertreter, -mitarbeiter* en assurances; ***die ~mathematik*** l'actuariat *m* 2. *-summe* de l'assurance; *-beitrag, -police, -prämie* d'assurance; *-bedingungen, -laufzeit* du contrat d'assurance; ***der ~fall*** le sinistre **Versicherungsbetrug** *m* escroquerie *f* à l'assurance **Versicherungsgesellschaft** *f* compagnie *f* d'assurances **Versicherungsnehmer(in)** <-s, -> *m(f)* souscripteur(-trice) *m(f)*, assuré(e) *m(f)* **Versicherungspflicht** *f* assurance *f* obligatoire, obligation *f* de s'assurer; ***die ~ für Arbeitslosigkeitsversicherung*** l'affiliation *f* obligatoire à une assurance chômage ► **jd <u>unterliegt</u> der ~** qn est soumis(e) au régime de l'assurance obligatoire; **etw <u>unterliegt</u> der ~** qc est assujetti(e) à l'assurance **versicherungspflichtig** *adj Angestellter, Mitarbeiter* obligé(e) de s'assurer; *Beschäftigung, Tätigkeit* assujetti(e) à l'assurance

versickern * *vi + sein* ■ **etw versickert** [**irgendwo**] qc s'infiltre [quelque part]

versiebenfachen * I. *vt* ■ **jd versiebenfacht etw** qn multiplie qc par sept, qn septuple qc
II. *vr* ■ **etw versiebenfacht sich** qc septuple, qc est multiplié(e) par sept

versiegeln * *vt* 1. (*verschließen*) ■ **jd versiegelt etw** *Brief* qn cachette qc, qn met [*o* appose] un cachet sur qc; *Tür, Wohnung, Zimmer* qn appose [*o* met] les scellés sur qc
2. (*mit einer Schutzschicht versehen*) ■ **jd versiegelt etw** qn vitrifie qc

versiegen * *vi + sein* qc [se] tarit

versiert [vɛrˈziːɐt] *adj* ■ [**jd ist**] [**auf etw** (*dat*)**/in etw** (*dat*)] **~** [qn est] expert(e) [*o* spécialisé(e)] [dans/en qc], [qn est] spécialiste [de qc]

Versiertheit <-> [vɛrˈziːɐt-] *f* ∅ professionnalisme *m*

versifft *adj sl* cradingue *pop*

versilbern * *vt* 1. (*mit Silber überziehen*) ■ **jd versilbert etw** qn argente qc; ■ **versilbert** argenté(e)
2. *fam* (*zu Geld machen*) ■ **jd versilbert etw** qn monnaie qc

versinken *vi irreg + sein* 1. (*untergehen*) ■ **etw versinkt** [**in etw** (*dat*)] qc s'enfonce [dans qc]; */Schiff a./* qc sombre [dans qc], qc coule; ■ **versunken** *Schiff, Schatz* englouti(e)
2. (*einsinken*) ■ **jd/etw versinkt in etw** (*dat*) qn/qc s'enfonce dans qc; ***die im Moor versunkene Leiche*** le corps englouti dans le marécage; ***etw versinkt im Schlamm*** qc s'embourbe; *s. a.* **versunken**

versinnbildlichen * *vt* ■ **etw versinnbildlicht etw** qc symbolise qc
Version <-, -en> [vɛr'zio:n] *f* version *f*
versippt *adj* ■ [**jd ist**] [**mit jdm**] ~ [qn est] parent(e) par alliance [avec qn]
versklaven * [-vn] *vt* ■ **jd versklavt jdn** qn réduit qn en esclavage, qn asservit qn
Versklavung <-, -en> [-vʊŋ] *f* asservissement *m*
verslumen * [fɛɐ'slamən] *vi* + *sein* ■ **etw verslumt** qc devient un bidonville
Versmaß *nt* mètre *m*
versnobt *adj* snob
versoffen *adj sl* alcoolo *fam*; ***ein ~er Kerl*** un poivrot *fam*; ■ **jd ist** ~ qn est un alcoolo [*o* ivrogne] *fam*; ***du weißt doch, wie ~ er ist*** tu sais pourtant bien qu'il picole *fam*
versohlen * *vt fam* ■ **jd versohlt jdn** qn tanne le cuir à qn *fam*; ***jd versohlt jdm den Hintern/Hosenboden*** qn flanque une fessée à qn *fam*
versöhnen * I. *vr* ■ **jd versöhnt sich mit jdm** qn se réconcilie avec qn; ■ **sie ~ sich** [**miteinander**] ils/elles se réconcilient
II. *vt* 1. (*aussöhnen*) ■ **jd versöhnt jdn mit jdm** qn réconcilie qn avec qn
2. (*besänftigen*) ■ **etw versöhnt jdn** qc rend qn [plus] conciliant(e), qc ramène qn à de meilleurs sentiments; ***etw versöhnt mich damit, dass ich etw tun muss*** qc me réconcilie avec la perspective de devoir faire qc; ■ **jd versöhnt jdn** [**mit etw**] qn amadoue qn [par qc]
versöhnlich *adj Geste, Klang, Worte, Händedruck* conciliant(e); *Ausklang, Schluss* de réconciliation; ***viele Filme haben ein ~es Ende*** à la fin de nombreux films, tout le monde se réconcilie
▸ **jd/etw stimmt jdn** ~ qn/qc rend qn conciliant(e)
Versöhnung <-, -en> *f* réconciliation *f*
▸ **zur** ~ en guise de réconciliation
versonnen I. *adj* songeur(-euse), pensif(-ive); *Stimmung* recueilli(e)
II. *adv* pensivement
versorgen * I. *vt* 1. (*betreuen*) ■ **jd versorgt jdn/Tiere** qn soigne qn/des animaux, qn s'occupe de qn/d'animaux; ■ **jd versorgt etw** *Haus, Haushalt, Heizung* qn s'occupe de qc
2. (*versehen*) ■ **jd/etw versorgt jdn mit etw** qn/qc fournit qc à qn [*o* qn en qc]; ***die Truppen werden regelmäßig versorgt*** les troupes sont régulièrement ravitaillées; ■ **jd ist** [**mit etw**] **versorgt** qn a ce qu'il faut [de qc]; ***noch etwas Kuchen? – Danke, ich bin noch versorgt*** encore un peu de gâteau? – Merci, j'en ai encore
3. MED ■ **jd versorgt jdn/etw** qn soigne qn/qc
4. PHYSIOL ■ **etw versorgt etw mit etw** qc alimente qc en qc
II. *vr* ■ **jd versorgt sich** [**mit etw**] *mit Essen, Proviant* qn s'approvisionne [en qc]; *mit allem Nötigen* qn se munit de qc; ***du kannst dich im Kühlschrank ja selbst*** ~ tu n'as qu'à te servir dans le réfrigérateur; ***jd versorgt sich mit Reiseproviant*** qn fait des provisions pour le voyage
Versorgung <-> *f* ∅ 1. (*das Versorgen*) *verbal übersetzt*; ***denke an die regelmäßige ~ der Topfpflanzen!*** pense à t'occuper régulièrement des plantes!; ***die erste Pflicht der Bäuerin ist die ~ der Tiere*** la première tâche de la fermière consiste à s'occuper des animaux; ***ich kümmere mich um die ~ des Haushalts*** je m'occupe des tâches ménagères
2. (*das Ausstatten*) approvisionnement *m*
Versorgungs- *-flug, -konvoi* de ravitaillement; *-leitung, -netz* d'approvisionnement; ***ein ~schiff*** un [navire] ravitailleur
Versorgungsheim *nt* AUS (*Altersheim*) maison *f* de retraite
verspannen * *vr* ■ **etw verspannt sich** */Hals, Schulter, Muskel/* qc se contracte; ■ **verspannt** contracté(e)
Verspannung *f* contraction *f*
verspäten * *vr* 1. (*zu spät kommen*) ■ **jd verspätet sich** [**um etw**] qn se met en retard [de qc]; ***er verspätet sich meist um zehn Minuten*** il arrive le plus souvent avec dix minutes de retard
2. TRANSP ■ **etw verspätet sich/sich um etw** qc a du retard/un retard de qc
verspätet I. *adj* 1. TRANSP *Transportmittel* en retard; ***wegen des ~en Fluges*** à cause du retard de l'avion
2. *Ankunft* retardé(e); *Jahreszeit* tardif(-ive); ***die ~e Ankunft der Maschine*** le retard de l'appareil à l'arrivée
II. *adv* en [*o* avec du] retard; ***jd trifft um eine Stunde ~ ein*** qn arrive avec une heure de retard
Verspätung <-, -en> *f* retard *m*
▸ **etw hat** ~ */Transportmittel/* qc a du retard; **mit** ~ en [*o* avec du] retard; **mit ...** ~ *mit dreistündiger, siebentägiger, mit einem Monat etc* avec un retard de ..., avec ... de retard; ***mit einer ~ von einer Stunde*** avec un retard d'une heure, avec une heure de retard
verspeisen * *vt geh* ■ **jd verspeist etw** *Essen, Kuchen etc* qn ingurgite qc
verspekulieren * I. *vr* 1. *fam* (*sich verrechnen*) ■ **jd verspekuliert sich** qn se fiche [*o* fout] dedans *fam*
2. BÖRSE ■ **jd verspekuliert sich** qn fait des spéculations malheureuses
II. *vt* BÖRSE ■ **jd verspekuliert etw** qn perd qc en spéculations malheureuses
versperren * *vt* 1. (*blockieren*) ■ **jd/etw versperrt** [**jdm**] **etw** qn/qc barre qc [à qn]; ***ein umgestürzter Baum versperrt uns die Weiterfahrt*** un arbre tombé nous empêche de continuer notre route; ***etw versperrt die Straße*** qc chose obstrue [*o* coupe] la route
2. DIAL (*abschließen*) ■ **jd versperrt etw** qn ferme qc à clé
3. (*nehmen*) ■ **jd/etw versperrt jdm etw** */Gebäude/ die Aussicht, den freien Blick* qn/qc bouche qc à qn
verspielen * *vt* 1. (*beim Glücksspiel*) ■ **jd verspielt etw** qn perd qc au jeu
2. (*einbüßen*) ■ **jd verspielt etw** *Chance, Möglichkeit, Vorteil* qn gâche qc; *Sieg* qn galvaude qc
▸ **jd hat verspielt**: ***du hast verspielt*** tu as perdu la partie; **jd hat bei jdm verspielt** qn est grillé(e) auprès de qn; ***sie hat bei mir verspielt*** je ne veux plus entendre parler d'elle
verspielt *adj* 1. (*gerne spielend*) ■ **jd/ein Tier ist** ~ qn/un animal ne pense qu'à s'amuser
2. *Dekor, Muster* fantaisie *inv*
versponnen *adj Gedankenwelt, Ideen* bizarre; *Gelehrter* excentrique
verspotten * *vt* ■ **jd verspottet jdn/etw** qn se moque de qn/qc
Verspottung <-, -en> *f* raillerie *f*, moquerie *f*
versprechen*[1] *irreg* I. *vt* 1. (*zusagen*) ■ **jd verspricht** [**jdm**] **etw** qn promet qc [à qn]; ■ **jd verspricht** [**jdm**] **etw zu tun** qn promet [à qn] de faire qc; ■ **jd verspricht** [**jdm**], **dass** qn promet [à qn] que + *indic*
2. (*erwarten lassen*) ■ **etw verspricht etw** qc promet qc; ■ **etw verspricht etw zu werden** qc promet de devenir qc
▸ **viel ~d** *Künstler, Mitarbeiter, Talent* prometteur(-euse); *Anfang, Entwicklung* prometteur(-euse); *Nachricht* encourageant(e); ***etw klingt viel ~d, etw hört sich viel ~d an*** qc paraît prometteur(-euse)
II. *vr* ■ **jd verspricht sich** (*dat*) **etw von etw** qn espère [*o* attend] qc de qc
versprechen*[2] *irreg vr* (*sich beim Sprechen irren*) ■ **jd verspricht sich** qn fait un lapsus; ***ich habe mich versprochen*** (*Aussprache*) la langue m'a fourché
Versprechen <-s, -> *nt* promesse *f*
▸ **jd gibt jdm das ~ etw zu tun** qn fait la promesse à qn de faire qc; **jd nimmt jdm das ~ ab etw zu tun** qn fait promettre à qn de faire qc
Versprecher <-s, -> *m fam* lapsus *m*
▸ **freudscher** ~ lapsus révélateur
Versprechung <-, -en> *f meist pl* promesse *f*; ***leere ~en*** des promesses *fpl* de Gascon
versprengen * *vt* 1. (*auseinander treiben*) ■ **jd/etw versprengt jdn** qn/qc disperse qn
2. (*verspritzen*) ■ **jd versprengt etw** qn asperge de qc
verspritzen * *vt* 1. (*verteilen*) ■ **jd verspritzt etw** *Wasser* qn fait gicler qc; ■ **jd verspritzt etw über jdn/etw** qn asperge qn/qc de qc
2. (*versprühen*) ■ **jd/etw verspritzt etw** *Farbe, Tinte* qn/qc pulvérise qc
3. (*ausspritzen*) ■ **ein Tier verspritzt etw** un animal crache qc; */Stinktier/* un animal projette qc
4. (*voll spritzen*) ■ **jd/etw verspritzt** [**jdm**] **etw** qn/qc [lui] éclabousse qc
versprühen * *vt* ■ **jd versprüht etw** qn pulvérise qc; ■ **etw versprüht etw auf einer S.** qc asperge une chose de qc
verspüren * *vt geh* ■ **jd verspürt etw** qn ressent qc, qn éprouve qc
verstaatlichen * *vt* ■ **jd verstaatlicht etw** qn nationalise qc
Verstaatlichung <-, -en> *f* nationalisation *f*
verstand *imp von* **verstehen**
Verstand <-[e]s> *m* ∅ intelligence *f*; ***ich hätte dir mehr ~ zugetraut!*** je t'aurais cru(e) plus intelligent(e)!; ***dafür reicht wohl mein ~ nicht aus*** cela dépasse mon entendement
▸ **jd ist bei klarem** ~ qn a toute sa raison [*o* sa tête]; **bist du noch bei** ~? *fam* ça va pas la tête? *fam*; **etw bringt jdn um den** ~ qc rend qn fou(folle); **etw geht über jds** ~ qc dépasse l'entendement de qn; **jd ist nicht bei** ~ qn n'a pas toute sa raison [*o* sa tête]; **jd strengt seinen ~ an** *fam* qn fait travailler ses méninges *fam*; **jd verliert den** ~ qn perd la raison [*o* la tête]; **mit** ~ *essen, genießen, rauchen, trinken* en savourant, en dégustant; **ohne** ~ *essen, genießen, rauchen, trinken* sans [le/la] savourer [*o* déguster]
verstanden *pp von* **verstehen**
Verstandesmensch *m s.* **Vernunftmensch**
verständig *adj* sensé(e), raisonnable
verständigen * I. *vt* ■ **jd verständigt jdn** [**von etw**] *von einer Beobachtung, Entwicklung, Vorfall* qn informe [*o* prévient] [*o* avertit] qn [de qc]
II. *vr* 1. (*sich verständlich machen*) ■ **jd verständigt sich** [**durch etw**] qn se fait comprendre [par qc]
2. (*sich einigen*) ■ **jd verständigt sich mit jdm** [**über etw** (*akk*)] qn s'entend [*o* se met d'accord] avec qn [sur qc]; ■ **sie ~ sich** [**miteinander**] [**über etw** (*akk*)] ils/elles s'entendent [*o* se mettent d'accord] [sur qc]; ***sie ~ sich friedlich*** ils/elles trouvent un terrain d'entente
Verständigkeit <-> *f* ∅ bon sens *m*
Verständigung <-, *rare* -en> *f* 1. (*Benachrichtigung*) information *f*; ***jd bittet um jds*** ~ qn demande que qn soit informé(e) [*o* averti(e)]; ***jeder Tod erfordert die ~ der nächsten Angehörigen*** tout décès doit être communiqué aux plus proches parents
2. (*Kommunikation*) communication *f*; ***eine ~ war kaum möglich*** il était difficile de se faire comprendre
3. (*Einigung*) accord *m*
▸ **jd kommt mit jdm zu einer** ~ *form* qn trouve un terrain d'entente avec qn, qn parvient à un accord avec qn
Verständigungsbereitschaft *f* ∅ esprit *m* de conciliation **Verständigungsschwierigkeiten** *pl* difficultés *fpl* à se faire comprendre ▸ **jd hat** ~ qn éprouve des difficultés à se faire comprendre
verständlich I. *adj* 1. (*begreiflich*) compréhensible
2. (*gut zu hören*) intelligible; ***nicht*** ~ inintelligible
3. (*leicht zu verstehen*) compréhensible
▸ **schwer** ~ *Benehmen, Entscheidung, Entschluss, Verhalten* assez incompréhensible; *Formulierung, Sprache, Stil, Übersetzung* peu intelligible; **jd macht jdm etw** ~ qn fait comprendre qc à qn; **jd macht sich** ~ (*drückt sich klar aus*) qn se fait comprendre; ***können Sie sich nicht ~ machen?*** vous ne pourriez pas vous expliquer?
II. *adv* 1. (*gut zu hörend*) de façon intelligible
2. (*leicht zu verstehend*) d'une manière compréhensible
verständlicherweise *adv* ce qui est bien compréhensible
Verständlichkeit <-> *f* ∅ 1. (*Begreiflichkeit*): ***trotz der ~ Ihrer Erregung*** bien que votre irritation soit [tout à fait] compréhensible

2. (*Vernehmbarkeit*) intelligibilité *f*
3. (*Klarheit*) intelligibilité *f,* compréhensibilité *f*

Verständnis <-ses, *rare* -se> *nt* compréhension *f*
► **jd hat für etw ~, jd bringt für etw ~ auf** qn est plein(e) de compréhension envers qc; ***jd hat für alles/manches/vieles ~*** qn est capable de tout comprendre/de comprendre maintes choses/beaucoup de choses; **jd hat für etw kein ~, jd bringt für etw kein ~ auf** qn n'arrive pas à comprendre qc

verständnislos I. *adj* d'incompréhension
II. *adv* avec un air d'incompréhension, sans comprendre

verstärken * I. *vt* 1. CONSTR ■ **jd verstärkt etw** *Bauteil etc* qn renforce qc, qn consolide qc
2. (*vergrößern*) ■ **jd verstärkt etw** [**um etw/auf etw** (*akk*)] qn renforce qc [de qc/pour atteindre qc]
3. (*intensivieren*) ■ **jd verstärkt etw** *Anstrengungen, Bemühungen* qn intensifie qc; *Einsatz a.* qn renforce qc
4. (*erhöhen*) ■ **jd verstärkt etw** *Druck etc* qn augmente qc
5. AUDIOV ■ **etw verstärkt etw** qc amplifie qc
II. *vr* ■ **etw verstärkt sich** qc se renforce

Verstärker <-s, -> *m* amplificateur *m*

Verstärkung *f* 1. CONSTR [*Bauteil etc*] renforcement *m,* consolidation *f*
2. (*Vergrößerung*) [*Garnison, Projektgruppe etc*] renforcement *m;* (*Menschen*) renfort *m*
3. (*Intensivierung*) [*Anstrengungen etc*] intensification *f;* [*Einsatz a.*] renforcement *m*
4. (*Erhöhung*) [*Druck, Wasserdruck etc*] augmentation *f;* ***er beantwortete diese Initiative mit einer ~ des Drucks*** il a répondu à cette initiative en faisant monter la pression

verstauben * *vi + sein* ■ **etw verstaubt** qc se [re]couvre de poussière; ■ **verstaubt** empoussiéré(e), [re]couvert(e) de poussière

verstaubt *adj* (*altmodisch*) poussiéreux(-euse)

verstauchen * *vt* ■ **jd verstaucht sich** (*dat*) **etw** qn se foule qc

Verstauchung <-, -en> *f* foulure *f*

verstauen * *vt* ■ **jd verstaut etw** [**irgendwo**] *Gepäck, Koffer, Tasche, Gegenstand, Fass* qn loge [*o* case] qc [quelque part]; *Bücher, Geschirr* qn range qc [quelque part]

Versteck <-[e]s, -e> *nt* cachette *f;* [*Terroristen, Verbrecher*] planque *f fam*

verstecken * I. *vt* ■ **jd versteckt etw** [**vor jdm**] qn cache qc [à qn]; *s. a.* versteckt
II. *vr* ■ **jd/ein Tier versteckt sich** [**irgendwo**] qn/un animal se cache [quelque part]; ■ **jd versteckt sich vor jdm** qn se cache pour échapper à qn; ***hast du dich etwa vor mir versteckt?*** tu te cachais pour que je ne te voie pas?
► **jd/etw braucht sich vor** [*o* **neben**] **jdm/etw nicht zu ~** qn/qc soutient la comparaison avec qn/qc, qn/qc n'a rien à envier à qn/qc

Verstecken *nt* ► **jd spielt ~** qn joue à cache-cache; **jd spielt** [**vor** [*o* **mit**] **jdm**] **~** (*verbirgt seine wahren Absichten*) qn joue à cache-cache [avec qn]

Versteckspiel *nt* jeu *m* de cache-cache; ***lass das ~!*** arrête de jouer à cache-cache!, cesse tes cachotteries!

versteckt I. *adj* 1. (*verborgen*) caché(e)
2. (*abgelegen*) très à l'écart, très retiré(e)
3. (*unausgesprochen*) voilé(e)
II. *adv liegen* à l'écart

verstehen <verstand verstanden> I. *vt* 1. (*hören*) ■ **jd versteht jdn/etw** qn comprend qn/qc
2. (*begreifen*) ■ **jd versteht etw** qn comprend qc; ***etw ist kaum zu ~*** qc est presque incompréhensible; ■ **jd versteht, dass/warum/was/wie** qn comprend que + *indic*/pourquoi/ce qui/comment
3. (*mitempfinden können*) ■ **jd versteht jdn/etw** qn comprend qn/qc; ■ **jd versteht, dass** qn comprend que + *subj*
4. (*beherrschen*) ■ **jd versteht etw** *Sprache* qn comprend qc; ■ **jd versteht es etw zu tun** qn s'y entend pour faire qc; ■ **jd versteht etwas/viel/nichts von etw** qn s'y connaît pas mal/bien en qc/ne comprend rien à qc
5. (*auslegen*) ■ **jd versteht etw unter etw** (*dat*) qn entend qc par qc; ***darf ich unter dieser Bemerkung ~, dass*** dois-je comprendre par cette remarque que + *indic;* ■ **etw ist irgendwie zu ~** qc doit être compris(e) d'une certaine manière
► **jd versteht jdn falsch** [*o* **nicht recht**] qn comprend qn de travers [*o* mal qn]; **versteh mich recht** comprends-moi bien; **wie darf** [*o* **soll**] **ich das ~?** comment dois-je comprendre cela?; ***ich weiß nicht, wie ich das ~ soll*** je ne sais comment interpréter cela; **jd gibt jdm etw zu ~** *seine Unzufriedenheit, seinen Unmut etc* qn fait comprendre qc à qn; **jd gibt jdm zu ~, dass** qn fait comprendre à qn que + *indic;* [**ist das**] **verstanden?** [c'est] compris?
II. *vr* 1. (*auskommen*) ■ **jd versteht sich mit jdm** qn s'entend avec qn; ■ **sie ~ sich** ils/elles s'entendent
2. (*beherrschen*) ■ **jd versteht sich auf etw** (*akk*) qn est doué(e) pour qc, qn s'y entend pour faire qc
3. (*sich einschätzen*) ■ **jd versteht sich als etw** *als Mittler, uneigennütziger Helfer* qn se considère comme qc
4. COM ■ **etw versteht sich ...** *abzüglich, zuzüglich, ohne, mit, inklusive* qc s'entend ...
► **etw versteht sich von selbst** qc va de soi; **versteht sich!** *fam* naturellement! *fam;* **~ wir uns?** on est bien d'accord?; **wir ~ uns** nous sommes d'accord
III. *vi* ■ **jd versteht** qn comprend
► **wenn ich recht verstehe** si je comprends bien; **verstehst du?, verstanden?** [c'est] compris?; **... verstehst du ...** tu vois

versteifen * I. *vr* 1. (*sich verhärten*) ■ **etw versteift sich** qc se durcit
2. (*beharren*) ■ **jd versteift sich auf etw** (*akk*) qn s'obstine dans qc, qn ne démord pas de qc; ■ **jd versteift sich darauf, dass** qn s'obstine à croire que + *indic*
3. PHYSIOL ■ **etw versteift sich** /*Penis*/ qc se raidit; /*Kitzler, Schwellkörper*/ qc se durcit
II. *vt* CONSTR ■ **jd versteift etw** qn renforce qc

Versteifung <-, -en> *f* 1. [*Haltung etc*] durcissement *m*
2. [*Penis*] durcissement *m,* turgescence *f;* [*Kitzler, Schwellkörper a.*] tumescence *f*

versteigen * *vr irreg geh* ■ **jd versteigt sich zu etw** qn se laisse aller à qc

versteigern * *vt* ■ **jd versteigert etw** qn vend qc aux enchères; ■ **jd lässt etw ~** qn fait vendre qc aux enchères

Versteigerung *f* vente *f* aux enchères
► **etw kommt zur ~** *form* qc est mis(e) aux enchères

versteinern *vi + sein* GEOL ■ **etw versteinert** qc se fossilise, qc se pétrifie; ■ **versteinert** GEOL fossilisé(e), pétrifié(e); *geh Gesicht, Gesichtsausdruck* pétrifié(e)

Versteinerung <-, -en> *f* fossile *m*

verstellbar *adj* réglable; ■ **etw ist** [**in etw** (*dat*)] **~** *in der Höhe, Neigung* qc est réglable [en qc]

verstellen * I. *vt* 1. (*anders einstellen*) ■ **jd verstellt etw** *Lehne, Sicherheitsgurt, Stuhl, Tischplatte, Höhe, Neigung* qn règle qc
2. (*anders regulieren*) ■ **jd verstellt etw** *Außensteuerung, Heizung, Thermostat etc* qn modifie le réglage de qc
3. (*woandershin stellen*) ■ **jd verstellt etw** qn change qc de place, qn déplace qc
4. (*unzugänglich machen*) ■ **jd/etw verstellt** [**jdm**] **etw** qn/qc barre qc [à qn]
5. (*verändern*) ■ **jd verstellt etw** *Stimme* qn contrefait qc
II. *vr* ■ **jd verstellt sich** qn simule, qn fait semblant

Verstellung *f* 1. [*Lehne etc*] réglage *m*
2. *Ø* (*Heuchelei*) simulation *f;* ***das ist doch alles nur ~!*** tout cela est feint!, tout cela n'est qu'hypocrisie!

versterben * *vi irreg + sein form* ■ **jd verstirbt/verstirbt an etw** (*dat*) qn décède *form*/meurt de qc

versteuern * *vt* ■ **jd versteuert etw** qn paie des impôts sur qc; (*angeben*) qn déclare qc [au fisc]
► **zu ~d** imposable

Versteuerung *f* déclaration *f* aux impôts; ***jd muss die ~ seiner Einkommen selber vornehmen*** qn est obligé(e) de payer directement ses impôts sur le revenu

verstimmen * *vt* ■ **etw verstimmt jdn** qc fâche qn; ■ **es verstimmt jdn, dass/wenn** ça contrarie qn que + *subj*/si

verstimmt I. *adj* 1. MUS désaccordé(e)
2. (*verärgert*) ■ **jd ist ~** (*akk*) qn est fâché(e); ■ **jd ist über etw** (*akk*) **~** qn est mécontent(e) de qc
II. *adv* (*verärgert*) avec humeur

Verstimmung *f* irritation *f,* mécontentement *m*

verstockt *adj Mensch, Verhalten* obstiné(e), buté(e); *Sünder* impénitent(e)

Verstocktheit <-> *f Ø* obstination *f,* entêtement *m*

verstohlen I. *adj* furtif(-ive)
II. *adv sich umblicken, lächeln* furtivement, à la dérobée; *winken, zeigen* en cachette

verstopfen * I. *vt + haben* ■ **jd verstopft etw** [**mit etw**] qn bouche qc [avec qc]; ■ **etw verstopft etw** qc bouche qc
II. *vi + sein* ■ **etw verstopft** qc se bouche; ■ **verstopft** bouché(e)

verstopft *adj* 1. *Autobahn, Straße, Innenstadt* encombré(e), embouteillé(e)
2. *Mensch* constipé(e)

Verstopfung <-, -en> *f* 1. [*Mensch*] constipation *f*
2. [*Abfluss etc*] *verbal übersetzt;* ***immer wieder kommt es zu ~en von Toiletten*** les cabinets sont très souvent bouchés

verstorben *adj geh* défunt(e) *soutenu;* ■ **jd ist ~** qn est décédé(e) *form*
Verstorbene(r) *f(m) decl wie adj* défunt(e) *m(f) soutenu*

verstören * *vt* ■ **jd/etw verstört jdn** qn/qc bouleverse qn

verstört I. *adj* bouleversé(e)
II. *adv* bouleversé(e)

Verstoß *m* infraction *f;* ■ **~e gegen etw** des infractions *fpl* [*o* manquements *mpl*] à qc
► **jd begeht einen ~ gegen etw** qn commet une infraction [*o* un manquement] à qc

verstoßen * *irreg* I. *vi* ■ **jd verstößt gegen etw** qn transgresse qc, qn enfreint qc *soutenu; Disziplin* qn manque à qc
II. *vt* ■ **jd verstößt jdn** qn exclut qn, qn rejette qn

verstrahlen *vt* ■ **etw verstrahlt jdn/etw** qc irradie qn/qc

verstreichen * *irreg* I. *vt + haben* ■ **jd verstreicht etw** [**auf etw** (*dat*)] qn étale qc [sur qc]; ***sie verstrich Butter auf einer Brotscheibe*** elle s'est fait une tartine de beurre
II. *vi + sein* ■ **etw verstreicht** /*Frist, Termin*/ qc expire; /*Zeitspanne*/ qc s'écoule; /*Zeitpunkt*/ qc passe; ■ **jd lässt etw ~** qn laisse passer qc

verstreuen * *vt* 1. (*ausstreuen*) ■ **jd verstreut etw** [**auf etw** (*dat*)] *Asche, Streusalz, Vogelfutter* qn répand qc [sur qc]
2. (*verschütten*) ■ **jd verstreut etw** qn renverse qc
3. (*achtlos hinwerfen*) ■ **jd verstreut etw irgendwo** qn éparpille qc [quelque part]

verstreut *adj Gehöfte, Ortschaften* disséminé(e), éparpillé(e)

verstricken * I. *vt* 1. (*verbrauchen*) ■ **jd verstrickt etw** qn utilise qc [pour tricoter]
2. *geh* (*verwickeln*) ■ **jd verstrickt jdn in etw** (*akk*) qn entraîne [*o* embarque] qn dans qc
II. *vr* ■ **jd verstrickt sich in etw** (*akk*) *in Widersprüche, in ein Netz von*

Lügen qn s'empêtre dans qc
Verstrickung <-, -en> *f* ■ ~ **in etw** (*akk*) *in eine Affäre* implication *f* dans qc; *in Widersprüche, Lügen verbal übersetzt;* ***trotz der zunehmenden ~ in Widersprüche gesteht er nicht*** bien qu'il s'empêtre toujours davantage dans ses contradictions, il n'avoue pas
verströmen * *vt geh* ■ **etw verströmt etw** *Duft, Aroma* qc exhale qc, qc fleure qc *littér*
verstümmeln * I. *vt* 1. (*entstellen*) ■ **jd/etw verstümmelt jdn** qn/qc mutile qn
2. (*unverständlich machen*) ■ **jd/etw verstümmelt etw** *Text, Botschaft* qn/qc tronque qc; *Namen* qn/qc écorche qc; ***ein paar verstümmelte Sätze*** quelques lambeaux de phrases
II. *vr* ■ **jd verstümmelt sich** qn se mutile
Verstümmelung <-, -en> *f* mutilation *f*
verstummen * *vi + sein geh* 1. (*aufhören zu reden*) ■ **jd verstummt** qn se tait; ***alle verstummten*** tous firent silence [*o* devinrent silencieux]; ■ **etw lässt jdn/etw** ~ *Redner, Vorwürfe etc* qc fait taire qn/qc
2. (*sich legen*) ■ **etw verstummt** */Gerede, Verdächtigungen, Vorwürfe/* qc cesse
Versuch <-[e]s, -e> *m* 1. (*versuchende Handlung*) tentative *f,* essai *m;* ■ **der ~ etw zu tun** la tentative de faire qc
2. (*Experiment*) expérience *f;* ■ **die ~e an jdm/einem Tier** les expériences sur qn/un animal
3. SPORT essai *m*
►**jd lässt es auf einen ~ ankommen** qn tente le coup; **das käme auf einen ~ an** ça ne coûte rien [*o* ça vaut la peine] d'essayer; **jd macht einen ~** qn fait une tentative [*o* un essai]; **jd macht einen ~/~e [an jdm/einem Tier]** qn se livre à une expérience/des expériences [sur qn/un animal]; **jd macht mit jdm einen ~** qn fait un essai avec qn; **jd startet einen ~** qn fait une tentative [*o* un essai]
versuchen * I. *vt* 1. ■ **jd versucht etw** *Ausweichmanöver, Trick* qn tente qc; ~ ***Sie keine Tricks!*** n'essayez pas d'user de subterfuges!; ■ **jd versucht etw zu tun** qn tente [*o* essaie] de faire qc
2. ■ **jd versucht es mit jdm/etw** *mit einer Firma, einem Mitarbeiter* qn fait un essai avec qn/qc; *mit einem Werkzeug, Schlüssel* qn essaie avec qc; ■ **jd versucht, ob** qn essaie de voir si
3. ■ **jd versucht etw** *Kuchen, Wurst etc* qn goûte qc
►**jd ist versucht etw zu tun** qn est tenté(e) de faire qc
II. *vr* ■ **jd versucht sich an etw** (*dat*)/**auf etw** (*dat*)/**in etw** (*dat*) *an einer Skulptur, in der Malerei etc* qn s'essaie à qc
Versuchs- *-abteilung* des essais; *-anlage, -anstalt, -gelände, -strecke* d'essai; *-bohrungen* de prospection; *-gruppe* de cobayes; ***zu ~zwecken*** à des fins expérimentales; ***eine landwirtschaftliche ~anstalt*** une ferme expérimentale; ***eine ~gruppe*** un groupe-test **Versuchsballon** [-balɔŋ, -baloːn, -balõː] *m* ballon-sonde *m* ►**jd lässt einen ~ los** qn lance un ballon d'essai **Versuchskaninchen** *nt fam* (*Versuchsperson*) cobaye *m* **Versuchsperson** *f* personne *f* volontaire pour des expériences **Versuchsreihe** *f* série *f* d'expériences, batterie *f* de tests **Versuchsstadium** *nt* stade *m* expérimental, phase *f* d'essai **Versuchstier** *nt* animal *m* de laboratoire, cobaye *m*
versuchsweise *adv ausprobieren* à titre d'essai; *einführen* à titre expérimental; *einstellen, beschäftigen* à l'essai
Versuchung <-, -en> *f* tentation *f*
►**jd/etw führt jdn in ~** qn/qc tente qn; **„und führe uns nicht in ~"** "et ne nous soumets pas à la tentation"; **jd gerät** [*o* **kommt**] **in ~** [**etw zu tun**] qn est tenté(e) [de faire qc]
versumpfen * *vi + sein* 1. GEOG ■ **etw versumpft** qc se transforme en marais, qc devient marécageux(-euse)
2. *sl* ■ **jd versumpft** qn passe la nuit à picoler *fam*
versündigen * *vr geh* 1. REL ■ **jd versündigt sich** [**an jdm/etw**] qn pèche [contre qn/qc]; ***Gott verdamm mich! – Du versündigst dich!*** nom de Dieu! – Tu blasphèmes!
2. ■ **jd versündigt sich an etw** (*dat*) *an der Natur, der Umwelt* qn dégrade qc; *an den unschuldigen Geschöpfen Gottes* qn s'en prend à qc; *Gesundheit* qn détériore qc
versunken I. *pp von* **versinken**
II. *adj geh* 1. *Epoche, Kultur, Reich, Zivilisation* disparu(e)
2. (*vertieft*) ■ **jd ist in etw** (*akk*) ~ *in einen Anblick, eine Betrachtung* qn est plongé(e) dans qc
versüßen * *vt* ■ **jd/etw versüßt jdm etw** [**mit etw**] *Verzicht, ausbleibende Beförderung, ausbleibenden Gewinn etc* qn/qc rend qc moins amer(-ère) à qn [avec qc]
vertagen * I. *vt* ■ **jd vertagt etw** [**auf etw** (*akk*)] qn remet [*o* ajourne] [*o* repousse] [*o* reporte] qc [à qc]
II. *vr* ■ **jd vertagt sich** [**auf etw** (*akk*)] */Komitee, Untersuchungsausschuss/ auf einen anderen Termin, späteren Zeitpunkt* qn ajourne sa réunion [à qc]; */Gericht/* qn ajourne sa session [à qc]
Vertagung *f* [*Konferenz etc*] ajournement *m,* report *m,* renvoi *m*
vertäuen * *vt* ■ **jd vertäut etw** qn amarre qc
vertauschen * *vt* 1. (*austauschen*) ■ **jd vertauscht jds etw** qn prend qc de qn pour le sien/la sienne; ***irgendwer hat meinen Hut vertauscht*** quelqu'un a pris mon chapeau pour le sien; ■ **jd vertauscht sie** *Gegenstände, Säuglinge* qn les prend l'un/l'une pour l'autre, on les intervertit; (*absichtlich*) qn les échange
2. ■ **jd vertauscht etw mit etw** *Beruf, Stellung etc mit etw anderem* qn échange qc contre qc
verteidigen * I. *vt* ■ **jd verteidigt jdn/etw** [**gegen jdn/etw**] qn défend qn/qc [contre qn/qc]; *Vorsprung* qn essaie de maintenir qc
II. *vr* ■ **jd verteidigt sich** [**gegen jdn/etw**] qn se défend [contre qn/qc]
III. *vi* SPORT ■ **jd verteidigt** qn joue défenseur [*o* en défense]
Verteidiger(in) <-s, -> *m(f)* 1. (*Straf~*) avocat(e) *m(f)* de la défense, défenseur *m*
2. SPORT défenseur *m,* arrière *m*
Verteidigung <-, -en> *f* ■ ~ [**gegen jdn/etw**] défense *f* [contre qn/qc]; ***jd gibt jdm Gelegenheit zur ~ seiner Meinung*** qn donne à qn l'occasion de défendre son opinion
Verteidigungs- *-anstrengungen, ausgaben, -maßnahme, -fähigheit* de défense; *-etat* de la défense; *-bereitschaft* à se défendre; *-bündnis, -waffen* défensif(-ive) **Verteidigungsfall** *m* guerre *f* défensive ►**im ~** en cas d'agression ennemie **Verteidigungsminister(in)** *m(f)* ministre *m* de la Défense [nationale] **Verteidigungsministerium** *nt* ministère *m* de la Défense [nationale]
verteilen * I. *vt* 1. (*austeilen*) ■ **jd verteilt etw** [**an jdn**] qn distribue qc [à qn]
2. (*platzieren*) ■ **jd verteilt etw irgendwo** qn place [*o* dispose] qc quelque part
3. (*ausstreuen*) ■ **jd verteilt etw auf etw** (*dat*) *Erde, Sand* qn étale qc sur qc; *Dünger, Kompost* qn épand qc sur qc
4. (*verstreichen*) ■ **jd verteilt etw** [**auf etw** (*dat*)] *Butter, Marmelade, Streichkäse etc* qn étale qc [sur qc]; *Öl* qn met qc [sur qc]
II. *vr* 1. (*Plätze einnehmen*) ■ **sie ~ sich** [**irgendwo** [*o* **irgendwohin**]] */Spieler, Polizisten/* ils/elles se répartissent [quelque part]
2. (*umgelegt werden*) ■ **etw verteilt sich auf sie** (*akk*) */Dividende, Kosten/* qc se répartit entre eux/elles
Verteiler *m* 1. AUT distributeur *m*
2. (*Verteilerschlüssel*) liste *f* des destinataires
Verteilerschlüssel *m* liste *f* des destinataires
Verteilung *f* 1. (*Austeilung*) distribution *f*
2. (*das Ausstreuen*) [*Dünger*] épandage *m;* [*Erde*] étalement *m*
verteuern * I. *vt* ■ **jd verteuert etw** [**auf etw** (*akk*)/**um etw**] qn renchérit qc [à/de qc], qn augmente [le prix de] qc [à/de qc]; *Kredite* qn relève qc [à/de qc]; ■ **etw verteuert etw** qc renchérit qc, qc rend qc plus cher(chère)
II. *vr* ■ **etw verteuert sich** [**auf etw** (*akk*)/**um etw**] *auf/um einen bestimmten Betrag/Prozentsatz* qc augmente [*o* renchérit] [pour atteindre qc/de qc]; ***Benzin hat sich auf das Zweieinhalbfache verteuert*** le prix de l'essence a été multiplié par deux et demi
Verteuerung *f* renchérissement *m*
verteufeln * *vt* ■ **jd verteufelt jdn** qn diabolise qn *soutenu*
verteufelt I. *adj fam* foutu(e) *antéposé fam*
II. *adv fam* diablement *fam*
Verteufelung <-, -en> *f* diabolisation *f soutenu*
vertiefen * I. *vt* 1. (*tiefer machen*) ■ **jd/etw vertieft etw** [**auf etw** (*akk*)/**um etw**] *Graben, Loch etc* qn/qc approfondit qc [à qc/de qc]
2. (*verschlimmern*) ■ **jd/etw vertieft etw** *Kluft, Spaltung* qn/qc creuse [encore plus] qc
3. (*festigen*) ■ **jd/etw vertieft etw** *Kenntnisse, Lehrstoff, Wissen* qn/qc approfondit qc
II. *vr* ■ **jd vertieft sich in etw** (*akk*) qn se plonge dans qc; ■ **jd ist in etw** (*akk*) **vertieft** qn est plongé(e) dans qc
Vertiefung <-, -en> *f* 1. (*vertiefte Stelle*) creux *m*
2. ∅ (*das Vertiefen*) approfondissement *m*
3. (*Verschlimmerung*) aggravation *f;* ***etw führt zur ~ der Kluft*** qc creuse encore le fossé
4. (*Festigung*) approfondissement *m*
vertikal [vɛrti-] I. *adj* vertical(e)
II. *adv* verticalement, à la verticale
Vertikale <-, -n> [vɛrti-] *f* verticale *f*
►**in der ~n, in die ~** à la verticale
vertilgen * *vt* 1. (*ausrotten*) ■ **jd vertilgt etw** *Unkraut* qn détruit qc; *Ungeziefer a.* qn extermine qc
2. *fam* (*aufessen*) ■ **jd vertilgt etw** qn liquide qc *fam,* qn fait un sort à qc *fam*
Vertilgung *f* [*Unkraut*] destruction *f;* [*Ungeziefer a.*] extermination *f*
vertippen * *vr fam* ■ **jd vertippt sich** qn fait une faute de frappe [*o* une erreur de saisie]
vertonen * *vt* ■ **jd vertont etw** qn met qc en musique
Vertonung <-, -en> *f* 1. ∅ (*das Vertonen*) mise *f* en musique
2. (*Fassung*) adaptation *f* [*o* version *f*] musicale
vertrackt *adj fam* embrouillé(e), coton *fam;* ■ **etw ist** [**besonders**] ~ qc est un vrai sac de nœuds *fam*
Vertrag <-[e]s, -e> *m* JUR contrat *m;* POL traité *m*
►~ **über die Europäische Union** traité *m* sur l'Union européenne; **der Berliner/Moskauer/Versailler ~** le traité de Berlin/de Moscou/de Versailles; **jd hat jdn unter ~** qn emploie qn sous contrat; **jd nimmt jdn unter ~** qn fait signer un contrat [de travail] à qn
-vertrag *m Arbeits-, Liefer-* contrat *m* de; *Zeit-* contrat *m* à; POL traité *m* de
vertragen * *irreg* I. *vt* 1. (*aushalten*) ■ **jd verträgt etw** [**irgendwie**] *Aufregung, Hunger, Hitze, Klima, Stress, Kritik* qn supporte qc [d'une certaine manière]
2. (*gegen etw widerstandsfähig sein*) ■ **etw verträgt etw** [**irgendwie**] */Pflanze, Kleidungsstück, Möbelbezug, Stuhl/* qc supporte [*o* résiste à] qc [d'une certaine manière]
3. PHYSIOL ■ **etw verträgt etw** [**irgendwie**] */Magen, Organismus/* qc supporte qc [d'une certaine manière]
4. *fam* ■ **jd verträgt etw** *fettes Essen, Kaffee, Tee, Nikotin* qn supporte qc; *Alkohol* qn tient [bien] qc
5. CH (*austragen*) ■ **jd verträgt etw** qn distribue qc
►**etw könnte etw ~** *fam* qc supporterait qc; **jd könnte etw ~** *fam* qc ferait

pas de mal à qn *fam*

II. *vr* 1. ■ **jd verträgt sich mit jdm** qn s'entend avec qn; ■ **sie ~ sich** [**miteinander**] ils/elles s'entendent [entre eux/elles]; ***hört auf mit dem Streiten und vertragt euch wieder!*** cessez ces querelles et faites la paix [*o* réconciliez vous]!

2. ■ **etw verträgt sich mit etw** */Farbe, Kleidungsstück/* qc va avec qc

vertraglich I. *adj* contractuel(le); ***jd erfüllt die ~en Vereinbarungen*** qn respecte les clauses du contrat

II. *adv* par contrat

verträglich *adj* 1. (*umgänglich*) accommodant(e)

2. (*bekömmlich*) *Essen* digeste; *Medikament* bien toléré(e); *alkoholisches Getränk* que l'on supporte bien; ■ **etw ist ... ~** */Essen/ gut, nicht gut, schlecht, schwer etc* qc se digère ...; */Medikament/* qc est ... toléré(e); ***diese Mittel sind für die Umwelt ~*** ces produits sont compatibles avec l'environnement

Verträglichkeit <-> *f* ∅ 1. (*Umgänglichkeit*) caractère *m* accommodant

2. (*Bekömmlichkeit*) digestibilité *f*

Vertrags- *-abschluss, -text, -punkt, -bestimmung, -erfülllung, -verletzung* du/de contrat; *-entwurf* de contrat; *-gespräch* en vue d'un contrat **Vertragsbruch** *m* rupture *f* de contrat **vertragsbrüchig** *adj* qui rompt/a rompu le/un contrat; ■ **jd ist/wird ~** qn est en rupture de [*o* a rompu le] contrat/qn rompt le contrat **vertragsgemäß** I. *adj* conforme au contrat II. *adv* conformément au contrat **Vertragshändler(in)** *m(f)* concessionnaire *mf* **Vertragspartner(in)** *m(f)* partie *f* contractante, contractant(e) *m(f)* **Vertragsstrafe** *f*: ***bei nicht rechtzeitiger Fertigstellung des Baus muss die Firma eine ~ zahlen*** si la construction n'est pas terminée dans les délais, l'entreprise doit verser une pénalité **Vertragswerk** *nt* protocole *m* **Vertragswerkstatt** *f*, **Vertragswerkstätte** *f* atelier *m* agréé **vertragswidrig** I. *adj* contraire au contrat, non conforme aux termes du contrat II. *adv* contrairement au contrat; ***er hat sich ~ verhalten*** il a violé les termes du contrat

vertrauen * *vi* 1. ■ **jd vertraut jdm** qn fait confiance à qn

2. ■ **jd vertraut auf etw** (*akk*) qn se fie à qc; ■ **jd vertraut darauf, dass** qn compte sur le fait que + *indic*; ***ich würde nicht darauf ~, dass diese Angaben der Wahrheit entsprechen*** moi, je ne me fierais pas à [la véracité de] ces indications

Vertrauen <-s> *nt* ∅ ■ **~** [**in jdn**] confiance *f* [en qn]; **~ *bildende Maßnahme*** mesure *f* de confiance

▸ **jd entzieht jdm das ~** PARL qn refuse la confiance à qn; **~ erweckend** qui inspire confiance; ***jd ist ~ erweckend*** qn inspire confiance; **jd fasst ~ zu ihm/ihr** il/elle gagne la confiance de qn; **jd hat ~** [**zu jdm**] qn a confiance [en qn]; **jd hat** [*o* **genießt** *geh*] **jds ~** qn a [*o* jouit de] la confiance de qn; **jd schenkt jdm ~** *geh* qn accorde sa confiance à qn; **jd setzt sein ~ in jdn** qn place sa confiance dans qn; **jd spricht jdm das ~ aus** PARL qn accorde la confiance à qn, qn émet un vote de confiance à l'égard de qn; **jd zieht jdn ins ~** qn met qn dans la confidence; **im ~** [**gesagt**] tout à fait confidentiellement; **im ~ auf etw** (*akk*) confiant(e) dans qc; **im ~ darauf, dass** confiant(e) dans le fait que; **voller ~** plein(e) de confiance

vertrauenbildend *s.* **Vertrauen.** **vertrauenerweckend** *s.* **Vertrauen** ▸

Vertrauensarzt *m*, **-ärztin** *f* médecin-conseil *m* **Vertrauensbruch** *m* abus *m* de confiance; ***das ist ~! Sie hatte mir geschworen, ...*** elle a abusé de ma confiance! Elle m'avait juré ... **Vertrauensfrage** *f* ▸ **es ist eine ~, ob** c'est une question de confiance de savoir si; **jd stellt die ~** PARL qn pose la question de confiance **Vertrauensmann** <-leute *o* -männer> *m* 1. (*Versichertenvertreter*) délégué[-conseil] *m* 2. (*vertrauenswürdiger Mann*) homme *m* de confiance **Vertrauensperson** *f* personne *f* de confiance **Vertrauenssache** *f* 1. (*vertrauliche Angelegenheit*) affaire *f* confidentielle 2. *s.* **Vertrauensfrage** **vertrauensselig** *adj* trop confiant(e), crédule **Vertrauensstellung** *f* poste *m* de confiance ▸ **jd hat** [**bei jdm**] **eine ~** qn a un poste de confiance [chez qn] **Vertrauensverhältnis** *nt* relation *f* de confiance **vertrauensvoll** I. *adj* basé(e) sur la confiance II. *adv* en toute confiance **Vertrauensvotum** [-vo:tʊm] *nt* vote *m* de confiance **vertrauenswürdig** *adj* digne de confiance

vertraulich *adj* 1. (*mit Diskretion zu behandeln*) confidentiel(le)

2. (*kameradschaftlich*) familier(-ière)

▸ **streng ~** strictement confidentiel(le)

Vertraulichkeit <-, -en> *f* 1. ∅ [*Gespräch*] confidentialité *f soutenu*; ***die ~ dieser Angelegenheit*** le caractère confidentiel de cette affaire

2. *pl* (*Zudringlichkeit*) familiarités *fpl*

verträumt *adj* 1. (*idyllisch*) de rêve, idyllique

2. (*realitätsfern*) rêveur(-euse)

vertraut *adj* 1. *Bild, Gegend, Gesicht, Umgebung* familier(-ière) 2. *Freund, Umgang, Verhältnis* intime 3. ■ **jd ist mit etw ~** qn connaît bien qc ▸ **jd macht sich mit etw ~** qn se familiarise avec qc **Vertraute(r)** *f(m) decl wie adj* intime *mf*

Vertrautheit <-, -en> *f* 1. ∅ (*gute Kenntnis*) ■ **die ~/jds ~ mit etw** *mit einer Materie, einem Plan, Projekt etc* la bonne connaissance de qc/que qn a de qc

2. (*Form des Umgangs*) familiarité *f*

vertreiben*[1] *vt irreg* 1. ■ **jd vertreibt jdn** *Bewohner, Minderheit* qn expulse qn, qn chasse qn

2. ■ **jd vertreibt ein Tier** qn chasse un animal

3. ■ **jd/etw vertreibt etw** *Müdigkeit, Sorgen, Unmut etc* qn/qc chasse [*o* fait passer] qc

vertreiben*[2] *vt irreg* COM ■ **jd vertreibt etw** qn commercialise qc

Vertreibung <-, -en> *f* expulsion *f*

vertretbar *adj* 1. (*zu vertreten*) *Argument, Einstellung, Standpunkt* défendable, recevable; *Haltung* justifiable; ■ **etw ist ~** qc se défend

2. (*akzeptabel*) acceptable

vertreten*[1] *vt irreg* 1. (*vorübergehend ersetzen*) ■ **jd vertritt jdn** qn remplace qn; ■ **jd lässt sich** [**durch jdn**] **~** qn se fait remplacer [par qn]

2. (*jds Interessen wahrnehmen*) ■ **jd vertritt jdn** qn défend [les intérêts de] qn

3. POL, COM ■ **jd vertritt jdn/etw** qn représente qn/qc; ■ **jd lässt sich** [**durch jdn**] **~** qn se fait représenter [par qn]

4. (*verfechten*) ■ **jd vertritt etw** qn soutient qc

5. ■ **jd/etw ist irgendwo ~** qn/qc est représenté(e) quelque part; */jds Werke, Bilder etc/* qc figure quelque part

▸ **jd hat etw zu ~** c'est à qn d'endosser qc

vertreten[2] *vr irreg* 1. (*verstauchen*) ■ **jd vertritt sich** (*dat*) **etw** qn se foule qc

2. *fam* ■ **jd vertritt sich** (*dat*) **etw** *Beine* qn se dégourdit qc; ***jd vertritt sich*** (*dat*) ***die Füße*** qn se dégourdit les jambes

Vertreter(in) <-s, -> *m(f)* 1. (*Stell~*) remplaçant(e) *m(f)*

2. COM représentant(e) *m(f)*

3. [*Firma, Institution, Staat*] représentant(e) *m(f)*

Vertretung <-, -en> *f* 1. (*das Vertreten*) remplacement *m*, suppléance *f*; ***jd ist mit jds ~ verpflichtet*** qn est chargé(e) de remplacer qn

2. (*Stellvertreter*) remplaçant(e) *m(f)*; ***dieser Kollege ist meine ~ als Schulleiter*** ce collègue assure mon intérim à la direction de l'école

3. COM agence *f*

▸ **diplomatische ~** représentation *f* diplomatique; **jd hat die ~ für etw** COM qn est le représentant/la représentante de qc, qn représente qc; **jd hat die ~ für jdn** qn assure le remplacement [*o* la suppléance] de qn; **jd übernimmt die ~ von jdm** qn prend la suppléance de qn; **in ~/jds ~** par délégation/en qualité de représentant de qn

vertretungsweise *adv* par délégation; ***jd unterrichtet ~ für erkrankte Kollegen*** qn assure le remplacement de collègues malades

Vertrieb <-[e]s, -e> *m* COM 1. ∅ (*das Vertreiben*) distribution *f*, vente *f*, commercialisation *f*

2. (*Vertriebsabteilung*) service *m* commercial

▸ **jd hat den ~ für etw** qn assure la distribution de qc, qn est le distributeur de qc

Vertriebene(r) *f(m) decl wie adj* expatrié(e) *m(f)*

Vertriebs- *-leitung, -leiter* des ventes, commercial(e); *-kosten, -system, -schiene* de distribution, de commercialisation, de vente **Vertriebsgesellschaft** *f* société *f* de distribution **Vertriebsnetz** *nt* réseau *m* de distribution

vertrimmen * *vt fam* ■ **jd vertrimmt jdn** qn flanque une raclée à qn *fam*

vertrocknen * *vi* + *sein* ■ **etw vertrocknet** */Blatt, Ast, Pflanze, Gras, Holz/* qc sèche; */Brot a./* qc rassit; ■ **vertrocknet** sec(sèche)

vertrödeln * *vt fam* ■ **jd vertrödelt etw** *Morgen, Vormittag, Tag, Zeit* qn passe qc à glander [*o* buller] *fam*

vertrösten * *vt* ■ **jd vertröstet jdn** qn fait lanterner qn; ■ **jd vertröstet jdn auf etw** (*akk*) qn fait patienter qn jusqu'à qc

vertrottelt *adj* gâteux(-euse)

vertun * *irreg* I. *vr fam* 1. (*sich irren*) ■ **jd vertut sich** qn se goure *fam*

2. (*sich verrechnen*) ■ **jd vertut sich** [**um etw**] qn se goure [*o* se plante] [de qc] *fam*

▸ **da gibt es kein V~!** y a pas à tortiller! *fam*

II. *vt* 1. (*ungenutzt lassen*) ■ **jd vertut etw** qn laisse passer qc, qn gâche qc

2. (*vergeuden*) ■ **jd vertut etw** qn gaspille qc; *Vermögen a.* qn dilapide qc

vertuschen * *vt* ■ **jd vertuscht etw** qn dissimule qc; *Affäre a.* qn étouffe qc; ■ **jd vertuscht, dass** qn dissimule que + *indic*

▸ **etw lässt sich nicht ~** on ne peut [pas] dissimuler qc; */Affäre a./* on ne peut [pas] étouffer qc

verübeln * *vt* ■ **jd verübelt jdm etw** qn en veut à qn de qc; ■ **jd verübelt** [**es**] **ihm/ihr, dass er/sie etw tut** qn en veut à qn de faire qc

▸ **jd kann jdm etw nicht ~** qn ne peut pas en vouloir à qn de qc

verüben * *vt* ■ **jd verübt etw** *Anschlag, Attentat, Mord etc* qn commet qc; ***jd verübt Selbstmord*** qn se suicide

verunfallen * *vi* + *sein* CH ■ **jd verunfallt** qn a un [*o* est victime d'un] accident; ***der verunfallte Skifahrer*** le skieur accidenté

verunglimpfen * *vt geh* ■ **jd verunglimpft jdn** *Gegner, Konkurrenten, Widersacher* qn traîne qn dans la boue, qn vilipende qn *littér*; ■ **jd verunglimpft etw** *jds Andenken, Ehre, guten Ruf* qn bafoue qc

Verunglimpfung <-, -en> *f* diffamation *f*, calomnie *f*

verunglücken * *vi* + *sein* 1. (*einen Unfall haben*) ■ **jd verunglückt** [**mit etw**] qn a un [*o* est victime d'un] accident [de qc]; ■ **verunglückt** *Mensch* accidenté(e)

2. *fam* (*misslingen*) ■ **etw verunglückt** qc loupe *fam*; ■ **etw verunglückt jdm** qn loupe qc *fam*

Verunglückte(r) *f(m) decl wie adj* accidenté(e) *m(f)*, victime *f*

verunmöglichen * *vt* CH ■ **jd/etw verunmöglicht etw** qn/qc rend qc impossible; ■ **jd verunmöglicht es jdm etw zu tun** qn/qc empêche qn de faire qc

verunreinigen * *vt* 1. *geh* (*beschmutzen*) ■ **jd verunreinigt etw** qn salit qc, qn souille qc *littér*

2. ÖKO (*verschmutzen*) ■ **etw verunreinigt etw** qc pollue qc

Verunreinigung *f* 1. *geh* (*das Beschmutzen*) *verbal übersetzt*; ***wer im Haus Katzen hält, muss immer mit einer ~ des Fußbodenbelags rechnen*** quand on a des chats chez soi, on doit s'attendre à ce qu'ils salissent les sols

2. ÖKO pollution *f*

3. (*Schmutz*) salissure *f*

verunsichern * *vt* ■ **jd verunsichert jdn** qn inquiète qn; ■ **etw verunsi-**

chert jdn qc ébranle qn

Verunsicherung <-, -en> *f* 1. *(das Verunsichern)* *verbal übersetzt;* ***jd will jds ~ vermeiden*** qn veut éviter d'inquiéter qn
2. *(verunsicherte Stimmung)* inquiétude *f*

verunstalten * *vt* ■ **jd/etw verunstaltet jdn/etw** qn/qc défigure qn/qc

Verunstaltung <-, -en> *f* 1. *(das Verunstalten)* défiguration *f*
2. *(Missgestaltung)* malformation *f*

veruntreuen * *vt* ■ **jd veruntreut etw** qn détourne qc

Veruntreuung <-, -en> *f* détournement *m*

verurkunden * *vt* CH ■ **jd verurkundet etw** qn légalise qc [par] devant notaire

verursachen * *vt* ■ **jd/etw verursacht etw** qn/qc cause [*o* provoque] qc

Verursacher(in) <-s, -> *m(f)* responsable *mf;* ***jd wird zum ~ einer S.*** *(gen)* qn se rend responsable de qc

Verursacherprinzip *nt* ∅ principe *m* pollueur-payeur

verurteilen * *vt* 1. ■ **jd verurteilt jdn [zu etw]** *Angeklagten* qn condamne qn [à qc]
2. *(verdammen)* ■ **jd verurteilt jdn/etw** qn condamne qn/qc
3. *(zwangsläufig bestimmt sein)* ■ **etw ist zu etw verurteilt** qc est condamné(e) [*o* voué(e)] à qc

Verurteilte(r) *f(m) decl wie adj* condamné(e) *m(f)*

Verurteilung <-, -en> *f* condamnation *f;* ■ **jds ~ zu etw** la condamnation de qn à qc

vervielfachen * I. *vt* ■ **jd/etw vervielfacht etw** qn/qc multiplie qc
II. *vr* ■ **etw vervielfacht sich** qc se multiplie

Vervielfachung <-, -en> *f* fort accroissement *m,* forte augmentation *f;* ***es gelang ihm eine ~ des angelegten Geldes*** il a réussi à faire considérablement fructifier l'argent investi

vervielfältigen * *vt* ■ **jd vervielfältigt etw** qn fait des copies de qc, qn reproduit qc

Vervielfältigung <-, -en> *f* reproduction *f*

vervierfachen * I. *vt* ■ **jd vervierfacht etw** qn quadruple qc
II. *vr* ■ **etw vervierfacht sich** qc quadruple

vervollkommnen * I. *vt* ■ **jd vervollkommnet etw** *Methode, Kenntnisse, Verfahren* qn perfectionne qc; *Werk* qn parfait qc
II. *vr* ■ **jd vervollkommnet sich [auf etw** *(dat)***/in etw** *(dat)***]** qn se perfectionne [dans qc]

Vervollkommnung <-, -en> *f* perfectionnement *m;* ***etw dient der ~ eines Kunstwerks/eines Geräts*** qc sert à parfaire une œuvre d'art/à perfectionner un appareil; ***das Verfahren geht seiner ~ entgegen*** le procédé sera bientôt totalement au point

vervollständigen * *vt* ■ **jd vervollständigt etw** qn complète qc

Vervollständigung <-, -en> *f* *verbal übersetzt;* ***ich plane die ~ meiner Sammlung*** je compte compléter ma collection

verwachsen * [-'vaksn] *irreg* I. *vi + sein* 1. ■ **etw verwächst** */Narbe/* qc se résorbe
2. *(zusammenwachsen)* ■ **etw verwächst mit etw** qc pousse en s'enchevêtrant dans qc
3. *(zuwuchern)* ■ **etw verwächst** qc est envahi(e) par la végétation
II. *vr + haben* ■ **etw verwächst sich** */Fehlstellung/* qc se corrige

verwackeln * *vt* PHOT *fam* ■ **jd verwackelt etw** qn bouge en prenant qc; ■ **verwackelt** flou(e)

verwählen * *vr* ■ **jd verwählt sich** qn fait un faux numéro, qn se trompe de numéro

verwahren * I. *vt* ■ **jd verwahrt etw [für jdn]** qn garde qc [à qn]; ■ **jd verwahrt etw in etw** *(dat)* *in einer Brieftasche* qn garde qc dans qc; *in einer Kassette, im Safe* qn garde qc en lieu sûr dans qc
II. *vr geh* ■ **jd verwahrt sich gegen etw** qn s'élève [*o* élève une protestation] contre qc

verwahrlosen * *vi + sein* ■ **etw verwahrlost** */Gebäude, Wohnung/* qc se délabre; */Grundstück, Park/* qc est [laissé(e)] à l'abandon; */Kleidung/* qc s'abîme; ■ **jd lässt etw ~** qn laisse qc à l'abandon; ■ **jd verwahrlost** */Alte, Jugendliche/* qn tombe bien bas; */Kind, Zögling/* qn se transforme en sauvageon/sauvageonne; ■ **verwahrlost** *Grundstück, Park* laissé(e) à l'abandon; *Gebäude* délabré(e); *Mensch* tombé(e) bien bas; *Zögling* livré(e) à lui-même/elle-même; ***ein verwahrlostes Kind*** un sauvageon

Verwahrlosung <-> *f* ∅ *[Gebäude etc]* délabrement *m;* *[Grundstück, Park]* état *m* d'abandon; *[Mensch]* déchéance *f*

Verwahrung <-> *f* ∅ 1. *(das Verwahren)* garde *f;* ***jd erklärt sich bereit zur ~ von etw*** qn se déclare prêt(e) à garder qc
2. *(zwangsweise Unterbringung)* *[Patient, Angeklagter]* placement *m*
▶ **jd gibt jdm etw in ~, jd gibt etw bei jdm in ~** qn donne qc en dépôt [*o* à garder] à qn; **jd legt ~ gegen etw ein** *geh* qn élève une protestation contre qc; **jd nimmt etw in ~** qn prend qc en dépôt [*o* en garde]; **jd nimmt jdn in ~** qn prend qn sous sa garde

verwaisen * *vi + sein* 1. *(zur Waise werden)* ■ **jd verwaist** qn devient [*o* se retrouve] orphelin(e)
2. *(verlassen werden)* ■ **etw verwaist** */Hotel, Innenstadt, Urlaubsort/* qc se vide, qc devient désert(e); ■ **verwaist** déserté(e)

verwalten * *vt* 1. FIN ■ **jd verwaltet etw** *Besitz, Grundstücke, Immobilien, Vermögen* qn gère qc
2. ADMIN ■ **jd verwaltet etw** *Stadt, Gut, Verwaltungseinheit* qn administre qc
3. INFORM ■ **etw verwaltet etw** qc gère qc

Verwalter(in) <-s, -> *m(f)* *[Besitz, Vermögen etc]* administrateur(-trice) *m(f);* *[Gut]* régisseur(-euse) *m(f)*

Verwaltung <-, -en> *f* 1. ∅ *[Besitz, Grundstücke etc]* administration *f,* gérance *f;* *[Vermögen]* gestion *f*
2. *(Verwaltungsabteilung)* services *mpl* administratifs *f*
3. *[Daten]* gestion *f*
▶ **städtische ~** administration *f* municipale, services *mpl* administratifs municipaux

Verwaltungs- administratif(-ive); ***die ~angestellten*** les employés *mpl* de l'administration **Verwaltungsbezirk** *m* circonscription *f* administrative, district *m* **Verwaltungsgericht** *nt* tribunal *m* administratif **Verwaltungskosten** *pl* frais *mpl* de gestion

verwandeln * I. *vt* 1. ■ **jd verwandelt jdn in etw** *(akk)***/ein Tier** */Hexe, Zauberer/* qn transforme [*o* change] qn en qc/animal
2. TECH ■ **jd verwandelt etw in etw** *(akk)* qn transforme qc en qc
3. *(anders erscheinen lassen)* ■ **etw verwandelt etw** qc transforme qc, qc métamorphose qc
4. FBALL ■ **jd verwandelt etw** *Eckball, Strafstoß* qn transforme qc; ***er verwandelte die Vorlage zum 3:2*** en marquant sur passe, il a établi le score à 3 à 2
▶ **jd ist wie verwandelt** qn est pour ainsi dire transformé(e) [*o* métamorphosé(e)]
II. *vr* 1. *(sich umwandeln)* ■ **jd verwandelt sich in etw** *(akk)***/ein Tier** qn se transforme [*o* se change] en qc/animal
2. *(zu etw werden)* ■ **etw verwandelt sich in etw** *(akk)* */Bach, trockenes Flussbett/* *in einen Fluss, einen reißenden Strom* qc se transforme en qc

Verwandlung *f* 1. *(Umformung)* ■ **jds ~ [in etw/ein Tier]** la transformation [*o* la métamorphose] de qn [en qc/animal]
2. TECH ■ **~ [in etw** *(akk)***]** transformation *f* [en qc]

verwandt[1] *adj* 1. *(aus der gleichen Familie)* ■ **[miteinander] ~** parent(e)s [entre eux/elles]; ■ **jd ist mit jdm ~** qn est parent(e) avec qn; ***ich bin [entfernt] mit ihr ~*** nous sommes parent(e)s [éloigné(e)s]
2. *(ähnlich geartet)* analogue, voisin(e)
3. *Sprachen, Religionen, Rassen, Völker* apparenté(e); ■ **sie sind [miteinander] ~** ils/elles sont apparenté(e)s [entre eux/elles]
4. *Pflanzen, Tiere* de la même famille

verwandt[2] *pp von* **verwenden**

verwandte *imp von* **verwenden**

Verwandte(r) *f(m) decl wie adj* parent(e) *m(f)*

Verwandtschaft <-, -en> *f* 1. *(die Verwandten)* parents *mpl,* famille *f;* ■ **jds ~** la famille de qn
2. *(gemeinsamer Ursprung)* parenté *f*
▶ **die nähere ~** les proches parents, la proche famille

verwandtschaftlich I. *adj* de parenté, entre parents
II. *adv:* ***wir sind ~ verbunden*** nous avons un lien de parenté

verwanzen *vt* ■ **jd verwanzt etw** qn truffe qc de micros

verwarnen * *vt* 1. *(streng tadeln)* ■ **jd verwarnt jdn** qn réprimande qn, qn adresse une mise en garde à qn
2. *(Strafzettel verpassen)* ■ **jd verwarnt jdn** qn met une contravention à qn

Verwarnung *f* 1. *(das Verwarnen)* réprimande *f,* mise *f* en garde; *[Schüler]* avertissement *m*
2. *(Strafe)* contravention *f;* ***eine mündliche ~*** un avertissement verbal
▶ **gebührenpflichtige ~** contravention *f* *(payable sur place)*

verwaschen *adj Farbe* délavé(e); *Kleidungsstück a.* décoloré(e)

verwässern * *vt* 1. *(mit Wasser mischen)* ■ **jd verwässert etw** *Bier, Wein, Saft* qn coupe qc, qn mouille qc
2. *(abschwächen)* ■ **jd verwässert etw** qn édulcore qc

verweben * *vt irreg* ■ **jd verwebt etw** qn tisse qc

verwechseln * [-'vɛksln] *vt* ■ **jd verwechselt jdn [mit jdm]/etw [mit etw]** qn confond qn [avec qn]/qc [avec qc]
▶ **zum V~** à s'y méprendre

Verwechslung <-, -en> [-'vɛkslʊŋ] *f* 1. *(irrtümliche Vertauschung)* confusion *f*
2. *(das Verwechseln)* confusion *f;* ***das muss eine ~ sein, dieser Schirm gehört mir!*** ça doit être une méprise, ce parapluie m'appartient!

verwegen *adj* audacieux(-euse)

Verwegenheit <-> *f* ∅ témérité *f,* audace *f*

verwehen * *vt* ■ **etw verweht etw** *Blätter, Stoß Papiere* qc disperse qc, qc éparpille qc; *Fußspuren etc* qc efface qc

verwehren * *vt geh* ■ **jd/etw verwehrt jdm etw** qn/qc interdit qc à qn; ■ **jd verwehrt jdm etw zu tun** qn interdit à qn de faire qc

Verwehung <-, -en> *f* 1. ∅ *(das Verwehen)* effacement *m;* ***der Sturm hatte bald für die ~ der Fußspuren gesorgt*** la tempête eut tôt fait d'effacer les traces de pas
2. *(Schnee~)* congère *f*

verweichlichen * I. *vi + sein* ■ **jd verweichlicht** qn s'amollit; ■ **verweichlicht** amolli(e), veule *soutenu*
II. *vt + haben* ■ **etw verweichlicht jdn** qc amollit qn

Verweichlichung <-> *f* ∅ amollissement *m,* veulerie *f soutenu*

verweigern * *vt* ■ **jd verweigert [jdm] etw** qn refuse qc [à qn]; ***jd verweigert den Gehorsam/den Befehl*** qn refuse d'obéir/d'obtempérer

Verweigerung *f* refus *m;* ***was veranlasst ihn zur ~ dieser Auskunft?*** qu'est-ce qui l'incite à te refuser ce renseignement?; ***die ~ der Erlaubnis erfolgte ohne Angabe von Gründen*** la permission fut refusée sans que soit donné le moindre motif

verweilen * *vi geh* 1. *(sich aufhalten)* ■ **jd verweilt irgendwo** qn séjourne quelque part; ***ich kann nicht länger ~*** je ne puis rester plus longtemps *soutenu*
2. *(sich mit etw beschäftigen)* ■ **jd verweilt bei etw** qn s'attarde sur qc

verweint *adj Augen* gonflé(e) par les larmes; *Gesicht* gonflé(e) d'avoir pleuré

Verweis <-es, -e> *m* 1. *(strenger Tadel)* blâme *m*
2. *(Hinweis)* ■ **ein ~ [auf etw** *(akk)***]** *auf ein anderes Buch, eine andere Textstelle* une référence [*o* un renvoi] à qc
▶ **jd erteilt jdm einen ~** *form* qn inflige un blâme à qn

verweisen * *irreg* I. *vt* 1. (*weiterleiten*) ■ **jd verweist jdn an jdn/etw** qn renvoie qn à qn/qc
2. (*hinweisen*) ■ **jd verweist jdn auf etw** (*akk*) qn renvoie qn à qc
3. SPORT ■ **jd verweist jdn von etw** *vom Platz, Spielfeld* qn expulse qn de qc
4. JUR (*überweisen*) ■ **jd verweist etw an etw** (*akk*) qn renvoie qc à qc
II. *vi* ■ **jd verweist auf etw** (*akk*) qn renvoie à qc
Verweisung *f* JUR ■ ~ **an jdn/etw** renvoi *m* à qn/qc
verwelken * *vi + sein* ■ **etw verwelkt** /*Blume*/ qc se fane; ■ **verwelkt** fané(e)
verwendbar *adj Gegenstand* employable, utilisable; *Nahrungsmittel* consommable; ***etw ist erneut*** ~ qc est réutilisable; ***wieder*** ~ (*als solches*) réutilisable; (*als Rohstoff*) recyclable
verwenden <verwendete *o* verwandte, verwendet *o* verwandt> I. *vt* ■ **jd verwendet etw** [**für etw**] qn utilise qc [pour qc]; ***jd verwendet etw wieder*** qn réutilise qc, qn réemploie qc; ***kann man das Brot noch*** ~? est-ce que ce pain est encore consommable?
II. *vr* ■ **jd verwendet sich** [**bei jdm**] **für jdn** qn intervient [*o* intercède] [auprès de qn] pour qn
Verwendung <-, -en> *f* utilisation *f*, emploi *m*
► **etw findet** [**für etw**] ~ qc trouve une utilisation [pour qc]; **jd findet für jdn/etw** ~ qn trouve à employer qn/une utilisation à qc; **jd hat** ~ **für jdn/etw** qn a un emploi pour qn/l'usage de qc
verwendungsfähig *adj s.* **verwendbar. Verwendungsmöglichkeit** *f* possibilité *f* d'embauche [*o* d'emploi]; ***es wird sich bestimmt eine ~ in unserer Firma für Sie finden*** nous trouverons certainement dans notre société une possibilité d'utiliser vos services
verwerfen * *irreg* I. *vt* 1. (*ablehnen*) ■ **jd verwirft etw** [**als etw**] qn rejette [*o* repousse] qc [comme étant qc [*o* parce que qc]]
2. JUR ■ **jd/etw verwirft etw** qn/qc rejette qc
II. *vr* 1. CONSTR ■ **etw verwirft sich** qc gauchit
2. GEOL ■ **sie** ~ **sich** ils/elles se plissent en se repoussant; ***die Gesteinsschichten haben sich verworfen*** les couches géologiques ont subi un plissement
verwerflich *adj geh* condamnable
Verwerflichkeit <-> *f* ∅ *geh* caractère *m* condamnable
Verwerfung <-, -en> *f* 1. ∅ (*Ablehnung*) rejet *m*; ***es kam zur ~ dieses Vorschlags*** cette proposition a été rejetée
2. JUR rejet *m*
3. GEOL plissement *m*
verwertbar *adj* 1. (*brauchbar*) *Bestandteil der Nahrung, Faserstoffe* assimilable; *Abfälle, Materialien* récupérable
2. (*auszuwerten*) *Beweis, Material, Tonbandaufnahme, Zeugenaussage* exploitable
Verwertbarkeit <-> *f* ∅ (*Brauchbarkeit*) caractère *m* recyclable, aptitude *f* au recyclage
verwerten * *vt* 1. ■ **jd verwertet etw** *Nahrungsbestandteil, Faserstoffe* qn assimile qc; *Abfälle* qn utilise qc; ***jd verwertet etw wieder*** [*o* ***erneut***] qn recycle qc
2. ■ **jd verwertet etw** *Beweis, Tonbandaufnahme, Zeugenaussage, Anregung, Erfahrung, Idee, Hinweis* qn exploite qc
Verwertung <-, -en> *f* 1. [*Abfälle, Reste etc*] utilisation *f*; [*Faserstoffe, Vitamine*] assimilation *f*; ***die erneute*** ~ le recyclage, la réutilisation
2. [*Beweis, Anregung etc*] exploitation *f*
verwesen * *vi + sein* ■ **etw verwest** qc se décompose, qc se putréfie; ■ [**etw ist**] **verwest** [qc est] décomposé(e) [*o* putréfié(e)]; ■ **~d** en décomposition
Verwesung <-> *f* ∅ décomposition *f*, putréfaction *f*
► **etw geht in** ~ **über** qc entre en décomposition
verwetten * *vt* ■ **jd verwettet etw** qn perd qc en pariant
verwickeln * I. *vt* ■ **jd verwickelt jdn in etw** (*akk*) qn implique qn dans qc; *in ein Gespräch, eine Auseinandersetzung* qn mêle qn à qc; ■ **jd ist in etw** (*akk*) **verwickelt** qn est impliqué(e) dans qc
II. *vr* ■ **etw verwickelt sich** [**in etw** (*akk o dat*)] qc s'emmêle [*o* s'enchevêtre] [dans qc]
verwickelt *adj* embrouillé(e)
Verwick[e]lung <-, -en> *f* 1. (*Verstrickung*) ■ **jds** ~ **in etw** (*akk*) l'implication *f* de qn dans qc
2. *pl* (*Komplikationen*) complications *fpl*
verwildern * *vi + sein* 1. (*zur Wildnis werden*) ■ **etw verwildert** qc tombe en friche; ■ **verwildert** *Garten, Park* en friche
2. (*wieder zum Wildtier werden*) ■ **ein Tier verwildert** un animal redevient sauvage; ■ **verwildert** redevenu(e) sauvage
3. (*undiszipliniert werden*) ■ **jd/etw verwildert** qn se laisse aller/qc se dégrade; /*Kind, Mädchen*/ qn devient un vrai sauvageon/une vraie sauvageonne; ***die Klasse ist ziemlich verwildert*** la classe est devenue assez dissipée
Verwilderung <-> *f* ∅ 1. [*Garten, Park*]: ***durch bewusste ~ eines Gartens*** en laissant librement pousser la végétation dans un jardin; ***der französische Garten lässt keine ~ zu*** le jardin à la française ne tolère pas la végétation sauvage
2. [*Tier*] retour *m* à l'état sauvage; ***frei umherstreifende Katzen neigen zur*** ~ les chats errants ont tendance à redevenir sauvages
3. (*Disziplinlosigkeit*) [*Kind, Klasse*] indiscipline *f*, laisser-aller *m*; [*Moral*] dégradation *f*
verwinden * *vt irreg geh* ■ **jd verwindet etw** qn surmonte qc; ■ **jd verwindet es, dass** qn arrive à admettre que + *subj*
verwinkelt *adj Gebäude, Altstadt, Städtchen* tout(e) en coins et recoins; *Gassen, Flur* tortueux(-euse)
verwirken *vt geh* ■ **jd verwirkt etw** *Gunst, Vertrauen, Wohlwollen* qn ruine qc; *Recht* qn perd qc; ***ein so übler Verräter hat sein Leben verwirkt*** un traître si vil n'a plus le droit de vivre
verwirklichen * I. *vt* ■ **jd verwirklicht etw** *Traum, Vorhaben* qn réalise qc; *Gedanken, Idee* qn concrétise qc
II. *vr* ■ **jd verwirklicht sich** qn se réalise, qn s'accomplit
Verwirklichung <-, -en> *f* [*Traum, Vorhaben*] réalisation *f*; [*Idee*] concrétisation *f*
verwirren * *vt* ■ **jd verwirrt jdn** [**mit etw**] qn déconcerte qn [avec qc]; ■ **etw verwirrt jdn** qc déconcerte qn
Verwirrung <-, -en> *f* désarroi *m*
► **jd/etw bringt jdn in** ~ qn/qc désarçonne qn, qn/qc déconcerte qn
verwischen * I. *vt* 1. (*verschmieren*) ■ **jd verwischt etw** qn étale qc
2. (*unkenntlich machen*) ■ **jd verwischt etw** qn efface qc
II. *vr* ■ **etw verwischt sich** qc s'estompe
verwittern * *vi + sein* ■ **etw verwittert** qc s'érode; ■ **verwittert** érodé(e)
Verwitterung *f* érosion *m*
verwitwet *adj* veuf(veuve)
verwöhnen * I. *vt* ■ **jd verwöhnt jdn** qn gâte qn; ***sie wird von ihrem Mann verwöhnt*** elle est dorlotée par son mari; ■ **jd lässt sich** [**von jdm**] ~ qn se fait/laisse gâter [par qn] [*o* dorloter]; *s. a.* **verwöhnt**
II. *vr* ■ **jd verwöhnt sich** qn se dorlote
verwohnt *adj Möbel* usagé(e); *Wohnung* en piteux état; *Einrichtung* défraîchi(e)
verwöhnt *adj Geschmack, Gaumen, Kunde, Raucher, Weintrinker* difficile à contenter, exigeant(e)
verworfen *adj geh Mensch* dépravé(e); *Blick* libidineux(-euse) *soutenu*
verworren *adj* embrouillé(e); ■ **etw wird** ~ qc s'embrouille
verwundbar *adj Mensch, Wesen* vulnérable
verwunden * *vt* MIL ■ **jd/etw verwundet jdn** qn/qc blesse qn; ■ **jd ist** [**…**] **verwundet** qn est […] blessé(e); *s. a.* **Verwundete**
verwunderlich *adj* surprenant(e), étonnant(e); ■ **es ist** ~, **dass** il est étonnant [*o* surprenant] que + *subj*
► **etw ist nicht** ~ qc n'est pas surprenant(e) [*o* étonnant(e)], qc n'a rien de surprenant [*o* d'étonnant]; **es ist nicht** ~, **dass** il n'est pas surprenant [*o* étonnant] que + *subj*; **was ist daran** ~? qu'est-ce que ça a de surprenant [*o* d'étonnant]?
verwundern * I. *vt* ■ **etw verwundert jdn** qc étonne qn, qc surprend qn; ■ **es verwundert jdn, dass** qn est étonné(e) [*o* surpris(e)] que + *subj*
II. *vr* ■ **jd verwundert sich über etw** (*akk*) qn s'étonne [*o* est surpris(e)] de qc
verwundert I. *adj* étonné(e)
II. *adv aufblicken, den Kopf schütteln, fragen, sich umdrehen* [frappé(e)] d'étonnement, étonné(e)
Verwunderung <-> *f* ∅ étonnement *m*, surprise *f*
► **voller** ~ frappé(e) d'étonnement, avec stupéfaction; **zu jds** ~ au grand étonnement de qn
Verwundete(r) *f(m) decl wie adj* blessé(e) *m(f)*
Verwundung <-, -en> *f* blessure *f*
verwunschen *adj Schloss* enchanté(e); *Prinz* victime d'un sortilège
verwünschen * *vt* 1. (*verfluchen*) ■ **jd verwünscht jdn/etw** qn maudit qn/qc
2. LITER (*verzaubern*) ■ **jd verwünscht jdn/etw** qn jette un sort à qn/ensorcelle qc
verwünscht *adj* maudit(e) *antéposé*
Verwünschung <-, -en> *f* juron *m*
► **jd stößt ~en aus** qn se répand en invectives, qn profère des imprécations
verwurzelt *adj* 1. (*mit Wurzeln befestigt*) ■ **…** ~ *fest, ungenügend, richtig* … enraciné(e)
2. ■ **jd ist in etw** (*dat*) ~ qn est enraciné(e) dans qc
verwüsten * *vt* ■ **jd verwüstet etw** *Land* qn ravage qc, qn dévaste qc; *Wohnung* qn met qc à sac; ■ **etw verwüstet etw** qc dévaste qc
Verwüstung <-, -en> *f meist pl* ravages *mpl*
► **etw richtet ~en an** qc fait des ravages
verzagen * *vi + sein o rare haben geh* ■ **jd verzagt** qn perd courage, qn désespère
verzagt I. *adj* abattu(e)
II. *adv* découragé(e), l'air abattu
verzählen * *vr* ■ **jd verzählt sich** qn se trompe en comptant
verzahnen * *vt* ■ **jd verzahnt sie** [**miteinander**] qn les emboîte [l'un(e) dans l'autre/les un(e)s dans les autres]; ■ **sie sind** [**miteinander**] **verzahnt** ils/elles sont emboîté(e)s [l'un(e) dans l'autre/les un(e)s dans les autres]
verzanken * *vr fam* ■ **sie** ~ **sich** [**wegen etw**] ils/elles se brouillent [pour qc]
verzapfen * *vt fam* 1. (*schreiben*) ■ **jd verzapft etw** qn pond qc *fam*
2. (*erzählen*) ■ **jd verzapft etw** qn sort qc *fam*; ***jd verzapft Unsinn*** qn dit des bêtises
verzärteln * *vt pej* ■ **jd verzärtelt jdn** qn dorlote qn
verzaubern * *vt* 1. (*verhexen*) ■ **jd verzaubert jdn** qn ensorcelle qn; ■ **jd verzaubert jdn in jdn/etw** qn métamorphose qn en qn/qc
2. *geh* (*bestricken*) ■ **jd/etw verzaubert jdn** /*jds Anmut, Schönheit*/ qn/qc ensorcelle qn; /*Anblick, Klänge a.*/ qc envoûte qn
verzehnfachen * I. *vt* ■ **jd verzehnfacht etw** *Gewinn, Honorar, Summe* qn décuple qc; *Angebot, Kosten a.* qn multiplie qc par dix
II. *vr* ■ **etw verzehnfacht sich** qc décuple
Verzehr <-[e]s> *m* ∅ *form* consommation *f*; ***für jdn ist der ~ kostenlos*** qn peut manger gratuitement
► **zum baldigen** ~ **bestimmt** à consommer rapidement; **zum** ~ **nicht geeignet** impropre à la consommation; ***Zitronenschale nicht zum ~ geeignet*** citron traité; **jd schreitet zum** ~ **einer S.** (*gen*) *geh* qn se met en devoir

de consommer qc *soutenu;* **nach/vor dem ~ einer S.** (*gen*) *form* après avoir absorbé/avant de manger qc

verzehren * I. *vt geh* ■ **jd verzehrt etw** qn mange qc

II. *vr geh* **1.** (*sich zermürben*) ■ **jd verzehrt sich vor etw** (*dat*) qn est dévoré(e) de qc

2. (*intensiv verlangen*) ■ **jd verzehrt sich nach jdm** qn languit loin de qn, qn se languit de qn

verzeichnen * *vt* ■ **etw verzeichnet etw** qc répertorie qc; ■ **etw ist irgendwo/in etw** (*dat*) **verzeichnet** qc est mentionné(e) [*o* répertorié(e)] quelque part/dans qc

▶ **jd kann etw ~** *Erfolg, Sieg, Gewinn* qn enregistre qc

Verzeichnis <-ses, -se> *nt* [*verdächtige Personen, Inventar*] liste *f;* [*lieferbare Artikel, vorhandene Titel*] inventaire *m;* INFORM répertoire *m*

verzeigen * *vt* CH *s.* **anzeigen**

verzeihen <verzieh, verziehen> I. *vt* ■ **jd verzeiht etw** *Sünde, Irrtum* qn pardonne qc; *Benehmen, Fehlverhalten* qn excuse qc; ■ **jd verzeiht jdm etw** qn pardonne qc à qn

▶ **etw ist nicht zu ~** qc est impardonnable [*o* inexcusable]

II. *vi* ■ **jd verzeiht jdm** qn pardonne à qn

▶ **~ Sie!** excusez-moi!, pardonnez-moi!; **~ Sie, ...?** [je vous demande] pardon, ...?

verzeihlich *adj* excusable, pardonnable; ■ **etw ist nicht ~** qc est inexcusable [*o* impardonnable]

Verzeihung <-> *f* ∅ *geh* pardon *m;* ***jd erhält ~ seiner Sünden*** qn reçoit l'absolution *f* [*o* le pardon de ses péchés]

▶ **jd bittet [jdn] um ~ [für etw]** qn demande pardon à qn [de [*o* pour] qc]; ***ich bitte um ~!*** je vous prie de m'excuser!, je vous demande pardon!; ~! pardon!, excuse-moi/excusez-moi!; ~, ...? pardonne-moi/pardonnez-moi, ...?

verzerren * I. *vt* **1.** (*verziehen*) ■ **jd verzerrt etw [vor etw** (*dat*)**]** *Gesicht, Mund, Züge* le/la qc de qn se distord [de qc]; ***sie verzerrt ihr Gesicht vor Schmerz*** elle grimace de douleur; ■ **etw verzerrt etw** /*Enttäuschung, Hass, Schmerz, Wut*/ qc déforme qc

2. (*entstellen*) ■ **jd/etw verzerrt etw** /*Artikel, Autor, Bericht, Version*/ *Ereignisse, Tatsachen* qn/qc déforme [*o* dénature] qc; *Wettbewerb* qn/qc fausse qc; ■ **verzerrt** *darstellen, wiedergeben* en le/la/les déformant; ***jd gibt etw verzerrt wieder*** qn donne une version déformée [*o* dénaturée] de qc

3. OPT, PHOT ■ **etw verzerrt etw** qc déforme qc

II. *vr* **1.** (*sich verziehen*) ■ **etw verzerrt sich [zu etw]** /*Gesicht, Gesichtszüge, Miene*/ qc se distord [en qc]; ■ **jds etw verzerrt sich vor einer S.** *vor Schmerz, Wut* une chose lui tord qc; ■ **[etw ist] verzerrt** [qc est] tordu(e) [*o* déformé(e)]

2. (*überdehnen*) ■ **jd verzerrt sich** (*dat*) **etw** *Muskel, Sehne* qn se fait une élongation de qc

Verzerrung *f* déformation *f*

verzetteln * *vr* ■ **jd verzettelt sich [bei etw]** qn se disperse [en faisant qc]

Verzicht <-[e]s, -e> *m* renoncement *m;* ***der ~ fällt jdm nicht leicht*** qn a du mal à renoncer; ■ **~ auf etw** (*akk*) renoncement *m* à qc; ***jd rät jdm von einem ~ auf etw ab*** qn déconseille à qn de renoncer à qc

verzichten * *vi* ■ **jd verzichtet** qn renonce, qn abandonne; ■ **jd verzichtet auf etw** (*akk*) qn renonce à qc

▶ **ich verzichte dankend** *iron* merci, je préfère m'abstenir; **jd kann auf jdn/etw ~** qn peut se passer de qn/qc; **jd kann auf etw** (*akk*) **nicht ~** qn ne peut pas se passer de qc

verzieh *imp von* **verzeihen**

verziehen[*1] *irreg* I. *vi + sein* (*umziehen*) ■ **jd verzieht/verzieht irgendwohin** qn déménage/va s'établir quelque part

II. *vr + haben fam* ■ **jd verzieht sich** qn se casse *fam*

III. *vt + haben* ■ **jd verzieht etw zu etw:** ***jd verzieht das Gesicht zu einer Grimasse*** [*o* ***Fratze***] qn fait une grimace; ***jd verzieht den Mund*** [*o* ***die Mundwinkel***] ***zu einem Lächeln*** qn fait un sourire grimaçant; ■ **jd verzieht etw vor etw** (*dat*) *vor Hass, Wut, Schmerz* qn grimace [*o* fait une grimace] de qc; ***jd verzieht das Gesicht*** qn fait la grimace; ***jd verzieht den Mund/ das Gesicht vor etw*** (*dat*) qn grimace de qc

verziehen[2] *pp von* **verzeihen**

verzieren * *vt* **1.** (*schmücken*) ■ **jd verziert etw [mit etw]** qn décore qc [avec [*o* de] qc]

2. GASTR ■ **jd verziert etw [mit etw]** qn décore qc [de qc]

Verzierung <-, -en> *f* décoration *f*

▶ **brich dir keine ~en ab!** *fam* fais pas de chichi! *fam;* **etw dient zur ~ [einer S.** (*gen*)**]** qc sert à décorer qc

verzinsen * I. *vt* ■ **jd verzinst [jdm] etw** qn sert [à qn] un intérêt sur qc; ***etw wird niedrig verzinst*** qc rapporte peu d'intérêts

II. *vr* ■ **etw verzinst sich mit etw** qc rapporte un intérêt de qc, qc rapporte qc d'intérêts; ***etw verzinst sich gut*** qc rapporte des intérêts élevés

verzinslich I. *adj* à intérêt; ***mit 10 % ~*** à 10 % d'intérêt; ***nicht ~*** sans intérêt; ■ **etw ist ~/mit etw ~** qc rapporte des intérêts/qc d'intérêts

II. *adv* à intérêt

Verzinsung <-, -en> *f* intérêts *mpl;* ■ **die ~ einer S.** (*gen*) les intérêts de qc

verzocken * *vt sl* ■ **jd verzockt etw** qn paume qc *fam*

verzogen *adj* mal élevé(e)

verzögern * I. *vt* ■ **jd/etw verzögert etw [um etw]** qn/qc retarde qc [de qc]

II. *vr* ■ **etw verzögert sich [um etw]** qc est retardé(e) [*o* différé(e)] [de qc]

Verzögerung <-, -en> *f* retard *m*

Verzögerungstaktik *f* atermoiements *mpl*

verzollen * *vt* ■ **jd verzollt etw** qn dédouane qc ***haben Sie etwas zu ~?*** avez-vous quelque chose à déclarer?

verzückt I. *adj geh* extasié(e)

II. *adv geh* avec ravissement

Verzückung <-, -en> *f geh* ravissement *m*

▶ **jd gerät [über etw** (*akk*)**] in ~** qn tombe en extase [devant qc]

Verzug <-[e]s> *m* ∅ retard *m;* **bei ~** en cas de retard

▶ **jd befindet sich [*o* ist] [mit etw] in ~** qn est en retard [dans qc]; *mit einer Rate* qn est en retard [pour qc]; **jd gerät [*o* kommt] [mit etw] in ~** qn prend du retard [dans [*o* pour] qc]; **jd setzt jdn in ~** qn met qn en demeure; **ohne ~** sans retard [*o* délai]

Verzugszinsen *pl* intérêts *mpl* moratoires

verzweifeln * *vi + sein* ■ **jd verzweifelt** qn désespère

▶ **es ist zum V~ [mit jdm]** c'est à désespérer [de qn]; **etw ist zum V~, es ist zum V~ mit etw** qc est désespérant(e); ***dieser Fall ist zum V~*** ce cas est désespéré; **[nur] nicht ~!** il ne faut pas désespérer!

verzweifelt I. *adj* désespéré(e); *Lage, Situation a.* sans issue

II. *adv blicken* d'un air désespéré; *entgegnen, fragen* d'un ton désespéré; *versuchen, sich bemühen, kämpfen* désespérément

Verzweiflung <-> *f* ∅ désespoir *m*

▶ **jd gerät in ~** qn sombre dans le désespoir; **jd bringt [*o* treibt] jdn zur ~** qn met qn au désespoir; **aus ~** par désespoir; **vor [lauter] ~** de désespoir

Verzweiflungs- de désespoir

verzweigen * *vr* ■ **etw verzweigt sich** qc se ramifie; ■ **[etw ist] verzweigt** [qc est] ramifié(e)

▶ **weit verzweigt** TRANSP très ramifié(e), très développé(e); *Beziehungen, Verbindungen* dans des milieux divers; *Verwandtschaft* qui a beaucoup de ramifications

Verzweigung <-, -en> *f* **1.** (*Astwerk*) ramure *f*

2. (*Ausbreitung*) [*Netz, System*] ramification *f*

3. CH (*Autobahndreieck*) échangeur *m*

verzwickt *adj fam* compliqué(e); ***eine ~e Angelegenheit*** un sac de nœuds *fam;* ■ **etw ist ~** qc est un sac de nœuds *fam*

Vesper[1] <-, -n> *f* REL vêpres *fpl*

Vesper[2] <-s, -> *nt* DIAL (*Brotzeit*) casse-croûte *m*

vespern *vi* DIAL ■ **jd vespert** qn mange un casse-croûte, qn casse la croûte *fam*

Veteran <-en, -en> [ve-] *m* **1.** MIL vétéran *m*

2. AUT *s.* **Oldtimer**

Veterinär(in) <-s, -e> [ve-] *m(f) form* vétérinaire *mf*

Veterinärmedizin [ve-] *f form* médecine *f* vétérinaire

Veto <-s, -s> ['ve:-] *nt* veto *m*

▶ **jd legt [gegen etw] sein ~ ein** qn met [*o* oppose] son veto [à qc]

Vetorecht ['ve:-] *nt* droit *m* de veto

Vetter <-s, -n> *m* cousin *m*

Vetternwirtschaft *f* ∅ *fam* copinage *m fam*

V-Form ['fau-] *f* forme *f* en V; ***etw hat ~*** qc est en V

▶ **in ~** en V

v-förmig[RR], **V-förmig** ['fau-] *adj* en [forme de] V

V-Frau ['fau-] *f s.* **Verbindungsmann**

vgl. *interj abk von* **vergleiche** cf.

v.H. *loc abk von* **vom Hundert**

VHS <-> [fauha:'ʔɛs] *f abk von* **Volkshochschule**

via ['vi:a] *adv* **1.** TRANSP via

2. (*per*) *Anordnung, Erlass* par; *Anwalt, Behörde, Gericht* par l'intermédiaire de, en passant par

Viadukt <-[e]s, -e> [via-] *m* viaduc *m*

Vibration <-, -en> [vi-] *f* vibration *f*

Vibrator <-, -toren> [vi-] *m* vibromasseur *m*

vibrieren * [vi-] *vi* ■ **etw vibriert** qc vibre

Video <-s, -s> ['vi:-] *nt* **1.** (*Videofilm*) [film *m*] vidéo *f;* (*Videoclip a.*) clip *m;* (*Videokassette*) cassette *f* vidéo; ***den Film gibt es jetzt auch als ~*** ce film vient de sortir en vidéo

2. ∅ (*Medium*) vidéo *f*

▶ **jd hat etw auf ~** qn a qc en [cassette] vidéo; **jd nimmt etw auf ~ auf** qn fait une vidéo de qc

Video- ['vi:-] vidéo; *-amateur* vidéo...; *-nutzer* de vidéo **Videoanlage** *f* équipement *m* vidéo **Videoband** <-bänder> *nt* bande *f* vidéo **Videoclip** <-s, -s> *m* [vidéo]clip *m*, clip *m* vidéo **Videofilm** *m* film *m* vidéo **Videogerät** *nt s.* **Videorecorder. Videokamera** *f* caméra *f* vidéo, caméscope *m* **Videokassette** *f* cassette *f* vidéo ▶ **jd hat etw auf ~** qn a qc sur cassette vidéo **Videokonferenz** *f* vidéoconférence *f*, visioconférence *f* **Videorecorder** <-s, -> *m* magnétoscope *m* **Videospiel** *nt* jeu *m* vidéo **Videotelefon** *nt* visiophone *m* **Videotext** *m* ∅ Télétex® *m*

Videothek <-, -en> [vi-] *f* vidéoclub *m*

Videothekar(in) <-s, -e> [vi-] *m(f)* loueur(-euse) *m(f)* de cassettes vidéo; ■ **jd ist ~** qn tient un vidéoclub

Videoüberwachung ['vi:-] *f* télésurveillance *f*

Viech <-[e]s, -er> *nt fam* bestiau *m fam;* (*Insekt*) bestiole *f*

Vieh <-[e]s> *nt* ∅ **1.** (*Rinder*) bétail *m*

2. *fam* (*Tier*) bestiau *m fam*

3. *pej fam* (*Mensch*) brute *f*

Viehfutter *nt* aliments *mpl* [*o* nourriture *f*] pour le bétail

viehisch I. *adj* **1.** *Schmerzen, Brennen, Jucken* atroce

2. *Benehmen, Manieren* bestial(e)

II. *adv* **1.** *wehtun, brennen, jucken* atrocement

2. *sich benehmen, hausen* bestialement

Viehmarkt *m* marché *m* [*o* foire *f*] aux bestiaux **Viehwaggon** [-vagõ:, -vagɔŋ, -vago:n] *m* wagon *m* à bestiaux **Viehzeug** *nt fam* bêtes *fpl* **Viehzucht** *f* élevage *m* **Viehzüchter(in)** *m(f)* éleveur(-euse) *m(f)*

viel I. <mehr, meiste> *adj, pron* **1.** *sing, adjektivisch, inv* (*eine Menge von*

etw) ■ ~ **etw** beaucoup de qc; ***es gibt so ~ Arbeit, dass*** il y a tellement de travail que + *indic;* ~ ***Spaß!*** amuse-toi/amusez-vous bien!, bon amusement!; ***mit ~ Mühe*** avec bien du mal
2. *sing, mit Artikel, Possesivpronomen* ■ **der/die/das ~e ...** tout ce/toute cette ...; ***vom ~en Biertrinken*** à force de boire de la bière; ■ **jds ~e(r, s) ...** tout(e) mon(ma)/ton(ta)/...
3. *substantivisch* (*eine Menge*) beaucoup de choses; ***so/zu ~*** tellement/trop de choses; ***nicht ~*** [ne ...] pas grand-chose; ***jd hält ~/nicht ~ davon*** qn en pense beaucoup/peu de bien
4. *sing, substantivisch* ■ **~es** beaucoup de choses; ■ **~es, was ...**, ■ **~es von dem, was ...** beaucoup de ce qui/que ...; ■ **~es ...** + *substantiviertes Adjektiv Gute, Schöne, Unangenehme* beaucoup de [*o* bien des] choses *fpl* ...
5. *pl, adjektivisch* (*eine Menge von Dingen*) ■ **~e ...** beaucoup de ..., un grand nombre de ...; ***unglaublich ~e ...*** un nombre incroyable de ...
6. *pl, substantivisch* (*eine große Anzahl von Menschen*) ■ **~e** beaucoup de gens; (*eine große Anzahl von Dingen*) beaucoup [*o* un grand nombre] [d'entre eux/elles]
► **zu** ~ trop; **zu** ~ ... *Arbeit, Aufregung, Geld* trop de ...; ***ich glaube, ich habe mir zu ~ vorgenommen*** je crois que j'ai entrepris trop de choses; **was zu ~ ist, ist zu ~** trop, c'est trop; **und ~es andere mehr** et bien d'autres encore; (*Gegenstände*) et beaucoup d'autres choses [encore]; **in ~em** à bien des égards, pour une grande part; **um ~es ...** *besser, jünger, schöner, billiger, teurer etc* largement; ***um ~es anders*** tout autre[ment]
II. <mehr, am meisten> *adv* **1.** (*häufig*) *sich aufhalten, beobachten, besuchen* beaucoup; *disktutiert, genannt* souvent; *gefragt, gekauft* très
2. (*wesentlich*) *teurer, kürzer, länger etc* beaucoup, bien; *besser, billiger* bien; *anders* très
3. (*von vielen*) *beachtet, bewundert, gehasst, geschmäht, geliebt* très; *zitiert* maintes fois
► ~ **zu ...** *groß, klein, billig, teuer, kurz, lang etc* beaucoup [*o* bien] trop ...; ~ ***zu*** ~ beaucoup trop
viel- (*von vielen*): ~***stimmig*** à plusieurs voix
vielbeschäftigt *s.* **beschäftigt** ►
vieldeutig **I.** *adj* ambigu(ë)
II. *adv* avec ambiguïté
Vieldeutigkeit <-> *f* ∅ ambiguïté *f*
Vieleck *nt* polygone *m* **vieleckig** *adj* polygonal(e)
vielerlei *adj inv* **1.** (*eine Vielzahl von etw*) ■ ~ ... toutes sortes de ...; *Sorten* de nombreux(-euses) ...
2. *substantivisch* toutes sortes *fpl* de choses
vielerorts *adv* un peu partout
vielfach **I.** *adj* **1.** *Anzahl, Menge, Umfang* bien plus grand(e); ***jd braucht die ~e Menge*** qn a besoin de plusieurs fois cette quantité; ***etw hat den ~en Erdumfang*** qc fait plusieurs fois le périmètre de la Terre **2.** (*mehrfach*) *Variationen, Hinsicht* multiple; ***ein ~er Millionär*** un multimillionnaire **II.** *adv* **1.** (*häufig*) souvent **2.** (*mehrfach*) *anstoßen, beschädigen, verkratzen* à plusieurs endroits; *falten, knicken, variieren* plusieurs fois **Vielfache(s)** *nt decl wie adj* ■ **das ~**, ■ **ein ~s** plusieurs fois cette quantité-là; ■ **das ~** [*o* **ein ~s**] **von etw** plusieurs fois qc; ***das ~*** [*o* ***ein ~s***] ***von dem Preis*** plusieurs fois le prix ► **um ein ~s** [très] largement
Vielfahrer(in) *m(f)* gros conducteur/grosse conductrice *m/f*
Vielfalt <-, -en> *f* diversité *f;* ***eine ~/große ~ von Dingen*** une multiplicité/grande diversité de choses
vielfältig *adj* varié(e)
Vielfältigkeit <-> *f* ∅ *s.* **Vielfalt**
vielfarbig *adj Druck, Zeichnung* polychrome; *Kleidungsstück* multicolore
Vielflieger(in) *m(f)* ■ **ein ~** quelqu'un qui prend souvent l'avion; ***jd ist/wird zum ~*** qn prend/se met à prendre souvent l'avion; ■ **die ~** les gens *mpl* qui prennent souvent l'avion
Vielfraß <-es, -e> *m* **1.** *fam* (*Mensch*) morfal(e) *m(f) fam,* goinfre *m*
2. ZOOL glouton *m*
vielköpfig *adj fam* nombreux(-euse)
vielleicht *adv* **1.** (*eventuell*) peut-être; ■ **~, dass** peut-être que + *indic*
2. *fam* (*etwa*) par hasard; ***erwarten Sie ~, dass ...?*** vous imaginez pas par hasard que ... + *indic?*; ***bin ich ~ Jesus?*** tu me prends/vous me prenez pour le Messie? *fam*
3. *fam* (*so etwas von*) quand même *fam;* ***das ist ~ ein Idiot!*** quel idiot!, quel espèce d'idiot!; ***das ist ~ schwierig!*** c'est d'une difficulté!, que c'est difficile!
4. (*ungefähr*) à peu près
vielmals *adv geh* de nombreuses fois
► **danke** ~! merci beaucoup!
vielmehr *adv* au contraire
vielsagend *s.* **sagen I.** ►
Vielschreiber(in) *m(f) pej* auteur *m* prolifique
vielseitig **I.** *adj* **1.** *Mensch* polyvalent(e); *Künstler, Talent a.* protéiforme
2. (*breit gefächert*) *Angebot, Interessen, Programm* varié(e)
3. *Gerät, Maschine* à usages [*o* fonctions] multiples; ■ **etw ist ~** qc a de multiples usages [*o* fonctions]
II. *adv* **1.** *informiert* dans de multiples domaines; ***jd ist ~ ausgebildet/gebildet/interessiert*** qn a une culture/formation polyvalente [*o* éclectique]/des intérêts variés
2. *anwendbar, einsetzbar, verwendbar* à de multiples usages
vielsprachig *adj* polyglotte
vielverheißend *s.* **verheißen** ►
vielversprechend *s.* **versprechen I.** ►
Vielvölkerstaat *m* État *m* multiracial [*o* pluriethnique]
Vielweiberei <-> *f* ∅ polygamie *f*
Vielzahl *f* ∅ (*große Zahl*) ■ **eine ~ von Dingen**, ■ **eine ~ Dinge** (*gen*) une multitude de choses
Vielzweck- *-kleber, -reiniger* universel(le); *-tuch, -werkzeug* multiusages
vier *num* **1.** (*Zahl*) quatre
2. (*Jahr*) quatre ans; ■ **jd ist/wird ~** qn a/va avoir quatre ans
3. (*Uhr*) quatre heures; (*Minuten*) quatre; ***es ist ~*** il est quatre heures; ***es ist ~ vor/nach drei*** il est trois heures moins quatre/trois heures quatre; ***es ist schon kurz nach ~*** il est déjà quatre heures passées; ***es ist noch vor ~*** il n'est pas encore quatre heures; ***kurz vor ~*** peu avant quatre heures
4. SPORT ■ ~ **zu etw** quatre à qc; ■ **etw zu ~** qc à quatre
► **ein Tier streckt alle ~e von sich** *fam* un animal est crevé(e) *fam;* **jd streckt alle ~e von sich** *fam* qn se met les doigts de pied en éventail *fam;* **auf allen ~en** *fam* à quatre pattes; **gegen ~** vers quatre heures; **mit ~** à quatre ans; **um ~** à quatre heures; **zu ~t, zu ~en** à quatre; *sein* quatre
Vier <-, -en> *f* **1.** (*Zahl*) quatre *m*
2. TRANSP ■ **die ~** le quatre
3. KARTEN ■ **die/eine ~** le/un quatre; ■ **die ~** le quatre de
4. SCOL ≈ dix *m* (*note tout juste passable, autour de la moyenne*)
Vier-, vier-: ***v~reihig*** de quatre rangées; ***v~spaltig*** de [*o* sur] quatre colonnes; ***v~bändig*** en quatre volumes **vierarmig** *adj Leuchter* à quatre branches; ■ **etw ist ~** qc a quatre branches **Vieraugengespräch** *nt* tête-à-tête *m* **Vierbeiner** <-s, -> *m hum:* ***die*** [***lieben***] ~ nos compagnons *mpl* à quatre pattes *hum* **vierbeinig** *adj* **1.** *Tisch* à quatre pieds; ■ **etw ist ~** qc a quatre pieds **2.** *Tier* quadrupède **vierblätt[e]rig** *adj Klee* à quatre feuilles; *Blume, Blüte a.* quadrifolié(e) *spéc;* ■ **etw ist ~** qc a quatre feuilles **vierdimensional** *adj* à quatre dimensions, quadridimensionnel(le); ■ **etw ist ~** qc a quatre dimensions **Viereck** *nt* quadrilatère *m* **viereckig** *adj* rectangulaire
viereinhalb *num* **1.** (*4,5*) quatre ... et demi(e)
2. *fam* (*4500 DM*) quatre mille cinq [cents marks]
Vierer <-s, -> *m* **1.** (*Ruderboot*) quatre *m*
2. *fam* (*vier Richtige*) quatre bons numéros *mpl*
3. SCOL *fam* ≈ dix *m* (*note juste passable autour de la moyenne*)
Viererbob *m* bob *m* à quatre
viererlei *adj inv* **1.** *attr* ■ ~ **etw** *Brot, Käse* quatre sortes de qc; ■ ~ **Dinge** *Möglichkeiten, Fälle, Farben, Größen* quatre choses [différentes]
2. *substantivisch* quatre sortes *fpl*
Viererreihe *f:* ***eine ~ Polizisten*** quatre rangs *mpl* [*o* une quadruple rangée] de policiers; ***in ~n*** en rang[s] par quatre; ***in ~n aufstellen!*** en rang[s] par quatre!
vierfach, 4fach **I.** *adj* **1.** (*viermal so groß*) ■ **der/die/das ~e ...** *Betrag, Preis, Summe* un/une ... quatre fois plus élevé(e); ***es kam die ~e Anzahl*** il en est venu quatre fois plus; ***etw ist von der ~en Dicke*** qc est quatre fois plus épais(se); ***die ~e Menge*** quatre fois la quantité; ***er hat die ~e Summe gewonnen*** il a gagné quatre fois plus
2. (*viermal erstellt*) *Ausfertigung, Kopie* quatre; ***in ~er Ausfertigung*** en quatre exemplaires
II. *adv* en quatre exemplaires; *unterschreiben* quatre fois; *zusammenlegen, gruppieren* par quatre
Vierfache(s) *nt decl wie adj* quadruple *m;* ***jd verdient/bezahlt/verzehrt das ~*** qn gagne/paie/consomme quatre fois plus; ***das ~ an Fläche*** une surface quatre fois plus grande; ***das ~ an Gehalt*** un salaire quatre fois plus élevé
► **um das ~:** ***etw ist um das ~ gestiegen/hat sich um das ~ vergrößert*** qc a été multiplié(e) par quatre; ***um das ~ höher*** quatre fois plus élevé(e)
Vierfarbendruck <-drucke> *m* **1.** ∅ (*Verfahren*) quadrichromie *f* **2.** (*Darstellung*) tirage *m* en quadrichromie **Vierfüßer** <-s, -> *m* tétrapode *m* **vierfüßig** *adj* **1.** *Leuchter, Schale, Untergestell* à quatre pieds; ■ **etw ist ~** qc a quatre pieds **2.** POES de quatre pieds; ■ **etw ist ~** qc a quatre pieds **Vierganggetriebe** *nt* boîte *f* [à] quatre vitesses **viergeschossig** **I.** *adj* de quatre étages; ■ **etw ist ~** qc a quatre étages **II.** *adv bauen, bebauen* à quatre étages **vierhändig** **I.** *adj* MUS à quatre mains **II.** *adv* à quatre mains
vierhundert *num* quatre cents
vierhundertjährig *adj* de quatre cents ans; ***das ~e Bestehen des Dorfs*** les quatre cents ans d'existence du village; ***etw feiert sein ~es Bestehen*** qc fête ses quatre cents ans [d'existence]
vierhundertste(r, s) *adj* quatre centième
vierhunderttausend *num* quatre cent mille
vierjährig *adj* **1.** (*vier Jahre alt*) *Kind, Tier, Baum* de quatre ans **2.** (*vier Jahre dauernd*) *Amtszeit, Frist* [d'une durée] de quatre ans **Vierjährige(r)** *f(m) decl wie adj* enfant *mf* de quatre ans
vierkantig *adj* carré(e), à quatre pans
Vierkantschlüssel *m* clé *f* à quatre pans
vierköpfig *adj* de quatre [personnes]
Vierling <-s, -e> *m* quadruplé(e) *m(f)*
viermal *adv* quatre fois, à quatre reprises
► ~ **so viel/so viele** [...] quatre fois plus/plus [de ...]
viermalig *adj* quadruple *antéposé;* ***nach ~em Anruf/Versuch*** après quatre appels/essais; ***auf ~es Klingeln*** au quatrième coup de sonnette; ***unser geheimes Zeichen ist ~es Klopfen an der Tür*** notre signal consiste à frapper quatre fois à la porte; ***trotz bisher ~er Bitte*** malgré une demande réitérée quatre fois
Viermaster <-s, -> *m* quatre-mâts *m* **viermotorig** *adj* quadrimoteur **Vierradantrieb** *m* quatre roues *fpl* motrices **vierräd[e]rig** *adj Wagen* à quatre roues; ■ **etw ist ~** qc a quatre roues **vierschrötig** *adj* râblé(e), trapu(e) **vierseitig** *adj* **1.** (*vier Seiten umfassend*) de quatre pages **2.** GEOM à quatre côtés **Viersitzer** <-s, -> *m* quatre-places *f* **viersitzig** *adj* [à] quatre places; ■ **etw ist ~** qc a [*o* fait] quatre places **vierspurig** **I.**

adj à quatre voies **II.** *adv* à quatre voies **vierstellig** *adj* à quatre chiffres; *Zahl* de quatre chiffres **vierstimmig** *adj* à quatre voix **vierstöckig** *adj* de quatre étages; ■ **etw ist** ~ qc a quatre étages **vierstrahlig** *adj* quadriréacteur **vierstrophig** *adj Gedicht* de quatre strophes; *Lied* de quatre couplets; ■ **etw ist** ~ qc a quatre strophes/couplets **vierstündig** *adj attr* de quatre heures **vierstündlich** *adj, adv* toutes les quatre heures

viert *adv s.* **vier**

Viertagewoche *f* semaine *f* de quatre jours

viertägig *adj* de quatre jours

viertausend *num* quatre mille **Viertausender** *m* montagne *f* de quatre mille mètres

vierte(r, s) *adj* **1.** quatrième
2. (*Datum*) quatre; ***am ~n Mai*** le quatre mai
► **jeder** ~ … un(e) … sur quatre

Vierte(r) *f(m) decl wie adj* **1.** (*des Monats*) ■ **der** ~ le quatre
2. (*Herrscher*) ■ **… der** ~ *gesprochen,* ■ **… IV.** *geschrieben* … quatre *oral,* … IV *écrit*
► **jd/etw ist/wird** ~ qn/qc est/finit quatrième; **als** ~[r] en quatrième position; ***Sie sind als ~(r) dran*** vous êtes le/la quatrième; **jeder** ~ un(e) sur quatre

vierteilen *vt* HIST ■ **jd wird gevierteilt** qn est écartelé(e) **Vierteiler** *m* film *m* en quatre épisodes **vierteilig** *adj Film* en quatre épisodes [*o* parties]; *Satz* de quatre; *Besteck* pour quatre personnes

viertel ['fɪrtl] *num* ■ **ein** ~ … *Liter, Zentner* un quart de …

Viertel[1] <-s, -> ['fɪrtl] *nt* (*Stadtbezirk*) quartier *m*

Viertel[2] <-s, -> ['fɪrtl] *nt o* CH *m* **1.** MATH quart *m*
2. *fam* (*Viertelpfund*) quart *m*
3. (*0,25 Liter*) quart *m*
4. (*15 Minuten*) ■ ~ **vor/nach** moins le quart/le quart; (*um ~ vor/nach*) à moins le quart/au quart; ■ ~ **vor/nach etw** qc moins le quart/et quart
► **akademisches** ~ quart *m* d'heure académique

Vierteldrehung ['fɪrtl-] *f* quart *m* de tour **Viertelfinale** [fɪrtl-] *nt* SPORT quart *m* de finale **Vierteljahr** [fɪrtl-] *nt* trimestre *m* **Vierteljahrhundert** [fɪrtl-] *nt* quart *m* de siècle **vierteljährig** ['fɪrtl-] *adj attr* de trois mois **vierteljährlich** ['fɪrtl-] **I.** *adj* trimestriel(le) **II.** *adv* trimestriellement; ***einmal*** ~ une fois tous les trois mois **Viertelliter** ['fɪrt-] *m o nt* quart *m* de litre

vierteln ['fɪrtln] *vt* ■ **jd viertelt etw** qn coupe qc en quatre

Viertelnote ['fɪrtl-] *f* noire *f* **Viertelpause** ['fɪrtl-] *f* soupir *m* **Viertelpfund** ['fɪrtl-] *nt* quart *m* de livre, 125 g; ***ein ~ Zucker*** 125 g de sucre **Viertelstunde** [fɪrtl-] *f* quart *m* d'heure ► **in/nach/vor** einer ~ dans un/au bout d'un/il y a un quart d'heure **viertelstündig** ['fɪrt-] *adj attr* d'un quart d'heure **viertelstündlich** ['fɪrtl-] **I.** *adj attr* tous les quarts d'heure; ***in ~em Abstand*** à un quart d'heure d'intervalle **II.** *adv* tous les quarts d'heure **Viertelton** ['fɪrtl-] *m* quart *m* de ton

viertens *adv* quatrièmement

viertletzte(r, s) ['fɪrt-] *adj* ■ **der/die/das** ~ … le/la quatrième … avant la fin; ■ **der/die/das V~** le/la quatrième avant la fin

Viertonner <-s, -> *m* 4 tonnes *m* **Viertürer** <-s, -> *m fam* quatre portes *f* **viertürig** *adj Auto* à quatre portes; ■ **etw ist** ~ qc a quatre portes

vierund- -quatre; ***wie alt bist du? – V~zwanzig*** quel âge as-tu? – Vingt-quatre ans

Viervierteltakt [-'fɪrtl-] *m* mesure *f* à quatre temps

Vierwaldstätter See *m* ∅ ■ **der** ~ le lac des Quatre-Cantons

vierwertig *adj* quadrivalent(e) **vierwöchentlich** *adj, adv* toutes les quatre semaines **vierwöchig** *adj* de quatre semaines

vierzehn ['fɪrtse:n] *num* **1.** (*Zahl*) quatorze
2. (*Jahr*) quatorze ans; ■ **jd ist/wird** ~ qn a/va avoir quatorze ans
► **mit** ~ [**Jahren**] à quatorze ans

vierzehntägig ['fɪrtse:n-] *adj* de quinze jours **vierzehntäglich I.** *adj* tous les quinze jours; ***unsere ~e Konferenz*** notre conférence bimensuelle **II.** *adv* tous les quinze jours

vierzehnte(r, s) ['fɪrtse:n-] *adj* quatorzième

Vierzehntel <-s, -> ['fɪrtse:ntl] *nt* quatorzième *m*

Vierzeiler <-s, -> *m* quatrain *m* **vierzeilig** *adj* de quatre lignes; *Gedicht, Strophe* de quatre vers; ■ **etw ist** ~ qc a quatre lignes/vers

vierzig ['fɪrtsɪç] *num* **1.** (*Zahl*) quarante
2. (*Jahr*) quarante ans; ■ **jd ist/wird** ~ qn a/va avoir quarante ans
3. (*Stundenkilometer*) quarante *m* [à l'heure]
► **mit** ~ (*Alter*) à quarante ans; (*Geschwindigkeit*) à quarante [à l'heure]

Vierzig <-, -en> ['fɪrtsɪç] *f* **1.** (*Zahl*) quarante *m*
2. (*Alter*) quarantaine *f;* ***sie geht schon auf die ~ zu*** elle va déjà sur ses quarante ans, elle approche déjà de la quarantaine

vierziger *adj,* **40er** ['fɪrtsɪɡɐ] *adj attr, inv* **1.** ■ **die ~ Jahre** les années *fpl* quarante
2. COM (*1940*) de 1940; *Wein* millésimé(e) 1940

Vierziger[1] ['fɪrtsɪɡɐ] *pl* (*eines Jahrhunderts*) ■ **die** ~ les années *fpl* quarante

Vierziger[2] <-s, -> ['fɪrtsɪɡɐ] *m* (*Weinjahrgang*) [millésime *m*] 1940
► **jd ist in den ~n** qn est quadragénaire

Vierziger(in) <-s, -> ['fɪrtsɪɡɐ] *m(f) fam* (*Mensch*) quadragénaire *mf*

Vierzigerjahre ['fɪrtsɪɡɐ-] *pl* ■ **die** ~ les années *fpl* quarante

vierzigjährig ['fɪrtsɪç-] **I.** *adj attr* **1.** (*40 Jahre alt*) de quarante ans; *Mensch a.* quadragénaire **2.** (*40 Jahre dauernd*) de quarante ans **II.** *adv* à quarante ans **Vierzigjähriger(r)** ['vɪrtsɪç-] *f(m) decl wie adj* quadragénaire *mf,* homme/femme *m/f* de quarante ans **vierzigmal** ['vɪrtsɪç-] *adv* quarante fois

vierzigste(r, s) ['fɪrtsɪɡstə] *adj* **1.** (*an 40. Stelle*) quarantième
2. ***der ~ Teil von etw*** le quarantième de qc

vierzigstel ['fɪrtsɪçstl] *adj inv* ■ **ein/eine** ~ … *Sekunde, Millimeter* un quarantième de …

Vierzigstel <-s, -> ['fɪrtsɪçstl] *nt* ■ **ein ~ einer S.** (*gen*) un quarantième de qc

Vierzimmerwohnung *f* appartement *m* de quatre pièces, quatre-pièces *m* **Vierzylindermotor** *m* moteur *m* [à] quatre cylindres **vierzylindrig** *adj* [à] quatre cylindres

Vietcong <-, -[s]> [viɛt'kɔŋ] *m* **1.** ∅ (*Guerillabewegung*) ■ **der** ~ le Viêtcong
2. (*Mitglied*) Viet *m péj*

Vietnam <-s> [viɛt'nam] *nt* ∅ ■ ~ le Viêt-nam *m*

Vietnamese <-n, -n> [viɛtna'me:zə] *m,* **Vietnamesin** *f* Vietnamien(ne) *m(f)*

vietnamesisch [viɛtna'me:zɪʃ] *adj* vietnamien(ne)

Viewer <-s, -> ['vju:ɐ] *m* INFORM visionneuse *f*

Vignette <-, -n> [vɪn'jɛtə] *f* **1.** ART vignette *f*
2. TRANSP vignette *f*

Vikar(in) <-s, -e> [vi-] *m(f)* vicaire *m*

Villa <-, Villen> ['vɪla] *f* villa *f*

Villenviertel ['vɪlənfɪrtl] *nt* quartier *m* résidentiel

violett [vio-] *adj* violet(te)

Violett <-s, -> [vio-] *nt* violet *m*

Violin- [vio-] *-konzert, -sonate, -stück* pour violon

Violine <-, -n> [vio-] *f* MUS violon *m*

Violinschlüssel *m* clé *f* de sol

Violoncello <-s, -celli> [violɔn'tʃɛlo] *nt* violoncelle *m*

VIP <-, -s> [vi:ʔai'pi:, vɪp] *m abk von* **very important person** V.I.P. *mf fam,* personnalité *f*

Viper <-, -n> ['vi:pɐ] *f* vipère *f*

Viren ['vi:rən] *pl von* **Virus**

Virensuchprogramm ['vi:rən-] *nt* INFORM [programme *m*] antivirus *m*

Virologe <-n, -n> [viro-] *m,* **-login** *f* virologue *mf,* virologiste *mf*

Virologie <-> [viro-] *f* ∅ virologie *f*

virtuell [vɪr'tuɛl] *adj* virtuel(le)

virtuos [vɪr'tuo:s] **I.** *adj geh Leistung, Spiel* magistral(e), brillant(e); *Musiker* virtuose
II. *adv geh* avec virtuosité

Virtuose <-n, -n> [vɪrtu'o:zə] *m,* **Virtuosin** *f* virtuose *mf*

virulent [viru-] *adj* **1.** MED virulent(e)
2. *geh* (*gefährlich*) pernicieux(-euse)

Virus <-, Viren> ['vi:rʊs] *nt o m* BIO, MED, INFORM virus *m*

Virus- ['vi:rʊs-] MED viral(e)

Visa ['vi:za] *pl von* **Visum**

Visage <-, -n> [vi'za:ʒə] *f pej sl* tronche *f pop,* binette *f fam*

Visagist(in) <-en, -en> [viza'ʒɪst] *m(f)* visagiste *mf*

vis-a-vis[RR], **vis-à-vis** [viza'vi:] **I.** *adv geh* en face; ■ ~ **von jdm/etw** en face de qn/qc; ■ **jdm** ~ en face de qn; ■ **… von** ~ … d'en face
II. *präp* ■ ~ **einer S.** (*dat*) en face de qc

Visavis <-, -> [viza'vi:] *nt geh* ■ **jds** ~ le vis-à-vis de qn

Visen ['vi:zn] *pl von* **Visum**

Visier <-s, -e> [vi-] *nt* **1.** [*Schusswaffe*] viseur *m*
2. [*Helm*] visière *f*
► **jd fasst etw ins** ~ [*o* **nimmt**] *Aufgabe, Plan* qn envisage qc; **jd gerät ins ~/in jds** ~ qn se fait repérer [par qn]; **etw gerät ins ~/in jds** ~ qc attire l'attention [de qn]; ***jd gerät ins ~ der Öffentlichkeit*** les projecteurs de l'actualité sont braqués sur qn; **jd hat jdn/etw im** ~ qn a qn/qc dans le collimateur; **jd nimmt jdn ins** ~ qn a qn à l'œil

visieren * [vi-] *vt* CH **1.** (*abzeichnen*) ■ **jd visiert etw** *Akte, Vertrag* qn paraphe qc
2. (*beglaubigen*) ■ **jd lässt etw** ~ *Dokument* qn fait viser qc

Vision <-, -en> [vi'zio:n] *f geh* **1.** (*Erscheinung*) vision *f*
2. (*Vorstellung*) anticipation *f*
► **jd hat ~en** (*Halluzinationen*) qn a des visions; (*zukunftsweisende Gedanken*) qn sait anticiper

Visionär(in) <-s, -e> [vizio-] *m(f) geh* visionnaire *mf*

Visite <-, -n> [vi-] *f* **1.** MED visite *f*
2. *geh* (*Besuch*) visite *f*
► **jd macht** ~ MED qn fait ses visites

Visitenkarte [vi-] *f* carte *f* de visite

Viskose <-> [vɪs'ko:zə] *f* ∅ viscose *f*

visuell [vi-] *adj geh* visuel(le)

Visum <-s, Visa *o* Visen> ['vi:zʊm] *nt* **1.** ADMIN visa *m*
2. CH (*Namenskürzel*) paraphe *m*

Visumzwang ['vi:zʊm-] *m* visa *m* obligatoire

Vita <-, Viten *o* Vitae> ['vi:ta, -tɛ] *f geh* vie *f*

vital [vi-] *adj geh* **1.** *Mensch* fringant(e), plein(e) de vitalité
2. (*lebenswichtig*) *Interessen, Bedeutung, Wichtigkeit* vital(e)

Vitalität <-> [vi-] *f* ∅ vitalité *f*

Vitamin <-s, -e> [vi-] *nt* vitamine *f*
► ~ ***B*** *fam* piston *m fam*

Vitamin- [vi-] **1.** *-kapsel, -pille, -tablette, -pulver* vitamines *fpl* en; *-dosis* de vitamines **2.** *-bedarf, -gehalt, -mangel* en vitamines; *-einnahme* de vitamines **vitaminarm** *adj* pauvre en vitamines **Vitaminmangelkrankheit** *f* avitaminose *f* **vitaminreich** *adj* riche en vitamines

Vitrine <-, -n> [vi-] *f* vitrine *f*

Vivisektion <-, -en> [vivi-] *f* vivisection *f*

Vize <-s, -> ['fi:tsə, 'vi:-] *m fam* bras *m* droit, second *m*

Vize- ['fi:tsə-, 'vi:-] *-kanzler, -konsul, -präsident* vice-… **Vizeadmiral(in)** *m(f)* vice-amiral *m* d'escadre **Vizekönig** *m* vice-roi *m*

Vlies <-es, -e> *nt* **1.** (*Wolle*) toison *f*
2. (*Fasermaterial*) rembourrage *m*

V-Mann <-leute> ['fau-] *m*, **V-Frau** *f fam* indic *m fam*

Vogel <-s, Vögel> *m* **1.** ORN oiseau *m*
2. *fam* (*Kerl*) *komisch, merkwürdig, seltsam* oiseau *m fam; locker, lustig, schräg, link* type *m fam*
► **jd hat [mit etw] den ~ abgeschossen** *fam* qn a eu le pompon [en faisant qc] *fam;* **der ~ ist ausgeflogen** *fam* l'oiseau s'est envolé; **~ friss oder stirb** *prov* marche ou crève; **jd hat einen ~** *fam* qn a une araignée au plafond *fam*, qn est cinglé(e) *fam;* **jd zeigt jdm den ~** *fam* qn traite qn de cinglé(e) *fam* (*en mettant le doigt sur la tempe*)

Vogelbauer *nt* cage *f* **Vogelbeere** *f* **1.** (*Eberesche*) sorbier *m* [des oiseleurs] **2.** (*Frucht*) sorbe *f*

Vögelchen <-s, -> *nt* petit oiseau *m*, oisillon *m*

Vogeldreck *m* fiente *f* **Vogelfänger(in)** <-s, -> *m(f)* oiseleur(-euse) *m(f)* **vogelfrei** *adj* HIST hors la loi **Vogelfutter** *nt* graines *fpl* pour les oiseaux **Vogelkäfig** *m* cage *f* **Vogelkunde** *f* ornithologie *f* **Vogelmännchen** *nt* oiseau *m* mâle

vögeln *vi sl* ■ **jd vögelt** qn baise *fam;* ■ **jd vögelt mit jdm** qn baise qn *fam;* ■ **das V~** la baise *pop*

Vogelnest *nt* nid *m* [d'oiseau] **Vogelperspektive** *f* vue *f* d'avion ► **aus der ~** à vue d'oiseau; PHOT en plongée **Vogelscheiße** *f sl* merde *f* d'oiseau *fam* **Vogelscheuche** <-, -n> *f* **1.** AGR, HORT épouvantail *m* **2.** *fam* (*Frau*) épouvantail *m fam* **Vogelschutz** *m* protection *f* des oiseaux **Vogelspinne** *f* mygale *f* **Vogel-Strauß-Politik** *f* ∅ *fam* politique *f* de l'autruche **Vogelwarte** *f* station *f* ornithologique **Vogelweibchen** *nt* oiseau *m* femelle

Vogerlsalat *m* AUS (*Feldsalat*) mâche *f*

Vogesen <-> [vo-] *pl* Vosges *fpl*

Vöglein <-s, -> *nt liter* oiselet *m littér*

Voice-Recorder <-s, -> ['vɔɪs-] *m* enregistreur *m* de vol

Vokabel <-, -n> [vo-] *f* **1.** SCOL mot *m* de vocabulaire; ***lateinische ~n*** du vocabulaire latin
2. *geh* (*Begriff*) terme[-clé] *m*

Vokabular <-s, -e> [vo-] *nt* **1.** (*Wörterverzeichnis*) lexique *m*
2. *geh* (*Wortschatz*) vocabulaire *m*

Vokal <-s, -e> [vo-] *m* voyelle *f*

vokalisch [vo-] *adj* vocalique

Volk <-[e]s, Völker> *nt* **1.** (*Nation*) peuple *m*
2. ∅ (*die Menschen*) ■ **das ~** le peuple
3. ∅ *pej* (*Pack*) faune *f*
► **das ~ der Dichter und Denker** le peuple des poètes et des penseurs; **dem ~ aufs Maul schauen** parler comme le peuple; **das auserwählte ~** le peuple élu; **fahrendes ~** *veraltend* gens *mpl* du voyage; **jd bringt etw unters ~** *Gerücht, Nachricht* qn divulgue qc; **jd mischt sich unters ~** *fam* qn prend un bain de foule; **viel ~** *fam* du populo *fam;* ***zu viel ~*** trop de populo *fam*

Völkchen <-s, -> *nt fam* gens *mpl*
► **sie sind ein ~ für sich** c'est des gens à part [*o* pas comme les autres] *fam*

Völkerball *m* ∅ ballon *m* prisonnier **Völkerbund** *m* ∅ HIST Société *f* des Nations **Völkermord** *m* génocide *m* **Völkerrecht** *nt* ∅ droit *m* international public [*o* des peuples à disposer d'eux-mêmes] **völkerrechtlich** **I.** *adj Anerkennung* en vertu du droit des peuples à disposer d'eux-mêmes; ***vom ~en Standpunkt her*** sur le plan du droit international public **II.** *adv* en droit international **Völkerwanderung** *f* **1.** HIST ■ **die ~** les grandes invasions *fpl* **2.** *fam* (*Menschenmengen*) ruée *f*

völkisch *adj* NS *s.* **national**

Volksabstimmung *f* référendum *m* **Volksbefragung** *f* consultation *f* populaire **Volksbegehren** *nt* initiative *f* populaire **Volkseinkommen** *nt* revenu *m* national **Volksempfinden** *nt* ► **das gesunde ~** le bon sens populaire **Volksentscheid** *m* vote *m* populaire **Volksfest** *nt* fête *f* populaire **Volksgerichtshof** *m* ∅ NS ■ **der ~** le Tribunal du Peuple **Volksgesundheit** *f* ■ **die ~** la santé publique **Volksglaube[n]** *m* croyance *f* populaire **Volksgruppe** *f* groupe *m* ethnique **Volksheld(in)** *m(f)* héros/héroïne *m/f* national(e) **Volkshochschule** *f* université *f* populaire **Volksinitiative** [-və] *f* CH *s.* **Volksbegehren.** **Volkskrankheit** *f* maladie *f* endémique **Volkskunde** *f* arts et traditions *mpl* populaires, folklore *m* **Volkskundler(in)** <-s, -> *m(f)* folkloriste *mf* **Volkslauf** *m* course *f* populaire **Volkslied** *nt* chanson *f* populaire **Volksmehr** <-s> *nt* ∅ CH majorité *f* confédérale **Volksmund** *m* ► **im ~** dans le langage populaire **Volksmusik** *f* musique *f* folklorique **Volksrede** *f* ► **jd hält ~n [über etw** (*akk*)**]** *fam* qn fait de grands laïus [sur qc] *fam;* **halte keine ~n!** *fam* pas [tant] de laïus! *fam* **Volksrepublik** *f* république *f* populaire **Volksschicht** *f meist pl* couche *f* de la population **Volksschule** *f* AUS (*Grundschule*) école *f* primaire **Volkssport** *m* sport *m* populaire **Volksstamm** *m* peuplade *f* **Volksstück** *nt* pièce *f* populaire **Volkssturm** *m* ∅ HIST ■ **der ~** le Volkssturm (*milice populaire levée en 1945*) **Volkstanz** *m* danse *f* folklorique **Volkstracht** *f* costume *m* folklorique [*o* régional]

volkstümlich *adj* **1.** *Brauch, Tracht* traditionnel(le); *Bezeichnung* usuel(le)
2. (*populär*) *Autor, Schauspieler, Fest, Theaterstück* populaire

Volksverhetzung <-, -en> *f* incitation *f* à la violence; ***jdm wird der Vorwurf der ~ gemacht*** on reproche à qn d'être un(e) fauteur(-trice) de troubles **Volksvertreter(in)** *m(f)* représentant(e) *m(f)* du peuple **Volksvertretung** *f* représentation *f* nationale **Volkswirt(in)** *m(f)* économiste *mf* **Volkswirtschaft** *f* **1.** (*Nationalökonomie*) économie *f* [nationale] **2.** *s.* **Volkswirtschaftslehre** **Volkswirtschaftler(in)** <-s, -> *m(f)* économiste *mf* **volkswirtschaftlich** **I.** *adj* **1.** (*der nationalen Wirtschaft*) économique *m* **2.** UNIV d'économie politique **II.** *adv* d'un point de vue économique **Volkswirtschaftslehre** *f* économie *f* politique **Volkszählung** *f* recensement *m*

voll **I.** *adj* **1.** (*gefüllt*) plein(e); ***halb ~*** à moitié plein(e); ■ **etw wird ~** qc se remplit; [***etw ist***] **~** [***mit***] ***Wasser*** (*bedeckt, gefüllt*) [qc est] plein(e) d'eau; *s. a.* **gerammelt, gerüttelt**
2. (*ganz*) *Jahr, Monat, Minuten, Semester, Stunde, Tag, Woche* entier(-ière), complet(-ète); *Zeit* complet(-ète); ***ich warte schon ~e 20 Minuten*** j'attends déjà depuis 20 bonnes minutes; ***etw fährt jede ~e Stunde*** il y a un départ de qc aux heures justes
3. (*vollständig*) ■ **der/die/das ~e etw** *Betrag, Kaufpreis, Preis, Steuer, Summe* la totalité de qc
4. (*ungeschmälert*) *Ausmaß, Gewissheit, Tragweite, Umfang* total(e)
5. (*prall*) *Gesicht, Wangen* plein(e); *Busen* opulent(e); *Hintern, Hüften* rebondi(e); ■ **jd wird ~er** qn prend des rondeurs
6. (*voll tönend*) *Bariton, Bass, Stimme* sonore, bien timbré(e)
7. (*dicht*) *Bart* fourni(e); *Behaarung, Haar* abondant(e); ■ **etw ist/wird ~** qc est fourni(e)/s'épaissit
8. *fam* (*satt*) ■ **jd ist ~** qn est gavé(e) [*o* repu(e)]
9. *sl* (*betrunken*) ■ **jd ist ~** qn est plein(e) *fam*
► **gestrichen ~** ras(e); ***ein gestrichen ~er Esslöffel Zucker*** une cuillère à soupe [rase] de sucre; **jd nimmt jdn nicht für ~** qn ne prend pas qn vraiment au sérieux; **jd kann aus dem V~en schöpfen** qn peut taper dans le tas *fam* [*o* puiser [dedans] à volonté]; **in ~er ...** *Gala, Montur, Uniform* en grand(e) ...; ***in ~er Ausrüstung*** équipé(e) de pied en cap
II. *adv* **1.** (*vollkommen*) *auskosten, ausnützen, befriedigen, gefallen* pleinement; *befahren, sperren, wieder aufnehmen, wiederherstellen* complètement, totalement
2. (*mit aller Wucht*) *prallen* de plein fouet; *treffen, zuschlagen* très violemment
3. (*rückhaltlos*) *dahinter stehen, unterstützen* totalement
4. *sl* (*total*) *gut, schnell* vachement *fam; doof* fin *fam; anmachen, fertigmachen, anlabern* méchamment *fam*
5. (*bis etw mit etw bedeckt ist*) *kleckern, schmieren, spritzen, sudeln* complètement; ***jd pisst etw ~*** *vulg* qn pisse [*o* met de la pisse] partout sur/dans qc *vulg;* **~ *geschissen/gekotzt*** *vulg* recouvert(e) de merde/de vomi *fam*
6. (*bis etw ganz gefüllt ist*): **~ *füllen/~ pumpen/~ schütten/~ spritzen*** remplir; ***jd schüttet etw ~*** qn remplit qc
► **~ und ganz** à cent pour cent

-voll (*voller*) *absichts-, hoffnungs-, fantasie-, reue-, verheißungs- sorgen-* plein(e) de ...; ***absichts~*** intentionnel(le); ***dornen~*** semé(e) d'épines; ***leid~*** douloureux(-euse); ***mühe~*** pénible; ***jd singt seelen~*** qn chante de façon très expressive

vollladen *s.* **laden I.** ►

vollauf *adv* tout à fait, totalement; *beschäftigt sein* à plein temps; ***jd hat ~ zu tun*** qn n'a pas une minute

volllaufen *s.* **laufen I.** ►, **II.** ►, **III.** ►

vollautomatisch **I.** *adj* entièrement automatique
II. *adv* de façon entièrement automatique

vollautomatisiert *adj* entièrement automatisé(e)

Vollbad *nt* bain *m*
► **jd nimmt ein ~** qn prend un [bon] bain

Vollbart *m* barbe *f*
► **jd lässt sich** (*dat*) **einen ~ wachsen** qn se laisse pousser la barbe

vollbeschäftigt *adj* employé(e) à temps plein **Vollbeschäftigung** *f* ∅ plein emploi *m*

Vollbesitz *m* ► **im ~ einer S.** (*gen*) en pleine possession de qc

Vollbild *nt* MED syndrome *m*

Vollblut *nt* ∅ **1.** (*Pferd*) pur-sang *m*
2. MED sang *m*

Vollblut- **1.** (*leidenschaftlich*) dans l'âme, jusqu'au bout des ongles
2. ZOOL pur-sang

Vollblüter <-s, -> *m* pur-sang *m*

vollblütig *adj* pur-sang

Vollbremsung *f* arrêt *m* d'urgence
► **jd macht eine ~** qn bloque les freins

vollbringen * *vt irreg* ■ **jd vollbringt etw** qn accomplit qc; ***endlich hat jd die Tat vollbracht*** qn a enfin franchi le pas

vollbusig *adj* qui a de la poitrine; ■ **jd ist ~** qn a de la poitrine

Volldampf *m* ► **jd macht ~ hinter etw** (*akk*) *fam* qn met le paquet sur qc *fam;* ***wir müssen ~ hinter unsere Bemühungen machen*** il faut qu'on mette la sauce [*o* le paquet] *fam;* **mit ~** *fam vorantreiben* à pleins tubes *fam;* ***jd arbeitet mit ~*** qn en met un coup *fam;* **~ voraus** NAUT en avant toute; ***mit ~ voraus*** à toute vapeur

volldröhnen *s.* **dröhnen** ►

vollenden * *vt geh* qn termine [*o* achève] qc

vollendet *adj* **1.** *Form, Kunstwerk, Schönheit* parfait(e); *Eleganz* achevé(e)
2. *Gastgeber, Künstler, Redner, Tänzer, Virtuose* accompli(e)

vollends *adv* complètement

Vollendung <-, -en> *f* **1.** (*das Vollenden*) achèvement *m*
2. ∅ (*Perfektion*) perfection *f*
► **etw in höchster ~** qc dans toute sa/leur perfection; **etw geht der** [*o* **seiner**] **~ entgegen** *geh* qc est en voie d'achèvement

voller *adj + gen* plein(e) de

Volley <-s, -s> ['vɔli] *m* volée *f*

Volleyball ['vɔli-] *m* SPORT **1.** ∅ (*Spiel*) volley[-ball] *m*
2. (*Ball*) ballon *m* [de volley]

vollfett *adj* riche en matières grasses

vollfressen *s.* **fressen III.** ►

Vollgas *nt* ► **jd gibt ~** qn accélère à fond, qn met les gaz; **mit ~** AUT à pleins

gaz, à toute berzingue *fam,* à fond la caisse *fam; fam* (*mit großem Einsatz*) *arbeiten, vorantreiben* pleins gaz *fam,* à toute pompe *fam*
Vollgefühl *nt* ▸ **im** ~ **einer S.** (*gen*) totalement conscient(e) [*o* sûr(e)] de qc
voll|gießen *s.* **gießen I.**▸
Vollidiot(in) *m(f) fam* triple idiot(e) *m(f) fam*
völlig I. *adj* total(e)
II. *adv* totalement; *egal sein, genügen, gleichgültig sein, reichen, richtig sein, Recht haben, übereinstimmen a.* parfaitement; ***es ist ~ still*** le silence est total
volljährig *adj* majeur(e); ■ **jd wird** ~ qn atteint sa majorité
Volljährigkeit <-> *f* ∅ majorité *f*
vollkaskoversichert *adj* assuré(e) tous risques; ■ **jd/etw ist** ~ qn/qc est assuré(e) tous risques **Vollkaskoversicherung** *f* assurance *f* tous risques [*o* tierce]
vollklimatisiert *adj* [entièrement] climatisé(e)
vollkommen I. *adj* 1. (*perfekt*) *Kunstwerk, Gesichtszüge, Schönheit* parfait(e); ■ **etw ist** ~ / *Glück, Freude*/ qc est parfait(e); / *Unglück*/ qc est complet(-ète)
2. (*völlig*) *Zufriedenheit, Übereinstimmung, Gelassenheit* total(e); *Schwachsinn, Stumpfsinn, Wahnsinn* complet(-ète); ***das ist ja der ~e Wahnsinn!*** c'est vraiment de la folie pure!
II. *adv ruhig, gelassen, einverstanden, zufrieden* parfaitement; *unmöglich, schwachsinnig, überteuert, erschöpft* complètement
Vollkommenheit <-> *f* ∅ perfection *f*
Vollkornbrot *nt* pain *m* complet
voll|machen *s.* **machen I.**▸
Vollmacht <-, -en> *f* procuration *f,* pouvoir *m*
▸ **jd hat** ~ qn a pleins pouvoirs; ***jd hat keine*** ~ qn n'a pas de délégation
Vollmatrose *m,* **-matrosin** *f* matelot *m*
Vollmilch *f* lait *m* entier **Vollmilchschokolade** *f* chocolat *m* au lait
Vollmond *m* ∅ pleine lune *f*
▸ **es ist** ~, **wir haben** ~ c'est la pleine lune; **bei** ~ à la pleine lune
vollmundig I. *adj* 1. *Wein, Bier* qui a du corps; *Geschmack eines Saftes* fruité(e); ***ein Wein/Bier ist*** ~ un vin/une bière a du corps
2. *Versprechung, Slogan, Aussage* ronflant(e)
II. *adv* 1. ***ein Bier/Wein/Saft schmeckt*** ~ une bière est forte/un vin a de la rondeur [*o* est long en bouche]/un jus est fruité
2. *versprechen, tönen, heißen* pompeusement
Vollnarkose *f* anesthésie *f* générale
▸ **in** ~ sous anesthésie générale
voll|packen *s.* **packen I.**▸
Vollpension [-pãzio:n, -paŋzio:n, -pɛnzio:n] *f* pension *f* complète
▸ **mit** ~ en pension complète
voll|pfropfen *s.* **pfropfen**[1] ▸
Vollrausch *m form* ébriété *f form*
▸ **jd hat einen** ~ qn est en état d'ébriété complète *form*
vollreif *adj* bien mûr(e)
voll|saugen *s.* **saugen II.**▸
voll|schlagen *s.* **schlagen II.**▸, **III.**▸
vollschlank *adj* rondelet(te); *Frau* plantureux(-euse)
voll|schreiben *s.* **schreiben I.**▸
vollständig I. *adj* complet(-ète)
▸ **jd hat etw** ~ qn a qc complet(-ète); **jd macht etw** ~ qn complète qc
II. *adv* 1. *erhalten* complètement; ***etw ist nicht mehr ~ vorhanden*** qc n'est plus complet(-ète)
2. (*total*) *abreißen, vernichten, zerstören* totalement, complètement; *besiegen, schlagen* à plate couture
Vollständigkeit <-> *f* ∅ 1. [*Sammlung, Satz*] intégrité *f;* ***jd ist bei einem nicht kompletten Satz um ~ bemüht*** qn s'efforce de compléter une série incomplète; ***erst bei ~ hat die Sammlung ihren Wert*** la collection n'a de valeur que [si elle est] complète
2. [*Adresse, Angaben etc*] caractère *m* complet; ***jd achtet auf die ~ einer S.*** (*gen*) qn veille à ce que qc soit complet(-ète)
▸ **der** ~ **halber** pour être complet(-ète), pour ne rien laisser de côté
voll|stopfen *s.* **stopfen I.**▸
vollstreckbar *adj* exécutoire
vollstrecken * *vt* 1. JUR ■ **jd vollstreckt etw** qn exécute qc; ■ **jd lässt etw** ~ qn fait exécuter qc
2. *geh* ■ **jd vollstreckt etw** *Testament, Willen* qn exécute qc
Vollstrecker(in) <-s, -> *m(f)* 1. *fam* (*Gerichtsvollzieher*) huissier(-ière) *m(f)*
2. *geh* (*vollstreckende Person*) [*Wille etc*] instrument *m*
Vollstreckung <-, -en> *f* 1. JUR [*Urteil, Verfügung*] exécution *f*
2. *fam* (*Zwangs~*) exécution *f* forcée
3. *geh* [*Testament, Wille*] exécution *f*
Vollstreckungsbefehl *m* mandat *m* exécutoire
voll|tanken *s.* **tanken I.**▸, **II.**▸
Volltextsuche *f* INFORM recherche *f* de texte complet
volltönend *adj* 1. (*sonor*) sonore
2. (*viel versprechend*) *Ankündigungen, Phrasen, Versprechungen* ronflant(e)
Volltreffer *m* 1. MIL coup *m* au but [*o* dans le mille]; ~! [en plein] dans le mille!
2. *fam* (*voller Erfolg*) coup *m* de maître; ***etw ist ein*** ~ qc met dans le mille; ***etw wird ein*** ~ qc fait un tabac *fam*
▸ **etw erhält einen** ~ MIL qc est touché(e) de plein fouet
volltrunken *adj form Mensch* complètement ivre; ***in ~em Zustand*** en état d'ébriété *form*
Vollversammlung *f* assemblée *f* générale
Vollwaise *f* orphelin(e) *m(f)* [de père et de mère]
▸ **jd ist** ~ qn est orphelin(e) [de père et de mère]
Vollwaschmittel *nt* lessive *f* tous textiles
vollwertig *adj* 1. *Ernährung, Kost, Lebensmittel* complet(-ète); ■ **etw ist** ~ qc est un aliment complet
2. (*gleichwertig*) *Ersatz, Ersatzmann, Vertreter* tout à fait à la hauteur; ***jd ist kein ~er Ersatz für jdn*** qn ne remplace pas totalement qn
Vollwertkost *f* nourriture *m* macrobiotique [*o* biologique]
vollzählig I. *adj* 1. (*komplett*) *Sammlung, Satz, Service* complet(-ète); ■ **etw ist** ~ qc est complet(-ète)
2. *Gruppe, Klasse, Mannschaft* complet(-ète), tout entier(-ière); ■ **jd/etw ist** ~ qn/qc est au complet
II. *adv erschienen, versammelt sein* au complet; *anwesend sein* tous(toutes)
vollziehen * *irreg* I. *vt geh* ■ **jd vollzieht etw** *Anweisung, Befehl, Urteil* qn exécute qc; *Ehe* qn consomme qc
II. *vr geh* ■ **etw vollzieht sich** /*Drama, Schauspiel, Spektakel*/ qc se déroule; /*Wandel*/ qc s'accomplit
Vollzug *m* ∅ 1. *form* [*Anweisung, Befehl, Urteil*] exécution *f*
2. *form* (*Straf~*) détention *f;* ***jd tritt den ~ an*** qn commence à purger sa peine
▸ **offener** ~ régime *m* de semi-liberté; **jd setzt etw außer** ~ qn sursoit à l'exécution de qc
Vollzugsanstalt *f form* maison *m* d'arrêt
Volontär(in) <-s, -e> [vo-] *m(f)* (*bei Zeitung*) [journaliste *mf*] stagiaire *mf;* (*im Verlag*) [rédacteur(-trice)] stagiaire *mf*
Volontariat <-[e]s, -e> [vo-] *nt* 1. (*Ausbildungszeit*) (*bei einer Redaktion, Zeitung*) stage *m* de journalisme; (*bei einem Verlag*) stage *m* de rédacteur
2. (*Stelle*) stage *m*
volontieren * [vo-] *vi* ■ **jd volontiert [bei jdm/in etw** (*dat*)] qn travaille comme [journaliste/rédacteur] stagiaire [chez qn/dans qc]
Volt <-[e]s, -> [vɔlt] *nt* volt *m*
Volumen <-s, - *o* Volumina> [vo-] *nt* volume *m*
voluminös [vo-] *adj geh* volumineux(-euse)
vom = von dem *s.* **von**
von *präp + dat* 1. *räumlich* (*ab, ausgehend ~*) de
2. *räumlich* (*aus ... herab/heraus*) de
3. *räumlich* (*etw entfernend*) sur
4. *zeitlich* (*zeitlich stammend*) de
5. *räumlich* (*örtlich stammend*) de
6. (*~ einem Menschen stammend*) de
7. *mit Passiv* (*durch*) par; ~ ***mehreren*** de plusieurs personnes; ***jd ist ~ etw begeistert*** qn est enthousiasmé(e) par qc
8. *statt Genitiv fam* de; ***die Interessen ~ mir und meinem Bruder*** mes propres intérêts et ceux de mon frère
9. (*über*) *erzählen, sprechen, träumen etc* de
10. (*bei deutschem Adelstitel*) de
▸ **jd ist** ~ **irgendwo** qn est de quelque part; **etw ist** ~ **jdm** qc est de qn; ***der Kuchen ist ~ mir/~ meiner Mutter*** c'est moi qui ai/ma mère qui a fait ce gâteau; **etw ist ...** ~ **jdm** *nett, schön, gemein, hinterlistig* qc est ... de la part de qn; ~ ... **an** à partir de ...; ~ **sich aus** (*unaufgefordert*) de lui-même/d'elle-même; ~ ... **bis** *räumlich* de ... à; *zeitlich* de ... à; (*das Alter betreffend*) de ... à ... ans; ~ ***20 bis 30*** de 20 à 30 ans; ~ **wann** de quand; ~ **was** (*über was*) de quoi; (*mit Hilfe welchen Geldes*) avec quoi; ~ **wegen!** *fam* des clous! *fam,* cours toujours! *fam;* ~ **wegen ...** *fam* tu parles de ... *fam,* ... mon œil *fam;* ~ ***wegen verschwiegen, das ist die größte Klatschbase, die ich kenne*** elle, dans le genre discret, je connais pas pire commère *fam;* ~ **wo** d'où; ~ **woher** d'où
voneinander *adv* 1. *abgucken, abschreiben* l'un(e) sur l'autre/les un(e)s sur les autres; *erfahren, hören, profitieren, wissen* l'un(e) de l'autre/les un(e)s des autres; *lernen* l'un(e) au contact de l'autre/les un(e)s au contact des autres
2. *entfernt, weg* l'un(e) de l'autre/les un(e)s des autres
vonnöten *adj* ■ **etw ist** ~ qc est nécessaire, qc est une nécessité
vonstatten *adv* ▸ **etw geht [irgendwie]** ~ qc se déroule [d'une certaine façon]
vor I. *präp* 1. + *dat* (*davor befindlich*) ■ ~ **jdm/etw** devant qn/qc
2. + *akk* (*davor hin*) ■ ~ **jdn/etw** devant qn/qc; ***das Auto prallte ~ die Mauer*** la voiture s'est écrasée contre le mur
3. + *dat* (*eher als jd/etw*) ■ ~ **jdm/etw** avant qn/qc
4. + *dat* (*eine bestimmte Zeit her*) ■ ~ ... *einem Jahr, zwei Monaten, drei Tagen* il y a ...; ***das war schon ~ Jahren*** c'était il y a des années, ça remonte à loin
5. + *dat* (*bedingt durch*) ■ ~ **etw** (*dat*) *Angst, Erregung, Durst, Hunger, Kälte* de qc; ***ich kann ~ lauter Schmerzen nicht schlafen*** j'ai tellement mal que je n'arrive pas à dormir
▸ ~ **sich** (*dat*) **her** *gehen lassen, treiben* devant lui/elle; ~ **sich** (*akk*) **hin** *grinsen, lächeln* sous cape, dans sa barbe; *summen, murmeln, sagen* tout(e) seul(e); (*zwanglos*) *gehen, schlendern, wandern* tranquillement
II. *adv* (*nach vorne*) en avant
▸ ~ **und zurück** d'avant en arrière
vorab *adv* au préalable
Vorabend *m* ▸ **am** ~ **einer S.** (*gen*) la veille de qc
Vorabinformation *f* information *f* préalable
Vorahnung *f* pressentiment *m,* prémonition *f*
▸ **jd hat** ~**en** qn a des prémonitions
voran *adv* 1. (*vorn befindlich*) en tête
2. (*vorwärts*) en avant
voran|bringen *vt irreg* ■ **jd/etw bringt etw voran** qn/qc fait avancer qc; ■ **etw bringt jdn voran** qc fait avancer qn

voran|gehen *vi irreg + sein* **1.** (*an der Spitze gehen*) ■ **jd geht voran** qn marche devant [*o* en tête]; ■ **jd geht jdm voran** qn précède qn; ■ **jd lässt jdn ~** qn fait/laisse qn passer devant
2. *a. impers* (*Fortschritte machen*) ■ **etw geht voran** qc avance; ■ **es geht voran/mit etw voran** ça/qc avance

voran|kommen *vi irreg + sein* **1.** (*vorwärts kommen*) ■ **jd/etw kommt voran** qn/qc progresse
2. (*Fortschritte machen*) ■ **jd kommt [mit etw] voran** qn avance [dans qc]

Vorankündigung *f* annonce *f* préliminaire

Voranmeldung *f* demande *f* de rendez-vous; ***hatten Sie eine ~?*** aviez-vous pris rendez-vous?

Voranschlag *m* devis *m* [estimatif]

Vorarbeit *f* travail *m* préliminaire
▶ **jd leistet ~** qn effectue des préparatifs; ***jd hat gute ~ geleistet*** qn a bien préparé le terrain [*o* travail]

vor|arbeiten I. *vi fam* **1.** (*im Voraus arbeiten*) ■ **jd arbeitet vor** qn s'avance [dans son travail] *fam*
2. (*Vorarbeit leisten*) ■ **jd arbeitet [jdm] vor** qn [lui] prépare le travail
II. *vt* ■ **jd arbeitet etw vor** *bestimmte Stunden, Tage, Zeit* qn récupère qc à l'avance, qn anticipe qc
III. *vr* ■ **jd arbeitet sich [durch etw] vor** qn se fraie un passage [dans qc]; ■ **jd arbeitet sich zu jdm vor** qn progresse en direction de qn; ***nachdem sie sich zu dem verschütteten Bergmann vorgearbeitet hatten*** après être parvenus jusqu'au mineur enseveli

Vorarbeiter(in) *m(f)* contremaître(-esse) *m(f)*, agent *m* de maîtrise

Vorarlberg <-s> le Vorarlberg

voraus *adv* (*vor uns*) devant [nous]; ***etw liegt 30 Kilometer ~*** il y a 30 kilomètres jusqu'à qc
▶ **jd ist jdm [in etw** (*dat*)**/auf etw** (*dat*)**] ~** qn a de l'avance sur qn [dans qc]; **im V~** *abrechnen, berechnen, bezahlen* d'avance; *bestimmen, festlegen, wissen* à l'avance

voraus|berechnen * *vt* ■ **jd berechnet etw voraus** qn calcule qc d'avance; ■ **etw lässt sich ~** on peut calculer qc d'avance

voraus|bestimmen * *vt* ■ **jd bestimmt etw voraus** qn détermine qc à l'avance; ■ **etw ist [jdm] vorausbestimmt** */Geschick, Schicksal/* qc [de qn] est prédéterminé(e); ***alles ist dem Menschen vorausbestimmt*** tout ce qui arrive à l'homme est prédéterminé, l'homme est prédestiné à tout ce qui lui arrive; ■ **es ist jdm vorausbestimmt etw zu tun** qn est prédestiné(e) à faire qc

vorausblickend *adj geh* pronostiquant(e)

voraus|fahren *vi irreg + sein* ■ **jd fährt [zu jdm/etw] voraus** qn part le/la premier(-ière) [chez qn/quelque part]

voraus|gehen *vi irreg + sein* ■ **jd geht voraus** qn part devant [*o* le/la premier(-ière)]

vorausgesetzt *adj* ■ **~, [dass] ...** à condition que + *subj*; **~, *es klappt*** à supposer que ça marche

voraus|haben *vt irreg* ■ **jd hat jdm etw voraus**: ***er hat mir an Kompetenz nichts voraus*** pour la compétence, je ne lui cède en rien; ***was er an Kenntnissen mehr hat, das hat sie ihm an Erfahrung voraus*** ce qu'elle lui rend en connaissances, elle le compense par une plus grande expérience; ■ **jd hat jdm etwas/viel an etw** (*dat*) **voraus** qn a un(e) plus grand(e)/bien plus grand(e) qc que qn

voraus|sagen *vt* ■ **jd sagt [jdm] etw voraus** qn prédit qc [à qn]; ■ **etw lässt sich nicht ~** on ne peut prédire qc

vorausschauend I. *adj* prévoyant(e); ***~es Denken*** le sens de l'anticipation
II. *adv* en sachant anticiper

voraus|schicken *vt* **1.** (*losschicken*) ■ **jd schickt jdn/etw voraus** *Boten, Gepäck* qn envoie qn en avant/expédie qc à l'avance
2. (*sagen*) ■ **jd schickt etw/einer S.** (*dat*) **etw voraus** qn fait qc au préalable/fait précéder une chose de qc; ■ **jd schickt voraus, dass** qn indique au préalable que + *indic*

voraus|sehen *vt irreg* ■ **jd sieht etw voraus** qn prévoit qc; ■ **jd sieht voraus, dass** qn prévoit que + *indic*; ***etw ist nicht vorauszusehen*** qc est imprévisible
▶ **das war vorauszusehen!** c'était prévisible!

voraus|setzen *vt* **1.** (*von etw ausgehen*) ■ **jd setzt etw voraus** qn considère qc comme allant de soi; ***deine Zustimmung ~d*** en supposant [*o* en partant du principe] que tu serais d'accord; ■ **jd setzt etw als ... voraus** *als bekannt* qn part du principe que qc est ...; ***diese Einstellung wird als selbstverständlich vorausgesetzt*** on pose cette opinion comme une évidence
2. (*erfordern*) ■ **etw setzt etw voraus** qc suppose qc
▶ **wenn man voraussetzt, dass** à condition [*o* à supposer] que + *subj*

Voraussetzung <-, -en> *f* **1.** (*Vorbedingung*) condition *f* préalable; (*Erfordernis*) condition *f* requise; ***jd hat die richtigen ~en*** qn remplit les conditions requises
2. (*Prämisse*) hypothèse *f*
▶ **unter der ~, dass** à condition [*o* à supposer] que + *subj*; **unter ... ~en** dans des conditions ...

Voraussicht *f Ø* prévoyance *f*
▶ **in weiser ~**, sage précaution,; **aller ~ nach** selon toute probabilité

voraussichtlich I. *adj* prévu(e)
II. *adv* selon les prévisions; *sich verspäten* vraisemblablement; ***wir werden ~ um 18 Uhr abfahren/ankommen*** notre départ est prévu/notre arrivée est prévue à 18 heures; ***das Buch wird ~ zur Buchmesse 99 erscheinen*** la parution du livre est prévue pour la foire du livre de 99

Vorauszahlung *f* paiement *m* d'avance

Vorbau <-bauten> *m* ARCHIT avancée *f*, avant-corps *m spéc*
▶ **jd hat einen tollen/ziemlichen/... ~** *hum fam* il y a du monde au balcon *fam*

vor|bauen *vi* **1.** (*Vorkehrungen treffen*) ■ **jd baut vor** qn prend ses dispositions
2. (*vorbeugen*) ■ **jd baut einer S.** (*dat*) **vor** qn prévient qc
3. CONSTR ■ **jd baut einer S.** (*dat*) **etw vor** qn construit qc sur le devant d'une chose

Vorbedacht *m* ▶ **mit ~** de propos délibéré; **ohne ~** sans réflexion préalable

Vorbedingung *f* condition *f* préalable

Vorbehalt <-[e]s, -e> *m* réserve *f*
▶ **ohne ~** sans réserve; **unter ~** sous réserve [*o* toutes réserves]; **unter dem ~, dass** sous réserve que + *subj*

vor|behalten * *vt irreg* ■ **jd behält sich** (*dat*) **etw vor** *Einrede, Rücktritt, Schritte* qn se réserve la possibilité de faire qc; *Recht* qn se réserve qc; *Zustimmung* qn réserve qc
▶ **etw bleibt jdm ~** qc appartient à qn; **etw bleibt einer S.** (*dat*) **~** une chose se chargera de qc

vorbehaltlich I. *präp form* ■ **~ einer S.** (*gen*) sous réserve de qc
II. *adj form* sous toutes réserves

vorbehaltlos I. *adj Genehmigung* sans restriction; *Zustimmung* sans réserve
II. *adv genehmigen* sans restriction; *zustimmen, lieben* sans réserve

vorbei *adv* **1.** (*an etw vorüber*) ■ **~ an etw** (*dat*) le long de qc
2. (*seitlich neben*) ■ **an jdm/etw ~** à côté de qn/le long de qc
3. (*vergangen*) ■ **etw ist ~** qc est fini(e) [*o* terminé(e)]; ■ **mit etw ist es ~** qc, c'est terminé; c'en est fini de qc
▶ **~ ist ~** le passé, c'est le passé; **~!** à côté!

vorbei- *präf* **1.** (*vorüber-*) ■ **jd tut etw vorbei** *-kriechen, -laufen, -marschieren, -schleichen* qn passe en faisant qc
2. (*daneben*) ■ **jd tut etw vorbei** *-sehen, -blicken* qn fait qc à côté

vorbei|bringen *vt irreg fam* ■ **jd bringt [jdm] etw vorbei** *Geschenk, ausgeliehenen Gegenstand* qn apporte qc [à qn] en passant; *Bestellung* qn livre qc [chez qn]

vorbei|dürfen *vi irreg fam* ■ **jd darf [irgendwo] vorbei** qn a le droit de passer [quelque part]

vorbei|fahren *irreg* I. *vi + sein* **1.** (*vorüberfahren*) ■ **jd/etw fährt [an jdm/etw] vorbei** qn/qc passe [devant qn/qc]; ***etw fährt dicht an jdm vorbei*** qc passe tout près de qn
2. (*aufsuchen*) ■ **jd fährt bei jdm/irgendwo vorbei** qn passe chez qn/quelque part
▶ **im V~** en passant [devant]
II. *vt + haben fam* ■ **jd fährt jdn bei jdm vorbei** qn dépose qn chez qn en passant

vorbei|gehen *vi irreg + sein* **1.** (*vorübergehen*) ■ **jd geht vorbei** qn passe; ■ **jd geht an jdm/etw vorbei** qn passe devant qn/qc; ***jd geht dicht an jdm vorbei*** qn passe tout près de qn
2. *fam* (*aufsuchen*) ■ **jd geht bei jdm/irgendwo vorbei** qn passe chez qn/quelque part
3. (*außer Acht lassen*) ■ **jd geht an etw** (*dat*) **vorbei** qn passe sur qc
4. (*vergehen*) ■ **etw geht vorbei** */Erregung, Gefühl, Wut/* qc passe
5. (*daneben gehen*) ■ **etw geht [an jdm/etw] vorbei** */Schuss, Wurf/* qc passe à côté [de qn/qc]
▶ **im V~** au passage, en passant

vorbei|kommen *vi irreg + sein* **1.** *fam* (*aufsuchen*) ■ **jd kommt [bei jdm] vorbei** qn passe [chez qn]
2. (*vorbeigehen können*) ■ **jd/etw kommt irgendwo/an etw** (*dat*) **vorbei** *an einem Fahrzeug, Hindernis* qn/qc arrive à passer quelque part/le long de qc; ***kommst du daran vorbei?*** tu arrives à passer?
▶ **jd kommt nicht daran vorbei, dass** qn ne peut rien contre le fait que + *indic*

vorbei|können *vi irreg* ■ **jd kann [irgendwo/an jdm] vorbei** qn peut passer [quelque part/devant qn]

vorbei|lassen *vt irreg* **1.** (*vorbeigehen lassen*) ■ **jd lässt jdn [an sich** (*dat*)**] vorbei** qn laisse passer qn [devant lui]
2. (*vorbeifahren lassen*) ■ **jd lässt jdn/etw vorbei** qn laisse passer qn/qc

Vorbeimarsch *m* défilé *m*

vorbei|reden *vi* ■ **sie reden aneinander vorbei** c'est un dialogue de sourds

vorbei|schauen *vi fam* ■ **jd schaut vorbei/bei jdm vorbei** qn fait un saut/va jeter un œil chez qn *fam*

vorbei|schießen *vi irreg* **1.** + *haben* (*daneben schießen*) ■ **jd schießt [an jdm/etw] vorbei** qn tire à côté [de qn/qc]
2. + *sein* (*eilig vorbeilaufen*) ■ **jd schießt an jdm vorbei** qn passe en coup de vent devant qn

vorbei|schrammen *vi + sein sl* ■ **jd/etw schrammt an etw** (*dat*) **vorbei** *am Konkurs, an der Niederlage, an einer Katastrophe* qn passe à deux doigts [*o* un poil *fam*] de qc

vorbei|sehen *vi irreg* **1.** (*besuchen*) ■ **jd sieht [bei jdm] vorbei** qn passe [chez qn]
2. (*zeitlich*) ■ **jd sieht an jdm/etw vorbei** qn se met de côté pour voir à cause de qn/qc
3. (*ignorieren*) ■ **jd sieht an jdm vorbei** qn fait semblant de ne pas voir qn

vorbei|ziehen *vi irreg + sein* **1.** (*vorüberziehen*) ■ **jd/etw zieht an jdm/etw vorbei** qn/qc défile devant qn/qc
2. (*überholen*) ■ **jd/etw zieht [an jdm] vorbei** */Fahrzeug, Läufer/* qn/qc double [*o* dépasse] [qn]

vorbelastet *adj* ■ **jd ist [auf etw** (*dat*)**] ~** *auf einem Gebiet, Fachgebiet* [c'est qc où] qn s'y connaît
▶ **jd ist erblich ~** qn a des antécédents [familiaux]

Vorbemerkung *f* (*gesprochen*) remarque *f* préliminaire; (*geschrieben*) avant-propos *m*

vor|bereiten * I. *vt* 1. (*im Voraus bereiten*) ▪ **jd bereitet etw [für jdn] vor** qn prépare qc [pour qn]
2. (*einstimmen*) ▪ **jd bereitet jdn [auf etw** (*akk*)**] vor** qn prépare qn [à qc]
II. *vr* 1. (*sich präparieren*) ▪ **jd bereitet sich [auf etw** (*akk*)**] vor** *auf eine Rede, Prüfung, ein Gespräch* qn se prépare [à [*o* pour] qc]
2. (*sich einstellen*) ▪ **jd bereitet sich auf etw** (*akk*) **vor** *auf jds Ankunft, auf einen großen Tag* qn se prépare pour qc

vorbereitend *adj attr Einführung, Erklärung* préliminaire; *Gespräch a.* préparatoire

vorbereitet *adj* 1. *Gericht, kalte Platte* préparé(e)
2. (*darauf eingestellt*) ▪ **jd ist [auf etw** (*akk*)**]** ~ *auf ein Gespräch, eine Prüfung* qn est prêt(e) [pour qc]; *auf etwas Unangenehmes* qn est prêt(e) à entendre/subir qc

Vorbereitung <-, -en> *f* préparation *f*; ***die ~en für die Reise*** les préparatifs *mpl* pour le voyage
▶ **etw <u>ist</u> in** ~ qc est en préparation; **jd <u>trifft</u> ~en [für etw]** qn fait des préparatifs [pour qc]

Vorbesprechung *f* réunion *f* préparatoire

vor|bestellen * *vt* ▪ **jd bestellt etw vor** *Eintrittskarte, Platz, Tisch, Zimmer* qn réserve qc

Vorbestellung *f* réservation *f*

vorbestraft *adj* ayant des antécédents judiciaires; ***mehrfach*** ~ récidiviste; ▪ **jd ist [wegen etw]** ~ qn a déjà été condamné(e) [pour qc]; ***jd ist bisher nicht*** ~ qn n'a pas d'antécédents judiciaires **Vorbestrafte(r)** *f(m) decl wie adj* repris(e) *m(f)* de justice

vor|beten I. *vi* ▪ **jd betet vor** qn fait les répons
II. *vt fam* ▪ **jd betet jdm etw vor** *Anordnung, Bestimmungen, Text* qn récite [*o* débite *péj*] qc à qn

Vorbeter(in) *m(f)* officiant(e) *m(f)*

vor|beugen I. *vi* 1. MED ▪ **jd beugt vor** qn prévient le mal
2. (*unterbinden*) ▪ **jd beugt einer S.** (*dat*) **vor** qn prévient qc; *einem Fehler, Irrtum a.* qn évite qc
▶ ~ **ist besser als <u>heilen</u>** *prov* mieux vaut prévenir que guérir
II. *vt* ▪ **jd beugt etw vor** qn penche qc en avant
III. *vr* ▪ **jd beugt sich vor** qn se penche en avant

vorbeugend I. *adj* préventif(-ive)
II. *adv* préventivement, à titre préventif

Vorbeugung <-, -en> *f* prévention *f*; ▪ **die ~ gegen etw** la prévention de qc
▶ **<u>zur</u> ~/~ gegen etw** à titre préventif/pour prévenir qc

Vorbild *nt* modèle *m*
▶ **ein <u>leuchtendes</u>** ~ un modèle à suivre; **ein <u>schlechtes</u>** ~ un modèle à ne pas suivre; **jd <u>dient</u> jdm als** ~ qn sert de modèle à qn; **jd <u>nimmt</u> sich** (*dat*) **jdn zum** ~ qn prend qn comme modèle [*o* modèle sur qn]

vorbildlich I. *adj Ehepartner, Chef, Kollege* modèle; *Benehmen, Verhalten, Ordnung, Ehe* exemplaire; ***ich könnte mir keinen ~eren Ehepartner vorstellen*** je ne pourrais imaginer époux plus parfait
II. *adv sich benehmen, verhalten* de façon exemplaire

Vorbildung *f ∅* formation *f* préalable

Vorbote *m* ▪ **der ~ einer S.** (*gen*) le signe avant-coureur de qc

vor|bringen *vt irreg* ▪ **jd bringt etw vor** *Faktum* qn présente qc; ▪ **jd bringt [zu etw] etw vor** *Argument* qn avance qc [à propos de qc]; *Frage* qn formule qc [à propos de qc]; *Meinung* qn émet qc [sur qc]; ▪ **jd bringt [gegen etw] etw vor** *Bedenken, Einwand* qn émet qc [à l'encontre de qc]

Vordach *nt* auvent *m*, avant-toit *m*; ***ein gläsernes*** ~ une marquise, un auvent vitré

vor|datieren * *vt* 1. (*vorausdatieren*) ▪ **jd datiert etw vor** qn postdate qc
2. (*zurückdatieren*) ▪ **jd datiert etw vor** qn antidate qc

Vordenker(in) *m(f)* maître *m* à penser

Vorder- *-eingang, -haus, -zimmer* de devant; *-fuß a.* avant, antérieur(e); *-reifen* avant; ***~front*** façade *f*, devant *m* **Vorderachse** *f* essieu *m* avant **Vorderansicht** *f* vue *f* de face **Vorderbein** *nt* patte *f* avant [*o* de devant] **Vorderdeck** *nt* pont *m* avant

vordere(r, s) *adj Zimmer, Reihe* de devant; *Bereich, Teil* avant

Vordergrund *m* premier plan *m*; ***im*** ~ au premier plan ▶ **jd <u>drängt</u> [*o* <u>schiebt</u>] [*o* <u>spielt</u>] sich in den** ~ qn se met en avant; **jd <u>rückt</u> [*o* <u>stellt</u>] etw in den** ~ qn met en avant qc; **jd <u>steht</u> im** ~ qn occupe le devant de la scène; **etw <u>tritt</u> in den** ~ qc est mis(e) en avant **vordergründig** I. *adj* cousu(e) de fil blanc II. *adv* à première vue, de prime abord **Vorderlauf** *m* patte *f* avant [*o* de devant]; ***der rechte*** ~ la patte avant droite **Vordermann** <-männer> *m* ▪ **jds** ~ la personne [qui est/était] devant qn; ***mein*** ~ celui qui est/était devant moi, mon voisin de devant ▶ **jd <u>bringt</u> etw auf** ~ *fam* qn remet qc sur les rails; **jd <u>bringt</u> jdn auf** ~ *fam* qn fait filer doux qn *fam* **Vorderpfote** *f* patte *f* avant [*o* de devant]; ***die linke*** ~ la patte avant gauche **Vorderrad** *nt* roue *f* avant **Vorderradantrieb** *m* traction *f* avant ▶ **<u>mit</u>** ~ à traction avant **Vorderschinken** *m* jambon *m* dans l'épaule **Vorderseite** *f* [*Gebäude, Schrank*] façade *f* **Vordersitz** *m* siège *m* avant

vorderste(r, s) *adj superl von* **vordere(r, s)** *Gebäude, Platz, Reihe, Stelle* de devant; *Bereich, Teil* avant; ***ich konnte den Umzug von ~r Stelle beobachten*** j'étais aux premières loges pour suivre le cortège **Vorderste(r)** *f(m) decl wie adj* premier(-ière) *m(f)*

Vorderteil *m o nt* [*Gebäude, Park*] avant *m*, devant *m*; ***im ~ des Gebäudes*** sur l'avant [*o* sur le devant] du bâtiment

Vordiplom *nt* ≈ D.E.U.G. *m* (*de sciences ou d'économie*)

vor|drängeln *vr*, **vor|drängen** *vr* ▪ **jd drängelt [*o* drängt] sich vor** qn essaie de passer devant [*o* de resquiller *fam*]

vor|dringen *vi irreg + sein* 1. (*vorstoßen*) ▪ **jd dringt [bis] irgendwohin vor** qn parvient [jusque] quelque part; ***sie drangen bis zum Fluss vor*** ils/elles sont parvenu(e)s [jusqu']à la rivière
2. (*gelangen*) ▪ **jd dringt bis zu jdm vor** *bis zum Abteilungsleiter, Minister* qn parvient [*o* arrive] jusqu'à qn
3. (*beim Lesen*) ▪ **jd dringt bis irgendwohin vor** qn arrive à qc

vordringlich I. *adj* [vraiment] urgent(e)
II. *adv besprechen, erledigen* prioritairement, en priorité

Vordruck <-drucke> *m* imprimé *m*, formulaire *m*

vorehelich *adj attr* préconjugal(e); *Partner* avant le mariage; *Zusammenleben* prénuptial(e)

voreilig I. *adj Ablehnung* précipité(e); *Entschluss, Urteil, Schluss a.* hâtif(-ive)
II. *adv ablehnen, sich entschließen, erfolgen* de façon précipitée; *schließen, urteilen* hâtivement

voreinander *adv Angst haben, sich schämen* l'un(e) de l'autre/les uns(unes) des autres; *Geheimnisse haben, Respekt haben* l'un(e) pour l'autre/les uns(unes) pour les autres

voreingenommen *adj Mensch* plein(e) d'idées préconçues; *Haltung* foncièrement hostile; ▪ **jd ist ~ gegenüber jdm** qn a un parti pris contre qn

Voreingenommenheit <-> *f ∅* parti *m* pris

vor|enthalten * *vt irreg* ▪ **jd enthält jdm etw vor** qn cache qc à qn

Vorentscheidung *f* 1. (*Beschluss*) décision *f* préliminaire
2. SPORT résultat *m* décisif; ***die ~ fiel kurz nach der Pause*** la rencontre s'est jouée [*o* la décision s'est faite] juste après la mi-temps

vorerst *adv* pour le moment

Vorfahr <-en, -en> *m* ancêtre *mf*

vor|fahren *irreg* I. *vi + sein* 1. (*vor ein Gebäude fahren*) ▪ **jd fährt [in etw** (*dat*)**/mit etw] vor** *in/mit einer Luxuslimousine* qn se présente [dans qc]; ▪ **etw fährt vor** */Taxi, Polizeiwagen/* qc se présente; ***Ihr Wagen ist vorgefahren*** votre voiture est devant la porte; ▪ **jd lässt etw** ~ qn fait avancer qc
2. (*etwas weiterfahren*) ▪ **jd fährt vor** qn avance
3. (*früher fahren*) ▪ **jd fährt vor** qn part devant
II. *vt + haben* ▪ **jd fährt etw vor** qn avance qc

Vorfahrt *f ∅* TRANSP priorité *f*
▶ **jd <u>hat</u>** ~ qn a la priorité; **jd <u>nimmt</u> jdm die** ~ qn refuse la priorité à qn

Vorfahrtsschild *nt* panneau *m* de priorité **Vorfahrtsstraße** *f* route *f* [*o* voie *f*] prioritaire **Vorfahrtszeichen** *nt s.* **Vorfahrtsschild**

Vorfall *m* 1. (*Geschehnis*) incident *m*
2. MED descente *f*, prolapsus *m spéc*

vor|fallen *vi irreg + sein* ▪ **etw fällt vor** qc se passe, qc arrive

Vorfeld *nt* 1. MIL zone *f* avancée
2. AVIAT aire *f* de trafic [*o* de manœuvre]
▶ **<u>im</u>** ~ au préalable; **<u>im</u> ~ von etw** préalablement à qc

Vorfilm *m* court métrage *m* (*qui précède le film*)

vor|finanzieren * *f* ▪ **jd finanziert [jdm] etw vor** qn assure [à qn] le préfinancement de qc, qn [lui] préfinance qc

vor|finden *vt irreg* ▪ **jd findet jdn vor** qn trouve qn; ▪ **jd findet jdn … vor** *völlig aufgelöst, gelassen* qn trouve qn …; ▪ **jd findet etw vor** *Chaos, Durcheinander* qn trouve qc, qn se trouve devant qc

Vorfreude *f*: ***man konnte ihnen ihre ~ schon anmerken*** on voyait qu'ils/elles se réjouissaient à l'avance; ▪ **jds ~ auf etw** (*akk*) la joie de qn à la perspective de qc

Vorfrühling *m* printemps *m* précoce

vor|fühlen *vi* ▪ **jd fühlt [irgendwo] vor** qn tâte le terrain [quelque part]; ▪ **jd fühlt bei jdm vor** qn sonde qn; ▪ **jd fühlt vor, wie/ob** qn tâte le terrain pour savoir comment/si

vor|führen *vt* 1. (*präsentieren*) ▪ **jd führt [jdm] etw vor** *Kollektion, Mode, Auto* qn présente qc [à qn]
2. (*darbieten*) ▪ **jd führt [jdm] etw vor** *Kunststück, Trick* qn présente qc [à qn]
3. JUR ▪ **jd führt jdn vor** qn amène qn, qn fait comparaître qn
4. *fam* (*bloßstellen*) ▪ **jd führt jdn vor** qn tourne qn en ridicule; ▪ **jd wird [von jdm] vorgeführt** qn se fait ridiculiser par qn

Vorführraum *m* cabine *f* [*o* salle *f*] de projection

Vorführung *f* 1. CINE projection *f*
2. COUT présentation *f*

Vorführwagen *m* voiture *f* [*o* véhicule *m*] de démonstration

Vorgabe *f* 1. *meist pl* (*zu erreichendes Ziel*) objectif *m*; (*Vorbedingung*) contrainte *f*; ***die ~n*** (*die Vertrags~n*) le cahier des charges
2. SPORT avantage *m*

Vorgang <-gänge> *m* 1. (*Geschehnis*) événement *m*, fait *m*; ***schildern Sie mir den ~!*** racontez-moi ce qui s'est passé [*o* les faits]!
2. (*Prozess*) processus *m*
3. *form* (*Akte*) dossier *m*

Vorgänger(in) <-s, -> *m(f)* ▪ **jds** ~ le prédécesseur de qn

vorgängig I. *adj* CH préalable; ***wie er an einer ~en Pressekonferenz sagte*** comme il l'a dit lors d'une conférence de presse antérieure
II. *adv* préalablement

Vorgarten *m* jardin *m* de devant [*o* [situé] sur le devant]

vor|gaukeln *vt geh* ▪ **jd gaukelt jdm etw vor** qn fait miroiter qc à qn; ▪ **jd gaukelt jdm vor, [dass]** qn fait miroiter [*o* accroire *littér*] à qn que + *indic*

vor|geben *irreg vt* 1. (*vorschützen*) ▪ **jd gibt etw vor** qn prétexte qc; ▪ **jd gibt vor, [dass]** qn prétexte que + *indic*
2. *fam* (*nach vorn geben*) ▪ **jd gibt etw vor** qn fait passer qc [devant]; ▪ **jd gibt etw zu jdm vor** qn fait passer qc à qn
3. (*im Voraus festlegen*) ▪ **jd gibt [jdm] etw vor** qn fixe qc par avance [à qn]

Vorgebirge *nt* contrefort *m gén pl*

vorgeblich *adj geh s.* **angeblich**

vorgefasst[RR] *adj* ▶ **eine ~e <u>Meinung</u>** une idée préconçue [*o* toute faite]

Vorgefühl *nt s.* **Vorahnung**

vor|gehen *vi irreg + sein* **1.** (*vorausgehen*) ■ **jd geht vor** qn part devant
2. (*zu schnell gehen*) ■ **etw geht vor** qc avance; ***meine Uhr geht fünf Minuten vor*** ma montre avance [*o* j'avance] de cinq minutes
3. (*Priorität haben*) ■ **jd/etw geht vor** qn/qc passe avant, qn/qc est prioritaire
4. (*vorrücken*) ■ **jd geht gegen jdn/etw vor** */Polizei, Truppen/* qn avance sur qn/qc
5. (*Schritte ergreifen*) ■ **jd geht gegen jdn/etw vor** qn agit contre qn/qc, qn s'attaque à qn/qc; ***jd geht gerichtlich gegen jdn vor*** qn intente une action en justice contre qn
6. (*sich abspielen*) ■ **etw geht irgendwo vor** qc se passe quelque part; ■ **etw geht in jdm vor** qc se passe chez qn [*o* dans la tête de qn]; ■ **etw geht mit jdm vor** il arrive qc à qn; ***was geht mit dir vor?*** qu'est-ce qui t'arrive?
7. (*verfahren*) ■ **jd geht [bei etw] ... vor** *sorgfältig, genau* qn procède ... [pour qc]; ***wie sollen wir bei der Bearbeitung des Wörterbuchs ~?*** comment devons-nous procéder pour l'élaboration de ce dictionnaire [*o* pour élaborer ce dictionnaire]?

Vorgehen <-s> *nt* ∅ **1.** (*Einschreiten*) action *f*, intervention *f*; ***es wird Zeit für ein energisches ~ gegen das organisierte Verbrechen*** il est temps de s'attaquer énergiquement au crime organisé
2. (*Verfahrensweise*) manière *f* d'agir, procédure *f*

vorgelagert *adj* situé(e) devant; ■ **etw ist einer S.** (*dat*) **~** qc est situé(e) devant qc

Vorgeschichte *f* **1.** (*vorausgegangener Verlauf*) antécédents *mpl*; [*Krankheit a.*] anamnèse *f spéc*
2. ∅ (*Prähistorie*) préhistoire *f*

vorgeschichtlich *adj* préhistorique

Vorgeschmack *m* ∅ avant-goût *m*
▸ **etw gibt jdm einen ~ von etw** qc donne un avant-goût de qc à qn

Vorgesetzte(r) *f(m) decl wie adj* supérieur(e) *m(f)* [hiérarchique]; ■ **jds ~** le/la supérieur(e) de qn

vorgestern *adv* avant-hier
▸ **~ Abend/früh/Mittag/Morgen** avant-hier soir/matin/midi/matin; **~ Nacht** dans la nuit d'avant-hier; **von ~** (*vorgestrig*) d'avant-hier; (*antiquiert*) d'un autre âge

vorgestrig *adj* **1.** (*vorgestern liegend*) d'avant-hier; ***am ~en Abend*** avant-hier soir; ***~e Nacht*** dans la nuit d'avant-hier
2. (*antiquiert*) d'un autre âge

vor|greifen *vi irreg* ■ **jd greift jdm vor** qn devance qn; ■ **jd greift einer S.** (*dat*) **vor** qn anticipe sur qc

Vorgriff *m* ▸ **im ~ auf etw** (*akk*) en anticipant sur qc

vor|haben *vt irreg* ■ **jd hat etw vor** qn projette qc; ***was habt ihr vor?*** qu'avez-vous l'intention de faire?, quelles sont vos intentions?; ■ **jd hat etw mit jdm/etw vor** qn a l'intention de faire qc avec qn/qc; ***wir haben große Dinge mit Ihnen vor*** nous avons de grands projets en ce qui vous concerne; ■ **jd hat vor etw zu tun** qn a l'intention de faire qc

Vorhaben <-s, -> *nt* projet *m*

Vorhalle *f* hall *m* d'entrée, vestibule *m*

vor|halten *irreg* **I.** *vt* **1.** (*vorwerfen*) ■ **jd hält jdm etw vor** qn reproche qc à qn; ***das lasse ich mir nicht von Ihnen ~*** je n'admets pas que vous me reprochiez ça
2. (*davor halten*) ■ **jd hält jdm etw vor** *Brechschale, Eimer* qn tend [*o* présente] qc à qn; ■ **er/sie hält sich etw vor** il/elle met qc devant lui/elle; ***halt dir die Hand vor, wenn du hustest!*** mets la main devant ta bouche quand tu tousses!
II. *vi* ■ **etw hält vor** qc suffit

Vorhaltung *f meist pl* reproche *m*
▸ **jd macht jdm [wegen etw] ~en** qn fait des reproches [*o* des remontrances] à qn [à cause de qc]

Vorhand <-> *f* ∅ **1.** SPORT coup *m* droit; ***mit der ~*** en coup droit
2. ZOOL [*Pferd*] avant-main *f*

vorhanden *adj* **1.** (*verfügbar*) *Gerätschaften, Material, Vorräte* disponible; ■ **etw ist ~** il y a qc
2. (*existierend*) *Bedenken, Gefahren, Mängel* existant(e); ■ **etw ist ~** il y a qc

Vorhang <-s, Vorhänge> *m* rideau *m*
▸ **der Eiserne ~** le rideau de fer

Vorhängeschloss[RR] *nt* cadenas *m*

Vorhaus *nt* AUS *s.* **Hausflur**

Vorhaut *f* prépuce *m*

vorher *adv* avant, auparavant; ***kurz ~*** peu de temps avant [*o* auparavant]

vorher|bestimmen * *vt* ■ **jd/etw bestimmt etw vorher** qn/qc détermine qc à l'avance; ■ **etw ist [jdm] vorherbestimmt** qc [de qn] est prédéterminé(e) [*o* déterminé(e) à l'avance]; ***das war vorherbestimmt!*** c'était écrit!

vorhergehend *adj* précédent(e)

vorherig *adj attr* **1.** (*zuvor erfolgend*) préalable; ***die ~en Abmachungen werden durch diesen Vertrag aufgehoben*** les dispositions antérieures sont annulées par le présent contrat
2. *s.* **vorhergehend**

Vorherrschaft *f* suprématie *f*

vor|herrschen *vi* **1.** (*überwiegen*) ■ **etw herrscht vor** */Meinung, Überzeugung/* qc prévaut, qc prédomine
2. GEOG ■ **etw herrscht vor** */Steppe, Wald/* qc est dominant(e)

vorherrschend **I.** *adj* dominant(e); ***nach ~er Ansicht der/von Experten*** comme le pensent la plupart des experts
II. *adv*: ***morgen ~ Regen*** demain prédominance des pluies [*o* les pluies l'emporteront]

Vorhersage *f* **1.** METEO prévisions *fpl* [météo]
2. (*Voraussage*) prédiction *f*

vorher|sagen *vt s.* **voraussagen**

vorher|sehen *vt irreg* ■ **jd sieht etw vorher** qn prévoit qc

vorhin *adv* à l'instant, tout à l'heure; ***sie hat ~ ein Glas fallen lassen*** elle vient de faire tomber un verre

Vorhinein[RR] *adv* ▸ **im ~** à l'avance

Vorhof *m* **1.** ANAT [*Herz*] oreillette *f*
2. ARCHIT basse cour *f*

Vorhölle *f* limbes *mpl*

Vorhut <-, -en> *f* avant-garde *f*

vorig *adj attr* **1.** (*vergangen*) *Jahr, Wochenende, Urlaub* dernier(-ière); *Konferenz, Mal* dernier(-ière) *antéposé*
2. (*früher*) *Eigentümer, Wohnsitz* précédent(e)

Vorjahr *nt* (*letztes Jahr*) année *f* dernière; (*vorhergehendes Jahr*) année *f* précédente; ***ich brauche die Akten des laufenden Jahrs/von 1980 und die des ~es*** j'ai besoin des dossiers de l'année courante et de l'année dernière/de 1980 et de l'année précédente
▸ **im ~** l'année dernière/précédente

vorjährig *adj* de l'année dernière

vor|jammern *vt fam* ■ **jd jammert jdm etwas [von etw] vor** qn vient pleurer dans le gilet de qn [à propos de qc] *fam*; ***jammere mir nichts vor!*** viens pas pleurer dans mon gilet! *fam*; ***er jammert mir immer vor, wie viel er zu tun hätte*** il vient toujours pleurer [*o* j'ai droit à des jérémiades continuelles *fam*] sur tout ce qu'il a à faire

Vorkämpfer(in) *m(f)* pionnier(-ière) *m(f)*, précurseur *m*

Vorkasse *f* paiement *m* d'avance; ***gegen ~*** moyennant paiement d'avance

vor|kauen *vt fam* ■ **jd kaut jdm etw vor** qn explique qc à qn en long et en large *fam*

Vorkaufsrecht *nt* droit *m* de préemption, option *f*

Vorkehr <-, -en> *f* CH *s.* **Vorkehrung**

Vorkehrung <-, -en> *f* mesure *f* [préventive], disposition *f*
▸ **jd trifft ~en** qn prend des mesures [préventives] [*o* des dispositions]; ***es müssen ~en getroffen werden, dass*** il faut prendre les mesures qui s'imposent afin que + *subj*

Vorkenntnis *f meist pl* connaissance *f* préalable; ***es werden ~e vorausgesetzt*** certaines connaissances sont exigées au départ

vor|knöpfen *vr fam* ■ **jd knöpft sich** (*dat*) **jdn vor** qn fait sa fête à qn *fam*

vor|kommen *irreg* **I.** *vi + sein* **1.** (*passieren*) ■ **etw kommt vor** */Fehler, Irrtum/* qc se produit; */Vorfall, Zwischenfall a./* qc arrive; ■ **es kommt vor, dass** il arrive que + *subj*; ***es kommt selten vor, dass ich mal etwas vergesse*** il arrive rarement que j'oublie [*o* il m'arrive rarement d'oublier] quelque chose
2. (*anzutreffen sein*) ■ **etw kommt irgendwo vor** */bestimmte Pflanze, Wort/* on rencontre [*o* trouve] qc quelque part
3. (*erscheinen*) ■ **etw kommt jdm ... vor** *merkwürdig, vertraut* qc semble [*o* paraît] ... à qn; ***etw kommt jdm komisch vor*** qc semble [*o* paraît] bizarre à qn; ***etw kommt jdm bekannt vor*** qn a l'impression de connaître qc; ***das kommt mir/Ihnen nur so vor*** ce n'est qu'une impression
4. (*nach vorn kommen*) ■ **jd kommt vor** qn vient devant
▸ **jd kommt hinter etw** (*dat*) **vor** qn apparaît derrière qc; **das kann [schon mal] ~** ça peut arriver; **das soll [*o* wird] nicht wieder ~** ça ne se reproduira plus; **so was soll ~!, das kommt vor!** ce sont des choses qui arrivent; **so etwas ist mir noch nie vorgekommen** (*erstaunt*) je n'ai jamais vu ça; (*entrüstet*) on aura tout vu; **wie kommst du mir eigentlich vor?** *fam* non, mais qu'est-ce que tu crois? *fam*, ça va pas la tête? *fam*
II. *vr* ■ **jd kommt sich** (*dat*) **... vor** *dumm, mies* qn se sent ...; *überflüssig a.* qn se fait l'effet d'être ...; ***du kommst dir wohl [sehr] schlau vor?*** tu te crois [vraiment] malin(-igne)?

Vorkommen <-s, -> *nt* ∅ **1.** MED apparition *f*
2. *meist pl* MIN gisement *m*

-vorkommen *nt meist pl* MIN *Erz-, Kohle-, Uran-* gisement *m* de

Vorkommnis <-ses, -se> *nt* fait *m*, événement *m*; (*unangenehm*) incident *m*
▸ **besondere/keine besonderen ~se** quelque chose/rien à signaler

Vorkriegs- d'avant-guerre **Vorkriegszeit** *f* avant-guerre *m o f*; ***etw stammt aus der ~*** qc date d'avant [la] guerre; ***in der ~*** avant la guerre

vor|laden *vt irreg* ■ **jd lädt jdn vor** qn cite qn, qn assigne qn, qn convoque qn

Vorladung *f* **1.** (*das Vorladen*) citation *f*, assignation *f*
2. (*Schreiben*) citation *f*, convocation *f*

Vorlage *f* **1.** (*Zeichen~*) modèle *m*
2. ∅ (*das Vorlegen*) [*Scheck, Schuldschein, Wechsel*] présentation *f*; [*Beweis, Unterlage a.*] production *f*
3. (*Gesetzes~*) projet *m* de loi
4. (*beim Fußball*) passe *f*
5. CH (*Vorleger*) tapis *m*; [*WC a.*] contour *m*; (*Bett~*) descente *f* de lit
▸ **gegen [*o* bei] ~ einer S.** (*gen*) sur présentation de qc; **jd tritt in ~** qn avance des fonds; **jd tritt mit etw in ~** COM, FIN qn avance qc

Vorland *nt* ∅ [*Alpen, Bergkette*] contrefort *m gén pl*

vor|lassen *vt irreg* **1.** *fam* (*den Vortritt lassen*) ■ **jd lässt jdn vor** qn laisse passer qn devant
2. (*nach vorn durchlassen*) ■ **jd lässt jdn vor** *Redner, Sanitäter* qn laisse passer qn
3. (*Zutritt gewähren*) ■ **jd lässt jdn vor** qn laisse passer qn; ■ **jd lässt jdn zu jdm vor** qn laisse qn voir qn

Vorlauf *m* **1.** SPORT [course *f*] éliminatoire *f*; ***im ~*** lors des éliminatoires
2. AUDIOV: ***schneller ~*** avance *f* rapide
3. (*Heizungs~*) (*Leitung*) canalisation *f* d'alimentation, départ *m*; (*Wasser*)

débit *m*

vor|laufen *vi irreg + sein fam* ■ **jd läuft vor** qn part devant; ■ **jd läuft irgendwohin vor** qn passe devant pour aller quelque part; ***er ist nach Hause vorgelaufen*** il est passé devant pour rentrer [à la maison]

Vorläufer(in) *m(f)* précurseur *m*

vorläufig I. *adj* provisoire

II. *adv festnehmen* provisoirement; *alles sein, reichen* pour l'instant

vorlaut *adj* impertinent(e), insolent(e); ■ **jd ist ~** qn la ramène un peu trop *fam*

Vorleben *nt ∅* ■ **jds ~** le passé de qn

▶ **jd hat ein ~** qn a déjà vécu; ***sie hat bestimmt noch kein ~*** elle n'a sûrement encore aucune expérience

vor|legen *vt* **1.** (*einreichen*) ■ **jd legt etw vor** *Beweis, Unterlagen, Zeugnisse* qn produit qc; ■ **jd legt jdm etw vor** qn présente qc à qn

2. (*vor etw schieben*) ■ **jd legt etw vor** *Bremsklotz, Kette* qn met qc; *Riegel a.* qn pousse qc

Vorleger <-s, -> *m* **1.** (*Fußabtreter*) paillasson *m*

2. (*Bett~*) descente *f* de lit; (*WC~*) tapis *m* [*o* contour *m*] [de] W.-C.

vor|lehnen *vr* ■ **jd lehnt sich vor** qn se penche en avant [*o* vers l'avant]

Vorleistung *f* contribution *f* [*o* effort *m*] préalable

vor|lesen *irreg* **I.** *vt* ■ **jd liest [jdm] etw vor** qn lit qc [à qn]; ■ **jd liest [jdm] vor, was** qn lit [à qn] ce qui/que

II. *vi* ■ **jd liest vor** qn lit à haute voix; ■ **jd liest [jdm] aus etw vor** qn fait la lecture de qc [à qn]

Vorleser(in) *m(f)* lecteur(-trice) *m(f)*

Vorlesung *f* UNIV cours *m* [magistral]

▶ **jd hält eine ~/~en [über etw** (*akk*)**]** qn fait un/des cours [sur qc]

vorlesungsfrei *adj* exempt(e) de cours **Vorlesungsverzeichnis** *nt* programme *m* des cours

vorletzte(r, s) *adj* avant-dernier(-ière)

▶ **als** V~(r) en avant-dernière position

Vorliebe *f* ■ **~ für jdn/etw** prédilection *f* [*o* préférence *f*] pour qn/qc

▶ **jd hat ~en/eine ~ [für jdn/etw]** qn a des préférences/une préférence [*o* une prédilection] [pour qn/qc]; ***welche ~n haben Sie?*** quelles sont vos préférences?; **mit ~** de préférence; ***mit ganz besonderer ~*** avec une préférence toute particulière; ***diesen Wein trinke ich mit ~*** c'est ce vin que je préfère boire

vorlieb|nehmen *s.* **nehmen III.**

vor|liegen *vi irreg* **1.** (*eingereicht sein*) ■ **etw liegt vor** /*Antrag, Beschwerde, Unterlagen*/ il y a qc; ***sobald Ihre Bewerbung hier vorliegt, ...*** dès que votre candidature nous sera parvenue, ...; ■ **etw liegt jdm/bei jdm vor** qc est parvenu(e) à qn

2. MEDIA ■ **etw liegt vor** qc est disponible

3. (*bestehen*) ■ **etw liegt vor** il y a qc; ***hier muss ein Irrtum ~*** il doit y avoir une erreur; ***es liegt ein Versehen vor*** il y a méprise

▶ **gegen jdn liegt etw vor** /*Anzeige, Beschwerde*/ qc est en cours contre qn; ***bisher liegt nichts gegen Sie vor*** pour le moment, il n'y a aucune plainte [*o* procédure engagée] contre vous

vorliegend *adj attr* existant(e), dont je/il/... dispose; *Fall* présent(e); ***nach den bisher ~en Erkenntnissen*** d'après les premiers éléments connus; ***aus den mir ~en Unterlagen*** d'après les documents dont je dispose

vor|lügen *vt irreg* ■ **jd lügt jdm etwas vor** qn raconte des histoires à qn; ■ **jd lässt sich** (*dat*) **etwas/nichts [von jdm] ~** qn se laisse/ne se laisse pas abuser [par qn]; ***er lässt sich nichts ~*** il ne s'en laisse pas compter; ■ **jd lügt jdm vor, dass** qn fait croire à qn que + *indic*

vor|machen I. *vt* **1.** (*demonstrieren*) ■ **jd macht jdm etw vor** qn montre qc à qn; ■ **jd macht jdm vor, wie** qn montre à qn comment

2. (*täuschen*) ■ **jd macht jdm etwas vor** qn joue la comédie à qn; ■ **jd lässt sich** (*dat*) **nichts ~** qn ne s'en laisse pas conter

▶ **jd kann jdm noch etwas ~** qn peut en remontrer à qn; **jdm macht [auf etw** (*dat*)**/in etw** (*dat*)**] keiner etwas vor** (*jd kommt jdm nicht gleich*) [dans qc,] personne ne peut en remontrer à qn

II. *vr* ■ **jd macht sich** (*dat*) **etwas/nichts vor** qn se fait des idées/ne se fait pas d'illusions

Vormachtstellung *f ∅* POL suprématie *f*, prépondérance *f*

▶ **jd hat eine ~ [gegenüber jdm] [inne]** qn détient une position dominante [vis-à-vis de qn], qn exerce une suprématie [sur qn]

vormalig *adj attr veraltend* ancien(ne) *antéposé*

vormals *adv geh* autrefois

Vormarsch *m* avance *f*, marche *f*; ***der ~ in feindliches Gebiet*** l'avance *f* [*o* la progression] en territoire ennemi

▶ **jd/etw ist auf dem ~** MIL qn/qc approche; **etw ist auf dem ~** qc a le vent en poupe

vor|merken *vt* **1.** (*im Voraus eintragen*) ■ **jd merkt jdn [für etw] vor** *für einen Flug, Kurs* qn inscrit qn [pour qc]; ■ **jd lässt jdn/sich [für etw] ~** qn fait inscrire qn/se fait inscrire [pour qc]; ■ **jd merkt [sich** (*dat*)**] etw [für etw] vor** *Besprechung, Termin* qn note qc [pour qc]

2. MEDIA ■ **jd merkt etw [für jdn] vor** *Buch, Titel* qn retient [*o* réserve] qc [pour qn]

Vormieter(in) *m(f)* locataire *mf* précédent(e)

vormittag *s.* **Vormittag**

Vormittag *m* matinée *f*

▶ **am frühen/späten ~** au début/à la fin de la matinée; **am ~** dans la matinée, le matin; **am ... ~** (*generell*) le ... matin; (*an einem bestimmten Tag*) ... matin

vormittags *adv* dans la matinée, le matin

Vormund <-[e]s, -e *o* Vormünder> *m* [*Minderjähriger*] tuteur(-trice) *m(f)*; [*Entmündigter*] curateur(-trice) *m(f)*

▶ **ich brauche keinen ~** *fam* je suis assez grand(e) pour me débrouiller tout(e) seul(e) *fam*, j'ai plus dix ans *fam*

Vormundschaft <-, -en> *f* (*für einen Minderjährigen*) tutelle *f*; (*für einen Entmündigten*) curatelle *f*

vorn *adv* **1.** (*im vorderen Bereich*) devant; ■ **~ in etw** (*dat*) *in einer Schublade, einem Bus* à l'avant de qc; *in einem Schrank* sur le devant de qc; ***ich sitze nicht gern ~ im Kino*** au cinéma, je n'aime pas être [assis(e)] devant

2. (*auf der Vorderseite*) devant; ***der Eingang zum Bahnhof ist nicht ~, sondern seitlich*** l'entrée de la gare n'est pas sur le devant [*o* en façade], mais sur le côté

3. MEDIA (*zu Beginn*) au début

4. (*an der Vorderfront*) devant, à l'avant; **~ *am Wagen*** à l'avant de la voiture; **~ *am Gerät*** sur le devant de l'appareil

▶ **von ~ bis hinten** *fam betrügen* jusqu'au trognon *fam*; **nach ~** *deuten, zeigen* vers l'avant; *gehen* en avant; **von ~** (*von der Vorderseite her*) *betrachten, sehen, darstellen, zeigen* de face; (*von Anfang an*) *anfangen, besprechen* depuis le début; ***so sieht das Haus von ~ aus*** voici à quoi ressemble la maison vue de face

Vorname *m* prénom *m*

vorne *adv s.* **vorn**

vornehm *adj* **1.** (*elegant*) *Dame, Herr* distingué(e); *Erscheinung, Kleidung a.* élégant(e)

2. (*luxuriös*) *Gegend, Viertel, Villa* chic; *Limousine* élégant(e)

3. (*adlig*) *Abkunft, Familie* aristocratique

▶ **jd ist sich** (*dat*) **zu ~ für etw** qn se croirait déshonoré(e) de faire qc; **jd tut ~** *pej fam* qn se donne de grands airs

vor|nehmen *irreg* **I.** *vt* **1.** (*einplanen*) ■ **jd nimmt sich** (*dat*) **etw vor** qn prévoit qc; ■ **jd nimmt sich** (*dat*) **vor etw zu tun** qn prévoit [*o* se propose] de faire qc; ***nimm dir endlich mal vor, deine Freizeit sinnvoller zu gestalten!*** décide-toi enfin à occuper plus intelligemment tes loisirs!

2. (*sich beschäftigen mit*) ■ **jd nimmt sich** (*dat*) **etw vor** *Arbeit, Manuskript* qn s'attelle à qc

3. *fam* (*sich vorknöpfen*) ■ **jd nimmt sich** (*dat*) **jdn vor** qn fait sa fête à qn *iron fam*

II. *vt* ■ **jd nimmt etw vor** *Änderung, Messung, Überprüfung* qn effectue qc

Vornehmheit <-> *f ∅* [*Äußeres, Kleidung*] élégance *f*, distinction *f*

vornehmlich *adv geh* essentiellement

vornherein *adv* ▶ **von ~** d'emblée, dès le départ

vornüber *adv* vers l'avant

Vorort *m* faubourg *m*; ***die ~e*** la banlieue

Vorplatz *m* [*Schloss, Ministerium*] esplanade *f*; [*Kirche*] parvis *m*

Vorposten *m* MIL avant-poste *m*

▶ **jd steht auf ~** qn est aux avant-postes

vor|programmieren * *vt* **1.** (*unausweichlich machen*) ■ **jd/etw programmiert etw vor** *Konflikt, Missverständnis* qn/qc prépare le terrain pour qc, qn/qc ouvre la voie à qc; ■ **etw ist [durch etw] vorprogrammiert** /*Auseinandersetzung etc*/ [avec qc,] on va tout droit à qc [*o* on a tous les ingrédients de qc]; /*Karriere, Weg*/ [avec qc,] qc est tout(e) tracé(e); /*Erfolg*/ [avec qc,] qc est programmé(e)

2. TECH, AUDIOV ■ **jd programmiert etw vor** *Film, Sendung, Herd, Videorecorder* qn programme qc

Vorrang *m ∅* **1.** (*Priorität*) priorité *f*

2. TRANSP AUS *s.* **Vorfahrt**

▶ **jd gibt einer S.** (*dat*) **den ~ [vor etw** (*dat*)**]**, **jd räumt einer S.** (*dat*) **den ~ [vor etw** (*dat*)**] ein** qn donne la priorité à qc [sur qc]; **etw hat [*o* genießt] ~ [vor etw** (*dat*)**]** qc prime [*o* a la priorité] [sur qc]; **mit ~** *erledigen, bearbeiten* en priorité, prioritairement

vorrangig I. *adj* prioritaire

II. *adv* en priorité, prioritairement

Vorrangstellung *f* primauté *f*, prééminence *f soutenu*

Vorrat <-[e]s, Vorräte> *m* réserves *fpl*, stock *m*; (*Lebensmittel*) provisions *fpl*; ■ **ein ~ an etw** (*dat*) des réserves *fpl* de qc; ***ein ~ an Lebensmitteln*** des provisions *fpl*, des réserves *fpl* de nourriture

▶ **jd hat etw auf ~** qn a qc en stock [*o* en réserve]; **jd kauft [etw] auf ~** qn fait des provisions [de qc], qn stocke [qc]; **jd legt Vorräte an** qn fait des stocks [*o* des provisions]; **solange der ~ reicht** jusqu'à épuisement des stocks

vorrätig *adj* en stock; ■ **etw ist bei jdm ~** qn a qc en stock

▶ **jd hat etw ~** qn a qc en stock

Vorratskammer *f* réserve *f*, cellier *m* **Vorratsraum** *m* réserve *f*

vor|rechnen *vt* **1.** (*erläutern*) ■ **jd rechnet jdm etw vor** *Kosten* qn fait le compte de qc à qn; ■ **jd rechnet jdm vor, dass/wie/wie viel** qn calcule devant qn que + *indic*/comment/combien; ■ **jd rechnet jdm vor, was** qn fait à qn le compte de ce qui/ce que

2. MATH ■ **jd rechnet jdm etw vor** *Rechenaufgabe* qn montre à qn la façon de calculer qc

Vorrecht *nt* privilège *m*, prérogative *f*

▶ **jd genießt [...] ~e** qn jouit [*o* bénéficie] de privilèges [...]

Vorrede *f* (*einleitende Worte*) avant-propos *m*

Vorredner(in) *m(f)* ■ **jds ~** l'orateur(-trice) *m(f)* qui a précédé qn

Vorreiter(in) *m(f) fam* précurseur *m*, pionnier(-ière) *m(f)*; ***jd ist der ~*** qn est en pointe

▶ **jd macht [für jdn] den ~** qn essuie les plâtres [pour qn]

Vorrichtung <-, -en> *f* dispositif *m*

vor|rücken I. *vi + sein* **1.** MIL ■ **jd rückt vor** qn avance, qn progresse; ■ **jd rückt nach etw/gegen jdn/etw vor** *nach Prag, gegen den Feind, feindliche Stellungen* qn marche sur qn/qc; ■ **jd rückt bis zu etw vor** qn avance [*o* marche] jusqu'à qc

2. (*nach vorn rücken*) ■ **jd rückt [mit etw] vor** *mit einem Stuhl, einer Bank* qn avance [qc]; ***können Sie ein Stück ~?*** pouvez-vous [vous] avancer un

peu?
3. SPORT ■ **jd rückt vor** qn remonte au classement; ■ **jd rückt auf etw** (*akk*) **vor** qn remonte à qc; ***jd rückt auf einen höheren Tabellenplatz vor*** qn remonte au classement
4. SPIEL ■ **jd rückt** [**mit etw**] **vor** qn avance [qc]; ***jd rückt*** [***mit dem Stein***] ***fünf Felder vor*** qn avance [son pion] de cinq cases
II. *vt + haben* ■ **jd rückt etw vor** qn avance qc

Vorruhestand *m* préretraite *f*

Vorrunde *f* premier tour *m*

vor|sagen I. *vt* SCOL ■ **jd sagt jdm etw vor** qn souffle qc à qn
II. *vi* SCOL ■ **jd sagt** [**jdm**] **vor** qn souffle [à qn]

Vorsaison [-zɛzõ:, -zɛzɔŋ] *f* avant-saison *f*; ***die ~ und Nachsaison*** la basse saison

Vorsänger(in) *m(f)* 1. ECCL chantre *m*
2. MUS récitant(e) *m(f)*

Vorsatz[1] <-[e]s, Vorsätze> *m* (*Absicht*) résolution *f*
▶ **jd fasst den ~ etw zu tun** qn prend la résolution de faire qc

Vorsatz[2] <-[e]s, Vorsätze> *m* MEDIA garde *f*

Vorsatzblatt *nt* page *f* de garde

vorsätzlich I. *adj Falschaussage* intentionnel(le), délibéré(e); *Körperverletzung* volontaire
II. *adv kränken, belügen* à dessein, intentionnellement

Vorschau <-, -en> *f* 1. TV présentation *f* des programmes; ■ **die ~ auf etw** (*akk*) la présentation de qc
2. CINE bandes-annonces *fpl*

Vorschein *m* ▶ **jd bringt etw zum ~** qn fait apparaître qc; **etw bringt etw wieder zum ~** qc permet de retrouver qc; ***selbst die eifrigste Suche konnte die vermisste Brieftasche nicht wieder zum ~ bringen*** malgré d'actives recherches, le portefeuille n'a pu être retrouvé [*o* n'a pas réapparu]; **etw kommt zum ~** */Gegenstand/* qc apparaît; (*wird offenbar*) */Hass, Neid/* qc apparaît, qc se manifeste

vor|schieben *vt irreg* 1. (*nach vorn schieben*) ■ **jd schiebt etw vor** qn avance qc
2. (*vor etw schieben*) ■ **jd schiebt etw vor** *Riegel* qn pousse qc
3. (*für sich agieren lassen*) ■ **jd schiebt jdn vor** *Stellvertreter, Strohmann* qn s'abrite derrière qn
4. (*vorschützen*) ■ **jd schiebt etw vor** *Unpässlichkeit, Verhinderung* qn prétexte qc; *Ausrede* qn invoque qc; ■ **vorgeschoben** *Argument, Grund* mis(e) en avant [comme prétexte], faux(fausse) *antéposé; Krankheit a.* diplomatique; ***etw wirkt wie vorgeschoben*** qc ressemble à un prétexte

vor|schießen *irreg* I. *vi + sein fam* ■ **jd/ein Tier/etw schießt** [**irgendwoher**] **vor** qn/un animal/qc surgit [de quelque part]
II. *vt + haben irreg* ■ **jd schießt jdm etw vor** *Betrag, Geld* qn avance qc à qn

Vorschiff *nt* avant *m*

Vorschlag *m* proposition *f*
▶ **ein ~ zur Güte** *fam* une proposition d'arrangement [*o* pour couper la poire en deux]; ***ich mache einen ~ zur Güte*** je propose un arrangement [*o* de couper la poire en deux]; **jd macht** [**jdm**] **einen ~** qn fait une proposition [à qn]; **auf jds ~, auf ~ von jdm** sur proposition de qn

vor|schlagen *vt irreg* 1. (*anregen*) ■ **jd schlägt jdm etw vor** qn propose qc à qn; ■ **jd schlägt** [**jdm**] **vor etw zu tun** qn propose [à qn] de faire qc
2. (*empfehlen*) ■ **jd schlägt** [**jdm**] **jdn** [**als jdn/für etw**] **vor** qn propose qn [à qn] [comme qn/pour qc]

Vorschlaghammer *m* masse *f*

vorschnell *adj s.* **voreilig**

vor|schreiben *vt irreg* 1. (*befehlen*) ■ **jd schreibt jdm etw vor** qn dicte qc à qn; ■ **jd schreibt jdm vor, wann/was/wie** qn dicte à qn quand/ce qui/ce que/comment
2. ADMIN ■ **etw schreibt** [**jdm**] **etw vor** */Bestimmung, Gesetz, Vorschrift/* qc prescrit qc [à qn]; ■ **etw schreibt** [**jdm**] **vor etw zu tun** qc prescrit [*o* enjoint] [à qn] de faire qc; ***etw schreibt vor, dass etw getan werden soll*** qc stipule que qc doit être fait(e)

Vorschrift *f* consigne *f*, directive *f*, instruction *f*
▶ **etw ist ~** qc fait partie du règlement; ***das ist ~*** c'est le règlement; **jd macht jdm ~en** qn dicte sa conduite à qn; **jd lässt sich** (*dat*) **von jdm ~en/keine ~en machen** qn laisse qn lui dicter sa conduite/n'a pas d'ordre à recevoir de qn; **nach ~** conformément au règlement

vorschriftsmäßig I. *adj Fahrweise, Parken* réglementaire; *Dosis* prescrit(e); *Verhalten* conforme au règlement; ***bei ~er Einnahme des Medikaments*** si le médicament est pris conformément à la dose prescrite II. *adv fahren, parken, sich verhalten* réglementairement; ***jd nimmt ein Medikament ~ ein*** qn prend un médicament en suivant la posologie **vorschriftswidrig** I. *adj* non réglementaire; ■ **etw ist ~** qc est contraire au règlement II. *adv* en violation du règlement; *befahren, parken, überholen* en infraction au code de la route

Vorschub *m* ▶ **jd leistet** [**mit etw/durch etw**] **einer S.** (*dat*) **~** qn fait le lit de [*o* ouvre la voie à] qc [avec qc]; **etw leistet einer S.** (*dat*) **~** qc encourage qc, qc est un encouragement à qc

Vorschulalter *nt* ∅ ■ **das ~** âge *m* préscolaire (*avant six ans*)
▶ **jd ist im ~** qn est d'âge préscolaire, qn n'a pas atteint l'âge scolaire

Vorschuss[RR] <-es, Vorschüsse> *m* avance *f*; ■ **ein ~ auf etw** (*akk*) une avance sur qc
▶ **jd leistet einen ~** [**auf etw** (*akk*)] qn fait une avance [sur qc]

Vorschusslorbeeren[RR] *pl* éloges *mpl* anticipés
▶ **jd erntet** [**für etw**] **~** qn se fait encenser [pour qc] avant l'heure

vor|schützen *vt* ■ **jd schützt etw vor** qn prétexte qc; ■ **jd schützt vor, etw zu tun/dass** qn prétexte que + *indic*

vor|schwärmen *vi* ■ **jd schwärmt jdm von jdm/etw vor** qn parle à qn avec enthousiasme de qn/qc; ■ **jd schwärmt jdm vor, wie** qn raconte à qn avec enthousiasme comme

vor|schweben *vi* ■ **jdm schwebt etw vor** qn a qc en tête, qc lui trotte dans la tête

vor|schwindeln *vt fam s.* **vorlügen**

vor|sehen[1] *irreg* I. *vr* 1. (*sich in Acht nehmen*) ■ **jd sieht sich vor** qn se tient sur ses gardes; ■ **jd sieht sich vor jdm/einem Tier vor** qn prend garde à [*o* se méfie de] qn/un animal
2. (*aufpassen*) ■ **jd sieht sich vor, dass/was** qn fait attention [*o* prend garde] que + *subj*/à ce qui/à ce que; ***sieh dich bloß vor, dass du nichts ausplauderst!*** fais attention [*o* prends garde] de ne rien dire!, gare à toi si tu dis quelque chose!
▶ **sieh dich/sehen Sie sich vor!** *fam* (*drohend*) gare à toi/vous!
II. *vt* ■ **jd sieht jdn für etw vor** qn envisage de faire appel à qn pour qc; ■ **jd sieht etw für etw vor** qn prévoit qc pour qc; ■ **etw ist für etw vorgesehen** qc est destiné(e) à qc; ■ **etw sieht etw vor** */Konzeption, Planung/* qc prévoit qc; ***das Gesetz sieht für Landesverrat schwere Strafen vor*** la loi prévoit de lourdes peines en cas de haute trahison; ■ **etw sieht vor, dass/wie** */Gesetz, Vorschrift/* qc prévoit que + *indic*/comment; ■ **etw sieht nicht vor, dass** qc ne prévoit pas que + *subj*
▶ **es ist vorgesehen, dass/etw zu tun** il est prévu que + *subj*/de faire qc

vor|sehen[2] *vi irreg* (*sichtbar sein*) ■ **etw sieht** [**irgendwo**] **vor** qc dépasse [quelque part]

Vorsehung <-> *f* ∅ ■ **die ~** la Providence

vor|setzen I. *vt* 1. (*als Essen anbieten*) ■ **jd setzt jdm etw vor** qn sert qc à qn
2. *fam* (*auftischen*) ■ **jd setzt jdm etw vor** *Geschichte, Lügen* qn sort qc à qn *fam*
3. *fam* (*offerieren*) ■ **jd/etw setzt jdm etw vor** */Fernsehen/ Schund, mieses Programm* qn/qc sert qc à qn; ***bei dem Schund, den wir vom Fernsehen vorgesetzt bekommen*** avec toutes les débilités dont nous gratifie la télé *fam*
II. *vr* ■ **jd setzt sich vor** qn va s'asseoir devant; ***jd setzt sich ein paar Reihen vor*** qn avance de quelques rangs

Vorsicht <-> *f* ∅ (*vorsichtiges Verhalten*) prudence; (*in der Handhabung*) précautions *fpl*; ***bitte, lassen Sie größte ~ walten*** je vous en prie, prenez un maximum de précautions
▶ **~ ist die Mutter der Porzellankiste** *sl* deux précautions valent mieux qu'une, prudence est mère de sûreté; **~ ist besser als Nachsicht** *prov* mieux vaut prévenir que guérir; **etw ist mit ~ zu genießen** *fam* qc ne doit pas être pris(e) pour argent comptant; **mit ~** avec précaution; **zur ~** par précaution; **~!** attention!; **~, ...!** (*Warnhinweis auf Verpackungen*) attention ...!; **~, *Glas!*** [attention] fragile!

vorsichtig I. *adj* 1. (*umsichtig*) *Fahrweise, Verhalten, Mensch* prudent(e)
2. (*zurückhaltend*) *Äußerung, Schätzung* prudent(e); *Ansatz a.* timide
II. *adv* 1. (*umsichtig*) *vorgehen* avec prudence, prudemment; *handhaben, transportieren* avec précaution; *fahren* prudemment
2. (*zurückhaltend*) *sich äußern, ausdrücken* avec prudence; *schätzen, veranschlagen* raisonnablement

vorsichtshalber *adv* par [mesure de] précaution **Vorsichtsmaßnahme** *f* [mesure *f* de] précaution *f*; ***als ~*** par [mesure de] précaution ▶ **jd trifft ~n** qn prend des précautions [*o* des mesures de précaution] **Vorsichtsmaßregel** *f form s.* **Vorsichtsmaßnahme**

Vorsilbe *f* préfixe *m*

vor|singen *irreg* I. *vt* 1. (*singend vortragen*) ■ **jd singt** [**jdm**] **etw vor** qn chante qc [à qn]
2. (*durch Singen demonstrieren*) ■ **jd singt jdm etw vor** qn chante qc à qn
II. *vi* ■ **jd singt** [**jdm**] **vor** qn auditionne [devant qn]

vorsintflutlich *adj fam* antédiluvien(ne) *fam*

Vorsitz *m* présidence *f*
▶ **jd hat** [*o* **führt**] **den ~** [**bei etw**] qn préside [qc], qn assure la présidence [de qc]; **unter dem ~ von jdm** sous la présidence de qn

vor|sitzen *vi irreg form* ■ **jd sitzt einer S.** (*dat*) **vor** qn préside qc

Vorsitzende(r) *f(m) decl wie adj* président(e) *m(f)*

Vorsorge *f* prévoyance *f*; ***private ~*** assurance *f* vieillesse complémentaire
▶ **jd trifft ~ für etw** *form fürs Alter* qn prend des précautions en prévision de qc; *für eine Krankheit, den Notfall* qn se prémunit contre qc

vor|sorgen *vi* ■ **jd sorgt** [**für etw**] **vor** *fürs Alter* qn prend des précautions en prévision de qc; *für eine Krankheit, den Notfall* qn se prémunit contre qc; ■ **jd sorgt** [**dafür**] **vor, dass etw nicht geschieht** qn prend des précautions [*o* s'arrange] pour que qc n'arrive pas

Vorsorgeuntersuchung *f* examen *m* de dépistage

vorsorglich I. *adj Maßnahme, Sperrung* préventif(-ive); *Informieren, Einspruch* à titre préventif
II. *adv* à titre préventif, préventivement

Vorspann <-[e]s, -e> *m* générique *m* [de début]

Vorspeise *f* (*erster Gang*) hors-d'œuvre *m*; (*Eingangsgericht*) entrée *f*

vor|spiegeln *vt* ■ **jd spiegelt etw vor** qn simule qc, qn feint qc; ■ **jd spiegelt jdm etw vor** qn joue à qn la comédie de qc; ■ **jd spiegelt jdm vor, dass/etw zu tun** qn fait croire à qn que + *indic*

Vorspiegelung *f* simulation *f*; ***durch ~ von Krankheit*** en simulant une maladie
▶ **das ist eine ~ falscher Tatsachen** *hum* tout ça, ce sont des histoires; **unter ~ von etw** en faisant miroiter qc; ***sie hat ihr Ziel nur unter ~ falscher Tatsachen erreicht*** elle a atteint son but en racontant des histoires

Vorspiel *nt* 1. MUS prélude *m*; THEAT prologue *m*
2. (*vor dem Geschlechtsakt*) préliminaires *mpl* [amoureux]
3. MUS (*das Vorspielen*) audition *f*
▶ **etw ist nur ein ~/das ~ zu etw** qc n'est qu'un prélude/ne fait que prélu-

der à qc

vor|spielen I. vt 1. MUS (vortragen) ■ jd spielt [jdm] etw vor qn joue qc [à qn]; ■ jd spielt jdm etw vor qn joue qc à qn
2. (vorheucheln) ■ jd spielt jdm etw vor nicht existenten Umstand qn joue à qn la comédie de qc; eine Komödie, Szene qn joue qc à qn
II. vi MUS ■ jd spielt [jdm] vor einem Gutachter, Prüfer qn auditionne [devant qn]

Vorsprache f form audience f (bei jdm auprès de qn)

vor|sprechen irreg I. vt ■ jd spricht jdm etw vor Eidesformel, schwieriges Wort qn prononce qc devant qn
II. vi 1. form (offiziell aufsuchen) ■ jd spricht bei jdm/etw vor beim Behördenleiter, bei einem Amt qn se présente chez qn/à qc
2. THEAT, TV ■ jd spricht [jdm] vor einem Prüfer, Regisseur qn auditionne [devant qn]; jd lässt sich (dat) von einem Bewerber ~ qn auditionne un candidat

vor|springen vi irreg + sein ■ etw springt vor qc fait saillie

vorspringend adj Wangenknochen, Kinn saillant(e), proéminent(e)

Vorsprung m 1. (Distanz zu Verfolgern) avance f; ■ jds ~ vor jdm l'avance de qn sur qn
2. ARCHIT saillie f

Vorstadt f faubourg m; jd wohnt in der ~ qn habite en banlieue

Vorstadt- de banlieue

Vorstand m 1. (Gremium) comité m directeur, conseil m d'administration
2. (Vorstandsmitglied) membre m du comité directeur [o du conseil d'administration]

Vorstands- -mitglied, -vorsitzender, -frau du comité directeur, du conseil d'administration; die ~wahlen les élections au comité directeur [o au conseil d'administration]

vor|stehen vi irreg + haben o sein 1. (hervorragen) ■ etw steht vor /Wangenknochen, Kinn, Rippen/ qc est saillant(e); /Zähne/ qc avance
2. veraltend form (Vorsteher sein) ■ jd steht einer S. (dat) vor qn est à la tête de qc, qn préside aux destinées de qc soutenu

Vorsteher(in) <-s, -> m(f) directeur(-trice) m(f)

Vorsteherdrüse f prostate f

vorstellbar adj ■ ... ~ leicht, kaum ... concevable, ... imaginable; eine schwer ~e Katastrophe une catastrophe difficilement concevable [o imaginable]; eine nicht ~e Entfernung une distance inimaginable

vor|stellen I. vr 1. (sich bekannt machen) ■ jd stellt sich [jdm] vor qn se présente [à qn]; ■ jd stellt sich jdm als etw vor qn se présente à qn en qualité de [o comme étant] qc
2. (vorstellig werden) ■ jd stellt sich [irgendwo/bei jdm] vor qn se présente [quelque part/chez qn]
3. (gedanklich vor sich sehen) ■ jd stellt sich (dat) etw vor qn [s']imagine qc; ■ jd stellt sich vor, dass/wie qn [s']imagine que + indic/comment
4. (mit etw verbinden) ■ jd stellt sich (dat) etwas/nichts unter etw (dat) vor unter einem Begriff qc inspire quelque chose/ne dit rien à qn
5. (als angemessen betrachten) ■ jd stellt sich (dat) etw vor Gehalt, Preis qn envisage qc
► stell dir mal vor! fam tu te rends compte! fam
II. vt 1. (bekannt machen) ■ jd stellt [jdm] jdn vor qn présente qn [à qn]; wir [beide] sind uns noch nicht vorgestellt worden nous n'avons pas encore été présenté(e)s [l'un(e) à l'autre]; darf ich ~? puis-je faire les présentations?
2. COM (präsentieren) ■ jd stellt jdm etw vor qn présente qc à qn
3. (vorrücken) ■ jd stellt etw vor Uhrzeiger, Stuhl qn avance qc
4. (darstellen) ■ etw stellt etw vor /moderne Skulptur, abstrakte Zeichnung/ qc représente qc

vorstellig adj ► jd wird bei jdm/irgendwo ~ form qn s'adresse à qn/se présente quelque part

Vorstellung f 1. (gedankliches Bild) idée f; welche ~ hast du bei diesem Wort? qu'est-ce que ce mot évoque pour toi?
2. CINE, THEAT [Theaterstück] représentation f; (Filmvorführung) séance f
3. COM (Präsentation) présentation f
4. (Vorstellungsgespräch) entretien m [d'embauche]
► etw entspricht jds ~ qc correspond à l'attente de qn [o à l'idée que qn s'en fait]; jd hat [o macht sich (dat)] ... ~en falsche qn a [o se fait] des idées ...; er macht sich seltsame ~en il se fait de drôles d'idées; jd macht sich (dat) keine ~, was/wie ... qn n'imagine [o ne s'imagine] pas ce qui/ce que/comment ...; etw übertrifft alle ~en qc dépasse l'entendement [o tout ce qu'on peut imaginer]; in jds ~ (dat) dans l'esprit [o la tête] de qn

Vorstellungsgespräch nt entretien m [d'embauche] **Vorstellungskraft** f Ø, **Vorstellungsvermögen** nt Ø imagination f; etw übersteigt das ~ qc dépasse l'imagination [o l'entendement]

Vorstoß m 1. MIL attaque f, offensive f
2. (Versuch, etw zu erreichen) ■ ein/jds ~ bei jdm une intervention/l'intervention [o une/la démarche] de qn auprès de qn
► jd macht [o unternimmt] einen ~ [bei jdm] qn intervient [o fait une démarche] [auprès de qn]

vor|stoßen irreg I. vi + sein ■ jd stößt [irgendwohin] vor /Expedition, Feldherr, Truppen/ qn avance [quelque part]; nach Norden, zum Nordpol qn avance en direction de qc; über die Grenze qn franchit qc; in die Wildnis qn pénètre dans qc
II. vt + haben ■ jd stößt jdn vor qn pousse qn [en avant]; jd stößt jdn mit etw vor qn fait avancer qn à coups de qc

Vorstrafe f condamnation f antérieure

Vorstrafenregister nt casier m judiciaire

vor|strecken vt 1. (vorübergehend leihen) ■ jd streckt jdm etw vor qn avance qc à qn
2. (nach vorn strecken) ■ jd streckt etw vor Arm, Hand qn tend qc; Kopf, Oberkörper qn avance qc

Vorstufe f stade m préliminaire

Vortag m ► am ~ [einer S. (gen)] la veille [de qc]; vom ~ de la veille

vor|täuschen vt ■ jd täuscht etw vor qn simule qc; jd täuscht Interesse vor qn fait semblant d'être intéressé(e); ■ jd täuscht jdm etw vor qn joue à qn la comédie de qc; du hast mir also deine Liebe nur vorgetäuscht ainsi, tu faisais [juste] semblant de m'aimer

Vortäuschung f simulation f; durch ~ von etw en simulant qc; unter ~ falscher Tatsachen en racontant des histoires

Vorteil <-s, -e> m 1. (vorteilhafter Umstand) avantage m, intérêt m; etw bedeutet ~e für jdn qc est avantageux(-euse) pour qn; ■ die ~e einer S. (gen) les avantages mpl de qc, l'intérêt m de qc
2. SPORT ■ ~ ... avantage ...; ~ Aufschläger/Rückschläger avantage service/dehors
► jd ist auf jds ~ bedacht qn voit l'intérêt de qn; etw hat den ~, dass qc présente l'avantage [o l'intérêt] que + indic; jd ist [jdm gegenüber] im ~ qn est avantagé(e) [par rapport à qn]; etw ist [für jdn] von ~ qc est avantageux(-euse) [pour qn]; jd hat sich zu seinem ~ verändert (sieht besser aus) qn a changé à son avantage; (wirkt im Auftreten positiver) qn a changé en mieux, qn s'est amélioré(e); zu jds ~ entscheiden à l'avantage [o en faveur] de qn; etw wirkt sich zum ~ für jdn aus qc a des répercussions favorables pour qn; das würde dir zum ~ gereichen tu ne t'en porterais que mieux

vorteilhaft I. adj 1. (günstig) Angebot, Bedingungen, Geschäft avantageux(-euse)
2. (ansprechend) Kleidung, Kleidungsstück seyant(e); etw ist für jdn wenig ~ qc n'avantage guère qn
II. adv 1. (günstig) erwerben, kaufen à des conditions avantageuses
2. (ansprechend) in etw aussehen, kleiden à mon/son avantage; in diesem Pullover siehst du nicht sehr ~ aus ce pull-over ne t'avantage guère; etw steht jdm [sehr] ~ qc va [très] bien à qn, qc met qn [vraiment] en valeur

Vortrag <-[e]s, Vorträge> m (längeres Referat) conférence f; (auf einem Kongress) communication f
► halt keine Vorträge! fam fais pas de laïus [o de blablabla]! fam; jd hält einen ~ [über etw (akk)/zu etw] qn fait une conférence [sur qc]

vor|tragen vt irreg 1. (rezitieren) ■ jd trägt etw vor Gedicht qn récite qc; Lied qn interprète qc; Musikstück a. qn exécute qc
2. (berichten) ■ jd trägt [jdm] etw vor Beschluss, Gründe, Wunsch qn expose qc [à qn]

Vortragsreihe f cycle m de conférences

vortrefflich I. adj geh Gericht, Wein délectable littér, exquis(e); Gedanke, Idee excellent(e)
II. adv geh à la perfection, exquisément littér; etw mundet/schmeckt ~ qc est exquis(e) [o délectable littér]

vor|treten vi irreg + sein 1. (nach vorn treten) ■ jd tritt vor qn [s']avance
2. (vorstehen) ■ etw tritt vor /Ader, Augen/ qc saille, qc ressort

Vortritt[1] m ► jd lässt jdm den ~ (lässt jdn zuerst gehen) qn cède le passage à qn; (lässt jdn zuerst agieren) qn s'efface devant qn

Vortritt[2] m Ø CH s. **Vorfahrt**

vorüber adv 1. räumlich ■ jd ist ~ /Fahrer, Läufer/ qn est passé(e); wir sind an dem Geschäft schon ~ nous avons déjà dépassé le magasin
2. zeitlich (vorbei) ■ etw ist ~ qc est terminé(e); /Schmerz/ qc a cessé

vorüber|gehen vi irreg + sein 1. (entlanggehen) ■ jd geht an jdm/etw vorüber qn passe devant qn/qc
2. (vorbeigehen) ■ etw geht vorüber /Schmerz/ qc [se] passe; /Kummer, Liebe/ qc passe
► im V~ en passant

vorübergehend I. adj Abwesenheit, Stocken passager(-ère), temporaire, momentané(e); Erscheinung, Wetterbesserung a. provisoire
II. adv abwesend sein, geschlossen sein, stocken temporairement, momentanément; sich bessern temporairement, provisoirement

Vorurteil nt préjugé m
► jd hat [o hegt] ~e [gegen jdn [o gegenüber jdm]] qn a des préjugés [contre [o vis-à-vis de] qn]; das ist ein ~ ce sont des préjugés

vorurteilslos I. adj exempt(e) de préjugés
II. adv sans préjugés, sans idée préconçue

Vorväter pl geh aïeux mpl littér

Vorvergangenheit f antériorité f dans le passé

Vorverkauf m location f **Vorverkaufsstelle** f [bureau m [o point m] de] location f

vor|verlegen * vt 1. (früher ansetzen) ■ jd verlegt etw [auf etw (akk)] vor qn avance qc [à qc]; etw wird zwei Monate vorverlegt qc est avancé(e) de deux mois
2. CONSTR ■ jd verlegt etw vor qn déplace qc vers l'avant, qn avance qc

vorvorgestern adv fam avant avant-hier fam

vorvorig adj fam: [im] ~en Monat il y a deux mois; Mitte der ~en Woche au milieu de la semaine précédant la semaine dernière

vorvorletzte(r, s) adj avant-avant-dernier(-ière), antépénultième form; ■ der/die V~ l'avant-avant-dernier/l'avant-avant-dernière

vor|wagen vr 1. (hervorzukommen wagen) ■ jd/ein Tier wagt sich vor qn/un animal se risque [o s'aventure] dehors; ■ jd/ein Tier wagt sich aus etw vor qn/un animal se risque [o s'aventure] hors de qc
2. (sich zu exponieren wagen) ■ jd wagt sich vor qn sort du bois; ■ jd wagt sich aus etw vor qn sort de qc; ■ jd wagt sich mit etw vor mit einer Forderung etc qn hasarde qc; jd wagt sich [mit etw] zu weit vor qn va trop loin [avec qc]

Vorwahl f 1. (vorherige Auswahl) présélection f
2. POL [élection f] primaire f
3. TELEC s. **Vorwahlnummer**

vor|wählen *vt* TELEC ■ **jd wählt etw vor** qn compose [*o* fait] qc comme indicatif
Vorwahlnummer *f* indicatif *m*
Vorwand <-[e]s, Vorwände> *m* prétexte *m*
▶ **unter einem** ~ sous un prétexte; **unter dem ~, etw tun zu müssen** sous prétexte qu'il/elle doit faire qc
vor|wärmen *vt* ■ **jd wärmt etw vor** *Platte, Teller* qn préchauffe qc
vor|warnen *vt* ■ **jd warnt jdn vor** qn met en garde qn, qn avertit qn
Vorwarnung *f* mise *f* en garde, avertissement *m*
▶ **ohne** ~ *auftreten, etw tun* sans crier gare; *passieren, sich ereignen* sans préavis, de façon imprévue
vorwärts *adv* **1.** (*nach vorn*) en avant; ***nur immer weiter*** ~! continue/ continuez à avancer!; ***nicht weiter*** ~! n'avance/n'avancez plus!; ***steig diese steile Treppe nicht*** ~ ***runter*** ne descends pas cet escalier raide de face
2. SPORT *Rolle, Salto* avant
▶ ~! en avant!
vorwärts|bringen *s.* **bringen** ▶ **Vorwärtsgang** <-gänge> *m* marche *f* avant ▶ **im** ~ en marche avant **vorwärts|gehen** *s.* **gehen I.**▶. **vorwärts|kommen** *s.* **kommen I.**▶
Vorwaschgang *m Ø* prélavage *m*
vorweg *adv* **1.** (*zuvor*) préalablement
2. (*an der Spitze*) *fahren, gehen* en tête, devant
Vorwegnahme <-, -n> *f form* anticipation *f*; [*Entscheidung, Ergebnis*] préfiguration *f*; ***das bedeutet keine*** ~ ***der endgültigen Entscheidung*** ça ne préjuge en rien de la décision définitive
vorweg|nehmen *vt irreg* ■ **jd nimmt etw vorweg** *Ausgang von etw, Urteil* qn préjuge de qc, qn anticipe sur qc; ■ **etw nimmt etw vorweg** *Ausgang von etw etc* qc préfigure qc
vor|weisen *vt irreg* **1.** (*nachweisen*) ■ **jd kann etw** ~ *Fähigkeiten, Kenntnisse* qn peut faire valoir [*o* faire état de] qc
2. *geh* (*vorzeigen*) ■ **jd weist etw vor** *Ausweispapiere, Pass* qn présente qc
vor|werfen *vt irreg* **1.** (*vorhalten*) ■ **jd wirft jdm etw vor** qn reproche qc à qn; ■ **jd wirft jdm vor etw zu tun/getan zu haben** qn reproche à qn de faire/d'avoir fait qc; ■ **jd wirft ihm/ihr vor, dass er/sie etw tut** qn lui reproche de faire qc
2. (*als Futter hinwerfen*) ■ **jd wirft einem Tier etw vor** qn jette qc à un animal
3. (*zum Fraß lassen*) ■ **jd wirft jdn Tieren vor** qn jette qn en pâture à des animaux
▶ **ich habe mir [in etw** (*dat*)**] nichts vorzuwerfen** je n'ai rien à me reprocher [dans qc]; **sie haben sich** [*o* **einander**] **nichts vorzuwerfen** il/elles sont bien pareil(le)s tous/toutes les deux
vorwiegend *adv* **1.** (*hauptsächlich*) principalement
2. METEO en général, le plus souvent
vorwitzig *adj* effronté(e)
Vorwort <-worte> *nt* préface *f*
Vorwurf <-[e]s, Vorwürfe> *m* reproche *m*
▶ **jd macht jdm [wegen etw] Vorwürfe/einen** ~ qn fait des reproches/un reproche à qn [pour [*o* à cause de] qc]; **jd macht jdm etw zum** ~ qn reproche qc à qn; ***das kann mir niemand zum*** ~ ***machen*** personne ne peut me le reprocher [*o* m'en faire le reproche]; **jd macht jdm zum ~ etw getan zu haben** qn fait le reproche à qn d'avoir fait qc
vorwurfsvoll I. *adj* réprobateur(-trice), chargé(e) de reproche[s]
II. *adv* d'un air réprobateur [*o* de reproche]
vor|zählen *vt* ■ **jd zählt jdm etw vor** *Geld, Geldscheine* qn compte qc à qn [*o* devant qn]; ■ **jd lässt sich** (*dat*) **etw** ~ qn se fait compter qc; ■ **er/sie lässt sich** (*dat*) **etw von jdm** ~ il/elle demande à qn de compter qc devant lui/elle
Vorzeichen *nt* **1.** (*Omen*) présage *m*; ***etw ist ein gutes/ böses*** ~ qc est de bon/mauvais augure
2. (*Anzeichen*) indice *m*, signe *m* précurseur
3. MUS altération *f*
▶ **positives/negatives** ~ MATH signe *m* positif/négatif; **mit umgekehrten** ~ en inversant les choses
vor|zeichnen *vt* **1.** (*vormalen*) ■ **jd zeichnet jdm etw vor** qn dessine qc à qn
2. (*vorherbestimmen*) ■ **etw zeichnet [jdm] etw vor** *Karriere, Lebensweg* qc détermine [*o* conditionne] qc [de qn]; ■ **etw ist vorgezeichnet** qc est tout(e) tracé(e); ■ **etw ist durch etw vorgezeichnet** qc est déterminé(e) [*o* conditionné(e)] par qc
Vorzeige- modèle; ***ein*** ~ ***unternehmen*** une entreprise modèle
vor|zeigen *vt* ■ **jd zeigt [jdm] etw vor** qn présente qc [à qn]
Vorzeit *f* passé *m* très lointain, temps *m* très reculé
▶ **in grauer** ~ dans la nuit des temps, en des temps immémoriaux
vorzeitig *adj* prématuré(e)
vorzeitlich *adj* préhistorique
vor|ziehen *vt irreg* **1.** (*bevorzugen*) ■ **jd zieht jdn [jdm] vor** qn préfère qn [à qn]; ■ **jd zieht etw [einer S.** (*dat*)**] vor** qn préfère qc [à qc]
2. (*den Vorrang geben*) ■ **jd zieht es vor etw zu tun** qn préfère faire qc
3. (*zuerst erfolgen lassen*) ■ **jd zieht etw vor** qn avance qc; ***jd zieht den Ruhestand vor*** qn avance son départ en retraite; ***wir sollten die Einkäufe*** ~ nous devrions faire les courses plus tôt; ***vorgezogene Wahlen*** des élections *fpl* anticipées; ***vorgezogener Ruhestand*** retraite *f* anticipée
4. (*nach vorn ziehen*) ■ **jd zieht etw vor** qn avance qc
Vorzimmer *nt* **1.** (*Sekretariat*) secrétariat *m*
2. AUS *s.* **Diele**
Vorzug[1] <-[e]s, Vorzüge> *m* **1.** (*Vorteil*) avantage *m*
2. (*gute Eigenschaft*) qualité *f*
▶ **jd gibt jdm/einer S. den** ~ **[vor jdm/etw]** *form* qn donne [*o* accorde] la préférence à qn/qc [plutôt qu'à qn/qc]; **etw hat den ~, [dass]** qc a [*o* présente] l'avantage de + *infin*/que + *indic*; **jd hat seine Vorzüge** qn a ses qualités
Vorzug[2] *m* EISENBAHN train *m* supplémentaire (*qui précède le train régulier qu'il double*)
vorzüglich I. *adj Qualität, Hotel, Restaurant, Wein, Musiker, Reiter* excellent(e); *Gericht a.* succulent(e), délicieux(-euse)
II. *adv* **1.** *speisen, übernachten, untergebracht sein* merveilleusement
2. (*hauptsächlich*) en premier lieu, principalement
Vorzugsaktie [-aktsiə] *f* action *f* privilégiée [*o* préférentielle] **Vorzugsbehandlung** *f* traitement *m* de faveur **Vorzugsmilch** *f* ≈ lait *m* cru sélectionné
vorzugsweise *adv* de préférence
Vota, Voten ['vo:-] *pl von* **Votum**
votieren * [vo:-] *vi geh* **1.** (*sich entscheiden*) ■ **jd votiert für jdn/etw** qn opte pour qn/qc
2. (*abstimmen*) ■ **jd votiert für/gegen jdn/etw** qn vote pour/contre qn/qc
Votiv- [vo-] *-bild, -gabe, -tafel* votif(-ive)
Votum <-s, Voten *o* Vota> ['vo:-] *nt geh* **1.** (*Entscheidung*) verdict *m*, décision *f*
2. PARL vote *m*, scrutin *m*
Voyeur(in) <-s, -e> [voa'jø:ɐ] *m(f)* voyeur(-euse) *m(f)*
vulgär [vʊ-] **I.** *adj pej geh Aussehen, Pose, Titelbild, Pöbel, Prolet, Luder* vulgaire; *Wort a.* grossier(-ière), trivial(e) *soutenu*
II. *adv* grossièrement, vulgairement; ***jd sieht*** [***betont***] ~ ***aus*** qn a l'air [particulièrement] vulgaire
Vulgarität <-, -en> [vʊ-] *f pej geh* **1.** *Ø* (*vulgäre Art*) [*Aussehen, Pose*] vulgarité *f*; [*Schimpfwort a.*] grossièreté *f*, trivialité *f soutenu*
2. *meist pl* (*vulgäre Bemerkung*) grossièreté *f*, vulgarité *f*
Vulkan <-[e]s, -e> [vʊ-] *m* volcan *m*
▶ **erloschener/tätiger** ~ volcan *m* éteint/en activité; **jd lebt wie auf einem** ~ *geh* qn vit sur une poudrière
Vulkanausbruch [vʊ-] *m* éruption *f* volcanique
vulkanisch [vʊ-] *adj* volcanique
vulkanisieren * [vʊ-] *vt* ■ **jd vulkanisiert etw** qn vulcanise qc
Vulva <-, Vulven> [vʊ-, -v(ə)n] *f* vulve *f*
v.u.Z. *loc abk von* **vor unserer Zeitrechnung** av. J.-C.

W

W, w <-, -> [ve:] *nt* W *m*, w *m*, double v *m oral*
▶ **W wie Wilhelm** w comme William
W *abk von* **Westen** O
WAA <-, -s> [ve:ʔa:ʔa:] *f abk von* **Wiederaufarbeitungsanlage**
Waadt <-> *f* canton *m* de Vaud
Waage <-, -n> *f* **1.** (*Gerät*) balance *f*
2. ASTROL ■ **die** ~ la Balance
▶ **sie halten sich** (*dat*) **die** ~ ils/elles s'équilibrent; **jd ist [eine]** ~ qn est Balance
waag[e]recht I. *adj* horizontal(e) **II.** *adv* horizontalement **Waag[e]rechte** <-n, -n> *f* horizontale *f* ▶ **in der ~n** *sein, sich befinden* à l'horizontale; **in die** ~ *bringen* en position horizontale, à l'horizontale
Waagschale *f* plateau *m* de la/de balance
▶ **jd wirft etw [für jdn/etw] in die** ~ *geh* qn jette qc dans la balance [en faveur de qn/qc]
wabb[e]lig *adj fam Gelee, Pudding* gélatineux(-euse); *Qualle, Fettbauch* flasque
wabbeln *vi fam* ■ **etw wabbelt** /*Gelee, Pudding, Qualle*/ qc a une consistance gélatineuse; /*Fettbauch*/ qc ballotte
Wabe <-, -n> *f* rayon *m* [de miel]
wabenförmig *adj* [en] nid-d'abeilles
Wabenhonig *m* miel *m* en rayons

wach *adj* **1.** (*nicht schlafend*) éveillé(e); ■ **jd wird** ~ qn se réveille
2. (*aufgeweckt*) *Geist, Verstand* éveillé(e), vif(-ive)
▶ **halb** ~ de demi-sommeil; ***in halb ~em Zustand*** dans un demi-sommeil; ***heute Morgen war ich schon halb ~, als ...*** ce matin, j'étais déjà à moitié réveillé(e) quand ...; **jd bleibt** ~ qn reste éveillé(e); **jd/etw hält jdn** ~ (*lässt nicht einschlafen*) qn/qc maintient qn éveillé(e), qn/qc empêche qn de dormir; **etw hält etw** ~ (*lässt fortdauern*) *Hoffnung* qc entretient qc; *Erinnerung* qc maintient qc vivant(e); **jd/etw hält etw** ~ *Interesse* qn/qc tient qc en éveil; **jd liegt** ~ qn ne dort pas
wach- *-küssen, -rütteln ...* pour le/la réveiller; ***jd schüttelt ihn/sie wach*** qn le/la secoue pour le/la réveiller
Wachablösung *f* **1.** (*Ablösung der Wache*) relève *f* de la garde
2. (*Führungswechsel*) alternance *f*
Wache <-, -n> *f* **1.** ∅ (*Wachdienst*) [service *m* de] garde *f*
2. MIL (*Wachposten*) garde *m*, sentinelle *f*
3. (*Polizei~*) poste *m* [de police]
▶ **jd hält [bei jdm]** ~ qn monte la garde [auprès de qn]; *bei einem Kranken a.* qn veille qn; **jd hat** ~ qn est de garde [*o* de faction]; **jd ist auf** ~ qn est de garde; **jd steht** [*o* **schiebt** *fam*] ~ qn monte la garde, qn se tape la corvée de garde *fam*; **auf** ~ (*während des Wachdienstes*) pendant la garde
wacheln *vi* AUS *fam* (*gestikulieren*) ■ **jd wachelt** qn gesticule
wachen *vi* **1.** (*Wache halten*) ■ **jd wacht [irgendwo/bei jdm]** qn monte la garde [*o* qn veille] [quelque part/auprès de qn]; *bei einem Kranken* qn veille qn
2. *geh* (*wach sein*) ■ **jd wacht** qn est éveillé(e)
3. (*auf etw genau achten*) ■ **jd wacht über etw** (*akk*) qn veille à qc, qn surveille qc; ■ **jd wacht darüber, dass** qn veille à ce que + *subj*
wachhabend *adj attr Beamter* de garde; *Offizier, Unteroffizier a.* de quart
Wachhabende(r) *f(m) decl wie adj* MIL officier *m* de garde [*o* de quart]; ADMIN responsable *mf* de garde
wach|halten *s.* **wach** ▶
Wachhund *m* chien *m* de garde **Wachlokal** *nt* corps *m* [*o* poste *m*] de garde **Wachmacher** *m fam* stimulant *m*, excitant *m* **Wachmann** <-leute *o* -männer> *m* **1.** (*Wächter*) gardien(ne) *m(f)*; (*privat a.*) vigile *m*
2. AUS *s.* **Polizist** **Wachmannschaft** *f* [service *m* de] garde *f*
Wacholder <-s, -> *m* **1.** (*Busch*) genévrier *m*; (*Beeren*) [baies *fpl* de] genièvre *m*
2. *fam s.* Wacholderschnaps
Wacholder- de genévrier **Wacholderbeere** *f* baie *f* de genièvre **Wacholderschnaps** *m* genièvre *m*
Wachposten *m s.* **Wachtposten**
wach|rufen *vt irreg* ■ **jd/etw ruft etw [in jdm] wach** qn/qc réveille qc [en qn]
Wachs <-es, -e> *nt* **1.** (*Bienen~*) cire *f* [d'abeille]
2. (*Bohner~, Antik~*) cire *f*, encaustique *f*
3. (*Ski~*) fart *m*
▶ **jd ist ~ in jds Händen** *geh* qn est une cire molle [*o* est totalement malléable] entre les mains de qn
Wachs- *-figur, -modell* en cire; *-kerze, -tafel* de cire; *-abdruck* sur [de la] cire
wachsam **I.** *adj* vigilant(e)
II. *adv* attentivement, avec vigilance
Wachsamkeit <-> *f* ∅ vigilance *f*
Wachsbohne *f* haricot *m* beurre
wachsen[1] <wächst, wuchs, gewachsen> [-ks-] *vi* + *sein* **1.** (*größer werden*) ■ **jd wächst** /*Kind*/ qn grandit; ■ **etw wächst** /*Baum, Pflanze, Wurzeln*/ qc pousse; ■ **etw wächst in etw** (*akk*) /*Baum etc*/ qc pousse en qc; ***etw wächst in die Breite*** qc pousse en largeur
2. MED ■ **etw wächst** /*Geschwulst, Tumor*/ qc grossit
3. (*sich ausbreiten*) ■ **etw wächst irgendwohin** /*Baum, Wurzeln etc*/ *durch einen Zaun, über eine Mauer* qc pousse quelque part
4. (*länger werden*) ■ **etw wächst [jdm]** /*Bart, Haare, Nägel*/ qc [de qn] pousse; ■ **etw wächst jdm irgendwohin** qc lui pousse quelque part; ■ **jd lässt sich** (*dat*) **etw** ~ qn se laisse pousser qc
5. (*intensiver werden*) ■ **etw wächst** /*Begeisterung, Spannung*/ qc augmente, qc croît
6. (*sich vermehren*) ■ **etw wächst [um etw]** /*Ortschaft, Bevölkerung, Vermögen*/ qc augmente [*o* s'accroît] [de qc]; ■ **etw wächst auf etw** (*akk*) qc atteint qc, qc passe à qc
▶ **gut gewachsen** *Baum* de belles proportions, bien développé(e); **hoch gewachsen** élancé(e)
wachsen[2] [-ks-] *vt* ■ **jd wachst etw** *Holzfußboden* qn cire qc; *Ski* qn farte qc
wächsern [-ks-] *adj* cireux(-euse)
Wachsfigurenkabinett *nt* musée *m* de figures de cire, cabinet *m* de cires **Wachsmalkreide** *f*, **Wachsmalstift** *m* crayon *m* gras **Wachspapier** *nt* papier *m* paraffiné
wächst [-ks-] *3. pers pres von* **wachsen**
Wachstube *f s.* **Wachlokal**
Wachstum <-[e]s> [-ks-] *nt* ∅ **1.** (*das Wachsen*) [*Mensch*] croissance *f*; [*Pflanze, Wurzel a.*] pousse *f*; [*Tumor, Geschwür*] développement *m*, augmentation *f*
2. ECON croissance *f*
3. (*das Anwachsen*) [*Bevölkerung*] accroissement *m*; [*Ortschaft*] croissance *f*
Wachstumsbranche [-ks-, -brã:ʃə] *f* secteur *m* en [pleine] expansion **Wachstumshormon** *nt* hormone *f* de croissance **Wachstumsrate** *f* taux *m* de croissance
Wachtel <-, -n> *f* caille *f*
Wächter(in) <-s, -> *m(f)* **1.** *veraltend* (*Wachmann*) gardien(ne) *m(f)*; (*in einer Anstalt a.*) surveillant(e) *m(f)*
2. (*Hüter*) gardien(ne) *m(f)*
Wachtmeister(in) *m(f)* gardien(ne) *m(f)* de la paix, agent *m* de police **Wachtposten** *m* sentinelle *f*
Wachtraum *m* rêve *m* éveillé [*o* diurne]
Wach[t]turm *m* mirador *m*
Wach- und Schließgesellschaft *f* ∅ COM ■ **die** ~ la Société de gardiennage (*nom allemand déposé*)
Wachzustand *m* ▶ **im** ~ en état de veille
wack[e]lig *adj* **1.** *Stuhl, Hocker* bancal(e), boiteux(-euse); *Konstruktion* branlant(e)
2. (*nicht solide*) *Kredit, Finanzplan* boiteux(-euse), bancal(e); *Finanzlage* précaire
Wackelkontakt *m* faux [*o* mauvais] contact *m*
wackeln *vi* **1.** + *haben* (*wackelig sein*) ■ **etw wackelt** /*Stuhl, Hocker, Konstruktion*/ qc est branlant(e); (*sich bewegen*) qc vacille
2. + *haben* (*hin und her bewegen*) ■ **jd wackelt mit etw** *mit einem Stuhl, Hocker* qn se balance sur qc; *mit dem Kopf* qn hoche qc, qn dodeline de qc; *mit den Hüften* qn ondule de qc, qn balance qc; *mit den Ohren* qn remue qc
3. + *sein* (*sich fortbewegen*) ■ **jd wackelt irgendwohin** qn se dirige quelque part d'un pas vacillant [*o* chancelant]
wacklig *adj s.* **wackelig**
Wade <-, -n> *f* mollet *m*
Wadenbein *nt* péroné *m* **Wadenkrampf** *m* crampe *f* au mollet
Waffe <-, -n> *f* arme *f*
▶ **jd schlägt jdn mit seinen eigenen ~n** qn bat qn avec ses propres armes, qn prend qn à son propre piège; **jd greift zu den ~n** qn prend les armes; **jd ruft zu den ~n** qn mobilise, qn décrète la mobilisation; **jd streckt die ~n** qn dépose [*o* rend] les armes; **jd trägt eine** ~ qn porte une arme
Waffel <-, -n> *f* gaufre *f*
Waffeleisen *nt* gaufrier *m*
Waffen- *-händler, -export, -lager, -lieferung, -transport* d'armes; *-arsenal, -system* d'armement; *-technologie* de l'armement; *-embargo* sur les armes; ~***handel*** commerce *m* des armes; ~***nachschub*** approvisionnement *m* en armes; ~***schmuggel*** trafic *m* d'armes; ~***versteck*** cache *f* d'armes **Waffenbesitz** *m* détention *f* d'armes **Waffengattung** *f* arme *f*; ***bei welcher ~ warst du?*** dans quelle arme tu as servi? **Waffengewalt** *f* ∅ force *f* des armes ▶ **mit** ~ par la force des armes, par les armes **Waffenruhe** *f* cessez-le-feu *m*, trêve *f* **Waffenschein** *m* permis *m* de port d'armes **Waffen-SS** [-ɛsˀɛs] *f* NS ■ **die** ~ la Waffen SS (*troupe d'élite nazie*) **Waffenstillstand** *m* armistice *m*
Wägelchen <-s, -> *nt dim von* **Wagen** **1.** (*Karren*) voiturette *f*, petite voiture *f*
2. *iron* (*Luxussportwagen*) trottinette *f iron*
Wagemut *m geh* hardiesse *f littér* **wagemutig** *adj* audacieux(-euse)
wagen **I.** *vt* **1.** (*riskieren*) ■ **jd wagt etw** qn risque qc; ***jd wagt den ersten Schritt/den Angriff*** qn ose [*o* se risque à] faire le premier pas/attaquer
2. (*sich getrauen*) ■ **jd wagt es etw zu tun** qn ose [*o* se risque à] faire qc; ***wage nicht mir zu widersprechen!*** tu n'as pas intérêt à me contredire!
▶ **wer nicht wagt, der nicht gewinnt** *prov* qui ne risque rien n'a rien
II. *vr* **1.** (*sich heranmachen*) ■ **jd wagt sich an etw** (*akk*) qn se risque à [*o* qn ose] entreprendre qc
2. (*sich trauen*) ■ **jd wagt sich irgendwohin/irgendwoher** qn se risque [*o* se hasarde] [*o* s'aventure] quelque part/hors de qc
Wagen <-, - *o* SDEUTSCH, AUS ⸗> *m* **1.** (*Pkw*) voiture *f*; ***mit dem*** ~ en voiture
2. (*Wagenladung*): ***ein ~ Sand*** un camion [*o* chargement] de sable
3. (*Fahrzeug mit Deichsel*) voiture *f*, charrette *f*
4. EISENBAHN voiture *f*, wagon *m*
5. (*Kinder~*) poussette *f*
6. [*Schreibmaschine*] chariot *m*
▶ **der Große/Kleine** ~ la Grande Ourse [*o* le Grand Chariot]/la Petite Ourse; **jd lässt sich nicht vor jds ~ spannen** *fam* qn n'accepte pas de servir de faire-valoir à qn
wägen <wog *o* wägte, gewogen *o* gewägt> *vt geh* ■ **jd wägt etw** qn pèse qc
Wagenburg *f* HIST cercle *f* de chariots; ***sie bildeten eine*** ~ ils/elles ont formé le cercle **Wagenheber** <-s, -> *m* cric *m* **Wagenladung** *f* chargement *m*; ***eine ~ Sand*** un chargement [*o* camion] de sable **Wagenlenker** *m* aurige *m*, conducteur *m* de char **Wagenpark** *m s.* **Fuhrpark.** **Wagenpflege** *f* entretien *m* [de la voiture] **Wagenrad** *nt* roue *f* de/de la voiture **Wagenrennen** *nt* course *f* de chars **Wagenschmiere** *f* graisse *f* **Wagenwäsche** *f* lavage *m* de/de la voiture
Waggon <-s, -s> [va'gõ:, va'gɔŋ, va'go:n] *m* wagon *m*
waghalsig *adj Mensch* intrépide; *Versuch* périlleux(-euse); *Unternehmen, Manöver* hasardeux(-euse), téméraire; ***ein ~er Bursche*** un casse-cou *fam*
Wagnis <-ses, -se> *nt* **1.** (*riskantes Vorhaben*) entreprise *f* hasardeuse [*o* risquée]; ***ein großes*** ~ une entreprise très risquée
2. (*Risiko*) risque *m*
Wagon[RR] [va'gõ:, va'gɔŋ, va'go:n] *s.* **Waggon**
Wahl <-, -en> *f* **1.** (*Abstimmung*) élection *f souvent pl*, vote *m*, scrutin *m*; ***morgen ist*** ~ demain, il y a des/les élections; ■ **die ~en [zu etw]** les élections *fpl* [à qc]; ***die ~en zum Bundestag/Landtag/Stadtrat*** les [élections *fpl*] législatives/régionales/municipales
2. ∅ (*Ernennung durch Abstimmung*) élection *f*; ■ **jds ~ zu etw** *zum Präsidenten, Vorsitzenden* l'élection *f* de qn comme qc; ■ **jds ~ in etw** (*akk*) *in einen Ausschuss, den Vorstand* l'élection *f* de qn à qc
3. ∅ (*das Auswählen*) choix *m*
▶ **wer die ~ hat, hat die Qual** *prov* ≈ on n'a que l'embarras du choix, choisir est toujours un dilemme; **erste/zweite** ~ COM premier/deuxième choix *m*; ... **erster/zweiter** ~ *Eier, Obst* de premier/deuxième choix; **freie ~en**

élections *fpl* libres; **geheime** ~ vote *m* à bulletins secrets; **jdm bleibt** [*o* **jd hat**] **keine andere** ~ qn n'a pas le choix; **die/jds** ~ **fällt auf jdn/etw** le choix/le choix de qn se porte sur qn/qc; **jd geht zur** ~ qn va voter; **jd hat die** ~ qn a le choix; **jd hat die** ~ **etw zu tun** qn peut choisir de faire qc; **jd lässt jdm die** ~ qn laisse le choix à qn; **jd/etw lässt jdm keine** ~ qn/qc ne laisse pas le choix à qn; **jd nimmt die** ~ **an** qn accepte le verdict des urnes; **jd schreitet zur** ~ *geh* qn procède au vote; **sie stehen zur** ~ */Kandidaten, Parteien, angebotene Artikel/* on peut choisir entre eux/elles; **jd trifft eine/seine** ~ qn fait un/son choix

Wahl- PARL électoral(e); *~ergebnis* résultat *m* des élections; *~abstinenz, ~enthaltung* abstention *f*; *~analytiker* commentateur *m* politique; *~forscher* politologue *mf*; *~auszählung* dépouillement *m*; *~kabine* isoloir *m*; *~leiter* président *m* du bureau de vote; *~lokal* bureau *m* de vote; *~system* système *m* électoral, mode *m* de scrutin

wählbar *adj* PARL éligible; ***ab welchem Alter ist man*** ~? à partir de quel âge est-on éligible?; ***ich finde, so eine radikale Partei ist nicht*** ~ selon moi, on ne peut pas voter pour un parti aussi extrémiste; ■ **jd ist zu etw/in etw** (*akk*) ~ *zum Kanzler, in ein Amt* qn est éligible comme qc/à qc

Wahlbenachrichtigung *f* ≈ carte *f* d'électeur (*qui tient lieu de convocation pour une élection précise*) **wahlberechtigt** *adj* qui a le droit de vote; ■ **jd ist** ~ qn a le droit de vote, qn est électeur(-trice) **Wahlbeteiligung** *f* participation *f* [électorale]

Wahlbürger(in) *m(f)* électeur *m*

wählen I. *vt* 1. PARL ■ **jd wählt jdn/etw** qn vote pour qn/qc; ***jd wählt jdn wieder*** qn réélit qn; ■ **jd wählt jdn zu etw/in etw** (*akk*) *zum Kanzler, in ein Amt* qn élit qn comme qc/à qc
2. TELEC ■ **jd wählt etw** *Telefonnummer, Ziffer* qn fait qc, qn compose qc; (*beim Minitel*) qn tape qc
3. (*aussuchen*) ■ **jd wählt etw ...** *seine Worte* qn choisit ... qc; *s. a.* **gewählt**
II. *vi* 1. PARL ■ **jd wählt** qn vote; ***jd wählt sozialistisch*** qn vote socialiste
2. (*auswählen*) ■ **jd wählt [unter etw** (*dat*)] qn choisit [parmi qc]
3. TELEC ■ **jd wählt** qn fait [*o* compose] le numéro; (*beim Minitel*) qn tape le numéro
▸ **jd geht** ~ qn va voter

Wähler(in) <-s, -> *m(f)* électeur(-trice) *m(f)*

wählerisch *adj* difficile; ***sie ist, was das Essen betrifft, sehr*** ~ elle est très difficile sur la nourriture

Wählerschaft <-, -en> *f form* corps *m* électoral, électeurs *mpl*, électorat *m*

Wählerstimme *f* voix *f*, suffrage *m*

Wahlfach *nt* matière *f* facultative [*o* optionnelle], option *f* **Wahlgang** <-gänge> *m* tour *m* [de scrutin]; ***im ersten*** ~ au premier tour **Wahlgeschenk** *nt fam* cadeau *m* électoral **Wahlheimat** *f* ■ **jds** ~ la patrie d'adoption [*o* la terre d'élection] de qn **Wahlhelfer(in)** *m(f)* 1. (*Aufsicht*) assesseur *m*; (*bei Stimmauszählung*) scrutateur(-trice) *m(f)* 2. (*Helfer eines Kandidaten*) assistant(e) *m(f)*; ***seine*** ~ son équipe *f* de campagne **Wahlkampf** *m* campagne *f* électorale ▸ **jd/etw führt einen ...** ~ *einen fairen, erbitterten* qn/qc mène une campagne ...

wahllos I. *adj* au hasard, à tort et à travers *péj*; *Beschimpfung, Schimpfwort* gratuit(e); *~es Zuschlagen* des coups *mpl* portés au hasard
II. *adv* au hasard, au petit bonheur *fam*; *beschimpfen, durcheinander trinken* sans discernement, à tort et à travers *péj*

Wahlpflicht *f* 1. (*moralische Verpflichtung*) devoir *m* électoral 2. (*obligatorisches Wählen*) vote *m* obligatoire, obligation *f* de vote **Wahlrecht** *nt* ∅ 1. PARL droit *m* de vote 2. JUR loi *f* électorale ▸ **das aktive** ~ le droit de vote; **das allgemeine** ~ le suffrage universel; **das passive** ~ l'éligibilité *f* **Wahlschein** *m* bulletin *m* de vote par correspondance **Wahlschlappe** *f fam* défaite *f* électorale; ***eine schwere*** ~ un bide [aux élections] *fam* **Wahlsieg** *m* victoire *f* électorale **Wahlspruch** *m* devise *f*

Wählton *m* tonalité *f*

Wahlurne *f* urne *f*
▸ **jd schreitet zu den ~n** *geh* qn va [*o* se rend] aux urnes *form*

wahlweise *adv* au choix

Wahlwiederholung *f* TELEC rappel *m* du dernier numéro [composé], touche *f* bis

Wahn <-[e]s> *m* ∅ 1. *geh* (*irrige Vorstellung*) chimère *f soutenu*; ***er lebt in dem*** ~, ***dass*** il vit dans l'illusion que + *indic*
2. MED folie *f*, délire *m*

wähnen I. *vt geh* ■ **jd wähnt jdn irgendwo** qn imagine qn quelque part; ■ **jd wähnt jdn etw** *glücklich, zufrieden* qn imagine qn qc
II. *vr geh* ■ **jd wähnt sich etw** *in Sicherheit, verloren* qn se croit qc; ***jd darf sich sicher*** ~ qn peut se sentir en sécurité

Wahnsinn *m* ∅ 1. *fam* (*Unsinn*) folie *f*, aberration *f*; ***das wäre*** ~! ça serait de la folie!
2. MED aliénation *f* mentale, folie *f*
▸ **etw ist heller** ~ *fam* qc est complètement dingue *fam*; **etw treibt jdn zum** ~ *fam* qc rend qn cinglé(e) [*o* dingue] *fam*; **so ein** ~ *fam* c'est dingue! *fam*; ~! *sl* putain! *fam*

wahnsinnig I. *adj* 1. MED fou(folle), dément(e); ■ **jd ist/wird** ~ qn est/devient fou(folle) 2. *attr fam* (*gewaltig*) *Arbeit, Geld* fou(folle), dingue *fam*; *Aufgabe* délirant(e); *Hitze, Kälte* dingue *fam*, sacré(e) *antéposé fam*; *Sturm* terrible 3. *pej fam* (*wahnwitzig*) *Forderung, Idee* fou(folle), délirant(e) 4. *sl* (*herrlich*) *Mensch, Haus, Auto* super *fam* ▸ **jd/etw macht jdn [noch]** ~ *fam* qn/qc finit par rendre qn cinglé(e) [*o* dingue] *fam*; **ich werde [noch]** ~! *fam* [il] y a de quoi devenir cinglé(e) [*o* dingue] *fam*; **wie** ~ *fam* comme un(e) cinglé(e) [*o* un(e) dingue] *fam*; *schreien* comme un(e) malade *fam* II. *adv fam heiß, teuer* vachement *fam*; ***das ist*** ~ ***viel*** ça fait vachement *fam* **Wahnsinnige(r)** *f(m) decl wie adj* fou/folle *m/f*, dément(e) *m(f)*

Wahnsinnigwerden *nt* ▸ **es ist zum** ~ *fam* c'est à [*o* [il] y a de quoi] devenir cinglé(e) [*o* dingue] *fam*

Wahnvorstellung *f* 1. (*Obsession*) obsession *f*, idée *f* fixe 2. MED idée *f* délirante, hallucination *f* **Wahnwitz** *m* ∅ folie *f*, aberration *f* **wahnwitzig** *adj* fou(folle), délirant(e)

wahr *adj* 1. (*zutreffend*) *Aussage* véridique; *Geschichte, Begebenheit a.* vrai(e); ■ **etw ist** ~ qc est vrai(e); */Geschichte, Begebenheit a., Aussage/* qc est véridique
2. *attr* (*wirklich*) *Schuldige, Täter, Verantwortliche* vrai(e) *antéposé*
3. (*aufrichtig*) *Freund, Freundschaft, Gefühle, Liebe, Treue* véritable *antéposé*; *Glück, Freunde a.* vrai(e) *antéposé*
4. *attr* (*echt*) *Kultur, Kunst* à l'état pur; ***das war ~e Kunst*** c'était vraiment de l'art; ***hiermit hat sie ihr ~es Können bewiesen*** elle a ainsi montré tout son savoir-faire
▸ **etw ist das einzig W~e** *fam* qc, y a que ça de vrai *fam*; **das darf** [*o* **kann**] **doch nicht** ~ **sein!** *fam* c'est pas vrai! *fam*; **jd hält etw für** ~ qn considère qc comme véridique; ***ich halte es für*** ~ j'estime que c'est la vérité; **da ist etwas W~es dran** *fam* y a du vrai là-dedans *fam*; **das ist schon gar nicht mehr** ~ *fam* c'est de la vieille histoire *fam*; **etw ist [auch] nicht das W~e** *fam* qc, c'est pas vraiment ça *fam*; **das ist nur zu** ~! ce n'est que trop vrai!; **jd macht etw** ~ qn met qc à exécution; *Versprechen a.* qn accomplit qc; **etw wird** ~ qc devient réalité, qc se réalise; **so** ~ **ich lebe** [*o* **XY heiße**] [*o* **hier stehe**] *fam* aussi vrai que je m'appelle XY; **nicht** ~? n'est-ce pas?; **wie** ~! *fam* oh! que oui! *fam*; **wohl** ~, **aber ...** c'est vrai, mais ...

wahren *vt* 1. (*wahrnehmen*) ■ **jd wahrt etw** *jds Interessen, Rechte, Vorteile* qn préserve qc
2. (*erhalten*) ■ **jd wahrt etw** *Autorität, Fassung, Ruf* qn conserve qc

währen *vi geh* ■ **etw währt ...** qc dure ...

während I. *präp* + *gen* pendant, durant; *des Urlaubs a.* au cours de
II. *conj* 1. (*wohingegen*) alors que + *indic*, tandis que + *indic*
2. (*in der Zeit, in der*) pendant que + *indic*, alors que + *indic*

währenddessen *adv* pendant ce temps[-là]

wahrhaben *vt irreg* ▸ **jd will etw nicht** ~ qn ne veut pas admettre qc; ***jd will die Realitäten nicht*** ~ qn ne veut pas regarder la réalité en face; **jd will [es] nicht** ~, **dass** qn ne veut pas admettre que + *indic*

wahrhaft *adj attr geh s.* **wahr 3.**

wahrhaftig I. *adj veraltend geh* véritable; *~e* ***Lügen*** de purs mensonges *mpl*
II. *adv geh* vraiment

Wahrheit <-, -en> *f* 1. (*opp: Lüge*) vérité *f*
2. ∅ (*Richtigkeit*) ■ **die** ~ **einer S.** (*gen*) la véracité de qc
▸ **die ganze** [*o* **volle**]/**halbe** ~ toute la/la moitié de la vérité; **jd nimmt es mit der** ~ **nicht so genau** *fam* qn a une conception élastique de [*o* prend des libertés avec] la vérité; **wer einmal lügt, dem glaubt man nicht und wenn er auch die** ~ **spricht** *prov* on ne croit pas un menteur, même lorsqu'il dit la vérité; **um die** ~ **zu sagen** à dire vrai, à vrai dire; **jd sagt die** ~ qn dit la vérité; **jd sagt jdm die** ~ qn dit la vérité à qn; **in** ~ en réalité

Wahrheitsfindung <-> *f* ∅ établissement *m* de la vérité; ***jd tut sich mit der*** ~ ***schwer*** qn a du mal à établir la vérité; ***dem Gericht fällt die*** ~ ***nicht leicht*** le tribunal a du mal à établir la vérité **wahrheitsgetreu** I. *adj* conforme à la vérité [*o* réalité], fidèle II. *adv* fidèlement **Wahrheitsliebe** *f* sincérité *f* **wahrheitsliebend** *adj* sincère, épris(e) de vérité

wahrlich *adv geh* en vérité

wahrnehmbar *adj* perceptible

wahr|nehmen *vt irreg* 1. (*merken*) ■ **jd nimmt etw wahr** *Geräusch, Vibrieren etc* qn perçoit qc; *Geruch a.* qn sent qc
2. (*teilnehmen*) ■ **jd nimmt etw wahr** *Besprechung, Termin* qn assiste à qc; ■ **jd nimmt etw für jdn wahr** qn remplace qn à qc
3. (*ausnutzen*) ■ **jd nimmt etw wahr** *Chance, Gelegenheit, Vorteil* qn profite de qc
4. (*sich kümmern um*) ■ **jd nimmt etw [für jdn] wahr** *jds Angelegenheiten, Geschäfte* qn prend en charge qc; *Interessen* qn représente qc [à la place de qn]; *Verpflichtungen* qn assume qc

Wahrnehmung <-, -en> *f* 1. (*das Merken*) [*Geräusch etc*] perception *f*; ***bei der geringsten*** ~ ***eines Geräuschs*** dès qu'il/elle perçoit un [*o* le moindre] bruit, au moindre bruit
2. (*Teilnahme*) ■ ~ **einer S.** (*gen*) *verbal übersetzt*; ***deswegen ist mir die*** ~ ***dieses Termins/dieser Besprechung nicht möglich*** c'est pourquoi je ne peux me rendre à ce rendez-vous/assister à cette réunion; ***ich muss Sie um die*** ~ ***dieses Termins/dieser Besprechung bitten*** je dois vous demander d'aller à ce rendez-vous à ma place/de me remplacer à cette conférence
3. (*das Wahrnehmen*) ■ ~ **einer S.** (*gen*) *der Interessen* défense *f* de qc; *der Geschäfte* prise *f* en charge de qc; ***ich bitte Sie um die*** ~ ***meiner Geschäfte*** je vous demande de prendre en charge mes affaires
▸ **außersinnliche/sinnliche** ~ perception extrasensorielle/sensorielle

wahr|sagen I. *vi* ■ **jd sagt wahr/jdm wahr** qn prédit l'avenir/dit la bonne aventure à qn; ■ **jd sagt [jdm] aus etw wahr** qn lit l'avenir [à qn] dans qc; ■ **jd lässt sich** (*dat*) **[von jdm]** ~ qn se fait prédire l'avenir [*o* dire la bonne aventure] [par qn]
II. *vt* ■ **jd sagt jdm etw wahr** qn prédit qc à qn

Wahrsager(in) <-s, -> *m(f)* voyant(e) *m(f)*, diseur(-euse) *m(f)* de bonne aventure

währschaft *adj* CH 1. (*gediegen*) *Material, Ware* de bonne qualité; *Arbeit* bien fait(e); ***das ist nichts W~es*** c'est de la camelote *fam*
2. (*tüchtig*) *Geschäftsmann* solide; *Essen* consistant(e)

wahrscheinlich I. *adj* probable; ■ **es ist** ~, **dass** il est probable que + *indic*; ■ **es ist nicht** ~, **dass** il est peu probable que + *subj*; ■ **etwas/nichts W~es** une chose probable/peu probable
II. *adv* probablement, vraisemblablement

Wahrscheinlichkeit <-, -en> *f* probabilité *f*; ***mit hoher ~*** très probablement
▸ **in** aller ~, aller ~ **nach** selon toute vraisemblance [*o* probabilité]
Wahrung <-> *f* ∅ ■ ~ **einer S.** (*gen*) *der Rechte, Vorteile* préservation *f* de qc; *der Interessen a.* défense *f* de qc
Währung <-, -en> *f* monnaie *f*
Währungs- monétaire; *-stabilität a.* de la monnaie; *-kurs* du change **Währungsfonds** [-fõ:] *m* ▸ **Internationaler** ~ Fonds *m* monétaire international **Währungsinstitut** *nt* ▸ **Europäisches** ~ Institut *m* monétaire européen **Währungsreform** *f* réforme *f* monétaire **Währungssystem** *nt* système *m* monétaire ▸ **Europäisches** ~ Système *m* monétaire européen **Währungsunion** *f* union *f* monétaire ▸ **Europäische** ~ union *f* monétaire européenne
Wahrzeichen *nt* emblème *m*
Waid- *s.* **Weid-**
Waise <-, -n> *f* orphelin(e) *m(f)*
Waisenhaus *nt* orphelinat *m* **Waisenkind** *nt* [petit orphelin/[petite] orpheline *m/f* **Waisenknabe** *m* ▸ **gegen jdn ist jd ein** ~ [*o* Waisenkind] *fam* par rapport à qn, qn est un amateur **Waisenrente** *f* pension *f* d'orphelin
Wal <-[e]s, -e> *m* cétacé *m spéc;* (*Barten~, landläufig für gesamte Tierart*) baleine *f*
Wald <-[e]s, -̈er> *m* forêt *f*; (*kleinerer ~*) bois *m*; ***jd geht im ~ spazieren*** qn va se promener dans la forêt [*o* les bois]
▸ **jd sieht den ~ vor lauter Bäumen nicht** *fam* les arbres lui cachent la forêt; ***man sieht den ~ vor lauter Bäumen nicht*** les arbres cachent la forêt; **Bayrischer** ~ Forêt *f* bavaroise; **Thüringer** ~ Forêt *f* de Thuringe; **ich glaub', ich steh' im** ~ *fam* dis donc/dites donc, je débloque ou quoi?; **wie man in den ~ hineinruft, so schallt es heraus** *prov* on récolte ce qu'on a semé, c'est la réponse du berger à la bergère
-wald *m* forêt *f* de
Waldameise *f* fourmi *f* rouge [*o* rousse *spéc*] **Waldarbeiter(in)** *m(f)* forestier *m*, agent *m* forestier **Waldbestand** *m* peuplement *f* forestier **Waldboden** *m* sol *m* forestier **Waldbrand** *m* incendie *m* de forêt
Wäldchen <-s, -> *nt dim von* Wald [petit] bois *m*, bosquet *m*
Waldhorn *nt* cor *m* chromatique
waldig *adj* boisé(e), forestier(-ière)
Waldland *nt* zone *f* forestière **Waldlauf** *m* footing *m* en forêt ▸ **jd macht einen** ~ qn fait un [*o* du] footing en forêt **Waldmeister** *m* reine *f* des bois, aspérule *f* [odorante]
Waldorfschule *f* école *f* Rudolf Steiner (*école privée dont la méthode d'enseignement est basée sur la pédagogie anthroposophique*)
Waldsterben *nt* dépérissement *m* des forêts
Waldung <-, -en> *f geh* domaine *m* forestier *soutenu*
Waldweg *m* chemin *m* forestier
Wales <-> [weɪlz] *nt* le pays de Galles
Walfisch *m fam* baleine *f*
Walhall[a] <-s> *f* ∅ Walhalla *m*
walken *vt* **1.** (*durch~*) ■ **jd walkt etw** *Leder, Stoff* qn foule qc
2. (*durchkneten*) ■ **jd walkt etw** *Teig* qn pétrit qc
Walkie-Talkie[RR] <-[s], -s> ['wɔ:kɪ'tɔ:kɪ] *nt* talkie-walkie *m*
Walkman® <-s, -men> ['wɔ:kmən] *m* baladeur *m*, walkman® *m*
Walküre <-, -n> *f* Walkyrie *f*
Wall <-[e]s, -̈e> *m* talus *m*
Wallach <-[e]s, -e> *m* hongre *m*
wallen *vi* ■ **etw wallt** */Suppe, Wasser/* qc bouillonne
wallend *adj geh Bart, Haar* ondoyant(e) et abondant(e) *soutenu; Gewänder* ondulant(e); *Kleidung* flottant(e)
Wallfahrer(in) *m(f)* pèlerin *m*
Wallfahrt *f* (*Pilgerreise*) pèlerinage *m*
▸ **jd macht eine ~ [irgendwohin]** qn fait un pèlerinage [quelque part]
Wallfahrtsort *m* [lieu *m* de] pèlerinage *m*
Wallis <-> *nt* ■ **das** ~ le Valais
Wallone <-n, -n> *m*, **Wallonin** *f* Wallon(ne) *m(f)*
Wallung <-, -en> *f* MED bouffée *f* de chaleur
▸ **jd bringt jdn in** ~ qn fait bouillir qn, qn met qn en rage; **etw bringt jdn in** ~ qc met qn en ébullition [*o* en rage]; **jd/etw bringt etw in** ~ qn/qc fait bouillir qc; *Gemüter* qn/qc échauffe qc; **jd gerät in** ~ qn entre [*o* se met] en transe
Walmdach *nt* toit *m* en croupe
Walnuss[RR] *f* **1.** (*Frucht*) noix *f*
2. *s.* Walnussbaum
Walnussbaum[RR] *m* noyer *m*
Walpurgisnacht *f* ■ **die** ~ la nuit de Walpurgis
Walross[RR] *nt* morse *m*
▸ **jd schnauft wie ein** ~ *fam* qn souffle comme un phoque
walten *vi geh* **1.** (*herrschen*) ■ **etw waltet [irgendwo]** */Geist, Zustände/* qc règne [quelque part]; */Urkräfte/* qc se manifeste [quelque part]
2. (*üben*) ■ **jd lässt etw** ~ *Gnade, Nachsicht, Rücksicht* qn fait montre [*o* preuve] de qc
Walzblech *nt* tôle *f*
Walze <-, -n> *f* **1.** (*zylindrischer Gegenstand*) cylindre *m*
2. TECH cylindre *m*, rouleau *m*
3. (*Straßen~*) rouleau *m* compresseur
walzen *vt* **1.** (*ausrollen*) ■ **jd walzt etw** *Knetmasse, Teig* qn étend qc au rouleau
2. METAL ■ **jd walzt etw** *Stahlblock, Stahl* qn lamine qc
3. (*glatt ~*) ■ **jd/etw walzt etw** *Piste, Schnee* qn/qc dame qc
wälzen I. *vt* **1.** *fam* (*durchblättern*) ■ **jd wälzt etw** *Akten, Buch, Unterlagen* qn compulse qc
2. (*hin und her bedenken*) ■ **jd wälzt etw** *Gedanken, Pläne, Probleme* qn rumine qc
3. (*rollen*) ■ **jd wälzt etw irgendwohin** qn roule [*o* fait rouler] qc quelque part
4. GASTR ■ **jd wälzt etw in etw** (*dat*) qn roule qc dans qc
II. *vr* ■ **jd wälzt sich irgendwo** qn se roule quelque part; *im Bett a.* qn se retourne quelque part; *im Dreck, Schlamm a.* qn se vautre quelque part; ■ **ein Tier wälzt sich in etw** (*dat*) un animal se roule [*o* se vautre] dans qc
Walzer <-s, -> *m* valse *f*
▸ **Wiener** ~ valse *f* viennoise
Wälzer <-s, -> *m fam* pavé *m fam*
Walzermusik *f* air *m* de valse
Wampe <-, -n> *f* DIAL *fam* brioche *f fam*
Wams <-es, -̈er> *nt* DIAL gilet *m* (*sans manches*)
wand *imp von* **winden**[1]
Wand <-, -̈e> *f* **1.** (*Mauer*) mur *m*; [*Schleuse*] bajoyer *m*; ***-̈e zwischen einzelnen Räumen*** les cloisons *fpl* entre les [différentes] pièces
2. [*Behälter, Gefäß, Schiff*] paroi *f*; ***die hintere ~ eines Schrankes*** le fond d'une armoire
3. (*Fels~*) paroi *f*
▸ **die -̈e haben Ohren** les murs ont des oreilles; **spanische** ~ paravent *m*; **in meinen/seinen/... vier -̈en** dans mon chez-moi/son chez-soi/...; **jd wird weiß wie eine** ~ qn devient blanc(blanche) comme un linge; **jd drückt jdn an die** ~ *Konkurrenten, Mitbewerber etc* qn élimine [*o* évince] qn, qn met qn sur la touche; **ich könnte die ~ [*o* -̈e] hochgehen** *fam* c'est à devenir dingue *fam;* **jd redet [bei einem Menschen] gegen eine** ~ [avec une personne,] autant parler à un mur; qn parle à un mur; **jd spielt jdn an die** ~ SPORT qn écrase qn; MUS qn surclasse qn; THEAT qn éclipse qn; **jd stellt jdn an die** ~ MIL qn colle qn au mur; **dass die -̈e wackeln** *fam* à faire trembler les murs; ~ **an** ~ porte à porte
Wandale <-n, -n> *m*, **Wandalin** *f* **1.** HIST Vandale *mf*
2. (*Zerstörer*) vandale *mf*
▸ **wie die ~n** comme des vandales
Wandalismus <-> *m* ∅ *s.* **Vandalismus**
Wandbehang *m s.* **Wandteppich**
Wandel <-s> *m* ∅ *geh* transformation *f*; ***eine Gesellschaft im ~*** une société en mutation
▸ **etw unterliegt einem** ~ qc subit une transformation, qc connaît une évolution; **im ~ einer S.** (*gen*) au gré de qc
wandelbar *adj geh* changeant(e); ***kaum/schwer ~*** peu susceptible de changer
Wandelgang <-gänge> *m* promenoir *m* **Wandelhalle** *f* [*Kurhaus*] hall *m*; [*Bahnhof a.*] salle *f* des pas perdus
wandeln[1] **I.** *vt geh* (*ändern*) ■ **etw wandelt etw** qc modifie qc
II. *vr geh* ■ **jd/etw wandelt sich** qn/qc change
wandeln[2] *vi + sein geh* (*einhergehen*) ■ **jd wandelt irgendwo[hin]** qn se promène [*o* fait quelques pas] quelque part
Wanderausstellung *f* exposition *f* itinérante **Wanderdüne** *f* dune *f* mouvante
Wanderer <-s, -> *m*, **Wanderin** *f* randonneur(-euse) *m(f)*
Wanderheuschrecke *f* criquet *m* pèlerin **Wanderkarte** *f* carte *f* des G.R. [*o* des itinéraires pédestres], carte *f* de [grande] randonnée
wandern *vi + sein* **1.** (*eine Wanderung machen*) ■ **jd wandert** qn fait de la marche [*o* de la randonnée]; ■ **jd wandert irgendwo** qn marche quelque part; *durch die Berge* qn fait de la randonnée quelque part; ■ **jd wandert irgendwoher/irgendwohin** qn vient de/se rend quelque part [à pied]; ■ **das W~** la marche; ***wir treffen uns zum W~*** nous nous retrouvons pour faire de la marche [*o* de la randonnée]
2. GEOG ■ **etw wandert** */Gletscher, Wanderdüne/* qc se déplace; ***die ~de Düne*** la dune mouvante
3. *geh* (*streifen*) ■ **etw wandert** */Wolken/* qc passe; ***ihr Blick wandert von einem zum anderen/durch den Saal*** elle promène son regard de l'un à l'autre/dans la salle
4. *fam* (*geworfen werden*) ■ **etw wandert irgendwohin** qc atterrit quelque part *fam;* ***wohin damit? – Das wandert ins Feuer/in den Mülleimer!*** qu'est-ce qu'on fait de ça? – Balance-le au feu/dans la poubelle! *fam*
5. ZOOL ■ **Tiere ~/~ irgendwohin** des animaux sont migrateurs/migrent quelque part
6. MED ■ **etw wandert [irgendwohin]** */Geschoss, Splitter etc/* qc se déplace [quelque part]
Wanderniere *f* rein *m* flottant **Wanderpokal** *m* [coupe *f* d'un/du] challenge *m* **Wanderratte** *f* rat *m* gris [*o* d'égout], surmulot *m*
Wanderschaft <-, *rare* -en> *f* ∅ (*Zeit als fahrender Geselle*) ≈ tour *m* de France (*effectué par un compagnon*)
▸ **jd geht auf** ~ *fam* (*streift umher*) qn part vadrouiller *fam;* **jd/ein Haustier ist auf** ~ *fam* qn/un animal domestique est en vadrouille *fam*
Wanderschuhe *pl* chaussures *fpl* de marche
Wanderung <-, -en> *f* randonnée *f*
▸ **jd macht [*o* unternimmt] eine** ~ qn fait [*o* entreprend] une randonnée
Wanderweg *m* sentier *m* [*o* chemin *m*] de [grande] randonnée
Wandgemälde *nt* peinture *f* murale **Wandkalender** *m* calendrier *m* mural **Wandkarte** *f* carte *f* murale **Wandkasten** *m* CH *s.* **Wandschrank. Wandlampe** *f* applique *f*
Wandlung <-, -en> *f* **1.** *geh* (*Veränderung*) métamorphose *f*
2. ECCL transsubstantiation *f*; (*Teil der Messe*) consécration *f*
wandlungsfähig *adj Betrüger* prompt(e) à changer de visage; *Schauspieler* prompt(e) à changer de personnage
Wandrer(in) <-s, -> *m(f) s.* **Wanderer**

Wandschrank *m* placard *m*
wandte *imp von* **wenden**
Wandteppich *m* tapis *m* mural; (*gewebt*) tapisserie *f* **Wanduhr** *f* horloge *f* murale **Wandverkleidung** *f* 1. (*Paneel*) lambris *m* 2. (*Plattierung*) revêtement *m* mural **Wandzeitung** *f* journal *m* mural
Wange <-, -n> *f geh* joue *f*
▶ ~ **an** ~ joue contre joue
Wankelmotor *m* moteur *m* rotatif [Wankel]
Wankelmut *m geh* versatilité *f,* inconstance *f littér*
wankelmütig *adj geh* versatile, inconstant(e) *littér;* ■ **jd wird** ~ qn commence à être indécis(e)
Wankelmütigkeit <-> *f* Ø *s.* **Wankelmut**
wanken *vi* 1. + *haben* (*hin und her schwanken*) ■ **jd wankt** qn chancelle; ■ **etw wankt** qc vacille
2. + *sein* (*sich bewegen*) ■ **jd wankt irgendwohin** *ins Bett, in seine Ecke* qn titube quelque part; *nach Hause* qn se dirige en titubant quelque part
▶ **etw bringt etw ins W~** *fig* qc fait vaciller qc; **etw gerät ins W~** *fig* qc se met à vaciller
wann *adv interrog* 1. (*zu welchem Zeitpunkt*) quand
2. (*in welchen Fällen*) quand
▶ **bis** ~ (*zu welchem Zeitpunkt*) [d'ici] quand; (*zu welchem Termin*) jusqu'à quand; ***bis ~ muss das Buch fertig sein?*** pour quand faut-il finir le livre?; **seit** ~ depuis quand; **von** ~ **an** à partir de quand; ~ **etwa** [*o* **ungefähr**] quand à peu près; ~ [**auch**] **immer** n'importe quand; ~ ***immer Sie wollen*** quand vous voulez
Wanne <-, -n> *f* 1. (*Bade~*) baignoire *f; **jd geht in die** ~* qn prend un bain
2. (*längliches Gefäß*) bassine *f*
3. (*Öl~*) carter *m*
Wannenbad *nt* bain *m*
▶ **jd nimmt ein** ~ qn prend un bain
Wanst <-[e]s, ¨-e> *m* [gros] ventre *m*
▶ **jd schlägt sich** (*dat*) **den** ~ **voll** *sl* qn s'en met plein la panse [*o* la lampe] *fam*
Want <-, -en> *f meist pl* hauban *m*
Wanze <-, -n> *f* 1. ZOOL punaise *f*
2. *fam* (*Miniabhörgerät*) micro *m* (*dissimulé*)
Wappen <-s, -> *nt* armoiries *fpl*
▶ **jd führt ein** ~ qn a des armoiries; **jd führt etw im** ~ qc figure dans les armoiries de qn
Wappenkunde *f* Ø blason *m,* [science *f*] héraldique *f* **Wappenschild** <-schilde *o* -schilder> *m o nt* blason *m* **Wappentier** *nt* animal *m* héraldique
wappnen *vr geh* ■ **jd wappnet sich** qn se met sur ses gardes; ■ **jd wappnet sich gegen etw** qn se prémunit contre qc; ■ **jd ist gewappnet** qn est paré(e); ***man ist gegen etw nie gewappnet*** on n'est jamais à l'abri de qc
war *imp von* **sein**[1]
warb *imp von* **werben**
ward *liter imp von* **werden**
Ware <-, -n> *f* marchandise *f; **leicht verderbliche ~n*** des denrées *fpl* périssables
▶ **heiße** ~ *sl* marchandise *f* suspecte
-waren *pl* articles *mpl* de; ***Eisen~*** [articles *mpl* de] quincaillerie *f;* ***Silber~*** argenterie *f;* ***Messing~*** articles *mpl* en laiton; ***Haushalts~*** articles *mpl* ménagers; ***Spiel~*** jouets *mpl;* ***Schreib~*** [articles *mpl* de] papeterie *f*
Waren- de marchandises; *-begleitpapiere* des marchandises; *-börse a.* de commerce; *~**sortiment*** assortiment *m* **Warenhaus** *nt veraltend s.* **Kaufhaus.** **Warenkorb** *m* panier *m* de la ménagère **Warenmuster** *nt,* **Warenprobe** *f* échantillon *m* **Warentermingeschäft** *nt* opération *f* à terme **Warentest** *m* test *m* de qualité **Warenumsatzsteuer** *f* CH *s.* **Mehrwertsteuer.** **Warenzeichen** *nt* marque *f* déposée
warf *imp von* **werfen**
warm <¨-er, ¨-ste> I. *adj* 1. (*nicht kalt*) chaud(e); ***28° C ~ es Wasser*** de l'eau à 28°; ■ **etw wird** ~ qc chauffe; ■ **jdm ist/wird** ~ qn a/commence à avoir chaud; ***komm ins W~e!*** viens au chaud!; ***jd sitzt im W~en*** qn est assis(e) au chaud
2. METEO chaud(e); ■ **etw wird** ~ qc se réchauffe
3. (*wärmend*) *Kleidungsstück, Decke* chaud(e)
4. *geh Anteilnahme, Interesse, Worte, Zustimmung* chaleureux(-euse)
▶ **jd hält etw** ~ *Speise* qn garde qc au chaud; ***etw wird stundenlang ~ gehalten*** on laisse qc sur le feu durant des heures; **jd hält sich** (*dat*) **jdn** ~ *fam* qn reste bien avec qn *fam;* ***du solltest ihn dir ~ halten*** du devrais rester bien avec lui; **jd hat es** [**irgendwo**] ~ qn a chaud [quelque part]; ***ihr habt es*** [***bei euch***] ***aber sehr*** ~ il fait vraiment chaud chez vous; **jd läuft sich** ~ qn s'échauffe; **etw läuft** ~ */Motor, Wagen/* qc chauffe; **jd lässt etw** ~ **laufen** qn fait chauffer qc; **jd macht** [**jdm**] **etw** ~ qn [lui/...] fait chauffer qc; ***soll ich dir das Essen wieder ~ machen?*** est-ce que je dois te réchauffer ton repas?; **etw macht jdn** ~ qc réchauffe qn; **jd spielt sich** ~ qn s'échauffe; **jd wird mit jdm** ~ *fam* qn accroche avec qn *fam,* le courant passe avec qn
II. *adv liegen, sitzen, schlafen* au chaud; *trinken* chaud; ***jd wäscht etw*** ~ qn lave qc à l'eau chaude; ***Seide darf man nicht zu ~ waschen*** il ne faut pas laver la soie à l'eau trop chaude; ***jd duscht*** ~ qn prend une douche chaude
▶ **jd empfiehlt jdn/etw** [**jdm**] **¨-stens** qn recommande très chaleureusement qn/tout particulièrement qc [à qn]
Warmblut *nt* demi-sang *m*
Warmblüter <-s, -> *m* homéotherme *m spéc,* animal *m* à sang chaud
warmblütig *adj* homéotherme *spéc,* à sang chaud
Wärme <-> *f* Ø chaleur *f*
wärmedämmend *adj* isolant(e) **Wärmedämmung** *f* isolation *f* [thermique]

wärmen I. *vt* 1. (*jdn warm machen*) ■ **etw wärmt jdn** */Decke, Kleidungsstück/* qc tient chaud à qn
2. (*aufwärmen*) ■ **etw wärmt jdn** */warmes Getränk/* qc réchauffe qn
II. *vi* ■ **etw wärmt** */Decke, Kleidungsstück/* qc tient chaud; */Heizofen, Sonne/* qc chauffe
III. *vr* 1. (*sich aufwärmen*) ■ **jd wärmt sich** qn se réchauffe
2. (*sich Wärme spenden*) ■ **sie** ~ **sich** [**gegenseitig**] ils/elles se réchauffent [l'un(e) l'autre], ils/elles se tiennent chaud
Wärmepumpe *f* pompe *f* à chaleur **Wärmestrahlung** *f* rayonnement *m* thermique **Wärmetauscher** <-s, -> *m* échangeur *m* de chaleur **Wärmeverlust** *m* déperdition *f* thermique
Wärmflasche *f* bouillotte *f*
Warmfront *f* front *m* chaud **warm|halten** *s.* **warm I.▶.** **Warmhalteplatte** *f* chauffe-plat *m* **warmherzig** *adj* chaleureux(-euse) **warm|laufen** *s.* **warm I.▶.** **Warmluft** *f* air *m* chaud **Warmmiete** *f* loyer *m* charges comprises **Warmstart** *m* INFORM réinitialisation *f* [du système], redémarrage *m* à chaud
Warmwasser- *-leitung, -speicher, -ventil* d'eau chaude; *-pumpe* à eau chaude; *-versorgung* en eau chaude; *-heizung* par circulation d'eau chaude **Warmwasserbereiter** <-s, -> *m* chauffe-eau *m*
Warnblinkanlage *f* feux *mpl* de détresse **Warnblinkleuchte** *f* lampe *m* de détresse **Warndreieck** *nt* triangle *m* de signalisation
warnen I. *vt* ■ **jd warnt jdn** qn prévient [*o* avertit] qn; ***ich kann Sie nur*** ~ je ne peux que vous mettre en garde; ■ **jd warnt jdn vor jdm/etw** qn met en garde qn contre qn/qc; ■ **jd warnt jdn** [**davor**] **etw zu tun** qn déconseille à qn de faire qc; ***jd warnt jdn, voreilige Schlüsse zu ziehen*** qn met en garde qn contre des conclusions hâtives
▶ **ich warne dich/Sie!** attention à toi/vous!
II. *vi* ■ **jd warnt** [**vor jdm/etw**] qn met en garde [contre qn/qc]
warnend I. *adj Anzeichen, Blick, Handzeichen* d'avertissement; *Zuruf* de mise en garde; *Signal* avertisseur(-euse); ***mit ~er Stimme*** sur le ton de la mise en garde
II. *adv* à titre d'avertissement, pour mettre [qn] en garde
Warnkreuz *nt* croix *f* de Saint-André (*signal de position à un passage à niveau sans barrière*) **Warnruf** *m* cri *m* d'alarme, avertissement *m* **Warnschild** <-schilder> *nt* panneau *m* avertisseur; (*Verkehrsschild*) panneau *m* de danger **Warnschuss**[RR] *m* tir *m* de sommation **Warnsignal** *nt* (*Lichtzeichen*) signal *m* lumineux; (*Ton*) signal *m* sonore **Warnstreik** *m* grève *f* d'avertissement
Warnung <-, -en> *f* avertissement *m;* ■ ~ **vor etw** (*dat*) mise *f* en garde contre qc; ***etw dient der ~ eines Menschen vor etw*** qc sert à mettre en garde une personne contre qc
▶ **lass dir das eine** ~ **sein!** que ça te serve d'avertissement [*o* de leçon]!; **als** ~ pour mettre en garde, à titre d'avertissement; ***jd versteht etw als ~ etw nicht zu tun*** qn comprend qc comme une injonction de ne pas faire qc
Warnzeichen *nt* 1. TRANSP signal *m,* avertissement *m*
2. (*Anzeichen*) avertissement *m,* alerte *f*
Warschau <-s> *nt* Varsovie
Warte <-, -n> *f* ▶ **von der hohen** ~ **einer S.** (*gen*) de l'observatoire qu'offre qc; **von jds** ~ [**aus**] (*Standpunkt*) du point de vue de qn
Wartefrist *f s.* **Wartezeit.** **Wartehalle** *f* hall *m* d'attente **Warteliste** *f* liste *f* d'attente
warten[1] *vi* 1. (*harren*) ■ **jd wartet** qn attend; ***bitte*** ~! TELEC veuillez patienter quelques instants!; ■ **jd wartet auf jdn/etw** qn attend qn/qc; ■ **jd wartet mit etw** [**auf jdn**] qn attend [qn] pour faire qc; ***jd wartet mit seinem Vortrag/seiner Abreise, bis ...*** qn attend pour commencer son exposé/partir que + *subj;* ***wartet nicht mit dem Essen auf mich*** ne m'attendez pas pour manger; ■ **das W~** [**auf etw** (*akk*)] l'attente *f* [de qc]
2. (*er~*) ■ **etw wartet auf jdn** qc attend qn
▶ **jd kann** ~ qn peut attendre; ***ich kann*** ~! j'ai tout mon temps!; **etw kann** ~ qc peut attendre; **jd/etw lässt auf sich** (*akk*) ~ qn/qc se fait attendre; **etw lässt nicht** [**lange**] **auf sich** (*akk*) ~ qc ne tarde guère, qc ne se fait guère attendre; **warte mal!** attends [voir]!; **na warte!** *fam* attends un peu!; **worauf wartest du noch?** *fam* t'attends quoi? *fam*
warten[2] *vt* TECH ■ **jd wartet** [**jdm**] **etw** *Auto* qn révise qc [de qn]; *Gerät, Heizung* qn assure l'entretien [*o* la maintenance] de qc [de qn]; ■ **jd lässt etw** ~ qn fait réviser qc
Wärter(in) <-s, -> *m(f) veraltend* gardien(ne) *m(f)*
Warteraum *m* salle *f* d'attente **Wartesaal** *m* EISENBAHN salle *f* d'attente **Warteschleife** *f* 1. AVIAT circuit *m* d'attente (*en cas de saturation aérienne, au-dessus d'un aéroport*); ***ein Pilot dreht ~n*** un pilote attend l'autorisation d'atterrir 2. (*für Beschäftigte*) liste *f* d'attente **Wartezeit** *f* 1. (*Zeit des Wartens*) attente *f;* ***erhebliche/lange ~en*** une attente prolongée 2. (*Karenzzeit*) délai *m* de carence **Wartezimmer** *nt* salle *f* d'attente
-wärts *süd-, see-, himmel-* vers le/la ...; ***jd macht ein paar Schritte seit~*** qn fait quelques pas de côté; ***es zieht ihn/sie heim~*** il/elle a envie de rentrer chez lui/elle; ***etw bewegt sich vor~*** qc avance; ***jd parkt nicht gerne rück~ ein*** qn n'aime pas se garer en marche arrière
Wartung <-, -en> *f* [*Auto*] entretien *m;* [*Gerät, Heizung a.*] maintenance *f*
wartungsfrei *adj* sans entretien; ■ **etw ist** ~ qc ne nécessite aucun entretien; ***etw ist noch nicht ganz*** ~ qc nécessite toujours un certain entretien
warum *adv interrog* pourquoi; ■ **das W~** le pourquoi [de la chose]; ***das W~ ist nicht zu beantworten*** la question du pourquoi est insoluble
▶ ~ **nicht gleich so?** *fam* c'est pas dommage! *fam,* [ah,] quand même!; ~ **nicht?** (*wieso nicht*) [et] pourquoi donc?, et pourquoi non?; (*meinetwegen*) pourquoi pas?
Warze <-, -n> *f* 1. MED verrue *f*
2. (*Brust~*) mamelon *m*
Warzenhof *m* aréole *f*

was I. *pron interrog* 1. qu'est-ce qui/que, que *soutenu*; ~ ***ist das?*** qu'est-ce que c'est [que ça]?; ~ ***willst du/sagst du?*** qu'est-ce que tu veux/dis?; ~ ***funktioniert denn nicht?*** qu'est-ce qui ne fonctionne pas?; ~ ***ist gefährlicher?*** qu'est-ce qui est plus dangereux?; ~ ***klappert denn so?*** qu'est-ce qui claque comme ça?; ~ ***kostet das?*** combien [*o* qu'est-ce que] ça coûte?; ***an ~ denkst du?*** à quoi penses-tu?
2. (*welcher Grund*) qu'est-ce qui; ~ ***bringt dich hierher?*** qu'est-ce qui t'amène?
3. *fam* (*warum*) ■ ~ **tut jd etw?** qu'est-ce que qn a à faire qc? *fam;* ~ ***machst du für ein Gesicht?*** qu'est-ce que t'as à faire cette tête? *fam*
4. *fam* (*nicht wahr*) ■ **…, ~?** …, pas vrai? *fam,* …, hein? *fam*
▶ ~ **ist** [*o* **gibt's**]? qu'est-ce qu'il y a?; ~ **für ein(e)** … quel(le) …; ~ **für einer/eine** (*welche Art Mensch*) quel genre d'homme/de femme; ~? *fam* (*wie bitte*) quoi?
II. *pron interj fam* (*wie sehr*) qu'est-ce que; ~ ***war das für eine Anstrengung!*** qu'est-ce qu'on a eu comme mal!; ~ ***ist es heiß!*** qu'est-ce qu'il fait chaud!; ~ ***ist der Kerl für ein Schwein!*** quel salaud, ce type! *fam*
III. *pron rel* ce qui/que; ***keine Ahnung, ~ das alles bedeutet*** aucune idée de ce que tout ça signifie; ■ **das, ~** ce qui/que; ■ **das …, ~:** ***das Neueste, ~ es gibt*** ce qu'il y a de plus nouveau; ***das Teuerste/Schönste, ~ auf dem Markt ist*** ce qu'il y a de plus cher/plus beau sur le marché; ***das Beste, ~ uns passieren könnte*** le meilleur qui puisse nous arriver; ***das Verrückteste, ~ ich je gehört habe*** la chose la plus folle que j'aie jamais entendu; ***das Beste, ~ mein Weinkeller hergibt*** ce qu'il y a de mieux dans ma cave; ***das Buch ist das spannendste, ~ ich seit langem gelesen habe*** *fam* c'est le livre le plus palpitant que j'ai lu depuis longtemps; ***das Einzige, ~*** … la seule chose qui/que …; ***das wenige, ~*** … le peu qui/que …
IV. *pron indef fam* (*etwas*) quelque chose; ***hast du schon ~ von Thomas gehört?*** est-ce que tu as déjà des nouvelles de Thomas?; ***kann ich ~ helfen?*** je peux donner un coup de main?; ***es gibt da ~, ~ ich nicht verstehe*** il y a quelque chose que je ne comprends pas

Waschanlage *f* 1. (*Auto~*) station *f* de lavage
2. *sl* (*für Spenden, Schwarzgeld*) officine *f* de blanchiment

waschbar *adj* lavable

Waschbär *m* raton *m* laveur

Waschbecken *nt* lavabo *m*

Wäsche <-, -en> *f* 1. ∅ (*Schmutz~*) lessive *f*
2. ∅ (*Textilien*) linge *m;* (*Unter~*) sous-vêtements *mpl;* (*für Frauen*) dessous *mpl;* ***seidene ~*** de la lingerie de soie
3. (*Wagen~*) lavage *m*
4. (*das Waschen*) lessive *f*
5. *sl* (*Legalisierung*) ■ **die ~ einer S.** (*gen*) le blanchiment de qc
▶ **jd guckt dumm aus der ~** *fam* qn fait une drôle de tête *fam;* **jd wäscht schmutzige/seine schmutzige ~ in aller Öffentlichkeit** qn remue la boue/déballe ses histoires sur la place publique; ***jd wäscht seine schmutzige ~ vor anderen Leuten*** qn ne sait pas laver son linge sale en famille; **etw ist in der ~** qc est au sale *fam;* **jd tut etw in die ~** qn met qc au sale *fam*

Wäschebeutel *m* sac *m* à linge sale

waschecht *adj* 1. *fam* (*typisch*) bon teint *hum,* pur jus *fam,* véritable *antéposé*
2. *Farbe, Kleidungsstück, Stoff* grand teint

Wäschegeschäft *nt* magasin *m* de blanc **Wäscheklammer** *f* pince *f* à linge **Wäschekorb** *m* corbeille *f* [*o* panier *m*] à linge **Wäscheleine** *f* corde *f* à linge

waschen <wäscht, wusch, gewaschen> I. *vt* 1. (*reinigen*) ■ **jd wäscht jdn/etw** qn lave qn/qc; ■ **jd wäscht jdm etw** qn lui lave qc; ■ **jd wäscht [sich] etw** qn se lave qc; ■ **das W~** le lavage
2. *sl* (*legalisieren*) ■ **jd wäscht etw** *Drogengeld, Lösegeld, Schwarzgeld etc* qn blanchit qc
II. *vr* ■ **jd wäscht sich** qn se lave, qn fait sa toilette; ■ **jd wäscht sich …** *heiß, kalt, warm* qn se lave à l'eau …; ***jd wäscht sich kalt*** qn se lave à l'eau froide
▶ **…, der/die/das sich gewaschen hat** *fam* … pas piqué(e) des vers [*o* des hannetons] *fam*

Wäschepuff *m* coffre *m* à linge[-pouf]

Wäscher(in) <-s, -> *m(f)* blanchisseur(-euse) *m(f),* laveur(-euse) *m(f)*

Wäscherei <-, -en> *f* blanchisserie *f*

Wäscheschleuder *f* essoreuse *f* **Wäscheschrank** *m* armoire *f* à linge **Wäscheständer** *m* séchoir *m* [à linge], étendage *m,* étendoir *m* **Wäschestärke** *f* empois *m* **Wäschetrockner** *m* sèche-linge *m*

Waschgelegenheit *f* cabinet *m* de toilette; (*im Zimmer*) coin *m* toilette **Waschkessel** *m* lessiveuse *f* **Waschküche** *f* 1. buanderie *f* 2. *fam* (*dichter Nebel*) purée *f* de pois **Waschlappen** *m* 1. gant *m* de toilette 2. *fam* (*Feigling*) lavette *f fam* **Waschlauge** *f* lessive *f* **Waschleder** *nt* peau *f* chamoisée, peau *f* de chamois **Waschmaschine** *f* machine *f* à laver, lave-linge *m* **waschmaschinenfest** *adj* lavable en machine **Waschmittel** *nt* lessive *f* **Waschpulver** [-fe, -ve] *nt* lessive *f* en poudre, poudre *f* à laver **Waschraum** *m* lavabos *mpl* **Waschrumpel** <-, -n> *f* AUS (*Waschbrett*) planche *f* à laver **Waschsalon** [-zalõ:, -zalɔŋ] *m* laverie *f* [automatique] **Waschschüssel** *f* cuvette *f* **Waschstraße** *f* tunnel *m* de lavage

wäscht *3. pers pres von* **waschen**

Waschtag *m* jour *m* de lessive ▶ **jd hat ~** qn a son jour de lessive; ***mittwochs habe ich ~*** le mercredi est mon jour de lessive **Waschtisch** *m* [dessus *m* de] meuble *m* sous vasque; HIST table *f* de toilette

Waschung <-, -en> *f* 1. MED toilette *f*
2. REL ablution *f*

Waschwasser *nt* ∅ eau *f* de lavage; ***im Waschbecken steht noch dein ~*** il y a encore ton eau sale dans le lavabo **Waschweib** *nt fam* commère *f,* vraie pie *f fam* **Waschzettel** *m* MEDIA notice *f* de l'éditeur **Waschzeug** *nt* affaires *fpl* de toilette

Wasser <-s, - *o* -> *nt* 1. ∅ eau *f;* ■ **das ~ einer S.** (*gen*) *eines Flusses, Sees, Stausees etc* l'eau de qc
2. (*Wasseroberfläche*) [*Gewässer*] eau *f,* eaux *fpl*
3. *pl geh* (*Fluten*) eaux *fpl*
▶ **bis dahin fließt noch viel ~ den Bach** [*o* **Rhein**] **hinunter** *fam* d'ici là, il coulera de l'eau [*o* encore beaucoup d'eau] sous les ponts; **bei ~ und Brot** sur la paille humide des cachots; **jdm steht das ~ bis zum Hals** *fam* qn est dans la panade *fam;* **zu ~ und zu Land** sur terre comme sur mer; *verfrachten* par voie de mer; ***Transport zu ~ und zu Land*** transports *mpl* maritimes et terrestres; **etw ist ~ auf jds Mühle** (*akk*) qc apporte de l'eau au moulin de qn; **jdm läuft das ~ im Mund[e] zusammen** qn a l'eau qui lui vient à la bouche; ~ **abstoßend** hydrofuge; **duftende ~** eaux *fpl* de parfum; **fließend ~** eau *f* courante; **jd hat nah am ~ gebaut** qn a la larme facile; **… reinsten ~s** *fam* … à tout crin, … invétéré(e); **schweres ~** eau *f* lourde; **stilles ~** eau *f* plate; **stille ~ sind tief** il ne faut pas se fier aux apparences; **etw fällt ins ~** *fam* qc tombe à l'eau; **jd geht ins ~** *euph* qn se jette à l'eau; **jd ist mit allen ~n gewaschen** *fam* qn a plus d'un tour dans son sac; **jd gräbt jdm das ~ ab** qn étrangle qn, qn prend qn à la gorge; **jd hält sich über ~** (*fristet notdürftig sein Leben*) qn garde la tête hors de l'eau, qn se maintient à flot; */Schiffbrüchiger/* qn se maintient à la surface; **jd kann das ~ nicht halten** *euph* qn ne peut pas se retenir; **jd kann jdm das ~ reichen** qn peut traiter d'égal à égal avec qn; **jd kocht auch nur mit ~** *fam* qn ne fait pas de miracles [non plus], qn n'est pas plus malin(-igne) que les autres; **jd lässt ~** qn urine; **jd lässt etw zu ~** *Boot, Schiff* qn met qc à l'eau; **jd schlägt sein ~ ab** *sl* qn se soulage *fam;* **jd/etw setzt etw unter ~** qn/qc inonde qc; **etw steht unter ~** qc est inondé(e); **jd tritt ~** MED qn fait du pédiluve; **zu ~** par voie d'eau

Wasser- d'eau; *-temperatur, -qualität* de l'eau **wasserabstoßend** *s.* **Wasser ▶. wasserarm** *adj* aride **Wasseraufbereitung** *f* traitement *m* de l'eau **Wasserball** *m* 1. ∅ (*Sportart*) water-polo *m* 2. (*Ball*) ballon *m* [de water-polo] 3. (*aufblasbarer Spielball*) ballon *m* [de plage] **Wasserbau** *m* ∅ CONSTR aménagement *m* des voies navigables **Wasserbett** *nt* matelas *m* à eau **Wasserbob** *m* scooter *m* des mers **Wasserbombe** *f* MIL grenade *f* sous-marine **Wasserburg** *f* château *m* fort entouré d'eau

Wässerchen <-s, -> *nt* (*Duftwasser*) eau *f* de parfum
▶ **jd sieht aus, als ob er kein ~ trüben könnte** *fam* on lui donnerait le bon Dieu sans confession

Wasserdampf *m* vapeur *f* d'eau **wasserdicht** *adj* 1. *Gehäuse, Uhr* étanche; *Stoff, Anorak* imperméable 2. *sl Alibi, Klage, Vertrag* en béton *fam* ▶ **jd macht etw ~** *sl Klage, Vertrag* qn bétonne qc *fam* **Wasserenthärter** <-s, -> *m* adoucisseur *m* **Wassererhitzer** <-s, -> *m* chauffe-eau *m* **Wasserfahrzeug** *nt* bateau *m;* (*klein*) embarcation *f* **Wasserfall** *m* cascade *f,* chute *f* d'eau ▶ **jd redet wie ein ~** *fam* qn est un moulin à paroles *fam* **Wasserfarbe** *f* peinture *f* à l'eau; ***mit ~n*** avec de la peinture à l'eau **wasserfest** *adj* 1. *Beschichtung, Farbe, Tapete* lessivable 2. *s.* wasserdicht **Wasserflugzeug** *nt* hydravion *m* **Wasserfrosch** *m* grenouille *f* verte **wassergekühlt** *adj* à refroidissement par eau **Wasserglas** *nt* (*Trinkglas*) verre *m* à eau **Wasserglätte** *f* aquaplaning *m,* aquaplanage *m* **Wassergraben** *m* 1. GEOG rigole *f* 2. SPORT rivière *f* 3. (*gefüllter Burggraben*) douve *f* **Wasserhahn** *m* robinet *m* **Wasserhärte** *f* dureté *f* de l'eau

wässerig *adj s.* **wässrig**

Wasserkessel *m* bouilloire *f* **Wasserkopf** *m* 1. MED hydrocéphalie *f* 2. (*überproportionales Gebilde*): ***etw wird zu einem ~*** qc s'hypertrophie, qc devient hypertrophié(e); ■ **ein ~ an etw** (*dat*) une hypertrophie de qc **Wasserkraft** *f* ∅ énergie *f* hydraulique **Wasserkraftwerk** *nt* centrale *f* hydroélectrique **Wasserkreislauf** *m* circulation *f* de l'eau **Wasserkühlung** *f* refroidissement *m* par eau ▶ **… mit ~** … à refroidissement par eau **Wasserlassen** <-s> *nt* ∅ miction *f* **Wasserlauf** *m* cours *m* d'eau **Wasserleiche** *f* cadavre *m* [*o* corps *m*] de/d'un(e) noyé(e) **Wasserleitung** *f* conduite *f* d'eau; ***Wasser aus der ~*** de l'eau du robinet **Wasserlinie** [-li:niə] *f* ligne *f* de flottaison **Wasserloch** *nt* trou *m* d'eau **wasserlöslich** *adj Kaffee, Granulat, Pulver* soluble; *Farbe* hydrosoluble; ■ **etw ist ~** qc se dissout dans l'eau, qc est soluble dans l'eau **Wassermangel** *m* manque *m* [*o* pénurie *f*] d'eau **Wassermann** <-männer> *m* 1. ASTROL Verseau *m* 2. MYTH génie *m* des eaux, ondin *m* ▶ **jd ist [ein] ~** qn est Verseau **Wassermelone** *f* pastèque *f* **Wassermühle** *f* moulin *m* à eau

wassern *vi + haben o sein* ■ **etw wassert [irgendwo]** qc amerrit [quelque part]

wässern *vt* 1. HORT ■ **jd wässert etw** qn arrose qc
2. GASTR ■ **jd wässert etw** qn fait tremper qc [dans l'eau]

Wassernixe *f s.* **Nixe. Wasseroberfläche** *f* surface *f* de l'eau **Wasserpfeife** *f* narguilé *m* **Wasserpflanze** *f* plante *f* aquatique **Wasserpistole** *f* pistolet *m* à eau **Wasserratte** *f* 1. ZOOL rat *m* d'eau 2. *fam* (*Mensch*) vrai poisson *m;* ***etw ist nur etwas für ausgesprochene ~n*** qc est réservé(e) aux fanas de la trempette *fam* [*o* baignade] **wasserreich** *adj* bien arrosé(e) **Wasserreservoir** *nt* 1. (*Reservoir*) réservoir *m* d'eau 2. *s.* Wasservorrat **Wasserrohr** *nt* tuyau *m* d'eau **Wasserschaden** *m* dégâts *mpl* des eaux **Wasserscheide** *f* ligne *f* de partage des eaux **wasserscheu** *adj* qui a peur de l'eau; ■ **jd ist/wird ~** qn a/se met à avoir peur de l'eau **Wasserschildkröte** *f* tortue *f* des marais **Wasserschlange** *f* serpent *m* d'eau **Wasserschlauch** *m* tuyau *m* d'arrosage **Wasserschloss**[RR] *nt* château *m* entouré d'eau **Wasserschutzpolizei** *f* police *f* fluviale; (*im Hafen*) police *f* du port; (*auf dem Meer*) police *f* maritime **Wasserski** [-ʃi:] *m* 1. ∅ (*Sportart*) ski *m* nautique **2.** (*Sportgerät*) ski *m* [pour pratiquer le ski nautique] **Wasserskooter** <-s, -> [-sku:tɐ] *m* scooter *m* des mers **Wasserspeier** <-s, -> *m* gargouille *f* **Wasserspiegel** *m* **1.** (*Wasseroberfläche*) surface *f* de l'eau **2.** (*Wasserstand*) niveau *m* d'eau **Wassersport** *m* sport *m* aquatique **Wasserspülung** *f* chasse *f* d'eau

Wasserstand *m* niveau *m* d'eau
▶ **niedriger/hoher** ~ basses/hautes eaux *fpl*

Wasserstandsanzeiger *m* échelle *f* des eaux

Wasserstoff *m* CHEM hydrogène *m*

Wasserstoffbombe *f* bombe *f* H [*o* à hydrogène] **Wasserstoffperoxid** *nt* peroxyde *m* d'hydrogène *spéc*, eau *f* oxygénée

Wasserstrahl *m* jet *m* d'eau **Wasserstraße** *f* voie *f* navigable **Wassertreten** <-s> *nt* Ø: ~ ***soll gesund sein*** il paraît que c'est bon pour la santé de faire du pédiluve **Wassertropfen** *m* goutte *f* d'eau **Wasserturm** *m* château *m* d'eau **Wasseruhr** *f* compteur *m* d'eau

Wasserung <-, -en> *f* amerrissage *m*

Wässerung <-, -en> *f* HORT arrosage *m*

Wasserversorgung *f* approvisionnement *m* en eau **Wasservogel** *m* oiseau *m* aquatique **Wasservorrat** *m* réserve *f* d'eau **Wasserwaage** *f* niveau *m* à bulle **Wasserweg** *m* voie *f* d'eau, voies *fpl* d'eau ▶ **auf dem** ~ par voie d'eau **Wasserwerfer** *m* canon *m* à eau **Wasserwerk** *nt* centre *m* de distribution des eaux **Wasserzähler** *m* compteur *m* d'eau

Wasserzeichen *nt* filigrane *m*

wässrig[RR], **wäßrig** *adj* **1.** *Kaffee, Tee, Brühe, Suppe* clairet(te); ***etw ist zu*** ~ qc, c'est de la flotte *fam*
2. *Aufschwemmung, Lösung* aqueux(-euse)

waten *vi + sein* ■ **jd watet durch etw** *durchs Wasser, durch den Bach* qn passe [*o* traverse] qc à gué; *durch den Sumpf* qn patauge dans qc

Waterkant <-> *f* Ø NDEUTSCH ■ **die** ~ *la côte de la mer du Nord*

watscheln *vi + sein* ■ **ein Tier watschelt** un animal se dandine; ■ **ein Tier watschelt irgendwohin** un animal regagne/traverse qc en se dandinant; ***die Gans watschelt an Land/über die Wiese*** l'oie regagne la terre/traverse le pré en se dandinant

Watschen <-, -> *f* AUS, SDEUTSCH *fam* baffe *f fam*

Watt[1] <-s, -> *nt* PHYS watt *m*

Watt[2] <-[e]s, -en> *nt* GEOG Watt *m* (*estran vaseux caractéristique de la mer du Nord*)

Watte <-, -n> *f* ouate *f*, coton *m* [hydrophile]
▶ **jd packt jdn in** ~ *fam* qn traite qn comme s'il était en sucre *fam*; ***du solltest dein Kind nicht so in*** ~ ***packen*** tu ne devrais pas élever ton enfant dans du coton

Wattebausch *m* tampon *m* d'ouate, [morceau *m* de] coton *m*; ***jd stopft sich Wattebäusche in die Ohren*** qn se met du coton dans les oreilles

Wattenmeer *nt* Ø ■ **das** ~ le [*o* la] Wattenmeer (*eaux qui recouvrent le Watt à marée haute*)

Wattestäbchen *nt* coton-tige® *m*

wattieren * *vt* ■ **jd wattiert etw** qn ouatine qc; ■ **wattiert** ouatiné(e), molletonné(e); ***stark wattierte Schultern*** de grosses épaulettes *fpl*

Wattierung <-, -en> *f* rembourrage *m*

wau wau *interj* ouah! ouah!

WC <-s, -s> [ve:'tse:] *nt* W.-C. *mpl*

Web <-s> [wɛp] *nt* Ø INFORM ■ **das** ~ le Web

weben <webte *o geh* wob, gewebt *o geh* gewoben> **I.** *vt* ■ **jd webt etw** *Stoff, Tuch, Teppich* qn tisse qc; ■ **jd webt etw in etw** (*akk*) *Muster, Namen, Ornament etc* qn tisse qc sur qc
II. *vi* **1.** ■ **jd webt** qn fait du tissage; ■ **jd webt an etw** (*dat*) qn tisse qc
2. *geh* (*geheimnisumwittert sein*) ■ **etw webt um jdn/etw** qc flotte autour de qn/qc
III. *vr geh* ■ **etw webt sich um jdn/etw** il court [*o* se raconte] qc à propos de qn/qc

Weber(in) <-s, -> *m(f)* tisserand(e) *m(f)*

Weberei <-, -en> *f* [usine *f* de] tissage *m*

Weberknecht *m* faucheux *m*

Webmaster <-s, -> ['wɛp-] *m* INFORM gestionnaire *m* Web, Webmestre *m* **Webseite** *f* INFORM page *f* Web **Web-Site** [-sait] *f* INFORM site *m* Web

Webstuhl *m* métier *m* à tisser

Wechsel <-s, -> [-ks-] *m* **1.** Ø (*das Wechseln*) changement *m*; ***bei jedem*** ~ ***in eine andere Stadt*** à chaque déménagement dans une autre ville; ***ein schneller*** ~ ***von einem Programm ins andere*** le passage rapide d'un programme dans un autre; ■ ~ **des/der ...** changement *m* de ...
2. (*Geld~*) change *m*
3. SPORT [*Stab*] passage *m*
4. FIN (*Schuldurkunde*) traite *f*, lettre *f* de change
5. *fam* (*Monats~*) aide *f* financière
▶ **in buntem** ~ se succédant pêle-mêle; **auf** ~ FIN au moyen d'une traite; **im** ~ en alternance; (*in Bezug auf Menschen*) à tour de rôle; **in bestimmtem** ~: ***in stündlichem, täglichem, monatlichem, achtstündigem*** ~ au rythme [*o* à raison] d'un changement par heure/jour/mois/toutes les huit heures; ***die Wachablösung erfolgt in stündlichem*** ~ la relève de la garde a lieu toutes les heures

Wechselgeld [-ks-] *nt* monnaie *f*

wechselhaft [-ks-] **I.** *adj Leben, Schicksal* changeant(e); *Klima, Wetter, Witterung a.* variable
II. *adv*: ***etw verläuft*** ~ qc a un cours changeant

Wechseljahre [-ks-] *pl* ménopause *f*, retour *m* d'âge, âge *m* critique; ***in den ~n*** au moment de la ménopause [*o* du retour d'âge] ▶ **jd ist in den ~n** qn est à l'âge de la ménopause [*o* à l'âge critique]; **jd kommt in die** ~ qn arrive à l'âge de la ménopause [*o* à l'âge critique] **Wechselkurs** [-ks-] *m* cours *m* [du change], taux *m* de change; ***die ~e*** les cours des changes, les taux de change ▶ **jd legt einen** ~ **fest** qn met en place un taux de change **Wechselkursmechanismus** *m* mécanisme *m* de change **Wechselkurspolitik** *f* politique *f* en matière de taux de change

wechseln [-ks-] **I.** *vt + haben* **1.** (*austauschen*) ■ **jd wechselt etw** *Handtuch, Reifen, Zündkerzen, Motoröl, Wasser, Bettbezüge* qn change qc; *Kleidungsstück, Seife, Unterwäsche, Freundin, Automarke, Meinung* qn change de qc; *Worte, Briefe, Blicke, Ringe* qn échange qc
2. (*umtauschen*) ■ **jd wechselt [jdm] etw** (*in andere Währung*) qn change qc [à qn]; (*in Kleingeld*) qn fait de la monnaie de [*o* sur] qc [à qn]; ***so große Scheine kann ich Ihnen nicht*** ~ je ne peux pas vous faire le change [*o* de la monnaie] sur des billets aussi gros; ***kannst du hundert Mark*** ~? tu peux me faire de la monnaie de cent marks?; ■ **jd wechselt etw in etw** (*akk*) qn change qc en [*o* contre] qc
3. (*etw anderes nehmen*) ■ **jd wechselt jdn/etw** *Arbeitgeber, Platz, Studienfach, Wohnsitz, Spur* qn change de qn/qc
II. *vi* **1.** + *haben* (*Geld umtauschen*) ■ **jd wechselt [jdm]** qn fait le change [*o* de la monnaie] [à qn]
2. + *haben* IND (*den Arbeitgeber ~*) ■ **jd wechselt** qn change d'employeur [*o* de boîte *fam*]; ***in manchen Firmen wird häufig gewechselt*** dans certaines entreprises, le personnel tourne beaucoup; certaines entreprises connaissent d'importantes rotations de personnel
3. + *sein* (*woandershin gehen*) ■ **jd wechselt irgendwohin** qn passe quelque part; (*in Bezug auf Arbeitsstelle*) qn part travailler quelque part; ***jd wechselt auf die andere Straßenseite*** qn change de trottoir
4. + *haben* METEO ■ **etw wechselt** qc change, qc varie

wechselseitig [-ks-] **I.** *adj* réciproque
II. *adv* mutuellement

Wechselstrom [-ks-] *m* courant *m* alternatif **Wechselstube** *f* bureau *m* de change **Wechselwähler(in)** *m(f)* électeur indécis/électrice indécise *m/f*; ■ **die** ~ les indécis *mpl*, l'électorat *m* fluctuant [*o* mobile]

wechselweise [-ks-] *adv* alternativement, en alternance; *in Bezug auf Menschen* à tour de rôle

Wechselwirkung [-ks-] *f* interaction *f*, action *f* réciproque
▶ **sie stehen in** ~ **[miteinander/zueinander]** ils/elles sont en interaction

Wechsler <-s, -> [-ks-] *m* AUDIOV **1.** (*CD-Wechsler*) changeur *m* de disques compacts
2. *veraltend* (*Platten~*) changeur *m* [automatique] de disques

wecken *vt* **1.** (*auf~*) ■ **jd/etw weckt jdn** qn/qc réveille qn; ■ **jd lässt sich [von jdm/etw]** ~ qn se fait réveiller [par qn/qc]; ■ **das W~** le réveil
2. (*hervorrufen*) ■ **etw weckt etw** qc éveille qc; *Interesse a., Abneigung* qc suscite qc

Wecken <-s, -> *m* AUS, SDEUTSCH petit pain *m*

Wecker <-s, -> *m* réveil *m*
▶ **jd/etw geht [o fällt] jdm auf den** ~ *fam* qn/qc lui tape sur le système [*o* sur les nerfs] *fam*

Weckglas® *nt s.* **Einmachglas. Weckring**® *m s.* **Einmachring**

Wedel <-s, -> *m* **1.** (*Blatt*) [*Farn*] fronde *f*, feuille *f* pennée; [*Palme*] palme *f*
2. (*Staub~*) plumeau *m*

wedeln I. *vi* **1.** (*fuchteln*) ■ **jd/ein Tier wedelt mit etw** qn/un animal agite qc
2. SKI ■ **jd wedelt** qn godille
II. *vt* ■ **jd wedelt etw von etw** *Krümel, Staub* qn époussette qc sur qc

weder *conj* ▶ ~ ... **noch** ... [ne] ... ni ... ni ...; ~ ***so noch so*** ni d'une façon ni de l'autre; ~ **noch** ni l'un(e) ni l'autre

weg *adv* **1.** (*fort*) ■ **jd ist** ~ (*ist weggegangen*) qn est parti(e); (*ist nicht zu Hause*) qn n'est pas là; ***jd ist gleich*** ~ qn va [*o* s'apprête à] partir; ***du bist noch nicht*** ~? tu n'es pas encore parti?, tu es encore là?; ■ **etw ist** ~ qc a disparu; ***das ganze Geld ist*** ~ (*ist gestohlen*) tout l'argent a disparu; (*ist verspielt*) il n'y a plus d'argent
2. *fam* (*hinweggekommen*) ■ **jd ist über etw** (*akk*) ~ *über einen Misserfolg, Rückschlag, Verlust, ein Scheitern* qn a digéré qc *fam*; *über jds Tod, eine unglückliche Liebe* [après qc,] qn a tourné la page
3. *sl* (*begeistert*) ■ **jd ist von jdm/etw** ~ qn/qc fait craquer qn *fam*, qn est emballé(e) par qn/qc *fam*; ***jd ist von der Idee etw zu tun, total*** ~ qn se sent plus à l'idée de faire qc *fam*
▶ ~ **mit jdm/etw!** (*politische Forderung*) à bas qn/qc!; (*Aufforderung zum Weggehen*) à la poubelle, qc!; ~ ***damit!*** poubelle!; ~ ***mit ihm/ihr!*** qu'il/qu'elle aille se faire voir ailleurs! *fam*; ~ ***mit dir/euch!*** [allez,] dégage/dégagez! *fam*, fous/foutez le camp! *fam*, du balai! *fam*; **von etw** ~ *vom Arbeitsplatz, von der Schule* après qc; *verhaften* sur qc; **nur** ~ **von hier!** allons-nous-en!; **bloß [o nichts wie]** ~ **hier!** *fam* cassons-nous! *fam*, tirons-nous! *fam*; ~ **da!** *fam* [allez,] dégage/dégagez! *fam*, [allez,] du balai! *fam*

Weg <-[e]s, -e> *m* **1.** (*alle Bedeutungen*) chemin *m*; (*Route a.*) itinéraire *m*; (*Strecke a.*) trajet *m*
2. (*Methode*) chemin *m*, voie *f*; ***es gibt nur diesen*** ~ il n'y a que ce moyen; ***wissen Sie einen*** ~, ***wie*** voyez-vous un moyen de + *infin*; ***es gibt einen anderen*** ~, ***wie*** il y a un autre moyen de + *infin*
▶ **jd ist auf dem ~e der Besserung** *geh* l'état de qn est en voie d'amélioration; **viele ~e führen nach Rom** *prov* tous les chemins mènent à Rome; **jd geht den** ~ **des geringsten Widerstandes** qn choisit la solution de facilité; **jd ist auf dem besten ~e etw zu tun** qn est bien parti(e) pour faire qc; **auf friedlichem ~e** *geh* à l'amiable; **jd kommt jdm auf halbem ~e entgegen** qn fait des concessions à qn; **jd kommt vom rechten** ~ **ab** qn s'écarte du droit chemin; **auf schriftlichem ~e** *form* par écrit; **jd bringt etw auf den** ~ qn met qc en route; **jd hat ~e zu erledigen** qn a des courses à faire; **geh mir aus dem** ~! ôte-toi de mon chemin!; **jd geht seinen** ~ qn vit sa vie; **jd geht seiner ~e** *geh* qn poursuit son petit bonhomme de chemin; **jd geht jdm aus dem** ~ qn évite de rencontrer [*o* de se trouver sur le chemin de] qn, qn évite qn; **jd geht einer S.** (*dat*) **aus dem** ~ qn évite qc; **jd gibt jdm etw**

mit auf den ~ *Getränk, Proviant* qn donne qc à qn pour la route; *Ermahnungen, gute Ratschläge etc* qn donne qc à qn; **jd ist auf dem ~/~ irgendwohin/zu jdm** qn est en route/en train de se rendre quelque part/chez qn; **jd kommt des ~es** *geh* qn se présente; **jd läuft jdm über den ~** (*begegnet jdm zufällig*) qn croise qn; (*kommt unter die Augen*) qn croise le chemin de qn; **jd leitet etw in die ~e** *Maßnahme, Überprüfung, Untersuchung* qn met qc en train; *Aktion, Verfahren* qn engage qc; **etw liegt auf jds ~** (*dat*) qc est sur le chemin de qn; **jd macht sich auf den ~/~ zu jdm/irgendwohin** qn se met en route/part chez qn/quelque part; **jd räumt jdn aus dem ~** qn écarte qn de sa route, qn élimine qn; *Konkurrenten a.* qn évince qn; **jd räumt etw aus dem ~** qn écarte qc; **hier scheiden sich unsere ~e** c'est ici que nos chemins se séparent; **jd schießt sich** (*dat* **den ~ frei** qn force le passage en faisant usage de son arme; **jd steht jdm/einer S. im ~** qn barre la route à qn/fait obstacle à qc; **etw steht jdm/einer S. im ~** qc fait obstacle aux projets de qn/à qc; **jd steht sich** (*dat*) **selbst im ~** qn se met des bâtons dans les roues; **jd stellt sich jdm in den ~** (*versperrt jdm den ~*) qn barre la route [*o* le passage] à qn; (*hindert jdn*) qn fait obstacle aux projets de qn; ***ich stelle mich dir nicht in den ~*** je ne t'en empêche pas; **jd stellt jdm etw in den ~: *jd stellt jdm Hindernisse/Schwierigkeiten in den ~*** qn lui met des bâtons dans les roues; **jd traut jdm nicht über den ~** *fam* qn se méfie de qn comme de la peste *fam;* **hier trennen sich unsere ~e** (*hier muss ich woandershin gehen*) c'est ici que nos chemins se séparent; (*da sind wir anderer Ansicht*) là, je ne te/vous suis plus; **jd verbaut sich** (*dat*) **einen ~** qn se ferme une voie; **jd verbaut sich** (*dat*) **den ~ zu etw** qn se ferme la voie de qc; **etw versperrt jdm den ~** qc barre la route à qn; **jd vertritt jdm den ~** qn barre le passage à qn; **auf ... ~e** *auf illegalem, unbekanntem* par des moyens *mpl ...*; **aus dem ~!** dégage/dégagez le passage!; **woher des ~[e]s?** *geh* d'où venez-vous?; **wohin des ~[e]s?** *geh* où vous conduisent vos pas? *soutenu*

weg- **1.** (*entfernen*) *-kratzen, -pusten* enlever en faisant qc; *-scheuern, -wischen* enlever avec qc; ***jd pustet den Staub weg*** qn enlève la poussière en soufflant; ***jd wischt den Schmutz weg*** qn enlève la saleté; ***jd fegt/putzt etw weg*** qn balaie/nettoie qc

2. (*von dannen*) s'éloigner en faisant qc; ***die Schlange kroch weg*** le serpent s'éloigne en rampant; ***er schlich leise weg*** il s'éloigna furtivement; ***jd springt weg*** qn fait un bond de côté

weg|bekommen * *vt irreg fam* **1.** (*entfernen können*) ■ **jd bekommt etw [mit etw] weg** qn réussit à faire disparaître qc [avec qc]

2. (*fortbewegen können*) ■ **jd bekommt etw [irgendwo/von etw] weg** qn arrive à déplacer qc [de qc]

3. (*sich anstecken*) ■ **jd bekommt etw weg** qn chope qc *fam*

Wegbereiter(in) <-s, -> *m(f)* ▶ **jd/etw ist ein ~ einer S.** (*gen*) qn/qc ouvre la voie à qc, qn est un précurseur de qc **Wegbiegung** *f* tournant *m*, virage *m*

weg|blasen *vt irreg* ■ **jd bläst etw [von etw] weg** qn souffle [sur qc] pour enlever qc

▶ **etw ist wie weggeblasen** qc a disparu comme par enchantement

weg|bleiben *vi irreg + sein* ■ **jd/ein Tier bleibt weg** (*nicht kommen*) qn/un animal ne vient pas; (*nicht zurückkommen*) qn/un animal ne revient pas; ***jd/ein Tier bleibt die ganze Nacht/bis Mitternacht weg*** qn/un animal ne revient pas de toute la nuit/avant minuit; ***er bleibt lange weg*** il s'absente longtemps, il reste longtemps absent; ■ **jd/ein Tier ist weggeblieben** (*nicht gekommen*) qn/un animal n'est pas venu(e); (*nicht zurückgekommen*) qn/un animal n'a pas reparu, qn/un animal n'est pas revenu(e); (*drei Stunden, lange*) qn/un animal est parti(e), qn/un animal s'est absenté(e), qn/un animal n'a pas reparu; ***bleib nicht zu lange weg!*** ne t'absente pas trop longtemps!; ***jd/ein Tier ist für immer weggeblieben*** qn/un animal n'est jamais revenu(e); ■ **jds W~** l'absence *f* de qn; (*Verspätung*) le retard de qn

weg|bringen *vt irreg* ■ **jd bringt jdn weg** qn emmène qn; ■ **jd bringt etw weg** qn emporte qc; (*fortschaffen*) qn débarrasse qc, qn va jeter qc

weg|denken *vt irreg* ■ **jd denkt sich** (*dat*) **etw weg** qn fait abstraction de qc

▶ **etw ist nicht mehr wegzudenken/aus einer S. nicht mehr wegzudenken** on n'imagine plus de devoir se passer de qc/une chose est devenue inconcevable sans qc

weg|diskutieren * *vt* ■ **jd diskutiert etw weg** qn élude qc

▶ **etw lässt sich nicht ~** on ne peut pas escamoter qc; **es lässt sich nicht ~, dass ...** qu'on le veuille ou non, ...

weg|dürfen *vi irreg fam* ■ **jd darf weg** qn a le droit de s'en aller [*o* de partir]; (*ausgehen dürfen*) qn a le droit de sortir

wegen *präp* **1.** (*aus Gründen*) ■ **~ einer S.** (*gen*) à cause de qc, en raison de qc

2. (*bedingt durch*) ■ **~ jdm** à cause de qn

3. (*bezüglich*) ■ **~ einer S.** (*gen o dat*) *einer Angelegenheit, eines Angebotes, Punktes, Vorschlages* à propos de qc

Wegerich <-s, -e> *m* plantain *m*

weg|fahren *irreg* **I.** *vi + sein* **1.** (*verreisen*) ■ **jd fährt weg** qn part [en voyage]

2. (*abfahren*) ■ **jd/etw fährt weg** qn/qc part; ***jd hört ein Auto ~*** qn entend une voiture démarrer; ***die Straßenbahn ist mir vor der Nase weggefahren*** le tramway a démarré sous mes yeux

II. *vt + haben* **1.** (*wegbringen*) ■ **jd fährt jdn/etw weg** qn emmène qn [en voiture]

2. (*woandershin fahren*) ■ **jd fährt etw weg** *Anhänger, Fahrzeug* qn déplace qc; *Bauschutt, Müll* qn enlève qc

weg|fallen *vi irreg + sein* ■ **etw fällt weg** qc est supprimé(e), qc devient caduc(-uque); ■ **jd lässt etw ~** qn supprime qc

weg|fliegen *vi irreg + sein* **1.** AVIAT ■ **jd/etw fliegt weg** qn/qc s'envole; ***etw fliegt wieder weg*** qc repart, qc reprend l'air

2. (*fortfliegen*) ■ **ein Tier fliegt weg** un animal s'envole

3. (*durch einen Windstoß*) ■ **etw fliegt [jdm] weg/durch etw weg** */Hut, Luftballon/* qc [de qn] s'envole/est emporté(e) par qc; ***ihm ist der Hut weggeflogen*** son chapeau s'est envolé

weg|führen **I.** *vt* (*fortbringen*) ■ **jd führt jdn weg** qn emmène qn

II. *vt, vi* ■ **etw führt [jdn] weg/von etw weg** *vom Thema* qc fait dévier qn/éloigne de qc; ***etw führt [uns] zu weit weg*** qc nous entraîne trop loin

Weggabelung *f* bifurcation *f*

Weggang *m Ø form* départ *m*

weg|geben *vt irreg* **1.** (*verschenken*) ■ **jd gibt etw/ein Tier weg** qn se débarrasse de qc/se sépare d'un animal

2. (*adoptieren lassen*) ■ **jd gibt jdn weg** *Kind* qn abandonne qn (*consent à son adoption par un tier*)

Weggefährte *m*, **-gefährtin** *f* **1.** (*auf einer Wanderung*) compagnon/compagne *m/f* de route

2. POL compagnon/compagne *m/f* de route, ami(e) *m(f)* politique

weg|gehen *vi irreg + sein* **1.** (*fortgehen*) ■ **jd geht weg** qn part; ***geh weg!*** va-t'en!; ***gehen Sie bitte noch nicht weg!*** ne partez pas encore!; ***ich gehe aus Ulm weg*** je quitte Ulm

2. *fam* (*sich entfernen lassen*) ■ **etw geht weg** qc s'en va

3. COM *fam* ■ **etw geht weg** qc part

4. *fam* (*hinweggehen*) ■ **jd geht über etw** (*akk*) **weg** qn ignore qc; *über einen Einwand a.* qn fait fi de qc

▶ **geh mir weg damit!** *fam* lâche-moi avec ça! *fam*

weg|gießen *vt irreg* ■ **jd gießt etw weg** qn jette qc, qn vide qc dans l'évier

weg|gucken *vi fam s.* **wegsehen**

weg|haben *vt irreg fam* **1.** (*entfernt haben*) ■ **jd hat etw weg** *Fleck, Dreck* qn a réussi à faire partir qc; ***jd will etw ~*** qn veut faire partir qc

2. (*entfernt wissen wollen*) ■ **jd will jdn ~/aus etw ~** qn veut faire dégager qn *fam*/éliminer [*o* éjecter *fam*] qn de qc

3. (*beschlagen sein*) ■ **jd hat [auf etw** (*dat*)/**in etw** (*dat*)] **was weg** *auf einem Fachgebiet, in Mathematik etc* qn en connaît un rayon [dans/en qc] *fam*

4. (*verpasst bekommen haben*) ■ **jd hat etw weg** *Denkzettel* qn a ramassé qc; *fam Strafe a.* qn écopé de *fam; seinen Teil* qn a eu qc

5. (*aufweisen*) ■ **jd/etw hat etw weg** *Schaden, Kratzer, Tick* qn/qc a chopé qc *fam*

▶ **jd hat einen weg** *sl* qn est bourré(e) [*o* pété(e)] *fam*

weg|jagen *vt* **1.** (*verscheuchen*) ■ **jd jagt ein Tier weg** qn chasse un animal

2. ■ **jd jagt jdn weg** (*fortjagen*) qn chasse qn; (*entlassen*) qn met qn à la porte, qn renvoie qn

weg|kommen *vi irreg + sein fam* **1.** (*weggehen können*) ■ **jd kommt weg** qn peut [*o* réussit à] s'en aller; ■ **jd kommt aus/von etw weg** qn peut [*o* réussit à] partir de qc, qn peut [*o* réussit à] quitter qc; ***jd kommt von jdm nicht weg*** (*kann nicht aufbrechen*) qn n'arrive pas à partir de chez qn

2. (*abhanden kommen*) ■ **etw kommt [jdm] weg** qc disparaît

3. (*abschneiden*) ■ **jd/etw kommt ... weg/bei etw/in etw** (*dat*) **weg** *einigermaßen, leidlich, gut, schlecht* qn s'en sort [*o* se débrouille] .../se sort ... de qc *fam; bei einer Bewertung, Einschätzung* qn s'en sort .../se sort ... de qc; ***er ist [dabei] gut weggekommen*** (*bei einer Prüfung*) il s'en est bien tiré [*o* sorti], il s'est bien débrouillé; ***etw kommt gut in der Kritik weg*** qc est bien accueilli(e) par la critique

▶ **mach, dass du wegkommst!** fiche[-moi] le camp! *fam*, dégage! *fam*, tire-toi! *fam*

Wegkreuz *nt* calvaire *m* (*croix*) **Wegkreuzung** *f* carrefour *m*, croisement *m*

weg|kriegen *vt s.* **wegbekommen 1.**

weg|lassen *vt irreg* **1.** (*auslassen*) ■ **jd lässt etw weg** (*versehentlich*) qn omet qc; (*absichtlich a.*) qn laisse qc de côté, qn laisse tomber qc *fam*

2. (*weggehen lassen*) ■ **jd lässt jdn weg** qn laisse partir qn, qn lâche qn

3. (*darauf verzichten*) ■ **jd lässt etw weg** *Getränk, Gewürz, Zutaten etc* qn s'abstient de [*o* renonce à] qc; ***jd lässt den Zucker/Alkohol weg*** qn s'abstient de manger du sucre/de boire de l'alcool

weg|laufen *vi irreg + sein* **1.** (*fortlaufen*) ■ **jd läuft weg** qn se sauve; ■ **jd läuft vor jdm/einem Tier weg** qn fuit devant qn/un animal; ***jd versucht vor jdm wegzulaufen*** qn essaie d'échapper à qn; ■ **jd läuft aus etw weg** qn s'échappe de qc; ***jd läuft von zu Hause weg*** qn fait une fugue; ■ **ein Tier läuft [jdm] weg** un animal se sauve

2. (*verlassen*) ■ **jd läuft jdm weg** qn laisse tomber qn, qn quitte qn

▶ **etw läuft jdm nicht weg** *fam* qc peut bien attendre

weg|legen *vt* **1.** (*beiseite legen*) ■ **jd legt etw weg** qn pose qc

2. (*aufbewahren*) ■ **jd legt etw für jdn weg** qn lui met qc de côté, qn met qc de côté pour qn

weg|leugnen *vt* ■ **jd leugnet etw weg** qn nie qc; *Schuld a.* qn rejette qc

weg|loben *vt* ■ **jd lobt jdn weg** qn fait bénéficier qn d'une promotion [*o* offre un poste intéressant à qn] pour s'en débarrasser

weg|machen *vt fam* ■ **jd macht [jdm] etw weg** qn [lui] enlève qc

weg|müssen *vi irreg fam* **1.** (*weggehen müssen*) ■ **jd muss weg** il faut que qn parte [*o* s'en aille], il faut que qn se tire [*o* se casse] *fam*

2. (*weggebracht werden müssen*) ■ **etw muss weg** */Brief, Paket, Sendung/* il faut que qc parte

3. (*weggeworfen werden müssen*) ■ **etw muss weg** */verdorbenes Lebensmittel, Müll/* il faut balancer qc *fam*

weg|nehmen *vt irreg* **1.** (*entfernen*) ■ **jd nimmt etw [von etw] weg** qn prend qc, qn enlève qc [de qc], qn retire qc de qc; ***nimm die Teller noch nicht weg!*** n'enlève pas [*o* ne retire pas] encore les assiettes!

2. (*fortnehmen*) ■ **jd nimmt jdm etw weg** qn retire qc à qn, qn lui prend qc; (*zur Strafe*) qn confisque qc

weg|packen *vt fam* ■ **jd packt etw weg** qn case qc ailleurs *fam*
Wegrand *m* bord *m* du chemin
weg|rasieren * *vt* ■ **jd rasiert [jdm/sich] etw weg** qn [lui/se] rase qc
weg|rationalisieren * *vt fam* ■ **jd rationalisiert jdn/etw weg** qn licencie qn/supprime qc pour cause de restructuration
weg|räumen *vt* ■ **jd räumt etw weg** qn évacue qc
weg|reißen *vt irreg* **1.** (*aus der Hand reißen*) ■ **jd reißt jdm etw weg** qn arrache qc à qn
2. (*abreißen*) ■ **etw reißt [jdm] etw weg** *Körperteil* qc arrache [*o* emporte] qc [à qn]
weg|rennen *vi irreg + sein* ■ **jd rennt weg** qn s'enfuit à toutes jambes; ***als sie ihn kommen sah, ist sie weggerannt*** lorsqu'elle l'a vu arriver, elle a décampé; ***renn doch nicht weg!*** ne t'enfuis pas!
weg|retuschieren * *vt* ■ **jd retuschiert etw [auf etw** (*dat*)**] weg** qn fait disparaître qc [sur qc]
weg|rücken **I.** *vi + sein* ■ **jd rückt [von jdm/etw] weg** qn s'écarte [*o* s'éloigne] [de qn/qc]
II. *vt + haben* ■ **jd rückt etw [von etw] weg** qn écarte [*o* éloigne] qc [de qc]
weg|rutschen *vi + sein* ■ **jd rutscht [von jdm] weg** qn s'écarte [de qn]
weg|schaffen *vt* ■ **jd schafft etw weg** *Beute, Geld, Gepäck* qn emporte qc; *störende Gegenstände* qn enlève qc; ***jd schafft sein Geld weg*** qn soustrait son argent au fisc par un placement judicieux; ■ **jd schafft jdn/etw weg** *Besucher, Leiche* qn se débarrasse de qn/fait disparaître qc
weg|schauen *vi geh s.* **wegsehen**
weg|schenken *vt fam* ■ **jd schenkt etw weg** qn fait cadeau de qc, qn refile qc à quelqu'un *fam*
weg|schicken *vt* **1.** (*abschicken*) ■ **jd schickt etw weg** qn envoie [*o* expédie] qc
2. (*losschicken*) ■ **jd schickt jdn weg etw zu tun** qn envoie qn faire qc
3. (*fortschicken*) ■ **jd schickt jdn weg** qn renvoie qn; ***schickt den Kerl weg!*** débarrassez-moi de ce type!
weg|schleppen **I.** *vt* ■ **jd/ein Tier schleppt jdn/etw weg** qn/un animal traîne qn/qc; ***irgendwer muss die Leiche weggeschleppt haben*** quelqu'un doit avoir déplacé le corps
II. *vr* ■ **jd schleppt sich weg** qn se traîne à l'écart
weg|schließen *vt irreg* ■ **jd schließt etw [vor jdm] weg** qn met qc sous clé [à l'abri de qn]
weg|schmeißen *vt irreg fam* ■ **jd schmeißt etw weg** qn balance qc *fam*
weg|schnappen *vt fam* ■ **jd schnappt jdm jdn/etw weg** qn souffle qn/qc à qn *fam*
weg|schütten *vt s.* **weggießen**
weg|schwemmen *vt* ■ **etw schwemmt etw weg** qc emporte qc; */Fluss a./* les eaux de qc emportent qc
weg|sehen *vi irreg* **1.** (*nicht hinsehen*) ■ **jd sieht weg** qn détourne les yeux
2. *fam* (*hinwegsehen*) ■ **jd sieht über etw** (*akk*) **weg** qn ferme les yeux sur qc
weg|setzen **I.** *vt* ■ **jd setzt jdn/etw weg** qn déplace qn/qc, qn change qn/qc de place
II. *vr* ■ **jd setzt sich weg** qn change de place
weg|sollen *vi irreg fam* ■ **jd/etw soll weg** qn doit partir [*o* s'en aller]/qc doit disparaître; ■ **jd soll aus etw weg** qn doit quitter qc
weg|spülen *vt* ■ **jd spült etw weg** qn jette qc dans les toilettes
weg|stecken *vt* **1.** (*einstecken*) ■ **jd steckt etw weg** qn range qc; (*in die Hosentasche etc*) qn met qc dans sa poche; ***jd steckt etw blitzschnell weg*** qn fait disparaître en vitesse qc dans sa poche
2. *sl* (*verkraften*) ■ **jd steckt etw weg** qn digère [*o* encaisse] qc *fam;* ***dieser Rückschlag ist schwer wegzustecken*** cet échec est dur à avaler
weg|stellen *vt* ■ **jd stellt etw weg** qn déplace qc, qn change qc de place
weg|tauchen *vi + sein sl* ■ **jd taucht weg** qn disparaît de la circulation *fam*
weg|tragen *vt irreg* ■ **jd trägt jdn/etw weg** qn emporte qn/qc
weg|treiben *irreg* **I.** *vt + haben* **1.** (*woandershin treiben*) ■ **etw treibt jdn/etw weg** */Strömung, Wind/ Boot, Kahn, Schiff* qc emporte [*o* entraîne] qn/qc
2. (*vertreiben*) ■ **jd treibt jdn/ein Tier [von etw] weg** qn chasse qn/un animal [de qc]
II. *vi + sein* ■ **etw treibt weg** qc dérive, qc part à la dérive
weg|treten *vi irreg + sein* MIL ■ **sie treten weg** ils/elles rompent les rangs; ■ **jd tritt weg** */Soldat/* qn quitte les rangs; ■ **jd lässt [jdn] ~** qn fait rompre les rangs; ***weggetreten!*** rompez!
▶ **jd ist weggetreten** *fam* qn est à côté de ses pompes *fam;* ***jd ist weggetreten gewesen*** qn était dans la lune
weg|tun *vt irreg* **1.** (*wegwerfen*) ■ **jd tut etw weg** qn jette qc, qn élimine qc, qn se débarrasse de qc; ***tu die alten Zeitungen nicht weg!*** ne jette pas les vieux journaux!
2. (*weglegen*) ■ **jd tut etw weg** *Buch* qn pose qc; *Brille* qn enlève qc
weg|wählen *vt* CH *s.* **abwählen**
wegweisend *adj* porteur(-euse) d'avenir; ■ **etw ist ~** qc ouvre des perspectives
Wegweiser <-s, -> *m* poteau *m* indicateur; (*als Buchtitel*) guide *m*
Wegwerf- *-artikel, -windel, -kamera* jetable; *-verpackung a., -glas* perdu(e); *-flasche, -glas* non consigné(e); *-verhalten* de gaspilleur[s]; *-mentalität, -ideologie, -kultur* du gaspillage; *-gesellschaft* de gaspillage
weg|werfen *vt irreg* ■ **jd wirft etw weg** qn jette qc
wegwerfend *adj* dédaigneux(-euse)
weg|wollen *vi irreg* **1.** (*weggehen wollen*) ■ **jd will [von irgendwo] weg** qn veut partir [*o* s'en aller] [de quelque part]; ***komm, wir wollen weg!*** viens, on s'en va!; ***jd will weg von zu Hause*** qn veut quitter la maison
2. (*verreisen wollen*) ■ **jd will weg** qn a l'intention de partir [en voyage]
weg|ziehen *irreg* **I.** *vi + sein* **1.** (*woandershin ziehen*) ■ **jd zieht weg** qn déménage; ■ **jd zieht aus/von etw weg** qn quitte qc
2. ORN ■ **sie ziehen [irgendwohin] weg** */Zugvögel/* ils/elles migrent [quelque part]
II. *vt + haben* ■ **jd zieht jdn/ein Tier weg** qn entraîne qn/un animal; ***sie zieht ihn vom Schaufenster weg*** elle l'entraîne loin de la vitrine; ■ **jd zieht etw weg** qn retire qc
weh *adj* douloureux(-euse); ***zeig mal deinen ~en Finger!*** montre voir le doigt qui te fait mal!
▶ **o ~!** aïe, aïe, aïe!
wehe *interj* malheureux(-euse)
▶ **~ dem, der ...!** malheur à [celui] qui ...!; **~ [dir], wenn ...!** gare à toi si ...!
Wehe¹ <-, -n> *f* (*Schnee~*) congère *f*
Wehe² <-, -n> *f meist pl* (*Geburts~*) contraction *f*, douleurs *fpl*
▶ **jd liegt in den ~n** qn est dans les douleurs; **die ~n setzen ein** les douleurs [*o* contractions] commencent
wehen **I.** *vi* **1.** *+ haben* (*blasen*) ■ **etw weht** */Brise, Luftzug, Wind/* qc souffle; ■ **es weht etw** il souffle qc
2. *+ haben* (*flattern*) ■ **etw weht** */Fahne, Haare/* qc flotte; ***mit ~den Fahnen*** bannières au vent
3. *+ sein* (*getragen werden*) ■ **etw weht irgendwohin** */Duft, Klang/* qc flotte quelque part; ■ **etw weht von etw/irgendwohin** */Blatt, Brief, Zettel/* qc s'envole de qc/quelque part; ***etw weht jdm ins Gesicht*** */Wind/* qc lui souffle dans la figure; */Schneeflocken/* qc lui arrive dans la figure; */Geruch/* qn sent qc
II. *vt + haben* ■ **etw weht etw von etw/irgendwohin** */Brise, Luftzug/* qc fait s'envoler qc de qc/quelque part
wehklagen *vi geh* ■ **jd wehklagt** qn se lamente
wehleidig *adj* douillet(te)
Wehleidigkeit <-> *f Ø* douilletterie *f rare;* ***es liegt alles an deiner ~*** tout ça, c'est parce que tu es douillet(te)
Wehmut <-> *f Ø geh* mélancolie *f*, nostalgie *f*
▶ **voller ~** avec mélancolie [*o* nostalgie]; *Augen, Blick* langoureux(-euse), mélancolique
wehmütig **I.** *adj geh Erinnerungen, Gedanken* mélancolique, empreint(e) de nostalgie *soutenu; Seufzer* lourd(e) de mélancolie *soutenu; Blick* mélancolique, languide *littér*
II. *adv geh* avec nostalgie; *nachsinnen, sich zurücksehnen a.* avec mélancolie; *nachblicken* avec mélancolie, avec langueur; ***seine Stimme klang ~*** il avait une voix mélancolique
Wehr¹ <-, -en> *f fam* (*Feuer~*) pompiers *mpl;* (*Löschzug*) autopompe *f*
Wehr² *f* ▶ **jd setzt sich [gegen jdn/etw] zur ~** qn se défend [contre qn/qc]
Wehr³ <-[e]s, -e> *nt* CONSTR digue *f*
Wehrbeauftragte(r) *f(m) decl wie adj* médiateur(-trice) *m(f)* auprès des armées (*chargé(e) de défendre les droits des soldats*) **Wehrdienst** *m Ø* service *m* militaire, service *m* national *form* ▶ **jd leistet den/seinen ~ [ab]** qn fait son service [militaire]; **jd verweigert den ~** qn refuse de faire son service militaire **Wehrdienstverweigerer** <-s, -> *m*, **-verweigerin** *f* objecteur *m* de conscience ▶ **jd ist ~** qn est objecteur de conscience **Wehrdienstverweigerung** *f* objection *f* de conscience
wehren **I.** *vr* **1.** (*Widerstand leisten*) ■ **jd wehrt sich [gegen jdn/etw]** qn se défend [contre qn/qc]; *gegen Vorhaben, Plan, Kürzung* qn s'oppose à qc
2. (*von sich weisen*) ■ **jd wehrt sich gegen etw** *gegen eine Anschuldigung, Behauptung* qn se défend contre qc
3. (*sich sträuben*) ■ **jd wehrt sich dagegen etw zu tun** qn se refuse à [*o* se défend de] faire qc
II. *vi geh* ■ **jd wehrt einer S.** (*dat*) qn obvie *littér* [*o* fait obstacle] à qc
Wehrersatzdienst *m* service *m* civil
wehrlos **I.** *adj* sans défense; ■ **jd ist [gegen jdn/etw] ~** qn est sans défense [contre qn/qc], qn est désarmé(e) [devant qn/qc]
II. *adv* sans défense
Wehrlosigkeit <-> *f Ø* impuissance *f*, incapacité *f* de se défendre
Wehrmacht *f* HIST ■ **die ~** la Wehrmacht **Wehrmann** <-männer> *m* CH militaire *m* **Wehrpass**[RR] *m* livret *m* [militaire] individuel **Wehrpflicht** *f Ø* ■ **[allgemeine] ~** service *m* militaire obligatoire; ***jd unterliegt der ~*** qn est soumis(e) aux obligations militaires **wehrpflichtig** *adj Bürger, Rekrut* astreint(e) au service militaire; *Reservist* mobilisable; ■ **jd ist/wird ~** qn est/devient mobilisable **Wehrpflichtige(r)** *f(m) decl wie adj* conscrit(e) *m(f)* **Wehrsold** *m* prêt *m*, solde *f* **Wehrübung** *f* [*Reservist*] période *f;* [*Soldat*] exercice *m*
weh|tun[RR] *vi* **1.** (*körperlich schmerzen*) ■ **etw tut ~** qc fait mal; ■ **jdm tut etw ~** */Gelenk, Zahn, Körperteil etc/* qn a mal à qc, qn a qc qui lui fait mal; ***mir tut der Rücken weh*** j'ai mal au dos; ■ **jd tut sich** (*dat*) **~** qn se fait mal; ■ **jd tut jdm/einem Tier ~** qn fait mal à qn/un animal
2. (*seelisch schmerzen*) ■ **etw tut jdm ~** */Worte, Vorwurf, Verdächtigung/* qc fait mal [*o* de la peine] à qn; ■ **jd/etw tut jdm ~** qn/qc fait du mal à qn
Wehwehchen <-s, -> *nt fam* bobo *m fam*
▶ **jd hat ein ~** qn a bobo *fam*
Weib <-[e]s, -er> *nt sl* nana *f fam; pej* bonne femme *f fam*
▶ **jd hat ~ und Kind** *hum* qn a femme et enfant
Weibchen <-s, -> *nt* femelle *f*
Weiberfastnacht *f* DIAL carnaval *m* des femmes (*jeudi qui précède le carême*) **Weiberheld** *m pej* bourreau *m* des cœurs *hum*, tombeur *m fam*
weibisch *adj* efféminé(e)
Weiblein <-s, -> *nt* petite vieille *f*
weiblich *adj* **1.** (*fraulich*) féminin(e); ■ **jd ist ~** qn est féminin(e)
2. ANAT, PHYSIOL féminin(e)
3. *Kleidungsstück, Stimme, Vorname, Wesen* féminin(e); *Person* de sexe fé-

minin
4. BOT femelle
5. GRAM féminin(e)
Weiblichkeit <-> *f* ∅ féminité *f*
▶ **die holde** ~ *hum* le beau sexe
Weibsbild *nt* SDEUTSCH, AUS *fam* nana *f fam; pej* bonne femme *f fam*
Weibsstück *nt pej sl* garce *f fam*
weich I. *adj* 1. (~ *zum Anfassen*) *Haut, Pelz, Stoff, Pulli* doux(douce); ***ich trage gerne ~e Kleidung*** j'aime bien porter des vêtements douillets
2. (*nachgiebig*) *Boden, Matratze, Stoff* mou(molle); *Bett, Teppich, Kissen, Pelz, Decke a.* moelleux(-euse); *Leder, Kontaktlinse* souple; *Holz* tendre
3. GASTR *Butter, Brot, Frucht* mou(molle); *Fleisch* tendre; *Käse* souple [au toucher]; *Ei* mollet(te); ■ **etw wird** ~ qc se ramollit
4. (*sanft*) *Landung, Aufkommen, Bremsung* en douceur
5. *Mensch* doux(douce); ***jd ist zu*** ~ [***mit jdm***] qn n'est pas assez sévère [avec qn]
6. (*voll*) *Lippen, Kinn, Mund* mou(molle); *Gesicht, Gesichtszüge* doux(douce)
7. FIN *Währung* faible
8. (*sanft*) *Droge, Technik, Wasser* doux(douce); *Tourismus* vert(e); *Themen* écologique; *Boykott* en douceur
▶ **jd kocht etw** ~ qn fait bien cuire qc; ***etw ist ~ gekocht*** qc est bien cuit(e); **jd wird** ~ qn se laisse attendrir
II. *adv* en douceur; *sitzen, liegen* confortablement; ***ich liege nicht gerne so*** ~ je n'aime pas les matelas aussi mous
▶ **jd bettet sich** ~ qn a la belle vie
Weichbild *nt geh* périphérie *f*
Weiche <-, -n> *f* aiguillage *m*
▶ **jd/etw stellt die ~n/die ~n für etw** *für eine Entwicklung* qn/qc pose des jalons/les jalons de qc; *für die Zukunft* qn pose des jalons pour qc
weichen <wich, gewichen> *vi + sein* 1. (*nachgeben*) ■ **jd weicht einer S.** (*dat*) qn cède à qc
2. (*schwinden*) ■ **etw weicht** qc s'apaise
3. (*verschwinden*) ■ **jd weicht** qn se retire; ***jd weicht zur Seite*** qn s'écarte; ***jd weicht nicht von der Seite*** qn ne bouge pas
weichgekocht *s.* **kochen II.▶**
Weichheit <-, *rare* -en> *f* 1. (*Sanftheit zum Anfassen*) douceur *f*
2. (*Nachgiebigkeit*) [*Bett*] mollesse *f;* [*Teppich a., Boden*] souplesse *f;* [*Teppich a., Kissen, Pelz, Decke*] moelleux *m;* ***die besondere ~ dieses Holzes erlaubt es ...*** comme ce bois est particulièrement tendre, il permet de ...; ***Lindenholz ist von größerer ~ als Eichenholz*** le tilleul est plus tendre que le chêne
3. [*Mensch*] douceur *f*
4. *geh* [*Mund, Formen, Rundungen etc*] mollesse *f;* [*Gesicht, Gesichtszüge*] douceur *f*
weichherzig *adj* sensible; ■ **jd ist** ~ qn a le cœur sensible, qn est sensible
Weichherzigkeit <-, *rare* -en> *f* sensibilité *f;* ***jds ~ ist zu groß*** qn a un cœur trop sensible
Weichholz *nt* bois *m* tendre **Weichkäse** *m* fromage *m* à pâte molle
weich|klopfen *s.* **klopfen III.▶**. **weich|kriegen** *s.* **kriegen I.▶**
weichlich *adj* mou(molle), veule *soutenu*
Weichling <-s, -e> *m pej* mollasse *mf,* mollasson *m fam,* mollusque *m fam,* nouille *f fam*
Weichmacher *m* 1. (*in Waschmittel*) adoucissant *m,* assouplissant *m*
2. (*für Plastik*) plastifiant *m*
Weichsel <-> [-ks-] *f* ■ **die** ~ la Vistule
Weichspüler <-s, -> *m* adoucissant *m,* assouplissant *m,* assouplisseur *m*
Weichteile *pl* 1. (*Eingeweide*) parties *fpl* molles 2. *sl* (*Geschlechtsteile*) parties *fpl pop* **Weichtier** *nt* mollusque *m*
Weide[1] <-, -n> *f* BOT saule *m*
Weide[2] <-, -n> *f* AGR pâturage *m,* pâture *f;* ***jd treibt die Kühe auf die*** ~ qn mène les vaches au pâturage [*o* en pâture]
Weideland *nt* pâturages *mpl*
weiden I. *vi* ■ **Tiere** ~ des animaux paissent
II. *vt* ■ **jd weidet Tiere** qn fait paître des animaux
III. *vr* 1. (*sich ergötzen*) ■ **jd weidet sich an etw** (*dat*) qn se délecte [*o* se régale] de qc
2. (*genießen*) ■ **jd weidet sich an etw** (*dat*) *an jds Angst, Qualen* qn se délecte [*o* se repaît *soutenu*] de qc
Weiden- BOT de saule **Weidenkätzchen** *nt* chaton *m* de saule **Weidenkorb** *m* corbeille *f* [*o* panier *m*] d'osier **Weidenrute** *f* baguette *f* d'osier
weidgerecht I. *adj* conforme aux règles de l'art; ***das Auslegen von Schlingen ist nicht*** ~ on ne pose pas de collets quand on est un vrai chasseur
II. *adv* dans les règles de l'art
weidlich *adv geh ausnutzen, ausschlachten* abondamment; ***jd bemüht sich ~/rackert sich ~ ab*** qn se donne un mal considérable
weidmännisch *adj* de chasseur/des chasseurs; ***auf ~e Weise*** à la manière des chasseurs
Weidmannsdank *interj* merci (*réponse au souhait de bonne chasse*)
Weidmannsheil *interj* bonne chasse
weigern *vr* ■ **jd weigert sich** qn refuse; ■ **jd weigert sich etw zu tun** qn refuse de faire qc
Weigerung <-, -en> *f* refus *m;* ■ **jds ~, etw zu tun** le refus de qn de faire qc; ***im Falle seiner ~, etw zu tun*** en cas de refus de sa part [*o* s'il refuse] de faire qc
Weihbischof *m* évêque *m* auxiliaire, coadjuteur *m*
Weihe[1] <-, -n> *f* [*Heiligenstatue, Votivbild*] consécration *f,* bénédiction *f;* [*Kapelle a.*] dédicace *f*
▶ **die höheren ~n** *fig* les hautes sphères; **die niederen/höheren ~n** REL les ordres *mpl* mineurs/majeurs; **jd empfängt die [geistlichen] ~n** /*Priester*/ qn reçoit l'ordination; /*Ordensgeistlicher*/ qn prend l'habit; /*Nonne*/ qn prend le voile
Weihe[2] <-, -n> *f* ORN busard *m*
weihen *vt* 1. REL ■ **jd weiht etw** qn consacre qc; ■ **jd weiht jdn zu etw** qn consacre qn qc; *zum Diakon, Priester a.* qn ordonne qn qc; *zum Bischof a.* qn sacre qn qc
2. (*widmen*) ■ **etw ist jdm geweiht** qc est consacré(e) [*o* dédié(e)] à qn
Weiher <-s, -> *m geh* étang *m*
Weihnacht <-> *f* ∅ *s.* **Weihnachten**
weihnachten *vi impers* ■ **es weihnachtet** (*in Liedern, Geschichten*) Noël approche; (*die Stimmung ist weihnachtlich*) ça sent Noël
Weihnachten <-, -> *nt* Noël *m;* ***was wollen wir ~ essen?*** qu'est-ce que nous allons manger à Noël?; ***habt ihr ~ irgendwas vor?*** vous avez prévu quelque chose pour Noël?
▶ **fröhliche** [*o* **gesegnete** *geh*] ~! joyeux Noël!; **weiße/grüne** ~ un Noël blanc/au balcon; **zu** [*o* **an**] ~ à Noël
weihnachtlich I. *adj* de Noël
II. *adv geschmückt* pour Noël
Weihnachts- de Noël; *-papier* cadeau [de Noël] **Weihnachtsabend** *m* soir *m* de Noël, réveillon *m* [de Noël], veillée *f* de Noël **Weihnachtsbaum** *m* arbre *m* [*o* sapin *m*] de Noël **Weihnachtsfeier** *f* fête *f* de Noël **Weihnachtsfest** *nt* ∅ jour *m* de Noël; ■ **das** ~ le jour de Noël **Weihnachtsgans** *f* oie *f* de Noël ▶ **jd nimmt jdn aus wie eine** ~ *sl* qn plume qn [comme un pigeon] *fam* **Weihnachtsgeld** *nt* étrennes *fpl,* prime *f* [*o* gratification *f*] de fin d'année **Weihnachtsgeschenk** *nt* cadeau *m* de Noël **Weihnachtsgeschichte** *f* conte *m* de Noël **Weihnachtskarte** *f* carte *f* de Noël **Weihnachtslied** *nt* chant *m* de Noël; REL *a.* cantique *m* de Noël **Weihnachtsmann** <-männer> *m* père *m* Noël **Weihnachtsmarkt** *m* marché *m* de Noël **Weihnachtstag** *m meist pl* fête *f* de Noël; ***über die ~e*** pour les fêtes de Noël ▶ **erster** ~ jour *m* de Noël; **zweiter** ~ lendemain *m* de Noël (*26 décembre*) **Weihnachtsteller** *m* assiette *f* [garnie] de Noël (*composée de friandises*) **Weihnachtszeit** *f* ∅ ■ **die** ~ la période de Noël
Weihrauch *m* encens *m* **Weihrauchfass**[RR] *nt* encensoir *m* **Weihwasser** *nt* eau *f* bénite **Weihwasserbecken** *nt* bénitier *m*
weil *conj* 1. (*da*) parce que
2. (*nun, da*) comme, puisque
Weilchen <-s> *nt* ∅ ■ **ein** ~ un petit moment; ***wenn Sie ein ~ Zeit haben*** si vous avez deux minutes
Weile <-> *f* ∅ ■ **eine** ~ un moment; ***ich bin noch eine ~ da*** je suis encore là [pendant] un moment
▶ **eine ganze** ~ [pendant] un bon moment; ***eine ganze ~ Zeit*** un bon bout de temps; **nach einer [ganzen]** ~ au bout d'un [bon] moment; **vor einer [ganzen]** ~ il y a un certain temps; (*lange her*) il y a un [bon] moment, il y a [*o* ça fait] déjà un certain temps
weilen *vi geh* ■ **jd weilt irgendwo** qn séjourne quelque part
▶ **jd weilt nicht mehr unter uns** *euph* qn nous a quittés
Weiler <-s, -> *m geh* hameau *m*
Weimarer Republik *f* ∅ ■ **die** ~ ~ la République de Weimar
Wein <-[e]s, -e> *m* 1. GASTR vin *m*
2. ∅ (*Weinrebe*) vigne *f;* ***der ~ wird im Oktober geerntet*** les vendanges ont lieu en octobre
▶ **im ~ ist Wahrheit** *prov* in vino veritas; **neuer** ~ vin *m* nouveau (*à faible teneur en alcool ou peu fermenté*); **offener** ~ vin *m* en carafe; **jd schenkt jdm reinen** [*o* **klaren**] ~ **ein** qn parle franchement à qn; **wilder** ~ vigne *f* vierge
Weinbau *m* ∅ viticulture *f* **Weinbauer(in)** *m(f) s.* **Winzer. Weinbeere** *f* 1. raisin *m;* ■ **eine** ~ un grain de raisin 2. SDEUTSCH, AUS, CH *s.* **Rosine**
Weinberg *m* vignoble *m*
Weinbergschnecke *f* escargot *m* de Bourgogne
Weinbrand *m* eau-de-vie *f* [de raisin] [*o* vin], ≈ cognac *m*
weinen I. *vi* ■ **jd weint** qn pleure; ■ **jd weint vor etw** (*dat*) qn pleure de qc; ■ **jd weint um jdn/etw** qn pleure qn/qc; ■ **das W~** les pleurs *mpl;* ***lass das W~!*** arrête de pleurer!
▶ **es ist zum W~!** c'est [triste] à pleurer!
II. *vt* ■ **jd weint etw** qn pleure qc
weinerlich I. *adj Gesicht* au bord des larmes; *Stimme* larmoyant(e); *Mensch* pleurnicheur(-euse), pleurnichard(e)
II. *adv* avec des larmes dans la voix; *reden a.* sur un ton larmoyant
Weinessig *m* vinaigre *m* de vin **Weinfass**[RR] *nt* tonneau *m* de vin **Weingarten** *m* SDEUTSCH vigne *f* **Weingegend** *f* région *f* viticole **Weingeist** *m* ∅ esprit-de-vin *m* **Weingummi** *nt o m* bonbon *m* gélifiée **Weingut** *nt* domaine *m* viticole **Weinhändler(in)** *m(f)* négociant(e) *m(f)* en vins **Weinhandlung** *f* commerce *m* de vins **Weinhauer(in)** <-s, -> *m(f)* AUS (*Winzer*) vigneron(ne) *m(f)* **Weinkarte** *f* carte *f* des vins **Weinkeller** *m* 1. (*Keller*) cave *f* [à vins] 2. (*Lokal*) cave *f* [de dégustation] **Weinkenner(in)** *m(f)* connaisseur(-euse) *m(f)* en vins ▶ **jd ist** ~ qn est connaisseur(-euse) en vins
Weinkrampf *m* crise *f* de larmes
Weinladen *m* marchand *m* de vins **Weinlage** *f* cru *m* **Weinlaune** *f* ∅ griserie *f;* ***in seiner*** ~ rendu euphorique par le vin; ***jd gerät in*** ~ qn commence à être éméché(e) *fam* **Weinlese** *f* vendanges *fpl,* vendange *f* **Weinlokal** *nt* bar *m* à vin[s] **Weinprobe** *f* dégustation *f* [de vins] ▶ **jd macht eine** ~ qn fait une dégustation de vin[s] **Weinrebe** *f* (*Rebsorte*) cépage *m;* (*Pflanze*) vigne *f* **weinrot** *adj* bordeaux *inv,* grenat *inv* **weinselig** *adj Zecher* gris(e), éméché(e) *fam; Stimmung* de [joyeuse] beuverie

Weinstein *m* tartre *m*, dépôt *m* **Weinstock** *m* pied *m* [*o* cep *m*] de vigne **Weinstube** *f* bar *m* à vin[s] **Weintraube** *f* (*Obstsorte*) raisin *m*; (*Fruchtstand*) grappe *f* de raisin; (*Beere*) grain *m* de raisin

weise I. *adj geh* 1. *Mensch* sage
2. *Gedanke* sage; *Antwort, Frage a.* pertinent(e); *Entscheidung, Entschluss, Plan a.* judicieux(-euse); ■ **etw ist ~ [von jdm]** qc est sage [de la part de qn]
II. *adv* avec sagesse

Weise <-, -n> *f* 1. (*Methode*) manière *f*, façon *f*; ■ **die ~, wie man etw tut** la manière [*o* façon] de faire qc; ***die ~, wie er sich verhalten hat*** la manière [*o* façon] dont il s'est comporté
2. *geh* (*Melodie*) air *m*
► **auf andere ~** d'une autre manière [*o* façon]; **in gewisser ~** d'une certaine manière [*o* façon]; **auf ... ~ + *adj*** d'une [*o* de] manière [*o* façon] ...; *deine, meine etc* à ... manière [*o* façon]; ***auf geheimnisvolle/ unerklärliche ~*** de façon mystérieuse/inexplicable; **auf diese ~** de cette manière [*o* façon]; **auf jede [erdenkliche] ~** de toutes les manières [*o* façons] [possibles], par tous les moyens [imaginables]; **in der ~, dass** (*auf diese Art und ~*) de telle manière [*o* façon] que + *indic*; (*so ... damit*) de manière [*o* façon] que + *subj*; **in keinster ~** *fam* en aucune manière [*o* façon], pas le moins du monde, pas du tout

-weise 1. (*in bestimmten Mengen*) par + *pl*; *fass-, löffel-* au/à la; (*in großen Mengen*) par ... entiers/entières
2. (*in einer Art und ~*) de manière [*o* façon]; ***dummer~/ ungeschickter~/ hinterlistiger~ a.*** bêtement/maladroitement/sournoisement, de façon bête/maladroite/sournoise

Weise(r) *f(m) decl wie adj* sage *m*; ■ **eine ~** une femme sage
► **die [drei] ~n aus dem Morgenland** les [trois] Rois *mpl* mages; **die fünf ~n** FIN les cinq sages *mpl* (*comité d'experts publiant chaque année une étude de conjoncture ainsi qu'une étude prévisionnelle*)

weisen <wies, gewiesen> I. *vt geh* ■ **jd weist jdn aus/von etw** qn expulse [*o* chasse] qn de qc
► **jd weist etw [weit] von sich** qn rejette qc
II. *vi geh* 1. (*deuten*) ■ **jd weist irgendwohin** qn désigne qc; ***jd weist auf ein Gebäude*** qn désigne un bâtiment
2. (*zeigen*) ■ **etw weist irgendwohin** qc indique qc; ***etw weist nach Norden*** qc indique le nord

Weisheit <-, -en> *f* 1. ∅ (*kluge Einsicht*) sagesse *f*
2. *meist pl* (*weiser Rat*) conseil *m* de bon sens
► **jd ist mit seiner ~ am Ende** qn ne sait plus que faire; **jd glaubt, er habe die ~ mit Löffeln gegessen [*o* gefressen]** *sl* on dirait que qn a la science infuse, qn se croit plus malin/maligne que tout le monde; **jd hat die ~ [auch] nicht/nicht gerade mit Löffeln gegessen [*o* gefressen]** *sl* qn n'a pas inventé la poudre [*o* le fil à couper le beurre] [*o* l'eau chaude] *fam*; **etw ist/ist nicht der ~ letzter Schluss** qc est/n'est pas la meilleure des solutions; **eine alte ~** une sagesse populaire, la sagesse des nations; **behalte deine ~[en] für dich!** *fam* si c'est pour dire n'importe quoi [*o* des âneries *fam*] [*o* des conneries *fam*], tu ferais mieux de te taire!; **jd tut so, als habe er die ~ für sich gepachtet** *fam* qn fait comme s'il/si elle avait la science infuse

Weisheitszahn *m* dent *f* de sagesse

weis|machen *vt* ■ **jd macht jdm etw weis** qn fait croire qc à qn; ■ **jd macht jdm weis, dass** qn fait [*o* laisse] croire à qn que + *indic*
► **jd lässt sich von einer Person etw/etwas/nichts ~** une personne veut faire avaler [*o* gober] qc à qn/veut en faire accroire à qn/ne peut en faire accroire à qn; ***lass dir von ihr bloß nichts ~*** ne t'en laisse pas conter, ne crois rien à ce qu'elle te raconte; ***lass dir doch von ihm nicht ~***, ... fais attention, il va vouloir te faire croire que + *indic*

weiß[1] *3. pers pres von* **wissen**

weiß[2] I. *adj* blanc(blanche)
► **~ blendend** d'un blanc éclatant [*o* éclatant(e) de blancheur]; **etw wird ~** */Haar/* qc blanchit; */Haut/* qc devient clair(e), qc perd son hâle; */Gesicht a./* qc pâlit; ***ihr Gesicht wurde ~*** elle pâlit
II. *adv anmalen, lackieren, sich kleiden, streichen, verputzen* en blanc; ***jd lässt etw ~ tapezieren*** qn fait poser de la tapisserie blanche sur qc

Weiß <-[es]> *nt* blanc *m*
► **[ganz] in ~** en blanc, tout(e) de blanc vêtu(e) *soutenu*; *tragen* du blanc

weissagen I. *vi* ■ **jd weissagt [jdm]** qn prédit l'avenir [à qn]; ***Sie können aus den Karten ~?*** vous pouvez lire l'avenir dans les cartes?; ■ **jd weissagt [jdm], dass** qn prédit [à qn] que + *indic*; ■ **jd lässt sich** (*dat*) **[von jdm] ~** qn se fait prédire l'avenir [par qn]
II. *vt* ■ **jd weissagt [jdm] etw** qn prédit qc [à qn]

Weissagung <-, -en> *f* prédiction *f*

Weißbier *nt* bière *f* blanche **weißblau** *adj* (*bayrisch*) bavarois(e); *Fahne a.* bleu et blanc [de la Bavière] **Weißblech** *nt* fer-blanc *m* **weißblond** *adj* d'un blond très clair, [blond] platine; *Kind a.* blond(e) comme les blés **Weißbrot** *nt* pain *m* blanc **Weißbuch** *nt* livre *m* blanc **Weißdorn** *m* aubépine *f*

Weiße <-, -n> *f* ∅ *geh* [*Haut, Papier*] blancheur *f*; [*Gesicht a.*] pâleur *f*
► **Berliner ~** GASTR *bière additionnée de sirop de framboise ou de reine des bois, prisée des Berlinois*

Weiße(r) *f(m) decl wie adj* Blanc/Blanche *m/f*; ■ **die ~n** les Blancs

weißeln *vt* CH, SDEUTSCH, **weißen** *vt* ■ **jd weißt etw** qn blanchit qc

Weißfisch *m* poisson *m* blanc, blanchaille *f* **weißglühend** *s.* **glühend** I. ► . **Weißglut** *f* ∅ incandescence *f* ► **jd bringt [*o* treibt] [*o* reizt] jdn zur ~** qn [lui] échauffe les oreilles, qn pousse qn à bout **Weißgold** *nt* or *m* blanc **weißhaarig** *adj Greis* aux cheveux blancs, chenu(e) *littér*; ■ **jd ist ~** qn a les cheveux blancs; ***im ~en Alter*** à l'âge où l'on a les cheveux blancs **Weißherbst** *f* ∅ rosé *m* badois **Weißkabis** *m* CH *s.* **Weißkohl**. **Weißkäse** *m* DIAL *s.* **Quark**[2]. **Weißkohl** *m*, **Weißkraut** *nt* SDEUTSCH, AUS chou *m* blanc

weißlich *adj* blanchâtre

Weißmacher *m* agent *m* de blanchiment; (*für Papier a.*) produit *m* blanchissant **Weißrussland**[RR] *nt* Russie *f* Blanche *vieilli*, Biélorussie *f* **Weißtanne** *f* sapin *m* blanc [*o* des Vosges] **Weißwandreifen** *m* pneu *m* à flanc blanc **Weißwein** *m* vin *m* blanc **Weißwurst** *f* boudin *m* blanc, saucisse *f* blanche

Weisung <-, -en> *f* directive *f*
► **jd hat ~ etw zu tun** qn a ordre de faire qc; **jd handelt auf ~ [von jdm]** qn obéit aux ordres [*o* exécute les ordres] [de qn]

weisungsgemäß I. *adj*: ***eine ~e Verfahrensweise*** une manière de faire conforme aux directives [*o* ordres]; ***ein nicht ~es Vorgehen*** un procédé non conforme aux directives [*o* ordres]
II. *adv* conformément aux directives [*o* ordres]

weit I. *adj* 1. (*nicht eng*) *Schuhe* large; *Kleidungsstück a.* ample
2. (*räumlich ausgedehnt*) *Marsch, Strecke, Weg* long(longue) *antéposé*; *Distanz, Reise a.* grand(e) *antéposé*; ■ **es ist noch ~ [bis irgendwohin]** c'est encore loin [jusqu'à quelque part]; ***wie weit ist es [noch] bis/ nach Ulm?*** c'est à quelle distance, Ulm?; ■ **es ist noch ~ [bis irgendwann]** [telle date,] c'est encore loin; ***bis Weihnachten ist es doch noch ~*** c'est encore loin, Noël
3. (*eine große Fläche umfassend*) *Einöde, Meer, Moor, Wüste* vaste *antéposé*
4. SPORT: ***ein ~er Sprung*** un long saut; ***sein zweiter Stoß war nicht so ~*** son deuxième lancement [du poids] n'a pas été si loin; ***sein Wurf müsste ~er als 89,66 m sein*** son jet [de javelot] devrait être supérieur à 89,66 m
► **jd macht etw ~er** *Hosenbund, Rock, Schuh* qn élargit qc; *Kleidung a.* qn donne de l'ampleur à qc; **etw wird ~er** */Gefäße/* qc se dilate; */Bronchien a./* qc se gonfle
II. *adv* 1. (*eine große Distanz zurücklegend*) *fahren, fliegen, gehen, springen, werfen* loin; ***wir sind heute ~ gefahren*** nous avons beaucoup roulé aujourd'hui; ***muss man noch ~ gehen?*** c'est encore loin?; ■ ***... ~***: ***er sprang 7,58 m ~*** il a sauté à 7,58 m; il a fait un saut de 7,58 m; ***sie marschierten pro Tag 27 Kilometer ~*** ils/elles parcouraient 27 km à pied chaque jour; ■ ***... ~er*** *230 Kilometer* ... plus loin; *15 Lichtjahre* ... plus tard
2. *räumlich* (*ganz*): ***das ~ offene/ offen stehende Fenster*** la fenêtre grande [*o* largement] ouverte; ***beide Flügel des Portals wurden ~ geöffnet*** les deux battants du portail ont été ouverts en grand [*o* largement ouverts]; ***das Tor lässt sich nicht ~ genug öffnen*** le portail ne s'ouvre pas assez
3. (*eine erhebliche Strecke*) *liegen, vordringen, wohnen* loin; ***~ im Landesinneren/ ins Landesinnere*** loin à l'intérieur des terres/très avant à l'intérieur des terres
4. (*erheblich*) *besser, schöner, schlechter, teurer, schwächer, schneller etc* bien [plus]; *fortgeschritten, gediehen, vorangekommen sein* bien; *übertreffen* de beaucoup; *hinter sich lassen* loin; ■ **nicht ~** pas beaucoup
► **~ und breit** à la ronde; ***er war ~ und breit nirgends zu finden*** il était introuvable; ***in diesem Geschäft kann man ~ und breit am besten einkaufen*** c'est le magasin le meilleur marché de toute la région; **so ~, so gut** bon, d'accord; c'est bien beau [tout ça],; **~ weg [*o* entfernt]**: ***ist das ~ weg [von hier]?*** c'est très loin [d'ici]?; ***er wohnt jetzt ~er weg*** il habite maintenant plus loin; **jd bringt es ~ [im Leben]** qn va loin, qc fait son chemin; **jd bringt es noch ~** qn ira loin, qn fera son chemin; **jd bringt jdn so ~, dass** qn pousse [*o* amène] qn à + *infin*; **jd bringt es noch so ~, dass** qn fait tant et si bien que + *indic*; **jd bringt es [noch] so ~, dass etw passiert/dass jd etw tut** qn va finir par faire arriver qc/par faire faire qc à qn; ***er bringt es noch so ~, dass ich explodiere*** il va finir par me faire exploser; ***du bringst es noch so ~, dass wir alle ruiniert sind*** tu vas finir par nous ruiner tous; **das würde zu ~ führen** ça nous mènerait trop loin; **jd hat es ~ gebracht** qn a réussi; **es gedeiht noch so ~, dass** si ça continue, ..., tu vas/vous allez tant et si bien faire que + *indic*; **mit etw ist es ~ gediehen** qc a fait du chemin; ***mit seiner Frechheit ist es jetzt so ~ gediehen, dass*** son insolence a pris des proportions telles que + *indic*; **~ gefehlt** *geh* loin de là, pas du tout; **jd geht so ~ etw zu tun** qn va jusqu'à faire qc; **jd geht zu ~** qn va trop loin, qn dépasse les bornes; **das geht [entschieden] zu ~** c'en est trop, il y a des limites à ne pas dépasser; **jd hat es noch/nicht ~** qn a encore un bon bout de chemin à faire/n'a pas une longue distance à parcourir; ***haben Sie es noch sehr ~?*** vous allez encore loin?; **etw ist ~ hergeholt** qc est tiré(e) par les cheveux; ***so ~ hergeholt finde ich das gar nicht*** je ne trouve pas ça improbable du tout; **mit etw ist es nicht ~ her** *fam* qc ne vaut pas grand-chose; ***ein intelligentes Bürschchen, aber mit seinem Fleiß geht es nicht ~*** c'est un garçon intelligent, mais l'ardeur au travail ne suit pas; **es ist noch ~ hin** il faudra du temps; ***es ist nicht mehr ~ hin, bis das Projekt abgeschlossen ist*** le projet sera bientôt bouclé [*o* bouclé dans peu de temps]; **jd ist so ~** qn est prêt(e); **so ~ kommt es [noch]** *fam* et puis quoi encore *fam*, il ne manquerait plus que ça *fam*; **etw liegt ~ zurück** qc, c'était il y a longtemps; ***wie ~ liegt dein Examen jetzt zurück?*** il y a combien de temps que tu as passé ton examen?; **jd treibt es zu ~** qn pousse le bouchon trop loin *fam*; **bei ~em** bien [plus]; ***es wäre bei ~em besser gewesen, dass/ wenn*** il aurait bien mieux valu que + *subj*; **bei ~em nicht**: ***das ist bei ~em nicht alles*** ce n'est pas tout; ***in der knappen Zeit werde ich bei ~em nicht fertig*** je n'y arriverai pas dans un délai si court, loin s'en faut; **bis ~ in etw** (*akk*) *in den Morgen, Vormittag* jusqu'à une heure avancée de qc; *in den März, Sommer* une bonne partie de qc; **~ nach etw** *nach zehn Uhr, Mitternacht* bien après qc; ***er schmökert immer bis ~ in die Nacht*** il bouquine toujours jusqu'à point d'heure; **von ~em** de loin; ***die Schaulustigen umstanden von ~em die Unfallstelle*** autour du lieu de l'accident se trouvaient des curieux qui suivaient la scène de loin; **von ~ her** de loin; **wie ~ bist du?** où en es-tu?; **wie ~ bist du gekommen?** (*Entfernung*) jusqu'où es-tu arrivé(e)?; (*mit der Arbeit*) où en es-tu?

weitab *adv* loin [de tout] ► **~ von etw** loin [*o* à l'écart] de qc **weitaus** *adv*

1. + *comp besser, schlechter, schöner, teurer etc* bien [plus]; ***es wäre ~ besser gewesen, dass/wenn*** il aurait bien mieux valu que + *subj* 2. + *superl das Beste, Schlechteste, Dümmste etc* de loin; ***er ist der ~ Schlechteste in seiner Klasse*** il est de loin le plus mauvais de sa classe **weitbekannt** *s.* **bekannt ▶. Weitblick** *m 0* 1. clairvoyance *f;* ***das zeugt von ~*** c'est une preuve de clairvoyance 2. *s.* **Fernblick weitblickend** *adj Mensch* clairvoyant(e); *Entscheidung, Planung* plein(e) de clairvoyance

Weite[1] <-, -n> *f* 1. (*weite Ausdehnung*) [*Landschaft, Meer, Wüste*] étendue *f;* ***die endlose ~ des Meeres/der Wüste*** l'immensité de la mer/du désert
2. COUT [*Hemd, Rock*] largeur *f,* ampleur *f*
3. SPORT [*Stoß, Wurf*] distance *f;* [*Sprung*] longueur *f*
4. CONSTR [*Fenster, Öffnung*] largeur *f*
▶ **in der ~** COUT en largeur

Weite[2] <-n> *nt* ▶ **jd sucht das ~** *geh* qn prend la clé des champs

weiten I. *vt* COUT ■ **jd weitet [jdm] etw** *Schuh, Stiefel* qn élargit qc [de qn]
II. *vr* ■ **etw weitet sich** /*Augen, Pupillen*/ qc se dilate

weiter *adv* 1. (*sonst*): ~ ***keine Beschwerden?*** pas d'autres réclamations?; ***es war ~ keiner da*** il n'y avait personne d'autre; ***es weiß ~ niemand Bescheid*** personne d'autre n'est au courant
2. (*weiterhin*) *schikanieren, terrorisieren* continuer à; ***sie muss immer ~ sticheln*** elle ne cesse [*o* ne peut s'empêcher] de lancer des piques
▶ **~ oben** plus haut; **wenn es ~ nichts ist,** si ce n'est que ça,; **jd weiß nicht ~** qn ne sait plus quoi faire; **~ nicht, nicht ~** pas bien; ***das ist nicht ~ schlimm*** ce n'est pas bien grave; **~ nichts?** c'est tout?; ***das hat ~ nichts zu sagen*** ça ne veut rien dire; ~ ***weiß ich nichts von der Sache*** je n'en sais pas plus; ~ **nichts als etw:** ***trink, es ist ~ nichts als Tee*** bois, c'est du thé, ça ne peut pas te faire de mal; ***was sind das für Flecken im Tischtuch? – Ach, das ist ~ nichts als Kaffee*** qu'est-ce que c'est que ces taches sur la nappe? – C'est du café, ce n'est pas grave; ***das ist nichts ~ als eine Ausrede*** ce n'est qu'un prétexte; **und ~?** [et] sinon?, et après?; ***und was ~?*** quoi d'autre?; **und so ~ [und so fort]** et cætera, et ainsi de suite; ***es waren die üblichen Leute da, nämlich Beate, Dieter, Sonja und so ~*** il y avait les mêmes personnes que d'habitude, Beate, Dieter, Sonja et les autres; ***was fehlt Ihnen denn? – Kopfweh, Übelkeit, Mattigkeit und so ~*** qu'est-ce qui ne va pas? – J'ai mal à la tête, j'ai mal au cœur, je suis sans forces vous voyez le genre; ~! ensuite!, on continue!, on avance!

weiter- (*eine Strecke zurücklegen*) *-hüpfen, -kriechen, -robben* continuer à; ***er blieb immer mal wieder stehen, schlich dann ein paar Schritte weiter*** il s'arrêtait souvent, puis avançait de quelques pas furtifs

weiter|arbeiten *vi* ■ **jd arbeitet weiter** qn continue son travail; (*nach Unterbrechung*) qn reprend son travail, qn se remet à travailler; ■ **jd arbeitet an etw** (*dat*) **weiter** qn continue à travailler à qc

weiter|befördern * *vt* ■ **jd/etw befördert jdn weiter** qn/qc transporte qn; ■ **jd/etw befördert jdn irgendwohin weiter** qn/qc achemine qn quelque part; ***die Fahrgäste wurden in Bussen weiterbefördert*** les passagers ont poursuivi leur voyage en bus

weiter|bestehen * *s.* **bestehen II.▶**

Weiterbestehen *nt* 1. (*Fortbestehen*) [*Einrichtung etc*] *verbal übersetzt;* ***das ~ des Instituts ist nicht gesichert*** il n'est pas assuré que l'institut puisse continuer d'exister
2. (*Andauern*) *verbal übersetzt;* ***er teilte ihr das unverminderte ~ seines Argwohns mit*** il lui fit savoir qu'il avait toujours les mêmes soupçons à son égard

weiter|bilden *vr* ■ **jd bildet sich [auf etw** (*dat*)**/in etw** (*dat*)**] weiter** qn complète sa formation [dans/en qc/qn se perfectionne dans/en qc]; ***in Lwow bildet er sich in Ukrainisch weiter*** à Lvov, il perfectionne son [*o* se perfectionne en] ukrainien

Weiterbildung *f* formation *f* continue

weiter|bringen *vt irreg:* ***etw bringt jdn [bei/in etw] weiter*** qc fait avancer qn [dans qc]

weiter|denken *vi irreg* ■ **jd denkt weiter** qn mène une réflexion plus approfondie; ***sie hat spontan entschieden, aber nicht weitergedacht*** elle a pris sa décision spontanément, sans réfléchir aux suites

weitere(r, s) *adj* autre *antéposé*
▶ **bis auf ~s** (*vorläufig*) *beurlauben, suspendieren* jusqu'à nouvel ordre; *beurlauben, stehen bleiben* momentanément; **ohne ~s** *voraussetzen* d'emblée; *sagen, behaupten a.* comme ça, de but en blanc; *bewilligen, arrangieren* sans problèmes; *sich anvertrauen, unterschreiben, tun a.* sans hésiter; ***ich kann Ihnen nicht ohne ~s die Unterlagen aushändigen*** je ne peux pas vous remettre les documents comme ça en mains propres; **alles W~** *entnehmen, erfahren* de plus amples informations, tout le reste; *besprechen* les détails

weiter|empfehlen * *vt irreg* ■ **jd empfiehlt jdn [jdm] weiter** qn recommande qn [à qn]; ■ **jd empfiehlt [jdm] etw weiter** qn recommande qc [à qn]

weiter|entwickeln * I. *vt* ■ **jd entwickelt etw weiter** *Auto, Gerät Verfahren* qn perfectionne qc; *Idee, Plan, Theorie* qn développe qc, qn creuse qc; ■ **weiterentwickelt** *Verfahren* perfectionné(e); *Theorie* évolué(e)
II. *vr* ■ **jd entwickelt sich weiter** qn évolue

weiter|erzählen * *vt* ■ **jd erzählt [jdm] etw weiter** *Geheimnis, Plan* qn répète qc [à qn]

weiter|fahren *irreg* I. *vi + sein* ■ **jd fährt [irgendwohin] weiter** qn continue sa route [quelque part]; ***halt, Sie können hier nicht ~, die Straße ist gesperrt!*** stop, vous ne pouvez pas passer par ici, la route/rue est barrée!
II. *vt + haben* ■ **jd fährt etw weiter** qn déplace qc

Weiterfahrt *f 0:* ***die ~ [nach Biberach] erfolgt im Bus*** il faut continuer en bus [pour aller à Biberach]; ***bis zur ~ kann es länger dauern*** nous ne pourrons vraisemblablement pas poursuivre notre route avant un certain temps

weiter|fliegen *vi irreg + sein* ■ **jd fliegt [irgendwohin] weiter** (*mit Flugzeugwechsel*) qn reprend l'avion [pour aller quelque part]; (*ohne Flugzeugwechsel*) qc continue son vol [quelque part]

Weiterflug *m 0* vol *m* de continuation; ***bis zum ~ haben Sie zwei Stunden Aufenthalt*** vous avez deux heures d'escale avant de reprendre l'avion; ***der ~ nach München verzögerte sich um eine Stunde*** la correspondance pour Munich a été retardée d'une heure

weiter|führen *vt* 1. (*fortsetzen*) ■ **jd führt etw weiter** *Projekt, Vorhaben* qn poursuit qc; ***wenn ich den Vorschlag von Herrn X ergänzend ~ darf*** si je puis me permettre de reprendre et de compléter la proposition de M. X
2. (*weiterbringen*) ■ **etw führt jdn weiter** /*Alternative, Vorschlag*/ qc fait avancer qn **weiterführend** *adj* SCOL d'enseignement secondaire

Weitergabe *f* [*Unterlagen*] transmission *f verbal übersetzt;* ***die ~ dieser Informationen ist strengstens untersagt*** il est formellement interdit de transmettre ces informations

weiter|geben *vt irreg* 1. (*weiterreichen*) ■ **jd gibt etw [an jdn] weiter** qn fait passer qc [à qn]
2. (*anderen übermitteln*) ■ **jd gibt etw [an jdn] weiter** qn transmet qc [à qn]
3. (*vermitteln*) ■ **jd gibt [jdm [*o* an jdn]] etw weiter** *Wissen, Kenntnisse* qn transmet qc [à qn]

weiter|gehen *vi irreg + sein* 1. (*seinen Weg fortsetzen*) ■ **jd geht weiter** qn poursuit [*o* continue] son chemin; ***„gehen Sie weiter!" sagte der Polizist*** "circulez[, il n'y a rien à voir]!" dit le policier; ***lass uns ~!*** viens, on continue! 2. (*seinen Fortgang nehmen*) ■ **etw geht weiter** qc continue; ■ **es geht weiter [mit etw]:** ***alles einsteigen, es geht [wieder] weiter!*** en voiture, on repart!; ***in zehn Minuten geht es weiter [mit der Arbeit]*** dans dix minutes, on reprend [le travail] ▶ **so kann es nicht ~** ça ne peut plus durer ainsi [*o* continuer comme ça]; **wie soll es nun ~?** qu'est-ce qu'on va faire? **weitergehend** *adj* AUS: ***die Geschädigten verzichten auf ~e Ansprüche*** les victimes renoncent à toutes autres prétentions [*o* à toutes prétentions ultérieures]; ***ich habe viel ~ere Forderungen*** j'ai bien d'autres exigences, j'exige beaucoup plus; ***eine ~e Zusammenarbeit*** une collaboration [plus] approfondie

weiter|helfen *vi irreg* 1. (*voranbringen*) ■ **jd hilft jdm weiter** qn aide qn; ***„kann ich Ihnen [irgendwie] ~?" fragte der Verkäufer*** "puis-je vous être utile?" demanda le vendeur; ■ **etw hilft [jdm] [in etw** (*dat*)**] weiter** qc aide [qn] [dans qc]
2. (*auf die Sprünge helfen*) ■ **jd hilft jdm weiter** qn met qn sur la voie

weiterhin *adv* 1. (*fortgesetzt*) encore; ***jd hat ~ …/ist ~ …*** qn continue d'avoir …/d'être …; ***der Verdacht besteht ~*** les soupçons persistent; ***er ist ~ nicht davon überzeugt, dass*** il n'est toujours pas convaincu que + *indic*
2. (*außerdem*) en outre

weiter|kämpfen *vi* ■ **jd kämpft weiter** qn continue à se battre

weiter|kommen *vi irreg + sein* 1. (*vorankommen*) ■ **jd kommt weiter** qn avance, qn progresse; ***Sie kommen hier nicht weiter*** vous ne pouvez pas aller plus loin [*o* passer ici]
2. (*Fortschritte machen*) ■ **jd kommt [mit etw] weiter** qn avance [dans qc]; ***er kommt mit seiner Arbeit nicht weiter*** il n'avance pas dans son travail, son travail n'avance pas [*o* ne progresse pas]

Weiterkommen <-s> *nt 0* 1. (*Durchkommen*): ***da ist kein ~*** nous ne pouvons/vous ne pouvez pas passer; ***durch ein undurchdringliches Gestrüpp wurden wir am ~ gehindert*** des broussailles impénétrables nous ont empêchés de passer
2. (*Karriere*) avancement *m*

weiter|können *vi irreg* ■ **jd kann weiter** qn peut continuer [son chemin]; ***ich kann nicht weiter*** je n'en peux plus, je ne peux pas aller plus loin; ***Sie können hier nicht weiter!*** vous ne pouvez pas passer par ici [*o* aller plus loin!]!

weiter|laufen *vi irreg + sein* 1. (*den Lauf fortsetzen*) ■ **jd läuft weiter** qn continue à courir; ***lass uns noch einen Kilometer ~*** allez, encore un kilomètre!
2. TECH ■ **etw läuft weiter** /*Uhr*/ qc continue de marcher; /*Maschine, Motor, Uhr*/ qc continue de tourner; ***nach Behebung des Stromausfalls lief das Gerät nicht weiter*** après que le courant avait été rétabli, l'appareil ne s'est pas remis en marche
3. FIN ■ **etw läuft weiter** /*Gehalt*/ qc continue d'être versé(e); /*Kosten, Zinsen*/ qc continue à courir

weiter|leben *vi* 1. (*am Leben bleiben*) ■ **jd lebt weiter** qn vit
2. (*sich weiterhin verkörpern*) ■ **jd/etw lebt in jdm/etw weiter** qn/qc se survit dans qn/qc

weiter|leiten *vt* ■ **jd leitet etw [an jdn/etw] weiter** *Anfrage, Antrag, Geschenk, Information* qn transmet qc [à qn/qc]; *Brief, Sendung* qn fait suivre [*o* réexpédie] qc [à qn/qc]

weiter|machen *vi* ■ **jd macht weiter** qn continue; ***ich mache für heute nicht weiter [mit der Arbeit]*** j'arrête [de travailler] pour aujourd'hui

weiter|reichen *vt geh* ■ **jd reicht etw [an jdn] weiter** qn fait passer qc [à qn]

Weiterreise *f 0* continuation *f* du voyage *verbal übersetzt;* ***wir wollten unsere Fahrt an der Grenze fortsetzen, aber die Zöllner hinderten uns an der ~*** parvenus à la frontière, nous voulions continuer [*o* poursuivre] notre route, mais les douaniers nous en ont empêchés *f*
▶ **gute ~!** bon voyage!

weiters *adv* AUS *s.* **ferner**

weiter|sagen *vt* ■ **jd sagt [jdm] etw weiter** qn répète qc [à qn]
▶ **nicht ~!** ne le répète/répétez pas!, motus et bouche cousue!

Weiterungen *pl form* complications *fpl,* conséquences *fpl* fâcheuses; ***neu entdeckte ~ der Affäre*** les dernières retombées de l'affaire

weiter|verarbeiten * *vt* ■ **jd verarbeitet etw [zu etw] weiter** qn transforme qc [en qc]; ***die weiterverarbeitende Industrie*** l'industrie de transformation

weiter|verfolgen * *vt* ■ **jd verfolgt etw weiter** *Ziel* qn poursuit qc; *Absicht, Plan* qn donne suite à qc; *Idee, Vorschlag* qn suit qc
Weiterverkauf *m* revente *f*
weiter|verkaufen * I. *vt* ■ **jd verkauft etw weiter** qn [re]vend qc
II. *vi* ■ **jd verkauft weiter** qn vend au détail
weiter|vermieten * *vt* ■ **jd vermietet etw [an jdn] weiter** *Mietwohnung* qn sous-loue qc [à qn]; *geleastes Fahrzeug, gemieteten Gegenstand* qn loue qc [à qn d'autre]
weiter|verwenden * *vt* ■ **jd verwendet etw weiter** qn réutilise qc
weiter|verwerten * *vt* ■ **jd verwertet etw weiter** qn retraite qc, qn recycle qc
weiter|wissen *vi irreg* ■ **jd weiß weiter** qn sait comment faire
▶ **jd weiß nicht [mehr] weiter** qn ne sait plus quoi faire
weiter|wollen *vi irreg* ■ **jd will weiter** qn est pressé(e)
weitestgehend I. *adj superl von* **weitgehend** *Konsequenzen* très grave; *Übereinstimmung* très étendu(e); *~**e Übereinstimmung erzielen*** obtenir un large consensus
II. *adv* à quelques détails près
weitgehend <weitgehender o AUS weitergehend, weitestgehend o weitgehendste> I. *adj Übereinstimmung, Unterstützung, Vollmacht* étendu(e); *Zusammenarbeit* très étroit(e)
II. *adv* à quelques détails près
weitgereist *s.* **reisen** ▶
weither *adv geh* de loin
weithergeholt *s.* **herholen** ▶
weithin *adv* 1. (*weit gehend*) *jds Verdienst sein, einer S. zuzuschreiben sein, darauf zurückzuführen sein* dans une large mesure; ***jd schätzt etw ~ falsch ein*** qn se trompe lourdement en jugeant qc; ***man hatte sie ~ unterschätzt*** ses talents étaient restés largement méconnus
2. *geh* (*rings umher*) *erschallen, zu hören sein* loin à la ronde
weitläufig I. *adj* 1. (*ausgedehnt*) *Gebäude* vaste *antéposé; Anwesen, Garten, Park a.* étendu(e)
2. (*entfernt*) *Verwandtschaft* éloigné(e); ***ein ~er Verwandter*** un cousin à la mode de Bretagne
II. *adv:* ***wir sind ~ [miteinander] verwandt*** nous sommes parents éloignés
Weitläufigkeit <-> *f* ∅ étendue *f*, immensité *f*, vastitude *f littér*
weiträumig I. *adj:* ***~e Umleitungen*** des déviations dans un vaste périmètre; ***ihr solltet ein ~eres Spiel anstreben*** il faudrait que vous couvriez davantage le terrain de jeu
II. *adv absperren, umleiten* dans un vaste périmètre; ***der VfB hat in der 2. Halbzeit weniger ~ gespielt*** le VfB a moins couvert le terrain dans la deuxième mi-temps
weitreichend *s.* **reichen I.** ▶
weitschweifig I. *adj* diffus(e), plein(e) de digressions; ■ **etw ist [jdm] zu ~** qc est trop diffus(e) [pour qn]
II. *adv* en faisant des digressions, de façon diffuse
Weitsicht *f s.* **Weitblick**
weitsichtig *adj* 1. MED presbyte, atteint(e) de presbytie
2. *Mensch* clairvoyant(e); *Entscheidung, Planung* plein(e) de clairvoyance
Weitsichtigkeit <-, -en> *f* presbytie *f*
Weitspringer(in) *m(f)* sauteur(-euse) *m(f)* en longueur
Weitsprung *m* 1. ∅ (*Disziplin*) saut *m* en longueur
2. (*Sprung*) saut *m*
weitverbreitet *s.* **verbreitet**
weitverzweigt *s.* **verzweigen** ▶
Weitwinkelobjektiv *nt* grand-angle *m*
Weizen <-s, -> *m* blé *m*; (*im Brot*) froment *m*
Weizenbier *nt* bière *f* blanche **Weizenbrot** *nt* pain *m* de froment **Weizenkeimöl** *nt* huile *f* de germes de blé **Weizenmehl** *nt* farine *f* de froment [*o* blé]
welch *pron* ■ ~ **[ein(e)]** … quel(le) …
welche(r, s) I. *adj* 1. *interrog* (*was für ein*) quel(le)
2. *in Ausrufen* (*was für ein*) quel(le)
II. *pron interrog* (*was für ein*) lequel(laquelle); ***ich habe mir ein neues Auto gekauft – Und ~s?*** je me suis acheté une nouvelle voiture – Et quoi [comme voiture]?
III. *pron rel* (*der, die, das*) ■ **jd/etw, ~e(r, s)** qn/qc qui; ■ **etw, in/mit ~m** qc dans/avec lequel(laquelle)
IV. *pron indef* 1. (*davon*) en; ***ich brauche Olivenöl, haben wir noch ~s im Haus?*** il me faut de l'huile d'olive, est-ce qu'on en a encore?
2. *pl* (*einige*) en; ■ **~, die:** ***es gibt ~, die*** il y en a qui; ***hier sind ~, die*** en voici qui
welk *adj* 1. *Blatt, Blume* fané(e), flétri(e); ■ **etw ist/wird ~** qc est fané(e)/se fane, qc est flétri(e)/se flétrit
2. *Haut* flétri(e); *Gesicht a.* fané(e); ***ihre ~en Hände*** ses mains à la peau flétrie
welken *vi + sein geh* ■ **etw welkt** qc se fane, qc se flétrit
Wellblech *nt* tôle *f* ondulée
Welle <-, -n> *f* 1. (*Woge*) vague *f*
2. (*Beschwerden, Proteste*) vague *f*
3. PHYS, RADIO onde *f*
4. (*Haar*) ondulation *f*
5. (*Erhebung*) (*Holzfußboden, Furnier*) ondulation *f*; (*Boden, Teppich, Blatt Papier a.*) pli *m*
6. TECH arbre *m*
▶ **die grüne ~** *feux de signalisation parfaitement synchronisés;* **die neue ~** la tendance actuelle; ***ein Regisseur der neuen ~*** un réalisateur [de la] nouvelle vague; **die weiche ~** *fam* le laxisme; ***wir haben es mit der weichen ~ probiert*** nous avons essayé la manière douce; **etw schlägt [hohe] ~n** qc fait des vagues *fam*
-welle *f* 1. (*massenhaftes Auftreten von*) *Ausreise-, Protest-, Entlassungs-, Spekulations-* vague *f* de; *Explosions-, Konkurs-, Rücktritts-* série *f* de
2. (*Modeerscheinung*) *Reise-, Konsum-* vogue *f* de
wellen *vr* ■ **etw wellt sich** qc ondule
Wellenbrecher <-s, -> *m* brise-lame[s] *m* **wellenförmig** I. *adj* ondulé(e) II. *adv:* ***etw verzieht sich ~*** qc ondule **Wellenkamm** *m* crête *f* d'une/de la vague **Wellenkraftwerk** *nt* usine *f* marémotrice **Wellenlänge** *f* longueur *f* d'onde ▶ **sie haben die gleiche ~, sie liegen auf der gleichen ~** *fam* ils/elles sont sur la même longueur d'onde *fam* **Wellenlinie** [-liːniə] *f* trait *m* ondulé, ligne *f* ondulée **Wellenreiten** *nt* surf *m*
Wellensittich *m* perruche *f*
wellig *adj* 1. *Haar* ondulé(e); ***ich habe von Natur aus ~es Haar*** j'ai des cheveux qui ondulent naturellement
2. *Furnier, Gelände, Oberfläche, Papier* ondulé(e); ■ **etw ist/wird ~** qc est ondulé(e)/qc ondule
Wellpappe *f* carton *m* ondulé
Welpe <-n, -n> *m* petit *m*; (*Hund a.*) chiot *m*; (*Fuchs a.*) renardeau *m*; (*Wolf a.*) louveteau *m*; ***die Hündin leckte ihre ~n*** la chienne léchait ses petits
Wels <-es, -e> *m* poisson-chat *m*
welsch *adj* CH romand(e)
Welschschweiz *f* CH ■ **die ~** la Suisse romande **Welschschweizer(in)** *m(f)* CH Romand(e) *m(f)*, Suisse *mf* romand(e) **welschschweizerisch** *adj* CH romand(e), de la Suisse romande
Welt <-, -en> *f* 1. ∅ (*unsere Erde*) ■ **die/unsere ~** le/notre monde, la/notre terre
2. (*erdähnlicher Planet*) planète *f*
3. ∅ (*das Weltall*) ■ **die ~** l'univers
4. (*Bereich*) monde *m*; ■ **die ~ einer S.** (*gen*) le monde de qc
▶ **dem Tüchtigen gehört die ~** l'avenir appartient à ceux qui se lèvent tôt; **die Alte/Neue ~** l'Ancien monde/le Nouveau monde; **die Dritte/Vierte ~** le tiers-monde/quart-monde; **jd lebt in seiner eigenen ~** qn vit dans son monde [intérieur]; **die heile ~:** ***sie spielen den Nachbarn noch die heile ~ vor*** devant les voisins, ils font comme s'ils filaient le parfait amour; **nobel geht die ~ zugrunde** *fam* on ne se refuse rien; **die [große] weite ~** *geh* le vaste monde; **eine ~ bricht für jdn zusammen** pour qn, c'est comme si le monde s'écroulait; **jd bringt jdn zur ~** qn met qn au monde; **davon [*o* deswegen] geht die ~ nicht unter** *fam* ce n'est [*o* c'est *fam*] pas si grave; **etw ist nicht aus der ~** */Ort/* qc n'est pas si loin que ça; **jd kommt auf die [*o* zur] ~** qn vient au monde; **das kostet nicht die ~** *fam* ce n'est pas ruineux(-euse); **jd lebt in einer anderen ~** qn vit dans un autre monde; **jd schafft etw aus der ~** qn met fin à qc; **jd setzt etw in die ~** qn répand qc; **sie trennen ~en** un monde les sépare; **auf der ~** sur la terre; **in aller ~** dans le monde entier, partout; ***das ist doch in aller ~ bekannt!*** tout le monde sait cela!; **… in aller ~** *fam warum, wie, wo etc …* diable *fam;* ***was in aller ~ mag sie zu diesem Entschluss bewogen haben?*** mais qu'est-ce qui a bien pu lui faire prendre cette décision?; **mit sich und der ~:** ***ich habe allen Grund, mit mir und der ~ zufrieden zu sein*** j'ai tout lieu d'être content(e) de moi; ***er ist ständig mit sich und der ~ uneins*** il n'est jamais content de lui et toujours en désaccord avec tout le monde; **vor aller ~** devant tout le monde; **um nichts in der ~, nicht um alles in der ~** pour rien au monde, pas pour tout l'or du monde; ***davon würde ich um nichts in der ~ hergeben*** je n'en donnerais pour rien au monde; **alle ~** *fam* tout le monde
Weltall *nt* ∅ univers *m* **weltanschaulich** *adj* idéologique **Weltanschauung** *f* weltanschauung *f*, conception *f* du monde, idéologie *f* **Weltausstellung** *f* exposition *f* universelle **Weltbank** *f* ∅ ■ **die ~** la Banque mondiale **weltbekannt** *adj* mondialement connu(e), connu(e) dans le monde entier **weltberühmt** *adj* célèbre dans le monde entier; ■ **jd ist [als etw] ~** qn est un/une qc célèbre dans le monde entier **weltbeste(r, s)** *adj attr* meilleur(e) … du monde **Weltbeste(r)** *f(m)* champion(ne) *m(f)* du monde **Weltbestleistung** *f* record *m* du monde **weltbewegend** *adj Beschluss, Neuerung, Vorgang* d'importance capitale; *Nachricht, Idee a.* d'intérêt capital ▶ **etw ist nicht [gerade] ~** *fam* qc ne casse pas des briques *fam*, qc, ce n'est pas ça qui va changer la face du monde **Weltbild** *nt* vision *f* du monde
Weltenbummler(in) *m(f)* globe-trotter *mf vieilli*, bourlingueur(-euse) *m(f) fam*
Weltergewicht *nt* 1. ∅ (*Gewichtsklasse*) mi-moyen *m*, catégorie *f* welter
2. *s.* Weltergewichtler
Weltergewichtler(in) <-s, -> *m(f)* mi-moyen(ne) *m(f)*, welter *m*
welterschütternd *adj Katastrophe, Tragödie* bouleversant(e); *Entdeckung, Ereignis, Vorgang* qui change [*o* modifie] les données mondiales, qui change la face du monde *iron* **weltfremd** *adj Fantast, Träumer* irréaliste; *Ansicht, Theorie a.* éloigné(e) de [*o* sans lien avec] la réalité; ■ **jd ist ~** qn n'a pas le sens des réalités, qn plane *fam* **Weltfriede[n]** *m* paix *f* mondiale **Weltgeltung** *f* renommée *f* mondiale ▶ **… von ~** … de renommée mondiale **Weltgeschichte** *f* ∅ histoire *f* universelle ▶ **in der ~** *fam:* ***sie fährt das ganze Jahr in der ~ herum*** elle passe l'année à bourlinguer *fam;* ***du bist ja schon weit in der ~ herumgekommen*** tu as déjà bien roulé ta bosse *fam* **weltgeschichtlich** *adj:* ***ein Ereignis von ~er Bedeutung*** un événement qui fait date [*o* change le cours de l'histoire] **Weltgesundheitsorganisation** *f* Organisation *f* mondiale de la santé **weltgewandt** *adj Mensch* sociable; *Manieren* courtois(e); ***sein ~es Auftreten*** son assurance d'homme du monde; ■ **jd ist ~** qn a de l'entregent **weltgrößte(r, s)** *adj* le/la plus grand(e) … du monde **Welthandel** *m* commerce *m* mondial [*o* international] **Weltherrschaft** *f* ∅ hégémonie *f* mondiale **Weltkarte** *f* planisphère *m* **Weltklasse** *f* ∅ classe *f* internationale ▶ **jd ist [einfach] ~** *fam* qn joue dans la cour des grands *fam*, qn, c'est

un/une pro *fam* **Weltkrieg** *m* guerre *f* mondiale ►**der Erste/Zweite** ~ la Première/Deuxième [*o* Seconde] Guerre mondiale

weltlich *adj geh* **1.** (*irdisch*) *Freuden, Genüsse* terrestre; *Gedanken, Vorstellungen* terre à terre
2. (*profan*) *Architektur, Bauwerk, Kunst* profane

Weltliteratur *f* ∅ littérature *f* mondiale **Weltmacht** *f* grande puissance *f* **weltmännisch** *adj* d'homme du monde; ***sein Auftreten ist sehr*** ~ il a la prestance d'un homme du monde **Weltmarkt** *m* marché *m* international **Weltmeister(in)** *m(f)* champion(ne) *m(f)* du monde; ■ ~ **in etw** (*dat*) *im Speerwerfen, Schwergewicht etc* champion(ne) du monde de qc; *in einer Disziplin* champion(ne) du monde dans qc **Weltmeisterschaft** *f* championnat *m* du monde; ■ **die** ~ **in etw** (*dat*) *im Speerwerfen, Schwergewicht etc* le championnat du monde de qc; *in einer Disziplin* le championnat du monde dans qc **weltoffen** *adj* ouvert(e) [au monde] **Weltpolitik** *f* politique *f* mondiale [*o* internationale] **weltpolitisch** **I.** *adj Entscheidung* de politique mondiale [*o* internationale]; *Bedeutung, Konsequenzen* au niveau de la politique mondiale [*o* internationale] **II.** *adv bedeutsam, folgenreich* au niveau de la politique mondiale

Weltraum *m* ∅ espace *m*, univers *m*

Weltraum- *s.* **Raum-.** **Weltraumteleskop** *nt* télescope *m* spatial **Weltraumwaffe** *f* arme *f* spatiale

Weltreich *nt* empire *m* **Weltreise** *f* tour *m* du monde, voyage *m* autour du monde ►**jd macht eine** ~ qn fait le tour du monde **Weltrekord** *m* record *m* du monde; ■ **der/ein** ~ **in etw** (*dat*) *im Kugelstoßen, Weitsprung etc* le/un record du monde de qc; *in einer Disziplin* le/un record du monde dans qc **Weltrekordler(in)** <-s, -> *m(f)* recordman/-woman *m/f* du monde **Weltreligion** *f* grande religion *f* [monothéiste] **Weltruf** *m* ∅ réputation *f* internationale ►**... von** ~ ... de réputation internationale **Weltsicherheitsrat** *m* Conseil *m* de sécurité de l'O.N.U. **Weltsprache** *f* langue *f* internationale **Weltstadt** *f* grande ville *f* de renommée mondiale **weltstädtisch** *adj* d'une grande ville de renommée mondiale **Weltuntergang** *m* fin *f* du monde **Weltuntergangsstimmung** *f* morosité *f* **Weltverbesserer** *m*, **-besserin** *f* redresseur(-euse) *m(f)* de torts **weltweit** **I.** *adj Atomkrieg, Katastrophe* mondial(e); *Klimaveränderung, Seuche, Umweltzerstörung* d'ampleur mondiale **II.** *adv auftreten, tätig sein, zunehmen* dans le monde entier, partout dans le monde; *bedeutsam sein* pour le monde entier **Weltwirtschaft** *f* économie *f* mondiale [*o* internationale] **Weltwirtschaftsgipfel** *m* sommet *m* économique mondial **Weltwirtschaftskrise** *f* crise *f* économique mondiale [*o* internationale] **Weltwunder** *nt* ►**die sieben** ~ les Sept Merveilles du monde; **wie ein** ~ *fam* comme une bête curieuse

wem **I.** *pron interrog dat von* **wer** (*welchem*): ~ ***gehört ...?*** à qui appartient ...?; ~ ***soll ich nur glauben?*** qui [dois-je] croire?; ■ ~ **von jdm:** ~ ***von den Bewerbern werden Sie den Vorzug geben?*** auquel des candidats allez-vous donner la préférence?; ~ ***von ihnen traust du mehr, ihm oder ihr?*** en qui as-tu le plus confiance, en lui ou en elle?
►**mit** ~ avec qui; **von** ~ de qui
II. *pron rel dat von* **wer** (*derjenige, dem*) ■ ~ ..., **[der]** ...: ~ ***das zu teuer ist, [der] braucht es ja nicht zu kaufen*** celui qui trouve que c'est trop cher n'a qu'à pas l'acheter; ~ ***das nicht passt, der kann von mir aus zum Teufel gehen*** celui à qui cela ne convient pas peut aller au diable
►**mit** ~ avec qui
III. *pron indef fam dat von* **wer** (*jemandem*) à quelqu'un; ***sie muss es*** ~ ***erzählt haben*** elle a dû le raconter

Wemfall *m* datif *m*

wen **I.** *pron interrog akk von* **wer** (*welchen*): ~ ***hast du gesehen?*** qui as-tu vu?; ~ ***möchten Sie sprechen?*** à qui voulez-vous parler?; ■ ~ **von jdm:** ~ ***von den Kerlen haben Sie dabei beobachtet?*** lequel de ces types avez-vous regardé faire?
►**an** ~ à qui; **durch** ~ par qui; **für** ~ pour qui; ***für*** ~ ***von den dreien ...?*** pour lequel des trois ...?
II. *pron rel akk von* **wer** (*derjenige, den*) ■ ~ ..., **[der]** ...: ~ ***der Vortrag nicht interessiert, [der] kann ja gehen*** celui que la conférence n'intéresse pas peut s'en aller; ~ ***das betrifft, der möge sich bitte melden*** que celui que cela concerne se manifeste; ■ ~ **von jdm:** ***ich sage noch nicht,*** ~ ***von den Kandidaten ich am besten finde*** je ne dis pas encore lequel des candidats me semble le meilleur
►**an** ~ à qui; **durch** ~ par qui; **für** ~ pour qui
III. *pron indef akk von* **wer** *fam* (*jemanden*) quelqu'un; ***hast du*** ~ ***angetroffen?*** as-tu trouvé quelqu'un [*o* du monde]?

Wende <-, -n> *f* **1.** POL *sl* (*allgemeiner Art*) revirement *m*; (*bei Wechsel der Partei*) chambardement *m fam*; ■ **die** ~ (*in der damaligen DDR*) le tournant (*désigne la réunification allemande*)
2. (*einschneidende Veränderung*) tournant *m*; ■ **die/eine** ~ **zu etw** le/un changement en qc; ***eine*** ~ ***zum Besseren*** l'amorce d'une amélioration; ***eine*** ~ ***zum Positiven*** un changement positif; ***das Jahr 1990 bedeutet eine*** ~ ***in der deutschen Geschichte*** l'année 90 est une date charnière dans l'histoire allemande
3. SPORT changement *m* de face
►**an der** ~ **[von] ... zu etw:** ***wir stehen an der*** ~ ***zu einem neuen Zeitalter*** nous allons entrer dans une ère nouvelle, nous sommes au seuil [*o* à la charnière] d'une ère nouvelle

Wendekreis *m* AUT rayon *m* de braquage
►**der nördliche** ~**/der südliche** ~ le tropique du Cancer/le tropique du Capricorne; **der** ~ **des Krebses** le tropique du Cancer; **der** ~ **des Steinbocks** le tropique du Capricorne

Wendeltreppe *f* escalier *m* à vis [*o* en hélice] [*o* en colimaçon]

wenden **I.** <wendete *o geh* wandte, gewendet *o geh* gewandt> *vr* **1.** (*sich drehen*) ■ **jd wendet sich irgendwohin** *zum Ausgang, zur Tür* qn se dirige [*o* se tourne] quelque part; *nach links, rechts* qn se tourne quelque part; ***jd wendet sich zur Seite*** qn se tourne sur le côté
2. (*kontaktieren*) ■ **jd wendet sich [in etw** (*dat*)**] an jdn** qn s'adresse à qn [au sujet de qc]
3. (*zielen*) ■ **etw wendet sich an jdn** qc s'adresse à qn
4. (*entgegentreten*) ■ **jd wendet sich gegen jdn** qn se retourne contre qn; ■ **jd wendet sich gegen etw** qn conteste qc, qn réfute qc
5. (*sich verkehren*) ■ **etw/es wendet sich zu etw:** ***es wird sich alles zum Besseren/Positiven*** ~ tout va s'arranger, tout ira mieux; ***Hauptsache, es wendet sich nicht zum Schlechteren*** le principal, c'est que cela ne s'aggrave pas [*o* n'empire pas]
►**jd wendet sich zum Gehen** qn s'apprête à partir
II. <wendete, gewendet> *vt* GASTR ■ **jd wendet etw** qn retourne qc
►**bitte** ~! tournez, s'il vous plaît; T.S.V.P.; **wie man es auch wendet, ..., man kann es** ~**, wie man will, ...** on a beau tourner [et retourner] la chose dans tous les sens, ...
III. <wendete, gewendet> *vi* AUT ■ **jd/etw wendet** qn/qc fait demi-tour

Wendeplatz *m* espace *m* pour faire demi-tour **Wendepunkt** *m* tournant *m*

wendig *adj* **1.** AUT manœuvrable, maniable
2. *Mensch* souple d'esprit

Wendigkeit <-> *f* ∅ **1.** AUT manœuvrabilité *f*, maniabilité *f*
2. (*geistige Beweglichkeit*) souplesse *f* d'esprit

Wendung <-, -en> *f* **1.** (*Veränderung*) retournement *m*, revirement *m*
2. LING tournure *f*
►**etw nimmt eine ...** ~ qc prend une tournure ...; **etw nimmt eine** ~ **zu etw:** ***meine Lage nahm eine*** ~ ***zum Besseren/Guten*** ma situation s'est améliorée; ***in seinem Denken ist eine*** ~ ***zum Positiven festzustellen*** on peut constater un changement positif dans sa façon de penser; ***von da an nahm unser Verhältnis eine*** ~ ***zum Schlechteren*** à partir de là, nos relations ont commencé à se détériorer

Wenfall *m* accusatif *m*

wenig **I.** *adj, pron indef* **1.** *sing, substantivisch* (*nicht viel*) pas grand-chose; ***sie verdient gar nicht mal [so]*** ~ elle ne gagne pas si mal; ***er scheint*** ~ ***Ahnung davon zu haben*** il donne l'impression de ne pas savoir grand-chose dans ce domaine; ■ **das ist** ~ c'est peu; ■ **das** ~**e, das** le peu que; ***er ist mit*** ~***em zufrieden*** il se contente de peu; ***sie kommen mit*** ~***em aus*** ils/elles font avec le peu qu'ils/elles ont
2. *sing, adjektivisch Geld, Freude, Zeit* peu de; ***ich habe*** ~ ***Lust das zu machen*** je n'ai guère envie de faire ça
3. *pl, substantivisch* (*ein paar*) ■ ~**e** peu; ***es kamen nur*** ~***e*** peu de gens sont venus; ~***e von uns*** peu d'entre nous; ***es werden*** ~***e sein, die ...*** il y en a probablement peu qui ...
4. *pl, adjektivisch* ■ ~**e ...** peu de ...; ***die*** ~***en Fehler, die ...*** les quelques fautes qui/que ..., le peu de fautes qui/que ...; ***die*** ~***en Freunde, die er hatte*** les quelques amis qu'il avait, le peu d'amis qu'il avait
►~ **genug:** ***das ist*** ~ ***genug*** c'est bien peu; **zu** ~ trop peu; **zu** ~ ... *Arbeit, Geld, Zeit* trop peu de ..., pas assez de ...; **etw ist zu** ~ qc, ça fait trop peu; qc, c'est insuffisant; qc, ce n'est pas assez; **ein** ~ un peu de; **nicht** ~ beaucoup
II. *adv* **1.** (*nicht viel*) *ausrichten können, leisten* pas grand-chose
2. + *comp* (*kaum*) *besser, mehr* guère
3. (*nicht sehr*) *erfreulich, hilfreich, interessant* guère
►**ein** ~ un peu; **nicht** ~ plutôt, passablement; ***ich habe mich nicht*** ~ ***über diese Frechheit geärgert*** cette insolence m'a énervé(e), et pas qu'un peu *fam*; ***er war nicht*** ~ ***überrascht, dass*** il n'était pas peu surpris que + *subj*

weniger **I.** *adj, pron indef* **1.** *substantivisch* (*nicht so viel*) moins; ***ich habe mit*** ~ ***gerechnet*** j'attendais moins; ***etwas*** ~ un peu moins; ***er verdient*** ~ ***als ich/als 4000 DM im Monat*** il gagne moins que moi/de 4000 DM par mois
2. *adjektivisch* moins de; ***du solltest*** ~ ***Geld ausgeben*** tu devrais dépenser moins
►~ **wäre mehr gewesen** le mieux est l'ennemi du bien; **etw wird** ~ */Geld, Vermögen/* qc s'amenuise; */Vorräte/* qc diminue
II. *adv* (*nicht so sehr*) ■ ~ **[...] als ...** moins [...] que; ***für uns zählt die Schnelligkeit*** ~ ***als die Sorgfalt*** pour nous, la rapidité compte moins que le soin; nous attachons moins d'importance à la rapidité qu'au soin
►**je mehr ... desto** ~ ... plus ..., moins ...; **je** ~ ..., **desto besser ...** moins ..., mieux ...; ***je*** ~ ***ich ihn sehe, desto besser geht es mir*** moins je le vois et mieux je me porte
III. *conj* + *akk o gen* MATH moins; ***21*** ~ ***4 ist 17*** 21 moins 4 [*o* 4 ôté de 21] égale 17

Wenigkeit <-> *f* ∅ *geh* ■ **eine** ~ une goutte, une larme; ***das kostet [nur] eine*** ~ ***an Aufwand*** ça dérange à peine
►**meine** ~ *hum fam* mon humble personne

wenigste(r, s) *adj, pron* **1.** *substantivisch* (*fast niemand*) ■ **die** ~**n:** ***die*** ~***n wissen, dass*** peu de gens savent que + *indic*, rares sont ceux qui savent que + *indic*; ■ **das** ~, **was** le minimum que + *subj*
2. *adjektivisch:* ***die*** ~***n Menschen sind mit ihrem Schicksal zufrieden*** peu de gens [seulement] [*o* rares sont les gens qui] sont satisfaits de leur destin; ***von uns allen hat er das*** ~ ***Geld*** de nous tous, c'est lui qui a le moins d'argent
►**das ist noch das** ~! *fam* c'est le moins que tu puisses/vous puissiez faire!; **am** ~**n:** ***von ihr hätte ich so eine Gemeinheit am*** ~***n erwartet*** j'étais loin de m'attendre à une telle méchanceté de sa part; ***ich war auf vieles vorbereitet, aber auf das am*** ~***n*** je m'attendais à bien des choses, mais pas à ça

wenigstens *adv* au moins; ■ **...,** ~ **...: ...,** ~ ***hat er das behauptet*** ..., c'est du moins ce qu'il a affirmé

wẹnn *conj* **1.** *konditional* (*falls*) si; ~ ***das so ist, …*** si c'est comme ça, …, quand; ~ ***man auf den Knopf drückt*** quand on appuie sur le bouton
2. *zeitlich* (*sobald*) dès que; ~ ***Weihnachten naht*** à l'approche de Noël, quand Noël approche
► ~ … **doch** [*o* **bloß**] **…!** [*o* **nur**] (*bei Wunsch*) si seulement …!; (*bei Angst, Furcht a.*) pourvu que … + *subj*!; ~ ***es morgen bloß nicht regnet!*** si seulement il ne pleuvait pas demain!, pourvu qu'il ne pleuve pas demain!

Wẹnn *nt* ► **da gibt es kein ~ und Aber** il n'y a pas de mais [qui tienne]; **ohne ~ und Aber** sans barguigner

wenngleich *conj geh s.* **obgleich**

wẹnnschon *adv fam* ► ~, **dennschon!** tant qu'à faire!; [**na**] ~!, [**und**] ~! et alors!, je m'en fiche! *fam*

wer **I.** *pron interrog* (*welcher*) qui [est-ce qui]; ~ ***ist da?*** qui est-ce?, qui est là?; ~ ***kann mir sagen, wie viel Uhr es ist?*** qui [est-ce qui] peut [*o* quelqu'un peut-il] me donner l'heure?; ■ ~ **von …:** ~ ***von euch kann mir 500 Mark leihen?*** qui d'entre vous [*o* lequel/laquelle d'entre vous] [*o* y en a-t-il un/une parmi vous qui] peut me prêter 500 DM?; ~ ***von den Bewerbern käme in Frage?*** lequel des postulants [*o* parmi les postulants, lequel] ferait l'affaire?
► ~ **da?** MIL qui va là?, qui-vive?
II. *pron rel* (*derjenige, der*) ■ ~ …, [**der**] … celui/celle qui …; ■ ~ **von …:** ***ich kann nicht sagen, ~ von ihnen/euch der Täter war*** je ne peux pas dire lequel/laquelle d'entre eux/elles/vous est le/la coupable [*o* qui parmi eux/elles/vous est le/la coupable]
III. *pron indef fam* (*jemand*) quelqu'un; ■ ~ **von …:** ***ob mir wohl ~ von euch helfen kann?*** qui d'entre vous [*o* y en a-t-il un/une parmi vous qui] peut m'aider?, l'un/une d'entre vous peut-il/elle m'aider?; ***es muss ~ von diesen Kerlen gewesen sein*** il doit s'agir de l'un de ces types
► **jd ist** ~ qn, c'est quelqu'un

Wẹrbe- COM **1.** (*für Werbung zuständig*) *-abteilung, -agentur, -leiter* de publicité, de pub *fam*; ***ein ~fachmann*** un publicitaire, un professionnel de la publicité **2.** (*der Werbung dienend*) *-prospekt, -aufkleber, -film, -slogan* publicitaire; *-kampagne a.* de publicité **Wẹrbeblock** <-blöcke> *nt* page *f* de publicité **Wẹrbefernsehen** *nt* publicité *f* à la télévision **Wẹrbefunk** *m* publicité *f* à la radio **Wẹrbegeschenk** *nt* COM cadeau *m* publicitaire

wẹrben <wirbt, warb, geworben> **I.** *vt* ■ **jd wirbt jdn** [**für etw**] qn parraine qn [et le/la fait adhérer à qc]
II. *vi* **1.** (*Reklame machen*) ■ **jd wirbt für etw** qn fait de la publicité pour qc
2. (*zu erhalten suchen*) ■ **jd wirbt um jdn/etw** *um neue Wähler, Unterstützung, Vertrauen* qn cherche à gagner qn/qc

Wẹrbespot [-spɔt, -ʃpɔt] *m* spot *m* publicitaire; ~***s*** la publicité **Wẹrbetexter(in)** *m(f)* publicitaire *mf* **Wẹrbeträger(in)** *m(f)* support *m* publicitaire **Wẹrbetrommel** *f* ► **jd rührt die** ~ [**für jdn/etw**] *fam* qn fait de la publicité [*o* pub *fam*] [pour qn/qc]; ***schon einen Monat vorher rührte sie die ~ für ihre Ausstellung*** un mois avant l'exposition, elle a battu le rappel **wẹrbewirksam** *adj*: ***ein ~er Slogan*** un slogan publicitaire qui fait de l'effet; ***auch ein Spot in Schwarzweiß kann ~ sein*** un spot publicitaire en noir et blanc peut aussi faire de l'effet

Wẹrbung <-> *f* ∅ **1.** (*Branche*) publicité *f*
2. (*Reklame*) publicité *f*
3. (*Werbespots*) publicité *f*; (*Werbeprospekte*) publicité *f*
4. (*das Werben*) [*Abonnent, Kunde, Mitglied*] parrainage *m*
► **jd macht ~ für etw** qn fait de la publicité pour qc

Wẹrbungskosten *pl* frais *mpl* professionnels

Werdegang <-gänge> *m* curriculum *m* vitæ; ***der berufliche ~*** la carrière; ***der Firmenleiter war sehr an meinem bisherigen ~ interessiert*** le P.D.G. a montré un vif intérêt pour ce que j'ai fait jusqu'à présent

werden **I.** <wird, wurde *o liter* ward, geworden> *vi + sein* **1.** (*in einen anderen Zustand übergehen*) ■ **jd wird etw** *alt, blind, reich, verrückt* qn devient qc; ***jd wird alt/älter*** qn devient [*o* se fait] vieux(vieille), qn vieillit; ***man wird nicht jünger*** on ne rajeunit pas; ***sie wurde krank*** elle est tombée malade; ***wie ist er reich geworden?*** comment s'est-il enrichi?, comment est-il devenu riche?; ***das Kind ist groß/dick geworden*** l'enfant a grandi/grossi; ■ **etw wird etw** *kalt, regnerisch, gut, schlecht:* ***der morgige Tag wird regnerisch*** le temps sera pluvieux demain; ***das Wetter soll kälter ~*** le temps devrait rafraîchir; ***seine Augen ~ langsam schlecht/immer schlechter*** sa vue baisse peu à peu/de plus en plus; ***sein Zustand wird schlimmer*** son état empire; ***dein Kaffee wird kalt!*** ton café refroidit!; ***etw wird bekannt*** qc est divulgué(e); ***das darf niemandem bekannt ~*** personne ne doit l'apprendre; ***etw wurde der breiten Öffentlichkeit bekannt*** qc a été divulgué(e) au grand public; ■ **es wird etw** *dunkel, spät, heiß:* ***es wird schon dunkel*** il commence déjà à faire sombre; ***im Winter wird es später hell als im Sommer*** en hiver, il fait jour plus tard qu'en été; ***morgen soll es heiß/kalt ~*** demain, il devrait faire chaud/froid; ***in den Nächten kann es jetzt schon sehr kalt ~*** déjà maintenant, il peut faire très froid la nuit; ***es wird spät*** il se fait tard; ***gestern ist es sehr spät geworden*** la soirée d'hier s'est prolongée tard; ■ **es wird etw** ~ *anders, besser, schöner, kälter:* ***die Zeiten ~ anders/besser ~*** les temps changent/s'améliorent; ***es wird gleich interessanter ~*** cela va devenir plus intéressant; ***es wird wärmer/schöner ~!*** il va faire plus chaud/plus beau!
2. (*als Empfindung auftreten*) ■ **jdm wird etw** *heiß, kalt, schlecht, besser:* ***mir wird ganz heiß*** je suis brûlant(e); ***mir wird kalt*** je commence à avoir froid; ***mir wird schlecht*** je me sens mal; ***dabei wird einem ja regelrecht übel!*** ça te/vous donne la nausée!; ***mir wird schwindlig*** j'ai des vertiges; ***Ihnen wird gleich besser/wohler ~*** vous allez bientôt vous sentir mieux
3. (*eine Ausbildung zu etw machen*) ■ **jd wird etw** *Lehrer, Rechtsanwältin* qn devient qc; ***was möchtest du später einmal ~?*** que veux-tu faire plus tard?; ***früher wollte sie immer Tierärztin ~*** avant, elle disait toujours qu'elle voulait être vétérinaire
4. (*eine Entwicklung durchmachen*) ■ **jd wird etw** *Vater, jds Mann, jds Geliebte* qn devient qc; ***sie möchte Mutter ~*** elle voudrait devenir [*o* être] mère; ***sie ist gestern zum 12. Mal Tante geworden*** depuis hier, elle est [devenue] tante pour la 12ème fois; ■ **etw wird etw** *Gewohnheit, Tatsache* qc devient qc; ***welche Farbe wohl nächstes Jahr Mode wird?*** quelle couleur sera à la mode l'année prochaine?; ***alle meine Träume sind Wirklichkeit geworden*** tous mes rêves se sont réalisés [*o* sont devenus réalité]; ■ **aus jdm wird etw** *ein guter Offizier, versierter Anwalt:* ***aus ihr ist dann später eine ausgezeichnete Architektin geworden*** elle est devenue par la suite une excellente architecte; ***aus ihm wird nie ein guter Lehrer!*** il ne sera jamais un bon enseignant!; ***ich weiß nicht, was aus dir noch mal ~ soll!*** je ne sais pas ce que tu vas devenir!; ■ **aus etw wird etw:** ***aus diesem Stoff ist ein wunderschönes Kleid geworden*** dans ce tissu, on a fait une robe splendide; *Hass, Verachtung, Katastrophe* qc tourne à qc; ***aus seiner Liebe ist Hass geworden*** l'amour a tourné à la [*o* s'est transformé en] haine; ■ **jd wird zu etw** qn devient qc; ***er ist zum Dieb geworden*** il est devenu un voleur; ■ **etw wird zu etw** *zur Gewissheit, zum Alptraum, zur Qual:* ***meine Vermutungen und Befürchtungen sind zur Gewissheit geworden*** mes suppositions sont devenues une certitude; ***dieses Projekt wird langsam zum Alptraum*** ce projet tourne au cauchemar; ***mein Leben ist zu einer einzigen Qual geworden*** ma vie n'est plus qu'un martyre; *zu Eis, Matsch, Wasser, Gas* qc se transforme en qc; ***der Erdboden ist zu Matsch geworden*** le sol s'est transformé en boue [*o* est devenu boueux]; ***wenn Flüssigkeit zu Gas wird*** quand un liquide passe à l'état gazeux [*o* se transforme en gaz]; ***das wird zur fixen Idee*** cela devient une idée fixe
5. (*auf eine bestimmte Zeit zugehen*) ■ **es wird etw:** ***es wird Abend*** le soir tombe; ***es wird bald Tag/Morgen*** le jour va bientôt se lever; ***es wird bald Frühling*** c'est bientôt le printemps, le printemps approche; ***es wird 15 Uhr 30*** il sera bientôt [*o* va être] 15 heures 30
6. (*ein bestimmtes Alter erreichen*) ■ **jd wird etw:** ***er wird erst 15*** il va seulement sur ses 15 ans, il va seulement avoir 15 ans; ***meine Urgroßmutter ist 98 geworden*** ma grand-mère a eu 98 ans
7. *fam* (*sich gut entwickeln*) ■ **jd/etw wird:** ***das neue Haus wird langsam*** la nouvelle maison prend forme; ***das Kind wird allmählich*** l'enfant se développe peu à peu
► **was soll nur aus mir/ihm ~?** que vais-je/va-t-il devenir?; **was soll nun ~?** que va-t-il advenir?; ***was soll nun mit mir und meiner Familie ~?*** que va-t-il advenir de moi et de ma famille?; **daraus wird nichts** (*kommt nicht zustande*) ça ne va rien donner, ça tombe à l'eau; **daraus wird nichts!** (*das kommt nicht in Frage*) il n'en est pas question!; **aus jdm wird etwas** qn arrivera à quelque chose; ***aus diesem Jungen wird noch etwas*** ce garçon ira loin; **aus etw wird etwas:** ***aus diesem Manuskript wird noch etwas*** on va tirer quelque chose de ce manuscrit; **jd wird nicht mehr** *sl* qn [ne] s'en remet pas *fam*; ***er hat sich so aufgeregt, ich habe gedacht, der wird nicht mehr*** il était dans un tel état d'excitation, je me suis dit qu'il [n']allait pas s'en remettre; **ich werd' nicht mehr!** *sl* pince/pincez-moi, je rêve! *fam*; **jd/etw wird nicht wieder** *fam* qn/qc ne va pas s'en remettre *fam*; **aus jdm wird nichts** qn n'arrivera à rien; **aus etw wird nichts** (*fällt ins Wasser*) qc ne se réalise pas; ***aus unserem Urlaub/unseren Plänen ist nichts geworden*** nos vacances sont tombées à l'eau/nos projets sont tombés à l'eau [*o* n'ont rien donné]; **es wird schon ~** *fam* ça va aller, ça va marcher; **es wird schon wieder ~** *fam* ça va bientôt aller mieux, ça va passer
II. <wurde, worden> *aux* **1.** *zur Bildung des Futurs* ■ **jd wird etw tun** qn fera qc, qn va faire qc; ***ob er wohl kommen wird?*** tu crois qu'il viendra? [*o* qu'il va venir?]; ***ich werde abnehmen*** je vais maigrir; ***ich fürchte, ich werde den Vorschlag ablehnen müssen*** je crains de devoir refuser cette proposition; ■ **es wird etw geschehen:** ***es wird sicher gleich regnen*** il va certainement bientôt pleuvoir; ***ob sie oder ich Recht hatte, wird sich noch herausstellen*** on verra qui, d'elle ou de moi, avait raison; ■ **jd wird etw getan haben:** ***er wird inzwischen zu Hause angekommen sein*** entre-temps, il devrait être arrivé [*o* il sera arrivé] à la maison/chez lui; ***er wird das Päckchen wohl gestern bekommen haben*** il a dû recevoir [*o* il aura reçu] le petit paquet hier; ***bis du ankommst, werde ich das vorbereitet haben*** d'ici que tu arrives, je t'aurai préparé cela
2. *zur Bildung des Konjunktivs* ■ **jd würde etw tun** qn ferait qc; ***ich würde dir ja gerne das Geld leihen, aber …*** je te prêterais bien l'argent mais …; ***ich würde dir raten den Mund zu halten*** si je puis te donner un conseil, tais-toi; ***an Ihrer Stelle würde ich das Angebot annehmen*** à votre place, j'accepterais l'offre
3. *mutmaßend* (*dürfte*) ■ **es wird …** il doit …; ***es wird gegen 20 Uhr sein*** il doit être aux alentours de 20 heures; ***mach auf, das wird Tante Ulla sein*** ouvre la porte, ça doit être tante Ulla; ***der Wagen wird sicher über 80000 DM gekostet haben*** la voiture a dû coûter plus de 80000 DM
4. *in Bitten und Aufforderungen* ■ **würde jd etw tun?** qn pourrait-il/elle faire qc?; ***würdest du für 250000 DM eine Niere spenden?*** donnerais-tu un rein pour 250000 DM?
► **wer wird denn gleich …!** *fam* pourquoi tout de suite …?; ***wer wird denn gleich ausfallend ~!*** pourquoi être tout de suite agressif?
III. <wurde, worden> *aux zur Bildung des Passivs* ■ **jd wird …** *angezeigt, ermahnt, gelobt, geohrfeigt, vergewaltigt, verklagt* qn est …; ***er muss damit rechnen angezeigt zu werden*** il doit s'attendre à être dénoncé; ***sie ist befördert worden*** elle a eu de l'avancement; ***du solltest eigentlich geohrfeigt werden*** tu mériterais une gifle; ■ **etw wird …** *gern gekauft, häufig gemacht:* ***dieser Artikel wird oft verlangt*** cet article est très demandé; ***diese Platte wird gern gekauft*** ce disque se vend bien; ■ **es wird etw getan** *gearbeitet, geschwiegen, weitergemacht:* ***jetzt wird gearbeitet!*** au travail, maintenant!; ***ich schlage vor, dass jetzt weitergemacht wird*** je

propose de continuer

Werden <-s> *nt ∅ geh* réalisation *f*

▶ **etw ist im ~** qc est en cours de réalisation

werdend *adj Vater, Mutter* futur(e); ***Kleidung für ~e Mütter*** des vêtements pour la future maman; ***Mode für ~e Mütter*** la mode future maman

Werfall *m* nominatif *m*

werfen <wirft, warf, geworfen> **I.** *vt* **1.** (*schleudern*) ■ **jd wirft etw irgendwohin** qn jette qc quelque part; *Ball, Speer* qn lance qc quelque part; ***die Schmutzwäsche kannst du auf einen Haufen ~*** le linge sale, tu peux en faire un tas; ***jd wirft einen Ball ins Tor*** qn marque un but; ■ **jd wirft jdm etw irgendwohin** *an den Kopf, ins Gesicht etc* qn lui lance qc quelque part; ***er warf ihm ein Messer in den Rücken*** il lui a lancé un couteau dans le dos; ***man hat ihm eine Sahnetorte ins Gesicht geworfen*** on lui a lancé une tarte à la crème en plein visage; ■ **jd wirft etw nach jdm/einem Tier** qn lance qc dans la direction de qn/d'un animal; *Stein a.* qn lui jette qc/jette qc à un animal

2. (*ruckartig bewegen*) ■ **jd wirft etw irgendwohin** *Arme, Beine, Kopf:* ***jd wirft den Kopf nach hinten/vorne*** qn rejette la tête en arrière/laisse pendre sa tête; ***jd wirft die Arme nach oben/vorne*** qn lève les bras/tend les bras en avant; ***jd wirft die Beine nach vorne/hinten*** qn lance les jambes en avant/arrière

3. ZOOL ■ **ein Tier wirft etw** *Junge, Welpen* un animal fait qc

4. (*bilden*) ■ **etw wirft etw** *Blasen, Falten, Schatten* qc fait qc; */Licht/* qc projette qc

II. *vi* **1.** (*Werfer sein*) ■ **jd wirft** qn lance; ■ **jd wirft ... [weit]** *63,5 m etc* qn fait un lancer de ...; ***wie weit wirfst du?*** à quelle distance [*o* à combien de mètres] lances-tu?; ***so weit wie er wirfst du nie*** tu ne pourras jamais lancer aussi loin que lui

2. (*Wurfgeschosse verwenden*) ■ **jd wirft mit etw [auf jdn/etw]** *mit faulen Eiern, Pflastersteinen, Schneebällen* qn lance qc [à qn/sur qc]

3. ZOOL ■ **ein Tier wirft** un animal met bas

III. *vr* **1.** (*sich verziehen*) ■ **etw wirft sich** */Holz/* qc travaille

2. (*sich stürzen*) ■ **jd wirft sich irgendwohin** qn se jette quelque part; ■ **jd wirft sich auf jdn/ein Tier** qn se jette sur qn/un animal

Werfer(in) <-s, -> *m(f)* (*Speer~*) lanceur(-euse) *m(f)* [de javelot]; (*Hammer~*) lanceur(-euse) *m(f)* [de marteau]; (*Diskus~*) lanceur(-euse) *m(f)* [de disque]

Werft <-, -en> *f* chantier *m* naval

Werftarbeiter(in) *m(f)* ouvrier(-ière) *m(f)* d'un/du chantier naval

Werg <-[e]s> *nt ∅* étoupe *f*

Werk <-[e]s, -e> *nt* **1.** (*gesamtes Schaffen*) [*Autor, Künstler*] œuvre *f*

2. MEDIA ouvrage *m*

3. ART œuvre *f* d'art

4. *∅ geh* (*Arbeit*) ouvrage *m;* ***Gottes ~*** l'œuvre de Dieu

5. (*Fabrik*) usine *f*

▶ **jd tut ein gutes ~** qn fait une bonne action; **jd tut gute ~e** qn fait de bonnes œuvres, qn fait une bonne action; **jd geht** [*o* **macht sich**] **ans ~** *geh* qn se met à l'œuvre; **jd geht ... zu ~e** *geh behutsam, umsichtig* qn s'y prend ...; **das ist jds ~** *pej* c'est l'œuvre de qn, c'est signé qn *pej*; **sie sind am ~** *pej / Kräfte, Verbrecher/* ils/elles opèrent; **ab ~** départ d'usine

Werkbank <-bänke> *f* établi *m*

Werkel <-s, -n> *nt* AUS (*Drehorgel*) orgue *m* de Barbarie

werkeln *vi fam* ■ **jd werkelt [irgendwo]** qn bricole [quelque part]

Werken <-s> *nt ∅ s.* **Werkunterricht**

Werklehrer(in) *m(f)* professeur *m* de technologie; ***sie ist ~in*** elle est professeur de technologie **Werkmeister(in)** *m(f)* chef *m* d'atelier; ***sie ist ~in*** elle est chef d'atelier

Werks- *s.* **Betriebs-**. **Werksgelände** *nt* enceinte *f* d'/de l'usine

Werkstatt *f* **1.** (*Arbeitsraum eines Handwerkers*) atelier *m*

2. AUT garage *m*

▶ **beschützende ~** atelier aménagé pour les handicapés, atelier protégé

Werkstätte *f geh s.* **Werkstatt**

Werkstattwagen *m* chariot *m*

Werkstoff *m* (*Rohmaterial*) matériau *m;* (*Leder a.*) matière *f;* (*Kunststoff*) matériau *m* manufacturé **Werkstück** *nt* pièce *f* à façonner

Werkswohnung *f* logement *m* de fonction

Werktag *m* jour *m* ouvrable **werktäglich** *adj attr* à faire pendant [*o* au cours de] la semaine **werktags** *adv* en [*o* pendant la] semaine **Werkunterricht** *m* cours *m* de technologie

Werkzeug <-[e]s, -e> *nt* **1.** TECH outil *m;* (*Gesamtheit*) outils *mpl*

2. *geh* (*gefügiger Helfer*) instrument *m*

Werkzeugkasten *m* caisse *f* [*o* boîte *f*] à outils **Werkzeugmacher(in)** *m(f)* outilleur/ouvrière outilleur *m/f* **Werkzeugmaschine** *f* machine-outil *f*

Wermut <-[e]s> *m ∅* **1.** BOT absinthe *f*

2. (*Wein*) vermout[h] *m*

Wermutstropfen *m geh* motif *m* d'amertume; ***der einzige ~ war der Tod seiner Mutter*** la seule chose qui lui faisait ressentir de l'amertume était la mort de sa mère

wert *adj* **1.** (*einen bestimmten Wert besitzen*) ■ **etw ist etw ~** *5000 Mark, viel, nichts, kaum etwas* qc vaut qc; ■ **etw ist jdm ... ~** *viel, wenig* qn tient ... à qc, qc a une ... valeur pour qn; *eine bestimmte Summe* qn est prêt(e) à payer ... pour qc; ***deine Hilfe ist mir sehr viel ~*** ton aide m'est très précieuse

2. (*verdienen*) ■ **etw ist einer S.** (*gen*) **~** *geh einer Erwähnung, Würdigung* qc mérite une chose; ***das ist der Mühe ~/nicht ~*** ca vaut/ne vaut pas la peine [*o* le coup]

3. *veraltend geh* (*geschätzt*) *Dame, Herr* cher(chère) *antéposé;* ***~e Frau Medizinaldirektorin!*** madame le chef de clinique,; ***Ihr ~es Schreiben vom ...*** votre honorée du ... *vieilli;* ***wie ist Ihr ~er Name?*** à qui ai-je l'honneur de parler? *soutenu*

Wert <-[e]s, -e> *m* **1.** (*zu erlösender Preis*) valeur *f;* ***auf welchen ~ würden Sie diese Halskette schätzen?*** à combien estimez-vous [la valeur de] ce collier?

2. *pl* (*Daten*) résultats *mpl*

3. (*wertvolle Eigenschaft*) qualité *f;* ***er hat innere ~e wie Treue und Beständigkeit*** il a des qualités morales telles que la fidélité et la persévérance

4. (*Wichtigkeit*) valeur *f*

5. (*Wertevorstellung*) valeur *f;* ***die sittlichen/moralischen/inneren ~e*** les valeurs morales; ***meine persönlichen ~e*** mes idéaux

▶ **etw hat einen ... ~** qc a une ... valeur; **etw hat einen ~ von etw** qc a une valeur de qc, qc vaut qc; **das hat keinen ~** *fam* c'est peine perdue, ça ne vaut pas la peine; **jd legt ~/... ~ auf etw** (*akk*) qn attache [*o* accorde] de l'importance/une ... importance/une importance ... à qc; **jd legt [bestimmten] ~ darauf etw zu tun** qn tient [+ *adv*] à faire qc; ***er legte gesteigerten ~ darauf*** il y tenait particulièrement; **jd legt** [*o* **misst**] **einer S.** (*dat*) **einen ... ~ bei** *geh* qn attache [*o* accorde] une ... importance à une chose; **etw steigt im ~**, **etw nimmt an ~** (*dat*) **zu** qc prend de la valeur, la valeur de qc augmente; **etw verliert an ~** (*dat*), **etw sinkt im ~** qc perd de sa valeur, la valeur de qc baisse; **im ~e von etw** d'une valeur de qc; **über/unter ~** au-dessus/au-dessous de la valeur réelle

-wert¹ *liebens-, sehens-, erwähnens-:* ***ein liebens~er Mensch*** une personne qui mérite d'être aimée; ***dein Verhalten ist lobens~*** ton comportement est digne d'éloges; ***dieses Buch halte ich für äußerst lesens~*** je trouve que c'est un livre à lire absolument; ***ein sehens~er Film!*** un film à voir!; ***etw ist erwähnens~*** qc mérite d'être mentionné(e)

-wert² *m* **1.** (*Messergebnis*) *Ozon-, Schadstoff-, Dioxin-* taux *m* de; *Lärmgrenz-, Schwellen-* taux *m* maximal [autorisé] de; *Helligkeits-, Ton-* degré *m* d'intensité + *adj/subst; Leber-, Blut-* résultats *mpl* de l'/d'une analyse + *adj/subst*

2. (*Nützlichkeit*): ***Symbol~*** valeur *f* symbolique; ***diese Stadt/Region hat einen hohen Freizeit~*** cette ville/région propose [*o* offre] de nombreux loisirs [*o* des loisirs multiples et variés]; ***Sympathie~e eines Politikers*** cote *f* de popularité d'un homme politique; ***ein Thema mit einem hohen emotionellen Erregungs~*** un sujet chargé d'un haut potentiel émotionnel; ***es ist eine Fernsehsendung von hohem Unterhaltungs~*** c'est une émission télévisée très divertissante

3. FIN *Aktien-, Übernahme-, Rückkaufs-* valeur *f* de; ***Verkaufs~*** valeur marchande; ***Geld~*** valeur monétaire; ***ein solches Kunstwerk lässt sich nicht in Geld~en berechnen*** un tel chef d'œuvre n'a pas de prix; ***Vermögens~e*** des biens

Wertanlage *f* placement *m* **Wertarbeit** *f* travail *m* soigné [*o* de qualité] **wertbeständig** *adj* à valeur stable [*o* constante]; ■ **etw ist ~** qc a une valeur stable [*o* constante] **Wertbeständigkeit** *f ∅* stabilité *f* [de la/sa valeur] **Wertbrief** *m* lettre *f* chargée

werten *vt* **1.** SPORT ■ **jd wertet etw** *Kür, Übung* qn note qc, qn donne une note à qc; *Rekord* qn homologue qc; ■ **jd wertet eine S. mit etw** qn attribue qc à une chose; ***der Sprung wurde wegen Übertretens nicht gewertet*** le saut mordu n'a pas été retenu

2. (*benoten*) ■ **jd wertet etw** *Klassenarbeit, Prüfung* qn note qc, qn donne une note à qc

3. (*bewerten*) ■ **jd wertet etw [irgendwie]** *Aussage, Faktor* qn considère qc [d'une certaine façon]; *Ereignis, Sachverhalt, Umstand* qn juge qc [d'une certaine façon]; ***die Zeugenaussage kann nur im Zusammenhang mit den Indizien gewertet werden*** il faut prendre ensemble en considération le témoignage et les indices

Wertewandel *m* évolution *f* des valeurs; ***ein ~ zum Konservativem*** un glissement vers des valeurs conservatrices

Wertgegenstand *m* objet *m* de valeur

Wertigkeit <-, -en> *f* valence *f*

wertkonservativ [-va-] *adj* conservateur(-trice), traditionaliste

wertlos *adj Gegenstand, Krempel* sans valeur; *Information, Wissen a.* inutile, sans intérêt; ■ **etw ist für jdn ~** qc ne sert à rien à qn; ***etw ist für jdn nicht ~*** qc n'est pas sans valeur [*o* intérêt] pour qn

Wertmaßstab *m* critère *m* [d'appréciation] ▶ **jd legt einen bestimmten ~/bestimmte Wertmaßstäbe an** qn applique un certain critère/certains critères [d'appréciation]; **nach jds Wertmaßstäben** d'après les critères [d'appréciation] de qn **Wertminderung** *f* dépréciation *f* **Wertpaket** *nt* colis *m* avec [*o* envoi *m* en] valeur déclarée **Wertpapier** *nt* valeur *f*, titre *m* **Wertsache** *f meist pl* objet *m* de valeur **Wertschätzung** *f geh* estime *f* **Wertschrift** *f* CH *s.* **Wertpapier. Wertsteigerung** *f* plus-value *f* **Wertstellung** *f* date *f* de valeur **Wertstoff** *m* matériau *m* recyclable

Wertung <-, -en> *f* **1.** (*Be~*) [*Kür, Übung*] notation *f;* (*Note*) note *f;* ***die ~ eines Weltrekordes*** l'homologation d'un record du monde

2. (*das Werten*) [*Klassenarbeit, Prüfung*] notation *f*, évaluation *f verbal übersetzt;* ***manchmal ist die ~ einer Arbeit ausgeschlossen*** il est parfois impossible de noter [*o* d'évaluer] un travail

3. (*Be~*) [*Aussage, Faktor*] appréciation *f;* [*Sachverhalt, Vorkommnis a.*] jugement *m*

Werturteil *nt* jugement *m* de valeur ▶ **jd gibt ein ~ [über etw** (*akk*)**] ab** qn porte un jugement de valeur [sur qc] **wertvoll** *adj* de grande valeur, précieux(-euse); ■ **etw ist ~** qc a de la valeur, qc est précieux(-euse) **Wertvorstellung** *f meist pl* valeurs *fpl*

Werwolf *m* loup-garou *m*

Wesen <-s, -> *nt* **1.** (*Geschöpf*) créature *f*

2. *∅* (*kennzeichnende Grundzüge*) [*Demokratie, Ideologie*] nature *f*, essence *f*

▶ **das höchste ~** l'Être suprême; **kleines ~** petite créature, petit être;

menschliches ~ être humain

-wesen *nt: **das Schul~*** le système scolaire; ***das Kredit~*** l'organisation du crédit; ***das Post~*** [le service de] la poste; ***das Forst~*** les eaux et forêts; ***das Geld~*** les finances; ***das Gesundheits~*** la santé publique; ***das Rechts~*** la justice; ***das Staats~*** l'État; ***das Verkehrs~*** les transports; ***das Verlags~*** [le domaine de] l'édition; ***das Versicherungs~*** les assurances

Wesensart *f* nature *f* **Wesenszug** *m* trait *m* de caractère

wesentlich I. *adj* **1.** (*wichtig*) *Teil* essentiel(le); *Bestandteil a.* capital(e); *Organ* vital(e); ***~e Teile der Produktionsanlage*** le cœur de l'unité de production
2. (*gewichtig*) *Aussage, Grund* essentiel(le); *Bedenken, Bedeutung, Gesichtspunkt, Unterschied a.* fondamental(e); *Mangel* d'une grande importance; ■ **das W~e** l'essentiel; ***ich würde an dem Entwurf nichts W~es ändern wollen*** pour l'essentiel, je ne changerais rien au projet
▶ **im W~en:** ***wir sind uns im W~en einig*** nous sommes d'accord sur l'essentiel; ***das ist im W~en alles*** c'est tout pour l'essentiel
II. *adv* **1.** *dazu beitragen, jds Verdienst sein* pour une large part
2. *dümmer, schöner, kleiner etc* bien plus; ***Ihre Ansichten sind ~ anders*** elle a une opinion tout à fait différente

Wesfall *m* génitif *m*

weshalb I. *adv interrog* pourquoi
II. *adv rel* (*aus welchem Grund*): ***der Grund, ~ …*** la raison pour laquelle …; ***~ es nun doch nicht zum Kauf des Hauses gekommen ist, weiß ich nicht*** je ne sais pas pour quelle(s) raison(s) finalement la maison n'a pas été achetée

Wesir <-s, -e> *m* vizir *m*

Wespe <-, -n> *f* guêpe *f*

Wespennest *nt* guêpier *m*, nid *m* de guêpes ▶ **jd sticht in ein ~** *fam* qn [sou]lève un lièvre **Wespenstich** *m* piqûre *f* de guêpe **Wespentaille** [-taljə] *f* taille *f* de guêpe

wessen I. *pron gen von* **wer** **1.** *interrog* de qui; ***~ Geldbörse ist das?*** à qui appartient ce porte-monnaie?
2. *rel, indef* de qui; ***ich sage nein, in ~ Auftrag Sie auch tätig sein mögen!*** je dis non, quel que soit votre mandant!
▶ **~ … auch [immer]:** ***~ Idee das auch immer gewesen sein mag*** quel que soit l'auteur de cette idée
II. *pron geh gen von* **was** *interrog* (*welcher Sache*) de quoi; ***~ klagt man ihn an?*** de quoi l'accuse-t-on?
▶ **~ … auch [immer]:** ***~ auch immer ich angeklagt werde*** quel que soit le fait dont on m'accuse

wessentwillen *adv interrog* ▶ **um ~** *geh* pour [l'amour de] qui

Wessi <-s, -s> *m*, <-, -s> *f fam surnom des habitants de l'ex-Allemagne de l'Ouest*

west-: ***~afrikanisch*** d'Afrique occidentale; ***~europäisch*** d'Europe occidentale; ***eine ~englische Stadt*** une ville de l'ouest de l'Angleterre

West- **1.** (*westlicher Landesteil*) *-afrika, -england, -niedersachsen* occidental(e)
2. (*nach Westen gelegen*) *-hang, -seite* ouest; *-grenze* occidental(e); ***ein ~hang*** une exposition à l'ouest

Westbürger(in) *m(f)* Allemand(e) *m(f)* de l'Ouest **westdeutsch** *adj Stadt, Dialekt, Spezialität, Mentalität* d'/de l'Allemagne de l'Ouest; *Regierung, Bundeskanzler* ouest-allemand(e) **Westdeutschland** *nt* GEOG l'Allemagne *f* occidentale; POL l'Allemagne *f* de l'Ouest

Weste <-, -n> *f* **1.** (*Strickjacke*) gilet *f*, cardigan *m*
2. [*Anzug*] gilet *m*
▶ **jd hat eine reine [o saubere] [o weiße] ~** *fam* qn a les mains propres

Westen <-s> *m* ∅ **1.** (*Himmelsrichtung*) ouest *m*
2. (*westliche Gegend*) ouest *m*; ***in den ~/im ~*** à l'ouest
3. POL ■ **der ~** l'Occident, l'Ouest; ***in den ~*** à l'Ouest
▶ **der Wilde ~** le Far West; **aus [dem] ~** de l'ouest; **nach [o gen** *geh*] **~** vers l'ouest; ***etw liegt nach ~*** qc est orienté(e) à l'ouest; ***er zeigte nach ~*** il montra [la direction de] l'ouest; **von ~ [her]** [en provenance] de l'ouest; ***etw kommt von ~*** qc arrive de l'ouest

Westentasche *f* (*kleine Tasche*) petite poche *f*; (*für Taschenuhr*) poche *f* de gilet, gousset *m*
▶ **jd kennt etw wie seine ~** *fam* qn connaît qc comme sa poche

Western <-[s], -> *m* western *m*

Westeuropa *nt* GEOG l'Europe *f* occidentale; POL l'Europe *f* de l'Ouest **westeuropäisch** *adj* de l'Europe de l'Ouest

Westfale <-n, -n> *m*, **Westfälin** *f* Westphalien(ne) *m(f)*

Westfalen <-s> *nt* la Westphalie *f*

westfälisch *adj* de Westphalie, westphalien(ne)

westgermanisch *adj* germanique occidental **Westgote** *m*, **-gotin** *f* Wisigoth(e) *m(f)* **Westküste** *f* côte *f* ouest

westlich I. *adj* **1.** GEOG *Land, Stadt, Lage* [situé(e)] à l'ouest; ***in den ~en Landesteilen*** dans les régions [situées à l']ouest du pays
2. METEO d'ouest, en provenance de l'ouest
3. (*nach Westen*): ***in ~er Richtung*** vers [o en direction de] l'ouest; ***der ~e Kurs des Schiffes*** le cap ouest [o sur l'ouest] mis par le bateau
II. *adv* ■ **~ von etw** à l'ouest de qc
III. *präp* GEOG ■ **~ einer S.** (*gen*) à l'ouest d'une chose

Westmächte *pl* ■ **die ~** les puissances occidentales **Westpreußen** *nt* la Prusse *f* occidentale **Westrom** *nt* Empire *m* d'Occident **Westwall** *m* ■ **der ~** la ligne Siegfried

westwärts *adv* vers l'ouest; ***jd hält sich ~*** qn maintient le cap vers l'ouest

Westwind *m* vent *m* d'ouest

weswegen *adv s.* **weshalb**

Wettbewerb <-[e]s, -e> *m* **1.** (*Veranstaltung*) concours *m*
2. ∅ COM concurrence *f*
▶ **sportlicher ~** compétition sportive; **unlauterer ~** concurrence déloyale; **sie stehen miteinander im ~** COM ils/elles se font concurrence, ils/elles sont en concurrence

Wettbewerber(in) *m(f)* concurrent(e) *m(f)*; ***wenn Sie nicht rechtzeitig liefern können, bestellen wir bei Ihrem ~*** si vous ne nous livrez pas à temps, nous passerons commande auprès de la concurrence

Wette <-, -n> *f* pari *m*; ***wir haben eine ~ abgeschlossen*** nous avons fait un pari; ***um was/wie viel geht es bei dieser ~?*** sur quoi porte/à combien se monte le pari?
▶ **darauf gehe ich jede ~ ein** *fam* j'en fais le pari, je suis prêt(e) à le parier; **jd geht jede ~ ein, dass** qn parie [o est prêt(e) à parier] que + *indic*; **was gilt die ~?** *fam* (*wollen wir wetten?*) on parie?; (*worum wetten wir?*) qu'est-ce que tu paries/vous pariez?; **die ~ gilt!** *fam* pari tenu!; **jd macht eine ~** qn parie, qn fait un pari; **um die ~:** ***wir können ja um die ~ essen*** nous pourrions parier à qui mange le plus/le plus vite; ***lauft doch um die ~*** vous n'avez qu'à parier à qui court le plus vite

wetteifern *vi geh* **1.** (*sich zu übertreffen bemühen*) ■ **sie ~ miteinander** il y a entre eux/elles de l'émulation
2. (*ringen*) ■ **jd wetteifert mit jdm um etw** *um den ersten Platz* qn rivalise avec qn pour qc; *um die beste Leistung, das gelungenste Werk* qn rivalise avec qn pour produire qc; ***sie wetteiferten um etw*** ils/elles se disputent qc

wetten I. *vi* ■ **jd wettet** qn parie, qn fait un pari; ■ **jd wettet [mit jdm] um etw** qn parie qc [avec qn]; ***um was wollen wir ~?*** qu'est-ce qu'on parie?; ■ **jd wettet auf ein Tier** qn parie sur un animal; ■ **jd wettet [mit jdm] darauf, dass** qn parie [avec qn] que + *indic*
▶ **[wollen wir] ~?** *fam* on parie?; **~, dass …?** *fam* on parie que …? + *indic*; **~, dass …!** je parie que …! + *indic*; **so haben wir nicht gewettet!** *fam* ben, faut pas se gêner! *fam*
II. *vt* ■ **jd wettet etw** qn parie qc

Wetter <-s, -> *nt* **1.** ∅ METEO temps *m*; ***wie ist das ~?*** quel temps fait-il?; ***es ist schönes/schlechtes ~*** il fait beau/mauvais; ***bei günstigem ~*** si le temps le permet; ***das ~ kann sehr stürmisch/regnerisch werden*** le temps peut se mettre à l'orage/à la pluie
2. DIAL (*Un~*) orage *m*
▶ **jd macht bei jdm gut ~** *fam* qn essaie [o tente] de ramener qn à de meilleurs sentiments; **schlagende ~** le grisou; **bei jedem ~** par tous les temps

-wetter *nt: **wir hatten tolles Flug~*** nous avons eu un temps magnifique pendant le vol; ***wenn Bade~ ist*** quand le temps est à la baignade; ***es war nicht gerade das beste Reise~*** ce n'était pas vraiment un temps à voyager; ***das November~*** le temps qu'il fait en novembre; ***es gibt ein richtiges April~*** il fait un temps d'avril

Wetteraussichten *pl* prévisions *fpl* météo[rologiques] **Wetterbericht** *m* bulletin *m* météo[rologique], météo *f fam* **Wetterbesserung** *f* amélioration [*f* du temps] **wetterbeständig** *adj s.* **wetterfest**

Wetterchen <-s> *nt* ∅ *fam* temps *m* super *fam*

wetterfest *adj* résistant aux intempéries; ■ **etw ist ~** qc résiste aux intempéries **wetterfühlig** *adj* sensible aux changements de temps **Wetterkarte** *f* carte *f* météo[rologique] **Wetterlage** *f* temps *m*; ***und nun die ~:*** … et maintenant le temps qu'il fait: … **Wetterleuchten** <-s> *nt* ∅ éclair *m* de chaleur

wettern *vi geh* ■ **jd wettert [gegen jdn/etw]** qn peste [o fulmine] [contre qn/qc]

Wetterseite *f* face *f* exposée aux intempéries **Wettersturz** *m* chute *f* de température **Wetterumschwung** *m* brusque changement *m* de temps **Wetterveränderung** *f* changement *m* de temps **Wetterverschlechterung** *f* détérioration *f* du temps **Wettervoraussage** *f*, **Wettervorhersage** *f* prévisions *fpl* météo[rologiques], météo *f fam* **Wetterwarte** *f* station *f* météo[rologique]

Wettfahrt *f* course *f*; ***komm, wir machen eine ~ mit den Skateboards*** allez, tu viens, on fait une course de skate-board **Wettkampf** *m* compétition *f* **Wettkämpfer(in)** *m(f)* concurrent(e) *m(f)* **Wettlauf** *m* course *f* à pied ▶ **ein ~ mit der [o gegen die] Zeit** une course contre la montre; **sie machen einen ~** ils/elles font la course **Wettläufer(in)** *m(f)* coureur(-euse) *m(f)*

wett|machen *vt* **1.** ■ **jd macht etw wett** *Rückstand, verlorene Zeit* qn rattrape qc
2. ■ **jd macht etw wett** *Fehler, Versäumnis* qn répare qc

Wettrennen *nt s.* **Wettlauf.** **Wettrüsten** *nt* course *f* aux armements **Wettschwimmen** *nt* course *f* à la nage; SPORT compétition *f* de natation
▶ **sie machen ein ~** ils/elles font une course à la nage

wetzen I. *vt + haben* **1.** (*schleifen*) ■ **jd wetzt etw** *Klinge, Messer* qn aiguise qc
2. ■ **ein Vogel wetzt etw [an etw** (*dat*)**]** *Schnabel* un oiseau aiguise qc [sur qc]
II. *vi + sein fam* ■ **jd wetzt [irgendwohin]** qn file [quelque part] *fam*; ***jd wetzt über die Straße*** qn traverse la rue comme une flèche *fam*

WEU <-> *f* ∅ *abk von* **Westeuropäische Union** U.E.O. *f*

WEZ <-> [veːʔeːˈtsɛt] *f* ∅ *abk von* **westeuropäische Zeit** heure *f* [du méridien] de Greenwich

WG <-, -s> [veːˈgeː] *f abk von* **Wohngemeinschaft** communauté *f* (*personnes partageant un appartement*); ***er sucht ein Zimmer in einer ~*** il cherche une chambre dans un appartement loué à plusieurs; ***jd lebt mit jdm in einer ~*** qn vit en communauté avec qn

Whirlpool <-s, -s> [ˈwøːɐlpuːl] *m* jacuzzi® *m*, bain *m* à remous

Whisky <-s, -s> [ˈvɪski] *m* whisky *m*

wich *imp von* **weichen**

wichsen [-ks-] I. *vi vulg* ■ **jd wichst** qn se branle *vulg*
II. *vt* DIAL ■ **jd wichst etw** *Leder, Stiefel* qn frotte qc; ***jd wichst etw blank*** qn lustre qc

Wichser <-s, -> [-ks-] *m vulg* **1.** (*Onanist*) branleur *m fam*
2. (*Mistkerl*) enfoiré *m vulg*

Wicht <-[e]s, -e> *m* freluquet *m fam*
▶ **armer** ~: ***er ist schon ein armer*** ~ il n'est pas gâté, le pauvre; **kleiner** ~ mouflet *fam*

Wichtel <-s, -> *m* **1.** (*Kobold*) lutin *m*
2. (*Pfadfinderin*) jeannette *f*

wichtig *adj* important(e); ■ **es ist ~ etw zu tun** il est important de faire qc; ■ **etwas W~es**: ***das ist etwas [sehr] W~es/ nichts W~es*** c'est [très] important/ce n'est rien d'important; ■ **das W~ste**, ■ **am ~sten**: ***das W~ste ist, etw zu tun/ dass*** le plus important est de faire qc/que + *subj*; ***für ihn ist die Gesundheit das W~ste im Leben*** le plus important dans la vie pour lui, c'est la santé; *iron Miene, Ton, Gesicht* important(e)
▶ **jd hat/es gibt W~eres zu tun** qn n'a pas que ça à faire/il y a mieux à faire; **jd hat nichts W~eres zu tun, als** qn n'a rien de mieux à faire que de + *infin*, qn s'empresse de + *infin*; **jd kommt sich** (*dat*) ~ **vor** *fam* qn se croit sorti(e) de la cuisse de Jupiter, qn se prend pour quelqu'un d'important; **jd macht sich** ~ *fam* qn fait l'important(e); **jd nimmt etw** ~ qn prend qc au sérieux; **jd nimmt sich** ~ qn se croit important(e); ***jd nimmt sich zu*** ~ qn se prend trop au sérieux; **jd tut** ~ *fam* qn se donne des airs importants; ***es ist mir ~ zu wissen, …*** il m'importe savoir …

Wichtigkeit <-> *f* ∅ importance *f*
▶ **etw ist von … ~** qc est d'une … importance/d'une importance …; **jd legt** [*o* **misst**] **einer S.** (*dat*) **bestimmte ~ bei** qn attache une certaine importance à une chose

Wichtigmacher(in) *m(f)* AUS, **Wichtigtuer(in)** <-s, -> [-tuːɐ] *m(f) pej* frimeur(-euse) *m(f) fam*; ***der Kerl ist ein*** ~ ce type fait de l'esbroufe, ce type frime [*o* crâne] *fam*

Wichtigtuerei <-> [-tuːəˈrai] *f* ∅ *pej* esbroufe *f fam*

wichtigtuerisch [-tuːərɪʃ] *adj pej*: ***ein ~er Kerl*** un frimeur *fam*, un crâneur *fam*; ***mit ~er Miene*** en frimant *fam*, en crânant *fam*, d'un air important; ■ **jd ist** ~ qn frime *fam*, qn crâne *fam*, qn fait l'important(e)

Wicke <-, -n> *f* pois *m* de senteur

Wickel <-s, -> *m* MED enveloppement *m*
▶ **jd macht jdm einen [...]** ~ qn fait un enveloppement [...] à qn; **jd packt** [*o* **kriegt**] **jdn am** [*o* **beim**] ~ *fam* (*knöpft sich jdn vor*) qn montre à qn de quel bois il se chauffe; (*packt jdn am Kragen*) qn attrape qn par la peau du cou

Wickelkommode *f* meuble *m* à langer

wickeln I. *vt* **1.** (*herumbinden*) ■ **jd wickelt [jdm/sich] etw um etw** qn [lui/s']enroule qc autour de qc
2. (*einwickeln*) ■ **jd wickelt jdn/etw in etw** (*akk*) qn enveloppe qn/qc dans qc, qn emballe qc dans qc
3. (*aufwickeln*) ■ **jd wickelt etw auf etw** (*akk*) qn enroule qc sur qc
4. (*abwickeln*) ■ **jd wickelt etw von etw** qn enlève qc enroulé(e) autour de qc
5. (*windeln*) ■ **jd wickelt ein Kind** qn lange [*o* change] un enfant
II. *vr* ■ **etw/ein Tier wickelt sich um etw** qc/un animal s'enroule autour de qc

Wickeltisch *m* table *f* à langer

Widder <-s, -> *m* **1.** ZOOL bélier *m*
2. ASTROL Bélier *m*
▶ **jd ist [ein]** ~ qn est Bélier

wider *präp geh* ■ ~ **etw** (*akk*) contre qc; *alle Vernunft, jds Ratschlag* au mépris de qc; ~ ***besseres Wissen*** en connaissance de cause, sciemment

widerborstig *adj* rebelle, récalcitrant(e) *fam*

Widerborstigkeit <-> *f* ∅ humeur *f* rebelle [*o* récalcitrante], caractère *m* rebelle [*o* récalcitrant]

widerfahren * *vi irreg + sein geh* ■ **jdm widerfährt etw** il arrive qc à qn

Widerhaken *m* barbillon *m*

Widerhall <-s, -e> *m geh* écho *m*
▶ **jd/etw findet [bei jdm] keinen** ~ qn/qc ne trouve aucun écho [auprès de qn]

wider|hallen *vi* ■ **etw hallt von etw wider** qc résonne [*o* retentit] de qc

Widerhandlung *f* CH *s.* **Zuwiderhandlung**

widerlegbar *adj* réfutable; ***dieses Argument wird nicht ohne weiteres ~ sein*** il ne sera pas facile de réfuter cet argument

widerlegen * *vt* ■ **jd widerlegt etw** qn réfute qc; ■ **etw lässt sich** ~ qc peut être réfuté(e), on peut réfuter qc

Widerlegung <-, -en> *f* **1.** ∅ (*das Widerlegen*) réfutation *f*
2. MEDIA réfutation *f*; (*widerlegender Text a.*) démenti *m*

widerlich *adj* **1.** (*ekelhaft*) *Aussehen, Gestank, Essen* répugnant(e); ■ **etw ist jdm** ~ qc répugne qn
2. (*unsympathisch*) *Kerl, Mensch, Typ* répugnant(e)
3. (*unangenehm*) *Gefühl* détestable, très déplaisant(e)

widernatürlich *adj* contre nature

widerrechtlich I. *adj* illégal(e)
II. *adv* illégalement; ***wer sich das Eigentum anderer ~ aneignet, …*** quiconque usurpe [*o* s'approprie illégalement] le bien d'autrui …

Widerrede *f* objection *f*
▶ **ohne** ~ sans qu'il y ait d'objection; **keine** ~! pas de discussion!, l'objection n'est pas tolérée!

Widerruf *m* révocation *f*
▶ **[bis] auf** ~ jusqu'à nouvel ordre

widerrufen * *irreg* I. *vt* **1.** ADMIN ■ **jd widerruft etw** *Genehmigung, Nutzung* qn révoque qc
2. (*zurücknehmen*) ■ **jd widerruft etw** *Aussage, Geständnis* qn revient sur qc, qn rétracte qc *littér*
II. *vi* ■ **jd widerruft** qn se rétracte

widerruflich I. *adj* révocable
II. *adv* à titre révocable

Widersacher(in) <-s, -> *m(f)* adversaire *mf*

widersetzen * *vr* **1.** (*Widerstand leisten*) ■ **jd widersetzt sich jdm** qn résiste à qn
2. (*sich gegen etw sträuben*) ■ **jd widersetzt sich einer S.** (*dat*) qn s'oppose à qc

widersetzlich *adj* insubordonné(e), rebelle; *Kind, Schüler a.* indocile

Widersetzlichkeit <-, -en> *f* insubordination *f*, caractère *m* rebelle; [*Kind, Schüler a.*] indocilité *f*

widersinnig *adj* absurde, qui défie le bon sens; ■ **etw ist** ~ qc est absurde, qc défie le bon sens

widerspenstig *adj* **1.** *Zugtier* rétif(-ive); *Kind, Mitarbeiter a.* rebelle, insubordonné(e); *Kind, Schüler a.* indocile
2. *Stoff* rebelle; *Haar a.* récalcitrant(e)

Widerspenstigkeit <-> *f* ∅ rétivité *f rare*, caractère *m* rétif; [*Kind, Mitarbeiter a.*] caractère *m* rebelle, insubordination *f*; [*Kind, Schüler a.*] indocilité *f*

wider|spiegeln I. *vt geh* ■ **etw spiegelt etw wider** qc reflète qc, qc renvoie l'image de qc
II. *vr geh* ■ **etw spiegelt sich in einer S.** (*dat*)/**auf einer S.** (*dat*) **wider** qc se reflète dans/sur une chose, une chose renvoie l'image de qc

widersprechen * *irreg* I. *vi* **1.** (*sich gegen etw äußern*) ■ **jd widerspricht jdm/einer S.** qn contredit qn/qc; *einem Vorwurf* qn réfute qc; ***Sie widersprechen?*** vous n'êtes pas d'accord?, vous protestez?
2. (*nicht übereinstimmen*) ■ **etw widerspricht einer S.** (*dat*) qc contredit une chose, qc est contraire à une chose
II. *vr* ■ **jd widerspricht sich** (*dat*) qn se contredit; ■ **sie ~ sich** (*dat*) ils/elles se contredisent

widersprechend *adj* ■ **sich [*o* einander] ~** contradictoire

Widerspruch *m* **1.** ∅ (*das Widersprechen*) contradiction *f*, protestation *f verbal übersetzt*; ~ ***von Mitarbeitern wird vom Chef nicht geduldet*** le chef ne tolère pas que ses collaborateurs protestent [*o* le contredisent]; ***der freche ~ eines Schülers*** la réplique insolente d'un écolier
2. (*Unvereinbarkeit*) contradiction *f*; ***hier herrscht ein offenbarer ~ der Aussagen*** il y a une contradiction évidente entre les déclarations; ***die Theorie birgt manche ~e*** la théorie recèle bien des contradictions
3. JUR opposition *f*
▶ **jd legt ~ [gegen etw] ein** qn fait opposition [à qc]; **etw steht in** [*o* **im**] ~ **zu** [*o* **mit**] **etw** qc est en contradiction avec qc; **in** [*o* **im**] ~ **zu etw**: ***etw erfolgt in ~ zu etw*** qc est en contradiction avec qc; ***jd handelt in ~ zu etw*** l'action de qn est en contradiction avec qc

widersprüchlich I. *adj* **1.** (*Unvereinbarkeiten aufweisend*) *Theorie, Verhalten* plein(e) de contradictions
2. (*sich widersprechend*) *Aussagen, Meldungen* contradictoire
II. *adv* contradictoirement; ***jd verhält sich*** ~ qn a un comportement [*o* une attitude] contradictoire; ***jd äußert sich*** ~ qn fait des déclarations contradictoires; ***Berichte aus dem Krisengebiet lauten sehr*** ~ les nouvelles qui parviennent du point chaud sont très contradictoires

widerspruchslos I. *adj Hinnahme, Zustimmung* exempt(e) de protestations; *Befolgen, Gehorchen a.* aveugle
II. *adv* sans protester, sans regimber

Widerstand <-[e]s, -e> *m* **1.** ∅ (*Gegenwehr*) résistance *f*
2. POL résistance *f*
3. *meist pl* (*hindernder Umstand*) résistances *fpl*
4. ∅ PHYS résistance *f* [électrique]
5. ELEC rhéostat *m*
▶ ~ **gegen die Staatsgewalt** JUR résistance à l'autorité de l'État; **jd leistet ~ gegen die Staatsgewalt** qn résiste à l'autorité de l'État; **passiver** ~ résistance passive; **jd leistet [gegen etw]** ~ qn oppose [*o* fait] de la résistance [à qc]

Widerstandsbewegung *f* [mouvement *m* de] résistance ▶ **bewaffnete** ~ mouvement de lutte armée **widerstandsfähig** *adj* **1.** CONSTR *Material* résistant(e); *Bauweise, Konstruktion* solide **2.** MED *Körper, Mensch* robuste; *Konstitution* solide; ■ **jd ist/wird ~ [gegen etw]** qn est résistant(e)/qn s'endurcit [à qc] **Widerstandsfähigkeit** *f* ∅ ■ **jds ~ gegen etw** la résistance de qn à qc **Widerstandskämpfer(in)** *m(f)* résistant(e) *m(f)* **Widerstandskraft** *f s.* **Widerstandsfähigkeit**

widerstandslos I. *adj* sans résistance, inconditionnel(le)
II. *adv* sans [faire [*o* opposer] de] résistance

widerstehen * *vi irreg* **1.** (*standhalten*) ■ **jd widersteht [jdm/einer S.]** *Angreifern, einer Belagerung* qn résiste [à qn/une chose]
2. (*nicht nachgeben*) ■ **jd widersteht [einer S.** (*dat*)] *einem Bestechungsversuch, einer Verlockung* qn résiste [à une chose]
3. (*aushalten können*) ■ **etw widersteht einer S.** (*dat*) *einer Belastung, hohen Temperatur* qc résiste à une chose

widerstreben * *vi geh* ■ **es widerstrebt jdm etw zu tun** qn répugne à faire qc; ***obwohl mir das eigentlich widerstrebt*** bien que cela me répugne

Widerstreben <-s> *nt* ∅ *geh* répugnance *f* [à faire qc]; ***sie sah an seinem ~, dass er nicht probieren mochte*** elle vit qu'il répugnait à goûter
▶ **mit** ~: ***jd führt einen Befehl mit ~ aus*** qn exécute à contrecœur [*o* contraint(e) et forcé(e)] un ordre qui lui répugne

widerstrebend *adv geh s.* **widerwillig**

widerwärtig I. *adj* répugnant(e)
II. *adv* de façon répugnante; ***etw schmeckt/ stinkt*** ~ qc a un goût répugnant/une odeur répugnante

Widerwille *m* répugnance *f*, dégoût *m*
▶ **jd hat [gegen etw] einen ~n** qc a de la répugnance [*o* du dégoût] [pour qc]; **mit ~n** à contrecœur

widerwillig I. *adj* à contrecœur, contraint(e) et forcé(e); ***an der nur ~en Befolgung der Anordnung war klar erkenntlich, dass*** on voyait bien au

mauvais gré avec lequel l'ordre a été exécuté que + *indic*
II. *adv* à contrecœur, contraint(e) et forcé(e)
Widerworte *pl* réplique *f;* ***ich verbitte mir jedwede ~*** je n'admets pas qu'on me réplique
▶**jd gibt [jdm] ~** qn réplique [*o* répond] [à qn]; **keine ~!** pas de réplique!; **ohne ~** sans répliquer
widmen I. *vt* **1.** (*dedizieren*) ■ **jd widmet jdm etw** qn dédie qc à qn
2. (*für etw verwenden*) ■ **jd widmet etw einer S.** (*dat*) qn consacre qc à une chose
3. ADMIN ■ **jd widmet etw einer S.** (*dat*) *dem Verkehr* qn ouvre qc à qc
II. *vr* ■ **jd widmet sich jdm** qn se consacre à qn; ■ **jd widmet sich einer S.** (*dat*) qn se consacre à une chose
Widmung <-, -en> *f* **1.** (*Dedikation*) dédicace *f*
2. ADMIN [*Brücke, Straße*] ouverture *f;* ***die ~ einer neuen Brücke für den Verkehr*** l'ouverture d'un nouveau pont à la circulation
widrig *adj geh Verhältnisse* défavorable; *Umstände a.* fâcheux(-euse); *Geschick* contraire
-widrig *regel-, verkehrs-, sitten-, vertrags-, absprache-* contraire à; ***verfassungs~*** anticonstitutionnel(le), inconstitutionnel(le); ***absprache~*** contraire à ce qui était convenu
wie I. *adv* **1.** *interrog* (*auf welche Weise*) comment, de quelle manière
2. *rel* (*auf welche Art und Weise*) la façon [*o* la manière] dont
3. *interrog* (*in welcher Art*) comment; ***~ war das Wetter in eurem Urlaub?*** quel temps a-t-il fait pendant vos vacances?
4. (*in welchem Maße*) *teuer, groß, schnell etc:* ***~ viel*** combien; ***~ groß bist du?*** combien mesures-tu?; ***es hängt vom Verkehr ab, ~ schnell man auf der Autobahn fahren kann*** la vitesse à laquelle on peut rouler sur l'autoroute dépend de la circulation; ***wenn ich gewusst hätte, ~ schwer das ist, …*** si j'avais su à quel point c'est lourd/difficile, …; ***ich war überrascht, ~ leicht der Koffer war*** j'ai été surpris de la légèreté de la valise; ***du kannst dir ja gar nicht vorstellen, ~ viel Autos heute auf der Autobahn wieder unterwegs waren!*** tu ne peux pas t'imaginer le nombre de voitures qui circulait aujourd'hui sur l'autoroute; ***~ viel größer ist das andere Grundstück?*** de combien l'autre terrain est-il plus grand?; ***~ viel schöner wäre es doch, wenn …*** comme ce serait mieux si …
5. *interrog* (*stimmt's?*) ■ **…, ~?** …, non?; ***so hat es sich doch auch abgespielt, ~?*** c'est bien ainsi que cela s'est passé, pas vrai? *fam*
6. (*in Ausrufen*) (*ist es*) comme [*o* que] c'est; (*bin ich/bist du*) que je suis/tu es
▶ **~ ist es, wenn man etw tut?** quel effet ça fait de faire qc?; **~ ist's, …?** *fam* [bon,] alors …?; ***nun, ~ ist's, sind wir uns jetzt einig?*** bon, alors, ça y est, nous sommes d'accord?; **~ wär's mit etw?** *fam* qu'est-ce que tu dirais/vous diriez de qc?; **~ bitte?** quoi?, comment?; **~ das?** comment ça?; **~ oft …?** … tous les combien? *fam,* à quelle fréquence?; **~ oft …!** combien [*o* que] de fois …!; **~ sehr …?** combien …?; ***~ sehr liebst du mich?*** comment m'aimes-tu?; **~ sehr …!** comme …!, à quel point …!; **und** [*o* **aber**] **~!** et comment!; **~ viele …?** combien de …?; ***~ viele sind noch übrig?*** combien en reste-t-il?; ***~ viele von euch?*** combien d'entre vous?; **~ viele …!** combien …!; ~? comment?
II. *conj* **1.** (*vergleichend*) ■ **… ~ …** … comme …; ***ich schätze die Sachlage ein ~ Sie*** j'ai la même appréciation que vous de l'état des choses; ***was Sie auch wählen, es ist eins ~ das andere*** quelque choix que vous fassiez, c'est la même chose [*o* ça revient au même]
2. (*so ~*) ■ **~ jd …** comme qn …; ***~ ich höre*** d'après ce que j'entends dire; ***~ es heißt*** [*o* ***man sagt***]/***sich erzählt*** à ce qu'on dit/raconte
3. (*ebenso ~*) comme; ***es kam, ~ es kommen musste*** il est arrivé ce qui devait arriver
4. (*beispielsweise*) comme
5. (*und*) comme, et; ***alle kamen, Dicke ~ Dünne, Alte ~ Junge*** tout le monde est venu, [les] maigres et [les] gros, [les] jeunes et [les] vieux
6. *nach Verben der Wahrnehmung merkt, sieht* comment, la façon dont; *fühlt, spürt* comme; ***ich spüre, ~ es kälter wird*** je sens qu'il fait plus froid; ***er sah, ~ der Krug umkippte*** il a vu la cruche basculer [*o* que la cruche basculait]
▶ **~ … auch** [**immer**] (*egal wie*): ***~ das auch sein mag/~ auch immer*** quoi qu'il en soit; ***~ groß der Wagen auch immer sein mag*** quelle que soit la taille de la voiture; ***~ sie sich auch immer herausreden mag*** elle a beau s'en tirer par de belles paroles; ***…, ~ wenn*** *fam* comme si; ***mir ist, ~ wenn*** j'ai comme l'impression que + *indic*
Wie <-s> *nt* ∅ comment *m*
Wiedehopf <-[e]s, -e> *m* huppe *f*
▶**jd stinkt wie ein ~** *fam* qn pue le bouc *fam*
wieder *adv* **1.** (*erneut*) de nouveau; ***du hast mich ja ~ belogen!*** tu m'as menti une fois de plus!, tu m'as encore menti!
2. (*wie zuvor*) de nouveau
3. (*allerdings*) en tout cas; ***das ist ~ ein ganz neuer Gesichtspunkt*** voilà en tout cas un point de vue totalement différent
▶ **~ mal** encore une fois; ***schön, Sie ~ mal zu sehen!*** ça fait plaisir de vous revoir! [*o* voir à nouveau!]; **~ und ~** *geh* sans cesse, continuellement; ***~ und ~ habe ich sie gewarnt*** je n'ai [jamais] cessé de la mettre en garde
Wiederaufarbeitung <-, -en> *f* retraitement *m*
Wiederaufarbeitungsanlage *f* usine *f* de retraitement
Wiederaufbau <-bauten> *m* reconstruction *f*
wieder|auf|bauen *s.* **aufbauen I.**▶
wieder|auf|bereiten * *s.* **aufbereiten** ▶
Wiederaufbereitung <-, -en> *f s.* **Wiederaufarbeitung**
Wiederaufnahme *f* reprise *f;* ***wir haben uns zu einer ~ des Kontakts mit ihm entschlossen*** nous nous sommes décidés à reprendre contact avec lui

wieder|auf|nehmen *s.* **aufnehmen** ▶
wieder|auf|rüsten *s.* **aufrüsten I.**
Wiederaufrüstung *f* réarmement *m*
wieder|bekommen * *vt irreg* ■ **jd bekommt etw wieder** *ausgeborgten Gegenstand, Geld, etwas Verlorenes* qn récupère qc *fam;* ■ **jd bekommt etw von ihm/ihr wieder** qn rend qc à qn
wieder|beleben * *s.* **beleben I.4.**
Wiederbelebung *f* r[é]animation *f*
Wiederbelebungsversuch *m meist pl* tentative *f* de r[é]animation
▶**jd stellt ~e bei jdm an** qn tente de r[é]animer qn
wieder|beschaffen * *vt* ■ **jd beschafft [jdm/sich] etw wieder** qn retrouve [*o* rachète] qc [à qn]
Wiederbeschaffung *f* récupération *f;* ***die Versicherung zahlt bei einem Diebstahl den Wert der ~*** l'assurance rembourse en cas de vol le remplacement [de l'objet] à l'identique
wieder|ein|setzen *s.* **einsetzen I.5.**
Wiedereintritt *m* **1.** RAUM retour *m;* ***der ~ des Satelliten in die Erdatmosphäre*** la rentrée du satellite dans l'atmosphère terrestre
2. (*erneuter Eintritt*) réinscription *f;* ***seit seinem ~ in die Partei*** depuis qu'il est à nouveau membre du parti
wieder|entdecken * *s.* **entdecken I.**▶
Wiederentdeckung *f* redécouverte *f*
wieder|erhalten * *vt irreg geh s.* **wiederbekommen**
wieder|erkennen * *s.* **erkennen I.**▶
wieder|erlangen * *vt geh* ■ **jd erlangt etw wieder** qn recouvre qc *littér*
wieder|eröffnen * *s.* **eröffnen I.1.**
Wiedereröffnung *f* réouverture *f*
wieder|finden *s.* **finden I.1., III.2.**
Wiedergabe *f* **1.** (*Schilderung*) relation *f*
2. PHOT, TYP reproduction *f*
wieder|geben *vt irreg* **1.** (*zurückgeben*) ■ **jd gibt jdm etw wieder** qn redonne [*o* rend] [*o* restitue] qc à qn
2. (*schildern*) ■ **jd/etw gibt etw wieder** qn/qc relate qc
3. (*zitieren*) ■ **jd/etw gibt etw wieder** *Satz* qn/qc cite qc; *Zitat* qn fait qc; *Wortlaut* qn/qc rend qc
Wiedergeburt *f* réincarnation *f*
wieder|gewinnen * *vt irreg* **1.** ÖKO ■ **jd gewinnt etw aus etw wieder** qn obtient [*o* produit] qc en retraitant qc
2. *s.* **wiedererlangen**
wieder|gut|machen *s.* **gutmachen** ▶
Wiedergutmachung <-, -en> *f* réparation *f*
wieder|haben *vt irreg fam* (*zurückhaben*) ■ **jd hat jdn/etw wieder** qn récupère qn/qc *fam*
wieder|her|stellen *vt* **1.** (*restaurieren*) ■ **jd stellt etw wieder her** qn remet qc en état, qn restaure qc
2. (*erneut eintreten lassen*) ■ **jd stellt etw wieder her** *Frieden, Kontakt, Ordnung* qn rétablit qc
3. MED ■ **jd/etw stellt jdn/etw wieder her** qn/qc remet qn sur pied/rétablit qc
Wiederherstellung *f* **1.** (*Restaurierung*) restauration *f,* rénovation *f*
2. (*das Wiederherstellen*) [*Beziehungen, Frieden*] rétablissement *m*
wiederholbar *adj* ■ **etw ist […] ~** qc est […] renouvelable
wiederholen[*1] I. *vt* **1.** (*abermals durchführen*) ■ **jd wiederholt etw** qn recommence qc, qn refait qc
2. TV ■ **jd wiederholt etw** *Film, Sendung* qn repasse qc, qn rediffuse qc
3. (*repetieren*) ■ **jd wiederholt etw** *Lektion, Vokabeln* qn révise qc
4. SCOL, UNIV ■ **jd wiederholt etw** *Klasse* qn redouble qc; *Kurs* qn se réinscrit à qc, qn suit à nouveau qc; *Prüfung* qn repasse qc, qn se représente à qc
5. (*nachsprechen*) ■ **jd wiederholt etw** qn répète qc
6. (*erneut vorbringen*) ■ **jd wiederholt etw** *Angebot, Forderung* qn renouvelle qc, qn réitère qc; *Frage* qn répète qc, qn repose qc; ■ **jd wiederholt, [dass]** qn répète que + *indic*
II. *vr* **1.** (*sich wiederum ereignen*) ■ **etw wiederholt sich** qc se répète, qc se reproduit
2. (*noch einmal sagen*) ■ **jd wiederholt sich** qn se répète
wieder|holen[2] *vt* (*zurückholen*) ■ **jd holt jdn wieder** qn rattrape qn; ■ **jd/ein Hund holt [jdm] etw wieder** qn ramène/un animal rapporte qc [à qn]
wiederholt I. *adj* répété(e), renouvelé(e), réitéré(e)
II. *adv* à plusieurs [*o* maintes] reprises, maintes fois
Wiederholung <-, -en> *f* **1.** (*erneute Durchführung*) [*Experiment, Test*] recommencement *m;* [*Versuch*] répétition *f;* ***das Ergebnis macht die ~ dieser Klassenarbeit unausweichlich*** vu les résultats, il faut refaire [*o* recommencer] ce devoir [surveillé]
2. [*Film, Sendung*] rediffusion *f*
3. (*Repetition*) [*Lektion, Vokabeln*] révision *f;* ***ich empfehle euch dringend die ~ der Formeln*** je vous recommande vivement de réviser les formules
4. SCOL, UNIV [*Klasse*] redoublement *m;* ***eine ~ dieser Prüfung ist nicht möglich*** il n'est pas possible de repasser cet examen
5. (*erneutes Vorbringen*) [*Angebot, Forderung*] renouvellement *m*
Wiederholungs- *-jahr* de redoublement; *-kurs, -semester* de révision; *-prüfung* de rattrapage; ***das ~spiel*** le match à rejouer **Wiederholungsfall** *m* ▶ **im ~** *form* en cas de récidive **Wiederholungstäter(in)** *m(f)* récidiviste *mf*
Wiederhören *nt* ▶ **[auf] ~!** au revoir!
wieder|käuen I. *vt* **1.** ZOOL ■ **ein Tier käut etw wieder** un animal rumine qc
2. *fam* (*ständig wiederholen*) ■ **jd käut etw wieder** qn rabâche qc

II. *vi* ■ **ein Tier käut wieder** un animal rumine
Wiederkäuer <-s, -> *m* ruminant *m*
Wiederkehr <-> *f* ∅ *geh* retour *m*
wieder|kehren *vi + sein geh* 1. *(zurückkehren)* ■ **jd kehrt wieder** qn revient
2. *s.* **wiederkommen 3.**
wieder|kennen *s.* **kennen I.▸**
wieder|kommen *vi irreg + sein* 1. *(zurückkommen)* ■ **jd kommt wieder** qn revient
2. *(erneut kommen)* ■ **jd kommt wieder** qn revient
3. *(sich noch einmal bieten)* ■ **etw kommt wieder** / *Gelegenheit/* qc se représente
Wiederschauen *nt* ▸ [auf] ~! *geh s.* **Wiedersehen**
wieder|sehen *s.* **sehen I.4., III.1.**
Wiedersehen <-s, -> *nt* [nouvelle] rencontre *f;* ***ich mache mit ihm einen Termin für das nächste ~ ab*** je lui fixe un rendez-vous pour notre prochaine rencontre; ***darf ich auf ein ~ mit Ihnen hoffen?*** puis-je espérer vous revoir?; ***auf baldiges*** ~! à très bientôt!
▸ **jd sagt** [**Auf**] ~ qn dit au revoir; [**auf**] ~! au revoir!
Wiedertäufer(in) <-s, -> *m(f)* anabaptiste *mf*
wieder|tun *s.* **tun I.1.**
wiederum *adv* 1. *(abermals)* de nouveau, encore [une fois]
2. *(dagegen)* ■ **jd** ~ qn en revanche; ***er kann Hitze gut vertragen, sie ~ leidet darunter*** il supporte bien la chaleur, elle en revanche en souffre
3. *(für jds Teil)* ■ **jd** ~ qn pour sa part, qn de son côté ***ich weiß das von meiner Frau, die ~ von ihrem Chef*** je le sais par ma femme et elle, de son côté [*o* pour sa part], par son patron
wieder|vereinigen * *s.* **vereinigen I., II.1.**
Wiedervereinigung *f* réunification *f*
wieder|verheiraten * *s.* **verheiraten**
wiederverwendbar *s.* **verwendbar**
wieder|verwenden * *s.* **verwenden I.**
Wiederverwendung *f* réutilisation *f,* réemploi *m*
wieder|verwerten *s.* **verwerten 1.**
Wiederverwertung *f* recyclage *m*
Wiederwahl *f* réélection *f*
wieder|wählen *s.* **wählen I.1.**
Wiege <-, -n> *f* berceau *m*
▸ **jdm ist etw in die ~ gelegt worden** qc est inné(e) chez qn, qn a qc de naissance; **jds ~ stand in etw** *(dat) geh* qn est natif(-ive) de quelque part, qn est né(e) quelque part; ***Napoleons ~ stand in Korsika*** la Corse fut le berceau de Napoléon *soutenu*
Wiegemesser *nt* hachoir *m*
wiegen¹ <wog, gewogen> I. *vt* 1. *(das Gewicht messen)* ■ **jd wiegt jdn/etw** qn pèse qn/qc
2. *(als Gewicht haben)* ■ **jd/etw wiegt etw** qn/qc pèse qc
II. *vr* ■ **jd wiegt sich** qn se pèse
wiegen² I. *vt* 1. *(hin und her bewegen)* ■ **jd wiegt jdn** *Kind* qn berce qn; ■ **jd wiegt etw** *Kopf, Oberkörper* qn dodeline de qc; *Hüften* qn balance qc, qn ondule de qc
2. *(fein hacken)* ■ **jd wiegt etw** qn hache qc [menu]
II. *vr* 1. *(sich hin und her bewegen)* ■ **jd wiegt sich** [**zu etw**] qn se balance [au rythme de qc]
2. *(sich fälschlich glauben)* ■ **jd wiegt sich in etw** *(dat) in einer Hoffnung* qn se berce de qc; ***Sie ~ sich fälschlich in dieser Annahme!*** vous vous bercez d'illusions si vous partez de cette idée!; ***sie wiegte sich in Sicherheit*** elle s'imaginait être en sécurité
wiehern *vi* 1. ■ **ein Pferd wiehert** un cheval hennit
2. *fam (lachen)* ■ **jd wiehert** qn s'esclaffe [bruyamment]
Wien <-s> *nt* Vienne
Wiener *adj attr* 1. GEOG de Vienne, viennois(e)
2. GASTR *Spezialität* viennois(e)
Wiener(in) <-s, -> *m(f)* Viennois(e) *m(f)*
wienern *vt fam* ■ **jd wienert etw** *Kacheln, polierte Möbeloberfläche* qn astique qc *fam,* qn brique qc *fam; Schuhe* qn cire qc
wies *imp von* **weisen**
Wiese <-, -n> *f* prairie *f,* pré *m*
▸ **auf der grünen ~** en pleine campagne
wiesehr *conj* AUS *s.* **wie sehr**
Wiesel <-s, -> *nt* belette *f*
▸ **jd ist flink wie ein ~** *fam* qn est vif(vive) [*o* agile] comme un écureuil
wieso *adv* 1. *interrog* pourquoi, pour quelle raison; ~? comment cela?; ~ ***sind Sie schon wieder zehn Minuten zu spät?*** comment se fait-il que vous soyez encore en retard de dix minutes?
2. *rel (weshalb)* pourquoi, pour quelle raison
wieviel *s.* **wie I.4.**
wievielmal *adv interrog* combien de fois
wievielte(r, s) *adj interrog* ■ **der/die/das ~ …?** le/la combientième …? *fam;* ***am ~n September sollte die Konferenz stattfinden?*** quel jour de septembre la conférence devrait-elle avoir lieu?; ***beim ~n Versuch hat es geklappt?*** au bout de combien de tentatives ça a marché?
▸ **der W~ ist heute?, den W~n haben wir heute?** le combien sommes-nous aujourd'hui? *fam;* **am W~n** quel jour, le combien
wieweit *conj s.* **inwieweit**
Wikinger(in) <-s, -> *m(f)* Viking *mf*
wild I. *adj* 1. *(in freier Natur lebend) Tier* sauvage; *Eingeborener, Volk a.* primitif(-ive)
2. *(wild wachsend)* sauvage
3. GEOG *Gegend, Moor, Vegetation* sauvage
4. *(rau) Bursche, Haufen* sauvage
5. *(illegal) Müllkippe, Streik, Zelten* sauvage
6. *(maßlos) Gerücht, Spekulation* fou(folle) *antéposé;* ***unter ~en Flüchen*** en jurant sauvagement
7. *(hemmungslos) Kampf, Raserei, Leidenschaft* sauvage; *Fahrt* effréné(e); *Orgie* fou(folle) *antéposé*
8. *fam (versessen)* ■ **jd ist ~ auf jdn** qn est dingue de qn *fam;* ■ **jd ist ~ auf etw** *(akk)* qn raffole de qc
▸ ~ **geworden** en furie, rendu(e) furieux(-euse); **das ist halb** [*o* **nicht**] **so ~** *fam* c'est pas un drame *fam;* **ich könnte ~ werden, wenn ich etw tue** *fam* ça me fout en pétard [*o* les boules] quand je fais qc [*o* de faire qc] *fam;* **jd/etw macht jdn ~** *fam* qn/qc fout qn en pétard [*o* les boules à qn] *fam;* **jd wird ~** qn se fout en pétard *fam;* **wie ~** comme un enragé/une enragée
II. *adv* 1. *(ungeordnet) herumliegen* pêle-mêle; *verstreuen* dans tous les sens
2. *(hemmungslos) sich auf jdn stürzen, auf jdn einschlagen* sauvagement; *brüllen* comme un possédé/une possédée; ***jd flucht ~*** qn jure comme un charretier; ***wenn der das erfährt, dann wird er wieder ~ toben*** s'il vient à l'apprendre, il va encore écumer de rage
▸ ~ **lebend** *Tier* [qui vit [*o* vivant]] en liberté; **ein Tier lebt ~** un animal vit à l'état sauvage; ~ **wachsend** sauvage; **etw wächst ~** qc pousse à l'état sauvage, qc pousse tout(e) seul(e)
Wild <-[e]s> *nt* ∅ gibier *m*
Wildbach *m* torrent *m* **Wildbahn** *f* ▸ **in** [*o* **auf**] **freier ~** en liberté **Wildbret** <-s> *nt* ∅ gibier *m* **Wilddieb(in)** *m(f) s.* **Wilderer. Wilddiebstahl** *m s.* **Wilderei**
Wilde(r) *f(m) decl wie adj* sauvage *mf*
▸ **wie ein ~r/eine ~** *brüllen, toben* comme un sauvage/une sauvage, comme un possédé/une possédée; *rasen, fahren* comme un fou/une folle, comme un cinglé/une cinglée *fam; arbeiten* comme un forçat
Wildente *f* canard *m* sauvage
Wilderei <-, -en> *f* braconnage *m*
Wilderer(in) <-s, -> *m(f)* braconnier(-ière) *m(f)*
wildern *vi* 1. ■ **jd wildert** qn braconne; ■ **das W~** le braconnage
2. ■ **ein Tier wildert** un animal chasse
wildfremd *adj fam* parfaitement inconnu(e); ~***e Menschen*** *(einander fremd)* des gens qui ne se connaissent ni d'Ève ni d'Adam; *(mir fremd)* des gens que je ne connais ni d'Ève ni d'Adam **Wildfremde(r)** *f(m) decl wie adj* personne *f* totalement inconnue **Wildgans** *f* oie *f* sauvage
Wildheit <-, -en> *f* 1. ∅ *(ungezügeltes Wesen)* sauvagerie *f*
2. *(Hemmungslosigkeit)* [*Kampf*] sauvagerie *f;* [*Leidenschaft, Liebe*] violence *f*
Wildkatze *f* 1. ZOOL chat *m* sauvage 2. *(Frau)* femme *f* amoureuse comme une chatte **wildlebend** *s.* **wild II.▸. Wildleder** *nt* daim *m* **wildledern** *adj* en [*o* de] daim
Wildnis <-, -se> *f* contrée *f* sauvage, région *f* déserte
Wildpark *m* parc *m* [*o* réserve *f*] à gibier **wildromantisch** *adj* d'un romantisme sauvage **Wildsau** *f* laie *f* **Wildschwein** *nt* sanglier *m* **wildwachsend** *s.* **wild II.▸. Wildwasserrennen** *nt* descente *f* en kayak **Wildwechsel** [-ks-] *m* JAGD 1. ∅ *(Straßenüberquerung durch Wild)* passage *m* de gibier, traversée *f* d'animaux 2. *(Pfad)* passée *f* **Wildwestfilm** *m s.* **Western**
Wilhelm <-s> *m* Guillaume *m*
Wille <-ns> *m* ∅ volonté *f;* ***es ist mein fester ~ das heute noch zu machen*** je suis résolu à [*o* j'ai la ferme intention de] faire ça aujourd'hui; ***es war nicht mein ~, dass es so kommen sollte*** je n'ai pas voulu que ça prenne une telle tournure
▸ **der ~ zur Macht** la volonté de puissance; **wo ein ~ ist, ist auch ein Weg** *prov* vouloir c'est pouvoir; **beim besten ~n nicht** même avec la meilleure volonté du monde; **es war kein böser ~** ce n'était pas intentionnel; **jd hat seinen eigenen ~n** qn sait ce qu'il veut; **jd tut etw aus freiem ~n** qn fait qc de sa propre initiative; **der gute ~** la bonne volonté; **jds letzter ~** *geh* les dernières volontés *fpl* de qn; **dein ~ geschehe** que ta volonté soit faite; **jd hat keinen ~n** qn n'a aucune [*o* pas de] volonté; **jd ist jdm zu ~n** *(tut, was jd will)* qn accède aux désirs de qn; ***sie war ihm eines schönen Maiabends zu ~n*** elle lui céda par un beau soir de mai; **jd lässt jdm seinen ~n** qn laisse qn faire à sa guise [*o* comme il l'entend]; **jd setzt seinen ~n durch** qn impose sa volonté; **gegen jds ~n** contre la volonté [*o* le gré] de qn; [**ganz**] **wider ~n** [vraiment] sans le vouloir
willen *präp* ▸ **um jds/einer S. ~** pour [l'amour de] qn/qc
willenlos *adj labiler Mensch, Scherge* sans la moindre volonté, dénué(e) de toute volonté; *Zombie* privé(e) de volonté, aboulique
willens *adj geh* ■ **jd ist ~ etw zu tun** qn est disposé(e) à faire qc; ***bist du ~ … zur Frau zu nehmen?*** consentez-vous à prendre pour épouse …?
Willenskraft *f* ∅ volonté *f,* force *f* de caractère **willensschwach** *adj* sans volonté, faible; ■ **jd ist ~** qn manque [*o* n'a pas] de volonté **Willensschwäche** *f* ∅ manque *m* de volonté, faiblesse *f* de caractère **willensstark** *adj* volontaire; ■ **jd ist ~** qn a de la volonté [*o* de la force de caractère]
willentlich *adj geh s.* **absichtlich**
willig *adj* [qui fait preuve] de bonne volonté; ***ein ~es Kind*** un enfant docile
-willig *verhandlungs-, kompromiss-* disposé(e) à; *ausreise-* désireux(-euse) de, qui a envie de
willkommen *adj* 1. *(gern empfangen) Besucher, Gast* bienvenu(e); *Besuch* qui fait plaisir; ■ **jd ist** [**jdm**] ~ qn est bienvenu(e) [chez qn]
2. *(durchaus erwünscht) Abwechslung* vraiment bienvenu(e); *Anlass, Gelegenheit* rêvé(e), opportun(e); ■ **etw ist ~** qc est bienvenu(e), qc tombe bien
▸ **jd heißt jdn ~** *geh* qn souhaite la bienvenue à qn; **seid/seien Sie** [**herzlich**] ~! soyez les bienvenus/le bienvenu/la bienvenue!
Willkommen <-s, -> *nt* bienvenue *f*

▸ **jd bereitet jdm ein …** ~ *geh* qn réserve à qn un accueil …
Willkommenstrunk *m geh* verre *m* de bienvenue
Willkür <-> *f* ∅ arbitraire *m*
Willkürherrschaft *f* despotisme *m*, tyrannie *f*
willkürlich I. *adj* arbitraire
II. *adv* arbitrairement
wimmeln *vi* 1. *impers* + *haben* ■ **irgendwo wimmelt es von Menschen/Tieren/Dingen** *von Fischen, Käfern, Maden* ça grouille [*o* fourmille] de personnes/d'animaux/de choses quelque part; ***bei uns im Büro wimmelt es zur Zeit von Ameisen*** au bureau, nous sommes actuellement envahis par des fourmis; ***auf dem Platz wimmelte es nur so von Menschen*** la place grouillait de monde
2. + *sein* (*sich hin und her bewegen*) ■ **Tiere** ~ **irgendwo** des animaux grouillent [*o* ça grouille d'animaux] quelque part
3. *fam* (*voll von etw sein*) ■ **etw wimmelt von etw** *von Fehlern* qc fourmille qc
Wimmerl <-s, -n> *nt* AUS (*Pickel*) bouton *m*
wimmern *vi* ■ **jd wimmert** qn geint, qn gémit; /*Baby*/ qn vagit
Wimmern <-s> *nt* ∅ gémissements *mpl*; [*Baby*] vagissements *mpl*
Wimpel <-s, -> *m* fanion *m*
Wimper <-, -n> *f* cil *m*
▸ **jd zuckt nicht mit der** ~ qn ne sourcille pas, qn ne bronche pas; **ohne mit der** ~ **zu zucken** sans sourciller, sans broncher
Wimperntusche *f* mascara *m*, rimmel *m*
Wind <-[e]s, -e> *m* vent *m*
▸ **widriger** ~ vent *m* contraire; **jd nimmt jdm den** ~ **aus den Segeln** qn coupe l'herbe sous le[s] pied[s] de qn; **wer** ~ **sät, wird Sturm ernten** *prov* qui sème le vent récolte la tempête; **bei** [*o* **in**] ~ **und Wetter** par tous les temps; **jd bekommt** [*o* **kriegt**] ~ **von etw** *fam* qn a vent de qc; **der** ~ **dreht sich** le vent tourne; **der** ~ **dreht auf etw** (*akk*) le vent tourne à qc; **jd macht viel** ~ **um etw** *fam* qn fait tout un plat [*o* tout un fromage] de qc *fam*; **mach doch nicht so einen** ~ *fam* fais donc pas un tel cinéma! *fam*; **jd schlägt etw in den** ~ qn fait fi de qc; **irgendwo weht ein …** ~ *fam* un vent … souffle quelque part; ***im Unternehmen weht jetzt ein anderer/scharfer*** ~ le vent qui souffle dans l'entreprise est au changement; ***in der Abteilung weht ein frischer Wind*** dans le service, l'atmosphère s'est rafraîchie; **woher der** ~ **weht** *fam* de quel côté souffle le vent; **daher weht** [**also**] **der** ~! *fam* voilà le fin mot de l'histoire; **sie werden in alle** [**vier**] ~**e zerstreut** ils/elles sont dispersé(e)s aux quatre vents
Windbeutel *m* chou *m* à la crème
Winde <-, -n> *f* 1. TECH treuil *m*
2. BOT liseron *m*
Windel <-, -n> *f* 1. (*Tuch*) couche *f*
2. (*Fertig~*) couche *f* [jetable]
Windeleinlage *f* couche *f* [absorbante] **Windelhöschen** [-hø:sçən] *nt* couche-culotte *f*, change *m* **windelweich** I. *adj Antwort, Ausrede* mou(molle) II. *adv* ▸ **jdn schlägt** [*o* **prügelt**] **jdn** ~ *fam* qn bat qn comme plâtre, qn tabasse qn *fam*
winden[1] <wand, gewunden> I. *vr* 1. (*sich krümmen*) ■ **jd windet sich** [**in etw** (*dat*)/**vor etw** (*dat*)] *in wilden Krämpfen, wilden Zuckungen, vor Schmerzen* qn se tord [dans qc/de qc]
2. (*sich vorwärts bewegen*) ■ **etw windet sich irgendwohin** qc serpente quelque part
3. ZOOL ■ **ein Tier windet sich irgendwohin** /*Schlange*/ *durchs Dickicht* un animal se faufile [*o* s'insinue] quelque part; *um den Baum* un animal s'enroule quelque part
4. BOT ■ **etw windet sich um etw** qc s'enroule [*o* s'entrelace] autour de qc
5. (*nach Ausflüchten suchen*) ■ **jd windet sich** qn use de faux-fuyants, qn fait des contorsions
II. *vt* 1. (*entwinden*) ■ **jd windet jdm etw aus etw** qn lui arrache qc de qc
2. (*herumschlingen*) ■ **jd windet etw um etw** *Band, Kordel, Strick* qn enroule qc autour de qc
3. (*binden*) ■ **jd windet jdm/sich etw irgendwohin** *Band, Tuch* qn lui noue qc/se noue qc quelque part
winden[2] *vi impers* (*stark wehen*) ■ **es windet** il y a beaucoup de vent
Windenergie *f* énergie *f* éolienne
Windeseile *f* ▸ **etw verbreitet sich in** [*o* **mit**] ~ qc se répand comme une traînée de poudre; **in** [*o* **mit**] ~ à toute vitesse
Windfang <-s, ¨-e> *m* tambour *m* **windgeschützt** I. *adj* protégé(e) [*o* à l'abri] du vent II. *adv* à l'abri du vent **Windgeschwindigkeit** *f* vitesse *f* du vent **Windhauch** *m* souffle *m* de vent **Windhose** *f* tornade *f*, tourbillon *m* de vent **Windhund** *m* 1. ZOOL lévrier *m* 2. *pej* (*Schürzenjäger*) coureur [*m* de jupons]
windig *adj* 1. METEO venté(e), venteux(-euse); ***ein*** ~***er Tag*** un jour de vent; ■ **es ist** ~ il y a du vent, il vente
2. *fam* (*dubios*) *Bursche, Vertreter* pas sérieux(-euse); *Angelegenheit, Geschäft, Sache* foireux(-euse) *fam*; ***ein*** ~***er Kerl*** un rigolo *fam*
Windjacke *f* blouson *m*
Windjammer <-s, -> *m* grand voilier *m* **Windkanal** *m* soufflerie *f*, tunnel *m* aérodynamique **Windkraft** *f* ∅ énergie *f* éolienne **Windkraftanlage** *f*, **Windkraftwerk** *nt* éolienne *f* **Windlicht** *nt* photophore *m*, lumignon *m* **Windmühle** *f* moulin *m* à vent **Windmühlenflügel** *m* aile *f* de moulin à vent ▸ **jd kämpft gegen** ~ [**an**] qn se bat en pure perte **Windpocken** *pl* varicelle *f* **Windrad** *nt* éolienne *f* **Windrose** *f* rose *f* des vents **Windschatten** *m* côté *m* abrité du vent **windschief** *adj Holzhaus, Hütte* tout(e) tordu(e), tout(e) de travers; *Dach* déjeté(e) **windschnittig** *adj* aérodynamique **Windschutzscheibe** *f* pare-brise *m* **Windseite** *f* côté *m* exposé au vent **Windstärke** *f* force *f* du vent; ***ein Orkan mit*** ~***n von bis zu 13*** un ouragan avec des vents atteignant force 13 **windstill** *adj* sans [le moindre souffle de] vent; ■ **es ist** ~ il n'y a pas [le moindre souffle] de vent **Windstille** *f* absence *f* de vent, calme *m* plat; ***es herrscht*** [***völlige***] ~ il n'y a pas le moindre [souffle de] vent **Windstoß** *m* bourrasque *f*, rafale *f* **Windsurfbrett** [-sø:ɐf-] *nt* planche *f* à voile **Windsurfer(in)** [-sø:ɐfɐ] *m(f)* [véli]planchiste *mf* **Windsurfing** [-sø:ɐfɪŋ] *nt* planche *f* à voile
Windung <-, -en> *f* 1. [*Wasserlauf*] méandre *m*
2. [*Bergpfad, Passstraße*] lacet *m*
Wink <-[e]s, -e> *m* 1. (*Hinweis*) indication *f*, renseignement *m*, tuyau *m fam*; ***ein*** ~ ***Gottes*** un avertissement de Dieu; ***er muss von jemandem einen*** ~ ***bekommen haben*** il a dû être renseigné par quelqu'un
2. (*Handbewegung*) signe *m* de la main
▸ **ein** ~ **mit dem Kopf** un signe de [la] tête; **ein** ~ **mit dem Zaunpfahl** *fam* un appel du pied *fam*; **jd gibt jdm einen** ~ qn avertit qn, qn donne un tuyau à qn *fam*
Winkel <-s, -> *m* 1. GEOM angle *m*
2. (*Ecke*) coin *m*, angle *m*
3. (*Plätzchen*) [petit] coin *m*
4. MIL chevron *m*
5. *s.* Winkelmaß
▸ **rechter/spitzer/stumpfer** ~ angle *m* droit/aigu/obtus; **toter** ~ angle *m* mort
Winkeladvokat(in) [-vo-] *m(f) pej* avocaillon *m fam*
winkelig *adj s.* **winklig**
Winkelmaß *nt* équerre *f* **Winkelmesser** <-s, -> *m* rapporteur *m* **Winkelzug** *m meist pl pej* ficelle *f*, combine *f*
winken <gewinkt *o* DIAL gewunken> I. *vi* 1. (*mit der Hand wedeln*) ■ **jd winkt** qn fait [un] signe [de la main]
2. (*wedeln*) ■ **jd winkt mit etw** qn fait signe en agitant qc
3. (*ein Handzeichen zum Näherkommen geben*) ■ **jd winkt jdm/einer S.** qn fait [un] signe [de la main] à qn/qc
4. (*in Aussicht stehen*) ■ **jdm winkt etw** qc attend qn
II. *vt* ■ **jd winkt jdn zu sich** qn fait signe à qn de s'approcher de lui/d'elle
winklig *adj Altstadt, Gasse* tortueux(-euse); *Haus* plein(e) de recoins
winseln *vi* 1. (*jaulen*) ■ **ein Hund winselt** un chien gémit [*o* geint]; ■ **das W~** les gémissements
2. *pej* (*flehen*) ■ **jd winselt um etw** *um Erbarmen, Gnade* qn implore qc en pleurnichant [*o* geignant]; ***jd winselt um sein Leben*** qn pleurniche pour obtenir la vie sauve
Winter <-s, -> *m* hiver *m*
▸ **nuklearer** ~ hiver nucléaire; **im tiefen** ~ en plein hiver; **es ist/wird** ~ c'est l'hiver/l'hiver arrive; **im** ~ en hiver
Winter- d'hiver **Winteranfang** *m* début *m* [*o* commencement *m*] de l'hiver **Wintereinbruch** *m* irruption *f* [*o* arrivée *f* soudaine] de l'hiver **winterfest** *adj Kleidung, Schuhe* pour l'hiver, d'hiver; ■ **etw ist** ~ qc est pour l'hiver ▸ **jd macht etw** ~ *Auto* qn équipe qc pour l'hiver **Wintergarten** *m* jardin *m* d'hiver **Winterhalbjahr** *nt* semestre *m* [*o* six mois *mpl*] d'hiver **winterhart** *adj* résistant(e) à l'hiver; ■ **etw ist** [**irgendwo**] ~ qc résiste à l'hiver [quelque part] **Winterkälte** *f* froid *m* de l'/d'hiver [*o* hivernal] **Winterlandschaft** *f* paysage *m* d'hiver [*o* hivernal]
winterlich I. *adj* d'hiver, hivernal(e)
II. *adv* pour affronter l'hiver
Winterolympiade *f* Jeux *mpl* olympiques d'hiver **Winterreifen** *m* pneu *m* d'hiver [*o* neige]
winters *adv s.* **sommers**
Wintersaison [-zɛzõ:, -zɛzɔŋ] *f* saison *f* d'hiver **Winterschlaf** *m* hibernation *f*, sommeil *m* hibernal ▸ **ein Tier hält** ~ un animal hiberne [*o* est en hibernation] **Winterschlussverkauf**[RR] *m* soldes *mpl* d'hiver **Wintersemester** *nt* semestre *m* d'hiver **Winterspiele** *pl* ▸ [**Olympische**] ~ jeux *mpl* [olympiques] d'hiver **Wintersport** *m* sports *mpl* d'hiver; (*Sportart*) sport *m* d'hiver ▸ **jd fährt in den** ~ qn va aux sports d'hiver **Winterzeit** *f* hiver *m*
Winzer(in) <-s, -> *m(f)* vigneron(ne) *m(f)*, viticulteur(-trice) *m(f)*
winzig *adj* 1. (*sehr klein*) *Baby, Gegenstand, Tier* minuscule, tout(e) petit(e)
2. (*sehr gering*) *Menge, Spur* infime
▸ ~ **klein** minuscule
Winzigkeit <-, -en> *f* 1. ∅ (*geringste Größe*) extrême petitesse *f*, taille *f* minuscule
2. (*winzige Menge*) quantité *f* infinitésimale
Wipfel <-s, -> *m* cime *f*, sommet *m*
Wippe <-, -n> *f* bascule *f*, tapecul *m*, [siège *m*] transat *m*
wippen *vi* ■ **jd wippt** [**auf etw** (*dat*)] qn se balance [sur qc]
wir <(*gen*) unser, (*dat*) uns, (*akk*) uns> *pron pers* nous; ***wer ist draußen? – W~!*** qui est là? – C'est nous!; ~ ***Armen!*** pauvres de nous!; ~ ***Glücklichen!*** quel(le)s veinard(e)s!
▸ ~, **die** [~] **etw tun** nous qui faisons qc; ~ **nicht** pas nous, nous non; ~ **selbst** nous-mêmes[, nous …]; ~ ***selbst konnten das nicht machen*** nous ne pouvions pas le faire nous-mêmes; ***so dass nicht einmal*** ~ ***selbst es machen könnten*** de telle façon que pas même nous, nous ne pourrions le faire
Wirbel <-s, -> *m* 1. ANAT vertèbre *f*
2. *fam* (*Trubel*) remue-ménage *m*; ***dieser*** ~ ***von Hektik*** cette agitation désordonnée
3. (*kleiner Strudel*) remous *m*
4. [*Saiteninstrument*] cheville *f*
▸ **jd/etw macht** [*o* **verursacht**] **einen** [**großen etc**] ~ qn/qc fait des vagues [*o* remous]
wirbellos *adj* BIO invertébré(e); ***die*** ~***en Tiere*** les invertébrés *mpl*
wirbeln I. *vi* 1. + *sein* (*wehen*) ■ **etw wirbelt irgendwohin** /*Blätter*,

Staub/ qc tourbillonne [*o* tournoie] quelque part
2. + *sein* (*sich bewegen*) ■ **etw wirbelt** */Strudel, Wasser/* qc fait des tourbillons
3. + *haben fam* (*geschäftig sein*) ■ **jd wirbelt** qn s'active
II. *vt* + *haben* ■ **etw wirbelt etw irgendwohin** */Bö, Wind/* qc fait tourbillonner [*o* tournoyer] qc quelque part

Wirbelsäule *f* colonne *f* vertébrale **Wirbelsturm** *m* cyclone *m* **Wirbeltier** *nt* vertébré *m* **Wirbelwind** *m* vent *m* en tourbillons ▶ **wie ein** ~ comme une tornade

wirbt *3. pers pres von* **werben**

wird *3. pers pres von* **werden**

wirft *3. pers pres von* **werfen**

wirken I. *vi* **1.** MED, CHEM ■ **etw wirkt** [...] *nicht, rasch, sofort* qc agit [...], qc fait effet [...]; ***diese Arznei wirkt gut/nicht*** ce médicament est efficace/inefficace; ***bei dem einen wirkt die Droge so, bei dem anderen anders*** chez les uns la drogue a tel effet [*o* produit tels effets], chez les autres elle agit autrement; ***dieses Alkaloid wirkt berauschend*** cet alcaloïde provoque des symptômes d'ivresse
2. (*etwas ausrichten*) ■ **etw wirkt** */Drohung, Ermahnung/* qc produit de l'effet, qc fait effet; ***meine Vorhaltungen haben nicht gewirkt*** mes remontrances n'ont eu aucun effet
3. (*einen Eindruck machen*) ■ **jd wirkt ...** *heiter, gefasst, müde, sympathisch, verärgert* qn a l'air ...
4. (*einen bestimmten Effekt haben*) ■ **etw wirkt ...** */Benehmen/ unecht* qc fait l'effet [*o* a l'air] d'être ..., qc donne l'impression d'être ...; *komisch, lächerlich, ansteckend, beklemmend* qc est ...; ***seine Heiterkeit wirkte unecht*** sa gaieté sonnait faux
5. (*eine bestimmte Wirkung erzielen*) ■ **etw wirkt** [...] *nicht gut, vorteilhaft* qc rend [...]; ***etw wirkt gut*** qc rend bien, qc fait bien; ***an der anderen Wand würde das Bild besser*** ~ sur l'autre mur, le tableau rendrait mieux [*o* ferait meilleur effet]; ***diese Skulptur wirkt hier deplatziert*** cette sculpture n'est pas à sa place ici; ***deine neue Brille wirkt sehr vorteilhaft*** tes nouvelles lunettes t'avantagent vraiment
6. (*tätig sein*) ■ **jd wirkt irgendwo** qn est employé(e) quelque part, qn exerce une activité quelque part; ***Pfarrer Nabuk hat 25 Jahre hier gewirkt*** le Père Nabuk a exercé son ministère ici durant 25 ans
▶ **jd lässt etw auf sich** (*akk*) ~ qn laisse qc agir sur lui/elle
II. *vt veraltend geh* ■ **jd wirkt etw** qn fait qc; ***jd wirkt Wunder*** qn fait [*o* accomplit] des miracles

Wirken <-s> *nt* ∅ *geh* **1.** (*Tätigkeit*) activité *f*; ***die Stätte seines ~s*** le lieu où il exerce/exerçait son activité; ***während seines ~s als Schulleiter*** durant ses fonctions comme directeur d'école
2. (*Machenschaften*) action *f*

wirklich I. *adj* **1.** (*tatsächlich*) *Begebenheit, Umstände, Sachverhalt* véritable, réel(le); *Name* vrai(e) *antéposé*; ***ist das Ihre ~e Meinung?*** est-ce réellement votre opinion?
2. (*echt*) *Aufgabe, Hilfe, Erleichterung, Verbesserung* veritable, réel(le)
II. *adv* (*bestimmt*) réellement, effectivement
▶ ~ **und wahrhaftig** c'est juré, aussi vrai que je m'appelle ...; ~? c'est vrai?; **nicht** ~ pas en vrai, pas réellement; ~ **nicht?** vraiment pas?

Wirklichkeit <-, -en> *f* réalité *f*
▶ **etw wird** ~ qc devient réalité; **in** ~ en réalité

wirklichkeitsfremd *adj* irréaliste **wirklichkeitsgetreu I.** *adj* fidèle à la réalité; *Zeichnung* réaliste **II.** *adv berichten, schildern* en restant fidèle à la réalité; ***er zeichnet*** ~ il dessine de façon très réaliste

wirksam I. *adj* **1.** PHARM, MED *Medikament, Mittel* efficace, qui agit; *Inhaltsstoff, Droge* actif(-ive)
2. (*den Zweck erfüllend*) efficace
▶ **etw wird** ~ ADMIN qc entre en vigueur, qc prend effet
II. *adv* efficacement

-wirksam *öffentlichkeits-* qui a un gros impact sur; ***medien-/fernseh-*** médiatique

Wirksamkeit <-> *f* ∅ efficacité *f*; ***diese Droge ist von hoher*** ~ les effets de cette drogue sont importants

Wirkstoff *m* substance *f* active, agent *m*

Wirkung <-, -en> *f* effet *m*; ***die ~ dieser Droge*** les effets de cette drogue
▶ **durchschlagende** ~ effet immédiat; **etw bleibt ohne** ~, **etw verfehlt seine** ~ qc reste sans effet; **etw hat** [*o* **entfaltet** *geh*] **eine ...** ~ PHARM, MED qc a [*o* produit] un effet ...; ***dieses Gift entfaltet seine ~ sehr langsam*** ce poison agit très lentement

Wirkungsgrad *m* degré *m* d'efficacité, performance *f*

wirkungslos *adj* **1.** PHARM, MED inefficace, sans effet
2. (*unwirksam*) *Drohung, Ermahnung, Maßnahme* inefficace, inopérant(e)
▶ **etw bleibt** ~ qc reste sans effet, qc est inefficace

wirkungsvoll *adj geh s.* **wirksam**

wirr *adj* **1.** (*durcheinander gebracht*) *Geflecht* emmêlé(e); *Haar* a. en broussaille
2. (*verworren*) *Gedanken, Gefasel* embrouillé(e); *Traum* confus(e)
3. (*verwirrt*) *Blick* hagard(e); ■ **jd ist** ~ qn ne sait plus où il/elle en est
▶ **jd/etw macht jdn** [**ganz**] ~ qn/qc lui met la tête à l'envers, qn/qc déboussole qn *fam*

Wirren *pl* désordres *mpl*, troubles *mpl*

Wirrkopf *m pej* esprit *m* confus [*o* brouillon]

Wirrwarr <-s> *m* ∅ **1.** (*Wust*) [*Manuskripte, Papiere*] fatras *m*
2. (*Unordnung*) fouillis *m*

Wirsing <-s> *m* ∅, **Wirsingkohl** *m* chou *m* frisé [*o* de Milan]

Wirt(in) <-[e]s, -e> *m(f)* **1.** GASTR patron(ne) *m(f)*, hôtelier(-ière) *m(f)*; (*auf dem Land*) aubergiste *mf*; ***Herr ~, noch zwei Bier!*** patron, deux autres bières!
2. BIO hôte *m*

Wirtschaft <-, -en> *f* **1.** ECON économie *f*
2. (*Gast-*) [petite] auberge *f*
3. *fam* (*Zustände*) pagaille *f fam*, bazar *m fam*
▶ **freie** ~ secteur *m* privé; **in der freien** ~ dans le secteur privé

-wirtschaft *f Energie-, Wohnungs-* secteur *m* du/de la; *Plutonium-* exploitation *f* du/de la

wirtschaften *vi* **1.** (*den Haushalt führen*) ■ **jd wirtschaftet ...** *gut, großzügig, sparsam* qn gère son budget d'une façon ...; ***wir müssen sparsamer*** ~ nous devons serrer notre budget; ***früher konnte ich großzügig*** ~ avant je pouvais mener grand train
2. (*sich betätigen*) ■ **jd wirtschaftet irgendwo** *im Haushalt, Keller, in der Küche etc* qn est occupé(e) [*o* s'active] quelque part

Wirtschafterin <-, -nen> *f* (*Haushälterin*) intendante *f*

wirtschaftlich I. *adj* **1.** ECON économique
2. (*finanziell*) *Gründe, Lage* économique; ***seine ~en Verhältnisse*** sa situation financière
3. (*Sparsamkeit zeigend*) *Denken, Handeln* soucieux(-euse) d'économie[s]; *Hausfrau, Verwalter* économe
4. TECH *Auto, Waschmaschine* économique
5. COM *Anbaumethode, Produktion* économique
II. *adv* **1.** (*finanziell*) financièrement; ***in letzter Zeit geht es mir ~ besser/gut/schlechter*** ces derniers temps, mes finances vont mieux/bien/plus mal
2. (*ökonomisch*) économiquement

Wirtschaftlichkeit <-> *f* ∅ *Auto, Haushaltsgerät* fonctionnement *m* économique; *Anbaumethode, Produktion* rentabilité *f*; ***Elektrogeräte verkaufen sich desto besser, je größer ihre ~ ist*** les appareils électriques se vendent d'autant mieux que leur fonctionnement est économique

Wirtschafts- 1. ECON économique; ***~form*** forme *f* d'économie; ***~boss*** patron *m* de l'économie [*o* de l'industrie] **2.** MEDIA *-englisch, -sprache, -wörterbuch* économique; *-zeitung, -teil* financier(-ière) et économique
Wirtschaftsflüchtling *m* réfugié(e) *m(f)* pour raisons économiques **Wirtschaftsgebäude** *nt meist pl* bâtiments *mpl* [de l'/d'exploitation], communs *mpl* **Wirtschaftsgemeinschaft** *f* ▶ **Europäische** ~ HIST Communauté *f* économique européenne **Wirtschaftsgymnasium** *nt* lycée *m* [avec sections] à dominante économique **Wirtschaftskriminalität** *f* criminalité *f* économique **Wirtschaftsleben** *nt* ∅ vie *f* économique, économie *f* **Wirtschaftspolitik** *f* politique *f* économique **wirtschaftspolitisch I.** *adj* de politique économique **II.** *adv* en matière de politique économique **Wirtschaftsprüfer(in)** *m(f)* expert-comptable *m*, auditeur(-trice) *m(f)* **Wirtschaftsraum** *m* ▶ **Europäischer** ~ Espace *m* économique européen, **Wirtschafts- und Sozialausschuss**[RR] *m* [*EU*] Comité *m* économique et social **Wirtschafts- und Währungsunion** *f* union *f* économique et monétaire **Wirtschaftswissenschaft** *f meist pl* sciences *fpl* économiques **Wirtschaftswissenschaftler(in)** *m(f)* économiste *mf* **Wirtschaftszweig** *m* branche *f* de l'économie

Wirtshaus *nt* auberge *f* **Wirtsorganismus** *m* hôte *m*

Wisch <-[e]s, -e> *m pej fam* papelard *m fam*

wischen I. *vt* **1.** (*feucht ab-*) ■ **jd wischt etw** *Fußboden, Fliesen* qn passe la serpillière [*o* un coup de serpillière] sur qc; *Küche, Bad* qn passe la serpillière dans qc
2. (*ab-*) ■ **jd wischt jdm/sich etw aus etw/von etw** *aus dem Gesicht, von der Stirn* qn essuie qc sur qc de qn/essuie qc sur son/sa/ses qc
3. CH (*fegen*) ■ **jd wischt etw** qn balaie qc
▶ **jd bekommt** [*o* **kriegt**] [**von jdm**] **eine gewischt** *sl* qn se prend une baffe [de qn] *fam*; **jd bekommt** [*o* **kriegt**] **einen gewischt** *sl* qn prend un coup de jus *fam*
II. *vi* **1.** (*putzen*) ■ **jd wischt** [**irgendwo**] qn passe la serpillière [quelque part]
2. CH (*fegen*) ■ **jd wischt** [**irgendwo**] qn balaie [quelque part]

Wischer <-s, -> *m* AUT essuie-glace *m*

Wischerblatt *nt* balai *m* d'essuie-glace

Wischiwaschi <-s> *nt* ∅ *pej fam* blablabla *m fam*

Wischlappen *m* serpillière *f*

Wisent <-s, -e> *m* bison *m*

Wismut <-[e]s> *nt o* AUS *m* ∅ CHEM bismuth *m*

wispern I. *vt* ■ **jd wispert etw** qn susurre qc, qn chuchote qc
II. *vi* ■ **jd wispert** qn parle en chuchotant [*o* tout bas]

Wispern <-s> *nt* ∅ susurrement *m*, chuchotement *m*

Wissbegier[RR], **Wißbegier** <-> *f* ∅, **Wissbegierde**[RR], **Wißbegierde** *f* ∅ besoin *m* [*o* soif *f*] de savoir; [*Schüler*] curiosité *f* intellectuelle
wissbegierig[RR], **wißbegierig** *adj* extrêmement curieux(-euse); *Schüler* qui a soif d'apprendre, qui a envie de s'instruire; ■ **jd ist** ~ qn fait preuve d'une grande curiosité

wissen <weiß, wusste, gewusst> **I.** *vt* **1.** (*kennen*) ■ **jd weiß etw** *Adresse, Bezeichnung* qn connaît qc; ***jd weiß etw noch/nicht mehr*** qn sait encore/ne sait plus qc; ■ **jd weiß, wann/warum/wie/wo/wozu** qn sait quand/pourquoi/comment/où/dans quel but
2. (*als Kenntnisse besitzen*) ■ **jd weiß etw** *einiges, viel, nichts* qn sait qc; *Fakten, Zahlen* qn sait qc, qn connaît qc
3. (*können*) ■ **jd weiß etw zu tun** *zu schätzen, sich zu helfen, viel zu erzählen* qn sait faire qc
4. (*sicher sein, dass jd etw ist*) ■ **jd weiß jdn/sich ...** *geborgen, außer Landes, in guten Händen* qn sait qn/se sait ...
5. (*sicher sein, dass etw etw ist*) ■ **jd weiß etw ...** *erledigt, wohl verwahrt* qn sait que qc est ...
▶ **das hätte jd ~ müssen** [*o* **sollen**] qn aurait dû le savoir; **wenn ich das**

gewusst hätte! si j'avais su ça!; **jd weiß sich** (*dat*) **nicht anders zu helfen** [**als etw zu tun**] qn ne voit [*o* sait] plus quoi faire d'autre [sinon faire qc]; **jd weiß sich** (*dat*) **nicht mehr zu helfen** (*sieht keinen Ausweg mehr*) qn ne sait plus que faire; **jd weiß sich vor etw** (*dat*) **nicht zu lassen** *vor Freude, Übermut* qn ne se sent pas de qc; **jd lässt jdn etw** ~ qn fait savoir qc à qn; **jd lässt jdn ~, ob/wann/was/wie** (*erfahren*) qn fait savoir à qn si/quand/ce qui/comment; **jd muss ~, was/wann/warum** qn doit savoir ce qui/quand/pourquoi; ***meine Kinder müssen selber ~, wann es Zeit ist aufzuhören*** il faut que mes enfants sentent d'eux-mêmes quand il est temps de s'arrêter; **du musst ~, dass** il faut que tu saches que + *indic;* **jd weiß, wovon er redet** qn sait de quoi il/elle parle; **woher soll jd das ~?** comment qn le saurait/l'aurait su?; **jd weiß, was er/sie will** qn sait ce qu'il/elle veut; **jd will von jdm/etw nichts/nichts mehr** ~ *fam* qn ne veut pas/plus entendre parler de qn/qc; ***ich will davon nichts*** ~ je ne veux pas en entendre parler; **ich weiß gar nicht, was du willst!** je ne sais [vraiment] pas ce que tu as!; **jd weiß es nicht anders** c'est la seule chose que qn sache faire, on ne lui jamais appris autre chose; **dass du es** [**nur**] [**gleich**] **weißt/Sie es** [**nur**] [**gleich**] ~ autant que tu le saches/que vous le sachiez [dès maintenant]; **ich wüsste nicht, dass** je ne sache pas que + *subj soutenu;* **ich wüsste nicht, was** je ne sais pas ce qui/ce que; **davon weiß ich nichts** je ne sais absolument rien de cela, je ne suis absolument pas au courant [de cela]; **da weiß ich nichts von** *fam* je suis pas au courant *fam;* **man weiß nie, wann/wie/wozu** on ne sait jamais quand/comment/pourquoi; **als ob ich das wüsste!** comme si j'en savais quelque chose!; **wer weiß warum** *fam* Dieu sait pourquoi; **wer weiß was** *fam* Dieu sait quoi; [**oder**] **was weiß ich** *fam* qu'est-ce que j'en sais; ***sie wohnen jetzt in Deutschland oder Österreich, oder was weiß ich*** ils habitent maintenant en Allemagne ou en Autriche, ou je sais pas où *fam;* **weißt du was?** *fam* tu sais quoi?, tu veux que je te dise?; **und was weiß ich noch alles** *fam* j'en passe et des meilleures; **wenn ich das wüsste!** si [seulement] je le savais!, qu'est-ce que j'en sais?; **wenn ich nur wüsste, wann/was/wer/wie/wo/ob** si seulement je savais quand/ce que/qui/comment/où/si; **wer weiß wer/wen/wem** n'importe qui; **Sie ~ ja, wie das so ist** vous savez ce que c'est; **gewusst wie/wo!** *fam* va savoir comment/où; **wer weiß wie** *fam* vachement *fam;* ***es war wer weiß wie schwierig*** je te dis pas la galère *fam;* **wer weiß wo** *fam* Dieu sait où; **woher weißt du das?** tu sais ça comment?, tu tiens ça d'où?

II. *vi* (*informiert sein*) ■ **jd weiß von etw** [*o* **um etw**] *geh* qn a connaissance [*o* est au courant] de qc

▶ **man kann nie wissen** *fam* on sait jamais *fam;* **ich möchte nicht ~, …** je préfère [*o* j'aime autant] ne pas savoir …; **jd weiß nicht mehr aus noch ein** qn ne sait plus quoi faire; [**ach,**] **weißt du/~ Sie, …** tu sais/vous savez, …; **ich weiß, ich weiß** je sais, je sais; **nicht, dass ich wüsste** *fam* pas que je sache; **jd weiß von nichts** qn n'est pas [du tout] au courant; **weißt du noch/~ Sie noch?** tu te rappelles/vous vous rappelez?, tu te souviens/vous vous souvenez?; **soviel** [*o* **soweit**] **jd weiß** autant que qn sache

Wịssen <-s> *nt* ∅ connaissances *fpl,* savoir *m*

▶ **nach bestem ~ und Gewissen** *form* en mon/son/… âme et conscience; ~ **ist Macht** savoir, c'est pouvoir; **wider** [*o* **gegen**] **besseres** ~ sciemment, délibérément; **ohne jds** ~ à l'insu de qn; **meines/unseres ~s** pour autant que je [le] sache/nous [le] sachions

wịssend I. *adj geh Blick, Lächeln* entendu(e) II. *adv geh lächeln, nicken* d'un air entendu **Wịssende(r)** *f(m) decl wie adj geh* initié(e) *m(f)*

Wịssenschaft <-, -en> *f* 1. (*Fachgebiet*) science *f*

2. ∅ *fam* (*die Wissenschaftler*) ■ **die** ~ la science, les scientifiques *mpl*

▶ **etw ist eine ~ für sich** qc est tout un art

Wịssenschaftler(in) <-s, -> *m(f)* scientifique *mf*

wịssenschaftlich I. *adj* scientifique

II. *adv: **er ist ~ tätig*** il effectue des travaux de recherche, il fait de la recherche

Wịssenschaftlichkeit <-> *f* ∅ caractère *m* scientifique

Wịssensdrang *m,* **Wịssensdurst** *m geh* soif *f* de savoir **Wịssensgebiet** *nt* discipline *f* **Wịssenslücke** *f* lacune *f* **Wịssensstoff** *m* ∅ connaissances *fpl* **wịssenswert** *adj* très intéressant(e), digne d'intérêt, d'un grand intérêt

wịssentlich I. *adj* délibéré(e), intentionnel(le)

II. *adv* délibérément, en toute connaissance de cause

Wịtfrau *f* CH *s.* **Witwe**

wịttern I. *vt* 1. (*ahnen*) ■ **jd wittert etw** qn flaire qc

2. JAGD ■ **ein Tier wittert jdn/ein Tier** un animal flaire qn/un animal

II. *vi* JAGD ■ **ein Tier wittert** un animal prend le vent

Wịtterung <-, -en> *f* 1. METEO temps *m*

2. JAGD flair *m*

3. ∅ (*Ahnungsvermögen*) flair *m;* ***jd hat eine gute*** ~ qn a le nez creux

▶ **jd bekommt ~ von etw** qn a vent de qc; **ein Tier nimmt ~ auf** JAGD un animal prend le vent

Wịtwe <-, -n> *f* veuve *f*

▶ **grüne** ~ *hum* femme *f* qui ne voit son mari que le week-end; **Schwarze** ~ veuve *f* noire; **jd wird** ~ qn devient veuve

Wịtwenrente *f* pension *f* de veuve **Wịtwenschleier** *m* voile *m* de veuve **Wịtwenverbrennung** *f* sati *m*

Wịtwer <-s, -> *m* veuf *m*

▶ **jd wird** ~ qn devient veuf

Wịtz <-es, -e> *m* 1. (*Geschichte*) histoire *f* drôle; ***Freuds Untersuchung über den*** ~ l'étude *f* de Freud sur le mot d'esprit

2. (*Scherz*) plaisanterie *f,* blague *f;* ***lass die ~e*** arrête de blaguer

3. ∅ *geh* (*Esprit*) esprit *m;* ***er hat*** ~! c'est un homme d'esprit!

▶ **der ~ hat einen Bart** c'est une plaisanterie éculée; **der ~ ist gut!** elle est bien bonne!; **der ~ an etw** (*dat*) **ist, dass** l'intérêt de qc, c'est que + *indic;* **jd macht** [*o* **reißt** *fam*] **einen** ~ qn raconte [*o* sort *fam*] une blague; **mach keine ~e!** *fam* allez, arrête de blaguer [*o* de déconner]! *fam,* allez, arrête tes conneries! *fam;* **ich mache keine ~e** *fam* je [ne] blague pas *fam,* c'est pas des blagues *fam;* **das ist doch wohl ein ~, das soll doch wohl ein ~ sein** *fam* c'est une blague ou quoi; **etw war ein** ~ *fam / Prüfung, Klassenarbeit/* qc était de la rigolade *fam*

Wịtzbold <-[e]s, -e> *m* (*Spötter*) plaisantin *m*

▶ **du** ~! *iron fam* t'en as de bonnes, toi! *fam*

Wịtzfigur *f fam* caricature *f*

wịtzig *adj* (*lustig*) amusant(e), drôle; (*geistreich*) spirituel(le), plein(e) d'esprit

▶ **das ist ja ~!** *fam* elle est bonne [*o* forte], celle-là! *fam;* [**das ist**] **alles andere als** ~ il n'y a vraiment pas de quoi rire; **sehr** ~! *iron fam* comme c'est spirituel!, que c'est drôle!, très marrant! *fam*

wịtzlos *adj fam* ■ **etw ist** ~ qc sert à rien *fam*

WM <-, -s> [veːˈʔɛm] *f abk von* **Weltmeisterschaft**

wo̲ I. *adv* 1. *interrog* (*an welcher Stelle?*) où

2. *rel* (*an welcher/welche Stelle*) où

3. *rel, zeitlich* où

4. *rel fam* (*welche*) ■ **der/die/das, ~** celui/celle qui

▶ **ach** [*o* **i**] ~! *fam* penses-tu!; **von** ~ *fam* d'où

II. *conj* (*zumal*) d'autant que + *indic*

woạnders *adv* ailleurs

woạndersher *adv* 1. (*anderswoher*) d'ailleurs 2. (*von jemand anderem*) de quelqu'un d'autre **woạndershin** *adv* (*anderswohin*) ailleurs

wo̲b *imp von* **weben**

wobe̲i *adv* 1. *fragend* (*bei welcher Gelegenheit?*) comment; ■ **etw, ~** *rel* qc au cours duquel/de laquelle; ■ **…, ~** (*als*) lorsque; ***morgen kommen Kellers zu Besuch, ~ mir gerade einfällt, …*** on a demain la visite des Keller et voilà que je me rappelle que + *indic*

2. (*währenddessen*) ■ **etw, ~** qc durant lequel/laquelle; ■ **jd tut etw, ~ er/sie etw anderes tut** qn fait qc tout en faisant autre chose; ***abends sieht er fern, ~ er allerdings meist einschläft*** le soir, il regarde la télévision, mais il s'endort le plus souvent devant le poste

3. (*aber, jedoch*) mais, cependant; *s. a.* **bei**

Wọche <-, -n> *f* semaine *f*

▶ **diese/nächste ~, in dieser/in der nächsten** ~ cette semaine/la semaine prochaine; **bis nächste ~!** à la semaine prochaine!; **jede** ~ chaque semaine; **pro** [*o* **in der**] ~ par semaine; **während** [*o* **unter**] **der** ~ durant [*o* pendant] la semaine

Wọchen- hebdomadaire; ***ein ~magazin/eine ~zeitung*** un hebdomadaire **Wọchenarbeitszeit** *f* durée *f* hebdomadaire du travail **Wọchenbett** *nt* ▶ **im** ~ en couches

Wọchenend- *-arbeit, -flug* de fin de semaine; *-konferenz, -fahrverbot* pendant le week-end; *-fahrt, -ausflug* pour le week-end; *-pauschale, -tarif* [de] week-end; ***eine ~ehe*** un couple qui ne se voit que le week-end **Wọchenendausgabe** *f* édition *f* de fin de semaine [*o* du week-end] **Wọchenendbeilage** *f* supplément *m* de fin de semaine [*o* du week-end]

Wọchenende *nt* week-end *m,* fin *f* de la/de semaine ▶ **langes** [*o* **verlängertes**] ~ week-end prolongé; **schönes** ~! bon week-end!; **am** ~ le week-end; ***wir wollen am ~ an die See fahren*** nous partons ce week-end à la mer **Wọchenkarte** *f* carte *f* hebdomadaire **wọchenlang** I. *adj* de plusieurs semaines II. *adv* pendant plusieurs semaines; ***schon*** ~ depuis plusieurs semaines **Wọchenlohn** *m* salaire *m* hebdomadaire **Wọchenmarkt** *m* marché *m* **Wọchentag** *m* jour *m* de la/de semaine; ***sie arbeitet nur drei ~e*** elle ne travaille que trois jours dans la semaine [*o* par semaine] ▶ **an ~en** en semaine **wọchentags** *adv* en semaine

wö̲chentlich I. *adj* hebdomadaire

II. *adv* (*einmal pro Woche*) chaque semaine, hebdomadairement

Wọchenzeitschrift *f* [revue *f*] hebdomadaire *m*

Wọ̈chnerin <-, -nen> *f* accouchée *f*

Wọdka <-s, -s> *m* vodka *f*

wodụrch *adv* 1. *fragend* (*durch diese Tatsache*) comment; ~ ***wurde der Krieg ausgelöst?*** qu'est-ce qui a déclenché le guerre?; ■ **…, ~** *rel* …, ce qui explique que + *subj;* ■ **etw, ~** qc à la suite duquel/de laquelle; ***das ist es, ~ er sich verraten hat*** c'est ainsi qu'il s'est trahi

2. *fragend* (*mittels einer S.*) comment; ■ **…, ~** *rel* et c'est ainsi que + *indic;* ***das, ~*** ce par quoi

3. *fragend* (*örtlich*) par où; ■ **…, ~** *rel* et c'est par là que + *indic;* ■ **etw, ~** qc par où [*o* par lequel/laquelle]; *s. a.* **durch**

wofü̲r *adv* 1. (*warum*) *fragend* pour quoi [faire], à quoi bon *péj; rel* pour quoi; ***der Grund, ~*** la raison pour laquelle; ***das, ~*** ce pour quoi

2. *fragend* (*für welchen Zweck*) pour quoi; ■ **etw, ~** *rel* qc pour lequel/laquelle; ■ **…, ~** …, à cet effet

3. *fragend* (*für welchen Anlass*) pourquoi; ■ **…, ~** *rel* …, [et] c'est pourquoi

4. *fragend* (*als Gegenleistung, Anerkennung, Dank*) pourquoi; ~ ***hast du wieder dein ganzes Taschengeld ausgegeben?*** à quoi as-tu encore dépensé tout ton argent de poche?; ~ ***ist er befördert worden/hat er den Orden bekommen?*** qu'est-ce qui lui vaut d'être promu/d'avoir été décoré?; ~ ***bedankst du dich?*** de quoi tu me remercies?; ■ **…, ~** *rel* …, ce pour quoi; ***…, ~ ich dann wohl auch noch dankbar sein sollte*** … et il faudrait en plus que j'en sois reconnaissant

5. (*wogegen*) *fragend* pour soigner quoi; *rel* [et c'est] pour soigner ça [que + *indic*]; ~ ***das auch gut sein soll, …*** je ne sais pas ce que c'est censé soigner, mais …; ***ich habe einen hohen Blutdruck, ~ ich dieses Mittel nehmen muss*** j'ai de la tension et c'est pourquoi je suis obligée de prendre ce médicament

6. *fragend* (*in Bezug auf Einstellung*) pour [*o* en faveur de] quoi; ■ **…, ~** *rel* pour quoi; ■ **etw, ~** qc pour lequel/laquelle

7. *bei bestimmten Verben, siehe auch dort:* ~ ***halten Sie mich eigentlich?*** pour qui me prenez-vous?; ~ ***interessieren Sie sich?*** à quoi vous interessez-vous?; ~ ***kämpfen sie?*** pour quoi se battent-ils?; *s. a.* **für**

wog *imp von* **wägen, wiegen¹**

Woge <-, -n> *f* 1. *(große Welle)* vague *f;* ■ **die ~n** les flots *mpl*
2. *fig (Welle)* ■ **eine ~/die ~n einer S.** *(gen)* une/la vague de qc; ***die ~n der Begeisterung*** les débordements *mpl* d'enthousiasme
▸ **wenn sich die ~n geglättet haben** lorsque les esprits se seront calmés, quand les choses se seront tassées *fam*

wogegen *adv* 1. *fragend (für was, in Bezug auf Einstellung, örtlich)* contre quoi; ■ **etw, ~** *rel* qc contre lequel/laquelle; ***das/etwas, ~*** ce/quelque chose contre quoi
2. *rel (im Vergleich)* alors que, tandis que; *s. a.* **wohingegen, gegen**

wogen *vi* 1. *(sich bewegen)* ■ **etw wogt** */Meer, See/* qc roule des vagues; ■ **etw wogt irgendwo** *auf dem Meer* qc danse quelque part; ***das Getreide wogt im Wind*** les blés ondoient au vent, le vent fait ondoyer les blés
2. *geh (toben)* ■ **etw wogt** */Kampf, Schlacht/* [indécis(e),] qc fait rage

wogend *adj geh* 1. *Meer, See, Fluten* agité(e); *Schiff* qui tangue
2. *Busen, Hüften* ondoyant(e)

woher *adv* 1. *interrog (von wo)* d'où
2. *rel (aus welchem Ort)* d'où
▸ **ach ~!** DIAL *fam* penses-tu/pensez-vous! *fam;* ~ **auch [immer]** d'où que + *subj*

wohin *adv* 1. *interrog (an welchen Ort)* où
2. *rel (an welchen Ort)* où
▸ **jd muss [mal] ~** *euph fam* il faut que qn aille au petit coin *fam;* ~ … **auch [immer]** où que + *subj*

wohingegen *conj geh* alors que, tandis que

wohl¹ *adv* 1. *(wahrscheinlich)* vraisemblablement, probablement
2. *(durchaus) richtig, wahr, zutreffend* tout à fait
3. *(doch) so sein, Recht haben, zutreffen* bien
4. *(zirka)* en gros
▸ **das mag ~ sein** c'est tout à fait possible; **siehst du ~!** tu vois bien!, qu'est-ce que je t'avais dit!; **willst du ~ …!** + *infin* alors, tu te décides à … + *infin*!; ~ …, **aber …** certes …, mais; ***es regnet ~, aber der Regen macht mir nichts aus*** c'est vrai qu'il pleut, mais la pluie ne me gêne pas; ~ **aber:** ***sie mag nicht, ~ aber ich*** elle n'aime pas, mais moi si [*o* moi en revanche si]; ~ **kaum:** ***ob sie mir helfen wird? – W~ kaum!*** est-ce qu'elle va m'aider? – Il y a peu de chances!; ***er wird ~ kaum mehr als 7000 DM pro Monat verdienen*** il va gagner 7000 marks par mois à tout casser *fam;* **ob … ~ …?** est-ce que par hasard …?

wohl² *adv* 1. *(gut zumute)* ■ **jdm ist ~** qn se sent bien [*o* en forme]; ***im Jogginganzug fühle ich mich am ~sten*** c'est en jogging que je suis le plus à l'aise; ■ **jdm ist nicht ~** qn ne se sent pas bien
2. *(behaglich)* ■ **jdm ist ~ bei etw** *bei einem Gedanken, einer Sache* qc laisse qn serein(e); ■ **jdm ist nicht ~ bei etw** qc met qn mal à l'aise
▸ **~ oder übel** bon gré mal gré; ~ **bekomm's!** *geh* à ta/votre santé!; **jd fühlt sich ~/~er** qn se sent bien [*o* en forme]/mieux; **jd fühlt sich irgendwo ~/am ~sten** qn se sent bien/le mieux quelque part; **gehab dich ~!** *geh* porte-toi bien!; **jd lässt es sich** *(dat)* **~ ergehen** qn prend un peu de bon temps; **leb ~/leben Sie ~** adieu, au revoir; **wünsche, ~ geruht/gespeist zu haben** *hum veraltend* j'espère que la nuit a été bonne/que vous avez bien mangé; ~ **dem, der …** bienheureux celui qui …

Wohl <-[e]s> *nt ∅* bien-être *m;* ***jds gesundheitliches*** ~ la santé de qn; ***jds körperliches*** ~ la forme [physique] de qn
▸ **jds ~ und Wehe** *geh* la destinée de qn, le sort de qn; **jds leibliches ~** *geh* le bien-être matériel de qn; **jd trinkt auf jds ~** *(akk)* qn boit à la santé de qn; **auf dein/Ihr ~!** à ta/votre santé; **zu jds ~** pour le bien de qn; **zum ~!** à ta/votre santé!

wohlan *interj geh* soit, allons-y

wohlauf *adj pred geh* ■ **jd ist ~** qn se porte bien; ***ich bin jetzt wieder ~*** je suis de nouveau sur pied; ***jd ist munter und ~*** qn se porte comme un charme

Wohlbefinden <-s> *nt ∅ geh* bien-être *m;* ***ein Schnaps ist gut für das ~ nach zu fettem Essen*** une eau-de-vie fait du bien après un repas trop lourd; ***er hat sich nach deinem ~ erkundigt*** il s'est enquis de ta santé

Wohlbehagen <-s> *nt ∅ geh* délectation *f*

wohlbehalten *adv* intact(e), en bon état; ***jd/etw ist ~ bei jdm eingetroffen*** qn/qc est bien arrivé(e) chez qn

wohlbekannt *s.* **bekannt** ▸

wohldurchdacht *s.* **durchdacht** ▸

Wohlergehen <-s> *nt ∅* bien-être *m*

wohlerzogen <besser erzogen, besterzogen> *adj geh* bien élevé(e)

Wohlfahrt *f ∅ veraltend* aide *f* sociale

Wohlfahrtsmarke *f* timbre-poste *m* [surtaxé] au profit d'une œuvre

Wohlfahrtsstaat *m pej* État[-]providence *m fam*

Wohlgefallen *nt geh* satisfaction *f*
▸ **jd hat sein ~ an ihm/ihr/etw** *geh* il/elle donne toute satisfaction à qn/qn trouve beaucoup de plaisir à qc; **etw löst sich in ~ auf** *hum (in Luft)* qc s'envole, qc s'évanouit; *(geht entzwei)* qc rend l'âme; **mit** [*o* **voller**] ~ avec [une grande] satisfaction; **zu jds ~** à la grande satisfaction de qn

wohlgeformt <besser geformt, bestgeformt> *adj geh* bien proportionné(e); *Frau* bien fait(e)

wohlgelitten <wohlgelittener, wohlgelittenste> *adj geh Mensch* [très] bien vu(e), [très] apprécié(e)

wohlgemeint *s.* **meinen** ▸

wohlgemerkt *adv* il faut le souligner

wohlgenährt <wohlgenährter, wohlgenährteste> *adj geh* bien en chair, replet(-ète)

Wohlgeruch *m geh [Blüte, Essenz]* parfum *m*, senteur *f littér; [Parfüm]* fragrance *f littér*

Wohlgeschmack *m geh [Frucht]* saveur *f; [Wein]* palais *m*

wohlgesinnt <wohlgesinnter, wohlgesinnteste> *adj geh* ■ **ein jdm ~er …** *Bekannter, Freund, Kollege* un … bien intentionné à l'égard de qn, un … qui veut du bien à qn; ■ **jd ist jdm ~** qn est bien intentionné(e) à l'égard de qn, qn ne veut que du bien à qn

wohlhabend <wohlhabender, wohlhabendste> *adj* fortuné(e), cossu(e); ■ **jd ist ~** qn a de la fortune, qn est fortuné(e)

wohlig I. *adj Gefühl, Wärme* agréable; ***ein ~es Gefühl*** un sentiment de bien-être
II. *adv sich ausstrecken, sich rekeln* voluptueusement

Wohlklang *m geh [Musikinstrument, Stimme]* son *m* mélodieux

wohlklingend <wohlklingender, wohlklingendste> *adj geh Instrument, Stimme* mélodieux(-euse)

wohlmeinend <wohlmeinender, wohlmeinendste> *adj* 1. *(freundlich gesinnt)* bien intentionné(e)
2. *s.* **wohlgemeint**

wohlriechend <wohlriechender, wohlriechendste> *adj geh* odor[ifér]ant(e), fleurant bon *littér*

wohlschmeckend <wohlschmeckender, wohlschmeckendste> *adj geh* savoureux(-euse)

Wohlsein *nt* ▸ **[auf Ihr/zum] ~!** DIAL à votre santé!

Wohlstand *m ∅* aisance *f*
▸ **bei dir ist wohl der ~ ausgebrochen** *hum* tu as gagné au loto [*o* à la loterie]?

Wohlstandsgesellschaft *f* société *f* de consommation

Wohltat *f* 1. *∅ (Erleichterung)* délice *m*
2. *(wohltätige Unterstützung)* bienfait *m*
▸ **jd erweist jdm eine ~/~en** qn rend un service à qn/a des bontés pour qn

Wohltäter(in) *m(f)* bienfaiteur(-trice) *m(f)*
▸ **ein ~ der Menschheit** un bienfaiteur de l'humanité

wohltätig *adj* 1. *(karitativ) Hilfe, Unterstützung* charitable; ***ein ~er Zweck*** un but caritatif
2. *geh (wohl tuend) Einfluss, Wirkung* bienfaisant(e)

Wohltätigkeit *f ∅ veraltend* bienfaisance *f*, charité *f*

Wohltätigkeitsbasar *m* vente *f* de charité **Wohltätigkeitskonzert** *nt* concert *m* de bienfaisance

wohltuend <wohltuender, wohltuendste> [-tu:ənt] *adj geh* bienfaisant(e); ■ **etw ist ~** qc fait du bien

wohltun *s.* **tun III.** ▸

wohlüberlegt *s.* **überlegt I.** ▸

wohlverdient *adj geh* bien mérité(e)

Wohlverhalten *nt iron* attitude *f* conforme

wohlweislich *adv* en toute connaissance de cause; ***…, was ich ~ nicht tat*** …, ce que je me suis bien gardé(e) de faire

Wohlwollen <-s> *nt ∅* bienveillance *f*
▸ **bei allem ~** malgré toute ma/notre bienveillance

wohlwollend <wohlwollender, wohlwollendste> I. *adj* bienveillant(e); ■ **jd ist jdm gegenüber ~** qn se montre bienveillant(e) à l'égard de qn, qn montre de la bienveillance à qn
II. *adv* avec bienveillance, de façon bienveillante

Wohnbau <-bauten> *m* 1. *∅* CONSTR construction *f* de logements 2. *s.* **Wohngebäude** **Wohnblock** <-blocks> *m* pâté *m* de maisons; *(Hochhaus)* tour *f; (lang gestrecktes Gebäude)* barre *f* **Wohncontainer** [-kɔnte:nɐ] *m* préfabriqué *m* **Wohneinheit** *f form* unité *f* d'habitation

wohnen *vi* ■ **jd wohnt irgendwo** qn habite quelque part; ***ich wohne in Blaubeuren*** j'habite [à] Blaubeuren; ■ **jd wohnt irgendwie:** ***in diesem Viertel wohnt man sehr ruhig/schön*** dans ce quartier, on habite au calme/dans un bel endroit; ***du wohnst aber sehr teuer!*** tu paies vraiment cher de loyer!; ■ **das W~** le logement

Wohnfläche *f* surface *f* habitable **Wohngebäude** *nt* immeuble *m* d'habitation **Wohngebiet** *nt* zone *f* d'habitation [*o* résidentielle] ▸ **allgemeines ~** zone *f* d'aménagement concerté; **reines ~** zone *f* uniquement résidentielle **Wohngegend** *f* zone *f* résidentielle **Wohngeld** *nt* aide *f* personnalisée au logement **Wohngemeinschaft** *f* communauté *f* *(personnes partageant un appartement ou une maison)*; ***jd lebt mit jdm in einer ~*** qn vit en communauté avec qn **Wohngift** *nt* produit *m* toxique utilisé dans la construction

wohnhaft *adj form* ■ **der/die in … ~e X** le sieur X/la dénommée X domicilié(e) à … *form;* ■ **jd ist irgendwo ~** qn est domicilié(e) quelque part

Wohnhaus *nt* immeuble *m* d'habitation **Wohnheim** *nt* *(Studenten~)* foyer *m* pour étudiants, résidence *f* universitaire; *(Arbeiter~)* foyer *m* de travailleurs **Wohnküche** *f* cuisine *f* commune

wohnlich *adj* agréable à habiter
▸ **jd macht es sich** *(dat)* **irgendwo ~** qn met un peu de confort quelque part

Wohnmobil <-s, -e> *nt* camping-car *m*, autocaravane *f* **Wohnort** *m* domicile *m;* ***sie ist an einen anderen ~ umgezogen*** elle a déménagé [ailleurs] **Wohnraum** *m* 1. *(Raum zum Wohnen)* pièce *f* d'habitation 2. *∅* *(Wohnungen)* [parc *m* de] logements *mpl* **Wohnschlafzimmer** *nt* chambre *f* séjour **Wohnsiedlung** *f* lotissement *m* **Wohnsilo** *m o nt pej* cage *f* à lapins **Wohnsitz** *m* ADMIN *form* domicile *m* ▸ **erster/zweiter ~** résidence *f* principale/secondaire; **fester ~** domicile *m* fixe **Wohnstock** *m* CH *s.* **Stockwerk**

Wohnung <-, -en> *f* appartement *m*, logement *m*

Wohnungsamt *nt* office *m* des H.L.M. **Wohnungsbau** *m ∅* construction *f* de logements ▸ **sozialer ~** construction *f* de logements sociaux [*o* de H.L.M.] **Wohnungsinhaber(in)** *m(f) form* propriétaire *mf* **Woh-**

nungsmangel *m* ∅ pénurie *f* [*o* manque *m*] de logements **Wohnungsmarkt** *m* marché *m* du logement [*o* de l'immobilier] **Wohnungsmiete** *f form* loyer *m* **Wohnungsnot** *f* ∅ crise *f* du logement **Wohnungssuche** *f* recherche *f* d'un logement à louer ▸**jd ist** [*o* **befindet sich** *geh*] **auf** ~ qn est à la recherche d'un logement [*o* d'un appartement] **Wohnungstausch** *m* échange *m* de logement [*o* d'appartement] **Wohnungstür** *f* porte *f* [de l'appartement] **Wohnungswechsel** [-ks-] *m* changement *m* d'appartement; ***ich plane einen*** ~ j'envisage de changer d'appartement [*o* de déménager dans un autre logement]

Wohnviertel *nt* quartier *m* résidentiel **Wohnwagen** *m* **1.** (*Campinganhänger*) caravane *f* **2.** (*mobile Wohnung*) roulotte *f* **Wohnzimmer** *nt* salon *m*, salle *f* de séjour, living *m*

Wok <-, -s> *m* wok *m*

wölben *vr* **1.** (*sich biegen*) ■ **etw wölbt sich** [**irgendwohin**] */Mauer/* qc bombe [vers quelque part]; */Holzfußboden a./* qc gondole
2. (*überspannen*) ■ **etw wölbt sich über etw** (*akk*) */Brücke, Zeltdach/* qc forme une voûte au-dessus de qc

Wölbung <-, -en> *f* **1.** CONSTR voûte *f*
2. ANAT [*Hinterkopf*] protubérance *f*; [*Stirn*] bosse *f*

Wolf <-[e]s, =e> *m* **1.** ZOOL loup *m*
2. TECH *s.* **Fleischwolf**
3. MED intertrigo *m*
▸**jd ist ein** ~ **im Schafspelz** qn est un loup déguisé en agneau; **jd dreht etw durch den** ~ qn passe qc au hachoir; **jd dreht jdn durch den** ~ *sl* qn cuisine qn *fam*; **jd heult mit den** =**en** qn hurle avec les loups

Wölfchen <-s, -> *nt dim von* **Wolf** louveteau *m*

Wölfin <-, -nen> *f* louve *f*

Wölfling <-s, -e> *m* louveteau *m*

Wolfram <-s> *nt* ∅ CHEM tungstène *m*

Wölkchen <-s, -> *nt dim von* **Wolke** petit nuage *m*

Wolke <-, -n> *f* nuage *m*
▸**jd fällt aus allen** ~**n** qn tombe des nues; **jd schwebt über den** ~**n** *geh* qn vit sur son nuage, qn est [*o* se perd] dans les nuages

-wolke *f* **1.** METEO nuage *m* de; ***eine Schäfchen***~ un nuage moutonné, un mouton; ***eine Kumulus***~ un cumulus
2. *Benzin-, Duft-, Dioxin-*nuage *m* de; ***eine Gift***~ un nuage toxique

Wolkenbank <-bänke> *f* traînée *f* de nuages **Wolkenbruch** *m* pluie *f* torrentielle [*o* diluvienne] **wolkenbruchartig** *adj* torrentiel(le), diluvien(ne) **Wolkendecke** *f* plafond *m* [nuageux], couche *f* nuageuse [*o* de nuages] **Wolkenkratzer** *m fam* gratte-ciel *m*

wolkenlos *adj* sans nuages, totalement dégagé(e)

wolkenverhangen *adj* très nuageux(-euse), couvert(e)

wolkig *adj* nuageux(-euse), couvert(e); ***es wird*** ~ ça se couvre

Woll- de [*o* en] laine; *-garn* de laine **Wolldecke** *f* couverture *f* en laine

Wolle <-, -n> *f* laine *f*
▸**jd hat sich mit jdm** [**wegen etw**] **in der** ~ *fam* qn se crêpe le chignon [*o* se bouffe le nez] avec qn [à cause de qc] *fam*; **sie kriegen sich** [**wegen etw**] **in die** ~ *fam* ils/elles se volent dans les plumes [*o* se rentrent dans le lard] [à cause de qc] *fam*; **jd kriegt sich mit jdm** [**wegen etw**] **in die** ~ *fam* qn s'engueule avec qn [à cause de qc] *fam*

wollen[1] *adj attr* TEXTIL de [*o* en] laine

wollen[2] **I.** <will, wollte, wollen> *aux modal* **1.** (*mögen*) ■ **jd will etw tun** qn veut faire qc
2. (*zu tun beabsichtigen*) ■ **jd will etw tun** qn va faire qc; ***den Film habe ich schon lange sehen*** ~ ça fait longtemps que je voulais [*o* j'avais l'intention de] voir ce film; ■ **jd wollte etw gerade tun** qn allait [justement] faire qc; ***wir wollten gerade gehen/essen*** nous nous apprêtions à partir/manger
3. (*behaupten*) ■ **jd will etw getan haben** *beobachtet, gehört, gesehen* qn prétend avoir fait qc
4. (*höfliche Aufforderung*) ■ ~ **Sie etw tun?** auriez-vous l'obligeance de faire qc?; ■ **willst du/wollt ihr etw tun?** peux-tu/pouvez-vous faire qc?; ***wenn Sie jetzt bitte still sein*** ~ si vous voulez bien vous taire maintenant; ***willst du wohl still sein!*** tu vas te taire!, peux-tu te taire!; ~ ***Sie doch bitte zur Kenntnis nehmen, dass*** je vous prie de bien vouloir prendre connaissance du fait que + *indic*
5. *passivisch* (*müssen*) ■ **etw will getan sein/werden** *ausgeführt, erledigt, vorbereitet, gewässert, gedüngt, geputzt* il faut que qc soit fait(e), il faut faire qc
6. (*werden*) ■ **..., als wolle es ...** *regnen, schneien, zusammenbrechen ...* comme s'il allait ... + *infin*; ***es sieht aus, als wolle es gleich ein Gewitter geben*** on dirait qu'il va bientôt faire de l'orage
▸**jd will etw haben** qn veut avoir qc; ***willst du lieber eine Kassette oder eine CD haben?*** tu préfères [avoir] une cassette ou un C.D.?; **jd will etw nicht haben** qn ne veut pas de qc; **ich wollte etw tun** (*Höflichkeitsfloskel*) je voudrais faire qc; **man wolle doch ...**: ***man wolle doch nicht vergessen, dass*** il ne faudrait pas oublier que + *indic*; **etw will etw nicht tun** */Auto, Gerät/ anspringen, funktionieren* qc ne veut pas faire qc
II. <will, wollte, gewollt> *vi* **1.** (*den Willen haben*) ■ **jd will** qn veut; ***es gibt jetzt kein Eis – Ich will aber!*** il n'y a plus de glace – Mais j'en veux!
2. (*gehen* ~) ■ **jd will irgendwohin** qn veut aller quelque part; ***ich will nicht ins Kino*** je n'ai pas envie d'aller au cinéma; ■ **jd will zu jdm** qn veut voir qn
3. (*anstreben*) ■ **ich wollte, ich/jd würde etw tun/etw würde geschehen** je voudrais faire qc/que qn fasse qc/que qc arrive; ***wollte Gott, dass das nicht geschähe*** plaise à Dieu que cela n'arrive pas; ■ **ich wollte, ich/jd wäre etw** *reich, Millionär, aller Sorgen ledig* j'aimerais être qc/que qn soit qc; ■ **ich wollte, ich/jd wäre irgendwo** j'aimerais être/que qn soit quelque part
▸**jd will jdm übel** *geh* qn veut du mal à qn; **wer nicht will, der hat schon** *prov* qui ne réclame rien est déjà servi; **dann** ~ **wir mal** eh bien allons-y!; **etw will nicht mehr** *fam /Beine, Herz, Motor/* qc n'en peut plus; **ob du willst oder nicht** que tu le veuilles ou non; **wenn du willst** si tu veux; **wenn man so will** pour ainsi dire; [**ganz**] **wie du willst/Sie** ~ c'est comme tu veux/vous voulez
III. <will, wollte, gewollt> *vt* **1.** (*haben* ~) ■ **jd will etw** qn veut qc; ***willst du lieber Kaffee oder Tee?*** tu préfères du café ou du thé?; ***ich will meinen Mantel, bring ihn mir bitte!*** je voudrais mon manteau, tu peux me l'apporter, s'il te plaît!; ■ **jd will etw von jdm** qn veut que qn lui donne qc; ***was hat er von dir gewollt?*** qu'est-ce qu'il t'a réclamé?
2. (*bezwecken*) ■ **jd will etw mit etw** *mit einem bestimmten Verhalten* qn cherche qc en faisant qc; *mit einem bestimmten Gegenstand* qn veut faire qc avec qc; *s. a.* **gewollt**
3. (*durchsetzen* ~) ■ **jd will etw von jdm** *ein bestimmtes Verhalten* qn veut [obtenir] qc de [la part de] qn; ■ **jd will, dass jd etw tut** *kommt, etw gibt, schweigt* qn veut que qn fasse qc
4. (*besitzen* ~) ■ **jd will jdn** *ersehnte Person* qn désire qn, qn veut qn
5. *fam* (*brauchen*) ■ **jd/etw will etw** *Liebe, Pflege, Sonne* qn/qc a besoin de qc
▸[**und**] **keiner** [*o* **niemand**] **will es gewesen sein** et bien sûr personne n'est responsable, c'est la faute à personne *fam*; **da ist nichts zu** ~ *fam* y a pas moyen *fam*; **da ist nichts mehr zu** ~ *fam* y a pas à tortiller *fam*; **was du nicht willst, dass man dir tu', das füg auch keinem andern zu** *prov* ne fais pas aux autres ce que tu ne veux pas qu'on te fasse; **jd will etwas von jdm** *fam* (*hat sexuelles Interesse*) qn en pince pour qn *fam*; (*will jdm Böses*) qn en a après qn *fam*; (*hat ein Anliegen*) qn veut qc à qn; **was will man** [**noch**] **mehr!** que demande le peuple! *fam*; **was willst du** [**noch**] **mehr!** qu'est-ce que tu veux de plus!; **jd will nichts von jdm** *fam* (*hat kein sexuelles Interesse*) qn ne veut pas de qn; (*will jdm nichts Böses*) qn en a pas après qn *fam*; [**jd hat gar**] **nichts zu** ~ *fam* qn a rien à demander *fam*; **ohne es zu** ~ sans le vouloir

Wollgarn *nt* [fil *m* de] laine *f*

wollig *adj* laineux(-euse)

Wollknäuel *nt* pelote *f* de laine **Wollsachen** *pl fam* lainages *mpl*

Wollust <-> *f* ∅ *geh* luxure *f*; ***Aphrodisiaka dienen der Verstärkung der*** ~ les aphrodisiaques servent à stimuler la libido
▸**voller** ~ de volupté; **mit wahrer** ~, **mit einer wahren** ~ avec une joie maligne, avec une délectation malsaine

wollüstig I. *adj geh Blick* lascif(-ive); *Schauder, Stöhnen* de volupté
II. *adv geh* avec volupté, voluptueusement; *blicken* lascivement

womit *adv* **1.** (*mit welchem Gegenstand*) *fragend* avec quoi; ■ **etw,** ~ *rel* qc avec lequel/laquelle; ***etwas,*** ~ quelque chose avec quoi
2. (*mit welchem Mittel*) *fragend* comment, avec quoi; ■ **etw,** ~ *rel* qc avec lequel/laquelle, qc grâce auquel/à laquelle
3. *rel* (*mit diesem*) ■ **...,** ~ **...,** par là; ~ ***er Recht hat*** ce en quoi il a raison; ~ ***ich nicht einverstanden bin*** ce avec quoi je ne suis pas d'accord
4. *bei bestimmten Adjektiven/Verben, siehe auch dort:* ~ ***hattest du gerechnet?*** à quoi t'attendais-tu?; ***das ist es,*** ~ ***wir gerechnet haben*** c'est ce que nous avions prévu; ~ ***fing eigentlich alles an?*** comment [*o* par quoi] tout a-t-il commencé?; ~ ***habe ich das verdient?*** en quoi ai-je mérité ça?; ~ ***kann ich dienen?*** que puis-je faire pour vous?; *s. a.* **mit**

womöglich *adv* peut-être [même]; ~ ***schneit es bald*** il pourrait bien neiger bientôt

wonach *adv* **1.** *rel* (*zeitlich*) ■ **...,** ~ **...,** ensuite; ■ **etw,** ~ qc après lequel/laquelle
2. (*örtlich*) *fragend* vers quoi; ■ **etw,** ~ *rel* qc vers lequel/laquelle
3. (*demzufolge*) ■ **etw,** ~ qc selon lequel/laquelle
4. *bei bestimmten Verben, siehe auch dort:* ~ ***soll ich mich richten?*** à quoi dois-je me conformer?; ~ ***sehnst du dich?*** à quoi aspires-tu?, de quoi as-tu envie?; ***das,*** ~ ***ich mich sehne, ist Ruhe*** ce à quoi j'aspire, c'est le calme; ~ ***suchst du?*** qu'est-ce que tu cherches?; ***hast du gefunden,*** ~ ***du gesucht hast?*** tu as trouvé ce que tu cherchais?; ~ ***riecht es hier?*** qu'est-ce que ça sent ici?; ***es ist Ammoniak,*** ~ ***es hier riecht*** c'est l'ammoniac que ça sent [ici]; ~ ***hat er gefragt?*** qu'est-ce qu'il a demandé?; ***ich weiß nicht,*** ~ ***er gefragt hat*** je ne sais pas ce qu'il a demandé; *s. a.* **nach**

Wonne <-, -n> *f geh* délice *m*; ■ **die** ~**n einer S.** (*gen*) les délices *fpl* de qc *littér*
▸**es ist** [**für jdn**] **eine** [**wahre**] ~ **etw zu tun** *fam* c'est un [vrai] délice [pour qn] de faire qc; **mit** ~ *fam* avec délectation; ***ich höre das mit*** ~ je jubile d'entendre ça *fam*

wonnig *adj geh* délectable *littér*

woran *adv* **1.** (*örtlich*) *fragend* à quoi, après quoi; ■ **etw,** ~ *rel* qc auquel/à laquelle; ***irgendwas,*** ~ quelque chose à quoi + *subj*
2. *fragend* (*welcher Grund, Anlass*) *sterben, schuld sein, sich freuen* de quoi; ■ **etw,** ~ *rel* qc dont; ***das,*** ~ ce dont
3. (*zeitlich*): ***ein Festessen,*** ~ ***sich ein Ball anschloss*** un repas de fête auquel a succédé un bal
4. *bei bestimmten Adjektiven/Verben, siehe auch dort:* ~ ***erinnerst du dich noch?*** de quoi te souviens-tu encore?; ***das,*** ~ ***ich mich erinnere*** ce dont je me souviens, ce que je me rappelle; ~ ***fehlt es?*** de quoi manque-t-on?, qu'est-ce qui manque?; ***die Zeit ist es,*** ~ ***es fehlt*** c'est le temps qui manque; ~ ***zweifelt er?*** de quoi doute-t-il?; ***die Machbarkeit ist es,*** ~ ***ich zweifle*** c'est de la faisabilité [de la chose] que je doute; ***ich weiß nicht,*** ~ ***ich bei ihr bin*** je ne sais pas où j'en suis avec elle; *s. a.* **an**

worauf *adv* **1.** (*örtlich*) *fragend* où, sur quoi; ■ **etw,** ~ *rel* qc sur lequel/laquelle
2. (*zeitlich*) ■ **...,** ~ **...,** sur ce; ***eine kurze Friedenszeit,*** ~ ***sofort wieder Krieg folgte*** une courte période de paix à laquelle a succédé aussitôt la guerre

3. *fragend* (*auf einen Bezugspunkt zurückführend*) *basieren, sich stützen, fußen* sur quoi; *sich beziehen, zurückführen* à quoi; ■ **etw,** ~ *rel* qc sur lequel/laquelle/auquel/à laquelle; ***so das nur nebenbei bemerkt,*** ~ ***ich allerdings später noch einmal zurückkommen werde*** cette remarque étant faite au passage, j'y reviendrai par la suite
4. *rel* (*infolgedessen*) ■ **...,** ~ **...,** à la suite de ça
5. (*als Reaktion*) ■ **...,** ~ **...,** et sur ce; ***eine Geste,*** ~ ***er nicht reagierte*** un geste auquel il n'a pas réagi
6. *bei bestimmten Adjektiven/Verben, siehe auch dort:* ~ ***wartest du noch?*** qu'est-ce que tu attends encore?; ~ ***wetten wir?*** qu'est-ce qu'on parie?; ~ ***bist du am meisten stolz?*** de quoi es-tu le plus fier?; ~ ***will er eigentlich hinaus?*** mais où veut-il en venir?; ~ ***du dich verlassen kannst*** [*o* ***zählen kannst***] tu peux compter là-dessus; *s. a.* **auf**

woraufhin *adv* 1. *interrog:* ***und*** ~ ***soll ich nun kündigen?*** et pourquoi devrais-je donner mon congé?; ***gibt es einen Grund,*** ~ ***wir ihn verhaften lassen könnten?*** y a-t-il un motif pour lequel nous pourrions le faire arrêter?
2. *rel* alors

woraus *adv* 1. (*aus welchem Material*) *fragend* en quoi; ~ ***besteht diese Legierung?*** de quoi est fait [*o* constitué] cet alliage?; ■ **...,** ~ *rel* ... en quoi/de quoi; ■ **etw,** ~ qc avec lequel/laquelle
2. (*aus welcher Quelle*) *fragend* d'où; ~ ***hat der Autor eigentlich am meisten abgeschrieben?*** qu'est-ce que l'auteur a le plus plagié?; ■ **etw,** ~ *rel* qc dont; ***das Buch,*** ~ ***der Autor am meisten geschöpft hat*** le livre où l'auteur a le plus puisé; ***ein Werk,*** ~ ***gern zitiert wird*** un ouvrage qu'on cite volontiers
3. *bei bestimmten Adjektiven/Verben, siehe auch dort:* **...,** ~ ***wir Folgendes schließen können ...,*** ce dont nous pouvons tirer la conclusion suivante; ~ ***schließen Sie das?*** d'où tirez-vous cette conclusion?; ~ ***man folgern kann ...*** d'où l'on peut conclure que + *indic;* ~ ***ich nicht klug werde, ist ...*** ce que je ne comprends pas, c'est; *s. a.* **aus**

worden *pp von* **werden**

worin *adv* 1. (*örtlich*) *fragend* où, dans quoi; ■ **etw,** ~ *rel* qc dans lequel/laquelle
2. (*in welchem Umstand*) *fragend* en quoi; ■ **etw,** ~ *rel* qc où; ■ **[das,]** ~ ce en quoi; *s. a.* **in**

Workaholic <-s, -s> [wøːɐkəˈhɔlɪk] *m sl* accro *mf* du travail *fam*, obsédé(e) *m(f)* du boulot *fam*

Workshop <-s, -s> [ˈwøːɐkʃɔp] *m* (*Arbeitstreffen*) atelier-débat *m;* THEAT atelier *m* de théâtre

Workstation <-, -s> [ˈwøːɐksteɪʃən] *f* INFORM station *f* [*o* poste *m*] de travail

Wort[1] <-[e]s, ¨-er> *nt* LING mot *m*

Wort[2] <-[e]s, -e> *nt* 1. *meist pl* (*Äußerung*) parole *f*
2. (*Ehren~*) parole *f*
3. *∅* (*Rede*): ***mitten im*** ~ ***brach sie plötzlich ab*** elle s'interrompit soudain au milieu de sa phrase; ***gestatten Sie mir ein*** ~**!** permettez-moi de dire quelques mots!
▶ **in** ~ **und Bild** *berichten, darstellen* par l'image et le son; (*im Buch*) par le texte et l'image; **dein/sein/ihr** ~ **in Gottes Ohr!** *fam* je touche du bois *fam,* si seulement tu pouvais/il/elle pouvait avoir raison!; **jd dreht jdm das** ~ [*o* **die** ~**e**] **im Mund[e] [her]um** qn déforme les paroles de qn; ***dreh' mir nicht das*** ~ ***im Mund herum!*** ne me fais pas dire ce que je n'ai pas dit!; **du nimmst mir das** ~ **aus dem Mund[e]** les grands esprits se rencontrent; **in** ~ **und Schrift** oralement et par écrit, à l'oral et à l'écrit; **in** ~ **und Tat** effectivement; **jd lässt seinen** ~**en Taten folgen** qn fait ce qu'il/elle dit, qn fait suivre ses paroles d'actes; **mit anderen** ~**en** en d'autres termes; **..., dass man sein eigenes** ~ **nicht [mehr] verstehen kann ...** qu'on ne s'entend plus; **jd redet ein ernstes** ~ **mit jdm** qn dit deux mots à qn; **geflügeltes** ~ mot *m* célèbre; **das sind große** ~**e** en voilà de belles paroles; **du sprichst ein großes** ~ **gelassen aus** tu en parles à ton aise, tu te paies des mots; **jd legt [bei jdm] ein gutes** ~ **für jdn ein** qn intercède pour [*o* en faveur de] qn [auprès de qn]; **das letzte** ~ **ist noch nicht gesprochen** tout n'est pas dit; **jd hat das letzte** ~ c'est qn qui décide; **jd will immer das letzte** ~ **haben** qn veut toujours avoir le dernier mot; **mit schönen** ~**en** avec [*o* par] de belles paroles; **jd macht viele** ~**e** qn fait des discours; **das ist ein wahres** ~ *geh* voilà qui est parlé, tu parles/vous parlez d'or; **daran ist kein wahres** ~, **daran ist kein** ~ **wahr** il n'y a pas un mot de vrai dans toute cette histoire [*o* là-dedans]; **jd bittet ums** ~ qn demande la parole; **jd bricht sein** ~ qn manque à sa parole; **jd entzieht jdm das** ~ qn retire la parole à qn; **jd ergreift das** ~ qn prend la parole; **jd erteilt jdm das** ~ qn passe la parole à qn; **jd fällt jdm ins** ~ qn coupe la parole à qn; **jd fasst etw in** ~**e** qn trouve les mots pour retracer qc; **jdm fehlen die** ~**e** qn en reste coi(te); **jd findet keine** ~**e für etw** qn n'a pas de mot[s] pour qualifier qc; **hättest du doch ein** ~ **gesagt** si seulement tu m'en avais touché un mot; **davon hat man mir kein** ~ **gesagt** on ne m'en a pas soufflé mot; **ein** ~ **gibt das andere** un mot en entraîne un autre, de fil en aiguille; **jd gibt jdm sein** ~ **[darauf, dass]** qn donne sa parole à qn [que + *indic*]; **jd glaubt jdm etw aufs** ~ qn croit qn sur parole; ***ich habe ihr diese Versprechungen aufs*** ~ ***geglaubt*** j'ai cru à ses promesses; **jd glaubt jdm kein** ~ qn ne croit pas un mot de ce que dit qn; **jd hält sein** ~ qn tient [sa] parole; ***ich pflege mein*** ~ ***immer zu halten*** je n'ai qu'une parole; **hast du** [*o* **hat man**] **[da noch]** ~**e!** *fam* elle est forte, celle-là! *fam;* **jd hat das** ~ qn a la parole; **jd ist bei jdm im** ~ *geh* qn a [pris] des engagements envers qn; **das ist ein** ~**!** voilà qui est parler!; **jd kommt zu** ~ qn se fait entendre; ***in dem Lärm komme ich ja doch nicht zu*** ~ dans ce bruit, je ne vais pas arriver à placer un mot; **jd meldet sich zu** ~ qn demande la parole; **jd nimmt jdn beim** ~ qn prend qn au mot; **jd pariert aufs** ~ qn obéit au doigt et à l'œil; **sie reden kein** ~ **miteinander** ils/elles ne s'adressent plus la parole; **jd redet einer S.** (*dat*) **das** ~ qn prône une chose; ***dauernd redet sie der Toleranz das*** ~ tolérance, elle n'a que ce mot à la bouche; **jd richtet das** ~ **an jdn** *geh* qn adresse la parole à qn; **jd schneidet jdm das** ~ **ab** qn coupe la parole à qn; **spar dir deine** ~**e!** économise ta salive! *fam;* **jd steht [bei jdm] im** ~ qn a [pris] des engagements [envers qn]; **darüber brauchen wir kein** ~ **zu verlieren** ça va sans dire; **jd verliert kein** ~ **über jdn/etw** qn ne dit pas un mot au sujet de qn/qc; ***bisher hat er darüber kein*** ~ ***verloren*** jusqu'à présent, il n'en a pas soufflé mot; **ich verstehe kein** ~ je ne comprends pas un [seul] mot; **auf ein** ~**!** *geh* accordez-moi/nous quelques mots!, une question!; **auf mein** ~**!** parole [d'honneur]!; ~ **für** ~ *überprüfen* mot à mot; *wiederholen* mot pour mot; **in** ~**en** (*verbal*) avec des mots; (*ausgeschrieben*) en toutes lettres; **mit einem** ~ en un mot; **mit keinem** ~: ***bitte erwähnen Sie das mit keinem*** ~**!** je vous prie de n'en souffler mot à personne; ***lassen Sie mit keinem*** ~ ***etwas darüber verlauten!*** ne laissez rien transpirer de cela!; **mit ...** ~**en:** ***mit bedauernden*** ~***en*** avec des paroles de regret; ***mit dürren*** ~***en*** avec des mots secs; ***mit knappen*** ~***en*** en quelques mots [brefs]; ***mit kurzen*** ~***en*** en peu de mots; ***mit umständlichen*** ~***en*** par des explications embarrassées; **mit diesen** ~**en** [*o* **nach**] à ces mots; **ohne ein** ~ **einer S.** (*gen*) sans une parole de ...; ***ohne ein*** ~ ***der Entschuldigung*** sans un mot d'excuse; ***ohne ein*** ~ ***des Grußes*** sans même me/nous saluer; **genug der** ~**e!** *geh* assez parlé!; **kein** ~ **mehr!** pas un mot de plus!; **nichts als** [*o* **nur**] ~**e** ce ne sont que des mots; *s. a.* **Goldwaage**

Wortart *f* catégorie *f* grammaticale **Wortbruch** *m geh* manquement *m* à la parole donnée, parjure *m soutenu* **wortbrüchig** *adj geh* parjure *soutenu* ▶ **jd wird** ~ qn manque à sa parole, qn se parjure *littér*

Wörtchen <-s, -> *nt dim von* **Wort** *fam* (*Mucks*) mot *m;* ***zu keinem ein*** ~ ***darüber!*** motus et bouche cousue!
▶ **da habe ich [noch/wohl] ein** ~ **mitzureden** *fam* j'ai [encore] mon mot à dire; **jd hat mit jdm noch ein** ~ **zu reden** *fam* qn a deux mots à dire à qn; **wenn das** ~ **wenn nicht wär'[, wär' mein Vater Millionär]** avec des si, on mettrait Paris en bouteille

Wörterbuch *nt* dictionnaire *m*

Wortführer(in) *m(f)* porte-parole *m* ▶ **jd macht sich zum** ~ **jds/einer S.** qn se fait le porte-parole de qn/qc **Wortgefecht** *nt geh* joute *f* oratoire **wortgetreu I.** *adj Übersetzung* littéral(e); *Wiedergabe* textuel(le) **II.** *adv übersetzen* littéralement, mot à mot; *wiedergeben, zitieren* textuellement, mot pour mot **wortgewandt** *adj* éloquent(e); ■ **jd ist** ~ qn est éloquent(e), qn a la parole facile **Wortgut** *nt ∅ geh s.* **Wortschatz. wortkarg** *adj* taciturne, peu loquace **Wortklauberei** <-, -en> *f pej* subtilités *fpl* de langage; ***das ist doch*** ~ vous coupez/tu coupes les cheveux en quatre **Wortlaut** *m ∅* (*Originaltext*) teneur *f;* (*Vertrag*) termes *mpl* ▶ **etw hat einen bestimmten** ~ qc a une certaine teneur; **im** ~ *wiedergeben, zitieren* textuellement; ***etw wird im*** ~ ***veröffentlicht*** on édite le texte intégral de qc

Wörtlein <-s, -> *nt dim von* **Wort** *s.* **Wörtchen**

wörtlich I. *adj* 1. *Abschrift, Zitat* textuel(le)
2. *Übersetzung* littéral(e)
II. *adv* 1. *wiedergeben, zitieren* textuellement, mot pour mot
2. *übersetzen* littéralement, mot à mot
▶ **jd nimmt etw** ~ qn prend qc au pied de la lettre

wortlos I. *adj Blick, Verstehen* muet(te)
II. *adv* sans mot dire

Wortmeldung *f:* ***da war noch eine*** ~ ***vor Ihnen*** quelqu'un a demandé la parole avant vous; ***keine*** ~***en mehr?*** plus personne ne demande la parole? **wortreich I.** *adj* volubile **II.** *adv* avec volubilité; *erklären* en long et en large *fam* **Wortschatz** *m* vocabulaire *m* ▶ **aktiver/passiver** ~ vocabulaire *m* actif/passif **Wortspiel** *nt ∅* jeu *m* de mots, calembour *m* **Wortstellung** *f* ordre *m* des mots **Wortwahl** *f ∅* choix *m* des mots; ***befleißige dich bitte einer anderen*** ~**!** surveille ton langage! **Wortwechsel** *m geh* altercation *f* **wortwörtlich I.** *adj* textuel(le) **II.** *adv* textuellement, mot pour mot

worüber *adv* 1. (*über welches Thema*) *fragend* sur quel sujet; ■ **[das,]** ~ *rel* ce sur quoi; ■ **etw,** ~ qc sur lequel/laquelle
2. *fragend* (*örtlich*) (*über welchen/welchem Gegenstand*) sur quoi; (*über welchen Ort*) par où; ■ **etw,** ~ *rel* qc sur lequel/laquelle
3. (*zeitlich*) ■ **...,** ~ **...** et c'est ainsi que + *indic;* ***es war so spannend,*** ~ ***wir ganz die Zeit vergaßen*** c'était si prenant que nous n'avons pas vu le temps passer
4. (*betreffs welcher Sache*) *fragend* à quel propos [*o* sujet]; ■ **...,** ~ *rel* ... à quel propos [*o* sujet]
5. *bei bestimmten Adjektiven/Verben, siehe auch dort:* ~ ***ist er so glücklich?*** de quoi est-il si heureux?; ~ ***lacht ihr?*** de quoi riez-vous?; *s. a.* **über**

worum *adv* 1. *fragend* (*um welches Thema*) *gehen, sich handeln* de quoi; ~ ***streiten die sich*** sur quoi [*o* à quel propos] se disputent-ils?; ■ **etw,** ~ *rel* qc dont
2. *fragend* (*um welchen Gegenstand*) *sich schlagen, handeln* pour quoi; ■ **etw,** ~ *rel* qc pour lequel/laquelle
3. (*örtlich*) *fragend* autour de quoi; ■ **etw,** ~ *rel* qc autour duquel/de laquelle
4. *bei bestimmten Verben, siehe auch dort:* ~ ***hat er gebeten?*** qu'a-t-il demandé?; ***alles,*** ~ ***du mich bittest*** tout ce que tu me demandes; ***das,*** ~ ***ich Sie ersuche*** ce que je sollicite de votre part; *s. a.* **um**

worunter *adv* 1. (*örtlich*) *fragend* où, au-dessous de quoi; ■ **etw,** ~ *rel* qc au-dessous duquel/de laquelle; ***eine Menschenmenge,*** ~ ***sich ... befanden*** une foule au milieu de laquelle se trouvaient ...
2. (*Thema, Kategorie betreffend*) *fragend* dans quoi [*o* quelle catégorie]; ■ **etw,** ~ *rel* qc dans lequel/laquelle; ***das ist ein Begriff,*** ~ ***ich mir nichts vorstellen kann*** c'est une notion qui n'évoque rien pour moi
3. *bei bestimmten Verben, siehe auch dort:* ~ ***leidet Ihre Frau?*** de quoi souffre votre femme?; ***die Krankheit,*** ~ ***sie leidet*** la maladie dont elle souf-

fre; *ein Begriff, ~ wir vieles verstehen können* une notion qui peut donner lieu à bien des interprétations; *s. a.* **unter**

Wotan <-s> *m* Wotan *m*

wovon *adv* **1.** (*über welches Thema*) *fragend* de quoi; ■ **etw, ~** *rel* qc dont; ■ **..., ~ ...** de quoi
2. (*durch welchen Umstand*) *fragend* à la suite de quoi; ■ **etw, ~** *rel* qc à la suite duquel/de laquelle
3. (*von was*) *fragend* de quoi; *~ sind die Flecken?* ce sont des taches de quoi?; *~ ist sie aufgewacht?* qu'est-ce qui l'a réveillée?; ■ **etw, ~** *rel* qc dont; *der Lärm, ~ sie aufgewacht ist* le bruit qui l'a réveillée; *s. a.* **von**

wovor *adv* **1.** *fragend* (*vor welchem Umstand*) *sich fürchten, Angst haben* de quoi; *~ drückst du dich eigentlich?* à quoi essaies-tu de te soustraire?; ■ [**das,**] *~ rel* ce dont; *das, ~ er sich drückt* ce à quoi il essaie de se soustraire
2. (*örtlich*) *fragend* où, devant quoi; ■ **etw, ~** *rel* qc devant lequel/laquelle; *s. a.* **vor**

wozu *adv* **1.** (*warum*) pourquoi
2. (*zu welchem Zweck*) *fragend* pour quoi faire; ■ **etw, ~** *rel* qc pour lequel/laquelle; ■ **..., ~ ...,** ce pour quoi
3. (*zu welcher Angelegenheit*) *fragend* pourquoi; *~ hängen hier eigentlich überall Girlanden?* en quel honneur y a-t-il des guirlandes suspendues partout?; ■ **etw, ~** *rel* qc à l'occasion duquel/de laquelle; ■ **..., ~ ...,** ce pour quoi
4. *rel* (*hinzu*) ■ **..., ~ ...,** à quoi; ■ **etw, ~** qc auquel/à laquelle; *s. a.* **zu**

wozwischen *adv fragend* entre quoi et quoi, où; *rel* où

Wrack <-s, -s> *nt* **1.** NAUT épave *f*
2. AVIAT épave *f* [d'avion]
3. AUT épave *f* [d'automobile]
4. *geh* (*Mensch*) épave *f*, loque *f*
▶ **jd ist ein körperliches/seelisches ~** *geh* qn est usé(e) physiquement/moralement; **jd ist ein menschliches ~** *geh* qn est une loque humaine

wringen <wrang, gewrungen> *vt* ■ **jd wringt etw** qn tord qc [pour l'égoutter]; *jd wringt das Wasser aus etw* qn tord qc

Wucher <-s> *m Ø pej* (*zu hoher Preis*) prix *mpl* exorbitants; (*zu hohe Zinsen*) usure *f*
▶ **das ist [doch/ja] ~** c'est exorbitant, c'est du vol; **jd treibt ~** qn pratique l'usure

Wucherer <-s, -> *m*, **Wucherin** *f pej* usurier(-ière) *m(f)*

wucherisch *adj* **1.** *Zinsen* usuraire; *Miete, Preis* exorbitant(e)
2. *Geldverleiher* qui pratique des taux usuraires; *Vermieter* qui pratique des tarifs exorbitants, rapace

Wuchermiete *f pej* loyer *m* exorbitant

wuchern *vi* **1.** + *sein o haben* HORT ■ **etw wuchert** qc prolifère; ■ **~d** envahissant(e)
2. + *sein* MED ■ **etw wuchert** /*Geschwulst, Tumor*/ qc grossit; ■ **etw wuchert irgendwohin** qc se propage quelque part

Wucherpreis *m pej* prix *m* exorbitant [*o* prohibitif]

Wucherung <-, -en> *f* néoplasme *m*

Wucherzins *m meist pl pej* intérêt *m* [*o* taux *m*] usuraire

wuchs *imp von* **wachsen[1]**

Wuchs <-es> *m Ø* **1.** (*Wachstum*) croissance *f*; (*Aussehen*) port *m*
2. [*Mensch*] taille *f*, stature *f*; *schlank, ebenmäßig* silhouette *f*

Wucht <-> *f Ø* [*Aufprall, Schlag, Stoß*] violence *f*
▶ **mit aller ~** de toute mes/ses/... forces; **mit voller ~** brutalement, de plein fouet; **jd/etw ist eine ~** *fam* qn/qc est terrible *fam*; *seine Tussi ist einfach eine ~* *fam* sa nana est vraiment canon *fam*

wuchten *vt* ■ **jd wuchtet etw irgendwohin** qn coltine qc quelque part; ■ **jd wuchtet etw aus etw** qn décharge [*o* extirpe *fam*] qc de qc

wuchtig *adj* **1.** (*mit Wucht*) violent(e)
2. (*massig*) *Gegenstand, Möbelstück* massif(-ive); *Gepäckstück* volumineux(-euse)

wühlen I. *vi* **1.** (*kramen*) ■ **jd wühlt in etw** (*dat*) [**nach etw**] qn fouille dans qc [pour trouver qc]
2. (*mit der Schnauze*) ■ **ein Tier wühlt in etw [nach etw]** un animal fouille dans qc [pour trouver qc]
3. *pej fam* (*hetzen*) ■ **jd wühlt:** *er wühlte bei den Nachbarn* il montait la tête aux voisins; *die Partei wühlt im Untergrund* le parti fait de l'agitation [*o* grenouille *fam*] dans la clandestinité
II. *vr* **1.** (*sich vorwärts arbeiten*) ■ **ein Tier wühlt sich durch etw** un animal creuse une galerie sous qc; ■ **ein Tier wühlt sich in etw** (*akk*) un animal s'enfouit dans qc
2. *fam* (*sich durcharbeiten*) ■ **jd wühlt sich durch etw** qn arrive à liquider qc *fam*

Wühlmaus *f* campagnol *m* **Wühltisch** *m fam* table *f* à farfouille *fam*

Wulst <-es, =e> *m* bourrelet *m*

wulstig *adj Lippen* épais(se), lippu(e); *Nacken* massif(-ive); *Narbe, Rand* boursouflé(e)

Wulstlippen *pl* lèvres *fpl* épaisses [*o* lippues]

wund I. *adj Ferse, Haut, Lippe* écorché(e); *Schleimhaut* irrité(e), à vif; ■ **jd ist/wird [irgendwo] ~:** *ich bin an den Hacken ganz ~ vom Marschieren* j'ai les talons tout écorchés d'avoir marché; *vom Reiten kann man zwischen den Beinen ~ werden* en faisant du cheval, on peut s'écorcher les cuisses; *das Baby ist [am Po] ~* le bébé a les fesses tout irritées [*o* un érythème fessier]
II. *adv: er hat sich ~ gekratzt* il s'est gratté jusqu'au sang; *die neuen Schuhe haben meine Hacken ~ gerieben/gescheuert* les nouvelles chaussures m'ont écorché les talons; *ich habe mir die Fersen ~ gelaufen* en marchant, je me suis écorché les talons; *~ gelegen Gesäß, Rücken* couvert(e) d'escarres; *Patient* souffrant d'escarres; *eine ~ gelegene Stelle* une escarre; *der Patient ist ~ gelegen* le malade souffre d'escarres [*o* a des escarres]; *sie hat sich ~ geritten* elle s'est écorchée en faisant du cheval; *jd liegt sich ~* qn attrape des escarres; *jd liegt sich* (*dat*) *etw ~* qn attrape des escarres quelque part

Wundbrand *m* gangrène *f*

Wunde <-, -n> *f* plaie *f*
▶ **jd reißt [bei jdm] alte ~n wieder auf** *geh* qn rouvre une plaie [chez qn]; **tödliche ~** plaie mortelle

-wunde *f: Schuss~* blessure *f* par arme à feu; *Stich~* blessure *f* par arme blanche; *Schnitt~* coupure *f*; *Brand~* brûlure *f*; *Biss~* morsure *f*; *Riss~* déchirure *f*

wunder *s.* **Wunder** ▶

Wunder <-s, -> *nt* miracle *m*
▶ **jd erlebt sein blaues ~** *fam* qn a une mauvaise surprise; **etw grenzt an ein ~** qc tient du miracle; **es ist ein ~, dass** *fam* c'est un miracle que + *subj*; **ist es ein ~, dass ...?** *fam* quoi d'étonnant à ce que ...? + *subj*; **es ist kein ~, dass** *fam* c'est pas étonnant que + *subj fam*; **etw wirkt ~** qc fait des miracles; **was ~[, dass]** pas étonnant [que + *subj*]; **~ was/wer/wie** *fam* je sais pas quoi/qui/comment *fam*; *jd bildet sich ein, er sei ~ wer* qn se croit sorti(e) de la cuisse de Jupiter *fam*; **wie durch ein ~** comme par miracle

wunderbar I. *adj* merveilleux(-euse); *Mensch* fantastique; [*das ist ja*] *~!* [c'est vraiment] fantastique!
II. *adv fam* vachement *fam*, hyper- *fam*

wunderbarerweise *adv* miraculeusement

Wunderheiler(in) <-s, -> *m(f)* guérisseur(-euse) *m(f)* **wunderhübsch** *adj* ravissant(e) **Wunderkerze** *f* cierge *m* magique **Wunderkind** *nt* enfant *m* prodige **Wunderland** *nt* pays *m* merveilleux [*o* des merveilles]

wunderlich *adj* **1.** (*verschroben*) bizarre; *ein ~er alter Kauz* un vieil olibrius *fam*
2. *Einfall, Idee, Vorschlag* bizarre, étrange

Wundermittel *nt* remède *m* miracle

wundern I. *vt* (*ver~*) ■ **etw wundert jdn** qc étonne qn; ■ **jdn wundert [es], dass,** ■ **es wundert jdn, dass** ça étonne qn que + *subj*
▶ **es würde mich nicht ~, wenn** ça ne m'étonnerait pas si [*o* que + *subj*]; **es sollte mich ~, wenn** ça m'étonnerait que + *subj*; **wundert dich das [etwa]?** ça t'étonne?; **das wundert mich nicht** ça ne m'étonne pas
II. *vr* ■ **jd wundert sich** qn s'étonne, qn est étonné(e); ■ **jd wundert sich, dass/wenn** qn s'étonne que + *subj*/si; ■ **jd wundert sich über eine Person** une personne étonne qn; ■ **jd wundert sich über etw** qn s'étonne de qc; *wundere dich nicht über mein Ungehaltensein* ne t'étonne pas que je me fâche
▶ **jd darf sich nicht ~, wenn etw geschieht** il ne faut pas que qn s'étonne si qc se passe; **jd kann sich nicht genug darüber ~, dass** qn n'en revient pas que + *subj*; **ich muss mich doch sehr ~!** je suis très choqué(e)!; **du wirst dich [noch] ~!** tu vas avoir des surprises!; **ich wundere mich über [gar] nichts mehr!** je ne m'étonne plus de rien!

wunder|nehmen *irreg, impers* I. *vi* ■ **es nimmt wunder, dass/wie/warum** c'est étonnant que + *subj*/comment/que + *subj*; *da nimmt es nicht/kaum wunder, dass* il n'est pas/guère étonnant que + *subj*
II. *vt* CH (*interessieren*) ■ **es nimmt jdn wunder, ob/wie/dass** qn est curieux(-euse) de savoir si/comment/pourquoi

wundersam *adj geh* étrange

wunderschön *adj* superbe **wundervoll** *adj s.* **wunderbar**

Wundfieber *nt* fièvre *f* traumatique **wundgelegen** *s.* **wund II.** **wund|liegen** *s.* **wund II.** **Wundsalbe** *f* pommade *f* cicatrisante **Wundstarrkrampf** *m* tétanos *m*

Wunsch <-[e]s, =e> *m* **1.** (*Verlangen*) souhait *m*; *ob ich wohl einen ~ äußern dürfte?* pourrais-je émettre un souhait [*o* exprimer un désir]?
2. *meist pl* (*Glück~*) vœux *mpl*, souhaits *mpl*
▶ **jd liest jdm jeden ~ an [o von] den Augen ab** qn va au-devant des désirs [*o* des souhaits] de qn; **dein ~ ist mir Befehl** *hum* tes désirs sont [pour moi] des ordres; **da ist der ~ der Vater des Gedankens** *prov* il ne faut pas prendre ses désirs pour des réalités; **etw ist nur ein frommer ~** qc n'est qu'un vœu pieux; **auf vielfachen ~** à la demande générale; **jd erfüllt jdm einen ~** qn exauce un souhait de qn; **jd erfüllt jdm jeden ~** qn exauce tous les désirs [*o* comble tous les vœux] de qn; **hast du sonst noch =e?** *iron* tu es sûr(e) que tu ne veux rien d'autre?; **jd hat einen ... ~** qn a un désir ...; *ich habe den gleichen ~* je voudrais la même chose; *haben Sie sonst noch einen ~?* vous désirez autre chose?; *ich habe keinen ~ mehr* je ne désire plus rien; **etw ist jds ~** *geh* qc est le souhait de qn; *das war immer schon mein größter ~* ça a toujours été mon souhait [*o* vœu] le plus cher; **auf ~** sur demande; **auf jds [...] ~ [hin]** à la demande [...] de qn; **nach ~** à souhait; *war alles nach ~?* tout était-il conforme à tes/vos vœux?

Wunsch- *-kandidat, -partner* d'élection; *Kohls ~kandidat* le candidat soutenu par Kohl, le poulain de Kohl

wünschbar *adj* CH *s.* **wünschenswert**

Wunschdenken *nt* illusion *f*; *das ist reines ~* c'est de la fabulation

Wünschelrute *f* baguette *f* de sourcier

Wünschelrutengänger(in) <-s, -> *m(f)* sourcier(-ière) *m(f)*

wünschen I. *vr* **1.** (*als Geschenk erbitten*) ■ **jd wünscht sich** (*dat*) **etw [von jdm]** qn demande qc [en cadeau] [à qn]; *was wünschst du dir?* que désires-tu [comme cadeau]?; *du darfst dir etwas ~* tu peux demander un cadeau; *du darfst dir etwas ~, sagte die gute Fee* tu as droit à un souhait, dit la bonne fée; *ich habe mir zu Weihnachten eine elektrische Eisenbahn von meinen Eltern gewünscht* j'ai demandé à mes parents un train électrique pour Noël
2. (*haben wollen*) ■ **jd wünscht sich** (*dat*) **jdn/etw** *Ruhe, Frieden, Kind* qn souhaite avoir qn/qc; *man hätte sich kein besseres Wetter/keinen besseren Mann ~ können* on n'aurait pas pu espérer avoir meilleur temps/

un meilleur collaborateur; ■ **jd wünscht sich** (*dat*) **jdn als** [*o* **zu**] **etw** qn aimerait [bien] avoir qn comme qc; ■ **jd wünscht/wünschte sich** (*dat*) **jdn ...** qn souhaite/souhaiterait que qn soit ...
3. (*erhoffen*) ■ **jd wünscht sich** (*dat*) **etw zu tun/von ihm/ihr, dass er/sie etw tut** qn souhaite faire qc/qu'il/elle fasse qc
4. (*woanders sein wollen*) ■ **jd wünscht sich irgendwohin** qn souhaite être quelque part
▸ **alles, was man sich** (*dat*) **nur ~ kann** tout ce qu'on peut souhaiter
II. *vt* **1.** (*als Glückwunsch sagen*) ■ **jd wünscht jdm etw** qn souhaite qc à qn; ***zum Geburtstag möchten wir dir alles Gute ~*** nous t'adressons nos meilleurs vœux pour ton anniversaire
2. (*erhoffen*) ■ **jd wünscht etw** qn souhaite qc; ■ **jd wünscht jdm/einer S. etw** qn souhaite qc à qn/une chose; ***ich wünsche dir/eurem Projekt gutes Gelingen*** je te souhaite du succès/je souhaite que votre projet réussisse; ■ **jd wünscht, dass** qn souhaite que + *subj*
3. (*verlangen*) ■ **jd wünscht etw** *eine Auskunft* qn souhaite qc; *eine Erklärung, Entschuldigung a.* qn aimerait qc; ***wenn Sie noch etwas ~, ...*** si vous désirez encore quelque chose, ...; ***ich wünsche ein Zimmer mit Bad*** j'aimerais [*o* je voudrais] une chambre avec [une] salle de bain; ***kommen Sie, sobald Sie ~*** venez dès que vous le voulez; ■ **zu ~d** *Änderung, Umstand, Verbesserung* souhaitable
4. (*woandershin haben wollen*) ■ **jd wünscht jdn irgendwohin** qn voudrait savoir [*o* souhaiterait voir] qn quelque part; ***ich wünsche den Kerl zur Hölle!*** qu'il aille au diable!; ***ich würde sie jetzt weit weg/sonst wohin ~*** je souhaiterais qu'elle soit à l'autre bout du monde
▸ **das ist zu ~** c'est à souhaiter; **was ~ Sie?** que désirez-vous?; **wie gewünscht** comme souhaité; ***das Wetter war wie gewünscht*** le temps était tel qu'on pouvait l'espérer
III. *vi geh* **1.** (*wollen*) ■ **jd wünscht, dass** qn désire que + *subj*; ***ich wünsche, dass jetzt sofort Ruhe herrscht!*** je demande le silence immédiat!; ■ **jd wünscht etw zu tun** qn souhaite faire qc; ***sollen Sie mich zu sehen ~, ...*** si vous désirez me voir, ...
2. (*ersehnen*) ■ **jd wünschte ...** qn souhaiterait ...; ***er wünschte, er hätte das nie gesagt*** il voudrait n'avoir jamais dit ça; ***ich wünschte, ich wäre tot*** je souhaiterais être mort(e); ***ich wünschte, der Regen würde aufhören*** je souhaiterais que la pluie cesse
▸ **jd/etw lässt zu ~ übrig** qn/qc laisse à désirer; **etw lässt nichts zu ~ übrig** qc est irréprochable [*o* impeccable]; **Sie ~?** (*was kann ich für Sie tun?*) vous désirez?; (*was möchten Sie bestellen?*) que désirez-vous?; [**ganz**] **wie Sie ~** comme vous voulez

wünschenswert *adj* souhaitable; ***es wäre keinesfalls ~, wenn*** il ne serait en aucun cas souhaitable que + *subj*
▸ **jd hält etw für ~** qn considère qc comme souhaitable

Wunschform *f* optatif *m* **wunschgemäß** I. *adj* (*erwünscht*) souhaité(e); ***wir können nur auf einen ~en Verlauf hoffen*** nous ne pouvons qu'espérer un déroulement satisfaisant; ■ **etw ist ~** qc répond à mon/son/... attente [*o* mes/ses/... désirs] II. *adv* selon mes/ses/... désirs **Wunschkind** *nt* enfant *m* désiré **Wunschkonzert** *nt* sélection *f* des auditeurs **Wunschliste** *f* desiderata *mpl*; ***etw steht auf der ~ von jdm*** qc figure au nombre des desiderata de qn

Wunschsatz *m* phrase *f* optative [*o* qui exprime le souhait]; (*Satzteil*) proposition *f* optative [*o* qui exprime le souhait] **Wunschtraum** *m* rêve *m*; *pej* chimère *f* **Wunschvorstellung** *f* rêves *mpl* **Wunschzettel** *m* liste *f* de cadeaux [pour Noël] ▸ **etw steht auf jds ~** qc fait partie des choses que qn voudrait acheter

wurde *imp von* **werden**

Würde <-, -n> *f* **1.** ∅ (*innerer Wert*) dignité *f*
2. (*Rang*) dignité *f*; ***die ~ eines Generalissimus*** le grade [*o* rang] de généralissime
▸ **etw ist unter aller ~** qc est au-dessous de tout; **etw ist unter jds ~** (*dat*): ***das ist unter meiner ~*** je manquerais à ma dignité, ce serait me faire injure; **es ist [für jdn] unter jds ~ etw zu tun** qn se croirait déshonoré(e) de faire qc; **jd trägt etw mit ~** qn accepte qc avec dignité

würdelos I. *adj Auftreten, Benehmen* indigne; *Behandlung* dégradant(e)
II. *adv auftreten, sich benehmen* de manière indigne; *behandeln a.* indignement

Würdenträger(in) *m(f) geh* dignitaire *m*

würdevoll *adj geh s.* **würdig**

würdig I. *adj* **1.** (*ehrbar*) digne
2. (*angemessen*) *Empfang, Rahmen* adéquat(e); *Nachfolger* digne *antéposé*; ■ **etw ist jds ~** qc est digne de qn
3. (*wert*) ■ **jd ist jds nicht ~** qn n'est pas digne de qn; ■ **jd ist einer S.** (*gen*) **~** qn est digne de qc
▸ **jd erweist sich einer S.** (*gen*) **~** qn se montre digne de qc; *eines hohen Amts a.* qn se montre à la hauteur de qc
II. *adv* **1.** (*mit Würde*) avec dignité; ***~er*** avec plus de dignité
2. (*gebührend*) dignement

-würdig méritant d'être + *pp*; ***ein verehrungs~er Mensch*** une personne digne de respect; ***ich bin kredit~*** je suis quelqu'un à qui on peut faire crédit

würdigen *vt* **1.** (*anerkennend erwähnen*) ■ **jd würdigt etw** qn rend hommage à qc; ***das Gericht wird das zu würdigen wissen*** le tribunal saura apprécier cela; ***diese Zuwendungen werden steuerrechtlich gewürdigt*** ces dons sont reconnus fiscalement
2. (*schätzen*) ■ **jd würdigt etw** qn apprécie qc [à sa juste valeur]
3. *geh* (*für würdig befinden*) ■ **jd würdigt jdn einer S.** (*gen*) qn accorde qc à qn; ***sie würdigte ihn keines Blickes/Grußes/keiner Antwort*** elle n'a pas daigné lui jeter un regard/le saluer/lui donner une réponse

Würdigung <-, -en> *f* **1.** (*das Würdigen*): ***als ~ Ihrer Leistungen/seiner Verdienste*** en hommage à votre travail/ses mérites; ***etw findet bei jdm durchaus ~*** qc est apprécié(e) à sa juste valeur par qn; ***es hat Jahre gebraucht, bis man sich zur geziemenden ~ meiner Arbeit verstehen konnte*** il a fallu des années pour qu'on reconnaisse dûment mon travail
2. (*schriftliche Anerkennung*) ■ **die ~ [einer S.** (*gen*)**]** l'hommage *m* [à qc]
▸ **in ~ einer S.** (*gen*) en hommage à qc

Wurf <-[e]s, =e> *m* **1.** (*das Werfen*) [*Ball, Hammer*] lancer *m*; [*Speer a.*] jet *m*; [*Stein, Schneeball*] jet *m*; ***ein ~ aufs Tor*** un tir au but
2. [*Würfel*] coup *m*
3. ZOOL portée *f*
▸ **jdm gelingt mit etw ein großer ~** qn réussit un coup de maître [*o* un beau coup] avec qc

Würfel <-s, -> *m* **1.** (*Spiel~*) dé *m*
2. GEOM cube *m*
3. GASTR dé *m*
▸ **die ~ sind gefallen** les dés sont jetés; **jd schneidet etw in ~** qn coupe qc en dés; **jd spielt ~** qn joue aux dés

Würfelbecher *m* cornet *m* à dés

würf[e]lig I. *adj* [coupé(e)] en dés
II. *adv* en dés

würfeln I. *vi* ■ **jd würfelt [mit jdm]** qn joue aux dés [avec qn]; ■ **sie ~ um etw** ils/elles jouent qc aux dés
II. *vt* **1.** (*werfen*) ■ **jd würfelt etw** qn fait qc
2. GASTR ■ **jd würfelt etw** qn coupe qc en dés

Würfelspiel *nt* jeu *m* de dés **Würfelspieler(in)** *m(f)* joueur(-euse) *m(f)* de dés **Würfelzucker** *m* ∅ sucre *m* en morceaux

Wurfgeschoss[RR] *nt* projectile *m*

würflig *adj s.* **würfelig**

Wurfmesser *nt* poignard *m* [*o* couteau *m*] [à lancer] **Wurfpfeil** *m* fléchette *f* **Wurfsendung** *f* envoi *m* postal collectif, courrier *m* publicitaire **Wurfstern** *m* étoile *f* de ninja

Würgegriff *m* **1.** (*Griff*) étranglement *m*
2. *fig* (*Einfluss*) étau *m*
▸ **im ~**: ***er hielt ihn im festen ~*** il l'étranglait; SPORT il lui faisait un étranglement; ***er röchelte im ~ des Mörders*** il râlait, étranglé par le meurtrier

würgen I. *vt* ■ **jd würgt jdn** qn étrangle qn
II. *vi* **1.** (*kaum schlucken können*) ■ **jd würgt an etw** (*dat*) qn s'étrangle avec qc
2. (*hoch~*) ■ **jd würgt** qn est pris(e) de nausée[s]

Würger(in) <-s, -> *m(f)* étrangleur(-euse) *m(f)*

Wurm[1] <-[e]s, =er> *m* **1.** (*Regen~*) ver *m* de terre
2. *meist pl* (*Faden~*) ver *m* [parasite]
3. *fam* (*Made*) ver *m*, asticot *m*
▸ **jd muss jdm die =er [einzeln] aus der Nase ziehen** *fam* il faut vraiment arracher chaque mot à qn; **jd/ein Tier hat =er** qn/un animal a des vers; **da ist** [*o* **sitzt**] **der ~ drin** *fam in einer Angelegenheit* c'est un sac de nœuds *fam*; *in einer Ehe* ça bat de l'aile

Wurm[2] <-[e]s, =er> *nt* (*kleines Wesen*) bout *m* de chou

wurmen *vt fam* ■ **jdn wurmt etw** qc emmerde qn *fam*, qc fait chier qn *pop*; ■ **es wurmt jdn, dass** ça emmerde qn que + *subj fam*

Wurmfortsatz *m* appendice *m*

wurmstichig *adj Apfel etc* véreux(-euse); *Holz* vermoulu(e)

Wurst <-, =e> *f* **1.** (*geräucherte Schweine~*) saucisson *m*; ∅ (*Wurstwaren*) charcuterie *f*
2. (*Würstchen*) saucisse *f*
3. ∅ *fam* (*Kot*) crotte *f fam*
▸ **rote ~** ≈ saucisse *f* de Strasbourg [à griller]; **jetzt geht es um die ~** *fam* tout va se jouer; **das ist jdm ~** [*o* **Wurscht**] *fam* qn s'en bat l'œil *fam*, qn en a rien à cirer *fam*

Wurstbrot *nt* sandwich *m* au saucisson/à la charcuterie

Würstchen <-s, -> *nt* **1.** *dim von* **Wurst** petite saucisse *f*; (*Bratwurst*) saucisse *f* grillée
2. *pej fam* (*Jammerlappen*) minus *m fam*
▸ **ein armes ~** *fam* un pauvre type *fam*; **Frankfurter/Wiener ~** saucisse de Francfort; **heiße** [*o* **warme**] **~** saucisse *f* chaude, hot-dog *m*

Würstchenbude *f*, **Würstchenstand** *m* baraque *f* de saucisses

Wurstel <-s, -n> *m* AUS (*Hanswurst*) polichinelle, m

Wurstfinger *pl pej fam* doigts *mpl* boudinés **Wurstsalat** *m* cervelas *m* à la vinaigrette

Würzburg <-s> *nt* Wurtzbourg

Würze <-, -n> *f* **1.** (*Würzmischung*) condiment *m*
2. (*Aroma*) [*Parfüm*] arôme *m*; [*Gericht*] saveur *f*; [*Wein*] bouquet *m*, montant *m*

Wurzel <-, -n> *f* **1.** BOT racine *f*
2. (*Zahn~*) racine *f*
3. MATH ■ **die [n-te] ~ aus etw** la racine [n[ème]] de qc; ***die ~/dritte ~ aus etw*** la racine carrée/cubique de qc
4. *geh* (*Ursprung*) ■ **die ~n einer S.** (*gen*) l'origine *f* d'une chose
5. LING racine *f*
6. *meist pl* NDEUTSCH (*Karotte*) carotte *f*
▸ **jd rottet etw mit der ~ aus** qn attaque qc à la racine; **jd schlägt irgendwo ~n** qn s'enracine quelque part; **soll ich hier [vielleicht** [*o* **etwa**]**] ~n schlagen?** *fam* je vais tout de même pas prendre racine [ici] *fam*; **jd zieht die ~ aus etw** qn extrait la racine de qc

Wurzelballen *m* motte *f*; ***unsere Bäume werden mit ~ verkauft*** nos arbres sont vendus en mottes **Wurzelbehandlung** *f* traitement *m* de la racine

wurzeln *vi geh* ■ **etw wurzelt in etw** (*dat*) qc a son origine dans qc

Wurzelstock *m* souche *f* **Wurzelverzeichnis** *nt* INFORM répertoire *m* principal **Wurzelzeichen** *nt* radical *m* **Wurzelziehen** <-s> *nt* ∅ ex-

traction *f* des racines
würzen *vt* ■ **jd würzt etw** [**mit etw**] qn assaisonne [*o* épice] qc [avec qc]
würzig I. *adj Duft, Geruch, Geschmack* aromatique; *Essen* épicé(e), assaisonné(e); *Bier, Wein* corsé(e)
II. *adv:* ~ ***schmeckende Weißweine*** des vins blancs qui ont du montant [*o* du bouquet]; ***ein*** ~ ***duftender Tabak*** un tabac aromatique
wusch[1] *imp von* **waschen**
wusch[2] *interj* AUS (*Ausruf des Erstaunens*) oh là là
wuschelig *adj fam* crépu(e), frisotté(e)
Wuschelkopf *m fam* **1.** (*Haare*) frisettes *fpl*
2. (*Mensch*) frisé(e) *m(f)*
wuschlig *adj fam s.* **wuschelig**
wusste[RR], **wußte** *imp von* **wissen**
Wust[1] <-[e]s> *m ∅ fam* (*Durcheinander*) fatras *m*
Wust[2] *f ∅ abk von* **Warenumsatzsteuer** CH *s.* **Mehrwertsteuer**
wüst I. *adj* **1.** *Gegend, Landschaft* désert(e); (*unbebaut*) inculte, sauvage
2. (*übel*) *Beschimpfung, Fluch* grossier(-ière)
3. *fam* (*heillos*) *Unordnung* dingue *fam;* ***ein*** ~***es Durcheinander*** un foutoir pas possible *fam*
II. *adv beschimpfen, fluchen* grossièrement; *zurichten* salement *fam*
Wüste <-, -n> *f* désert *m*
▸ **die** ~ **Gobi** le désert de Gobi; **jd schickt jdn in die** ~ *fam* qn limoge qn *fam; Mitarbeiter* qn vire qn *fam*
Wüstenklima *nt ∅* climat *m* désertique **Wüstensand** *m* sable *m* du désert
Wut <-> *f ∅* fureur *f*, rage *f*
▸ **jd hat eine** ~ **im Bauch** *fam* qn a la haine *fam;* **voller** ~ en proie à la fureur; **jd wird weiß vor** ~ qn devient pâle de colère; **jd bekommt eine** ~ *fam* qn se fout en rogne *fam;* **jd/etw bringt jdn in** ~ qn/qc met qn en fureur; **jd gerät in** ~ qn entre en fureur; **jd hat eine** ~ *fam* qn est furibard(e) [*o* furax] *fam;* **jd hat eine** ~ **auf jdn** *fam* qn est furax contre qn *fam;* **jd kocht vor** ~ qn bout de colère *soutenu;* **jd schäumt vor** ~ qn écume de rage; **vor** ~ de fureur, de rage
Wutanfall *m* accès *m* de fureur
▸ **jd bekommt** [*o* **kriegt** *fam*] **einen** ~ qn a un accès de fureur, qn pique sa crise *fam;* **in einem** ~ dans un accès de fureur
wüten *vi* **1.** (*toben*) ■ **jd wütet** qn se déchaîne
2. (*hausen*) ■ **jd/etw wütet irgendwo** qn/qc fait des [*o* exerce ses] ravages quelque part, qn/qc sévit quelque part
wütend I. *adj* **1.** (*zornig*) furieux(-euse); ***in*** ~***er Raserei*** de fureur, en proie à la fureur; ■ **jd ist** ~ **auf/über jdn** qn est furieux(-euse) contre qn; ■ **jd ist** ~ **über etw** (*akk*) qn est furieux(-euse) [à cause] de qc
2. (*erbittert*) *Hass* acharné(e); *Gefecht, Kampf a.* furieux(-euse)
II. *adv* en proie à la fureur, furieusement
wutentbrannt I. *adj* saisi(e) de furie
II. *adv* dans un accès de fureur, comme une furie
Wüterich <-s, -e> *m veraltend* forcené *m*
Wutgeheul *nt* cris *mpl* de fureur **wutschnaubend** *adj, adv* écumant(e) de rage
WWU <-> [veːveːˀuː] *f ∅ abk von* **Wirtschafts- und Währungsunion** U.E.M. *f*
WYSIWYG <-> ['vizivik] *nt* INFORM *abk von* **What You See Is What You Get** [mode *m*] tel écran – tel écrit *spéc*
Wz *abk von* **Warenzeichen**

X

X, x <-, -> [ɪks] *nt* **1.** X *m*, x *m*
2. *mit Kleinschreibung fam* (*unzählige*) x *antéposé*, trente-six *fam*
▸ **jd will jdm ein** ~ **für ein U vormachen** *fam* qn fait prendre à qn des vessies pour des lanternes; **jd lässt sich kein** ~ **für ein U vormachen** *fam* on la fait pas à qn *fam;* **X wie Xanthippe** x comme Xavier
x-Achse ['ɪksˀaksə] *f* axe *m* des x
Xanthippe <-, -n> [ksan'tɪpə] *f fam* mégère *f*
X-Beine ['ɪks-] *pl* genoux *mpl* cagneux
▸ **jd hat** ~ qn a les genoux cagneux
x-beinig[RR], **X-beinig** ['ɪks-] *adj* aux jambes cagneuses; ■ **jd ist** ~ qn a les jambes cagneuses
x-beliebig ['ɪks-] I. *adj fam* ■ **ein** ~**er/eine** ~**e ...**, ■ **jeder/jedes/jede** ~**e ...** n'importe quel(le) ...
▸ **jeder** ~**e** n'importe qui
II. *adv fam* de n'importe quelle façon
X-Chromosom ['ɪkskromozoːm] *nt* chromosome *m* X
Xenon <-s> ['kseːnɔn] *nt ∅* CHEM xénon *m*
xenophob [kseno'foːp] *adj geh* xénophobe
x-fach ['ɪks-] I. *adj fam* multiple **II.** *adv fam* x fois, trente-six fois *fam* **x-fache(s)**[RR] *nt ∅, decl wie adj fam* vachement plus *fam*, cent fois plus ▸ **um das** ~ cent fois
x-mal ['ɪks-] *adv fam* je ne sais combien de fois, x [*o* n] fois
x-te(r, s) ['ɪkstə, -tɐ] *adj fam* ■ **der/die/das** ~ le/la ixième, le/la énième
x-temal *s.* **Mal**[1] ▸
Xylophon <-s, -e> [ksylo'foːn] *nt* xylophone *m*

Y

Y, y <-, -> ['ʏpsilɔn] *nt* Y *m*, y *m*
▸ **Y wie Ypsilon** y comme Yvonne
y-Achse ['ʏpsilɔnˀaksə] *f* axe *m* des y
Yacht <-, -en> [jaxt] *f* yacht *m*
Y-Chromosom ['ʏpsilɔnkromozoːm] *nt* chromosome *m* Y
Yen <-[s], -[s]> [jɛn] *m* yen *m*
Yeti <-s, -s> ['jeːti] *m* yéti *m*
Yoga <-[s]> ['joːga] *m o nt* yoga *m*
Yoghurt *s.* **Joghurt**
Yogi <-s, -s> ['joːgi] *m* yogi *m*
Yo-Yo <-s, -s> [jo'joː] *nt* yo-yo *m*
Ypsilon <-[s], -s> ['ʏpsilɔn] *nt* i grec *m*
Ytterbium <-s> [ʏ'tɛrbiʊm] *nt ∅* CHEM ytterbium *m*
Yttrium <-s> ['ʏtriʊm] *nt ∅* CHEM yttrium *m*
Yucca <-, -s> ['jʊka] *f* yucca *m*
Yuppie <-s, -s> ['jʊpi] *m*, <-, -s> *f* yuppie *mf*, jeune loup *m*

Z

Z, z <-, -> [tsɛt] *nt* Z *m*, z *m*
▶ Z wie **Zeppelin** z comme Zoé
zack *interj sl* aussi sec *fam*
▶ **irgendwo/bei jdm muss alles ~, ~ gehen** quelque part/avec qn il faut que ça saute *fam*; ~, ~! et que ça saute! *fam*
Zack <-s> *m* ∅ ▶ **jd bringt jdn auf ~** *fam* qn visse qn *fam*; **jd bringt etw auf ~** *fam* qn remet qc sur les rails; **jd ist auf ~** *fam* qn a la pêche *fam*; **etw ist auf ~** *fam* qc baigne dans l'huile *fam*
Zacke <-, -n> *f* [*Blatt, Briefmarke, Säge*] dent *f*; [*Krone, Stern*] pointe *f*
Zacken <-s, -> *m* DIAL *s.* Zacke
▶ **jdm bricht [*o* fällt] kein ~ aus der Krone** *fam* qn ne va pas perdre la face; ***dir bricht kein ~ aus der Krone, wenn du etw tust*** y a pas de déshonneur à faire qc *fam*
zackig *adj* **1.** (*gezackt*) déchiqueté(e)
2. *fam* (*schmissig*) entraînant(e), qui chauffe *fam*
3. *fam* (*schneidig*) qui pète le feu *fam*
zaghaft I. *adj* timide
II. *adv* timidement
zäh I. *adj* **1.** *Fleisch, Schnitzel* dur(e), coriace; *Leder* résistant(e)
2. (*zähflüssig*) visqueux(-euse); ***ein ~er Schleim*** une glaire; ***der Schleim wurde ~*** les mucosités sont devenues glaireuses
3. (*hartnäckig*) opiniâtre
II. *adv* (*hartnäckig*) opiniâtrement
Zäheit *s.* **Zähheit**
zähflüssig *adj* **1.** (*dickflüssig*) visqueux(-euse) **2.** *Verkehr* dense; ■ **etw ist/wird ~** qc est dense/s'intensifie **Zähflüssigkeit** *f* ∅ **1.** (*Dickflüssigkeit*) viscosité *f* **2.** [*Verkehr*] densité *f*
ZähheitRR <-> ['tsɛːhait] *f* ∅ [*Fleisch, Schnitzel*] dureté *f*; [*Leder*] résistance *f*
Zähigkeit <-> *f* ∅ (*Hartnäckigkeit*) opiniâtreté *f*
Zahl <-, -en> *f* **1.** MATH nombre *m*; (*Ziffer*) chiffre *m*; ***die ~ 37*** le nombre 37
2. *pl* COM, FIN chiffres *mpl*
3. ∅ (*An~*) nombre *m*
▶ **gerade/ungerade ~** nombre *m* pair/impair; **in großer/größerer ~** en grand/plus grand nombre; **rote/schwarze ~en:** ***der Konzern geriet in die/steckte in den roten ~en*** le groupe est devenu déficitaire/était en déficit [*o* dans le rouge]; ***wir kommen wieder in die schwarzen ~en*** nous dégageons de nouveau des bénéfices; **eine ...stellige ~** un nombre à ... chiffres; **in voller ~** au [grand] complet; **... an der ~** au nombre de ...
zahlbar *adj* ■ **etw ist irgendwann ~** qc est payable à un certain moment; ■ **etw ist in bestimmter Weise** (*dat*) **~** qc est réglable d'une certaine manière
zählebig *adj* vivace; ***manche Gerüchte sind ~*** certaines rumeurs ont la vie dure
zahlen I. *vi* **1.** ■ **jd zahlt [...]** /*Arbeitgeber*/ qn paie [...]
2. COM ■ **jd zahlt [für etw]** qn paie [pour qc]; ***lassen Sie nur, ich zahle*** laissez, c'est moi qui vais régler [*o* c'est pour moi]; ■ **jd zahlt für jdn** qn paie pour qn
3. (*als Unterhalt entrichten*) ■ **jd zahlt für jdn** qn verse une pension alimentaire à qn
▶ **[bitte] ~!** l'addition[, s'il vous plaît]!
II. *vt* **1.** (*be~*) ■ **jd zahlt [jdm] etw [für etw]** *Betrag, Preis* qn paie [*o* règle *form*] qc [à qn] [pour qc]
2. (*als Gehalt ~*) ■ **jd zahlt [jdm] etw** qn paie qc [à qn]
-zahlen *pl* chiffres *mpl* du/de la/des
zählen I. *vi* **1.** (*Zahlen aufsagen*) ■ **jd zählt [bis etw]** qn compte [jusqu'à qc]
2. (*addieren*) ■ **jd zählt [...]** qn compte [...]
3. (*gehören*) ■ **jd/etw zählt zu jdm/etw** qn/qc fait partie de qn/qc
4. (*sich verlassen*) ■ **jd zählt auf jdn/etw** qn compte sur qn/qc
5. SPORT, SPIEL ■ **etw zählt** qc compte; ***dieser Sprung zählt nicht*** ce saut n'est pas valable
II. *vt* **1.** (*addieren*) ■ **jd zählt etw** qn compte qc
2. *geh* (*als gesamte Anzahl aufweisen*) ■ **etw zählt etw** qc compte qc
3. *geh* (*dazurechnen*) ■ **jd zählt jdn/sich zu etw** qn compte qn/se compte au nombre de qc
4. SPORT, SPIEL ■ **etw zählt etw** qc vaut qc
Zahlenangabe *f* donnée *f* chiffrée; ***er konnte keine ~n machen*** il ne pouvait pas donner de chiffres **Zahlenfolge** *f* série *f* de chiffres **Zahlengedächtnis** *nt* ■ **jds ~** la mémoire des chiffres de qn ▶ **jd hat ein ... ~** qn a une ... mémoire des chiffres **Zahlenkombination** *f* combinaison *f* [chiffrée], code *m* **zahlenmäßig** I. *adj* numérique II. *adv* **1.** (*an Anzahl*) numériquement **2.** (*in Zahlen*) par des chiffres; ***etw ist ~ nicht zu erfassen*** qc n'est pas chiffrable **Zahlenmaterial** *nt* statistiques *fpl*, données *fpl* chiffrées **Zahlenreihe** *f s.* **Zahlenfolge. Zahlenschloss**RR *nt* [*Safe*] serrure *f* à combinaison; [*Fahrrad*] cadenas *m* à chiffres
Zahler(in) <-s, -> *m(f)* payeur(-euse) *m(f)*; ***ein pünktlicher/schneller ~*** un bon payeur; ***eine säumige/schlechte ~in*** une mauvaise payeuse; ***sie ist eine pünktliche ~in*** elle paie toujours ponctuellement
Zähler <-s, -> *m* **1.** MATH numérateur *m*
2. (*Messgerät*) compteur *m*
Zähler(in) *m(f)* [agent *m*] recenseur(-euse) *m(f)*
Zählerstand *m* consommation *f* compteur
Zahlkarte *f* mandat *m* de versement
zahllos *adj* innombrable
Zahlmeister(in) *m(f)* commissaire *m* [de bord] **zahlreich** I. *adj* **1.** (*sehr viele*) *Anrufe, Gäste, Kunden, Unfälle* nombreux(-euse) *antéposé* **2.** (*groß*) *Publikum, Nachkommenschaft* nombreux(-euse) II. *adv* en grand nombre **Zahlstelle** *f* caisse *f* **Zahltag** *m* jour *m* de paie
Zahlung <-, -en> *f* **1.** (*gezahlter Betrag*) versement *m*
2. (*das Bezahlen*) paiement *m*; ***~ mit Scheck*** paiement par chèque; ***~ erfolgte in bar*** le paiement a été effectué en espèces
▶ **jd gibt [jdm] etw in ~** qn donne [à qn] qc en paiement; **jd leistet eine ~/~en [an jdn]** *form* qn effectue un versement/des versements [à qn]; **jd nimmt etw [von jdm] in ~** (*nimmt etw als Anzahlung*) qn reprend qc [de qn]; (*akzeptiert als Zahlungsmittel*) qn accepte qc [de qn] en paiement; **jd stellt die ~en ein** *euph* qn suspend ses [*o* les] paiements
Zählung <-, -en> *f* (*das Zählen*) comptage *m*; (*Volks~*) recensement *m*
Zahlungsaufschub *m* report *m* d'échéance; (*bei Staaten*) moratoire *m* **Zahlungsbedingungen** *pl* conditions *fpl* de paiement **zahlungsfähig** *adj* solvable **Zahlungsfähigkeit** *f* ∅ solvabilité *f* **Zahlungsfrist** *f* délai *m* de paiement **zahlungskräftig** *adj* haut de gamme *inv*; ■ **jd ist ~** qn a un haut pouvoir d'achat **Zahlungsmittel** *nt* moyen *m* de paiement ▶ **gesetzliches ~** monnaie *f* légale **zahlungsunfähig** *adj* insolvable **Zahlungsunfähigkeit** *f* insolvabilité *f* **Zahlungsverkehr** *m* opérations *fpl* financières; ***im internationalen ~*** au niveau des transactions financières internationales **Zahlungsverpflichtung** *f meist pl* obligations *fpl* financières ▶ **jd kommt seinen ~en nach** qn fait face à ses obligations financières **Zahlungsziel** *nt* terme *m* d'échéance
Zahlwort <-wörter> *nt* adjectif *m* numéral [cardinal]
zahm *adj* **1.** (*zutraulich*) apprivoisé(e)
2. (*gefügig*) docile
zähmbar *adj* apprivoisable
zähmen *vt* **1.** (*zahm machen*) ■ **jd zähmt ein Tier** qn apprivoise un animal
2. (*zügeln*) ■ **jd zähmt etw** qn refrène qc
Zähmung <-, -en> *f* apprivoisement *m*
Zahn <-[e]s, Zähne> *m* (*alle Bedeutungen*) dent *f*
▶ **der ~ der Zeit** *fam* l'usure *f* du temps; **die dritten Zähne** *hum* le râtelier *fam*; **die ersten Zähne** les dents de lait, les premières dents; **falsche [*o* künstliche] Zähne** des fausses dents, des dents artificielles; **fauler ~** dent gâtée; **steiler ~** *veraltend fam* canon *m fam*; **vorstehende Zähne** des dents en avant [*o* protubérantes]; **die zweiten Zähne** les dents permanentes, la dentition définitive; **jd beißt sich** (*dat*) **an jdm/etw die Zähne aus** qn se casse les dents sur qn/qc; **jd bekommt [*o* kriegt *fam*] einen Zahn/Zähne** qn fait [*o* perce] une dent/ses dents; **[jd ist] bis an die Zähne bewaffnet** *fam* [qn est] armé(e) jusqu'aux dents; **jd fühlt jdm auf den ~** qn sonde qn; **jd/etw hat einen ~ drauf** *sl* qn/qc roule vraiment comme un/une dingue *fam*; **jd klappert mit den Zähnen** qn claque des dents; **jd knirscht mit den Zähnen** qn grince des dents; **jd legt einen ~ zu** *sl* qn appuie un peu sur le champignon *fam*; **jd putzt jdm/sich die Zähne** qn lui/se lave [*o* brosse] les dents; **ein Tier zeigt die Zähne** un animal montre les crocs; **jd zeigt jdm die Zähne** *fam* qn montre les dents à qn; **jd lässt sich** (*dat*) **[von jdm] einen ~ ziehen** MED qn se fait arracher [*o* extraire] une dent [par qn]; **den ~ kannst du dir ziehen lassen!** *fam* tu peux faire une croix dessus! *fam*; **jd zieht [jdm] einen ~** MED qn arrache [*o* extrait] une dent [à qn]; **den ~ zieht jd jdm** *fam* qn ouvre les yeux à qn
Zahnarzt *m*, **-ärztin** *f* [chirurgien *m*] dentiste *mf*
Zahnarzthelfer(in) *m(f)* assistant(e) *m(f)* dentaire
zahnärztlich I. *adj* **1.** *Arbeit, Behandlung* dentaire; ***~e Liquidation*** honoraires *mpl* du/de dentiste **2.** *Gerät* de dentiste; *Praxis, Behandlungsraum* dentaire II. *adv* par un dentiste **Zahnbelag** *m* plaque *f* dentaire **Zahnbürste** *f* brosse *f* à dents **Zahncreme** [-kreːm] *f* [pâte *f*] dentifrice *m*
zähnefletschend I. *adj attr* découvrant [*o* qui découvre] les crocs II. *adv* en découvrant les crocs **Zähneklappern** <-s> *nt* ∅ claquement *m* de dents ▶ **unter ~** [en] claquant des dents **zähneklappernd** I. *adj attr* claquant des dents II. *adv* [en] claquant des dents **Zähneknirschen** <-s> *nt* ∅ grincement *m* de dents ▶ **unter ~** avec des grincements de dents; *einwilligen, zustimmen, akzeptieren* à mon/son/... corps défendant **zähneknirschend** *adv* avec des grincements de dents, à mon/son/... corps défendant
zahnen *vi* ■ **ein Kind zahnt** un enfant fait [*o* perce] ses dents; ■ **das Z~** le percement des dents

Zahnersatz *m* dentier *m* **Zahnfleisch** *nt* gencive *f,* gencives *fpl* ▸**jd geht** [*o* **kriecht**] **auf dem** ~ *sl* qn est sur les rotules *fam* **Zahnfleischbluten** <-s> *nt* ∅ saignement *m* des gencives **Zahnfüllung** *f form* plombage *m* **Zahnhals** *m* collet *m* **Zahnheilkunde** *f geh* odontologie *f spéc* **Zahnklammer** *f s.* **Zahnspange. Zahnklinik** *f* clinique *f* dentaire **Zahnkranz** *m* couronne *f* dentée **Zahnlaut** *m* [consonne *f*] dentale *f*
zahnlos *adj* édenté(e)
Zahnlücke *f* dent *f* manquante **Zahnmedizin** *f* médecine *f* dentaire **Zahnpasta** *f s.* **Zahncreme. Zahnprothese** *f* prothèse *f* dentaire **Zahnputzglas** *nt* verre *m* à dents
Zahnrad *nt* roue *f* dentée
Zahnradbahn *f* chemin *m* de fer à crémaillère
Zahnschein *m fam* prise *f* en charge **Zahnschmelz** *m* émail *m* **Zahnschmerzen** *pl* mal *m* de dents; ***starke*** ~ une rage de dents **Zahnseide** *f* fil *m* dentaire **Zahnspange** *f* appareil *m* [dentaire] **Zahnstein** *m* ∅ tartre *m* **Zahnstocher** <-s, -> *m* cure-dent *m* **Zahnstummel** *m* chicot *m* **Zahntechniker(in)** *m(f)* mécanicien(ne)-dentiste *m* **Zahnwal** *m* odontocète *m* **Zahnweh** *nt s.* **Zahnschmerzen. Zahnwurzel** *f form* racine *f* [d'une/de la dent]
Zander <-s, -> *m* sandre *m*
Zange <-, -n> *f* pince *f,* tenaille *f*
▸**jd fasst jdn/etw nicht mit der** ~ **an** qn se méfie de qn/qc comme de la peste; **jd hat jdn in der** ~ *fam* qn tient qn à sa merci; **jd nimmt jdn in die** ~ *fam* qn cuisine qn *fam*
Zank <-[e]s> *m* ∅ dispute *f*
▸~ **und Streit** la discorde *soutenu,* la zizanie
Zankapfel *m* pomme *f* de discorde
zanken I. *vi* ■ **sie** ~ ils/elles se disputent; /*Kinder a.*/ ils/elles se chamaillent; ***willst du*** ~? tu cherches querelle?; ■ **jd zankt mit jdm** qn attrape qn
II. *vr* ■ **sie** ~ **sich** ils/elles se disputent; /*Kinder a.*/ ils/elles se chamaillent; ■ **sie** ~ **sich um etw** ils/elles se disputent qc
zänkisch *adj* querelleur(-euse) *vieilli;* ***ein ~er Mensch/eine ~e Frau*** un mauvais coucheur/une mauvaise coucheuse
Zäpfchen <-s, -> *nt* 1. ANAT luette *f*
2. MED suppositoire *m*
zapfen *vt* ■ **jd zapft** [**jdm**] **etw** qn tire qc [à qn]
Zapfen <-s, -> *m* 1. BOT pomme *f* de pin, cône *m*
2. (*Eis~*) stalactite *f*
3. (*Holzstöpsel*) bondon *m*
Zapfenstreich *m fam* couvre-feu *m* ▸**der Große** ~ *pot-pourri d'airs militaires* **Zapfenzieher** <-s, -> *m* CH *s.* **Korkenzieher**
Zapfhahn *m* [*Fass*] chantepleure *f;* [*Zapfsäule*] robinet *m* distributeur **Zapfpistole** *f* pistolet *m* [de distribution] **Zapfsäule** *f* (*Tanksäule*) pompe *f* à essence, distributeur *m* d'essence
zapp[e]lig *adj* 1. *Kind* agité(e); ***unser Kind ist immer so*** ~ notre enfant est tout le temps en train de gigoter *fam*
2. *fam* (*voller Unruhe*) ■ **jd ist** [**ganz**] ~ [**vor etw** (*dat*)] qn est [tout(e)] frétillant(e) [de qc]
zappeln *vi* 1. (*sich hin und her bewegen*) ■ **ein Tier zappelt** [**an etw** (*dat*)/**in etw** (*dat*)] /*Fisch*/ un animal frétille [à qc/dans qc]; /*Hase*/ un animal se débat [dans qc]
2. *fam* ■ **jd zappelt** [**mit etw**] *mit den Armen, Beinen* qn gigote [de qc] *fam*
▸**jd lässt jdn** ~ *fam* qn laisse qn mijoter *fam*
Zappelphilipp <-s, -e *o* -s> *m fam* ver *m* de terre *fam,* asticot *m fam*
▸**jd ist ein** ~ qn n'arrête pas de gigoter *fam*
zappen ['tsæpn] *vi sl* ■ **jd zappt** qn zappe
zappenduster *adj* ▸ **mit etw sieht es** ~ **aus** *sl* pour qc, c'est mal barré *fam*
Zapping <-s> ['tsæpɪŋ] *nt* ∅ *sl* zapping *m*
zapplig *adj s.* **zappelig**
Zar(in) <-en, -en> *m(f)* tsar/tsarine *m/f*
Zarge <-, -n> *f* 1. TECH encadrement *m,* châssis *m*
2. (*Gehäuse*) châssis *m*
zart *adj* 1. (*mürbe*) *Fleisch, Gebäck, Gemüse* tendre
2. (*weich*) *Blatt, Haut, Knospe* délicat(e)
▸~ **besaitet** délicat(e), sensible
zart- (*einen Pastellton aufweisend*) tendre; ~***rosa*** rose tendre **zartbesaitet** *s.* **zart** ▸. **zartbitter** *adj Schokolade* noir(e) **Zartbitterschokolade** *f* chocolat *m* noir
Zartheit <-> *f* ∅ 1. [*Fleisch etc*] tendreté *f*
2. [*Blatt, Haut etc*] délicatesse *f*
zärtlich I. *adj* tendre
▸**jd wird** ~ qn devient tendre
II. *adv* tendrement
Zärtlichkeit <-, -en> *f* 1. ∅ (*zärtliches Wesen*) tendresse *f*
2. *pl* (*Liebkosung*) caresses *fpl*
▸**voller** ~ avec tendresse
ZAST <-> *f* ∅ *abk von* **Zinsabschlagsteuer**
Zaster <-s> *m* ∅ *sl* flouze *m pop,* pèze *m arg*
Zäsur <-, -en> *f geh* rupture *f*
Zauber <-s, -> *m* 1. (*Handlung*) sortilège *m*
2. (*Wirkung*) sort *m*
3. ∅ (*Faszination*) ■ **der** ~ **jds/einer S.** le charme [qui émane] de qn/qc
4. ∅ (*verführerischer Reiz*) ■ **der** ~ **einer S.** (*gen*) l'attrait *m* de qc
▸**das ist fauler** ~ *fam* c'est de l'arnaque *fam,* c'est de la poudre de perlimpinpin; **der ganze** ~ *fam* tout ce bazar *fam*
Zauberei <-, -en> *f* 1. ∅ (*Magie*) magie *f*
2. *s.* Zauberkunststück
▸**etw grenzt an** ~ qc est de la magie
Zauberer <-s, -> *m,* **Zauberin** *f* 1. (*Hexer*) magicien(ne) *m(f)*
2. (*Zauberkünstler*) prestidigitateur(-trice) *m(f)*
Zauberformel *f* 1. (*magische Formel*) formule *f* magique
2. (*Patentmittel*) remède *m* miracle; ***Geld ist die ~, die alle Türen öffnet*** l'argent est le sésame qui ouvre toutes les portes
zauberhaft *adj* merveilleux(-euse); *Foto, Frisur, Kleidungsstück a.* ravissant(e)
Zauberkünstler(in) *m(f)* prestidigitateur(-trice) *m(f)* **Zauberkunststück** *nt* tour *m* de prestidigitation [*o* de magie]
zaubern I. *vi* 1. (*Magie anwenden*) ■ **jd zaubert** qn pratique la magie
2. (*Zauberkunststücke vorführen*) ■ **jd zaubert** qn fait des tours de prestidigitation [*o* de magie]
▸**ich kann doch nicht** ~! *fam* ça ne se fait pas d'un coup de baguette [magique]!, je n'ai que deux mains *fam*
II. *vt* 1. (*erscheinen lassen*) ■ **jd zaubert etw aus etw** qn fait sortir qc de qc comme par enchantement [*o* d'un coup de baguette [magique]]
2. *fam* (*kochen*) ■ **jd zaubert etw** qn mitonne qc
Zauberspruch *m s.* **Zauberformel 1. Zauberstab** *m* baguette *f* magique **Zaubertrank** *m* potion *f* magique **Zaubertrick** *m s.* **Zauberkunststück. Zauberwort** <-worte> *nt* 1. (*magisches Wort*) parole *f* magique 2. *s.* Zauberformel 2. ▸**wie heißt das** ~? qu'est-ce qu'on dit?
Zauderer <-s, -> *m,* **Zauderin** *f* indécis(e) *m(f)*
zaudern *vi* ■ **jd zaudert** qn hésite; ***jd zaudert mit der Entscheidung*** qn hésite à prendre une décision [*o* à se décider]; ■ **jd zaudert etw zu tun** qn hésite à faire qc
▸**ohne zu** ~ sans hésiter
Zaudern <-s> *nt* ∅ indécision *f;* ***nach langem*** ~ après bien des hésitations
Zaum <-[e]s, Zäume> *m* bride *f*
▸**jd hält etw in** ~ qn met un frein à qc, qn tient en bride qc; **jd hält jdn/sich im** ~ qn tient qn en bride/se contient
zäumen *vt* ■ **jd zäumt ein Tier** qn bride un animal
Zaumzeug <-zeuge> *nt* bride *f*
Zaun <-[e]s, Zäune> *m* clôture *f*
▸**jd bricht etw vom** ~ qn provoque qc pour un oui pour un non
Zaungast *m* badaud *m;* ***mangels Karten konnten sie nur als Zaungäste am Fest teilnehmen*** n'ayant pas de billets, ils/elles n'ont pu assister à la fête que de loin **Zaunkönig** *m* troglodyte *m* **Zaunpfahl** *m* piquet *m*
zausen *vt geh* ■ **etw zaust etw** qc ébouriffe qc
z. B. *loc abk von* **zum Beispiel** par ex.
ZDF <-s> [tsɛtde:ˀɛf] *nt abk von* **Zweites Deutsches Fernsehen** deuxième chaîne *f* de télévision allemande
Zebra <-s, -s> *nt* zèbre *m*
Zebrastreifen *m* passage *m* clouté [*o* pour piétons]
Zebu <-s, -s> *nt* zébu *m*
Zeche <-, -n> *f* 1. MIN mine *f* [de charbon]
2. GASTR addition *f*
▸**jd muss die** ~ **bezahlen/zahlen** qn paie les pots cassés; **jd prellt die** ~ qn part sans payer
zechen *vi hum* ■ **jd zecht** qn picole *fam*
Zecher(in) <-s, -> *m(f)* buveur(-euse) *m(f),* poivrot(e) *m(f) fam*
Zechgelage *nt* beuverie *f,* soûlerie *f fam* **Zechkumpan(in)** *m(f)* compagnon/compagne *m/f* de beuverie **Zechpreller(in)** <-s, -> *m(f)* personne *f* coupable de grivèlerie **Zechprellerei** <-, -en> *f* grivèlerie *f*
Zeck <-[e]s, -en> *m* AUS, **Zecke** <-, -n> *f* tique *f*
Zeder <-, -n> *f* 1. (*Baum*) cèdre *m*
2. (*Holz*) bois *m* de cèdre
Zedernholz *nt* bois *m* de cèdre
Zeh <-s, -en> *m,* **Zehe** <-, -n> *f* 1. ANAT orteil *m,* doigt *m* de pied
2. (*Knoblauch~*) gousse *f*
▸**großer/kleiner** ~ [gros]/petit orteil; **jd stellt sich auf die Zehen** *fam* qn se hausse sur la pointe des pieds
Zehennagel *m* ongle *m* d'/de l'orteil **Zehenspitze** *f* pointe *f* de/du pied ▸**jd stellt sich auf die ~n** qn se hausse sur la pointe des pieds; **auf** [**den**] **~n** sur la pointe des pieds
zehn *num* 1. (*Zahl*) dix
2. (*Jahr*) dix ans; ***ich schätze ihn auf*** ~ je lui donne dix ans; ■ **jd ist/wird** ~ qn a/va avoir dix ans
3. (*Uhr*) dix heures
4. SPORT ■ ~ **zu etw,** ■ **etw zu** ~ dix à qc, qc à dix
▸**gegen** ~ vers dix heures; **mit** ~ à dix ans; **... nach/vor** ~ dix heures .../moins ...; ***es ist kurz vor*** ~ il n'est pas tout à fait dix heures; **um** ~ à dix heures; **zu ~t, zu ~en** [à] dix [personnes]; *sein* dix
Zehn <-, -en> *f* 1. (*Zahl*) ■ **die/eine** ~ le/un dix
2. TRANSP *fam* ■ **die** ~ le 10
3. (*Spielkarte*) ■ **die/eine** ~ le/un dix; ■ **die/eine** -~ *Pik-* le/un dix de
zehnbändig *adj* en dix volumes
Zehner <-s, -> *m* 1. *fam* (*Zehnpfennigstück*) pièce *f* de dix pfennigs
2. *fam* (*Zehnmarkschein*) billet *m* de dix marks
3. MATH dizaine *f*
Zehnerkarte *f* carnet *m* [*o* carte *f*] de dix voyages; (*für Schwimmbad*) carnet *m* [*o* carte *f*] de dix entrées
zehnerlei *adj inv* 1. *attr* dix sortes de *antéposé;* ***es gibt*** ~ ***Sorten*** il [en] existe une dizaine de sortes
2. *substantivisch* une dizaine
Zehnerpackung *f* emballage *m* [*o* paquet *m*] [*o* pack *m*] de dix
zehnfach, 10fach I. *adj* 1. (*zehnmal so groß*) dix fois plus grand(e); ***er verlangt den ~en Betrag dafür*** il exige une somme dix fois plus élevée; ***ein Büro in der ~en Größe unseres jetzigen*** un bureau dix fois plus grand que notre bureau actuel

2. (*zehnmal erstellt*) en dix exemplaires; ***davon hätte ich gern eine ~e Kopie*** j'aimerais en avoir dix copies
II. *adv* en dix exemplaires
Zehnfache(s) *nt decl wie adj* décuple *m;* ■ **das ~ an etw** (*dat*) le decuple de qc
▶ **um** das ~: ***etw steigt um das ~*** qc décuple
zehnjährig *adj* 1. (*zehn Jahre alt*) [âgé(e)] de dix ans 2. (*zehn Jahre dauernd*) de dix ans **Zehnjährige(r)** *f(m) decl wie adj* enfant *mf* de dix ans
Zehnkampf *m* décathlon *m* **Zehnkämpfer** *m* décathlonien *m* **zehnmal** *adv* dix fois ▶ ~ **so viel** dix fois plus; ~ ***so viele Gäste*** dix fois plus d'invités **Zehnmarkschein** *m* billet *m* de dix marks **Zehnmeterbrett** *nt* tremplin *m* de dix mètres
zehnt *adj s.* **zehn**
zehntausend *num* 1. dix mille
2. (*viele ~ …*) ■ **Z~e von …** des dizaines de milliers de …
▶ **die oberen** ~ le gotha; (*in Frankreich*) les deux cents familles *fpl*
zehnte(r, s) *adj* dixième *antéposé*
Zehnte(r) *m decl wie adj* HIST ■ **der** ~ la dîme
Zehnte(r) *f(m)* 1. ■ **der/die ~, der/die …** le/la dixième qui …
2. (*der 10. Tag des Monats*) ■ **der** ~ le dix
3. (*der 10. Herrscher des Namens*) ■ **… der ~ …** X
▶ **jd ist/wird ~(r)** qn est/finit [*o* arrive] [*o* termine] dixième; **als ~(r)** (*an 10. Stelle kommend*) dixième, en dixième position; **jeder** ~ une personne sur dix
zehntel *num* ■ **x ~ …** n dixièmes *mpl* de …
Zehntel <-s, -> *nt* ■ **ein** ~ un dixième; ***ein ~ eines Liters*** un dixième de litre
zehntens *adv* dixièmement
zehren *vi* 1. (*erschöpfen*) ■ **etw zehrt an jdm/an etw** qc mine qn/qc
2. *geh* (*sich ernähren*) ■ **jd zehrt von etw** qn se nourrit de qc
Zeichen <-s, -> *nt* 1. (*Piktogramm*) signe *m*
2. (*Markierung*) marque *f*
3. (*Schrift~*) caractère *m*
4. MATH, MUS (*Notations~*) signe *m;* CHEM symbole *m;* INFORM caractère *m*
5. (*Hinweis*) indice *m*
6. (*Hand~*) signe *m* [de la main]
7. MED signe *m*
8. (*Ausdruck*) [*Dank*] témoignage *m*, geste *m;* [*Ermüdung*] signe *m*
9. ASTROL signe *m* [du zodiaque]
▶ **die ~ stehen auf Sturm** il y a de l'orage dans l'air; **es geschehen noch ~ und Wunder!** *hum* ça tient du miracle!; **die ~ der Zeit** les signes *mpl* des temps; **es ist ein ~ unserer Zeit, dass** c'est un signe de notre temps que + *subj;* **jd ist im ~ einer S.** (*gen*) **geboren** qn est né(e) sous le signe de qc; **jd gibt** [*o* **macht**] **jdm ein ~** qn fait un signe à qn; **jd gibt das ~ zu etw** qn donne le signal de qc; **jd setzt ~** qn donne l'exemple, qn ouvre la voie; **wenn nicht alle ~ trügen** selon toute apparence; **als** [*o* **zum**] **~ einer S.** (*gen*) en signe de qc; *der Freundschaft, Liebe* en gage de qc; **zum ~, dass** pour montrer que + *indic*
Zeichenblock <-blöcke *o* -blocks> *m* bloc *m* à dessin **Zeichendreieck** *nt* équerre *f* **Zeichenerklärung** *f* légende *f* **Zeichenfeder** *f* plume *f* à dessin **Zeichenpapier** *nt* papier *m* à dessin **Zeichensaal** *m* salle *f* de dessin **Zeichensatz** *m* INFORM jeu *m* de caractères **Zeichensetzung** <-> *f* ∅ ponctuation *f* **Zeichensprache** *f* langage *m* gestuel **Zeichentrickfilm** *m* dessin *m* animé
zeichnen I. *vt* 1. (*ab~*) ■ **jd zeichnet jdn/etw** qn dessine qn/qc
2. ■ **jd zeichnet etw** *Entwurf, Hausplan, Skizze* qn dessine qc
3. (*markieren*) ■ **jd zeichnet etw** qn marque qc
4. (*in Mitleidenschaft ziehen*) ■ **etw zeichnet jdn** qc marque qn; ■ **von etw gezeichnet** *von Krankheit, Sorgen* marqué(e) par qc
5. (*unter~*) ■ **jd zeichnet etw** qn signe qc; ■ **gezeichnet: VS** signé: VS
6. FIN ■ **jd zeichnet etw** *Aktie, Wertpapier* qn souscrit à qc
II. *vi* ■ **jd zeichnet** [**mit etw**] qn dessine [à qc]; ■ **jd zeichnet an etw** (*dat*) qn travaille à qc; ***wie lange haben Sie an dieser Federzeichnung gezeichnet?*** vous avez mis combien de temps à dessiner ce croquis à la plume?
Zeichnen <-s> *nt* ∅ 1. (*Anfertigung einer Zeichnung*) dessin *m*
2. SCOL [cours *m* de] dessin *m*
Zeichner(in) <-s, -> *m(f)* 1. ART dessinateur(-trice) *m(f)*
2. [*Wertpapier*] souscripteur(-trice) *m(f)*
▶ **technischer ~/technische ~in** dessinateur industriel/dessinatrice industrielle
zeichnerisch I. *adj Darstellung, Wiedergabe* graphique; *Begabung, Können* pour dessiner
II. *adv darstellen, festhalten* graphiquement
Zeichnung <-, -en> *f* 1. ART dessin *m*
2. [*Fell, Gefieder*] dessin *m*
3. [*Wertpapier*] souscription *f*
▶ **jd fertigt eine ~** [**von jdm/etw**] **an** qn fait un dessin [de qn/qc]
Zeigefinger *m* index *m*
zeigen I. *vi* 1. (*deuten*) ■ **jd zeigt irgendwohin** qn montre quelque part; ■ **jd zeigt** [**mit etw**] **auf jdn/etw** qn montre qn/qc [de qc]; ***jd zeigt*** [***mit der Maus***] ***auf etw*** (*akk*) INFORM qn pointe sur qc
2. (*weisen*) ■ **etw zeigt irgendwohin** */Pfeil, Wegweiser, Zeiger/* qc indique qc; ■ **etw zeigt auf etw** (*akk*) */Nadel, Pfeil, Zeiger/* qc est sur qc, qc indique qc
II. *vt* 1. (*angeben*) ■ **jd zeigt jdm etw** qn montre qc à qn
2. (*vorführen*) ■ **jd zeigt** [**jdm**] **etw** qn montre qc [à qn]; *einen Spielfilm a.* qn présente qc [à qn]; ■ **jd zeigt jdm jdn** qn présente qn à qn; ■ **jd zeigt jdm, wie/wo** *wie etw geht, gemacht wird, funktioniert, wo etw sitzt, verläuft etc* qn montre à qn comment/où

3. (*zum Ausdruck bringen*) ■ **jd zeigt etw** *Interesse, seine Freude, seinen Ärger, Verständnis* qn montre qc, qn manifeste qc
4. (*erkennen lassen*) ■ **etw zeigt, dass** qc [dé]montre que + *indic*
▶ **zeig mal, was du kannst!** *fam* montre voir ce que tu sais faire! *fam;* **dem/der werd' ich's** [**aber**] **~!** *fam* je vais lui montrer de quel bois je me chauffe!; **jd zeigt es jdm** *fam* qn montre à qn ce qu'il/elle sait faire; (*sagt jdm die Meinung*) qn cloue le bec à qn *fam*
III. *vr* 1. (*sich sehen lassen*) ■ **jd zeigt sich** [**jdm**] qn se montre [à qn]; ■ **jd zeigt sich mit jdm/etw** qn se montre avec qn/qc; *mit einem Bikini* qn se montre en qc
2. (*sich erweisen*) ■ **jd zeigt sich als etw** qn se révèle [être] qc; ■ **jd zeigt sich …** qn se montre …
3. (*sich herausstellen*) ■ **es zeigt sich, dass** il s'avère que + *indic*
Zeiger <-s, -> *m* 1. (*Uhr~*) aiguille *f;* ***der Sekunden~*** la trotteuse
2. AUT, TECH aiguille *f*, index *m*
▶ **der große/kleine** ~ la grande/petite aiguille
Zeigestock *m* baguette *f*
Zeile <-, -n> *f* ligne *f*
▶ **bis zur letzten** ~ *lesen, verschlingen* de la première à la dernière ligne; **neue** ~! à la ligne!; **jd liest zwischen den ~n** qn lit entre les lignes; **mit keiner ~:** ***er hat mit keiner ~ erwähnt, dass*** il n'a pas soufflé mot du fait que + *indic*
Zeilenabstand *m* interligne *m* **Zeilenende** *nt* fin *f* de ligne **Zeilenhonorar** *nt* pige *f;* ***jd wird mit einem ~ bezahlt*** qn est payé(e) à la pige **Zeilenlänge** *f* longueur *f* de la/de ligne
Zeisig <-s, -e> *m* verdier *m*, tarin *m*
Zeit <-, -en> *f* 1. PHYS temps *m*
2. (*Zeitraum*) temps *m;* ***es kann eine gewisse ~ vergehen*** cela peut durer un certain temps; ***nur noch eine kurze ~!*** encore un petit moment!; ***das ist schon seit langer ~ so*** c'est comme ça déjà depuis longtemps; ***drei Jahre sind eine lange ~!*** trois ans, c'est long!; ***das war für mich eine schwierige ~*** c'était pour moi une époque difficile
3. (*Zeitpunkt*) heure *f*
4. (*Epoche*) époque *f;* ***in alter ~*** au temps jadis; ***in einer früheren ~*** autrefois; ***aus vergangenen ~en*** du [temps] passé
5. LING temps *m*
6. SPORT temps *m*
▶ **~ ist Geld** le temps, c'est de l'argent; **kommt ~, kommt Rat** *prov* ≈ le temps porte conseil, laissons faire le temps; **die ~ heilt alle Wunden** *prov* le temps guérit les douleurs; **… aller ~en …** de tous les temps; **die gute alte ~** le bon vieux temps; **in jds bester ~** au temps de la splendeur de qn *hum*, dans ses meilleures années; **auf bestimmte ~:** ***eine Strafe kann auf bestimmte ~ ausgesetzt werden*** une peine peut être prorogée; ***der Ausschuss vertagte sich auf eine längere ~*** la commission a ajourné la séance; **die ganze ~** [**über**] tout le temps; ***wo warst du denn die ganze ~?*** où étais-tu pendant tout ce temps?; **zu gegebener ~** en temps opportun; **die genaue ~** l'heure exacte; **zur gleichen ~** (*gleichzeitig*) en même temps; (*in der Vergangenheit*) à la même époque; **es ist höchste ~ etw zu tun** il est grand temps de faire qc; **jdm wird die ~ lang** qn trouve le temps long; **jd ist irgendwo die längste ~ gewesen** qn n'est pas près de remettre les pieds quelque part, on n'est pas près de revoir qn quelque part; **in letzter ~** ces derniers temps; **ach du liebe ~!** *fam* c'est pas Dieu possible! *fam;* **mitteleuropäische ~** heure *f* de l'Europe centrale; **zu nachtschlafender ~** en pleine nuit; **in nächster ~** prochainement, dans la période qui vient; **zur rechten ~** au bon moment; **auf unabsehbare ~** pour un temps indéterminé; **auf unbegrenzte ~** pour une période illimitée; **auf unbestimmte ~** à une date indéterminée; **seit uralten** [*o* **unvordenklichen**] **~en** depuis la nuit des temps, de temps immémorial; **westeuropäische ~** heure [du méridien] de Greenwich; **die ~ arbeitet für jdn** le temps travaille pour qn; **etw dauert eine bestimmte ~** qc demande [*o* dure] un certain temps; **die ~ drängt** le temps presse; **jd geht mit der ~** qn vit avec son temps; **jd gewinnt ~** qn gagne du temps; **jd hat ~/keine ~** qn a/n'a pas le temps; **jd hat ~ etw zu tun** qn a le temps de faire qc; **jd hat … ~** [**etw zu tun**] qn a … [pour faire qc]; ***zehn Minuten habe ich wohl noch ~*** j'ai bien encore dix minutes; **das hat noch ~** il y a le temps, ça ne presse pas; **mit etw hat es noch ~** qc n'est pas pressé(e); ***das hat noch bis morgen ~*** ça peut attendre [jusqu'à] demain; **es ist ~ etw zu tun** il est temps de faire qc; **es ist an der ~ etw zu tun** le moment est venu de faire qc; **wenn es an der ~ ist** quand l'heure sera venue; **lass dir ~** prends ton temps; **jd lässt sich** [**mit etw**] **~** qn prend son temps [pour faire qc]; ***mit der Rückzahlung des Darlehens können Sie sich drei Jahre ~ lassen*** vous avez trois ans pour rembourser le prêt; **jd nimmt sich** (*dat*) **~/mehr ~ für jdn/etw** qn consacre du/plus de temps à qn/qc; **jd reist durch die ~** qn voyage à travers le temps; **jd schindet ~** qn essaie de gagner du temps; **jd schlägt die ~ tot** *fam* qn tue le temps; **jd spielt auf ~** SPORT qn joue la montre; **jd stiehlt jdm die ~** *fam* qn fait perdre son temps à qn; **damit die ~ vergeht** pour faire passer le temps; **wie doch die ~ vergeht!** comme le temps passe!; **es ist keine ~ zu vergeuden** il n'y a pas de temps à perdre; **jd vergeudet seine ~** [**mit etw**] qn perd son temps [avec qc]; **jd darf keine ~ verlieren** il ne faut pas que qn perde de temps; **jd vertreibt jdm/sich die ~** qn fait passer le temps à qn/passe le temps; ***wir vertreiben uns die ~ mit Lesen/Musik*** nous passons le temps à lire/à écouter de la musique; **das war vor jds** (*dat*) **~** (*als jd noch zu jung war*) c'était avant l'époque de qn; (*als jd noch nicht irgendwo tätig war*) c'était avant que qn soit là; **das waren noch ~en!** c'était le bon temps!; **es wird ~ etw zu tun** il serait temps de faire qc; **es wird ~, dass** il serait temps que + *subj;* **auf ~** *beschäftigen, einstellen* à durée déterminée; *mieten* pour une durée déterminée; **für alle ~en** pour toujours; **eine ~ lang** un certain temps; **mit der ~** avec le temps; **nach ~** au temps [de travail]; **seit dieser** [*o* **der**] **~** depuis ce temps-là; **von ~ zu ~** de temps en temps, de temps à autre;

zu der ~, als à l'époque où; **alles zu seiner ~** chaque chose en son temps; **zur ~** actuellement; **zur ~** [*o* **zu ~en**] **einer Person** (*gen*) du temps d'une personne

Zeitabschnitt *m* période *f*; ***in immer kürzeren ~en*** à intervalles toujours plus rapprochés **Zeitalter** *nt* époque *f*; ■ **das ~ einer S.** (*gen*) l'ère *f* de qc; ***das ~ der Moderne*** l'ère moderne ▶ **das goldene ~ einer S.** *geh* l'âge *m* d'or de qc **Zeitangabe** *f* **1.** (*Angabe der Uhrzeit*) horaire *m* **2.** (*Angabe des Zeitpunktes*) date *f* **3.** GRAM complément *m* de temps, indication *f* temporelle **Zeitansage** *f* heure *f* [exacte]; ***die telefonische ~*** l'horloge *f* parlante **Zeitarbeit** *f* ∅ travail *m* temporaire [*o* intérimaire] **Zeitaufwand** *m* temps *m* de travail **Zeitbombe** *f* bombe *f* à retardement **Zeitdruck** *m* ∅ délais *mpl* à respecter, course *f* contre la montre ▶ **jd lässt sich [von jdm] unter ~ setzen** qn se laisse imposer des cadences de travail [par qn]; **jd setzt jdn unter ~** qn impose des cadences de travail à qn; **jd steht unter ~** qn mène une course contre la montre; **unter ~** en étant pressé(e) par le temps **Zeitersparnis** *f* économie *f* [*o* gain *m*] de temps **Zeitgeist** *m* ∅ esprit *m* du temps **zeitgemäß** I. *adj* moderne II. *adv* au goût du jour **Zeitgenosse** *m*, **-genossin** *f* **1.** (*gleichzeitig lebender Mensch*) contemporain(e) *m(f)* **2.** *fam* (*Typ*) citoyen(ne) *m(f) fam* **zeitgenössisch** *adj* **1.** (*der gegenwärtigen Epoche*) contemporain(e) **2.** (*der damaligen Epoche*) contemporain(e), de l'époque **Zeitgeschichte** *f* ∅ histoire *f* contemporaine **Zeitgeschmack** *m* ∅ goût *m* [de l'époque] **zeitgleich** I. *adj* simultané(e) II. *adv* simultanément; ***sie belegten den ersten Platz ~*** ils/elles ont obtenu la première place avec le même temps

zeitig I. *adj*: ***am ~en Abend/Nachmittag*** en début de soirée/d'après-midi
II. *adv aufstehen, das Haus verlassen* de bonne heure; *jdn benachrichtigen a.* rapidement

zeitigen *vt geh* ■ **etw zeitigt etw** qc aboutit à qc; ***unser Plan zeitigt bereits erste Folgen*** notre plan produit déjà ses premiers fruits *soutenu*

Zeitkarte *f* [carte *f* d']abonnement *m*; (*in Paris*) carte *f* orange **zeitkritisch** I. *adj* critique à l'égard de mon/son/... époque II. *adv* avec un regard critique [sur mon/son/... époque] **Zeitlang** *s.* **Zeit** ▶. **zeitlebens** *adv* durant toute ma/sa/... vie

zeitlich I. *adj* **1.** (*chronologisch*) chronologique
2. (*terminlich*) (*am Tag*) horaire; (*in der Woche*) hebdomadaire
▶ **jd segnet das Z~e** *euph* qn nous quitte, qn tire sa révérence; **etw segnet das Z~e** *fam* qc rend l'âme, qc est foutu(e) *fam*
II. *adv* **1.** (*terminlich*) *einrichten, passen, eng werden* au niveau de l'heure/du jour [*o* de la date]
2. (*vom Zeitraum her*) *begrenzen, hinausschieben* dans le temps

zeitlos *adj* classique, à l'écart des modes

Zeitlupe *f* ralenti *m*
▶ **in ~** au ralenti

Zeitlupentempo *nt* ▶ **im ~** au ralenti

Zeitmangel *m* ∅ manque *m* de temps ▶ **aus ~** faute de temps **Zeitmaschine** *f* machine *f* à remonter le temps **Zeitmessung** *f* mesure *f* du temps; ***Uhren/Stoppuhren dienen der ~*** les montres/chronomètres servent à mesurer le temps **Zeitnehmer(in)** <-s, -> *m(f)* chronométreur(-euse) *m(f)* **Zeitnot** *f* ∅ manque *m* extrême de temps ▶ **jd gerät in ~** qn est bousculé(e) [*o* se trouve pris(e)] par le temps; **jd ist in ~** qn est acculé(e) par le temps **Zeitplan** *m* calendrier *m* **Zeitpunkt** *m* **1.** (*Moment*) date *f*; (*Stunde*) heure *f* **2.** (*Termin*) date *f*; ***jetzt ist nicht der [richtige] ~, um ...*** ce n'est pas le moment de ... + *infin*; ***wenn wir den ~ für gegeben halten, ...*** quand nous estimerons le moment venu, ... ▶ **zu diesem** [*o* **dem**] **~** à cette date-là; **zu einem ... ~** *zu einem früheren, späteren* à une date ...; ***zu welchem ~/einem anderen ~*** à quelle/une autre date **Zeitraffer** <-s> *m* ∅ accéléré *m* ▶ **im ~** en accéléré **zeitraubend** *adj* qui exige [*o* prend] beaucoup de temps; ■ **etw ist ~** qc prend beaucoup de temps **Zeitraum** *m* période *f* ▶ **in einem ~ von etw**: ***im ~ von einer Stunde*** en l'espace d'une heure; ***die Katastrophe spielte sich in einem ~ von mehreren Tagen ab*** la catastrophe s'est déroulée sur une période de plusieurs jours **Zeitrechnung** *f* ère *f* ▶ **nach ... ~** selon l'ère ...; **vor/nach unserer ~** avant/après notre ère **Zeitreise** *f* voyage *m* à travers le temps **Zeitreisende(r)** *f(m) decl wie adj* voyageur(-euse) *m(f)* à travers le temps

Zeitschrift *f* magazine *m*, revue *f*

-zeitschrift *f Kunst-, Mode-* revue de; ***eine Kultur~*** une revue culturelle; ***eine Programm~*** un magazine de télévision; ***eine Frauen~*** un magazine féminin; ***eine Jugend~*** un magazine pour les jeunes

Zeitspanne *f* laps *m* de temps **zeitsparend** I. *adj* qui fait gagner du temps; ■ **etw ist ~** qc fait gagner du temps II. *adv* en gagnant du temps **Zeittakt** *m* TELEC durée *f* de l'unité; TRANSP rythme *m* [de passage]; ***die Straßenbahnen fahren in einem ~ von 10 Minuten*** les tramways passent toutes les 10 minutes **Zeitumstellung** *f* (*von Winter- auf Sommerzeit*) changement *m* d'heure; (*bei verschiedenen Zeitzonen*) décalage *m* horaire

Zeitung <-, -en> *f* journal *m*
▶ **jd bringt etw in die ~** qn rend qc public(-ique); ***das bringe ich in die ~!*** j'alerte la presse!; **jd ist** [*o* **arbeitet**] **bei einer ~** qn travaille dans un journal

Zeitungs- **1.** *-seite, -spalte, -bericht, -artikel* de journal; *-konzern, -magnat, -verlag* de presse; ***~redakteur*** journaliste *m*; ***~annonce*** petite annonce *f* **2.** *-geschäft, -händler* de journaux; *-kiosk* à journaux **Zeitungsausschnitt** *m* coupure *f* de presse **Zeitungsausträger(in)** *m(f)* porteur(-euse) *m(f)* de journaux **Zeitungsbeilage** *f* (*Magazin*) supplément *m* [d'un/du journal]; (*Werbung*) encart *m* publicitaire **Zeitungsente** *f fam* canard *m vieilli fam* **Zeitungsleser(in)** *m(f)* lecteur(-trice) *m(f)* [du/de journal/de journaux] ▶ **jd ist ~** qn est lecteur(-trice) du/de journal/de journaux **Zeitungspapier** *nt* papier *m* journal **Zeitungsständer** *m* porte-revues *m* **Zeitungsverträger(in)** *m(f)* CH *s.* **Zeitungsausträger**

Zeitvergeudung *f* ∅ *s.* **Zeitverschwendung. Zeitverlust** *m* perte *f* de temps ▶ **ohne ~** sans perte de temps **Zeitverschiebung** *f* décalage *m* horaire **Zeitverschwendung** *f* ∅ gaspillage *m* de temps ▶ **es ist/wäre [reine] ~ etw zu tun** c'est/ce serait un gaspillage de temps [*o* gaspiller [purement et simplement] son temps que] de faire qc **Zeitvertrag** *m* contrat *m* à durée déterminée **Zeitvertreib** <-[e]s, -e> *m* passe-temps *m* ▶ **zum ~** (*um sich die Zeit zu vertreiben*) pour passer le temps; (*als Hobby*) en guise de passe-temps

zeitweilig I. *adj* **1.** (*gelegentlich*) *Bewölkungsauflockerung, Regenfälle, Schneefall* intermittent(e)
2. (*eine gewisse Zeit dauernd*) *Probleme, Schwierigkeiten* temporaire; *Bedenken* momentané(e)
II. *adv s.* **zeitweise**

zeitweise *adv* **1.** (*gelegentlich*) par intermittence
2. (*für gelegentliche Zeitabschnitte*) par moments

Zeitwert *m* valeur *f* vénale **Zeitwort** <-wörter> *nt* verbe *m* **Zeitzeichen** *nt* top *m* **Zeitzone** *f* fuseau *m* horaire **Zeitzünder** *m* détonateur *m* à retardement

zelebrieren * *vt* **1.** ECCL ■ **jd zelebriert etw** qn célèbre qc
2. *geh* (*feierlich gestalten*) ■ **jd zelebriert etw** qn entoure qc d'un certain décorum, qn solennise qc

Zell- *-fusion* de cellules; *-gewebe, -membran, -wand* cellulaire; ***das ~plasma*** le cytoplasme

Zelle <-, -n> *f* **1.** (*Gefängnis~*) cellule *f*
2. (*Kloster~*) cellule *f*
3. (*Telefon~*) cabine *f* [téléphonique]
4. BIO cellule *f*
▶ **die [kleinen] grauen ~n** *hum* la matière grise *fam*; ***na, dann streng mal deine grauen ~n an*** fais donc travailler ta matière grise *fam*

Zellkern *m* noyau *m* cellulaire

Zellophan <-s> *nt* ∅ *s.* **Cellophan**

Zellstoff *m s.* **Zellulose. Zellteilung** *f* division *f* cellulaire

Zelluloid <-s> [tsɛlu'lɔɪt] *nt* ∅ celluloïd *m*

Zellulose <-, -n> *f* cellulose *f*

Zelt <-[e]s, -e> *nt* tente *f*; ***sie übernachteten in ~en*** ils/elles ont passé la nuit sous des tentes [*o* sous la tente]
▶ **jd bricht seine ~e irgendwo ab** *hum* qn plie bagage et quitte qc; **jd schlägt ein ~ auf** qn monte une tente; **jd schlägt seine ~e irgendwo auf** *hum* qn plante sa tente quelque part *fam*

-zelt *nt* tente *f* du/de la/des; ***Zirkus~*** [grand] chapiteau *m*

Zeltblache <-, -n> *f s.* **Zeltplane. Zeltdach** *nt* **1.** ARCHIT toit *m* pyramidal [*o* en pavillon] **2.** CONSTR [*Stadion, Versammlungsplatz*] vélum *m*

zelten *vi* ■ **jd zeltet [irgendwo]** qn campe [quelque part]; ■ **das Z~** le camping

Zelter(in) <-s, -> *m(f)* campeur(-euse) *m(f)*

Zeltlager *nt* camp *m*, village *m* de toile, campement *m* **Zeltmast** *m* mât *m* **Zeltpflock** *m* piquet *m* de tente **Zeltplane** *f* toile *f* de tente **Zeltplatz** *m* terrain *m* de camping **Zeltstange** *f* mât *m* de tente [*o* de toit]

Zement <-[e]s, -e> *m* ciment *m*

Zementfußboden *m* sol *m* cimenté

zementieren * *vt* **1.** CONSTR ■ **jd zementiert etw** qn cimente qc
2. *geh* (*festigen*) ■ **jd/etw zementiert etw** qn/qc cimente qc

Zenit <-[e]s> *m* ∅ **1.** ASTRON zénith *m*
2. *geh* (*Höhepunkt*) [*Person*] zénith *m*; [*Entwicklung, Epoche, Macht*] apogée *m*
▶ **etw steht im ~** qc est au zénith; **jd steht im ~ einer S.** (*gen*) *geh* qn est au zénith de qc

zensieren * *vt* **1.** (*benoten*) ■ **jd zensiert etw** qn note qc; ■ **jd zensiert etw mit etw** qn met qc à qc
2. (*der Zensur unterwerfen*) ■ **jd zensiert etw** qn censure qc

Zensor <-s, -soren> *m*, **-sorin** *f* censeur *m*

Zensur <-, -en> *f* **1.** (*Note*) note *f*; ***die beste ~ ist „sehr gut"*** la meilleure appréciation est "Très bien"; ***das Abitur hat er mit der ~ „gut" bestanden*** il a obtenu [*o* eu] son bac[calauréat] avec mention "Bien"
2. ∅ censure *f*
▶ **jd gibt jdm eine gute/schlechte ~** qn met une bonne/mauvaise note/appréciation à qn; **etw unterliegt der ~** qc est soumis(e) à la censure

zensurieren * *vt* CH, AUS *s.* **zensieren**

Zensus <-, -> *m* recensement *m*

Zentigramm *nt* centigramme *m* **Zentiliter** *m o nt* centilitre *m* **Zentimeter** *m o nt* centimètre *m* **Zentimetermaß** *nt* mètre *m*

Zentner <-s, -> *m* **1.** (*50 kg*) demi-quintal *m*; ***zwei ~*** un quintal
2. AUS, CH (*100 kg*) quintal *m*

Zentnerlast *f geh* [lourd] fardeau *m* **zentnerschwer** I. *adj* **1.** *Last, Kiste, Sack* lourd(e) comme du plomb; ***dein Rucksack ist ja ~*** mais ton sac à dos pèse une tonne [*o* des tonnes] **2.** *Sorge* accablant(e) II. *adv*: ***etw ruht/lastet ~ auf jdm*** qc est un poids accablant pour qn; ***das Essen liegt mir ~ im Magen*** j'ai du plomb dans l'estomac

zentnerweise I. *adj* en masse
II. *adv* en masse

zentral I. *adj* (*alle Bedeutungen*) central(e); ***etw ist von ~er Bedeutung*** qc est d'une importance primordiale
II. *adv* **1.** (*zentralisiert*) de manière centralisée
2. *liegen, wohnen* au centre

Zentral- (*überregional*) central(e); ***z~staatlich gesteuert*** dirigé(e) de manière centralisée **Zentralabitur** *nt* baccalauréat *m* régional; (*in Frankreich*) baccalauréat *m* national **Zentralafrika** *nt* l'Afrique *f* centrale **zentralafrikanisch** *adj* centrafricain(e) ▶ **die Z~e Republik** la République Cen-

trafricaine **Zentralbank** <-banken> *f* banque *f* centrale ►**Europäisches System der ~en** Système *m* européen des banques centrales **Europäische** ~ Banque *f* centrale européenne **Zentralbankpräsident(in)** *m(f)* président(e) *m(f)* de la banque centrale
Zentrale <-, -n> *f* 1. (*Hauptstelle*) [*Taxiunternehmen*] tête *f* de station; [*Bank, Firma*] siège *m*
2. (*Telefon~*) central *m* [téléphonique]
-zentrale *f* centrale *f* de; *Versorgungs-* centre *m* de; ***Verbraucher~*** association *f* de consommateurs; ***Verwaltungs~*** centre *m* administratif, administration *f* centrale
Zentraleinheit *f* unité *f* centrale **Zentralheizung** *f* chauffage *m* central
Zentralisation <-, -en> *f s.* **Zentralisierung**
zentralisieren * *vt* ■ **jd zentralisiert etw** qn centralise qc
Zentralisierung <-, -en> *f* centralisation *f*
Zentralismus <-> *m* ∅ centralisme *m*
zentralistisch I. *adj* centraliste
II. *adv* de façon centraliste
Zentralmassiv <-s> *nt* ∅ Massif *m* central **Zentralverriegelung** <-, -en> *f* verrouillage *m* central[isé]
Zentren *pl von* **Zentrum**
zentrieren * *vt* ■ **jd zentriert etw** qn centre qc
zentrifugal *adj* centrifuge
Zentrifugalkraft *f* force *f* centrifuge
Zentrifuge <-, -n> *f* centrifugeuse *f*
Zentrum <-s, Zentren> *nt* (*alle Bedeutungen*) centre *m*
►**jd/etw steht im ~ des Interesses** qn est le point de mire/qc est au centre des préoccupations
-zentrum *nt* 1. (*zentrale Stelle*) *Daten-, Rehabilitations-, Technologie-* centre *m* de; *Gen-, Raumfahrt-, Einkaufs-, Krebs-* centre *m* génétique/spatial/commercial/anticancéreux; ***Macht~*** centre *m* décisionnel
2. (*Treffpunkt*) *Umschulungs-* centre *m* de; ***Jugend~*** maison *f* [*o* club *m*] de jeunes; ***Trainings~*** camp *m* [*o* centre *m*] d'entraînement
Zeppelin <-s, -e> *m* dirigeable *m*, zeppelin *m*
Zepter <-s, -> *nt* sceptre *m*
►**jd führt** [*o* **schwingt**] **[irgendwo] das ~** *fam* qn tient les rênes [quelque part], qn mène la barque [quelque part]; ***zu Hause schwingt sie das ~*** à la maison, c'est elle qui porte la culotte *fam*
Zer <-s> *nt* ∅ CHEM *s.* **Cer**
zerbeißen * *vt irreg* 1. (*kaputtbeißen*) ■ **jd zerbeißt etw** *Bonbon, Nuss* qn croque qc; *Kapsel a.* qn mord dans qc; *Bleistift* qn mordille qc; ■ **ein Tier zerbeißt etw** *Schuh* un animal mordille qc
2. (*zerstechen*) ■ **ein Tier zerbeißt jdn** un animal dévore qn
zerbersten * *vi irreg + sein* ■ **etw zerbirst** qc vole en éclats
Zerberus <-> *m* ∅ 1. MYTH ■ **der ~** Cerbère *m*
2. (*Mensch*) cerbère *m*
►**wie ein ~** comme un cerbère
zerbeult *adj s.* **verbeulen**
zerbomben * *vt* ■ **jd/etw zerbombt etw** *Gebäude, Stadt* qn/qc bombarde qc, qn/qc détruit qc à coups de bombes; ■ **zerbombt** bombardé(e), détruit(e) par les bombes
zerbrechen * *irreg* I. *vt + haben* ■ **jd zerbricht etw** qn casse qc
II. *vi + sein* 1. (*entzweibrechen*) ■ **etw zerbricht** /*Teller, Glas, Vase*/ qc se casse; /*Schiff*/ qc se brise
2. (*in die Brüche gehen*) ■ **etw zerbricht** /*Ehe, Freundschaft*/ qc se brise
3. (*seelisch zugrunde gehen*) ■ **jd zerbricht an etw** (*dat*) qn est brisé(e) par qc
zerbrechlich *adj* fragile
zerbröckeln * I. *vt + haben* ■ **jd zerbröckelt etw** *Brot, Käse* qn émiette qc
II. *vi + sein* ■ **etw zerbröckelt** /*Fassade, Putz, Skulptur*/ qc s'effrite
zerdeppern * *vt fam* ■ **jd/etw zerdeppert etw** qn/qc fracasse qc
zerdrücken * *vt* 1. (*zu einer Masse pressen*) ■ **jd zerdrückt etw** qn écrase qc
2. *fam s.* **zerknittern**
Zeremonie <-, -n> [-'niːən] *f* cérémonie *f*
zeremoniell I. *adj geh* cérémonieux(-euse); ***ein ~er Ablauf*** un cérémonial
II. *adv geh* cérémonieusement
Zeremoniell <-s, -e> *nt geh* cérémonial *m*
zerfahren *adj* distrait(e)
Zerfall *m* 1. ∅ [*Fassade, Gebäude, Skulptur*] délabrement *m*, dégradation *f*
2. ∅ [*Moral, Reich, Sitte*] décadence *f*, déchéance *f*
3. PHYS désintégration *f*
zerfallen * *vi irreg + sein* 1. (*sich zersetzen*) ■ **etw zerfällt** /*Fassade, Gebäude, Holzzaun*/ qc se délabre, qc tombe en ruine, qc se dégrade; ■ ~ (*in Trümmern liegend*) délabré(e), en ruine
2. PHYS ■ **etw zerfällt** qc se désintègre
3. (*sich gliedern*) ■ **etw zerfällt in etw** (*akk*) *in Abschnitte, Phasen* qc se divise en qc
zerfetzen * *vt* 1. (*zerreißen*) ■ **etw zerfetzt jdn/etw** /*Explosion, Granatsplitter*/ qc met qn/qc en lambeaux, qc déchiquette qn/qc; ■ **zerfetzt** déchiqueté(e)
2. (*klein reißen*) ■ **jd/ein Tier zerfetzt etw** *Brief, Zeitung* qn déchire qc/un animal déchiquette qc
zerfleddern * *vt*, **zerfledern** * *vt fam* ■ **jd zerfleddert** [*o* **zerfledert**] **etw** *Buch, Schulheft* qn esquinte qc *fam*; ***eine zerfledderte Zeitung*** un journal en piteux état
zerfleischen * I. *vt* ■ **ein Tier zerfleischt jdn/ein Tier** un animal déchiquette qn/un animal
II. *vr* 1. (*sich quälen*) ■ **jd zerfleischt sich** qn se tourmente, qn se torture
2. (*sich streiten*) ■ **sie ~ sich** ils/elles se déchirent, ils/elles s'entre[-]déchirent
zerfließen * *vi irreg + sein* 1. (*sich verflüssigen*) ■ **etw zerfließt** qc fond; /*Make-up*/ qc coule, qc se met à couler
2. (*zur Schau stellen*) ■ **jd zerfließt vor etw** (*dat*) qn fait montre de qc, qn fait des démonstrations de qc
zerfranst *adj* effiloché(e), effrangé(e)
zerfressen * *vt irreg* 1. (*korrodieren*) ■ **etw zerfrisst etw** /*Rost, saurer Regen*/ qc mange qc; /*Lauge, Säure*/ qc corrode qc, qc ronge qc
2. (*durch Fraß zerstören*) ■ **Tiere ~ etw** /*Motten*/ des animaux mangent qc
3. MED ■ **etw zerfrisst [jdm] etw** /*Krebs, Lepra*/ qc [lui] ronge qc
zerfurchen * *vt* 1. (*durch Fahrspuren*) ■ **etw zerfurcht etw** qc creuse des ornières dans qc
2. (*faltig werden lassen*) ■ **etw zerfurcht etw** qc sillonne qc de rides; ***ein zerfurchtes Gesicht*** un visage sillonné de rides
zergehen * *vi irreg + sein* 1. (*flüssig werden*) ■ **etw zergeht** qc fond; ■ **jd lässt etw [in etw** (*dat*)**] ~** qn fait fondre qc [dans qc]
2. (*schmelzen*) ■ **etw zergeht [jdm] auf etw** (*dat*)**/in etw** (*dat*) *auf der Zunge, im Mund* qc [lui] fond sur qc/dans qc
zergliedern * *vt* ■ **jd zergliedert etw [in etw** (*akk*)**]** qn décompose qc [en qc]
zerhacken * *vt* ■ **jd zerhackt etw [in etw** (*akk*)**]** qn coupe qc [en qc]; ***er zerhackte die Äste*** il coupait les branches en morceaux
zerkauen * *vt* 1. (*zerkleinern*) ■ **jd zerkaut etw** *Fleisch, Bissen* qn mâche qc; *Tablette* qn croque qc
2. (*beschädigen*) ■ **jd/ein Tier zerkaut etw** *Fingernägel, Leine* qn/un animal ronge qc
zerkleinern * *vt* ■ **jd zerkleinert etw** qn coupe qc en petits morceaux
zerklüftet *adj* fissuré(e), crevassé(e)
zerknautschen * *vt fam* ■ **jd zerknautscht etw** *Stoff, Kleidungsstück* qn chiffonne qc; ■ **zerknautscht** *Stoff, Kleidungsstück* chiffonné(e), froissé(e); *Gesicht, Aussehen* fripé(e); (*unausgeschlafen*) chiffonné(e); ***jd sieht zerknautscht aus*** qn a la mine chiffonnée
zerknirscht *adj* bourrelé(e) de remords
zerknittern * *vt* ■ **jd zerknittert etw** qn chiffonne qc; ***etw wird leicht zerknittert*** qc se froisse [*o* se chiffonne] facilement
zerknüllen * *vt* ■ **jd zerknüllt etw** *Brief, Stück Papier* qn chiffonne qc, qn froisse qc
zerkochen * *vi + sein* ■ **etw zerkocht** /*Fleisch, Gemüse, Kartoffeln*/ qc se défait à la cuisson; ■ **zerkocht** en bouillie
zerkratzen * *vt* 1. (*beschädigen*) ■ **etw zerkratzt etw** /*Scheuersand, Steinchen*/ qc raie qc
2. (*verletzen*) ■ **jd/ein Tier zerkratzt jdm/sich etw** qn/un animal lui griffe qc; ■ **etw zerkratzt jdm etw** qc lui égratigne [*o* griffe] qc
zerkrümeln * *vt* ■ **jd zerkrümelt etw** qn émiette qc
zerlassen * *vt irreg* ■ **jd zerlässt etw** qn fait fondre qc
zerlaufen * *vi irreg + sein s.* **zerfließen 1.**
zerlegen * *vt* 1. GASTR ■ **jd zerlegt etw [in etw** (*akk*)**]** qn découpe qc [en qc]
2. (*auseinander nehmen*) ■ **jd zerlegt etw** *Motor, Regal, Schrank* qn démonte qc; ***etw wird in seine Einzelteile zerlegt*** qc est mis(e) en pièces détachées
Zerlegung <-, -en> *f* 1. GASTR découpage *m*
2. (*das Zerlegen*) démontage *m*
zerlesen *adj Buch, Zeitschrift* fatigué(e)
zerlumpt *adj* 1. *Bettler, Penner* déguenillé(e), en loques
2. *Kleidung* en loques, en lambeaux
zermahlen * *vt* ■ **jd zermahlt etw** qn moud qc; ■ **jd zermahlt etw zu etw** qn moud qc pour [en] faire qc
zermalmen * *vt* ■ **etw zermalmt jdn/etw [zu etw]** qc écrase [*o* broie] qn/qc; ***etw wird zu Brei zermalmt*** qc est réduit(e) en bouillie
zermürben * *vt* ■ **etw zermürbt jdn** qc épuise nerveusement qn, qc use qn; ■ **~d** épuisant(e), usant(e)
zernagen * *vt* ■ **ein Tier zernagt etw** un animal ronge qc
zerpflücken * *vt* (*widerlegen*) ■ **jd zerpflückt etw** qn démolit qc [point par point]
zerplatzen * *vi + sein* ■ **etw zerplatzt** qc éclate; /*Luftballon, Seifenblase a.*/ qc crève
zerquetschen * *vt* ■ **jd/etw zerquetscht jdn/etw** qn/qc écrase qn/qc
Zerquetschte *pl* ►**... und ein paar ~** *fam* ... et des poussières *fam*
zerraufen * *vr* ■ **etw zerrauft jdn** qc ébouriffe qn, qc lui ébouriffe les cheveux; ■ **jd zerrauft sich** (*dat*) **die Haare** qn s'arrache les cheveux; ■ **zerrauft** ébouriffé(e)
Zerrbild *nt* caricature *f*
zerreden * *vt* ■ **jd zerredet etw** qn ressasse qc
zerreiben * *vt irreg* ■ **jd zerreibt etw** qn réduit qc en poudre, qn écrase qc; *Gewürz* qn pile qc
zerreißen * *irreg* I. *vt + haben* 1. (*in Stücke reißen*) ■ **jd zerreißt etw** *Brief, Foto* qn déchire qc
2. (*mit den Zähnen*) ■ **ein Tier zerreißt jdn/ein Tier** un animal met qn/un animal en pièces; ■ **ein Tier zerreißt etw** un animal déchire qc
3. (*durchreißen*) ■ **jd zerreißt etw** *Netz* qn déchire qc; *Strick* qn casse qc
4. (*zerfetzen*) ■ **etw zerreißt jdn** /*Granate, Explosion*/ qc déchiquette qn
►**jd könnte jdn ~** *fam* qn boufferait qn *fam*
II. *vi + sein* ■ **etw zerreißt** /*Kleidungsstück, Stoff*/ qc se déchire; /*Faden, Schnur, Seil*/ qc se casse
III. *vr + haben fam* ■ **jd zerreißt sich vor etw** (*dat*) qn déborde de qc; ■ **jd**

zerreißt sich [um etw zu tun] qn se met en quatre [pour faire qc]
▶ **ich kann mich doch nicht ~!** *fam* (*schneller kann ich nicht*) j'ai pas quatre bras! *fam;* (*ich kann nicht überall sein*) je peux pas être partout! *fam;* **ich könnte mich [vor etw** (*dat*)**] ~!** *fam* ça me fait hurler! *fam;* y a de quoi piquer une crise! *fam*

Zerreißprobe *f* épreuve *f* de vérité

zerren I. *vt* ■ **jd zerrt jdn/etw irgendwohin** qn tire qn/qc quelque part
II. *vi* ■ **jd/ein Tier zerrt an etw** (*dat*) qn/un animal tire sur qc; ■ **etw zerrt an etw** (*dat*) */Sturm, Wind/* qc tiraille qc
III. *vr* MED ■ **jd zerrt sich** (*dat*) **etw** qn se froisse qc

zerrinnen * *vi irreg + sein geh* 1. ■ **etw zerrinnt** */Hoffnungen, Pläne/* qc s'effondre; */Träume a./* qc s'en va en fumée
2. ■ **etw zerrinnt** */Erbschaft, Vermögen/* qc fond [comme neige au soleil]

zerrissen *adj Mensch* déchiré(e)

Zerrissenheit <-> *f* Ø déchirement *m* [intérieur]

Zerrspiegel *m* miroir *m* déformant

Zerrung <-, -en> *f* élongation *f,* claquage *m*

zerrütten * *vt* ■ **etw zerrüttet etw** *Gesundheit* qc altère qc, qc délabre qc; *Nerven* qc démolit qc; *Ehe* qc brise qc

zersägen * *vt* ■ **jd zersägt etw** qn scie qc

zerschellen * *vi + sein* ■ **etw zerschellt [an etw** (*dat*)**]** */Flugzeug/* qc s'écrase [contre qc]; *am Boden* qc s'écrase [à qc]; */Schiff/* qc se brise [contre qc]; */Krug, Vase etc/* qc se fracasse [contre qc]

zerschießen * *vt irreg* ■ **jd zerschießt etw** qn crible qc de balles; ***mit Granaten zerschossen*** criblé(e) d'éclats d'obus

zerschlagen*[1] *irreg* I. *vt* 1. (*zerbrechen*) ■ **jd zerschlägt etw** *Glas, Krug, Figur* qn casse qc; *Möbelstück a.* qn démolit qc
2. (*zerstören*) ■ **jd zerschlägt etw** *Kartell, Spionagering* qn démantèle qc
II. *vr* ■ **etw zerschlägt sich** */Hoffnung, Plan/* qc tombe à l'eau, qc s'effondre

zerschlagen[2] *adj pred* (*gerädert*) moulu(e), fourbu(e)

Zerschlagung <-, *rare* -en> *f* démantèlement *m*

zerschlissen *adj s.* **verschlissen**

zerschmeißen * *vt irreg fam* ■ **jd zerschmeißt etw [irgendwo]** qn casse [*o* explose *fam*] qc [quelque part]

zerschmettern * *vt* ■ **jd/etw zerschmettert [jdm] etw** qn/qc [lui] fracasse qc

zerschneiden * *vt irreg* 1. (*in Stücke schneiden*) ■ **jd zerschneidet etw** *Foto, Zeitungsseite* qn découpe qc; *Gemüse, Fleisch* qn coupe qc en morceaux; ***das muss klein zerschnitten werden*** il faut couper ça en petits morceaux
2. (*durchschneiden*) ■ **jd zerschneidet [jdm] etw** qn [lui] coupe qc

zerschrammen * I. *vt* ■ **jd zerschrammt etw** *Möbelstück, Tischplatte* qn raie qc, qn érafle qc
II. *vr* MED ■ **jd zerschrammt sich** (*dat*) **etw** qn s'égratigne qc, qn s'érafle qc; ***er hatte zerschrammte Knie*** il avait les genoux écorchés [*o* couronnés] [*o* éraflés]

zersetzen * I. *vt* 1. (*auflösen*) ■ **etw zersetzt etw** */Fäulnis, Säure/* qc décompose qc
2. (*untergraben*) ■ **jd/etw zersetzt etw** */Artikel, Kritik/* qn/qc sape qc
II. *vr* ■ **etw zersetzt sich [zu etw]** qc se décompose [en qc]

zersetzend *adj Artikel, Kritik* subversif(-ive)

Zersetzung <-> *f* Ø 1. (*Auflösung*) décomposition *f*
2. (*Untergrabung*) dégradation *f;* ~ ***der Wehrkraft*** démoralisation *f* des troupes

zersiedeln * *vt* ■ **jd zersiedelt etw** qn dénature qc en pratiquant le mitage; ***die freie Landschaft wird zunehmend zersiedelt*** le mitage se multiplie [*o* on multiplie les habitations] en espace rural

Zersied[e]lung <-, -en> *f* mitage *m*

zerspalten * *vt* ■ **jd zerspaltet [jdm] etw** qn [lui] fend qc

zersplittern * I. *vt + haben* ■ **etw zersplittert etw** qc fait éclater qc; ***etw wird zersplittert*** qc vole en éclats
II. *vi + sein* ■ **etw zersplittert** */Glas, Fensterscheibe/* qc vole en éclats; */Bombe/* qc éclate

zersprengen * *vt* ■ **jd zersprengt Menschen** qn disperse des personnes; ***die Truppen sind völlig zersprengt worden*** ça a été la débandade parmi les troupes

zerspringen * *vi irreg + sein* ■ **etw zerspringt** qc éclate

zerstampfen * *vt* ■ **jd zerstampft etw** *Gemüse, Kartoffeln* qn écrase qc

zerstäuben * *vt* ■ **jd zerstäubt etw** *Parfüm* qn vaporise qc; *Insektenpulver* qn pulvérise qc

Zerstäuber <-s, -> *m* (*für Parfüm*) vaporisateur *m,* atomiseur *m;* (*für Pulver*) pulvérisateur *m*

zerstechen * *vt irreg* 1. (*beschädigen*) ■ **jd zersticht etw** *Leder, Polster* qn troue qc; *Reifen* qn crève qc
2. ■ **Tiere ~ jdn/etw** des animaux couvrent qn/qc de piqûres; ***ich wurde völlig von Moskitos zerstochen*** j'ai été dévoré(e) par les moustiques

zerstieben * *vi irreg + sein geh* ■ **sie ~** ils/elles se dispersent

zerstörbar *adj* destructible; ***etw ist leicht ~*** qc peut facilement être détruit(e); ***nicht ~*** indestructible

zerstören * *vt* 1. ■ **jd/etw zerstört etw** *Brücke, Ortschaft* qn/qc détruit qc; *Gebäude, Mobiliar a.* qn/qc démolit qc
2. ■ **jd/etw zerstört etw** *Ehe, Partnerschaft* qn/qc détruit [*o* démolit] qc; *Gesundheit, Glück* qn/qc ruine qc

Zerstörer <-s, -> *m* NAUT contre-torpilleur *m,* destroyer *m vieilli*

Zerstörer(in) <-s, -> *m(f)* destructeur(-trice) *m(f);* ***sie ist die ~ in unseres Glücks/unserer Ehe*** c'est elle qui a ruiné notre bonheur/détruit notre couple

zerstörerisch I. *adj* destructeur(-trice)
II. *adv:* ***etw wirkt ~*** qc a des effets dévastateurs; ***jd haust ~ irgendwo*** qn exerce des ravages quelque part

Zerstörung <-, -en> *f* 1. Ø (*das Zerstören*) destruction *f*
2. (*Verwüstung*) dévastation *f,* ravages *mpl*

Zerstörungstrieb *m* Ø instinct *m* de destruction

zerstoßen * *vt irreg* ■ **jd zerstößt etw** *Pfefferkörner, Wacholderbeeren* qn concasse qc

zerstreiten * *vr irreg* ■ **sie ~ sich [über etw** (*akk*)**/wegen etw]** ils/elles se disputent [au sujet de/à cause de qc]; (*für längere Zeit*) ils/elles se brouillent [au sujet de/à cause de qc]; ■ **jd zerstreitet sich mit jdm [über etw** (*akk*)**]** qn se dispute avec qn [à propos de qc]; (*für längere Zeit*) qn se brouille avec qn [à cause de qc]; ■ **sie sind miteinander [über etw** (*akk*)**] zerstritten** ils/elles sont brouillé(e)s [à cause de qc]; ■ **jd ist mit jdm [über etw** (*akk*)**] zerstritten** qn est brouillé(e) avec qn [à cause de qc]

zerstreuen * I. *vt* 1. (*auseinander treiben*) ■ **jd/etw zerstreut jdn/etw** qn/qc disperse qn/qc
2. (*verteilen*) ■ **jd/etw zerstreut etw** qn/qc éparpille qc, qn/qc dissémine qc; ***die Blätter waren über den ganzen Boden zerstreut*** les feuilles jonchaient le sol
3. (*unterhalten*) ■ **jd/etw zerstreut jdn** qn/qc distrait qn; ■ **jd wird von jdm zerstreut** qn est diverti(e) par qn
II. *vr* 1. (*auseinander gehen*) ■ **sie ~ sich** */Demonstranten/* ils/elles se dispersent
2. (*sich amüsieren*) ■ **jd zerstreut sich** qn se distrait
3. (*auseinander treiben*) ■ **sie ~ sich** */Wolken/* ils/elles se disséminent [*o* se dispersent]
4. (*sich auflösen*) ■ **etw zerstreut sich** */Sorgen/* qc s'envole; */Bedenken, Verdacht/* qc se dissipe

zerstreut *adj* 1. (*unkonzentriert*) distrait(e)
2. (*weit verteilt*) dispersé(e), éparpillé(e)

Zerstreutheit <-> *f* Ø distraction *f*

Zerstreuung <-, -en> *f* distraction *f*
▶ **zur ~** pour me/se/… distraire

zerstückeln * *vt* ■ **jd zerstückelt etw** qn dépèce qc; ■ **zerstückelt** dépecé(e)

Zerstückelung <-, -en> *f* dépeçage *m*

zerteilen * I. *vt geh* ■ **jd zerteilt etw [in etw** (*akk*)**]** qn découpe qc [en qc]
II. *vr geh* ■ **etw zerteilt sich** */Wolken/* qc se disperse

Zertifikat <-[e]s, -e> *nt* 1. (*Bescheinigung*) certificat *m*
2. FIN (*Investment~*) certificat *m* d'investissement

zertrampeln * *vt* ■ **jd/ein Tier zertrampelt etw** qn/un animal piétine qc

zertreten * *vt irreg* ■ **jd zertritt ein Tier** qn écrase un animal

zertrümmern * *vt* ■ **jd zertrümmert etw** *Mobiliar etc* qn démolit qc, qn met qc en pièces; ■ **jd/etw zertrümmert jdm etw** *Kiefer, Schädel* qn/qc lui fracasse qc; ■ **etw zertrümmert etw** *Gebäude, Fahrzeug* qc démolit qc; *Nierensteine* qc détruit qc, qc désintègre qc

Zervelatwurst [-və-] *f* saucisse *f* de viande fumée

zerwühlen * *vt* 1. (*aufwühlen*) ■ **etw/ein Tier zerwühlt etw** qc/un animal laboure qc
2. (*zerknautschen*) ■ **jd zerwühlt etw** *Bett* qn chiffonne qc; *Kopfkissen, Laken* qn met qc en désordre; ***das zerwühlte Bett*** le lit en désordre [*o* tout défait]

Zerwürfnis <-ses, -se> *nt geh* brouille *f,* discorde *f soutenu*

zerzausen * *vt* ■ **jd/etw zerzaust [jdm] etw** *Haar* qn/qc [lui] ébouriffe qc; ***der Wind hat deine Frisur zerzaust*** le vent t'a décoiffé(e) [*o* tout ébouriffé(e)]

Zeter ▶ **jd schreit ~ und Mordio** *fam* (*laut*) qn crie comme si on l'écorchait, qn pousse des cris d'orfraie; (*protestiert*) qn pousse les hauts cris

zetern *vi pej* ■ **jd zetert** qn braille; ■ **das Z~** les braillements *mpl*

Zettel <-s, -> *m* (*Notiz~*) [bout *m* de] papier *m;* (*mit einer Nachricht*) billet *m;* (*Kontroll~*) étiquette *f,* fiche *f;* ***ich muss mir einen ~ schreiben, damit ich das nicht vergesse*** il faut que je mette ça sur un bout de papier pour ne pas oublier

Zeug <-[e]s> *nt* Ø 1. *fam* (*Krempel*) bazar *m fam*
2. *fam* (*persönliche Sachen*) ■ **mein/sein/… ~** mon/son/… fourbi *fam*
3. *fam* (*Substanz*) truc *m fam,* machin *m fam*
4. *fam* (*Quatsch*): ***verschone mich mit diesem ~*** lâche-moi avec tes histoires *fam;* ***du redest wieder ein ~*** qu'est-ce que tu es encore en train de raconter? *fam*
▶ **das ist dummes ~** *fam* c'est des conneries *fam;* **jd redet dummes ~** *fam* qn dit n'importe quoi, qn raconte des conneries *fam;* **jd will jdm [was] am ~ flicken** qn lui casse du sucre sur le dos; **jd hat das ~ zu etw** qn a l'étoffe de qc; **jd legt sich ins ~** qn s'attelle à la tâche, qn en met un coup *fam;* **jd legt sich für jdn ins ~** qn se démène [*o* fait des pieds et des mains] pour qn

-zeug <-[e]s, -e> *nt* (*Utensilien*) *Turn-, Schwimm-, Kletter-, Angel-* affaires *fpl* de; *Näh-, Rasier-, Flick- a.* nécessaire *m* de; *Nacht-, Schreib-* affaires *fpl* pour; ***Putz~*** ustensiles *mpl* de ménage; ***Strick~*** tricot *m;* ***Bett~*** literie *f*

Zeuge <-n, -n> *m,* **Zeugin** *f* témoin *m*
▶ **die ~n Jehovas** les Témoins de Jéhovah; **jd ist/wird ~ einer S.** (*gen*) qn est témoin de qc; **unter [*o* vor] ~n** devant témoins

zeugen[1] *vt geh* ■ **jd zeugt jdn [mit jdm]** *Kind, Nachkommen* qn engendre [*o* procrée *soutenu*] qn [avec qn]; ***der Tag, an dem er gezeugt wurde*** le jour où il a été conçu

zeugen[2] *vi* 1. (*auf etw schließen lassen*) ■ **etw zeugt von etw** *von jds Fähigkeiten, Kenntnissen* qc témoigne [*o* atteste] de qc; *von jds schlechtem Charakter* qc révèle qc
2. JUR *geh* ■ **jd zeugt für/gegen jdn** qn témoigne en faveur de/contre qn

Zeugenaussage *f* JUR déposition *f* [du témoin/des témoins], témoignage *m*
▶ **jd macht eine/seine ~** qn fait une/sa déposition

<-bänke> *f* banc *m* des témoins **Zeugenstand** *m* ▸ **jd ruft jdn in den ~** qn appelle qn à comparaître comme témoin, qn cite qn comme témoin; ***jd wird in den ~ gerufen*** qn est appelé(e) à la barre des témoins; **jd tritt in den ~** qn comparaît comme témoin, qn s'avance à la barre; ***treten Sie in den ~*** avancez à la barre [des témoins]

Zeugin *f s.* **Zeuge**

Zeugnis <-ses, -se> *nt* **1.** SCOL bulletin *m* [scolaire]
2. IND certificat *m* de travail
3. *geh* (*Beweis*) preuve *f*; ***dieses umsichtige Vorgehen ist ein ~ seiner [frühen] Reife*** cette prudence atteste de sa maturité [précoce]

Zeugs <-> *nt ∅ pej fam* (*Krempel*) bazar *m fam*

Zeugung <-, -en> *f geh* procréation *f soutenu*; ***die ~ eines Kinds*** la conception d'un enfant

zeugungsfähig *adj form* apte à procréer *soutenu* **Zeugungsfähigkeit** *f ∅ form* capacité *f* à procréer *soutenu* **zeugungsunfähig** *adj form* inapte à procréer *soutenu* **Zeugungsunfähigkeit** *f ∅ form* incapacité *f* de procréer *soutenu*

zeuseln *vi* CH *s.* **zündeln**

z.H[d]. *loc abk von* **zu Händen** à l'attention de

Zichorie <-, -n> [tsɪ'ço:riə] *f* chicorée *f*

Zicke <-, -n> *f pej fam* chipie *f*

Zicken *pl fam* (*Eigenwilligkeiten*) lubies *fpl*; (*Unsinn*) conneries *fpl fam* ▸ **mach keine ~!** fais pas le con! *fam*; **jd macht ~** qn fait des manières [*o* tout un cinéma *fam*]

zickig *adj* lunatique

Zicklein <-s, -> *nt* chevreau *m*

Zickzack *m* ▸ **im ~** en zigzag

zickzackförmig **I.** *adj* en zigzag
II. *adv* en zigzag

Zickzackkurs *m* **1.** [*Fahrzeug, Schiff*] zigzags *mpl*
2. (*widersprüchliches Vorgehen*) volte-face *fpl* continuelles
▸ **im ~** en zigzag

Ziege <-, -n> *f* **1.** ZOOL chèvre *f*
2. *pej fam* oie *f fam*, pouf[f]iasse *f vulg*

Ziegel <-s, -> *m* **1.** (*Ziegelstein*) brique *f*
2. (*Dach~*) tuile *f*

Ziegelbau <-bauten> *m* construction *f* en briques **Ziegelbrenner(in)** <-s, -> *m(f)* briquetier(-ière) *m(f)* **Ziegeldach** *nt* toit *m* de tuiles

Ziegelei <-, -en> *f* (*für Ziegelsteine*) briqueterie *f*; (*für Dachziegel*) tuilerie *f*

ziegelrot *adj* rouge brique **Ziegelstein** *m* brique *f*

Ziegenbart *m* **1.** ZOOL barbe *f* de chèvre **2.** *hum fam* (*Spitzbart*) barbichette *f fam* **Ziegenbock** *m* bouc *m* **Ziegenfell** *nt* peau *f* de chèvre **Ziegenhirt[e]** *m*, **-hirtin** *f* chevrier(-ière) *m(f)* **Ziegenkäse** *m* [fromage *m* de] chèvre *m* **Ziegenleder** *nt* chevreau *m* **Ziegenmilch** *f* lait *m* de chèvre **Ziegenpeter** <-s, -> *m fam* oreillons *mpl*

Ziehbrunnen *m* puits *m*

ziehen <zog, gezogen> **I.** *vt + haben* **1.** (*hinter sich her schleppen*) ■ **jd/ein Tier zieht etw** qn/un animal tire qc
2. (*bewegen*) ■ **jd zieht jdn/etw irgendwohin** qn tire qn/qc quelque part; ***zieh den Stuhl näher an den Tisch*** rapproche la chaise de la table; ■ **jd zieht jdn/etw an sich** (*akk*) qn attire qn/qc contre soi/qc
3. (*Richtung ändern*) ■ **jd zieht etw irgendwohin** qn dirige qc quelque part; ***der Pilot zog das Flugzeug nach oben*** le pilote a cabré l'appareil
4. (*zerren*) ■ **jd/ein Tier zieht jdn an etw** (*dat*) qn lui tire qc; ***warum ziehst du mich denn am Ärmel?*** pourquoi est-ce que tu me tires par la manche?
5. (*ab~*) ■ **jd zieht [jdm] etw von etw** *Armreif, Ring* qn [lui] retire qc de qc
6. (*hervorholen*) ■ **jd zieht etw [aus etw]** qn tire qc [de qc]; ***jd zieht seinen Revolver/Degen*** qn sort son revolver/épée
7. (*heraus~*) ■ **jd zieht etw** *Spielkarte, Los* qn tire qc; *Fäden, Zahn* qn retire qc
8. (*betätigen*) ■ **jd zieht etw** *Notbremse, Klingelzug, Wasserspülung* qn tire qc
9. (*aus dem Automaten holen*) ■ **jd zieht etw** qn prend qc au distributeur
10. (*verlegen*) ■ **jd zieht etw** *Kabel, Rohr, Zaun* qn installe qc, qn met qc; (*anlegen*) *Graben* qn creuse qc; *Mauer* qn construit qc
11. (*durch~*) ■ **jd zieht etw durch etw** qn fait passer qc dans qc; ***er zog den Faden durchs Öhr*** il a enfilé l'aiguille
12. (*auf~*) ■ **jd zieht etw auf etw** (*akk*) *Saiten, Bild* qn monte [*o* pose] qc sur qc
13. (*rücken*) ■ **jd zieht etw irgendwohin** *Hut, Mütze* qn enfonce qc quelque part; *Kleidungsstück* qn tire sur qc; *Gardine* qn tire qc quelque part; ***zieh die Rollläden nach oben!*** monte [*o* ouvre] les volets!; ***zieh doch die Bluse in den Rock!*** enfile donc ton chemisier dans ta jupe!
14. (*züchten*) ■ **jd zieht etw** *Blumen, Pflanzen* qn cultive qc; ■ **jd zieht Tiere** qn élève des animaux
15. (*zeichnen*) ■ **jd zieht etw** *Kreis* qn trace qc; *Linie* qn tire qc
16. (*machen*) ■ **jd zieht etw** *Kopie, Probe* qn fait qc
17. (*dehnen*) ■ **jd zieht etw** *Laute, Wort* qn traîne sur qc; *Silbe* qn allonge qc
18. *fam* (*schlagen*) ■ **jd zieht jdm etw irgendwohin** qn lui flanque un coup de qc quelque part *fam*
19. (*an~*) ■ **jd zieht etw auf sich** (*akk*) *jds Blicke, Hass* qn attire qc sur lui/elle
20. (*zur Folge haben*) ■ **etw zieht etw nach sich** qc entraîne qc
▸ **jd zieht etw stramm** *Fesseln, Seil, Gummiband* qn tend qc
II. *vi* **1.** + *haben* (*zerren*) ■ **jd/ein Tier zieht [an etw** (*dat*)**]** *an einer Leine, Kette* qn/un animal tire [sur qc]; *an den Haaren* qn tire [qc]
2. + *sein* (*um~*) ■ **jd zieht irgendwohin** *ins Ausland* qn part s'installer quelque part; *an einen anderen Ort, zu jdm* qn déménage [*o* part] quelque part
3. + *sein* (*einen bestimmten Weg einschlagen*) ■ **jd zieht irgendwohin** /*Truppen, Armee*/ qn avance quelque part; /*Pfadfinder, Wanderer*/ qn marche quelque part; ***jd zieht über die Grenze*** qn traverse [*o* passe] la frontière; ***jd zieht durch den Wald/an der Küste entlang*** qn traverse la forêt/longe la côte; ■ **Tiere ~ irgendwohin** des animaux migrent quelque part; ***Schafe zogen über die Straße*** des moutons traversaient la route; ***die Lachse ~ flussaufwärts*** les saumons remontent la rivière
4. + *haben* (*Luft ansaugen*) ■ **etw zieht ...** /*Kamin, Pfeife*/ qc tire ...
5. + *haben* (*saugen*) ■ **jd zieht an etw** (*dat*) *an einer Pfeife, Zigarette* qn tire sur qc
6. + *sein* (*dringen*) ■ **etw zieht irgendwohin** /*Gestank, Schwaden*/ qc se répand quelque part
7. + *sein* (*eindringen*) ■ **etw zieht in etw** (*akk*) *in die Haut, ins Holz* qc pénètre dans qc
8. + *haben* GASTR ■ **etw zieht** /*Tee*/ qc infuse; ■ **jd lässt etw ~** qn laisse infuser qc
9. + *haben fam* (*beschleunigen*) ■ **etw zieht ...** /*Motor, Wagen*/ qc tire ...
10. + *haben fam* (*Eindruck machen*) ■ **etw zieht [bei jdm]** /*Masche*/ qc marche [avec qn] *fam*; ***das zieht bei mir nicht*** ça ne prend pas avec moi *fam*
11. SPIEL ■ **jd zieht [mit etw] [irgendwohin]** qn avance [qc] [quelque part]; ***ich darf fünf Felder ~*** je peux avancer de cinq cases
12. (*die Pistole ~*) ■ **jd zieht** qn dégaine
▸ **jd lässt einen ~** *sl* qn lâche un pet *fam*
III. *vi impers + haben* **1.** (*einen Luftzug verursachen*) ■ **es zieht** il y a un courant d'air; ■ **es zieht jdm** qn sent un courant d'air; ***es zieht im Nacken/an den Füßen*** on a des courants d'air dans le cou/les pieds
2. (*an einem Z~ leiden*) ■ **es zieht jdm in etw** (*dat*) ça lui tire dans qc; ***ein ~der Schmerz*** une douleur lancinante
IV. *vt impers + haben* ■ **es zieht jdn irgendwohin** *in die Ferne* qn est attiré(e) par qc; *nach Hause, zu jdm* qn a envie d'aller quelque part
V. *vr + haben* **1.** (*sich hin~*) ■ **etw zieht sich** /*Gespräch, Verhandlungen*/ qc traîne en longueur
2. (*sich erstrecken*) ■ **etw zieht sich an etw** (*dat*) **entlang** qc s'étend [*o* s'étire] le long de qc
3. (*sich hoch~*) ■ **jd zieht sich irgendwohin** qn se hisse quelque part; ***er zog sich an einem Ast/Seil auf die Mauer*** il s'est hissé sur le mur en s'accrochant à une branche/en grimpant à la corde
4. (*sich ver~*) ■ **etw zieht sich** /*Holz, Rahmen*/ qc travaille

Ziehen <-s> *nt ∅* (*Schmerz*) élancements *mpl*

Ziehharmonika *f* accordéon *m*

Ziehung <-, -en> *f* tirage *m*

Ziel <-[e]s, -e> *nt* **1.** (*angestrebtes Ergebnis*) but *m*, objectif *m*
2. SPORT [*Lauf, Rennen*] [ligne *f* d']arrivée *f*
3. SPORT, MIL (*zu treffender Punkt*) cible *f*
4. (*Reise~*) destination *f*
5. (*Zahlungs~*) délai *m* de paiement
6. (*Produktions~*) objectif *m*
▸ **jd verreist mit unbekanntem ~** qn part sans laisser d'adresse; **jd geht durchs ~** *als Erster etc* qn passe [*o* franchit] la ligne d'arrivée; **etw hat etw zum ~** qc vise qc, qc a pour but qc; **jd ist am ~** qn a atteint son but; **jd kommt [*o* gelangt] [bei jdm] zum ~** qn arrive à ses fins [avec qn]; **jd schießt über das ~ hinaus** qn fait de l'excès de zèle; **jd setzt sich** (*dat*) **etw zum ~** qn se fixe qc comme objectif; **jd setzt sich** (*dat*) **ein ~** qn se fixe un but [*o* objectif]; **jd trifft ins ~** qn touche la cible; (*genau ins Schwarze*) qn tape dans le mille; **jd verfolgt ein ~** qn poursuit un objectif

Zielbahnhof *m* gare *f* de destination; ***unser ~*** notre [gare *f* de] destination *f*

zielen *vi* **1.** (*anvisieren*) ■ **jd zielt [auf jdn/etw]** qn vise [qn/qc]
2. (*gerichtet sein*) ■ **etw zielt auf jdn/etw** qc est dirigé(e) sur qn/qc
3. (*sich beziehen*) ■ **etw zielt auf jdn/etw** /*Bemerkung, Kritik*/ qc vise qn/qc, qc est destiné(e) à qn/qc; /*Werbung*/ qc cible qn/qc; *s. a.* **gezielt**

Zielfernrohr *nt* lunette *f* de visée **Zielfoto** *nt* photo-finish *f* **Zielgerade** *f* SPORT dernière ligne *f* droite **Zielgruppe** *f* COM cible *f*, clientèle *f* ciblée **Zielhafen** *m* port *m* de destination **Ziellinie** [-li:niə] *f* ligne *f* d'arrivée

ziellos **I.** *adj* sans but [précis]
II. *adv* sans but [précis]

Zielort *m* [lieu *m* de] destination *f* **Zielscheibe** *f* cible *f* **Zielsetzung** <-, -en> *f* but *m*, objectif *m* **zielsicher** **I.** *adj Schütze* d'élite; ■ **jd ist ~** qn est un fin tireur/une fine tireuse [*o* une fine gâchette] **II.** *adv* sans l'ombre d'une hésitation **Zielsprache** *f* langue *f* cible

zielstrebig **I.** *adj* résolu(e), déterminé(e)
II. *adv* avec détermination

Zielstrebigkeit <-> *f ∅* détermination *f*

Zielvorgabe *f* objectif *m*

ziemen *vr geh* ■ **etw ziemt sich nicht für jdn** qc n'est pas convenable [*o* de mise] pour qn; ■ **es ziemt sich nicht etw zu tun** il n'est pas convenable [*o* de mise] de faire qc

ziemlich **I.** *adj fam* **1.** *attr* (*beträchtlich*) *Entfernung, Strecke* joli(e) *antéposé fam*, bon(ne) petit(e) *antéposé fam*; *Ärger* pas mal de *antéposé*; *Kälte, Hitze* drôle de *fam*; ***ich habe eine ~e Wut auf sie*** je suis drôlement en colère contre elle *fam*
2. (*einigermaßen zutreffend*) *Genauigkeit, Sicherheit* pas mal de
II. *adv* **1.** (*beträchtlich*) *wütend, heiß, spät, schwer* vraiment; **~ *viel*** pas mal de choses
2. *sich beeilen* pas mal
3. (*weit gehend*) *genau, sicher* assez

Zier- HORT ornemental(e); *-strauch a.* d'ornement

Zierde <-, -n> *f* 1. (*Schmuck*) ■ **etw ist die ~ einer S.** (*gen*) *eines Platzes, einer Stadt* qc est l'ornement de qc
2. (*Mensch*) fleuron *m*; ***er ist für die Familie keine ~*** il ne fait pas honneur à la/sa famille
► **zur** ~ comme décoration
zieren I. *vt* ■ **etw ziert etw** qc orne qc, qc décore qc
II. *vr* ■ **jd ziert sich** qn fait des manières [*o* des chichis]
► **ohne** **sich zu** ~ sans faire de manières, sans se gêner; *s. a.* **geziert**
Zierfisch *m* poisson *m* d'aquarium [*o* exotique] **Ziergarten** *m* jardin *m* d'agrément [*o* ornemental] **Zierleiste** *f* AUT baguette *f* [chromée]
zierlich *adj* menu(e)
Ziffer <-, -n> *f* 1. (*Zahlzeichen*) chiffre *m*
2. [*Paragraph*] alinéa *m*
► **römische/arabische** ~ chiffre *m* romain/arabe
-ziffer *f Geburten-, Arbeitslosen-* chiffre *m* des
Zifferblatt *nt* cadran *m*
Ziffernblock <-blöcke> *m* [*Tastatur*] pavé *m* numérique
zig *adj fam* trente-six *fam*
zig- *fam* je sais pas combien de … *fam*; *~**tausend** …* je sais pas combien de milliers de … *fam*
Zigarette <-, -n> *f* cigarette *f*
Zigarettenanzünder *m* allume-cigare *m* **Zigarettenautomat** *m* distributeur *m* de cigarettes **Zigarettenetui** [-ɛtvi:] *nt* porte-cigarettes *m* **Zigarettenpapier** *nt* papier *m* à cigarette **Zigarettenraucher(in)** *m(f)* fumeur(-euse) *m(f)* de cigarettes **Zigarettenschachtel** *f* paquet *m* de cigarettes **Zigarettenspitze** *f* fume-cigarette *m*
Zigarillo <-s, -s> *m o nt* cigarillo *m*
Zigarre <-, -n> *f* cigare *m*
Zigarrenkiste *f* (*zum Aufbewahren*) boîte *f* à cigares; (*Packung*) boîte *f* de cigares **Zigarrenraucher(in)** *m(f)* fumeur(-euse) *m(f)* de cigares
Zigeuner(in) <-s, -> *m(f)* tzigane *mf*
Zigeunerschnitzel *nt* escalope *f* sauce piquante **Zigeunersprache** *f* *∅* ■ **die** ~ le tsigane
zigmal *adv fam* x fois *fam*, trente-six fois *fam*
Zikade <-, -n> *f* cigale *f*
Zille <-, -n> *f* AUS (*Kahn*) barque *f*
Zimmer <-s, -> *nt* pièce *f*; (*zum Schlafen*) chambre *f*; ***ich suche ein ~ in Uninähe*** je cherche une chambre à proximité de la fac; ***drei ~, Küche und Bad*** un trois-pièces cuisine [bains], un F3
► [**jd/etw hat**] ~ **frei** [qn/qc a des] chambres libres; **ein möbliertes** ~ une chambre meublée, un meublé
-zimmer *nt Musik-, Klassen-, Warte-, Behandlungs-, Spiel-, Wohn-, Bade-* salle *f* de; *Bastel-, Näh-* pièce *f* pour; ***Arbeits~*** bureau *m*; ***Gäste~/Kinder~/Schlaf~/Kranken~*** chambre *f* d'amis/d'enfant/[à coucher]/de malade; ***jedes Kind hat sein eigenes Kinder~*** chaque enfant a sa chambre; ***Lehrer~*** salle *f* des professeurs
Zimmerdecke *f* plafond *m*
Zimmerei <-, -en> *f* menuiserie *f*
Zimmereinrichtung *f* ameublement *m*
Zimmerer <-s, -> *m s.* **Zimmermann**
Zimmerkellner(in) *m(f)* garçon/serveuse *m/f* d'étage **Zimmerlautstärke** *f* ► **jd stellt etw auf** ~ (*akk*) qn met qc en sourdine **Zimmerlinde** *f* tilleul *m* d'appartement **Zimmermädchen** *nt* femme *f* de chambre **Zimmermann** <-leute> *m* charpentier *m*
zimmern I. *vt* ■ **jd zimmert etw** *Regal, Sarg* qn fabrique [*o* fait] qc
II. *vi* ■ **jd zimmert an etw** (*dat*) *an einem Regal etc* qn bricole qc
Zimmernachweis *m* bureau *m* [*o* agence *f*] de location **Zimmerpflanze** *f* plante *f* d'appartement **Zimmerservice** [-sœʁvɪs] *m* service *m* des [*o* dans les] chambres **Zimmersuche** *f* recherche *f* d'une chambre ► **jd ist auf** ~ qn cherche une [*o* est à la recherche d'une] chambre **Zimmertemperatur** *f* température *f* ambiante **Zimmervermittlung** *f* location *f* de chambres **Zimmerwerkstatt** *f* atelier *m* de charpentier, menuiserie *f*
zimperlich *adj* douillet(te)
Zimperlichkeit <-> *f ∅* douilletterie *f*
Zimt <-[e]s, -e> *m* 1. (*Gewürz*) cannelle *f*
2. *fam* (*Quatsch*) âneries *fpl*
Zimtstange *f* bâton *m* de cannelle
Zink <-[e]s> *nt ∅* CHEM zinc *m*
Zinkblech *nt* [tôle *f* de] zinc *m*
Zinke <-, -n> *f* dent *f*
zinken *vt* ■ **jd zinkt etw** *Karten* qn biseaute qc
Zinksalbe *f* pommade *f* à l'oxyde de zinc **Zinkweiß** *nt* blanc *m* de zinc
Zinn <-[e]s> *nt ∅* CHEM étain *m*
Zinn- *-krug, -teller* en étain; *-figur* de plomb
Zinne <-, -n> *f* créneau *m*
Zinnie <-, -n> ['tsi:niə] *f* zinnia *m*
Zinnober <-s> *m ∅* (*Farbe*) vermillon *m*
zinnoberrot *adj* [rouge] vermillon *inv*
Zinnsoldat *m* soldat *m* de plomb
Zins[1] <-es, -en> *m* FIN intérêt *m*
► **jd zahlt** [**jdm**] **etw mit ~ und Zinseszins zurück** qn rembourse qc [à qn] avec usure *littér*; **gesetzliche ~en** taux *m* d'intérêt réglementé; **etw bringt** [*o* **trägt**] **~en** qc rapporte des intérêts; **zu … ~en** à un taux [d'intérêt] …; ***zu 7,25 %/hohen ~en*** à un taux [d'intérêt] de 7,25 %/élevé
Zins[2] <-es, -e> *m* SDEUTSCH, AUS, CH (*Miete*) loyer *m*
Zinsabschlagsteuer *f* prélèvement *m* forfaitaire [*o* libératoire] **Zinsbesteuerung** *f* fiscalité *f* des placements à revenu fixe **Zinserhöhung** *f* relèvement *m* du taux d'intérêt
Zinseszins *m* intérêts *mpl* composés [*o* cumulés]
zinslos I. *adj* sans intérêts, exempt(e) d'intérêts
II. *adv* sans intérêts
Zinssatz *m* taux *m* d'intérêt **Zinssenkung** *f* abaissement *m* du taux d'intérêt
Zionismus <-> *m ∅* sionisme *m*
Zionist(in) <-en, -en> *m(f)* sioniste *mf*
zionistisch *adj* sioniste
Zipfel <-s, -> *m* [*Bettbezug, Kissen, Tischtuch*] coin *m*; [*Schürze*] pan *m*; [*Zipfelmütze*] pointe *f*
Zipfelmütze *f* bonnet *m* à pointe
Zipp[**verschluss**][RR] *m* AUS *s.* **Reißverschluss**
Zirbeldrüse *f* épiphyse *f* **Zirbelkiefer** *f* pin *m* montagnard
zirka *adv* environ
Zirkel <-s, -> *m* 1. (*Gerät*) compas *m*
2. (*Gruppe*) cercle *m*
Zirkelkasten *m* boîte *f* à compas **Zirkelschluss**[RR] *m* cercle *m* vicieux, raisonnement *m* circulaire
Zirkonium <-s> *nt ∅* CHEM zirconium *m*
Zirkulation <-, -en> *f* circulation *f*
zirkulieren * *vi* ■ **etw zirkuliert** qc circule
Zirkumflex <-es, -e> *m* accent *m* circonflexe
Zirkus <-, -se> *m* 1. (*Unterhaltung*) cirque *m*
2. *fam* (*großes Aufheben*) cirque *m fam*
► **jd macht einen** ~ *fam* qn en fait tout un plat [*o* un fromage] *fam*
-zirkus *m*: ***der Renn~/Tennis~*** le milieu de la F1/du tennis; ***der Ski~*** le grand cirque blanc
Zirkus- de cirque **Zirkuszelt** *nt* chapiteau *m*
zirpen *vi* ■ **ein Tier zirpt** un animal chante; ■ **das Z~** le chant
Zirrhose <-, -n> [tsɪ'ro:zə] *f* cirrhose *f*
Zirruswolke *f* cirrus *m*
zischeln *vi pej* ■ **jd zischelt** [**über jdn**] qn chuchote [au sujet qn]; ***sie ~ miteinander*** ils/elles font des messes basses
zischen I. *vi* 1. + *haben* ■ **etw zischt** */Fett/* qc grésille; */Gas/* qc siffle
2. + *haben* ■ **ein Tier zischt** */Gans, Schlange/* un animal siffle
3. + *sein* ■ **etw zischt aus etw** */Gas, Dampf/* qc chuinte en sortant de qc; */Bier, Wasser/* qc jaillit de qc
4. + *haben* ■ **jd zischt** qn siffle
II. *vt* ■ **jd zischt etw** *Bemerkung* qn jette qc; *Schimpfwort* qn éructe qc
► **jd zischt einen** *sl* (*trinkt ein Bier*) qn siffle une bière *fam*
Zischen <-s> *nt ∅* sifflement *m*; [*Gas, Dampf*] chuintement *m*
Zischlaut *m* chuintante *f*
ziselieren * *vt* ■ **jd ziseliert etw** qn cisèle qc
Zisterne <-, -n> [tsɪs'tɛrnə] *f* citerne *f*
Zitadelle <-, -n> *f* citadelle *f*
Zitat <-[e]s, -e> *nt* citation *f*
Zitatenlexikon *nt* dictionnaire *m* de citations
Zither <-, -n> *f* cithare *f*
Zitherspieler(in) *m(f)* joueur(-euse) *m(f)* de cithare, cithariste *mf*
zitieren * *vt* 1. (*anführen*) ■ **jd zitiert jdn/etw** qn cite qn/qc
2. (*vorladen*) ■ **jd zitiert jdn irgendwohin** qn convoque qn quelque part
Zitronat <-[e]s, -e> *nt* citron *m* confit
Zitrone <-, -n> *f* 1. (*Frucht*) citron *m*
2. (*Baum*) citronnier *m*
► **jd quetscht** [*o* **presst**] **jdn aus wie eine** ~ *fam* qn cuisine qn *fam*, qn tire les vers du nez à qn *fam*
Zitronen- GASTR 1. (*mit Zitronensaft*) *-eis, -kuchen, -limonade* au citron; *~**wasser*** citron *m* pressé 2. (*von einer Zitrone*) *-kern, -schale, -scheibe* de citron **Zitronenbaum** *m* citronnier *m* **Zitronenfalter** *m* citron *m* **zitronengelb** *adj* jaune citron *inv* **Zitronenpresse** *f* presse-citron *m* **Zitronensaft** *m* jus *m* de citron **Zitronensäure** *f* acide *m* citrique
Zitrusfrucht *f* agrume *m*
zitt[**e**]**rig** *adj* tremblant(e); ***jd wird immer ~er*** qn tremble de plus en plus
zittern *vi* 1. (*vibrieren*) ■ **etw zittert** qc tremble
2. (*beben*) ■ **jd zittert** [**vor etw** (*dat*)] *vor Angst* qn tremble [de qc]; ***jd zittert vor Kälte a.*** qn grelotte; ■ **etw zittert** */Hand, Stimme/* qc tremble
3. *fam* (*Angst haben*) ■ **jd zittert vor jdm/etw** qn tremble devant qn/à la perspective de qc, qn a la frousse de qn/qc *fam*; ***vor wem zitterst du denn so?*** qui est-ce qui te fiche une frousse pareille? *fam*
Zittern <-s> *nt ∅* tremblement *m*
Zitterpappel *f* tremble *m* **Zitterpartie** *f* partie *f* de poker **Zitterrochen** *m* [poisson *m*] torpille *f*
zittrig *adj s.* **zitterig**
Zitze <-, -n> *f* tétine *f*, tette *f*
Zivi <-s, -s> [-vi] *m fam abk von* **Zivildienstleistende(r)** objecteur *m* de conscience (*qui effectue son service civil*)
zivil [-'vi:l] *adj* 1. (*nicht militärisch*) civil(e); ***in ~er Kleidung*** en civil; ***im ~en Leben*** dans le civil
2. *fam* (*akzeptabel*) correct(e)
Zivil <-s> [-'vi:l] *nt ∅* tenue *f* civile; ***jd trägt ~*** qn est en civil
► **in** ~ en civil
Zivilberuf [-'vi:l-] *m* profession *f* dans le civil ► **im** ~ dans le civil **Zivilbevölkerung** *f* population *f* civile **Zivilcourage** [-kura:ʒə] *f* courage *m* de ses opinions; (*politisch*) courage *m* civique ► **jd hat** ~ qn a le courage de ses opinions/du courage civique **Zivildienst** *m ∅* service *m* civil **Zivildienstleistende(r)** *f(m) decl wie adj* objecteur *m* de conscience (*qui effectue son service civil*) **Zivilfahnder(in)** <-s, -> *m(f)* enquêteur(-euse) *m(f)* de police **Zivilgesetzbuch** *nt* CH code *m* civil
Zivilisation <-, -en> [-vi-] *f* civilisation *f*

Zivilisationskrankheit [-vi-] *f maladie fréquente découlant de la vie dans les pays industrialisés*
zivilisieren * [-vi-] *vt* ■ **jd zivilisiert jdn** qn civilise qn
zivilisiert [-vi-] I. *adj* civilisé(e)
II. *adv sich aufführen, sich benehmen* en personne civilisée, comme quelqu'un de civilisé/comme des gens civilisés
Zivilist(in) <-en, -en> [-vi-] *m(f)* civil(e) *m(f)*
▶ **als** ~ en civil
Zivilkammer [-'vi:-] *f* tribunal *m* civil **Zivilkleidung** *f s.* **Zivil. Zivilleben** *nt* vie *f* civile, civil *m* ▶ **im** ~ dans le civil **Zivilperson** *f form s.* **Zivilist. Zivilprozess**RR *m* procès *m* civil **Zivilprozessordnung**RR *f* code *m* de procédure civile **Zivilrecht** *nt* droit *m* civil **zivilrechtlich** I. *adj* de droit civil II. *adv* civilement; *etw ist ~ relevant* qc relève du droit civil **Zivilrichter(in)** *m(f)* juge *mf* [au tribunal] civil **Zivilsache** *f* affaire *f* civile **Zivilschutz** *m* 1. (*Schutz der Zivilbevölkerung*) sécurité *f* [*o* protection *f*] civile 2. (*Truppe für den ~*) service *m* de sécurité civile; (*in Frankreich*) Compagnies *fpl* républicaines de sécurité
zizerlweis[e] *adv* AUS, SDEUTSCH *fam* 1. (*stückweise*): *jdn isst etw* ~ qn mange qc peu à peu
2. (*nach und nach*): *jd rückt ~ mit der Wahrheit heraus* qn ne revèle la vérité que peu à peu
Zloty <-s, -> ['zlɔti, 'slɔti] *m* zloty *m*
Zmittag <-s> *m o nt Ø* CH déjeuner *m*
Zmorgen <-, -> *m o nt* CH petit-déjeuner *m*
Znacht <-s> *m o nt Ø* CH dîner *m*
Znüni <-, -> *m* CH casse-croûte *m* [de dix heures]
Zobel <-s, -> *m* zibeline *f*
zockeln *vi + sein fam s.* **zuckeln**
zocken *vi sl* ■ **jd zockt [um etw]** qn joue [pour qc]
Zocker(in) <-s, -> *m(f) sl* flambeur(-euse) *m(f) arg*
Zofe <-, -n> *f* femme *f* de chambre
Zoff <-s> *m Ø sl* engueulades *fpl fam*
▶ **es gibt** ~ ça gueule *fam;* **jd hat mit jdm** ~ qn est en bisbille avec qn *fam;* **jd macht** ~ qn gueule *fam*
zog *imp von* **ziehen**
zögerlich I. *adj* hésitant(e)
II. *adv* de façon hésitante
zögern *vi* ■ **jd zögert** qn hésite; ■ **jd zögert mit etw** qn hésite à faire qc; *sie zögert mit der Unterschrift* elle hésite à signer; ■ **jd zögert etw zu tun** qn hésite à faire qc
▶ **ohne zu** ~ sans hésiter
Zögern <-s> *nt Ø* hésitation *f*
▶ **ohne langes** ~ sans grande hésitation; *er entschloss sich ohne langes ~ dazu* il n'a guère hésité à prendre cette décision
zögernd I. *adj* hésitant(e)
II. *adv* avec hésitation, en hésitant
Zögling <-s, -e> *m veraltend* élève *m*, pensionnaire *m*
Zölibat <-[e]s, -e> *nt o m* célibat *m*
Zoll1 <-[e]s, -> *m* (*Längenmaß*) pouce *m*
▶ **jeder** ~ ... *ein Ehrenmann, Gentleman* ... dans l'âme, en parfait(e) ...
Zoll2 <-[e]s, ¨-e> *m* 1. (*Einfuhrabgabe*) droits *mpl* de douane
2. *Ø fam* (*Zollverwaltung*) ■ **der** ~ la Douane
▶ **jd/etw kommt durch den** ~ qn/qc passe la douane; **jd muss durch den** ~ *fam* qn doit passer la douane
Zollabfertigung *f* formalités *fpl* de douane **Zollamt** *nt* Douane *f*, service *m* des douanes **Zollbeamte(r)** *m*, **-beamtin** *f* douanier(-ière) *m(f)* **Zollbestimmung** *f meist pl* législation *f* douanière
zollen *vt geh* ■ **jd zollt jdm/einer S. etw** *Anerkennung, Bewunderung* qn témoigne qc à qn/qc; *jd zollt jdm/einer S. Beifall* qn applaudit qn/qc; *jd zollt jdm Dank* qn remercie qn
Zollerklärung *f* déclaration *f* en douane **Zollfahndung** *f* répression *f* des fraudes douanières **zollfrei** I. *adj* exempt(e) de droits de douane, en franchise II. *adv* en franchise **Zollinhaltserklärung** *f* déclaration *f* en douane **Zollkontrolle** *f* contrôle *m* douanier [*o* de douane]
zollpflichtig *adj* soumis(e) au régime douanier, assujetti(e) à la douane, à déclarer
Zollstock *m* mètre *m* pliant
Zombie <-[s], -s> *m* 1. (*Untoter*) zombie *m*
2. *sl* (*träger Mensch*) zombie *m fam*
▶ **wie ein** ~ *sl* comme un zombie *fam*
Zone <-, -n> *f* zone *f* ▶ **entmilitarisierte** ~ zone *f* démilitarisée
Zoo <-s, -s> *m* zoo *m*
Zoologe <-n, -n> [tsoo-] *m*, **-login** *f* zoologiste *mf*
Zoologie <-> [tsoo-] *f Ø* zoologie *f*
zoologisch [tsoo-] I. *adj* zoologique
II. *adv* zoologiquement, du point de vue zoologique
Zoom <-s, -s> [zu:m] *nt s.* **Zoomobjektiv**
zoomen ['zu:mən] I. *vt* ■ **jd zoomt jdn/etw** qn zoome qn/qc, qn prend qn/qc au zoom
II. *vi* ■ **jd zoomt** qn photographie au zoom, qn zoome
Zoomobjektiv ['zu:m-] *nt* zoom *m*
Zootier *nt* animal *m* de zoo
Zopf <-[e]s, ¨-e> *m* 1. (*Haar*) tresse *f*, natte *f*
2. (*Hefe~*) brioche *f* tressée
▶ **das ist ein alter** ~ c'est complètement ringard *fam*
Zopfmuster *nt* torsades *fpl; ein Pullover mit* ~ un pull à torsades **Zopfspange** *f* barrette *f*
Zorn <-[e]s> *m Ø* colère *f;* (*besonders heftig*) fureur *f*
▶ **jd gerät in** ~ qn se met en colère; **jd hat einen ~ auf jdn** qn est en colère contre qn; **im** ~ sous l'effet de la colère, dans un accès de colère
Zornesröte *f* rouge *m* de la colère
zornig *adj* en colère, furieux(-euse); ■ **jd wird** ~ qn se met en colère; ■ **jd ist ~ auf jdn** qn est furieux(-euse) [*o* en colère] contre qn
Zote <-, -n> *f* histoire *f* paillarde
zotig *adj* paillard(e); *Bemerkung* grivois(e)
Zottel <-, -n> *f fam* (*Haarsträhne*) mèche *f* rebelle; [*Tier*] touffe *f* rebelle
Zottelhaar *nt fam* [*Hund, Schaf etc*] poils *mpl* en broussaille
zottelig *adj fam Frisur, Haar* hirsute, embroussaillé(e); *Fell* broussailleux(-euse)
zotteln *vi + sein fam* ■ **ein Tier zottelt** un animal trottine tranquillement
zottig *adj s.* **zottelig**
z.T. *loc abk von* **zum Teil**
Ztr. *abk von* **Zentner**
zu I. *präp + dat* 1. (*bis ~ jdm hin*) ■ **~ jdm** chez qn; ■ **~m/~r** ... *zum Arzt, zur Lehrerin, zu meinem Kollegen* chez le/la ...; ■ **~m/~r** ... (*bis ~ etw hin*) *zum Bahnhof, zur Post* au/à la
2. (*einer Sache zugehörig*) avec qc; ■ **etw ~ etw** qc de qc, qc qui va avec qc; *der Korken ~ der Flasche* le bouchon de [*o* qui va avec] la bouteille
3. (*neben*) ■ **~ jdm/etw** à côté de qn/qc
4. *zeitlich* (*an*) *Ostern, Weihnachten* à
5. (*anlässlich einer S.*) ■ **~/~m/~r** ... *Ostern, Weihnachten* à qc; *zum Geburtstag, Jubiläum* pour qc, à l'occasion de qc; *ich gratuliere dir herzlich ~ deinem Geburtstag* je te souhaite un [très] bon anniversaire
6. (*bis ~ einem Termin*) ■ **~m** ... *31. März* d'ici ..., pour le/la ...; *bis ~m Freitag wird der Brief wohl da sein* d'ici vendredi, la lettre sera sûrement arrivée
7. (*für etw bestimmt*) ■ **etw ~ etw** *zu einem Artikel* qc concernant qc; *zu einem Werk* qc qui se rapporte à qc, qc traitant de qc; *zu einem Kleidungsstück* qc pour qc; *zum Kaffee, Tee* qc avec [*o* dans] qc; *zum Frühstück* au [*o* pour le] petit-déjeuner
8. (*für eine Handlung gedacht*) *zum Streichen, Waschen etc* qc pour faire qc; *ein Blatt Papier ~m Schreiben* du papier pour écrire
9. (*um etw herbeizuführen*) ■ **~ jds** ... pour ... + *infin* qn; *~ Ihrer/deiner Beruhigung* pour vous/te rassurer; *~r Entschuldigung* pour m'/s'/... excuser; *~r Information* pour information; *~ seiner Entlastung* à sa décharge
10. + *infin* (*etw zu tun*) *zum Lesen/Spielen* pour faire qc; *ich habe ihn ~ einem Kinobesuch überreden können* j'ai réussi à le convaincre de venir au cinéma; *wie sind Sie ~m Fliegen gekommen?* qu'est-ce qui vous a amené(e) à voler?; *ich habe keine Lust ~m Wandern* je n'ai pas envie d'aller me promener
11. (*eine Sache betreffend*) ■ **~ etw** *befragen, verhören* au sujet de qc, sur qc
12. (*eine bestimmte Stellung bewirkend*) ■ **~m/~r** ... *befördern, machen wird nicht übersetzt; die Fakultät promovierte ihn ~m Doktor der Rechte* la faculté l'a promu docteur en droit; *er wurde ~m neuen Parteivorsitzenden gewählt* il a été élu nouveau chef du parti
13. (*einen bestimmten Zustand bewirkend*) ■ **~ etw** en qc; *etw ist ~ Asche verbrannt/~ Pulver zermahlen* qc est réduit(e) en cendres/en poudre; *die Leiche wurde ~ Asche verbrannt* le corps a été incinéré
14. (*jdn betreffend*) ■ **etw ~ jdm** *Beziehung, Freundschaft* qc avec qn; *Liebe, Zuneigung* qc pour qn; *Vertrauen* qc en qn
15. (*im Verhältnis zu*) ■ **etw ~ etw** *1:10* qc pour qc; *im Verhältnis 1:10* dans la proportion de 1 pour 10; *etw steht 50 ~ 50* qc est à cinquante-cinquante
16. SPORT (*gegen*) ■ **etw ~ etw** *1:1, 0:0, 2:3* qc à qc
17. *bei Mengenangaben* (*für*) ■ **~ etw** *drei Mark das Stück* à qc; ■ **~ zweit/dritt/.../mehreren** à deux/trois/.../plusieurs; ■ **~r Hälfte** à moitié; *jd hat etw ~ einem Drittel/Viertel fertig* qn a fait le tiers/quart de qc
18. (*in etw gelegen*) ■ **der/die/das** ... ~ ... le/la ... de ...; *der Dom ~ Speyer* la cathédrale de Spire
19. (*von*) ■ **der/die** ... ~ ... le/la ... de ...; *die Gräfin ~ Hohenlohe* la Comtesse de Hohenlohe
20. TOURISMUS (*mit dem Zeichen*) ■ **Zum/Zur** ... Au/À la ...; *Zur Sonne* Au soleil; ■ **... ~m/~r** ... ... du/de la ...; *Gasthaus ~m Schwanen* auberge *f* du cygne
▶ **etw ist ~ etw** *zu jds Bestem* qc est pour qc; *zum Schreien, Weinen* qc est à faire qc; *das ist ja ~m Lachen!* il y a vraiment de quoi rire; **jd wird ~ etw** *zu einem Mörder, zur Furie* qn devient qc; ~ **was** *fam* pour quoi faire; *~ was soll das gut sein?* c'est censé servir à quoi?
II. *adv* 1. (*all~*) trop; *ich würde ja ~ gern abreisen* j'aimerais tant partir; *~ sehr/viel* trop; *~ viele Fehler* trop de fautes
2. (*geschlossen*) fermé(e); *Tür ~!* [ferme/fermez] la porte!
3. (*örtlich*) ■ **irgendwohin/einer S.** ~ *dem Ausgang* vers ...; *nach hinten/vorne ~* vers l'arrière/l'avant
III. *conj* 1. + *infin* ■ **etw ist ~ tun** qc est à faire, il faut faire qc; *ist das ~ schaffen?* est-ce qu'on peut y arriver?; ■ **jd hat ~/etw** ~ ... qn a à/qc à ... + *infin*, qn doit faire qc; *du hast ~ gehorchen* tu dois [*o* as à] obéir; *ich habe noch einiges ~ erledigen* j'ai encore un certain nombre de choses à faire, je dois encore faire un certain nombre de choses
2. *mit Partizip* à + *infin; die ~ bezahlenden Rechnungen* les factures *fpl* [qui sont] à payer
▶ **etw ist nicht/kaum** ~ ... qc ne peut être .../on ne peut guère ... qc; *das ist nicht ~ machen* c'est infaisable; *die Krise ist nicht/kaum ~ bewältigen* la crise ne peut être maîtrisée/on ne peut guère maîtriser [*o* venir à bout de] la crise
zuallererst *adv* tout d'abord, avant toute chose
zuallerletzt *adv* en tout dernier lieu

zu|bauen *vt* ■ **jd baut etw zu** *Platz* qn construit sur qc; *Lücke* qn bouche qc [par une construction]; *Ausblick* qn bouche qc

Zubehör <-[e]s, *rare* -e> *nt o m* **1.** [*Pkw, Gerät*] accessoires *mpl*
2. [*Bad, Haus, Küche, Werkstatt*] équipement *m*

Zubehörteil *nt* accessoire *m*

zu|beißen *vi irreg* ■ **jd/ein Tier beißt zu** qn/un animal mord

zu|bekommen * *vt irreg fam* ■ **jd bekommt etw zu** qn arrive à fermer qc; ***hilf mir mal den Koffer zuzubekommen*** aide-moi voir à fermer cette valise

Zuber <-s, -> *m* DIAL baquet *m*

zu|bereiten * *vt* ■ **jd bereitet [jdm] etw zu** qn [lui] prépare qc

Zubereitung <-, -en> *f* préparation *f*

Zubettgehen <-s> *nt* ∅ coucher *m*; ***vor dem*** ~ avant de me/se/... coucher; ***bei frühem*** ~ si on se couche tôt

zu|billigen *vt* **1.** (*zugestehen*) ■ **jd billigt jdm etw zu** *Entschädigung, Schadenersatz* qn accorde qc à qn
2. (*für jdn gelten lassen*) ■ **jd billigt jdm etw zu** *Unkenntnis, mildernde Umstände* qn accorde qc à qn; ■ **jd billigt jdm zu, etw getan zu haben/dass** qn reconnaît que qn a fait qc/concède [*o* accorde] à qn que + *indic;* ***ich billige ihm zu, davon nichts gewusst zu haben*** je reconnais qu'il n'en savait rien

zu|binden *vt irreg* ■ **jd bindet etw zu** *Bündel, Sack* qn ferme qc; *Schnürsenkel, Schürze* qn noue qc; *Schuh* qn lace qc

zu|bleiben *vi irreg + sein fam* **1.** (*verschlossen bleiben*) ■ **etw bleibt zu** */Paket, Fenster/* qc reste fermé(e)
2. (*nicht öffnen*) ■ **etw bleibt zu** */Geschäft, Museum/* qc est fermé(e)

zu|blinzeln I. *vi* ■ **jd blinzelt jdm zu** qn fait un clin d'œil à qn
II. *vr* ■ **sie blinzeln sich** (*dat*) **zu** ils/elles se font un clin d'œil

zu|bringen *vt irreg* **1.** (*verbringen*) ■ **jd bringt etw [irgendwie] zu** qn passe qc [d'une certaine manière]
2. DIAL *s.* **zubekommen**

Zubringer <-s, -> *m* **1.** (*Zubringerstraße*) bretelle *f* d'accès
2. (*Flughafenbus*) navette *f*

Zubringerflug *m* vol *m* de liaison **Zubringerstraße** *f form s.* **Zubringer 1.**

Zubrot *nt* ∅ revenu *m* d'appoint
▶ **jd verdient [sich** (*dat*)**] ein** ~ qn arrondit ses fins de mois

zu|buttern *vt fam* ■ **jd buttert etw zu** qn met qc de sa poche *fam;* ***meine Eltern müssen noch etwas*** ~ mes parents doivent mettre la main au porte-monnaie *fam*

Zucchini [tsʊ'ki:ni] *f* courgette *f*

Zucht <-, -en> *f* **1.** ∅ ZOOL (*das Aufziehen*) élevage *m*
2. ∅ HORT (*das Züchten*) culture *f*
3. (*gezüchtete Pflanze*) variété *f;* [*Bakterien*] souche *f;* [*Hunde*] race *f*, lignée *f*
4. ∅ (*Disziplin*) discipline *f*
▶ ~ **und Ordnung** [l']ordre *m* et [la] discipline

-zucht *f Schweine-, Rinder-, Hunde-* élevage *m* de; ***die Rinder~/Schweine~/Hunde~*** l'élevage *m* bovin/porcin/canin; ***die Seidenraupen~*** la sériciculture

Zucht- reproducteur(-trice); ~***stute*** jument *f* poulinière; ~***hengst*** étalon *m;* ~***bulle*** taureau *m* reproducteur; ~***eber*** verrat *m*

züchten *vt* **1.** ZOOL ■ **jd züchtet Tiere** qn élève des animaux, qn fait l'élevage d'animaux
2. HORT ■ **jd züchtet etw** qn cultive qc

Züchter(in) <-s, -> *m(f)* [*Rassetiere*] éleveur(-euse) *m(f);* [*Rosen*] cultivateur(-trice) *m(f)*

Zuchthaus *nt* HIST **1.** (*Strafanstalt*) prison *f*, établissement *m* pénitentiaire, maison *f* centrale
2. (*Strafe*) réclusion *f* [criminelle]

züchtig I. *adj veraltet* vertueux(-euse) *vieilli*
II. *adv veraltet* vertueusement *vieilli*

züchtigen *vt geh* ■ **jd züchtigt jdn/jdn mit etw** qn châtie qn/inflige à qn des coups de qc *soutenu*

Zuchtperle *f* perle *f* de culture

Züchtung <-, -en> *f* **1.** ∅ HORT (*das Kultivieren*) [*Rosen, Stauden*] culture *f*
2. ∅ ZOOL (*das Züchten*) élevage *m*
3. (*gezüchtete Art*) variété *f*

zuckeln *vi + sein fam* ■ **jd zuckelt irgendwohin** qn roule peinardement quelque part *fam*

zucken *vi* **1.** *+ haben* (*sich ruckartig bewegen*) ■ **etw zuckt** */Augenlid/* qc tressaille; */Mundwinkel/* qc frémit; ***das Z~ seiner Augen*** ses clignements *mpl* d'yeux
2. *+ haben* (*ruckartig bewegen*) ■ **jd zuckt mit etw** *mit den Achseln, Schultern* qn hausse qc
3. *+ haben* (*aufleuchten*) ■ **etw zuckt** */Flamme/* qc jaillit; */Blitz/* qc fulgure
4. *+ sein* (*sich zuckend bewegen*) ■ **etw zuckt irgendwohin** qc jaillit quelque part; ***der Blitz zuckte über den Himmel*** l'éclair a sillonné le ciel
5. *+ haben fam* (*wehtun*) ■ **es zuckt jdm irgendwo** ça élance qn quelque part, qn a des élancements quelque part

zücken *vt* **1.** (*blankziehen*) ■ **jd zückt etw** *Degen, Messer* qn dégaine qc, qn sort qc; ***mit gezücktem Schwert*** sabre au clair
2. *fam* (*hervorziehen*) ■ **jd zückt etw** *Ausweis, Geldbörse* qn sort qc; ***der Inspektor hielt seine Polizeimarke gezückt*** l'inspecteur brandissait son insigne de policier; ***er zückte seine Pistole*** il a dégainé son pistolet, il a défouraillé *arg*

Zucker <-s, -> *m* **1.** GASTR sucre *m*
2. ∅ (*Diabetes*) diabète *m*
▶ **brauner** ~ sucre roux; **jd hat** ~ *fam* qn a du [*o* le] diabète, qn est diabétique; **jd/etw ist** ~ *sl* qn/qc est super [*o* génial(e)] *fam*

Zuckerbäcker(in) *m(f)* AUS, SDEUTSCH (*Konditor*) pâtissier(-ière) *m(f)*

Zuckerbrot *nt* ▶ **mit** ~ **und Peitsche** en maniant la carotte et le bâton

Zuckerdose *f* sucrier *m* **Zuckerguss**[RR] *m* glaçage *m* **Zuckerhut** *m* pain *m* de sucre

zuckerig *adj* **1.** (*viel Zucker enthaltend*) très sucré(e)
2. (*mit Zucker bedeckt*) glacé(e), recouvert(e) de sucre

zuckerkrank *adj Mensch* diabétique **Zuckerkranke(r)** *f(m) decl wie adj* diabétique *mf* **Zuckerkrankheit** *f* diabète *m*

Zuckerl <-s, -[n]> *nt* SDEUTSCH, AUS *s.* **Bonbon**

Zuckerlecken *nt* ▶ **etw ist kein** ~ *fam* (*ist keine leichte Arbeit*) qc est pas du gâteau [*o* de la tarte] *fam* **Zuckermelone** *f* GASTR melon *m* brodé

zuckern *vt* ■ **jd zuckert etw** qn sucre qc; ***ich zuckere meinen Tee nie*** je ne mets jamais de sucre dans mon thé

Zuckerrohr *nt* canne *f* à sucre **Zuckerrübe** *f* betterave *f* sucrière [*o* à sucre] **Zuckerschlecken** *nt s.* **Zuckerlecken. zuckersüß** *adj* **1.** (*äußerst süß*) extrêmement sucré(e) **2.** *pej* (*übertrieben freundlich*) mielleux(-euse), sucré(e); ■ **jd ist** ~ **[zu jdm]** qn est tout sucre tout miel [avec qn], qn fait le/la sucré(e) [avec qn] **Zuckerzange** *f* pince *f* à sucre

zuckrig *adj s.* **zuckerig**

Zuckung <-, -en> *f meist pl* [*Augenlid*] tressaillement *m;* [*Lippe, Mundwinkel a.*] frémissement *m;* [*Epileptiker*] convulsion *f*
▶ **die letzten** ~**en** les derniers spasmes *mpl*, les dernières convulsions *fpl;* **nervöse** ~**en** MED des tics *mpl*

Zudecke *f* DIAL couverture *f*

zu|decken I. *vt* ■ **jd deckt jdn [mit etw] zu** qn couvre qn [avec [*o* de] qc]; ***ich habe das Kind wieder zugedeckt*** j'ai recouvert l'enfant
II. *vr* ■ **jd deckt sich [mit etw] zu** qn se couvre [avec [*o* de] qc]; ***der Penner hatte sich mit einer Zeitung zugedeckt*** le clochard s'était recouvert d'un journal

zudem *adv geh* de surcroît

zu|denken *vt irreg geh* **1.** (*zu schenken beabsichtigen*) ■ **jd denkt jdm etw zu** qn destine qc à qn; ***die Rosen hatte ich dir zugedacht*** je pensais t'offrir ces fleurs
2. (*zuzuweisen beabsichtigen*) ■ **jd denkt jdm etw zu** *bevorzugten Platz* qn réserve qc à qn; ■ **[etw ist] jdm zugedacht** [qc est] destiné(e) à qn

zu|drehen I. *vt* **1.** (*absperren*) ■ **jd dreht etw zu** *Wasserhahn, Ventil* qn ferme qc
2. (*zuwenden*) ■ **jd dreht jdm etw zu** *Kopf* qn tourne qc vers qn; *Rücken* qn tourne qc à qn
II. *vr* ■ **jd dreht sich jdm zu** qn se tourne vers qn

zudringlich *adj* importun(e) *soutenu*, collant(e); (*Mann mit Frau*) [trop] entreprenant(e)

Zudringlichkeit <-, -en> *f* **1.** ∅ (*zudringliche Art*) insistance *f* [déplacée], importunité *f littér*
2. *meist pl* (*zudringliche Handlung*) avance *f*

zu|dröhnen *vr sl* ■ **jd dröhnt sich [mit etw] zu** *mit Fernsehen, Musik* qn se soûle [*o* s'abrutit] [de qc]; ***er dröhnt sich mit Rauschgift/Alkohol zu*** il se shoote/se bourre la gueule *fam;* ■ **[jd ist] zugedröhnt** (*mit Alkohol*) [qn est] bourré(e); (*mit Drogen*) [qn est] shooté(e)

zu|drücken *vt* **1.** (*schließen*) ■ **jd drückt etw zu** qn ferme qc [en appuyant dessus [*o* par pression]]
2. (*fest drücken*) ■ **jd drückt jdm etw zu** *Kehle, Hals* qn lui serre qc

zueinander *adv sprechen* l'un(e) à l'autre/les un(e)s aux autres; *streben, drängen* l'un(e) vers l'autre/les un(e)s vers les autres; *passen* ensemble; ***ein gelber Rock und eine grüne Bluse passen nicht*** ~ une jupe jaune et un chemisier vert ne vont pas ensemble; ***ihr Vertrauen*** ~ leur confiance *f* réciproque [*o* mutuelle]

zu|erkennen * *vt irreg form* ■ **jd erkennt jdm etw zu** *Anspruch* qn reconnaît qc à qn; *Platz, Preis* qn accorde [*o* décerne] qc à qn; *Entschädigung, Summe* qn accorde qc à qn

zuerst *adv* **1.** (*als Erster*) *drankommen, durchs Ziel gehen* le premier/la première
2. (*als Erstes*) *drankommen, erledigen* en premier
3. (*anfangs*) d'abord, au départ
▶ **wer** ~ **kommt, mahlt** ~ *prov* les premiers arrivés sont les premiers servis

zu|fächeln *vt geh:* ***jd fächelt jdm/sich Kühlung/Luft zu*** qn évente qn/s'évente

zu|fahren *vi irreg + sein* **1.** (*in eine bestimmte Richtung fahren*) ■ **jd/etw fährt auf jdn/etw zu** qn/qc se dirige vers qn/qc; ***sie ist mit hoher Geschwindigkeit auf den Pfeiler zugefahren*** elle a foncé [à toute vitesse] sur le pilier; ***der Wagen fuhr auf mich zu*** la voiture venait sur moi
2. *fam* (*schneller fahren*) ■ **jd fährt zu** qn appuie sur le champignon *fam*

Zufahrt *f* accès *m;* ■ **die** ~ **zu etw** l'accès *m* à qc

Zufahrtsstraße *f* voie *f* [*o* route *f*] d'accès

Zufall *m* hasard *m*
▶ **es ist [...]** ~**, dass** *ein bloßer, reiner* c'est par [...] hasard que + *indic; ein glücklicher, seltsamer* c'est par un ... hasard que + *indic;* **das ist** ~ c'est le hasard; **es ist kein** ~**, dass** ce n'est pas par hasard que + *indic;* **jd überlässt etw dem** ~ qn s'en remet au hasard pour qc; **jd überlässt es dem** ~**, ob/wann/wie/wo** qn s'en remet au hasard pour ce qui est de savoir si/quand/comment/où, qn laisse le hasard décider si/du moment où/comment/du lieu où; **jd verdankt etw dem** ~ qn doit qc au hasard; **jd verdankt es dem** ~**, dass er/sie etw getan hat** qn doit au hasard d'avoir fait qc; **der** ~ **wollte es, dass** le hasard a voulu que + *subj;* **durch** [*o* **per** *fam*] ~ par hasard; **welch ein** ~! *fam* quel hasard!

zu|fallen *vi irreg + sein* **1.** (*sich schließen*) ■ **etw fällt zu** qc se referme [brusquement]

2. (*zuteil werden*) ■ **etw fällt jdm zu** */ Erbe, Gewinn/* qc revient à qn
3. (*zugewiesen werden*) ■ **etw fällt jdm zu** */ Entscheidung, Rolle/* qc revient à qn; */ Aufgabe/* c'est à qn qu'incombe qc
4. (*leicht erwerben*) ■ **etw fällt jdm zu** *Fähigkeit, Idee* qc vient [facilement] à qn; *Herzen* qn gagne facilement qc

zufällig I. *adj* fortuit(e)
II. *adv* 1. (*durch einen Zufall*) par hasard, fortuitement
2. (*eventuell*) par hasard

zufälligerweise *adv s.* **zufällig**

Zufälligkeit <-, -en> *f* 1. ∅ (*Beschaffenheit*) caractère *m* fortuit
2. (*Ereignis*) hasard *m*

Zufalls- *-fund* fortuit(e), fait(e) par hasard; *-gewinn* dû(due) au hasard; *-tor, -treffer* marqué(e) par hasard **Zufallsbekanntschaft** *f* connaissance *f* de rencontre ▸ **jd macht eine ~** qn fait une rencontre fortuite

zu|fassen *vi* 1. (*zugreifen*) ■ **jd fasst zu** qn s'agrippe
2. (*die Gelegenheit ergreifen*) ■ **jd fasst zu** qn saisit l'occasion

zu|fliegen *vi irreg + sein* 1. (*in eine bestimmte Richtung fliegen*) ■ **jd/etw fliegt auf etw** (*akk*) **zu** */ Pilot, Passagiere, Flugzeug, Rakete/* qn/qc vole en direction de [*o* se dirige vers] qc; ■ **etw/ein Tier fliegt auf jdn/etw zu** qc/un animal se dirige sur qn/qc
2. (*zu jdm hinfliegen*) ■ **ein Vogel fliegt jdm zu** un oiseau vient s'installer chez qn
3. *fam* (*zufallen*) ■ **etw fliegt [jdm] zu** */ Fenster, Klappe/* qc se referme [au nez de qn]
4. *s.* **zufallen 4.**

zu|fließen *vi irreg + sein* 1. (*in etw münden*) ■ **etw fließt einer S.** (*dat*) **zu** qc se jette dans qc
2. (*dazufließen*) ■ **etw fließt einer S.** (*dat*) **zu** */ Frischwasser, Süßwasser/ einem Binnengewässer* qc alimente qc
3. (*zuteil werden*) ■ **etw fließt jdm/einer S. zu** qc revient à qn/est affecté(e) à qc

Zuflucht <-, -en> *f* refuge *m*
▸ **jd ist jds letzte ~** qn est le dernier recours de qn; **jd findet/sucht irgendwo [vor jdm/etw] ~** qn trouve/cherche refuge quelque part [pour échapper à qn/qc]; **jd nimmt zu etw ~** qn recourt [*o* a recours à] à qc

Zufluchtsort *m* refuge *m*

Zufluss[RR] *m* 1. ∅ (*das Zufließen*) afflux *m*; ***bei weiterem ~ von Wasser*** si l'eau continue d'affluer
2. GEOG affluent *m*

zu|flüstern *vt* ■ **jd flüstert jdm etw zu** qn chuchote qc à qn; (*als Hilfe*) qn souffle qc à qn

zufolge *präp form* ■ **einer S.** (*dat*) **~** d'après qc, selon qc

zufrieden I. *adj* satisfait(e); ***mit einem ~en Lächeln*** avec un sourire de satisfaction; ■ **jd ist [mit jdm/etw] ~** qn est satisfait(e) [*o* content(e)] [de qn/qc]
II. *adv lächeln* d'un air satisfait; *nicken, sich setzen* avec [*o* en signe de] satisfaction
▸ **jd gibt sich mit etw ~** qn se contente de qc; **jd lässt jdn/ein Tier ~** qn laisse qn/un animal tranquille [*o* en paix]; **jd lässt jdn mit etw ~** qn laisse qn tranquille [*o* en paix] avec qc; **jd/etw stellt jdn ~** (*macht zufrieden*) qn/qc contente [*o* satisfait] qn; **etw stellt etw ~** (*erfüllt*) *jds Forderung, Wunsch* qc satisfait qc; **jd/etw stellt etw ~** (*befriedigt*) *jds Ehrgeiz, Forscherdrang* qn/qc satisfait qc

zufrieden|geben *s.* **zufrieden II.▸**

Zufriedenheit <-> *f* ∅ [sentiment *m* de] satisfaction *f*; ***~ am Arbeitsplatz*** le fait d'être bien [*o* de se sentir bien] sur son lieu de travail
▸ **zu jds ~** à la satisfaction de qn

zufrieden|lassen *s.* **zufrieden II.▸**. **zufrieden|stellen** *s.* **zufrieden II.▸**

zu|frieren *vi irreg + sein* ■ **etw friert zu** qc gèle

zu|fügen *vt* 1. (*erleiden lassen*) ■ **jd fügt jdm etw zu** qn inflige [*o* fait subir] qc à qn
2. GASTR *geh* (*hinzufügen*) ■ **jd fügt einer S.** (*dat*) **etw zu** qn additionne une chose de qc, qn [r]ajoute qc à une chose

Zufuhr <-, -en> *f* 1. (*Versorgung*) [*Ersatzteile, Versorgungsgüter*] approvisionnement *m*; ***die ~ von Proviant*** le ravitaillement
2. (*das Zuströmen*) [*Erdgas, Kraftstoff, Luft*] arrivée *f*

zu|führen I. *vt* 1. (*verschaffen*) ■ **jd führt jdm jdn zu** qn adresse [*o* envoie] qn à qn
2. (*zufließen lassen*) ■ **jd führt jdm/einer S. etw zu** *Kapital, Geld* qn alimente qn/qc avec qc; ***der Erlös der Tombola wird einem wohltätigen Zweck zugeführt*** le bénéfice de la tombola va [*o* est versé] à une œuvre de bienfaisance
3. (*übergeben*) ■ **jd führt etw einer S.** (*dat*) **zu** *einer Verwendung* qn trouve une chose à qc; ***jd führt etw wieder seiner Nutzung/Bestimmung zu*** qn rend qc à sa destination; ***jd führt etw einer neuen Verwendung zu*** qn affecte qc à un nouvel usage; ***etw wird wieder seiner Bestimmung zugeführt*** qc retrouve sa destination
II. *vi* ■ **etw führt auf etw** (*akk*) **zu** */ Straße, Weg/* qc conduit [*o* mène] à qc

Zug[1] <-s> *nt* GEOG Zoug

Zug[2] <-[e]s, ¨e> *m* 1. (*Bahn*) train *m*
2. (*Last~*) ensemble *m* routier, semi-remorque *m*
3. (*inhalierte Menge*) bouffée *f*
4. (*Schluck*) gorgée *f*, trait *m*
5. ∅ (*Luft~*) courant *m* d'air
6. ∅ PHYS traction *f*; [*Schläger*] tension *f*
7. SPIEL coup *m*
8. MIL section *f*
9. (*lange Kolonne*) [*Demonstranten, Schützen, Soldaten*] cortège *m*
10. (*Gesichts~*) trait *m*; ***sie hat einen bitteren ~ um den Mund*** sa bouche a quelque chose d'amer
11. (*Charakter~*) trait *m* de caractère
▸ **jd springt auf den fahrenden ~ [auf]** qn prend le train en marche; **in großen [*o* groben] ¨en** dans les grandes lignes, à grands traits; **jd liegt in den letzten ¨en** *fam* qn est en train de casser sa pipe *fam*; **jd genießt etw in vollen ¨en** qn jouit pleinement de qc, qn profite à fond de qc; **der ~ ist abgefahren** *fam* il aurait fallu s'y prendre avant *fam*; ***tut mir leid, der ~ ist abgefahren*** je regrette, mais tu arrives/vous arrivez après la bataille *fam*; **jd ist am ~** c'est à qn [*o* au tour de qn] de jouer; **etw ist ein ... ~ von jdm** *ein schöner, kein schöner, ein unguter* qc est un trait [*o* aspect] ... du caractère de qn; **jd kommt [bei jdm] zum ~e/nicht zum ~e** *fam* qn a une chance/n'a aucune chance [avec qn]; ***damit kommen Sie bei mir nicht zum ~e*** comme ça, vous irez pas loin avec moi *fam*; **jd macht einen ~** SPIEL qn joue un coup; (*inhaliert*) qn tire une bouffée; **jd macht einen ~ durch etw** *durch die Diskos, Kneipen* qn fait la tournée de qc; **im ~e einer S.** (*gen*) au cours de qc; ***im ~ der Ermittlungen/Verhandlungen*** au fil de l'enquête/des négociations; **in einem ~** *leeren, hinunterstürzen* d'un trait, d'un coup; **~ um ~** coup sur coup

Zug- *-geschwindigkeit, -länge, -nummer, -personal* du train; *-sitz* de train; *-folge* des trains; ***~restaurant*** wagon-restaurant *m*; ***ich rufe dich vom ~telefon aus an*** je t'appelle depuis le train

-zug *m Elfuhr-, Vieruhr-* train *m* de

Zugabe *f* 1. COM cadeau *m* [publicitaire]
2. MUS bis *m*; ***nach der dritten ~*** à l'issue du troisième rappel; ~, ~! bis!, une autre, une autre! *fam*
3. ∅ GASTR addition *f*; ***unter ~ von Sahne*** tout en ajoutant de la crème

Zugabteil *nt* compartiment *m*

Zugang <-gänge> *m* 1. (*Eingang*) accès *m*, entrée *f*
2. ∅ (*Zutritt*) ■ **~ zu etw** accès *m* à qc
3. ∅ (*Zugriff*) ■ **~ zu etw** *zu Daten, Fotos, Informationen* accès *m* à qc
4. *form* (*Aufnahme*) [*Mitglieder*] adhésion *f*; [*Patienten, Schüler*] arrivée *f*; [*Bücher, Waren*] entrées *fpl*
▸ **jd hat ~ zu etw** *zu Daten, Informationen* qn a accès à qc

zugange *adj* NDEUTSCH ■ **jd ist irgendwo ~** *nebenan, in der Küche, auf der Terrasse etc* qn s'affaire quelque part; ***wenn du mich suchen solltest, ich bin in der Küche ~*** si tu me cherches, je suis occupé(e) dans la cuisine

zugänglich *adj* 1. (*erreichbar*) ■ **[etw ist] ... ~** *leicht, schwer* [qc est] ... accessible [*o* d'accès ...]; ***die Burg ist kaum ~*** la forteresse est quasiment inaccessible
2. (*verfügbar*) auquel/à laquelle on a accès; ***schwer ~e Informationen*** des informations *fpl* auxquelles il est difficile d'avoir accès; ■ **etw ist ~/jdm ~** qc est accessible/qn a accès à qc
3. (*aufgeschlossen*) *Mensch* abordable, ouvert(e); ***wenig/kaum ~*** d'un abord difficile; ■ **jd ist für etw [*o* einer S. (*dat*) gegenüber] ~/nicht ~** qn est sensible/insensible [*o* imperméable] à qc
▸ **jd/etw macht jdm etw ~** qn/qc donne accès à qc à qn; ***mit dieser Ausstellung wird eine private Sammlung der Öffentlichkeit ~ gemacht*** avec cette exposition, une collection privée rare est ouverte au public

Zugänglichkeit <-> *f* ∅ 1. (*Verfügbarkeit*) ■ **die ~ einer S.** (*gen*) l'accès *m* à qc; ***er fordert die ~ aller Unterlagen für die Medien*** il exige que les médias puissent avoir accès à tous les documents
2. (*Aufgeschlossenheit*) ■ **jds ~ für etw** la réceptivité de qn à qc

Zugbegleiter *m* (*Informationsheft*) guide *m* pour les voyageurs

Zugbegleiter(in) *m(f)* (*Schaffner*) contrôleur(-euse) *m(f)*

Zugbrücke *f* pont-levis *m*

zu|geben *vt irreg* 1. (*eingestehen*) ■ **jd gibt etw zu** qn concède qc, qn reconnaît qc; ■ **jd gibt zu etw getan zu haben** qn reconnaît avoir fait qc; ■ **jd gibt zu, dass** qn concède [*o* reconnaît] que + *indic*
2. (*zugestehen*) ■ **jd gibt jdm zu, dass/gibt ihm/ihr zu, dass er/sie etw tut** qn accorde à qn que + *indic*/lui accorde de faire qc

zugedacht *adj s.* **zudenken**

zugegebenermaßen *adv* je le concède, je le reconnais

zugegen *adj geh* ■ **jd ist bei etw ~** qn est présent(e) à qc

zu|gehen *irreg* I. *vi + sein* 1. (*sich schließen lassen*) ■ **etw geht zu** qc ferme; */ Klappe/* qc se [re]ferme
2. (*darauf losgehen*) ■ **jd geht auf jdn/etw zu** qn s'avance [*o* se dirige] vers qn/qc
3. (*übermittelt werden*) ■ **jdm geht etw zu** */ Nachricht/* qc parvient à qn; */ Brief/* qn reçoit qc; ■ **jd lässt jdm etw ~** qn fait parvenir [*o* transmettre] qc à qn
▸ **geh zu!** *fam* (*geh schneller*) active! *fam*
II. *vi impers + sein* ■ **irgendwo geht es ... zu** *laut, lustig* l'ambiance est ... quelque part; ***es ging sehr laut zu*** ça faisait beaucoup de bruit

Zugehfrau *f* SDEUTSCH, AUS femme *f* de ménage

zu|gehören * *vi geh* ■ **jd gehört einer S.** (*dat*) **zu** qn fait partie de qc

zugehörig *adj attr geh* adéquat(e)

Zugehörigkeit <-> *f* ∅ appartenance *f*; ■ **jds ~ zu etw** l'appartenance *f* de qn à qc

zugeknöpft *adj fam* ■ **jd ist ~** qn est pas très causant(e) *fam*; ***jd bleibt sehr ~*** qn se ferme comme une huître

Zügel <-s, -> *m* rêne *f*
▸ **jd behält [*o* hält] die ~ [fest] in der Hand** qn tient [fermement] les rênes; **jd lässt die ~ locker, jd lässt die ~ schleifen** qn lâche la bride; **jd zieht die ~ an** qn tient la bride haute; ***im Internat wurden die ~ wieder angezogen*** à l'internat, on a resserré la vis [*o* les boulons]

zügellos *adj Genusssucht, Leidenschaft* effréné(e), débridé(e); *Mensch* excessif(-ive)

Zügelmann <-männer *o* -leute> *m* CH déménageur *m*

zügeln I. *vt + haben* 1. (*im Zaum halten*) ■ **jd zügelt ein Tier** *Pferd* qn tient la bride haute [*o* courte] à un animal
2. (*beherrschen*) ■ **jd zügelt etw** *Leidenschaft, Neugierde* qn tient qc en bride, qn refrène qc
II. *vr + haben* ■ **jd zügelt sich** qn se refrène
III. *vi + sein* CH ■ **jd zügelt [irgendwohin]** qn déménage [quelque part]

Zugereiste(r) *f(m) decl wie adj* SDEUTSCH *s.* **Zugezogene(r)**

zu|gesellen * *vr geh* ■ **jd gesellt sich jdm zu** qn se joint à qn

Zugeständnis *nt* concession *f*
▸ **jd macht ~se** qn fait des concessions

zu|gestehen * *vt irreg* ■ **jd/etw gesteht jdm etw zu** qn/qc accorde [*o* concède] qc à qn; ■ **jd gesteht jdm zu, dass** qn concède à qn que + *indic;* ■ **jd gesteht jdm zu etw zu tun** qn accorde à qn de faire qc

zugetan *adj geh* ■ **jd ist jdm ~** qn a de l'affection pour qn

Zugewinn *m* gain *m*

Zugewinngemeinschaft *f* communauté *f* réduite aux acquêts

Zugezogene(r) *f(m) decl wie adj* nouveau venu/nouvelle venue *m/f*

zugfest *adj* résistant(e) à la traction

Zugführer(in) *m(f)* 1. EISENBAHN chef *mf* de train
2. MIL chef *m* de section

zu|gießen *vt irreg* ■ **jd gießt etw zu** qn [r]ajoute qc; ■ **jd gießt jdm etw zu** qn [re]met [*o* ressert] qc à qn

zugig *adj* plein(e) de courants d'air; ■ **irgendwo ist es ~** il y a des courants d'air quelque part

zügig I. *adj* 1. (*rasch*) rapide
2. CH *s.* **zugkräftig**
II. *adv* rapidement

zu|gipsen *vt* ■ **jd gipst etw zu** qn [re]bouche qc avec du plâtre [*o* au plâtre]

Zugkraft *f* 1. PHYS force *f* [*o* puissance *f*] de traction 2. ∅ [*Slogan, Werbung*] pouvoir *m* de séduction **zugkräftig** *adj Slogan, Werbung* attractif(-ive)

zugleich *adv* en même temps

Züglete <-, -n> *f* CH déménagement *m*

Zugluft *f* ∅ courant *m* d'air

Zugmaschine *f* tracteur *m*

zu|greifen *vi irreg* 1. (*sich bedienen*) ■ **jd greift zu** qn se sert; ***bei diesem Angebot habe ich natürlich sofort zugegriffen*** avec une offre pareille, j'ai naturellement sauté sur l'occasion
2. INFORM ■ **jd greift auf etw** (*akk*) **zu** qn a accès à qc

Zugriff *m* 1. (*das Zugreifen*): ***ein schneller ~ und schon hatte der Dieb die Geldbörse an sich gerafft*** un geste rapide pour s'en saisir, et déjà le voleur s'était emparé de la bourse
2. INFORM ■ **der ~ auf etw** (*akk*) l'accès *m* à qc
▸ **jd entzieht sich jds ~** (*gen*) qn échappe à qn

Zugriffsgeschwindigkeit *f* INFORM vitesse *f* d'accès

Zugriffszeit *f* INFORM temps *m* d'accès

zugrunde *adv* ▸ **jd geht ~/an etw** (*dat*) **~** qn se ruine la santé/qc lui ruine la santé; **etw geht [an etw** (*dat*)**] ~** */Kultur, Zivilisation/* qc disparaît [à cause de qc]; */Reich/* qc s'effondre [*o* sombre] [*o* fait naufrage] [à cause de qc]; **jd legt etw einer S.** (*dat*) **~** qn fonde une chose sur qc; **einer S.** (*dat*) **~ liegend** à la base de qc, sur lequel/laquelle s'appuie qc; **etw liegt einer S.** (*dat*) **~** une chose est fondée sur qc; **jd/etw richtet jdn/etw ~** (*gesundheitlich*) qn/qc lui ruine la santé; (*sozial, finanziell*) qn/qc cause la perte de qn/qc; ***das Rauchen wird dich noch ~ richten*** le tabac finira par te tuer [*o* avoir raison de toi]; **jd richtet sich [selbst] ~** qn creuse sa [propre] tombe

Zugrundelegung *f* ▸ **unter ~ einer S.** (*gen*) sur la base de qc, en se fondant sur qc

zugrundeliegend *s.* **zugrunde**

Zugs- AUS *s.* **Zug-**

Zugtier *nt* bête *f* de trait

zu|gucken *vi fam s.* **zusehen**

Zugunglück *nt* accident *m* de chemin de fer; ***ein folgenschweres ~*** une catastrophe ferroviaire

zugunsten *präp* (*zum Nutzen von jdm*) ■ **~ einer Person** en faveur [*o* au profit] de qn; ■ **~ von jdm** (*zum Vorteil von jdm*) en faveur de qn

zugute *adv* ▸ **jd hält jdm etw ~** qn tient compte de [*o* prend en compte] qc de qn; **jd hält sich** (*dat*) **etw auf etw** (*akk*) **~** *geh* qn se fait des illusions [*o* des idées] sur qc; **etw kommt jdm ~** qc se révèle profitable pour qn, qc est un avantage pour qn; **etw kommt jdm/einer S. ~** */Erlös, Geld, Spende/* qc est [versé(e)] au profit de qn/qc

Zugverbindung *f* liaison *f* [ferroviaire] **Zugverkehr** *m* circulation *f* des trains, trafic *m* ferroviaire

Zugvogel *m* oiseau *m* migrateur **Zugzwang** *m* ▸ **jd gerät unter ~** qn se retrouve le dos au mur; **jd/etw setzt jdn unter ~** [*o* **bringt jdn in**] qn/qc lui met le couteau sous la gorge, qn/qc le met au pied du mur; **jd steht unter ~** qn est le dos au mur

zu|haben *irreg* I. *vi* COM *fam* ■ **jd/etw hat zu** */Ladeninhaber, Geschäft, Restaurant/* qn/qc est fermé(e)
II. *vt fam* ■ **jd hat etw zu** *Deckel, Fenster, Koffer* qn a fermé(e) qc; *Hose, Kleid* qn a boutonné [*o* fermé] qc; *Reißverschluss* qn a fermé qc; *Schuh* qn a lacé qc

zu|halten *irreg* I. *vt* 1. (*geschlossen halten*) ■ **jd hält etw zu** qn maintient qc fermé(e)
2. (*bedecken*) ■ **jd hält jdm/sich etw zu** *Augen, Nase, Ohren* qn lui/se bouche qc; *Mund* qn lui plaque la main [*o* les mains] sur qc/se met les mains devant qc
II. *vi* ■ **jd/etw hält auf jdn/etw zu** */Fahrer, Fahrzeug, Schiff/* qn/qc va [*o* se dirige] droit sur qn/qc

Zuhälter(in) <-s, -> *m(f)* souteneur(-euse) *m(f)*, proxénète *mf*

Zuhälterei <-> *f* ∅ proxénétisme *m*

zuhanden *adv* CH ■ **~ Herrn X** à l'attention de Monsieur X

zu|hauen *irreg* I. *vt* 1. (*behauen*) ■ **jd haut etw zu** *Holzblock, Steinblock* qn dégrossit qc, qn équarrit qc
2. *fam* (*zuschlagen*) ■ **jd haut etw zu** *Tür* qn claque qc
II. *vi s.* **zuschlagen**

Zuhause <-s> *nt* ∅ maison *f;* ***ich habe/du hast/er hat kein ~*** je n'ai/tu n'as/il n'a pas de chez-moi/chez-toi/chez-soi; ■ **jds ~** la maison de qn

zu|heilen *vi + sein* ■ **etw heilt zu** qc se referme, qc [se] cicatrise

Zuhilfenahme <-> *f* ▸ **unter ~ einer S.** (*gen*) *form* en recourant [*o* ayant recours] à qc

zu|hören *vi* ■ **jd hört [jdm] zu** qn écoute [qn]

Zuhörer(in) *m(f)* auditeur(-trice) *m(f)*

zu|jubeln *vi* ■ **jd jubelt jdm zu** qn acclame qn, qn ovationne qn

zu|kaufen *vt* ■ **jd kauft etw zu** qn [r]achète qc [en complément]

zu|klappen I. *vt + haben* ■ **jd klappt etw zu** qn [re]ferme qc [en le/la claquant]
II. *vi + sein* ■ **etw klappt zu** qc se [re]ferme [en claquant]

zu|kleben *vt* ■ **jd klebt etw zu** *Brief, Umschlag* qn cachette qc

zu|knallen I. *vt + haben* ■ **jd knallt etw zu** qn claque qc
II. *vi + sein fam* ■ **etw knallt zu** qc se ferme en claquant

zu|kneifen *vt irreg* ■ **jd kneift etw zu:** ***jd kneift die Augen/den Mund zu*** qn serre les paupières/les lèvres

zu|knöpfen *vt* ■ **jd knöpft [jdm] etw zu** qn [lui] boutonne qc; *s. a.* **zugeknöpft**

zu|knoten *vt* ■ **jd knotet etw zu** qn noue qc

zu|kommen *vi irreg + sein* 1. (*sich darauf hinbewegen*) ■ **jd kommt auf jdn/etw zu** qn vient [*o* se dirige] vers qn/qc
2. (*bevorstehen*) ■ **etw kommt auf jdn zu** */Aufgabe/* qc attend qn; */Ärger, Problem a./* qn va avoir qc
3. (*gebühren*) ■ **etw kommt jdm zu** */Aufgabe, Rolle/* qc revient à qn; ■ **es kommt jdm zu etw zu tun** il échoit [*o* appartient] à qn de faire qc; ***es kommt jdm nicht zu etw zu tun*** il n'appartient pas à qn de faire qc; ***es kommt Ihnen nicht zu den Minister zu kritisieren*** vous n'avez pas à critiquer le ministre
4. (*beizumessen sein*) ■ **einer S.** (*dat*) **kommt etw zu** *Bedeutung, Gewicht* qc est accordé(e) à une chose
▸ **jd lässt jdm etw ~** *geh* (*schenkt jdm etw*) qn fait parvenir qc à qn; (*gewährt jdm etw*) *Hilfe, Unterstützung* qn accorde qc à qn; (*übermittelt jdm etw*) qn fait parvenir qc à qn; **jd lässt etw auf sich ~** *Entwicklung* qn attend qc et voit venir; ***lass einfach alles auf dich ~!*** tu n'as qu'à [attendre et] voir venir

zu|kriegen *vt fam s.* **zubekommen**

Zukunft <-> *f* ∅ 1. (*opp: Gegenwart*) futur *m;* (*das Bevorstehende*) avenir *m;* ■ **jds ~** l'avenir *m* de qn
2. GRAM ■ **die ~** le futur
▸ **in ferner/naher/nächster ~** dans un avenir lointain/dans un proche/très proche avenir; **etw hat ~** qc a de l'avenir; **jd schaut in die ~** qn se tourne vers l'avenir; **für alle ~** pour toujours, définitivement; **in ~** à l'avenir; **mit ~** d'avenir; ***das ist ein junger Mann mit ~*** c'est un jeune homme qui a de l'avenir [*o* plein d'avenir]; **ohne ~** sans avenir; ***jd/etw ist ohne ~*** qn/qc n'a aucun avenir

zukünftig I. *adj* 1. (*bevorstehend*) *Generation* futur(e), à venir; ***die ~e Zeit*** le futur, l'avenir *m*
2. (*designiert*) futur(e) *antéposé*
II. *adv sich zeigen* dans le futur [*o* l'avenir]; *unterlassen* à l'avenir

Zukunfts- 1. (*die Zukunft betreffend*) *-angst, -gestaltung* de l'avenir; *-gedanken, -frage* concernant l'avenir; *z-orientiert* vers l'avenir; *-szenario* du futur; *-perspektive* d'avenir; ***etw ist z~sicher*** qc représente la sécurité à long terme 2. (*futuristisch*) du futur, de demain 3. (*aussichtsreich*) *-branche, -fach* d'avenir **Zukunftsforscher(in)** *m(f)* futurologue *mf* **Zukunftsforschung** *f* ∅ futurologie *f* **Zukunftsmusik** *f* ▸ **etw ist [noch] ~** *fam* qc est pas [encore] pour demain *fam;* ***noch ist das ~*** c'est pas demain la veille *fam* **Zukunftspläne** *pl* projets *mpl* [d'avenir] ▸ **jd hat ~** qn a des projets [d'avenir] **Zukunftsroman** *m veraltend* roman *m* d'anticipation **zukunftsträchtig** *adj Beruf, Methode, Verfahren* d'avenir; *Entdeckung a.* plein(e) d'avenir; ■ **etw ist ~** qc a de l'avenir

zu|lächeln *vi* ■ **jd lächelt jdm zu** qn sourit à qn

Zulage <-, -n> *f* prime *f*, complément *m* [de salaire]

zulande *s.* **Land** ▸

zu|langen *vi fam* 1. GASTR ■ **jd langt zu** qn se sert
2. (*zuschlagen*) ■ **jd langt zu** qn cogne *fam*
3. (*viel Geld verlangen*) ■ **jd langt zu** qn matraque le client *fam*

zu|lassen *vt irreg* 1. (*erlauben*) ■ **jd lässt etw zu** qn tolère qc; ■ **jd lässt zu, dass** qn tolère que + *subj*
2. *fam* (*geschlossen lassen*) ■ **jd lässt etw zu** *Deckel, Fenster, Klappe* qn laisse qc fermé(e); *Hemd, Mantel* qn garde qc boutonné(e) [*o* fermé(e)]
3. ADMIN ■ **jd lässt jdn [zu etw] zu** *zu einer Prüfung, zum Studium* qn autorise qn [à faire qc], qn donne l'autorisation à qn [de faire qc]; ■ **jd lässt jdn als etw zu** *als Notar, Kassenarzt* qn autorise qn à exercer comme qc; *als Prozessbeobachter* qn autorise qn à être qc, qn habilite [*o* agrée] qn en tant que qc; ■ **zugelassen** *Anwalt, Heilpraktiker* agréé(e); ■ **jd ist bei etw zugelassen** *bei einem Gericht* qn est agréé(e) auprès de qc
4. ADMIN (*anmelden*) ■ **jd lässt etw zu** *Kraftfahrzeug* qn fait immatriculer qc; ***er hat den Wagen auf seine Frau zugelassen*** il a fait enregistrer le [*o* il a fait établir la carte grise du] véhicule au nom de sa femme; ■ **zugelassen** *Kraftfahrzeug* déclaré(e) en préfecture, immatriculé(e); ■ **etw ist [irgendwo] zugelassen** qc est immatriculé(e) [quelque part]; ■ **etw ist auf jdn zugelassen** qc est immatriculé(e) [*o* la carte grise de qc est établie] au nom de qn

5. (*erlauben*) ■ **etw lässt etw zu** qc permet qc
6. (*plausibel sein lassen*) ■ **etw lässt etw zu** *Deutung, Schluss* qc autorise qc

zulässig *adj* autorisé(e); *Abweichung a.* toléré(e); *Urteil* licite; ■ **es ist ~ etw zu tun** il est autorisé [*o* permis] de faire qc

Zulassung <-, -en> *f* 1. ∅ (*Genehmigung*) autorisation *f*, agrément *m*; ■ **die ~ zu etw** l'autorisation *f* de faire qc; ***die ~ zur Prüfung*** l'autorisation *f* de se présenter à l'examen; ■ **jds ~ als etw** *als Anwalt* l'autorisation de qn d'exercer comme qc; ***die ~ als Kassenarzt*** l'habilitation *f* à exercer [*o* l'agrément *m* d'exercice] comme médecin conventionné
2. [*Kraftfahrzeug*] immatriculation *f*
3. (*Fahrzeugschein*) carte *f* grise
4. (*Börsen~*) admission *f* en bourse

Zulassungsbeschränkung *f* UNIV numerus clausus *m*; ***in den meisten Studienfächern bestehen ~en*** dans la plupart des disciplines universitaires, les places sont en nombre limité **Zulassungsstelle** *f* service *m* des cartes grises [*o* des immatriculations]

Zulauf *m* (*Zufluss*) arrivée *f* [d'eau]; ***der See wird durch einen unterirdischen ~ gespeist*** le lac est alimenté souterrainement [*o* par des sources souterraines]; ***der See hat sieben Zuläufe*** le lac est alimenté en sept points
▶ **jd hat ~** qn a une grosse clientèle; **etw hat ~** qc connaît l'affluence, qc est très fréquenté(e)

zu|laufen *vi irreg + sein* 1. (*sich zubewegen*) ■ **jd/ein Tier läuft auf jdn/etw zu** qn/un animal court vers [*o* en direction de] qn/qc
2. (*zusätzlich hineinfließen*) ■ **etw läuft zu** */Wasser/* qc arrive; ■ **jd lässt etw ~** qn fait couler qc, qn rajoute qc
3. (*auslaufen*) ■ **etw läuft ... zu** qc se termine ...; ***diese Schere läuft vorne spitz zu*** ces ciseaux se terminent en pointe; ***manche Hosen laufen an den Knöcheln eng zu*** certains pantalons se resserrent aux chevilles
4. (*zu jdm laufen und bleiben*) ■ **ein Tier läuft jdm zu** un animal trouve refuge chez qn; ***der Hund ist uns eines Tages zugelaufen*** ce chien nous est arrivé [*o* a débarqué chez nous *fam*] un beau jour

zu|legen I. *vt* 1. FIN ■ **jd legt etw zu** *Betrag* qn rajoute qc; ***wir werden einiges an Honorar ~ müssen*** nous allons devoir accorder une augmentation de salaire
2. *fam* (*zunehmen*) ■ **jd legt etw zu** *Kilo* qn prend qc; ***jd legt etw wieder zu*** qn reprend qc
II. *vi* 1. *fam* (*zunehmen*) ■ **jd legt zu** qn prend du lard *fam*
2. (*sich steigern*) ■ **jd/etw legt zu** qn/qc progresse; ***der Dollar hat wieder etwas zugelegt*** le dollar a un peu remonté
3. *fam* (*sein Tempo steigern*) ■ **jd legt zu** qn en met un coup *fam*
III. *vr fam* ■ **jd legt sich** (*dat*) **etw zu** qn se paie qc; ■ **jd legt sich** (*dat*) **jdn zu** *Freund, Geliebten* qn se dégote qn *fam*; ***jd will sich ein Kind ~*** qn veut avoir un enfant

zuleide *adv* ▶ **jd tut jdm etwas/nichts ~** *veraltend* qn fait du mal/ne fait pas de mal à qn

zu|leiten *vt* 1. *geh* (*übermitteln*) ■ **jd leitet jdm etw zu** qn transmet [*o* fait parvenir] qc à qn
2. (*zufließen lassen*) ■ **jd leitet [einer S.** (*dat*)**] etw zu** *Wasser* qn envoie qc [dans qc], qn amène qc [à qc]

Zuleitung *f* 1. ∅ *geh* (*das Übermitteln*) envoi *m*; ***ich muss Sie dringend um die ~ der erbetenen Unterlagen bitten*** veuillez me transmettre [*o* m'envoyer] de toute urgence les pièces demandées
2. (*Rohr*) [*Benzin*] [tuyau *m* d']alimentation *f*; [*Wasser*] adduction *f*, tuyau *m* d'amenée

zuletzt *adv* 1. (*als Letzter*) le dernier/la dernière
2. (*endlich*) finalement; ~ ***kam sie dann doch noch*** elle a tout de même fini par arriver
3. (*zum letzten Mal*) pour la dernière fois
▶ **bis ~** jusqu'au bout, jusqu'à la fin; **ganz ~** (*ganz am Ende*) en toute dernière position; ***jd geht ganz ~ durchs Ziel*** qn arrive bon(ne) dernier(-ière); (*zum Schluss*) tout à la fin; **nicht ~** notamment; ***nicht ~, weil*** d'autant plus que + *indic*

zuliebe *adv* ■ **jdm ~** pour [faire plaisir à] qn; ■ **einer S.** (*dat*) **~** *dem guten Einvernehmen* pour qc; *der Wahrheit* par amour de qc

Zulieferbetrieb *m*, **Zulieferer(in)** <-s, -> *m(f)* sous-traitant(e) *m(f)* **Zulieferindustrie** *f* industrie *f* de sous-traitance

zu|liefern *vi* ■ **jd liefert zu** qn fait de la sous-traitance

zum = zu dem *s.* **zu**

zu|machen I. *vt* 1. (*zuklappen*) ■ **jd macht etw zu** *Deckel, Fenster, Klappe* qn ferme qc
2. (*verschließen*) ■ **jd macht etw zu** *Dose, Flasche* qn [re]ferme qc
3. (*zuknöpfen*) ■ **jd macht [jdm] etw zu** qn [lui] ferme qc; *Hemd, Mantel a.* qn [lui] boutonne qc; *Schuh a.* qn [lui] lace qc; ***jd macht sich das Hemd/die Schuhe zu*** qn boutonne sa chemise/lace ses chaussures
4. (*den Betrieb einstellen*) ■ **jd macht etw zu** *Geschäft, Laden* qn ferme qc
II. *vi* 1. (*den Laden schließen*) ■ **jd macht zu** qn ferme
2. *fam* (*sich beeilen*) ■ **jd macht zu** qn se grouille *fam*, qn se magne *fam*

zumal I. *conj* (*besonders da*) d'autant plus que + *indic*
II. *adv* (*besonders*) surtout

zu|mauern *vt* ■ **jd mauert etw zu** qn mure qc

zumeist *adv geh* la plupart du temps

zumindest *adv* 1. (*wenigstens*) au moins
2. (*jedenfalls*) en tout cas

zumutbar *adj* tolérable, supportable; ■ **etw ist für jdn ~/nicht ~** qc est supportable/insupportable pour qn, qn peut/ne peut supporter qc; ■ **es ist jdm [*o* für jdn] ~, dass er/sie etw tut/etw zu tun** on peut exiger de qn qu'il/elle fasse qc qc

Zumutbarkeit <-, -en> *f*: ***die ~ von Fluglärm*** la tolérance au bruit des avions; ***die Grenzen der ~*** les limites *fpl* du tolérable

zumute *adv* ■ **jdm ist ... ~** *seltsam, heiter, unwohl* qn se sent ...; ***wenn mir danach ~ ist*** si j'en ai envie, si j'ai la tête à ça; ■ **jdm ist zu etw ~** *zum Lachen, Scherzen, Weinen* qn a envie de [*o* le cœur à] faire qc; ***mir ist nicht zum Scherzen ~*** je ne suis pas d'humeur à plaisanter

zu|muten I. *vt* ■ **jd mutet jdm/einer S. etw zu** qn exige qc de qn/qc, qn demande qc à qn/qc
II. *vr* ■ **jd mutet sich** (*dat*) **etw zu** qn exige qc de lui-même/d'elle-même, qn s'impose qc; ***jd mutet sich zu viel zu*** qn présume de ses forces

Zumutung *f* ▶ **das/etw ist eine ~** c'est/qc est plus qu'on ne peut en supporter, ça/qc dépasse les bornes

zunächst *adv* 1. (*anfangs*) au début, [tout] d'abord
2. (*vorläufig*) pour l'instant, pour le moment

zu|nageln *vt* ■ **jd nagelt etw zu** qn cloue qc, qn ferme qc en le/la clouant [*o* avec des clous]

zu|nähen *vt* ■ **jd näht [jdm] etw zu** qn [lui] recoud qc

Zunahme <-, -n> *f* [*Arbeitslosigkeit, Inflation*] hausse *f*, augmentation *f*; [*Krebserkrankungen, Umweltverschmutzung*] progression *f*, recrudescence *f*

Zuname *m form* nom *m* [de famille], nom *m* patronymique *form*

Zündanlage *f* allumage *m*

zündeln *vi* SDEUTSCH, AUS ■ **jd zündelt** qn joue avec des allumettes; ■ **jd zündelt mit etw** qn joue avec qc

zünden I. *vi* 1. TECH ■ **etw zündet** qc est mis(e) à feu
2. (*zu brennen anfangen*) ■ **etw zündet** */Streichholz/* qc s'enflamme; */Zündschnur/* qc prend feu; */Silvesterrakete/* qc s'allume
II. *vt* TECH ■ **jd zündet etw** qc procède à la mise à feu de qc

zündend *adj Idee* de génie, lumineux(-euse) *fam*; *Rede* enflammé(e)

Zunder *m* ▶ **etw brennt wie ~** qc s'enflamme comme une allumette

Zünder <-s, -> *m* détonateur *m*

Zündholz *nt* AUS *s.* **Streichholz**. **Zündkabel** *nt* câble *m* de bougie **Zündkerze** *f* bougie *f* **Zündplättchen** <-s, -> *nt* amorce *f* **Zündschloss**[RR] *nt* contact *m* **Zündschlüssel** *m* clé *f* de contact **Zündschnur** *f* mèche *f* **Zündspule** *f* bobine *f* [d'allumage] **Zündstoff** *m* ∅ source *f* de conflits; ***etw bietet/birgt großen/viel ~*** qc est/peut se révéler détonant(e)

Zündung <-, -en> *f* 1. AUT allumage *m*
2. TECH [*Rakete, Triebwerk*] mise *f* à feu

Zündungsschlüssel *m* CH *s.* **Zündschlüssel**

Zündverteiler *m* allumeur *m*, delco *m* **Zündzeitpunkt** *m* point *m* d'allumage

zu|nehmen *irreg* I. *vi* 1. (*schwerer werden*) ■ **jd nimmt zu** qn grossit, qn prend du poids
2. (*sich verstärken*) ■ **etw nimmt zu** */jds Ärger, Erregung, Spannung/* qc grandit; */jds Schmerzen/* qc augmente
3. (*sich vergrößern*) ■ **etw nimmt zu** */Arbeitslosigkeit, Inflation, Umweltverschmutzung/* qc augmente
4. (*anwachsen*) ■ **etw nimmt zu** qc gagne en intensité; */Wind, Orkan a./* qc forcit; ■ **etw nimmt an etw** (*dat*) **zu** qc gagne en qc; ***der Wind nimmt an Heftigkeit zu*** le vent redouble de violence
II. *vt* ■ **jd nimmt etw zu** qn prend qc; ***jd nimmt etw wieder zu*** qn reprend qc

zunehmend I. *adj* croissant(e)
II. *adv sich bessern, verschlechtern* constamment, sans cesse; *verlieren* de plus en plus

zu|neigen *vi* ■ **jd neigt einer S.** (*dat*) **zu**: ***ich neige der gegenteiligen Ansicht zu*** j'ai tendance à penser le contraire; ***jd neigt der Ansicht zu, dass*** qn tend [*o* est enclin(e)] à penser que + *indic*

Zuneigung *f* sympathie *f*, penchant *m littér*, inclination *f littér*

Zunft <-, =e> *f* corporation *f*

zünftig *adj veraltend fam* bon(ne) vieux(vieille) *antéposé fam*; *Blasmusik a.* folklorique; *Essen a.* à l'ancienne; *Weinkeller a.* très couleur locale; *Bekleidung* du pays, régional(e)

Zunge <-, -n> *f* 1. ANAT langue *f*
2. ∅ GASTR (*Rinder~*) langue *f* de bœuf; (*See~*) sole *f*
3. *geh* (*Sprache*) ■ **...** (*gen*) **~** *arabischer, griechischer etc* de langue ..., parlant ...
▶ **jdm hängt die ~ zum Hals[e] heraus** *fam* (*jd ist außer Atem*) qn est complètement essoufflé(e) [*o* à bout de souffle]; (*ist durstig*) qn tire la langue, qn crève de soif *fam*; **jd hält seine ~ im Zaum** *geh* qn tient sa langue; **jd hat eine belegte ~** qn a la langue chargée; **böse ~n** des mauvaises langues; **jd hat eine feine ~** qn a le palais fin; **jd spricht mit gespaltener ~** qn a un double langage; **jd hat eine schwere ~** (*spricht mit Mühe*) qn a la langue [*o* bouche] pâteuse; (*ist schwer zu verstehen*) qn a une élocution difficile; **jd beißt sich** (*dat*) **fast die ~ ab** qn se mord la langue; **jd beißt sich** (*dat*) **eher [*o* lieber] die ~ ab als etw zu sagen** qn se ferait couper [*o* arracher] la langue plutôt que de dire qc; **jd bricht sich** (*dat*) **die ~ [an etw** (*dat*)**] ab** qn bute en prononçant [qc]; ***an Ihrem Namen bricht man sich die ~ ab*** vous avez vraiment un nom à coucher dehors *fam*; **etw brennt auf der ~** */Paprika, Schnaps/* qc arrache la bouche; **etw brennt jdm auf der ~** qn brûle d'envie de dire qc; **jd hat eine ... ~**: ***jd hat eine böse ~*** qn est une méchante langue, qn est mauvaise langue; ***jd hat eine giftige ~*** qn est une [vraie] langue de vipère; ***jd hat eine lose ~*** qn a la langue bien pendue; ***jd hat eine scharfe/spitze ~*** qn a la langue bien affilée; **jd hütet [*o* zügelt] seine ~** qn tient sa langue; **es lag jdm auf der ~ zu sagen, dass** qn brûlait de dire que + *indic*; **etw liegt jdm auf der ~** qn a qc sur le bout de la langue; **die ~n lösen sich** les langues se délient; **etw löst [jdm] die ~** qc [lui] délie la langue; **jd stößt mit der ~ an** qn a un cheveu sur la langue; **jd streckt jdm die ~ heraus** qn tire la langue à qn; **jd streckt die ~ heraus** qn tire la langue; **jd verbrennt sich** (*dat*) **die ~ [an etw** (*dat*)**]** qn perd une

bonne occasion de se taire [en parlant de qc]; **etw zergeht auf der** ~ qc fond dans la bouche, qc est fondant(e)

züngeln *vi* **1.** ▪ **ein Tier züngelt** */Reptil/* un animal darde sa langue
2. ▪ **etw züngelt aus etw** */Flamme/* qc jaillit de qc

Zungenbrecher <-s, -> *m* (*Name*) nom *m* imprononçable [*o* à coucher dehors *fam*]; (*Spruch*) vire-langue *m spéc* **Zungenkuss**RR *m* baiser *m* langue en bouche **Zungenspitze** *f* bout *m* de la langue

Zünglein *nt* ▸ **etw ist das ~ an der Waage** qc fait pencher la balance

zunichte *adv* ▸ **jd/etw macht etw** ~ *geh* qn/qc réduit qc à néant

zu|nicken *vi* ▪ **jd nickt jdm zu** qn fait un signe de tête à qn

zunutze *adv* ▸ **jd macht sich** (*dat*) **etw** ~ qn tire profit de qc

zu|ordnen *vt* ▪ **jd/etw ordnet etw einer S.** (*dat*) **zu** qn/qc classe qc dans qc; ▪ **jd/etw ordnet jdn einer S.** (*dat*) **zu** qn/qc classe [*o* range] qn dans qc

Zuordnung *f* ▪ **die ~ [einer S.** (*gen*)**] zu etw** le classement [de qc] dans qc

zu|packen *vi fam* **1.** (*zufassen*) ▪ **jd packt zu** qn serre fort[ement]; ***bei dieser Kiste muss man fest*** ~ cette caisse, il faut bien l'empoigner
2. (*mithelfen*) ▪ **jd packt [mit] zu** qn met la main à la pâte, qn donne un coup de main, qn s'y met [aussi]
3. (*warm einpacken*) ▪ **jd packt jdn zu** *Kranken, Kind* qn emmitoufle qn *fam*

zupackend *adj* **1.** (*dynamisch*) dynamique, plein(e) de dynamisme; ***ein ~er Mensch/Sportler*** un battant; ***eine ~e Frau/Sportlerin*** une battante
2. (*geldgierig*) *Steuersystem* oppressif(-ive); *Preisgestaltung* exorbitant(e); ***je größer das Loch im Haushalt wird, desto ~er wird die Regierung*** plus le trou dans le budget se creuse, plus le gouvernement ponctionne les revenus *fam*

zu|parken *vt* ▪ **jd/etw parkt etw zu** qn/qc bloque qc en stationnant devant

zupassRR, **zupaß** *adv* ▸ **etw kommt jdm** ~ qc arrive à point nommé [pour qn]

zupfen *vt* **1.** (*ziehen*) ▪ **jd zupft jdn an etw** (*dat*) qn tire qn par qc
2. (*herausziehen*) ▪ **jd zupft etw aus etw/von etw** qn enlève qc de qc; ▪ **jd zupft jdm/sich etw** *Augenbrauen, Barthaare* qn lui épile/s'épile qc

Zupfinstrument *nt* instrument *m* à cordes pincées

zu|prosten *vi* ▪ **jd prostet jdm zu** qn trinque [*o* lève son verre] à la santé de qn

zur = zu der *s.* **zu**

zu|raten *vi irreg* ▪ **jd rät jdm zu etw zu** qn conseille [*o* recommande] [fortement] qc à qn; ***zu diesem Vertrag kann ich dir nicht*** ~ je ne puis te conseiller d'accepter ce contrat; ▪ **jd rät jdm zu etw zu tun** qn conseille [*o* recommande] [fortement] à qn de faire qc
▸ **auf** jds Z~ **[hin]** sur les conseils [*o* recommandations] de qn

Zürcher *adj* de Zurich, zurichois(e)

Zürcher(in) <-s, -> *m(f)* Zurichois(e) *m(f)*

zu|rechnen *vt* **1.** (*zur Last legen*) ▪ **jd rechnet jdm etw zu** qn impute qc à qn; *Schuld* qn rejette qc sur qn
2. *s.* **zuordnen**

zurechnungsfähig *adj* responsable de ses actes ▸ **bist du noch ~?** *fam* t'es pas net(te)? *fam,* ça va pas, la tête? *fam* **Zurechnungsfähigkeit** *f Ø* JUR responsabilité *f* pleine et entière

zurecht|finden *vr irreg* ▪ **jd findet sich irgendwo zurecht/nicht zurecht** qn trouve ses marques/ne s'y retrouve pas quelque part

zurecht|kommen *vi irreg + sein* **1.** (*auskommen*) ▪ **jd kommt mit jdm zurecht** *mit einem Partner* qn s'entend avec qn; *mit Schülern* qn s'en tire avec qn
2. (*klarkommen*) ▪ **jd kommt mit etw zurecht** *mit Technik* qn maîtrise qc; *mit Gerät* qn s'en sort avec qc; ***ich komme damit nicht zurecht*** je me m'en sors pas

zurecht|legen **I.** *vt* ▪ **jd legt jdm etw zurecht** qn prépare qc à qn
II. *vr* **1.** (*sich griffbereit hinlegen*) ▪ **jd legt sich** (*dat*) **etw zurecht** qn prépare qc
2. (*sich im Voraus überlegen*) ▪ **jd legt sich** (*dat*) **etw zurecht** qn prépare qc à l'avance

zurecht|machen **I.** *vt fam* **1.** ▪ **jd macht etw zurecht/jdm etw zurecht** *Bett, Zimmer, Essen, Salat* qn fait qc/lui fait son/sa qc
2. (*schminken*) ▪ **jd macht jdn zurecht** qn maquille qn
3. (*jdn ausgesucht anziehen*) ▪ **jd macht jdn zurecht** qn pomponne qn
II. *vr* **1.** (*sich schminken*) qn se maquille, qn se fait une beauté *fam*
2. (*ausgesuchte Kleidung anziehen*) ▪ **jd macht sich zurecht** qn se pomponne, qn se met sur son trente et un

zurecht|rücken *vt* ▪ **jd rückt etw zurecht/jdm etw zurecht** *Brille, Hut* qn rajuste qc/lui rajuste son/sa qc; *Stuhl, Tisch* qn remet qc en place/lui remet son/sa qc en place; ***Oma rückte sich die Brille zurecht*** grand-mère a rajusté ses lunettes

zurecht|weisen *vt irreg form* ▪ **jd weist jdn zurecht** qn réprimande qn, qn admoneste qn *littér*

Zurechtweisung *f* réprimande *f,* admonestation *f littér*

zu|reden *vi* ▪ **jd redet jdm zu** qn raisonne qn, qn essaie de raisonner qn
▸ **auf** jds Z~ **[hin]** sur les exhortations de qn

zu|reiten *irreg* **I.** *vt + haben* ▪ **jd reitet ein Pferd zu** qn débourre un cheval
II. *vi + sein* ▪ **jd reitet auf jdn/etw zu** qn galope [*o* chevauche *soutenu*] vers [*o* en direction de] qn/qc; ***er ritt in vollem Galopp geradewegs auf uns zu*** il se dirigeait droit sur nous au grand galop

Zürich <-s> *nt* Zurich *f*

Züricher(in) <-s, -> *m(f) s.* **Zürcher**

Zürichsee *m Ø* ▪ **der** ~ le lac de Zurich

zu|richten *vt* **1.** (*verletzen*) ▪ **jd richtet jdn ... zu** *furchtbar, schrecklich* qn met qn dans un état ...; ***wer hat dich so zugerichtet?*** qui t'a arrangé de la sorte ?, qui t'a mis dans un tel état?; ***er hat mich übel zugerichtet*** il m'a drôlement arrangé *fam*
2. (*beschädigen*) ▪ **jd richtet etw ... zu** *furchtbar* qn met qc dans un état ...; ***wie habt ihr denn den Teppich zugerichtet!*** vous avez vu dans quel état vous avez mis le tapis!

zürnen *vi geh* ▪ **jd zürnt** qn se courrouce *littér,* qn est courroucé(e) *littér;* ▪ **jd zürnt jdm** qn se courrouce contre qn *littér;* ***die Götter zürnten Odysseus*** les dieux poursuivirent Ulysse de leur courroux *littér*

zurück *adv* **1.** (*wieder da*) ▪ **jd ist ~ [von etw]** qn est de retour [de qc]
2. (*mit Rückfahrt, Rückflug*): ***ich hätte gern eine Fahrkarte Stuttgart–Nancy und*** ~ un aller et retour Stuttgart–Nancy, s'il vous plaît; ***hin fliege ich mit der Air France, ~ mit der Lufthansa*** je pars [*o* fais l'aller] avec Air France, je reviens [*o* le retour] avec la Lufthansa
3. (*noch nicht so weit*) ▪ **etw ist** ~ */Gegend, Vegetation/* qc a du retard
▸ **~!** demi-tour!

Zurück <-s> *nt Ø* retour *m* en arrière; ***durch diese Klausel ist mir ein ~ vorbehalten*** cette clause m'autorise à faire machine arrière
▸ **es gibt [für jdn] ein/kein** ~ il est possible/n'est pas possible [pour qn] de faire machine arrière

zurück|behalten * *vt irreg* **1.** (*behalten*) ▪ **jd behält etw [von etw] zurück** *Narbe, Schaden* qn garde qc [de qc]
2. (*vorläufig einbehalten*) ▪ **jd behält etw zurück** *Betrag, Pfand* qn garde qc [en gage]

zurück|bekommen * *vt irreg* ▪ **jd bekommt etw zurück** qn récupère qc *fam,* qn rentre en possession de qc

zurück|berufen * *vt irreg* ▪ **jd beruft jdn zurück** qn rappelle qn

zurück|beugen **I.** *vt* ▪ **jd beugt etw zurück** *Oberkörper* qn penche qc en arrière; *Kopf* qn renverse qc en arrière
II. *vr* ▪ **jd beugt sich zurück** qn se penche en arrière

zurück|bilden *vr* ▪ **etw bildet sich zurück** */Thymusdrüse/* qc s'atrophie; */Geschwulst/* qc se résorbe

zurück|bleiben *vi irreg + sein* **1.** (*bleiben*) ▪ **jd bleibt [irgendwo] zurück** qn reste [quelque part]
2. (*dagelassen werden*) ▪ **etw bleibt [irgendwo] zurück** qc reste [*o* est laissé(e)] [quelque part]
3. (*nicht mithalten können*) ▪ **jd bleibt zurück** qn reste en arrière, qn est distancé(e); ***sie sind über 500 Meter zurückgeblieben*** ils/elles ont pris un retard de plus de 500 mètres
4. (*als Folge bleiben*) ▪ **etw bleibt [von etw] zurück** qc reste [de qc]
5. (*geringer ausfallen*) ▪ **etw bleibt hinter etw** (*dat*) **zurück** qc reste en deçà [*o* en dessous] de qc

zurück|blicken *vi s.* **zurückschauen**

zurück|bringen *vt irreg* **1.** (*wieder herbringen*) ▪ **jd bringt [jdm] jdn zurück** qn ramène qn [à qn]; ▪ **jd bringt [jdm] etw zurück** qn rapporte qc [à qn]
2. (*wieder hinschaffen*) ▪ **jd bringt jdn [irgendwohin] zurück** qn ramène qn [quelque part]

zurück|datieren * *vt* ▪ **jd datiert etw zurück** qn antidate qc

zurück|denken *vi irreg* ▪ **jd denkt [an etw** (*akk*)**] zurück** qn repense [à qc], qn se rappelle [qc]

zurück|drängen *vt* ▪ **jd drängt jdn zurück** qn repousse qn, qn refoule qn

zurück|drehen *vt* **1.** (*in Richtung Ausgangsposition drehen*) ▪ **jd dreht etw zurück/auf etw** (*akk*) **zurück** qn tourne qc à l'envers [*o* en arrière]/ramène qc à qc; (*schwächer stellen*) qn baisse qc; ***dreh die Lautstärke etwas zurück!*** baisse un peu le son!
2. *geh* (*revidieren*) ▪ **jd dreht etw zurück** *Ereignisse, Geschehen* qn renverse le cours de qc

zurück|dürfen *vi irreg fam* ▪ **jd darf zurück/irgendwohin/zu jdm zurück** qn peut rentrer/retourner quelque part/chez qn

zurück|erhalten * *vt irreg geh s.* **zurückbekommen**

zurück|erinnern * *vr* ▪ **jd erinnert sich [an jdn/etw] zurück** qn se rappelle [qn/qc], qn se souvient [de qn/qc]

zurück|erobern * *vt* ▪ **jd erobert etw zurück** qn reconquiert qc

zurück|erstatten * *vt s.* **rückerstatten**

zurück|erwarten * *vt* ▪ **jd erwartet jdn zurück** qn attend [le retour de] qn

zurück|fahren *irreg* **I.** *vi + sein* **1.** (*zum Ausgangspunkt fahren*) ▪ **jd/etw fährt zurück** qn/qc repart
2. *geh* (*zurückweichen*) ▪ **jd fährt [vor jdm/etw] zurück** qn recule brusquement [*o* a un mouvement de recul] [devant qn/pour éviter qc]
II. *vt + haben* **1.** (*etw rückwärts fahren*) ▪ **jd fährt etw zurück** qn recule qc
2. (*mit dem Auto zurückbringen*) ▪ **jd fährt jdn zurück** qn ramène qn, qn reconduit qn
3. (*reduzieren*) ▪ **jd fährt etw zurück** qn réduit qc; *Ausgaben a.* qn freine qc

zurück|fallen *vi irreg + sein* **1.** (*zurückbleiben*) ▪ **jd fällt zurück** */Läufer, Radfahrer/* qn est distancé(e) [*o* décroché(e)]
2. (*absteigen*) ▪ **jd fällt [auf etw** (*akk*)**] zurück** */Mannschaft, Verein/* *auf einen niedrigeren Tabellenplatz* qn rétrograde [à qc]
3. (*in früheren Zustand verfallen*) ▪ **jd fällt in etw** (*akk*) **zurück** qn retombe dans qc; ***der Alkoholiker fiel in sein Suchtverhalten zurück*** l'alcoolique a rechuté
4. (*jds Eigentum werden*) ▪ **etw fällt an jdn zurück** qn revient [*o* échoit] à qn
5. (*angelastet werden*) ▪ **etw fällt auf jdn zurück** qc retombe sur qn
▸ **jd lässt sich [in etw** (*akk*)**]** ~ *in den Sessel* qn se laisse tomber [*o* s'affale] [dans qc]

zurück|finden *vi irreg* ▪ **jd findet zurück** qn retrouve son chemin; ***findest du zum Hotel zurück?*** tu retrouveras le chemin de l'hôtel?; ***ohne ihn hät-***

ten wir aus dem Urwald nie wieder zurückgefunden sans lui, nous n'aurions jamais pu sortir de la forêt vierge

zurück|fliegen *irreg* I. *vi + sein* ■ **jd fliegt [irgendwohin] zurück** qn revient par [*o* en] avion [quelque part]; ■ **etw fliegt [nach ...] zurück** qc repart [*o* reprend l'air] [pour ...]
II. *vt + haben* ■ **jd fliegt jdn/etw [irgendwohin] zurück** qn ramène qn/qc [quelque part]

zurück|fließen *vi irreg + sein* 1. (*zum Ausgangspunkt fließen*) ■ **etw fließt zurück/irgendwohin zurück** qc revient à son point de départ/repart quelque part
2. FIN ■ **etw fließt [an jdn] zurück** /*Gelder, Mittel*/ qc est reversé(e) [à qn]

zurück|fordern *vt* ■ **jd fordert etw [von jdm] zurück** *Gegenstand* qn exige [de qn] la restitution de qc; *Kredit, Geld* qn exige [de qn] le remboursement de qc

zurück|fragen *vi* 1. (*mit einer Gegenfrage antworten*) ■ **jd fragt zurück** qn répond par une question; ***„wozu willst du das wissen?" fragte er zurück*** "pourquoi veux-tu le savoir?" a-t-il rétorqué
2. (*rückfragen*) ■ **jd fragt zurück** qn demande des précisions

zurück|führen I. *vt* 1. (*als Folge von etw darstellen*) ■ **jd führt etw auf etw** (*akk*) **zurück** qn impute qc à qc; ***worauf ist das zurückzuführen?*** à quoi peut-on attribuer ça?, à quoi c'est dû?; ■ **das ist darauf zurückzuführen, dass** cela vient de ce que + *indic*, c'est dû à ce que + *indic*
2. (*zum Ausgangsort geleiten*) ■ **jd führt jdn irgendwohin zurück** qn reconduit [*o* ramène] qn quelque part
II. *vi* ■ **etw führt irgendwohin zurück** /*Route, Straße*/ qc revient quelque part

zurück|geben *vt irreg* 1. (*wiedergeben*) ■ **jd gibt [jdm] etw zurück** qn restitue [*o* rend] qc [à qn]
2. COM ■ **jd gibt etw zurück** qn rend qc, qn rapporte qc; (*per Post*) qn retourne qc, qn renvoie qc
3. (*erwidern*) ■ **jd gibt [jdm] etw zurück** *Kompliment, Beleidigung* qn rend [*o* retourne] qc [à qn]
4. (*erneut verleihen*) ■ **etw gibt jdm etw zurück** *Selbstvertrauen, Zuversicht* qn redonne [*o* rend] qc à qn

zurückgeblieben *adj Kind, Schüler* retardé(e), attardé(e)

zurück|gehen *vi irreg + sein* 1. (*zum Ausgangsort gehen*) ■ **jd geht zurück/irgendwohin zurück** qn rentre/retourne quelque part; ***ich gehe nach Hause zurück*** je rentre à la maison; ***er ging ins Hotel zurück*** il est retourné à l'hôtel; ***wir sollten lieber wieder*** ~ nous ferions mieux de rentrer
2. (*den Aufenthaltsort zurückverlegen*) ■ **jd geht [irgendwohin] zurück** qn rentre [quelque part]; ***ich gehe lieber an die Uni zurück*** je préfère retourner à la fac; ***er geht ins Ausland zurück*** il retourne [vivre] à l'étranger
3. (*abnehmen*) ■ **etw geht zurück** /*Hochwasser, Produktion, Umsatz*/ qc diminue, qc recule; /*Fieber, Temperatur, Wert*/ qc baisse
4. MED ■ **etw geht zurück** /*Bluterguss, Schwellung*/ qc se résorbe

zurückgezogen I. *adj* retiré(e)
II. *adv*: ***jd lebt*** ~ qn vit retiré(e)

zurück|greifen *vi irreg* ■ **jd greift auf etw** (*akk*) **zurück** qn a recours [*o* recourt] à qc

zurück|haben *vt irreg fam* ■ **jd hat etw zurück** qn a récupéré qc *fam*; ***jd will etw*** ~ qn veut récupérer qc *fam*

zurück|halten *irreg* I. *vr* 1. (*sich beherrschen*) ■ **jd hält sich zurück** qn se contient
2. (*sich vorsichtig äußern*) ■ **jd hält sich [mit etw] zurück** *mit Äußerungen* qn fait preuve de réserve [dans qc]; *mit Kritik* qn reste mesuré(e) [dans qc]; ***er hält sich mit Lob zurück*** il est avare de louanges; ***er hat sich auffallend zurückgehalten*** il a été [*o* a fait preuve] d'une étonnante réserve
II. *vt* 1. (*am Fortgehen hindern*) ■ **jd/etw hält jdn zurück** qn/qc retient qn
2. (*bei sich behalten*) ■ **jd hält etw zurück** *Beweise, Informationen* qn fait de la rétention de qc, qn ne communique pas qc

zurückhaltend I. *adj* 1. (*reserviert*) réservé(e), distant(e); ***sie hat eine etwas ~e Art*** elle fait preuve d'une certaine retenue
2. (*vorsichtig*) mesuré(e)
II. *adv* (*vorsichtig*) avec circonspection

Zurückhaltung *f* ∅ retenue *f*, réserve *f*
▸ **mit [...]** ~ *äußerster, großer* avec une [...] réserve; ***er reagierte mit ziemlicher/großer*** ~ il a réagi avec une certaine/grande circonspection

zurück|holen *vt* 1. (*zum Ausgangspunkt holen*) ■ **jd holt jdn zurück** qn ramène qn [ici]; ■ **jd lässt jdn** ~ qn fait revenir qn [ici]
2. (*wieder in seinen Besitz bringen*) ■ **jd holt [sich** (*dat*)**] etw zurück** qn récupère qc *fam*

zurück|kämmen *vt* ■ **jd kämmt [jdm/sich] etw zurück** qn [lui/se] peigne qc en arrière

zurück|kehren *vi + sein* ■ **jd kehrt [von irgendwoher] zurück** qn revient [de quelque part]; ■ **jd kehrt irgendwohin zurück** qn retourne quelque part

zurück|kommen *vi irreg + sein* 1. (*zum Ausgangsort kommen*) ■ **jd kommt [von irgendwoher] zurück** qn revient [de quelque part]; ■ **jd kommt irgendwohin zurück** qn retourne quelque part
2. (*erneut aufgreifen*) ■ **jd kommt auf etw** (*akk*) **zurück** qn revient sur qc

zurück|können *vi irreg* 1. *fam* (*zurückkehren können*) ■ **jd kann zurück/irgendwohin zurück** qn peut revenir/revenir [*o* retourner] quelque part
2. (*sich anders entscheiden können*) ■ **jd kann zurück** qn peut faire machine arrière

zurück|kriegen *vt fam s.* **zurückbekommen**

zurück|lassen *vt irreg* 1. (*dalassen und nicht mitnehmen*) ■ **jd lässt jdn/ein Tier/etw [irgendwo] zurück** qn abandonne qn/un animal/qc [quelque part]; ■ **jd lässt jdm etw zurück** *Adresse, Nachricht* qn laisse qc à qn
2. *fam* (*zurückkehren lassen*) ■ **jd lässt jdn [irgendwohin] zurück** qn laisse qn rentrer [quelque part]

zurück|legen *vt* 1. (*wieder an Ort und Stelle legen*) ■ **jd legt etw zurück/irgendwohin zurück** qn repose qc/remet qc quelque part
2. (*reservieren*) ■ **jd legt jdm etw zurück** qn met qc de côté pour qn
3. (*bewältigen*) ■ **jd legt etw zurück** *Strecke, Weg* qn parcourt qc, qn effectue qc; *Entfernung* qn couvre qc
4. (*sparen*) ■ **jd legt [sich] etw zurück** qn met qc de côté

zurück|lehnen *vr* 1. (*sich nach hinten lehnen*) ■ **jd lehnt sich zurück** qn s'incline en arrière
2. (*untätig sein*) ■ **jd lehnt sich zurück** qn ne fait rien, qn reste les bras croisés

zurück|liegen *vi irreg* ■ **etw liegt ... zurück** *lange, weit, 3 Jahre* qc date de ...; ***es liegt sehr weit zurück*** il y a belle lurette de cela; ***dieses Treffen liegt nunmehr schon so weit zurück, dass*** cette rencontre remonte à si loin que + *indic*; ***sein Studium liegt vier Jahre zurück*** ça fait quatre ans qu'il a fini ses études; ***wie lange mag der Unfall jetzt*** ~? de quand date l'accident?, ça fait combien de temps qu'a eu lieu l'accident?; ■ **es liegt ... zurück, dass** ça fait ... que + *indic*; ***wie lange mag es jetzt ~, dass*** ça fait combien de temps que + *indic*

zurück|melden *vr* 1. MIL ■ **jd meldet sich [bei jdm/irgendwo] zurück** qn se fait porter rentrant(e) [auprès de qn/quelque part]
2. (*wieder mit von der Partie sein*) ■ **jd meldet sich zurück** qn fait sa rentrée

zurück|müssen *vi irreg fam* ■ **jd muss zurück/irgendwohin zurück** il faut que qn rentre/rentre [*o* retourne] quelque part

zurück|nehmen *vt irreg* 1. COM ■ **jd nimmt etw zurück** qn reprend qc, qn fait la reprise de qc
2. (*widerrufen*) ■ **jd nimmt etw zurück** *Behauptung* qn revient sur qc; *Beleidigung, Vorwurf* qn retire qc
3. MIL ■ **jd nimmt etw zurück** qn replie qc

zurück|pfeifen *vt irreg* 1. *fam* (*eine Aktion abbrechen lassen*) ■ **jd pfeift jdn zurück** qn rappelle qn à l'ordre; ***jd wird zurückgepfiffen*** qn se fait taper sur les doigts
2. (*durch einen Pfiff zurückrufen*) ■ **jd pfeift einen Hund zurück** qn siffle un chien

zurück|prallen *vi + sein* ■ **etw prallt von etw zurück** qc rebondit contre qc

zurück|reichen I. *vi* ■ **etw reicht in etw** (*akk*) **zurück** qc remonte à qc
II. *vt geh* ■ **jd reicht jdm etw zurück** qn restitue qc à qn *soutenu*

zurück|reisen *vi + sein* ■ **jd reist [irgendwohin] zurück** qn rentre [quelque part]; ***er ist zu seinen Eltern zurückgereist*** il est retourné chez ses parents; ***er ist ins Ausland zurückgereist*** il est reparti à l'étranger

zurück|reißen *vt irreg* ■ **jd reißt jdn zurück** qn tire qn en arrière

zurück|rollen I. *vi + sein* ■ **etw rollt zurück** qc se met à reculer; ■ **jd lässt etw** ~ qn recule qc
II. *vt* ■ **jd rollt etw [irgendwohin] zurück** qn renvoie qc [quelque part] [en le/la faisant rouler]

zurück|rufen I. *vt irreg* 1. TELEC ■ **jd ruft jdn zurück** qn rappelle qn
2. (*zurückbeordern*) ■ **jd ruft jdn zurück** qn rappelle qn
II. *vi* TELEC ■ **jd ruft zurück** qn rappelle

zurück|schalten *vi* AUT ■ **jd schaltet [in etw** (*akk*)**] zurück** qn rétrograde [en qc]; ***jd schaltet in einen niedrigeren Gang zurück*** qn rétrograde

zurück|schauen *vi* 1. (*sich umsehen*) ■ **jd schaut zurück** qn regarde derrière lui/elle, qn jette un regard en arrière
2. (*rückblickend betrachten*) ■ **jd schaut auf etw** (*akk*) **zurück** qn jette un regard [*o* coup d'œil] rétrospectif sur qc

zurück|scheuen *vi + sein s.* **zurückschrecken 2.**

zurück|schicken *vt* 1. (*wieder hinschicken*) ■ **jd schickt [jdm] etw zurück** qn renvoie [*o* réexpédie] qc [à qn]
2. (*abweisen*) ■ **jd schickt jdn zurück** qn renvoie qn; (*an der Grenze*) qn refoule qn

zurück|schieben *vt irreg* ■ **jd schiebt etw zurück** qn pousse qc en arrière; ***er half ihr den Schrank wieder [an die Wand] zurückzuschieben*** il l'a aidée à repousser l'armoire [contre le mur]

zurück|schlagen *irreg* I. *vt* 1. MIL ■ **jd schlägt jdn/etw zurück** qn repousse qn/qc
2. SPORT ■ **jd schlägt etw zurück** *Ball* qn renvoie qc
II. *vi* 1. (*einen Schlag erwidern*) ■ **jd schlägt zurück** qn riposte; ***sie versetzte ihm eine Ohrfeige, er aber schlug zurück*** elle l'a giflé, mais il lui a rendu sa gifle
2. (*sich auswirken*) ■ **etw schlägt auf jdn/etw zurück** qc se répercute sur qn/qc

zurück|schrauben *vt fam* ■ **jd schraubt etw [auf etw** (*akk*)**] zurück** qn réduit qc [à qc]; ***du wirst deine Ansprüche ~ müssen*** il faudra que tu en rabattes

zurück|schrecken *vi irreg + sein o haben* 1. (*Bedenken vor etw haben*) ■ **jd schreckt vor etw** (*dat*) **zurück** qn recule devant qc
2. (*zurückweichen*) ■ **jd schreckt zurück** qn recule d'effroi [*o* de frayeur]; ***er schreckte entsetzt zurück*** effrayé, il a fait un bond en arrière
▸ **jd schreckt vor nichts zurück** qn ne recule devant rien, qn ne s'embarrasse pas de scrupules; (*hat keine Angst*) qn n'a peur de rien

zurück|sehen *vi irreg s.* **zurückschauen**

zurück|sehnen *vr* ■ **jd sehnt sich irgendwohin/nach etw zurück** qn a la nostalgie de qc

zurück|senden *vt irreg geh s.* **zurückschicken 1.**

zurück|setzen I. *vt* 1. (*zurückstellen*) ■ **jd setzt etw [auf etw** (*akk*)**] zu-**

rück *Gegenstand* qn repose qc [sur qc]
2. AUT ■ **jd setzt etw zurück** qn recule qc
II. *vr* ■ **jd setzt sich zurück** qn s'assied derrière [*o* en retrait]; ***setzen wir uns einige Reihen zurück!*** reculons de quelques rangs!; ***setz dich*** [***auf dem Stuhl***] ***etwas zurück, dann kannst du dich anlehnen*** assieds-toi au fond de ta chaise, comme ça tu pourras t'appuyer
► **jd fühlt sich** [**gegenüber jdm**] **zurückgesetzt** qn se sent désavantagé(e) [*o* lésé(e)] [par rapport à qn]
III. *vi* ■ **jd setzt** [**mit etw**] **zurück** qn recule [qc]

zurück|spulen I. *vt* ■ **jd spult etw zurück** qn rembobine qc
II. *vt* ■ **jd spult zurück** qn rembobine

zurück|stecken I. *vt* ■ **jd steckt etw zurück/irgendwohin zurück** qn remet qc dans sa poche/range qc quelque part; ***steck dein Geld mal wieder zurück, ich lade dich ein!*** rempoche ton argent, je t'invite!
II. *vi* (*nachgeben*) ■ **jd steckt zurück** qn cède
► **jd muss** ~ qn doit en rabattre

zurück|stehen *vi irreg* 1. (*weiter entfernt stehen*) ■ **etw steht zurück** qc est en retrait
2. (*verzichten*) ■ **jd steht** [**hinter jdm**] **zurück** qn cède la place [à qn], qn s'efface [devant qn]
3. (*sich weniger einsetzen*) ■ **jd steht** [**hinter jdm**] **zurück** qn est en reste [par rapport à qn]

zurück|stellen *vt* 1. (*an den alten Platz stellen*) ■ **jd stellt etw** [**irgendwohin**] **zurück** qn remet [*o* repose] qc [quelque part]
2. (*weiter nach hinten stellen*) ■ **jd stellt etw zurück** qn recule qc
3. (*auf eine frühere Zeit stellen*) ■ **jd stellt etw zurück** *Zeiger* qn recule qc; *Uhr* qn retarde qc
4. (*aufschieben*) ■ **jd stellt etw zurück** *Plan, Projekt* qn reporte qc, qn repousse qc; ■ **jd stellt jdn zurück** *einzuschulendes Kind* qn retarde la scolarisation de qn
5. (*hintanstellen*) ■ **jd stellt etw zurück** *Anschaffung, Wunsch* qn remet qc à plus tard; *Bedenken* qn fait taire qc

zurück|stoßen *vt irreg* ■ **jd stößt jdn/etw zurück** qn repousse qn/qc

zurück|stufen *vt* ■ **jd stuft jdn/etw zurück** */Kfz-Versicherer/* qn applique un malus à qn/qc; *Angestellten* qn rétrograde qn

zurück|tragen *vt irreg* ■ **jd trägt jdn/etw** [**irgendwohin**] **zurück** qn ramène qn/remporte qc [quelque part]

zurück|treten *vi irreg + sein* 1. (*nach hinten treten*) ■ **jd tritt zurück/von etw zurück** qn recule/s'écarte de qc
2. (*seinen Rücktritt erklären*) ■ **jd tritt zurück** qn démissionne
3. JUR ■ **jd tritt von etw zurück** *von einem Kauf* qn annule qc; *von einem Vertrag* qn résilie qc

zurück|verfolgen * *vt* ■ **jd verfolgt etw** [**bis irgendwohin**] **zurück** *Entwicklung, Spur* qn remonte qc [jusqu'à qc]; *Tradition* qn remonte dans le passé de qc [jusqu'à qc]; ■ **etw lässt sich** [**bis irgendwohin**] ~ */Entwicklung, Spur/* on peut remonter qc [jusqu'à qc]; */Tradition/* l'origine de qc remonte à qc

zurück|versetzen * I. *vt* ■ **jd versetzt jdn zurück/irgendwohin zurück** qn réintègre qn dans son poste/renvoie qn quelque part
II. *vr* ■ **jd versetzt sich irgendwohin zurück** qn se reporte quelque part

zurück|weichen *vi irreg + sein* 1. MIL ■ **jd weicht** [**vor etw** (*dat*)] **zurück** qn bat en retraite [*o* se replie] [devant qc]
2. (*nach hinten treten*) ■ **jd weicht** [**vor etw** (*dat*)] **zurück** qn recule [devant qc]

zurück|weisen *vt irreg* 1. (*abweisen*) ■ **jd weist jdn zurück** *Person ohne Visum, Unbefugten* qn refoule qn; ■ **jd weist etw zurück** *Ansinnen, Forderung* qn repousse qc
2. (*sich gegen etw verwahren*) ■ **jd weist etw zurück** qn récuse qc

Zurückweisung *f* rejet *m*

zurück|werfen *vt irreg* 1. (*jdm etw wieder zuwerfen*) ■ **jd wirft** [**jdm**] **etw zurück** qn renvoie qc [à qn]
2. (*in eine schlechtere Position bringen*) ■ **etw wirft jdn/etw** [**um etw**] **zurück** qc fait faire un bond en arrière [de qc] à qn/qc

zurück|wollen *vi fam* ■ **jd will zurück/irgendwohin/zu jdm zurück** qn veut rentrer/retourner quelque part/chez qn

zurück|zahlen *vt* ■ **jd zahlt** [**jdm**] **etw zurück** qn rembourse qc [à qn]

zurück|ziehen *irreg* I. *vt + haben* 1. (*nach hinten ziehen*) ■ **jd zieht jdn/etw zurück** qn tire qn en arrière/retire qc; *Vorhang* qn rouvre qc
2. (*widerrufen*) ■ **jd zieht etw zurück** *Kandidatur, Vorschlag* qn retire qc; *Angebot* qn annule qc
II. *vr + haben* 1. (*sich hinbegeben*) ■ **jd zieht sich** [**irgendwohin**] **zurück** *auf sein Zimmer* qn se retire [quelque part]; *aufs Sofa* qn s'installe [quelque part]
2. MIL ■ **jd zieht sich** [**aus etw**] **zurück** qn se retire [de qc]
III. *vi + sein* ■ **jd zieht zurück/irgendwohin zurück** *nach Hause, nach Blaubeuren, in die Heimat, ins Ausland* qn revient/retourne s'installer quelque part

zurück|zucken *vi + sein* ■ **jd zuckt zurück/vor etw** (*dat*) **zurück** qn fait un écart en arrière/recule brusquement devant qc

Zuruf *m* appel *m*; ***~e ertönten aus den Reihen der Zuschauer*** des acclamations provenaient [*o* fusaient] des rangées de spectateurs
► **auf** ~ *gehorchen, reagieren* à la voix; (*bei Auktion*) de vive voix

zu|rufen *vt irreg* ■ **jd ruft jdm etw zu** qn crie qc à qn; ■ **jd ruft jdm zu, dass er/sie etw tun soll/etw zu tun** qn crie à qn de faire qc

zurzeit *adv* AUS, CH pour le moment

Zusage *f* accord *m*, réponse *f* positive; ■ **die** ~ **etw zu tun** l'engagement *m* de faire qc; ***die Firma war zu einer*** [***festen***] ~ ***nicht bereit*** l'entreprise n'a pas voulu s'engager [fermement]
► **jd gibt** [**jdm**] **eine** ~ qn s'engage [auprès de qn]

zu|sagen I. *vt* ■ **jd sagt** [**jdm**] **etw zu** *Hilfe, Unterstützung* qn promet qc [à qn]; *Kredit* qn accorde qc [à qn]; ***bisher haben 17 Personen ihr Kommen zugesagt*** jusqu'à présent, 17 personnes ont confirmé leur venue
II. *vi* 1. (*die Teilnahme versichern*) ■ **jd sagt** [**jdm**] **zu** qn répond positivement [à qn]; ***ich möchte noch nicht*** ~ je ne voudrais pas encore m'engager
2. (*gefallen*) ■ **etw sagt jdm zu** */Angebot, Artikel/* qc plaît à qn; */Getränk, Essen/* qc est au goût de qn; ***wenn Ihnen ein bestellter Artikel nicht zusagt, …*** si vous n'êtes pas satisfait(e) d'un article commandé, …; ***das sagt mir nicht zu*** ça ne me dit rien

zusammen *adv* 1. (*gemeinsam*) ensemble; ■ ~ **mit jdm** avec qn
2. (*zusammengerechnet*) au total

Zusammenarbeit *f* ∅ collaboration *f*, coopération *f*
► **in** ~ **mit jdm** en collaboration [*o* coopération] avec qn

zusammen|arbeiten *vi* ■ **sie arbeiten zusammen** ils/elles travaillent ensemble, ils/elles collaborent; ■ **jd arbeitet mit jdm zusammen** qn travaille en collaboration avec qn, qn collabore avec qn

zusammen|bauen *vt* ■ **jd baut etw zusammen** qn monte qc; ***jd baut etw wieder zusammen*** qn remonte qc

zusammen|bekommen * *vt irreg fam* 1. (*versammeln können*) ■ **jd bekommt jdn/etw zusammen** qn arrive à réunir qn/qc
2. (*aufbringen können*) ■ **jd bekommt etw zusammen** *Geld* qn arrive à dégoter qc *fam*
3. (*rekonstruieren können*) ■ **jd bekommt etw zusammen** qn arrive à monter qc; *Geschichte, Tathergang* qn arrive à reconstituer qc
4. *fam* (*zu einem Ergebnis kommen*) ■ **jd bekommt etw zusammen** *Aufsatz, Manuskript* qn arrive à pondre qc *fam*

zusammen|binden *vt irreg* ■ **jd bindet etw** [**zu etw**] **zusammen** *Haar* qn noue qc [en qc]; *Garben* qn lie qc [en qc]; ***können Sie mir diese Blumen bitte zu einem Strauß*** ~? vous pouvez me mettre ces fleurs en bouquet?

zusammen|bleiben *vi irreg + sein* ■ **sie bleiben zusammen** ils/elles restent ensemble; ■ **jd bleibt mit jdm zusammen** qn reste avec qn

zusammen|brauen I. *vt fam* ■ **jd braut etw zusammen** qn concocte qc *hum*
II. *vr* ■ **etw braut sich zusammen** qc se prépare

zusammen|brechen *vi irreg + sein* 1. (*kollabieren*) ■ **jd bricht zusammen** qn s'écroule
2. (*in sich zusammenfallen*) ■ **etw bricht zusammen** qc s'effondre
3. (*zum Erliegen kommen*) ■ **etw bricht zusammen** */Verkehr/* qc s'immobilise; */Kommunikation/* qc s'interrompt; */Markt/* qc s'effondre; */Computersystem/* qc se plante; ***die Stromversorgung bricht zusammen*** il y a une panne de courant

zusammen|bringen *vt irreg* 1. (*beschaffen*) ■ **jd bringt etw zusammen** *Geld, Summe* qn réunit qc, qn rassemble qc
2. (*in Kontakt bringen*) ■ **jd/etw bringt Menschen/jdn mit jdm zusammen** qn/qc met des personnes en contact/qn en contact avec qn; ***das Schicksal hat uns zusammengebracht*** le destin nous a réuni(e)s
3. *fam* (*können*) ■ **jd bringt etw zusammen** *Gedicht* qn arrive à ressortir qc *fam*; ***er war so aufgeregt, dass er keinen vernünftigen Satz zusammenbrachte*** il était tellement énervé qu'il arrivait pas à sortir une phrase correcte *fam*

Zusammenbruch *m* 1. [*Land, Wirtschaft*] effondrement *m*; ***die Rezession führt zu Zusammenbrüchen in der Zulieferindustrie*** la récession conduit à des faillites dans [l'industrie de] la sous-traitance
2. MED (*Kollaps*) syncope *f*, malaise *m* cardiaque; (*Nerven~*) dépression *f* nerveuse

zusammen|drängen *vr* ■ **sie drängen sich** [**irgendwo**] **zusammen** (*dat*) ils/elles se pressent [*o* s'entassent] [quelque part]

zusammen|fahren *vi irreg + sein* ■ **jd fährt zusammen** qn sursaute

zusammen|fallen *vi irreg + sein* 1. (*einstürzen*) ■ **etw fällt zusammen** qc s'effondre, qc s'écroule
2. (*sich gleichzeitig ereignen*) ■ **sie fallen zusammen** */Ereignisse/* ils/elles coïncident; ■ **etw und etw fallen zusammen** qc coïncide avec qc
3. (*schwach werden*) ■ **jd fällt zusammen** qn dépérit

zusammen|falten *vt* ■ **jd faltet etw zusammen** qn plie qc

zusammen|fassen I. *vt* 1. (*resümieren*) ■ **jd fasst etw zusammen** qn résume qc; ***das lässt sich in drei Sätzen*** ~ ça se résume en quelques mots
2. (*vereinigen*) ■ **jd fasst Menschen in etw** (*dat*) **zusammen** *in Gruppen* qn réunit [*o* rassemble] des personnes dans qc; *in einer Organisation, einem Verband* qn regroupe des personnes dans qc; ■ **jd fasst Dinge unter etw** (*dat*) **zusammen** *unter einem Oberbegriff* qn regroupe des choses sous qc
II. *vi* ■ **jd fasst zusammen** qn résume

zusammenfassend I. *adj* récapitulatif(-ive), sommaire
II. *adv* en résumé

Zusammenfassung *f* résumé *m*

zusammen|fegen *vt* ■ **jd fegt etw zusammen** qn balaie qc

zusammen|finden *vr irreg geh* ■ **sie finden sich zusammen** ils/elles se réunissent [*o* se rassemblent]; ***da haben sich die Richtigen zusammengefunden!*** ah, on peut dire qu'ils font la paire!

zusammen|flicken *vt fam* ■ **jd flickt jdn zusammen** *Unfallopfer, Verletzten* qn recoud qn

zusammen|fließen *vi irreg + sein* ■ **sie fließen zusammen** */Flüsse/* ils/elles confluent; ***Rhein und Mosel fließen in Koblenz zusammen*** Coblence est au confluent de la Moselle et du Rhin, la Moselle et le Rhin confluent à Coblence

Zusammenfluss[RR] *m* GEOG confluent *m*

zusammen|fügen *vt geh* ■ **jd fügt sie zusammen** qn les assemble

zusammen|gehen *vi irreg + sein* 1. (*koalieren*) ■ **sie gehen zusammen** ils/elles forment une coalition [*o* font alliance] [*o* marchent ensemble]

2. (*einlaufen*) ■ **etw geht zusammen** /*Kleidungsstück*/ qc rétrécit

zusammen|gehören * *vi* 1. (*ein Ganzes bilden*) ■ **sie gehören zusammen** /*Socken, Spielsteine*/ ils/elles vont ensemble
2. (*zueinander gehören*) ■ **sie gehören zusammen** /*Mann und Frau*/ ils/elles sont fait(e)s l'un(e) pour l'autre [*o* pour vivre ensemble]; /*Gleichgesinnte*/ ils/elles s'accordent; /*Partner, Freunde*/ ils/elles sont fait(e)s pour s'entendre

zusammengehörig *adj Socken, Spielsteine* qui va ensemble

Zusammengehörigkeit <-> *f* ∅ cohésion *f*; ***ein Gefühl der*** ~ un sentiment de profonde affinité

Zusammengehörigkeitsgefühl *nt* ∅ [sentiment *m* de] cohésion *f*, sentiment *m* de profonde affinité

zusammengesetzt *adj* GRAM composé(e)

zusammengewürfelt *adj* hétéroclite; ***diese Wohnungseinrichtung ist reichlich*** ~ cet appartement est meublé de bric et de broc

zusammen|haben *vt irreg fam* 1. (*zusammengestellt haben*) ■ **jd hat etw zusammen** *Informationen, Unterlagen* qn a rassemblé qc
2. FIN ■ **jd hat etw zusammen** *Betrag, Summe* qn a rassemblé [*o* réuni] qc

Zusammenhalt *m* ∅ cohésion *f*

zusammen|halten *irreg* I. *vi* ■ **sie halten zusammen** ils/elles font bloc, ils/elles sont solidaires
II. *vt* 1. (*nicht ausgeben*) ■ **jd hält etw zusammen** *Ersparnisse, Geld* qn ménage qc
2. (*zum Vergleichen*) ■ **jd hält sie zusammen** *Bilder, Figuren* qn les met en regard, qn les met l'un(e) à côté de l'autre

Zusammenhang <-[e]s, -hänge> *m* rapport *m*, lien *m*
▶ **ein ursächlicher** ~ une relation de cause à effet; ***etw steht in einem ursächlichen*** ~ ***mit etw*** il y a une relation de cause à effet entre qc et qc; ***diese beiden Vorfälle stehen nicht in ursächlichem*** ~ il n'y a pas de relation de cause à effet entre ces deux événements; **jd bringt jdn/etw mit etw in** ~ qn établit un lien [*o* une relation] entre qn et qc/fait le rapprochement [*o* la relation] entre qc et qc; ***sie wurde verschiedentlich mit dieser Affäre in*** ~ ***gebracht*** son nom a été cité à différentes reprises dans cette affaire; **jd reißt etw aus dem** ~ qn sort [*o* extrait] qc de son contexte; **etw steht im** [*o* **in**] ~ **mit etw** qc est en [*o* a un] rapport avec qc; **im** [*o* **in**] ~ **mit etw** dans le contexte de qc, en rapport [*o* relation] avec qc; **in diesem** ~ dans ce contexte

zusammen|hängen *vi irreg* 1. (*in Zusammenhang stehen*) ■ **etw hängt mit etw zusammen** qc est en rapport [*o* relation] avec qc, qc est lié(e) à qc
2. (*lose verbunden sein*) ■ **sie hängen zusammen** /*Fotos, Papierbögen*/ ils/elles sont collé(e)s

zusammenhängend I. *adj* ■ **mit etw** ~ lié(e) à qc
II. *adv* (*kohärent*) de façon cohérente, avec cohérence

zusammenhang[s]los I. *adj Äußerungen, Gerede* décousu(e), incohérent(e)
II. *adv sich äußern, darstellen* de façon décousue [*o* incohérente]

zusammen|hauen *vt irreg fam* 1. (*zusammenschlagen*) ■ **jd haut jdn zusammen** qn tabasse qn *fam*; ■ **jd haut etw zusammen** *Einrichtung* qn bousille qc *fam*, qn ratatine qc *fam*
2. (*zusammenschludern*) ■ **jd haut etw zusammen** qn bâcle qc *fam*

zusammen|heften *vt* ■ **jd heftet etw zusammen** *Blätter, Unterlagen* qn agrafe qc [ensemble]; *Stoffteile* (*mit einem Faden*) qn faufile qc; (*mit Stecknadeln*) qn épingle qc

zusammen|heilen *vi* + *sein* ■ **etw heilt zusammen** /*Knochen*/ qc se ressoude

zusammen|kehren *vt s.* **zusammenfegen**

zusammenklappbar *adj* pliant(e)

zusammen|klappen I. *vt* + *haben* ■ **jd klappt etw [wieder] zusammen** *Klapptisch, Liegestuhl* qn [re]plie qc
II. *vi* + *sein* 1. (*zusammenlegbar sein*) ■ **etw klappt zusammen** qc se replie
2. *fam* (*kollabieren*) ■ **jd klappt zusammen** qn tombe dans les pommes *fam*, qn tourne de l'œil *fam*

zusammen|kleben I. *vt* + *haben* ■ **jd klebt etw zusammen** qn colle qc; ***das Foto lässt sich wieder*** ~ la photo peut être recollée
II. *vi* + *haben o sein* ■ **etw klebt zusammen** qc colle; ***die Briefmarken sind zusammengeklebt*** les timbres se sont collés ensemble

zusammen|kneifen *vt irreg* ■ **jd kneift etw zusammen** *Augen* qn plisse qc; *Mund, Lippen* qn pince qc

zusammen|knoten *vt* ■ **jd knotet etw zusammen** qn noue qc; ***er knotete die beiden Teile des Seils wieder zusammen*** il a renoué les deux bouts de la corde

zusammen|kommen *vi irreg* + *sein* 1. (*sich treffen*) ■ **sie kommen zusammen** ils/elles se retrouvent [*o* rencontrent]; ***wir kommen erst wieder im April*** ~ nous ne nous reverrons qu'en avril; ■ **jd kommt mit jdm zusammen** qn rencontre qn
2. (*sich akkumulieren*) ■ **sie kommen zusammen** /*Dinge, Faktoren, Probleme*/ ils/elles s'accumulent [*o* s'additionnent]
3. (*sich summieren*) ■ **etw kommt zusammen** /*Geld, Schulden*/ qc s'accumule; /*Spenden a.*/ qc s'additionne

zusammen|krachen *vi* + *sein fam* 1. (*einstürzen*) ■ **etw kracht zusammen** qc s'effondre, qc s'écroule
2. (*zusammenstoßen*) ■ **sie krachen zusammen** /*Fahrzeuge*/ ils/elles se télescopent

zusammen|kratzen *vt fam* ■ **jd kratzt etw zusammen** *Geld* qn racle [*o* gratte] les fonds de tiroirs pour réunir qc *fam*; ***ich musste all meine Ersparnisse*** ~ j'ai été obligé(e) de racler [*o* gratter] mes fonds de tiroir[s] *fam*

zusammen|kriegen *vt fam s.* **zusammenbekommen**

Zusammenkunft <-, -künfte> *f* rencontre *f*, entrevue *f*, réunion *f*

zusammen|läppern *vr fam* ■ **etw läppert sich zusammen** qc s'accumule [petit à petit]

zusammen|laufen *vi irreg* + *sein* 1. (*sich in einem Punkt treffen*) ■ **sie laufen irgendwo zusammen** ils/elles se rencontrent quelque part; ***die Linien scheinen in der Ferne in einem Punkt zusammenzulaufen*** les lignes semblent converger au loin vers un point
2. (*zusammenströmen*) ■ **sie laufen zusammen** /*Neugierige, Schaulustige*/ ils/elles s'attroupent

zusammen|leben *vi* ■ **sie leben zusammen** ils/elles vivent ensemble; ■ **jd lebt mit jdm zusammen** qn vit avec qn

Zusammenleben *nt* ∅ cohabitation *f*; ■ **das** ~ **mit jdm** la vie [en commun] avec qn; ***das*** ~ ***mit einer Künstlerin kann sich schwierig gestalten*** vivre avec une artiste peut s'avérer difficile

zusammen|legen I. *vt* 1. (*zusammenfalten*) ■ **jd legt etw zusammen** qn plie qc; ***jd legt etw wieder zusammen*** qn replie qc
2. (*vereinigen*) ■ **jd legt etw zusammen** *Behörden, Kurse, Klassen, Termine* qn regroupe qc; *Flurstücke* qn procède au remembrement de qc, qn remembre qc; *Abteilungen a.* qn fusionne qc
3. (*in einen Raum legen*) ■ **jd legt sie zusammen** *Patienten, Häftlinge* qn les met ensemble
II. *vi* (*Geld aufbringen*) ■ **sie legen [für etw] zusammen** ils/elles se cotisent [pour qc]

Zusammenlegung <-, -en> *f* [*Termine, Patienten, Häftlinge*] regroupement *m*; [*Abteilungen a.*] fusion *f*; [*Flurstücke*] remembrement *m*; ***ich schlage eine*** ~ ***dieser beiden Termine vor*** je propose de regrouper ces deux rendez-vous; ***die Häftlinge fordern ihre*** ~ les détenus exigent d'être regroupés [*o* mis ensemble]

zusammen|nähen *vt* ■ **jd näht etw zusammen** *Kleid, Laken* qn coud qc; *Stoffteile* qn coud qc [ensemble]; ***das Kleid hat sie [sich] aus Stoffresten zusammengenäht*** elle s'est fait cette robe avec des chutes de tissu

zusammen|nehmen *irreg* I. *vt* ■ **jd nimmt etw zusammen** *Kraft, Mut* qn rassemble qc; ***um das zu tun, musste sie wirklich ihre ganze Courage*** ~ pour faire ça, elle a dû s'armer de tout son courage [*o* prendre son courage à deux mains]; ***nehmt mal euren Verstand zusammen!*** reprenez vos esprits!
▶ **alles zusammengenommen** tout compte fait
II. *vr* ■ **jd nimmt sich zusammen** qn se maîtrise, qn se contient

zusammen|packen *vt* 1. (*packen*) ■ **jd packt etw zusammen** *Kleidungsstücke, Sachen* qn emballe qc; *Spielzeug* qn range qc
2. COM ■ **jd packt etw zusammen** *verschiedene Artikel, Wurstsorten* qn met qc dans un même paquet, qn emballe qc ensemble

zusammen|passen *vi* 1. (*zueinander passen*) ■ **sie passen zusammen** /*Partner*/ ils/elles vont bien ensemble; ***sie mussten schließlich feststellen, dass sie nicht*** ~ ils ont bien dû finir par constater qu'ils n'étaient pas faits l'un pour l'autre
2. (*miteinander harmonieren*) ■ **sie passen zusammen** /*Farben, Kleidungsstücke*/ ils/elles vont bien ensemble; ***diese Farben passen nicht zusammen*** ces couleurs jurent entre elles

zusammen|pferchen *vt* ■ **jd pfercht sie [irgendwo] zusammen** *in einem Waggon* qn les entasse [quelque part]; *in einem Lager* qn les parque [quelque part]

Zusammenprall *m* collision *f*, choc *m*; ***der*** ~ ***der beiden Züge*** la collision entre les deux trains

zusammen|prallen *vi* + *sein* ■ **sie prallen zusammen** /*Fahrzeuge*/ ils/elles entrent en collision [*o* se tamponnent]; ***in der Dunkelheit sind wir mit den Köpfen zusammengeprallt*** dans l'obscurité, nos têtes se sont heurtées [*o* cognées]

zusammen|pressen *vt* ■ **jd presst etw zusammen** *Lippen, Faust* qn serre qc; ***sie ertrug den Schmerz tapfer mit zusammengepressten Lippen*** elle a supporté la douleur en serrant les dents

zusammen|raffen *vt* 1. (*eilig einsammeln*) ■ **jd rafft etw zusammen** qn ramasse qc à la hâte; ***sie raffte ihre Siebensachen zusammen und reiste ab*** elle a pris ses cliques et ses claques et elle est partie; ***die Einbrecher konnten nur ein paar Schmuckstücke*** ~ les cambrioleurs n'ont pu rafler que quelques bijoux *fam*
2. *pej* (*anhäufen*) ■ **jd rafft etw zusammen** *Geld, Vermögen* qn amasse qc

zusammen|raufen *vr fam* ■ **sie raufen sich zusammen** ils/elles essaient de trouver un terrain d'entente; ***sie haben sich inzwischen zusammengerauft*** ils/elles ont fini par trouver un terrain d'entente

zusammen|rechnen *vt* ■ **jd rechnet etw zusammen** qn fait le total de qc, qn additionne qc; ***bitte rechnen Sie den ganzen Verzehr zusammen, ich zahle!*** faites une seule addition [*o* comptez tout ensemble], c'est moi qui règle!

zusammen|reimen *vr* ■ **jd reimt sich** (*dat*) **etw zusammen** *Dinge, Vorfälle* qn s'explique qc; ***was du dir da wieder alles zusammenreimst, nur weil ich gestern etwas später nach Hause kam!*** qu'est-ce que tu vas pas imaginer, juste parce que je suis rentré(e) un peu plus tard hier! *fam*

zusammen|reißen *vr irreg fam* ■ **jd reißt sich zusammen** qn se fait violence, qn fait un effort sur lui/elle-même, qn se maîtrise; ***jetzt reiß dich [mal] zusammen!*** tâche voir *fam* [*o* essaie] de faire un effort!

zusammen|rollen I. *vt* ■ **jd rollt etw zusammen** qn [en]roule qc
II. *vr* ZOOL ■ **ein Tier rollt sich zusammen** /*Igel, Katze*/ un animal se met en boule; /*Schlange*/ un animal se love [*o* s'enroule sur lui-même]; ***der Hund lag zusammengerollt vor dem Kamin*** le chien était pelotonné devant la cheminée

zusammen|rotten *vr pej* ■ **sie rotten sich zusammen** ils/elles s'ameutent

zusammen|rücken I. *vi* + *sein* 1. (*aneinander rücken*) ■ **sie rücken zusammen** ils/elles se rapprochent les un(e)s des autres [*o* se serrent les un(e)s contre les autres]

2. (*enger zusammenhalten*) ils/elles se rapprochent [*o* se serrent les coudes]
II. *vt + haben* ■ **jd rückt etw zusammen** *Sitzmöbel* qn rapproche qc
zusammen|rufen *vt irreg* ■ **jd ruft sie zusammen** qn les convoque
zusammen|sacken *vi + sein* 1. (*zusammensinken*) ■ **jd sackt zusammen** qn s'effondre
2. (*einsacken*) ■ **etw sackt zusammen** qc s'effondre, qc s'écroule
zusammen|scharen *vr* ■ **sie scharen sich zusammen** ils/elles s'attroupent
zusammen|scheißen *vt irreg sl* ■ **jd scheißt jdn zusammen** qn engueule qn comme du poisson pourri *fam*
zusammen|schlagen *irreg* I. *vt + haben* 1. (*verprügeln*) ■ **jd schlägt jdn zusammen** qn roue de coups qn, qn passe qn à tabac *fam*
2. (*zertrümmern*) ■ **jd schlägt etw zusammen** *Einrichtung, Mobiliar* qn met en pièces qc
II. *vi + sein* ■ **etw schlägt über jdm zusammen** */Brecher, Woge/* qc s'abat sur qn; */Meer/* qc engloutit qn
zusammen|schließen *vr irreg* 1. (*sich vereinigen*) ■ **sie schließen sich [zu etw] zusammen** *zu einem Konzern, einer größeren Partei* ils/elles s'associent [*o* se regroupent] [*o* fusionnent] en qc
2. (*sich verbinden*) ■ **sie schließen sich [gegen jdn] zusammen** ils/elles se liguent [*o* font alliance] [contre qn]
Zusammenschluss^RR *m* (*Verband*) regroupement *m;* [*Firmen a.*] fusion *f;* [*Gruppierungen, Gleichgesinnte a.*] association *f*
zusammen|schrecken *vi irreg + sein* ■ **jd schreckt zusammen** qn sursaute
zusammen|schreiben *vt irreg* 1. GRAM ■ **jd schreibt etw zusammen** qn écrit qc en un seul mot
2. (*aufsetzen*) ■ **jd schreibt etw zusammen** qn rédige qc
3. *pej* (*Unsinn schreiben*) ■ **jd schreibt etw zusammen** qn pond qc *fam*
zusammen|schrumpfen *vi + sein* 1. (*einschrumpfen*) ■ **etw schrumpft zusammen** */Apfel, Kartoffel/* qc se ratatine
2. (*sich vermindern*) ■ **etw schrumpft zusammen** */Ersparnisse, Vermögen/* qc fond comme neige au soleil
zusammen|sein *s.* **sein**[1] **I.**▸
Zusammensein *nt* ∅ [*Partner, Verliebte*] rencontre *f;* ■ **das ~ mit jdm** le temps passé avec qn; ***das ~ mit dir*** les moments [que nous avons] passés ensemble
▸ **geselliges** ~ réunion *f* amicale
zusammen|setzen I. *vt* 1. (*aus Teilen herstellen*) ■ **jd setzt etw zusammen** *Stücke* qn assemble qc; ■ **jd setzt etw [wieder] zusammen** *Gerät, Gewehr* qn remonte qc; ***ein Puzzle wird aus vielen Einzelteilen [zu einem Ganzen] zusammengesetzt*** un puzzle est un assemblage de nombreuses pièces
2. (*nebeneinander setzen*) ■ **jd setzt sie zusammen** *Schüler etc* qn les met [*o* place] l'un(e) à côté de l'autre
II. *vr* 1. (*sich gemeinsam niederlassen*) ■ **sie setzen sich zusammen** ils/elles s'asseyent l'un(e) à côté de l'autre [*o* ensemble]; (*im Restaurant*) ils/elles s'asseyent à la même table; ■ **jd setzt sich mit jdm zusammen** qn s'assied à côté de qn; (*im Restaurant*) qn s'assied à la même table que qn
2. (*bestehen*) ■ **etw setzt sich aus etw zusammen** qc se compose [*o* est composé(e)] de qc
Zusammensetzung <-, -en> *f* composition *f*
zusammen|sinken *vi irreg + sein* ■ **jd/etw sinkt [in sich (*akk*)] zusammen** qn/qc s'effondre; ***jd/etw sinkt nach und nach in sich zusammen*** qc s'affaisse petit à petit
zusammen|stauchen *vt fam* ■ **jd staucht jdn zusammen** qn engueule qn *fam*, qn passe un savon à qn *fam;* ■ **jd wird zusammengestaucht** qn se fait engueuler *fam*, qn prend un savon *fam*
zusammen|stecken I. *vt* (*mit Stecknadeln*) ■ **jd steckt etw zusammen** qn épingle qc
II. *vi fam* (*zusammen sein*) ■ **sie stecken zusammen** ils/elles sont fourré(e)s ensemble *fam*
zusammen|stehen *vi irreg* 1. (*nebeneinander stehen*) ■ **sie stehen zusammen** */Gegenstände, Menschen/* ils/elles sont [*o* se trouvent] l'un(e) à côté de l'autre; ***was müsst ihr da wieder ~?*** qu'est-ce que vous faites encore ensemble?
2. (*einander unterstützen*) ■ **sie stehen zusammen** ils/elles serrent les coudes
zusammen|stellen *vt* 1. (*auf einen Fleck stellen*) ■ **jd stellt etw zusammen** qn regroupe qc, qn rassemble qc
2. (*aufstellen*) ■ **jd stellt etw zusammen** *Daten* qn rassemble qc, qn regroupe qc; *Adressen* qn établit une liste de qc; *Liste, Programm* qn établit qc
3. MEDIA ■ **jd stellt etw zusammen** *Anthologie, Sammelband* qn compose qc
Zusammenstellung *f* 1. (*Aufstellung*) [*Liste, Programm*] établissement *m;* [*Namen, Adressen*] liste *f* [par écrit]; ***wir sind noch mit der ~ des Programms beschäftigt*** nous en sommes encore à établir le programme
2. ∅ MEDIA [*Anthologie, Sammelband*] rédaction *f*
Zusammenstoß *m* 1. (*Kollision*) collision *f*
2. *fam* (*Meinungsverschiedenheit*) friction *f;* ***es kommt immer häufiger zu Zusammenstößen mit meiner Chefin*** il y a de plus en plus de tirage entre ma patronne et moi *fam*
zusammen|stoßen *vi irreg + sein* 1. (*kollidieren*) ■ **sie stoßen zusammen** */Fahrzeuge, Züge/* ils/elles entrent en collision [*o* se heurtent]; ■ **etw stößt mit etw zusammen** qc entre en collision avec qc
2. (*gegeneinander prallen*) ■ **sie stoßen zusammen** */Menschen/* ils/elles se heurtent; ■ **jd stößt mit jdm zusammen** qn heurte qn
zusammen|strömen *vi + sein* ■ **sie strömen zusammen** */Demonstranten, Zuschauer/* ils/elles affluent
zusammen|stürzen *vi + sein* ■ **etw stürzt zusammen** qc s'effondre, qc s'écroule
zusammen|suchen *vt* ■ **jd sucht [sich (*dat*)] etw zusammen** qn rassemble qc
zusammen|tragen *vt irreg* ■ **jd trägt etw zusammen** qn rassemble qc, qn réunit qc
zusammen|treffen *vi irreg + sein* 1. (*sich treffen*) ■ **sie treffen zusammen** ils/elles se rencontrent; ■ **jd trifft mit jdm zusammen** qn rencontre qn
2. (*gleichzeitig auftreten*) ■ **sie treffen zusammen** */Faktoren, Umstände/* ils/elles coïncident; ***die Flucht der Gefangenen wurde durch Umstände ermöglicht, die zufällig zusammentrafen*** la fuite des prisonniers a été rendue possible par un concours de circonstances
Zusammentreffen *nt* 1. (*Treffen*) rencontre *f*
2. (*gleichzeitiges Auftreten*) coïncidence *f;* ***das ~ ungünstiger Umstände*** un malheureux concours de circonstances
zusammen|treten I. *vi irreg + sein* ■ **etw tritt zusammen** */Ausschuss, Gremium, Bundestag/* qc se réunit, qc se rassemble
II. *vt + haben fam* ■ **jd tritt jdn zusammen** qn roue qn de coups de pied
zusammen|trommeln *vt fam* ■ **jd trommelt jdn zusammen** *Anhänger, Mitglieder* qn rameute qn, qn bat le rappel de qn
zusammen|tun *vr irreg fam* ■ **sie tun sich [zu etw] zusammen** *zu einer Aktion, zu einem Vorhaben* ils/elles se mettent ensemble [pour qc]; ■ **jd tut sich mit jdm zusammen** qn s'associe à qn, qn se met avec qn *fam*
zusammen|wachsen [-ks-] *vi irreg + sein* 1. MED ■ **etw wächst [wieder] zusammen** */Knochen/* qc se [res]soude
2. (*sich verbinden*) ■ **sie wachsen zusammen** */Ortschaften, Ortsteile/* ils/elles s'agglomèrent [*o* finissent par ne faire qu'un]; ***im Laufe der Jahre ist die Neubausiedlung mit dem Ortskern zusammengewachsen*** au fil des ans, cette cité nouvelle a fini par ne former qu'une agglomération avec la ville elle-même
zusammen|werfen *vt irreg* ■ **jd wirft etw zusammen** qn fait un tas de qc [à jeter]
zusammen|wirken *vi geh* 1. *geh* (*gemeinsam tätig sein*) ■ **sie wirken zusammen** ils/elles œuvrent ensemble *soutenu*
2. (*vereint wirken*) ■ **sie wirken zusammen** */Faktoren, Umstände/* ils/elles sont concomitant(e)s
zusammen|zählen *vt* ■ **jd zählt sie zusammen** qn les additionne
zusammen|ziehen *irreg* I. *vi + sein* ■ **sie ziehen zusammen** ils/elles s'installent ensemble; */Paar/* ils/elles se mettent en ménage; ■ **jd zieht mit jdm zusammen** qn s'installe avec qn; */Mann und Frau/* qn se met en ménage avec qn; ***sie ist mit einer Freundin zusammengezogen*** elle est allée habiter avec une amie
II. *vr + haben* 1. (*sich verengen*) ■ **etw zieht sich zusammen** */Schlinge/* qc se resserre; */Mund/* qc se rétracte; */Pupillen/* qc [se] rétrécit; */Schließmuskel/* qc se contracte
2. (*sich ballen*) ■ **sie ziehen sich zusammen** ils/elles s'amassent; ***es zieht sich ein Gewitter zusammen*** un orage se prépare
III. *vt + haben* ■ **jd zieht jdn zusammen** *Truppen* qn amasse qn; *Polizeiaufgebot* qn déploie qn
zusammen|zucken *vi + sein* ■ **jd zuckt zusammen** qn sursaute, qn tressaille
Zusatz *m* 1. (*zugefügter Teil*) [*Gesetz*] additif *m;* [*Paragraph*] adjonction *f*, ajout *m;* [*Vertrag*] avenant *m*
2. GASTR, PHARM additif *m*
▸ **ohne ~ von ...** *von Farbstoffen, Konservierungsstoffen* sans addition de ...
-zusatz *m* GASTR, PHARM *form* additif *m* de; ***Aromastoff~*** agent *m* d'aromatisation; ***Farbstoff~*** colorant *m;* ***Konservierungsstoff~*** conservateur *m;* ***Stabilisations~*** stabilisateur *m*
Zusatz- 1. (*zusätzlich angefügt*) *-bestimmung* additif(-ive), complémentaire; *-information* complémentaire; *-tarif, -tag* supplémentaire; *-abkommen* additionnel(le); ***die Grünen haben zum geplanten Abtreibungsparagraphen einen ~antrag gestellt*** les Verts ont déposé une demande d'additif au paragraphe projeté sur l'avortement
2. TECH *-teil* supplémentaire; *-rakete a.* de secours; ***mit den entsprechenden ~geräten kann man mit einem Computer telefonieren oder faxen*** avec les périphériques adéquats, on peut téléphoner ou faxer avec un ordinateur
zusätzlich I. *adj* 1. (*nachträglich*) *Bemerkungen, Fragen, Kosten* supplémentaire; (*ergänzend*) *Ausführungen, Feststellung, Hinweis* complémentaire
2. (*darüber hinaus möglich*) *Ausstattung* supplémentaire; *Versicherung* complémentaire
II. *adv* en plus; ***die Lederpolsterung kostet ~ 9889 DM*** pour l'habillage en cuir, il y a un supplément de 9889 marks
Zusatzversicherung *f* assurance *f* complémentaire **Zusatzzahl** *f* numéro *m* complémentaire
zuschanden *adv* ▸ **jd fährt etw ~** *geh Kraftfahrzeug* qn démolit qc; **jd/etw macht etw ~** *geh Hoffnung, Plan, Vorhaben* qn/qc réduit à néant qc
zu|schanzen *vt fam* ■ **jd schanzt jdm etw zu** *Auftrag, Job, Posten* qn pistonne qn pour qc
zu|schauen *vi s.* **zusehen**
Zuschauer(in) <-s, -> *m(f)* spectateur(-trice) *m(f)*
Zuschauerraum *m* salle *f* **Zuschauertribüne** *f* tribune *f*
zu|schicken *vt* ■ **jd schickt jdm etw zu** qn envoie [*o* fait parvenir] qc à qn; ■ **jd lässt sich (*dat*) etw ~** qn se fait envoyer qc
▸ **jd bekommt [von jdm] etw zugeschickt** qn reçoit qc [de qn]
zu|schieben *vt irreg* 1. (*hinschieben*) ■ **jd schiebt jdm etw zu** qn passe

qc à qn
2. (*schließen*) ■ **jd schiebt etw [wieder] zu** qn [re]ferme qc [en le/la poussant]
3. (*jdm zur Last legen*) ■ **jd schiebt jdm etw zu** *Schuld, Verantwortung* qn impute qc à qn, qn rejette qc sur qn
zu|schießen *irreg* I. *vt + haben* 1. (*zu jdm hinschießen*) ■ **jd schießt jdm etw zu** *Ball* qn passe qc à qn; ***jd schießt jdm den Ball zu*** qn fait une passe à qn
2. FIN ■ **jd schießt [jdm] etw zu** *Betrag, Geld* qn verse qc [à qn] en supplément; ***man hat mir etwas Geld zugeschossen*** on m'a donné une petite rallonge *fam*
II. *vi + sein fam* ■ **jd/etw schießt auf jdn/etw zu** qn/qc fonce sur [*o* en direction de] qn/qc
Zuschlag *m* 1. EISENBAHN supplément *m*
2. IND majoration *f* de salaire
3. POST surtaxe *f*
4. (*Annahme eines Höchstgebotes*) adjudication *f*
▸ **jd erteilt jdm den** ~ *form* qn adjuge le marché à qn
zu|schlagen *irreg* I. *vt + haben* 1. (*schließen*) ■ **jd schlägt etw zu** *Deckel, Fenster, Tür* qn claque qc; *Buch* qn referme qc
2. (*zusprechen*) ■ **jd schlägt jdm etw zu** */Auktionator/* qn adjuge qc à qn
3. (*zuspielen*) ■ **jd schlägt jdm etw zu** *Bälle* qn envoie qc à qn; ***wir sollten uns ein paar Bälle*** ~ nous devrions échanger quelques balles
II. *vi* 1. + *haben* (*einen Hieb versetzen*) ■ **jd schlägt [mit etw] zu** qn donne un coup [de qc], qn frappe [avec qc]
2. + *sein* (*zufallen*) ■ **etw schlägt zu** */Deckel, Fenster, Tür/* qc se referme, qc claque
3. + *haben* (*rasch annehmen*) ■ **jd schlägt zu** qn dit oui tout de suite; ***schlagen Sie zu!*** topez là!; ■ **jd schlägt [bei etw] zu** *bei einem Angebot* qn accepte immédiatement qc
4. *sl* (*zugreifen*) ■ **jd schlägt zu** qn se fait pas prier *fam*, qn y va franco *fam*; ***sie hat beim kalten Büfett kräftig zugeschlagen*** elle a vraiment fait honneur au buffet froid; ***mit dieser neuen Steuer schlägt der Staat ordentlich zu*** avec ce nouvel impôt, l'État n'y va pas avec le dos de la cuiller *fam*
5. *fam* (*aktiv werden*) ■ **jd schlägt zu** */Armee, Polizei/* qn intervient; */Presse, Kritiker/* qn fait donner l'artillerie *fam*
6. *sl* (*erfolgreich sein*) ■ **jd hat zugeschlagen** qn a fait fort *fam*
zu|schließen *irreg* I. *vt* ■ **jd schließt etw zu** qn ferme qc à clé
II. *vi* ■ **jd schließt zu** qn ferme à clé
zu|schnallen *vt* ■ **jd schnallt etw zu** qn boucle qc
zu|schnappen *vi* 1. + *haben* ■ **ein Tier schnappt zu** */Hund, Krokodil/* un animal mord
2. + *sein* (*sich schließen*) ■ **etw schnappt zu** */Deckel, Tür, Falle/* qc se referme
zu|schneiden *vt irreg* ■ **jd schneidet [jdm/sich] etw zu** *Brett* qn [lui/se] découpe qc; *Bretter* qn [lui/se] débite qc; *Stoff* qn [lui/se] coupe qc
▸ **etw ist auf jdn zugeschnitten** qc est fait(e) [sur mesure] pour qn; **etw ist auf jdn/etw zugeschnitten** (*trifft etw genau*) qc cible qn/qc; ***diese Sendungen sind nicht auf Intellektuelle zugeschnitten*** ces émissions ne sont pas faites pour les intellectuels
zu|schneien *vi + sein* ■ **jd/etw schneit zu** qn/qc se [re]couvre de neige; ***über Weihnachten waren wir ganz zugeschneit*** nous avons passé Noël bloqué(e)s par la neige
Zuschnitt *m* 1. ∅ (*das Zuschneiden*) [*Bretter*] découpage *m*; [*Stoff*] coupe *f*; ***der ~ des Stoffes für das Kleid ist kein Problem*** couper le tissu pour la robe ne présente pas de problème
2. COUT (*Form*) coupe *f*
3. (*Format*) [*Mensch*] envergure *f*; ***Jugendliche dieses ~s*** des jeunes *mpl* de cette trempe
zu|schnüren *vt* 1. (*schließen*) ■ **jd schnürt etw zu** *Schuhe, Korsett* qn lace qc
2. (*abschnüren*) ■ **etw schnürt jdm etw zu** *Kehle* qc lui noue qc
zu|schrauben *vt* ■ **jd schraubt etw zu** qn visse qc; ***jd schraubt etw wieder zu*** qn revisse qc
zu|schreiben *vt irreg* 1. (*für den Urheber halten*) ■ **jd schreibt jdm etw zu** *Kunstwerk, Roman* qn attribue qc à qn
2. (*zur Last legen*) ■ **jd schreibt jdm/einer S. etw zu** qn impute qc à qn/qc; ***den Irrtum schreibe ich ihrer Jugend zu*** je mets cette erreur sur le compte de sa jeunesse
▸ **jd hat sich** (*dat*) **etw selbst zuzuschreiben**: ***das hast du dir selbst zuzuschreiben*** tu n'as qu'à t'en prendre à toi-même; ***ihre Entlassung hat sie sich selbst zuzuschreiben*** si elle a été licenciée, elle ne peut s'en prendre qu'à elle
Zuschrift *f form* ■ **[jds]** ~ **[auf etw** (*akk*)**]** *auf jds Annonce* lettre *f* de réponse [de qn] [à qc]
zuschulden *adv* ▸ **jd lässt sich** (*dat*) **etwas/nichts** ~ **kommen** qn a quelque chose/n'a rien à se reprocher
Zuschuss[RR] <-es, -schüsse> *m* subvention *f*; [*Eltern*] aide *f* financière
Zuschuss-[RR] *-betrieb, -geschäft, -projekt* subventionné(e), tributaire de subventions
zu|schustern *vt s.* **zuschanzen**
zu|schütten I. *vt* 1. (*füllen*) ■ **jd schüttet etw zu** *Grube, Loch* qn comble qc; *Graben a.* qn remblaie qc
2. *fam* (*hinzugießen*) ■ **jd schüttet etw zu** *Flüssigkeit, Wasser* qn rajoute qc, qn remet qc
II. *vr sl* (*sich betrinken*) ■ **jd schüttet sich zu** qn se bourre la gueule *fam*
zu|sehen *vi irreg* 1. (*beobachten*) ■ **jd sieht zu** qn regarde; ■ **jd sieht zu, wie** qn regarde comment; ■ **jd sieht jdm [bei etw] zu** qn regarde qn [faire qc]
2. (*tatenlos tolerieren*) ■ **jd sieht einer S.** (*dat*) **zu** *einem Treiben, Unfug, Massenmord* qn assiste à qc en spectateur
3. (*dafür sorgen*) ■ **jd sieht zu, dass** *dass jd etw tut, dass etw geschieht* qn veille à ce que + *subj*
▸ **bei näherem Z~** en y regardant [*o* à y regarder] de plus près; **sieh mal zu!** *fam* essaie toujours!; **sieh mal zu, was …** *fam* tâche un peu de voir ce qui/ce que …
zusehends *adv* à vue d'œil
zu|sein *s.* **sein**[1] **I.** ▸
zu|senden *vt irreg s.* **zuschicken**
zu|setzen I. *vi* 1. (*bedrängen*) ■ **jd setzt jdm zu** qn harcèle qn
2. (*belasten*) ■ **etw setzt jdm zu** */Krankheit/* qc éprouve qn; */Überanstrengung/* qc met qn à rude épreuve
II. *vt* ■ **jd setzt [einer S.** (*dat*)**] etw zu** *einem Gericht, Lebensmittel* qn [r]ajoute qc [à qc]; ***Fruchtsäften darf kein Farbstoff zugesetzt werden*** aucune adjonction de colorant n'est autorisée dans les jus de fruits
zu|sichern *vt* ■ **jd sichert jdm etw zu** qn assure qn de qc; ■ **jd sichert jdm zu, dass** qn donne à qn l'assurance que + *indic*, qn assure à qn que + *indic*
Zusicherung *f* 1. ∅ (*das Zusichern*) [*Hilfe, Stillschweigen*] assurance *f*
2. (*Zugesichertes*) promesse *f*
Zuspätkommende(r) *f(m) decl wie adj form* retardataire *mf*
zu|sperren *vt* SDEUTSCH, AUS ■ **jd sperrt etw zu** qn ferme qc à clé
zu|spielen *vt* 1. FBALL ■ **jd spielt jdm etw zu** qn passe qc à qn; ***der zugespielte Ball*** la passe
2. (*zukommen lassen*) ■ **jd spielt jdm etw zu** *Information, Foto* qn fait parvenir qc à qn
zu|spitzen I. *vr* ■ **etw spitzt sich zu** qc s'aggrave; */Auseinandersetzung, Konflikt a./* qc s'envenime; */Krise, Lage a./* qc empire
II. *vt* ■ **jd spitzt etw zu** qn taille qc en pointe
Zuspitzung <-, -en> *f* aggravation *f*
zu|sprechen *irreg* I. *vt* 1. JUR ■ **jd spricht jdm etw zu** *Anspruch, Recht* qn reconnaît qc à qn; ***das Kind wurde der Mutter zugesprochen*** la garde de l'enfant a été confiée à la mère
2. *geh* (*zuteil werden lassen*) ■ **jd spricht jdm etw zu** qn prodigue des paroles de qc à qn *soutenu*; ***er sprach ihnen Mut zu*** il leur prodiguait des encouragements *soutenu*
II. *vi geh* ■ **jd spricht einer S.** (*dat*) **zu** *dem Alkohol, Wein, guten Essen* qn apprécie qc, qn prise qc *littér*
Zuspruch *m* ∅ *geh* paroles *fpl* de réconfort
▸ **etw erfreut sich … ~s**: ***etw erfreut sich großen/regen ~s*** qc est très en vogue; **etw findet** ~ qc a du succès
Zustand <-[e]s, -stände> *m* 1. (*Beschaffenheit*) état *m*
2. (*Verfassung*) état *m*; ***wie ist der ~ von Herrn Müller nach der Operation?*** comment est monsieur Müller après cette opération?; ***die Ware traf bei mir in beschädigtem ~ ein*** la marchandise est arrivée chez moi endommagée
3. *pl* (*Verhältnisse*) situation *f*, état *m* de choses; ***katastrophale Zustände*** des conditions *fpl* de vie catastrophiques; ***das sind ja Zustände wie im alten Rom*** c'est vraiment la gabegie!
▸ **jd bekommt** [*o* **kriegt**] **Zustände** *fam* qn pique sa crise *fam*, qn se met dans tous ses états; ***ich kriege noch Zustände!*** je sens que je vais craquer! *fam*; **in meinem/deinem/ihrem** ~ (*hochschwanger*) dans mon/ton/son état; ***in deinem ~ solltest du das Rauchen aufgeben*** tu devrais arrêter de fumer, c'est pas bon pour ce que tu as *fam*
zustande *adv* ▸ **jd bringt etw** ~ *Einigung, Kompromiss* qn arrive [*o* parvient] à qc; *Arbeit* qn arrive à faire qc, qn mène à bien qc; **jd bringt es ~, dass jd etw tut** qn arrive [*o* parvient] à ce que qn fasse qc, qn finit par obtenir que qn fasse qc; ***du bringst es noch ~, dass ich dir eine scheuere!*** tu vas réussir à ce que je t'en colle une! *fam*; **etw kommt** ~ */Treffen/* qc a lieu; */Abmachung, Vertrag/* qc est conclu(e)
Zustandekommen <-s> *nt* ∅ [*Abmachung, Vertrag*] conclusion *f*; ***das ~ des Treffens scheiterte an unvorhergesehenen Umständen*** la rencontre n'a pas pu avoir lieu en raison de circonstances imprévues
zuständig *adj* compétent(e); ■ **jd ist für etw** ~ qn est responsable de qc; JUR qc est compétent(e) pour juger qc
Zuständigkeit <-, -en> *f* compétence *f*; ***sie verwies mich auf die ~ eines anderen Sachbearbeiters*** elle m'a renvoyé(e) à une autre personne responsable du dossier; ***in diesem Falle besteht eine ~ des Verwaltungsgerichts*** cette affaire relève de la compétence du tribunal administratif
▸ **etw fällt in jds** ~ (*akk*) qc est de la compétence de qn
zustatten *adj* ▸ **etw kommt jdm** ~ *geh* qc m'est/lui/… est bien utile
zu|stechen *vi irreg* ■ **jd sticht zu** qn donne un coup de couteau/de poignard/…; ■ **jd sticht mit etw zu** *mit einer Stichwaffe* qn donne un coup de qc
zu|stecken *vt* ■ **jd steckt jdm etw zu** *Geld, Brief* qn glisse qc à qn
zu|stehen *vi irreg* 1. (*von Rechts wegen gehören*) ■ **etw steht jdm zu** */Anspruch, Erbschaft, Geld/* qc revient [de droit] à qn
2. (*zukommen*) ■ **jdm steht etw zu** il appartient à qn de [*o* qn a à] faire qc; ***eine solche Äußerung steht Ihnen nicht zu*** il ne vous appartient pas de [*o* vous n'avez pas à] tenir de tel propos; ■ **es steht jdm zu etw zu tun** il appartient à qn de faire qc
zu|steigen *vi irreg + sein* TRANSP ■ **jd steigt zu** qn monte [en cours de voyage]
zu|stellen *vt* 1. POST *form* ■ **jd stellt [jdm] etw zu** qn dépose [*o* distribue] qc [à qn]
2. JUR ■ **jd stellt [jdm] etw zu** *Klageschrift, Mahnbescheid* qn remet qc [à qn]; */Gericht/* qn notifie [*o* signifie] qc [à qn]

3. *fam* (*blockieren*) ■ **jd stellt [jdm] etw zu** *Eingang, Tür* qn [lui] encombre qc
Zusteller(in) <-s, -> *m(f) form* facteur(-trice) *m(f)*, préposé(e) *m(f) form; [Paket]* porteur(-euse) *m(f)*
Zustellgebühr *f* [droit *m* de] factage
Zustellung *f* 1. POST distribution *f*
2. JUR [*Klageschrift etc*] notification *f*, signification *f*
Zustellungsurkunde *f* accusé *m* de réception, récépissé *m*
zu|steuern *vi + sein* 1. *fam* (*darauf zugehen*) ■ **jd steuert auf jdn/etw zu** qn met le cap sur qn/qc
2. (*darauf zutreiben*) ■ **jd/etw steuert auf etw** (*akk*) **zu** *auf eine Katastrophe, einen Krieg* qn/qc court [*o* va droit] à qc; *auf eine kritische Situation* qn/qc va au-devant de qc
zu|stimmen *vi* 1. (*einer Meinung sein*) ■ **jd stimmt jdm zu** qn est de l'avis de [*o* du même avis que] qn
2. (*einverstanden sein*) ■ **jd stimmt [jdm/einer S.] zu** qn est d'accord [avec qn/qc], qn approuve [qn/qc]
zustimmend I. *adj Kopfnicken* approbateur(-trice), d'approbation; *Äußerung* favorable
II. *adv nicken* d'un air approbateur; ***jd äußert sich*** ~ qn exprime son approbation
Zustimmung *f* approbation *f*, assentiment *m*
▸ **jd gibt/verweigert einer S.** *geh* **seine** ~ qn donne/refuse son assentiment à qc; **mit/ohne jds** ~ avec/sans l'assentiment [*o* l'accord] de qn
zu|stoßen *irreg* I. *vi* 1. + *haben* (*zustechen*) ■ **jd stößt [mit etw] zu** *mit einer Stichwaffe* qn frappe [avec qc]; ■ **ein Tier stößt [mit etw] zu** *mit den Hörnern* un animal donne un coup [de qc]; ***plötzlich stieß die Schlange zu*** le serpent a subitement frappé
2. + *sein* (*passieren*) ■ **jdm stößt etw zu** qc arrive à qn
II. *vt + haben* ■ **jd stößt etw [mit etw] zu** *Fenster, Tür* qn ferme qc [d'un coup de qc]
Zustrom *m* ∅ afflux *m*
zutage *adj* ▸ **jd/etw bringt etw** ~ qn/qc étale qc au grand jour; **etw tritt** ~ (*wird sichtbar*) qc apparaît; (*wird offensichtlich*) qc apparaît au grand jour
Zutat <-, -en> *f meist pl* ingrédient *m*
zuteil *adv* ▸ **jd lässt jdm etw ~ werden** *geh* qn impartit qc à qn *soutenu;* **jdm wird etw** ~ *geh /gute Behandlung, Ehre/* qc est imparti(e) à qn; */schlechte Behandlung/* qc est infligé(e) à qn; */schweres Schicksal/* qc échoit à qn; ***und wieso wird mir diese Ehre*** ~? et qu'est-ce qui me vaut cet honneur?
zu|teilen *vt* 1. (*vergeben*) ■ **jd teilt jdm etw zu** *Anteil, Portion* qn distribue qc à qn
2. (*zuweisen*) ■ **jd teilt jdm jdn/etw zu** *Arbeit, Pensum, Rolle, Helfer, Mitarbeiter* qn attribue qn/qc à qn; ***das mir zugeteilte Pensum*** la tâche qui m'est impartie
Zuteilung *f* 1. (*das Zuteilen*) [*Anteil, Portion*] répartition *f*
2. (*Zuweisung*) [*Arbeit, Aufgabe*] distribution *f*, attribution *f*; [*Hilfskräfte, Asylanten*] affectation *f*
▸ **auf** ~: ***es gibt etw nur auf*** ~ qc est rationné(e)
zutiefst *adv* au plus haut point
zu|tragen *irreg* I. *vt geh* ■ **jd trägt jdm etw zu** qn rapporte qc à qn
II. *vr geh* ■ **etw trägt sich zu** qc se déroule, qc se passe
Zuträger(in) *m(f) pej* informateur(-trice) *m(f)*; (*für die Polizei*) indicateur(-trice) *m(f)*
zuträglich *adj geh* sain(e); ■ **mir/ihm/...** ~ qui me/lui/... convient; ■ **etw ist jdm nicht** ~ qc ne convient pas à qn
zu|trauen I. *vt* ■ **jd traut jdm etw zu** qn croit qn capable de qc
▸ **jd hätte jdm etw nie zugetraut** qn n'aurait jamais cru qn capable de qc; **das ist jdm zuzutrauen** *iron fam* qn en est tout à fait capable; **jd traut jdm alles zu** qn croit qn capable de tout; ***diesen skrupellosen Burschen darf man alles*** ~ ces types sans scrupules sont capables de tout
II. *vr* ■ **jd traut sich** (*dat*) **etw zu** qn se croit capable de qc; ■ **jd traut sich** (*dat*) **zu etw zu tun** qn se croit capable de faire qc
▸ **jd traut sich** (*dat*) **nichts zu** qn n'a aucune confiance en lui/elle; **jd traut sich** (*dat*) **zu viel zu** qn présume de lui/d'elle
Zutrauen <-s> *nt* ∅ confiance *f*; ■ **jds ~ zu jdm** la confiance de qn en qn
▸ **jd hat ~ zu jdm** (*traut jdm etw zu*) qn fait confiance à qn; (*vertraut jdm*) qn a confiance en qn
zutraulich *adj Kind* peu sauvage; *Hund, Katze* peu farouche, familier(-ière)
zu|treffen *vi irreg* 1. (*richtig sein*) ■ **etw trifft zu** */Annahme, Vermutung/* qc est juste [*o* exact(e)]; */Vorwurf/* qc est fondé(e); ■ **es trifft zu, dass** il est vrai [*o* exact] que + *indic*
2. (*passen*) ■ **etw trifft auf jdn/etw zu** */Anforderungsprofil, Beschreibung, Eigenschaft/* qc correspond à qn/s'applique à qc
zutreffend I. *adj* 1. (*richtig*) *Annahme, Behauptung, Vermutung* exact(e), juste; *Vorwurf* fondé(e)
2. (*passend*) ■ **auf jdn** ~ *Beschreibung, Eigenschaft* qui correspond à qn
▸ **Z~es bitte unterstreichen** souligner la mention exacte
II. *adv berichten, darstellen* avec exactitude; ***wie du schon ganz ~ sagtest*** comme tu le disais très justement
zu|trinken *vi irreg* ■ **jd trinkt jdm zu** qn boit [*o* lève son verre] à la santé [*o* en l'honneur] de qn; ***sie tranken sich zu*** ils ont trinqué
Zutritt *m* ∅ accès *m*; ■ **der ~ zu etw** l'accès *m* à [*o* de] qc
▸ **jd hat [freien] ~ [zu etw]** qn a [libre] accès [à qc]; ~ **verboten, kein** ~ accès interdit; **jd verschafft sich** (*dat*) ~ **[zu etw]** qn force l'accès [de qc]
Zutun *nt* ▸ **ohne jds** ~ *durchführen* sans la participation de qn; *passieren* sans que qn y soit pour rien; ***das geschah ohne mein*** ~ je n'y suis pour rien
zuunterst *adv* tout [à fait] en dessous; ***die unwichtigere Post liegt im Stapel*** ~ le courrier le moins important se trouve au-dessous de la pile
zuverlässig *adj* 1. (*verlässlich*) *Kollege, Mitarbeiter* sûr(e), fiable
2. (*glaubwürdig*) *Bericht, Information, Zeuge* fiable; ***wie ~ ist diese Information?*** quelle est la fiabilité de cette information?
Zuverlässigkeit <-> *f* ∅ 1. (*Verlässlichkeit*) fiabilité *f*
2. (*Glaubwürdigkeit*) fiabilité *f*, crédibilité *f*
Zuversicht <-> *f* ∅ confiance *f*
▸ **voller** ~ *adjektivisch* pleinement confiant(e); *adverbial* en toute confiance
zuversichtlich *adj* confiant(e); ***ich bin ganz ~er Stimmung*** je suis plutôt confiant(e); ■ **jd ist ~, dass** qn a bon espoir que + *subj*
zuviel *s.* **viel I.▸**
zuvor *adv* auparavant, avant
▸ **an/in ...** (*dat*) ~ *in der Woche, im Jahr* le/la ... précédent(e), un/une ... auparavant; ***am Tag*** ~ la veille
zuvor|kommen *vi irreg + sein* 1. (*eher tun*) ■ **jd kommt jdm [mit etw] zuvor** qn devance qn [en faisant qc], qn prend qn de vitesse [en faisant qc]
2. (*unterlaufen*) ■ **jd kommt einer S.** (*dat*) **zuvor** qn devance qc
zuvorkommend I. *adj* prévenant(e)
II. *adv* avec prévenance
Zuvorkommenheit <-> *f* ∅ prévenance *f*
Zuwachs <-es, Zuwächse> [-ks-] *m* COM augmentation *f*; ■ **der ~ einer S.** (*gen*) l'accroissement *m* de qc
▸ **jd bekommt** ~ *fam* il y a une naissance chez qn; ***jd bekommt demnächst*** ~ [il] y a un gosse en route chez qn *fam*
zu|wachsen [-ks-] *vi irreg + sein* 1. (*sich mit Strauchwerk bedecken*) ■ **etw wächst zu** */Garten, Weg/* qc se [re]couvre de végétation; ***etw wächst mit Buschwerk/Unkraut zu*** qc se [re]couvre de broussailles/de mauvaises herbes
2. (*überwuchert werden*) ■ **etw wächst zu** */Fenster, Tor, Fassade/* qc est envahi(e) par la végétation; ■ **etw wächst mit etw zu** qc est envahi(e) par qc
3. (*sich schließen*) ■ **etw wächst zu** */Wunde/* qc se referme; */Fontanelle a./* qc s'ossifie
4. *geh* (*zuteil werden*) ■ **jdm wächst etw zu** */Verantwortung, Aufgabe/* qc échoit à qn
Zuwachsrate *f* taux *m* de croissance
Zuwanderer *m*, **Zuwanderin** *f* immigrant(e) *m(f)*
zu|wandern *vi + sein* ■ **jd wandert zu** qn immigre
Zuwanderung *f* immigration *f*
zuwege *adv* ▸ **jd bringt etw** ~ qn parvient à qc; ***ich bringe heute Abend nichts [Vernünftiges] mehr*** ~ je n'arriverai plus à rien de bon ce soir; **jd bringt es ~, dass jd etw tut** qn parvient à obtenir que qn fasse qc
zuweilen *adv geh* parfois
zu|weisen *vt irreg* ■ **jd weist jdm etw zu** *Aufgabe* qn assigne qc à qn; *Arbeitsplatz, Studienplatz* qn attribue qc à qn
zu|wenden *irreg* I. *vt* 1. (*hinwenden*) ■ **jd wendet jdm etw zu** qn tourne qc vers [*o* en direction de] qn; ***sie wandte mir den Rücken zu*** elle me tournait le dos
2. FIN ■ **jd wendet jdm etw zu** *Geld* qn verse qc à qn; *finanzielle Unterstützung* qn alloue qc à qn; *Legat* qn fait qc à qn
II. *vr* ■ **jd wendet sich jdm/einer S. zu** qn se consacre à qn/qc
Zuwendung *f* 1. ∅ (*Hinwendung*) attention *f*
2. FIN (*amtlich*) allocation *f*; (*von Eltern*) subside *m*, aide *f*; (*als Geschenk*) don *m*
zuwenig *s.* **wenig I.▸**
zu|werfen *vt irreg* 1. (*hinwerfen*) ■ **jd wirft jdm/einem Tier etw zu** qn lance qc à qn/un animal
2. (*zuschlagen*) ■ **jd wirft etw zu** *Deckel, Tür* qn claque qc
3. *geh* (*zuschütten*) ■ **jd wirft etw zu** *Graben, Grube* qn comble qc; ***jd wirft etw wieder zu*** qn rebouche qc
zuwider *adj* ■ **jd ist jdm** ~ qn inspire de la répugnance [*o* de l'aversion] à qn; ***dieser Kerl ist mir aufs Äußerste*** ~ ce type me répugne au plus haut point; ■ **etw ist/wird jdm** ~ qn a qc en horreur/prend qc en grippe
zuwider|handeln *vi geh* ■ **jd handelt einer S.** (*dat*) **zuwider** qn enfreint qc *soutenu* **Zuwiderhandelnde(r)** *f(m) decl wie adj form* contrevenant(e) *m(f)* **Zuwiderhandlung** *f form* (*gegen eine Anordnung*) infraction *f*; (*gegen ein Verbot*) transgression *f*
zu|winken *vi* ■ **jd winkt jdm zu** qn fait un signe [de la main] à qn
zu|zahlen I. *vt* ■ **jd zahlt etw zu** qn paie qc en supplément [*o* en sus]
II. *vi* ■ **jd zahlt zu** qn paie un supplément
zuzeln *vi* AUS *fam* 1. (*saugen*) ■ **jd zuzelt [an etw]** qn suce [qc]
2. (*lispeln*) ■ **jd zuzelt** qn zézaie
zu|ziehen *irreg* I. *vt + haben* 1. (*zusammenziehen*) ■ **jd zieht etw zu** *Gürtel, Knoten, Schlinge* qn serre qc
2. (*schließen*) ■ **jd zieht etw zu** *Gardine, Vorhang, Tür* qn tire qc
3. (*hinzuziehen*) ■ **jd zieht jdn zu** *Gutachter, Sachverständigen* qn appelle qn à la rescousse, qn met qn sur l'affaire
II. *vr + haben* 1. (*sich zusammenziehen*) ■ **etw zieht sich zu** */Knoten, Schlinge/* qc se serre
2. (*erleiden*) ■ **jd zieht sich** (*dat*) **etw zu** *Erkältung* qn attrape qc; *Gehirnerschütterung* qn est victime de qc; *Knochenbruch, Schnittwunden, Verletzung* qn se fait qc
3. (*auf sich ziehen*) ■ **jd zieht sich** (*dat*) **etw zu** *Neid, Hass, Zorn* qn s'attire qc
III. *vi + sein* ■ **jd zieht zu** qn s'établit, qn vient s'installer [*o* s'établir]; ***sind Sie womöglich gerade erst zugezogen?*** vous venez sans doute d'arriver ici?
Zuzug *m* arrivée *f*; ***der ~ von Asylanten nimmt immer mehr zu*** il arrive de plus en plus de réfugiés
zuzüglich *präp* ■ ~ **einer S.** (*gen*) [avec] qc en sus

zu|zwinkern *vi* ■ **jd zwinkert jdm zu** qn fait un clin/des clins d'œil à qn; ■ **das Z~** le clignement [*o* clin] d'œil
Zvieri <-s, -> *m o nt* CH ≈ goûter *m*, quatre-heures *m fam*
ZVS <-> [tsɛtfauˀɛs] *f abk von* **Zentralstelle für die Vergabe von Studienplätzen** *centre de répartition des inscriptions dans les universités allemandes*
zwang *imp von* **zwingen**
Zwang <-[e]s, ¨e> *m* **1.** (*Gewalt*) contrainte *f*; ***ich weiche nur dem ~*** je ne m'inclinerai que devant la force
2. (*Notwendigkeit*) contrainte *f*; ***aus ~*** par nécessité; ■ **der ~ einer S.** (*gen*) la contrainte [*o* pression] de qc; ***durch den ~ der Umstände*** par la force des choses
▸ **jd tut sich** (*dat*) **keinen ~ an** *iron* qn ne se gêne pas; **jd übt ~ [auf jdn] aus** qn fait pression [sur qn], qn use de contrainte [contre [*o* à l'égard de] qn]; **ohne ~** sans contrainte, volontairement; **unter ~** *aussagen, handeln* sous la contrainte
-zwang *m* **1.** (*Pflicht*) obligatoire
2. (*zwanghaftes Handeln*) *Handlungs-, Putz-, Wasch-* manie *f* du/de la
3. (*Druck*): ***Erfolgs~*** obligation *f* de réussir; ***Leistungs~*** obligation *f* de résultat
zwängen I. *vt* ■ **jd zwängt etw irgendwohin** qn met qc de force [*o* entasse qc] quelque part; *in Koffer* qn fait entrer qc de force [*o* bourre qc] quelque part **II.** *vr* ■ **jd zwängt sich in etw** (*akk*)/**durch etw** qn se faufile dans qc/à travers qc; *durch die Menge* qn se fraie un passage à travers qc
zwanghaft I. *adj Verhalten, Angepasstsein* maladif(-ive), maniaque
II. *adv*: ***jd verhält sich ~*** qn est maniaque; ***jd ist ~ angepasst*** qn est d'un conformisme maladif; ***jd arbeitet ~*** qn est un maniaque du travail
zwanglos I. *adj Beisammensein, Treffen* sans façon sans cérémonie, à la bonne franquette; *Gespräch* libre
II. *adv sich treffen, verlaufen* sans cérémonie; *sich unterhalten* librement
Zwangs- *-abgabe, -beratung, -mitgliedschaft, -umtausch* obligatoire; *-urlaub, -pause* forcé(e); *-adoption* imposé(e); *-abschiebung* d'office **Zwangsanleihe** *f* emprunt *m* obligatoire **Zwangseinweisung** *f* internement *m* [*o* placement *m*] d'office **Zwangsenteignung** *f* JUR expropriation *f* forcée **Zwangsernährung** *f* alimentation *f* forcée **Zwangsjacke** *f* camisole [*f* de force] ▸ **jd steckt jdn in eine ~** qn passe la camisole [de force] à qn **Zwangslage** *f* situation *f* [très] embarrassante ▸ **jd gerät in eine ~** qn se retrouve dans une situation bien embarrassante; ***da bin ich in eine schöne ~ geraten!*** me voilà dans de beaux draps!; **jd ist** [*o* **steckt**] **in einer ~** qn est enfermé(e) dans un dilemme, qn est dans une situation bien embarrassante **zwangsläufig I.** *adj* inévitable **II.** *adv* inévitablement **Zwangsmaßnahme** *f* mesure *f* coercitive **Zwangsräumung** *f* [mesure *f* d']expulsion *f* **zwangsversteigern** * *vt* ■ **etw wird zwangsversteigert** qc est vendu(e) par exécution forcée [*o* aux enchères publiques]; ■ **jd lässt etw ~** qn fait vendre qc par exécution forcée [*o* aux enchères publiques] **Zwangsversteigerung** *f* vente *f* judiciaire **Zwangsvollstreckung** *f* exécution *f* forcée **Zwangsvorstellung** *f* obsession *f*
zwangsweise I. *adj Räumung* forcé(e); *Einweisung* d'office
II. *adv einweisen* d'office; ***die Vorführung eines Zeugen kann ~ erfolgen*** un témoin peut être contraint à comparaître; ***er ließ die besetzten Häuser ~ räumen*** il a fait procéder à l'expulsion [forcée] des maisons occupées
zwanzig *num* **1.** (*Zahl*) vingt
2. (*Jahr*) vingt ans; ■ **jd ist/wird ~** qn a/va avoir vingt ans
3. (*Stundenkilometer*) vingt kilomètres heure, vingt à l'heure
▸ **mit ~** (*Alter*) à vingt ans; (*Geschwindigkeit*) à vingt [kilomètres] à l'heure
Zwanzig <-, -en> *f* **1.** (*Zahl*) vingt *m*
2. (*Alter*) vingtaine; ***sie geht schon auf die ~ zu*** elle va déjà sur ses vingt ans
zwanziger *adj*, **20er** *adj attr, inv* ■ **die ~ Jahre** les années *fpl* vingt
Zwanziger *pl* (*eines Jahrhunderts*) ■ **die ~** les années *fpl* vingt
Zwanziger <-s, -> *m* **1.** *fam s.* **Zwanzigmarkschein**
2. CH pièce *f* de vingt centimes
▸ **jd ist in den ~n** qn a vingt et quelques années
Zwanzigerjahre *pl* ■ **die ~** les années *fpl* vingt
zwanzigjährig I. *adj attr* **1.** (*20 Jahre alt*) de vingt ans **2.** (*20 Jahre dauernd*) [d'une durée] de vingt ans **II.** *adv* à vingt ans **Zwanzigjährige(r)** *f(m)* personne *f* [âgée] de vingt ans; ***die heute ~n*** ceux qui ont aujourd'hui vingt ans; ***eine ~/ein ~r*** une jeune femme/un jeune homme de vingt ans **zwanzigmal** *adv* vingt fois **Zwanzigmarkschein** *m* billet *m* de vingt marks
zwanzigste(r, s) *adj* **1.** (*an 20. Stelle*) vingtième
2. *Bruchteil, Teil* vingtième; ***3 ist der ~ Teil von 60*** 3 est le vingtième de 60
Zwanzigstel <-s, -> *nt* ■ **ein ~ einer S.** (*gen*) un vingtième de qc
zwar *adv* ▸ **~ ..., aber** certes ..., mais; **und ~** à savoir; **und ~?** à savoir?
Zweck <-[e]s, -e> *m* **1.** (*Ziel*) objectif *m*, but *m*
2. (*Sinn*) raison *f* d'être
3. (*Verwendungs~*) fonction *f*, usage *m*; ***für berufliche ~e*** à usage professionnel
▸ **der ~ heiligt die Mittel** la fin justifie les moyens; **ein guter** [*o* **wohltätiger**] **~** une bonne cause; **etw dient einem ... ~/... ~en** (*bezweckt etwas Bestimmtes*) qc vise à un objectif ...; (*erfüllt eine bestimmte Funktion*) qc a une fonction ...; ***welchem ~ soll diese Maßnahme dienen?*** à quoi vise cette mesure?; ***dieser Plan dient perfiden ~en*** ce plan sert des buts perfides; ***welchem ~ dient dieses Werkzeug?*** à quoi sert cet outil?, quelle est la fonction de cet outil?; **etw erfüllt seinen ~** qc remplit sa fonction; **das hat keinen ~** ça ne sert à rien; **es hat keinen ~ etw zu tun** ça ne sert à rien de faire qc; **was soll das für einen ~ haben?** à quoi bon?; **zu welchem ~?** pour quoi faire?, pour quelle raison?

Zweckbau <-bauten> *m* bâtiment *m* fonctionnel **zweckdienlich** *adj* utile **zweckentfremden** * *vt* ■ **jd zweckentfremdet etw** qn détourne qc de son usage; ■ **jd zweckentfremdet etw als etw** qn utilise qc comme qc **Zweckentfremdung** *f* utilisation *f* détournée
zwecklos *adj* inutile; ■ **es ist ~ etw zu tun** ça ne sert à rien de faire qc
Zwecklosigkeit <-> *f* ∅ inutilité *f*, inanité *f*
zweckmäßig *adj* **1.** (*für den Zweck geeignet*) *Kleidung* approprié(e), adéquat(e); *Ausrüstung a.* fonctionnel(le) **2.** (*sinnvoll*) *Agieren, Handeln, Verhalten* approprié(e); ■ **es ist ~ etw zu tun** il est indiqué [*o* opportun] de faire qc **Zweckoptimismus** *m* optimisme *m* de commande [*o* de circonstance] **Zweckpessimismus** *m* pessimisme *m* de commande [*o* de circonstance]
zwecks *präp form* ■ **~ einer S.** (*gen*) en vue de qc
zwei *num* **1.** (*Zahl*) deux
2. (*Jahr*) deux ans; ■ **jd ist/wird ~** qn a/va avoir deux ans
3. (*Uhr*) deux heures; ***es ist ~*** il est deux heures; ***es ist ~ vor/nach drei*** il est trois heures moins deux/trois heures deux; ***es ist fünf nach/vor ~*** il est deux heures cinq/moins cinq; ***um Viertel nach/vor ~*** à deux heures et quart/moins le quart; ***kurz vor ~*** peu avant deux heures
4. SPORT ■ **~ zu etw** deux à qc; ■ **etw zu ~** qc à deux
▸ **zum ... gehören ~**: ***zum Heiraten gehören ~*** pour se marier, il faut être deux; **für ~** *arbeiten* pour deux; ***er isst für ~*** il mange comme quatre; **gegen ~** vers deux heures; **mit ~** à [l'âge de] deux ans; **um ~** à deux heures; *s. a.* **zweit**
Zwei <-, -en> *f* **1.** (*Zahl*) deux *m*
2. TRANSP ■ **die ~** le deux
3. KARTEN ■ **die/eine ~** le/un deux
4. SCOL deux (*bonne note située entre quatorze et seize sur vingt*)
zweibändig *adj* en deux volumes **Zweibeiner** <-s, -> *m hum fam* bipède *m* **Zweibettzimmer** *nt* (*mit zwei Betten*) chambre *f* à deux lits; (*für zwei Personen*) chambre *f* double **zweideutig I.** *adj* ambigu(ë), équivoque **II.** *adv* de façon ambiguë [*o* équivoque] **zweidimensional I.** *adj* à deux dimensions, bidimensionnel(le) **II.** *adv* en deux dimensions
Zweidrittelmehrheit *f* majorité *f* des deux tiers
▸ **mit ~** à la majorité des deux tiers
zweieinhalb *num* **1.** (*Zahl*) ■ **~ [...]** *Kilometer, Zentimeter etc* deux [...] et demi(e)
2. *fam* (*2500 DM*) deux mille cinq cents marks
Zweier <-s, -> *m* **1.** *fam* (*Zweipfennigstück*) pièce *f* de deux pfennigs
2. SCOL *fam* deux (*bonne note située entre quatorze et seize sur vingt*)
3. (*Ruderboot*) deux *m*
Zweierbeziehung *f* relation *f* à deux, vie *f* de couple **Zweierbob** *m* bob[sleigh] *m* à deux **Zweierkiste** *f sl* vie *f* de couple; ***sie/er hat Probleme mit ihrer/seiner ~*** elle/il a des problèmes avec son mec/sa nana *fam*
zweierlei *adj inv* **1.** *attr* ■ **~ etw** *Brot, Wein* deux sortes de qc; ■ **~ Dinge** *Möglichkeiten, Farben, Größen* deux ... [différent(e)s]; ***~ Sorten Käse*** deux sortes *fpl* de fromage
2. *substantivisch* deux sortes *fpl*
Zweierreihe *f* double rangée *f*; ***sie bildeten ~n*** ils/elles se sont mis(es) en rang par deux; ***in ~n*** en rang par deux, sur deux rangs
zweifach, 2fach I. *adj* **1.** (*doppelt*) double; ■ **der/die/das ~e ...** *Betrag, Preis, Summe, Anzahl* un/une ... deux fois plus élevé(e), le double, deux fois plus; ***etw ist von der ~en Dicke/Länge*** qc est deux fois plus épais(se)/long(longue)
2. (*zweimal erstellt*) *Kopie* en double exemplaire; ***in ~er Anfertigung*** en double exemplaire
II. *adv* (*zweimal*) deux fois; (*in zwei Exemplaren*) en double, en deux exemplaires; *zusammenlegen, gruppieren* par deux; *unterschreiben* deux fois
Zweifache(s) *nt decl wie adj* ■ **das ~** le double; ■ **das ~ an etw** (*dat*) le double de qc, deux fois plus de qc; ***das ~ an Fläche*** une surface deux fois plus grande; ***das ~ an Gehalt*** un salaire deux fois plus élevé
▸ **um das ~**: ***um das ~ höher*** deux fois plus élevé(e); ***etw vermehrt sich um das ~*** qc double, qc est multiplié(e) par deux
Zweifamilienhaus [-liən-] *nt* maison *f* de deux appartements **zweifarbig I.** *adj* de deux couleurs, bicolore **II.** *adv lackieren, streichen* de deux couleurs; *drucken* en deux couleurs
Zweifel <-s, -> *m meist pl* doute *m*
▸ **es bestehen ~ an etw** (*dat*) un doute plane sur qc; **es besteht kein ~ [daran], dass** nul doute que + *indic*; **jd hat seine ~** qn a des doutes; ***ich habe so meine ~, ob*** je me demande si, je ne suis pas sûr(e) que + *subj*; **jd ist sich** (*dat*) **im ~** qn a des doutes, qn est dans le doute; **jdm kommen ~** qn commence à avoir des doutes; **etw steht außer ~** il n'y a aucun doute sur qc; **es steht [für jdn] außer ~, dass** il n'y a pas de doute [pour qn] que + *subj*; **es unterliegt keinem ~** il n'y a aucun doute là-dessus; **jd zieht etw in ~** *geh* qn met qc en doute, qn doute de qc; **kein** [*o* **ohne**] **~, ...** pas de doute, ...
zweifelhaft *adj* **1.** (*anzuzweifelnd*) *Richtigkeit, Wert* douteux(-euse); ***die Aussage dieser Zeugin ist von ~em Wert*** le témoignage de ce témoin est douteux [*o* sujet à caution]; ■ **es ist ~, ob** on peut se demander si, il est douteux que + *subj*
2. *pej* (*dubios*) *Geschäft, Bursche* douteux(-euse), louche
zweifellos *adv falsch, richtig, unzutreffend* incontestablement, indubitablement; *Recht haben, Unrecht haben a.* sans aucun doute
zweifeln *vi* ■ **jd zweifelt** qn doute; ***ich zweifle noch*** j'ai encore des doutes; ■ **jd zweifelt an jdm/etw** qn doute de qn/qc; ■ **jd zweifelt [daran], ob** qn se demande vraiment si; ■ **jd zweifelt nicht [daran], dass** qn ne doute pas que + *subj*
Zweifelsfall *m* ▸ **im ~** dans le doute **zweifelsohne** *adv geh s.* **zweifellos**

Zweifler(in) <-s, -> *m(f)* sceptique *mf*; ***er ist ein ewiger*** ~ il doute de tout
Zweifrontenkrieg *m* MIL guerre *f* sur deux fronts
▶ **jd führt einen** ~ qn mène une guerre sur deux fronts
Zweig <-[e]s, -e> *m* **1.** BOT branche *f*
2. COM branche *f*
3. SCOL (*Fachrichtung*) option *f*
▶ **jd kommt auf keinen grünen** ~ *fam* qn va pas faire fortune *fam*, qn ira jamais bien loin *fam*
Zweigbetrieb *m* filiale *f*
Zweigespann *nt fam* tandem *m fam*
Zweiggeschäft *nt* succursale *f*
zweigleisig **I.** *adj* **1.** EISENBAHN à double voie
2. ***sie führt ~e Verhandlungen*** elle mène de front deux négociations [*o* des négociations sur deux fronts]
II. *adv verhandeln* sur deux fronts
▶ **jd fährt** ~ *fam* qn a deux fers au feu
Zweigstelle *f* succursale *f*; [*Post*] bureau *m*
zweihundert *num* deux cents
zweihundertjährig *adj* (*Alter*) de deux cents ans, bicentenaire; (*Dauer*) de deux cents ans; ***das ~e Bestehen einer S.*** (*gen*) le bicentenaire de qc; ***nach ~er russischer Herrschaft*** après deux cents ans de domination russe
zweihundertste(r, s) *adj* deux centième
zweihunderttausend *num* deux cent mille
zweijährig *adj* **1.** *attr* (*2 Jahre alt*) *Kind, Tochter, Hengst* de deux ans
2. *attr* (*2 Jahre dauernd*) de deux ans; *Amtszeit* d'une durée de deux ans; ***etw ist von ~er Dauer*** qc dure deux ans **3.** *Pflanze, Staude* bisannuel(le) **Zweijährige(r)** *f(m) decl wie adj* enfant *mf* de deux ans; ***ihr Sohn konnte als ~r noch nicht sprechen*** son fils à deux ans ne savait toujours pas parler
Zweikampf *m* duel *m*
▶ **jd fordert jdn zum ~ heraus** qn provoque qn en duel
zweimal *adv* deux fois, à deux reprises
▶ **jd lässt sich** (*dat*) **etw nicht ~ sagen** qn ne se fait pas dire qc deux fois; **jd überlegt sich** (*dat*) **etw** ~ qc réfléchit à deux fois à qc; ~ **so ...** *lange, teuer, schnell* deux fois plus ...; ~ **so viel/so viele [...]** deux fois plus [de ...], le double [de ...]
zweimalig *adj attr* répété(e); ***nach ~em Anruf/Versuch*** après deux appels/essais; ***auf ~es Klingeln*** au deuxième coup de sonnette; ***unser geheimes Zeichen ist ~es Klopfen*** notre signal consiste à frapper deux fois à la porte; ***trotz bisher ~er Bitte*** malgré une demande réitérée deux fois
Zweimarkstück *nt* pièce *f* de deux marks **Zweimaster** <-s, -> *m* deux-mâts *m* **zweimonatig** *adj attr* **1.** (*zwei Monate dauernd*) de deux mois; ***die bisher ~en Verhandlungen*** les négociations qui durent depuis deux mois **2.** (*zwei Monate alt*) de deux mois **zweimonatlich** **I.** *adj* bimestriel(le), tous les deux mois **II.** *adv* tous les deux mois **zweimotorig** *adj* bimoteur **Zweiparteiensystem** *nt* bipartisme *m* **Zweipfennigstück** *nt* pièce *f* de deux pfennigs **Zweiplätzer** <-s, -> *m* CH *s.* **Zweisitzer.** **Zweirad** *nt* **1.** (*Kinderfahrrad*) [petit] vélo *m*, vélo *m* enfant **2.** *form meist pl* deux-roues *m form* **zweiräd[e]rig** *adj* à deux roues **Zweireiher** <-s, -> *m* (*Anzug*) costume *m* croisé; (*Jacke*) veston *m* croisé
Zweisamkeit <-, -en> *f geh* intimité *f* [à deux]; ***dort stört niemand unsere*** ~ là, personne ne trouble[ra] nos moments d'intimité; ***in inniger*** ~ intimement unis
zweischneidig *adj* à double tranchant **zweiseitig** *adj* **1.** POL *Abkommen, Vertrag* bilatéral(e), bipartite **2.** (*zwei Seiten umfassend*) de deux pages; ***die Liste der Abkürzungen ist ~ geworden*** la liste des abréviations fait maintenant deux pages **3.** GEOM à deux côtés **zweisilbig** *adj* de deux syllabes, dissyllabique; ***ein ~es Wort*** un dissyllabique; ■ **etw ist** ~ qc a deux syllabes **Zweisitzer** <-s, -> *m* deux places *f* **zweisitzig** *adj* AUT [à] deux places, biplace; ■ **etw ist** ~ qc a deux places, qc est une deux places **zweispaltig** **I.** *adj* sur deux colonnes; ■ **etw ist** ~ qc fait deux colonnes **II.** *adv drucken, setzen* sur deux colonnes **zweisprachig** **I.** *adj* **1.** MEDIA *Publikation, Wörterbuch* en deux langues, bilingue **2.** LING *Familie, Mensch* bilingue; ■ **jd ist** ~ qn est bilingue, qn parle deux langues **II.** *adv* LING: ***sie wuchs ~ auf/wurde ~ erzogen*** elle a eu une éducation bilingue **Zweisprachigkeit** <-> *f* ∅ bilinguisme *m* **zweispurig** *adj* à deux voies **zweistellig** *adj Betrag* à deux chiffres; *Zahl* de deux chiffres **zweistimmig** *adj, adv* à deux voix **zweistöckig** **I.** *adj* de deux étages; ***ein ~es Bürogebäude*** des bureaux sur deux étages; ■ **etw ist** ~ qc a deux étages **II.** *adv bauen* sur deux étages **zweistrahlig** *adj* AVIAT biréacteur; ■ **etw ist** ~ qc est un biréacteur, qc a deux réacteurs
Zweistromland *nt* ∅ ■ **das** ~ la Mésopotamie
zweistündig *adj attr* de deux heures; *Reise, Vortrag a.* d'une durée de deux heures; ***mit ~er Verspätung*** avec deux heures de retard **zweistündlich** *adj, adv* toutes les deux heures
zweit *adv* ▶ **zu** ~ à deux; *sein* deux; ***wir waren im Abteil nur zu*** ~ nous n'étions que deux dans le compartiment; ***Polizeibeamte patrouillieren immer zu*** ~ les policiers patrouillent toujours par deux
Zweit- **1.** (*Zusatz-*) deuxième; ***~schlüssel*** double *m*; ***~erkrankung*** infection *f* opportuniste, accident *m* secondaire; ***~leben*** double vie *f*
2. (*zweitrangig*): ***die ~besetzung*** les doublures *fpl*, les remplaçants *mpl*; ***~frau*** femme *f* de second rang; ***wer ist der ~platzierte?*** qui est en deuxième position?
zweitägig *adj attr* de deux jours; ***nach ~er Abwesenheit*** après deux jours d'absence
Zweitakter <-s, -> *m* véhicule *m* deux-temps
Zweitaktmotor *m* [moteur *m*] deux-temps *m*
zweitälteste(r, s) *adj Kind* cadet(te), second(e); *Einwohner, Kollege, Mitarbeiter* second(e) [par rang d'âge]; ***mit 105 Jahren war sie die ~ Einwohnerin der Stadt*** à 105 ans elle était la doyenne en second de la ville; ■ **jds Z~r/Z~** le [fils] cadet/la [fille] cadette de qn
zweitausend *num* **1.** (*Anzahl*) deux mille
2. *fam* (*2000 DM*) deux mille marks
Zweitausender <-s, -> *m* sommet *m* de [plus de] deux mille mètres
zweitbeste(r, s) *adj* deuxième meilleur(e); ■ **jd ist/wird Z~(r)** qn est deuxième/prend la deuxième place
zweite(r, s) *adj* **1.** deuxième, second(e)
2. (*Datum*) deux; ***am ~n September*** le deux septembre
▶ **jede(r, s)** ~ ... un(e) ... sur deux
Zweite(r) *f(m) decl wie adj* **1.** (*des Monats*) ■ **der** ~ le deux
2. (*Herrscher*) ■ **... der** ~ *gesprochen*, ■ **... II.** *geschrieben* ... deux *oral*, ... II *écrit*
▶ **jd ist/wird** ~ qn est/finit second(e) [*o* deuxième]; **etw ist/wird** ~ qc est/arrive en seconde [*o* deuxième] position; **als** ~ le/la deuxième; **jeder** ~ une personne sur deux; **wie kein ~r** comme personne
zweiteilig *adj* CINE, LITER en deux parties; ■ **etw ist** ~ qc est en deux parties
zweitens *adv* deuxièmement, secundo
Zweitgerät *nt* RADIO, TV second appareil *m* **zweitgrößte(r, s)** *adj Mensch* deuxième [...] en [*o* par ordre de] taille; *Stadt* deuxième **zweithöchste(r, s)** *adj* **1.** (*Höhe*) *Berg, Gebäude* deuxième [plus haut(e)] **2.** (*Rang*) *Beamter, Stellung* deuxième [...] dans la hiérarchie; *Politiker* deuxième [...] par rang d'importance **zweitklassig** *adj pej* (*im Rang geringer*) *Autor* de seconde zone; *Film* de série B; *Restaurant* de deuxième catégorie **zweitletzte(r, s)** *adj* avant-dernier(-ière), deuxième [...] avant la fin **zweitrangig** *adj s.* **zweitklassig.** **Zweitschrift** *f form* duplicata *m form*, double *m* **Zweitstimme** *f* deuxième voix *f* (*accordée à une liste nationale*)
Zweitürer <-s, -> *m* deux portes *f* **zweitürig** *adj* [à] deux portes; ■ **etw ist** ~ qc a deux portes
Zweitwagen *m* deuxième voiture *f* **Zweitwohnung** *f* résidence *f* secondaire
zweiund- -deux; ***wie alt bist du? – Z~zwanzig*** quel âge tu as? – Vingt-deux ans
zweiwertig *adj* bivalent(e) **zweiwöchentlich** *adj, adv* toutes les deux semaines, tous les quinze jours **zweiwöchig** *adj Dauer* de deux semaines, de quinze jours; *Reise, Urlaub a.* d'une durée de deux semaines [*o* quinze jours] **Zweizeiler** <-s, -> *m* distique *m* **zweizeilig** *adj Gedicht, Strophe* de deux vers; *Mitteilung* de deux lignes; ■ **etw ist** ~ qc fait deux vers/lignes **Zweizimmerwohnung** *f* deux-pièces *m*, F 2 *m*
Zweizylinder *m fam* (*Motorrad*) deux cylindres *f fam*
Zweizylindermotor *m* moteur *m* [à] deux cylindres
zweizylindrig *adj* [à] deux cylindres; ■ **etw ist** ~ qc a deux cylindres
Zwerchfell *nt* diaphragme *m*
Zwerg(in) <-[e]s, -e> *m(f)* **1.** (*Gnom*) nain *m*; (*Garten~*) nain *m* de jardin
2. (*Liliputaner*) nain(e) *m(f)*
3. *pej fam* (*Knirps*) nabot *m fam*
Zwerg- **1.** (*sehr klein*) *-unternehmen, -schule, -staat* mini...
2. (*kleine Züchtung*) nain(e)
zwergenhaft *adj* de nain
Zwerghuhn *nt* poule *f* naine **Zwergwuchs** *m* nanisme *m* **zwergwüchsig** [-ks-] *adj attr Mensch* nain(e); *Volk* nain(e), de nains
Zwetsche <-, -n> *f*, **Zwetschge** <-, -n> *f* SDEUTSCH, CH **1.** (*Frucht*) quetsche *f*
2. (*Baum*) prunier *m*
Zwetsch[g]en- *-marmelade, -mus* de quetsches; *-kuchen* aux quetsches **Zwetsch[g]enwasser** *nt* quetsche *f*
Zwetschke <-, -n> *f* AUS *s.* **Zwetschge**
Zwickel <-s, -> *m* soufflet *m*
zwicken **I.** *vi* AUS, SDEUTSCH ■ **etw zwickt** */Hose, Kragen/* qc serre
II. *vt* AUS, SDEUTSCH *fam* ■ **jd zwickt jdn** qn pince qn
Zwicker <-s, -> *m* SDEUTSCH, AUS *s.* **Kneifer**
Zwickmühle *f* ▶ **jd ist** [*o* **sitzt**] **in der** ~ *fam* qn est dans le pétrin *fam*; ***ich bin in der*** ~ c'est la quadrature du cercle
zwider *adj* AUS *fam* (*mürrisch*) grincheux(-euse)
Zwieback <-[e]s, -e *o* ~e> *m* biscotte *f*
Zwiebel <-, -n> *f* **1.** GASTR oignon *m*
2. BOT bulbe *m*
zwiebelförmig *adj Kirchturm, Kuppel* en forme de bulbe, bulbeux(-euse) **Zwiebelkuchen** *m* tarte *f* à l'oignon **Zwiebelkuppel** *f* bulbe *m*
zwiebeln *vt fam* ■ **jd zwiebelt jdn** qn asticote qn *fam*
Zwiebelring *m* rondelle *f* d'oignon **Zwiebelschale** *f* pelure *f* d'oignon **Zwiebelsuppe** *f* soupe *f* à l'oignon
Zwiegespräch *nt geh* dialogue *m*, tête-à-tête *m*
Zwielicht *nt* ∅ pénombre *f*; ***im*** ~ entre chien et loup
▶ **jd gerät ins** ~ qn est entraîné(e) dans une affaire douteuse, qn se compromet, qn se retrouve mouillé(e) *fam*
zwielichtig *adj pej* louche
Zwiespalt *m* ∅ *geh* écartèlement *m soutenu*, tiraillement *m* [intérieur]; ***ich bin im*** ~ je suis écartelé(e)
zwiespältig *adj geh Gefühle* partagé(e); *Charakter* ambivalent(e); ***er wird von recht ~en Gefühlen bewegt*** il est écartelé entre divers sentiments
Zwietracht <-> *f* ∅ *geh* discorde *f soutenu*
▶ **jd sät** ~ qn sème la discorde *soutenu*
Zwilling <-s, -e> *m* **1.** *meist pl* jumeau/jumelle *m/f*
2. ASTROL (*Mensch*) Gémeaux *m*; ■ **die ~e** les Gémeaux *mpl*
3. (*Gewehr*) fusil *m* à deux canons

▶ **eineiige ~e** des vrais jumeaux/des vraies jumelles *mpl/fpl;* **siamesische ~e** des frères siamois/des sœurs siamoises *mpl/fpl;* **zweieiige ~e** des faux jumeaux/des fausses jumelles *mpl/fpl;* **jd ist [ein] ~** qn est Gémeaux

Zwillingsbruder *m* [frère *m*] jumeau *m* **Zwillingspaar** *nt* jumeaux/jumelles *mpl/fpl* **Zwillingsreifen** *m* AUT roue *f* jumelée **Zwillingsschwester** *f* [sœur *f*] jumelle *f*

Zwinge <-, -n> *f* serre-joint *m*

zwingen <zwang, gezwungen> **I.** *vt* **1.** (*veranlassen*) ■ **jd/etw zwingt jdn [zu etw]** qn/qc force [*o* contraint] [*o* oblige] qn [à faire qc]; ***man zwang ihn zum Stillschweigen*** on l'a forcé [*o* contraint] [*o* obligé] à se taire; ***ich lasse mich nicht ~!*** vous ne me forcerez pas!; ■ **jd zwingt jdn etw zu tun** qn force [*o* contraint] [*o* oblige] qn à faire qc
2. (*hindrängen*) ■ **jd zwingt jdn irgendwohin** qn force qn à aller/entrer quelque part; ***er zwang seinen Gegner zu Boden*** il a fait toucher le sol à son adversaire
3. (*veranlasst sein*) ■ **jd ist gezwungen etw zu tun** qn est forcé(e) [*o* contraint(e)] [*o* obligé(e)] de faire qc
▶ **jd sieht sich gezwungen etw zu tun** qn se voit contraint(e) de faire qc
II. *vr* ■ **jd zwingt sich zu etw** qn se force à [faire] qc; *zu einer Arbeit* qn s'impose qc; ***ich musste mich dazu ~*** j'ai dû me forcer; ■ **jd zwingt sich etw zu tun** (*sich überwinden*) qn se force à faire qc; (*sich bemühen*) qn s'impose de faire qc
III. *vi* ■ **etw zwingt zu etw** *zum Handeln, Umdenken* qc impose qc; *s. a.* **gezwungen**

zwingend I. *adj Grund, Notwendigkeit* impératif(-ive) impérieux(-euse)
II. *adv sich ergeben* forcément; *vorschreiben* impérativement; ***der Schluss folgert ~*** la conclusion s'impose

Zwinger <-s, -> *m* chenil *m*

zwinkern *vi* ■ **jd zwinkert** qn cligne des yeux/de l'œil; ■ **jd zwinkert mit etw** qn cligne de qc

zwirbeln *vt* ■ **jd zwirbelt etw** qn tortille qc

Zwirn <-s, -e> *m* fil *m* retors [*o* à coudre]

Zwirnsfaden *m* fil *m* retors

zwischen *präp + akk/dat* (*alle Bedeutungen*) entre; ***er warf die Bonbons ~ die jubelnden Kinder*** il a jeté les bonbons au milieu des enfants en liesse

Zwischen- 1. (*zwischendurch erfolgend*) *-bilanz, -examen, -pause* intermédiaire; *-aufheiterung* passager(-ère); ***ein ~akt*** un intermède
2. (*vorläufig*) *-ausweis* provisoire; *-urteil* interlocutoire
3. (*unter verschiedenen Stellen stattfindend*) inter[-]; ***die z~betriebliche Zusammenarbeit*** la collaboration inter[-]entreprises; ***der z~städtische Verkehr*** le trafic interurbain; ***die z~geschlechtliche Kommunikation*** la communication entre gens de sexe différent

Zwischenablage *f* INFORM presse-papier[s] *m* **Zwischenaufenthalt** *m* escale *f;* (*kurz*) halte *f* ▶ **jd legt irgendwo einen ~ ein** qn fait une escale/halte quelque part

Zwischenbemerkung *f* remarque *f* [incidente], parenthèse *f*
▶ **jd macht eine ~** qn fait une remarque [incidente] [*o* une parenthèse]

Zwischenbericht *m* rapport *m* [*o* compte rendu *m*] provisoire

Zwischenbescheid *m* réponse *f* provisoire; ADMIN avis *m* provisoire

Zwischenblutung *f* saignement *m* intermédiaire

Zwischendeck *nt* entrepont *m*

Zwischendecke *f* faux plafond *m*

Zwischending *nt s.* **Mittelding**

zwischendurch *adv* **1.** (*in der Zwischenzeit*) entre-temps
2. (*gelegentlich*) de temps en temps
3. (*außer der Reihe*) entre les deux; ***iss nichts ~*** ne mange rien entre les repas
4. (*örtlich*) au milieu, entre *fam*

Zwischenergebnis *nt* résultat *m* intermédiaire

Zwischenfall *m* **1.** (*Vorfall*) incident *m*
2. *pl* (*Ausschreitungen*) incidents *mpl*

Zwischenfrage *f* question *f* [incidente]; ***bitte keine ~n während des Vortrags*** s'il vous plaît, pas de questions pendant la conférence

Zwischengröße *f* demi-taille *f*

Zwischenhalt *m* CH *s.* **Zwischenaufenthalt**

Zwischenlager *nt* lieu *m* de stockage provisoire

zwischen|lagern *vt* ■ **jd lagert etw zwischen** qn stocke qc provisoirement

Zwischenlagerung *f* stockage *m* provisoire

zwischenlanden *vi + sein* ■ **jd/etw landet irgendwo zwischen** qn/qc fait escale quelque part

Zwischenlandung *f* escale *f*
▶ **jd/etw macht eine ~** qn/qc fait [une] escale

Zwischenlösung *f* solution *f* provisoire

Zwischenmahlzeit *f* collation *f*

zwischenmenschlich *adj* entre les personnes; ***sie tut sich mit ~en Beziehungen schwer*** elle a du mal dans ses relations avec les autres

Zwischenprüfung *f* examen *m* intermédiaire

Zwischenraum *m* **1.** (*räumlich*) ■ **der/ein ~ zwischen Dingen** l'espace/un espace [*o* l'intervalle/un intervalle] entre des choses; (*eng*) l'interstice/un interstice entre des choses
2. (*zeitlich*) intervalle *m,* laps *m* de temps
▶ **jd lässt einen bestimmten ~** (*Zeilenabstand*) qn laisse un certain espace [*o* interligne]

Zwischenruf *m* interpellation *f,* apostrophe *f*
▶ **jd macht einen ~/~e** qn lance une apostrophe/pousse des vociférations, qn manifeste à haute voix

Zwischenrufer(in) <-s, -> *m(f)* perturbateur(-trice) *m(f)*

Zwischenspurt *m* SPORT accélération *f*
▶ **jd legt einen ~ ein** qn produit une accélération

zwischenstaatlich *adj attr* entre États, international(e)

Zwischenstadium *nt* stade *m* intermédiaire

Zwischenstation *f* halte *f*
▶ **jd macht irgendwo ~** qn fait [une] halte quelque part

Zwischenstopp *m* escale *f*

Zwischenstück *nt* [*Leitung, Rohr*] raccord *m*

Zwischenwand *f* cloison *f*

Zwischenzeit *f* ▶ **in der ~** dans l'intervalle

zwischenzeitlich *adv* dans l'intervalle

Zwischenzeugnis *nt* **1.** IND attestation *f* provisoire de travail
2. SCOL bulletin *m* intermédiaire; (*in Frankreich*) bulletin *m* trimestriel

Zwist <-es, -e> *m geh* dissension *f*

Zwistigkeit <-, -en> *f meist pl geh* dissensions *fpl*

zwitschern I. *vi* ■ **ein Vogel zwitschert** un oiseau gazouille; ■ **das Z~** le gazouillement, le gazouillis
II. *vt* ▶ **jd zwitschert einen** *sl* qn s'en jette un derrière la cravate *fam*

Zwitter <-s, -> *m* hermaphrodite *m*

zwo *num* TELEC *fam* deux

zwölf *num* **1.** (*Zahl*) douze
2. (*Jahr*) douze ans; ■ **jd ist/wird ~** qn a/va avoir douze ans
▶ **mit ~** à douze ans

Zwölfender <-s, -> *m* [cerf *m* de] douze cors *m*

zwölffach I. *adj* ■ **der/die/das ~e …** *Anzahl, Preis* douze fois plus; ***diese Lupe bietet nur ~e Vergrößerung*** cette loupe ne grossit que douze fois; ■ **das Z~e [an etw** (*dat*)**]** douze fois plus [de qc]; ***das Z~e an Fläche*** une surface douze fois plus grande
II. *adv* **1.** (*zwölfmal*) douze fois
2. (*in zwölf Exemplaren*) en douze exemplaires; *gruppieren, zusammenlegen* par douze

Zwölffingerdarm *m* duodénum *m*

zwölfmal *adv* douze fois
▶ **~ so …** *lange, teuer, schnell* douze fois plus …; **~ so viel/so viele […]** douze fois plus [de …]

Zwölfmeilenzone *f* zone *f* de douze milles

zwölfte(r, s) *adj* **1.** douzième; ■ **jd ist/wird Z~** qn est/finit douzième
2. (*Datum*) douze; ***am ~n März*** le douze mars; ■ **der Z~** le douze
▶ **als Z~** le/la douzième; ***er ging als Z~r durchs Ziel*** il a passé la ligne d'arrivée en douzième position; **jede(r, s) ~ …** un(e) … sur douze; **jede(r, s) Z~** un(e) sur douze

zwölftens *adv* douzièmement

Zwölftonmusik *f* musique *f* dodécaphonique

zwote(r, s) *adj* TELEC *fam s.* **zweite(r, s)**

Zyankali <-s> *nt* ∅ CHEM cyanure *m* de potassium; (*als Gift*) cyanure *m*

Zyklon <-s, -e> *m* cyclone *m*

Zyklop <-en, -en> *m* cyclope *m*

Zyklus <-, Zyklen> ['tsy:klʊs] *m* **1.** *geh* (*Kreislauf*) cycle *m*
2. MEDIA [*Lieder, Radierungen, Gedichte*] suite *f,* série *f*

Zylinder <-s, -> *m* **1.** GEOM, TECH, AUT cylindre *m*
2. (*Hut*) haut-de-forme *m*

Zylinderblock <-blöcke> *m* bloc-moteur *m* **zylinderförmig** *adj s.* **zylindrisch. Zylinderkopf** *m* culasse *f*

Zylinderkopfdichtung *f* joint *m* de culasse

Zylinderschloss[RR] *nt* serrure *f* à mortaiser

zylindrisch *adj* cylindrique

Zyniker(in) <-s, -> ['tsy:nikɐ] *m(f)* individu *m* cynique, cynique *mf*

zynisch ['tsy:nɪʃ] **I.** *adj* cynique
II. *adv* avec cynisme, cyniquement

Zynismus <-, -ismen> *m* **1.** ∅ (*zynische Art*) cynisme *m*
2. (*Bemerkung*) remarque *f* cynique

Zypern <-s> ['tsy:pɐn] *nt* Chypre *f;* ***auf ~*** à Chypre

Zypresse <-, -n> *f* cyprès *m*

Zyprier(in) <-s, -> ['tsy:priɐ] *m(f),* **Zypriot(in)** <-en, -en> *m(f)* Cypriote *mf,* Chypriote *mf*

zyprisch ['tsy:prɪʃ] *adj,* **zypriotisch** *adj* cypriote

Zyste <-, -n> ['zʏstə] *f* kyste *m*

Zytoplasma *nt* cytoplasme *m*

Zytostatikum <-s, -ka> *nt* [antinéoplasique *m*] cytostatique *m*

z.Z[t]. *loc abk von* **zur Zeit**

Les verbes allemands

Les verbes réguliers

1. Présent

1.1 Le présent est obtenu par l'ajout des terminaisons *-e, -st, -t, -en, -t, -en* au radical du verbe (radical = infinitif sans *-en* et pour les verbes en *-ln,* ou *-rn,* infinitif sans *-n*).

1.2 Pour les verbes qui se terminent par *-ln* et *-rn,* le *-e* de la terminaison est supprimé aux 1ère et 3ème personnes du pluriel. Pour les verbes en *-ln,* le *-e* du radical est supprimé à la 1ère personne du singulier et à l'impératif singulier. Pour les verbes en *-rn,* le *-e* est en général conservé, mais il peut également être supprimé.

handeln	**wandern**
ich handle	ich wand[e]re
du handelst	du wanderst
er / sie / es } handelt	er / sie / es } wandert
wir handeln	wir wandern
ihr handelt	ihr wandert
sie handeln	sie wandern
Impératif : handle	Impératif : wand[e]re

1.3 Les verbes dont le radical se termine en *-s, -ß, -z, -tz* prennent un *-t* à la 2ème personne du singulier.

heißen	du heißt
reizen	du reizt

sauf dans les emplois littéraires où le verbe prend alors *-est*

preisen	du preisest (*littér*).

1.4 Pour les verbes dont le radical se termine par *-d* ou *-t,* il faut intercaler un *-e* aux 2ème et 3ème personnes du singulier ainsi qu'à la 2ème personne du pluriel.

finden
du findest
er / sie / es } findet
ihr findet

1.5 Pour les verbes dont le radical se termine par une consonne *+m* ou *+n,* il faut intercaler un *-e* aux 2ème et 3ème personnes du singulier et à la 2ème personne du pluriel. Exceptions : les verbes dont le radical se termine par *-lm, -ln, -rm* et *-rn.*

atmen:	du atmest	mais :	**lernen:**	du lernst
zeichnen:	er zeichnet		**qualmen:**	er qualmt
ebnen:	ihr ebnet		**schwärmen:**	ihr schwärmt

2. Prétérit

Le prétérit est obtenu par l'ajout des terminaisons *-te, -test, -te, -ten, -tet, -ten* au radical du verbe, voir aussi 1.4.

3. Participe présent

Le participe présent est obtenu par ajout d'un *-d* à l'infinitif.

4. Participe passé

Le participe passé est obtenu par l'ajout du préverbe *ge-* et de la terminaison *-t* au radical du verbe. Les verbes composés à particules inséparables (ou préverbes) telles que *be-, er-, ver-, zer-* et certains verbes se terminant en *-en* ne prennent pas de *ge-* au participe passé. Ces verbes sont signalés dans le dictionnaire par un astérisque (*).

ich habe bestaunt	ich habe durchtanzt
ich habe erledigt	ich habe übersetzt
ich habe versucht	ich habe trompetet
ich habe zerlegt	

Pour les verbes composés à particules séparables, le *ge-* est intercalé entre la particule et le radical du verbe de base.

abbauen:	ich habe abgebaut
aufsagen:	ich habe aufgesagt
zusammenleimen:	ich habe zusammengeleimt

Les verbes à particules séparables sont présentés dans le dictionnaire avec des traits verticaux aux différents points de séparation. Exemple :

wieder|kommen.

5. Subjonctif

Le **subjonctif I** est obtenu par l'ajout des terminaisons *-e, -est, -e, -en, -et, -en* au radical présent ; le **subjonctif II,** par l'ajout des terminaisons *-e, -st, -e, -en, -et, -en* au radical du prétérit.

Subjonctif I	**Subjonctif II**
sehen	**gehen**
ich seh-e	ich ging-e
du seh-est	du ging-st
er / sie / es } seh-e	er / sie / es } ging-e
wir seh-en	wir ging-en
ihr seh-et	ihr ging-et
sie seh-en	sie ging-en
sein	**sein**
ich sei	ich wäre
du seist	du wärst
er / sie / es } sei	er / sie / es } wäre
wir seien	wir wären
ihr seiet	ihr wäret
sie seien	sie wären

Les verbes irréguliers

Les temps primitifs des verbes irréguliers sont indiqués dans le dictionnaire entre des chevrons (< >), tout de suite après le mot-clé. Les verbes composés dont les formes correspondent à celles du verbe de base irrégulier sont signalés par la mention *irreg*.
Le dictionnaire indique également les formes irrégulières des verbes composés qui ne se comportent pas comme le verbe de base.
Les verbes qui se conjuguent avec „sein" ou alternativement avec les auxiliaires „sein" ou „haben" sont signalés par une indication correspondante dans l'article du dictionnaire. Si l'auxiliaire n'est pas mentionné, le parfait se forme avec „haben".

infinitif	2ème/3ème pers sing prés indicatif	prétérit indicatif	subjonctif II	impératif sing/pl	participe passé
backen	backst *o* bäckst/ backt *o* bäckt	backte *o alt* buk	backte *o alt* büke	back[e]/backt	gebacken
bedürfen	*1ère* bedarf bedarfst/bedarf	bedurfte	bedürfte	bedarf/bedürft	bedurft
befehlen	befiehlst/befiehlt	befahl	beföhle *o* befähle	befiehl/befehlt	befohlen
beginnen	beginnst/beginnt	begann	begänne *o rare* begönne	beginn[e]/ beginnt	begonnen
beißen	beißt/beißt	biss	bisse	beiß[e]/beißt	gebissen
bergen	birgst/birgt	barg	bärge	birg/bergt	geborgen
bersten	birst/birst	barst	bärste	birst/berstet	geborsten
bewegen = *veranlassen*	bewegst/bewegt	bewog	bewöge	beweg[e]/bewegt	bewogen
biegen	biegst/biegt	bog	böge	bieg[e]/biegt	gebogen
bieten	bietest/bietet	bot	böte	biet[e]/bietet	geboten
binden	bindest/bindet	band	bände	bind[e]/bindet	gebunden
bitten	bittest/bittet	bat	bäte	bitt[e]/bittet	gebeten
blasen	bläst/bläst	blies	bliese	blas[e]/blast	geblasen
bleiben	bleibst/bleibt	blieb	bliebe	bleib[e]/bleibt	geblieben
bleichen	bleichst/bleicht	bleichte *o alt* blich	bliche	bleich[e]/bleicht	gebleicht *o alt* geblichen
braten	brätst/brät	briet	briete	brat[e]/bratet	gebraten
brechen	brichst/bricht	brach	bräche	brich/brecht	gebrochen
brennen	brennst/brennt	brannte	brennte	brenn[e]/brennt	gebrannt
bringen	bringst/bringt	brachte	brächte	bring[e]/bringt	gebracht
denken	denkst/denkt	dachte	dächte	denk[e]/denkt	gedacht
dingen	dingst/dingt	dang *o* dingte	dingte	ding[e]/dingt	gedungen
dreschen	drischst/drischt	drosch	drösche	drisch/drescht	gedroschen
dringen	dringst/dringt	drang	dränge	dring[e]/dringt	gedrungen
dünken	dünkst/dünkt	dünkte *o veraltet* deuchte	dünkte *o veraltet* deuchte		gedünkt *o veraltet* gedeucht
dürfen	*1ère* darf darfst/darf	durfte	dürfte		gedurft *après infin* dürfen
empfangen	empfängst/ empfängt	empfing	empfinge	empfang[e]/ empfangt	empfangen
empfehlen	empfiehlst/ empfiehlt	empfahl	empföhle	empfiehl/empfehlt	empfohlen
empfinden	empfindest/ empfindet	empfand	empfände	empfind[e]/ empfindet	empfunden
erküren	erkürst/erkürt	erkor	erköre	erküre/erkürt	erkoren
erlöschen	erlischst/erlischt	erlosch	erlösche	erlisch/erlöscht	erloschen
erschallen	erschallst/erschallt	erscholl *o* erschallte	erschölle *o* erschallte	erschalle/ erschallt	erschollen *o* erschallt
erschrecken *vi*	erschrickst/ erschrickt	erschrak	erschreckte *o* erschräke	erschrick/ erschreckt	erschrocken
vr	erschrickst/ erschrickt	erschreckte *o* erschrak	erschreckte		erschrocken
essen	isst/isst	aß	äße	iss/esst	gegessen
fahren	fährst/fährt	fuhr	führe	fahr[e]/fahrt	gefahren
fallen	fällst/fällt	fiel	fiele	fall[e]/fallt	gefallen
fangen	fängst/fängt	fing	finge	fang[e]/fangt	gefangen
fechten	fichst/ficht	focht	föchte	ficht/fechtet	gefochten
finden	findest/findet	fand	fände	find[e]/findet	gefunden
flechten	flichst/flicht	flocht	flöchte	flicht/flechtet	geflochten

infinitif		2ème/3ème pers sing prés indicatif	prétérit indicatif	subjonctif II	impératif sing/pl	participe passé
fliegen		fliegst/fliegt	flog	flöge	flieg[e]/fliegt	geflogen
fliehen		fliehst/flieht	floh	flöhe	flieh[e]/flieht	geflohen
fließen		fließt/fließt	floss	flösse	fließ[e]/fließt	geflossen
fressen		frisst/frisst	fraß	fräße	friss/fresst	gefressen
frieren		frierst/friert	fror	fröre	frier[e]/friert	gefroren
gären		gärst/gärt	gärte *o* gor	gärte *o* göre	gär[e]/gärt	gegärt *o* gegoren
gebären		gebierst/gebiert	gebar	gebäre	gebier/gebärt	geboren
geben		gibst/gibt	gab	gäbe	gib/gebt	gegeben
gedeihen		gedeihst/gedeiht	gedieh	gediehe	gedeih[e]/gedeiht	gediehen
gefallen		gefällst/gefällt	gefiel	gefiele	gefall[e]/gefallt	gefallen
gehen		gehst/geht	ging	ginge	geh[e]/geht	gegangen
gelingen		gelingst/gelingt	gelang	gelänge	geling[e]/gelingt	gelungen
gelten		giltst/gilt	galt	gälte *o* gölte	gilt/geltet	gegolten
genesen		genest/genest	genas	genäse	genese/genest	genesen
genießen		genießt/genießt	genoss	genösse	genieß[e]/genießt	genossen
geraten		gerätst/gerät	geriet	geriete	gerat[e]/geratet	geraten
gerinnen		gerinnst/gerinnt	gerann	geränne	gerinn[e]/gerinnt	geronnen
geschehen		geschiehst/ geschieht	geschah	geschähe	geschieh/gescheht	geschehen
gestehen		gestehst/gesteht	gestand	gestände *o* gestünde	gesteh[e]/gesteht	gestanden
gewinnen		gewinnst/gewinnt	gewann	gewönne *o* gewänne	gewinn[e]/gewinnt	gewonnen
gießen		gießt/gießt	goss	gösse	gieß[e]/gießt	gegossen
gleichen		gleichst/gleicht	glich	gliche	gleich[e]/gleich	geglichen
gleiten		gleitest/gleitet	glitt	glitte	gleit[e]/gleitet	geglitten
glimmen		glimmst/glimmt	glomm *o* *rare* glimmte	glömme *o* *rare* glimmte	glimm[e]/glimmt	geglommen *o* *rare* geglimmt
graben		gräbst/gräbt	grub	grübe	grab[e]/grabt	gegraben
greifen		greifst/greift	griff	griffe	greif[e]/greift	gegriffen
haben		habe/hast/hat haben/habt/haben	hatte	hätte	hab[e]/habt	gehabt
halten		hältst/hält	hielt	hielte	halt[e]/haltet	gehalten
hängen	*vi*	hängst/hängt	hing	hinge	häng[e]/hängt	gehangen
	vt	hängst/hängt	hängte	hängte	häng[e]/hängt	gehängt
	vr	hängst/hängt	hängte	hängte	häng[e]/hängt	gehängt
hauen		haust/haut	haute *o* hieb	haute *o* hiebe	hau[e]/haut	gehauen *o* DIAL gehaut
heben		hebst/hebt	hob	höbe	heb[e]/hebt	gehoben
heißen		heißt/heißt	hieß	hieße	heiß[e]/heißt	geheißen
helfen		hilfst/hilft	half	hülfe	hilf/helft	geholfen
kennen		kennst/kennt	kannte	kennte	kenn[e]/kennt	gekannt
klimmen		klimmst/klimmt	klomm *o* klimmte	klömme *o* klimmte	klimm[e]/klimmt	geklommen *o* geklimmt
klingen		klingst/klingt	klang	klänge	kling[e]/klingt	geklungen
kneifen		kneifst/kneift	kniff	kniffe	kneif[e]/kneift	gekniffen
kommen		kommst/kommt	kam	käme	komm[e]/kommt	gekommen
können		*1ère* kann kannst/kann	konnte	könnte		gekonnt *après infin* können
kriechen		kriechst/kriecht	kroch	kröche	kriech[e]/kriecht	gekrochen
küren		kürst/kürt	kürte *o rare* kor	kürte *o rare* köre	kür[e]/kürt	gekürt
laden		lädst/lädt	lud	lüde	lad[e]/ladet	geladen
lassen		lässt/lässt	ließ	ließe	lass/lasst	gelassen *après infin* lassen
laufen		läufst/läuft	lief	liefe	lauf[e]/lauft	gelaufen
leiden		leidest/leidet	litt	litte	leid[e]/leidet	gelitten
leihen		leihst/leiht	lieh	liehe	leih[e]/leiht	geliehen
lesen		liest/liest	las	läse	lies/lest	gelesen
liegen		liegst/liegt	lag	läge	lieg[e]/liegt	gelegen

infinitif	2ème/3ème pers sing prés indicatif	prétérit indicatif	subjonctif II	impératif sing/pl	participe passé
lobpreisen	lobpreist/lobpreist	lobpreiste *o* lobpries	lobpreiste *o* lobpriese	lobpreis[e]/ lobpreist	gelobpreist *o* lobgepriesen
lügen	lügst/lügt	log	löge	lüg[e]/lügt	gelogen
mahlen	mahlst/mahlt	mahlte	mahlte	mahl[e]/mahlt	gemahlen
meiden	meidest/meidet	mied	miede	meid[e]/meidet	gemieden
melken	melkst/melkt	melkte *o veraltend* molk	melkte *o* mölke	melk[e]/melkt	gemolken *o rare* gemelkt
messen	misst/misst	maß	mäße	miss/messt	gemessen
misslingen	misslingst/misslingt	misslang	misslänge		misslungen
mögen	*1ère* mag magst/mag	mochte	möchte		gemocht *o après infin* mögen
müssen	*1ère* muss musst/muss	musste	müsste		gemusst *après infin* müssen
nehmen	nimmst/nimmt	nahm	nähme	nimm/nehmt	genommen
nennen	nennst/nennt	nannte	nennte	nenn[e]/nennt	genannt
pfeifen	pfeifst/pfeift	pfiff	pfiffe	pfeif[e]/pfeift	gepfiffen
preisen	preist/preist	pries	priese	preis[e]/preis[e]t	gepriesen
quellen	quillst/quillt	quoll	quölle	quill/quellt	gequollen
raten	rätst/rät	riet	riete	rat[e]/ratet	geraten
reiben	reibst/reibt	rieb	riebe	reib[e]/reibt	gerieben
reißen	reißt/reißt	riss	risse	reiß[e]/reißt	gerissen
reiten	reitest/reitet	ritt	ritte	reit[e]/reitet	geritten
rennen	rennst/rennt	rannte	rennte	renn[e]/rennt	gerannt
riechen	riechst/riecht	roch	röche	riech[e]/riecht	gerochen
ringen	ringst/ringt	rang	ränge	ring[e]/ringt	gerungen
rinnen	rinnst/rinnt	rann	ränne	rinn[e]/rinnt	geronnen
rufen	rufst/ruft	rief	riefe	ruf[e]/ruft	gerufen
salzen	salzt/salzt	salzte	salzte	salz[e]/salzt	gesalzen o rare gesalzt
saufen	säufst/säuft	soff	söffe	sauf[e]/sauft	gesoffen
saugen	saugst/saugt	sog *o* saugte	söge *o* saugte	saug[e]/saugt	gesogen *o* gesaugt
schaffen *= erschaffen*	schaffst/schafft	schuf	schüfe	schaff[e]/schafft	geschaffen
schallen	schallst/schallt	schallte *o* scholl	schallte *o* schölle	schall[e]/schallt	geschallt
scheiden	scheidest/scheidet	schied	schiede	scheide/scheidet	geschieden
scheinen	scheinst/scheint	schien	schiene	schein[e]/scheint	geschienen
scheißen	scheißt/scheißt	schiss	schisse	scheiß[e]/scheißt	geschissen
schelten	schiltst/schilt	schalt	schölte	schilt/scheltet	gescholten
scheren *= stutzen*	scherst/schert	schor	schöre	scher[e]/schert	geschoren
schieben	schiebst/schiebt	schob	schöbe	schieb[e]/schiebt	geschoben
schießen	schießt/schießt	schoss	schösse	schieß[e]/schießt	geschossen
schinden	schindest/schindet	schindete	schünde	schind[e]/schindet	geschunden
schlafen	schläfst/schläft	schlief	schliefe	schlaf[e]/schlaft	geschlafen
schlagen	schlägst/schlägt	schlug	schlüge	schlag[e]/schlagt	geschlagen
schleichen	schleichst/schleicht	schlich	schliche	schleich[e]/schleicht	geschlichen
schleifen *= schärfen*	schleifst/schleift	schliff	schliffe	schleif[e]/schleift	geschliffen
schließen	schließt/schließt	schloss	schlösse	schließ[e]/schließt	geschlossen
schlingen	schlingst/schlingt	schlang	schlänge	schling[e]/schlingt	geschlungen
schmeißen	schmeißt/schmeißt	schmiss	schmisse	schmeiß[e]/ schmeißt	geschmissen
schmelzen	schmilzt/schmilzt	schmolz	schmölze	schmilz/schmelzt	geschmolzen
schnauben	schnaubst/schnaubt	schnaubte *o* veraltet schnob	schnöbe	schnaub[e]/ schnaubt	geschnaubt *o veraltet* geschnoben
schneiden	schneidest/ schneidet	schnitt	schnitte	schneid[e]/ schneidet	geschnitten
schrecken *vt*	schreckst/schreckt	schreckte	schreckte	schreck[e]/schreckt	geschreckt
vi	schreckst/schreckt	schrak	schräke	schrick/schreckt	geschrocken

infinitif		2ème/3ème pers sing prés indicatif	prétérit indicatif	subjonctif II	impératif sing/pl	participe passé
schreiben		schreibst/schreibt	schrieb	schriebe	schreib[e]/schreibt	geschrieben
schreien		schreist/schreit	schrie	schriee	schrei[e]/schreit	geschrie[e]n
schreiten		schreitest/schreitet	schritt	schritte	schreit[e]/schreitet	geschritten
schweigen		schweigst/schweigt	schwieg	schwiege	schweig[e]/schweigt	geschwiegen
schwellen		schwillst/schwillt	schwoll	schwölle	schwill/schwellt	geschwollen
schwimmen		schwimmst/ schwimmt	schwamm	schwämme	schwimm[e]/ schwimmt	geschwommen
schwinden		schwindest/ schwindet	schwand	schwände	schind[e]/schwindet	geschwunden
schwingen		schwingst/schwingt	schwang	schwänge	schwing[e]/ schwingt	geschwungen
schwören		schwörst/schwört	schwor	schwöre	schwör[e]/schwört	geschworen
sehen		siehst/sieht	sah	sähe	sieh[e]/seht	gesehen
sein		bin/bist/ist sind/seid/sind	war	wäre	sei/seid	gewesen
senden = *schicken*		sendest/sendet	sandte *o* sendete	sendete	sende/sendet	gesandt *o* gesendet
sieden		siedest/siedet	siedete *o* sott	siedete *o* sötte	sied[e]/siedet	gesiedet *o* gesotten
singen		singst/singt	sang	sänge	sing[e]/singt	gesungen
sinken		sinkst/sinkt	sank	sänke	sink[e]/sinkt	gesunken
sinnen		sinnst/sinnt	sann	sänne	sinn[e]/sinnt	gesonnen
sitzen		sitzt/sitzt	saß	säße	sitz[e]/sitzt	gesessen
spalten		spaltest/spaltet	spaltete	spaltete	spalt[e]/spaltet	gespalten *o* gespaltet
speien		speist/speit	spie	spiee	spei[e]/speit	gespie[e]n
spinnen		spinnst/spinnt	spann	spönne *o* spänne	spinn[e]/spinnt	gesponnen
sprechen		sprichst/spricht	sprach	spräche	sprich/sprecht	gesprochen
sprießen		sprießt/sprießt	spross *o* sprießte	sprösse	sprieß[e]/sprießt	gesprossen
springen		springst/springt	sprang	spränge	spring[e]/springt	gesprungen
stechen		stichst/sticht	stach	stäche	stich/stecht	gestochen
stecken	*vi*	steckst/steckt	steckte *o geh* stak	steckte	steck[e]/steckt	gesteckt
stehen		stehst/steht	stand	stünde *o* stände	steh/steht	gestanden
stehlen		stiehlst/stiehlt	stahl	stähle	stiehl/stehlt	gestohlen
steigen		steigst/steigt	stieg	stiege	steig[e]/steigt	gestiegen
sterben		stirbst/stirbt	starb	stürbe	stirb/sterbt	gestorben
stieben		stiebst/stiebt	stob *o* stiebte	stöbte *o* stiebte	stieb[e]/stiebt	gestoben *o* gestiebt
stinken		stinkst/stinkt	stank	stänke	stink[e]/stinkt	gestunken
stoßen		stößt/stößt	stieß	stieße	stoß[e]/stoßt	gestoßen
streichen		streichst/streicht	strich	striche	streich[e]/streicht	gestrichen
streiten		streitest/streitet	stritt	stritte	streit[e]/streitet	gestritten
tragen		trägst/trägt	trug	trüge	trag[e]/tragt	getragen
treffen		triffst/trifft	traf	träfe	triff/trefft	getroffen
treiben		treibst/treibt	trieb	triebe	treib[e]/treibt	getrieben
treten		trittst/tritt	trat	träte	tritt/tretet	getreten
triefen		triefst/trieft	triefte *o geh* troff	triefte *o geh* tröffe	trief[e]/trieft	getrieft *o rare* getroffen
trinken		trinkst/trinkt	trank	tränke	trink/trinkt	getrunken
trügen		trügst/trügt	trog	tröge	trüg[e]/trügt	getrogen
tun		*1ère* tu[e] tust/tut	tat	täte	tu[e]/tut	getan
überessen		überisst/überisst	überaß	überäße	überiss/überesst	übergessen
verbieten		verbietest/verbietet	verbot	verböte	verbiet[e]/verbietet	verboten
verbrechen		verbrichst/verbricht	verbrach	verbräche	verbrich/verbrecht	verbrochen
verderben		verdirbst/verdirbt	verdarb	verdärbe	verdirb/verderbt	verdorben
verdingen		verdingst/verdingt	verdingte	verdingte	verding[e]/verdingt	verdungen *o* verdingt
verdrießen		verdrießt/verdrießt	verdross	verdrösse	verdrieß[e]/verdrißt	verdrossen

infinitif	2ème/3ème pers sing prés indicatif	prétérit indicatif	subjonctif II	impératif sing/pl	participe passé
vergessen	vergisst/vergisst	vergaß	vergäße	vergiss/vergesst	vergessen
verhauen	verhaust/verhaut	verhaute	verhaute	verhau[e]/verhaut	verhauen
verlieren	verlierst/verliert	verlor	verlöre	verlier[e]/verliert	verloren
verlöschen	verlischst/verlischt	verlosch	verlösche	verlisch/verlöscht	verloschen
verraten	verrätst/verrät	verriet	verriete	verrat[e]/verratet	verraten
verschleißen	verschleißt/ verschleißt	verschliss	verschlisse	verschleiß[e]/ verschleißt	verschlissen
verstehen	verstehst/versteht	verstand	verstünde *o* verstände	versteh[e]/versteht	verstanden
verwenden	verwendest/ verwendet	verwendete *o* verwandte	verwendete	verwend[e]/ verwendet	verwendet *o* verwandt
verzeihen	verzeihst/verzeiht	verzieh	verziehe	verzeih[e]/verzeiht	verziehen
wachsen	wächst/wächst	wuchs	wüchse	wachs[e]/wachst	gewachsen
wägen	wägst/wägt	wog *o* wägte	wögte *o* wägte	wäg[e]/wägt	gewogen *o* gewägt
waschen	wäschst/wäscht	wusch	wüsche	wasch[e]/wascht	gewaschen
weben	webst/webt	webte *o geh* wob	webte *o geh* wöbe	web[e]/webt	gewebt *o geh* gewoben
weichen	weichst/weicht	wich	wiche	weich[e]/weicht	gewichen
weisen	weist/weist	wies	wiese	weis[e]/weist	gewiesen
wenden vr	wendest/wedet	wendete *o geh* gewandt	wendete	wend[e]/wendet	gewendet *o geh* gewandt
werben	wirbst/wirbt	warb	würbe	wirb/werbt	geworben
werden	wirst/wird	wurde *o liter* ward	würde	werde/werdet	geworden *après infin* worden
werfen	wirfst/wirft	warf	würfe	wirf/werft	geworfen
wiegen *= auf Waage*	wiegst/wiegt	wog	wöge	wieg[e]/wiegt	gewogen
winden *= schlingen*	windest/windet	wand	wände	wind[e]/windet	gewunden
winken	winkst/winkt	winkte	winkte	wink[e]/winkt	gewinkt *o* DIAL gewunken
wissen	*1ère* weiß weißt/weiß	wusste	wüsste	wisse *liter*/ wisset *liter*	gewusst
wollen	*1ère* will willst/will	wollte	wollte	wolle/wollte	gewollt *après infin* wollen
wringen	wringst/wringt	wrang	wränge	wring[e]/wringt	gewrungen
ziehen	ziehst/zieht	zog	zöge	zieh[e]/zieht	gezogen
zwingen	zwingst/zwingt	zwang	zwänge	zwing[e]/zwingt	gezwungen

Symboles et abréviations
Zeichen und Abkürzungen

construction	■	Konstruktion
bloc phraséologique	►	phraseologischer Block
bloc des composés	◆	Kompositablock
verbe composé séparable	|	zusammengesetztes, trennbares Verb
contraction	=	Kontraktion
pas de *ge-* au participe passé	*	Partizip Perfekt ohne *ge-*
correspond	≈	entspricht etwa
changement d'interlocuteur	–	Sprecherwechsel
pas de pluriel	*Ø*	kein Plural
marque déposée	®	Warenzeichen
aussi	*a.*	auch
abréviation	*abk, abr*	Abkürzung
usage abusif	*abusif*	inkorrekt
adjectif	*adj*	Adjektiv
administration	ADMIN	Verwaltung
adverbe	*adv*	Adverb
agriculture	AGR	Landwirtschaft
accusatif	*akk*	Akkusativ
alpinisme	ALPIN	Alpinismus
vieux	*alt*	alter Sprachgebrauch
anatomie	ANAT	Anatomie
antiquité	ANTIK	Antike
apposition	*app*	Apposition
archéologie	ARCHEOL	Archäologie
architecture	ARCHIT	Architektur
argotique	*arg*	frz. Argot
article	*art*	Artikel
beaux-arts	ART	Kunst
astrologie	ASTROL	Astrologie
astronomie	ASTRON	Astronomie
épithète	*attr*	attributiv
audiovisuel	AUDIOV	audiovisuelle Medien
autrichien	AUS	österreichisch
automobile	AUT	Auto
auxiliaire	*aux*	Hilfsverb
aviation	AVIAT	Luftfahrt
belge	BELG	belgisch
surtout	*bes.*	besonders
biblique	BIBL	biblisch
biologie	BIO	Biologie
Bourse	BÖRSE	Börse
botanique	BOT	Botanik
Bourse	BOURSE	Börse
boxe	BOXE, BOXEN	Boxen
de la R.F.A.	BRD	der Bundesrepublik
canadien	CAN	kanadisch
jeux de cartes	CARTES	Kartenspiele
suisse	CH	schweizerisch
chasse	CHASSE	Jagd
chimie	CHEM	Chemie
chemin de fer	CHEMDFER	Eisenbahn
chimie	CHIM	Chemie
cinéma	CINE	Film, Kino
commerce	COM	Handel
comparatif	*comp*	Komparativ
complément	*compl*	Ergänzung, Objekt
conditionnel	*cond*	Konditional
conjonction	*conj*	Konjunktion

construction	CONSTR	Bauwesen
cosmétique	COSMETIQUE	Kosmetik
couture	COUT	Mode
cyclisme	CYCLISME	Radsport
datif	*dat*	Dativ
décliné	*decl*	dekliniert
défini	*déf*	bestimmt
démonstratif	*dem, dém*	demonstrativ
déterminant	*dét*	Begleiter des Substantivs
dialecte	DIAL	dialektal
diminutif	*dim*	Verkleinerungsform
[objet] direct	*dir*	direkt[es Objekt]
ecclésiastique	ECCL	kirchlich
échecs	ECHECS	Schach
économie	ECON	Wirtschaft
	einer S.	einer Sache
chemin de fer	EISENBAHN	Eisenbahn
électricité	ELEC	Elektrizität
langage enfantin	*enfantin*	Kindersprache
espace	ESPACE	Raumfahrt
	etw	etwas
euphémisme	*euph*	verhüllend
féminin	*f*	Femininum
féminin(masculin)	*f(m)*	Femininum(Maskulinum)
familier	*fam*	umgangssprachlich
football	FBALL	Fußball
figuré	*fig*	bildlich
finances	FIN	Finanzen
fiscalité	FISC	Steuern
langage formel	*form*	förmlicher Sprachgebrauch
féminin pluriel	*fpl*	Femininum Plural
futur	*fut*	Futur
gastronomie	GASTR	Gastronomie
soutenu	*geh*	gehobener Sprachgebrauch
génitif	*gen*	Genitiv
généralement	*gén*	meist
géographie	GEOG	Geographie
géologie	GEOL	Geologie
géométrie	GEOM	Geometrie
grammaire	GRAM	Grammatik
histoire	HIST	Geschichte
horticulture	HORT	Gartenbau
humoristique	*hum*	scherzhaft
imparfait	*imp, imparf*	Imperfekt
impersonnel	*impers*	unpersönlich
industrie	IND	Industrie
indéfini	*indef, indéf*	unbestimmt
indicatif	*indic*	Indikativ
[objet] indirect	*indir*	indirekt[es Objekt]
infinitif	*infin*	Infinitiv
informatique	INFORM	Informatik
interjection	*interj*	Interjektion
interrogatif	*interrog*	fragend
invariable	*inv*	unveränderlich
ironique	*iron*	ironisch
irrégulier	*irr, irreg*	unregelmäßig
chasse	JAGD	Jagd
	jd	jemand
	jdm	jemandem
	jdn	jemanden
	jds	jemandes

Inhalt und Aufbau der Einträge

abenteuerlich I. *adj* 1. *Reise* plein(e) d'aventures, riche en aventures; *Leben* aventureux(-euse); ***ein ~es Erlebnis*** une aventure; ***eine ~e Erzählung*** un récit d'aventures; ■ **A~es** des aventures *fpl* ...
II. *adv* 1. (*fantastisch*) *sich anhören, klingen:* ***etw hört sich ~ an/ klingt ~*** qc semble [*o* paraît] extravagant(e)
2. (*wildromantisch*) *gekleidet sein* de manière extravagante

Alle **Stichwörter** sind durch Fettdruck hervorgehoben.

groß <¨er, ¨te> I. *adj* 1. (*in der Fläche ausgedehnt*) *Fläche, Raum, Haus, Wald, Feld, Fliese* grand(e) *antéposé;* ■ **etw ist ...** ~ qc mesure
klingen <klang, geklungen> *vi* 1. (*er~*) ■ **etw klingt** */Glas/* qc tinte; */Glocke a./* qc sonne; ***etw klingt fein/ dumpf*** qc a un tintement clair/étouffé
2. (*tönen*) ■ **etw klingt ...** *dumpf, hohl* qc rend un son ...
Klinik <-, -en> *f* hôpital *m;* (*Privat~*) clinique *f*

Die **Tilde** ersetzt in den Konstruktionen, Anwendungsbeispielen und Redewendungen das Stichwort (bzw. seine Maskulinform). Der Wechsel von Groß- und Kleinbuchstaben ist gekennzeichnet.

In **Spitzklammern** stehen Angaben zu Genitiv- und Pluralformen, unregelmäßige Verbformen, Zahlenhinweise zum Konjugationsmuster der im Anhang aufgeführten französischen Musterverben sowie umgelautete oder unregelmäßige Steigerungsformen der Adjektive.

Gameshow ['geɪmʃoʊ] *f* jeu *m* télévisé
Interferon <-s, -e> *nt* interféron *m*
Internet <-s> *nt Ø* INFORM ■ **das** ~ le Net, l'ouèbe *m fam*
▶ **jd/etw kommt ins** ~ qn/qc accède à l'Internet; **jd surft im** ~ qn navigue [*o* surfe] sur Internet; **jd überträgt etw via** ~ qn transfère qc sur l'Internet

Die **Lautschrift** steht in eckigen Klammern, wenn das Stichwort nicht nach den üblichen deutschen Phonetikregeln ausgesprochen wird oder aus einer Fremdsprache stammt. Bei allen anderen deutschen Stichwörtern wird jeweils die betonte Silbe und die Länge oder Kürze des betreffenden Vokals angegeben. Ein Punkt kennzeichnet einen kurzen Vokal, ein Strich markiert einen langen Vokal oder einen Diphthong.

aufwendig *s.* **aufwändig**
aufwändigRR I. *adj* 1. *Ausstattung, Komfort, Luxus, Material* coûteux(-euse); *Lebensführung* dispendieux(-euse)
2. (*umfangreich*) de longue haleine; ■ **etw ist** ~ c'est qc de longue haleine; ***etw ist zu*** ~ qc demande un trop gros investissement
II. *adv ausstatten, sich einrichten* à grands frais; ***jd stattet ein Auto ~ aus*** qn équipe luxueusement une voiture

Die **alte Schreibung** ist durch Rasterung gekennzeichnet, und es wird auf die neue verwiesen.

Das hochgestellte **RR** steht für „Rechtschreibreform" und kennzeichnet die **neue Schreibung**.

ein|lenken *vi* ■ **jd lenkt** [**in etw** (*dat*)] **ein** qn lâche du lest [dans qc], qn se montre plus conciliant(e) [dans qc]; ■ **das E~** attitude *f* plus conciliante
▶ **jd bringt jdn zum E~** qn amène qn à lâcher du lest [*o* faire des concessions]

Ein **Haarstrich** bezeichnet die Stellen, an denen zusammengesetzte Verben getrennt werden.

kapieren * I. *vi fam* ■ **jd kapiert** qn pige *fam;* ■ **jd kapiert, dass/was/wie/wo** qn pige que + *indic*/ce que/comment/où *fam*
▶ **kapiert?** pigé? *fam,* c'est clair?
II. *vt fam* ■ **jd kapiert etw** qn pige qc *fam*

Ein **Asterisk** nach einem deutschen Verbstichwort bedeutet, dass das Partizip Perfekt ohne *ge-* gebildet wird.

innovativ [inova'ti:f] I. *adj* innovant(e), innovateur(-trice)
II. *adv:* ***jd betätigt sich*** ~ qn a une action innovante [*o* innovatrice]; ***jd geht ~ vor*** qn est innovant(e) [*o* innovateur(-trice)]

Die **römischen Ziffern** dienen zur Unterscheidung der verschiedenen Wortarten und zur Gliederung der Verben.

Input <-s, -s> *m* 1. INFORM input *m,* entrée *f* [de données]
2. (*Anregung*) nouvelles idées *fpl,* contribution *f*

Grundlegend verschiedene Bedeutungen eines Stichworts werden mit **arabischen Ziffern** differenziert.

Boot <-[e]s, -e> *nt* bateau *m;* (*Segel~*) voilier *m,* bateau *m* à voiles; (*Ruder~*) canot *m,* barque *f*
▶ **jd fährt** ~ qn fait du bateau; **sie sitzen alle in einem** [*o* **im gleichen**] ~ ils/elles sont tous logés/toutes logées à la même enseigne

Das **Zeichen** ▶ leitet den Block der Redewendungen ein. Diese sind nach folgendem Prinzip angeordnet: Zuerst kommen alle Wendungen, in denen das Stichwort in Verbindung mit einem Substantiv gebraucht wird, dann die, in denen das Stichwort mit einem Adjektiv in oder Adverb vorkommt, danach diejenigen, die auf der Verbindung des Stichworts mit einem Verb beruhen, dann die Verbindungen des Stichworts mit einer Präposition, am Schluss Verbindungen mit anderen Wortarten. Diese Gruppen sind in sich alphabetisch geordnet, wobei das Ordnungswort durch Unterstreichung hervorgehoben wird.

◆ **carton à chapeau** Hutschachtel *f;* **carton à chaussures** Schuhkarton *m,* Schuhschachtel *f;* **carton à dessin** Zeichenmappe *f;* **carton de table** Tischkarte *f;* **carton d'invitation** Einladung[skarte *f*] *f*

Das **Zeichen** ◆ leitet im französisch-deutschen Teil den Block der Komposita ein, die aus mehreren, nicht durch Bindestrich verbundenen Elementen bestehen. Er befindet sich am Ende des Eintrags. Die Komposita sind innerhalb dieses Blocks alphabetisch angeordnet. Komposita, die aus einem Substantiv und einem Adjektiv bestehen, findet man im Block der Redewendungen.

poltern *vi* 1. + *haben* (*rumpeln*) ■ **etw poltert** qc fait du vacarme; ■ **das P~** le vacarme; ***ein lautes P~*** un vacarme assourdissant
2. + *sein* (*fallen*) ■ **etw poltert irgendwohin** qc tombe avec fracas quelque part
3. + *haben* (*rumpeln*) ■ **jd poltert** qn fait du vacarme [en marchant] ...

Das **Zeichen** ■ leitet eine Konstruktion ein. Konstruktionen dienen der Veranschaulichung, wie ein Stichwort gebraucht wird. Die Konstruktionen werden durch abstrakte Elemente angegeben, wobei jd/qn für Menschen und Institutionen steht, etw/qc für Sachen, ein Tier/un animal für Tiere im weitesten Sinn; irgendwo/quelque part steht für eine adverbiale Bestimmung des Ortes.

Linse <-, -n> *f* 1. BOT, GASTR lentille *f*
2. ANAT cristallin *m*
3. OPT lentille *f*
liquid[e] *adj* 1. *geh* (*solvent*) disposant de fonds; ■ **jd ist** ~ qn est en fonds
2. (*verfügbar*) disponible [en liquide]; ***~e Barreserven*** [*o* ***Gelder***] [*o* ***Mittel***] des liquidités *fpl*
hochschwanger *adj Frau* dans un état de grossesse avancée, enceinte jusqu'aux yeux *fam; Zustand* de grossesse avancée
machbar *adj* ■ **etw ist** ~ */Lösung, Gehaltserhöhung/* qc est possible [*o* envisageable]; */Plan, Projekt a./* qc est réalisable [*o* faisable]; */Forderung/* raisonnable; ***diese Forderung ist nicht*** ~ cette revendication ne peut être satisfaite
Mast[1] <-[e]s, -en *o* -e> *m* 1. NAUT mât *m*
2. [*Flagge, Fernsehantenne*] mât *m;* [*Straßenbeleuchtung*] poteau *m*
3. [*Hochspannungsleitung*] pylône *m;* [*Telefonleitung*] poteau *m*

Zahlreiche **Wegweiser** führen zur richtigen Entsprechung in der Zielsprache, z. B.:

- Angaben des **Sachgebietes** in Kapitälchen,
- **Erklärungen** der verschiedenen Bedeutungen eines Wortes in runden Klammern,
- typische **Verbindung** des Stichworts mit anderen Wortarten (Kollokationen),
- typische **Subjekte** des Verbs in Schrägstrichen,
- typische **Genitivanschlüsse** des Substantivs in eckigen Klammern.